Harenberg Lexikon der Sprichwörter und Zitate

Harenberg Lexikon der Sprichwörter & Zitate

Mit 50000 Einträgen das umfassendste Werk in deutscher Sprache

Harenberg

Diesem Buch liegt die im Juli 1996 von den Kultusministern der Länder
in Wien beschlossene Neuregelung der deutschen Rechtschreibung zu Grunde

Copyright © 1997 Harenberg Kommunikation
Verlags- und Medien GmbH & Co. KG, Dortmund

Redaktion und Produktion: Brigitte Beier, Dr. Matthias Herkt,
Bernhard Pollmann und Barbara Pietsch

Printed in Germany

Das Werk ist urheberrechtlich geschützt. Jede Verwertung außerhalb der engen Grenzen
des Urheberrechtsgesetzes ist ohne Zustimmung des Verlags unzulässig und strafbar.
Das gilt insbesondere für Vervielfältigungen, Übersetzungen, Mikroverfilmungen und
die Einspeicherung in elektronische Systeme sowie jede andere elektronische Nutzung.

ISBN 3-611-00611-4

Zu diesem Buch

Es gibt zwei Möglichkeiten, die vorliegende Sammlung von Sprichwörtern und Zitaten zu nutzen: Wer zu einem bestimmten Stichwort eine kluge Formulierung sucht, wird angesichts der rund 50000 Eintragungen ganz sicher fündig werden, wer hingegen dem Zufall die Entscheidung überlässt und eine beliebige Seite aufschlägt, wird sich schnell festlesen, denn er wird gefangen genommen von den Weisheiten, die Männer und Frauen im Lauf von mehr als drei Jahrtausenden notiert haben, aber auch von den treffsicheren Sprichwörtern, die von Generation zu Generation überliefert wurden.

So oder so genutzt: Dieses Lexikon der Sprichwörter und Zitate wird sich auf jeden Fall als eine schier unerschöpfliche Schatztruhe voller Witz und Weisheit, Bonmots und Zitate, Sprichwörter und Erkenntnisse erweisen. Mit 50000 Eintragungen ist dieser Band das umfassendste Werk seiner Art in deutscher Sprache.

Großer Wert wurde bei der Zusammenstellung darauf gelegt, dass nicht nur die bekannten und immer wieder benutzten Zitate und Sprichwörter enthalten sind, sondern dass viele aktuelle Weisheiten und Bonmots zu finden sind. So finden sich z. B. einige der Bonner Politiker mit ihren schnell sprichwörtlich gewordenen Aussagen, aber auch Wirtschaftsführer, die bestimmten Wörtern einen synonymhaften Wert gegeben haben, werden in diesem Buch verzeichnet.

Die Eintragungen sind nach Schlagwörtern in alphabetischer Reihenfolge geordnet. Wer also gezielt nach Zitaten oder Sprichwörtern zum Stichwort Liebe sucht, schlägt unter »L« nach und findet dort eine reiche Auswahl: Er kann zwischen 1370 Eintragungen, die ihrerseits nach den Anfangsbuchstaben des Textes alphabetisch geordnet sind, wählen.

Zu jedem Eintrag gibt es einen (kleiner gedruckten) Quellenhinweis. Genannt werden – soweit bekannt – die Autorin oder der Autor und möglichst auch das Werk, aus dem das jeweilige Zitat stammt. Ist es einem literarischen Werk entnommen, so ist in der Regel auch die Figur genannt, der das Zitat von ihrem geistigen Schöpfer in den Mund gelegt wurde.

Besondere Sorgfalt hat die Redaktion auf das Autorenregister im Anhang gelegt. In Verbindung mit dem Namen werden nicht nur alle Zitate des jeweiligen Urhebers und die Seitenzahl genannt, unter der die Zitate zu finden sind, sondern allen Zitierten sind auch biografische Daten hinzugefügt.

Dortmund, Juli 1997   Bodo Harenberg

A

A

Wer A sagt, muss auch B sagen.
Deutsches Sprichwort

Aal

Wenn ich etwas
in der Politik verabscheue,
dann den Typ des Aals,
der sich vor lauter Geschmeidigkeit
am liebsten selbst
in sein Hinterteil beißen würde.
Margaret Thatcher

Wer den Aal hält bei dem Schwanz,
dem bleibt er weder halb noch ganz.
Deutsches Sprichwort

Wer einen Aal beim Schwanz
und Weiber fasst bei Worten,
Wie feste der gleich hält,
hält nichts an beiden Orten.
Friedrich von Logau, Sinngedichte

Wer einen Aal fangen will,
macht erst das Wasser trüb.
Deutsches Sprichwort

Abend

Abend wird es wieder:
Über Wald und Feld
Säuselt Frieden nieder,
Und es ruht die Welt.
August Heinrich Hoffmann von Fallersleben, Abendlied

Abend wird's,
des Tages Stimmen schweigen.
Theodor Körner, Die Eichen

Am Abend schätzt man erst das Haus.
Johann Wolfgang von Goethe, Faust I (Wagner)

Am Abend wird man klug
für den vergangenen Tag,
Doch niemals klug genug für den,
der kommen mag.
Friedrich Rückert, Gedichte

Am Abend wirst du
in der Liebe geprüft.
Lerne zu lieben,
wie Gott geliebt sein möchte,
und lass deine Eigenheit.
Juan de la Cruz, Merksätze von Licht und Liebe

Am Abend,
wenn die Glocken Frieden läuten,
Folg ich der Vögel
wundervollen Flügen.
Georg Trakl, Verfall

Du weißt nicht,
was der späte Abend bringt.
Marcus Terentius Varro, Titel einer Schrift

Ein guter Abend kommt heran,
Wenn ich den ganzen Tag getan.
Johann Wolfgang von Goethe, Gedichte

Es ist noch nicht aller Tage Abend.
Deutsches Sprichwort

Freude wird jedes Mal
dein Abendbrot sein,
wenn du den Tag
nützlich zugebracht hast.
Thomas von Kempen, Nachfolge Christi

Hingegen ist der Abend
das Alter des Tages:
Wir sind abends matt,
geschwätzig und leichtsinnig.
Arthur Schopenhauer, Aphorismen zur Lebensweisheit

Je später der Abend,
je schöner die Leute.
Deutsches Sprichwort

Jeden Abend sind wir
um einen Tag ärmer.
Arthur Schopenhauer,
Nachträge zur Lehre von der Nichtigkeit des Daseins

Mein ganzes Wesen verstummt und
lauscht, wenn der leise geheimnisvolle
Hauch des Abends mich anweht.
Friedrich Hölderlin, Fragment von Hyperion

Nachrichtensprecher fangen
stets mit »Guten Abend« an
und brauchen dann 15 Minuten,
um zu erklären,
dass es kein guter Abend ist.
Rudi Carrell

Abendessen

Kurze Abendmahlzeit
macht lange Lebenszeit.
Deutsches Sprichwort

Leichte Abendmahlzeit,
lange Lebenszeit.
Sprichwort aus Schottland

Wer sich abends den Magen
nicht überlädt, dem tut morgens
der Kopf nicht weh.
Deutsches Sprichwort

Abendmahl

Darum sind die Oblaten so zart
im katholischen Welschland;
Denn aus demselbigen Teig
weihet der Priester dem Gott.
Johann Wolfgang von Goethe,
Venezianische Epigramme

In dem Abendmahle sollen die
irdischen Lippen ein göttliches Wesen
verkörpert empfangen und unter
der Form irdischer Nahrung einer
himmlischen teilhaftig werden.
Johann Wolfgang von Goethe, Dichtung und Wahrheit

Mit demselben Gefühle, mit welchem
du bei dem Abendmahle das Brot
nimmst aus der Hand des Priesters,
mit demselben Gefühle, sage ich,
erwürgt der Mexikaner seinen Bruder
vor dem Altare seines Götzen.
Heinrich von Kleist, Briefe
(an Wilhelmine von Zenge, 13.–18. September 1800)

Abenteuer

Abenteuerurlaub besteht
aus siebzig Prozent Vorfreude
und aus dreißig Prozent Nachsorge.
Alberto Sordi

Auf einmal in einem ganzen Wirbel
drin von Aventüren.
Ach, wie ist es gut,
wenn einem der moralische Halt
so gänzlich fehlt.
Franziska Gräfin zu Reventlow, Tagebücher

Das Abenteuer (…) ist etwas,
das seinem Wesen nach zu uns kommt,
etwas, was uns wählt
und nicht erst gewählt wird.
Gilbert Keith Chesterton, Heretiker

Das Abenteuer steckt im Abenteuer.
Knut Hamsun, Die letzte Freude

Das Gefühl von Abenteuer
ist für unsere Lebenskontinuität
ungeheuer wichtig,
damit wir das Tragische,
das Gefühl von etwas Tragischem
und Verluste überwinden können,
wenn wir unseren Weg gehen.
Anaïs Nin, Vertrauliches Gespräch

Der Abenteurer ist unentbehrlich,
das wird allerdings erst erkannt,
wenn sich herausstellt,
dass er Amerika entdeckt hat.
Ludwig Marcuse, Argumente und Rezepte.
Ein Wörter-Buch für Zeitgenossen

Ein Abenteuer passiert dem,
der es am wenigsten erwartet,
d.h. dem Romantischen,
dem Schüchternen.
Insofern blüht das Abenteuer
dem Unabenteuerlichen.
Gilbert Keith Chesterton, Heretiker

Es gibt auf Abenteuer ausgehende
Geister, die ihre Ideen nur vom Zufall
erwarten und empfangen.
Joseph Joubert, Gedanken, Versuche und Maximen

In wichtigen Dingen
soll man nicht abenteuern.
Deutsches Sprichwort

Was in der Jugend ein Abenteuer war,
wird in späteren Jahren
nur noch ein teurer Abend.
Carl Raddatz

Wenn wir sicher zu Hause sitzen,
wünschen wir uns,
wir hätten ein Abenteuer zu bestehen.
Thornton Wilder

Wir können nicht vergessen, dass
jedes einzelne Leben ein Abenteuer ist.
In jedem Leben gibt es eine Möglichkeit
zur Flucht, zur Erweiterung,
zur Entwicklung, zur Veredelung
und zur Überwindung von Hindernissen,
die unverrückbar scheinen.
Anaïs Nin, Vertrauliches Gespräch

Aber

Alles wär gut, wär kein Aber dabei.
Deutsches Sprichwort

Still mit dem Aber!
Die Aber kosten Überlegung.
Gotthold Ephraim Lessing, Emilia Galotti (Orsina)

Aberglaube

Aberglaube ist die Freigeisterei
zweiten Ranges.
Friedrich Nietzsche

Das einzige Mittel gegen Aberglauben
ist Wissenschaft.
Henry Thomas Buckle,
Geschichte der Civilisation in England

Das Gedruckte übt einen mächtigen
Druck aus, der besondere Glaube ans
Gedruckte ist einer der mächtigsten
Aberglauben.
Ludwig Marcuse, Argumente und Rezepte.
Ein Wörter-Buch für Zeitgenossen

Der Aberglaube gehört zum Wesen
des Menschen und flüchtet sich,
wenn man ihn ganz und gar
zu verdrängen denkt,
in die wunderlichsten Ecken
und Winkel, von wo er auf einmal,
wenn er einigermaßen sicher
zu sein glaubt, wieder hervortritt.
Johann Wolfgang von Goethe,
Maximen und Reflexionen

Der Aberglaube ist Born
und Sammelbecken aller Wahrheiten.
Charles Baudelaire, Tagebücher

Der Aberglaube ist die einzige Religion,
deren niedere Seelen fähig sind.
Joseph Joubert, Gedanken, Versuche und Maximen

Der Aberglaube
ist die Poesie des Lebens,
beide erfinden eingebildete Wesen,
und zwischen dem Wirklichen,
Handgreiflichen ahnen sie
die seltsamsten Beziehungen;
Sympathie und Antipathie
waltet hin und her.
Johann Wolfgang von Goethe, Schriften zur Literatur

Der Aberglaube ist ein Erbteil
energischer, großtätiger,
fortschreitender Naturen;
der Unglaube das Eigentum
schwacher, klein gesinnter,
zurückschreitender,
auf sich selbst beschränkter Menschen.
Johann Wolfgang von Goethe,
Geschichte der Farbenlehre

Der Aberglauben gemeiner Leute
rührt von ihrem frühen und allzu
eifrigen Unterricht in der Religion her,
sie hören von Geheimnissen, Wundern,
Wirkungen des Teufels und halten es
für sehr wahrscheinlich,
dass dergleichen Sachen überall
in allen Dingen geschehen könnten.
Georg Christoph Lichtenberg, Sudelbücher

Der größte Aberglaube der Gegenwart
ist der Glaube an die Vorfahrt.
Jacques Tati

Der so genannte Aberglaube
verdient als Frucht und Nahrung
des romantischen Geistes
eine eigne Heraushebung.
Jean Paul, Vorschule der Ästhetik

Der Tod ist das Ende aller Dinge
des menschlichen Lebens,
nur des Aberglaubens nicht.
Plutarch, Moralia

Die Abergläubischen,
ein geheimer Orden.
Heinrich Waggerl, Nachlass

Die Astrologie
ist eine Form von Aberglauben,
die sich anmaßt,
Gott in die Karten zu schauen.
Hoimar von Ditfurth

Die meisten Gelehrten
sind abergläubischer,
als sie selbst sagen,
ja als sie selbst glauben.
Georg Christoph Lichtenberg, Sudelbücher

Die Ursache,
die den Aberglauben hervorbringt,
erhält und ernährt,
ist die Furcht.
Baruch de Spinoza, Tractatus theologico-politicus

Durch das Opfer bestätigt die
Revolution den Aberglauben.
Charles Baudelaire, Tagebücher

Ein Glaube, der unruhig macht,
ist Aberglaube.
Carl Ludwig Schleich

Ein jeder Aberglaube
versetzt uns in das Heidentum.
Justus von Liebig, Chemische Briefe

Es heißt abergläubisch sein,
wenn man seine Hoffnung
auf die Formalitäten setzt;
aber es heißt hochmütig sein,
wenn man sich ihnen nicht
unterwerfen will.
Blaise Pascal, Pensées

Glücklich über die Bruck,
Verlacht man den Nepomuk.
Deutsches Sprichwort

Hast du schon einen Geist gesehen?
Nein, ich nicht,
aber meine Großmutter.
Max Stirner, Der Einzige und sein Eigentum

In dem Maße, wie der Aberglaube
bei einem Volk abnimmt,
muss die Regierung
die Vorsichtsmaßnahmen steigern
und die Zügel der Autorität
und Ordnung straffer ziehen.
Antoine Comte de Rivarol, Maximen und Reflexionen

In unserer Zeit herrscht ein schrecklicher Aberglaube, er besteht darin,
dass wir begeistert jede Erfindung
aufgreifen, welche die Arbeit
erleichtert, und glauben,
sie unbedingt nutzen zu müssen,
ohne uns die Frage vorzulegen,
ob diese die Arbeit erleichternde
Erfindung unser Glück vermehrt
oder vielleicht Schönheit zerstört.
Leo N. Tolstoi, Tagebücher (1903)

Ist es nicht so, dass die Menschen
aus Gewohnheit abergläubisch
und aus Instinkt Schurken sind?
Voltaire, Potpourri

Jeder Mensch
hat seinen individuellen Aberglauben,
der ihn bald im Scherz,
bald im Ernst leitet.
Georg Christoph Lichtenberg, Sudelbücher

Religion ist Aberglaube.
Das macht einem Menschen
die Alternativen bewusst.
Peter Ustinov, Peter Ustinovs geflügelte Worte

So leicht es ist, den Menschen jede
Art des Aberglaubens einzuflößen,
so schwer lässt sich dagegen erreichen,
dass sie in ein und derselben Art
verharren.
Baruch de Spinoza, Tractatus theologico-politicus

Unsere Zeit, welche die interessanten
»Aberglauben« früherer Zeitalter
selbstbewusst entwertet,
ist selbst nur weniger interessant,
keineswegs weniger abergläubisch,
und wird einst ungleich anderer Nachsicht der Betrachtung bedürfen,
wenn spätere Geschlechter eingesehen
haben werden, dass dem Menschen,
unbeschadet aller begreiflichen
und jeweils sogar notwendigen Vordergrundsoptiken, als letzte Hintergrundstimmung doch nur eines ziemt:
bei Gott kein Ding für unmöglich
zu halten.
Christian Morgenstern, Stufen

Was wir Aberglauben nennen,
das ist oft nur das Zittern und Wallen
der erwärmten Luft
um die aufrechte Flamme des Glaubens.
Franz Werfel, Zwischen Oben und Unten

Wenn der Pöbel
heilige Namen ausspricht,
ist's Aberglaube oder Lästerung.
Johann Wolfgang von Goethe,
Von deutscher Baukunst

Wer möchte sich über die Irrtümer der
Antike verwundern, wenn er bedenkt,
dass heute, in dem philosophischsten
aller Jahrhunderte, sehr viele und sehr
kluge Menschen nicht wagen würden,
zu dreizehn zu speisen?
Luc de Clapiers Marquis de Vauvenargues,
Reflexionen und Maximen

Wer weiß nicht,
dass der Anblick von Katzen, Ratten,
das Zermalmen einer Kohle usw.
die Vernunft aus den Angeln hebt?
Blaise Pascal, Pensées

Abgeschiedenheit

Die Menschen
sind nicht nur zusammen,
wenn sie beisammen sind,
auch der Entfernte,
der Abgeschiedene lebt in uns.
Johann Wolfgang von Goethe, Egmont (Egmont)

Ein geliebtes Abgeschiedenes
umarme ich weit eher und inniger
im Grabhügel als im Denkmal.
Johann Wolfgang von Goethe,
Die Wahlverwandtschaften

Tadeln darf man
keinen Abgeschiedenen;
nicht was sie gefehlt und gelitten,
sondern was sie geleistet und getan,
beschäftige die Hinterbliebenen.
Johann Wolfgang von Goethe,
Biographische Einzelnheiten (Ferdinand Jagemann)

Abgrund

Armes Menschengeschlecht!
Aus welchen Abgründen
hast du dich noch emporzuarbeiten!
Georg Forster, Über die Beziehung der Staatskunst
auf das Glück der Menschheit

Bei uns allen gibt es, zwischen den
Augenblicken der Zuversicht
und des Misstrauens gegen sich selbst,
diesen fürchterlichen Abgrund.
Anne Morrow Lindbergh, Verschlossene Räume ...

Denn wenn jemand sähe,
wie sein Feind, durch ein gefährliches
Fieber wahnsinnig geworden,
dem Abgrunde zuliefe,
würde er da nicht Böses
mit Bösem vergelten,
wenn er ihn so laufen ließe,
statt ihn zurückzuhalten
und binden zu lassen?
Aurelius Augustinus, Briefe (an Vincentius)

Der Mut schlägt auch
den Schwindel tot an Abgründen:
Und wo stünde der Mensch
nicht an Abgründen! Ist Sehen
nicht selber – Abgründe sehen?
Friedrich Nietzsche, Also sprach Zarathustra

Der Narr stolpert über den Abgrund,
in den der Weise regelrecht fällt.
Victor von Scheffel, Ekkehard

Die meisten Menschen leben,
als steuerten sie rückwärts
einem Abgrund zu.
Sie wissen, hinter ihnen
gähnt ein Abgrund, in den sie
jeden Augenblick stürzen können,
aber sie richten ihre Blicke
nicht auf ihn, sondern erheitern sich
an dem, was sie sehen.
Leo N. Tolstoi, Tagebücher (1905)

Gipfel und Abgrund sind eins.
Friedrich Nietzsche

Glücklich, wer sich am Rande
des Abgrundes erkennt
und den Sturz vermeidet!
Soll man aber mitten
im schnellen Lauf darauf hoffen,
dass man innehalten kann?
Jean-Jacques Rousseau, Brief an d'Alembert

Wenn du lange
in einen Abgrund blickst,
blickt der Abgrund
auch in dich hinein.
Friedrich Nietzsche

Wer wäre jemals so töricht gewesen,
sich freiwillig in einen gähnenden
Abgrund zu stürzen?
Waltharilied (Hagen)

Wir rennen unbekümmert
in den Abgrund,
nachdem wir irgendetwas
vor uns hingestellt haben,
das uns hindern soll, ihn zu sehen.
Blaise Pascal, Pensées

Abhängigkeit

Abhängigkeit ist das Los der Frauen;
Macht ist, wo die Bärte sind.
Molière, Die Schule der Frauen

Abhängigkeit ist heiser,
wagt nicht, laut zu reden.
William Shakespeare, Romeo und Julia (Julia)

Bei den wenigsten Gefängnissen
sieht man die Gitter.
Oliver Hassencamp

Das Schiff hängt mehr am Ruder
denn das Ruder am Schiff.
Deutsches Sprichwort

Der Mensch hängt vom Himmel so,
wie das Schiff vom Lotsen ab.
Chinesisches Sprichwort

Der Mensch ist abhängig;
er bleibt dem Tode, dem Alter,
der Krankheit unterworfen (...).
Aber es ist eine Sache,
die eigene Abhängigkeit
und seine Grenzen anzuerkennen,
und es ist etwas völlig anderes,
sich dieser Abhängigkeit hinzugeben
und jene Mächte anzubeten,
von denen man abhängt (...).
Das eine bedeutet Demut,
das andere Selbstdemütigung.
Erich Fromm, Psychoanalyse und Religion

Die Abhängigkeit der Frau
war in den besitzenden Klassen
immer am ausgeprägtesten.
Simone de Beauvoir, Das andere Geschlecht

Die Götter handhaben uns Menschen
gleichsam wie Wurfgeschosse.
Titus Maccius Plautus, Die Gefangenen

Die großen Flüsse
brauchen die kleinen Wasser.
Albert Schweitzer

Es ist doch unter aller Menschenwürde,
krank und abhängig zu sein.
Franziska Gräfin zu Reventlow, Tagebücher

Freiwillige Abhängigkeit
ist der schönste Zustand,
und wie wäre der möglich
ohne Liebe.
Johann Wolfgang von Goethe,
Die Wahlverwandtschaften

Solange noch Leben und Atem
in dir sind, mach dich von niemand
abhängig! Übergib keinem
dein Vermögen, sonst musst du ihn
wieder darum bitten.
Altes Testament, Jesus Sirach 33, 21

Was die Fürsten geigen,
müssen die Untertanen tanzen.
Deutsches Sprichwort

Wer klug ist,
sieht lieber die Leute seiner bedürftig
als ihm dankbar verbunden:
Sie am Seile der Hoffnung führen,
ist Hofmannsart,
sich auf ihre Dankbarkeit verlassen,
Bauernart – denn Letztere
ist so vergesslich als Erstere
von gutem Gedächtnis.
Man erlangt mehr von der Abhängigkeit
als von der verpflichteten Höflichkeit.
Baltasar Gracián y Morales,
Handorakel und Kunst der Weltklugheit

Wer leben muss in Sklaverei,
Dessen Urteil ist nicht frei.
Jüdische Spruchweisheit

Wes Brot ich esse, des Lied ich singe.
Deutsches Sprichwort

Willst du dich in Abhängigkeit
von Menschen begeben,
die du verachtest?
Jean-Jacques Rousseau, Emile

Zu Hause hängst du von den Eltern,
in der Fremde von deinem Herrn ab.
Chinesisches Sprichwort

Abhärtung

Abgehärtet werden muss die Seele
und von den Verführungen der Genüsse
weit fern gehalten.
Lucius Annaeus Seneca, Briefe über Ethik

Das Leidende und Geschwächte
ist keiner Abhärtung fähig.
Arthur Schopenhauer, Aphorismen zur Lebensweisheit

Der Körper ist der Panzer
und Küraß der Seele.
Nun, so werde dieser vorerst zu Stahl
gehärtet, geglüht und gekältet.
Jean Paul, Levana

Gelobt sei, was hart macht!
Friedrich Nietzsche, Also sprach Zarathustra

Körperliche Abhärtung ist,
da der Körper
der Ankerplatz des Mutes ist,
schon geistig nötig.
Jean Paul, Levana

Man härte sich dadurch ab,
dass man dem Körper
sowohl im Ganzen wie in jedem Teile,
solange man gesund ist, recht viel
Anstrengung und Beschwerde auflege
und sich gewöhne, widrigen Einflüssen
jeder Art zu widerstehn.
Arthur Schopenhauer, Aphorismen zur Lebensweisheit

Nun wurden wir abermals gewahr,
dass man, anstatt sich der Weichlichkeit
und phantastischen Vergnügungen
hinzugeben, wohl eher Ursache habe,
sich abzuhärten, um die unvermeidlichen Übel entweder zu ertragen
oder ihnen entgegenzuwirken.
Johann Wolfgang von Goethe, Dichtung und Wahrheit

Ablass

Die kirchlichen Bußsatzungen
sind nur den Lebenden auferlegt;
den Sterbenden darf nach ihnen
nichts auferlegt werden.
Martin Luther, Thesen über den Ablass

Es kann nicht jeder
um Ablass gen Rom ziehen.
Deutsches Sprichwort

Man predigt Menschenlehre,
wenn man sagt:
Sobald das Geld im Kasten klingt,
entflieht die Seele [dem Fegefeuer].
Martin Luther, Thesen über den Ablass

Man soll die Christen lehren,
dass es besser sei,
den Armen etwas zu schenken
und den Bedürftigen zu leihen,
als Ablässe zu kaufen.
Martin Luther, Thesen über den Ablass

Ablehnung

Denn alles Vornehme
ist eigentlich ablehnend.
Johann Wolfgang von Goethe, Dichtung und Wahrheit

Grundsätzliches Einverständnis
ist die höflichste Form der Ablehnung.
Hans Jaray

Man spricht vergebens viel,
um zu versagen;
Der andre hört von allem nur das Nein.
Johann Wolfgang von Goethe,
Iphigenie auf Tauris (Thoas)

»Nein« sagt ein Mädchen,
weil's die Sitte will,
Und wünscht, dass es der Freier
deut' als »Ja«.
William Shakespeare, Die beiden Veroneser (Julia)

Was man vor der Minute ausgeschlagen,
Gibt keine Ewigkeit zurück.
Friedrich Schiller, Resignation

Abneigung

Ich stehe nicht dafür ein,
eine bestimmte Neigung zu haben,
aber ich habe sehr sichere
Abneigungen.
Jules Renard, Ideen, in Tinte getaucht.
Aus dem Tagebuch von Jules Renard

Nichts war mir mein Leben lang
so unsympathisch
wie ein preußischer General.
Konrad Adenauer, 1956

Abscheu

Der Abscheu vor dem Bürger
ist bürgerlich.
Jules Renard, Ideen, in Tinte getaucht.
Aus dem Tagebuch von Jules Renard

Die Menschen nehmen Dinge
in der Bibel hin,
die sie im gewöhnlichen Leben
verabscheuen.
Vita Sackville-West, Erloschenes Feuer

Die Menschen! Oje!
Da muss ich pinkeln.
Jules Renard, Ideen, in Tinte getaucht.
Aus dem Tagebuch von Jules Renard

Die Stunden voller Abscheu,
in denen man nichts mehr
mit sich zu tun haben möchte.
Jules Renard, Ideen, in Tinte getaucht.
Aus dem Tagebuch von Jules Renard

Es gibt für denjenigen
keine abscheulichen Gegenstände
mehr, der solche alle Tage sieht.
Jean-Jacques Rousseau, Emile

Abschied

Abschied nehmen
ist immer schmerzlich,
selbst wenn es nur
für kurze Zeit ist.
Anne Morrow Lindbergh, Muscheln in meiner Hand

Abschiedsworte müssen kurz sein
wie Liebeserklärungen.
Theodor Fontane, Cécile

Ach, Scheiden, ach, ach!
Wer hat doch das Scheiden erdacht.
Das hat mein jung frisch Herzelein
So frühzeitig traurig gemacht.
Clemens Brentano/Achim von Arnim,
Des Knaben Wunderhorn

Alles war so still, so still.
Nur die Feder kratzte das Lebewohl
an die Heimat und die Freunde
aufs Papier.
Fridtjof Nansen, In Nacht und Eis

Bei der Abreise fällt einem doch immer
jedes frühere Scheiden
und auch das künftige letzte
unwillkürlich in den Sinn.
Johann Wolfgang von Goethe, Italienische Reise

Beim Abschied wird die Zuneigung
zu den Dingen, die uns lieb sind,
immer ein wenig wärmer.
Michel Eyquem de Montaigne

Beim Abschiednehmen
kommt ein Augenblick,
wo man die Trauer so stark vorausfühlt,
dass der geliebte Mensch
schon nicht mehr bei einem ist.
Gustave Flaubert, November

Das Leben
ist ein beständiges Abschiednehmen.
Jeden Abend nimmt man
von einem Tage Abschied,
oft mit einem Seufzer
der Erleichterung,
aber oft auch mit Schmerz.
Ricarda Huch, Schlussworte auf dem 1. Deutschen Schriftstellerkongress

Das Schlimmste
am Abschied von Menschen
ist zu wissen, dass man ohne sie
auskommen kann und wird.
Anne Morrow Lindbergh, Bring mir das Einhorn

Das Wiedersehn ist froh,
das Scheiden schwer,
Das Wieder-Wiedersehn
beglückt noch mehr,
Und Jahre sind im Augenblick ersetzt;
Doch tückisch harrt
das Lebewohl zuletzt.
Johann Wolfgang von Goethe, Trilogie der Leidenschaft

Der Jüngling küsst,
wenn er des Mädchens denkt,
die eigne Hand, die sie ihm drückte,
als sie von ihm schied.
Der Mann braucht etwas mehr.
Friedrich Hebbel, Gyges und sein Ring (Kandaules)

Ein Abschied am Zug ist immer
eine unausgesprochene Anklage:
Du gehst – ich muss bleiben.
Lale Andersen

Ein Abschied schmerzt immer,
auch wenn man sich
schon lange darauf freut.
Arthur Schnitzler

Es ist Unsinn, Türen zuzuschlagen,
wenn man sie angelehnt lassen kann.
James William Fullbright

Heute geh ich. Komm ich wieder,
Singen wir ganz andre Lieder.
Wo so viel sich hoffen lässt,
Ist der Abschied ja ein Fest.
Johann Wolfgang von Goethe, Gedichte (Sprichwörtlich)

Im Abschied
ist die Geburt der Erinnerung.
Salvador Dali

Jeder Abschied ist betäubend.
Johann Gottfried Herder,
Journal meiner Reise im Jahr 1769

Jeder Abschied
ist ein Abschied für immer.
So sehr ist alles
dem Wechsel unterworfen.
Heinrich Waggerl, Aphorismen

Kein Abschied auf der Welt
fällt schwerer als der Abschied
von der Macht.
Charles Maurice de Talleyrand

Lebt wohl ihr Berge,
ihr geliebten Triften,
Ihr traulich stillen Täler
lebet wohl.
Friedrich Schiller, Die Jungfrau von Orleans (Prolog)

Mönche, Mäuse, Ratten, Maden
Scheiden selten ohne Schaden.
Deutsches Sprichwort

Überall,
wo sich zwei Liebende scheiden,
sind sie von tiefem Schmerz erfüllt.
Günther von dem Forste, Lieder
(Nu her, ob ieman kan verneme)

Vertreibe den Sehnsuchtsschmerz
und küsse mich.
Auf diese Weise
nehme ich Abschied von dir.
Konrad von Würzburg, Lieder
(Ich sihe den morgensternen glesten)

Von dem, was du erkennen
und messen willst,
musst du Abschied nehmen,
wenigstens auf eine Zeit.
Erst wenn du die Stadt verlassen hast,
siehst du, wie hoch sich ihre Türme
über die Häuser erheben.
Friedrich Nietzsche, Menschliches, Allzumenschliches

Wenn dein Schiff fährt, wird es fahren.
Wenn ich winken muss,
werde ich winken.
Wenn ich dich zum letzten Mal
küssen darf, werde ich es so tun,
rasch, auf die Wange.
Ingeborg Bachmann, Der gute Gott von Manhattan

Wer von der Schönen
zu scheiden verdammt ist,
Fliehe mit abgewendetem Blick!
Wie er, sie schauend,
im Tiefsten entflammt ist,
Zieht sie, ach! reißt sie ihn ewig zurück!
Johann Wolfgang von Goethe, Pandora (Epimetheus)

Wie rasch ist Abschied genommen, wie
lange dauert es bis zum Wiedersehen!
Chinesisches Sprichwort

Abschlagen

Freundlich abschlagen ist besser
als mit Unwillen geben.
Deutsches Sprichwort

Man soll nichts gleich rund abschlagen:
Vielmehr lasse man die Bittsteller Zug
vor Zug von ihrer Selbsttäuschung
zurückkommen. Auch soll man nie
etwas ganz und gar verweigern:
Man lasse immer noch ein wenig
Hoffnung übrig, die Bitterkeit
der Weigerung zu versüßen.
Baltasar Gracián y Morales,
Handorakel und Kunst der Weltklugheit

Abschreckung

Einen bestrafen
schreckt hundert andere ab.
Chinesisches Sprichwort

Gott gebe mir ein gutes Schwert und
keine Gelegenheit, es zu gebrauchen.
Sprichwort aus Polen

Absicht

Absicht ist die Seele der Tat.
Deutsches Sprichwort

Das Ziel ist in der Verwirklichung
das Letzte, das Erste aber
in der Absicht der Vernunft.
Thomas von Aquin, Summa theologica

Deine Absicht erst
gibt deinem Werke seinen Namen.
Ambrosius, Von den Pflichten

Der Wurf mag zuweilen nicht treffen,
aber die Absicht
verfehlt niemals ihr Ziel.
Jean-Jacques Rousseau,
Träumereien eines einsamen Spaziergängers

Die Rechtheit der Absicht allein
macht nicht schon
den ganzen guten Willen.
Thomas von Aquin, Summa theologica

Die schlechte Absicht
ist immer auf den Beinen.
Emil Gött, Im Selbstgespräch

In den Werken des Menschen,
wie in denen der Natur,
sind eigentlich die Absichten
vorzüglich der Aufmerksamkeit wert.
Johann Wolfgang von Goethe,
Maximen und Reflexionen

In der Moral zählt nur die Absicht,
in der Kunst nur das Ergebnis.
Henry de Montherlant

Nicht jedes Mannes Absicht
ist offenbar,
und manches Mannes Absicht
ist zu missdeuten.
Johann Wolfgang von Goethe, Egmont (Egmont)

Unsere Handlungen
sind nicht so gut
und nicht so lasterhaft
wie unsere Absichten.
Luc de Clapiers Marquis de Vauvenargues,
Reflexionen und Maximen

Wenn deine Absicht rein ist,
kannst du auf dem Meer laufen.
Sprichwort aus Afrika

Wer aus großen Absichten fehlgreift,
handelt immer lobenswürdiger,
als wer dasjenige tut,
was nur kleinen Absichten gemäß ist.
Johann Wolfgang von Goethe,
Die Aufgeregten (Magister)

Absolutheit

Das einfachste Konkrete
koinzidiert mit dem Absoluten.
Nikolaus von Kues, Über die Schauung Gottes

Die Menge wird sich immer
denen zuwenden, die ihr
von absoluten Wahrheiten erzählen,
und wird die anderen verachten.
Gustave Le Bon, Psychologie der Massen

Die Philosophie bemüht sich
immer und ewig um das Absolute,
und das ist doch eigentlich
die Aufgabe der Poesie.
Friedrich Hebbel, Tagebücher

Abstammung

An dem Füchselein siehst du schon,
Dass er eines Fuchses Sohn.
Jüdische Spruchweisheit

Borniert und lächerlich ist es,
nicht darauf sehn zu wollen,
wessen Sohn einer ist.
Arthur Schopenhauer, Zur Rechtslehre und Politik

Das Bewusstsein hoher Geburt
ist eine moralische Kraft,
deren Wert die Demokraten,
und wären sie vollgestopft
mit Mathematik,
nimmermehr zu ermessen vermögen.
Edgar Allan Poe, Marginalien

Du hast in der falschen Wiege
geschlafen und bist dem falschen
Schoß entschlüpft.
Chinesisches Sprichwort

Ein blühendes Talent
ist kein Sohn armer Eltern,
ein Buddhabonze
ist kein Sohn aus reichem Hause.
Chinesisches Sprichwort

Es ist eine eigene Sache,
schon durch die Geburt
auf einen erhabenen Platz
in der menschlichen Gesellschaft
gesetzt zu sein.
Johann Wolfgang von Goethe,
Wilhelm Meisters Lehrjahre

Es ist schon selten,
dass in einer Hammelherde
ein Kalb geboren wird.
Chinesisches Sprichwort

Es ist schon wünschenswert,
von guter Abstammung zu sein,
aber der Ruhm dafür
gebührt den Vorfahren.
Plutarch, Über Kindererziehung

Jeder ist entsprossen
aus einem uralten Königsstamm.
Aber wie wenige
tragen noch das Gepräge
dieser Abkunft?
Novalis, Glauben und Liebe

Von schönen Pferden
fallen schöne Fohlen.
Deutsches Sprichwort

Wenn aus dir selbst nicht Adel spricht,
So nützen tausend Ahnen nicht.
Jüdische Spruchweisheit

Wie der Baum so die Frucht.
Deutsches Sprichwort

Wohl dem,
der seiner Väter gern gedenkt.
Johann Wolfgang von Goethe,
Iphigenie auf Tauris (Iphigenie)

Abstieg

Das einzige Zeitgemäße am Bergsteigen
ist der Abstieg. In einer Zeit,
die nach dem Lehrsatz lebt,
dass maximaler Lustgewinn
dadurch zu erzielen ist,
dass man sich ausruht,
bevor man sich angestrengt hat,
in einer solchen Zeit muss man
absteigen und nicht aufsteigen.
Franz X. Wagner, Alpines Alphabet

Es gibt so viele Leute,
die nach oben steigen wollen,
dass es allezeit leicht ist,
abzusteigen.
Jean-Jacques Rousseau,
Julie oder Die neue Héloïse (Julie)

Es kommt niemand gern
vom Pferd auf den Esel.
Deutsches Sprichwort

Freiwillig abzusteigen ist nicht peinlich,
wenn sich die Zuschauer
nur überzeugen lassen,
dass es freiwillig geschieht;
stürzen aber ist bitter,
zumal ein Sturz stets vom Beifall
der Untenstehenden begleitet wird.
August Strindberg, Der Sohn der Magd

Heut auf dem Thron
und morgen im Kot.
Pierre Corneille, Polyeukt

Heute was, morgen Aas.
Deutsches Sprichwort

Abstraktion

Alle Abstraktion ist
anthropomorphes Zerdenken.
Oswald Spengler,
Urfragen. Fragmente aus dem Nachlass

Alles Abstrakte wird durch Anwendung
dem Menschenverstand genähert,
und so gelangt der Menschenverstand
durch Handeln und Beobachten
zur Abstraktion.
Johann Wolfgang von Goethe,
Maximen und Reflexionen

Das Abstrakte und Unpersönliche
wird allzu leicht gehässig.
Ricarda Huch, Schlussworte auf dem 1. Deutschen
Schriftstellerkongress

Der Mensch beurteilt alles durch seine
Abstraktionen, das Gute, das Böse,
die Tugend, das Verbrechen.
Seine Rechtsformeln sind seine Waage;
seine Gerechtigkeit ist blind,
diejenige Gottes sieht; darin liegt alles.
Honoré de Balzac, Louis Lambert

Die Abstraktion ist der Tod der Ethik,
denn Ethik ist lebendige Beziehung
zu lebendigem Leben.
Albert Schweitzer, Kultur und Ethik

Die größte Schärfe des Denkens
aber erfordern die Wissenschaften,
die es am meisten mit den Prinzipien
zu tun haben; denn schärferes Denken braucht
man zu den abstrakteren
Wissenschaften als zu denen, die mehr
konkret sind, wie z. B. zur Arithmetik
im Verhältnis zur Geometrie.
Aristoteles, Älteste Metaphysik

Ein heißes Eisen,
durch Abstrakta sublimiert,
wird kalter Kaffee.
Ludwig Marcuse, Argumente und Rezepte.
Ein Wörter-Buch für Zeitgenossen

Je abstrakter die Wahrheit ist,
die du lehren willst,
umso mehr musst du noch
die Sinne zu ihr verführen.
Friedrich Nietzsche, Jenseits von Gut und Böse

Man muss wissen, dass Stoff und Form
immer miteinander verbunden zugleich
existieren, dass die Vernunft des Geistes
aber die Kraft hat, bald nur den Stoff
für sich, bald nur die Form, bald beide
verbunden zu betrachten.
Pierre Abélard, Logica ingredientibus

Man tut nicht wohl, sich allzu lange
im Abstrakten aufzuhalten.
Das Esoterische schadet nur, indem es
exoterisch zu werden trachtet.
Leben wird am besten
durchs Lebendige belehrt.
Johann Wolfgang von Goethe,
Maximen und Reflexionen

Mit der Abstraktion beginnt die
Gesellschaft – aus der Abstraktion
erstehen die Gesetze, die Künste,
die sozialen Interessen und Ideen.
Sie ist der Ruhm und die Geißel
der Welt: der Ruhm, weil sie die
Gesellschaft geschaffen hat,
die Geißel, weil sie den Menschen
davon abhält, zur Besonderheit
zu gelangen, die einer der Wege
zum Unendlichen ist.
Honoré de Balzac, Louis Lambert

Viele Menschen sind unglücklich,
weil sie nicht abstrahieren können.
Der Freier könnte eine gute Heirat
machen, wenn er nur über eine Warze
im Gesicht oder eine Zahnlücke
seiner Geliebten wegsehen könnte.
Immanuel Kant,
Anthropologie in pragmatischer Hinsicht

Wenn man sich so lange mit ernsthaften
abstrakten Dingen beschäftigt hat,
wobei der Geist zwar seine Nahrung
findet, aber das arme Herz leer
ausgehen muss, dann ist es eine wahre
Freude, sich einmal ganz seinen
Ergießungen zu überlassen;
ja es ist selbst nötig, dass man es
zuweilen ins Leben zurückrufe.
Heinrich von Kleist, Briefe
(an Ulrike von Kleist, 12. November 1799)

Abstumpfung

Der größte Feind der Sittlichkeit
ist die Abstumpfung.
Albert Schweitzer, Straßburger Predigten 1900–1919,
23. Februar 1919

Die Gewöhnung
stumpft unsere Sinne ab.
Michel Eyquem de Montaigne, Die Essais

Geist und Sinne stumpfen sich so leicht
gegen die Eindrücke des Schönen
und Vollkommenen ab,
dass man die Fähigkeit,
es zu empfinden, bei sich
auf alle Weise erhalten sollte.
Johann Wolfgang von Goethe, Wilhelm Meisters Lehrjahre

Um eine junge Person folgsam
zu machen, muss man sie nicht
unglücklich machen;
um sie sittsam zu machen,
muss man sie nicht abstumpfen.
Jean-Jacques Rousseau, Emile

Zucker in der Jugend
macht faule Zähne im Alter.
Deutsches Sprichwort

Absurdes

Absurdität: eine Meinungsäußerung,
die der eigenen Ansicht
offenkundig widerspricht.
Ambrose Bierce

Das Absurde,
mit Geschmack dargestellt,
erregt Widerwillen
und Bewunderung.
Johann Wolfgang von Goethe,
Maximen und Reflexionen

Die Ehe ist eine mehr oder weniger
erfolgreich durchführbare Absurdität.
Ephraim Kishon, Kishon für alle Fälle

Nichts schrecklicher
kann den Menschen geschehn,
Als das Absurde verkörpert zu sehn.
Johann Wolfgang von Goethe, Zahme Xenien

Über das Absurde
schreit jedermann auf und freut sich,
etwas so tief unter sich zu sehen.
Über das Mittelmäßige
erhebt man sich mit Behaglichkeit.
Johann Wolfgang von Goethe, Briefe
(An Schiller, 4. September 1799)

Wer sich an das Absurde
gewöhnt hat,
findet sich in unserer Zeit
gut zurecht.
Eugène Ionesco

Abt

Demütiger Mönch, hoffärtiger Abt.
Deutsches Sprichwort

Die Mönche verneigen sich
nicht vor dem Abt,
sondern vor seinen Schüsseln.
Deutsches Sprichwort

Es gibt keinen weiseren Abt als den,
der Mönch gewesen ist.
Sprichwort aus Frankreich

Gott ist ein Herr, der Abt ein Mönch.
Deutsches Sprichwort

Wenn der Abt das Messer ableckt,
haben die Mönche nichts zu lachen.
Sprichwort aus Spanien

Wie der Abt, so die Mönche.
Deutsches Sprichwort

Abtreibung

Abtreibung ist Krieg gegen
unschuldige, ungeborene Kinder.
Mutter Teresa

Abtreibung tötet zwei:
das Kind und das Gewissen der Mutter.
Mutter Teresa

Auch werde ich keiner Frau
ein Mittel zur Abtreibung
einer Geburt zukommen lassen.
Hippokrates, Aus dem hippokratischen Eid

Das ist das Teuflischste,
was eine menschliche Hand tun kann.
Darum zahlen wir
mit den schrecklichen Dingen,
die in der Welt geschehen.
Mutter Teresa

Die Männer verbieten die Abtreibung
im Allgemeinen, akzeptieren sie aber
im Einzelnen als eine bequeme
Lösung. Sie können es sich leisten,
sich mit leichtfertigem Zynismus
zu widersprechen, aber die Frau spürt
diese Widersprüche in ihrem Fleisch.
Simone de Beauvoir, Das andere Geschlecht

Die Streichung des § 218
ist eine Voraussetzung
für die Befreiung der Frauen.
Mitglieder des Frauenbundes Westberlin,
in: Stern, 6. Juni 1971.

Es muss übrigens darauf hingewiesen
werden, dass die Gesellschaft,
die so heftig bestrebt ist,
die Rechte des Embryos zu verteidigen,
sich um die Kinder nicht kümmert,
sowie sie auf der Welt sind.
Simone de Beauvoir, Das andere Geschlecht

Frauen, die abgetrieben haben,
brauchen dringend Vergebung.
Mutter Teresa

Jede Frau sollte das Recht haben,
selbst zu bestimmen,
ob sie Mutter werden will oder nicht.
Sabine Sinjen, in: Stern, 6. Juni 1971

Mein Bauch gehört mir!
Motto der deutschen Frauenbewegung gegen den
Abtreibungsparagraphen 218 StGb

Niemand zählt diese Morde der Ärzte,
wie man vorzeiten die Morde der
Inquisition nicht zählte,
weil man des Glaubens war,
sie würden zum Heil der Menschheit
begangen.
Leo N. Tolstoi, Die Kreutzersonate

Wenn Männer Kinder bekämen,
wäre die Abtreibung
längst ein Sakrament.
Lore Lorentz

Wir bekämpfen Abtreibung
mit Adoption.
Mutter Teresa

Abwägen

Wer ängstlich abwägt, sagt gar nichts.
Nur die scharfe Zeichnung,
die schon die Karikatur streift,
macht eine Wirkung.
Theodor Fontane, Der Stechlin

Abwechslung

Abwechslung ist immer süß.
Euripides, Orest

Abwechslung ohne Zerstreuung
wäre für Lehre und Leben
der schönste Wahlspruch,
wenn dieses löbliche Gleichgewicht
nur so leicht zu erhalten wäre!
Johann Wolfgang von Goethe,
Die Wahlverwandtschaften

Macht man nicht gern
eine entfernte Spazierfahrt,
um einen Kaffee zu trinken,
einen Fisch zu genießen,
der uns zu Hause nicht so gut
geschmeckt hätte?
Wir verlangen Abwechslung
und fremde Gegenstände.
Johann Wolfgang von Goethe,
Die Wahlverwandtschaften

Selbst gebildete Frauen vertragen
nicht immer andauernd gleichmäßiges
Glück und fühlen einen unbegreiflichen
Antrieb zu Teufeleien und Narrheiten,
durch die Abwechslung
ins Leben kommt.
Bogumil Goltz,
Zur Charakteristik und Naturgeschichte der Frauen

Abwesenheit

Abwesenheit macht das Herz zärtlicher.
Sprichwort aus England

Abwesenheit muss man
durch Erinnerung ergänzen.
Das Gedächtnis ist der Spiegel,
in dem wir die Abwesenden erblicken.
Joseph Joubert, Gedanken, Versuche und Maximen

Der Abwesende bewegt sich
jeden Tag weiter und weiter fort.
Sprichwort aus Slowenien

Durch Abwesenheit seine Hochschätzung oder Verehrung befördern:
Wie die Gegenwart
den Ruhm vermindert,
so vermehrt ihn die Abwesenheit.
Baltasar Gracián y Morales,
Handorakel und Kunst der Weltklugheit

So verblasst das Abwesende,
und eine neue Liebe tritt ein.
Ovid, Liebeskunst

Wer abwesend ist, ist gut.
Sprichwort aus Bulgarien

Achtung

Achte dich selbst, wenn du willst,
dass andere dich achten sollen!
Adolph Freiherr von Knigge,
Über den Umgang mit Menschen

Achten die Menschen sich selbst,
so achten sie gewöhnlich
auch die fremde Persönlichkeit.
Samuel Smiles, Charakter

Achtet nicht die Achtenswerten,
und es wird nicht Streit sein im Volk.
Lao-tse, Dao-de-dsching

Achtung ist mehr als Beachtung,
Ansehen mehr als Ruf,
Ehre mehr als Ruhm.
Chamfort, Maximen und Gedanken

Achtung nutzt sich ab wie die Liebe.
Luc de Clapiers Marquis de Vauvenargues,
Reflexionen und Maximen

Alles altert, selbst die Achtung,
wenn man sich nicht in Acht nimmt.
Joseph Joubert, Gedanken, Versuche und Maximen

Allgemeines Lob
ist etwas sehr Entbehrliches.
Allgemeine Achtung
können dem Redlichen und Weisen
selbst die Schurken in ihren Herzen
nicht versagen.
Adolph Freiherr von Knigge,
Über den Umgang mit Menschen

Da in der Achtung dieser Welt
So mancher Wicht wird hoch gestellt,
Gilt mir nur der als rechter Mann,
Der ehrlich selbst sich achten kann.
Friedrich von Bodenstedt, Mirza Schaffy

Denn alle, welche schreiben,
gebrauchen in der Anrede den Plural,
als ob sie der Person,
wenn sie sie vervielfachen,
höhere Ehre erwiesen und sie ihnen
auch ehrwürdiger erschiene.
Papst Pius II., Briefe
(an Herzog Sigismund von Österreich, 1443)

Die Achtung, die ein Mensch verdient,
und sein Wert hängen ab
von seinem Mut und seinem Willen:
Hierin liegt seine wahre Ehre.
Michel Eyquem de Montaigne, Die Essais

Die Achtung, die uns die Mitmenschen
einflößen, lässt sich an der Art
unserer Vertraulichkeit ermessen.
Sully Prudhomme, Intimes Tagebuch

Die Achtung, die wir in der Welt
besitzen, leistet oft mehr
als die mächtigsten Heere.
Louis XIV

Die genialen Menschen aller Länder
sind sehr wohl imstande,
einander zu verstehen und zu achten.
Germaine Baronin von Staël, Über Deutschland

Die Menschen haben
vor dem Tod zu viel Achtung,
gemessen an der geringen Achtung,
die sie vor dem Leben haben.
Henry de Montherlant

Ein hochmütiges
und aufgeblasenes Wesen
trägt in der Gesellschaft
gerade das Gegenteil
der erwarteten Achtung ein.
Jean de La Bruyère, Die Charaktere

Ein jeder Mensch hat rechtmäßigen
Anspruch auf Achtung von seinen
Nebenmenschen, und wechselseitig
ist er dazu auch gegen jeden anderen
verbunden.
Immanuel Kant, Die Metaphysik der Sitten

Ein Mann, den niemand achtet,
verliert dadurch seine Würde, und so
zählt dieser Mann nur noch halb,
auch wenn er unversehrt ist.
Gottfried von Straßburg, Tristan

Ein Siebzigjähriger wird selbst
vom Mandarin nicht geschlagen und
ein Achtzigjähriger nicht gescholten.
Chinesisches Sprichwort

Es ist schwer, die zu lieben,
die wir nicht achten,
aber nicht weniger schwer,
jene zu lieben,
die wir mehr achten
als uns selbst.
François de La Rochefoucauld, Reflexionen

Es ist schwer, jemanden so zu achten,
wie er geachtet werden will.
Luc de Clapiers Marquis de Vauvenargues,
Reflexionen und Maximen

Es kommt oft vor,
dass man uns achtet in dem Maße,
wie wir uns selbst achten.
Luc de Clapiers Marquis de Vauvenargues,
Nachgelassene Maximen

Es scheint, dass jemand achten heißt,
sich ihm gleichstellen.
Jean de La Bruyère, Die Charaktere

Gemeiniglich darf man,
um sich die Achtung zu erhalten,
nicht sehr geliebt sein.
Die Liebe ist verwegener
als der Hass.
Baltasar Gracián y Morales,
Handorakel und Kunst der Weltklugheit

Handle gut und anständig,
weniger anderen zu gefallen,
eher um deine eigene Achtung
nicht zu verscherzen.
Adolph Freiherr von Knigge,
Über den Umgang mit Menschen

Indem ich mich bemüht habe,
meine eigene Achtung zu verdienen,
habe ich gelernt, auf die der anderen,
die in der Mehrzahl
gut ohne die meine auskommen,
zu verzichten.
Jean-Jacques Rousseau, Narcisse (Vorrede)

Kein echter Mann nimmt Dienste an
Von dem, den er nicht achten kann.
Jüdische Spruchweisheit

Manche wären sehr erstaunt
zu erfahren, worauf ihre Achtung
vor den Menschen beruht.
Luc de Clapiers Marquis de Vauvenargues,
Nachgelassene Maximen

Missachtung für deine Mitmenschen
hindert dich nicht,
bei fortwährender Selbstachtung
nach ihrer Achtung zu streben.
Dag Hammarskjöld, Zeichen am Weg

Nach der Pracht oder Ärmlichkeit
des Wagens achtet man die Leute
oder behandelt man sie geringschätzig.
Jean de La Bruyère, Die Charaktere

Nehmen Sie der Liebe die Achtung,
so ist sie nichts mehr.
Jean-Jacques Rousseau,
Julie oder Die neue Héloïse (Saint-Preux)

Nichts verschafft einem so schnell
Achtung, wie wenn man
seine Mitmenschen wissen lässt,
dass man ihnen gewachsen ist.
Vita Sackville-West, Erloschenes Feuer

Ruhige, stille Hochachtung
ist mehr wert als Anbetung,
Verehrung, Entzückung.
Adolph Freiherr von Knigge,
Über den Umgang mit Menschen

So mancher, der draußen in der Welt
durch große Talente bekannt,
angesehen und allgemein beliebt ist,
hat seinen Angehörigen
keine Achtung abnötigen können
und gilt als ein unbedeutender Mensch
im eigenen Haus.
Jean de La Bruyère, Die Charaktere

Stets zu unterscheiden zwischen
achtenswert und liebenswert
ist ein Kennzeichen von Beschränktheit:
Die großen Seelen lieben von Natur
aus alles, was ihre Achtung verdient.
Luc de Clapiers Marquis de Vauvenargues,
Reflexionen und Maximen

Wenn du willst, dass man dich achte,
so achte vor allem dich selbst;
nur dadurch, nur durch Selbstachtung,
zwingst du auch andere, dich zu achten.
Fjodor M. Dostojewski, Erniedrigte und Beleidigte

Wer das Kleine nicht acht't,
hat zum Großen nicht Macht.
Deutsches Sprichwort

Wer nicht verachtet,
der kann auch nicht achten.
Friedrich Schlegel, Lucinde

Wer nur etwas Ehrgefühl besitzt,
erhebt den Anspruch auf Achtung
seiner Mitbürger. Man will sich
irgendwie hervortun und nicht
in der dumpfen Masse untergehen.
König Friedrich der Große, Briefe
(an Voltaire, 31. Januar 1773)

Wer selbst geachtet werden will,
der muss die Eigenart
seiner Mitmenschen achten.
Samuel Smiles, Charakter

Wer sich nicht achtet,
ehrt die Frauen nicht;
Wer nicht die Frauen ehrt,
kennt er die Liebe?
Leopold Schefer, Laienbrevier

Wer wahre Achtung für sich selbst hat,
ist gegenüber der ungerechten Verachtung andrer wenig empfindlich und
fürchtet nichts, als sie zu verdienen.
Jean-Jacques Rousseau,
Julie oder Die neue Héloïse (Julie)

Will man geachtet werden,
muss man unter Menschen leben,
die man achten kann.
Jean de La Bruyère, Die Charaktere

Wir achten auch wider Willen die,
welche wir geachtet sehen.
Joseph Joubert, Gedanken, Versuche und Maximen

Wir lieben die Leute
je nach der Achtung,
die sie uns bezeugen.
Charles de Secondat, Baron de la Brède
et de Montesquieu, Meine Gedanken

Wir sind nur insofern zu achten,
als wir zu schätzen wissen.
Johann Wolfgang von Goethe,
Wilhelm Meisters Lehrjahre

Wir verlangten nicht so ehrgeizig
die Achtung der Menschen,
wenn wir sicherer wären,
sie zu verdienen.
Luc de Clapiers Marquis de Vauvenargues,
Nachgelassene Maximen

Wir verlieren immer
die Liebe derjenigen,
die unsere Achtung verlieren.
Joseph Joubert, Gedanken, Versuche und Maximen

Acker

An Lichtmess fängt der Bauersmann
neu mit des Jahres Arbeit an.
Bauernregel

Das beste Wappen in der Welt
Ist der Pflug im Ackerfeld.
Sprichwort aus der Schweiz

Den Acker und die Frau
gib an niemand weiter.
Chinesisches Sprichwort

Der Acker taugt so viel wie der Mann.
Sprichwort aus Frankreich

Die Gräslein können den Acker nicht
begreifen, aus dem sie sprießen.
Hildegard von Bingen, Wisse die Wege

Ein Gewerbe ist allen Männern und
Frauen gemeinsam: der Ackerbau;
den versteht jeder. Darin werden alle
von Kindheit an unterwiesen.
Thomas More, Utopia

Lieber bebaue ein Feld bei deinem Haus,
als dass du von Zugtieren lebst.
Chinesisches Sprichwort

Man soll den Acker
nicht zu wohl düngen.
Deutsches Sprichwort

Nur wenn alle Landarbeit leisten,
kann es ein vernunftgemäßes,
sittliches Leben geben.
Der Ackerbau weist uns,
was am dringendsten
und was weniger notwendig ist.
Er ist die Richtschnur
für ein vernunftgemäßes Leben.
Wir müssen die Erde berühren.
Leo N. Tolstoi, Tagebücher (1906)

Ruft den Ackerbau wieder ins Leben,
erneuert die Wollspinnerei;
das gäbe ein recht ehrsames Geschäft,
in dem sich mit Nutzen jener Schwarm
von Tagedieben betätigen könnte,
die bisher die Not
zu Dieben gemacht hat.
Thomas More, Utopia

Säst du die Gerste nach Sankt Vit,
bist du sie samt dem Sacke quit.
Bauernregel

Seinen Acker zu bestellen, ist nicht
eine unter mehreren Lebensformen,
sondern die Lebensform schlechthin,
das Leben selbst, die einzige
menschliche Lebensform,
welche die Offenbarung
aller höheren Eigenschaften
des Menschen ermöglicht.
Leo N. Tolstoi, Tagebücher (1906)

Solange der Ackerbau geehrt wurde,
gab es weder Elend noch Müßiggang,
und es gab weit weniger Laster.
Jean-Jacques Rousseau, Letzte Antwort

Süß ist's, die Zeit auf die Bearbeitung
der Äcker zu verwenden.
Ovid, Briefe aus der Verbannung

Ungebauter Acker trägt selten gut Korn.
Deutsches Sprichwort

Von allen Arbeiten
ist der Ackerbau die Wurzel.
Chinesisches Sprichwort

Weißt du, was die alten Männer tun,
wenn sie 50 Jahre lang um Reichtümer
und Ehrenstellen gebuhlt haben?
Sie lassen sich auf einen Herd nieder
und bebauen ein Feld. Dann,
und dann erst, nennen sie sich weise.
Sage mir, könnte man nicht klüger
sein als sie, und früher dahin gehen,
wohin man am Ende doch soll?
Heinrich von Kleist, Briefe
(an Wilhelmine von Zenge, 10. Oktober 1801)

Wer den Acker nicht baut,
dem wächst Unkraut.
Deutsches Sprichwort

Wer den Acker pflegt,
den pflegt der Acker.
Bauernregel

Wer seinen Acker mit Fleiß baut,
soll Brots genug haben.
Deutsches Sprichwort

Wie man den Acker bestellt,
so trägt er.
Deutsches Sprichwort

Adam

Adam – der erste Entwurf für Eva.
Jeanne Moreau

Adam hat den Apfel gegessen,
und uns tun die Zähne davon weh.
Sprichwort aus Ungarn

Adam und Eva hatten viele Vorteile.
Vor allem bekamen sie
ihre Zähne sofort und auf einmal.
Mark Twain

Adam war ein Mensch; er wollte
den Apfel nicht des Apfels wegen,
sondern nur, weil er verboten war.
Mark Twain, Querkopf Wilsons Kalender

Adams Rippe bringt weniger Nutzen
als Schaden.
Sprichwort aus Polen

Eifersucht ist so alt wie die Menschheit;
als Adam einmal zu spät heimkam,
fing Eva an, seine Rippen zu zählen.
Sprichwort aus Flandern

Weh, sprach Adam, übel hast du nun,
Eva, gewendet unser beider Geschick.
Altsächsische Genesis (um 860), Adams Klage

Wenn Adam auf die Erde zurückkäme,
würde er nichts wiedererkennen
– ausgenommen die Witze.
Ugo Tognazzi

Wie muss Adam
das Gefühl ausgekostet haben,
Dinge zu sagen,
die vor ihm noch keiner gesagt hat!
Mark Twain

Adel

Adel liegt einzig und allein
in der Tugend.
Juvenal, Satiren

Adel sitzt im Gemüte,
nicht im Geblüte.
Deutsches Sprichwort

Adel, Tugend, Kunst
sind ohne Geld umsunst.
Deutsches Sprichwort

Adel verpflichtet (Noblesse oblige).
Sprichwort aus Frankreich

Adelig und edel sind zweierlei.
Deutsches Sprichwort

Adelsbrief und Hofsuppen
sind gemeiner denn ein Bauernjuppen.
Deutsches Sprichwort

Als Adam hackt' und Eva spann,
wer war da der Edelmann?
Deutsches Sprichwort

Den eigentlichen Adel
kann kein Gesetz abschaffen.
Georg Christoph Lichtenberg, Sudelbücher

Den Platon hat die Philosophie
nicht als Adligen aufgenommen,
sondern dazu gemacht.
Lucius Annaeus Seneca, Briefe über Ethik

Der Adel besteht
in Stärke des Leibes bei Pferden,
bei Menschen in guter Denkart.
Matthias Claudius, Der Wandsbecker Bothe

Der Adel ist ein köstlicher Schmuck
der bürgerlichen Gesellschaft.
Er ist das korinthische Kapitell wohl
geordneter und gebildeter Staaten.
Edmund Burke,
Betrachtungen über die Französische Revolution

Der Adel kann uns in allem übertreffen,
nur nicht in der Mehrheit.
Jean Paul, Dämmerungen für Deutschland

Der echte Adel weiß von keiner Furcht.
William Shakespeare, Heinrich VI.

Der große Vorzug adliger Abkunft ist,
dass sie die Armut besser ertragen lässt.
Friedrich Nietzsche, Morgenröte

Der ist ein echter Edelmann,
der einem Schachspiel
wortlos folgen kann.
Chinesisches Sprichwort

Der Teufel, der Adel und die Jesuiten
existieren nur so lange,
als man an sie glaubt.
Heinrich Heine, Reise von München nach Genua

Die Adligen von heute sind nur
die Gespenster ihrer Vorfahren.
Antoine Comte de Rivarol, Maximen und Reflexionen

Die Armut kann niemandem
an seinem Adel schaden,
wohl aber der Reichtum.
Giovanni Boccaccio, Das Dekameron

Die Edeln und der Adel
stehen gewöhnlich im Gegensatz.
Johann Gottfried Seume, Apokryphen

Die richtige Seelenhaltung
ist allen zugänglich,
alle wir sind wir im Hinblick
auf diesen Maßstab adlig.
Lucius Annaeus Seneca, Briefe über Ethik

Die Seele macht adlig,
die sich aus jeder beliebigen Situation
über das Schicksal zu erheben vermag.
Lucius Annaeus Seneca, Briefe über Ethik

Die Tugend adelt mehr als das Geblüt.
Deutsches Sprichwort

Edel sein ist gar viel mehr
als adlig von den Eltern her.
Deutsches Sprichwort

Edel sind der Götter Söhne schon,
Die muss kein Fürst erst adeln wollen.
Gottfried August Bürger, Gedichte

Edelleute schlüpfen oft in Bubenhäute.
Deutsches Sprichwort

Ein Bürger wird den Vergleich
mit einem Schuhflicker
mit weniger Verdrossenheit hinnehmen
als ein Adliger den Vergleich
mit einem Bürger.
Antoine Comte de Rivarol, Maximen und Reflexionen

Es gibt eine Art Zwitterwesen,
die weder Herrscher noch Privatleute
sind und die sich bisweilen sehr
schwer regieren lassen:
die Prinzen von Geblüt.
Ihre hohe Abstammung flößt ihnen
einen gewissen Hochmut ein,
den sie Adel nennen.
König Friedrich der Große,
Politisches Testament (1752)

Geloben ist adlig, halten bäurisch.
Deutsches Sprichwort

Ich kann in einem Tag tausend adeln
und zu Rittern machen;
aber so mächtig bin ich nicht,
dass ich in tausend Jahren
einen Gelehrten machen könnte.
Julius Wilhelm Zincgref, Apophthegmata

Im Adel und im Bürgertum
wird die Frau aufgrund ihres
Geschlechtes geknechtet:
Sie führt ein parasitäres Dasein,
sie ist wenig gebildet, und es bedarf
außergewöhnlicher Umstände,
damit sie irgendein konkretes Projekt
entwerfen und verwirklichen kann.
Simone de Beauvoir, Das andere Geschlecht

In der Not allein
Bewährt sich der Adel großer Seelen.
Friedrich Schiller, Turandot

In manchen Familien sind Hunde mit
Stammbaum so eine Art Adelsersatz.
Oliver Hassencamp

Lang zu Hofe, lang zur Hölle.
Deutsches Sprichwort

Man leugnet stets,
und man leugnet mit Recht,
Dass je sich der Adel erlernte.
Johann Wolfgang von Goethe, Gedichte (Ballade)

Nach der Ausrufung der Republik
wurde der Adel in Österreich
abgeschafft. An seine Stelle
ist der Besitz eines Abonnements
bei den Konzerten
der Wiener Philharmoniker getreten.
Hans Weigel

Obwohl mein Name weder gut
noch schlecht ist, da er nicht mehr
als dreihundertfünfzig Jahre erwiesenen
Adel aufweist, bin ich ihm doch sehr
verbunden und wäre durchaus geneigt,
einen Erben für ihn anzunehmen.
Charles de Secondat, Baron de la Brède
et de Montesquieu, Meine Gedanken

Schuld verschandelt auch
Wohlgeborene.
Horaz, Lieder

Sie scheinen mir aus einem edlen Haus:
Sie sehen stolz und unzufrieden aus.
Johann Wolfgang von Goethe, Faust I (Frosch)

Spricht einer keine Lüge,
so stammt er gewiss nicht
von adliger Wiege.
Sprichwort aus Spanien

Wahrer Adel ist es,
den nichtigen Adel zu verachten.
Erasmus von Rotterdam,
Handbüchlein eines christlichen Streiters

Weg mit allen Vorurteilen,
weg mit dem Adel,
weg mit dem Stande
– gute Menschen wollen wir sein
und uns mit der Freude begnügen,
die die Natur uns schenkt.
Heinrich von Kleist, Briefe
(an Wilhelmine von Zenge, 13. November 1800)

Wenn Adel Tugend ist,
so geht er durch all das verloren,
was der Tugend widerspricht;
ist es nicht Tugend, taugt er wenig.
Jean de La Bruyère, Die Charaktere

Wenn der Bauer klagt,
ist der Adlige immer im Recht.
Sprichwort aus Russland

Wer auf den Adel seiner Familie
zu stolz ist, der ist zu wenig stolz
auf den Grund, warum sie ihn erhielt.
François de La Rochefoucauld,
Nachgelassene Maximen

Wer ist von Adel?
Der zur sittlichen Vollkommenheit
von der Natur gut veranlagt ist.
Lucius Annaeus Seneca, Briefe über Ethik

Wer tugendhaft lebt und handelt,
der legt seinen Adel an den Tag.
Giovanni Boccaccio, Das Dekameron

Adler

Adler fängt nicht Fliegen.
Deutsches Sprichwort

Adler fliegen allein,
aber Schafe scharen sich zusammen.
Sprichwort aus den USA

Der Adler fliegt allein,
der Rabe scharenweise;
Gesellschaft braucht der Tor,
und Einsamkeit der Weise.
Friedrich Rückert, Die Weisheit des Brahmanen

Der Adler frisst nicht
aus dem eigenen Nest.
Chinesisches Sprichwort

Der Adler ist ein stolzer Vogel,
der auf den höchsten Felsen horstet;
unter sich sieht er die Wolken
durch die Täler wogen,
mit ihnen ziehen die Schwalben.
Gustave Flaubert, November

Die eigentlich großen Geister horsten,
wie die Adler, in der Höhe allein.
Arthur Schopenhauer, Aphorismen zur Lebensweisheit

Ein alter Adler ist stärker
als eine junge Krähe.
Deutsches Sprichwort

Ein großer Mann gleicht einem Adler;
je höher er sich aufschwingt,
desto schwieriger ist er zu erkennen,
und so muss er seine Größe
mit der Einsamkeit seiner Seele
bezahlen.
Stendhal, Über die Liebe

Ja, wer ein Adler ist,
der kann sich wohl erschwingen
Und über Seraphim
durch tausend Himmel dringen.
Angelus Silesius, Der cherubinische Wandersmann

Kühe und Schafe gehen miteinander,
aber der Adler fliegt allein.
Deutsches Sprichwort

Mag auch das Auge des Nachtvogels
die Sonne nicht sehen,
es schaut sie dennoch
das Auge des Adlers.
Thomas von Aquin,
Kommentar zur Metaphysik des Aristoteles

Schlechte Zeiten zwangen den Adler,
bei den Hühnern zu überwintern.
Sprichwort aus Montenegro

Wenn der Adler alt wird,
so werden ihm seine Federn schwer
und die Augen dunkel. Dann sucht er
einen ganz erfrischenden Quell auf
und fliegt vom Quell hinauf zur Sonne.
Da verbrennt er seine Federn,

und er stürzt hinunter zu der Quelle,
die er sich ausgesucht hat.
Das tut er dreimal, und dadurch
wird er wieder jung und sieht wieder.
Genauso soll der Mensch tun.
Jüngerer deutscher Physiologus (um 1140)

Advokat

Advokaten,
die Bratenwender der Gesetze,
die so lange die Gesetze wenden
und anwenden, bis ein Braten
für sie abfällt.
Heinrich Heine

Advokaten und Soldaten
sind des Teufels Spielkameraden.
Deutsches Sprichwort

Den Bauern erkennt man an der Gabel,
den Advokaten am Schnabel.
Deutsches Sprichwort

Der beste Advokat,
der schlimmste Nachbar.
Deutsches Sprichwort

Ein Advokat und ein Wagenrad
wollen geschmiert sein.
Deutsches Sprichwort

Eine friedliche und einträchtige Welt
ist der geheime Alptraum der Offiziere
und Advokaten.
Norman Mailer

Leider ruht auf dem, was Advokaten-
hände berühren, so leicht ein Fluch.
Johann Wolfgang von Goethe, Briefe
(an Zelter, 29. August 1803)

Affe

Affen und Pfaffen
lassen sich nicht strafen.
Deutsches Sprichwort

Auch die Angrenzung der Menschen
an die Affen wünschte ich nie
so weit getrieben, dass,
indem man eine Leiter der Dinge sucht,
man die wirklichen Sprossen
und Zwischenräume verkenne,
ohne die keine Leiter stattfindet.
Johann Gottfried Herder,
Ideen zur Philosophie der Geschichte der Menschheit

Auch in einem Königshaus
lernt man wie die Affen:
indem man die Eltern beobachtet.
Charles, Prince of Wales

Der Übergang vom Affen
zum Menschen sind wir.
Konrad Lorenz

Der Mensch: ein durch die Zensur
gerutschter Affe.
Gabriel Laub

Dieweil nun Affe, Mensch und Kind
Zur Nachahmung geboren sind.
Johann Wolfgang von Goethe, Parabel

Eigentlich wollten sie ja wieder einen
Affen in den Weltraum schießen,
aber dann erschien ihnen das
doch zu grausam
– und sie haben mich genommen.
Alan Shepard

Ein Aff bleibt ein Aff,
werd er König oder Pfaff.
Deutsches Sprichwort

Einem Affen fehlen nur drei Haare,
und er wäre ein Mensch.
Sprichwort aus Japan

Es gibt Frauen,
die Darwin falsch verstanden haben:
Sie machen aus jedem Mann
einen Affen.
Carola Höhn

Ihr habt den Weg vom Wurme zum
Menschen gemacht, und vieles ist in
euch noch Wurm. Einst wart ihr Affen,
und auch jetzt noch ist der Mensch
mehr Affe als irgendein Affe.
Friedrich Nietzsche, Also sprach Zarathustra

Je höher der Affe steigt,
je mehr er den Hintern zeigt.
Deutsches Sprichwort

Nach manchen Gesprächen mit einem
Menschen hat man das Verlangen,
einen Hund zu streicheln,
einem Affen zuzunicken oder
vor einem Elefanten den Hut zu ziehen.
Maxim Gorki

Selbst ein Affe fällt vom Baum.
Sprichwort aus Indien

Wechseln sollst du Worte niemals
Mit unklugen Affen.
Edda, Hávamál (Loddfafnirlied)

Wenn Affen Klavier spielen können,
warum sollten Menschen nicht dazu
singen?
John Lennon

Wenn die Affen
es dahin bringen könnten,
Langeweile zu haben,
so könnten sie Menschen werden.
Johann Wolfgang von Goethe,
Maximen und Reflexionen

Wie ähnlich ist uns der Affe,
dieses äußerst scheußliche Tier!
Quintus Ennius, Fragmente

Affekt

Affekt! Dein Ahnen
bohrt zum Mittelpunkt,
Das machst du möglich,
was unmöglich schien,
Verkehrst mit Träumen.
William Shakespeare, Das Wintermärchen (Leontes)

Affekte sind Erregungen, infolge deren
die Menschen ihre Stimmung ändern
und verschiedenartig urteilen,
Erregungen, die mit Lust-
und Unlustgefühlen verbunden sind,
wie Zorn, Mitleid, Furcht und andere
der Art sowie ihre Gegensätze.
Aristoteles, Psychologie

Das Unvermögen eines Menschen,
seine Affekte zu zügeln
und einzuschränken,
nenne ich Knechtschaft.
Baruch de Spinoza, Ethik

Denn jeder lenkt alles
gemäß seinem Affekt.
Baruch de Spinoza, Ethik

Die Affekte sind die krankhaften Säfte
der Seele, und an jedem Übermaße
derselben erkrankt die Klugheit:
Steigt gar das Übel zum Munde hinaus,
so läuft die Ehre Gefahr.
Baltasar Gracián y Morales,
Handorakel und Kunst der Weltklugheit

Afra (7.8.)

An Sankt Afra Regen
kommt dem Bauer ungelegen.
Bauernregel

Agnes (21.1.)

Wenn Agnes und Vincentus kommen,
wird neuer Saft im Baum vernommen.
Bauernregel

Ahn

Entartet Geschlecht!
Unwert der Ahnen!
Richard Wagner, Tristan und Isolde (Isolde)

Es ist ein Glück,
dass wir im Allgemeinen Genaueres
nur von unseren Eltern, bestenfalls
noch von unseren Großeltern wissen.
Wäre uns auch von unseren entfernte-
ren Ahnen so viel bekannt,
dann gäbe es wohl keinen Charakter-
fehler und keine Schurkerei,
die wir nicht mit unserer erblichen
Belastung zu rechtfertigen suchten.
Arthur Schnitzler, Buch der Sprüche und Bedenken

Vom Ahnenstolz ist es nur ein Schritt
zum Rassenwahn.
Peter Benary

Wer seinem Lande treu dient,
braucht keine Ahnen.
Voltaire, Mérope (Polyphontes)

Ähnlichkeit

Ähnliches wird
von Ähnlichem ergriffen.
Erasmus von Rotterdam,
Handbüchlein eines christlichen Streiters

Ähnlichkeit ist eine objektive Kraft,
die allen subjektiven Umwandlungen
widersteht. Nicht Ähnlichkeit
mit Analogie verwechseln.
Jean Cocteau, Hahn und Harlekin

Je älter man wird,
desto ähnlicher wird man sich selbst.
Maurice Chevalier

Jede Unähnlichkeit mit Lebenden oder
Verstorbenen ist nicht beabsichtigt.
Ludwig Marcuse, Argumente und Rezepte.
Ein Wörter-Buch für Zeitgenossen

Jedes Lebewesen liebt seinesgleichen,
jeder Mensch den, der ihm ähnlich ist.
Altes Testament, Jesus Sirach 13, 15

Woher kommt es doch, dass man
bei ähnlichen Gesichtern
so oft ähnliche Gesinnungen findet?
Georg Christoph Lichtenberg, Sudelbücher

Ahnung

Ahnungen sind Regungen,
die Flügel des Geistes höher zu heben.
Bettina von Arnim, Tagebuch

Der nur verdient geheimnisvolle Weihe,
Der ihr durch Ahnung
vorzugreifen weiß.
Johann Wolfgang von Goethe,
Die natürliche Tochter (Weltgeistlicher)

Die Ahnung der Frau
ist meistens zuverlässiger
als das Wissen des Mannes.
Rudyard Kipling

Die Ahnung ist des Herzens Licht.
Karl Leberecht Immermann, Gedichte

Die Ahnung ist die Quelle der Religion.
Jakob Boßhart, Bausteine zu Leben und Zeit

Es kann passieren was will,
es gibt immer einen,
der es kommen sah.
Fernandel

Ich habe Ahnungen nie geleugnet,
da dem Menschen ein Wissen auch
ohne die Sinne, die Untersuchung,
die Erfahrung und dergleichen
zukommen kann, welches Wissen
so gewiss ist wie jedes andere,
ja gewisser, da der Verstand irren kann.
Adalbert Stifter, Briefe
(an Amalia Stifter, 17. November 1866)

Mir ahnet
ein unglücksvoller Augenblick.
Friedrich Schiller, Dom Karlos (Marquis)

Noch ahnd ich, ohne zu finden.
Ich frage die Sterne,
und sie verstummen,
ich frage den Tag und die Nacht,
aber sie antworten nicht.
Aus mir selbst, wenn ich mich frage,
tönen mystische Sprüche,
Träume ohne Deutung.
Friedrich Hölderlin, Fragment von Hyperion

Sehnsucht und Ahnung
liegen ineinander,
eins treibt das andre hervor.
Bettina von Arnim, Tagebuch

Überall geht ein früheres Ahnen
dem späteren Wissen voraus.
Alexander von Humboldt, Kosmos

Wenn jeder Mensch ahnte,
von wie vielen er durchschaut wird!
Elias Canetti, Die Provinz des Menschen.
Aufzeichnungen 1942–1972

Zur Wahrheit führen raue,
dunkle Bahnen,
Erst spät erfüllt sich,
was wir früh schon ahnen.
Friedrich von Bodenstedt, Mirza Schaffy

Akademie

Bilder malen
lernt man ja ganz von selbst,
aber wie man Bilder verkauft,
das sollten sie einem
auf der Akademie beibringen.
Olaf Gulbransson

Dann gab's ein Gerede,
man weiß nicht wie:
Das nennt man eine Akademie.
Johann Wolfgang von Goethe, Parabolisch

Das methodische Geschwätz
der hohen Schulen ist oftmals nur
ein Einverständnis, durch veränderliche
Wortbedeutungen einer schwer
zu lösenden Frage auszuweichen,
weil das bequeme und mehrenteils
vernünftige »Ich weiß nicht«
auf Akademien nicht leichtlich
gehöret wird.
Immanuel Kant, Träume eines Geistersehers

Die außerordentlichen Männer
des sechzehnten und siebzehnten Jahrhunderts waren selbst Akademien,
wie Humboldt zu unserer Zeit.
Als nun das Wissen so ungeheuer
überhand nahm, taten sich Privatleute
zusammen, um, was dem Einzelnen
unmöglich wird, vereinigt zu leisten.
Johann Wolfgang von Goethe,
Maximen und Reflexionen

Erst waren die Wälder,
dann die Hütten,
dann die Städte
und zuletzt die Akademien.
Giambattista Vico, Neue Wissenschaft

Jede der deutschen Akademien
hat eine besondere Gestalt;
denn weil in unserem Vaterlande
keine allgemeine Bildung durchdringen kann, so beharrt jeder Ort
auf seiner Art und Weise
und treibt seine charakteristischen
Eigenheiten bis aufs Letzte.
Johann Wolfgang von Goethe, Dichtung und Wahrheit

Man klagt über wissenschaftliche
Akademien, dass sie nicht frisch genug
ins Leben eingreifen; das liegt aber
nicht an ihnen, sondern an der Art,
die Wissenschaft zu behandeln,
überhaupt.
Johann Wolfgang von Goethe,
Maximen und Reflexionen

Niemals wird die Akademie zu Fall
kommen: Solange es Toren gibt,
gibt es auch Schöngeister.
Charles de Secondat, Baron de la Brède
et de Montesquieu, Meine Gedanken

Akademisches

Es liegt im Wesen des Akademischen,
nur das Tote zu berücksichtigen,
ganz sicher ist man nur dessen,
was sich nicht mehr rühren kann.
Ludwig Marcuse, Argumente und Rezepte.
Ein Wörter-Buch für Zeitgenossen

Was ist ein Akademiker anderes
als ein eingelerntes und angeeignetes
Glied einer großen Vereinigung?
Johann Wolfgang von Goethe, Briefe
(an Zelter, 4. Februar 1832)

Akrobatik

Ein geschickter Akrobat
kann von Tag zu Tag
geschwindere Purzelbäume schlagen
und immer mehr. Das hat aber
mit Vervollkommnung
oder mit Entwicklung nichts zu tun.
Arthur Schnitzler,
Aphorismen und Betrachtungen aus dem Nachlass

Kunst ist eine Art
zwanghafter Akrobatik.
Emilio Vendova, in: ART – Das Kunstmagazin 1985, Nr. 7

Aktie

Aktionäre sind dumm und frech:
Dumm, weil sie Aktien kaufen,
und frech, weil sie Dividende
haben wollen.
Carl Fürstenberg

Die Börse hängt nur davon ab,
ob es mehr Aktien gibt als Idioten
– oder umgekehrt.
André Kostolany

Die europäischen Völker haben
133 Milliarden Schulden. Wer schuldet
wem? Die Armen, die arbeitenden
Menschen den Reichen,
welche die Aktien besitzen.
Leo N. Tolstoi, Tagebücher (1904)

Aktivität

Das Wichtigste ist in erster Linie,
dass man zu Selbertun und nicht
zur Passivität erzogen wird.
Richard von Weizsäcker, Wissenschaft und Phantasie –
Herausforderungen unserer Zeit (Interview 1985)

Der Elfenbeinturm ist heute überfüllt
mit Aktivisten. Sie sitzen dort aktiv.
Ludwig Marcuse, Argumente und Rezepte.
Ein Wörter-Buch für Zeitgenossen

Albernheit

Albernheit ist eine Erholung
von der Umwelt.
Peter Bamm

Die Albernheit ist der Prüfstein
der Freundschaft sowohl als der Liebe.
Peter Bamm, Die kleine Weltlaterne (1935)

Einem Kameraden hilft man.
Einem Kollegen misstraut man.
Mit einem Freunde ist man albern.
Peter Bamm, Die kleine Weltlaterne (1935)

Es ist ein albern Schaf,
das dem Wolf beichtet.
Deutsches Sprichwort

Es ist kein sicher Mittel,
die Welt für Narrn zu halten,
als sich albern zu stellen.
Johann Wolfgang von Goethe, Tagebuch (Juni 1775)

Meine Albernheiten
nehme ich selbst nicht wichtiger,
als sie es verdienen.
Das ist ihr Glück.
Michel Eyquem de Montaigne, Die Essais

Niemand ist dagegen gefeit,
dass er einmal etwas Albernes sagt.
Ärgerlich ist das nur, wenn einer
so etwas mit Pathos von sich gibt.
Michel Eyquem de Montaigne, Die Essais

Alkohol

Abends vull, morgens null.
Deutsches Sprichwort

Bier auf Wein, das lass sein;
Wein auf Bier, das rat ich dir.
Deutsches Sprichwort

Bleibt beim Saufen, bleibt beim Saufen!
Sauft, ihr Deutschen, immerhin!
Nur die Mode, nur die Mode
Lasst zu allen Teufeln ziehn!
Friedrich von Logau, Sinngedichte

Die Betrunkenen
denken nicht ihre eigenen Gedanken.
Sprichwort aus Russland

Es hat keinen Sinn,
Sorgen im Alkohol ertränken zu wollen,
denn Sorgen sind gute Schwimmer.
Robert Musil

Es ist ein Brauch von alters her:
Wer Sorgen hat, hat auch Likör.
Wilhelm Busch, Die fromme Helene

Ich mag es gerne leiden,
Wenn auch der Becher überschäumt.
Friedrich Schiller, Dom Karlos (König Philipp)

Im Becher ersaufen mehr als im Meer.
Deutsches Sprichwort

Jeder hat seinen Alkohol.
Ich finde genügend Alkohol
im Existieren.
Fernando Pessoa, Das Buch der Unruhe des Hilfsbuchhalters Bernardo Soares

Pfefferkuchen und Branntewein
Wollen stets beisammen sein.
Deutsches Sprichwort

So geht es mit Tabak und Rum:
Erst bist du froh, dann fällst du um.
Wilhelm Busch, Die Haarbeutel

Stehkneipen sind so beliebt,
weil der Alkohol hier
das beste Gefälle hat.
Jürgen von Manger

Trink ihn aus, den Trank der Labe,
Und vergiss den großen Schmerz!
Wundervoll ist Bacchus' Gabe,
Balsam fürs zerrissne Herz.
Friedrich Schiller, Das Siegesfest

Überall ist das Unheil der Alkohol.
Leo N. Tolstoi, Tagebücher (1889)

Was Butter und Whisky nicht heilen,
dafür gibt es keine Heilung.
Sprichwort aus Irland

(...) wenn einer im Delirium tremens
immer Ratten sieht, ist er deshalb
noch lange kein Naturforscher.
Gilbert Keith Chesterton, Heretiker

Wer nicht säuft, setzt heutzutage
schon eine beachtliche und freiwillige
Mehrleistung.
Heimito von Doderer, Repertorium. Ein Begreifbuch
von höheren und niederen Lebens-Sachen

Wer sich verheizt fühlt,
ist meistens auch versucht,
mit Alkohol zu löschen.
Helmut Qualtinger

Wodka macht aus allen Menschen
Russen.
Iwan Rebroff

All

Der einleuchtendste und zugleich
einfachste Beweis der Idealität des
Raumes ist, dass wir den Raum nicht,
wie alles andere, in Gedanken aufheben können.
Arthur Schopenhauer, Den Intellekt überhaupt und in
jeder Beziehung betreffende Gedanken

Der Geist des Alls ist gemeinschaftsfördernd. Wenigstens machte er die
niedrigen Wesen wegen der höheren
und passte die höheren einander an.
Mark Aurel, Selbstbetrachtungen

Es gibt keine höhere Offenbarung
weder in Wissenschaft noch in Religion
oder Kunst als die der Göttlichkeit
des Alls: Ja, von dieser Offenbarung
fangen jene erst an und haben
Bedeutung nur durch sie.
Friedrich von Schelling,
Ideen zu einer Philosophie der Natur

Und dieses ist ja das einzige,
das allgemeine Streben aller Naturen,
All zu werden und hierdurch Organ
der ewigen Ursache alles Seins,
ihrer innigern Gemeinschaft fähig.
Gotthilf Heinrich Schubert,
Ahndungen einer allgemeinen Geschichte des Lebens

Was bin ich denn gegen das All?
Johann Wolfgang von Goethe,
Wilhelm Meisters Wanderjahre

Allegorie

Allegorie entsteht,
wenn der Verstand sich vorlügt,
er habe Phantasie.
Friedrich Hebbel, Tagebücher

Die Allegorie verwandelt
die Erscheinung in einen Begriff,
den Begriff in ein Bild,
doch so, dass der Begriff im Bilde
immer noch begrenzt
und vollständig zu halten
und zu haben und an demselben
auszusprechen sei.
Johann Wolfgang von Goethe,
Maximen und Reflexionen

Ein Geistlicher ist,
wer nur im Unsichtbaren lebt,
für wen alles Sichtbare
nur die Wahrheit einer Allegorie hat.
Friedrich Schlegel, Ideen

In dem echten Kunstwerk liegt
die Welt in tausend Allegorien da.
Adam Heinrich Müller, Die Lehre vom Gegensatze

Allein

Alle unsere Leiden kommen daher,
dass wir nicht allein sein können.
Jean de La Bruyère, Die Charaktere

Allein getan, allein gebüßt.
Deutsches Sprichwort

Allein ist einem am besten.
Deutsches Sprichwort

Allein singen und allein dreschen
ist eine langweilige Arbeit.
Deutsches Sprichwort

Allein sein bringt nur Strafen.
Franz Kafka, Tagebücher (1914)

Allein zu sein!
Drei Worte, leicht zu sagen,
Und doch so schwer,
so endlos schwer zu tragen.
Adelbert von Chamisso, Gedichte

Besser allein als in böser Gemein.
Deutsches Sprichwort

Bestimmte Quellen können wir nur
erschließen, wenn wir allein sind.
Anne Morrow Lindbergh, Muscheln in meiner Hand

Bist du allein mit dir,
so bist du mit dem Genius.
Bettina von Arnim,
Goethes Briefwechsel mit einem Kinde

Bleibe allein, dann spuckt dir niemand
ins Zimmer.
Franziska Gräfin zu Reventlow, Tagebücher

Dabei lern ich denn auch, alles wohl
berechnet, dass es nicht gut ist,
dass der Mensch allein sei,
und sehne mich recht herzlich
zu den Meinigen.
Johann Wolfgang von Goethe, Briefe
(an Herder, 14. Oktober 1786)

Das macht uns arm bei allem Reichtum,
dass wir nicht allein sein können,
dass die Liebe in uns, solange wir leben,
nicht erstirbt.
Friedrich Hölderlin, Hyperion

Der Starke ist am mächtigsten allein.
Friedrich Schiller, Wilhelm Tell

Der stärkste Mann ist der,
der allein steht.
Henrik Ibsen, Ein Volksfeind (Stockmann)

Die Angst vor der Verbindung,
dem Hinüberfließen.
Dann bin ich nicht mehr allein.
Franz Kafka, Tagebücher (1913)

Doch wehe dem, der allein ist, wenn
er hinfällt, ohne dass einer bei ihm ist,
der ihn aufrichtet.
Altes Testament, Kohelet 4, 10

Es ist betrübt,
die langen Winterabende
so allein zu sein.
Johann Wolfgang von Goethe, Zwo biblische Fragen

Es ist so gut, allein zu sein.
Mit Menschen ist's mir,
als ob man innerlich
zusammengeschnürt würde,
und allein weitet sich's wieder.
Franziska Gräfin zu Reventlow, Tagebücher

Es ist ungeheuer wertvoll
und wunderbar, wenn ich allein bin
– die kleinen Dinge des Lebens,
das Leben des Lebens.
Katherine Mansfield, Tagebücher

Gott erhalte uns die Freundschaft.
Man möchte beinah glauben,
man sei nicht allein.
Kurt Tucholsky, Schnipsel

Ich brauche das Alleinsein,
um den Weg nach innen zu suchen.
Petter Moen, Petter Moens Tagebuch

Ich finde es noch erträglich,
stets allein zu sein,
als nie allein sein zu dürfen.
Michel Eyquem de Montaigne, Die Essais

Ich liebe solche Tage
– ungewöhnlich einsame Tage.
Ich liebe es über alles, allein zu sein.
Dann lege ich mich hin,
rauche, blicke ins Feuer.
Katherine Mansfield, Tagebücher

Im Kleinen ist man nicht allein.
Johann Wolfgang von Goethe, Faust I (Mephisto)

Immer steh ich draußen vor der Tür,
wenn die andern Feste feiern.
Dies furchtbare Alleinsein.
Franziska Gräfin zu Reventlow, Tagebücher

Jeder Mensch, besonders jede Frau,
sollte einmal im Jahr,
einmal in der Woche,
einmal am Tag allein sein.
Wie revolutionär das klingt
und wie undurchführbar!
Anne Morrow Lindbergh, Muscheln in meiner Hand

Leicht ist man entschlossen,
Findet man Genossen,
Erst auf sich gestellt,
Zeiget sich der Held.
Jüdische Spruchweisheit

Man ist nie weniger allein,
denn allein.
Deutsches Sprichwort

Man kann nicht für sich allein leben.
Das ist der Tod.
Leo N. Tolstoi, Tagebücher (1889)

Man muss es wirklich genau und
jederzeit wissen, dass man allein sei:
Sonst verliert man den festen Stand
und kann auch demjenigen keine
helfende Hand mehr bieten, mit dem
man vermeinte sich verschmelzen
zu können.
Heimito von Doderer, Repertorium. Ein Begreifbuch
von höheren und niederen Lebens-Sachen

Man müsste einem Verein
ganz allein angehören.
Jules Renard, Ideen, in Tinte getaucht.
Aus dem Tagebuch von Jules Renard

Masse, Alleinsein: gleichwertige
und austauschbare Begriffe für den
schaffenden und schöpferischen Dichter.
Wer nicht versteht, sein Alleinsein
zu bevölkern, der versteht auch nicht,
in einer geschäftigen Menge
allein zu sein.
Charles Baudelaire, Kleine Gedichte in Prosa

Mir könnte gar nichts Lieberes
passieren, als von Zeit zu Zeit
sechs Wochen allein zu sein.
Paula Modersohn-Becker, Briefe
(an Milly, 17. Januar 1906)

Mit einem Kind sollte man immer
allein sein. Es gehört nicht unter
mehrere große Menschen.
Franziska Gräfin zu Reventlow, Tagebücher

Nein, ich gehöre nicht zu diesen
Menschen, ich bin ganz allein,
und es ist eine Mauer zwischen uns,
über die hinweg wir uns manchmal
miteinander unterhalten.
Franziska Gräfin zu Reventlow, Tagebücher

Niemals bin ich allein.
Viele, die vor mir lebten
Und fort von mir strebten,
Webten, webten
An meinem Sein.
Rainer Maria Rilke, Die frühen Gedichte

Niemand sollte sich allein
gewaltigen Herausforderungen stellen.
Selbst bei Noahs Arche
gab es unter den Tieren
weder Junggesellen noch Jungfern.
Peter Ustinov, Peter Ustinovs geflügelte Worte

Oh! Seine Hochzeitsreise
ganz allein machen!
Jules Renard, Ideen, in Tinte getaucht.
Aus dem Tagebuch von Jules Renard

Pünktlichkeit ist ein gutes Training
für das Alleinsein.
Georg Thomalla

Schrecklich allein ist,
wer nicht seine Einheit
mit allen Einzelwesen empfindet.
Leo N. Tolstoi, Tagebücher (1901)

Schreien wirst du einst: Ich bin allein.
Franziska Gräfin zu Reventlow, Tagebücher

So bin ich denn nun
allein auf Erden, ohne Bruder,
ohne Nächsten, ohne Freund,
überlassen meiner eigenen Gesellschaft.
Jean-Jacques Rousseau,
Träumereien eines einsamen Spaziergängers

Solange du glücklich bist,
wirst du viele Freunde haben;
in düsteren Zeiten
wirst du allein sein.
Ovid, Gedichte der Trübsal

Tatsächlich sind es
die wichtigsten Momente im Leben,
wenn wir allein sind.
Anne Morrow Lindbergh, Muscheln in meiner Hand

Und kann ich nur einmal
Recht einsam sein,
Dann bin ich nicht allein.
Johann Wolfgang von Goethe,
Wilhelm Meisters Lehrjahre

Was ich geleistet habe,
ist nur ein Erfolg des Alleinseins.
Franz Kafka, Tagebücher (1913)

Was kannst du genießen,
wenn du allein genießest?
Jean-Jacques Rousseau,
Julie oder Die neue Héloïse (Julie)

Wenn dich alles verlassen hat,
kommt das Alleinsein.
Wenn du alles verlassen hast,
kommt die Einsamkeit.
Alfred Polgar, Kleine Schriften, Band 3. Irrlicht

Wenn du dich auch nicht fürchtest,
allein zu fallen, wieso maßest du dir an,
allein aufzustehen? Schau:
Zwei zusammen können mehr
als einer allein.
Juan de la Cruz, Merksätze von Licht und Liebe

Wer allein schläft, bleibt lange kalt,
Zwei wärmen sich einander bald.
Deutsches Sprichwort

Wer leidet, leidet allein.
Fernando Pessoa, Das Buch der Unruhe des Hilfsbuchhalters Bernardo Soares

Wer sich auf andre verlässt,
der ist verlassen.
Deutsches Sprichwort

Willst du friedlich leben?
Verkehre mit den Menschen,
lebe aber allein,
unternimm nichts
und bedaure gar nichts.
Iwan S. Turgenjew, Gedichte in Prosa

Wir müssen das Alleinsein
erst wieder lernen.
Das ist heute eine schwierige Lektion.
Anne Morrow Lindbergh, Muscheln in meiner Hand

Wir müssen jeder allein sein
– allein arbeiten, allein kämpfen,
um unsere Kraft, unsere Opferwilligkeit
zu beweisen.
Katherine Mansfield, Tagebücher

Wir weinen immer allein.
Franziska Gräfin zu Reventlow, Tagebücher

Alleinherrschaft

Autokraten lieben meist kleine Kinder.
Sie schränken ihre Macht nicht ein,
dafür sind sie ihnen dankbar.
Ludwig Marcuse, Argumente und Rezepte.
Ein Wörter-Buch für Zeitgenossen

Der Staat bin ich (L'état c'est moi).
Louis XIV (= Ludwig XIV.), angeblich in einer Rede
vor dem Stadtparlament von Paris

Mit einem schlechten Alleinherrscher
aber kann niemand sprechen,
gegen ihn gibt es kein anderes Mittel
als das Eisen.
Niccolò Machiavelli, Vom Staat

Nichts schädigt mehr den Staat
als Alleinherrschaft.
Euripides, Die Schutzflehenden (Theseus)

Nur einer sei Herrscher.
Homer, Ilias

Was die Klugheit und Beständigkeit
anbelangt, so behaupte ich,
dass das Volk klüger ist
und ein richtigeres Urteil hat
als ein Alleinherrscher.
Nicht ohne Grund vergleicht man
die Stimme des Volkes
mit der Stimme Gottes.
Niccolò Machiavelli, Vom Staat

Wer sich zum Alleinherrscher erhebt
und Brutus nicht tötet, oder wer einen
Freistaat gründet und die Söhne des
Brutus nicht hinrichten lässt,
wird sich nicht lange halten.
Niccolò Machiavelli, Vom Staat

Wie kann auch die Alleinherrschaft
etwas Gutes sein, die tun kann,
was ihr beliebt, ohne Verantwortlichkeit?
Herodot, Historien

Alles

Alles ist in uns selbst vorhanden.
Meng-zi, Buch Meng-zi

Was mir nicht Alles,
und ewig Alles ist,
ist mir Nichts.
Friedrich Hölderlin, Fragment von Hyperion

Allgemeines

Bleiben wird von uns nur,
was wir dem Allgemeinen geweiht.
Karl Gutzkow, Vom Baum der Erkenntnis

Der Fehler schwacher Geister ist,
dass sie im Reflektieren sogleich
vom Einzelnen ins Allgemeine gehen,
anstatt dass man nur in der Gesamtheit
das Allgemeine suchen kann.
Johann Wolfgang von Goethe,
Maximen und Reflexionen

Die Allgemeinheit war ja wohl
immer schon der schlechteste Lehrer
für das Leben und Fühlen.
Und niemals stand es so gut
um die menschlichen Dinge,
dass nicht der großen Menge
gerade das Schlechteste gefiel.
Erasmus von Rotterdam,
Handbüchlein eines christlichen Streiters

Ferner ist das Allgemeinste
wohl auch für die Menschen
am schwierigsten zu erkennen;
denn es liegt am weitesten ab
von der sinnlichen Wahrnehmung.
Aristoteles, Älteste Metaphysik

Ich habe mich so lange
ums Allgemeine bemüht,
bis ich einsehen lernte,
was vorzügliche Menschen
im Besonderen leisten.
Johann Wolfgang von Goethe,
Maximen und Reflexionen

Je edeler ein Ding,
je mehr ist es gemein:
Das spürt man an Gott
und seiner Sonnen Schein.
Angelus Silesius, Der cherubinische Wandersmann

Alltag

Aus einem tiefen Weltschmerz
reißt uns zuweilen sehr wohltätig
ein kleines Alltagsärgernis.
Françoise Sagan

Das Alltagsleben ist ein Heim.
Der Alltag ist wie eine Mutter.
Fernando Pessoa, Das Buch der Unruhe des Hilfsbuchhalters Bernardo Soares

Das ganz gewöhnliche Alltagsleben
ist so heikel, so atemberaubend,
so schwierig, verlangt einem
so unglaubliche physische
und mentale Kontrolle und Kräfte ab
wie der Tanz auf einem Drahtseil.
Anne Morrow Lindbergh, Blume und Nessel

Das Leben, Gott sei Dank,
ist kein Tummelplatz großer Gefühle,
sondern eine Alltagswohnstube,
drin das so genannte Glück
davon abhängt, ob man friert
oder warm sitzt, ob der Ofen raucht
oder guten Zug hat.
Theodor Fontane, Briefe

Der Alltag der meisten Menschen
ist stilles Heldentum in Raten.
Anna Magnani

Der Alltag ist eine graue Decke,
darunter ist die Jungfräulichkeit
der Welt verborgen.
Eugène Ionesco, Bekenntnisse

Der Wunder höchstes ist,
Dass uns die wahren, echten Wunder
so Alltäglich werden können,
werden sollen.
Gotthold Ephraim Lessing, Nathan der Weise (Nathan)

Die Welt ist voll alltäglicher Wunder.
Martin Luther, Tischreden

Doch man bewirkt das Wunderbare
nicht auf alltägliche Weise.
Johann Wolfgang von Goethe,
Was wir bringen (Reisender)

Es ist merkwürdig,
dass das, was man für gewöhnlich
Erlebnisse nennt,
in meinem Leben so wenig Rolle spielt.
Ich habe, glaube ich, auch welche.
Aber sie scheinen mir gar nicht
das Hauptsächlichste im Leben,
sondern das, was zwischen ihnen liegt,
der tägliche Kreislauf der Tage,
das ist für mich das Beglückende.
Paula Modersohn-Becker, Briefe
(an Tante Marie, 20. April 1903)

Es ist nicht alle Tage Jahrmarkt.
Deutsches Sprichwort

Ich verwünsche das Tägliche,
weil es immer absurd ist.
Nur was wir durch mögliche
Anstrengung ihm übergewinnen,
lässt sich wohl einmal summieren.
Johann Wolfgang von Goethe,
Maximen und Reflexionen

Kunst wäscht den Staub des Alltags
von der Seele.
Pablo Picasso

Ruhe oder Unrast unserer Seele
hängen nicht so sehr
von großen Ereignissen ab
als von der reibungslosen
oder fehlerhaften Ordnung
des Alltagslebens.
François de La Rochefoucauld, Reflexionen

Überall, zwei Schritte
von deinen täglichen Wegen,
gibt es eine andere Luft,
die dich zweifelnd erwartet.
Elias Canetti, Die Provinz des Menschen.
Aufzeichnungen 1942-1972

Allüre

Die Laster der Großen
nennt man Allüren.
Friedl Beutelrock

Leute mit Staralllüren sind keine Stars.
Ein Star hat keine Allüren.
Anna Moffo

Allwissenheit

Allwissend bin ich nicht;
doch viel ist mir bewusst.
Johann Wolfgang von Goethe, Faust I (Faust)

Oh, eines Pulses Dauer nur
Allwissenheit!
Friedrich Schiller, Dom Karlos

Almosen

Almosen, das von Herzen kommt,
Dem Geber wie dem Nehmer frommt.
Deutsches Sprichwort

Almosen geben
macht niemanden arm.
Sprichwort aus Frankreich

Almosen geben
verhindert Unglück.
Sprichwort aus Persien

Almosen ist des Reichen bester Schatz.
Deutsches Sprichwort

Feinfühligkeit beim Almosengeben
ist die Anmut des Wohltuns.
Sully Prudhomme, Gedanken

Kinder geben Armen bisweilen Brot,
Zucker und Geld und sind mit sich
selbst zufrieden, über sich selbst
gerührt und meinen, sie täten etwas
Gutes. Kinder wissen nicht und
können nicht wissen, woher Geld
und Brot stammen. Erwachsene aber
müssten wissen und begreifen,
dass nichts Gutes daran sein kann,
dem einen etwas wegzunehmen
und es dem anderen zu geben.
Leo N. Tolstoi, Tagebücher (1891)

Man würde viel Almosen geben,
wenn man Augen hätte zu sehen,
was eine empfangende Hand
für ein schönes Bild macht.
Johann Wolfgang von Goethe,
Maximen und Reflexionen

Wenn du Almosen gibst,
soll deine linke Hand nicht wissen,
was deine rechte tut.
Neues Testament, Matthäus 6, 3 (Jesus: Bergpredigt)

Wer Almosen gibt, gewöhnt sich daran,
Geld und Gut nicht mehr zu bewundern.
Johannes I. Chrysostomos,
Homilie über den Brief an die Philipper

Wer den Armen gibt, leiht Gott.
Victor Hugo, Innere Stimmen

Alpen

Dort sind die Alpen,
sie wirken so gigantisch,
makellos und überirdisch,
so streng und uns derart überlegen,
dass ich mir ganz ärmlich vorkam.
Wie können wir je zu ihnen aufsteigen,
sie überqueren?
Welche Arroganz – welche Dreistigkeit
veranlassen uns zu glauben,
dass uns das gelänge?
Anne Morrow Lindbergh, Blume und Nessel

Nun ging mir eine neue Welt auf.
Ich näherte mich den Gebirgen,
die sich nach und nach entwickelten.
Johann Wolfgang von Goethe,
Italienische Reise (gemeint sind die Alpen)

Vor den Alpen, die in der Entfernung
von einigen Stunden hieherum sind,
stehe ich immer noch betroffen,
ich habe wirklich einen solchen
Eindruck nie erfahren;
sie sind wie eine wunderbare Sage
aus der Heldenjugend
unserer Mutter Erde und
mahnen an das alte bildende Chaos,
indes sie niedersehn in ihrer Ruhe,
und über ihrem Schnee in hellerem
Blau die Sonne und die Sterne
bei Tag und Nacht erglänzen.
Friedrich Hölderlin, Briefe
(an Christian Landauer, Februar 1801)

Alphabet

Das X ist der Klappstuhl
des Alphabets.
Ramón Gómez de la Serna

Was ist Literatur?
Eine Aufblähung des Alphabets.
Werner Bergengruen

Wer das Alphabet erschaffen hat,
hat uns den Faden unserer Gedanken
und den Schlüssel der Natur
in die Hand gegeben.
Antoine Comte de Rivarol, Maximen und Reflexionen

Altar

Jede gefühlsmäßige Beziehung
zu Gott ist sinnlos,
Auflehnung nicht minder als Ergebung,
denn der Altar,
vor dem wir im Staube liegen,
wie der, den wir zertrümmern wollen
– wir sind es immer selbst,
die ihn aufgerichtet haben.
Arthur Schnitzler, Buch der Sprüche und Bedenken

Vorurteil stützt die Throne,
Unwissenheit die Altäre.
Marie von Ebner-Eschenbach, Aphorismen

Wem der Himmel zu fern ist,
der mag sich mit seiner Andacht
vor einem Altar bescheiden.
Wahre Gebete
fliegen hoch über jenen Altar zu Gott.
Arthur Schnitzler,
Aphorismen und Betrachtungen aus dem Nachlass

Wer dem Altar dient,
soll auch vom Altar leben.
Wer vom Altar lebt,
soll auch dem Altar dienen.
Deutsches Sprichwort

Alter

Ab dreißig ändert sich das Gesicht.
Chinesisches Sprichwort

Ab dreißig kann ein Mann
das Wetter schon fast vorausbestimmen.
Chinesisches Sprichwort

Alles nimmt uns das Alter,
sogar den Verstand.
Vergil, Hirtengedichte

Alles zerfällt im Augenblick,
wenn man nicht ein Dasein
erschaffen hat,
das über dem Sarge noch fortdauert.
Um wen bei seinem Alter Söhne,
Enkel und Urenkel stehen,
der wird oft tausend Jahre alt.
Adalbert Stifter, Der Hagestolz

Als David kam ins Alter,
da sang er fromme Psalter.
Deutsches Sprichwort

Alt ist man dann, wenn man
an der Vergangenheit mehr Freude hat
als an der Zukunft.
John Knittel

Alt wird man wohl, wer aber klug?
Johann Wolfgang von Goethe, Faust II (Mephisto)

Alte Dinge für die alten Leute,
und neue Dinge für die neuen!
Henry David Thoreau, Walden

Alte haben gewöhnlich vergessen,
dass sie jung gewesen sind,
oder sie vergessen, dass sie alt sind,
und Junge begreifen nie,
dass sie alt werden können.
Kurt Tucholsky, Schnipsel

Alte Karren gerne knarren.
Deutsches Sprichwort

Alte Kuh gar leicht vergisst,
dass sie ein Kalb gewesen ist.
Deutsches Sprichwort

Alte Leute sehen am besten
in die Ferne.
Deutsches Sprichwort

Alte Leute sind wunderlich:
Wenn es regnet, wollen sie Heu machen.
Deutsches Sprichwort

Alte Leute sitzen gerne warm.
Deutsches Sprichwort

Alte Marksteine
soll man nicht verrücken.
Deutsches Sprichwort

Alte Menschen
gehen krumm und eingezogen,
alte Bäume
haben dürre, kahle Äste.
Chinesisches Sprichwort

Alte Stiefel bedürfen viel Schmierens.
Deutsches Sprichwort

Alte Vögel sind schwer zu rupfen.
Deutsches Sprichwort

Alte Weiber sind die Sträuche,
darauf vor Zeiten Rosen stunden;
Ob die Rosen sind verblichen,
werden doch die Dörner wissen.
Friedrich von Logau, Sinngedichte

Alter ist ein schweres Malter.
Deutsches Sprichwort

Alter
ist Freiheit, Vernunft, Klarheit, Liebe.
Leo N. Tolstoi, Tagebücher (1904)

Alter ist immer noch
das einzige Mittel,
das man entdeckt hat,
um lange leben zu können.
José Ortega y Gasset

Alter ist Würze für den Weisen,
der Weise ist die Nahrung des Alters.
Titus Maccius Plautus, Der's für einen Dreier tut

Alter liebt das Wenig,
Tugend das Zuviel.
Joseph Joubert, Gedanken, Versuche und Maximen

Alter macht so manchen weiß,
aber nicht besser.
Sprichwort aus Dänemark

Alter macht zwar immer weiß,
aber nicht immer weise.
Deutsches Sprichwort

Alter schadet der Torheit nicht,
Jugend schadet der Weisheit nicht.
Deutsches Sprichwort

Alter Schlauch hält neuen Most nicht.
Deutsches Sprichwort

Alter schützt vor Liebe nicht,
aber Liebe vor dem Altern.
Coco Chanel

Alter schützt vor Torheit nicht.
Deutsches Sprichwort

Alter schützt vor Torheit nicht:
Mit diesem Wort macht man sich
immer über das Alter lustig
und bedenkt nicht,
dass gerade die Fähigkeit,
noch Torheiten begehen zu können,
ein Trost und eine Quelle des Glücks
für die Alten ist.
Jakob Boßhart, Bausteine zu Leben und Zeit

Alter spielt sich im Kopf ab,
nicht auf der Geburtsurkunde.
Martina Navratilova

Alter wünscht jedermann,
und so es kommt, hasst man's.
Deutsches Sprichwort

Alter. Was ist Alter?
Ist nicht jedes Alter ein Geschenk?
Ida Ehre

Ältere Leute
sollten sich geistig jung halten:
täglich zwei bis drei Sätze
aus der Zeitung auswendig lernen.
Inge Meysel

Ältere Menschen glauben gern
an sich selbst.
August Strindberg, Der Sohn der Magd

An Höfen fällt es schwer,
hohes Alter zu erreichen.
Deutsches Sprichwort

Armut im Alter ist ein großes Unglück.
Ist diese gebannt und die Gesundheit
geblieben, so kann das Alter
ein sehr erträglicher Teil
des Lebens sein.
Arthur Schopenhauer, Aphorismen zur Lebensweisheit

Armut und Alter,
das sind zwei schwere Bürden,
es wär an einer genug.
Deutsches Sprichwort

Auch das hohe Alter hat seine Blüte.
Johann Wolfgang von Goethe,
Zu brüderlichem Andenken Wielands

Auch das, was man
das hohe Alter nennt,
ist nur eine Spanne
sehr weniger Jahre.
Lucius Annaeus Seneca, Trostschrift an Marcia

Auch ein alter Büffel
hat schöne Hörner.
Chinesisches Sprichwort

Auch in Frauen
bewahrt das Alter vieles,
was man in ihrer Jugend
vergeblich suchen würde.
Wilhelm von Humboldt, Briefe an eine Freundin

Auch wenn ein alter Traber
an der Krippe steht, möchte er
noch tausend Li galoppieren.
Chinesisches Sprichwort

Auf den Winter folgt ein Sommer,
aber alte Leute werden nie wieder jung.
Deutsches Sprichwort

Bedenkt: Der Teufel, der ist alt;
So werdet alt, ihn zu verstehn.
Johann Wolfgang von Goethe, Faust II (Mephisto)

Bei beiden Geschlechtern
ist das Schicksal des hohen Alters
davon abhängig,
wie man seine Jugend angewandt hat;
das bewahrheitet sich
vor allem bei den Frauen (...),
mit zwanzig Jahren
schmeichelt man ihr,
wenn sie vierzig ist,
kümmert sich kein Mensch mehr um sie.
Stendhal, Über die Liebe

Bei dieser körperlichen Untätigkeit
ist indes meine Seele noch tätig,
noch erzeugt sie Gefühle und Gedanken,
und ihr inneres, moralisches Leben
scheint durch das Absterben
alles irdischen und zeitlichen Interessen
noch zugenommen zu haben.
Jean-Jacques Rousseau,
Träumereien eines einsamen Spaziergängers

Besser ist's,
man hat in der Jugend zu kämpfen
als im Alter.
Gottfried Keller, Briefe

Besser von Haus zu Haus betteln
als von Sohn zu Sohn.
Sprichwort aus Serbien

Bis dreißig Wärme von einer Frau;
nach dreißig Wärme vom Trunk;
zum Schluss nicht einmal vom Ofen.
Sprichwort aus Russland

Bist du alt, gehorche deinen Kindern!
Sprichwort aus Japan

Böse und hässliche alte Leute
waren als Kinder fast tadellos.
Erich Kästner, Dr. Erich Kästners lyrische Hausapotheke

Da steh ich, ein entlaubter Stamm.
Friedrich Schiller, Wallensteins Tod (Wallenstein)

Das aber ist des Alters Schöne,
Dass es die Saiten reiner stimmt,
Dass es der Lust die grellen Töne,
Dem Schmerz den herbsten Stachel
nimmt.
Ferdinand von Saar, Gedichte

Das Alter, das den Menschen
der Lächerlichkeit aussetzt,
nimmt ihm zugleich auch
das Gefühl für diese Lächerlichkeit.
Sully Prudhomme, Gedanken

Das Alter der Liebe wie des Lebens
bringt uns Leid, aber keine Freude.
François de La Rochefoucauld, Reflexionen

Das Alter gräbt uns
mehr Falten in den Geist
als in das Gesicht.
Michel Eyquem de Montaigne, Die Essais

Das Alter hat auch gesundheitliche
Vorteile: Zum Beispiel verschüttet man
ziemlich viel von dem Alkohol,
den man trinken möchte.
André Gide

Das Alter hat den Kalender am Leib.
Deutsches Sprichwort

Das Alter hat keinen Schmuck
außer der Tugend.
Jacques Amyot, Das Leben Catos

Das Alter ist der Übel höchstes;
denn es beraubt den Menschen
aller Genüsse, lässt ihm aber
das Verlangen danach
und bringt alle Leiden mit sich.
Giacomo Leopardi, Gedanken aus dem Zibaldone

Das Alter ist die Hölle der Frauen.
François de La Rochefoucauld,
Nachgelassene Maximen

Das Alter ist ein Tyrann,
der alle Freuden der Jugend
bei Todesstrafe verbietet.
François de La Rochefoucauld, Reflexionen

Das Alter ist eine Krankheit,
daran man sterben muss.
Deutsches Sprichwort

Das Alter ist nicht trübe,
weil darin unsere Freuden, sondern
weil unsere Hoffnungen aufhören.
Jean Paul, Titan

Das Alter ist nur eine zweite Kindheit.
Aristophanes, Die Wolken

Das Alter ist ein Schiffbruch.
Charles de Gaulle

Das Alter lässt sich leichter ertragen,
wenn man den Faltenwurf im Gesicht
als künstlerische Drapierung betrachtet.
Vivien Leigh

Das Alter macht nicht freundlicher,
nur geneigter.
Elazar Benyoetz

Das Alter macht uns leichtsinniger
und vernünftiger.
François de La Rochefoucauld, Reflexionen

Das Alter nimmt dir nichts,
was es dir nicht erstattet.
Friedrich Rückert, Gedichte

Das Alter raubt dem geistreichen
Menschen nur die für die Weisheit
zwecklosen Eigenschaften.
Joseph Joubert, Gedanken, Versuche und Maximen

Das Alter soll man ehren,
der Jugend soll man wehren.
Deutsches Sprichwort

Das Alter umgibt einen
wie ein Panzerschrank.
Hermann Kesten

Das Alter verklärt oder versteinert.
Marie von Ebner-Eschenbach, Aphorismen

Das Alter wägt und misst es,
Die Jugend spricht: So ist es.
August Graf von Platen, Spruch

Das beste Altersheim ist die Familie.
Heinrich Lübke, in einer Ansprache

Das Erlebte weiß jeder zu schätzen,
am meisten der Denkende und Nach-
sinnende im Alter; er fühlt
mit Zuversicht und Behaglichkeit,
dass ihm das niemand rauben kann.
Johann Wolfgang von Goethe,
Maximen und Reflexionen

Das Greisenalter,
das alle zu erreichen wünschen,
klagen alle an,
wenn sie es erreicht haben.
Marcus Tullius Cicero

Das Gute an der Senilität ist,
dass sie einen selbst hindert,
sie zu bemerken.
Alfred Polgar

Das ist der Vorteil im Alter:
dass man alles weglassen,
dass man sich so sehr in einen anderen
Menschen hineinversetzen kann,
dass es keiner besonderen Anstrengung
zur Charakterisierung mehr bedarf.
Heinz Rühmann

Das Leben kann und soll im Alter
immer schöner und großartiger werden,
leichter aber wird es nicht.
Carl Hilty, Für schlaflose Nächte

Das reife Alter ist aller Freuden des
blühenden Jugendalters fähig
und das hohe Alter
aller Freuden der Kindheit.
Joseph Joubert, Gedanken, Versuche und Maximen

Dem Alter mangelt es an Herzenswärme
wie der Trockenheit am Tau.
Chinesisches Sprichwort

Dem Alter,
nicht der Jugend sei's geklagt,
Wenn uns das Alter nicht behagt.
Gotthold Ephraim Lessing, Sinngedichte

Den Göttern nur
Naht nie das Alter,
ihnen naht niemals der Tod.
Doch alles andre stürzt
die Allgewalt der Zeit.
Sophokles, Ödipus auf Kolonos

Den Wert eines Menschenlebens
bestimmt nicht seine Länge,
sondern seine Tiefe.
Gustav Frenssen, Grübeleien

Denn ein herzlich Anerkennen
Ist des Alters zweite Jugend.
Johann Wolfgang von Goethe,
Zelters siebzigster Geburtstag

Denn im Unglück altern
die armen Sterblichen früher.
Homer, Odyssee

Denn niemand ist so alt,
dass er nicht glaubte,
noch ein Jahr leben zu können.
Marcus Tullius Cicero, Über das Greisenalter

Denn wenn dem früheren Alter
Tun und Wirken gebührt,
so ziemt dem späteren
Betrachtung und Mitteilung.
Johann Wolfgang von Goethe, West-östlicher Divan

Der alte Ingwer ist der schärfste.
Chinesisches Sprichwort

Der Alte verliert eins
der größten Menschenrechte:
Er wird nicht mehr
von seinesgleichen beurteilt.
Johann Wolfgang von Goethe,
Maximen und Reflexionen

Der beste Rat ist: Folge gutem Rat,
Und lass das Alter dir ehrwürdig sein.
Johann Wolfgang von Goethe, Elpenor (Evadne)

Der Gesunde zählt seine Jahre nicht.
Sprichwort aus Serbien

Der größte Irrtum junger Menschen
ist ihre Vorstellung vom Alter.
Ein gesunder alter Mann
liebt wie mit zwanzig.
Hermann Kesten

Der Grundcharakterzug des höheren
Alters ist das Enttäuschtsein:
Die Illusionen sind verschwunden,
welche bis dahin dem Leben seinen
Reiz und der Tätigkeit ihren Sporn
verliehen; man hat das Nichtige
und Leere aller Herrlichkeiten der
Welt, zumal des Prunkes, Glanzes
und Hoheitsscheins, erkannt.
Arthur Schopenhauer, Aphorismen zur Lebensweisheit

Der Jugend wird oft der Vorwurf
gemacht, sie glaube immer,
dass die Welt mit ihr erst anfange.
Aber das Alter glaubt noch öfter,
dass mit ihm die Welt aufhöre.
Was ist schlimmer?
Friedrich Hebbel, Tagebücher

Der Junge soll seine Kraft
auf die Vorbereitung,
der Alte auf die Nutzung verwenden.
Michel Eyquem de Montaigne, Die Essais

Der Langlebige hat wenigstens über
eines der Hindernisse triumphiert,
die dem Menschen von Anfang an
im Wege stehen: die Kürze des Lebens.
Vita Sackville-West, Erloschenes Feuer

Der maßvolle Mensch aber kommt
stets wieder auf seine alten Gepflogen-
heiten zurück und verliert auch
in seinem Alter nicht den Geschmack
an den Vergnügungen,
die er als Kind liebte.
Jean-Jacques Rousseau, Emile

Der Mensch bleibt närrisch
bis ins vierzigste Jahr;
wenn er dann anfängt,
seine Narrheit zu erkennen,
so ist das Leben schon dahin.
Martin Luther, überliefert von Julius Wilhelm Zincgref
(Apophthegmata)

Der Tod muss dem alten Mann
so vor Augen sein wie dem jungen:
Nicht nämlich werden wir aufgerufen
nach der Altersliste.
Lucius Annaeus Seneca, Briefe über Ethik

Die Alten lieben den Bart,
die Jungen den Zopf,
und die dazwischen
– lange Fingernägel.
Chinesisches Sprichwort

Die Alten sind zäh,
geben tut ihnen weh.
Deutsches Sprichwort

Die Alten zum Rat, die Jungen zur Tat.
Deutsches Sprichwort

Die Einsamkeit nimmt zu.
Mehr und mehr fühlt man sich
allein auf der Welt. Die einen sind
in die ewige Heimat gegangen,
das Leben der anderen spielt sich mehr
und mehr abseits des unseren ab;
man kommt sich vor wie die Olive,
die nach der Ernte allein am Ende
eines Zweiges hängen blieb
und vergessen wurde.
In unserem Alter kommt einem
dieser Vergleich aus der Bibel
oft in den Sinn.
Charles de Foucauld, Briefe (22. Januar 1915)

Die ersten vierzig Jahre
unseres Lebens liefern den Text,
die folgenden dreißig
den Kommentar dazu.
Arthur Schopenhauer, Aphorismen zur Lebensweisheit

Die Jugend ist ein Rosenkranz,
das Alter ist ein Dornenkranz.
Talmud

Die junge Generation hat auch heute
noch Respekt vor dem Alter.
Allerdings nur beim Wein,
beim Whisky und bei den Möbeln.
Truman Capote

Die Jungen lieben Kleider,
die Alten lieben das Essen.
Chinesisches Sprichwort

Die letzten Stichworte in einem
richtig geführten menschlichen Leben
müssen Friede und Güte heißen.
Carl Hilty, Für schlaflose Nächte

Die Mängel des Verstandes
mehren sich im Alter
wie die Falten des Gesichts.
François de La Rochefoucauld, Reflexionen

Die Menge klammert sich an das Alter,
weil sie die Jugend fürchtet.
Alexander S. Neill,
Theorie und Praxis der antiautoritären Erziehung

Die nicht zivilisierte, unverdorbene
Welt ist das beste Verjüngungsmittel.
Paul Gauguin

Die Ungeduld des Alters ist etwas,
das die Jugend nicht versteht.
Ferdinando Galiani, Gedanken und Beobachtungen

Die Ungeduld
ist die einzige Eigenschaft der Jugend,
deren Verlust man im Alter
nicht beklagt.
Frank Thieß

Die Welt vergöttert die Jugend,
aber regieren lässt sie sich
von den Alten.
Henry de Montherlant

Du bist so alt geworden,
weil du stets Arglist gebraucht.
Hildebrandslied (um 840)

Du hättest nicht alt werden sollen,
ehe du klug geworden warst.
William Shakespeare, King Lear

Du triffst Vorsorge für das Alter,
damit dem Körper nichts fehle.
Solltest du dir nicht Gedanken darüber
machen, ob der Seele etwas fehlt?
Erasmus von Rotterdam,
Handbüchlein eines christlichen Streiters

Ehre das Alter!
Adolph Freiherr von Knigge,
Über den Umgang mit Menschen

Ehre den älteren Menschen
verleihn die unsterblichen Götter.
Homer, Ilias

Ein alter Mann führt nicht unbedingt
einen alten Pinsel.
Chinesisches Sprichwort

Ein großer Vorteil des Alters
liegt darin, dass man nicht länger
die Dinge begehrt, die man sich früher
aus Geldmangel nicht leisten konnte.
Charlie Chaplin

Ein jedes Alter hat seine Triebfedern,
die es in Bewegung setzen;
der Mensch aber ist allezeit derselbe.
Mit zehn Jahren wird er durch Kuchen,
mit zwanzig Jahren durch eine Liebste,
mit dreißig durch die Vergnügungen,
mit vierzig durch den Ehrgeiz,
mit fünfzig durch den Geiz geleitet:
Wann folgt er nur der Weisheit?
Jean-Jacques Rousseau, Emile

Ein leeres Vorurteil ist das Alter,
die schnöde Frucht
von dem tollen Wahn,
dass der Geist abhänge vom Körper.
Friedrich Schleiermacher, Monologen

Ein Mann, der über sechzig Jahre ist
und dem Arzt noch die Hand hinhält,
ist belachenswert.
Tiberius, überliefert bei Plutarch (Moralia)

Ein Mann ist oft noch zu jung,
um zu heiraten, aber nie zu alt,
um zu lieben.
Sprichwort aus Finnland

Ein Mann mit weißen Haaren
ist wie ein Haus,
auf dessen Dach Schnee liegt.
Das beweist aber noch lange nicht,
dass im Herd kein Feuer brennt.
Maurice Chevalier

Ein Mensch in verschiedenen Lebenszeiten ist sich nicht gleich, denkt
anders, nachdem er anders empfindet.
Johann Gottfried Herder,
Vom Erkennen und Empfinden der menschlichen Seele

Ein rosiges Gesicht
gleicht einem Baum im Frühling.
Die Jahre verrinnen,
wie ein Weberschiffchen flitzt.
Chinesisches Sprichwort

Ein sicheres Zeichen für das Alter
eines Mannes ist, wenn er vergisst,
seinen Hosenschlitz zu schließen.
Die richtigen Probleme
kommen aber erst,
wenn er vergisst, ihn zu öffnen.
Ephraim Kishon, Kishon für alle Fälle

Ein Siebzigjähriger wird
selbst vom Mandarin nicht geschlagen
und ein Achtzigjähriger
nicht gescholten.
Chinesisches Sprichwort

Eine alte Katze und ein alter Hund
denken an ihr Heim.
Chinesisches Sprichwort

Eine Familie, zu der ein Greis gehört,
besitzt einen Schatz.
Chinesisches Sprichwort

Eine Frau ist
ein Engel mit zehn,
eine Heilige mit fünfzehn,
ein Teufel mit vierzig und
eine Hexe mit achtzig.
Sprichwort aus England

Eine gute Leibesbeschaffenheit
in der Jugend ist die Grundlage
eines guten Alters.
Plutarch, Moralia

Eine Krone der Alten
sind Kindeskinder.
Altes Testament, Sprüche Salomos 17, 6

Einem alten Hund kannst du
keine neuen Tricks beibringen.
Sprichwort aus England

Einem bejahrten Manne verdachte man,
dass er sich noch
um junge Frauenzimmer bemühte.
»Es ist das einzige Mittel«, versetzte er,
»sich zu verjüngen,
und das will doch jedermann.«
Johann Wolfgang von Goethe,
Maximen und Reflexionen

Einen alten Hund kann man
schwer an die Leine legen.
Sprichwort aus Frankreich

Einen großen Reiz des Alters
vergisst man gewöhnlich,
nämlich ruhige Resignation.
Christian Ernst Karl von Bentzel-Sternau, Weltansicht

Einen verdienten Mann im Alter
seinem Schicksal zu überlassen,
ist eine Undankbarkeit, von der auch
die Wilden nichts wissen, bei denen
das Alter geehrt ist und der Jugend
mit seinem geprüften Rate dienet.
Johann Gottfried Herder, Das eigene Schicksal

Einfalt wird alt.
Deutsches Sprichwort

Erfahren kommt mit den Jahren.
Deutsches Sprichwort

Erst das Alter verhärtet gewöhnlich
das Herz der Minister.
Voltaire, Der ehrliche Hurone

Es gibt ein Alter,
in dem eine Frau schön sein muss,
um geliebt zu werden.
Und dann kommt das Alter,
in dem sie geliebt werden muss,
um schön zu sein.
Françoise Sagan

Es gibt ein Alter, in dem man Erfahrungen sammelt, ein anderes für die
Erinnerung. Die Empfindung vergeht
am Ende, die empfindsame Seele aber
bleibt bestehen.
Jean-Jacques Rousseau, Julie oder Die neue Héloïse

Es gibt kaum Menschen,
die beim ersten Nahen des Alters
nicht erkennen lassen,
woran ihr Geist oder Körper
zugrunde gehen wird.
François de La Rochefoucauld, Reflexionen

Es gibt Leute,
von denen man annehmen kann,
dass sie gar nicht so alt werden,
wie sie jetzt schon aussehen.
Robert Lembke, Das Beste aus meinem Glashaus.
Humoristisches und Satirisches

Es gibt mehr alte Weintrinker
als alte Ärzte.
Deutsches Sprichwort

Es gibt nichts Älteres
als einen jungen Franzosen.
Sie alle sind geistig vorzeitig gealtert.
Peter Ustinov, Peter Ustinovs geflügelte Worte

Es ist besser, ein junger Maikäfer
als ein alter Paradiesvogel zu sein.
Mark Twain, Querkopf Wilsons Kalender

Es ist bitter, sich sagen zu müssen,
dass man zwischen 35 und 45
zu erledigen hat,
was man zwischen 45 und 60
hätte sollen erledigen können.
Christian Morgenstern, Stufen

Es ist ein Jammer, dass die Zeit so
kurz ist zwischen der Spanne,
wo man zu jung, und jener,
wo man zu alt ist.
Charles de Secondat, Baron de la Brède
et de Montesquieu, Meine Gedanken

Es ist kein Kinderspiel,
wenn alte Leute auf Stecken reiten.
Deutsches Sprichwort

Es ist niemand gern alt, und doch
will jedermann gern alt werden.
Deutsches Sprichwort

Es kann so schön sein, alt zu werden,
das Gefühl zu haben,
das fast schon ein Glück ist,
mehr von jenen Dingen zu wissen,
an die man früher
nicht einmal gedacht hat.
Weil man angeblich keine Zeit hatte (...).
Heinz Rühmann

Es liegt in frischen Kleidern
eine Art Jugend,
in die das Alter sich hüllen soll.
Joseph Joubert, Gedanken, Versuche und Maximen

Es tritt ein Alter ein,
wo die Kräfte unseres Körpers
sich in unseren Geist verschieben
und zurückziehen.
Joseph Joubert, Gedanken, Versuche und Maximen

Es wäre nicht der Mühe wert,
siebzig Jahr alt zu werden,
wenn alle Weisheit der Welt
Torheit wäre vor Gott.
Johann Wolfgang von Goethe,
Maximen und Reflexionen

Es wäre nicht so schlimm zu altern,
wenn alle ersten Lieben
in ewiger Jugend blühten.
Ludwig Marcuse, Argumente und Rezepte.
Ein Wörter-Buch für Zeitgenossen

Faule Jugend, lausig Alter.
Deutsches Sprichwort

Forcierte Jugendlichkeit
macht nur noch viel älter.
Franziska Gräfin zu Reventlow, Tagebücher

Für Zeiten standen Junge
vor Alten höflich auf,
Jetzt heißt es: Junger, sitze!
Und alter Greiner, lauf!
Friedrich von Logau, Sinngedichte

Fürchte nicht,
dich in der Jugend zu plagen,
wohl aber, im Alter arm zu sein.
Chinesisches Sprichwort

Geld im Alter ist wie Schnee im Juni.
Chinesisches Sprichwort

Gesundheit im Alter
gleicht Frost im Frühling
oder Wärme im Spätherbst.
Chinesisches Sprichwort

Glaube nur,
ein Volk wird nicht alt, nicht klug,
ein Volk bleibt immer kindisch.
Johann Wolfgang von Goethe, Egmont (Alba)

Gott wird mich bewahren vor der
Schwäche oder dem Stolz vieler Alter,
die jeden für einen Esel halten,
der nicht grau ist.
Karl Julius Weber, Democritos

Graues Haar ist eine prächtige Krone.
Altes Testament, Sprüche Salomos 16, 31

Greisenantlitz oft verkündigt,
Was der Jüngling einst gesündigt.
Jüdische Spruchweisheit

Hängen in der Halle keine alten Bilder,
ist die Familie nicht alt.
Chinesisches Sprichwort

Hässlich grinst
im Alter und Verderben
Der Jugend Lebensdurst
und das Gesicht des Erben.
Carl Spitteler, Olympischer Frühling

Hätt ich nur Gott gedient
mit halb dem Eifer,
Den ich dem König weiht',
er gäbe nicht
Im Alter nackt mich
meinen Feinden preis.
William Shakespeare, Heinrich VIII. (Wolsey)

Ich bin dem lieben Gott dankbar,
dass er mich so alt werden ließ.
In den letzten Jahren
habe ich Dinge erlebt,
die ich so noch nicht kannte.
Heinz Rühmann

Ich bin in einem Alter,
in dem man Jugendsünden
gestehen sollte,
bevor man sie vergisst.
Ephraim Kishon, Kishon für alle Fälle

Ich habe für diese Welt
nichts mehr zu hoffen noch zu fürchten,
und ich bin
in der Tiefe des Abgrundes ruhig,
ein armer unglücklicher Sterblicher,
aber unerschütterlich wie Gott selbst.
Jean-Jacques Rousseau,
Träumereien eines einsamen Spaziergängers

Ich habe noch nie eine Frau kennen
gelernt, die so über ihr Alter gestöhnt
hätte wie etliche Männer, die ich kenne.
James Thurber

Ich kann auch nicht alt werden,
es geht einfach nicht.
Franziska Gräfin zu Reventlow, Tagebücher

Ihr, die ihr noch jung seid,
hört einen Alten,
auf den die Alten hörten,
als er noch jung war!
Kaiser Augustus, überliefert bei Plutarch
(Königs- und Feldherrnsprüche)

Im Alter sind wir der Schmeichelei
viel zugänglicher als in der Jugend.
Marie von Ebner-Eschenbach, Aphorismen

Im Alter waren wir jung.
Im Neuen werden wir alt sein.
Walter Rathenau, Auf dem Fechtboden des Geistes.
Aphorismen aus seinen Notizbüchern

In der Kindheit wünscht man sich alles,
im Jugend- und Mannesalter
etwas ganz Bestimmtes,
im Alter nichts.
Leo N. Tolstoi, Tagebücher (1905)

In der Tat spinnen wir Alten bisweilen.
Titus Maccius Plautus, Epidicus

In jüngern Tagen
war ich des Morgens froh,
Des Abends weint ich;
jetzt, da ich älter bin,
Beginn ich zweifelnd meinen Tag,
doch
Heilig und heiter ist mir sein Ende.
Friedrich Hölderlin, Ehmals und jetzt

In Zeiten, in denen niemand
etwas weiß über das hinaus,
was er gesehen hat,
sollte man das Alter höher ehren.
Joseph Joubert, Gedanken, Versuche und Maximen

Ist erst die Jugend vergangen,
dann stürbe man besser,
als zu erwarten,
was uns trauriges Alter beschert.
Mimnermos, Zit. nach E. Diehl,
Anthologia lyrica Graeca, Fragment 2

Ja, lang leben will halt alles,
aber alt werden will kein Mensch.
Johann Nepomuk Nestroy, Die Anverwandten

Je älter ich werde,
desto mehr hört man mir zu,
obwohl ich, meiner Meinung nach,
das Gleiche sage wie immer.
Peter Ustinov, Peter Ustinovs geflügelte Worte

Je älter man wird,
desto ähnlicher wird man sich selbst.
Maurice Chevalier

Je älter man wird,
desto mehr ähnelt die Geburtstagstorte
einem Fackelzug.
Katharine Hepburn

Je älter man wird,
desto mehr braucht man
einen Weißt-du-noch-Freund.
Tilla Durieux

Je älter man wird,
desto mehr verallgemeinert sich alles,
und wenn die Welt nicht
ganz und gar verschwinden soll,
so muss man sich zu denen halten,
welche sie aufzubauen imstande sind.
Johann Wolfgang von Goethe, Briefe
(an F. W. Schelling, 16. Januar 1815)

Je grauer, je schlauer.
Deutsches Sprichwort

Je länger, je ärger,
je älter, je kärger.
Deutsches Sprichwort

Je länger man lebt, je älter man wird.
Deutsches Sprichwort

Jedem Alter des Menschen
antwortet eine gewisse Philosophie.
Johann Wolfgang von Goethe,
Maximen und Reflexionen

Jedes Alter hat seine Torheiten.
Sprichwort aus Frankreich

Jedes Alter hat seine Vergnügungen,
seinen Geist und seine Sitten.
Nicolas Boileau-Despréaux, Die Dichtkunst

Jedes Alter kann einen guten
Gebrauch vom Leben machen,
aber man kennt die Möglichkeiten nur,
wenn man dieses Alter durchlebt hat.
Sully Prudhomme, Gedanken

Jeglicher Zeit ihr Recht,
macht manchen armen Knecht.
Johann Geiler von Kaysersberg, überliefert bei
Julius Wilhelm Zincgref (Apophthegmata)

Jetzt schon sei
im starken Gemüte des Alters Kraft,
dass sie dir erhalte die Jugend,
damit später die Jugend dich schütze
gegen des Alters Schwäche.
Friedrich Schleiermacher, Monologen

Jimmy Carter hat zu mir gesagt: »Ich
habe dich im Fernsehen wieder einmal
auf einem Pferd gesehen. Wie kommt
es bloß, dass du so jung aussiehst?«
Darauf ich: »Das ist ganz einfach,
Jimmy – ich nehme nur alte Pferde.«
Ronald Reagan

Jugend geht in einer Herde,
Mannesalter in Paaren
und das Alter allein.
Sprichwort aus Schweden

Jugend hat viel Herrlichkeit,
Alter Seufzen viel und Leid.
Wolfram von Eschenbach, Parzival

Jugend heißt stolpern,
Mannheit heißt kämpfen,
Alter heißt bedauern.
Benjamin Disraeli, Coningsby

Jugend verlache kein graues Haupt,
denn wie lange bleibt eine Blume
rot und frisch?
Chinesisches Sprichwort

Jugend wild, Alter mild.
Deutsches Sprichwort

Jugendgefährdend heißt:
Die Alten sind so gefährdet,
dass sie sich hinter der Jugend
verstecken müssen.
Ludwig Marcuse

Junge Leute zwingen uns,
vorwärts auf ein Leben voll Mühe
und Anstrengung zu blicken.
Alte Leute erlauben uns,
rückwärts auf ein Leben zu schauen,
dessen Mühen endgültig vorüber sind.
Vita Sackville-West, Erloschenes Feuer

Junge Reiser pfropft man nicht
auf alte Stämme.
Deutsches Sprichwort

Junger Engel, alter Teufel.
Deutsches Sprichwort

Junger Schlemmer, alter Bettler.
Deutsches Sprichwort

Jung sein ist schön, alt sein ist bequem.
Marie von Ebner-Eschenbach, Aphorismen

Kalbfleisch und Kuhfleisch
kochen nicht zugleich.
Deutsches Sprichwort

Kein Mittelalter ist so grauenvoll
Wie Mittelalter deiner Lebensfrist;
Wann du dahinschwankst
zwischen weis' und toll,
Bist du – ich weiß es kaum,
was du dann bist.
Lord Byron, Childe Harold

Kein Narr ist so groß
wie ein alter Narr.
Sprichwort aus den USA

Keine Grenze verlockt mehr zum
Schmuggeln als die Altersgrenze.
Robert Musil

Keiner so alt, der nicht noch ein Jahr
leben will, und keiner so jung,
der nicht heute sterben kann.
Deutsches Sprichwort

Kinder sind ein Trost im Alter
und ein Mittel,
es rascher zu erreichen.
Rudolf Fernau

Komische Junge sind viel seltener
als komische Alte.
Kurt Tucholsky, Schnipsel

Kosmetik ist die Kunst,
den Geburtsschein zu dementieren.
Olga Tschechowa

Kraft und Wohlgestalt
sind Vorzüge der Jugend,
der des Alters aber ist
Blüte der Besonnenheit.
Demokrit, Fragment 294

Kurze Abendmahlzeit
macht lange Lebenszeit.
Deutsches Sprichwort

Leidenschaftlichkeit,
die sich im Alter steigert,
grenzt an Narretei.
François de La Rochefoucauld, Reflexionen

Man altert.
Doch sonst ändert sich nicht viel.
Erich Kästner, Kurz und bündig. Epigramme

Man darf nur alt werden,
um milder zu sein;
ich sehe keinen Fehler begehen,
den ich nicht auch begangen hätte.
Johann Wolfgang von Goethe,
Maximen und Reflexionen

Man erkennt das Leben erst, wenn
es entflieht, und man begreift es erst,
wenn man die Macht darüber
verloren hat.
Francesco De Sanctis,
Über die Wissenschaft und das Leben

Man fürchtet das Alter,
ohne dass man weiß,
ob man alt werden wird.
Jean de La Bruyère, Die Charaktere

Man hofft, alt zu werden,
und fürchtet sich doch davor:
Das heißt, man liebt das Leben
und flieht den Tod.
Jean de La Bruyère, Die Charaktere

Alter

Man muss alt geworden sein,
also gelebt haben, um zu erkennen,
wie kurz das Leben ist.
Arthur Schopenhauer, Aphorismen zur Lebensweisheit

Man muss den Mantel konkreter Tätigkeit im Alter dichter um die Schultern ziehen, um bei herandringender Weltraumkälte bestehen zu können.
Heimito von Doderer, Repertorium. Ein Begreifbuch von höheren und niederen Lebens-Sachen

Man muss eben immer älter werden,
immer stiller und endlich einmal
etwas schaffen.
Paula Modersohn-Becker, Briefe (29. Januar 1900)

Man sagt, ich sei dreißig Jahre alt.
Wenn ich aber drei Minuten
in einer gelebt habe – bin ich dann
nicht neunzig Jahre alt?
Charles Baudelaire, Tagebücher

Man sagt »in jungen Jahren« und
»in alten Tagen«, weil die Jugend Jahre
und das Alter nur noch Tage
vor sich hat.
Marie von Ebner-Eschenbach, Aphorismen

Man schont die Alten,
wie man die Kinder schont.
Johann Wolfgang von Goethe,
Maximen und Reflexionen

Man sollte niemals einer Frau trauen,
die einem ihr wahres Alter sagt.
Eine Frau, die einem das sagt,
würde einem alles sagen.
Oscar Wilde, Eine Frau ohne Bedeutung

Man spricht viel von der Erfahrung
des Alters. Das Alter nimmt uns
die Torheit und Fehler der Jugend,
aber es gibt uns nichts.
Charles de Secondat, Baron de la Brède
et de Montesquieu, Meine Gedanken

Man wird nicht schöner,
wenn man älter wird.
Erich Kästner, Dr. Erich Kästners lyrische Hausapotheke

Manche Laster
lassen mit dem Alter nach,
andere werden ärger.
Erasmus von Rotterdam,
Handbüchlein eines christlichen Streiters

Mancher wird auch
für seine Wahrheiten und Siege zu alt;
ein zahnloser Mund
hat nicht mehr das Recht
zu jeder Wahrheit.
Friedrich Nietzsche, Also sprach Zarathustra

Manchmal wollt ich, ich wäre alt,
und alles schwiege schon in mir.
Franziska Gräfin zu Reventlow, Tagebücher

Mäßig wird alt, zu viel stirbt bald.
Deutsches Sprichwort

Mehr noch
als nach dem Glück unserer Jugend
sehnen wir uns im Alter
nach den Wünschen unserer Jugend
zurück.
Marie von Ebner-Eschenbach, Aphorismen

Menschlich gesprochen
hat auch der Tod sein Gutes:
Er setzt dem Alter ein Ziel.
Jean de La Bruyère, Die Charaktere

Mir wird Angst bei dem Gedanken,
dass ich zu lange leben könnte.
Margot Fonteyn

Mit dem Alter werden
Kunst und Leben eins.
Georges Braque

Mit den Jahren
steigern sich die Prüfungen.
Johann Wolfgang von Goethe,
Maximen und Reflexionen

Mit den späten Jahren
kommt die Erfahrung.
Ovid, Metamorphosen

Mit fünfundzwanzig Jahren
kann jeder Talent haben.
Mit fünfzig Jahren Talent zu haben,
darauf kommt es an.
Edgar Degas

Mit 15 strebte ich nach Wissen,
mit 30 war ich in mir selbst gefestigt,
mit 40 gab es keinen Zweifel mehr,
mit 50 kannte ich des Himmels Willen,
mit 60 war mein Ohr ein willig Ding,
aus allem nur herauszuhörn das Wahre,
mit 70 konnt ich unbedenklich folgen
des Herzens Wünschen, ohne je
das rechte Maß zu übertreten.
Konfuzius, Gespräche

Mit zwanzig Jahren
ist der Mensch ein Pfau,
mit dreißig ein Löwe,
mit vierzig ein Kamel,
mit fünfzig eine Schlange,
mit sechzig ein Hund,
mit siebzig ein Affe,
mit achtzig – nichts.
Baltasar Gracián y Morales,
Handorakel und Kunst der Weltklugheit

Naht der Tod wirklich,
dann freut jeder sich
Zu sterben, und des Alters Last
bedünkt ihn leicht.
Euripides, Alkestis

Nicht empfinde ich in meiner Seele
des Alters Einbuße,
obwohl ich sie empfinde am Körper.
Lucius Annaeus Seneca, Briefe über Ethik

Nichts gibt Frauen eine königlichere
Haltung als das Bewusstsein,
dass sie ihr Alter besiegt haben.
Arthur Schnitzler,
Aphorismen und Betrachtungen aus dem Nachlass

Nichts verächtlicher als ein brausender
Jünglingskopf mit grauen Haaren.
Gotthold Ephraim Lessing, Emilia Galotti (Odoardo)

Nichts zeigt das Alter
eines Menschen so sehr,
wie wenn er die junge Generation
schlecht macht.
Adlai Stevenson

Niemand ist so alt,
dass er unbilligerweise
einen weiteren Tag erhofft.
Lucius Annaeus Seneca, Briefe über Ethik

Nimmt unser Leib erst ab,
nimmt der Verstand recht zu:
Die Seele, scheint es,
hat mehr von dem Leibe Ruh.
Friedrich von Logau, Sinngedichte

Noch keiner starb in der Jugend,
Wer bis zum Alter gezecht.
Friedrich von Bodenstedt, Mirza Schaffy

Nur der vollkommene Künstler
bleibt vor dem Alter bewahrt.
André Gide, Tagebuch

Nur in der Jugend
ist man wahrer Weltbürger;
die besten unter den Alten
sind nur Erdenbürger.
Ludwig Börne, Aus meinem Tagebuch

Nur zwei Dinge behält die Frau
verbissen für sich: ihr Alter
und was sie selbst nicht weiß.
Sprichwort aus Bulgarien

Pariserinnen sind wahrhaft elegant.
Sie bekommen keinen Schreck,
wenn sie dreißig werden.
Peter Ustinov, Peter Ustinovs geflügelte Worte

Pläne schmieden
ist keine Kunst des Alters.
Chinesisches Sprichwort

Seit ich alt bin,
verwechsle ich die Menschen,
beispielsweise meine Kinder.
Ich verwechsle auch fremde Menschen,
die zum selben Typ gehören
oder in meinem Gehirn
als Typ registriert sind.
Leo N. Tolstoi, Tagebücher (1897)

Seitdem man das Alter
nicht mehr mit Würde trägt,
wird versucht,
es mit Frischzellen zu ertragen.
Oliver Hassencamp

Selten ist derselbe Mensch
glücklich und alt.
Lucius Annaeus Seneca, Herkules auf dem Oeta

Selten ist jüngeres Alter verständig.
Homer, Odyssee

So lenkt ein Irrwisch unsre Schritte,
Und erst in unsers Lebens Mitte
Steckt die Vernunft ihr Lämpchen an.
Gottlieb Konrad Pfeffel,
Fabeln und poetische Erzählungen

So wie ein Baum mit der Zeit
von selbst gerade wächst,
kommt der Mensch im Alter
zur Vernunft.
Chinesisches Sprichwort

Soll dich das Alter nicht verneinen,
So musst du's gut mit andern meinen;
Musst viele fördern, manchem nützen,
Das wird dich vor Vernichtung
schützen.
Johann Wolfgang von Goethe, Sprüche

Soll eine Sache recht gelingen,
lass dir Rat von drei Alten bringen.
Chinesisches Sprichwort

Spätestens mit 60 Jahren
muss sich der Mann entscheiden,
ob er seine Jugend
oder sein Leben verlängern will.
Alfred Charles Kinsey

Torheit schützt vor Alter nicht.
(Aus Sprichwörtern fällt viel heraus,
wenn man sie umdreht.)
Alfred Polgar, Kleine Schriften, Band 3. Irrlicht

Trotz deiner grauen Haare
strahlst du wie ein Jüngling!
Ecbasis captivi in belehrender Gestalt (Fuchs)

Um alt zu werden,
darf man keine Grundsätze haben.
Ludwig Börne, Aphorismen

Und das Alter
streckt aus die Hand,
die Schönheit zerstört,
und kommt herbei
mit lautlosem Schritt.
Ovid, Gedichte der Trübsal

Uns Alten ist's so eigen,
wie es scheint,
Mit unsrer Meinung
übers Ziel zu gehn,
Als häufig bei dem jungen Volk
der Mangel
An Vorsicht.
William Shakespeare, Hamlet

Unter einem alten Hut
ist oft ein guter Kopf.
Sprichwort aus Norwegen

Verkalkungen werden oft
für Kristallisationen gehalten.
Karol Irzykowski

Verlang ich Rat von einem alten Weibe?
Johann Wolfgang von Goethe,
Faust I (Hexenküche: Faust)

Versuchung im vorgerückten Alter
ist wie ein Dudelsack ohne Luft.
John Barrymore

Von einem bestimmten Alter an
erscheint jeder kluge Mensch gefährlich.
Elias Canetti, Die Provinz des Menschen.
Aufzeichnungen 1942–1972

Von einem bestimmten Alter an
schließt sich der menschliche Geist,
und man lebt
von seinem intellektuellen Fett.
William Lyon Phelps

Von einem bestimmten Alter an
sollte man lernen,
sich seine Feinde auszusuchen.
Hildegard Knef

Von einem gewissen Alter an
tut auch die Freude weh.
Charlie Chaplin

Von vierzig bis fünfzig
ist die beste Lebenszeit.
Theodor Fontane, Von zwanzig bis dreißig

Vor einem grauen Haupte
sollst du aufstehen!
Adolph Freiherr von Knigge,
Über den Umgang mit Menschen

Vor Eintritt in das Alter
sorgte ich dafür, gut zu leben,
im Alter, gut zu sterben:
Gut zu sterben heißt aber,
gern zu sterben.
Lucius Annaeus Seneca, Moralische Briefe

Warum kann man
mit fünfunddreißig Jahren
nicht so gut anfangen
wie mit zehn?
Franziska Gräfin zu Reventlow, Tagebücher

Warum nun aber erblickt man
im Alter das Leben,
welches man hinter sich hat, so kurz?
Weil man es für so kurz hält,
wie die Erinnerungen desselben sind.
Arthur Schopenhauer, Aphorismen zur Lebensweisheit

Was drei Greise sagen, gilt so viel
wie das Wort eines Mandarins.
Chinesisches Sprichwort

Was einer »an sich selbst hat«,
kommt ihm nie mehr zugute
als im Alter.
Arthur Schopenhauer, Aphorismen zur Lebensweisheit

Was fühlt ein Mensch,
der an seinem Lebensabend
in die Heimat seiner Jugendjahre
zurückkehrt? Er kommt sich
wie ein Narr vor, der auf der Straße
einen Gegenstand sucht,
den er vor dreißig Jahren verloren hat.
Ephraim Kishon, Kishon für alle Fälle

Was für eine Zauberei darin liegt,
wenn einer alten Frau
unter das Kinn gegriffen wird.
Franz Kafka, Tagebücher (1915)

Was hilft es, seinen Wagen
besser lenken zu lernen,
wenn man am Ende der Fahrt ist?
Jean-Jacques Rousseau,
Träumereien eines einsamen Spaziergängers

Was man in der Jugend wünscht,
hat man im Alter die Fülle.
Johann Wolfgang von Goethe, Dichtung und Wahrheit

Was sich nie und nirgends hat begeben,
Das allein veraltet nie!
Friedrich Schiller, An die Freude

Weisere Fassung
Ziemet dem Alter.
Friedrich Schiller, Die Braut von Messina (Chor)

Weisheit kommt nicht vor den Jahren.
Deutsches Sprichwort

Welche Freude, wenn es heißt:
Alter, du bist alt an Haaren,
Blühend aber ist dein Geist.
Gotthold Ephraim Lessing, 47. Ode Anakreons

Welcher Hundertjährige erlebte schon
sechsunddreißigtausend frohe Tage?
Chinesisches Sprichwort

Wenig verstehen es, alt zu sein.
François de La Rochefoucauld, Reflexionen

Wenn das Alter stark
und die Jugend klug wär,
das wär Gelds wert.
Martin Luther, Tischreden

Wenn das Pferd zu alt ist,
spannt man's in den Karren.
Deutsches Sprichwort

Wenn der Mensch fühlt,
dass er nicht mehr hinten hoch kann,
wird er fromm und weise; er verzichtet
auf die sauren Trauben der Welt.
Dieses nennt man innere Einkehr.
Kurt Tucholsky, Schnipsel

Wenn die alten Kühe tanzen,
so klappern ihnen die Klauen.
Deutsches Sprichwort

Wenn ein alter Gaul in Gang kommt,
so ist er nicht mehr zu halten.
Deutsches Sprichwort

Wenn ein Wasserstrahl gleichmäßig
fließt, scheint es, er stehe still.
Genau so erscheint uns unser Leben
und das Leben allgemein.
Aber dass der Strahl nicht still steht,
sondern fließt, merkt man,
wenn er schwächer wird.
Leo N. Tolstoi, Tagebücher (1901)

Wenn eine Alte tanzt,
wirbelt sie viel Staub auf.
Sprichwort aus Frankreich

Wenn ich auch alt würde und einmal
mit alten Augen das alles schauen
müsste – ich bin doch durch das Leben
gegangen, habe alle seine Rätsel
und Schauer und Tiefen gelernt
und gelebt und vielleicht gelöst
und möchte nie mehr wünschen,
nicht gelebt zu haben.
Franziska Gräfin zu Reventlow, Tagebücher

Wenn ich so zurückdenke an meine
einstige Jugend, so ist es mir:
Wo sind denn die Jahre hingekommen,
und wie bin ich denn so alt geworden?
Da ist noch alles so schön wie gestern
– die Berge stehen noch,
die Sonne strahlt auf sie herunter,
und die Jahre sind dahin
als wie ein Tag.
Adalbert Stifter, Der Hagstolz

Wenn Jugend nur wüsste,
Alter nur könnte!
Charles-Guillaume Etienne,
Les Pémices; auch französisches Sprichwort

Wenn man alt ist,
denkt man über die weltlichen Dinge
anders, als da man jung war.
Johann Wolfgang von Goethe, überliefert von
Johann Peter Eckermann (Gespräche mit Goethe)

Wenn man älter wird,
muss man mit Bewusstsein
auf einer gewissen Stufe
stehen bleiben.
Johann Wolfgang von Goethe,
Maximen und Reflexionen

Wenn man fünfzig Jahre alt ist,
fangen die Siebziger an.
Knut Hamsun, Die letzte Freude

Wer den Lebensbecher
bis auf den Grund ausleeren will,
muss sich vernünftigerweise
auf die gewöhnliche Hefe
gefasst machen.
Karl Julius Weber, Democritos

Wer im Alter gesund ist,
stirbt so ungern.
Ein Nachteil des Vorteils.
Manfred Rommel, Rommel-Kalender

Wer jung altert, hat mehr vom Alter.
Christian Bruhn

Wer jung nichts taugt,
bleibt auch im Alter ein Taugenichts.
Deutsches Sprichwort

Wer lange lebt, hat viel erfahren,
Nichts Neues kann für ihn
auf dieser Welt geschehn.
Johann Wolfgang von Goethe, Faust II (Mephisto)

Wer mit dreiundsiebzig
oder vierundachtzig
nicht zum Höllenfürsten gerufen wird,
stirbt von allein.
Chinesisches Sprichwort

Wer mit siebzig
eine reizvolle alte Dame sein möchte,
muss als siebzehnjähriges Mädchen
damit anfangen.
Agatha Christie

Wer mit vierzig verhasst ist,
bleibt so bis ans Lebensende.
Chinesisches Sprichwort

Wer nicht alt werden will,
mag sich jung hängen lassen.
Deutsches Sprichwort

Wer nicht auf das Wort der Alten hört,
wird es später bereuen.
Chinesisches Sprichwort

Werde jung alt, so bleibst du lang alt.
Deutsches Sprichwort

Werde klüger, so wie du älter wirst.
Johann Wolfgang von Goethe, Briefe
(an Cornelia Goethe, 7. Dezember 1765)

Wer's Alter nicht ehrt,
ist des Alters nicht wert.
Deutsches Sprichwort

Wie alt man geworden ist,
sieht man an den Gesichtern derer,
die man jung gekannt hat.
Heinrich Böll

Wie alt wirst du sein,
wenn du wartest,
bis der Gelbe Fluss klar geworden ist?
Chinesisches Sprichwort

Wie es der Jugend Freude bereitet,
sich ihres Wachstums
bewusst zu werden,
muss es für das Alter eine Freude sein,
die einengenden Grenzen
fallen zu sehen.
Leo N. Tolstoi, Tagebücher (1903)

Wie fangen wir's an?
Das sage mir einer!
Lang leben will jedermann,
Alt werden keiner.
Eduard von Bauernfeld, Gedichte

Wie für unterschiedliche Jahreszeiten,
so ziemt sich auch
für unterschiedliche Lebensalter
eine andere Handlungsweise.
Titus Maccius Plautus, Der Kaufmann

Wie geheimnisvoll ist alles
für alte Menschen
und wie klar alles den Kindern!
Leo N. Tolstoi, Tagebücher (1907)

Wie jede schöne Daseinsblume
verwelkt im Alter auch der Ehrgeiz;
perennierend aber
ist die elende Klette Eitelkeit.
Marie von Ebner-Eschenbach, Aphorismen

Wie mürrisch doch das Alter stets
die Menschen macht
Und ihren Blick verdüstert!
Euripides, Die Bakchen

Wille ist keine Sache des Alters,
ein Willenloser wird umsonst
hundert Jahre alt.
Chinesisches Sprichwort

Willst du wissen, wie alt du bist,
so frage nicht die Jahre,
die du gelebt hast,
sondern den Augenblick,
den du genießt.
Arthur Schnitzler,
in: Kriegspatenschaft-Kalender (Wien 1917)

Wir schätzen die Zeit erst,
wenn uns nicht mehr viel
davon geblieben ist.
Leo N. Tolstoi, Tagebücher (1852)

Wir sind zur gleichen Zeit
in allen Zeiten, und wer kann schon
in letzter Konsequenz den Unterschied
zwischen einem Kind
und einem Greis benennen?
Lars Saabye Christensen, Der Alleinunterhalter

Wir werden alt, wenn die Erinnerung
uns zu freuen beginnt.
Wir sind alt, wenn sie uns schmerzt.
Peter Sirius, 1001 Gedanken

Wir wollen uns dessen aber nicht
rühmen, dass wir die Ältesten sind,
sondern darauf bedacht sein,
stets die Gerechtesten zu sein.
Voltaire, Die Briefe Amabeds

Wo das Alter einzieht,
da zieht es nicht wieder aus.
Deutsches Sprichwort

Wohl vor allem,
was man Güter heißt,
Sind's diese beiden,
die man billig preist:
Ein hohes Alter und
ein rein Gewissen.
Adelbert von Chamisso, Gedichte

Womit man in der Jugend prahlt,
das wird man im Alter bereuen.
Sprichwort aus Russland

Zahnreihen aber, junge,
neidlos anzusehn,
Das ist die größte Prüfung mein,
des Alten.
Johann Wolfgang von Goethe, Zahme Xenien

Zum Lernen ist niemand zu alt.
Deutsches Sprichwort

Zucker in der Jugend
macht faule Zähne im Alter.
Deutsches Sprichwort

Altern

Alt werden heißt sehend werden.
Marie von Ebner-Eschenbach, Aphorismen

Alt werden
ist natürlich kein reines Vergnügen.
Aber denken Sie
an die einzig mögliche Alternative!
Robert Lembke, Das Beste aus meinem Glashaus.
Humoristisches und Satirisches

Alt zu werden
unter jugendlichen Völkern,
scheint mir eine Lust,
doch alt zu werden da,
wo alles alt ist,
scheint mir schlimmer denn alles.
Friedrich Hölderlin, Hyperion

Altern heißt sich in zunehmendem
Maße überflüssig machen.
Hellmut Walters

Altern heißt sich über sich selbst
klar werden.
Simone de Beauvoir

Andern altert das Herz zuerst
und andern der Geist.
Und einige sind greis in der Jugend:
aber spät jung erhält lang jung.
Friedrich Nietzsche, Also sprach Zarathustra

Das Altern ist eine heimtückische
Krankheit, die sich ganz von selbst
und unbemerkt einschleicht.
Michel Eyquem de Montaigne, Die Essais

Das Menschenleben hat seine Gesetze,
man muss sich ihnen mit freundlichem
Gesicht fügen: Es ist uns bestimmt,
zu altern und manchmal schwach
oder krank zu werden,
und zwar aller Ärztekunst zum Trotz.
Michel Eyquem de Montaigne, Die Essais

Den seelischen Wert einer Frau
erkennst du daran,
wie sie zu altern versteht,
und wie sie sich im Alter darstellt.
Christian Morgenstern, Stufen

Denn im Unglück
pflegen die Menschen früher zu altern.
Hesiod, Werke und Tage

Der Mensch nimmt eben als Ganzes
erst zu und dann ab.
Michel Eyquem de Montaigne, Die Essais

Die Kunst des Alterns besteht darin,
gegen die Übel anzukämpfen
und ihnen zum Trotz den Ausklang
unseres Lebens zu einer Zeit
des Glücks zu machen.
André Maurois, Die Kunst zu leben

Die Zeit schwindet dahin,
und wir altern durch unmerkliche Jahre,
und die Tage fliehen,
da keine Zügel ihnen Einhalt gebieten.
Ovid, Festkalender

Ein Mann, der nicht recht weiß,
ob er zu altern beginnt, braucht bei
der Begegnung mit einer jungen Frau
nur ihre Augen und den Ton
ihrer Stimme zu befragen,
um sofort Bescheid zu wissen.
Jean de La Bruyère, Die Charaktere

Es gibt keine noch so schöne Rose,
die nicht zur Hagebutte wird.
Sprichwort aus Frankreich

Es gibt keinen verlässlicheren
Gradmesser für das Altern
als die Stufen einer Treppe.
Außer man benutzt eine Rolltreppe.
Ephraim Kishon, Kishon für alle Fälle

Flüsse und Berge altern nicht.
Chinesisches Sprichwort

Fürchte nicht, dass der Körper,
sondern nur, dass die Seele altert.
Chinesisches Sprichwort

Gewiss wird man
durch anhaltende Bedienung
vor der Zeit alt und unfähig.
Johann Wolfgang von Goethe,
Tagebuch der Italienischen Reise

In der Entschlusslosigkeit
liegt das Geheimnis des Nicht-Alterns.
André Gide

Je älter man wird, desto kleiner
erscheinen die menschlichen Dinge
samt und sonders: Das Leben, welches
in der Jugend als fest und stabil
vor uns stand, zeigt sich uns jetzt
als die rasche Flucht ephemerer
Erscheinungen – die Nichtigkeit
des Ganzen tritt hervor.
Arthur Schopenhauer, Aphorismen zur Lebensweisheit

Je älter man wird, mit desto weniger
Bewusstsein lebt man. Die Dinge eilen
vorüber, ohne Eindruck zu machen.
Arthur Schopenhauer, Aphorismen zur Lebensweisheit

Manchmal ergreift das Altern
zuerst den Körper,
manchmal aber auch den Geist.
Michel Eyquem de Montaigne, Die Essais

Nichts macht die Frauen heutzutage
so altern wie die Anhänglichkeit
ihrer Bewunderer.
Oscar Wilde, Ein idealer Gatte

Unversehens wird man ein Greis
mit silberweißem Haar.
Chinesisches Sprichwort

Viele Annehmlichkeiten bringen
die voranschreitenden Jahre mit sich,
viele nehmen sie wieder weg,
wenn sie weichen.
Horaz, Von der Dichtkunst

Wenn man älter wird, so lernt man
eben einsehen, dass man von einem
Menschen nicht alles verlangen kann,
und dass man zufrieden sein muss,
wenn ein Weinstock Trauben trägt.
Theodor Fontane, Briefe

Wir werden alt,
unsere Eitelkeit wird immer jünger.
Marie von Ebner-Eschenbach, Aphorismen

Alternative

Du kannst deinen Kuchen nicht
gleichzeitig essen und behalten.
Sprichwort aus England

Tertium datur. Die weltberühmten
Alternativen sind meist gar keine –
zum Beispiel: Glaube oder Unglaube.
Ludwig Marcuse, Argumente und Rezepte.
Ein Wörter-Buch für Zeitgenossen

Altertum

Alles Schöne der Alten
ist bloß charakteristisch,
und bloß aus dieser Eigentümlichkeit
entsteht die Schönheit.
Johann Wolfgang von Goethe,
Der Sammler und die Seinigen

Chinesische, indische, ägyptische
Altertümer sind immer nur
Kuriositäten; es ist sehr wohl getan,
sich und die Welt damit bekannt
zu machen; zu sittlicher und ästhetischer Bildung aber
werden sie uns wenig fruchten.
Johann Wolfgang von Goethe,
Maximen und Reflexionen

Das Altertum setzen wir gern
über uns, aber nicht die Nachwelt.
Nur ein Vater neidet seinem Sohn
nicht das Talent.
Johann Wolfgang von Goethe,
Maximen und Reflexionen

Den längst in den Strom der Zeit
versenkten Geist eines Volkes
wieder zu erkennen und anschaulich
zu machen, ist die Aufgabe
der Altertumswissenschaft.
Wilhelm Grimm,
Einleitung zur Vorlesung über »Gudrun«

Denn mit den Geistern
anderer Jahrhunderte verkehren,
ist fast dasselbe wie reisen.
René Descartes, Diskurs über die Methode

Denn wenn wir uns dem Altertum
gegenüberstellen und es ernstlich
in der Absicht anschauen,
uns daran zu bilden,
so gewinnen wir die Empfindung,
als ob wir erst eigentlich
zu Menschen würden.
Johann Wolfgang von Goethe,
Maximen und Reflexionen

Der feindliche Gegensatz
zwischen dem Glauben und Wissen
ist eben keineswegs ein
an sich gültiger und natürlicher,
den man als solchen anerkennen müsste,
sondern es ist eine durchaus
protestantische Trennung,
welcher dem bessern Altertum
in dieser Art durchaus unbekannt war.
Friedrich Schlegel, Signatur des Zeitalters

Die Alten sind die einzigen Alten,
die nie alt werden.
Karl Julius Weber, Democritos

Die alten Menschen sind größer, reiner
und heiliger gewesen als wir, es hat in
ihnen und über sie noch der Schein
des göttlichen Ausgangs geleuchtet,
etwa wie helle, reine Körper noch eine
Weile fortleuchten oder glänzen,
wenn man sie unmittelbar
aus dem grellen Sonnenstrahl
in dichte Dunkelheit versetzt.
Jacob Grimm, An Achim von Arnim (20. Mai 1811)

Jetzt seh ich, jetzt genieß ich erst
das Höchste, was uns vom Altertum
übrig blieb, die Statuen.
Johann Wolfgang von Goethe, Italienische Reise

Lesen muss man die Werke der Alten;
es ist doch eine große Wohltat,
dass wir uns die Arbeiten so vieler
Männer zunutze machen können.
René Descartes, Regeln zur Leitung des Geistes

Man spricht immer
vom Studium der Alten;
allein was will das anders sagen als:
Richte dich auf die wirkliche Welt
und suche sie auszusprechen;
denn das taten die Alten auch,
da sie lebten.
Johann Wolfgang von Goethe, überliefert von
Johann Peter Eckermann (Gespräche mit Goethe)

Mancher hat nach der Antike studiert
und sich ihr Wesen nicht ganz
zugeeignet: Ist er darum scheltenswert?
Johann Wolfgang von Goethe,
Maximen und Reflexionen

Möge das Studium der griechischen
und römischen Literatur immerfort
die Basis der höhern Bildung bleiben!
Johann Wolfgang von Goethe,
Maximen und Reflexionen

Waren die Römer
weiser und glücklicher,
als es die Griechen waren?
Und sind wir's mehr als beide?
Johann Gottfried Herder, Ideen zur Philosophie
der Geschichte der Menschheit

Wenn nun unser Schulunterricht
immer auf das Altertum hinweist,
das Studium der griechischen
und lateinischen Sprache fördert,
so können wir uns Glück wünschen,
dass diese zu einer höheren Kultur
so nötigen Studien
niemals rückgängig werden.
Johann Wolfgang von Goethe,
Maximen und Reflexionen

Wir betrachten die Menschen
der Antike häufig,
als wären sie Kinder.
Nein, gemessen an ihnen,
an ihrer in die Tiefe dringenden,
ernsten und unverdorbenen Lebensauffassung, sind wir Kinder.
Leo N. Tolstoi, Tagebücher (1906)

Wo ewige, unabänderliche Gesetze
walten, da ist Altertum, Vergangenheit.
Novalis, Fragmente

Amateur

Zeichen der Zeit:
Die Künstler sind Profis geworden;
die Amateure Künstler.
Erik Satie

Die Liebe ist nichts anderes
als ein Seiltanz von Amateuren
ohne Balancierstange und Netz.
Peter Altenberg

Amboss

Der Amboss
erschrickt vor dem Hammer nicht.
Deutsches Sprichwort

Der Amboss ist des Lärms gewohnt.
Deutsches Sprichwort

Der Amboss lebt länger
als der Hammer.
Sprichwort aus Italien

Im Leben kommt es darauf an,
Hammer oder Amboß zu sein –
aber niemals das Material dazwischen.
Norman Mailer

»Jeder ist seines Glückes Schmied?«
Die meisten von uns sind der Amboss.
Hans-Horst Skupy

Ameise

Ameisen haben auch Galle.
Deutsches Sprichwort

Die Ameise ist unstreitig
eines der edelsten, mutigsten,
wohltätigsten, aufopferungsfähigsten,
großherzigsten, uneigennützigsten
Wesen, die unsere Erde trägt.
Maurice Maeterlinck, Das Leben der Ameisen

Die Ameisen sind kein starkes Volk
und besorgen sich doch
im Sommer ihr Futter.
Altes Testament, Sprüche Salomos 30, 25

Eine Ameise krabbelt
auf das Horn eines Tiers und meint,
sie hätte einen Berg bestiegen.
Chinesisches Sprichwort

Gott gibt den Ameisen Flügel,
damit sich ihr Schicksal
schneller besiegelt.
Sprichwort aus Spanien

Selbst die Ameise ist sechs Fuß hoch
– an ihrem eigenen Fuße gemessen.
Sprichwort aus Serbien

Wenn die Ameisen sich verkriechen,
wird bald Regen vom Himmel gießen.
Bauernregel

Wenn im Juli die Ameisen viel tragen,
wollen sie einen harten Winter ansagen.
Bauernregel

Amen

Amen
ist des lieben Gottes großes Siegel.
Deutsches Sprichwort

Das ist so sicher
wie das Amen in der Kirche.
Deutsches Sprichwort

Die Liebe
ist der Endzweck der Weltgeschichte,
das Amen des Universums.
Novalis, Fragmente

Lasst mich beizeiten Amen sagen,
ehe mir der Teufel einen Querstrich
durch mein Gebet macht.
William Shakespeare,
Der Kaufmann von Venedig (Solanio)

Amerika

Ab und an sind die Vereinigten
Staaten ungefähr so elegant wie
ein Elefant beim Spitzentanz.
Peter Ustinov, Peter Ustinovs geflügelte Worte

Amerika –
die Entwicklung
von der Barbarei zur Dekadenz
ohne Umweg über die Kultur.
Georges Clemenceau

Amerika –
dies gesegnete Land,
das der Mittelmäßigkeit
eine Freiheitsstatue errichtet hat.
Walter Hasenclever

Amerika hat noch nicht gelitten.
Man täuscht sich,
wenn man ihm schon
die hohe Fähigkeit des Herrschens
zubilligen möchte.
José Ortega y Gasset, Der Aufstand der Massen

Amerika ist Amerika.
Deutschland aber will Deutschland
und außerdem noch Amerika sein.
Jean Cocteau

Amerika ist das Land der Gelegenheiten.
Edward E. Cummings

Amerika
ist ein sauberer Vorort von New York.
Ephraim Kishon, Kishon für alle Fälle

Amerika war ein jungfräuliches Land.
Die Pioniere fanden nur die Knochen
der von ihnen abgemurksten Rothäute.
Charles de Gaulle

Amerikaner werden misstrauisch,
wenn man nicht einer von ihnen
werden will – im Gegensatz zu den
Franzosen, Engländern, Schweden
und den meisten anderen Völkern,
die es gerade misstrauisch macht,
wenn man zu ihnen gehören möchte.
Billy Wilder

Bald werdet ihr das Land
überfluten wie die Flüsse,
die nach einem plötzlichen Regen
die Schluchten hinunterstürzen.
Aber mein Volk
ist eine versiegende Ebbe,
wir werden niemals wiederkehren.
Seattle, Die Rede des Indianerhäuptlings Seattle.
Neuere Version

Das amerikanische Ideal
hätte funktioniert,
wenn wir nicht das Individuum
geopfert hätten.
Anaïs Nin, Absage an die Verzweiflung

Der Amerikaner,
der den Kolumbus zuerst entdeckte,
machte eine böse Entdeckung.
Georg Christoph Lichtenberg, Sudelbücher

Der Vietnamkrieg
ist für viele Amerikaner
erst dadurch unmoralisch geworden,
dass er verloren ging.
Edward Albee

Die Amerikaner
sind große Heldenverehrer
und suchen ihre Helden stets
in der Verbrecherwelt.
Oscar Wilde

Die Amerikaner wollen lieber
das halbe Deutschland ganz,
als das ganze Deutschland halb.
Carlo Schmid

Die Ansicht eurer Städte
schmerzt das Auge des roten Mannes.
Seattle, Die Rede des Indianerhäuptlings Seattle.
Neuere Version

Die Bedeutung von Kolumbus
besteht nicht so sehr darin,
dass er Amerika entdeckt hat,
sondern dass er dort geblieben ist.
Alberto Moravia

Die drei bekanntesten Generale
in Amerika sind immer noch
General Motors, General Electric
und General Food.
Bob Hope

Die Kirchen in Amerika
sind eine Art Kosmetiksalon für Seelen.
Thomas Niederreuther

Es gibt Leute in Amerika,
die Wichtigeres zu tun haben,
als Präsident zu sein.
Peter Ustinov

Es ist ein großer Schock, wenn man
im Alter von fünf oder sechs Jahren
feststellt, in einer Welt Gary Coopers
der Indianer zu sein.
James Baldwin

Fast jeder Amerikaner,
der es zu etwas gebracht hat,
war früher einmal Zeitungsjunge.
Bing Crosby

In Amerika regiert der Präsident
für vier Jahre und der Journalismus
für immer und ewig.
Oscar Wilde

In jedem Amerikaner,
selbst wenn er alle Klugheiten
mit dem Löffel gegessen und
alle Dünkel der Welt durchschaut hätte,
steckt irgendwo die Provinz.
Witold Gombrowicz, Aus dem Tagebuch des ...

In den Vereinigten Staaten werden Gewalttätigkeit und Heldentum gleichgesetzt, wenn es nicht um Schwarze geht.
James Baldwin, Am Fuße des Kreuzes

Neben Coca-Cola sind die Blue Jeans
der einzige strahlende Sieg Amerikas
nach dem Zweiten Weltkrieg.
Horst Krüger

Wegen des Anpassungsdrucks gibt es
in Amerika Wahlfreiheit, aber nichts,
woraus man wählen könnte.
Peter Ustinov, Peter Ustinovs geflügelte Worte

Wenn ein Amerikaner zufrieden ist,
fragt er sich unwillkürlich,
was er falsch gemacht hat.
Tony Curtis

Wir kriegen dieses Land nur wieder ins
Lot, wenn wir uns auf den guten,
einfachen Menschenverstand besinnen.
Lido Anthony »Lee« Iacocca,
Mein amerikanischer Traum

Wir Pioniere und Cowboys
sind Tatmenschen und keine Denker.
Barry Goldwater

Wir sind im Guten wie im Schlechten
eine zutiefst konservative Gesellschaft.
James William Fulbright

Amme

Dicke Ammen geben weniger Milch.
Sprichwort aus Frankreich

Die Milch kann gut sein,
und die Amme böse.
Eine gute Gemütsart
ist ebenso wesentlich
wie eine gute Leibesbeschaffenheit.
Jean-Jacques Rousseau, Emile

Amor

Amor ist der größte Spitzbube
unter den Göttern; der Widerspruch
scheint sein Element zu sein.
Giacomo Girolamo Casanova, Memoiren

Amor steckt von Schalkheit voll,
Macht die armen Weiblein toll.
William Shakespeare, Ein Sommernachtstraum (Droll)

Amors Streifschüsse nennt man Flirt.
Georg Thomalla

Auch malt man ihn geflügelt
und als Kind,
Weil er, von Spiel zu Spielen
fortgezogen,
In seiner Wahl so häufig
wird betrogen.
William Shakespeare, Ein Sommernachtstraum
(Helena)

Eine einzige Nacht an deinem Herzen!
– Das andre / Gibt sich.
Es trennet uns noch Amor
in Nebel und Nacht.
Johann Wolfgang von Goethe, Nacht, Amor, Herz

Felsen sollten nicht Felsen
und Wüsten nicht Wüsten bleiben;
Drum stieg Amor herab, sieh,
und es lebte die Welt.
Johann Wolfgang von Goethe,
Antiker Form sich nähernd

Was wagt der freche Amor nicht!
Ovid, Festkalender

Amt

Amt und Würde gibt eine scheinbare
Überlegenheit, welche selten von der
persönlichen begleitet wird:
Denn das Schicksal pflegt sich
an der Höhe des Amtes
durch die Geringfügigkeit
der Verdienste zu rächen.
Baltasar Gracián y Morales,
Handorakel und Kunst der Weltklugheit

Bedeutende Geister lassen sich durch
bedeutende Ämter schnell belehren.
Luc de Clapiers Marquis de Vauvenargues,
Nachgelassene Maximen

Das Amt lehrt den Mann.
Deutsches Sprichwort

Das Wichtigste aber ist bei jeder
Verfassung, dass man durch die
Gesetze und sonstige Einrichtungen
eine solche Ordnung einführt,
dass die Bekleidung der Ämter
keinen Gewinn abwirft.
Aristoteles, Politik

Die persönlichen Eigenschaften
müssen die Obliegenheiten des Amtes
übersteigen und nicht umgekehrt.
So hoch auch der Posten sein mag,
stets muss die Person sich ihm
als überlegen zeigen.
Baltasar Gracián y Morales,
Handorakel und Kunst der Weltklugheit

Edle Gesinnung
kommt von hohen Ämtern.
Titus Livius, Römische Geschichte

Ein Amt ohne guten Sold
macht Diebe.
Christoph Lehmann, Florilegium Politicum, Politischer
Blumengarten (1662); auch deutsches Sprichwort

Ein großes Talent soll man nicht
mit einem kleinen Amt betrauen.
Chinesisches Sprichwort

Ein hohes Amt
ist immer mit Gefahr verbunden.
Chinesisches Sprichwort

Ein hohes Amt ohne Großherzigkeit,
eine Zeremonie ohne Ehrfurcht,
eine Bestattung ohne Trauer
– was kümmert mich dergleichen.
Konfuzius, Gespräche

Ein öffentliches Amt
glänzend zu verwalten,
braucht man eine gewisse Anzahl
guter und schlechter Eigenschaften.
Marie von Ebner-Eschenbach, Aphorismen

Es gibt Menschen,
deren Berufung in ein Amt
eine Beleidigung ihres Vorgängers ist.
Robert Lembke, Das Beste aus meinem Glashaus.
Humoristisches und Satirisches

Es ist leichter,
jener Ämter würdig zu erscheinen,
die man nicht hat,
als derer, die man ausübt.
François de La Rochefoucauld, Reflexionen

Hohe Ämter scheinen einmal nicht
für Philosophen, und auf Thronen
waren Genies meist ein Unglück.
Karl Julius Weber, Democritos

Ist es leicht, Menschen in hohen
Ämtern zu schmeicheln, so ist es noch
leichter, sich selbst in ihrer Nähe
zu schmeicheln. Hoffnung macht
noch mehr Narren als Schlauheit.
Luc de Clapiers Marquis de Vauvenargues,
Nachgelassene Maximen

Man mische sich nicht ein
in die Amtsgeschäfte eines Amtes,
das man nicht innehat.
Konfuzius, Gespräche

Man muss die Pfründe
mit den Pflichten nehmen.
Sprichwort aus Frankreich

Man soll die Ämter mit Leuten,
nicht die Leute mit Ämtern versehen.
Deutsches Sprichwort

O könnten die Menschen
das Elend sehen,
das auf den höchsten Stellen lastet,
die sie erstreben –
sie würden sie verwünschen!
Francesco Petrarca,
Gespräche über die Weltverachtung (Augustinus)

Unter beschwerlichen Ämtern
verstehe ich eine Tätigkeit,
die nur äußeres Ansehen zum Ziel hat.
Aristoteles, Eudemische Ethik

Wem Gott ein Amt gibt,
dem gibt er auch Verstand.
Deutsches Sprichwort

Wem Gott Verstand gibt,
dem gibt er auch ein Amt.
Kurt Tucholsky, Schnipsel

Wer aber ein öffentliches Amt hat,
muss der öffentliche Sklave sein;
oder er lege die Würde
mit der Bürde nieder (...).
Baltasar Gracián y Morales,
Handorakel und Kunst der Weltklugheit

Wer auf redliche Art
den Menschen dient,
wohin denn sollte der sich wenden,
ohne befürchten zu müssen,
immer wieder aus dem Amt
gejagt zu werden?
Konfuzius, Gespräche

Wer mit seinem Amt
viel Aufhebens macht, verrät,
dass er es nicht verdient hat
und die Würde für seine Schultern
zu viel ist.
Baltasar Gracián y Morales,
Handorakel und Kunst der Weltklugheit

Amüsement

Sich amüsieren heißt etymologisch:
die Muse loswerden. Amüsement wäre
also das Vergnügen der Plattköpfe.
Johann Gottfried Seume, Apokryphen

Wie muss sich Gott, der alles sieht,
zuletzt doch amüsieren!
Jules Renard, Ideen, in Tinte getaucht.
Aus dem Tagebuch von Jules Renard

Zwei Arten von Menschen:
Die einen denken,
die anderen amüsieren sich.
Charles de Secondat, Baron de la Brède
et de Montesquieu, Meine Gedanken

Analphabetentum

Analphabeten können am besten
zwischen den Zeilen lesen.
Peter Benary

Das Fernsehen wurde erfunden,
um den Analphabeten
einen guten Grund
zum Brillentragen zu geben.
Gabriel Laub

Wenn es darauf ankommt,
in den Augen einer Frau zu lesen,
sind die meisten Männer
Analphabeten.
Heidelinde Weis

Wer in das, was von Göttlich-Geistigem
heute erfahren werden kann,
nur fühlend sich versenken,
nicht erkennend eindringen will,
gleicht dem Analphabeten,
der ein Leben lang mit der Fibel
unterm Kopfkissen schläft.
Christian Morgenstern, Stufen

Wie kommt es, dass Menschen,
die nicht lesen und schreiben können,
gescheiter sind als die Gelehrten?
Das kommt daher, dass in ihrem
Bewusstsein die natürliche Rangfolge
der Gegenstände und Fragen
nicht zerstört ist.
Leo N. Tolstoi, Tagebücher (1907)

Anarchie

Anarchie
wäre der wünschenswerte Zustand,
wenn die Menschen
Maschinen oder Götter wären.
Aber dann müsste sie
nicht erst gepredigt werden.
Sie wäre eben da.
Arthur Schnitzler,
Aphorismen und Betrachtungen aus dem Nachlass

Anarchisten sind objektiv
die besten Helfer der Reaktionäre.
Vielleicht wollen sie das sogar sein.
Gustav Heinemann

Die Anarchisten sind völlig im Recht,
nur nicht in der Frage der Gewalt.
Eine erstaunliche Geistesverwirrung.
Leo N. Tolstoi, Tagebücher (1889)

Die Kraftlosigkeit liebt Gesetzlosigkeit;
denn nicht die Schwäche,
nur die Kraft will immer dasselbe,
und dasselbe heißt eben Gesetz.
Jean Paul, Friedens-Predigt an Deutschland

Eine Nacht der Anarchie
verursacht mehr Schaden
als 100 Jahre von Tyrannei.
Sprichwort aus Arabien

Gerät ein Staat in Anarchie,
sogleich tun sich verwegene, kühne,
sittenverachtende Menschen hervor,
augenblicklich gewaltsam wirkend,
bis zum Entsetzen alle Mäßigung
verbannend.
Johann Wolfgang von Goethe, West-östlicher Divan

Ich wünschte, die Menschheit
könnte sich eine Anarchie leisten.
Sie kann es nicht, leider.
Vergessen wir aber nie das Ideal:
so viel Anarchie wie möglich.
Ludwig Marcuse, Argumente und Rezepte.
Ein Wörter-Buch für Zeitgenossen

Wahrhafte Anarchie
ist das Zeugungselement der Religion.
Aus der Vernichtung alles Positiven
hebt sie ihr glorreiches Haupt
als neue Weltstifterin empor.
Novalis, Die Christenheit oder Europa

Was Gut und Böse anbelangt,
sind alle Regierungen gleich.
Das beste Ideal ist die Anarchie.
Leo N. Tolstoi, Tagebücher (1857)

Wie können die Anarchisten
nur die Schädlichkeit der Gewalt
nicht erkennen?
Leo N. Tolstoi, Tagebücher (1894)

Anatomie

Anatomie
leistet am organisierten Wesen,
was Chemie am unorganisierten.
Johann Wolfgang von Goethe,
Vergleichende Anatomie

Die Anatomie weist Unterschiede auf,
aber keiner von ihnen
stellt einen Vorteil
für das männliche Geschlecht dar.
Simone de Beauvoir, Das andere Geschlecht

Ein Mann kann sich nicht verheiraten,
ohne Anatomie zu studieren
und mindestens eine Frau
seziert zu haben.
Honoré de Balzac, Die Physiologie der Ehe

Jeder Mensch, der stocktaub ist,
müsste seine Ohren der Anatomie
vermachen.
Georg Christoph Lichtenberg, Sudelbücher

Unter Anatomie versteht man heute
ein riesiges Ersatzteillager.
Jean Rostand

Anbetung

Anbetung an sich ist wichtig
und nicht das, was man verehrt.
Ein Heide, der einen Berg oder einen
Baum anbetet, findet präzise heraus,
welche Stellung er selbst gegenüber
dem Universum einnimmt,
und er erkennt eine über sich stehende
Instanz an, eine unabdingbare Voraussetzung des Menschseins.
Peter Ustinov, Peter Ustinovs geflügelte Worte

Der Mensch ist ein anbetendes Tier.
Charles Baudelaire, Tagebücher

Ein Götzenbildner
betet Buddha nicht an,
denn er weiß,
woraus er gemacht ist.
Chinesisches Sprichwort

Es ist im Menschenvolk
einmal so Brauch,
Vor irgendwem im Staub zu liegen
auf dem Bauch.
Carl Spitteler, Olympischer Frühling

Es ist kein Zweifel:
Tausende werden dich anbeten;
aber dich lieben –
das konnte allein mein Herz.
Jean-Jacques Rousseau,
Julie oder Die neue Héloïse (Saint-Preux)

Gott liebt und lobt sich selbst,
so viel er immer kann:
Er kniet und neiget sich,
er bet't sich selber an.
Angelus Silesius, Der cherubinische Wandersmann

Und wenn der Feueranbeter
das heilige Feuer hundert Jahre schürt,
wenn er hineinfällt,
wird es ihn verzehren.
Sprichwort aus Persien

Wo Tausende anbeten und verehren,
Da wird die Glut zur Flamme,
und beflügelt
Schwingt sich der Geist
in alle Himmel auf.
Friedrich Schiller, Maria Stuart (Maria)

Andacht

Andacht, die Demut nicht begleitet,
wird unfehlbar Stolz.
Joseph Joubert, Gedanken, Versuche und Maximen

Des Herzens Andacht
hebt sich hin zu Gott,
Das Wort ist tot,
der Glaube macht lebendig.
Friedrich Schiller, Maria Stuart

Mit der Andacht Mienen
und frommem Wesen
Überzuckern wir den Teufel selbst.
William Shakespeare, Hamlet (Polonius)

Oft ist der Weiber Andachtsglut
Nichts weiter als verliebtes Blut.
Friedrich von Sallet,
Epigrammatisches und Lasterhaftes

Andenken

Der Himmel straft oft die Fehler
ehrenwerter Männer
in ihrem Andenken,
das er der Verleumdung preisgibt.
Joseph Joubert, Gedanken, Versuche und Maximen

Ergeht's euch wohl, so denkt an mich.
Johann Wolfgang von Goethe, Der Sänger

Was kann erwünschter sein
als entschiedenes Andenken
des Höchsten aus einer Zeit,
die nicht wiederkommt?
Johann Wolfgang von Goethe,
Tag- und Jahreshefte (1818)

Andere

Denn jeder kann dem anderen
nur so viel sein, wie dieser ihm ist.
Arthur Schopenhauer, Aphorismen zur Lebensweisheit

Es ist immer der andere Berg,
der höher ist.
Chinesisches Sprichwort

Es ist ein kindlicher Ehrgeiz,
dadurch besonders fein
wirken zu wollen,
dass man es anders macht
als die anderen.
Michel Eyquem de Montaigne, Die Essais

»Man muss es
wie die anderen machen«:
Ein höchst bedenklicher Grundsatz,
der fast immer bedeutet:
»so schlecht wie die anderen«,
sobald man mehr damit meint
als jene reinen, unverbindlichen
Äußerlichkeiten, die von Gewohnheit,
Mode und Regeln des Anstands
abhängen.
Jean de La Bruyère, Die Charaktere

Und man gewinnt immer,
wenn man erfährt,
was andere von uns denken.
Johann Wolfgang von Goethe,
Die guten Weiber (Henriette)

Wer aus anderen
keinen Vorteil ziehen kann,
ist meist selbst wenig zugänglich.
Luc de Clapiers Marquis de Vauvenargues,
Reflexionen und Maximen

Wer glaubt,
auf andere nicht angewiesen zu sein,
wird unerträglich.
Luc de Clapiers Marquis de Vauvenargues,
Reflexionen und Maximen

Wir leben immer
in Beziehung auf unsere Mitmenschen;
diese unsere Beschaffenheit,
sie mag angelernt oder angeboren sein,
bringt uns mehr Nachteil als Vorteile.
Michel Eyquem de Montaigne, Die Essais

Andersdenkende

Freiheit ist immer nur
die Freiheit des anders Denkenden.
Rosa Luxemburg, Die russische Revolution

Man verdirbt einen Jüngling
am sichersten, wenn man ihn anleitet,
den Gleichdenkenden höher zu achten
als den Andersdenkenden.
Friedrich Nietzsche, Morgenröte

Verfolgung der Andersdenkenden ist
überall das Monopol der Geistlichkeit.
Heinrich Heine, Englische Fragmente

Änderung

Ändern und bessern sind zwei.
Deutsches Sprichwort

Dass wir uns nicht ändern können,
hat zweierlei Gründe:
Zum einen können wir uns
unserer eigenen Natur nicht widersetzen,
zum andern ist es unmöglich,
einen Menschen,
der bei einer bestimmten Art
zu handeln Glück gehabt hat,
zu überzeugen,
dass es gut sein kann,
auch einmal anders zu handeln.
Niccolò Machiavelli, Vom Staat

Die Allerklügsten nur
und die Allerdümmsten
ändern sich nie.
Konfuzius, Gespräche

Ich kann freilich nicht sagen,
ob es besser werden wird,
wenn es anders wird;
aber so viel kann ich sagen,
es muss anders werden,
wenn es gut werden soll.
Georg Christoph Lichtenberg, Sudelbücher

Was geschehen ist,
lässt sich nicht ändern.
Sprichwort aus Frankreich

Anekdote

Das Wesen eines Menschen
lässt sich durch drei schlagkräftige
Anekdoten aus seinem Leben vielleicht
mit gleicher Bestimmtheit berechnen
wie der Flächeninhalt eines Dreiecks
aus dem Verhältnis dreier fixer Punkte
zueinander, deren Verbindungslinien
das Dreieck bilden.
Arthur Schnitzler, Buch der Sprüche und Bedenken

In jeder wirklich guten Anekdote
steckt der Keim zu einem Mythos,
jede dichterische Allegorie nimmt
die Richtung auf ein Symbol zu.
Arthur Schnitzler, Buch der Sprüche und Bedenken

Anerkennung

Anerkennende Worte
sind eine beliebte Einleitung
für anschließenden Tadel.
Lothar Schmidt

Anerkennung geht in der Regel
nur so weit, als sie dazu dient,
dem Anerkennenden selbst
Relief zu geben.
Karl Gutzkow, Vom Baum der Erkenntnis

Anerkennung
ist das Wort eines Idioten;
man findet sie im Lexikon,
aber nicht im menschlichen Herzen.
Honoré de Balzac, Modeste Mignon

Anerkennung ist eine beliebte
Friedhofspflanze.
Ben Barzman

Anerkennung ist eine Pflanze,
die vorwiegend auf Gräbern wächst.
Robert Lembke, Das Beste aus meinem Glashaus.
Humoristisches und Satirisches

Anerkennung und Applaus können
auch Vernichtung bedeuten.
Helmut Qualtinger

Auf Anerkennung des vorhandenen
Trefflichen basiert sich eigentlich
das ganze Gefühl der Menschheit.
Friedrich Hebbel, Tagebücher

Bornierte Menschen soll man nicht
widerlegen wollen. Widerspruch
ist immerhin ein Zeichen
von Anerkennung.
Richard von Schaukal

Den edlen Menschen kränkt sein
Unvermögen; ihn kränkt nicht,
dass man ihn nicht anerkennt.
Konfuzius, Gespräche

Denn ein herzlich Anerkennen
Ist des Alters zweite Jugend.
Johann Wolfgang von Goethe,
Zelters siebzigster Geburtstag

Derartiges, mein Lucilius,
musst du bergen in deinem Herzen:
Gering zu achten die Genugtuung,
aus der Menge Anerkennung stammend.
Lucius Annaeus Seneca, Briefe an Lucilius

Die Anerkennung ernster Menschen
gewinnen wir durch Leistung,
die der Masse durch Glück.
François de La Rochefoucauld, Reflexionen

Die Pegasusse fliegen tief:
Es wird Anerkennung regnen.
Wiesław Brudziński

Die schwer zu lösende Aufgabe
strebender Menschen ist,
die Verdienste älterer Mitlebender
anzuerkennen und sich von ihren
Mängeln nicht hindern zu lassen.
Johann Wolfgang von Goethe,
Maximen und Reflexionen

Fordre kein lautes Anerkennen!
Könne was, und man wird dich kennen.
Paul Heyse

Geist, Schönheit und Tapferkeit
werden durch Anerkennung gesteigert
und vervollkommnet und zeitigen
dann bessere Wirkungen,
als sie es von sich aus vermöchten.
François de La Rochefoucauld, Unterdrückte Maximen

Gereiche es dir zum Trost,
dass, wie ein Bild,
alles Schöne und Gute,
bis es erkannt wird,
erst nachdunkeln muss.
Karl Gutzkow, Vom Baum der Erkenntnis

Ich will den anerkennen können,
der in irgendetwas mit mir rivalisiert.
Franziska Gräfin zu Reventlow, Tagebücher

Leistung allein genügt nicht.
Man muss auch jemanden finden,
der sie anerkennt.
Lothar Schmidt

Nicht bloß das Tun,
nicht bloß die Tatsache
der hinterlassenen Leistung
gibt uns ein Recht
auf ehrende Anerkennung,
sondern auch das Streben selbst,
und gar besonders
das unglückliche Streben,
das gescheiterte, fruchtlose
aber großmütige Wollen.
Heinrich Heine

Solang du auf Erden lebst,
hast du kein Recht,
rückhaltlose Anerkennung zu verlangen.
Denn bis zu deinem letzten Augenblick
besteht die Gefahr,
dass du den Anspruch darauf
wieder verwirkst.
Arthur Schnitzler, Zurückgelegte Sprüche

Wie leicht unterschätzt man doch
das Bedürfnis der Großen,
Anerkennung zu finden.
Sylvia Plath, Briefe nach Hause (11. Mai 1960)

Anfang

Ach, ich bin gelaufen, gelaufen
und hingefallen, wieder aufgestanden,
umgeworfen, wieder aufgesammelt,
bis ich da angekommen bin,
wo mein Ziel anfängt.
Franziska Gräfin zu Reventlow, Tagebücher

Aller Anfang ist heiter,
die Schwelle
ist der Platz der Erwartung.
Johann Wolfgang von Goethe,
Wilhelm Meisters Lehrjahre

Aller Anfang
ist hingeordnet auf Vollendung.
Thomas von Aquin, Summa theologica

Aller Anfang ist schwer.
Deutsches Sprichwort

Aller Anfang ist schwer,
am schwersten
der Anfang der Wirtschaft.
Johann Wolfgang von Goethe,
Hermann und Dorothea (2. Gesang)

Aller Anfang ist schwer!
Das mag in einem gewissen Sinne
wahr sein; allgemeiner aber
kann man sagen:
Aller Anfang ist leicht,
und die letzten Stufen
werden am schwersten
und seltensten erstiegen.
Johann Wolfgang von Goethe,
Wilhelm Meisters Wanderjahre

Aller Dinge Anfang ist klein.
Marcus Tullius Cicero,
Über das höchste Gut und das höchste Übel

Am Anfang
gehören alle Gedanken der Liebe.
Später gehört dann
alle Liebe den Gedanken.
Albert Einstein

Am Anfang
schuf Gott Himmel und Erde.
Altes Testament, Genesis 1, 1

Am Anfang war das Wort.
Dann muss es ihm die Sprache
verschlagen haben.
Heinrich Wiesner

Am Anfang war das Wort
und nicht das Geschwätz,
und am Ende wird nicht
die Propaganda sein,
sondern wieder das Wort.
Gottfried Benn

Am Anfang war die Kraft.
Paula Modersohn-Becker, Tagebuchblätter

Am besten machst du gleich
dein Ding am Anfang recht;
Nachbesserung macht oft
Halbgutes völlig schlecht.
Friedrich Rückert, Die Weisheit des Brahmanen

Am Ende deiner Bahn
ist gut Zufriedenheit;
Doch wer am Anfang ist zufrieden,
kommt nicht weit.
Friedrich Rückert, Die Weisheit des Brahmanen

Anfang ist kein Meisterstück.
Deutsches Sprichwort

Anfang und Ende
sind wohl unter sich verwandt,
Doch ist der Anfang blind,
das Ende hat's erkannt.
Friedrich Rückert, Die Weisheit des Brahmanen

Anfangen ist leicht,
Beharren ist Kunst.
Deutsches Sprichwort

Auch der erste Schritt
gehört zum Wege.
Arthur Schnitzler,
Aphorismen und Betrachtungen aus dem Nachlass

Auch zehntausend Zhang hohe Türme
nehmen auf der Erde ihren Anfang.
Chinesisches Sprichwort

Böser Anfang, böses Ende.
Deutsches Sprichwort

Damit, dass man nach den Anfängen
sucht, wird man Krebs.
Der Historiker sieht rückwärts;
endlich glaubt er auch rückwärts.
Friedrich Nietzsche, Götzen-Dämmerung

Das Letzte, was man findet,
wenn man ein Werk schafft,
ist die Erkenntnis,
was man an seinen Anfang
zu stellen hat.
Blaise Pascal, Pensées

Der Kluge tut gleich anfangs,
was der Dumme erst am Ende.
Der eine und der andere tun dasselbe,
nur in der Zeit liegt der Unterschied:
Jener tut es zur rechten,
dieser zur unrechten.
Baltasar Gracián y Morales,
Handorakel und Kunst der Weltklugheit

Der Mann denkt beim Anfang
schon an das Ende.
Die Frau erinnert sich am Ende
noch an den Anfang.
Micheline Presle

Der schwerste Anfang ist
der Anfang vom Ende.
Hans-Helmut Dickow

Die Anfänge stehen
in unserer Macht:
Über den Ausgang
urteilt das Schicksal.
Lucius Annaeus Seneca, Briefe über Ethik

Die einzige Freude auf der Welt
ist das Anfangen.
Es ist schön zu leben,
weil Leben Anfangen ist,
immer, in jedem Augenblick.
Cesare Pavese, Das Handwerk des Lebens

Die Hälfte der Tat besteht darin,
angefangen zu haben.
Decimus Magnus Ausonius, Epigramme

Die Mitte der Nacht
ist auch schon der Anfang
eines neuen Tages.
Papst Johannes Paul II.

Ein Anfang ist kein Meisterstück,
Doch guter Anfang halbes Glück.
Anastasius Grün, Bilder und Gestalten

Ein guter Mensch
ist immer ein Anfänger.
Martial, Epigramme

Einmal ist immer das erste Mal.
Sprichwort aus Frankreich

Er möchte ganz von vorn beginnen.
Wo ist vorn?
Elias Canetti, Die Provinz des Menschen.
Aufzeichnungen 1942–1972

Es bedarf nur eines Anfangs,
dann erledigt sich das Übrige.
Sallust, Der Catilinarische Krieg

Es gehört Erfahrung dazu,
wie eine Anfängerin zu küssen.
Zsa Zsa Gabor

Es liegt nicht am wohl Anfangen,
sondern am wohl Enden.
Deutsches Sprichwort

Fang alles an nur mit Bedacht,
führ alles mit Bestand!
Was drüber dir begegnen mag,
da nimmt Geduld zur Hand.
Friedrich von Logau, Sinngedichte

Guter Anfang ist halbe Arbeit.
Deutsches Sprichwort

Hast du bei einem Werk
den Anfang gut gemacht,
Das Ende wird gewiss
nicht minder glücklich sein.
Sophokles, überliefert bei Plutarch
(Wie ein Jüngling die Dichter lesen soll)

Hast du etwas angefangen,
gib es nicht auf,
sondern führe es zu Ende.
Leo N. Tolstoi, Tagebücher (1847)

Im Anfang war das Wort.
Neues Testament, Johannes 1, 1

Im Anfang war das Wort
und nicht das Geschwätz,
und am Ende wird nicht
die Propaganda sein,
sondern wieder das Wort.
Gottfried Benn, 1956

Jeder Tag ist ein neuer Anfang.
Thomas Stearns Eliot

Lass den Anfang mit dem Ende
Sich in Eins zusammenziehn!
Johann Wolfgang von Goethe, Dauer im Wechsel

Man schöpft nicht gleich
so aus dem Vollen:
Wer Böckle will,
muss Böcklein wollen.
Jüdische Spruchweisheit

Mancher geht los wie ein Donner
und fällt wie Staub auf die Erde.
Chinesisches Sprichwort

Nur der erste Schritt kostet Mühe.
Sprichwort aus Frankreich

Selbst ein dickes Seil
fängt an einem Faden
zu faulen an.
Chinesisches Sprichwort

Suche allem nach Möglichkeit
eine Folge zu geben.
Nichts macht das Leben ärmer
als vieles anfangen
und nichts vollenden.
Christian Morgenstern, Stufen

Viele suchen in allem,
was sie anfangen,
heimlich nur sich selbst,
ohne es zu merken.
Thomas von Kempen, Nachfolge Christi

Warum kann man
mit fünfunddreißig Jahren
nicht so gut anfangen
wie mit zehn?
Franziska Gräfin zu Reventlow, Tagebücher

Wehre den Anfängen!
Ovid, Heilmittel gegen die Liebe

Welche geistige Arbeit
du auch immer beginnst,
lege sie erst beiseite,
wenn du sie beendet hast.
Leo N. Tolstoi, Tagebücher (1847)

Wenn die anderen glauben,
man ist am Ende,
so muss man erst richtig anfangen.
Konrad Adenauer

Wenn es regnen wird,
fängt es mit ein paar Tropfen an.
Sprichwort aus Serbien

Wer das erste Knopfloch verfehlt,
kommt mit dem Zuknöpfen
nicht zurande.
Johann Wolfgang von Goethe,
Maximen und Reflexionen

Wer eine Hütte baut,
fängt nicht mit dem Strohdach an.
Chinesisches Sprichwort

Wer etwas will anfangen,
der mag es beizeiten tun.
Martin Luther, Tischreden

Wer keinen Anfang macht
aus Furcht vor Schaden,
ist ein feiger Wicht,
Aus Angst,
dass man es nicht verdaut,
versäumt man doch
das Essen nicht.
Nārāyana, Hitopade'sa

Wer mit dem Anfang
nicht zurechtkommt,
kommt mit dem Ende
erst recht nicht zurecht.
Michel Eyquem de Montaigne, Die Essais

Wer nur begann,
der hat schon halb vollendet.
Horaz

Wer tollkühn anfängt,
der bereut zu spät.
Mansur Firdausi, Schah-Name

Wer viel anfängt, endet wenig.
Deutsches Sprichwort

Wo ein Anfang ist,
muss auch ein Ende sein.
Deutsches Sprichwort

Zu Anfang
haben wir unser Tun in der Hand,
es ist in unserer Gewalt;
aber dann, wenn die Sache läuft,
führt sie die Zügel
und nimmt uns mit,
und wir haben zu folgen.
Michel Eyquem de Montaigne, Die Essais

Zu ernst hat's angefangen,
um in Nichts zu enden.
Friedrich Schiller, Wallensteins Tod

Anfechtung

Anfechtung macht gute Christen.
Deutsches Sprichwort

Was können die Schweizer dafur,
dass ihre Anfechtungen klein sind?
Heinrich Nüsse

Wenn ihr angefochten werdet,
durch Trübsal und Verzweiflung
oder durch eine Gewissensnot,
dann esst, trinkt, sucht Unterhaltung;
wenn euch die Gedanken
an ein Mädchen aufhelfen, so tut so.
Martin Luther, Tischreden

Anforderung

Je mehr Einsicht,
desto größeren Anforderungen
und, werden sie erfüllt,
desto mehr Genuss.
Baltasar Gracián y Morales,
Handorakel und Kunst der Weltklugheit

Merkmal großer Menschen ist,
dass sie an andere weit geringere
Anforderungen stellen
als an sich selbst.
Marie von Ebner-Eschenbach, Aphorismen

Anführungszeichen

Anführungszeichen
sind oft nichts als eine faule Ausrede,
mittels deren der Autor
die Verantwortung für eine Banalität,
die ihm in die Feder kam
oder für die ihm nichts Besseres einfiel,
dem schlechten Geschmack
seiner Zeitgenossen
aufzubürden versucht.
Arthur Schnitzler, Buch der Sprüche und Bedenken

Gänsefüßchen benutzen zweierlei
Arten von Schriftstellern:
die ängstlichen und die ohne Talent.
Erstere erschrecken vor der eigenen
Courage und Originalität,
die zweiten, die irgendein Wort
in Gänsefüßchen setzen,
wollen damit sagen:
Sieh mal, Leser,
was für ein originelles, kühnes
und neues Wort ich gefunden habe!
Anton P. Tschechow, Briefe (20. Oktober 1888)

Angeberei

Auch das größte Maul
wird am Ende mit Erde gestopft.
Hanns-Hermann Kersten

Die Leute können ein Großmaul
nicht ausstehen,
aber zuhören werden sie immer.
Muhammad Ali

Gib nicht mit alter Wahrheit an –
jeder weiß,
dass die Sonne im Westen sinkt.
Chinesisches Sprichwort

Mancher redet große Worte
und gebraucht nur kleine Münzen.
Chinesisches Sprichwort

Nur ein Jäger, der protzt,
steckt sich eine tote Ratte in den Gürtel.
Chinesisches Sprichwort

Selbst ein Lahmer
kann in die Spur des Tigers treten.
Chinesisches Sprichwort

Angebot

Das Angebot
schafft sich seine Nachfrage.
Ganz salopp gesagt:
Wo ein Krankenhaus ist,
liegt auch ein Kranker drin.
Norbert Blüm, Unverblümtes von Norbert Blüm

Gibt es im Fluss keine Fische,
sind selbst die Krebse teuer.
Chinesisches Sprichwort

Ich prüfe jedes Angebot.
Es könnte das Angebot
meines Lebens sein.
Henry Ford

Rufe nur das aus,
was du auch verkaufst.
Chinesisches Sprichwort

Angeln

Angeln ist die einzige Philosophie,
von der man satt wird.
Peter Bamm

Angle, willst du Fische fangen.
Deutsches Sprichwort

Das Fischen von lebenden Fischen
mit der Angel wird von vielen Seiten
als Grausamkeit empfunden;
hauptsächlich vom Fisch selbst.
Karl Valentin

Der Fisch beißt am liebsten
in einen silbernen Angelhaken.
Sprichwort aus Norwegen

Ein Angler muss wissen,
wann er ziehen soll.
Deutsches Sprichwort

In schnellem Wasser
ist gut Fische fangen.
Chinesisches Sprichwort

In verbotenen Teichen fischt man gern.
Deutsches Sprichwort

Mancher fischt im Wasser
nach dem Mond.
Chinesisches Sprichwort

Über dem Fangen von Fischen und
Krebsen vergiss die Feldarbeit nicht.
Chinesisches Sprichwort

Wenn du die Angel ziehst zu früh,
so fängst du nie.
Deutsches Sprichwort

Wer nichts an die Angel steckt,
der fängt nichts.
Deutsches Sprichwort

Angenehm

Je mehr sich der Mensch
an das Angenehme
und Schöne gewöhnt,
umso mehr Entbehrungen
bereitet er sich im Leben.
Leo N. Tolstoi, Tagebücher (1853)

Jedes Unangenehme
hat auch sein Gutes.
Fjodor M. Dostojewski, Der Idiot

Ob wir etwas als angenehm
oder unangenehm empfinden,
das hängt größtenteils davon ab,
wie wir uns dazu stellen.
Michel Eyquem de Montaigne, Die Essais

Angriff

Angriff
ist Betätigung des Machttriebes.
Oswald Spengler, Urfragen.
Fragmente aus dem Nachlass

Angriff ist mächtiger als Verteidigung
(Wille zur Macht höher als Kampf
ums bloße Dasein).
Oswald Spengler, Urfragen.
Fragmente aus dem Nachlass

Das angriffsweise Vorgehen
elektrisiert die Gemüter,
aber die Erfahrung hat gezeigt,
dass diese gehobene Stimmung
bei überaus großen Verlusten
in das volle Gegenteil
umschlagen kann.
Helmuth Graf von Moltke, Verordnungen für
die höheren Truppenführer (24. Juni 1869)

Das Glück ist mehr auf
der Seite des Angreifers
als auf der desjenigen,
der sich verteidigt.
Niccolò Machiavelli, Geschichte von Florenz

Ein schöner Rückzug
ist ebenso viel wert
als ein kühner Angriff.
Baltasar Gracián y Morales,
Handorakel und Kunst der Weltklugheit

Ein Friedlicher ist einer,
der sich totschießen lässt,
um zu beweisen, dass der Andere
der Aggressor gewesen ist.
Ludwig Marcuse

Eine Frau,
die ihren Widerstand aufgibt,
geht zum Angriff über.
Marcello Mastroianni

Es erfordert zuweilen mehr Mut,
den Gegner zu fliehen,
als ihn anzugreifen.
Heinrich Waggerl, Aphorismen

Greift an mit Gott!
Dem Nächsten muss man helfen.
Friedrich Schiller, Wilhelm Tell

Hassen
ist ein positiver Lebensstrom:
das Verlangen nach Vernichtung,
Angriff, der vom Kern ausgeht.
Oswald Spengler, Urfragen.
Fragmente aus dem Nachlass

Man greift nicht nur an,
um jemandem weh zu tun,
ihn zu besiegen,
sondern vielleicht auch nur,
um sich seiner Kraft
bewusst zu werden.
Friedrich Nietzsche, Menschliches, Allzumenschliches

Niemand kann die Mächtigen
ungefährdet angreifen.
Lucius Annaeus Seneca, Medea

Wer nicht tapfer
eine Gefahr abwehren kann,
ist der Sklave des Angreifers.
Aristoteles, Älteste Politik

Will man angreifen, so muss es
mit Entschiedenheit geschehen.
Helmuth Graf von Moltke, Verordnungen für
die höheren Truppenführer (24. Juni 1869)

Angst

Angst haben wir alle.
Der Unterschied liegt in der Frage:
wovor?
Frank Thieß

Angst ist dennoch
von größerer Schnelligkeit als Zorn.
Titus Livius, Römische Geschichte

Angst ist der einzige sichere Ratgeber,
den das Leben überhaupt hat.
Oskar Lafontaine

Angst ist für die Seele ebenso gesund
wie ein Bad für den Körper.
Maxim Gorki

Angst macht auch den Alten laufen.
Deutsches Sprichwort

Angst verleiht Flügel.
Gustave Flaubert, Wörterbuch der Gemeinplätze

Angst vor der Zukunft heißt heute
Angst vor keiner Zukunft.
Armand Salacrou

Ängste bleiben nie dieselben
an einem Menschen:
Die einen entstehen,
die andern vergehen.
Platon, Das Gastmahl (Diotima)

Ängstlichkeit wird dem beigelegt,
dessen Begierde eingeschränkt wird
durch die Furcht vor einer Gefahr,
der sich andere seinesgleichen
zu unterziehen wagen.
Baruch de Spinoza, Ethik

Aufgeklärt sein heißt:
Sich vor sich selbst nicht ängstigen.
Gerhard Szczesny, Das so genannte Gute

Aus der Angst
(kommt) das Wissenwollen,
das Bedürfnis der Fixierung
des Unfixierbaren durch Zahl
und Gesetz, Formel, kausale
und finale Festlegung.
Oswald Spengler, Urfragen.
Fragmente aus dem Nachlass

Blinder als blind ist der Ängstliche.
Max Frisch

Da gibt es den Ängstlichen,
der unter sein Bett schaut,
und den Ängstlichen,
der sich nicht einmal traut,
unter sein Bett zu schauen.
Jules Renard, Ideen, in Tinte getaucht.
Aus dem Tagebuch von Jules Renard

Das Übel, vor dem man Angst hat,
vor dem geht man zugrunde.
Sprichwort aus Spanien

Das Wissenwollen ist Angst,
Angst vor dem Geheimnis,
»dahinterkommen« wollen.
Oswald Spengler, Urfragen.
Fragmente aus dem Nachlass

Das, wovor wir am meisten
Angst haben, ist häufig das,
worauf wir am meisten hoffen.
Eugen Drewermann, Das Markusevangelium, Erster Teil

Dem Tod entkommt,
wer ihn verachtet;
gerade die Ängstlichen ereilt er.
Quintus Curtius Rufus,
Geschichte Alexanders des Großen

Dem Weibe ist mehr angst
als dem Manne.
Søren Kierkegaard, Der Begriff Angst

Der Edle hat Angst um andere,
Der Gemeine um sich selber.
Paul Ernst, Ein Weltbild in Sprüchen

Der Sieg über die Angst,
das ist auch ein Glücksgefühl,
in dem ich mir nahe bin.
Reinhold Messner,
Die Freiheit, aufzubrechen, wohin ich will

Der Tod ist eigentlich nur
die Angst vor dem Tode.
Martin Luther, Tischreden

Der Unwissende hat Mut,
der Wissende hat Angst.
Alberto Moravia

Die Angst
ist eine natürliche Schutzreaktion,
ohne die wir kaum überleben könnten.
Grantly Dick-Read, Der Weg zur natürlichen Geburt

Die Angst zittert mit im Triumph.
Walter Hilsbecher

Die Mutter eines Ängstlichen
pflegt nicht zu weinen.
Cornelius Nepos, Thrasyllus

Die Phantasie der Angst
ist jener böse, äffische Kobold,
der dem Menschen gerade dann noch
auf den Rücken springt,
wenn er schon am schwersten
zu tragen hat.
Friedrich Nietzsche, Menschliches, Allzumenschliches

Du nennst es Glauben,
wir heißen's Angst.
Henrik Ibsen, Peer Gynt (Dovrealter)

Durch die Unsicherheit und Angst
eines scheinbar übermächtigen Gegners
kann man eigene Unsicherheit
und Angst überwinden.
Günter Wallraff

Ein wirksames Heilmittel gegen Angst
ist Milde.
Lucius Annaeus Seneca, Octavia

Es gehört zu den ewigen Gesetzen
der Angst, dass wir uns,
wenn der Boden zu schwanken
beginnt, anzuklammern versuchen.
Eugen Drewermann,
Das Markusevangelium, Zweiter Teil

Es gibt keine Seelenangst,
bis man Kinder hat.
Sprichwort aus Irland

Freude und Angst
sind Vergrößerungsgläser.
Jeremias Gotthelf, Zeitgeist und Berner Geist

Heutzutage hat jeder
vor sich selbst Angst.
Oscar Wilde, Das Bildnis des Dorian Gray

Ich habe Angst vor Leuten,
die immer nur die Menschheit lieben
und niemals einzelne Menschen.
Wolf Biermann

Im Auge scheint es mir,
es seien nur drei Dinge,
die mich bewegen können:
Angst vor dem Verlust derer,
die ich liebe, Angst vor Schmerz,
Angst vor dem Tode.
Aurelius Augustinus, Selbstgespräche

In Ängsten findet manches statt,
Was sonst nicht stattgefunden hat.
Wilhelm Busch, Der Geburtstag

Je mehr man sein Leben ausfüllt,
umso weniger Angst hat man,
es zu verlieren.
Alain, Vorschläge und Meinungen zum Leben

Je weniger Geist, desto weniger Angst.
Søren Kierkegaard, Der Begriff Angst

Jeder, der etwas besitzt,
hat Angst vor jenen,
die weniger oder nichts besitzen.
Margarete Mitscherlich

Mancher droht
und hat selbst große Angst.
Sprichwort aus Frankreich

O diese grenzenlos törichte Angst,
sich gerade vor dem,
was man befürchtet,
so zu hüten, dass man es,
obwohl man es hätte vermeiden
können, noch obendrein heranholt
und herbeizieht!
Marcus Tullius Cicero, Briefe

Sind wir doch,
nach etwas ausgestandener Angst,
stets merklich heiter.
Arthur Schopenhauer, Aphorismen zur Lebensweisheit

Tatsächlich habe ich viel weniger Angst,
seit ich mich den Ängsten stelle.
Anaïs Nin, Sich vom Traum führen lassen

Triumph ist der Gegenausschlag
zur Angst. Die zittert mit im Triumph.
Walter Hilsbecher

Tue nichts im Leben,
was dir Angst bereitet,
wenn es von deinen Mitmenschen
entdeckt wird.
Epikur, Sprüche. In: Briefe, Sprüche, Werkfragmente

Und die Angst
beflügelt den eilenden Fuß.
Friedrich Schiller, Die Bürgschaft

Ungeduld ist Angst.
Stefan Zweig

Viele Söhne – viele Ängste.
Chinesisches Sprichwort

Wenn alle mutig sind,
ist das Grund genug, Angst zu haben.
Gabriel Laub

Wenn das gesamte Dasein des Menschen
nur noch aus Angst besteht,
verwandeln sich alle Strukturen
seiner kreatürlichen Existenz
von Segen in Fluch,
von Heil in Unheil,
von Glück in Unglück.
Eugen Drewermann,
An ihren Früchten sollt ihr sie erkennen

Wenn einer keine Angst hat,
hat er keine Phantasie.
Erich Kästner

Wer einmal
von einer Schlange gebissen wurde,
hat Angst vor jedem Stückchen Schnur.
Lebensweisheit aus Kamerun

Wer in Angst
vor einem bösen Traum einschläft,
träumt bestimmt nicht gut.
Chinesisches Sprichwort

Zivilcourage kann auch heißen,
Ängsten Ausdruck zu geben.
Carola Stern, Anstoß zur Zivilcourage

Anhängerschaft

Der Teufel hat mehr
denn zwölf Apostel.
Deutsches Sprichwort

Die Anhänger eines großen Mannes
pflegen sich zu blenden,
um sein Lob besser singen zu können.
Friedrich Nietzsche, Menschliches, Allzumenschliches

Man fürchtet seine Anhänger
mehr als irgendeinen Feind,
er lässt sich leichter abschütteln.
Ludwig Marcuse, Argumente und Rezepte.
Ein Wörter-Buch für Zeitgenossen

Anhänglichkeit

Es ist ein sehr gefährliches Ding,
sich von einer besonderen Anhänglichkeit gegen ein Geschöpf
oder ein geschaffenes Gut
treiben zu lassen.
Aloysius von Gonzaga, Aussprüche und Lebensregeln

Hiebe tragen oft die größte
Anhänglichkeit ein.
Walter Serner

Nicht treuer, nur anhänglicher
sind die Frauen als wir.
Arthur Schnitzler,
Aphorismen und Betrachtungen aus dem Nachlass

Anklage

Als Angeklagter kann man
freigesprochen werden.
Als Zeuge auf keinen Fall.
Ephraim Kishon, Kishon für alle Fälle

Keine Anklageschrift
kommt ohne Lüge aus.
Chinesisches Sprichwort

Kläger: ein ehemaliger Freund;
meist jemand,
dem man einen Gefallen erwiesen hat.
Ambrose Bierce

Man liebt als Selbsterkenntnis,
was man als Anklage hasst.
Elias Canetti, Die Provinz des Menschen.
Aufzeichnungen 1942–1972

Vergib dir nicht dein Herz,
wenn du zum Pinsel greifst,
um Anklage zu erheben.
Chinesisches Sprichwort

Anlage

Alle Naturanlagen eines Geschöpfs
sind bestimmt, sich einmal vollständig
und zweckmäßig auszuwickeln.
Immanuel Kant, Idee zu einer allgemeinen Geschichte
in weltbürgerlicher Absicht

Alles, was uns von Natur zuteil wird,
das tragen wir zuerst potenziell in uns,
und erst später aktualisieren wir es,
wie man an den sinnlichen
Wahrnehmungen sehen kann.
Aristoteles, Nikomachische Ethik

Die Natur,
die weniger stiefmütterlich ist,
als ihre Verleumder sie schildern,
legt oft in ihre Kargheit
selbst den Sporn,
der neue Anstrengung hervorruft
und die Geistesanlagen entwickelt.
Georg Forster, Über die Beziehung der Staatskunst auf
das Glück der Menschheit

Die Natur hat einem jeden Menschen
die besondere Anlage zu dem,
was er sein soll, gegeben,
und der Zusammenhang der Dinge
setzt ihn in Umstände,
die der Entwicklung derselben mehr
oder weniger günstig sind:
Aber ihre Ausbildung und Vollendung
hat sie ihm selbst anvertraut.
Christoph Martin Wieland,
Das Geheimnis des Kosmopolitenordens

Gut und rechtschaffen aber
werden die Menschen durch dreierlei:
durch Naturanlage, Gewöhnung
und Vernunft.
Aristoteles, Älteste Politik

Im Menschen sind mancherlei Triebe
und Anlagen, und es ist die Bestimmung
jedes Einzelnen, alle seine Anlagen,
so weit er nur irgend kann, auszubilden.
Johann Gottlieb Fichte,
Über die Bestimmung des Gelehrten

Je früher der Mensch gewahr wird,
dass es ein Handwerk,
dass es eine Kunst gibt,
die ihm zur geregelten Steigerung
seiner natürlichen Anlagen verhelfen,
desto glücklicher ist er.
Johann Wolfgang von Goethe, Briefe
(an Wilhelm von Humboldt, 17. März 1832)

Man kann nicht etwas ganz anderes
aus sich machen,
als wozu die Anlage vorhanden ist.
Carl Hilty, Glück

Man kann seine an- und eingeborne
Natur nicht ganz austreiben,
aber man kann
mit redlichem gutem Willen doch,
Gott sei Dank,
manches zustande bringen.
Theodor Fontane, Briefe

Nicht allein das Angeborene,
auch das Erworbene ist der Mensch.
Johann Wolfgang von Goethe,
Maximen und Reflexionen

Anmaßung

Anmaßlich find ich,
dass zur schlechtsten Frist
Man etwas sein will,
wo man nichts mehr ist.
Johann Wolfgang von Goethe, Faust II (Baccalaureus)

Anmaßung geht niemals
aus einem Dasein,
sondern nur stets
aus einem Mangel hervor.
Adalbert Stifter,
Über Stand und Würde des Schriftstellers

Anmaßung ist der Kopf der Schlange.
Martin Luther, Tischreden

Anmaßung ist unsere eigentliche
angeborene Krankheit.
Michel Eyquem de Montaigne, Die Essais

Bei manchen Menschen
muss Anmaßung die Größe,
Unmenschlichkeit die Festigkeit
des Charakters,
Arglist den Geist ersetzen.
Jean de La Bruyère, Die Charaktere

Die Forderung, geliebt zu werden,
ist die größte der Anmaßungen.
Friedrich Nietzsche

Mensch, ist was Gut's in dir,
so maße dich's nicht an!
Sobald du dir's schreibst zu,
so ist der Fall getan.
Angelus Silesius, Der cherubinische Wandersmann

Vor nichts soll man sich so hüten
als vor dem Aufwachsen jenes
Unkrauts, welches Anmaßung heißt
und in uns jede gute Ernte verdirbt.
Friedrich Nietzsche, Menschliches, Allzumenschliches

Anmut

Aber durch Anmut allein
herrschet und herrsche das Weib.
Friedrich Schiller, Macht des Weibes

Anmut ahmt die Schamhaftigkeit nach
wie Höflichkeit die Güte.
Joseph Joubert, Gedanken, Versuche und Maximen

Anmut, die dem Geiste eigen,
Muss in Werk und Wort sich zeigen;
Nicht von außen, nur von innen
Ist die Anmut zu gewinnen.
Friedrich von Bodenstedt, Mirza Schaffy

Anmut ist das natürliche Gewand
der Schönheit, Kraft ohne Anmut
ist wie ein wunder Körper.
Joseph Joubert, Gedanken, Versuche und Maximen

Anmut ist
ein Ausströmen der inneren Harmonie.
Marie von Ebner-Eschenbach, Aphorismen

Anmut ist ein großer Glanz von innen.
Rainer Maria Rilke

Anmut ist köstlicher denn Schönheit.
Heinrich Zschokke, Stunden der Andacht

Anmut ohne Ungezwungenheit
ist undenkbar.
Jean-Jacques Rousseau, Emile

Anmut umgibt die Eleganz
und kleidet sie.
Joseph Joubert, Gedanken, Versuche und Maximen

Anmut und Würde
stehen in einem zu hohen Werte,
um die Eitelkeit und Torheit
nicht zur Nachahmung zu reizen.
Friedrich Schiller, Über Anmut und Würde

Das Gefühl eigner Anmut
macht anmutig.
Johann Wolfgang von Goethe,
Wilhelm Meisters Wanderjahre

Dass die Weisheit
nach der Anmut strebt,
Hat man auf Erden oft erlebt,
Doch dass die Anmut gern ihr Ohr
Der Weisheit leiht,
kommt seltener vor.
Friedrich von Bodenstedt, Mirza Schaffy

Die Anmut gibt der Weisheit die Stärke,
Die Anmut gibt der Weisheit Glanz.
Friedrich von Bodenstedt, Mirza Schaffy

Die Anmut ist dem Belieben
unterworfen: Die Schönheit ist gültiger
und weniger abhängig
von Geschmack und Meinung.
Jean de La Bruyère, Die Charaktere

Die Anmut
ist die Geschmeidigkeit der Form.
Sully Prudhomme, Gedanken

Die Anmut nutzt sich nicht so ab
wie die Schönheit. Sie hat Leben,
sie erneuert sich ohne Unterlass,
und eine rechtschaffene Frau
mit Anmut gefällt nach einer dreißig-
jährigen Ehe ihrem Mann noch genauso
wie am ersten Tag.
Jean-Jacques Rousseau, Emile

Hoheit,
selbst wenn ein gewisser Grad
von Schönheit sie schmückt,
ist ohne Anmut nicht sicher,
zu gefallen.
Friedrich Schiller, Über Anmut und Würde

So wie die Anmut
der Ausdruck einer schönen Seele ist,
so ist Würde der Ausdruck
einer erhabenen Gesinnung.
Friedrich Schiller, Über Anmut und Würde

Was anmutig ist,
bemerken wir nur,
wenn es überspitzt, geschwollen,
verkünstelt auftritt:
Geht es im einfachen Kleid
der Selbstverständlichkeit einher,
so wird es von einem groben Blick,
wie wir ihn haben,
leicht übersehen.
Michel Eyquem de Montaigne, Die Essais

Anna (26.7.)

Ist Sankt Anna erst einmal vorbei,
kommt der Morgen kühl herbei.
Bauernregel

Annehmlichkeit

Die Annehmlichkeit
und die Leichtfertigkeit eines
auf die mechanischen Beschäftigungen
beschränkten Daseins
ersticken die Knospe
gerechter Auflehnung.
Sully Prudhomme, Intimes Tagebuch

Wer sich keine Annehmlichkeiten
versagen kann, wird sich nie
ein Glück erobern.
Marie von Ebner-Eschenbach, Aphorismen

Anpassung

Anpassung ist die Stärke
der Schwachen.
Wolfgang Herbst

Brunze [= uriniere, Anm. d. Red.]
nicht gegen den Wind.
Deutsches Sprichwort

Bücken muss man sich,
wenn man durch die Welt will.
Deutsches Sprichwort

Das Lebendige hat die Gabe,
sich nach den vielfältigsten
Bedingungen äußerer Einflüsse
zu bequemen und doch
eine gewisse errungene entschiedene
Selbstständigkeit zu wahren.
Johann Wolfgang von Goethe,
Maximen und Reflexionen

Die Bäume, die sich schmiegen,
stehn an ihren Zweigen unversehrt,
Und die sich sträuben,
kommen samt der Wurzel um.
Sophokles, Antigone

Beste Art sich zu wehren:
sich nicht anzugleichen.
Mark Aurel, Selbstbetrachtungen

Die erste Wirkung
einer Anpassung an andere ist,
dass man langweilig wird.
Elias Canetti, Die Provinz des Menschen.
Aufzeichnungen 1942–1972

Die Hand,
die man nicht abhauen kann,
muß man küssen.
Heinrich Heine

Die Natur des Menschen
ist biegsam und fügt sich in allem.
Joseph Joubert, Gedanken, Versuche und Maximen

Die Natur passt sich ebenso gut
unserer Schwäche wie unserer Stärke an.
Henry David Thoreau, Walden

Die Welle beugt sich jedem Winde gern.
Johann Wolfgang von Goethe, Faust II (Thales)

Ein hoher starker Baum
muss vor dem Winde liegen;
Ein niederträchtig Strauch,
der bleibet stehn durch Biegen.
Friedrich von Logau, Sinngedichte

Es gibt auch so etwas
wie geistiges Asthma.
Man bekommt es,
wenn man hinter jedem Trend
herrennt.
Jean Marais

Im Gebirge lebe von den Bergen,
an einem Gewässer lebe vom Wasser.
Chinesisches Sprichwort

In den Bau der Welt
taugt nur der abgeschliffene Stein.
Johann Heinrich Pestalozzi,
Meine Nachforschungen über den Gang der Natur

Iss, worauf du nur Lust hast,
aber kleide dich wie die andern.
Sprichwort aus Arabien

Lieber biegen als brechen.
Deutsches Sprichwort

Man muss sich der Zeit anpassen.
Lucius Annaeus Seneca, Medea

Missionare müssen indianisch lernen
– mit lateinisch bekehrt man
keine Indianer.
Kurt Tucholsky, Schnipsel

Mit der Tragestange
kommt man nicht quer durchs Tor.
Chinesisches Sprichwort

Protest ist heute
eine der bemerkenswertesten Formen
der Anpassung.
Johannes Groß

Stets sollte man sich
der größeren Zahl anpassen
Und niemals sich
auffällig sehen lassen.
Molière, Die Schule der Ehemänner

Was Ortsgebrauch,
Das tue auch.
Jüdische Spruchweisheit

Weil ich gelernt, wie ich
mit Wölfen belle,
bin ich noch lange nicht
ihr Spielgeselle.
Gerhard Schumann, Stachelbeeren-Auslese, Abstand

Wenn sich der Wetterhahn nicht dreht,
zerbricht ihn der Sturm.
Deutsches Sprichwort

Wer mit den Wölfen essen will,
muss mit den Wölfen heulen.
Deutsches Sprichwort

Wer mit Zinnober umgeht, wird rot.
Wer mit Tusche umgeht, wird schwarz.
Chinesisches Sprichwort

Wer uns beweisen will,
dass er die Fähigkeit besitzt,
den Verschiedenheiten der Menschen
sich anzupassen, der fahre
in den nächstbesten Schornstein
mitten in den Kreis einer Familie
hinab und sage uns,
dass er mit ihr gut auskam.
Gilbert Keith Chesterton, Heretiker

Wo das Dach niedrig ist,
geht ein Weiser nicht anders
als gebeugten Hauptes.
Chinesisches Sprichwort

Wohin du auch kommst,
sprich immer in der Art der Leute.
Chinesisches Sprichwort

Worüber man nicht springen kann,
darunter muss man wegkriechen.
Deutsches Sprichwort

Anschauen

Das unmittelbare Anschauen der Dinge
ist mir alles,
Worte sind mir weniger als je.
Johann Wolfgang von Goethe, Briefe
(an Johann Sulpiz Boisserée, 22. März 1831)

Man habe auch tausendmal
von einem Gegenstand gehört,
das Eigentümliche desselben
spricht nur zu uns
aus dem unmittelbaren Anschauen.
Johann Wolfgang von Goethe, Italienische Reise

Anschein

Ein Pfennig in der Sparbüchse
macht mehr Gerassel,
als wenn sie voll wäre.
Deutsches Sprichwort

Es sind nicht alle Jäger,
die das Horn gut blasen.
Deutsches Sprichwort

Es sind nicht alle Jungfern,
die Kränze tragen.
Deutsches Sprichwort

Es sind nicht alle Köche,
die lange Messer tragen.
Deutsches Sprichwort

Manchen hält man für fett
und ist nur geschwollen.
Deutsches Sprichwort

Pfaffen, Mönche und Beginen
Sind nicht so heilig als sie scheinen.
Deutsches Sprichwort

Sein ist über Schein.
Deutsches Sprichwort

Ansehen

Deine Seelenruhe lässt sich stören
durch des Pöbels Stimme,
die nie recht urteilt, nie die Dinge
bei ihrem rechten Namen nennt?
Francesco Petrarca,
Gespräche über die Weltverachtung (Augustinus)

Der oberste Herrscher der Welt
ist das Prestige.
Jules Romains

Diese Gedanken dürfen dich nicht
quälen: »Ich werde ohne Ansehen
leben und nirgends etwas gelten.«
Falls das Fehlen von Ansehen wirklich
ein Unglück ist: Du kannst doch nicht
durch einen anderen im Unglück oder
in Schande leben. Hängt es etwa von
dir ab, ein Amt zu bekommen oder zu
einem Gastmahl eingeladen zu werden?
Keineswegs. Wieso ist dies dann noch
als Fehlen von Ansehen zu verstehen?
Epiktet, Handbuch der Moral

Ein Mann wird nicht für zwei gezählt,
weil er fett, und nicht für halb,
weil er mager ist.
Sprichwort aus Afrika

Eine Masse gemünztes Gold und Silber
verleiht selbst dem Unwahren
Ansehen und Gewicht;
man lässt die Lüge gelten,
indem man die Barschaft beneidet.
Johann Wolfgang von Goethe,
Tag- und Jahreshefte (1805)

Eine üble Angewohnheit,
Leute in Hüten und Kutschen
höher zu bewerten.
Leo N. Tolstoi, Tagebücher (1884)

Es ist schön,
unter angesehenen Männern
hervorzustechen.
Lucius Annaeus Seneca, Octavia

Es mag zu meinem Vorteil
oder Nachteil ausfallen,
ich fürchte nicht,
so gesehen zu werden, wie ich bin.
Jean-Jacques Rousseau,
Erster Brief an Malesherbes (4. Januar 1762)

Guter Ruf ist kostbarer
als großer Reichtum,
hohes Ansehen besser
als Silber und Gold.
Altes Testament, Sprüche Salomos 22, 1

Heute groß, morgen klein.
Deutsches Sprichwort

In der Ferne wird einer
nach Rock und Hut,
in der Heimat
nach seinem Geld geachtet.
Chinesisches Sprichwort

Je reicher einer ist,
desto leichter wird es ihm,
populär und hoch geehrt
bei den Kannibalen zu werden.
Gilbert Keith Chesterton, Heretiker

Jeder Mensch gilt in dieser Welt
nur so viel,
als wozu er sich selbst macht.
Adolph Freiherr von Knigge,
Über den Umgang mit Menschen

Jedermann ist bereit, seine Gesundheit,
seine Ruhe und sein Leben
für Ansehen und Ruhm hinzugeben,
und was er da als Zahlung erhält,
ist doch die unnützeste, die wertloseste,
die falscheste Münze, die es gibt.
Michel Eyquem de Montaigne, Die Essais

Man müsste nochmals zwanzig sein –
mit den Adressen von heute.
Harald Juhnke

Mancher erzielt
durch geschickte Anwendung
seiner mittelmäßigen Fähigkeiten
eher Achtung und Ansehen
als ein anderer durch wahre Leistung.
François de La Rochefoucauld, Reflexionen

Nichts bringt einen Menschen
plötzlicher in Mode
und zu schnellerem Ansehen
als Spielen um hohe Einsätze:
Das gilt für alle,
vom Pair bis zum Lumpenpack.
Jean de La Bruyère, Die Charaktere

Nie sein Ansehen von der Probe eines
einzigen Versuchs abhängig machen:
Denn missglückt er,
so ist der Schaden unersetzlich.
Baltasar Gracián y Morales,
Handorakel und Kunst der Weltklugheit

Seinen guten Ruf verringert,
wer sich mit Unwürdigem vergleicht.
Phaedrus, Fabeln

Und nimmer kann ein Mensch,
wie sehr er sich vermisst,
Im Auge andrer Leute sein,
was er nicht ist.
Nicolas Boileau-Despréaux, Satiren

Wenn man sein Ansehen
ein zweites Mal verlieren will,
muss man es auf einem
ganz anderen Gebiet versuchen.
Robert Lembke, Steinwürfe im Glashaus

Wer den höchsten Rang
in einer Gruppe von Tieren
oder Menschen hat,
ist leicht zu erkennen.
Es ist immer derjenige,
der am meisten angeschaut wird.
Davon kommt auch das Wort Ansehen.
Irenäus Eibl-Eibesfeldt

Wer keine Ungerechtigkeiten vertragen
kann, gelangt selten zu Ansehen
in der Gegenwart, und wer es kann,
verliert den Charakter für die Zukunft.
Johann Gottfried Seume, Apokryphen

Ansicht

Ansichten, die vom herrschenden
Zeitgeist abweichen,
geben der Menge stets ein Ärgernis.
Germaine Baronin von Staël, Über Deutschland

Ansichten können nicht überleben,
wenn man nicht die Möglichkeit hat,
für sie zu kämpfen.
Thomas Mann

Deine schlimmsten Feinde
sind keineswegs die Leute,
die anderer Ansicht,
sondern die der gleichen sind wie du,
aber aus verschiedenen Gründen,
aus Vorsicht, Rechthaberei, Feigheit
verhindert sind,
sich dieser Ansicht zu bekennen.
Arthur Schnitzler, Buch der Sprüche und Bedenken

Eigenliebe duldet leichter
Verdammung unserer Ansichten
als unserer Neigungen.
François de La Rochefoucauld, Reflexionen

Es ist ganz natürlich,
dass wir gegen jede neue Ansicht,
über deren Gegenstand wir irgendein
Urteil uns schon festgestellt haben,
uns abwehrend und verneinend
verhalten. Denn sie dringt feindlich
in das vorläufig schon abgeschlossene
System unserer Überzeugungen.
Arthur Schopenhauer, Den Intellekt überhaupt
und in jeder Beziehung betreffende Gedanken

Im Hinblick
auf seine eigenen Ansichten
ist jedermann konservativ.
Lothar Schmidt

Im Munde gewisser Leute
reizen einen die eigenen Ansichten
zum Widerspruch.
Heinrich Waggerl, Aphorismen

Man braucht keine zwanzig Jahre
zu warten, um die Menschen
ihre Ansichten über die wesentlichsten
Dinge und über Wahrheit
ändern zu sehen,
die ihnen völlig gewiss waren.
Jean de La Bruyère, Die Charaktere

Mit den Ansichten,
wenn sie aus der Welt verschwinden,
gehen oft die Gegenstände selbst
verloren. Kann man doch
im höheren Sinne sagen,
dass die Ansicht der Gegenstand sei.
Johann Wolfgang von Goethe,
Maximen und Reflexionen

Trägheit ist die Wurzel
vieler abwegiger Ansichten.
Ezra L. Pound, Das Abc des Lesens

Unter mehreren Ansichten
von gleichem Ansehen
wählte ich nur die gemäßigten:
einmal, weil sie stets für die Praxis
die bequemsten und wahrscheinlich
die besten sind, denn alles Übermaß
ist in der Regel schlecht;
dann auch, um im Fall des Fehlgriffs
mich von dem wahren Weg
weniger abzuwenden, als wenn ich
das eine Extrem ergriffen hätte,
während ich das andere hätte
ergreifen sollen.
René Descartes, Diskurs über die Methode

Was heute jeder als wahr nachplappert
oder stillschweigend geschehen lässt,
kann sich morgen als falsch erweisen
– als bloßer Ansichtsdunst,
den man für eine Wolke hielt,
welche Wiesen und Felder mit frucht-
barem Regen erquicken würde.
Henry David Thoreau, Walden

Was kann uns zu höherem Vorteil
gereichen, als in die Ansichten
solcher Männer einzugehen,
die mit Tief- und Scharfsinn
ihre Aufmerksamkeit
auf ein einziges Ziel hinrichten?
Johann Wolfgang von Goethe,
Tag- und Jahreshefte (1820)

Wenn zwei Menschen immer wieder
die gleichen Ansichten haben,
ist einer von ihnen überflüssig.
Winston S. Churchill

Wer seine Ansicht nicht
für sich behalten kann,
der wird nie etwas Bedeutendes
ausführen.
Samuel Smiles, Charakter

Wie oft halten wir
für Unversöhnlichkeit der Ansichten,
was nichts anderes ist
als Verschiedenheit der Temperamente.
Arthur Schnitzler, Buch der Sprüche und Bedenken

Wir können nie sicher sein,
dass die Ansicht,
die wir zu unterdrücken suchen,
falsch ist; auch wenn wir sicher
sein könnten, wäre die Unterdrückung
immer noch ein Übel.
John Stuart Mill, Die Freiheit

Wir müssen zu unseren Ansichten
stehen und es riskieren,
um ihretwillen zu Fall zu kommen.
Katherine Mansfield, Briefe

Ansichtskarte

Manche Menschen
reisen hauptsächlich in den Urlaub,
um Ansichtskarten zu kaufen,
obwohl es doch vernünftiger wäre,
sich diese Karten kommen zu lassen.
Robert Musil

Was ist das erste, wenn Herr und Frau
Müller in den Himmel kommen?
Sie bitten um Ansichtskarten.
Christian Morgenstern

Anspielung

Drei ganz verschiedene Parteien
leiden und siechen an Anspielungen:
Die erste macht,
die zweite wittert,
die dritte rügt sie.
Jean Paul, Politische Fastenpredigten

Anspruch

Ansprüche machen stumpf den Geist.
Fjodor M. Dostojewski,
Das Dorf Stepantschikowo und seine Bewohner

Der Mensch
hat eine wahre Wollust darin,
sich durch übertriebene
Ansprüche zu vergewaltigen
und dieses tyrannisch fordernde Etwas
in seiner Seele nachher zu vergöttern.
Friedrich Nietzsche, Menschliches, Allzumenschliches

Der Rechtsbrecher
hat einen Anspruch darauf,
bestraft zu werden.
Max Scheler

Die Ansprüche,
die ein Mensch an andre stellt,
stehn gewöhnlich in umgekehrtem
Verhältnis zu seinen Leistungen.
Emil Gött, Zettelsprüche. Aphorismen

Nur wer Ansprüche macht,
fühlt sich zurückgesetzt;
Wer nebenaus tritt, ist
zuerst nicht noch zuletzt.
Friedrich Rückert, Die Weisheit des Brahmanen

Wer Ansprüche macht,
beweist eben dadurch,
dass er keine zu machen hat.
Johann Gottfried Seume, Apokryphen

Anspruchslosigkeit

Anspruchslosigkeit
fordert die Philosophie,
nicht Selbstbestrafung:
Es braucht nicht ungepflegt zu sein
die Anspruchslosigkeit.
Lucius Annaeus Seneca, Briefe an Lucilius

Anspruchslosigkeit
ist freiwillige Armut.
Lucius Annaeus Seneca, Briefe über Ethik

Anspruchslosigkeit ist Seligkeit.
Marie von Ebner-Eschenbach, Aphorismen

Für die Anspruchsvollen plagt man sich,
aber die Anspruchslosen liebt man.
Marie von Ebner-Eschenbach, Aphorismen

Schrecklich sind die Anspruchslosen;
die nichts fordern,
gewähren auch nichts.
Peter Hille, Aphorismen

Anständigkeit

Anständigen im wahren Sinne
begegnet man nur unter Menschen,
die feste Überzeugungen haben,
konservative oder liberale;
die so genannten Gemäßigten
neigen zu sehr zu Belohnungen,
Beihilfen, Kreuzen, Gehaltszulagen.
Anton P. Tschechow, Notizbücher

Das Unglück ist,
dass jeder denkt,
der andere ist wie er,
und dabei übersieht,
dass es auch anständige Menschen gibt.
Heinrich Zille

Der Anstand,
das rücksichtsvolle Benehmen
und die feine Lebensart
von Leuten beiderlei Geschlechts
geben mir keine schlechte Meinung
von dem, was man
die gute alte Zeit nennt.
Jean de La Bruyère, Die Charaktere

Der Teufel des einen
ist anständiger
als der Gott des andern.
Emil Gött, Zettelsprüche. Aphorismen

Die meisten anständigen Frauen
sind wie verborgene Schätze,
die nur in Sicherheit sind,
weil man nicht nach ihnen sucht.
François de La Rochefoucauld, Reflexionen

Drei Becher Wein verlangt der Anstand,
ein Rausch löst tausend Sorgen auf.
Chinesisches Sprichwort

Eine anständige Frau
ist ein verborgener Schatz.
Wer ihn findet, tut gut daran,
sich seiner nicht zu rühmen.
François de La Rochefoucauld,
Nachgelassene Maximen

Eine anständige Frau ist eine,
die nicht oder nicht mehr imstande ist,
mehr als nur einen Mann unglücklich
zu machen.
Henry de Montherlant, Erbarmen mit den Frauen

Eine anständige Frau
ist notwendigerweise verheiratet.
Honoré de Balzac, Die Physiologie der Ehe

Es geht ungerecht zu auf dieser Welt:
Ein Schurke darf sich
jede Anständigkeit herausnehmen,
ein anständiger Mensch
aber nicht die kleinste Schurkerei.
Mark Twain

Es gibt wenig anständige Frauen,
die nicht ihrer Anständigkeit
müde wären.
François de La Rochefoucauld, Reflexionen

Frauen sind oft nur anständig
aus Liebe zu ihrem Ruf und ihrer Ruhe.
François de La Rochefoucauld, Reflexionen

Handle gut und anständig,
weniger anderen zu gefallen,
eher um deine eigene Achtung
nicht zu verscherzen.
Adolph Freiherr von Knigge,
Über den Umgang mit Menschen

Ich habe die See zu lange gekannt,
um an ihren Respekt für Anständigkeit
zu glauben.
Joseph Conrad, Taifun

Jeder Mensch hat auch
seine moralische backside,
die er nicht ohne Not zeigt
und die er so lange als möglich
mit den Hosen des guten Anstandes
zudeckt.
Georg Christoph Lichtenberg, Sudelbücher

Man kann ein anständiger Mensch sein
und doch schlechte Verse machen.
Molière, Der Menschenfeind (Philinte)

Mit Anstand kommt man
durchs ganze Land,
ohne Anstand kommt man
keinen Chi voran.
Chinesisches Sprichwort

Moral ist jenes Maß
von Anständigkeit,
das gerade modern ist.
Federico Fellini

Was das Gesetz nicht verbietet,
das verbietet der Anstand.
Lucius Annaeus Seneca, Die Troerinnen

Was man einer anständigen Frau
sagen kann, hat seine Grenzen;
man kann alles durchklingen lassen,
man kann nicht alles sagen.
Sully Prudhomme, Intimes Tagebuch

Wenn die Gemeinheit Genie hat
und der Anstand Talent,
ist der Anstand verloren.
Emil Gött, Im Selbstgespräch

Wenn anständig ist, was du tust,
mögen es alle wissen,
wenn schimpflich, was nützt es,
dass niemand es weiß,
wenn du es weißt?
Lucius Annaeus Seneca, Briefe über Ethik

Ansteckung

Das Unheilbare muss
sorgfältig mit dem Schwert
zurückgeschnitten werden,
damit nicht das Unversehrte
angesteckt werde.
Ovid, Metamorphosen

Ein räudiges Schaf
steckt die ganze Herde an.
Deutsches Sprichwort

Ich merke wohl:
Es steckt der Irrtum an.
Johann Wolfgang von Goethe,
Torquato Tasso (Antonio)

Leid steckt an.
William Shakespeare, Julius Caesar (Antonius)

Wenn einer gähnt, so gähnen sie alle.
Deutsches Sprichwort

Anstrengung

Anstrengungen
machen gesund und stark.
Martin Luther, Tischreden

Das Werk des Meisters
riecht nicht nach Schweiß,
verrät keine Anstrengung
und ist von Anfang an fertig.
James Abbott MacNeill Whistler,
The gentle art of making enemies

Denken ist eine Anstrengung,
Glauben ein Komfort.
Ludwig Marcuse

Die Anstrengung fordert die Besten.
Lucius Annaeus Seneca, Über die Vorsehung

Du musst dich jetzt anstrengen
oder nie.
Philipp Stanhope Earl of Chesterfield, Briefe über
die anstrengende Kunst, ein Gentleman zu werden

Durch Anstrengung gelingen die Werke,
nicht durch Wünsche.
Nârâyana, Hitopade'sa

Edle Seelen nährt Anstrengung.
Lucius Annaeus Seneca, Briefe über Ethik

Eine Seele wird eher entmutigt
bei starker geistiger Tätigkeit
als bei körperlichen Anstrengungen.
Platon, Der Staat

Es geht nicht an, sich zugleich
körperlich und geistig anzustrengen.
Es liegt nämlich in der Natur
dieser beiden Anstrengungen,
dass sie entgegengesetzt wirken:
Die körperliche Arbeit beeinträchtigt
die geistige Arbeit und diese
die körperliche Leistungsfähigkeit.
Aristoteles, Älteste Politik

Faulheit strengt an,
als stemme man Gewichte.
Erich Kästner, Dr. Erich Kästners lyrische Hausapotheke

In den Anstrengungen
ist ein Zuviel gesünder
und steht dem Mittelmaß näher
als ein Zuwenig,
in der Ernährung dagegen
ist es umgekehrt.
Aristoteles, Eudemische Ethik

Ohne Arbeit gelangt man nicht zur Ruhe
und ohne Kampf nicht zum Siege.
Thomas von Kempen

Wie freudig stimmt es,
wenn man bemerkt,
dass man Handlungen,
die früher Anstrengung kosteten,
frei, nahezu unbewusst vollzieht.
Nichts zeigt so deutlich unser Wachstum
wie eine Markierung an der Wand.
Leo N. Tolstoi, Tagebücher (1902)

Wir wissen, dass wir ohne physische
Anstrengung nichts erreichen können.
Warum glauben wir dann,
im geistigen Bereich ließe sich
etwas ohne Anstrengung erreichen?
Leo N. Tolstoi, Tagebücher (1902)

Zu welchen Dingen wir also
am geeignetsten sind,
denen werden wir uns
am ehesten anstrengen.
Marcus Tullius Cicero, Vom rechten Handeln

Anteilnahme

Anteilnahme
ist die allseitige Bestätigung
der Einsamkeit.
Gottfried Edel

Anteilnahme
ist die gesellschaftliche Form
der Zudringlichkeit.
Hans Lohberger

Die Anteilnahme der Nebenmenschen
an unserem Schicksal ist
Schadenfreude, Zudringlichkeit
und Besserwisserei
in wechselndem Gemisch.
Arthur Schnitzler, Buch der Sprüche und Bedenken

Ich weiß wohl, dass viele
unter dem Schein von Anteilnahme
uns zum Reden bringen
und uns hinterher verhöhnen.
Niccolò Machiavelli, Clizia

Kein Leiden braucht so viel Teilnahme
und findet so wenige
wie das selbst verschuldete.
Marie von Ebner-Eschenbach, Aphorismen

Teilnahme ist der goldene Schlüssel,
der die Herzen anderer öffnet.
Samuel Smiles, Charakter

Antisemitismus

Der Antisemitismus ist unter anderem
auch eine sexuelle Perversion:
Lüsternheit und Jude
wurden gleichgesetzt
und miteinander verteufelt.
Ludwig Marcuse, Argumente und Rezepte.
Ein Wörter-Buch für Zeitgenossen

Antlitz

Es lohnt sich,
das Antlitz der Welt zu verändern,
ohne sein eigenes zu verlieren.
Wieslaw Brudziński

Kein Antlitz ist hässlich,
in dessen Zügen sich die Fähigkeit
zu einer echten Leidenschaft
und die Unfähigkeit zu einer Lüge
ausdrückt.
Arthur Schnitzler, Zurückgelegte Sprüche

Nur im Antlitz
tritt das Ich in Erscheinung.
Der Leib bezeichnet
mehr das Geschlecht als die Person,
die Gattung mehr als das Individuum.
Joseph Joubert, Gedanken, Versuche und Maximen

Antwort

Ach, würden die Menschen doch nur
antworten, wenn sie gefragt würden,
und sonst schweigen und schweigen.
Leo N. Tolstoi, Tagebücher (1909)

Alle wissen wir,
dass die Echo uns nur den Schall
unsrer Worte zurückgibt,
dass, wie wir fragen,
sie uns antworte.
Johann Gottfried Herder, Das eigene Schicksal

Antwort auf eine schwere Beleidigung:
Ach! Das sagen Sie doch nur,
um mich zu decken.
Jules Renard, Ideen, in Tinte getaucht.
Aus dem Tagebuch von Jules Renard

Auf eine hastige Frage
gib eine gemächliche Antwort.
Sprichwort aus Portugal

Die Antwort auf eine Frage
bei Tag oder bei Nacht
– das sind zwei Antworten.
Erhard Blanck

Die beste Frage nützt nichts,
wenn sie so lange dauert,
dass keine Zeit zum Antworten bleibt.
Peter Ustinov

Die einzig mögliche Antwort
ist die Frage selbst.
Eugène Ionesco

Eine beschämende Antwort
gehört auf eine vorwitzige Frage.
Johann Jakob Engel, Der Philosoph für die Welt

Eine richtige Antwort
ist wie ein lieblicher Kuss.
Johann Wolfgang von Goethe,
Maximen und Reflexionen

Eine sanfte Antwort
dämpft die Erregung,
eine kränkende Rede
reizt zum Zorn.
Altes Testament, Sprüche Salomos 15, 1

Es gehört nicht auf alle Fragen Antwort.
Deutsches Sprichwort

Es gibt zu viele Sorten von Menschen,
als dass man für alle
fertige Antworten bereithalten könnte.
Erasmus von Rotterdam, Brief an Paul Volz

Fragen bezeichnen
die Weite des Geistes,
Antworten seine Feinheit.
Joseph Joubert, Gedanken, Versuche und Maximen

Fragen und Antworten
sind die ersten Denkakte.
Ludwig Feuerbach, Das Wesen des Christentums

Gibt einer Antwort,
bevor er gehört hat,
ist es Torheit und
Schande für ihn.
Altes Testament, Sprüche Salomos 18, 13

Hütet euch vor den Politikern,
die auf jede Frage
eine Antwort wissen.
Norbert Blüm

Keine Antwort ist auch eine Antwort.
Deutsches Sprichwort

Man hört nur die Fragen,
auf welche man im Stande ist,
eine Antwort zu finden.
Friedrich Nietzsche, Die fröhliche Wissenschaft

Nur wenn du imstande bist,
antworte deinem Mitmenschen,
wenn nicht,
leg die Hand auf den Mund.
Altes Testament, Jesus Sirach 5, 12

Schlagfertig ist eine Antwort,
die so klug ist,
dass der Zuhörer wünscht,
er hätte sie gegeben.
Elbert Hubbard

Schweigen
ist die unerträglichste Erwiderung.
Gilbert Keith Chesterton

Sei schnell bereit beim Hören,
aber bedächtig bei der Antwort.
Altes Testament, Jesus Sirach 5, 11

Übernimm so lange von anderen
keine Antwort auf Fragen,
wie die Fragen nicht
in dir selbst entstehen.
Leo N. Tolstoi, Tagebücher (1908)

Wenn du eine weise Antwort verlangst,
Musst du vernünftig fragen.
Johann Wolfgang von Goethe, Invectiven

Wer den Ton in Dur angibt,
dem wird, früher oder später,
in Dur geantwortet.
Johann Gottfried Herder, Das eigene Schicksal

Wer hirnlos sich zeigt,
Für den dient als Antwort,
wenn man schweigt.
Mansur Firdausi, Schah-Name

Wer viel fragt, dem wird viel gesagt.
Deutsches Sprichwort

Anwendung

Begreiflich ist jedes Besondere,
das sich auf irgendeine Weise
anwenden lässt. Auf diese Weise
kann das Unbegreifliche
nützlich werden.
Johann Wolfgang von Goethe,
Maximen und Reflexionen

Die eigentliche Kunst
liegt viel weniger in der Kenntnis
der Grundsätze
als in der Art ihrer Anwendung.
Honoré de Balzac, Physiologie der Ehe

Erst durch des Wissens Verwendung
Erfüllt sich des Weisen Sendung.
Jüdische Spruchweisheit

Es ist nicht genug zu wissen,
man muss auch anwenden;
es ist nicht genug zu wollen,
man muss auch tun.
Johann Wolfgang von Goethe,
Maximen und Reflexionen

Anziehung

Anziehungskraft besitzen:
Sie ist ein Zauber kluger Höflichkeit.
Man benutze diesen Magnet
seiner angenehmen Eigenschaften
mehr zur Erwerbung der Zuneigung
als wirklicher Vorteile,
doch auch zu allem.
Baltasar Gracián y Morales,
Handorakel und Kunst der Weltklugheit

Der große Führer zieht Männer
verwandten Charakters an
wie der Magnet das Eisen.
Samuel Smiles, Charakter

Die schöne und reine Weiblichkeit
sollte nur durch die schönste
und reinste Männlichkeit
angezogen werden.
Wilhelm von Humboldt, Briefe an eine Freundin

Ein edler Mensch
zieht edle Menschen an
Und weiß sie festzuhalten.
Johann Wolfgang von Goethe,
Torquato Tasso (Leonore)

Jede Anziehung ist wechselseitig.
Johann Wolfgang von Goethe,
Die Wahlverwandtschaften

Niemand ist bereit ohne Anziehung.
Jeder muss seine ganze Intensität auf-
bieten, um zu lockern, um anzuziehen,
zu strahlen.
Alma Mahler-Werfel, Mein Leben

Nur diejenigen,
die eine rotierende Bewegung
in sich haben,
können andere Menschen anziehen.
Francis M. de Picabia, Aphorismen

Verleg sie sich auf Neuigkeiten!
Nur Neuigkeiten ziehn uns an!
Johann Wolfgang von Goethe, Faust I (Mephisto)

Apartheid

Die Apartheid ist der Inbegriff
des Rassismus, der Unterdrückung
und der Unmenschlichkeit
aller vorangegangenen
weißen Herrschaftsregime.
Nelson Mandela,
Aufruf nach dem Soweto-Aufstand 1976

Apfel

Adam war ein Mensch:
Er wollte den Apfel
nicht um des Apfels willen,
sondern weil er verboten war.
Mark Twain

Apfel: Sündenfallobst.
Hans-Horst Skupy

Auch wenn der Apfel schrumpelig wird,
verliert er nicht seinen guten Duft.
Sprichwort aus Frankreich

Der Apfel fällt nicht weit vom Stamm.
Deutsches Sprichwort

Ein Apfel am Tag hält den Doktor fern.
Sprichwort aus den USA

Ein Apfel, der runzelt, fault nicht bald.
Deutsches Sprichwort

Ein fauler Apfel steckt hundert an.
Deutsches Sprichwort

Früchte bringt das Leben dem Mann;
doch hangen sie selten
Rot und lustig am Zweig,
wie uns ein Apfel begrüßt.
Johann Wolfgang von Goethe, Vier Jahreszeiten

Jenes Apfels
Leichtsinnig augenblicklicher Genuss
Hat aller Welt
unendlich Weh verschuldet.
Johann Wolfgang von Goethe,
Die natürliche Tochter (Eugenie)

Über Rosen lässt sich dichten,
In die Äpfel muss man beißen.
Johann Wolfgang von Goethe, Faust II (Gärtner)

Viel Obst ist ungesund;
wir kauen alle dran,
Was eines Apfels Kost
für Leid uns angetan.
Friedrich von Logau, Sinngedichte

Wer in einen sauren Apfel gebissen hat,
dem schmeckt der süße desto besser.
Deutsches Sprichwort

Aphorismus

Alle Aphorismen über Frauen
sind notgedrungen boshaft.
Um das Gute
an den Frauen zu schildern,
benötigt man viele Seiten.
André Maurois

Aphorismen – abgeleitete Geistesblitze.
Hans-Horst Skupy

Aphorismen entstehen
nach dem gleichen Rezept
wie Statuen:
Man nehme ein Stück Marmor
und schlage alles ab,
was man nicht unbedingt braucht.
Gabriel Laub

Aphorismen – Geist in Raten.
Adolf Reitz

Aphorismen kann man nicht zensieren.
Man kann sie nur streichen.
Hans-Horst Skupy

Aphorismen
regen den Verfasser zum Denken an.
Heinrich Wiesner

Aphorismen sind Ansätze,
die keine Angst haben,
stecken zu bleiben.
Wolfgang Herbst

Aphorismen sind geistige Vitaminpillen:
Einnahme beliebig,
keine schädlichen Nebenwirkungen.
Lothar Schmidt

Aphorismen sind Hobelspäne
vom Baum der Erkenntnis.
Hanns-Hermann Kersten

Aphorismen sind Vorgedachtes
für Nachdenkliche.
Lothar Schmidt

Aphorismen: vollendete Sätze.
Hans-Horst Skupy

Aphorismus: vorverdaute Weisheit.
Ambrose Bierce

Aphorismensammlung:
preiswertester Gedanken-Ausverkauf.
Gabriel Laub

Aphoristiker sind Zeilenschinder.
Heinrich Wiesner

Blitzartige Erhellungen,
Einsichten, Durchblicke,
wahnwitzig brillante Aphorismen!
Und je länger sie weg sind,
um so hervorragender werden sie.
Dieter Hildebrandt

Da das böse Wort
für die Tyrannei bezeichnend ist,
ist es das Bonmot
für die Freiheit.
Friedrich Hacker

Das spezielle Potenzproblem
des Aphoristikers:
je kürzer, desto besser.
Hanns-Hermann Kersten

Der Aphorismus, die Sentenz,
in denen ich als der Erste
unter Deutschen Meister bin,
sind die Formen der »Ewigkeit«;
mein Ehrgeiz ist,
in zehn Sätzen zu sagen,
was jeder andre in einem Buche sagt –
was jeder andre in einem Buche
nicht sagt.
Friedrich Nietzsche, Götzen-Dämmerung

Der Aphorismus:
die Kunst der Kürze.
Kann auch die Kunst
der Zu-kurz-Gekommenen sein.
Ludwig Marcuse, Argumente und Rezepte.
Ein Wörter-Buch für Zeitgenossen

Der Aphorismus
hat vor jeder anderen Literaturgattung
den Vorteil,
dass man ihn nicht weglegt,
bevor man ihn zu Ende gelesen hat.
Gabriel Laub

Der Aphorismus ist ein Indiz dafür,
dass jemandem
ein Gedanke durchgegangen ist.
Durch den Kopf.
Hanns-Hermann Kersten

Der Aphorismus ist ein Sektor,
der den Kreis ahnen lässt.
Heinrich Wiesner

Der Aphorismus
ist wie die Biene mit Golde beladen
und mit einem Stachel versehen.
Carmen Sylva, Vom Amboss

Der treffende Aphorismus
setzt den getroffenen Aphorismus
voraus (...).
Alfred Polgar, Kleine Schriften, Band 3. Irrlicht

Die großen Aphoristiker lesen sich so,
als ob sie alle einander
gut gekannt hätten.
Elias Canetti, Die Provinz des Menschen.
Aufzeichnungen 1942–1972

Die Zukunft der Literatur
liegt im Aphorismus.
Den kann man nicht verfilmen.
Gabriel Laub

Ein Aphorismus ist der letzte Ring
einer langen Gedankenkette.
Marie von Ebner-Eschenbach, Aphorismen

Ich sehe jetzt ein,
warum Nietzsche aphoristisch schrieb.
Wer keinen Zusammenhang
mehr sieht, keine Systematik,
kann nur noch episodisch verfahren.
Gottfried Benn, Brief an Oelze Nr. 460

Im Aphorismus
ist der Gedanke nicht zu Hause,
sondern auf dem Sprung.
Helmut Arntzen

Im Herzen jedes Aphorisma, so neu
oder paradox es sich gebärden möge,
schlägt eine uralte Wahrheit.
Arthur Schnitzler, Buch der Sprüche und Bedenken

In neun von zehn Fällen
ist es die pure Zeitverschwendung,
einem deutschen Apophthegma
irgendeinen Sinn
entnehmen zu wollen,
oder, besser gesagt,
aus all diesen Sinnsprüchen
der Deutschen lässt sich alles
und jedes herauslesen.
Edgar Allan Poe, Marginalien

Mancher Aphorismus
ist das Grabmal
eines frühzeitig verstorbenen
großen Gedankens.
Hermann Bahr

Nur selten hört man unter den
Deutschen so genannte Bonmots:
Die Gedanken an sich
muss man bewundern,
nicht den Ausdruck,
den man ihnen gibt.
Germaine Baronin von Staël, Über Deutschland

Originalität ist die Kunst,
sich Bonmots zu merken
und zu vergessen
von wem sie stammen.
Danny Kaye

Wer was zu sagen hat,
hat keine Eile.
Er lässt sich Zeit und
sagt's in einer Zeile.
Erich Kästner, Kurz und bündig. Epigramme

Apostel

Auch die Wissenschaft
hat ihre Apostel, ihre Märtyrer,
ihre Gesetzgeber, ihren Katechismus,
und sie dringt überall ein.
Francesco De Sanctis,
Über die Wissenschaft und das Leben

Das Apostolat der Frau in der Kirche
ist in erster Linie
das Apostolat des Schweigens.
Gertrud von Le Fort, Die zeitlose Frau

Der Kritizismus kann dich
zum Philosophen machen,
aber nur der Glauben zum Apostel.
Marie von Ebner-Eschenbach, Aphorismen

Ich glaube nämlich,
Gott hat uns Apostel
auf den letzten Platz gestellt,
wie Todgeweihte;
denn wir sind
zum Schauspiel geworden
für die Welt, für Engel
und Menschen.
Neues Testament, Paulus (1 Korinther 4, 9)

Nach dem Tode Christi
unternahmen es zwölf arme Fischer
und Handwerksleute,
die Welt zu lehren und zu bekehren.
Ihre Lehrart war einfältig,
ihr Vortrag ungekünstelt,
allein sie predigten
mit gerührtem Herzen,
und von allen Wundern,
mit denen Gott ihren Glauben ehrte,
war die Heiligkeit ihres Wandels
am auffallendsten.
Jean-Jacques Rousseau, Bemerkung über die Antwort
des Königs von Polen

Sogar unter den Aposteln
gab es einen Judas.
Sprichwort aus Ungarn

Unter zwölf Aposteln
muss immer einer hart wie Stein sein,
damit auf ihm
die neue Kirche gebaut werden könne.
Friedrich Nietzsche, Menschliches, Allzumenschliches

Apotheker

Dem Apotheker traue der Teufel,
beide haben viel Büchsen.
Deutsches Sprichwort

Lieber dem Wirt
als dem Apotheker.
Deutsches Sprichwort

Teure Arznei hilft immer,
wenn nicht dem Kranken,
doch dem Apotheker.
Deutsches Sprichwort

Wo Ärzte und Apotheker fehlen,
da sterben die Leute an Altersschwäche.
Sprichwort aus Spanien

Appetit

Der Appetit kommt beim Essen.
Sprichwort aus Frankreich

Der Appetit kommt,
wenn man was Gutes vor sich hat.
Deutsches Sprichwort

Der große Hunger
macht die Liebe klein –
eine Unart,
die sich der Appetit
nie herausnähme.
Thaddäus Troll

Ein Wirt beschwert sich nicht
über den Appetit der Gäste.
Chinesisches Sprichwort

Mit den Romanen
ist es wie mit den Mahlzeiten.
Wenn man sieht,
wie sie zubereitet werden,
kann einem der Appetit vergehen.
Annette Kolb

Wenn sich ein Mann
an einer Frau nicht satt sehen kann,
hat er vielleicht Appetit
auf eine andere.
Henning Venske

April

Am ersten April schickt man
die Narren, wohin man will.
Deutsches Sprichwort

April ist der grausamste Monat,
Flieder zeugend aus dem toten Land,
Erinnerung und Begierde mischend.
T. S. Eliot, Das wüste Land

April tut, was er will.
Bauernregel

Aprilwetter und Kartenglück
wechseln jeden Augenblick.
Bauernregel

Bläst der April mit beiden Backen,
gibt's genug zu jäten und hacken.
Bauernregel

Den ersten April musst überstehn,
Dann kann dir manches Guts geschehn.
Johann Wolfgang von Goethe, Jahr aus, Jahr ein

Der April setzt das Korn, wie er will.
Bauernregel

Die Sitte des In-den-April-Schickens
ist bei uns lange nicht genug
verbreitet und geübt. Der erste April
müsste ein wahrer Festtag für die
Nation werden, ein Dies Saturnalius –
in jedem Falle ein liebenswürdigerer
Feiertag als mancher offizielle.
Christian Morgenstern, Stufen

Heller Mondschein im April
schadet den Blüten viel.
Bauernregel

Ist der April auch noch so gut,
schneit's dem Bauern auf den Hut.
Bauernregel

Ist der April schön und rein,
wird der Mai umso wilder sein.
Bauernregel

Trockner April
ist nicht des Bauern Will,
Aprilen-Regen
ist ihm gelegen.
Bauernregel

Wenn April bläst in sein Horn,
so steht es gut um Heu und Korn.
Bauernregel

Willst du den März
nicht ganz verlieren,
So lass nicht in April
dich führen.
Johann Wolfgang von Goethe, Jahr aus, Jahr ein

Arbeit

Arbeit als Betäubungsmittel
gegen Einsamkeit, Bücher als Ersatz
für Menschen!
Dag Hammarskjöld, Zeichen am Weg

Arbeit! Arbeit! Segensquelle,
Arbeit ist das Zauberwort,
Arbeit ist des Glückes Seele,
Arbeit ist des Friedens Hort!
Heinrich Seidel, Hymne an die Arbeit

Arbeit, Arbeit!
Wie glücklich fühle ich mich,
wenn ich arbeite!
Leo N. Tolstoi, Tagebücher (1853)

Arbeit:
die ewige Last,
ohne die alle übrigen Lasten
unerträglich würden.
Klaus Mann

Arbeit, die Freude macht,
ist schon zur Hälfte fertig.
Sprichwort aus Frankreich

Arbeit gewinnt Feuer aus Steinen.
Deutsches Sprichwort

Arbeit, edle Himmelsgabe,
Zu der Menschen Heil erkoren!
Nie bleibt ohne Trost und Labe,
Wer sich deinem Dienst geschworen.
Friedrich von Bodenstedt, Mirza Schaffy

Arbeit:
Ein Vorgang,
durch den A
Besitz für B erwirbt.
Ambrose Bierce, Aus dem Wörterbuch des Teufels

Arbeit gibt uns mehr
als den Lebensunterhalt,
sie gibt uns das Leben.
Henry Ford, Mein Leben und Werk

Arbeit hat allezeit Vorrat.
Deutsches Sprichwort

Arbeit hat bittere Wurzel,
aber süße Frucht.
Deutsches Sprichwort

Arbeit ist das Einzige,
was mich nicht müde macht.
Paul Reynaud

Arbeit ist das Gesetz unseres Seins
– das lebendige Prinzip,
das Menschen und Völker
vorwärts treibt.
Samuel Smiles, Charakter

Arbeit ist das, was man tut,
um es (...) einmal nicht mehr tun
zu müssen.
Alfred Polgar, Kleine Schriften, Band 1. Musterung

Arbeit ist der Fluch
der trinkenden Klassen.
Oscar Wilde

Arbeit ist der Quell der Lebensfreude.
Man bleibt jung,
wenn man gefordert wird.
Anneliese Rothenberger

Arbeit ist des Blutes Balsam,
Arbeit ist der Tugend Quell.
Johann Gottfried Herder, Der Cid

Arbeit ist des Bürgers Zierde,
Segen ist der Mühe Preis.
Friedrich Schiller, Das Lied von der Glocke

Arbeit ist des Ruhmes Mutter.
Deutsches Sprichwort

Arbeit ist die zuverlässigste Seligkeit
dieser Erde.
Ernst Wiechert

Arbeit ist eine Sucht,
die wie eine Notwendigkeit aussieht.
Peter Altenberg, Schnipsel

Arbeit ist einer der besten Erzieher
des Charakters.
Samuel Smiles, Charakter

Arbeit ist Irrtums Lohn.
Deutsches Sprichwort

Arbeit macht das Leben süß,
Macht es nie zur Last,
Der nur hat Bekümmernis,
Der die Arbeit hasst.
Gottlob Wilhelm Burmann,
Kleine Lieder für kleine Jünglinge (1777)

Arbeit um der Arbeit willen
ist gegen die menschliche Natur.
John Locke, Über den menschlichen Verstand

Arbeit und Fleiß,
das sind die Flügel,
Sie führen über Strom und Hügel.
Johann Fischart, Das Glückhafft Schiff von Zürich

Arbeit und Macht
vertragen sich nicht miteinander.
Ich kenne keinen,
der arbeitet und gleichzeitig
die Macht ausübt.
Richard Rogler

Arbeit und Sparen
macht reiche Knechte.
Georg Rollenhagen, Froschmeuseler

Arbeiten,
alles einer Idee,
einem Ehrgeiz opfern,
einem verächtlichen Alltagsehrgeiz,
eine Stellung im Leben erringen,
sich einen Namen machen?
Und was dann?
Warum das alles?
Gustave Flaubert, November

Arbeiten bringt Brot,
Faulenzen Hungers Not.
Deutsches Sprichwort

Arbeiten muss man,
alles andere –
zum Teufel damit.
Anton P. Tschechow, Briefe (9. Dezember 1890)

Arbeiten oder eine Karriere haben
erhält einen länger jung.
Sylvia Plath, Briefe nach Hause (12. März 1962)

Arbeiten,
um nicht denken zu müssen,
ist auch Faulheit.
Erhard Blanck

Arbeiten und nicht verzweifeln!
Thomas Carlyle, Reden (2. April 1866)

Arbeiten und sparen
macht zusehends reich.
Deutsches Sprichwort

Auch die scheinbar niedrigste
Beschäftigung
kann durch den Geist,
der sie belebt,
geadelt werden.
Oskar von Redwitz, Hymen

Auch unsere Urgroßeltern
haben regelmäßig
ein Beruhigungsmittel genommen.
Es hieß Arbeit.
Robert Lembke, Steinwürfe im Glashaus

Auf die Arbeit
schimpft man nur so lange,
bis man keine mehr hat.
Sinclair Lewis

Bei der Arbeit krank,
doch beim Essen gesund.
Chinesisches Sprichwort

Bei der Arbeit magst du singen,
Das verleiht der Arbeit Schwingen.
Anastasius Grün, Sprüche und Spruchartiges

Bei der Arbeit recht beginnen,
beim Genießen rechter Schluss!
Emanuel Geibel

Bei genauem Hinsehen zeigt sich,
dass Arbeit weniger geisttötend ist
als Amüsement.
Charles Baudelaire

Beschäftigt die Söhne und Töchter,
dann schafft ihr Sicherheit
für Oma und Opa.
Norbert Blüm, Unverblümtes von Norbert Blüm

Besitzlos,
ohne Hoffnung auf die Zukunft,
steht der Arbeiter
seinem Herrn gegenüber.
Gustav Schmoller, Die Arbeiterfrage

Besser betteln als stehlen,
aber besser arbeiten als betteln.
Sprichwort aus Russland

Besser gar nicht als schlecht arbeiten.
Sprichwort aus Spanien

Besser ist es völlig ruhn,
Als etwas verdrossen tun.
Jüdische Spruchweisheit

Besser unbeachtet bleiben
und seine Arbeit tun,
als großtun und kein Brot haben.
Altes Testament, Sprüche Salomos 12, 9

Bete, als hülfe kein Arbeiten,
arbeite, als hülfe kein Beten.
Deutsches Sprichwort

Bete und arbeite!
Gott ist da ohne Verzug
(Ora et labora!
Deus adest sine mora).
Wahlspruch der Benediktiner

Bildungspolitik allein
schafft keine neuen Arbeitsplätze.
Helmut Kohl, Neue Chancen und Perspektiven der Hochschulen. Jahresversammlung 1983 der Westdeutschen Rektorenkonferenz

Bleib dran,
auch wenn es anders kommt
als geplant.
Lido Anthony »Lee« Iacocca,
Mein amerikanischer Traum

Das Arbeiten ist meinem Gefühl nach
dem Menschen so gut ein Bedürfnis
als Essen und Schlafen.
Wilhelm von Humboldt, Briefe an eine Freundin

Das einzige Mittel,
um zu leben, ist Arbeit.
Um arbeiten zu können,
muss man die Arbeit lieben.
Um die Arbeit lieben zu können,
muss sie interessant sein.
Leo N. Tolstoi, Tagebücher (1860)

Das Erdetreiben, wie's auch sei,
Ist immer doch nur Plackerei.
Johann Wolfgang von Goethe, Faust II (Proteus)

Das Geheimnis meines Erfolgs
ist weder Begabung noch Glück,
sondern harte Arbeit.
Robyn Erbesfield,
überliefert von Heinz Zak (Rock Stars)

Das Genie beginnt die schönen Werke,
aber nur die Arbeit vollendet sie.
Joseph Joubert, Gedanken, Versuche und Maximen

Das Glück ist mit Müdigkeit
und Muskelkater billig erkauft.
Leo N. Tolstoi, Tagebücher (1884)

Das ist ewige Jugend,
dass immer Kräfte genug im Spiele sind
und wir uns ganz erhalten in Lust
und Arbeit.
Friedrich Hölderlin, Hyperion

Das Niesen absorbiert alle Funktionen
der Seele ebenso sehr wie die Arbeit.
Blaise Pascal, Pensées

Du siehst, was ich gefunden habe:
meine Arbeit;
und du siehst auch,
was ich nicht gefunden habe
– alles Übrige,
was zum Leben gehört.
Vincent van Gogh, Briefe

Das traute Heim
erspart dir eine Menge Arbeit,
weil es dir keine Zeit für sie lässt.
Gabriel Laub

Das Vergnügen verbraucht uns.
Die Arbeit kräftigt uns. Wähle.
Charles Baudelaire, Tagebücher

Dem Faulpelz
geht die Arbeit von der Hand
wie das Pech von der Wand.
Deutsches Sprichwort

Dem schlechtesten Arbeiter
gibt man das beste Beil.
Deutsches Sprichwort

Den ganzen Tag
hat man die Hände voll!
Johann Wolfgang von Goethe, Faust I (Mephisto)

Der Abschied
von einer langen und wichtigen Arbeit
ist immer mehr traurig als erfreulich.
Friedrich Schiller, Briefe (an Goethe, 27. Juni 1796)

Der eine hat Arbeit und Fleiß,
der andre Nutzen und Preis.
Deutsches Sprichwort

Der eine stets den Baum begießt,
Der andere seine Frucht genießt.
Jüdische Spruchweisheit

Der hat nach Rechtem nie getrachtet,
Der nicht die eigne Arbeit achtet.
Gottfried Kinkel, Gedichte

Der Kampf für die Befreiung
der arbeitenden Klassen
ist nicht ein Kampf für Klassenprivilegien und Vorrechte,
sondern für gleiche Rechte
und Pflichten und für die Abschaffung
aller Klassenherrschaft.
Eisenacher Programm der Sozialdemokratischen Arbeiterpartei (1869)

Der Mensch ist das einzige Tier,
das arbeiten muss.
Immanuel Kant

Der Mensch ist zur Arbeit
wie der Vogel zum Fliegen gemacht.
Deutsches Sprichwort

Der Mensch muss sich aber hüten,
durch zu viel Arbeit
seinen Leib zu töten.
Hildegard von Bingen, Heilkunde

Der Mohr hat seine Arbeit getan;
der Mohr kann gehn.
Friedrich Schiller,
Die Verschwörung des Fiesco zu Genua (Mohr)

Der rollende Stein setzt kein Moos an.
Sprichwort aus Frankreich

Der Schlaf ist das einzige Geschenk,
das uns die Götter ohne Arbeit gaben,
mit der Arbeit aber dreifach versüßen.
Karl Julius Weber, Democritos

Arbeit

Der Schlüssel aller Arbeit ist der Fleiß.
Chinesisches Sprichwort

Der Ungeschickte hat bald Feierabend.
Deutsches Sprichwort

Der Weg zum Reichtum
hängt hauptsächlich an zwei Wörtern:
Arbeit und Sparsamkeit.
Benjamin Franklin, Des armen Richard Almanach

Die Angst vor der Langeweile
ist die einzige Entschuldigung
für die Arbeit.
Jules Renard, Ideen, in Tinte getaucht.
Aus dem Tagebuch von Jules Renard

Die Arbeit: eine fortschreitende
und anhäufende Kraft,
die Zinsen trägt wie das Kapital,
sowohl hinsichtlich der Fähigkeiten
als auch der Ergebnisse.
Charles Baudelaire, Tagebücher

Die Arbeit gleicht manchmal
dem Angeln in Gewässern,
in denen noch nie Fische gewesen sind.
Jules Renard, Ideen, in Tinte getaucht.
Aus dem Tagebuch von Jules Renard

Die Arbeit hält drei schlimme Übel
von uns fern:
Langeweile, Laster und Not.
Voltaire, Candide oder Die beste der Welten

Die Arbeit ist also eine Ware,
die ihr Besitzer, der Lohnarbeiter,
an das Kapital verkauft.
Warum verkauft er sie?
Um zu leben.
Karl Marx, Lohnarbeit und Kapital

Die Arbeit ist
eine Quelle der Gesundheit.
Carl Hilty, Briefe

Die Arbeit macht den Gesellen.
Johann Wolfgang von Goethe,
Maximen und Reflexionen

Die Arbeitenden
sind den Unsterblichen viel lieber.
Hesiod, Werke und Tage

Die Büros sind keine Puppenstuben.
Erich Kästner, Dr. Erich Kästners lyrische Hausapotheke

Die Diskriminierung des »Blaumanns«
und die arrogante Platzanweisermentalität der weißen Kittel und Kragen
hat bis heute alle Entwicklungen
und Krisen überdauert.
Norbert Blüm, Unverblümtes von Norbert Blüm

Die einzige Möglichkeit,
zu Geld zu kommen,
liegt in einer Arbeit,
die um ihrer selbst willen getan wird.
Charles Baudelaire, Tagebücher

Die Frage ist nicht mehr die,
wie man die Früchte der Arbeit
gerecht verteilt,
sondern wie man die Konsequenzen
der Nichtarbeit erträglich macht.
Günther Anders, Die Antiquiertheit des Menschen. Bd. 2

Die Frucht der Arbeit
ist die süßeste aller Freuden.
Luc de Clapiers Marquis de Vauvenargues,
Reflexionen und Maximen

Die große moderne Formel lautet:
Arbeit, abermals Arbeit,
und immer Arbeit.
Léon Gambetta,
Discours et plaidoyers politiques (1881–1885)

Die größte Freude eines Geistes,
der arbeitet,
besteht in dem Gedanken an die Arbeit,
die später andere leisten werden.
Hippolyte Taine, Mein so genanntes System

Die Katze frisst gern Fische,
sie will aber nicht ins Wasser.
Deutsches Sprichwort

Die Kunst des Ausruhens
ist ein Teil der Kunst des Arbeitens.
John Steinbeck

Die Last, die man liebt,
ist nur halb so schwer.
Sprichwort aus Frankreich

Die meisten Menschen sind, selbst in
unserem verhältnismäßig freien Land,
aus lauter Unwissenheit und Irrtum
so sehr durch die unnatürliche,
überflüssige, grobe Arbeit
für das Leben in Anspruch genommen,
dass seine edleren Früchte von ihnen
nicht gepflückt werden können.
Von der anstrengenden Arbeit
sind ihre Finger zu plump geworden
und zittern zu sehr.
Henry David Thoreau, Walden

Die Menschen
verkaufen ihr Leben zu billig,
nicht nach seinem Wert.
Leo N. Tolstoi, Tagebücher (1889)

Die nützlichen Tugenden der Bürger
sind Menschlichkeit, Billigkeit,
Tapferkeit, Wachsamkeit
und Arbeitsliebe.
König Friedrich der Große,
Politisches Testament (1752)

Die Schulden wuchsen,
und die Arbeit nahm zu.
August Strindberg, Der Sohn der Magd

Die Trägheit ist des Menschen Feind,
Die seinen Leib erschlafft,
Die Arbeit ist sein bester Freund,
Sie gibt ihm neue Kraft.
Bhartrihari, Sprüche

Du kannst beten,
während du arbeitest.
Die Arbeit hält das Gebet nicht auf
und das Gebet nicht die Arbeit.
Mutter Teresa

Durch das Zuviel-Arbeiten
sündigt man am Leben
und an der Arbeit selber.
Paula Modersohn-Becker, Briefe
(an Tante Marie, 29. Januar 1903)

Ehe du auf goldne Berge baust,
baue auf deine eigenen Hände.
Chinesisches Sprichwort

Eher mach zum Werktag dein Fest,
Eh du's zum Betteln kommen lässt.
Jüdische Spruchweisheit

Ein Dummkopf, der arbeitet,
ist besser als ein Weiser, der schläft.
Chinesisches Sprichwort

Ein gutes Werk oder eine Arbeit,
die du angefangen hast,
lasse niemals unvollendet liegen.
Antonius der Große, Geistliche Zeugnisse,
den Regeln angefügt, für seine geistlichen Söhne

Ein jeder Mensch hat die Geltung,
die er sich durch seine Arbeit erwirbt,
er ist für andere gerade so viel wert,
wie die andern ihn brauchen.
Paul Ernst, Die Zerstörung der Ehe

Ein Mann kann nicht die Arbeit
von zwei Boten tun.
Chinesisches Sprichwort

Ein Mensch, der um anderer willen,
ohne dass es seine eigene Leidenschaft,
sein eigenes Bedürfnis ist,
sich um Geld oder Ehre
oder sonst etwas abarbeitet,
ist immer ein Tor.
Johann Wolfgang von Goethe,
Die Leiden des jungen Werthers

Ein Mensch
kann keinen Tag ohne Arbeit sein.
Chinesisches Sprichwort

Ein schlechter Arbeiter
findet nie ein gutes Werkzeug.
Sprichwort aus Frankreich

Erbitte Gottes Segen für deine Arbeit
– aber erwarte nicht,
dass er sie auch noch tut.
Norbert Blüm, Unverblümtes von Norbert Blüm

Erwerbstätigkeit ist und bleibt
für die Selbstachtung des Menschen,
für seine Existenzsicherung
und seine Orientierung im Leben
unverzichtbar.
Richard von Weizsäcker, Verantwortung für sozialen
Fortschritt, Gerechtigkeit und Menschenrechte (1986)

Es fällt kein Gelehrter vom Himmel.
Deutsches Sprichwort

Es gibt mehr Werkzeuge als Arbeiter,
und von diesen mehr schlechte
als gute.
Jean de La Bruyère, Die Charaktere

Es gibt weder gute noch schlechte Jobs.
Gut oder schlecht ist das,
was einer aus seinem Job macht.
Edward Teller

Es ist gut,
die Grenzen künftiger Arbeit
zu umreißen.
Leo N. Tolstoi, Tagebücher (1865)

Es ist nichts so schwer und scharf,
Das Arbeit nicht unterwarf.
Johann Fischart, Das Glückhafft Schiff von Zürich

Es nützt nichts,
gegen den Strom zu arbeiten.
Fridtjof Nansen, In Nacht und Eis

Findet man mich aber
freudig bei der Arbeit,
unermüdet in meiner Pflicht,
dann kann ich die Blicke
eines jeden aushalten,
weil ich die göttlichen
nicht zu scheuen brauche.
Johann Wolfgang von Goethe,
Die Wahlverwandtschaften

Für manche Linken
ist einer schon rechtsradikal,
wenn er nur pünktlich
zur Arbeit kommt.
Heiner Geißler

Fürchte nicht schwere Arbeit,
fürchte leere Reden.
Chinesisches Sprichwort

Gebrauchter Pflug blinkt,
stehend Wasser stinkt.
Deutsches Sprichwort

Geizige, Politiker und Bienen arbeiten,
als ob sie ewig leben würden.
Lothar Schmidt

Geldausgeben für Vollbeschäftigung
ist besser als Geldausgeben
für Arbeitslosigkeit.
Vollbeschäftigung
ist billiger und besser.
Norbert Blüm, Unverblümtes von Norbert Blüm

Gott gibt jedem Vogel sein Futter,
aber er wirft es ihm nicht ins Nest.
Sprichwort aus Montenegro

Gut Werkzeug, gute Arbeit.
Deutsches Sprichwort

Guter Anfang ist halbe Arbeit.
Deutsches Sprichwort

Heimisch in der Welt
wird man nur durch Arbeit.
Wer nicht arbeitet,
ist heimatlos.
Berthold Auerbach, Das Landhaus am Rhein

Ich halte nichts vom Recht auf Arbeit.
Ich halte es für das größte Recht
des Menschen, nichts zu tun.
Gioacchino Rossini

Ich möchte so leben,
dass ich sowohl mit den Händen
als auch mit dem Gefühl
und dem Verstand arbeite.
Katherine Mansfield, Tagebücher

Ich will die bessere Mausefalle bauen
und mehr Arbeitsplätze schaffen.
Lido Anthony »Lee« Iacocca,
Mein amerikanischer Traum

Immer an die Arbeit!
Voltaire, Wahlspruch

In der Welt, wie sie nun einmal ist,
ist es nicht genug, zu fühlen
und zu lieben, man muss vor allem
denken und handeln, und jede Kraft,
die für die große Arbeit des Lebens
verloren ist, wird eine Sünde
gegen das Gesetz des Fortschritts.
Malvida von Meysenburg, Memoiren einer Idealistin

In der Zukunft wird es weniger
auf die Arbeit ankommen
als auf die Faulheit.
Eric Rohmer

In einer öffentlichen Halle
ist nie ein Mensch zum Fegen da.
Chinesisches Sprichwort

In jedem Körnchen Reis
steckt ein Tropfen Schweiß.
Chinesisches Sprichwort

Indem man
die notwendige Arbeit verschiebt,
läuft man Gefahr,
sie niemals erledigen zu können.
Charles Baudelaire, Tagebücher

Investitionen von heute
sind Arbeitsplätze von morgen.
Man kann es nicht oft genug sagen.
Helmut Kohl, Chancen und neue Perspektiven
der Politik der Bundesregierung. Rede des Bundeskanzlers vor dem Deutschen Bundestag 1985

Je länger ich lebe,
umso überzeugter bin ich,
dass man nur in der Arbeit seine Stärke
und sein Heil finden kann.
Und höchste Freude,
die einen das Leben
jede Minute loben lässt.
Katherine Mansfield, Briefe

Je mehr man arbeitet,
desto besser arbeitet man,
und desto mehr will man arbeiten.
Je mehr man hervorbringt,
desto fruchtbarer wird man.
Charles Baudelaire, Tagebücher

Jede Arbeit bringt Erfolg,
leeres Geschwätz
führt nur zu Mangel.
Altes Testament, Sprüche Salomos 14, 23

Jeder ist der Sohn
seiner eigenen Arbeit.
Samuel Smiles, Die Sparsamkeit

Jubilate heißt jeder Tag,
Auf dem der Arbeit Segen lag.
Otto Julius Bierbaum, Bunte Vögel

Kein Huhn scharrt umsonst.
Deutsches Sprichwort

Keine Arbeit im Dienste der Forschung
ist nutzlos, selbst dann nicht,
wenn sie von falschen Voraussetzungen
ausgeht.
Fridtjof Nansen, In Nacht und Eis

Könnte ich leben, ohne zu arbeiten,
ich wäre das glücklichste Wesen
unter der Sonne.
Franziska Gräfin zu Reventlow, Tagebücher

Körperliche Arbeit befreit
von den Qualen des Denkens.
Deshalb sind die Armen glücklich.
François de La Rochefoucauld,
Nachgelassene Maximen

Körperliche Arbeit ist wichtig,
weil sie den Verstand hindert,
müßige und sinnlose Arbeit zu tun.
Leo N. Tolstoi, Tagebücher (1899)

Kunst ist schön,
macht aber viel Arbeit.
Karl Valentin

Langsam gearbeitet,
schafft kunstvolle Ware.
Chinesisches Sprichwort

Lern zu arbeiten und zu warten.
Henry Longfellow, Ein Psalm des Lebens

Lieber befristet arbeiten
als unbefristet arbeitslos zu sein.
Norbert Blüm, Unverblümtes von Norbert Blüm

Man arbeitet zunächst
aus Notwendigkeit oder Lust,
dann vielleicht nur,
weil man es sich angewöhnt hat.
Name dafür: Arbeitsbesessenheit.
Ludwig Marcuse, Argumente und Rezepte.
Ein Wörter-Buch für Zeitgenossen

Man ist niemals zu entschuldigen,
wenn man eine Arbeit
schlecht verrichtet,
der man sich freiwillig unterzieht.
Jean-Jacques Rousseau,
Vierter Brief an Malesherbes (28. Januar 1762)

Man muss arbeiten,
wenn nicht aus Lust an der Arbeit,
dann aus Verzweiflung,
denn, wenn man es recht bedenkt,
ist die Arbeit doch schließlich
weniger langweilig als das Vergnügen.
Charles Baudelaire, Tagebücher

Man muss die alltäglichen Arbeiten
als Teil eines großen Ganzen sehen.
Und wenn der schöpferische Teil
des Lebens Erfüllung bringt,
erledigt man auch die Dinge,
die einfach zur Arbeit gehören.
Anaïs Nin, Absage an die Verzweiflung

Man muss die Arbeit so einrichten,
dass sie die Menschen beglückt.
Paul Ernst, Grundlagen der neuen Gesellschaft

Man muss seine Haut
so teuer als möglich verkaufen.
Deutsches Sprichwort

Man soll die Lebensarbeit
so lange fortsetzen, wie man kann.
Michel Eyquem de Montaigne, Die Essais

Mann der Arbeit, aufgewacht!
Und erkenne deine Macht!
Alle Räder stehen still,
Wenn dein starker Arm es will.
Georg Herwegh, Bundeslied für den Allgemeinen
Deutschen Arbeiterverein

Meine Gedanken
haben mir weher getan
denn all meine Arbeit.
Martin Luther, Tischreden

Meiner Ansicht nach
bin ich reich wie ein Krösus –
nicht an Geld, aber reich,
weil ich in meiner Arbeit
etwas gefunden habe,
dem ich mich mit Herz
und Seele widmen kann
und das mich inspiriert
und meinem Leben einen Sinn gibt.
Vincent van Gogh, Briefe

Menschen, die nicht arbeiten,
das heißt eines der Gesetze
ihres Lebens nicht befolgen,
müssen einfach überschnappen.
Leo N. Tolstoi, Tagebücher (1905)

Muße,
nicht Arbeit,
ist das Ziel des Menschen.
Oscar Wilde,
Die Seele des Menschen unter dem Sozialismus

Müsste ich nicht arbeiten,
das heißt mit dem Kopf arbeiten,
so wäre ich eine vollkommene Mutter.
Franziska Gräfin zu Reventlow, Tagebücher

Nach getaner Arbeit ist gut ruhen.
Deutsches Sprichwort

Nicht zu arbeiten ist schlimmer,
als sich zu überarbeiten.
Samuel Smiles, Charakter

Niemand ist so geschäftig wie der Faule,
wenn er an die Arbeit geht.
Sprichwort aus Wallonien

Not lehrt beten!
Arbeit lehrt,
Wie man gegen Not sich wehrt.
Johann Wilhelm Ludwig Gleim,
Die goldnen Sprüche des Pythagoras

Notwendige Arbeit
und zwingende Mühen
kühlen wie Wasser
brennende Begierde.
Angela von Foligno,
Das Buch der glückseligen Angela von Foligno

Nur die Arbeit kann erretten,
Nur die Arbeit sprengt die Ketten,
Arbeit macht die Völker frei!
Heinrich Seidel, Hymne an die Arbeit

Nur in der Arbeit wohnt der Frieden,
Und nur in der Mühe wohnt die Ruh!
Theodor Fontane, Gedichte

Nur in einem Trieb sind wir stark,
ohne nach dem Wohin und Wozu
zu fragen – in der Arbeit.
Friedrich Sieburg, Die Lust am Untergang (1954)

O wie lieb ist die Arbeit,
wenn man dabei
an etwas Liebes zu denken hat
und sicher ist,
am Sonntag mit ihm
zusammen zu sein.
Gottfried Keller, Der grüne Heinrich

Reichtum macht selbst Brüder uneins,
Arbeit führt das ganze Dorf zusammen.
Chinesisches Sprichwort

Reiskörner fallen nicht vom Himmel.
Chinesisches Sprichwort

Schmutzige Arbeit, blankes Geld.
Deutsches Sprichwort

Schon als Kind
liebt die Frau einen Vexier-Menschen,
die Puppe, und arbeitet für diese;
der Knabe hält sich ein Steckenpferd
und eine Bleimiliz
und arbeitet mit dieser.
Jean Paul, Levana

Schwarzseher dulde Ich nicht,
und wer sich zur Arbeit nicht eignet,
der scheide aus, und wenn er will,
suche er sich ein besseres Land.
Kaiser Wilhelm II., Reden (8. September 1906)

Schwere Arbeit in der Jugend
ist sanfte Ruhe im Alter.
Deutsches Sprichwort

Schwielen an den Händen
hat mehr Ehre
als ein goldener Ring am Finger.
Deutsches Sprichwort

Schwielen sind mehr wert
als duftendes Öl an den Händen.
Chinesisches Sprichwort

Sechs Stunden sind genug
für die Arbeit; die anderen
sagen zum Menschen: lebe!
Lukian, Sentenzen

Sechs Tage darfst du schaffen
und jede Arbeit tun.
Der siebte Tag ist ein Ruhetag.
Altes Testament, Exodus 20, 9-10 (Jahwe)

Segen der Arbeit,
wärst du Gottes Fluch,
wie müsste dann
dein Segen sein.
Samuel Smiles, Charakter

Sei geschäftig,
und du wirst sicher sein.
Ovid, Heilmittel gegen die Liebe

Sich bei seiner Arbeit nicht beraten
noch verbessern zu lassen,
zeugt von pedantischem Geist.
Jean de La Bruyère, Die Charaktere

So arbeiten wir denn,
ohne viel zu difteln und zu deuten.
Das ist das einzige Mittel,
sich das Leben erträglich zu machen.
Voltaire, Candide oder Die beste der Welten

Sozialleistungen
sind keine himmlischen Geschenke,
sondern müssen hart
erarbeitet werden.
Norbert Blüm, Unverblümtes von Norbert Blüm

Ständige Arbeit
wird leichter durch Gewöhnung.
Demokrit, Fragment 241

Statt dass diejenigen,
die von der Arbeit anderer leben,
denen dankbar wären,
die für sie arbeiten,
sind die, welche arbeiten,
denen dankbar,
die sie für sich arbeiten lassen.
Welch ein Widersinn!
Leo N. Tolstoi, Tagebücher (1910)

Tages Arbeit! Abends Gäste!
Saure Wochen! Frohe Feste!
Johann Wolfgang von Goethe, Der Schatzgräber

Tätige Menschen
ertragen die Langeweile ungeduldiger
als die Arbeit.
Luc de Clapiers Marquis de Vauvenargues,
Unterdrückte Maximen

Töte deine sinnlichen Begierden
durch Arbeit ab.
Leo N. Tolstoi, Tagebücher (1847)

Träume sind nicht Taten.
Ohne Arbeit wird nicht geraten.
Ernst Moritz Arndt

Über die Kalmücken gelesen,
dass sie nur wenig brauchen
und sich bei der Arbeit nicht
abrackern wie die Europäer,
die sich an tausenderlei ausgefallene
Bedürfnisse gewöhnt haben
und nun ihr ganzes Leben
für deren Befriedigung hingeben.
Leo N. Tolstoi, Tagebücher (1889)

Um den Preis der Arbeit
verkaufen uns die Götter alles Gute.
Epicharmos, Fragmente

Und der Arbeiter,
der zwölf Stunden webt, spinnt,
bohrt, dreht, baut, schaufelt,
Steine klopft, trägt usw. –
gilt ihm dies zwölfstündige Weben,
Spinnen, Bohren, Drehen, Bauen,
Schaufeln, Steinklopfen
als Äußerung seines Lebens, als Leben?
Karl Marx, Lohnarbeit und Kapital

Ungebauter Acker
trägt selten gut Korn.
Deutsches Sprichwort

Ungewohnte Arbeit bringt Beulen.
Deutsches Sprichwort

Unser aller einzige Aufgabe lautet:
Bei unserem Reichtum, den hohen
Ansprüchen und dem völligen Mangel
an Arbeit, die den Menschen Nutzen
bringt, müssen wir lernen, ein Leben
mit geringeren Ansprüchen zu führen
und keine höheren zu erstreben,
und wir müssen etwas lernen,
das den Menschen mit Gewissheit
Nutzen bringt.
Leo N. Tolstoi, Tagebücher (1888)

Unterscheidung:
Handwerker
Kopfwerker
Bauchwerker.
Emil Gött, Im Selbstgespräch

Viel Feiertage
machen schlechte Werkeltage.
Deutsches Sprichwort

Viele Menschen sind für die Arbeit gut,
wenige Menschen sind zum Essen gut.
Chinesisches Sprichwort

Von allen Arbeiten
ist der Ackerbau die Wurzel.
Chinesisches Sprichwort

Warum suchst du die Ruhe,
da du zur Arbeit geboren bist?
Thomas von Kempen, Nachfolge Christi

Was man nicht liebt,
kann man nicht machen.
Johann Wolfgang von Goethe, Briefe
(an Zelter, 30. Juli 1804)

Was über deine Kräfte geht,
wird keine gute Arbeit.
Chinesisches Sprichwort

Welch schrecklicher Irrglaube
unserer Welt,
Arbeit und Mühe seien eine Tugend.
Durchaus nicht, eher ein Laster.
Christus hat nicht gearbeitet.
Leo N. Tolstoi, Tagebücher (1889)

Welche geistige Arbeit
du auch immer beginnst,
lege sie erst beiseite,
wenn du sie beendet hast.
Leo N. Tolstoi, Tagebücher (1847)

Wenn Arbeit alles wäre,
gäbe es keinen Lebenssinn
für Behinderte,
keinen mehr für Alte
und noch keinen für Kinder.
Norbert Blüm, Unverblümtes von Norbert Blüm

Wenn der Mensch keinen Genuss mehr
an der Arbeit findet und bloß arbeitet,
um so schnell wie möglich
zum Genuss zu gelangen,
so ist es nur ein Zufall,
wenn er kein Verbrecher wird.
Theodor Mommsen, Römische Geschichte

Wenn die Arme viel arbeiten,
ruht die Einbildungskraft aus;
wenn der Leib sehr müde ist,
erhitzt sich das Herz nicht.
Jean-Jacques Rousseau, Emile

Wenn du alle Tage arbeitetest,
wäre dir dein Leben erträglicher.
Charles Baudelaire, Tagebücher

Wenn gute Reden sie begleiten,
dann fließt die Arbeit munter fort.
Friedrich Schiller, Das Lied von der Glocke

Wenn ihr behauptet,
alle müssten arbeiten,
dann sollen es mir alle diese Reichen,
die nichts tun,
erst einmal vormachen.
Leo N. Tolstoi, Tagebücher (1910)

Wenn man systematisch
acht Stunden täglich arbeitet,
kann man es dazu bringen,
Chef zu werden
und vierzehn Stunden täglich
zu arbeiten.
Robert Frost

Wenn sich heutzutage
ein anständiger, tätiger Mensch
kritisch verhält gegenüber sich
und seiner Arbeit,
so bekommt er zu hören:
Jammerlappen, Nichtstuer, Langweiler.
Wenn jedoch
ein müßiger Spitzbube ruft,
man müsse etwas tun, müsse arbeiten,
so bekommt er Applaus.
Anton P. Tschechow, Notizbücher

Wenn's gehen soll,
muss man den Daumen rühren.
Deutsches Sprichwort

Wer arbeitet,
hat ein Recht auf seinen Lohn.
Neues Testament, Paulus (1 Timotheus 5, 18)

Wer Arbeit kennt
und danach rennt
und sich nicht drückt,
der ist verrückt.
Deutsches Sprichwort

Wer arbeitet,
wird von einem Teufel versucht,
wer müßig geht,
von tausend.
Sprichwort aus England

Wer den Baum gepflanzt hat,
genießt selten seine Frucht.
Deutsches Sprichwort

Wer den Teig nicht knetet,
wird kein gutes Brot essen.
Sprichwort aus Frankreich

Wer der Arbeit zusieht,
wird davon nicht müde.
Deutsches Sprichwort

Wer die Arbeit liebt,
hat an sich selbst genug.
Jean de La Bruyère, Die Charaktere

Wer frei ist von Arbeit,
kann sich der Weisheit widmen.
Altes Testament, Jesus Sirach 38, 24

Wer gute Arbeit leisten will,
schärfe zuerst das Werkzeug.
Chinesisches Sprichwort

Wer im Frühling nicht sät,
wird im Sommer nicht ernten,
im Herbst und Winter nicht genießen;
er trage sein Schicksal.
Johann Gottfried Herder, Das eigene Schicksal

Wer kein Geld hat,
muss mit der Haut bezahlen.
Deutsches Sprichwort

Wer mit will essen,
muss auch mit dreschen.
Deutsches Sprichwort

Wer nicht arbeitet,
soll auch nicht essen.
Deutsches Sprichwort

Wer nicht Blut und Wasser schwitzt,
esse auch keinen Reis.
Chinesisches Sprichwort

Wer Pfannkuchen essen will,
muss Eier schlagen.
Deutsches Sprichwort

Wer schafft, hat keine Langeweile.
Deutsches Sprichwort

Wer schießen soll, muss laden,
wer arbeiten soll, muss essen.
Deutsches Sprichwort

Wer schlechte Arbeit leistet,
schiebt die Schuld
dem stumpfen Werkzeug zu.
Chinesisches Sprichwort

Wer schuftet und schuftet,
wird Wasser trinken;
wer keine Arbeit macht
noch je gemacht hat,
der trinkt erlesensten Wein.
Sprichwort aus Spanien

Wer sein Brot verdient,
der ist nie überflüssig
und fühlt sich auch nicht so.
Paul Ernst, Die Zerstörung der Ehe

Wer sich verdungen hat als Knecht,
Dem sei auch Knechtes Arbeit recht.
Jüdische Spruchweisheit

Wer Wein verlangt,
der keltre reife Trauben.
Johann Wolfgang von Goethe, Faust II (Astrolog)

Wer zeitig feiern will,
muss fleißig arbeiten.
Deutsches Sprichwort

Wie anders ist es,
was man mit sich
und unter Freunden
ins Zarteste und Besonderste arbeitet.
Johann Wolfgang von Goethe, Briefe
(an Schiller, 6. Oktober 1798)

Wie man den Meister lohnt,
so wischt er das Schwert.
Deutsches Sprichwort

Wie wenig Aufklärung
zeichnet eine Gesellschaft aus,
die jeder stupiden Schreibtischarbeit
mehr Sozialprestige zuteilt
als einer genialen Konstruktions-
tätigkeit im Overall.
Wo das Prestige anfängt,
hört bekanntlich der Verstand auf.
Norbert Blüm, Unverblümtes von Norbert Blüm

Wieso soll eigentlich die »Kopfarbeit«
wertvoller sein als die »Handarbeit«?
Viele begreifen die Welt mit der Hand
besser als durch abstraktes Denken.
Norbert Blüm, Unverblümtes von Norbert Blüm

Willst du nicht arbeiten,
so hilft dir kein Beten.
Deutsches Sprichwort

Wir arbeiten um der Arbeit willen,
weil uns das Talent zum Glück fehlt.
Friedrich Sieburg, Die Lust am Untergang (1954)

Wir, die reichen Klassen,
treiben mit den Arbeitern Schindluder,
zwingen sie zu nie endender
schwerer und schmutziger Arbeit
und beanspruchen für uns
Müßiggang und Überfluss.
Leo N. Tolstoi, Tagebücher (1900)

Wir glauben zu leben,
aber in Wirklichkeit
arbeiten wir nur,
um nicht zu sterben.
Sully Prudhomme, Gedanken

(...) wir sind immer
so darauf eingestellt,
Arbeit nur als Lohnarbeit
zu betrachten.
Alles, was wir tun,
ohne dafür bezahlt zu werden,
ist demnach keine Arbeit.
Ich weiß gar nicht,
ob das so vernünftig ist.
Richard von Weizsäcker, Wissenschaft und Phantasie –
Herausforderungen unserer Zeit (Interview 1985)

Wir werden Fortbildung, Umschulung
als die normale Begleitung
des Arbeitslebens akzeptieren müssen.
Norbert Blüm, Unverblümtes von Norbert Blüm

Wirf keinen Stein in den Brunnen,
von dem du deinen Durst gelöscht hast.
Talmud

Wo Arbeit das Haus bewacht,
kann Armut nicht hinein.
Deutsches Sprichwort

Wo Arbeit mit Passion sich deckt,
darf sie nicht Arbeit heißen.
Alfred Polgar, Kleine Schriften, Band 1. Musterung

Wo gehobelt wird, da fallen Späne.
Deutsches Sprichwort

Wünschen fördert keine Arbeit.
Deutsches Sprichwort

Zum Tümpel gehen
und Frösche begehren,
ist nicht so gut
wie heimkehren
und Netze knüpfen.
Chinesisches Sprichwort

Zur Arbeit heißt am Morgen rege sein.
Johann Wolfgang von Goethe, Elpenor (Evadne)

Arbeiter

Das Leben ist für die unglücklichen
Arbeiter nicht viel mehr
als ein Kampf gegen den Tod,
ein Leiden, um sich gegen das Leiden
stark zu machen.
Sully Prudhomme, Gedanken

Denn wer vermöchte wohl jetzt
die Arbeitsleute zu zahlen?
Johann Wolfgang von Goethe,
Hermann und Dorothea (3. Gesang)

Der Arbeiter heute
ist in die Anonymität gerutscht.
Er sieht so aus wie die anderen.
Dieter Hildebrandt

Der Arbeiter
wird eine umso wohlfeilere Ware,
je mehr Waren er schafft.
Karl Marx

Die Ernte ist groß,
aber es gibt nur wenig Arbeiter.
Neues Testament, Matthäus 9, 37 (Jesus)

Eines Arbeiters Lohn
kommt zur Tür herein
und verschwindet im Kamin.
Sprichwort aus Spanien

Geben Sie dem Arbeiter
das Recht auf Arbeit!
Otto von Bismarck, Reden
(im Deutschen Reichstag, 9. Mai 1884)

Schwerarbeiter schlafen gut.
Spekulanten schlafen besser.
Ephraim Kishon, Kishon für alle Fälle

Tatsächlich hat der arbeitende Mensch
Tag für Tag keine Muße
zu einer wahren Ganzheit;
er kann die Zeit nicht aufbringen,
die menschlichsten Beziehungen
zu den Menschen zu unterhalten;
seine Arbeit würde auf dem Markt
im Wert sinken,
und er hat keine Zeit,
etwas anderes zu sein
als eine Maschine.
Henry David Thoreau, Walden

Wenn die Arbeiter
wie Maschinen behandelt werden,
dann werden die Alten zu Schrott.
Norbert Blüm, Unverblümtes von Norbert Blüm

Worauf heutige Unternehmer aus sind,
und das nicht nur
in der kapitalistischen Welt,
ist nicht Arbeitslosigkeit des Arbeiters,
sondern Arbeiterlosigkeit ihrer Betriebe.
Günther Anders, Die Antiquiertheit des Menschen. Bd. 2

Zu viele Arbeiter richten wenig aus.
Deutsches Sprichwort

Zunehmend finde ich etwas Ergreifendes
und fast traurig Stimmendes in diesen
armen, unbeachteten Arbeitern –
den rangmäßig Niedrigsten sozusagen,
den Verachtetsten.
Vincent van Gogh, Briefe

Arbeitgeber

Arbeitsplätze schaffen
ist die vornehmste Verpflichtung
eines Unternehmens
gegenüber der Gemeinschaft.
Lido Anthony »Lee« Iacocca,
Mein amerikanischer Traum

Der Arbeiter soll seine Pflicht tun,
der Arbeitgeber soll mehr tun
als seine Pflicht.
Marie von Ebner-Eschenbach, Aphorismen

Der Arbeitgeber
ist dem Arbeiter ein Fremder.
Lorenz von Stein,
Die socialen Bewegungen der Gegenwart

Gewiss, es ist gut,
wenn wir die nicht immer kennen,
für die wir arbeiten.
Johann Wolfgang von Goethe,
Wilhelm Meisters Lehrjahre

Wie kann man jemanden,
der sich die Arbeit anderer nimmt,
Arbeitgeber nennen?
Klaus Wagenbach

Arbeitsam

Arbeitsam willst du sein,
doch nicht Erholung missen,
Und beides möchtest du
recht auszugleichen wissen.
Lass dir empfehlen,
was Erfahrung mir empfohlen:
Von einer Arbeit
dient die andre zum Erholen.
Friedrich Rückert, Die Weisheit des Brahmanen

Arbeitsamkeit ist die beste Lotterie.
Deutsches Sprichwort

Ein braves Pferd stirbt in den Sielen.
Otto von Bismarck, Reden (im preußischen Abgeordnetenhaus, 4. Februar 1881)

Ich liebe überall die Arbeitsamkeit,
sie ist mir besonders an Frauen
sehr schätzenswert.
Wilhelm von Humboldt, Briefe an eine Freundin

Je arbeitsamer ein Volk ist,
umso mehr verdient es am Ausland.
Voltaire, Der Mann mit den vierzig Talern

Nur arbeitsame Menschen
sind aus sich heraus fröhlich,
friedfertig und gut.
Berthold Auerbach, Der Lauterbacher

Wir haben das Gewissen
eines arbeitsamen Zeitalters:
Dies erlaubt uns nicht,
die besten Stunden und Vormittage
der Kunst zu geben,
und wenn diese Kunst selber
die größte und würdigste wäre.
Friedrich Nietzsche, Menschliches, Allzumenschliches

Arbeitslosigkeit

Arbeitslosigkeit ist kein Schicksal,
sie ist gemacht.
Und deshalb kann ihr auch
ein Ende gemacht werden.
Norbert Blüm, Unverblümtes von Norbert Blüm

Arbeitslosigkeit
ist nicht nur ein ökonomisches Problem,
dies ist eine gesellschaftspolitische
Herausforderung allerersten Ranges,
und sie geht jeden von uns an.
Helmut Kohl, Notwendiger Dialog zwischen Politik und Wirtschaft. Rede des Bundeskanzlers vor dem BDI in Bonn 1986

Elender ist nichts
als der behagliche Mensch ohne Arbeit,
das Schönste der Gaben wird ihm Ekel.
Johann Wolfgang von Goethe, Tagebuch (1779)

Es genügt zu erwähnen,
dass die meisten Menschen
auf Arbeit wie auf eine Gnade warten,
um deutlich zu machen,
wie entsetzlich unser Leben ist,
wie unsittlich, wie töricht.
Leo N. Tolstoi, Tagebücher (1910)

Ich habe nie gesagt,
dass diese Arbeitslosigkeit,
die nicht über Nacht gekommen ist,
über Nacht abgebaut werden kann.
Helmut Kohl, Chancen und neue Perspektiven der Politik der Bundesregierung. Rede des Bundeskanzlers vor dem Deutschen Bundestag 1985

Keine Arbeit und kein Geld, aber Ruhe.
Franziska Gräfin zu Reventlow, Tagebücher

Nur ein Taugenichts oder ein völlig
Unfähiger kann behaupten,
er habe keine Beschäftigung gefunden.
Leo N. Tolstoi, Tagebücher (1852)

Wissen und kein Beruf
Schon viel Unheil schuf.
Jüdische Spruchweisheit

Arbeitsteilung

Die Verteilung von Arbeit auf mehrere
zerteilt stets die so arbeitenden
Individuen. Die »division of Labour«
macht aus Individuen »Dividuen«.
Günther Anders, Die Antiquiertheit des Menschen. Bd. 2

Archäologie

Archäologen sind ideale Ehemänner.
Je älter eine Frau wird,
desto interessanter wird sie
für einen Archäologen.
Agatha Christie

Archäologisches Material
ist nicht stumm.
Es spricht seine eigene Sprache.
Und es muss als die reiche Quelle
genutzt werden,
die es tatsächlich ist.
Marija Gimbutas, Die Sprache der Göttin

Scherben bringen Glück –
aber nur dem Archäologen.
Agatha Christie

Architektur

Architektur sollte teilhaben
an Zeichnen und Bildhauerei,
an Entwerfen und Formen.
Heute hat sich der Ingenieur
die Architektur zum größten Teil
unter den Nagel gerissen
und ihr alles Leben ausgetrieben.
Yehudi Menuhin,
Kunst als Hoffnung für die Menschheit

Die Architektur ist die erstarrte Musik.
Friedrich Wilhelm Joseph von Schelling

Die Architektur
ist die Physiognomie der Nationen.
Adam Philippe Custine

Die große Gefahr
der modernen Architektur
ist der Bazillus der Monotonie.
Alvar Aalto

Die Krankheit unserer heutigen Städte
und Siedlungen ist das traurige Resultat
unseres Versagens, menschliche Grund-
bedürfnisse über wirtschaftliche und
industrielle Forderungen zu stellen.
Walter Gropius, Architektur

Die mächtigsten Menschen
haben immer die Architekten inspiriert;
der Architekt war stets
unter der Suggestion der Macht.
Im Bauwerk soll sich der Stolz,
der Sieg über die Schwere,
der Wille zur Macht versichtbaren.
Friedrich Nietzsche, Götzen-Dämmerung

Ein selbstständiger Architekt
soll sich nicht von Sensationen,
sondern von Reflexionen leiten lassen.
Hans Scharoun

Ich glaube, dass jede Architektur,
die sich an den Geist wendet,
noch immer das Werk
eines Einzelnen ist.
Le Corbusier

In das Poesie-Album eines Architekten:
Lass Gras über die Sache wachsen.
Günther Schatzdorfer

Länder spiegeln in ihrer Architektur
ihre Zwangsvorstellungen wider.
Lawrence Durrell

Von den Bauwerken
in Deutschland
sind nur die gotischen
der Beachtung wert.
Germaine Baronin von Staël, Über Deutschland

Ärger

Ärger hat keine Augen.
Sprichwort aus Indien

Ärger ist die Unfähigkeit,
Wut in Aktion umzusetzen.
Wolfgang Herbst

Ärgerlich sein, heißt,
sich selbst für eines anderen Sünden
bestrafen.
Sprichwort aus den USA

Auch der Tiger ärgert sich
über einen Floh in seinem Fell.
Chinesisches Sprichwort

Besser sich ärgern als lachen;
denn bei einem vergrämten Gesicht
wird das Herz heiter.
Altes Testament, Kohelet 7, 3

Bist du ärgerlich, so zähle bis vier;
bist du sehr ärgerlich, so fluche!
Mark Twain, Querkopf Wilsons Kalender

Das Ärgern hab ich eigentlich
aus meinem Programm gestrichen,
ebenso das Verwundern
über meine Mitmenschen.
Franziska Gräfin zu Reventlow, Tagebücher

Der geheime Groll alles dessen,
das man hätte kennen können
und nie gekannt hat.
Elias Canetti, Die Provinz des Menschen.
Aufzeichnungen 1942–1972

Die Freude flieht auf allen Wegen;
der Ärger kommt uns gern entgegen.
Wilhelm Busch

Drei Sorten von Menschen reize nicht:
Beamte, Käufer und Witwen.
Chinesisches Sprichwort

Ersticke deinen Ärger,
solange er klein ist.
Sprichwort aus der Slowakei

Es ist eine böse Sache um den Ärger,
wenn er einmal auf dem Wege ist.
Johann Wolfgang von Goethe,
Wilhelm Meisters Wanderjahre

Es ist menschlich,
verärgert zu sein,
aber es ist nicht recht,
in diesem Ärger zu beharren.
Vincent van Gogh, Briefe

Für die Gesellschaft ungefährlich
ist noch, wer sich nur ärgert,
nicht mehr, wer Ärgernis nimmt.
Ludwig Marcuse, Argumente und Rezepte.
Ein Wörter-Buch für Zeitgenossen

Große, starke Seelen
sind selten ärgerlich,
desto mehr aber schwache
und fast alle Weiber.
Karl Julius Weber, Democritos

Haben wir ein Schicksal?
Sind wir frei?
Wie ärgerlich, das nicht zu wissen!
Wie viel Ärger aber erst,
wüssten wir es.
Jules Renard, Ideen, in Tinte getaucht.
Aus dem Tagebuch von Jules Renard

Ich lass mir
keine grauen Haare wachsen.
Für so etwas
ist meine Brust zu schmal.
Erich Kästner, Dr. Erich Kästners lyrische Hausapotheke

Jedesmal, wenn du Ärger und Grimm
spürst, hüte dich vor dem Umgang
mit anderen, besonders mit Leuten,
die von dir abhängen.
Leo N. Tolstoi, Tagebücher (1853)

Lachen kann nicht zurückbringen,
was Ärger vertrieben hat.
Sprichwort aus Japan

Leichter erträgt man das,
was einen beschämt,
als das, was einen ärgert.
Titus Maccius Plautus, Pseudolus

Neid und Ärger verkürzen das Leben,
Kummer macht vorzeitig alt.
Altes Testament, Jesus Sirach 30,24

Verdruss im Haus, Zorn auf dem Markt.
Chinesisches Sprichwort

Viel Wissen, viel Ärger.
Altes Testament, Kohelet 1, 18

Wenn du dich ärgern willst,
bezahle für etwas im Voraus.
Sprichwort aus Montenegro

Wenn du dich über Menschen ärgerst,
dann überlege, ob die Ursache
vielleicht darin liegt,
dass du selbst schlecht bist.
Leo N. Tolstoi, Tagebücher (1910)

Wenn du in das Gesicht
selbst eines Buddhas dreimal schlägst,
erregst du seinen Ärger.
Sprichwort aus Japan

Wenn gefühlvolle Menschen,
die als solche äußerst langweilig sind,
ärgerlich werden,
so ist das oft sehr unterhaltsam.
Stichelei ist ein besonders herrliches
Explorationsmittel.
Søren Kierkegaard, Entweder – Oder

Wer immer danach hinhorcht,
wie er beurteilt wird,
hat immer Ärger.
Friedrich Nietzsche, Menschliches, Allzumenschliches

Wenn jemand sagt: Ich bin glücklich,
so meint er damit ganz einfach:
Ich habe zwar Ärger,
aber der lässt mich kalt.
Jules Renard, Ideen, in Tinte getaucht.
Aus dem Tagebuch von Jules Renard

Wer sich zum Ärger hinreißen lässt,
büßt für die Sünden anderer.
Konrad Adenauer

Ärgernis

Ein Ärgernis ist nur,
wo man es nimmt, gegeben;
Dir Vorgeworfnes brauchst
du ja nicht aufzuheben.
Friedrich Rückert, Die Weisheit des Brahmanen

Ein Floh auf der Schlafmatte
ist schlimmer
als ein Löwe in der Wüste.
Chinesisches Sprichwort

Es ist unmöglich,
jemandem ein Ärgernis zu geben,
wenn er es nicht nehmen will.
Friedrich von Schlegel

Gott ist ein Ärgernis
– ein Ärgernis, das etwas einbringt.
Charles Baudelaire, Tagebücher

Argument

Argumente
fruchten gewöhnlich darum so wenig,
weil nicht zu beweisen ist,
dass etwas wahr sei,
sondern dass jemand irre.
Heinrich Waggerl, Aphorismen

Argumente nützen gegen Vorurteile
so wenig wie Schokoladeplätzchen
gegen Stuhlverstopfung.
Max Pallenberg

Den besseren Gründen
müssen gute weichen.
William Shakespeare, Julius Caesar (Brutus)

Die beste Waffe
gegen ein schlechtes Argument
besteht darin,
es bekannt zu machen.
Sidney Smith

Die gewöhnliche Kunst der Sophisten
besteht darin,
eine Menge Argumente anzuhäufen,
um deren Schwäche zu verbergen.
Jean-Jacques Rousseau, Vierter Brief vom Berge

Du sollst nicht vor einem Argument
in die Knie brechen.
Vielleicht überzeugt es nur,
beweist aber nichts.
Ludwig Marcuse, Argumente und Rezepte.
Ein Wörter-Buch für Zeitgenossen

Ein Philosoph ist, unter anderem,
auch ein Mann,
der nie um Argumente verlegen ist.
Ludwig Marcuse, Argumente und Rezepte.
Ein Wörter-Buch für Zeitgenossen

Ein Zitat ist besser als ein Argument.
Man kann damit in einem Streit
die Oberhand gewinnen,
ohne den Gegner überzeugt zu haben.
Gabriel Laub

Es fallen eure Günd' auf euch zurück
Wie Hunde,
die den eignen Herrn zerfleischen.
William Shakespeare, Heinrich V. (Heinrich)

Gut gebrüllt, Löwe!
William Shakespeare, Ein Sommernachtstraum
(Demetrius)

Idiot: beliebtes Argument.
Helmar Nahr

In der Politik
ist ein Argument nur so lange gut,
bis man weiß, vom wem es ist.
Lothar Schmidt

Je schwächer das Argument,
desto stärker die Worte.
Lothar Schmidt

Jugend – das ist vor allem
das Übergewicht der Hormone
über die Argumente.
David Frost

Nur ein Wort genügt,
um ein Argument, das man beherrscht,
verständlich zu machen.
Joseph Joubert, Gedanken, Versuche und Maximen

Schlechte Argumente
bekämpft man am besten,
indem man ihre Darlegung nicht stört.
Alec Guinness

Schweigen ist das einzige Argument,
das sich nicht widerlegen lässt.
Christine Brückner

Wissenschaftliche Argumente
führen zu diametral entgegengesetzten Schlussfolgerungen.
Leo N. Tolstoi, Tagebücher (1895)

Wohl erwogen
sind meine Gründe eben nicht,
aber sie sind doch gut genug.
William Shakespeare, Was ihr wollt (Junker Christoph)

Argwohn

Argwohn wiegt
in der reinsten Sphäre sich
Wie in dem lichten Himmelsblau
die Krähe.
William Shakespeare, Sonette

Der Unglückliche wird argwöhnisch,
er kennt weder die gute Seite
des Menschen noch
die günstigen Winke des Schicksals.
Johann Wolfgang von Goethe, Lilia (Magus)

Eine phantasiebegabte Seele,
auch eine ganz einfältige,
ist feinfühlig und argwöhnisch.
Sie kann sogar misstrauisch sein,
wenn sie nämlich
schon viele Enttäuschungen
im Leben erfahren hat.
Stendhal, Über die Liebe

Gerücht ist eine Pfeife,
Die Argwohn, Eifersucht,
Vermutung bläst.
William Shakespeare, Heinrich IV. (Prolog zum 2. Teil)

Ich halt's für Feigheit,
Argwöhnisch bleiben,
wo ein edles Herz
Die offne Hand
als Liebespfand gereicht.
William Shakespeare, Heinrich VI. (Warwick)

Nicht wird dem Argwohn
ein schlüssiger Beweis fehlen:
Unbefangenheit ist nötig und
wohlwollende Einschätzung der Dinge.
Lucius Annaeus Seneca, Über den Zorn

Wenn die Seele erst einmal
zum Argwohn gespannt ist,
so trifft sie auch in allen Kleinigkeiten
Bestätigungen an.
Ludwig Tieck, Der blonde Eckbert

Wo man weniger weiß,
argwöhnt man am meisten.
Niccolò Machiavelli, Die Undankbarkeit

Aristokratie

Die Aristokratie muss schon
durch die Bedingungen ihrer Existenz
als Stand allen Neuerungen
abgeneigt sein.
Henry Thomas Buckle,
Geschichte der Civilisation in England

Es gibt drei Aristokratien:
1) die der Geburt und des Ranges,
2) die Geldaristokratie,
3) die geistige Aristokratie.
Letztere ist eigentlich die vornehmste.
Arthur Schopenhauer, Aphorismen zur Lebensweisheit

Es gibt nur eine vernünftige
und gesicherte Regierungsform:
die Aristokratie.
Monarchie oder Republik,
die sich auf Demokratie gründen,
sind beide gleichermaßen
absurd und schwach.
Charles Baudelaire, Tagebücher

Jede Aristokratie
erzieht sich ihren dritten Stand,
der sie guillotiniert.
Emil Gött, Im Selbstgespräch

Nur derjenige Staat verdient
Aristokratie genannt zu werden,
in welchem wenigstens
die kleinere Masse,
welche die größere despotisiert,
eine republikanische Verfassung hat.
Friedrich Schlegel, Athenäumsfragmente

Zum Teufel
mit der aristokratischen Gesinnung,
wenn sie verlogen ist.
Anton P. Tschechow, Briefe (4. Februar 1889)

Armee

Autorität von oben
und Gehorsam von unten;
mit einem Worte, Disziplin
ist die ganze Seele der Armee.
Helmuth Graf von Moltke,
Reden (im Deutschen Reichstag, 7. Juni 1872)

Das Feld der realen Tätigkeit
für die Armee ist der Krieg;
ihre Entwicklung aber,
ihre Gewöhnung
und ihr längstes Leben
fallen in den Frieden.
Helmuth Graf von Moltke, Verordnungen für
die höheren Truppenführer (24. Juni 1869)

Dass eine Armee nicht auffällt,
ist das Beste,
was man von ihr sagen kann.
Lore Lorentz

Der General, welcher seinen Leuten
die Plünderung verspricht,
stempelt sich dadurch faktisch
zum Räuberhauptmann.
Johann Gottfried Seume, Apokryphen

Die Armee ist die klarste,
die greifbarste und am engsten
an die Ursprünge gebundene
Manifestation,
die es vom Staate gibt.
Georges Sorel, Über die Gewalt

Die Armee ist die vornehmste
aller Institutionen in jedem Lande;
denn sie allein
ermöglicht das Bestehen
aller übrigen Einrichtungen.
Helmuth Graf von Moltke, Reden
(im Deutschen Reichstag, 11. Januar 1887)

Die Disziplin
ist der Grundpfeiler der Armee,
und ihre strenge Aufrechterhaltung
eine Wohltat für alle.
Helmuth Graf von Moltke, Verordnungen für
die höheren Truppenführer (24. Juni 1869)

Die Hälfte der Armee und überhaupt
die Hälfte der Menschen
ist immer leidlich, ehrlich und gut;
aber die Bosheit ist meistens energischer
im Ganzen als im Einzelnen.
Johann Gottfried Seume, Apokryphen

Die kleinsten Unteroffiziere
sind die stolzesten.
Georg Christoph Lichtenberg, Sudelbücher

Eine Armee ohne Kultur
ist eine unwissende Armee,
und eine unwissende Armee
kann vom Feind besiegt werden.
Mao Tse-Tung

Ein wenig Sonne oder Schnee
oder nur der Mangel
einiger überflüssiger Dinge genügt,
um in wenigen Tagen
unsere Armee aufzureiben.
Jean-Jacques Rousseau,
Abhandlung über die Wissenschaften und Künste

Hängt die Armee vom Volk ab,
so hängt schließlich die Regierung
von der Armee ab.
Antoine Comte de Rivarol, Maximen und Reflexionen

Ich glaube,
Generäle verabscheuen Generäle
auf ihrer eigenen Seite weit mehr
als den Feind.
Peter Ustinov, Peter Ustinovs geflügelte Worte

In einer Armee
drückt die Ordnung wie ein Schild,
nicht wie ein Joch.
Antoine Comte de Rivarol, Maximen und Reflexionen

Kann ich Armeen
aus der Erde stampfen?
Wächst mir ein Kornfeld
in der flachen Hand?
Friedrich Schiller, Die Jungfrau von Orleans (Karl)

Armseligkeit

Auch der armseligste Mensch,
mag er noch so eingeschüchtert
und heruntergekommen sein,
ist ein Mensch und unser Bruder.
Fjodor M. Dostojewski, Erniedrigte und Beleidigte

Wie klein, wie armselig
ist diese große Welt!
Gotthold Ephraim Lessing,
Minna von Barnhelm (Tellheim)

Armut

Ach, welch ein Geheimnis
ist für mich das Geheimnis der Armut.
Aber auch das lüftet sich,
wenn ich es in Jesus sehe,
der als Herr allen Reichtums
für uns mit uns arm sein wollte.
Papst Johannes XXIII., Briefe an die Familie
(Bruder Giovanni), 28. Januar 1956

Alle Priester sollen arm sein
und nichts haben als das Almosen.
Jan Hus, Glaubensartikel (überliefert von Siegmund
Meisterlin: Chronik Nürnbergs)

Allzu mild hilft zur Armut.
Deutsches Sprichwort

Als hätten die Reichen
die Armut verschuldet
und verschuldeten nicht
gleicherweise die Armen
den Reichtum!
Max Stirner, Der Einzige und sein Eigentum

Am unerträglichsten finde ich,
dass es Armut in reichen Ländern
und reiche Menschen
in armen Ländern gibt.
In beiden Fällen sind sie fehl am Platz.
Peter Ustinov, Peter Ustinovs geflügelte Worte

An Habe steh ich arm,
Ein Los, infolgedessen
auch der Adel sinkt.
Euripides, Elektra

Anspruchslosigkeit
ist freiwillige Armut.
Lucius Annaeus Seneca, Briefe über Ethik

Arm am Beutel, krank am Herzen.
Johann Wolfgang von Goethe, Der Schatzgräber

Arm ist nicht der, der wenig hat,
sondern der,
der nicht genug bekommen kann.
Jean Guéhenno

Arm sein macht dich schon
zu drei Zehnteln schlecht,
reich sein deckt hundert Fehler zu.
Chinesisches Sprichwort

Arm und hässlich
kann man nicht verstecken.
Chinesisches Sprichwort

Arm und vergnügt
ist reich und überreich.
William Shakespeare, Othello (Jago)

Arm wie eine Hur in der Karwoche.
Deutsches Sprichwort

Arme haben die Kinder,
Reiche die Rinder.
Deutsches Sprichwort

Arme Leute kochen dünne Grütze.
Deutsches Sprichwort

Arme Leute machen reiche Heilige.
Deutsches Sprichwort

Arme Leute schenken gern.
Marie von Ebner-Eschenbach, Aphorismen

Arme Leute
um etwas zu bitten ist leichter
als Reiche.
Anton P. Tschechow, Notizbücher

Arme Menschen teilen immer.
Mutter Teresa

Arme Verwandte
haben ein besseres Gedächtnis.
Ephraim Kishon, Kishon für alle Fälle

Armer Leute Gäste
gehen früh nach Haus.
Deutsches Sprichwort

Armut demütigt die Menschen,
sodass sie selbst
über ihre Tugenden erröten.
Luc de Clapiers Marquis de Vauvenargues,
Nachgelassene Maximen

Armut, die bemessen ist
nach dem Ziel unserer Veranlagung,
ist großer Reichtum.
Reichtum, der nicht begrenzt wird,
ist große Armut.
Epikur, Sprüche. In: Briefe, Sprüche, Werkfragmente

Armut findet alle Wege und Stege.
Deutsches Sprichwort

Armut gibt Verwegenheit.
Johann Wolfgang von Goethe, West-östlicher Divan

Armut hat die unheimliche Macht,
sich selbst fortzupflanzen.
David Lloyd George, Reden (1892)

Armut hat Städte gebaut.
Deutsches Sprichwort

Armut ist das Los aller Weisen.
Chinesisches Sprichwort

Armut ist das Los
der großen Menschheitshelfer.
Heinrich Heine

Armut ist der sechste Sinn.
Sprichwort aus England und Deutschland

Armut ist des Reichen Kuh.
Deutsches Sprichwort

Armut ist die größte Plage,
Reichtum ist das höchste Gut.
Johann Wolfgang von Goethe, Der Schatzgräber

Armut ist ein Hemd von Feuer.
Sprichwort aus der Türkei

Armut ist in der Stadt groß,
aber die Faulheit viel größer.
Martin Luther, Tischreden

Armut ist kein Laster,
aber es ist besser, sie zu verbergen.
Sprichwort aus Brasilien

Armut ist keine Schande,
aber ein leerer Sack
steht nicht gut aufrecht.
Deutsches Sprichwort

Armut ist keine Schande.
Reichtum auch nicht.
Curt Goetz, Dreimal täglich

Armut ist keine Sünde;
aber es ist besser, sie zu verbergen.
Sprichwort aus Frankreich

Armut
kann starke Seelen nicht demütigen,
Reichtum
niedrige nicht erheben;
man kann berühmt werden,
auch wenn man wenig bekannt ist,
und Schande bleibt auch
Hochgestellten nicht erspart.
Das Schicksal,
das man für allmächtig hält,
ist ohnmächtig ohne die Natur.
Luc de Clapiers Marquis de Vauvenargues,
Nachgelassene Maximen

Armut lässt den Menschen
vieles versuchen.
Publilius Syrus, Sentenzen

Armut macht unverschämt.
Deutsches Sprichwort

Armut mit Anstand zu tragen,
ist ein Zeichen von Selbstbeherrschung.
Demokrit, Fragment 291

Armut selbst macht stolz,
die unverdiente.
Johann Wolfgang von Goethe,
Hermann und Dorothea (6. Gesang)

Armut und Alter,
das sind zwei schwere Bürden,
es wär an einer genug.
Deutsches Sprichwort

Armut und Niedrigkeit sind,
was der Mensch verabscheut.
Gelingt es ihm nicht
auf dem rechten Weg,
sucht er auch nicht
davon sich zu befrein.
Konfuzius, Gespräche

Armut und Reichtum
lassen sich nicht verbergen.
Chinesisches Sprichwort

Armut und Sklaverei
sind also nur zwei Formen,
fast möchte man sagen zwei Namen,
derselben Sache,
deren Wesen darin besteht,
dass die Kräfte eines Menschen
großenteils nicht für ihn selbst,
sondern für andere
verwendet werden.
Arthur Schopenhauer, Zur Rechtslehre und Politik

Armut wird auf Dauer
nicht durch Almosen überwunden,
sondern nur,
wenn sich die Armen durch Arbeit
aus der Armut herausarbeiten können.
Norbert Blüm, Unverblümtes von Norbert Blüm

Armut zerreißt die sechs Bande
der Verwandtschaft.
Chinesisches Sprichwort

Beim Geldspiel
verliert stets der arme Teufel,
die Hunde beißen immer den,
der in Lumpen geht.
Chinesisches Sprichwort

Besser arm in Ehren
als reich mit Schanden.
Deutsches Sprichwort

Besser ein Armer,
der schuldlos seinen Weg geht,
als ein Reicher,
der krumme Wege geht.
Altes Testament, Sprüche Salomos 28, 6

Besser ohne Abendessen zu Bette gehen,
als mit Schulden aufstehen.
Deutsches Sprichwort

Bist du arm,
so zeichne dich durch Tugenden aus,
bist du reich,
so tu es durch Wohltaten.
Joseph Joubert, Gedanken, Versuche und Maximen

Das Einzige,
was die Armut beseitigen kann,
ist das Miteinanderteilen.
Mutter Teresa

Das wahre Ziel ist,
die Gesellschaft auf einer Grundlage
neu aufzurichten,
die die Armut ausschließt.
Oscar Wilde,
Die Seele des Menschen unter dem Sozialismus

Dem Armen hilf, den Bettler verjag.
Deutsches Sprichwort

Dem Armen ist nicht mehr gegeben
Als gute Hoffnung, übles Leben.
Freidank, Bescheidenheit

Den Armen fragt niemand
nach der Wahrheit.
Sprichwort aus Litauen

Den Armen nimmt die Not gefangen,
den Reichen zerstreuen
seine Vergnügungen.
Jede Lage hat ihre Pflichten,
Gefahren, Ablenkungen,
und nur das Genie wird ihrer Herr.
Luc de Clapiers Marquis de Vauvenargues,
Nachgelassene Maximen

Den Nackten kann man nicht ausziehen.
Deutsches Sprichwort

Denen, die wirklich arm sind,
muss man helfen.
Martin Luther, Tischreden

Denn Armut ist
ein großer Glanz aus Innen (...).
Rainer Maria Rilke, Das Stundenbuch

Der Arme, aber Unabhängige
untersteht nur der Notwendigkeit,
der Reiche, aber Abhängige
einem oder mehreren
anderen Menschen.
Chamfort, Maximen und Gedanken

Der Arme isst, wann er was hat,
der Reiche, wann er will.
Deutsches Sprichwort

Der Arme schläft in Sicherheit.
Deutsches Sprichwort

Der Arme soll sparsam sein,
der Reiche soll ausgeben.
Paul Ernst, Erdachte Gespräche

Armut

Der Arme streite nicht
mit dem Reichen
und der Reiche nicht
mit dem Mandarin.
Chinesisches Sprichwort

Der Arme und der Kardinal,
sie gehen alle durch dasselbe Tal.
Sprichwort aus Spanien

Der Arme wartete tausend Jahre
vor der Pforte des Paradieses,
und dann,
als er ein kleines Schläfchen nahm,
öffnete und schloss es sich.
Sprichwort aus Persien

Der Arme will nicht für arm,
der Reiche nicht für reich gelten,
der erste fürchtet verachtet,
der zweite ausgebeutet zu werden.
Marie von Ebner-Eschenbach, Aphorismen

Der Armut mangelt es an vielem,
dem Geiz an allem.
Publilius Syrus, Sentenzen

Der Branntwein ist das Getränk
des berühmten armen Mannes.
Otto von Bismarck, Reden
(im Deutschen Reichstag, 28. März 1881)

Der große Vorzug adliger Abkunft ist,
dass sie die Armut besser ertragen lässt.
Friedrich Nietzsche, Morgenröte

Der Neid betritt kein leeres Haus.
Sprichwort aus Dänemark

Der Reiche denkt an kommende Jahre,
der Arme an das, was er vor Augen hat.
Chinesisches Sprichwort

Der Reiche hält sich selbst für klug,
doch ein verständiger Armer
durchschaut ihn.
Altes Testament, Sprüche Salomos 28, 11

Der Reiche hat nur zwei Löcher
in der Nase, ebenso wie der Arme.
Sprichwort aus Polen

Der Schwabe tut so,
als ob er arm sei,
aber er ist beleidigt,
wenn andere ihm das glauben.
Manfred Rommel, Rommel-Kalender

Der sicherste Reichtum
ist die Armut an Bedürfnissen.
Franz Werfel, Zwischen Oben und Unten

Der Staat sollte vorzüglich
nur für die Ärmeren sorgen,
die Reichen sorgen leider
nur zu sehr für sich selbst.
Johann Gottfried Seume, Apokryphen

Der Stolz der Armen dauert nicht lange.
Sprichwort aus Dänemark

Des Armen Art ist es,
zu zählen das Vieh.
Ovid, Metamorphosen

Die Armen büßen
für der Reichen Sünden.
Sprichwort aus Italien

Die Armen müssen tanzen,
wie die Reichen pfeifen.
Deutsches Sprichwort

Die Armen sind die Neger Europas.
Chamfort, Maximen und Gedanken

Die Armut an Gütern
ist leicht zu beheben,
bei der seelischen Armut
ist das unmöglich.
Michel Eyquem de Montaigne, Die Essais

Die Armut hat ihre Freiheiten,
der Reichtum seine Zwänge.
Denis Diderot,
Gründe, meinem alten Hausrock nachzutrauern

Die Armut im Geiste ist ein Gut,
das alle Güter der Welt in sich begreift.
Teresa von Ávila, Weg der Vollkommenheit

Die Armut kann niemandem
an seinem Adel schaden,
wohl aber der Reichtum.
Giovanni Boccaccio, Das Dekameron

Die Armut und die Hoffnung
sind Mutter und Tochter.
Indem man sich
mit der Tochter unterhält,
vergisst man die Mutter.
Jean Paul, Aphorismen

Die Menschen streben nach Gewinn,
doch besser ein Armer als ein Betrüger.
Altes Testament, Sprüche Salomos 19, 22

Die nicht zu danken verstehen,
die sind die Ärmsten.
Marie von Ebner-Eschenbach, Aphorismen

Die SPD tut immer so,
als hätte sie den Dauerparkplatz
bei den Armen.
Norbert Blüm, Unverblümtes von Norbert Blüm

Die Trauben
an der Hütte eines Armen
sind sauer und klein.
Chinesisches Sprichwort

Die wahre Armut, das ist jene,
die man einzig um Gottes willen
erwählt hat, bringt eine überschwäng-
liche Ehre mit sich,
sodass es wohl niemanden gibt,
der sie nicht auf sich nehmen würde.
Teresa von Ávila, Weg der Vollkommenheit

Die Wut des Armen
und die Augen des Reichen sind groß.
Chinesisches Sprichwort

Du trägst sehr leicht,
wenn du nichts hast,
Aber Reichtum ist
eine leichtere Last.
Johann Wolfgang von Goethe, Sprüche

Ehe du aus Gnade
fremdes Öl verzehren darfst,
trinke lieber eigenes Wasser.
Chinesisches Sprichwort

Ehre kann auch der Arme besitzen,
aber nicht der Lasterhafte;
Armut kann den Adel umwölken,
aber ihn nicht gänzlich verdunkeln.
Miguel de Cervantes Saavedra, Don Quijote

Ein Armer gilt für dumm,
ein Reicher gilt für klug.
Chinesisches Sprichwort

Ein armer Mann ist selten ein Graf.
Deutsches Sprichwort

Ein Arzt, der eine Sänfte nimmt,
kommt nicht ins Haus eines Armen.
Chinesisches Sprichwort

Ein einziger Undankbarer
schadet allen Armen.
Publilius Syrus, Sentenzen

Ein Fest des Reichen
genügt dem Armen
ein halbes Jahr zum Leben.
Chinesisches Sprichwort

Ein gesunder armer Mann
ist schon halb ein reicher.
Chinesisches Sprichwort

Ein rechtschaffener Mann
wird auch in Armut und Krankheit
und unter sonstigen
widrigen Umständen
sich recht verhalten;
aber die Glückseligkeit liegt
in den diesen entgegengesetzten
Verhältnissen.
Aristoteles, Älteste Politik

Ein Reicher in der Fremd'
ist überall zu Haus,
Und fremd ein armer Mann
in seinem eignen Haus.
Friedrich Rückert, Die Weisheit des Brahmanen

Ein Reicher wird geachtet,
ein Zerlumpter von Hunden gebissen.
Chinesisches Sprichwort

Eine weitere Ursache unserer Armut
sind unsere neuen Bedürfnisse.
Voltaire, Der Mann mit den vierzig Talern

Einen Nackten
lässt der Straßenräuber vorbei,
auch auf einer belauerten Straße
hat der Arme Frieden.
Lucius Annaeus Seneca, Briefe über Ethik

Es gehen viele Wege
nach Darbstett und Mangelburg.
Deutsches Sprichwort

Es ist besser, die Armen sitzen
vor deiner Tür, als du vor ihrer.
Deutsches Sprichwort

Es ist die Natur des Reichtums,
dass mit seinem Wachsen
auch der Durst nach ihm,
die Armut, wächst.
Francesco Petrarca, Petrarca über sich selbst

Es ist nicht wahr,
dass die Menschen
in der Armut besser sind
als im Reichtum.
Luc de Clapiers Marquis de Vauvenargues,
Reflexionen und Maximen

Es scheint,
dass bei gleichen geistigen Gaben
der Reiche niemals die Natur,
den Menschen, die Gesellschaft
so gut kennen kann wie der Arme.
Denn in dem Augenblick,
wo der Reiche im Genuss aufgeht,
muss der Arme sich
mit dem Denken trösten.
Chamfort, Maximen und Gedanken

Es spielen sich eher zehne arm
als einer reich.
Christoph Lehmann, Florilegium Politicum, Politischer
Blumengarten (1662); auch deutsches Sprichwort

Fröhliche Armut
ist Reichtum ohne Gut.
Deutsches Sprichwort

Geiz ist die größte Armut.
Deutsches Sprichwort

Gesetze schinden die Armen, und
die Reichen beherrschen die Gesetze.
Oliver Goldsmith, Der Wanderer

Gesundheit will bei Armen
als Reichen lieber stehn.
Wieso? Sie hassen Prassen
und stetes Müßiggehn.
Friedrich von Logau, Sinngedichte

Gott hat die Armut nicht erschaffen,
er schuf nur uns.
Mutter Teresa

Gott ist das ärmste Ding,
er steht ganz bloß und frei:
Drum sag ich recht und wohl,
dass Armut göttlich sei.
Angelus Silesius, Der cherubinische Wandersmann

Gott ist des Armen Vormund.
Das weiß ich aus sicherer Erfahrung,
der ich viel mehr verbrauche,
als was ich
von meinem Stipendium habe.
Martin Luther, Tischreden

Hoffnung erhält den Armen am Leben,
Furcht tötet den Reichen.
Sprichwort aus Finnland

Hoffnung
ist des armen Mannes Einkommen.
Sprichwort aus Dänemark

Ich friere.
Das bringt die Jahreszeit mit sich,
sagt der Reiche.
Jules Renard, Ideen, in Tinte getaucht.
Aus dem Tagebuch von Jules Renard

Ihr irrt, ihr Ärmsten, wenn ihr glaubt,
ein Reicher könne durch Beschämung,
Rührung oder Überredung
dazu gebracht werden,
mit euch zu teilen.
Leo N. Tolstoi, Tagebücher (1897)

Ihr nennt mich einen kargen Mann;
Gebt mir, was ich verprassen kann.
Johann Wolfgang von Goethe, West-östlicher Divan

Immer arm ist, wer begehrt.
Claudius Claudianus, In Rufinum

Immer wirst du arm sein,
wenn du arm bist, Aemilianus;
heutzutage werden Reichtümer
nur den Reichen gegeben.
Martial, Epigramme

In den kalten Ofen ist übel blasen.
Deutsches Sprichwort

In dieser Armut welche Fülle!
In diesem Kerker welche Seligkeit!
Johann Wolfgang von Goethe, Faust I (Faust)

Inmitten großer Reichtümer arm.
Horaz, Lieder

Ist ein Mensch wertvoller als sein Besitz,
so muss er arm sein;
darum scheinen die Reichen
so wenig zu gelten;
und daher die Vorliebe
der Philosophen für die Armen.
Antoine Comte de Rivarol, Maximen und Reflexionen

Je ärmer (...) einer ist,
desto mehr muss er sich
auf seine Vergangenheit berufen,
um ein Nachtquartier zu bekommen.
Gilbert Keith Chesterton, Heretiker

Je ärmer einer ist,
desto mehr Teufel
laufen ihm über den Weg.
Chinesisches Sprichwort

Junges Blut, spar dein Gut,
Armut im Alter wehe tut.
Deutsches Sprichwort

Kärgliches Brot ist
der Lebensunterhalt der Armen,
wer es ihnen vorenthält,
ist ein Blutsauger.
Altes Testament, Jesus Sirach 34, 25

Keine Gesellschaft
kann gedeihen und glücklich sein,
in der der weitaus größte Teil
ihrer Mitglieder arm und elend ist.
Adam Smith,
Natur und Ursachen von Nationalreichthümern

Kleine Töpfe sind leicht zu füllen
– Geheimnis der Nichtverzweiflung
kleiner Leute.
Emil Gött, Zettelsprüche. Aphorismen

Komm her! Geh fort!
Nun falle nieder!
Steh auf! Jetzt rede!
Schweige wieder!
So spielen mit den Armen,
welche Beute
Des Unholds Hoffnung sind,
die reichen Leute.
Nārāyana, Hitopade'sa

Lass uns glücklich und arm sein;
oh welche Schätze werden wir uns
dann erworben haben!
Jean-Jacques Rousseau,
Julie oder Die neue Héloïse (Saint-Preux)

Lässige Hand bringt Armut,
fleißige Hand macht reich.
Altes Testament, Sprüche Salomos, 10, 4

Leben ist besser, auch Leben in Armut:
Der Lebende kommt noch zur Kuh.
Edda, Hâvamâl (Des Hohen Lied)

Liebe nicht den Schlaf,
damit du nicht arm wirst.
Altes Testament, Sprüche Salomos 20, 13

Lieber die Motten in den Kleidern
als die Ehre in Schuldscheinen.
Deutsches Sprichwort

Man braucht den Appetit des Armen,
um das Vermögen des Reichen
zu genießen,
den Geist eines Privatmanns,
um wie ein König zu leben.
Antoine Comte de Rivarol, Maximen und Reflexionen

Man hört jetzt
mit dem Schlagwort werben:
»Wer arm ist, der muss früher sterben!«
Doch oft ist auch nicht zu beneiden
Der Reiche: Er muss länger leiden!
Eugen Roth

Armut

Man kann einer Laus
nicht mehr nehmen als das Leben.
Deutsches Sprichwort

Man kann leicht machen,
dass arme Leute
wie Schelme aussehen.
Alessandro Manzoni, Die Verlobten

Man muss reich sein,
um wie ein Armer zu leben.
Sprichwort aus Frankreich

Mancher stellt sich reich
und hat doch nichts,
ein anderer stellt sich arm
und hat großen Besitz.
Altes Testament, Sprüche Salomos 13, 7

Mangel an Geld
schmiedet uns fest an die Erde,
man bekommt die Flügel beschnitten,
man merkt es nicht,
weil die Schere ganz vorsichtig
täglich nur eine Ahnung abschneidet.
Paula Modersohn-Becker, Tagebuchblätter

Neige dem Armen dein Ohr zu
und erwidere ihm freundlich den Gruß.
Altes Testament, Jesus Sirach 4, 8

Nenne dich nicht arm,
weil deine Träume nicht
in Erfüllung gegangen sind;
wirklich arm ist nur der,
der nie geträumt hat.
Marie von Ebner-Eschenbach, Aphorismen

Nicht, wer nichts hat, nein,
wer nichts kann,
Der ist ein wahrhaft
armer Mann.
Jüdische Spruchweisheit

Nicht wer zu wenig besitzt,
sondern wer mehr begehrt, ist arm.
Lucius Annaeus Seneca, Briefe an Lucilius

Oft wechseln zehn Jahre
im reichen Hedong
mit zehn Jahren
im armen Hexi.
Chinesisches Sprichwort

Redet nicht von materieller Not
der Armen und wie ihnen zu helfen ist.
Not und Leiden
haben keine materiellen Ursachen.
Wenn man helfen will,
dann nur mit geistigen Geschenken,
die Arme wie Reiche
gleichermaßen benötigen.
Leo N. Tolstoi, Tagebücher (1889)

Reichtum kann man verstecken,
aber nicht Armut.
Sprichwort aus Finnland

Reichtum – Sünde vor Gott,
Armut – Sünde vor den Menschen.
Sprichwort aus Russland

Reichtum verdirbt die Seele.
So hat Gott also eurer Mutter
die Gnade erwiesen,
sie an den Bettelstab zu bringen.
Umso besser für sie,
nun ist sie sicher,
das Seelenheil zu gewinnen.
Voltaire, Jeannot und Colin

Schande und Unglück
hängen eng miteinander zusammen.
Armut stürzt
mehr Menschen in Schande
als lasterhafte Gesinnung.
Luc de Clapiers Marquis de Vauvenargues,
Nachgelassene Maximen

Schändlich ist die Armut,
die aus Reichtum hervorgeht.
Publilius Syrus, Sentenzen

Schwer drückt ein voller Beutel,
schwerer ein leerer.
Friedrich Haug, Epigramme

Schwer ist es, arm zu sein ohne Groll;
leicht, reich zu sein
ohne Dünkelhaftigkeit.
Konfuzius, Gespräche

Selbst ein Kaiser hat Verwandte,
die Strohsandalen tragen.
Chinesisches Sprichwort

Selig, die arm sind vor Gott,
denn ihnen gehört das Himmelreich.
Neues Testament, Matthäus 5, 3 (Jesus: Bergpredigt)

Sie brauchen nichts zu wissen,
Sie sind ein reicher Mann,
Aber ich bin ein armer Teufel,
mir muss was einfallen.
Johann Nepomuk Nestroy, Eulenspiegel

Spott ist für den Armen schlimmer
als das Leid, das er trägt.
Sprichwort aus Frankreich

Stete Not, langsamer Tod.
Jüdische Spruchweisheit

To understand the poor,
you have to stand under the poor
(dt.: Um die Armen zu verstehen,
muss man unter den Armen stehen).
Mutter Teresa

Tugendhafte Arme
kann man wohl bemitleiden,
aber unmöglich bewundern.
Oscar Wilde,
Die Seele des Menschen unter dem Sozialismus

Unglück trifft nur die Armen.
Deutsches Sprichwort

Unter einem verschlissenen Hut
steckt oft ein wackerer Mann.
Chinesisches Sprichwort

Unterdrückt nicht
die Witwen und Waisen,
die Fremden und Armen,
und plant in eurem Herzen
nichts Böses gegeneinander.
Altes Testament, Sacharja 7, 10

Verachtet die Armut:
Niemand stirbt so arm,
wie er geboren ward.
Lucius Annaeus Seneca, Über die Vorsehung

Vermögen bringt Ehren.
Vermögen bringt Freundschaften.
Der Arme liegt
in allen Angelegenheiten darnieder.
Ovid, Festkalender

Verwegene Armut trieb mich an,
Verse zu schmieden.
Horaz, Briefe

Verweigere die Gabe
dem Bedürftigen nicht
und missachte nicht
die Bitten des Geringen.
Altes Testament, Jesus Sirach 4, 3

Wären die Armen
nur nicht so hässlich,
dann wäre das Problem
der Armut leicht gelöst.
Oscar Wilde,
Sätze und Lehren zum Gebrauch für die Jugend

Was können denn Räuber
einem Wanderer wegnehmen,
wo die Taschen vollkommen leer sind?
Lucius Apuleius, Der goldene Esel

Weißt du Dummkopf nicht,
dass auch zehn Athleten
einen Nackten nicht plündern können?
Lucius Apuleius, Der goldene Esel

Wenn arme Leute nachdenken,
soll man sie nicht stören.
Rainer Maria Rilke,
Die Aufzeichnungen des Malte Laurids Brigge

Wenn das Feuer
den Topfboden durchgebrannt hat,
weißt du, was Armut ist.
Chinesisches Sprichwort

Wenn der Arme es
dem Reichen gleich tun will,
so geht er zugrunde.
Phaedrus, Fabeln

Wenn der Arme sich
dem Reichen beigesellt,
trägt er bald keine Hosen mehr.
Chinesisches Sprichwort

Wenn die Armut
die Mutter der Verbrechen ist,
so ist der Mangel an Geist
ihr Vater.
Jean de La Bruyère, Die Charaktere

Wenn die Armut zur Tür eingeht,
fliegt die Liebe zum Tempel hinaus.
Deutsches Sprichwort

Wenn die Hand täte,
was die Zunge sagt,
so gäbe es keine Armut.
Sprichwort aus Indien

Wenn die Leute wirklich
mit den Armen in Berührung kommen,
dann merken sie,
wie schön sie sind.
Mutter Teresa

Wenn du aber gar nichts hast,
Ach, so lasse dich begraben –
Denn ein Recht zum Leben, Lump,
Haben nur, die etwas haben.
Heinrich Heine, Romanzero

Wenn du den Geist frei haben willst,
musst du entweder arm sein
oder einem Armen ähnlich.
Lucius Annaeus Seneca, Briefe über Ethik

Wenn du trinkst,
denke an die Armut der Familie.
Chinesisches Sprichwort

Wenn ein Mann verarmt,
erinnert er sich seiner alten Schuldner.
Chinesisches Sprichwort

Wenn eine freie Gesellschaft
den vielen, die arm sind,
nicht helfen kann,
kann sie auch die wenigen nicht retten,
die reich sind.
John Fitzgerald Kennedy

Wenn es nach den Menschen ginge,
gäbe es keine Armen mehr.
Chinesisches Sprichwort

Wer arm ist,
der darf sich was vorlügen –
das ist sein Recht.
Vielleicht sein einziges Recht.
Ödön von Horváth, Ein Kind unserer Zeit

Wer arm ist,
muss nicht arm an Willen sein.
Chinesisches Sprichwort

Wer Armut erträgt,
kann auch Reichtum bewahren.
Chinesisches Sprichwort

Wer den Armen gibt, leiht Gott.
Victor Hugo, Innere Stimmen

Wer die Armut erniedrigt,
der erhöht das Unrecht.
Johann Heinrich Pestalozzi,
Der natürliche Schulmeister

Wer die Armut für sich erwählt
und sie liebt,
besitzt einen großen Schatz
und wird die Stimme seines Gewissens
immer deutlich hören.
Wer diese Stimme,
die Gottes beste Gabe ist,
hört und ihr folgt, findet schließlich
in ihr einen Freund und ist nie allein.
Vincent van Gogh, Briefe

Wer etwas zu verkaufen hat,
gilt nicht als arm.
Chinesisches Sprichwort

Wer Geld hat zu helfen,
beschönige nicht die Armut.
Chinesisches Sprichwort

Wer hat, kann geben;
wer nichts hat, sag,
was kann der geben?
Ruodlieb

Wer je gelebt in Liebesarmen,
Der kann im Leben nie verarmen.
Theodor Storm, Wer je gelebt

Wer sein Ohr verschließt
vor dem Schreien des Armen,
wird selbst nicht erhört,
wenn er um Hilfe ruft.
Altes Testament, Sprüche Salomos 21, 13

Wer seine Güter gibt
den Armen her,
erhält so viel zurück
und zehnmal mehr.
John Bunyan, in: Die Pilgerreise (The Pilgrims Progress)

Wer seine inneren Schätze
in sich selbst verschließt,
läuft Gefahr zu verarmen.
Louis Couperus

Wer sich mit der Armut einrichtet,
ist reich.
Lucius Annaeus Seneca, Briefe an Lucilius

Wer Söhne hat,
bleibt nicht lange arm.
Wer keine Söhne hat,
bleibt nicht ewig reich.
Chinesisches Sprichwort

Wie höflich doch der arme Mann!
Bei offner Tür noch klopft er an.
Jüdische Spruchweisheit

Wie quälend
ist die Lage dessen,
der inmitten von Armut
in Wohlstand lebt.
Leo N. Tolstoi, Tagebücher (1909)

Wie, wenn die Leute, die jetzt
den Armen hinrichten lassen,
weil er sich an ihrem Eigentum
vergreift, einmal von den Armen
hingerichtet würden,
weil sie Eigentum besitzen?
Das Recht des Besitzes
hat scheußliche Konsequenzen.
Friedrich Hebbel, Tagebücher

Wir alle sind Arme vor Gott.
Mutter Teresa

Wir haben ein ständiges Wachstum,
werden aber immer ärmer.
Agnes Miegel

Wir leiden große Armut,
und der, für den wir arbeiten,
bereichert sich an unserem Verdienst.
Chrétien de Troyes, Yvain (Die 300 Mädchen)

Wir sind arm, aber mit Geschmack.
Voltaire, Der Mann mit den vierzig Talern

Wir waren alle einmal arm
und haben uns empört,
aber haben wir je etwas getan
für die Armen?
Anton P. Tschechow, Notizbücher

Wo Arbeit das Haus bewacht,
kann Armut nicht hinein.
Deutsches Sprichwort

Wo der Bauer arm ist,
ist das ganze Land arm.
Sprichwort aus Polen

Wo die Armut mit der Fröhlichkeit ist,
da ist nicht Begierde noch Habsucht.
Franz von Assisi, Von der Kraft der Tugenden

Wo nichts ist,
da hat der Kaiser sein Recht verloren.
Deutsches Sprichwort

Woher kann ich wissen,
wie viel Widerstandskraft
gegen Armut du hast,
wenn du im Gelde schwimmst?
Lucius Annaeus Seneca, Über die Vorsehung

Wusst ich doch, dass allezeit
Ein Armer von den Freunden
scheu gemieden wird.
Euripides, Medea

Zu Hause darfst du arm, doch
auf Reisen musst du reich sein.
Chinesisches Sprichwort

Zwischen beiden ist der Unterschied,
dass Sklaven
ihren Ursprung der Gewalt,
Arme
der List zuzuschreiben haben.
Arthur Schopenhauer, Zur Rechtslehre und Politik

Arroganz

Arroganz ist das Selbstbewusstsein
des Minderwertigkeitskomplexes.
Jean Rostand

Die Arroganz der Kleinen ist es,
immer von sich,
die der Großen,
nie von sich zu reden.
Voltaire, Philosophisches Taschenwörterbuch

Die höchste Arroganz besteht darin,
sie gar nicht zu zeigen.
Voltaire

Ohne Arroganz wird kein großer Mann.
Arthur Schopenhauer, Den Intellekt überhaupt
und in jeder Beziehung betreffende Gedanken

Arsch

Er aber, sag's ihm,
kann mich im Arsch lecken.
Johann Wolfgang von Goethe,
Götz von Berlichingen (Götz)

In den Arsch kriechen,
um zu unterwandern:
noch nie gut gegangen.
Peter Rühmkorf

Artigkeit

Artigkeit ist das erste Gebot,
um zu gefallen,
und sie ist das Ergebnis
von Gutmütigkeit und Klugheit;
gute Lebensart aber ist die Zierde,
der Glanz der Artigkeit
und nur zu erwerben
durch genaue Aufmerksamkeit
und Erfahrung in guter Gesellschaft.
Philipp Stanhope Earl of Chesterfield, Briefe über
die anstrengende Kunst, ein Gentleman zu werden

Was artig ist, ist klein.
Gotthold Ephraim Lessing, An den Marull;
auch deutsches Sprichwort

Arznei

Arznei vertreibt
eingebildete Krankheiten,
doch Wein
nicht wirklichen Kummer.
Chinesisches Sprichwort

Dank, unsichtbarer Arzt,
für deine stumme, köstliche Arznei,
deinen Tag und deine Nacht,
deine Wasser und deine Lüfte,
für die Ufer, das Gras, die Bäume
und selbst für das Unkraut!
Walt Whitman, Tagebuch (1877)

Das Einnehmen von Arzneien
ist bei uns Mode;
das muss es sein.
Es ist der Zeitvertreib müßiger Leute,
die nichts zu tun haben,
die nicht wissen,
was sie mit ihrer Zeit machen sollen,
und sie daher anwenden,
sich zu erhalten.
Jean-Jacques Rousseau, Emile

Das Rezept war ausgezeichnet,
nur die Arznei taugte nichts.
Chinesisches Sprichwort

Das System der Arzneiverschreibung,
wie es unsere Mediziner praktizieren,
dünkt mich nichts als eine Modifikation der nämlichen Buß-Idee zu sein,
von der die Welt seit ihren Kindheitstagen geplagt wird – der Idee, dass
das freiwillige Erdulden von Schmerzen
einer Wiedergutmachung der Sünden
gleichkomme.
Edgar Allan Poe, Marginalien

Die Arznei macht kranke,
die Mathematik traurige und
die Theologie sündhafte Menschen.
Martin Luther, überliefert von Julius Wilhelm Zincgref
(Apophthegmata)

Die Medizinen gegen Unglück
sind bitter in allen Apotheken
– selbst bei den Epikuräern.
Ludwig Marcuse, Argumente und Rezepte.
Ein Wörter-Buch für Zeitgenossen

Die meisten Menschen sterben
an ihren Arzneien,
nicht an ihren Krankheiten.
Molière, Der eingebildete Kranke

Die Wahrheit ist eine Arznei,
die angreift.
Johann Heinrich Pestalozzi, Ein Schweizer Blatt

Die Zeit ist des Zornes Arznei.
Deutsches Sprichwort

Drei Zehntel heilt Medizin,
sieben Zehntel heilt Diät.
Chinesisches Sprichwort

Durch Gebet erlangt man alles.
Gebet ist eine universale Arznei.
Novalis, Tagebuch (16. Oktober 1800)

Ein verzweifeltes Übel
will eine verwegene Arznei.
Friedrich Schiller,
Die Verschwörung des Fiesco zu Genua (Fiesco)

Eine gute Medizin
schmeckt dem Gaumen bitter.
Chinesisches Sprichwort

Es ist Arznei, nicht Gift,
was ich dir reiche.
Gotthold Ephraim Lessing, Nathan der Weise (Nathan)

Ich bin sozusagen
ein Medikament gegen Erstarrung.
Ich bin ein Naturheilmittel
gegen Verkalkung.
Und ich bin rezeptfrei.
Norbert Blüm, Ein ZEIT-Interview mit Norbert Blüm.
In: DIE ZEIT, Nr. 10/1989

Keine Arznei einzunehmen
wirkt so viel,
wie einen mittelmäßigen Arzt
zu haben.
Chinesisches Sprichwort

Man soll die Medizin
nicht aus mehreren Gläsern trinken.
Sprichwort aus Frankreich

Oft bringt die Arznei
die Krankheit hervor.
Und nicht die schlechteste Lebensregel
ist: ruhen lassen.
Baltasar Gracián y Morales,
Handorakel und Kunst der Weltklugheit

Teure Arznei hilft immer,
wenn nicht dem Kranken,
doch dem Apotheker.
Deutsches Sprichwort

Wenn man seine Gesundheit
durch ein zügelloses Leben verdorben
hat, will man sie durch Arzneimittel
wiederherstellen.
Jean-Jacques Rousseau, Emile

Wer Arznei schluckt,
aber die Diät nicht wahrt,
bemüht den Arzt vergebens.
Chinesisches Sprichwort

Arzt

Alle Menschen sind Ärzte,
nachdem sie geheilt worden sind.
Sprichwort aus Irland

Arzt, hilf dir selber:
So hilfst du auch deinem Kranken noch.
Das sei seine beste Hilfe,
dass er den mit Augen sehe,
der sich selber heil macht.
Friedrich Nietzsche, Also sprach Zarathustra

Ärzte lassen sich nieder.
Gewisse sogar herab.
Hans-Horst Skupy

Ärzte müssen sich inmitten
ihrer Kunst behutsam geben!
Unter ihren feinen Schnitten
Zuckt der arme Häftling: Leben.
Emily E. Dickinson, Gedichte

Ärzte werden gehasst
aus Überzeugung oder aus Ökonomie.
Marie von Ebner-Eschenbach, Aphorismen

Auf der ganzen Welt
wird man nicht zur Ader gelassen,
bekommt man kein Klistier verabreicht,
ohne dass man dafür bezahlt
oder dass ein anderer es für einen tut.
Voltaire,
Candide oder Der Glaube an die beste der Welten

Bei einer ernsten Krankheit
gehe drei Ärzte an.
Chinesisches Sprichwort

Besser gar kein Doktor als drei.
Sprichwort aus Polen

Das Amt der Ärztin, der Fürsorgerin,
der Lehrerin, der Krankenschwester
sind für die Frau nicht »Berufe«
im Sinne des Mannes,
sondern Formen geistiger Mutterschaft.
Gertrud von Le Fort, Die zeitlose Frau

Das Grab ist eine Brück'
ins bessre Leben!
Den Brückenzoll müsst ihr
dem Arzte geben.
Friedrich von Logau, Sinngedichte

Das Wissen des Arztes
erhöht sein Haupt,
bei Fürsten hat er Zutritt.
Altes Testament, Jesus Sirach 38, 3

Der Arzt braucht gleich viel Wissenschaft zum Nichtverschreiben
wie zum Verschreiben,
und oft besteht die Kunst
gerade in Nichtanwendung der Mittel.
Baltasar Gracián y Morales,
Handorakel und Kunst der Weltklugheit

Der Arzt heißt herzlich
dich willkommen,
Was dir auch fehlt
– Geld ausgenommen.
Eugen Roth

Der Arzt verzweifelt nur dann,
wenn der Kranke nicht mehr fühlt,
dass er leidet.
Johann Jakob Engel, Der Philosoph für die Welt

Der Ärzte Fehler
werden mit Erde verdeckt,
und die der Reichen mit Geld.
Sprichwort aus England

Der beste Arzt scheint mir der,
der voraussagen kann.
Hippokrates, Das Prognostikon

Der Medikus kuriert
dir eine Krankheit weg,
die andere herbei,
und du kannst nie recht wissen,
ob er dir genutzt
oder geschadet hat.
Johann Wolfgang von Goethe,
Die Aufgeregten (Breme)

Der Sport
ist eine völkerverbindende Sache.
Vor allem die Ärzte
haben viel zu verbinden.
Herbert Rosendorfer

Die Ärzte sind
unseres Herrgotts Flicker.
Martin Luther, überliefert von Julius Wilhelm Zincgref
(Apophthegmata)

Die Drohung mit dem vernachlässigten
Schnupfen ist für die Ärzte,
was das Fegefeuer für die Priester ist:
eine Goldquelle.
Chamfort, Maximen und Gedanken

Die Frechheit der Quacksalber
und ihre traurigen Erfolge kommen
der Heilkunde und den Ärzten zugute:
Diese lassen nur sterben,
die anderen töten.
Jean de La Bruyère, Die Charaktere

Die Mäßigkeit und die Arbeit
sind die beiden wahren Ärzte
des Menschen;
die Arbeit schärft seine Esslust,
und die Mäßigkeit hindert ihn,
dass er sie missbraucht.
Jean-Jacques Rousseau, Emile

Die Pfarrer bauen den Acker Gottes
und die Ärzte den Gottesacker.
Deutsches Sprichwort

Die Praxis manches Arztes
sollte man lieber Theorie nennen.
Erhard Blanck

Die zahllosen Krankheiten
wundern dich?
Zähle die Ärzte.
Karl Julius Weber, Democritos

Die Zeit ist der beste Arzt.
Deutsches Sprichwort

Diese empörenden Ärzte!
Geschäftlich entschlossen
und in der Heilung so unwissend,
dass sie, wenn jene geschäftliche
Entschlossenheit entfiele,
wie Schuljungen
vor den Krankenbetten stünden.
Franz Kafka, Tagebücher (1912)

Dreimal husten kostet eine Mark.
Erich Kästner, Dr. Erich Kästners lyrische Hausapotheke

Du stützt dich
auf das Märchen der Ärzte:
Sieh lieber hin, wie es wirklich aussieht
und was die Erfahrung lehrt!
Michel Eyquem de Montaigne, Die Essais

Ein Arzt, der eine Sänfte nimmt,
kommt nicht ins Haus eines Armen.
Chinesisches Sprichwort

Ein Arzt, der kein Künstler ist,
ist auch kein Arzt.
Curt Goetz

Ein Arzt, der keinen Lohn begehrt,
Ist selten großen Lohnes wert.
Jüdische Spruchweisheit

Ein Arzt ist nichts anderes
als Seelenentröstung.
Gaius Petronius, Schelmengeschichten

Ein Arzt kann die Krankheit,
nicht jedoch das Schicksal bessern.
Chinesisches Sprichwort

Ein Arzt kann sich irren,
doch nicht ein Chromosom.
Carl Zuckmayer

Ein Arzt klopft nicht an Türen.
Er kommt nur, wenn man ihn bittet.
Chinesisches Sprichwort

Ein Arzt muss wissen,
ob die Krankheit von Kälte
oder Hitze rührt.
Chinesisches Sprichwort

Ein Arzt weiß,
dass er gegen unheilbare Krankheiten
nichts ausrichten kann,
trotzdem behandelt er weiter.
Für den Schriftsteller gilt dasselbe.
Walter Mehring

Ein berühmter Arzt
ist wie eine Millionenerbin.
Er weiß nie,
wieweit man ihn als Menschen
und nicht nur als Arzt liebt.
Christian Morgenstern, Stufen

Ein Bettler hasst den anderen
nicht so sehr wie ein Arzt den anderen.
Sprichwort aus Polen

Einbrecher und Chirurgen
ziehen Handschuhe an,
weil sie ihre Spuren
verwischen wollen.
Jacques Tati

Eine der größten Krankheitsursachen
ist die Polypragmasia medicorum,
die Neigung der Ärzte,
viel zu verordnen.
August Bier

Ein gescheiter Arzt ist nicht so gut
wie ein Arzt, der Glück hat.
Chinesisches Sprichwort

Ein guter Arzt
behandelt nicht sich selbst.
Chinesisches Sprichwort

Arzt

Ein guter Arzt ist, wer sichere Mittel
gegen bestimmte Krankheiten hat
oder, falls er sie nicht besitzt,
denen, die sie haben, gestattet,
seine Kranken zu heilen.
Jean de La Bruyère, Die Charaktere

Ein guter Koch, ein guter Arzt.
Deutsches Sprichwort

Ein junger Doktor muss haben
Einen neuen Kirchhof zum Begraben.
Georg Rollenhagen, Froschmeuseler

Ein Mann, der über sechzig Jahre ist
und dem Arzt noch die Hand hinhält,
ist belachenswert.
Tiberius, überliefert bei Plutarch (Moralia)

Ein marktschreierischer Doktor
verschreibt keine gute Medizin.
Chinesisches Sprichwort

Ein Quacksalber tötet einen Menschen
auch ohne Schwert.
Chinesisches Sprichwort

Ein Rezept nach Großmutters Art:
Ein vernünftiger Mensch
sollte nicht zum Arzt gehen,
wenn er krank ist,
weil man sofort krank wird,
sobald man zum Arzt geht.
Ephraim Kishon, Kishon für alle Fälle

Ein Übel gibt es,
von dem auf die Dauer
die Ärzte uns immer heilen:
unsere Leichtgläubigkeit.
Jean Antoine Petit-Senn,
Geistesfunken und Gedankensplitter

Es ist nun einmal so,
dass man immer dem glaubt,
der Gutes verspricht.
Daher kommt es auch,
dass man den Ärzten
so viel Vertrauen schenkt
und dass man oft,
indem man ihnen glaubt,
die eigene Habe verliert.
Niccolò Machiavelli, Der goldene Esel

Es sterben viel weniger Menschen
an der Schwindsucht
– als an der Systemsucht der Ärzte.
Ludwig Börne, Kritiken

Fressen und Saufen
macht die Ärzte reich.
Deutsches Sprichwort

Freude, Mäßigkeit und Ruh'
Schließt dem Arzt die Türe zu.
Friedrich von Logau, Sinngedichte

Gewiss ist die Krankheit nützlich,
die nach der Hand des Arztes verlangt.
Bernhard von Clairvaux, Über die Bekehrung

Gott heilt, der Arzt bekommt das Geld.
Sprichwort aus Portugal

Gott hilft, und dem Arzt dankt man.
Deutsches Sprichwort

Gott macht genesen,
und der Arzt holt die Spesen.
Deutsches Sprichwort

Hast du einen Arzt zum Freund,
schick ihn sofort zu deinem Feind.
Sprichwort aus Spanien

Husaren beten um Krieg
und der Doktor ums Fieber.
Deutsches Sprichwort

Ja, der Chirurg, der hat es fein:
Er macht dich auf und schaut hinein.
Er macht dich nachher wieder zu –
Auf jeden Fall hast du jetzt Ruh.
Wenn mit Erfolg für längere Zeit,
Wenn ohne – für die Ewigkeit.
Eugen Roth

Jedem Arzt geht es schlecht,
wenn es niemandem schlecht geht.
Philemon, Fragmente

Kein noch so genialer Arzt
kann seine Patienten heilen,
wenn die treue Pflegerin fehlt.
Gertrud von Le Fort, Die Frau in der Zeit

Kranke führen über Ärzte
leichtlich nicht Beschwerden.
Jenen können diese stopfen
fein das Maul mit Erden.
Friedrich von Logau, Sinngedichte

Kultur ist das,
was der Metzger hätte,
wenn er Chirurg geworden wäre.
Anthony Quayle

Man muss für seinen Arzt geboren sein,
sonst geht man an seinem Arzt
zugrunde.
Friedrich Nietzsche, Menschliches, Allzumenschliches

Man soll vor allem Mensch sein
und dann erst Arzt.
Voltaire, Der Mann mit den vierzig Talern

Neuer Arzt, neuer Kirchhof.
Deutsches Sprichwort

Nicht die Gesunden brauchen den Arzt,
sondern die Kranken.
Neues Testament, Matthäus 9, 13 (Jesus)

Nichts gegen die Ärzte,
großartige Leute. Früher, bei einem
Mückenstich, kratzte man sich.
Heute können sie Ihnen zwölf Salben
verschreiben und keine nützt,
aber das ist doch Leben und Bewegung.
Gottfried Benn

Schätze den Arzt, weil man ihn braucht;
denn auch ihn hat Gott erschaffen.
Altes Testament, Jesus Sirach 38, 1

Schlecht geht der Kranke
mit sich selbst um,
der den Arzt als Erben einsetzt.
Publilius Syrus, Sentenzen

So lange schuften, um in diesem
schmuddeligen Gewerbe zu landen:
Urinproben analysieren,
in Erbrochenem herumstochern,
in allen Winkeln des Körpers
herumwühlen – pfui Teufel.
August Strindberg, Der Sohn der Magd

Tausend Ärzte kurieren
auch einen Gesunden zu Tode.
Chinesisches Sprichwort

Tierärzte genießen
den unschätzbaren Vorteil,
dass die Tiere ihre Arztrechnung
nicht von der Einkommensteuer
absetzen können
und dass Papageien nachts
nicht telefonieren.
Ephraim Kishon, Kishon für alle Fälle

Tröste Gott den Kranken,
der den Arzt zum Erben setzt.
Deutsches Sprichwort

Ungestraft töten
kann dich nur ein Arzt.
Sprichwort aus Ungarn

Verachtest du den Arzt,
so verachte auch die Krankheit.
Sprichwort aus Afrika

Verschone nicht den Kranken,
lieber Arzt!
Reich ihm das Mittel, denke
nicht daran,
Ob's bitter sei.
Johann Wolfgang von Goethe, Torquato Tasso (Tasso)

Veterinärmedizin ist das einzige Gebiet
in der Medizin, das dem Arzt erlaubt,
seine Patienten zu verspeisen.
Ephraim Kishon, Kishon für alle Fälle

Von Gott hat der Arzt die Weisheit,
vom König empfängt er Geschenke.
Altes Testament, Jesus Sirach 38, 2

Vor dem Tor eines guten Arztes
gibt es immer viele Kranke.
Chinesisches Sprichwort

Warum geht man,
wenn man erkältet ist,
lieber ins Konzert oder ins Theater,
statt zum Arzt?
Hermann Prey

Warum viele Schriftzeichen kennen,
um ein berühmter Arzt zu sein?
Chinesisches Sprichwort

Wenn die Kranken schreien,
die Ärzte gedeihen.
Sprichwort aus Spanien

Wenn ein Arzt hinter dem Sarg
seines Patienten geht,
so folgt manchmal tatsächlich
die Ursache der Wirkung.
Robert Koch

Wer einen zur Ader lassen will,
der muss ihn auch verbinden können.
Deutsches Sprichwort

Wer gerne krank ist,
der lacht den Arzt aus.
Deutsches Sprichwort

Wer lange krank ist,
wird selbst zum Arzt.
Chinesisches Sprichwort

Wo Ärzte und Apotheker fehlen,
da sterben die Leute an Altersschwäche.
Sprichwort aus Spanien

Askese

Das klösterliche, überhaupt das asketische Leben ist das himmlische Leben,
wie es sich hienieden bewährt
und bewähren kann.
Ludwig Feuerbach, Das Wesen des Christentums

Der Asket
macht aus der Tugend eine Not.
Friedrich Nietzsche, Menschliches, Allzumenschliches

Es gibt einen Trotz gegen sich selbst,
zu dessen sublimiertesten Äußerungen
manche Formen der Askese gehören.
Gewisse Menschen haben nämlich
ein so hohes Bedürfnis, ihre Gewalt
und Herrschsucht auszuüben,
dass sie, in Ermangelung anderer
Objekte oder weil es ihnen sonst
immer misslungen ist, endlich darauf
verfallen, gewisse Teile ihres eigenen
Wesens, gleichsam Ausschnitte
oder Stufen ihrer selbst,
zu tyrannisieren.
Friedrich Nietzsche, Menschliches, Allzumenschliches

Fehl geht nur selten,
wer in Kargheit sich genügt.
Konfuzius, Gespräche

In mancher Hinsicht sucht sich auch
der Asket das Leben leicht zu machen:
und zwar gewöhnlich durch die vollkommene Unterordnung unter einen
fremden Willen oder unter ein
umfängliches Gesetz oder Ritual.
Friedrich Nietzsche, Menschliches, Allzumenschliches

Wir müssen Stoizismus,
Askese und Ekstase vereinen.
Zwei sind oft zusammengetroffen,
aber nie alle drei.
John Synge, überl. von William B. Yeats (Synges Tod)

Ästhetik

Als ein wesentliches Merkmal
der Menschen möchte ich ihre ethische
und ästhetische Anspruchslosigkeit
bezeichnen.
Christian Morgenstern, Stufen

Ästhetische Vorschriften
existieren für mich nicht.
Was auf mich wirkt, wirkt.
Theodor Fontane, Der Stechlin

Ästhetischer Genuss
ist ein Genuss niederer Ordnung.
Daher lässt uns höchster ästhetischer
Genuss unbefriedigt.
Leo N. Tolstoi, Tagebücher (1896)

Das Urteil eines feinfühlenden Laien
ist immer wertvoll,
das Urteil eines geschulten Ästheten
meist absolut wertlos.
Theodor Fontane, Briefe

Den Ästhetikern:
Zeigt Wege der Zukunft,
aber beschwört nicht ewig
die Toten gegen uns.
Christian Morgenstern, Stufen

Die Ästhetik unserer Tage heißt Erfolg.
Andy Warhol

Die jetzige Bildung
ist meistens Krankheit.
Die Menschen haben sieche Nerven
und werden ästhetisch;
ein ganz gesunder Mensch
ist meist etwas roh.
Sophie Mereau, Betrachtungen

Die wissenschaftliche Ästhetik
sucht nach dem Universalziegel,
aus dem sich das Gebäude der Ästhetik
errichten lässt.
Für uns ist aber Kunst das,
was wir unter diesem Namen vorfinden.
Robert Musil,
in: W. Oelmüller (Hrsg.), Ästhetische Erfahrung

Ethik ist die Lehre
vom Schönen in uns,
Ästhetik die Lehre
vom Schönen um uns.
Richard Graf von Coudenhove-Kalergi

Im Ästhetischen ist es leichter,
sich Beifall und Namen zu erwerben:
denn man braucht nur zu gefallen,
und was gefällt nicht eine Weile?
Johann Wolfgang von Goethe, Meteore des
literarischen Himmels

Ist nicht unser ästhetischer Sinn
das einzige, wahre Ewige in uns?
Sophie Mereau, Betrachtungen

Leautauds »Es gefällt mir oder
gefällt mir nicht« hat oberstes Prinzip
jeder Ästhetik zu sein. Kommentar:
Das Warum ist zweitrangig.
Ludwig Marcuse, Argumente und Rezepte.
Ein Wörter-Buch für Zeitgenossen

Sobald der Mensch den Sinn
für das Sittliche einbüßt,
wird er besonders ansprechbar
für Ästhetisches.
Leo N. Tolstoi, Tagebücher (1897)

Wie aber lässt sich das Ästhetische,
das sogar für die poetische Darstellung
inkommensurabel ist,
überhaupt darstellen?
Antwort: Indem es gelebt wird.
Søren Kierkegaard, Entweder – Oder

Astrologie

Die Astrologie
ist eine Form von Aberglauben,
die sich anmaßt,
Gott in die Karten zu schauen.
Hoimar von Ditfurth

Die Astrologen wissen nichts genau,
sie raten höchstens auf den Zufall hin,
und wenn du die Voraussage
eines Sternkundigen
neben die eines Menschen hältst,
der nur aufs Geratewohl etwas
behauptet, dann trifft das eine
ebenso wenig wie das andere ein.
Francesco Guicciardini, Ricordi

Es ist eine reine Torheit,
sich mit Astrologie zu beschäftigen,
um etwas von der Zukunft zu erfahren.
Entweder ist diese ganze Kunst
verlogen, oder aber es fehlt
an den notwendigen Voraussetzungen,
um sie auszuüben.
Francesco Guicciardini, Ricordi

Wer die Sterne fragt, was er tun soll,
ist gewiss nicht klar über das,
was zu tun ist.
Johann Wolfgang von Goethe,
Die Piccolomini (Schriften zur Literatur)

Wer Wunder hofft,
der stärke seinen Glauben!
Johann Wolfgang von Goethe, Faust II (Astrolog)

Astronomie

Astronomische Wahrheiten mögen
zwar der Phantasie einen großen Aufschwung geben, tragen aber zur Lösung
dringender Probleme wenig bei.
Vita Sackville-West, Erloschenes Feuer

Keine Wissenschaft imponiert
der Menge so sehr wie die Astronomie.
Arthur Schopenhauer,
Zur Philosophie und Wissenschaft der Natur

Atheismus

Atheismus ist der Versuch,
die Erde ohne die Sonne zu erklären.
Sigismund von Radecki,
Als ob das immer so weiter ginge

Atheismus ist Selbstmord der Seele.
Jean Antoine Petit-Senn,
Geistesfunken und Gedankensplitter

Das Hauptproblem für einen Atheisten
beginnt, wenn er schön angezogen
in einem Sarg liegt und nicht weiß,
wohin er jetzt gehen soll.
Robert Lembke, Das Beste aus meinem Glashaus.
Humoristisches und Satirisches

Der Atheismus des neunzehnten Jahrhunderts ist tot. Man sollte ihn nicht scheinlebendig machen, indem man ihn noch mit Argumenten bekämpft.
Ludwig Marcuse, Argumente und Rezepte.
Ein Wörter-Buch für Zeitgenossen

Der Atheist glaubt,
der Abergläubische wünscht,
dass es keine Götter gibt.
Plutarch, Moralia

Der blanke Atheismus
ist nicht so gefährlich,
wie die meinen, deren Position
durch ihn angeblich gefährdet wird.
Man hatte sowieso
immer nur wenig Zeit,
an Gott zu denken oder
an seine Abwesenheit.
Ludwig Marcuse, Argumente und Rezepte.
Ein Wörter-Buch für Zeitgenossen

Der Teufel ist sicher kein Atheist.
Paul von Heyse

Ein vollständiger Atheist
steht auf der vorletzten Stufe
zum vollständigsten Glauben.
Fjodor M. Dostojewski, Die Dämonen

Ein wenig Philosophie
führt zu Atheismus,
aber tiefe Philosophie
bringt den Menschen
wieder zur Religion.
Francis Bacon, Die Essays

Er war Atheist,
wie das Kind es ist,
aber im Dunkel ahnte er
wie der Wilde und das Tier
böse Geister.
August Strindberg, Der Sohn der Magd

Gott wird es verschmerzen können,
dass Atheisten seine Existenz leugnen.
John B. Priestley

Verzweiflung
ist der einzige echte Atheismus.
Jean Paul, Dämmerungen für Deutschland

Wenn ich nicht von Geburt an
Atheist wäre, würde mich der Anblick
Deutschlands dazu machen.
Arno Schmidt

Wer Gott definiert, ist schon Atheist.
Oswald Spengler

Zur Nachtzeit glaubt ein Atheist
halb an Gott.
Edward Young, Nachtgedanken

Atmen

Der Atem des Menschen
ist für seinesgleichen tödlich.
Jean-Jacques Rousseau, Emile

Der erste Atemzug schließet,
gleich dem letzten,
eine alte Welt mit einer neuen zu.
Jean Paul, Levana

Die Gesellschaft ist wie die Luft:
Notwendig zum Atmen,
aber nicht ausreichend,
um davon zu leben.
George Santayana

Es genügt nicht zu denken,
man muss atmen.
Gefährlich die Denker,
die nicht genug geatmet haben.
Elias Canetti, Die Provinz des Menschen.
Aufzeichnungen 1942–1972

Und je freier man atmet,
je mehr lebt man.
Theodor Fontane, Der Stechlin

Wenn einem Autor der Atem ausgeht,
werden die Sätze nicht kürzer,
sondern länger.
John Steinbeck

Wir brauchen die Demokratie
wie die Luft zum Atmen.
Michail Gorbatschow

Atom

Aber jedes Atom der Materie
ist eine ebenso unendliche Welt
als das ganze Universum;
im kleinsten Teil tönt das ewige Wort
der göttlichen Bejahung wieder.
Friedrich von Schelling,
Ideen zu einer Philosophie der Natur

Das Atom ist unser kleinstes Porträt;
es enthüllt unsere ganze Kraft
als Schrecken.
Max Rychner

Es ist schwieriger,
eine vorgefasste Meinung
zu zertrümmern
als ein Atom.
Albert Einstein

Atomzeitalter

Das Problem ist heute nicht
die Atomenergie,
sondern das Herz des Menschen.
Albert Einstein

Die Hoffnung,
die Atomwaffen abzuschaffen,
aber im übrigen weiterzumachen
wie bisher, ist die Hoffnung,
den Wecker aus dem Fenster zu werfen
und eine Stunde weiterzuschlafen,
während das Haus schon brennt.
Carl Friedrich von Weizsäcker

Es ist denkbar,
dass jemand auf dem Bahnhof
in New York einen Koffer
mit einer Atombombe aufgibt.
Carl Friedrich von Weizsäcker

Hütet euch vor den Technikern!
Mit der Nähmaschine fangen sie an
und mit der Atombombe hören sie auf.
Marcel Pagnol

Im Atomzeitalter muss die Menschheit
den Krieg abschaffen.
Er ist eine Frage von Leben und Tod.
Die einzige Militärmacht, die der Welt
Sicherheit verschaffen kann,
ist eine auf Weltrecht gestützte
supranationale Polizeitruppe.
Diesem Ziel müssen wir
unsere ganze Kraft widmen.
Albert Einstein, Über den Frieden

Mich verwundert es immer wieder,
welch dezidierte Vorstellung die Leute
über Atomkraftwerke haben,
die zu Hause noch nicht einmal
in der Lage sind, eine Steckdose
zu reparieren.
Helmut Schmidt

Wenn der Mensch zu viel weiß,
wird das lebensgefährlich.
Das haben nicht erst
die Kernphysiker erkannt,
das wusste schon die Mafia.
Norman Mailer

Wer Atomwaffen hat,
lernt Selbstbeherrschung.
George F. Kennan

Aufbau

Alles geschehe so, dass es aufbaut!
Neues Testament, Paulus (1 Korinther 14, 26)

Narr! Wenn es brennt, so lösche,
Hat's gebrannt, bau wieder auf.
Johann Wolfgang von Goethe, Rechenschaft

Wenn die Eltern
schon alles aufgebaut haben,
bleibt den Söhnen und Töchtern
nur noch das Einreißen.
Gino Cervi

Wenn man aufbaut,
gibt es viele Möglichkeiten.
Wenn man etwas zerstört,
nur eine.
Yehudi Menuhin,
Kunst als Hoffnung für die Menschheit

Auferstehung

Alle, die in Schönheit gehn,
Werden in Schönheit auferstehn.
Rainer Maria Rilke, Engellieder

Auf dieser Welt ist alles Auferstehung;
die Raupen leben als Schmetterlinge
wieder auf, ein Kern, den man in die
Erde legt, als Baum. Alle Tiere,
die in der Erde vergraben werden,
erstehen als Kräuter, als Pflanzen wieder,
sind Nahrung für andere Tiere
und werden bald Bestandteile
von diesen. Alle Teilchen, aus denen
sich die Körper zusammensetzten,
werden in andere Wesen umgewandelt.
Voltaire, Die Prinzessin von Babylon

Dann werden alle Menschen
aus dem Staube erstehen,
Sich aus der Gräber Last lösen.
Das Muspilli (um 860)

Sie feiern die Auferstehung des Herrn;
Denn sie sind selber auferstanden:
Aus niedriger Häuser
dumpfen Gemächern.
Johann Wolfgang von Goethe, Faust I (Faust)

Aufgabe

Das Talent manches Menschen
erscheint geringer, als es ist,
weil er sich immer
zu große Aufgaben gestellt hat.
Friedrich Nietzsche, Menschliches, Allzumenschliches

Die Aufgabe des Lebens
besteht, von der inneren abgesehen,
nur in einem: durch Taten und Worte,
durch Überzeugung in den Menschen
die Liebe zu mehren.
Leo N. Tolstoi, Tagebücher (1907)

Die Hauptaufgabe, die wir haben,
ist für jeden sein eigenes Verhalten;
dazu sind wir auf der Erde.
Michel Eyquem de Montaigne, Die Essais

Ein Dramatiker hat die Aufgabe,
Fragen zu stellen –
nicht, sie zu beantworten.
Peter Ustinov, Peter Ustinovs geflügelte Worte

Eine kleine Aufgabe kann uns groß
erscheinen lassen, aber eine Aufgabe,
die größer ist als wir, wird uns meist
klein machen.
François de La Rochefoucauld, Reflexionen

Gibt deinem leeren Geist
eine Aufgabe, die ihn packe!
Ovid, Heilmittel gegen die Liebe

Jede Zeit hat ihre Aufgabe,
und durch die Lösung derselben
rückt die Menschheit weiter.
Heinrich Heine

Sind wir einer Aufgabe
nicht mehr gewachsen,
so verlieren wir auch
die Lust daran.
François de La Rochefoucauld, Reflexionen

Wenn man das Dasein
als eine Aufgabe betrachtet,
dann vermag man es
immer zu ertragen.
Marie von Ebner-Eschenbach, Aphorismen

Wer sich zu groß fühlt,
um kleine Aufgaben zu erfüllen,
ist zu klein,
um mit großen Aufgaben
betraut zu werden.
Jacques Tati

Aufgeben

Aufgeben heißt verlieren.
Anaïs Nin, Absage an die Verzweiflung

Es gibt mehr Leute, die kapitulieren,
als solche, die scheitern.
Henry Ford, Mein Leben und Werk

Man soll nie
einen Menschen aufgeben,
bevor er in einer Aufgabe versagt hat,
die ihm Freude bereitet.
Lewis E. Lawes

Nur die Sache ist verloren,
die man aufgibt.
Gotthold Ephraim Lessing

Nur wer bescheiden ist,
wird nicht aufgeben.
Ludwig Marcuse, Argumente und Rezepte.
Ein Wörter-Buch für Zeitgenossen

Um etwas desto gewisser zu gewinnen,
muss man stets ein Anderes aufgeben.
Karoline von Günderode, Melete

Wenn du das Trinken aufgeben willst,
schau dir mit nüchternen Augen
einen Betrunkenen an.
Chinesisches Sprichwort

Aufgeblasenheit

Blas dich nicht auf:
Sonst bringet dich
Zum Platzen schon
ein kleiner Stich.
Friedrich Nietzsche, Die fröhliche Wissenschaft

Was wir bei uns Stolz nennen,
nennen wir bei anderen
Aufgeblasenheit.
Heinz Hilpert

Aufhalten

Den Dingen,
die man nicht aufhalten kann,
muss man freien Weg lassen,
wie es die Alten mit den Elefanten
und den Sichelwagen taten.
Niccolò Machiavelli

Den Sozialismus in seinem Lauf
hält weder Ochs' noch Esel auf.
Erich Honecker, 1989

Was man nicht aufhalten kann,
soll man laufen lassen.
Deutsches Sprichwort

Aufhören

Besser ist aufhören als überfüllen.
Lao-tse, Dao-de-dsching

Schreiben ist hart;
man kommt nur schwer dahinter,
wann man aufhören muss.
Peter Ustinov, Peter Ustinovs geflügelte Worte

Aufklärung

Alle Aufklärung ist nie Zweck,
sondern immer Mittel;
wird sie jenes,
so ist's Zeichen, dass sie aufgehört hat,
dieses zu sein.
Johann Gottfried Herder,
Journal meiner Reise im Jahr 1769

Am Ende kann doch nur ein jeder
in seinem eignen Sinne
aufgeklärt werden.
Johann Wolfgang von Goethe,
Einwirkung der neuern Philosophie

Aufgeklärt sein heißt:
sich vor sich selbst nicht ängstigen.
Gerhard Szczesny, Das so genannte Gute

Aufklärung:
Die Vernunft macht immer heller,
in welchem Dunkel wir leben.
Ludwig Marcuse

Aufklärung
ist der Ausgang des Menschen
aus seiner eigenen Unmündigkeit.
Unmündigkeit ist das Unvermögen,
sich seines Verstandes ohne Leitung
eines anderen zu bedienen.
Selbstverschuldet
ist diese Unmündigkeit,
wenn die Ursache derselben
nicht am Mangel des Verstandes,
sondern der Entschließung
und des Mutes liegt,
sich seiner ohne Leitung
eines anderen zu bedienen.
Sapere aude!
Habe Mut, dich deines eigenen
Verstandes zu bedienen!
ist also der Wahlspruch der Aufklärung.
Immanuel Kant,
Beantwortung der Frage: Was ist Aufklärung?

Aufklärung ist richtige, volle,
bestimmte Einsicht in unsere Natur,
unsere Fähigkeiten und Verhältnisse,
heller Begriff über unsere Rechte
und Pflichten und ihren gegenseitigen
Zusammenhang. Wer diese Aufklärung
hemmen will, ist ganz sicher ein Gauner
oder ein Dummkopf, oft auch beides;
nur zuweilen eins mehr als das andere.
Johann Gottfried Seume, Apokryphen

Denn der Mensch hat ein unwider-
stehliches Bedürfnis, sich aufzuklären.
Ohne Aufklärung ist er nicht viel mehr
als ein Tier.
Heinrich von Kleist, Briefe
(an Wilhelmine von Zenge, 15. August 1801)

Der aufgeklärte Despotismus
will manches Gute,
aber erreicht sehr Weniges.
Gustav Schmoller, Die Arbeiterfrage

Der erste Grad
einer wahren Aufklärung ist,
wenn der Mensch über seinen Zustand
nachzudenken und ihn dabei
wünschenswert zu finden gewöhnt wird.
Johann Wolfgang von Goethe,
Lyrische Gedichte von J. H. Voss

Der Weise geht auf seinem Wege fort,
die menschliche Vernunft aufzuklären,
und zuckt nur denn die Achseln,
wenn andre Narren
von dieser Aufklärung
als einem letzten Zwecke,
als einer Ewigkeit reden.
Johann Gottfried Herder,
Journal meiner Reise im Jahr 1769

Ein Mensch kann zwar
für seine Person und auch alsdann
nur auf einige Zeit, in dem,
was ihm zu wissen obliegt,
die Aufklärung verschieben;
aber auf sie Verzicht zu tun,
es sei für seine Person,
mehr aber noch für die Nachkommenschaft, heißt die heiligen Rechte
der Menschheit verletzen
und mit Füßen treten.
Immanuel Kant,
Beantwortung der Frage: Was ist Aufklärung?

Fehler der so genannten Aufklärung:
dass sie Menschen die Vielseitigkeit
gibt, deren einseitige Lage man
nicht ändern kann.
Johann Wolfgang von Goethe,
Maximen und Reflexionen

Geistesblitze
können die Welt
zwar erhellen,
aber nicht erwärmen.
Hellmut Walters

In Kants Jahren
konnte der Aufklärer
nicht aufklären,
weil man ihn nicht ließ,
zu unserer Zeit nicht,
weil man ihn nicht liest.
Ludwig Marcuse, Argumente und Rezepte.
Ein Wörter-Buch für Zeitgenossen

Man hat in mehr
als einem Lande erlebt,
dass schnelle, d. h. unvorbereitete
Aufklärung ohne Dauer und Reife
guter Früchte vorüberzog,
und dass der einem
zu starken Sonnenlichte
ausgesetzte Leuchtstein
sich zerbröckelte
und nicht lange nachschimmerte
im Dunkeln.
Jean Paul, Politische Fastenpredigten

Man vergesse nicht, dass das,
was wir Aufklärung nennen,
anderen vielleicht Verfinsterung scheint.
Adolph Freiherr von Knigge,
Über den Umgang mit Menschen

Wir mögen am Ende aufgeklärt
oder unwissend sein,
so haben wir dabei
so viel verloren als gewonnen.
Heinrich von Kleist, Briefe
(an Wilhelmine von Zenge, 15. August 1801)

Auflehnung

Alle Auflehnung gegen die Natur,
gegen die Seinsbedingungen
ist unfruchtbar und krankhaft.
Sully Prudhomme, Intimes Tagebuch

Auflehnungen,
die mehr sind als ein Putsch,
mehr als ein frech
vom Zaun gebrochenes Spiel,
tragen die Gewähr des Sieges in sich,
wenn nicht heute, so morgen.
Theodor Fontane, Von zwanzig bis dreißig

Wer anders denkt
als die Allgemeinheit
und sich gegen
die anerkannten Ordnungen auflehnt,
müsste tiefere Kenntnisse haben
als die anderen,
klare Einsichten besitzen
und über Beweise verfügen,
die jeden Zweifel ausschlössen.
Jean de La Bruyère, Die Charaktere

Aufmerksamkeit

Auf alles, was der Mensch vernimmt,
muss er seine ungeteilte Aufmerksamkeit oder sein Ich richten.
Novalis, Die Lehrlinge zu Sais

Aufmerksamkeit ist das Leben!
Johann Wolfgang von Goethe,
Wilhelm Meisters Wanderjahre

Aufmerksamkeit, mein Sohn,
ist, was ich dir empfehle;
Bei dem, wobei du bist,
zu sein mit ganzer Seele.
Friedrich Rückert, Gedichte

Deine Aufmerksamkeit
sollte so beweglich sein,
dass du sie augenblicklich
auf ganz unterschiedliche Gegenstände
und Personen richten kannst,
die dir begegnen.
Philipp Stanhope Earl of Chesterfield, Briefe über die
anstrengende Kunst, ein Gentleman zu werden

Denn das ist eben die Eigenschaft
der wahren Aufmerksamkeit,
dass sie im Augenblick das Nichts
zu allem macht.
Johann Wolfgang von Goethe,
Wilhelm Meisters Wanderjahre

Die Urteile sind verschieden:
Der Unentschiedene bleibe aufmerksam,
und nicht sowohl auf das,
was geschehen wird, als auf das,
was geschehen kann, bedacht.
Baltasar Gracián y Morales,
Handorakel und Kunst der Weltklugheit

Für den Behutsamen
gibt es keine Unfälle
und für den Aufmerksamen
keine Gefahren.
Man soll nicht das Denken verschieben,
bis man im Sumpfe
bis an den Hals steckt,
es muss im Voraus geschehen.
Baltasar Gracián y Morales,
Handorakel und Kunst der Weltklugheit

Gegen die List
ist die beste Vormauer
die Aufmerksamkeit.
Für feine Schliche
eine feine Nase.
Baltasar Gracián y Morales,
Handorakel und Kunst der Weltklugheit

Gewöhne dich daran,
bei dem, was ein anderer sagt,
mit Aufmerksamkeit zu weilen,
und versetze dich womöglich
in die Seele des Sprechenden.
Mark Aurel, Selbstbetrachtungen

Glück in der Ehe
setzt viele kleine Aufmerksamkeiten
und manchmal
eine große Unaufmerksamkeit voraus.
Inge Meysel

Jeglicher Anlass sei dir
für eine Aufmerksamkeit recht.
Ovid, Liebeskunst

Unaufmerksamkeit
lässt das Schiff stranden.
Sprichwort aus Frankreich

Aufopferung

Als Ideal der Liebe verstehe ich
vollkommene Aufopferung
für den geliebten Gegenstand.
Leo N. Tolstoi, Tagebücher (1851)

Wer sich nicht freiwillig aufopfert,
wird aufgeopfert werden!
Gotthilf Heinrich Schubert,
An Emil von Herder (9. März 1810)

Aufregung

Aufgeregte Gemüter zittern
vor Hoffnung und Furcht.
Ovid, Festkalender

Einer regt sich auf, weil er annimmt,
dass andere sich aufregen werden,
oder weil er will, dass sie es tun.
Ludwig Marcuse, Argumente und Rezepte.
Ein Wörter-Buch für Zeitgenossen

Es ist wunderbar,
versetzte der Fürst,
dass der Mensch durch Schreckliches
immer aufgeregt sein will.
Johann Wolfgang von Goethe, Novelle

Aufrichtigkeit

Auch aufrichtige Menschen können
irren, das steht außer Zweifel, aber
solche Irrtümer richten weniger Übel
an als vorausberechnete Unaufrichtigkeit, Vorurteile oder politisches Kalkül.
Anton P. Tschechow, Briefe (6. Februar 1898)

Aufrichtig sein und ehrlich
bringt Gefahr.
William Shakespeare, Othello (Jago)

Aufrichtig währt am längsten
und wirkt am sichersten.
Johann Wolfgang von Goethe, Briefe
(an Knebel, 19. August 1825)

Aufrichtig zu sein
kann ich versprechen,
unparteiisch zu sein aber nicht.
Johann Wolfgang von Goethe,
Maximen und Reflexionen

Aufrichtigkeit ist die Sache
des 20. Jahrhunderts nicht.
Sie ist nicht chic.
Leonard Bernstein, Musik – die offene Frage

Aufrichtigkeit ist Offenheit des Herzens,
und man findet sie
bei sehr wenigen Menschen.
Die man gewöhnlich so sieht,
ist nichts als feine Verstellung,
um das Vertrauen anderer
zu gewinnen.
François de La Rochefoucauld, Reflexionen

Aufrichtigkeit ist die Zuflucht derer,
die weder Phantasie
noch Taktgefühl haben.
Henry de Montherlant

Beteuerung der Aufrichtigkeit
lehrt den Gutgläubigen zweifeln.
Peter Benary

Dem Bruder,
der es aufrichtig meint,
helfe der Bruder,
wo immer er kann.
Ecbasis captivi in belehrender Gestalt (Fuchs)

Der freie Mensch handelt niemals
arglistig, sondern stets aufrichtig.
Baruch de Spinoza, Ethik

Die Aufrichtigkeit
ist die erste Bedingung
jeglichen geistigen Schaffens.
Sully Prudhomme, Intimes Tagebuch

Die Aufrichtigkeit
kann dann von Nutzen sein,
wenn man sie
als Kunstgriff verwendet,
oder wenn sie einem,
dank ihrer Seltenheit,
nicht geglaubt wird.
Giacomo Leopardi, Gedanken aus dem Zibaldone

Die Freunde nennen sich aufrichtig,
die Feinde sind es:
Daher man ihren Tadel
zur Selbsterkenntnis benutzen sollte
als eine bittere Arznei.
Arthur Schopenhauer, Aphorismen zur Lebensweisheit

Die Lüge tötet die Liebe.
Aber die Aufrichtigkeit
tötet sie erst recht.
Ernest Hemingway

Ein wenig Aufrichtigkeit
ist eine gefährliche Sache
und viel davon ist tödlich.
Oscar Wilde

Eine freiwillige selbstbewusste
Aufrichtigkeit ist nur bei einem sehr
hohen Grad von Bildung möglich.
Sophie Mereau, Betrachtungen

Es gehört viel Geistes-
und Charakterstärke dazu,
die Aufrichtigkeit interessant zu finden,
selbst wenn sie kränkt,
oder sich ihrer zu bedienen,
ohne zu verletzen.
Wenige Menschen sind tief genug,
die Wahrheit zu ertragen
und zu sagen.
Luc de Clapiers Marquis de Vauvenargues,
Reflexionen und Maximen

In der Kunst ist Aufrichtigkeit
keine Frage des Willens,
sondern der Begabung.
Aldous Huxley

Keinen Anlass zur Lüge haben,
heißt noch nicht: aufrichtig sein.
Arthur Schnitzler, Buch der Sprüche und Bedenken

Mit Aufrichtigkeit kann man
bei diplomatischen Verhandlungen
die verblüffendsten Wirkungen
erzielen.
André François-Poncet

Nichts ist nachsichtiger,
weil auch nichts glücklicher macht,
als Aufrichtigkeit.
Stendhal, Über die Liebe (Fragmente)

Nur den aufrichtigen Leuten
misstraue ich.
Francis M. de Picabia, Aphorismen

Schwache Menschen
können nicht aufrichtig sein.
François de La Rochefoucauld, Reflexionen

Sei aufrichtig in allem,
was du sagst;
aber du musst
um der Aufrichtigkeit willen
nicht alles sagen.
Peter Benary

So sehr wir an der Aufrichtigkeit
von Menschen zweifeln,
die mit uns sprechen,
wir glauben doch immer,
sie sagten eher uns die Wahrheit
als anderen.
François de La Rochefoucauld, Reflexionen

Weibliche Aufrichtigkeit
ist ein Beweis
für äußerstes Desinteresse.
Helmar Nahr

Wenn ein Mensch recht aufrichtig ist,
so schadet ihm nicht sowohl das,
was er ausspricht,
als das, wovon man meint,
dass er es verschweigt.
Denn niemand glaube
an seine Aufrichtigkeit,
und daraus, dass er viel sagt,
schließt die verdorbene Menge bloß,
dass er noch viel mehr
zu sagen hat.
Friedrich Hebbel, Tagebücher

Willst du, was du zu sagen hast,
verständlich sagen,
dann rede aufrichtig,
und willst du aufrichtig reden,
dann sprich so,
wie dir der Gedanke gekommen ist.
Leo N. Tolstoi, Tagebücher (1870)

Aufruhr

Ein Aufruhr, angeflammt
in wenig Augenblicken,
Ist eben auch so bald
durch Klugheit zu ersticken.
Johann Wolfgang von Goethe,
Jahrmarktsfest zu Plundersweilern

Ein großes Volk im Aufruhr kann
nichts als Hinrichtungen vollziehen.
Antoine Comte de Rivarol, Maximen und Reflexionen

Manche Politiker sterben auf Barrikaden,
auf denen sie gar nie gestanden haben.
François Mitterand

Aufschub

Alle Sorgen
Nur auf morgen!
Sorgen sind für morgen gut.
Johann Wolfgang von Goethe, Jery und Bätely (Bätely)

Aller Aufschub ist gefährlich.
Jean-Jacques Rousseau, Julie oder Die neue Héloïse (Claire)

Auch der Aufschub hat seine Freuden.
Johann Wolfgang von Goethe,
Götz von Berlichingen (Maria)

Aufgeschoben ist nicht aufgehoben.
Deutsches Sprichwort

Beende das Zaudern!
Immer hat Aufschub denen,
die bereit standen,
geschadet.
Lukan, Der Bürgerkrieg

Das Aufschieben wichtiger Geschäfte
ist eine der gefährlichsten Krankheiten
der Seele.
Georg Christoph Lichtenberg, Sudelbücher

Der Aufschub ist der Dieb der Zeit.
Edward Young, Nachtgedanken

Du im Leben nichts verschiebe;
Sei dein Leben Tat um Tat!
Johann Wolfgang von Goethe,
Wilhelm Meisters Wanderjahre

Es ist wahr,
alle Menschen schieben auf
und bereuen den Aufschub.
Ich glaube aber, auch der Tätigste
findet so viel zu bereuen
als der Faulste;
denn wer mehr tut,
sieht auch mehr und deutlicher,
was hätte getan werden können.
Georg Christoph Lichtenberg, Sudelbücher

Glück wird durch Aufschub süßer,
und es ist besser,
ein kleines Glück später,
als ein großes gleich zu kosten.
Chrétien de Troyes, Yvain (Gauvain)

Morgen ist auch noch ein Tag.
Deutsches Sprichwort

Morgen!, morgen!, nur nicht heute!
Sprechen alle faulen Leute.
Christian Felix Weiße, Lieder für Kinder

Während es aufgeschoben wird,
enteilt das Leben.
Lucius Annaeus Seneca, Briefe an Lucilius

Was du heute kannst besorgen,
das verschiebe nicht auf morgen.
Deutsches Sprichwort

Aufstand

Das Heilmittel ist schlimmer
als die Krankheit.
Francis Bacon, Die Essays (Über Aufstände)

Der Zweck der Aufstände aber ist
Gewinn und Ehre oder ihr Gegenteil.
Aristoteles, Politik

Heute haben wir alles infrage gestellt,
aber wir sind dafür in einen negativen
Aufstand hineingeraten
– wir sind eher dagegen als dafür.
Anaïs Nin, Ein neuer innerer Schwerpunkt

Hört man je, dass dicke Männer
einen Aufstand geführt hätten?
Washington Irving,
Knickerbocker's Geschichte von New York

War eine Regierung so schlecht, dass
sie den Aufstand hervorgerufen hat,
zu schwach, um ihn aufzuheben,
so war der Aufstand gerechtfertigt wie
die Krankheit: Denn die Krankheit
ist das letzte Mittel der Natur;
aber niemals hat man gesagt,
dass die Krankheit eine Pflicht
des Menschen sei.
Antoine Comte de Rivarol, Maximen und Reflexionen

Wenn die Staaten ursprünglich
mit mehr Vernunft und Gerechtigkeit
eingerichtet würden, würden wenig
gewaltsame Empörungen
zu befürchten sein.
Johann Gottfried Seume, Apokryphen

Wie viel Mühe kostet die Niederschlagung und Verhütung von Aufständen: Geheimpolizei, andere Polizei, Spitzel,
Gefängnisse, Verbannungen, Militär!
Und wie leicht sind die Ursachen
für Aufstände zu beseitigen.
Leo N. Tolstoi, Tagebücher (1901)

Aufstehen

Ein Chef, der wissen will,
wer zu spät kommt,
muss früh aufstehen.
Robert Lembke, Steinwürfe im Glashaus

Ein Gentleman ist ein Mann,
der einer Frau auch dann
beim Aufstehen behilflich ist,
wenn er sie selbst zu Fall gebracht hat.
Alec Guinness

Was hilft aller Sonnenaufgang,
wenn wir nicht aufstehen.
Georg Christoph Lichtenberg

Wer nicht im Morgengrauen aufsteht,
hat auch nicht mehr Zeit
zum Schlafen.
Chinesisches Sprichwort

Wer nicht mit der Sonne aufsteht,
wird den Tag nicht genießen.
Sprichwort aus Spanien

Wer wird schon
ohne Aussicht auf Gewinn
früh aufstehen wollen.
Chinesisches Sprichwort

Aufstieg

Das Wasser steigt nie so hoch,
als es gefallen;
aber der Mensch oder das Volk
fällt nie so sehr, als es gestiegen;
und wollte uns nur ein höherer Genius
den Umweg des Steigens
und die Schneckentreppe sagen,
damit wir frischer aufstiegen!
Jean Paul, Friedens-Predigt an Deutschland

Den Aufstieg einer Frau
zu einer höheren Position
hemmt nicht der Chef,
sondern seine Sekretärin.
Lore Lorentz

Denn wir müssen per gradus
emporsteigen, auf einer Treppe
zu andern Stufen;
keiner wird auf einen Hieb der Erste.
Martin Luther, Tischreden

Je höher sie steigen, je härter sie fallen
(The higher they rise,
the harder they fall).
Sprichwort aus den USA

Karriere: Beförderung zur
absoluten Inkompetenz.
Cyril Northcote Parkinson

Nichts ist niedriger und dem Pöbel
gemäßer, als in hochtrabenden
Worten von Leuten zu sprechen,
von denen man vor ihrem Aufstieg
sehr bescheiden dachte.
Jean de La Bruyère, Die Charaktere

Sie werden in die Höhe gehoben,
um in heftigerem Fall
zusammenzustürzen.
Claudius Claudianus, In Rufinum

Steige nicht zu hoch,
so fällst du nicht zu tief.
Deutsches Sprichwort

Und wenn dir nunmehr alle Leitern
fehlen, so musst du verstehen, noch
auf deinen eigenen Kopf zu steigen:
wie wolltest du anders
aufwärts steigen?
Friedrich Nietzsche, Also sprach Zarathustra

Auftrag

Man belästige nicht seine Bekannten
mit kleinen, unwichtigen Aufträgen.
Auch suche man selbst,
von ähnlichen Ansinnen frei zu bleiben.
Gewöhnlich büßt man Zeit
und Geld dabei ein
und erntet dennoch selten Dank
und Zufriedenheit.
Adolph Freiherr von Knigge,
Über den Umgang mit Menschen

Auftreten

Des Menschen
Denk- und Ausdrucksweise
Verrät dir
seine Herkunftsweise.
Jüdische Spruchweisheit

Großartiges Auftreten
vergrößert das Ansehen der Leute.
Quintilian, Schule der Beredsamkeit

Man hat nicht das Recht,
stolz aufzutreten,
wenn man selbst noch nichts ist.
Paula Modersohn-Becker, Tagebuchblätter

Oft wird »auftreten«
mit »aufstampfen« verwechselt.
Erhard Blanck

Aufwachen

Ein Dichter sagte einmal:
Ich wachte auf und fand mich berühmt.
Die meisten wachen auf und finden,
dass sie zu spät dran sind.
Robert Lembke, Steinwürfe im Glashaus

Wach ganz leise und behutsam auf,
liebste Freundin!
Blinzle durch deine Wimpern und sieh,
wie sich das dunkle Grau
zwischen den Sternen hellblau verfärbt.
Mönch von Salzburg, Das Taghorn

Werden wir eigentlich erst wach,
wenn das Haus in Flammen steht?
Norbert Blüm, Unverblümtes von Norbert Blüm

Wir sind dem Aufwachen nah,
wenn wir träumen,
dass wir träumen.
Novalis, Vermischte Bemerkungen

Auge

Alles hat seine Tiefen.
Wer Augen hat,
der sieht alles in allem.
Georg Christoph Lichtenberg, Sudelbücher

Ärger hat keine Augen.
Sprichwort aus Indien

Behutsam schließt man
die Augen der Toten;
ebenso behutsam muss man
den Lebenden die Augen öffnen.
Jean Cocteau, Hahn und Harlekin

Böse Augen sehen nie nichts Gutes.
Deutsches Sprichwort

Botschaften
werden vom Auge weitergegeben,
manchmal ganz ohne Worte.
Anaïs Nin, Absage an die Verzweiflung

Das Auge bevorteilt
gar leicht das Ohr
und lockt den Geist
von innen nach außen.
Johann Wolfgang von Goethe,
Wilhelm Meisters Wanderjahre

Das Auge eines Feindes
sieht besonders scharf.
Chinesisches Sprichwort

Das Auge gibt dem Körper Licht.
Wenn dein Auge gesund ist,
dann wird dein ganzer Körper hell sein.
Wenn aber dein Auge krank ist,
dann wird dein ganzer Körper finster
sein. Wenn nun das Licht in dir
Finsternis ist, wie groß muss dann
die Finsternis sein!
Neues Testament,
Matthäus 6, 22–23 (Jesus: Bergpredigt)

Das Auge hätte die Sonne nie gesehen,
wenn es nicht selber
von sonnenhafter Natur wäre.
Plotin, Enneaden

Das Auge ist des Herzens Zeuge.
Deutsches Sprichwort

Das Auge ist himmlischer Natur.
Darum erhebt sich der Mensch
über die Erde nur mit dem Auge;
darum beginnt die Theorie
mit dem Blicke nach dem Himmel.
Die ersten Philosophen
waren Astronomen.
Ludwig Feuerbach, Das Wesen des Christentums

Das Auge sieht den Himmel offen.
Friedrich Schiller, Das Lied von der Glocke

Das Auge sieht sich nicht
Als nur im Widerschein
durch andre Dinge.
William Shakespeare, Julius Caesar (Brutus)

Das Auge sieht sich nimmer satt.
Deutsches Sprichwort

Das Licht ist für alle Augen,
aber nicht alle Augen
sind für das Licht.
Ernst von Feuchtersleben, Aphorismen

Das Menschenauge kann
von der Wirklichkeit nur erfassen,
was seiner Aufnahmefähigkeit
entspricht.
Michel Eyquem de Montaigne, Die Essais

Denn Augen
sind genauere Zeugen als die Ohren.
Heraklit, Fragmente

Denn es ist besser,
mit eignen Augen sehen
als mit fremden.
Martin Luther, Tischreden

Der Blick der Augen
kann ja nur wiedergeben,
was er sieht,
aber keineswegs urteilen.
Aurelius Augustinus, Über die wahre Religion

Der Geist hat nämlich sozusagen
auch seine Augen:
im Empfindungsvermögen der Seele.
Aurelius Augustinus, Selbstgespräche

Auge

Der Journalist hat zwei Augen und
zwei Ohren, um doppelt so viel
zu sehen und zu hören, wie geschieht.
Alexander Roda Roda

Die Augen beizeiten öffnen:
Nicht alle, welche sehen,
haben die Augen offen;
und nicht alle, welche um sich blicken,
sehen.
Baltasar Gracián y Morales,
Handorakel und Kunst der Weltklugheit

Die Augen sind der Liebe Pforten.
Deutsches Sprichwort

Die Augen
sind die Lenker in der Liebe.
Properz, Elegien

Die Augen sind groß,
der Magen ist klein.
Chinesisches Sprichwort

Die Frauen machen sich nur deshalb
so hübsch, weil das Auge des Mannes
besser entwickelt ist als sein Verstand.
Doris Day

Die Liebe ist das geistige Auge,
sie erkennt das Himmlische.
Bettina von Arnim,
Goethes Briefwechsel mit einem Kinde

Die Zukunft sieht man nicht,
die Vergangenheit wohl.
Das ist seltsam, denn wir haben ja
unsere Augen nicht auf dem Rücken.
Eugène Ionesco

Du hast Augen,
damit du sehen und alles ringsum
überschauen kannst.
Wo du Schmutz siehst, wasche ihn ab,
was dürr ist, lass grün werden,
und sorge, dass deine Gewürze
schmackhaft sind.
Hildegard von Bingen, Briefwechsel

Du tratest durch die Augen in mich ein
Und zwangst mich so,
mich mächtig auszubreiten.
Michelangelo Buonarroti,
Sonette an Vittoria Colonna

Ein gemalter Fisch
hat immer nur ein Auge.
Chinesisches Sprichwort

Ein graues Auge
– ein schlaues Auge;
Auf schelmische Launen
deuten die braunen,
Des Auges Bläue
bedeutet Treue,
doch eines schwarzen Augs
Gefunkel
Ist stets, wie Gottes Auge,
dunkel.
Friedrich von Bodenstedt, Mirza Schaffy

Ein Schatz, wird er mit Augen gesehn?
Johann Wolfgang von Goethe, Weissagungen des Bakis

Es gibt Männer,
welche die Beredsamkeit
weiblicher Zungen übertreffen,
aber kein Mann
besitzt die Beredsamkeit
weiblicher Augen.
Karl Julius Weber, Democritos

Es ist offenbar, dass sich das Auge
nach den Gegenständen bildet,
die es von Jugend auf erblickt.
Johann Wolfgang von Goethe, Italienische Reise

Fernsehen: durch die Augen
direkt in den Bauch –
unter Auslassung des Kopfes.
Günter Gaus

Fernsehen ist das einzige Schlafmittel,
das mit den Augen
eingenommen wird.
Vittorio De Sica

Frauen benützen Parfüm,
weil die Nase leichter zu verführen ist
als das Auge.
Jeanne Moreau

Frauen, die lange ein Auge zudrücken,
tun es am Ende nur noch,
um zu zielen.
Humphrey Bogart

Freilich ist die Poesie
nicht fürs Auge gemacht.
Johann Wolfgang von Goethe, Italienische Reise

Grüne Augen
bedeuten den Frühling der Seele.
Heinrich Heine

Humor sollte so trocken sein,
dass kein Auge trocken bleibt.
Werner Hinz

Ihr glücklichen Augen,
Was je ihr gesehn,
Es sei, wie es wolle,
Es war doch so schön!
Johann Wolfgang von Goethe, Faust II (Lynkeus)

Ist der Geist abwesend,
so ist das Auge blind.
Sprichwort aus Italien

Komik entsteht,
wenn man Tragödien anschaut
und dabei ein Auge zukneift.
Eugène Ionesco

Lass uns darum bitten,
dass unser Auge einfältig werden möge,
dann wird unser Leib licht sein.
Vincent van Gogh, Briefe

Liebe hat ihren Sitz in den Augen.
Deutsches Sprichwort

Mag auch das Auge des Nachtvogels
die Sonne nicht sehen, es schaut sie
dennoch das Auge des Adlers.
Thomas von Aquin,
Kommentar zur Metaphysik des Aristoteles

Man kann einen zwingen,
die Augen zu schließen,
aber nicht zu schlafen.
Sprichwort aus Dänemark

Man muss hinten
und vorn Augen haben.
Deutsches Sprichwort

Man sollte doch auch nichts glauben,
als was man mit Augen sieht!
Johann Wolfgang von Goethe,
Wilhelm Meisters Lehrjahre

Mancher schläft mit offenen Augen
wie der Hase.
Deutsches Sprichwort

Mancher sieht mit einem Auge
mehr als ein anderer mit zweien.
Deutsches Sprichwort

Nichts ist so geschwinde
wie des Auges Blick, und
dennoch ist er empfänglich
für des Ewigen Gehalt.
Søren Kierkegaard, Der Begriff Angst

Nie wird ein Auge satt,
wenn es beobachtet,
nie wird ein Ohr
vom Hören voll.
Altes Testament, Kohelet 1, 8

Noch kein Dichter
hat die schönen Augen
seiner eigenen Frau
schön besungen.
Ludwig Börne, Kritiken

Ob er dir gefallen kann?
Die Augen musst du fragen.
Ob's ein braver guter Mann?
Das muss das Herz dir sagen.
Johann Wolfgang von Goethe,
Maskenzug russischer Nationen

Reinige das Auge,
damit du das reinste Licht
schauen kannst.
Bernhard von Clairvaux, Vierte Ansprache auf den Vorabend der Geburt des Herrn

Schaut mit den Augen des Geistes
hinan! In euch lebe die bildende Kraft,
die das Schönste, das Höchste hinauf,
über die Sterne das Leben trägt.
Johann Wolfgang von Goethe,
Wilhelm Meisters Lehrjahre

Schließe dein leibliches Auge,
damit du mit dem geistigen Auge
zuerst siehest dein Bild.
Dann fördere zutage,
was du im Dunkeln gesehen,
dass es zurückwirke auf andere
von außen nach innen.
Caspar David Friedrich, Äußerung bei Betrachtung
einer Sammlung von Gemälden

Schließe die Augen,
und du wirst sehen.
Joseph Joubert, Gedanken, Versuche und Maximen

Strahlende Augen erfreuen das Herz,
frohe Kunde labt den Leib.
Altes Testament, Sprüche Salomos 15, 30

Trinkt, o Augen, was die Wimper hält,
Von dem goldnen Überfluss der Welt.
Gottfried Keller, Gedichte

Überall nämlich,
wo der Mensch wandelt,
ist sein Auge so gestellt,
dass er das himmlische
und irdische Element
mit einem Blicke auffassen muss:
eine Andeutung für die Seele,
dass sie allenthalben desgleichen tue.
Adam Heinrich Müller, Etwas über Landschaftsmalerei

Und wenn dich dein Auge
zum Bösen verführt,
dann reiß es aus und wirf es weg!
Es ist besser für dich,
einäugig in das Leben zu gelangen,
als mit zwei Augen in das Feuer
der Hölle geworfen zu werden.
Neues Testament, Matthäus 18, 9 (Jesus)

Von allen Frauen,
deren Charme ich erlegen bin,
habe ich hauptsächlich Augen
und Stimme in Erinnerung.
Marcel Proust

Warum siehst du den Splitter
im Auge deines Bruders,
aber den Balken in deinem Auge
bemerkst du nicht?
Neues Testament, Matthäus 7, 3 (Jesus: Bergpredigt)

Was dem Herzen gefällt,
das suchen die Augen.
Deutsches Sprichwort

Was ist das Schwerste von allem?
Was dir das Leichteste dünket:
Mit den Augen zu sehen,
was vor den Augen dir liegt.
Johann Wolfgang von Goethe / Friedrich Schiller,
Xenien

Weil der Mensch zu faul war,
abends die Augen zuzumachen,
erfand er das Fernsehen.
Manfred Hausmann

Wenn alle Menschen
statt der Augen grüne Gläser hätten,
so würden sie urteilen müssen,
die Gegenstände,
welche sie dadurch erblicken,
sind grün.
Heinrich von Kleist, Briefe
(an Wilhelmine von Zenge, 22. März 1801)

Wenn ein Frauenkörper spricht,
haben die Männer nicht genug Augen,
um zuzuhören.
Alexander Calder

Wenn es darauf ankommt,
in den Augen einer Frau zu lesen,
sind die meisten Männer
Analphabeten.
Heidelinde Weis

Wer mit den Augen zwinkert,
sinnt auf Tücke.
Altes Testament, Sprüche Salomos 16, 30

Wer viel sehen will,
braucht nur ein Auge zuzudrücken.
Daniele Varè

Wer zu lange ein Auge zugedrückt hat,
dem werden eines Tages plötzlich
beide aufgehen.
Sophia Loren

Wir haben verlernt, die Augen
auf etwas ruhen zu lassen.
Deshalb erkennen wir so wenig.
Jean Giono

Zum Gaffen hat das Volk die Augen,
lasst sie!
William Shakespeare, Romeo und Julia

Zwei Augen hat man als Schmuck,
eins ist genug zum Sehen.
Sprichwort aus Afrika

Zwei Augen sehen mehr als eins.
Deutsches Sprichwort

Augenblick

Am Stirnhaar lasst
den Augenblick uns fassen.
William Shakespeare, Ende gut, alles gut (König)

An diesem Augenblicke
hängt die Welt.
Friedrich Schiller, Wallensteins Tod (Gordon)

Auch eine stehen gebliebene Uhr
kann noch zweimal am Tag
die richtige Zeit anzeigen;
es kommt nur darauf an,
dass man im richtigen Augenblick
hinschaut.
Alfred Polgar

Augenblick: der Orgasmus der Zeit.
Walter Hilsbecher

Augenblick gibt das Glück.
Deutsches Sprichwort

Bereit sein ist viel,
warten können ist mehr, doch erst:
Den rechten Augenblick nützen
ist alles.
Arthur Schnitzler, Buch der Sprüche und Bedenken

Das Schicksal des Menschen ist
auf glückliche Augenblicke eingerichtet
– jedes Leben hat solche –,
aber nicht auf glückliche Zeiten.
Friedrich Nietzsche, Menschliches, Allzumenschliches

Das Wunder
ist des Augenblicks Geschöpf.
Johann Wolfgang von Goethe,
Die natürliche Tochter (Gerichtsrat)

Dein Vergangenes ist ein Traum
Und dein Künftiges ist ein Wind.
Hasche den Augenblick, der ist
Zwischen den beiden,
die nicht sind.
Friedrich Rückert, Gedichte

Der Augenblick
ist jenes Zweideutige,
darin Zeit und Ewigkeit
einander berühren.
Søren Kierkegaard, Der Begriff Angst

Der Augenblick
ist eine Art von Publikum:
Man muss ihn betrügen,
dass er glaube, man tue was;
dann lässt er uns gewähren
und im Geheimen fortführen,
worüber seine Enkel
erstaunen müssen.
Johann Wolfgang von Goethe,
Maximen und Reflexionen

Der Augenblick ist kostbar wie
Das Leben eines Menschen.
Friedrich Schiller, Dom Karlos (Marquis)

Der Augenblick nur entscheidet
Über das Leben des Menschen
und über sein ganzes Geschicke.
Johann Wolfgang von Goethe,
Hermann und Dorothea (5. Gesang)

Der Mann bedeutet
den Ewigkeitswert des Augenblicks,
die Frau die Unendlichkeit
des Ablaufs der Geschlechter.
Gertrud von Le Fort, Die Frau in der Zeit

Der Mensch
ist eine Episode,
ein Augenblick
im Weltschicksal.
Oswald Spengler, Urfragen.
Fragmente aus dem Nachlass

Die großen Augenblicke im guten
wie im bösen Sinne sind die,
in denen wir getan haben,
was wir uns nie zugetraut hätten.
Marie von Ebner-Eschenbach, Aphorismen

Die Herrschaft über den Augenblick
ist die Herrschaft über das Leben.
Marie von Ebner-Eschenbach, Aphorismen

Doch der den Augenblick ergreift,
Das ist der rechte Mann.
Johann Wolfgang von Goethe, Faust I (Mephisto)

Ein Ding mag noch so wenig taugen,
Es kömmt ein Augenblick,
und man kann alles brauchen.
Johann Wolfgang von Goethe,
Die Mitschuldigen (Söller)

Es gibt Augenblicke,
in denen gelingt uns alles.
Kein Grund zu erschrecken:
Das geht vorüber.
Jules Renard, Ideen, in Tinte getaucht.
Aus dem Tagebuch von Jules Renard

Es gibt Momente,
in denen uns alles ermüdet,
sogar das, was zu unserer Erholung
beitragen sollte.
Fernando Pessoa, Das Buch der Unruhe des Hilfsbuchhalters Bernardo Soares

Es ist schwer,
gegen den Augenblick gerecht zu sein:
Der gleichgültige macht uns Langeweile,
am guten hat man zu tragen
und am bösen zu schleppen.
Johann Wolfgang von Goethe,
Maximen und Reflexionen

Frage nicht, was das Geschick
Morgen will beschließen;
Unser ist der Augenblick,
Lass uns den genießen!
Friedrich Rückert, Gedichte

Für Zukunft leben zu wollen
– ach, es ist ein Knabentraum,
und nur wer für den Augenblick lebt,
lebt für die Zukunft.
Heinrich von Kleist, Briefe
(an Wilhelmine von Zenge, 21. Mai 1801)

Gedankenlosigkeit,
die uns den Wert des Augenblicks
vergessen lässt.
Johann Wolfgang von Goethe,
Maximen und Reflexionen

Im Augenblick kann sich begeben,
was man nie gedacht im Leben.
Deutsches Sprichwort

Im Vorgefühl
von solchem hohen Glück
Genieß ich jetzt
den höchsten Augenblick.
Johann Wolfgang von Goethe, Faust II (Faust)

Je mehr man lernt,
nicht mehr in Augenblicken,
sondern in Jahren zu leben,
desto edler wird man.
Novalis, Fragmente

Jedem Vorgang unsers Lebens gehört
nur auf einen Augenblick das Ist;
sodann für immer das War.
Arthur Schopenhauer,
Nachträge zur Lehre von der Nichtigkeit des Daseins

Jeder angenehme Augenblick
hat Wert für mich.
Glückseligkeit besteht
nur in Augenblicken.
Ich wurde glücklich,
da ich das lernte.
Caroline von Schelling, Briefe (1791)

Jeder Augenblick des Lebens
ist an sich so seltsam,
dass er überhaupt nicht zu ertragen
wäre, wenn wir imstande wären,
diese Seltsamkeit in der Gegenwart
ebenso deutlich zu empfinden,
wie sie uns in der Erinnerung
und in der Erwartung meistens
zu erscheinen pflegt.
Arthur Schnitzler, Buch der Sprüche und Bedenken

Jeder Augenblick im Leben
ist ein neuer Aufbruch,
ein Ende und ein Anfang,
ein Zusammenlaufen der Fäden
und ein Auseinandergehen.
Yehudi Menuhin,
Ich bin fasziniert von allem Menschlichen

Jeder Zustand, ja jeder Augenblick
ist von unendlichem Wert,
denn er ist der Repräsentant
einer ganzen Ewigkeit.
Johann Wolfgang von Goethe, überliefert von Johann Peter Eckermann (Gespräche mit Goethe)

Lass uns vergessen,
dass es eine Zeit gibt,
und zähle die Lebenstage nicht!
Was sind Jahrhunderte
gegen den Augenblick,
wo zwei Wesen so
sich ahnen und nahn.
Friedrich Hölderlin, Hyperion

Man müsste das Leben so einrichten,
dass jeder Augenblick
bedeutungsvoll ist.
Iwan S. Turgenjew, Väter und Söhne

Nie versäume des Augenblicks
Gunst und Gelegenheit:
Was er heute geboten,
Beut er dir morgen nicht mehr.
Friedrich von Bodenstedt, Mirza Schaffy

So selten kommt der Augenblick
im Leben,
Der wahrhaft wichtig ist und groß.
Friedrich Schiller, Die Piccolomini

Unser Hauptfehler ist,
dass wir unser bisschen Bewusstsein
über den Moment
zu einem Bewusstsein
über alle Zukunft ausdehnen möchten.
Keine schöneren Naturen
als diejenigen, die sich
ohne Dumpfheit und Frechheit
in gläubigem Vertrauen ans Leben
hingeben.
Friedrich Hebbel, Tagebücher

Unsere lichten Augenblicke
sind Augenblicke des Glücks,
ist es hell in unserem Geist,
so ist es schön in ihm.
Joseph Joubert, Gedanken, Versuche und Maximen

Vielleicht kann man sich immer
nur auf den jeweiligen Augenblick
verlassen oder auf die Ewigkeit
– dazwischen ist nichts.
Anne Morrow Lindbergh,
Stunden von Gold – Stunden von Blei

Was glänzt,
ist für den Augenblick geboren.
Johann Wolfgang von Goethe,
Faust (Vorspiel auf dem Theater: Dichter)

Wer den rechten Augenblick verpasst,
ist wie einer, der einen Vogel
aus der Hand freigelassen hat;
er wird ihn nicht wieder
zurückbekommen.
Juan de la Cruz, Merksätze von Licht und Liebe

Wer tätig sein will und muss,
hat nur das Gehörige
des Augenblicks zu bedenken,
nd so kommt er
ohne Weitläufigkeit durch.
Das ist der Vorteil der Frauen,
wenn sie ihn verstehen.
Johann Wolfgang von Goethe,
Maximen und Reflexionen

Werd ich zum Augenblicke sagen:
Verweile doch! du bist so schön!
Dann magst du mich
in Fesseln schlagen,
Dann will ich gern zugrunde gehn!
Johann Wolfgang von Goethe, Faust I (Faust)

Zwischen zu früh und zu spät
liegt immer nur
ein Augenblick.
Franz Werfel

Augenzeuge

Der vergesslichste Augenzeuge
ist der Spiegel.
Hans-Horst Skupy

Ein Augenzeuge ist mehr wert
als zehn Ohrenzeugen.
Titus Maccius Plautus, Truculentus

Lieber ein Augenzeuge
als zehntausend Gerüchte.
Chinesisches Sprichwort

August

Bläst im August der Nord,
so dauert gutes Wetter fort.
Bauernregel

Der Tau ist dem August so not
wie jedermann sein täglich Brot.
Bauernregel

Macht der August uns heiß,
bringt der Winter zu viel Eis.
Bauernregel

Was der August nicht kocht,
lässt der September ungebraten.
Bauernregel

Was der August nicht tut,
macht der September gut.
Johann Wolfgang von Goethe, An Personen

Augustinus (28.8.)

Um die Zeit von Augustin
gehn die warmen Tage hin.
Bauernregel

Ausbessern

Ein kleiner Riss ist besser zu flicken
als ein großer.
Deutsches Sprichwort

Wer die Dachrinne nicht ausbessert,
muss das ganze Haus instand setzen.
Sprichwort aus Spanien

Ausbeutung

Armut ist
des Reichen Kuh.
Deutsches Sprichwort

Der Eine hat Arbeit und Fleiß,
der Andre Nutzen und Preis.
Deutsches Sprichwort

Die Aussteiger,
das sind die Ausbeuter
unseres Sozialsystems.
Norbert Blüm, Unverblümtes von Norbert Blüm

Die Kunst, das heißt die Künstler,
sie dienen den Menschen nicht,
sondern beuten sie stattdessen aus.
Leo N. Tolstoi, Tagebücher (1897)

Die Not des Bauern
ist die Freude des Beamten.
Chinesisches Sprichwort

Es gibt sogar Leute,
die Gott selbst ausbeutet,
und das sind die Propheten
und Heiligen in der Leere der Welt.
Fernando Pessoa, Das Buch der Unruhe des Hilfsbuchhalters Bernardo Soares

Es gibt unerwartete Probleme,
mit denen sich schon der alte Marx
auseinander setzen musste,
unter anderem die Frage
nach der Ausbeutung des Menschen
durch den Menschen.
Und umgekehrt.
Ephraim Kishon, Kishon für alle Fälle

Fette Beamte – dürre Bauern.
Chinesisches Sprichwort

Hebt die Augen auf und zählt
das Häuflein eurer Presser,
die nur stark sind durch das Blut,
das sie euch aussaugen,
und durch eure Arme,
die ihr ihnen willenlos leiht.
Georg Büchner, Der Hessische Landbote

Ja, wir glauben,
dass die Menschen
noch einen höhern Beruf haben,
als sich gegenseitig auszubeuten.
Moses Hess, Über die Not in unserer Gesellschaft und deren Abhülfe

Sieh,
die Ausgebeuteten weinen,
und niemand tröstet sie;
von der Hand ihrer Ausbeuter
geht Gewalt aus,
und niemand tröstet sie.
Altes Testament, Kohelet 4, 1

Wir leiden große Armut,
und der, für den wir arbeiten,
bereichert sich an unserem Verdienst.
Chrétien de Troyes, Yvain (Die 300 Mädchen)

Ausbildung

Die Ausbildung des Geistes
bringt bei beiden Geschlechtern
dieselben guten oder schlechten
Wirkungen hervor.
Stendhal, Über die Liebe

Eine allgemeine Ausbildung
dringt uns jetzt
die Welt ohnehin auf,
wir brauchen uns deshalb
darum nicht weiter zu bemühen;
das Besondere müssen wir
uns zueignen.
Johann Wolfgang von Goethe, Maximen und Reflexionen

Man findet mehr Schüler
als Meister.
Deutsches Sprichwort

Und jeder geht
in der aufsteigenden Linie
seiner Ausbildung fort,
so wie er angefangen.
Johann Wolfgang von Goethe, überliefert von Johann Peter Eckermann (Gespräche mit Goethe)

Ausdauer

Ausdauer ist
ein Talisman für das Leben.
Afrikanisches Sprichwort

Ausdauer: eine niedere Tugend,
die der Mittelmäßigkeit
zu unrühmlichem Erfolg verhilft.
Ambrose Bierce

Ausdauer
ist eine Tochter der Kraft,
Hartnäckigkeit
eine Tochter der Schwäche,
nämlich der Verstandesschwäche.
Marie von Ebner-Eschenbach, Aphorismen

Ausdauer und Entschlossenheit
sind zwei Eigenschaften,
die bei jedem Unternehmen
den Erfolg sichern.
Leo N. Tolstoi, Tagebücher (1852)

Courage ist gut,
Ausdauer ist besser.
Theodor Fontane, Der Stechlin

Eiserne Ausdauer
und klaglose Entsagung
sind die äußersten Pole
der menschlichen Kraft.
Marie von Ebner-Eschenbach, Aphorismen

Sandkorn auf Sandkorn
wird schließlich zur Pagode.
Chinesisches Sprichwort

Steter Tropfen höhlt den Stein.
Deutsches Sprichwort

Wer Eisen schmieden will,
muss selbst von zähen Eltern sein.
Chinesisches Sprichwort

Wer Geduld sagt,
sagt Mut, Ausdauer, Kraft.
Marie von Ebner-Eschenbach, Aphorismen

Wer große Ausdauer hat,
bleibt immer Sieger.
Sprichwort aus Frankreich

Wir hängen
an den Dingen dieser Welt
mit größerer oder geringerer Ausdauer
je nach dem Begehren,
dem Fleiß oder der Mühe,
die sie uns gekostet haben.
Honoré de Balzac, Die Physiologie der Ehe

Ausdruck

Der Ausdruck der Empfindungen
liegt in den Gebärden,
der Ausdruck der Gedanken
in den Blicken.
Jean-Jacques Rousseau, Emile

Die Kunst des Ausdrucks besitzen:
Sie besteht nicht nur
in der Deutlichkeit,
sondern auch in der Lebendigkeit
des Vortrags.
Baltasar Gracián y Morales,
Handorakel und Kunst der Weltklugheit

Eigentümlichkeit des Ausdrucks
ist Anfang und Ende aller Kunst.
Johann Wolfgang von Goethe,
Maximen und Reflexionen

Ein guter Ausdruck ist so viel wert
als ein guter Gedanke,
weil es fast unmöglich ist,
sich gut auszudrücken,
ohne das Ausgedrückte
von einer guten Seite zu zeigen.
Georg Christoph Lichtenberg, Sudelbücher

Ich würde tausend Originalitäten des
Ausdrucks hergeben für eine Klarheit.
Manès Sperber

Kennzeichen treffenden Ausdrucks ist,
dass auch das,
was an sich zweideutig ist,
nur eindeutig ausgelegt werden kann.
Luc de Clapiers Marquis de Vauvenargues,
Unterdrückte Maximen

Niemand gefiel durch Schweigen,
viele aber durch die Kürze
ihres Ausdrucks.
Decimus Magnus Ausonius, Briefe

Was man gut begreift,
lässt deutlich sich ausdrücken,
Gar schnell die rechten Worte
in den Sinn dir rücken.
Nicolas Boileau-Despréaux, Die Dichtkunst

Auseinandersetzung

Gut auseinander setzen
hilft zum guten Zusammensitzen.
Emil Gött, Zettelsprüche. Aphorismen

Lass dich nicht auf unsinnige Auseinandersetzungen ein;
du weißt, dass sie nur zu Streit führen.
Neues Testament, Paulus (2 Timotheus 2, 23)

Man verkürzt und erspart sich unzählige Auseinandersetzungen, wenn man
von bestimmten Leuten annimmt,
sie seien unfähig, vernünftig zu reden,
und alles verwirft, was sie sagen,
gesagt haben und sagen werden.
Jean de La Bruyère, Die Charaktere

Ausführung

Der Mensch sollte alle seine Werke
zunächst einmal in seinem Herzen
erwägen, bevor er sie ausführt.
Hildegard von Bingen, Mensch und Welt

Ein Pfeil, der an der Sehne liegt,
muss abgeschossen werden.
Chinesisches Sprichwort

Führe alles aus,
was du dir als unbedingt auszuführen
vorgenommen hast.
Leo N. Tolstoi, Tagebücher (1847)

Im Entwurf zeigt sich das Talent,
in der Ausführung die Kunst.
Marie von Ebner-Eschenbach

Und was du tust,
tue es nie in der Hitze.
Überdenke kalt und
führe mit Feuer aus!
Friedrich Hölderlin, Briefe
(an den Bruder, 21. August 1794)

Was alle Erfolgreichen
miteinander verbindet,
ist die Fähigkeit,
den Graben zwischen Entschluss
und Ausführung
äußerst schmal zu halten.
Peter Drucker

Was hilft gut bedacht,
wird's nicht gut gemacht.
Deutsches Sprichwort

Wenn der Rat eines Toren
einmal gut ist, so muss ihn
ein gescheiter Mann ausführen.
Gotthold Ephraim Lessing, Emilia Galotti (Prinz)

Zieh viele darüber zurate,
was du tun sollst,
aber teile nur wenigen mit,
was du ausführen wirst.
Niccolò Machiavelli, Kriegskunst

Ausgaben

Das Geld ist rund, es muss rollen.
Sprichwort aus Frankreich

Die Steuern stehen fest,
die Ausgaben nicht.
Chinesisches Sprichwort

Ein kluger Mann lebt
weder geistig noch finanziell
über seine Verhältnisse.
Philipp Stanhope Earl of Chesterfield, Briefe über die
anstrengende Kunst, ein Gentleman zu werden

Geld ausgeben ist Sünde,
wenn keine unbedingte Notwendigkeit
dazu besteht.
Leo N. Tolstoi, Tagebücher (1891)

Wer ausgibt, muss auch einnehmen.
Deutsches Sprichwort

Wer gut wirtschaften will,
sollte nur die Hälfte
seiner Einnahmen ausgeben;
wenn er reich werden will,
sogar nur ein Drittel.
Francis Bacon, Die Essays

Wer mehr verzehrt,
als er gewinnt,
der muss nachher
mit den Mäusen essen.
Deutsches Sprichwort

Ausgewogenheit

Es ist eine bittere Erkenntnis
für den Betrachter unserer Zeit (...),
dass die edelste Frucht des Verstandes
(und des Herzens) bisher der Menschheit gänzlich entgangen ist:
der ausgewogene Mensch
in einer ausgewogenen Gesellschaft.
Yehudi Menuhin, Variationen

Ausgleich

Die Extreme sind verderblich
und gehen von Menschen aus;
jeder Ausgleich ist gerecht
und kommt von Gott.
Jean de La Bruyère, Die Charaktere

Es gehört nicht viel Geist dazu,
alles zu verwirren,
viel aber, alles auszugleichen.
Charles de Secondat, Baron de la Brède
et de Montesquieu, Meine Gedanken

Glück gleicht durch Höhe aus,
was ihm an Länge fehlt.
Robert Frost

Ungleich erscheint im Leben viel,
doch bald
Und unerwartet ist es ausgeglichen.
Johann Wolfgang von Goethe,
Die natürliche Tochter (Gerichtsrat)

Aushalten

Es kommt doch am Ende darauf an,
dass man aushält
und die andern ausdauert.
Johann Wolfgang von Goethe, Briefe
(an das Ehepaar Herder, 2. September 1786)

In der Bresche stehen und aushalten,
bis man fällt,
das ist das Beste.
Theodor Fontane, Effi Briest

Nur aushalten. Das ist eben die Sache.
Franziska Gräfin zu Reventlow, Tagebücher

Ausland

Als deutscher Tourist im Ausland
steht man vor der Frage, ob man
sich anständig benehmen muss
oder ob schon deutsche Touristen
dagewesen sind.
Kurt Tucholsky

Da der Mensch für seine Liebe
dieselbe Einheit sucht,
die er für seine Vernunft begehrt;
so ist er so lange für oder wider Völker
parteiisch, als er ihre Unterschiede
nicht unter einer höhern Einheit
auszugleichen weiß.
Jean Paul, Vorschule der Ästhetik

Das Ausländische hat immer einen
gewissen vornehmen Anstrich für uns.
Otto von Bismarck, Reden (in der preußischen Zweiten Kammer, 15. November 1849)

Im fremden Land
ist auch der Frühling nicht schön.
Sprichwort aus Russland

Jede Nation ist im Ausland
hauptsächlich durch ihre Untugenden
bekannt.
Joseph Conrad

Keine Nation hat ein Urteil
als über das, was bei ihr getan
und geschrieben ist.
Johann Wolfgang von Goethe,
Maximen und Reflexionen

O süße Stimme! Viel willkommner Ton
Der Muttersprach in einem fremden
Lande!
Johann Wolfgang von Goethe,
Iphigenie auf Tauris (Iphigenie)

Überall ist es erträglich.
Doch am erträglichsten im Ausland.
Walter Serner

Überhaupt gelten Menschen,
die nicht hungrig, habgierig
und zerlumpt aussehen,
nie als Ausländer.
Dieter Hildebrandt

Zu Hause ist man nur Politiker,
im Ausland dagegen
ist man Staatsmann.
Harold Macmillan

Auslegung

Bei Prophezeiungen
ist der Ausleger
oft ein wichtigerer Mann
als der Prophet.
Georg Christoph Lichtenberg, Sudelbücher

Nie hat ein Dichter
die Natur so frei ausgelegt
wie ein Jurist die Wirklichkeit.
Jean Giraudoux,
Der Trojanische Krieg findet nicht statt

Unter einem freundlichen Ausleger
mein' ich den, welcher
in einem fremden Buche
seine eigne Meinung,
obwohl tief vergraben,
entdeckt und mit seiner Wünschelrute
erhebt.
Jean Paul, Politische Fastenpredigten

Ausnahme

Auch der tapferste Mann, den es gibt,
schaut mal unters Bett.
Auch die nobelste Frau, die man liebt,
muss mal aufs Klosett.
Erich Kästner, Kurz und bündig. Epigramme

Ausnahmen sind nicht immer
Bestätigungen der alten Regel;
sie können auch die Vorboten
einer neuen Regel sein.
Marie von Ebner-Eschenbach, Aphorismen

Das Leben ist wie die Grammatik:
Die Ausnahmen sind häufiger
als die Regeln.
Remy de Gourmont

Das Unbekannte ist eine Ausnahme,
das Bekannte eine Enttäuschung.
Francis M. de Picabia, Aphorismen

Es ist traurig, eine Ausnahme zu sein.
Aber noch viel trauriger ist es,
keine zu sein.
Peter Altenberg, Schnipsel

Es liegt uns Frauen nun einmal nicht,
Ausnahmen zu sein.
Jens Peter Jacobsen, Niels Lyhne (Frau Boye)

Keine Regel ohne Ausnahme.
Deutsches Sprichwort

Ausplaudern

Auf der Straße gehört
und in der nächsten Gasse
schon ausgeplaudert
– ein Verschleudern
der Gesittung ist das.
Konfuzius, Gespräche

Das blökende Schaf
verliert seinen Bissen.
Sprichwort aus Frankreich

Ehre und Schmach
liegen in der Hand des Schwätzers,
des Menschen Zunge
ist sein Untergang.
Altes Testament, Jesus Sirach 5, 13

Je hohler ein Kopf ist,
desto mehr bemüht er sich,
sich zu entleeren.
Charles de Secondat, Baron de la Brède
et de Montesquieu, Meine Gedanken

Wer ausplaudert, was er weiß,
wird auch ausplaudern,
was er nicht weiß.
Hans Kilian, Brevier für Vorgesetzte

Ausrede

Alles wird teurer,
nur die Ausreden
werden immer billiger.
John R. Hicks

Das Missverständnis
ist die diplomatische Form
der Ausrede.
Lothar Schmidt

Das Wichtigste
im Verkehr mit Menschen:
ihnen ihre Ausreden wegräumen.
Arthur Schnitzler,
Aphorismen und Betrachtungen aus dem Nachlass

Die Zukunft ist die Ausrede all jener,
die in der Gegenwart
nichts tun wollen.
Harold Pinter

Ein schlechter Schütze,
der keine Ausrede weiß.
Deutsches Sprichwort

Eine Frau hat eine Ausrede
schneller zur Hand als eine Schürze.
Sprichwort aus Irland

Je ungebildeter ein Mensch,
je schneller ist er
mit einer Ausrede fertig.
Marie von Ebner-Eschenbach, Aphorismen

Jede Ausrede genügt einem Tyrannen.
Äsop, Fabeln

Zukunft ist die Ausrede derer,
die Vergangenheit und Gegenwart
zu verbergen trachten.
Ludwig Marcuse

Ausruhen

Erquicklich ist die Mittagsruh,
Nur kommt man oftmals nicht dazu.
Wilhelm Busch, Die Fliege

Trinke nicht Wasser
aus einer schmutzigen Quelle,
ruhe nicht im Schatten
eines giftigen Baumes.
Chinesisches Sprichwort

Ausschuss

Wer heutzutage einen Gedanken
in der Welt töten will,
braucht nur einen Ausschuss
einzusetzen.
Charles E. Kettering

Ein Ausschuss
ist ein beratendes Gremium
zur Abwendung echter Entschlüsse.
Michael Schiff

Ausschweifung

Alles, was du den Ausschweifungen
hingabst, wird dir verloren sein.
Phaedrus, Fabeln

Barbaren kommen herzu,
nordische Riesen,
denen die entnervten Römer
wie Zwerge erscheinen:
Sie verwüsten Rom
und geben dem ermatteten Italien
neue Kräfte.
Ein fürchterlich-gütiger Erweis,
dass alle Ausschweifung in der Natur
sich selbst räche und verzehre!
Johann Gottfried Herder, Ideen zur Philosophie
der Geschichte der Menschheit

Die Ausschweifung beruht nicht auf
irgendetwas Physischem –
physische Unanständigkeit
ist bei weitem noch keine Ausschweifung; die Ausschweifung
besteht gerade darin,
dass der Mann sich von jeglicher
moralischen Beziehung zu der Frau,
mit der er in physischen Verkehr tritt,
für frei hält.
Leo N. Tolstoi, Die Kreutzersonate

Die Mutter der Ausschweifung
ist nicht die Freude,
sondern die Freudlosigkeit.
Friedrich Nietzsche, Menschliches, Allzumenschliches

In der Ausschweifung jeder Art
liegt viel Seelenkälte; sie ist
ein überlegter und freiwilliger
Missbrauch des Vergnügens.
Joseph Joubert, Gedanken, Versuche und Maximen

Nach einer Ausschweifung
fühlt man sich stets
noch einsamer, noch verlassener.
Charles Baudelaire, Tagebücher

Sinnliche Ausschweifung
ist viel öfter die Folge als die Ursache
einer zerrütteten Gesundheit.
Ludwig Börne, Aphorismen

Welcher Ausschweifung
würden reine Geister wohl fähig sein?
Jean-Jacques Rousseau, Emile

Aussehen

Am Aussehen
erkennt man den Menschen,
am Gesichtsausdruck
erkennt ihn der Weise.
Altes Testament, Jesus Sirach 19, 29

Das wahre Aussehen kehrt zurück,
während das vorgetäuschte
verschwindet.
Gaius Petronius, Schelmengeschichten

Die meisten Frauen
urteilen über Verdienst
und gutes Aussehen eines Mannes
nach dem Eindruck,
den sie davon haben,
und gestehen dem,
für den sie nichts empfinden,
kaum das eine noch das andere zu.
Jean de La Bruyère, Die Charaktere

Es gibt Kinder, denen man ansieht,
welche Vergangenheit sie einmal
haben werden.
Robert Lembke, Das Beste aus meinem Glashaus.
Humoristisches und Satirisches

Es gibt Leute,
von denen man annehmen kann,
dass sie gar nicht so alt werden,
wie sie jetzt schon aussehen.
Robert Lembke, Das Beste aus meinem Glashaus.
Humoristisches und Satirisches

Gutes Aussehen
ist eine stumme Empfehlung.
Publilius Syrus, Sentenzen

Heute sehen viele Mädchen aus
wie Männer,
die wie Mädchen aussehen.
John Wayne

Manche Menschen bilden sich unbewusst eine Vorstellung von ihrem
Äußeren, das ihrer beherrschenden
Stimmung entspricht;
daher kommt es wohl,
dass ein Geck sich immer
für schön hält.
Luc de Clapiers Marquis de Vauvenargues,
Reflexionen und Maximen

Wenn ein Mann nur ein wenig
hübscher als der Teufel ist,
sieht er gut genug aus.
Sprichwort aus Ungarn

Außenpolitik

Außenpolitik ist eine Kunst,
die wie ein Handwerk aussieht.
Henry Kissinger

Die Arbeit als Außenminister wäre sehr
schön, wenn es das Inland nicht gäbe.
Joseph Luns

Ich stelle mir vor,
dass es im Außenministerium
ein Zimmerchen gibt,
in dem man Mitarbeitern
das Stottern beibringt.
Peter Ustinov, Peter Ustinovs geflügelte Worte

Außenseiter

Wer eine Gesellschaft kritisieren will,
muss Außenseiter
dieser Gesellschaft sein.
Edward Albee

Am interessantesten
ist die Innenseite der Außenseiter.
Jean Genet

Außergewöhnliches

Außergewöhnliche Geister
legen oft großen Wert
auf Alltägliches und Vertrautes,
durchschnittliche Geister
schätzen und suchen nur
das Außerordentliche.
Antoine Comte de Rivarol, Maximen und Reflexionen

Kleine Geister interessieren sich
für das Außergewöhnliche,
große Geister für das Gewöhnliche.
Elbert Hubbard

Literatur ist die Kunst,
Außergewöhnliches an gewöhnlichen
Menschen zu entdecken
und darüber mit gewöhnlichen Worten
Außergewöhnliches zu sagen.
Boris Pasternak

Mittelmäßiges
und für die Masse Entstehendes
bringt häufig das Schicksal hervor,
Außergewöhnliches aber
zeichnet es schon allein
durch die Seltenheit aus.
Lucius Annaeus Seneca, Briefe über Ethik

Nichts langweilt so
wie außergewöhnliche Dinge,
die alltäglich geworden sind.
Allein Bedürfnisse,
die immer wieder neu aufleben,
können alle Tage Freude bereiten.
Voltaire, Die Briefe Amabeds

Äußerlichkeit

Goldner Zaum
macht schlechtes Pferd nicht besser.
Deutsches Sprichwort

Große Brüste verheißen viel
und geben wenig.
Deutsches Sprichwort

Ich weiß aus bitterer Erfahrung,
wie trügerisch mitunter
das Äußere sein kann,
dass sich unter Blumen manchmal
eine Schlange verbirgt.
Fjodor M. Dostojewski, Roman in neun Briefen

Kappen machen keine Mönche.
Deutsches Sprichwort

Schlecht außen, kostbar innen.
William Shakespeare, Cymbeline (Posthumus)

Schwarze Kühe
geben auch weiße Milch.
Deutsches Sprichwort

Stärke, Größe und Schönheit
ist ein Gelächter und nichts wert.
Aristoteles, Protreptikos

Vor schönen Kleidern
zieht man den Hut ab.
Deutsches Sprichwort

Wie die süßeste Frucht
zuweilen eine raue Schale hat,
so verbirgt sich oft eine freundliche
und herzliche Natur
unter einem rauen Äußeren.
Samuel Smiles, Charakter

Wir bestehen aus lauter Äußerlichkeiten; wir denken
an das äußere Gebaren
und vernachlässigen darüber
das Wesentliche.
Michel Eyquem de Montaigne, Die Essais

Außerordentliches

Das Außerordentliche geschieht nicht
auf glattem, gewöhnlichem Wege.
Johann Wolfgang von Goethe,
Die Wahlverwandtschaften

Ein stolzer Mensch verlangt von sich
das Außerordentliche,
ein hochmütiger schreibt es sich zu.
Marie von Ebner-Eschenbach, Aphorismen

Es hat noch niemand
etwas Ordentliches geleistet,
der nicht etwas Außerordentliches
leisten wollte.
Marie von Ebner-Eschenbach, Aphorismen

Es ist das Zeichen
einer außerordentlichen Leistung,
dass selbst die größten Neider
sie loben müssen.
François de La Rochefoucauld, Reflexionen

Wir lassen uns gern zumuten,
an das zu glauben,
was außerordentlich zu sein scheint,
wenn uns Außerordentliches fehlt.
Luc de Clapiers Marquis de Vauvenargues,
Unterdrückte Maximen

Aussicht

Der kleinste Hügel vermag uns
die Aussicht auf einen Chimborasso
zu verdecken.
Marie von Ebner-Eschenbach, Aphorismen

Das sind unangenehme Leute,
die, statt dem Führer dankbar zu sein,
der sie an einen schönen Aussichts-
punkt geleitete, sich gebärden,
als hätten sie diesen Punkt
soeben erst entdeckt,
und am Ende gar ihrem Führer,
wenn er nicht laut genug
in ihre Begeisterung einstimmt,
seinen Mangel an Naturempfindung
vorwerfen.
Arthur Schnitzler, Buch der Sprüche und Bedenken

Doch ist eine weite Aussicht,
wo Erde und Himmel
so vielerlei Ansichten geben,
mehr wert, als man glaubt,
wenn man sie täglich genießt.
Johann Wolfgang von Goethe, Briefe
(an Schiller, 21. Juni 1797)

Soll ich dir die Gegend zeigen,
Musst du erst das Dach besteigen.
Johann Wolfgang von Goethe, West-östlicher Divan

Aussprache

Man kann alles aussprechen,
sich Luft machen,
ohne jemanden zu verdammen.
Leo N. Tolstoi, Tagebücher (1909)

Viele entdecken erst bei Aussprachen
zwecks Beseitigung kleiner Missverständnisse, dass sie Todfeinde sind.
Ludwig Marcuse, Argumente und Rezepte.
Ein Wörter-Buch für Zeitgenossen

Wenn man den richtigen Menschen
findet, braucht es keiner Worte,
um sich auszusprechen.
Horst Geißler, Der seidene Faden

Ausstellung

Die Chicagoer [Welt-]Ausstellung
ist wie alle Ausstellungen
ein Musterbeispiel für Dreistigkeit
und Heuchelei: Alles geschieht
um des Profits und der Unterhaltung
willen – aus Langeweile,
aber man schiebt edle volksfreundliche
Gründe vor.
Orgien sind besser.
Leo N. Tolstoi, Tagebücher (1893)

Waren, die oft zur Schau gestellt
werden, verlieren ihre Farbe.
Sprichwort aus Brasilien

Auster

Die Auster eignet sich vorzüglich zum
Vergleich mit einer langjährigen Ehe.
Sie versinnbildlicht den Lebenskampf.
Die Auster hat sich auf dem Felsen
ihren Platz errungen,
dem sie sich genau angepasst hat
und an dem sie zäh festhält.
Genauso kämpfen manche Paare
im Laufe ihres Ehelebens
um einen Platz in der Welt.
Anne Morrow Lindbergh, Muscheln in meiner Hand

Welch furchtbares Schicksal
hat doch eine Auster,
und was für Barbaren
sind doch die Menschen!
Voltaire, Indisches Abenteuer

Ausweg

Bei Unvorsichtigkeiten
ist nichts gewöhnlicher,
als Aussichten auf die Möglichkeit
eines Auswegs zu suchen.
Johann Wolfgang von Goethe,
Maximen und Reflexionen

Das ist eine arme Maus,
Die nur weiß
zu einem Loch hinaus.
Georg Rollenhagen, Froschmeuseler

Der beste Ausweg
ist meistens der Durchbruch.
Robert Frost

Die Maus soll das Loch suchen,
nicht das Loch die Maus.
Deutsches Sprichwort

Es gibt immer einen Ausweg,
einen Ausweg
durch den schöpferischen Willen.
Anaïs Nin, Vertrauliches Gespräch

Es ist eine schlecht Maus,
die nur ein Loch weiß.
Deutsches Sprichwort

Lieben heißt einen Ausweg finden.
Walter Hasenclever

Schweigen ist der beste Ausweg
für den,
der seiner Sache nicht sicher ist.
François de La Rochefoucauld, Reflexionen

Wer kann schon ein Haus verlassen,
wenn nicht durch die Tür?
Warum nur will denn keiner
auf dem rechten Weg
den Ausweg suchen?
Konfuzius, Gespräche

Ausweichen

Ich habe die Beobachtung gemacht,
dass ich nicht deshalb den Menschen
ausweiche, um ruhig zu leben,
sondern um ruhig sterben zu können.
Franz Kafka, Tagebücher (1914)

Man ist am meisten in Gefahr,
überfahren zu werden,
wenn man eben einem Wagen
ausgewichen ist.
Friedrich Nietzsche, Menschliches, Allzumenschliches

Versuch einer Definition Deutschlands:
Nur auf der Autobahn
weicht man nicht aus.
Ludwig Marcuse, Argumente und Rezepte.
Ein Wörter-Buch für Zeitgenossen

Auszeichnung

Es gibt stolze Menschen,
die die Auszeichnung ihrer Rivalen
demütig und bescheiden macht;
solches Missgeschick
bringt sie sogar so weit,
dass sie deren Gruß erwidern.
Aber die Zeit, die alles lindert,
führt sie schließlich wieder
auf ihr natürliches Wesen zurück.
Jean de La Bruyère, Die Charaktere

Jeder wäre in irgendetwas
ausgezeichnet worden,
hätte er seinen Vorzug erkannt.
Man beobachte also
seine überwiegende Eigenschaft
und verwende auf diese allen Fleiß.
Baltasar Gracián y Morales,
Handorakel und Kunst der Weltklugheit

Nichts sollte verdienstvolle Menschen
mehr demütigen als ihr Bemühen,
sich auch in Nichtigkeiten
auszuzeichnen.
François de La Rochefoucauld, Reflexionen

Autobiographie

Autobiographien sind Enthüllungen
über das schlechte Gedächtnis
ihrer Verfasser.
Alessandro Blasetti

Beklagenswert, der nicht sein Leben,
sondern seine Autobiographie lebt.
Arthur Schnitzler, Zurückgelegte Sprüche

Durch eine Autobiographie
verliert man gewöhnlich auch noch
den Rest seiner Freunde.
Robert Neumann

Ein Mensch mit reinem Gewissen
hat meist Schwierigkeiten,
wenn er seine Memoiren schreibt.
Pearl S. Buck

Eine gute Autobiographie zu schreiben,
ist beinahe so schwierig,
wie eine zu leben.
Robert Lembke, Steinwürfe im Glashaus

Man hat es so leicht,
seine Erinnerungen zu schreiben,
wenn man ein schlechtes
Gedächtnis hat.
Arthur Schnitzler, Buch der Sprüche und Bedenken

Autodidakt

Alle Autodidakten leiden
an Einseitigkeit und Überschätzung.
Karl Julius Weber, Democritos

Autodidakten übertreiben immer.
Theodor Fontane, Der Stechlin

Automobil

Auch in einem Rolls-Royce
wird geweint –
vielleicht sogar noch mehr
als in einem Bus.
Françoise Sagan

Autos sind das moderne Äquivalent
des Bades, obwohl es weitaus
gefährlicher ist, wenn man aus
einem fahrenden Auto springt
und »Heureka!« ruft.
Peter Ustinov, Peter Ustinovs geflügelte Worte

Das Auto hat das Pferd
noch lange nicht verdrängt –
oder kennen Sie ein Denkmal,
auf dem ein Mann am Steuer sitzt?
Hans Günter Winkler

Das wichtigste Zubehör eines Autos
ist eine gut gefüllte Brieftasche.
Lothar Schmidt

Die Faszinationskraft des Autos
beruht auf der Illusion,
Raum und Zeit beherrschbar
werden zu lassen.
Lothar Schmidt

Die Kunst des Autorennfahrens:
so langsam wie möglich
der Schnellste zu sein.
Emerson Fittipaldi

Ein Mann am Steuer eines Autos
ist ein Pfau, der sein Rad
in der Hand hält.
Anna Magnani

Ein vernünftiges Auto soll seinen
Besitzer überallhin transportieren
– außer auf den Jahrmarkt der
Eitelkeiten.
Henry Ford, Mein Leben und Werk

Frauen am Steuer
versuchen erst gar nicht,
den Motor zu verstehen;
deshalb imponiert er ihnen auch nicht.
Ugo Tognazzi

Glück ist heutzutage,
wenn man im neu gekauften Auto
mit 150km/h
durch die innere Leere fährt.
Sigismund von Radecki

Menschen sind wie Autos:
Man sollte den unerlässlichen
Sicherheitsabstand voneinander
einhalten.
Martin Held

Wenn man in einem Bentley
fahren gelernt hat, tritt der Wunsch
nach einem Rolls-Royce
etwas in den Hintergrund.
Louis Malle

Wenn sich ein Mann
am Steuer seines Wagens niederlässt,
ist er ein Pfau,
der sein Rad in der Hand hält.
Anna Magnani

Wie ein Mann Auto fährt,
so möchte er sein.
Anna Magnani

Autor

Autoren, die auf der Schreibmaschine
mit zwei Fingern tippen,
sind im Vorteil, weil sie dabei
in aller Ruhe denken können.
Herbert Asmodi

Autoren, die bestohlen werden,
sollten sich darüber nicht beklagen,
sondern freuen.
In einer Gegend,
in der kein Waldfrevel vorkommt,
hat der Wald keinen Wert.
Marie von Ebner-Eschenbach, Aphorismen

Autoren sollten stehend
an einem Pult schreiben.
Dann würden ihnen ganz von selbst
kurze Sätze einfallen.
Ernest Hemingway

Das Ideal mancher Autoren
ist offensichtlich eine Literatur
ohne Leser.
Jules Romains

Das Werk sollte immer
ein wenig schlauer sein als der Autor.
Václav Havel

Der Autor hat den Mund zu halten,
wenn sein Werk den Mund auftut.
Friedrich Nietzsche, Menschliches, Allzumenschliches

Der Autor ist mir der liebste,
in dem ich meine Welt wiederfinde,
bei dem's zugeht wie um mich,
und dessen Geschichte mir doch
so interessant, so herzlich wird,
als mein eigen häuslich Leben.
Johann Wolfgang von Goethe,
Die Leiden des jungen Werthers

Der Autor ist selten
ein unparteiischer Richter
seiner eigenen Sachen,
er tut sich bald zu viel,
bald zu wenig.
Johann Wolfgang von Goethe,
Wilhelm Meisters theatralische Sendung

Der Stil eines Autors ist ein Pferd,
das nur einen einzigen Reiter trägt.
John Steinbeck

Die größte Achtung, die ein Autor
für sein Publikum haben kann, ist,
dass er niemals bringt, was man
erwartet, sondern was er selbst
auf der jedesmaligen Stufe
eigener und fremder Bildung
für recht und nützlich hält.
Johann Wolfgang von Goethe,
Maximen und Reflexionen

Die witzigsten Autoren erzeugen
das kaum bemerkbarste Lächeln.
Friedrich Nietzsche, Menschliches, Allzumenschliches

Ein Autor muss
mit gleicher Bescheidenheit Lob
und Tadel seiner Werke hinnehmen.
Jean de La Bruyère, Die Charaktere

Es fruchtet nichts, wenn ein Autor
die Nachsicht des Publikums erfleht;
die geschehene Veröffentlichung entlarvt seine vorgespielte Bescheidenheit.
Stendhal, Über die Liebe (Vorwort)

Es hat der Autor, wenn er schreibt,
So was Gewisses, das ihn treibt.
Johann Wolfgang von Goethe, An Personen

Es ist leicht, einen Autor zu kritisieren,
schwer, ihn richtig zu verstehen.
Luc de Clapiers Marquis de Vauvenargues,
Reflexionen und Maximen

Ist es die Bestimmung des Autors,
die Poesie und die Philosophie unter
den Menschen zu verbreiten und fürs
Leben und aus dem Leben zu bilden:
so ist Popularität seine erste Pflicht
und sein höchstes Ziel.
Friedrich Schlegel, Über die Philosophie

Körnige Gedrängtheit, Ruhe und Reife
– wo du diese Eigenschaften
bei einem Autor findest,
da mache Halt und feiere ein Fest
mitten in der Wüste:
Es wird dir lange nicht wieder
so wohl werden.
Friedrich Nietzsche, Menschliches, Allzumenschliches

Man würde weniger Gedanken
eines Werkes ablehnen,
wenn man sie
wie der Verfasser auffasste.
Luc de Clapiers Marquis de Vauvenargues, Reflexionen
und Maximen

Manche Kritiker
fassen jene Autoren am härtesten an,
deren Bücher sie
nicht angefasst haben.
Gabriel Laub

Manche Menschen
verlangen von einem Autor,
dass er sie in ihren Meinungen
und Gefühlen festige,
und andere bewundern ein Werk nur,
wenn es alle ihre Ideen umstürzt
und keines ihrer Prinzipien
gelten lässt.
Luc de Clapiers Marquis de Vauvenargues,
Nachgelassene Maximen

Mir will das kranke Zeug
nicht munden,
Autoren sollen erst
gesunden.
Johann Wolfgang von Goethe, Sprüche

Niemand auf der Welt
ist so wehrlos wie ein toter Autor
gegen einen lebenden Regisseur.
Laurence Olivier

Noch perverser,
als wenn Autoren für Kritiker schreiben,
ist es, wenn sie es für Autoren tun.
Peter Rühmkorf

Über das Ausmaß seines Talents
wird uns ein gewandter Autor
zuweilen zu betrügen imstande sein,
nie jedoch über den Grad des Interesses,
das er selbst seinem Problem
und seinen Gestalten entgegenbringt.
Arthur Schnitzler, Buch der Sprüche und Bedenken

Wäre ich Verleger, ich würde zuver-
sichtlichen Autoren misstrauen.
Ein Autor hat seine Zuversicht ver-
braucht, wenn er aus Papier
Manuskript gemacht hat.
Heinrich Böll

Welcher Autor darf sagen,
dass der Gedanke an die Oberflächlichkeit der meisten Leser
ihm stets ein peinlicher
und nicht mitunter auch
ein tröstlicher sei?
Marie von Ebner-Eschenbach, Aphorismen

Wenn ein Autor behauptet,
sein Leserkreis habe sich verdoppelt,
liegt der Verdacht nahe,
dass der Mann geheiratet hat.
William Beaverbrook

Wenn einem Autor der Atem ausgeht,
werden die Sätze nicht kürzer,
sondern länger.
John Steinbeck

Wenn einem Autor
ein Lexikon nachkommen kann,
so taugt er nichts.
Johann Wolfgang von Goethe,
Maximen und Reflexionen

Wenn sich ein Autor
so wenig wandelte
wie seine Leser,
wäre der Schriftstellerberuf
unmöglich.
John Steinbeck

Wer einem Autor
Dunkelheit vorwerfen will,
sollte erst sein eigen Inneres beschauen,
ob es denn da auch recht hell ist:
In der Dämmerung
wird eine sehr deutliche Schrift
unlesbar.
Johann Wolfgang von Goethe,
Maximen und Reflexionen

Wir finden in den Büchern
immer nur uns selbst.
Komisch, dass dann allemal
die Freude groß ist
und wir den Autor zum Genie erklären.
Thomas Mann

Wir sind machtlos, wir Autoren,
aber ohnmächtig sind wir nicht.
Heinrich Böll

Zu viele Autoren
gleichen Fischen oder Vögeln,
die in dieselbe Richtung schwimmen
oder fliegen wollen,
gleichzeitig den Kurs ändern
und sich in derselben Jahreszeit
gleich verhalten.
Peter Ustinov, Peter Ustinovs geflügelte Worte

Autorität

Autorität kann zwar demütigen,
aber nicht belehren;
sie kann die Vernunft niederschlagen,
aber nicht fesseln.
Johann Georg Hamann, Golgatha und Scheblimini

Autorität:
Ohne sie kann der Mensch
nicht existieren, und doch bringt sie
ebenso viel Irrtum als Wahrheit
mit sich. Sie verewigt im Einzelnen,
was einzeln vorübergehen sollte,
lehnt ab und lässt vorübergehen,
was festgehalten werden sollte,
und ist hauptsächlich Ursache,
dass die Menschheit nicht vom
Flecke kommt.
Johann Wolfgang von Goethe,
Maximen und Reflexionen

Das Publikum sieht sich
nach Autoritäten um,
und es hat Recht.
Johann Wolfgang von Goethe,
Tiecks Dramaturgische Blätter

Das unfehlbarste Mittel, Autorität
über die Menschen zu gewinnen,
ist, sich ihnen nützlich zu machen.
Marie von Ebner-Eschenbach, Aphorismen

Der Zeit nach
kommt die Autorität zuerst;
den sachlichen Vorrang aber
hat die Vernunft.
Aurelius Augustinus, Über das glückselige Leben

Die Autorität zwingt,
aber die Vernunft überzeugt
zum Gehorsam.
Armand-Jean du Plessis Herzog von Richelieu,
Politisches Testament

Die Gesetztheit des Menschen
ist die Fassade seiner Seele:
Sie besteht nicht
in der Unbeweglichkeit des Dummen,
wie es der Leichtsinn haben möchte,
sondern in einer sehr ruhigen Autorität.
Ihre Reden sind Sentenzen,
ihr Wirken gelingende Taten.
Baltasar Gracián y Morales,
Handorakel und Kunst der Weltklugheit

Die Völker beten die Autorität an.
Charles Baudelaire, Tagebücher

Es gibt kaum etwas Empörenderes
als die sklavische Furcht,
die der Autoritätsglaube
dem Menschen einprägt und einbrennt;
ein Gefühl, dessen blasse Nachtschatten
bis in die späte Reife des Denkenden
hineinreichen. Wie lange währt es,
bis man diese beschämenden
Fußfesseln des freien Gedankens
nicht nur ganz abgeschüttelt,
nein, auch sich völlig aus den Augen
geschafft hat!
Christian Morgenstern, Stufen

Glaube an Autoritäten bewirkt,
dass Fehler der Autoritäten
zu Vorbildern werden.
Leo N. Tolstoi, Tagebücher (1896)

In Wahrheit
verdient den Hass des Volkes
jene Art von Autorität,
die Einzelne sich anmaßen,
nicht aber jene,
die sie sich durch Großmut,
Geneigtheit und Hochsinn erwerben.
Niccolò Machiavelli, Geschichte von Florenz

Jede Gewalt, die sich erheben will,
muss sich auf ein großes Verdienst
gründen. Erst wirkliche Verdienste
gewähren Autorität.
Leopold von Ranke, Französische Geschichte

Jede verfassungsmäßige Autorität soll
ihre Weite und ihre Grenzen lieben.
Joseph Joubert, Gedanken, Versuche und Maximen

Jeder schützt sich durch Berufung
auf eine hohe Autorität.
Lukan, Der Bürgerkrieg

Nichts bringt solche Verwirrung
in die Vorstellungen von der Kunst
wie der Glaube an Autoritäten.
Leo N. Tolstoi, Tagebücher (1896)

Überall, wo es einen Mann gibt,
der Autorität ausübt,
gibt es auch einen,
der seiner Autorität widerstrebt.
Oscar Wilde,
Die Seele des Menschen unter dem Sozialismus

Um mich für meine Autoritäts-
verachtung zu bestrafen,
hat mich das Schicksal
selbst zu einer Autorität gemacht.
Albert Einstein, in: P. C. Aichelburg / R. U. Sexl (Hg.),
Albert Einstein

Versuche,
die eigne Autorität zu fundieren:
Sie ist überall begründet,
wo Meisterschaft ist.
Johann Wolfgang von Goethe,
Maximen und Reflexionen

Willst du einen Menschen
kennen lernen,
so gib ihm Autorität.
Sprichwort aus Bulgarien

Axt

Am Walde hätte
nicht die Axt so leichtes Spiel,
Hätt' ihr der Wald nicht
selbst geliefert ihren Stiel.
Friedrich Rückert, Die Weisheit des Brahmanen

Die Axt im Haus
ersetzt den Scheidungsrichter.
Robert Lembke, Steinwürfe im Glashaus

Die Axt im Haus
erspart den Zimmermann.
Friedrich Schiller, Wilhelm Tell (Tell)

Ein Buch muss die Axt sein
für das gefrorene Meer in uns.
Franz Kafka

Man kann einen Menschen
mit einer Wohnung genau so töten
wie mit einer Axt.
Heinrich Zille

B

Baby

Babys sind süße, rosige Geschöpfchen,
die man unausgesetzt herzen
und kosen möchte,
damit sie endlich zu brüllen aufhören.
Ephraim Kishon, Kishon für alle Fälle

Ein Baby ist der Mutter Anker;
weiter als das Ankertau
kann sie nicht kreisen.
Sprichwort aus den USA

Glücklicher Säugling!
Dir ist ein unendlicher Raum
noch die Wiege.
Werde ein Mann,
und dir wird eng die unendliche Welt.
Friedrich Schiller, Das Kind in der Wiege

Bach

Aus kleinen Bächen
werden große Flüsse.
Sprichwort aus Frankreich

Die kleinen Bächlein
laufen in die großen.
Deutsches Sprichwort

Plaudre weiter, Bach,
in dieser deiner Sprache –
ich will von dir lernen,
bei dir verweilen,
von dir empfangen.
Walt Whitman, Tagebuch (1876)

Bach, Johann Sebastian

Bach ist oftmals zutiefst bewegend
und leidenschaftlich,
aber er schildert
keine persönlichen Leidenschaften
und will auch keine persönlichen
Überzeugungen übermitteln.
Er spricht für das Menschliche
und Zeitlose.
Yehudi Menuhin, Lebensschule

Für Bach
war alles in der Musik Religion;
sie zu schreiben
war ein Glaubensbekenntnis;
sie zu spielen
ein Gottesdienst.
Jede Note war nur an Gott gerichtet.
Das trifft auf alle Teile
seines Werkes zu,
wie weltlich auch immer
ihr Verwendungszweck gewesen war
(...).
Leonard Bernstein, Freude an der Musik

Backen

Das nackte Kind, das zagt nicht;
Mit seinem Pfennig springt es fort
Und kennt recht gut den Sammelort,
Ich meine des Bäckers Laden.
Johann Wolfgang von Goethe, Gott und Welt

Erst kneten, dann backen.
Deutsches Sprichwort

Ohne Mehl und Wasser ist übel backen.
Deutsches Sprichwort

Bad

Eine kleine Liebschaft ist das Einzige,
was uns einen Badeaufenthalt
erträglich machen kann;
sonst stirbt man vor Langerweile.
Johann Wolfgang von Goethe, überliefert von
Johann Peter Eckermann (Gespräche mit Goethe)

Es badet sich die Kräh mit allem Fleiß
Und kann doch niemals werden weiß.
Freidank, Bescheidenheit

Es lächelt der See, er ladet zum Bade.
Friedrich Schiller, Wilhelm Tell (Fischerknabe)

Frühmorgens in der Wanne geht es los.
Man sitzt und wünscht sich,
nie mehr aufzustehen.
Erich Kästner, Dr. Erich Kästners lyrische Hausapotheke

Neue Bäder heilen gut.
Georg Christoph Lichtenberg, Sudelbücher

Preise deiner Gattin die Kunst,
durch die Frauen
von berühmter Schönheit
sich diese zu erhalten wussten,
weil sie mehrere Male täglich
in Milch oder in einem Wasser badeten,
das durch eigentümliche Zusätze
die Haut zarter machte
und das Nervensystem schwächte.
Honoré de Balzac, Physiologie der Ehe

Schriftsteller, die ununterbrochen
den Tiefgang suchen,
kommen mir vor
wie Taucher in einer Badewanne.
Alfred Polgar

Verboten sei es deiner Frau,
anderswo ein Bad zu nehmen
als in der eigenen Wohnung.
Honoré de Balzac, Physiologie der Ehe

Wenn in tausend Jahren
künftige Generationen
die Reste unserer Kultur ausgraben –
was werden sie dann finden?
Badewannen und Spülmaschinen.
Frank Lloyd Wright

Wer gerne mal
angerufen werden möchte,
braucht nur
in die Badewanne zu gehen.
Robert Lembke, Das Beste aus meinem Glashaus.
Humoristisches und Satirisches

Wie wird das Wasser
so unrein nach dem Bade!
Ja, ich hab's vergessen,
dass Haut und Fleisch von Dreck sein.
Martin Luther, Tischreden

Zu vieles Baden
bringt tödlichen Schaden.
Sprichwort aus Spanien

Bahn

Ein jeglicher
versucht sein Glück,
Doch schmal
ist nur die Bahn zum Rennen.
Friedrich Schiller, Das Spiel des Lebens

Fortschritt in der Politik
ist manchmal nur das Gefühl, das man
in einem stehenden Eisenbahnzug hat,
wenn nebenan ein anderer fährt.
George Brown

Nichts soll mich fortan
aus meiner Bahn schleudern.
Alma Mahler-Werfel, Mein Leben

Wir sitzen alle im gleichen Zug
und viele im falschen Coupé.
Erich Kästner

Ball

Beim Ballspiel benutzen alle
den gleichen Ball,
aber einer bringt ihn
am besten ins Ziel.
Blaise Pascal, Pensées

Ein gut gespielter Ball
findet immer sein Loch.
Deutsches Sprichwort

Einer Gesellschaft,
die man damit unterhalten kann,
dass zwei Menschen
einen Ball hin und herschlagen,
ist alles zuzutrauen.
Manfred Rommel

Einer wird den Ball aus der Hand
der furchtbar Spielenden nehmen.
Nelly Sachs, Gedichte

Trifft dich des Schicksals Schlag,
so mach es wie der Ball:
Je stärker man ihn schlägt,
je höher fliegt er all.
Friedrich Rückert, Die Weisheit des Brahmanen

Ball (Tanzfest)

Ich begreife nicht,
warum eine hässliche Frau
auf einem Ball erscheint;
das ist ein Widersinn.
Sully Prudhomme, Intimes Tagebuch

Nichts begünstigt
das Entstehen einer Liebe mehr,
als wenn ein eintöniges Leben
durch einige selten stattfindende Bälle
unterbrochen wird; gute Mütter,
die Töchter zu vergeben haben,
wissen das zu schätzen.
Stendhal, Über die Liebe

Ballett

Allgemein wird behauptet,
dass Balletttänzerinnen
über neunzig Jahre alt werden.
Das ist nicht unbedingt angenehm.
Margot Fonteyn

Ihr alle, die ihr euch wünscht,
eine Balletteuse zur Geliebten zu haben,
hofft nur nicht,
dass sie sich euch je hingeben wird!
Glaubt es mir:
Eine Balletteuse
gibt sich nur auf der Bühne hin!
Edgar Degas

Wen ergötzt nicht die Ansicht
großer theatralischer Ballette?
Johann Wolfgang von Goethe,
Ornamente und Gemälde aus Pompeji

Banalität

Ein neuer Gedanke –
das ist meist eine uralte Banalität
in dem Augenblick,
da wir ihre Wahrheit
an uns selbst erfahren.
Arthur Schnitzler, Buch der Sprüche und Bedenken

Ich bin lieber unhöflich als banal.
Jules Renard, Ideen, in Tinte getaucht.
Aus dem Tagebuch von Jules Renard

Nichts hat im modernen Leben
eine solche Wirkung
wie eine gute Banalität.
Oscar Wilde, Ein idealer Gatte

Nichts ist so banal
wie ein normaler Zustand.
Jules Renard, Ideen, in Tinte getaucht.
Aus dem Tagebuch von Jules Renard

Band

Alles Heilige ist ein Band, eine Fessel.
Max Stirner, Der Einzige und sein Eigentum

Eine gemeinschaftlich genossne Jugend
ist ein unzerreißliches Band.
Novalis, Heinrich von Ofterdingen

Wer nie in Banden war,
weiß nichts von Freiheit.
Jakob Boßhart, Bausteine zu Leben und Zeit

Bankier

Als erstes im Bankgeschäft
lernt man den Respekt vor Nullen.
Carl Fürstenberg

Die Frau eines Bankiers
ist stets eine anständige Frau.
Honoré de Balzac, Die Physiologie der Ehe

Ein wahrer Philosoph
verzeiht seinen Mangel an Vermögen
der Gesellschaft mit derselben Ruhe,
mit der ein reicher Bankier der Natur
einen Mangel an Geist nachsieht.
Antoine Comte de Rivarol, Maximen und Reflexionen

Es gibt nicht einen Menschen
auf der ganzen Welt,
der von Banken und Industrie lebt.
Knut Hamsun, August Weltumsegler

Mein Bankier ist der liebe Gott.
Mutter Teresa

Nur die Handelsleute,
besonders die Bankiers wissen,
was wir wollen,
und werden reich dadurch,
wenn auch gleich manche
durch falsche Spekulation
zugrunde gehen.
Johann Wolfgang von Goethe, Briefe
(an K. F. von Reinhard, 8. Mai 1811)

Bankrott

Die Lebenslüge manchen Staates
wie manchen Individuums:
Dass sie den Bankrott noch erwarten,
ja sogar sein Ausbleiben
noch für möglich halten zu einer Zeit,
da sie schon mitten darinnen stehen.
Arthur Schnitzler, Buch der Sprüche und Bedenken

Unbedingte Tätigkeit,
von welcher Art sie sei,
macht zuletzt bankrott.
Johann Wolfgang von Goethe,
Maximen und Reflexionen

Wie ehemals den Jüngsten Tag,
so prophezeit man jetzt
den universellen Staatsbankrott,
jedoch ebenfalls mit der
zuversichtlichen Hoffnung,
ihn nicht selbst zu erleben.
Arthur Schopenhauer, Zur Rechtslehre und Politik

Bär

Alle kennen den Bär,
aber der Bär kennt keinen.
Sprichwort aus Finnland

Im Walde ist der Bär Oberpriester.
Sprichwort aus Russland

Man soll die Bärenhaut nicht verkaufen,
ehe der Bär gestochen ist.
Deutsches Sprichwort

Barbara (4.12.)

Geht Barbara im Klee,
kommt das Christkind im Schnee.
Bauernregel

Barbarei

Amerika –
die Entwicklung
von der Barbarei zur Dekadenz
ohne Umweg über die Kultur.
Georges Clemenceau

Barbarei und Zivilisation –
Vorgericht und Nachspeise der Kultur.
Emil Gött, Im Selbstgespräch

Darin besteht ja
das Wesen der Zivilisation und Barbarei,
dass die Menschen
nicht an ihren richtigen Platz kommen.
Paul Ernst, Zusammenbruch und Glaube

Das Prompte ist das Barbarische.
Günther Anders,
Lieben gestern. Notizen zur Geschichte des Fühlens

Der Barbar beherrscht;
der gebildete Überwinder bildet.
Johann Gottfried Herder, Ideen zur Philosophie
der Geschichte der Menschheit

Die Barbarei ist der Prunktitel,
den sich die Rohheit beilegt.
André Suares

Die zivilisiertesten Völker
sind der Barbarei so nahe
wie das geschliffenste Eisen dem Rost.
Völker wie Metalle
glänzen nur an der Oberfläche.
Antoine Comte de Rivarol, Maximen und Reflexionen

Entscheidender Energieunterschied:
Die Barbarei will siegen,
die Zivilisation möchte nicht verlieren.
Emil Gött, Im Selbstgespräch

»Er soll dein Herr sein«
ist die Formel einer barbarischen Zeit,
die lange vorüber ist.
Johann Wolfgang von Goethe,
Die guten Weiber (Seyton)

Man muss offenbar wie die Amerikaner
direkt von der Barbarei
in die Dekadenz gesprungen sein,
um eine Klatschkultur
entwickeln zu können.
Wolf Wondratschek

Solange es jedoch
auf dieser Welt Barbaren geben wird
oder Völker mit starken, vollen,
überzeugenden, standhaften
und von der Vernunft noch nicht
berührten Wahnvorstellungen,
müssen die zivilisierten Völker
ihnen zum Opfer fallen.
Giacomo Leopardi, Gedanken aus dem Zibaldone

Trotz unserer reinen Sprache,
trotz unserer großen Gesuchtheit
in der Kleidung, trotz gepflegter Sitten,
trefflicher Gesetze und weißer Hautfarbe
sind wir in den Augen mancher Völker
Barbaren.
Jean de La Bruyère, Die Charaktere

Und wer der Dichtkunst Stimme
nicht vernimmt, ist ein Barbar,
er sei auch, wer er sei.
Johann Wolfgang von Goethe, Torquato Tasso (Alfons)

Wie groß ist der Unterschied zwischen
der Barbarei vor der Kultur
und der Barbarei nach der Kultur!
Friedrich Hebbel, Tagebücher

Barmherzigkeit

Barmherzigkeit
beginnt im eigenen Haus.
Sprichwort aus England

Barmherzigkeit
ist leichter zu üben als Gerechtigkeit.
Sully Prudhomme, Gedanken

Barmherzigkeit macht viele Freunde.
Deutsches Sprichwort

Der Sieg soll nie
ohne Übung der Barmherzigkeit sein.
Kaiser Karl V., überliefert von Julius Wilhelm Zincgref
(Apophthegmata)

Die Alten und die Weisen,
die daran denken, dass auch ihnen
Übles widerfahren kann,
sowie die Schwachen und Furchtsamen
sind eher barmherzig.
Jene hingegen,
die sich für glücklich halten
und für so mächtig, dass ihnen
nichts Böses widerfahren könne,
erbarmen sich nicht so leicht.
Thomas von Aquin, Summa theologica

Die Barmherzigkeit
ist das Rechtsgefühl der Sinnlichkeit.
Ludwig Feuerbach, Das Wesen des Christentums

Die Barmherzigkeit
ruft eine Menge von Sünden hervor.
Oscar Wilde,
Die Seele des Menschen unter dem Sozialismus

Doch sitzt ja selbst
bei Zeus auf seinem Thron
Als Anwalt jeder Schuld
Barmherzigkeit.
Sophokles, Ödipus auf Kolonos (Polyneikes)

Geben ist seliger denn Nehmen:
das Motto der Barmherzigen
und der Boxer.
Harold Pinter

Gerechtigkeit ohne Barmherzigkeit
ist Grausamkeit;
Barmherzigkeit ohne Gerechtigkeit
ist die Mutter der Auflösung.
Thomas von Aquin,
Kommentar zum Matthäus-Evangelium

Hoch ist der Doppelgewinn zu schätzen:
Barmherzig sein
und sich zugleich ergötzen.
Johann Wolfgang von Goethe, Faust II (Nereus)

Nicht die Armseligkeit
macht den Menschen selig,
sondern die Barmherzigkeit.
Bernhard von Clairvaux, Über die Bekehrung

Selig die Barmherzigen,
denn sie werden Erbarmen finden.
Neues Testament, Matthäus 5, 7 (Jesus: Bergpredigt)

Sogar in Gottes Zorn ist Barmherzigkeit.
Talmud

Straf' muss sein,
doch soll Barmherzigkeit vorgehen.
Julius Wilhelm Zincgref,
Apophthegmata (Georg von Liegnitz-Brieg)

Wo die Barmherzigkeit und Klugheit ist,
da ist nicht Verschwendung
noch Täuschung.
Franz von Assisi, Von der Kraft der Tugenden

Barnabas (11.6.)

Sankt Barnabas
nimmer die Sichel vergaß,
hat den längsten Tag
und das längste Gras.
Bauernregel

Bart

Am Bart des Toren
lernt der Barbier rasieren.
Sprichwort aus Spanien

Beim Filmen erweist sich
ein Bart als praktisch.
Jeden Morgen spart man eine Stunde
bei der Maske und kann deshalb
länger schlafen. Nimmt man
einen durchschnittlichen Film,
summiert sich das auf etwa
hundert zusätzliche Stunden Schlaf.
Kein Film gestattet seinem Publikum,
so lange zu schlafen.
Peter Ustinov, Peter Ustinovs geflügelte Worte

Besser einmal im Jahr gebären,
als täglich den Bart zu scheren.
Sprichwort aus Russland

Der große Vorteil der Bärte liegt darin,
dass man nicht mehr viel
von den Gesichtern sieht.
John Wayne

Ein Bart
macht noch lange keinen Philosophen.
Aulus Gellius, Attische Nächte

Ein Mann ohne Bart
ist wie ein Brot ohne Kruste.
Sprichwort aus Lettland

Ein Mann,
dem keine Barthaare sprießen,
ist nur mit Vorsicht zu genießen.
Sprichwort aus Spanien

Für die Laus ist ein Bart
schon ein großer Wald.
Chinesisches Sprichwort

Gut eingeseift ist halb rasiert.
Sprichwort aus Frankreich

Käme es auf den Bart an,
so könnte die Ziege predigen.
Sprichwort aus Dänemark

Ohne Schnurrbart
ist ein Mann nicht richtig angezogen.
Salvador Dalí

Wem noch kein Bart gewachsen ist,
der steht noch nicht fest im Leben.
Chinesisches Sprichwort

Wer einen Bart hat,
ist mehr als ein Jüngling,
und wer keinen hat,
weniger als ein Mann.
William Shakespeare, Viel Lärm um nichts (Beatrice)

Bartholomäus (24.8.)

Bartholomäus hat's Wetter parat
für den Herbst bis zur Saat.
Bauernregel

Bleiben die Störche
noch nach Bartholomä,
kommt ein Winter,
der tut nicht weh.
Bauernregel

Wie sich Bartelmäus hält,
so ist der ganze Herbst bestellt.
Bauernregel

Bauch

Der Bauch gibt keinen Kredit.
Sprichwort aus Dänemark

Der Bauch ist ein böser Ratgeber.
Deutsches Sprichwort

Der Mund
ist des Bauches Henker und Arzt.
Deutsches Sprichwort

Der Teufel greift die Leute am Bauch an,
wo sie am weichsten sind.
Deutsches Sprichwort

Ein fetter Bauch bringt
keine zarten Empfindungen hervor.
Hieronymus, Briefe

Es bringt nichts,
den Bauch einzuziehen,
wenn man auf der Waage steht.
Fritz Herdi

Fernsehen:
durch die Augen direkt in den Bauch –
unter Auslassung des Kopfes.
Günter Gaus

Flirtende Ehemänner am Strand
sind keine Gefahr,
denn sie schaffen es nicht lange,
den Bauch einzuziehen.
Heidi Kabel

Ist der Bauch satt, so ist das Herz froh.
Deutsches Sprichwort

Mit vollem Bauch
ist gut Fastenpredigt halten.
Deutsches Sprichwort

Wie schwer ist's doch,
zum Bauche zu sprechen,
der keine Ohren hat!
Cato der Ältere, überliefert bei Plutarch (Königs-
und Feldherrnsprüche)

Wir wollen auf Erden glücklich sein,
Und wollen nicht mehr darben;
Verschlemmen soll nicht
der faule Bauch
Was fleißige Hände erwarben.
Heinrich Heine, Deutschland. Ein Wintermärchen

Bauen

Alle Baukunst bezweckt
eine Einwirkung auf den Geist,
nicht nur einen Schutz für den Körper.
John Ruskin

Alle großen Gebäude
verfallen mit der Zeit,
sie mögen mit Kunst und Zierraten,
oder ohne Kunst und Zierraten
gebauet sein.
Gotthold Ephraim Lessing,
Das Neueste aus dem Reiche des Witzes

Auf einem guten Boden
kann man einen guten Bau aufführen,
und der beste Boden
und Baugrund auf Erden
ist das Geld.
Miguel de Cervantes Saavedra, Don Quijote

Bau deine Hütte am Straßenrand,
und du wirst in drei Jahren
noch nicht fertig sein.
Chinesisches Sprichwort

Bauen ist eine Lust, nur kostet es Geld.
Deutsches Sprichwort

Bauen macht den Beutel schlapp.
Deutsches Sprichwort

Baulust Geldverlust.
Jüdische Spruchweisheit

Bei jeder Art von Größe
besteht der bleibende Ruhm darin,
den Grundstein gelegt zu haben.
Ernest Renan, Das Leben Jesu

Die Fürsten
schaffen sich Unsterblichkeit
durch ihre Bauten.
Heraklit

Die moderne Bauschablone
Will mir wahrlich gar nicht passen.
Rainer Maria Rilke, Larenopfer

In den Bau der Welt
taugt nur der abgeschliffene Stein.
Johann Heinrich Pestalozzi,
Meine Nachforschungen über den Gang der Natur

Man muss die Gerüste wegnehmen,
wenn das Haus gebaut ist.
Friedrich Nietzsche, Menschliches, Allzumenschliches

Narren bauen Häuser,
der Kluge kauft sie.
Deutsches Sprichwort

Seht diese Flanken, die Strebepfeiler,
Die stehn, wie für die Ewigkeit gebaut.
Friedrich Schiller, Wilhelm Tell (Steinmetz)

Spitzbögiger Zenith erhebt den Geist;
Solch ein Gebäu erbaut uns allermeist.
Johann Wolfgang von Goethe, Faust II (Architekt)

Was Hände bauten,
können Hände stürzen.
Friedrich Schiller, Wilhelm Tell (Tell)

Wenn die Menschen
nicht in Etagen wohnten,
so wäre die halbe Erde
schon mit Häusern angefüllt,
so bauen wir schon in der Luft,
wo wir nicht hingehören.
Georg Christoph Lichtenberg, Sudelbücher

Wenn ein Gewölbe sich
dem Schlussstein anvertraut,
Dann ist's mit Sicherheit
für ew'ge Zeit erbaut.
Johann Wolfgang von Goethe, Faust II (Kaiser)

Wer bauen will,
muss zwei Pfennige für einen rechnen.
Deutsches Sprichwort

Wer eine Hütte baut,
fängt nicht mit dem Strohdach an.
Chinesisches Sprichwort

Willst du um den Bau nicht weinen,
baue nur mit eignen Steinen.
Deutsches Sprichwort

Zeige mir, wie du baust,
und ich sage dir, wer du bist.
Christian Morgenstern

Bauer

Als Soldat
fürchte dich nicht vor dem Tod,
als Bauer
fürchte dich nicht vor dem Dung.
Chinesisches Sprichwort

Bauern machen Fürsten.
Deutsches Sprichwort

Bauernschlau, pfiffig, geweckt sein
bedeutet, dass diese Intelligenz
Tempo hat.
Oswald Spengler, Urfragen.
Fragmente aus dem Nachlass

Besser ein gesunder Bauer
denn ein kranker Kaiser.
Deutsches Sprichwort

Besser ein reicher Bauer
denn ein armer Edelmann.
Deutsches Sprichwort

Den Bauern erkennt man an der Gabel,
den Advokaten am Schnabel.
Deutsches Sprichwort

Der Bauer hofft auf Regen,
der Wanderer auf klaren Himmel.
Chinesisches Sprichwort

Der Bauer, der die ganze Arbeit tut,
soll als Erster seinen Teil
von der Ernte erhalten.
Neues Testament, Paulus (2 Timotheus 2, 6)

Die Not des Bauern
ist die Freude des Beamten.
Chinesisches Sprichwort

Die Schönheit
der bäuerlichen Denkweise
kommt aus einer vom künstlichen
städtischen Denken
unverdorbenen Ursprünglichkeit.
William Butler Yeats, Entfremdung

Ein Bauer ohne Büffel
ist wie ein Kaufmann ohne Kapital.
Chinesisches Sprichwort

Ein Bauer ohne Land
ist wie ein Literat ohne Bücher.
Chinesisches Sprichwort

Es leben die Soldaten,
Der Bauer gibt den Braten,
Der Winzer gibt den Most,
Das ist Soldatenkost.
Johann Wolfgang von Goethe,
Soldatenlied aus Wallensteins Lager

Geloben ist adlig, halten bäurisch.
Deutsches Sprichwort

Ich finde Sitten und Ansichten
der Bauern gewöhnlich richtiger –
im Sinne einer wahren Philosophie –
als Sitten und Ansichten
unserer Philosophen.
Michel Eyquem de Montaigne, Die Essais

Ich will im eigentlichsten Verstande
ein Bauer werden, mit einem
etwas wohlklingenderen Worte,
ein Landmann.
Heinrich von Kleist, Briefe
(an Wilhelmine von Zenge, 10. Oktober 1801)

Im Notfall
bindet der Bauer den Schuh mit Seide.
Gottfried Keller, Der grüne Heinrich

Je näher dem Kloster,
je ärmer der Bauer.
Deutsches Sprichwort

Nur unter Bauern
bin ich völlig natürlich,
das heißt wirklich Mensch.
Leo N. Tolstoi, Tagebücher (1884)

Was der Bauer nicht kennt,
das frisst er nicht.
Würde der Städter kennen,
was er frisst –
er würde umgehend Bauer werden.
Oliver Hassencamp

Wenn der Bauer klagt,
ist der Adlige immer im Recht.
Sprichwort aus Russland

Wenn der Bauer nicht muss,
rührt er weder Hand noch Fuß.
Deutsches Sprichwort

Wenn das Schwein satt ist,
will es weiter fressen;
wenn der Bauer reich ist,
will er weiter raffen.
Wsewolod Iwanow

Wer einen Bauern betrügen will,
muss einen Bauern mitbringen.
Deutsches Sprichwort

Wer sich Bauer nennt,
greife zur Hacke.
Chinesisches Sprichwort

Wo der Bauer arm ist,
ist das ganze Land arm.
Sprichwort aus Polen

Baum

Aber es ist mit dem Menschen
wie mit dem Baume.
Je mehr er hinauf
in die Höhe und Helle will,
umso stärker
streben seine Wurzeln erdwärts,
abwärts, ins Dunkle, Tiefe – ins Böse.
Friedrich Nietzsche, Also sprach Zarathustra

Ach, was nützt es,
das Laub zu begießen,
wenn der Baum
an seinem Fuße
durchhauen ist.
Jean-Jacques Rousseau,
Julie oder Die neue Héloïse (Julie)

An der Frucht erkennt man den Baum.
Deutsches Sprichwort

Auch der Baum,
auch die Blume
warten nicht bloß
auf unsere Erkenntnis.
Sie werben
mit ihrer Schönheit und Weisheit
aller Enden um Verständnis.
Christian Morgenstern, Stufen

Auch ein dürrer Baum
belebt die Landschaft.
Sprichwort aus Japan

Auch ein guter Baum
bringt ungleiches Obst.
Deutsches Sprichwort

Aus dem abgestorbenen Baum
wird immer noch ein tüchtiger Balken.
Paul Claudel, Der Bürge

Aus einem kleinen Samen
wird ein großer Baum.
Deutsches Sprichwort

Bäume pflanze im Frühling.
Chinesisches Sprichwort

Besser eine unreife Frucht am Baum
als eine faule Frucht unter dem Baum.
Chinesisches Sprichwort

Den Baum,
darunter man schauern will,
soll man ehren.
Deutsches Sprichwort

Der Baum selbst gibt zur Axt den Stiel,
Die seinem Leben setzt ein Ziel.
Jüdische Spruchweisheit

Der eine pflanzt den Baum,
der andre ißt die Pflaum'.
Deutsches Sprichwort

Der große Baum
braucht überall viel Boden;
Und mehrere, zu nah gepflanzt,
zerschlagen sich nur die Äste.
Gotthold Ephraim Lessing, Nathan der Weise (Nathan)

Die Bäume, die sich schmiegen,
stehn an ihren Zweigen unversehrt,
Und die sich sträuben,
kommen samt der Wurzel um.
Sophokles, Antigone

Die Bäume, die Sträucher, die Pflanzen
sind der Schmuck und das Gewand
der Erde.
Jean-Jacques Rousseau,
Träumereien eines einsamen Spaziergängers

Die Vorfahren pflanzten Bäume,
damit sich die Nachkommen
an ihrer Kühle freun.
Chinesisches Sprichwort

Dort in Sonne und Schatten
halte ich Äste oder schlanke Stämme
liebevoll umfasst,
ringe mit ihrer harmlosen Stärke
und weiß, dass die Lebenskraft
von ihnen auf mich übergeht.
Walt Whitman, Tagebuch (1877)

Ehre den Baum,
der dir Schutz gewährt.
Sprichwort aus Dänemark

Ein Baum, den man fällt,
poltert mehr
als ein Grashalm, den man mäht.
Chinesisches Sprichwort

Ein Baum,
dessen Zweige von unten bis oben,
die ältesten wie die jüngsten,
gen Himmel streben,
der seine dreihundert Jahre dauert,
ist wohl der Verehrung wert.
Johann Wolfgang von Goethe, Italienische Reise

Ein dürrer Baum
schlägt im Frühling wieder aus,
nur der Mensch ist zweimal jung.
Chinesisches Sprichwort

Ein einzelner Baum
gibt noch keinen Wald.
Chinesisches Sprichwort

Ein gefällter Baum
wirft keinen Schatten.
Chinesisches Sprichwort

Ein gepflegter und gehüteter Baum trägt
durch die gute Sorge seines Besitzers
seine Frucht zur rechten Zeit,
wie man es von ihm erwartet.
Juan de la Cruz, Merksätze von Licht und Liebe

Ein großer Baum zieht den Wind an.
Chinesisches Sprichwort

Ein guter Mann verletzt keinen Baum.
Sprichwort aus Galizien

Eine Kiefer mag in der Hitze verdorren,
doch sie geht nicht zum Wasser hinab.
Chinesisches Sprichwort

Eine Tempelhalle
ist nicht aus einem Baum gebaut.
Chinesisches Sprichwort

Eine Weide mag in Wasser ertrinken,
doch sie steigt nicht auf den Berg.
Chinesisches Sprichwort

Einen alten Baum
verpflanzt man nicht.
Deutsches Sprichwort

Entweder: Der Baum ist gut –
dann sind auch seine Früchte gut.
Oder: Der Baum ist schlecht –
dann sind auch seine Früchte schlecht.
An den Früchten also
erkennt man den Baum.
Neues Testament, Matthäus 12, 33 (Jesus)

Es dauert zehn Jahre, einen Baum,
aber hundert Jahre, einen Menschen
großzuziehen.
Chinesisches Sprichwort

Es duftet uns der Baum,
an den die Liebste pisst.
Deutsches Sprichwort

Es fällt kein Baum auf einen Hieb.
Deutsches Sprichwort

Es ist dafür gesorgt, dass die Bäume
nicht in den Himmel wachsen.
Deutsches Sprichwort

Es ist kein Baum, der nicht zuvor
ein Sträuchlein gewesen.
Deutsches Sprichwort

Es ist kein Baum so schön,
dass man dran hängen möchte.
Deutsches Sprichwort

Fälle nicht den Baum,
der dir Schatten spendet.
Sprichwort aus Arabien

Für Dachsparren braucht man Bäume,
doch nicht jeder taugt dafür.
Chinesisches Sprichwort

Gerade Bäume
wachsen in den Bergen,
aufrechte Menschen
gibt es nirgends auf der Welt.
Chinesisches Sprichwort

Gerade Bäume werden zuerst gefällt,
süße Brunnen werden zuerst geleert.
Chinesisches Sprichwort

Grau, teurer Freund, ist alle Theorie,
Und grün des Lebens goldner Baum.
Johann Wolfgang von Goethe, Faust I (Mephisto)

Große Bäume
geben mehr Schatten als Früchte.
Deutsches Sprichwort

Große Bäume werfen große Schatten.
Chinesisches Sprichwort

Gute Bäume tragen zeitig.
Deutsches Sprichwort

Hoher Baum fängt viel Wind.
Deutsches Sprichwort

Ich liebe Bäume,
denn, mehr als andere Dinge,
scheinen sie sich mit der Art,
in der sie leben müssen,
abgefunden zu haben.
Willa Cather, Neue Erde/Zwei Frauen

Ist ein Baum auch tausend Zhang hoch,
seine Blätter fallen doch zur Wurzel.
Chinesisches Sprichwort

Krumme Bäume
tragen so viel Obst als die geraden.
Deutsches Sprichwort

Man kann sich selbst
keine Bäume pflanzen.
Deutsches Sprichwort

Sag ich's euch, geliebte Bäume,
Die ich ahndevoll gepflanzt,
Als die wunderbarsten Träume
Morgenrötlich mich umtanzt?
Johann Wolfgang von Goethe, Sag ich's euch

Ein Baum
ist eine unerschöpfliche Quelle
wunderbarer Erkenntnisse.
Yehudi Menuhin,
Ich bin fasziniert von allem Menschlichen

Unter einem großen Baum
fällt kein Reif aufs Gras.
Chinesisches Sprichwort

Unter großen Bäumen ist gut ruhn.
Chinesisches Sprichwort

Vor Ziegenbock und Käferzahn
Soll man ein Bäumchen wahren!
Johann Wolfgang von Goethe,
Erklärung einer antiken Gemme

Während wir Menschen
uns durch Laute verständigen,
tun die Bäume es durch ihren Geruch:
Jede Gattung verströmt
ihren eigenen Duft.
Michail M. Prišvin, Fazelia

Wenn Agnes und Vincentus kommen,
wird neuer Saft im Baum vernommen.
Bauernregel

Wenn der Baum gefallen ist,
läuft jeder hin, um Holz zu holen.
Sprichwort aus Frankreich

Wenn der Baum gefällt ist,
rühmt man seinen Schatten.
Deutsches Sprichwort

Wenn der Baum zu welken anfängt,
tragen nicht alle seine Blätter
die Farbe des Morgenrots?
Friedrich Hölderlin, Hyperion

Wenn der Fürst einen Apfel will,
bringen seine Diener den ganzen Baum.
Deutsches Sprichwort

Weshalb sich um Brennholz sorgen,
wenn man einen großen Baum besitzt?
Chinesisches Sprichwort

Wie der Baum, so die Frucht.
Deutsches Sprichwort

Wie sollte man aus einem Baum
ein ganzes Haus bauen können?
Chinesisches Sprichwort

Baum der Erkenntnis

Aphorismen sind Hobelspäne
vom Baum der Erkenntnis.
Hanns-Hermann Kersten

Müssten wir wieder
von dem Baum der Erkenntnis essen,
um in den Stand der Unschuld
zurückzufallen? –
Allerdings, das ist das letzte Kapitel
von der Geschichte der Welt.
Heinrich von Kleist, Über das Marionettentheater

Bayern

Der Bayer hat ein irdisches Verhältnis
zur Religion und ein mystisches
zum Bier.
Johann-Baptist Metz

Hei, bayrisch Bier, ein guter Schluck
Sollt mir gar köstlich munden!
Ludwig Uhland, Roland Schildträger

Im bayerischen Alpenraum
ist man bis heute der Meinung,
Schweinebraten, Knödel und Bier
oder damit vergleichbare Gerichte
seien die besten Nahrungsmittel
für aktive Bergsteiger.
Franz X. Wagner, Bergtagebuch

Wenn wir Bayern
schon nicht deutsch reden,
so doch wenigstens deutlich.
Josef Ertl

Beamter

Amtleute geben dem Herrn ein Ei
und nehmen den Untertanen zwei.
Deutsches Sprichwort

Auch ein ehrlicher Beamter
kann es kaum vermeiden,
von falschen Dienern
umgeben zu sein.
Chinesisches Sprichwort

Beamte gibt es große und kleine,
doch ihre Büttel sind alle gleich.
Chinesisches Sprichwort

Bevor du einen Mandarin verhaftest,
verhafte erst seine Büttel.
Chinesisches Sprichwort

Drei Arten von Menschen
soll man nicht herausfordern:
Beamte, Kunden und Witwen.
Sprichwort aus den USA

Du kannst einen Beamten hintergehen,
doch hüte dich, ihn zu reizen.
Chinesisches Sprichwort

Ein Distriktvorsteher darf Brände legen,
aber dem Volk ist es nicht erlaubt,
eine Kerze anzuzünden.
Chinesisches Sprichwort

Ein ehrlicher Beamter
kommt nicht nach oben.
Chinesisches Sprichwort

Ein ehrlicher Beamter
reitet einen Klepper.
Chinesisches Sprichwort

Ein Mandarin kommt nie zur Ruhe,
ein Buddhamönch hat immer Muße.
Chinesisches Sprichwort

Ein Yamen ist so tief wie das Meer,
die Korruption so groß wie der Himmel.
Chinesisches Sprichwort

Einem gerechten Herrscher
steht der Himmel bei,
unter sauberen Beamten
lebt das Volk vom Frieden.
Chinesisches Sprichwort

Erst wenn
sämtliche Bürger Beamte sind,
nur Beamte und nichts als Beamte,
dann besteht vielleicht die Chance,
dass sich die Regierung etwas Neues
ausdenken muss.
Ephraim Kishon, Kishon für alle Fälle

Fette Beamte – dürre Bauern.
Chinesisches Sprichwort

Finanzbeamte sind Leute,
die genau das Doppelte
von dem glauben,
was man ihnen sagt.
Ugo Tognazzi

Je größer der Mandarin, desto größer
seine Schreiber und Boten.
Chinesisches Sprichwort

Je mächtiger
die parlamentarischen Einflüsse
auf das Staatsleben einwirken,
desto notwendiger ist meines Erachtens
eine straffe Disziplin im Beamtenstande.
Otto von Bismarck, Reden
(im Norddeutschen Reichstag, 28. März 1867)

Jeder Staatsbürger
ist ein Staatsbeamter.
Novalis, Glauben und Liebe

Jedermann will
den Amtsschimmel reiten.
Deutsches Sprichwort

Mit drei Ständen
hab ich nichts zu schaffen:
Mit Beamten, Gelehrten
und Pfaffen.
Franz Grillparzer, Gedichte

Mit schlechten Gesetzen
und guten Beamten
lässt sich immer noch regieren.
Bei schlechten Beamten aber
helfen uns die besten Gesetze nichts.
Otto von Bismarck, Briefe (an Wagner 1850)

Neue Schuhe
und neue Beamten
liegen härter an
als die alten.
Deutsches Sprichwort

Weil die Obrigkeiten
in der Schrift Götter heißen,
so meint jeder Amtmann,
er wäre ein Ölgötz.
Deutsches Sprichwort

Welche Philosophie
gibt die höchste Formel
für den Staatsbeamten?
Die Kants:
der Staatsbeamte als Ding an sich
zum Richter gesetzt
über den Staatsbeamten
als Erscheinung.
Friedrich Nietzsche, Götzen-Dämmerung

Wem das Leben fremd ist,
wer dazu unfähig ist,
dem bleibt nichts anderes,
als Beamter zu werden.
Anton P. Tschechow, Notizbücher

Wer Beamten folgt, isst ihren Reis.
Chinesisches Sprichwort

Wer Beziehungen zum Hofe hat,
kann leicht ein Beamter werden.
Chinesisches Sprichwort

Wer ein Leben lang Beamter war,
kommt siebenmal als Bettler
auf die Welt.
Chinesisches Sprichwort

Wie der Herrscher des Volkes,
so seine Beamten,
wie das Haupt der Stadt,
so ihre Bewohner.
Altes Testament, Jesus Sirach 10, 2

Bedächtigkeit

Bedächtige Reden
führen stets zum klügsten Ziel.
Euripides, Die Phönikierinnen (Jokaste)

Steile Berge hinansteigen,
fordert im Anfang langsame Schritte.
Deutsches Sprichwort

Tiefe Wasser fließen langsam,
würdige Menschen reden mit Bedacht.
Chinesisches Sprichwort

Bedauern

Bedauern
ist nur eine Form des Müßiggangs.
Saul Bellow

Es ist leichter, großzügig zu sein,
als es hinterher nicht zu bedauern.
Jules Renard, Ideen, in Tinte getaucht.
Aus dem Tagebuch von Jules Renard

Niemand will seiner Irrtümer wegen
bedauert werden.
Luc de Clapiers Marquis de Vauvenargues,
Reflexionen und Maximen

Unglücklichsein ist das halbe Unglück,
Bedauertwerden das ganze.
Arthur Koestler

Bedeutung

Das Bedeutende will jedermann,
nur soll es nicht unbequem sein.
Johann Wolfgang von Goethe,
Die Wahlverwandtschaften

Der bedeutende Mensch
ist ein Mensch,
an dem viele andre sich klar werden.
Er greift in ihr Unbewusstes
und stärkt dort das ihm Verwandte.
Christian Morgenstern, Stufen

Der Sinn wird gegeben,
die Bedeutung nur verliehen.
Elazar Benyoëtz

Es ist von grundlegender Bedeutung,
jedes Jahr mehr zu lernen
als im Jahr davor.
Peter Ustinov, Peter Ustinovs geflügelte Worte

Man müsste das Leben so einrichten,
dass jeder Augenblick
bedeutungsvoll ist.
Iwan S. Turgenjew, Väter und Söhne

Nicht die emanzipierte,
dem Mann gleichgestellte Frau,
sondern das Ewigweibliche
wird eine große Bedeutung gewinnen.
Nicolai A. Berdjajew

Nichts in der Welt ist unbedeutend.
Friedrich Schiller, Die Piccolomini (Seni)

Wenn einer nicht zu fragen pflegt:
Was hat das zu bedeuten?
Ich wüsste wirklich nicht,
was der noch für mich
zu bedeuten hätte.
Konfuzius, Gespräche

Woher einer kommt,
ist nahezu allen
von allergrößter Wichtigkeit.
Wohin einer geht,
ist nur bei ganz vereinzelten
von einer die Herkunft
überwiegenden Bedeutung.
Heimito von Doderer, Repertorium. Ein Begreifbuch
von höheren und niederen Lebens-Sachen

Bedingung

Das schlechthin Unbedingte wird
in der Erfahrung gar nicht angetroffen.
Immanuel Kant, Kritik der reinen Vernunft

Die Menschen sind
durch die endlichen Bedingungen
des Erscheinens dergestalt obruiert,
dass sie das eine Urbedingende
nicht gewahren können.
Johann Wolfgang von Goethe,
Maximen und Reflexionen

Bedrängnis

Das ist das Verhängnis: Zwischen
Empfängnis und Leichenbegängnis
nichts als Bedrängnis.
Erich Kästner, Dr. Erich Kästners lyrische Hausapotheke

Es ist angenehm, vom Land aus
bei stürmischer See und wilden Winden
die große Bedrängnis anderer zu sehen.
Lukrez, Von der Natur

Es ist gut, in Bedrängnis zu leben;
das wirkt wie eine gespannte Feder.
Charles de Secondat, Baron de la Brède
et de Montesquieu, Meine Gedanken

In der Bedrängnis ist es leicht,
das Leben zu verachten.
Martial, Epigramme

In der Bedrängnis
wende dich sofort
voll Vertrauen an Gott,
und du wirst gestärkt, erleuchtet
und belehrt.
Juan de la Cruz, Merksätze von Licht und Liebe

Rette den Bedrängten
vor seinen Bedrängern;
ein gerechtes Gericht
sei dir nicht widerwärtig.
Altes Testament, Jesus Sirach 4, 9

Zwei Welten sind es, meine Liebe, die,
Gewaltsam sich bekämpfend,
uns bedrängen.
Johann Wolfgang von Goethe,
Die natürliche Tochter (Sekretär)

Bedürfnis

Alles, was dem Bedürfnis ähnlich ist,
hat die Eigentümlichkeit,
dass man es viel weniger genießt,
wenn man es hat,
als es schmerzt,
wenn man es entbehrt.
Wilhelm von Humboldt, Briefe an eine Freundin

Am Ende existiert der Mensch
nur durch seine Bedürfnisse.
Friedrich Hebbel, Tagebücher

Auf dieser Erde ist alles
mit Bedürfnis umringt,
und wir sehnen uns mit aller Kreatur,
davon frei zu werden.
Johann Gottfried Herder, Über die Seelenwanderung

Das Arbeiten ist meinem Gefühl nach
dem Menschen so gut ein Bedürfnis
als Essen und Schlafen.
Wilhelm von Humboldt, Briefe an eine Freundin

Das Bedürfnis gilt als die Ursache
der Entstehung: In Wahrheit ist es oft
nur eine Wirkung des Entstandenen.
Friedrich Nietzsche, Die fröhliche Wissenschaft

Dass das menschliche Dasein
eine Art Verirrung sein müsse,
geht zur Genüge aus der einfachen
Bemerkung hervor,
dass der Mensch ein Konkrement
von Bedürfnissen ist, deren schwer
zu erlangende Befriedigung ihm doch
nichts gewährt als einen schmerzlosen
Zustand, in welchem er nur noch
der Langeweile preisgegeben ist.
Arthur Schopenhauer,
Nachträge zur Lehre von der Nichtigkeit des Daseins

Denn ein jeglicher denkt nur,
sich selbst und das nächste Bedürfnis
Schnell zu befriedigen und rasch,
und nicht des folgenden denkt er.
Johann Wolfgang von Goethe,
Hermann und Dorothea (7. Gesang)

Denn unser Leib hat einmal
den Fehler, dass er umso mehr
Bedürfnisse entdeckt,
je mehr er gepflegt wird.
Teresa von Ávila, Weg der Vollkommenheit

Denn was ist ein Bedürfnis,
das auf eine bestimmte Weise
befriedigt werden muss,
anders als eine Forderung?
Johann Wolfgang von Goethe, Briefe
(an Schiller, 7. Februar 1798)

Denn wenn das Herz ein Bedürfnis hat,
so ist es kalt gegen alles,
was es nicht befriedigt.
Heinrich von Kleist, Briefe
(an Wilhelmine von Zenge, 21. Mai 1801)

Der Erde Gott verlerne zu bedürfen,
Was ihm verweigert werden kann.
Friedrich Schiller, Dom Karlos (Großinquisitor)

Der Leib
hat so wie der Geist
seine Bedürfnisse.
Jean-Jacques Rousseau,
Abhandlung über die Wissenschaften und Künste

Der Mensch braucht wenig,
und an Leben reich
Ist die Natur.
Friedrich Schiller, Die Jungfrau von Orleans (Johanna)

Der Mensch ist voller Bedürfnisse:
Er liebt nur die, welche sie alle
befriedigen können.
Blaise Pascal, Pensées

Der Sklav seiner Bedürfnisse ist
die Beute aller, die ihn umgeben;
er schleppt eine Kette, an der man
ihn leiten kann, wohin man will.
Georg Forster, Über die Beziehung der Staatskunst
auf das Glück der Menschheit

Derjenige handelt
sehr unfreundschaftlich gegen mich,
der mir meinen Mangel zeigt,
ohne mir zugleich die Mittel zu zeigen,
wie ich meinen Mangel
ersetzen könne; der mich
zum Gefühl meiner Bedürfnisse bringt,
ohne mich in den Stand zu setzen,
sie zu befriedigen.
Hätte er mich lieber in meiner
tierischen Unwissenheit gelassen!
Johann Gottlieb Fichte,
Über die Bestimmung des Gelehrten

Die natürlichen Bedürfnisse
haben ihre Grenzen,
die aus einem Wahn
entstandenen finden kein Ende.
Seneca

Die Werbung schenkt uns
neue Bedürfnisse
und nimmt uns
Stück um Stück
die eigene Sprache.
Iring Fetscher

Ehe man vom Glück
der befriedigten Bedürfnisse redet,
sollte man entscheiden,
welche Bedürfnisse
das Glück ausmachen.
Leo N. Tolstoi, Tagebücher (1900)

Eine weitere Ursache unserer Armut
sind unsere neuen Bedürfnisse.
Voltaire, Der Mann mit den vierzig Talern

Erstlich das Haus und das Weib und
den pflügenden Ochsen bedarf man.
Hesiod, Werke und Tage

Es wäre von einigem Vorteil,
ein bedürfnisloses Grenzleben
zu führen, wenn auch inmitten
äußerlicher Zivilisation, bloß um
zu erfahren, welches die
gröberen Lebensbedürfnisse sind
und auf welche Weise man
zu ihnen gekommen sind.
Henry David Thoreau, Walden

Geschieht es nicht zu unserer Erhaltung,
dass die Natur uns
unsere Bedürfnisse empfinden lässt?
Jean-Jacques Rousseau, Emile

Gott gebe mir nur jeden Tag,
So viel ich darf, zum Leben.
Er gibt's dem Sperling auf dem Dach,
Wie sollt' er's mir nicht geben!
Matthias Claudius, Gedichte

Hat nicht die Frau die gleichen
Bedürfnisse, die der Mann hat,
ohne dass sie das gleiche Recht hat,
sie zu äußern?
Jean-Jacques Rousseau, Emile

Je mehr du eines
deiner Bedürfnisse befriedigst,
umso stärker wird es,
und je weniger du es befriedigst,
umso weniger macht es sich geltend.
Leo N. Tolstoi, Tagebücher (1847)

Jedes Bedürfnis, dessen wirkliche
Befriedigung versagt ist,
nötigt zum Glauben.
Johann Wolfgang von Goethe,
Die Wahlverwandtschaften

Kein Bedürfnis auf Erden
wird so häufig befriedigt
wie das Geltungsbedürfnis.
Hans Söhnker

Naturgegebene Bedürfnisse
sind beschränkt,
aus trügerischem Wunschdenken
entstehende wissen nicht,
wo sie aufhören sollen.
Lucius Annaeus Seneca, Briefe über Ethik

Nur durch Bedürfnisse
bin ich eingeschränkt –
oder einschränkbar.
Novalis, Fragmente

Selten kann man viel haben
von Menschen, derer man bedarf.
Luc de Clapiers Marquis de Vauvenargues,
Reflexionen und Maximen

Vieles wünscht sich der Mensch,
und doch bedarf er nur wenig.
Johann Wolfgang von Goethe,
Hermann und Dorothea (5. Gesang)

Von den Bedürfnissen
der bestehenden Gesellschaft
auf die der kommenden zu schließen,
ist ein Fehlschluss.
August Strindberg, Der Sohn der Magd

Wer klug sein will,
soll seine Bedürfnisse in
eine Rangordnung bringen und sie
gemäß dieser Ordnung befriedigen.
Freilich stört uns dabei die Begierde,
die uns vielen Dingen zugleich
nachjagen lässt, sodass wir
Wichtiges verfehlen,
weil wir nach Unwichtigem greifen.
François de La Rochefoucauld, Reflexionen

Wer vieler Dinge bedarf,
hat schon viel.
Aulus Gellius, Attische Nächte

Wer wenig bedarf,
der kommt nicht in die Lage,
auf vieles verzichten
zu müssen.
Plutarch, Von der Bezähmung des Zornes

Beerdigung

Etwas Gutes
hat die Beerdigung:
Sie söhnt die Familie
wieder aus.
Jules Renard, Ideen, in Tinte getaucht.
Aus dem Tagebuch von Jules Renard

Ich will dort begraben werden,
wo ich sterbe,
auf dem billigsten Friedhof,
falls es in einer Stadt ist,
und im billigsten Sarg –
wie Bettler beerdigt werden.
Am Grab sollen keine Blumen
und Kränze niedergelegt werden
und keine Reden gehalten werden.
Leo N. Tolstoi, Tagebücher (1895, Versuch eines Testaments: Verfügungen über die Beerdigung)

Wenn ein Politiker stirbt,
kommen viele nur deshalb
zur Beerdigung, um sicher zu sein,
dass man ihn wirklich begräbt.
Georges Clemenceau

Beethoven, Ludwig van

Beethoven, ein Gesang Gottes
vor sich selbst.
Christian Morgenstern, Stufen

Beethovens große Leistung ist die
außergewöhnliche Allgemeingültigkeit
seiner Aussage, eine Universalität,
die gleichermaßen teilhat
an der Wahrheit einer mathematischen
Gleichung und an der Wahrheit
allgemeinmenschlicher Erfahrung.
Yehudi Menuhin, Variationen

Bei Beethoven ist wie bei Shakespeare
das Gedankliche so vollkommen
formuliert, dass es sich nicht einfacher,
klarer, prägnanter oder schöner
ausdrücken ließe.
Yehudi Menuhin, Lebensschule

Für dich, armer Beethoven,
gibt es kein Glück von außen,
du musst dir alles
in dir selbst erschaffen,
nur in der idealen Welt
findest du Freunde.
Ludwig van Beethoven, Briefe

Früher rasierte man sich,
wenn man Beethoven hören wollte,
jetzt hört man Beethoven,
wenn man sich rasieren will.
Peter Bamm

Ich liebe Beethoven,
vor allem seine Gedichte.
Ringo Starr

Im ganzen Reich der Kunst wird man
keine Einfachheit finden, welche
derjenigen Beethovens gleichkommt.
Es ist eine Einfachheit, die umso
reiner strahlt, je verworrener
die menschlichen Gefühle sind,
die sie umfasst.
Leonard Bernstein,
Von der unendlichen Vielfalt der Musik

Mit Beethoven
hatte die Revolution
der Romantik bereits begonnen
und einen neuen Künstler, den
Künstler als Priester und Propheten,
hervorgebracht.
Leonard Bernstein, Musik – die offene Frage

Befehl

Befehle nicht,
wo dir die Macht gebricht!
Sophokles, Ödipus auf Kolonos (Kreon)

Das Frauenzimmer ist
aller Befehle und alles
mürrischen Zwanges unleidlich.
Sie tun etwas nur darum,
weil es ihnen so beliebt,
und die Kunst besteht darin,
zu machen, dass ihnen nur dasjenige
beliebe, was gut ist.
Immanuel Kant,
Über das Gefühl des Schönen und Erhabenen

Das wäre mir die rechte Höhe,
Da zu befehlen, wo ich nichts verstehe!
Johann Wolfgang von Goethe,
Faust II (Faust, Hochgebirg)

Die am meisten befehlen,
haben das geringste Vergnügen.
Sprichwort aus England

Die Stellung gibt dir nie das Recht
zu befehlen. Nur die Schuldigkeit,
so zu leben, dass andere
deinen Befehl annehmen können,
ohne erniedrigt zu werden.
Dag Hammarskjöld, Zeichen am Weg

Ein Fürst, der selbst aufrecht ist,
der braucht nicht zu befehlen,
und alles wird getan;
ein Fürst, der selbst nicht aufrecht ist,
mag er auch noch so viel befehlen,
gehorcht wird ihm ja doch nicht.
Konfuzius, Gespräche

Ein König lässt befehlen,
dass man bei Lebensstrafe
einen Stein für einen Demant
halten soll.
Georg Christoph Lichtenberg, Sudelbücher

Entzwei' und gebiete! Tüchtig Wort;
Verein' und leite! Bessrer Hort.
Johann Wolfgang von Goethe, Sprüche

Es ist aber
die erste Pflicht eines Befehlshabers,
dass er befiehlt,
dass er nicht die Dinge gehen lässt,
wie der Zufall sie führt,
und selbstverständlich
dass er sich überzeugt, ob und wie
seine Befehle ausgeführt werden.
Helmuth Graf von Moltke, Verordnungen für
die höheren Truppenführer (24. Juni 1869)

Es ist leichter,
gehorchen als befehlen zu lernen.
Niccolò Machiavelli,
Über die Reform des Staates von Florenz

Es kommandiert, wer nicht fühlt.
Fernando Pessoa, Das Buch der Unruhe des Hilfsbuchhalters Bernardo Soares

Für mich ist das Glück,
keine Befehle zu erteilen
und keine zu bekommen.
Francis M. de Picabia, Aphorismen

Je höher die Behörde,
je kürzer und einfacher
werden die Befehle sein.
Helmuth Graf von Moltke, Verordnungen für die höheren Truppenführer (24. Juni 1869)

Je stummer ein Kommando, umso
selbstverständlicher unser Gehorsam.
Günther Anders, Die Antiquiertheit des Menschen. Bd.2

Jeden Befehl hinsichtlich
seines Nutzens und Schadens bedenken.
Leo N. Tolstoi, Tagebücher (1850)

Kein Vornehmer,
wer niemanden zu befehlen hat.
Chinesisches Sprichwort

Keinem Menschen komme es zu,
zu befehlen, wenn er denen nicht
überlegen ist, denen er befiehlt.
Michel Eyquem de Montaigne, Die Essais

Königs Wort
Reißt Berge fort.
Jüdische Spruchweisheit

Mit einem Herren steht es gut,
Der, was er befohlen, selber tut.
Johann Wolfgang von Goethe, Sprüche

Nicht wer auf Befehl etwas tut,
ist unglücklich,
sondern wer es
gegen seinen Willen tut.
Lucius Annaeus Seneca, Moralische Briefe

Nur wer gehorchen gelernt hat,
kann später auch befehlen.
Paul von Hindenburg,
An die deutsche Jugend (1. Mai 1933)

Organisieren heißt befehlen –
Geist und Hand trennen sich.
Oswald Spengler, Urfragen.
Fragmente aus dem Nachlass

Um kraftvolle Taten zu befehlen,
muss man stark sein.
Wer diese Stärke besitzt
und kraftvolle Taten befiehlt,
kann die Ausführung nicht
durch Sanftmut erwirken.
Niccolò Machiavelli, Vom Staat

Unsicherheit im Befehlen
erzeugt Unsicherheit im Gehorchen.
Helmuth Graf von Moltke, Reden
(im Deutschen Reichstag, 24. April 1877)

Wanderer, kommst du nach Sparta,
verkündige dorten, du habest
Uns hier liegen gesehen,
wie das Gesetz es befahl.
Simonides, Inschrift an den Thermopylen
(Übersetzung: Friedrich Schiller)

Was meine Frau mir befehle,
Treulich sei's erfüllt.
Richard Wagner, Tristan und Isolde (Tristan)

Wenn der Oberfaule
dem Faulen Befehle erteilt,
sperrt der Faule nur die Augen auf.
Chinesisches Sprichwort

Wenn du urteilst, untersuche;
wenn du herrschst, befiehl!
Lucius Annaeus Seneca, Medea

Wer klare Begriffe hat, kann befehlen.
Johann Wolfgang von Goethe,
Maximen und Reflexionen

Wo alle befehlen,
wird keiner gehorchen.
Sprichwort aus Spanien

Zu befehlen versteht nur,
wer seine eigenen Eigenschaften
mit den Eigenschaften dessen,
der gehorchen soll, vergleicht.
Findet er dabei das richtige Verhältnis,
dann soll er befehlen.
Findet er es nicht, dann soll er es lassen.
Niccolò Machiavelli, Vom Staat

Befreiung

Das freie Meer befreit den Geist.
Johann Wolfgang von Goethe, Faust II (Mephisto)

Der Frau bleibt kein anderer Ausweg,
als an ihrer Befreiung zu arbeiten.
Diese Befreiung kann nur
eine kollektive sein.
Simone de Beauvoir, Das andere Geschlecht

Die Ausbreitung der Wirklichkeit,
in die hinein alle Verunreinigungen,
die Leid bewirken, aufgehoben
(transformiert) worden sind,
nennt man Befreiung.
Dalai Lama XIV, Logik der Liebe

Die Befreiung von der Unterdrückung
ist ein Menschenrecht und
das höchste Ziel jedes freien Menschen.
Nelson Mandela, Ansprache, September 1953

Geld ist schön,
weil es eine Befreiung bedeutet.
Fernando Pessoa, Das Buch der Unruhe des Hilfsbuchhalters Bernardo Soares

Je schwerer sich
ein Mensch befreit,
Je mächt'ger rührt er
unsre Menschlichkeit.
Conrad Ferdinand Meyer, Huttens letzte Tage

Konserven und Waschmaschinen
haben mehr zur Befreiung der Frau
beigetragen als alle Revolutionen.
Jean Duché

Wer ein Übel los sein will,
der weiß immer, was er will.
Johann Wolfgang von Goethe,
Die Wahlverwandtschaften

Willst du viele befrein,
so wag es, vielen zu dienen.
Johann Wolfgang von Goethe,
Venezianische Epigramme

Befriedigung

Der einzige Geschmack,
der einem Menschen
wirkliche Befriedigung geben kann,
ist sein eigener.
Philip Rosenthal

Der Mensch will in der Religion
sich befriedigen;
die Religion ist sein höchstes Gut.
Ludwig Feuerbach, Das Wesen des Christentums

Es gibt auch eine Befriedigung,
die sich im Kopf abspielt:
Denken.
Gabriele Wohmann

Gespannte Erwartung
wird selten befriedigt.
Johann Wolfgang von Goethe,
Unterhaltungen deutscher Ausgewanderten

Sie wollen immer reizen,
um niemals zu befriedigen.
Johann Wolfgang von Goethe,
Wilhelm Meisters Lehrjahre

Sucht nur die Menschen zu verwirren,
Sie zu befriedigen, ist schwer!
Johann Wolfgang von Goethe, Faust I
(Vorspiel auf dem Theater, Direktor)

Unbefriedigte Liebe wächst, wenn
Liebende einander fern sein müssen,
und keine Philosophie hilft dagegen.
Voltaire, Der ehrliche Hurone

Unsere Befriedigung erreichen wir
vor allem dadurch, dass wir
jeden Augenblick bewusst erleben.
Yehudi Menuhin,
Ich bin fasziniert von allem Menschlichen

Unsere Sehnsucht wird immer größer,
je weniger wir sie befriedigen können.
Niccolò Machiavelli, Clizia

Wer stark und wer kaum mehr liebt,
ist gleich schwer zu befriedigen.
François de La Rochefoucauld, Reflexionen

Begabung

Alle Naturanlagen
eines Geschöpfs sind bestimmt,
sich einmal vollständig
und zweckmäßig auszuwickeln.
Immanuel Kant, Idee zu einer allgemeinen Geschichte
in weltbürgerlicher Absicht

Alles selbst machen zu wollen,
ist das Kennzeichen
des Unbegabten.
Richard von Schaukal

Alles, was man tun muss,
um seine Begabung durchzusetzen,
ist dauerhaft und intensiv
nachzudenken und
im Schweiße seines Angesichts
zu arbeiten, ohne Unterlass.
Sylvia Plath, Briefe nach Hause (13. April 1957)

Begabung hängt halb vom Talent
und halb vom Lernen ab.
Chinesisches Sprichwort

Begabung im Kleinen verlangt
das entgegengesetzte Gemüt
wie Begabung im Großen.
François de La Rochefoucauld, Unterdrückte Maximen

Beim Ballspiel benutzen alle
den gleichen Ball,
aber einer bringt ihn
am besten ins Ziel.
Blaise Pascal, Pensées

Brauchbarkeit wiegt
schwerer als Begabung,
vielleicht nicht vor Gott,
aber vor dem Personalchef.
Ludwig Marcuse, Argumente und Rezepte.
Ein Wörter-Buch für Zeitgenossen

Das heute übliche System
der Erziehung junger Mädchen
lässt alle als Frauen geborenen
Begabungen für das Gemeinwohl
verloren gehen; sobald
diesen aber der Zufall
eine Möglichkeit der Entfaltung bietet,
bringen sie höchste Leistungen hervor.
Stendhal, Über die Liebe

Das Schicksal will,
dass die großen Begabungen
für gewöhnlich eher Rivalen als
Freunde sind; sie wachsen
und leuchten für sich aus Furcht,
einander zu beschatten. Die Schafe
müssen sich zusammenrotten,
aber die Löwen leben für sich allein.
Antoine Comte de Rivarol, Maximen und Reflexionen

Der Mann verbraucht
und erschöpft sich im Werk,
er schenkt sich
in seiner Begabung hin;
die Frau schenkt die Begabung
selbst hin, nämlich in
die kommende Generation.
Gertrud von Le Fort, Die Frau in der Zeit

Der Mut zur eigenen Begabung
misst sich vor allem
an den nächst benachbarten
steinernen Ungeheuern
der Selbstverständlichkeit (...).
Heimito von Doderer, Repertorium. Ein Begreifbuch
von höheren und niederen Lebens-Sachen

Ich habe keine Begabung zum Chef,
auch nicht zum Gefolgsmann.
Fernando Pessoa, Das Buch der Unruhe des Hilfsbuchhalters Bernardo Soares

Ich hielt immer Ausschau
nach der Möglichkeit einer Begabung,
denn die Kreativität des anderen
nährt auch die eigene.
Es ist ein gegenseitiger Antrieb.
Was man selbst dazutut,
bekommt man von anderen zurück.
Anaïs Nin, Sich vom Traum führen lassen

In der Kunst ist Aufrichtigkeit
eine Frage der Begabung.
Aldous Huxley

Jede menschliche Begabung
bringt wie jeglicher Baum
nur die ihr eigentümlichen Früchte
hervor.
François de La Rochefoucauld, Unterdrückte Maximen

Jeder singt nach seiner Begabung
und heiratet nach seinem Glück.
Sprichwort aus Portugal

Keiner kann nichts,
und keiner kann alles.
Deutsches Sprichwort

Man braucht nicht geistreich zu sein,
um zu wissen,
dass man begabt ist.
Aber man braucht Geist,
um zu verbergen,
dass man keine Begabung hat.
Marcel Achard

Manche großen Begabungen
sind daran gescheitert,
dass sie eine zu hohe Meinung
von ihren eigenen Entdeckungen
hatten.
Othmar Spann,
Haupttheorien der Volkswirtschaftslehre

Nur der Unbegabte stiehlt,
der Kluge macht Geldgeschäfte.
Kurt Tucholsky

Was ihr euch, Gelehrte,
für Geld nicht erwerbt,
Das hab ich von meiner
Frau Mutter geerbt.
Gottfried August Bürger, Der Kaiser und der Abt

Wer ist denn so begabt,
dass er vielseitig genießen könne?
Johann Wolfgang von Goethe,
Wilhelm Meisters Wanderjahre

Wer keine Fische fangen kann,
fange Krebse.
Chinesisches Sprichwort

Wie oft höchste Begabung
im Verborgenen liegt!
Titus Maccius Plautus, Die Gefangenen

Begegnung

Alles, was uns begegnet,
lässt Spuren zurück,
alles trägt unmerklich
zu unserer Bildung bei;
doch ist es gefährlich,
sich davon Rechenschaft
geben zu wollen.
Johann Wolfgang von Goethe,
Wilhelm Meisters Lehrjahre

Am leichtesten trifft man Leute,
denen man aus dem Weg gehen will.
Lothar Schmidt

Auf meinem Lebenswege
werden mir Menschen aller Art
begegnen, und jeden muss ich
zu nutzen verstehen.
Heinrich von Kleist, Briefe
(an Ulrike von Kleist, 12. November 1799)

Eine echte Begegnung
kann in einem einzigen
Augenblick geschehen.
Anaïs Nin, Absage an die Verzweiflung

Jede Bekanntschaft,
jede sympathische Begegnung
ist ein Gewinn.
Ricarda Huch, Schlussworte auf dem 1. Deutschen
Schriftstellerkongress

Vermeide niemand, der dir begegnet.
Du findest leicht einen, dem du hilfst,
einen, der dir helfen kann.
Johann Wolfgang von Goethe, Lila (Magus)

Begehren

Begehren des Mannes
ist nie eine Beleidigung,
selbst dann nicht,
wenn rein gelegentlich
und ohne alle
»seelische Beimischung«.
Franziska Gräfin zu Reventlow, Tagebücher

Begehrlichkeit

Das Kind hält das, was es begehrt,
und das, was ihm gehört, für eins.
Jean Paul, Aphorismen

Das, was begehrt, wird,
sofern es begehrt,
in Bewegung gesetzt,
und der Trieb ist
aktuelle Bewegung.
Aristoteles, Psychologie

Dein Los ist das eines Sterblichen:
Was du begehrst, ist nichts Sterbliches.
Ovid, Metamorphosen

Den lieb ich, der Unmögliches begehrt.
Johann Wolfgang von Goethe, Faust II (Manto)

Der Mann begehrt die Frau nicht,
weil er sie schön findet;
er wünscht, dass sie schön sei,
um sein Begehren zu rechtfertigen.
Henry de Montherlant, Erbarmen mit den Frauen

Die Einbildungskraft,
die das verschönt,
was man begehrt,
verlässt es im Besitz.
Jean-Jacques Rousseau, Emile

Ehe man etwas brennend begehrt,
soll man das Glück dessen prüfen,
der es besitzt.
François de La Rochefoucauld,
Nachgelassene Maximen

Ein Weib wird in sich selber wert,
Wenn der Besten einer sie begehrt.
Freidank, Bescheidenheit

Es ist ja unangenehm,
wenn die begehrte Frau es uns
allzu schwer macht,
aber wenn sie es uns zu leicht macht,
so ist das in Wirklichkeit
noch unangenehmer.
Michel Eyquem de Montaigne, Die Essais

Es ist kein Übel ärger als Begehren,
kein Unheil böser
als Sichnichtbegnügen,
kein Fehler größer
als Erwerbenwollen.
Lao-tse, Dao-de-dsching

Hunger zurücklassen:
Selbst Nektarbecher muss man
den Lippen entreißen.
Das Begehren ist das Maß
der Wertschätzung.
Baltasar Gracián y Morales,
Handorakel und Kunst der Weltklugheit

Ich will nur begehrt sein,
wenn ich selbst begehre.
Franziska Gräfin zu Reventlow, Tagebücher

Immer arm ist, wer begehrt.
Claudius Claudianus, In Rufinum

Mit einem Weibe,
das man begehrt,
kann man sich
nicht eher befreunden,
als man es besitzt.
Heinrich Waggerl, Aphorismen

Reichtum und Ehren sind es,
was der Mensch begehrt.
Erlangt er sie nicht
auf dem rechten Weg,
soll er nicht ruhn darin.
Konfuzius, Gespräche

Unmöglich kann ein
naturhaftes Begehren
vergeblich sein.
Thomas von Aquin, Summe gegen die Heiden

Viele Frauen ringen sich
ausgerechnet in dem Moment,
wo sie aufhören,
begehrenswert zu sein,
endlich dazu durch,
ihr eigenes Begehren anzunehmen.
Simone de Beauvoir, Das andere Geschlecht

Wäret ihr selber ohne Begehr,
würde niemand mehr rauben,
auch wenn man ihn dafür belohnte.
Konfuzius, Gespräche

Was man aus Vernunft begehrt,
begehrt man nie heiß.
François de La Rochefoucauld, Reflexionen

Was weißt du,
was der Mensch begehrt!
Johann Wolfgang von Goethe, Faust II (Faust)

Wenn einer nichts mehr zu begehren
hat, ist er sehr unglücklich.
Alain, Vorschläge und Meinungen zum Leben

Wenn man nur einen Tag lang
dich begehren lässt, wird deine Liebe
vielleicht keine drei Nächte dauern.
Honoré de Balzac, Die Physiologie der Ehe

Wer begehrt, aber nicht handelt,
brütet die Pest aus.
William Blake, Die Hochzeit von Himmel und Hölle

Wer nichts begehrt,
dem geht nichts ab.
Deutsches Sprichwort

Wer schon viel hat,
begehrt noch mehr.
Sprichwort aus Frankreich

Wer viel begehrt, dem mangelt viel.
Deutsches Sprichwort

Wie magst du was begehrn?
Du selber kannst allein
Der Himmel und die Erd
und tausend Engel sein.
Angelus Silesius, Der cherubinische Wandersmann

Wir streben immer
nach dem Verbotenen
und begehren,
was uns versagt ist.
Ovid, Liebeskunst

Wir würden kaum etwas
brennend begehren,
wenn es uns genau bekannt wäre.
François de La Rochefoucauld, Reflexionen

Zeigt nichts Begehrenswertes,
und es wird keine Verwirrung sein
im Herzen des Volkes.
Lao-tse, Dao-de-dsching

Zu wollen ist zu wenig:
Du musst begehren,
dich der Sache zu bemächtigen.
Ovid, Briefe aus der Verbannung

Begehrlichkeit

Das Schlimmste,
was einem Lebewesen passieren kann,
ist ein Opfer der
menschlichen Begehrlichkeit werden.
Jean-Marie Pelt, Das Leben der Pflanzen

Die Furcht vermehrt unsere Leiden,
wie die Begehrlichkeit
unsere Freuden steigert.
Charles de Secondat, Baron de la Brède
et de Montesquieu, Meine Gedanken

Begeisterung

Begeisterung ist darum
so schätzenswert, weil sie
der menschlichen Seele
die Kraft einflößt,
ihre schönsten Anstrengungen
zu machen und fortzusetzen.
Samuel Smiles, Charakter

Begeisterung ist ein Feuer,
das die Innenwelt in Fluss erhält.
Aber Vernunft muss ihr
die Gussform richten, in die sich
das geschmolzene Metall ergießt.
Otto von Leixner, Aus meinem Zettelkasten

Begeisterung ist immer ruhig,
immer langsam und bleibt innig.
Der plötzliche Ausbruch ist nicht
Begeisterung und auch nicht
aus ihr hervorgegangen,
er kommt aus einem heftigen Zustand.
Man soll auch die Begeisterung
nicht mit dem Schwung verwechseln,
der aufregt, während jene bewegt.
Joseph Joubert, Gedanken, Versuche und Maximen

Begeisterung spricht nicht immer
für den, der sie erweckt,
und immer für den,
der sie empfindet.
Marie von Ebner-Eschenbach, Aphorismen

Da, wo die Nüchternheit dich verlässt,
da ist die Grenze deiner Begeisterung.
Friedrich Hölderlin, Reflexion

Der echte Schmerz begeistert.
Friedrich Hölderlin, Hyperion

Die Begeisterung der Jungen
schadet dem allgemeinen Wohl
nicht mehr als die Lauheit der Alten.
François de La Rochefoucauld, Reflexionen

Die Begeisterung ist die Mutter
des Ideals, und der Begriff sein Vater.
Friedrich Schlegel, An seinen Bruder (17. Mai 1792)

Die Begeisterungen der Dichter und
Künstler sind von jeher der Welt
ein großer Anstoß und Gegenstand
des Streites gewesen.
Wilhelm Heinrich Wackenroder, Herzensergießungen
eines kunstliebenden Klosterbruders

Es gibt Grade der Begeisterung.
Von der Lustigkeit an,
die wohl die unterste ist,
bis zur Begeisterung des Feldherrn,
der mitten in der Schlacht
unter Besonnenheit den Genius
mächtig erhält, gibt es eine
unendliche Stufenleiter.
Auf dieser auf- und abzusteigen,
ist Beruf und Wonne des Dichters.
Friedrich Hölderlin, Reflexion

Es gibt keine wahre Liebe
ohne Begeisterung.
Jean-Jacques Rousseau, Emile

Es siegt immer und notwendig
die Begeisterung über den,
der nicht begeistert ist.
Johann Gottlieb Fichte, Reden an die deutsche Nation

Gelten lassen ist schwerer
als sich begeistern.
Hugo von Hofmannsthal, Buch der Freunde

Ihr seid ja heut wie nasses Stroh
Und brennt sonst immer lichterloh.
Johann Wolfgang von Goethe, Faust I (Frosch)

Keine Begeisterung sollte größer sein
als die nüchterne Leidenschaft
zur praktischen Vernunft.
Helmut Schmidt

Misstraue der Begeisterung
des immer Begeisterten.
Er braucht sie als Kollektiv
seiner Gleichgewichtsstörungen.
Der Kreisel muss sich drehen,
wenn er nicht umfallen will.
Alfred Polgar, Kleine Schriften, Band 3. Irrlicht

Mit andern kann man sich belehren,
Begeistert wird man nur allein.
Johann Wolfgang von Goethe,
Chinesisch-Deutsche Jahres- und Tageszeiten

Nichts Großes ist je
ohne Begeisterung
geschaffen geworden.
Ralph Waldo Emerson, Essays

Nimmermehr wird untergehn,
Was Begeisterung erschaffen.
Hermann von Lingg, Gedichte

Nur Begeisterung hilft
über die Klippen hinweg,
die alle Weisheit der Erde
nicht zu umschiffen vermag.
Karl Gutzkow, Vom Baum der Erkenntnis

Nur wer sich echt begeistern kann
Ein Riesenwerk bemeistern kann.
Jüdische Spruchweisheit

Phlegmatische Naturen
sind nur so zu begeistern,
dass man sie fanatisiert.
Friedrich Nietzsche, Morgenröte

Überzeugungen sind Krankheiten,
die durch Begeisterung
übertragen werden.
Siegfried Lenz

Ungelogene Begeisterung
ist die tiefste Lebenspoesie,
die unmittelbarste,
reellste Glückseligkeit, die es gibt.
Bogumil Goltz, Typen der Gesellschaft

Was den Menschen aber
über die engen Schranken seines
irdischen Bewusstseins hinaus von
dem Endlichen zu dem Unendlichen
erhebt und ihm den Blick
in die höhere göttliche Welt öffnet,
ist die Begeisterung.
Friedrich Schlegel, Philosophische Vorlesungen

Wie unvermögend ist doch
der gutwilligste Fleiß der Menschen
gegen die Allmacht
der ungeteilten Begeisterung.
Friedrich Hölderlin, Hyperion

Wo ein Begeisterter steht,
da ist der Gipfel der Welt.
Joseph von Eichendorff, Ahnung und Gegenwart

Begierde

Aber ihr Männer, ihr schüttet
mit eurer Kraft und Begierde
Auch die Liebe zugleich
in den Umarmungen aus!
Johann Wolfgang von Goethe, Römische Elegien

Bedeutet nicht in der Tat
die Begier eine Art von Besitz,
der uns nur
in der Einbildung zuteil wird?
Honoré de Balzac, Physiologie der Ehe

Begier macht blind,
und Wünsche trügen.
Karl Wilhelm Ramler, Fabellese

Begierde ist Bejahung des Begehrten;
Verachtung dessen Verneinung.
Günther Anders, Lieben gestern.
Notizen zur Geschichte des Fühlens

Begierde ist etwas Grenzenloses.
Ovid, Briefe aus der Verbannung

Begierden, Lust- und Schmerzgefühle
von vielfachster Art wirst du
vornehmlich bei den Kindern,
Weibern und Sklaven finden,
auch bei der geringwertigen Masse
der so genannten Freien.
Platon, Der Staat

Deine Begierden werden
am sichersten eingeschläfert und
endlich gar überwunden,
wenn man ihnen freies Feld lässt.
Sie reiben sich selbst auf.
Gotthold Ephraim Lessing,
Miss Sara Sampson (Marwood)

Der Mensch ist
mit tausendfältigem Verlangen und
unendlichen Begierden ausgestattet
und so in eine Welt gesandt worden,
die reich genug sein würde,
noch viel mehr zu gewähren,
als er begehren kann.
Adam Heinrich Müller, Etwas über Landschaftsmalerei

Der Sturm der Begierde reißt den
Mann mitunter in eine Höhe hinauf,
wo alle Begierde schweigt:
dort, wo er wirklich liebt, und
noch mehr in einem besseren Sein
als besserem Wollen lebt.
Friedrich Nietzsche, Menschliches, Allzumenschliches

Des Menschen Leben nimmt immer ab,
aber seine Begierden nehmen täglich zu.
Deutsches Sprichwort

Die Begierde ist ein Trieb
mit dem Bewusstsein desselben.
Baruch de Spinoza, Ethik

Die Begierde nach einer Frau,
die man besessen hat,
ist etwas Grauenvolles
und tausendmal schlimmer
als alles andere;
fürchterliche Phantasiebilder
verfolgen einen wie Gewissensbisse.
Gustave Flaubert, November

Die Begierde,
die aus der Lust entspringt,
ist bei sonst gleichen Umständen
stärker als die Begierde,
die aus der Unlust entspringt.
Baruch de Spinoza, Ethik

Begierde

Die Begierde,
die aus der Vernunft entspringt,
kann kein Übermaß haben.
Baruch de Spinoza, Ethik

Die Begierde, die aus Unlust oder Lust,
aus Hass oder Liebe entspringt,
ist umso stärker,
je stärker der Affekt ist.
Baruch de Spinoza, Ethik

Die Begierden vornehmlich vertreibe
und sieh in ihnen
die hassenswertesten Feinde:
Wie die Banditen, die die Ägypter
Phileten nennen, umarmen sie uns,
um uns zu erwürgen.
Lucius Annaeus Seneca, Briefe über Ethik

Die eigene schreckliche Begierde
wird einem jeden zum Gott.
Vergil, Aeneis

Die Liebe vergibt dem Geliebten
sogar die Begierde.
Friedrich Nietzsche, Die fröhliche Wissenschaft

Die Mannigfaltigkeit der Begierden
kommt von der Mannigfaltigkeit
der Kenntnisse, und die ersten
Vergnügungen, die man kennt,
sind lange Zeit die einzigen,
die man sucht.
Jean-Jacques Rousseau, Emile

Durch Not muss keusch wohl
sein ein Weib,
Wenn keiner gehret
ihren Leib.
Freidank, Bescheidenheit

Eine Begierde aufkeimen zu lassen,
sie zu nähren, sie sich entfalten
und größer werden zu lassen,
sie zu reizen, sie zu befriedigen –
das ist ein ganzes Gedicht.
Honoré de Balzac, Die Physiologie der Ehe

Eine so zärtliche, so wahre Liebe
muss den Begierden gebieten können.
Jean-Jacques Rousseau,
Julie oder Die neue Héloïse (Julie)

Es ist besser zu heiraten,
als sich in Begierde zu verzehren.
Neues Testament, Paulus (1 Korinther 7, 9)

Es ist durchaus möglich,
dass wir uns Begierden einbilden,
weil wir sie gerne haben möchten (...).
Heimito von Doderer, Repertorium. Ein Begreifbuch
von höheren und niederen Lebens-Sachen

Es ist ein großer Unterschied,
ob eine Begierde, weil man
die Hoffnung aufgegeben hat,
begraben wird, oder ob sie,
weil man gesund geworden,
vertrieben wird.
Aurelius Augustinus, Selbstgespräche

Es ist leichter,
einer Begierde ganz zu entsagen,
als in ihr Maß zu halten.
Friedrich Nietzsche

Heute sind die Weiber klüger
als einst Potiphar sein Weib,
Greifen selten nach dem Kleide,
greifen lieber nach dem Leib.
Friedrich von Logau, Sinngedichte

Ich beschwöre dich,
mein zärtlicher, einziger Freund,
suche der eitlen Begierden
Trunkenheit zu stillen,
denen allemal Klagen, Reue
und Traurigkeit folgen.
Jean-Jacques Rousseau,
Julie oder Die neue Héloïse (Julie)

In der heroischen Zeit,
da Götter und Göttinnen liebten,
Folgte Begierde dem Blick,
folgte Genuss der Begier.
Johann Wolfgang von Goethe, Römische Elegien

In Europa ernährt sich die Begierde
von der Unterdrückung;
in Amerika verkümmert sie
unter der Freiheit.
Stendhal, Über die Liebe (Fragmente)

Indessen schmachte ich
und verzehre mich; ein Feuer
durchströmt meine Adern;
nichts vermag es zu löschen
oder zu mildern; und indem ich
ihm Zwang antun will,
fache ich es nur noch stärker an.
Jean-Jacques Rousseau,
Julie oder Die neue Héloïse (Saint-Preux)

Ist man nicht genügsam, sondern
gierig nach diesem und jenem,
so kann das Verlangen doch nie völlig
gestillt werden. Selbst wenn man
über die ganze Welt herrschen würde,
würde das noch nicht genügen.
Begierde kann nicht gestillt werden.
Dalai Lama XIV, Logik der Liebe

Liebe und Begierde
können ein Übermaß haben.
Baruch de Spinoza, Ethik

Man liebt zuletzt seine Begierde
und nicht das Begehrte.
Friedrich Nietzsche, Jenseits von Gut und Böse

Man liebt, was man hat;
man begehrt, was man nicht hat.
Denn nur das reiche Gemüt liebt,
nur das arme begehrt.
Friedrich Schiller, Liebe und Begierde

Menschliche Begier hat keine Grenze,
Als die mit fester Hand der Wille steckt.
Robert Hamerling, Ahasverus in Rom

Mich schuf aus gröberm Stoffe
die Natur,
Und zu der Erde zieht mich
die Begierde.
Friedrich Schiller, Wallensteins Tod (Wallenstein)

Mit der Begierde zu kämpfen,
ist schwer; was sie will,
erkauft sie mit der Seele.
Heraklit, Fragmente

Nichts ist der Liebe so ähnlich
wie die Begierde
und nichts ihr so entgegengesetzt.
Blaise Pascal, Pensées

Oh, ihr empfindsamen Heuchler,
ihr Lüsternen! Euch fehlt die Unschuld
in der Begierde: Und nun verleumdet
ihr darum das Begehren!
Friedrich Nietzsche, Also sprach Zarathustra

Sie hegen keine Begierden; sie lieben.
Ihr Herz folgt nicht den Sinnen;
es leitet sie.
Jean-Jacques Rousseau,
Julie oder Die neue Héloïse (Julie)

Süße Träume wecken meine Begierde.
Mönch von Salzburg, Das Nachthorn

Töte deine sinnlichen Begierden
durch Arbeit ab.
Leo N. Tolstoi, Tagebücher (1847)

Ungezügelte Lust
führt zu ungezügelter Begierde.
Marcus Tullius Cicero, Gespräche in Tusculum

Unsere Begierden reichen weit,
unsere Stärke ist fast nichts.
Jean-Jacques Rousseau, Emile

Unter allen Unnatürlichkeiten
ist nichts widerlicher
als die Begierde des Greises.
Erasmus von Rotterdam,
Handbüchlein eines christlichen Streiters

Verlass alles, dann findest du alles;
gib Abschied der Begierde,
dann kommt dir dir Ruhe entgegen.
Thomas von Kempen, Nachfolge Christi

Von den Begierden sind
die einen anlagebedingt und
(notwendig, die anderen anlagebedingt
und) nicht notwendig,
wieder andere sind weder
anlagebedingt noch notwendig,
sondern entstehen
durch ziellose Erwartung.
Epikur, Sprüche. In: Briefe, Sprüche, Werkfragmente.

Was erlaubt ist, ist reizlos,
was nicht erlaubt ist, brennt heftiger.
Ovid, Liebesgedichte

Was man auch
an Begierden wegräumt,
der Raum wird immer
vom Glück ausgefüllt.
Mahabharata, Buch 12

Weil wir nun fleischlich sind und
aus fleischlicher Begierde entstanden,
so muss unser Verlangen oder
unsere Liebe beim Fleische anfangen.
Bernhard von Clairvaux, Briefe (an Prior Giugo)

Wenn ein richtiges Urteil auch über
viele andere Fragen nicht leicht ist,
so gilt dies doch am meisten
von der Frage, die allen Menschen
die leichteste zu sein und
von jedermann beantwortet werden
zu können scheint:
welches das Gut im Leben sei,
nach dem man streben soll und
dessen Besitz die Begierde befriedige.
Aristoteles, Eudemische Ethik

Wie leicht ist es,
heftigste Begierden durch
die oberflächlichsten Gegenstände
in die Irre zu führen!
Jean-Jacques Rousseau,
Julie oder Die neue Héloïse (Saint-Preux)

Wo Aug und Herz zur Sünde ziehn,
Da hat Begier ein leicht Bemüh'n.
Jüdische Spruchweisheit

Ziel der Begierde
ist die schöne Erscheinung,
Ziel des Willens
in erster Linie das wirklich Schöne.
Aristoteles, Älteste Metaphysik

Beginn

Bevor man beginnt,
bedarf es der Überlegung und,
sobald man überlegt hat,
rechtzeitiger Ausführung.
Sallust, Der Catilinarische Krieg

Die Natur beginnt immer von neuem
mit den gleichen Dingen:
den Jahren, den Tagen, den Stunden.
Blaise Pascal, Pensées

Durch das Schöne ist alles geeint.
Urbeginn von allem ist das Schöne.
Dionysios Aeropagites, Peri ton theon onomaton

Erst besinn's, dann beginn's.
Deutsches Sprichwort

So herrsche denn Eros,
der alles begonnen!
Johann Wolfgang von Goethe, Faust II (Sirenen)

Vorm Beginnen
sich besinnen
macht gewinnen.
Deutsches Sprichwort

Wer vor der Zeit beginnt,
der endigt früh.
William Shakespeare, Romeo und Julia (Capulet)

Wie der Beginn, so das Ende.
Lucius Annaeus Seneca, Briefe über Ethik

Begleitung

Bin weder Fräulein noch schön,
Kann ungeleitet nach Hause gehn.
Johann Wolfgang von Goethe, Faust I (Margarete)

Gut zurechtgemacht fürs Ausgehen
ist eine Frau dann, wenn ihr Begleiter
lieber mit ihr zu Hause bliebe.
Olga Tschechowa

Lieber allein
als in schlechter Begleitung.
Sprichwort aus Frankreich

Wohin du gehst,
dahin gehe auch ich,
und wo du bleibst,
da bleibe auch ich.
Altes Testament, Rut 1, 16

Begräbnis

Bei einem Begräbnis
gehe man nicht weiter
als bis zu wahrer Herzenstrauer.
Chinesisches Sprichwort

Der Prunk der Begräbnisse dient
mehr der Eitelkeit der Lebenden
als der Ehrung der Toten.
François de La Rochefoucauld, Unterdrückte Maximen

Macht begräbt den, der sie handhabt.
Talmud

Mit unseren Eltern begraben wir
die Vergangenheit,
mit unseren Kindern die Zukunft.
Marie von Ebner-Eschenbach, Aphorismen

Nur Begräbnisse sind adäquate
Aufführungen.
Günter Grass

Taschentuch: ein bei Begräbnissen
besonders nützlicher Gegenstand, um
den Mangel an Tränen zu verbergen.
Ambrose Bierce

Begreifen

Alles ist einfacher,
als man denken kann,
und zugleich verschränkter,
als zu begreifen ist.
Johann Wolfgang von Goethe,
Maximen und Reflexionen

ALLES ist kunst,
was als kunst begriffen wird.
Timm Ulrichs, in: (Katalog) Timm Ulrichs
(Kunstverein Braunschweig 1975)

Alles Unbegreifliche, alles,
wo wir eine Wirkung ohne
eine Ursache wahrnehmen,
ist es vorzüglich, was uns
mit Schrecken und Grauen erfüllt.
Ludwig Tieck, Shakespeare-Studien

Begreifen – geistiges Berühren.
Erfassen – geistiges Sichaneignen.
Marie von Ebner-Eschenbach, Aphorismen

Es gehört immer
etwas guter Wille dazu,
selbst das Einfachste zu begreifen,
selbst das Klarste zu verstehen.
Marie von Ebner-Eschenbach, Aphorismen

Ganz begreifen werden wir uns nie,
aber wir werden und können uns
weit mehr als begreifen.
Novalis, Blütenstaub

Nicht alle lebendigen Dinge
sind leicht zu begreifen.
Fjodor M. Dostojewski, Tagebuch eines Schriftstellers

Um zu begreifen,
dass der Himmel überall blau ist,
braucht man nicht
um die Welt zu reisen.
Johann Wolfgang von Goethe,
Maximen und Reflexionen

Unser Begreifen ist Schaffen;
seien wir doch selig
in diesem Bewusstsein.
Christian Morgenstern, Stufen

Was immer ein endliches Wesen
begreift, ist endlich.
Thomas von Aquin, Summa theologica

Wenn wir alles,
was wir nicht begreifen,
für bedeutungslos erklären,
so liegt darin eine gefährliche
und folgenschwere Dreistigkeit.
Michel Eyquem de Montaigne, Die Essais

Wer alles bei den Menschen
begreifen wollte,
der müsste alles angreifen.
Aber dazu habe ich zu reinliche Hände.
Friedrich Nietzsche, Also sprach Zarathustra

Begriff

Allgemeine Begriffe
und großer Dünkel
sind immer auf dem Wege,
entsetzliches Unglück anzurichten.
Johann Wolfgang von Goethe,
Maximen und Reflexionen

Aufwendige Formulierungen
helfen nicht
gegen abgedroschene Begriffe.
Ludwig Marcuse, Argumente und Rezepte.
Ein Wörter-Buch für Zeitgenossen

Begriff ist Summe,
Idee Resultat der Erfahrung;
jene zu ziehen, wird Verstand,
dieses zu erfassen, Vernunft erfordern.
Johann Wolfgang von Goethe,
Maximen und Reflexionen

Begriffe
sind Tastversuche des Geists.
Otto Michel

Begriffs-Wäsche, also die Reinigung
von Begriffen, macht es erforderlich,
dass man diese in das Säurebad
fundamentaler Skepsis werfe.
Nur von dort unten wird man sie
blank wieder hervorziehen.
Heimito von Doderer, Repertorium. Ein Begreifbuch
von höheren und niederen Lebens-Sachen

Der Begriff wirkt
republikanisch im Geiste,
das Gefühl monarchisch.
Jean Paul, Levana

Die Begriffe zu vereinfachen
ist die erste Tat aller Diktatoren.
Erich Maria Remarque

Die herrliche Fähigkeit des Geistes
zur Bildung von Sammelbegriffen
ist die Wurzel fast aller
seiner Irrtümer gewesen.
Antoine Comte de Rivarol, Maximen und Reflexionen

Doch ein Begriff
muss bei dem Worte sein.
Johann Wolfgang von Goethe, Faust I (Schüler)

Ein Wort ist noch nicht
dadurch erledigt, dass es,
in aller Munde, breiig geworden ist.
Ludwig Marcuse, Argumente und Rezepte. Ein Wörter-Buch für Zeitgenossen

Gefühle als leichte Truppen
fliehen und kommen,
dem Siege der Gegenwart folgend;
Begriffe aber bleiben
als Linientruppen unverrückt
und stehen bei.
Jean Paul, Levana

Wer klare Begriffe hat,
kann befehlen.
Johann Wolfgang von Goethe,
Maximen und Reflexionen

Zum Leitstern seiner Bestrebungen
soll man nicht Bilder
der Phantasie nehmen,
sondern deutlich gedachte Begriffe.
Arthur Schopenhauer, Aphorismen zur Lebensweisheit

Behagen

Alles Behagen im Leben
ist auf eine regelmäßige Wiederkehr
der äußeren Dinge gegründet.
Johann Wolfgang von Goethe, Dichtung und Wahrheit

Am weitesten
in der Rücksichtslosigkeit
bringen es die Menschen,
die vom Leben nichts verlangen
als ihr Behagen.
Marie von Ebner-Eschenbach, Aphorismen

Behagen:
Gemütszustand beim Betrachten
der Sorgen deines Nächsten.
Ambrose Bierce

Das wirkliche Behagen
bemerkt man nur nebenbei.
Es ist keine separate Speise
an der Tafel des Lebens,
sondern ein Beigeschmack,
den gewisse Gerichte haben.
Aufs Behagen kann man nicht
den Blick einstellen.
Heimito von Doderer, Repertorium. Ein Begreifbuch
von höheren und niederen Lebens-Sachen

Dem Alter,
nicht der Jugend
sei's geklagt,
Wenn uns das Alter
nicht behagt.
Gotthold Ephraim Lessing, Sinngedichte

Ein Vogel,
der ein Lied herausschmettert,
hat ein Behagen dabei.
Oswald Spengler, Urfragen.
Fragmente aus dem Nachlass

Ein volles Behagen ist selten
und kommt meist extra
und wie von ungefähr;
wo man drauf wartet,
bleibt es fast immer aus.
Theodor Fontane, Briefe

Mit Behagen aber
verträgt sich nur
die bescheidene Tugend.
Friedrich Nietzsche, Also sprach Zarathustra

Mit wenig Witz und viel Behagen
Dreht jeder sich im engen Zirkeltanz,
Wie junge Katzen mit dem Schwanz.
Johann Wolfgang von Goethe, Faust I (Mephisto)

Schlaff ist,
was in trägem Behagen
gemästet worden ist,
und nicht bei Anstrengung allein,
sondern bei Bewegung und
einfach durch das Gewicht
seiner selbst versagt es.
Lucius Annaeus Seneca, Über die Vorsehung

Behalten

Verständig seid so im Geben
als auch im Behalten.
Wolfram von Eschenbach, Parzival

Zwar Nehmen ist recht gut,
doch besser ist: Behalten!
Johann Wolfgang von Goethe, Faust II (Haltefest)

Behandlung

Ein guter Arzt
behandelt nicht sich selbst.
Chinesisches Sprichwort

Sieht man ein Übel,
so wirkt man unmittelbar darauf,
das heißt, man kuriert unmittelbar
aufs Symptom los.
Johann Wolfgang von Goethe,
Maximen und Reflexionen

Beharrlichkeit

Am Ende stellt sich alles her,
wenn derjenige, welcher weiß,
was er will und kann,
in einem Tun und Wirken
unablässig beharrt.
Johann Wolfgang von Goethe, Briefe
(an Zelter, 21. Januar 1826)

Beharre, wo du stehst! –
Maxime, notwendiger als je,
indem einerseits die Menschen
in große Parteien gerissen werden,
sodann aber auch jeder Einzelne nach
individueller Einsicht und Vermögen
sich geltend machen will.
Johann Wolfgang von Goethe,
Maximen und Reflexionen

Beharrlich muss man sein
und in unablässiger Bemühung
Festigkeit gewinnen,
bis gute Verfassung der Seele wird,
was guter Wille ist.
Lucius Annaeus Seneca, Briefe über Ethik

Die Beharrlichkeit auf den Besitz
gibt uns in manchen Fällen
die größte Energie.
Johann Wolfgang von Goethe,
Wilhelm Meisters Wanderjahre

Die kalten Winde bliesen
Mir grad ins Angesicht,
Der Hut flog mir vom Kopfe,
Ich wendete mich nicht.
Wilhelm Müller, Gedichte (Schubert: Winterreise)

Durch Ausharren ebnen wir Berge,
setzen dem Meere Grenzen
und machen aus Steinen Städte
und Paläste und Mauern.
Karl Julius Weber, Democritos

Es fällt keine Eiche
vom ersten Streiche.
Deutsches Sprichwort

Es ist nicht zu leugnen,
dass das, was man Beharren nennt,
manchen Taten das Ansehen
von Würde und Größe geben kann
so wie Stillschweigen in Gesellschaft
einem dummen Haupt
Weisheit und scheinbaren Verstand.
Georg Christoph Lichtenberg, Sudelbücher

Es kommt doch am Ende darauf an,
dass man aushält
und die andern ausdauert.
Johann Wolfgang von Goethe, Briefe
(an das Ehepaar Herder, 2. September 1786)

Im Idealen kommt alles auf die élans,
im Realen auf die Beharrlichkeit an.
Johann Wolfgang von Goethe,
Maximen und Reflexionen

Jedem redlichen Bemühn
Sei Beharrlichkeit verliehn!
Johann Wolfgang von Goethe, Sprüche

Nichts Beharrlicheres lebt auf der Welt
als ein Liebender.
Properz, Elegien

Viele Streiche fällen die Eiche.
Deutsches Sprichwort

Behauptung

Behaupten ist nicht beweisen.
Deutsches Sprichwort

Eine Behauptung wirkt stärker
als ein Argument, wenigstens
bei der Mehrzahl der Menschen:
Denn das Argument weckt Misstrauen.
Deshalb suchen die Volksredner
die Argumente ihrer Partei
durch Behauptungen zu sichern.
Friedrich Nietzsche, Menschliches, Allzumenschliches

Man verliert mehr
durch ein halsstarriges Behaupten, als
man durch den Sieg gewinnen kann:
Denn das heißt nicht
ein Verfechter der Wahrheit,
sondern der Grobheit sein.
Baltasar Gracián y Morales,
Handorakel und Kunst der Weltklugheit

Beherrschung

Alle Empfindungen,
die wie beherrschen,
sind rechtmäßig;
alle, die uns beherrschen,
sind verbrecherisch.
Jean-Jacques Rousseau, Emile

Die Beherrschung des Lebens gelingt,
wenn es bestanden und vorbei ist.
Heinrich Mann, Ein Zeitalter wird besichtigt

Die Faszinationskraft des Autos
beruht auf der Illusion, Raum und Zeit
beherrschbar werden zu lassen.
Lothar Schmidt

Die starken und mutigen Männer
sind es, die die Welt leiten,
führen und beherrschen.
Samuel Smiles, Charakter

Durch geistige Kraft
können wir den beherrschen,
der uns an körperlicher überragt.
Antiphon, Fragmente

Ein verständiger Mann lässt sich
selbst nicht beherrschen,
noch sucht er andere zu beherrschen;
er will, dass einzig und allein
und allezeit die Vernunft herrsche.
Jean de La Bruyère, Die Charaktere

Eine Frau ist leicht zu beherrschen,
wenn einem Mann daran gelegen ist.
Ein Einziger kann sogar
mehrere lenken.
Jean de La Bruyère, Die Charaktere

Es ist ebenso viel Trägheit
wie Schwäche dabei,
sich beherrschen zu lassen.
Jean de La Bruyère, Die Charaktere

Es ist in der Tat keine Kleinigkeit,
wenn man sich
vor die Aufgabe gestellt sieht,
andere zu beherrschen, da es schon so
außerordentlich schwierig ist,
sich selbst zu beherrschen.
Michel Eyquem de Montaigne, Die Essais

Man beherrscht die Menschen
mit dem Kopf.
Man kann nicht mit dem Herzen
Schach spielen.
Chamfort, Maximen und Gedanken

Manchmal ist es schwerer,
einen einzigen Menschen
als ein ganzes Volk zu beherrschen.
Luc de Clapiers Marquis de Vauvenargues,
Nachgelassene Maximen

Wer sich so herausgebildet hat, dass er
seine Leidenschaften beherrscht, ja,
dass er gar keine mehr hat,
wer daher gegen sich selbst strenge ist
und einfach das Rechte tut,
der ist auch gegen andere gerecht,
er gibt ihnen den Raum
ihrer Entwicklung und verfällt nicht
sogleich in Ungeduld und Anmaßung,
wenn sie auf diesem Wege
noch weit hinter ihm sind.
Adalbert Stifter,
Über Stand und Würde des Schriftstellers

Behüten

Die bösen Fraun man hüten soll,
Die guten hüten selbst sich wohl.
Freidank, Bescheidenheit

Keine Hut ist also gut,
Als die ein Weib sich selber tut.
Freidank, Bescheidenheit

Viel Narrentag und selten gut
Hat, wer sin Frouen hüten dut.
Sebastian Brant, Das Narren Schyff

Behutsamkeit

Behutsamkeit
Gewinnt den Streit.
Abraham a Sancta Clara, Etwas für alle

Sei denn behutsam!
Furcht gibt Sicherheit.
William Shakespeare, Hamlet (Laertes)

Sprich unbehutsam
nicht dein eigen Urteil.
Johann Wolfgang von Goethe,
Iphigenie auf Tauris (Iphigenie)

Beichte

Beichte gibt die Chance
des Neuanfangs, auch den zur Sünde.
August Everding,
Vortrag im Kloster Andechs, 29. Mai 1988

Die größten Annäherungswerte
an einen Beichtvater
erreicht wahrscheinlich
der Barkeeper.
Peter Sellers

Die Kirche hat
mit ihrer Buß- und Beichtordnung
das mittelalterliche Europa
domestiziert.
Max Weber, Politik als Beruf

Die meisten Menschen beichten
am liebsten die Sünden anderer Leute.
Graham Greene

Eine Reform der Beichte
wäre vorzuschlagen:
Der Sünder beichtet nur
seine Taten.
Karol Irzykowski

Es ist ein albern Schaf,
das dem Wolf beichtet.
Deutsches Sprichwort

Es ist ein gar unschuldig Ding,
Das eben für nichts zur Beichte ging;
Über die hab ich keine Gewalt!
Johann Wolfgang von Goethe, Faust I (Mephisto)

Es ist eine Ursache zum Lügen,
dass die Menschen
dem Priester ins Ohr beichten.
Jan Hus, Glaubensartikel (überliefert von
Siegmund Meisterlin: Chronik Nürnbergs)

Für eine Frau ist das Wichtigste nicht,
einen geistlichen Berater zu haben,
sondern so schlicht und einfach
zu leben, dass sie keinen braucht.
Jean de La Bruyère, Die Charaktere

Gott führt die Seelen
verschiedene Wege, und es ist nicht
unumgänglich notwendig,
dass ein Beichtvater diese alle kenne.
Teresa von Ávila, Weg der Vollkommenheit

Man vergisst seine Schuld, wenn man
sie einem andern gebeichtet hat,
aber gewöhnlich vergisst der andere
sie nicht.
Friedrich Nietzsche, Menschliches, Allzumenschliches

Um die Menschen zum Beichtstuhl
zu bringen und sie wieder ruhig
zu machen, dazu hat man Gott,
den Teufel und die Hölle
erfinden müssen.
Alain, Vorschläge und Meinungen zum Leben

Wenn man die Wahrheit sagt,
so sündigt man nicht,
weder in der Beichte
noch anderswo.
Giovanni Boccaccio, Das Dekameron

Wer Rätsel beichtet, wird
In Rätseln losgesprochen.
William Shakespeare, Romeo und Julia (Romeo)

Zur Beichte geht Aurella oft,
dass man sie fromm soll zählen.
Doch wer so oft zu beichten hat,
der muss auch oftmals fehlen.
Friedrich von Logau, Sinngedichte

Beifall

Anerkennung und Applaus
können auch Vernichtung bedeuten.
Helmut Qualtinger

Auch durch Beifall kann man
Feinde aus dem Konzept bringen.
Erhard Blanck

Beifall: das Echo auf eine Platitüde.
Ambrose Bierce

Besonders in einer
so verderbten und törichten Zeit
wie der unseren
ist der Beifall der Menge
eher beleidigend.
Michel Eyquem de Montaigne, Die Essais

Das laue Ja eines außerordentlichen
Mannes ist höher zu schätzen
als der ganze allgemeine Beifall.
Denn aus den Weisen spricht Einsicht,
und daher gibt ihr Lob
eine unversiegbare Zufriedenheit.
Baltasar Gracián y Morales,
Handorakel und Kunst der Weltklugheit

Das sicherste Anzeichen dafür,
dass man sich
auf dem falschen Weg befindet,
ist der Beifall der Gegner.
Mario Scelba

Der Denker bedarf des Beifalls
und des Händeklatschens nicht,
vorausgesetzt, dass er seines
eigenen Händeklatschens sicher ist:
Dies aber kann er nicht entbehren.
Friedrich Nietzsche, Die fröhliche Wissenschaft

Der Erfolgreiche
hört nur noch Händeklatschen.
Sonst ist er taub.
Elias Canetti, Die Provinz des Menschen.
Aufzeichnungen 1942–1972

Die Ehre des Beifalls wird schließlich
selten dem Würdigsten,
meistens dem Geschicktesten zuteil.
Jean-Jacques Rousseau, Brief an d'Alembert

Die Eitelkeit ist ruhig; sie sehnt sich
nach dem Applaus der Menge.
Gilbert Keith Chesterton, Heretiker

Ein Mächtiger, der mit dem
Schwächern spricht,
Verlangt nur Beifall,
Wahrheit nicht.
Karl Wilhelm Ramler, Fabellese

Es gibt nämlich auch bei Beifall
guten Geschmack.
Lucius Annaeus Seneca, Briefe über Ethik

Gemeiner Beifall in Fülle
gibt dem Verständigen kein Genügen.
Dagegen sind manche
solche Chamäleons der Popularität,
dass sie ihren Genuss nicht
in den sanften Anhauch Apolls,
sondern in den Atem
des großen Haufen setzen.
Baltasar Gracián y Morales,
Handorakel und Kunst der Weltklugheit

Im Beifall ist immer eine Art Lärm:
selbst in dem Beifall,
den wir uns zollen.
Friedrich Nietzsche, Die fröhliche Wissenschaft

Jede glänzende Leistung muss das
Unterpfand einer größeren sein,
und im Beifall der ersten schon
die Erwartung der folgenden liegen.
Baltasar Gracián y Morales,
Handorakel und Kunst der Weltklugheit

Kümmere dich nicht
um den Beifall von Leuten,
die du nicht kennst
oder die du verachtest.
Leo N. Tolstoi, Tagebücher (1847)

Mein Lied ertönt
der unbekannten Menge,
Ihr Beifall selbst
macht meinem Herzen bang.
Johann Wolfgang von Goethe, Faust (Zueignung)

Niemanden stört eine Unterbrechung,
wenn es Beifall ist.
Joachim Fuchsberger

Prominenz ist eine Eigenschaft,
die nicht durch Auslese, sondern
durch Beifall zustande kommt.
Friedrich Sieburg

Wem sein eigner Beifall nicht genügt,
macht an dem Beifall der Welt
einen schlechten Gewinn.
Johann Gottfried Seume, Apokryphen

Wir können nichts machen,
als was wir machen,
und der Beifall ist
eine Gabe des Himmels.
Johann Wolfgang von Goethe, Briefe
(an F. H. Jacobi, 1. Februar 1793)

Bein

Auf einem Bein
kommt man nicht weit.
Chinesisches Sprichwort

Der Mensch hat zwei Beine
und zwei Überzeugungen:
eine, wenn's ihm gut geht, und eine,
wenn's ihm schlecht geht.
Die letztere heißt Religion.
Kurt Tucholsky

Ein Fauxpas in der Politik
entsteht meistens dadurch,
dass ein Bein nicht weiß,
was das andere vorhat.
Maurice Faure

Ein Konservativer ist ein Mensch
mit zwei völlig gesunden Beinen,
der nie gehen gelernt hat.
Franklin D. Roosevelt

Ein Mann interessiert sich
im allgemeinen mehr für eine Frau,
die sich für ihn interessiert,
als für eine Frau mit schönen Beinen.
Marlene Dietrich

Ein Radikaler ist ein Mann,
der mit beiden Beinen
fest in der Luft steht.
Franklin D. Roosevelt

Er half ihm auf die Beine –
und schonte damit seine eigenen.
Emil Baschnonga

Es tut jeder gut,
sich auf seine eigenen Beine zu stellen,
diese Beine mögen sein,
wie sie wollen.
Theodor Fontane, Vor dem Sturm

Habe ich mir das Bein gebrochen,
so ist es kein Trost,
dass ein anderer sich den Hals brach.
Sprichwort aus Dänemark

Stolpern ist eine Ungeschicklichkeit,
für die man nicht die Beine, sondern
die Türschwelle verantwortlich macht.
Norman Mailer

Takt ist die Fähigkeit,
einem anderen auf die Beine zu helfen,
ohne ihm dabei
auf die Zehen zu treten.
Curt Goetz

Wahrheit ist die Lüge,
die lange Beine hat.
Fritz Grünbaum

Wenn auch das Gehen auf zwei Beinen
dem Menschen nicht natürlich ist,
so ist es doch gewiss eine Erfindung,
die ihm Ehre macht.
Georg Christoph Lichtenberg, Sudelbücher

Wer ununterbrochen
vorwärts marschiert,
steht die Hälfte seines Lebens
auf einem Bein.
Manfred Bieler

Wie goldene Säulen
auf silbernem Sockel
sind schlanke Beine
auf wohlgeformten Füßen.
Altes Testament, Jesus Sirach 26, 18

Beispiel

Andrer Leute Kreuz
lehrt das eigne tragen.
Deutsches Sprichwort

Beispiel ist ein großer Redner.
Sprichwort aus Tschechien

Beispiel nützt zehnmal mehr
als Vorschrift.
Charles James Fox, Reden (8. April 1796)

Beispiele läutern besser als Vorwürfe.
Voltaire, Geschichte von Jenni

Böses Beispiel verdirbt gute Sitten.
Deutsches Sprichwort

Da wenige gute Beispiele
vorhanden sind, von denen ich
etwas lernen könnte,
ziehe ich meinen Nutzen
aus den schlechten;
und diese gibt es in Fülle.
Michel Eyquem de Montaigne, Die Essais

Das Beispiel ist der größte Versucher.
Collin d'Harleville, Die Sitten des Tages

Das Beispiel von der Keuschheit
Alexanders hat nicht so sehr
die Enthaltsamkeit gefördert,
wie das Beispiel seiner Trunkenheit
zur Unmäßigkeit verführt hat.
Blaise Pascal, Pensées

Das Gesetz
spricht nur zum Verstande
und setzt sich direkt
den Trieben entgegen;
das Beispiel dagegen schmiegt sich
an einen mächtigen, sinnlichen Trieb –
an den unwillkürlichen
Nachahmungstrieb an.
Ludwig Feuerbach, Das Wesen des Christentums

Der nachahmende Mensch
ist weniger als ein Mensch,
und darum gibt es kein
zur Besserung dienendes Beispiel.
Sophie Bernhardi, Lebensansicht

Die großen Menschen,
die auf der Erde
eine sehr kleine Familie bilden,
finden leider nur sich selbst
zum Nachahmen.
François René Vicomte de Chateaubriand,
Von jenseits des Grabes

Die Menge, schwer zu überzeugen,
Kann Beispiel oder Macht nur beugen,
Drum soll, wer lehrt, die Worte sparen
Und sich durch Handeln offenbaren.
Friedrich von Bodenstedt, Mirza Schaffy

Die Menschen werden am besten
durch Beispiele belehrt.
Plinius d. J., Panegyricus

Die Vorschrift mag uns
den Weg weisen,
aber das stille, fortwährende Beispiel
bringt uns vorwärts.
Samuel Smiles, Selbsthilfe

Durch bloße Lehren
Sind nie die Menschen zu bekehren:
Das gute Beispiel prägt allein
Der Lehre Sinn dem Herzen ein.
Friedrich von Bodenstedt, Mirza Schaffy

Ein edles Beispiel
macht die schweren Taten leicht.
Johann Wolfgang von Goethe,
Paläophron und Noeterpe (Noeterpe)

Ein einziges Beispiel von Genusssucht
oder Habsucht richtet viel Unheil an:
Ein verwöhnter Tischgenosse macht
allmählich schlaff und weichlich,
ein reicher Nachbar regt zur
Begehrlichkeit an,
ein bösartiger Begleiter überträgt
auf einen noch so reinen
und schlichten Menschen
seine Verderbtheit.
Lucius Annaeus Seneca, Briefe an Lucilius

Ein fauler Apfel steckt hundert an.
Deutsches Sprichwort

Einen Menschen unter Scharen Affen
und politischer Larven –
wie viel kann er weiterbilden
durch stille, göttliche Beispiele!
Johann Gottfried Herder, Auch eine Philosophie der
Geschichte zur Bildung der Menschheit

Es bedarf nur
eines schlechten Mönches,
damit das ganze Kloster
auf Abwege gerät.
Sprichwort aus Frankreich

Es ist ungemein wichtig und nützlich,
selbst in einem kleinen Wirkungskreis
als gutes Beispiel zu wirken,
denn auf diese Weise beeinflusst man
Dutzende und Hunderte
von Menschen.
Fjodor M. Dostojewski, Briefe

Greise geben gern gute Ratschläge,
um sich damit zu trösten,
dass sie kein böses Beispiel
mehr geben können.
François de La Rochefoucauld, Reflexionen

Jede erfolgreiche Gewalttat
ist allermindestens ein Skandal,
das heißt, ein böses Beispiel.
Jacob Burckhardt, Weltgeschichtliche Betrachtungen

Lasst uns lieber große Beispiele
zur Nachahmung annehmen
als eitlen Lehrgebäuden folgen!
Jean-Jacques Rousseau,
Julie oder Die neue Héloïse (Saint-Preux)

Lehr und Beispiel
nimmt an Schmach der Edle sich.
Euripides, Elektra

Lehrsätze reden, Beispiele sprechen.
Ludwig Reiners, Stilkunst IV, Die Kunst zu lehren

Meine Art zu unterweisen
soll vor allem »verbis et exemplis –
durch Worte und Beispiele«
bestimmt werden. Also:
Richtlinien und Ermahnung
durch das Wort, Ansporn durch
mein Verhalten allen gegenüber.
Papst Johannes XXIII., Geistliches Tagebuch
(Exerzitien), 25. November – 1. Dezember 1940

Nicht die Schwärze, sondern die Dauer
der Beispiele vergiftet Kinder;
und wiederum tun dies weniger
die Beispiele fremder Kinder
und gleichgültiger Menschen
als die der geachtetsten,
der Eltern und Lehrer,
weil diese als ein äußeres Gewissen
der Kinder deren inneres zum Vorteile
des Teufels entzweien oder verfinstern.
Jean Paul, Levana

Nichts ist so ansteckend
wie das Beispiel.
Aus großer Wohltat wächst Wohltat,
aus großer Missetat Missetat.
Wohltaten ahmen wir
aus Ehrgeiz nach, Missetaten
aus der Bösartigkeit unserer Natur,
welche, bisher von der Scham
empfangen, durch das böse Beispiel
befreit wird.
François de La Rochefoucauld, Reflexionen

Nichts macht einen zarteren
und tieferen Eindruck
auf den Geist des Menschen
als das Beispiel.
John Locke, Gedanken über Erziehung

Nur das lebendige Beispiel erzieht,
das gleichzeitig vom Alter zur Jugend,
von der Jugend zum Alter übergeht.
Achim von Arnim, Der Wintergarten

Sag etwas Gutes, und ich folge gern
Dem edlen Beispiel.
Friedrich Schiller, Die Braut von Messina (Don Manuel)

Schadlicher als Beispiele
sind dem Genius Prinzipien.
Johann Wolfgang von Goethe,
Von deutscher Baukunst

Schlechte Beispiele
schaden mehr als Sünden.
Marcus Tullius Cicero, Über die Gesetze

Verbote wirken nichts,
aber Beispiele der Milde tun alles,
entweder erzählte oder gegebne,
Ton und Tat.
Jean Paul, Levana

Was ist das Wort Christi
ohne sichtbares Beispiel?
Fjodor M. Dostojewski, Die Brüder Karamasow

Wenn eine die Tugend nachahmt,
die sie an einer anderen leuchten sieht,
so bleibt ihr diese tief eingeprägt.
Teresa von Ávila, Weg der Vollkommenheit

Wir lehren nicht bloß durch Worte;
wir lehren auch weit eindringlicher
durch unser Beispiel.
Johann Gottlieb Fichte,
Über die Bestimmung des Gelehrten

Bekanntheit

Das Unbekannte ist eine Ausnahme,
das Bekannte eine Enttäuschung.
Francis M. de Picabia, Aphorismen

Ein Mensch muss große
Tugenden besitzen,
um bekannt oder bewundert zu werden,
oder vielleicht große Laster.
Jean de La Bruyère, Die Charaktere

Im Laufe des Lebens verliert alles
seine Reize und seine Schrecken;
nur eines hören wir nie auf
zu fürchten: das Unbekannte.
Marie von Ebner-Eschenbach, Aphorismen

Nicht, dass man dich nicht kennt,
sei deine Sorge; sorge dafür,
dass du des Kennens wert.
Konfuzius, Gespräche

Nichts ist schlimmer für den Erfolg,
als im Leben völlig unbekannt zu sein.
Jean de La Bruyère, Die Charaktere

Süßes Dunkel der Unbekanntheit,
dreißig Jahre lang warst du mein Glück,
hätte ich dich doch nie verlassen!
Jean-Jacques Rousseau, Brief an d'Alembert

Bekanntschaft

Bekanntschaften, wenn sie sich
auch gleichgültig ankündigen,
haben oft die wichtigsten Folgen.
Johann Wolfgang von Goethe,
Wilhelm Meisters Wanderjahre

Das Mutterband ist nicht
so rasch geknüpft, dies geschieht nur
durch eine lange
persönliche Bekanntschaft.
August Strindberg, Der Sohn der Magd

Die furchtbarste Masse,
die sich denken ließe,
wäre eine aus lauter Bekannten.
Elias Canetti, Die Provinz des Menschen.
Aufzeichnungen 1942–1972

Du wüsstest gern,
was deine Bekannten von dir sagen?
Höre, wie sie von Leuten sprechen,
die mehr wert sind als du.
Marie von Ebner-Eschenbach, Aphorismen

Jede Bekanntschaft,
jede sympathische Begegnung
ist ein Gewinn.
Ricarda Huch, Schlussworte auf dem 1. Deutschen Schriftstellerkongress

Junge Bekanntschaft ist warm.
Gotthold Ephraim Lessing,
Minna von Barnhelm (Werner)

Viele gibt es,
denen bekannt zu sein
seine großen Nachteile hat.
Charles de Secondat, Baron de la Brède
et de Montesquieu, Meine Gedanken

Wer liebenswürdig ist,
macht sich beinahe so viele Freunde,
wie er Bekanntschaften macht.
Philipp Stanhope Earl of Chesterfield, Briefe über die anstrengende Kunst, ein Gentleman zu werden

Wir lieben neue Bekannte
nicht so sehr, weil wir der alten
überdrüssig sind oder Freude
an der Abwechslung finden.
Der wahre Grund ist der Ärger,
dass uns jene, die uns zu gut kennen,
nicht genügend bewundern,
und die Hoffnung, dass jene,
die uns nicht kennen,
es umso mehr tun werden.
François de La Rochefoucauld, Reflexionen

Bekehrung

Allerdings könnten jetzt
die bekehrten Wilden
uns selber wieder
Heidenbekehrer zuschicken.
Jean Paul, Dämmerungen für Deutschland

Bekehrung gehört nicht zu unserer
Arbeit, weil nur Gott bekehren kann.
Mutter Teresa

Diese Neubekehrten,
sie geben viel zu hören und zu lernen.
William Shakespeare, Wie es euch gefällt (Jaques)

Missionare müssen indianisch lernen –
mit lateinisch bekehrt man
keine Indianer.
Kurt Tucholsky, Schnipsel

Proselyten zu machen
ist der natürlichste Wunsch
eines jeden Menschen.
Johann Wolfgang von Goethe, Dichtung und Wahrheit

Wenn ich einen Gottlosen
bekehren wollte, würde ich ihn
in eine Wüste verbannen.
Théodore Jouffroy, Das grüne Heft

Bekenntnis

Das Schlimmste, was ich tue und
denke, scheint mir fast so hässlich,
wie ich es hässlich und feig finde,
wenn ich nicht den Mut habe,
mich dazu zu bekennen.
Michel Eyquem de Montaigne, Die Essais

Die meisten Definitionen
sind Konfessionen.
Ludwig Marcuse, Argumente und Rezepte.
Ein Wörter-Buch für Zeitgenossen

Gar vieles kann, gar
vieles muss geschehn,
Was man mit Worten
nicht bekennen darf.
Johann Wolfgang von Goethe,
Die natürliche Tochter (König)

Man muss sein Glaubensbekenntnis
von Zeit zu Zeit wiederholen,
aussprechen, was man billigt,
was man verdammt; der Gegenteil
lässt's ja auch nicht daran fehlen.
Johann Wolfgang von Goethe,
Maximen und Reflexionen

Tut einer Unrecht,
so muss er auch bekennen.
Martin Luther, Tischreden

Belanglosigkeit

Belangloses
nimmt seichte Gemüter ein.
Ovid, Liebeskunst

Es kommt vor, dass jemand eine,
wie wir meinen, höchst belanglose
Sache plötzlich erbittert verteidigt.
Uns scheint: Das ist ein Ziegelstein,
und er kostet nicht mehr
als drei Kopeken. Für ihn aber ist er
der Schlussstein eines Gewölbes,
das sein ganzes Leben trägt.
Leo N. Tolstoi, Tagebücher (1893)

Belehrung

Aber leider ist selbst
das kaum Vergangene
für den Menschen
selten belehrend.
Johann Wolfgang von Goethe,
Winckelmann und sein Jahrhundert

Belehrung findet man öfter
in der Welt als Trost.
Georg Christoph Lichtenberg, Sudelbücher

Das Huhn
wird nicht von den Eiern belehrt.
Sprichwort aus Russland

Das Tier
wird durch seine Organe belehrt;
der Mensch
belehrt die seinigen und beherrscht sie.
Johann Wolfgang von Goethe,
Maximen und Reflexionen

Die Menschen werden am besten
durch Beispiele belehrt.
Plinius d. J., Panegyricus

Es ist auch erlaubt,
sich vom Feind belehren zu lassen.
Ovid, Metamorphosen

Übrigens ist mir alles verhasst,
was mich bloß belehrt,
ohne meine Tätigkeit zu vermehren
oder unmittelbar zu beleben.
Johann Wolfgang von Goethe, Briefe
(an Schiller, 19. Dezember 1798)

Unter drei Menschen
finde ich bestimmt einen,
der mich belehren könnte.
Chinesisches Sprichwort

Wer auf die Welt gekommen ist,
sie ernstlich und in den
wichtigsten Dingen zu belehren,
der kann von Glück sagen, wenn er
mit heiler Haut davonkommt.
Arthur Schopenhauer, Aphorismen zur Lebensweisheit

Zuerst belehre man sich selbst,
dann wird man Belehrung
von andern empfangen.
Johann Wolfgang von Goethe,
Maximen und Reflexionen

Beleidigung

Antwort auf eine schwere Beleidigung:
Ach! Das sagen Sie doch nur,
um mich zu decken.
Jules Renard, Ideen, in Tinte getaucht.
Aus dem Tagebuch von Jules Renard

Beleidigungen sind
die Argumente derer,
die Unrecht haben.
Jean-Jacques Rousseau

Den Mund auftun und beleidigen
ist bei manchen Leuten eins.
Jean de La Bruyère, Die Charaktere

Der Feige muss weniger
Beleidigungen schlucken
als der Ehrgeizige.
Luc de Clapiers Marquis de Vauvenargues,
Unterdrückte Maximen

Der Hochherzige ist über Beleidigung,
Ungerechtigkeit, Schmerz und Spott
erhaben; und wäre unverwundbar,
wenn er nicht durch Mitgefühl litte.
Jean de La Bruyère, Die Charaktere

Der Pfeil des Schimpfs
kehrt auf den Mann zurück,
Der zu verwunden glaubt.
Johann Wolfgang von Goethe, Torquato Tasso (Tasso)

Der Stein, der dir nicht im Wege liegt,
beleidigt dich nicht.
Sprichwort aus England

Eher wird ein Unrecht verziehen
als eine Beleidigung.
Philipp Stanhope Earl of Chesterfield, Briefe über
die anstrengende Kunst, ein Gentleman zu werden

Einige würden auch
nach der Sonne schlagen,
wenn sie sie beleidigte.
Herman Melville, Moby Dick

Es fällt leichter,
zehn Weise zu beleidigen
als einen Toren.
Chinesisches Sprichwort

Es gibt Beleidigungen,
die man nicht bemerken darf,
will man seine Ehre
nicht kompromittieren.
Luc de Clapiers Marquis de Vauvenargues,
Reflexionen und Maximen

Es ist weit angenehmer, zu beleidigen
und später um Verzeihung zu bitten,
als beleidigt zu werden
und Verzeihung zu gewähren.
Friedrich Nietzsche, Menschliches, Allzumenschliches

Ich werde, wenn ich billig sein will,
mit Sorgfalt vermeiden,
irgendjemanden zu beleidigen,
vor allen Dingen aber
einen Mann von Geist,
wenn ich im Geringsten
mein eigenes Interesse im Auge habe.
Jean de La Bruyère, Die Charaktere

Man sollte stets erwägen,
dass eine Beleidigung
nicht nach dem Maßstab dessen,
der sie zufügt, beurteilt werden darf,
sondern nach der Empfindung dessen,
der sie empfängt.
Joseph Addison, The Spectator

Stiche, die nicht bluten,
tun weher denn andre.
Deutsches Sprichwort

Warum sie doch zu Schutz und Trutz
die Tonart stets verschärfen?
Nicht formen lässt sich jeder Schmutz,
doch jeder lässt sich werfen.
Ludwig Fulda

Wen du beleidigt hast,
und hättst du ihm, zur Versöhnung,
Tausend Gutes erzeugt,
traue dem Manne nie ganz.
Mosleh od-Din Saadi, Der Rosengarten

Wenn du essen willst,
beleidige nicht den Koch.
Chinesisches Sprichwort

Wer über eine Beleidigung weint,
dem werden mehrere begegnen.
Johann Wolfgang von Goethe,
Wilhelm Meisters Wanderjahre

Wer zu Unrecht jemanden beleidigt,
gibt anderen Anlass,
ihn zu Recht zu beleidigen.
Niccolò Machiavelli, Geschichte von Florenz

Wie unsere Zuneigung
zu Menschen wächst,
denen wir Gutes tun,
so unser Hass gegen die,
welche wir sehr beleidigt haben.
Jean de La Bruyère, Die Charaktere

Beliebtheit

Beliebtheit und Erfolg eines Politikers
beruhen nicht selten
auf den Schwächen seiner Gegner.
Lothar Schmidt

Für die meisten liegt
der Wert eines Menschen
in seiner augenblicklichen Beliebtheit
und seinem Vermögen.
François de La Rochefoucauld, Reflexionen

Hauptsächlich wird einer
in dem Maße beliebt sein,
als er seine Ansprüche
an Geist und Herz der anderen
niedrig stellt, und zwar
im Ernst und ohne Verstellung.
Arthur Schopenhauer, Aphorismen zur Lebensweisheit

Man vermag sich bei allen Menschen
beliebt zu machen, wenn man
ihren Leidenschaften schmeichelt
oder für ihre körperlichen Gebrechen
Teilnahme zeigt; das sind
die einzigen Möglichkeiten,
ihnen gefällig zu sein.
Wer gesund ist und wenig begehrt,
ist daher weniger leicht zu beherrschen.
Jean de La Bruyère, Die Charaktere

Mancher glaubt, beliebt zu sein,
aber man hat sich nur
an seine Art gewöhnt.
Upton Sinclair

Wer beliebt sein will,
verkaufe auf Borg
und verlange nicht
das Geld zurück.
Chinesisches Sprichwort

Wer in die Politik geht,
um beliebt zu sein,
der hat den Beruf verfehlt.
Norbert Blüm, Ein ZEIT-Interview mit Norbert Blüm.
In: DIE ZEIT, Nr. 10/1989

Bellen

Hunde, die bellen,
beißen nicht.
Deutsches Sprichwort

Man muss die Hunde bellen lassen;
wer's ihnen aber wehren will,
der muss manchmal eine ganze Nacht
ungeschlafen liegen.
Martin Luther, Tischreden

Und seines Bellens lauter Schall
Beweist nur, dass wir reiten.
Johann Wolfgang von Goethe, Kläffer

Belohnung

Belohnt und bestraft
werden wir für alles
schon auf Erden.
Paula Modersohn-Becker, Briefe
(an die Schwester, 18. November 1906)

Der Tugend folgt die Belohnung,
dem Laster die Strafe.
Heinrich von Kleist, Briefe

Geschickte Ackerbauer
und Handwerker
sollen belohnt werden.
Zarin Katharina II. die Große, Instruktion

Heutzutage gibt es Belohnungen
für die, die Gutes schlecht machen.
Terenz, Phormio

Wo die Strafen groß sind,
müssen auch
die Belohnungen groß sein.
Niccolò Machiavelli, Kriegskunst

Bemühen

Hast du anfangs keinen Erfolg,
so bemühe dich immer wieder!
Sprichwort aus England

Jedem redlichen Bemühn
Sei Beharrlichkeit verliehn!
Johann Wolfgang von Goethe, Sprüche

Benehmen

Alte und Bekannte
sind nicht an Förmlichkeit gebunden.
Chinesisches Sprichwort

An heißen Tagen besteht man nicht
auf den Riten.
Chinesisches Sprichwort

Die Menschen finden anscheinend
nicht genügend Fehler an sich,
denn sie erhöhen deren Zahl
durch gewisse Absonderlichkeiten
des Benehmens, die sie
für reizvoll halten und so
sorgfältig entwickeln, dass sie
wie angeborene Fehler nicht mehr
abgelegt werden können.
François de La Rochefoucauld, Reflexionen

Ein Mensch von feiner Lebensart
pflegt sich so zu benehmen,
dass die anderen nach seinen Worten
und seinem Verhalten mit ihm
und mit sich selbst zufrieden sind.
Jean de La Bruyère, Die Charaktere

Ein schlechter Mensch ist nicht immer
an seinen Sitten zu erkennen.
Chinesisches Sprichwort

Es ist schwierig zu beurteilen, ob ein
aufrichtiges und ehrliches Benehmen
das Ergebnis der Anständigkeit
oder der Berechnung ist.
François de La Rochefoucauld, Reflexionen

Hochstapler haben meist
ein vortreffliches Benehmen.
Alfred Polgar, Kleine Schriften, Band 3. Irrlicht

Jeder Mensch, gleichgültig
welchen Berufs, wünscht
durch Benehmen und Äußeres
zu scheinen, wofür er
gehalten werden will.
Deshalb kann man sagen,
die menschliche Gesellschaft
bestehe nicht aus Lebewesen,
sondern aus Benehmen.
François de La Rochefoucauld, Reflexionen

Nur die Kunden können Könige sein,
die sich wie Könige benehmen.
Erhard Blanck

Oft kann ein Benehmen
lächerlich wirken, und doch sind
die verborgenen Gründe dafür
stichhaltig und überlegt.
François de La Rochefoucauld, Reflexionen

Selbst die Tugend beleidigt,
wenn sie mit einer abstoßenden Manier
verbunden ist.
Samuel Smiles, Charakter

Vulgär ist immer das Benehmen anderer.
Oscar Wilde

Wenn aus dir selbst nicht Adel spricht,
So nützen tausend Ahnen nicht.
Jüdische Spruchweisheit

Wer tänzelnd einherstolziert,
tut es nur für die Leute.
Chinesisches Sprichwort

Zuhören ist eine leise, aber elementare
Äußerung guten Benehmens.
Thaddäus Troll

Benno (16.6.)

Wer auf Benno baut,
kriegt auch viel Kraut.
Bauernregel

Beobachtung

Bevor man beobachtet,
muss man sich Regeln
für seine Beobachtungen machen.
Jean-Jacques Rousseau, Emile

Die Dinge beobachten
gilt mir beinah mehr als sie besitzen,
und so hat man schließlich
seinen Glück- und Freudeertrag
wie anscheinend Bevorzugtere.
Theodor Fontane, Briefe

Die Leidenschaft
macht die besten Beobachtungen
und die elendesten Schlüsse.
Jean Paul, Hesperus

Es ist ein Glück für die Welt,
dass die wenigsten Menschen
zu Beobachtern geboren sind.
Johann Wolfgang von Goethe,
Beiträge zu Lavaters Physiognomischen Fragmenten

Wenn man ein Seher ist,
braucht man kein Beobachter zu sein.
Marie von Ebner-Eschenbach, Aphorismen

Bequemlichkeit

Aus Bequemlichkeit
suchen wir nach Gesetzen.
Novalis, Fragmente

Bequemlichkeit erjagt sich kein Wild,
kostbare Güter erlangt der Fleißige.
Altes Testament, Sprüche Salomos 12, 27

Bequemlichkeit hindert uns oft genug,
Bindungen zu lösen –
mancher verdorrt, dessen Wurzeln
nicht nähren, nur festhalten.
Ludwig Marcuse, Argumente und Rezepte.
Ein Wörter-Buch für Zeitgenossen

Bequemlichkeit
und ritterliches Ansehen
widersprechen sich völlig.
Gottfried von Straßburg, Tristan

Das Falsche (der Irrtum)
ist meistens der Schwäche bequemer.
Johann Wolfgang von Goethe,
Maximen und Reflexionen

Das Genie kann man nicht ersitzen,
wie die Beamten ihre Pension.
Heimito von Doderer, Repertorium. Ein Begriffbuch
von höheren und niederen Lebens-Sachen

Der Komfort dekoriert
die Brust seiner Verteidiger
mit prallen Brieftaschen.
Emil Gött, Im Selbstgespräch

Die Unbequemen
sind den Unbequemen stets bequem.
André Heller

Ein gebildeter Mann,
der sein Herz an die Bequemlichkeit
seines Heims hängt, ist nicht wert,
als gebildet betrachtet zu werden.
Konfuzius, Gespräche

Man bricht das Bein selten,
solange man im Leben
mühsam aufwärts steigt –
aber wenn man anfängt,
es sich leicht zu machen und
die bequemen Wege zu wählen.
Friedrich Nietzsche, Menschliches, Allzumenschliches

Man kann auf keinem Kissen
in den Himmel rutschen.
Deutsches Sprichwort

Seine Seele setzt Bauch an.
Jules Renard, Ideen, in Tinte getaucht.
Aus dem Tagebuch von Jules Renard

Wer seine Bequemlichkeit
für die anderer aufgibt,
verliert die seinige,
ohne dass man ihm dafür dankt.
Niccolò Machiavelli, Briefe
(an Francesco Vettori, 10. Dezember 1513)

Beratung

Aber mancher, der sich selbst
nicht zu raten weiß,
berät gern einen anderen,
gleich den ungetreuen Betrügern
unter den Predigern:
Sie lehren und verkünden das Gute,
das sie selbst nicht tun wollen.
Chrétien de Troyes, Yvain (Gauvain)

Die Stimme des Gewissens
wäre ein besserer Berater,
wenn wir ihr nicht immerzu
soufflieren würden, was sie sagen soll.
Jean Anouilh

Ein Berater ist jemand, der dir
deine Armbanduhr wegnimmt,
um dir zu sagen, wie spät es ist.
Roy Kinnear

Sich bei seiner Arbeit nicht beraten
noch verbessern zu lassen,
zeugt von pedantischem Geist.
Jean de La Bruyère, Die Charaktere

Sich beraten, schmälert nicht die Größe
und zeugt nicht vom Mangel
eigener Fähigkeit, vielmehr ist
Sich-gut-Beraten ein Beweis derselben.
Baltasar Gracián y Morales,
Handorakel und Kunst der Weltklugheit

Vor der Tat halte Rat.
Deutsches Sprichwort

Berechnung

Alle Klugheit und Berechnung
wird an der Einmaligkeit
jedes Geschehnisses zuschanden.
Heinrich Waggerl, Aphorismen

Es überrascht böse Menschen stets,
die berechnende Schlauheit
auch bei den Guten zu finden.
Luc de Clapiers Marquis de Vauvenargues,
Reflexionen und Maximen

Keine Berechnung
kann das Schicksal besiegen.
Ovid, Gedichte der Trübsal

Beredsamkeit

Beredsamkeit ist mehr als Wissen.
Luc de Clapiers Marquis de Vauvenargues,
Unterdrückte Maximen

Das große Geheimnis besteht darin,
die Dinge mit Beredsamkeit darzulegen.
Voltaire, Geschichte von Jenni

Das Volk versteht unter
Beredsamkeit die Fähigkeit,
mit heftigem Gebärdenspiel
und laut schallender Stimme
lange Zeit allein zu sprechen.
Jean de La Bruyère, Die Charaktere

Die beste Beredsamkeit ist die,
welche Dinge zustande bringt;
die schlechteste die, die sie verzögert.
David Lloyd George, Reden (1919)

Die wahre Beredsamkeit
ist bewegte Logik.
Sully Prudhomme, Gedanken

Durch deine Beredsamkeit
wird jedes Anliegen gut.
Ovid, Gedichte der Trübsal

Eines rechtschaffenen Mannes
Beredsamkeit kann die Tyrannei
mitten in all ihrer Macht
in Schrecken versetzen.
Jean-Jacques Rousseau,
Julie oder Die neue Héloïse (Julie)

Es ist das Herz, das beredt macht.
Quintilian, Schule der Beredsamkeit

Jede Beredsamkeit
muss aus innerer Bewegung stammen,
und jede Bewegung verleiht von selber
Beredsamkeit.
Joseph Joubert, Gedanken, Versuche und Maximen

Menschen, die keine Probleme kennen,
sind meistens beredt.
Jakob Boßhart, Bausteine zu Leben und Zeit

Ununterbrochene Beredsamkeit
langweilt.
Blaise Pascal, Pensées

Wahre Beredsamkeit heißt,
das Nötige, und nur das Nötige, sagen.
François de La Rochefoucauld, Reflexionen

Was für Redner sind wir nicht,
Wenn der Rheinwein aus uns spricht!
Gotthold Ephraim Lessing, Die Beredsamkeit

Zur Beredsamkeit
seine Zuflucht zu nehmen heißt,
seine Sache als falsch erkennen.
Sully Prudhomme, Gedanken

Bereitschaft

Bereit sein ist alles.
William Shakespeare, Hamlet

Bereit sein ist viel,
warten können ist mehr, doch erst:
Den rechten Augenblick nützen
ist alles.
Arthur Schnitzler, Buch der Sprüche und Bedenken

Ich fühle mich bereit,
Auf neuer Bahn
den Äther zu durchdringen
Zu neuen Sphären reiner Tätigkeit.
Johann Wolfgang von Goethe, Faust I (Faust)

Jeder Mensch kann alles –
aber er muss auch
zu allem bereit sein.
Alma Mahler-Werfel, Mein Leben

Mach Spindel und Rocken bereit,
und Gott wird dir Flachs senden.
Sprichwort aus England

Wenn dein Wille bereit ist,
sind die Füße leicht.
Sprichwort aus England

Wir müssen unbeirrt warten
und bereit sein für die Stunde,
da man uns zur Tat ruft.
Leo N. Tolstoi, Tagebücher (1894)

Wir sollten,
soweit das von uns abhängt,
immer fertig und marschbereit sein.
Michel Eyquem de Montaigne, Die Essais

Berg

Auch ein hoher Berg
bleibt unter der Sonne.
Chinesisches Sprichwort

Auf Bergen, in der reinsten Höhe,
Tief Rötlichblau ist Himmelsnähe.
Du staunest über die Königspracht,
Und gleich ist sammetschwarz
die Nacht.
Johann Wolfgang von Goethe, Staunen, Gott

Auf den Bergen ist Freiheit!
Der Hauch der Grüfte
Steigt nicht hinauf
in die reinen Lüfte.
Friedrich Schiller, Die Braut von Messina (Chor)

Das Bergvolk denkt und simuliert,
Ist in Natur- und Felsenschrift studiert.
Johann Wolfgang von Goethe, Faust II (Faust)

Der alte Winter, in seiner Schwäche,
Zog sich in raue Berge zurück.
Johann Wolfgang von Goethe, Faust I (Faust)

Der Edelgesinnte liebt die Berge;
der Weise hat seine Freude am Wasser.
Sprichwort aus Japan

Der Glaube kann zwar
keine Berge versetzen, aber er vermag
Berge dorthin zu setzen,
wo keine sind.
Friedrich Nietzsche

Der Glaube versetzt Berge,
der Zweifel erklettert sie.
Karl Heinrich Waggerl

Der physische Berg als Allegorie
für den spirituellen, der zwischen
jeder Seele und ihrem Ziel steht,
ist ein nahe liegendes,
einleuchtendes Sinnbild.
Wie die im Tal hinter uns
haben die meisten Menschen
ihr Leben lang die spirituellen Berge
vor Augen und setzen doch nie
einen Fuß darauf,
sondern begnügen sich damit,
anderen zuzuhören,
die oben gewesen sind,
und ersparen sich so die Mühen.
Robert M. Pirsig,
Zen und die Kunst, ein Motorrad zu warten

Die Berge verkörpern
die unbändige Naturkraft,
der wir uns anschmiegen müssen.
Sie künden
von der Geringfügigkeit des Menschen
und seinem Eintagsdasein.
Sie schrecken uns
aus der geruhsamen
Selbstzufriedenheit.
Leslie Stephen, The Playground of Europe

Eine Stadt, die auf einem Berg liegt,
kann nicht verborgen bleiben.
Neues Testament, Matthäus 5,14 (Jesus: Bergpredigt)

Es ist immer der andere Berg,
der höher ist.
Chinesisches Sprichwort

Gipfeltreffen finden auf Bergen statt,
die den Glauben versetzen.
Werner Marx

Groß sind des Berges Kräfte;
Da wirkt Natur so übermächtig frei,
Der Pfaffen Stumpfsinn
schilt es Zauberei.
Johann Wolfgang von Goethe, Faust II (Faust)

Hinaufgeschaut! –
Der Berge Gipfelriesen
Verkünden schon
die feierlichste Stunde;
Sie dürfen früh
des ewigen Lichts genießen,
Das später sich
zu uns herniederwendet.
Johann Wolfgang von Goethe, Faust II (Faust)

Hinterm Berg wohnen auch Leute.
Theodor Fontane, Kriegsgefangen

Ich bin vom Berg der Hirtenknab,
Ich bin der Knab vom Berge.
Ludwig Uhland, Des Knaben Berglied

Ich hebe meine Augen auf
zu den Bergen,
von denen mir Hilfe kommt.
Altes Testament,
Psalmen (121, 1, mehrere Übersetzungsvarianten)

Ich schaue ins Tal,
dort laufen die Wege zusammen,
die vielfach verschlungenen,
die ich gegangen bin, und ich hebe
meine Augen auf zu den Bergen:
dahinter ist die Unendlichkeit,
welche durch alle Weltraum- und
Kernforschung nie ganz ergründbar
sein wird, so wie der Tod,
der Austritt aus dem bewussten Leben,
der große Übergang,
durch alle Findung der Biologie
und Genetik nie seines letzten
Geheimnisses entkleidet wird.
Carl Zuckmayer, Als war's ein Stück von mir

Im Gebirge lebe von den Bergen,
an einem Gewässer lebe vom Wasser.
Chinesisches Sprichwort

Jede hohe Klage und Träne
über irgendeine Zeit sagt,
wie eine Quelle auf einem Berge,
einen höhern Berg oder Gipfel an.
Jean Paul, Levana

Leben, beglückendes Leben,
zeitlos in Kraft und Jugend,
Traum ohne Bewusstsein,
im Lichte ewiger Sonne,
im Schatten ewiger Berge!
Eugen Roth, Der Weg übers Gebirg

Menschen sind wie Berge:
Die großen scheinen
aus der Nähe kleiner,
die kleinen größer.
Aleksander Swietochowski

Menschenaugen,
die auf solchen Bergen glänzen,
können nie ganz kurzsichtig,
Herzen, die auf solchen Höhen
wachsen, nie ganz engherzig werden.
Peter Rosegger, Der große Wald

Mit heißen Tränen wirst du dich
dereinst Heim sehnen
nach den väterlichen Bergen.
Friedrich Schiller, Wilhelm Tell (Attinghausen)

Nur auf irgendein zukünftiges Ziel
hin zu leben, ist seicht.
Die Flanken des Berges sind es,
auf denen Leben gedeiht,
nicht der Gipfel.
Robert M. Pirsig,
Zen und die Kunst, ein Motorrad zu warten

Nur die Tiefe nebelt, nicht der Berg.
Jean Paul, Politische Fastenpredigten

O Lieb, o Liebe!
So golden schön,
Wie Morgenwolken
Auf jenen Höhn!
Johann Wolfgang von Goethe, Mailied

Schaut in die Klüfte des Berges hinein,
Ruhig entwickelt sich Stein aus Gestein.
Johann Wolfgang von Goethe,
Inschriften, Denk- und Sendeblätter

So tut unser Herr, Christus der Retter:
Er liebt die hohen Berge.
Jüngerer deutscher Physiologus (um 1140)

Ufm Bergli
Bin i gesässe,
Ha de Vögle
Zugeschaut,
Hänt gesunge,
Hänt gesprunge,
Hänts Nestli
Gebaut.
Johann Wolfgang von Goethe, Schweizer Lied

Unsere Berge – da gibt es noch Größe
und gute Luft und Gläubigkeit!
Heinrich Federer, Das Mätteliseppi

Warum wir auf die Berge steigen?
Weil sie da sind.
Edmund Hillary

Wer darf hinaufziehn zum Berg, wer
darf stehn an seiner heiligen Stätte?
Der reine Hände hat
und ein lauteres Herz.
Altes Testament, Psalmen 24, 3-4

Wenn der Glaube stark ist,
kann er Berge versetzen.
Aber ist er auch noch blind,
dann begräbt er das Beste darunter.
Karl Heinrich Waggerl

Werde Einsiedler,
verfluche deine Artgenossen
und fliehe ihre Nähe, und
du wirst folgerecht die Berge lieben,
die das Menschenleben nur dulden,
die Schwemmfluten oder Lawinen
als ihre Botschaft ins Tal senden.
Leslie Stephen, The Playground of Europe

Wir fühlten, dass uns die Berge
neue Geheimnisse geschenkt hatten.
Sie gehören zu den Geheimnissen,
die nicht einmal der Eingeweihte
gänzlich zu verraten möchte.
Leslie Stephen, The Playground of Europe

Wo hört der Montblanc auf, und
wo ist der Himmel los?
Kein Jenseitsforscher hat die Frage
endgültig zu entscheiden vermocht.
Doch fühlen wir das Innige
der Verbindung.
Leslie Stephen, The Playground of Europe

Woher kommen die höchsten Berge?
so fragte ich einst. Da lernte ich,
dass sie aus dem Meere kommen.
Dies Zeugnis ist in ihr Gestein
geschrieben und in die Wände
ihrer Gipfel. Aus dem Tiefsten muß
das Höchste zu seiner Höhe kommen.
Friedrich Nietzsche, Also sprach Zarathustra

Bergbau

Arm wird der Bergmann geboren,
und arm gehet er wieder dahin.
Novalis, Heinrich von Ofterdingen

Bei Hofe, Herr, das wollt bedenken,
Gilt andre Sitte als im Bergrevier.
Pedro Calderón de la Barca,
Das Leben ein Traum (2. Kammerherr)

Ist ja in den Bergwerken auch nicht
alles lauteres Metall, und man muss,
um sich Raum zu machen, mitunter
taubes Gestein ans Tageslicht bringen.
Johann Wolfgang von Goethe,
Briefe (an Achim von Arnim, 14. November 1808)

Wahrhaftig, das muss
ein göttlicher Mann gewesen sein,
der den Menschen zuerst
die edle Kunst des Bergbaus gelehrt
und in dem Schoße der Felsen
dieses ernste Sinnbild des
menschlichen Lebens verborgen hat.
Novalis, Heinrich von Ofterdingen

Wir wracken, wir hacken,
Mit hangendem Nacken,
Im wachsenden Schacht,
Bei Tage, bei Nacht.
Gerrit Engelke, Lied des Kohlenhäuers

Bergsteigen

Auch wird uns der Berg,
den wir erklimmen,
weniger rau vorkommen,
wenn wir uns an hübschen
Geschichten erfreuen.
Lucius Apuleius, Der goldene Esel

Berge sollte man
mit möglichst wenig Anstrengung
und ohne Ehrgeiz ersteigen.
Unsere eigene Natur
sollte das Tempo bestimmen.
Robert M. Pirsig,
Zen und die Kunst, ein Motorrad zu warten

Da stehen wir an den unübersteiglichen Bergen, und doch:
Da oben nur lernt man
die Wollust des Atmens verstehen.
Bettina von Arnim,
Goethes Briefwechsel mit einem Kinde

Das Bergglück besteht aus den
Umständen, die man sich macht.
Franz X. Wagner, Satiren (in: Alpin 7/1996)

Das Ersteigen der Berge,
wie der Weg zur Tugend,
ist besonders wegen der Aussicht,
die man eben vor sich hat,
beschwerlich.
Heinrich von Kleist, Briefe
(an Wilhelmine von Zenge, 10./11. Oktober 1800)

Das Schlimme an einem Handy ist,
dass man es auch auf eine einsame
Gebirgshütte mitnehmen kann.
Franz X. Wagner, Satiren (in: Alpin 1/1995)

Der wichtigste Gedanke
auf dem Gipfel
gilt dem Weg nach unten.
Reinhold Messner

Die Anziehungskraft einiger Berge
auf das alpine Publikum ist so groß,
dass es nur durch Anwendung
raffinierter Listen möglich wird,
diese Berge zu besteigen, ohne
von der Masse zertrampelt zu werden.
Franz X. Wagner, Bergtagebuch

Die Berge können gefährlich sein. Ein
einziger Fehltritt unter einer Million,
ein verstauchter Knöchel, und man
merkt, wie fern der Zivilisation
man tatsächlich ist.
Robert M. Pirsig,
Zen und die Kunst, ein Motorrad zu warten

Dir sind die Alpen nicht hoch,
nicht geheimnisvoll genug,
du träumst von den Anden,
vom Kaukasus, vom Himalaja.
Und doch gilt es eben hier
die Seele ganz zu weiten und
schon hier letzte Erhabenheit
zu empfinden.
Sind nicht alle diese Berge
gleiche Klippen der großen blauen,
strahlenden Geister- und Gottes-See,
auf die immer wieder hin zu blicken,
ja, die früher oder später mannhaft
zu befahren unsere edelste
Bestimmung und Freiheit ist?
Christian Morgenstern, Stufen

Dringe tief zu Berges Grüften,
Wolken folge hoch zu Lüften;
Muse ruft zu Bach und Tale
Tausend, Abertausend Male.
Johann Wolfgang von Goethe, Immer und überall

Ein Ungrund ist zwar Gott,
doch wem er sich soll zeigen,
Der muss bis auf die Spitz'
der ew'gen Berge steigen.
Angelus Silesius, Der cherubinische Wandersmann

Einige Stunden Bergsteigen machen
aus einem Schuft und einem Heiligen
zwei ziemlich gleiche Geschöpfe.
Die Ermüdung ist der kürzeste Weg
zur Gleichheit und Brüderlichkeit –
und die Freiheit wird endlich
durch den Schlaf hinzugegeben.
Friedrich Nietzsche, Menschliches, Allzumenschliches

Es scheint, als schwänge man sich
über der Menschen Aufenthalt hinaus
und ließe da alle niedrigen
und irdischen Gesinnungen zurück,
als nähme die Seele, je mehr man sich
den ätherischen Gegenden nähert,
etwas von ihrer unveränderlichen
Reinheit an.
Jean-Jacques Rousseau,
Julie oder Die neue Héloïse (23. Brief, Saint-Preux)

Gestern lebte ich ein paar selige
Stunden recht auf der Erde,
ich hatte einen Berg erstiegen,
an dessen Umgebungen jede Spur
menschlichen Anbaus zu Zweck
und Nutzen verschwand;
es ward mir nun wohl und heiter. (...).
In solchen Augenblicken behält
nur das Ewige Wert, der schaffende
Genius und das heilige Gemüt.
Karoline von Günderode, Melete

Ich bin ein Wanderer
und ein Bergsteiger, sagte er
zu seinem Herzen,
ich liebe die Ebenen nicht,
und es scheint, ich kann nicht lange
still sitzen.
Und was mir nun auch noch
als Schicksal und Erlebnis komme –
ein Wandern wird darin sein
und ein Bergsteigen: Man erlebt
endlich nur noch sich selbst.
Friedrich Nietzsche, Also sprach Zarathustra

(...) In der Tat ist es
ein allgemeiner Eindruck,
den alle Menschen empfinden,
wiewohl sie ihn nicht alle
wahrnehmen, dass man
auf hohen Bergen, wo die Luft rein
und dünn ist, mehr Freiheit zu atmen,
mehr Leichtigkeit im Körper, mehr
Heiterkeit im Geiste an sich spürt.
Jean-Jacques Rousseau,
Julie oder Die neue Héloïse (23. Brief, Saint-Preux)

Man steigt auf den Berg in einem
Zustand, in dem sich Rastlosigkeit
und Erschöpfung die Waage halten.
Dann, wenn man nicht mehr
in Gedanken vorauseilt,
ist jeder Schritt nicht mehr bloß
Mittel zum Zweck, sondern
ein einmaliges Ereignis.
Robert M. Pirsig,
Zen und die Kunst, ein Motorrad zu warten

Ruhe ich, so bist du bei mir;
steige ich auf eine Höhe,
so steigst du mit; steige ich herab,
so steigst auch du herab:
Wohin ich mich wende, bist du dabei.
Nikolaus von Kues, Über die Schauung Gottes

Schnee und Sturm und Felsgestein
Stählt den Fuß und übt das Bein.
Immer hinterm Ofen sein,
Macht das Leben arm und klein.
Gunnar Gunnarsson, Advent im Hochgebirge

So steigt der Mensch
auf gefährlichen Wegen
in die höchsten Gebirge,
um über seine Ängstlichkeit
und seine schlotternden Knie
Hohn zu lachen.
Friedrich Nietzsche, Menschliches, Allzumenschliches

Vergnügungsreisende:
Sie steigen wie Tiere den Berg hinauf,
dumm und schwitzend;
man hatte ihnen zu sagen vergessen,
dass es unterwegs
schöne Aussichten gebe.
Friedrich Nietzsche, Menschliches, Allzumenschliches

Was nun die Besteigung
des Berges betrifft,
so geschieht dieselbe vom Tale aus.
Adalbert Stifter

Wenn man versucht,
einen Berg zu besteigen,
um zu beweisen,
was für ein toller Kerl man ist,
schafft man es fast nie.
Und wenn, dann ist es ein Pyrrhussieg.
Damit der Sieg nicht verblasst,
muss man immer wieder
auf andere Arten
seine Tüchtigkeit beweisen.
Robert M. Pirsig,
Zen und die Kunst, ein Motorrad zu warten

Wer auf den höchsten Bergen steigt,
der lacht über alle Trauer-Spiele
und Trauer-Ernste.
Friedrich Nietzsche, Also sprach Zarathustra

Wer nicht auf die hohen Berge steigt,
kennt die Ebene nicht.
Chinesisches Sprichwort

Wer steilen Berg erklimmt,
Hebt an mit ruhigem Schritt.
William Shakespeare, Heinrich VIII. (Norfolk)

»Wie komm ich am besten
den Berg hinan?«
Steig nur hinauf
und denk nicht dran!
Friedrich Nietzsche, Die fröhliche Wissenschaft

Wir sind auf dem Mont Cenis
dem Himmel nicht näher
als im tiefen Meer.
Michel Eyquem de Montaigne, Die Essais

Berlin

Berlin, diese ganze moderne Stadt,
macht, so schön sie ist, keinen
wirklich bedeutenden Eindruck (...).
Die Hauptstadt Preußens
gleicht dem Staat selbst:
Die Gebäude und die Institutionen
sind erst ein Menschenalter alt
und nicht mehr, weil ein einziger
Mann ihr Urheber ist.
Germaine Baronin von Staël, Über Deutschland

Berlin war mehr als eine Messe wert.
Diese Stadt fraß Talente
und menschliche Energien
mit beispiellosem Heißhunger,
um sie ebenso rasch zu verdauen,
klein zu mahlen und wieder
auszuspucken.
Carl Zuckmayer,
Als wär's ein Stück von mir (1963), 1920–1933

In Berlin ein großartiges Hotel.
Auf den Straßen das Laster.
Leo N. Tolstoi, Tagebücher (1857)

Je öfter ich Berlin sehe,
je gewisser wird es mir,
dass diese Stadt, so wie alle
Residenzen und Hauptstädte,
kein eigentlicher Aufenthalt
für die Liebe ist. Die Menschen
sind hier zu zierlich, um wahr,
zu gewitzigt, um offen zu sein.
Heinrich von Kleist, Briefe
(an Wilhelmine von Zenge, 16. August 1800)

Wer Berlin zur neuen Hauptstadt macht,
schafft geistig ein neues Preußen.
Konrad Adenauer

Beruf

Der Beruf ist der Weg,
das Individuum auf eine Weise,
die der Gesamtheit dient,
vom Leben zum Tod zu bringen.
Emil Gött, Im Selbstgespräch

Der Beruf, den sie sich gewählt
oder der ihnen geworden, ist die
fortdauernde Schule der Menschen:
sie werden, was sie tun.
Wilhelm Schulz, Die Statistik der Kultur

Der Berufsoffizier: ein Mann,
den wir in Friedenszeiten durchfüttern,
damit er uns im Krieg
an die Front schickt.
Gabriel Laub

Der Berufs-Schriftsteller
macht seine Muse zur Prostituierten
und wird dann ihr Strizzi.
Heimito von Doderer, Repertorium. Ein Begreifbuch
von höheren und niederen Lebens-Sachen

Der Mann muss hinaus
Ins feindliche Leben.
Friedrich Schiller, Das Lied von der Glocke

Der Soldat lebt,
der Natur seines Berufs nach,
immer in einem Getümmel.
Christian Garve, Über Gesellschaft und Einsamkeit

Der Vater ist der Gast im Hause.
Sprichwort aus Bulgarien

Die Not kann den Schmied lehren,
Stiefel zu nähen.
Sprichwort aus Russland

Die verantwortliche Arbeit,
der unser Leben ausfüllende Beruf
gewährt uns (Männern) einen Halt;
Frauen vermag nichts zu trösten
außer Zerstreuung.
Stendhal, Über die Liebe

Ein Beruf ist das Rückgrat des Lebens.
Friedrich Nietzsche, Menschliches, Allzumenschliches

Ein Beruf macht gedankenlos,
darin liegt sein größter Segen.
Denn er ist eine Schutzwehr,
hinter welche man sich,
wenn Bedenken und Sorgen
allgemeiner Art anfallen,
erlaubtermaßen zurückziehen kann.
Friedrich Nietzsche, Menschliches, Allzumenschliches

Ein gut erlernter Beruf
ist mehr wert als ein großes Erbe.
Sprichwort aus Frankreich

Ein jeder versucht eben
auf seine Weise,
in der Welt vorwärts zu kommen.
Voltaire, Der Mann mit den vierzig Talern

Eine Gesellschaft,
in welcher alle Mitglieder
ein und dasselbe Geschäft verrichteten,
würde aufhören,
eine Gesellschaft zu sein.
Friedrich Buchholz, Hermes oder Über die Natur der
Gesellschaft mit Blicken in die Zukunft

Eine kleine Stelle, die du ganz erfüllst,
ist ein Ehrenplatz,
die größte, der du nicht genügst,
ein Pranger.
Otto von Leixner

Einen Beruf haben wir,
um nützlich zu scheinen.
Erhard Blanck

Es gibt Muster der Größe,
lebendige Bücher der Ehre.
Jeder stelle sich die Größten
in seinem Berufe vor,
nicht sowohl um ihnen nachzuahmen,
als zum Ansporn.
Baltasar Gracián y Morales,
Handorakel und Kunst der Weltklugheit

Es ist die größte Versuchung,
dass niemand seinen Beruf
treulich erfüllt, sondern alle
sich der Muße ergeben wollen.
Martin Luther, Tischreden

Es ist unfair, den Menschen
nach seinem Beruf abzustempeln,
der ihn nicht abstempelt.
Ludwig Marcuse, Argumente und Rezepte.
Ein Wörter-Buch für Zeitgenossen

Fordert man sich nicht unablässig
selber heraus, verdorrt man.
Lido Anthony »Lee« Iacocca,
Mein amerikanischer Traum

Gauguin wusste mit einem Mal,
dass er kein Bankangestellter war;
er war ein Maler. Und so verließ er
das Geldinstitut. Ich finde,
wir haben ein Recht,
den Kurs zu ändern.
Anaïs Nin, Absage an die Verzweiflung

Jeder übe sich in der Kunst,
die er erlernt hat!
Marcus Tullius Cicero, Gespräche in Tusculum

Krankenschwestern sind
ausgebildete Sklavinnen
und als solche typische Vertreterinnen
des weiblichen Berufsmodells.
Germaine Greer, Der weibliche Eunuch

Man ist viel wert in der Welt,
wenn man sein Fach versteht!
Adolph Freiherr von Knigge,
Über den Umgang mit Menschen

Man kann nicht schreiben
und gleichzeitig einen Beruf ausüben.
Fritz Hochwälder

Man muss nicht lang nachdenken,
um ein Huhn zu kochen,
und doch sehen wir Menschen,
die ihr ganzes Leben lang
schlechte Köche bleiben;
so sehr muss man zu jedem Beruf
durch einen besonderen,
von der Vernunft unabhängigen
Instinkt berufen sein.
Luc de Clapiers Marquis de Vauvenargues,
Unterdrückte Maximen

Man unterziehe sich niemals
einer Berufsarbeit. Tut man das,
so wird man schlecht und recht
ein Allerweltsmensch,
ein kleines Rädchen in der Maschine
des Staatsorganismus.
Søren Kierkegaard, Entweder – Oder

Mancher wäre ein Phönix
in seinem Beruf gewesen,
hätte er keine Vorgänger gehabt.
Baltasar Gracián y Morales,
Handorakel und Kunst der Weltklugheit

Nicht nur jedes Land, sondern
jede Stadt und jeder Beruf prägt
seine besonderen Höflichkeitsformen.
Michel Eyquem de Montaigne, Die Essais

Schon oft habe ich gedacht,
dass Menschen die Spitze
der Karriereleiter erklimmen,
weil sie nicht die Qualifikationen
haben, die sie am Boden
halten würden. In der Regel bleibt
ein sehr guter Anwalt
seinem Beruf treu.
Wer nicht ganz so begabt ist,
wird Richard Nixon.
Peter Ustinov, Peter Ustinovs geflügelte Worte

Schweinefleischer und Hundeschlächter
erwartet kein gutes Ende.
Chinesisches Sprichwort

Sei pünktlich, ordentlich, arbeitsam,
fleißig in deinem Beruf!
Adolph Freiherr von Knigge,
Über den Umgang mit Menschen

Soll er zur Meisterschaft einst reifen,
Lass ihn, wozu's ihn drängt, ergreifen.
Jüdische Spruchweisheit

Unser Berufsleben allein
wäre kein sehr glücklicher Zustand,
hätten wir nicht unsere Familie
und unser Privatleben daneben.
Anaïs Nin, Frauen verändern die Welt

Was ist dein Beruf? Gut zu sein.
Mark Aurel, Selbstbetrachtungen

Was jeder Einzelne von uns ist,
das ist er in Kraft der Gesellschaft,
zu welcher er gehört;
und soll das besondere Geschäft,
dem er sich gewidmet hat,
mit Erfolg betrieben werden,
so ist die erste Bedingung davon die,
dass alle übrigen Geschäfte
neben dem seinigen gedeihen.
Friedrich Buchholz, Hermes oder Über die Natur der
Gesellschaft mit Blicken in die Zukunft

Welch himmlischer Beruf die Kunst ist!
Felix Mendelssohn Bartholdy, Briefe

Wer nichts wird, wird Wirt.
Deutsches Sprichwort

Wer sein Brot verdient,
der ist nie überflüssig
und fühlt sich auch nicht so.
Paul Ernst, Die Zerstörung der Ehe

Berufung

Berufung ist die Einladung,
sich in Gott zu verlieben
und diese Liebe unter Beweis zu stellen.
Mutter Teresa

Denn viele sind berufen,
aber nur wenige auserwählt.
Neues Testament, Matthäus 22, 14 (Jesus)

Die wahre Kirche
besteht in der Erwählung
und Berufung durch Gott.
Martin Luther, Tischreden

Immer wenn jemand
kurzen Prozess machen möchte,
gibt es danach eine lange Berufung.
Siegfried Lowitz

Jede Art Berufung
ist bedeutsam und nötig,
damit das Gewissen gewiss sei.
Martin Luther, Tischreden

Man muss in Reinheit
und mit Liebe seiner Berufung
zu dienen gerecht werden.
Leo N. Tolstoi, Tagebücher (1889)

Wer berufen ist, hat Angst,
wenn seine Stunde schlägt,
denn er weiß, welches Opfer
sie von ihm verlangt:
das Opfer seiner Person
um seiner Sache willen.
Hermann Bahr, Tagebücher

Beruhigungsmittel

Auch unsere Urgroßeltern
haben regelmässig
ein Beruhigungsmittel genommen.
Es hieß Arbeit.
Robert Lembke, Steinwürfe im Glashaus

Die Natur
ist ein sehr gutes Beruhigungsmittel.
Anton P. Tschechow, Briefe (4. Mai 1889)

Berühmtheit

Bei den Hottentotten
ist nicht einmal Napoleon berühmt.
Marie von Ebner-Eschenbach, Aphorismen

Berühmt zu werden, ist nicht schwer,
Man darf nur viel
für kleine Geister schreiben.
Christian Fürchtegott Gellert, Fabeln und Erzählungen

Berühmtheit ist
Züchtigung des Verdienstes und
Bestrafung des Talents.
Chamfort, Maximen und Gedanken

Berühmtheit:
Der Vorteil, denen bekannt zu sein,
die einen nicht kennen.
Chamfort, Maximen und Gedanken

Berühmtheit sehe ich so:
Bleib mit beiden Füßen auf der Erde,
sonst bist du nur noch
ein schwankendes Rohr im Wind.
Lido Anthony »Lee« Iacocca,
Mein amerikanischer Traum

Eine Berühmtheit ist jemand,
der sich freut, dass ihn viele kennen,
die er nicht kennen zu lernen braucht.
Henry Louis Mencken

Eine einzige Entdeckung
kann einen Mann berühmt machen
und sein bürgerliches Glück begründen.
Johann Wolfgang von Goethe, überliefert von
Johann Peter Eckermann (Gespräche mit Goethe)

Prominent ist man, wenn man
erst aus der Klatschspalte erfährt,
was man in nächster Zeit vorhat.
Anna Moffo

Prominenz ist eine Eigenschaft,
die nicht durch Auslese, sondern
durch Beifall zu Stande kommt.
Friedrich Sieburg

Übrigens darf ich bei allem Respekt
vor meinem berühmten Hotel sagen,
unberühmte sind meistens interessanter.
Theodor Fontane, Der Stechlin

Welch erstaunliche Witterung
besitzen Frauen doch für Berühmtheit.
Sie erkennen sie nicht anhand
ihrer Eindrücke, sondern daran,
wie und wohin die Menge eilt.
Leo N. Tolstoi, Tagebücher (1900)

Wenn ein Mann berühmt geworden ist,
trifft er in seinem Leben merkwürdig
viele Schulfreunde wieder.
Lyndon B. Johnson

Berührung

Alle geistige Berührung gleicht
der Berührung eines Zauberstabs.
Alles kann zum Zauberwerkzeug
werden.
Novalis, Fragmente

Es gibt Menschen, deren einmalige
Berührung mit uns für immer
den Stachel in uns zurücklässt,
ihrer Achtung und Freundschaft
wert zu bleiben.
Christian Morgenstern, Stufen

Man kann nur in Berührung sein,
wenn man fühlt.
Anaïs Nin, Absage an die Verzweiflung

Neben der Liebe auf den ersten Blick
gibt es auch die Liebe
auf die erste Berührung.
Und die geht vielleicht noch tiefer.
Vladimir Nabokov

Beschäftigung

Aber in der Beschäftigung selbst
Vergnügen finden – dies ist
das Geheimnis des Glücklichen!
Sophie Mereau, Betrachtungen

Auch die scheinbar niedrigste
Beschäftigung kann durch den Geist,
der sie belebt, geadelt werden.
Oskar von Redwitz, Hymen

Die Beschäftigung mit der Natur
ist die unschuldigste.
Johann Wolfgang von Goethe, überliefert von
Johann Peter Eckermann (Gespräche mit Goethe)

Es gibt fremdartige Beschäftigungen,
welche die Motten der kostbaren Zeit
sind. Sich mit etwas Ungehörigem
beschäftigen, ist schlimmer
als Nichtstun.
Baltasar Gracián y Morales,
Handorakel und Kunst der Weltklugheit

Kunst ist keine Beschäftigung,
Kunst beschäftigt immer während
den Künstler.
Willi Baumeister, Das Unbekannte in der Kunst

Nah verwandt schienen sich
die ersten Menschen,
aber ihre Beschäftigungen
trennten sie bald.
Johann Wolfgang von Goethe, Dichtung und Wahrheit

Nichtstun ist die schwierigste
Beschäftigung und zugleich diejenige,
die am meisten Geist voraussetzt.
Oscar Wilde

Niemand hat das Recht,
einem geistreichen Manne
vorzuschreiben,
womit er sich beschäftigen soll.
Johann Wolfgang von Goethe,
Tag- und Jahreshefte (1807)

Nur ein Taugenichts
oder ein völlig Unfähiger
kann behaupten, er habe
keine Beschäftigung gefunden.
Leo N. Tolstoi, Tagebücher (1852)

Sage mir, mit wem du umgehst,
so sage ich dir, wer du bist;
weiß ich, womit du dich beschäftigst,
so weiß ich, was aus dir werden kann.
Johann Wolfgang von Goethe, Maximen und Reflexionen

Bescheidenheit

Serjosha sagt: »Man muss
eine Beschäftigung haben.«
Das bedeutet noch gar nichts.
Man muss wissen, was für
eine Beschäftigung. Und um dies
zu erfahren, gibt es nur ein Mittel:
das tun, was man benötigt,
was man selbst braucht, oder das,
wozu einen unwiderstehlich
eine Berufung drängt.
Leo N. Tolstoi, Tagebücher (1890)

Wenn ich einen Menschen
kenne lerne, frage ich sogleich:
Womit beschäftigt er sich? und wie?
und in welcher Folge?
und mit der Beantwortung der Frage
ist auch mein Interesse an ihm
zeitlebens entschieden.
Johann Wolfgang von Goethe, Wilhelm Meisters Lehrjahre (Bekenntnisse einer schönen Seele)

Wir sind so sehr mit uns
und unseresgleichen beschäftigt,
dass wir alles Übrige,
obwohl es unter unseren Augen lebt,
kaum beachten.
Luc de Clapiers Marquis de Vauvenargues,
Unterdrückte Maximen

Bescheidenheit

Alle großen Männer sind bescheiden.
Gotthold Ephraim Lessing,
Briefe, die neueste Literatur betreffend

Auch der bescheidenste Mensch,
der in der Gesellschaft verkehren will,
muss sicher in seinem Auftreten
und ungezwungen in seinem
Benehmen sein, wenn er sich nicht
übervorteilen lassen will.
Er muss seine Bescheidenheit
mit seinem Stolz schmücken.
Chamfort, Maximen und Gedanken

Aus kleinen Brunnen trinkt man
sich ebenso satt als aus großen.
Deutsches Sprichwort

Bescheiden wollt' ich sein,
säh' ich mich voll geehrt;
Stolz muss ich sein,
solang' ihr leugnet meinen Wert.
Friedrich Rückert, Die Weisheit des Brahmanen

Bescheidenheit gehört in eine
gute geschlossene Gesellschaft.
Schon in größerer Sozietät
steht das Unbescheidene immer
im Vorteil, aber Derbheit, ja Grobheit
gehört in eine Volksversammlung,
wo der Pöbel mitreden will
und den man überschreien
oder selbst schweigen
und sich nach Hause drücken muss.
Johann Wolfgang von Goethe,
Maximen und Reflexionen

Bescheidenheit ist
der Anfang aller Vernunft.
Ludwig Anzengruber, Einfälle und Schlagsätze

Bescheidenheit ist die Kunst,
andere herausfinden zu lassen,
wie bedeutsam man ist.
Berta Drews

Bescheidenheit ist eine
der liebenswürdigsten Eigenschaften
und macht umso vorteilhafteren
Eindruck, je seltener diese Tugend
in unseren Tagen wird.
Adolph Freiherr von Knigge,
Über den Umgang mit Menschen

Bescheidenheit
ist eine Eigenschaft,
für die der Mensch bewundert wird,
falls die Leute je
von ihm hören sollten.
Edgar Watson Howe

Bescheidenheit ist eine Zier,
doch weiter kommt man ohne ihr.
Deutsches Sprichwort

Bescheidenheit ist immer
falsche Bescheidenheit.
Jules Renard

Bescheidenheit –
Mantel des Hochmuts.
Carmen Sylva

Bescheidenheit ohne Selbstgefühl,
Selbstgefühl ohne Bescheidenheit
sind nichts wert.
Ludwig Marcuse, Argumente und Rezepte.
Ein Wörter-Buch für Zeitgenossen

Bescheidenheit verhält sich
zum Verdienst wie Schatten
zu den Gestalten eines Gemäldes:
Sie erst geben Kraft und Relief.
Jean de La Bruyère, Die Charaktere

Bescheidenheit
wird häufig als Schwäche
und Unentschlossenheit angesehen;
doch sobald
die Erfahrung den Menschen zeigt,
dass sie sich geirrt haben,
verleiht Bescheidenheit
neuen Reiz und neue Stärke
und flößt neuen Respekt ein.
Leo N. Tolstoi, Tagebücher (1853)

Denn Bescheidenheit ist fein,
Wenn das Mädchen blüht,
Sie will zart geworben sein,
Die den Rohen flieht.
Johann Wolfgang von Goethe, West-östlicher Divan

Denn die Bescheidenheit
ist eine Art des Ehrgeizes.
Baruch de Spinoza, Ethik

Der Bescheidene hat
alles zu gewinnen,
der Stolze alles zu verlieren:
Denn die Bescheidenheit
hat es immer mit dem Edelmut
und der Stolz mit dem Neid zu tun.
Antoine Comte de Rivarol, Maximen und Reflexionen

Der bescheidenste Mensch
ist auch der zuverlässigste.
Chinesisches Sprichwort

Der Eitle kommt auf seine Rechnung,
ob er Gutes oder Schlechtes
von sich redet;
der Bescheidene spricht nicht von sich.
Jean de La Bruyère, Die Charaktere

Der liebe Gott hat gewöhnlich
die Ausübung der Bescheidenheit
und ähnlicher Tugenden
den Seinen sehr erleichtert.
Es ist z.B. leicht, dass man
seinen Feinden verzeiht, wenn man
zufällig nicht so viel Geist besitzt,
um ihnen schaden zu können,
so wie es auch leicht ist,
keine Weiber zu verführen,
wenn man mit einer allzu
schäbigen Nase gesegnet ist.
Heinrich Heine, Vorrede zu Salon I

Des Wissens schönstes Kleid:
Bescheidenheit.
Jüdische Spruchweisheit

Die Bescheidenheit,
die zum Bewusstsein kommt,
kommt ums Leben.
Marie von Ebner-Eschenbach, Aphorismen

Die Bescheidenheit ist eine Eigenschaft,
die vom Bewusstsein
der eigenen Macht herrührt.
Paul Cézanne

Die Bescheidenheit ist ein Zug,
den Frauen an ihren Liebhabern
eher loben als lieben.
Richard B. Sheridan, Die Nebenbuhler

Die Bescheidenheit kriecht aus
dem gleichen Loch wie die Eitelkeit.
Marie von Ebner-Eschenbach

Die Menschheit als Ganzes wird
sich nie wieder bescheiden können.
Elias Canetti, Die Provinz des Menschen.
Aufzeichnungen 1942–1972

Ein Kapital an Bescheidenheit
trägt viele Zinsen.
Charles de Secondat, Baron de la Brède
et de Montesquieu, Meine Gedanken

Ein kleiner Fisch auf dem Tisch
ist besser als ein großer im Bach.
Deutsches Sprichwort

Ein Spatz in der Hand ist besser als
eine Taube auf dem Dach, sagt man.
Der Spatz ist völlig anderer Meinung.
Robert Lembke, Steinwürfe im Glashaus

Es gibt eine Bescheidenheit,
die nur der Mantel des Hochmuts ist.
Carmen Sylva, Vom Amboss

Es ist eine alte Regel:
Ein Unverschämter kann bescheiden
aussehen, wenn er will,
aber kein Bescheidener unverschämt.
Georg Christoph Lichtenberg, Sudelbücher

Es ist so schwer oft, zu entscheiden,
Ob dumm, ob weise, wer bescheiden.
Erhard Blanck

Es ziemt sich für einen jungen Mann,
bescheiden zu sein.
Titus Maccius Plautus, Eselskomödie

Falsche Bescheidenheit
ist die schicklichste aller Lügen.
Chamfort, Maximen und Gedanken

Hüte dich vor den Bescheidenen; –
du ahnst nicht, mit welch gerührtem
Stolz sie ihre Schwächen hegen.
Arthur Schnitzler, Buch der Sprüche und Bedenken

Ich glaube, nichts lehrt einen
besser Bescheidenheit, als wenn man
einen wertvollen Menschen liebt.
André Gide, Die Schule der Frauen

Ich kann die Leute nicht ausstehen,
die ständig Triumphe erringen
über die Bescheidenheit der anderen.
Charles de Secondat, Baron de la Brède
et de Montesquieu, Meine Gedanken

Ihr könnt Euch darauf verlassen,
die Bescheidenheit der Leute
hat immer ihre guten Gründe.
Heinrich Heine, Vorrede zu Salon I

Ihr sagt, man solle bescheiden sein,
wohl geartete Menschen werden
gerne damit einverstanden sein:
Sorg nur dafür, dass man die nicht
ausnutzt, die aus Bescheidenheit
nachgeben, und die nicht niedertritt,
die fügsam sind.
Jean de La Bruyère, Die Charaktere

In Bezug auf Charakter
ist es wie bei der Begabung
ein menschliches Gesetz,
dass der Gesinnungstüchtigste auch
der Bescheidenste ist, ja,
die Bescheidenheit ist selber
nur ein Bestandteil
der Gesinnungstüchtigkeit,
so wie die Milde stets
ein Bestandteil der Kraft ist.
Adalbert Stifter,
Über Stand und Würde des Schriftstellers

Je größer du bist,
umso mehr bescheide dich.
Altes Testament, Jesus Sirach 3, 18

Magst du auch aus dem Meer schöpfen,
du bekommst doch nur so viel,
wie dein Krug fassen kann.
Indische Weisheit

Man hat aus der Bescheidenheit
eine Tugend gemacht,
um den Ehrgeiz großer Männer
zu zügeln und die Mittelmäßigkeit
über ihr geringes Glück und
ihre geringe Geltung zu trösten.
François de La Rochefoucauld, Reflexionen

Man muss ehrlich und bescheiden sein,
aber laut und deutlich sagen,
dass man es ist.
Jules Renard, Ideen, in Tinte getaucht.
Aus dem Tagebuch von Jules Renard

Man muss nicht
alle Berge ebnen wollen.
Deutsches Sprichwort

Nur wer bescheiden ist,
wird nicht aufgeben.
Ludwig Marcuse, Argumente und Rezepte.
Ein Wörter-Buch für Zeitgenossen

Oft täuscht man sich, wenn man glaubt,
durch Bescheidenheit den Hochmut
bezwingen zu können.
Niccolò Machiavelli, Vom Staat

Ohne Rechtschaffenheit
ist es nicht leicht,
in äußerem Glück
die Bescheidenheit zu wahren.
Aristoteles, Nikomachische Ethik

Personen,
die der erste Anblick empfiehlt,
sollten die Bescheidenheit
nicht so weit treiben.
Johann Wolfgang von Goethe, Clavigo (Clavigo)

Reich ist,
wer sich bescheidet mit dem,
was er hat.
Chinesisches Sprichwort

Seinen Hochmut kann man verbergen,
aber nicht seine Bescheidenheit.
Charles de Secondat, Baron de la Brède
et de Montesquieu, Meine Gedanken

Selbst der bescheidenste Mensch
hält mehr von sich,
als sein bester Freund von ihm hält.
Marie von Ebner-Eschenbach, Aphorismen

Sobald man sich
seiner Bescheidenheit bewusst ist,
verliert man sie.
Sully Prudhomme, Gedanken

Wenig hervortreten, viel leisten,
mehr sein als scheinen.
Alfred von Schlieffen

Wenn jemand bescheiden bleibt,
nicht beim Lobe, sondern beim Tadel,
dann ist er's.
Jean Paul, Hesperus

Wie wenig Lust genügt den meisten,
um das Leben gut zu finden,
wie bescheiden ist der Mensch!
Friedrich Nietzsche, Menschliches, Allzumenschliches

Wie zieret den bescheidnen Mann
der Kranz!
Johann Wolfgang von Goethe,
Torquato Tasso (Leonore)

Wo gibt es noch einmal zwei Dinge
so entgegengesetzt und doch
so nahe verwandt, so unähnlich
und doch so oft kaum
voneinander zu unterscheiden
wie Bescheidenheit und Stolz.
Marie von Ebner-Eschenbach, Aphorismen

Wodurch wird Würd' und Glück
erhalten lange Zeit?
Ich mein', durch nichts mehr
als Bescheidenheit.
Friedrich von Logau, Sinngedichte

Beschimpfung

Beschimpfungen sind die Gründe jener,
die Unrecht haben.
Sprichwort aus Frankreich

Es gibt keine Beschimpfung,
die man nicht verzeiht,
wenn man sich gerächt hat.
Luc de Clapiers Marquis de Vauvenargues,
Unterdrückte Maximen

Wenn du selbst keine Haare
auf dem Kopf hast,
dann beschimpfe andere nicht
als Glatzkopf.
Chinesisches Sprichwort

Wenn ein Edler sich beschimpfen hört,
gießt er Wasser in ein Ohr und
verstopft das andere mit Baumwolle.
Sprichwort aus Afrika

Beschleunigung

Den Gang der gemessen ablaufenden
Zeit beschleunigen zu wollen,
ist das kostspieligste Unternehmen.
Arthur Schopenhauer, Aphorismen zur Lebensweisheit

Die Eile ist das Gegenteil der Geduld:
Ungeduldig sucht sie zu beschleunigen,
was eigentlich seine Zeit braucht.
Jürgen Dahl, Vom Geschmack der Lilienblüten

Beschränktheit

Beschränkt und unerfahren,
hält die Jugend
Sich für ein einzig auserwähltes Wesen
Und alles über alle sich erlaubt.
Johann Wolfgang von Goethe, Torquato Tasso (Tasso)

Der Aphorismus bekämpft
die Beschränktheit
auf beschränktestem Raum.
Hanns-Hermann Kersten

Der Mensch ist ein beschränktes Wesen,
unsere Beschränkung zu überdenken,
ist der Sonntag gewidmet.
Johann Wolfgang von Goethe,
Wilhelm Meisters Wanderjahre

Derjenige, der sich mit Einsicht
für beschränkt hält, ist der Vollkommenheit am nächsten.
Johann Wolfgang von Goethe,
Maximen und Reflexionen

In seiner Beschränktheit
von keinem erreichbar ist
der weise Mann, der sich
an seiner eigenen Weisheit berauscht.
Peter Ustinov, Peter Ustinovs geflügelte Worte

Jeder Zustand
hat seine Beschwerlichkeit,
der beschränkte sowohl
als der losgebundene.
Johann Wolfgang von Goethe,
Die Wahlverwandtschaften

Sich in seiner Beschränktheit gefallen,
ist ein elender Zustand;
in Gegenwart des Besten
seine Beschränktheit fühlen,
ist freilich ängstlich,
aber diese Angst erhebt.
Johann Wolfgang von Goethe,
Maximen und Reflexionen

Beschränkung

Alle Beschränkung beglückt.
Arthur Schopenhauer, Aphorismen zur Lebensweisheit

Das Haus, die Heimat,
die Beschränkung,
die sind das Glück
und sind die Welt.
Theodor Fontane

Denn Beschränkung
ist überall unser Los.
Johann Wolfgang von Goethe,
Winckelmann und sein Jahrhundert

Es stößt die Freiheit an der Freiheit sich,
und was geschieht,
trägt der Beschränkung und
Gemeinschaft Zeichen.
Friedrich Schleiermacher, Monologen

In der Beschränkung
zeigt sich erst der Meister.
Johann Wolfgang von Goethe,
Was wir bringen (Nymphe)

Je mehr man sich beschränkt,
um so erfinderischer wird man.
Søren Kierkegaard, Entweder – Oder

Sich auf ein Handwerk
zu beschränken, ist das Beste.
Johann Wolfgang von Goethe,
Wilhelm Meisters Wanderjahre

Beschuldigung

Auf Anzeigen von Leuten,
die ihren Namen nicht nennen,
darf bei keiner Beschuldigung
Rücksicht genommen werden.
Trajan

Gewöhnlich ist die Schuldlosigkeit
geringer als die Rechtfertigung, der
Fehler kleiner als die Beschuldigung
und das Übel geringer als die Klage.
Joseph Joubert, Gedanken, Versuche und Maximen

Nicht seien die Ohren
Beschuldigenden willfährig;
dieser Fehler der menschlichen Natur
sei uns verdächtig und bekannt:
Was wir ungern hören,
glauben wir gern, und bevor wir
zu einem Urteil kommen, zürnen wir.
Lucius Annaeus Seneca, Über den Zorn

So üb ich nun
des Richters erste Pflicht:
Beschuldigte zu hören.
Johann Wolfgang von Goethe, Faust II (Helena)

Warum klagen wir andere
so gern an und tun es
mit solch erbitterter Ungerechtigkeit?
Weil die Beschuldigung anderer
uns von Verantwortung befreit.
Wir meinen, es gehe uns schlecht,
nicht weil wir selbst schlecht sind,
sondern weil andere
die Schuld daran tragen.
Leo N. Tolstoi, Tagebücher (1890)

Zuerst muss man selbst leben lernen,
und dann erst
kann man andere beschuldigen.
Fjodor M. Dostojewski,
Aufzeichnungen aus dem Untergrund

Beschwerden

Ertrage
alle körperlichen Beschwerden,
ohne ihnen Ausdruck
zu verleihen.
Leo N. Tolstoi, Tagebücher (1847)

Kranke führen über Ärzte
leichtlich nicht Beschwerden.
Jenen können diese stopfen
fein das Maul mit Erden.
Friedrich von Logau, Sinngedichte

Besen

Ein neuer Besen kehrt gut,
aber die alte Bürste
kennt die Ecken.
Sprichwort aus Irland

Neue Besen kehren gut,
Aber es ist besser gewesen,
Als bei den alten der Staub geruht.
Friedrich Rückert, Gedichte

Verlangst du nicht
nach einem Besenstiele?
Johann Wolfgang von Goethe,
Faust I (Walpurgisnacht: Mephisto)

Viele Reiser machen einen Besen.
Deutsches Sprichwort

Wenn der Besen verbraucht ist,
so sieht man erst,
wozu er gedient hat.
Deutsches Sprichwort

Besessenheit

Besessenheit ist der Motor,
Verbissenheit die Bremse.
Rudolf Nurejew

Der eine Teufel hat ihn verlassen,
aber es sind dafür sieben andere
in ihn gefahren.
Gotthold Ephraim Lessing,
Minna von Barnhelm (Werner)

Ha! lass dich den Teufel
bei einem Haare fassen,
und du bist sein
auf ewig.
Gotthold Ephraim Lessing, Emilia Galotti (Pirro)

Nach meiner Überzeugung
ist der Mensch nicht nur
per definitionem religiös,
sondern auch von einem
frommen Wahn besessen (...).
Er will nicht eigentlich gut sein –
er will Gott sein, um nach
seinem Ebenbilde schaffen
und erschaffen zu können.
Yehudi Menuhin,
Kunst als Hoffnung für die Menschheit

Wir treiben die Sache,
von der wir besessen sind
und getrieben werden,
niemals gut vorwärts.
Michel Eyquem de Montaigne, Die Essais

Besitz

An zeitlichen Dingen Besitz zu haben,
ist zeitlich,
Und sie für immer haben wollen,
ist Unrecht.
Juana Inés de la Cruz, Sonette

Arbeit: Ein Vorgang,
durch den A Besitz für B erwirbt.
Ambrose Bierce, Aus dem Wörterbuch des Teufels

Auf Sparen folgt Haben.
Deutsches Sprichwort

Bedeutet nicht in der Tat die Begier
eine Art von Besitz, der uns nur
in der Einbildung zuteil wird?
Honoré de Balzac, Physiologie der Ehe

Besitz findet Freunde.
Titus Maccius Plautus, Stichus

Besitzen heißt verlieren.
Fernando Pessoa, Das Buch der Unruhe des Hilfsbuchhalters Bernardo Soares

Besitzen wir irgend etwas?
Wenn wir nicht wissen, was wir sind,
wie wissen wir dann, was wir besitzen?
Fernando Pessoa, Das Buch der Unruhe des Hilfsbuchhalters Bernardo Soares

Besser wenig und gerecht
als viel Besitz und Unrecht.
Altes Testament, Sprüche Salomos 16, 8

Bevor ich auf die Welt kam,
hat man die Tapisserien
meines Ahnensitzes verkauft.
Fernando Pessoa, Das Buch der Unruhe des Hilfsbuchhalters Bernardo Soares

Das erste Erfordernis ist,
dass man in dem, was man besitzt,
sachverständig ist, dass man weiß,
was am meisten Nutzen bringt
und wo und wie dies der Fall ist.
Aristoteles, Politik

Das Verlangen
verschwindet mit dem Besitz,
besitz nichts.
Francis M. de Picabia, Aphorismen

Das Verlangen, zu besitzen
und seine Habe zu vergrößern,
lässt den Menschen keine Ruhe.
Die Galle schmerzt, der Tod kommt
heran, und mit welkem Gesicht und
altersschwachen Füßen sagt man noch:
Ach, mein Vermögen,
meine angelegten Gelder!
Jean de La Bruyère, Die Charaktere

Denn Besitz an allem,
was von außen zufließt,
ist schlüpfrig und ungewiss.
Lucius Annaeus Seneca,
Über die Standhaftigkeit des Weisen

Denn festhalten müssen wir,
was wir uns selbst erworben haben.
Heinrich von Kleist, Briefe
(an Wilhelmine von Zenge, 16.–18. November 1800)

Denn was einer für sich selbst ist,
was ihn in die Einsamkeit begleitet
und was keiner ihm geben
oder nehmen kann, ist offenbar
für ihn wesentlicher als alles,
was er besitzen oder auch was er
in den Augen anderer sein mag.
Arthur Schopenhauer, Aphorismen zur Lebensweisheit

(...) denn was wir besitzen,
ist allein unser Beliefertwerdenkönnen.
Günther Anders, Die Antiquiertheit des Menschen. Bd. 2

Denn wenn jemand auch alles besäße,
aber an der Vernunft Schaden erlitte
und erkrankte, dann wäre
für einen solchen das Leben nicht
mehr wünschenswert:
denn er hätte keinen Nutzen
von allen übrigen Gütern.
Aristoteles, Protreptikos

Der Besitz erzeugt nicht nur Pflichten,
er schafft so viele,
dass die Fülle davon Qual ist.
Oscar Wilde,
Die Seele des Menschen unter dem Sozialismus

Der Besitz verschafft Freunde,
das gebe ich zu, aber falsche,
und er verschafft sie nicht dir,
sondern sich.
Erasmus von Rotterdam,
Handbüchlein eines christlichen Streiters

Der ganze Besitz eines Mannes
pflegt sich in Nichts aufzulösen,
wenn er nicht durch Planung,
vernünftige Überlegung und
Mäßigung zusammengehalten wird;
dies zu versäumen, ist für Jung
und Alt gleichermaßen verderblich.
Ecbasis captivi in belehrender Gestalt (Fuchs)

Der Großvater kauft,
der Vater baut,
der Sohn verkauft,
der Enkel geht betteln.
Sprichwort aus Schottland

Der Mensch braucht wenig,
und auch das nicht lang.
Edward Young, Nachtgedanken

Des Denkers einziger Besitztum
sind die Gedanken,
die aus ihm selbst entspringen.
Johann Wolfgang von Goethe,
Geschichte der Farbenlehre

Die Beharrlichkeit auf den Besitz
gibt uns in manchen Fällen
die größte Energie.
Johann Wolfgang von Goethe,
Wilhelm Meisters Wanderjahre

Die geistlichen Herren
haben immer die schmackhaftesten,
die süßesten Besitztümer.
Johann Wolfgang von Goethe,
Der Bürgergeneral (Schnaps)

Die Gesellschaft teilt sich
in zwei Klassen: die, die haben,
und die, die haben möchten.
Sprichwort aus England

Die Kunst ist ein Mittel, die Dinge
der Welt in Besitz zu nehmen –
sei es durch Gewalt,
sei es durch Liebe.
Arnold Hauser, Methoden moderner Kunstbetrachtung

Die Majorität glaubt aufgrund
ihrer (nichtgespürten) Ketten,
alles zu besitzen.
Günther Anders, Die Antiquiertheit des Menschen. Bd. 2

Die Menschen glauben,
nur dann ihren Besitz sicher zu haben,
wenn sie von anderen
etwas hinzuerwerben.
Niccolò Machiavelli, Vom Staat

Die Reichen halten sich
überflüssige Vorräte an Dingen,
die sie nicht brauchen,
während Millionen am Rande
des Verhungerns leben.
Würde jeder seinen Besitz
auf das einschränken, was er braucht,
so müsste niemand in Not leben,
und alle wären zufrieden.
So aber sind die Reichen nicht minder
unzufrieden als die Armen.
Mohandas K. »Mahatma« Gandhi, Selected Works

Die wahre Vollendung des Menschen
liegt nicht in dem, was er besitzt,
sondern was er ist.
Oscar Wilde,
Die Seele des Menschen unter dem Sozialismus

Durch Liebe
wird uns erst etwas zum Besitz.
Johann Wolfgang von Goethe, überliefert von
Friedrich Wilhelm Riemer (Mittheilungen über Goethe)

Ein armer Mandarin
besitzt immer noch so viel
wie ein reicher Kaufmann.
Chinesisches Sprichwort

Erfreue dich deines Besitzes,
als stürbest du morgen,
Aber verbrauch ihn mit Maß,
als lebtest du lange.
Lukian, Epigramme

Erst Scharfsinn, Klugheit und Verstand
bedarf's, und dann Besitz;
Besitz und Macht den Toren sind
des eignen Krieges Waffen.
Mosleh od-Din Saadi, Der Rosengarten

Es gibt keinen Besitz,
der Nachlässigkeit vertrüge.
Thomas Mann, Vom zukünftigen Sieg der Demokratie

Geisteskraft oder Gewandtheit
haben den ersten Besitz erschaffen,
die Ungleichheit der Lebensbedingungen ging aus der Ungleichheit
von Geist und Mut hervor.
Luc de Clapiers Marquis de Vauvenargues,
Reflexionen und Maximen

Güter brauchen Hüter.
Deutsches Sprichwort

Heutzutage hat keiner genug,
weil jeder zu viel hat.
Karl Heinrich Waggerl

Ich darf nur lieben,
aber niemals jemandem gehören.
Franziska Gräfin zu Reventlow, Tagebücher

Ich glaube,
dass jedes Recht eine Verantwortung,
jede Gelegenheit eine Aufgabe
und jeder Besitz eine Verpflichtung
auferlegt.
John Davison Rockefeller

Ich liebe die Güter,
weil sie mir das Mittel geben,
den Unglücklichen damit zu helfen.
Blaise Pascal, Pensées

Ich trage alles Meinige bei mir.
Marcus Tullius Cicero, Paradoxa Stoicorum

Ist die Henne mein,
so gehören mir auch die Eier.
Deutsches Sprichwort

Je mehr man hat,
je mehr man haben will.
Deutsches Sprichwort

Je mehr sie haben,
umso glühender
ist ihr Durst nach Besitz!
Waltharilied (Hagen)

Jede Mehrung deines Besitzes
verwende nicht für dich selbst,
sondern für die Gesellschaft.
Leo N. Tolstoi, Tagebücher (1847)

Jugend ist das Einzige,
was zu besitzen sich lohnt.
Oscar Wilde, Das Bildnis des Dorian Gray

Kein Gut hilft dem Besitzer,
wenn nicht auf dessen Verlust
vorbereitet ist die Seele.
Lucius Annaeus Seneca, Briefe an Lucilius

Man ist nicht wert zu haben,
was man sich aus Schwachheit
nehmen lässt.
Max Stirner, Der Einzige und sein Eigentum

Mir kommt kein Besitz
ganz rechtmäßig, ganz rein vor,
als der dem Staate
seinen schuldigen Teil abträgt.
Johann Wolfgang von Goethe,
Wilhelm Meisters Lehrjahre

Nicht der Besitz, nur das Enthüllen,
Das leise Finden nur ist süß.
Christoph Tiedge, Urania

Nicht leicht zu hüten
ist des Gartens reife Frucht.
Aischylos, Die Schutzflehenden

Nichts sollte imstande sein,
uns zu berauben,
denn wir besitzen in Wirklichkeit
nichts als das, was wir in uns haben.
Oscar Wilde,
Die Seele des Menschen unter dem Sozialismus

Niemand weiß,
wie lang er es hat,
was er ruhig besitzet.
Johann Wolfgang von Goethe,
Hermann und Dorothea (6. Gesang)

Nur durch Eifersucht auf den Besitz
erhält man die Besitztümer.
Johann Wolfgang von Goethe, Briefe
(an Charlotte von Stein, 8. März 1781)

Nur durch Gebrauch
wird etwas besessen.
Johann Kaspar Lavater, Geheimes Tagebuch

Nur was ich selbst hervorgebracht und
immer wieder aufs Neue mir erwerbe,
ist für mich Besitz.
Friedrich Schleiermacher, Monologen

Nur was ich trinke, gehört mir.
Sprichwort aus Polen

Nur wer Geist hat,
sollte Besitz haben:
sonst ist der Besitz
gemeingefährlich.
Friedrich Nietzsche, Menschliches, Allzumenschliches

O Besitzgier, du bist
der unersättliche Mahlstrom der Welt!
Waltharilied (Hagen)

Ob Mann oder Frau:
Immer werden Besitz und Person
gemeinsam die ganze Persönlichkeit
ausmachen. Werden sie aber getrennt,
bleibt von beiden nichts.
Gottfried von Straßburg, Tristan

Prüfe, ob du lieber dich
oder etwas von deinem Besitz
aufgeben willst.
Lucius Annaeus Seneca, Briefe über Ethik

Richtig besitzt man die Güter,
wenn man auf sie verzichten kann.
Jean-François Régnard, Der Spieler

Sei im Besitze,
und du wohnst im Recht.
Friedrich Schiller, Wallensteins Tod (Wallenstein)

Setzt Schranken gegen die Aufkäufe
der reichen Besitzer und gegen die
Freiheit gleichsam ihres Monopols!
Thomas More, Utopia

Sind sie auch Brüder,
ihre Taschen
sind keine Schwestern.
Sprichwort aus der Türkei

So nah sich Brüder sind,
Besitz und Vorteil
halten sie auseinander.
Chinesisches Sprichwort

Um einen Gegenstand ganz zu besitzen,
zu beherrschen, muss man ihn
um seiner selbst willen studieren.
Johann Wolfgang von Goethe,
Wilhelm Meisters Wanderjahre

Unser wahrer Besitz besteht in der
jeweiligen Spitze unserer Ahnungen.
Sie allein sind unser wirkliches Leben.
Das Übrige ist zottelnder Nachtrab.
Heimito von Doderer, Repertorium. Ein Begreifbuch
von höheren und niederen Lebens-Sachen

Versprechen macht noch keinen Besitz.
Johann Wolfgang von Goethe, Briefe
(an Charlotte von Stein, 31. Oktober 1782)

Wahrheit ist unser kostbarster Besitz.
Lasst uns sparsam mit ihr umgehen.
Mark Twain, Querkopf Wilsons Kalender

Was du hast in deinem Haus,
das plaudre nicht vor Herren aus.
Deutsches Sprichwort

Was du hast, hat auch dich,
was du willst, fängt an zu befehlen.
Emil Gött, Im Selbstgespräch

Was du wirklich besitzest,
das wurde dir geschenkt.
Marie von Ebner-Eschenbach, Aphorismen

Was in des Nachbarn Garten fällt,
ist sein.
Deutsches Sprichwort

Was man nicht versteht,
besitzt man nicht.
Johann Wolfgang von Goethe,
Maximen und Reflexionen

Was man verschwendet,
nimmt man den Erben weg;
was man geizig erspart,
entzieht man sich selbst.
Die Mitte halten, heißt,
gerecht sein gegen sich
wie die anderen.
Jean de La Bruyère, Die Charaktere

Wer besitzt,
der lerne verlieren,
Wer im Glück ist,
der lerne den Schmerz.
Friedrich Schiller, Die Braut von Messina (Chor)

Wer sich besitzt, hat nichts verloren:
Aber wie wenigen gelingt es,
sich zu besitzen?
Lucius Annaeus Seneca, Briefe über Ethik

Wer viel besitzt, hat viel zu streiten.
Deutsches Sprichwort

Wir besitzen nichts,
weil wir nicht einmal uns besitzen.
Fernando Pessoa, Das Buch des Unruhe des Hilfsbuchhalters Bernardo Soares

Wir haben nur, was wir nicht halten.
Thornton Wilder, Der achte Schöpfungstag, Coaltown

Besonderes

Das Allgemeine und Besondere
fallen zusammen:
Das Besondere ist das Allgemeine,
unter verschiedenen Bedingungen
erscheinend.
Johann Wolfgang von Goethe,
Maximen und Reflexionen

Ich habe mich so lange
ums Allgemeine bemüht,
bis ich einsehen lernte,
was vorzügliche Menschen
im Besondern leisten.
Johann Wolfgang von Goethe,
Maximen und Reflexionen

Besonnenheit

Da zur Besonnenheit ein Gegenstand
derselben gehört wie zur
Unbesonnenheit dessen Entbehrung:
So sind die gemeinen Herzen der Zeit
viel zu verarmt, um der Besinnung
ein reiches Feld zu geben.
Jean Paul, Levana

Der rechte Genius
beruhigt sich von innen;
nicht das hoch auffahrende Wogen,
sondern die glatte Tiefe
spiegelt die Welt.
Jean Paul, Vorschule der Ästhetik

Kein großes Werk wird unternommen
oder getan in Besonnenheit.
Es muss alles
in einem Dorsel [Dusel] geschehen.
Martin Luther, Tischreden

Kraft und Wohlgestalt
sind Vorzüge der Jugend,
der des Alters aber
ist Blüte der Besonnenheit.
Demokrit, Fragment 294

Mische auch ein wenig Torheit
unter deine Besonnenheit!
Süß ist's, zur rechten Zeit zu tollen.
Horaz, Lieder

Niemand hätte jemals
den Ozean überquert,
wenn er die Möglichkeit gehabt hätte,
bei Sturm das Schiff zu verlassen.
Charles F. Kettering

Wer langsam und besonnen geht
Doch oft zuerst am Ziele steht.
Jüdische Spruchweisheit

Wie unterscheidet sich nun
die göttliche Besonnenheit von der
sündigen? Durch den Instinkt
des Unbewussten und die Liebe dafür.
Jean Paul, Vorschule der Ästhetik

Besser

Besser ist besser.
Deutsches Sprichwort

Besser kommt selten nach.
Deutsches Sprichwort

Dadurch, dass man
einen Bericht Report nennt,
wird er auch nicht besser.
Helmut Qualtinger

Das fremde Korn
und die eigenen Kinder
scheinen immer besser.
Chinesisches Sprichwort

Denn das Bessere vollbringt immer
auch eine bessere Leistung.
Aristoteles, Politik

Der Wetzstein schneidet nicht,
doch macht er scharf das Messer.
Durch einen schlechten Mann
wird oft ein guter besser.
Friedrich Rückert, Gedichte

Je besser man eine Sache macht,
desto mehr muss man
die darauf verwandte Mühe verbergen,
um diese Vollkommenheit
als etwas ganz aus unserer Natur
Entspringendes erscheinen zu lassen.
Baltasar Gracián y Morales,
Handorakel und Kunst der Weltklugheit

Mach Besseren Platz!
Terenz, Phormio

Man muss nicht das Gescheitere tun,
sondern das Bessere.
Jakob Boßhart, Bausteine zu Leben und Zeit

Nichts ist gut,
solange das Bessere möglich ist.
Sprichwort aus Wales

Überall, wo es ein Besseres gibt,
gibt es auch etwas,
das das Vollkommenste ist.
Aristoteles, Über Philosophie

Wenn du heute nicht etwas besser bist,
als du gestern warst, bist du gewiss
etwas schlechter.
Marie von Ebner-Eschenbach, Aphorismen

Wer sich als besserer Mensch
vom Gebet erhebt, der ist erhört.
George Meredith, Richard Feverels Prüfung

Besserung

Bei den Mannsleuten
ist alle Mühe verloren,
sie sind doch nicht zu bessern.
Johann Wolfgang von Goethe,
Die Fischerin (Dortchen)

Die Menschen fangen
immer erst mit Fehlern an,
bevor sie sich bessern können.
Meng-zi, Buch Meng-zi

Erst adle dich, dann tadle mich.
Jüdische Spruchweisheit

Es geht mir von Tag zu Tag besser.
Emile Coué, Die Selbstbemeisterung durch bewusste Autosuggestion (Standardformel)

Es werden die Sachen
Nicht durch Übereilung gebessert.
Johann Wolfgang von Goethe, Reineke Fuchs

Etwas falsch machen,
aber sich nicht bessern,
das erst ist ein Fehler.
Chinesisches Sprichwort

In dem Gedanken des Werdens liegt
die unerschöpfliche, immer trostreiche
Besserungsmöglichkeit des Menschen.
Paul Ernst, Erdachte Gespräche

Man ändert sich oft
und bessert sich selten.
Deutsches Sprichwort

Nicht jede Besserung ist Tugend,
Oft ist sie nur das Werk der Zeit.
Christian Fürchtegott Gellert, Lieder

Schlecht lebt, wer sich nicht bessert.
Sprichwort aus Frankreich

Selbsterkenntnis
ist der erste Schritt zur Besserung.
Deutsches Sprichwort

Selbsterkenntnis ist fast niemals
der erste Schritt zur Besserung,
aber oft genug der letzte
zur Selbstbespiegelung.
Arthur Schnitzler, Buch der Sprüche und Bedenken

So wie die Völker sich bessern,
bessern sich ihre Götter.
Georg Christoph Lichtenberg, Sudelbücher

Umändern kann sich niemand,
bessern kann sich jeder.
Ernst von Feuchtersleben, Aphorismen

Was man ausleiht,
bessert sich nicht.
Deutsches Sprichwort

Wenn sich nur niemand fürchtete
zu sagen, was die Sache ist,
so würden alle Sachen
besser gehen.
Johann Gottfried Seume, Apokryphen

Wenn wir jeder bei uns selbst
anfangen, uns zu bessern,
und wenn wir uns zuerst selbst bessern,
jeder von uns, dann kommen wir
mit Gottes Hilfe zum inneren und
zum äußeren Frieden.
Konrad Adenauer, Erklärung zur Pfingst-Kundgebung der moralischen Aufrüstung, 28. Mai 1950

Wie können wir das Leben ertragen,
wenn wir dauernd in Sümpfe
bitterer und oft ungerechtfertigter
Selbstbeschuldigung fallen?
Allmorgendlich kehrt das Licht wieder
und damit auch die Möglichkeit,
uns zu bessern.
Elizabeth von Arnim, Elizabeth auf Rügen

Wir werden eher
durch das Schicksal
als durch unsere Vernunft
gebessert.
François de La Rochefoucauld, Reflexionen

Zu unserer Besserung
bedürfen wir eines Spiegels.
Arthur Schopenhauer, Aphorismen zur Lebensweisheit

Besserwisserei

Andern ist gut predigen.
Deutsches Sprichwort

Besserwisser sind Schlechtermacher.
Paul Hubschmid

Das Ei will klüger sein als die Henne.
Deutsches Sprichwort

Die besten Lotsen sind am Ufer.
Sprichwort aus Holland

Es ist leichter tadeln,
als besser machen.
Deutsches Sprichwort

Es kann passieren, was will:
Es gibt immer einen,
der es kommen sah.
Fernandel

Hartnäckigkeit und Besserwissen
sind etwas Gewöhnliches,
die passen am besten
zu den niedrigsten Charakteren;
dagegen ist es schwer,
seine Meinung zu revidieren
und sich der besseren Erkenntnis
anzuschließen, auf eine als unrichtig
erkannte Stellungnahme zu verzichten,
wenn man sie eben noch
lebhaft verteidigt hat:
Das sind seltene Eigenschaften;
sie verlangen Kraft und
philosophische Haltung.
Michel Eyquem de Montaigne, Die Essais

Wer dem Spiele zusieht,
kann's am besten.
Deutsches Sprichwort

Beständigkeit

An nichts glaube ich
so schwer bei den Menschen
als an ihre Beständigkeit,
an nichts so leicht
wie an ihre Unbeständigkeit.
Michel Eyquem de Montaigne, Die Essais

Auf Erden nichts geschaffen ist,
Was hat Bestand für lange Frist.
Freidank, Bescheidenheit

Beständig ist kein Glück
im Unbestand des Lebens,
Als nach Beständigem
Beständigkeit des Strebens.
Friedrich Rückert, Gedichte

Beständigkeit ist
die Chimäre der Liebe.
Luc de Clapiers Marquis de Vauvenargues, Unterdrückte Maximen

Beständigkeit ist die letzte
Zuflucht der Phantasielosen.
Oscar Wilde

Beständigkeit ist oft nur die Furcht,
schwach zu erscheinen,
wenn man seine Meinung ändert.
Alberto Moravia

Die Beständigkeit
ist oft nur eine Form der Ohnmacht.
Théodore Jouffroy, Das grüne Heft

Ehrlichkeit ist das Einzige,
was höher steht als Leben,
Liebe, Tod, als alles andere.
Sie allein ist beständig.
Katherine Mansfield, Tagebücher

Fang alles an nur mit Bedacht,
führ alles mit Bestand!
Was drüber dir begegnen mag,
da nimm Geduld zur Hand.
Friedrich von Logau, Sinngedichte

Nach und nach
baut der Vogel sein Nest.
Sprichwort aus Frankreich

Nichts gibt es auf der ganzen Welt,
das Bestand hätte. Alles fließt.
Ovid, Metamorphosen

Selbst die Beständigkeit ist nichts weiter als ein langsameres Hin und Her.
Michel Eyquem de Montaigne, Die Essais

Unaufhaltsam enteilet die Zeit! –
Sie sucht das Beständge.
Sei getreu, und du legst
ewige Fesseln ihr an.
Friedrich Schiller, Das Unwandelbare

Bestechung

Arme Leute und geizige Reiche
bestechen mit Schmeichelei.
Ludwig Marcuse, Argumente und Rezepte. Ein Wörter-Buch für Zeitgenossen

Bestechung aus dem Gewandbausch
nimmt der Frevler an, um die Pfade
des Rechts zu verkehren.
Altes Testament, Sprüche Salomos 17, 23

Bestechung führt dich
weiter nicht als Treu.
William Shakespeare, Heinrich VIII. (Wolsey)

Der Elende weiß nicht,
was er für einen Wächter hat,
Wenn er mit Bestechung
das Recht beugt,
Dass nämlich der Teufel
bei ihm verborgen steht.
Das Muspilli (um 860)

Ein Advokat und ein Wagenrad
wollen geschmiert sein.
Deutsches Sprichwort

Eines Menschen Geschenk
macht Platz für ihn.
Sprichwort aus England

Jede Bestechung und Ungerechtigkeit
wird ausgerottet, Treue aber
besteht für immer.
Altes Testament, Jesus Sirach 40, 12

Manche Richter sind so stolz
auf ihre Unbestechlichkeit,
dass sie darüber
die Gerechtigkeit vergessen.
Oscar Wilde

Nichts ist so sicher geschützt,
dass es nicht mit Geld
erobert werden könnte.
Marcus Tullius Cicero, Erste Verhandlung gegen Verres

Schenken heißt angeln.
Deutsches Sprichwort

Schmieren und salben
hilft allenthalben.
Deutsches Sprichwort

Treue, die durch Bestechung
zustande kam,
wird durch Bestechung aufgelöst.
Lucius Annaeus Seneca, Agamemnon

Wer Bestechung von sich weist,
wird lange leben.
Altes Testament, Sprüche Salomos 15, 27

Bestie

Der Mensch ist eine Bestie,
und er hat seine Kultur vollendet,
sobald er sich nur nichts mehr
darauf einbildet, dass er es ist.
Friedrich Hebbel, Tagebücher

Die Bestialität hat jetzt
Handschuhe über die Tatzen gezogen!
Das ist das Resultat
der ganzen Weltgeschichte.
Friedrich Hebbel, Tagebücher

Die Bestie in uns will belogen werden;
Moral ist Notlüge, damit wir
von ihr nicht zerrissen werden.
Friedrich Nietzsche, Menschliches, Allzumenschliches

Die Männer sind Bestien.
Darum ist es höchst wichtig,
die Kerle gut zu füttern.
Oscar Wilde

Gib nur erst Acht, die Bestialität
Wird sich gar herrlich offenbaren.
Johann Wolfgang von Goethe, Faust I (Mephisto)

Willst du mit mir hausen,
So lass die Bestie draußen.
Johann Wolfgang von Goethe, Sprichwörtlich

Bestimmung

Das Wesentlichste ist,
dass wir das sind,
wozu uns die Natur bestimmt hat.
Man ist stets nur gar zu sehr das,
was die Menschen wollen,
dass man sein soll.
Jean-Jacques Rousseau, Emile

Dem Menschen ist es doch
nicht gegeben, abzuwenden,
was ihm bestimmt ist.
Herodot, Historien

Die Naturbestimmung des Menschen
ist Rückkehr in die verlorne Freiheit.
Die Stufe, auf der er steht,
ist die der wiedererwachten Sehnsucht
nach dem unendlichen
göttlichen Leben.
Friedrich Schlegel, Philosophische Vorlesungen

Ein Mastschwein
muss nicht schöne Augen machen.
Chinesisches Sprichwort

Ein Stamm, der bestimmt ist,
gradlinig aufzuwachsen,
überwindet alle Irrungen
nach rechts oder links und schießt,
sich selbst überlassen,
wieder nach oben.
Theodor Fontane, Vor dem Sturm

Hartnäckige Übellaunigkeit
ist ein klares Symptom dafür,
dass ein Mensch gegen
seine Bestimmung lebt.
José Ortega y Gasset,
Um einen Goethe von innen bittend

Jeder sollte die Grenzen
seiner Bestimmung einhalten.
Ovid, Gedichte der Trübsal

Kümmre dich nicht
um deine Bestimmung nach dem Tode,
weil du darüber leicht
deine Bestimmung auf dieser Erde
vernachlässigen könntest.
Heinrich von Kleist, Briefe
(an Wilhelmine von Zenge, 13.–18. September 1800)

Nach Wahrheit forschen, Schönheit
lieben, Gutes wollen, das Beste tun –
das ist die Bestimmung des Menschen.
Moses Mendelssohn

Nichts ist vorher zu berechnen,
alles ist Glück, Bestimmung oder,
anständiger ausgedrückt, Gottes Wille.
Und dabei gibt es nichts Großes
oder Kleines.
Theodor Fontane, Briefe

Was zum Galgen geboren ist,
ersäuft nicht.
Deutsches Sprichwort

Welch ein unsägliches Glück
mag in dem Bewusstsein liegen,
seine Bestimmung ganz nach
dem Willen der Natur zu erfüllen.
Heinrich von Kleist, Briefe
(an Wilhelmine von Zenge, 10. Oktober 1801)

Besuch

Dreitägiger Gast ist jedermann zur Last.
Deutsches Sprichwort

Ein Umweg ist's
zum untreuen Freunde,
Wohnt er gleich am Wege;
Aber zum trauten Freunde
führt ein Richtsteig,
Weilt er auch weit von hier.
Edda, Hâvamâl (Des Hohen Lied)

Es gibt Besucher, die so ungeschickt
sind, immer dann zu kommen,
wenn man zu Hause ist.
Jean Iris Murdoch

Ich finde es beinahe natürlich,
dass wir an Besuchenden mancherlei
auszusetzen haben, dass wir sogleich,
wenn sie weg sind, über sie
nicht zum Liebevollsten urteilen;
denn wir haben sozusagen ein Recht,
sie nach unserm Maßstabe zu messen.
Selbst verständige und
billige Menschen enthalten sich
in solchen Fällen kaum
einer scharfen Zensur.
Johann Wolfgang von Goethe,
Die Wahlverwandtschaften

Langweiliger Besuch
macht Zeit und Zimmer enger:
O Himmel, schütze mich
vor jedem Müßiggänger!
Friedrich von Hagedorn, Gedichte

Seltener Besuch
vermehrt die Freundschaft.
Sprichwort aus Arabien

Ungeladener Gast ist eine Last.
Deutsches Sprichwort

Verwandte besuche selten,
den Küchengarten desto öfter.
Chinesisches Sprichwort

Verwandte sind nur da zum Besuchen
und nicht zum Zusammenleben.
Sprichwort aus Livland

Verwandtengefühl habe ich keines,
in Besuchen sehe ich förmlich
gegen mich gerichtete Bosheit.
Franz Kafka, Tagebücher (1913)

Wenn der Priester dich besucht,
freu dich nicht;
bald wird er anfangen zu betteln.
Sprichwort aus Russland

Wenn die Elstern
vor der Halle kreischen,
werden bald Besucher kommen.
Chinesisches Sprichwort

Wenn ich schreibe, statte ich mir
einen feierlichen Besuch ab.
Fernando Pessoa, Das Buch der Unruhe des Hilfsbuchhalters Bernardo Soares

Wer uns nicht erfreut, wenn er kommt,
wird uns erfreuen, wenn er geht.
Sprichwort aus Frankreich

Betätigung

Kunst ist also Betätigung
aus Freiheit und Spontanität.
Ernst Krieck, Persönlichkeit und Kultur

Wir können nichts anderes betätigen,
ohne uns selbst zu betätigen.
Ludwig Feuerbach, Das Wesen des Christentums

Beten

Besser auf Raub gehen
mit guten Menschen,
als beten mit schlechten.
Sprichwort aus Portugal

Bet' lieber kurz aus Herzensdrang
Als Wortgeplapper viel Stunden lang.
Jüdische Spruchweisheit

Bet' und arbeit', ruft die Welt.
Bete kurz!, denn Zeit ist Geld.
An die Türe pocht die Not –
Bete kurz! denn Zeit ist Brot.
Georg Herwegh, Bundeslied für den Allgemeinen Deutschen Arbeiterverein

Bete, als hülfe kein Arbeiten,
arbeite, als hülfe kein Beten.
Deutsches Sprichwort

Bete, bete ohne Unterlass.
Das Gebet ist ein Vorrat an Kraft.
Charles Baudelaire, Tagebücher

Bete einmal, eh du in den Krieg gehst;
zweimal, wenn du auf die See gehst,
und dreimal, eh du heiratest.
Sprichwort aus Polen

Bete und arbeite!
Gott ist da ohne Verzug.
(Ora et labora!
Deus adest sine mora.)
Wahlspruch der Benediktiner

Beten ist gut, es macht das Herz froh.
Fjodor M. Dostojewski, Der Jüngling

Beten ist in der Religion,
was Denken in der Philosophie ist.
Novalis, Fragmente

Beten ist kein Katzengeschrei.
Deutsches Sprichwort

Beten lernt man in Nöten.
Deutsches Sprichwort

Beten ohne Andacht,
heißt dem Teufel ein Opfer gebracht.
Deutsches Sprichwort

Dem Himmel ist beten wollen
auch beten.
Gotthold Ephraim Lessing, Emilia Galotti (Claudia)

Denn auch der Einzelne vermag
seine Verwandtschaft mit der Gottheit
nur dadurch zu betätigen,
dass er sich unterwirft und anbetet.
Johann Wolfgang von Goethe, Dichtung und Wahrheit

Der Dieb selbst, der zum Einbruch geht,
Zu Gott noch um Gelingen fleht.
Jüdische Spruchweisheit

Der Mund betet nicht,
sondern ist nur
des betenden Herzens Dolmetscher.
Julius Wilhelm Zincgref, Apophthegmata
(Sebastian Franck von Wörd)

Die Not lehrt beten,
sagt das Sprichwort,
aber sie lehrt auch denken,
und wer immer satt ist,
der betet nicht viel
und denkt nicht viel.
Theodor Fontane,
Wanderungen durch die Mark Brandenburg

Es soll niemand
weder die Jungfrau Maria noch Engel
noch irgendwelche Heiligen anrufen,
denn sie können niemandem helfen.
Jan Hus, Glaubensartikel (überliefert von
Siegmund Meisterlin: Chronik Nürnbergs)

Gefaltete Hände verdienen kein Brot.
Sprichwort aus Lettland

Geh und bete; und Gott wird vorsorgen.
Dominikus,
Einer der wenigen überlieferten Aussprüche

Gott ist so über all's,
dass man nichts sprechen kann,
Drum betest du ihn auch
mit Schweigen besser an.
Angelus Silesius, Der cherubinische Wandersmann

Husaren beten um Krieg
und der Doktor ums Fieber.
Deutsches Sprichwort

Ich bete wieder, du Erlauchter,
Du hörst mich wieder durch den Wind,
Weil meine Tiefen nie gebrauchter
Rauschender Worte mächtig sind.
Rainer Maria Rilke, Das Stundenbuch

Ich möchte zu Gott beten
wie der alte Vater Tolstoi.
Katherine Mansfield, Tagebücher

Ich will nicht nur im Geist beten,
sondern auch mit dem Verstand.
Neues Testament, Paulus (1 Korinther 14, 15)

Im Unglück hat der Mensch
das Bedürfnis empfunden,
zu Gott zu beten,
im Glück jedoch nie
die Notwendigkeit zu danken.
Sully Prudhomme, Gedanken

Manche Leute sprechen das Gebet
um das tägliche Brot so,
als betriebe der liebe Gott
eine Bäckerei.
Robert Lembke, Das Beste aus meinem Glashaus.
Humoristisches und Satirisches

Mit Sorgen und mit Grämen
Und mit selbsteigner Pein
Lässt Gott sich gar nichts nehmen,
Es muss erbeten sein.
Paul Gerhardt, Geistliche Lieder

Nicht sinnen und sorgen,
sondern bitten und arbeiten
ist in allen schwierigen Verhältnissen
das Richtige.
Carl Hilty, Für schlaflose Nächte

Nur der Glaube betet;
nur das Gebet des Glaubens hat Kraft.
Ludwig Feuerbach, Das Wesen des Christentums

Schaffe,
als hättest du ewig zu leben,
bete,
als endete morgen dein Streben.
Samuel Smiles, Charakter

Siechbett lehrt beten.
Deutsches Sprichwort

So lebe mit den Menschen,
als ob der Gott es sähe;
so sprich mit dem Gott,
als ob die Menschen es hörten.
Lucius Annaeus Seneca, Briefe über Ethik

Und alles, was ihr im Gebet erbittet,
werdet ihr erhalten, wenn ihr glaubt.
Neues Testament, Matthäus 21, 22 (Jesus)

Was glaubst du, wie dem zumute ist,
der niemand hat, der für ihn betet?
Fjodor M. Dostojewski, Der Jüngling

Wenn ein Mann betet
oder prophetisch redet
und dabei sein Haupt bedeckt hat,
entehrt er sein Haupt.
Eine Frau aber entehrt ihr Haupt,
wenn sie betet oder prophetisch redet
und dabei ihr Haupt nicht verhüllt.
Sie unterscheidet sich dann in
keiner Weise von einer Geschorenen.
Neues Testament, Paulus (1 Korinther 11, 4-5)

Wenn eine Betschwester
einen Betbruder heiratet,
so gibt das nicht allemal
ein betendes Ehepaar.
Georg Christoph Lichtenberg, Sudelbücher

Wenn ihr betet,
macht es nicht wie die Heuchler.
Sie stellen sich beim Gebet
gern in die Synagogen und
an die Straßenecken, damit sie
von den Leuten gesehen werden.
Neues Testament, Matthäus 6, 5 (Jesus: Bergpredigt)

Wenn ihr betet, sollt ihr nicht
plappern wie die Heiden,
die meinen, sie werden nur erhört,
wenn sie viele Worte machen.
Neues Testament, Matthäus 6, 7 (Jesus: Bergpredigt)

Wer bettelnd betet,
schwächt seine Kraft.
Ludwig Marcuse, Argumente und Rezepte.
Ein Wörter-Buch für Zeitgenossen

Wie viel, im Sturm zu Gott gelobt,
Wird Lüge, wenn er ausgetobt.
Jüdische Spruchweisheit

Willst du nicht arbeiten,
so hilft dir kein Beten.
Deutsches Sprichwort

Betörung

Ach, wenn Götter uns betören,
Können Menschen widerstehn?
Johann Wolfgang von Goethe,
Claudine von Villa Bella (Pedro)

Betört ist der,
der hochmütig ist,
der Hochmut eben
ist die Betörung.
Mahabharata, Buch 12

Glück betört mehr Menschen
als Unglück.
Martin Luther, überliefert von Julius Wilhelm Zincgref
(Apophthegmata)

Betrachtung

Aus einem Brunnen
betrachte nicht den Himmel.
Chinesisches Sprichwort

Denn Augen haben und Betrachten
ist nicht dasselbe.
Aurelius Augustinus, Selbstgespräche

Wenn die Augen sehr lange
dasselbe betrachten,
sehen sie es nicht mehr.
B. Traven

Wo genug zu schaffen ist,
bleibt kein Raum für Betrachtung.
Johann Wolfgang von Goethe,
Wilhelm Meisters Lehrjahre

Betragen

Das Betragen ist ein Spiegel,
in welchem jeder sein Bild zeigt.
Johann Wolfgang von Goethe,
Die Wahlverwandtschaften

Durch das, was wir Betragen
und gute Sitten nennen,
soll das erreicht werden,
was außerdem nur durch Gewalt
und auch nicht einmal durch Gewalt
zu erreichen ist.
Johann Wolfgang von Goethe,
Die Wahlverwandtschaften

Man braucht sehr wenig inneren
Gehalt für die Feinheit des Betragens,
aber sehr viel für die des Geistes.
Jean de La Bruyère, Die Charaktere

Unmöglich können wir das Betragen
anderer mit Strenge prüfen,
wenn wir nicht selbst zuerst
unsere Pflicht erfüllen.
Demosthenes, Olynthische Reden

Betrübnis

Betrübnisse sind die Sprossen
der Leiter, die zum Himmel führt.
Sprichwort aus Wales

Dem Betrübten ist übel geigen.
Deutsches Sprichwort

Betrug

Alle schlechten Eigenschaften
entwickeln sich in der Familie.
Das fängt mit Mord an
und geht über Betrug und Trunksucht
bis zum Rauchen.
Alfred Hitchcock

Allein wir selbst betrügen
uns so gern
Und ehren die Verworfnen,
die uns ehren.
Johann Wolfgang von Goethe, Torquato Tasso (Tasso)

Als Betrogener fängt man an,
als Spitzbube hört man auf.
Antoinette Deshoulières, Reflexionen

Besser, man werde im Preise
als in der Ware betrogen.
Baltasar Gracián y Morales,
Handorakel und Kunst der Weltklugheit

Betrug auch hier?
Richard Wagner, Tristan und Isolde (Isolde)

Betrug war alles, Lug und Schein!
Johann Wolfgang von Goethe, Faust I (Siebel)

Das beste Mittel,
sich betrügen zu lassen, ist,
sich für schlauer zu halten
als die anderen.
François de La Rochefoucauld, Reflexionen

Denn was der Trug gewann,
der ungerechte,
kann nicht dauernd sein.
Sophokles, Ödipus auf Kolonos (Theseus)

Der Betrug
ist ein Grundübel des Menschen.
Er ist ein Missbrauch der Vernunft,
seiner höchsten Gabe.
Torquato Accetto,
Über die ehrenwerte Kunst der Verstellung

Der Betrug ist sozusagen
die Seele des gesellschaftlichen Lebens
und eine Kunst, ohne die
in Wahrheit keine Kunst
und kein Talent,
wenn man nur ihre Wirkung
auf die Menschen im Auge hat,
vollkommen ist.
Giacomo Leopardi, Gedanken aus dem Zibaldone

Der Betrug,
Der hüllt sich
täuschend ein in große Worte
Und in der Sprache
rednerischen Schmuck.
Friedrich Schiller, Demetrius (Erzbischof von Gnesen)

Der Teufel ist
ein unbestechlicher Betrüger.
Er arbeitet nicht in die eigene Tasche,
sondern für die böse Sache.
Emil Gött, Im Selbstgespräch

Der Ungläubige an die Menschheit
wird ebenso oft betrogen
als der Gläubige an die Menschen.
Jean Paul, Levana

Die Abneigung gegen die Betrüger
entstammt meist der Furcht,
betrogen zu werden. Daher der Hass
von Menschen ohne Scharfsinn
nicht nur gegen die Kunstgriffe
der Verführung, sondern auch
gegen die Umsicht und
Vorsicht der Klugen.
Luc de Clapiers Marquis de Vauvenargues,
Nachgelassene Maximen

Die einzige Art zu betrügen,
die zuweilen noch Erfolg hat,
ist – offenherzig zu sein.
Ludwig Börne, Aphorismen

Die höchste Kunst des Betruges ist,
scheinbar in die gestellte Falle
zu gehen.
François de La Rochefoucauld, Reflexionen

Die Liebe beginnt damit,
dass man sich selbst betrügt,
und sie endet damit,
dass man andere betrügt.
Oscar Wilde, Das Bildnis des Dorian Gray

Die Welt will betrogen sein.
Sebastian Brant, Das Narren Schyff

Doch dünkt mich keine Sünde,
den betrügen,
Der als ein falscher Spieler
hofft zu siegen.
William Shakespeare, Ende gut, alles gut (Diana)

Du glaubst,
du hast ihn hinters Licht geführt.
Wenn er sich aber nur so stellt,
wer ist dann der größere Narr,
er oder du?
Jean de La Bruyère, Die Charaktere

Du kannst einen Beamten hintergehen,
doch hüte dich, ihn zu reizen.
Chinesisches Sprichwort

Durch Betrogenwerden
lernt man Betrügen, und wie bald
ändert sich da nicht das Blatt,
und der Meister wird Schüler
seines Schülers.
Novalis, Glauben und Liebe

Durch Betrug erlistet,
ist noch nicht gewonnen.
Sophokles, Ödipus auf Kolonos (Theseus)

Durch irgendwen, außer sich selbst,
betrogen zu werden,
ist für einen Menschen ebenso
unmöglich wie für ein Ding,
gleichzeitig zu sein und nicht zu sein.
Ralph Waldo Emerson, Essays

Ei der Tausend! Wie man doch
die dummen Leute anführen kann!
Heinrich von Kleist, Briefe
(an Heinrich Lohse, 23.–29. Dezember 1801)

Ein Betrug macht
viele andere notwendig,
daher denn das ganze Gebäude
chimärisch ist und,
weil in der Luft erbaut,
notwendig zur Erde herabfallen muss.
Baltasar Gracián y Morales,
Handorakel und Kunst der Weltklugheit

Ein Betrug treibt den nächsten hervor.
Terenz, Das Mädchen von Andros

Einen Dummkopf zu betrügen,
ist eine Handlung, die eines Menschen
von Geist würdig ist.
Giacomo Girolamo Casanova, Memoiren

Es ist besser,
man betrügt sich an seinen Freunden,
als dass man seine Freunde betrüge.
Johann Wolfgang von Goethe,
Maximen und Reflexionen

Es ist Betrug anzunehmen,
wenn du nicht wiedergeben kannst.
Publilius Syrus, Sentenzen

Es ist leicht, die Schlauen zu betrügen,
wenn man ihnen Vorschläge macht,
die ihren Verstand überschreiten
und ihr Herz verführen.
Luc de Clapiers Marquis de Vauvenargues,
Reflexionen und Maximen

Es ist unendlich schöner,
sich zehnmal betrügen zu lassen,
als einmal den Glauben
an die Menschheit zu verlieren.
Heinrich Zschokke, Eine Selbstschau

Fluch ruht auf Betrug.
Deutsches Sprichwort

Gesetze kann man hintergehen,
nicht aber die Geister und Dämonen.
Chinesisches Sprichwort

Gute Menschen werden betrogen, so
wie man gute Pferde zuschande reitet.
Chinesisches Sprichwort

In der Absicht, niemals zu betrügen,
werden wir oft betrogen werden.
François de La Rochefoucauld, Reflexionen

In einer ruinierten Familie
betrügen die Knechte den Herrn.
Chinesisches Sprichwort

Irrtum ist kein Betrug.
Deutsches Sprichwort

Ist der Preis zu billig,
wirst du leicht betrogen.
Chinesisches Sprichwort

Jene garstige Vettel,
Die buhlerische,
Welt heißt man sie,
Mich hat sie betrogen
Wie die Übrigen alle.
Johann Wolfgang von Goethe, West-östlicher Divan

Keiner wird betrogen als der,
welcher traut.
Niccolò Machiavelli, Clizia

Man betrügt niemals gutwillig.
Jean de La Bruyère, Die Charaktere

Man betrügt sich oder den andern,
und meist beide.
Johann Wolfgang von Goethe,
Götz von Berlichingen (Götz)

Man geht nur einmal auf den Leim.
Chinesisches Sprichwort

Man kann viele Leute einige Zeit
und einige Leute lange Zeit betrügen,
aber alle lassen sich ewig
zum Narren halten.
Ephraim Kishon, Kishon für alle Fälle

Man muss sich zwischen beiden
entscheiden: Betrogener zu sein
oder Spitzbube.
Jean-François Régnard, Der Spieler

Man sehe sich Menschen an,
die eine Ikone küssen,
an sie herankriechen, sie anbeten
und fürchten. Wenn es möglich war,
Menschen in dieser Weise zu betrügen,
dann gibt es keine Täuschung,
der sie nicht erliegen würden.
Leo N. Tolstoi, Tagebücher (1898)

Man soll nie versuchen,
durch Gewalt zu siegen,
wo man es durch Betrug vermag.
Niccolò Machiavelli,
Das Leben des Castruccio Castracani

Man wird nie betrogen,
man betrügt sich selbst.
Johann Wolfgang von Goethe,
Maximen und Reflexionen

Menschen würden nicht lange
in Gemeinschaft leben,
wenn sie nicht Betrogene und Betrüger
zugleich wären.
François de La Rochefoucauld, Reflexionen

Muss denn einmal
betrogen sein auf Erden,
So will ich lieber
doch betrogen werden,
Als selber ein Betrüger sein.
Friedrich von Bodenstedt, Mirza Schaffy

Neuem Gesetz folgt neuer Betrug.
Deutsches Sprichwort

Nicht dem Betrug zuvorkommen,
nicht der Treulosigkeit verdächtigen
und dennoch Anzeichen
im Voraus wahrzunehmen –
ein ungewöhnlicher Mensch nur
vermag das.
Konfuzius, Gespräche

Nichts gibt ein größeres Vergnügen,
als den Betrüger zu betrügen.
Karl Wilhelm Ramler, Fabellese

Niemand wird in der Welt
leichter betrogen – nicht einmal
die Weiber und die Fürsten –
als das Gewissen.
Jean Paul, Siebenkäs

Oft braucht man nur grob zu sein,
um nicht höflich betrogen zu werden.
François de La Rochefoucauld, Reflexionen

Schließt eure Herzen sorgfältiger
als eure Tore. Es kommen
die Zeiten des Betrugs,
es ist ihm Freiheit gegeben.
Die Nichtswürdigen werden regieren
mit List, und der Edle
wird in ihre Netze fallen.
Johann Wolfgang von Goethe,
Götz von Berlichingen (Götz)

Selbst ein schlauer Käufer
vermag einen einfältigen Händler
nicht zu hintergehen.
Chinesisches Sprichwort

Trüget doch öfter der Schein!
Ich mag dem Äußern nicht trauen.
Johann Wolfgang von Goethe,
Hermann und Dorothea (6. Gesang)

Viel glaubt, wer nie lügt,
und viel traut, wer nie täuscht.
Es entspringt nicht allemal aus
Dummheit, dass man betrogen wird;
sondern bisweilen aus Güte.
Baltasar Gracián y Morales,
Handorakel und Kunst der Weltklugheit

Warum liebst du diese Welt,
die ihre eigenen Freunde betrügt?
Ecbasis captivi in belehrender Gestalt (Papagei)

Wem solche Betrügereien
zur Gewohnheit werden,
soll am Galgen die Raben füttern.
Ecbasis captivi in belehrender Gestalt
(Menge tapferer Streiter)

Wenn ein Jude betrügt,
so hat ihn, unter neun Malen,
ein Christ vielleicht
siebenmal dazu genötigt.
Gotthold Ephraim Lessing, Die Juden (Reisender)

Wenn man verliebt ist,
beginnt man sich selbst zu betrügen.
Und endet damit,
dass man andere betrügt.
Oscar Wilde, Eine Frau ohne Bedeutung

Wer betrügt,
der wird stets jemanden finden,
der sich betrügen lässt.
Niccolò Machiavelli, Der Fürst

Wer dich einmal betrogen hat,
dem traue dein Lebtag nicht wieder.
Deutsches Sprichwort

Wer einen Bauern betrügen will,
muss einen Bauern mitbringen.
Deutsches Sprichwort

Wer einen Betrüger betrogen,
dem ist der Himmel gewogen.
Sprichwort aus Spanien

Wer leicht traut, wird leicht betrogen.
Deutsches Sprichwort

Wer leichthin glaubt,
wird leicht betrogen.
Georg Rollenhagen, Froschmeuseler

Wer nah am Tempel wohnt,
weiß auch die Götter zu betrügen.
Chinesisches Sprichwort

Wer nicht selbsten kann betrügen,
Wird gemein betrogen;
Wer nicht andre kann belügen,
Wird gemein belogen.
Friedrich von Logau, Sinngedichte

Wer nie einmal betrogen wurde,
kann kein Kenner
von Geschäften werden.
Chinesisches Sprichwort

Wer sich selbst betrügt,
ist am betrogensten.
Sprichwort aus Dänemark

Wie mancher hat nicht seine Braut
Belogen und betrogen!
Johann Wolfgang von Goethe, Faust I (Bauern)

Wir sehen die feinsten theoretischen
Menschenkenner das Opfer
des gröbsten Betrugs werden.
Adolph Freiherr von Knigge,
Über den Umgang mit Menschen

Betschwester

In ihrer Jugend hysterisch,
wird die Frau in höherem Alter
leicht zur Betschwester;
wenn ihr im Alter einiges
von ihrer Energie verblieben ist,
so spricht ihr Kopf nach wie vor
die Sprache der Sinne, mögen diese
auch längst verstummt sein.
Denis Diderot, Über die Frauen

Junge Bettschwester, alte Betschwester.
Deutsches Sprichwort

Bett

Auf harten Betten liegt man sanft,
auf weichen Betten liegt man hart.
Deutsches Sprichwort

Das Bett ist das Barometer der Ehe.
Honoré de Balzac, Physiologie der Ehe

Das Bett ist das Nest
einer Menge von Krankheiten.
Immanuel Kant, Der Streit der Fakultäten

Das Bett ist Medizin.
Sprichwort aus Italien

Der erste Ehemann,
dem die Erfindung der Doppelbetten
zuzuschreiben ist, war ohne Zweifel
ein Geburtshelfer, der aus Angst,
er könne während seines Schlafes
unwillkürlich unruhige
Bewegungen machen,
das von seiner Frau
unter dem Herzen getragene Kind
vor den Fußtritten schützen wollte,
die er ihm hätte geben können.
Honoré de Balzac, Physiologie der Ehe

Gegen den Tod lässt sich
eine Menge sagen.
Immerhin braucht man seinetwegen
das Bett nicht zu verlassen.
Kingsley Amis

Hört ein Mann beim ersten Mal
nicht auf das Bettgeflüster seiner Frau,
hört er es doch beim zweiten Male.
Chinesisches Sprichwort

Ich habe mir zur Regel gemacht,
dass mich die aufgehende Sonne
nie im Bette finden sollte,
solange ich gesund bin.
Georg Christoph Lichtenberg, Sudelbücher

Ideales Klima gibt es nur im Bett.
Sprichwort aus den USA

In dem Ehebett besitzest du
einen treuen Dolmetscher,
der mit tiefer Wahrheit
die Gefühle einer Frau überträgt.
Honoré de Balzac, Physiologie der Ehe

Kürzer sind die Gebete im Bett.
Aber inniger.
Rainer Maria Rilke, Die Weise von Liebe und Tod

Liebe ist, wenn sie dir
die Krümel aus dem Bett macht.
Kurt Tucholsky

Überall schätzt eine Frau
einen perfekten Gentleman,
nur nicht im Bett.
Noël Coward

Viele Federn machen ein Bett.
Deutsches Sprichwort

Völlig unbestreitbar ist der Grundsatz,
dass das Bett erfunden worden ist,
um darin zu schlafen.
Es wäre leicht nachzuweisen,
dass der Brauch,
zusammen zu schlafen,
im Vergleich mit der Einrichtung
der Ehe recht neuen Datums ist.
Honoré de Balzac, Physiologie der Ehe

Wann eine zu viel küsst,
kommt sie bald ins Bett.
Deutsches Sprichwort

Wenn das Bett warm wird,
werden die Wanzen munter.
Emil Gött, Zettelsprüche. Aphorismen

Wer die Geheimnisse des Bettes verrät,
verdient die Liebe nicht.
Ingeborg Bachmann

Wird unsere Liebe geteilt,
so ist sie erhaben;
aber schlaft in Doppelbetten,
und eure Liebe wird stets grotesk sein.
Honoré de Balzac, Physiologie der Ehe

Zu Tisch und Bett
soll man sich nicht schämen.
Deutsches Sprichwort

Bettelei

Alle Bettler versöhnen sich
um den hölzernen Suppennapf.
Johann Wolfgang von Goethe, Rameaus Neffe

Besser betteln als stehlen,
aber besser arbeiten als betteln.
Sprichwort aus Russland

Besser von Haus zu Haus betteln
als von Sohn zu Sohn.
Sprichwort aus Serbien

Betteln ist besser als stehlen.
Deutsches Sprichwort

Betteln viele in einen Sack,
so wird er bald voll.
Deutsches Sprichwort

Bettler fasten selten.
Deutsches Sprichwort

Bettler fürchten die Hunde,
angehende Doktoren
die Jahresprüfung.
Chinesisches Sprichwort

Bettler: jemand,
der sich auf die Hilfe
seiner Freunde verlassen hat.
Ambrose Bierce

Bettler können nicht wählerisch sein.
Sprichwort aus den USA

Bettler sagt nie: Es ist zu viel.
Deutsches Sprichwort

Borgen ist
Viel besser nicht als Betteln:
so wie Leihen,
Auf Wucher leihen,
nicht viel besser ist
Als Stehlen.
Gotthold Ephraim Lessing, Nathan der Weise (Al-Hafi)

Der Erfinder der Kunst,
Bettler zu unterstützen,
hat viele ins Elend gebracht.
Menandros, Die Fischersleute

Der Geizige ist ein reicher Bettler.
Deutsches Sprichwort

Der Bettler empfindet
den Mangel lange nicht so,
als er ihn empfinden machen muss,
wenn er vom Betteln leben will.
Friedrich Nietzsche, Menschliches, Allzumenschliches

Der hat ein schweres Los,
der mit einer silbernen Reisschale
betteln muss.
Chinesisches Sprichwort

Der wahre Bettler ist
Doch einzig und allein
der wahre König.
Gotthold Ephraim Lessing, Nathan der Weise (Nathan)

Die Freundschaft eines großen Herrn
macht dich zum Bettler.
Sprichwort aus Estland

Drei verstehen nicht:
der Bettler, der Schuldner und das Kind.
Sprichwort aus Indien

Ein Bettler neidet den andern.
Deutsches Sprichwort

Ein fleißig herumgetragener Bettelsack
ernährt seinen Herrn.
Sprichwort aus Frankreich

Ein schamhaft Bettler ist elend.
Homer, Odyssee

Erstritten ist besser als erbettelt.
Marie von Ebner-Eschenbach, Aphorismen

Es hat wohl mehr
denn ein König gebettelt.
Deutsches Sprichwort

Es ist so elend, betteln zu müssen,
Und noch dazu mit bösem Gewissen!
Johann Wolfgang von Goethe, Faust I
(Hexenküche: Mephisto und Tiere)

Es sind viele reiche Bettler auf Erden.
Deutsches Sprichwort

Kein Bettler ist je hungers gestorben.
Deutsches Sprichwort

Man soll die Bettler abschaffen:
Denn man ärgert sich,
ihnen zu geben, und ärgert sich,
ihnen nicht zu geben.
Friedrich Nietzsche, Morgenröte

Nur Bettler wissen ihres Guts Betrag.
William Shakespeare, Romeo und Julia (Julia)

Wenn ich dir was gebe,
bettelst du umso mehr.
Der Erste, der seine Hand auftut,
ist schuld an deiner Gemeinheit,
weil er dich zum Faulenzer machte.
Plutarch, Königs- und Feldherrnsprüche (ein Spartaner zu einem Bettler)

Wie arm ist der,
dessen schwache Weichherzigkeit
ihm nicht erlaubt,
einen unersättlichen Bettler
abzuweisen!
Georg Forster, Über die Beziehung der Staatskunst auf das Glück der Menschheit

Wo findet sich mehr Gezänk
als unter den Bettlern?
Thomas More, Utopia

Würde sich auch die Wüste
mit Perlen statt mit Sand füllen,
so wäre es doch unmöglich,
die Gier von Bettlern zu stillen.
Mosleh od-Din Saadi, Der Rosengarten

Beugen

Beuge dich doch lieber,
um dich leichter aufzurichten!
Bernhard von Clairvaux,
Dritte Ansprache auf das Fest Peter und Paul

Ich beuge mich,
aber ich breche nicht.
Jean de La Fontaine, Fabeln

Männer, die aufrecht sind, erhöhen;
jene, die krummen Sinnes sind,
erniedrigen; so wird das Volk
sich willig beugen. Befördert man aber
die Krummen, indes die Aufrechten
erniedrigt werden, so wird
mitnichten beugen sich das Volk.
Konfuzius, Gespräche

Wer aufrichtig lebt und viel Unglück
und Enttäuschung erfährt und sich
dadurch doch nicht beugen lässt,
der ist mehr wert als einer,
der immer Rückenwind hat
und dauernd im Wohlstand lebt.
Vincent van Gogh, Briefe

Beurteilung

Ach, welch ein Unterschied ist es,
ob man sich oder die andern beurteilt.
Johann Wolfgang von Goethe,
Wilhelm Meisters Wanderjahre

Alles, was in der Ferne vor sich geht
und uns nicht direkt bedroht,
das heißen wir gut.
Alexander Solschenizyn

Beurteile die Menschen nicht nach dem,
was sie reden, sondern nach dem,
was sie tun. Aber wähle für deine
Beobachtungen solche Augenblicke,
in welchen sie von dir unbemerkt
zu sein glauben.
Adolph Freiherr von Knigge,
Über den Umgang mit Menschen

Dass das Wesen aller Menschen
so geartet ist, dass sie
Fremdes besser sehen und beurteilen
als Eigenes!
Terenz, Der Selbstquäler

Handlungen, die in unserer Brust
kein Echo hervorrufen,
können wir nicht beurteilen.
Houston Stewart Chamberlain,
Die Grundlagen des 19. Jahrhunderts

Ich bewundere, was über mir ist,
ich beurteile es nicht.
Johann Wolfgang von Goethe,
Wilhelm Meisters theatralische Sendung

Ich bin dagegen,
dass wir Etiketten akzeptieren (...).
Wir können Menschen nicht beurteilen
nach Kriterien des Essens, Verkaufens,
Gebrauchens, Erniedrigens,
Ausbeutens oder Erlösens.
Nichts auf der Welt lässt sich
mit einer einzigen, einfachen
Umschreibung erschöpfend definieren.
Yehudi Menuhin, Variationen

Kuchens Wert recht zu bemessen,
Musst du selber davon essen.
Jüdische Spruchweisheit

Niemals haben zwei Menschen
die gleiche Sache in ganz derselben
Weise beurteilt; und es ist unmöglich,
zwei Meinungen zu finden,
die genau gleich sind.
Michel Eyquem de Montaigne, Die Essais

Und die Weisen sagen:
Beurteile niemand,
bis du an seiner Stelle
gestanden hast.
Johann Wolfgang von Goethe, Briefe
(an Charlotte von Stein, 1. Juni 1781)

Was das Volk über mich urteilt,
ist mir so gleichgültig wie das Urteil
einer Herde blöden Viehes.
Francesco Petrarca,
Gespräche über die Weltverachtung (Franciscus)

Wenn wir aber einzig,
was in unserer Gewalt steht,
als gut oder schlecht beurteilen,
bleibt kein Grund,
Gott zu beschuldigen oder
eine feindliche Stellung gegenüber
den Menschen einzunehmen.
Mark Aurel, Selbstbetrachtungen

Werturteile sind nie Wahrheiten,
sondern Wünsche, die meist erst
wahr gemacht werden sollen.
Ludwig Marcuse, Argumente und Rezepte.
Ein Wörter-Buch für Zeitgenossen

Beute

Ach, wie läuft dieser Tod herum und
fängt sich auf allen Seiten Beute!
Marie de Rabutin-Chantal Marquise de Sévigné,
Briefe (an Frau von Grignan, 27. September 1684)

Der Mensch ist wie der Löwe
in der Fabel, der seine eigenen
Reißzähne beschimpft, weil ihm
das Beutetier leid tut,
nachdem es ihm gut geschmeckt hat.
Horst Stern

Die Beute wird mit sich fortführen,
wer sich als Erster auf sie stürzt.
Titus Maccius Plautus, Pseudolus

Die Frau ist kein Raubtier.
Sie ist die Beute,
die dem Raubtier auflauert.
José Ortega y Gasset

Freundschaft
ist die stillschweigende Übereinkunft
zweier Feinde,
die für eine gemeinsame Beute
arbeiten wollen.
Elbert Hubbard

Man soll die Beute
nicht vor dem Sieg teilen.
Deutsches Sprichwort

Tot sein heißt
zur Beute der Lebenden werden.
Jean-Paul Sartre

Bewahren

Das Bestreben,
sich zu erhalten,
ist das eigentliche Wesen
des Menschen.
Baruch de Spinoza, Ethik

Es ist leicht, einen Sieg zu erkämpfen,
doch schwer, ihn zu bewahren.
Chinesisches Sprichwort

Wer heute versucht,
etwas Bewahrenswertes zu bewahren,
der muss schon fast
ein Revolutionär sein.
Erhard Eppler

Bewährung

Die Krankheit erst
bewähret den Gesunden.
Johann Wolfgang von Goethe, Das Tagebuch

Möge sich niemand
der Täuschung hingeben,
dass er sich dereinst in großen Dingen
auszeichnen wird,
wenn er sich nicht zuerst
im Kleinen bewährt hat.
Franz Xaver, Briefe (5. November 1549)

Wer im eignen Hause sich
als rechter Herr bewährte,
wohl erscheint er auch
im Staat gerecht.
Sophokles, Antigone

Bewegung

Alle Bewegungen führen zu weit.
Bertrand Russell

Alle Körper sind entweder
in Bewegung oder in Ruhe.
Baruch de Spinoza, Ethik

Alle Kunst ist seelische Bewegung,
hervorgerufen durch die Mittel
der betreffenden Kunst.
Henry von Heiseler, Sämtliche Werke

Alles fließt.
Heraklit, Fragmente

Alles hienieden besteht nur
durch die Bewegung und die Zahl.
Honoré de Balzac, Louis Lambert

Alles, was sich bewegt,
bewegt sich entweder von Natur
oder durch eine äußere Kraft
oder vermöge seines Willens.
Aristoteles, Über Philosophie

Als der Meister einst
an einem Fluss stand,
sprach er: So fließt alles dahin –
rastlos, Tag und Nacht.
Konfuzius, Gespräche

Am besten hält man sich fit
durch ein Minimum an Bewegung.
Carl Amery

Am rollenden Stein
wächst kein Moos.
Oskar Kokoschka

Bewegung sollte nie
als Aktivität mißverstanden werden.
Ernest Hemingway

Bewegung und Tun
(gehören zusammen).
Oswald Spengler, Urfragen.
Fragmente aus dem Nachlass

Bloße Bewegung zeigt mir nur Leben,
nicht dessen Inneres.
Jean Paul, Levana

Da alle menschlichen Dinge
in Bewegung sind
und nicht ruhen können,
so müssen sie steigen oder fallen;
und zu vielem, wozu die Vernunft
nicht rät, zwingt uns die Notwendigkeit.
Niccolò Machiavelli, Vom Staat

Demagogie ist die Fähigkeit,
Massen in Bewegung zu setzen,
und die Unfähigkeit,
sie wieder zu bremsen.
Wolfgang Herbst

Denn alles Übrige hört auf,
sich zu bewegen, wenn es an den
ihm bestimmten Ort gelangt ist.
Nur für den im Kreis
sich bewegenden Körper fällt
der Anfangs- und Endpunkt
seiner Bewegung zusammen.
Aristoteles, Über den Himmel

Der Wille bestimmt die Bewegung.
Oswald Spengler, Urfragen.
Fragmente aus dem Nachlass

Die Braven bewegen nichts.
Norbert Blüm, Unverblümtes von Norbert Blüm

Die Gesellschaft ist eine Welle.
Sie selbst bewegt sich vorwärts,
nicht aber das Wasser,
woraus sie besteht.
Ralph Waldo Emerson, Essays

Die kleinste Bewegung
ist für die ganze Natur von Bedeutung.
Blaise Pascal, Pensées

Die Ströme fließen
und ruhen niemals aus.
Chinesisches Sprichwort

Ein entscheidender, wenn nicht
überhaupt der entscheidende Irrtum
ist die Vorstellung,
die Welt stünde still,
während doch wir selbst und die Welt
uns in unaufhörlicher Bewegung,
in unaufhörlichem Flusse befinden.
Leo N. Tolstoi, Tagebücher (1895)

Es gibt bei uns
kaum eine mechanische Bewegung,
deren Ursache wir nicht
in unserem Herzen finden könnten,
verstünden wir es nur recht,
sie darin zu suchen.
Jean-Jacques Rousseau,
Träumereien eines einsamen Spaziergängers

Es gibt kein Ding,
welches ohne Bewegung wäre.
Lorenz Oken, Lehrbuch der Naturphilosophie

Es handelt sich nicht darum,
ob wir treppauf oder treppab gehen,
sondern wohin wir gehen und
was das Ziel unserer Schritte ist.
Gilbert Keith Chesterton, Heretiker

Fließendes Wasser
fängt nicht zu faulen an,
eine Türangel
wird nicht vom Wurm zerfressen.
Chinesisches Sprichwort

Im Reich der Natur
waltet Bewegung und Tat,
im Reiche der Freiheit
Anlage und Willen.
Johann Wolfgang von Goethe,
Maximen und Reflexionen

Jede Bewegung
verläuft in der Zeit
und hat ein Ziel.
Aristoteles, Nikomachische Ethik

Jeder Körper bewegt sich
bald langsamer, bald schneller.
Baruch de Spinoza, Ethik

Jegliche Bewegung
setzt ein Unbewegliches voraus.
Thomas von Aquin, Summa theologica

Menschen, die den Fortschritt
nur um der Bewegung willen
haben möchten, kommen mir vor
wie Chauffeure von Autos mit Motor,
aber ohne Lenkrad.
John B. Priestley

Nach dem Essen sollst du stehn,
Oder tausend Schritte gehn.
Johann Balthasar Schupp(ius), Regentenspiegel (1657)

Nach dem Essen sollst du ruhn,
oder tausend Schritte tun.
Deutsches Sprichwort

Nur diejenigen, die eine
rotierende Bewegung in sich haben,
können andere Menschen anziehen.
Francis M. de Picabia, Aphorismen

Nur in der Bewegung,
so schmerzlich sie sei, ist Leben.
Jacob Burckhardt, Weltgeschichtliche Betrachtungen

Ruhe ist nicht bewegungsfremd,
sondern nur ein Sonderfall
der Bewegung.
Oswald Spengler, Urfragen.
Fragmente aus dem Nachlass

Und sie bewegt sich doch!
Galileo Galilei, allgemein Galileo zugeschriebener
Spruch (es gibt keine Belege)

Unser Dasein hat wesentlich
die beständige Bewegung zur Form,
ohne Möglichkeit der von uns
stets angestrebten Ruhe.
Es gleicht dem Laufe eines
bergab Rennenden, der, wenn er
stillstehn wollte, fallen müsste
und nur durch Weiterrennen
sich auf den Beinen hält.
Arthur Schopenhauer,
Nachträge zur Lehre von der Nichtigkeit des Daseins

Wer sich bewegt, sammelt ein;
wer stillsteht, vertrocknet.
Sprichwort aus Italien

Wirklichkeit ist unendliches Wirken,
unaufhörliche Bewegung.
Oswald Spengler, Urfragen.
Fragmente aus dem Nachlass

Zu unserer Natur
gehört die Bewegung,
die vollkommene Ruhe
ist der Tod.
Blaise Pascal, Pensées

Zustand ist ein albernes Wort;
weil nichts steht
und alles beweglich ist.
Johann Wolfgang von Goethe, Briefe
(an Barthold Georg Niebuhr, 23. November 1812)

Beweis

Behaupten ist nicht beweisen.
Deutsches Sprichwort

Beweis: eine Aussage,
die einen Grad glaubwürdiger ist
als die Unwahrscheinlichkeit.
Ambrose Bierce

Beweise? Gereimte Behauptungen.
Hans Lohberger

Das Unangenehme,
das ein Beweis besitzt,
lässt sich schwerlich als Grund
für seine Unrichtigkeit betrachten.
Henry Thomas Buckle,
Geschichte der Civilisation in England

Der Glaube ist verschieden
vom Beweis. Dieser ist menschlich,
jener ist ein Geschenk Gottes.
Blaise Pascal, Pensées

Der unumstößliche Beweis
kann von einem gebildeten Zuhörer
angenommen worden sein,
aber das Unbewusste in ihm
wird ihn schnell zu seinen
ursprünglichen Anschauungen
zurückführen.
Gustave Le Bon, Psychologie der Massen

Die Frauen tragen
ihre Beweise im Herzen,
die Männer im Kopfe.
August von Kotzebue, Falsche Scham

Es gibt klare Dinge,
die man weder beweisen kann
noch muss.
August Strindberg, Der Sohn der Magd

Es ist unglaublich, wie viel Geist
in der Welt aufgeboten wird,
um Dummheiten zu beweisen.
Friedrich Hebbel, Tagebücher

Geschichtliche »Beweise«
für politische Thesen beweisen heute
genauso viel, wie einst
die Gottesgerichte bewiesen haben.
Ludwig Marcuse, Argumente und Rezepte.
Ein Wörter-Buch für Zeitgenossen

Glaubt ihr vielleicht,
es sei schwieriger,
einen Beweis zu liefern
als ein Kind zu zeugen?
Voltaire, Micromégas

In der Tiefe
hat man Beweise nicht nötig.
Oswald Spengler, Urfragen.
Fragmente aus dem Nachlass

Man tut immer besser,
dass man sich grad ausspricht,
wie man denkt, ohne viel
beweisen zu wollen;
denn alle Beweise, die wir vorbringen,
sind doch nur Variationen
unserer Meinungen, und die
Widriggesinnten hören weder
auf das eine noch auf das andere.
Johann Wolfgang von Goethe,
Maximen und Reflexionen

Nichts kann bewiesen werden
als was zu beweisen nicht verlohnt.
Friedrich Hebbel, Tagebücher

Was zu beweisen war.
Euklid, Schlussformel aller seiner mathematischen
Beweisführungen

Welchen Nutzen brächte der,
der einen Lehrsatz des Euklid
zum zweiten Mal bewiese?
Dante Alighieri, Über die Monarchie

Wenn je in der Welt
eine Geschichte bestätigt war,
so ist es die Geschichte der Vampire.
Nichts fehlt daran: Gerichtsakten,
Zeugnisse von Notabeln,
von Wundärzten, von Pfarrern
und Magistratspersonen.
Der gerichtliche Beweis ist einer
der vollständigsten. Bei all dem:
Wer glaubt an die Vampire?
Jean-Jacques Rousseau,
Brief an Erzbischof Beaumont (18. November 1762)

Wer zu viel beweist,
beweist gar nichts.
Sprichwort aus Frankreich und Deutschland

Wie es natürlich ist,
vieles ohne Beweis zu glauben,
so ist es natürlich, an anderem
trotz des Beweises zu zweifeln.
Luc de Clapiers Marquis de Vauvenargues,
Reflexionen und Maximen

Wie will man denn beweisen,
dass es Wunder sind?
Jean-Jacques Rousseau, Dritter Brief vom Berge

Wir müssen jeder allein sein –
allein arbeiten, allein kämpfen,
um unsere Kraft, unsere Opferwilligkeit
zu beweisen.
Katherine Mansfield, Tagebücher

Zum Beweisen
sind die Privatdozenten da.
Walter Rathenau, Auf dem Fechtboden des Geistes.
Aphorismen aus seinen Notizbüchern

Bewunderung

Alles, was ihr bewundert,
kann sich in dem bisschen Glut
eines Dreitagefiebers auflösen.
Anicius Manlius Torquatus Severinus Boethius,
Trost der Philosophie

Bescheidenheit ist eine Eigenschaft,
für die der Mensch bewundert wird,
falls die Leute je von ihm hören sollten.
Edgar Watson Howe

Bewundert viel und viel gescholten.
Johann Wolfgang von Goethe, Faust II (Helena)

Bewunderung, die man erfährt,
macht klein,
Geringschätzung groß.
Gerhart Hauptmann, Aufzeichnungen

Bewunderung: eine beliebte Form
der Selbsterniedrigung,
nicht frei von Stolz.
Ambrose Bierce

Bewunderung ist die Vorstellung
eines Dinges, in welcher der Geist
deshalb versunken bleibt,
weil diese besondere Vorstellung
keine Verbindung
mit den sonstigen Vorstellungen hat.
Baruch de Spinoza, Ethik

Bewunderung ist
glückliche Selbstverlorenheit,
Neid unglückliche Selbstbehauptung.
Søren Kierkegaard, Die Krankheit zum Tode

Bewunderung ist nur
überlegenen Geistern gegeben.
Sully Prudhomme, Gedanken

Blickt auf die Weite, die Festigkeit,
die Raschheit des Himmels
und hört einmal auf,
Wertloses zu bewundern!
Anicius Manlius Torquatus Severinus Boethius,
Trost der Philosophie

Das Erstaunliche macht uns
einmal staunen,
aber das Bewunderungswürdige
wird immer mehr bewundert.
Joseph Joubert, Gedanken, Versuche und Maximen

Das Schlimme für einen Künstler ist,
irrtümlich bewundert zu werden.
Jean Cocteau, Hahn und Harlekin

Die allgemeine Bewunderung
zu erlangen, ist viel; mehr jedoch,
die allgemeine Liebe.
Baltasar Gracián y Morales,
Handorakel und Kunst der Weltklugheit

Die Leute von Geist
tragen alle Wahrheiten und Ansichten
im Keim in sich selbst,
ihnen ist nichts neu,
sie bewundern selten, sie stimmen zu.
Jean de La Bruyère, Die Charaktere

Die Tiere bewundern sich nicht (...),
ihre Tüchtigkeit
hat an sich selbst genug.
Blaise Pascal, Pensées

Die uns bewundern, lieben wir immer;
die wir bewundern, nicht immer.
François de La Rochefoucauld, Reflexionen

Ein Dummkopf findet immer
einen größeren Dummkopf,
der ihn bewundert.
Nicolas Boileau-Despréaux, Die Dichtkunst

Ein Mensch muss
große Tugenden besitzen,
um bekannt oder bewundert
zu werden, oder vielleicht große Laster.
Jean de La Bruyère, Die Charaktere

Ein Narr trifft allemal
noch einen größren an,
Der ihn nicht genug bewundern kann.
Magnus Gottfried Lichtwer, Fabeln

Es gibt eine Bewunderung,
die die Tochter des Wissens ist.
Joseph Joubert, Gedanken, Versuche und Maximen

Es ist schwer, den,
der uns bewundert,
für einen Dummkopf zu halten.
Marie von Ebner-Eschenbach, Aphorismen

Es macht keinen Spaß
und verdirbt den Charakter,
wenn wir mit Menschen zu tun haben,
die uns immer bewundern
und den Vortritt lassen.
Michel Eyquem de Montaigne, Die Essais

Für das Wohlbefinden einer Frau
sind bewundernde Männerblicke
wichtiger als Kalorien
und Medikamente.
Françoise Sagan

Für viele Frauen
ist der Geliebte ein Spiegel,
in dem sie sich selbst bewundern.
Fernandel

Ich bewundere, was über mir ist,
ich beurteile es nicht.
Johann Wolfgang von Goethe,
Wilhelm Meisters theatralische Sendung

Kein Mensch kann leben
ohne Bewunderung;
denn es gibt eine Seele in uns,
der es vor uns schaudert.
Paul Claudel, Der seidene Schuh

Man muss sich verdunkeln können,
um die Mückenschwärme
allzu lästiger Bewunderer loszuwerden.
Friedrich Nietzsche, Menschliches, Allzumenschliches

Missachtung des Verdienstes
und Bewunderung der Torheit
entspringt der gleichen Gesinnung.
Jean de La Bruyère, Die Charaktere

Mit viel Einsicht
bewundert man wenig,
hat man keine, ebenso.
Bewunderung ist nur das Maß
unserer Kenntnisse und beweist
weniger die Vollkommenheit der Dinge
als die Unvollkommenheit
unseres Geistes.
Luc de Clapiers Marquis de Vauvenargues,
Reflexionen und Maximen

Schließlich bewundern und lieben
nicht alle das Gleiche.
Horaz, Briefe

Sehen wir zu, dass nicht das,
womit wir Bewunderung
hervorrufen wollen,
lächerlich und hassenswert wird.
Lucius Annaeus Seneca, Briefe an Lucilius

Unverstandene Dinge
werden bewundert.
Sprichwort aus England

Was wir an anderen bewundern,
ist ihre Ähnlichkeit mit uns.
Robert Lembke

Wer unser Haus betritt,
soll uns lieber bewundern
als unsere Einrichtung.
Lucius Annaeus Seneca, Briefe an Lucilius

Wo gemeine, schwache Menschen
in Bewunderung ausbrechen
und die Huldigung anfangen,
da gerät der Mann von Sinn
und Stärke in Misstrauen;
und wo kurzsichtige Menschen mit
Unzufriedenheit zu tadeln beginnen,
fängt sehr oft des Weiseren
bessere Billigung an.
Johann Gottfried Seume, Apokryphen

Bewusstsein

Allwissend bin ich nicht;
doch viel ist mir bewusst.
Johann Wolfgang von Goethe, Faust I (Faust)

Allzu viel Bewusstheit
tötet den echten Willen,
den instinktiven Drang zur Tat
und lässt nur
das (ständige) bloße Wollen zurück.
Oswald Spengler, Urfragen.
Fragmente aus dem Nachlass

Bewusstsein ist Selbstbestätigung,
Selbstbejahung, Selbstliebe,
Freude an der eignen Vollkommenheit.
Bewusstsein ist das charakterische
Kennzeichen eines vollkommenen
Wesens.
Ludwig Feuerbach, Das Wesen des Christentums

Das Bewusstsein steht,
die Ereignisse des Lebens
bewegen sich durch es hindurch,
uns aber scheint, es bewege sich
das Bewusstsein, Wolken gleich,
die am Mond vorüberziehn.
Leo N. Tolstoi, Tagebücher (1902)

Das Leben wäre unerträglich,
wenn wir uns seiner bewusst würden.
Fernando Pessoa, Das Buch der Unruhe des Hilfsbuchhalters Bernardo Soares

Das Tier lebt gewiss
weniger bewusst als der Mensch,
aber tiefer in der Wirklichkeit.
Jakob Boßhart, Bausteine zu Leben und Zeit

Der schlimmste aller Fehler ist,
sich keines solchen bewusst zu sein.
Thomas Carlyle, Über Helden, Heldenverehrung und das Heldentümliche

Die Definition des Bewusstseins
ist Klarheit und Erkenntnis.
Dalai Lama XIV, Die Vorträge in Harvard

Durch sein Bewusstsein
vermag sich der Mensch
von allem Bösen zu befreien –
kann er alles zum Segen für sich selbst
und für die Welt wenden.
Leo N. Tolstoi, Tagebücher (1906)

Gott äußert sich in uns
durch das Bewusstsein.
Solange das Bewusstsein fehlt,
ist Gott nicht vorhanden.
Leo N. Tolstoi, Tagebücher (1898)

Im Tode geht allerdings
das Bewusstsein unter;
hingegen keineswegs das,
was bis dahin dasselbe
hervorgebracht hatte.
Arthur Schopenhauer, Von der Unzerstörbarkeit unseres wahren Wesens durch den Tod

In Bezug auf das Bewusstsein
wird nicht von räumlicher
Unteilbarkeit gesprochen
(da das Bewusstsein nichtmateriell
und somit auch nichträumlich ist),
sondern von einer
zeitlichen Unteilbarkeit.
Dalai Lama XIV, Die Gespräche in Bodhgaya

In der Regel beschränkt sich
unser Bewusstsein auf das,
was die Gesellschaft,
der wir angehören,
uns wahrzunehmen erlaubt (...),
während unser Unterbewusstes
den universalen Menschen
in jedem von uns repräsentiert.
Erich Fromm, Seele des Menschen

Je mehr Bewusstsein, desto mehr Selbst;
je mehr Bewusstsein, desto mehr Wille;
je mehr Wille, desto mehr Selbst.
Søren Kierkegaard, Die Krankheit zum Tode

Jeder steckt in seinem Bewusstsein
wie in seiner Haut und lebt
unmittelbar nur in demselben.
Arthur Schopenhauer, Aphorismen zur Lebensweisheit

Leiden
heißt an Bewusstsein leiden,
nicht an Todesfällen.
Gottfried Benn

Sich bewusst ausweiten.
Von Gegensatz zu Gegensatz gehen.
Vom Ersten bis zum Letzten
und umgekehrt.
Keinen und nichts vergessen,
übersehen, gering achten.
Christian Morgenstern, Stufen

Vermehrung der Freiheit
ist Erhellung des Bewusstseins.
Leo N. Tolstoi, Tagebücher (1905)

Von allem, was existiert,
hat Gott einen Teil
in unsere Verfügungsgewalt gegeben,
den anderen Teil nicht.
In unserer Macht steht
das Schönste und Wichtigste:
der Gebrauch unserer Eindrücke
und Vorstellungen. Denn wenn
diese Möglichkeit richtig genutzt wird,
bedeutet dies Freiheit, Glück,
Heiterkeit, Würde, aber auch Recht,
Gesetz, Selbstbeherrschung
und Tüchtigkeit in jeder Form.
Epiktet, Lehrgespräche

Was für die äußere Körperwelt
das Licht, das ist für die innere Welt
des Bewusstseins der Intellekt.
Arthur Schopenhauer, Den Intellekt überhaupt und in jeder Beziehung betreffende Gedanken

Werden wir durchs Praktische
doch unseres eigenen Daseins
selbst erst recht bewusst.
Johann Wolfgang von Goethe,
Wilhelm Meisters Lehrjahre

Wir Bewussten,
wir haben es eigentlich
noch einmal so schwer.
Wir dürfen niemandem
wehe tun, weil wir wissen.
Paula Modersohn-Becker, Briefe (3. November 1900)

Wo Bewusstsein ist,
da ist Fähigkeit
zur Wissenschaft.
Ludwig Feuerbach, Das Wesen des Christentums

Bezahlen

Aber du musst mich auch bezahlen,
sagte die Hexe,
und es ist nicht wenig,
was ich verlange!
Hans Christian Andersen, Die kleine Seejungfrau

Bezahlen wir die Musik,
so wollen wir auch tanzen.
Deutsches Sprichwort

Der Pastor
singt keine zwei Messen
für ein Geld.
Deutsches Sprichwort

Die Mühlen der Gerechtigkeit
mahlen langsam,
aber sicher nicht gratis.
Ephraim Kishon, Kishon für alle Fälle

Die Ratschläge geben,
bezahlen ihn nicht.
Sprichwort aus Flandern

Man bezahlt die Frauen,
damit sie kommen,
und man bezahlt sie,
damit sie verschwinden;
das ist ihr Schicksal.
Henry de Montherlant, Die Aussätzigen

Man kann viele Dinge kaufen,
die unbezahlbar sind.
Marie von Ebner-Eschenbach, Aphorismen

Nichts wird so teuer bezahlt
als Hilfeleistungen. Keine Arbeit,
keine durchrungene Not reicht
an die Ausgaben heran.
Emil Gött, Zettelsprüche. Aphorismen

Was man nicht für Geld kaufen kann,
muss man gewöhnlich teuer bezahlen.
Lothar Schmidt

Wenn du dich ärgern willst,
bezahle für etwas im Voraus.
Sprichwort aus Montenegro

Wenn man von den Leuten
Pflichten fordert und ihnen
keine Rechte zugestehen will,
muss man sie gut bezahlen.
Marie von Ebner-Eschenbach, Aphorismen

Wer die Musik bestellt,
muss sie auch bezahlen.
Deutsches Sprichwort

Zu schwer bezahlt man oft
ein leicht Versehen.
Johann Wolfgang von Goethe, Elpenor (Antiope)

Beziehung

Auch in der Natur ist alles
irgendwie geordnet, wenn auch
in verschiedener Weise:
schwimmende und fliegende Tiere
und Pflanzen. Und es ist nicht so,
dass eines beziehungslos neben
dem anderen stünde, sondern überall
gibt es Beziehungen.
Auf ein Ziel hin ist alles
in der Welt gerichtet.
Aristoteles, Älteste Metaphysik

Das Einzige, wonach wir
mit Leidenschaft trachten,
ist das Anknüpfen
menschlicher Beziehungen.
Ricarda Huch, Quellen des Lebens

Dem Mann wurden vielfache
Beziehungen immer gestattet.
Man wird sie auch der Frau
zugestehen müssen.
Anaïs Nin, Frauen verändern die Welt

Denn auch eine Beziehung
muss wie eine Insel sein.
Man muss sie nehmen, wie sie ist,
in ihrer Begrenzung –
eine Insel, umgeben
von der wechselvollen
Unbeständigkeit des Meeres,
immer während vom Steigen
und Fallen der Gezeiten berührt.
Anne Morrow Lindbergh, Muscheln in meiner Hand

Die Beziehung
zwischen Mann und Frau
ist die tiefste und am schwierigsten
zu bewahrende,
und wir glauben fälschlicherweise,
die Unmöglichkeit, sie in ihrer
ursprünglichen Form zu bewahren,
sei eine Tragödie.
Anne Morrow Lindbergh, Muscheln in meiner Hand

(...) Die Beziehungen
zwischen den Geschlechtern
sind durch Witzbolde, Zyniker,
Besserwisser, Philosophen,
Psychologen, Psychiater und
schließlich die Frauenbewegung
so unentwirrbar verkorkst worden,
dass man den größten Teil
seines Lebens damit zubringt,
herauszufinden, dass das
Allgemeine keinerlei Auswirkungen
auf das Spezielle hat.
Peter Ustinov, Was ich von der Liebe weiß

Die meisten Leiden, die sich
aus den Beziehungen zwischen
Männern und Frauen ergeben,
haben zur Ursache, dass das eine
Geschlecht absolut unfähig ist,
das andere zu verstehen.
Leo N. Tolstoi, Tagebücher (1895)

Die reine Beziehung,
wie schön ist sie!
Wie leicht kann sie zerstört
oder durch Belangloses zu Boden
gedrückt werden –
nicht einmal so sehr
durch Belangloses
als durch das Leben selber,
durch die Lawine aus Leben und Zeit.
Anne Morrow Lindbergh, Muscheln in meiner Hand

Die Sicherheit einer Beziehung
besteht weder in sehnsuchtsvollem
Verlangen nach dem, was einmal war,
noch im angstvollen Bangen vor dem,
was kommen könnte, sondern allein
im lebendigen Bekenntnis
zum Augenblick.
Anne Morrow Lindbergh, Muscheln in meiner Hand

Eine dauernde Bindung zu einer Frau
ist nur möglich, wenn man
im Theater über dasselbe lacht.
Wenn man gemeinsam schweigen kann.
Wenn man gemeinsam trauert.
Sonst geht es schief.
Kurt Tucholsky, Schnipsel

Eine Frau ist das Mächtigste auf Erden,
und in ihrer Hand liegt es,
den Mann dahin zu leiten,
wo Gott ihn haben will.
Henrik Ibsen, Frau Inger (Nils Lykke)

Eine gute Beziehung ist wie ein Tanz
und baut sich
nach den gleichen Regeln auf.
Anne Morrow Lindbergh, Muscheln in meiner Hand

Es ist schrecklich, wenn zwei Menschen
immer so verkehrt ineinander
eingreifen, bei jeder Kleinigkeit
dies Hängenbleiben, das nie
in Richtigstellen, immer nur
in Aushacken endigt.
Franziska Gräfin zu Reventlow, Tagebücher

Gut Beziehungen schaden nur dem,
der sie nicht hat.
Lothar Schmidt

Herabgekommene menschliche
Beziehungen, Liebesbeziehungen
ganz besonders, haben zuweilen
wie verarmte Adelige ihren
lächerlichen oder auch rührenden
Bettlerstolz, den wir
in jedem Falle achten,
am wenigsten aber durch eine
zur Schau getragene Teilnahme
verletzen sollten.
Arthur Schnitzler, Buch der Sprüche und Bedenken

Ich wünsche mir eine hübsche Frau,
Die nicht alles nähme gar zu genau,
Doch aber zugleich
am besten verstände,
Wie ich mich selbst
am besten befände.
Johann Wolfgang von Goethe, Sprüche

Immer war ich im Zwiespalt,
weil ich gern beides vereinigen wollte,
mein eigentliches Leben
ohne Zügel und einen Menschen,
der zu mir gehört.
Franziska Gräfin zu Reventlow, Tagebücher

In den Beziehungen zwischen Menschen
gibt es so wenig einen Stillstand
wie im Leben des Einzelnen.
Arthur Schnitzler, Buch der Sprüche und Bedenken

In einer kranken Beziehung
haben wir wie in einem kranken
Organismus auch das scheinbar
Nichtigste als Symptom
der Krankheit zu deuten.
Arthur Schnitzler, Buch der Sprüche und Bedenken

In Menschen wie in der Sprache
ist alles Beziehung.
Antoine Comte de Rivarol, Maximen und Reflexionen

Jede lebendige Beziehung
ist einem Verwandlungsprozess,
einem Erweiterungsprozess unterworfen und muss sich immer
neue Formen schaffen.
Anne Morrow Lindbergh, Muscheln in meiner Hand

Man erkennt schließlich,
dass es keine dauernde reine
Beziehung gibt, und dass es sie
auch nicht geben soll, ja, dass man sie
nicht einmal wünschen sollte.
Die reine Beziehung ist räumlich
und zeitlich unbegrenzt.
Sie bedeutet im Wesentlichen
Ausschließlichkeit. Sie schließt das
übrige Leben aus, ebenso die
übrigen Aspekte der Persönlichkeit,
andere Verantwortungen,
andere Zukunftsmöglichkeiten.
Anne Morrow Lindbergh, Muscheln in meiner Hand

Man kann einem Menschen
nichts Böseres tun,
als sich ausschließlich
mit ihm zu beschäftigen.
Elias Canetti, Die Provinz des Menschen.
Aufzeichnungen 1942–1972

Männer sind die geborenen Sucher:
Am liebsten suchen sie das Weite.
Ursula Herking

Männer! Männer!
Sie machen uns glücklich und elend.
Johann Wolfgang von Goethe, Stella
(Madame Sommer und Stella)

Menschliche Beziehungen,
die auf großem Fuße eingerichtet waren,
lassen sich nur unter schmerzlichen
und beschämenden Opfern
in kleinem Stile weiterführen;
und klüger ist der Entschluss,
einen gemeinsamen seelischen
Haushalt einfach aufzulösen,
als der Versuch, ihn mühselig
zu beschränken.
Arthur Schnitzler, Buch der Sprüche und Bedenken

Nicht der Besitz, nur das Enthüllen,
Das leise Finden nur ist süß.
Christoph Tiedge, Urania

Ohne frisches Heu
werden die Pferde nicht satt,
ohne Beziehungen
die Menschen nicht reich.
Chinesisches Sprichwort

Phänomen der menschlichen
Beziehungen, wenn sie
lange genug dauern:
das Unerträgliche wird
das Unentbehrliche.
Alfred Polgar, Kleine Schriften, Band 3. Irrlicht

Rechtmäßig sind allezeit nur
durch echte Leidenschaft
geknüpfte Bindungen.
Stendhal, Über die Liebe (Fragmente)

Seine Lebensgefährtin
glücklich zu machen, das ist
der schönste Ruhmestitel, den man
im Tale Josaphat erwerben kann.
Honoré de Balzac, Physiologie der Ehe

Warum fühle ich das Leben
herrlich und intensiv,
wenn ich viele [Beziehungen] habe? –
immer das Gefühl,
eigentlich gehöre ich allen.
Franziska Gräfin zu Reventlow, Tagebücher

Weil alles so schnell geschieht
und wir von einer Stadt
in die andere ziehen,
weil wir Entwurzelte und
Durchreisende sind, haben wir
für zwischenmenschliche Beziehungen
nicht mehr richtig Zeit.
Anaïs Nin, Absage an die Verzweiflung

Wenn der Körper abfällt,
kommt das Wesentliche
zum Vorschein.
Der Mensch ist nichts
als ein Bündel von Beziehungen.
Die Beziehungen allein
zählen für den Menschen.
Antoine de Saint-Exupéry, Flug nach Arras

Wenn man gleich an den Beginn
einer Beziehung den Koitus setzt,
gibt es keine Neurosen.
Gottfried Benn, Brief an Oelze Nr. 66

Wenn wir unsere Fähigkeit
verfeinerten, echte Beziehungen
zu unseren Nächsten herzustellen,
wenn wir die Leute in unserer
unmittelbaren Umgebung wirklich
wahrnähmen und verstünden,
könnten wir auch die Menschen
in weiter Ferne verstehen,
anstatt mit ihnen Krieg zu führen.
Anaïs Nin, Ein neuer innerer Schwerpunkt

Wir alle leben in der Hoffnung,
dass echte Beziehungen
unter Menschen noch
vorkommen können.
Ronald D. Laing, Phänomenologie der Erfahrung

Wir sehen einen anziehenden
Menschen und wollen eine Beziehung.
Wir sind nicht zufrieden mit einer
vorübergehenden Beziehung,
wir wollen, dass sie für immer dauert.
Sind wir dann mit dem Betreffenden
zusammen, begehren wir
jemand anders.
Dalai Lama XIV, Tantra in Tibet (Einleitung)

Bibel

Aber ich bestehe darauf,
dass die Bibel, wenn sie uns eine
unwürdige Vorstellung von Gott
vermitteln sollte, in diesem Punkt
abgelehnt werden müsste,
wie man in der Geometrie
Beweise ablehnt, die zu
widersinnigen Schlüssen führen.
Denn wie glaubwürdig
der heilige Text auch immer sei,
es ist immer noch wahrscheinlicher,
dass die Bibel verfälscht,
als dass Gott ungerecht
oder boshaft ist.
Jean-Jacques Rousseau, Brief an d'Alembert

Bei der Lektüre der Heiligen Schrift
habe ich bemerkt, dass immer,
wenn der Menschheit Verbrechen
oder Gewalttaten vorgeworfen werden
sollen, es heißt: die Menschenkinder;
wenn es sich um Dummheiten
oder Schwächen handelt:
die Kinder der Weiber.
Chamfort, Maximen und Gedanken

Dass die Bibel keine Spur
von Humor enthält,
ist eine der merkwürdigsten Tatsachen
der ganzen Literatur.
Alfred North Whitehead, Abenteuer der Ideen (1971)

Der Teufel
kann sich auf die Schrift berufen.
William Shakespeare, Der Kaufmann von Venedig
(Antonio)

Die Bibel an sich selbst,
und dies bedenken wir nicht genug,
hat in der ältern Zeit
fast gar keine Wirkung gehabt.
Johann Wolfgang von Goethe,
Geschichte der Farbenlehre

Die Bibel ist für die Religion,
was die Ilias für die Poesie ist.
Joseph Joubert, Gedanken, Versuche und Maximen

Die Bibelübersetzung ist
eine große Mühe. Wir haben viel Öl
dabei verbraucht. Es werden aber
etliche sein, die es werden besser
wollen wissen denn wir,
aber nicht besser machen.
Sie werden mich bei einem Wort
fassen wollen, wo ich es umgekehrt
bei hundert könnte,
wenn sie selbst übersetzten.
Martin Luther, Tischreden

Die Heilige Schrift ist ein Fluss,
in dem ein Elefant schwimmen muss
und ein Lamm gehen kann.
Martin Luther, Tischreden

Die Katze liest in der Bibel.
Deutsches Sprichwort

Die Menschen nehmen
Dinge in der Bibel hin,
die sie im gewöhnlichen Leben
verabscheuen.
Vita Sackville-West, Erloschenes Feuer

Die Schrift ist Schrift, sonst nichts.
Mein Trost ist Wesenheit,
Und dass Gott in mir spricht
das Wort der Ewigkeit.
Angelus Silesius, Der cherubinische Wandersmann

Es gibt ein Buch, das viele,
die es auswendig wissen,
nicht kennen.
Marie von Ebner-Eschenbach, Aphorismen

Ich achte der Possen nicht,
sagte jener Bischof,
als er einen Spruch
aus der Bibel hörte.
Deutsches Sprichwort

Im Munde Bibel, im Herzen übel.
Deutsches Sprichwort

Man streitet viel und wird viel streiten
über Nutzen und Schaden
der Bibelverbreitung. Mir ist klar:
Schaden wird sie wie bisher,
dogmatisch und phantastisch
gebraucht; nutzen wie bisher,
didaktisch und gefühlvoll
aufgenommen.
Johann Wolfgang von Goethe,
Maximen und Reflexionen

Mir ist die Bibel nur wahr,
wo sie naiv ist,
in allem andern,
was mit einem eigentlichen
Bewusstsein geschrieben ist,
fürchte ich einen Zweck
und späteren Ursprung.
Friedrich Schiller, Briefe (an Goethe, 14. April 1797)

Mit dem Buch macht Gott die Welt irr.
Doch ist es ein Wunder,
dass dies Buch erhalten worden ist.
Martin Luther, Tischreden

Suche also auch selbst
aus den Zeiten der Bibel nur Religion
und Tugend und Vorbilder
und Glückseligkeiten, die für uns sind:
Werde ein Prediger der Tugend
deines Zeitalters!
Johann Gottfried Herder,
Journal meiner Reise im Jahr 1769

Trotz unserer heutigen Einstellung
zur Religion gibt es
in der Bibel Lehren,
die nirgends besser aufgeführt werden.
Wahrheiten, die nur
in ihren Symbolen zu finden sind.
Anne Morrow Lindbergh,
Verschlossene Räume, offene Türen

Umsonst fragst du
die Schrift um Auskunft;
frage lieber die Erfahrung.
Bernhard von Clairvaux, Über die Bekehrung

Unsere Theologen wollen mit Gewalt
aus der Bibel ein Buch machen,
worin kein Menschenverstand ist.
Georg Christoph Lichtenberg, Sudelbücher

Was ist das Wort Christi
ohne sichtbares Beispiel?
Fjodor M. Dostojewski, Die Brüder Karamasow

Bibliothek

Als die Goten Griechenland
verwüsteten, blieben alle Bibliotheken
nur deswegen vom Feuer verschont,
weil einer von ihnen die Meinung
aufgebracht hatte, man müsse
den Feinden diese Dinge lassen,
die so geeignet wären,
sie von der Kriegsübung abzubringen
und sie mit einer müßigen
und sitzenden Beschäftigung
zu unterhalten.
Jean-Jacques Rousseau,
Abhandlung über die Wissenschaften und Künste

Das Paradies habe ich mir immer
wie eine Art Bibliothek vorgestellt.
Jorge Louis Borges

Die Bibliotheken füllen sich an
mit Büchern,
die Geister aber werden immer ärmer
an Bildung.
Geronimo Cardano, Lebensbeschreibung

Die eigentliche Universität unserer
Tage ist eine Büchersammlung.
Thomas Carlyle, Über Helden, Heldenverehrung und
das Heldentümliche

Die Leihbibliotheken studiere,
wer den Geist des Volkes
kennen lernen will.
Wilhelm Hauff, Die Bücher und die Lesewelt

Die vergessensten aller Bücher
sind jene, die in fast jeder
Bibliothek stehen.
Sigismund von Radecki

Eine ausgewählte Büchersammlung ist
und bleibt der Brautschatz des Geistes
und Gemütes.
Karl Julius Weber, Democritos

Es gibt Leute,
die ihre Bücher
in ihre Bibliothek stecken,
aber Herr von **
steckt seine Bibliothek in seine Bücher.
Chamfort, Maximen und Gedanken

Nirgends kann man den Grad
der Kultur einer Stadt und
überhaupt den Geist ihres
herrschenden Geschmacks
schneller und doch zugleich
richtiger kennen lernen als –
in den Lesebibliotheken.
Heinrich von Kleist, Briefe
(an Wilhelmine von Zenge, 13.–18. September 1800)

Zuweilen,
wenn ich die Bibliotheken ansehe,
wo in prächtigen Sälen
die Werke Rousseaus, Helvétius',
Voltaires stehen, so denke ich,
was haben sie genutzt?
Hat ein einziges seinen Zweck erreicht?
Haben sie das Rad aufhalten können,
das unaufhaltsam stürzend
seinem Abgrund entgegeneilt?
Heinrich von Kleist, Briefe
(an Wilhelmine von Zenge, 15. August 1801)

Biene

Auch wenn die Biene
einen gestreiften Rücken hat,
ist sie noch lange kein Tiger.
Chinesisches Sprichwort

Die Welt ist ein Bienenstock;
wir treten alle durch dieselbe Tür ein,
aber leben in verschiedenen Zellen.
Sprichwort aus Afrika

Eine kluge Biene nascht nicht
von einer welken Blume.
Chinesisches Sprichwort

Es ist immer eine Biene da,
um in ein weinendes Gesicht
zu stechen.
Sprichwort aus Montenegro

Sizi, sizi, bina:
inbot dir Sancte Maria.
hurolob ni habe du,
zi holce ni fluc du
(Sitze, sitze, Biene:
gebot dir Sancte Maria.
Urlaub nie habe du,
zu Holze nie fliege du)!
Der Lorscher Bienensegen (10. Jh.)

Unansehnlich unter den geflügelten
Tieren ist die Biene, und doch
bringt sie den besten Ertrag ein.
Altes Testament, Jesus Sirach 11, 3

Was dem Schwarm nicht zuträglich ist,
ist auch der Biene nicht zuträglich.
Mark Aurel, Selbstbetrachtungen

Wenn man beim Stiche der Biene
oder des Schicksals nicht still hält,
so reißt der Stachel ab
und bleibt zurück.
Jean Paul, Hesperus

Bier

Der Bayer hat ein irdisches Verhältnis
zur Religion und ein mystisches
zum Bier.
Johann-Baptist Metz

Die Bier trinken, denken Bier.
Washington Irving, Gottfried Crayon's Skizzenbuch

Die erste Pflicht der Musensöhne
Ist, dass man sich ans Bier gewöhne.
Karl Arnold Kortum, Die Jobsiade

Die Öfen, das Bier und der
Tabaksrauch bilden in Deutschland
um die Leute aus dem Volke
eine schwere, heiße Atmosphäre,
aus der sie nur ungern heraustreten.
Germaine Baronin von Staël, Über Deutschland

Ein Schluck Wasser oder Bier
vertreibt den Durst,
ein Stück Brot den Hunger,
Christus vertreibt den Tod.
Martin Luther, Tischreden

Ein starkes Bier,
beizender Toback,
Und eine Magd im Putz,
das ist nun mein Geschmack.
Johann Wolfgang von Goethe, Faust I (Schüler)

Es gehört zum deutschen Bedürfnis,
beim Biere von der Regierung
schlecht zu reden.
Otto von Bismarck, Reden
(im Deutschen Reichstag, 12. Juni 1882)

Es wird bei uns Deutschen
mit wenig so viel Zeit totgeschlagen
wie mit Biertrinken.
Otto von Bismarck, Reden
(im Deutschen Reichstag, 28. März 1881)

Hei, bayrisch Bier, ein guter Schluck
Sollt mir gar köstlich munden!
Ludwig Uhland, Roland Schildträger

Kleb nicht am Becher,
trinke Bier mit Maß.
Edda, Hávamál (Des Hohen Lied)

Manchmal hilft's,
wenn man den Kopf in Bier einweicht.
Sylvia Plath, Briefe nach Hause (um 12. Mai 1953)

Nichts ist so gut,
als mancher glaubt,
Das Bier den Erdensöhnen;
Denn um so minder,
je mehr man trinkt,
Hat man seiner Sinne Macht.
Edda, Hávamál (Des Hohen Lied)

Sieh dich wohl für,
Schaum ist kein Bier.
Deutsches Sprichwort

Wen Bier hindert,
der trinkt es falsch.
Gottfried Benn

Wenn du dir Bier leisten kannst,
trink Wasser,
wenn du dir Wein leisten kannst,
trink Bier.
Sprichwort aus Polen

Bigotterie

Die Bigotten.
Sonntags schlafen sie mit Gott,
und die ganze Woche über
betrügen sie ihn.
Jules Renard, Ideen, in Tinte getaucht.
Aus dem Tagebuch von Jules Renard

Niemand ist aus Bigotterie gut,
denn dies verleitet
ebenso leicht zur Härte.
Aber das gute Herz wählt sich
diesen Schleier, um ungesehen
zu handeln.
Sophie Mereau, Betrachtungen

Bild

Alle Morgen muss man es
eine Viertelstunde betrachten, so lange,
bis man sich von einer gewissen
Rührung durchdrungen fühlt.
Darauf hält man es an die Augen,
an den Mund, an das Herz.
Jean-Jacques Rousseau,
Julie oder Die neue Héloïse (Julie)

An meinen Bildern
müsst ihr nicht schnüffeln,
die Farben sind ungesund.
Rembrandt,
überliefert bei Goethe (Maximen und Reflexionen)

Bilder malen lernt man ja
ganz von selbst, aber wie man
Bilder verkauft, das sollten sie einem
auf der Akademie beibringen.
Olaf Gulbransson

Das Bild eines Despoten,
wenn es auch nur in der Luft schwebt,
ist edlen Menschen schon fürchterlich.
Johann Wolfgang von Goethe, Italienische Reise

Das Bild ist ein ewiges Urbild,
ein Teil der unbekannten heiligen Welt.
Novalis, Heinrich von Ofterdingen

Das schlechteste Bild
kann zur Empfindung und
zur Einbildungskraft sprechen,
indem es sie in Bewegung setzt,
los und frei macht
und sich selbst überlässt.
Johann Wolfgang von Goethe, Propyläen

Denn ganz ohne Bild
lässt sich nichts Göttliches fassen.
Zacharias Werner,
An E. F. Peguilhen (5. Dezember 1803)

Der beste Teil der Schönheit ist der,
den ein Bild nicht wiedergeben kann.
Francis Bacon, Die Essays

Der Mensch gaffet so lange Bilder
und Farben, bis er spricht, bis er,
inwendig in seiner Seele, brennet.
Johann Gottfried Herder,
Vom Erkennen und Empfinden der menschlichen Seele

Der Menschengeist hat keinen Halt,
wenn er sich in der Unbegrenztheit
gestaltloser Gedanken bewegt:
Er muss sie zu bestimmten Bildern
verdichten, die seiner Welt
entnommen sind.
Michel Eyquem de Montaigne, Die Essais

Die Phantasie ist die Kraft,
vermöge deren das Bild
eines Dinges in uns entsteht.
Aristoteles, Psychologie

Doch bleibt immer
das schönste Denkmal
des Menschen eigenes Bildnis.
Johann Wolfgang von Goethe,
Die Wahlverwandtschaften

Ein Bild enthält
Abwesenheit und Gegenwart,
Gefallen und Missfallen.
Blaise Pascal, Pensées

Ein Bild muss nicht erfunden,
sondern empfunden sein.
Caspar David Friedrich, Äußerung bei Betrachtung
einer Sammlung von Gemälden

Ein Bild sagt mehr als tausend Wörter.
Chinesisches Sprichwort

Erinnerungen sind
ein goldener Rahmen,
der jedes Bild freundlicher macht.
Carl Zuckmayer

Es ist was Schönes,
sein eigenes Bild
im liebenden Auge zu erblicken.
Johann Wolfgang von Goethe,
Wilhelm Meisters Wanderjahre

Fasse Mut, sieh mein Bild an,
und küsse es.
Heinrich von Kleist, Briefe
(an Wilhelmine von Zenge, 10. Oktober 1801)

Helfe mir Gott, echte Tränen
vor meinen Bildern zu vergießen!
Dort werden meine Runzeln,
meine blasse Haut sichtbar bleiben,
dort wird sich für immer
meine flüchtige Seele eingraben.
Marc Chagall, Mein Leben (1922)

Ich habe nichts
gegen die Erklärung des Bildes,
das sich nicht selbst erklärt;
nur müsste sie so kurz
und schlicht sein als möglich.
Johann Wolfgang von Goethe,
Die guten Weiber (Arbon)

Ich hatte angefangen,
meine Bilder zu signieren,
aber ich hörte bald wieder auf damit,
weil es mir zu albern vorkam.
Vincent van Gogh, Briefe

Ich kann nichts dafür, dass
meine Bilder sich nicht verkaufen.
Doch die Zeit wird kommen,
wo man sehen wird,
dass sie mehr wert sind
als die Kosten für die Farben
und für mein immerhin recht
kümmerliches Leben,
die dafür aufgebracht werden.
Vincent van Gogh, Briefe

Ich reiße mir die Bilder
Stück für Stück aus dem Gehirn.
August Macke

Ja das Bild der Geliebten
kann nicht alt werden,
denn jeder Moment ist
seine Geburtsstunde.
Johann Wolfgang von Goethe,
Der Sammler und die Seinigen

Jeder trägt das Urbild
seiner Schönheit in sich,
dessen Ebenbild er
in der weiten Welt sucht.
André Maurois, Die Kunst zu leben

Komm, angebetetes Bild,
ein Herz zu erfüllen,
das nur durch dich lebt.
Jean-Jacques Rousseau,
Julie oder Die neue Héloïse (Saint-Preux)

Man kann durch Bilder
begreifen und sich ausdrücken,
aber weder urteilen noch schließen.
Joseph Joubert, Gedanken, Versuche und Maximen

Man liebt weit mehr das Bild,
das man sich macht,
als den Gegenstand,
auf den man es anwendet.
Jean-Jacques Rousseau, Emile

Man schreibt dieser Art Talisman eine
ganz einzigartige elektrische Kraft zu,
die aber bloß zwischen treuen
Liebenden wirksam wird;
dass er nämlich dem einen die Küsse
des andern über mehr als
zweihundert Meilen weit mitteilt.
Jean-Jacques Rousseau,
Julie oder Die neue Héloïse (Julie)

Menschen sind mehr als Dinge,
und je mehr Mühe ich mir
mit meinen Bildern gebe,
umso mehr lassen mich
Bilder an sich selbst kalt.
Vincent van Gogh, Briefe

Merk dir, du Schaf,
weil es immer gilt:
Der Fotograf ist nie auf dem Bild.
Erich Kästner, Kurz und bündig. Epigramme

Mit einem Bild
möchte ich etwas Tröstliches sagen,
so wie Musik tröstlich ist.
Vincent van Gogh, Briefe

Niemand in der Welt bekommt
so viel dummes Zeug zu hören
wie die Bilder in einem Museum.
Jules de Goncourt, Idées et sensations

Nur ein Bild kann einem ganz gefallen,
aber nie ein Mensch.
Der Ursprung der Engel.
Elias Canetti, Die Provinz des Menschen.
Aufzeichnungen 1942–1972

Was im Leben uns verdrießt,
Man im Bilde gern genießt.
Johann Wolfgang von Goethe, Sprüche

Wenn es nur
eine einzige Wahrheit gäbe,
könnte man nicht hundert Bilder
über dasselbe Thema malen.
Pablo Picasso

Wenn Gott sein Ebenbild
wie sich selbst liebt,
warum soll nicht auch ich
das Bild Gottes wie Gott selbst lieben?
Ludwig Feuerbach, Das Wesen des Christentums

Wer immer im Bilde ist,
fällt nicht so leicht aus dem Rahmen.
Hans Joachim Clarin

Wer mir sagen kann,
warum ein Bild schön ist,
dem bezahle ich eine Flasche.
Edgar Degas

Wir werden allmählich das Bild,
das die anderen sich von uns machen.
Vance Packard

Bildhauerei

Die Bildhauerei, wegen Missachtung
von Form und Masse zugunsten von
Verschwommenheit über Gebühr
vernachlässigt, gehört zweifellos
zu den edelsten Künsten.
Immerhin ist sie die einzige Kunst,
die uns zwingt, um sie herumzugehen.
Jean Cocteau, Hahn und Harlekin

Die Bildhauerkunst wird mit Recht
so hoch gehalten, weil sie die
Darstellung auf ihren höchsten Gipfel
bringen kann und muss,
weil sie den Menschen von allem,
was ihm nicht wesentlich ist, entblößt.
Johann Wolfgang von Goethe, Über Laokoon

Ein Bildhauer meißelt
leichter eine schöne Statue
aus einem rohen Block
als aus einem Marmor,
den ein anderer
schlecht bearbeitet hat.
Niccolò Machiavelli, Vom Staat

Ein echter Bildhauer kann auch
aus der Büste eines Buckligen
noch ein Kunstwerk machen.
Sully Prudhomme, Gedanken

Wie sich im unbehauen toten Stein,
Je mehr der Marmor
unterm Meißel schwindet,
Anwachsend immer
vollres Bild sich findet,
So mag es, edle Frau, mit mir auch sein.
Michelangelo Buonarroti,
Sonette an Vittoria Colonna

Bildung

Aber freilich die Bildung,
die so viel kann, kann nicht alles,
nicht das Letzte und das Höchste,
und das fehlt uns.
Theodor Fontane, Briefe

Ach, wenn man dem Arbeitswillen
Bildung verleihen könnte
und der Bildung Arbeitswillen!
Anton P. Tschechow, Notizbücher

Alle Wissenschaften und Künste,
die ganze Bildung ist schön,
nur dürfte niemand, kein Einziger
um des Erwerbs ihrer Früchte willen
zertreten, gekränkt oder seines Lebens
und Glücks beraubt werden.
Unsere gesamte Bildung aber ruht
auf den Leichen zertretener Menschen.
Leo N. Tolstoi, Tagebücher (1891)

Alles Große bildet,
sobald wir es gewahr werden.
Johann Wolfgang von Goethe, überliefert von
Johann Peter Eckermann (Gespräche mit Goethe)

Alles ungebildete Denken
ist übertriebenes Denken.
William Butler Yeats, Entfremdung

Alles, was unserer Eitelkeit
am meisten schmeichelt,
gründet sich auf die Bildung,
die wir verachten.
Luc de Clapiers Marquis de Vauvenargues,
Unterdrückte Maximen

Allgemeinbildung ist,
so harmlos das Krankheitsbild immer
auf den ersten Blick aussehen mag,
doch nur in sehr vereinzelten Fällen
heilbar. Das ist ganz ähnlich wie bei
den so genannten Gesinnungen.
Heimito von Doderer, Repertorium. Ein Begreifbuch
von höheren und niederen Lebens-Sachen

Aus der Schulzeit
sind mir nur die Bildungslücken
in Erinnerung geblieben.
Oskar Kokoschka

Berufliche Bildung an der Universität
bezahlt der Steuerzahler.
Berufliche Bildung der Arbeitnehmer –
die bezahlen sie selber.
Es lässt sich schon einmal
die Frage stellen, ob das gerecht ist.
Norbert Blüm, Unverblümtes von Norbert Blüm

Besser ein junger Mann,
der niedriger Herkunft,
aber gebildet ist, als ein König,
der alt, aber ungebildet ist –
weil er es nicht mehr verstand,
auf Ratschläge zu hören.
Altes Testament, Kohelet 4, 13

Bevor ein Kind
mit dem Alphabet
und anderem Wissen von der Welt
befasst wird, sollte es lernen,
was die Seele ist, was Wahrheit
und Liebe sind, welche Kräfte
in der Seele schlummern.
Wesentlicher Teil der Bildung
müsste sein, dass das Kind
unterwiesen wird, wie man
im Lebenskampf Hass durch Liebe,
Unwahrheit durch Wahrheit,
Gewalt durch eigenes Leiden besiegt.
Mohandas K. »Mahatma« Gandhi, Sarvodaya

Bildung: das,
was den eigenen Mangel an Intelligenz
dem Weisen offenbart
und dem Toren verbirgt.
Ambrose Bierce

Bildung des Geistes ist
Mitbildung des Weltgeistes –
und also Religion.
Novalis, Fragmente

Bildung heißt,
sich zu jedem Menschen so zu stellen,
dass das Aneinanderklingen
seines und unseres Wesens
Wohllaut gibt.
Karl Gutzkow, Vom Baum der Erkenntnis

Bildung ist das,
was übrig bleibt,
wenn wir vergessen,
was wir gelernt haben.
Edward Wood Lord Halifax

Bildung ist dazu da,
dass gebildete Menschen
sich mit ihrer Hilfe
aus der Affäre ziehen können,
denn wozu sonst wäre sie gut?
Lidia Jorge, Die Küste des Raunens

Bildung ist die Fähigkeit,
fast alles anhören zu können,
ohne die Ruhe zu verlieren.
Robert Frost

Bildung ist die Fähigkeit,
Wesentliches vom Unwesentlichen
zu unterscheiden und jenes
ernst zu nehmen.
Paul Anton de Lagarde, Deutsche Schriften

Bildung ist nicht
auf die Schule begrenzt.
Sie geht unerbittlich weiter
bis ans Lebensende.
Peter Ustinov, Peter Ustinovs geflügelte Worte

Bildung ist wichtig, vor allem
wenn es gilt, Vorurteile abzubauen.
Wenn man schon ein Gefangener
seines eigenen Geistes ist,
kann man wenigstens dafür sorgen,
dass die Zelle anständig möbliert ist.
Peter Ustinov, Peter Ustinovs geflügelte Worte

Bildung jeder Art hat doppelten Wert,
einmal als Wissen,
dann als Charaktererziehung.
Herbert Spencer, Die Erziehung

Bildung muss dir an Frauen
etwas Gräuliches sein,
und zwar aus dem in Spanien
so deutlich erkannten Grund,
dass es leichter ist, eine Nation
von Idioten zu regieren,
als ein Volk von Gelehrten.
Honoré de Balzac, Physiologie der Ehe

Bildung scheint mir
das einzige Ziel,
das des Bestrebens,
Wahrheit der einzige Reichtum,
der des Besitzes würdig ist.
Heinrich von Kleist, Briefe
(an Wilhelmine von Zenge, 22. März 1801)

Bildungshunger und Wissensdurst
sind keine Dickmacher.
Lothar Schmidt

Bildungspolitik allein
schafft keine neuen Arbeitsplätze.
Helmut Kohl, Neue Chancen und Perspektiven
der Hochschulen. Jahresversammlung 1983
der Westdeutschen Rektorenkonferenz

Das große Ziel der Bildung
ist nicht Wissen,
sondern Handeln.
Herbert Spencer

Das höchste Gut
und das allein Nützliche
ist die Bildung.
Friedrich Schlegel, Ideen

Dass man junge Männer praktisch bilde,
fordert die neuste Zeit.
Johann Wolfgang von Goethe,
Am Rhein, Main und Neckar

Den einen bildet die Welt,
ihr Gewirre macht ihn gewandt,
ihr Widerstand übt seine Kraft.
Ein Andrer bildet die Welt,
und seine Taten wirken fort in ihr,
wenn er auch schon
längst aufgehört hat.
Karoline von Günderode, Geschichte eines Braminen

Den Geschmack kann man nicht
am Mittelgut bilden, sondern nur
am Allervorzüglichsten.
Johann Wolfgang von Goethe, überliefert von
Johann Peter Eckermann (Gespräche mit Goethe)

Der Fanatismus ist gerade
bei den Gebildeten zu Hause.
Max Stirner, Der Einzige und sein Eigentum

Der Gebildete hat Augen im Kopf,
der Ungebildete tappt im Dunkeln.
Aber ich erkannte auch:
Beide trifft ein und dasselbe Geschick.
Da dachte ich mir:
Was den Ungebildeten trifft, trifft
auch mich. Warum bin ich dann
über die Maßen gebildet?
Altes Testament, Kohelet 2, 14–15

Der Ungebildete ist ein Mensch,
der oft ein schlechtes Buch
für gut hält. Der Gebildete
ist ein Mensch, der genauso oft
ein gutes Buch für schlecht hält.
Robert Lynd

Der Ungebildete
legt die Hände in den Schoß
und hat doch sein Fleisch zum Essen.
Besser eine Hand voll und Ruhe,
als beide Hände voll und Arbeit
und Luftgespinst.
Altes Testament, Kohelet 4, 5–6

Der wahre Märtyrer unserer Kultur
ist der gebildete Mensch,
der keine Mittel hat.
Isolde Kurz, Im Zeichen des Steinbocks

Die Anzahl der Dinge,
die zu wissen für den Menschen
wichtig und deren Kenntnis
zu seinem Glück notwendig ist,
ist vielleicht sehr gering,
aber so gering sie auch sein mag,
sie ist ein Gut, das ihm gehört,
das er, wo er es antrifft,
ein Recht hat einzufordern.
Jean-Jacques Rousseau,
Träumereien eines einsamen Spaziergängers

Die beste Bildung findet
ein gescheiter Mensch auf Reisen.
Johann Wolfgang von Goethe,
Wilhelm Meisters Lehrjahre

Die Bibliotheken füllen sich an
mit Büchern,
die Geister aber werden immer ärmer
an Bildung.
Geronimo Cardano, Lebensbeschreibung

Die Bildung der Griechen war
vollendete Naturerziehung.
August Wilhelm Schlegel,
Über dramatische Kunst und Literatur

Die Bildung des Menschen
zerfällt in drei
deutlich voneinander
verschiedne Teile,
in die Bildung des Verstandes,
in die des Charakters
und in die der äußern Sitten.
Christian Garve, Über Gesellschaft und Einsamkeit

Die Bildung eines Menschen
zeigt sich am deutlichsten
in seinem Verhalten
gegenüber Ungebildeten.
Hans Kilian, Brevier für Vorgesetzte

Die Bildung kommt nicht vom Lesen,
sondern vom Nachdenken
über das Gelesene.
Carl Hilty

Die falsche Bildung aber,
welche den Menschen
zum gebildeten Raubtier macht,
kann immer nur den Einen
auf Kosten des Andern bereichern.
Moses Hess, Über die Not in unserer Gesellschaft und deren Abhülfe

Die Geister,
die sich in der Einsamkeit
entwickelt haben, und die,
welche durch die Gesellschaft
gebildet worden sind, stehen im
vollkommensten Gegensatz zueinander.
Germaine Baronin von Staël, Über Deutschland

Die höchste Aufgabe der Bildung ist,
sich seines transzendentalen Selbst
zu bemächtigen, das Ich seines Ichs
zugleich zu sein.
Novalis, Blütenstaub

Die Menschen werden nur
von Menschen gebildet,
die Guten von Guten.
Johann Wolfgang von Goethe, Briefe
(an F. H. Jacobi, 31. Oktober 1788)

Die Wiederholung ist die Mutter –
nicht bloß des Studierens,
sondern auch der Bildung.
Jean Paul, Levana

Ein Gramm Intelligenz
ist ein Pfund Bildung wert,
denn wo Intelligenz ist,
stellt sich die Bildung von selber ein.
Louis Bromfield

Ein jeder, nur zehn Jahre früher
oder später geboren, dürfte,
was seine eigene Bildung
und Wirkung nach außen betrifft,
ein ganz anderer geworden sein.
Johann Wolfgang von Goethe, Dichtung und Wahrheit

Einseitige Bildung ist keine Bildung.
Johann Wolfgang von Goethe, überliefert von
Friedrich Wilhelm Riemer (Mittheilungen über Goethe)

Entbilde dich, mein Kind,
so wirst du Gotte gleich
Und bist in stiller Ruh'
dir selbst dein Himmelreich.
Angelus Silesius, Der cherubinische Wandersmann

Ernsthaft-mahnend und von
freundlich-sanfter Art –
so einen Menschen könnte man
als Gebildeten bezeichnen.
Zu seinen Freunden ernsthaft-mahnend,
zu seinen Brüdern freundlich-sanft.
Konfuzius, Gespräche

Es ist doch furchtbar, gebildet zu sein.
Wenn man nicht über eine
gewisse Stufe hinauskommt,
so ist es doch wirklich fast besser,
man fängt gar nicht erst an zu klettern
und zu steigen.
Theodor Fontane, Briefe

Es ist ein Unding,
Menschen Bildung bringen zu wollen,
die ständig vom Hungertod bedroht
sind, und wie unehrlich
die Verkünder dieses Auswegs sind,
lässt sich besonders daran erkennen,
dass man nicht – und sei es auch nur
mit Hilfe der Wissenschaft –
nach Gleichheit streben
und andererseits mit seinem
ganzen Leben die Ungleichheit
aufrechterhalten kann.
Leo N. Tolstoi, Tagebücher (1893)

Es ist offenbar, dass sich das Auge
nach den Gegenständen bildet,
die es von Jugend auf erblickt.
Johann Wolfgang von Goethe, Italienische Reise

Es ist unmöglich,
gebildet zu werden,
wenn man nur liest,
was gefällt.
Joseph Joubert, Gedanken, Versuche und Maximen

Es kann doch nicht der Sinn
von Bildung sein, dass jeder
Einsteins Relativitäts-Theorie erklären,
aber keiner mehr einen tropfenden
Wasserhahn reparieren kann.
Norbert Blüm

Es schadet im Leben nicht,
wenn man mehr zu Ende gemacht hat
als die Fahrschule.
Guido Westerwelle

Gebildet sein bedeutet weit mehr
als das Beherrschen eines bestimmten
Wissensstoffes. Von Bildung wird man
erst da sprechen können,
wo aus dem Wissen ein Verstehen
geworden ist und das Verstehen
eine von Verantwortung
geprägte Geisteshaltung erzeugt.
Heinrich Lübke,
auf einer Tagung des Deutschen Bildungsrats 1966

Gebildete Menschen sind
die witzloseste Erscheinung
unter der Sonne.
Bettina von Arnim, Die Günderode

Geburt ist etwas, Bildung mehr.
Deutsches Sprichwort

Geld ist rund und rollt weg,
aber Bildung bleibt.
Heinrich Heine, Reisebilder

Genusssucht ist stets
ein Zeichen der mangelnden Bildung,
die allein gründlich davor
schützen kann.
Carl Hilty, Glück

Gibt sich die Welt nur darum
so viel Mühe, uns zu bilden,
um uns fühlen zu lassen,
dass sie sich nicht bilden mag?
Johann Wolfgang von Goethe,
Wilhelm Meisters Lehrjahre

Großer Schmerz und große Lust
bildet den Menschen am besten.
Friedrich Hölderlin, Briefe (an Neuffer, 1796)

Halbbildung ist immerhin noch besser
als Anderthalbbildung.
Ludwig Marcuse, Argumente und Rezepte.
Ein Wörter-Buch für Zeitgenossen

Halbgebildet erscheint mir,
wer seine Arbeitshypothese
für eine Theorie hält.
Heimito von Doderer, Repertorium. Ein Begreifbuch
von höheren und niederen Lebens-Sachen

Heiraten zwischen gebildeten Männern
und Dienstmädchen
oder Haushälterinnen
nehmen selten ein gutes Ende.
Bogumil Goltz,
Zur Charakteristik und Naturgeschichte der Frauen

Ich verstehe Einstein nicht,
aber die heutigen Gymnasiasten
verstehen ihn. Wir dürfen also
auf die Zukunft hoffen.
Eugène Ionesco

In einer Zeit des raschen
wirtschaftlichen und technischen
Wandels sind Bildung, Ausbildung
und Fortbildung entscheidend.
Richard von Weizsäcker, Verantwortung für sozialen
Fortschritt, Gerechtigkeit und Menschenrechte (1986)

Jede Bildung, mein Glückseliger,
fliehe, wenn du dein Schiff
startklar gemacht hast.
Epikur, Sprüche. In: Briefe, Sprüche, Werkfragmente

Jede Stufe der Bildung
fängt mit der Kindheit an.
Daher ist der am meisten gebildete,
irdische Mensch dem Kinde so ähnlich.
Novalis, Blütenstaub

Jeden Tag lernen wir Dinge,
von denen wir keine Ahnung hatten.
Reisen bilden wirklich sehr.
Voltaire, Die Briefe Amabeds

Keine Bildung ohne Liebe,
und ohne eigne Bildung
keine Vollendung in der Liebe;
eins das andere ergänzend –
beides unzertrennlich fort.
Friedrich Schleiermacher, Monologen

Lächerlichster, du nennst das Mode,
wenn immer von neuem
Sich der menschliche Geist
nach Bildung bestrebt.
Johann Wolfgang von Goethe / Friedrich Schiller,
Xenien

Lest, bildet euch!
Allein die Lektüre entwickelt
unseren Geist, das Gespräch verwirrt
und das Spiel verengt ihn.
Voltaire, Der Mann mit den vierzig Talern

Möge das Studium
der griechischen und römischen
Literatur immerfort die Basis
der höhern Bildung bleiben!
Johann Wolfgang von Goethe,
Maximen und Reflexionen

Nehmt lieber Bildung an als Silber,
lieber Verständnis als erlesenes Gold!
Altes Testament, Sprüche Salomos 8, 10

Nicht allen Menschen ist es
eigentlich um ihre Bildung zu tun;
viele wünschen nur so ein Hausmittel
zum Wohlbefinden,
Rezepte zum Reichtum und
zu jeder Art von Glückseligkeit.
Johann Wolfgang von Goethe,
Wilhelm Meisters Lehrjahre

Nicht der ist auf der Welt verwaist,
Dem Vater und Mutter gestorben,
Sondern der für Herz und Geist
Kein Lieb' und kein Wissen erworben.
Friedrich Rückert, Gedichte

Niemand urteilt schärfer
als der Ungebildete.
Er kennt weder Gründe
noch Gegengründe.
Anselm Feuerbach, Rom

Nur durch die Bildung wird
der Mensch, der es ganz ist,
überall menschlich und von
der Menschheit durchdrungen.
Friedrich Schlegel, Ideen

Ob jemand wirklich gebildet ist,
ob er Takt hat, Menschlichkeit,
Herzenswärme (...),
hängt Gott sei Dank nicht
vom Stempel einer Hochschule ab.
Helmut Kohl, Rede in Godorf (Konversionsanlage) 1983

Sich mitzuteilen ist Natur;
Mitgeteiltes aufzunehmen,
wie es gegeben wird,
ist Bildung.
Johann Wolfgang von Goethe,
Die Wahlverwandtschaften

Sich zu bilden heißt,
lernen zu wollen,
wie alles geschieht.
Epiktet

Sie haben etwas, worauf sie stolz sind.
Wie nennen sie es doch,
was sie stolz macht?
Bildung nennen sie's,
es zeichnet sie aus
vor den Ziegenhirten.
Friedrich Nietzsche, Also sprach Zarathustra

So ein bisschen Bildung
ziert den Menschen.
Heinrich Heine

Tiefe Bildung glänzt nicht.
Marie von Ebner-Eschenbach, Aphorismen

Unerfahrenheit führt
zu Selbstvertrauen,
Bildung zu Scheu.
Hieronymus, Briefe

Ungebildete bilden sich ein,
ihren Augen wohl trauen zu können,
worauf sie sich nicht immer
verlassen sollten, da es so viele
optische Täuschungen gibt.
August Strindberg, Der Sohn der Magd

Von der Bildung
kommen alle Dummheiten.
Leo N. Tolstoi, Die Kreutzersonate

Wehe jeder Art von Bildung,
welche die wirksamsten Mittel
wahrer Bildung zerstört und uns
auf das Ende hinweist, anstatt uns
auf dem Wege selbst zu beglücken!
Johann Wolfgang von Goethe,
Wilhelm Meisters Lehrjahre

Wenig gebildete Menschen
sind in ihren Gedankengängen
oft dreist und hartnäckig.
Das kommt daher,
dass sie nicht wissen,
welch unterschiedliche Wege
unser Denken einschlagen kann.
Leo N. Tolstoi, Tagebücher (1906)

Wenn Bildung frei macht,
so will der Deutsche seine Bildung
dazu auch so billig als möglich haben.
Wilhelm Raabe, Gutmanns Reisen

Wenn einer auch einen Magistertitel
in Paris oder Athen erworben hat, so
ist er deshalb noch nicht Gebildeter.
Sondern der ist es, welcher, natürlich
begabt, mit Aufmerksamkeit die alten
Schriftsteller durchforscht hat;
welcher nicht nur die geistlichen
Wissenschaften, sondern auch die
weltlichen in sich aufgenommen hat.
Papst Pius II., Briefe
(an Herzog Sigismund von Österreich 1443)

Wenn ich von jemandem
Bildung erhalte, so wünsche
ich ihm dankbar auch wieder
einige Bildung zurückzugeben;
wenn ich aus seinem Umgange
Nutzen ziehe, so wünsche ich,
dass er auch in dem meinigen
einigen Nutzen finde.
Heinrich von Kleist, Briefe
(an Ulrike von Kleist, Mai 1799)

Wenn man nicht bei ein paar
einfachen Grundsätzen bleibt,
nützen alle Bücher nichts.
Lido Anthony »Lee« Iacocca,
Mein amerikanischer Traum

Wer Schauspieler bilden will,
muss unendliche Geduld haben.
Johann Wolfgang von Goethe, überliefert von
Johann Peter Eckermann (Gespräche mit Goethe)

Wer sich auf mehrere Gegenstände
verbreitet, wirkt schwächer auf alle.
So stehen Kraft und Bildung
ewig in umgekehrtem Verhältnis.
Wilhelm von Humboldt, Ideen über Staatsverfassung

Wessen Bildung seicht und löchrig ist,
der sollte nicht wie ein Gelehrter tun.
Chinesisches Sprichwort

Wie ist es möglich,
dass der Gebildete
ebenso sterben muss
wie der Ungebildete?
Altes Testament, Kohelet 2, 16

Wir haben die Qualität
der Bildungspolitik
von Studentenzahlen
abhängig gemacht.
Norbert Blüm, Unverblümtes von Norbert Blüm

Wir werden Fortbildung, Umschulung
als die normale Begleitung
des Arbeitslebens akzeptieren müssen.
Norbert Blüm, Unverblümtes von Norbert Blüm

Wo es um Bildung geht,
darf es nicht Stände geben.
Konfuzius, Gespräche

Wo Intelligenz ist, stellt sich
die Bildung von selber ein.
Louis Bromfield

Billig

Alle guten Dinge sind billig;
alle schlechten sind teuer.
Henry David Thoreau, Journal

Das Wichtigste hat man aber,
beinahe ausnahmslos,
immer ganz billig;
denn das Wichtigste ist doch
immer das, was sozusagen
auf der Straße liegt.
Theodor Fontane, Briefe

Die sehr teuren Dinge
sind manchmal wertlos,
die billigen und wertlosen
sind zuweilen teuer.
Juan Ruiz de Alarcón y Mendoza,
Buch von rechter Liebe

Kaufe nie unnütze Sachen,
weil sie billig sind.
Thomas Jefferson, Lebensregeln

Mancher kauft vieles billig ein und
muss es doch siebenfach bezahlen.
Altes Testament, Jesus Sirach 20, 12

Wohlfeil kostet viel Geld.
Deutsches Sprichwort

Biographie

Das Porträt wie die Biographie
haben ein ganz eigenes Interesse;
der bedeutende Mensch,
den man sich ohne Umgebung
nicht denken kann,
tritt einzeln abgesondert heraus
und stellt sich vor uns
wie vor einem Spiegel.
Johann Wolfgang von Goethe,
 Wilhelm Meisters Wanderjahre

Denn unser Lebenslauf
ist keineswegs schlechthin
unser eigenes Werk,
sondern das Produkt zweier Faktoren,
nämlich der Reihe der Begebenheiten
und der Reihe unserer Entschlüsse,
welche stets ineinander greifen
und sich gegenseitig modifizieren.
Arthur Schopenhauer, Aphorismen zur Lebensweisheit

Geschichte ist die Essenz
unzähliger Biographien.
Thomas Carlyle, Über Geschichte

Ich halte es
für die größte Pflicht eines Menschen,
der überhaupt schreibt,
dass er Materialien
zu seiner Biographie liefere.
Hat er keine geistigen Entdeckungen
gemacht und keine fremden Länder
erobert, so hat er doch gewiss
auf mannigfache Weise geirrt
und seine Irrtümer sind
der Menschen ebenso wichtig
wie des größten Mannes Wahrheiten.
Friedrich Hebbel, Tagebücher

Lies keine Geschichte,
nur Biographien,
denn das ist Leben ohne Theorie.
Benjamin Disraeli, Contarini Fleming

Wenn man weiter nichts
vom Leben hatte, als was
unsere Biographen und
Lexikonschreiber von uns sagen,
so wäre es ein schlechtes Metier
und überall nicht der Mühe wert.
Johann Wolfgang von Goethe, überliefert von
Johann Peter Eckermann (Gespräche mit Goethe)

Wer keinen Biografen findet,
muss sein Leben
eben selbst erfinden.
Giovanni Guareschi

Birne

Die erste Birn' bringt Margareth,
drauf überall die Ernt' angeht.
Bauernregel

Man muss immer eine Birne
für den Durst zurückbehalten.
Sprichwort aus Frankreich

Bischof

Besser der Esel
düngt dir das Feld,
als wenn der Bischof
die Hand drüberhält.
Sprichwort aus Spanien

Der Papst ist ein Bischof
wie ein anderer Bischof
über sein Bistum und nichts weiter.
Jan Hus, Glaubensartikel (überliefert von
Siegmund Meisterlin: Chronik Nürnbergs)

Ein Bischof sagt als Achtzigjähriger
noch genau dasselbe,
das ihm eingeflößt wurde,
als er achtzehn war.
Oscar Wilde, Das Bildnis des Dorian Gray

In tausend Jahren hat Gott
keinem Bischof so köstliche Gaben
gegeben als mir
(denn rühmen soll man sich
der Gaben Gottes).
Martin Luther, Tischreden

Wer das Amt eines Bischofs anstrebt,
der strebt nach einer großen Aufgabe.
Deshalb soll der Bischof ein Mann
ohne Tadel sein,
nur einmal verheiratet, nüchtern,
besonnen, von würdiger Haltung,
gastfreundlich, fähig zu lehren.
Neues Testament, Paulus (1 Timotheus 3, 1–2)

Bitte

Arme Leute um etwas zu bitten
ist leichter als Reiche.
Anton P. Tschechow, Notizbücher

Besiegt werden
harte Herzen durch weiche Bitten.
Tibull, Elegien

Bittet, dann wird euch gegeben;
sucht, dann werdet ihr finden;
klopft an, dann wird euch geöffnet.
Denn wer bittet, der empfängt;
wer sucht, der findet; und
wer anklopft, dem wird geöffnet.
Neues Testament, Matthäus 7, 7–8 (Jesus: Bergpredigt)

Bittet, rufet, schreiet,
suchet, klopfet, poltert!
Und das muss man für und für treiben
ohne Aufhören.
Martin Luther, Tischreden

Das Weib man immer bitten soll;
Ihr aber steht Versagen wohl.
Freidank, Bescheidenheit

Die Bitte ist der Imperativ der Liebe.
Und dieser Imperativ hat
unendlich mehr Macht
als der despotische.
Ludwig Feuerbach, Das Wesen des Christentums

Die Bitte ist immer heiß,
der Dank kalt.
Deutsches Sprichwort

Die ersten Tränen
der Kinder sind Bitten.
Wenn man nicht Acht darauf gibt,
so werden sie bald Befehle.
Jean-Jacques Rousseau, Emile

Ein Arzt klopft nicht an Türen.
Er kommt nur, wenn man ihn bittet.
Chinesisches Sprichwort

Kaufen ist wohlfeiler denn bitten.
Deutsches Sprichwort

Langes Flehen ziemt sich nicht,
wenn wir Gerechtes bitten.
Sophokles, Ödipus auf Kolonis

Nicht bitten, es entwürdigt.
Schenke und lass dir schenken,
es wird ein seliges Nehmen sein.
Emil Gött, Im Selbstgespräch

Schöne heilige Gedanken denken,
Heiligenleben schildern –
das alles wiegt es nicht auf,
einer Frage, einer Bitte
liebevoll Antwort zu geben.
Theresia von Lisieux, Professae

Sinnlos ist es,
von den Göttern zu erbitten,
was einer sich selbst zu verschaffen
imstande ist.
Epikur, Sprüche. In: Briefe, Sprüche, Werkfragmente.

Vergeude keine Zeit mit Bitten!
Ovid, Metamorphosen

Vor einem Mandarin
dränge dich nicht nach vorn,
als Gast stelle dich nicht hinten an.
Chinesisches Sprichwort

Wenn die Gewährung du nicht siehst
im Angesicht
Des, den du bitten willst, so tu
die Bitte nicht.
Friedrich Rückert, Die Weisheit des Brahmanen

Wenn Gott alles segnen müßte,
worum man bittet,
würde er sich, juristisch gesehen,
der Beihilfe schuldig machen.
Jean Genet

Wenn schöne Weiber bitten,
muss man es schaffen doch,
Und schöne Weiber bitten,
indem sie schweigen noch.
Friedrich von Logau, Sinngedichte

Wer dich bittet, dem gib,
und wer von dir borgen will,
den weise nicht ab.
Neues Testament, Matthäus 5, 42 (Jesus: Bergpredigt)

Wer die Bitte
bekümmerter Unschuld verachtet,
wird einst selbst bitten
und nicht erhört werden.
Johann Wolfgang von Goethe,
Wilhelm Meisters Wanderjahre

Wer für andere bittet,
hat die Zuversicht eines Menschen,
der Gerechtigkeit fordert;
wenn man dagegen
für sich selbst spricht,
so ist man verlegen und verschämt
wie einer, der um Gnade bittet.
Jean de La Bruyère, Die Charaktere

Wer mit Geschenken kommt,
hat sicher eine Bitte.
Chinesisches Sprichwort

Wer nicht bittet,
bekommt nichts.
Sprichwort aus Frankreich

Wer seine Bitte
nur weiß zitternd vorzutragen,
Lehrt, den er bittet,
ihm seine Bitten abzuschlagen.
Hinrich Brockes, Versuch vom Menschen

Bitterkeit

Eine gute Medizin
schmeckt dem Gaumen bitter.
Chinesisches Sprichwort

Manch einer ist in seiner Erbitterung
härter denn ein Stein,
sein Herz aber ist voll
von gärenden Träumen.
Fjodor M. Dostojewski, Der Jüngling

Muss ist ein bitter Kraut.
Deutsches Sprichwort

Blatt

Das Blatt, auf dem die Raupe lebt,
ist für sie eine Welt,
ein unendlicher Raum.
Ludwig Feuerbach, Das Wesen des Christentums

Die Blätter fallen
jeden Winter von den Bäumen.
Fünf oder sechs bleiben
am Baum hängen
und werden der Spielball der Winde.
Charles de Secondat, Baron de la Brède
et de Montesquieu, Meine Gedanken

Fällt das Laub zu bald,
wird der Herbst nicht alt.
Bauernregel

Welche Schicksale haben doch
die schwachen Sterblichen,
die wie Blätter im Wind treiben!
Voltaire, Die Briefe Amabeds

Blaustrumpf

Blaustrumpf:
Ausdruck der Verachtung
für jede Frau, die sich
für geistige Sachen interessiert.
Gustave Flaubert, Wörterbuch der Gemeinplätze

Bleiben

Bleiben wird von uns nur,
was wir dem Allgemeinen geweiht.
Karl Gutzkow, Vom Baum der Erkenntnis

Der Trieb, aus unserm Wesen
etwas hervorzubringen,
was zurückbleibt, wenn wir scheiden,
hält uns doch eigentlich einzig
ans Leben fest.
Friedrich Hölderlin, Briefe (an den Bruder, 2. Jui 1796)

Wenn man aber irgendwo
halbwegs gut aufgehoben ist,
soll man da bleiben.
Voltaire, Candide oder Die beste der Welten

Blick

Blick niemals einem Pferd
oder einem Hund oder einem Kind
länger als für ein paar Sekunden
ins Auge; das beschämt sie.
Thornton Wilder, Der achte Schöpfungstag,
Von Illinois nach Chile

Der Ausdruck der Empfindungen
liegt in den Gebärden,
der Ausdruck der Gedanken
in den Blicken.
Jean-Jacques Rousseau, Emile

Der Blick ist die Gewissheit der Liebe.
Ludwig Feuerbach, Das Wesen des Christentums

Der frische Blick des Kindes ist
überschwänglicher als die Ahnung des
entschiedensten Sehers.
Novalis, Fragmente

Der gekrümmte Blick,
damit das Detail daran hängen bleibt.
Jules Renard, Ideen, in Tinte getaucht.
Aus dem Tagebuch von Jules Renard

Der Politiker muss seinen Blick
von der schimmernden Oberfläche
der Dinge in ihre
dunkleren Tiefen lenken.
Richard von Weizsäcker, Die Bedeutung des Gesprächs
zwischen Politik und Literatur (1986)

Der Schriftsteller behält
den Staat kritisch im Blick
wie der Dompteur den Tiger
und weiß doch,
dass er sein Gegenüber
nicht zu bändigen vermag.
Stefan Andres

Die am weitesten verbreitete
Augenkrankheit ist
die Liebe auf den ersten Blick.
Gino Cervi

Ein Blick in die Welt beweist,
dass Horror nichts anderes ist
als Realismus.
Alfred Hitchcock

Es gibt Blicke,
es wären ihrer neun genug zum Tode.
Deutsches Sprichwort

Blindheit

Im täglichen Leben ist
ein gegenseitiges Anblicken
von kurzer Dauer;
ein wenig verlängert,
ist es die Bestätigung reifen Vertrauens
oder das Zeichen
entschiedener Feindseligkeit.
Thornton Wilder,
Der achte Schöpfungstag, Hoboken, New Jersey

Kann der Blick nicht überzeugen,
Überredt' die Lippe nicht.
Franz Grillparzer, Die Ahnfrau (Berta)

Keiner blickt dir hinter das Gesicht.
Erich Kästner, Dr. Erich Kästners lyrische Hausapotheke

Neben der Liebe auf den ersten Blick
gibt es auch die Liebe
auf die erste Berührung.
Und die geht vielleicht noch tiefer.
Vladimir Nabokov

Nichts ist zweideutiger
als ein Blick.
Simone de Beauvoir, Das andere Geschlecht

O schaudre nicht! Lass diesen Blick,
Lass diesen Händedruck dir sagen,
Was unaussprechlich ist.
Johann Wolfgang von Goethe, Faust I (Faust)

Unsere Blicke aber ersetzen alle Worte.
Jean-Jacques Rousseau,
Julie oder Die neue Héloïse (Julie)

Vom starren Blick
erstarrt des Menschen Blut.
Johann Wolfgang von Goethe, Faust I (Mephisto)

Wer liebte je,
war's nicht beim ersten Blick?
Christopher Marlowe, Hero und Leander

Blindheit

Als ich erblindete, begriff ich zunächst,
dass ich mich darein schicken würde,
blind zu sein. In den meisten
unglücklichen Situationen –
so kann man annehmen –
kommt es darauf an,
dass man sich zu helfen weiß.
Charles de Secondat, Baron de la Brède
et de Montesquieu, Meine Gedanken

Beim Ratgeben sind wir alle weise,
aber blind bei eignen Fehlern.
Euripides, Fragmente

Besser scheel denn blind.
Deutsches Sprichwort

Blinde Liebe ist unvernünftig.
Oswald von Wolkenstein, Lieder
(Es seusst dort her von orient)

Blinder Eifer schadet nur.
Magnus Gottfried Lichtwer, Fabeln

Da sieht man,
wie blind und böse
und ungerecht Fortuna ist!
Lucius Apuleius, Der goldene Esel

Das blinde Volk ist leicht zu verführen.
Jean-Jacques Rousseau, Fünfter Brief vom Berge

Das Wort ist frei,
die Tat ist stumm,
Gehorsam blind.
Friedrich Schiller, Wallensteins Lager (Wachtmeister)

Der Blinde sagt,
dass das Auge übel riecht.
Sprichwort aus Afrika

Der Himmel ist nicht weniger blau,
weil der Blinde ihn nicht sieht.
Sprichwort aus Dänemark

Der Lichtträger ist blind.
Emil Gött, Im Selbstgespräch

Der Mensch ist ein Blinder,
der vom Sehen träumt.
Friedrich Hebbel, Tagebücher

Die Blinden haben erfunden,
dass das Glück blind ist.
Francis M. de Picabia, Aphorismen

Die drei größten epischen Dichter
in aller Welt, Homer, Ossian
und Milton, waren blind,
als ob diese stille Dunkelheit
dazu gehörte, dass alle Bilder,
die sie gesehen und erfasst hatten,
nun Schall, Wort, süße Melodie
werden könnten.
Johann Gottfried Herder, Vom Erkennen und Empfinden der menschlichen Seele

Die Menschen sind
im ganzen Leben blind:
Nun, Fauste, werde du's am Ende!
Johann Wolfgang von Goethe, Faust II (Sorge)

Die Sehenden sind es nicht,
die sich für sehend halten,
immer nur die Blinden.
Marie von Ebner-Eschenbach, Aphorismen

Die Sonne ist nicht verschwunden,
weil die Blinden sie nicht sehen.
Birgitta von Schweden, Offenbarungen

Die Verrichtungen
der Blindgebornen
sind ein sicherer Beweis,
wie weit es der Geist bringen könne,
wenn ihm Schwierigkeiten
entgegengesetzt werden.
Georg Christoph Lichtenberg, Sudelbücher

Die Welt ist blind,
lässt sich regieren wie ein Kind.
Deutsches Sprichwort

Ein Blindgeborner lernt nicht sehen,
und wenn man ihm noch so viel
von Farben und Lichtern
und fernen Gestalten erzählen wollte.
Novalis, Die Lehrlinge zu Sais

Ein Spieler ist blind für das,
was ein Kiebitz klar erkennt.
Chinesisches Sprichwort

Es gibt keinen schlimmeren Blinden
als den, der nicht sehen will.
Sprichwort aus Frankreich

Es ist unmöglich,
einem Blindgeborenen
begreiflich zu machen,
dass er nicht sieht.
Michel Eyquem de Montaigne, Die Essais

Glück ist blind und macht blind.
Deutsches Sprichwort

Liebe und Hass sind nicht blind,
aber geblendet vom Feuer,
das sie selber mit sich tragen.
Friedrich Nietzsche, Menschliches, Allzumenschliches

Manche Parteigänger
halten die Fahne ihrer Partei so hoch,
dass sie einen Wechsel der Farbe
nicht mehr bemerken.
Lothar Schmidt

O blinde Augen,
Blöde Herzen!
Richard Wagner, Tristan und Isolde (Isolde)

Sie gingen um sich schlagend
Mit Schwertern wie die Blinden.
Hartmann von Aue, Iwein

So leben und bewegen wir uns
wie Blinde, nicht wissend,
wohin wir gehen, halten Schlechtes
für gut und Gutes für schlecht,
schweben in völliger Ungewissheit.
Marie de Rabutin-Chantal Marquise de Sévigné,
Briefe (an den Grafen von Bussy-Rabutin,
15. Dezember 1683)

Und wer als Blinder fällt, wird
als Blinder nicht allein aufstehen;
und wenn er allein aufstehen sollte,
wird er einen Weg einschlagen,
der ihm nicht zuträglich ist.
Juan de la Cruz, Merksätze von Licht und Liebe

Uns aber treibt das verworrene Streben
Blind und sinnlos durchs wüste Leben.
Friedrich Schiller, Die Braut von Messina (Chor)

Unter Blinden
ist der Einäugige König.
Deutsches Sprichwort

Weil du erblindet,
Wähnst du den Blick
Der Welt erblödet für euch?
Richard Wagner, Tristan und Isolde (Brangäne)

Wenn der Blinde den Lahmen trägt,
kommen sie beide fort.
Deutsches Sprichwort

Wenn man einmal weiß,
dass einer blind ist,
so meint man,
man könnte es ihm auch
von hinten ansehen.
Georg Christoph Lichtenberg, Sudelbücher

Wenn wir nur noch das sehen,
was wir zu sehen wünschen,
sind wir bei der geistigen Blindheit
angelangt.
Marie von Ebner-Eschenbach, Aphorismen

Wie geht's,
sagte ein Blinder zu einem Lahmen.
Wie Sie sehen,
antwortete der Lahme.
Georg Christoph Lichtenberg, Sudelbücher

Wir sind mit sehenden Augen blind.
Hartmann von Aue, Iwein

Blitz

Der Blitz hat in eine Fabrik
für Blitzableiter eingeschlagen!
Jules Renard, Ideen, in Tinte getaucht.
Aus dem Tagebuch von Jules Renard

Der Unterschied zwischen
dem richtigen Wort und dem
beinahe richtigen ist derselbe
wie zwischen dem Blitz
und einem Glühwürmchen.
Mark Twain

Es schlägt nicht immer ein,
wenn es blitzt.
Deutsches Sprichwort

Es sind nicht die schlechtesten Ehen,
wenn ein Blitz
mit einem Blitzableiter
verheiratet ist.
Tilla Durieux

Zu den Blitzen des Genies
machen die Talente den Donner.
Peter Sirius

Blöße

Ein Politiker,
der sich keine Blöße geben will,
bedient sich gerne
eines Deckmantels.
Lothar Schmidt

(...) wer professionell entblößt,
den macht Nacktheit arbeitslos.
Günther Anders, Lieben gestern.
Notizen zur Geschichte des Fühlens

Bloßstellen

Im Allgemeinen sollten wir's
mit unseren Reden nicht
zu genau nehmen,
sobald es darum geht,
einen Dummkopf als solchen
bloßzustellen.
Edgar Allan Poe, Marginalien

Wer seinem eigenen Vorteil zuliebe
einen Freund bloßstellen könnte,
verdiente der wohl,
Freunde zu haben?
Jean-Jacques Rousseau,
Julie oder Die neue Héloïse (Julie)

Blume

Anmut und Schönheit
entzücken das Auge,
doch mehr als beide
die Blumen des Feldes.
Altes Testament, Jesus Sirach 40, 22

Der Strauß, den ich gepflücket,
Grüße dich vieltausendmal!
Ich habe mich oft gebücket,
Ach, wohl eintausendmal,
Und ihn ans Herz gedrücket
Wie hunderttausendmal!
Johann Wolfgang von Goethe, Blumengruß

Die Blume ist das Lächeln der Pflanze.
Peter Hille

Die Farbe ist die letzte Kunst und
die uns noch immer mystisch ist
und bleiben muss,
die wir auf eine wunderlich
ahnende Weise wieder nur
in den Blumen verstehen.
Philipp Otto Runge,
An Johann Daniel Runge (7. November 1802)

Ein Pessimist ist ein Mensch,
der sofort nach dem Sarg
Ausschau hält,
wenn er Blumen gerochen hat.
Henry Louis Mencken

Er leiht sich eine Blume,
um sie Buddha darzubringen.
Chinesisches Sprichwort

Für Kritiker zu schreiben,
lohnt sich nicht,
wie es sich nicht lohnt,
denjenigen Blumen riechen zu lassen,
der einen Schnupfen hat.
Anton Tschechow

Gold schenkt die Eitelkeit,
der raue Stolz,
Die Freundschaft und die Liebe
schenkt Blumen.
Franz Grillparzer, Sappho (Phaon)

Ich wollt' es brechen,
Da sagt' es fein:
Soll ich zum Welken
Gebrochen sein?
Johann Wolfgang von Goethe, Gefunden

Keine lockt mich, Ranunkeln,
von euch, und keine begehr ich;
Aber im Beete vermischt
sieht euch das Auge mit Lust.
Johann Wolfgang von Goethe, Vier Jahreszeiten

Ladend und lieblich bist du,
Und Blumen, Mond und Gestirne
Huldigen, Sonne, nur dir.
Johann Wolfgang von Goethe, Gegenwart

Nicht alle Blumen
taugen zum Sträußchen.
Deutsches Sprichwort

Tulpen, ihr werdet gescholten
von sentimentalischen Kennern;
Aber ein lustiger Sinn wünscht
auch ein lustiges Blatt.
Johann Wolfgang von Goethe, Vier Jahreszeiten

Vorurteile sind wie ein Blumenstrauß,
den man wenigstens von Zeit zu Zeit
neu arrangieren sollte.
Luther Burbank

Wer wagt es, sich den donnernden
Zügen entgegenzustellen?
Die kleinen Blumen zwischen
den Eisenbahnschwellen!
Erich Kästner, Kurz und bündig. Epigramme

Blut

Blut ist dicker als Wasser.
Deutsches Sprichwort

Blut ist ein ganz besondrer Saft.
Johann Wolfgang von Goethe, Faust I (Mephisto)

Der Egel lässt nicht ab,
er sei denn Blutes voll.
Deutsches Sprichwort

Jeder Zoll,
den die Menschheit weiterrückt,
kostet Ströme Blutes.
Heinrich Heine, Reise von München nach Genua

Jedes Mal, wenn ein Mensch streitet,
verliert er einen Tropfen Blut
von seiner Leber.
Sprichwort aus Persien

Was blutig anfing
mit Verrat und Mord,
Das setzt sich auch durch
blut'ge Taten fort.
Friedrich Schiller,
Macbeth (Bearbeitung des Shakespeare-Dramas)

Was geht in diesen Deutschen vor,
für die das Blutopfer
eine Art mystischer Trance ist?
Es muss an ihren Frauen liegen.
Walter Hasenclever, Auswahl

Was kann aus blut'ger Tat
euch Glückliches gedeihen?
Oh aus Blut entspringt nichts Gutes.
Friedrich Schiller, Wallensteins Tod (Gordon)

Wer den Geist nicht verträgt,
beruft sich aufs Blut.
Heinrich Mann, Das Bekenntnis zum Übernationalen

Wo Blut vergossen ist,
kann der Baum des Vergessens
nicht gedeihen.
Sprichwort aus Brasilien

Blüte

Abgefallene Blüten
lassen ihren Duft zurück.
Sprichwort aus Japan

Alles hat auf der Erde geblüht,
was blühen konnte,
jedes zu seiner Zeit
und in seinem Kreise:
Es ist abgeblüht und
wird wieder blühen,
wenn seine Zeit kommt.
Johann Gottfried Herder,
Ideen zur Philosophie der Geschichte der Menschheit

Auch das hohe Alter
hat seine Blüte.
Johann Wolfgang von Goethe,
Zu brüderlichem Andenken Wielands

Erst müssen die raueren Stürme,
die den Frühling ankündigen,
verbraust sein,
ehe die Blüte hervordringt.
Wilhelm Schulz, Die Statistik der Kultur

Es ist wichtiger,
dass jemand sich über eine Blüte freut,
als dass er ihre Wurzel
unters Mikroskop bringt.
Oscar Wilde

Hüte dich vor dem Imposanten!
Aus der Länge des Stiels
kann man nicht auf die Schönheit
der Blüte schließen.
Peter Altenberg

Mancher blühete,
wie der Feigenbaum früh,
ehe noch seine Blätter da waren;
die Blüte ging bald vorüber.
Mancher, wie der Mandelbaum spät;
daher er auch seine Blüte
ins Grab nimmt.
Johann Gottfried Herder, Das eigene Schicksal

Oft verpassen wir die Blüte,
die auf den Nachmittag wartet,
im atemlosen Kampf um das Morgen.
Anne Morrow Lindbergh, Muscheln in meiner Hand

Boden

Den Boden für einen anonymen
Ackerknecht fruchtbar zu machen,
das ist die wahre Zukunft
des wahren Soldaten.
Louis Ferdinand Céline,
Reise ans Ende der Nacht (1932)

Früher haben die Frauen
auf ihrem eigenen Boden gekämpft.
Da war jede Niederlage ein Sieg.
Heute kämpfen sie auf dem Boden
der Männer. Da ist jeder Sieg
eine Niederlage.
Coco Chanel

In Sand lege die Erdnuss,
auf Lehm säe Weizen.
Chinesisches Sprichwort

Bogen

Der edle Mensch streitet sich
mit keinem. Und ist er doch
zum Wettstreit gezwungen,
so nur beim Bogenschießen.
Konfuzius, Gespräche

Der übernächste Krieg
wird nur noch
mit Pfeil und Bogen entschieden.
Albert Einstein

Du bist der Bogen, von dem
deine Kinder als lebende Pfeile
ausgeschickt werden.
Djubran Chalil, Der Prophet

Ein überspannter Bogen bricht.
Chinesisches Sprichwort

In der Liebe fühlt sich
der Mann als Bogen,
er ist aber nur der Pfeil.
Jeanne Moreau

Schnell wirst du den Bogen brechen,
wenn du ihn immer gespannt hältst.
Phaedrus, Fabeln

Spann den Bogen nicht zu strenge,
soll er halten in die Länge.
Deutsches Sprichwort

Böhmen

Das Böhmen ist ein eigenes Land.
Ich bin dort immer gern gewesen.
Johann Wolfgang von Goethe, überliefert von
Johann Peter Eckermann (Gespräche mit Goethe)

Gott war guter Laune. Geizen
Ist doch wohl nicht seine Art;
Und er lächelte: da ward
Böhmen, reich an tausend Reizen.
Rainer Maria Rilke, Larenopfer

(...) wo das ganze Land aussieht
wie ein bewegtes Meer von Erde,
die Berge, wie kolossalische Pyramiden,
in den schönsten Linien geformt,
als hätten die Engel
im Sande gespielt.
Heinrich von Kleist, Briefe
(an Wilhelmine von Zenge, 21. Mai 1801)

Bonifatius (14.5.)

Wer seine Schafe schert
vor Bonifaz,
dem ist die Wolle lieber
als das Schaf.
Bauernregel

Boot

Auf zwei Booten stehen wollen.
Chinesisches Sprichwort

Diejenigen, die immer davon reden,
dass wir doch alle
in einem Boot sitzen,
sind meist diejenigen,
die sich rudern lassen.
Helmut Ruge

Wenn zwei Männer
ein Boot abdichten,
wird es sicher lecken.
Chinesisches Sprichwort

Zuweilen stieg ich allein
in einen Nachen und stieß mich
bis auf die Mitte des Rheins.
Dann legte ich mich nieder
auf den Boden des Fahrzeugs
und vergaß, sanft von dem Strome
hinabgeführt, die ganze Erde,
und sah nichts als den Himmel.
Heinrich von Kleist, Briefe
(an Adolphine von Werdeck, 28./29. Juli 1801)

Bordell

Der Städter sucht
in der Frau das Animalische,
für den jungen Bauern jedoch,
der seinen Militärdienst ableistet,
verkörpert das Bordell
den ganzen Zauber der Stadt.
Simone de Beauvoir, Das andere Geschlecht

Die Gefängnisse werden
aus den Steinen der Gesetze errichtet,
Bordelle aus den Ziegeln der Religion.
William Blake, Die Hochzeit von Himmel und Hölle

Die Polizeibehörde trifft ihre
umsichtigen Maßnahmen.
Sie überwacht und regelt das Leben
der Freudenhäuser und schützt die
Ausschweifungen der Gymnasiasten.
Besoldete Ärzte tragen Sorge dafür.
Somit ist alles aufs Beste bestellt.
Sie behaupten, die Ausschweifung
sei der Gesundheit zuträglich,
und sie achten darauf,
dass die Ausschweifung ihren wohl
geregelten, geordneten Gang nehme.
Leo N. Tolstoi, Die Kreutzersonate

Ich erinnere mich, dass mir
gleich dort, an Ort und Stelle,
bevor ich noch das Zimmer verlassen
hatte, ganz traurig zumute wurde,
so traurig, dass ich nahe daran war
zu weinen. Zu weinen um meine
verlorene Unschuld,
um das für immer zerstörte
Verhältnis zum Weib.
Leo N. Tolstoi, Die Kreutzersonate

Nicht ist Reichtum ein Gut:
Daher soll ihn besitzen
auch der Zuhälter Elius,
damit die Menschen das Geld,
obgleich es im Tempel
geweiht haben, erblicken
auch im Bordell.
Lucius Annaeus Seneca, Über die Vorsehung

Borgen

Alles wird uns heimgezahlt,
wenn auch nicht von denen,
welchen wir geborgt haben.
Marie von Ebner-Eschenbach, Aphorismen

Borge dem Nächsten,
wenn er in Not ist,
doch gib dem Nächsten
auch zurück zur rechten Zeit.
Altes Testament, Jesus Sirach 29, 2

Borge keinem,
der mächtiger ist als du.
Hast du geborgt,
so hast du verloren.
Altes Testament, Jesus Sirach 8, 12

Borgen ist
Viel besser nicht
als Betteln: so wie Leihen,
Auf Wucher leihen,
nicht viel besser ist
Als Stehlen.
Gotthold Ephraim Lessing, Nathan der Weise (Al-Hafi)

Borgen macht Sorgen.
Deutsches Sprichwort

Kein Borger sei
und auch Verleiher nicht;
Sich und den Freund
verliert das Darlehn oft.
William Shakespeare, Hamlet (Polonius)

Lang geborgt ist nicht geschenkt.
Deutsches Sprichwort

Wenn ich Diktator wäre,
würde ich das Ausleihen von Büchern
gesetzlich untersagen.
William Saroyan

Wer dich bittet, dem gib,
und wer von dir borgen will,
den weise nicht ab.
Neues Testament,
Matthäus 5, 42 (Jesus: Bergpredigt)

Wer nichts zu geben hat,
der soll zu stolz sein,
um etwas zu borgen.
Michel Eyquem de Montaigne, Die Essais

Will ein Freund borgen,
vertröst ihn nicht auf morgen.
Deutsches Sprichwort

Willst du den Wert des Geldes
kennen lernen, versuche,
dir welches zu borgen.
Benjamin Franklin, Des armen Richard Almanach

Börse

Aktionäre sind dumm und frech:
Dumm, weil sie Aktien kaufen,
und frech, weil sie Dividende
haben wollen.
Carl Fürstenberg

An der Börse ist alles möglich,
auch das Gegenteil.
André Kostolany

Das Geheimnis des erfolgreichen
Börsengeschäftes liegt darin,
zu erkennen, was der
Durchschnittsbürger glaubt,
dass der Durchschnittsbürger tut.
John Maynard Keynes

Die ganze Börse
hängt nur davon ab,
ob es mehr Aktien gibt
als Idioten – oder umgekehrt.
André Kostolany

Für Börsenspekulationen ist
der Februar einer der gefährlichsten
Monate. Die anderen sind
Juli, Januar, September, April,
November, Mai, März, Juni, Dezember,
August und Oktober.
Mark Twain

Verheiraten die meisten Männer
sich nicht genauso, wie wenn sie
einen Posten Staatspapiere
an der Börse kauften?
Honoré de Balzac, Die Physiologie der Ehe

Böses

Alles Böse g
ründet in einem Guten
und alles Falsche
in einem Wahren.
Thomas von Aquin, Über das Böse

Alles Böse ist nur das Phänomen
der Hemmung des Triebs zum Guten,
der Verzehrung des Guten.
Johann Wilhelm Ritter, Fragmente

Alles, was ich als gut empfinde,
ist gut;
alles, was ich als böse empfinde,
ist böse.
Jean-Jacques Rousseau, Emile

Alles, was moralisch böse ist,
ist auch politisch böse.
Jean-Jacques Rousseau, Brief an d'Alembert

An bösen Taten lernt
sich fort die böse Tat.
Sophokles, Elektra (Elektra)

Böse Gesinnung
bedarf niemals eines Lehrers.
Publilius Syrus, Sentenzen

Böse Menschen haben keine Lieder,
aber häufig eine Stereoanlage.
Robert Lembke, Steinwürfe im Glashaus

Böses hört man immer mehr als Gutes.
Deutsches Sprichwort

Böses muss mit Bösem enden!
Friedrich Schiller, Das Siegesfest

Böses passt für gewöhnlich
am besten zu Bösem.
Titus Livius, Römische Geschichte

Das Böse, das der Mensch tut,
fällt wieder auf ihn zurück.
Jean-Jacques Rousseau, Emile

Das Böse geschieht
von leichter Hand und unbemerkt,
und erst viel später
ist der Mensch entsetzt und verwundert
über das, was er getan hat.
Leo N. Tolstoi, Tagebücher (1852)

Das Böse in sich selbst bekämpfen
und nicht erst das Böse
in anderen angreifen –
hieße das nicht,
die Bosheit ausmerzen?
Konfuzius, Gespräche

Das Böse ist leicht,
und es gibt unendlich
viele Formen des Bösen;
das Gute ist beinahe einförmig.
Blaise Pascal, Pensées

Das Böse ist nichts als das Gute,
gequält von seinem eigenen Hunger
und Durst.
Djubran Chalil, Der Prophet

Das Böse ist so stark –
bildet unseren ganzen Hintergrund –,
dass es immer als Kontrast
vorhanden ist.
Wollte man es akzeptieren,
es würde alles verschlingen,
nur das Böse existierte noch,
und es gäbe keinen Kontrast.
Nicht einmal das Böse gäbe es –
gar nichts. Um des Kontrastes willen
und damit das Böse existiert,
müssen wir mit allen Kräften
nach dem Guten streben.
Leo N. Tolstoi, Tagebücher (1892)

Das Böse kann nicht
mit der ganzen Seele getan werden;
das Gute kann nur
mit der ganzen Seele getan werden.
Martin Buber

Das Böse lebt nicht in der Welt der
Dinge, es lebt allein im Menschen.
Chinesisches Sprichwort

Das Böse wird erstrebt
nicht durch Hinwendung zu etwas,
sondern durch Abwendung von etwas.
Thomas von Aquin, Über die Macht Gottes

Das eben ist der Fluch der bösen Tat,
Dass sie fortzeugend
immer Böses muss gebären.
Friedrich Schiller, Die Piccolomini (Oktavio)

Das Gute – dieser Satz steht fest –
Ist stets das Böse, was man lässt.
Wilhelm Busch, Die fromme Helene

Das Gute geht oft
einen spurlosen Weg,
das Böse zieht immer
seine Folgen nach sich.
Knut Hamsun, Segen der Erde

Das Gute wächst
auf den Jahrhunderten,
das Böse auf dem Augenblick;
jenes lebt von der Zeit,
dieses stirbt an ihr.
Jean Paul, Dämmerungen für Deutschland

Dass Böses aus Gutem entstehen kann,
ist begreiflich,
wie aber Gutes aus Bösem?
Friedrich Hebbel, Tagebücher

Dass der Wille beugsam ist zum Bösen,
das ist ihm nicht kraft
seines Ursprungs in Gott,
sondern kraft seines Ursprungs
aus dem Nichts.
Thomas von Aquin, Über die Wahrheit

Der Glaube an einen
übernatürlichen Ursprung des Bösen
ist nicht notwendig;
die Menschen sind von sich aus
zu jeder Gemeinheit fähig.
Joseph Conrad, Mit den Augen des Westens

Der Mangel ist ein Fluch,
Er reißt, ein schlimmer Lehrer,
uns zum Bösen fort.
Euripides, Elektra

Der Staat ist eine
Notverordnung Gottes,
um Böses zu verhindern.
Man darf ihn nicht
mit Gemütswerten behängen.
Gustav Heinemann

Des Bösen Wohlstand
ist der Frommen Jammer.
Deutsches Sprichwort

Die Menschen hassen nie so sehr den,
der Böses tut, noch das Böse selbst,
als den, der es beim Namen nennt.
Giacomo Leopardi, Gedanken aus dem Zibaldone

Die Schwachen wollen mitunter,
dass man sie für böse halte,
aber die Bösen wollen immer
für gut gelten.
Luc de Clapiers Marquis de Vauvenargues,
Reflexionen und Maximen

Die Verfolger des Bösen sind oft
schlimmer als das Böse.
Joachim Günther

Dort strömt die Menge zu dem Bösen;
Da muss sich manches Rätsel lösen.
Johann Wolfgang von Goethe, Faust I (Faust)

Ein guter Mensch gibt gerne Acht,
Ob auch der andre was Böses macht;
Und strebt durch häufige Belehrung
Nach seiner Besserung und Bekehrung.
Wilhelm Busch, Die fromme Helene

Erst muss das Böse vom Guten zehren,
ehe es sich selbst zugrunde richtet.
Chinesisches Sprichwort

Es genügt nicht,
den Menschen Abscheu
vor dem Bösen einzuflößen,
sie müssen auch zum Guten
ermuntert werden.
Leo N. Tolstoi, Tagebücher (1847)

Es gibt Charaktere, die alles vergessen,
was sie anderen Böses angetan haben,
und sich dessen noch rühmen,
sich aber an alles erinnern,
was ihnen angetan wurde.
Leo N. Tolstoi, Tagebücher (1901)

Es gibt keine Handlung,
die an sich böse wäre.
Rudolf von Ihering, Der Zweck im Recht

Es gibt so viel Böses,
das sich zu tun verlohnte.
Alma Mahler-Werfel, Mein Leben

Es kann Böses im Leben geben, das
Leben selbst aber kann nicht böse sein.
Leo N. Tolstoi, Tagebücher (1902)

Es würde viel weniger
Böses auf Erden getan,
wenn das Böse niemals
im Namen des Guten
getan werden könnte.
Marie von Ebner-Eschenbach, Aphorismen

Fremd und böse sind für mich
immer noch ein und dasselbe.
Marlen Haushofer, Die Wand

Gott schuf das Böse,
damit die Hölle nicht leer steht.
Sprichwort aus Georgien

Gut ist nur, dem Bösen widerstreben.
Emil Gött, Im Selbstgespräch

Ich will nicht und
ich kann auch nicht glauben,
dass das Böse der Normalzustand
der Menschen sei.
Fjodor M. Dostojewski,
Traum eines lächerlichen Menschen

Im Bereich des freien Willens
ist alles Böse
entweder Strafe oder Schuld.
Thomas von Aquin, Summa theologica

Im Bösen sind die Menschen
wahrer als im Guten.
Heinrich Waggerl, Aphorismen

In mir fast unablässig das Bedürfnis,
über die anderen
etwas Böses zu sagen,
und nicht das geringste Verlangen,
ihnen auch solches anzutun.
Jules Renard, Ideen, in Tinte getaucht.
Aus dem Tagebuch von Jules Renard

Kein Wesen wird böse genannt,
sofern es seiend ist,
sondern sofern es eines Seins
verlustig ist.
Thomas von Aquin, Summa theologica

Keine Wesenheit ist in sich böse.
Das Böse hat keine Wesenheit.
Thomas von Aquin, Summe gegen die Heiden

Mag auch das Böse
sich noch so sehr vervielfachen,
niemals vermag es das Gute
ganz aufzuzehren.
Thomas von Aquin, Summe gegen die Heiden

Man soll erwiesene Güte mit
noch größerer Güte zurückzahlen,
das Böse aber soll man rächen.
Knut Hamsun, Neue Erde

Nichts Böses geschieht,
wofür die Menschen
nicht einen Vorwand haben.
Menandros, Monostichoi

Nichts Böses kann
dem guten Menschen zustoßen:
Gegensätze lassen sich nicht
verschmelzen.
Lucius Annaeus Seneca, Über die Vorsehung

Niemals begeht man das Böse
so gründlich und so freudig,
als wenn man es aus Gewissen tut.
Blaise Pascal, Pensées

Niemals sind die Bösen
zu etwas Gutem gut;
es mag sein, was es wolle.
Jean-Jacques Rousseau, Emile

O hüte dich vor allem Bösen!
Es macht Pläsier,
wenn man es ist,
Es macht Verdruss,
wenn man's gewesen.
Wilhelm Busch, Die fromme Helene

Sogar eine weiße Lilie
wirft einen schwarzen Schatten.
Sprichwort aus Ungarn

Straf keck das Böse ins Gesicht,
Vergiss dich aber selber nicht.
Matthias Claudius, Der Wandsbecker Bothe

Tu nichts Böses,
so trifft dich nichts Böses.
Altes Testament, Jesus Sirach 7, 1

Unstet und veränderlich
ist in der Regel das Wesen der Bösen.
Juvenal, Satiren

Unter den Bösartigen, die alles Böse,
das sie nicht bestimmt wissen,
unbesonnen sagen,
gibt es besonnene Freunde,
die vorsichtig verschweigen,
was sie wissen.
Antoine Comte de Rivarol, Maximen und Reflexionen

Und doch ist das Böse
für das Gute notwendig
wie der Stoff für die Idee
und die Dunkelheit für das Licht.
Simone de Beauvoir, Das andere Geschlecht

Und worüber sollte man
Bosheiten sagen, wenn man
an nichts mehr etwas Böses findet?
Jean-Jacques Rousseau,
Julie oder Die neue Héloïse (Saint-Preux)

Vergiften die Bösen nicht
ihr und unser Leben?
Jean-Jacques Rousseau, Emile

Warum in die Ferne schweifen, sieh,
das Böse liegt so nah.
Ludwig Marcuse, Argumente und Rezepte.
Ein Wörter-Buch für Zeitgenossen

Wenn sich der Jüngere
zum bösen Wege neigt,
Trifft Schuld den Älteren,
der's sieht und dazu schweigt.
Friedrich Rückert, Die Weisheit des Brahmanen

Wer Böses tun will,
findet immer einen Grund dafür.
Publilius Syrus, Sentenzen

Wer das Böse nicht straft,
lädt es zu Hause.
Deutsches Sprichwort

Wer die Bösen schont,
schadet den Frommen.
Deutsches Sprichwort

Wer geboren ist in bös'ren Tagen,
Dem werden selbst die bösen behagen.
Johann Wolfgang von Goethe, West-östlicher Divan

Wer nicht auch böse sein kann –
kann der wirklich tief sein?
Christian Morgenstern, Stufen

Wer nicht irgendeines Tages
die Faszination des Bösen gespürt hat,
kann nicht behaupten,
er habe gelebt.
Agustina Bessa-Luís, Os Meninos de Ouro

Wer nichts Gutes tut,
dem geschieht auch nichts Böses.
Deutsches Sprichwort

Wer uns dem Bösen aussetzt,
ist der nicht Urheber des Bösen?
Voltaire, Der ehrliche Hurone

Wie das Wort »Gut«
das Vollkommene meint,
so das Wort »Böse« nichts anderes
denn den Verlust
des Vollkommenseins.
Thomas von Aquin, Compendium theologiae

Wie groß aber die Zahl
der Bösen auf Erden auch sein mag,
so gibt es doch wenige
von diesen leichenhaften Seelen, die,
abgesehen von ihrem Eigeninteresse,
für all das unempfindlich
geworden sind,
was gerecht und gut ist.
Jean-Jacques Rousseau, Emile

Wir haben weder die Kraft
noch die Gelegenheit,
all das Gute und Böse zu tun,
das wir planen.
Luc de Clapiers Marquis de Vauvenargues,
Reflexionen und Maximen

Wir hassen die Bösen nicht nur,
weil sie uns schaden,
sondern weil sie böse sind.
Jean-Jacques Rousseau, Emile

Wir werden immer
das Böse in der Welt haben,
aber das ist kein Grund,
sich zurückzuziehen.
Anaïs Nin, Absage an die Verzweiflung

Wo es Armee und Krieg gibt, sind
dem Bösen keine Grenzen gesetzt.
Leo N. Tolstoi, Tagebücher (1910)

Wozu sollen wir die Hölle
in dem andern Leben suchen?
Sie ist in diesem Leben schon
im Herzen der Bösen.
Jean-Jacques Rousseau, Emile

Würde das Böse gänzlich
von der Wirklichkeit ausgeschlossen,
so bedeutete das, dass auch
viel Gutes aufgehoben würde.
Es liegt also nicht in der Meinung
der göttlichen Vorsehung,
das Böse völlig von der Wirklichkeit
auszuschließen, vielmehr das Böse,
das hervortritt,
auf ein Gutes hinzuordnen.
Thomas von Aquin, Compendium theologiae

Zu allen Zeiten, in allen Ländern
und auf allen Gebieten des Lebens
wuchert das Böse,
und das Gute bleibt rar.
Voltaire, Der Lauf der Welt

Bösewicht

Ein Bösewicht
gelangt zu keiner Größe.
Johann Wolfgang von Goethe, West-östlicher Divan

Er war von je ein Bösewicht,
Ihn traf des Himmels Strafgericht.
Johann Friedrich Kind, Der Freischütz

Jeder Weltmann verkehrt lieber
mit einem wohlerzogenen Bösewicht
als mit einem schlecht erzogenen
Heiligen.
Marie von Ebner-Eschenbach, Aphorismen

Nichts trägt mehr
zu unserem Wohlbefinden bei
als der Gedanke,
dass jemand anders ein Bösewicht ist.
Robert Lynd

Bosheit

Alle Bosheit kommt
von der Schwachheit.
Jean-Jacques Rousseau, Emile

Auch wenn sie unter Wasser sind,
so versuchen sie,
unter Wasser zu schimpfen.
Ovid, Metamorphosen

Bist ohne Ehrgeiz nicht,
doch fehlt die Bosheit,
Die ihn begleiten muss.
William Shakespeare, Macbeth (Lady Macbeth)

Böse Augen sehen nie nichts Gutes.
Deutsches Sprichwort

Bosheit ersetzt Geist.
Luc de Clapiers Marquis de Vauvenargues,
Unterdrückte Maximen

Der Mensch ist immer gefährlich.
Wenn nicht durch seine Bosheit,
dann durch seine Dummheit.
Wenn nicht durch seine Dummheit,
dann durch seinen Verstand.
Henry de Montherlant

Der Mensch liebt die Bosheit,
aber sie richtet sich nicht gegen
die Einäugigen und Unglücklichen,
sondern gegen die Glücklichen
und Stolzen.
Blaise Pascal, Pensées

Die Bosheit hat nicht das Leid
des andern an sich zum Ziel,
sondern unsern eigenen Genuss.
Friedrich Nietzsche, Menschliches, Allzumenschliches

Die Bosheit sucht keine Ursachen,
nur Gründe.
Johann Wolfgang von Goethe,
Götz von Berlichingen (Elisabeth)

Ein Krieg
ist das Leben des Menschen
gegen die Bosheit des Menschen.
Baltasar Gracián y Morales,
Handorakel und Kunst der Weltklugheit

Es ist gut,
dass böse Kühe kurze Hörner haben.
Sprichwort aus Holland

Es ist nicht möglich,
witzig zu sein
ohne ein wenig Bosheit.
Richard B. Sheridan, Die Lästerschule

Gute Taten, die andere
in ihrer Bosheit bloßstellen,
werden von diesen
in ehrlichster Überzeugung
als Bosheit aufgefasst.
Leo N. Tolstoi, Tagebücher (1895)

Ich kenne einen Kollegen, der sofort
an Verdauungsstörungen erkrankt,
wenn er einmal
eine Bosheit verschluckt.
Robert Lembke, Steinwürfe im Glashaus

Kaum eine Bosheit
ist wie Frauenbosheit,
das Los des Sünders
treffe auf sie.
Altes Testament, Jesus Sirach 25, 19

Man muss schon
jeglichen Geistes bar sein,
wenn Liebe, Bosheit und Not
ihn nicht wecken.
Jean de La Bruyère, Die Charaktere

Tugend will ermuntert sein,
Bosheit kann man schon allein.
Wilhelm Busch, Plisch und Plum

Und worüber
sollte man Bosheiten sagen,
wenn man an nichts mehr
etwas Böses findet?
Jean-Jacques Rousseau,
Julie oder Die neue Héloïse (Saint-Preux)

Von boshaften Gemütern braucht man
Sanftmut und Nachgiebigkeit nicht
erst zu fordern; sie fehlt ihnen nie,
sie dient ihnen als Falle,
die Einfältigen zu fangen,
und gestattet ihnen, ihre Schliche
umso wirksamer zu üben.
Jean de La Bruyère, Die Charaktere

Wenn die Bosheit
die Vernunft auf ihrer Seite hat,
wird sie stolz und stellt die Vernunft
in ihrem ganzen Glanz zur Schau.
Blaise Pascal, Pensées

Wenn im Herzen keine Bosheit ist,
so sind immer Heiterkeit und
Leichtigkeit in Miene und Manieren.
Philipp Stanhope Earl of Chesterfield, Briefe über die
anstrengende Kunst, ein Gentleman zu werden

Wo keine Strafe verhängt wird,
ist die Bosheit schnell am Werk.
Altes Testament, Kohelet 8, 11

Böswilligkeit

Böswilligkeit wird weder
durch die Zeit ausgeglichen
noch durch Geschenke versöhnt.
Niccolò Machiavelli, Vom Staat

Die empirisch-sittliche Welt
besteht größtenteils nur
aus bösem Willen und Neid.
Johann Wolfgang von Goethe,
Maximen und Reflexionen

Botschaft

Botschaften soll man
per Telex verschicken, aber nicht
in einen Film verpacken.
Jerry Lewis

Botschaften werden
vom Auge weitergegeben,
manchmal ganz ohne Worte.
Anaïs Nin, Absage an die Verzweiflung

Die Botschaft hört ich wohl,
allein mir fehlt der Glaube.
Johann Wolfgang von Goethe, Faust I (Faust)

Die eindringlichste und nachhaltigste
Botschaft, die etwa das Christentum
zu verkünden hat,
ist wahrscheinlich nicht das,
was Christus sagte, sondern das,
was er vor seinen Richtern
und Henkern verschwieg.
Die Botschaft ist das Schweigen.
August Everding,
Rede am 9. April 1992 im Stadttheater Bremerhaven

Niemand ja liebt den Boten
unwillkommener Mär.
Sophokles, Antigone (Wächter)

Bourgeoisie

Das Urteil der Bourgeoisie
in den Dingen der Kunst
ist naiv und brutal.
Sully Prudhomme, Intimes Tagebuch

Die Achselstücke der Bourgeoisie
bezeichnen die Gehaltsgruppe
des Trägers.
Emil Gött, Im Selbstgespräch

Die Bourgeoisie ist
die große Nährmutter Frankreichs;
all unsere Künstler stammen von ihr ab.
Es kann vorkommen, dass sie sich
von ihr freimachen,
doch erlaubt sie ihnen,
auf gediegenem Grund
gefährlich zu bauen.
Jean Cocteau, Hahn und Harlekin

Brand

Dürres Holz brennt besser
als grünes Holz.
Abraham a Sancta Clara, Judas der Ertz-Schelm

Es geht dich auch an,
wenn des Nachbarn Haus brennt.
Deutsches Sprichwort

Narr! wenn es brennt, so lösche,
Hat's gebrannt, bau wieder auf.
Johann Wolfgang von Goethe, Rechenschaft

Unter Politik verstehen manche Leute
die Kunst, Brände zu löschen,
die sie selbst gelegt haben.
Lawrence Durrell

Was nicht gerettet werden kann,
brenne.
Johann Gottfried Herder, Das eigene Schicksal

Wer an der Regierung ist,
muss Brände sofort löschen.
Die Opposition kann
über die Verbesserung der Feuerwehr
in Ruhe nachdenken.
Norbert Blüm

Braten

Es wird mit Recht ein guter Braten
Gerechnet zu den guten Taten;
Und dass man ihn gehörig mache,
Ist weibliche Charaktersache.
Wilhelm Busch, Kritik des Herzens

Wer einen guten Braten macht,
Hat auch ein gutes Herz.
Wilhelm Busch, Kritik des Herzens

Brauch

Aller hundert Li ändern sich die Sitten,
aller zehn Li ändern sich die Bräuche.
Chinesisches Sprichwort

Bevor man daran denkt,
einen eingeführten Brauch
zu zerstören,
muss man ihn wohl abwägen
gegen die Bräuche,
die an seine Stelle treten werden.
Jean-Jacques Rousseau, Brief an d'Alembert

Die besten Gesetze
entstehen aus den Gebräuchen.
Joseph Joubert, Gedanken, Versuche und Maximen

In Japan ist es, so viel ich weiß,
Sitte und Brauch, dass auch der Mann
im Wochenbett liegt.
Es könnte ja die Zeit kommen,
da man auch in Europa die Sitten
fremder Länder einführen wollte.
Søren Kierkegaard, Entweder – Oder

Wo's der Brauch ist,
legt man die Kuh ins Bett.
Deutsches Sprichwort

Braut

Beim Hauskauf sieh aufs Dachgebälk,
bei der Brautschau sieh die Mutter an.
Chinesisches Sprichwort

Braut: eine Frau,
die eine schöne Glückserwartung
hinter sich hat.
Ambrose Bierce

Denn an der Braut,
die der Mann sich erwählt,
lässt gleich sich erkennen,
Welches Geistes er ist,
und ob er sich eigenen Wert fühlt.
Johann Wolfgang von Goethe,
Hermann und Dorothea (9. Gesang)

Die gute Ehe
ist ein ewiger Brautstand.
Theodor Körner, Die Sühne

Die Würze einer langen Verlobungszeit
liegt darin, dass die Bräute wechseln.
Alexander Roda Roda

Ein Erbe weint wie eine Braut;
beider Weinen ist heimliches Lachen.
Marcus Terentius Varro, Sentenzen

Eine Familie zieht eine Tochter groß,
und hundert Familien werben um sie.
Chinesisches Sprichwort

Für die Braut
Musik und Schönheit;
für die Frau
Hunger und Durst.
Sprichwort aus Estland

Gute Nacht, Wilhelmine, meine Braut,
einst meine Gattin,
einst die Mutter meiner Kinder!
Heinrich von Kleist, Briefe
(an Wilhelmine von Zenge, 10./11. Oktober 1800)

Jeden deucht seine Braut die Schönste.
Deutsches Sprichwort

Niemand ist weniger eitel als eine Braut.
Jean Paul, Levana

O wie froh ist die Zeit, wenn mit
der Braut sich der Bräutigam
Schwinget im Tanze, den Tag der
gewünschten Verbindung erwartend.
Johann Wolfgang von Goethe,
Hermann und Dorothea (6. Gesang)

Venedig ist meistens
die zweite Enttäuschung der Braut
auf der Hochzeitsreise.
Alberto Sordi

Verzaubert hast du mich,
Meine Schwester Braut;
Ja verzaubert mit einem Blick
deiner Augen.
Altes Testament, Hohelied Salomos 4, 9

Weinende Braut, lachende Frau.
Deutsches Sprichwort

Wie kann der Priester
segnen, wenn das Ja
Der holden Braut nicht
aus dem Herzen quillt.
Johann Wolfgang von Goethe,
Die natürliche Tochter (Mönch)

Wie soll die Braut sein,
arm oder reich?
Sie soll sanft, gläubig,
lenkbar und vor allem
frischen Herzens sein;
das Übrige ist Nebensache.
Jules Michelet, Die Liebe

Zu viel Ungestüm erschreckt
die unerfahrene Braut,
zu viel Respekt erniedrigt sie.
Simone de Beauvoir, Das andere Geschlecht

Bräutigam

Der Bräutigam herrscht nicht
wie der Ehemann; er bittet nur, und
seine Geliebte sucht ihm abzumerken,
was er wünscht,
um es noch eher zu vollbringen.
Johann Wolfgang von Goethe, Wilhelm Meisters
Lehrjahre (Bekenntnisse einer schönen Seele)

Bravheit

Das Wort »brav« ist ein Wort,
das ein Kind immer versteht,
auch wenn man es ihm nicht erklärt.
Joseph Joubert, Gedanken, Versuche und Maximen

Die Braven bewegen nichts.
Norbert Blüm, Unverblümtes von Norbert Blüm

Brei

Man geht so lang um den Brei,
bis er kalt wird.
Deutsches Sprichwort

Man muss den Brei nicht weiter treten,
als er von selbst fließt.
Deutsches Sprichwort

Brett

Auch die Bretter,
die man vor dem Kopf hat,
können die Welt bedeuten.
Werner Finck

Jeder Mensch hat ein Brett
vor dem Kopf. Es kommt nur
auf die Entfernung an.
Marie von Ebner-Eschenbach, Aphorismen

Man soll das Brett bohren,
wo es am dünnsten ist.
Deutsches Sprichwort

Brief

Auch die wahrsten Briefe
sind meiner Ansicht nach
nur Leichen, sie bezeichnen ein
ihnen einwohnend gewesenes Leben,
und ob sie gleich dem Lebendigen
ähnlich sehen, so ist doch
der Moment ihres Lebens
schon dahin.
Karoline von Günderode, Briefe
(an Clemens Brentano, ca. 1803)

Auf den Knien schreibe ich an dich,
das Papier benetze ich
mit meinen Tränen.
Jean-Jacques Rousseau,
Julie oder Die neue Héloïse (Julie)

Bekommt man einen Brief
von jemand, den man liebt,
möchte man nicht so sehr wissen,
was geschehen ist,
sondern wie der Betreffende
das Geschehen sieht.
Leo N. Tolstoi, Tagebücher (1852)

Briefe:
Es ist das Leben selbst, regt an,
beschäftigt, nährt; bleiben sie aus,
so schwindet man kraftlos dahin
und kann die Umwelt nicht ertragen;
kurz, ich stelle fest,
dass es lebenswichtig ist,
diese Mitteilungen eines so
geliebten Menschen zu erhalten.
Marie de Rabutin-Chantal Marquise de Sévigné,
Briefe (an Frau von Grignan, 27. September 1684)

Briefe leben, atmen warm und sagen
Mutig, was das bange Herz gebeut.
Was die Lippen kaum
zu stammeln wagen,
Das gestehn sie
ohne Schüchternheit.
Gottfried August Bürger, Gedichte

Briefe liebe ich,
für Briefe lebe ich.
Sylvia Plath, Briefe nach Hause (18. Oktober 1962)

Das Briefeschreiben
ist zwar immer nur ein Notbehelf;
aber doch etwas.
Deswegen sollten wir es
doch nicht ganz unterlassen.
Friedrich Hölderlin, Briefe (an Hegel, 10. Juli 1794)

Das erste Mal liest man
immer zu schnell,
man verschlingt den Brief.
Erst wenn man ihn sich
wieder vornimmt,
genießt man ihn,
denkt darüber nach und merkt,
dass einem tausend Feinheiten
entgangen sind.
Sully Prudhomme, Intimes Tagebuch

Dein Brief hat mir eine
ganz außerordentliche Freude gewährt.
Dich so anzuschmiegen
an meine Wünsche, so innig
einzugreifen in mein Interesse –
oh, es soll dir gewiss
einst belohnt werden!
Heinrich von Kleist, Briefe
(an Wilhelmine von Zenge, 13. November 1800)

Deine Rede sei glaubwürdig,
deine Worte die üblichen!
Ovid, Liebeskunst (Ratschlag für Liebesbriefe)

Der Brief ist ein
unangemeldeter Besuch,
der Briefbote der Vermittler
unhöflicher Überfälle.
Man sollte alle acht Tage eine Stunde
zum Briefempfangen haben
und danach ein Bad nehmen.
Friedrich Nietzsche, Menschliches, Allzumenschliches

Der Postillion ist faul und langsam,
ich bin fleißig und schnell.
Das ist natürlich,
denn er arbeitet für Geld,
und ich für den Lohn der Liebe.
Heinrich von Kleist, Briefe
(an Wilhelmine von Zenge, 4./5. September 1800)

Der wahre Brief
ist seiner Natur nach poetisch.
Novalis, Blütenstaub

Der wahre Charakter des Briefstils
ist Heiterkeit und Urbanität.
Joseph Joubert, Gedanken, Versuche und Maximen

Der, welcher keine Bücher schreibt,
viel denkt und
in unzureichender Gesellschaft lebt,
wird gewöhnlich ein guter
Briefschreiber sein.
Friedrich Nietzsche, Menschliches, Allzumenschliches

Deshalb sind Briefe so viel wert,
weil sie das Unmittelbare
des Daseins aufbewahren.
Johann Wolfgang von Goethe, Dichtung und Wahrheit

Die Briefe eines klugen Mannes
enthalten immer den Charakter
der Leute, an die er schreibt.
Georg Christoph Lichtenberg, Sudelbücher

Die Briefe, die mir
am meisten Mühe machen,
taugen am wenigsten.
Michel Eyquem de Montaigne, Die Essais

Ein Brief errötet nicht.
Marcus Tullius Cicero, An seine Freunde

Ein Brief errötet nicht.
Aber er vergilbt.
Erhard Blanck

Ein Briefkasten heißt nur so;
in Wahrheit ist er das Sanktuarium
menschlichen Gedankenaustausches.
Gilbert Keith Chesterton, Heretiker

Ein so kurzer Brief kommt mir vor,
als ob zwei Freunde,
die sich lange nicht gesehen haben,
an einem Ort zusammenkämen,
sich da einen guten Morgen
wünschten und wieder
von dannen gingen.
Adalbert Stifter, Briefe
(an Franziska Greipl, 25. November 1829)

Es ist eine Kunst für sich,
einen Brief zur rechten Zeit
ankommen zu lassen.
Man vergisst ihrer gewöhnlich.
Und doch – wie oft ein intimes,
beschauliches Gespräch am Morgen
keine Hörer an uns fände,
so mutet uns ein Brief morgens
und abends anders an.
Christian Morgenstern, Stufen

Es ist so ein schönes Gefühl,
das wir haben, wenn wir
die Schriftzüge eines entfernten
lieben Freundes erblicken
und durchwandern, und wenn wir
aus jeder Zeile seinen Geist, sein Herz,
sein Leben und Weben hervorblicken
sehen: So scheint mir dies eine Art
geistigen Umganges und Genusses,
die Worte vertreten die Stelle
des abwesenden Lieblings,
und jede Kleinigkeit hat Wert
für den begierigen Leser.
Adalbert Stifter, Briefe
(an Franziska Greipl, 25. November 1829)

Hol der Teufel das Briefeschreiben!
Wenn wir nur beisammen wären!
Katherine Mansfield, Briefe

Ich habe einen jungen Mann gekannt,
der sich durch das Laster,
alle Briefe zu beantworten,
ruiniert hat.
Oscar Wilde

Ist denn nicht das Schreiben selbst
eine Unterredung mit dem Freunde?
Mir wenigstens ist es fast ebenso süß,
an ferne Liebe zu schreiben,
als von ihnen Briefe zu empfangen.
Adalbert Stifter, Briefe
(an Franziska Greipl, 25. November 1829)

Regel:
Von allen Briefe Kopien machen
und ordentlich aufbewahren.
Leo N. Tolstoi, Tagebücher (1851)

Schreibe nur,
wie du reden würdest,
und so wirst du
einen guten Brief schreiben.
Johann Wolfgang von Goethe, Briefe
(an Cornelia Goethe, 7. Dezember 1765)

Solange es Liebende
unter den Sterblichen gibt,
wird die Kunst
des schönen Briefes
nicht vergehen.
Ernst Penzoldt, Epistel über das Briefeschreiben

Stil und Geist von Briefen
sind immer das eigentliche Zeichen
der Zeit.
Friedrich Nietzsche

Unzweifelhaft ist eine Frau,
die leidenschaftlich schreibt,
auch selber leidenschaftlich;
ob sie eine echte Neigung empfindet,
ist nicht so sicher zu entscheiden.
Jean de La Bruyère, Die Charaktere

Wenn uns Bilder abwesender Freunde
willkommen sind,
die die Erinnerung erneuern
und die Sehnsucht
der Abwesenheit mit trügerischem
und nichtigem Trost erleichtern,
wie viel willkommener
ist ein Brief, der echte Spuren
des abwesenden Freundes,
echte Zeichen herbeibringt!
Lucius Annaeus Seneca, Briefe über Ethik

Wie soll ich es möglich machen,
in einem Briefe etwas so Zartes,
als ein Gedanke ist, auszuprägen?
Ja, wenn man Tränen
schreiben könnte.
Heinrich von Kleist, Briefe (an Karl Freiherr von Stein
zum Altenstein, 4. August 1806)

Brille

Das Fernsehen wurde erfunden,
um den Analphabeten
einen guten Grund
zum Brillentragen zu geben.
Gabriel Laub

Das Leben ist bezaubernd,
man muss es nur
durch die richtige Brille sehen.
Alexandre Dumas d. J., Die Kameliendame

Es käme niemand
mit der Brille auf der Nase
in ein vertrauliches Gemach,
wenn er wüsste, dass uns Frauen
sogleich die Lust vergeht,
ihn anzusehen und uns
mit ihm zu unterhalten.
Johann Wolfgang von Goethe,
Die Wahlverwandtschaften

Kommt jener nun
mit Gläsern dort,
So bin ich stille, stille;
Ich rede kein vernünftig Wort
Mit einem durch die Brille.
Johann Wolfgang von Goethe, Feindseliger Blick

Was wir sehen in der Welt,
sehen alles wir durch Brillen;
Gut' und Böses wird ersehn,
wie es fürkümmt unsrem Willen.
Friedrich von Logau, Sinngedichte

Wer durch Brillen sieht,
hält sich für klüger, als er ist.
Johann Wolfgang von Goethe,
Wilhelm Meisters Wanderjahre

Brot

Besser ein trocken Stück Brot
und Ruhe dabei
als ein Haus voll Braten
und dabei Streit.
Altes Testament, Sprüche Salomos 17, 1

Brot backt man nicht ohne Mehl.
Deutsches Sprichwort

Brot ist der Stab des Lebens.
Jonathan Swift, Erzählung von einer Tonne

Das Brot ernährt dich nicht:
Was dich im Brote speist,
Ist Gottes ew'ges Wort,
ist Leben und ist Geist.
Angelus Silesius, Der Cherubinische Wandersmann

Denk erst ans Brot
und dann an die Braut.
Sprichwort aus Norwegen

»Der Mensch lebt nicht
vom Brot allein« –
Kommentar: – sagen sie,
und leben vom Brot
und von dieser Warnung.
Ludwig Marcuse, Argumente und Rezepte.
Ein Wörter-Buch für Zeitgenossen

Der Mensch lebt nicht vom Brot allein.
Nach einer Weile
braucht er einen Drink.
Woody Allen

Die Bäckerei zu einer
nationalen Einrichtung erheben:
Brot gratis und obligatorisch.
Jules Renard, Ideen, in Tinte getaucht.
Aus dem Tagebuch von Jules Renard

Die Kunst geht nach Brot.
Gotthold Ephraim Lessing, Emilia Galotti (Maler Conti)

Eigen Brot nährt am besten.
Deutsches Sprichwort

Ein Spatz pickt Körner
und Insekten auf,
man lebt nicht von Brot allein.
Jules Renard, Ideen, in Tinte getaucht.
Aus dem Tagebuch von Jules Renard

Ein Stück Brot in der Tasche
ist besser als eine Feder auf dem Hut.
Deutsches Sprichwort

Kämpf und erkämpf dir eignen Wert:
Hausbacken Brot am besten nährt.
Matthias Claudius, Der Wandsbecker Bothe

Man isst nicht Brot zu Käse,
sondern Käse zu Brot.
Deutsches Sprichwort

Oft hasst man den Brotherrn
Und isst doch sein Brot gern.
Jüdische Spruchweisheit

Wenn die Kunst nach Brot geht,
entstehen nur kleine Brötchen.
Eugene Ormandy

Wer den Teig nicht knetet,
wird kein gutes Brot essen.
Sprichwort aus Frankreich

Wer viel schimmlig Brot isst,
der wird alt.
Bauernregel

Wes Brot ich ess,
des Lied ich sing.
Deutsches Sprichwort

Wir alle hungern nach Menschenliebe,
und wenn man hungert, schmeckt
auch schlecht gebackenes Brot.
Maxim Gorki

Wir haben im Brot ein Werkzeug
menschlicher Gemeinschaft
kennen gelernt, um des Brotes willen,
das gemeinsam gebrochen wird (...).
Der Geschmack des geteilten Brotes
hat nicht seinesgleichen.
Antoine de Saint-Exupéry, Flug nach Arras

Brücke

Das Leben ist eine Brücke
von Seufzern über einen Strom
von Tränen.
Philip James Bailey

Die Menschen bauen zu viele Mauern
und zu wenig Brücken.
Dominique Georges Pire

Glücklich über die Bruck,
Verlacht man den Nepomuk.
Deutsches Sprichwort

Kunst ist die Brücke
zwischen Mensch und Natur.
Kunst ist nicht die Brücke
zwischen Mensch und Mensch.
Friedensreich Hundertwasser,
Schöne Wege – Gedanken über Kunst und Leben

Wir alle sind aufgerufen,
pontifices zu sein – Brückenbauer.
Viele Flüsse haben schon
ihre Übergänge. An vielen
stehen wir an verschiedenen Ufern
und suchen nach Pontons,
nach Stegen, nach Kommunikation.
Kunst und Technik trennt kein Meer,
oft nur Sprachlosigkeit.
August Everding, Vortrag anlässlich des 125. Bestehens
der Eidgenöss. Technischen Hochschule Zürich, 1995

Bruder

Brüder haben ein Geblüte,
aber selten ein Gemüte.
Deutsches Sprichwort

Der Krieg ist niemandes Bruder.
Sprichwort aus Serbien

Die Kindheit ist jene herrliche Zeit,
in der man dem Bruder
zum Geburtstag die Masern
geschenkt hat.
Peter Ustinov

Die Liebe zwischen Brüdern
ist eine starke Stütze im Leben.
Vincent van Gogh, Briefe

Die Neigung gibt
Den Freund, es gibt der Vorteil
den Gefährten;
Wohl dem, dem die Geburt
den Bruder gab!
Friedrich Schiller, Die Braut von Messina (Isabella)

Drei Brüder, drei Festungen.
Sprichwort aus Portugal

Einen Bruder
bekommt man schwerer als ein Feld.
Chinesisches Sprichwort

Iss und trink mit deinem Bruder,
aber habe keine Geschäfte mit ihm.
Sprichwort aus Albanien

Sind sie auch Brüder,
ihre Taschen sind keine Schwestern.
Sprichwort aus der Türkei

So nah sich Brüder sind,
Besitz und Vorteil
halten sie auseinander.
Chinesisches Sprichwort

Teilt euch brüderlich darein.
Friedrich Schiller, Die Teilung der Erde

Vielleicht sind wir letztlich
doch Brüder und Schwestern;
wir werden sehen.
Seattle, Die Rede des Indianerhäuptlings Seattle.
Neuere Version

Was ihr für einen
meiner geringsten Brüder getan habt,
das habt ihr mir getan.
Neues Testament, Matthäus 25, 40 (Jesus)

Wer keine Brüder hat,
hat weder Füße noch Hände.
Sprichwort aus Spanien

Wer sich im Geist und in der Wahrheit
als Bruder von Hunderten fühlt,
der ist ein höherer Mensch
als der Bruder von einem.
Johann Heinrich Pestalozzi,
Über die Idee der Elementarbildung

Wir waren Brüder, Brüder durch
Ein edler Band, als die Natur
es schmiedet.
Friedrich Schiller, Dom Karlos (Karlos)

Brüderlichkeit

Brüderlichkeit
ist den Menschen von Natur eigen.
Nichtbrüderlichkeit – Trennung –
wird mit Fleiß anerzogen.
Leo N. Tolstoi, Tagebücher (1899)

Ich verstehe den Ursprung
der Brüderschaft der Menschen.
Die Menschen waren Brüder in Gott.
Man kann nur innerhalb
einer Einheit Bruder sein.
Wenn es kein einendes Band
für sie gibt, sind die Menschen
nebeneinander gestellt und
nicht miteinander verbunden (...).
Antoine de Saint-Exupéry, Flug nach Arras

Brüllen

Die Nachtigall mag mühen sich sehr,
Brüllt ein Ochse oder ein Esel daher.
Freidank, Bescheidenheit

Wenn jemand brüllt,
sind seine Worte nicht mehr wichtig.
Peter Ustinov, Peter Ustinovs geflügelte Worte

Brunnen

Aus einem Brunnen
betrachte nicht den Himmel.
Chinesisches Sprichwort

Aus kleinen Brunnen trinkt man sich
ebenso satt als aus großen.
Deutsches Sprichwort

Gerade Bäume werden zuerst gefällt,
süße Brunnen werden zuerst geleert.
Chinesisches Sprichwort

Hat der Brunnen
einmal einen schlechten Ruf,
so hält ihn niemand mehr für gut.
Sprichwort aus Frankreich

Man hasst oft die Zisterne
Und trinkt ihr Wasser gerne.
Jüdische Spruchweisheit

Spuck nicht in den Brunnen;
du könntest daraus trinken müssen.
Sprichwort aus Russland

Von lautern Brunnen
fließen lautre Wasser.
Deutsches Sprichwort

Wenn das Kind ertrunken ist,
deckt man den Brunnen.
Deutsches Sprichwort

Wirf keinen Stein in den Brunnen,
von dem du deinen Durst gelöscht hast.
Talmud

Brust

Deine Brüste sind wie zwei Kitzlein,
Wie die Zwillinge einer Gazelle,
Die in den Lilien weidet.
Altes Testament, Hohelied Salomos 4, 5

Der Grad der Aufmerksamkeit,
den Brüste erregen, und die
Verwirrung über die tatsächlichen
Wünsche der Brustfetischisten
machen Frauen in
übertriebenem Maße brustbewusst.
Germaine Greer, Der weibliche Eunuch

Der Mann mit Haaren auf der Brust
ist tapfer und pflichtbewusst.
Sprichwort aus Spanien

Feste Burg, um auszudauern,
Ist des Mannes ehrne Brust.
Johann Wolfgang von Goethe, Faust II (Euphorion)

Ganz nackt, ganz nackt.
Deine Brüste sind zarter noch
als jeder Duft betauten Grases,
und tragen deine Schultern doch.
Paul Eluard

Große Brüste verheißen viel
und geben wenig.
Deutsches Sprichwort

In der Brust sind
deines Schicksals Sterne!
Friedrich Schiller, Die Piccolomini (Illo)

Ruh' im Hafen ist noch nicht Ruh',
Kommt nicht die Ruh'
in die Brust dazu.
Franz Grillparzer, Denk- und Sendeblätter

Traue keinem, den der Anblick
einer schönen weiblichen Brust
nicht außer Fassung bringt.
Auguste Renoir

Buch

Alle guten Worte dieser Welt
stehen in Büchern.
Chinesisches Sprichwort

Arbeit als Betäubungsmittel
gegen Einsamkeit,
Bücher als Ersatz für Menschen!
Dag Hammarskjöld, Zeichen am Weg

Auch Bücher haben ihr Erlebtes,
das ihnen nicht
entzogen werden kann.
Johann Wolfgang von Goethe,
Maximen und Reflexionen

Auch das schlechteste Buch
hat seine gute Seite:
die letzte.
John Osborne

Auch den Möbelpackern sind Leute,
die Bücher lesen, zuwider.
Aber sie haben wenigstens
einen guten Grund dafür.
Gabriel Laub

Bedeutende Menschen haben
ihre besten Werke nach der Zeit
der Leidenschaften geschaffen.
Nach den vulkanischen Ausbrüchen
ist die Erde am fruchtbarsten.
Chamfort, Maximen und Gedanken

Beim Kauf meiner Bücher
bin ich stets auf einen recht
breiten Rand bedacht.
Edgar Allan Poe, Marginalien

Beim Lesen guter Bücher
wächst die Seele empor.
Voltaire, Der ehrliche Hurone

Bestseller sind eine wunderbare
Einrichtung: Man kauft Bücher,
braucht sie aber nicht zu lesen.
Danny Kaye

Bücher denken für mich.
Charles Lamb, Essays

Bücher haben ihre Schicksale.
Terentianus Maurus, Carmen heroicum

Bücher haben viel Angenehmes
für die, welche die richtigen
aussuchen können, aber:
ohne Schweiß kein Preis.
Michel Eyquem de Montaigne, Die Essais

Bücher können nicht die Worte
und Worte die Gedanken
nicht erschöpfen.
Chinesisches Sprichwort

Bücher liegen in der Luft.
Der Autor ist nur die Brücke
zwischen Stoff und Niederschrift.
Marguerite Duras

Bücher sind beleidigt,
wenn man sie verleiht.
Deshalb kehren verliehte Bücher
nicht mehr zurück.
Oskar Kokoschka

Bücher sind immer noch die
wohlfeilsten Lehr- und Freudenmeister
und der wahre Beistand hienieden
für Millionen besserer Menschen.
Karl Julius Weber, Democritos

Bücher sind nur dickere Briefe
an Freunde.
Jean Paul

Bücher sind wie Weinflaschen;
der Staub darauf spricht für Qualität.
Ernst Heimeran

Bücher und Freunde
soll man wenige und gute haben.
Sprichwort aus Spanien

Bücher werden geschrieben –
und verlegt.
Heinrich Wiesner

Das Buch, das in der Welt am ersten
verboten zu werden verdiente,
wäre ein Katalogus
von verbotenen Büchern.
Georg Christoph Lichtenberg, Sudelbücher

Das Buch,
in dem die Frau schreiben will,
das einzige Buch,
ist das Herz des Mannes.
Jules Michelet, Die Liebe

Das Buch ist wie ein Garten,
den man in der Tasche trägt.
Helmut Kohl, Rede zur Eröffnung der Deutschen
Bibliothek (Mai 1997)

Das Buch widersteht der Zeit,
wenn sie nachrückend
es in sich aufnimmt.
Thomas Mann

Das Ende eines Werkes
soll immer an den Anfang erinnern.
Joseph Joubert, Gedanken, Versuche und Maximen

Das ist der Vorteil des Schriftstellers:
Wenn man etwas loswerden will,
schreibt man ein Buch.
Peter Bamm

Das Schicksal der Bücher
ist geheimnisvoll.
Sully Prudhomme, Gedanken

Das Unheil, welches die
schlechten Bücher anrichten,
kann nur durch die guten
wieder ausgeglichen,
die Nachteile der Aufklärung
nur durch einen höheren Grad
von Aufklärung vermieden werden.
Germaine Baronin von Staël, Über Deutschland

Dem großen Publikum
ist ein Buch nicht leicht zu schlecht,
sehr leicht aber zu gut.
Marie von Ebner-Eschenbach, Aphorismen

Denn was man schwarz auf weiß besitzt,
kann man getrost nach Hause tragen.
Johann Wolfgang von Goethe, Faust I (Schüler)

Der Bücher- und Literaturwurm,
und wenn er noch so gut
und noch so gescheit ist,
ist doch immer nur eine Freude
für sich selbst, für sich
und eine Hand voll Menschen.
Die Welt geht darüber weg und
lacht dem Leben und der Schönheit zu.
Theodor Fontane, Briefe

Der Erfolg vieler Werke erklärt sich
aus der Beziehung, die zwischen
der Mittelmäßigkeit der Ideen
des Autors und der Mittelmäßigkeit
der Ideen des Publikums bestehen.
Chamfort, Maximen und Gedanken

Der Ruf der Bücher hängt
vom Geschmack des Zeitalters ab.
Selbst das Alte ist dem Wechsel
der Moden unterworfen.
Joseph Joubert, Gedanken, Versuche und Maximen

Der Umgang mit Büchern
führt zum Wahnsinn.
Erasmus von Rotterdam,
Gespräche in vertrautem Kreise

Der Ungebildete ist ein Mensch,
der oft ein schlechtes Buch
für gut hält.
Der Gebildete ist ein Mensch,
der genauso oft ein gutes Buch
für schlecht hält.
Robert Lynd

Die besten Bücher sind die,
von denen der Leser meint,
er habe sie selbst machen können.
Blaise Pascal

Die Bücherschmiererei ist
eine Verfallserscheinung.
Wann wurde bei uns so viel
geschrieben, wie seitdem es
drunter und drüber geht?
Wann bei den Römern so viel
als in der Zeit des Niedergangs?
Michel Eyquem de Montaigne, Die Essais

Die Langeweile,
die in manchem Buche herrscht,
gereicht ihm zum Heil;
die Kritik, die schon ihren Speer
erhoben hatte, schläft ein,
bevor sie ihn geschleudert hat.
Marie von Ebner-Eschenbach, Aphorismen

Die meisten Bücherschreiber
verschwenden eine ungeheure
Gelehrsamkeit, um nichts zu sagen.
Johann Gottfried Seume, Apokryphen

Die Natur scheint es weise eingerichtet
zu haben, dass die Torheiten
der Menschen schnell vorübergehen;
doch die Bücher verewigen diese.
Charles de Secondat, Baron de la Brède
et de Montesquieu, Persianische Briefe

Die neuesten Bücher sind jene,
die nicht altern.
Holbrook Jackson

Die nützlichsten Bücher sind die,
die den Leser anregen,
sie zu ergänzen.
Voltaire, Philosophisches Taschenwörterbuch

Die vergessensten aller Bücher
sind jene,
die in fast jeder Bibliothek stehen.
Sigismund von Radecki

Die Welt ist das Buch der Frauen.
Jean-Jacques Rousseau, Emile

Diese Massen von Eintagswerken,
die täglich entstehen,
sind nur gemacht,
um die Frauen zu unterhalten,
haben weder Kraft noch Tiefe
und fliegen alle vom Ankleidezimmer
auf den Ladentisch.
Auf diese Weise schreibt man
immer wieder dieselben Bücher
und macht sie immer wieder neu.
Jean-Jacques Rousseau, Brief an d'Alembert

Drei Jahre Bücher lesen
ist nicht so gut
wie einem Disput zuzuhören.
Chinesisches Sprichwort

Dreierlei ist notwendig
für ein gutes Buch:
Talent, Kunst und Handwerk,
das heißt Natur, Gewandtheit
und Übung.
Joseph Joubert, Gedanken, Versuche und Maximen

Eigentlich lernen wir
nur von Büchern,
die wir nicht beurteilen können.
Der Autor eines Buchs,
das wir beurteilen könnten,
müsste von uns lernen.
Johann Wolfgang von Goethe,
Maximen und Reflexionen

Ein anregendes Buch
– eine Speise,
die hungrig macht.
Marie von Ebner-Eschenbach, Aphorismen

Ein Buch, das nicht wert ist,
zweimal gelesen zu werden,
ist auch nicht wert,
dass man es einmal liest.
Karl Julius Weber, Democritos

Ein Buch, dem es
auf seinem Bücherbrett
plötzlich schlecht wird
und das herunterfällt.
Jules Renard, Ideen, in Tinte getaucht.
Aus dem Tagebuch von Jules Renard

Ein Buch ist deshalb
ein so passendes Geschenk,
weil viele Leute nur lesen,
um nicht denken zu müssen.
André Maurois

Ein Buch ist ein Freund,
der nie enttäuscht.
René Charles Guilbert de Pixérécourt, Exlibris

Ein Buch ist ein Spiegel;
wenn ein Affe hineinguckt,
so kann freilich kein Apostel
heraussehen.
Georg Christoph Lichtenberg, Sudelbücher

Ein Buch
ist eine vertrauliche Mitteilung,
die man dem Leser ganz leise
ins Ohr sagt.
Sully Prudhomme, Intimes Tagebuch

Ein Buch ist immer
ein verhindertes Gespräch.
Hans Urs von Balthasar

Ein Buch ist nicht etwas,
was ein Mensch geschrieben hat,
sondern dieses Menschenmysterium
selbst, ebenso wie das Musikstück,
das ich heut abend von dem
Nachbarhause herüberklingen hörte,
kein Musikstück von Beethoven war,
sondern das Mysterium Beethoven
selbst.
Christian Morgenstern, Stufen

Ein Buch ist wie ein Garten,
den man in der Tasche trägt.
Arabisches Sprichwort

Ein Buch schreiben,
ist ein Handwerk,
nicht anders wie eine Uhr anfertigen:
Es gehört mehr dazu als bloß Geist,
um ein Schriftsteller zu sein.
Jean de La Bruyère, Die Charaktere

Ein Bücherkenner
ist überall willkommen.
Johann Wolfgang von Goethe,
Winckelmann und sein Jahrhundert

Ein ganzes Buch –
ein ganzes Leben.
Marie von Ebner-Eschenbach, Aphorismen

Ein klassisches Werk ist ein Buch,
das die Leute loben, aber nie lesen.
Ernest Hemingway

Ein nicht zu Ende gelesenes Buch
gleicht einem
nicht zu Ende gegangenen Weg.
Chinesisches Sprichwort

Eine ausgewählte Büchersammlung
ist und bleibt der Brautschatz
des Geistes und Gemütes.
Karl Julius Weber, Democritos

Einer Frau die Freiheit lassen,
alle Bücher zu lesen, zu denen
ihre Geistesanlage sie hinzieht,
das heißt, einen Funken
in eine Pulverkammer werfen;
ja schlimmer noch als das:
das heißt deine Frau lehren,
sich ohne dich zu behelfen.
Honoré de Balzac, Physiologie der Ehe

Einige Bücher sind
unverdientermaßen vergessen;
kein Buch bleibt unverdientermaßen
in Erinnerung.
Wystan Hugh Auden,
Des Färbers Hand und andere Essays (1948), Prolog

Einige Bücher soll man schmecken,
andere verschlucken und
einige wenige kauen und verdauen.
Francis Bacon, Die Essays

Einige schätzen die Bücher
nach ihrer Dicke;
als ob sie geschrieben wären,
die Arme, nicht die Köpfe
daran zu üben.
Baltasar Gracián y Morales,
Handorakel und Kunst der Weltklugheit

Einst war die Seltenheit
der Bücher den Fortschritten
der Wissenschaft nachteilig,
jetzt ist es deren Überzahl,
die verwirrt und eigenes Denken
verhindert.
Karl Julius Weber, Democritos

Ein Kind ist ein Buch,
aus dem wir lesen
und in das wir schreiben sollen.
Peter Rosegger, Die Schriften des Waldschulmeisters

Es gehört eine bestimmte Art
verrückten Mutes dazu,
ein Buch zu schreiben:
der Wunsch, diesem unendlichen Ozean
von Vergänglichkeit einen freundlichen
oder zornigen Fetzen
Dauer zu entreissen (...).
Heinrich Böll, Worte töten Worte heilen

Es gehört zur Ironie des Schreibens,
dass oft Bücher von Autoren,
die absichtslos schreiben,
mehr zur Veränderung
der Welt beitragen
als die Bücher jener, die sich
auf ihre Absichten berufen (...).
Heinrich Böll, Worte töten Worte heilen

Es geht den Büchern
wie den Jungfrauen.
Gerade die besten bleiben
oft am längsten sitzen.
Ludwig Feuerbach, Abälard und Heloise

Es gibt Bücher,
durch welche man alles erfährt
und doch zuletzt
von der Sache nichts begreift.
Johann Wolfgang von Goethe,
Maximen und Reflexionen

Es gibt keine moralischen
oder unmoralischen Bücher;
Bücher sind gut geschrieben
oder schlecht.
Oscar Wilde

Es gibt wenig Bücher,
die ganz und gar befriedigen
und deren Inhalt von Anfang
bis zu Ende beherzigenswert ist.
Ricarda Huch,
Paul Schultzes »Häusliche Kunstpflege« (Rezension)

Es ist erst der Leser,
der das Buch zum Buch macht,
indem er es liest.
Francis Ponge

Es ist gut, so ein Buch
wieder zu lesen,
um gewisse Gefühle
lebendig zu halten.
Vincent van Gogh, Briefe

Es ist immer noch besser,
ein gutes Buch wird gekauft
und nicht gelesen, als wenn
es gar nicht erst gekauft wird.
Marcel Reich-Ranicki

Es ist mit Büchern nicht anders
als mit Menschen,
denen man unterwegs
im Leben begegnet.
Die meisten streift man nur,
kaum beteiligt, mit einem Blick.
Andere beschäftigen einen für eine
flüchtige Weile wie jemand,
mit dem man auf einer Bank
ins Gespräch kam. Man hört seine
Geschichte, teilnehmend oder
angewidert, erheitert oder bestürzt,
aber immerhin um eine Erfahrung
reicher. Nur sehr wenige
werden einem zu echten Freunden,
und nicht die Auffälligsten
in der Regel. Aber aus ihnen
strömt etwas unerschöpflich
Heilsames, das einem wirklich hilft,
die qualvolle Einsamkeit des Herzens
im fühllosen Getriebe dieser Welt
zu ertragen.
Heinrich Waggerl, Nach-Lese-Buch

Es ist sehr gut, die von andern
hundertmal gelesenen Bücher
immer noch einmal zu lesen,
denn obgleich das Objekt
einerlei bleibt, so ist doch
das Subjekt verschieden.
Georg Christoph Lichtenberg, Sudelbücher

Es müsste schlimm zugehen,
wenn ein Buch unmoralischer
wirken sollte als das Leben selber,
das täglich der skandalösen
Szenen im Überfluss,
wo nicht vor unsern Augen,
doch vor unseren Ohren entwickelt.
Johann Wolfgang von Goethe, überliefert von
Johann Peter Eckermann (Gespräche mit Goethe)

Es war eine Zeit, da wirkte die Welt
auf die Bücher, jetzt aber
wirken die Bücher auf die Welt.
Joseph Joubert, Gedanken, Versuche und Maximen

Es werden viele Bücher geschrieben,
aber sehr wenige
mit der aufrichtigen Absicht,
Gutes damit zu stiften.
Jean-Jacques Rousseau, Fünfter Brief vom Berge

Es zerstreut der Bücher Menge:
Daher – weil du nicht lesen kannst,
wie viel du besitzen könntest –
ist es genug, zu besitzen,
was du lesen kannst.
Lucius Annaeus Seneca, Briefe an Lucilius

Für den Leser ist ein gutes Buch
das billigste Hobby,
für den Schriftsteller – das teuerste.
Gabriel Laub

Geschriebenes wird es immer geben,
selbst das Drehbuch
für den blödesten aller Videofilme
muss ja geschrieben,
wenigstens skizziert werden (...).
Heinrich Böll, Worte töten Worte heilen

Gewisse Bücher
scheinen geschrieben zu sein,
nicht damit man etwas lerne,
sondern damit man wisse,
dass der Verfasser etwas gewusst hat.
Johann Wolfgang von Goethe,
Maximen und Reflexionen

Hast du drei Tage kein Buch gelesen,
werden deine Worte seicht.
Chinesisches Sprichwort

Hat das Heidentum, welches allen
Verirrungen der menschlichen
Vernunft ergeben war,
der Nachwelt irgendetwas hinterlassen,
das sich mit diesen schändlichen
Denkmälern vergleichen ließe,
welche die Buchdruckerkunst,
unter der Herrschaft des Evangeliums,
errichtet hat?
Jean-Jacques Rousseau,
Abhandlung über die Wissenschaften und Künste

Ich begreife nicht, wie ein Dichter
das Kind seiner Liebe
einem so rohen Haufen,
wie die Menschen sind,
übergeben kann.
Heinrich von Kleist, Briefe
(an Wilhelmine von Zenge, 10. Oktober 1801)

Ich habe keine andere Möglichkeit,
mir über Bücher ein Urteil zu bilden,
als die, dass ich
die Stimmungen erforsche,
in die sie meine Seele versetzen;
und ich kann mir kaum vorstellen,
was für eine Art von Güte
ein Buch haben kann,
das seine Leser nicht zum Guten führt.
Jean-Jacques Rousseau,
Julie oder Die neue Héloïse (Julie)

Ich habe weniger aus Büchern
etwas gelernt
als mich an ihnen geübt.
Michel Eyquem de Montaigne, Die Essais

Ich würde nie ein Buch lesen,
wenn ich die Gelegenheit hätte,
mich eine halbe Stunde
mit dem Mann zu unterhalten,
der es geschrieben hat.
Woodrow Wilson

In Büchern liegt die Seele
aller vergangenen Zeiten.
Thomas Carlyle, Über Helden, Heldenverehrung
und das Heldentümliche

In der Tat versetzt uns die Lesung
jedes guten Buchs in die Gegenwart
eines verständigen Mannes.
Christian Garve, Über Gesellschaft und Einsamkeit

In einem guten Buche
stehen mehr Wahrheiten,
als sein Verfasser
hineinzuschreiben meinte.
Marie von Ebner-Eschenbach, Aphorismen

In Frankreich studiert man
die Menschen,
in Deutschland
die Bücher.
Germaine Baronin von Staël, Über Deutschland

In meiner Jugend glaubte ich,
in der Welt eben die Menschen
zu finden, die ich in meinen Büchern
kennen gelernt hatte.
Ich warf mich ohne Zurückhaltung
jedem in die Arme,
der sich bei mir
durch ein gewisses Kauderwelsch
in Ansehen zu setzen wusste,
durch das ich immer
übertölpelt worden bin.
Jean-Jacques Rousseau,
Zweiter Brief an Malesherbes (12. Januar 1762)

In schönen Büchern
blättert man gern.
Deutsches Sprichwort

Intellektuelle sind Leute,
die über Bücher reden,
die andere Leute geschrieben haben.
Françoise Sagan

Je mehr sich unsere Bekanntschaft
mit guten Büchern vergrößert,
desto geringer wird der Kreis
von Menschen, an deren Umgang
wir Geschmack finden.
Ludwig Feuerbach, Abälard und Heloise

Jeder Leser
arbeitet an dem Buch mit,
das er liest.
Christa Wolf

Jeder rechtschaffene Mann
muss sich zu den Büchern,
die er herausgibt,
bekennen.
Jean-Jacques Rousseau, Julie oder Die neue Héloïse

Jedes Buch ist ein Zwiegespräch
zwischen Autor und Leser.
Ludwig Reiners, Stilkunst, Vorwort

Jedes meiner Bücher
war das Fruchtbarmachen
einer Unsicherheit.
André Gide, Tagebuch

Kann man das Werden
eines schlechten Buches vergeben,
Dann nur den Ärmsten,
welche schreiben,
um zu leben.
Molière, Der Menschenfeind

Lasst uns Grundsätze und Regeln,
die wir sichrer in uns selbst finden,
nicht in Büchern suchen!
Jean-Jacques Rousseau,
Julie oder Die neue Héloïse (Saint-Preux)

Leihe nie Bücher
oder andere Dinge aus,
die dir geliehen worden sind.
Adolph Freiherr von Knigge,
Über den Umgang mit Menschen

Lies kein Buch,
das nicht ein Jahr alt ist.
Ralph Waldo Emerson, Essays

Liest man die Bücher,
so findet man die Menschen besser,
als sie sind,
denn kein Autor ist ohne Eitelkeit;
jeder sucht den Eindruck zu erwecken,
als sei er besser, als er ist,
indem er stets
zugunsten der Tugend entscheidet.
Die Autoren sind eben Schauspieler.
Charles de Secondat, Baron de la Brède
et de Montesquieu, Meine Gedanken

Man druckt viele neue Bücher;
man würde gut tun,
wenn man
einige alte Bücher
von neuem druckte.
Hippolyte Taine, Das Goldene Jahrhundert in Spanien

Man findet in Büchern
selten etwas anderes,
als man zu finden gelernt hat.
Nur wenige lesen mit eigenen Augen.
Ludwig Marcuse, Argumente und Rezepte.
Ein Wörter-Buch für Zeitgenossen

Man findet nur Bücher, in denen
von Geist und Seele die Rede ist,
aber die Verfasser haben
weder das eine noch das andere.
Voltaire, Zadig

Man kann zugleich gegen
ein Buch sein und gegen sein Verbot.
Der Sexschund ödet mich an,
die Entrüstung darüber
ist mir zuwider.
Ludwig Marcuse, Argumente und Rezepte.
Ein Wörter-Buch für Zeitgenossen

Man soll in ein Buch
nur so viel Geist legen wie nötig,
man kann aber im Gespräch
mehr haben als nötig ist.
Joseph Joubert, Gedanken, Versuche und Maximen

Man sollte sehr misstrauisch
gegen Bücher sein.
Voltaire, Der Mann mit den vierzig Talern

Man verlangt ohne Unterlass nach
neuen Büchern,
dabei liegen in denen,
die wir schon haben,
unermessliche Schätze der Wissenschaft
und Heiterkeit, die uns unbekannt sind,
weil wir versäumt haben,
ihnen nachzugehen.
Es ist der Nachteil der neuen Bücher,
dass sie uns hindern,
die alten zu lesen.
Joseph Joubert, Gedanken, Versuche und Maximen

Manche Kritiker fassen jene
Autoren am härtesten an,
deren Bücher sie
nicht angefasst haben.
Gabriel Laub

Mancher schreibt
gleich zwei Bücher auf einmal:
das erste und das letzte.
Mark Twain

Manche Menschen lesen
überhaupt keine Bücher,
sondern kritisieren sie.
Kurt Tucholsky, Schnipsel

Mein Buch hat mich
ebenso sehr gestaltet,
wie ich mein Buch
gestaltet habe.
Michel Eyquem de Montaigne, Die Essais

Mit Büchern
habe ich das meiste Gespräch.
Lucius Annaeus Seneca, Moralische Briefe

Moralische oder unmoralische Bücher,
dergleichen gibt es nicht.
Bücher sind gut geschrieben
oder schlecht geschrieben.
Sonst nichts.
Oscar Wilde, Das Bildnis des Dorian Gray

Natur, ein Buch lebendig,
Unverstanden, doch
nicht unverständlich.
Johann Wolfgang von Goethe, Sendschreiben

Nicht jedes Buch
ist seinem Klappentext gewachsen.
Peter Schifferli

Praktische Regel:
Niemals Bücher an Frauen verleihen,
es sei denn, man hätte sie
hinter Schloss und Riegel.
Antoine Comte de Rivarol, Maximen und Reflexionen

Reines Bücherwissen
ist trauriges Wissen.
Michel Eyquem de Montaigne, Die Essais

Schlage nie in Büchern nach,
wenn du etwas vergessen hast,
sondern bemühe dich,
es dir ins Gedächtnis zu rufen.
Leo N. Tolstoi, Tagebücher (1847)

Schnelligkeit ist notwendig,
um Flöhe zu fangen,
aber nicht, um Bücher zu schreiben.
Michail Scholochow

Selbst ein Haufen Bücher
ersetzt nicht einen guten Lehrer.
Chinesisches Sprichwort

Sie haben nur ein einziges Buch,
das sie »Weisheit« nennen,
ein Kompendium aller Wissenschaften,
welche sich in wunderbar
leichter Fasslichkeit
darin beschrieben finden.
Tommaso Campanella, Der Sonnenstaat

So viel Bücher lassen uns
das Buch der Welt hintan setzen;
oder wenn wir noch darin lesen,
so hält sich jeder an sein Blatt.
Jean-Jacques Rousseau, Emile

Streichen wir nicht
in einem Buche Stellen an,
die sich unmittelbar
auf uns beziehen?
Johann Wolfgang von Goethe, Dichtung und Wahrheit

Streng genommen hat
nur eine Sorte Bücher
das Glück unserer Erde vermehrt:
die Kochbücher.
Joseph Conrad

Über jedem guten Buche
muss das Gesicht des Lesers
von Zeit zu Zeit hell werden.
Die Sonne innerer Heiterkeit muss sich
zuweilen von Seele zu Seele grüßen,
dann ist auch im schwierigsten Falle
vieles in Ordnung.
Christian Morgenstern, Stufen

Um ein Buch zu schreiben,
eine Tat zu vollbringen,
ein Bild zu malen, darin Leben ist,
muss man selbst
ein lebendiger Mensch sein.
Vincent van Gogh, Briefe

Vielen wahren Büchern geht es
wie den Goldklumpen in Irland.
Sie dienen lange Jahre
nur als Gewichte.
Novalis, Blütenstaub

Was machet
groß und breit ein Buch?
Unwissenheit,
Die Wissen werden will
und nicht dazu gedeiht.
Friedrich Rückert, Die Weisheit des Brahmanen

Weder Christus
noch Buddha noch Sokrates
haben ein Buch geschrieben,
denn das hieße,
das Leben gegen einen
logischen Prozess vertauschen.
William Butler Yeats, Entfremdung

Welches Vergnügen,
sich für einen Taler
selbst zu unterrichten
und seinen Geist weiterzubilden,
ohne aus dem Haus gehen zu müssen.
Voltaire, Der Mann mit den vierzig Talern

Wenn die Etymologen Recht haben,
Buch von Buche kommt,
von Buchenholztafeln,
auf die Sprüche,
auch Mitteilungen
eingeritzt waren,
dann wird das Buch
noch lange leben (...).
Heinrich Böll, Worte töten Worte heilen

Wenn ein Buch
und ein Kopf zusammenstoßen
und es klingt hohl,
ist das allemal im Buch?
Georg Christoph Lichtenberg, Sudelbücher

Wenn ich Diktator wäre,
würde ich das Ausleihen von Büchern
gesetzlich untersagen.
William Saroyan

Wenn man Bücher von Leuten liest,
die für eine Partei oder
einen Klüngel schreiben,
muss man die Unannehmlichkeit
in Kauf nehmen,
dass man darin nicht immer
die Wahrheit findet.
Jean de La Bruyère, Die Charaktere

Wir finden in den Büchern
immer nur uns selbst. Komisch,
dass dann allemal
die Freude groß ist
und wir den Autor
zum Genie erklären.
Thomas Mann

Wir wollen also das Hilfsmittel Buch,
das man uns rühmt,
denjenigen überlassen,

die gemacht sind,
sich damit zufrieden zu geben.
Es dient nur dazu,
über das schwatzen zu lernen,
was man nicht weiß.
Jean-Jacques Rousseau, Emile

Zensur hat auch ihre gute Seite:
Zahllosen Büchern hat sie
wenigstens einen Leser beschert.
Kateb Yacine

Buchdruck

Der Buchdruck hat das Glück
der Menschen nicht gefördert.
Leo N. Tolstoi, Tagebücher (1907)

Die Buchdruckerkunst
ist die Artillerie des Denkens.
Antoine Comte de Rivarol, Maximen und Reflexionen

Die Erfindung
der Buchdruckerkunst ist das größte
Ereignis
der Weltgeschichte.
Victor Hugo, Der Glöckner von Notre-Dame

Bücherverbrennung

Dort wo man Bücher verbrennt,
verbrennt man auch am Ende
Menschen.
Heinrich Heine

Es hatte wirklich etwas Fürchterliches,
eine Strafe an einem leblosen Wesen
ausgeübt zu sehen.
Die Ballen platzten im Feuer
und wurden durch Ofengabeln
auseinander geschürt und
mit den Flammen mehr
in Berührung gebracht.
Johann Wolfgang von Goethe, Dichtung und Wahrheit

Es ist mit den Jahren
wie mit den sibyllinischen Büchern:
Je mehr man ihrer verbrennt,
desto teurer werden sie.
Johann Wolfgang von Goethe,
Maximen und Reflexionen

Weder Scheiterhaufen noch Befehle
werden mich meine Sprache
ändern lassen.
Jean-Jacques Rousseau,
Brief an Erzbischof Beaumont (18. November 1762)

Wer einen Menschen tötet,
tötet ein vernünftiges Wesen,
ein Abbild Gottes; aber der,
welcher ein gutes Buch vernichtet,
tötet die Vernunft selbst,
tötet sozusagen Gottes Abbild
im Keime.
John Milton, Aeropagitica

Buchhaltung

Die Zeit
ist ein strenger Buchhalter,
ein wahres Kontinuum der Dinge,
das nichts übersieht,
das nie belüget.
Johann Gottfried Herder, Das eigene Schicksal

Er bekleidete nicht nur
die Stellung eines Buchhalters –
er war wirklich einer,
war es durch und durch.
Kurt Tucholsky, Schnipsel

Welche Vorteile gewährt
die doppelte Buchhaltung
dem Kaufmanne!
Johann Wolfgang von Goethe,
Wilhelm Meisters Lehrjahre

Wir alle,
die wir träumen und denken,
sind Buchhalter und Hilfsbuchhalter
in einem Stoffgeschäft
oder in irgendeinem anderen Geschäft
in irgendeiner Unterstadt.
Wir führen Buch und
erleiden Verluste (...).
Fernando Pessoa, Das Buch der Unruhe des Hilfsbuchhalters Bernardo Soares

Buchmesse

Die einzigen,
die an die Wichtigkeit
der Frankfurter Buchmesse glauben,
sind die zu Hause gebliebenen
Gattinnen.
Hans Habe

Hier ist Messe, geschwind, packt aus
und schmücket die Bude,
Kommt, Autoren, und zieht, jeder
versuche sein Glück.
Johann Wolfgang von Goethe, Xenien

Nach der Anzahl der Bücher,
die in Leipzig verkauft werden,
kann man beurteilen,
wie viele Leser
die deutschen Schriftsteller haben.
Die Arbeiter aller Klassen,
sogar die Steinhauer,
nehmen ein Buch zur Hand,
wenn sie von ihrer Arbeit ausruhen.
Germaine Baronin von Staël, Über Deutschland

Buddha

Den Willen eines Menschen
bricht auch Buddha nicht.
Chinesisches Sprichwort

Der Buddha aus Lehm
ermahne nicht den Buddha aus Ton.
Chinesisches Sprichwort

Mehr als jede andere Tugend betont
der Buddhismus Uneigennützigkeit,
die in Liebe und heilender
Hinwendung Ausdruck findet.
Dalai Lama XIV, Logik der Liebe

Sieh nicht auf die goldene Maske,
sondern auf das Gesicht
des Buddha dahinter.
Chinesisches Sprichwort

Büffel

Ein Bauer ohne Büffel
ist wie ein Kaufmann ohne Kapital.
Chinesisches Sprichwort

Töte keinen Ackerbüffel,
wirf beschriebenes Papier nicht weg.
Chinesisches Sprichwort

Von einem Büffel
zieht man nicht zwei Häute ab.
Chinesisches Sprichwort

Bühne

Auf der Bühne kann man alles,
nur die gesunde Vernunft
nicht brauchen.
Jean-Jacques Rousseau, Brief an d'Alembert

Die Bühne allgemein ist ein Gemälde
der menschlichen Leidenschaften,
dessen Urbild in allen Herzen ist.
Allein, suchte der Maler nicht diesen
Leidenschaften zu schmeicheln,
so würden die Zuschauer bald
abgeschreckt werden,
und sie würden sich nicht mehr
in einem Bilde sehen wollen,
das sie lehrt, sich selbst zu verachten.
Jean-Jacques Rousseau, Brief an d'Alembert

Die Welt ist eine Bühne,
aber die Rollen sind schlecht verteilt.
Oscar Wilde

Es werden auf deutschen Bühnen
zu viele Eierkuchen gebacken.
Jürgen Flimm

Ich bin die lebendige Bühne, auf der
verschiedene Schauspieler auftreten,
die verschiedene Stücke aufführen.
Fernando Pessoa, Das Buch der Unruhe des Hilfsbuchhalters Bernardo Soares

Ihr wisst, auf unsern deutschen Bühnen
Probiert ein jeder, was er mag.
Johann Wolfgang von Goethe, Faust I
(Vorspiel auf dem Theater: Direktor)

Italien besteht aus
fünfzig Millionen Schauspielern.
Die schlechtesten von ihnen
stehen auf der Bühne.
Orson Welles

Man kann kein Gewehr
auf die Bühne stellen,
wenn niemand die Absicht hat,
einen Schuss daraus abzugeben.
Anton P. Tschechow, Briefe (1. November 1889)

Politik ist die Bühne,
auf der die Souffleure
manchmal deutlicher zu hören sind
als die Akteure.
Ignazio Silone

Schauspielerinnen sind
ideale Ehefrauen; sie machen
ihre Szenen auf der Bühne.
Bernhard Wicki

Was sollen wir auf der Bühne
die Pflichten von Königen studieren,
nur um die unseren zu vernachlässigen?
Jean-Jacques Rousseau, Brief an d'Alembert

Bündnis

Aus der Geschichte geht hervor,
dass Bündnisse und Garantien
meistens der erste Schritt
zur Unterwerfung eines Teils,
natürlich des schwächern sind,
wenn er nicht auf der Hut ist.
Johann Gottfried Seume, Apokryphen

Bündnis: die Vereinigung
zweier Diebe, die ihre Hände so tief
in den Taschen des anderen
stecken haben, dass sie nicht
unabhängig voneinander
einen dritten ausplündern können.
Ambrose Bierce

Bündnis macht
die Schwachen stark.
Deutsches Sprichwort

Doch mit des Geschickes Mächten
Ist kein ew'ger Bund zu flechten,
Und das Unglück schreitet schnell.
Friedrich Schiller, Das Lied von der Glocke

Es bleibt nichts weiter zu tun,
als dass eine Delegation
sich auf den Weg macht,
um einen Bündnisvertrag
abzuschließen.
Waltharilied (Heinrich)

Es gibt nur ein Bündnis,
das gut und organisch
gewachsen wäre:
das deutsch-französische.
Das wäre die erste und einzige
unter allen alten und neuen Allianzen,
die sich nicht
gegen einen Dritten richtet.
Es wäre die Allianz für Europa.
Carl von Ossietzky

Es ist nicht leicht zu bewerkstelligen,
dass sich mehrere leitende
Persönlichkeiten gegen eine
einzige verbünden; gelingt es,
so ist dieses Bündnis
oft nicht von langer Dauer.
Niccolò Machiavelli, Briefe
(an Francesco Vettori, 10. Dezember 1514)

Es schadet nichts,
wenn Starke sich verstärken.
Johann Wolfgang von Goethe, Faust II (Faust)

Ich sei, gewährt mir die Bitte,
In eurem Bunde der Dritte!
Friedrich Schiller, Die Bürgschaft

Mir liegt mehr an Bündnissen
als daran, den Menschen
Krieg zu bringen.
Waltharilied (Attila)

»Mit des Geschickes Mächten
Ist kein ew'ger Bund zu flechten«
(Schiller). Kommentar: Gott sei Dank!
Ludwig Marcuse, Argumente und Rezepte.
Ein Wörter-Buch für Zeitgenossen

Niemals ist das Bündnis
mit einem Mächtigen verlässlich.
Phaedrus, Fabeln

Wenn Maus und Katze sich verbünden,
Geschieht's gewiss aus guten Gründen.
Jüdische Spruchweisheit

Wer wird auf Bundesgenossen pochen!
Johann Wolfgang von Goethe, Faust II (Schatzmeister)

Zwischen Staaten gibt es keine
Freundschaft, sondern nur Allianzen.
Charles de Gaulle

Bürgen

Bürge für keinen,
der höher steht als du.
Hast du gebürgt,
so musst du zahlen.
Altes Testament, Jesus Sirach 8, 13

Werde Bürge, und das Unglück ist da.
Chilon, überliefert bei Aristoteles (Über Philosophie)

Bürger

Als bürgernah darf sich eigentlich
nur derjenige bezeichnen,
der nachweisen kann,
dass ihm im Gedränge wiederholt
die Brieftasche gestohlen wurde.
Manfred Rommel, Rommel-Kalender

Arbeit ist des Bürgers Zierde,
Segen ist der Mühe Preis.
Friedrich Schiller, Das Lied von der Glocke

Bürgerliches Benehmen
verliert sich manchmal im Heer,
aber niemals am Hof.
François de La Rochefoucauld, Reflexionen

Das Gewissen eines jeden Bürgers
ist sein Gesetz.
Thomas Hobbes, Leviathan

Der Abscheu vor dem Bürger
ist bürgerlich.
Jules Renard, Ideen, in Tinte getaucht.
Aus dem Tagebuch von Jules Renard

Der bürgerliche Mensch
ist nur eine Brucheinheit,
die vom Nenner abhängt
und deren Wert in ihrem Verhältnis
zu dem Ganzen liegt,
welches der gesellschaftliche
Körper ist.
Jean-Jacques Rousseau, Emile

Der bürgerliche Mensch wird geboren,
lebt und stirbt in der Sklaverei.
Bei seiner Geburt
steckt man ihn in eine Windel;
bei seinem Tode
nagelt man ihn in einen Sarg;
solange er die menschliche
Gestalt behält, ist er
durch unsere Konventionen gefesselt.
Jean-Jacques Rousseau, Emile

Der Kosmopolit ist, vermöge seiner
wesentlichsten Ordenspflichten,
immer ein ruhiger Bürger,
auch wenn er mit dem gegenwärtigen
Zustande des gemeinen Wesens
nicht zufrieden sein kann.
Christoph Martin Wieland,
Das Geheimnis des Kosmopolitenordens

Der Mittelstand nur
ist der wahre Bürgerstand,
Für Zucht und Ordnung wachend,
die das Volk gebot.
Euripides, Die Schutzflehenden (Theseus)

Die Bürger – das sind die anderen.
Jules Renard, Ideen, in Tinte getaucht.
Aus dem Tagebuch von Jules Renard

Die Bürger, die der Gesetzgeber
zur Rechtschaffenheit erziehen soll,
müssen in ihrer Naturanlage
geistige Begabung und Mut verbinden.
Aristoteles, Älteste Politik

Die erste Pflicht eines Bürgers ist,
seinem Vaterlande zu dienen.
König Friedrich der Große,
Politisches Testament (1752)

Die guten bürgerlichen Satzungen
sind diejenigen, welche
am besten wissen, dem Menschen
seine Natur auszuziehen,
ihm sein absolutes Dasein zu nehmen,
um ihm ein relatives zu geben.
Jean-Jacques Rousseau, Emile

Die nützlichen Tugenden
der Bürger sind
Menschlichkeit, Billigkeit, Tapferkeit,
Wachsamkeit und Arbeitsliebe.
König Friedrich der Große,
Politisches Testament (1752)

Die Teilnahme der Bürger
an der Politik reduziert sich allmählich
aufs Zuschauen am Bildschirm.
Rudolf Wassermann

Die wohlgeordneten Freistaaten
müssen den Staat reich
und den Bürger arm halten.
Niccolò Machiavelli, Vom Staat

Diese beiden Wörter,
Vaterland und Bürger,
sollten aus den heutigen Sprachen
getilgt werden.
Jean-Jacques Rousseau, Emile

Durch Gewöhnung
suchen die Gesetzgeber
die Bürger tüchtig zu machen.
Dies ist die Absicht
jedes Gesetzgebers.
Aristoteles, Nikomachische Ethik

Ein jeder kehre vor seiner Tür,
Und rein ist jedes Stadtquartier.
Johann Wolfgang von Goethe, Sprüche (Bürgerpflicht)

Eine Regierung ist so schlecht,
wie die Bürger es zulassen,
und so gut,
wie die Bürger es erzwingen.
Pierre Salinger

Es wäre eine reine Freude,
Journalist zu sein, wenn die Bürger
so viel Acht auf die Sprache gäben
wie auf den Lack ihrer Autos.
Fritz Richert

Jeder Staatsbürger ist ein Staatsbeamter.
Novalis, Glauben und Liebe

Ohne Ruhe geht es nicht,
Ruh' ist erste Bürgerpflicht.
August Heinrich Hoffmann von Fallersleben,
Bürgerlich

Sich im Besitz friedlich
und träge auszuruhen,
entspricht der Natur
des wahren Bürgers.
Er ist immer selbstzufrieden und
zufrieden mit anderen.
Joseph Joubert, Gedanken, Versuche und Maximen

Wer ist das würdigste Glied des Staats?
Ein wackerer Bürger;
Unter jeglicher Form bleibt er
der edelste Stoff.
Johann Wolfgang von Goethe/Friedrich Schiller,
Xenien

Bürgerkrieg

Bürgerkrieg ist
für beide Parteien ein Unglück.
Denn das Verderben trifft Sieger
und Besiegte in gleicher Weise.
Demokrit, Fragment 249

Dem ersten, der einen Bürgerkrieg
entzünden will,
schließt man den Mund,
und die Lehren der Neuerer
werden der verdienten Lächerlichkeit
preisgegeben.
König Friedrich der Große,
Politisches Testament (1752)

Partei wird alles,
wenn das blut'ge Zeichen
Des Bürgerkrieges ausgehangen ist.
Friedrich Schiller, Die Jungfrau von Orleans (Dunois)

Bürgermeister

Ein Bürgermeister soll sich eher
einen Tod in Ehren wünschen,
ehe in seiner Amtszeit durch seine
Säumigkeit und Nachlässigkeit
der Stadt Gnaden, Freiheiten und
Herrlichkeiten gemindert würden.
Johannes Frauenburg,
Über die Pflichten eines Bürgermeisters (1476)

Ein Bürgermeister soll
vor allen Dingen darauf achten,
dass Gottes Ehre und sein Dienst
gemehret werden; denn das
haben selbst die Heiden getan.
Johannes Frauenburg,
Über die Pflichten eines Bürgermeisters (1476)

Wo der Bürgermeister ein Bäcker ist,
backt man das Brot klein.
Emil Gött, Zettelsprüche. Aphorismen

Büro

Die Büros sind keine Puppenstuben.
Erich Kästner, Dr. Erich Kästners lyrische Hausapotheke

Es ist gefährlich,
einen extrem fleißigen
Büroangestellten einzustellen,
weil die anderen ihm dann
ständig zuschauen.
Henry Ford, Mein Leben und Werk

Bürokratie

Dass man mit Dienst nach Vorschrift
die Urheber der Vorschriften
lächerlich machen kann,
ist eine herrliche Pointe
der Bürokratie.
Cyril N. Parkinson

Der Bürokrat tut seine Pflicht
von neun bis eins,
Mehr tut er nicht.
Carl Zeller, Der Obersteiger

Die Bürokratie aber ist krebsmäßig
an Haupt und Gliedern,
nur ihr Magen ist gesund.
Otto von Bismarck, Briefe (an Wagner 1850)

Die Lage hat sich gewandelt.
Der Feind ist jetzt nicht mehr
der Feind im anderen Lager,
sondern der graue Bürokrat in uns.
John Le Carré

Von allen Plagen, mit denen
Gott der Herr unser Wirtschaftsleben
heimsucht, ist die Bürokratie
die weitaus schlimmste.
Die Bürokratie ist nicht etwa
ein Versagen der Regierung.
Das glauben nur die Optimisten.
Die Bürokratie ist
die Regierung selbst (...).
Ephraim Kishon, Kishon für alle Fälle

Wir können
die Schwerkraft überwinden,
aber der Papierkram erdrückt uns.
Wernher von Braun

Busen

Bedecken Sie den Busen,
den ich nicht darf sehn;
Gar leicht bringt so etwas
die Seelen in Gefahr
Und weckt in uns Gedanken,
die höchst sündhaft sind.
Molière, Tartuffe (Tartuffe)

Ein Dekolleté sollte kein optischer
Selbstbedienungsladen sein.
Ruth Leuwerick

Ein voller Busen ist in Wirklichkeit
ein Mühlstein am Hals der Frau:
Er macht sie bei Männern beliebt,
die aus ihr ein Mammchen
machen wollen, aber sie darf
niemals annehmen,
dass die Glotzaugen der Männer
sie selber sehen.
Germaine Greer, Der weibliche Eunuch

Welcher Busen, Hals und Kehle!
Höher seh' ich nicht genau.
Eh' ich ihr mich anvertrau',
Gott empfehl' ich meine Seele.
Heinrich Heine, Neue Gedichte

Buße

Abbitte ist die beste Buße.
Deutsches Sprichwort

Auf eine öffentliche Sünde
gehört eine öffentliche Buße.
Deutsches Sprichwort

Die Gewissheit, durch die Absolution
schon morgen wieder von der Sünde
reingewaschen zu sein,
hilft der Bußfertigen oft,
ihre Skrupel zu überwinden.
Simone de Beauvoir, Das andere Geschlecht

Die kirchlichen Bußsatzungen
sind nur den Lebenden auferlegt;
den Sterbenden darf nach ihnen
nichts auferlegt werden.
Martin Luther, Thesen über den Ablass

Die kleinsten Sünder
tun die größte Buße.
Marie von Ebner-Eschenbach, Aphorismen

Es freveln die Väter,
und die Nachkommen büßen
für deren Missetaten.
Ecbasis captivi in belehrender Gestalt (Otter)

Es kann nicht jeder
um Ablass gen Rom ziehen.
Deutsches Sprichwort

Man muss für die Absicht
genauso büßen wie für die Tat.
Ecbasis captivi in belehrender Gestalt (Fuchs)

Mancher büßt,
was andere verbrochen haben.
Deutsches Sprichwort

Oft schon musste eine ganze Stadt
für die Übeltaten
eines einzigen Mannes büßen.
Hesiod, Werke und Tage

Wegen einer Sünde
darf man nicht zweimal büßen.
Sprichwort aus Frankreich

Weh dem, der im Finstern
seine Frevel büßt
Und brennt in der Hölle!
Das Muspilli (um 860)

Wer seine Fehler eingesteht,
muss weniger dafür büßen.
Lido Anthony »Lee« Iacocca,
Mein amerikanischer Traum

Wer sich ärgert,
büßt für die Sünden anderer.
Konrad Adenauer

Zu allen Zeiten haben die Kleinen
für die Dummheit der Großen
büßen müssen.
Jean de La Fontaine, Fabeln

C

Chancengleichheit

Chancengleichheit
bedeutet Gelegenheit
zum Nachweis ungleicher Talente.
Sir Herbert Samuel

Die Musik spricht für sich allein.
Vorausgesetzt,
wir geben ihr eine Chance.
Yehudi Menuhin

Ein kluger Mann
macht nicht alle Fehler selber;
er gibt auch anderen eine Chance.
Winston S. Churchill

Jeder sollte seine Chance bekommen.
Richard von Weizsäcker,
Weihnachtsansprache 1985 des Bundespräsidenten

Chaos

Auch das Chaos gruppiert sich
um einen festen Punkt,
sonst wäre es nicht einmal als Chaos da.
Arthur Schnitzler, Buch der Sprüche und Bedenken

Darum ist die Natur so groß,
weil sie vergessen hat,
dass sie Chaos war;
und doch kann es ihr auch wieder
einfallen, wenn es sein muss.
Søren Kierkegaard, Entweder – Oder

Dem Chaos trink ich
manchen Becher zu.
Es fuhr empor,
es lachte und es weinte.
Dann sank es wieder
zurück in alte Ruh.
Alfred Mombert, Gedichte

Der Staat ist eine Notordnung
gegen das Chaos.
Gustav Heinemann

Geschichte ist das Muster,
das man hinterher in das Chaos hebt.
Carlo Levi

Heutige Kunst:
Ihr Wesensausdruck ist
Chaos bei äußerem Können.
Karl Jaspers, Die geistige Situation der Zeit

Ich sage euch:
Man muss noch Chaos in sich haben,
um einen tanzenden Stern
gebären zu können.
Ich sage euch:
Ihr habt noch Chaos in euch.
Friedrich Nietzsche, Also sprach Zarathustra

Ironie ist klares Bewusstsein
der ewigen Agilität,
des unendlichvollen Chaos.
Friedrich Schlegel, Ideen

Ordnung ist etwas Künstliches.
Das Natürliche ist das Chaos.
Arthur Schnitzler

Wisst ihr denn nicht,
dass das Chaos der Vater
allen Seins ist und Form und Materie
der Welt ihren jetzigen
Zustand gegeben hat?
Voltaire, Zadig

Zeiten der Ordnung sind
die Atempausen des Chaos.
Walter Hilsbecher

Charakter

Alle Charaktere sind aus denselben
Elementen zusammengesetzt;
nur die Proportionen
machen den Unterschied aus.
Théodore Jouffroy, Das grüne Heft

Am allerwenigsten muss man
an den Charakteren
herumbasteln wollen;
es führt zu gar nichts,
außer zu Verstimmung und Ärgernis.
Theodor Fontane, Der Stechlin

Arbeit ist einer der besten Erzieher
des Charakters.
Samuel Smiles, Charakter

Auf die Bildung des Charakters
haben Zucht und Übung
einen bedeutenden Einfluss.
Samuel Smiles, Charakter

Auf Vulkanen wächst kein Gras.
Sprichwort aus Frankreich

Charakter im Großen und Kleinen ist,
dass der Mensch demjenigen
eine stete Folge gibt,
dessen er sich fähig fühlt.
Johann Wolfgang von Goethe,
Maximen und Reflexionen

Charakter ist das,
was man ist,
wenn keiner zuschaut.
Siegfried Lowitz

Charakter ist der Inbegriff des
bewussten und unbewussten Willens.
Walter Rathenau, Auf dem Fechtboden des Geistes.
Aphorismen aus seinen Notizbüchern

Charakter ist nur Eigensinn.
Es lebe die Zigeunerin.
Paul Scheerbart

Charakterschwäche und geistige Leere,
mit einem Wort alles, was uns hindert,
mit uns selbst allein zu sein, bewahrt
viele Menschen vor dem Menschenhass.
Chamfort, Maximen und Gedanken

Das Entscheidende
bleibt doch immer der Charakter,
nicht die eitle, wohl aber der gute
und ehrliche Glaube an uns selbst.
Theodor Fontane, Frau Jenny Treibel

Das Große lässt er schleifen,
doch im Kleinen
ist er eine Krämerseele.
Chinesisches Sprichwort

Das Hauptmerkmal
eines Charakters ist,
wie er sich bei Feindseligkeit verhält.
Leo N. Tolstoi, Tagebücher (1856)

Das ist eine Frage der Sauberkeit:
Man soll die Meinung wechseln
wie das Hemd.
Jules Renard, leben, in Tinte getaucht.
Aus dem Tagebuch von Jules Renard

Das Leben eines Menschen
ist sein Charakter.
Johann Wolfgang von Goethe, Italienische Reise

Das Schicksal hat keinen Einfluss
auf unseren Charakter, im Gegenteil:
Der Charakter bestimmt das Schicksal
und modelt es um.
Michel Eyquem de Montaigne, Die Essais

Das Unglück
ist der Prüfstein des Charakters.
Samuel Smiles, Charakter

Dein Schicksal ist der Nachklang,
das Resultat deines Charakters.
Johann Gottfried Herder, Das eigene Schicksal

Den Wein erkennt man am Geruch,
Den Esel an den Ohren,
Den Weisen wohl am Tun und Spruch,
Und am Geschwätz den Toren.
Jüdische Spruchweisheit

Denn der Charakter
ist schlechthin inkorrigibel;
weil alle Handlungen des Menschen
aus einem inneren Prinzip fließen,
vermöge dessen er unter gleichen
Umständen stets das Gleiche tun muss
und nicht anders kann.
Arthur Schopenhauer, Aphorismen zur Lebensweisheit

Denn der Weg
zu einem guten Charakter
ist niemals zu spät.
Lucius Annaeus Seneca, Agamemnon

Der Charakter
ist das Schicksal des Menschen.
Heraklit, Fragmente

Der Charakter
ist die sittliche Ordnung,
durch das Medium
der individuellen Natur gesehen.
Samuel Smiles, Charakter

Der Charakter ist ein Instinkt.
Er hängt noch mehr
von der Natur ab als der Geist,
und doch geben die Umstände allein
dem Menschen Gelegenheit,
ihn zu entwickeln.
Germaine Baronin von Staël, Über Deutschland

Der Charakter ist weiter nichts
als eine langwierige Gewohnheit.
Plutarch, Moralia

Der Charakter zeigt sich
im Verhalten eines Menschen
jenen gegenüber,
die ihm nichts nützen.
Lothar Schmidt

Der Fuchs wechselt den Balg,
nicht den Charakter.
Titus Flavius Vespasian, Nach Sueton, Vespasian

Der Uniform sind wir
durchaus abgeneigt,
sie verdeckt den Charakter.
Johann Wolfgang von Goethe,
Wilhelm Meisters Wanderjahre

Die Änderung, die unser Naturell
im Laufe des Lebens erfährt,
sieht manchmal aus
wie eine Änderung unseres Charakters.
Marie von Ebner-Eschenbach, Aphorismen

Die Hauptbestandteile
eines guten Charakters
sind Treue und Mitleid.
Carl Hilty, Briefe

Die Kompliziertheit eines Charakters
wächst mit dem feinen Verständnis
desselben.
Paula Modersohn-Becker, Briefe (19. Februar 1899)

Die Männer von Charakter sind
das Gewissen der Gesellschaft,
zu der sie gehören.
Samuel Smiles, Charakter

Die Miene zeigt den Charakter an.
Marcus Tullius Cicero, Über die Gesetze

Die Schilderung der schlechten
Charaktere gelingt oft besser
als die der guten,
weil sie in uns selber schlummern.
Ernst Jünger

Die Stärke des Gehirns
macht eigensinnige,
die Stärke des Geistes
feste Charaktere.
Joseph Joubert, Gedanken, Versuche und Maximen

Charakter

Die Umgebung, in der
der Mensch sich den größten Teil
des Tages aufhält,
bestimmt seinen Charakter.
Antiphon, Fragmente

Die unerfreulichen Charaktere,
davon die Welt voll ist,
nicht ertragen zu können,
zeugt von schwacher Wesensart:
Im Verkehr muss es Scheidemünze
und Goldstücke geben.
Jean de La Bruyère, Die Charaktere

Dies bringt die Vollkommenheit
des Charakters mit sich,
jeden Tag, als ob er der letzte wäre,
zu durchleben
und weder sich aufzuregen
noch abgestumpft zu sein,
noch zu heucheln.
Mark Aurel, Selbstbetrachtungen

Durch den eigenen Charakter
bestimmt sich jedem das Schicksal.
Marcus Tullius Cicero, Paradoxa Stoicorum

Durch nichts bezeichnen die Menschen
mehr ihren Charakter als durch das,
was sie lächerlich finden.
Johann Wolfgang von Goethe,
Maximen und Reflexionen

Ehe der Körper eines großen Mannes
Asche ist, kann man selten
mit einiger Richtigkeit
über seinen Charakter urteilen.
Johann Gottfried Seume, Apokryphen

Ein Aff bleibt ein Aff,
werd er König oder Pfaff.
Deutsches Sprichwort

Ein Baum
wird noch lange kein Krokodil,
wenn er jahrelang im Niger treibt.
Afrikanisches Sprichwort

Ein Charakter ist
ein vollkommen gebildeter Willen.
Novalis, Fragmente

Ein geistreicher Mann ist verloren,
wenn er nicht auch ein Mann
von energischem Charakter ist.
Hat man die Laterne des Diogenes,
so muss man auch
des Diogenes Stock haben.
Chamfort, Maximen und Gedanken

Ein Mensch zeigt nicht eher
seinen Charakter, als wenn er
von einem großen Menschen
oder irgend von etwas
Außerordentlichem spricht.
Es ist der rechte Probierstein
aufs Kupfer.
Johann Wolfgang von Goethe,
Maximen und Reflexionen

Ein so genannter Charakter
ist eine sehr einfache,
mechanische Vorrichtung;
er besitzt nur eine Betrachtungsweise
für die so äußerst verwickelten
Umstände des Lebens;
er hat sich entschieden, sein Leben lang
von einer bestimmten Sache ein
und dieselbe Meinung zu haben;
und um sich nicht
der Charakterlosigkeit
schuldig zu machen, ändert er
seine Meinung nie, wie einfältig
und unvernünftig sie auch ist.
August Strindberg, Der Sohn der Magd

Ein Talent bildet sich im Stillen,
doch ein Charakter
nur im Strome der Welt.
Heinrich von Kleist, Briefe
(an Ulrike von Kleist, 5. Februar 1801)

Einen festen Charakter erwerben heißt,
viele und gründliche Erfahrungen
über die Unzulänglichkeiten und
Verhältnisse des Lebens gewinnen.
Danach beharrt man entweder
bei seinem Begehren, oder
man erstrebt überhaupt nichts mehr.
Stendhal, Über die Liebe (Fragmente)

Einen festen Charakter haben,
heißt so viel, wie sich unter dem
Einfluss anderer Charaktere bewähren;
diese anderen sind also notwendig.
Stendhal, Über die Liebe (Fragmente)

Entgegen einem sehr verbreiteten
Vorurteil ist in der Einschätzung
wenigstens von Personen die Frau
durchweg objektiver als der Mann.
Ludwig Klages, Grundlagen der Charakterkunde

Er bekleidete nicht nur
die Stellung eines Buchhalters –
er war wirklich einer,
war es durch und durch.
Kurt Tucholsky, Schnipsel

Es bildet ein Talent
sich in der Stille,
Sich ein Charakter
in dem Strom der Welt.
Johann Wolfgang von Goethe,
Torquato Tasso (Leonore)

Es gibt genug charakterfeste Männer,
die eine Frau nicht sitzen lassen –
vor allem im Bus
und in der Straßenbahn.
Grete Weiser

Es gibt Leute,
die als charaktervoll gelten,
nur weil sie zu bequem sind,
ihre Ansichten zu ändern.
Robert Lembke, Das Beste aus meinem Glashaus.
Humoristisches und Satirisches

Es gibt Männer mit einem Charakter
wie eine ausgehöhlte Kastanienschale.
Honoré de Balzac, Die Physiologie der Ehe

Es gibt unter den Menschen
viele solcher Charaktere, in denen
sich zwei entgegengesetzte
Eigenschaften vereinigen.
Johann Jakob Engel, Der Philosoph für die Welt

Geld verdirbt den Charakter –
vor allem, wenn man keins hat.
Peter Ustinov, Peter Ustinovs geflügelte Worte

Gerade in Kleinigkeiten,
als bei welchen der Mensch
sich nicht zusammennimmt,
zeigt er seinen Charakter.
Arthur Schopenhauer, Aphorismen zur Lebensweisheit

Glück und Unglück
hängen nicht nur vom Schicksal,
sondern ebenso sehr vom Charakter ab.
François de La Rochefoucauld, Reflexionen

Heucheln: dem Charakter
ein sauberes Hemd überziehen.
Ambrose Bierce

Ich bleibe dabei,
dass der Charakter einer Frau
sich zeigt, nicht wo die Liebe beginnt,
sondern wo sie endet.
Rosa Luxemburg

Ich will gar nicht sagen, die Weiber
hätten gar keinen Charakter.
Beileibe nicht! Sie haben vielmehr
jeden Tag einen anderen.
Heinrich Heine

Ich will lieber geschäftlich
als charakterlich versagen.
Michel Eyquem de Montaigne, Die Essais

In der Krise beweist sich der Charakter.
Helmut Schmidt

In der Nacht hat der Mensch
nur ein Nachthemd an
und darunter kommt gleich
der Charakter.
Robert Musil

In jedes Menschen Charakter sitzt etwas,
das sich nicht brechen lässt –
das Knochengebäude des Charakters;
und dieses ändern zu wollen,
heißt immer,
ein Schaf das Apportieren lehren.
Georg Christoph Lichtenberg, Sudelbücher

Individualität.
Nicht ohne Erfolg ist er bemüht,
die Mängel seines Talents durch
Defekte des Charakters wettzumachen.
Alfred Polgar, Kleine Schriften, Band 3. Irrlicht

Je reicher einer ist,
desto leichter ist es für ihn,
ein Lump zu sein.
Gilbert Keith Chesterton, Heretiker

Jeder Charakter ist durch zwei teilbar,
da Gut und Böse beisammen sind.
Erich Kästner, Dr. Erich Kästners lyrische Hausapotheke

Jeder Charakter,
so eigentümlich er sein möge,
und jedes Darzustellende,
vom Stein herauf bis zum Menschen,
hat Allgemeinheit;
denn alles wiederholt sich,
und es gibt kein Ding in der Welt,
das nur einmal da wäre.
Johann Wolfgang von Goethe, überliefert von
Johann Peter Eckermann (Gespräche mit Goethe)

Jeder Mensch,
der nur seinen Charakter realisiert,
ist dämonisch.
Heimito von Doderer, Repertorium. Ein Begreifbuch
von höheren und niederen Lebens-Sachen

Kein Charakter ist so, dass er
sich selbst überlassen bleiben und
sich ganz und gar gehen lassen dürfte;
sondern jeder bedarf der Lenkung
durch Begriffe und Maximen.
Arthur Schopenhauer, Aphorismen zur Lebensweisheit

Kein Talent, doch ein Charakter!
Heinrich Heine, Atta Troll

Macht in Amt und Würde,
Größe und Ansehen durch Geburt,
ja selbst die glänzendsten Begabungen
und Talente sind nichts und
verschwinden gegen das einzig Große,
was der Mensch zu erreichen vermag:
die Rechtschaffenheit und Schönheit
des Charakters.
Adalbert Stifter, Nachruf für Alois Kaindl

Man muss verstehen,
die Dummheiten zu begehen,
die unser Charakter von uns verlangt.
Chamfort, Maximen und Gedanken

Man zerstört seinen eigenen Charakter
aus Furcht, die Blicke und
die Aufmerksamkeit der Menschen
auf sich zu ziehen, und man stürzt
sich in das Nichts der Belanglosigkeit,
um der Gefahr zu entgehen,
besondere Kennzeichen zu haben.
Chamfort, Maximen und Gedanken

Mancher Charakter
ist lange nicht zu verstehen,
aber da braucht der Mensch nur
einmal aus ganzem Herzen zu lachen,
und sein Charakter liegt offen
vor einem wie auf der Handfläche.
Fjodor M. Dostojewski, Der Jüngling

Mancher wird
seiner Talente wegen gefürchtet,
seiner Verdienste wegen gehasst.
Erst sein Charakter
beruhigt die Menschen.
Doch wie viel Zeit ist vergangen,
bis ihm Gerechtigkeit widerfuhr.
Chamfort, Maximen und Gedanken

Obgleich das Genie
stets Bewunderung hervorruft,
wird doch dem Charakter
die meiste Ehrfurcht gezollt.
Samuel Smiles, Charakter

Persönlichkeit ist, was übrig bleibt,
wenn man Ämter, Orden und Titel
von einer Person abzieht.
Wolfgang Herbst

Recht hat jeder eigene Charakter,
Der übereinstimmt mit sich selbst.
Friedrich Schiller, Wallensteins Tod (Gräfin Terzky)

Recht zu handeln,
Grad und wandeln,
Sei des edlen Mannes Wahl.
Soll er leiden,
Nicht entscheiden,
Spreche Zufall auch einmal.
Johann Wolfgang von Goethe,
Schauen kann der Mann

Schneide dem Hund den Schwanz ab,
er bleibt doch ein Hund.
Sprichwort aus Italien

Sei darauf bedacht, niemals über dich,
für dich noch gegen dich zu sprechen;
lass deinen Charakter für dich sprechen:
Was immer der sagt,
wird man glauben.
Philipp Stanhope Earl of Chesterfield, Briefe über
die anstrengende Kunst, ein Gentleman zu werden

Sei, was du bist,
immer ganz und immer derselbe.
Adolph Freiherr von Knigge,
Über den Umgang mit Menschen

Sie wird deinen Charakter studieren,
um Waffen gegen dich zu finden.
Honoré de Balzac, Die Physiologie der Ehe

So wie das Tageslicht
durch sehr kleine Löcher
gesehen werden kann,
so zeigen kleine Dinge
den Charakter des Menschen.
Samuel Smiles, Selbsthilfe

Solang ein altes Pferd noch lebt,
bleibt es seinem Charakter treu.
Chinesisches Sprichwort

Stärke des Charakters
ist oft nichts anderes
als eine Schwäche des Gefühls.
Arthur Schnitzler

Stetes Pflichtbewusstsein
ist die wahre Krone des Charakters.
Samuel Smiles, Charakter

Stille Wasser gründen tief.
Deutsches Sprichwort

Unreine Lebensverhältnisse
soll man niemand wünschen;
sie sind aber für den,
der zufällig hineingerät,
Prüfsteine des Charakters
und des Entschiedensten,
was der Mensch vermag.
Johann Wolfgang von Goethe,
Maximen und Reflexionen

Unser Charakter wird
noch mehr durch den Mangel
gewisser Erlebnisse als durch das,
was man erlebt, bestimmt.
Friedrich Nietzsche, Menschliches, Allzumenschliches

Unser guter Charakter,
der so gern für mitfühlend gilt,
schweigt oft schon, wenn uns nur
der kleinste Vorteil winkt.
François de La Rochefoucauld, Reflexionen

Unter einem verschlissenen Hut
steckt oft ein wackerer Mann.
Chinesisches Sprichwort

Vielleicht verdirbt Geld den Charakter.
Auf keinen Fall aber
macht Mangel an Geld ihn besser.
John Steinbeck

Völker wie Personen
verkörpern in ihren Wohnräumen
ihren Charakter.
Peter Rosegger, Mein Weltleben

Von einigen weiß ich, dass sie ihren
unwandelbaren Charakter nur wahren,
um andere damit zu ärgern.
Heinrich Waggerl, Nachlass

Was ich habe, ist Charakter
in meinem Gesicht.
Hat mich 'ne Masse langer Nächte
und Drinks gekostet, das hinzukriegen.
Humphrey Bogart

Was man gemeinhin in der Welt
einen Mann oder eine Frau
von Charakter nennt,
das sind die beiden abscheulichsten
und gefährlichsten Tiere,
die sie bewohnen.
Philipp Stanhope Earl of Chesterfield, Briefe über
die anstrengende Kunst, ein Gentleman zu werden

Was mit der Milch
eingesogen wurde,
geht erst mit der Seele
wieder hinaus.
Sprichwort aus Russland

Wenn du vernimmst, ein Berg
sei versetzt worden, so glaube es.
Wenn du aber vernimmst, ein Mensch
habe seinen Charakter geändert,
so glaube es nicht.
Sprichwort aus Arabien

Wenn man einen Charakter
verderben will, braucht man ihn nur
verbessern zu wollen.
Oscar Wilde, Das Bildnis des Dorian Gray

Wenn unser Charakter ausgebildet ist,
fängt leider unsere Kraft an,
zusehends abzunehmen.
Johann Gottfried Seume, Apokryphen

Wer einen Charakter hat,
braucht keine Prinzipien.
Julius Wagner von Jauregg

Wer keinen Charakter hat,
ist kein Mensch, sondern eine Sache.
Chamfort, Maximen und Gedanken

Wie kann der Charakter,
die Eigentümlichkeit des Menschen,
mit der Lebensart bestehen?
Das Eigentümliche müsste
mit der Lebensart erst recht
hervorgehoben werden.
Johann Wolfgang von Goethe,
Die Wahlverwandtschaften

Wie kann man sich
in dem Charakter eines Menschen
beim ersten Besuch irren,
in Sonderheit wenn er sich hinter
der Maske des Umgangs versteckt.
Johann Gottfried Herder,
Journal meiner Reise im Jahr 1769

Wie oft – bei uns noch öfter
als bei andern – halten wir
für Stärke des Charakters,
was am Ende doch nichts anderes ist
als Schwäche des Gefühls.
Arthur Schnitzler, Buch der Sprüche und Bedenken

Wo Charakter ist,
da ist Hässlichkeit Schönheit;
wo kein Charakter ist,
da ist Schönheit Hässlichkeit.
Sprichwort aus Afrika

Zustand und Charakter
eines Durchschnittsmenschen:
Niemals erwartet er Nutzen oder
Schaden von sich selbst, sondern
nur von den äußeren Umständen.
Zustand und Charakter
eines Philosophen:
Er erwartet allen Nutzen
und allen Schaden von sich selbst.
Epiktet, Handbuch der Moral

Zwischen sämtlichen Stühlen
auf hohem Ross –
das nenne ich Charakter.
Hanns-Hermann Kersten

Charakterstärke

Charakterlosigkeit ist ein Mythos,
den biedere Individuen
geschaffen haben,
um damit die Faszinationskraft
anderer Leute erklären zu können.
Oscar Wilde

Sieh die Höhe,
zu der aufsteigen muss
die Charakterstärke,
dann wirst du wissen,
nicht durch gefahrloses Gelände
führt ihr Weg.
Lucius Annaeus Seneca, Über die Vorsehung

Steh aufrecht in der Mitte,
ohne nach einer Seite umzufallen.
Chinesisches Sprichwort

Wenn wir unsere Pflicht auch oft
nur aus Angst und Trägheit tun,
wollen wir dies doch
als Charakterstärke anerkannt sehen.
François de La Rochefoucauld, Reflexionen

Charme

Alle charmanten Leute sind verwöhnt.
Darin liegt das Geheimnis
ihrer Anziehungskraft.
Oscar Wilde

Bildschöne Frauen
sind selten charmant,
weil sie es nicht nötig haben,
charmant zu sein.
Boleslaw Barlog

Charme ist,
was manche Leute haben,
bis sie beginnen,
sich darauf zu verlassen.
Simone de Beauvoir

Eine schöne Frau wird von mir bemerkt.
Eine charmante bemerkt mich.
Gary Cooper

Von allen Frauen,
deren Charme ich erlegen bin,
habe ich hauptsächlich
Augen und Stimme in Erinnerung.
Marcel Proust

Chef

Chefs haben immer schlechte Manieren.
Francis M. de Picabia, Aphorismen

Ein Chef, der wissen will,
wer zu spät kommt,
muss früh aufstehen.
Robert Lembke, Steinwürfe im Glashaus

Ich habe keine Begabung zum Chef,
auch nicht zum Gefolgsmann.
Fernando Pessoa, Das Buch der Unruhe
des Hilfsbuchhalters Bernardo Soares

China

Beim Anblick eines Chinesen
fragt man sich, wie wohl die Maske
eines Chinesen aussehen mag.
Jules Renard, Ideen, in Tinte getaucht.
Aus dem Tagebuch von Jules Renard

Kennt ihr China, das Vaterland
der geflügelten Drachen und
porzellanenen Teekannen?
Das ganze Land ist
ein Raritätenkabinett,
umgeben von einer unmenschlich
langen Mauer und hunderttausend
tatarischen Schildwachen.
Heinrich Heine, Die romantische Schule

Wenn man China verstehen will,
muss man eintausend Millionen
Chinesen verstehen.
Deng Xiaoping

Christentum

Anfechtung macht gute Christen.
Deutsches Sprichwort

Aus der Form
der römischen Kirche entlassen,
wirkt das ganze Christentum
auf mich wie ein missglücktes,
in sich zerfallendes Omelett.
Sigrid Undset, Briefe (1915)

Christentum muss man
nicht so sehr den Arbeitern wie den
nicht arbeitenden Herren predigen.
Leo N. Tolstoi, Tagebücher (1906)

Christentum vererbt sich nicht.
Deutsches Sprichwort

Das Christentum
ist das Blatterngift der Menschheit.
Es ist die Wurzel
alles Zwiespalts, aller Schlaffheit,
der letzten Jahrhunderte vorzüglich.
Je weiter sich wahre Bildung
nach unten hin verbreitet,
um so schlimmer wird es wirken.
Bisher war das Christentum
des Volks ziemlich unschädlich,
denn es war ein roheres Heidentum.
Friedrich Hebbel, Briefe
(an Elise Lensing, 23. Januar 1837)

Das Christentum ist eine Idee
und als solche unzerstörbar
und unsterblich, wie jede Idee.
Heinrich Heine

Das Christentum
kann das Denken nicht ersetzen,
sondern muss es voraussetzen (...).
Albert Schweitzer, Aus meinem Leben und Denken

Das Fleisch war so frech geworden
in dieser Römerwelt, dass es wohl
der christlichen Disziplin bedurfte,
um es zu züchtigen.
Heinrich Heine, Die romantische Schule

Das Passiv-Empfangende
des Weiblichen, in dem
die antike Philosophie
das rein Negative sah, erscheint
in der christlichen Gnadenordnung
als das Positiv-Entscheidende.
Gertrud von Le Fort, Die ewige Frau

Das Wesen des Christentums
ist das Wesen des Gemüts.
Es ist gemütlicher, zu leiden,
als zu handeln, gemütlicher,
durch einen andern erlöst
und befreit zu werden,
als sich selbst zu befreien (...).
Ludwig Feuerbach, Das Wesen des Christentums

Der große, historische Exorzismus,
der sich Christentum nennt,
scheint von Tag zu Tag
weiter zurückzuweichen,
und die Dämonen sprengen
mit schrillem Stimmengewirr
die Fesseln.
Franz Werfel, Zwischen Oben und Unten

Die Absicht eines Christen,
der ein Streitgespräch
über die Glaubenswahrheiten führt,
muss nicht darauf zielen,
den Glauben zu beweisen,
sondern den Glauben zu verteidigen.
Thomas von Aquin, Gegen die Irrtümer der Griechen

Die Christenheit
muss wieder lebendig und wirksam
werden und sich wieder
eine sichtbare Kirche ohne Rücksicht
auf Landesgrenzen bilden,
die alle nach dem Überirdischen
durstigen Seelen in ihren Schoß
aufnimmt und gern Vermittlerin
der alten und neuen Welt wird.
Novalis, Die Christenheit oder Europa

Die christliche Kirche ist eine
Enzyklopädie von vorzeitlichen
Kulten und Anschauungen
der verschiedensten Abkunft
und deshalb so missionsfähig.
Friedrich Nietzsche, Morgenröte

Die christliche Liebe mordet nicht.
Die Liebe zum Nächsten
treibt uns nicht, ihn zu erwürgen.
Jean-Jacques Rousseau,
Brief an Erzbischof Beaumont (18. November 1762)

Die christliche Religion
ist die Religion des Leidens.
Ludwig Feuerbach, Das Wesen des Christentums

Die edelsten und ersten Männer
stimmen darin überein,
dass das Christentum wenig Segen und
viel Unheil über die Welt gebracht hat.
Aber sie suchen meistenteils den Grund
in der christlichen Kirche; ich find ihn
in der christlichen Religion selbst.
Friedrich Hebbel, Briefe
(an Elise Lensing, 23. Januar 1837)

Die Kirche Roms hat
durch die Einführung
des Weihnachtsfestes
das Christentum gerettet.
Paul Anton de Lagarde, Mitteilungen

Die Türken nennen die Syphilis
»Christenseuche«, und das erhöht
noch die tiefe Verachtung,
die sie für unseren Glauben hegen.
Voltaire, Der Mann mit den vierzig Talern

Doch siehe, viele rufen:
Christus, Christus,
Die einst ihm ferner stehn
beim Weltgericht
Als viele, die da nimmer
kannten Christus.
Dante Alighieri, Die Göttliche Komödie

Ein Christenmensch
ist ein freier Herr über alle Dinge
und niemand untertan.
Ein Christenmensch
ist ein dienstbarer Knecht aller Dinge
und jedermann untertan.
Martin Luther,
Von der Freiheit eines Christenmenschen

Ein Christ hat es schwer,
in einer gottlosen Gesellschaft
zu überleben.
Als Erstes bleibt
in einer gottlosen Gesellschaft
immer der Teufel auf der Strecke,
und ohne den Teufel
ist ein Christ aufgeschmissen.
Peter Ustinov, Peter Ustinovs geflügelte Worte

Eine der Bequemlichkeiten
des neueren Christentums besteht darin,
dass man sich ein gewisses Geschwätz
aus Worten angewöhnt hat,
hinter denen keine Begriffe sind,
und damit tut man allem genug,
nur nicht der Vernunft.
Jean-Jacques Rousseau,
Brief an Erzbischof Beaumont (18. November 1762)

Erst das Christentum hat den Teufel
an die Wand der Welt gemalt;
erst das Christentum hat die Sünde
in die Welt gebracht.
Friedrich Nietzsche, Menschliches, Allzumenschliches

Fremde Teufel sind gekommen
und haben durch ihre Lehre viele
zu ihrem römischen oder
protestantischen Glauben verleitet.
Aufruf der chinesischen Boxer (1900)

Hege einen Zweifel am Christentum und
du bist schon kein wahrer Christ mehr,
hast dich zu der »Frechheit« erhoben,
darüber hinaus eine Frage zu stellen
und das Christentum vor deinen
egoistischen Richterstuhl zu ziehen.
Max Stirner, Der Einzige und sein Eigentum

Ich bin Christ
nicht als ein Schüler der Priester,
sondern als ein Schüler Jesu Christi.
Jean-Jacques Rousseau,
Brief an Erzbischof Beaumont (18. November 1762)

Ich habe mich oft darüber gewundert,
dass Leute, die sich rühmen,
die christliche Religion zu bekennen,
also Liebe, Freude, Frieden, Mäßigung
und Treue gegen jedermann,
dennoch auf die feindseligsten Weise
miteinander streiten und
täglich den bittersten Hass
gegeneinander auslassen.
Baruch de Spinoza, Tractatus theologico-politicus

Ich will umsonst predigen
und schreiben und dadurch
der Welt meine Verachtung zeigen:
dass die Welt muss sehen,
dass einer etwas Guts tun kann,
ohne Hoffart, vielmehr,
weil er ein Christ ist.
Martin Luther, Tischreden

Ja, selig ist der fromme Christ,
Wenn er nur gut bei Kasse ist!
Wilhelm Busch, Der Geburtstag

Je frommer der Christ,
je größer das Kreuz.
Deutsches Sprichwort

Je näher dem Papst,
je schlimmerer Christ.
Deutsches Sprichwort

Jeder Stoiker war ein Stoiker;
aber im Christentum:
Wo ist der Christ?
Ralph Waldo Emerson, Essays

Je sündiger man sich fühlt,
desto christlicher ist man.
Novalis, Fragmente

Jeder Christ kann die Raketen
mit seinem Gewissen vereinbaren –
wenn er an die Kreuzzüge denkt.
Helmut Ruge

Juristen sind böse Christen.
Deutsches Sprichwort

Kapitalismus ohne Konkurse
ist wie Christentum ohne Hölle.
Frank Borman

Kein Mensch muss Christ sein,
das ist eine Gnade.
Carl Friedrich von Weizsäcker

Kein Reich ward je von so vielen
Bürgerkriegen heimgesucht
wie das von Christus.
Charles de Secondat, Baron de la Brède
et de Montesquieu, Persianische Briefe

Lutherisch, Päpstisch und Calvinisch,
diese Glauben alle drei
Sind vorhanden, doch ist Zweifel,
wo das Christentum dann sei.
Friedrich von Logau, Sinngedichte

Mut zeigt auch der Mameluck,
Gehorsam ist des Christen Schmuck.
Friedrich Schiller, Der Kampf mit dem Drachen

Politik der Christen
ist nicht immer christliche Politik.
Norbert Blüm, Unverblümtes von Norbert Blüm

Von Christen kann man alles erbitten;
wenn man nichts von ihnen bekommt,
dann nur, weil man nicht genug
von ihnen verlangt.
Paul Claudel

Was Menschen
zu guten Christen macht,
macht sie auch
zu guten Staatsbürgern.
Daniel Webster, Reden (1820)

Weder Christ noch Heide
erkennt das Wesen Gottes,
wie es in sich selber ist.
Thomas von Aquin, Summa theologica

Wenn die Vertreter der Kirche
Christen sind, dann bin ich
kein Christ; und umgekehrt.
Leo N. Tolstoi, Tagebücher (1890)

Wenn's um Toleranz geht, machen
die Christen einen Heidenlärm.
Bert Berkensträter

Wie unsinnig
wäre das Christentum,
wenn es den Menschen zumutete,
die Schätze dieser Welt aufzuopfern!
Dann passte ja das Christentum
gar nicht für diese Welt.
Aber das sei ferne.
Das Christentum
ist höchst praktisch und weltklug.
Ludwig Feuerbach, Das Wesen des Christentums

Wir stehen nicht am Ende,
sondern am Anfang des Christentums.
Christian Morgenstern, Stufen

Christus

Alle Ideen Christi
sind vom Menschenverstand
verdorben worden und
scheinen unerfüllbar zu sein.
Fjodor M. Dostojewski, Tagebuch eines Schriftstellers

Bei der Errichtung des Neuen Bundes
wollte Christus seine Lehre und
sein Lehramt keineswegs Gelehrten
übertragen. Er zeigte in seiner Wahl
jene Liebe für die Armen und
Einfältigen, welche man bei jeder
Gelegenheit an ihm bemerkt hat.
Und in den Unterweisungen,
die er seinen Jüngern gab,
findet man nicht ein Wort
von Studien und Wissenschaften,
und dies kann vielleicht
zum Beweis dafür dienen,
dass er sie gering schätzte.
Jean-Jacques Rousseau,
Bemerkung über die Antwort des Königs von Polen

Christus war der Mensch,
wie der Mensch eigentlich
gedacht und geplant war.
Er fiel aber unter die Menschen,
wie sie nicht gedacht waren,
und so scheiterte, menschlich gesehen,
auch Christus, der Gottessohn.
August Everding,
Vortrag im Kloster Andechs, 29. Mai 1988

Christus wird noch täglich gekreuzigt.
Deutsches Sprichwort

Die Ideale,
die wir Christus verdanken,
sind die Ideale eines Menschen,
der die Gesellschaft
ganz aufgegeben hat
oder der ihr völligen Widerstand
entgegensetzt.
Oscar Wilde,
Die Seele des Menschen unter dem Sozialismus

Die Inkarnation ist nichts andres als
die tatsächliche, sinnliche Erscheinung
von der menschlichen Natur Gottes.
Ludwig Feuerbach, Das Wesen des Christentums

Die Worte Christi sind immer treffend.
Haben Hände und Füße.
Sie gehen über alle Weisheit,
Ratschläge und List der Weisen hinaus.
Martin Luther, Tischreden

Ein Schluck Wasser oder Bier
vertreibt den Durst,
ein Stück Brot den Hunger,
Christus vertreibt den Tod.
Martin Luther, Tischreden

Frage dich nur bei allem:
»Hätte Christus das getan?«
Das ist genug.
Christian Morgenstern, Stufen

Gott zu sehen,
dies ist der höchste Wunsch,
der höchste Triumph des Herzens.
Christus ist dieser erfüllte Wunsch,
dieser Triumph.
Ludwig Feuerbach, Das Wesen des Christentums

Halt dich nur an Christum.
Außer Christus gibt es
keine Erkenntnis Gottes.
Martin Luther, Tischreden

Käme er, man würde ihn
zum zweiten Mal kreuzigen.
Johann Wolfgang von Goethe, überliefert von
Johann Peter Eckermann (Gespräche mit Goethe)

Ohne Christus
wäre alle Geschichte unverständlich.
Ernest Renan, Das Leben Jesu

Über der Pforte der antiken Welt
stand geschrieben: Erkenne dich selbst!
Über der Pforte unserer neuen Welt
sollte geschrieben stehen: Sei du selbst!
Die Botschaft des Heilandes
an die Menschen lautete einfach:
Sei du selbst!
Dies ist das Geheimnis Christi.
Oscar Wilde,
Die Seele des Menschen unter dem Sozialismus

Wenn ich etwas an Christus verstehe,
so ist es das: »Und er entwich
vor ihnen in die Wüste.«
Christian Morgenstern, Stufen

Wer Christus hat, hat genug.
Martin Luther, Tischreden

Computer

Computer ersparen Vermutungen;
Bikinis tun das auch.
Lothar Schmidt

Der Computer arbeitet
deshalb so schnell, weil er nicht denkt.
Gabriel Laub

Der Computer
ist die logische Weiterentwicklung
des Menschen: Intelligenz ohne Moral.
John Osborn

Der Computer ist eine
spirituelle Maschine,
mit der man fast so schnell schreiben
wie denken kann.
Umberto Eco

Die Rechenmaschine
bringt Wirkungen zustande,
die dem Denken näher kommen
als alles, was die Tiere tun;
aber sie vollbringt nichts, was zu
der Behauptung veranlassen könnte,
sie habe Willenskräfte wie die Tiere.
Blaise Pascal, Pensées

Es zählt zu den modernen Fimmeln,
Computer töricht anzuhimmeln.
Karl-Heinz Söhlker, Es schadet nichts, vergnügt zu sein

Manche Errungenschaften
beruhen darauf, dass der Mensch
auch aus falschen Prämissen
richtige Schlussfolgerungen
zu ziehen vermag.
Der Computer schafft das nicht.
Lothar Schmidt

Manche sagen, Computer seien
besser als Menschen –
aber viel Spaß im Leben
haben sie nicht.
Peter Ustinov, Peter Ustinovs geflügelte Worte

Reagiert auf Druck, funktioniert,
rechnet, aber nicht mit seinem Besitzer,
wird nicht blöde, weil er verliebt ist,
und reagiert höhnisch,
wenn man Fehler macht.
Dieter Hildebrandt

Courage

Courage ist gut, Ausdauer ist besser.
Theodor Fontane, Der Stechlin

Wenn man bewaffnet in den Krieg geht,
hat man noch einmal so viel Courage.
Niccolò Machiavelli, Clizia

Crispin (25.10.)

Mit Crispin sind alle Fliegen hin.
Bauernregel

D

Dämmerung

Alle plötzlichen Dämmerungen
sind nur die der Sonnenfinsternisse
und also keine wachsende,
sondern ebenso
plötzlich verschwindende.
Jean Paul, Politische Fastenpredigten

Ave-Maria, die Dämmerstunde,
ist in Italien die Stunde der Zärtlichkeit,
der Seelenfreuden und der Schwermut:
Empfindungen, die durch den Klang
jener schönen Glocken noch
verstärkt werden. Wonnige Stunden,
die einem erst in der Erinnerung
bewusst werden.
Stendhal, Über die Liebe (Fragmente)

Die Dämmerung versetzt
die Wahnsinnigen in Erregung.
Charles Baudelaire, Kleine Gedichte in Prosa

Die Menschen
lieben die Dämmerung
mehr als den hellen Tag,
und eben in der Dämmerung
erscheinen die Gespenster.
Johann Wolfgang von Goethe,
Der Groß-Cophta (Marquise)

In den Dämmerungen regiert das Herz.
Jean Paul, Dämmerungen für Deutschland

Dämon

Dämonen, weiß ich,
wird man schwerlich los,
Das geistig-strenge Band
ist nicht zu trennen.
Johann Wolfgang von Goethe, Faust II (Faust)

Das Dämonische ist das Verschlossene
und das unfreiwillig Offenbare.
Søren Kierkegaard, Der Begriff Angst

Die eigene Art
ist des Menschen Dämon.
Heraklit, Fragmente

Die Gunst der Musen,
wie die der Dämonen,
besucht uns nicht immer
zur rechten Zeit.
Johann Wolfgang von Goethe, Italienische Reise

In den Dämonen gewahrt man
sowohl ihre Natur,
die von Gott ist, wie auch
die Missförmigkeit ihrer Schuld,
die nicht von Gott ist.
Thomas von Aquin, Summa theologica

Je höher ein Mensch,
desto mehr steht er
unter dem Einfluss der Dämonen,
und er muss nur immer aufpassen,
dass sein leitender Wille nicht
auf Abwege gerate.
Johann Wolfgang von Goethe, überliefert von Johann
Peter Eckermann (Gespräche mit Goethe)

Jeder Mensch wird im Reiche
einen Engel haben,
der mit ihm herrscht,
und in der Unterwelt einen Dämon,
der ihn straft.
Thomas von Aquin, Summa theologica

Lieber ein Dämon
in einem großen Tempel
als ein Gott
in einem kleinen Tempel sein.
Chinesisches Sprichwort

Dandy

Der Dandy muss
sein ganzes Streben darauf richten,
ohne Unterlass erhaben zu sein;
er muss leben und schlafen
vor einem Spiegel.
Charles Baudelaire, Tagebücher

Man stelle sich einen Dandy vor,
der zum Volke spricht, es sei denn,
um es zu verhöhnen.
Charles Baudelaire, Tagebücher

Dänemark

Dänemark bildet das
Gleichgewicht in Europa.
Man kann sich keine
glücklichere Existenz denken.
Søren Kierkegaard, Entweder - Oder

Etwas ist faul im Staate Dänemark.
William Shakespeare, Hamlet (Marcellus)

Dank

Alle fehlen wir darin alltäglich,
dass wir Wohltaten und
Freundlichkeiten aufschlucken
wie ein sandiger Boden das Wasser.
Das Bestreben, uns dankbar
zu erweisen, ist keine Triebkraft
in unserem gewöhnlichen Leben.
Albert Schweitzer,
Straßburger Predigten 1900–1919, 27. Juli 1919

Begegnet uns jemand,
der uns Dank schuldig ist,
gleich fällt es uns ein.
Wie oft können wir jemand begegnen,
dem wir Dank schuldig sind,
ohne daran zu denken.
Johann Wolfgang von Goethe,
Maximen und Reflexionen

Dank

Dank oder Dankbarkeit
ist die Begierde oder der Eifer
der Liebe, dem wohl zu tun,
der uns aus dem gleichen Affekt
der Liebe wohl getan hat.
Baruch de Spinoza, Ethik

Dankbar sein, bricht kein Bein.
Deutsches Sprichwort

Dankbarkeit ist die geringste
der Tugenden,
Undank das schlimmste
der Laster.
Sprichwort aus England

Dankbarkeit ist eine Tugend.
Wer dir Gutes getan hat, den ehre.
Danke ihm nicht nur mit Worten,
die ihm die Wärme deiner
Erkenntlichkeit zeigen, sondern
ergreife auch jede Gelegenheit,
wo du ihm wieder dienen
und nützlich werden kannst.
Adolph Freiherr von Knigge,
Über den Umgang mit Menschen

Dankbarkeit
ist in den Himmel gestiegen
und hat die Leiter mitgenommen.
Sprichwort aus Polen

Dankbarkeit ist Pflicht.
Immanuel Kant, Die Metaphysik der Sitten

Dankbarkeit ist unserer
unvollkommenen Natur eine Last,
und wir sind nur allzu bereit,
uns ihrer zu entledigen oder sie uns
doch so leicht wie möglich zu machen.
Philipp Stanhope Earl of Chesterfield, Briefe über die
anstrengende Kunst, ein Gentleman zu werden

Danksagung erhebt, Gebet erniedrigt.
Walter Rathenau, Auf dem Fechtboden des Geistes.
Aphorismen aus seinen Notizbüchern

Darin liegt das Wesen der Dankbarkeit:
Dem, der uns einen Gefallen getan hat,
dem sollen wir dafür
einen Gegendienst leisten und selbst
wieder mit der Gefälligkeit
den Anfang machen.
Aristoteles, Nikomachische Ethik

Das Gefühl schuldiger Dankbarkeit
ist eine Last, die nur starke Seelen
zu ertragen vermögen.
Marie von Ebner-Eschenbach, Aphorismen

Dem, der uns Gutes tut,
sind wir nie so dankbar wie dem,
der uns Böses tun könnte,
es aber unterlässt.
Marie von Ebner-Eschenbach, Aphorismen

Den Menschen dienen, den dankbaren
sowohl wie auch denen, die uns
nicht danken – das ist ein Mann.
Martin Luther, Tischreden

Denn keine Pflicht
ist unausweichlicher als die,
Dank abzustatten.
Marcus Tullius Cicero, Vom rechten Handeln

Die Absonderung vom Wohltäter
ist der eigentliche Undank.
Johann Wolfgang von Goethe, Dichtung und Wahrheit

Die Bitte ist immer heiß,
der Dank kalt.
Deutsches Sprichwort

Die Dankbarkeit der meisten Menschen
ist nur der geheime Wunsch,
noch mehr zu bekommen.
François de La Rochefoucauld, Reflexionen

Die Dankbarkeit ist eine Last,
und jede Last will abgeschüttelt sein.
Denis Diderot, Enzyklopädie

Die nicht zu Danken verstehen,
die sind die Ärmsten.
Marie von Ebner-Eschenbach, Aphorismen

Ein deutliches Zeichen
eines im Grunde unedlen Menschen
ist Undankbarkeit.
Sie stellt ihn unter die edleren Tiere,
die alle dankbar sind.
Carl Hilty, Glück

Es gibt in der Welt selten
ein schöneres Übermaß
als das in der Dankbarkeit.
Jean de La Bruyère, Die Charaktere

Es muss schon eine hohe Seele sein,
welcher die Dankbarkeit
nicht ein peinliches Gefühl ist.
Edward Bulwer-Lytton, Pelham

Erwarte keine Dankbarkeit,
wenn du einem Menschen Gutes tust;
du hast seine Schwächen aufgedeckt.
Elbert Hubbard

Für eine Wohltat
so groß wie ein Wassertropfen
gib zum Dank
eine sprudelnde Quelle zurück.
Chinesisches Sprichwort

Gib bald, so wird der Dank alt.
Deutsches Sprichwort

Ich lege meinen Kopf in deinen Schoß,
aus welchem ich hervorgegangen bin,
und danke dir für mein Leben.
Dein Kind.
Paula Modersohn-Becker, Briefe
(an die Mutter, 19. Januar 1906)

Ich weiß drei böse Hunde:
Undankbarkeit, Stolz, Neid.
Wen die drei Hunde beißen,
der ist sehr übel gebissen.
Martin Luther, Tischreden

Ich wünschte, es gäbe einen Gott.
Ich sehne mich, ihn zu loben,
ihm zu danken.
Katherine Mansfield, Briefe

In jede hohe Freude mischt sich
eine Empfindung von Dankbarkeit.
Marie von Ebner-Eschenbach, Aphorismen

Man stattet den Dank
eigentlich nur deshalb ab,
um die Dankbarkeit loszuwerden.
Eduard von Hartmann, Das sittliche Bewusstsein

Mensch, so du Gott noch pflegst
um dies und das zu danken,
Bist noch nicht versetzt
aus deiner Schwachheit Schranken.
Angelus Silesius, Der cherubinische Wandersmann

Menschen sind
in eben dem Maße dankbar,
wie sie rachgierig sind.
Alexander Pope

Misstraue jeder Freude,
die nicht auch Dankbarkeit ist!
Theodor Haecker, Tag- und Nachtbücher

Mit der Dankbarkeit ist es
wie mit der Ehrlichkeit der Kaufleute.
Sie hält die Wirtschaft in Schwung,
und wir zahlen nicht etwa, weil wir
unsere Schulden begleichen wollen,
sondern um leichter
neue Geldgeber zu finden.
François de La Rochefoucauld, Reflexionen

Nur die freien Menschen
sind gegeneinander höchst dankbar.
Baruch de Spinoza, Ethik

Rechter Dank
Wird nicht krank,
Pflegt im Danken
Nie zu wanken.
Friedrich von Logau, Sinngedichte

Später Dank, schlechter Dank.
Deutsches Sprichwort

Und bin ich König nicht
von Mazedonien,
Kann ich auf meine Art
doch dankbar sein.
Heinrich von Kleist, Der zerbrochene Krug (Adam)

Verschiebe die Dankbarkeit nie.
Albert Schweitzer,
Straßburger Predigten 1900–1919, 27. Juli 1919

Was ist vergesslicher als Dankbarkeit?
Friedrich Schiller, Dom Karlos (König)

Wer auf Dankbarkeit pocht,
ist schlimmer als ein Gläubiger,
denn er macht erst ein Geschenk,
mit dem er prahlt,
und schickt dann die Rechnung.
August Strindberg, Der Sohn der Magd

Wer den Pflichten der Dankbarkeit
nachkommt, darf sich
deshalb noch nicht einbilden,
dankbar zu sein.
François de La Rochefoucauld, Reflexionen

Wer fertig ist, dem ist nichts
recht zu machen,
Ein Werdender wird immer
dankbar sein.
Johann Wolfgang von Goethe, Faust
(Vorspiel auf dem Theater: Lustige Person)

Wie schnell der Dank
der Menschen doch verweht
Und Undank wird!
Sophokles, Aias (Teukros)

Wir sind für nichts so dankbar
wie für Dankbarkeit.
Marie von Ebner-Eschenbach, Aphorismen

Wo du auch Gast bist,
danke für Tabak und Tee.
Chinesisches Sprichwort

Darlehen

In den meisten Fällen ist Glück
kein Geschenk, sondern ein Darlehen.
Albrecht Goes

Kein Borger sei
und auch Verleiher nicht;
Sich und den Freund
verliert das Darlehn oft.
William Shakespeare, Hamlet (Polonius)

Dasein

Das Dasein ist köstlich,
man muss nur den Mut haben,
sein eigenes Leben zu führen.
Peter Rosegger

Das Leben der Pflanzen
geht auf im bloßen Dasein:
demnach ist sein Genuss
ein rein und absolut subjektives,
dumpfes Behagen.
Arthur Schopenhauer, Den Intellekt überhaupt und in jeder Beziehung betreffende Gedanken

Dasein ist Pflicht,
und wär's ein Augenblick.
Johann Wolfgang von Goethe, Faust II (Faust)

Der Schlaf ist für manche Menschen
der fruchtbarste Teil ihres Daseins.
Carl Zuckmayer

Der Sinn unseres Daseins
lässt sich nicht benennen.
Wahrscheinlich laufen wir
auf ihn zu.
Heinrich Nüsse

Der tiefste Grund unsres Daseins
ist individuell, sowohl in
Empfindungen als in Gedanken.
Johann Gottfried Herder,
Vom Erkennen und Empfinden der menschlichen Seele

Es erkennt der Mensch
in dem Dasein der Gestirne
dasselbe Gesetz
und dieselben Wechsel an,
welche in seinem kurzen Leben
die Zeit des Schlummerns
und Wachens,
endlich die des Lebens
und des Todes bestimmen.
Gotthilf Heinrich Schubert,
Ahndungen einer allgemeinen Geschichte des Lebens

Es ist ein tiefes und schönes Wort,
das Wort von der süßen Gewohnheit
des Daseins; alles, was lebt,
hängt auch am Leben,
und nur der geht,
der gehen muss.
Theodor Fontane, Graf Petöfy

Ist Dasein solch
ein freundliches Geschick,
Dass, weil du bist,
du fortzudauern strebst?
Lord Byron, Childe Harold

Nichts vom Vergänglichen,
Wie's auch geschah!
Uns zu verewigen
Sind wir ja da.
Johann Wolfgang von Goethe, Sprüche

Überall sein
und in einem stillen Winkel.
Jules Renard, Ideen, in Tinte getaucht.
Aus dem Tagebuch von Jules Renard

Was am eigenen persönlichen Dasein
für einen selbst wesentlich ist,
das weiß man selber kaum,
und den andern braucht es erst recht
nicht zu kümmern.
Was weiß der Fisch von dem Wasser,
in dem er sein Leben lang
herumschwimmt?
Albert Einstein, Aus meinen späten Jahren

Was wir in unserem Kulturraum
offenbar zu wenig lernen,
ist die Kunst, füreinander nicht
zu handeln, nicht zu denken,
nicht etwas zu machen,
sondern füreinander da zu sein.
Eugen Drewermann,
Das Markusevangelium, Zweiter Teil

Wenn man das Dasein
als eine Aufgabe betrachtet,
dann vermag man es
immer zu ertragen.
Marie von Ebner-Eschenbach, Aphorismen

Dauer

Ach, dass hienieden nichts dauert,
dass das plötzliche Ende desto bittrer
ist, je süßer uns die Freude dünkte!
Francesco Petrarca, Petrarca über sich selbst

Blick niemals einem Pferd
oder einem Hund oder einem Kind
länger als für ein paar Sekunden
ins Auge; das beschämt sie.
Thornton Wilder,
Der achte Schöpfungstag, Von Illinois nach Chile

Dauer ist eine unbestimmte
Fortsetzung der Existenz.
Baruch de Spinoza, Ethik

Die kleineren Übel
sind meist von längerer Dauer.
Wiesław Brudziński

Ein dauerndes Werk
bedarf langer Zeit der Entwicklung.
Honoré de Balzac, Die Physiologie der Ehe

Nichts, das lang währt,
ist sehr angenehm,
nicht einmal das Leben,
und trotzdem liebt man es.
Luc de Clapiers Marquis de Vauvenargues,
Nachgelassene Maximen

Selbst Himmel und Erde können
nichts Dauerndes schaffen,
um wie viel weniger der Mensch.
Lao-tse, Dao-de-dsching

Vernunft aber und Billigkeit dauern;
da Unsinn und Torheit sich
und die Erde verwüsten.
Johann Gottfried Herder,
Ideen zur Philosophie der Geschichte der Menschheit

Was ist denn lang und dauerhaft
unter den menschlichen Dingen?
Aristoteles, Protreptikos

Wasser friert nicht an einem Tag
zu drei Chi dickem Eis.
Chinesisches Sprichwort

Wir können von der Dauer
unseres Körpers nur eine höchst
inadäquate Erkenntnis haben.
Baruch de Spinoza, Ethik

Definition

Die meisten Definitionen
sind Konfessionen.
Ludwig Marcuse, Argumente und Rezepte.
Ein Wörter-Buch für Zeitgenossen

Eine Definition
soll Streit ausschließen.
Horaz, Briefe

Man kann eigentlich
nichts real definieren
als eine Definition selber.
Jean Paul, Vorschule der Ästhetik

Degen

Jeder Degen hat seine Scheide.
Deutsches Sprichwort

Wenn die Scheide nicht will,
kann der Degen nicht hinein.
Deutsches Sprichwort

Demagogie

Demagogen sind Leute,
die in den Wind sprechen,
den sie selbst gemacht haben.
Helmut Qualtinger

Demagogie ist die Fähigkeit,
Massen in Bewegung zu setzen,
und die Unfähigkeit,
sie wieder zu bremsen.
Wolfgang Herbst

Zum Spaßmachen
gehört auch ein Schuss Demagogie.
Werner Finck

Dementi

Das Gesicht eines Regierungssprechers:
Mit den Jahren sieht es aus
wie sein eigenes Dementi.
Heinrich Nüsse

Große Ereignisse
werfen ihre Dementis voraus.
Lothar Schmidt

Unter einem Dementi
versteht man in der Diplomatie
die verneinende Bestätigung
einer Nachricht, die bisher lediglich
ein Gerücht gewesen ist.
John B. Priestley

Demokratie

Alle Menschen sind Demokraten,
wenn sie glücklich sind.
Gilbert Keith Chesterton, Aphorismen und Paradoxa

Alle Zivilisation beginnt
mit der Theokratie und endet
mit der Demokratie.
Victor Hugo, Der Glöckner von Notre-Dame

Andersdenkenden fällt in der Demokratie die Rolle eines Heilmittels zu,
bei dessen Erprobung es nicht
auf den Geschmack ankommt,
sondern auf die gezeigte Wirkung.
Lothar Schmidt

Aristokratische Hunde,
sie knurren auf Bettler, ein echter
Demokratischer Spitz
kläfft nach dem seidenen Strumpf.
Johann Wolfgang von Goethe/Friedrich Schiller,
Xenien

Das demokratische System,
zu dem unser Staat sich bekennt,
beruht auf der Überzeugung,
dass man den Menschen
die Wahrheit sagen kann.
Carl Friedrich von Weizsäcker

Das Problem der Demokratie liegt
darin, außergewöhnliche Menschen
von gewöhnlichen wählen zu lassen.
Golo Mann

Das Regieren in einer Demokratie
wäre wesentlich einfacher,
wenn man nicht immer wieder
Wahlen gewinnen müsste.
Georges Clemenceau

Demokratie bedeutet Diskussion.
Tomáš Garrigue Masaryk

Demokratie beruht auf drei Prinzipien:
auf der Freiheit des Gewissens,
auf der Freiheit der Rede
und auf der Klugheit, keine der beiden
in Anspruch zu nehmen.
Mark Twain

Demokratie braucht nicht weniger
Leistungsbereitschaft als andere
Staatsformen, sondern eher mehr (...).
Helmut Kohl, Verantwortung für die Jugend-Erziehung
im demokratischen Staat. Rede des Bundeskanzlers in
Bonn 1985

Demokratie: Die öffentliche Meinung
schlägt sich in Gesetzen nieder.
Diktatur: Die öffentliche Meinung
wird in Gesetzen niedergeschlagen.
Lothar Schmidt

Demokratie entsteht, wenn man
nach Freiheit und Gleichheit
aller Bürger strebt und
die Zahl der Bürger, aber nicht
ihren Charakter berücksichtigt.
Aristoteles, Politik

Demokratie heißt:
Die Spielregeln einhalten,
auch wenn kein Schiedsrichter zusieht.
Manfred Hausmann

Demokratie heißt
Entscheidung durch die Betroffenen.
Carl Friedrich von Weizsäcker

Demokratie heißt zwar
Regierung durch Diskussion;
aber sie ist nur wirksam,
wenn man die Leute dazu bringt,
dass sie aufhören zu reden.
Clement Attlee

Demokratie: Herrschaft des Volkes,
das den von Minderheiten bestimmten
Mehrheitsentscheidungen gehorcht.
Lothar Schmidt

Demokratie ist die Notwendigkeit,
sich gelegentlich den Ansichten
anderer Leute zu beugen.
Winston Churchill

Demokratie ist die Organisation
des Fortschritts auf allen Gebieten
menschlicher Tätigkeit.
Tomáš Garrigue Masaryk, Das neue Europa

Demokratie
ist die Vorstufe des Sozialismus.
Wladimir Iljitsch Lenin

Demokratie ist die wiederholt
auftauchende Vermutung,
dass mehr als die Hälfte der Leute
in mehr als der Hälfte der Fälle
Recht hat.
Elwyn Brooks White

Demokratie ist mehr als eine
parlamentarische Regierungsform,
sie ist eine Weltanschauung,
die wurzelt in der Auffassung
von der Würde, dem Wert und
den unveräußerlichen Rechten
eines jeden einzelnen Menschen.
Eine echte Demokratie muss diese
unveräußerlichen Rechte und den Wert
eines jeden einzelnen Menschen
achten im staatlichen, im wirtschaftlichen und kulturellen Leben.
Konrad Adenauer, Erinnerungen

Demokratie ist tolerant
gegen alle Möglichkeiten,
muss aber gegen Intoleranz
selber intolerant werden können.
Karl Jaspers,
Die Atombombe und die Zukunft des Menschen

Demokratie wird am besten
in den Gemeinden gelehrt.
Dort werden die praktische Arbeit
und das Ergebnis einer Abstimmung
unmittelbar sichtbar. Die Arbeit
im Dienst der Gemeinde ist daher
die beste Vorstufe für politische
demokratische Arbeit.
Konrad Adenauer,
Empfang im Wiener Rathaus, 14. Juni 1957

Der Unterschied zwischen einer
gewöhnlichen Demokratie und einer
Volksdemokratie besteht darin,
dass man in einer Volksdemokratie
seine Meinung nicht frei äußern darf,
weshalb sie unbeachtet bleibt,
während man in einer gewöhnlichen
Demokratie nach westlichem Muster
seine Meinung frei äußern darf,
weshalb sie unbeachtet bleibt.
Peter Ustinov, Peter Ustinovs geflügelte Worte

Die Beweggründe, welche die Frauen
zur Demokratie geführt haben,
sind zweierlei:
Die einen sind Demokratinnen durch
die Verhältnisse, die andern aus Überzeugung geworden – immer aber
wird bei beiden das »Ewigweibliche«,
das Moment der Liebe und Hingebung
zum Grunde liegen – bei den einen ist
es die Liebe und Hingabe an einzelne
Personen, bei den anderen ist es Liebe
und Hingabe an das Allgemeine.
Louise Otto-Peters, Die Demokratinnen

Die Demokratie ist die edelste Form,
in der eine Nation zugrunde
gehen kann (...).
Heimito von Doderer, Repertorium. Ein Begreifbuch von höheren und niederen Lebens-Sachen

Die Demokratie ist
die schlechteste Staatsform –
ausgenommen alle anderen.
Winston Churchill

Die Demokratie repräsentiert
den Unglauben an große Menschen.
Friedrich Nietzsche

Die Demokratie trachtet
nach der Verwirklichung
des Reiches Gottes auf Erden.
Louise Otto-Peters, Die Demokratinnen

Die erste Art der Demokratie
ist diejenige, die ihren Namen
von der folgerichtigsten Durchführung
des Gleichheitsprinzips hat.
Aristoteles, Politik

Die Griechen haben die Demokratie
nicht erfunden, sondern etwas viel
Wichtigeres getan: Sie haben sie
gelebt und irgendwann ein Wort
gefunden, um sie zu beschreiben.
Man muss die Demokratie hüten
wie seinen Augapfel.
Peter Ustinov, Peter Ustinovs geflügelte Worte

Die moderne Demokratie
ist eine durch Wahlen
und durch die öffentliche Meinung
gebilligte Oligarchie.
Lothar Schmidt

Die parlamentarische Regierungsform
gleicht einer Vorsichtsmaßnahme
gegen das Erhabene und das Absurde;
sie zielt auf das Mittelmäßige,
und es gelingt ihr.
Théodore Jouffroy, Das grüne Heft

Die Schwäche
der heutigen Demokratie liegt darin,
dass die Politiker mehr auf das achten,
was ankommt, als auf das,
worauf es ankommt.
Lothar Schmidt

Die Welt muss sicher gemacht werden
für die Demokratie.
Woodrow Wilson

Durch Ruhe und Ordnung
kann die Demokratie
ebenso gefährdet werden
wie durch Unruhe und Unordnung.
Hildegard Hamm-Brücher

Ein wahrer Demokrat will lieber
das unberechtigt Erhöhte senken,
als sich zu »erhöhen«.
August Strindberg, Der Sohn der Magd

Eine Demokratie
ohne ein paar hundert
Widerspruchskünstler
ist undenkbar.
Jean Paul, Politische Fastenpredigten

Erst wenn die Begriffe der Freiheit
und der Ordnung für jeden
einzelnen Staatsbürger Teil seiner
selbst geworden sind, ist die
demokratische Staatsform gesichert.
Erst dann ist sie die Gewähr für den
Ausgleich zwischen den unverletzlichen Rechten des Einzelnen und
den Rechten des Ganzen, des Staates.
Konrad Adenauer, Rede in London, 6. Dezember 1951

(...) es ist ein wesentlicher Bestandteil
unserer Demokratie, dass man
mehr miteinander und weniger
übereinander spricht.
Helmut Kohl, Notwendiger Dialog zwischen Politik und Wirtschaft. Rede des Bundeskanzlers vor dem BDI in Bonn 1986

Freiheit und Demokratie passen
zueinander wie Feuer und Wasser.
Paul Anton de Lagarde, Deutsche Schriften

Gäbe es ein Volk von Göttern,
so würde es sich
demokratisch regieren.
Eine so vollkommene Regierung
passt für Menschen nicht.
Jean-Jacques Rousseau, Der Gesellschaftsvertrag

Gegen Nationalitätsbestrebungen
kleiner Völker gibt es nur ein Mittel:
Demokratie.
Walter Rathenau, Auf dem Fechtboden des Geistes. Aphorismen aus seinen Notizbüchern

Ich kann nicht erkennen,
dass es einen Gegensatz gibt
zwischen Leistungselite
und Demokratie.
Helmut Kohl, Neue Chancen und Perspektiven der Hochschulen. Jahresversammlung 1983 der Westdeutschen Rektorenkonferenz

Ich möchte nicht ein Sklave,
aber auch nicht dessen Herr sein.
Das ist meine Idee von Demokratie.
Abraham Lincoln, Reden (1858)

Im strengen Sinne des Wortes
hat es nie eine wirkliche Demokratie
gegeben und wird es niemals geben.
Jean-Jacques Rousseau, Der Gesellschaftsvertrag

In dem Glauben an das Ideale
ist alle Macht wie alle Ohnmacht
der Demokratie begründet.
Theodor Mommsen, Römische Geschichte

In den demokratischen Staaten
liegt die höchste Gewalt
in der Hand des Volkes,
in den Oligarchien hingegen
in der einer kleinen Minderheit.
Aristoteles, Älteste Politik

In der Demokratie
geht die Macht vom Volk aus.
Doch oft kehrt sie nicht
zu ihm zurück.
Hellmut Walters

In der Jugend,
wo wir nichts besitzen
oder doch den ruhigen Besitz
nicht zu schätzen wissen,
sind wir Demokraten.
Johann Wolfgang von Goethe, überliefert von Johann Peter Eckermann (Gespräche mit Goethe)

In einer Demokratie regieren
die Drohnen praktisch den Staat.
Die Gefährlichsten von ihnen
sprechen und handeln
und dulden keine Opposition.
Platon, Der Staat

Keine Demokratie
kann ohne Elite bestehen.
Otto Heuschele, Augenblicke

Korruption ist der natürliche Weg,
um unseren Glauben an die
Demokratie wiederherzustellen.
Peter Ustinov, Peter Ustinovs geflügelte Worte

Man hat einmal große Erwartungen
auf die Demokratie gesetzt,
aber die Demokratie ist nichts
als ein Niederprügeln des Volkes
durch das Volk für das Volk.
Oscar Wilde,
Die Seele des Menschen unter dem Sozialismus

O Demokratie, wo willst du
noch mit uns hinaus?
Wenn dieser Wicht von den Göttern
solch ein Amt empfängt?
Aristophanes, Die Vögel (Poseidon)

Sobald die Tyrannei
aufgehoben ist,
geht der Konflikt zwischen
Aristokratie und Demokratie
unmittelbar an.
Johann Wolfgang von Goethe,
Maximen und Reflexionen

Was ist aber Demokratie anders
als die allgemeinste Menschenliebe,
die erhabene Lehre von der
Beglückung aller Menschen?
Louise Otto-Peters, Die Demokratinnen

Wenn der einzelne Bürger nicht das
Gefühl der Achtung vor diesem Staat
hat, den Respekt vor der Ordnung,
wenn er nicht das Gefühl hat, dass,
wenn dem Allgemeinwohl gedient
wird, ihm das selbst zugute kommt,
wenn er sich nicht bewusst ist,
dass er selbst auf das Ernsteste
gefährdet ist, wenn nicht der Staat
gesund und festgefügt ist,
dann geht die parlamentarische
Demokratie zugrunde.
Konrad Adenauer, Gespräch, Februar 1965

Wer in der Diktatur die Regierenden
kritisiert, kommt ins Gefängnis.
Wer in der Demokratie
über die Regierenden schimpft,
kommt ins Fernsehen.
Manfred Rommel

Wir brauchen die Demokratie
wie die Luft zum Atmen.
Michail Gorbatschow

Wir halten fest an dem Grundsatz,
zu segnen, die uns fluchen –
wir Demokratinnen segnen unsere
Feinde, denn sie sind es, welche uns
die meisten Anhängerinnen werben
und uns Kraft und Begeisterung geben
– eine Welt zu überwinden!
Louise Otto-Peters, Die Demokratinnen

Wir sollten wählen,
um regiert zu werden.
Heute werden wir regiert,
um zu wählen.
Theodor Eschenburg

Zur Demokratie gehören Konsens
und Konflikt. Zu beiden müssen wir
fähig sein. Wann Konsens und wann
Konflikt, ergibt sich aus der Sache
und nicht aus taktischer Voreingenommenheit.
Norbert Blüm, Ein ZEIT-Interview mit Norbert Blüm.
In: DIE ZEIT, Nr. 10/1989

Demut

Auch der demütigste Mensch
glaubt und hofft
innerlich immer mehr,
als er auszusprechen wagt.
Gottfried Keller, Glauben, Hoffnung

Auflehnung – Demut.
Was liegt dazwischen?
Weisheit oder Ergebung?
Arthur Schnitzler, Zurückgelegte Sprüche

Besser demütig gefahren,
als stolz zu Fuß gegangen.
Deutsches Sprichwort

Demut bedeutet beharrliches Mühen
im Dienst an der Menschheit.
Gott ist immer im Dienst (...).
Mohandas K. »Mahatma« Gandhi, Selected Works

Demut ist der Altar, auf dem wir nach
Gottes Willen unsere Opfer darbringen
sollen.
François de La Rochefoucauld,
Nachgelassene Maximen

Demut ist in gleichem Grad
der Gegensatz zur Selbstdemütigung
wie zur Selbstüberhebung.
Demut heißt, sich nicht vergleichen.
Dag Hammarskjöld, Zeichen am Weg

Demut ist keine Tugend, das heißt,
sie entspricht nicht der Vernunft.
Baruch de Spinoza

Demut ist oft nur geheuchelte
Unterwürfigkeit, mit der man andere
unterwerfen will, also ein Kunstgriff
des Hochmuts, der sich nur erniedrigt,
um sich zu erhöhen.
François de La Rochefoucauld, Reflexionen

Demut ist schließlich nichts
als Einsicht.
Hermann Bahr, Max Scheller

Demut ist Unverwundbarkeit.
Marie von Ebner-Eschenbach, Aphorismen

Demut ist Wärme.
Alle Dinge »reden« und erschließen
sich gleich ganz anders,
wo ihr milder Himmel aufglänzt.
Vor dem Demütigen wird die Welt
sicher und vertrauend,
den Demütigen empfangen,
lieben und beschenken alle Dinge.
Christian Morgenstern, Stufen

Demut macht bereit für die Weisheit.
Thomas von Aquin, Über das Böse

Demut soll nie etwas anderes sein
als die Verneinung von Hochmut.
Sonst wird sie Kleinmut.
Ludwig Marcuse, Argumente und Rezepte.
Ein Wörter-Buch für Zeitgenossen

Demut und die mit ihr verwandte
Geduld sind Eselstugenden,
die die Spitzköpfe den Plattköpfen
gar zu gern einprägen.
Demut: Mut zu dienen.
Johann Gottfried Seume, Apokryphen

Der Welt Schlüssel heißt Demut.
Ohne ihn ist alles Klopfen, Horchen
und Spähen umsonst.
Christian Morgenstern, Stufen

Die christliche Demut ist ebenso
ein Dogma der Philosophie
wie der Religion. Sie bedeutet nicht,
dass ein redlicher Mann sich für
schlechter halten muss als einen
Schurken, noch dass ein begabter
Mann kein Vertrauen in seine
Begabung setzen soll, denn das wäre
ein Urteil, das der Geist unmöglich
fällen kann. Die christliche Demut
besteht darin, dass wir die Wirklichkeit
unserer Fehler und die Mängel
unserer Tugenden erkennen.
Charles de Secondat, Baron de la Brède
et de Montesquieu, Meine Gedanken

Die Demut ist die Tugend,
durch die der Mensch in der
richtigen Erkenntnis seines Wesens
sich selbst gering erscheint.
Bernhard von Clairvaux,
Die Stufen der Demut und des Stolzes

Die Gewohnheit, demütig und
bescheiden zu sein, stimmt milde
und richtet den Geist in Freude auf.
Er gesundet nach und nach und
versteht, dass nichts von dem wahr ist,
was wir uns einbilden,
wenn wir uns gekränkt fühlen (...).
Papst Johannes XXIII., Briefe an die Familie
(Neffe Battista), 28. Februar 1949

Die Liebe hat den Menschen erschaffen,
die Demut hat ihn erlöst.
Hildegard von Bingen, Briefwechsel

Die Wahrheit bleibt den Stolzen
verborgen, den Demütigen aber
wird sie geoffenbart.
Bernhard von Clairvaux,
Die Stufen der Demut und des Stolzes

Es ist eine große Tugend,
Demut zu üben,
ohne zu wissen,
dass man demütig ist.
Mutter Teresa

Ich vermag nicht einzusehen,
wie man Demut ohne Liebe oder Liebe
ohne Demut habe oder haben könne.
Teresa von Ávila, Weg der Vollkommenheit

Ich verstehe den Sinn der Demut.
Sie ist kein Verächtlichmachen
ihrer selbst. Sie ist das eigentliche
Prinzip des Handelns.
Antoine de Saint-Exupéry, Flug nach Arras

Lasset uns deklinieren:
Der Mut – des Mutes – Demut.
Werner Finck

Liebevolle Demut ist eine gewaltige
Macht, die stärkste von allen,
und es gibt keine andere,
die ihr gleichkäme.
Fjodor M. Dostojewski, Die Brüder Karamasow

O möchte nur die Demut keimen!
Vertrocknet ist die Herrlichkeit.
Annette von Droste-Hülshoff, Das geistliche Jahr 1820

Und das ist meine Demut, Lieber,
dass ich mich gebe, wie ich bin,
und in deine Hände lege und rufe:
Hier bin ich.
Paula Modersohn-Becker, Briefe (26. Dezember 1900)

Verstand wächst nur aus Demut.
Dummheit wiederum nur aus Dünkel.
Leo N. Tolstoi, Tagebücher (1907)

Wer demütig ist, der ist duldsam,
weil er weiß, wie sehr er selbst der
Duldsamkeit bedarf; wer demütig ist,
der sieht die Scheidewände fallen und
erblickt den Menschen im Menschen.
Theodor Fontane, Der Stechlin

Woher sollen die Menschen,
denen gesagt wurde,
sie seien Ebenbilder Gottes,
ihre Demut nehmen.
Erhard Blanck

Zu viel Demut ist Hochmut.
Deutsches Sprichwort

Demütigung

Dass ich vor keiner Demütigung
zurückschrecke, kann ebenso gut
Hoffnungslosigkeit bedeuten
als Hoffnung geben.
Franz Kafka, Tagebücher (1914)

Demütigung
beschleicht die Stolzen oft.
Johann Wolfgang von Goethe,
Die natürliche Tochter (Hofmeisterin)

Es geschieht uns wie dem Gras,
das am Flussufer wächst: Wenn der
Fluss anschwillt, wird das Gras zu
Boden geneigt und niedergedrückt –
ohne durch das darüber hinströmende
Wasser beschädigt zu werden. Wenn
das Wasser sinkt, richtet sich das Gras
wieder auf und wächst voller Kraft,
neu belebt und erfreulich zu sehen. So
geziemt es auch uns, von Zeit zu Zeit
niedergedrückt und gedemütigt zu
werden, damit Gott uns hernach voller
Freude wieder aufrichtet.
Elisabeth von Thüringen, Libellus de dictis

Große Völker vergessen Leiden,
nicht aber Demütigungen.
Winston Churchill

Über große Demütigungen
trösten wir uns selten –
wir vergessen sie.
Luc de Clapiers Marquis de Vauvenargues,
Reflexionen und Maximen

Denken

Allen ist das Denken erlaubt.
Vielen bleibt es erspart.
Curt Goetz

Alles Denken, das in die Tiefe geht,
endet in ethischer Mystik.
Albert Schweitzer, Aus meinem Leben und Denken

Alles Denken
hat bisher Resultate ergeben.
Walter Rathenau, Auf dem Fechtboden des Geistes.
Aphorismen aus seinen Notizbüchern

Alles Denken ist Nachdenken,
der Sache nachdenken.
Hannah Arendt, Eichmann in Jerusalem (Vorrede)

Alles Gescheite ist schon gedacht
worden, man muss nur versuchen,
es noch einmal zu denken.
Johann Wolfgang von Goethe,
Maximen und Reflexionen

Alles ungebildete Denken
ist übertriebenes Denken.
William Butler Yeats, Entfremdung

Alles, was in die Tiefe geht,
ist klar bis zur Durchsichtigkeit.
Leo N. Tolstoi, Tagebücher (1899)

An sich ist nichts weder gut noch böse;
das Denken macht es erst dazu.
William Shakespeare, Hamlet (Hamlet)

Aphorismen sind Vorgedachtes
für Nachdenkliche.
Lothar Schmidt

Arbeiten, um nicht denken zu müssen,
ist auch Faulheit.
Erhard Blanck

Armer Mensch,
an dem der Kopf alles ist!
Johann Wolfgang von Goethe, Briefe
(an Herder, 10. Juli 1772)

Auch sehr ins Weite denken,
ist manchmal nur eine Art,
sich das Leben bequem zu machen.
Arthur Schnitzler,
in: Jüdischer Almanach 5670 (Wien 1910)

Bei Pragmatikern richten sich
Ansichten und Absichten
nach den Aussichten.
Robert Lembke, Das Beste aus meinem Glashaus.
Humoristisches und Satirisches

Beim Lesen
lässt sich vortrefflich denken.
Leo N. Tolstoi, Tagebücher (1857)

Bücher denken für mich.
Charles Lamb, Essays

Cogito ergo sum.
Ich denke und mithin so bin ich;
Ist das eine nur wahr,
ist es das andre gewiss.
Johann Wolfgang von Goethe/Friedrich Schiller,
Xenien

Das Auge wird durch langes Anstarren
eines Gegenstandes stumpf
und sieht nichts mehr:
Ebenso wird der Intellekt
durch fortgesetztes Denken
über dieselbe Sache unfähig,
mehr davon zu ergrübeln
und zu fassen.
Arthur Schopenhauer, Den Intellekt überhaupt und in
jeder Beziehung betreffende Gedanken

Das Denken der Hand
unterscheidet zweckmäßig
und unzweckmäßig.
Oswald Spengler, Urfragen.
Fragmente aus dem Nachlass

Das Denken, der Zeit verhaftet,
verfällt auch wieder der Zeit.
Aber weil es verfällt, eben deshalb
muss unser Denken neu sein, wenn
es echt sein und etwas bewirken will.
Ingeborg Bachmann, Frankfurter Vorlesungen

Das Denken fördert unser Leben nur,
wenn es unserem eigenen Kopf
entspringt oder wenigstens
eine Frage beantwortet, die in unserer
eigenen Seele entstanden ist.
Leo N. Tolstoi, Tagebücher (1906)

Das Denken in Analogien
ist ebenso notwendig wie fruchtbar.
Jean-Marie Pelt, Das Leben der Pflanzen

Das Denken ist der Prozess,
durch den niedrige Instinkte
verwandelt werden.
Walter Rathenau, Auf dem Fechtboden des Geistes.
Aphorismen aus seinen Notizbüchern

Das Denken ist ein Attribut Gottes,
oder Gott ist ein denkendes Ding.
Baruch de Spinoza, Ethik

Das Denken ist nur ein Traum
des Fühlens, ein erstorbenes Fühlen,
ein blassgraues, schwaches Leben.
Novalis, Die Lehrlinge zu Sais

(Das Denken von) Ursache und
Wirkung ist das Rückwärtsdenken.
Oswald Spengler, Urfragen.
Fragmente aus dem Nachlass

Das Dogma ist nicht anderes als
ein ausdrückliches Verbot zu denken.
Ludwig Feuerbach, Pierre Bayle

Das Gehirn des zivilisierten Menschen
ist ein Museum einander
widersprechender Wahrheiten.
Remy de Gourmont

Das Großartige auf dieser Erde ist,
dass man gezwungen wird,
mehr zu fühlen als zu denken.
André Gide, Tagebuch

Das Ich denke, Ich bin, ist,
seit Cartesius, der Grundirrtum in aller
Erkenntnis; das Denken ist nicht mein
Denken, und das Sein nicht mein Sein,
denn alles ist nur Gottes oder des Alls.
Friedrich von Schelling,
Ideen zu einer Philosophie der Natur

Das ist die gemeinste Faulheit:
die des Denkens.
Anton P. Tschechow, Briefe (22. März 1885)

Das menschliche Denken wird sinnlos,
wenn es kein bestimmtes Ziel hat.
Michel Eyquem de Montaigne, Die Essais

Das schönste Glück des denkenden
Menschen ist, das Erforschliche
erforscht zu haben und das
Unerforschliche ruhig zu verehren.
Johann Wolfgang von Goethe,
Maximen und Reflexionen

Denk' ich, so bin ich. Wohl!
Doch wer wird immer auch denken?
Oft schon war ich und hab'
wirklich an gar nichts gedacht.
Johann Wolfgang von Goethe/Friedrich Schiller,
Xenien

Denken – das heißt eingesehen haben,
dass das Wissen zu Ende geht.
Hans Lohberger

Denken heißt zerstören.
Fernando Pessoa, Das Buch der Unruhe
des Hilfsbuchhalters Bernardo Soares

Denken
ist die schwerste Arbeit, die es gibt.
Das ist wahrscheinlich
auch der Grund,
dass sich so wenig Leute
damit beschäftigen.
Henry Ford, Mein Leben und Werk

Denken ist
die Wege Gottes beschreiten
– durch Denken gelangt man zu Gott.
Bettina von Arnim, Clemens Brentanos Frühlingskranz

Denken ist eine Anstrengung,
Glauben ein Komfort.
Ludwig Marcuse, Argumente und Rezepte.
Ein Wörter-Buch für Zeitgenossen

Denken ist interessanter als Wissen,
aber nicht als Anschauen.
Johann Wolfgang von Goethe,
Maximen und Reflexionen

Denken
ist Reden mit sich selbst.
Immanuel Kant,
Anthropologie in pragmatischer Hinsicht

Denken lernen:
Man hat auf unseren Schulen
keinen Begriff mehr davon.
Friedrich Nietzsche, Götzen-Dämmerung

Denken Sie selber!
Lido Anthony »Lee« Iacocca,
Mein amerikanischer Traum

Denken und Denktätigkeit
eignet auch demjenigen,
der das Schlechteste denkt (...),
so ist also die Denktätigkeit als solche
noch nicht das Höchste.
Aristoteles, Älteste Metaphysik

Denken und Empfinden
sind von Natur verschieden.
Aristoteles, Über Gerechtigkeit

Denken und Tun, Tun und Denken,
das ist die Summe aller Weisheit,
von jeher anerkannt, von jeher geübt,
nicht eingesehen von einem jeden.
Johann Wolfgang von Goethe,
Wilhelm Meisters Wanderjahre

Denken und Wissen sollten immer
gleichen Schritt halten. Das Wissen
bleibt sonst tot und unfruchtbar.
Wilhelm von Humboldt, Briefe an eine Freundin

Denken war mir stets eine mühsame
und reizlose Beschäftigung.
Jean-Jacques Rousseau,
Träumereien eines einsamen Spaziergängers

Denken, was man nicht fühlt, heißt,
sich selbst belügen. Was man denkt,
muss man mit seinem ganzen Sein,
mit Seele und Körper denken.
Joseph Joubert, Gedanken, Versuche und Maximen

Der Geist kann, wie alles Denkbare,
auch Gegenstand seines Denkens sein.
Aristoteles, Psychologie

Der kleine Unterschied:
Er denkt beim Lieben;
Sie liebt beim Denken.
Oliver Hassencamp

Der Mensch denkt immer anders
als das Schicksal.
Publilius Syrus, Sentenzen

Der Mensch kann nicht mehr fühlen,
als er denkt, nicht mehr denken,
als er fühlt.
Adam Heinrich Müller, Die Lehre vom Gegensatze

Der Traum, der Luxus des Denkens.
Jules Renard, Ideen, in Tinte getaucht.
Aus dem Tagebuch von Jules Renard

Der typische Mann ist mehr »Denker«
als das typische Weib; so denken denn
Frauen öfter an etwas als über etwas,
Männer meist umgekehrt (...).
Ludwig Klages, Der Geist als Widersacher der Seele

Des Denkens Faden ist zerrissen,
Mir ekelt lang vor allem Wissen.
Johann Wolfgang von Goethe, Faust I (Faust)

Des Denkers einziger Besitztum
sind die Gedanken,
die aus ihm selbst entspringen.
Johann Wolfgang von Goethe,
Geschichte der Farbenlehre

Die Gedanken mit Gewalt
auseinanderhalten.
Sie verfilzen sich zu leicht, wie Haare.
Elias Canetti, Die Provinz des Menschen.
Aufzeichnungen 1942–1972

Die Gewohnheit zu denken, erzeugt
die Leichtigkeit, sie macht uns fähig,
alles schärfer und schneller
anzuschauen. Unsere Organe wie
unsere Gliedmaßen erlangen durch
Übung mehr Beweglichkeit,
Kraft und Geschmeidigkeit.
Joseph Joubert, Gedanken, Versuche und Maximen

Die größte Bremse im Denken
ist der Selbsterhaltungstrieb.
Stefan Napierski

Die Kontraste und Widersprüche,
die dauernd in einer Hirnschale
friedlich nebeneinander hausen
können, werfen alle Systeme
der politischen Optimisten und
Pessimisten über den Haufen.
Albert Einstein, Mein Weltbild

Die Kunst des Nachdenkens
besteht in der Kunst (...),
das Denken genau vor dem tödlichen
Augenblick abzubrechen.
Thomas Bernhard, Gehen (1971)

Die meisten Menschen haben,
wenn auch nicht mit deutlichem
Bewusstsein, doch im Grunde ihres
Herzens, als oberste Maxime und
Richtschnur ihres Wandels
den Vorsatz, mit dem kleinstmöglichen
Aufwand an Gedanken auszukommen;
weil ihnen das Denken eine Last
und Beschwerde ist.
Arthur Schopenhauer, Den Intellekt überhaupt und in
jeder Beziehung betreffende Gedanken

Die Menschen neigen zur falschen
Auffassung, dass, da sich alle unsere
mechanischen Apparate so flink
vorwärts bewegen, auch das Denken
schneller vor sich geht.
Christopher Morley

Die Träumerei erholt
und unterhält mich,
das Nachdenken ermüdet mich
und macht mich traurig.
Jean-Jacques Rousseau,
Träumereien eines einsamen Spaziergängers

Die Vitalität wird zu Lasten
des Verstandes überschätzt.
Dabei sind es die Ochsen
und nicht die Denker,
die uns zu Tode trampeln.
Friedrich Dürrenmatt

Du lieber Gott, was so ein Mann
Nicht alles, alles denken kann!
Johann Wolfgang von Goethe, Faust I (Margarete)

Du sollst keinen verurteilen, ehe du
ihm den Denkprozess gemacht hast.
Alfred Polgar, Kleine Schriften, Band 3. Irrlicht

Dummköpfe:
denken anders als man selbst.
Gustave Flaubert, Wörterbuch der Gemeinplätze

Durch bloßes logisches Denken
vermögen wir keinerlei Wissen über
die Erfahrungswelt zu erlangen;
alles Wissen über die Wirklichkeit
geht von der Erfahrung aus
und mündet in ihr (...).
Albert Einstein, Mein Weltbild

Ein Bußgeld für jeden, der sich
Gedanken über das Leben macht.
Lasst doch das Leben endlich in Ruhe!
Jules Renard, Ideen, in Tinte getaucht.
Aus dem Tagebuch von Jules Renard

Ein Mensch
in verschiedenen Lebenszeiten
ist sich nicht gleich, denkt anders,
nachdem er anders empfindet.
Johann Gottfried Herder,
Vom Erkennen und Empfinden der menschlichen Seele

Ein scharfer Beobachter
ist ohne Zweifel selten,
aber ein scharfer Denker
ist viel seltener.
Henry Thomas Buckle,
Geschichte der Civilisation in England

Ein Volk von lauter Bauern
würde wenig entdecken und erfinden:
Aber müßige Hände
geben tätige Köpfe.
Arthur Schopenhauer, Zur Rechtslehre und Politik

Einem Gelehrten ist das Denken
ein Nahrungsmittel, ohne welches,
wenn er wach und allein ist,
er nicht leben kann.
Immanuel Kant, Der Streit der Fakultäten

Einsamkeit ist
das Bedürfnis des Denkers,
Gemeinschaft
das Bedürfnis des Herzens.
Ludwig Feuerbach, Das Wesen des Christentums

Eng ist die Welt,
und das Gehirn ist weit.
Friedrich Schiller, Wallensteins Tod (Wallenstein)

Er denkt zu viel:
Die Leute sind gefährlich.
William Shakespeare, Julius Caesar (Caesar)

Es gibt auch eine Befriedigung,
die sich im Kopf abspielt:
Denken.
Gabriele Wohmann

Es gibt Denk-Gewitter,
welche die Atmosphäre reinigen.
Womit nicht gesagt ist,
dass man erst zu denken hat,
wenn's blitzt und kracht.
Man hat vor dem schon
genug zu denken gehabt.
Heimito von Doderer, Repertorium. Ein Begreifbuch
von höheren und niederen Lebens-Sachen

Es gibt für die Menschen nichts
Göttliches und Beseligendes als das,
was allein der Mühe wert ist,
nämlich das, was an Denkkraft
und Vernunft in uns ist.
Aristoteles, Protreptikos

(...) es gibt Gedankengänge
von einer Aussichtslosigkeit,
die bewusstseinsraubend ist.
Das ist so, da ist nichts zu machen.
Gottfried Benn,
An Gertrud Zenses (wahrscheinlich 1922)

Es gibt Menschen,
die einen Augenblick früher sprechen,
als sie denken.
Jean de La Bruyère, Die Charaktere

Es gibt nichts Herrlicheres,
als wenn ein Denker
einer Wahrheit die Ehre gibt,
die er ihr so gern verweigern würde.
Ludwig Marcuse, Argumente und Rezepte.
Ein Wörter-Buch für Zeitgenossen

Es ist ein gewisses Verhältnis nötig
zwischen denen, die vornehmlich
zum Denken, und jenen,
die vornehmlich
zur Tätigkeit geneigt sind.
Henry Thomas Buckle,
Geschichte der Civilisation in England

Es ist eine Frage,
welches schwerer ist:
zu denken
oder nicht zu denken.
Georg Christoph Lichtenberg, Sudelbücher

Es mag nicht immer wichtig sein,
was man täglich denkt.
Aber ungeheuer wichtig ist,
was man täglich nicht gedacht hat.
Elias Canetti, Die Provinz des Menschen.
Aufzeichnungen 1942–1972

Freiheit ist immer nur die Freiheit
des anders Denkenden.
Rosa Luxemburg, Die Russische Revolution

Gescheit gedacht
und dumm gehandelt,
So bin ich meine Tage
durchs Leben gewandelt.
Franz Grillparzer, Sprüche und Epigramme

Gewöhnlich glaubt der Mensch,
wenn er nur Worte hört,
Es müsse sich dabei
doch auch was denken lassen.
Johann Wolfgang von Goethe, Faust I (Mephisto)

Ich denke, also bin ich
(Cogito, ergo sum).
René Descartes, Principia philosophiae

Ich denke, was ich denken muss.
Oswald Spengler, Urfragen.
Fragmente aus dem Nachlass

Ich habe nicht nötig zu denken,
wenn ich nur bezahlen kann;
andere werden das verdrießliche
Geschäft schon für mich übernehmen.
Immanuel Kant,
Beantwortung der Frage: Was ist Aufklärung?

Ich halte nichts von Denkpausen,
denn das würde ja bedeuten,
dass man vorher nicht gedacht hat.
Helmut Kohl

Ich sage nichts,
denke desto mehr.
William Shakespeare, Heinrich IV. (Gloucester)

Ich weiß, wie gute Menschen denken;
weiß,
Dass alle Länder gute Menschen tragen.
Gotthold Ephraim Lessing, Nathan der Weise (Nathan)

In der Tiefe
hat man Beweise nicht nötig.
Oswald Spengler, Urfragen.
Fragmente aus dem Nachlass

In gärend Drachengift hast du
Die Milch der frommen Denkart
mir verwandelt.
Friedrich Schiller, Wilhelm Tell (Tell)

Je mehr man die Dinge bedenkt,
desto besser versteht man sie,
und desto klarer werden sie selbst.
Francesco Guicciardini, Ricordi

Jeder Mensch
muss nach seiner Weise denken;
denn er findet auf seinem Wege
immer ein Wahres
oder eine Art von Wahrem,
die ihm durchs Leben hilft.
Nur darf er sich nicht gehen lassen,
er muss sich kontrollieren;
der bloße nackte Instinkt
geziemt nicht dem Menschen.
Johann Wolfgang von Goethe,
Maximen und Reflexionen

Denken

Jedes Verabsolutieren ist ein eiserner
Lukendeckel, den der Mensch,
wieder in seinen Bau hinabsteigend,
dem Himmel und allen Göttern
vor der Nase zuwirft.
Heimito von Doderer, Repertorium. Ein Begreifbuch
von höheren und niederen Lebens-Sachen

Klarheit, Intensität und Raschheit
des Denkens – diese vereinigt erst,
ergeben das, was man die Tiefe
des Denkens zu nennen pflegt.
Arthur Schnitzler, Zurückgelegte Sprüche

Lasst die Menschen nur
ein Menschenalter hindurch nicht
mehr laut miteinander denken dürfen:
Und seid gewiss, sie haben
ihre Denkkraft verloren.
Johann Jakob Engel, Fürstenspiegel

Lust und Leid sind
die polaren Elemente und Atome
des Empfindens und Denkens
in der Natur.
Walter Rathenau, Auf dem Fechtboden des Geistes.
Aphorismen aus seinen Notizbüchern

Man ist, was man denkt, und nicht,
was man denkt, dass man ist.
Robert Lembke, Das Beste aus meinem Glashaus.
Humoristisches und Satirisches

Man kann nicht leicht
über zu vielerlei denken,
aber man kann über zu vielerlei lesen.
Georg Christoph Lichtenberg, Sudelbücher

Man muss einzig danach trachten,
richtig zu denken und zu sprechen,
ohne die anderen für unseren
Geschmack und unsere Ansichten
gewinnen zu wollen; denn dies
ginge über unsere Kraft.
Jean de La Bruyère, Die Charaktere

Man muss etwas tun,
aber nicht daran denken, etwas zu tun.
Francis M. de Picabia, Aphorismen

Man muss immer weiter denken,
als man kommt.
Deutsches Sprichwort

Mit Ruhe und Geduld im Herzen
denke über eine Sache dreimal nach.
Chinesisches Sprichwort

Nicht nur für die Mütze
hat man den Kopf auf den Schultern.
Sprichwort aus Russland

Nichts Äußeres, Physisches
oder Emotionales darf die Richtung
deines Denkens beeinflussen,
das Denken muss sich vielmehr
selbst bestimmen.
Leo N. Tolstoi, Tagebücher (1847)

Non cogitant, ergo non sunt.
Sie denken nicht, also sind sie nicht.
Georg Christoph Lichtenberg, Sudelbücher

Nur der Denkende erlebt sein Leben.
Am Gedankenlosen zieht es vorbei.
Marie von Ebner-Eschenbach, Aphorismen

Nur im Fluss bleiben, nur nicht
zur Spinne eines Gedankens werden.
Christian Morgenstern, Stufen

Nur nicht denken,
nicht immerfort dran denken.
Nicht an Tod und Sterben denken.
Franziska Gräfin zu Reventlow, Tagebücher

Nur vergleichende Urteile
haben einen Wahrheitswert.
Denken heißt: Vergleichen.
Walter Rathenau, Auf dem Fechtboden des Geistes.
Aphorismen aus seinen Notizbüchern

Nur wer denkt,
ist frei und selbstständig.
Ludwig Feuerbach, Das Wesen des Christentums

Ob man einmal aus andern Menschen
klug werden kann? Mir kommt's
immer vor, als ob sie alle im Zickzack
empfänden und dächten.
Franziska Gräfin zu Reventlow, Tagebücher

Oft ist das Denken schwer,
indes das Schreiben geht auch
ohne es.
Wilhelm Busch

Sagen, was man denkt,
ist manchmal die größte Torheit
und manchmal – die größte Kunst.
Marie von Ebner-Eschenbach, Aphorismen

Sich über etwas den Kopf
nicht zerbrechen,
ist weder Freiheit
noch Unfreiheit,
sondern Nachlässigkeit.
Günther Anders, Lieben gestern.
Notizen zur Geschichte des Fühlens

Tiefes Glück
ist Gegenwart ohne Denken.
Oswald Spengler, Urfragen.
Fragmente aus dem Nachlass

Um zu sprechen,
muss man denken,
zumindest annäherungsweise.
Voltaire, Micromégas

Und etwas Denken
ist dem Menschen immer nütze.
Johann Wolfgang von Goethe, Die Vögel (Epilog)

Unser Denken
hängt ab vom Empfinden.
Johann Gottfried Herder,
Vom Erkennen und Empfinden der menschlichen Seele

Unser Denken ist nicht in sich selbst,
unabhängig von unsern Trieben
und Neigungen, gegründet;
der Mensch besteht nicht aus zwei
nebeneinander fortlaufenden Stücken,
er ist absolut Eins.
Johann Gottlieb Fichte, Die Bestimmung des Menschen

Unser Kopf ist rund, damit das Denken
die Richtung wechseln kann.
Francis M. de Picabia, Aphorismen

Verzicht auf Denken
ist geistige Bankrotterklärung.
Albert Schweitzer, Aus meinem Leben und Denken

Viele Leute glauben, dass sie denken,
während sie in Wirklichkeit
nur ihre Vorurteile umschaufeln.
Edward R. Murrow

Viele Menschen verstehen
unter Denken nur die Umgruppierung
ihrer Vorurteile.
William James

Von Natur aus
denkt der Mensch kaum.
Denken ist eine Kunst,
die er, wie alle anderen,
und sogar noch schwerer,
lernt.
Jean-Jacques Rousseau, Emile

Was ist unerträglich?
Geschwätz für den Denker.
Heinrich von Kleist, Briefe
(an Wilhelmine von Zenge, 29./30. November 1800)

Wenige Menschen denken,
und doch wollen alle entscheiden.
König Friedrich der Große

Wenn alle Menschen denken könnten
– das gäbe eine Revolution!
Emanuel Wertheimer

Wenn einer viel und klug denkt,
so bekommt nicht nur sein Gesicht,
sondern auch sein Körper
ein kluges Aussehen.
Friedrich Nietzsche, Menschliches, Allzumenschliches

Wenn man doch alles, was in einem
ist, ausscheiden und einzig ein
mit der Fähigkeit des Denkens
begabtes Wesen sein könnte!
Gustave Flaubert, November

Wer das Wort Denkfreiheit erfunden
hat, war gewiss ein Dummkopf, der
weiter keine Erfindung machen wird.
Johann Gottfried Seume, Apokryphen

Wer kann was Dummes,
wer was Kluges denken,
Das nicht die Vorwelt
schon gedacht?
Johann Wolfgang von Goethe, Faust II (Mephisto)

Wer nicht an Fernes denkt,
dem ist Kummer nahe.
Chinesisches Sprichwort

Wer nicht auf eigene Weise denkt,
denkt überhaupt nicht.
Oscar Wilde,
Die Seele des Menschen unter dem Sozialismus

Wer nicht merkt, dass er denkt,
wenn er denkt,
ist reif für eine Denkpause.
Elias Canetti

Wer nicht weiterdenkt,
denkt überhaupt nicht.
Arthur Schnitzler,
Aphorismen und Betrachtungen aus dem Nachlass

Wer sich fürchtet, denkt langsamer,
läuft aber schneller.
Lothar Schmidt

Wer viel denkt, eignet sich nicht
zum Parteimann: Er denkt sich zu bald
durch die Partei hindurch.
Friedrich Nietzsche, Menschliches, Allzumenschliches

Wer wagt selbst zu denken,
der wird auch selbst handeln.
Bettina von Arnim, Die Günderode

Wie du Gott denkst, so denkst du selbst.
Ludwig Feuerbach, Das Wesen des Christentums

Wie kommt bei vielen
das schiefe Denken,
Die reich doch mit
Verstand beschenkt?
Man kann sich
das Gehirn verrenken,
Wie man die Beine
sich verrenkt.
Friedrich von Bodenstedt, Mirza Schaffy

Wie soll man
an so viele Gegenstände denken,
wenn man von einem erfüllt ist?
Jean-Jacques Rousseau,
Julie oder Die neue Héloïse (Julie)

Wir denken so,
und der Weltwille in uns treibt anders.
Oswald Spengler, Urfragen.
Fragmente aus dem Nachlass

Wir denken, wie wir denken,
hauptsächlich, weil andere so denken.
Samuel Butler, Notizbücher

Wir Pioniere und Cowboys
sind Tatmenschen und keine Denker.
Barry Goldwater

Wozu willst du denken,
was schon gedacht wurde?
Nimm, was fertig ist,
und schreite weiter. Hierin liegt
die Stärke der Menschheit.
Leo N. Tolstoi, Tagebücher (1901)

»Zerdenken« zerlegt ein Ganzes
nach Ursache und Wirkung,
(verknüpft) logisch und macht
das Zeithafte raumhaft.
Oswald Spengler, Urfragen.
Fragmente aus dem Nachlass

Zu einem vollkommenen Menschen
gehört die Kraft des Denkens,
die Kraft des Willens,
die Kraft des Herzens.
Ludwig Feuerbach, Das Wesen des Christentums

Denkkraft

Deswegen ist eine feste Burg
die von Affekten freie Denkkraft.
Denn nichts Stärkeres hat der Mensch.
Hat er da seine Zuflucht gefunden,
so ist er in Zukunft unüberwindlich.
Mark Aurel, Selbstbetrachtungen

Die Achtung aber vor der eigenen
Denkkraft und ihre Hochschätzung
wird bewirken, dass du wohl
mit dir selbst zufrieden bist als auch
dich wohl zu den Gliedern der
Gemeinschaft fügst und
mit den Göttern übereinstimmst.
Mark Aurel, Selbstbetrachtungen

Was außerhalb meiner Denkkraft liegt,
hat überhaupt keine Bedeutung
für meine Denkkraft. Dies begreife,
und du wirst gerade gehen.
Mark Aurel, Selbstbetrachtungen

Denkmal

Das beste Monument des Menschen
aber ist der Mensch.
Johann Wolfgang von Goethe, Denkmale

Das schönste Denkmal
für einen Komponisten ist,
wenn er im Spielplan bleibt.
Carl Orff

Denkmäler errichtet man nur
den Junggesellen.
Ehemänner bringen es höchstens
bis zum Sockel.
Tristan Bernard

Denkmäler sind gefrorene Geschichte.
Alec Guinness

Die Tat ist vergangen,
die Denkmäler bleiben.
Ovid, Festkalender

Doch bleibt immer
das schönste Denkmal
des Menschen eigenes Bildnis.
Johann Wolfgang von Goethe,
Die Wahlverwandtschaften

Ein Denkmal ist ein Stehplatz,
den man von der Geschichte
bekommen hat.
Harold Macmillan

Ein Denkmal ist der Beweis dafür,
dass man einen Menschen
bereits vergessen hat.
Harold Pinter

Für mich ist Denkmal
ein lebenslanger Imperativ,
der aus zwei Wörtern besteht.
Fritz Grünbaum

Habe ich eine gute Tat vollbracht,
so soll die mein Denkmal sein;
und wenn nicht,
so helfen alle Bildsäulen nichts.
Agesilaos II., überliefert bei Plutarch
(Königs- und Feldherrensprüche)

Kriegskunst hinterlässt
die meisten Denkmäler.
Emil Baschnonga

Manches Denkmal ist nichts anderes
als Steinigung eines Toten.
Martin Held

Man bewundert
ihre göttliche Erscheinung,
aber jeder bewundert sie wie
ein kunstreich vollendetes Standbild.
Lucius Apuleius, Der goldene Esel

Propheten werden zweimal gesteigt:
zum ersten Mal bei Lebzeiten, danach
durch Errichtung eines Denkmals.
Christopher Morley

Soll sich Fortuna weiter
an dem Denkmal weiden,
das sie sich selbst errichtet hat!
Lucius Apuleius, Der goldene Esel

Sobald ein Mensch endgültig
seinen Einfluss verloren hat,
setzt man ihm ein Denkmal.
Robert Musil

Viele Denkmäler sind viel zu früh
errichtet worden. Das ist jedenfalls
meine Meinung. Ich habe gesehen,
wie Monumente erdrückten,
statt zu befreien oder zu erheben.
Ich habe gesehen,
wie Skulpturen Schatten warfen,
statt das Licht zu bündeln.
Lars Saabye Christensen, Der Alleinunterhalter

Was nützen Denkmäler
des Unbekannten Soldaten
den Gefallenen?
Carl von Ossietzky

Wenn einem Lebenden ein Denkmal
gesetzt wird, so pflegt man beide
etwas spöttisch zu betrachten.
Kurt Tucholsky

Despotismus

Wie über die Menschen,
so auch über die Denkmäler lässt sich
die Zeit ihr Recht nicht nehmen.
Johann Wolfgang von Goethe,
Die Wahlverwandtschaften

Despotismus

Das Bild eines Despoten,
wenn es auch nur in der Luft schwebt,
ist edlen Menschen schon fürchterlich.
Johann Wolfgang von Goethe, Italienische Reise

Dasselbe Tor, durch welches
der Despotismus und die Willkür
einziehen, steht auch
dem auswärtigen Feind offen.
Rudolf von Ihering, Der Kampf ums Recht

Der aufgeklärte Despotismus
will manches Gute,
aber erreicht sehr Weniges.
Gustav Schmoller, Die Arbeiterfrage

Der Despotismus forderte Automaten –
und Priester und Leviten
waren fühllos genug, sie ihm
aus Menschen zu schnitzen.
Georg Forster, Über die Beziehung der Staatskunst auf
das Glück der Menschheit

Der Despotismus,
um konsequent zu sein,
muss die moralische Nullität
der Menschheit wollen.
Diesen Zustand nennt er:
ihr Glück.
Georg Forster, Über die Beziehung der Staatskunst auf
das Glück der Menschheit

Despotismus erzeugt Krieg,
und der Krieg erhält den Despotismus
am Leben.
Leo N. Tolstoi, Tagebücher (1904)

Die Unwissenheit:
Durch sie allein erhält sich
der Despotismus;
er braucht die Finsternis
und das Schweigen.
Honoré de Balzac, Physiologie der Ehe

Ein Glück für die Despoten,
dass die eine Hälfte der Menschen
nicht denkt und die andere nicht fühlt!
Johann Gottfried Seume, Apokryphen

Jeden
Despoten fordr' ich
in meine Schranken.
Lord Byron, Don Juan

Lächelnd scheidet der Despot,
Denn er weiß, nach seinem Tod
Wechselt Willkür nur die Hände,
Und die Knechtschaft hat kein Ende.
Heinrich Heine, Romanzero (König David)

Warum sind Taugenichtse
für Despotismus? Weil es ihnen
bei einer idealen Regierung,
die nach Verdienst belohnt,
schlecht erginge.
Beim Despotismus hingegen
kann alles Mögliche geschehen.
Leo N. Tolstoi, Tagebücher (1896)

Wodurch wird der Despotismus
aufrechterhalten? Entweder durch
mangelnde Bildung des Volkes oder
dadurch, dass der unterdrückte Teil
des Volkes nicht stark genug ist.
Leo N. Tolstoi, Tagebücher (1847)

Detail

Es heißt, der Teufel stecke im Detail.
Ich glaube manchmal,
er stecke eher in den Grundsätzen.
Michael Stewart

Um die Dinge ganz zu kennen,
muss man um ihre Einzelheiten wissen.
François de La Rochefoucauld, Reflexionen

Deutsch

Das Gefühl wird
von den Deutschen als eine Tugend,
als eine göttliche Schickung,
als irgendetwas Mystisches angesehen.
Stendhal, Über die Liebe

Das ist der größte Vorwurf
an die Deutschen:
Dass sie trotz ihrer Intelligenz
und trotz ihres Mutes
immer die Macht anhimmeln.
Winston Churchill

Das ist schön bei uns Deutschen:
Keiner ist so verrückt, dass er nicht
einen noch Verrückteren fände,
der ihn versteht.
Heinrich Heine, Reisebilder (Harzreise)

Das macht den Deutschen von heute
so unbeliebt: Er beruft sich
bei fast jeder Gelegenheit
auf seine »Geistesheroen«,
die doch fast immer nur im Gegensatz
zu ihm gelebt haben, und ist dabei
genauso auf seinen Vorteil bedacht
wie der Nachbar.
Christian Morgenstern, Stufen

Den Deutschen ist nichts daran
gelegen, zusammenzubleiben,
aber doch, für sich zu bleiben.
Jeder, sei er auch, welcher er wolle,
hat so ein eignes Fürsich, das er sich
nicht gern möchte nehmen lassen.
Johann Wolfgang von Goethe,
Maximen und Reflexionen

Der Deutsche fügt sich unter allen
zivilisierten Völkern am leichtesten
und dauerhaftesten der Regierung,
unter der er ist, und ist am meisten
von Neuerungssucht und Widersetz-
lichkeit gegen die eingeführte Ordnung
entfernt. Sein Charakter ist
mit Verstand verbundenes Phlegma.
Immanuel Kant,
Anthropologie in pragmatischer Hinsicht

Der Deutsche geht um das Ding herum,
der Franzose fängt den Lichtstrahl auf,
den es ihm zuwirft, und geht weiter.
Heinrich von Kleist, Briefe
(an Luise von Zenge, 16. August 1801)

Der Deutsche hat seinen Verstand
in den Fingern.
Sprichwort aus Italien

Der Deutsche ist
in Estland guter Russe,
im Elsass guter Franzose,
in Amerika eifriger Yankee,
nur in Deutschland
will er nicht Deutscher,
selbst nicht ein Coburg-Gothaer,
sondern Gothaer oder Coburger sein.
Helmuth Graf von Moltke, Redenentwurf 1868/2

Der Deutsche ist schlau:
Hat den Affen erdacht.
Sprichwort aus Russland

Der Deutsche meint,
nur trübe Wasser können tief sein.
Alfred Polgar, Kleine Schriften, Band 3. Irrlicht

Der Deutsche liegt im Charakter
so zwischen dem Franzosen und
dem Engländer in der Mitte,
dass unsere Romanschreiber leicht
einen von diesen beiden schildern,
wenn sie einen Deutschen nur mit
etwas starken Farben malen wollen.
Georg Christoph Lichtenberg, Sudelbücher

Der deutsche Philister,
das bleibet der Mann,
Auf den die Regierung
vertrauen noch kann.
August Heinrich Hoffmann von Fallersleben,
Lied vom deutschen Philister

Der Deutsche soll alle Sprachen lernen,
damit ihm zu Hause kein Fremder
unbequem, er aber in der Fremde
überall zu Hause sei.
Johann Wolfgang von Goethe,
Maximen und Reflexionen

Der Deutsche spricht mit Verstand,
der Franzose mit Witz.
Heinrich von Kleist, Briefe
(an Luise von Zenge, 16. August 1801)

Der Deutsche versteht sich
auf die Schleichwege zum Chaos.
Friedrich Nietzsche, Jenseits von Gut und Böse

Der echte Deutsche bezeichnet sich
durch mannigfache Bildung
und Einheit des Charakters.
Johann Wolfgang von Goethe,
Maximen und Reflexionen

Deutsche – werden nicht besser
im Ausland, wie das exportierte Bier.
Heinrich Heine

Deutschsein heißt,
eine Sache um ihrer selbst willen
zu übertreiben.
Hans Maier

Die Abneigung der Deutschen
gegen Provinzialismus,
gegen das Alltägliche,
das eigentlich das Soziale
und Humane ist,
ist eben provinzlerisch (...). (1964)
Heinrich Böll, Worte töten Worte heilen

Die deutsche Kultur eröffnet auch dem
Ausländer eine reiche Geistesprovinz,
deren Kenntnis seinen Gesichtskreis
erweitert und ihm
geistige Freude schenkt.
Richard von Weizsäcker, Die Bindung der Sprache (...).
Ansprache des Bundespräsidenten auf dem Weltkongress der Germanisten in Göttingen 1985

Die deutsche Sprache
ist die Orgel unter den Sprachen.
Jean Paul, Aphorismen

Die Deutschen bilden sich so viel
auf ihre Bescheidenheit ein; das
kommt mir vor, als wollte ein Hase
mit seiner Furchtsamkeit prahlen.
Ludwig Börne, Aphorismen

Die Deutschen – man hat sie entweder
an der Gurgel oder zu Füßen.
Winston Churchill

Die Deutschen – man hieß sie einst
das Volk der Denker:
Denken sie heute überhaupt noch?
Friedrich Nietzsche, Götzen-Dämmerung

Die Deutschen sind
auf sehr unsympathische Weise
Weltmeister im Jammern.
Helmut Kohl

Die Deutschen sind ehrliche Leute.
William Shakespeare,
Die lustigen Weiber von Windsor (Wirt)

Die Deutschen sind sicherlich
das einzige Volk auf Erden,
das ein schlechtes Gewissen
mehr genießt als eine schöne Frau.
Peter Zadek

(...) Die Deutschen gehorchen so gern,
wie sie gern Gehorsam fordern (...).
Heinrich Böll, Worte töten Worte heilen

Die Deutschen haben die Feierlichkeit
des langsamen Verstandes.
Arthur Schnitzler,
Aphorismen und Betrachtungen aus dem Nachlass

Die Deutschen haben
die merkwürdige Angewohnheit,
dass sie bei allem, was sie tun,
sich auch etwas denken.
Heinrich Heine

Die Deutschen lieben Rheinwein.
Er wird in schlanke Flaschen gefüllt
und für ein gutes Getränk gehalten.
Von Essig unterscheidet er sich
durch die Etikette.
Mark Twain

Die Deutschen sind im Allgemeinen
aufrichtig und bieder:
Sie brechen nie ihr Wort,
und Lug und Trug sind ihnen fremd.
Wenn dieser Fehler sich jemals
in Deutschland einbürgern sollte,
so würde das nur als Folge
des Bestrebens geschehen,
die Ausländer nachzuahmen.
Germaine Baronin von Staël, Über Deutschland

Die Deutschen sind
ein bildungsverletztes Volk,
diese Verletztheit schafft
die günstigsten Voraussetzungen für
Demagogie, sie schafft Bildungsstände,
Reserven, Gereiztheiten (...). (1964)
Heinrich Böll, Worte töten Worte heilen

Die Deutschen stehen im Ruf
eines guten Charakters, nämlich
dem der Ehrlichkeit und Häuslichkeit;
Eigenschaften, die eben nicht
zum Glänzen geeignet sind.
Immanuel Kant,
Anthropologie in pragmatischer Hinsicht

Die Deutschen unter ihrem grauen
Himmel, mit ihrem hartnäckigen
Winter haben sich ihr tägliches Brot
in harter Arbeit verdienen müssen.
Überfluss hatten sie nur an seelischen
und geistigen Gütern. Diese sind aber
mit der Arbeit eng verbunden;
sie ist ja der Lebensatem des Volkes,
es lebt nicht nur von, sondern in ihr,
in ihr prägt es sich aus wie in der
Kunst, in die sie übergeht.
Ricarda Huch, Deutschland, Landschaft und Baukunst

Die Deutschen, sagt man, lachen nicht,
wahrscheinlich weil sie alles
so ernst nehmen wie sich selber.
Hermann Kesten

Die Deutschen wollen
die Welt verbessern.
Die Österreicher begnügen sich damit,
sie mies zu finden.
Ernst Stankowski

Die einzige Drohung,
die einem Deutschen Angst einjagt,
ist die des sinkenden Umsatzes.
Heinrich Böll

Die Engländer haben das Öl,
die Franzosen die Kernkraft
und die Deutschen die Diskussion.
Lothar Späth

Die Italiener sind weise vor der Tat,
die Deutschen bei der Tat,
die Franzosen nach der Tat.
Sprichwort aus England

Die jungen Deutschen, denen ich in
Göttingen, Dresden, Königsberg usw.
begegnete, sind unter dem Einfluss so
genannter philosophischer Richtungen
herangewachsen, die man eigentlich
als dunkle, schlecht geschriebene
Dichtung ansehen muss,
aber in sittlichem Betracht etwas
Außerordentliches, erhaben Reines
haben. Ich bekam den Eindruck,
dass sie sich nicht die republikanische
Gesinnung des Mittelalters,
nicht das Misstrauen und die
Bereitschaft zum Dolchstoß
wie die Italiener bewahrt haben,
sondern eine starke Anlage
von Begeisterungsfähigkeit und
Gewissenhaftigkeit.
Stendhal, Über die Liebe

Die Zeit gut auszufüllen,
ist das Talent der Deutschen;
sie vergessen zu machen,
das Talent der Franzosen.
Germaine Baronin von Staël, Über Deutschland

Der Deutsche fährt nicht
wie andere Menschen.
Er fährt, um Recht zu haben.
Kurt Tucholsky

Der Deutsche gleicht gewissen Weinen,
die verschnitten am trinkbarsten sind.
Ernst Jünger

Drollige Gesellschaft, diese Deutschen.
Ich bin ihnen eine stinkende Blume,
und sie stecken mich doch
immer wieder ins Knopfloch.
Albert Einstein, Über den Frieden

Ein Deutscher ist großer Dinge fähig,
aber es ist unwahrscheinlich,
dass er sie tut:
Denn er gehorcht, wo er kann,
wie dies einem an sich
trägen Geiste wohl tut.
Friedrich Nietzsche, Morgenröte

Ein eigentümlicher Fehler
der Deutschen ist, dass sie,
was vor ihren Füßen liegt,
in den Wolken suchen.
Arthur Schopenhauer, Zur Rechtslehre und Politik

Es gibt in der deutschen Sprache
Sätze von höchster Schönheit
und Reinheit, die so nur auf Deutsch
gesagt wurden (...).
Richard von Weizsäcker, Die Bindung der Sprache (...).
Ansprache des Bundespräsidenten auf dem Weltkongress der Germanisten in Göttingen 1985

Es ist auf Erden alles unvollkommen,
ist das alte Lied der Deutschen.
Wenn doch einmal diesen
Gottverlassnen einer sagte, dass bei
ihnen nur so unvollkommen alles ist,
weil sie nichts Reines unverdorben,
nichts Heiliges unbetastet lassen
mit den plumpen Händen,
dass bei ihnen nichts gedeiht,
weil sie die Wurzel des Gedeihns,
die göttliche Natur, nicht achten.
Friedrich Hölderlin, Hyperion

Es ist nicht alles deutsch,
was nicht glänzt.
Ludwig Marcuse, Argumente und Rezepte.
Ein Wörter-Buch für Zeitgenossen

Es sind die schlechtesten Deutschen
nicht, die unruhig werden,
wenn sie des Nachts
an Deutschland denken.
Willy Brandt

Freunde, treibet nur alles
mit Ernst und Liebe; die beiden
Stehen dem Deutschen so schön,
den, ach, so vieles entstellt.
Johann Wolfgang von Goethe/Friedrich Schiller,
Xenien

Goethe hält durch die Macht seiner
Werke die Entwicklung der deutschen
Sprache wahrscheinlich zurück.
Franz Kafka, Tagebücher (1911)

Goethe und alle anderen Deutschen
von Genie schätzen das Geld als das,
was es ist. Man darf um sein Einkommen nur so lange sorgen, bis man
sechstausend Franken Rente hat,
dann nicht mehr.
Stendhal, Über die Liebe (Fragmente)

Ich kann kein Volk mir denken,
das zerrissner wäre wie die Deutschen.
Handwerker siehst du,
aber keine Menschen,
Priester, aber keine Menschen,
Herrn und Knechte, Jungen und
gesetzte Leute, aber keine Menschen.
Friedrich Hölderlin, Hyperion

Ich will Sie nicht von neuem kränken:
ich sage also, die Deutschen sind
ein großartiges Volk, bloß man muss
ihnen immerzu eins rechts und links
in die Fresse hauen –,
und sie nehmen das auch ruhig hin
und finden es natürlich.
Gottfried Benn, Brief an Oelze Nr. 416

Ihr böse Teutschen,
Man solt euch peütschen,
Dass ihr die Muttersprach
So wenig acht'.
Johann Michael Moscherosch, Philander von Sittewald

Ihr wisst,
auf unsern deutschen Bühnen
Probiert ein jeder, was er mag.
Johann Wolfgang von Goethe, Faust I
(Vorspiel auf dem Theater: Direktor)

Ihrer Phantasie behagt es am besten
in alten Türmen, auf hohen Zinnen,
unter Reisigen, Hexen und Gespenstern,
und die Geheimnisse einer träumerischen, vom Gewühl der Welt unberührten Natur bilden den Hauptreiz
ihrer Dichtungen.
Germaine Baronin von Staël, Über Deutschland

Keine zwei Dinge
konnten einander an sich fremder sein,
als das römische Papsttum
und der Geist deutscher Sitten.
Johann Gottfried Herder,
Ideen zur Philosophie der Geschichte der Menschheit

Man berührt wohl die wundeste Stelle
der Deutschen, wenn man sie darauf
aufmerksam macht, dass es in ihrem
Lande noch immer weit mehr
autoritäre als demokratisch
eingestellte Persönlichkeiten gibt.
Prodosh Aich

Man will die deutsche Volksseele
erstarken sehen, indem sie sich mehr
abschließen und begrenzen soll,
und vergisst, dass gerade das
Unbegrenztseinwollen, das über engen
Nationalitätsschranken Stehenwollen
ihre Haupteigentümlichkeit ist.
Christian Morgenstern, Stufen

Nichts wird in Deutschland so ernst
genommen wie die Vorbereitungen
zum Spass.
Hermann Höcherl

Nie geraten die Deutschen
so außer sich, wie wenn sie
zu sich kommen wollen.
Kurt Tucholsky, Schnipsel

Niemand klassifiziert so gern als der
Mensch, besonders der deutsche.
Jean Paul, Vorschule der Ästhetik

Oh, was ist die deutsche Sprak für
ein arm Sprak!, für ein plump Sprak!
Gotthold Ephraim Lessing,
Minna von Barnhelm (Riccaut)

Rühmend darf's der Deutsche sagen,
Höher darf das Herz ihm schlagen:
Selbst erschuf er sich den Wert.
Friedrich Schiller, Die deutsche Muse

So schnell beten die Deutschen
das philosophische Vaterunser, wie
Hexen das evangelische, rückwärts,
um damit Zauberei zu treiben.
Jean Paul, Dämmerungen für Deutschland

Tacitus hat die Germanen seiner Zeit
besser beschrieben, als irgendein
Schriftsteller die heutigen Deutschen
beschrieben hat.
Jean-Jacques Rousseau, Emile

Und als ich
die deutsche Sprache vernahm,
Da ward mir seltsam zu Mute;
Ich meinte nicht anders,
als ob das Herz
Recht angenehm verblute.
Heinrich Heine, Deutschland. ein Wintermärchen

Und wieder schläft das deutsche Volk
in seinem stumpfen, blöden Schlaf
weiter und gibt diesen faschistischen
Verbrechern Mut und Gelegenheit,
weiter zu wüten – und diese tun es.
Hans Scholl, Flugblatt der Weißen Rose

Vergessen wir doch nicht,
dass die Völkernamen gewöhnlich
Schimpfnamen sind. Die Tataren sind
zum Beispiel ihrem Namen nach
»die Hunde«: So wurden sie von den
Chinesen getauft. Die »Deutschen«:
Das bedeutet ursprünglich
die »Heiden«; so nannten die Goten
nach ihrer Bekehrung die große Masse
ihrer ungetauften Stammverwandten.
Friedrich Nietzsche, Die fröhliche Wissenschaft

Voll Lieb und Geist und Hoffnung
wachsen seine Musenjünglinge dem
deutschen Volk heran; du siehst sie
sieben Jahre später, und sie wandeln,
wie die Schatten, still und kalt,
sind wie ein Boden, den der Feind
mit Salz besäte, dass er nimmer
einen Grashalm treibt.
Friedrich Hölderlin, Hyperion

Warum nur tun die Deutschen
so viel für ihre Toten
und so wenig für ihre Lebenden?
Heinrich Böll

Was macht der Deutsche
nicht fürs Geld?
Deutsches Sprichwort

Weil die Deutschen wissen,
dass die wilden Tiere frei sind,
fürchten sie, durch die Freiheit
zu wilden Tieren zu werden.
Friedrich Hebbel

Wenn der Italiener, stets zwischen
Liebe und Hass hin und her pendelnd,
von der Leidenschaft lebt,
der Franzose von der Eitelkeit,
so leben die guten, einfältigen

Nachfahren der Germanen
von der Einbildungskraft.
Kaum haben sie die unvermeidlichen
Lebensnotwendigkeiten erledigt,
so sieht man mit Erstaunen,
wie sie sich auf das werfen,
was sie ihre Philosophie nennen;
das ist eine sanfte, liebenswürdige
und vor allem harmlose Narrheit.
Stendhal, Über die Liebe

Wenn man vor den Deutschen
Geist zeigt, so bemühen sie sich
zu verstehen, und es gelingt ihnen
erst, nachdem sie sich durch Blicke
besprochen haben.
Sie tun sich zusammen,
um ein Bonmot zu begreifen.
Antoine Comte de Rivarol, Maximen und Reflexionen

Wenn wir Deutschen dem Schicksal
in den Rachen greifen,
bleibt fast immer die Hand drin.
Joachim Fernau

Wer die Deutschen
zur Nation machen könnte,
machte sich zum Diktator von Europa.
Johann Gottfried Seume, Apokryphen

Wer in Deutschland
unterhalten will,
ist von vornherein verdächtig.
Michael Pfleghar

Wir Deutsche fürchten Gott,
aber sonst nichts in der Welt!
Otto von Bismarck, Reden
(im Deutschen Reichstag, 6. Februar 1888)

Wir Deutsche leiden alle
an der Hypochondrie
der »Verpflichtungen«.
Sie macht unsere Stärke
und unsere Schwäche.
Christian Morgenstern, Stufen

Wir Deutsche stehen
zu der Botschaft
der sozialen Gerechtigkeit.
Richard von Weizsäcker, Verantwortung für sozialen Fortschritt, Gerechtigkeit und Menschenrechte (1986)

Deutschland

Allemannen hießen wir,
jetzt heißen wir füglich Alleweiber.
Johann Gottfried Seume, Apokryphen

Als die Römer frech geworden,
Zogen sie nach Deutschlands Norden.
Victor von Scheffel, Die Teutoburger Schlacht

Amerika ist Amerika.
Deutschland aber will Deutschland
und außerdem noch Amerika sein.
Jean Cocteau

An Deutschlands baldiger 1heit,
Da 2fle ich noch sehr.
Adolf Glaßbrenner,
Eingabe an seine Majestät den König (1847)

Beim Wort Revolution erstarrt
Deutschland, bei der Mobilmachung
wird es lebendig.
Karlheinz Deschner

Das beste Deutsch ist,
das von Herzen geht.
Deutsches Sprichwort

Das deutsche Volk ist frei, bleibt frei
und regiert in alle Zukunft sich selbst.
Das ist der einzige Trost, der dem
deutschen Volke geblieben ist.
Friedrich Ebert, Bei der Eröffnung der Weimarer Nationalversammlung (6. Februar 1919)

Denk' ich an Deutschland in der Nacht,
Dann bin ich um den Schlaf gebracht.
Heinrich Heine, Neue Gedichte

Denn ob ich gleich
das halbe Deutschland durchreiset bin,
so habe ich doch
im eigentlichsten Sinne nichts gesehen.
Heinrich von Kleist, Briefe
(an Ulrike von Kleist, 27. Oktober 1800)

Der Geist ist in Deutschland immer die
letzte Rettung nach den Niederlagen.
Kurt Tucholsky

Der Patriotismus in Deutschland ist so
furchtbar, weil er grundlos ist.
Max Horkheimer

Der Reichtum unseres Landes sind
der Fleiß, der Ideenreichtum
und die Kreativität seiner Bürger.
Helmut Kohl, Mut zur Forschung und Verantwortung für die Zukunft. Rede des Bundeskanzlers vor der DFG in Bonn 1986

Der Unterschied
zwischen Kunst und Unterhaltung
ist eine absurde Trennung,
die nur in Deutschland gemacht wird.
Johannes Schaaf

Deutsches Volk,
wie viel mehr hast du den Sieg deiner
Führer zu fürchten als ihre Niederlage!
Thomas Mann, Radioansprache 1941

Deutschland, das sind wir selber.
Heinrich Heine, Vorrede zu Salon I

Deutschland? Das sollte so weit hinter
uns schon liegen, als spräche man
von einem fern verschollenen Jahr,
von den Gesichtern, die jetzt nichts
mehr wiegen, von einem Wesen,
das nur eine Traumerscheinung war.
Paul Zech

»Deutschland, Deutschland über alles«,
ich fürchte, das war das Ende
der deutschen Philosophie.
Friedrich Nietzsche, Götzen-Dämmerung

Deutschland, Deutschland über alles,
Über alles in der Welt,
Wenn es stets zu Schutz und Trutze
Brüderlich zusammenhält.
August Heinrich Hoffmann von Fallersleben,
Lied der Deutschen

Deutschland ist das einzige Land,
in dem die Schlagersänger so aussehen
wie ihre Lieder.
André Heller

Deutschland ist das einzige Land,
wo Mangel an politischer Befähigung
den Weg zu den höchsten Ehrenämtern
sichert.
Carl von Ossietzky

Deutschland ist
eine anatomische Merkwürdigkeit:
Es schreibt links und tut rechts.
Kurt Tucholsky

Deutschland war lange ein Wald;
aber nach Wäldern ziehen sich
Gewitter und Regen.
Jean Paul, Dämmerungen für Deutschland

Die Amerikaner wollen lieber
das halbe Deutschland ganz
als das ganze Deutschland halb.
Carlo Schmid

Die bedeutende Fähigkeit zur Arbeit
und zum Nachdenken ist ebenfalls
einer der charakteristischen Züge
der deutschen Nation.
Germaine Baronin von Staël, Über Deutschland

Die deutsche Nation war stets
in Erfindung nützlicher Künste
und Gewerbe die erste, weil sie
die geduldigste und arbeitsamste ist.
Karl Julius Weber, Democritos

Die große Politik täuscht niemanden –
Deutschland gilt immer mehr
als Europas Flachland.
Friedrich Nietzsche, Götzen-Dämmerung

Die Riesen sind auf immer
verschwunden aus Deutschland.
Heinrich Heine, Elementargeister

Die Zeit ist endlich gekommen,
wo nichts Gutes das Licht zu scheuen
Ursache hat: Wenigstens ist sie für
unser Teutschland gekommen.
Es gibt, Dank sei dem Himmel!,
keine Neronen und Domitiane
unter uns, vor denen gute Menschen
sich verbergen müssten.
Christoph Martin Wieland,
Das Geheimnis des Kosmopolitenordens

Gutes Deutschland, oft haben dich
die Sittenlehrer und Länderkundigen
das Herz Europas genannt! Du bist
es auch; unermüdlicher schlagend als
deine Hand, bewegst du dich wärmend
fort, sogar im Schlafe und im Siechtum.
Jean Paul, Dämmerungen für Deutschland

Heil! Heil! Heil! Ironie des Schicksals,
dass gerade in diesem Lande
am wenigsten heil geblieben ist.
Werner Finck, Gedanken zum Nachdenken

Höhenflug und Tiefsinn,
per Flügel oder Flosse
– Germanengeist
ging nie zu Fuß.
Emil Gött, Im Selbstgespräch

Ich sah aus Deutschlands Asche
keinen Phönix steigen,
sondern einen Pfau.
Christoph Meckel

Ich würde ganz gern in die Kulturpolitik eingreifen – wenn es
in Deutschland überhaupt eine gäbe.
August Everding

In Deutschland gilt derjenige,
der auf den Schmutz hinweist,
für viel gefährlicher als derjenige,
der den Schmutz macht.
Kurt Tucholsky

In Deutschland hält man es für feiner,
zu spekulieren, als zu investigieren.
Ludwig Marcuse, Argumente und Rezepte.
Ein Wörter-Buch für Zeitgenossen

In Deutschland
hat man das größte Unheil
mit »Heil«-Rufen heraufbeschworen.
Axel Springer

In Deutschland ist der Erfolg das
Abonnement für schlechte Kritiken.
Johannes Mario Simmel

In Deutschland nennt man jeden,
der das Messer nicht
in den Rachen stopft, einen Ästheten.
Ludwig Rubiner

In Deutschland muss man
überarbeitet wirken,
um ernst genommen zu werden.
Karl Otto Pöhl

In Deutschland tut man alles mit
Gewissenhaftigkeit, und in der Tat
kann diese Eigenschaft nirgends
entbehrt werden.
Germaine Baronin von Staël, Über Deutschland

In Deutschland wird Heiterkeit
für Oberflächlichkeit,
Satire für Blasphemie gehalten.
Walter Hasenclever

Kein Land sagt sich selbst
so viele Wahrheiten als Deutschland.
Jean Paul, Politische Fastenpredigten

Mein Deutschland, mein Dornröschen,
Schlafe, was willst du mehr?
Georg Herwegh, Wiegenlied

Mein Gott, was soll
aus Deutschland werden,
wenn ich nicht mehr da bin.
Konrad Adenauer, 1954

O Deutschland! Weh!
Es bricht der Wolf
In deine Hürde ein,
und deine Hirten streiten
Um einer Hand voll Wolle sich.
Heinrich von Kleist, Die Hermannsschlacht (Wolf)

Schriftsteller, die ihrem Weltbild
sprachlich nicht gewachsen sind,
nennt man in Deutschland Seher.
Gottfried Benn

Setzen wir Deutschland in den Sattel;
reiten wird es schon können.
Otto von Bismarck, Reden
(im Norddeutschen Reichstag, 11. März 1867)

Um die Wahrheit zu finden,
zieht man in Frankreich etwas ab,
in Deutschland fügt man etwas hinzu
und in England wechselt man
das Thema.
Peter Ustinov

Unsere Landsleute nämlich
überliefern nicht, wie viele andere
Völker, die Geschichte der eigenen
Vorfahren der Nachwelt und sie
verherrlichen auch nicht deren Taten
und Leben in liebevoller Bewunderung
ihres verdienten Ruhms. Wo dies,
selten genug, doch einmal geschieht,
wählen sie für ihre Darstellung
lieber die Sprache fremder Völker,
das heißt der Römer oder Griechen.
Otfrid von Weissenburg, Liutbertbrief

Versuch einer Definition
Deutschlands:
Nur auf der Autobahn
weicht man nicht aus.
Ludwig Marcuse, Argumente und Rezepte.
Ein Wörter-Buch für Zeitgenossen

Was auch über deutsche Einheit
geredet und gedruckt, gesungen
und getoastet worden, etwas Reales
ist daraus nie geworden.
Helmuth Graf von Moltke, Redeentwurf 1868/1

Wenn Bildung frei macht,
so will der Deutsche seine Bildung
dazu auch so billig
als möglich haben.
Wilhelm Raabe, Gutmanns Reisen

Wenn einer bei uns einen guten
politischen Witz macht,
dann sitzt halb Deutschland
auf dem Sofa und nimmt übel.
Kurt Tucholsky

Wenn es auch wie ein Märchen klingt,
einmal wird der Tag
(der Wiedervereinigung Deutschlands)
doch kommen.
Heinrich Lübke, an Konrad Adenauer, 5. August 1963

Wenn ich nicht von Geburt an
Atheist wäre,
würde mich der Anblick Deutschlands
dazu machen.
Arno Schmidt

Wenn man aus Italien
nach Deutschland zurückkommt,
hat man ein Gefühl,
als ob man plötzlich alt würde.
Friedrich Hebbel, Tagebücher

Wer sich in die Geschichte
der deutschen Nation vertieft,
der hat leicht den Eindruck eines
unruhigen Lebens in Extremen.
Golo Mann,
Deutsche Geschichte des 19. und 20. Jahrhunderts

Wieder gutmachen
muss das deutsche Volk,
was in seinem Namen
gesündigt worden ist.
Wieder gutmachen muss zugleich
das deutsche Volk sich selbst.
Herbert Wehner,
Selbstbesinnung und Selbstkritik (1942/1943)

Wir wollen niemanden
in den Schatten stellen,
aber wir verlangen auch
unseren Platz an der Sonne.
Bernhard von Bülow, Reden
(im Deutschen Reichstag, 6. Dezember 1897)

Zur Nation euch zu bilden,
ihr hoffet es, Deutsche, vergebens;
Bildet, ihr könnt es, dafür freier
zu Menschen euch aus.
Johann Wolfgang von Goethe/Friedrich Schiller,
Xenien

Dezember

Bringt der Dezember Kälte ins Land,
dann wächst das Korn selbst auf Sand.
Bauernregel

Dezember: Die Sonne verschwindet.
Roald Amundsen, Eskimoleben (Eskimo-Monatsnamen)

Schnee im Dezember
deutet auf ein gutes Jahr,
ein nasser macht es unfruchtbar.
Bauernregel

Dialekt

Beim Dialekt
fängt die gesprochene Sprache an.
Christian Morgenstern, Stufen

Jede Provinz liebt ihren Dialekt;
denn er ist doch eigentlich
das Element, in welchem die Seele
ihren Atem schöpft.
Johann Wolfgang von Goethe, Dichtung und Wahrheit

Dialektik

Das Uninteressanteste
an der Geschichte ist,
dass sie sich dialektisch
vorwärts wälzt –
was sie auch gar nicht tut.
Ludwig Marcuse, Argumente und Rezepte.
Ein Wörter-Buch für Zeitgenossen

Die Dialektik ist die Ausbildung
des Widerspruchsgeistes, welcher
dem Menschen gegeben, damit er den
Unterschied der Dinge erkennen lerne.
Johann Wolfgang von Goethe,
Maximen und Reflexionen

Dialog

Das Ziel des Dialogs ist nicht
Unterwerfung und Sieg, auch nicht
Selbstbehauptung um jeden Preis,
sondern gemeinsame Arbeit
in der Methode und in der Sache.
Richard von Weizsäcker, Geschichte, Politik und
Nation. Ansprache des Bundespräsidenten auf dem
Weltkongress der Historiker in Stuttgart 1985

Der Dialog
ist eine flüchtige Form der Lüge.
Claude Sautet

Die höchste Form der Kommunikation
ist der Dialog.
August Everding, Vortrag, gehalten am 21. November
1992 beim Europäischen Kulturforum in Baden-Baden

Monologe sind Dialoge mit sich.
Heinrich Wiesner

Diamant

Dass die Wahrheit
wohl einem Diamant
zu vergleichen,
dessen Strahlen nicht
nach einer Seite gehen,
sondern nach vielen.
Johann Wolfgang von Goethe, überliefert von
Johann Peter Eckermann (Gespräche mit Goethe)

Des Diamanten Seele ist das Licht.
Joseph Joubert, Gedanken, Versuche und Maximen

Ja, wahrlich, kann man weniger tun,
als den Diamanten in Gold zu fassen?
Heinrich von Kleist, Briefe
(an Adolphine von Werdeck, November 1801)

Nächst der Urteilskraft
sind Diamanten und Perlen
die größte Seltenheit auf Erden.
Jean de La Bruyère, Die Charaktere

Warum zahlt man einen hohen Preis
für einen Diamanten?
Vielleicht wegen seines Glanzes?
Ein Wassertropfen kann
genauso glänzen.
Sully Prudhomme, Gedanken

Diät

Das Erste, was man
bei einer Abmagerungskur verliert,
ist die gute Laune.
Gert Fröbe

Drei Zehntel heilt Medizin,
sieben Zehntel heilt Diät.
Chinesisches Sprichwort

Frauen, die Diät halten,
werden nicht fett;
das ist klar und unumstößlich.
Honoré de Balzac, Physiologie der Ehe

Was man bei einer Diät
am schnellsten verliert,
ist die Geduld.
Lothar Schmidt

Wer Arznei schluckt,
aber die Diät nicht wahrt,
bemüht den Arzt vergebens.
Chinesisches Sprichwort

Dichter/Dichterin

Aus dem Werke manches Dichters
spüren wir wohl heraus,
dass er irgendwie und irgendwo
ein Genie ist, nur leider gerade nicht
in seiner Dichtung.
Arthur Schnitzler, Buch der Sprüche und Bedenken

Auf die Masse soll und muss
jeder Dichter wirken,
mit der Masse nicht.
Franz Grillparzer, Historische und politische Studien

Bei einem großen Dichter
hat man das Gefühl,
als ob Dinge emportauchen,
die im Chaos stecken geblieben sind.
Friedrich Hebbel, Tagebücher

Das Mächtigste im Dichter,
welches seinen Werken die gute
und die böse Seele einbläset,
ist gerade das Unbewusste.
Jean Paul, Vorschule der Ästhetik

Das Schlimmste, was einem Dichter
passieren kann, das ist: für seinen
eigenen Einfall nicht reif sein.
Arthur Schnitzler, Buch der Sprüche und Bedenken

Dem Dichter ist das Weib
die beste Richterin,
Besonders wenn sie selbst
ist keine Dichterin.
Friedrich Rückert, Die Weisheit des Brahmanen

Dem großen Dichter muss man ein
starkes Selbstgefühl zugute halten.
Eine gewisse Gottähnlichkeit ist dem
nicht abzusprechen, der aus seinem
Geiste Menschen schafft.
Marie von Ebner-Eschenbach, Aphorismen

Den Dichter und Schriftsteller,
nicht zum wenigsten den Journalisten,
geht alles an, was geschieht.
Ricarda Huch, Schlussworte auf dem 1. Deutschen
Schriftstellerkongress

Der Dichter bringt Bilder des Lebens,
menschliche Charaktere
und Situationen vor die Phantasie,
setzt das alles in Bewegung
und überlässt nun jedem,
bei diesen Bildern so weit zu denken,
wie seine Geisteskraft reicht.
Arthur Schopenhauer,
Über Philosophie und ihre Methode

Der Dichter ist das Sprachrohr
der Sprachlosigkeit seiner Zeit.
Marie Luise Kaschnitz

Der Dichter gleicht der Saite:
Er selber macht sich unsichtbar, wenn
er sich schwingt und Wohllaut gibt.
Jean Paul, Dr. Kazenbergers Badereise

Der Dichter ist das Herz der Welt.
Joseph von Eichendorff, Des Dichters Weihe

Der Dichter ist der einzige wahre
Mensch, und der beste Philosoph
ist nur eine Karikatur gegen ihn.
Friedrich Schiller, Briefe (an Goethe, 17. Januar 1795)

Der Dichter ist ein reiner Strahl,
ebenso empfindlich
wie ein zerbrechlicher Glasfaden
und ebenso hart
wie ein ungeschmeidiger Kiesel.
Novalis, Heinrich von Ofterdingen

Der Dichter
ist Gestalter und Bewahrer
aus innerer Notwendigkeit.
Arthur Schnitzler, Der Geist im Wort

Der Dichter ist überflüssig
in der technischen wie in der
ökonomischen Welt – das macht
sein Elend und seine Größe aus.
Ernst Jünger

Der Dichter scheint sich
vom Literaten manchmal nur
durch seine geringere Geschicklichkeit
in den Bemühungen um einen
äußeren Erfolg zu unterscheiden,
der ihm oft erst die Voraussetzung für
die Möglichkeit weiteren Schaffens
bieten würde oder bietet.
Arthur Schnitzler, Der Geist im Wort

Der Dichter soll einen Zwischenraum,
über den er springen kann,
nicht langsam überschreiten.
Joseph Joubert, Gedanken, Versuche und Maximen

Der Dichter soll nicht ewig Wein,
Nicht ewig Amor necken!
Die Barden müssen Männer sein
Und Weise sein, nicht Gecken.
Matthias Claudius, Gedichte

Der Dichter, steht er allzu nah
dem Thron, verkümmert.
Lord Byron

Der Dichter
will nicht belehren und nicht bessern,
er will erschüttern und erheben.
Paul Ernst, Chriemhild (Nachwort)

Der echte Dichter ist allwissend
– er ist eine wirkliche Welt im Kleinen.
Novalis, Fragmente

Der große Dichter ist niemals
von sich selbst verlassen, er mag sich
so weit über sich erheben, als er will.
Friedrich Hölderlin, Reflexion

Der große Journalist
sollte über den Dichtern stehen.
Knut Hamsun, Neue Erde

Der Grund, weswegen der Philosoph
dem Dichter sich vergleicht,
ist dieser: Beide haben es
mit dem Staunenswerten zu tun.
Thomas von Aquin,
Kommentar zur Metaphysik des Aristoteles

Der Maler verleiht der Gestalt Seele,
der Dichter dem Gefühl und Gedanken
Gestalt.
Chamfort, Maximen und Gedanken

Der Weltmann kennt gewöhnlich die
Menschen, aber nicht den Menschen.
Beim Dichter ist's umgekehrt.
Marie von Ebner-Eschenbach, Aphorismen

Dichter haben hundertmal mehr
gesunden Sinn als die Philosophen.
Indem sie das Schöne suchen,
treffen sie auf mehr Wahrheiten,
als die Philosophen auf der Suche
nach dem Wahren finden.
Joseph Joubert, Gedanken, Versuche und Maximen

Dichterleben:
große Worte, kleine Brötchen.
Hanns-Hermann Kersten

Dichter lieben nicht zu schweigen,
Wollen sich der Menge zeigen.
Lob und Tadel muss ja sein!
Johann Wolfgang von Goethe, An die Günstigen

Dichter und Liebhaber sind längst
schon leider im Ruf,
dass ihren Versprechen und Zusagen
nicht viel zu trauen sei.
Johann Wolfgang von Goethe,
Wilhelm Meisters Wanderjahre

Dichter und Priester waren im Anfang
eins, und nur spätere Zeiten haben
sie getrennt. Der echte Dichter ist
aber immer Priester, so wie der echte
Priester immer Dichter geblieben.
Und sollte nicht die Zukunft
den alten Zustand der Dinge
wieder herbeiführen?
Novalis, Blütenstaub

Dichter werden
mehr von den Bildern
als von der Wirklichkeit
der Gegenstände
begeistert.
Joseph Joubert, Gedanken, Versuche und Maximen

Die Aufgabe vieler Dichter-
generationen ist keine andere,
als das Werkzeug blank zu erhalten.
Marie von Ebner-Eschenbach, Aphorismen

Die Dichter haben eine derart
dürftige Palette, dass sie sich
an die Ungenauigkeit und an die
konventionellen Vergleiche gewöhnen.
Sully Prudhomme, Intimes Tagebuch

Die Dichter, insofern auch sie
das Leben der Menschen erleichtern
wollen, wenden den Bick entweder
von der mühseligen Gegenwart ab
oder verhelfen der Gegenwart
durch ein Licht, das sie von der
Vergangenheit her strahlen machen,
zu neuen Farben.
Friedrich Nietzsche, Menschliches, Allzumenschliches

Die Dichter schreiben für die Dichter
wie die Geologen für die Geologen.
Sully Prudhomme, Gedanken

Die Dichter sind gegen ihre Erlebnisse
schamlos: Sie beuten sie aus.
Friedrich Nietzsche

Die Dichter sollen nicht auf der Ebene
der großen Menge stehen, sondern
die höchsten Gedanken haben,
welche ihrer Zeit erreichbar sind.
Paul Ernst, Der Weg zur Form

Die Dichter wollen
entweder nützen oder erfreuen.
Horaz, Von der Dichtkunst

Die Muse des Dichters, der nicht
in die Wirklichkeit verliebt ist,
wird eben nicht die Wirklichkeit sein
und ihm hohläugige und allzu
zartknochichte Kinder gebären.
Friedrich Nietzsche, Menschliches, Allzumenschliches

Die Wege des Dichters
und des Wissenschaftlers
kreuzen sich für einen Moment.
Douglas Sirk

Die wirklichen Gedanken gehen bei
wirklichen Dichtern alle verschleiert
einher wie die Ägypterinnen:
Nur das tiefe Auge des Gedankens
blickt frei über den Schleier hinweg.
Friedrich Nietzsche, Menschliches, Allzumenschliches

Ein Dichter, der einen Menschen kennt,
kann hundert schildern.
Marie von Ebner-Eschenbach, Aphorismen

Ein Dichter ist ein Wesen, das imstande ist, eine Pfeife zu verschlucken
und dafür eine Dampflokomotive
auszuspucken.
Jean Cocteau

Ein Dichter muss 77-mal
als Mensch gestorben sein,
ehe er als Dichter etwas wert ist.
Christian Morgenstern, Stufen

Ein Dichter schöpft die Tragik
aus seiner eigenen Seele, der Seele,
die allen Menschen gleicht.
William Butler Yeats, Entfremdung

Ein Dichter über dreißig mag zwar
noch immer ein
leidenschaftlicher Leser sein,
doch wird die moderne Dichtung
kaum einen sehr großen Teil
seiner Lektüre ausmachen.
Wystan Hugh Auden

Ein großer Dichter ist ein Mensch,
der sich nicht schämt.
Knut Hamsun, Mysterien

Ein poetisches Kunstwerk kann sehr
schön sein in seinen Zeitverhältnissen,
aber wehe dem Dichter, wenn seine
Zeit so armselig und verschroben wär',
dass sie nach kurzer Zeit
abgeschmackt erscheine!
Sophie Mereau, Betrachtungen

Ein wahrer Dichter muss mich
jedes Wesen, das er mir aufstellt,
ganz verstehen lassen.
Sophie Bernhardi, Lebensansicht

Es fehlt hier nicht und hat nie gefehlt
an Leuten, die behaupten, dass die
Dichter wahrlich entbehrlich seien;
ich aber frage, was würde aus uns
allen werden, wenn die Poesie uns
nicht hülfe, begreiflich zu machen,
wie wenig klar die Dinge sind,
die wir klar nennen.
José Saramago, Das steinerne Floß

Es gibt kein Land auf Erden,
in dem nicht die Liebe
Verliebte zu Dichtern macht.
Voltaire, Der ehrliche Hurone

Es ist das unvergleichliche Vorrecht
des Dichters, dass er nach Lust und
Laune er und ein anderer sein kann.
Charles Baudelaire, Kleine Gedichte in Prosa

Es ist dem Dichter unbenommen,
die Freiheit heißer zu lieben als den
Held, den er gestaltet. Aber wehe ihm,
wenn von diesem Überfluss
eigener Liebe auch nur ein Tropfen
in seines Helden Worte überströmt.
Arthur Schnitzler, Buch der Sprüche und Bedenken

Es ist eigentlich eine Ungerechtigkeit,
dass der Dichter nicht – gleich dem
Musiker – den Teilen seiner Werke
hinzufügen darf, in welchem Tempo
er sie genommen wissen will.
Christian Morgenstern, Stufen

Ewig jung ist der Ruhm,
den treffliche Dichter erringen,
weder im Alter geschwächt,
weder im Tode getilgt.
Bhartrihari, Sprüche

Gar viel fabulieren die Dichter.
Solon, Fragmente

Gott denkt in den Genies,
träumt in den Dichtern
und schläft in den übrigen Menschen.
Peter Altenberg

Groß unter den Menschen
sind nur der Dichter, der Priester
und der Soldat, der singende Mensch,
der segnende Mensch, der opfernde
und der sich opfernde Mensch.
Charles Baudelaire, Tagebücher

Ich betrachte es als eine Aufgabe
kommender Dichtergeschlechter,
neue Mythen zu schaffen, und wir
wollen ihnen schon vorarbeiten.
Christian Morgenstern, Stufen

Ich möchte, dass meine Gedichte
und Geschichten der bisher stärkste
weibliche Päan werden,
ich will die schöpferischen Kräfte
der Natur preisen, die Freude,
eine liebende und geliebte Frau zu sein;
das ist mein Lied.

Ich glaube, dass es zur Selbstzerstörung führt, wenn man versucht,
eine abstraktionswütige
Männernachahmerin zu sein.
Sylvia Plath, Briefe nach Hause (8. Oktober 1956)

Impotente Dichter haben mehr Zeit,
Liebeslyrik zu schreiben.
Gabriel Laub

In dem echten Dichtergeist muss,
bevor er etwas ausbilden kann,
ein doppelter Prozess vorgehen.
Der gemeine Stoff muss sich
in eine Idee auflösen und die Idee
sich wieder zur Gestalt verdichten.
Friedrich Hebbel, Tagebücher

In der Vorstellung des Dichters
überrascht uns die Welt.
Reiner Kunze

Ist nicht des Dichters Weihe
eine Priesterweihe?
Joseph von Görres,
Fall der Religion und ihre Wiedergeburt

Je mehr ihm das Leben entglitt,
desto mehr wurde er Dichter.
Wilhelm Raabe

Jeder Dichter ist Realist und Idealist,
Impressionist und Expressionist,
Naturalist und Symbolist zugleich,
oder er ist überhaupt keiner.
Arthur Schnitzler, Buch der Sprüche und Bedenken

Jeder Dichter
und alle ehrlichen Dilettanten
schreiben mit ihrem Herzblute,
aber wie diese Flüssigkeit beschaffen ist,
darauf kommt es an.
Marie von Ebner-Eschenbach, Aphorismen

Kein Dichter wird jemals mehr
vom Mond sprechen.
Alberto Moravia

Kein Literat,
auch von den glänzendsten Gaben,
ist jemals zum Dichter geworden.
Arthur Schnitzler, Der Geist im Wort

Keinen wirklichen Charakter kann
der Dichter – auch der komische –
aus der Natur annehmen, ohne ihn,
wie der Jüngste Tag die Lebendigen,
zu verwandeln für Hölle oder Himmel.
Jean Paul, Vorschule der Ästhetik

Mag doch mein Name
in nichts verklingen!
Wenn sie nur
meine Lieder singen!
Arthur Schnitzler, Buch der Sprüche und Bedenken

Malern und Dichtern war es stets
gleichermaßen erlaubt zu wagen,
was auch immer ihnen beliebt.
Horaz, Von der Dichtkunst

Man gilt in der Welt nicht für
einen Sachverständigen in Versen,
wenn man nicht mit dem Aushängeschild des Dichters, Mathematikers
usw. auftritt.
Blaise Pascal, Pensées

Man kann Dichter sein
und die Haare kurz tragen.
Man kann Dichter sein
und seine Miete bezahlen.
Obschon man ein Dichter ist,
kann man mit seiner Frau schlafen.
Mitunter kann ein Dichter
auch Französisch schreiben.
Jules Renard, Ideen, in Tinte getaucht.
Aus dem Tagebuch von Jules Renard

Man muss die historische Wahrheit
mehr gegen die Historiker verteidigen
als gegen die Dichter.
Ezra Pound

Mitunter schläft auch
der große Homer.
Horaz, Von der Dichtkunst

Naturforscher und Dichter
haben durch eine Sprache
sich immer wie ein Volk gezeigt.
Novalis, Die Lehrlinge zu Sais

Neue Dichter seh ich kommen,
nach innen den Blick gerichtet.
Christian Morgenstern, Stufen

Nicht jedes Gedicht eines jeden
Dichters ist in jedem Augenblick
für jeden Leser geeignet.
Reiner Kunze

Nie hat ein Dichter die Natur
so frei ausgelegt
wie ein Jurist die Wirklichkeit.
Jean Giradoux

Noch kein Dichter
hat die schönen Augen
seiner eigenen Frau
schön besungen.
Ludwig Börne, Kritiken

Oft habe ich gehört,
kein guter Dichter könne leben, ohne
dass seine Leidenschaft entflammt sei
und ohne einen gewissen Anflug
von Wahnsinn.
Marcus Tullius Cicero, Über den Redner

So fühl ich denn im Augenblick,
was den Dichter macht, ein volles,
ganz von einer Empfindung volles Herz.
Johann Wolfgang von Goethe,
Götz von Berlichingen (Franz)

Überhaupt
können die Dichter nicht genug
von den Musikern und Malern lernen.
Novalis, Heinrich von Ofterdingen

Überlegt lange, was eure Schultern
zu tragen sich weigern und was sie
tragen können.
Horaz, Von der Dichtkunst

Unstreitig ist die männliche Schönheit
noch nicht genug
von den Händen gezeichnet worden,
die sie allein zeichnen könnten,
von weiblichen.
Mir ist allemal angenehm,
wenn ich von einer neuen
Dichterin höre.
Georg Christoph Lichtenberg, Sudelbücher

Was erwirbt dem Dichter
unsere Bewunderung?
Das Talent und der moralische Zweck,
weil er den Menschen bessern will.
Aristophanes, Die Frösche

Was ein Dichter,
des Gottes voll,
in heiliger Begeisterung
niederschreibt,
das ist sicherlich schön.
Demokrit, Fragment 18

Was ist ein Dichter?
Ein unglücklicher Mensch,
dessen Lippen so geformt sind,
dass sein Seufzen und Schreien
sich in schöne Musik verwandelt,
während sich in seiner Seele
geheime Qualen verbergen.
Søren Kierkegaard, Entweder – Oder

Wenn ein Volk
seine Dichter nicht mehr lesen will,
dann feiert es sie.
Alec Guinness

Wenn ich so die kleinen Dampfer die
riesigen Kähne vorüberschleppen sehe,
muss ich immer an den Dichter
und das Publikum denken.
Christian Morgenstern, Stufen

Wer seine Augen stets
am rechten Orte hat,
Zum rechten Sinne stets
die rechten Worte hat,
Der ist der wahre Dichter,
der den Schlüssel,
Den rechten Schlüssel
zu der rechten Pforte hat.
Friedrich von Bodenstedt, Mirza Schaffy

Wie im Verbrennungsprozess
die Sonne hervorbricht,
so im Dichter
das allgemeine Naturlicht.
Johann Wilhelm Ritter, Fragmente

Wir sind gezwungen,
zu denken und auszudrücken,
nicht zu handeln.
William Butler Yeats, Entfremdung

Dichterlesung

Ich lese meine Sachen nicht jedem vor,
sondern nur meinen Freunden,
und nur, wenn sie mich darum bitten,
nicht überall, wie es viele Autoren tun,
die ihre Werke so öffentlich
wie möglich, manchmal sogar
in der Badeanstalt, vortragen.
Horaz, Satiren

Man sollte seine Arbeit gern denen
vorlesen, die genug davon verstehen,
um sie zu verbessern und zu schätzen.
Jean de La Bruyère, Die Charaktere

Zu den öffentlichen Autorenlesungen
geh nicht unüberlegt und ohne innere
Bereitschaft. Gehst du aber hin,
so bewahre deine Würde und
Zurückhaltung und sorge dafür,
dass du niemandem lästig wirst.
Epiktet, Handbuch der Moral

Dichtung

Alle Dichtung ist zeitlos,
weil das Wesen der Dinge zeitlos ist.
Heinrich Waggerl, Wagrainer Bilderbuch

Alle große Dichtung
ist eine Frucht des Leidens.
Walter Muschg

Alle wahrhaft großen Dichtungen
sind Variationen zum Schicksalsliede,
seien es Maestosi, Allegri oder Scherzi.
Christian Morgenstern, Stufen

Alles wirkliche Dichten und Denken
nämlich ist gewissermaßen ein Versuch, den kleinen Leuten einen großen
Kopf aufzusetzen: kein Wunder,
dass er nicht gleich gelingt.
Arthur Schopenhauer, Den Intellekt überhaupt und in jeder Beziehung betreffende Gedanken

Auf ihrer höchsten Warte und in
ihren erhabensten Schöpfungen ist
echte Dichtung der Ausdruck und
die Begleiterscheinung echter Religion.
Walt Whitman, Letzte Aufzeichnungen

Beschäftige dich mit Dichtung:
Das spornt dir deinen Geist an.
Sei es schlichte Prosa:
Die labt dich ohne Mühe,
Oder hohe Verskunst:
Sie ist der reinste Genuss.
Otfrid von Weissenburg, Evangelienbuch

Bezeichnest du
die Malerei als stumme Dichtung,
so kann der Maler erst recht
die Dichtung als blinde Malerei
bezeichnen.
Leonardo da Vinci, Tagebücher und Aufzeichnungentraktat über die Malerei

Das ist die letzte Wirkung
der Dichtung: dass sie
den Menschen ihr Weltbild gibt.
Das Weltbild ist durch Sittlichkeit
und Religion bestimmt.
Paul Ernst, Der Weg zur Form

Das Reich der Dichtung
ist das Reich der Wahrheit;
Schließt auf das Heiligtum,
es werde Licht!
Adelbert von Chamisso, Gedichte

Das Verseschmieden raubt einem
den Schlaf, selbst Essen und Trinken
kommen zu kurz, oft kratzt man sich
am Kopf, benagt die Fingernägel bis
aufs Fleisch und macht den Griffel
stumpf, den man beim angestrengten
Nachdenken krampfhaft umklammert.
Ecbasis captivi in belehrender Gestalt (vor 1030)

Dem Golde gleicht
der Dichtkunst hohe Gabe;
Es findet nicht
in Massen sich der Segen,
Nur eingesprengt,
verstreut auf dunklen Wegen
Und ist oft
eines Menschen beste Habe.
Ferdinand von Saar, Gedichte

Der Dichtkunst heilige Magie
Dient einem weisen Weltenplane;
Still lenke sie zum Ozeane
Der großen Harmonie.
Friedrich Schiller, Der Künstler

Der Dichtung ist mit unserem Verstand
nicht beizukommen, sie reißt ihn
mit sich fort und wirft ihn um.
Michel Eyquem de Montaigne, Die Essais

Der Dichtung vollen Köcher
gabt ihr mir,
Ein Herz, zu fühlen,
einen Geist, zu denken,
Und Kraft, zu bilden, was ich
mir gedacht.
Franz Grillparzer, Die Ahnfrau (Sappho)

Der große Rest,
der in der Liebe nicht aufgeht,
geht in die Dichtung ein.
Elazar Benyoëtz

Dichten ist eine Arbeit,
die nur Gutgeratenen gerät.
Marie von Ebner-Eschenbach

Dichten heißt nicht,
die Dinge wiedergeben,
sondern sie überwinden
und dienstbar machen,
nicht in ihnen hängen bleiben,
sondern den Menschen
durch sie befreien.
Paul La Cour, Fragmente eines Tagebuchs

Dichten heißt, sich ermorden.
Friedrich Hebbel, Tagebücher

Dichten ist immer die Wiedergabe
von Erinnerung. Die Erinnerung aber
ist selbst etwas Dichtendes,
künstlerisch Zusammenfassendes
und Auswählendes.
Christian Morgenstern, Stufen

Dichten ist zeugen.
Novalis, Fragmente

Dichterische Äußerungen sind
unwillkürliche Bekenntnisse,
in welchen unser Innres
sich aufschließt und zugleich
unsre Verhältnisse nach außen
sich ergeben.
Johann Wolfgang von Goethe, Briefe
(an König Ludwig I. von Bayern, 14. April 1829)

Dichtung ist Erinnerung
und Ahnen von Dingen;
was sie besingt,
ist nicht gestorben,
was sie berührt, lebt schon.
Alphonse de Lamartine, Geschichte der Girondisten

Dichtung ist nichts anderes
als konzentrierter Einsatz von Leben.
Hermann Kasack

Dichtung ist wie jedes Kunstwerk
dem lebenden Organismus ähnlich.
Das einzelne Wort trägt den Form-
willen des Ganzen in sich,
so wie jede Zeile um den Plan
des Ganzen weiß.
Heinrich Waggerl, Nachlass

Dichtung und Philosophie stehen beide
gleichwertig nebeneinander,
sie sind die Gipfel menschlicher
Geistestätigkeit und wohl die edelsten
und schwierigsten Gattungen,
denen sich der Menschengeist
zuwenden kann.
Giacomo Leopardi, Gedanken aus dem Zibaldone

Die angeborne Leidenschaft
zur Dichtkunst ist so wenig als
ein anderer Naturtrieb zu hemmen,
ohne das Geschöpf zugrunde zu richten.
Johann Wolfgang von Goethe,
Wilhelm Meisters theatralische Sendung

Die bloße Empfindung
schafft nicht den Dichter,
aber der bloße Dichter auch nicht jene.
Im ersten Irrtum ist der Jüngling,
im zweiten der Kritiker.
Jean Paul, Kleine
Nachschule zur ästhetischen Vorschule

Die Dichtkunst gleicht dem Baumharz,
das entquillt, wo's Nahrung hat.
William Shakespeare, Timon von Athen (Dichter)

Die Dichtkunst ist
eine redende Malerei,
die Malerei aber
eine stumme Dichtkunst.
Plutarch, Wie ein Jüngling die Dichter lesen soll

Die Dichtung allein erhebt die Sprache
aus dem Bereich profanen Gebrauches
zum künstlerischen Maßstab,
sie entsteht ja erst aus der Synthese
von Stoff und Form. Jede andere
Kunstart findet die Mittel zur Gestaltung von Ewigkeit her unberührt und
unentweiht vor. Aber die Wörter und
Wendungen, aus denen das Abendlied
von Claudius gefügt wurden, sind alltäglich in jeder Bierstube zu hören.
Heinrich Waggerl, Nach-Lese-Buch

Die Leute sagen, ich sei unnütz,
weil ich kein Geschäft treibe, und
ich arbeite doch durch den Einfluss,
den ich auf manches Gemüt habe,
für das Ewige.
Karoline von Günderode, Allerley Gedanken

Die Liebe bewahrt unser Werk davor,
ein rein egoistischer Spiegel
zu werden, sie macht es zu einer
gewaltigen Leinwand, auf der andere
Menschen leben und sich bewegen.
Sylvia Plath, Briefe nach Hause (4. Juli 1956)

Die Menge der Dichter ist es, die
die Dichtkunst herunterbringt
in Ansehen und Wirkung.
Johann Wolfgang von Goethe, überliefert von
Friedrich Wilhelm Riemer (Mittheilungen über Goethe)

Die Welt durchaus
ist lieblich anzuschauen,
Vorzüglich aber
schön die Welt der Dichter.
Johann Wolfgang von Goethe, West-östlicher Divan

Du drücktest nicht die Erde,
Sei dir die Erde leicht!
Ludwig Uhland, Auf einen verhungerten Dichter

Einen Band Verse veröffentlichen
heißt ein Rosenblatt in den Grand
Cañon hinabfallen lassen
und auf ein Echo warten.
Donald Marquis

Erhabenste Stellen von Dichtungen
sind nur in freiem Abstand zu
genießen, wie wir manchmal bei Nacht
nach Sternen schauen, nicht,
indem wir direkt auf sie blicken,
sondern etwas zur Seite.
Walt Whitman, Tagebuch (1881)

Es ist das Schicksal des Dichters,
dass er einsam leben muss.
Von ihm zu den Menschen
gehen zwar viele Wege,
aber es sind unterirdische Wege,
die nur er kennt.
Otto Heuschele, Augenblicke

Frei will ich sein im Denken
und im Dichten;
Im Handeln schränkt die Welt
genug uns ein.
Johann Wolfgang von Goethe, Torquato Tasso (Tasso)

Geschichten werden niemals richtig
erlebt, nur manchmal, sehr selten,
richtig erzählt.
Alfred Polgar, Kleine Schriften, Band 3. Irrlicht

Ich begreife nicht,
wie ein Dichter
das Kind seiner Liebe
einem so rohen Haufen,
wie die Menschen sind,
übergeben kann.
Heinrich von Kleist, Briefe
(an Wihelmine von Zenge, 10. Oktober 1801)

In den Äußerlichkeiten kann man
Dichtung nach Kunstregeln bewerten,
aber das Gute, das Höchste,
das Gottbegnadete an ihr
ist erhaben über Gesetz und Vernunft.
Michel Eyquem de Montaigne, Die Essais

Ist die Dichtkunst
deswegen nicht hoch zu achten,
weil einige Dichter ihre Harmonie
durch Unkeuschheiten entheiligen?
Gotthold Ephraim Lessing,
Das Neueste aus dem Reiche des Witzes

Leben heißt – dunkler Gewalten
Spuk bekämpfen in sich,
Dichten – Gerichtstag halten
Über sein eigenes Ich.
Henrik Ibsen, Gedichte

Man befriedigt bei dichterischen
Arbeiten sich selbst am meisten
und hat noch dadurch den besten
Zusammenhang mit andern.
Johann Wolfgang von Goethe, Briefe
(an Schiller, 3. März 1799)

Nie vergesse der Dichter
über der Zukunft, die ihm eigentlich
heller vorschimmert, die Forderungen
der Gegenwart und also des nur
an diese angeschmiedeten Lesers.
Jean Paul, Vorschule der Ästhetik

O Dichtkunst!
Welch ein schmerzliches Geschenk
des Himmels bist du!
Heinrich Laube, Die Karlsschüler (Schiller)

Prosa kann Abend und Mondlicht
malen, aber die Morgendämmerung
zu besingen, bedarf es der Dichter.
George Meredith, Diana vom Kreuzweg

Selig der Dichter, er kann festhalten
das zeitliche Dasein,
Aber verewigen auch alle Gestalten
des Raums.
August Graf von Platen, Epigramme

Singe, wem Gesang gegeben,
In dem deutschen Dichterwald!
Ludwig Uhland, Gesang

Stückeschreiben ist wie Schach:
Bei der Eröffnung ist man frei; dann
bekommt die Partie ihre eigene Logik.
Friedrich Dürrenmatt

Und wer der Dichtkunst Stimme
nicht vernimmt,
Ist ein Barbar, er sei auch, wer er sei.
Johann Wolfgang von Goethe, Torquato Tasso (Alfons)

Viele kennen zu viel,
um dichten zu können,
und verzehren zu viel Erdachtes,
um philosophieren zu können.
Ludwig Marcuse, Argumente und Rezepte.
Ein Wörter-Buch für Zeitgenossen

Wenn wir von den Dichtern
verlangen wollen, dass sie so idealisch
sein sollen wie ihre Helden,
wird es noch Dichter geben?
Heinrich von Kleist, Briefe
(an Adolphine von Werdeck, November 1801)

Wer ein geflügeltes Pferd erdichtet,
gesteht darum noch nicht zu,
dass es ein geflügeltes Pferd gibt.
Baruch de Spinoza, Ethik

Wie die bildende und zeichnende Kunst
ewig in der Schule der Natur arbeitet:
so waren die reichsten Dichter
von jeher die anhänglichsten,
fleißigsten Kinder, um das Bildnis
der Mutter Natur andern Kindern
mit neuen Ähnlichkeiten zu übergeben.
Jean Paul, Vorschule der Ästhetik

Will man Künstler des Wortes sein,
muss man die Fähigkeit besitzen,
sich seelisch in große Höhen
zu erheben und tief hinabzustürzen.
Dann sind alle Zwischenstufen
bekannt, und man kann
in der Phantasie leben, das Leben
von Menschen nachempfinden,
die auf verschiedenen Stufen stehen.
Leo N. Tolstoi, Tagebücher (1909)

Worte sind des Dichters Waffen.
Johann Wolfgang von Goethe, Deutscher Parnass

Wozu nützt die ganze Erdichtung? –
Ich will es dir sagen,
Leser, sagst du mir,
wozu die Wirklichkeit nützt.
Johann Wolfgang von Goethe/Friedrich Schiller,
Xenien

Dick

Dick sein
ist keine physiologische Eigenschaft –
das ist eine Weltanschauung.
Kurt Tucholsky, Schnipsel

Hört man je, dass dicke Männer
einen Aufstand geführt hätten?
Washington Irving,
Knickerbocker's Geschichte von New York

Lasst wohlbeleibte Männer
um mich sein,
Mit glatten Köpfen und die nachts
gut schlafen.
William Shakespeare, Julius Caesar (Caesar)

Schon immer haben die Dicken
mehr Kälte ausgehalten.
Chinesisches Sprichwort

Dieb

Alte Diebe machen gute Kerkermeister.
Sprichwort aus England

Der Dieb
fängt am meisten in der Menge,
und der Teufel an einsamen Orten.
Sprichwort aus Tschechien

Der Dieb in der Ferne
muss einen Fuß in der Nähe haben.
Chinesisches Sprichwort

Der Dieb selbst,
Der zum Einbruch geht,
Zu Gott noch um Gelingen fleht.
Jüdische Spruchweisheit

Der Wutanfall des Diebes,
dem man alles schenkt.
Elias Canetti, Die Provinz des Menschen.
Aufzeichnungen 1942–1972

Die großen Diebe
führen den kleinen ab.
Diogenes von Sinope,
Ausspruch laut Diogenes Laertius (Diogenes)

Diebe fürchten Mondschein.
Chinesisches Sprichwort

Du kannst einen Menschen
daran hindern, zu stehlen,
aber nicht daran, ein Dieb zu sein.
Arthur Schnitzler, Buch der Sprüche und Bedenken

Erst nachdem
der Dieb verschwunden ist,
werden die Türen verschlossen.
Chinesisches Sprichwort

Große Diebe hängen kleine Diebe.
Sprichwort aus Schweden

Häng den jungen Dieb,
und der alte wird nicht stehlen.
Sprichwort aus Dänemark

In seinem eigenen Gewerbe
ist jeder ein Dieb.
Sprichwort aus Holland

Kleptomane: ein reicher Dieb.
Ambrose Bierce

Nicht alle sind Diebe,
die der Hund anbellt.
Deutsches Sprichwort

Schafft ab die Geschicklichkeit,
verwerft die Gewinnsucht –
keine Diebe und Räuber
wird es mehr geben.
Lao-tse, Dao-de-dsching

Selbst Diebe werden bestohlen.
Chinesisches Sprichwort

Töricht ist es, wenn sich
ein Glockendieb die Ohren hält.
Chinesisches Sprichwort

Verdacht wohnt stets
in einem schuldigen Gemüt;
Der Dieb scheut jeden Busch
als einen Häscher.
William Shakespeare, Heinrich VI. (Gloucester)

Vor lasterhaften Frauen
hüte dich das ganze Jahr,
vor Dieben – jede Nacht.
Chinesisches Sprichwort

Wenn ein Dieb zubeißt,
dringen seine Zähne
drei Zoll tief in die Knochen.
Chinesisches Sprichwort

Wer als Dieb oder Räuber
einem anderen die Früchte
seiner Arbeit wegnimmt, weiß,
dass er verwerflich handelt;
wer diese Früchte dagegen mit von der
Gesellschaft sanktionierten Methoden
wegnimmt, meint nicht, er führe ein
verwerfliches Leben, und daher
ist dieser ehrenwerte Bürger viel
unmoralischer als ein Räuber,
steht weit unter ihm.
Leo N. Tolstoi, Tagebücher (1890)

Wer ein Ei stiehlt,
der stiehlt auch einen Ochsen.
Sprichwort aus Frankreich

Wer einmal stiehlt, heißt allzeit Dieb.
Deutsches Sprichwort

Wer Gemüse stiehlt,
versteckt sich nicht im Gemüsegarten.
Chinesisches Sprichwort

Wer lügt, der stiehlt,
wer stiehlt, der lügt.
Deutsches Sprichwort

Wind begünstigt Diebe,
Regen hält sie ab.
Chinesisches Sprichwort

Diebstahl

An jedem, der stiehlt,
wird Rache genommen,
dem Fluch entsprechend.
Altes Testament, Sacharja 5, 3

Bei einer Wette
gibt es einen Narren und einen Dieb.
Sprichwort aus Wallonien

Betteln ist besser als stehlen.
Deutsches Sprichwort

Dass man einen Dieb beschenkt,
Dass man einen andern henkt,
Ist gelegen an der Art,
Drinnen einer Meister ward.
Friedrich von Logau, Sinngedichte

Denn eine schöne Frau
hat manchen Dieb gerettet.
Johann Wolfgang von Goethe,
Die Mitschuldigen (Söller)

Denn mit Gespenstern
sind die Diebe nah verschwistert.
Johann Wolfgang von Goethe,
Die Mitschuldigen (Wirt)

Der Erste, der ein Dieb wird,
ist der Erste, der ein König wird.
Sprichwort aus Wales

Der Hehler ist schlimmer
als der Stehler.
Deutsches Sprichwort

Der Mann im Mond
hat das Holz gestohlen.
Deutsches Sprichwort

Die Ehefrau eines Diebes
hat stets die Witwenschaft vor Augen.
Sprichwort aus Indien

Die Galgen hat man abgeschafft,
die Diebe sind geblieben.
Deutsches Sprichwort

Du sollst nicht stehlen.
Altes Testament, Exodus 20, 15 (Zehn Gebote)

Eigentum ist Diebstahl.
Pierre Joseph Proudhon, Was ist Eigentum?

Ein Dieb ist nicht, wer genommen hat,
was er benötigt, sondern wer behält
und anderen nicht gibt,
was er nicht benötigt,
andere aber brauchen.
Leo N. Tolstoi, Tagebücher (1891)

Ein Dieb stiehlt sich selten reich.
Deutsches Sprichwort

Er schneidet heimlich fremden Reis
und gibt ihn als Brei an die Armen aus.
Chinesisches Sprichwort

Es ist eine große Sünde,
fremdes Gut zu stehlen.
Voltaire, Geschichte von Jenni

Es ist wahr, der Diebstahl ist ein Laster:
aber der Mensch, der, um sich und die
Seinigen vom gegenwärtigen Hunger-
tode zu erretten, auf Raub ausgeht,
verdient der Mitleiden oder Strafe?
Johann Wolfgang von Goethe,
Die Leiden des jungen Werthers

Gelegenheit macht Diebe.
Deutsches Sprichwort

Gewinn ist Segen,
wenn man ihn nicht stiehlt.
William Shakespeare, Der Kaufmann von Venedig
(Shylock)

Große Herren haben lange Hände.
Deutsches Sprichwort

Handelte es sich jedoch
um einen Ehebruch,
so wäre ich weniger nachsichtig;
weil Ehebruch Diebstahl ist.
Voltaire, Geschichte von Jenni

Hehler sind Stehler.
Deutsches Sprichwort

Müller und Bäcker stehlen nicht,
man bringt's ihnen.
Deutsches Sprichwort

Niemand weiß mehr,
wer die Hand in wessen Taschen hat.
Norbert Blüm, Unverblümtes von Norbert Blüm

Selbst wenn der Koch
eine Fliege kochen würde, würde er
einen Flügel für sich behalten.
Sprichwort aus Polen

Was von einer Katze geboren wird,
wird Mäuse fangen.
Sprichwort aus Italien

Wer Diebe fasst,
soll auch die Beute fassen.
Wer Ehebrecher fasst,
soll immer beide fassen.
Chinesisches Sprichwort

Dienen

Alle Sklaven,
die Königen und Königinnen dienen,
sind zugleich
auch die Spione ihrer Herzen.
Voltaire, Zadig

Alle so genannten praktischen Menschen haben ein Geschick zum Dienen:
Das macht sie so praktisch,
sei es für andere oder für sich selber.
Friedrich Nietzsche, Menschliches, Allzumenschliches

Alles muss allem dienen. Es gibt im
letzten Sinne keine Ungerechtigkeit.
Christian Morgenstern, Stufen

Besser bedient werden als dienen.
Deutsches Sprichwort

Dem, der zu dienen gewöhnt ist,
macht es wenig aus, den Herrn
zu wechseln, ja, häufig wünscht er
sogar den Wechsel.
Niccolò Machiavelli, Vom Staat

Den Menschen dienen?
Und was sollen die tun,
denen wir dienen?
Leo N. Tolstoi, Tagebücher (1892)

Der beste Diener ist der größte Schelm.
Johann Wolfgang von Goethe, Gedichte (Paralipomena)

Der Einzelne ist es,
dem eine Seele zugesprochen wird.
Das hohe Schicksal dieses Einzelnen
aber ist freiwilliges Dienen
und nicht etwa Herrschen oder sich
sonst wie zur Geltung bringen.
Albert Einstein, Aus meinen späten Jahren

Der Herr bekam einen Schnupfen,
und alle Diener niesten.
Sprichwort aus Polen

Dienen heißt zuvorkommen.
Johann Wolfgang von Goethe, überliefert von
Friedrich Wilhelm Riemer (Mittheilungen über Goethe)

Dienstjahre sind keine Herrenjahre.
Deutsches Sprichwort

Ein Dienstbote ist ein Dienstbote.
Zwei Dienstboten sind ein halber
Dienstbote. Drei sind gar keiner.
Sprichwort aus Polen

Ein guter Diener muss stark sein.
Jean-Jacques Rousseau, Emile

Ein Hungriger taugt nicht zum Dienen.
Chinesisches Sprichwort

Eine Freundin sei die Frau dem Mann,
aber keine Dienstmagd.
Sprichwort aus Russland

Es braucht viel Willenskraft,
keinem Herrn zu dienen.
Chinesisches Sprichwort

Es macht müde, stets dem gleichen
Herrn zu dienen und zu gehorchen.
Heraklit, Fragmente

Gute Untertanen haben vielleicht
respektvoll und treu einem Herrn
gedient, obwohl sie sehr wohl
wussten, wie unvollkommen er war;
damit haben sie Ruhm verdient.
Michel Eyquem de Montaigne, Die Essais

Diener

Je mehr man anderen dient
(mit Anstrengung), umso mehr Freude
empfindet man; je mehr man sich
selbst dient (ohne Anstrengung),
umso schwerer wird es zu leben.
Leo N. Tolstoi, Tagebücher (1906)

Man ist mit niemand mehr geplagt
als mit den Dienstboten;
es will niemand dienen,
nicht einmal sich selbst.
Johann Wolfgang von Goethe,
Wilhelm Meisters Lehrjahre

Nicht, was der Knecht sei,
fragt der Herr, nur, wie er diene.
Johann Wolfgang von Goethe, Faust II (Helena)

Niemand kann zwei Herren dienen;
er wird entweder den einen hassen
und den andern lieben, oder er wird
zu dem einen halten und den andern
verachten. Ihr könnt nicht beiden
dienen, Gott und dem Mammon.
Neues Testament, Matthäus 6, 24 (Jesus: Bergpredigt)

Nur dienend
ehrt der Diener seinen Herrn.
Franz Grillparzer, Sappho

Und auch diese Heuchelei fand ich
unter ihnen am schlimmsten:
dass auch die, welche befehlen,
die Tugenden derer heucheln,
welche dienen.
Friedrich Nietzsche, Also sprach Zarathustra

Von Göttern stamm' ich ab
auf beiden Seiten,
Wer wagt's, mich eine Dienerin
zu schelten?
Theodektes, Fragmente (Helena)

Von unten hinauf zu dienen,
ist überall nötig.
Johann Wolfgang von Goethe,
Wilhelm Meisters Wanderjahre

Wer allen dienen will,
kommt immer am schlimmsten weg.
Deutsches Sprichwort

Wer vernünftig gebieten kann,
dem ist gut dienen.
Deutsches Sprichwort

Willst du viele befrein,
so wag es, vielen zu dienen.
Johann Wolfgang von Goethe,
Venezianische Epigramme

Diener

Alte Diener sind kleine Tyrannen,
an welche die große Tyrannin
Gewohnheit uns knüpft.
Marie von Ebner-Eschenbach, Aphorismen

Auch ein ehrlicher Beamter
kann es kaum vermeiden,
von falschen Dienern
umgeben zu sein.
Chinesisches Sprichwort

Beamte gibt es große und kleine,
doch ihre Büttel sind alle gleich.
Chinesisches Sprichwort

Beim Theater ist jede Rolle wichtig.
Ich werde nicht dadurch zum König,
dass ich mich königlich gebärde,
sondern dadurch, dass der Diener
sich vor mir verneigt.
Will Quadflieg

Bevor du einen Mandarin verhaftest,
verhafte erst seine Büttel.
Chinesisches Sprichwort

Die Tugend des Dieners:
Treue bis zur Sterbestunde des Herrn –
und Untreue nach seinem Tod,
auf dass er einem neuen Herrn
treu sein kann.
Ludwig Marcuse, Argumente und Rezepte.
Ein Wörter-Buch für Zeitgenossen

Diener können Herren werden,
aber aus Knechten werden
keine Gutsbesitzer.
Chinesisches Sprichwort

Diener lügen oft nur
aus Ehrerbietung und Furcht.
Joseph Joubert, Gedanken, Versuche und Maximen

Dienstboten machen das Leben
verlogen und widernatürlich.
Sobald einer Dienstboten hat,
steigen seine Bedürfnisse,
kompliziert er sein Leben, und es wird
ihm zur Last: Die Freude, etwas selbst
zu tun, schlägt in Missmut um.
Leo N. Tolstoi, Tagebücher (1897)

Ein Butler ist eine Prozession,
die aus einem einzigen
Menschen besteht.
Pelham Grenville Wodehouse

Ein ehrlicher Mandarin
hat dürre Diener,
ein mächtiger Gott
hat fette Priester.
Chinesisches Sprichwort

Ein Herr überwacht seine Diener
so unmerklich, wie man den Socken
im Stiefel spürt.
Chinesisches Sprichwort

Es ist schlimm,
einen Diener,
doch schlimmer,
einen Herrn zu haben.
Sprichwort aus Portugal

Ihr sollt die Dame und ich der Diener,
Ihr sollt stolz und ich unterwürfig
bittend sein.
Marie de France, Equitan (König)

Ihr wisst, dass die Herrscher
ihre Völker unterdrücken und
die Mächtigen ihre Macht über
die Menschen missbrauchen.
Bei euch soll es nicht so sein,
sondern wer bei euch groß sein will,
der soll euer Diener sein,
und wer bei euch der Erste sein will,
soll euer Sklave sein.
Neues Testament, Matthäus 20, 25 (Jesus)

Wer Diener hat,
hat unverhohlene Feinde.
Sprichwort aus Portugal

Wer einen treuen Diener will,
der bediene sich selbst.
Sprichwort aus Spanien

Dienst

Demut bedeutet beharrliches Mühen
im Dienst an der Menschheit.
Gott ist immer im Dienst (...).
Mohandas K. »Mahatma« Gandhi, Selected Works

Den Menschen dienen,
den dankbaren sowohl wie auch
denen, die uns nicht danken
– das ist ein Mann.
Martin Luther, Tischreden

Denn nicht einem Menschen
zu dienen, ist schimpflich,
sondern dem Laster.
Pierre Abélard, Ethica

Die Menschen haben den guten Willen
zur Dienstfertigkeit nur
bis zur Gelegenheit, sie zu beweisen.
Luc de Clapiers Marquis de Vauvenargues,
Reflexionen und Maximen

Dienen und der Zwang zu gefallen
sind im weiblichen Leben verwandt,
denn das Gefallen macht gleichfalls
dienstbar.
Ernst Bloch, Kampf ums Neue Weib

Ein Mensch ist verbunden, dem andern
mit seinem Vermögen, seiner Arbeit,
seiner Hülfe und seinem Exempel
vielfältig zu dienen.
Christian Freiherr von Wolf, Vernünfftige Gedancken
von dem gesellschaftlichen Leben der Menschen

Es ist besser zu dienen,
als bedient zu werden.
Mutter Teresa

Es ist kein leichter Dienst auf Erden,
denn der rechte Gottesdienst.
Martin Luther, Tischreden

Ich will ihn nicht verlassen,
und will ihm mit Treue dienen,
wenn's auch mein Leben kostet.
Jacob und Wilhelm Grimm, Der treue Johannes

Immer strebe zum Ganzen,
und kannst du selber kein Ganzes
Werden, als dienendes Glied
schließ an ein Ganzes dich an.
Johann Wolfgang von Goethe, Vier Jahreszeiten

Kein echter Mann nimmt Dienste an,
Von dem, den er nicht achten kann.
Jüdische Spruchweisheit

Leben als Dienst verstanden ist
höchste Kunst und voll wahrer Freude.
Wer dienen will (...) ist frei von Ärger
und Zorn und bleibt ruhig, wenn man
ihn belästigt. Sein Dienst trägt den
Lohn in sich selbst wie die Tugend.
Mohandas K. »Mahatma« Gandhi, Selected Works

Nicht der Dienst macht unfrei und
erniedrigt, sondern nur jener Dienst,
welcher Achtung und Liebe tilgt.
Franz von Baader, Religiöse Erotik

Solange der Esel trägt,
ist er dem Müller lieb.
Deutsches Sprichwort

Viele nennen Diensteifer,
was weiter nichts ist als ihr Hang
zur Bosheit und Gewalttätigkeit;
bei ihrem Eifer haben sie nicht die
Sache, sondern ihren Vorteil im Auge.
Michel Eyquem de Montaigne, Die Essais

Wer dient, bis dass er wird unwert,
Dem ist Undank zum Lohn beschert.
Georg Rollenhagen, Froschmeuseler

Diktatur

Der letzte Diktator, der seine Muttersprache beherrschte, war Julius Cäsar.
Joseph Roth

Die Begriffe zu vereinfachen,
ist die erste Tat aller Diktatoren.
Erich Maria Remarque

Eine Diktatur ist ein Staat,
in dem das Halten von Papageien
mit Lebensgefahr verbunden ist.
Jack Lemmon

Eine Diktatur ist ein Staat,
in dem sich alle vor einem fürchten
und einer vor allen.
Alberto Moravia

Eine gute Unterhaltung erträgt
so wenig einen Diktator
wie ein freies Staatswesen.
Philipp Stanhope Earl of Chesterfield, Briefe über die
anstrengende Kunst, ein Gentleman zu werden

Es ist ein Feind, vor dem
wir alle zittern,
Und eine Freiheit macht
uns alle frei.
Friedrich Schiller, Wilhelm Bertha (Bertha)

Lynchmorde und Pogrome
sind für das Regime die letzte Rettung,
je stärker die Befreiungsbewegung
voranschreitet.
Nelson Mandela, Zeitungsartikel, Oktober 1955

Mit einem schlechten Alleinherrscher
aber kann niemand sprechen,
gegen ihn gibt es kein anderes Mittel
als das Eisen.
Niccolò Machiavelli, Vom Staat

Nicht die Diktatoren
schaffen Diktaturen,
sondern die Herden.
Georges Gernanos

Reißt uns das Herz aus dem Leibe
– und ihr werdet euch tödlich
daran verbrennen.
Hans Scholl

Verrat und Argwohn lauscht
in allen Ecken,
Bis in das Innerste der Häuser dringen
Die Boten der Gewalt.
Friedrich Schiller, Wilhelm Tell (Walter Fürst)

Wenn ich Diktator wäre,
würde ich das Ausleihen von Büchern
gesetzlich untersagen.
William Saroyan

Wer nichts fürchtet,
ist nicht weniger mächtig als der,
den alles fürchtet.
Friedrich Schiller, Die Räuber (Franz)

Wo ein Brutus lebt,
muss Cäsar sterben.
Friedrich Schiller, Die Räuber (Karl Moor)

Dilettantismus

Auch der Dilettant hat zuweilen
Einfälle, die selbst den Anspruchsvollen zu verblüffen imstande sind.
Aber im Gegensatz zum Künstler
vergisst er meistens, dass der Einfall
nichts ist als notwendige Voraussetzung und oft nichts anderes
bedeutet als eine Versuchung,
die auch in den Abgrund führen kann.
Arthur Schnitzler, Buch der Sprüche und Bedenken

Das sind die großen Künstler.
Wenn's ans Leben geht, sind sie
samt und sonders Dilettanten.
Alles fließt in das Werk.
Alma Mahler-Werfel, Mein Leben

Der Dilettant verhält sich zur Kunst
wie der Pfuscher zum Handwerk.
Johann Wolfgang von Goethe,
Über den Dilettantismus

Der Dilettantismus
folgt der Neigung der Zeit.
Johann Wolfgang von Goethe,
Über den Dilettantismus

Der Dilettantismus
negiert den Meister.
Die Meisterschaft
gilt für Egoismus.
Johann Wolfgang von Goethe, überliefert von
Friedrich Wilhelm Riemer (Mittheilungen über Goethe)

Die Dilettanten, wenn sie
das Möglichste getan haben,
pflegen zu ihrer Entschuldigung
zu sagen, die Arbeit sei
noch nicht fertig. Freilich kann sie
nie fertig werden, weil sie
nicht recht angefangen ward.
Johann Wolfgang von Goethe,
Maximen und Reflexionen

Die Zudringlichkeiten
junger Dilettanten muss man mit
Wohlwollen ertragen: Sie werden
im Alter die wahrsten Verehrer
der Kunst und des Meisters.
Johann Wolfgang von Goethe,
Maximen und Reflexionen

Dilettant sein, das heißt:
seiner eigenen Einfälle nicht wert,
aber auf sie stolz sein.
Arthur Schnitzler, Buch der Sprüche und Bedenken

Halbherziges Dilettieren hat
noch keinen Anfänger weiter gebracht.
Sylvia Plath, Briefe nach Hause (November 1957)

Nichts ist dem Dilettantismus
mehr entgegen als feste Grundsätze
und strenge Anwendung derselben.
Johann Wolfgang von Goethe, Über strenge Urteile

Nur beim Dilettanten
decken sich Mensch und Beruf.
Egon Friedell, Egon Friedells Konversationslexikon

Ursache des Dilettantismus:
Flucht vor der Manier, Unkenntnis
der Methode, törichtes Unternehmen,
gerade immer das Unmögliche leisten
zu wollen, welches die höchste Kunst
erforderte, wenn man sich ihm
je nähern könnte.
Johann Wolfgang von Goethe,
Maximen und Reflexionen

Wer weiß, ob dem heute so
verrufenen Dilettantismus
nicht eine wichtige Aufgabe
bevorsteht.
Houston Stewart Chamberlain,
Die Grundlagen des 19. Jahrhunderts

Ding

Die Dinge für sich berühren in gar
keiner Weise die Seele und haben auch
keinen Zugang zur Seele und können
sie nicht wandeln und nicht bewegen.
Mark Aurel, Selbstbetrachtungen

Ding an sich bedeutet das unabhängig
von unsrer Wahrnehmung Vorhandene,
also das eigentlich Seiende.
Arthur Schopenhauer, Betrachtungen über den Gegensatz des Dinges an sich und der Erscheinung

Es gibt keine Grenzen der Dinge.
Christian Morgenstern, Stufen

Gewisse Dinge verstehe ich nicht
mehr, sobald ich sie begriffen habe.
Karl Heinrich Waggerl

Ich versuche, mir die Dinge und nicht
mich den Dingen zu unterwerfen.
Horaz, Briefe

Jedes Ding enthält seine Lehre,
in der der Hinweis auf alle anderen
Dinge enthalten ist.
Walt Whitman, Tagebuch (1877)

Jedes Ding hat hundert Glieder
und hundert Gesichter.
Michel Eyquem de Montaigne, Die Essais

Jedes Ding hat seinen Herrn.
Chinesisches Sprichwort

Jedes Ding hat zwei Henkel.
An dem einen kann man es anfassen,
an dem anderen nicht. Wenn dir
dein Bruder Unrecht tut, dann packe
ihn nicht bei seinem Unrecht –
denn an diesem Henkel lässt er sich
nicht anfassen –, sondern lieber an
dem anderen Henkel, der besagt,
dass er dein Bruder ist und mit dir
aufwuchs; dann wirst du ihn dort
packen, wo er sich fassen lässt.
Epiktet, Handbuch der Moral

Jedes Ding hat zwei Seiten.
Deutsches Sprichwort

Jedes Ding hat zwei Seiten.
Fanatiker sehen nur die eine.
Hellmut Walters

Jedes Ding hat zwei Seiten.
Mich interessiert die dritte.
Hanns-Hermann Kersten

Jedes Ding strebt, so viel an ihm liegt,
in seinem Sein zu verharren.
Baruch de Spinoza, Ethik

Kunst ist ein sonderbares Ding,
sie braucht den Künstler ganz.
Kurt Schwitters, Das literarische Werk Bd. 5

Man sollte die Dinge so nehmen,
wie sie kommen.
Aber man sollte auch dafür sorgen,
dass sie so kommen,
wie man sie nehmen möchte.
Curt Coetz

Dionysius (9.10.)

Regnet's an Sankt Dionys,
wird der Winter nass gewiss.
Bauernregel

Diplomatie

Die Diplomatie bedarf keiner langen
Lehrzeit. Ist doch unser ganzes Leben
eine ständige Einübung im Ränkespiel
und Eigennutz.
Luc de Clapiers Marquis de Vauvenargues,
Nachgelassene Maximen

Die Franzosen sind die gewandtesten
Diplomaten Europas.
Germaine Baronin von Staël, Über Deutschland

Die Lüge hat zwei Steigerungsformen:
Diplomatie und Statistik.
Marcel Achard

Diplomatie besteht darin,
den Hund so lange zu streicheln,
bis der Maulkorb fertig ist.
Fletcher Knebel

Diplomatie: die patriotische Kunst,
für sein Vaterland zu lügen.
Ambrose Bierce

Diplomatie gleicht einem Boxkampf
mit Glacéhandschuhen,
bei dem der Gong durch das Klingen
der Sektgläser ersetzt wird.
Georges Pompidou

Diplomatie ist die Fähigkeit, auf eine
so taktvolle Weise nein zu sagen,
dass alle glauben, man hätte ja gesagt.
Anthony Eden

Diplomatie ist die Fähigkeit,
so zu tun, als täte man nicht so.
Boleslaw Barlog

Diplomatie ist die Kunst,
einen Hund so lange zu streicheln,
bis Maulkorb und Leine fertig sind.
Fletcher Knebel

Diplomatie ist die Kunst,
konstruktiv aneinander vorbeizureden.
Daniele Vare

Diplomatie ist die Kunst,
so gut zu lügen, dass einem sogar
die Wahrheit geglaubt wird.
Alberto Sordi

Diplomatie und Öffentlichkeit
gehen eine Verbindung ein
wie Feuer und Wasser:
Die Diplomatie zischt
und wird zu Wasser.
Ludwig Marcuse, Argumente und Rezepte.
Ein Wörter-Buch für Zeitgenossen

Ein Botschafter ist ein Briefträger
in Frack und Zylinder.
Stewart Alsop

Ein Diplomat ist ein Mann,
der offen ausspricht,
was er nicht denkt.
Giovanni Guareschi

Ein guter Diplomat muss
mit den Ohren sehen
und mit den Augen
schweigen können.
Lawrence Durrell

Ein wahrer Diplomat ist ein Mann,
der zweimal nachdenkt,
bevor er nichts sagt.
Winston Churchill

Es gibt Länder, deren Geschichte
man nicht lesen kann,
man müsste denn blöden Verstandes
oder ein Diplomat sein.
Jean-Jacques Rousseau,
Julie oder Die neue Héloïse (Saint-Preux)

Heutzutage ist ein Diplomat
nichts weiter als ein Oberkellner,
dem man gestattet,
sich gelegentlich zu setzen.
Peter Ustinov, Peter Ustinovs geflügelte Worte

Küss die Hand,
die du nicht beißen kannst.
Sprichwort aus Arabien

Mögen die Federn der Diplomaten
nicht wieder verderben,
was das Volk mit so
großen Anstrengungen errungen!
Gebhard Leberecht Fürst Blücher von Wahlstatt,
Trinkspruch nach der Schlacht von Waterloo (1815)

Politiker sagen nur das,
was sie sagen wollen;
Diplomaten verschweigen sogar,
was sie ohnehin nicht wissen.
Werner Höfer

Wahre Diplomatie ist die Fähigkeit,
auf eine so taktvolle Weise
nein zu sagen, dass alle Welt glaubt,
man hätte ja gesagt.
Anthony Eden

Weltgeschichte
ist die Verschwörung
der Diplomaten gegen
den gesunden Menschenverstand.
Arthur Schnitzler

Dirigent

Die überwältigende Mehrheit der
Konzertbesucher möchte dort sitzen,
wo man den Dirigenten
von vorn sehen kann.
Herbert von Karajan

Ein Dirigent ist als Magier am Werk.
Er hält seine Hände beschwörend hoch,
bis die Musik wetterleuchtet und
donnert.
Ingeborg Bachmann, Die wunderliche Musik

Früher gingen die Leute ins Konzert,
um Musik zu hören.
Heute gehen sie hin,
um Dirigenten zu sehen.
Paul Hörbiger

Generäle und Dirigenten leben länger;
denn sie sind gewohnt,
dass man ihnen nicht widerspricht.
David Frost

Orchester haben keinen eigenen Klang;
den macht der Dirigent.
Herbert von Karajan

Viel müssen die Dirigenten auf ihr
Gewissen nehmen. Sie sind nicht nur
dazu da, um den Takt zu schlagen.
Ingeborg Bachmann, Die wunderliche Musik

Vogelfänger und Vogelscheuche,
das ist ein Dirigent.
Jean Cocteau, Hahn und Harlekin

Warum Dirigenten und Generäle
so alt werden?
Vielleicht liegt es am Vergnügen,
anderen seinen Willen aufzuzwingen.
Leopold Stokowsk

Dirne

Alte Dirne, senk den Tarif, viermal
mehr Kundschaft ist dir gewiss!
Sprichwort aus Spanien

Die Dirnen und der Zank
machen die Seele krank.
Sprichwort aus Spanien

Es gibt Menschen, die wie Rousseau
sogar bei Dirnen von falscher Scham
gepackt werden; sie gehen nicht
wieder zu ihnen, denn solche Mädchen
hat man nur einmal,
und dieses eine Mal ist widerlich.
Stendhal, Vom Versagen

Gib dich nicht
mit einer Dirne ab,
damit sie dich nicht
um dein Erbe bringt.
Altes Testament, Jesus Sirach 9, 6

Ich gehe absichtlich durch die Gassen,
wo Dirnen sind. Das Vorübergehen
an ihnen reizt mich,
diese ferne, aber immerhin bestehende
Möglichkeit, mit einer zu gehn.
Ist das Gemeinheit?
Franz Kafka, Tagebücher (1913)

Keine Frau, auch die reinste nicht,
die nicht in irgendeinem Moment ihres
Daseins den Wunsch oder wenigstens
die Neugier verspürt hätte,
eine Dirne zu sein; nicht die
verworfenste Dirne, die sich nicht in
irgendeinem Moment gesehnt hätte,
eine anständige Frau zu sein.
Arthur Schnitzler,
Aphorismen und Betrachtungen aus dem Nachlass

Manche Dirne findet Gelegenheit,
sich zu verkaufen, und fände keine,
sich zu verschenken.
Chamfort, Maximen und Gedanken

Wein und Weiber
machen das Herz zügellos,
wer sich an Dirnen hängt,
wird frech.
Altes Testament, Jesus Sirach 19, 2

Wer mit Dirnen verkehrt,
verschleudert das Vermögen.
Altes Testament, Sprüche Salomos 29, 3

Diskussion

Den Gegner mit dem Vorsatze,
ihn zu widerlegen, anzuhören,
ist falsch, eine solche Unterredung
läuft auf Selbstbetrug hinaus.
Man muss den Gegner
mit innerem Schweigen anhören.
Othmar Spann,
Haupttheorien der Volkswirtschaftslehre

Der Einklang ist bei der Diskussion
etwas ganz Unerwünschtes.
Michel Eyquem de Montaigne, Die Essais

Der Weisen Disput
Kommt der Weisheit zugut.
Jüdische Spruchweisheit

Die Diskussion
ist der Übungsplatz des Geistes.
Lothar Schmidt

Die leidenschaftlichen Diskussionen
sollte man mit den Worten beenden:
Und zudem werden wir alle
bald sterben.
Jules Renard, Ideen, in Tinte getaucht.
Aus dem Tagebuch von Jules Renard

Die unfruchtbarsten Debatten sind jene,
in denen beide Seiten Recht haben –
nur nicht gegeneinander.
Ludwig Marcuse, Argumente und Rezepte.
Ein Wörter-Buch für Zeitgenossen

Diskussion: eine Methode,
andere in ihren Irrtümern zu festigen.
Ambrose Bierce

Diskussionen haben lediglich
einen Wert: dass einem gute Gedanken
hinterher einfallen.
Arno Schmidt

Diskussionen haben nur dann
einen Sinn, wenn man nicht
von vornherein entschlossen ist,
Recht zu behalten.
Hans Joachim Clarin

Drei Jahre Bücher lesen
ist nicht so gut
wie einem Disput zuzuhören.
Chinesisches Sprichwort

Eitelkeit ist die Seele der Diskussion.
Lothar Schmidt

Ich höre gern dem
Streit der Klugen zu,
Wenn um die Kräfte,
die des Menschen Brust
So freundlich und so
fürchterlich bewegen,
Mit Grazie die
Rednerlippe spielt.
Johann Wolfgang von Goethe,
Torquato Tasso (Prinzessin)

Jetzt wollen alle studieren,
aber etwas Leichtes, am liebsten
Diskussionswissenschaften.
Lothar Späth

Man muss danach streben,
dem Richtigen zum Sieg zu verhelfen,
nicht aber Recht zu haben,
nach Aufrichtigkeit,
nicht aber nach Unfehlbarkeit.
Joseph Joubert, Gedanken, Versuche und Maximen

Mit Streichen,
nicht mit Worten lasst uns fechten!
Friedrich Schiller, Die Jungfrau von Orleans (Burgund)

Weder unsere Kenntnisse noch
unsere Einsichten werden jemals
durch Vergleichen und Diskutieren
des von andern Gesagten sonderlich
vermehrt werden: Denn das ist immer
nur, wie wenn man Wasser aus
einem Gefäß in ein anderes gießt.
Arthur Schopenhauer,
Über Philosophie und ihre Methode

Wenn bei einer Diskussion auch nur
ein Fünkchen Wahrheit herauskäme,
würde weniger diskutiert werden.
Nichts ist so tödlich langweilig,
wie einander zu verstehen:
Man hat sich nichts mehr zu sagen.
Jules Renard, Ideen, in Tinte getaucht.
Aus dem Tagebuch von Jules Renard

Wenn dem skeptischen Warum
das gläubige Weil antwortet,
ist jede Diskussion beendet.
Jules Renard, Ideen, in Tinte getaucht.
Aus dem Tagebuch von Jules Renard

Wer sich in einer Streitfrage
auf die Autorität beruft,
gebraucht nicht die Vernunft,
sondern eher das Gedächtnis.
Leonardo da Vinci, Tagebücher und Aufzeichnungen

Zweck des Disputs
oder der Diskussion
soll nicht der Sieg,
sondern der Gewinn sein.
Joseph Joubert, Gedanken, Versuche und Maximen

Distanz

Die größte Distanz
schafft die Distanzlosigkeit.
Arthur F. Burns

Distanz klärt – und verklärt.
Hans Hartung

Höflichkeit ist der dritte Arm,
der uns erlaubt, Zudringliche auf
Distanz zu halten.
Walther Kiaulehn

Man kann keine Ehe
auf Distanz führen.
Alma Mahler-Werfel, Mein Leben

Trost und Rat sind oft die Abwehr
eines Nichtbetroffenen gegen das Leid
eines Betroffenen. Trost und Rat sind,
neben anderem, auch eine Maske
der Distanz.
Ludwig Marcuse, Argumente und Rezepte.
Ein Wörter-Buch für Zeitgenossen

Vor dem anderen Menschen muss man
so weit zurücktreten, dass der eigene
Schatten nicht mehr ins Bild fällt.
Erst dann kann man dieses Bild
liebevoll betrachten.
Heimito von Doderer, Repertorium. Ein Begreifbuch
von höheren und niederen Lebens-Sachen

Wenn man in der rechten Entfernung
bleibt, kommt man einem Menschen
rasch näher.
Robert Lembke, Das Beste aus meinem Glashaus.
Humoristisches und Satirisches

Disziplin

Autorität von oben
und Gehorsam von unten;
mit einem Worte, Disziplin
ist die ganze Seele der Armee.
Helmuth Graf von Moltke,
Reden (im Deutschen Reichstag, 7. Juni 1872)

Die Disziplin ist der Grundpfeiler
der Armee, und ihre strenge Aufrechterhaltung eine Wohltat für alle.
Helmuth Graf von Moltke, Verordnungen für die
höheren Truppenführer (24. Juni 1869)

Disziplin ist die Fähigkeit,
das, was man sich vorgenommen hat,
bewusst und korrekt auszuführen.
Die Disziplin ermöglicht es uns daher,
ein Vorhaben auf die ökonomischste
Weise in die Tat umzusetzen.
Sie bringt uns auf den kürzesten und
einfachsten Weg und auf den Weg
mit den wenigsten Umwegen und
Irrwegen – sobald wir uns über die
Komplexität des Vorgangs
klar geworden sind,
alle Erfordernisse analysiert und sie
auf das Notwendigste reduziert haben.
Yehudi Menuhin,
Ich bin fasziniert von allem Menschlichen

Disziplin ist nur
für Eroberer notwendig.
Leo N. Tolstoi, Tagebücher (1852)

Disziplin. Ohne Disziplin geht nichts.
Heinz Rühmann

Je mehr sich einer gehen lässt, umso
weniger lassen ihn die andern gehen.
Friedrich Nietzsche, Menschliches, Allzumenschliches

Ob noch so schwer des Lebens Bürde,
Vergiss nie deine Menschenwürde.
Jüdische Spruchweisheit

Dogma

Das Dogma ist nichts anderes als
ein ausdrückliches Verbot zu denken.
Ludwig Feuerbach, Pierre Bayle

Das Dogma ist weniger wert
als ein Kuhfladen.
Mao Tse-Tung

Der Dogmatismus ist gänzlich unfähig,
zu erklären, was er zu erklären hat,
und dies entscheidet
über seine Untauglichkeit.
Johann Gottlieb Fichte, Wissenschaftslehre

Dogmatiker – mit solchen Leuten
kann man nicht diskutieren, man kann
ihnen Nachsicht angedeihen lassen,
sie bedauern, zu heilen versuchen,
aber man muss sie als Geisteskranke
betrachten und darf mit ihnen
nicht streiten.
Leo N. Tolstoi, Tagebücher (1895)

Ohne Dogma ist die Moral
nur Maxime oder Sentenz;
mit dem Dogma ist sie Vorschrift,
Verpflichtung, Notwendigkeit.
Joseph Joubert, Gedanken, Versuche und Maximen

Rom wollte herrschen;
als seine Legionen gefallen waren,
schickte es Dogmen in die Provinzen.
Heinrich Heine, Zur Geschichte der Religion
und Philosophie in Deutschland

Wahrheiten werden zu Dogmen,
sobald sie bestritten werden.
Gilbert Keith Chesterton, Heretiker

Doktor

Er ist Doktor, sie ist Meister.
Deutsches Sprichwort

Es fällt kein Doktor vom Himmel.
Deutsches Sprichwort

Es sind nicht alle Doktoren,
die rote Hüte tragen.
Deutsches Sprichwort

Doktrin

Man muss den Zweifel achten,
denn er ist kein Fehler.
Er ist wie die Rettung des Verstandes
im Ozean der Doktrinen.
Sully Prudhomme, Intimes Tagebuch

Niemand kann von Fortschritt reden,
der nicht doktrinär ist.
Gilbert Keith Chesterton, Heretiker

Dolch

Hier schleift man den Dolch unter dem
Vorwande, weniger Schaden zu tun,
sehr sorgfältig, in Wirklichkeit jedoch,
um ihn noch tiefer hineinzustoßen.
Jean-Jacques Rousseau,
Julie oder Die neue Héloïse (Saint-Preux)

Was wolltest du mit dem Dolche?
Sprich!
Friedrich Schiller, Die Bürgschaft

Dom

Den höchsten Anlauf nahm die
Menschennatur, als sie einen gotischen
Dom in Vollendung dachte. Aber er
ist ein Ideal geblieben und mit Recht;
denn das Vollendete muss unvollendet
bleiben. Die fertigen gotischen Dome
sind nicht vollendet, und die
vollendeten sind nicht fertig.
Theodor Fontane, Briefe

Wenn wir jetzt in einen alten Dom
treten, ahnen wir kaum mehr den eso-
terischen Sinn seiner steinernen
Symbolik. Nur der Gesamteindruck
tritt uns unmittelbar ins Gemüt.
Heinrich Heine, Die romantische Schule

Wer einen Dom zehnmal gesehen hat,
der hat etwas gesehen. Wer zehn Dome
einmal gesehen hat, der hat nur wenig
gesehen. Und wer je eine halbe Stunde
in hundert Domen verbracht hat,
der hat gar nichts gesehen.
Sinclair Lewis

Wir bauen an dir
mit zitternden Händen
Und wir türmen Atom auf Atom.
Aber wer kann dich vollenden,
Du Dom.
Rainer Maria Rilke, Das Stunden-Buch

Dominikus (4.8.)

Hitze an Sankt Dominikus,
ein strenger Winter kommen muss.
Bauernregel

Don Juan

Don Juan ist nicht der Mann,
der die Frauen liebt,
sondern der Mann,
den die Frauen lieben.
José Ortega y Gasset

So mancher meint,
ein Don Juan zu sein,
und ist nur ein Faun.
Marie von Ebner-Eschenbach, Aphorismen

Donner

Auch aus entwölkter Höhe
Kann der zündende Donner schlagen.
Friedrich Schiller, Die Braut von Messina (Chor)

Auf Donner folgt gern Regen.
Deutsches Sprichwort

Donner im Winterquartal
bringt Eiszapfen ohne Zahl.
Bauernregel

Wenn es viel donnert,
fällt wenig Regen.
Chinesisches Sprichwort

Zu den Blitzen des Genies machen die
Talente den Donner.
Peter Sirius

Doppelmoral

Die Nonnen fasten,
dass ihnen die Bäuche schwellen.
Deutsches Sprichwort

Die Welt ist voll von Leuten,
die Wasser predigen und Wein trinken.
Giovanni Guareschi

Im Munde Bibel, im Herzen übel.
Deutsches Sprichwort

Wo man viel von Frömmigkeit sagt,
da ist man selten fromm.
Deutsches Sprichwort

Doppelzüngigkeit

Der Humor spricht mit zwei Zungen:
der des Satyrs und der des Mönchs.
August Strindberg, Der Sohn der Magd

Politisch ist englisch [d. h. wie ein
Engel, Anm. d. Red.] reden
und teuflisch meinen.
Deutsches Sprichwort

Dornen

Dass man der Dornen acht',
haben die Rosen gemacht.
Deutsches Sprichwort

Denn wer sich die Rosen,
die blühenden, bricht,
Den kitzeln fürwahr nur die Dornen.
Johann Wolfgang von Goethe, Gewohnt, getan

Ein Mensch bemerkt mit bitterm Zorn,
Dass keine Rose ohne Dorn.
Doch muss ihn noch viel mehr erbosen,
Dass sehr viel Dornen ohne Rosen.
Eugen Roth

O Haupt voll Blut und Wunden,
Voll Schmerz und voller Hohn,
O Haupt, zum Spott gebunden
Mit einer Dornenkron.
Paul Gerhardt, Geistliche Lieder

Wer Dornen sät,
soll nicht barfuß gehen.
Sprichwort aus Frankreich

Dorothea (6.2.)

St. Dorothee bringt den meisten Schnee.
Bauernregel

Drama

Das Drama (auf der Bühne) ist
erschöpfender als der Roman,
weil wir alles sehn,
wovon wir sonst nur lesen.
Franz Kafka, Tagebücher (1911)

Das Drama soll eilen,
und der Charakter der Hauptfigur
muss sich nach dem Ende drängen,
und nur aufgehalten werden.
Johann Wolfgang von Goethe,
Wilhelm Meisters Lehrjahre

Das Drama soll keine neuen Geschichten bringen, sondern neue Verhältnisse.
Friedrich Hebbel, Tagebücher

Ein dramatisches Werk zu verfassen,
dazu gehört Genie. Am Ende soll die
Empfindung, in der Mitte die Vernunft,
am Anfang der Verstand vorwalten
und alles gleichmäßig durch eine
lebhaft-klare Einbildungskraft
vorgetragen werden.
Johann Wolfgang von Goethe,
Maximen und Reflexionen

Eine unerlässliche Voraussetzung
des Dramas ist das Vorhandensein
einer bestimmten Weltanschauung
und die Annahme gewisser
feststehender ethischer Werte.
Arthur Schnitzler, Buch der Sprüche und Bedenken

Es liegt im Wesen des Dramas,
dass es die Schicksale
hochstehender Menschen
zum Inhalt hat, und nicht das,
was den ersten Besten passiert.
Paul Ernst, Der Weg zur Form

Im heiteren Drama
pflegen die Autoren meist nur
die Mängel ihres Charakters,
im ernsten untrüglich
die ihres Verstandes zu verraten.
Arthur Schnitzler, Buch der Sprüche und Bedenken

Mein höchster Begriff vom Drama
ist rastlose Handlung.
Johann Wolfgang von Goethe, Briefe
(an Ph. Ch. Kayser, 23. Januar 1786)

Modernes Drama:
ein Stück, in dem außer action
eigentlich nichts passiert.
Helmar Nahr

Tiefgang nennt man
beim Stückeschreiben die Stellen,
an denen Personen untertauchen,
für die einem nichts mehr einfällt.
Noël Coward

Dramatiker

Ein Dramatiker hat die Aufgabe,
Fragen zu stellen –
nicht, sie zu beantworten.
Peter Ustinov, Peter Ustinovs geflügelte Worte

Ein Dramatiker muss Seiten liefern,
die Löcher haben wie ein
Emmentaler Käse. Das Publikum denkt
diese Löcher schon zu.
Walter Muschg

Ein Dramatiker stirbt heute nicht
einmal, sondern mehrmals –
umgebracht von den Regisseuren
seiner Stücke.
Fernando Arrabal

Dramatiker sind Leute,
die sich aufführen,
als ob sie aufgeführt würden.
Joachim Ringelnatz

Dramatiker und Rausschmeißer
träumen immer von einem großen Wurf.
Joachim Ringelnatz

Viele bedeutende Dramatiker
waren auch Schauspieler – Molière
und Shakespeare beispielsweise.
Sie kennen die Probleme eines Schauspielers, auch wenn die wenigsten
gute Schauspieler waren.
Peter Ustinov, Peter Ustinovs geflügelte Worte

Dreck

Gemeine Seele ist oft gepaart
mit ungemeinem Geist.
Aber Dreck bleibt Dreck,
auch wenn er phosphoresziert.
Alfred Polgar, Kleine Schriften, Band 3. Irrlicht

Je mehr man den Dreck rührt,
je mehr stinkt er.
Deutsches Sprichwort

Schweine haben am Dreck mehr Lust
als an sauberem Wasser.
Heraklit, Fragmente

Drei

Aller guten Dinge sind drei.
Deutsches Sprichwort

Die Drei und die Sieben sind
die beiden größten geistigen Zahlen.
Honoré de Balzac, Louis Lambert

Nichts ist bedeutender
in jedem Zustande
als die Dazwischenkunft
eines Dritten.
Johann Wolfgang von Goethe,
Die Wahlverwandtschaften

Dreieck

Wenn die Dreiecke
sich einen Gott machen würden,
würden sie ihm drei Seiten geben.
Charles de Secondat, Baron de la Brède
et de Montesquieu, Persianische Briefe

Wenn ein Dreieck existiert,
so muss es auch einen Grund
und eine Ursache geben,
dass es existiert.
Baruch de Spinoza, Ethik

Wie wunderbar sind die Dreiecke,
deren Spitzen von Sternen
gebildet werden!
Henry David Thoreau, Walden

Droge

Das gefährlichste aller Rauschgifte
ist der Erfolg.
Billy Graham

Die beste Droge ist ein klarer Kopf.
Herbert Hegenbarth

Es ist eine Forderung der Natur,
dass der Mensch mitunter betäubt
werde, ohne zu schlafen;
daher der Genuss im Tabakrauchen,
Branntweintrinken, Opiaten.
Johann Wolfgang von Goethe,
Maximen und Reflexionen

Scharlatanen, die Dummköpfen
ihre Drogen teuer verkaufen,
glaube ich nichts.
Voltaire, Geschichte von Jenni

Drohung

Ach! nun wird mir immer bänger!
Welche Miene! welche Blicke!
Johann Wolfgang von Goethe, Der Zauberlehrling

Alle schüchternen Leute drohen gern;
denn sie fühlen, dass Drohungen
auf sie selber großen Eindruck
machen würden.
Charles de Secondat, Baron de la Brède
et de Montesquieu, Meine Gedanken

Der Feige droht nur, wo er sicher ist.
Johann Wolfgang von Goethe,
Torquato Tasso (Antonio)

Drohlärm ist Eselsgeschrei.
Kaiser Friedrich II., Wahlspruch

Hab' ich das Recht zur Seite,
schreckt dein Droh'n mich nicht.
Sophokles, Philoktet

Hunde, die bellen, beißen nicht.
Deutsches Sprichwort

Ich halte es für einen der größten
Beweise menschlicher Klugheit,
sich in seinen Worten jeder Drohung
oder Beleidigung zu enthalten. Weder
das eine noch das andere schwächt
den Feind, vielmehr machen ihn
Drohungen nur vorsichtiger, und
Beleidigungen steigern seinen Hass
gegen dich und beflügeln ihn, nachhaltiger auf dein Verderben zu sinnen.
Niccolò Machiavelli, Vom Staat

Mancher droht
und hat selbst große Angst.
Sprichwort aus Frankreich

Mancher droht und zittert vor Furcht.
Deutsches Sprichwort

Nicht immer trifft der Bogen das,
worauf er drohend zielt.
Ecbasis captivi in belehrender Gestalt (vor 1030)

Spanne den Bogen,
doch schieß den Pfeil nicht ab,
lieber drohe, aber schlag nicht zu.
Chinesisches Sprichwort

Wer droht, macht dich nicht tot.
Deutsches Sprichwort

Wer einen großen Stein aufhebt,
zeigt damit an,
dass er damit nicht werfen will.
Sprichwort aus Persien

Wer nichts als drohen tut all Tag,
Da sorg nicht, dass er dich schlag.
Sebastian Brant, Das Narren Schyff

Wir können durch Liebe und Wohlwollen leicht bestochen werden,
vielleicht zu leicht, aber durch
Drohungen ganz gewiss nicht.
Otto von Bismarck, Reden
(im Deutschen Reichstag, 6. Februar 1888)

Druckfehler

Druckfehler zu sein,
der einen Sinn hat – eine Höllenqual!
Karol Irzykowski

Ich denke immer,
wenn ich einen Druckfehler sehe,
es sei etwas Neues erfunden.
Johann Wolfgang von Goethe,
Maximen und Reflexionen

Du

Nichts ist als ich und du,
und wenn wir zwei nichts sein,
So ist Gott nicht mehr Gott
und fällt der Himmel ein.
Angelus Silesius, Der cherubinische Wandersmann

Sprich du zu mir,
mein höher Du!
Ich will mich ganz
in dich verhören.
Christian Morgenstern, Stufen

Wo kein Du,
ist kein Ich.
Ludwig Feuerbach, Das Wesen des Christentums

Duell

Das Duell ist der glänzendste Sieg
der Mode und zugleich die Unsitte,
wo ihre Tyrannei am stärksten
in Erscheinung getreten ist.
Jean de La Bruyère, Die Charaktere

Eines Lügners Geschwätz wird
Wahrheit, sobald es mit dem Degen
behauptet wird; und wenn man Sie
des Mordes beschuldigte, brauchten
Sie nur hinzugehen und noch einen
zweiten verüben, um zu beweisen,
dass jener nicht wahr wäre.
Jean-Jacques Rousseau,
Julie oder Die neue Héloïse (Julie)

In unsern modernen Staaten
ist der Zweikampf kaum
für etwas anderes zu erklären
als für ein gemachtes Sich-
zurückversetzen in die Rohheit
des Mittelalters.
Georg Wilhelm Friedrich Hegel,
Encyklopädie der philosophischen Wissenschaften

Man umarmt sich nach dem Duell:
Narren! Warum nicht lieber zuvor?
Karl Julius Weber, Democritos

Manches, was als Duett beginnt,
endet im Duell.
Emil Baschnonga

Welche Ehre kann wohl eine solche
Entscheidung bestimmen, und welche
Vernunft kann sie rechtfertigen?
Wenn das gilt, dann braucht also
ein Schelm sich nur zu schlagen,
so hört er auf, ein Schelm zu sein.
Jean-Jacques Rousseau,
Julie oder Die neue Héloïse (Julie)

Wenn Duelle heute seltener sind,
so nicht, weil sie verachtet oder
bestraft werden, sondern weil sich
die Sitten geändert haben.
Jean-Jacques Rousseau, Brief an d'Alembert

Duft

Der Weihrauch duftet nur,
wo ihn die Glut verzehrt;
Leid in Geduld, o Herz,
so bist du Gottes wert.
Friedrich Rückert, Die Weisheit des Brahmanen

Düfte sind die Gefühle der Blumen.
Heinrich Heine

Düfte sind wie die Seelen der Blumen,
man kann sie fühlen selbst im Reich
der Schatten.
Joseph Joubert, Gedanken, Versuche und Maximen

Um einen faulen Fisch
verbreitet sich Gestank,
um eine Orchidee – feiner Duft.
Chinesisches Sprichwort

Wer in ein Zimmer
voller Orchideen geht,
nimmt bald ihren Duft
nicht mehr wahr.
Chinesisches Sprichwort

Duldung

Besser Schimpf erdulden
Als Schimpf verschulden.
Jüdische Spruchweisheit

Denn still zu dulden lehrt mich
mein Missgeschick,
Des Lebens lange Dauer und
ein edler Sinn.
Sophokles, Ödipus auf Kolonos (Ödipus)

Doch große Seelen dulden still.
Friedrich Schiller, Dom Karlos (Marquis)

Dulde, mein Herz! Du hast
noch härtere Kränkung erduldet.
Homer, Odyssee

Duldet mutig, Millionen!
Duldet für die bessre Welt!
Friedrich Schiller, An die Freude

Duldung ist die einzige Vermittlerin
eines in allen Kräften und Anlagen
tätigen Friedens.
Johann Wolfgang von Goethe,
Varnhagen van Enses Biographien

Erduldenden Mut verlieh
den Menschen das Schicksal.
Homer, Ilias

Esel dulden stumm:
Allzu gut ist dumm.
Deutsches Sprichwort

Man ist weniger duldsam
gegenüber jenen Neigungen,
die man nicht mehr besitzt.
Casimir Delavigne, Die Schule der Alten

Vermag die Liebe alles zu dulden,
so vermag sie noch viel mehr,
alles zu ersetzen.
Johann Wolfgang von Goethe,
Die Wahlverwandtschaften

Was bringt in Schulden?
Harren und Dulden.
Johann Wolfgang von Goethe, West-östlicher Divan

Wer am besten dulden kann,
der kann am besten handeln.
Samuel Smiles, Charakter

Dummheit

Alberne Leute sagen Dummheiten,
gescheite Leute machen sie.
Marie von Ebner-Eschenbach, Aphorismen

Alle Tage dient mir das dumme Benehmen eines anderen zur Warnung
und zur Belehrung; was sticht,
trifft und weckt uns sicherer,
als was uns angenehm ist.
Michel Eyquem de Montaigne, Die Essais

Allzu klug ist dumm.
Deutsches Sprichwort

Auch der Dumme hat manchmal
einen gescheiten Gedanken.
Er merkt es nur nicht.
Danny Kaye

Auf einen Klugen
kommen tausend Dumme,
auf ein kluges Wort
kommen tausend dumme,
und dieses Tausend
erstickt alles.
Anton P. Tschechow, Notizbücher

Bei einem Silberschmied
lässt er sich eine Hacke machen.
Chinesisches Sprichwort

Der Dumme gibt das Geld her,
der Dümmere nimmt es nicht an.
Sprichwort aus Russland

Der Dummen voll ist alles.
Marcus Tullius Cicero, Ad familiares

Der Eigensinn
ist die Energie der Dummen.
Jean-Paul Sartre

Der Gescheitere gibt nach!
Eine traurige Wahrheit;
sie begründet
die Weltherrschaft der Dummheit.
Marie von Ebner-Eschenbach, Aphorismen

Der Mensch hat die Weisheit all seiner
Vorfahren zusammengenommen,
und seht, welch ein Dummkopf er ist!
Elias Canetti, Die Provinz des Menschen.
Aufzeichnungen 1942–1972

Der Verstand, der uns nicht hindert,
hie und da eine großherzige Dummheit
zu begehen, ist ein braver Verstand.
Marie von Ebner-Eschenbach, Aphorismen

Die Anzahl der Dummheiten,
die ein intelligenter Mensch
im Lauf eines Tages sagen kann,
ist unglaublich.
André Gide

Die, die sich dumm stellen,
sind gefährlicher als die,
die dumm sind.
Manfred Rommel, Rommel-Kalender

Die Dummheit der Guten
ist unergründlich.
Friedrich Nietzsche, Also sprach Zarathustra

Die Dummheit des Mannes
erkennt man an seinen Worten,
die der Frau an ihrem Schweigen.
Sully Prudhomme, Intimes Tagebuch

Dummheit

Die Dummheit geht oft
Hand in Hand mit Bosheit.
Heinrich Heine

Die Dummheit ist
die sonderbarste aller Krankheiten.
Der Kranke leidet niemals unter ihr.
Aber die anderen leiden.
Paul-Henri Spaak

Die Dummheit ist weniger interessant
geworden, sie verbreitet sich im Nu
und ist bei allen dieselbe.
Elias Canetti, Die Provinz des Menschen.
Aufzeichnungen 1942–1972

Die Dummheit von Regierungen sollte
niemals unterschätzt werden.
Helmut Schmidt

Die Dummheit weiß von keiner Sorge.
Johann Wolfgang von Goethe, überliefert von
Johann Peter Eckermann (Gespräche mit Goethe)

Die Dummheiten, die ich
gemacht habe, tun nicht weh,
aber die, die ich noch vor mir habe.
Karol Irzykowski

Die Frau liebt die Schwäche
des Starken mehr als seine Stärke,
die Dummheit des Gescheiten
mehr als seine Gescheitheit.
Shirley MacLaine

Die größte Dummheit der Menschen
besteht darin, dass sie auf eine immer
unergiebigere Weise gescheit werden.
Fritz Diettrich

Die große Stärke der Narren ist es,
dass sie keine Angst haben,
Dummheiten zu sagen.
Jean Cocteau

Die Hässlichen und die Dummen
haben es am besten auf der Welt.
Oscar Wilde, Das Bildnis des Dorian Gray

Die höchste Dummheit,
die zuzugestehen ist, entzieht sich
ebenso der Berechnung wie
die höchste Klugheit – das ist eine
von den großen Seiten
der echten Stupidität.
Theodor Fontane, Schach von Wuthenow

Die Majorität der Dummen ist unüberwindbar und für alle Zeiten gesichert.
Der Schrecken ihrer Tyrannei ist
indessen gemildert durch Mangel
an Konsequenz.
Albert Einstein, Mein Weltbild

Die Menschen
werden von keinem Medium
verdummt.
Sie werden nur
in ihrer Dummheit bestätigt.
Gabriel Laub

Die menschliche Dummheit
ist international.
Kurt Tucholsky, Schnipsel

Die menschliche Dummheit besteht
nicht darin, dass man keine Ideen hat,
sondern dass man dumme Ideen hat.
Henry de Montherlant

Die Schönheit
brauchen wir Frauen,
damit die Männer uns lieben,
die Dummheit,
damit wir die Männer lieben.
Coco Chanel

Die Vorzüge eines Dummkopfes
sind besser als die Fehler eines Weisen.
Chinesisches Sprichwort

Die Zahl der Dummen und Einfältigen
ist überall sehr groß.
Erasmus von Rotterdam, Brief an Paul Volz

Dumm ist nicht,
wer eine Dummheit begeht,
sondern wer sie nachher
nicht zu bedecken versteht.
Baltasar Gracián y Morales,
Handorakel und Kunst der Weltklugheit

Dumm ist, wer andere zwingt,
ihm zu glauben.
Chinesisches Sprichwort

Dumm sein und Glück haben
– das ist das Grösste.
Robert Lembke, Steinwürfe im Glashaus

Dummheit ist keine Folge
mangelnder angeborener Intelligenz,
sondern mangelnder Freiheit.
Vernunft entwickelt sich nur
in der Freiheit.
Erich Fromm, Interview 1977

Dummheit ist auch eine bestimmte Art,
den Verstand zu gebrauchen.
Karol Irzykowski

Dummheit ist auch eine
natürliche Begabung.
Wilhelm Busch

Dummheit ist ein menschliches
Privileg. In der Natur gibt's keine.
Sigismund von Radecki

Dummheit ist unter allen verderblichen Kräften noch die schwächste,
die stärkste ist das Raffinement,
das für die Dummheit eingesetzt wird.
Ludwig Marcuse, Argumente und Rezepte.
Ein Wörter-Buch für Zeitgenossen

Dummheit wäre nicht ganz Dummheit,
wenn sie nicht den Geist fürchtete.
Das Laster wäre nicht ganz Laster,
wenn es nicht die Tugend hasste.
Chamfort, Maximen und Gedanken

Dummköpfe werden niemals krank.
Chinesisches Sprichwort

Ei der Tausend! Wie man doch
die dummen Leute anführen kann!
Heinrich von Kleist, Briefe
(an Heinrich Lohse, 23.–29. Dezember 1801)

Ein dummes Weib bringt
den ganzen Haushalt durcheinander.
Chinesisches Sprichwort

Ein Faulenzer hat stets
gesunden Appetit,
ein Dummkopf immer
schöne Träume.
Chinesisches Sprichwort

Ein guter Mensch zu sein,
gilt hierzulande als Dummheit,
wenn nicht gar als Schande.
Erich Kästner, Kurz und bündig. Epigramme

Ein Mann von Geist
wird nicht allein
nie etwas Dummes sagen,
er wird auch
nie etwas Dummes hören.
Ludwig Börne, Aphorismen

Ein Weiser soll die Dummheit
eines gemeinen Menschen nicht
mit Nachsicht hingehen lassen, denn
es bringt auf beiden Seiten Schaden;
das Ansehn jenes wird verringert,
und die Torheit dieses wird verstärkt.
Mosleh od-Din Saadi, Der Rosengarten

Eine der Eigenschaften der Dummheit
ist die Logik.
Hugo Dionizy Steinhaus

Es gibt keine Sünde außer Dummheit.
Oscar Wilde

Es gibt keinen Weisen,
der nicht Angst vor einem Toren hat.
Sprichwort aus Frankreich

Es gibt Männer, die dümmer
und wirklich auch hässlicher sind,
als Gott sie gemacht haben würde.
Honoré de Balzac, Die Physiologie der Ehe

Es gibt Ochsen, die den Mauleseln
ihren schnellen Gang nachtun wollen.
Chinesisches Sprichwort

Es ist ein Merkmal der Dummheit,
dass sie sich selbst nicht erkennt.
Curt Goetz

Es ist so schwer oft, zu entscheiden,
Ob dumm, ob weise, wer bescheiden.
Erhard Blanck

Faulheit ist Dummheit des Körpers,
und Dummheit Faulheit des Geistes.
Johann Gottfried Seume, Apokryphen

Feierlichkeit nennt man jenen Nebel,
den die Dummheit erzeugt,
wenn sie in die Enge getrieben wird.
Heimito von Doderer

Große Mehrheiten
verleiten zu großen Dummheiten.
Wolfgang Mischnick

Ich dumme Gans glaubte
an eine jungfräuliche Reinheit,
die zu bewahren sei.
Alma Mahler-Werfel, Mein Leben

Ich versichere Ihnen, die Dummheit
hat einen bestimmten Geruch,
der aus ihr selbst kommt. Der Mensch
braucht gar nicht erst zu sprechen.
Jules Renard, Ideen, in Tinte getaucht.
Aus dem Tagebuch von Jules Renard

Im Kampf mit der Dummheit
werden die billigsten und sanftesten
Menschen zuletzt brutal.
Sie sind damit vielleicht
auf dem rechten Wege
der Verteidigung;
denn an die dumme Stirn gehört,
als Argument, von Rechts wegen
die geballte Faust. Aber weil,
wie gesagt, ihr Charakter sanft
und billig ist, so leiden sie
durch diese Mittel der Notwehr mehr,
als sie Leid zufügen.
Friedrich Nietzsche, Menschliches, Allzumenschliches

Ist es nicht schrecklich,
dass der menschlichen Klugheit
so enge Grenzen gesetzt sind
und der menschlichen Dummheit
überhaupt keine?
Konrad Adenauer

Ja, wer zu klug ist,
ist schon wieder dumm.
Erich Kästner, Dr. Erich Kästners lyrische Hausapotheke

Je dümmer der Mensch,
desto größer das Glück.
Deutsches Sprichwort

Jeder Dummkopf
kann den kompliziertesten Geist,
wann immer er Lust hat, verstören.
Elias Canetti, Die Provinz des Menschen.
Aufzeichnungen 1942–1972

Keine einzige Dummheit willst du
in deinem Leben begangen haben?
Dies eben war sie – und sie ist vielleicht die einzige, die nicht wieder
gutzumachen ist.
Arthur Schnitzler, Zurückgelegte Sprüche

Kluge leben von den Dummen.
Dumme leben von der Arbeit.
Robert Lembke, Steinwürfe im Glashaus

Kinder müssen die Dummheiten
der Erwachsenen ertragen,
bis sie groß genug sind,
sie zu wiederholen.
Jean Anouilh

Kluge, die etwas Dummes tun wollen,
richten weniger Schaden an
als Dumme, die etwas Kluges
tun möchten.
Marcel Pagnol

Lache nicht über die Dummheit
der anderen! Sie ist deine Chance.
Henry Ford, Mein Leben und Werk

Läuft man hinter dem Geist her,
so erwischt man die Dummheit.
Charles de Secondat, Baron de la Brède
et de Montesquieu, Meine Gedanken

Leute, die keine Dummheit machen,
sind in der Regel zu dumm dazu.
Heinrich Waggerl, Aphorismen

Liebe ist immer noch die anständigste
Entschuldigung für Dummheiten.
Horst Wolfram Geissler

Man führt immer
das Herz ins Treffen,
wenn man eine Dummheit
gemacht hat.
Stendhal

Man kann Dummheit sorgfältig durch
Erziehung zu Vorurteilen herbeiführen.
Alexander Mitscherlich

Man muss verstehen,
die Dummheiten zu begehen,
die unser Charakter von uns verlangt.
Chamfort, Maximen und Gedanken

Manche sind für die Dummheit
geboren und machen deshalb
ihre Dummheiten nicht freiwillig,
sondern unter dem Zwang
des Geschicks.
François de La Rochefoucauld, Reflexionen

Manchmal hetzt uns der Verstand
in waghalsige Dummheiten.
François de La Rochefoucauld, Reflexionen

Mir wird von alledem so dumm,
Als ging mir ein Mühlrad
im Kopf herum.
Johann Wolfgang von Goethe, Faust I (Schüler)

Mit der Dummheit
kämpfen Götter selbst vergebens.
Friedrich Schiller, Die Jungfrau von Orleans (Talbot)

Mit vielem rechnen Gescheite nicht,
weil sie sich ein solches Maß von
Dummheit nicht vorstellen können.
Ludwig Marcuse, Argumente und Rezepte.
Ein Wörter-Buch für Zeitgenossen

Nach außen ein Dummkopf,
inwendig ein Schlaukopf.
Chinesisches Sprichwort

Nichts erfrischt unser Blut so sehr,
wie wenn es uns gelungen ist,
eine Dummheit zu vermeiden.
Jean de La Bruyère, Die Charaktere

Nichtstun ist eine der größten
und verhältnismäßig leicht
zu beseitigenden Dummheiten.
Franz Kafka

Niemals der Reue Raum geben,
sondern sich sofort sagen:
Das hieße ja, der ersten Dummheit
eine zweite zugesellen.
Friedrich Nietzsche, Menschliches, Allzumenschliches

Nur der ist ein viel weiser Mann,
Der dummen Gedanken verdenken kann
Mit weislicher Tat.
Hartmann von Aue, Iwein (Lunete)

Nur ein dummer Hund
jagt einem fliegenden Vogel nach.
Chinesisches Sprichwort

Nur für Dumme
ist das Leben langweilig.
Horst Wolfram Geissler

Reichtum kann Dummheit erdulden.
Horaz, Briefe

Sanft wie die Tauben,
dumm wie die Gänse.
Deutsches Sprichwort

Schöne Frauen haben
seit undenklichen Zeiten das Vorrecht,
dumm sein zu dürfen.
Ida Gräfin von Hahn-Hahn, Ulrich

Schüchterne Dummheit
und verschämte Armut
sind den Göttern heilig.
Marie von Ebner-Eschenbach, Aphorismen

Seine Dummheit versteckt man besser,
aber das ist schwer im Entspanntsein
oder beim Wein.
Heraklit, Fragmente

Seit Adam waren stets
die Dummen in der Mehrheit.
Casimir Delavigne, Briefe

Stillstand des Blutes macht krank,
Stillstand des Denkens macht dumm.
Chinesisches Sprichwort

Um die Menschen klug zu machen,
muss man klug sein;
sie dumm zu machen,
muss man dumm scheinen.
Ludwig Börne, Kritiken

Unglück ist der Dummheit Nachbar.
Sprichwort aus Russland

Vernunft muss sich jeder
selbst erwerben,
nur die Dummheit pflanzt sich
gratis fort.
Erich Kästner

Vielleicht der größte Vorteil
des Ruhmes liegt darin,
dass man ungestraft
die größten Dummheiten sagen darf.
André Gide

Von der Dummheit Gebrauch zu
machen verstehen. Der größte Weise
spielt bisweilen diese Karte aus,
und es gibt Gelegenheiten,
wo das beste Wissen darin besteht,
dass man nichts zu wissen scheine.
Baltasar Gracián y Morales,
Handorakel und Kunst der Weltklugheit

Während Dumme
Fehler zu vermeiden suchen,
laufen sie ins Gegenteil.
Horaz, Sermones

Was nennen die Menschen
am liebsten dumm?
Das Gescheite, das sie nicht verstehen.
Marie von Ebner-Eschenbach, Aphorismen

Wenn das Ferkel satt ist,
so stößt es den Trog um.
Deutsches Sprichwort

Wenn ein Mann
etwas ganz Dummes tut,
geschieht es immer
aus den edelsten Motiven.
Oscar Wilde, Das Bildnis des Dorian Gray

Wenn ich dumm bin,
dann ist das ein natürlicher Mangel,
den niemand das Recht hat
mir vorzuwerfen.
August Strindberg, Der Sohn der Magd

Wer möchte nicht lieber
durch Glück dümmer
als durch Schaden klug werden?
Salvadore Dali, Klugheit, Glück, Schaden

Wir wollen nicht versuchen,
die Frauen zu zählen,
die aus Dummheit
tugendhaft sind.
Honoré de Balzac, Die Physiologie der Ehe

Dummkopf

Am lästigsten
sind die geistreichen Dummköpfe.
François de La Rochefoucauld, Reflexionen

Auch wird man einsehen,
dass Dummköpfen und Narren
gegenüber es nur einen Weg gibt,
seinen Verstand an den Tag zu legen,
und der ist, dass man nicht
mit ihnen redet.
Arthur Schopenhauer, Aphorismen zur Lebensweisheit

Das Gefährliche
an den Dummköpfen ist,
dass sie oft dasselbe denken
wie die Gescheiten.
Wie soll man sie da erkennen?
Curzio Malaparte

Der Kluge lernt, der Dummkopf
erteilt gern Belehrungen.
Anton P. Tschechow, Notizbücher

Die Dummköpfe
nutzen die Klugen so,
wie kleine Menschen
hohe Absätze tragen.
Luc de Clapiers Marquis de Vauvenargues,
Unterdrückte Maximen

Die Dummköpfe sollten
den geistreichen Leuten
mit ebenso viel Misstrauen begegnen,
wie sie Verachtung für sie hegen.
Antoine Comte de Rivarol, Maximen und Reflexionen

Dumme Frauen
werden mit gescheiten Männern fertig,
aber es bedarf
einer sehr klugen Frau,
um einen Dummkopf zu lenken.
Rudyard Kipling

Dummköpfe:
denken anders als man selbst.
Gustave Flaubert, Wörterbuch der Gemeinplätze

Dummkopf: ein Idiot,
der keine Karriere gemacht hat.
Gabriel Laub

Ein Dummkopf,
der einen Einfall hat,
erregt Staunen und Ärgernis
wie ein galoppierender Fiakergaul.
Chamfort, Maximen und Gedanken

Ein Dummkopf findet immer
einen größeren Dummkopf,
der ihn bewundert.
Nicolas Boileau-Despréaux, Die Dichtkunst

Ein gelehrter Dummkopf
ist ein größerer Dummkopf
als ein unwissender Dummkopf.
Molière, Die gelehrten Frauen (Clitandre)

Einen Dummkopf zu betrügen,
ist eine Handlung,
die eines Menschen von Geist
würdig ist.
Giacomo Girolamo Casanova, Memoiren

Es gibt kaum etwas Schöneres,
als dem Schweigen eines Dummkopfs
zuzuhören.
Helmut Qualtinger

Es ist der größte Übelstand,
dass es in unsern Zeiten
keinen Dummkopf mehr gibt,
der nicht etwas gelernt hätte.
Friedrich Hebbel, Tagebücher

Es ist keine Sünde,
ein Dummkopf zu sein,
aber die größten Sünden werden
von Dummköpfen begangen.
Marie von Ebner-Eschenbach, Aphorismen

Es ist schwer, den,
der uns bewundert,
für einen Dummkopf zu halten.
Marie von Ebner-Eschenbach, Aphorismen

Ich finde nichts so schwer,
wie bei Dummköpfen Geist zu haben.
Charles de Secondat, Baron de la Brède
et de Montesquieu, Meine Gedanken

Idioten
sind eine weise Einrichtung der Natur,
die es den Dummköpfen erlaubt,
sich für klug zu halten.
Orson Welles

Lieber von Dummköpfen umgebracht
als von ihnen gelobt werden.
Anton P. Tschechow, Notizbücher

Man beklagt einen Menschen nicht,
weil er ein Dummkopf ist,
und vielleicht mit Recht.
Aber es ist komisch,
sich einzubilden,
es sei seine Schuld.
Luc de Clapiers Marquis de Vauvenargues,
Reflexionen und Maximen

Nur Dummköpfe und Spinnen
produzieren aus sich selbst heraus.
Bernard von Brentano

Sei aufmerksam
selbst in der Gesellschaft
von Dummköpfen, denn
obgleich sie Dummköpfe sind,
können sie vielleicht
etwas bemerken
oder wiederholen,
das deine Aufmerksamkeit verdient
und dir nützlich sein könnte.
Philipp Stanhope Earl of Chesterfield, Briefe über die
anstrengende Kunst, ein Gentleman zu werden

Verunglimpfung:
Satire, wie Dummköpfe
und alle anderen
Geistesbehinderten
sie verstehen.
Ambrose Bierce

Wenn die Klügeren nachgeben,
regieren die Dummköpfe die Welt.
Jean-Claude Riber

Wenn ein Intelligenter
die falsche Sache vertritt,
ist das noch schlimmer,
als wenn ein Dummkopf
für die richtige eintritt.
Georges Clemenceau

Wenn es darum geht, andere zu tadeln,
wird selbst ein Dummkopf schlau.
Chinesisches Sprichwort

Wer die Dummköpfe gegen sich hat,
verdient Vertrauen.
Jean-Paul Sartre

Düngen

Die Erde braucht Dünger
wie der Fisch das Wasser.
Chinesisches Sprichwort

Man soll den Acker
nicht zu wohl düngen.
Deutsches Sprichwort

Wenn der Dunghaufen
wachsen soll,
darf der Tragkorb nie
zur Ruhe kommen.
Chinesisches Sprichwort

Dünkel

Allgemeine Begriffe und großer
Dünkel sind immer auf dem Wege,
entsetzliches Unglück anzurichten.
Johann Wolfgang von Goethe,
Maximen und Reflexionen

Dünkelhaft ist, wer sich
bei mittelmäßigen Verstandesgaben
auf die Ausübung einer geringfügigen Tätigkeit, die er als Geschäfte
bezeichnet, etwas zugute hält.
Jean de La Bruyère, Die Charaktere

Wer sich zum Sklaven andrer macht,
dem ziemt es wahrlich nicht,
sich groß zu dünken.
Sophokles, Antigone (Kreon)

Dunkelheit

Am Fuß der Kerze ist es dunkel.
Sprichwort aus Persien

Die das Dunkel nicht fühlen,
werden sich nie
nach dem Licht umsehen.
Henry Thomas Buckle,
Geschichte der Civilisation in England

Dunkel sind die Wege,
die das Schicksal geht.
Euripides, Alkestis

Dunkelheit ist das Reich des Irrtums.
Luc de Clapiers Marquis de Vauvenargues,
Reflexionen und Maximen

Es ist besser, eine Kerze anzuzünden,
als die Dunkelheit zu verfluchen.
Heinz Sielmann

Im Dunkeln ist gut munkeln,
aber nicht gut Flöhe fangen.
Deutsches Sprichwort

Ist nicht der Anfang und das Ende
jeder Wissenschaft in Dunkel gehüllt?
Heinrich von Kleist, Briefe
(an Adolphine von Werdeck, 28./29. Juli 1801)

Man muss ins Dunkel hineinschreiben
wie in einen Tunnel.
Franz Kafka

Wer Arges tut, der scheut das Licht.
Deutsches Sprichwort

Durchschauen

Dass du ihn völlig durchschautest,
das hat dir noch keiner verziehen,
er mag noch so gut
dabei weggekommen sein.
Arthur Schnitzler, Buch der Sprüche und Bedenken

Man will zwar andere durchschauen,
aber nicht selbst durchschaut werden.
François de La Rochefoucauld, Unterdrückte Maximen

Sich durchschauen zu lassen –
das ist keineswegs immer
Gleichgültigkeit oder Unvorsichtigkeit.
Oft ist es nur eine vornehme Geste,
wenn nicht gar die feinste Art,
die Menschen irrezuführen.
Arthur Schnitzler,
Aphorismen und Betrachtungen aus dem Nachlass

Durchsetzen

Es ist gut, wenn einem viel einfällt
und man es wohl formuliert
in die Welt setzt, aber es ist besser,
einen Gedanken zu haben und ihn
klar durchzusetzen.
Konrad Adenauer

Es ist keine Kunst,
eine Sache dort durchzusetzen,
wo sie hingehört.
Heinrich Waggerl, Briefe

Es ist merkwürdig,
dass ein mittelmäßiger Mensch oft
vollkommen Recht haben kann –
und doch nichts damit durchsetzt.
Christian Morgenstern, Stufen

Wer sein Vorhaben durchsetzt,
wird nie an Ansehen verlieren.
Baltasar Gracián y Morales,
Handorakel und Kunst der Weltklugheit

Durst

Dem Durstigen kommt es, als solchem,
auf die Schale nicht an,
sondern auf die Früchte,
die man ihm darin bringt.
Heinrich von Kleist,
Brief eines Dichters an einen anderen

Durst ist der beste Kellner.
Deutsches Sprichwort

Durst macht aus Wasser Wein.
Deutsches Sprichwort

Fernes Wasser
löscht nicht nahen Durst.
Chinesisches Sprichwort

Je mehr einer trinkt,
je mehr ihn dürstet.
Deutsches Sprichwort

Man spricht vom vielen Trinken stets,
Doch nie vom großen Durste.
Victor von Scheffel, Gaudeamus

Nun quälen mich schon
Hunger und Durst,
Bittre Übel – von beidem
waren wir bisher frei.
Altsächsische Genesis (um 860), Adams Klage

Übriger Wein macht Durst.
Deutsches Sprichwort

Wer nicht wartet, bis er Durst hat,
der hat keine rechte Freude
an einem guten Trunk.
Michel Eyquem de Montaigne, Die Essais

E

Ebbe und Flut

Die Flut hat sie gebracht,
die Ebbe trägt sie wieder fort.
Pierre Corneille, Der Cid

Ebbe folgt nicht auf Ebbe.
Dazwischen ist die Flut.
Sprichwort aus Afrika

Es gibt keine Seele,
die nicht ihr Wattenmeer hätte,
in dem zu Zeiten der Ebbe
jedermann spazieren gehen kann.
Christian Morgenstern, Stufen

Flut und Ebbe erstaunen mich nicht,
noch schrecken sie mich.
Leo N. Tolstoi, Tagebücher (1863)

Je größer die Flut, desto
größer wird die Ebbe sein.
Sprichwort aus Wales

Man muss zum Zwecke der Erkenntnis
jene innere Strömung zu benutzen
wissen, welche uns zu einer Sache
hinzieht, und wiederum jene,
welche uns, nach einer Zeit,
von der Sache fortzieht.
Friedrich Nietzsche, Menschliches, Allzumenschliches

Und wenn die Flut dich
noch so vorwärts führt,
Die Ebbe gleich
wird dich zurücke reißen.
Johann Wolfgang von Goethe, Gedichte

Was die Ebbe nimmt,
bringt die Flut wieder.
Sprichwort aus Afrika

Was die Flut bringt,
fließt bei Ebbe wieder weg.
Sprichwort aus Frankreich

Wir haben so wenig Vertrauen
in die Gezeiten des Lebens,
der Liebe, der Beziehungen.
Wir jubeln der steigenden Flut
entgegen und wehren uns erschrocken
gegen die Ebbe. Wir haben Angst,
sie würde nie zurückkommen.
Anne Morrow Lindbergh, Muscheln in meiner Hand

Echo

Alle wissen wir, dass die Echo uns nur
den Schall unsrer Worte zurückgibt,
dass, wie wir fragen, sie uns antworte.
Johann Gottfried Herder, Das eigene Schicksal

Den Ruf verantworten wir,
nicht den Widerhall.
Peter Benary

Der Geburtstag ist das Echo der Zeit.
Evelyn Waugh

Einen Band Verse veröffentlichen
heißt ein Rosenblatt in den Grand
Cañon hinabfallen lassen
und auf ein Echo warten.
Donald Marquis

Was dein Wort zu bedeuten hat,
erfährst du durch den Widerhall,
den es erweckt.
Marie von Ebner-Eschenbach

Wenn das Gewölbe widerschallt,
Fühlt man erst recht
des Basses Grundgewalt.
Johann Wolfgang von Goethe, Faust I (Siebel)

Echtheit

Das Echte
bleibt der Nachwelt unverloren.
Johann Wolfgang von Goethe, Faust I
(Vorspiel auf dem Theater: Dichter)

Echtes Gold
braucht Feuer nicht zu fürchten.
Chinesisches Sprichwort

Edel

Adelig und edel sind zweierlei.
Deutsches Sprichwort

Alles Edle ist an sich stiller Natur
und scheint zu schlafen,
bis es durch Widerspruch geweckt
und herausgefordert wird.
Johann Wolfgang von Goethe, überliefert von
Johann Peter Eckermann (Gespräche mit Goethe)

Das Edle zu erkennen, ist Gewinst,
Der nimmer uns entrissen werden kann.
Johann Wolfgang von Goethe, Torquato Tasso (Tasso)

Den Edlen grollen
ja die Götter nicht,
Nur für gemeine Seelen
ist das Ungemach.
Euripides, Helena (Kastor)

Den Göttern gleich zu sein,
ist Edler Wunsch.
Johann Wolfgang von Goethe, Elpenor (Elpenor)

Der Edle ist auf Rechtlichkeit,
der gemeine Mann auf Vorteil bedacht.
Chinesisches Sprichwort

Der Edle liebt bedachte Rede
und beherztes Tun.
Chinesisches Sprichwort

Der edle Mensch ist festen Sinnes,
doch eigensinnig ist er nicht.
Konfuzius, Gespräche

Der edle Mensch kann sich
in Momenten vernachlässigen,
der vornehme nie.
Johann Wolfgang von Goethe,
Wilhelm Meisters Lehrjahre

Der Edle strebt beim Essen
nicht nach Sattsein
und in der Wohnung
nicht nach Prunk.
Chinesisches Sprichwort

Der Pfau
ist um seinen Schwanz besorgt,
der Edle um seine Ehre.
Chinesisches Sprichwort

Edel ist, der edel tut.
Deutsches Sprichwort

Edel sei der Mensch,
Hilfreich und gut!
Denn das allein
Unterscheidet ihn
Von allen Wesen,
Die wir kennen.
Johann Wolfgang von Goethe, Das Göttliche

Edel sein ist gar viel mehr
als adlig von den Eltern her.
Deutsches Sprichwort

Edles Blut verleugnet sich nicht.
Sprichwort aus Frankreich

Ein Edler bleibt fest in der Not.
Chinesisches Sprichwort

Ein Edler fürchtet,
dass die Worte die Taten übertreffen.
Chinesisches Sprichwort

Eine edle Tat ist eine Tat,
die Güte besitzt und Kraft verlangt,
um getan zu werden.
Charles de Secondat, Baron de la Brède
et de Montesquieu, Meine Gedanken

Es ist keine Tugend,
edel geboren werden,
sondern sich edel machen.
Martin Luther, überliefert von Julius Wilhelm Zincgref
(Apophthegmata)

Geburt macht nicht edel.
Deutsches Sprichwort

Gibt es Schöneres
als einen edlen Menschen?
Paula Modersohn-Becker, Tagebuchblätter

Je edler ist ein Ding,
je mehr ist es gemein:
Das spüret man an Gott
und seiner Sonne Schein.
Angelus Silesius, Der Cherubinische Wandersmann

Nach vollbrachter Tat weiß man,
wer ein Edler ist.
Chinesisches Sprichwort

Nichts mehr bedarf eine Nation als
einen Überfluss an edlen Männern,
die sich dem Allgemeinen widmen.
Leopold von Ranke,
Die Osmanen und die spanische Monarchie

Schön zu leben oder
schön zu sterben nur
Geziemet dem Edlen.
Sophokles, Aias (Aias)

Um edel zu empfinden,
Lasst Scham nicht
aus der Seele schwinden.
Wolfram von Eschenbach, Parzival

Wenn ein Edler sich beschimpfen
hört, gießt er Wasser in ein Ohr und
verstopft das andere mit Baumwolle.
Sprichwort aus Afrika

Wer edel ist,
den suchet die Gefahr,
Und er sucht sie:
So müssen sie sich treffen.
Johann Wolfgang von Goethe, Elpenor (Antiope)

Edelmut

Dem großen Mann
gibt Gutes tun mehr Genuss
als Gutes empfangen:
ein Glück seines Edelmuts.
Baltasar Gracián y Morales,
Handorakel und Kunst der Weltklugheit

Der Verstandesmensch
verhöhnt nichts so bitter
als den Edelmut,
dessen er sich nicht fähig fühlt.
Marie von Ebner-Eschenbach, Aphorismen

Edelmut ist nur
das Mitleid vornehmer Seelen.
Chamfort, Maximen und Gedanken

Unter Edelmut aber
verstehe ich die Begierde,
durch die ein jeder bestrebt ist,
allein nach dem Gebot der Vernunft
seinen Mitmenschen zu helfen
und sie sich durch Freundschaft
zu verbinden.
Baruch de Spinoza, Ethik

Edelstein

Auch die Hoheit
darf das Schöne schmücken,
Der goldne Reif
erhebt den Edelstein.
Friedrich Schiller, Die Braut von Messina (Manuel)

Das Gold, sobald es hat erkannt
den Edelstein,
Ehrt dessen höhern Glanz und fasst
ihn dankbar ein.
Friedrich Rückert, Die Weisheit des Brahmanen

Ein Edelstein gilt so viel,
als ein reicher Mann dafür geben will.
Deutsches Sprichwort

Ein leuchtend Farb-
und Glanzgestein erhöht
Die Schönheit wie die Majestät.
Johann Wolfgang von Goethe, Faust II (Mephisto)

Juwelen sprechen oft
mit stummer Kunst,
Gewinnen mehr als Wort
des Weibes Gunst.
William Shakespeare, Die beiden Veroneser (Valentin)

Ego

Alter Ego [lat.; ein zweites Ich]?
Ich leide schon genug an dem einen.
Alfred Polgar, Kleine Schriften, Band 1. Musterung

Wie vermöchte das Ego
ohne Ego zu handeln?
Friedrich Nietzsche, Menschliches, Allzumenschliches

Egoismus

Aber wie sollte die Welt
sich verbessern? Es lässt sich ein jeder
Alles zu und will
mit Gewalt die andern bezwingen.
Und so sinken wir
tiefer und immer tiefer ins Arge.
Johann Wolfgang von Goethe, Reineke Fuchs

Alle Pöbelbeglückungs-Versuche
und Schwanenverbrüderungen
müssen scheitern, die aus dem Prinzip
der Liebe entspringen.
Nur aus dem Egoismus
kann dem Pöbel Hilfe werden.
Max Stirner, Der Einzige und sein Eigentum

Alle Welt verurteilt den Egoismus.
Egoismus aber ist das Grundgesetz
des Lebens. Es kommt nur darauf an,
was man als sein Ego anerkennt.
Leo N. Tolstoi, Tagebücher (1907)

Dagegen wird der Egoismus
mit Recht getadelt.
Denn dieser besteht nicht darin,
dass man sich selbst liebt,
sondern dass man sich mehr liebt
als man darf: Gerade so
tadelt man die Habsucht,
obwohl doch bekanntlich jeder
etwas zu haben liebt.
Aristoteles, Älteste Politik

Das Weltall zerfällt in zwei Teile –
ich und der Rest.
Giovanni Papini, Ein fertiger Mensch

Dass so viel Selbstisches in der Liebe
ist und doch, wie wäre sie ohne das.
Johann Wolfgang von Goethe, Briefe
(an Charlotte von Stein, 20. April 1779)

Dem Egoismus muss der Egoismus
an anderen am scheußlichsten
vorkommen, denn an jedem findet
der Egoistische etwas, was ihm
dienen könnte, und was jener festhält.
Friedrich Hebbel, Tagebücher

Der Edle hat Angst um andere,
Der Gemeine um sich selber.
Paul Ernst, Ein Weltbild in Sprüchen

Der Egoismus denkt nicht daran,
etwas aufzuopfern,
sich etwas zu vergeben;
er entscheidet:
Was ich brauche,
muss ich haben
und will ich mir verschaffen.
Max Stirner, Der Einzige und sein Eigentum

Der Egoismus glücklicher Menschen ist
leichtsinnig, seiner selbst unbewusst.
Der Egoismus unglücklicher Menschen
ist verbissen, bitter und von seinem
Recht zu bestehen überzeugt.
Marie von Ebner-Eschenbach, Aphorismen

Der Egoismus lenkt alle unsere Taten.
August Strindberg, Der Sohn der Magd

Der Eigennützige und Herrschsüchtige
sieht in den Personen,
mit welchen er umgeht,
nur ihre größere oder mindere Brauchbarkeit zur Ausführung seiner Entwürfe
und hält selten etwas, das ihm weder
nutzen noch schaden kann,
seiner Aufmerksamkeit wert.
Christian Garve, Über Gesellschaft und Einsamkeit

Der Gegensatz von Egoismus
und Altruismus ist in der Liebe
restlos aufgehoben.
Thomas Mann, Goethe und Tolstoi

Der Mensch ergibt sich der Illusion
des Egoismus, lebt nur für sich
und leidet. Sobald er beginnt,
für andere zu leben,
leidet er weniger und empfängt
das höchste Glück der Welt:
die Liebe der Menschen.
Leo N. Tolstoi, Tagebücher (1898)

Der Nenner, auf den heute
fast alles gebracht wird, ist Egoismus,
noch nicht – Liebe.
Christian Morgenstern, Stufen

Egoist

Der Umgang mit einem Egoisten
ist darum so verderblich,
weil die Notwehr uns zwingt,
allmählich in seinen Fehler zu verfallen.
Marie von Ebner-Eschenbach, Aphorismen

Die entscheidende Ursache
für religiösen Konservatismus ist,
es lebt sich so schön – Egoismus.
Leo N. Tolstoi, Tagebücher (1901)

Die Meisterschaft gilt oft für Egoismus.
Johann Wolfgang von Goethe,
Maximen und Reflexionen

Diese Menschen sitzen sämtlich
wie die Raupe auf einem Blatte,
jeder glaubt, seines sei das Beste
und um den Baum
bekümmern sie sich nicht.
Heinrich von Kleist, Briefe
(an Ulrike von Kleist, 5. Februar 1801)

Egoismus benutzt alle Arten
von Tugend und Laster.
François de La Rochefoucauld, Reflexionen

Egoismus heißt nicht leben,
wie man zu leben wünscht,
sondern von anderen verlangen,
dass sie so leben, wie man es wünscht.
Oscar Wilde

Egoismus ist Verrücktheit.
Verrücktheit ist Egoismus.
Leo N. Tolstoi, Tagebücher (1902)

Egoismus, jedes egoistische Leben
ist nur gerechtfertigt, solange der
Verstand noch nicht erwacht ist;
ist er einmal erwacht, bleibt Egoismus
nur in dem Maße gerechtfertigt,
wie er erforderlich ist, um die eigene
Person zu erhalten als Werkzeug
für den Dienst an anderen.
Leo N. Tolstoi, Tagebücher (1898)

Ein Egoist ist ein Mensch,
der nur zuhört, wenn er selbst redet.
Arno Sölter

Es gibt nur wenige Menschen,
die dem wahren Egoisten
antipathisch sind: diejenigen,
die er beinahe lieben könnte.
Arthur Schnitzler, Buch der Sprüche und Bedenken

Es ist nicht Egoist, wer es sein will;
die guten Herzen wissen es.
Théodore Jouffroy, Das grüne Heft

Es ist sehr traurig bemerken
zu müssen, wie uns der Egoismus
allenthalben nachschleicht
und uns oft da am nächsten ist, wo
wir ihn am fernsten von uns glaubten.
Karoline von Günderode, Briefe
(an Karoline von Barkhaus, 17. Juli 1799)

Furcht ist egoistischer als der Mut,
denn sie ist bedürftiger.
Jean Paul, Levana

Gewissen macht uns alle zu Egoisten.
Oscar Wilde, Das Bildnis des Dorian Gray

Ich kann niemandem verdenken,
dass er sich für seinen eigenen
Nächsten hält.
Johann Wolfgang von Goethe,
Wilhelm Meisters Wanderjahre

In eignen kleinen Sorgen
und Interessen
Zerstreut sich der gemeine Geist.
Friedrich Schiller, Die Piccolomini (Illo)

Jeder ist sich selbst der Nächste.
Deutsches Sprichwort

Man wird Egoist im Unglück.
Friedrich Hebbel, Briefe
(an F. W. Gravenhorst, November 1836)

Nächstenliebe lebt mit tausend Seelen,
Egoismus mit einer einzigen,
und die ist erbärmlich.
Marie von Ebner-Eschenbach, Aphorismen

Nein, nein! der Teufel ist ein Egoist
Und tut nicht leicht um Gottes willen,
Was einem andern nützlich ist.
Johann Wolfgang von Goethe, Faust I (Faust)

Nicht der Egoismus als solcher
ist unsittlich, sondern nur
das Übermaß desselben.
Rudolf von Ihering, Der Zweck im Recht

O glaube mir,
ein selbstisches Gemüt
Kann nicht der Qual
des engen Neids entfliehen.
Johann Wolfgang von Goethe, Torquato Tasso (Tasso)

Pfaffen segnen sich zuerst.
Deutsches Sprichwort

Selbstische Menschen sind wohl
zugleich auch gut; es kommt
nur darauf an, dass die harte Schale,
die den fruchtbaren Kern umschließt,
durch gelinde Einwirkung
aufgelöst werde.
Johann Wolfgang von Goethe, Dichtung und Wahrheit

Sich selbst erhalten,
bleibt der Selbstsucht Lehre.
Johann Wolfgang von Goethe, Faust II (Kaiser)

Unter dem Namen der Tugend
kann man ebenso egoistisch sein
wie mit seinen Lastern.
François de La Rochefoucauld, Reflexionen

Vollkommenheit
kennt keine Eigensucht.
Chinesisches Sprichwort

Wer etwa daran zweifelt, dass Weisheit
und Selbstaufgabe untrennbar
miteinander verbunden sind,
der soll einmal darauf achten,
wie an anderen Ende
Dummheit und Egoismus
immer Hand in Hand gehen.
Leo N. Tolstoi, Tagebücher (1893)

Wie man sich das Rauchen
und Unsitten abgewöhnen kann,
so kann man sich auch
den Egoismus abgewöhnen.
Leo N. Tolstoi, Tagebücher (1898)

Wie viel Egoismus
steckt gerade in der Mutterliebe,
mehr wie in allem andern.
Franziska Gräfin zu Reventlow, Tagebücher

Wo der Einzelne nur an sich denkt,
wird die Gesamtheit
nimmer vorwärts kommen.
Jakob Boßhart, Bausteine zu Leben und Zeit

Egoist

Egoist: ein unfeiner Mensch,
der für sich selbst mehr Interesse hat
als für mich.
Ambrose Bierce

Egoisten sind von unseren Freunden
alle, denen unsere Freundschaft
gleichgültig ist.
Henry de Montherlant

Es gibt flache Egoisten
und tiefe Egoisten.
Die letzteren nennt man Altruisten.
Egon Friedell

Ehe

Aber alle diese Listen der Neuzeit
sind nichts gegen den Geist
des klassischen Altertums,
gegen die unwiderstehlichen Nerven-
anfälle, den Waffentanz der Ehe!
Honoré de Balzac, Physiologie der Ehe

Aber ein Liebesverhältnis zwischen
einem Mann und einer Frau wird zu
einer Ehe, wenn es eingegangen wird
in Anerkennung der Tatsache,
dass die persönlichen Gefühle
der beiden Partner, wie sehr sie
zu Beginn auch auf diese bauen,
einer Idee sich unterordnen
und dienen sollen, die für beide
höher steht als die Liebe selbst,
einer Idee, die in aller Regel beider
Lebenszeit in Anspruch nimmt, falls
deren Anspruch nicht noch weiter geht.
Tania Blixen, Motto meines Lebens

Ach, dem Landmann ist ein Gatte
unentbehrlich. Der Städter mag seiner
entbehren, ich will es glauben, das
Geräusch der Stadt kann seine geheimen Wünsche unterdrücken, er lernt
das Glück nicht vermissen, das er
entbehrt. Aber der Landmann ist
ohne Gattin immer unglücklich.
Heinrich von Kleist, Briefe
(an Ulrike von Kleist, Mai 1799)

Ach, diese Armut der Seelen zu zweien!
Ach, dieser Schmutz der Seelen zu
zweien! Ach, dieses erbärmliche
Behagen zu zweien! Ehe nennen sie
dies alles; und sie sagen, ihre Ehen
seien im Himmel geschlossen.
Friedrich Nietzsche, Also sprach Zarathustra

Alle Beziehungen müssen eine
gewöhnliche Grundlage haben.
In der Ehe erreicht man sie auf
physischem Wege – nicht durch
den physischen Akt, sondern
einfach durch den inneren Frieden
und die Sicherheit, die die Berührung
vermittelt.
Anne Morrow Lindbergh,
Verschlossene Räume, offene Türen

Alle Ehepaare der Welt
sind schlecht verheiratet (...).
Fernando Pessoa, Das Buch der Unruhe
des Hilfsbuchhalters Bernardo Soares

Alle Männer, nur mit Ausnahme
der tierisch rohesten, wollen
in der mit ihnen auf das Innigste
verbundenen Frau keine gezwungene,
sondern eine freiwillige Sklavin,
oder besser nicht eine Sklavin,
sondern eine Favoritin.
Zu diesem Zwecke ist alles
angewendet worden, um den
weiblichen Geist niederzuhalten.
John Stuart Mill, Die Hörigkeit der Frau

Allein könnte ich vielleicht einmal
meinen Posten wirklich aufgeben.
Verheiratet wird es nie möglich sein.
Franz Kafka, Tagebücher (1913)

Alter Mann und junges Weib,
gewisse Kinder,
Junger Mann und altes Weib,
nur arme Sünder.
Deutsches Sprichwort

An dem Tag,
da eine Frau gegen ihren Mann
rücksichtsvoll wird – ist alles gesagt.
Honoré de Balzac, Physiologie der Ehe

Auch die wilde Ehe zähmt.
Emil Baschnonga

Aus dem Ehebett
soll man nicht schwatzen.
Deutsches Sprichwort

Bedenkt man die Schönheit,
die Jugend, den Stolz und
die Verachtung jener Frau,
so kann man nicht zweifeln,
dass nur ein Held sie einmal
zu entzücken vermag.
Nun hat sie ihre Wahl getroffen:
ein kleines Ungeheuer ohne Geist.
Jean de La Bruyère, Die Charaktere

Beginne niemals die Ehe
mit einer Vergewaltigung.
Honoré de Balzac, Die Physiologie der Ehe

Begünstige mit allen Mitteln,
die dein Gewissen verträgt,
den Hang der Frauen, nur die
parfümierte Luft eines selten
geöffneten Zimmers zu atmen,
in das durch wollüstige,
durchsichtige Musselinwolken
kaum ein halbes Licht durchdringt.
Honoré de Balzac, Physiologie der Ehe

Bei dem ehrbaren Geschäft der Ehe
ist der Geschlechtstrieb in der Regel
nicht so munter; da ist er trüber
und stumpfer.
Michel Eyquem de Montaigne, Die Essais

Bei einem Liebhaber kommt stets
die Geliebte zuerst und dann er selber;
beim Ehemann ist es umgekehrt.
Honoré de Balzac, Physiologie der Ehe

Bei uns heiraten die Leute,
ohne in der Ehe etwas anderes
zu sehen als eine Paarung,
und das Ende vom Liede
ist Betrug oder Gewalttat.
Der Betrug wird noch
einigermaßen leicht ertragen.
Mann und Frau lügen den Leuten vor,
dass sie in der Einehe leben,
in Wirklichkeit leben sie jedoch
viel Vielweiberei und Vielmännerei.
Leo N. Tolstoi, Die Kreutzersonate

Bei Unverträglichkeit
gedeiht kein Feu'r im Haus:
Der eine bläst es an,
der andre bläst es aus.
Friedrich Rückert, Die Weisheit des Brahmanen

Besser auseinander gehen
in Einigkeit,
Als immerdar beisammen sein
in Zank und Streit.
Carl Spitteler, Olympischer Frühling

Besser werden soll
durch eine schöne Dame,
wer sie zur Freundin
oder zur Frau hat,
und es ist nicht recht,
dass sie ihn noch weiter liebt,
sobald sein Ruhm
und Preis schwindet.
Chrétien de Troyes, Yvain (Gauvain)

Bist du an eine Frau gebunden,
suche dich nicht zu lösen;
bist du ohne Frau, dann suche keine.
Neues Testament, Paulus (1 Korinther 7, 27)

Bitternisse und Süßigkeiten der Ehe
werden von den Weisen
geheim gehalten.
Michel Eyquem de Montaigne, Die Essais

Bleib daheim bei deiner Kuh,
willst du haben Fried und Ruh.
Deutsches Sprichwort

Brauch und Sinn der Ehe
geht unser ganzes Geschlecht an;
deshalb lobe ich mir das Herkommen,
dass man die ehelichen Verbindungen
lieber durch fremde Vermittlung als
durch eigenen Entschluss zustande
kommen lässt, mehr aufgrund der
Überlegung von anderen
als aufgrund eigenen Gefühls;
wie anders ist das doch, als wenn man
einen Liebesbund schließt!
Michel Eyquem de Montaigne, Die Essais

Bringet das weiche biegsame Herz
in die Ehe und gebt ihm Kinder:
So wird es euch unerwartete Kräfte
des Widerstandes zeigen und
statt des jungfräulichen Gehorchens
vielleicht Befehle.
Jean Paul, Der Komet

Clemens, ich werde dein Weib –
und zwar so bald wie möglich.
Die Natur gebietet es.
Sophie Mereau, Briefe (an Clemens Brentano,
28. Oktober 1803; Grund: Schwangerschaft)

Da die Ehe die körperliche Liebe
im Allgemeinen nicht mit einschließt,
schiene es vernünftig, das eine
unverblümt vom andern zu trennen.
Simone de Beauvoir, Das andere Geschlecht

Da die Ehe (in ihren verschiedenen
Formen) eine wirtschaftlichpolitisch-
soziale Form ist (und nicht eine sentimentalerotische), so vollzieht sich
die Zeugung der nächsten Generation
zu allen Zeiten zum großen Teil
außer der Ehe.
Oswald Spengler, Urfragen.
Fragmente aus dem Nachlass

Da die Kirche die Liebe
nicht unterdrücken konnte,
hat sie sie zumindest
desinfizieren wollen,
und darum die Ehe eingesetzt.
Charles Baudelaire, Tagebücher

Dabei waren wir doch nichts anderes
als zwei Sträflinge, die einander
hassten, die an einer einzigen Kette
ächzten, sich das Leben gegenseitig
zu vergiften trachteten und bestrebt
waren, nichts von alledem zu sehen.

Ich wusste damals noch nicht,
dass neunundneunzig Prozent
aller Ehepaare in derselben Hölle leben
wie wir, und dass dies nicht anders
sein kann.
Leo N. Tolstoi, Die Kreutzersonate

Das Bett ist das Barometer der Ehe.
Honoré de Balzac, Physiologie der Ehe

Das einzige annehmbare Schicksal
für eine Frau ist eine glückliche Ehe.
Henry de Montherlant, Die jungen Mädchen

Das Geheimnis einer glücklichen Ehe
besteht darin, Katastrophen
als Zwischenfälle und Zwischenfälle
nicht als Katastrophen zu behandeln.
Harold George Nicolson

Das Geheimnis einer glücklichen Ehe
liegt darin, dass man
einander verzeiht,
sich gegenseitig geheiratet zu haben.
Sacha Guitry

Das Geheimnis einer guten Ehe
ist die Kunst der Improvisation
in einem bewährten Repertoire.
Dieter Borsche

Das Glück des Weibes ist zwar
ein unerlässlicher, aber nicht
der einzige Gegenstand des Mannes,
ihm liegt auch das Glück seiner
Landsleute am Herzen;
das Glück des Mannes hingegen
ist der einzige Gegenstand der Frau.
Heinrich von Kleist, Briefe
(an Wilhelmine von Zenge, 30. Mai 1800)

Das größte Glück der Ehe hängt
von so vielen Übereinstimmungen ab,
dass es eine Torheit wäre, wenn man
sie alle zusammenbringen wollte.
Man muss sich zunächst
der wichtigsten versichern.
Jean-Jacques Rousseau, Emile

Das größte Glück
ist ein guter Ehemann
und das nächste
ein guter Diener.
Sprichwort aus Serbien

Das Huhn ist es,
das den Hahn krähen lässt.
Sprichwort aus Japan

Das Netz einer Ehe wird in
beständiger Gemeinsamkeit geknüpft,
im tagtäglichen Beisammensein,
im vereinten Streben nach dem Ziel.
Anne Morrow Lindbergh, Muscheln in meiner Hand

Das Schicksal, das die Gesellschaft
traditionsgemäß für die Frau
bereithält, ist die Ehe.
Simone de Beauvoir, Das andere Geschlecht

Das Weib ist glücklich nur
an Gattenhand.
Franz Grillparzer,
Des Meeres und der Liebe Wellen (Mutter)

Das Weib kann aus dem Haus
mehr in der Schürze tragen,
Als je einfahren kann der Mann
im Erntewagen.
Friedrich Rückert, Die Weisheit des Brahmanen

Das Weib wird durch die Ehe frei;
der Mann verliert dadurch
seine Freiheit.
Immanuel Kant,
Anthropologie in pragmatischer Hinsicht

Das Wort »Mischehe« ist eines der
hässlichsten der deutschen Sprache.
Es klingt, als sei dies ein Gemisch
einer Ware, die in einer Gemischt-
warenhandlung zu haben ist.
Ludwig Marcuse, Argumente und Rezepte.
Ein Wörter-Buch für Zeitgenossen

Das Wörtchen Ehe
besteht nur aus drei Buchstaben,
von denen zwei sogar noch gleich sind.
Und trotzdem muss manches Ehepaar
Jahrzehnte daran buchstabieren.
Agatha Christie

Das Zusammenleben mit einem Mann,
der seine Frau weder achtet,
noch ihr vertraut, ist so,
als führe man bei lebendigem Leib
das Leben von Toten.
George Sand, Briefe

Das Zusammensein mit ihr zu Hause
fällt mir schwer.
Leo N. Tolstoi, Tagebücher
(1863, nach wenigen Monaten Ehe)

Dass ein Mann seine Geliebte prügelt –
das ist eine Selbstverstümmelung;
aber dass er seine Frau schlägt –
das ist Selbstmord.
Honoré de Balzac, Physiologie der Ehe

Dass eine Frau lehrt, erlaube ich nicht,
auch nicht, dass sie
über ihren Mann herrscht;
sie soll sich still verhalten.
Neues Testament, Paulus (1 Timotheus 2, 11)

Deine Ehre liegt allein in dir.
Jean-Jacques Rousseau, Emile

Deine Frau ist schlauer
als alle Deutschen zusammen
und ebenso wollüstig wie die Italiener.
Honoré de Balzac, Physiologie der Ehe

Dem Liebe-Anfänger mag vielleicht
der Nachtfalter gefallen; aber ein
Ehe-Mann verlangt seine Tag-Psyche;
denn die Ehe fordert Heiterkeit.
Jean Paul, Levana

Den Eheleuten kommt es zu,
einander auszusuchen.
Die gegenseitige Neigung
muss ihr erstes Band sein.
Ihre Augen, ihre Herzen
müssen ihre ersten Führer sein.
Jean-Jacques Rousseau, Emile

Denkt an so viele verheiratete Frauen,
die selbst in schweren Leiden und
Trübsalen nicht zu klagen wagen,
um ihren Ehemännern keinen Verdruss
zu bereiten!
Teresa von Ávila, Weg der Vollkommenheit

Denn ein Pantoffelheld
kann mich just nicht begeistern,
Und sucht ich mit Gekeif
mal meinen Mann zu meistern,
So wär es angebracht,
verstopft' er mir, nicht faul,
Mit wohl gezieltem Schlag
das allzu lose Maul.
Molière, Die gelehrten Frauen (Martine)

Denn ich habe dich geheiratet,
um dich in Gott und
nach dem Bedürfnis meines Herzens
zu lieben und um in der fremden Welt
eine Stelle für mein Herz zu haben,
die all ihre dürren Winde
nicht erklären, und an der ich
die Wärme des heimatlichen Kaminfeuers finde, an das ich mich dränge,
wenn es draußen stürmt und friert;
nicht aber um eine Gesellschaftsfrau
für andere zu haben.
Otto von Bismarck, Briefe
(an seine Frau, 14. Mai 1851)

Denn tatsächlich sehen
Mann und Frau nicht nur
in die gleiche Richtung –
sie arbeiten auch gemeinsam
auf ein Ziel hin.
Anne Morrow Lindbergh, Muscheln in meiner Hand

Der beste Freund wird wahrscheinlich
die beste Gattin bekommen,
weil die gute Ehe auf dem Talent
zur Freundschaft beruht.
Friedrich Nietzsche, Menschliches, Allzumenschliches

Der Ehemann darf keiner einzigen
Freundin seiner Frau trauen.
Honoré de Balzac, Physiologie der Ehe

Der Ehestand
kommt von des Schicksals Hand,
Das Horn wächst von Natur.
William Shakespeare, Ende gut, alles gut (Narr)

Der eigene König gefällt der Königin.
Titus Maccius Plautus, Stichus

Der Gatte der Frau ist der Mann,
der Gatte des Mannes ist sein Geschäft.
Sprichwort aus Indien

Der Gatte zieht sein Weib
unwiderstehlich
In seines Kreises
abgeschlossne Bahn.
Dorthin ist sie gebannt,
sie kann sich nicht
Aus eigner Kraft
besondre Wege wählen.
Johann Wolfgang von Goethe,
Die natürliche Tochter (Eugenie)

Der Hagestolze hat das Unglück,
dass ihm niemand seine Fehler frei sagt,
der Ehemann hat dies Glück.
Jean Paul, Aphorismen

Der liebe Gott war Junggeselle.
Man kann daher wohl mit Recht
vermuten, dass seine
die Ehe betreffenden Gebote
mehr theoretischer als
praktischer Natur waren.
Peter Ustinov, Was ich von der Liebe weiß

Der Liebhaber wird einen Spatz
als Reiher bezeichnen.
Für die Ehefrau ist ein Reiher ein Spatz.
Dagegen bleibt der Spatz
für den Weisen ein Spatz –
und im Übrigen bleibt der Weise
auch unverehelicht.
Peter Ustinov, Was ich von der Liebe weiß

Der Mann erträgt die Ehe
aus Liebe zur Frau.
Die Frau erträgt den Mann
aus Liebe zur Ehe.
Gabriel Laub

Der Mann ist April, wenn er verliebt,
und Dezember, wenn er verheiratet ist.
Sprichwort aus Schottland

Der Mann ist der Kopf,
aber die Frau dreht ihn.
Sprichwort aus den USA

Der Mann ist lyrisch, die Frau episch,
die Ehe dramatisch.
Novalis, Fragmente

Der Mann ist nicht bloß
der Mann seiner Frau,
er ist auch ein Bürger des Staates;
die Frau hingegen ist nichts,
als die Frau ihres Mannes.
Heinrich von Kleist, Briefe
(an Wilhelmine von Zenge, 30. Mai 1800)

Der Mann jagt der Frau nach,
bis sie ihn erwischt.
Sprichwort aus den USA

Der Mann mag das Geliebte
laut begrüßen,
Geschäftig für sein Wohl
lebt still das Weib.
Franz Grillparzer, Sappho (Rhamnes)

Der Mann soll kein Schaustück der
Frau, sie kein Spielzeug für ihn werden.
Wo ein Wesen nur das andere für sich
und nach sich bilden will, muss dies
Letztere zum toten Mittel verderben.
Friedrich Ludwig Jahn, Deutsches Volkstum

Der Mann soll seine Pflicht
gegenüber der Frau erfüllen
und ebenso die Frau
gegenüber dem Mann.
Neues Testament, Paulus (1 Korinther 7, 3)

Der Mann taub und die Frau stumm,
gibt die besten Ehen.
Deutsches Sprichwort

Der Mann,
der die Abstufungen der Lust
geschickt zu erkennen,
sie zu entwickeln,
ihnen einen neuen Stil,
einen originalen Ausdruck
zu verleihen weiß,
hat das Zeug zu einem
genialen Ehemann.
Honoré de Balzac, Die Physiologie der Ehe

Der Ring macht Ehen –
Und Ringe sind's,
die eine Kette machen.
Friedrich Schiller, Maria Stuart (Elisabeth)

Der Schönheit
wie der Neigung Wert
verliert sich bald,
Allein der Wert
des Goldes bleibt.
Johann Wolfgang von Goethe, Der Löwenstuhl (Gräfin)

Der Zweck, Kinder zu erzeugen
und zu erziehen, mag immer
ein Zweck der Natur sein, zu welchem
sie die Neigung der Geschlechter
gegeneinander einpflanzte; aber dass
der Mensch, der sich verehelicht,
diesen Zweck sich vorsetzen müsse,
wird zur Rechtmäßigkeit dieser seiner
Verbindung nicht erfordert; denn
sonst würde, wenn das Kinderzeugen
aufhört, die Ehe sich zugleich
von selbst auflösen.
Immanuel Kant, Die Metaphysik der Sitten

Des Ehestandes Ketten sind so schwer,
dass sie nur zu dritt
getragen werden können.
Sprichwort aus den USA

Des Mannes Mutter,
der Frauen Teufel.
Deutsches Sprichwort

Die Ehe, eine Institution, auf der
heutzutage die Gesellschaft beruht,
gibt uns allein ihre Last zu spüren:
für den Mann die Freiheit,
für die Frau die Pflichten.
Honoré de Balzac, Eine Frau von dreißig Jahren

Die Ehe ermutigt den Mann
zu einem launischen Imperialismus.
Simone de Beauvoir, Das andere Geschlecht

Die Ehe gehört nur zur Hälfte dem
Rechte an, zur Hälfte aber der Sitte,
und jedes Eherecht ist unverständlich,
welches nicht in Verbindung mit
dieser seiner notwendigen Ergänzung
betrachtet wird.
Friedrich Carl von Savigny, Vom Beruf unsrer Zeit

Die Ehe hat viele Leiden, aber
die Ehelosigkeit hat keine Freuden.
Sprichwort aus England

Die Ehe ist, abgesehen vom Tode
und in der Zeit bis zum Tode,
das wichtigste und unwiderruflichste
Ereignis.
Leo N. Tolstoi, Tagebücher (1896)

Die Ehe ist auch für den Mann
Unterjochung. In ihr gerät er
in die Falle, die die Natur ihm stellt:
Weil er ein blühendes junges Mädchen
geliebt hat, muss er ein Leben lang
eine dicke Matrone, eine vertrocknete
Alte ernähren.
Simone de Beauvoir, Das andere Geschlecht

Die Ehe ist das Bündnis
zweier Menschen, von denen einer
sich niemals an Geburtstage
zu erinnern vermag
und der andere sie nie vergisst.
Ogden Nash

Die Ehe ist den Preis nicht wert,
den sie kostet. Es ist an der Zeit,
dieser Einrichtung keine Opfer mehr
zu bringen und ein größeres Anlage-
kapital an Glück der gesellschaftlichen
Ordnung anzuvertrauen, indem wir
unsere Sitten und Einrichtungen
unserem Klima anpassen.
Honoré de Balzac, Die Physiologie der Ehe

Die Ehe ist der Anfang
und Gipfel aller Kultur.
Johann Wolfgang von Goethe,
Die Wahlverwandtschaften

Die Ehe ist der Sonderfall
eines Abonnements,
das mehr Geld kostet,
als wenn man
einzeln zahlen müsste.
Gabriel Laub

Die Ehe
ist die einzige wahre Form
von Leibeigenschaft,
die unser Gesetz noch kennt.
Es gibt, außer den Herrinnen
des Hauses, keine Sklaven mehr.
John Stuart Mill, Die Hörigkeit der Frau

Die Ehe ist die exemplarische Bindung.
Sie trägt uns wie keine andere in
die große Gebundenheit. Und nur als
Gebundene können wir in die Freiheit
der Kinder Gottes gelangen.
Martin Buber

Die Ehe
ist die interessanteste, schwerste
und wichtigste Aufgabe im Leben.
Anne Morrow Lindbergh, Blume und Nessel

Die Ehe ist die Schule der Einsamkeit.
Aber man lernt nicht genug in ihr.
Arthur Schnitzler,
Aphorismen und Betrachtungen aus dem Nachlass

Die Ehe ist die Verbindung zweier
Personen verschiedenen Geschlechts
zum lebenswierigen wechselseitigen
Besitz ihrer Geschlechtseigenschaften.
Immanuel Kant, Die Metaphysik der Sitten

Die Ehe ist ein Bankett,
das mit dem Dessert beginnt.
Tristan Bernard

Die Ehe ist ein Bund zur gegenseitigen
Festigung von Gefühlen
durch deren Abnützung.
Jean Genet

Die Ehe ist ein Kampf auf Leben
und Tod, vor welchem
die beiden Gatten den Himmel
um seinen Segen bitten;
denn sich lieben ist stets das kühnste
Wagnis; der Kampf beginnt sofort,
und der Sieg, das heißt die Freiheit,
bleibt dem Gewandtesten.
Honoré de Balzac, Physiologie der Ehe

Die Ehe ist
ein notwendiger Kompromiss,
in dem jeder der beiden Teile
sein Möglichstes tut, zur Unbequemlichkeit des anderen beizutragen.
Ephraim Kishon, Kishon für alle Fälle

Die Ehe ist ein richtiges Duell,
bei dem man keinen Augenblick
unaufmerksam sein darf, wenn man
über seinen Gegner triumphieren will.
Honoré de Balzac, Physiologie der Ehe

Die Ehe ist ein Souvenir der Liebe.
Helen Rowland

Die Ehe ist ein Spielplan
mit gleichbleibendem Repertoire.
Folglich sollte man wenigstens
die Inszenierung ändern.
Federico Fellini

Die Ehe ist ein Versuch,
zu zweit wenigstens
halb so glücklich zu werden,
wie man allein gewesen ist.
Oscar Wilde

Die Ehe ist ein Vertrag;
nur der erste Anfang ist frei,
der Fortbestand wird durch Zwang
und Gewalt durchgesetzt.
Michel Eyquem de Montaigne, Die Essais

Die Ehe ist
ein viel zu interessantes Experiment,
um es nur einmal zu versuchen.
Rita Hayworth

Die Ehe ist eine Einrichtung
zur Erzeugung
gemeinsamer Gewohnheiten.
Tilla Durieux

Die Ehe ist eine fromme Bindung,
die auf Ehrerbietung beruht;
die Freuden, die sie gewähren kann,
sollten deshalb einen Schleier von
Zartheit, Zurückhaltung und Ernst
bewahren; der Geschlechtsgenuss
sollte etwas von der Verantwortung
gedämpft bleiben.
Michel Eyquem de Montaigne, Die Essais

Die Ehe ist eine Institution
zum leichteren Ertragen von Leiden,
die man nicht erleiden würde,
hätte man nicht geheiratet.
Hans Habe

Die Ehe ist eine Institution
zur Lähmung des Geschlechtstriebes.
Gottfried Benn

Die Ehe ist eine mehr oder weniger
erfolgreich durchführbare Absurdität.
Ephraim Kishon, Kishon für alle Fälle

Die Ehe ist eine Wissenschaft.
Honoré de Balzac, Die Physiologie der Ehe

Die Ehe ist
gegenseitige Freiheitsberaubung
in beiderseitigem Einvernehmen.
Oscar Wilde

Die Ehe kommt nach der Liebe
wie der Rauch nach der Flamme.
Chamfort, Maximen und Gedanken

Die Ehe sollte ein Zusammenschluss
zweier autonomer Existenzen sein,
kein Rückzug, keine Annexion,
keine Flucht, kein Heilmittel.
Simone de Beauvoir, Das andere Geschlecht

Die Ehe und das Geld –
sind das große Arsenal
unseres Elends.
Hippolyte Taine, Balzacs Welt

Die Ehe wäre die schönste Sache
der Welt, wenn es mehr Kür
und weniger Pflicht gäbe.
Jeanne Moreau

Die Ehe wird nicht glücklich
durch Liebe – oft das Gegenteil –,
sondern durch Vernunft.
Jean Paul, Aphorismen

Die Ehe wird
vor allen Dingen darum beibehalten,
damit jeder wenigstens einen hat,
dem er vorwerfen kann,
was er sich selbst vorzuwerfen hätte.
Helmut Arntzen

Die Eheherrn sollten künftig
die Trauringe statt auf dem Finger
in der Nase tragen,
zum Zeichen, dass sie doch
an der Nase geführt werden.
Christian Dietrich Grabbe,
Don Juan und Faust (Don Juan)

Die eheliche Liebe hat ihren Feind
in der Zeit, ihren Sieg in der Zeit,
ihre Ewigkeit in der Zeit.
So wird sie stets ihre Aufgabe haben.
Søren Kierkegaard, Entweder – Oder

Die eheliche Liebe kommt nicht
mit äußeren Zeichen, nicht wie
der reiche Vogel in Saus und Braus,
sondern wie das unverrückbare
Wesen eines stillen Geistes.
Søren Kierkegaard, Entweder – Oder

Die Ehemänner,
die dazu verdammt sind,
in Mietswohnungen zu wohnen,
befinden sich in der allerfürchter-
lichsten Lage. Welchen glücklichen
oder verhängnisvollen Einfluss
kann der Hausmeister
auf ihr Schicksal ausüben!
Honoré de Balzac, Physiologie der Ehe

Die Ehemänner scheffeln voller Abscheu und Bitterkeit unter größten
Anstrengungen und Methoden,
die ihnen selbst zuwider sind, Geld,
und ihre Frauen geben unvermeidlich
alles aus, unzufrieden, neidisch auf
andere und verbittert, und es ist ihnen
zu wenig, und sie trösten sich mit der
Hoffnung auf einen Lotteriegewinn.
Leo N. Tolstoi, Tagebücher (1889)

Die Ehen, welche aus Liebe
geschlossen werden,
haben den Irrtum zum Vater
und die Not zur Mutter.
Friedrich Nietzsche, Menschliches, Allzumenschliches

Die Ehen werden ja jetzt genauso
angelegt wie die Fuchseisen.
Nichts natürlicher auch:
Das Mädchen ist herangereift,
also muss es einen Mann haben.
Die Sache erscheint sehr einfach,
wenn das Mädchen keine Missgeburt
ist und es an heiratslustigen Männern
nicht fehlt.
Leo N. Tolstoi, Die Kreutzersonate

Die erste eheliche Liebe, die vergeht
natürlich mit der Zeit, aber dann
kommt ja wieder eine andere,
eine ebenso schöne Liebe.
Dann nähern sich die Seelen.
Fjodor M. Dostojewski,
Aufzeichnungen aus dem Untergrund

Die erste Frau fürchtet den Mann,
die zweite Frau fürchtet der Mann.
Sprichwort aus Serbien

Die Fehltritte der Frauen sind ebenso
viele Anklagen gegen die Selbstsucht,
Gleichgültigkeit und Nichtigkeit
der Ehemänner.
Honoré de Balzac, Die Physiologie der Ehe

Die Flamme der ehelichen Liebe
gibt oft nur Kohle,
einander zu schwärzen.
Jean Paul, Aphorismen

Die Frau, die ihren Mann
nicht beeinflussen kann,
ist ein Gänschen.
Die Frau, die ihren Mann
nicht beeinflussen will,
ist eine Heilige.
Marie von Ebner-Eschenbach, Aphorismen

Die Frau ist ein Eigentum,
das man kontraktlich erwirbt;
sie ist bewegliches Eigentum,
denn der Besitz macht
den Rechtsanspruch aus;
schließlich ist die Frau,
genau genommen,
nur ein Annex des Mannes.
Honoré de Balzac, Physiologie der Ehe

Die Frau ist eine Festung,
der Mann ihr Gefangener.
Sprichwort aus Kurdistan

Die Frau ist für ihren Mann,
was ihr Mann aus ihr gemacht hat.
Honoré de Balzac, Physiologie der Ehe

Die Frau ist im Unglück
und in Krankheit für den Gatten
der größte Schatz,
wenn sie recht im Hause waltet,
sie besänftigt seinen Zorn und Unmut
und weiß, ihn umzustimmen.
Euripides, Fragmente

Die Frau ist schon glücklich,
wenn es der Mann nur ist, der Mann
nicht immer, wenn es die Frau ist,
und die Frau muss ihn erst glücklich
machen. Folglich verliert auch der
Mann unendlich mehr bei dem Tode
seiner Frau, als diese umgekehrt
bei dem Tode ihres Mannes.
Heinrich von Kleist, Briefe
(an Wilhelmine von Zenge, 30. Mai 1800)

Die Frau ist weder eine Sache
noch eine Dienstmagd: Dergleichen
kann sich nur ein Reicher leisten.
Der Arme verspürt die Wechsel-
seitigkeit der Beziehung, die ihn
mit seiner Ehehälfte verbindet.
Simone de Beauvoir, Das andere Geschlecht

Die Frau soll im Hause,
wie ein Minister im Staat,
dadurch herrschen, dass sie sich
das befehlen lässt, was sie tun will.
In diesem Sinne ist es ausgemacht,
dass die besten Ehen diejenigen sind, in
denen die Frau die meiste Autorität hat.
Jean-Jacques Rousseau, Emile

Die Frau will herrschen,
der Mann beherrscht sein
(vornehmlich vor der Ehe).
Immanuel Kant,
Anthropologie in pragmatischer Hinsicht

Die Frauen besitzen
in erstaunlichem Maße das Talent,
den Beschuldigungen, die sie gegen
ihren Gatten erheben,
durch Scheingründe einen Anstrich
von Wahrheit zu geben.
Honoré de Balzac, Physiologie der Ehe

Die Gefühlswerte ändern sich;
die Verantwortungs- und
Verpflichtungswerte bleiben bestehen,
ja können sich steigern.
Darum wird die Ehe stets
eine irrationale Gleichung bleiben.
Arthur Schnitzler,
Aphorismen und Betrachtungen aus dem Nachlass

Die gemeinsame Steuererklärung
hat sicherlich mehr zur Rettung
bedrohter Ehen beigetragen
als die schönste Predigt.
Dale Carnegie

Die gute Ehe
ist ein ewiger Brautstand.
Theodor Körner, Die Sühne

Die Güte einer Ehe
bewährt sich dadurch,
dass sie einmal
eine »Ausnahme« erträgt.
Friedrich Nietzsche, Menschliches, Allzumenschliches

Die Güter der Ehe, sofern sie ein
Sakrament der Kirche ist, sind drei:
die Kinder, die zum Dienste Gottes
aufzunehmen und zu erziehen sind;
die Treue, sofern ein Mann sich einer
Gattin verbindet; das Sakrament,
sofern die eheliche Verbindung
unauflöslich ist, zum sakramentlichen
Zeichen der Vereinigung Christi
und der Kirche.
Thomas von Aquin, Summe gegen die Heiden

Die Hand, die samstags
ihren Besen führt,
Wird sonntags dich am besten
karessieren.
Johann Wolfgang von Goethe, Faust I (Erster Schüler)

Die Harmonie zwischen den Ehegatten
erfordert, dass sich in den Ansichten
über Welt und Leben,
falls sie nicht übereinstimmen,
derjenige, der weniger
darüber nachgedacht hat,
dem unterordnet, der mehr
darüber nachgedacht hat.
Leo N. Tolstoi, Tagebücher (1894)

Die hässlichen Kater
bekommen die schönen Katzen.
Sprichwort aus Frankreich

Die hauptsächlichste Gefahr der Ehe
liegt darin, dass man selbstlos wird.
Selbstlose Leute sind farblos.
Oscar Wilde, Das Bildnis des Dorian Gray

Die Hochzeitsreise
ist der erste Versuch,
der Ehe-Realität zu entgehen.
August Strindberg

Die Institution der Ehe hält hartnäckig
den Glauben aufrecht, dass die Liebe,
obschon eine Leidenschaft,
doch als solche der Dauer fähig sei, ja
dass die dauerhaft lebenslängliche Liebe
als Regel aufgestellt werden könne.
Friedrich Nietzsche, Morgenröte

Die keuscheste verheiratete Frau
kann zugleich die wollüstigste sein.
Honoré de Balzac, Die Physiologie der Ehe

Die Knoten, die man gar zu fest
zuziehen will, reißen.
Dasselbe geschieht mit dem Eheband,
wenn man es fester ziehen will,
als es sein soll.
Jean-Jacques Rousseau, Emile

Die Liebe
ist bei ihnen heiliger als die Ehe.
Germaine Baronin von Staël,
Über Deutschland (ihnen = die Deutschen)

Die Liebe ist
eine leichte Gemütskrankheit,
die durch die Ehe
oft schnell geheilt werden kann.
Sacha Guitry

Die Liebe macht mehr Vergnügen
als die Ehe, Romane sind auch
unterhaltender als die Geschichte.
Chamfort, Maximen und Gedanken

Die Liebe will nicht, dass man sich
anders als durch sie allein gebunden
fühlt, sie hängt nur lose mit solchen
Bindungen zusammen, die, wie die
Ehe, unter anderen Gesichtspunkten

geknüpft worden sind und zusammengehalten werden: Verwandtschaft
und Besitz beanspruchen dabei
ebenso viel Berücksichtigung wie
Anmut und Schönheit.
Michel Eyquem de Montaigne, Die Essais

Die Mädchen heiraten, weil sie von
den Eltern weggegeben werden, und
die Männer, um ein Haustier mehr zu
bekommen; denn in Wirklichkeit ist
die Stellung der Frau nicht mehr und
nicht weniger als die eines Haustieres.
Roald Amundsen, Eskimoleben

Die Männer, die nach deinem Gelde
trachten, sind noch weit zahlreicher
als diejenigen, die nach deiner Frau
trachten.
Honoré de Balzac, Die Physiologie der Ehe

Die Männer müssen nicht alles wissen.
Jean-Jacques Rousseau, Emile

Die meisten Ehen werden geschlossen,
wie nur Liebschaften angeknüpft
werden dürften.
Christian Morgenstern, Stufen

Die meisten Menschen haben
bei ihrer Ehe nur die Fortpflanzung,
den Besitz, das Kind im Auge.
Aber weder die Fortpflanzung
noch der Besitz noch das Kind
stellen das Glück dar.
Honoré de Balzac, Physiologie der Ehe

Die Mission der Frau ist:
des Mannes Herz zu erquicken.
Von ihm beschützt und ernährt,
nährt sie ihn mit Liebe.
Die Liebe ist ihre Arbeit,
und eigentlich die einzige,
die sie zu verrichten hat.
Jules Michelet, Die Liebe

Die Natur knüpft ihre Verbindung
nicht notwendig auf Lebensdauer;
diesen grausamen Missgriff hat sie
nicht begangen, ein Mädchen von
fünfzehn Jahren einem Manne aus-
zuliefern, der es nicht immer lieben
kann. Es bedurfte der Gesetze,
um dergleichen Unfug zu legalisieren.
Sully Prudhomme, Intimes Tagebuch

Die schlimmste Mésalliance
ist die des Herzens.
Chamfort, Maximen und Gedanken

Die schlimmsten Eheprobleme sind die,
von denen man keine Ahnung hat.
Oliver Herford

Die Tochter muss gehorsam
ihrem Vater sein,
Und gäb er ihr selbst
einen Affen zum Gemahl.
Molière, Tartuffe (Dorine)

Die wichtigste Schraube
im Familienleben ist – die Liebe,
die sexuelle Neigung, die Einheit
des Fleisches, alles andere ist
unzuverlässig und langweilig,
so klug wir uns das auch immer
ausrechnen mögen.
Anton P. Tschechow, Briefe (26. Oktober 1898)

Die Zunge ist das allerletzte Mittel
einer Frau, um sich ihrem Mann
verständlich zu machen.
Sprichwort aus England

Diene deinem Gatten
wie einem Gebieter,
und hüte dich vor ihm
wie vor einem Verräter.
Sprichwort aus Spanien

Dieweil mein schwächrer Geist,
vom Irdischen durchtränkt,
Sich auf das traute Glück
des Ehestands beschränkt.
Molière, Die gelehrten Frauen (Henriette)

Differenzen in der Ehe
beginnen meistens damit,
dass der eine Teil zu viel redet
und der andere zu wenig zuhört.
Curt Goetz

Doch als in allerneusten Jahren
Das Weib nicht mehr gewohnt
zu sparen
Und wie ein jeder böser Zahler
Weit mehr Begierden hat als Taler,
Da bleibt dem Manne viel zu dulden:
Wo er nur hinschaut, da sind
Schulden.
Johann Wolfgang von Goethe, Faust II
(Der Abgemagerte)

Drum spar die Liebe bis zur Ehe
Und lieb nur eine dann, verstehe;
Dass dir dann Gegenlieb erwachs
Von deinem Weibe, wünscht
Hans Sachs.
Hans Sachs, Die junge Wittfrau Franziska

Du nahmst für Liebe, dass ein junges
Mädchen auf eigene Lebensbetätigung
verzichtete, ein junges Mädchen,
das auf das Glück wartete;
das deinen Wünschen entgegenflog
in der Hoffnung, du würdest auch
den seinigen entgegenkommen.
Honoré de Balzac, Die Physiologie der Ehe

Du sollst Ehrfurcht haben
vor der ehelichen Verbindung;
wo du Gatten siehst, die sich lieben,
sollst du dich darüber freuen
und teil daran nehmen wie
an dem Glück eines heitern Tags.
Johann Wolfgang von Goethe,
Die Wahlverwandtschaften

Du sollst keine Ehe schließen,
die gebrochen werden müsste.
Friedrich Schleiermacher, Idee zu einem Katechismus

Ehe bedeutet doch
die Fortdauer einer Beziehung.
Anne Morrow Lindbergh, Muscheln in meiner Hand

Ehe:
eine Gemeinschaft, bestehend aus
Herr, Herrin und zwei Sklaven.
Ambrose Bierce

Ehe ist legalisierte Einsamkeit zu
zweit.
Jean Genet

Ehe ist vielfach nur der Kontrakt,
auf dessen Bruch die Unterhaltspflicht
als Konventionalstrafe steht.
Karl Jaspers

Ehe ist, wenn man trotzdem liebt.
Sigismund von Radecki

Ehe: Leiden in Gestalt von Unfreiheit,
Sklaverei, Übersättigung, Abscheu,
allen Arten geistiger und körperlicher
Mängel der Gatten, die man ertragen
muss – Bosheit, Dummheit, Falschheit,
Eitelkeit, Trunksucht, Faulheit, Geiz,
Eigennutz, Laster, und in gleicher
Weise physische Mängel, Hässlichkeit,
Unsauberkeit, Gestank, Wunden,
Wahnsinn (...).
Leo N. Tolstoi, Tagebücher (1899)

Ehe schützt vor Liebe nicht.
Andreas Capellanus, Gebote des Minnerechts

Ehe: So heiße ich den Willen
zu zweien, das Eine zu schaffen,
das mehr ist, als die es schufen.
Friedrich Nietzsche, Also sprach Zarathustra

Ehe und Erziehung
sind ohne Unterordnung nicht denkbar,
ohne Gehorsam des Schwächeren
dem Stärkeren, des Unerprobten
dem Lebenserfahrenen gegenüber.
Sully Prudhomme, Intimes Tagebuch

Ehe und Zölibat haben beide Nachteile;
man muss den Stand wählen,
dessen Nachteile sich beheben lassen.
Chamfort, Maximen und Gedanken

Eheleute müssen an Ehre oder Unehre
gegenseitigen Anteil nehmen.
Teresa von Ávila, Weg der Vollkommenheit

Ehen schließt der Zufall.
Japanisches Sprichwort

Ehen werden im Himmel geschlossen,
aber dass sie gut geraten,
darauf wird dort nicht gesehen.
Marie von Ebner-Eschenbach, Aphorismen

Ehen werden im Himmel geschlossen,
deshalb fällt man so tief.
August Strindberg

Ehestand Ehrenstand.
Deutsches Sprichwort

Ehestand ist der heiligste Orden.
Deutsches Sprichwort

Ehestand – Wehestand.
Deutsches Sprichwort

Ein braver Mann,
ich kenn ihn ganz genau:
Erst prügelt er,
dann kämmt er seine Frau.
Johann Wolfgang von Goethe, Sprichwörtlich

Ein Ehemann darf niemals als Erster
einschlafen und als Letzter aufwachen.
Honoré de Balzac, Die Physiologie der Ehe

Ein Ehemann darf sich in Gegenwart
eines Dritten gegen seine Frau niemals
ein feindseliges Wort erlauben.
Honoré de Balzac, Physiologie der Ehe

Ein Ehemann hat selten einen Nebenbuhler, den er nicht selbst einmal
seiner Frau wie ein Geschenk
von eigener Hand dargeboten hätte.
Jean de La Bruyère, Die Charaktere

Ein Ehemann muss bei seiner Frau
und seinen Kindern viel übersehen
können, und doch soll er das »Gesetz«
nicht unter den Tisch fallen lassen.
Martin Luther, Tischreden

Ein Ehemann wird niemals seine Frau
allein zu ihrer Mutter gehen lassen.
Honoré de Balzac, Physiologie der Ehe

Ein einzig böses Weib
lebt höchstens in der Welt.
Nur schlimm, dass jeder seins
für dieses einz'ge hält.
Gotthold Ephraim Lessing, Epigramme

Ein freier Mann,
der unverheiratet ist,
kann sich, wenn er Geist besitzt,
über seinen Glücksumstand erheben,
sich unter die große Welt mischen und
als Gleicher unter den angesehensten
Leuten gelten. Das wird dem Verheirateten weniger leicht;
es scheint, dass die Ehe jedermann
in die gewohnte Ordnung einreiht.
Jean de La Bruyère, Die Charaktere

Ein guter Mann
schlägt nicht seine Frau,
ein guter Hund
beißt nicht die Hühner.
Chinesisches Sprichwort

Ein Hund ist klüger als eine Frau;
er bellt seinen Herrn nicht an.
Sprichwort aus Russland

Ein jeder, dem gut
und bieder das Herz ist,
Liebt sein Weib und pflegt sie
mit Zärtlichkeit.
Homer, Ilias

Ein junges Weib
bei einem alten Mann
ist des Tags eine Ehefrau
und des Nachts eine Witwe.
Deutsches Sprichwort

Ein leidenschaftliches Konkubinat
kann ein Begriff von den Wonnen
einer jungen Ehe vermitteln.
Charles Baudelaire, Tagebücher

Ein Liebhaber lehrt eine Frau alles,
was ihr Ehemann ihr verheimlicht hat.
Honoré de Balzac, Physiologie der Ehe

Ein Mädchen begehrt nur einen Gatten,
und hat sie ihn, so begehrt sie alles.
Sprichwort aus Frankreich

Ein Mann verlangt nicht,
dass seine Frau ihn versteht.
Das ist nicht ihre Aufgabe.
Ihre Aufgabe ist, dass sie
ein nettes Haus und nette Kinder hat
und gelungene Partys gibt, zu denen
er seine Freunde einladen kann.
Mary McCarthy, Sie und die anderen

Ein Paar Liebender kann und muss das
letzte Kleidungsstück abwerfen, weil
es sich nur rein und schön und zur
Liebe geneigt trifft. Aber ein noch so
verliebtes Paar, das willens ist, sein
Zusammensein das ganze Leben lang
fortzusetzen, müsste bedenken, dass in
einer so langen Zeit früher oder später
Umstände eintreffen, die es ratsam erscheinen lassen, ein gewisses Minimum
an Kleidung anzubehalten, und dass
es kein sonderlich anziehender Augenblick ist, wenn die Verhältnisse sie
dazu zwingen, sich wieder anzuziehen.
Tania Blixen, Motto meines Lebens

Ein Tag Mann und Frau
sind hundert Tage Segen.
Chinesisches Sprichwort

Ein talentvoller Ehemann gibt
niemals öffentlich
die Vermutung kund,
dass seine Frau einen Liebhaber habe.
Honoré de Balzac, Physiologie der Ehe

Ein Tor ist immer willig,
Wenn eine Törin will.
Heinrich Heine, Buch der Lieder

Ein tugendhaftes Weib, ein edler
Mann, sind sich einander alles:
Verwandte, Freunde,
Reichtum, Leben, Liebe,
Kurz, alles, was das Herz
sich wünschen mag.
Bhavabhuti, Malati und Madhava

Ein verheirateter Mann muss das
Gesicht seiner Frau zum Gegenstand
eines tiefen Studiums gemacht haben.
Honoré de Balzac, Physiologie der Ehe

Ein vernünftiger Ehemann
wird niemals
eine Parterrewohnung nehmen.
Honoré de Balzac, Physiologie der Ehe

Ein wohl gepflegtes Haus,
ein wohl gepflügtes Feld und
eine kleine Frau voll guten Willens,
das sind große Reichtümer.
Benjamin Franklin, Des armen Richard Almanach

Eine Ehe funktioniert am besten,
wenn beide Partner
ein bisschen unverheiratet bleiben.
Claudia Cardinale

Eine Ehe ist schon ruiniert,
wenn die allerersten Intimitäten (...),
wenn die Hochzeitsnacht
ein einziges Erröten ist.
Peter Ustinov, Was ich von der Liebe weiß

Eine Ehe sollte nur alsdann
für unauflöslich gehalten werden,
wenn entweder beide Teile
oder wenigstens der eine Teil
zum dritten Mal verheiratet wäre.
Johann Wolfgang von Goethe,
Die Wahlverwandtschaften

Eine Frau auf dem Lande
zu überwachen, ist an und für sich
schon das Allerschwierigste,
was es gibt. Kannst du gleichzeitig
in allen Gebüschen sein,
auf alle Bäume klettern,
kannst du der Spur
eines Liebhabers folgen,
der nachts das Gras niedergetreten hat,
da ja, als vom Morgentau benetzt,
jenes Gras sich wieder aufrichtet
und unter den Strahlen der Sonne
lustig weitersprießt?
Kannst du auf jede Lücke
in der Parkmauer ein Auge haben?
Oh! Das Land und der Frühling (...).
Honoré de Balzac, Physiologie der Ehe

Eine Frau darf nie zugeben,
dass ihr Mann klug und praktisch ist;
täte sie es doch,
müsste sie ihm gehorchen,
und umgekehrt.
Leo N. Tolstoi, Tagebücher (1893)

Eine Frau, die eine Männererziehung
erhalten hat, besitzt sie glänzendsten
Fähigkeiten, die wie keine andern
geeignet sind, ihr und ihrem Mann
das Glück zu bringen; aber eine solche
Frau ist selten wie das Glück selber.
Honoré de Balzac, Physiologie der Ehe

Eine Frau, die einen Liebhaber hat,
wird sehr nachsichtig.
Honoré de Balzac, Physiologie der Ehe

Eine Frau, die ihre Fehler ihrem Manne nicht zur Last zu legen versteht,
die mag nur niemals ihr Kind selbst
stillen, sonst trinket es die Dummheit
mit der Muttermilch.
William Shakespeare, Wie es euch gefällt

Eine Frau, die sehr unglücklich
verheiratet ist, leidet oft schwer,
ohne bei jemand Trost zu suchen,
weil sie fürchtet, ihr Ehemann möchte
es erfahren, wenn sie etwas sagen
oder sich beklagen würde.
Teresa von Ávila, Weg der Vollkommenheit

Eine Frau gehört niemals gänzlich
zu dem, der sie nimmt.
Sprichwort aus Kurdistan

Eine Frau hat nichts zu sagen,
wenn man ihr alles
verschwenderisch gegeben hat.
Honoré de Balzac, Physiologie der Ehe

Eine Freundin sei die Frau dem Mann,
aber keine Dienstmagd.
Sprichwort aus Russland

Eine Gattin, die gegen ihren Willen
dem Mann gegeben wird,
ist wie ein Feind.
Titus Maccius Plautus, Stichus

Eine gute Ehe fördert
die Nebenbeschäftigung mit Hobbys.
Eine schlechte Ehe noch mehr.
Ephraim Kishon, Kishon für alle Fälle

Eine gute Ehe,
wenn überhaupt eine solche existiert,
will nicht zugleich Liebe sein
und sich so geben:
Sie möchte eine Art Freundschaft
verkörpern.
Michel Eyquem de Montaigne, Die Essais

Eine ideale Ehefrau
ist jede Frau,
die den idealen Gatten hat.
Königin Elizabeth II.

Eine Reform des Eherechtes
ohne eine Reform der Ehe
ist vollkommen nutzlos.
Arthur Schnitzler, Rundfrage über das Eherecht

Eine schlechte Ehefrau
ist sechzig Jahre Missernte.
Sprichwort aus Japan

Eine schweigsame Frau
ist ein Geschenk Gottes.
Sprichwort aus Frankreich

Eine Tochter, die das Haus verlässt,
ist wie ein verkauftes Feld.
Chinesisches Sprichwort

Eine tugendhafte Frau
muss ihres Mannes Hochachtung
nicht nur verdienen,
sondern auch erlangen.
Jean-Jacques Rousseau,
Julie oder Die neue Héloïse (Julie)

Eine Vernunftehe
ist nicht selten ein Geschäft,
bei dem sich beide verrechnen.
Bette Davis

Eine Vernunftehe schließen,
heißt in den meisten Fällen, alle seine
Vernunft zusammenzunehmen,
um die wahnsinnigste Handlung
zu begehen, die ein Mensch
begehen kann.
Marie von Ebner-Eschenbach, Aphorismen

Einige Jahre verstreichen,
und die beiden Gatten erreichen
das letzte Stadium des unnatürlichen
Daseins, zu dem sie sich verdammt
haben, als sie ihren Bund schlossen.
Honoré de Balzac, Physiologie der Ehe

Entbehren müssen, was man liebt,
ist noch ein Glück im Vergleich
zu dem Zwang, mit dem zu leben,
was man hasst.
Jean de La Bruyère, Die Charaktere

Er ist Doktor, sie ist Meister.
Deutsches Sprichwort

Er lebte, nahm ein Weib und starb.
Christian Fürchtegott Gellert, Fabeln und Erzählungen

»Er soll dein Herr sein«,
ist die Formel
einer barbarischen Zeit,
die lange vorüber ist.
Johann Wolfgang von Goethe,
Die guten Weiber (Seyton)

Erinnert euch stets, dass auch in der
Ehe die Lust nur dann rechtmäßig ist,
wenn die Begierde geteilt wird.
Fürchtet nicht, meine Kinder,
dass dieses Gesetz euch voneinander
entfernt; es wird euch vielmehr
beide aufmerksamer machen,
einander zu gefallen und
der Übersättigung vorzubeugen.
Jean-Jacques Rousseau, Emile

Erst verheiratet man die jungen Leute
miteinander, obwohl sie sich nicht
lieben, und dann wundert man sich,
dass sie sich nicht vertragen.
Leo N. Tolstoi, Die Kreutzersonate

Es geht mit allen Geschäften wie
mit der Ehe, man denkt wunder,
was man zustande gebracht habe,
wenn man kopuliert ist, und nun
geht der Teufel erst recht los.
Johann Wolfgang von Goethe, Briefe
(an Schiller, 5. Juli 1802)

Es genügt in der Liebe,
durch liebenswürdige Eigenschaften,
durch Reize zu gefallen.
Aber in der Ehe muss man
einander lieben, um glücklich zu sein,
oder wenigstens zueinander
passende Fehler haben.
Chamfort, Maximen und Gedanken

Es gibt eine eheliche Liebe,
die nach den Tagen der feurigen,
gewitterartigen Liebe, die den Mann
zu dem Weibe führt, als stille,
durchaus aufrichtige, süße
Freundschaft auftritt,
die über alles Lob und über allen Tadel
erhaben ist, und die vielleicht
das Spiegelklarste ist, was menschliche
Verhältnisse aufzuweisen haben.
Adalbert Stifter, Der Nachsommer

Es gibt nichts Beglückenderes
für einen Mann als die unbedingte
Ergebenheit eines weiblichen Gemüts.
Wilhelm von Humboldt, Briefe an eine Freundin

Es gibt nur eine böse Frau
auf der Welt,
aber jeder meint, er habe sie.
Deutsches Sprichwort

Es gibt wohl gute Ehen,
aber dann sind sie nicht vergnüglich.
François de La Rochefoucauld, Reflexionen

Es ist das Geheimnis einer guten Ehe,
einer Serienaufführung immer wieder
Premierenstimmung zu geben.
Max Ophüls

Es ist ein Irrtum zu glauben,
dass Frauen, die sich im Hintergrund
halten, auch in der Ehe nur immer
die zweite Geige spielen.
Margie Jürgens

Es ist großartig,
wenn man bedenkt,
was die verschiedenen Menschen
aus der Ehe gemacht haben.
Als hätte jeder einen Wurzelstock
bekommen, um sich daran
zu versuchen.
Anne Morrow Lindbergh,
Verschlossene Räume, offene Türen

»Es ist gut für den Mann,
keine Frau zu berühren.«
Wegen der Gefahr der Unzucht
soll aber jeder seine Frau haben,
und jede soll ihren Mann haben.
Neues Testament, Paulus (1 Korinther 7, 1–2)

Es ist in der Ehe nicht anders
als auch sonst unter den Menschen:
Wer seinen Nächsten verurteilt,
kann immer irren.
Wer ihm verzeiht, der irrt nie.
Heinrich Waggerl, Wagrainer Bilderbuch

Es ist leichter, Liebhaber als Ehemann
zu sein, weil es schwerer ist, alle Tage
Geist zu haben, als von Zeit zu Zeit
eine hübsche Bemerkung zu machen.
Honoré de Balzac, Physiologie der Ehe

Es ist meine Erfahrung,
dass die Ehe nicht glücklicher macht.
Sie nimmt die Illusion,
die vorher das ganze Wesen trug,
dass es eine Schwesterseele gäbe.
Paula Modersohn-Becker,
Tagebuchblätter (31. März 1902)

Es ist schlimm, wenn zwei Eheleute
einander langweilen. Viel schlimmer
jedoch ist es, wenn nur einer von
ihnen den anderen langweilt.
Marie von Ebner-Eschenbach, Aphorismen

Es ist so manche Ehe entweiht worden,
obwohl es nicht durch einen Fremden
geschah.
Søren Kierkegaard, Der Begriff Angst

Es macht nicht viel Unterschied,
ob man Christus zu seinem Bräutigam
macht oder den Bräutigam
zu seinem Christus.
Ludwig Marcuse, Argumente und Rezepte.
Ein Wörter-Buch für Zeitgenossen

Es sind nicht alle Huren,
die einem Manne zu Willen sind.
Deutsches Sprichwort

Es sind nicht die schlechtesten Ehen,
wenn ein Blitz mit einem Blitzableiter
verheiratet ist.
Tilla Durieux

Es sollte nicht erlaubt sein,
im Zustande der Verliebtheit einen
Entschluss über sein Leben zu fassen
und einer heftigen Grille wegen den
Charakter seiner Gesellschaft ein für
alle Mal festzusetzen: Man sollte die
Schwüre der Liebenden öffentlich für
ungültig erklären und ihnen die Ehe
verweigern – und zwar, weil man die
Ehe unsäglich wichtiger nehmen sollte!
Friedrich Nietzsche, Morgenröte

Es waren zwei Brüder, die waren klug,
und ein dritter, der war verheiratet.
Sprichwort aus Polen

Fast alle Ehen sind nur Konkubinate.
Friedrich Schlegel, Fragmente

Fast jeder Mann wirft seiner Frau
Dinge vor, deren sie sich nicht
schuldig fühlt, und umgekehrt. Aber
weder wird die eine Seite mit ihren
Beschuldigungen je aufhören noch die
andere sich je rechtfertigen können.
Leo N. Tolstoi, Tagebücher (1897)

Folgendes sind die Stücke einer Ehe:
Die natürliche Befriedigung
des Geschlechtstriebs;
Zeugung und Nachkommenschaft;
Hausgemeinschaft
und gegenseitige Treue.
Martin Luther, Tischreden

Frau, ehre deinen Gebieter;
er arbeitet für dich,
er verdient dir dein Brot,
er ernährt dich;
das ist der Mann.
Jean-Jacques Rousseau, Emile

Frauen werden nur
von ihren Männern erkannt.
Nur der Ehemann sieht sie
hinter den Kulissen.
Leo N. Tolstoi, Tagebücher (1901)

Freunde sind doch immer zwei,
Mann und Frau sind eins.
Chinesisches Sprichwort

Freundschaft kann nur zwischen
Menschen mit gleichen Interessen,
ungefähr gleichen Anschauungen
entstehen. Mann und Frau sind
durch die Gesellschaftsordnung
mit unterschiedlichen Interessen,
mit unterschiedlichen Anschauungen
geboren; darum kann Freundschaft
zwischen den Geschlechtern nur in
der Ehe entstehen, wo die Interessen
identisch werden, dort aber nur
so lange, wie die Frau ihr ganzes
Interesse der Familie widmet,
für die der Mann arbeitet.
August Strindberg, Der Sohn der Magd

Für die Braut Musik und Schönheit;
für die Frau Hunger und Durst.
Sprichwort aus Estland

Für eine Frau bedeutet die Ehe
mit einem schlechten Mann,
lebendig begraben zu sein.
Chinesisches Sprichwort

Für jede Frau,
die aus ihrem Mann
einen Narren macht,
gibt es eine andere,
die imstande ist,
ihn wieder zu heilen.
Sprichwort aus den USA

Gemeinsame geistige Tätigkeit
verbindet enger als das Band der Ehe.
Marie von Ebner-Eschenbach, Aphorismen

Gezwungene Ehe – des Herzens Wehe.
Deutsches Sprichwort

Glück in der Ehe
setzt viele kleine Aufmerksamkeiten
und manchmal
eine große Unaufmerksamkeit voraus.
Inge Meysel

Glücklich der Mann,
der seiner Frau alles sagen kann.
Stendhal, Über die Liebe (Fragmente)

Gott gab sie dir, dich in
deinen Mühseligkeiten zu trösten,
dir deine Leiden zu lindern;
das ist die Frau.
Jean-Jacques Rousseau, Emile

Gott, schick mir einen reichen Mann,
auf den Verstand kommt mir's nicht an.
Sprichwort aus Spanien

Gut gehenkt ist besser
als schlecht verheiratet.
William Shakespeare, Was ihr wollt (Narr)

Haben nicht alle Ehemänner
einigen Anlass zu zittern,
wenn sie daran denken, dass der
Mensch von Natur ein Bedürfnis hat,
Abwechslung in seine Kost
zu bringen?
Honoré de Balzac, Die Physiologie der Ehe

Habt ihr nicht gelesen, dass der
Schöpfer die Menschen am Anfang
als Mann und Frau geschaffen hat
und dass er gesagt hat: Darum wird
der Mann Vater und Mutter verlassen
und sich an seine Frau binden, und
die zwei werden ein Fleisch sein.
Sie sind also nicht mehr zwei, sondern
eins. Was aber Gott verbunden hat,
das darf der Mensch nicht trennen.
Neues Testament, Matthäus 19, 5–6 (Jesus)

Halb zog sie ihn, halb sank er hin,
Und ward nicht mehr gesehen.
Johann Wolfgang von Goethe, Der Fischer

Hässliche Weiber hüten das Haus wohl.
Deutsches Sprichwort

Hässliches Scheusal,
denke nicht an die Ehe,
deine Berufung liegt woanders,
und dafür ist dir viel gegeben.
Leo N. Tolstoi, Tagebücher (1862)

Hätt ich mal einen Mann,
dann säh ich's grade gern,
Zeigt er, wie sich's gehört,
im Haushalt mir den Herrn.
Molière, Die gelehrten Frauen (Martine)

Hauptursache für unglückliche Ehen
ist, dass die Menschen
in dem Gedanken erzogen werden,
die Ehe schenke Glück.
Die Ehe ist aber keineswegs Glück,
vielmehr immer Leiden,
mit dem der Mensch für seine
sexuelle Befriedigung bezahlt.
Leo N. Tolstoi, Tagebücher (1899)

Häuslichkeit ist der Schutzengel
des Ehe- und Familienstandes,
Zerstreuung aber die Todfeindin;
daher auch Häuslichkeit,
Ehe- und Familienglück
immer seltener werden.
Karl Julius Weber, Democritos

Heimlich Verlöbnis stiftet keine Ehe.
Deutsches Sprichwort

Herr Ober, bitte eine andre Frau!
Erich Kästner, Dr. Erich Kästners lyrische Hausapotheke

Heute ist eine Ehe schon glücklich,
wenn man dreimal
die Scheidung verschiebt.
Danny Kaye

Hinter einer langen Ehe steht immer
eine sehr kluge Frau.
Ephraim Kishon

Hört ein Mann beim ersten Mal
nicht auf das Bettgeflüster seiner Frau,
hört er es doch beim zweiten Male.
Chinesisches Sprichwort

Hüte dich vor einer Frau,
die von ihrer Tugend spricht.
Honoré de Balzac, Physiologie der Ehe

Ich bin klein und nichtswürdig.
Und dies, seit ich eine Frau heiratete,
die ich liebe.
Leo N. Tolstoi, Tagebücher (1863)

Ich glaube nicht, dass man jemals
eine perfekte Ehe geliefert bekommt.
Es ist wie beim Gesicht, dem Körper,
den Bedingungen und dem Leben.
Man erhielt sie, um sie zu gestalten.
Anne Morrow Lindbergh,
Verschlossene Räume, offene Türen

Ich habe beobachtet, dass eigentlich
nur solche Ehen in die Brüche gehen,
die wegen der Schönheit und aus
Liebessehnsucht zustande gekommen
sind: Die Ehe braucht festere und
dauerhaftere Grundlagen, große
Behutsamkeit ist, wenn man sich
zu ihr entschließt, vonnöten,
kochende Liebesglut taugt dazu nicht.
Michel Eyquem de Montaigne, Die Essais

Ich habe immer gesehn, dass Ehen,
die früh geschlossen wurden,
am glücklichsten waren.
Novalis, Heinrich von Ofterdingen (Großvater)

Ich habe oftmals gedacht,
dass man, wenn man das Glück der
Liebe in der Ehe verlängern könnte,
das Paradies auf Erden haben würde.
Dies ist bisher noch niemals
vorgekommen.
Jean-Jacques Rousseau, Emile

Ich konnte es nicht mehr aushalten
und werde es wohl auch nie wieder
aushalten können. Es war mir alles
zu eng und nicht das und immer
weniger das, was ich brauchte.
Paula Modersohn-Becker, Briefe
(an die Mutter, 8. Mai 1906)

Ich muss lernen,
mit dem Mühlstein
am Hals nicht zu ertrinken.
Leo N. Tolstoi, Tagebücher (1884)

Ich verheiratete mich,
wurde zum Hahnrei gemacht
und erkannte,
dass dies der süßeste Zustand
des Lebens sei.
Voltaire, Geschichte der Reisen Scarmentados

Ich weiß, dass der Mann
in der Welt draußen das Pfauenrad
zu schlagen hat, während er sich
zu Hause »ausruhen« will.
Das ist das Los der Frau.
Aber nicht das meine!
Alma Mahler-Werfel, Mein Leben

Ich würde in der Sprache der
Galanterie (doch nicht ohne Wahrheit)
sagen: Die Frau soll herrschen
und der Mann regieren;
denn die Neigung herrscht,
und der Verstand regiert.
Immanuel Kant,
Anthropologie in pragmatischer Hinsicht

Ihr seid einander Treue,
nicht Willfährigkeit schuldig.
Ein jeder von beiden kann nur dem
andern zugehören;
jeder von beiden kann
dem andern nur so weit zugehören,
wie es ihm gefällt.
Jean-Jacques Rousseau, Emile

Ihr sollt aber wissen, dass
Christus das Haupt des Mannes ist,
der Mann das Haupt der Frau
und Gott das Haupt Christi.
Neues Testament, Paulus (1 Korinther 11, 3)

Im Allgemeinen enthüllt eine junge
Person ihren wahren Charakter
erst nach zwei oder drei Ehejahren.
Ohne es zu wollen, verhehlt sie ihre
Fehler inmitten der ersten Freuden,
der ersten Feste.
Honoré de Balzac, Die kleinen Nöte des Ehelebens

Im Allgemeinen verraten
die verheirateten Leute
die Kälte ihrer Gefühle
mit derselben Naivität,
womit sie ihre Liebe
zur Schau trugen.
Honoré de Balzac, Die Physiologie der Ehe

Im Bett wie Mann und Frau,
außerhalb des Betts wie Gäste.
Chinesisches Sprichwort

Im Ehestand muss man
sich manchmal streiten,
denn dadurch erfährt man
was voneinander.
Johann Wolfgang von Goethe,
Die Wahlverwandtschaften

Im vierten Jahr unserer Ehe
waren wir beide fest davon überzeugt,
dass wir einander nie verstehen,
nie zu einer Übereinstimmung
miteinander gelangen würden.
Wir machten nicht mehr den Versuch,
uns einmal richtig
auszusprechen.
Leo N. Tolstoi, Die Kreutzersonate

In dem Augenblick, da in der Ehe
der Kampf zwischen der Tugend
und der Inkonsequenz beginnt,
läuft die ganze Frage darauf hinaus,
dass deine Frau fortwährend
unwillkürliche Vergleiche zwischen dir
und einem Liebhaber anstellt.
Honoré de Balzac, Physiologie der Ehe

In dem ehelichen Leben
soll das vereinigte Paar
gleichsam eine einzige
moralische Person ausmachen,
welche durch den Verstand
des Mannes und den Geschmack
der Frauen belebt und regiert wird.
Immanuel Kant,
Über das Gefühl des Schönen und Erhabenen

In der Ehe geht der Augenblick,
da zwei Herzen
einander verstehen können,
so schnell vorüber wie ein Blitz;
und ist er einmal vorüber,
so kehrt er niemals zurück.
Honoré de Balzac, Die Physiologie der Ehe

In der Ehe geht, wie auch sonst,
Zufriedenheit über Reichtum.
Molière, Arzt wider Willen (Jacqueline)

In der Ehe ist es am sichersten, mit
einer kleinen Aversion zu beginnen.
Richard B. Sheridan, Die Nebenbuhler

In der Ehe ist es wichtig,
dass man versteht, harmonisch
miteinander zu streiten.
Anita Ekberg

In der Ehe kommt,
gewöhnlich erst spät,
die entscheidende Stunde,
in der man sich kennen lernt.
Heinrich Waggerl, Aphorismen

In der Ehe mag kein Frieden sein,
regiert darin das Mein und Dein.
Deutsches Sprichwort

In der Ehe muss man
einen unaufhörlichen Kampf
gegen ein Ungeheuer führen,
das alles verschlingt:
die Gewohnheit.
Honoré de Balzac, Physiologie der Ehe

In der Ehe pflegt gewöhnlich
immer einer der Dumme zu sein.
Nur wenn zwei Dumme heiraten
– das kann mitunter gutgehen.
Kurt Tucholsky, Schnipsel

In der Ehe sind die Herzen verbunden,
die Leiber aber sind nicht unterjocht.
Jean-Jacques Rousseau, Emile

In der Ehe soll gegenseitiges,
uneingeschränktes Zutrauen,
soll Offenherzigkeit herrschen.
Adolph Freiherr von Knigge,
Über den Umgang mit Menschen

In der Ehe stammen
Drehbuch und Regie vom Mann,
Dialoge und Ton von der Frau.
Federico Fellini

In einem gewissen Stadium der Ehe
muss eine Entscheidung getroffen
werden: Entweder dass der Gatte
sich entschließt, zum Vater seiner
bisherigen Gattin, oder dass diese
sich entschließt, zur Mutter ihres
bisherigen Gatten zu werden.
Arthur Schnitzler,
Aphorismen und Betrachtungen aus dem Nachlass

In einer guten Eh
ist wohl das Haupt der Mann,
Jedoch das Herz das Weib,
das er nicht missen kann.
Friedrich Rückert, Die Weisheit des Brahmanen

In welchem Land der Erde sind die
Ehen am glücklichsten? Unzweifelhaft
im protestantischen Deutschland.
Stendhal, Über die Liebe

In wohl eingerichteten Reichen
und Republiken sollten die Ehen
auf Zeit geschlossen und
alle drei Jahre aufgelöst
oder neu bestätigt werden
wie jeder andere Pachtvertrag, statt
das ganze Leben in Kraft zu bleiben,
zur ewigen Marter für beide Teile.
Miguel de Cervantes Saavedra,
Das Ehegericht (Mariana)

Ist aber der Mann
unzufrieden in seiner Ehe,
so wird man sehen,
welche Unruhe er
seinem Weibe verursacht.
Teresa von Ávila, Weg der Vollkommenheit

Ist das Frühstück schlecht,
so misslingt der ganze Tag;
ist das Kleid schlecht, das ganze Jahr;
ist die Frau schlecht, dann misslingt
das ganze Leben.
Sprichwort aus Indien

Ist das Geld die Braut,
so taugt die Ehe selten etwas.
Deutsches Sprichwort

Ist deine Frau klein,
so beuge dich zu ihr und höre.
Talmud

Ist denn nicht das eheliche Band
sowohl die freiste als auch heiligste
von allen Verbindungen?
Jean-Jacques Rousseau,
Julie oder Die neue Héloïse (Eduard)

Ist die Decke über dem Kopf,
so sind die Eheleute gleich reich.
Deutsches Sprichwort

Je erfolgreicher ein Mann
in seiner Stellung ist, desto sicherer
ist jedermann, dass er auch
einen begehrenswerten Ehemann
abgeben wird;
je erfolgreicher eine Frau ist,
umso mehr fürchten die meisten Leute,
dass sie keine erfolgreiche Ehefrau
sein wird.
Margaret Mead, Mann und Weib

Je mehr einer Frau die Betätigung
in der Gesellschaft auf dem Niveau
ihrer Fähigkeiten verwehrt wird,
umso mehr werden sich Hausarbeit
und Ehefrauen- und Mutterpflichten
ausdehnen – und umso mehr wird
sie trachten, niemals mit diesen
Arbeiten fertig zu werden, um nicht
ganz unbeschäftigt zu sein.
Betty Friedan, Der Weiblichkeitswahn

Je mehr Reiche und Arme es gibt,
desto weniger Väter und Ehemänner
gibt es. Der Herr und der Knecht
haben keine Familie mehr;
ein jeder von beiden kennt
nur noch seinen Stand.
Jean-Jacques Rousseau, Emile

Jeder Mensch ist eine Melodie.
Lieben heißt: sie innehaben.
Ich bin für dich,
du bist für mich ein Lied.
Franz Werfel, Ehespruch

Jeder solche Streit,
wie belanglos er auch sein mag,
bedeutet eine Wunde – der Liebe.
Leo N. Tolstoi, Tagebücher (1863)

Jedes brave eheliche Verhältnis
endet mit Freundschaft.
Marie von Ebner-Eschenbach, Aphorismen

Jedes Experiment ist wertvoll, und was
man auch gegen die Ehe sagen kann,
sie ist sicher ein Experiment.
Oscar Wilde, Das Bildnis des Dorian Gray

Jedes Paar
schafft sich seine eigene Ehe.
Anne Morrow Lindbergh, Muscheln in meiner Hand

Jener ging wie ein Held auf Wahrheiten aus, und endlich erbeutete
er sich eine kleine geputzte Lüge.
Seine Ehe nennt er's.
Friedrich Nietzsche, Also sprach Zarathustra

Kein Ehepflicht ohn Sünd geschieht.
Martin Luther

Kein System konnte erdacht werden,
das mit mehr Eifer das menschliche
Glück befehdet hat, als die Ehe.
Percy Bysshe Shelley, Queen Mab

Kein Topf ist so schlecht,
dass er nicht seinen Deckel findet.
Sprichwort aus Frankreich

Kein Töpfchen so schief,
es findet sich ein Deckelchen drauf.
Deutsches Sprichwort

Keine Art der Quälerei gibt es, die
der zivilisierte Mann nicht ungestraft
an der Frau verüben könnte.
Die einzige Vergeltung, die in ihrer
Macht steht, bringt das Zerwürfnis
der Ehe mit sich (...).
Denis Diderot, Über die Frauen

Keine Ehe ist so viel wert,
wie ihre Scheidung kostet.
Rolf Hochhuth

Kennet der Fisch Gattin?
Sind die Gesetze der Ehe anders
als untergeordnete Gesetze
der Fortpflanzung des Universums?
Johann Gottfried Herder,
Journal meiner Reise im Jahr 1769

Kinder sind der süße Mörtel,
der das wacklige Gebäude der Ehe
zusammenhält. Oder es endgültig
zum Einstürzen bringt.
Ephraim Kishon, Kishon für alle Fälle

Kluge Ehemänner, man muss dem
Frieden die väterliche Liebe aufopfern.
Jean-Jacques Rousseau, Emile

Kurz und gut,
Sie soll im allerhöchsten Grad
unwissend sein;
Und unumwunden sag ich:
Es genügt für sie,
Wofern sie mich nur liebt, fest betet,
näht und spinnt.
Molière, Die Schule der Frauen (Arnolf)

Langjährige Ehemänner
haben im Allgemeinen
ein angeborenes Koordinationstalent.
Ephraim Kishon, Kishon für alle Fälle

Lass sie am Sonnenlicht sich vergnügen,
Fleißig bei ihren Weibern liegen,
Damit wir tapfer Kinder kriegen.
Johann Wolfgang von Goethe,
Jahrmarktsfest zu Plundersweilern (Ahasverus)

Lassen Sie sich gesagt sein, dass
mein Mann der beste Freund ist,
den ich auf der Welt habe, dass
ich ihm alles opfern würde
außer meinem Geliebten und dass
auch er alles für mich tun würde,
nur nicht seine Geliebte aufgeben.
Voltaire, Der Lauf der Welt

Lasst mich doch, bitte,
auch in Zukunft mein Leben
ohne die Fessel der Ehe führen!
Waltharilied (Walther)

Lässt nun ein Ehemann im höchsten
Zorn sich hinreißen, seinen bestimmten Willen auszusprechen, dann sehen
sie ihn mit unterwürfiger Miene an,
neigen das Haupt und schweigen.
Diese Pantomimik bringt fast immer
einen Ehemann außer sich.
Honoré de Balzac, Physiologie der Ehe

Liebe ist der Einklang von Bedürfnis
und Empfindung, das Glück in der Ehe
beruht auf einer völligen seelischen
Übereinstimmung der Gatten.
Honoré de Balzac, Physiologie der Ehe

Man darf weder Überdruss aufkommen
lassen, noch die Begierde abweisen;
man darf nicht verweigern, um zu
verweigern, sondern um den Wert
dessen zu erhöhen, was man gewährt.
Jean-Jacques Rousseau, Emile

Man fühlt in der Ehe doppelt das
Unverstandensein, weil das ganze
frühere Leben darauf hinausging, ein
Wesen zu finden, das versteht. Und ist
es vielleicht nicht doch besser ohne
Illusion? Aug' in Auge einer großen
einsamen Wahrheit? – Dies schreibe
ich in mein Küchenhaushaltebuch am
Ostersonntag 1902, sitze in meiner
Küche und koche Kalbsbraten.
Paula Modersohn-Becker,
Tagebuchblätter (31. März 1902)

Man heißt die Ehe gut, erstens weil
man sie noch nicht kennt, zweitens
weil man sich an sie gewöhnt hat,
drittens weil man sie geschlossen hat
– das heißt fast in allen Fällen.
Und doch ist damit nichts für die Güte
der Ehe überhaupt bewiesen.
Friedrich Nietzsche, Morgenröte

Man kann keine Ehe
auf Distanz führen.
Alma Mahler-Werfel, Mein Leben

Man lasse sich nie mit der Ehe ein.
Eheleute geloben einander Liebe auf
ewig. Das ist nun zwar ziemlich leicht,
hat aber auch nicht viel zu bedeuten.
Denn wird man mit der Zeit fertig, so
wird man auch noch mit der Ewigkeit
fertig werden. Wenn daher die Betreffenden statt »auf ewig« etwa sagen
würden »bis Ostern« oder »bis zum
nächsten Mai«, so hätte das doch einen
Sinn; denn damit wäre wirklich
etwas gesagt, etwas, was man
vielleicht halten könnte.
Søren Kierkegaard, Entweder – Oder

Man muss das Joch schon ertragen,
das man sich auferlegt hat.
Jean-Jacques Rousseau, Emile

Man muss sich hüten,
in ein Lebensverhältnis einzutreten, in
dem man zu mehreren werden kann.
Darum ist schon die Freundschaft
gefährlich, noch mehr die Ehe.
Søren Kierkegaard, Entweder – Oder

Man muss sich untereinander helfen,
das ist eigentlich das Beste von der
Ehe. Sich helfen und unterstützen
und vor allem nachsichtig sein und
sich in das Recht des andern einleben.
Theodor Fontane, Unwiederbringlich

Man zweifelt nicht an seiner Zuneigung, aber kein ernsthaft veranlagter
Mensch ist wohl jemals eine Ehe eingegangen, ohne sich vorher zu fragen,
ob es ihm auch gelingen wird, diese
schwierige und wichtigste Aufgabe,
die es gibt – und als solche muss
sie gewiss betrachtet werden –,
auch zum Erfolg zu führen.
Anne Morrow Lindbergh, Blume und Nessel

Manche Ehe gilt nur deshalb als gut,
weil beide Partner ungewöhnlich
begabte Schauspieler sind.
Vanessa Redgrave

Manche Ehe ist Verurteilung
zu lebenslanger Doppelhaft,
verschärft durch gelegentliches
weiches Lager.
Harold Pinter

Manche Ehen sind ein Zustand, in
dem zwei Leute es weder mit noch
ohne einander durch längere Zeit
aushalten können.
Marie von Ebner-Eschenbach, Aphorismen

Manche Frau versteht ihren Mann
so gründlich zu verdrängen und
im eigenen Hause zu begraben,
dass draußen in der Welt kein Mensch
von ihm spricht: Lebt er noch? Lebt
er nicht mehr? Man weiß es nicht.
Jean de La Bruyère, Die Charaktere

Manche Frau weint,
weil sie den Mann ihrer Träume
nicht bekommen hat,
und manche weint,
weil sie ihn bekommen hat.
Annette Kolb

Manche Frauen haben ihr ganzes
Leben hindurch eine doppelte Bindung
aufrechtzuerhalten, die gleich schwer
zu lösen und zu verschleiern ist;
bei der einen fehlt nur der Vertrag,
bei der anderen das Herz.
Jean de La Bruyère, Die Charaktere

Manche sind von Geburt an zur Ehe
unfähig, manche sind von den Menschen dazu gemacht, und manche
haben sich selbst dazu gemacht –
um des Himmelreiches willen.
Wer das erfassen kann, der erfasse es.
Neues Testament, Matthäus 19, 12 (Jesus)

Mann soll sich beim Eingehen einer
Ehe die Frage vorlegen: Glaubst du,
dich mit dieser Frau bis ins Alter
hinein gut zu unterhalten? Alles
andere in der Ehe ist transitorisch,
aber die meiste Zeit des Verkehrs
gehört dem Gespräch an.
Friedrich Nietzsche, Menschliches, Allzumenschliches

Mann und Frau kennen keinen Groll,
der eine Nacht überlebt.
Chinesisches Sprichwort

Männlein Adam war älter
als Fräulein Eva;
wähle dir keine Gehilfin,
die älter ist als du!
Weiber verbleichen
zeitiger als wir.
Theodor Gottlieb von Hippel,
Über die Ehe (Zum Besten der Jünglinge)

Mein liebster Freund,
mein bester Mann,
deiner Psyche Seelenglück!
Lucius Apuleius, Der goldene Esel (Psyche)

Meine erste Frau war meine Frau,
meine zweite mein Herr,
die dritte meine Ikone.
Sprichwort aus Bulgarien

Meine Schwiegertochter ist nur
selten vergnügt. Ihr Befinden, ihre
Stimmungen wallen hin und her,
sie wechselt ihre Miene hundertmal
am Tag, ohne eine gute zu finden.
Sie ist außerordentlich zart, geht
sozusagen nie spazieren, friert ständig.
Abends um neun Uhr ist sie völlig
ausgelöscht, die Tage sind zu lang
für sie.
Marie de Rabuthin-Chantal Marquise de Sévigné,
Briefe (an Frau von Grignan, 27. September 1684)

Mich überraschte der Gedanke,
dass eine der Hauptursachen für die
Feindseligkeit zwischen Ehegatten
der Wettstreit um die Führung
in der Familie ist.
Leo N. Tolstoi, Tagebücher (1893)

Mir jedenfalls wäre lieber,
wenn mich meine Frau
in einem plötzlichen Wutanfall
einmal im Jahr zu erstechen versuchte,
als dass sie mir jeden Abend
mit Missmut begegnete.
Stendhal, Über die Liebe

Mir wird alles Unveränderliche
zur Schranke, und alle Schranke
zur Beschränkung. Die Ehe ist eine
bürgerliche, physische und in unendlich vielen Fällen auch geistige
Notwendigkeit. Der Notwendigkeit
ist die Menschheit untergeordnet,
jede aber ist mit Regalien verknüpft.
Friedrich Hebbel, Briefe
(an Elise Lensing, 14. Dezember 1836)

Mit bloßen Reizen, leiblichen oder
geistigen, in der Ehe zu fesseln hoffen,
ohne das Herz und ohne die Vernunft,
welche allein anknüpfen und festhalten, heißt eine Blumenkette oder einen
Blumenkranz aus bloßen Blumen ohne
ihre Stengel machen wollen.
Jean Paul, Der Komet

Möglichst asketisch leben,
asketischer als ein Junggeselle,
das ist die einzige Möglichkeit
für mich, die Ehe zu ertragen.
Aber sie?
Franz Kafka, Tagebücher (1913)

Nicht die Frau verfügt über ihren Leib,
sondern der Mann. Ebenso verfügt
nicht der Mann über seinen Leib,
sondern die Frau.
Entzieht euch einander nicht,
außer im gegenseitigen Einverständnis
und nur eine Zeit lang,
um für das Gebet frei zu sein.
Dann kommt wieder zusammen,
damit euch der Satan
nicht in Versuchung führt,
wenn ihr euch nicht enthalten könnt.
Neues Testament, Paulus (1 Korinther 7, 4-5)

Nicht nur fort sollst du dich pflanzen,
sondern hinauf!
Dazu helfe dir der Garten der Ehe!
Friedrich Nietzsche, Also sprach Zarathustra

Nichts ist schwerer
als die Wahl eines guten Mannes,
wenn es nicht vielleicht
die Wahl einer guten Frau ist.
Jean-Jacques Rousseau, Emile

Nichts ist seltener als ein Mensch, den
man immer um sich ertragen kann.
Giacomo Leopardi, Gedanken aus dem Zibaldone

Nichts sollte die Ehe trennen
als gerade das, was nicht trennt,
die unheilbare Verschiedenheit
der Gesinnungen.
Sophie Mereau, Betrachtungen

Nie mehr wird sie klettern,
sie wird dicker und dicker werden
und nie mehr leichtfüßig und nur
für sich selber verantwortlich
schwierige Touren machen,
zentnerschwer wird das Leben
als Mutter und Ehefrau
an ihr hängen.
Luise Rinser, Den Wolf umarmen

Niemals wird ein Ehemann
so gut gerächt werden
wie durch den Liebhaber seiner Frau.
Honoré de Balzac, Physiologie der Ehe

Niemand um ein totes Weib
fährt zur Höll in unsern Jahren;
Aber um ein lebend Weib
will zur Hölle mancher fahren.
Friedrich von Logau, Sinngedichte

Niemand will die Tragödien, die
Niederträchtigkeiten des Ehelebens
leugnen. Falsch ist nur, wenn die
Befürworter der Ehe behaupten, die
Konflikte verheirateter Paare hätten
ihren Ursprung in der Unaufrichtigkeit
der Individuen, nicht in der Institution
der Ehe selbst.
Simone de Beauvoir, Das andere Geschlecht

Nimm mich mit, es sei dein Teil
Wonne, Jammer, Leben, Sterben!
Nimm mich mit ins ew'ge Heil
und ins ewige Verderben!
Betty Paoli, Gedichte

O, dass ich dich fand,
Einzig warm und fest,
Hand in meiner Hand.
Ina Seidel, Ehe

O Gott, wenn mir einst
das bescheidne Los fallen sollte,
das ich begehre, ein Weib,
ein eignes Haus und Freiheit.
Heinrich von Kleist, Briefe
(an Wilhelmine von Zenge, 14. April 1801)

O meine Gattin!
Meine würdige, keusche Gefährtin!
O Glanz und Glück meines Lebens!
Jean-Jacques Rousseau,
Julie oder Die neue Héloïse (Saint-Preux)

O wolle Gott ein abgekürztes Leben
Den unfolgsamen Ehegatten geben!
Geoffrey Chaucer, Canterbury-Erzählungen

Ob zwei Leute gut getan haben,
einander zu heiraten,
kann man bei ihrer silbernen Hochzeit
noch nicht wissen.
Marie von Ebner-Eschenbach, Aphorismen

Obwohl die Gleichheit des Standes
zur Ehe nicht nötig ist,
gibt diese Gleichheit dennoch,
wenn sie sich zu den anderen
Übereinstimmungen gesellt,
ihr einen neuen Wert.
Jean-Jacques Rousseau, Emile

Öffne dein Herz auch dann nicht
deiner Frau, wenn sie dir bereits
sieben Kinder geboren hat.
Sprichwort aus Japan

Oft wird in der Ehe
eine allzu große Mitgift zum Unheil.
Decimus Magnus Ausonius, Technopaegnion

Ohne Ehe ist der Mensch
überall und nirgends zu Hause.
Bogumil Goltz,
Zur Charakteristik und Naturgeschichte der Frauen

Ohne Kind konnte eine Ehe
kaum ihren Ausdruck finden.
Liebe musste sichtbar gemacht werden.
Anne Morrow Lindbergh, Halte das Herz fest

Ohne Rücksicht
auf die tatsächlichen Fähigkeiten
des Einzelnen glaubt der Mann,
dass er das Recht hat
zu befehlen
und die Frau die Pflicht
zu gehorchen.
John Stuart Mill, Die Hörigkeit der Frau

Preise die Ehefrau,
aber bleibe ledig.
Sprichwort aus Italien

Raum ist in der kleinsten Hütte
Für ein glücklich liebend Paar.
Friedrich Schiller, Der Jüngling am Bache

Richtig verheiratet ist ein Mann
erst dann, wenn er jedes Wort versteht,
das seine Frau nicht gesagt hat.
Alfred Hitchcock

Schlimm steht es um ein Haus,
wo das Schwert nach der Spindel tanzt.
Sprichwort aus Spanien

Schmollt der Mann und grillt die Frau,
So fasst sie nur behände,
Führt mir nach dem Mittag sie,
Und ihn an Nordens Ende.
Johann Wolfgang von Goethe, Faust II (Titania)

Schon die Freundschaft ist gefährlich;
die Ehe aber ist es noch mehr,
denn das Weib ist und bleibt
der Ruin des Mannes, sobald er
in ein dauerndes Verhältnis zu ihr tritt.
Søren Kierkegaard, Entweder – Oder

Schönen Mädchen stößt es oft zu,
dass sie ihren schlecht behandelten
Liebhabern durch hässliche oder alte
oder unwürdige Ehegatten
Genugtuung geben.
Jean de La Bruyère, Die Charaktere

Schönheitsfülle nicht,
O Weib, der Tugend Schätze
sind es, die das Herz
Des Ehegatten fesseln.
Euripides, Andromache

Sie hatte kein Geld.
Und er hatte keins.
Da machten sie Hochzeit
und lachten sich eins.
Erich Kästner, Dr. Erich Kästners lyrische Hausapotheke

Sie sind in der Gesellschaft nicht mehr
Sie selber, wenn Ihre Frau dabei ist.
Honoré de Balzac, Die kleinen Nöte des Ehelebens

Sie wird deinen Charakter studieren,
um Waffen gegen dich zu finden.
Honoré de Balzac, Die Physiologie der Ehe

So wenig die Ehe zugesteht,
dass man zwei Herren dient,
so wenig mag sie die Überläufer.
Søren Kierkegaard, Stadien auf dem Lebensweg

Sollte deine Frau
Roussillonwein trinken,
Hammelfilet essen, zu jeder
beliebigen Stunde ausgehen
und die Enzyklopädie lesen wollen,
dann musst du sie auf die dringlichste
Weise dazu auffordern.
Honoré de Balzac, Physiologie der Ehe

Sollte man nicht die Kunst
entdecken können,
die Liebe der eigenen Frau
zu gewinnen?
Jean de La Bruyère, Die Charaktere

Sorgsame Pflichterfüllung
in allen Belangen
ist das sicherste Mittel,
der beständig fortdauernden
Zärtlichkeit seiner Ehehälfte
gewiss zu sein.
Adolph Freiherr von Knigge,
Über den Umgang mit Menschen

Soweit die Erde
Himmel sein kann,
soweit ist sie es
in einer glücklichen Ehe.
Marie von Ebner-Eschenbach, Aphorismen

Späte Ehen haben den Vorteil,
dass sie nicht so lang dauern.
Robert Lembke, Steinwürfe im Glashaus

Sterbende Ehegatten quält
bei ihrem Ende gewöhnlich
vor allem der Gedanke,
dass der Überlebende
wieder heiraten wird.
August Strindberg, Der Sohn der Magd

Stets mit einem liebenswürdigen
Gesicht die Wohnung betreten,
das ist eines jener Ehegesetze,
die keine Ausnahme dulden.
Honoré de Balzac, Physiologie der Ehe

Träumte, mein Weib liebe mich.
Wie leicht, wie klar wurde mir alles!
Im Wachen nichts dergleichen.
Und das ist es,
was mich zugrunde richtet.
Leo N. Tolstoi, Tagebücher (1884)

Überdies ist es
nach der Ordnung der Natur,
dass die Frau dem Manne gehorche.
Jean-Jacques Rousseau, Emile

Übereilte Eh' tut selten gut.
William Shakespeare, Heinrich VI. (Gloucester)

Und die schlimmsten Ehen sind die,
wo furchtbar »gebildet« gestritten wird,
wenn Sie mir den Ausdruck gestatten
wollen, eine Kriegsführung mit
Sammethandschuhen stattfindet,
oder richtiger noch, wo man sich,
wie beim römischen Karneval, Konfetti
ins Gesicht wirft. Es sieht hübsch aus,
verwundet aber doch.
Theodor Fontane, Frau Jenny Treibel

Und gar vieles zu dulden
verbindet ein einziges Jawort.
Johann Wolfgang von Goethe,
Hermann und Dorothea (9. Gesang)

Unter Eheleuten gibt es Verbrechen,
die nicht aus Eigennutz, sondern
aus reinem Hass begangen werden.
Simone de Beauvoir, Das andere Geschlecht

Verboten sei es deiner Frau,
in eurer Wohnung den Herrn
zu empfangen, den du
als ihren Liebhaber in Verdacht hast,
sowie überhaupt irgendeine
von den Personen,
die an ihrer Liebe
irgendeinen Anteil nehmen könnten.
Honoré de Balzac, Physiologie der Ehe

Versuche es, mit der Geliebten einen
Nachmittag schweigend zu verbringen.
Hält sie das nicht aus, dann taugt sie
auch nicht für die Ehe.
Heinrich Waggerl, Aphorismen

Viele Ehemänner sichern sich
auf lange Zeit
die Liebe ihrer Frau dadurch,
dass sie sich zwei Monate
nach der Hochzeit
eine kleine Mätresse zulegen.
Man nötigt die Ehefrau dadurch,
immer nur an den einen Mann
zu denken, und die Verbindung
wird auf diese Weise unzerreißbar.
Stendhal, Über die Liebe

Viele Ehen brauchen die Untreue,
damit sie Bestand haben.
Alexander Comfort

Viele kurze Torheiten –
das heißt bei euch Liebe.
Und eure Ehe macht
vielen kurzen Torheiten ein Ende,
als eine lange Dummheit.
Friedrich Nietzsche, Also sprach Zarathustra

Viele, von denen man glaubt,
sie seien gestorben,
sind bloß verheiratet.
Françoise Sagan

Von allen Verbindungen,
welche Menschen mit Menschen
im Leben knüpften, kenne ich keine,
die ehrwürdiger, wichtiger und
segensreicher wäre als die Ehe.
Heinrich Zschokke, Stunden der Andacht

War eine Ehe nicht etwas,
was zwei Menschen
gemeinsam aufbauten
und zusammenhielten und -flickten,
wenn es der Ausbesserung bedurfte?
Ein festes Gefüge,
Teil der gesellschaftlichen Gliederung.
Anne Morrow Lindbergh, Halte das Herz fest

Warum kommt eigentlich so selten
eine glückliche Ehe vor?
Honoré de Balzac, Die Physiologie der Ehe

Was für eine seltsame Sache,
diese Gereiztheit – dieses Bedürfnis,
der eigenen Frau zu widersprechen.
Leo N. Tolstoi, Tagebücher (1891)

Was haben, gegen Weiber,
Wir, die Männer, wohl für Waffen?
Deshalb dann regieren sie.
Johann Gottfried Herder, Der Cid

Was hat mir meine Ehe gegeben?
Fürchte mich, es auszusprechen.
Wohl allen das Gleiche.
Leo N. Tolstoi, Tagebücher (1893)

Was ist das Erste,
was ein kleines Mädchen tut,
wenn es einen Papagei gekauft hat?
Nicht wahr, sie sperrt ihn in
einen schönen Käfig ein, aus dem
er nicht ohne ihre Erlaubnis heraus-
kommen kann. Dieses Kind lehrt dich,
was deine Pflicht ist [als Ehemann].
Honoré de Balzac, Physiologie der Ehe

Was ist gezwungne Eh'
als eine Hölle,
Ein Leben voll von Zwist
und stetem Hader?
Indes das Gegenteil
mir Segen bringt
Und Vorbild von des
Himmels Frieden ist.
William Shakespeare, Heinrich VI. (Suffolk)

Was man eine glückliche Ehe nennt,
verhält sich zur Liebe wie ein korrek-
tes Gedicht zu improvisiertem Gesang.
Friedrich Schlegel, Fragmente

Was meine Frau mir befehle,
Treulich sei's erfüllt.
Richard Wagner, Tristan und Isolde (Tristan)

Was nützen dem, dessen Ehe zerbricht,
lauwarme Umschläge? Was soll er mit
warmen Umschlägen anfangen?
Erich Kästner, Dr. Erich Kästners lyrische Hausapotheke

Was wird eine leidenschaftliche Frau
nicht alles wagen,
wenn sie einmal gemerkt hat,
dass ihr Mann einen festen Schlaf hat?
Honoré de Balzac, Physiologie der Ehe

Welchen ausgezeichneten Ratgeber
findet der Mann in seiner Frau,
wenn diese zu denken vermag!
Stendhal, Über die Liebe

Welcher Ehemann wird noch ruhig an
der Seite seiner jungen hübschen Frau
schlafen können, wenn er vernimmt,
dass mindestens drei Junggesellen
auf der Lauer liegen?
Honoré de Balzac, Die Physiologie der Ehe

Wenige Frauen sind so vollkommen,
dass der Mann nicht wenigstens
einmal am Tag bereute, eine Frau
zu haben, oder den glücklich priese,
der keine hat.
Jean de La Bruyère, Die Charaktere

Wenn aber eine Frau
auch etwas bitter ist,
muss sie trotzdem ertragen werden,
denn sie gehört ins Haus.
Martin Luther, Tischreden

Wenn also das Schlafen mit seiner
Frau oder auch der lustvolle Verzehr
einer Speise uns vom ersten Tage
unserer Erschaffung an, als man
sündenlos im Paradies lebte, gestattet
worden ist, wer kann uns dabei einer
Sünde bezichtigen, wenn wir die Grenzen des Erlaubten nicht überschreiten?
Pierre Abélard, Ethica

Wenn der leidgeprüfte Odysseus
auf keine Gefahren gestoßen wäre,
wäre Penelope zwar glücklich gewesen,
doch ohne Ruhm.
Ovid, Gedichte der Trübsal

Wenn der Mann das Amt hat
und die Frau den Verstand,
dann gibt es eine gute Ehe.
Marie von Ebner-Eschenbach, Aphorismen

Wenn der Mann die Frau
einmal schlägt, schlägt er sie mehr.
Deutsches Sprichwort

Wenn die Ehegatten
nicht beisammen lebten,
würden die guten Ehen
häufiger sein.
Friedrich Nietzsche, Menschliches, Allzumenschliches

Wenn die Magd Frau wird,
jagt sie den Herrn aus dem Hause.
Deutsches Sprichwort

Wenn die Tochter unter der Haube ist,
erscheinen die Freier in Scharen.
Sprichwort aus Spanien

Wenn eine Frau
den Namen eines Mannes
nur zweimal täglich ausspricht,
kann vielleicht Ungewissheit
darüber obwalten, welche Gefühle
sie ihm entgegenbringt; aber dreimal!
Oh! Oh!
Honoré de Balzac, Physiologie der Ehe

Wenn eine Frau einem Mann,
der weder Advokat noch Minister ist,
bis an die Tür ihrer Wohnung das
Geleit gibt, ist sie sehr unvorsichtig.
Honoré de Balzac, Physiologie der Ehe

Wenn eine Frau keine intime
Freundin hat, die ihr helfen kann,
sich die ehemännliche Liebe vom
Halse zu schaffen, dann ist die Zofe
ein letztes Hilfsmittel, das selten die
erwartete Wirkung vermissen lässt.
Honoré de Balzac, Physiologie der Ehe

Wenn es also wahr ist, lieber Emile,
dass du der Liebhaber deiner Frau
sein willst, dass sie stets deine Geliebte
und Herrin ihrer selbst sein soll, so
sei ein glücklicher, aber ehrerbietiger
Liebhaber; erhalte alles von der Liebe,
ohne etwas von der Pflicht zu fordern,
und die geringste Gunst sei niemals ein
Recht für dich, sondern eine Gnade.
Jean-Jacques Rousseau, Emile

Wenn es der Traum des Menschen ist,
von der Arbeit erlöst zu werden,
dann scheint die Frau durch die Ehe
diesen Traum verwirklicht zu haben.
Darum steht die Familie als soziale
Institution der Herde sehr nahe:
das Männchen, das Weibchen und
die Jungen, und nicht eine Spur über
der Horde, weil Sklaven (Dienstboten)
hinzugekommen sind.
August Strindberg, Der Sohn der Magd

Wenn Frauen gut wären,
würde der liebe Gott
eine genommen haben.
Sprichwort aus Georgien

Wenn Gott einen Mann strafen will,
so gibt er ihm eine einzige Tochter
zur Frau.
Sprichwort aus Serbien

Wenn ihr die Ehe geschlossen habt,
dann dürft ihr nicht zurück,
wenn es auch schlimm ausgeht.
Betet nur, es ist sehr vonnöten.
Martin Luther, Tischreden

Wenn man verheiratet ist, ist's aus
und vorbei mit dem Eigenwillen.
Berthold Auerbach, Landolin von Reutershofen

Wenn so viele Männer nicht Herren
im eigenen Hause sind, dann liegt das
nicht an Mangel an gutem Willen,
sondern an Mangel an Talent.
Honoré de Balzac, Physiologie der Ehe

Wenn wir verheiratet sind,
fragt niemand weiter mehr
nach unsern Tugenden,
noch unsern Mängeln.
Johann Wolfgang von Goethe,
Die Wahlverwandtschaften

Wenn zwei Menschen miteinander
eine Ehe eingehen, so muss, glaube
ich, einer von ihnen vollkommen auf
sein eigenes Ich verzichten, und nicht
nur auf seinen Willen, sondern auch
auf seine eigene Meinung: Er muss
sich entschließen, mit den Augen des
andern zu sehen, und das zu lieben,
was dieser liebt.
George Sand, Briefe

Wer ein holdes Weib errungen,
mische seinen Jubel ein!
Friedrich Schiller, An die Freude

Wer einmal eine Ehe schließt,
der soll sie auch heilig halten.
Schon der Blick nach einer andern
ist Ehebruch.
Ludwig Feuerbach, Das Wesen des Christentums

Wer entbehrt der Ehe,
lebt weder wohl noch wehe.
Deutsches Sprichwort

Ehebruch

Wer gegen die Ehe protestiert,
nach Art der katholischen Priester,
wird diese nach ihrer niedrigsten
gemeinsamen Auffassung
zu verstehen suchen.
Friedrich Nietzsche, Menschliches, Allzumenschliches

Wer seine Frau nicht ehrt,
entehrt sich selbst.
Sprichwort aus Spanien

Wer seiner Frau alles erzählt,
ist erst jung verheiratet.
Sprichwort aus Schottland

Wie der Mann,
so brät man ihm die Wurst.
Deutsches Sprichwort

Wie? Diejenigen, die ihr Schicksal
teilen wollen, sollten ihr Vermögen
nicht teilen dürfen?
Jean-Jacques Rousseau,
Julie oder Die neue Héloïse (Julie)

Wie geht es in der Ehe zu?
Nach kurzer Zeit merkt zuerst der eine
Partner, dass er hereingefallen ist;
welch himmelschreiende Treulosigkeit!
Aber im Lauf der Zeit kommt der
andere Partner zum selben Resultat;
und nun wird eine Neutralität arrangiert, in der die beiderseitige Untreue
mit Zufriedenheit und Vergnügen
verrechnet wird.
So hat man die Sache hinter sich,
denn eine Scheidung wäre mit zu
großen Schwierigkeiten verbunden.
Søren Kierkegaard, Entweder – Oder

Wie hat man nur aus den zärtlichsten
Liebkosungen eine Pflicht und aus den
süßesten Liebesbeziehungen ein Recht
machen können? Das gegenseitige
Verlangen schafft das Recht,
die Natur kennt kein anderes.
Jean-Jacques Rousseau, Emile

Wie viel erlebte ich früher!
Wie schleicht mein Leben jetzt dahin!
Alma Mahler-Werfel, Mein Leben

Will eine Ehefrau mit ihrem Manne
im Frieden leben, so muss sie sich,
wie man sagt, ihm anbequemen;
sie muss sich traurig zeigen, wenn
er traurig ist, und fröhlich, wenn er
fröhlich ist, auch wenn sie es niemals
wäre. Dies ist eine Knechtschaft.
Teresa von Ávila, Weg der Vollkommenheit

Wir haben geglaubt, das Band, das bei
uns die Ehegatten aneinander bindet,
fester zu knüpfen, indem wir jede
Möglichkeit, es zu lösen, beseitigten;
aber in demselben Maße, wie der
Zwang sich gesteigert hat, hat sich
die freiwillige Bindung durch die
Zuneigung gelockert.
Michel Eyquem de Montaigne, Die Essais

Wir mögen uns die irdischen Dinge,
und besonders auch die ehelichen
Verbindungen gern so recht dauerhaft
vorstellen, und was den letzten Punkt
betrifft, so verführen uns die Lustspiele, die wir immer wiederholen
sehen, zu solchen Einbildungen,
die mit dem Gange der Welt nicht
zusammentreffen.
Johann Wolfgang von Goethe,
Die Wahlverwandtschaften

Wisst ihr, wie ihr eine Stunde vor
eurem Erwachen aussaht, oder während der ersten Stunde eures Schlafes,
als ihr weder Mensch noch Tier waret
und unter der Herrschaft der Träume
standet, die durch das hörnerne Tor
kommen? Das ist ein Geheimnis
zwischen eurer Frau und euch!
Honoré de Balzac, Physiologie der Ehe

Wo auf Erden
gibt es vernünftige Ehen?
Man könnte genauso gut von
vernünftigen Selbstmorden sprechen!
Gilbert Keith Chesterton, Aphorismen und Paradoxa

Wo unter einem Dach
beisammen zwei entgegen
Gesetzte Winde sind,
wird nie der Sturm sich legen.
Friedrich Rückert, Die Weisheit des Brahmanen

Würde ich Dich fürchten,
hätte ich dich nicht gefreit.
Da ich dich freite,
fürchte ich dich nicht.
Chinesisches Sprichwort

Zu einer glücklichen Ehe gehören
meistens mehr als zwei Personen.
Oscar Wilde

Zum Glück des Weisen gehören
eine Frau und Feld, das ihm gehört.
Allein, so bescheiden diese Schätze
auch sind, so sind sie doch nicht
so alltäglich, wie du meinst.
Jean-Jacques Rousseau, Emile

Zwischen Mann und Frau
redet sich gar viel nicht.
Johann Wolfgang von Goethe,
Die Mitschuldigen (Söller)

Ehebruch

Also besteht die Sünde nicht darin,
die Frau eines anderen zu begehren
oder mit ihr zu schlafen, sondern
vielmehr in der Einwilligung dieses
Begehrens oder dieses Tuns.
Pierre Abélard, Ethica

An die Spitze der zum Hörnertragen
besonders veranlagten Scharen stellen
wir jene Bankiers, die fortwährend
mit Millionen arbeiten, deren Kopf dermaßen mit Berechnungen angefüllt ist,
dass schließlich die Zahlen die Hirnschale durchdringen und sich in Additionsreihen über ihrer Stirn erheben.
Honoré de Balzac, Die Physiologie der Ehe

Da war ein Weib, das war im Ehebruch
begriffen. Die Geschichte ihrer Liebe
wird uns nicht berichtet, aber diese
Liebe war ohne Zweifel sehr groß,
denn Jesus sagte, ihre Sünden seien
ihr vergeben, nicht weil sie bereue,
sondern weil ihre Liebe so stark
und wundervoll wäre.
Oscar Wilde,
Die Seele des Menschen unter dem Sozialismus

Der Ehebruch kann nur
mit der Ehe selbst verschwinden.
Simone de Beauvoir, Das andere Geschlecht

Der Mann traf seine Frau im Ehebruch.
»Freund«, rief sie ihm entgegen,
»ich wollte mich bloß überzeugen,
dass du in allen Dingen einzig bist.«
Friedrich Hebbel, Tagebücher

Des andern Frau verführe du nicht
Zu heimlicher Zwiesprach.
Edda, Hâvamâl (Loddfafnirlied)

Die Gelehrten, die ganze Monate
damit verbringen, am Knochen
eines vorsintflutlichen Tieres
herumzunagen – wenn ihr Unglück
sich am hellen Mittag vollzöge,
sie würden es kaum sehen.
Glückliche! O tausendmal Glückliche!
Honoré de Balzac, Die Physiologie der Ehe

Die Worte des Evangeliums, dass,
wer eine Frau begehrlich ansieht,
mit ihr schon die Ehe breche,
beziehen sich nicht nur auf
eine fremde, sondern ausdrücklich
und vor allem auf die eigene Frau.
Leo N. Tolstoi, Die Kreutzersonate

Du sollst nicht die Ehe brechen.
Altes Testament, Exodus 20, 14 (Zehn Gebote)

Du sollst nicht nach der Frau
deines Nächsten verlangen.
Altes Testament, Exodus 20, 17 (Zehn Gebote)

Ein ehebrecherisches Weib ist
ein Schandpfahl ihres Geschlechts,
und ihr verzeihen heißt,
ihre Schande teilen.
August von Kotzebue, Menschenhass und Reue

Ein Mann, der ein guot Weib hat
und zu einer andern gaht,
Der ist ein Schwein,
Wie möcht es nimmer ärger sein.
Spervogel

Eine verheiratete Frau darf nicht
den Reis von zwei Männern essen.
Chinesisches Sprichwort

Er verschmäht das Haushuhn,
trachtet aber nach dem Wildfasan.
Chinesisches Sprichwort

Es ist nichts Unangemessenes
in dem Gedanken, dass Gott
mit den Ehebrechern mitwirke
in deren natürlichem Tun.
Nicht die Natur nämlich
der Ehebrecher ist böse,
sondern ihr Wollen.
Thomas von Aquin, Summe gegen die Heiden

Handelte es sich jedoch
um einen Ehebruch,
so wäre ich weniger nachsichtig;
weil Ehebruch Diebstahl ist.
Voltaire, Geschichte von Jenni

Ich verheiratete mich,
wurde zum Hahnrei gemacht
und erkannte, dass dies
der süßeste Zustand des Lebens sei.
Voltaire, Geschichte der Reisen Scarmentados

Jede unrechte Handlung,
jede unwürdige Empfindung ist
eine Untreue gegen die Geliebte –
ein Ehebruch.
Novalis, Fragmente

Wenn eine Frau ihren Mann
mit dessen bestem Freund betrügt,
so beruht das hauptsächlich darauf,
dass Männer selten ihre Feinde
nach Hause mitbringen.
Marcello Mastroianni

Wenn Ihr Euer Verlangen befriedigt
hättet, so weiß ich wahrhaftig
und zweifle nicht, Ihr würdet bald
von mir abgelassen haben,
und ich wäre sehr übel dran.
Marie de France, Equitan

Wenn jemand bei seiner eigenen Frau,
als sei er bei einer fremden, liegt,
ist er ein Ehebrecher,
obwohl sie keine Ehebrecherin ist.
Lucius Annaeus Seneca,
Über die Standhaftigkeit des Weisen

Wer Diebe fasst,
soll auch die Beute fassen.
Wer Ehebrecher fasst,
soll immer beide fassen.
Chinesisches Sprichwort

Wer eine Frau auch nur lüstern
ansieht, hat in seinem Herzen
schon Ehebruch mit ihr begangen.
Neues Testament, Matthäus 5, 28 (Jesus: Bergpredigt)

Wer hebt den ersten Stein auf
gegen den Ehemann, der im gerechten
Zorne sein untreues Weib und ihren
nichtswürdigen Verführer aufopfert?
Johann Wolfgang von Goethe,
Die Leiden des jungen Werthers

Ehefrau

Auswendig hast du sie gekannt
wie einen schönen Spruch.
Und plötzlich bist du wie gebannt:
Es steht noch mehr in dem Buch.
Schlimm oder heiter – lies leise weiter!
Gerhard Schumann,
Stachelbeeren-Auslese, Nach Jahren

Den Acker und die Frau
gib an niemand weiter.
Chinesisches Sprichwort

Die Ehefrau hat bald entdeckt,
dass sie keinen allgewaltigen
Herrscher, kein Oberhaupt,
keinen Herrn und Meister vor sich hat,
sondern einen Mann, und sie sieht
keinen Grund, ihm untertan zu sein.
Simone de Beauvoir, Das andere Geschlecht

Ehefrau:
die Steuer, die man
für den Luxus zahlen muss,
Kinder zu haben.
Gabriel Laub

Ein dummes Weib bringt
den ganzen Haushalt durcheinander.
Chinesisches Sprichwort

Ein liebes Weib, ein wohnlich Dach,
dazu ein Stücklein Brot;
Wer diese drei sein eigen nennt,
mit dem hat's keine Not.
Jüdische Spruchweisheit

Ein schönes Weib als Ehgefährt,
Das gibt dem Leben Doppelwert.
Jüdische Spruchweisheit

Ein verlottertes Feld
stürzt dich zeitweilig in Not,
eine falsche Ehefrau
ruiniert dich fürs Leben.
Chinesisches Sprichwort

Eine Ehefrau ist die Hecke
zwischen den kostbaren Blüten
des männlichen Geistes
und der Hitze und dem Staub
der gemeinen alltäglichen Plackerei.
Elizabeth von Arnim, Elizabeth auf Rügen

Eine Frau muss schweigen können.
Eine Ehe ohne Schweigen
ist wie ein Auto ohne Bremsen.
Charles Aznavour

Eine hässliche Frau
und ein ausgelaugter Acker
sind ein Schatz fürs Haus.
Chinesisches Sprichwort

Eine schöne Frau im Haus
hat alle Hässlichen zum Feind.
Chinesisches Sprichwort

Es ist eine süße Lebensgemeinschaft,
reich an Beständigkeit, Vertrauen,
an nützlichen, realen Liebesdiensten
und an gegenseitigen Verpflichtungen.
Keine Frau, die kennen gelernt hat,
wie schön das ist, würde lieber die
Geliebte ihres Gatten sein. Wenn sie
als Ehefrau in seinem Herzen wohnt,
so wohnt sie da viel geehrterer
und sicherer.
Michel Eyquem de Montaigne, Die Essais

Hab lieber eine treue Frau
als ein Haus voller Kinder.
Chinesisches Sprichwort

Nur dein liebendes Weib weiß,
ob dir kalt oder warm ist.
Chinesisches Sprichwort

Schauspielerinnen sind
ideale Ehefrauen; sie machen
ihre Szenen auf der Bühne.
Bernhard Wicki

Suchst du eine Frau,
schau nicht auf ihre Schönheit,
sondern dass sie tüchtig
bei der Arbeit ist.
Chinesisches Sprichwort

Vor deinen Eltern
erscheine angezogen,
vor deinem Manne zieh dich aus.
Chinesisches Sprichwort

Wenn ich nicht eines anderen Frau
verführe, wird der andere auch nicht
meine Frau verführen.
Chinesisches Sprichwort

Wer hielt es wohl in einem Haus
Lange mit einer Schlange aus?
Jüdische Spruchweisheit

Wer sich ein teuflisch Weib gefreit,
Hat diesseits schon ein Höllenleid.
Jüdische Spruchweisheit

Zur Ehe gehört schon
ein bisschen mehr als Liebe.
Faye Dunaway

Zur Gattin soll man nur die Frau
wählen, die man, wäre sie ein Mann,
zum Freund wählen würde.
Joseph Joubert, Gedanken, Versuche und Maximen

Ehegatten

Ehegatten leben seit achtzehn Jahren
zusammen im Streit. Schließlich
gesteht er ihr einen Seitensprung,
den er nie begangen hat,
und beide trennen sich zu seiner
großen Freude und zum großen Ärger
der ganzen Stadt.
Anton P. Tschechow, Notizbücher

Es ist schlimm, wenn zwei Ehepartner
einander langweilen.
Viel schlimmer jedoch ist es,
wenn nur einer von ihnen
den andern langweilt.
Marie von Ebner-Eschenbach

Freunde wollen Wein und Fleisch,
ein Ehegatte braucht Holz und Reis.
Chinesisches Sprichwort

Wir leben
in einer Wegwerfgesellschaft,
auch was den Ehepartner betrifft.
Harold Pinter

Wir sind doch beide sehr ordentliche
Ehegatten, wenn wir einander nicht
stören, und jeder seiner Arbeit nachgehen kann.
Anton P. Tschechow, Briefe (18. März 1903)

Ehekrach

Der beste Tip für einen Ehekrach:
auf jeden Fall Zimmerlautstärke.
Noël Coward

Familienurlaub ist die Fortsetzung des
Ehekrieges auf anderem Territorium.
Gabriel Laub

Ehemann

Alle Ehemänner sind hässlich.
Charles de Secondat, Baron de la Brède
et de Montesquieu, Meine Gedanken

Am Abend schimpf nicht
mit deiner Frau,
sonst musst du alleine schlafen.
Chinesisches Sprichwort

Archäologen sind ideale Ehemänner.
Je älter eine Frau wird,
desto interessanter wird sie
für einen Archäologen.
Agatha Christie

Denkmäler errichtet man nur
den Junggesellen.
Ehemänner bringen es höchstens
bis zum Sockel.
Tristan Bernard

Der Ehemann ist seiner Frau
ausgeliefert auf Geweih und Verderb.
Alexander Roda Roda

Der Ehemann
wird zu Lebzeiten
maßlos verdächtigt
und nach seinem Tode
maßlos bewundert.
Ephraim Kishon, Kishon für alle Fälle

Der ideale Ehemann
ist ein unbestätigtes Gerücht.
Brigitte Bardot

Der ideale Ehemann
nach den Vorstellungen
der amerikanischen Frau
ist ein Butler mit dem Einkommen
eines Generaldirektors.
William Somerset Maugham

Der vorbildliche Ehemann
betrügt seine Frau nie,
ohne sie dabei aufrichtig
zu bedauern.
Georges Feydeau

Die Eitelkeit der Frauen verlangt,
dass ein Mann mehr sei
als ein glücklicher Gatte.
Friedrich Nietzsche, Menschliches, Allzumenschliches

Die meisten Frauen
wählen ihr Nachthemd
mit mehr Verstand
als ihren Mann.
Coco Chanel

Ehemänner
haben im allgemeinen
mehr Phantasie als Junggesellen;
sie haben sie auch nötig.
Tristan Bernard

Ehemänner leben länger,
Junggesellen glücklicher.
Ephraim Kishon, Kishon für alle Fälle

Ein Ehemann ist Rohstoff,
kein Fertigprodukt!
Grete Weiser

Ein Liebhaber belebt nicht nur alles,
er lässt auch das Leben vergessen;
der Ehemann belebt nichts.
Honoré de Balzac, Physiologie der Ehe

Ein Strand ist ein Gelände, auf dem
junge Damen einen Ehemann suchen
und Ehemänner eine junge Dame.
Alberto Sordi

Eine Frau ohne Ehemann
ist ein Sandkörnchen in der Wüste.
Sprichwort aus Indien

Es stimmt nicht, dass Ehemänner
vergessen, verheiratet zu sein,
wenn sie eine schöne Frau sehen.
Im Gegenteil. Gerade dann werden sie
besonders schmerzlich daran erinnert.
Mark Twain

Flirtende Ehemänner am Strand
sind keine Gefahr,
denn sie schaffen es nicht lange,
den Bauch einzuziehen.
Heidi Kabel

Ich bezweifle sehr, dass Ehemänner
länger leben als Junggesellen.
Ich bezweifle allerdings nicht,
dass es ihnen so vorkommt.
Jean Marais

Ich pflücke keine geknickten Blumen,
das überlasse ich den Ehemännern,
um ihre Fastenspeise
damit zu garnieren.
Søren Kierkegaard, Stadien auf dem Lebensweg

Ich verspreche,
ein hervorragender Ehemann zu sein,
aber geben Sie mir eine Frau,
die, wie der Mond,
nicht jeden Tag
an meinem Himmel erscheint.
Anton P. Tschechow, Briefe (23. März 1895)

Im Morgenland wird der Mann
so wenig von den Frauen seines
Harems geliebt, wie in Frankreich
der Ehemann sicher ist,
der Vater seiner Kinder zu sein.
Honoré de Balzac, Die Physiologie der Ehe

Kein kluger Mann
widerspricht seiner Frau.
Er wartet, bis sie es selbst tut.
Humphrey Bogart

Man muss einen prosaischen Ehemann
haben und sich einen romantischen
Liebhaber zulegen.
Stendhal, Über die Liebe (Fragmente)

Und wenn du mein Mann
nicht wärest, wie sehr
würde ich mich sehnen,
eine Liebschaft mit dir anzufangen.
Bettina von Arnim, An Achim von Arnim
(14. Juli 1829, nach 16 Jahren Ehe, sieben Kinder)

Wer einen guten Freund heiratet,
verliert ihn, um dafür
einen schlechten Ehemann
einzutauschen.
Françoise Sagan

Ehepaar

Die Frau muss gehorchen,
es sei denn, der Mann unterwerfe sich
ihren Befehlen,
denn das Paar braucht ein Haupt.
Sully Prudhomme, Intimes Tagebuch

Die Leute verheiraten
einen Feuerbrand
an eine Wachsfigur
und predigen dem Ehepaar
Liebe und Eintracht.
Marie von Ebner-Eschenbach, Aphorismen

Heutzutage sind viele Ehepaare
glücklich – aber nicht miteinander.
Norman Mailer

Verheiratete Paare finden sich
in vorgerücktem Alter oft isoliert
und starr in einer veralteten Muschel,
in einer Festung, die ihren Sinn
überlebt hat. Was soll man machen:
In der skelettierten Form verkümmern
oder sich eine neue Lebensform,
neue Erlebnisse suchen?
Anne Morrow Lindbergh, Muscheln in meiner Hand

Wenn eine Betschwester
einen Betbruder heiratet,
so gibt das nicht allemal
ein betendes Ehepaar.
Georg Christoph Lichtenberg, Sudelbücher

Zwei Gatten,
die getrennte Zimmer haben,
haben sich entweder getrennt oder sie
haben das Glück zu finden gewusst;
sie verabscheuen einander
oder sie beten sich an.
Honoré de Balzac, Physiologie der Ehe

Ehrbarkeit

Die Liebe
ist ihres größten Reizes beraubt,
wenn die Ehrbarkeit sie verlässt.
Jean-Jacques Rousseau,
Julie oder Die neue Héloïse (Saint-Preux)

Diese ihre leere Dummheit
nennen sie Ehrbarkeit.
Giovanni Boccaccio, Das Dekameron

Für den Händler
ist selbst die Ehrbarkeit
noch eine Spekulation
auf Gewinn.
Charles Baudelaire, Tagebücher

Ehre

Aber es ist ein Zeichen der Zeit,
dass die alte Heroennatur um Ehre
betteln geht, und das lebendige Menschenherz, wie eine Waise, um einen
Tropfen Liebe sich kümmert.
Friedrich Hölderlin, Hyperion

Aber nicht nur der Krieg soll Betten
der Ehre aufschlagen, auch der Friede;
und dieser umso mehr, da er länger
dauert und also mehr Bettfähige
finden und machen kann.
Jean Paul, Politische Fastenpredigten

Ach, wie nichtig,
ach, wie flüchtig
ist des Menschen Ehre!
Über den, dem man hat müssen
heut die Hände höflich küssen,
geht man morgen gar mit Füßen.
Michael Frank, Von der Eitelkeit

Achte, willst du glücklich sein,
Ehrenstellen nicht zu klein!
Wer, was hoch ist, gar nicht schätzet,
der wird selten hoch gesetzt.
Friedrich von Logau, Sinngedichte

Achtung ist mehr als Beachtung,
Ansehen mehr als Ruhm,
Ehre mehr als Ruhm.
Chamfort, Maximen und Gedanken

Alle weltlichen Wesen
führen sich auf drei Dinge zurück:
Ehre, Reichtum, Vergnügen.
Thomas von Aquin, Summa theologica

Allein wir selbst betrügen
uns so gern
Und ehren die Verworfnen,
die uns ehren.
Johann Wolfgang von Goethe, Torquato Tasso (Tasso)

Auf Ehre machen die großen Männer
am meisten Anspruch,
und zwar mit Recht.
Aristoteles, Nikomachische Ethik

Bescheiden wollt' ich sein,
säh' ich mich voll geehrt;
Stolz muss ich sein, solang
ihr leugnet meinen Wert.
Friedrich Rückert, Die Weisheit des Brahmanen

Besser in Ehren sterben,
als sich durch feige Flucht retten.
Roald Amundsen, Eskimoleben

Das Ehrgefühl, als Hilfsmittel
in den Händen der Tugend, ist
eines der kräftigsten, den Menschen
vor schlechten und verwerflichen
Handlungen zu bewahren und
zu großen, guten Gesinnungen
und Taten zu begeistern.
Heinrich Zschokke, Stunden der Andacht

Das Herz und nicht die Meinung
ehrt den Mann.
Friedrich Schiller, Wallensteins Tod (Gordon)

Dem Mann ist es keine Ehre,
eine Frau zu schlagen.
Deutsches Sprichwort

Den ehrenhaften Männern,
die du siehst, suche zu gleichen.
Doch siehst du Männer,
die unehrenhaft sind, dann such in dir,
was ihnen gleicht.
Konfuzius, Gespräche

Den Ruhm soll der Weise verachten,
aber nicht die Ehre.
Nur selten ist Ehre, wo Ruhm ist,
und fast noch seltener Ruhm,
wo Ehre ist.
Johann Gottfried Seume, Apokryphen

Denn was sich schickt, ist ehrenvoll,
und was ehrenvoll ist, schickt sich.
Marcus Tullius Cicero, Vom rechten Handeln

Der edle Mensch ist der Ehre würdig,
ohne sich um Würden zu streiten;
er ist gesellig, ohne einem Klüngel
anzuhängen.
Konfuzius, Gespräche

Der Ehre Saat
Gedeiht weit minder
durch der Ahnen Tat
Als eignen Wert.
William Shakespeare, Ende gut, alles gut (König)

Der Mensch lebt oft mit sich
und bedarf der Tugend,
er lebt mit anderen
und bedarf der Ehre.
Chamfort, Maximen und Gedanken

Der Söldner kriegt,
Der Feldherr siegt.
Jüdische Spruchweisheit

Der Weise fragt nicht,
ob man ihn auch ehrt;
Nur er allein bestimmt
sich seinen Wert.
Johann Gottfried Seume, Einem Kleinmütigen

Der Welt Ehre kann zum äußerlichen
Glücke vorteilhaft sein, dringt aber
nicht in die Seele und hat keinen
Einfluss auf wahres Glück.
Jean-Jacques Rousseau,
Julie oder Die neue Héloïse (Saint-Preux)

Die Ehre bleibt unveränderlich,
sie hängt weder von Zeiten
noch Orten noch Vorurteilen ab,
kann weder aus der Mode kommen
noch wieder eingeführt werden;
ihre ewige Quelle hat sie im Herzen
des Gerechten und in der unwandelbaren Richtschnur seiner Pflichten.
Jean-Jacques Rousseau,
Julie oder Die neue Héloïse (Julie)

Die Ehre der Nation
ist der wertvollste Besitz der Nation.
James Monroe, Inauguralrede 1817

Die Ehre gleicht einer abschüssigen,
unzugänglichen Insel;
man kann nicht wieder zu ihr zurück,
wenn man sie einmal verlassen hat.
Nicolas Boileau-Despréaux, Satiren

Die Ehre hat gesetzlichen Anspruch
auf Feierabend und Pension.
Emil Gött, Im Selbstgespräch

Die Ehre ist für den Aristokraten
ein Luxusartikel,
für den Portier aber
eine Notwendigkeit.
Gilbert Keith Chesterton, Heretiker

Die einzigen von der Welt
unbestrittenen Ehren,
die einer Frau zuteil werden können,
sind diejenigen, die sie im Reflex
der Ehren ihres Mannes genießt.
Marie von Ebner-Eschenbach, Aphorismen

Die Jagd nach Ruhm und Ehre
ist die verbreitetste
von allen Torheiten dieser Welt.
Michel Eyquem de Montaigne, Die Essais

Echte aber und weise Seelengröße
urteilt, dass jenes Ehrenvolle,
nach dem die Natur besonders geht,
in den Taten ruhe, nicht im Ruhm, und
will lieber der Erste sein als scheinen.
Denn wer vom Irrtum der unerfahrenen Masse abhängt, ist nicht
unter die großen Männer zu zählen.
Marcus Tullius Cicero, Vom rechten Handeln

Ehestand Ehrenstand.
Deutsches Sprichwort

Ehr' ist des Lebens
einziger Gewinn,
Nehmt Ehre weg, so
ist mein Leben hin.
William Shakespeare, Richard III. (Norfolk)

Ehr' und Geld
treibt alle Welt.
Deutsches Sprichwort

Ehre den älteren Menschen verleihn
die unsterblichen Götter.
Homer, Ilias

Ehre ist der Lohn der Tugend.
Marcus Tullius Cicero, Brutus

Ehre ist der Preis der Rechtschaffenheit und wird nur sittlich guten
Menschen erwiesen.
Aristoteles, Nikomachische Ethik

Ehre ist ein Rechenspiel,
Bald gilt man nichts,
bald gilt man viel.
Abraham a Sancta Clara

Ehre ist Lust, verbunden mit der Idee
einer eigenen Handlung, die wir uns
von anderen gelobt vorstellen.
Baruch de Spinoza, Ethik

Ehre und Nutzen liegen nicht immer
in demselben Sack.
Samuel Smiles, Charakter

Ehre und Ruh, die meisterstrebten
Güter, bestehen ja aus unsagbarer
Nichtigkeit; denn dem, der etwas
von dem Ewigen erschaut, scheint
es Torheit, sich um solche Dinge
zu bemühen.
Aristoteles, Protreptikos

Ein Durchgang durch Schmach ist
namentlich für Menschen notwendig,
die nachher viel Ehre ohne Schaden
ertragen sollen.
Carl Hilty, Glück

Erst muss der Mensch leben,
dann kann seine Ehre
geschützt werden.
Carl von Ossietzky

Es war mir immer ein Rätsel,
wie Menschen sich durch die
Demütigung ihrer Mitmenschen
geehrt fühlen können.
Mohandas K. »Mahatma« Gandhi, Selected Works

Gebrauche deine Zunge nicht dazu,
jemandes Ehre zu verletzen,
denn auch du bist betroffen,
wenn Nachbars Wand brennt.
Ecbasis captivi in belehrender Gestalt (Fuchs)

Halte dein moralisches Erscheinungsbild der Rechtschaffenheit
und der Ehre frei von jedem Makel,
ja, jedem Verdacht.
Philipp Stanhope Earl of Chesterfield, Briefe über die
anstrengende Kunst, ein Gentleman zu werden

Handelt es sich darum, Ehren
zu erlangen, so kommt man
durch persönliches Verdienst
wie mit einem Ruderboot voran,
während man durch seine Abkunft
mit vollen Segeln dahinfährt.
Charles de Secondat, Baron de la Brède
et de Montesquieu, Meine Gedanken

Ich liebe gute, ehrenwerte Bekanntschaft; ich liebe es, der Schlechteste
in einer Gesellschaft zu sein.
Jonathan Swift, Tagebuch für Stella

Im Verkehrsgewühl
der tausend Argumente ist die Ehre
unsicher geworden wie der Fußgänger
zur Hauptverkehrszeit.
Emil Gött, Im Selbstgespräch

In den unwichtigsten Angelegenheiten
wollen wir keinen Richter über uns
anerkennen, unterwerfen aber unseren
Ruf und unsere Ehre willig dem Urteil
von Menschen, die aus Eifersucht,
Voreingenommenheit oder mangelnder
Einsicht gegen uns eingestellt sind.
Und nur damit sie günstig über uns
urteilen, setzen wir vielfach unsere
Ruhe und sogar unser Leben aufs Spiel.
François de La Rochefoucauld, Reflexionen

In der Welt nimmt man bezüglich
der Ehrenbezeigungen nicht Rücksicht
auf die Verdiente der Person, sondern
auf ihre Reichtümer.
Teresa von Ávila, Weg der Vollkommenheit

Je mehr Ehr, je mehr Beschwer.
Deutsches Sprichwort

Jedem Herren seine Ehre.
Sprichwort aus Frankreich

Lehren bringt Ehren.
Deutsches Sprichwort

Lieber einen Schatz an Ehre
als an Gold.
Sprichwort aus Frankreich

Man kann sogar ein Lump sein
und doch die Witterung für das,
was Ehre ist, nicht einbüßen.
Fjodor M. Dostojewski,
Winteraufzeichnungen über Sommereindrücke

Meine Ehre steht in niemandes Hand
als in meiner eigenen, und man kann
mich damit nicht überhäufen.
Otto von Bismarck, Reden
(im Deutschen Reichstag, 28. November 1881)

Mit dem Degen kann man wohl
zuweilen beweisen, dass man Mut hat,
aber nie, dass man Ehre besitzt;
oft geht daraus das Gegenteil hervor.
Ehre und Recht werden nur
durch Vernunft dokumentiert,
nie durch Waffen.
Johann Gottfried Seume, Apokryphen

Nichtswürdig ist die Nation, die nicht
Ihr Alles setzt an ihre Ehre.
Friedrich Schiller, Die Jungfrau von Orleans (Dunois)

Nie die Ehre
jemandem in die Hände geben,
ohne die seinige zum Unterpfand
zu haben. Man muss so gehn,
dass der beiderseitige Vorteil
im Schweigen, der Schaden
in der Mitteilung liege.
Baltasar Gracián y Morales,
Handorakel und Kunst der Weltklugheit

O über die wilden, unbiegsamen
Männer, die nur immer
ihr stieres Auge auf das Gespenst
der Ehre heften!
Für alles andere Gefühl
sich verhärten!
Gotthold Ephraim Lessing,
Minna von Barnhelm (Fräulein)

Ohne Geld ist die Ehre
nur eine Krankheit.
Jean Racine, Die Prozesssüchtigen

Schon erworbene Ehren
sind Einsatz im Spiel
um die künftigen.
François de La Rochefoucauld, Reflexionen

Schreibe nicht auf deine Rechnung
das, wovon anderen das Verdienst
gebührt. Suche selbst zu verdienen,
dass man dich um deinetwillen ehre.
Adolph Freiherr von Knigge,
Über den Umgang mit Menschen

So ist in gewissen Ländern der Dinge
Wesen an Wörter geknüpft; und so
genügen ehrbare Namen, um etwas
zu ehren, was ganz und gar ehrlos ist.
Jean-Jacques Rousseau,
Julie oder Die neue Héloïse (Saint-Preux)

Übers Leben geht noch die Ehr'.
Friedrich Schiller, Wallensteins Lager (beide Jäger)

Um in der Welt nicht entehrt
zu werden, genügt es,
nur ein halber Dummkopf
und ein halber Schurke zu sein.
Charles de Secondat, Baron de la Brède
et de Montesquieu, Meine Gedanken

Unehrenhafte Taten müssen
für ehrenhaft gehalten werden,
wenn ein Herr sie ausführt.
Titus Maccius Plautus, Die Gefangenen

Verlieren kann die Ehre nur,
wer keine hat.
Publilius Syrus, Sentenzen

Verlorene Ehr kehrt nimmermehr.
Deutsches Sprichwort

Vermögen und Ehre
sind die beiden Dinge,
deren Verletzung die Menschen
am meisten kränkt.
Niccolò Machiavelli, Vom Staat

Was ist Ehre ohne Verdienst? Und was
kann man gerechtes Verdienst nennen,
wenn nicht das, was einen Menschen
sowohl gut als groß macht?
Daniel Defoe,
Die Unbeständigkeit des menschlichen Ruhms

Wenn du nach Ehre strebst,
die dir die Welt soll geben,
So musst du, statt dir selbst,
ihr zu Gefallen leben.
Friedrich Rückert, Gedichte

Wer mit der eignen Ehre
schlecht verfahren,
Wird auch der andern Ehre
nicht bewahren.
Mosleh od-Din Saadi, Der Rosengarten

Wie angenehm uns
die Liebe auch sein mag,
so müssen wir doch stets
auch an die Ehre denken.
Gottfried von Straßburg, Tristan

Wie kann eine Frau
einen Mann ehren,
der sich entehrt?
Jean-Jacques Rousseau,
Julie oder Die neue Héloïse (Saint-Preux)

Würdenträgern ohne Verdienste
erweist man Ehren ohne Ehre.
Chamfort, Maximen und Gedanken

Ehrenmann

Der Ehrenmann hierzulande
ist nicht der, welcher
rechtschaffen handelt,
sondern der, welcher
schöne Dinge sagt.
Jean-Jacques Rousseau,
Julie oder Die neue Héloïse (Saint-Preux)

Es ist leichter,
ein Held zu sein,
als ein Ehrenmann.
Ein Held muss man
nur einmal sein,
ein Ehrenmann immer.
Luigi Pirandello

Jemand, der an nichts glaubt,
kann durchaus ein Ehrenmann sein.
Jules Renard, Ideen, in Tinte getaucht.
Aus dem Tagebuch von Jules Renard

Ehrenwort

Ehrenworte binden nicht.
Deutsches Sprichwort

Unter Freunden
gilt nur der Handschlag.
Sprichwort aus Frankreich

Ehrerbietung

Die Mönche
verneigen sich nicht vor dem Abt,
sondern vor seinen Schüsseln.
Deutsches Sprichwort

Ehrerweisung,
die nicht aus der Liebe kommt,
ist nicht Ehrung, sondern
Schmeichelei.
Bernhard von Clairvaux,
83. Ansprache über das Hohelied Salomos

Wer's Alter nicht ehrt,
ist des Alters nicht wert.
Deutsches Sprichwort

Zum Thron der Mächtigen vorgelassen,
beuge dein stolzes Haupt!
Ecbasis captivi in belehrender Gestalt (Fuchs)

Ehrfurcht

Der Intellekt hat alles
derart zerfleischt,
dass man vor nichts mehr
Ehrfurcht empfindet.
Jakob Boßhart, Bausteine zu Leben und Zeit

Der niemals Ehrfurcht empfunden hat,
wird sie auch niemals erwecken.
Marie von Ebner-Eschenbach, Aphorismen

Die Ehrfurcht vor dem Leben ist
die höchste Instanz. Was sie gebietet,
hat seine Bedeutung auch dann,
wenn es töricht oder vergeblich scheint.
Albert Schweitzer, Kultur und Ethik

Die wahre Ehrfurcht
geht niemals aus der Furcht hervor.
Marie von Ebner-Eschenbach, Aphorismen

Ehrfurcht fehlte gerade dort,
wo in ihrem Namen
Kreuzzüge unternommen worden sind.
Ludwig Marcuse, Argumente und Rezepte.
Ein Wörter-Buch für Zeitgenossen

Niemals sollten wir
in ehrfurchtsvoller Stimmung sein,
als wenn es sich um die Götter handelt.
Aristoteles, Über Philosophie

Religion ist Ehrfurcht –
die Ehrfurcht zuerst
vor dem Geheimnis,
dass der Mensch ist.
Thomas Mann,
Nietzsches Philosophie im Lichte unserer Erfahrung

Ungern entschließt sich der Mensch
zur Ehrfurcht, oder vielmehr
entschließt sich nie dazu; es ist
ein höherer Sinn, der seiner Natur
gegeben werden muss.
Johann Wolfgang von Goethe,
Wilhelm Meisters Lehrjahre

Wenn das Blut einmal
von Liebe schwillt,
Reißt es gar leicht
der Ehrfurcht Grenzen nieder.
Johann Wolfgang von Goethe, Annette

Wenn die Ehrfurcht vor dem Menschen
in den Herzen der Menschen wurzelt,
werden die Menschen einmal so weit
kommen, ihrerseits wieder das soziale,
politische oder ökonomische System
zu begründen, das diese Ehrfurcht
für immer gewährleistet.
Antoine de Saint-Exupéry,
Brief an einen Ausgelieferten

Wenn ein Mensch
uns zugleich Mitleid
und Ehrfurcht einflößt,
dann ist seine Macht
über uns grenzenlos.
Marie von Ebner-Eschenbach, Aphorismen

Zutraulichkeit an der Stelle
der Ehrfurcht ist immer lächerlich.
Johann Wolfgang von Goethe,
Maximen und Reflexionen

Ehrgeiz

Ach, der unselige Ehrgeiz,
er ist ein Gift für alle Freuden.
Heinrich von Kleist, Briefe
(an Wilhelmine von Zenge, 10. Oktober 1801)

Aus bloßer Bescheidenheit ist niemand
mit seinem Stand zufrieden,
nur die Religion oder die Macht
der Verhältnisse können den Ehrgeiz
eindämmen.
Luc de Clapiers Marquis de Vauvenargues,
Nachgelassene Maximen

Bist ohne Ehrgeiz nicht,
doch fehlt die Bosheit,
Die ihn begleiten muss.
William Shakespeare, Macbeth (Lady Macbeth)

Das eigentliche Wesen des Ehrgeizes
ist nur der Schatten eines Traumes.
William Shakespeare, Hamlet (Güldenstern)

Der Ehrgeiz ist unerbittlich,
und jedes Verdienst, das ihm nicht dient,
gilt als verächtlich in seinen Augen.
Joseph Joubert, Gedanken, Versuche und Maximen

Der Ehrgeiz selbst heilt den Weisen
vom Ehrgeiz: Er strebt nach so hohen
Dingen, dass er sich nicht
auf das beschränken kann,
was Schätze nennt, Stellen,
Glücksgüter und Gunst.
Jean de La Bruyère, Die Charaktere

Der Feige muss weniger Beleidigungen
schlucken als der Ehrgeizige.
Luc de Clapiers Marquis de Vauvenargues,
Unterdrückte Maximen

Der Handwerker, der's
allzu gut will machen,
Verdirbt aus Ehrgeiz
die Geschicklichkeit.
William Shakespeare, Leben und Tod König Johanns

Der Sklave hat nur einen Herrn;
der Ehrgeizige so viele, wie er braucht,
um sein Glück zu machen.
Jean de La Bruyère, Die Charaktere

Die Ehrgeizigen haben
mehr Neigung zum Neid als die,
welche vom Ehrgeiz frei sind.
Aristoteles, Psychologie

Die Ehrgeizigen:
Ihr Ehrgeiz ist wie der Horizont,
der immer vor ihnen steht.
Charles de Secondat, Baron de la Brède et de Montesquieu, Meine Gedanken

Die Eifersucht will den Gegenstand
ihrer Befürchtung vernichten.
Dem Ehrgeizigen liegt das fern;
er will vor allem, dass der Gegner
Zeuge seines Triumphs werde.
Stendhal, Über die Liebe

Die Leidenschaft tyrannisiert den
Menschen; der Ehrgeiz aber hält
in ihm die übrigen Leidenschaften
zurück und gibt ihm eine Zeit lang
den Anschein aller Tugenden.
Jean de La Bruyère, Die Charaktere

Die meisten Menschen lassen sich vom
Ehrgeiz bestimmen, sie suchen nicht
die Befriedigung durch die Sache,
sondern die durch den Schein.
Michel Eyquem de Montaigne, Die Essais

Die Menschen gehen sprunghaft
von einem Ehrgeiz zum anderen über.
Zuerst ist man darauf bedacht,
nicht angegriffen zu werden,
dann trachtet man danach,
andere anzugreifen.
Niccolò Machiavelli, Vom Staat

Ehrgeiz:
ein übermächtiges Verlangen,
von seinen Feinden zu Lebzeiten
geschmäht und von seinen Freunden
nach dem Tode verlacht zu werden.
Ambrose Bierce

Ehrgeiz fängt die kleinen Seelen
leichter als die großen,
wie Stroh und Hütten
leichter Feuer fangen als Paläste.
Chamfort, Maximen und Gedanken

Ehrgeiz ist unmäßige Begierde
nach Ehre.
Baruch de Spinoza, Ethik

Ehrgeiz und Lust
sprechen oft dieselbe Sprache.
Antoine Comte de Rivarol, Maximen und Reflexionen

Ehrgeizigen, denen der Weg zur Ehre
verschlossen ist, hat das Schicksal
das Schlimmste angetan.
Luc de Clapiers Marquis de Vauvenargues,
Nachgelassene Maximen

Es gibt keinen strengeren Erzieher
als den Ehrgeiz. Wobei freilich
außer Betracht bleibt: wozu?
Christian Morgenstern, Stufen

Es gibt unter den Menschen
teils einen unmäßigen Ehrgeiz, teils
einen maßvollen und vernünftigen.
Aristoteles, Über Gerechtigkeit

Es kommt selten vor, dass einer
sagen kann: Ich war ehrgeizig.
Entweder ist man es gar nicht,
oder man ist es immer.
Aber es kommt eine Zeit,
in der man eingesteht,
dass man geliebt hat.
Jean de La Bruyère, Die Charaktere

Für die Ehrgeizigen, die sich weder
mit dem Geschenk des Lebens noch
mit der Schönheit der Welt zufrieden
geben, liegt eine Strafe darin, dass sie
sich selbst dieses Leben verbittern
und die Vorteile und die Schönheit
der Welt nicht besitzen.
Leonardo da Vinci, Tagebücher und Aufzeichnungen

Glühender Ehrgeiz verbannt
alle Freuden schon in der Jugend,
weil er allein herrschen will.
Luc de Clapiers Marquis de Vauvenargues,
Reflexionen und Maximen

Gott ist möglicherweise
an seinem Ehrgeiz gescheitert.
Weiß der Teufel.
Amen.
Dieter Hildebrandt

Heftigen Ehrgeiz und Misstrauen
habe ich noch allemal
beisammen gesehen.
Georg Christoph Lichtenberg, Sudelbücher

Ich besitze so viel Ehrgeiz,
wie nötig ist, um an den Dingen
dieses Lebens Anteil zu nehmen,
aber keinen, der mir Abscheu vor dem
Platz einflößen könnte, auf den
die Natur mich gestellt hat.
Charles de Secondat, Baron de la Brède
et de Montesquieu, Meine Gedanken

Ihr Weiber versteht in der Regel ein
Wort in der deutschen Sprache nicht,
es heißt Ehrgeiz.
Heinrich von Kleist, Briefe
(an Wilhelmine von Zenge, 20. Mai 1802)

Lebensstandard ist kein
würdiger Ehrgeiz für eine Nation.
Charles de Gaulle

Liebe, ein liebenswürdiger Wahnsinn –
Ehrgeiz, eine ernsthafte Dummheit.
Chamfort, Maximen und Gedanken

Man sollte Ehrgeiz besitzen,
ohne von ihm besessen zu sein.
John Huston

Nicht der Hunger unseres Leibes
kommt uns teuer zu stehen,
sondern der Ehrgeiz.
Lucius Annaeus Seneca, Moralische Briefe

Nur der Ehrgeiz,
durch den keine Eitelkeit schimmert,
hat Zukunft.
Sully Prudhomme, Gedanken

Oft lässt man die Liebe,
um dem Ehrgeiz zu leben,
selten aber den Ehrgeiz
um der Liebe willen.
François de La Rochefoucauld, Reflexionen

Selbst der ehrgeizigste Mensch
wird nicht mehr ehrgeizig wirken,
wenn er ein Ziel hat, das er
unmöglich erreichen kann.
François de La Rochefoucauld, Reflexionen

Solche Männer haben nimmer Ruh,
Solang sie jemand größer sehn als sich.
Das ist es, was sie so gefährlich macht.
William Shakespeare, Julius Caesar (Caesar)

Treibt uns der Ehrgeiz zur Einsamkeit?
Die Antwort muss lauten: Ja!
Denn was ist ihm mehr zuwider
als Gemeinsamkeit? Was ist ihm
wichtiger als Bewegungsfreiheit?
Michel Eyquem de Montaigne, Die Essais

Wenn die Menschen einmal nicht
aus Not zu kämpfen brauchen,
so tun sie es aus Ehrgeiz, denn dieser
ist in der Brust eines jeden Menschen
so mächtig, dass er ihn nie verlässt,
wie hoch er auch steigen mag.
Niccolò Machiavelli, Vom Staat

Wer jedoch nicht vorangeht,
fällt zurück.
Papst Leo I. der Große, Sermones

Ehrlichkeit

Aller Menschen Gesichter sind ehrlich,
wie auch ihre Hände beschaffen seien.
William Shakespeare, Antonius und Cleopatra (Menas)

Aufrichtig sein und ehrlich,
bringt Gefahr.
William Shakespeare, Othello (Jago)

Aufrichtige, ehrliche Menschen
sind schwache, phantasielose Tölpel,
die kein Risiko
im Leben eingehen wollen.
Ephraim Kishon, Kishon für alle Fälle

Das Glück und der Aufwand,
den es mit sich bringt, macht
aus dem Leben eine Schaustellung,
inmitten deren der ehrlichste Mensch
auf die Dauer zum Komödianten
werden muss.
Chamfort, Maximen und Gedanken

Dass man Menschen, die sich
durch Ehrlichkeit, Uneigennützigkeit
und Redlichkeit auszeichnen,
so überschwänglich preist,
gereicht weniger ihnen zum Lob als
dem Menschengeschlecht zur Schande.
Jean de La Bruyère, Die Charaktere

Der ehrliche Mann
aus dem einen Hause
gilt als Schelm
im Nachbarhause.
Jean-Jacques Rousseau,
Julie oder Die neue Héloïse (Saint-Preux)

Die Vorsicht
hält den ehrlichen Mann
immer schadlos.
Gotthold Ephraim Lessing,
Minna von Barnhelm (Fräulein)

Ehrlich macht reich,
aber langsam geht's her.
Deutsches Sprichwort

Ehrlich sein heißt,
wie es in dieser Welt hergeht,
Ein Auserwählter
unter Zehntausenden sein.
William Shakespeare, Hamlet (Hamlet)

Ehrlich währt am längsten.
Deutsches Sprichwort

Ehrlich währt am längsten.
Wer hat schon so viel Zeit?
Robert Lembke, Steinwürfe im Glashaus

Ehrliche Arbeit hat
noch keinem Schlösser eingebracht.
Leo N. Tolstoi, Tagebücher (1891)

Ehrlichkeit ist das Einzige,
was höher steht als Leben, Liebe, Tod,
als alles andere.
Sie allein ist beständig.
Katherine Mansfield, Tagebücher

Ehrlichkeit macht sich bezahlt,
aber vielen Menschen scheint
die Bezahlung nicht auszureichen.
Kin Hubbard

Ehrlichkeit macht unbesonnen,
auch wohl trotzig.
Johann Wolfgang von Goethe, Egmont (Vansen)

Ein ehrlicher Beamter
kommt nicht nach oben.
Chinesisches Sprichwort

Ein ehrlicher Beamter reitet
einen Klepper.
Chinesisches Sprichwort

Ein ehrlicher Mann ist nicht schlechter,
weil ein Hund ihn anbellt.
Sprichwort aus Dänemark

Ein verfaulter Baum taugt nicht
für einen Pfosten,
ein ehrlicher Mann nicht
für einen hohen Posten.
Chinesisches Sprichwort

Eine Frau ist ehrlich, wenn sie
keine überflüssigen Lügen sagt.
Anatole France, Die rote Lilie

Es ist keine Kunst, ein ehrlicher Mann
zu sein, wenn man täglich Suppe,
Gemüse und Fleisch zu essen hat.
Georg Büchner

Gelegentliche Ehrlichkeit ist
das Kontrastprogramm der Schurken.
John Osborne

Glaubst du, dass das Land
so leicht zu finden ist,
wo es allezeit erlaubt ist,
ein ehrlicher Mann zu sein?
Jean-Jacques Rousseau, Emile

Hätt' mancher für sein Schmeichelheer
Doch einen, der recht offen wär'.
Jüdische Spruchweisheit

Man muss ehrlich und bescheiden sein,
aber laut und deutlich sagen,
dass man es ist.
Jules Renard, Ideen, in Tinte getaucht.
Aus dem Tagebuch von Jules Renard

Merkwürdiger Zustand einer
Gesellschaft, in der Ehrlichkeiten
eine Wirkung haben, wie sonst nur
elementare Ungewitter oder Erdbeben.
Von welcher Sicherheit hat sie zuvor
gelebt, von was sich genährt?
Emil Gött, Zettelsprüche. Aphorismen

Oh, man ist auch verzweifelt wenig,
wenn man weiter nichts ist als ehrlich.
Gotthold Ephraim Lessing,
Minna von Barnhelm (Franziska)

Schon der Zwang zur Höflichkeit
setzt dem Willen zur Ehrlichkeit
gewisse Grenzen.
Robert Lembke, Steinwürfe im Glashaus

So eng auch Freundschaft, Liebe
und Ehe Menschen verbinden;
ganz ehrlich meint jeder es am Ende
doch nur mit sich selbst
und höchstens noch mit seinem Kinde.
Arthur Schopenhauer, Aphorismen zur Lebensweisheit

Verlogenheit ist die Fähigkeit,
auf schizophrene, also wenigstens
ehrliche Weise unehrlich zu sein.
Ludwig Marcuse, Argumente und Rezepte.
Ein Wörter-Buch für Zeitgenossen

Was bei der Jugend wie Grausamkeit
aussieht, ist meistens Ehrlichkeit.
Jean Cocteau

Wenn die Kulturmenschen
ehrlich wären (...). Aber dann
wären sie keine Kulturmenschen.
Alfred Polgar, Kleine Schriften, Band 3. Irrlicht

Wenn ich nur wüsste, wer es dem
ehrlichen Mann beibringen wollte,
dass er nicht klug ist.
Georg Christoph Lichtenberg, Sudelbücher

Wer ehrlich ist,
geht immer vorwärts.
Chinesisches Sprichwort

Wer spät im Leben
sich verstellen lernt,
Der hat den Schein
der Ehrlichkeit voraus.
Johann Wolfgang von Goethe, Torquato Tasso (Tasso)

Wer wird schon eingestehen,
dass seine Gurken bitter sind.
Chinesisches Sprichwort

Ei

Alles stammt aus einem großen Ei,
und unser ganzer Erdball ist ein
großes Ei, das alle anderen enthält.
Voltaire, Der Mann mit den vierzig Talern

Aus gebratenen Eiern
kommen keine Hühner.
Deutsches Sprichwort

Besser heute ein Ei
als morgen ein Huhn.
Sprichwort aus Albanien

Das Ei tanzt nicht
mit einem Stein zusammen.
Sprichwort aus Afrika

Er legt Sätze wie Eier,
aber er vergisst,
sie zu bebrüten.
Elias Canetti

Frustrierte Politiker erkennt man
daran, dass sie brüten,
bevor das Ei gelegt ist.
Gino Cervi

In einem Hühnerei
suche nicht nach Knochen.
Chinesisches Sprichwort

Manche Politiker muss man behandeln
wie rohe Eier.
Und wie behandelt man rohe Eier?
Man haut sie in die Pfanne.
Dieter Hallervorden

Man trifft, wenn man sich umsieht,
immer auf Menschen, welche
ihr Leben lang Eier gegessen haben,
ohne zu bemerken, dass die länglichen
am besten schmecken.
Friedrich Nietzsche, Menschliches, Allzumenschliches

Nur auf ein angeknicktes Ei
setzen sich die Fliegen.
Chinesisches Sprichwort

Wer Eier unter den Füßen hat,
muss leise auftreten.
Deutsches Sprichwort

Eiche

Es fällt keine Eiche vom ersten Streiche.
Deutsches Sprichwort

Man sieht noch am zerhauen Stumpf,
Wie mächtig war die Eiche.
Ludwig Uhland, Roland Schildträger

Viel Streich',
obwohl von kleiner Axt,
Haun um und fällen
selbst die härteste Eich'.
William Shakespeare, Heinrich VI. (Warwick)

Wer sein Leben lang von hohen
ernsten Eichen umgeben wäre,
müsste ein anderer Mensch werden,
als wer täglich unter luftigen Birken
sich erginge.
Johann Wolfgang von Goethe, überliefert von
Johann Peter Eckermann (Gespräche mit Goethe)

Zeit verwandelt den Eichbaum
in einen Sarg.
Sprichwort aus Livland

Eid

Am Eid ist schuld, wer ihn begehrt,
Nicht wer ihn vorteilshalber schwört;
Mithin ist's Unrecht, wenn man spricht,
Dass, wer den Eid nicht hält, ihn bricht.
Samuel Butler, Hudibras

Um ein Königreich
bricht man jeden Eid.
William Shakespeare, Heinrich VI. (Eduard)

Was Feuer und Wasser
nicht zerstören können,
das zerstört der Meineid.
Talmud

Eifer

Alles gelingt,
was man mit rechtem Eifer angreift.
Samuel Smiles, Charakter

Blinder Eifer schadet nur.
Magnus Gottfried Lichtwer, Fabeln

Der erste Eifer hält nicht vor.
Sprichwort aus Frankreich

Durch mehr tun,
als dazugehört,
Ward oft schon gut
in schlecht gekehrt.
Jüdische Spruchweisheit

Ein von Eifer entflammter Mensch
reicht hin, ein ganzes Volk
aufzurichten.
Johannes I. Chrysostomos, Säulenreden

Es gibt kalten und heißen Eifer;
das Größte ist auf der Welt
durch letzteren vollbracht worden.
David Lloyd George, Reden (1917)

Während die Menschen
ihre Pflichten lässig erfüllen,
machen sie sich ein Verdienst
oder besser einen Ruhm daraus,
Dinge mit Eifer und Hingabe zu tun,
die sie nichts angehen
und weder ihrem Stand noch ihrem
Charakter angemessen sind.
Jean de La Bruyère, Die Charaktere

Eifersucht

Argwohn zeugt Eifersucht,
steigert die Leidenschaft.
Andreas Capellanus, Gebote des Minnerechts

Auch im Hass gibt es Eifersucht;
wir wollen unseren Feind
für uns allein haben.
Friedrich Nietzsche

Auch wenn man allen anderen
verbietet, aus der Quelle zu schöpfen,
aus der man selbst trinkt,
besitzt man sie doch nicht:
Das weiß der Eifersüchtige genau.
Simone de Beauvoir, Das andere Geschlecht

Auf eine Frau, von der man geliebt
wird, eifersüchtig zu sein, deutet auf
ganz eigentümliche Denkfehler hin.
Wir werden geliebt,
oder wir werden nicht geliebt.
Honoré de Balzac, Physiologie der Ehe

Das gift'ge Schrein
der eifersücht'gen Frau
Wirkt tödlicher
als tollen Hundes Biss.
William Shakespeare, Komödie der Irrungen (Äbtissin)

Das Schamgefühl der überfeinerten
Frau wird durch Eifersucht gekränkt.
Stendhal, Über die Liebe

Der Eifersüchtige ereifert sich weniger
über den Verlust seiner Geliebten
als darüber, dass ein anderer
ihm vorgezogen wird.
Paul Ree

Der Eifersüchtige
hat das Horn schon im Auge.
Sprichwort aus Spanien

Der Mann ist eifersüchtig, wenn er liebt;
die Frau, auch ohne dass sie liebt; weil
so viel Liebhaber, als von andern
Frauen gewonnen worden,
doch ihrem Kreise der Anbeter
verloren sind.
Immanuel Kant,
Anthropologie in pragmatischer Hinsicht

Der Schmerz der Eifersucht
ist deshalb so bitter,
weil die Eitelkeit sich
gegen ihn sträubt.
Stendhal, Über die Liebe

Der Widerwille gegen alles, was
unsere Freuden stört und bekämpft,
ist eine natürliche Regung.
Jean-Jacques Rousseau, Emile

Die begründete wie die unbegründete
Eifersucht vernichtet diejenige Würde,
deren die gute Liebe bedarf.
Gottfried Keller, Der grüne Heinrich

Die Eifersucht eines langweiligen Liebhabers dürfte nur Abscheu einflößen, der sich bis zum Hass steigern kann, wenn der beargwöhnte Teil liebenswerter ist als der eifersüchtige.
Stendhal, Über die Liebe

Die Eifersucht ist der Zoll der Liebe.
Sully Prudhomme, Gedanken

Die Eifersucht ist eine Art von Neid, und Neid ist ein kleines, kriechendes Laster, das keine andere Befriedigung kennt als das gänzliche Verderben seines Gegenstandes.
Gotthold Ephraim Lessing, Hamburgische Dramaturgie

Die Eifersucht nährt sich vom Zweifel. Wird der Zweifel Gewissheit, steigert sie sich zur Wut oder vergeht.
François de La Rochefoucauld, Reflexionen

Die Eifersucht quält manches Haus
Und trägt am Ende doch nichts aus
Als doppel Wehe.
Johann Wolfgang von Goethe, Neujahrslied

Die Eifersucht wird immer mit der Liebe geboren, aber sie stirbt nicht immer mit ihr.
François de La Rochefoucauld, Reflexionen

Dieser Hass
gegen den geliebten Gegenstand,
der mit Neid erfüllt ist,
heißt Eifersucht.
Baruch de Spinoza, Ethik

Dinge, leicht wie Luft,
Sind für die Eifersucht
Beweis, so stark
Wie Bibelsprüche.
William Shakespeare, Othello

Du brauchst nicht zu befürchten, eine Frau werde sich darüber ärgern: Sie braucht deine Eifersucht.
Honoré de Balzac, Physiologie der Ehe

Eifersucht ist Angst vor dem Vergleich.
Max Frisch, Tagebuch 1946-1949

Eifersucht ist das größte aller Leiden und erweckt doch am wenigsten Mitleid in denen, die es verursachen.
François de La Rochefoucauld, Reflexionen

Eifersucht ist eine Krankheit. Aber die natürlichste von allen.
Ephraim Kishon, Kishon für alle Fälle

Eifersucht ist in gewisser Hinsicht gerecht und vernünftig, denn sie versucht ja, das Unsere oder das, was wir für das Unsere halten, zu verteidigen. Neid aber ist Wut über den Besitz anderer.
François de La Rochefoucauld, Reflexionen

Eifersucht ist so alt
wie die Menschheit;
als Adam einmal
zu spät heimkam,
fing Eva an,
seine Rippen zu zählen.
Sprichwort aus Flandern

Eifersucht macht
scharfsichtig und blind,
Sieht wie ein Schütz
und trifft wie ein Kind.
Emanuel Geibel, Gedichte

Eifersüchtig sein bedeutet gleichzeitig: den Gipfel der Ichsucht, den Bankrott der Selbstachtung und die Erregung einer falschen Eitelkeit.
Honoré de Balzac, Physiologie der Ehe

Ein Eifersüchtiger weiß nichts, ahnt viel und fürchtet alles.
Curt Goetz

Eine der quälendsten Eigentümlichkeiten unseres gesellschaftlichen Verkehrs ist für eifersüchtige Leute – und das sind wohl alle, die unsere Salons bevölkern – die allzu freie, gefährliche Annäherung, die zwischen Frauen und Männern möglich ist.
Leo N. Tolstoi, Die Kreutzersonate

Eine Frau fühlt sich durch Eifersucht entwürdigt; sie setzt sich dem Verdacht aus, als ob sie dem Manne nachliefe; sie fürchtet den Spott ihres Geliebten, vor allem, dass er sich über ihr zärtliches Herz lustig machen könne, sie kommt auf grausame Gedanken, aber das Gesetz verwehrt ihr, die Nebenbuhlerin zu töten.
Stendhal, Über die Liebe

Es gibt eine Liebe,
die die Eifersucht ausschließt.
François de La Rochefoucauld, Reflexionen

Für manchen Mann ist es angenehm, eine eifersüchtige Frau zu haben. Stets hört er von dem sprechen, was er am meisten liebt.
François de La Rochefoucauld, Nachgelassene Maximen

Gefallen an der Eifersucht finden Frauen, die ihre Ehre darein setzen, ihre Macht immer aufs Neue zu beweisen.
Stendhal, Über die Liebe

Hässliche Frauen sind immer eifersüchtig auf ihren Mann, schöne niemals.
Oscar Wilde, Eine Frau ohne Bedeutung

Herzlos sind die,
die niemals Eifersucht verspüren.
Lars Saabye Christensen, Der Alleinunterhalter

Ihr Eifersüchtigen!,
die ihr ein Mädchen plagt,
Denkt euren Streichen nach,
dann habt das Herz und klagt.
Johann Wolfgang von Goethe,
Die Laune des Verliebten (Egle)

In der Eifersucht
ist mehr Eigenliebe als Liebe.
François de La Rochefoucauld, Reflexionen

In einer echten Liebe ist das Vertrauen die einzige Zuflucht der Eifersucht.
Sully Prudhomme, Gedanken

Kein Weib hält übrigens ihren Mann für echt klug, wenn er eifersüchtig ist; er habe dazu Ursache oder nicht.
Theodor Gottlieb von Hippel, Über die Ehe

Keine Frau leidet unter der Eifersucht des Mannes, den sie liebt.
Curt Goetz, Dreimal täglich

Lieber ein Ehemann ohne Liebe als ein eifersüchtiger.
Sprichwort aus Italien

Man ist nie eifersüchtiger,
als wenn man in der Liebe anfängt,
zu erkalten. Man traut dann
der Geliebten nicht mehr,
weil man dunkel fühlt,
wie wenig einem selbst mehr
zu trauen ist.
Franz Grillparzer, Aphorismen

Man kann sich die ganze Schmach und sittliche Erniedrigung gar nicht ausdenken, zu der ein Eifersüchtiger fähig ist und in die er ohne jegliche Gewissensbisse verfallen wird.
Fjodor M. Dostojewski, Die Brüder Karamasow

Menschen sind zuweilen ebenso eifersüchtig in der Freundschaft wie in der Liebe. Das zeugt mehr von einer neidischen als von einer zärtlichen Gemütsart.
Adolph Freiherr von Knigge,
Über den Umgang mit Menschen

Mit der Liebe erwacht die Eifersucht, die Zwietracht herrscht, und der angenehmsten der Leidenschaften wird Menschenblut zum Opfer gebracht.
Jean-Jacques Rousseau, Über den Ursprung und die Grundlagen der Ungleichheit

Moralische Entrüstung ist Eifersucht mit einem Heiligenschein.
Herbert George Wells

Neun Frauen von zehn sind eifersüchtig.
Chinesisches Sprichwort

Nur durch Eifersucht auf den Besitz erhält man die Besitztümer.
Johann Wolfgang von Goethe, Briefe
(an Charlotte von Stein, 8. März 1781)

O Eifersucht, Eifersucht,
du Leidenschaft,
die mit Eifer sucht,
was Leiden schafft!
Miguel de Cervantes Saavedra,
Der wachsame Posten (Soldat)

Ohne Eifersucht keine Liebe.
Deutsches Sprichwort

Schande und Eifersucht schmerzen
deshalb so heftig, weil die Eitelkeit
uns nicht helfen kann, sie zu ertragen.
François de La Rochefoucauld, Reflexionen

Sei nicht eifersüchtig
gegen die Frau an deiner Brust,
damit sie nicht auf böse Gedanken
gegen dich selbst kommt.
Altes Testament, Jesus Sirach 9, 1

So nah verwandt Eifersucht
und Nacheiferung scheinen,
sie stehen doch in einem Abstand
wie Laster und Tugend.
Jean de La Bruyère, Die Charaktere

Stets einen leisen Zweifel beruhigen,
darin liegt das allzeit durstige Verlangen, darin liegt das Glück des Lebens
in der Liebe. Weil diese Furcht
nie aufhört, können ihre Freuden
nie abstumpfen.
Stendhal, Über die Liebe

Verschmähte Liebe ist Tod,
Eifersucht ist mehr,
sie ist die Furcht des Todes.
Ludwig Börne, Fastenpredigt über die Eifersucht

Wahre Eifersucht stärkt die Liebe.
Andreas Capellanus, Gebote des Minnerechts

Wahrlich, die Eifersucht
ist eine schreckliche Leidenschaft!
Voltaire, Die Briefe Amabeds

Weiber sind zum Zürnen hurtig,
und ihr Zorn ist nicht zu sagen,
Wenn der Mann aus ihrer Küche
Feuer will in fremde tragen.
Friedrich von Logau, Sinngedichte

Wenn die Eifersucht die Liebe überlebt,
so überlebt die Eigenliebe
sie gleichfalls.
Théodore Jouffroy, Das grüne Heft

Wenn die Eifersucht gleichzeitig
hellsichtig und blind macht,
so deswegen,
weil Genie und Wahnsinn
dasselbe Prinzip haben.
Théodore Jouffroy, Das grüne Heft

Wenn die Lieb' ist eifersüchtig,
so bekommt sie hundert Augen,
doch es sind nicht zwei darunter,
die geradeaus zu sehen taugen.
Wilhelm Müller

Wenn Liebe sein soll, müsste es
ohne Eifersucht und Argwohn sein,
Denn sterben ist es, stets zu streiten.
Juana Inés de la Cruz, Sonette

Eigenart

Das Fleckchen an der Wang
ist eine Zier, das schwarze;
Doch wenn es zu groß wird,
so ist es eine Warze.
Friedrich Rückert, Die Weisheit des Brahmanen

Jeder hat das Recht, seine
Eigentümlichkeiten hoch zu stellen;
lassen Sie uns auch die unsrigen.
Helmuth Graf von Moltke, Redeentwurf 1868/1

Jeder hat etwas in seiner Natur, das,
wenn er es öffentlich aussprache,
Missfallen erregen würde.
Johann Wolfgang von Goethe,
Maximen und Reflexionen

Jeder lerne also seine Eigenart kennen
und zeige sich als ein scharfer Richter
seiner Vorzüge und Fehler, damit die
Bühnenkünstler nicht mehr Klugheit
zu haben scheinen als wir.
Marcus Tullius Cicero, Vom rechten Handeln

Was einem angehört,
wird man nicht los,
auch wenn man es wegwürfe.
Johann Wolfgang von Goethe,
Maximen und Reflexionen

Eigenes

Der Mensch kommt nur dazu,
etwas Eigenes aufzustellen,
wenn er sich überzeugt, dass das
Vorhandene ihm nicht genügt hat.
Achim von Arnim, An Jakob Grimm (5. April 1811)

Frage nicht, was andre machen,
acht auf deine eignen Sachen.
Deutsches Sprichwort

Wer etwas Eigenes haben will,
verliert das Gemeinsame.
Thomas von Kempen, Nachfolge Christi

Eigenheit

Jedes Wesen kann nur
in seiner Eigenheit gut sein.
Sophokles

Jedermann hat seine Eigenheiten
und kann sie nicht loswerden;
und doch geht mancher
an seinen Eigenheiten,
oft an den unschuldigsten, zugrunde.
Johann Wolfgang von Goethe,
Maximen und Reflexionen

Man soll seine Eigenheiten
nicht für Begabungen halten. Sie sind
nicht einmal Begabungspforten,
sondern das Gegenteil:
blinde Tore, vermauerte Bogen.
Heimito von Doderer, Repertorium. Ein Begriffbuch
von höheren und niederen Lebens-Sachen

Eigenliebe

Alle Liebe dieser Welt
ist auf Eigenliebe gebaut.
Ließest du die Eigenliebe,
so ließest du leicht die ganze Welt.
Meister Eckhart, Merksprüche und Weisungen

Alle lieben sich selbst.
Titus Maccius Plautus, Die Gefangenen

Der harte Mensch
wird in seiner Eigenliebe noch härter.
Juan de la Cruz, Merksätze von Licht und Liebe

Die Demütigung der Eigenliebe
vermehrt die Betrübnis
der abgewiesenen Liebe.
Jean-Jacques Rousseau, Emile

Die Eigenliebe besteht darin,
dass wir nur uns und daher die Dinge
nur um unseretwillen lieben.
François de La Rochefoucauld, Unterdrückte Maximen

Die Eigenliebe
bringt mehr Wüstlinge hervor
als die Liebe.
Jean-Jacques Rousseau, Emile

Die Eigenliebe, in der Liebe oder im
Unglück, bittet immer ungeschickt:
Sie spricht von der geliebten Person
von sich selbst und zu der Macht, die
sie anfleht, von erwiesenen Diensten
statt von empfangenen Wohltaten.
Antoine Comte de Rivarol, Maximen und Reflexionen

Die Eigenliebe lähmt die Entwicklung
des Geistes und macht uns traurig.
Die Selbstüberwindung führt zum
Leben, zur Heiterkeit, zum Frieden.
Papst Johannes XXIII., Geistliches Tagebuch
(Exerzitien), 9.–18. Dezember 1903

Die Eigenliebe lässt uns sowohl
unsere Tugenden als unsere Fehler viel
bedeutender, als sie sind, erscheinen.
Johann Wolfgang von Goethe,
Wilhelm Meisters Lehrjahre

Die Sucht zu gefallen ist der Kitt
der Gesellschaft; das Glück für das
Menschengeschlecht bestand darin,
dass die Eigenliebe, die bestimmt
war, die Gesellschaft aufzulösen,
sie geradezu stärkt
und unerschütterlich macht.
Charles de Secondat, Baron de la Brède
et de Montesquieu, Meine Gedanken

Eigenliebe duldet leichter
Verdammung unserer Ansichten
als unserer Neigungen.
François de La Rochefoucauld, Reflexionen

Eigenliebe ist der Beginn
eines lebenslangen Romans.
Oscar Wilde,
Sätze und Lehren zum Gebrauch für die Jugend

Es ist ja doch nicht grundlos,
dass jeder sich selbst liebt,
sondern das liegt in unserer
natürlichen Anlage.
Aristoteles, Älteste Politik

Je größer die Eigenliebe ist,
umso schwerer kann man
den anderen begreifen,
sich in ihn hineinversetzen,
und damit steht und fällt alles andere.
Leo N. Tolstoi, Tagebücher (1907)

Jedes Lebewesen liebt sich selbst.
Marcus Tullius Cicero,
Über das höchste Gut und das höchste Übel

Liebe ist nicht so empfindlich
wie Eigenliebe.
Luc de Clapiers Marquis de Vauvenargues,
Unterdrückte Maximen

Siehst du endlich ein,
Dass jeder mehr sich selber
als den Nächsten liebt?
Euripides, Medea (Hofmeister)

Ungeordnete Liebe zu sich selbst
ist jeglicher Sünde Ursache.
Thomas von Aquin, Summa theologica

Was die großen Konflikte in der Welt
und im Menschenleben bewirkt,
ist nicht die Eigenliebe,
sondern der Selbsthass.
Eric Hoffer

Wer sich selbst liebt,
hat keinen Rivalen.
Marcus Tullius Cicero, Ad Quintum fratrem

Widerstrebt es der Vernunft oder der
Gerechtigkeit, sich selbst zu lieben?
Und warum wollen wir, dass die
Eigenliebe unbedingt ein Laster sei?
Luc de Clapiers Marquis de Vauvenargues,
Reflexionen und Maximen

Wir haben nicht genug Eigenliebe,
um die Verachtung eines anderen
gering zu schätzen.
Luc de Clapiers Marquis de Vauvenargues,
Unterdrückte Maximen

Eigenlob

Eigenlob stinkt.
Aber es ist ein angenehmer Gestank.
Boleslaw Barlog

Eigenlob stinkt,
Eigenruhm hinkt.
Deutsches Sprichwort

Ein jeder Fuchs lobt seinen Schwanz.
Sprichwort aus Russland

Immer am lautesten
hat sich der Unversuchte entrüstet,
immer der Ungeprüfte
mit seiner Stärke gebrüstet,
immer der Ungestoßne gerühmt,
dass er niemals gefallen.
Werner Bergengruen

Wenn deine Taten für dich sprechen,
unterbrich sie nicht!
Henry J. Kaiser

Wenn die Henne ihr Gackern ließe,
so wüsste man nicht,
wo sie gelegt hat.
Deutsches Sprichwort

Wer sich selbst tadelt,
lobt sich selbst.
Sprichwort aus Polen

Wer zu laut und zu oft
seinen eigenen Namen kräht,
erweckt den Verdacht,
auf einem Misthaufen zu stehen.
Otto von Leixner, Aus meinem Zettelkasten

Eigennutz

Denn Raub begeht
am allgemeinen Gut,
Wer selbst sich hilft
in seiner eignen Sache.
Friedrich Schiller, Wilhelm Tell (Stauffacher)

Der Eigennutz spricht jede Sprache
und spielt jede Rolle, selbst die des
Gemeinnutzes.
François de La Rochefoucauld, Reflexionen

Eigennutz blendet die einen
und erleuchtet die anderen.
François de La Rochefoucauld, Reflexionen

Eigennutz ist die Seele der Weltleute.
Luc de Clapiers Marquis de Vauvenargues,
Nachgelassene Maximen

Eigennutz macht selten Glück.
Luc de Clapiers Marquis de Vauvenargues,
Reflexionen und Maximen

Ein Narr ist, wer nicht an sich denkt.
Sprichwort aus Frankreich

In Wahrheit, nichts ist unschuldiger
als eben dieser Eigennutz,
sobald er allgemein ist.
Friedrich Buchholz, Hermes oder Über die Natur der
Gesellschaft mit Blicken in die Zukunft

Keine Tugend ist doch weiblicher
als Sorge für das Wohl anderer,
und nichts dagegen macht das Weib
hässlicher und gleichsam der Katze
ähnlicher als der schmutzige Eigennutz, das gierige Einhaschen
für den eignen Genuss.
Heinrich von Kleist, Briefe
(an Wilhelmine von Zenge, 19.–23. September 1800)

Mitleidig ist die ganze Welt,
Sobald nicht Eigennutz das Urteil fällt.
Karl Wilhelm Ramler, Fabellese

Uneigennützige Freundschaft
gibt es nur unter Leuten
gleicher Einkommensklasse.
Jean Paul Getty

Eigenschaft

Alle unsere Eigenschaften
sind ungewiss und zweifelhaft,
und fast alle hängen nur
von den Umständen ab.
François de La Rochefoucauld, Reflexionen

Der Mensch hat es
mit den Eigenschaften zu tun,
der Engel mit dem Wesen.
Honoré de Balzac, Louis Lambert

Die Eigenschaften unserer Nebenmenschen sind uns immer nur ihrer
qualitativen Bedeutung nach offenbar;
und es ist nie vorherzusehen, bis zu
welchem Grad irgendeine Eigenschaft
unter bestimmten Umständen sich zu
entwickeln vermag.
Arthur Schnitzler, Buch der Sprüche und Bedenken

Die meisten Menschen haben wie die
Pflanzen geheime Eigenschaften,
die man erst durch Zufall entdeckt.
François de La Rochefoucauld, Reflexionen

Eine isolierte große Eigenschaft leistet
niemals etwas Großes, ja, viel öfter
wirkt sie in ihrer Isoliertheit als ein
bedenkliches, wenn nicht gar zerstörerisches Element, wie z. B. eine ungeheure Energie, die, wenn ihr nicht
hoher Verstand oder echte Güte beigesellt sind, niemals etwas wahrhaft
Fruchtbares schaffen wird.
Arthur Schnitzler, Buch der Sprüche und Bedenken

Je mehr herausragende Eigenschaften
ein Mensch hat, desto gewisser
kann er damit rechnen, von
der Scheelsucht schlechter Menschen
manches ertragen zu müssen.
Adolph Freiherr von Knigge,
Über den Umgang mit Menschen

Lobenswerte Eigenschaften
nennen wir Tugenden.
Aristoteles, Nikomachische Ethik

Manche schlechten Eigenschaften
erzeugen große Fähigkeiten.
François de La Rochefoucauld, Reflexionen

Mit manchen guten Eigenschaften
ist es wie mit den Sinnen.
Wer sie nicht hat, kann sie weder
wahrnehmen noch verstehen.
François de La Rochefoucauld, Reflexionen

Oft neutralisieren sich
zwei große Eigenschaften
und ergeben als Reinertrag
eine mittelmäßige Leidenschaft.
Théodore Jouffroy, Das grüne Heft

Unser Stolz auf den Besitz einer guten
Eigenschaft erleidet einen argen Stoß,
wenn wir sehen, wie stolz andere
auf das Nichtbesitzen derselben guten
Eigenschaft sind.
Marie von Ebner-Eschenbach, Aphorismen

Unsere Eigenschaften müssen wir
kultivieren, nicht unsere Eigenheiten.
Johann Wolfgang von Goethe,
Maximen und Reflexionen

Unsere Fehler bleiben uns immer treu,
unsere guten Eigenschaften machen
alle Augenblicke kleine Seitensprünge.
Marie von Ebner-Eschenbach, Aphorismen

Unseren schlechten Eigenschaften
gegenüber gibt es nur ewigen Kampf
oder schimpflichen Frieden.
Marie von Ebner-Eschenbach, Aphorismen

Was Adjektive angeht:
Im Zweifelsfall streiche sie aus.
Mark Twain, Querkopf Wilsons Kalender

Wer eine Eigenschaft affektiert,
gibt zu, sie nicht zu besitzen.
Ludwig Reiners, Stilkunst III, Stilgecken und Stilgaukler

Wir alle haben männliche und weibliche Eigenschaften; aber wir haben sie
in unterschiedlicher Größenordnung.
Anaïs Nin, Frauen verändern die Welt

Wir werden wegen unserer guten
Taten weniger gehasst und verfolgt als
wegen unserer guten Eigenschaften.
François de La Rochefoucauld, Reflexionen

Eigensinn

Dem Eigensinn wird Ungemach,
Das er sich selber schafft,
der beste Lehrer.
William Shakespeare, King Lear (Reagan)

Der edle Mensch ist festen Sinnes,
doch eigensinnig ist er nicht.
Konfuzius, Gespräche

Der Eigensinn ist die Energie
der Dummen.
Jean-Paul Sartre

Die Willenskraft der Schwachen
heißt Eigensinn.
Marie von Ebner-Eschenbach

Ein eigensinniges Weib
fürchtet nur die Prügel.
Chinesisches Sprichwort

Nie aus Eigensinn handeln,
sondern aus Einsicht.
Jeder Eigensinn
ist ein Auswuchs des Geistes,
ein Erzeugnis der Leidenschaft,
welche noch nie die Dinge
richtig geleitet hat.
Baltasar Gracián y Morales,
Handorakel und Kunst der Weltklugheit

Wer die Menschen gründlich erforscht
und das Verkehrte in ihrem Denken,
Fühlen, Geschmack und Streben
erkannt hat, kommt zur Einsicht,
dass ihnen Unbeständigkeit
weniger schadet als Eigensinn.
Jean de La Bruyère, Die Charaktere

Eigentum

Auch des Räubers letzte Zwecke
sind ruhiger Besitz und Genuss.
Georg Forster, Über die Beziehung der Staatskunst auf
das Glück der Menschheit

Auf den Wellen ist alles Welle.
Auf dem Meer ist kein Eigentum.
Friedrich Schiller, Die Braut von Messina (Chor)

Aus fremdem Leder
ist gut Riemen schneiden.
Deutsches Sprichwort

Der Eigentumsteufel vergiftet alles,
was er berührt.
Jean-Jacques Rousseau, Emile

Der Erste, welcher ein Stück Landes
umzäunte, sich in den Sinn kommen
ließ zu sagen: dieses ist mein,
und einfältige Leute antraf,
die es ihm glaubten, der war
der wahre Stifter der bürgerlichen
Gesellschaft. Wie viel Laster,
wie viel Unheil, wie viel Mord, Elend
und Gräuel hätte einer nicht verhüten
können, der die Pfähle ausgerissen,
den Graben verschüttet und seinen
Mitmenschen zugerufen hätte:
»Glaubt diesem Betrüger nicht;
ihr seid verloren, wenn ihr vergesst,
dass die Früchte euch allen,
der Boden aber niemandem gehört.«
Jean-Jacques Rousseau, Über den Ursprung und
die Grundlagen der Ungleichheit

Die Stunde des kapitalistischen Privateigentums schlägt. Die Expropriateurs
werden expropriiert.
Karl Marx, Das Kapital

Eigen Herd ist Goldes wert;
ist er gleich arm, hält er doch warm.
Deutsches Sprichwort

Eigentum ist das Meinige!
Max Stirner, Der Einzige und sein Eigentum

Eigentum ist Diebstahl.
Pierre Joseph Proudhon, Was ist Eigentum?

Ein Mensch, der kein Eigentum
erwerben darf, kann auch kein
anderes Interesse haben, als so viel
wie möglich zu essen und so wenig
wie möglich zu arbeiten.
Adam Smith,
Natur und Ursachen von Nationalreichthümern

Es gewährt ja doch auch große Freude,
Freunden oder Fremden oder
Bekannten zu helfen oder einen Dienst
zu erweisen. Das ist aber nur möglich
unter der Voraussetzung
des Privateigentums.
Aristoteles, Älteste Politik

Es ist gar nicht auszusprechen,
wie schätzenswert es ist,
etwas sein Eigen nennen zu dürfen.
Aristoteles, Älteste Politik

Etwas muss er sein Eigen nennen, oder
der Mensch wird morden und brennen.
Friedrich Schiller, Wallensteins Lager (1. Kürassier)

Ich weiß, dass mir nichts angehört
Als der Gedanke, der ungestört
Aus meiner Seele will fließen,
Und jeder günstige Augenblick,
Den mich ein liebendes Geschick
Von Grund auf lässt genießen.
Johann Wolfgang von Goethe, Sprüche (Eigentum)

Kein Kaiser kann, was unser ist,
verschenken.
Friedrich Schiller, Wilhelm Tell (Stauffacher)

Keine Eigentümer schuf die Natur,
denn taschenlos,
ohne Taschen in den Pelzen,
kommen wir zur Welt.
Heinrich Heine

Mein und Dein
bringt alles Unglück herein.
Deutsches Sprichwort

Mein und Dein
ist alles Zankes Ursprung.
Deutsches Sprichwort

Niemand weiß mehr,
wer die Hand in wessen Taschen hat.
Norbert Blüm, Unverblümtes von Norbert Blüm

Sei gewiss, dass nichts dein Eigentum
sei, was du nicht inwendig in dir hast.
Matthias Claudius, Der Wandsbecker Bothe

Sobald aber ein Mensch der Hilfe
eines anderen zu bedürfen anfing,
sobald man für nützlich hielt, dass
ein Mensch Vorrat genug besaß,
zweizu unterhalten, so verschwand
die Gleichheit, und das Eigentum
ward an seine Stelle eingeführt.
Große, weit ausgedehnte Wälder
wurden in lachende Felder verwandelt, die der Landmann mit seinem
Schweiße befeuchten musste und
darauf man Elend und Sklaverei zugleich mit der Ernte heraufkommen
sah.
Jean-Jacques Rousseau, Über den Ursprung und die
Grundlagen der Ungleichheit

Taste aber nur einer das Eigentum an,
und der Mensch mit seinen Leidenschaften wird sogleich da sein.
Johann Wolfgang von Goethe, überliefert von
Johann Peter Eckermann (Gespräche mit Goethe)

Wir sind nicht die Eigentümer
unseres Körpers, unseres Lebens,
unseres Kinder, unseres Besitzes,
unseres Landes, der Luft, des Wassers,
der Erde – wir sind nur deren bevorrechtigte Treuhänder.
Yehudi Menuhin,
Kunst als Hoffnung für die Menschheit

Eigenwille

Der Eigenwille wird nie zufrieden sein,
und könnte er über alles verfügen,
was er will; aber man ist in dem
Augenblick zufrieden, da man auf
ihn verzichtet.
Blaise Pascal, Pensées

Verführung ist Eigenwille,
Gegenteil von Hingabe.
Gertrud von Le Fort, Die ewige Frau

Wenn man verheiratet ist, ist's aus
und vorbei mit dem Eigenwillen.
Berthold Auerbach, Landolin von Reutershofen

Eignung

Ach, die meisten Menschen
sind nicht geeignet,
nichts zu machen!
Erich Kästner, Dr. Erich Kästners lyrische Hausapotheke

Alter Schlauch hält neuen Most nicht.
Deutsches Sprichwort

Aus trockenem Stroh
ist kein Öl herauszupressen.
Chinesisches Sprichwort

Die Führung eines Schiffes überträgt
man nicht dem unter den Reisenden,
der aus dem besten Hause ist.
Blaise Pascal, Pensées

Ein papierner Vogel fliegt nicht
gegen den Wind.
Chinesisches Sprichwort

Ein verfaulter Baum taugt nicht
für einen Pfosten, ein ehrlicher Mann
nicht für einen hohen Posten.
Chinesisches Sprichwort

Für Dachsparren braucht man Bäume,
doch nicht jeder taugt dafür.
Chinesisches Sprichwort

Je krummer das Holz,
je besser die Krücke.
Deutsches Sprichwort

Krummes Holz
brennt so gut wie gerades.
Deutsches Sprichwort

Mit einem Nudelholz
lässt sich kein Feuer fachen.
Chinesisches Sprichwort

Wie mangelhaft aller Unterricht
sein muss, der nicht durch Leute
vom Metier erteilt wird.
Johann Wolfgang von Goethe, Dichtung und Wahrheit

Eile

Bedenkt es wohl.
Man übereile nichts.
Friedrich Schiller, Demetrius (Sapieha)

Das eben geschieht den Menschen,
die in einem Irrgarten hastig werden:
Eben die Eile führt immer tiefer
in die Irre.
Lucius Annaeus Seneca, Briefe über Ethik

Der, der glaubt, hat keine Eile.
Jens Peter Jacobsen, Niels Lyhne

Die Eile ist das Gegenteil der Geduld:
Ungeduldig sucht sie zu beschleunigen, was eigentlich seine Zeit braucht.
Jürgen Dahl, Vom Geschmack der Lilienblüten

Die Stunde drängt,
und rascher Tat bedarf's.
Friedrich Schiller, Wilhelm Tell (Rudenz)

Eil' mit Weile, eil' bedacht,
Ohne Hetz heißt's gut gemacht.
Gunnar Gunnarsson, Advent im Hochgebirge

Eile bringt Verschwendung.
Sprichwort aus den USA

Eile: die Tüchtigkeit von Stümpern.
Ambrose Bierce

Eile ist nicht Geschwindigkeit.
Sprichwort aus Holland

Eile mit Weile!
Das war selbst
Kaiser Augustus' Devise.
Johann Wolfgang von Goethe,
Hermann und Dorothea (5. Gesang)

Eilen hilft nicht;
zur rechten Zeit fortgehen, das ist's.
Jean de La Fontaine, Fabeln

Heiraten in Eile
bereut man mit Weile.
Deutsches Sprichwort

Ich muss die Zeit vor mir her hetzen,
um das Gefühl zu verlieren,
dass sie vorüberstreicht.
Franziska Gräfin zu Reventlow, Tagebücher

In der Verwirrung
ist sogar Eile langsam.
Quintus Curtius Rufus,
Geschichte Alexanders des Großen

Nichts soll man in Eile tun
außer Flöhe fangen.
Sprichwort aus Schottland

Nichts übereile, gut Ding will Weile.
Deutsches Sprichwort

Nur in drei Dingen
sollst du Eile zeigen:
deine Toten zu begraben,
deine Tochter zu verheiraten und
dem Fremden Fleisch vorzusetzen.
Sprichwort aus Persien

Treibe bei der Arbeit,
aber nicht beim Essen.
Chinesisches Sprichwort

Übereilte Heirat fällt selten gut aus.
Deutsches Sprichwort

Wer sich zu sehr beeilt,
verirrt sich unterwegs.
Sprichwort aus Frankreich

Wer was zu sagen hat, hat keine Eile.
Er lässt sich Zeit
und sagt's in einer Zeile.
Erich Kästner

Einbildung

Der Eingebildete sieht nur sich selber,
Der Eigenliebe Schleier deckt sein Auge;
Könnt er durch Gottes Auge schaun,
er sähe, Dass unter allen
keiner wen'ger tauge.
Mosleh od-Din Saadi, Der Rosengarten

Der Eingebildete überschätzt sich im
Verhältnis zu seinem eigenen Wert.
Aristoteles, Nikomachische Ethik

Die Einbildung
vergrößert durch eine phantastische
Wertschätzung die kleinen Dinge,
bis sie unsere Seele erfüllen,
und mit verwegener Frechheit
verringert sie die großen auf ihr Maß.
Blaise Pascal, Pensées

Die Macht des Wunders
ist nichts anderes
als die Macht der Einbildungskraft.
Ludwig Feuerbach, Das Wesen des Christentums

Eingebildete Leute haben mir nie
Leid getan, denn sie tragen ja
ihren Trost mit sich herum.
George Eliot, Die Mühle am Fluss

Eingebildete Übel
gehören zu den unheilbaren.
Marie von Ebner-Eschenbach, Aphorismen

Es ist durchaus möglich,
dass wir uns Begierden einbilden,
weil wir sie gerne haben möchten (...).
Heimito von Doderer, Repertorium. Ein Begreifbuch
von höheren und niederen Lebens-Sachen

In Schwachen
wirkt die Einbildung am stärksten.
William Shakespeare, Hamlet (Geist)

Man kann sich nicht einbilden,
etwas zu sein, was man nicht ist,
es sei denn, man wäre verrückt!
Voltaire, Der Mann mit den vierzig Talern

Mancher sieht aus Furcht vor sich
einen Wolf und hinter sich einen Tiger.
Chinesisches Sprichwort

Nie konnte das Wirkliche
das Eingebildete erreichen:
Denn sich Vollkommenheiten denken,
ist leicht, sie verwirklichen, sehr schwer.
Baltasar Gracián y Morales,
Handorakel und Kunst der Weltklugheit

Unser Vergnügen liegt
nur in der Einbildung.
Ludwig Tieck, Karl von Berneck (Leopold)

Verordne einem Kranken
dreimal täglich Manulavanz
statt Händewaschen,
und er ist zufrieden.
Ludwig Reiners, Stilkunst V,
Licht und Schatten der Fremdwörterei

Was die Einbildungskraft
für ein göttliches Geschenk ist.
Johann Wolfgang von Goethe,
Die Leiden des jungen Werthers

Wenn die Arme viel arbeiten,
ruht die Einbildungskraft aus;
wenn der Leib sehr müde ist,
erhitzt sich das Herz nicht.
Jean-Jacques Rousseau, Emile

Wer sich Großes zutraut,
ohne das Zeug dazu zu haben,
ist eingebildet.
Aristoteles, Nikomachische Ethik

Wir leben immer in einer Welt,
die wir uns selbst einbilden.
Johann Gottfried Herder,
Vom Erkennen und Empfinden der menschlichen Seele

Wir sind nie entfernter
von unseren Wünschen,
als wenn wir uns einbilden,
das Gewünschte zu besitzen.
Johann Wolfgang von Goethe,
Die Wahlverwandtschaften

Einbildungskraft

Die Einbildungskraft,
die das verschönt,
was man begehrt,
verlässt es im Besitz.
Jean-Jacques Rousseau, Emile

Die Einbildungskraft zügeln,
indem man sie bald zurechtweist,
bald ihr nachhilft:
Denn sie vermag alles
über unser Glück,
und sogar der Verstand erhält
Berichtigung von ihr.
Baltasar Gracián y Morales,
Handorakel und Kunst der Weltklugheit

Einbildungskraft
ist das Auge des Geistes.
Joseph Joubert, Gedanken, Versuche und Maximen

Nichts hat der Mensch in sich
so sehr zu bezähmen als seine
Einbildungskraft, die beweglichste
und zugleich gefährlichste
aller menschlichen Gemütsgaben.
Johann Gottfried Herder, Palmblätter

Einbruch

Der abscheulichste Einbruch
ist der in die heiligen Gefühle
eines Menschen.
Marie von Ebner-Eschenbach, Aphorismen

Die Erfahrung lehrt, dass jene
Alarmanlagen am effektivsten sind,
die sofort nach dem Einbruch
installiert werden.
Ephraim Kishon, Kishon für alle Fälle

Einbrecher und Chirurgen
ziehen Handschuhe an, weil sie
ihre Spuren verwischen wollen.
Jacques Tati

Ein guter Einbrecher öffnet alle Türen.
Sprichwort aus Frankreich

Eindruck

Aber kein Genuss ist vorübergehend:
denn der Eindruck, den er zurücklässt,
ist bleibend.
Johann Wolfgang von Goethe,
Wilhelm Meisters Lehrjahre

Alle Eindrücke sind polar,
unterscheiden etwas
im Gegensatz zu etwas anderem.
Oswald Spengler, Urfragen.
Fragmente aus dem Nachlass

Bisweilen erweckt dieselbe Sache
auch in unterschiedlichster Beleuchtung
einen ganz unterschiedlichen Eindruck.
Tania Blixen, Motto meines Lebens

Denn niemand glaube,
die ersten Eindrücke der Jugend
überwinden zu können.
Johann Wolfgang von Goethe,
Wilhelm Meisters Lehrjahre

Es ist immer ein sonderbares Ding
um den ersten Eindruck, er ist immer
ein Gemisch von Wahrheit und Lüge
im hohen Grade.
Johann Wolfgang von Goethe,
Tagebuch der Italienischen Reise

Indessen ist die stille Fruchtbarkeit
solcher Eindrücke ganz unschätzbar,
die man genießend, ohne zersplittern-
des Urteil, in sich aufnimmt.
Johann Wolfgang von Goethe, Dichtung und Wahrheit

Man darf Menschen nicht
wie ein Gemälde oder eine Statue
nach dem ersten Eindruck beurteilen,
die haben ein Inneres, ein Herz,
das ergründet sein will.
Jean de La Bruyère, Die Charaktere

Man soll seinem Gefühl folgen und
den ersten Eindruck, den eine Sache
auf uns macht, zu Wort bringen.
Georg Christoph Lichtenberg, Sudelbücher

Reisen, Bücher, Bekanntschaften, neue
Eindrücke sind so lange notwendig,
wie sie vom Leben verarbeitet werden
und ihren Stempel auf einer mehr oder
weniger reinen Oberfläche hinterlassen;
sobald ihrer aber so viele werden,
dass die einen noch nicht verdaut sind,
wenn die nächsten hinzukommen, sind
sie schädlich: Es tritt der hoffnungslose
Zustand eines seelischen Durchfalls ein.
Leo N. Tolstoi, Tagebücher (1891)

Warum sollten Eindrücke,
die die Seele mit so großer Kraft
aufnimmt, nicht ebenso weit dringen
als sie selbst?
Jean-Jacques Rousseau,
Julie oder Die neue Héloïse (Saint-Preux)

Einfachheit

Aber das Ideal der Einfachheit
macht das Leben in der modernen
Gesellschaft noch schwieriger.
Vincent van Gogh, Briefe

Alles sollte so einfach
wie möglich sein –
aber nicht einfacher.
Albert Einstein

Alles Wohlbehagen, alle Zufriedenheit
ist einfach, sie mögen
woher es auch sei entspringen.
Johann Wolfgang von Goethe,
Des jungen Feldjägers Kriegskamerad

Das einfach Schöne
soll der Kenner schätzen;
Verziertes aber
spricht der Menge zu.
Johann Wolfgang von Goethe,
Die natürliche Tochter (Eugenie)

Das einfachste Konkrete
koinzidiert mit dem Absoluten.
Nikolaus von Kues, Über die Schauung Gottes

Das Simpelste scheint das Wahreste.
Johann Gottfried Herder, Auch eine Philosophie

Denn das Wahre ist einfach
und gibt wenig zu tun,
das Falsche gibt Gelegenheit,
Zeit und Kräfte zu zersplittern.
Johann Wolfgang von Goethe, Briefe
(an Zelter, 2. Januar 1829)

Der einfachste Mensch ist immer
noch ein sehr kompliziertes Wesen.
Marie von Ebner-Eschenbach, Aphorismen

Die Einfachheit des Geistes ist
Dummheit, die des Herzens Unschuld.
Giacomo Girolamo Casanova, Memoiren

Einfachheit heißt sehen, urteilen
und Handeln von dem Punkt her,
in dem wir in uns selber ruhen.
Wie vieles fällt da weg! Und wie fällt
alles andere in die rechte Lage.
Dag Hammarskjöld, Zeichen am Weg

Einfachheit ist
unabdingbare Voraussetzung
und Merkmal der Wahrheit.
Leo N. Tolstoi, Tagebücher (1908)

Es brennt in mir ein Verlangen,
in Einfachheit groß zu werden.
Paula Modersohn-Becker, Tagebuchblätter (April 1903)

Ganze Sachen sind immer einfach,
wie die Wahrheit selbst.
Nur die halben Sachen
sind kompliziert.
Heimito von Doderer, Repertorium. Ein Begreifbuch
von höheren und niederen Lebens-Sachen

Geheuchelte Einfachheit
ist Hochstapelei des Geschmacks.
François de La Rochefoucauld, Reflexionen

Gott hat die einfachen Menschen
offenbar geliebt, denn er hat
so viele von ihnen gemacht.
Abraham Lincoln

Ich sehne mich nach einfachen Formen, nach einer stillen, natürlichen
Lebensweise, wo Herz zum Herzen
spricht, und wo man das Beste hat,
was man haben kann, Ehrlichkeit,
Liebe, Freiheit.
Theodor Fontane, Irrungen, Wirrungen

Manche Menschen benützen
ihre Intelligenz zum Vereinfachen,
manche zum Komplizieren.
Erich Kästner

Manchmal befürchte ich,
dass es keine Menschen
einfachen Gemütes mehr gibt.
Katherine Mansfield, Briefe

Nichts ist einfacher als Größe; ja,
einfach zu sein, heißt groß zu sein.
Ralph Waldo Emerson, Natur

Politik machen bedeutet,
einen simplen Tatbestand
so zu komplizieren, dass alle
nach einem neuen Vereinfacher rufen.
Giovanni Guareschi

Ständiges Denken über Einfachheit
führt dazu, dass man
weniger einfach wird.
Gilbert Keith Chesterton, Aphorismen und Paradoxa

Wie wenigen Übeln ist doch der
Mensch unterworfen, der in der
ursprünglichen Einfachheit lebt!
Jean-Jacques Rousseau, Emile

Einfall

Ein Dummkopf, der einen Einfall hat,
erregt Staunen und Ärgernis
wie ein galoppierender Fiakergaul.
Chamfort, Maximen und Gedanken

Ein guter Einfall ist
wie ein Hahn am Morgen.
Gleich krähen andere Hähne mit.
Karl Heinrich Waggerl

Eine Idee ist ein fremder Einfall,
den man für seinen eigenen ausgibt.
Michael Schiff

Einem Tropf, d
er tausendmal überlegt,
fällt auch einmal etwas ein.
Chinesisches Sprichwort

Heiterkeit
ist die Mutter von Einfällen.
Luc de Clapiers Marquis de Vauvenargues,
Unterdrückte Maximen

Im Einfall liegt das Geheimnis.
Erich Kästner, Kurz und bündig. Epigramme

In aller Eile
zu Papier gebrachte Aufzeichnungen:
das Gehirn abschmieren.
Jules Renard, Ideen, in Tinte getaucht.
Aus dem Tagebuch von Jules Renard

Kunst im überlieferten Sinne
gibt es nicht mehr.
Es gibt nur noch
kurzlebige modische Einfälle.
Giorgio de Chirico

Man soll das Schicksal nicht
mit Vorschlägen verärgern,
es legt zu viel Wert
auf seine eigenen Einfälle.
Karl Heinrich Waggerl

Nicht warten, bis aus den Einfällen
Klagen werden.
Elias Canetti, Die Provinz des Menschen.
Aufzeichnungen 1942–1972

Einfalt

Ach, dass die Einfalt,
dass die Unschuld nie
Sich selbst und ihren
heilgen Wert erkennt!
Johann Wolfgang von Goethe, Faust I (Faust)

Der Einfältige ist immer lächerlich;
das gehört zu seinem Charakter.
Jean de La Bruyère, Die Charaktere

Die Einfalt ist so wert,
dass, wann sie Gott gebricht;
So ist er weder Gott,
noch Weisheit,
noch ein Licht.
Angelus Silesius, Der cherubinische Wandersmann

Die wahre Weisheit
ist die Begleiterin der Einfalt.
Immanuel Kant, Träume eines Geistersehers

Einfalt hat schöne Gestalt.
Deutsches Sprichwort

Einfalt wird alt.
Deutsches Sprichwort

In den Medien wird Vielfalt
mehr und mehr durch Einfalt ersetzt.
Dieter Stolte

In der Einfalt finden wir Entspannung
nach großen Spekulationen.
Luc de Clapiers Marquis de Vauvenargues,
Nachgelassene Maximen

Irgendeinmal erhält die kindliche
Einfalt und Einfachheit der Welt-
betrachtung den vernichtenden Stoß,
und von da ab findet man sich
nie wieder im Ganzen zurecht.
Man ist wie ein zertrümmerter Spiegel,
aus den Scherben kläglich wieder
zusammengeflickt.
Heinrich Waggerl, Aphorismen

Was kein Verstand
der Verständigen sieht,
Das übt in Einfalt
ein kindlich Gemüt.
Friedrich Schiller, Worte des Glaubens

Einfluss

Dass anderer Menschen Gedanken
solchen Einfluss auf uns haben!
Johann Wolfgang von Goethe, Egmont (Egmont)

Denn nichts, was wirkt,
ist ohne Einfluss,
und manches Folgende
lässt sich ohne das Vorhergehende
nicht begreifen.
Johann Wolfgang von Goethe, Dichtung und Wahrheit

Einfluss auf Menschen
ist mehr wert als Reichtum.
Luc de Clapiers Marquis de Vauvenargues,
Nachgelassene Maximen

Einfluss ist geborgte Macht.
Alberto Moravia

Es gibt keinen guten Einfluss.
Jeder Einfluss ist unmoralisch –
unmoralisch vom wissenschaftlichen Standpunkt aus.
Oscar Wilde, Das Bildnis des Dorian Gray

Es wandelt niemand ungestraft
unter Palmen, und die Gesinnungen
ändern sich gewiss in einem Lande,
wo Elefanten und Tiger
zu Hause sind.
Johann Wolfgang von Goethe,
Die Wahlverwandtschaften

Ich habe nicht Einfluss genug,
Gutes zu wirken. Meine Macht
beschränkt sich darauf, hie und da
etwas Schlechtes zu tun.
Voltaire, Der ehrliche Hurone

Ich kenne einen Mann, der unsere
ganze Epoche beeinflusst hat,
indem er sich versteckt hat.
Francis M. de Picabia, Aphorismen

Man muss die Leute
an ihren Einfluss glauben lassen –
Hauptsache ist,
dass sie keinen haben.
Ludwig Thoma

Mit hocherhabnen,
hochbeglückten Männern
Gewalt'ges Ansehn,
würd'gen Einfluss teilen:
Für edle Seelen
reizender Gewinn!
Johann Wolfgang von Goethe,
Die natürliche Tochter (Eugenie)

Reichtum und Einfluss erhalten
sich gegenseitig; das eine hat
ohne das andere kaum Bestand.
Jean-Jacques Rousseau, Emile

Sobald ein Mensch endgültig seinen
Einfluss verloren hat,
setzt man ihm ein Denkmal.
Robert Musil

Wer fühlt, dass er auf einen andern
einen großen innerlichen Einfluss ausübt, muss ihm ganz freie Zügel lassen,
ja gelegentliches Widerstreben gern
sehen und selbst herbeiführen:
Sonst wird er unvermeidlich sich
einen Feind machen.
Friedrich Nietzsche, Menschliches, Allzumenschliches

Wer mir etwas sagen will,
muss stärker sein als ich.
Walter Rathenau, Auf dem Fechtboden des Geistes.
Aphorismen aus seinen Notizbüchern

Wir reden uns oft ein, dass wir
einflussreiche Menschen lieben,
und doch ist es nur Eigennutz,
der uns zu dieser Freundschaft treibt.
Wir nähern uns ihnen nicht, um ihnen
zu geben, sondern um zu erhalten.
François de La Rochefoucauld, Reflexionen

Wir vernachlässigen oft die Menschen,
über die uns die Natur einen Einfluss
verliehen hat. Gerade sie müssten wir
an uns fesseln, denn die anderen sind
ja doch nur anhänglich aus Eigennutz,
schwankend und unverlässlich.
Luc de Clapiers Marquis de Vauvenargues,
Reflexionen und Maximen

Einheit

Alle Körper weisen Spuren der Einheit
auf, erreichen sie aber nicht.
Aurelius Augustinus, Über die wahre Religion

An Deutschlands baldiger 1heit,
Da 2fle ich noch sehr.
Adolf Glaßbrenner,
Eingabe an seine Majestät den König (1847)

Das Größte ist Eines.
Nikolaus von Kues, Von der gelehrten Unwissenheit

Das organische Leben auf der Erdrinde
ist eine tiefe Einheit,
als Ganzes entstanden und vergehend.
Oswald Spengler, Urfragen.
Fragmente aus dem Nachlass

Das Seiende geht von Natur
der Einheit vorher,
die Einheit dem Guten.
Dante Alighieri, Über die Monarchie

Diese absolute Einheit,
die keinen Gegensatz hat,
ist das absolut Größte – Gott.
Nikolaus von Kues, Von der gelehrten Unwissenheit

Es steht also fest, dass alles,
was gut ist, dadurch gut ist,
dass es eine Einheit bildet.
Dante Alighieri, Über die Monarchie

Ich suche die Einheit in allem,
um mit ihr alles zu durchdringen.
Konfuzius, Gespräche

Offenbar ist der Mensch nicht einzig
die Seele, sondern die Seinseinheit
aus Seele und Leib.
Thomas von Aquin, Summa theologica

Schrecklich allein ist,
wer nicht seine Einheit
mit allen Einzelwesen empfindet.
Leo N. Tolstoi, Tagebücher (1901)

Was aber eine Einheit bilden soll,
muss der Art nach verschieden sein.
Aristoteles, Älteste Politik

Einigkeit

Ach, dass wir Menschen nicht,
wie die Waldvögelein,
Ein jeder seinen Ton
mit Lust zusammen schrein!
Angelus Silesius, Der cherubinische Wandersmann

Ein Einungskünstler wäre
in jedem Fache der ganzen Welt
willkommen.
Johann Wolfgang von Goethe,
Die Wahlverwandtschaften

Einerlei Gefühl,
einerlei Wunsch,
einerlei Hoffnung einigt.
Matthias Claudius, Der Wandsbecker Bothe

Einigkeit beim Vieh macht,
dass der Löwe sich hungrig
niederlegen muss.
Sprichwort aus Afrika

Im Frieden und im Krieg
Behält Einigkeit den Sieg.
Georg Rollenhagen, Froschmeuseler

Jedes Reich, das in sich gespalten ist,
geht zugrunde, und keine Stadt
und keine Familie,
die in sich gespalten ist,
wird Bestand haben.
Neues Testament, Matthäus 12, 25 (Jesus)

Konsens erlangt man nicht
mit dem Vorschlaghammer.
Norbert Blüm, Unverblümtes von Norbert Blüm

Meide alles, was die Menschen trennt,
und tu alles, was sie eint.
Leo N. Tolstoi, Tagebücher (1907)

Seid einig, einig, einig!
Friedrich Schiller, Wilhelm Tell (Attinghausen)

Sind zwei Menschen eines Sinnes,
vermag ihr Wille
Metall zu durchschneiden.
Chinesisches Sprichwort

Wenn man mit sich selbst einig ist,
ist man es auch mit andern.
Johann Wolfgang von Goethe, Briefe
(an Zelter, 31. Dezember 1829)

Wer mit sich selbst uneins ist,
der ist niemands Freund.
Johann Geiler von Kaysersberg, Das Seelenparadies

Wir sind ein Volk,
und einig woll'n wir handeln.
Friedrich Schiller, Wilhelm Tell (Landleute)

Einklang

Gut sein heißt,
mit sich selber im Einklang sein.
Oscar Wilde, Das Bildnis des Dorian Gray

Nur wer im Einklang,
im Gleichgewicht mit der organischen
Natur zu bleiben weiß,
kann überleben.
Yehudi Menuhin,
Kunst als Hoffnung für die Menschheit

Einladung

Auf andrer Leute Kirchweih
ist gut Gäste laden.
Deutsches Sprichwort

Der wirklich freie Mensch ist der,
der eine Einladung zum Essen
ausschlagen kann, ohne dafür
einen Vorwand angeben zu müssen.
Jules Renard

Die Cafés sind gute Erfindungen,
günstig für die Freundschaft:
Jemand einladen heißt,
ihm seine Zuneigung beweisen.
Sully Prudhomme, Intimes Tagebuch

Ich gehe nicht gern
auf Gesellschaften.
Ich komme stets zu früh,
und das verdrießt mich.
Jules Renard, Ideen, in Tinte getaucht.
Aus dem Tagebuch von Jules Renard

Einmaligkeit

Es geht nicht darum, der Erste zu sein,
sondern der Einzige seiner Art.
Jules Renard, Ideen, in Tinte getaucht.
Aus dem Tagebuch von Jules Renard

Zu unserem Leben gehört der Anspruch
auf die Einmaligkeit des einzelnen.
Je mehr das Leben seiner selbst bewusst
ist, um so ausgeprägter ist dieses Merkmal (...). Einmaligkeit (...), die nicht als
gegenseitig geachtete Verschiedenheit
begriffen wird, kann beim Menschen
zur Grundlage von Tyrannei werden.
Yehudi Menuhin, Variationen

Einmischung

Gib Acht, dich nicht in
fremde Angelegenheiten einzumischen,
ja, lass sie dir noch nicht einmal
durch den Kopf gehen;
denn vielleicht bist du nicht fähig,
deine eigene Aufgabe zu erfüllen.
Juan de la Cruz, Merksätze von Licht und Liebe

In jeden Quark begräbt er seine Nase.
Johann Wolfgang von Goethe, Faust
(Prolog im Himmel: Mephisto)

Man mische sich nicht ein
in die Amtsgeschäfte eines Amtes,
das man nicht innehat.
Konfuzius, Gespräche

So hat man immer Trieb und Lust,
vor fremden Türen zu kehren.
Johann Wolfgang von Goethe, Italienische Reise

Steck deinen Löffel nicht
in andrer Leute Töpfe.
Deutsches Sprichwort

Unter allen Einmischereien ist die, die
sich mit Mann und Frau beschäftigt,
für alle Teile die verhängnisvollste.
Elizabeth von Arnim, Elizabeth auf Rügen

Einordnen

Niemand klassifiziert so gern
als der Mensch,
besonders der deutsche.
Jean Paul, Vorschule der Ästhetik

Wie eilig ordnet sich Geschnenes ein.
Arthur Schnitzler,
Aphorismen und Betrachtungen aus dem Nachlass

Einsamkeit

Aber was genoss ich denn endlich,
als ich allein war? Mich selbst,
die ganze Welt, alles, was ist, alles,
was sein kann, alles, was die sinnliche
Welt Schönes und die Gedankenwelt
Sichtbares in sich fasst.
Ich versammelte um mich her alles,
was meinem Herzen schmeicheln
konnte, meine Wünsche waren
das Maß meiner Freuden.
Jean-Jacques Rousseau,
Dritter Brief an Malesherbes (26. Januar 1762)

Alle großen Leidenschaften
entstehen in der Einsamkeit.
Jean-Jacques Rousseau,
Julie oder Die neue Héloïse (Julie)

Alle unsere Leiden kommen daher,
dass wir nicht allein sein können.
Jean de La Bruyère, Die Charaktere

Alles Große, das Menschen je geleistet,
geht aus der Einsamkeit, aus der Vertiefung geistigen Schauens hervor.
Peter Rosegger, Höhenfeuer

Als eine Naturform des menschlichen
Daseins ist die Einsamkeit dem Leben
immanent, ein Ausdruck, eine Form
seiner Selbst, ihm entwachsen und
durch alle Verwandlungen hindurch
mit ihm verknüpft. Sie gehört zum
menschlichen Leben wie die Religion.
Otto Weininger, Geschlecht und Charakter

Anteilnahme ist die allseitige
Bestätigung der Einsamkeit.
Gottfried Edel

Auch die Einsamkeit hat ihre Gecken,
und sie verraten sich meist dadurch,
dass sie sich als Märtyrer aufspielen.
Arthur Schnitzler, Buch der Sprüche und Bedenken

Aus Menschenverachtung in die Einsamkeit flüchten oder sich völlig auf
und in sich selbst zurückzuziehen,
ist selten ein Zeichen von Kraft
oder Größe, weit öfter von Trägheit
oder Hochmut.
Arthur Schnitzler, Buch der Sprüche und Bedenken

Damit man das Leben leben kann,
muss es geradezu mit Einsamkeit
durchtränkt sein.
Eugène Ionesco, Bekenntnisse

Das Erlernen der Einsamkeit ist
eine Kraft und nicht ein Ziel.
Elisabeth Badinter

Das Pendel muss zwischen Einsamkeit
und Gemeinsamkeit, zwischen Einkehr
und Rückkehr schwingen.
Anne Morrow Lindbergh, Muscheln in meiner Hand

Dem intellektuell hoch stehenden
Menschen gewährt nämlich die
Einsamkeit einen zwiefachen Vorteil:
Erstens den, mit sich selber zu sein,
und zweitens den,
nicht mit anderen zu sein.
Arthur Schopenhauer, Aphorismen zur Lebensweisheit

Denn es ist nicht die körperliche
Einsamkeit, die uns von den anderen
Menschen trennt, nicht die körper-
liche, sondern die seelische Isoliertheit.
Anne Morrow Lindbergh, Muscheln in meiner Hand

Denn in einer so absoluten Einsamkeit,
wo man durch gar nichts zerstreut und
auf sich selbst gestellt ist, fühlt man
erst recht und lernt begreifen, wie lang
ein Tag sei.
Johann Wolfgang von Goethe, Briefe
(an Schiller, 10. August 1799)

Denn jeder Unmut ist eine Geburt,
ein Zögling der Einsamkeit.
Johann Wolfgang von Goethe, Dichtung und Wahrheit

Der Anblick der Natur und ihrer
abwechselnden Auftritte kann allerdings das Gemüt mit Ideen erfüllen
und Stoff zu solchen Betrachtungen
und Empfindungen, woraus Kenntnisse
entstehn, mitteilen. Daher ist für die
Geisteskultur ein großer Unterschied
zwischen der Einsamkeit in der Stadt
und der auf dem Lande.
Christian Garve, Über Gesellschaft und Einsamkeit

Der Einsame ist
entweder ein Engel oder ein Teufel.
Deutsches Sprichwort

Der Einsame ist überall zu Hause.
Sprichwort aus Russland

Der einsame Vogel
hat fünf Eigenschaften:
Die erste, dass er
zum höchsten Punkt fliegt;
die zweite, dass er
keine Gesellschaft erträgt,
auch wenn sie von seiner Art ist;
die dritte, dass er
den Schnabel in den Wind hält;
die vierte, dass er
keine bestimmte Farbe hat;
die fünfte, dass er lieblich singt.
Diese Eigenschaften muss auch
der kontemplative Mensch haben.
Juan de la Cruz, Merksätze von Licht und Liebe

Der Mensch scheint sich bisweilen
selbst nicht zu genügen;
Dunkel und Einsamkeit
versetzen ihn in Unruhe,
stürzen ihn in grundlose Furcht
und eitlen Schrecken;
in solchen Augenblicken ist
Langeweile noch das kleinste Übel,
das ihm widerfahren kann.
Jean de La Bruyère, Die Charaktere

Der Mensch verkrüppelt
in der Einsamkeit, der richtige, volle,
gesunde Mensch ist nur der Mensch
in der Gesellschaft.
Rudolf von Ihering, Der Zweck im Recht

Der Wunsch
nach besinnungsloser Einsamkeit.
Nur mir gegenübergestellt sein.
Franz Kafka, Tagebücher (1913)

Des einen Einsamkeit
ist die Flucht des Kranken;
des andern Einsamkeit
die Flucht vor den Kranken.
Friedrich Nietzsche, Also sprach Zarathustra

Die Ehe ist die Schule der Einsamkeit.
Arthur Schnitzler

Die Einsamkeit beruhigt die Seele
und mildert die Leidenschaften,
die das Treiben der Welt erzeugt.
Fern von den Lastern, die uns erregen,
spricht man von ihnen mit weniger
Entrüstung, fern von den Übeln,
die uns rühren, ist das Herz von ihnen
weniger erschüttert.
Jean-Jacques Rousseau, Brief an d'Alembert

Die Einsamkeit führt zu abstrakter
Spekulation oder zur Poesie:
Man muss inmitten der menschlichen Leidenschaften leben,
um die Notwendigkeit zu fühlen,
sie zu benutzen und zu lenken.
Germaine Baronin von Staël, Über Deutschland

Die Einsamkeit ist kein Glück, aber
die Zweisamkeit ist oft ein Unglück.
Marie von Ebner-Eschenbach, Aphorismen

Die Einsamkeit ist Not,
doch sei nur nicht gemein,
So kannst du überall
in einer Wüsten sein.
Angelus Silesius, Der cherubinische Wandersmann

Die Einsamkeit ist nur für Gott.
Sprichwort aus Montenegro

Die Einsamkeit ist wie der Duft
einer Giftpflanze, süß, aber betäubend
und mit der Zeit geradezu verderblich,
selbst für die stärksten Konstitutionen.
Friedrich Spielhagen, Problematische Naturen

Die Empfindung des Einsamseins
ist schmerzlich, wenn sie uns im
Gewühl der Welt, unerträglich jedoch,
wenn sie uns im Schoß unserer Familie
überfällt.
Marie von Ebner-Eschenbach, Aphorismen

Die Frau aber braucht die Einsamkeit,
um ihre eigentliche Bestimmung
wieder zu finden: jenen festen Faden,
der das ganze Netz menschlicher
Beziehungen zusammenhält.
Anne Morrow Lindbergh, Muscheln in meiner Hand

Die größte Krankheit ist es heute,
ungewollt, ungeliebt, allein gelassen
zu sein, ein Abschaum der Gesellschaft.
Mutter Teresa

Die Hollywood-Pest heißt: Einsamkeit
mit Hunden und geistvollen Flaschen.
Gloria Swanson

Die Meditation in der Einsamkeit, das
Studium der Natur, die Betrachtung
der Welt drängen einen Einsamen,
sich unaufhörlich zu dem Urheber
der Dinge aufzuschwingen und dem
Zweck alles Sichtbaren und dem
Ursprung aller seiner Empfindungen
mit einer süßen Unruhe nachzuspüren.
Jean-Jacques Rousseau,
Träumereien eines einsamen Spaziergängers

Die Menschen sind einsam auf Erden –
das ist das Unglück!
Fjodor M. Dostojewski, Die Sanfte

Die Menschen vergessen das Große
und geben sich mit dem Kleinen ab.
In der Einsamkeit ist das ganz anders:
Der Mensch festigt sich in sich selbst
und wird stark zu jeglicher großen Tat.
Fjodor M. Dostojewski, Der Jüngling

Die nicht einsam sein können,
sind immer gelangweilt
und folglich langweilig.
Charles Joseph von Ligne, Mélanges littéraires

Diese einsamen Stunden der Betrachtung sind die einzige Zeit des Tages,
wo ich völlig ich selbst bin
und mir ganz ohne Ablenkung,
ohne Hindernis gehöre und wo ich
in Wahrheit sagen kann, ich sei das,
was die Natur aus mir machen wollte.
Jean-Jacques Rousseau,
Träumereien eines einsamen Spaziergängers

Du meine heilige Einsamkeit,
Du bist so reich und rein und weit
Wie ein erwachender Garten.
Meine heilige Einsamkeit du
Halte die goldene Türe zu,
Vor denen die Wünsche warten.
Rainer Maria Rilke, Advent

Ein einsamer Mensch ist
entweder ein Vieh oder ein Engel.
Sprichwort aus Italien

Ein Hauptstudium der Jugend
sollte sein, die Einsamkeit ertragen
zu lernen; weil sie eine Quelle
des Glückes, der Gemütsruhe ist.
Arthur Schopenhauer, Aphorismen zur Lebensweisheit

Ein Mensch,
der seine Zeit zwischen der Welt
und der Einsamkeit teilen wollte,
würde in der Letztern stets unruhig,
in der Erstern stets fremd sein
und sich in der Tat nirgendwo
wohl fühlen.
Jean-Jacques Rousseau,
Julie oder Die neue Héloïse (Saint-Preux)

Eine Familie
macht tausend Münder satt,
der Einsame
muss großen Hunger leiden.
Chinesisches Sprichwort

Eine gewisse Einsamkeit scheint
dem Gedeihen der höhern Sinne
notwendig zu sein, und daher muss
ein zu ausgebreiteter Umgang
der Menschen miteinander
manchen heiligen Keim ersticken
und die Götter, die den unruhigen
Tumult zerstreuender Gesellschaften
und die Verhandlungen kleinlicher
Angelegenheiten fliehen,
verscheuchen.
Novalis, Die Christenheit oder Europa

Eine große Stadt,
eine große Einsamkeit.
Sprichwort aus Griechenland

Einsam lernt niemand je sich selbst,
Noch wen'ger anderen gebieten.
Johann Wolfgang von Goethe, Elpenor (Evadne)

Einsamkeit bringt Traurigkeit.
Deutsches Sprichwort

Einsamkeit hat den großen Vorteil,
dass man die Flucht vor sich selbst
einstellt.
Marcel Proust

Einsamkeit in der offnen Natur,
das ist der Prüfstein des Gewissens.
Heinrich von Kleist, Briefe
(an Wilhelmine von Zenge, 4./5. September 1800)

Einsamkeit ist
das Bedürfnis des Denkers,
Gemeinschaft
das Bedürfnis des Herzens.
Ludwig Feuerbach, Das Wesen des Christentums

Einsamkeit ist das Los
aller hervorragenden Geister:
Sie werden solche bisweilen beseufzen,
aber stets sie als das kleinere
von zwei Übeln wählen.
Arthur Schopenhauer, Aphorismen zur Lebensweisheit

Einsamkeit ist eine große Gefahr
für die Keuschheit.
Luc de Clapiers Marquis de Vauvenargues,
Nachgelassene Maximen

Einsamkeit
ist eine Schule der Weisheit.
Deutsches Sprichwort

Einsamkeit ist für den Geist,
was Fasten für den Körper,
tödlich, wenn sie zu lang dauert,
und doch notwendig.
Luc de Clapiers Marquis de Vauvenargues,
Nachgelassene Maximen

Einsamkeit ist für den, der in der
menschlichen Gesellschaft lebt,
ebenso nützlich wie die Gemeinschaft
mit Menschen für einen,
der nicht in ihr lebt.
Leo N. Tolstoi, Tagebücher (1847)

Einsamkeit ist höchstes Gut.
Johann Wolfgang von Goethe,
Wilhelm Tischbeins Idyllen

»Einsamkeit ist keine Lösung«,
sagte Rabbi Elimelech.
»Man muss allein denken,
nicht allein leben.«
Elie Wiesel, Chassidische Feier

Einsamkeit ist ohne Gemeinschaft
nicht möglich, so wenig
wie das Nichts ohne das Sein.
Jakob Boßhart, Bausteine zu Leben und Zeit

Einsamkeit tut weh, aber doch nicht so
wie falsche Geselligkeit.
Theodor Fontane, Briefe

Einsamkeit und Faulheit
liebkosen die Phantasie.
Fjodor M. Dostojewski, Helle Nächte

Einsamkeit wäre leicht zu ertragen,
wenn man sich selbst
ein gläubigeres Publikum sein könnte.
Heinrich Waggerl, Aphorismen

Es ist manchmal ein gutes Mittel,
die notwendige Einsamkeit zu sichern,
damit man sich auf etwas konzentrieren kann, was man tiefer
erforschen will.
Vincent van Gogh, Briefe

Es kann mich aber doch nicht
besiegen, auch die Einsamkeit nicht.
Die wird einmal mein letzter Geliebter
sein, der mir am wehesten
und am wohlsten tut.
Franziska Gräfin zu Reventlow, Tagebücher

Hält sich einer, mit entsagendem
Sinne, absichtlich in der Einsamkeit,
so kann er sich dadurch den Verkehr
mit Menschen, selten genossen,
zum Leckerbissen machen.
Friedrich Nietzsche, Menschliches, Allzumenschliches

Hier in der Einsamkeit reduziert
der Mensch sich auf sich selber.
Paula Modersohn-Becker, Tagebuchblätter

Hier in dieser Einsamkeit habe ich
meine Eigenheit, meinen Frieden,
meinen Gott gefunden, und tausend
Geisterstimmen reden Offenbarungen
zu mir, die ich im Getümmel
des Lebens nicht vernehmen könnte.
Karoline von Günderode, Geschichte eines Braminen

Hüte dich vor dem Augenblick,
da du anfängst, auf deine Einsamkeit
stolz zu werden; im nächsten schon
wacht die Sehnsucht nach Menschen
in dir auf.
Arthur Schnitzler,
Aphorismen und Betrachtungen aus dem Nachlass

Hüte dich vor schlechter Gesellschaft,
aber vergiss nicht, dass, wenn du
die Einsamkeit erwählst, du dich
nicht stets in der besten befindest.
Arthur Schnitzler, Zurückgelegte Sprüche

Ich bin der Meinung, das man das
eigene Ich, die innere Quelle, am
besten in der Einsamkeit wiederfindet.
Anne Morrow Lindbergh, Muscheln in meiner Hand

Ich bin mit einer natürlichen Liebe
zur Einsamkeit auf die Welt gekommen, eine Neigung, die in dem Maße
nur zugenommen hat, als ich die
Menschen besser kennen lernte.
Jean-Jacques Rousseau,
Erster Brief an Malesherbes (4. Januar 1762)

Ich suchte stets in Einsamkeit
zu leben,
Wie dies die Wälder, Fluren,
Ufer wissen,
Um jenen Dunkelmännern zu
entschweben,
Die nie des Wegs zum Himmel
sich beflissen.
Francesco Petrarca, Der Canzoniere

Im Grunde gibt es nur eine Einsamkeit,
Ursprung all der anderen,
nämlich die Entfernung vom Weltsinn,
in der wir uns befinden,
von Gott, wie er auch
beschaffen sein mag.
Sully Prudhomme, Intimes Tagebuch

In der Einsamkeit
frisst sich der Einsame selbst auf,
in der Vielsamkeit
fressen ihn die vielen.
Nun wähle.
Friedrich Nietzsche, Menschliches, Allzumenschliches

In der Einsamkeit kann man alles
erlangen – ausgenommen Charakter.
Stendhal, Über die Liebe (Fragmente)

In der Einsamkeit sieht
und empfindet man auf andere Art
als im Umgange mit der Welt.
Jean-Jacques Rousseau, Julie oder Die neue Héloïse

In seiner Stube ohne Menschen
eingeschlossen sein, auch wenn man
Bücher zu Gesellschaftern hat,
bringt doch auf die Länge
eine gewisse Leerheit und
Trockenheit des Geistes hervor.
Christian Garve, Über Gesellschaft und Einsamkeit

Einsamkeit

Ist die Einsamkeit für große Geister
eine Nahrungsquelle,
so ist sie für kleine eine Qual.
Samuel Smiles, Charakter

Ist dir die Einsamkeit gute Gesellschaft,
dann, Glücklicher, zähle
Zu den Glücklichsten dich;
aber verschweige dein Glück.
Friedrich Bouterwek, Sinnsprüche

Je tiefer einer wird, desto einsamer
wird er; aber nicht nur das:
Desto mehr lassen ihn selbst
seine treuesten Freunde allein –
aus Zartgefühl, Schamgefühl, Liebe,
Ehrfurcht, Verlegenheit, Hochachtung,
Scheu, kurz, aus den allerbesten
Gründen und mit dem unanfecht-
barsten Takt des Herzens.
Christian Morgenstern, Stufen

Jeden Nachklang fühlt mein Herz
Froh – und trüber Zeit,
Wandle zwischen Freud und Schmerz
In der Einsamkeit.
Johann Wolfgang von Goethe, An den Mond

Junge Leute finden sich besser
in die Einsamkeit als Greise;
ihre Leidenschaften schaffen ihnen
Unterhaltung.
Jean de La Bruyère, Die Charaktere

Kein Klang der aufgeregten Zeit,
Drang noch in diese Einsamkeit.
Theodor Storm, Abseits

Keinem Menschen etwas zu bedeuten,
das ist eines der schwersten Leiden.
Mutter Teresa

Lebe von der Welt geschieden,
Und du lebst mit ihr in Frieden.
Friedrich Rückert, Gedichte

Man ist nie weniger allein,
denn allein.
Deutsches Sprichwort

Mir graut
Vor dem Gedanken, einsam und allein
Auf einem Thron allein zu sein.
Friedrich Schiller, Dom Karlos (Karlos)

Mir ist manchmal so
einzeln auf der Welt.
Erich Kästner, Dr. Erich Kästners lyrische Hausapotheke

Niemals fühlt man sich einsamer
als in großer Gesellschaft.
Herbert Eulenberg, Katinka, die Fliege

Nur der Einsame findet den Wald:
wo ihn mehrere suchen, da flieht er,
und nur die Bäume bleiben zurück.
Peter Rosegger

Nur Einsamkeit
ist Vollgenuss des Lebens.
August Graf von Platen, Gedichte

Nur in den Einsamen
schleichen Gespenster.
Jean Paul, Hesperus

Nur unter deinesgleichen hast du
das Recht, dich einsam zu fühlen.
Arthur Schnitzler, Buch der Sprüche und Bedenken

O Einsamkeit!
Du meine Heimat Einsamkeit!
Wie selig und zärtlich
redet deine Stimme zu mir!
Friedrich Nietzsche, Also sprach Zarathustra

Ruhe, das höchste Glück auf Erden,
kommt sehr oft nur durch Einsamkeit
in das Herz.
Johann Georg von Zimmermann, Über die Einsamkeit

Selbst Friedrich der Zweite, der doch
die guten Gesellschafter aus mehreren
Ländern herbeirufen konnte, zog doch
oft die Einsamkeit und das Studieren
ihrer Unterhaltung noch vor.
Alle Männer von Genie werden
ein ähnliches Bedürfnis empfinden.
Christian Garve, Über Gesellschaft und Einsamkeit

Sich abschließen heißt sich einmauern,
und sich einmauern ist der Tod.
Theodor Fontane, Der Stechlin

Treibe dich in der Menge herum,
damit dir die Einsamkeit wieder behagt.
Plinius d. J.

Überlege wohl, bevor du dich
der Einsamkeit ergibst, ob du auch für
dich selbst ein heilsamer Umgang bist.
Marie von Ebner-Eschenbach, Aphorismen

Und kann ich nur einmal
Recht einsam sein,
Dann bin ich nicht allein.
Johann Wolfgang von Goethe,
Wilhelm Meisters Lehrjahre

Unser Leid sitzt in der Seele, diese
kann aber nicht von sich selber los;
so muss man sie auf ihr Wesentliches
zurückführen und darin zur Ruhe
kommen lassen: Das ist die wahre
Einsamkeit; sie kann auch mitten in
der Stadt oder im Gedränge eines
Königshofes genossen werden, aber
abseits hat man mehr davon.
Michel Eyquem de Montaigne, Die Essais

Vergnügte Einsamkeit!
Du bist die Ruhe,
So meine stille Brust
sich längst erwählet.
Anna Luise Karsch, Gedichte

Was wirft es für ein Licht
auf unsere Zivilisation,
wenn das Bedürfnis nach Einsamkeit
verdächtig erscheint,
wenn man sich dafür entschuldigen,
wenn man es verbergen muss
wie ein geheimes Laster!
Anne Morrow Lindbergh, Muscheln in meiner Hand

Wenn dich alles verlassen hat,
kommt das Alleinsein.
Wenn du alles verlassen hast,
kommt die Einsamkeit.
Alfred Polgar, Kleine Schriften, Band 3. Irrlicht

Wenn du die Einsamkeit fürchtest,
versuche nicht, gerecht zu sein.
Jules Renard, Ideen, in Tinte getaucht.
Aus dem Tagebuch von Jules Renard

Wenn du die Einsamkeit
nicht ertragen kannst,
dann langweilst du
vielleicht auch andere.
Oscar Wilde

Wenn ich einmal aller Welt
Abscheu und Entsetzen vor mir
eingeflößt haben werde, werde ich
die Einsamkeit erobert haben.
Charles Baudelaire, Tagebücher

Wer ein volles Gefäß trägt,
muss das Gedränge vermeiden,
und wessen Seele am Überlaufen ist,
einsame Wege gehn.
Emil Gött, Zettelsprüche. Aphorismen

Wer sich der Einsamkeit ergibt,
Ach! der ist bald allein;
Ein jeder lebt, ein jeder liebt
Und lässt ihn seiner Pein.
Johann Wolfgang von Goethe,
Wilhelm Meisters Lehrjahre

Wer sich zur Einsamkeit
verdammt fühlt, kann immer noch
manches dazu tun,
dass seine Einsamkeit gesegnet sei.
Arthur Schnitzler, Buch der Sprüche und Bedenken

Wie beneid ich am Abend
die glücklichen Hüttenbewohner
um den traulichen Menschenkranz,
der sie umschließt, und wie fühl' ich
dann mit geheimem Schauder
die Einsamkeit, die furchtbare Leere
um mich her!
Sophie Mereau, Ein ländliches Gemälde

Wie köstlich ist die Einsamkeit,
wenn wir wissen,
dass von irgendwoher in der Welt,
wäre es auch aus weiter Ferne,
Sehnsucht nach uns ruft.
Aber ist dies denn
auch noch Einsamkeit?
Arthur Schnitzler, Buch der Sprüche und Bedenken

Wie leer ist die Welt für den,
der sie einsam durchwandert!
Gustave Flaubert, November

Wir sind Dickhäuter, wir strecken
die Hände nacheinander aus, aber es
ist vergebliche Mühe, wir reiben nur
das grobe Leder aneinander ab.
Georg Büchner, Dantons Tod

Wo die Einsamkeit aufhört,
da beginnt der Markt; und wo
der Markt beginnt, da beginnt auch
der Lärm der großen Schauspieler
und das Geschwirr der giftigen Fliegen.
Friedrich Nietzsche, Also sprach Zarathustra

Wo ich auflebe
in wonniger Einsamkeit,
fern der Welt, die stets mich verkennt
und mit der auch ich mich nie
und nimmer befreunden kann
und will.
König Ludwig II. von Bayern, Briefe
(an Richard Wagner, 21. Juni 1867)

Zu müde für Menschen
Suchst du Einsamkeit,
Zu müde, sie zu füllen.
Dag Hammarskjöld, Zeichen am Weg

Zwischen Welt und Einsamkeit
ist das rechte Leben.
Nicht zu nah und nicht zu weit
will ich mich begeben.
Friedrich Rückert, Gedichte

Einsatz

Der Einsatz sucht uns, nicht wir
den Einsatz. Darum bist du ihm treu,
wenn du wartest – bereit, und handelst,
wenn du vor der Forderung stehst.
Dag Hammarskjöld, Zeichen am Weg

Der große Einsatz ist so viel einfacher
als der alltägliche – aber er verschließt
so leicht unser Herz gegen diesen.
Dag Hammarskjöld, Zeichen am Weg

Wenn man es zu etwas bringen will,
so muss man seinen ganzen Menschen
dafür hingeben.
Paula Modersohn-Becker, Briefe (20. Februar 1897)

Einschränkung

Manche schränken sich zu Hause ein,
in der Öffentlichkeit breiten sie sich
aus und entfalten sich:
Ein Fehler ist dieses widersprüch-
liche Verhalten und ein Zeichen
einer schwankenden Seele, die
noch nicht ihre eigene Haltung hat.
Lucius Annaeus Seneca, Briefe über Ethik

Nur durch Einschränkung gelangt
der Mensch dahin,
sich nicht zu vernichten.
André Gide, Tagebuch

Einseitigkeit

Alle Autodidakten leiden
an Einseitigkeit und Überschätzung.
Karl Julius Weber, Democritos

Eine neue Einseitigkeit ist so viel wert
wie die Ablösung der alten.
Ludwig Marcuse, Argumente und Rezepte.
Ein Wörter-Buch für Zeitgenossen

Einseitige Bildung ist keine Bildung.
Johann Wolfgang von Goethe, überliefert von
Friedrich Wilhelm Riemer (Mittheilungen über Goethe)

Einseitige Menschen
gefallen nicht lange.
François de La Rochefoucauld, Reflexionen

Einseitigkeit ist die Hauptursache
für das Unglück des Menschen.
Leo N. Tolstoi, Tagebücher (1847)

Nur eine Seite angehört,
führt zu falschem Urteil.
Chinesisches Sprichwort

Weil die Menschen nur ein Einziges
wollen und preisen, weil sie, um sich
zu sättigen, sich in das Einseitige
stürzen, machen sie sich unglücklich.
Wenn wir nur in und selber in Ordnung wären, dann würden wir viel
mehr Freude an den Dingen dieser
Erde haben.
Adalbert Stifter, Der Nachsommer

Einsicht

Denn ein Mann von richtiger Einsicht
unter den Betörten gleicht dem,
dessen Uhr richtig geht in einer Stadt,
deren Turmuhren alle falsch gestellt
sind. Er allein weiß die wahre Zeit:
Aber was hilft es ihm?
Alle Welt richtet sich nach den falsch
zeigenden Stadtuhren; sogar auch die,
welche wissen, dass seine Uhr allein
die wahre Zeit angibt.
Arthur Schopenhauer, Aphorismen zur Lebensweisheit

Die beste Universalmedizin
gegen die Torheit ist die Einsicht.
Jeder erkenne die Sphäre seiner
Tätigkeit und seines Standes:
Dann wird er seine Begriffe
in Übereinstimmung
mit der Wirklichkeit bringen.
Baltasar Gracián y Morales,
Handorakel und Kunst der Weltklugheit

Einsicht verschafft das Gute,
erhält es, mehrt es
und macht rechten Gebrauch davon.
Plutarch, Trostschrift an Apollonius

Es ist eine Eigenheit dem Menschen
angeboren und mit seiner Natur innigst
verwebt; dass ihm zur Erkenntnis
das Nächste nicht genügt; da doch jede
Erscheinung, die wir selbst gewahr
werden, im Augenblick das Nächste ist
und wir von ihr fordern können,
dass sie sich selbst erkläre,
wenn wir kräftig in sie dringen.
Johann Wolfgang von Goethe,
Maximen und Reflexionen

Freiheit ist Einsicht
in die Notwendigkeit.
Georg Wilhelm Friedrich Hegel

In allem wirkt die Einsicht,
dass die Kunst schwer ist.
Hans Egon Holthusen, Das Schöne und das Wahre

Intelligenz ist jene Eigenschaft
des Geistes, dank derer
wir schließlich begreifen,
dass alles unbegreiflich ist.
Émile Picard

Je mehr Einsicht man hat,
desto mehr Größe und Niedrigkeit
entdeckt man im Menschen.
Blaise Pascal, Pensées

Rat nach der Tat kommt zu spat.
Deutsches Sprichwort

Seid Unmündige an Bosheit,
an Einsicht aber seid reife Menschen!
Neues Testament, Paulus (1 Korinther 14, 20)

Toleranz folgt nicht dem Befehl,
sondern der Einsicht.
Norbert Blüm, Die Kollegen stehen am Abgrund.
In: Der Spiegel, Nr. 28/1986

Wenn das Kind ertrunken ist,
deckt man den Brunnen.
Deutsches Sprichwort

Wenn die Kuh den Schwanz
verloren hat, so merkt sie erst,
wozu er gut gewesen ist.
Deutsches Sprichwort

Wer die bessere Einsicht hat,
darf sich nicht scheuen,
unpopulär zu werden.
Winston Churchill

Wer sähe nicht, wie anmaßend
es auch wäre, über Sinn und Einsicht
eines anderen zu urteilen?
Denn allein vor Gott liegen
die Herzen und Gedanken offen.
Pierre Abélard, Sic et non

Wir handeln alle nach dem Maße
unserer Einsicht und Kräfte.
Gotthold Ephraim Lessing, Eine Duplik

Einsiedler

Der Einsiedler versündigt
sich gegen die Gesellschaft,
denn er entzieht ihr die Dienste,
die er imstande wäre, ihr zu leisten.
Rudolf von Ihering, Der Zweck im Recht

Einsiedler sind nicht alle so fromm,
als sie sich stellen.
Deutsches Sprichwort

Eremit: ein Mensch,
dessen Laster und Torheiten
ungeselliger Art sind.
Ambrose Bierce

Eintracht

Alle Eintracht hängt ab
von der Einheit in den Willenskräften.
Dante Alighieri, Über die Monarchie

Durch Eintracht wächst das Kleine,
durch Zwietracht zerfällt das Große.
Sallust

Eintracht mit den Nachbarn
ist ein Vermögen wert.
Chinesisches Sprichwort

Eintracht zu Hause, draußen Friede
(Concordia domi, foris pax)!
Inschrift am Holstentor in Lübeck

Es gibt eine gewisse Eintracht
der Seelen, die sich sogleich beim
ersten Anblick bemerkbar macht.
Jean-Jacques Rousseau,
Julie oder Die neue Héloïse (Saint-Preux)

Ist doch der Glaube
Nur das Gefühl der Eintracht
mit dir selbst.
Franz Grillparzer,
Ein Bruderzwist in Habsburg (Kaiser Rudolf)

Wie angenehm und reizend ist die
aus dem Bewusstsein vollkommener
Eintracht entspringende Sicherheit!
Jean-Jacques Rousseau,
Julie oder Die neue Héloïse (Julie)

Eis

Auf dem Eise ist nicht gut gehen.
Deutsches Sprichwort

Eine erloschene Leidenschaft
ist kälter als Eis.
Zsa Zsa Gabor

Eis und Feuer taugen
nicht zu einem Paar.
Chinesisches Sprichwort

Es müsste eine recht
angenehme Empfindung sein,
sich am Eise zu wärmen.
Johann Wolfgang von Goethe,
Wilhelm Meisters Lehrjahre

Glattes Eis,
Ein Paradeis
Für den, der gut
zu tanzen weiß.
Friedrich Nietzsche, Die fröhliche Wissenschaft

Hängt um Weihnacht
Eis von den Weiden,
kannst du zu Ostern
Palmen schneiden.
Bauernregel

Je dicker das Eis um Weihnacht liegt,
je zeitiger der Bauer Frühling kriegt.
Bauernregel

Mattheis bricht's Eis,
find't er keins,
so macht er eins.
Bauernregel zum 24. Februar

Nach Mattheis geht
kein Fuchs mehr übers Eis.
Bauernregel zum 24. Februar

Unsäglich langsam nur
vermochte das menschliche Auge die
Nebel des Eismeeres zu durchdringen;
hinter der Nebelwand lag das Land
des Mythos.
Fridtjof Nansen, In Nacht und Eis

Vom Eise befreit
sind Strom und Bäche
Durch des Frühlings holden,
belebenden Blick.
Johann Wolfgang von Goethe, Faust I (Faust)

Wenn der Fuchs über das Eis geht,
kannst du eine Kanone hinüberfahren.
Sprichwort aus Serbien

Zitate sind Eis für jede Stimmung.
Christian Morgenstern

Zu viel Fleiß fällt auf dem Eis.
Deutsches Sprichwort

Eisen

Gutes Eisen
macht man nicht zu Nägeln,
gute Menschen
macht man nicht zu Soldaten.
Chinesisches Sprichwort

Man soll das Eisen schmieden,
solange es heiß ist.
Deutsches Sprichwort

Und wenn die Not nicht Eisen bricht,
Das Eisen bricht die Not.
Emanuel Geibel, Gedichte

Eisheilige

Pankratius holt seine Tuffeln
(= Pantoffeln) wieder.
Bauernregel

Eitelkeit

Alles ist Tand nur.
William Shakespeare, Macbeth (Macbeth)

Alles, was unserer Eitelkeit
am meisten schmeichelt,
gründet sich auf die Bildung,
die wir verachten.
Luc de Clapiers Marquis de Vauvenargues,
Unterdrückte Maximen

Bevor man das Erb- und Erzübel,
die Eitelkeit, nicht totgelacht hat,
kann man nicht beginnen,
das zu werden, was man ist:
ein Mensch.
Erich Kästner

Das verwundbarste Ding
und doch das unbesiegbarste
ist die menschliche Eitelkeit:
Ja, durch die Verwendung
wächst seine Kraft und kann
zuletzt riesengroß werden.
Friedrich Nietzsche, Menschliches, Allzumenschliches

Dem Storch gefällt sein Klappern wohl.
Deutsches Sprichwort

Der Eitle kommt auf seine Rechnung,
ob er Gutes oder Schlechtes
von sich redet;
der Bescheidene spricht nicht von sich.
Jean de La Bruyère, Die Charaktere

Der eitle, schwache Mensch sieht
in jedem einen Richter,
der stolze, starke hat keinen Richter
als sich selbst.
Marie von Ebner-Eschenbach, Aphorismen

Der Eitle will nicht
sowohl hervorragen,
als sich hervorragend fühlen;
deshalb verschmäht er kein Mittel
des Selbstbetrugs und
der Selbstüberlistung.
Nicht die Meinung der anderen,
sondern seine Meinung
von deren Meinung
liegt ihm am Herzen.
Friedrich Nietzsche, Menschliches, Allzumenschliches

Der Kuckuck
ruft seinen eigenen Namen.
Deutsches Sprichwort

Der Mensch besteht aus Knochen,
Fleisch, Blut, Speichel, Zellen
und Eitelkeit.
Kurt Tucholsky, Schnipsel

Der Neugier dienen der schweifende
Fuß und das zügellose Auge.
Der Eitelkeit aber dienen
Auge und Ohr.
Bernhard von Clairvaux, Über die Bekehrung

Die Eitelkeit anderer
ist uns unerträglich,
weil sie die unsere verletzt.
François de La Rochefoucauld, Reflexionen

Die Eitelkeit andrer geht uns
nur dann wider den Geschmack,
wenn sie wider unsre Eitelkeit geht.
Friedrich Nietzsche, Jenseits von Gut und Böse

Die Eitelkeit auch der besten
Menschen ist so groß, dass, wenn man
einem sagt, er sähe wie Rubens aus,
so ist er nicht voll zufrieden. Er will
wenigstens wie Rubens und Van Dyck
zusammengenommen aussehen.
Theodor Fontane, Briefe

Die Eitelkeit besteht
aus Komplimenten,
die man sich selber macht.
Shirley MacLaine

Die Eitelkeit der Frauen verlangt,
dass ein Mann mehr sei
als ein glücklicher Gatte.
Friedrich Nietzsche, Menschliches, Allzumenschliches

Die Eitelkeit der Logik
ist ja imstande,
eines Menschen Hirn
gänzlich zu verwirren.
Edgar Allan Poe, Marginalien

Die Eitelkeit ist die Höflichkeits-Maske
des Stolzen.
Friedrich Nietzsche, Menschliches, Allzumenschliches

Die Eitelkeit ist ruhig;
sie sehnt sich
nach dem Applaus der Menge.
Gilbert Keith Chesterton, Heretiker

Die Eitelkeit
überlebt auch die schwersten Wunden.
Robert Lembke, Steinwürfe im Glashaus

Die Eitelkeit weist jede gesunde
Nahrung von sich, lebt ausschließlich
von dem Gifte der Schmeichelei
und gedeiht dabei in üppigster Fülle.
Marie von Ebner-Eschenbach, Aphorismen

Die Erscheinungsformen der Eitelkeit
sind unzählbar.
François de La Rochefoucauld,
Nachgelassene Maximen

Die Mädchen beten gern
vor dem Spiegel.
Deutsches Sprichwort

Die Menschen sind sehr eitel
und hassen doch nichts mehr,
als dafür zu gelten.
Jean de La Bruyère, Die Charaktere

Die menschliche Eitelkeit vermengt
sich mit den edelsten Ideen und
verleiht ihnen oft eine Hartnäckigkeit,
die uns sonst fehlen würde.
Gottfried Keller, Das Sinngedicht

Die Seele des Kriegers
wohnt im Schwert,
die Seele der Frau
im Spiegel.
Sprichwort aus Japan

Die Weiber, sagt man, sind eitel
von Hause aus; doch es kleidet sie
und sie gefallen uns umso mehr.
Johann Wolfgang von Goethe,
Wilhelm Meisters Wanderjahre

Ein bisschen eitel Getue schadet nichts
– wenn der Poseur, allein zwischen
seinen vier Wänden oder mit einem
Komplizen, über sich lacht.
Ludwig Marcuse, Argumente und Rezepte.
Ein Wörter-Buch für Zeitgenossen

Ein Hauptzweck unserer Selbst-
erziehung ist, die Eitelkeit in uns
zu ertöten, ohne welche wir nie
erzogen worden wären.
Marie von Ebner-Eschenbach, Aphorismen

Ein Mädchen vor dem Spiegel
ist die Frucht, die sich selber isst.
Friedrich Hebbel, Tagebücher

Ein Mensch, der eitel ist,
kann nie ganz roh sein;
denn er wünscht zu gefallen,
und so akkomodiert er sich andern.
Johann Wolfgang von Goethe, überliefert von
Friedrich Wilhelm Riemer (Mittheilungen über Goethe)

Ein Kollege berichtete mir
von einem Fernsehstar,
dessen Eitelkeit so weit gediehen war,
dass er sich sogar zu verbeugen pflegte,
wenn der Regen
an die Fenster klatschte.
Hans-Joachim Kulenkampff

Ein Tischgespräch zu zweit ist das
ergiebigste von allen.
Das Fehlen von Zuhörern
unterdrückt die Eitelkeit.
André Maurois

Ein vernünftiges Auto soll seinen
Besitzer überallhin transportieren –
außer auf den Jahrmarkt
der Eitelkeiten.
Henry Ford, Mein Leben und Werk

Eine Unze Eitelkeit
verdirbt einen Zentner Tüchtigkeit.
Sprichwort aus Frankreich

Eitelkeit – ein schlimmes Kleid.
Deutsches Sprichwort

Eitelkeit entsteht und verstärkt sich
als Folge moralischer Unordnung
in der Seele des Menschen.
Leo N. Tolstoi, Tagebücher (1853)

Eitelkeit ist das größte Interesse
und die höchste Freude der Reichen.
Luc de Clapiers Marquis de Vauvenargues,
Nachgelassene Maximen

Eitelkeit ist der sechste Sinn.
Sprichwort aus den USA

Eitelkeit ist die bekannteste Kulisse
vor dem Leid der Minderwertigkeit.
Ludwig Marcuse, Argumente und Rezepte.
Ein Wörter-Buch für Zeitgenossen

Eitelkeit ist die Gabe,
sich noch wichtiger zu nehmen,
als man sich fühlt.
Viktor de Kowa

Eitelkeit ist die Klippe,
an der die meisten Großen,
gar viele Gelehrte
und alle Weiber scheitern.
Karl Julius Weber, Democritos

Eitelkeit ist die Seele der Diskussion.
Lothar Schmidt

Eitelkeit ist eine persönliche Ruhm-
sucht: Man will nicht wegen seiner
Eigenschaften, seiner Verdienste,
Taten geschätzt, geehrt, gesucht wer-
den, sondern um seines individuellen
Daseins willen. Am besten kleidet die
Eitelkeit deshalb eine frivole Schöne.
Johann Wolfgang von Goethe,
Maximen und Reflexionen

Eitelkeit ist eines der häufigsten
Motive der Parteinahme.
Carl Spitteler, Politische Sympathien und Antipathien

Eitelkeit ist jedem umso abstoßender
und empörender, als jeder ohne
Ausnahme Eitelkeit besitzt; und
zwei Eitelkeiten können einander
niemals lieben.
Philipp Stanhope Earl of Chesterfield, Briefe über die
anstrengende Kunst, ein Gentleman zu werden

Eitelkeit ist mächtiger als Scham.
Marie von Ebner-Eschenbach, Aphorismen

Eitelkeit ist oft nur ein Ausdruck
für das physiologische Bedürfnis
des Organismus nach Aufmunterung.
Arthur Schnitzler,
Aphorismen und Betrachtungen aus dem Nachlass

Eitelkeit

Eitelkeit nimmt erst Vernunft an,
wenn sie zufrieden ist.
Joseph Joubert, Gedanken, Versuche und Maximen

Eitelkeit oder Liebe
heilen die Frauen von der Trägheit.
Jean de La Bruyère, Die Charaktere

Eitelkeit und übertriebenes Selbstgefühl lassen uns bei anderen einen
Stolz uns gegenüber vermuten,
der bisweilen vorhanden sein mag,
ihnen oft aber fremd ist;
ein bescheidener Mensch leidet nicht
an dieser Empfindlichkeit.
Jean de La Bruyère, Die Charaktere

Es bedarf oft des Anlasses der Eitelkeit,
damit der Mensch die ganze Energie
seiner Seele zeigt. Holz zum spitzen
Stahl ergibt den Wurfspieß,
zwei Federn am Holz den Pfeil.
Chamfort, Maximen und Gedanken

Es gibt auch Eitelkeit
mit umgekehrtem Vorzeichen.
Der wahre Snob bemüht sich
um Orden nur, um sie nicht zu tragen.
Daniele Varè

Es gibt nichts Böses, freilich auch
kaum etwas Gutes, das nicht schon
aus Eitelkeit getan worden wäre.
Marie von Ebner-Eschenbach, Aphorismen

Es ist bloß eine andere Art
der Eitelkeit, zu behaupten,
dass man niemals eitel sei.
François de La Rochefoucauld, Reflexionen

Glaube, was man so verständig nennt,
Ist oft mehr Eitelkeit und Kurzsinn.
Johann Wolfgang von Goethe, Faust I (Faust)

Gold bleibt Gold am Halse der Hure;
der Leib der Hure ist gleicherweise
Kreatur Gottes wie der Leib der ehrbaren Ehefrau: So ist die Eitelkeit
zu beseitigen, nicht die Wesenheit.
Martin Luther, Tischreden

In der Eitelkeit
steckt ein gewisser Sporn:
Ich will nicht,
dass mein Widersacher
es mir zuvortut,
und eben an ihm messe ich
meinen eigenen Wert.
Ich will ihn ausstechen.
Stendhal, Über die Liebe

Jeder bewundert sich
in seiner Schönheit.
Sprichwort aus Frankreich

Jeder spricht am liebsten
von seiner Kunst.
Deutsches Sprichwort

Man kann nie genug auf der Hut sein,
der eigenen Eitelkeit – der Empfänglichkeit für Lob – Nahrung zu geben.
Wollte jemand seinen Feind zugrunde
richten, ein noch zuverlässigeres
Mittel als der Alkohol wäre,
ihn mit Lob zu überschütten.
Leo N. Tolstoi, Tagebücher (1900)

Männliche Eitelkeit ist nicht,
in den Spiegel zu sehen,
sondern nicht in den Spiegel zu sehen.
Erhard Blanck

Musiker sind nicht eitel –
sie bestehen aus Eitelkeit.
Kurt Tucholsky

Mit der Eitelkeit eines Mannes
kämen zehn Frauen aus.
Dunja Rajter

Neugierde ist nur Eitelkeit.
Meistens will man nur etwas erfahren,
um darüber zu sprechen.
Blaise Pascal, Pensées

Nichts ist so unbarmherzig
wie die Eitelkeit,
und da die Gesellschaft, der gute Ton,
die Mode und der Beifall
diese Eitelkeit ganz besonders erregen
und ins Leben rufen, so ist das Glück
der Frauen in keinem Lande gefährdeter
als da, wo alles von dem abhängt,
was man öffentliche Meinung nennt.
Germaine Baronin von Staël, Über Deutschland

Niemand ist weniger eitel
als eine Braut.
Jean Paul, Levana

Schmeicheleien sind falsches Geld,
das nur durch unsere Eitelkeit
Kurswert hat.
François de La Rochefoucauld, Reflexionen

Selbst die heftigsten Leidenschaften
gönnen uns bisweilen ein wenig
Erholung, nur die Eitelkeit erhält uns
in rastloser Bewegung.
François de La Rochefoucauld, Reflexionen

Siehe, kein Wesen ist so eitel
und unbeständig wie der Mensch.
Homer, Odyssee

Sorglosigkeit lädt Diebe ein,
Eitelkeit öffnet der Wollust das Tor.
Chinesisches Sprichwort

Tugend würde nicht weit gehen, wenn
nicht ein wenig Eitelkeit mitginge.
Sprichwort aus England

Universitäten sind weniger
eine Auslese von Intelligenz
als von Eitelkeit.
Gerhard Zwerenz

Warum dürfte ein Maler
für das Auge sorgen und kleiden,
aber nicht seine Frau?
Freilich gibt es eine vergiftende
Eitelkeit und Gefallsucht (...).
Jean Paul, Levana

Warum kämmen sich die,
die kein Haar haben?
Deutsches Sprichwort

Wenn die Weiber nicht eitel wären,
Die Männer könnten sie's lehren.
Paul von Heyse, Spruchbüchlein

Wenn du von außen ausgestattet bist,
So wird sich alles zu dir drängen.
Ein Kerl, der nicht ein wenig eitel ist,
Der mag sich auf der Stelle hängen.
Johann Wolfgang von Goethe, Faust I (Mephisto)

Wenn Eitelkeit nicht alle Vorzüge
zunichte macht, sie verringert sie doch.
François de La Rochefoucauld, Reflexionen

Wenn man die eitlen Tröpfe
unter den Bekannten zählt,
verzählt man sich immer um einen.
Heinrich Waggerl, Aphorismen

Wer die Eitelkeit bei sich leugnet,
besitzt sie gewöhnlich in so
brutaler Form, dass er instinktiv
vor ihr das Auge schließt,
um sich nicht verachten zu müssen.
Friedrich Nietzsche, Menschliches, Allzumenschliches

Wer die Eitelkeit der Menschen
gründlich kennen lernen will,
braucht nur die Ursachen und
die Wirkungen der Liebe betrachten.
Blaise Pascal, Pensées

Wer die Eitelkeit der Welt nicht sieht,
ist selbst eitel.
Blaise Pascal, Pensées

Wie arm wäre der menschliche Geist
ohne die Eitelkeit!
Friedrich Nietzsche, Menschliches, Allzumenschliches

Wie viel Eitelkeit man uns auch
vorwirft, von Zeit zu Zeit haben
wir es nötig, unserer Verdienste
versichert zu werden.
Luc de Clapiers Marquis de Vauvenargues,
Reflexionen und Maximen

Wir sagen keineswegs, dass die Eitelkeit ein speziell weiblicher Fehler sei.
Die Männer sind in dieser Beziehung
gerade nicht berechtigt, den Frauen
Vorwürfe zu machen, aber leugnen
können wir nicht, dass diese ihre
Eitelkeit oft in viel äußerlichere Dinge
setzen als die Männer und sie auf
die kleinlichste Weise zu befriedigen
suchen.
Louise Otto-Peters, Die Demokratinnen

Wir sind so eitel, dass uns sogar
an der Meinung der Leute,
an denen uns nichts liegt, etwas liegt.
Marie von Ebner-Eschenbach, Aphorismen

Wir werden alt,
unsere Eitelkeit wird immer jünger.
Marie von Ebner-Eschenbach, Aphorismen

Wo auch der Mensch seinen Überfluss
hinwendet, ihm ist wohl dabei,
am wohlsten, wenn er sich damit
schmückt und aufputzt.
Johann Wolfgang von Goethe, Novelle

Wo die Eitelkeit anfängt,
hört der Verstand auf.
Marie von Ebner-Eschenbach, Aphorismen

Wo Eitelkeit und Prunksucht anfängt,
hört der innere Wert auf.
Johann Gottfried Seume, Apokryphen

Wo wäre die Macht der Frauen, wenn
die Eitelkeit der Männer nicht wäre?
Marie von Ebner-Eschenbach, Aphorismen

Wollte Gott! alle Menschen wären
eitel, wären es aber mit Bewusstsein,
mit Maß und im rechten Sinne:
So würden wir in der gebildeten Welt
die glücklichsten Menschen sein.
Johann Wolfgang von Goethe,
Wilhelm Meisters Wanderjahre

Zweifelsohne hat der Mangel
an Wetteifer im Streben einen Vorteil:
Er vermindert die Eitelkeit.
Germaine Baronin von Staël, Über Deutschland

Zwischen den Menschen besteht für
gewöhnlich so wenig Unterschied,
dass kaum Grund zur Eitelkeit vorliegt.
Charles de Secondat, Baron de la Brède
et de Montesquieu, Meine Gedanken

Ekel

Die Welt hat nicht einen solchen Ekel
an mir, als mein Ekel an dieser Welt ist.
Martin Luther, Tischreden

In allen Dingen
weckt die Kontinuität den Ekel.
Blaise Pascal, Pensées

Mir ekelt vor diesem
tintenklecksenden Säkulum.
Friedrich Schiller, Die Räuber (Karl)

Eklektizismus

Ästhetische Eklektiker
sind in dem Grade gut,
in welchem philosophische schlecht.
Jean Paul, Vorschule der Ästhetik

Ein Eklektiker aber ist ein jeder,
der aus dem, was ihn umgibt,
aus dem, was sich um ihn ereignet,
sich dasjenige aneignet,
was seiner Natur gemäß ist;
und in diesem Sinne gilt alles,
was Bildung und Fortschreitung heißt,
theoretisch oder praktisch
angenommen.
Johann Wolfgang von Goethe, Maximen und
Reflexionen

Eine eklektische Philosophie
kann es nicht geben,
wohl aber
eklektische Philosophen.
Johann Wolfgang von Goethe,
Maximen und Reflexionen

Elektizismus ist der Tod der Liebe
und der Ungerechtigkeit.
Denn in der Kunst ist Gerechtigkeit
eine gewisse Ungerechtigkeit.
Jean Cocteau, Hahn und Harlekin

Ekstase

Der Mann sucht sich durch die Ekstase
aus seiner Einsamkeit herauszureißen:
Das ist der Zweck der Mysterien,
Orgien, Bacchanale.
Simone de Beauvoir, Das andere Geschlecht

Ewiger Wonnebrand,
Glühendes Liebeband,
Siedender Schmerz der Brust,
Schäumende Gotteslust!
Johann Wolfgang von Goethe, Faust II
(Pater Ecstaticus)

Wir müssen Stoizismus,
Askese und Ekstase vereinen.
Zwei sind oft zusammengetroffen,
aber nie alle drei.
John Synge,
überliefert von William Butler Yeats (Synges Tod)

Eleganz

Anmut umgibt die Eleganz
und kleidet sie.
Joseph Joubert, Gedanken, Versuche und Maximen

Ausgerechnet die unpraktischsten
Kleider und die leichtesten Schuhe,
die zartesten Hüte und die dünnsten
Strümpfe sind am elegantesten.
Simone de Beauvoir, Das andere Geschlecht

Die Eleganz
ist der Geschmack der andern.
Arthur Schnitzler,
Aphorismen und Betrachtungen aus dem Nachlass

Eleganz ist das Was,
Chic ist das Wie.
Pierre Cardin

Eleganz ist ungezwungen,
Geste einer gehobenen Seele.
Sully Prudhomme, Intimes Tagebuch

Kurze Formel: Eleganz
ist gemeisterte Verschwendung.
Walter Rathenau, Auf dem Fechtboden des Geistes.
Aphorismen aus seinen Notizbüchern

Element

Die Zeit ist selbst ein Element.
Johann Wolfgang von Goethe,
Maximen und Reflexionen

Vier Elemente,
Innig gesellt,
Bilden das Leben,
Bauen die Welt.
Friedrich Schiller, Wunschlied

Wer sie nicht kennte,
Die Elemente,
Ihre Kraft
Und Eigenschaft,
Wäre kein Meister
Über die Geister.
Johann Wolfgang von Goethe, Faust I (Faust)

Elend

Auch dem Sozialismus
wohnt eine Tugend inne:
die gleichmäßige Verteilung
des Elends.
Winston Churchill

Auch in dem elendesten Dasein gibt
es ein Häkchen, an das ein Faden
des Heils sich anknüpfen ließe.
Marie von Ebner-Eschenbach, Aphorismen

Beim Anblick eines gewissen Elends
empfindet man eine Art Scham,
glücklich zu sein.
Jean de La Bruyère, Die Charaktere

Das größte Elend hienieden
ist nicht das soziale,
sondern die Verkümmerung
so mancher Menschenseele.
Jakob Boßhart, Bausteine zu Leben und Zeit

Das ist die Rücksicht,
Die Elend lässt
zu hohen Jahren kommen.
William Shakespeare, Hamlet (Hamlet)

Das menschliche Elend
wird in dem Maß abstrakt,
als es sich von uns entfernt.
André Gide, So sei es

Demnach würde zur Milderung
des menschlichen Elends
das Wirksamste die Verminderung,
ja Aufhebung des Luxus sein.
Arthur Schopenhauer, Zur Rechtslehre und Politik

Der Himmel
führt oft Unglückliche zusammen,
dass beider Elend gehoben werde.
Johann Wolfgang von Goethe, Lila (Lila)

Die Betrachtung des menschlichen
Elends aber macht den Weisen
stets maßvoll.
Jean-Jacques Rousseau, Emile

Die Elenden haben kein Mitleid.
Samuel Johnson, Briefe

Die Gegenwart des Elenden ist dem
Glücklichen zur Last! Und ach!, der
Glückliche dem Elenden noch mehr.
Johann Wolfgang von Goethe,
Stella (Madame Sommer)

Die höchste Stufe des menschlichen
Elends ist die Angst vor dem,
was den Menschen von
seinem Elend befreien könnte:
die Angst vor dem Tod.
Sully Prudhomme, Intimes Tagebuch

Die kleinen Miseren des Lebens
helfen uns manchmal
über sein großes Elend hinweg.
Marie von Ebner-Eschenbach, Aphorismen

Du zählst im Elend keinen Freund.
Euripides, Elektra

Elend ist der Begleiter von Schulden.
Plinius d. Ä., Naturkunde

Elend liebt Gesellschaft.
Sprichwort aus England

Elend und Schimpf
verändern die Herzen.
Jean-Jacques Rousseau,
Julie oder Die neue Héloïse (Julie)

Elend wäre die Welt,
wenn du den Elenden
nicht zu Hilfe kämest.
Torquato Accetto,
Über die ehrenwerte Kunst der Verstellung

Elend wird vergessen,
gibt's nur was zu essen.
Miguel de Cervantes Saavedra, Don Quijote

Es ist ein Zeichen von Rohheit
und Niedrigkeit, einen Menschen,
der im Elend seinen guten Namen
verloren hat, noch zu kränken.
Bemitleidenswürdig erscheint
zarten Seelen jede Schmach,
die das Elend verschuldet.
Luc de Clapiers Marquis de Vauvenargues,
Nachgelassene Maximen

Es gibt nur ein Elend
und das ist Unwissenheit.
Thornton Wilder

Es mehrt unendliche Trauer das Elend.
Homer, Odyssee

Es wäre besser, an der Verhütung des
Elends zu arbeiten, als die Zufluchts-
plätze für die Elenden zu vermehren.
Denis Diderot, Enzyklopädie

Fasse deinen Mut zusammen!
Es ist kein Elend in der Welt
von beständiger Dauer.
Adolph Freiherr von Knigge,
Über den Umgang mit Menschen

Jeder Elende
ist ein furchtsames Ding.
Ovid, Briefe aus der Verbannung

Kann man auch nur den Gedanken
wagen, glücklich zu sein,
wenn alles in Elend darnieder liegt?
Heinrich von Kleist, Briefe
(an Marie von Kleist, Juni 1807)

Klagt nicht die menschliche Natur an,
wenn ihr Bosheit, Dummheit, Niederträchtigkeit, Unglück und jede Art von
Elend in unserer Gesellschaft findet –
klagt die unmenschlichen Verhältnisse
an, die das beste, humanste, tätigste
Geschöpf in Elend und Laster
stürzen können.
Moses Hess, Über die Not in unserer Gesellschaft
und deren Abhülfe

Kurz scheint das Leben
dem Glücklichen, doch wer im Elend,
Dem scheint selbst eine Nacht
unendlich lange zu währen.
Lukian, Epigramme

Was uns allen zumeist fehlt,
ist das tiefe, dauernde Bewusstsein
des wirklichen Elends auf Erden,
sonst würden wir über den Gefühlen
einerseits des Mitleids, andrerseits
des Dankes ganz der kleinlichen
Misere des eigenen Lebens vergessen.
Christian Morgenstern, Stufen

Wen auch immer du elend sehen wirst:
Wisse, dass er ein Mensch ist.
Lucius Annaeus Seneca, Der rasende Herkules

Wer auf sein Elend tritt,
steht höher.
Emil Gött, Im Selbstgespräch

Wer das ganze Elend seiner Mitmenschen ermessen will, braucht sich nur
ihre Vergnügungen anzusehen.
Thomas Stearns Eliot

Wir haben kein Recht,
die Menschen elend zu machen,
die wir nicht gut machen können.
Luc de Clapiers Marquis de Vauvenargues,
Reflexionen und Maximen

Zerstreuung ist wie eine goldne Wolke,
die den Menschen,
wär es auch nur auf kurze Zeit,
seinem Elend entrückt.
Johann Wolfgang von Goethe, Lila (Verazio)

Elisabeth (19.11.)

Die Elisabeth sagt an,
was der Winter für ein Mann.
Bauernregel

Elite

Ich kann nicht erkennen,
dass es einen Gegensatz gibt
zwischen Leistungselite
und Demokratie.
Helmut Kohl, Neue Chancen und Perspektiven der
Hochschulen. Jahresversammlung 1983 der Westdeutschen Rektorenkonferenz

Keine Demokratie
kann ohne Elite bestehen.
Otto Heuschele, Augenblicke

Eltern

Auch in einem Königshaus
lernt man wie die Affen:
indem man die Eltern beobachtet.
Charles, Prince of Wales

Darum sagen wir doch auch,
dass man Vater und Mutter,
die für uns die Ursache
geworden sind, dass wir die Sonne
und das Licht schauen,
und damit Ursache
der größten Güter,
über die Maßen achten
und verehren müssen;
denn sie sind, wie es scheint,
schuld daran, dass wir vernünftig
denken und sehen.
Aristoteles, Protreptikos

Das Band der Liebe
hält noch besser als das Band,
das die Natur so stark
um Eltern und Kinder
geschlungen hat.
Bernhard von Clairvaux,
83. Ansprache über das Hohelied Salomos

Das Gefühl braucht Opposition.
Wenn man schon aus Liebe heiraten,
sollten wenigstens
die Eltern dagegen sein.
Hermann Bahr

Das gibt sich, sagen schwache Eltern
von den Fehlern ihrer Kinder.
O nein! Es gibt sich nicht.
Es entwickelt sich.
Marie von Ebner-Eschenbach, Aphorismen

Das Heiligste in uns sagt,
dass die Eltern geehrt werden müssen,
dass das Band zwischen Eltern
und Kind nicht zerstört werden darf,
wenn auch das Herz bricht.
Adalbert Stifter, Der Nachsommer

Denn die Eltern pflegen ihre Kinder
nur durch den Stachel des Ehrgeizes
und der Missgunst zur Tugend
anzutreiben.
Baruch de Spinoza, Ethik

Die Eltern haben die Kinder lieber
als die Kinder die Eltern.
Deutsches Sprichwort

Die erste Hälfte unseres Lebens wird
uns von unseren Eltern verdorben und
die zweite Hälfte von unseren Kindern.
Clarence Darrow

Die Erziehung der Kinder
ist eine Uraufgabe,
eine von Gott den Eltern
auferlegte Pflicht,
ist ihr ureigenstes Recht.
Franz Josef Strauß, Bayernkurier, 9. Juli 1977

Die Mütter geben unserem Geiste
Wärme, und die Väter Licht.
Jean Paul, Der Jubelsenior

Die unaufgelösten Dissonanzen
im Verhältnis von Charakter und
Gesinnung der Eltern klingen in dem
Wesen des Kindes fort und machen
seine innere Leidensgeschichte aus.
Friedrich Nietzsche, Menschliches, Allzumenschliches

Durch die Eltern spricht die Natur
zuerst zu den Kindern.
Wehe den armen Geschöpfen,
wenn diese erste Sprache kalt
und lieblos ist!
Karoline von Günderode, Geschichte eines Braminen

Ehre deinen Vater von ganzem Herzen,
vergiss niemals die Schmerzen
deiner Mutter. Denk daran,
dass sie dir das Leben gaben.
Altes Testament, Jesus Sirach 7, 27

Eines Vaters Güte
ist höher als ein Berg;
einer Mutter Güte
tiefer als das Meer.
Sprichwort aus Japan

Eltern begabter Kinder glauben
unerschütterlich an Vererbung.
Joachim Fuchsberger

Eltern haben Vertrauen
zu ihrer Tochter und Vertrauen
zum Freund ihrer Tochter,
aber sie haben selten Vertrauen,
wenn beide zusammen sind.
Peter Sellers

Eltern verzeihen ihren Kindern
die Fehler am schwersten,
die sie selbst ihnen anerzogen haben.
Marie von Ebner-Eschenbach

Eltern und Kindern bleibt nichts übrig,
als entweder vor- oder hintereinander
zu sterben, und man weiß am Ende
nicht, was man vorziehen sollte.
Johann Wolfgang von Goethe,
Maximen und Reflexionen

Eltern verzeihen ihren Kindern
die Fehler am schwersten,
die sie selbst ihnen anerzogen haben.
Marie von Ebner-Eschenbach, Aphorismen

Es gibt leider nicht sehr viele Eltern,
deren Umgang für ihre Kinder
wirklich ein Segen ist.
Marie von Ebner-Eschenbach, Aphorismen

Es ist bloß ein Dünkel der Eltern,
wenn sie sich einbilden, dass ihr
Dasein für die Kinder so nötig sei.
Johann Wolfgang von Goethe,
Die Wahlverwandtschaften

Es ist zwecklos,
den Eltern nach ihrem Tode zu opfern,
wenn man sie
zu Lebzeiten nicht unterstützt.
Chinesisches Sprichwort

Fremde vergeben,
Eltern vergessen.
Sprichwort aus Bulgarien

Früher haben sich die Eltern
wegen ihrer Kinder entschuldigt.
Jetzt entschuldigen sich Kinder
wegen ihrer Eltern.
Robert Lembke, Steinwürfe im Glashaus

Für manche bedauernswerten
Menschen ist ein Besuch bei Mama
und Papa so etwas wie ein Zahnarzt-
termin mit Wurzelbehandlung.
Lido Anthony »Lee« Iacocca,
Mein amerikanischer Traum

Gedenke stets
des Alters deiner Eltern –
als Grund zur Freude,
Grund auch zur Besorgnis.
Konfuzius, Gespräche

Gute Eltern sorgen sich
um die Heirat ihrer Kinder.
Gute Kinder sorgen sich
um das Begräbnis ihrer Eltern.
Chinesisches Sprichwort

Je mehr die Eltern selber geistig
unentwickelt sind, je mehr die Triebe,
Leidenschaften und Regungen
ihres Körpers über sie herrschen,
desto mehr pflanzen sie auch
diese Dinge ihren Kindern ein.
Adalbert Stifter, Erziehung in der Familie

Jeder junge Mensch macht früher oder
später die verblüffende Entdeckung,
dass auch Eltern gelegentlich
Recht haben können.
André Malraux

Kinder mögen manche Untugenden
haben, aber wenigstens
zeigen sie nicht unentwegt
Bilder ihrer Eltern vor.
Robert Lembke, Das Beste aus meinem Glashaus.
Humoristisches und Satirisches

Lässt du dir das gefallen,
dass wir als gleicher Eltern Kinder
verschieden gestellt sind?
Lucius Apuleius, Der goldene Esel

Liebe der Eltern flackert nicht umher
wie die Liebe junger Herzen,
sie sitzt tief und bleibt beständig,
und wenn sie auch einmal
in den Winkel gestampft wird,
so bricht sie immer wieder hervor.
Gustav Freytag, Die Ahnen

Liebevolle Ehegatten werden
von ihren Kindern wiedergeliebet.
Chinesisches Sprichwort

Mit unseren Eltern
begraben wir die Vergangenheit,
mit unseren Kindern die Zukunft.
Marie von Ebner-Eschenbach, Aphorismen

Nachlässige Eltern
ziehen keine guten Kinder.
Deutsches Sprichwort

Nichts steckt leichter an als Furcht
und Mut; nur dass elterliche Furcht
sich im Kinde gar verdoppelt;
denn wo schon der Riese zittert,
da muss ja der Zwerg niederfallen.
Jean Paul, Levana

Noch glauben sich zu viele Eltern
vor die Berufswahl gestellt.
Emil Baschnonga

Nur wer keine irdischen Eltern hat,
braucht himmlische Eltern.
Ludwig Feuerbach, Das Wesen des Christentums

Ob du ausgehst oder heimkehrst,
tritt erst vor deine Eltern.
Chinesisches Sprichwort

Was die Alten sündigten,
das büßen oft die Jungen.
Deutsches Sprichwort

Was die Macht der Vernunft lange
nicht vermochte, das vermochte im
häuslichen Leben weit früher schon
die von der Natur gegebne Macht
der Elternliebe zu ihren Kindern.
Heinrich Zschokke, Ährenlese

Was du an Unterstützungen deinen
Eltern hast zuteil werden lassen,
das darfst du auch
von deinen Kindern erwarten.
Thales von Milet, Bei Diogenes Laertius

Was ist denn alle Mutter- und
Vaterschaft anders als ein – Helfen!
Als wunderreichste, geheimnisvollste
Hilfe!
Christian Morgenstern, Stufen

Welch eine merkwürdige,
welch eine Frucht bringende,
welch eine segenreiche Schule
könnte der Umgang der Eltern
mit den Kindern sein!
In keiner Schule ist der Mensch
so lange, in keiner ist die Gelegenheit
so vielfältig, und in keiner geht die
Lehre so lieblich und leicht in die Seele.
Adalbert Stifter, Über die Schule

Welches Kind hätte nicht Grund,
über seine Eltern zu weinen?
Friedrich Nietzsche, Also sprach Zarathustra

Wenn die Eltern schon
alles aufgebaut haben,
bleibt den Söhnen und Töchtern
nur noch das Einreißen.
Gino Cervi

Wenn dir deine Eltern nicht passen,
suche dir neue.
Friedrich Nietzsche

Wie die Alten sungen,
So zwitschern die Jungen.
Deutsches Sprichwort

Wie viel Eltern verkennen das Wohl
ihrer Kinder und sind für ihre
dringendsten Empfindungen taub.
Johann Wolfgang von Goethe,
Erwin und Elmire (Elmire)

Wir bekamen unsere Prügel
von den Eltern. Die Jungen
beziehen sie direkt vom Leben.
Waldemar Bonsels

Zu Hause hängst Du von den Eltern,
in der Fremde von deinem Herrn ab.
Chinesisches Sprichwort

Zuerst lieben die Kinder ihre Eltern,
dann kritisieren sie sie, selten,
wenn überhaupt, verzeihen sie ihnen.
Oscar Wilde, Eine Frau ohne Bedeutung

Emanzipation

Aber, wenn wir aufrichtig sein wollen:
Bringt denn die Emanzipation
der jungen Mädchen wirklich
so viele Gefahren mit sich?
Honoré de Balzac, Die Physiologie der Ehe

Die Emanzipation der Frau
muss viele Formen annehmen:
Die Probleme des Halbbluts
aus Mexiko, die Probleme
der schwarzen Frau sind anders,
die Probleme der Künstlerin
sind anders. Sie können nicht
von einer totalitären Formel
gelöst werden.
Anaïs Nin, Frauen verändern die Welt

Die Emanzipation ist erst dann
vollendet, wenn gelegentlich auch
eine total unfähige Frau in eine verantwortliche Position aufrücken kann.
Heidi Kabel

Die emanzipierte Frau wird
zum dritten Geschlecht.
Erhard Blanck

Die Frauen waren gerade dabei,
die Startrampe zu erklimmen, als
ein großes Unglück sie ereilte: Freud.
Benoîte Groult, Ödipus' Schwester

Die Frauenemanzipation ist doch
in diesem Rottenauftreten
sehr unschön und unerfreulich.
Paula Modersohn-Becker, Briefe (31. Januar 1901)

Die Ideen von bestimmten Rollen
legen Männern wie Frauen Begren-
zungen auf. Deshalb glaube ich, dass
die Frau an der Befreiung zusammen
mit den Männern arbeiten muss, denn
allein können wir es nicht schaffen.
Anaïs Nin, Frauen verändern die Welt

Diese Frivolen sind Schauspielerinnen
wie die meisten Forcierten,
und wie diese gehören sie zu denen,
welche das Wort Frauen-Emanzipation
in Misskredit gebracht haben,
und die man daher schlechthin
die Emanzipierten nennt.
Louise Otto-Peters, Die Demokratinnen

Der emanzipierten Frau
ins Stammbuch:
Wer Ellbogen zeigt,
kann auch Knie zeigen.
Karl Lagerfeld

Emanzipation bedeutet,
dass ich sein kann,
was immer ich bin – es heißt nicht,
dass ich etwas anderes werde,
was mir nicht entspricht.
Anaïs Nin, Frauen verändern die Welt

Emanzipation:
der Übergang eines Sklaven
aus der Unterdrückung
durch einen anderen
zur Unterdrückung
durch sich selbst.
Ambrose Bierce

Emanzipation des Weibes –
das ist der Instinkthass
des missratenen, das heißt
gebäruntüchtigen Weibes
gegen das wohl geratene –
der Kampf gegen den »Mann«
ist immer nur Mittel, Vorwand, Taktik.
Friedrich Nietzsche, Ecce Homo

Emanzipation ist keine Sache
von Dogmen. Man muss vorgehen,
als wäre der Fall jeder Frau verschieden. Wir dürfen nicht verallgemeinern.
Anaïs Nin, Frauen verändern die Welt

Es ist dies ein sehr häufig
vorkommender Irrtum der Orthodoxen
in Religion und Politik:
Wenn ein Geist sich von ihren
Gesetzen befreit, so schieben sie
die Schuld dieser Emanzipation auf
irgendeine äußere Ursache, auf eine
geistige Verführung, und denken
nicht daran, dass es die innere Logik
des tiefsten Wesens ist, die nur durch
die Umstände an das Tageslicht
gefördert wird.
Malvida von Meysenburg, Memoiren einer Idealistin

Es ist, um gar keinem Zweifel über
meine Forderung Raum zu lassen,
es ist die Emanzipation der Frau,
die ich für uns begehre; jene Emanzipation, die ich für mich selbst erstrebt
und errungen habe, die Emanzipation
zur Arbeit, zu ernster Arbeit.
Fanny Lewald, Meine Lebensgeschichte

Es kommt stets ein Augenblick,
da die Völker und die Frauen,
sogar die dümmsten, merken,
dass man ihre Unschuld missbraucht.
Honoré de Balzac, Physiologie der Ehe

Frauen sollten toleranter sein in der
Beurteilung der verschiedenen Wege
im Kampf um die Befreiung. Denn
es gibt so viele Wege und so viele
verschiedene Probleme, und jede Frau
hat ihre eigene Rolle zu spielen
und ihre eigene Bedeutung.
Anaïs Nin, Frauen verändern die Welt

Hier hätten wir eine echte Emanzipation der Frauen: Keine Arbeit als
Weiberarbeit ansehen, als eine Arbeit,
die man sich anzurühren schämt,
und ihnen, gerade weil sie physisch
schwächer sind, mit allen Kräften
helfen, ihnen alle Arbeit abnehmen,
die man leisten kann.
Leo N. Tolstoi, Tagebücher (1894)

Im Grunde sind die Emanzipierten
die Anarchisten in der Welt
des »Ewigweiblichen«,
die Schlechtweggekommenen,
deren unterster Instinkt Rache ist.
Friedrich Nietzsche, Ecce Homo

Jedoch als die Gesetze den Weibern gleiche Rechte mit den Männer einräumten, hätten sie ihnen auch eine männliche Vernunft verleihen sollen.
Arthur Schopenhauer, Über die Weiber

Man schiebt auch dem Mann die Schuld zu für die Situation der Frau. Ich glaube das nicht; weil ich sehr entschieden an unsere doppelte Verantwortung glaube; wir lassen uns auf zerstörerische Beziehungen ein und tragen unbewusst einen Teil der Verantwortung.
Anaïs Nin, Absage an die Verzweiflung

Nicht die emanzipierte, dem Mann gleichgestellte Frau, sondern das Ewigweibliche wird eine große Bedeutung gewinnen.
Nicolai A. Berdjajew

Obendrein war sie emanzipiert, ohne männerfeindlich zu sein; sie rauchte und trank ihr Glas, doch nicht ohne Stil.
August Strindberg, Der Sohn der Magd

Solange wir mit einer untätigen, schlafenden Frau zu tun hatten, war nichts leichter, als die Netze zu flechten, in denen wir sie gefangen hielten; aber sobald die erwacht und sich wehrt, gerät alles in Verwirrung.
Honoré de Balzac, Physiologie der Ehe

Und da schwatzen sie (die Männer) nun von der Freiheit und den Rechten der Frau! Das ist genau dasselbe, als wenn die Menschenfresser die Gefangenen, die sie gemacht haben, mästeten und dabei behaupteten, dass sie Rechte und die Freiheit ihrer Opfer hüten.
Leo N. Tolstoi, Die Kreutzersonate

Unser Größerwerden lähmt unsere Mitmenschen nicht, es regt sie vielmehr an, es inspiriert sie.
Anaïs Nin, Frauen verändern die Welt

Wenn Frauen unter Emanzipation die Übernahme der männlichen Rolle verstehen, dann sind wir in der Tat verloren.
Germaine Greer, Der weibliche Eunuch

Wenn schon Gleichheit herrschen soll, dann soll auch vollständige Gleichheit herrschen.
Leo N. Tolstoi, Die Kreutzersonate

Emigration

Auswandern ist schwer, Einwandern ist schwerer.
Ephraim Kishon, Kishon für alle Fälle

Ein äußerer Emigrant a.D. z.Zt. in der inneren Emigration, in spe jenseits von Heimat und Heimatlosigkeit.
Ludwig Marcuse, Argumente und Rezepte. Ein Wörter-Buch für Zeitgenossen

Einem Mann von Rang, der einem brutalen und unmenschlichen Gewaltherrscher zu gehorchen hat, kann man kaum etwas anderes raten, als auszuwandern.
Francesco Guicciardini, Ricordi

Es verhält sich mit dem Unglück so wie mit den Lastern: Man errötet über sie umso weniger, je mehr man sie mit vielen gemeinsam hat. In der Emigration fand ich den Beweis dafür: Als die Not am größten war, schöpften die Unglücklichen Trost aus ihrer Zahl.
Antoine Comte de Rivarol, Maximen und Reflexionen

Empfangen

Die Frau empfängt den geliebten Mann, wie der Gläubige die Hostie empfängt: Er kehrt in sie ein wie der Heilige Geist in die Jungfrau Maria.
Simone de Beauvoir, Das andere Geschlecht

Eindringen kann ich scheinbar in die Welt nicht, aber ruhig liegen, empfangen, das Empfangene in mir ausbreiten und dann ruhig vortreten.
Franz Kafka, Tagebücher (1915)

Es liegt in der menschlichen Natur, immer mehr von sich und von andern zu fordern, je mehr man empfangen hat.
Johann Wolfgang von Goethe, Die Wahlverwandtschaften

Unter allen Umständen empfängt man nur so viel, wie man gegeben hat.
Honoré de Balzac, Die Physiologie der Ehe

Zum Empfangen und Geben ist der Mensch geschaffen, zu Wirksamkeit und Freude, zum Tun und Leiden.
Johann Gottfried Herder, Vom Erkennen und Empfinden der menschlichen Seele

Empfängnis

Auch das Zölibat ist eine Form von Empfängnisverhütung.
Günther Schatzdorfer

Etwas Göttliches, im sterblichen Wesen das Unsterbliche, ist die Empfängnis und die Befruchtung.
Platon, Das Gastmahl (Diotima)

Wir verhindern entweder die Empfängnis auf künstliche Weise, oder wir betrachten die Kinder, wenn sie dennoch geboren werden, als ein Unglück, als eine Folge der Unvorsichtigkeit. Das Letztere ist noch unsittlicher als das Erstere, und es gibt keine Rechtfertigung dafür. Wir sind jedoch moralisch so gesunken, dass wir eine Rechtfertigung gar nicht mehr für notwendig halten.
Leo N. Tolstoi, Die Kreutzersonate

Empfindlichkeit

Ein empfindlicher Mensch ist sich selbst gegenüber viel strenger, als andere annehmen.
August Strindberg, Der Sohn der Magd

Gutes und Schlechtes erschüttert uns nicht gemäß seiner Größe, sondern gemäß unserer Empfindlichkeit.
François de La Rochefoucauld, Nachgelassene Maximen

Ich fürchte, das warme Leben in mir zu erkälten an der eiskalten Geschichte des Tags, und diese Furcht kommt daher, weil ich alles, was von Jugend auf Zerstörendes mich traf, empfindlicher als andre aufnahm.
Friedrich Hölderlin, Briefe (an Neuffer, 12. November 1798)

Verachtet niemandes Empfindlichkeit. Das Empfindungsvermögen eines Menschen ist sein Genie.
Charles Baudelaire, Tagebücher

Empfindsamkeit

Da sich die Dinge des Herzens nicht erklären lassen, sind die empfindsamen Menschen in den philosophischen Diskussionen immer unterlegen.
Sully Prudhomme, Gedanken

Sehr empfindsame Herzen bedürfen des Entgegenkommens einer Frau, um Mut zur Kristallisation zu fassen.
Stendhal, Über die Liebe (Fragmente)

Was ist doch eine empfindungsvolle Seele für ein unseliges Geschenk des Himmels! Wer sie erhalten hat, kann auf der Erde nur Kummer und Schmerz erwarten. Er ist ein verächtliches Spiel der Luft und der Jahreszeiten, Sonne oder Nebel, trübe oder heitre Luft werden sein Schicksal bestimmen.
Jean-Jacques Rousseau, Julie oder Die neue Héloïse (Saint-Preux)

Wir alle sind empfindsam bei
Zigeunermusik und Militärmärschen.
Jean Cocteau, Hahn und Harlekin

Empfindung

Alle Empfindungen,
die wir beherrschen, sind rechtmäßig;
alle, die uns beherrschen,
sind verbrecherisch.
Jean-Jacques Rousseau, Emile

Auch ist nicht zu leugnen,
dass die Empfindung
der meisten Menschen richtiger
ist als ihr Räsonnement.
Erst mit der Reflexion
fängt der Irrtum an.
Friedrich Schiller, Briefe (an Goethe, 30. Juli 1799)

Auf der Höhe der Empfindung
hält sich kein Sterblicher.
Johann Wolfgang von Goethe, Zwo biblische Fragen

Das Glück kann nicht,
wie ein mathematischer Lehrsatz,
bewiesen werden,
es muss empfunden werden,
wenn es da sein soll.
Heinrich von Kleist, Briefe
(an Ulrike von Kleist, 12. November 1799)

Das Prinzip der Empfindung liegt
also sicherlich bei allen
mit Blut ausgestatteten lebenden
Wesen im Herzen.
Aristoteles, Psychologie

Das Wort ist nur der Körper
von unsern innern Empfindungen.
Philipp Otto Runge, An Pauline Bassenge (April 1803)

Denken und Empfinden
sind von Natur verschieden.
Aristoteles, Über Gerechtigkeit

Denn ich glaube immer noch mehr an
die Wahrheit der frühern Empfindung
als an die der spätern Betrachtung.
Sophie Bernhardi, Lebensansicht

Der Ausdruck der Empfindungen
liegt in den Gebärden, der Ausdruck
der Gedanken in den Blicken.
Jean-Jacques Rousseau, Emile

Der denkende Mensch
ist der allgemeine,
der empfindende der besondere;
daher rühren die Widersprüche
zwischen Kopf und Herz,
aber kommt es, dass man
ein Bagatell verachten
und sich doch davon
verletzt fühlen kann.
Friedrich Hebbel, Tagebücher

Der rohe Mensch ist zufrieden,
wenn er nur etwas vorgehen sieht;
der Gebildete will empfinden,
und Nachdenken ist nur
dem ganz Ausgebildeten angenehm.
Johann Wolfgang von Goethe,
Wilhelm Meisters Lehrjahre

Der Weltprozess ist
rhythmische Zentralisation und
Dezentralisation des Empfindens.
Walter Rathenau, Auf dem Fechtboden des Geistes.
Aphorismen aus seinen Notizbüchern

Die Empfindung vollzieht sich
in einem passiven Bewegungsvorgang;
sie scheint nämlich
eine Veränderung zu sein.
Aristoteles, Psychologie

Die Empfindungen des Menschen
werden rascher erregt
als sein Verstand.
Oscar Wilde,
Die Seele des Menschen unter dem Sozialismus

Die Gestalt des Menschen
ist der beste Text zu allem,
was sich über ihn empfinden
und sagen lässt.
Johann Wolfgang von Goethe, Stella (Stella)

Die Natur hat die Frauenzimmer
so geschaffen, dass sie nicht
nach Prinzipien, sondern nach
Empfindungen handeln sollen.
Georg Christoph Lichtenberg, Sudelbücher

Die Philosophie atmet ganz
im Denken, das Weib lebt ganz
in der Empfindung.
Karl Joël, Die Frauen in der Philosophie

Die Regungen des Gewissens
sind keine Urteile,
sondern Empfindungen.
Jean-Jacques Rousseau, Emile

Einem Meinungen aufzwingen,
ist schon grausam, aber von einem
verlangen, er müsse empfinden,
was er nicht empfinden kann,
das ist tyrannischer Unsinn.
Johann Wolfgang von Goethe, Brief des Pastors

Empfinden macht denken.
Das gibt man zu, nicht,
dass das Denken sich
in Empfinden umsetzt.
Es ist nicht weniger wahr.
Chamfort, Maximen und Gedanken

Es gibt auch andre,
die wie ich empfinden.
Erich Kästner, Dr. Erich Kästners lyrische Hausapotheke

Es gibt nichts weiter außer dem,
was du empfunden hast.
Jean-Jacques Rousseau, Emile

Es gibt so seltene Momente,
wo man so bis ins tiefste Tiefe
hinein empfindet.
Franziska Gräfin zu Reventlow, Tagebücher

Es hat noch niemand
in meiner Haut gesteckt.
Franziska Gräfin zu Reventlow, Tagebücher

Es ist nicht kalt, wenn es schneit,
es ist nur kalt, wenn es taut.
Chinesisches Sprichwort

Es kostet die Frauen wenig, auszusprechen, was sie nicht empfinden;
es kostet die Männer noch weniger,
zu sagen, was sie empfinden.
Jean de La Bruyère, Die Charaktere

Es schämt sich der Mensch
nur seiner Empfindungen, weil er
in der heftigsten Leidenschaft fühlt,
dass sie vorübergeht, und weil es
oft ist, als ob ein Wesen in uns
uns zuriefe: Lass das Händeringen
und die Verzweifelung!
Du wirst dich bald mit nichtswürdigen
Kleinigkeiten wieder beschäftigen,
ja gar dich daran erfreuen!
Sophie Bernhardi, Lebensansicht

Es war eine Zeit, wo man den Mond
nur empfinden wollte,
jetzt will man ihn sehn.
Johann Wolfgang von Goethe, Briefe
(an Schiller, 10. April 1800)

Gedanken sind die Schatten
unsrer Empfindungen –
immer dunkler, leerer,
einfacher als diese.
Friedrich Nietzsche, Die fröhliche Wissenschaft

Gedanken sind in der geistigen Welt,
was Empfindung in der
sinnlichen Welt ist.
Bettina von Arnim, Tagebuch

In der Einsamkeit sieht
und empfindet man auf andere Art
als im Umgange mit der Welt.
Jean-Jacques Rousseau, Julie oder Die neue Héloïse

Ist es nicht besser, aufzuhören
zu leben, als zu leben,
ohne etwas zu empfinden?
Jean-Jacques Rousseau,
Julie oder Die neue Héloïse (Julie)

Lust und Leid
sind die polaren Elemente
und Atome des Empfindens
und Denkens in der Natur.
Walter Rathenau, Auf dem Fechtboden des Geistes.
Aphorismen aus seinen Notizbüchern

Man kann für eine Empfindung
nie genug zahlen.
Oscar Wilde, Das Bildnis des Dorian Gray

Man kann Handlungen versprechen,
aber keine Empfindungen;
denn diese sind unwillkürlich.
Friedrich Nietzsche, Menschliches, Allzumenschliches

Man sollte seiner Empfindung
nur nach einer langen Ruhe
der Seele glauben und der Erinnerung,
nicht dem Gefühl,
zum Ausdruck verhelfen.
Joseph Joubert, Gedanken, Versuche und Maximen

Nicht die Stärke, sondern die Dauer
der hohen Empfindung
macht die hohen Menschen.
Friedrich Nietzsche, Jenseits von Gut und Böse

Nicht was wir erleben, sondern
wie wir empfinden, was wir erleben,
macht unser Schicksal aus.
Marie von Ebner-Eschenbach, Aphorismen

O welch ein Unterschied:
Die Wahrheit aussprechen,
und die Wahrheit empfinden.
Johann Kaspar Lavater, Geheimes Tagebuch

Obgleich alle unsere Ideen
von außen stammen, sind doch
die Empfindungen, die ihren Wert
bestimmen, in uns, und durch sie
allein erkennen wir, was für eine
Gleichheit oder Ungleichheit
zwischen uns und den Dingen besteht,
die wir suchen oder fliehen sollen.
Jean-Jacques Rousseau, Emile

Starke Empfindung,
deren sich so viele rühmen,
ist nur allzu oft die Folge
eines Verfalls der Verstandeskräfte.
Georg Christoph Lichtenberg, Sudelbücher

Unser Denken hängt ab
vom Empfinden.
Johann Gottfried Herder,
Vom Erkennen und Empfinden der menschlichen Seele

Wahrnehmen heißt empfinden,
vergleichen heißt urteilen.
Jean-Jacques Rousseau, Emile (Glaubensbekenntnis)

War man viel geplagt, ermüdet
durch seine eigenen Empfindungen,
so merkt man, dass man in den Tag
hinein leben muss, viel vergessen,
das Leben auspressen in dem Maß,
als es verfließt.
Chamfort, Maximen und Gedanken

Was schöne Seelen schön empfunden,
Muss trefflich und vollkommen sein.
Friedrich Schiller, Die Künstler

Was wäre der Mensch
ohne Empfindung?
Sie ist die musikalische Macht
im Menschen.
Ludwig Feuerbach, Das Wesen des Christentums

Welch eine himmlische Empfindung
ist es, seinem Herzen zu folgen!
Johann Wolfgang von Goethe,
Wilhelm Meisters Lehrjahre

Wenn es die Vernunft ist,
die den Menschen macht,
so ist es die Empfindung,
die ihn leitet.
Jean-Jacques Rousseau,
Julie oder Die neue Héloïse (Claire)

Wie hängt die Seele
an frühen Eindrücken!
Die Empfindung empört sich
gegen die Vernunft.
Francesco Petrarca, Petrarca über sich selbst

Wie viele Dinge gibt es,
die man bloß empfindet
und für die sich unmöglich
ein Grund angeben lässt!
Jean-Jacques Rousseau,
Julie oder Die neue Héloïse (Saint-Preux)

Wir wollen lieber empfinden
als wissen, lieber selbst
und vielleicht zu viel erraten,
als langsam hergezählt haben.
Johann Gottfried Herder,
Vom Erkennen und Empfinden der menschlichen Seele

Empörung

Die Empörung ist der Zorn
der Gerechtigkeit.
Sully Prudhomme, Gedanken

Empörung macht Mut.
Es gibt keine feige Empörung.
Sully Prudhomme, Gedanken

Es ist ein Zeichen großer Schwäche,
sich zu empören gegen unvermeidliche
Übel, und die hinzunehmen, die man
vermeiden kann. Was soll man sagen
zu einem Menschen, der gegen das
schlechte Wetter aufbegehrt und
Beschimpfungen ruhig hinnimmt?
Antoine Comte de Rivarol, Maximen und Reflexionen

Frechheit empört, Schwäche rührt;
nur feige Seelen rächen sich
an überwundenen Feinden,
und ich gehöre nicht dazu.
König Friedrich der Große,
Briefe (an d'Alembert, 23. Januar 1782)

Kein Gold besticht
ein empörtes Gewissen.
Heinrich von Kleist, Briefe

Ende

Alles in der Welt endet
durch Zufall und Ermüdung.
Heinrich Heine

Anfang und Ende sind
wohl unter sich verwandt,
Doch ist der Anfang blind,
das Ende hat's erkannt.
Friedrich Rückert, Die Weisheit des Brahmanen

Bei allem, was du tust,
denk an das Ende,
so wirst du niemals sündigen.
Altes Testament, Jesus Sirach 7, 36

Bis ans Ende will ich stärker werden
und lebendiger durch jedes Handeln,
und liebender durch jedes Bilden
an mir selbst.
Friedrich Schleiermacher, Monologen

Böser Anfang, böses Ende.
Deutsches Sprichwort

Das dicke Ende kommt nach.
Deutsches Sprichwort

Denke immer an das Ende,
zumal auch da die verlorene Zeit
nicht zurückkehrt.
Thomas von Kempen, Nachfolge Christi

Denn es ist nun einmal nicht anders,
dass man, sobald man fertig ist,
gleich wieder was Neues
im Sinne haben müsse.
Johann Wolfgang von Goethe, Briefe
(an Christiane Vulpius, 24. März 1797)

Der schwerste Anfang
ist der Anfang vom Ende.
Hans-Helmut Dickow

Die Ewigkeit dauert lange,
besonders gegen Ende.
Woody Allen

Die Menschheit muss dem Krieg
ein Ende setzen
oder der Krieg setzt der Menschheit
ein Ende.
John F. Kennedy

Die Natur hat ebenso das Ende
eines jeden Dinges zum Ziel
wie seinen Anfang oder seinen
Zwischenberg, ebenso wie der,
der einen Ball aufwirft.
Mark Aurel, Selbstbetrachtungen

Die Uhr steht still –
Steht still! Sie schweigt wie Mitternacht.
Der Zeiger fällt –
Er fällt! Es ist vollbracht.
Johann Wolfgang von Goethe,
Faust II (Mephisto und Chor)

Ein gutes Ende übergoldet alles,
wie sehr auch immer
das Unpassende der Mittel
dagegen sprechen mag.
Baltasar Gracián y Morales,
Handorakel und Kunst der Weltklugheit

Ende gut, alles gut.
Deutsches Sprichwort

Es ist eine Regel der Klugen, die Dinge
zu verlassen, ehe sie uns verlassen.
Man wisse, aus seinem Ende selbst
sich einen Triumph zu bereiten.
Baltasar Gracián y Morales,
Handorakel und Kunst der Weltklugheit

Es liegt nicht am wohl Anfangen,
sondern am wohl Enden.
Deutsches Sprichwort

Es schadet im Leben nicht,
wenn man mehr
zu Ende gemacht hat
als die Fahrschule.
Guido Westerwelle

Gewöhnlich geht's am Ende scharf.
Johann Wolfgang von Goethe, Faust II (Mephisto)

Ja, je gewisser das Ende ist,
desto reizvoller die Minute und
desto dringender die Mahnung:
Nutze den Tag.
Theodor Fontane, Von vor und nach der Reise

Jedes Ende ist tröstlich;
trostlos ist nur Endlosigkeit.
Peter Benary

Jede Straße führt ans End' der Welt.
Friedrich Schiller, Wilhelm Tell (Tell)

Kein Feiertag, der kein Ende hätte.
Chinesisches Sprichwort

Lass den Anfang mit dem Ende
Sich in Eins zusammenziehn!
Johann Wolfgang von Goethe, Dauer im Wechsel

Lieber ein Ende mit Schrecken
als ein Schrecken ohne Ende.
Ferdinand von Schill, Reden (1809)

Man feire nur,
was glücklich vollendet ist.
Johann Wolfgang von Goethe,
Wilhelm Meisters Lehrjahre

Mancher geht los wie ein Donner
und fällt wie Staub auf die Erde.
Chinesisches Sprichwort

Mit dem Tod ist alles aus.
Chinesisches Sprichwort

Niemals darf ein Mensch,
niemals ein Volk wähnen,
das Ende sei gekommen.
Johann Wolfgang von Goethe, La Gloire de Frédéric

Sie möchten immer,
dass alles gut endet.
Sie würden sogar Jeanne d'Arc
mit Karl VII. verheiraten.
Jules Renard, Ideen, in Tinte getaucht.
Aus dem Tagebuch von Jules Renard

Spielen ist keine Kunst, aber aufhören.
Deutsches Sprichwort

Vorbei! Ein dummes Wort.
Warum vorbei?
Johann Wolfgang von Goethe, Faust II (Mephisto)

Was auch immer für ein Ende
mir das Schicksal bestimmt hat,
ich werde es ertragen.
Lucius Annaeus Seneca, Hippolytus

Wenn dem Menschen
am Ende seines Lebens
ein Lächeln übrig bleibt, so ist das
ein sehr anständiger Reingewinn.
Horst Wolfram Geißler

Wenn die anderen glauben,
man ist am Ende,
so muss man erst richtig anfangen.
Konrad Adenauer

Wenn's am besten schmeckt,
soll man aufhören.
Deutsches Sprichwort

Wer viel anfängt, endet wenig.
Deutsches Sprichwort

Wer vor der Zeit beginnt,
der endigt früh.
William Shakespeare, Romeo und Julia (Capulet)

Wie der Beginn, so das Ende.
Lucius Annaeus Seneca, Briefe über Ethik

Wo ein Anfang ist,
muss auch ein Ende sein.
Deutsches Sprichwort

Zu viele Stücke enden
zu spät nach ihrem Ende.
Igor Strawinsky

Endlichkeit

Ein Tontopf
wird früher oder später brechen,
ein Feldherr
früher oder später fallen.
Chinesisches Sprichwort

Was dem Verstande endlich,
ist nichtig dem Herzen.
Ludwig Feuerbach, Das Wesen des Christentums

Endzeit

Die »große Hure«
ist das apokalyptische Weib
der Endzeit.
Gertrud von Le Fort, Die ewige Frau

In den letzten Tagen
werden schwere Zeiten anbrechen:
Die Menschen werden selbstsüchtig
sein, habgierig, prahlerisch, überheblich, bösartig, ungehorsam gegen die
Eltern, undankbar, ohne Ehrfurcht,
lieblos, unversöhnlich, verleumderisch,
unbeherrscht, rücksichtslos, roh, heimtückisch, verwegen, hochmütig,
mehr
dem Vergnügen als Gott zugewandt.
Neues Testament, Paulus (2 Timotheus 3, 1–4)

Wir leben in den Zeiten des Weltgerichts, aber des stummen, wo die
Dinge von selbst zusammenbrechen.
Friedrich Hebbel, Tagebücher

Energie

Das Unglück ist ebenso
wie der Ruhm imstande,
Energien zu wecken.
Maurice Barrès, Der Appell an den Soldaten

Der bessere Mensch nützt
die Energien seines äußeren Lebens,
um für sein inneres
Platz und Freiheit zu schaffen (...).
Alfred Polgar, Kleine Schriften, Band 1. Musterung

Die Energie, die wir benötigen,
bekommen wir nur aus dem Strom,
gegen den wir schwimmen.
Leander Segebrecht

Energie als Mittelpunkt des Willens
schafft die Wunder der Begeisterung
zu allen Zeiten.
Überall ist sie Triebfeder dessen,
was wir Charakterstärke nennen,
und die erhaltende Kraft
jeder großen Tat.
Samuel Smiles, Charakter

Energie geht nicht verloren.
Hermann von Helmholtz

Information ist Energie.
Bei jeder Weitergabe
verliert sie etwas davon.
Wolfgang Herbst

Licht und Geist, jenes im Physischen,
dieser im Sittlichen herrschend,
sind die höchsten denkbaren
unteilbaren Energien.
Johann Wolfgang von Goethe,
Maximen und Reflexionen

Mit der Energie aber
schwindet jede andre Tugend hin.
Ohne sie wird der Mensch Maschine.
Man bewundert, was er tut;
man verachtet, was er ist.
Wilhelm von Humboldt, Ideen über Staatsverfassung

Neugier ist eine der festen
und ständigen Eigenschaften
eines energischen Geistes.
Samuel Johnson, The Rambler

Enge

Die Familie ist zu eng
und hat zu kleine
selbstsüchtige Ziele.
August Strindberg, Der Sohn der Magd

Die Verengung des Gesichtsfeldes
hebt das Interesse. Darin liegt
der Reiz des Schlüsselloches.
Peter Frankenfeld

Du sehnst dich, weit
hinaus zu wandern,
Bereitest dich zu raschem Flug;
Dir selbst sei treu
und treu den andern,
Dann ist die Enge weit genug.
Johann Wolfgang von Goethe, Sprüche

Eng ist die Welt,
und das Gehirn ist weit.
Friedrich Schiller, Wallensteins Tod (Wallenstein)

Wer die Enge seiner Heimat
ermessen will, reise.
Wer die Enge seiner Zeit
ermessen will, studiere Geschichte.
Kurt Tucholsky, Schnipsel

Engel

Dem Menschen ist
Ein Mensch noch immer lieber
als ein Engel.
Gotthold Ephraim Lessing, Nathan der Weise (Nathan)

Der Einsame ist
entweder ein Engel oder ein Teufel.
Deutsches Sprichwort

Der Mensch hat es
mit den Eigenschaften zu tun,
der Engel mit dem Wesen.
Honoré de Balzac, Louis Lambert

Der Menschen Engel ist die Zeit.
Friedrich Schiller, Wallensteins Tod (Oktavio)

Die Engel sehen sich alle ähnlich.
Heinrich Heine

Die Engel sind uns ganz nahe und
schützen uns und Gottes Kreaturen
in seinem Auftrag. Um uns schützen
zu können, haben sie lange Arme,
damit sie mit Leichtigkeit
Satan verjagen können.
Martin Luther, Tischreden

Es ging ein Engel durch unser Land,
zwei güldne Lichtlein in der Hand.
August Strindberg, Der Sohn der Magd

Faule Engel taugen weniger
als fleißige Teufel.
Emil Gött, Im Selbstgespräch

Genau bei Weibern
Weiß man niemals, wo der Engel
Aufhört und der Teufel anfängt!
Heinrich Heine, Atta Troll

Hochmut ist's, wodurch
die Engel fielen,
Woran der Höllen-
geist den Menschen fasst.
Friedrich Schiller, Die Jungfrau von Orleans (Thibaut)

Jeder Mensch wird im Reiche einen
Engel haben, der mit ihm herrscht,
und in der Unterwelt einen Dämon,
der ihn straft.
Thomas von Aquin, Summa theologica

Nicht jeder, der von einem Engel
erleuchtet wird, erkennt, dass er
von einem Engel erleuchtet wird.
Thomas von Aquin, Summa theologica

Schade, dass es von Engel
keine weibliche Form gibt!
Denn da Engel doch reine Geister sind,
sehe ich nicht ein,
warum man von ihnen stets
in der männlichen Form spricht,
sofern das nicht geschieht,
um der uneingestanden Päderastie
der Menschen genug zu tun.
Henry de Montherlant, Die jungen Mädchen

Selten stiegen Engel auf den Thron,
seltener herunter.
Friedrich Schiller,
Die Verschwörung des Fiesco zu Genua (Leonore)

Sie stellen wie vom
Himmel sich gesandt
Und lispeln englisch,
wenn sie lügen.
Johann Wolfgang von Goethe, Faust I (Wagner)

Was ist die Weisheit eines Buchs
gegen die Weisheit eines Engels?
Friedrich Hölderlin, Hyperion

Was nützt ein Engel,
wenn er Englisch spricht?
Eugen Roth

Weg, weg, ihr Seraphim,
ihr könnt mich nicht erquicken!
Weg, weg, ihr Engel all
und was an euch tut blicken!
Ich will nun euer nicht,
ich werfe mich allein
Ins ungeschaffne Meer
der bloßen Gottheit ein,
Angelus Silesius, Der cherubinische Wandersmann

Wenn uns ein Engel einmal
aus seiner Philosophie erzählte,
ich glaube, es müssten wohl
manche Sätze so klingen
wie zwei mal zwei ist 13.
Georg Christoph Lichtenberg, Sudelbücher

Engherzigkeit

Man kann nicht allen helfen,
sagt der Engherzig und hilft keinem.
Marie von Ebner-Eschenbach, Aphorismen

Wer Herzensenge,
Hat Worte die Menge.
Jüdische Spruchweisheit

England

Auch wenn der Engländer genießt,
sieht es so aus, als nähme er Lebertran.
David Frost

Der Engländer gibt damit an,
dass er nicht angibt.
Wyndham Lewis

Der Engländer ist im Anfange einer
jeden Bekanntschaft kaltsinnig und
gegen einen Fremden gleichgültig.
Er hat wenig Neigung zu kleinen Gefälligkeiten; dagegen wird er, sobald
er ein Freund ist, zu großen Dienst-
leistungen aufgelegt. Er bemüht sich
wenig, im Umgange witzig zu sein
oder einen artigen Anstand zu zeigen,
dagegen ist er verständig und gesetzt.
Immanuel Kant, Beobachtungen über das Gefühl
des Schönen und Erhabenen

Der Engländer wiegt sich gern
in dem Glauben, er könne über sich
selbst lachen. Das tut er jedoch nur,
um anderen den Spaß daran
zu verderben, über ihn zu lachen.
Peter Ustinov, Peter Ustinovs geflügelte Worte

Die Engländer betrachten einen Greis
wie ein seltenes Möbelstück aus der
guten alten Zeit, und ihre Augen
verweilen zärtlich darauf, wenn auch
der Gegenstand selbst nicht mehr
tipptopp erhalten ist.
Im Herzen sind sie alle Antiquare.
Godfried Bomans

Die Engländer
haben die Tischreden erfunden,
damit man ihr Essen vergisst.
Pierre Daninos

Die Engländer werden uns beschämen
durch reinen Menschenverstand
und guten Willen, die Franzosen
durch geistreiche Umsicht und
praktische Ausführung.
Johann Wolfgang von Goethe,
Maximen und Reflexionen

Die Engländer ziehen niemals
eine Linie, ohne sie zu verwischen.
Winston Churchill

England bleibt nach wie vor
ungebildet und selbstzufrieden.
Gilbert Keith Chesterton, Heretiker

England erwartet,
dass jedermann seine Pflicht tut.
Horatio Viscount Nelson, Tagesbefehl vor der Schlacht
bei Trafalgar (25. Oktober 1805)

England ist eine Insel.
Es kann nichts dafür –
ich aber auch nicht.
Charles de Gaulle

Englands Grenzen liegen am Himalaja.
Harold Wilson

Es kann sein,
dass die Engländer die Musik lieben;
aber vor allem
lieben sie den Lärm, den sie macht.
Thomas Beecham

Für England ist der Ärmelkanal
immer noch breiter als der Atlantik.
Jacques Baumel

Herrsche, Britannia,
beherrsche die Wogen,
Briten werden nie Sklaven sein!
James Thomson, Rule, Britannia

Ich habe die Engländer schon immer
für ein äußerst romantisches,
gewalttätiges und von Natur aus
leidenschaftliches Volk gehalten.
Peter Ustinov, Peter Ustinovs geflügelte Worte

Ich weiß, dass Kricket
für viele bedeutende Engländer
eine Quelle der Inspiration war –
ich kann es nicht ändern,
aber das Geräusch des Balles,
der auf das Schlagholz trifft,
bringt meine Zähne zum Knirschen.
Peter Ustinov, Peter Ustinovs geflügelte Worte

In England gibt es
sechzig verschiedene Religionen
und nur eine Soße.
Sprichwort aus Italien

In England kann man Dinge sagen,
die man in keinem anderen Land
sagen kann. Darum halten sich die
Engländer zu Unrecht für mutig.
Mary Martlew-Escher

In England ist das Interesse an der
Ungleichheit der Pferde weitaus größer
als an der Gleichheit der Menschen.
Gilbert Keith Chesterton

In Frankreich wird ein Mann,
der sich für eine Frau ruiniert,
bewundert;
in England hält man ihn
für einen Verrückten.
Was der Engländer für Liebe hält,
reicht gerade aus,
um die Rasse fortzupflanzen.
William Sommerset Maugham

Kein Volk ist im privaten Leben
so wahrheitsliebend wie das englische.
Keins aber bedient sich im öffentlichen
Leben so bewusst oder doch mit
so instinktiver Sicherheit der Lüge.
Karl Scheffler, Ziel und Stunde

Man kann nicht behaupten,
das englische Volk sei sehr intelligent.
Nicht, dass es ihm überhaupt
an Intelligenz mangelt, nein, aber es
besitzt sie auch nicht im Übermaß.
Es besitzt davon gerade so viel,
wie zum Leben notwendig ist.
José Ortega y Gasset

Sommer und Winter sind in England
leicht zu unterscheiden:
im Sommer ist der Regen
etwas wärmer.
Colin Wilson

Wenn man den Ländern
Namen von den Worten gäbe,
die man zuerst hört,
so müsste England »damn it« heißen.
Georg Christoph Lichtenberg, Sudelbücher

Wenn Sie in England eine stark
befahrene Straße überqueren wollen,
nehmen Sie am besten
einen Hund mit. Kein Engländer
wird einen Hund überfahren.
Alec Guinness

Um die Wahrheit zu finden,
zieht man in Frankreich etwas ab,
in Deutschland fügt man etwas hinzu
und in England wechselt man
das Thema.
Peter Ustinov

Zwei Sterne kreisen
nicht in einer Sphäre;
In einem England
können zwei nicht herrschen.
William Shakespeare, Heinrich IV. (Prinz Heinrich)

Enkel

Eine Krone der Alten
sind Kindeskinder.
Altes Testament, Sprüche Salomos 17, 6

Enkel sind zweimal geborene Söhne.
Sprichwort aus Spanien

Erst bei den Enkeln ist man dann
so weit, dass man die Kinder
ungefähr verstehen kann.
Erich Kästner

Erst wenn man genau weiß,
wie die Enkel ausgefallen sind,
kann man beurteilen,
ob man seine Kinder gut erzogen hat.
Erich Maria Remarque

Kein Lieben ist vollkommen,
bis das Enkelkind erscheint.
Sprichwort aus Wales

Man hat seine Enkel lieber
als die Söhne. Denn man weiß
ziemlich genau, welche Hilfe man
von seinem Sohn zu erwarten hat,
und kennt dessen Vermögen und
Verdienst. Aber auf den Enkel blickt
man voll Hoffnung und Illusion.
Charles de Secondat, Baron de la Brède
et de Montesquieu, Meine Gedanken

Ob etwas tauglich ist,
wissen erst die Enkel.
Robert Neumann

Warum kann man nicht Enkel haben,
ohne Kinder haben zu müssen?
Göran Järvefelt

Entartung

Alles ist gut, wenn es aus den Händen
des Urhebers der Dinge kommt;
alles entartet unter den Händen
des Menschen.
Jean-Jacques Rousseau, Emile

Durch die Liederlichkeit im frühen
Alter schlagen die Menschen aus der
Art und werden das, was sie heutzu-
tage sind: Niederträchtig und verzagt
selbst in ihren Lastern, haben sie nur
kleine Seelen, weil ihre abgenutzten
Körper früh verdorben sind.
Jean-Jacques Rousseau, Emile

Ein Merkmal für die Entartung
unserer Welt ist, dass sich
die Menschen ihres Reichtums
nicht schämen, sondern rühmen.
Leo N. Tolstoi, Tagebücher (1900)

Entbehrung

Die kleinen Entbehrungen
erträgt man leicht,
wenn das Herz
besser behandelt wird
als der Körper.
Jean-Jacques Rousseau,
Träumereien eines einsamen Spaziergängers

Entbehren sollst du! sollst entbehren!
Das ist der ewige Gesang,
Der jedem an die Ohren klingt,
Den, unser ganzes Leben lang,
Uns heiser jede Stunde singt.
Johann Wolfgang von Goethe, Faust I (Faust)

Fortwährendem Entbehren
folgt Stumpfheit ebenso gewiss
wie übermäßigem Genuss.
Marie von Ebner-Eschenbach, Aphorismen

Genieße, was dir Gott beschieden,
Entbehre gern, was du nicht hast.
Christian Fürchtegott Gellert, Lieder

Je mehr sich der Mensch an das
Angenehme und Schöne gewöhnt,
um so mehr Entbehrungen
bereitet er sich im Leben.
Leo N. Tolstoi, Tagebücher (1853)

Man verliert nicht immer,
wenn man entbehrt.
Johann Wolfgang von Goethe,
Wilhelm Meisters Lehrjahre

Entdeckung

Das längst Gefundene wird wieder
verscharrt; wie bemühte sich Tycho,
die Kometen zu regelmäßigen Körpern
zu machen, wofür sie Seneca längst
erkannt hat!
Johann Wolfgang von Goethe,
Maximen und Reflexionen

Das Schwerste:
immer wieder entdecken,
was man ohnehin weiß.
Elias Canetti, Die Provinz des Menschen.
Aufzeichnungen 1942–1972

Der Amerikaner,
der den Kolumbus zuerst entdeckte,
machte eine böse Entdeckung.
Georg Christoph Lichtenberg, Sudelbücher

Der Engländer ist Meister,
das Entdeckte gleich zu nutzen,
bis es wieder zu neuer Entdeckung
und frischer Tat führt.
Man frage sich nur, warum sie uns
überall voraus sind.
Johann Wolfgang von Goethe,
Maximen und Reflexionen

Die Entdeckung
eines neuen Gerichtes
macht die Menschheit glücklicher
als die Entdeckung
eines neuen Sterns.
Anthelme Brillat-Savarin, Physiologie des Geschmacks

Die Freude des ersten Gewahrwerdens,
des so genannten Entdeckens,
kann uns niemand nehmen.
Verlangen wir aber auch Ehre davon,
die kann uns sehr verkümmert werden;
denn wir sind meistens nicht die Ersten.
Johann Wolfgang von Goethe,
Maximen und Reflexionen

Die jetzige Generation
entdeckt immer,
was die alte schon vergessen hat.
Johann Wolfgang von Goethe, überliefert von
Friedrich Wilhelm Riemer (Mittheilungen über Goethe)

Die Zeit entlarvt den Bösen.
Euripides, Fragmente

Eine einzige Entdeckung kann
einen Mann berühmt machen und
sein bürgerliches Glück begründen.
Johann Wolfgang von Goethe, überliefert von
Johann Peter Eckermann (Gespräche mit Goethe)

Erst zweifeln, dann untersuchen,
dann entdecken.
Henry Thomas Buckle,
Geschichte der Civilisation in England

Es gibt keine großen Entdeckungen
und Fortschritte, solange es noch
ein unglückliches Kind auf Erden gibt.
Albert Einstein

Es ist sonderbar, dass nur
außerordentliche Menschen
die Entdeckungen machen,
die hernach so leicht und simpel
scheinen, dieses setzt voraus,
dass die simpelsten, aber wahren
Verhältnisse der Dinge zu bemerken
sehr tiefe Kenntnisse nötig sind.
Georg Christoph Lichtenberg, Sudelbücher

Es ist viel mehr schon entdeckt,
als man glaubt.
Johann Wolfgang von Goethe,
Maximen und Reflexionen

Es steckt oft mehr Geist
und Scharfsinn in einem Irrtum
als in einer Entdeckung.
Joseph Joubert, Gedanken, Versuche und Maximen

Heureka! (Ich hab's gefunden!)
Archimedes, Ausruf bei der Entdeckung des Gesetzes
vom spezifischen Gewicht (nach Vitruv)

Ich werde nicht müde werden,
dafür einzutreten,
dass die »weißen Flecken«
auf der Weltkarte nicht unbedingt
eine Farbe bekommen müssen.
Reinhold Messner,
Die Freiheit, aufzubrechen, wohin ich will

Keine große Wahrheit, einmal entdeckt,
ist wieder verloren gegangen;
und keine wichtige Entdeckung
ist jemals gemacht worden, die nicht
am Ende alles mit sich gerissen hätte.
Henry Thomas Buckle,
Geschichte der Civilisation in England

Leute, die sehr viel gelesen haben,
machen selten große Entdeckungen.
Georg Christoph Lichtenberg, Sudelbücher

Man kann die Erfahrung
nicht früh genug machen,
wie entbehrlich man
in der Welt ist.
Johann Wolfgang von Goethe,
Wilhelm Meisters Lehrjahre

Man kennt nur das, was man entdeckt.
Gut unterrichten heißt,
den Schüler selbst entdecken lassen.
Sully Prudhomme, Gedanken

Manche großen Begabungen
sind daran gescheitert,
dass sie eine zu hohe Meinung
von ihren eigenen Entdeckungen
hatten.
Othmar Spann,
Haupttheorien der Volkswirtschaftslehre

So viel Schönes man auch
an sich entdeckt haben mag,
es bleibt immer noch
unerforschtes Gebiet zurück.
François de La Rochefoucauld, Reflexionen

Wer etwas allen vorgemacht,
wird jahrelang erst ausgelacht.
Begreift man die Entdeckung endlich,
so nennt sie jeder selbstverständlich.
Wilhelm Jensen

Wie nah wohl zuweilen
unsere Gedanken
an einer großen Entdeckung
hinstreichen mögen?
Georg Christoph Lichtenberg, Sudelbücher

Zum Entdecken gehört Glück,
zum Erfinden Geist,
und beide können beides
nicht entbehren.
Johann Wolfgang von Goethe, Erfinden und Entdecken

Ente

Eine Ente
macht den Fluss nicht trübe.
Chinesisches Sprichwort

Ente gut, alles gut!
Wilhelm Busch, Eginhard und Emma

Entfaltung

Kann man
einer entfalteten Seele
Pflichten vorschreiben?
William Butler Yeats, Entfremdung

Man entfaltet sich nur insoweit,
als die Mitmenschen
sich auch entfalten,
wachsen und freier werden.
Man beeinflusst sich gegenseitig.
Anaïs Nin, Absage an die Verzweiflung

Entfremdung

Das stärkste Anzeichen
der Entfremdung der Ansichten
bei zwei Menschen ist dies,
dass beide sich gegenseitig
einiges Ironische sagen,
aber keiner von beiden
das Ironische daran fühlt.
Friedrich Nietzsche, Menschliches, Allzumenschliches

Die Entfremdung des Menschen
von seinen individuellen und
gemeinschaftlichen Erzeugnissen,
die er nur mehr käuflich aus zweiter
und dritter Hand erwirbt (...), diese
Entfremdung des Menschen von den
Früchten seiner Hände Arbeit geht
Hand in Hand mit der Entfremdung
von seinen größten Freuden und
Befriedigungen. Das bedingt seine
wachsende Abhängigkeit von Geld
und Ersatzbefriedigungen.
Yehudi Menuhin,
Kunst als Hoffnung für die Menschheit

Die früher von uns so sorglos
gebrauchten Wörter wie Entfremdung,
Rückzug, haben tatsächlich eine
verhängnisvolle Bedeutung. Denn
es ist wirklich eine Art des Sterbens,
sich von anderen loszusagen, sich
vom Geschehen in der Welt loszusagen, sich vom Gefühl loszusagen.
Anaïs Nin, Absage an die Verzweiflung

Doch eine Würde, eine Höhe,
Entfernte die Vertraulichkeit.
Friedrich Schiller, Das Mädchen aus der Fremde

Ist man sich selber fremd,
dann ist man auch
den anderen entfremdet.
Anne Morrow Lindbergh, Muscheln in meiner Hand

Enthaltsamkeit

Der im Zorn Unenthaltsame
ist weniger schimpflich
als der im Begehren Unenthaltsame,
weil jener weniger
der Vernunft beraubt ist.
Thomas von Aquin, Über die Wahrheit

Die sonderbarste
aller sexuellen Verirrungen
ist vielleicht die Enthaltsamkeit.
Remy de Gourmont

Durch Enthaltsamkeit und Ruhe
werden viele Krankheiten geheilt.
Hippokrates, Aphorismen

Enthaltsamkeit ist das Vergnügen
An Sachen, welche wir nicht kriegen.
Wilhelm Busch, Die Haarbeutel

Es ist immer besser,
enthaltsam zu leben,
wenn man es vermag –
das Geschlecht in sich zu töten,
wenn man es vermag, das heißt,
nicht Mann oder Frau zu sein,
sondern Mensch.
Leo N. Tolstoi, Tagebücher (1909)

Für viele ist gänzliche Enthaltsamkeit
leichter als weise Mäßigung.
Aurelius Augustinus, Sermones

Gib mir Keuschheit und Enthalsamkeit
– aber jetzt noch nicht!
Aurelius Augustinus, Über den Gottesstaat

Je mehr Enthaltsamkeit man übt,
um so heftiger wird der Drang.
Leo N. Tolstoi, Tagebücher (1852)

Man kann sich um Enthaltsamkeit
bemühen, aber ein Trunkenbold bleibt
ein Trunkenbold und ein Wüstling
ein Wüstling – beim ersten Nachlassen
der Aufmerksamkeit wird er rückfällig.
Leo N. Tolstoi, Tagebücher (1889)

Enthüllung

An der Enthüllung
eines Geheimnisses
ist stets der schuld,
der es jemandem
anvertraut hat.
Jean de La Bruyère, Die Charaktere

Die Zeit verhüllt einen Lüstling,
die Zeit enthüllt ihn.
Publilius Syrus, Sentenzen

Enthülle nie auf unedle Art die
Schwächen deiner Nebenmenschen,
um dich zu erheben! Ziehe nicht ihre
Fehler und Verirrungen ans Tageslicht,
um auf ihre Unkosten zu schimmern!
Adolph Freiherr von Knigge,
Über den Umgang mit Menschen

Es ist schwer, die Katze wieder in
den Sack zu bekommen, wenn man
sie erst einmal herausgelassen hat.
Robert Lembke, Steinwürfe im Glashaus

Mit dem Gürtel, mit dem Schleier
Reißt der schöne Wahn entzwei.
Friedrich Schiller, Das Lied von der Glocke

Unbedacht hat manches schon
ans Licht gebracht.
Deutsches Sprichwort

Enthusiasmus

Alles, was wir mit Wärme
und Enthusiasmus ergreifen,
ist eine Art der Liebe.
Wilhelm von Humboldt, Ideen über Staatsverfassung

Der Enthusiast fühlt sich seiner Sache
niemals ganz sicher,
daher sein unstillbarer, lästiger Drang,
Gefährten seiner Begeisterung
zu werben. Der Skeptiker hingegen
bedarf stets einer gewissen Isoliertheit,
denn schon der Umstand,
dass er einen Gefährten
seines Zweifels findet, vermag ihn
an diesem irre zu machen.
Arthur Schnitzler, in: Rikola-Almanach (1923)

Die Enthusiasten, die ich gekannt
habe, haben alle den entsetzlichen
Fehler gehabt, dass sie bei dem
geringsten Funken, der auf sie fällt,
allemal wie ein lange vorbereitetes
Feuerwerk abbrennen.
Georg Christoph Lichtenberg, Sudelbücher

Die Enthusiasten haben nie Recht,
die Skeptiker immer. Dafür schaffen
nicht sie, sondern jene das Neue.
Ludwig Marcuse, Argumente und Rezepte.
Ein Wörter-Buch für Zeitgenossen

Enthusiasmus
ist das schönste Wort der Erde.
Christian Morgenstern, Stufen

Es gibt eine enthusiastische Reflexion,
die von dem größten Wert ist,
wenn man sich von
ihr nur nicht hinreißen lässt.
Johann Wolfgang von Goethe,
Maximen und Reflexionen

Essen nimmt,
Trinken gibt Enthusiasmus.
Jean Paul, Aphorismen

Gleichgültigkeit
bringt wenigstens kein Leid,
Und Enthusiasmus
wird in feinen Kreisen
Einfach Betrunkenheit
der Seele heißen.
Lord Byron, Don Juan

Ich bin überzeugt, dass Verstand,
und sei er noch so hell erleuchtet,
wenig ausrichtet, ist er nicht mit
Enthusiasmus gepaart.
Houston Stewart Chamberlain,
Die Grundlagen des 19. Jahrhunderts

Ich traue den Enthusiasten nicht, die
von ihrer Fähigkeit, sich zu begeistern,
gerade so sehr oder noch tiefer ergriffen sind als von dem Gegenstand,
für den sie sich begeistert haben.
Arthur Schnitzler, Buch der Sprüche und Bedenken

Man schwingt sich nicht
zu großen Wahrheiten auf
ohne Enthusiasmus:
Kalten Blutes diskutiert man,
aber man erfindet nichts.
Vielleicht machen erst Leidenschaft
und Verstandesschärfe zusammen
den echten Philosophen.
Luc de Clapiers Marquis de Vauvenargues,
Nachgelassene Maximen

Entrüstung

Die gerechte Entrüstung
ist leider viel seltener
als die ungerechte Rüstung.
Joachim Ringelnatz

Ein großer Punkt der Klugheit, nie sich zu entrüsten. Es zeigt einen ganzen Mann von großem Herzen an: Denn alles Große ist schwer zu bewegen.
Baltasar Gracián y Morales, Handorakel und Kunst der Weltklugheit

Entrüstung ist Bekenntnis der Hilflosigkeit, also unmännlich.
Walter Rathenau, Auf dem Fechtboden des Geistes. Aphorismen aus seinen Notizbüchern

Entrüstung ist ein Bekenntnis der Hilflosigkeit.
Walther Rathenau

Entrüstung ist ein erregter Zustand der Seele, der meist dann eintritt, wenn man erwischt wird.
Wilhelm Busch

Entrüstung ist Hass gegen jemanden, der einem anderen Böses getan hat.
Baruch de Spinoza, Ethik

Entrüstung ist oft nur eine Maske des Neiders.
Lothar Schmidt

In der moralischen Entrüstung schwingt auch immer Besorgnis mit, vielleicht etwas versäumt zu haben.
Jean Genet

Moralische Entrüstung ist der Heiligenschein der Scheinheiligen.
Helmut Qualtinger

Moralische Entrüstung ist Eifersucht mit einem Heiligenschein.
Herbert George Wells

Entsagung

Alltägliche Erfahrung bestätigt, dass der Verstand längst einer Sache entsagt haben kann, wenn das Herz noch viele Jahre für sie schlägt.
Max Stirner, Der Einzige und sein Eigentum

Als ich der Welt und dem Vermögen entsagte, fand ich Glück, Stille, Gesundheit, ja Reichtum und merkte, dem Sprichwort zum Trotz, dass, wer das Spiel aufgibt, es gewinnt.
Chamfort, Maximen und Gedanken

Die Entsagungen sind vergänglich, ihr Lohn aber bleibt beständig.
Jean-Jacques Rousseau, Emile

Eiserne Ausdauer und klaglose Entsagung sind die äußersten Pole der menschlichen Kraft.
Marie von Ebner-Eschenbach, Aphorismen

Entsagung ist erst etwas, wenn kein Feuer dabei erlischt.
Emil Gött, Zettelsprüche. Aphorismen

Entsagung, unverbrüchlich auferlegt, ist die stärkste Prüfung für Liebende, welche kein fremder Wille hindern könnte, sich zu sehen.
Gottfried Keller, Zürcher Novellen

Es ist aber doch immer besser, ein für alle Mal zu entsagen, als immer einmal einen um den andern Tag rasend zu werden.
Johann Wolfgang von Goethe, Reise in die Schweiz

Sie sang das alte Entsagungslied, Das Eiapopeia vom Himmel, Womit man einlullt, wenn es greint, Das Volk, den großen Lümmel.
Heinrich Heine, Deutschland, Ein Wintermärchen

Vornehmheit ist Entsagen.
Walter Rathenau, Auf dem Fechtboden des Geistes. Aphorismen aus seinen Notizbüchern

Was verschmerzte nicht der Mensch! Vom Höchsten Wie vom Gemeinsten lernt er sich entwöhnen.
Friedrich Schiller, Wallensteins Tod (Wallenstein)

Entscheidung

Alle wichtigen Fragen entscheiden sich besser über Nacht.
Epicharmos, Fragmente

Als Frau muss man sich in der Liebe entscheiden, ob man Recht haben oder geliebt werden will.
Gerardo Diego Cendoya

Bei deinen Handlungen überlasse die Entscheidung nicht der Leidenschaft, sondern dem Verstande.
Epicharmos, Fragmente

Das Leben ist eine ernste Angelegenheit. Ach, wenn man doch daran immer dächte, besonders in Augenblicken der Entscheidung!
Leo N. Tolstoi, Tagebücher (1901)

Demokratie heißt Entscheidung durch die Betroffenen.
Carl Friedrich von Weizsäcker

Der Charakter der heutigen Kriegsführung ist bezeichnet durch das Streben nach großer und schneller Entscheidung.
Helmuth Graf von Moltke, Verordnungen für die höheren Truppenführer (24. Juni 1869)

Der Würfel ist gefallen.
Gaius Iulius Caesar, überliefert bei Plutarch (Pompeius)

Die Klugheit gibt nur Rat, die Tat entscheidet.
Franz Grillparzer, Ein Bruderzwist in Habsburg (Leopold)

Entscheidung durch Majorität ist ein Notbehelf, ebenso wie Beleuchtung durch Gas.
William Gladstone, Reden (1858)

Entscheidungen: Ausführungen nicht erhaltener Befehle.
Ambrose Bierce

Es gibt Augenblicke in unserem Leben, die endgültig sind, und wer bestimmte Entscheidungen immer wieder aufschiebt, für den kann es eines Tages unerbittlich heißen: zu spät!
Eugen Drewermann, Das Markusevangelium, Zweiter Teil

Es ist besser, unvollkommene Entscheidungen durchzuführen, als beständig nach vollkommenen Entscheidungen zu suchen, die es niemals geben wird.
Charles de Gaulle

Jeder Entscheidung muss eine letzte, unbehebbare Schwere eignen, als ihr innerster Kern, die dunkle Stelle, um welches ja das Wagnis geht. Und dies muss sozusagen als Ganzes und unzerlegt geschluckt werden wie eine Pille (...).
Heimito von Doderer, Repertorium. Ein Begreifbuch von höheren und niederen Lebens-Sachen

Man kann nicht die eine Hälfte des Huhns zum Kochen und die andere zum Eierlegen haben.
Indisches Sprichwort

Man kann nicht zugleich laufen und ins Horn blasen.
Sprichwort aus Frankreich

Niemals entscheidet sich unser Leben in dem Moment, da wir zu wählen glauben; die wirklich schicksalhaften Augenblicke lassen nur sichtbar werden, was längst entschieden wurde (...).
Eugen Drewermann, Das Markusevangelium, Zweiter Teil

Niemand kann haspeln und spinnen zugleich.
Deutsches Sprichwort

Oft ist es ungeheuer schwer, sich zu entscheiden, und deshalb neigen so viele Menschen dazu, die Diktatur als etwas Gutes zu empfinden; sie hoffen, ein solches System nähme ihnen ihre Entscheidungen ab.
Yehudi Menuhin, Ich bin fasziniert von allem Menschlichen

Überall, wo Zwist herrschen kann,
da muss es auch
eine Entscheidung geben.
Dante Alighieri, Über die Monarchie

Und Wissen ist besser als Waffen –
aber ein Einziger,
der falsch entscheidet,
kann viele Werte zerstören.
Altes Testament, Kohelet 9, 18

Wenn auch nur wenige Menschen
Cäsaren sind – so steht doch jeder
einmal an seinem Rubikon.
Christian Ernst Karl von Bentzel-Sternau, Weltansicht

Wenn eines wirken soll,
so lass das andre ruhn;
Ein Schütz, der treffen will,
muss zu ein Auge tun.
Friedrich Rückert, Die Weisheit des Brahmanen

Wenn man zugleich zwei Werke tut,
Da werden selten zweie gut.
Freidank, Bescheidenheit

Wohin wir naturhaft hinneigen,
das unterliegt nicht
der freien Entscheidung.
Thomas von Aquin, Summa theologica

Zwei Wassermelonen kann man nicht
unter einem Arm halten.
Sprichwort aus der Türkei

Entschiedenheit

So ist Entschiedenheit und Folge
nach meiner Meinung das
Verehrungswürdigste am Menschen.
Johann Wolfgang von Goethe,
Wilhelm Meisters Lehrjahre

Will man angreifen, so muss es
mit Entschiedenheit geschehen.
Helmuth Graf von Moltke, Verordnungen für die
höheren Truppenführer (24. Juni 1869)

Entschluss

Das Glück beruht oft nur
auf dem Entschluss, glücklich zu sein.
Lawrence Durrell

Die alten Deutschen fassten
Entschlüsse in Trunkenheit
und führten sie nüchtern aus,
andere werden sie nüchtern fassen
und trunken ausführen.
Johann Gottfried Herder,
Vom Erkennen und Empfinden der menschlichen Seele

Ein fester Entschluss
verwandelt das größte Übel
in einen erträglichen Zustand.
Stendhal, Über die Liebe (Fragmente)

Ein kluger Entschluss reift
unverhofft,
Blitzschnell und ohne Erwägung,
Doch Dummheiten machen wir
allzu oft
Nach reiflicher Überlegung.
Oskar Blumenthal, Buch der Sprüche

Eine Hand ohne Revolver,
aber zum Schuss entschlossen,
ist eine bessere Waffe
als ein Revolver
in zögernder Hand.
Alfred Polgar, Kleine Schriften, Band 3. Irrlicht

Entschlossenheit im Unglück
ist immer der halbe Weg
zur Rettung.
Johann Heinrich Pestalozzi

Entschlossenheit:
Starrsinn, den wir billigen.
Ambrose Bierce

Es ist nichts erbärmlicher in der Welt,
als ein unentschlossener Mensch.
Johann Wolfgang von Goethe, Clavigo (Carlos)

Fester Entschluss
und beharrliche Durchführung
eines einfachen Gedankens
führen am sichersten
zum Ziel.
Helmuth Graf von Moltke, Verordnungen für
die höheren Truppenführer (24. Juni 1869)

Im Allgemeinen
hat der Entschluss eine bejahende
und eine verneinende Seite:
Eins soll leben, ein anderes sterben.
Heimito von Doderer, Repertorium. Ein Begreifbuch
von höheren und niederen Lebens-Sachen

In der Entschlusslosigkeit
liegt das Geheimnis des Nicht-Alterns.
André Gide

Jeder wirkliche Entschluss
tötet eine Möglichkeit,
gegen die er sich entscheidet.
Daher tritt im Entschlusse
immer auch Todesangst
leise anwehend auf.
So erweist sich die Echtheit
des Vorgangs.
Heimito von Doderer, Repertorium. Ein Begreifbuch
von höheren und niederen Lebens-Sachen

Lieber keinen Erfolg
als keinen Entschluss.
Heinrich Waggerl, Nachlass

Man sage nicht,
das Schwerste sei die Tat,
Da hilft der Mut,
der Augenblick, die Regung:
Das Schwerste
dieser Welt ist der Entschluss.
Franz Grillparzer, Libussa (Tetka)

Noch zweifl' ich, und wie bang
ist da der Zweifel,
Wenn unser Schicksal
am Entschlusse hängt!
Johann Wolfgang von Goethe, Elpenor (Polymetis)

O freilich,
wenn Entschlüsse
nur Wünsche sind,
so ist der Mensch
des Zufalls Spiel!
Friedrich Schleiermacher, Monologen

Schneller Entschluss bringt Verdruss.
Deutsches Sprichwort

Viel Reisig sorgt für hohe Flammen.
Viele Menschen verhelfen
zum richtigen Entschluss.
Chinesisches Sprichwort

Wer schnell entschlossen ist,
der strauchelt leicht.
Sophokles, König Ödipus (Chor)

Wer sich nur langsam entschließt,
ist niemals zu tadeln; denn wenn
er auch in Angelegenheiten, die eine
schnelle Erledigung erheischen,
gelegentlich Schwierigkeiten haben
wird, so können doch zugleich viel
mehr Fehler und Irrtümer bei den
schnellen Entschlüssen vorkommen
als bei langsamen Überlegungen.
Francesco Guicciardini, Ricordi

Entschuldigung

Die Zeit entschuldigt,
wie sie tröstet,
Worte sind in beiden Fällen
von wenig Kraft.
Johann Wolfgang von Goethe,
Wilhelm Meisters Lehrjahre

Ehe man tadelt,
sollte man immer erst versuchen,
ob man nicht entschuldigen kann.
Georg Christoph Lichtenberg, Sudelbücher

Liebe ist immer noch
die anständigste Entschuldigung
für Dummheiten.
Horst Geißler, Frau Mette

Sich, ehe Anlass da ist, entschuldigen,
heißt sich anklagen; und sich bei
voller Gesundheit zur Ader zu lassen,
dem Übel oder der Bosheit zuwinken.
Baltasar Gracián y Morales,
Handorakel und Kunst der Weltklugheit

Was wissen wir nicht alles
zur Entschuldigung von Fehlern
und Übelständen vorzubringen,
aus denen wir Nutzen ziehen!
Marie von Ebner-Eschenbach, Aphorismen

Wer die Menschen
kennen lernen möchte,
der studiere ihre
Entschuldigungsgründe.
Friedrich Hebbel, Tagebücher

Wer sich entschuldigt,
klagt sich an.
Sprichwort aus Frankreich

Wer sich nach Entschuldigungen
sehnt, braucht nur pünktlich zu sein.
Mariano Rumor

Wir entschuldigen nichts so leicht
als Torheiten, die uns zuliebe
begangen wurden.
Marie von Ebner-Eschenbach, Aphorismen

Entspannung

Das Nachlassen der Kräfte ist
ein Hilfsmittel, um besser zu beten.
Die Entspannung verscheucht
die Spinnweben aus dem Geist.
Mutter Teresa

Nichts entspannt so
wie die Unentrinnbarkeit.
Deswegen beruhigt uns die Natur
und erregt uns die Welt.
Théodore Jouffroy, Das grüne Heft

Entstehung

Alles, was entsteht,
sucht sich Raum und will Dauer;
deswegen verdrängt es ein anderes
vom Platz und verkürzt seine Dauer.
Johann Wolfgang von Goethe,
Maximen und Reflexionen

Die Auflösung des Einen
ist die Entstehung eines Andern.
Francesco De Sanctis,
Über die Wissenschaft und das Leben

Es gibt ein allgemein gültiges Gesetz,
das Entstehen und Vergehen befiehlt.
Publilius Syrus, Sentenzen

Es muss ja zuerst der Same entstehen
und nicht gleich das lebende Wesen.
Aristoteles, Physik

Was nicht mehr entsteht, können wir
uns als entstehend nicht denken;
das Entstandene begreifen wir nicht.
Johann Wolfgang von Goethe,
Maximen und Reflexionen

Enttäuschung

Alle Enttäuschungen sind gering
im Vergleich zu denen,
die wir an uns selbst erleben.
Marie von Ebner-Eschenbach, Aphorismen

Am richtigsten werden wir das Leben
fassen als (...) eine Enttäuschung:
Darauf ist, sicherlich genug,
alles abgesehn.
Arthur Schopenhauer,
Nachträge zur Lehre von der Nichtigkeit des Daseins

Die schlimmsten Enttäuschungen
verdanken wir erfüllten Wünschen.
Robert Lembke, Das Beste aus meinem Glashaus.
Humoristisches und Satirisches

Die Selbsterforschung, zu der uns
Probleme und Enttäuschungen
in Bezug auf andere bringen,
ist sonderbarerweise der beste Antrieb
für die eigene Entwicklung
und Veränderung.
Sylvia Plath, Briefe nach Hause (28. Juli 1955)

Es scheint eine einzige Art
von Enttäuschung zu geben,
die zu erleben uns in jedem Falle
erspart bleibt:
Das ist die, die uns
von der Nachwelt kommen könnte,
wenn wir sie erlebten. Aber wer die
Anlage dazu hat, ahnt auch die
voraus, und so fehlt es keineswegs
an Verbitterten der Unsterblichkeit.
Arthur Schnitzler, Buch der Sprüche und Bedenken

Mancher ist enttäuscht,
wenn er bekommt, was er verdient.
Lothar Schmidt

Weisheit kommt
nach der Enttäuschung.
George Santayana

Entweder – oder

Du kannst deinen Kuchen
nicht gleichzeitig essen und behalten.
Sprichwort aus England

Es ist eine Kümmerlichkeit, dass
die Menschen sich gewöhnt haben,
an dem schäbigen, hölzernen
Entweder – oder zu hinken.
Ricarda Huch, Blütezeit der Romantik

Entwicklung

Alle Entwicklung
ist bis jetzt nichts weiter
als ein Taumeln
von einem Irrtum in den andern.
Henrik Ibsen

Alle kleinen Wasser
laufen in die großen.
Deutsches Sprichwort

Alle Kühe sind Kälber gewesen.
Deutsches Sprichwort

Das Lebensziel des Menschen
besteht darin, auf jedwede Weise
zur allseitigen Entwicklung
alles Bestehenden beizutragen.
Leo N. Tolstoi, Tagebücher (1847)

Denn ein Geschöpf, das im Werden ist,
hat mit den entwickelten, auch denen
von eigner Art, wenig gemein.
Johann Wolfgang von Goethe,
Wilhelm Meisters theatralische Sendung

Der Fortgang der wissenschaftlichen
Entwicklung ist im Endeffekt
eine ständige Flucht vor dem Staunen.
Albert Einstein

Der Schmetterling vergisst oft,
dass er einmal eine Raupe war.
Sprichwort aus Schweden

Die Menschheit ist fortgeschritten –
der Mensch ist dahin.
Kurt Tucholsky, Schnipsel

Die Natur hat jedem alles gegeben,
was er für Zeit und Dauer nötig hätte;
dieses zu entwickeln, ist unsere Pflicht,
öfter entwickelt sich's besser von selbst.
Johann Wolfgang von Goethe,
Wilhelm Meisters Wanderjahre

Ein dauerndes Werk
bedarf langer Zeit der Entwicklung.
Honoré de Balzac, Die Physiologie der Ehe

Entwicklung – ein Taumel
von einem Irrtum zum anderen.
Henrik Ibsen

Lang genug geschliffen,
wird aus einem Stößel
zu guter Letzt eine Nadel.
Chinesisches Sprichwort

Manche Menschen glauben,
dass sie sich weiter entwickelt haben,
und von allen ihren Eigenschaften
ist es nur die Eitelkeit, auf die
ihre Einbildung zutrifft.
Arthur Schnitzler, Buch der Sprüche und Bedenken

Schaut in die Klüfte des Berges hinein,
Ruhig entwickelt sich Stein aus Gestein.
Johann Wolfgang von Goethe,
Inschriften, Denk- und Sendeblätter

Schüttle alles ab, was dich
in deiner Entwicklung hemmt,
und wenn's auch ein Mensch wäre,
der dich liebt, denn was dich vernichtet,
kann keinen anderen fördern.
Friedrich Hebbel, Tagebücher

Und keine Zeit
und keine Macht zerstückelt
Geprägte Form,
die lebend sich entwickelt.
Johann Wolfgang von Goethe, Urworte, Orphisch

Was bald wird,
vergeht auch bald wieder.
Deutsches Sprichwort

Was nicht ist, es kann noch werden.
Johann Wolfgang von Goethe, Des Epimenides
Erwachen (Dämon der Unterdrückung)

Wer fertig ist,
dem ist nichts recht zu machen,
Ein Werdender
wird immer dankbar sein.
Johann Wolfgang von Goethe, Faust
(Vorspiel auf dem Theater: Lustige Person)

Entwurf

Aber der Mensch entwirft,
und Zeus vollendet es anders.
Homer, Ilias

Adam war der erste Entwurf für Eva.
Jeanne Moreau

Im Entwurf, da zeigt sich das Talent,
in der Ausführung die Kunst.
Marie von Ebner-Eschenbach, Aphorismen

Wenn wir einen hohen Turm in wohl
geordneten Verhältnissen über die
Wohnungen der Menschen hervorragen sehen, so erraten wir freilich
leicht, dass viele Bauleute die Steine
herzugetragen haben. Aber die Steine
sind nicht der Turm: Diesen schuf
der Entwurf des Baumeisters.
August Wilhelm Schlegel,
Rezension der Altdeutschen Blätter

Epoche

Die herrlichsten und bedeutendsten
Epochen der Geschichte sind
diejenigen, in welchen mächtige
Persönlichkeiten in den verschie-
densten Richtungen menschlicher
Entwickelung sich wechselseitig
fassen, erkennen und fördern.
Henrik Steffens, Über die wissenschaftliche
Behandlung der Psychologie

Innerhalb einer Epoche
gibt es keinen Standpunkt,
eine Epoche zu betrachten.
Johann Wolfgang von Goethe,
Maximen und Reflexionen

Jede Epoche
hat ihre eigenen Krankheiten
und ihre eigenen Heilungen.
Otto Heuschele, Augenblicke

Lass andere darüber klagen,
dass unsere Zeit böse sei;
ich klage darüber,
dass sie armselig ist,
denn sie ist ohne Leidenschaft.
Søren Kierkegaard, Entweder – Oder

Man tadelt keine Epoche,
man beglückwünscht sich,
ihr nicht angehört zu haben.
Jean Cocteau, Hahn und Harlekin

Von hier und heute
geht eine neue Epoche
der Weltgeschichte aus,
und ihr könnt sagen,
ihr seid dabei gewesen.
Johann Wolfgang von Goethe,
Kampagne in Frankreich (19. September 1792)

Welch triste Epoche,
in der es leichter ist,
ein Atom zu zertrümmern
als ein Vorurteil.
Albert Einstein

Epos

Das Epische ist oft
eine Ausflucht
mangelnder Phantasie.
Luc de Clapiers Marquis de Vauvenargues,
Reflexionen und Maximen

Die lyrische Poesie
hat etwas Kindliches,
die dramatische
etwas Männliches,
die epische
etwas Greisenhaftes.
Friedrich Hebbel, Tagebücher

Eine zum Epos ausgebildete
Volkspoesie stellt als solche
das Gesamtleben des Volkes dar,
aus dem sie hervorgegangen ist.
Ludwig Uhland, Geschichte der altdeutschen Poesie

Warum gelingt uns
das Epische so selten?
Weil wir keine Zuhörer haben.
Johann Wolfgang von Goethe, Briefe
(an Schiller, 27. Dezember 1797)

Erbarmen

Du erbarmst dich anderer,
nicht aber deiner selbst
und schämst dich nicht.
Titus Maccius Plautus, Der's für einen Dreier tut

Feuer und Wasser
kennen kein Erbarmen.
Chinesisches Sprichwort

Selig die Barmherzigen,
denn sie werden Erbarmen finden.
Neues Testament, Matthäus 5, 7 (Jesus: Bergpredigt)

Verschmähtes Erbarmen
kann sich in Grausamkeit verwandeln
wie verschmähte Liebe in Hass.
Marie von Ebner-Eschenbach, Aphorismen

Erbfolge

Die Erbfolge der Zaren beweist,
wir können auf die Vorzüge
dieser Herrscher verzichten.
Leo N. Tolstoi, Tagebücher (1895)

Die Erbfolge von Herrschern
zu fordern, ist ebenso unsinnig,
wie zu verlangen,
die Führung eines Schiffes
dem Sohn oder dem Großenkel
eines tüchtigen Kapitäns
zu übertragen.
Leo N. Tolstoi, Tagebücher (1895)

Keine ideologische Revolution
der Urzeiten war weitreichender
als der Übergang von der matrilinearen zur patrilinearen Erbfolge.
Von dem Zeitpunkt an wird die Mutter
zur Nährmutter, zur Dienerin herabgewürdigt, und die Souveränität
des Vaters erstarkt.
Simone de Beauvoir, Das andere Geschlecht

Erbschaft

Deines Reichtums
wird sich ein Erbe bemächtigen.
Horaz, Lieder

Der Erben Weinen
ist nur unterdrücktes Lachen.
Publilius Syrus, Sentenzen

Der ererbte große Name erniedrigt,
statt zu erhöhen, wenn man seinen
Glanz nicht zu erhalten versteht.
François de La Rochefoucauld, Reflexionen

Die Kinder des Genies
erben normalerweise nichts weiter
als ausgebrannte Gehirne.
August Strindberg, Der Sohn der Magd

Die Kinder würden ihre Väter
vielleicht mehr lieben und umgekehrt
die Väter ihre Kinder, wenn diese
nicht Anspruch auf ein Erbe hätten.
Jean de La Bruyère, Die Charaktere

Die Menschen vergessen schneller
den Tod ihres Vaters
als den Verlust des Erbes.
Niccolò Machiavelli, Der Fürst

Ein Erbe weint wie eine Braut;
beider Weinen ist heimliches Lachen.
Marcus Terentius Varro, Sentenzen

Ein gut erlernter Beruf
ist mehr wert als ein großes Erbe.
Sprichwort aus Frankreich

Erbschaft ist oft kein Gewinn.
Deutsches Sprichwort

Gutem Sohn kein Vermögen erwerben,
bösem kein Vermögen vererben.
Leo N. Tolstoi, Tagebücher (1898, Sprichwort)

Hässlich grinst im Alter
und Verderben
Der Jugend Lebensdurst
und das Gesicht des Erben.
Carl Spitteler, Olympischer Frühling

In der Jugend legen wir für das Alter
zurück, im Alter sparen wir für den
Tod. Der verschwenderische Erbe
zahlt für ein großartiges Begräbnis
und verzehrt den Rest.
Jean de La Bruyère, Die Charaktere

Indes des Lebens
dünner Zwirn verschleißt,
Der Erbe lauert,
und die Gicht uns beißt.
Lord Byron, Don Juan

Jede Tochter, die Anspruch auf Erbbesitz in einem israelitischen Stamm
hat, muss einen Mann aus einer Sippe
ihres väterlichen Stammes heiraten,
damit bei den Israeliten jeder im
Erbbesitz seiner Väter bleibt.
Altes Testament, Numeri 36, 8

Kinder zerstreuen mit einer Gabel,
was die Eltern mit einer Harke
zusammengescharrt haben.
Sprichwort aus Livland

Mein Erbteil wie herrlich,
weit und breit!
Die Zeit ist mein Besitz,
mein Acker ist die Zeit.
Johann Wolfgang von Goethe, West-östlicher Divan

Niemand stirbt ohne Erben.
Deutsches Sprichwort

Schlecht geht der Kranke
mit sich selbst um,
der den Arzt
als Erben einsetzt.
Publilius Syrus, Sentenzen

Sollen die Kinder erben,
müssen die Eltern sterben.
Erich Kästner, Kurz und bündig. Epigramme

Viele Erben machen schmale Teile.
Deutsches Sprichwort

Vom Geizhals und vom Schwein
hat man erst nach ihrem Tode Nutzen.
Sprichwort aus Frankreich

Was der Vater erspart,
vertut der Sohn.
Deutsches Sprichwort

Was du ererbt von deinen Vätern hast,
Erwirb es, um es zu besitzen!
Johann Wolfgang von Goethe, Faust I (Faust)

Was man erringt,
behauptet man hartnäckiger als das,
was man ererbt hat.
Johann Wolfgang von Goethe,
Die guten Weiber (Eulalie)

Was man mit Schweiß erwirbt,
ist einem lieber als das, was man erbt.
Sprichwort aus Frankreich

Was Ungeduld ist,
kann nur der ermessen,
der einen steinreichen, kranken
Erbonkel hat.
Mark Twain

Wenn der Baum gefallen ist,
läuft jeder hin, um Holz zu holen.
Sprichwort aus Frankreich

Wenn Geschwister drei Jahre
mit aufgeteiltem Erbe leben,
werden sie wie Nachbarn.
Chinesisches Sprichwort

Wer am Totenbett einen Kornspeicher
hinterlässt, wird viel beweint.
Chinesisches Sprichwort

Wer auf die Schuhe der Toten wartet,
geht lange barfuß.
Sprichwort aus Schottland

Wer in einem Testament
nicht bedacht worden ist,
findet Trost in den Gedanken,
dass der Verstorbene ihm vermutlich
die Erbschaftssteuer ersparen wollte.
Peter Ustinov

Wer nicht da ist,
wird nichts erben.
Sprichwort aus Frankreich

Wer viel Geld hat,
hat viele Verwandte.
Sprichwort aus Frankreich

Erbsünde

Deswegen hat Gott in seinem Gesetz
verordnet, dass die Männer beschnitten würden und nicht die Weiber,
um die Erbsünde zu bestrafen,
nur an dem Geschlecht,
das sie begangen hat.
Agrippa von Nettesheim, Von dem Vorzug
des weiblichen vor dem männlichen Geschlecht

Die Erbsünde erklärt alles,
nur nicht ihren Grund.
Jean-Jacques Rousseau,
Brief an Erzbischof Beaumont (18. November 1762)

Die Erbsünde macht den Körper zum
Feind der Seele, alle fleischlichen
Bindungen erscheinen als schlecht.
Simone de Beauvoir, Das andere Geschlecht

Man bringt erst schlau genug
die Erbsünde in den Menschen hinein,
um sich ihrer nachher
zur Schurkerei zu bedienen.
Johann Gottfried Seume, Apokryphen

Mit der Erbsünde nach der Taufe
verhält es sich ebenso wie mit einer
Wunde, die zu heilen beginnt. Es ist
zwar in Wirklichkeit eine Wunde,
aber eine, die heilt und fortlaufend
den Vorgang der Heilung durchmacht,
jedoch immer noch eitert und schmerzt.
Martin Luther, Tischreden

Um den Menschen für die Erbsünde
zu strafen, hat Gott ihm erlaubt, sich
aus seiner Eigenliebe einen Götzen
zu schaffen, der ihn nun zeitlebens
bei allen seinen Taten quält.
François de La Rochefoucauld,
Nachgelassene Maximen

Wir haben in Adam gesündigt
und nicht in Eva,
und wir haben uns alle die Erbsünde
auf den Hals geladen,
nicht von dem ersten Weibe,
sondern von dem ersten Manne
unter den Lebendigen.
Agrippa von Nettesheim, Von dem Vorzug
des weiblichen vor dem männlichen Geschlecht

Erdbeben

Sie spürten,
wie die Erde unter ihren Füßen erbebte.
Gischtend und schäumend
schwoll das Meer im Hafen an,
und die Schiffe, die vor Anker lagen,
zerschellten. Flammen- und Aschenwirbel erfüllten die Straßen und Plätze.
Voltaire,
Candide oder Der Glaube an die beste der Welten

Nach dem Erdbeben schlägt man
auf die Seismographen ein.
Ernst Jünger

Wohl steht das Haus
gezimmert und gefügt,
Doch ach, es wankt der Grund,
auf dem wir bauten.
Friedrich Schiller, Wilhelm Tell (Stauffacher)

Erde

Alles stammt aus einem großen Ei,
und unser ganzer Erdball ist ein
großes Ei, das alle anderen enthält.
Voltaire, Der Mann mit den vierzig Talern

Atheismus ist der Versuch,
die Erde ohne die Sonne zu erklären.
Sigismund von Radecki,
Als ob das immer so weiter ginge

Erde

Das Firmament ist der Thron aller
Schönheit, wie auch der Mensch
seinen Thron hat, die Erde nämlich.
Hildegard von Bingen, Welt und Mensch

Den Himmel wünsch' ich mir,
lieb' aber auch die Erden,
Denn auf derselbigen
kann ich Gott näher werden.
Angelus Silesius, Der cherubinische Wandersmann

Der Himmel erscheint zuweilen kurz,
die Erde hingegen lang.
Chinesisches Sprichwort

Der Himmel senket sich,
er kommt und wird zur Erden;
Wann steigt die Erd' empor
und wird zum Himmel werden?
Angelus Silesius, Der cherubinische Wandersmann

Der Mensch braucht nur wenige
Erdschollen, um drauf zu genießen,
weniger, um drunter zu ruhen.
Johann Wolfgang von Goethe,
Die Leiden des jungen Werthers

Die Bäume, die Sträucher,
die Pflanzen sind der Schmuck
und das Gewand der Erde.
Jean-Jacques Rousseau,
Träumereien eines einsamen Spaziergängers

Die Erde braucht Dünger
wie der Fisch das Wasser.
Chinesisches Sprichwort

Die Erde dreht sich um sich selber.
Man merkt es deutlich,
wenn man trinkt.
Erich Kästner, Dr. Erich Kästners lyrische Hausapotheke

Die Erde gehört nicht dem Menschen;
der Mensch gehört der Erde.
Seattle, Die Rede des Indianerhäuptlings Seattle.
Neuere Version

Die Erde ist den Bedürfnissen
der Sterblichen stets dienstfertig.
Plinius d. J.

Die Erde
ist die Fleischesmaterie des Menschen.
Sie nährt ihn mit ihrem Saft
wie die Mutter ihre Kinder mit Milch.
Hildegard von Bingen, Wisse die Wege

Die Erde ist ein gebildeter Stern
mit sehr viel Wasserspülung.
Erich Kästner, Dr. Erich Kästners lyrische Hausapotheke

Die Erde ist ein Wirt,
der seine Gäste umbringt.
Sprichwort aus Persien

Die Erde ist eine Gondel,
die an der Sonne hängt,
und an der wir aus einer Jahreszeit
in die andere fahren.
Johann Peter Hebel

Die Erde ist stets
den Menschen dienlich.
Plinius d. Ä., Naturkunde

Die Erde
ist um des Menschen willen da.
Sie selbst nur ist sein Organ –
sein physischer Körper.
Die Erde selbst ist Mensch.
Johann Wilhelm Ritter, Fragmente

Die Erde wird durch Liebe frei,
Durch Taten wird sie groß.
Johann Wolfgang von Goethe, Loge

Die Menschheit ist nichts weiter
als eine Hautkrankheit des Erdenballs.
Erich Kästner, Misanthropologie.
In: Ein Mann gibt Auskunft

Die Menschheit von heute
steht völlig unvorbereitet
vor der Tatsache, dass ihr Lebensraum
der ganze Erdball ist.
Anne Morrow Lindbergh, Muscheln in meiner Hand

Dieser Erdenkreis
Gewährt noch Raum
zu großen Taten.
Johann Wolfgang von Goethe, Faust II (Faust)

Der Himmel gehört allen,
die Erde wenigen.
Klaus Staeck

Du, Geist der Erde, bist mir näher;
Schon fühl ich meine Kräfte höher,
Schon glüh ich wie von neuem Wein.
Ich fühle Mut,
mich in die Welt zu wagen,
Der Erde Weh,
der Erde Glück zu tragen.
Johann Wolfgang von Goethe, Faust I (Faust)

Eine Generation geht,
eine andere kommt.
Die Erde steht in Ewigkeit.
Altes Testament, Kohelet 1, 4

Es gilt, auf dem klein gewordenen
Raumschiff Erde die natürlichen
Lebensgrundlagen zu erhalten, von
denen wir alle zusammen abhängen.
Hans-Dietrich Genscher, Rede des Bundesaußenministers vor den Vereinten Nationen 1985

Ich finde, es bedarf gar keines
Himmels und keiner Hölle.
Das ordnet sich hier schon
höchst einfach auf unserer Erde.
Paula Modersohn-Becker, Briefe
(an Milly, 29. Januar 1907)

Ich will den Boden küssen,
Durchdringen Eis und Schnee
Mit meinen heißen Tränen,
Bis ich die Erde seh.
Wilhelm Müller, Gedichte (Schubert: Winterreise)

Im Menschen vollendet sich
und endet offenbar die Erde.
Der Mensch – ein Exempel
der beispiellosen Geduld
der Natur.
Christian Morgenstern, Stufen

Lieber auf Erden den Kummer tragen,
als in der Erde begraben sein.
Chinesisches Sprichwort

Man begreift die Erde erst,
wenn man den Himmel erkannt hat.
Ohne die religiöse Welt bleibt
die sinnliche ein trostloses Rätsel.
Joseph Joubert, Gedanken, Versuche und Maximen

Man kann annehmen,
dass die Erde in einem mystischen
Sinn den Frauen gehört:
Sie haben eine zugleich
religiöse und rechtliche Macht
über die Scholle und deren Früchte.
Simone de Beauvoir, Das andere Geschlecht

Nur durch Himmelskarten
können Erdkarten gemacht werden.
Jean Paul, Vorschule der Ästhetik

Oh, wunderschön ist Gottes Erde,
und wert, darauf vergnügt zu sein.
Ludwig Christoph Heinrich Hölty

Raum für alle hat die Erde.
Friedrich Schiller, Der Alpenjäger

Sie sehen, diese Hälfte der Erdkugel
taugt nicht viel mehr als die andere.
Voltaire, Candide oder Die beste der Welten

Über die Wolken führen keine Pfade,
wir müssen schon den Weg
auf der Erde nehmen.
Chinesisches Sprichwort

Und sie bewegt sich doch!
Allgemein Galileo Galilei zugeschriebener Spruch
(es gibt keine Belege)

Was die Erde gibt, das nimmt sie wieder.
Deutsches Sprichwort

Was immer der Erde widerfährt,
widerfährt auch den Kindern
dieser Erde.
Seattle, Die Rede des Indianerhäuptlings Seattle.
Neuere Version

Wenn Adam auf die Erde zurückkäme,
würde er nichts wiedererkennen –
ausgenommen die Witze.
Ugo Tognazzi

Wenn ein Mensch
zu anderen Himmelskörpern fliegt
und dort feststellt,
wie schön es doch auf unserer Erde ist,
hat die Weltraumfahrt
ihren wichtigsten Zweck erfüllt.
Jules Romains

Wenn Menschen auf die Erde spucken,
bespucken sie sich selbst.
Seattle, Die Rede des Indianerhäuptlings Seattle.
Neuere Version

Wie hoch ein Vogel auch fliegen mag,
seine Nahrung sucht er auf der Erde.
Sprichwort aus Dänemark

Wir wissen, dass die Weißen
unsere Art nicht verstehen (...).
Ihr Appetit wird die Erde verschlingen
und nur Wüste zurücklassen.
Seattle, Die Rede des Indianerhäuptlings Seattle.
Neuere Version

Ereignis

Alle Ereignisse
sind in dieser besten
aller möglichen Welten
ineinander verkettet.
Voltaire, Candide oder Die beste der Welten

Alles könnte geschehen.
Aber nur manches geschieht.
Erich Kästner, Kurz und bündig. Epigramme

Das Unzulängliche,
hier wird's Ereignis.
Johann Wolfgang von Goethe, Faust II
(Chorus mysticus)

Große Ereignisse
werfen ihre Dementis voraus.
Lothar Schmidt

Große Ereignisse
werfen ihre Schatten voraus.
Thomas Campbell, Lochiels Warnung

In der Weltgeschichte
ist nicht jedes Ereignis
die unmittelbare Folge eines anderen,
die Ereignisse bedingen sich vielmehr
wechselseitig.
Heinrich Heine, Die romantische Schule

Liebe: ein privates Weltereignis.
Alfred Polgar, Kleine Schriften, Band 1. Musterung

Seele ist ein Ereignis,
ein Geschehen, kein Ding!
Oswald Spengler, Urfragen.
Fragmente aus dem Nachlass

Seine Gedanken
an vorübergehende Ereignisse heften,
heißt, in den Sand schreiben,
in die Wogen zeichnen
und auf Windesflügel bauen.
Joseph Joubert, Gedanken, Versuche und Maximen

Erfahrung

Alles, was der Mensch erfährt, ist nur
die Anschauung seines Wachstums.
Johann Wilhelm Ritter, Fragmente

Am Abend wird man klug
für den vergangnen Tag,
Doch niemals klug genug
für den, der kommen mag.
Friedrich Rückert, Gedichte

Aufgrund der Erinnerung bildet sich
bei den Menschen die Erfahrung;
denn die vielfache Erinnerung
an dieselbe Sache erzeugt die Kraft
einer einheitlichen Erfahrung.
Aristoteles, Älteste Metaphysik

Bei der Erfahrung kommt es darauf an,
mit welchem Sinn man an die Wirklichkeit geht. Ein großer Sinn macht
große Erfahrungen und erblickt in
dem bunten Spiele der Erscheinungen
das, worauf es ankommt.
Georg Wilhelm Friedrich Hegel,
Encyklopädie der philosophischen Wissenschaften

Das Amt lehrt den Mann.
Deutsches Sprichwort

Das einzige, was man
aus Erfahrungen lernt,
ist die Erkenntnis, dass man nichts
aus Erfahrungen lernt.
André Maurois

Das endliche Vernunftwesen
hat nichts außer der Erfahrung;
diese ist es, die den ganzen Stoff
seines Denkens enthält.
Johann Gottlieb Fichte, Wissenschaftslehre

Das ist für mich
nichts Neues zu erfahren;
Das kenn ich schon
seit hunderttausend Jahren.
Johann Wolfgang von Goethe, Faust II (Mephisto)

Dass alle unsere Erkenntnis
mit der Erfahrung anfange,
daran ist gar kein Zweifel.
Immanuel Kant, Kritik der reinen Vernunft

Den Lebenskünstler erkennt man daran,
dass er seine schlechten Erfahrungen
von anderen machen lässt.
Hans Joachim Clarin

Denn wohl erkenn ich,
dass des Vielerfahrenen
Ratschlüsse stets
ein segensvolles Ende krönt.
Sophokles, König Ödipus (Oberpriester)

Der einzige Unterschied
zwischen einem Mann und einem Kind
ist die Erfahrung.
Cornel Wilde

Der Erfahrene ist furchtsam.
Horaz, Briefe

Der Frosch im Brunnen weiß nichts
vom großen Ozean.
Sprichwort aus Japan

Der kennt das Wasser am besten,
der es durchwatet hat.
Sprichwort aus Dänemark

Der Mangel an Erfahrung aber
liefert das Leben dem Zufall aus.
Aristoteles, Älteste Metaphysik

Der Skizzist spricht aber unmittelbar
zum Geiste, besticht und entzückt
dadurch jeden Unerfahrenen.
Johann Wolfgang von Goethe,
Der Sammler und die Seinigen

Die besten Erfahrungen sind die,
die andere schon gemacht haben.
Witold Rowicki

Die Erfahrung belehrt stets,
aber Nutzen bringt sie nur
für den Zeitraum, den man
vor sich hat.
Ist es wohl in dem Augenblick,
da man sterben soll,
noch Zeit zu lernen,
wie man hätte leben sollen?
Jean-Jacques Rousseau,
Träumereien eines einsamen Spaziergängers

Die Erfahrung gleicht
einer unerbittlichen Schönen.
Jahre gehen vorüber,
bis du sie gewinnst,
und ergibt sie sich endlich,
seid ihr beide alt geworden,
und ihr könnt euch
nicht mehr brauchen.
Ludwig Börne, Der Narr im Weißen Schwan

Die Erfahrung hat keinerlei
ethischen Wert. Sie ist nur ein Name,
den die Menschen
ihren Irrtümern verleihen.
Oscar Wilde, Das Bildnis des Dorian Gray

Die Erfahrung ist eine teure Schule,
aber Narren wollen anderswo
nicht lernen.
Benjamin Franklin, Des armen Richard Almanach

Die Erfahrung ist immer
eine Parodie auf die Idee.
Johann Wolfgang von Goethe, Reise in die Schweiz

Die Erfahrung
kommt den Lehren zuvor.
Jean-Jacques Rousseau, Emile

Die Erfahrung lässt sich ein
furchtbar hohes Schulgeld bezahlen,
doch sie lehrt wie niemand sonst!
Thomas Carlyle, Einst und jetzt

Die Erfahrungen
sind die Samenkörner,
aus denen die Klugheit
emporwächst.
Konrad Adenauer

Erfahrung

Die Haushaltungsbücher der Erfahrung
sind darum so schwer zu benutzen,
weil die Geschichte nur die einzelnen
Posten bemerkt, aber nie Summe
und Transport zieht.
Ludwig Börne, Aphorismen

Die Jahre lehren viel,
was die Tage niemals wissen.
Ralph Waldo Emerson, Essays

Die jungen Leute mögen es glauben,
dass Erfahrung viel lehrt
– die starken Geister freilich mehr
als die schwachen.
Francesco Guicciardini, Ricordi

Die Kinder benutzen nicht
die Lebenserfahrung der Eltern;
die Nationen kehren sich nicht
um die Geschichte.
Die schlechten Erfahrungen
müssen immer wieder
aufs Neue gemacht werden.
Albert Einstein, Über den Frieden

Die nützlichsten Erfahrungen,
die man macht, sind die schlechten.
Thornton Wilder

Durch Schaden wird man klug.
Deutsches Sprichwort

Ein erfahrener Mann
ist ein kleiner Prophet.
Sprichwort aus Slowenien

Ein frisch geborenes Kalb
fürchtet nicht den Tiger.
Chinesisches Sprichwort

Ein neues Netz
fängt keinen alten Vogel.
Sprichwort aus Dänemark

Ein Mann wird durch Erfahrungen
klüger, eine Frau wird durch Erfahrungen älter.
Henry de Montherlant

Ein Pessimist ist ein Mensch, der sich
über schlechte Erfahrungen freut,
weil sie ihm Recht geben.
Heinz Rühmann

Ein Versager ist ein Mensch,
der Fehler gemacht hat
und nicht fähig ist,
Nutzen aus der Erfahrung zu ziehen.
Francis Ponge

Eine der fröhlichsten Erfahrungen
im Leben ist es, als Zielscheibe
zu dienen, ohne getroffen zu werden.
Winston Churchill

Einem geschlagenen Hund braucht
man die Peitsche nur zu zeigen.
Sprichwort aus Tschechien

Einem Menschen
mit schlechtem Gedächtnis
helfen Erfahrungen auch nicht viel.
Robert Lembke, Steinwürfe im Glashaus

Einen schlauen Fuchs fängt man
nicht zweimal in derselben Falle.
Sprichwort aus Frankreich

Erfahren kommt mit den Jahren.
Deutsches Sprichwort

Erfahren muss man stets,
Erfahrung wird nie enden,
Und endlich fehlt die Zeit,
Erfahrnes anzuwenden.
Friedrich Rückert, Die Weisheit des Brahmanen

Erfahrung als Leitern unsrer Handlungen, ist nichts; denn es gibt für
alles gute und böse Erfahrungen.
Ein jeder bilde sich feste Ideen.
Sind sie auch falsch, so machen sie
doch sein Leben zu einem Ganzen.
Sophie Mereau, Betrachtungen

Erfahrung bedeutet ursprünglich
immer schlechte Erfahrung.
Oswald Spengler

Erfahrung bleibt des Lebens Meisterin.
Johann Wolfgang von Goethe,
Die natürliche Tochter (Eugenie)

Erfahrung geht über Wissen.
Sprichwort aus Frankreich

Erfahrung heißt gar nichts.
Man kann eine Sache
auch 35 Jahre lang schlecht machen.
Kurt Tucholsky

Erfahrung ist das, was übrig bleibt,
wenn alles andere verloren ist.
Uwe Barschel

Erfahrung ist die beste Lehrmeisterin.
Deutsches Sprichwort

Erfahrung ist die Summe
der Dummheiten,
die man machen durfte,
ohne sich den Hals zu brechen.
Paul Wegener

Erfahrung ist ein langer Weg.
Deutsches Sprichwort

Erfahrung ist eine teure Schule.
Deutsches Sprichwort

Erfahrung
ist in allen Dingen Lehrmeisterin.
Gaius Iulius Caesar, Über den Bürgerkrieg

Erfahrung ist nicht das,
was mit einem Menschen geschieht,
sondern was er daraus macht.
Aldous Huxley

Erfahrung kann sich
ins Unendliche erweitern,
Theorie nicht eben
in dem Sinne reinigen
und vollkommener werden.
Jener steht das Universum
nach allen Richtungen offen,
diese bleibt innerhalb der Grenze
der menschlichen Fähigkeiten
eingeschlossen.
Johann Wolfgang von Goethe,
Maximen und Reflexionen

Erfahrung macht klug.
Deutsches Sprichwort

Erfahrung, nicht lesen und hören
ist die Sache. Es ist nicht einerlei,
ob eine Idee durch das Auge
oder das Ohr in die Seele kommt.
Georg Christoph Lichtenberg, Sudelbücher

Erfahrung verbessert unsere Einsicht,
ohne unsere Absichten zu verändern.
Alfred Polgar

Erfahrung wird
durch Fleiß und Müh' erlangt.
William Shakespeare, Die beiden Veroneser (Antonio)

Erfahrungen –
das sind die vernarbten Wunden
unserer Dummheit.
John Osborne

Erfahrungen fruchten so wenig,
weil zu viele Wege
zur gleichen Torheit führen.
Heinrich Waggerl, Nachlass

Erfahrungen sind
die beste Schutzimpfung
gegen Vorurteile.
Heinz Hilpert

Erfahrungen sind die Jahresringe
des Menschen.
Paul Hörbiger

Erfahrungen sind Maßarbeit.
Sie passen nur dem, der sie macht.
Carlo Levi

Erfahrungen stehen
wie Kreuze über Begrabenem.
Je mehr deine Landschaft verkirchhoft,
desto klüger wirst du.
Alfred Polgar, Kleine Schriften, Band 3. Irrlicht

Erfahrungen wären nur dann
von Wert, wenn man sie hätte,
ehe man sie machen muss.
Karl Heinrich Waggerl

Erst wenn du Zahnschmerzen hast,
weißt du, wie andere
an Zahnschmerzen leiden.
Chinesisches Sprichwort

Es gibt kaum etwas Schöneres,
als den Frauen beim Sammeln
von Erfahrungen behilflich zu sein.
Marcel Achard

Es gibt viele Menschen,
die sich einbilden, was sie erfahren,
das verstünden sie auch.
Johann Wolfgang von Goethe,
Maximen und Reflexionen

Es ist ein großes Unglück
für den Menschen,
dass seine Vorzüge
ihm oft hinderlich sind,
und dass die Kunst,
sich ihrer zu bedienen
und sie zu lenken,
oft nur eine späte Frucht
der Erfahrung ist.
Chamfort, Maximen und Gedanken

Es ist sehr gefährlich, sein Urteil
auf frühere Erfahrungen aufzubauen,
denn wenn die Beispiele, an die man
denkt, nicht völlig gleich sind und
nicht ganz auf den neuen Fall passen,
kann die kleinste Abweichung im
Tatbestand für Wirkung und Erfolg
schwerwiegende Änderungen
bedingen, und diese vielleicht
geringfügigen Abweichungen erkennt
nur ein ganz gut geschultes Auge.
Francesco Guicciardini, Ricordi

Frage nicht den Doktor,
sondern den, der krank gewesen ist.
Sprichwort aus Griechenland

Gebranntes Kind scheut das Feuer.
Deutsches Sprichwort

Glaube dem Leben;
es lehrt besser
als Redner und Buch.
Johann Wolfgang von Goethe, Vier Jahreszeiten

Ich bin durchaus nicht zynisch,
ich habe nur Erfahrung.
Oscar Wilde

Je weiter man in der Erfahrung
fortrückt, desto näher kommt man
dem Unerforschlichen;
je mehr man die Erfahrung
zu nutzen weiß, desto mehr sieht man,
dass das Unerforschliche
keinen praktischen Nutzen hat.
Johann Wolfgang von Goethe,
Maximen und Reflexionen

Jeden Tag hat man Ursache,
die Erfahrung aufzuklären
und den Geist zu reinigen.
Johann Wolfgang von Goethe,
Maximen und Reflexionen

Keines Menschen Kenntnis kann
über seine Erfahrung hinausgehen.
John Locke, Über den menschlichen Verstand

Kuchens Wert recht zu bemessen,
Musst du selber davon essen.
Jüdische Spruchweisheit

Kunst kennt keine Erfahrung
und ist keine Ableitung.
Sie setzt sich mit dem Unbekannten
in Beziehung.
Willi Baumeister, Das Unbekannte in der Kunst

Kluge Menschen suchen sich selbst
die Erfahrungen aus,
die sie zu machen wünschen.
Aldous Huxley

Lebenserfahrung ist
die Summe der Fehler,
die man glücklicherweise macht.
Jules Romains

Leute mit Erfahrungen haben
den großen Vorteil,
nur neue Fehler zu begehen.
Paul W. List

Manche Leute sprechen aus Erfahrung
und manche aus Erfahrung nicht.
Curt Goetz

Mit den späten Jahren
kommt die Erfahrung.
Ovid, Metamorphosen

Nichts erweitert so den Horizont,
schenkt so viel Selbstvertrauen
wie Erfahrung!
Sylvia Plath, Briefe nach Hause (10. Januar 1956)

Nimm die Erfahrung
und die Urteilskraft
der Menschen über fünfzig
heraus aus der Welt, und es wird
nicht genug übrig bleiben,
um ihren Bestand zu sichern.
Henry Ford, Mein Leben und Werk

Nur mit alten Hunden ist gut jagen.
Sprichwort aus Frankreich

Praktische Weisheit kann nur
durch die Schule der Erfahrung
gelernt werden.
Samuel Smiles, Charakter

Reisen macht einen jungen Mann
an Erfahrung alt.
Chinesisches Sprichwort

Sauer, süß, bitter, scharf –
alles muss gekostet werden.
Chinesisches Sprichwort

Such keine Weisheit und Erfahrung,
In alter Bücher Staub vertieft;
Die allerbeste Offenbarung
Ist, die aus erster Quelle trieft.
Friedrich von Bodenstedt, Mirza Schaffy

Such nicht hartnäckig zu erfahren,
was deine Kraft übersteigt.
Es ist schon zu viel,
was du sehen darfst.
Altes Testament, Jesus Sirach 3, 23

Umsonst fragst du die Schrift
um Auskunft;
frage lieber die Erfahrung.
Bernhard von Clairvaux, Über die Bekehrung

Unerfahrenheit führt
zu Selbstvertrauen,
Bildung zu Scheu.
Hieronymus, Briefe

Ungeschickt spannst du mir,
der ich erfahren bin,
bekannte Netze.
Properz, Elegien

Unsere Weisheit kommt
aus unserer Erfahrung.
Unsere Erfahrung kommt
aus unseren Dummheiten.
Sacha Guitry

Unverfälschte Landschaften, so unnütz
sie vordergründig sein mögen,
erlauben eindeutige Erfahrungen.
Reinhold Messner,
Die Freiheit, aufzubrechen, wohin ich will

Vieles erfahren haben,
heißt noch nicht,
Erfahrung besitzen.
Marie von Ebner-Eschenbach, Aphorismen

Vornehm schaut ihr im Glück
auf den blinden Empiriker nieder,
Aber seid ihr in Not,
so ist er der delphische Gott.
Johann Wolfgang von Goethe/Friedrich Schiller,
Xenien

Was bist du alt,
wenn die Erfahrung mangelt?
William Shakespeare, Heinrich V.

Was bliebe reizvoll noch
an unserm Leben,
würde Erfahrung uns –
vorweggegeben?
Karl-Heinz Söhlker, Es schadet nichts, vergnügt zu sein

Was ist es nötig,
Bekanntes zu erfahren?
Titus Maccius Plautus, Der prahlerische Offizier

Wenige Menschen sind
der Erfahrung würdig.
Die meisten lassen sich
von ihr korrumpieren.
Joseph Joubert, Gedanken, Versuche und Maximen

Wenn du nicht recht zu leben weißt,
weiche den Erfahrenen.
Horaz, Briefe

Wer das Maul verbrannt hat,
bläst die Suppe.
Deutsches Sprichwort

Wer eine Not erfahren, weiß,
wie hundert Nöte sind.
Chinesisches Sprichwort

Wer Fehler gemacht hat, hat meistens
nur »Erfahrungen gesammelt«.
Oscar Wilde

Wer kann sagen, er erfahre was,
wenn er nicht ein Erfahrender ist?
Johann Wolfgang von Goethe,
Maximen und Reflexionen

Wer lange lebt, hat viel erfahren,
Nichts Neues kann für ihn
auf dieser Welt geschehn.
Johann Wolfgang von Goethe, Faust II (Mephisto)

Wer leben wird, wird sehen.
Sprichwort aus Frankreich

Wer sich mit reiner Erfahrung begnügt
und danach handelt, der hat Wahres
genug. Das heranwachsende Kind
ist weise in diesem Sinne.
Johann Wolfgang von Goethe,
Maximen und Reflexionen

Wer sich selbst in Gefahr begibt,
weiß am besten, wie hinauszukommen.
Chinesisches Sprichwort

Wer viel gereist,
hat viel Bitternis geschluckt.
Chinesisches Sprichwort

Wie du auch bist,
so diene dir selber
als Quelle der Erfahrung!
Friedrich Nietzsche, Menschliches, Allzumenschliches

Wie süß scheint dem das Leben,
der's nicht kennt.
Menandros, Monostichoi

Wir glauben, Erfahrungen zu machen,
aber die Erfahrungen machen uns.
Eugène Ionesco

Wir werden der Erfahrung und der
Fähigkeit zur Stellungnahme beraubt.
Günther Anders, Die Antiquiertheit des Menschen. Bd. 2

Wissen: Das Bedeutende der Erfahrung,
das immer ins Allgemeine hinweist.
Johann Wolfgang von Goethe,
Maximen und Reflexionen

Wo sich der Esel einmal stößt,
da nimmt er sich immer in Acht.
Deutsches Sprichwort

Zu viel Erfahrung
ist durchaus geeignet,
die Freude am Leben zu trüben.
André Maurois

Zwei Dinge belehren
den Menschen über seine Natur:
der Instinkt und die Erfahrung.
Blaise Pascal, Pensées

Erfindung

Alle Erfindungen
gehören dem Zufall zu,
die eine näher,
die andre weiter vom Ende.
Georg Christoph Lichtenberg, Sudelbücher

Amerika ist eine Nation,
die viele sonderbare
Erfindungen macht,
um irgendwohin zu gelangen,
und die dann nicht weiß,
was sie tun soll,
wenn sie dort angekommen ist.
Will Rogers

Auch ein schlechtes Gewissen kann
die Mutter guter Erfindungen sein.
Juliet Berto

Das Erfundene kann vervollkommnet,
das Geschaffene nur nachgeahmt
werden.
Marie von Ebner-Eschenbach, Aphorismen

Das Wesentliche an jeder Erfindung
tut der Zufall,
aber den meisten Menschen
begegnet dieser Zufall nicht.
Friedrich Nietzsche, Morgenröte

Denn nichts ist,
wenn es erfunden wird,
zugleich auch vollendet.
Marcus Tullius Cicero, Brutus

»Der Deutsche hat den Affen erfunden«
– ihn zu erfinden ist bei weitem
interessanter als der Affe selbst.
Anton P. Tschechow, Notizbücher

Der Homo Faber
ist von Anbeginn der Zeiten
ein Erfinder:
Schon der Stock, die Keule,
mit denen er seinen Arm ausrüstet,
um Früchte vom Baum zu schlagen,
um Tiere totzuschlagen,
sind Werkzeuge,
durch die er seinen Zugriff
auf die Welt vergrößert.
Simone de Beauvoir, Das andere Geschlecht

Die Erfinder sind die wahren
Wohltäter der Menschheit
und verdienen größere Ehre als die,
welche beweinenswerte Schlachten
lieferten und große Länder eroberten,
ohne zu verstehen, ihr eigenes Land
glücklich zu machen.
Karl Julius Weber, Democritos

Die Erfindungen der Menschen
schreiten von Jahrhundert zu Jahrhundert
in gleicher Weise weiter.
Mit der Güte und Bosheit der Welt
im Allgemeinen verhält es sich ebenso.
Blaise Pascal, Pensées

Die Erfindungsgabe des Menschen
ist eng beschränkt;
das schöpferische Gemüt kann nur
mit Gegebenem arbeiten.
Houston Stewart Chamberlain,
Die Grundlagen des 19. Jahrhunderts

Die Gabe der Erfindung besitzen.
Sie beweist das höchste Genie:
Allein, welches Genie kann ohne
einen Gran Wahnsinn bestehen?
Baltasar Gracián y Morales,
Handorakel und Kunst der Weltklugheit

Die unheimlichste aller Erfindungen
ist der Spiegel. Woher nehmen
die Menschen nur den Mut,
da hineinzuschauen?
Brendan Behan

Ein enges Flussbett
macht die Strömung reißend,
Not macht die Menschen erfinderisch.
Chinesisches Sprichwort

Eine Erfindung, die noch fehlt:
Explosionen rückgängig zu machen.
Elias Canetti

Eine trügerische Stimme, die uns
zurief: »Erfinde, und du wirst leben!«,
hat die Welt und die Künste
zugrunde gerichtet.
Das Alte hat dem Menschengeschlecht
nicht genügt, es wollte nur Neues
und hat sich Ungeheuer ausgedacht,
die es hartnäckig verwirklichen will.
Joseph Joubert, Gedanken, Versuche und Maximen

Erfindung ist das einzige Kennzeichen
des Genius.
Luc de Clapiers Marquis de Vauvenargues,
Nachgelassene Maximen

Erfindungen bedürfen
der ungestörten Ruhe,
des stillen, beständigen Nachdenkens
und eifrigen Erprobens,
und all dies gibt nur die Einsamkeit,
nicht die Gesellschaft der Menschen.
Geronimo Cardano, Lebensbeschreibung

Erfindungen,
die die Welt verändern,
werden nicht nur
im dunklen Kämmerchen gemacht.
Guglielmo Marconi

Faulheit ist die Mutter
aller Erfindungen.
Curt Goetz

Ferner ist Entdecken, Erfinden,
Mitteilen, Benutzen so nah verwandt,
dass mehrere bei einer solchen
Handlung als eine Person
können angesehen werden.
Johann Wolfgang von Goethe, Erfinden und Entdecken

Gar vieles kann lange erfunden,
entdeckt sein, und es wirkt nicht
auf die Welt; es kann wirken
und doch nicht bemerkt werden,
wirken und nicht ins Allgemeine
greifen. Deswegen jede Geschichte
der Erfindung sich mit den wunderbarsten Rätseln herumschlägt.
Johann Wolfgang von Goethe,
Maximen und Reflexionen

Ich glaube,
dass die menschliche Phantasie
nichts erfunden hat,
in dieser Welt
oder in der andern.
Gérard de Nerval,
Aurelia oder Der Traum und das Leben

Indem sie alles versucht,
siegt die gelehrige Erfindungsgabe.
Marcus Manilius, Astronomica

Je mehr man sich beschränkt,
um so erfinderischer wird man.
Søren Kierkegaard, Entweder – Oder

Kann man noch eine Erfindung
machen, ohne sich davor zu fürchten?
Elias Canetti

Keine Erfindung ist wohl
dem Menschen leichter geworden
als die eines Himmels.
Georg Christoph Lichtenberg, Sudelbücher

Kunst ist nicht nur
seltener Einfall der Erfindung.
Ernesto Grassi, Die Theorie des Schönen in der Antike

Not ist unser sechster Sinn,
hat im Augenblick erfunden,
Wo zuvor die andren fünf
in Gedanken stille stunden.
Friedrich von Logau, Sinngedichte

Notwendigkeit
ist die Mutter der Erfindung.
Sprichwort aus England

Was ist denn das Erfinden?
Es ist der Abschluss des Gesuchten.
Johann Wolfgang von Goethe,
Maximen und Reflexionen

Was man erfindet,
tut man mit Liebe,
was man gelernt hat,
mit Sicherheit.
Johann Wolfgang von Goethe,
Maximen und Reflexionen

Wem Erfindungsgabe abgeht,
der wird nie ein großer Mann
in seinem Fach sein.
Niccolò Machiavelli, Kriegskunst

Wie etwas sei leicht
Weiß der es erfunden
und der es erreicht.
Johann Wolfgang von Goethe, West-östlicher Divan

Zum Entdecken gehört Glück,
zum Erfinden Geist,
und beide können beides
nicht entbehren.
Johann Wolfgang von Goethe, Erfinden und Entdecken

Erfolg

Alles Gelingen hat sein Geheimnis,
alles Misslingen seine Gründe.
Joachim Kaiser

Am weitesten kommt man,
wenn man mit jedem ganz offen redet,
wie ihm der Schnabel gewachsen ist.
Robert Lembke, Das Beste aus meinem Glashaus.
Humoristisches und Satirisches

Auch Erfolg wird bestraft. Die Strafe
besteht darin, dass man mit Leuten
zusammenkommen muss,
die man früher meiden durfte.
John Updike

Auch mit einem kleinen Beil
kann man große Bäume fällen.
Chinesisches Sprichwort

Auch mit einem kleinen Haken
kann man große Fische fangen.
Chinesisches Sprichwort

Auf einer Jagd
fängt man nicht alles Wild.
Deutsches Sprichwort

Ausdauer und Entschlossenheit
sind zwei Eigenschaften,
die bei jedem Unternehmen
den Erfolg sichern.
Leo N. Tolstoi, Tagebücher (1852)

Bei den meisten Erfolgsmenschen
ist der Erfolg größer
als die Menschlichkeit.
Daphne du Maurier

Bekommen, was man sich wünscht,
ist Erfolg.
Sich wünschen, was man bekommen
kann, ist Glück.
Charles F. Kettering

Da man immer Zeit genug hat,
wenn man sie gut anwenden will,
so gelang mir manchmal
das Doppelte und Dreifache.
Johann Wolfgang von Goethe, Dichtung und Wahrheit

Darum geht es:
Man muss immer
die nächste Sprosse anpeilen,
so verrückt das klingen mag.
Lido Anthony »Lee« Iacocca,
Mein amerikanischer Traum

Das gefährlichste aller Rauschgifte
ist der Erfolg.
Billy Graham

Das Geheimnis meines Erfolgs
ist weder Begabung noch Glück,
sondern harte Arbeit.
Robyn Erbesfield,
überliefert von Heinz Zak (Rock Stars)

Das meiste auf der Welt
geht von selbst;
der Erfolg lässt oft
ganz törichtes Verhalten
berechtigt erscheinen.
Michel Eyquem de Montaigne, Die Essais

Das Schwierige am Erfolghaben
ist eben, dass man es jeden Tag
wieder haben muss.
Hans Kilian, Brevier für Vorgesetzte

Der Ausgang
gibt den Taten ihren Titel.
Johann Wolfgang von Goethe, Die Vögel (Treufreund)

Der Beginn einer Karriere
ist ein Geschenk der Götter.
Der Rest ist harte Arbeit.
Fritzi Massary

Der Erfolg beurteilt die Tat.
Ovid, Heroinen

Der Erfolg gehört den Findigen.
Le Corbusier

Der Erfolg ist das Kind der Keckheit.
Erich Kästner

Der Erfolg
ist der Lehrmeister der Dummen.
Titus Livius, Römische Geschichte

Der Erfolg ist offenbar,
Die Absicht aber ist niemals klar.
Drum wird man
alle Menschengeschichten
Ewig nach dem Erfolge richten.
Friedrich Rückert, Gedichte

Der Erfolg liegt im Erfolghaben,
nicht darin,
dass man die Voraussetzungen
zum Erfolg besitzt.
Fernando Pessoa, Das Buch der Unruhe
des Hilfsbuchhalters Bernardo Soares

Der Erfolg von Schuften
lockt noch mehr Schufte an.
Phaedrus, Fabeln

Der Erfolgreiche hört nur noch
Händeklatschen. Sonst ist er taub.
Elias Canetti, Die Provinz des Menschen.
Aufzeichnungen 1942–1972

Der Erfolgreiche verliert Freunde
und gewinnt Neider.
Lothar Schmidt

Der große Erfolg ist oft nur
ein glückliches Missverständnis.
Darius Milhaud

Der Mensch hat immer
Vergnügen und Erfolg
mit Glückseligkeit verwechselt.
Yehudi Menuhin,
Kunst als Hoffnung für die Menschheit

Der Ruhm der kleinen Leute
heißt Erfolg.
Marie von Ebner-Eschenbach, Aphorismen

Der Tag
gehört dem Irrtum und dem Fehler,
die Zeitreihe
dem Erfolg und dem Gelingen.
Johann Wolfgang von Goethe,
Maximen und Reflexionen

Die Ästhetik unserer Tage
heißt Erfolg.
Andy Warhol

Die Allertörichtsten und die Allerweisesten haben leicht Erfolg.
Aber der zwischen beiden Stehende
hat zu leiden.
Mahabharata, Buch 12

Die Erfolge des Tages gehören
der verwegenen Mittelmäßigkeit.
Marie von Ebner-Eschenbach, Aphorismen

Die Handlungen
sind die Frucht der Gedanken:
Waren diese weise,
so sind jene erfolgreich.
Baltasar Gracián y Morales,
Handorakel und Kunst der Weltklugheit

Die Welt richtet nach dem Erfolge
und nennt ihn Gottesgericht.
Heinrich Laube, Die Karlsschüler (Herzog)

Ein Mann, den ich erfolgreich nennen
würde, der muss geraden Sinnes sein,
ergeben der Rechtschaffenheit,
die Worte und die Mienen andrer
wägen können, bescheiden sein
in allem, was er denkt, um sich
vor anderen nicht hervorzutun.
So einer wird erfolgreich sein
im Staat und ebenso unter den Seinen.
Konfuzius, Gespräche

Eine Frau, die geliebt wird,
hat immer Erfolg.
Vicki Baum

Eine Sünde,
welche in arbeitenden Ständen
und auch wohl in andern
sehr häufig ist:
die Sünde der Erfolggenügsamkeit
oder der Fahrlässigkeit,
die stets sagt:
»es ist so auch recht«,
und die jede weitere Vorsicht
für unnötig erachtet.
Adalbert Stifter, Der Nachsommer

Erfolg besteht darin,
dass man genau die Fähigkeiten hat,
die im Moment gefragt sind.
Henry Ford, Mein Leben und Werk

Erfolg erzeugt Erfolg
wie Geld das Geld.
Chamfort, Maximen und Gedanken

Erfolg hat nur,
wer etwas tut,
während er auf den Erfolg wartet.
Thomas Alva Edison

Erfolg ist das Ergebnis
harter und zäher Arbeit.
Es erfordert die Anspannung
aller Kräfte.
Konrad Adenauer, Gespräch, Februar 1965

Erfolg sollte stets nur die Folge,
nie das Ziel des Handelns sein.
Gustave Flaubert

Erfolg steigt den Menschen
vielfach zu Kopf,
aber am schlimmsten
wirkt er sich gewöhnlich
auf die Bauchpartien aus.
Orson Welles

Erfolge nehmen alle in Anspruch,
Misserfolge werden einem Einzigen
zugeschrieben.
Publius Cornelius Tacitus, Misserfolg

Erfolgreich sein heißt für mich,
zehn Honigmelonen zu haben
und es mir leisten zu können,
von jeder nur die obere Hälfte
zu essen.
Barbra Streisand

Es gibt keinen Erfolg
ohne Frauen.
Kurt Tucholsky, Schnipsel

Es gibt Leistung ohne Erfolg,
aber keinen Erfolg ohne Leistung.
François de La Rochefoucauld, Reflexionen

Es gibt nichts,
das man beim dritten Anlauf
nicht meistern könnte.
Chinesisches Sprichwort

Es gibt Schein-Erfolge; aber auch
die wirklichen Erfolge sind Schein,
sind ein nur um vieles weiterer
illusionärer Raum, der dennoch
irgendwo seine harten faktizitären
Grenzen hat, an die man anstößt.
Heimito von Doderer, Repertorium. Ein Begreifbuch
von höheren und niederen Lebens-Sachen

Es kommt nichts im Schlaf.
Deutsches Sprichwort

Es scheint, dass eine Frau
mehr Aussicht auf Erfolg hat,
je höher sie ihre Ziele schraubt und je
ungewöhnlicher sie
in ihrer gewählten Umgebung ist.
Germaine Greer, Der weibliche Eunuch

Es wäre wenig in der Welt
unternommen worden,
wenn man nur immer
auf den Ausgang gesehen hätte.
Gotthold Ephraim Lessing,
Miss Sara Sampson (Marwood)

Für die Menschen gibt es nichts
Überzeugenderes als die Erfolge;
willig beugen sie sich
dem Glücke und dem Ruhm.
Leopold von Ranke, Weltgeschichte

Gerade die von den Frauen
errungenen Erfolge
rufen neue Angriffe
gegen sie hervor.
Simone de Beauvoir, Das andere Geschlecht

Große Erfolge im Kriege sind aber
einmal nicht ohne große Gefahren
zu erreichen.
Helmuth Graf von Moltke, Verordnungen für
die höheren Truppenführer (24. Juni 1869)

Großer Dinge Gelingen
Hängt oft ab von sehr geringen.
Jüdische Spruchweisheit

Großes fällt in sich selbst zusammen:
Diese Beschränkung des Wachstums
hat der göttliche Wille
dem Erfolg aufgelegt.
Lukan, Der Bürgerkrieg

Guter Wille ist höher als aller Erfolg.
Johann Wolfgang von Goethe, Stella (Cäcilie)

Hast du anfangs keinen Erfolg,
so bemühe dich immer wieder!
Sprichwort aus England

Hast du Erfolg, hast du auch Neider,
doch denk um Gottes Will'n nicht:
Leider!
Im Gegenteil, nur wenn sie fehlen –
Das müsste dich gebührend quälen,
Denn dann, wie die Erfahrung lehrt,
Ist am Erfolg noch was verkehrt.
Karl-Heinz Söhlker, Es schadet nichts, vergnügt zu sein

Hat die Henne ein Ei gelegt,
so gackert sie.
Deutsches Sprichwort

Hat man den Fisch gefangen,
ist das Netz vergessen.
Chinesisches Sprichwort

Hinter jeder Frau,
die erfolgreich werden könnte,
steht mindestens eine Frau,
die sie am Erfolg zu hindern versucht.
Lore Lorentz

»Hochmut kommt vor dem Fall.«
Nicht so sehr vor dem Fall –
wie vor dem Erfolg.
Ludwig Marcuse, Argumente und Rezepte.
Ein Wörter-Buch für Zeitgenossen

Holzhacken ist bei manchen Leuten
deshalb so beliebt,
weil sie den Erfolg dieser Tätigkeit
sofort sehen können.
Albert Einstein

Ich habe im Leben Erfolg gehabt.
Jetzt versuche ich,
das Leben zum Erfolg zu machen.
Brigitte Bardot

Ich habe stets beobachtet, dass man,
um Erfolg in der Welt zu haben,
närrisch scheinen und weise sein muss.
Charles de Secondat, Baron de la Brède
et de Montesquieu, Meine Gedanken

Ich kann dir keine Erfolgsformel,
aber eine Misserfolgsformel geben,
die lautet:
Versuche, allen zu gefallen.
Herbert Bayard Swope

Ich mache mir nichts aus Menschen:
Und der Gedanke an Ruhm,
an Erfolg – das ist nichts,
weniger als nichts.
Katherine Mansfield, Tagebücher

In ihrem Urteil über das Handeln,
gleichgültig ob der Großen oder der
Geringen, lassen sich die Menschen
vom Gelingen einnehmen, bezaubern
und hinreißen; wenig fehlt, dass ein
geglücktes Verbrechen ebenso gepriesen werde wie die Tugend selbst.
Jean de La Bruyère, Die Charaktere

In unserer Zeit
haben nur die Großes erreicht,
die für knauserig gehalten wurden.
Niccolò Machiavelli, Der Fürst

Jeder Erfolg, den man erzielt,
schafft uns einen Feind.
Man muss mittelmäßig sein,
wenn man beliebt sein will.
Oscar Wilde

Jeder Mensch, so weise er sich dünkt,
der mit der Anbetung des Erfolgs
beginnt, endet in der Mittelmäßigkeit.
Gilbert Keith Chesterton, Heretiker

Lass nie den Erfolg
seine Leere verbergen,
die Leistung ihre Wertlosigkeit,
das Arbeitsleben seine Öde.
Behalte den Sporn, um weiter
zu kommen, den Schmerz in der Seele,
der uns über uns selber hinaustreibt.
Dag Hammarskjöld, Zeichen am Weg

Lasst uns dankbar sein,
dass es Narren gibt.
Ohne sie könnten wir anderen
keinen Erfolg haben.
Mark Twain, Querkopf Wilsons neuer Kalender

Leicht begonnen, leicht zerronnen.
Kaiser Karl V.

Leise müsst ihr das vollbringen,
Die gelinde Macht ist groß;
Wurzelfasern, wie sie dringen,
Sprengen wohl die Felsen los.
Johann Wolfgang von Goethe, Des
Epimenides Erwachen (Hofmann)

Lieber keinen Erfolg
als keinen Entschluss.
Heinrich Waggerl, Nachlass

Lob und Tadel,
die Winde von Erfolg
und Misserfolg blasen spurlos
über dieses Leben hinweg,
ohne sein Gleichgewicht
zu erschüttern.
Dag Hammarskjöld, Zeichen am Weg

Machst du's gut,
hast du's gut,
machst du's schlecht,
geschieht dir recht.
Deutsches Sprichwort

Mal ist man unten,
und mal ist man oben.
Erich Kästner, Dr. Erich Kästners lyrische Hausapotheke

Man kann es auf zweierlei Art
zu etwas bringen:
Durch eigenes Können oder
durch die Dummheit der anderen.
Jean de La Bruyère, Die Charaktere

Man muss eben den ganzen Menschen
der einen, ureinzigen Sache widmen.
Das ist der Weg, wie etwas werden kann
und wird.
Paula Modersohn-Becker, Briefe (10. September 1899)

Man schreitet von Großem
zu Größerem, und überaus
maßlose Hoffnungen macht sich,
wer unverhofft Erfolg hat.
Lucius Annaeus Seneca, Über die Milde

Mancher Erfolg
wird dem Mensch
zum Schaden,
mancher Gewinn
wird zum Verlust.
Altes Testament, Jesus Sirach 20, 9

Mit Anstand
kommt man durchs ganze Land,
ohne Anstand
kommt man keinen Chi voran.
Chinesisches Sprichwort

Mit der Wahrheit
kommt man am weitesten.
Deutsches Sprichwort

Mit rechten Leuten wird man was.
Johann Wolfgang von Goethe, Faust I (Genius der Zeit)

Mittelmäßig und kriechend,
das ist der Weg zum Erfolg.
Pierre Augustin Caron de Beaumarchais,
Die Hochzeit des Figaro (Figaro)

Nicht alle Kugeln treffen.
Deutsches Sprichwort

Nicht jeder, der jagt,
hat Weidmannsglück.
Deutsches Sprichwort

Nichts ist dem endgültigen Sieg so
zuwider als die ungeheure Wichtigkeit,
die dem unmittelbaren Erfolg
zugeschrieben wird, und nichts
ist kurzatmiger als Erfolg.
Gilbert Keith Chesterton, Heretiker

Nichts ist so alt
wie der Erfolg von gestern.
Freddy Quinn

Nichts ist so erfolgreich wie der Erfolg.
Sprichwort aus den USA

Nichts ist schlimmer für den Erfolg,
als im Leben völlig unbekannt zu sein.
Jean de La Bruyère, Die Charaktere

Nur indem man das Unerreichbare
anstrebt, gelingt das Erreichbare.
Miguel de Unamuno y Jugo, Briefe (an Ilundain 1898)

Nur klugtätige Menschen,
die ihre Kräfte kennen
und sie mit Maß
und Gescheitigkeit benutzen,
werden es im Weltwesen
weit bringen.
Johann Wolfgang von Goethe,
Maximen und Reflexionen

Ohne Mühe
bringt man es in keiner Sache weit.
Deutsches Sprichwort

Reiskörner fallen nicht vom Himmel.
Chinesisches Sprichwort

Sarkasmus ist das, was entsteht,
wenn sich Intelligenz und Erfolg
nicht die Waage halten.
Oliver Hassencamp

Schriftsteller verzeihen ihren Kollegen
alles, nur nicht den Erfolg.
Marcel Reich-Ranicki

Sei doch unverschämt,
dann wirst du Erfolg haben!
Jean de La Bruyère, Die Charaktere

Selbst Engelszungen haben nur Erfolg,
wenn der Resonanzboden für das,
was sie predigen, vorhanden ist.
August Bebel, Die Frau und der Sozialismus
(Vorrede zur 50. Auflage)

Setze deinem Erfolg eine Grenze!
Papinius Statius, Thebais

Sich des Erfolgs freuen,
ist etwas anderes,
als ihn für sich
in Anspruch nehmen.
Dag Hammarskjöld, Zeichen am Weg

Sicher verdanken einige Millionäre
ihren Erfolg ihren Frauen.
Aber die meisten verdanken
ihre Frauen dem Erfolg.
Danny Kaye

Siege werden bald erfochten;
ihre Erfolge zu befestigen,
das ist schwer.
Leopold von Ranke,
Deutsche Geschichte im Zeitalter der Reformation

Suche nie, etwas rasch zu erreichen.
Schau nicht auf kleine Vorteile.
Wer rasch zu erreichen sucht, erreicht
nichts, wer auf kleine Vorteile schaut,
vollbringt keine großen Taten.
Konfuzius, Gespräche

Tatmenschen waren immer Missetäter,
d.h. ihre Menschenkenntnis
führt zur Menschenverachtung.
Das alles sichert ihnen den Erfolg.
Oswald Spengler, Urfragen.
Fragmente aus dem Nachlass

Um Erfolg zu erringen,
benimmt man sich möglichst so,
als ob man ihn schon hätte.
François de La Rochefoucauld, Reflexionen

Um Erfolg zu haben,
muss man Wasser zum Wein mischen,
bis kein Wein mehr da ist.
Jules Renard, Journal

Um Erfolg zu haben,
musst du den Standpunkt
des anderen einnehmen
und die Dinge mit seinen Augen
betrachten.
Henry Ford, Mein Leben und Werk

Um uns für unsere Faulheit
zu bestrafen, gibt es außer
nserem Misserfolg immer noch
die Erfolge der anderen.
Jules Renard, Ideen, in Tinte getaucht.
Aus dem Tagebuch von Jules Renard

Unzufriedenheit ist der erste Schritt
zum Erfolg.
Oscar Wilde

Von der Hand zum Munde
verschüttet mancher die Suppe.
Deutsches Sprichwort

Was alle Erfolgreichen miteinander
verbindet, ist die Fähigkeit,
den Graben zwischen Entschluss und
Ausführung äußerst schmal zu halten.
Peter Drucker

Was ich bin,
habe ich dadurch erreicht,
dass ich ekelhaften Leuten
zur rechten Zeit gesagt habe,
sie sollten sich zum Teufel scheren.
Leslie Caron

Was ich geleistet habe,
ist nur ein Erfolg des Alleinseins.
Franz Kafka, Tagebücher (1913)

Wenn der Mann keinen Erfolg hat,
meint er, er sei kein Mann.
Wenn eine Frau keinen Erfolg hat,
weiß sie immer noch,
dass sie eine Frau ist.
Ida Ehre

Wenn die Reklame keinen Erfolg hat,
muss man die Ware ändern.
Edgar Faure

Wenn ein Mann Erfolg hat,
sind es die Neider,
die ihm am eifrigsten gratulieren.
Sully Prudhomme, Intimes Tagebuch

Wenn man es zu etwas bringen will,
so muss man seinen ganzen Menschen
dafür hingeben.
Paula Modersohn-Becker, Briefe (20. Februar 1897)

Wer alles will, bekommt nichts.
Deutsches Sprichwort

Wer eine Zeit lang gütig schien
und nun, um etwas zu erreichen,
hart werden will, muss es mit den
gehörigen Übergängen tun und die
Gelegenheiten so wahrnehmen, dass
er, bevor er infolge der Veränderung
seines Wesens die alten Freunde verliert, schon so viele neue gewonnen
hat, dass seine Macht keine Einbuße
erleidet, sonst wird er durchschaut
und geht ohne Freund zugrunde.
Niccolò Machiavelli, Vom Staat

Wer etwas Großes will,
der muss sich zu beschränken wissen;
wer dagegen alles will,
der will in der Tat nichts
und bringt es zu nichts.
Georg Wilhelm Friedrich Hegel,
Encyklopädie der philosophischen Wissenschaften

Wer im Leben erfolgreich sein will,
muss täglich früh aufstehen
und das ganze Jahr über braun sein.
Aristoteles Onassis

Wer oft schießt, trifft endlich.
Deutsches Sprichwort

Wer raschen Erfolg hat,
muss wenig Persönlichkeit besitzen.
Jakob Boßhart, Bausteine zu Leben und Zeit

Wer sich auf seinen Lorbeeren ausruht,
trägt sie an der falschen Stelle.
Mao Tse-Tung

Wer sich vom Zufall leiten lässt,
erreicht auch nur durch Zufälle etwas.
Francesco Guicciardini, Ricordi

Wer sich zu viel vornimmt,
wird wenig erreichen.
Sprichwort aus Frankreich

Wert und Erfolg sind oft,
aber nicht notwendig Gegensätze.
Ludwig Marcuse, Argumente und Rezepte.
Ein Wörter-Buch für Zeitgenossen

Wie gerungen, so gelungen.
Deutsches Sprichwort

Wir sollten lernen, eine Tat nicht
nach ihrem Erfolg zu beurteilen,
sondern nach der menschlichen
Haltung, die sie offenbart.
Otto Heuschele, Augenblicke

Zielen ist nicht genug, es gilt treffen.
Deutsches Sprichwort

Erfolglosigkeit

Die Arbeit gleicht manchmal
dem Angeln in Gewässern,
in denen noch nie
Fische gewesen sind.
Jules Renard, Ideen, in Tinte getaucht.
Aus dem Tagebuch von Jules Renard

Es ist traurig anzusehen,
wie ein außerordentlicher Mensch
sich gar oft mit sich selbst,
seinen Umständen,
seiner Zeit herumwürgt,
ohne auf einen grünen Zweig
zu kommen.
Johann Wolfgang von Goethe,
Maximen und Reflexionen

Erfüllung

Die Erfüllung
liegt in dem, was genug ist.
Michel Eyquem de Montaigne, Die Essais

Die Sehnsucht ist dem Menschen
oft lieber als die Erfüllung.
August Julius Langbehn, Rembrandt als Erzieher

Erfüllung bedeutet immer
Enttäuschung.
Leonardo Sciascia

Gut ist der Vorsatz,
aber die Erfüllung schwer.
Johann Wolfgang von Goethe,
Paläophron und Neoterpe (Paläophron)

In der Fähigkeit,
einen edlen Wunsch intensiv
und heiß zu nähren,
liegt etwas wie Erfüllung.
Marie von Ebner-Eschenbach, Aphorismen

Unerreichbare Wünsche werden
als »fromm« bezeichnet.
Man scheint anzunehmen, dass
nur die profanen in Erfüllung gehen.
Marie von Ebner-Eschenbach

Was ist Erfüllung?
Vernichtung des Wünschens.
Die begreift nur recht:
So werdet ihr nicht
ein sattes Jenseits begehren,
sondern euch des Todes,
der edelsten Erfüllung getrösten.
Walter Rathenau, Auf dem Fechtboden des Geistes.
Aphorismen aus seinen Notizbüchern

Wer hat, was ihn ausfüllt,
der sei damit zufrieden;
wer sich selbst gehören kann,
soll sich nicht enäußern.
Juan Ruiz de Alarcón y Mendoza,
Buch von rechter Liebe

Ergebnis

Alle wirken wir
zu einem Endergebnis zusammen,
die einen wissend und aufmerkend,
die anderen, ohne es zu achten.
Mark Aurel, Selbstbetrachtungen

Alles Denken
hat bisher Resultate ergeben.
Walter Rathenau, Auf dem Fechtboden des Geistes.
Aphorismen aus seinen Notizbüchern

Das Ergebnis ist alles.
Fernando Pessoa, Das Buch der Unruhe
des Hilfsbuchhalters Bernardo Soares

Eine Folge von kleinen Willensakten
liefert ein bedeutendes Ergebnis.
Charles Baudelaire, Tagebücher

Es kommt immer darauf an,
wie die Sache ausgeht (...).
Alfred Polgar, Kleine Schriften, Band 3. Irrlicht

Hast du darum Recht,
weil dir der Ausgang Recht gibt?
Gotthold Ephraim Lessing, Emilia Galotti (Odoardo)

In der Moral zählt nur die Absicht,
in der Kunst nur das Ergebnis.
Henry de Montherlant

Ergebung

Diese Lehrer der Ergebung!
Überallhin, wo es klein
und krank und grindig ist,
kriechen sie, gleich Läusen;
und nur mein Ekel hindert mich,
sie zu knacken.
Friedrich Nietzsche, Also sprach Zarathustra

Eine Stadt, die verhandelt,
hat sich schon halb ergeben.
Sprichwort aus Frankreich

Man ergebe sich in sein Schicksal –
wenn man kein andres hat.
Franziska Gräfin zu Reventlow, Tagebücher

Muss es sein, so schick dich drein.
Deutsches Sprichwort

Warum wird Seraphin
von Gotte mehr geliebt
Als eine Mück'? Es ist,
dass er sich mehr ergibt.
Angelus Silesius, Der cherubinische Wandersmann

Ergriffenheit

Die Lust an der Kritik
beraubt uns des Vergnügens,
selbst von den schönsten Werken
lebhaft ergriffen zu werden.
Jean de La Bruyère, Die Charaktere

Wenn es so gewöhnlich ist,
dass wir uns von seltenen Dingen
lebhaft ergriffen fühlen,
warum nicht von der Tugend?
Jean de La Bruyère, Die Charaktere

Erhabenheit

Das Erhabene rührt,
das Schöne reizt.
Immanuel Kant, Beobachtungen über das Gefühl
des Schönen und Erhabenen

Das Schöne ist nützlicher
für die Kunst,
aber das Erhabene nützlicher
für die Sitten,
weil es die Geister aufrichtet.
Joseph Joubert, Gedanken, Versuche und Maximen

Erhaben nennen wir das,
was schlechthin groß ist.
Immanuel Kant, Kritik der Urteilskraft

Es liebt die Welt,
das Strahlende zu schwärzen
Und das Erhabne in den Staub zu ziehn.
Friedrich Schiller, Das Mädchen von Orleans

Groß, sage ich, ist der Unterschied
zwischen einer erhabenen Seele
und einer hochfahrenden.
Lucius Annaeus Seneca, Über den Zorn

Erhebung

Die einen erheben sich
in der Gesellschaft von Menschen,
die anderen sinken ab.
Leo N. Tolstoi, Tagebücher (1907)

Ihr seht nach oben,
wenn ihr Erhebung verlangt.
Und ich sehe hinab,
weil ich erhoben bin.
Friedrich Nietzsche, Also sprach Zarathustra

Wie wird mir?
Leichte Wolken heben mich.
Friedrich Schiller, Die Jungfrau von Orleans (Johanna)

Erholung

Das Spiel gleicht einer Erholung,
und da man nicht ununterbrochen
arbeiten kann, bedarf man
der Erholung.
Aristoteles, Nikomachische Ethik

Erholung besteht weder in Untätigkeit
noch in bloßem Sinnengenuss,
sondern im Wechselgebrauch
unserer Körper- und Geisteskräfte,
denn die Vernunft veredelt.
Karl Julius Weber, Democritos

Erholung ist die Würze der Arbeit.
Plutarch, Moralia

Oh, so wohltuend und still!
Welche Erholung für die Gedanken!
Frei von dem betäubenden Lärm
der Menschen.
Fridtjof Nansen, In Nacht und Eis

Erinnerung

Abgefallene Blüten
lassen ihren Duft zurück.
Sprichwort aus Japan

Abwesenheit muss man
durch Erinnerung ergänzen.
Das Gedächtnis ist der Spiegel,
in dem wir die Abwesenden erblicken.
Joseph Joubert, Gedanken, Versuche und Maximen

Erinnerung

Ach, die bleiche Wintersonne! Sie ist
traurig wie eine glückliche Erinnerung.
Gustave Flaubert, November

Alle meine Freuden, alle, glänzen
Nur im Schimmer der Erinnerung.
Sophie Mereau, Gedichte

An unser früheres Leben können
wir uns deswegen nicht erinnern,
weil Erinnerung eine Eigenschaft
nur dieses Lebens ist.
Leo N. Tolstoi, Tagebücher (1905)

Bei den meisten ruft die Erinnerung
nichts anderes hervor als Selbstmitleid.
Siegfried Lenz, Zeit der Schuldlosen (1962)

Das Gedächtnis des Menschen
ist das Vermögen, den Bedürfnissen
der Gegenwart entsprechend
die Vergangenheit umzudeuten.
George Santayana

Das Vergessen ist die Wurzel des Exils;
die Erinnerung bedeutet Erlösung.
Elie Wiesel, Chassidische Feier

Das wahre Glück wäre,
sich an die Gegenwart zu erinnern.
Jules Renard, Ideen, in Tinte getaucht.
Aus dem Tagebuch von Jules Renard

Denn gerne gedenkt ja
ein Mann der Trübsal.
Homer, Odyssee

Denn stets sind Erinnerungen süß,
mögen sie gleich traurig
oder heiter sein,
denn sie gemahnen uns
an die Unendlichkeit.
Gustave Flaubert, November

Der Schlaf ist die Halle
der Erinnerungen.
Er begünstigt ihre Rückkehr.
Er ist ihr Treffpunkt (...).
Jules Renard, Ideen, in Tinte getaucht.
Aus dem Tagebuch von Jules Renard

Dichtung ist Erinnerung
und Ahnen von Dingen;
was sie besingt, ist nicht gestorben,
was sie berührt, lebt schon.
Alphonse de Lamartine, Geschichte der Girondisten

Die Erinnerung begnügt sich
mit Teppichen,
aber die Phantasie umgibt sich
mit Gobelinbehängen.
Antoine Comte de Rivarol, Maximen und Reflexionen

Die Erinnerung
ist das einzige Paradies,
woraus wir nicht
vertrieben werden können.
Jean Paul, Die unsichtbare Loge

Die Erinnerung
ist der sicherste Grund der Liebe.
Novalis, Heinrich von Ofterdingen

Die Erinnerung ist wie ein Kreidekreis,
ein vollkommenes Rätsel,
ein kleines Nichts von niemandem.
João de Melo, O Homem Suspenso

Die Erinnerung steht immer
dem Herzen zu Diensten.
Antoine Comte de Rivarol, Maximen und Reflexionen

Die Erinnerung wirkt wie das Sammlungsglas in der Camera obscura:
Sie zieht alles zusammen und bringt
dadurch ein viel schöneres Bild hervor,
als sein Original ist.
Arthur Schopenhauer, Aphorismen zur Lebensweisheit

Die meisten Memoiren sind
ein nur halb geglückter Versuch,
sich an Erinnerungen zu erinnern.
Anthony Eden

Die Menschen
gehen viel zu nachlässig
mit ihren Erinnerungen um.
Novalis, Fragmente

Die Probe eines Genusses
ist seine Erinnerung.
Jean Paul, Quintus Fixlein

Diejenigen, die sich nicht der Vergangenheit erinnern, sind verurteilt,
sie erneut zu durchleben.
George Santayana

Die Stunden, nicht die Tage
sind die Stützpunkte
unserer Erinnerung.
Joachim Ringelnatz

Ein treu Gedenken, lieb Erinnern,
Das ist der goldne Zauberring,
Der auferstehen macht im Innern,
Was uns nach außen unterging.
Friedrich von Bodenstedt, Mirza Schaffy

Einige Bücher sind
unverdientermaßen vergessen;
kein Buch bleibt
unverdientermaßen in Erinnerung.
Wystan Hugh Auden,
Des Färbers Hand und andere Essays (1948), Prolog

Erinnere dich der Vergessenen –
eine Welt geht dir auf.
Marie von Ebner-Eschenbach, Aphorismen

Erinnern heißt Auswählen.
Günter Grass

Erinnerungen
sind Wirklichkeiten
im Sonntagsanzug.
Oliver Hassencamp

Erinnerungen sind
ein goldener Rahmen,
der jedes Bild freundlicher macht.
Carl Zuckmayer

Erinnerungsfälschung,
das ist die ohnmächtige Rache,
die unser Gedächtnis
an der Unwiderruflichkeit
alles Geschehens nimmt.
Arthur Schnitzler, Buch der Sprüche und Bedenken

Es braucht viel Kraft,
um in einer Welt zu leben,
die der Erinnerung geweiht ist.
François Mauriac, Von Tag und Ewigkeit

Es gibt schmerzhafte Erinnerungen,
die uns wirklichen, körperlichen
Schmerz verursachen;
fast jeder Mensch
hat solche Erinnerungen,
nur vergessen die Menschen sie
gewöhnlich. Aber dann geschieht es
bisweilen, dass sie ihnen plötzlich
wieder einfallen, wenn es auch
nur irgendein kleiner Zug ist,
der ihnen einfällt, und dann
können sie die Erinnerungen
nicht mehr abschütteln.
Fjodor M. Dostojewski, Der Jüngling

Es gibt viel, was man erinnern muss,
bevor man vergessen darf.
Lars Saabye Christensen, Der Alleinunterhalter

Es ist erfreulich,
sich einer glücklichen Zeit zu erinnern.
Ovid, Metamorphosen

Für angenehme Erinnerungen
muss man im Voraus sorgen.
Paul Hörbiger

Gemeinsame Erinnerungen sind
manchmal die besten Friedensstifter.
Marcel Proust

Gegenstand der Erinnerung
ist eigentlich alles, wovon man sich
ein Phantasiebild machen kann.
Aristoteles, Psychologie

Gewissensbisse
sind Erinnerungen an das,
was man eigentlich
vergessen wollte.
Bernhard Wicki

Im Menschen ist
nicht allein Gedächtnis,
sondern Erinnerung.
Thomas von Aquin, Über die Seele

Indem du die Gegenwart gewahr wirst,
ist sie schon vorüber;
das Bewusstsein des Genusses
liegt immer in der Erinnerung.
Karoline von Günderode, Die Manen (Lehrer)

Je älter ich werde, umso lebendiger
werden meine Erinnerungen.
Und erstaunlicherweise
erinnere ich mich nur
an das Freudige und Gute,
und ich genieße die Erinnerung
nicht weniger, bisweilen sogar mehr
als seinerzeit die Wirklichkeit.
Was hat das zu bedeuten:
dass nichts vergeht,
nichts künftig sein wird,
sondern alles ist.
Leo N. Tolstoi, Tagebücher (1905)

Je mehr man sich vergisst,
desto mehr erinnern sich die anderen.
Robert Lembke, Steinwürfe im Glashaus

Jeder Augenblick der Gegenwart
ist eine schöne, aber nur eine Blüte.
Den Kranz vermag nur das Gedächtnis
zu flechten, das die Vergangenheit
mit der Gegenwart verknüpft.
Wilhelm von Humboldt, Ideen über Staatsverfassung

Jugend ist nur Erinnerung
An einen, der noch nicht kam.
Rainer Maria Rilke,
Die weiße Fürstin (die weiße Fürstin)

Kunst ist Erinnerung besserer Zukunft.
Timm Ulrichs, In: (Katalog) Tim Ulrichs (Kunstverein Braunschweig 1975)

Lasst die Erinnerung uns nicht belasten
Mit dem Verdrusse, der vorüber ist.
William Shakespeare, Der Sturm (Prospero)

Manche Menschen bleiben nur
durch ihr Scheitern in Erinnerung.
Auch das ist Unsterblichkeit.
Henri Troyat

Männer leben vom Vergessen,
Frauen von Erinnerungen.
T. S. Eliot, Ein verdienter Staatsmann

Meinem Gehirn
mangelt es an Karteikarten.
Jules Renard, Ideen, in Tinte getaucht.
Aus dem Tagebuch von Jules Renard

Merkt man, dass ein Genuss oder ein
Lebensmoment einen zu stark hinreißt,
so halte man einen Augenblick inne
und erinnere sich. Es gibt kein Mittel,
das einen besseren Nachgeschmack
gäbe, der lange vorhält.
Søren Kierkegaard, Entweder – Oder

O ihr Schatten seliger Zeit!,
ihr meine trauten Erinnerungen!
Friedrich Hölderlin, Hyperion

So richtig dabeigewesen ist man
immer erst in der Erinnerung.
Ludwig Marcuse, Argumente und Rezepte.
Ein Wörter-Buch für Zeitgenossen

Und doch ist die Erinnerung
selbst an das Bitterste noch süß.
Heinrich von Kleist, Briefe
(an Adolphine von Werdeck, 28./29. Juli 1801)

Vergessenkönnen
ist das Geheimnis ewiger Jugend.
Wir werden alt durch Erinnerung.
Erich Maria Remarque

Wahn der Erinnrung!, dich zu heben
Vermagst du triumphierend nicht
Und ruhst als ein verzaubert Leben
Im Buch, des Schließe keiner bricht.
Stéphane Mallarmé, Gedichte

Was die Welt braucht,
ist weniger Belehrung als Erinnerung.
Sprichwort aus den USA

Wenn auch die Jahre enteilen,
bleibt die Erinnerung doch.
Paul Lincke

Wer sein Alter verbirgt,
schafft seine Erinnerungen ab.
Arletty

Wer sich eines Gegenstandes erinnert,
an dem er sich einmal erfreut hat,
der begehrt denselben unter
den gleichen Umständen zu besitzen,
als da er sich dessen
zum ersten Mal erfreute.
Baruch de Spinoza, Ethik

Wir können ein Wort,
dessen wir uns nicht erinnern,
nicht aussprechen.
Baruch de Spinoza, Ethik

Wir sehen in unser Leben doch nur
als in ein Zerstückeltes zurück,
weil das Versäumte, Misslungene
uns immer zuerst entgegentritt
und das Geleistete, Erreichte
in der Einbildungskraft überwiegt.
Johann Wolfgang von Goethe,
Maximen und Reflexionen

Wir werden alt, wenn die Erinnerung
uns zu freuen beginnt.
Wir sind alt, wenn sie uns schmerzt.
Peter Sirius

Zweimal lebt,
wer in der Erinnerung lebt.
Martial

Erkenntnis

Alles das, wonach wir aus Vernunft
streben, ist nichts anderes als das
Erkennen; und der Geist beurteilt,
insofern er von der Vernunft Gebrauch
macht, nur das als für ihn nützlich,
was zum Erkennen führt.
Baruch de Spinoza, Ethik

Alles Erkennen ist Gestaltung.
Gestaltung ist seelisches Besitz-
ergreifen, Hunger nach Erkenntnis
ist seelischer Wille zum Besitz.
Oswald Spengler, Urfragen.
Fragmente aus dem Nachlass

Alles Wissen besteht in einer sicheren
und klaren Erkenntnis.
René Descartes, Regeln zur Leitung des Geistes

Alles Wissen ist zuletzt Wissen
vom Leben und alles Erkennen
Staunen über das Rätsel des Lebens.
Albert Schweitzer,
Straßburger Predigten 1900–1919, 16. Februar 1919

Bei der Erkenntnis
spielt das Geschlecht keine Rolle.
Juana Inés de la Cruz, Carta atenagorica

Das Geringste an Erkenntnis,
das einer über die erhabensten Dinge
zu gewinnen vermag,
ist ersehnenswerter als
das gewisseste Wissen
von den niederen Dingen.
Thomas von Aquin, Summa theologica

Das Sein wird in seinem Umfang
und inneren Sein vollständig erst
als ein Gewordenes erkannt.
Alexander von Humboldt, Kosmos

Dem Menschen ist es natürlich,
durch das Sinnliche
zur Erkenntnis des Geistigen
zu gelangen.
Thomas von Aquin, Summa theologica

Den Wein erkennt man am Geruch,
Den Esel an den Ohren,
Den Weisen wohl am Tun und Spruch,
Und am Geschwätz den Toren.
Jüdische Spruchweisheit

Denn dasselbe ist Erkennen und Sein.
Parmenides, Über die Natur

Denn nur allzu oft wird etwas erkannt,
ohne dass es in die Tat umgesetzt wird.
Francesco Guicciardini, Ricordi

Der Geist ist leuchtend, er strahlt,
er ist die Erkenntnis selbst.
Dalai Lama XIV, Das Auge der Weisheit

Der Grund und Boden,
auf dem alle unsere Erkenntnisse
und Wissenschaften ruhen,
ist das Unerklärliche.
Arthur Schopenhauer,
Über Philosophie und ihre Methode

Der Mensch erkennt sich
nur im Menschen, nur
Das Leben lehret jeden, was er sei.
Johann Wolfgang von Goethe,
Torquato Tasso (Antonio)

Der menschliche Geist
hat eine adäquate Erkenntnis
des ewigen und unendlichen
Wesens Gottes.
Baruch de Spinoza, Ethik

Der Verstand vermag nichts anzuschauen und die Sinne nichts zu
denken. Nur daraus, dass sie sich vereinigen, kann Erkenntnis entspringen.
Immanuel Kant, Kritik der reinen Vernunft

Der Zweifel ist das Wartezimmer
der Erkenntnis.
Eleonore Rozanek

Des Menschen Sehnsucht geht dahin,
ein Ganzes und Vollkommenes
zu erkennen.
Thomas von Aquin, Summa theologica

Die Anschauung
ist das Fundament der Erkenntnis.
Johann Heinrich Pestalozzi,
Wie Gertrud ihre Kinder lehrt

Die Erkenntnis der Wirklichkeit
ist bis zu einem bestimmten Grad
immer Geheimwissen.
Sie ist eine Art des Todes.
William Butler Yeats, Entfremdung

Die Erkenntnis des Guten
und Schlechten ist nichts anderes
als der Affekt der Lust oder Unlust,
insofern wir uns dessen bewusst sind.
Baruch de Spinoza, Ethik

Die Erkenntnis wächst
in jedem Menschen nach Graden,
die ein Lehrer weder übertreiben soll
noch kann.
Johann Wolfgang von Goethe, Zwo biblische Fragen

Die Kunst
ist nur Mittel der Erkenntnis.
Bazon Brock, Ästhetik als Vermittlung

Die Langsamen der Erkenntnis meinen,
die Langsamkeit gehöre zur Erkenntnis.
Friedrich Nietzsche, Die fröhliche Wissenschaft

Die Summe unserer Erkenntnisse
besteht aus dem, was wir gelernt,
und aus dem, was wir vergessen haben.
Marie von Ebner-Eschenbach, Aphorismen

Die völlige Nichterkenntnis
im höheren Sinne
ist die wahre Erkenntnis dessen,
der über allem Erkennbaren ist.
Dionysios Aeropagites, Briefe (1. an Gaius)

Drei Dinge werden nicht eher erkannt
als zu gewisser Zeit:
ein Held im Kriege,
ein weiser Mann im Zorn,
ein Freund in der Not.
Johann Wolfgang von Goethe,
Maximen und Reflexionen

Erkennen heißt nicht zerlegen,
auch nicht erklären.
Es heißt, Zugang zur Schau finden.
Aber um zu schauen,
muss man erst teilnehmen.
Das ist eine harte Lehre.
Antoine de Saint-Exupéry, Flug nach Arras

Erkennen ist eine Illusion.
Oswald Spengler, Urfragen.
Fragmente aus dem Nachlass

Erkennen ohne Wollen ist nichts, ein
falsches, unvollständiges Erkennen.
Johann Gottfried Herder,
Vom Erkennen und Empfinden der menschlichen Seele

Erkennende Wesen unterscheiden sich
von den nicht erkennenden darin,
dass die nicht erkennenden nichts
haben als nur ihre eigene Wesensform.
Das erkennende Wesen aber ist darauf
angelegt, die Wesensform auch des
anderen Wesens zu haben. Denn das
Bild des Erkannten ist im Erkennenden.
Thomas von Aquin, Summa theologica

Es hat alles zwei Seiten.
Aber erst wenn man erkennt,
dass es drei sind, erfasst man die Sache.
Heimito von Doderer, Repertorium. Ein Begreifbuch
von höheren und niederen Lebens-Sachen

Freilich muss,
wer auf Erkenntnis ausgeht,
dies um ihrer selbst willen tun.
Denn hier winkt seitens der Menschen
kein Lohn für die darauf verwandte
angespannte Mühe.
Aristoteles, Protreptikos

Gewiss, wir alle haben Erkenntnis.
Doch die Erkenntnis
macht aufgeblasen,
die Liebe dagegen baut auf.
Neues Testament, Paulus (1 Korinther 8, 1)

Glücklich, wer die Urgründe der Welt
zu erkennen vermochte.
Vergil, Georgica

Hab ich ein Ding erkannt,
so hat es seinen Stachel verloren.
Emil Gött, Zettelsprüche. Aphorismen

Halte dich fern
von dem gottlosen Geschwätz
und den falschen Lehren
der so genannten »Erkenntnis«!
Neues Testament, Paulus (1 Timotheus 6, 20)

Ich erkenne –
darf ich deshalb mit Recht sagen:
Also kann ich?
Francesco De Sanctis,
Über die Wissenschaft und das Leben

Ich glaube, um zu erkennen.
Anselm von Canterbury, Proslogion

In Wirklichkeit erkennen wir nichts;
denn die Wahrheit liegt in der Tiefe.
Demokrit, Fragment 117

Je weiter unsere Erkenntnis Gottes
dringt, desto weiter
weicht Gott vor uns zurück.
Marie von Ebner-Eschenbach

Keiner der Sinne nimmt sich selber
wahr noch sein Tätigsein.
Das Auge sieht weder sich selbst,
noch nimmt es wahr, dass es sieht.
Der erkennende Geist aber erkennt
sich selbst, und er erkennt auch,
dass er erkennt.
Thomas von Aquin, Summe gegen die Heiden

Kunst ist Erkenntnis. Sie begreift
den Geist, der das wahre Sein ist (...).
Wladyslaw Tatarkiewicz, Geschichte der Ästhetik Bd. 1

Leiden und Schmerz sind immer
die Voraussetzungen umfassender
Erkenntnis und eines tiefen Herzens.
Fjodor M. Dostojewski, Schuld und Sühne

Liberal ist, wer die Zeichen der Zeit
erkennt und danach handelt.
Gustav Stresemann

Liebe ist das edelste Erkennen,
wie die edelste Empfindung.
Johann Gottfried Herder,
Vom Erkennen und Empfinden der menschlichen Seele

Man kann dasjenige, was man besitzt,
nicht rein erkennen, bis man das,
was andere vor uns besessen,
zu erkennen weiß.
Johann Wolfgang von Goethe, Zur Farbenlehre

Man muss wissen, dass es Dinge gibt,
die unserer Macht nicht unterliegen
und die wir nur zu erkennen,
nicht hervorzubringen imstande sind.
Dante Alighieri, Über die Monarchie

Man sieht nur einen Fleck vom Fell,
und erkennt doch sogleich
den ganzen Leoparden.
Chinesisches Sprichwort

Mich erstaunen Menschen, die
das Universum begreifen wollen,
wo es doch schon schwierig genug ist,
sich in Chinatown zurechtzufinden.
Woody Allen

Nicht alles Wünschenswerte
ist erreichbar, nicht alles
Erkennenswerte erkennbar.
Johann Wolfgang von Goethe,
Maximen und Reflexionen

Nicht in der Erkenntnis
liegt das Glück,
sondern im Erwerben
der Erkenntnis.
Edgar Allan Poe

Nur wo der Intellekt schon das
notwendige Maß überschreitet,
wird das Erkennen, mehr oder
weniger, Selbstzweck.
Arthur Schopenhauer, Den Intellekt überhaupt und
in jeder Beziehung betreffende Gedanken

Ohne ein reines Herz
wird man niemals zu voller,
rechter Erkenntnis gelangen.
Fjodor M. Dostojewski,
Aufzeichnungen aus dem Untergrund

Unser erkennender Geist spannt sich,
indem er etwas erkennt,
ins Unendliche aus.
Thomas von Aquin, Summe gegen die Heiden

Was heute geschieht, ist eine ebenso
ergiebige Quelle der Erkenntnis
wie die Ereignisse zur Zeit des Homer
oder des Plato.
Michel Eyquem de Montaigne, Die Essais

Weil die Sinne der erste Ursprung
unseres Erkennens sind, darum ist
notwendig alles, worüber wir urteilen,
irgendwie auf die Sinne zurückbezogen.
Thomas von Aquin, Über die Wahrheit

Wenn aber das Erkennbare auch
das Wirkliche ist, so ist es klar,
dass das Erkennen notwendig ist
und das vernünftige Denken ebenso.
Aristoteles, Protreptikos

Wenn der Besen verbraucht ist,
so sieht man erst, wozu er gedient hat.
Deutsches Sprichwort

Wenn einer meint,
er sei zur Erkenntnis gelangt,
hat er noch nicht so erkannt,
wie man erkennen muss.
Neues Testament, Paulus (1 Korinther 8, 2)

Wer, durch Wissenschaft
und Erfahrung belehrt,
alles menschliche Wesen als schal
und nichtig erkennt,
der ist in jedem Sinne wahrhaft frei.
Mahabharata, Buch 12

Wir haben verlernt,
die Augen auf etwas ruhen zu lassen.
Deshalb erkennen wir so wenig.
Jean Giono

Wo immer geistige Erkenntnis ist,
da ist auch freier Wille.
Thomas von Aquin, Summa theologica

Zur Erkenntnis der Dinge braucht man
nur zweierlei in Betracht zu ziehen,
nämlich uns, die wir erkennen,
und die Dinge selbst,
die es zu erkennen gilt.
René Descartes, Regeln zur Leitung des Geistes

Zwischen mir und dem Leben
befanden sich immer
trübe Fensterscheiben (...).
Fernando Pessoa, Das Buch der Unruhe
des Hilfsbuchhalters Bernardo Soares

Erklärung

Die verstehen sehr wenig, die nur das
verstehen, was sich erklären lässt.
Marie von Ebner-Eschenbach, Aphorismen

Erklären heißt Einschränken.
Oscar Wilde

Es ist sehr wahrscheinlich,
dass wir über alle Dinge,
die wir nur auf eine Art
erklären können, im Irrtum sind.
Heinrich Waggerl, Aphorismen

Gelehrte Erklärungen rufen meist
den Eindruck hervor, dass alles,
was klar und verständlich war,
dunkel und verworren wird.
Leo N. Tolstoi, Tagebücher (1900)

Man nimmt die unerklärte dunkle
Sache wichtiger als die erklärte helle.
Friedrich Nietzsche, Menschliches, Allzumenschliches

Erlaubnis

»Alles ist erlaubt« –
aber nicht alles nützt.
»Alles ist erlaubt« –
aber nicht alles baut auf.
Neues Testament, Paulus (1 Korinther 10, 23)

Auch wenn es dich empört:
Das unerlaubte Vergnügen
macht Spaß.
Ovid, Liebesgedichte

Es ist löblich zu tun, was sich ziemt,
und nicht, was erlaubt ist.
Lucius Annaeus Seneca, Octavia

Für das, was man sich nicht mehr
erlaubt, nicht mehr erlauben darf,
verliert man sein Fingerspitzengefühl.
Günther Anders, Lieben gestern.
Notizen zur Geschichte des Fühlens

Was erlaubt ist, erscheint wertlos;
was nicht erlaubt ist, reizt heftiger.
Ovid, Liebeskunst

Was keinem Mitmenschen schadet,
ist mir erlaubt.
August Strindberg, Der Sohn der Magd

Wem viel erlaubt ist,
dem ziemt es,
sich wenig zu erlauben.
Lucius Annaeus Seneca, Die Troerinnen

Wir lieben, was nicht erlaubt ist;
was erlaubt ist, fällt aus unserer Gunst.
Lucius Annaeus Seneca, Herkules auf dem Oeta

Erlebnis

Das Menschenerlebnis ist etwas so
grandios Herrliches, dass ich immer
schwer von meinem Entzücken
in die Wirklichkeit zurückfinden kann.
Alma Mahler-Werfel, Mein Leben

Der Mensch ist begierig
nach vorgestellten Erlebnissen,
aber er weigert sich,
seine gehabten Erlebnisse
zu erkennen.
Hugo von Hofmannsthal

Der Mensch ist die Summe
seiner Erlebnisse.
Henry Jaeger

Erdachtes mag zu denken geben,
Doch nur Erlebtes wird beleben.
Paul von Heyse

Erlebnis an und für sich ist wertlos.
Es kommt darauf an, was man
daraus macht. Wird man
durch das Erlebnis nicht größer,
tiefer, reiner, so wäre es
besser nicht geschehen.
Jakob Boßhart, Bausteine zu Leben und Zeit

Erlebnisse der Seele sind Zustände
der Begeisterung und prophetischer
Ahndung, die sich aufgrund
von Traumerfahrungen einstellen.
Aristoteles, Über Philosophie

Erlebnisse sind die Quellen,
aus denen jeder Teil
eines künstlerischen Werkes
gespeist wird.
Wilhelm Dilthey

Es gibt immer Erlebnisse, von denen
man nie und nimmer reden kann,
und doch jemand wünschte,
der es schweigend verstünde,
ohne daran zu rühren.
Franziska Gräfin zu Reventlow, Tagebücher

Freiheit ist ein Erleben – ich will,
Wahl ist Zeichen der Freiheit.
Oswald Spengler, Urfragen.
Fragmente aus dem Nachlass

Mystik
ist unmittelbares geistiges Erleben.
Othmar Spann, Religionsphilosophie

Unsere Erlebnisse sind viel mehr das,
was wir hineinlegen, als das,
was darinliegt.
Friedrich Nietzsche

Was ein großer Mensch erlebt,
so unbeträchtlich es erscheine,
ist immer Symbol;
was ein schwacher und gar
ein kranker Mensch erlebt,
immer ein Symptom,
sowenig es mit seiner Schwachheit
oder seiner Krankheit
gar zu tun habe.
Arthur Schnitzler, Buch der Sprüche und Bedenken

Wer viel denkt, und zwar sachlich
denkt, vergisst leicht seine eigenen
Erlebnisse, aber nicht so die Gedanken,
welche durch jene hervorgerufen
werden.
Friedrich Nietzsche, Menschliches, Allzumenschliches

Zwischen Erleben und Urteilen
ist ein Unterschied
wie zwischen Atmen und Beißen.
Elias Canetti, Die Provinz des Menschen.
Aufzeichnungen 1942–1972

Erleichterung

Erleichtert von den halben Freunden,
fährt sich's freier.
Carl Spitteler, Olympischer Frühling

Und Tränen fließen gar so süß,
Erleichtern mir das Herz.
Johann Wolfgang von Goethe, Trost in Tränen

Erleuchtung

Das Menschengeschlecht wird nicht
vergehen, bis dass alles geschehe!
Bis der Genius der Erleuchtung
die Erde durchzogen!
Johann Gottfried Herder,
Journal meiner Reise im Jahr 1769

Mit den Erleuchteten ist es
wie mit den Revolutionären:
sobald sie sich durchgesetzt haben,
schränken sie die Existenz
von Erleuchtungen und das Recht
auf Revolutionen ein.
Ludwig Marcuse, Argumente und Rezepte.
Ein Wörter-Buch für Zeitgenossen

Nicht jeder, der von einem Engel
erleuchtet wird, erkennt, dass er
von einem Engel erleuchtet wird.
Thomas von Aquin, Summa theologica

O Gott, beschwichtige die Gedanken,
Erleuchte mein bedürftig Herz.
Johann Wolfgang von Goethe, Faust II
(Pater Profundus)

Wer durch den Glanz
und die Herrlichkeit
alles Geschaffenen
nicht erleuchtet wird,
ist blind.
Bonaventura, Pilgerbuch der Seele zu Gott

Erlösung

Als das Versprechen auf eine
irdische Erlösung nicht mehr gegeben
werden konnte, versuchte man,
mit etwas weniger auszukommen:
dem Heil im Engagement.
Ludwig Marcuse, Argumente und Rezepte.
Ein Wörter-Buch für Zeitgenossen

Es gibt keine ewige Verdammnis,
es gibt nur eine ewige Erlösung.
Albert Schweitzer, Predigt, 17. Juni 1907

Gerettet ist das edle Glied
Der Geisterwelt vom Bösen:
Wer immer strebend sich bemüht,
Den können wir erlösen!
Johann Wolfgang von Goethe, Faust II (Engel)

Jeder von uns
hat etwas Unbehauenes,
Unerlöstes in sich,
daran unaufhörlich zu arbeiten
seine heimlichste Lebensaufgabe ist.
Christian Morgenstern, Stufen

Kein Mensch ist so schlecht,
dass er außerhalb jeder Möglichkeit
der Erlösung stände.
Auf der andern Seite ist aber
auch kein Mensch so vollkommen,
dass er das Recht hätte,
den vorgeblich Unverbesserlichen
zu vernichten.
Mohandas K. »Mahatma« Gandhi, Young India
(engl. Wochenzeitung 1919–1931), 26. März 1931

Nur durch sich selber
wird der Mensch erlöst,
durch sich und in sich.
Karl Emil Franzos, Die Juden von Barnow

Sing, unsterbliche Seele,
der sündigen Menschen Erlösung.
Friedrich Gottlieb Klopstock, Der Messias

Wenn auch keine Erlösung kommt,
so will ich doch jeden Augenblick
ihrer würdig sein.
Franz Kafka, Tagebücher (1912)

Wer erlöst mich?
Franz Kafka, Tagebücher (1914)

Ermahnung

Der Buddha aus Lehm
ermahne nicht
den Buddha aus Ton.
Chinesisches Sprichwort

Nur der Minister
ermahnt den Herrscher,
nicht der Herrscher
den Minister.
Chinesisches Sprichwort

Ermüdung

Es gibt Momente,
in denen uns alles ermüdet,
sogar das, was zu unserer Erholung
beitragen sollte.
Fernando Pessoa, Das Buch der Unruhe
des Hilfsbuchhalters Bernardo Soares

Wie ermüdend,
geliebt zu werden,
wahrhaft geliebt zu werden!
Fernando Pessoa, Das Buch der Unruhe
des Hilfsbuchhalters Bernardo Soares

Zu schnell macht müde Beine.
Deutsches Sprichwort

Erneuerung

Die ständige Erneuerung der Natur
hilft uns ein wenig über die Schrecken
des eigenen Verfalls hinweg.
Harold Nicolson

Vernichtung allein bahnt den Weg
zu radikaler Erneuerung.
Hermann Graf Keyserling,
Reisetagebuch eines Philosophen

Erniedrigung

Denn wer sich selbst erhöht,
wird erniedrigt, und wer sich selbst
erniedrigt, wird erhöht werden.
Neues Testament, Matthäus 23, 12 (Jesus)

Erniedrige ich mich,
wenn ich mit den Menschen lebe,
die ich zeichne?
Erniedrige ich mich,
wenn ich in die Häuser der Arbeiter
und armen Leute gehe,
und wenn ich sie
in meinem Atelier empnfange?
Vincent van Gogh, Briefe

Gefallen wollen heißt,
sich erniedrigen.
Gustave Flaubert, Briefe
(an Louise Colet, 3. April 1852)

Ist es doch also der Lauf.
Erniedrigt werden die einen
Und die andern erhöht,
nach eines jeglichen Tugend.
Johann Wolfgang von Goethe, Reineke Fuchs

Nachzuahmen
Erniedrigt einen Mann von Kopf.
Friedrich Schiller, Dom Karlos (Karlos)

Sich erniedrigen,
das ist Steigen im Hinblick
auf die moralische Schwerkraft.
Die moralische Schwerkraft
lässt uns nach oben fallen.
Simone Weil, Schwerkraft und Gnade

Was auch immer geschieht:
Nie dürft ihr so tief sinken,
von dem Kakao,
durch den man euch zieht,
auch noch zu trinken.
Erich Kästner, Kurz und bündig. Epigramme

Wenn einer keine Erniedrigung
darin sieht,
mir meinen Schmutz nachzuräumen,
erniedrige ich ihn nicht;
wir meinen also, wir seien
völlig liberal und im Recht (...).
Hätte es keine Sklaverei gegeben,
man hätte sich nichts dergleichen
ausdenken können.
All das ist nicht nur eine Folge
der Sklaverei, es ist selbst Sklaverei,
nur in anderer Form.
Leo N. Tolstoi, Tagebücher (1889)

Wer sich selbst erniedrigt,
will erhöht werden.
Friedrich Nietzsche, Menschliches, Allzumenschliches

Ernst

Auf ernstem Lebensgrunde
zeigt sich das Heitere so schön.
Johann Wolfgang von Goethe,
Wilhelm Meisters Wanderjahre

Aus Scherz kann leicht Ernst werden.
Deutsches Sprichwort

Die Studien wollen nicht allein
ernst und fleißig,
sie wollen auch heiter und
mit Geistesfreiheit behandelt werden.
Johann Wolfgang von Goethe, Dichtung und Wahrheit

Ein Poet ist nichts, wenn er es nicht
mit Ernst und Kunstmäßigkeit ist.
Johann Wolfgang von Goethe,
Über den Dilettantismus

Ein Scherz hat oft gefruchtet,
wo der Ernst
Nur Widerstand hervorzurufen pflegte.
August Graf von Platen, Berenger

Ernst ist das Leben,
heiter ist die Kunst.
Friedrich Schiller, Wallenstein (Prolog)

Ernst mit Scherz trifft das Herz.
Deutsches Sprichwort

Ernsthaftigkeit ist die Zuflucht derer,
die nichts zu sagen haben.
Oscar Wilde

Es gibt Leute, die glauben,
alles wäre vernünftig,
was man mit einem ernsthaften
Gesicht tut.
Georg Christoph Lichtenberg, Sudelbücher

Es ist ihnen wohl Ernst,
aber sie wissen nicht,
was sie mit dem Ernst
machen wollen.
Johann Wolfgang von Goethe,
Maximen und Reflexionen

Gesuchter Ernst wirkt komisch; es ist,
als wenn sich zwei Extreme berühren,
in deren Mitte wahre Würde liegt.
Jean de La Bruyère, Die Charaktere

In wichtigen Dingen
soll man nicht abenteuern.
Deutsches Sprichwort

Je ernster die Lage, umso ernster kann
die Funktion des Unernstes werden.
Günther Anders, Die Antiquiertheit des Menschen. Bd. 2

Kann man denn nicht auch
lachend sehr ernsthaft sein?
Gotthold Ephraim Lessing,
Minna von Barnhelm (Minna)

Komik ist lediglich eine lustige Art,
ernst zu sein.
Peter Ustinov, Peter Ustinovs geflügelte Worte

Lebensklugheit bedeutet:
alle Dinge möglichst wichtig,
aber keines völlig ernst nehmen.
Arthur Schnitzler, Buch der Sprüche und Bedenken

Man kann auch Ernstes heiter sagen.
Curt Goetz

Man kann sich das Leben auch durch
zu großen Ernst verscherzen.
Peter Sirius

Nehmt den heiligen Ernst mit hinaus,
denn der Ernst, der heilige,
macht allein das Leben zur Ewigkeit.
Johann Wolfgang von Goethe,
Wilhelm Meisters Lehrjahre

Nur aus innig verbundenem Ernst und
Spiel kann wahre Kunst entspringen.
Johann Wolfgang von Goethe,
Der Sammler und die Seinigen

Nur dem Ernst,
den keine Mühe bleichet,
Rauscht der Wahrheit
tief versteckter Born.
Friedrich Schiller, Das Ideal und das Leben

Scherze niemals mit Leuten,
wenn du siehst, dass sie gerade
ernst und nachdenklich sind.
Philipp Stanhope Earl of Chesterfield, Briefe über die
anstrengende Kunst, ein Gentleman zu werden

Und wohin kann der Ernst
weiter führen, als zur Betrachtung
der Vergänglichkeit und des Unwerts
aller irdischen Dinge.
Johann Wolfgang von Goethe, Dichtung und Wahrheit

Unser Ernst ist eine geheimnisvolle
Einrichtung unseres Körpers, um die
Mängel unseres Geistes zu verbergen.
François de La Rochefoucauld, Reflexionen

Wenn der Ernst zu Jahren kommt,
wird er langweilig.
Oscar Wilde

Wenn wir anfangen, unser Versagen
nicht mehr so ernst zu nehmen,
so heißt das, dass wir es
nicht mehr fürchten.
Katherine Mansfield, Tagebücher

Wenn wir dir Dinge sehr ernst
nehmen, besteht die Gefahr, dass
die Dinge dann uns ernst nehmen.
Mário de Carvalho, Contos da Sétima Esfera

Zu ernst hat's angefangen,
um in Nichts zu enden.
Friedrich Schiller, Wallensteins Tod

Ernte

Bei Tau schneide keinen Weizen,
am Mittag schneide keinen Lauch.
Chinesisches Sprichwort

Der Bauer, der die ganze Arbeit tut,
soll als Erster seinen Teil
von der Ernte erhalten.
Neues Testament, Paulus (2 Timotheus 2, 6)

Der Dung gibt dir eine gute Ernte, das
Schicksal schenkt dir eine gute Frau.
Chinesisches Sprichwort

Die Ernte ist groß,
aber es gibt nur wenig Arbeiter.
Neues Testament, Matthäus 9, 37 (Jesus)

Die Ernte eines Jahres
besteht aus zwei Jahren Mühsal.
Chinesisches Sprichwort

Die Gerste wird vor dem Hafer reif.
Deutsches Sprichwort

Die mit Tränen säen,
werden mit Jubel ernten.
Altes Testament, Psalmen (126, 5)

Ein gutes Feld
trägt auch guten Weizen.
Chinesisches Sprichwort

Fällt viel Regen
im sechsten Mond,
wird überall Gold
aus der Erde wachsen.
Chinesisches Sprichwort

Gute Setzlinge
sind die halbe Ernte.
Chinesisches Sprichwort

In Schande gerät,
wer zur Erntezeit schläft.
Altes Testament, Sprüche Salomos 10, 5

Man säe nur, man erntet mit der Zeit.
Johann Wolfgang von Goethe, Faust II (Mephisto)

Mein Herz steht bis zum Hals
in gelbem Erntelicht
Wie unter Sommerhimmeln
schnittbereites Land.
Ernst Stadler, Sommer

Säen ist nicht so beschwerlich
als ernten.
Johann Wolfgang von Goethe,
Maximen und Reflexionen

Sät einer Gutes,
so schneidet er nicht Böses.
Deutsches Sprichwort

Sommerregen verheißt Korn.
Chinesisches Sprichwort

Weizen liefert das Achtzigfache,
Hirse das Dreitausendfache der Saat.
Chinesisches Sprichwort

Wer beim Säen träge ist,
wird beim Ernten neidisch.
Chinesisches Sprichwort

Wer Dornen sät,
darf nicht erwarten,
Rosen zu ernten.
Sprichwort aus Arabien

Wer Hirse sät,
rechne nicht auf Bohnen.
Chinesisches Sprichwort

Wer im Frühling nichts sät,
hat im Herbst nichts zu ernten.
Chinesisches Sprichwort

Wer mag es bewirken,
dass der Herbst kommt,
beladen mit reifen Beeren
in einem ernteeichen Jahr?
Notker III. Labeo, Kommentierte Boethius-Übersetzung

Wer überall sät,
wird nirgend ernten.
Sprichwort aus Frankreich

Wer zu faul zum Jäten ist,
wird Unkraut kauen müssen.
Chinesisches Sprichwort

Wie schön ist es zu säen,
damit geerntet werde!
Johann Wolfgang von Goethe, Italienische Reise

Wir müssen das ernten,
was wir zuvor gesät haben,
und hinnehmen,
was die Saat uns bringt.
Gottfried von Straßburg, Tristan

Wohl dem, der sagen darf:
Der Tag der Aussaat
war der Tag der Ernte.
Marie von Ebner-Eschenbach, Aphorismen

Zum Laternenfest gibt es
keine Mandarinen
und im Frühling keine Rüben.
Chinesisches Sprichwort

Eroberung

Alle Eroberer sind einander
irgendwo ähnlich in ihren Plänen,
in ihrem Geist und Charakter.
Joseph Joubert, Gedanken, Versuche und Maximen

Dem Eroberer sind die Menschen
Schachfiguren und eine verwüstete
Provinz ein Kohlenmeiler.
Mit wenigen Ausnahmen
sind die großen Helden
die großen Schandflecken
des Menschengeschlechts.
Johann Gottfried Seume, Apokryphen

Die Eroberer wird kein Buch
erobern und bereden;
aber gegen das vergiftende Bewundern
derselben soll man sprechen.
Jean Paul, Dämmerungen für Deutschland

Die Kunst ist keine Unterwerfung,
sie ist Eroberung.
André Breton, in: G. Metken (Hrsg.),
Als die Surrealisten noch Recht hatten

Disziplin
ist nur für Eroberer notwendig.
Leo N. Tolstoi, Tagebücher (1852)

Eine Eroberung weckt den Durst
nach einer weiteren Eroberung.
Niccolò Machiavelli,
Briefe (an Francesco Vettori, 10. Dezember 1514)

Frauen wollen nicht nur erobern,
sie wollen auch erobert sein.
William Makepeace Thackeray, Die Virginier

Große Eroberer werden immer
angestaunt werden, und die Universal-
historie wird ihre Perioden nach ihnen
zuschneiden. Das ist traurig, es liegt
aber in der menschlichen Natur.
Georg Christoph Lichtenberg, Sudelbücher

Mit Sturm ist da nichts einzunehmen;
Wir müssen uns zur List bequemen.
Johann Wolfgang von Goethe, Faust I (Mephisto)

Nichts ist so sicher geschützt, dass es
nicht mit Geld erobert werden könnte.
Marcus Tullius Cicero, Erste Verhandlung gegen Verres

Was anzieht, will erobert,
was abstößt, vernichtet sein.
Oswald Spengler, Urfragen.
Fragmente aus dem Nachlass

Eros

Als ersten von allen Göttern
ersann sie (die Göttin) den Eros.
Parmenides, Über die Natur

Am höchsten ehren die Götter
die Tugend im Geleit des Eros.
Platon, Das Gastmahl

»Denn Eros ist nicht, wie du glaubst,
Sokrates, die Liebe zum Schönen.«
»Aber was denn?«
»Die drängende Liebe zum Zeugen
und Befruchten im Schönen.«
Platon, Das Gastmahl (Diotima)

Denn für die Menge
ist das Eingestaltige
des göttlichen und wahren Eros
unfassbar.
Dionysios Aeropagites, Peri ton theon onomaton

Eros führt zum Urwesen zurück,
er will aus zweien eins machen
und die Menschennatur heilen.
Platon, Das Gastmahl

Eros ist an Jahren und Ehren
der reichste Gott, er,
der die Menschen edel und selig
macht, im Leben und im Tode.
Platon, Das Gastmahl

Es gehört mit zu den erotischen
Bedürfnissen mancher Frauen, dass
ihre Freundinnen Erlebnisse haben.
Arthur Schnitzler,
Aphorismen und Betrachtungen aus dem Nachlass

So herrsche denn Eros,
der alles begonnen!
Johann Wolfgang von Goethe, Faust II (Sirenen)

Unendlich schön ist Eros, und seine
Schönheit durchleuchtet Psyche
wie das Licht die Rose.
Bettina von Arnim, Tagebuch

Unter den seligen Göttern
allein ist Eros,
wenn das zu sagen erlaubt
und nicht zu vermessen ist,
der Seligste,
er, der Schönste und Beste.
Platon, Das Gastmahl

Erotik

Der erotische Wortschatz des Mannes
lehnt sich an die militärische Sprache
an.
Simone de Beauvoir, Das andere Geschlecht

Erotiker in der Klemme:
»Alle sind zu wenig (...),
eine ist zuviel!«
Alfred Polgar, Kleine Schriften, Band 3. Irrlicht

Es gibt keine erotische Beziehung,
in der von den Liebenden die Wahrheit
nicht immer gefühlt und nicht immer
wieder jede Lüge geglaubt würde.
Arthur Schnitzler, Buch der Sprüche und Bedenken

Für junge Mädchen besteht die erotische Transzendenz darin, zur Beute
zu werden, um Beute zu machen.
Simone de Beauvoir, Das andere Geschlecht

Ich hätte nie gedacht, dass auch Geld
erotischen Zauber haben kann.
Franziska Gräfin zu Reventlow, Tagebücher

Im Verlaufe erotischer Beziehungen
steigt der eine Teil für den andern
seelisch immer entschiedener zum
Individuum empor und sinkt
körperlich immer unrettbarer
zum Prinzip herab.
Arthur Schnitzler, Buch der Sprüche und Bedenken

Immer, wenn es in der Oper erotisch
wird, muss das Cello her. Deshalb ist
»Tristan« die Cello-Oper par excellence
Siegfried Palm

In der erotischen Enthemmung will
der Mann, der seine Geliebte umarmt,
sich im unendlichen Mysterium
des Fleisches verlieren.
Simone de Beauvoir, Das andere Geschlecht

Selbst wenn die Frau jung ist,
liegt in der Ehe eine Irreführung,
da sie mit der Absicht,
die Erotik zu sozialisieren,
nur erreicht hat, diese zu töten.
Zur Erotik gehört nämlich ein Anspruch
des Augenblicks gegen die Zeit,
des Individuums
gegen die Gemeinschaft.
Simone de Beauvoir, Das andere Geschlecht

Weil man sich nicht auf die Ehe
einlassen soll, darum braucht das
Leben nicht ohne Erotik zu sein.
Das Erotische darf sogar Unendlichkeit
haben, aber poetische Unendlichkeit,
die ebenso wohl auf eine Stunde wie
auf einen Monat beschränkt sein kann.
Søren Kierkegaard, Entweder – Oder

Werden Anblick, Verkehr und Umgang
miteinander genommen, so löst sich
die erotische Leidenschaft auf.
Epikur, Sprüche. In: Briefe, Sprüche, Werkfragmente

Erreichen

Immer wieder, mein Lucilius,
ruf dir ins Bewusstsein,
wie viel du erreicht hast:
Wenn du siehst,
wie viele dir vorangehen,
bedenke, wie viele hinter dir sind.
Lucius Annaeus Seneca, Briefe über Ethik

Nicht alles Wünschenswerte
ist erreichbar,
nicht alles Erkennenswerte
erkennbar.
Johann Wolfgang von Goethe,
Maximen und Reflexionen

Tätigkeit erreicht mehr als Klugheit.
Luc de Clapiers Marquis de Vauvenargues,
Reflexionen und Maximen

Was unerreichbar ist,
das rührt uns nicht!
Doch was erreichbar,
sei uns goldne Pflicht!
Gottfried Keller, Gedicht

Erröten

Aber eine ganze Nation
errötet niemals.
Heinrich von Kleist, Briefe
(an Adolphine von Werdeck, 28./29. Juli 1801)

Der Mensch ist das einzige Tier,
das rot wird – oder erröten sollte.
Mark Twain, Querkopf Wilsons neuer Kalender

Die Menschen erröten
weniger über ihre Laster
als über ihre Schwächen
und ihre Eitelkeit.
Jean de La Bruyère, Die Charaktere

Ein Brief errötet nicht.
Aber er vergilbt.
Erhard Blanck

Ein gesunder Mensch wird immer rot,
wenn er ein Gedicht gemacht hat.
Frank Wedekind, Die junge Welt (Holberg)

Erröten macht die Hässlichen so schön,
Und sollte Schöne nicht noch schöner
machen?
Gotthold Ephraim Lessing, Nathan der Weise (Saladin)

Erröten steht einem sehr gut.
Oscar Wilde, Das Bildnis des Dorian Gray

Nur wer beim Anblick des Errötens
selbst errötet, ist würdig,
nicht zu erröten.
Erhard Blanck

Wenn der Mensch
über sich selbst erröten könnte,
wie viele böse Taten,
verborgene und öffentlich bekannte,
würde er sich ersparen.
Jean de La Bruyère, Die Charaktere

Wie willst du weiße Lilien
zu roten Rosen machen?
Küss eine weiße Galathee:
Sie wird errötend lachen.
Friedrich von Logau, Sinngedichte

Ersatz

Es gibt keinen Ersatz für das Leben.
Lieber jung sterben als nur
um das Leben herumschnüffeln.
Arthur Rubinstein, Erinnerungen. Die frühen Jahre

Füge dich der Zeit,
erfülle deinen Platz,
Und räum ihn auch getrost:
Es fehlt nicht an Ersatz!
Friedrich Rückert, Gedichte

Für alles gibt es Ersatz.
Jean-Jacques Rousseau,
Träumereien eines einsamen Spaziergängers

Für das Lebendige ist kein Ersatz.
Novalis, Briefe

Geschäftigkeit und Wohltätigkeit
sind eine Gabe des Himmels,
ein Ersatz für unglücklich
liebende Herzen.
Johann Wolfgang von Goethe,
Stella (Madame Sommer)

Man schlägt auf den Sack
und meint den Esel.
Deutsches Sprichwort

Erscheinung

Die sinnliche Erscheinung gewinnt
ihre Wahrheit und Vollkommenheit
in der Vollkommenheit Gottes.
Nikolaus von Kues, Über die Schauung Gottes

Kein Geist
kann ohne Körper erscheinen.
Wilhelm Schulz, Die Statistik der Kultur

Nicht allen erscheinen
Unsterbliche sichtbar.
Homer, Odyssee

Nur darum ist dieses Gewimmel
von Erscheinungen angeordnet,
damit der Mensch an keiner hafte.
Heinrich von Kleist, Briefe (an Karl Freiherr von Stein
zum Altenstein, 4. August 1806)

Wir leben innerhalb
der abgeleiteten Erscheinungen
und wissen keineswegs,
wie wir zur Urfrage
gelangen sollen.
Johann Wolfgang von Goethe,
Maximen und Reflexionen

Erschöpfung

Ein Hafen
ist ein reizvoller Aufenthalt
für eine im Lebenskampf
erschöpfte Seele.
Charles Baudelaire, Kleine Gedichte in Prosa

(...) ich bin erschöpft nicht vom
Arbeiten oder von der Ruhepause,
sondern erschöpft von mir selbst.
Fernando Pessoa, Das Buch der Unruhe
des Hilfsbuchhalters Bernardo Soares

Erschütterung

Der Dichter will nicht belehren
und nicht bessern,
er will erschüttern und erheben.
Paul Ernst, Chriemhild (Nachwort)

Der Gerechte ist am wenigsten zu
erschüttern; der Ungerechte ist von
höchster Erschütterung durchdrungen.
Epikur, Sprüche. In: Briefe, Sprüche, Werkfragmente

Die Unerschütterlichkeit des Weisen
ist nichts anderes als die Kunst,
Erschütterungen nicht zu zeigen.
François de La Rochefoucauld, Reflexionen

Ich brauche immer Erschütterungen,
um zu fühlen, dass ich lebe.
Sonst gehe ich so im Dusel dahin.
Franziska Gräfin zu Reventlow, Tagebücher

Wenn es in unserem Leben
etwas Ewiges geben soll,
so sind es die Erschütterungen,
die wir in der Jugend empfangen.
Theodor Storm, Ein Bekenntnis

Erstarrung

Vom starren Blick
erstarrt des Menschen Blut.
Johann Wolfgang von Goethe, Faust I (Mephisto)

Wirst, erstarrtes Herz,
du wieder schlagen?
Johann Wolfgang von Goethe, Pandora (Epimeleia)

Erster

Dem Ersten gebührt der Ruhm,
auch wenn die Nachfolger
es besser gemacht haben.
Sprichwort aus Arabien

Denn wie gäbe es einen Ersten,
wenn ihm nicht ein Zweiter folgte?
Francesco Petrarca,
Gespräche über die Weltverachtung (Augustinus)

Ich möchte lieber der Erste hier
als der Zweite in Rom sein.
Gaius Iulius Caesar, überliefert bei Plutarch (Caesar)

Ertrag

Arbeit gewinnt Feuer aus Steinen.
Deutsches Sprichwort

Arbeit hat bittere Wurzel,
aber süße Frucht.
Deutsches Sprichwort

Die Arbeit ist unser,
das Gedeihen Gottes.
Deutsches Sprichwort

Erträge und Kosten
müssen im richtigen Verhältnis
zueinander stehen.
Helmut Kohl, Rede des Bundeskanzlers bei der
Meisterfeier der Handwerkskammer Düsseldorf 1986

Gute Bäume tragen zeitig.
Deutsches Sprichwort

Krumme Bäume tragen so viel Obst
wie die geraden.
Deutsches Sprichwort

Schwere Arbeit in der Jugend
ist sanfte Ruhe im Alter.
Deutsches Sprichwort

Weizen liefert das Achtzigfache,
Hirse das Dreitausendfache der Saat.
Chinesisches Sprichwort

Wer den Baum gepflanzt hat,
genießt selten seine Frucht.
Deutsches Sprichwort

Ertragen

Ein leichter Sinn trägt alles!
Johann Wolfgang von Goethe,
Die Leiden des jungen Werthers

Ertrage und missbillige nicht,
was nicht zu ändern ist.
Publilius Syrus, Sentenzen

Ertragen muss man,
was der Himmel sendet;
Unbilliges erträgt kein edles Herz.
Friedrich Schiller, Wilhelm Tell (Gertrud)

Es gibt Widerwärtigkeiten,
die unerträglich sind.
Marie de Rabutin-Chantal Marquise de Sévigné,
Briefe (an den Präsidenten von Moulceau,
20. Oktober 1682)

Nicht was,
sondern wie du erträgst,
ist von Belang.
Lucius Annaeus Seneca, Über die Vorsehung

Nichts begegnet einem,
was er von Natur
nicht zu ertragen vermag.
Mark Aurel, Selbstbetrachtungen

O ihr, die ihr Schweres ertragen habt,
ein Gott wird auch
diese Qualen beenden.
Vergil, Aeneis

Selig der Mensch,
der seinen Nächsten
in seiner Unzulänglichkeit
und Schwäche
genauso erträgt,
wie er von ihm
ertragen werden möchte,
wenn er in ganz ähnlicher Lage wäre.
Franz von Assisi, Ermahnungen

Was alle trifft, erträgt man leicht.
Karl Wilhelm Ramler, Fabellese

Wer kleine Widrigkeiten
nicht erträgt,
verdirbt sich damit große Pläne.
Konfuzius, Gespräche

Wer nicht ein wenig Leid
zu ertragen weiß,
muss damit rechnen,
viel zu leiden.
Jean-Jacques Rousseau, Emile

Ertrinken

Großer Vorsicht bedarf es bei denen,
die zu ertrinken im Begriff sind,
um ihnen ohne eigene Gefahr
Hilfe zu leisten.
Baltasar Gracián y Morales,
Handorakel und Kunst der Weltklugheit

Im Becher ersaufen mehr als im Meer.
Deutsches Sprichwort

Wenn du dein Schifflein
aufs Meer der Gottheit bringst,
Glückselig bist du dann,
so du darin ertrinkst.
Angelus Silesius, Der cherubinische Wandersmann

Erwachen

Aber schön ist auch die Zeit
des Erwachens, wenn man nur
zur Unzeit uns nicht weckt.
Friedrich Hölderlin, Hyperion

Nach jedem Traum
gibt es ein Erwachen –
auch nach dem erfüllten Traum.
Sam Peckinpah

Selbst der Schlaf ist nichts als die Flut
jenes unsichtbaren Weltmeers, und
das Erwachen das Eintreten der Ebbe.
Novalis, Die Lehrlinge zu Sais

Wach auf, mein Schatz!
Es leuchtet dort her
von Osten der lichte Tag.
Blinzle durch die Wimpern,
sieh den Glanz, wie das helle Blau d
es Himmels unaufhaltsam
das Grau durchdringt.
Oswald von Wolkenstein, Lieder (Wach auff)

Wenn ein Mann am Morgen aufwacht,
mit verstörtem Gesicht und mit der
grotesken Kopfbedeckung einer hell-
seidenen Mütze, deren Zipfel ihm über
die linke Schläfe fällt, dann sieht er
ganz gewiss recht komisch aus, und
es ist nicht leicht, in ihm jenen glorreichen Ehemann zu erkennen, den
Rousseaus Strophen gefeiert haben.
Honoré de Balzac, Physiologie der Ehe

Erwachsen

Als Kind ist jeder ein Künstler.
Die Schwierigkeit liegt darin,
als Erwachsener einer zu bleiben.
Pablo Picasso

Die Jugend kann nicht mehr
auf die Erwachsenen hören.
Dazu ist ihre Musik zu laut.
Oliver Hassencamp

Erwachsene nennen ihre Teddybären
Ideale.
Robert Lembke, Das Beste aus meinem Glashaus.
Humoristisches und Satirisches

Jeder hat das Recht zu leben,
mit wem er will und wie er will –
das ist das Recht
des erwachsenen Menschen.
Anton P. Tschechow, Briefe (Februar 1883)

Kinder, die man nicht liebt,
werden Erwachsene,
die nicht lieben.
Pearl S. Buck

Kinder müssen die Dummheiten
der Erwachsenen ertragen,
bis sie groß genug sind,
um sie zu wiederholen.
Jean Anouilh

Man träumt nicht mehr so schön,
wenn man erwachsen ist.
Knut Hamsun, Mysterien

Erwägung

Der Mensch sollte
alle seine Werke zunächst einmal
in seinem Herzen erwägen,
bevor er sie ausführt.
Hildegard von Bingen, Mensch und Welt

Erst wägen, dann wagen!
Erwägung (vor der Tat).
Oswald Spengler, Urfragen.
Fragmente aus dem Nachlass

Fähigkeit ruhiger Erwägung –
Anfang aller Weisheit,
Quell aller Güte!
Marie von Ebner-Eschenbach, Aphorismen

Erwartung

Das Unerwartete zu erwarten, verrät
einen durchaus modernen Geist.
Oscar Wilde,
Sätze und Lehren zum Gebrauch für die Jugend

Die Erwartung ist eine Kette,
die alle unsere Freuden verbindet.
Charles de Secondat, Baron de la Brède
et de Montesquieu, Meine Gedanken

Die Leute sind wirklich erstaunlich:
Sie erwarten einfach,
dass man sich für sie interessiert.
Jules Renard, Ideen, in Tinte getaucht.
Aus dem Tagebuch von Jules Renard

Ein Vergnügen erwarten
ist auch ein Vergnügen.
Gotthold Ephraim Lessing,
Minna von Barnhelm (Fräulein)

Erwarte vom anderen,
was du ihm selbst getan.
Publilius Syrus, Sentenzen

Gespannte Erwartung
wird selten befriedigt.
Johann Wolfgang von Goethe,
Unterhaltungen deutscher Ausgewanderter

Ich bin nicht,
was die Menschen von mir halten,
mich drücken ihre Erwartungen.
Heinrich von Kleist, Briefe
(an Ulrike von Kleist, 12. Januar 1802)

Kein Unglücklichsein gleicht der
Erwartung des Unglücklichseins.
Pedro Calderón de la Barca,
Das größte Scheusal der Welt

Nichts als ein Erwarten,
ewige Hilflosigkeit.
Franz Kafka, Tagebücher (1914)

Überall, zwei Schritte
von deinen täglichen Wegen,
gibt es eine andere Luft,
die dich zweifelnd erwartet.
Elias Canetti, Die Provinz des Menschen.
Aufzeichnungen 1942–1972

Was du erwartest, schätzest du zu sehr.
Johann Wolfgang von Goethe,
Die natürliche Tochter (Herzog)

Erwerb

Denn festhalten müssen wir,
was wir uns selbst erworben haben.
Heinrich von Kleist, Briefe
(an Wilhelmine von Zenge, 16.–18. November 1800)

Der ersparte Pfennig
ist redlicher als der erworbene.
Martin Luther, überliefert von Julius Wilhelm Zincgref
(Apophthegmata)

Die Menge ist eher bereit,
sich fremder Habe zu bemächtigen,
als das Ihrige zu schützen.
Auf die Menschen wirkt
die Hoffnung des Erwerbs
stärker als die Besorgnis
vor Verlusten.
Niccolò Machiavelli, Geschichte von Florenz

Die Menschen glauben,
nur dann ihren Besitz
sicher zu haben,
wenn sie von anderen
etwas hinzuerwerben.
Niccolò Machiavelli, Vom Staat

Nur was ich selbst hervorgebracht und
immer wieder aufs Neue mir erwerbe,
ist für mich Besitz.
Friedrich Schleiermacher, Monologen

Was du ererbt von deinen Vätern hast,
Erwirb es, um es zu besitzen!
Johann Wolfgang von Goethe, Faust I (Faust)

Wer nicht erwirbt,
der verdirbt.
Deutsches Sprichwort

Erzählen

Das Merkmal geistiger Mittelmäßigkeit
ist die Sucht,
immer etwas zu erzählen.
Jean de La Bruyère, Die Charaktere

Denn unsterblich in Tönen lebt fort,
Was ein Mund kunstvoll erzählt hat.
Pindar, Isthmische Ode

Die großen Erzähler sind nicht
die großen Macher.
Sprichwort aus Frankreich

Eine kurze Erzählung
hört sich angenehm an,
zieht sie sich in die Länge,
wird man ihrer überdrüssig.
Ecbasis captivi in belehrender Gestalt (Kälbchen)

Erzählen heißt: der Wirklichkeit
zur Wirksamkeit zu verhelfen.
Jean-Paul Sartre

Geschichten werden niemals richtig
erlebt, nur manchmal, sehr selten,
richtig erzählt.
Alfred Polgar, Kleine Schriften, Band 3. Irrlicht

Jede gute Erzählung,
so wie gute Dichtung,
umgibt sich von selber
mit Lehren.
Jean Paul, Levana

Man mindert oft sein Leid,
indem man es erzählt.
Pierre Corneille, Polyeukt

Erziehung

Alle Erziehung, ja alle geistige
Beeinflussung beruht vornehmlich auf
Bestärken und Schwächen. Man kann
niemanden zu etwas bringen, der nicht
schon dunkel auf dem Wege dahin ist,
und niemanden von etwas abbringen,
der nicht schon geneigt ist, sich ihm
zu entfremden.
Christian Morgenstern, Stufen

Alle Mittel und Künste der Erziehung
werden erst von dem Ideale
oder Urbilde derselben bestimmt.
Jean Paul, Levana

Am Ende treiben sie's
nach ihrer Weise fort,
Als wenn sie nicht erzogen wären.
Johann Wolfgang von Goethe, Faust II (Chiron)

Anerzogen ist wie angeklebt,
manchmal aber
verwächst das Angeklebte.
Marie von Ebner-Eschenbach, Aphorismen

Aufgabe der Erziehung wäre es, den
metaphysischen Hunger des Menschen
durch Mitteilung von Tatsachen
in weisem Maß zu stillen,
statt ihn durch Märchen,
was ja die Dogmen sind,
zu betrügen.
Arthur Schnitzler, Zurückgelegte Sprüche

Barmherzige Mütter
ziehn grindige Töchter.
Deutsches Sprichwort

Begabte Menschen
erziehe mit den Augen,
mittelmäßige mit Worten
und die dummen mit dem Stock.
Chinesisches Sprichwort

Das Geheimnis der Kindererziehung
besteht darin zu wissen, wann man
seine Geduld verlieren muss.
Elizabeth Taylor

Das gibt sich, sagen schwache Eltern
von den Fehlern ihrer Kinder.
O nein! Es gibt sich nicht.
Es entwickelt sich.
Marie von Ebner-Eschenbach, Aphorismen

Das Grundproblem der Kindererziehung besteht darin, zu verhindern,
dass die Kleinen werden, wie wir sind.
Robert Lembke, Das Beste aus meinem Glashaus.
Humoristisches und Satirisches

Das Heil der Erziehung
können den verzognen
und verziehenden Staaten
und den beschäftigten Vätern
nur die Mütter bringen.
Jean Paul, Levana

Das sind auch nicht immer
die schlechtesten Menschen,
die störrisch sind.
Immanuel Kant, Über Pädagogik

Das Spaßige an der üblichen
Erziehung ist, dass man den jungen
Mädchen nichts anderes beibringt, als
was sie schnellstens wieder vergessen
müssen, sobald sie verheiratet sind.
Stendhal, Über die Liebe

Das Weib erzieht ein Bäumchen
um der Blüten willen,
der Mann hofft auf Früchte.
August von Kotzebue, Leontine

Das Wichtigste ist in erster Linie,
dass man zu Selbertun und nicht
zur Passivität erzogen wird.
Richard von Weizsäcker, Wissenschaft und Phantasie –
Herausforderungen unserer Zeit (Interview 1985)

Das Wichtigste ist,
Lust und Liebe zur Sache zu wecken,
sonst erzieht man nur gelehrte Esel.
Michel Eyquem de Montaigne, Die Essais

Daseinszweck des Kindes ist es,
sein eigenes Leben zu leben.
Alexander S. Neill,
Theorie und Praxis der antiautoritären Erziehung

Dass das Zeitalter so viel über
Erziehung schreibt, setzt gleich
sehr ihren Verlust und das Gefühl
ihrer Wichtigkeit voraus.
Jean Paul, Levana

Dass gewisse Leute im Guten nicht
so weit gehen, wie sie könnten,
liegt an ihrer schlechten Erziehung.
Jean de La Bruyère, Die Charaktere

Dass so viel Ungezogenheit
gut durch die Welt kommt,
daran ist die Wohlerzogenheit schuld.
Marie von Ebner-Eschenbach, Aphorismen

Denn ich halte es andererseits auch
durchaus nicht für angemessen,
dass die Väter durchweg nur hart
und streng gegen ihre Kinder sind;
sie sollen vielmehr bei Gelegenheit
auch nachsichtig gegen deren Fehler
sein und sich selbst daran erinnern,
dass auch sie einst jung gewesen.
Plutarch, Über Kindererziehung

Denn jede Zucht und Kunst beginnt
zu früh, wo die Natur des Menschen
noch nicht reif geworden ist.
Friedrich Hölderlin, Hyperion

Denn seht!
Wir empfangen Freude und Leid,
unsere wahren Erzieher,
aus der Mutterhand der Natur.
Georg Forster, Über die Beziehung der Staatskunst auf
das Glück der Menschheit

Der eine bedarf der Zügel,
der andere der Sporen.
Marcus Tullius Cicero, Ad Atticum

Der größte Fehler, den man bei
der Erziehung zu begehen pflegt,
ist dieser, dass man die Jugend nicht
zum eigenen Nachdenken gewöhnt.
Gotthold Ephraim Lessing,
Briefe, die neueste Literatur betreffend

Der Mensch ist das einzige Geschöpf,
das erzogen werden muss.
Immanuel Kant, Über Pädagogik

Der Mensch kann nur Mensch werden
durch Erziehung. Er ist nichts,
als was die Erziehung aus ihm macht.
Immanuel Kant, Über Pädagogik

»Der Mensch kann nur Mensch werden
durch Erziehung« (Kant).
Kommentar:
Der Mensch kann auch nur Unmensch
werden durch Erziehung.
Ludwig Marcuse, Argumente und Rezepte.
Ein Wörter-Buch für Zeitgenossen

Der Stein schärft die Messer,
aber er ist selber stumpf.
Sprichwort aus Italien

Der Stock überwindet
entweder den Menschen,
oder der Mensch überwindet
den Stock.
Max Stirner, Der Einzige und sein Eigentum

Derjenige unter uns,
der das Gute und Böse dieses Lebens
am besten ertragen kann,
ist nach meiner Auffassung
am besten erzogen.
Jean-Jacques Rousseau, Emile

Die antiautoritäre Erziehung
können nur Leute erfunden haben,
die selber keine Kinder haben.
Liselotte Pulver

Die beste Erziehungsmethode
für ein Kind ist, ihm eine gute Mutter
zu verschaffen.
Christian Morgenstern, Stufen

Die beste Politik, sagt man,
sei pas trop gouverner;
es gilt auch für die Erziehung.
Jean Paul, Levana

Die Bildung des Gedankenkreises –
also Unterricht – ist der wesentliche
Teil der Erziehung.
Johann Friedrich Herbart, Allgemeine Pädagogik aus
dem Zweck der Erziehung abgeleitet

Die erste Erziehung ist am wichtigsten,
und diese erste Erziehung
kommt unzweifelhaft den Frauen zu.
Jean-Jacques Rousseau, Emile

Die Erziehung besteht
aus verschiedenen Elementen:
Das älteste und wirksamste
ist Beispiel, Gelegenheit, Befriedigung,
so wie ein Vogel seinen Jungen zeigt,
wie man fliegt.
Auf dieser Ebene ist das Unmittelbare,
das Mündliche, das Allerbeste.
Yehudi Menuhin, Variationen

Die Erziehung der Kinder
ist eine Uraufgabe, eine von Gott
den Eltern auferlegte Pflicht,
ist ihr ureigenstes Recht.
Franz Josef Strauß, Bayernkurier, 9. Juli 1977

Die Erziehung des Individuums
erstrebt die Erweckung eines
auf den Dienst am Nebenmenschen
gerichteten Ideales, das an die Stelle
der Glorifizierung von Macht
und Erfolg zu treten hat.
Albert Einstein, Aus meinen späten Jahren

Die Erziehung, die man gewöhnlich
den jungen Menschen gibt,
ist nur eine zweite Eigenliebe,
die man auf sie überträgt.
François de La Rochefoucauld, Reflexionen

Die Erziehung ist ein Radiermesser,
das den Klecks durchschimmern lässt.
Jean Paul, Aphorismen

Die Erziehung soll
zärtlich und streng sein,
aber nicht kalt und weich.
Joseph Joubert, Gedanken, Versuche und Maximen

Die Erziehung verlangt größte Sorgfalt, die auch den meisten Nutzen
bieten wird – leicht ist es nämlich,
bislang noch zarte Seelen zu ordnen,
mühevoll werden zurückgeschnitten
Fehler, die mit uns groß geworden
sind.
Lucius Annaeus Seneca, Über den Zorn

Die Erziehung, welche bis jetzt –
mit wenigen Ausnahmen –
das weibliche Geschlecht genossen,
lief darauf hinaus, die Frauen
unselbstständig zu erhalten
und ihr eigenes Urteil
von den Urteilen anderer
abhängig zu machen.
Louise Otto-Peters, Die Demokratinnen

Die gegenwärtige Erziehung der Frauen,
diese tolle Mischung von frommen
Übungen und recht irdischen Liedern
(»Wie hüpft mein Herz vor Wonne« aus
der »Diebischen Elster« von Rossini)
ist mehr als irgendetwas anderes dazu
angetan, das Glück zu verbauen.
Diese Erziehung füllt die Köpfe
mit Unvernunft.
Stendhal, Über die Liebe (Fragmente)

Die größte Wirkung jedoch auf mein
junges Wesen tat eine fromme Erziehung, die ein gewisses Gefühl des
Rechtlichen und Schicklichen, als
von Allgegenwart göttlicher Liebe
getragen, in mir entwickelte.
Johann Wolfgang von Goethe,
Wilhelm Meisters Wanderjahre

Die Halunken suchen immer Deckung
hinter der guten Erziehung
ihrer Gegner.
Otto Ernst, Der Erbförster

Die Herren der Frauen verlangen mehr
als einfachen Gehorsam und wandten
die ganze Macht der Erziehung an,
um ihren Zweck zu erreichen.
John Stuart Mill, Die Hörigkeit der Frau

Die heute bei jungen Mädchen anzutreffende Erziehung ist ein Ergebnis
des Zufalls und alberner Vorurteile;
sie lässt die Fülle glänzender Fähigkeiten ungenutzt, durch die sie sich
selbst wie auch uns glücklich machen
könnten.
Stendhal, Über die Liebe

Die innere Entwicklung unserer
Fähigkeiten und unserer Organe ist die
Erziehung der Natur. Der Gebrauch,
den man uns von dieser Entwicklung
machen lehrt, ist die Erziehung durch
die Menschen; und die Erwerbung
unserer eigenen Erfahrung mittels
der Gegenstände, die uns rühren,
ist die Erziehung durch die Dinge.
Jean-Jacques Rousseau, Emile

Die intellektuelle Erziehung ist in
Deutschland vollkommen, aber alles
geschieht dort nur in der Theorie:
Die praktische Erziehung ist ganz und
gar von den Umständen abhängig.
Germaine Baronin von Staël, Über Deutschland

Die Lösung für die Menschheit liegt
in der richtigen Erziehung der Jugend,
nicht in der Heilung von Neurotikern.
Alexander S. Neill,
Theorie und Praxis der antiautoritären Erziehung

Die Mädchen werden zu Sklavinnen
erzogen und gewöhnen sich an den
Gedanken, sie seien lediglich auf der
Welt, um es ebenso zu machen wie
ihre Großmütter – Kanarienvögelhecken zu halten, Herbarien anzulegen, kleine bengalische Topfrosen
zu begießen, zu sticken oder Kragen
zu häkeln.
Honoré de Balzac, Physiologie der Ehe

Die meisten Eltern und Erzieher leben
der Ansicht, dass die Sittlichkeit der
Jugend beider Geschlechter am besten
durch Nichtwissen bewahrt werde.
Fanny Lewald, Meine Lebensgeschichte

Die Menschen gleichen darin den
Kindern, dass sie unartig werden,
wenn man sie verzieht; daher man
gegen keinen zu nachgiebig
und liebreich sein darf.
Arthur Schopenhauer, Aphorismen zur Lebensweisheit

Die Mütter der ganzen Welt haben die
Pflicht, die Saat des Friedens zu säen,
das Denken ihrer Kinder
bestimmen zu helfen.
Albert Einstein, Warum Krieg?

Die Mutter erfüllt nur ihre Aufgabe,
wenn sie das Kind lieben lehrt.
Karin Struck, Die Mutter

Die Quelle und die Wurzel
aller Trefflichkeit ist eine
wohl geordnete Erziehung.
Plutarch, Über Kindererziehung

Die Regierungen sind die wahren
Erzieherinnen der Völker.
Germaine Baronin von Staël, Über Deutschland

Die Schule liegt draußen,
Erziehung ist Innensache,
Sache des Hauses, und vieles,
ja das Beste, kann man nur
aus der Hand der Eltern empfangen.
Theodor Fontane, Meine Kinderjahre

Die Söhne erziehe in der Halle,
die Frau – in den Kissen.
Chinesisches Sprichwort

Die Werkzeuge der künstlichen
Unwissenheit trugen die Erzieher des
Menschengeschlechts zusammen, ihrer
bedienten sie sich, um, wo möglich,
allen Menschen einerlei Oberfläche
und Glätte zu geben, da doch das
Naturgesetz, welches sie unwissend
verkennen oder wissentlich übertreten,
keine andere Bildung als jene gestattet, die in jedem einzelnen Menschen
von innen heraus, nach Maßgabe seiner eigentümlichen Kräfte geschieht.
Georg Forster, Über die Beziehung der Staatskunst auf
das Glück der Menschheit

Die Zweige des Maulbeerbaumes
werden gebogen, wenn sie jung sind.
Chinesisches Sprichwort

Du bildest dir ein,
durch deine erzieherischen Talente
einen Menschen gewandelt zu haben,
und doch hast du meist nur einen
Komödianten, einen Heuchler oder
einen Feigling aus ihm gemacht.
Arthur Schnitzler, Buch der Sprüche und Bedenken

Du hast keinen Willen!
So hieß es immer. Und damit
wurde der Grund zu einem willenlosen
Charakter gelegt.
August Strindberg, Der Sohn der Magd

Erziehung

Durch die Erziehung wird die Uhr aufgezogen, doch ist die Feder nicht stark genug, bricht sie, und die ganze Maschinerie schnurrt herunter, zurück, bis Ruhe eintritt.
August Strindberg, Der Sohn der Magd

Ein Kind muss bloß durch sich und seine Triebfeder handeln, das ist Neugierde: Die muss geleitet und gelenkt werden, ihm aber keine fremde eingepflanzt werden.
Johann Gottfried Herder, Journal meiner Reise im Jahr 1769

Ein kluges Kind, das mit einem närrischen erzogen wird, kann närrisch werden.
Georg Christoph Lichtenberg, Sudelbücher

Ein Schullehrer und Professor kann keine Individuen erziehen, er erzieht bloß Gattungen.
Georg Christoph Lichtenberg, Sudelbücher

Ein System der Erziehung aber, welches lediglich darauf abzweckte, den Menschen in sich selbst unabhängiger zu machen, anstatt ihm schwere Ketten anzulegen, sollte es nichts zur wahren Vervollkommnung und durch diese zum Glück unserer Gattung beitragen können?
Georg Forster, Über die Beziehung der Staatskunst auf das Glück der Menschheit

Ein Vielfraß wird nicht geboren, sondern erzogen.
Deutsches Sprichwort

Eine Frau erziehen, heißt, einem Affen ein Messer in die Hand drücken.
Sprichwort aus Indien

Einen jungen Zweig biegt man, wohin man will.
Deutsches Sprichwort

Einen Menschen erziehen, heißt, seinen Willen bestimmen; ihn gut erziehen, heißt, seinen Willen gewöhnen, stets nur das Gute zu erstreben.
Paul Anton de Lagarde, Deutsche Schriften

Einen Menschen zum Menschen erziehen zu wollen, ist eitel menschlicher Kram, zum Menschen ist er von Gott geschaffen, dass aber die Seinen ihm den ganzen geschichtlichen Reichtum, den sie überkommen und gesammelt haben, als gute Hausväter (...) treulich überliefern, das ist Erziehung.
Achim von Arnim, Der Wintergarten

Eines der größten Probleme der Erziehung ist, wie man die Unterwerfung unter den gesetzlichen Zwang mit der Fähigkeit, sich seiner Freiheit zu bedienen, vereinigen könne.
Denn Zwang ist nötig!
Wie kultiviere ich die Freiheit bei dem Zwange?
Immanuel Kant, Über Pädagogik

Eltern erziehen gemeiniglich ihre Kinder nur so, dass sie in die gegenwärtige Welt, sei sie auch verderbt, passen. Sie sollten sie aber besser erziehen, damit ein zukünftiger besserer Zustand hervorgebracht werde.
Immanuel Kant, Über Pädagogik

Eltern verzeihen ihren Kindern die Fehler am schwersten, die sie selbst ihnen anerzogen haben.
Marie von Ebner-Eschenbach, Aphorismen

Erwachsen also unter lauter Wortkrämerei und tätiger Lüge, lernt der Knabe nur eine Wahrheit kennen, die er auch von ganzem Herzen glaubt, nämlich: »Krieche wie die, so vor dir sind, durchs Leben, genieße und schwätze viel; tue aber wenig, alles nur für dich, damit du dir nichts abbrechest, und fröne deinen Lüsten.«
Johann Gottfried Herder, Vom Erkennen und Empfinden der menschlichen Seele

Erziehung gibt dem Menschen nichts, was er nicht auch aus sich selbst haben könnte: Sie gibt ihm das, was er auch aus sich selbst haben könnte, nur geschwinder und leichter.
Gotthold Ephraim Lessing, Die Erziehung des Menschengeschlechts

Erziehung heißt, die Jugend an die Bedingungen gewöhnen, zu den Bedingungen bilden, unter denen man in der Welt überhaupt, sodann aber in besonderen Kreisen existieren kann.
Johann Wolfgang von Goethe, »Gabriele« von J. Schopenhauer

Erziehen heißt Vorleben. Alles andere ist höchstens Dressur.
Oswald Bumke

Erziehung ist Beispiel und Liebe, sonst nichts.
Friedrich Wilhelm August Fröbel

Erziehung ist organisierte Verteidigung der Erwachsenen gegen die Jugend.
Mark Twain

Erziehung ist ein Verfahren, das einer riesigen Menschenschar das Lesen beibrachte, aber nicht imstande war, unterscheiden zu lehren, was lesenswert ist.
George M. Trevelyan

Erziehung ist stärker als die eigene Natur.
Sprichwort aus Frankreich

Erziehung und Unterricht treiben aus uns schöne Keime, als sollten wir zu Griechen erwachsen; später nimmt uns statt des Gärtners der Baumeister, der Staat, im Empfang.
Jean Paul, Dämmerungen für Deutschland

Es gibt keine andere vernünftige Erziehung, als Vorbild sein, wenn's nicht anders geht, ein abschreckendes.
Albert Einstein, Mein Weltbild

Es ist ausgemacht, dass die schlechte Erziehung der Frauen viel mehr Unheil anrichtet als die der Männer.
Fénelon, Über die Erziehung der Mädchen

Es ist eine übertriebene Zuversicht der Eltern, alles von der guten Erziehung ihrer Kinder zu erhoffen, und ein großer Irrtum, gar nichts davon zu erwarten und sie deshalb zu vernachlässigen.
Jean de La Bruyère, Die Charaktere

Es ist nicht gut, den Kindern die Moral scherzend beibringen zu wollen.
Joseph Joubert, Gedanken, Versuche und Maximen

Es will mir einseitig erscheinen, die Mädchen lediglich fürs Heiraten zu erziehen. Dass es ihr naturgemäßer Beruf sei, wer könnte es leugnen? Es gibt keinen würdigern, keinen schönern, aber ist es ausgemacht, dass jedes Mädchen sich verheiraten müsse?
Fanny Lewald, Einige Gedanken über Mädchenerziehung

Es wird ja doch nicht einmal bloß eine Seele und ein andermal bloß ein Körper erzogen, sondern ein Mensch; den darf man nicht aufspalten.
Michel Eyquem de Montaigne, Die Essais

Fähigkeiten werden vorausgesetzt, sie sollen zu Fertigkeiten werden. Dies ist der Zweck aller Erziehung.
Johann Wolfgang von Goethe, Die Wahlverwandtschaften

Gleich von der Kindheit an putzt eine unvernünftige Erziehung unseren Geist auf und verdirbt unser Urteil.
Jean-Jacques Rousseau, Abhandlung über die Wissenschaften und Künste

Gute Erziehung – ein zweischneidiges Schwert. Mancher wird nie ein wirklicher Mensch, ein Mensch von Umfang, infolge seiner guten Erziehung.
Christian Morgenstern, Stufen

Gute Erziehung ist das,
woraus alles Gute
in der Welt entspringt.
Immanuel Kant, Über Pädagogik

Gute Erziehung ist die Fähigkeit,
verbergen zu können, wie viel wir
von uns selber halten und wie wenig
von unserem Gegenüber.
Josef Meinrad

Heiraten darf nur, wer,
ohne bemittelt zu sein,
leben und sein Kind erziehen kann.
Leo N. Tolstoi, Tagebücher (1900)

Himmel, warum find ich
in Erziehbüchern stets etwas Gutes
und an Erziehern selten dergleichen?
Jean Paul, Levana

Hinter der Rute steht,
mächtiger als sie, unser – Trotz,
unser trotziger Mut.
Max Stirner, Der Einzige und sein Eigentum

Ich bin gegen jede Gewaltanwendung
bei der Erziehung einer jungen Seele,
die an das Gefühl für Ehre
und Freiheit gewöhnt werden soll.
Michel Eyquem de Montaigne, Die Essais

Ich glaube, sehr viele Menschen
vergessen über ihrer Erziehung
für den Himmel die für die Erde.
Georg Christoph Lichtenberg, Sudelbücher

Ihr Sohn stottert: Lassen Sie ihn
nicht auf die Rednerbühne steigen.
Jean de La Bruyère, Die Charaktere

Im Grunde:
Es wird uns ein fremder Hut
aufgesetzt auf einen Kopf,
den wir noch gar nicht haben.
Heimito von Doderer, Repertorium. Ein Begreifbuch
von höheren und niederen Lebens-Sachen

In einer Lampe ohne Öl
wird der Docht umsonst verbrannt.
Chinesisches Sprichwort

Je länger die Schnur,
desto höher fliegt der Drache.
Chinesisches Sprichwort

Jede Frau wird von frühester Jugend
an erzogen in dem Glauben, das Ideal
eines weiblichen Charakters sei ein
solcher, welcher sich im geraden Gegensatz zu dem des Mannes befindet;
kein eigener Wille, keine Herrschaft
über sich durch Selbstbestimmung,
sondern Unterwerfung, Fügsamkeit
und die Bestimmung durch andere.
John Stuart Mill, Die Hörigkeit der Frau

Jede wohlverstandene Erziehung
geht darauf aus, sich zu erübrigen.
André Gide

Jedes Kind, das etwas taugt,
wird mehr durch Auflehnung
als durch Gehorsam lernen.
Peter Ustinov, Peter Ustinovs geflügelte Worte

Jedes menschliche Wesen
hat Anspruch auf eine Erziehung,
die es fähig macht,
auf sich selbst zu ruhen.
Malvida von Meysenburg, Memoiren einer Idealistin

Kinder brauchen eher das Vorbild
als die Kritik.
Joseph Joubert, Gedanken, Versuche und Maximen

Kinder brauchen viel Liebe
und Beispiel und sehr wenig
Religionslehre.
Carl Hilty, Glück

Kinder sollen nicht dem gegenwärtigen, sondern dem zukünftig
möglichen bessern Zustande des
menschlichen Geschlechts, das ist:
der Idee der Menschheit und deren
ganzer Bestimmung angemessen,
erzogen werden.
Immanuel Kant, Über Pädagogik

Kluge Ehemänner, man muss dem
Frieden die väterliche Liebe aufopfern.
Jean-Jacques Rousseau, Emile

Lang genug geschliffen,
wird aus einem Stößel
zu guter Letzt eine Nadel.
Chinesisches Sprichwort

Lieber ungezogen Kind
als verzogen Kind.
Deutsches Sprichwort

Man darf ferner, wie ich behaupte,
die Kinder nicht durch Schläge
und Misshandlungen
zu gutem Betragen anhalten,
sondern nur durch Ermahnungen
und vernünftiges Zureden.
Plutarch, Über Kindererziehung

Man darf nicht vergessen,
dass man der Jugend nur das
in die Seele legen darf,
von dem man wünscht,
dass es immer darin bleibe.
Fénelon, Über die Erziehung der Mädchen

Man denkt nur daran, sein Kind
zu erhalten; das ist nicht genug.
Man muss es auch lehren,
sich zu erhalten, wenn es erwachsen ist,
die Schläge des Schicksals zu ertragen,
dem Reichtum und der Armut
zu trotzen, auf Islands Eisschollen
oder auf Maltas glühenden Felsen
zu leben, wenn es sein muss.
Jean-Jacques Rousseau, Emile

Man formt die Pflanzen
durch die Pflege
und die Menschen
durch die Erziehung.
Jean-Jacques Rousseau, Emile

Man kann Dummheit sorgfältig durch
Erziehung zu Vorurteilen herbeiführen.
Alexander Mitscherlich

Man leitet die Kinder an zu Furcht
oder Gehorsam; Geiz, Stolz oder
Furchtsamkeit der Väter schulen sie
in Sparsamkeit, Hochmut und Unterwürfigkeit. Man ermutigt sie auch
noch nachzubeten, was andere sagen:
Niemand denkt daran, sie originell,
kühn und unabhängig zu machen.
Luc de Clapiers Marquis de Vauvenargues,
Nachgelassene Maximen

Man muss aus dem Menschen
etwas herausbringen,
und nicht in ihn hinein.
Friedrich Fröbel, Menschenerziehung

Man muss dahin sehen, dass der Zögling aus eignen Maximen, nicht aus
Gewohnheit, gut handle, dass er nicht
bloß das Gute tue, weil es gut ist.
Denn der ganze moralische Wert
der Handlungen besteht
in den Maximen des Guten.
Immanuel Kant, Über Pädagogik

Mit dem Dressieren ist es
noch nicht ausgerichtet,
sondern es kommt vorzüglich
darauf an, dass Kinder denken lernen.
Immanuel Kant, Über Pädagogik

Nachlässigkeit richtet selbst vorzügliche Anlagen der Natur zugrunde,
Belehrung aber verbessert
eine schlechte Anlage.
Plutarch, Über Kindererziehung

Nicht nur für die Gegenwart
ist das Kind zu erziehen –
denn diese tut es ohnehin unaufhörlich
und gewaltsam –,
sondern für die Zukunft.
Jean Paul, Levana

Nicht ohne Plage
wird der Mensch erzogen.
Menandros, Monostichoi

Nichts macht einen zarteren und
tieferen Eindruck auf den Geist
des Menschen als das Beispiel.
John Locke, Gedanken über Erziehung

Nur Fürsten und Weiber allein werden
für eine bestimmte Zukunft erzogen,
die übrigen Menschen für unbestimmte,
für den Reichtum des Schicksals
an Richtungen und Ständen.
Jean Paul, Levana

Pflege des Körpers,
technischer Unterricht –
Vernachlässigung des Geistes,
Unkenntnis der Pflichten,
das sind die Merkmale
der neuen Erziehung.
Joseph Joubert, Gedanken, Versuche und Maximen

Seife und Erziehung wirken
nicht so schnell wie ein Massaker,
aber auf die Dauer sind sie tödlicher.
Mark Twain, Sketche alt und neu

Sie sollen nur erst einmal ihre eigenen
Kinder erziehen und mir dann sagen,
wie ich meins erziehen soll.
Franziska Gräfin zu Reventlow, Tagebücher

Sobald man sich mit Erziehung
befasst, erkennt man seine eigenen
Schwächen. Und hat man diese
einmal erkannt, so beginnt man,
sie auszumerzen. An der Ausmerzung
der eigenen Schwächen arbeiten, ist
aber das beste Mittel zur Erziehung
sowohl der eigenen wie auch fremder
Kinder und erwachsener Menschen.
Leo N. Tolstoi, Tagebücher (1895)

Übermäßiges Lob
blähet den Jüngling auf
und machet ihn eitel.
Plutarch, Über Kindererziehung

Um den Kühnsten zu bilden,
bilde kühn!
Jean Paul, Levana

Um Kinder erziehen zu können,
wartet doch wenigstens so lange,
bis ihr selber keine mehr seid!
Jean-Jacques Rousseau, Emile

Und endlich, ihr Eltern, lehrt lieben,
so braucht ihr keine Zehn Gebote –
lehrt lieben, so hat euer Kind
ein reiches gewinnendes Leben (...).
Lehrt lieben, sagt' ich,
das heißt: Liebt!
Jean Paul, Levana

Unser Geist
verrät unsere gute Erziehung,
wenn selbst unsere Gedanken
Geschmack und Kultur haben.
François de La Rochefoucauld, Reflexionen

Von einem Baum,
der noch in Blüte steht,
musst du nicht schon
Früchte erwarten.
Karl Gutzkow, Vom Baum der Erkenntnis

Was bringt Erziehung zuwege?
Sie macht einen gerade
gezogenen Graben aus einem
frei dahinschlängelnden Bach.
Henry David Thoreau, Journal

Was den Menschen tugendhaft
und glücklich macht,
kann keine Regierung
und keine Erziehung ihm geben;
es ist in ihm, aber des Tyrannen
Arglist und des Erziehers Affenliebe
können es nur gar zu leicht ersticken.
Georg Forster, Über die Beziehung der Staatskunst auf das Glück der Menschheit

Was für Vorsichtsmaßnahmen
hat man doch bei einem jungen
wohlerzogenen Mann zu ergreifen,
bevor man ihn den ärgerlichen Sitten
unserer Zeit aussetzt!
Jean-Jacques Rousseau, Emile

Was ist aller Gewinn,
den die junge Seele
aus der Vermeidung einiger Fehltritte
und Fehlblicke zieht,
gegen den entsetzlichen Verlust,
dass sie ohne das heilige Feuer
der Jugend, ohne Flügel,
ohne große Pläne, kurz
so nackt in das kalte enge Leben
hineinkriecht, als die meisten
aus demselben hinaus?
Jean Paul, Levana

Was ist die ganze Erziehung
als das heilige Anknüpfen
der Vergangenheit an das Dunkel
der Zukunft durch weisen Gebrauch
der Gegenwart?
Johann Heinrich Pestalozzi,
Wie Gertrud ihre Kinder lehrt

Was wir auf Schulen
und Universitäten lernen,
ist nicht Erziehung,
sondern Mittel zur Erziehung.
Ralph Waldo Emerson, Tagebücher

Weiber sind die ersten Erzieherinnen
des menschlichen Geschlechtes.
Theodor Gottlieb von Hippel, Über die Ehe

Weiß ich, welche Übel ich hervorrufe,
wenn ich erziehe oder unterrichte?
Im Zweifelsfall enthalte ich mich
der Stimme.
Fernando Pessoa, Das Buch der Unruhe des Hilfsbuchhalters Bernardo Soares

Wen verdrießt es nicht,
wenn Eisen nicht zu Stahl wird.
Chinesisches Sprichwort

Wenn es nach uns (Männern) ginge,
erhielten die jungen Mädchen
die Erziehung von Sklavinnen;
den Beweis erbringt die Tatsache,
dass sie nur über das belehrt werden,
was wir ihnen zubilligen.
»Das bisschen Bildung, das sie
leider Gottes immer noch erhaschen,
brauchen sie ja doch gegen uns«,
sagen gewisse Ehemänner.
Stendhal, Über die Liebe

Wenn ich es bedenke, so muss ich
sagen, dass mir meine Erziehung in
mancher Hinsicht sehr geschadet hat.
Franz Kafka, Tagebücher (1910)

Wer die Kinder verzärtelt,
setzt sie ins leichte Schiff.
Deutsches Sprichwort

Wer eine Saat
missratener Kinder auferzieht,
Was zieht er anders
als sich selbst die Sorge groß.
Sophokles, Antigone

Wer nennt ein Mittel,
mit beschränkten und
ungezogenen Kindern
fertig zu werden.
Chinesisches Sprichwort

Wer seinem Kind
kein Handwerk beibringt,
bringt ihm das Stehlen bei.
Sprichwort aus Persien

Wer sich an seine Kindheit
nicht mehr deutlich erinnert,
ist ein schlechter Erzieher.
Marie von Ebner-Eschenbach, Aphorismen

Wichtig ist die Gewöhnung
im zarten Alter.
Vergil, Georgica

Wie die Zucht, so die Frucht.
Deutsches Sprichwort

Wie man in die Wiege gelegt wird,
so wird man auch in den Sarg gelegt.
Erziehung tut nicht viel.
Theodor Fontane, Unwiederbringlich

Wie weit ist es möglich, dass ein Kind
von dem gut erzogen wird,
der selbst nicht gut erzogen ist?
Jean-Jacques Rousseau, Emile

Wir müssen die Kinder mit Mitteln
zurechtweisen, die wir anwenden
würden, wenn sie ebenso stark wären
wie wir.
Sully Prudhomme, Gedanken

Wo keine Zucht ist,
ist keine Ehre.
Deutsches Sprichwort

Zu Pflegerinnen und Erzieherinnen
unserer ersten Kindheit eignen
die Weiber sich gerade dadurch,
dass sie selbst kindisch, läppisch
und kurzsichtig, mit einem Worte
zeitlebens Kinder sind: eine Art
Mittelstufe zwischen dem Kinde
und dem Manne, als welcher
der eigentliche Mensch ist.
Arthur Schopenhauer, Über die Weiber

Zum Erzieher muss man
eigentlich geboren sein
wie zum Künstler.
Karl Julius Weber, Democritos

Zur Freiheit der Persönlichkeit gehört
das Recht der Eltern zu bestimmen,
wie ihre Kinder erzogen werden sollen.
Sie sind diejenigen und nicht der
Staat, die in erster Linie vor Gott und
vor sich selbst die Verantwortung für
die Erziehung ihrer Kinder tragen.
Konrad Adenauer, Bad Ems, September 1951

Esel

Brauch einen Esel,
wenn du kein Pferd hast.
Deutsches Sprichwort

Das Wichtigste ist,
Lust und Liebe
zur Sache zu wecken,
sonst erzieht man
nur gelehrte Esel.
Michel Eyquem de Montaigne, Die Essais

Drohlärm ist Eselsgeschrei.
Kaiser Friedrich II., Wahlspruch

Ein Esel kann selbst im Tigerfell
niemanden erschrecken.
Chinesisches Sprichwort

Ein zufriedener Esel lebt lange.
Sprichwort aus Portugal

Einem Esel wurde das Bild der Isis
zu tragen auferlegt, und als das Volk
das Bild mit Niederfallen verehrte,
so glaubte er,
die Ehre wäre ihm erwiesen.
Georg Christoph Lichtenberg, Sudelbücher

Er möchte, dass sein Esel trabt,
doch ohne Heu auskommt.
Chinesisches Sprichwort

Immer I-A sagen –
das lernte allein der Esel,
und wer seines Geistes ist.
Friedrich Nietzsche, Also sprach Zarathustra

Jeder Esel kann den Takt schlagen,
aber Musik machen –
das ist schwierig.
Arturo Toscanini

Man wird die Menge nicht eher zum
Hosiannarufen bringen, bis man auf
einem Esel in die Stadt einreitet.
Friedrich Nietzsche, Menschliches, Allzumenschliches

Mensch, dein Name ist Esel!
Man kann dich an der Nase
herumführen, wie es einem einfällt.
Knut Hamsun, Mysterien

Politik ist der Versuch,
einem Esel klarzumachen,
dass er keiner ist.
Thomas Niederreuther

Wenn der Esel ein großer Esel ist,
hält er sich für ein Pferd.
Sprichwort aus Spanien

Wenn der Esel nicht saufen will,
bringt ihn keine Gewalt dazu.
Chinesisches Sprichwort

Wenn der Esel nicht will, so muss er.
Deutsches Sprichwort

Wenn dich deine Freunde
einen Esel heißen,
so lade dir einen Sattel auf.
Talmud

Wo sich der Esel einmal stößt,
da nimmt er sich immer in Acht.
Deutsches Sprichwort

Esoterik

Esoterisch aber
nennen wir diejenige Poesie,
die über den Menschen hinausgeht
und zugleich die Welt
und die Natur zu umfassen strebt,
wodurch sie mehr oder weniger
in das Gebiet der Wissenschaft
übergeht und auch an den Empfänger
ungleich höhere oder doch
kombiniertere Forderungen macht.
Friedrich Schlegel, Exoterische und esoterische Poesie

In unserer Zeit spielen Geisterseher
und andere mystische Betrüger
keine unbeträchtliche Rolle.
Der Glaube an übernatürliche
Wirkungen und Erscheinungen
ist sehr ansteckend.
Adolph Freiherr von Knigge,
Über den Umgang mit Menschen

Solange noch irgendjemand
Einweihung und Geheimnisse hat,
liegt der Menschenverstand
in der Wiege und ist in Gefahr,
darin erstickt zu werden.
Johann Gottfried Seume, Apokryphen

Essen

Allein zu essen
ist für einen philosophierenden
Gelehrten ungesund.
Immanuel Kant,
Anthropologie in pragmatischer Hinsicht

Als Essen ist schlichte Kost,
als Kleidung grobes Leinen
stets das Beste.
Chinesisches Sprichwort

Anstelle von Fleisch iss Bohnenkäse –
du wirst satt und sparst an Geld.
Chinesisches Sprichwort

Arbeitsessen sind
die moderne Fortsetzung
der mittelalterlichen Folter.
Horst Seehofer

Auch ohne Schlächter
isst man das Schwein
nicht mit Borsten.
Chinesisches Sprichwort

Auf einen guten Bissen
gehört ein guter Trunk.
Deutsches Sprichwort

Bei Tische ziemt es sich
für niemanden,
zimperlich zu tun.
Titus Maccius Plautus, Der's für einen Dreier tut

Beim Essen ist Musik
ein guter Prüfstein,
Denn ist das Essen gut,
so hört man
Die Musik nicht.
Christian Dietrich Grabbe,
Don Juan und Faust (Don Juan)

Besser ein Gericht
mit Gemüse und Liebe dabei,
als ein gemästeter Ochse
und Hass dabei.
Altes Testament, Sprüche Salomos 15, 17

Besser wartet der Mensch auf den Brei,
als der Brei auf den Menschen wartet.
Chinesisches Sprichwort

Brot ist der Stab des Lebens.
Jonathan Swift, Erzählung von einer Tonne

Brot mit Salz
wird einen knurrenden Magen
gut beruhigen.
Horaz, Sermones

Das gemeinschaftliche Essen
ist eine sinnbildliche Handlung
der Vereinigung.
Novalis, Fragmente

Dem Faulenzer wird beim Essen warm,
doch bei der Arbeit kalt.
Chinesisches Sprichwort

Denk erst ans Essen,
dann an die Kleidung.
Chinesisches Sprichwort

Der Appetit kommt beim Essen.
François Rabelais, Gargantua und Pantagruel

Der Arme isst, wann er was hat,
der Reiche, wann er will.
Deutsches Sprichwort

Der Edle strebt beim Essen
nicht nach Sattsein
und in der Wohnung
nicht nach Prunk.
Chinesisches Sprichwort

Der Genuss
schwerer Speisen beeinträchtigt
das innere Gleichgewicht;
man wird krank.
Ecbasis captivi in belehrender Gestalt (Wolf)

Der gierige Schlemmer,
vergisst er sich selbst,
Isst sich Lebensleid an.
Edda, Hâvamâl (Des Hohen Lied)

Der wirklich freie Mensch
ist der, der eine Einladung
zum Essen ausschlagen kann,
ohne dafür einen Vorwand
angeben zu müssen.
Jules Renard

Die Entdeckung
eines neuen Gerichtes
macht die Menschheit glücklicher
als die Entdeckung
eines neuen Sterns.
Anthelme Brillat-Savarin, Physiologie des Geschmacks

Die Franzosen singen vor dem Essen.
Deutsches Sprichwort

Die Gesundheit zu erhalten:
Nicht bis zur Sättigung essen,
sich vor Anstrengungen nicht scheuen!
Hippokrates, Die epidemischen Krankheiten

Die Menschen glauben,
sich mit etwas Wichtigem zu befassen,
befassen sich aber nur mit Fresserei.
Leo N. Tolstoi, Tagebücher (1890)

Dieses Essen im Wirtshaus
mag ich ganz und gar nicht.
Unter den vielen Leuten zu sitzen,
die einen alle gar nichts angehen.
Paula Modersohn-Becker,
Briefe (an Otto Modersohn, 7. März 1903)

Du musst nicht nur
mit dem Munde,
sondern auch mit dem Kopfe essen,
damit dich nicht die Naschhaftigkeit
des Mundes zugrunde richte.
Friedrich Nietzsche, Menschliches, Allzumenschliches

Durch die unnatürliche Kost
wird der Hunger nur gesteigert.
Bernhard von Clairvaux, Über die Bekehrung

Ein echter Feinschmecker,
der ein Rebhuhn verspeist hat,
kann sagen, auf welchem Bein
es zu schlafen pflegte.
Anthelme Brillat-Savarin, Physiologie des Geschmacks

Ein freundliches Lächeln
ist mehr wert als ein gutes Essen.
Sprichwort aus Afrika

Ein gut Schlafen ist so gut
wie ein gut Essen.
Deutsches Sprichwort

Ein hungriger Magen
verschmäht auch
die gewöhnlichste Mahlzeit nicht.
Ecbasis captivi in belehrender Gestalt (Leopard)

Ein lästiger und ungezogener
Tischgenosse zerstört alle Lust.
Plutarch, Das Gelage der Sieben Weisen

Ein Mensch beim Essen
ist ein gut Gesicht,
Wenn er nichts denkt
und nur die Kiefer mahlen,
Die Zähne malmen
und die Blicke strahlen
Von einem sonderbaren Urweltlicht.
Carl Zuckmayer, Das Essen

Ein scharfes Essen
stillt dreifachen Hunger.
Chinesisches Sprichwort

Ein Tisch taugt besser zum Essen
als zum Schwätzen.
Chinesisches Sprichwort

Ein zu großer Bissen
bleibt in der Kehle stecken.
Chinesisches Sprichwort

Eine viertel Apfelsine
schmeckt genauso gut
wie eine ganze.
Chinesisches Sprichwort

Elend wird vergessen,
gibt's nur was zu essen.
Miguel de Cervantes Saavedra, Don Quijote

Es isst sich am besten,
wo der Kessel über dem Herd hängt.
Deutsches Sprichwort

Es kommt alles in einen Magen.
Deutsches Sprichwort

Es liegt tief
in der Natur des Menschen,
dass er alles essen will,
was er liebt.
Friedrich Schlegel, Lucinde

Es schmeckt nichts besser,
als was man selber isst.
Jacob und Wilhelm Grimm,
Katze und Maus in Gesellschaft

Essen ist besser als Trinken
für jemand unter vierzig;
danach gilt die umgekehrte Regel.
Talmud

Essen ist ein Bedürfnis des Magens,
Trinken ein Bedürfnis des Geistes.
Claude Tillier, Mein Onkel Benjamin

Essen und Trinken
hält Leib und Seele zusammen.
Deutsches Sprichwort

Essen vertreibt den Hunger,
Lernen vertreibt die Dummheit.
Chinesisches Sprichwort

Fraß bringt mehr um als das Schwert.
Deutsches Sprichwort

Fresser und Säufer verstehen nichts
vom Essen und Trinken.
Anthelme Brillat-Savarin, Physiologie des Geschmacks

Gewärmte Essen munden nicht.
Deutsches Sprichwort

Gut essen kostet viel
und hält nicht lange vor.
Sprichwort aus Frankreich

Gut gekaut, ist halb verdaut.
Deutsches Sprichwort

Gut gesessen, ist halb gegessen.
Johann Wolfgang von Goethe,
Was wir bringen (Vater); auch deutsches Sprichwort

Herden wissen,
wann es zur Heimkehr Zeit,
Und gehn dann vom Gras.
Der Unkluge kennt allein nicht
Seines Magens Maß.
Edda, Hâvamâl (Des Hohen Lied)

Hundefleisch trage nicht
zu Festen auf.
Chinesisches Sprichwort

Ich habe allemal bemerkt,
dass falsche Leute nüchtern sind,
und große Mäßigkeit bei Tische
kündigt ziemlich oft verstellte Sitten
und doppelsinnige Seelen an.
Jean-Jacques Rousseau,
Julie oder Die neue Héloïse (Saint-Preux)

Ich schätze sehr den Eintopf,
insofern er eine Speise ist.
Ich schätze nicht den Eintopf
der Sozialpolitik.
Norbert Blüm, Unverblümtes von Norbert Blüm

Im Essen bist du schnell,
im Gehen bist du faul.
Iss mit den Füßen, Freund,
und nimm zum Gehn das Maul!
Gotthold Ephraim Lessing, Sinngedichte

Iss, was gar ist,
Trink, was klar ist,
Sprich, was wahr ist.
Deutsches Sprichwort

Ist der Magen satt,
wird das Herze fröhlich.
Deutsches Sprichwort

Je mehr man isst,
desto gefräßiger wird man.
Chinesisches Sprichwort

Jeder Fasttag hat drei Fresstage.
Deutsches Sprichwort

Kann eine von der Liebe
bereitete Mahlzeit jemals
unschmackhaft sein?
Jean-Jacques Rousseau,
Julie oder Die neue Héloïse (Saint-Preux)

Käs und Brot macht Wangen rot.
Deutsches Sprichwort

Lass dich durch kein Beispiel zu den
verbreiteten Ausschweifungen der
Völlerei und der Trunkenheit verleiten;
die erste bewirkt unvermeidlichen
Stumpfsinn, die letzte Tollheit.
Philipp Stanhope Earl of Chesterfield, Briefe über die
anstrengende Kunst, ein Gentleman zu werden

Lasst uns komplizierte Vorspeisen
für den einfach gesinnten
alten Herrn bereiten,
und nicht einfache Speisen
für komplizierte Herren.
Gilbert Keith Chesterton, Heretiker

Mach die Augen zu,
wenn im Essen Raupen sind.
Chinesisches Sprichwort

Man isst, um zu leben,
und lebt nicht, um zu essen.
Deutsches Sprichwort

Man muss den Bissen
nicht größer machen
als das Maul.
Deutsches Sprichwort

Mit allen essen, mit keinem es halten.
Deutsches Sprichwort

Monsieur bezahlt die Köche, man ist
aber immer bei Madame zu Gast.
Jean de La Bruyère, Die Charaktere

Nach dem Essen dreihundert Schritt –
und du brauchst keine Apotheke.
Chinesisches Sprichwort

Nach dem Essen ist man konservativ.
Ralph Waldo Emerson, Essays

Nach dem Essen sollst du ruhn
oder tausend Schritte tun.
Deutsches Sprichwort

Nach dem Essen sollst du stehn,
Oder tausend Schritte gehn.
Johann Balthasar Schupp(ius), Regentenspiegel (1657)

Nach einer guten Mahlzeit
kann man allen verzeihen,
selbst seinen eigenen Verwandten.
Oscar Wilde, Eine Frau ohne Bedeutung

Nicht um zu essen lebe ich,
sondern um zu leben esse ich.
Quintilian, Schule der Beredsamkeit

Niemand lebt von feinem Essen
länger als von derber Nahrung.
Knut Hamsun, Landstreicher

Ob ein fröhliches Mahl
überhaupt ohne Frauen denkbar ist,
lasse ich unentschieden.
Ich führe nur die Tatsache an,
dass jeder Schmaus, der durch
die Torheit nicht belebt wird,
der lieblichsten Würze entbehrt.
Erasmus von Rotterdam, Das Lob der Torheit

Reden auf Vegetarier-Banketten
sind erfreulich kurz,
weil man Angst hat,
dass sonst das Essen verwelkt.
Mario Adorf

Rufe nicht zum Essen,
ehe du dein Messer im Braten hast.
Sprichwort aus Kanada

Sage mir, was du isst,
und ich sage dir, wer du bist.
Anthelme Brillat-Savarin, Physiologie des Geschmacks

Salz isst man auf der ganzen Welt.
Chinesisches Sprichwort

Satt essen kann sich
jeglicher zu Hause,
Geselliges Vergnügen,
munteres Gespräch
Muss einem Festmahl
Würze geben.
William Shakespeare, Macbeth (Lady)

Tiere fressen,
Menschen essen,
aber nur der Mann von Geist weiß,
wie man isst.
Anthelme Brillat-Savarin, Physiologie des Geschmacks

Trachte nicht, satt zu sein.
In kleinen Mengen
schmeckt's am besten.
Chinesisches Sprichwort

Treibe bei der Arbeit,
aber nicht beim Essen.
Chinesisches Sprichwort

Übel gesessen, ist halb gefastet.
Deutsches Sprichwort

Überm Sitzen und Essen
kann ein Berg einstürzen.
Chinesisches Sprichwort

Und sie erhoben die Hände
zum lecker bereiteten Mahle.
Homer, Ilias

Unsere aufreizende, überreichliche
Kost bei völliger Enthaltung von
körperlicher Arbeit ist ja schließlich
nichts anderes als eine systematische
Aufreizung unserer Sinnlichkeit.
Leo N. Tolstoi, Die Kreutzersonate

Üppigkeit saß gemeinsam
mit ihnen an der Tafel.
Waltharilied (9./10. Jh.)

Viel Essen, viel Krankheit.
Deutsches Sprichwort

Viele Menschen sind für die Arbeit gut,
wenige Menschen sind zum Essen gut.
Chinesisches Sprichwort

Warum mästest du dich,
um schließlich als üppiger Schmaus
für die Würmer der Fäulnis zu enden?
Ecbasis captivi in belehrender Gestalt (Papagei)

Was das Gesinde einbrockt,
muss der Hausvater ausessen.
Deutsches Sprichwort

Was du hast, das iss,
der Rest gehört dem Totengräber.
Sprichwort aus Afrika

Was einer nicht gegessen hat,
das kann er nicht speien.
Deutsches Sprichwort

Wenig, aber öfter essen
führt zur Heilung.
Chinesisches Sprichwort

Wenn der Mensch sein Fleisch
mit Maßen nährt,
dann ist auch sein Betragen
fröhlich und umgänglich.
Hildegard von Bingen, Heilkunde

Wenn der Tor
seinen Brei nur hat,
Was kümmert
ihn dann Kirch und Staat.
Freidank, Bescheidenheit

Wenn du essen willst,
beleidige nicht den Koch.
Chinesisches Sprichwort

Wenn du issest,
gib auch den Hunden zu essen,
selbst wenn sie dich beißen.
Voltaire, Zadig

Wenn du merkst,
du hast gegessen,
hast du schon zu viel gegessen.
Sebastian Kneipp

Wenn sich das Laster erbricht,
setzt sich die Tugend zu Tisch.
Friedrich Schiller, Shakespeares Schatten

Wer mit dem Teufel essen will,
muss einen langen Löffel haben.
Deutsches Sprichwort

Wer mit will essen,
muss auch mit dreschen.
Deutsches Sprichwort

Wer nicht arbeitet,
soll auch nicht essen.
Deutsches Sprichwort

Wer Pfannkuchen essen will,
muss Eier schlagen.
Deutsches Sprichwort

Wer Reis isst,
vergesse nicht den Sämann.
Chinesisches Sprichwort

Wer schießen soll, muss laden,
wer arbeiten soll, muss essen.
Deutsches Sprichwort

Wer spät zu Abend isst,
isst gut.
Sprichwort aus England

Wer übel isst, der fastet genug.
Deutsches Sprichwort

Wer zeitig essen will, stehe zeitig auf.
Chinesisches Sprichwort

Wie wichtig ist es doch,
sich bei Delikatessen und
ähnlichen Speisen vorzustellen,
dass dies die Leiche eines Fischs,
dies die Leiche eines Vogels oder
Schweines ist, und wiederum,
dass der Falerner der Saft einer
Traube ist und das Purpurgewand
die Wolle eines Schafes mit Blut
einer Muschel benetzt.
Mark Aurel, Selbstbetrachtungen

Willst du lange leben gesund,
iss wie Katze,
trink wie der Hund.
Deutsches Sprichwort

Wir werden innerlich
nicht glücklicher davon,
dass wir mehr Speck essen können.
Knut Hamsun, Landstreicher

Essig

Die Deutschen lieben Rheinwein.
Er wird in schlanke Flaschen gefüllt
und für ein gutes Getränk gehalten.
Von Essig unterscheidet er sich
durch die Etikette.
Mark Twain

Ein schlechter Schriftsteller
wird manchmal ein guter Kritiker,
genauso wie man aus einem
schlechten Wein einen guten Essig
machen kann.
Henry de Montherlant

Süßer Wein gibt sauern Essig.
Deutsches Sprichwort

Viel gesünder bleibt das Hirn dessen,
der Essig trinkt.
Ecbasis captivi in belehrender Gestalt (Wolf)

Ethik

Als ein wesentliches Merkmal
der Menschen möchte ich
ihre ethische und ästhetische
Anspruchslosigkeit bezeichnen.
Christian Morgenstern, Stufen

Auch in den Wissenschaften
ist alles ethisch, die Behandlung
hängt vom Charakter ab.
Johann Wolfgang von Goethe, Tagebuch (1831)

Die Abstraktion ist der Tod der Ethik,
denn Ethik ist lebendige Beziehung
zu lebendigem Leben.
Albert Schweitzer, Kultur und Ethik

Die Ethik der Ehrfurcht vor dem Leben
erkennt keine relative Ethik an.
Als gut läßt sie nur Erhaltung
und Förderung von Leben gelten.
Alles Vernichten und Schädigen
von Leben, unter welchen Umständen
es auch erfolgen mag,
bezeichnet sie als böse.
Albert Schweitzer, Kultur und Ethik

Die Möglichkeiten, die die moderne
Technik den Menschen verleiht,
fordern eine neue Ethik.
Hans-Dietrich Genscher, Chancen des technischen Fortschritts für die Zukunft Europas. Rede des Bundesministers des Auswärtigen in Berlin 1986

Die Phantastik der Phantasielosen
ist Ethik.
Walter Rathenau, Auf dem Fechtboden des Geistes. Aphorismen aus seinen Notizbüchern

Ethik ist die Lehre
vom Schönen in uns,
Ästhetik die Lehre
vom Schönen um uns.
Richard Graf von Coudenhove-Kalergi

Ethisch werden heisst,
wahrhaft denkend werden.
Albert Schweitzer, Kultur und Ethik

Ich glaube, dass der erschreckende
Verfall im ethischen Verhalten
der Menschen in erster Linie mit der
Mechanisierung und Entpersönlichung
unseres Lebens zu tun hat –
ein verhängnisvolles Nebenprodukt
der Entwicklung des wissenschaftlich-
technischen Geistes. Nostra culpa!
Ich sehe nicht den Weg,
um diesem verhängnisvollen Mangel
beizukommen. Der Mensch erkaltet
schneller als der Planet,
auf dem er sitzt.
Albert Einstein, Briefe

Wahre Ethik fängt an,
wo der Gebrauch der Worte aufhört.
Albert Schweitzer, Kultur und Ethik

Wo das Bewusstsein schwindet,
dass jeder Mensch uns
als Mensch etwas angeht,
kommen Kultur und Ethik ins Wanken.
Albert Schweitzer,
Verfall und Wiederaufbau der Kultur

Europa

Anscheinend haben Europäer
anstatt Blut laue Milch in den Adern.
Voltaire, Candide oder Die beste der Welten

Das durch und durch zivilisierte
Europa wird eines Tages die Beute
jener Halbbarbaren, die es aus den
Weiten des Nordens bedrohen; und
wenn diese Eroberer dann zivilisiert
werden, kehrt die Welt wieder in ihr
Gleichgewicht zurück.
Giacomo Leopardi,
Gedanken aus dem Zibaldone (1898–1907)

Die Germanen sind die Greise Europas,
die Völker Albions
sind die Erwachsenen,
die Bewohner Galliens aber
sind die Kinder,
und mit ihnen spiele ich gern.
Voltaire, Die Prinzessin von Babylon

Die Schweiz ist ein kleines Europa.
Mit dessen Ausschluss.
Heinrich Wiesner

Die Völker, die in den kalten
Gegenden und in Europa wohnen,
sind zwar mutig, ermangeln aber
einer höheren Kultur. Sie erhalten
sich zwar dauernd ihre Freiheit, sind
aber zur Staatsbildung unfähig und
daher auch nicht imstande,
ihre Nachbarn zu beherrschen.
Aristoteles, Älteste Politik

Es erscheint uns Amerikanern zweifel-
haft, dass die Kultur des Westens hier
in Europa fortbestehen kann, wenn
Europa nicht den Weg der politischen
Einheit beschreitet.
James B. Conant, Rundfunkrede am 11. März 1953

Es waren schöne glänzende Zeiten,
wo Europa ein christliches Land war,
wo eine Christenheit diesen mensch-

lich gestalteten Erdteil bewohnte; ein
großes gemeinschaftliches Interesse
verband die entlegensten Provinzen
dieses weiten geistlichen Reichs.
Novalis, Die Christenheit oder Europa

Es wird so lange Blut über Europa
strömen, bis die Nationen ihren fürchterlichen Wahnsinn gewahr werden,
der sie im Kreise herumtreibt,
und von heiliger Musik getroffen und
besänftigt zu ehemaligen Altären
in bunter Vermischung treten,
Werke des Friedens vornehmen und
ein großes Liebesmahl als Friedenfest
auf den rauchenden Walstätten
mit heißen Tränen gefeiert wird.
Novalis, Die Christenheit oder Europa

Europa, das ist nicht Geographie,
das ist Kultur.
Europa, das ist Weimar,
aber auch Buchenwald.
August Everding, Vortrag, gehalten am 21. November
1992 beim Europäischen Kulturforum in Baden-Baden

Europa hat nicht das Ziel,
nationale Eigenheiten
in einem Melting Pot aufzulösen.
Das Gegenteil ist der Fall.
Helmut Kohl, Herausforderungen und Chancen der
deutschen Außenpolitik. Ansprache des Bundeskanzlers in Cambridge 1985

Europa ist nur möglich
innerhalb der Welt
und innerhalb der Weltwirtschaft.
Gustav Stresemann

Europa ist, zumal in Vergleichung
mit dem nördlichen Asien,
ein milderes Land voll Ströme,
Küsten, Krümmen und Buchten:
Schon dadurch unterschied sich
das Schicksal seiner Völker vor jenen
auf eine vorteilhafte Weise.
Johann Gottfried Herder,
Ideen zur Philosophie der Geschichte der Menschheit

Europa ist zweifellos
die Wiege der Kultur,
aber man kann nicht sein ganzes Leben
in der Wiege verbringen.
Oskar Maria Graf

Europa und Kultur sind Synonyme.
Leider hat sich Europa auch durch
Kriege, durch Verfolgung, durch
Hochmut definiert. Aber Kultur
ist kein Aspekt an Europa, keine
Addition, kein Schönheitspflaster,
kein äußeres Dekorum,
Kultur hat Europa zu Europa gemacht.
August Everding, Vortrag, gehalten am 21. November
1992 beim Europäischen Kulturforum in Baden-Baden

Europa, was ist das?
Ein Euphemismus?
Die Suche nach einer kultur-
übergreifenden Geographie?
José Cardoso Pires, E agora, José?

Europa wird sich nicht
in Quantensprüngen voranbewegen,
sondern nur Schritt für Schritt.
Richard von Weizsäcker, Ansprache des Bundespräsidenten vor beiden Häusern des Parlaments
in London 1986

Europäisch denken?
Wer geriete da nicht in Verlegenheit,
wenn er, zum Beispiel, nicht einmal
weiß, was deutsch oder österreichisch
denken heißt, es auch gar nicht wissen
und vorgesagt bekommen möchte,
weil er sich nichts Gutes davon
verspricht.
Ingeborg Bachmann, Tagebuch
(Probenummer-Beitrag)

Ich war immer schon der Überzeugung
und bleibe dabei,
dass ein guter Europäer
kein schlechter Patriot sein muss.
Richard von Weizsäcker, Ansprache des Bundespräsidenten vor beiden Häusern des Parlaments
in London 1986

In Europa ernährt sich die Begierde
von der Unterdrückung;
in Amerika verkümmert sie
unter der Freiheit.
Stendhal, Über die Liebe (Fragmente)

In keinem Weltteil haben sich die
Völker so vermischt wie in Europa:
In keinem haben sie so stark und oft
ihre Wohnplätze und mit denselben
ihre Lebensart und Sitten verändert.
Johann Gottfried Herder,
Ideen zur Philosophie der Geschichte der Menschheit

Man kann den Ursprung
der bedeutendsten europäischen
Nationen auf drei verschiedene Rassen
zurückführen: die romanische, die germanische und die slawische Rasse.
Germaine Baronin von Staël, Über Deutschland

Man kann keine Einheit erzielen,
wenn man sich gegenseitig
auf die Füße tritt.
François Mitterrand

Nur die Religion kann Europa wieder
aufwecken und die Völker sichern und
die Christenheit mit neuer Herrlichkeit
sichtbar auf Erden in ihr altes Frieden
stiftendes Amt installieren.
Novalis, Die Christenheit oder Europa

Selten ist in Europa überall Frieden,
und nie geht der Krieg
in den anderen Weltteilen aus.
Carl von Clausewitz, Vom Kriege

Seltsam ist's, dass Europa,
gegen andere Erdteile berechnet,
alles hat, von Verstand und Klima an
bis zu zahmen Tieren,
und nur kein Geld.
Jean Paul, Dämmerungen für Deutschland

Vorläufig spricht Europa
mit der Stimme vieler Bauchredner.
Edward Taylor

Eva

Adam – der erste Entwurf für Eva.
Jeanne Moreau

Du bist über den Engeln all,
Du sühntest Evas Fall,
Sancta Maria.
Marienlied, Melker Handschrift (12. Jh.)

Eva, verziehen sei dir,
es haben ja Söhne der Weisheit
Rein geplündert den Baum,
welchen der Vater gepflanzt.
Johann Wolfgang von Goethe, Epigrammatisch

Weh, sprach Adam, übel hast du nun,
Eva, gewendet unser beider Geschick.
Altsächsische Genesis (um 860), Adams Klage

Evangelium

Dem Evangelium glauben,
löset von Sünden.
Martin Luther, Tischreden

Der wahre Schatz der Kirche
ist das allerheiligste Evangelium
der Herrlichkeit und Gnade Gottes.
Dieser Schatz ist aber mit Recht
allgemein verhasst; denn er macht
aus den Ersten die Letzten.
Martin Luther, Thesen über den Ablass

Die Autorität, die ich dem Evangelium
beilege, kann ich den Auslegungen
der Menschen nicht geben, und ich will
sie so wenig zu der meinigen zwingen,
als ich mich zu der ihrigen zwingen
lasse. Die Regel ist allgemein und klar
in allem, was wichtig ist;
die Vernunft, welche erklärt, ist einzeln,
jeder hat die seinige, und sie gilt nur
für ihn. Lässt man sich in
diesen Fragen von anderen leiten,
so zieht man die Erklärungen
dem Text vor und unterwirft sich
den Menschen, und nicht Gott.
Jean-Jacques Rousseau, Dritter Brief vom Berge

Die Evangelisten mögen sich
widersprechen, wenn sich nur nicht
das Evangelium widerspricht.
Johann Wolfgang von Goethe, Dichtung und Wahrheit

Jede große Idee,
die als ein Evangelium in die Welt tritt,
wird dem stockenden pedantischen
Volke ein Ärgernis und einem Viel-,
aber Leichtgebildeten eine Torheit.
Johann Wolfgang von Goethe,
Maximen und Reflexionen

Nichts kann sich mit dem Evangelium
vergleichen. Allein, seine erhabene
Einfachheit ist nicht jedem Menschen
gleichermaßen zugänglich.
Jean-Jacques Rousseau, Vierter Brief vom Berge

Zum Glauben und Evangelium
darf niemand gezwungen werden.
Es darf aber auch nicht gestattet
werden, dass unter ein und derselben
Obrigkeit jemand im Geheimen
das Wort Gottes schmäht.
Martin Luther, Tischreden

Evolution

Der Weg der Lebensgestaltung
(der sog. »Entwicklungsgeschichte«)
ist ein Drängen nach Freiheit.
Oswald Spengler, Urfragen.
Fragmente aus dem Nachlass

Nur durch Schaden werden wir klug –
Leitmotiv der ganzen Evolution.
Erst durch unzählige, bis ins
Unendliche wiederholte leidvolle
Erfahrungen lernt sich das Individuum
zum Meister über sein Leben empor.
Alles ist Schule.
Christian Morgenstern, Stufen

Ewigkeit

Alle Menschen auf Erden sind
der Unendlichkeit und der Ewigkeit
bewusst. Der Unterschied zwischen
ihnen besteht darin, in welchem Grade
den Einzelnen dieses Bewusstsein
erschüttert.
Arthur Schnitzler, Buch der Sprüche und Bedenken

Alles Ewige ist notwendig.
Thomas von Aquin, Summe gegen die Heiden

Alles Leben, auch nur einer Minute,
hat ewige Gesetze hinter sich.
Jean Paul, Aphorismen

Als ob man die Zeit
totschlagen könnte,
ohne die Ewigkeit
zu verletzen!
Henry David Thoreau, Walden

Da aber die Ewigkeit die Zeit
nicht verlässt, so scheint sie sich
mit der Zeit zu bewegen, obschon
die Bewegung in der Ewigkeit Ruhe ist.
Nikolaus von Kues, Über die Schauung Gottes

Das Ewige ist,
den blauen Bergen gleich,
die Grenze für die Zeitlichkeit,
wer aber kraftvoll
in der Zeitlichkeit lebt,
gelangt nicht zur Grenze.
Søren Kierkegaard, Der Begriff Angst

Das Ewige regt sich fort in allen:
Denn alles muss in Nichts zerfallen,
Wenn es im Sein beharren will.
Johann Wolfgang von Goethe, Gott und Welt

Dem Tüchtigen
ist diese Welt nicht stumm!
Was braucht er
in die Ewigkeit zu schweifen?
Was er erkennt, lässt sich ergreifen.
Johann Wolfgang von Goethe, Faust II (Faust)

Denn wie sollte es denn
eine Ordnung in der Welt geben,
ohne dass es eine ewige,
von ihr getrennte und
bleibende Substanz gibt?
Aristoteles, Älteste Metaphysik

Der Raum ist dem Ort,
was die Ewigkeit der Zeit ist.
Joseph Joubert, Gedanken, Versuche und Maximen

Der siebente Tag hat einen Morgen,
aber keinen Abend.
Thomas von Aquin,
Kommentar zum Sentenzenbuch des Petrus Lombardus

Der Sonne herrlich Licht,
des Äthers freier Raum,
Dort wohnt das Ewige,
das Wahre.
Johann Wolfgang von Goethe,
Requiem dem frohsten Manne des Jahrhunderts

Die Ewigkeit dauert lange,
besonders gegen Ende.
Woody Allen

Die Ewigkeit gehet
in keines Menschen Herz.
Martin Luther, Tischreden

Die Ewigkeit gleicht einem Rad,
das weder Anfang noch Ende hat.
Hildegard von Bingen, Briefwechsel

Die Ewigkeit ist uns
so innig und gemein,
Wir woll'n gleich oder nicht,
wir müssen ewig sein.
Angelus Silesius, Der cherubinische Wandersmann

Die Pforte ist sehr eng,
und der Pfad ist sehr schmal,
der zum ewigen Leben führt.
Jüngerer deutscher Physiologus (um 1140)

Die Quelle des Ideals
ist der heiße Durst nach Ewigkeit,
die Sehnsucht nach Gott,
also das Edelste unsrer Natur.
Friedrich Schlegel, An seinen Bruder (17. Mai 1792)

Dies ist die wahre Verheißung
der Religion, dass Gott, der uns schuf,
uns von Ewigkeit her wollte und
in Ewigkeit möchte, dass wir sind.
Eugen Drewermann,
Das Markusevangelium, Zweiter Teil

Dort in der Ewigkeit
geschieht alles zugleich,
Es ist kein Vor und Nach
wie hier im Zeitenreich.
Angelus Silesius, Der Cherubinische Wandersmann

Du sprichst: Versetze dich aus Zeit
in Ewigkeit!
Ist dann an Ewigkeit und Zeit
ein Unterschied?
Angelus Silesius, Der cherubinische Wandersmann

Es gibt Insekten, die nur einen Tag
leben, und doch existiert ihre Gattung
immer und immer fort.
Voltaire, Der Mann mit den vierzig Talern

Es liegt in der Natur der Vernunft,
die Dinge unter einem Gesichtspunkt
der Ewigkeit zu erfassen.
Baruch de Spinoza, Ethik

Gesetze sind nicht für die Ewigkeit.
Chinesisches Sprichwort

Gott hat weder Anfang noch Ende,
er besitzt sein ganzes Sein auf einmal –
worin der Begriff der Ewigkeit beruht.
Thomas von Aquin, Summe gegen die Heiden

Gott ist ewig, ohne Zweifel.
Kann aber mein Geist
die Idee der Ewigkeit fassen?
Jean-Jacques Rousseau, Emile

Ich möchte Männer und Frauen
mit etwas von diesem Ewigen malen,
das der Heiligenschein
zu symbolisieren pflegte, und das wir
durch das wirkliche Strahlen
und Vibrieren unserer Farbengebung
einzufangen suchen.
Vincent van Gogh, Briefe

Ich selbst bin Ewigkeit,
wann ich die Zeit verlasse
Und mich in Gott und Gott
in mich zusammenfasse.
Angelus Silesius, Der cherubinische Wandersmann

Je deutlicher einer sich
der Hinfälligkeit, Nichtigkeit und
traumartigen Beschaffenheit
aller Dinge bewusst wird,
desto deutlicher wird er sich
auch der Ewigkeit seines eigenen
innern Wesens bewusst.
Arthur Schopenhauer, Von der Unzerstörbarkeit
unseres wahren Wesens durch den Tod

Jeder Zustand, ja jeder Augenblick
ist von unendlichem Wert,
denn er ist der Repräsentant
einer ganzen Ewigkeit.
Johann Wolfgang von Goethe, überliefert von
Johann Peter Eckermann (Gespräche mit Goethe)

Kein Mörder hat ewiges Leben,
das in ihm bleibt.
Neues Testament, 1. Johannesbrief (3, 15)

Mensch, so du willst das Sein
der Ewigkeit aussprechen,
So musst du dich zuvor
des Redens ganz entbrechen.
Angelus Silesius, Der cherubinische Wandersmann

Nichts Irdisches ist ewig,
aber alles Irdische kann
Sinnbild des Ewigen werden.
Gertrud von Le Fort

Nichts vom Vergänglichen,
Wie's auch geschah!
Uns zu verewigen
Sind wir ja da.
Johann Wolfgang von Goethe, Sprüche

Recht hattest du? –
Das will nicht viel bedeuten.
Nur was du wirktest,
reicht in Ewigkeiten.
Arthur Schnitzler, Buch der Sprüche und Bedenken

Schönheit ist Ewigkeit,
die sich selbst im Spiegel erschaut.
Chalil Djubran, Der Prophet

So oft ich aber ins innere Selbst
den Blick zurückwende,
bin ich zugleich
im Reich der Ewigkeit.
Friedrich Schleiermacher, Monologen

Und das sind die Wünsche:
Leise Dialoge
Täglicher Stunden
mit der Ewigkeit.
Rainer Maria Rilke, Die frühen Gedichte

Viel Jahre tun es nicht,
die Ewigkeit zu wissen:
Ein Augenblick, und nicht
so viel, muss sie umschließen.
Daniel Czepko von Reigersfeld,
Monodisticha Sapientium

Was der Zeit unterworfen ist,
das brauche;
was ewig ist, danach strebe.
Thomas von Kempen, Nachfolge Christi

Wenn es aber nichts Ewiges gibt,
dann ist auch kein Entstehen möglich.
Denn außer dem, was entsteht,
muss es doch etwas geben,
aus dem es entsteht, und schließlich
etwas Unentstandenes.
Aristoteles, Älteste Metaphysik

Wenn man mit einer kühnen Vorstellung die ganze Ewigkeit, sozusagen, in einem Begriffe zusammenfassen könnte: So würde man auch den ganzen unendlichen Raum mit Weltordnungen angefüllet und die Schöpfung vollendet ansehen können.
Immanuel Kant,
Allgemeine Naturgeschichte und Theorie des Himmels

Wer sein Licht nimmt
und es zurückträgt zur Helle,
dem wird nie widerfahren ein Leid,
denn das heißt: dem Ewigen folgen.
Lao-tse, Dao-de-dsching

Wie schnell wird die Ewigkeit
alles bedecken, und wie viel
hat sie schon bedeckt!
Mark Aurel, Selbstbetrachtungen

Wir glauben, dass wir ewig sind,
denn unsere Seele fühlt
die Schönheit der Natur.
Friedrich Hölderlin, Hyperion

Wirklich verewigt ist man erst dann,
wenn eine kulinarische Köstlichkeit
nach einem benannt wird.
Igor Strawinski

Examen

Alles, was mit Grammatik und Examen zusammenhängt, ist nie das Höhere. Waren die Patriarchen examiniert oder Moses oder Christus? Die Pharisäer waren examiniert. Und da sehen Sie, was dabei herauskommt.
Theodor Fontane, Der Stechlin

An das besondere Glück der Studierten und Examinierten, der Staatswürdenträger aller Arten und Grade, glaube ich nicht recht und stehe mit meinen Sympathien dem freien Bürgertum näher, dem Handel und Wandel, der Kunst und Wissenschaft.
Theodor Fontane, Briefe

Ist es nicht sonderbar, dass man zu den höchsten Ehrenstellen in der Welt (König) ohne Examen gelangt, das man von jedem Stadtphysikus fordert?
Georg Christoph Lichtenberg, Sudelbücher

Exil

Das Exil verdammt dazu,
sich selbst zu überleben:
Der Abschied, die Trennung,
alles geschieht wie im Augenblick
des Sterbens, und doch
wohnt man dem allen
in voller Kraft des Lebens bei.
Germaine Baronin von Staël, Über Deutschland

Die Fahrt ins Exil ist
»the journey of no return«.
Wer sie antritt und von der Heimkehr träumt, der ist verloren.
Er mag wiederkehren – aber der Ort, den er dann findet, ist nicht mehr der gleiche, den er verlassen hat, und er ist selbst nicht mehr der Gleiche, der fortgegangen ist.
Carl Zuckmayer,
Als wär's ein Stück von mir (1963), 1939–54

Existenz

Alles, was existiert,
muss einen Namen tragen.
Was nicht benannt ist,
existiert nicht für den Menschen.
Oswald Spengler, Urfragen.
Fragmente aus dem Nachlass

Alles, was im Weltall existiert,
ist die Frucht von Zufall
und Notwendigkeit.
Demokrit

Am zähesten wird verteidigt,
was nicht existiert.
Ludwig Marcuse, Argumente und Rezepte.
Ein Wörter-Buch für Zeitgenossen

Das Nicht-Wahrnehmen von etwas
beweist nicht dessen Nicht-Existenz.
Dalai Lama XIV, Das Auge der Weisheit

Existieren heißt für uns empfinden; unsere Empfindung geht unstreitig unserem Verstand voraus, und wir haben Empfindungen vor den Ideen gehabt.
Jean-Jacques Rousseau, Emile

Man sollte die Existenz
eintönig gestalten, damit sie nicht eintönig werde.
Fernando Pessoa, Das Buch der Unruhe
des Hilfsbuchhalters Bernardo Soares

Nichts existiert ohne Ziel.
Charles Baudelaire, Tagebücher

Niemand kann begehren,
glücklich zu sein, gut zu handeln
und gut zu leben, ohne dass er
zugleich begehrt, zu sein,
zu handeln und zu leben,
d. h. wirklich zu existieren.
Baruch de Spinoza, Ethik

Ohne das Pathos eines Absoluten
kann der Mensch nicht existieren.
Karl Jaspers

Von allen Existenzformen
ist die als Mensch die kostbarste.
Dalai Lama XIV, Yoga des Geistes

Wenn ein Dreieck existiert,
so muss es auch einen Grund
und eine Ursache geben,
dass es existiert.
Baruch de Spinoza, Ethik

Wenn ich existiere, existiert Gott.
Mohandas K. »Mahatma« Gandhi, The Nation's Voice

Wirklich zu leben –
das ist das Allerseltenste auf dieser Welt.
Die meisten Menschen existieren nur,
sonst nichts.
Oscar Wilde,
Die Seele des Menschen unter dem Sozialismus

Experiment

Die Flucht vor dem Kitsch
endet nicht selten
im fehlgeschlagenen Experiment,
das dann nichts ist
als diese Flucht.
Ludwig Marcuse, Argumente und Rezepte.
Ein Wörter-Buch für Zeitgenossen

Spielen ist Experimentieren
mit dem Zufall.
Novalis, Fragmente

Experte

Alle Männer vom Fach
sind darin sehr übel dran,
dass ihnen nicht erlaubt ist,
das Unnütze zu ignorieren.
Johann Wolfgang von Goethe, Maximen und Reflexionen

Die Fachleute sind immer böse,
wenn einem Laien etwas einfällt,
was ihnen nicht eingefallen ist.
John Steinbeck

Die Spezialisten, die Experten
mehren sich.
Die Denker bleiben aus.
Ingeborg Bachmann, Frankfurter Vorlesungen

Ein Experte ist ein Mensch,
der zu denken aufgehört hat.
Frank Lloyd Wright

Experte: ein Spezialist,
der über etwas alles weiß
und über alles andere nichts.
Ambrose Bierce

Experten sind Leute, die,
damit sie Experten bleiben,
sich weigern, etwas hinzuzulernen.
Harry S. Truman

Hütet euch vor Experten!
Wenn eines Tages
Menschen die Erde
mit »Der Bombe«
in die Luft jagen,
wird der letzte Überlebende
ein Experte sein, der behauptet,
dazu werde es nie kommen.
Peter Ustinov, Peter Ustinovs geflügelte Worte

Prinzipienfragen
sind unter Experten unbeliebt.
Volkmar Muthesius, Augenzeuge von drei Inflationen

Extrem

Alle leeren Seelen
neigen zu extremen Ansichten.
William Butler Yeats, Entfremdung

Das Äußerste
liegt der Leidenschaft zunächst.
Johann Wolfgang von Goethe,
Die Wahlverwandtschaften

Dass doch die Jugend immer
zwischen den Extremen schwankt!
Johann Wolfgang von Goethe,
Wilhelm Meisters Lehrjahre

Denn von den Extremen
ist das eine mehr,
das andere weniger fehlerhaft.
Aristoteles, Nikomachische Ethik

Die Extreme berühren sich.
Louis de Mercier, Paris, ein Gemälde

Die Extreme sind verderblich
und gehen von Menschen aus;
jeder Ausgleich ist gerecht
und kommt von Gott.
Jean de La Bruyère, Die Charaktere

Gute Grundsätze, zum Extrem geführt,
verderben alles.
Jacques Bénigne Bossuet, Politik gezogen aus
den Worten der Heiligen Schrift

In phantasiereichen Menschen
liegen, wie in heißen Ländern
oder auf Bergen,
alle Extreme eng beieinander.
Jean Paul, Die unsichtbare Loge

Man erschrickt über heftige Entschlüsse,
aber sie passen für starke Seelen,
und kräftige Charaktere
ruhen sich in Extremen aus.
Chamfort, Maximen und Gedanken

Man wird selten irren, wenn man
extreme Handlungen auf Eitelkeit,
mittelmäßige auf Gewöhnung
und kleinliche auf Furcht zurückführt.
Friedrich Nietzsche, Menschliches, Allzumenschliches

Zwei Menschen
sind immer zwei Extreme.
Friedrich Hebbel, Tagebücher

Exzess

Exzesse sind das Schlimmste nicht.
Sie machen deutlich.
Unsere schleichenden Übel aber
nebeln allmählich ein.
Heimito von Doderer, Repertorium. Ein Begreifbuch
von höheren und niederen Lebens-Sachen

Je weniger die menschliche Kraft
in Anspruch genommen wird,
desto mehr neigt sie zu Exzessen.
Honoré de Balzac, Physiologie des Alltagslebens

Mäßigung ist eine verhängnisvolle
Sache, denn nichts ist so erfolgreich
wie der Exzess.
Oscar Wilde

F

Fabel

Ach, wenn wir schon Fabeln und
Wundergeschichten nötig haben,
so sollen sie wenigstens
ein Symbol der Wahrheit sein!
Voltaire, Der ehrliche Hurone

Das Erste, was ein aufrichtiges Gemüt
aus der Betrachtung alter Fabel
und Sage lernen kann, ist,
dass hinter ihnen kein eitler Grund,
keine Erdichtung, sondern
wahrhafte Dichtung liegt.
Jacob Grimm, Gedanken über Mythos, Epos und Geschichte

Eine Fabel ist eine Brücke,
die zur Wahrheit führt.
Sprichwort aus Arabien

Kinder und Greise fabeln.
Die Ersten, weil ihr Verstand
die Herrschaft über die Phantasie
noch nicht gewonnen,
die Zweiten, weil er sie verloren hat.
Marie von Ebner-Eschenbach, Aphorismen

Fabian (20.1.)

Fabian, Sebastian –
lässt den Saft in die Bäume gahn.
Bauernregel

Fabrik

Der Fabrikarbeiter
ist in gewissem Sinne
das für die Maschinen,
was der Tagelöhner
für das Ackergut ist;
nichts bindet ihn
als das Bedürfnis nach Arbeit
und Lohn.
Lorenz von Stein, Die socialen Bewegungen
der Gegenwart

In Manufaktur und Handwerk bedient
sich der Arbeiter des Werkzeugs,
in der Fabrik dient er der Maschine.
Karl Marx, Das Kapital

Fachmann

Der Maler kennt die Farben am besten.
Deutsches Sprichwort

Die Fachleute sind immer böse,
wenn einem Laien etwas einfällt,
was ihnen nicht eingefallen ist.
John Steinbeck

Ein Einungskünstler wäre in jedem
Fache der ganzen Welt willkommen.
Johann Wolfgang von Goethe,
Die Wahlverwandtschaften

Fachleute sollten
als Verlängerung unserer Sinne,
als die Astronomen unserer Sehkraft,
die Radarmannschaft unserer Ohren,
das heißt als Lieferanten
von Daten betrachtet werden,
als Werkzeuge; (...) aber niemals
dürfen die Fachleute an die Stelle
unseres Gehirns treten,
das sich immer das Recht der letzten
Entscheidung vorbehalten muss.
Yehudi Menuhin, Kunst und Wissenschaft als
verwandte Begriffe

In irgendeinem Fache
muss einer vollkommen sein,
wenn er Anspruch
auf Mitgenossenschaft machen will.
Johann Wolfgang von Goethe, Wilhelm Meisters
Wanderjahre

Fähigkeit

Charakter im Großen und Kleinen ist,
dass der Mensch demjenigen
eine stete Folge gibt,
dessen er sich fähig fühlt.
Johann Wolfgang von Goethe, Maximen und
Reflexionen

Der Mensch ist mit Fähigkeiten begabt,
die sich nur
bei zufälligen Gelegenheiten äußern.
Georg Christoph Lichtenberg, Sudelbücher

Der Missbrauch unserer Fähigkeiten
macht uns unglücklich und böse.
Jean-Jacques Rousseau, Emile

Die Natur gibt uns unsere Fähigkeiten,
das Schicksal die Möglichkeit,
sie auch anzuwenden.
François de La Rochefoucauld, Reflexionen

Die Unabhängigkeit unseres Schicksals
von unseren Fähigkeiten ist die
traurigste Erfahrung unseres Daseins.
Herbert Eulenberg, Katinka, die Fliege

Ein allgemein anerkanntes Talent
kann von seinen Fähigkeiten
einen Gebrauch machen,
der problematisch ist.
Johann Wolfgang von Goethe,
Shakespeare und kein Ende

Erfolg besteht darin,
dass man genau die Fähigkeiten hat,
die im Moment gefragt sind.
Henry Ford, Mein Leben und Werk

Es fällt leicht,
Fähigkeiten zu verachten,
die man nicht besitzt.
Lothar Schmidt

Es sind nur wenige,
die den Sinn haben und zugleich
zur Tat fähig sind.
Johann Wolfgang von Goethe, Wilhelm Meisters
Lehrjahre

Fähigkeiten, Talente
erregen Vertrauen.
Johann Wolfgang von Goethe, Dichtung und Wahrheit

Fähigkeiten werden vorausgesetzt,
sie sollen zu Fertigkeiten werden.
Dies ist der Zweck aller Erziehung.
Johann Wolfgang von Goethe,
Die Wahlverwandtschaften

Große Fähigkeiten allein
genügen nicht.
Mann muss sie auch gebrauchen.
François de La Rochefoucauld, Reflexionen

Jeder von uns hat eine Fähigkeit und
wir können diese Fähigkeit anwenden.
Anaïs Nin, Absage an die Verzweiflung

Kunst ist das Fenster,
durch das der Mensch
seine höhere Fähigkeit erkennt.
Giovanni Segantini, Schriften und Briefe

Manche schlechten Eigenschaften
erzeugen große Fähigkeiten.
François de La Rochefoucauld, Reflexionen

Mancher will fliegen,
eh er Federn hat.
Deutsches Sprichwort

Müßiggang ist aller Laster Anfang
und aller entscheidenden Fähigkeiten
Ursprung, Prüfung und Lohn.
Heimito von Doderer, Repertorium. Ein Begreifbuch
von höheren und niederen Lebens-Sachen

Nicht alle seine Fähigkeiten und Kräfte
soll man sogleich und
bei jeder Gelegenheit anwenden.
Baltasar Gracián y Morales, Handorakel und Kunst
der Weltklugheit

Überlegt lange, was eure Schultern
zu tragen sich weigern
und was sie tragen können.
Horaz, Von der Dichtkunst

Zum Reiten gehört mehr,
als ein Paar Schenkel
über ein Pferd hängen.
Deutsches Sprichwort

Zum Reiten gehört mehr
als ein Paar Stiefel.
Deutsches Sprichwort

Zwar beseelt sie alle der gleiche
Kampfesmut, aber sie haben nicht alle
dieselben Fähigkeiten.
Ecbasis captivi in belehrender Gestalt (Wolf)

Fahren

Fahre wie der Teufel,
und du wirst ihn bald treffen.
Robert Lembke, Steinwürfe im Glashaus

Früher fuhr man dorthin,
wo etwas Schönes zu sehen war.
Heute fährt man dorthin,
wo es einen Parkplatz gibt.
Françoise Arnoul

Woher komme ich? Wohin fahre ich?
Und warum so eilig?
Jean-Jacques Rousseau, Julie oder Die neue Héloïse
(Saint-Preux)

Fahrrad

Habe angefangen, in der Manege
Rad fahren zu lernen (...). Ich bereue
es nicht, im Gegenteil, ich fühle,
hier ist natürliche Narrheit im Spiel,
und mir ist gleichgültig,
was andere darüber denken,
außerdem macht es mir einfach
ganz harmlos und kindisch Spaß.
Leo N. Tolstoi, Tagebücher (1895)

Sieh an, wie ein Zweirad in Bewegung
und Fahrt gesetzt wird.
Wenn du deinen Willen
so in Bewegung und Fahrt
zu setzen vermagst,
so wirst du
nach einigen Schwankungen
wie ein Meister im Sattel sitzen.
Christian Morgenstern, Stufen

Fallen

Dem ehernen Gesetz des Falles
gehorcht auf Erden alles. (Alles!)
Erich Kästner, Kurz und bündig. Epigramme

Du kannst so rasch sinken,
dass du zu fliegen meinst.
Marie von Ebner-Eschenbach, Aphorismen

Du knirschst mit den Zähnen, vergeb-
lich beißt du dich auf die Lippen.
Durch eigene Schuld kamst du zu Fall.
Ecbasis captivi in belehrender Gestalt
(Alle Tiere dem Wolf)

Ein Tausendfüßler fällt nicht,
selbst wenn er stirbt.
Chinesisches Sprichwort

Ein tiefer Fall führt oft
zu höherm Glück.
William Shakespeare, Cymbeline (Lucius)

Einer Wand, die fallen will,
gibt jedermann Stöße.
Deutsches Sprichwort

Es ist töricht zu fallen
in der Hoffnung, jemand zu finden,
der einem wieder aufhilft.
Niccolò Machiavelli, Der Fürst

Fallen ist der Sterblichen Los.
So fällt hier der Schüler,
Wie der Meister; doch stürzt dieser
gefährlicher hin.
Johann Wolfgang von Goethe, Vier Jahreszeiten

Hinter den großen Höhen
Folgt auch der tiefe,
der donnernde Fall.
Friedrich Schiller, Die Braut von Messina (Chor)

In der Bresche stehen und aushalten,
bis man fällt, das ist das Beste.
Theodor Fontane, Effi Briest

Ist aber's Weib, dies hehre,
Verkörperte Gedicht, zu tief gefallen,
So wird's zur Fratze, die uns
schaudern macht.
Imre Madách, Die Tragödie des Menschen (Adam)

Je höher der Baum,
je schwerer sein Fall.
Deutsches Sprichwort

Kommt ein Weib zu Falle,
So schilt man auf sie alle.
Freidank, Bescheidenheit

Mancher lässt den von selbst fallen,
dem er beispringen würde,
wenn ein anderer ihn stieße.
Niccolò Machiavelli, Geschichte von Florenz

Nur wieder empor
nach jedem Sturz aus der Höhe!
Entweder fällst du dich tot
oder es wachsen dir Flügel.
Marie von Ebner-Eschenbach, Aphorismen

Sie werden in die Höhe gehoben,
um in heftigerem Fall
zusammenzustürzen.
Claudius Claudianus, In Rufinum

Wenn man schon fallen muss,
muss man der Gefahr entgegenlaufen.
Publius Cornelius Tacitus, Historien

Wer also zu stehen meint,
der gebe Acht, dass er nicht fällt.
Neues Testament, Paulus (1 Korinther 10, 12)

Wer fallen muss,
was schadet dem das Fallen?
Was nützt es ihm, noch einmal
auf kurze Zeit aufzustehen?
Francesco Petrarca, Petrarca über sich selbst

Wer hoch steht, den kann
mancher Windstoß treffen,
Und wenn er fällt,
so wird er ganz zerschmettert.
William Shakespeare, Heinrich III. (Margareta)

Wer nicht fällt, der erhebt sich nicht.
Sprichwort aus Spanien

Wer schließlich doch fällt,
der stand niemals fest:
wenn er nicht fest gestanden hätte,
wäre niemals gefallen.
Notker III. Labeo, Kommentierte Boethius-Übersetzung

Wer unter einer Last fällt,
wird nur schwerlich
mit der Last aufstehen.
Juan de la Cruz, Merksätze von Licht und Liebe

Wichtiger ist,
von wo man fällt,
als wohin.
Lucius Annaeus Seneca, Thyestes

Falsches

Alles Böse gründet in einem Guten,
und alles Falsche in einem Wahren.
Thomas von Aquin, Über das Böse

Besonders macht sich das Falsche
dadurch stark, dass man es mit
oder ohne Bewusstsein wiederholt,
als wenn es das Wahre wäre.
Johann Wolfgang von Goethe, Meteore
des literarischen Himmels

Das Falsche,
kunstvoll dargestellt,
überrascht und verblüfft, aber
das Wahre überzeugt und herrscht.
Luc de Clapiers Marquis de Vauvenargues,
Unterdrückte Maximen

Die Stärke des Irrtums
und der Lüge liegt gerade darin,
dass sie ebenso klar sein können
wie Wahrheiten, weshalb das Falsche
ebenso einleuchtend sein mag
wie das Richtige.
Ludwig Marcuse, Argumente und Rezepte.
Ein Wörter-Buch für Zeitgenossen

Falsch Gebild und Wort
Verändern Sinn und Ort.
Johann Wolfgang von Goethe, Faust I (Mephisto)

Halb richtig ist meistens ganz falsch.
Manfred Rommel, Rommel-Kalender

Nicht einmal Offenkundigem
und Handgreiflichem
darf man sofort beipflichten;
manches Falsche nämlich trägt
den Schein des Wahren an sich.
Lucius Annaeus Seneca, Über den Zorn

Recht und Falsch
existieren nicht getrennt,
sondern wie Schwarz und Weiß
in der Natur.
Vincent van Gogh, Briefe

Falschheit

Brennte Falschheit wie Feuer,
so wäre das Holz nicht halb so teuer.
Deutsches Sprichwort

Dein Weg ist krumm,
er ist der meine nicht.
Friedrich Schiller, Wallensteins Tod (Max)

Der Mund ist weich wie Bohnenkäse,
das Herz ist wie ein Messer scharf.
Chinesisches Sprichwort

Die Falschheit herrschet, die Hinterlist
Bei dem feigen Menschengeschlechte.
Friedrich Schiller, Wallensteins Lager (Reiterlied)

Dorn und Disteln stechen sehr,
Falsche Zungen noch viel mehr.
Clemens Brentano

Es gibt ein Land, wo die Freuden
sichtbar, aber falsch sind,
und der Kummer verborgen, aber echt.
Jean de La Bruyère, Die Charaktere

Feindlich ist die Welt
Und falsch gesinnt!
Es liebt ein jeder nur
Sich selbst.
Friedrich Schiller, Die Braut von Messina (Isabella)

Im Lächeln sind Dolche
und im Honig ist Gift verborgen.
Chinesisches Sprichwort

In der einen Hand hält er
einen Weihrauchkessel,
in der anderen eine Lanze.
Chinesisches Sprichwort

Sei dir selber treu,
Und daraus folgt,
so wie die Nacht dem Tage,
Du kannst nicht falsch sein
gegen irgendwen.
William Shakespeare, Hamlet (Polonius)

Warum tust du so,
als wärest du mein Freund
und wozu begrüßt du mich
mit vertraulicher Falschheit?
Ecbasis captivi in belehrender Gestalt (Kälbchen)

Zwischen den Lippen
eine Zuckermelone
und im Herzen
einen bitteren Rettich.
Chinesisches Sprichwort

Fälschung

Die Kunst ist nicht Fälschung
der Erfahrung,
sondern Erweiterung derselben.
Konrad Fiedler, Schriften zur Kunst, Bd. 2

Ich glaube nur an Statistiken,
die ich selbst gefälscht habe.
Winston Churchill

Falten

Alternde Frauen sollten bedenken,
dass ein Apfel nichts
von seinem Wohlgeschmack verliert,
wenn ein paar Fältchen
die Schale kräuseln.
Auguste Brizeux

Auch wenn der Apfel schrumpelig
wird, verliert er nicht
seinen guten Duft.
Sprichwort aus Frankreich

Das Alter gräbt uns mehr Falten in
den Geist als in das Gesicht.
Michel Eyquem de Montaigne, Die Essais

Das Alter läßt sich leichter ertragen,
wenn man den Faltenwurf im Gesicht
als künstlerische Drapierung
betrachtet.
Vivien Leigh

Die Furchen seiner Stirn
erzählen seine Taten.
Pierre Corneille, Der Cid

Falten
machen einen Mann männlicher,
eine Frau älter.
Jeanne Moreau

Ich bin stolz auf die Falten.
Sie sind das Leben
in meinem Gesicht.
Brigitte Bardot

Runzeln –
Schützengräben der Haut.
Kurt Tucholsky

Runzeln sollten nur den Platz zeigen,
wo Lächeln gestanden hat.
Mark Twain, Querkopf Wilsons Kalender

Runzeln und Krähenfüße sind
die Haltestellen der Gesichtszüge.
Manfred Schmidt

Familie

Alle glücklichen Familien
ähneln einander;
jede unglückliche Familie
ist auf ihre eigene Weise unglücklich.
Leo N. Tolstoi, Anna Karenina

Brennholz, Reis, Öl, Salz, Soja, Essig
und Tee – diese Sieben
machen eine Familie reich.
Chinesisches Sprichwort

Das absolute Veto
hat der Mann sich vorbehalten.
Es ist immer dieselbe Tyrannei,
wenn auch unter verschiedenen
Formen.
Louise Otto-Peters, Die Demokratinnen

Das beste Altersheim ist die Familie.
Heinrich Lübke, in einer Ansprache

Das Familienglück verschlingt mich
mit Haut und Haar,
ich kann es mir aber nicht leisten,
untätig zu sein.
Leo N. Tolstoi, Tagebücher (1863)

Das ist das Göttlich-Romantische an
der Familie: Sie ist romantisch,
weil sie ein großes Durcheinander
und romantisch, weil sie alles das ist,
was ihre Feinde sie heißen,
romantisch, weil sie willkürlich
und lebendig ist.
Gilbert Keith Chesterton, Heretiker

Das ist die undankbare Stellung
des Vaters in der Familie.
Aller Versorger, aller Feind.
August Strindberg, Der Sohn der Magd

Das Nah- und Nächstliegende ist es,
was den Menschen wahrhaft bewegt,
woran seine Kräfte sich naturgemäß
ausbilden. Innerhalb der Familie
betätigt er am stärksten die beiden
Kräfte, die untrennbar und verhäng-
nisvoll in ihm verschlungen sind:
den Egoismus und die Liebe.
Ricarda Huch, Familienleben der Gegenwart

Das Problem der modernen Familie
liegt darin, dass jeder die Hosen anhat.
George Sitwell

Das Schicksal des Staates
hängt vom Zustand der Familie ab.
Alexandre Vinet, Erziehung, Familie und Gesellschaft

Der Adler frisst nicht
aus dem eigenen Nest.
Chinesisches Sprichwort

Der Wohlstand der Familie
gründet sich auf das Sparen.
Chinesisches Sprichwort

Die Arbeit der Weiber löst vor allen
Dingen die Familie gänzlich auf;
denn wenn die Frau den Tag über
12–13 Stunden in der Fabrik zubringt
und der Mann ebendaselbst oder
an einem anderen Orte arbeitet,
was soll da aus den Kindern werden?
Sie wachsen wild auf wie Unkraut.
Friedrich Engels, Die Lage der arbeitenden Klasse
in England

Die ärgsten Feinde unbestritten
Sind die in eigenen Hauses Mitten.
Jüdische Spruchweisheit

Die Familie eines faulen,
selbstzufriedenen Mannes
geht zugrunde.
Chinesisches Sprichwort

Die Familie ist die natürlichste,
festeste und innigste Körperschaft.
Aus ihr, wenn sie gut ist,
geht die höchste Würde
des menschlichen Geschlechtes
und die größte Vollkommenheit
der Staatsform hervor.
Adalbert Stifter, Schlusswort über unsere sittliche
Verbesserung

Die Familie ist nur dann
eine wirkliche Gemeinschaft,
wenn das Gesetz der Familie,
die Pietät oder Familienliebe,
von den Gliedern derselben
beobachtet wird.
Max Stirner, Der Einzige und sein Eigentum

Die Familie ist zu eng und hat
zu kleine selbstsüchtige Ziele.
August Strindberg, Der Sohn der Magd

Die Frauen sind ihren Männern,
die Kinder den Eltern
und so überhaupt die Jüngeren
den Älteren untertan.
Thomas More, Utopia (Schilderung von Utopia)

Die Grundlage des Reiches
ist die Familie,
die Grundlage der Familie
ist der Mensch.
Chinesisches Sprichwort

Die unvorteilhafteste
menschliche Ordnung ist die, bei der
jeder nur für sich selbst arbeitet,
nur sich allein schützt und versorgt.
Ich glaube, wäre dies so,
und gäbe es nicht Gruppen,
zumindest die Familie,
wo die Menschen für andere arbeiten,
sie könnten nicht existieren.
Leo N. Tolstoi, Tagebücher (1889)

Die weibliche Magie
ist in der patriarchalischen Familie
weitgehend gezähmt worden.
Simone de Beauvoir, Das andere Geschlecht

Die Werkstatt ist die Familie
in der Arbeit. Ganz anders
gestaltet sich dies da,
wo die Maschinen auftreten.
Lorenz von Stein, Die sozialen Bewegungen
der Gegenwart

Draußen wie wenig!
Daheim der König.
Jüdische Spruchweisheit

Ein Fürst ohne Familiengeist
ist kein Monarch.
Novalis, Politische Aphorismen

Ein glückliches Familienleben
zwischen Mann und Weib
und ihren Kindern
ist der Treffer unseres Daseins.
Detlev von Liliencron, Breide Hummelsbüttel

Eine Familie macht
tausend Münder satt,
der Einsame muss
großen Hunger leiden.
Chinesisches Sprichwort

Eine Familie, zu der ein Greis gehört,
besitzt einen Schatz.
Chinesisches Sprichwort

Entbehrung braucht die Familie
notwendiger als Überfluss.
Leo N. Tolstoi, Tagebücher (1907)

Es fängt alles beim Zuhause an.
Lido Anthony »Lee« Iacocca,
Mein amerikanischer Traum

Es gibt gar keine bürgerliche Familie.
Es gibt Familien, die nach bürgerlichen Maßstäben zu leben scheinen.
Aber sobald man genauer hinsieht,
gibt es keine bürgerliche Familie.
Es gibt nur Einzelpersonen.
Anaïs Nin, Absage an die Verzweiflung

Es ist kein großes Lob für die Zeit,
dass sie so weit von der Natur entfernt, so sinnlos für Familienleben,
so abgeneigt der schönsten
poetischen Gesellschaftsform ist.
Novalis, Glauben und Liebe

Es ist leichter ein Land zu regieren,
als eine Familie zu führen.
Chinesisches Sprichwort

Es steht nun also dem Manne zu,
über Frau und Kinder zu herrschen,
aber über beide als freie Menschen
indessen doch nicht in der gleichen
Weise, sondern über die Frau
wie ein Beamter in einem Freistaat,
über die Kinder dagegen
wie ein König.
Aristoteles, Politik

Etwas Gutes hat die Beerdigung:
Sie söhnt die Familie wieder aus.
Jules Renard, Ideen, in Tinte getaucht.
Aus dem Tagebuch von Jules Renard

Familiäre Nestwärme
lässt sich nicht durch ideologische
Brutkästen ersetzen.
Norbert Blüm, Unverblümtes von Norbert Blüm

Familie, du bist die Heimstatt aller
sozialen Laster, die Versorgungseinrichtung aller bequemen Frauen,
die Ankerschmiede des Familienversorgers und die Hölle der Kinder!
August Strindberg, Der Sohn der Magd

Familiensinn ist relativ.
In Italien ist der angeheiratete Neffe
eines armen Großonkels
noch ein lieber Verwandter,
in Amerika ist die Schwiegertochter
eines Millionärs bereits eine Fremde.
Roberto Rossellini

Für mich ist es so wichtig,
eine Familie um mich zu haben,
in der man sich gemeinsam
über Erfolge freut und sich
über schwere Zeiten hinweg hilft.
Sylvia Plath, Briefe nach Hause (24. Februar 1956)

Ganz aufgehen in der Familie heißt
ganz untergehen.
Marie von Ebner-Eschenbach, Aphorismen

Geben fängt zu Hause an.
Lido Anthony »Lee« Iacocca,
Mein amerikanischer Traum

Geld läuft einer Familie in Not davon.
Chinesisches Sprichwort

Hängen in der Halle keine alten Bilder,
ist die Familie nicht alt.
Chinesisches Sprichwort

Herrliche, sittliche Institution, heilige
Familie, unantastbare göttliche
Stiftung, die Staatsbürger zu Wahrheit
und Tugend erziehen soll!
Du angeblicher Hort der Tugend,
wo unschuldige Kinder
zu ihrer ersten Lüge gefoltert werden,
wo die Willenskraft
durch Despotie zerbröckelt wird,
wo engstirniger Egoismus
das Selbstgefühl töten.
August Strindberg, Der Sohn der Magd

Hübsche Mägde
und schöne Konkubinen
tragen nicht
zum Glück der Familie bei.
Chinesisches Sprichwort

Im Schoß der Familien herrschen
oft Misstrauen, Eifersüchtelei und
Abneigungen, während uns
ein zufriedenes, einträchtiges und
heiteres Äußeres täuscht und
einen Frieden vermuten lässt,
der gar nicht vorhanden ist.
Jean de La Bruyère, Die Charaktere

In den meisten Fällen ist die Familie
für ein junges Talent entweder
ein Treibhaus oder ein Löschhorn.
Marie von Ebner-Eschenbach, Aphorismen

In der Familie gibt es keine Abgeschlossenheit und ihrer keine Achtung.
Sie ist der Persönlichkeit Feind.
Denn ihr Ursprung war zwangsläufig
Personsverlust: ihr vitium orginis.
Heimito von Doderer, Repertorium. Ein Begreifbuch
von höheren und niederen Lebens-Sachen

In der Familie sei sparsam,
doch Gästen gib reichlich.
Chinesisches Sprichwort

In der Familie verteidige die Familie,
im Staat verteidige den Staat.
Chinesisches Sprichwort

In einer harmonischen Familie
sprießt das Glück von allein.
Chinesisches Sprichwort

In einer ruinierten Familie
betrügen die Knechte den Herrn.
Chinesisches Sprichwort

In vielen Fällen wird die Familie durch
das Arbeiten der Frau nicht ganz aufgelöst, sondern auf den Kopf gestellt:
Die Frau ernährt die Familie,
der Mann sitzt zu Hause,
verwahrt die Kinder,
kehrt die Stuben und kocht.
Friedrich Engels, Die Lage der arbeitenden Klasse
in England

Je mächtiger der Mann sich sozial
und wirtschaftlich fühlt,
um so autoritärer
spielt er den Familienvater.
Simone de Beauvoir, Das andere Geschlecht

Jeder fühlende, wohlhabende Mann
sollte sich und seine Familie,
und zwar in verschiedenen Epochen
des Lebens, malen lassen.
Johann Wolfgang von Goethe,
Der Sammler und die Seinigen

Jeder regiert seine Kinder und Frauen.
Homer, Odyssee

Karl Kraus sagte:
»Das Wort Familienbande hat einen
Beigeschmack von Wahrheit.«
Heute hat das Wort Bande
einen Beigeschmack von Familie.
Friedrich Hacker

Liebe, menschlich zu beglücken,
Nähret sie ein edles Zwei;
Doch zu göttlichem Entzücken
Bildet sie ein köstlich Drei.
Johann Wolfgang von Goethe, Faust II (Helena)

Lieber adoptiere einen Sohn,
als dass die Familie stirbt.
Chinesisches Sprichwort

Man spricht oft von unglücklichen
Familien und warum sollte es deren
nicht geben? Erben sich nicht falsche
Grundsätze und Gedankenverwirrungen, böse Anlagen und Leidenschaften wie Seuchen und Gebrechen
fort und werden sie nicht oft
durch Erziehung genähret?
Johann Gottfried Herder, Das eigene Schicksal

Nur die Frau
kann eine Familie schaffen.
Aber eine Familie
kann auch an ihr zerbrechen.
Mutter Teresa

Nur um eine liebende Frau her
kann sich eine Familie bilden.
Friedrich Schlegel, Fragmente

(...) ohne die Leistungen der Familie
hat das Land keine Zukunft.
Helmut Kohl, Rede des Bundeskanzlers
vor dem Deutschen Bundestag 1985

Seine schmutzige Wäsche
in der Familie waschen
und als Waschmittel
die Asche der Ahnen benutzen.
Jules Renard, Ideen, in Tinte getaucht.
Aus dem Tagebuch von Jules Renard

Selbst einem gerechten Mandarin
fällt es schwer,
einen Familienstreit zu schlichten.
Chinesisches Sprichwort

Sorge Dich nur um die eigene Familie
und rede nicht über anderer Leute
Töchter und Frauen.
Chinesisches Sprichwort

Tugend und Liebe
begründen zwar das Familienglück,
aber nur Talente
machen es wirklich anziehend.
Heinrich von Kleist, Briefe (an Wilhelmine von Zenge,
Frühjahr 1800)

Um wie viel stiller
ginge es in manchen Familien zu,
wenn sich alle Frauen
Männer kaufen könnten!
Kurt Tucholsky, Schnipsel

Und drinnen waltet
die züchtige Hausfrau,
Die Mutter der Kinder,
und herrschet weise
Im häuslichen Kreise.
Friedrich Schiller, Das Lied von der Glocke

Unsere Gesellschaft ist krank
und unglücklich, und ich behaupte,
dass die Wurzel dieses Übels
die unreife Familie ist.
Alexander S. Neill, Theorie und Praxis
der antiautoritären Erziehung

Unsere Zeit ist reich an edlen Frauen,
deren Blicke wohl über den engen
Kreis des Familienlebens hinausgehen,
die aber nimmermehr auch ihre
Schritte diesen folgen lassen möchten.
Sie haben das Vorurteil
wohl in der Idee, aber nicht
in der Wirklichkeit überwunden.
Louise Otto-Peters, Die Demokratinnen

Urahne, Großmutter, Mutter und Kind
In dumpfer Stube beisammen sind –
und morgen ist's Feiertag.
Gustav Schwab, Das Gewitter

Was liegt
Dem guten Menschen näher
als die Seinen.
Friedrich Schiller, Wilhelm Tell (Berta)

Weil man so viel
mit aller Welt verkehrt,
hat man keine Familie mehr;
kaum kennt man seine Verwandten.
Jean-Jacques Rousseau, Emile

Wenn eine Familie eine Mauer baut,
ziehen zwei Familien
einen Nutzen daraus.
Chinesisches Sprichwort

Wer sich in die Familie begibt,
kommt darin um.
Heimito von Doderer, Repertorium. Ein Begreifbuch
von höheren und niederen Lebens-Sachen

Wo lebt sich's besser
als im Schoße der Familie?
Jean François Marmontel, Lucile

Zählt eine Familie
auch tausend Münder,
Herr ist doch nur einer.
Chinesisches Sprichwort

Fanatismus

Abscheuliche Lehren sind diejenigen,
welche zum Verbrechen,
zum Mord verleiten
und Fanatiker hervorbringen.
Jean-Jacques Rousseau, Brief an Erzbischof Beaumont
(18. November 1762)

Aug' in Aug' mit dem Fanatismus
selbst, ist eine Freiheit, die
aus lauter Güte und humaner Skepsis
nicht mehr an sich selber glaubt,
verloren.
Thomas Mann, Vom zukünftigen Sieg der Demokratie

Bedenkt, dass Fanatiker
gefährlicher sind als Schurken.
Einen Besessenen kann man niemals
zur Vernunft bringen,
einen Schurken wohl!
Voltaire, Potpourri

Der Fanatismus ist gerade
bei den Gebildeten zu Hause.
Max Stirner, Der Einzige und sein Eigentum

Der Fanatismus und alle Gefühle
sind lebendige Kräfte.
Diese Kräfte werden bei gewissen
Wesen zu Strömen des Willens,
die alles vereinen und mit sich reißen.
Honoré de Balzac, Louis Lambert

Echte Propheten haben manchmal,
falsche Propheten haben immer
fanatische Anhänger.
Marie von Ebner-Eschenbach, Aphorismen

Ein Fanatiker ist ein Mensch,
der so handelt, wie er glaubt,
dass Gott handeln würde,
wenn Er ausreichend informiert wäre.
Finley Peter Dunne

Fanatismus besteht im Verdoppeln
der Anstrengung,
wenn das Ziel vergessen ist.
George de Santayana

Geistlose kann man nicht begeistern,
aber fanatisieren kann man sie.
Marie von Ebner-Eschenbach, Aphorismen

Ich weiß nicht,
wozu unsere Katechismen
am ehesten führen, zur Gottlosigkeit
oder zum Fanatismus;
ich weiß aber wohl, dass sie notwendig das eine oder das andere tun.
Jean-Jacques Rousseau, Emile

Ist nicht Vernunft der Schutz
wider Intoleranz und Fanatismus?
Jean-Jacques Rousseau, Julie
oder Die neue Héloïse (Julie)

Phlegmatische Naturen sind nur so
zu begeistern, dass man sie fanatisiert.
Friedrich Nietzsche, Morgenröte

Von dem Fanatismus, der Rachgier
ist alles zu erwarten.
Louise Otto-Peters, Die Demokratinnen

Fangen

Der eine klopft auf den Busch,
der andere fängt den Vogel.
Deutsches Sprichwort

Der Fisch, der entkommt,
ist stets ein großer.
Chinesisches Sprichwort

Ein neues Netz
fängt keinen alten Vogel.
Sprichwort aus Dänemark

Fische fängt man mit Angeln,
Menschen mit Worten.
Deutsches Sprichwort

Je willkürlicher das Netz gewebt ist,
das der kühne Fischer auswirft,
desto glücklicher ist der Fang.
Novalis, Die Lehrlinge zu Sais

Mit einer Hand
fängt man nicht zwei Frösche.
Chinesisches Sprichwort

Mit geschlossenen Augen
fängt man noch nicht einmal
einen Sperling.
Chinesisches Sprichwort

Farbe

Bunt ist meine Lieblingsfarbe.
Walter Gropius

Das Licht können wir nicht begreifen,
und die Finsternis sollen wir nicht
begreifen, da ist den Menschen die
Offenbarung gegeben,
und die Farben sind in die Welt
gekommen, das ist:
Blau und Rot und Gelb.
Philipp Otto Runge, An Johann Daniel Runge
(7. November 1802)

Die Farbe ist der Ort,
wo unser Gehirn und das Weltall
sich begegnen.
Paul Cézanne, Gespräche mit Gasquet

Die Farben sind Taten des Lichts,
Taten und Leiden.
Johann Wolfgang von Goethe, Zur Farbenlehre

Die Natur ist nicht an der Oberfläche,
sie ist in der Tiefe.
Die Farben sind der Ausdruck
dieser Tiefe an der Oberfläche.
Sie steigen aus den Wurzeln
der Welt auf. Sie sind ihr Leben,
das Leben der Ideen.
Paul Cézanne, Gespräche mit Gasquet

Die Welt ist grau,
und Grau ist keine Farbe!
Erich Kästner, Dr. Erich Kästners lyrische Hausapotheke

Es sind Harmonien und Kontraste
in den Farben verborgen,
die ganz von selbst zusammenwirken.
Vincent van Gogh, Briefe

Farben waren mir ein Glück
und mir war es,
als ob sie meine Hände liebten.
Emil Nolde (13. Oktober 1944)

Farbenpracht blendet das Auge.
Lao-tse, Dao-de-dsching

Ich habe nichts dagegen,
wenn man die Farbe sogar
zu fühlen glaubt;
ihr eigenes Eigenschaftliche würde
nur dadurch noch mehr betätigt.
Auch zu schmecken ist sie.
Blau wird alkalisch,
Gelbrot sauer schmecken.
Alle Manifestationen der Wesenheiten
sind verwandt.
Johann Wolfgang von Goethe,
Maximen und Reflexionen

Studieren färbt einen Menschen mehr
als Zinnober und Kobaltblau.
Chinesisches Sprichwort

Was nützen mir die Farben,
wenn ich nicht weiß,
was ich malen soll?
Michel Eyquem de Montaigne, Die Essais

Will man sehr feine Dinge sichtbar
machen, so muss man sie färben.
Joseph Joubert, Gedanken, Versuche und Maximen

Fass

Je voller das Fass,
je gelinder der Klang.
Deutsches Sprichwort

Leere Fässer klingen hohl.
Deutsches Sprichwort

So wälz ich ohne Unterlass,
Wie Sankt Diogenes, mein Fass.
Johann Wolfgang von Goethe, Genialisch Treiben

Wenn das Fass leer ist,
so wischen die Freunde das Maul
und gehen.
Deutsches Sprichwort

Fassade

Alternde Menschen sind wie Museen.
Nicht auf die Fassade kommt es an,
sondern auf die Schätze im Innern.
Jeanne Moreau

Stets muss das Innere noch einmal
so viel sein als das Äußere.
Dagegen gibt es Leute
von bloßer Fassade wie Häuser,
die, weil die Mittel fehlten,
nicht ausgebaut sind
und den Eingang eines Palastes,
den Wohnraum einer Hütte haben.
Baltasar Gracián y Morales, Handorakel und Kunst
der Weltklugheit

Fassung

Doch es ziemet Königinnen,
allen Menschen ziemt es wohl,
Sich zu fassen, zu ermannen,
was auch drohend überrascht.
Johann Wolfgang von Goethe, Faust II (Helena)

Wenn jemand deinen Körper
dem ersten Besten, der dir begegnet,
übergeben würde, dann wärest du
empört. Dass du aber dein Herz jedem
Beliebigen überlässt, und es sich,
wenn du beschimpft wirst,
aufregt und aus der Fassung gerät –
dessen schämst du dich nicht?
Epiktet, Handbuch der Moral

Fasten

Besser ist es,
die Zunge zu beherrschen,
als zu fasten bei Wasser und Brot.
Juan de la Cruz, Merksätze von Licht und Liebe

Die Nonnen fasten,
dass ihnen die Bäuche schwellen.
Deutsches Sprichwort

Ein voller Bauch
diskutiert leicht über das Fasten.
Hieronymus, Briefe

Jeder Fasttag hat drei Fresstage.
Deutsches Sprichwort

LSD: Es ruft
die gleichen Halluzinationen hervor,
die eine Nonne
im Mittelalter durch das Fasten bekam.
Peter Ustinov, Peter Ustinovs geflügelte Worte

Mit vollem Bauch
ist gut Fastenpredigt halten.
Deutsches Sprichwort

Übel gesessen, ist halb gefastet.
Deutsches Sprichwort

Wenn ihr fastet, dann macht kein
finsteres Gesicht wie die Heuchler.
Sie geben sich ein trübseliges Aussehen, damit die Leute merken,
dass sie fasten.
Neues Testament, Matthäus 6, 16 (Jesus: Bergpredigt)

Wer übel isst, der fastet genug.
Deutsches Sprichwort

Zur Fastenzeit gibt's Seefisch
und Predigt.
Sprichwort aus Frankreich

Fastnacht

Grüne Fastnacht, weiße Ostern.
Bauernregel

Ohne Fastnachtstanz
und Mummenspiel
Ist am Februar auch nicht viel.
Johann Wolfgang von Goethe, Jahr aus, Jahr ein

Faulheit

Abends wird der Faule fleißig.
Deutsches Sprichwort

Am faulsten sind die Parlamente,
die am stärksten besetzt sind.
Winston Churchill

Arbeiten bringt Brot,
Faulenzen Hungers Not.
Deutsches Sprichwort

Armut ist in der Stadt groß,
aber die Faulheit viel größer.
Martin Luther, Tischreden

Bei der Arbeit krank,
doch beim Essen gesund.
Chinesisches Sprichwort

Besser laufen als faulen.
Johann Wolfgang von Goethe, Reineke Fuchs

Das ist die gemeinste Faulheit:
die des Denkens.
Anton P. Tschechow, Briefe (22. März 1885)

Das Verlangen des Faulen
regt sich vergebens, das Verlangen
der Fleißigen wird befriedigt.
Altes Testament, Sprüche Salomos 13, 4

Dem Faulenzer wird beim Essen warm,
doch bei der Arbeit kalt.
Chinesisches Sprichwort

Dem Faulpelz geht die Arbeit
von der Hand
wie das Pech von der Wand.
Deutsches Sprichwort

Dem schlafenden Fuchs
fällt nichts ins Maul.
Sprichwort aus Frankreich

Der Faule denkt,
Hände und Füße wären ihm geliehen.
Sprichwort aus Georgien

Der Faule sagt:
Ein Löwe ist draußen,
mitten auf der Straße käme ich
ums Leben.
Altes Testament, Sprüche Salomos 22, 13

Der Faulenz und das Lüderli
sind zwei Zwillings-Brüderli.
Deutsches Sprichwort

Der Mensch kann unendlich viel,
wenn er die Faulheit abgeschüttelt hat
und sich vertraut,
dass es ihm gelingen muss,
was er ernstlich will.
Ernst Moritz Arndt, Grundlinien einer deutschen Kriegsordnung

Der Stein, der einem Platz bleibt,
wird mit Moos bedeckt.
Sprichwort aus Litauen

Der Weg des Faulen
ist wie ein Dornengestrüpp,
der Pfad der Redlichen
aber ist gebahnt.
Altes Testament, Sprüche Salomos 15, 19

Der Weizen ist schon auf der Tenne,
doch die Schwiegertochter
liegt noch im Bett.
Chinesisches Sprichwort

Die Familie
eines faulen, selbstzufriedenen Mannes
geht zugrunde.
Chinesisches Sprichwort

Die Faulen sind stets aufgelegt,
irgendetwas zu tun.
Luc de Clapiers Marquis de Vauvenargues, Unterdrückte Maximen

Die Furcht und die Faulheit bringen
die Menschen um alles Vernünftige.
Johann Gottfried Seume, Apokryphen

Die Tür dreht sich in ihrer Angel
und der Faule in seinem Bett.
Altes Testament, Sprüche Salomos 26, 14

Ein Faulenzer hat stets
gesunden Appetit, ein Dummkopf
immer schöne Träume.
Chinesisches Sprichwort

Ein fauler Büffel
muss oft Wasser lassen.
Chinesisches Sprichwort

Ein fauler und ein fleißiger Mensch
können nicht gut miteinander leben,
der faule verachtet den fleißigen
gar zu sehr.
Marie von Ebner-Eschenbach, Aphorismen

Eine faule Frau sät Lattich.
Chinesisches Sprichwort

Eine faule Frau versucht,
alles auf einmal fortzutragen.
Chinesisches Sprichwort

Eine sitzende Krähe verhungert.
Sprichwort aus Island

Einem faulen Pferd
erscheint jeder Weg zu lang.
Chinesisches Sprichwort

Er schnarcht Tag und Nacht.
Terenz, Der Eunuch

Es ist Faulheit oder Haltlosigkeit,
ausschließlich zu sein.
Ludwig Marcuse, Argumente und Rezepte.
Ein Wörter-Buch für Zeitgenossen

Es nimmt kein gutes Ende,
wenn jemand zu lange liegen bleibt.
Hadloub, Lieder (Der ich leider dise nacht gehüetet hân)

Faule haben allzeit Feiertag.
Deutsches Sprichwort

Faule Knechte sind gute Propheten.
Deutsches Sprichwort

Faulenzen
Erweitert des Teufels Grenzen.
Abraham a Sancta Clara

Faulheit ist der Hang zur Ruhe
ohne vorhergehende Arbeit.
Immanuel Kant

Faulheit strengt an,
als stemme man Gewichte.
Erich Kästner, Dr. Erich Kästners lyrische Hausapotheke

Fleiß bringt Brot, Faulheit Not.
Deutsches Sprichwort

Fleiß erlernt man in drei Jahren,
Faulheit in drei Tagen.
Chinesisches Sprichwort

Gebrauchter Pflug blinkt,
stehend Wasser stinkt.
Deutsches Sprichwort

Gefaltete Hände verdienen kein Brot.
Sprichwort aus Lettland

Geld wächst nicht an Bäumen.
Sprichwort aus den USA

Gib den Kranken,
aber nicht den Faulen.
Chinesisches Sprichwort

Greift der Faule mit der Hand
in die Schüssel, ist er zu träg,
sie zum Mund zurückzubringen.
Altes Testament, Sprüche Salomos 26, 15

Hier steht der ausgestopfte Schnick. /
Wer dick und faul, hat selten Glück.
Wilhelm Busch, Die Strafe der Faulheit

Ich sitze an meinem Schreibtisch
wie der Esel in einer Box.
Ich lese und bin faul.
Mein Geist isst und käut wieder.
Jules Renard, Ideen, in Tinte getaucht.
Aus dem Tagebuch von Jules Renard

Im Essen bist du schnell,
im Gehen bist du faul.
Iss mit den Füßen, Freund,
und nimm zum Gehn das Maul!
Gotthold Ephraim Lessing, Sinngedichte

Im Fleiß kann dich die Biene meistern.
Friedrich Schiller, Die Künstler

Ist der Mensch fleißig,
ist auch die Erde nicht faul.
Chinesisches Sprichwort

Man ist zu faul,
die Seele reinzuwaschen.
Erich Kästner, Dr. Erich Kästners lyrische Hausapotheke

Man kann auf keinem Kissen
in den Himmel rutschen.
Deutsches Sprichwort

Morgen ist auch noch ein Tag.
Deutsches Sprichwort

Morgen! morgen! nur nicht heute!
Sprechen alle faulen Leute.
Christian Felix Weiße, Lieder für Kinder

Nach Faulheit folgt Krankheit.
Deutsches Sprichwort

Niemand hetzt seine Mitmenschen
so sehr wie die Faulen,
wenn sie fleißig scheinen wollen,
nachdem sie genügend faul waren.
François de La Rochefoucauld, Unterdrückte Maximen

Niemand ist so geschäftig
wie der Faule,
wenn er an die Arbeit geht.
Sprichwort aus Wallonien

O süße Träumerei, du bist die Entschuldigung für meine Faulheit.
Jules Renard, Ideen, in Tinte getaucht.
Aus dem Tagebuch von Jules Renard

Rost zerfrisst mehr als Arbeit.
Sprichwort aus Frankreich

Siegen kommt nicht von Liegen.
Deutsches Sprichwort

Voll macht faul.
Deutsches Sprichwort

Vom Nichtstun wird nicht nur der Beutel leer (...).
Erich Kästner, Dr. Erich Kästners lyrische Hausapotheke

Wenn der Oberfaule
dem Faulen Befehle erteilt,
sperrt der Faule nur die Augen auf.
Chinesisches Sprichwort

Wer aber recht bequem ist und faul,
Flög' dem
eine gebratne Taube ins Maul,
Er würde höchlich sich's verbitten,
Wär' sie nicht auch
geschickt zerschnitten.
Johann Wolfgang von Goethe, Sprichwörtlich

Wer den Acker nicht baut,
dem wächst Unkraut.
Deutsches Sprichwort

Wer der Arbeit zusieht,
wird davon nicht müde.
Deutsches Sprichwort

Wer der Kirche am nächsten wohnt,
kommt als Letzter zur Messe.
Sprichwort aus Irland

Wer die Hände stille hält,
halte auch den Mund.
Chinesisches Sprichwort

Wer lange Zeit stand,
wird schlecht laufen.
Ovid, Gedichte der Trübsal

Wer nicht über den Bergkamm steigt,
gelangt nicht in die Ebene.
Chinesisches Sprichwort

Wer zu faul zum Jäten ist,
wird Unkraut kauen müssen.
Chinesisches Sprichwort

Wir haben zwar die Hand
an den Pflug gelegt, schauen aber,
lau nur und fleischlich,
nach rückwärts.
Bernhard von Clairvaux, Dritte Ansprache
auf das Fest Peter und Paul

Wo die Nächstenliebe nur darin
besteht, nichts Böses zu tun,
ist sie von der Faulheit
kaum zu unterscheiden.
Emil Gött, Im Selbstgespräch

Fäulnis

Ein Apfel, der runzelt,
fault nicht bald.
Deutsches Sprichwort

Ein faules Ei
verderbt den ganzen Brei.
Deutsches Sprichwort

Eine faule Kirsche
macht nicht so viel Matsch
wie ein fauler Kürbis.
Chinesisches Sprichwort

Je früher reif, je früher faul.
Deutsches Sprichwort

Selbst ein dickes Seil
fängt an einem Faden zu faulen an.
Chinesisches Sprichwort

Vorstehende Dachsparren
faulen zuerst.
Chinesisches Sprichwort

Was bald reif wird, wird bald faul.
Deutsches Sprichwort

Faust

Das passt wie die Faust aufs Auge.
Deutsches Sprichwort

Man soll keine Faust im Sacke machen.
Deutsches Sprichwort

Und wer vermag sein Herz
in einer schönen Grenze zu halten,
wenn die Welt
mit Fäusten auf ihn einschlägt?
Friedrich Hölderlin, Briefe (an den Bruder,
2. November 1797)

Wer keine Hand hat,
kann keine Faust machen.
Deutsches Sprichwort

Zwar die brave Faust gewinnet,
Doch der Geist bewährt den Ruhm.
Johann Wolfgang von Goethe, Requiem dem frohsten
Mann des Jahrhunderts

Februar

Februar: Die Sonne kehrt zurück.
Roald Amundsen, Eskimoleben (Eskimo-Monatsnamen)

Februar mit Frost und Wind
macht die Ostertage lind.
Bauernregel

Im Februar müssen die Stürme fackeln,
dass den Ochsen die Hörner wackeln.
Bauernregel

Ist der Februar trocken und kalt,
kommt im Frühjahr die Hitze bald.
Bauernregel

Liegt im Februar die Katz im Freien,
wird sie im März vor Kälte schreien.
Bauernregel

Ohne Fastnachtstanz
und Mummenspiel
Ist am Februar auch nicht viel.
Johann Wolfgang von Goethe, Jahr aus, Jahr ein

Spielen die Mücken im Februar,
friert die Biene das ganze Jahr.
Bauernregel

Wenn im Hornung [= Februar, Anm. d. Red.] die Mücken schwärmen,
muss man im März die Ohren wärmen.
Bauernregel

Wenn's der Hornung [= Februar,
Anm. d. Red.] gnädig macht,
bringt der Mai den Frost bei Nacht.
Bauernregel

Wenn's im Februar nicht schneit,
schneit es in der Osterzeit.
Bauernregel

Feder

An den Federn
erkennt man den Vogel.
Deutsches Sprichwort

Ein Pfund Federn wiegt so viel
als ein Pfund Blei.
Deutsches Sprichwort

Mit der Feder in der Hand
habe ich, mit gutem Erfolg,
Schanzen erstiegen, von denen andere
mit Schwert und Bannstrahl bewaffnet
zurückgeschlagen worden sind.
Georg Christoph Lichtenberg, Sudelbücher

Fee

Nymphen und Feen
hat die christliche Welt durch
weniger sinnliche Geister ersetzt,
aber in den Häusern, Landschaften,
Städten und Individuen spukt weiter
etwas ungreifbar Weibliches.
Simone de Beauvoir, Das andere Geschlecht

Wie hieß die Fee? Lili? –
Fragt nicht nach ihr!
Kennt ihr sie nicht,
so danket Gott dafür!
Johann Wolfgang von Goethe, Lilis Park

Fegefeuer

Die größte Qual des Fegefeuers
ist die Ungewissheit des Gerichtes.
Blaise Pascal, Pensées

Die Lehre, dass man kirchliche Buß-
strafen in Strafen des Fegefeuers
umwandeln könne, ist ein Unkraut,
das augenscheinlich gesät wurde,
als die Bischöfe schliefen.
Martin Luther, Thesen über den Ablass

Fehler

Alle Fehler nämlich sind,
offen zu Tage, weniger wirksam:
Auch Krankheiten neigen dann
zur Gesundung, wenn sie
aus dem Verborgenen hervorbrechen
und ihre Kraft deutlich machen.
Lucius Annaeus Seneca, Briefe über Ethik

Am bittersten bereuen wir die Fehler,
die wir am leichtesten
vermieden hätten.
Marie von Ebner-Eschenbach, Aphorismen

Anderer Fehler sind gute Lehrer.
Deutsches Sprichwort

Auch ein guter Fuhrmann
kippt den Wagen einmal um.
Sprichwort aus Frankreich

Aus mangelnder Selbsteinschätzung
entstehen so viele Fehler
wie aus übertriebener Selbstachtung.
Charles de Secondat, Baron de la Brède
et de Montesquieu, Meine Gedanken

Aus Vorsatz hast du nie,
aus Leichtsinn stets gefehlt.
Johann Wolfgang von Goethe,
Die Laune des Verliebten (Eridon)

Begangene Fehler können nicht besser
entschuldigt werden
als mit dem Geständnis, dass man sie
als solche erkenne.
Pedro Calderón de la Barca

Das edle Weib ist halb ein Mann,
ja ganz,
Erst ihre Fehler machen sie
zu Weibern.
Franz Grillparzer, Die Jüdin von Toledo (Garceran)

Das Rechte, das ich viel getan,
Das ficht mich nun nicht weiter an,
Aber das Falsche, das mir entschlüpft,
Wie ein Gespenst mir vor Augen hüpft.
Johann Wolfgang von Goethe, Sprüche

Das Wissen um unsere Fehler muss
uns zu noch inständigerem Streben
dienen und vor allem dazu,
nie zu verzweifeln.
Papst Johannes XXIII., Briefe an die Familie
(Nichte Giuseppina R.), 13. Februar 1949

Den Menschen,
die große Eigenschaften besitzen,
verzeiht man ihre kleinen Fehler
am schwersten.
Marie von Ebner-Eschenbach, Aphorismen

Der Armselige, Übelgesinnte
Hohn lacht über alles.
Das weiß er nicht, was er wissen sollte:
Dass er nicht fehlerfrei.
Edda, Hâvamâl (Des Hohen Lied)

Der Ärzte Fehler
werden mit Erde verdeckt
und die der Reichen mit Geld.
Sprichwort aus England

Der Fehler eines Augenblicks
bedeutet manchmal lebenslange Reue.
Chinesisches Sprichwort

Der Feinde Fehler soll man kennen,
aber nicht nennen.
Deutsches Sprichwort

Der Hauptfehler des Menschen ist,
dass er so viele kleine hat.
Jean Paul, Siebenkäs

Der kleinste Fehler,
den ein Mensch uns zuliebe ablegt,
verleiht ihm in unseren Augen
mehr Wert als die größten Tugenden,
die er sich ohne unser Zutun aneignet.
Marie von Ebner-Eschenbach, Aphorismen

Der Mensch liebt seine eigenen Fehler.
Sprichwort aus Indien

Der Menschen Fehler entsprechen
jeweils der Gemeinschaft,
der sie angehören.
Aus der Betrachtung ihrer Fehler
wird ihre Menschlichkeit erkennbar.
Konfuzius, Gespräche

Der schlimmste aller Fehler ist,
sich keines solchen bewusst zu sein.
Thomas Carlyle, Über Helden, Heldenverehrung
und das Heldentümliche

Der sich gar zu leicht bereit findet,
seine Fehler einzusehen,
ist selten der Besserung fähig.
Marie von Ebner-Eschenbach, Aphorismen

Die Besten unter uns
sehen stets nur ihre Fehler.
Jules Renard, Ideen, in Tinte getaucht.
Aus dem Tagebuch von Jules Renard

Die Fehler der Toren sind oft so plump
und so schwer vorauszusehen,
dass sie die Klugen irreleiten
und nur denen Vorteil bringen,
die sie begehen.
Jean de La Bruyère, Die Charaktere

Die Fehler, vor denen wir auf der Hut
sind, sind unsere ärgsten nicht.
Marie von Ebner-Eschenbach, Aphorismen

Die gesunde Einstellung, die einzig
vernünftige, einem Fehler oder einer
begangenen Sünde gegenüber,
ist sicherlich die, seine moralischen
Schultern kräftig zu schütteln.
Elizabeth von Arnim, Elizabeth auf Rügen

Die meisten unserer Fehler erkennen
und legen wir erst dann ab, wenn
wir sie an den andern entdeckt haben
und gesehen, wie sie denen stehen.
Karl Gutzkow, Vom Baum der Erkenntnis

Die Menschen fangen immer erst
mit Fehlern an,
bevor sie sich bessern können.
Meng-zi, Buch Meng-zi

Die Tatsache, dass mich das Bewusstsein meiner eigenen Fehlerhaftigkeit
vor vielen Fehlern bewahren wird,
hindert nichts daran, dass ich trotzdem
noch sehr viele Fehler begehen werde.
Vincent van Gogh, Briefe

Die Vorzüge von gestern
sind oft die Fehler von morgen.
Anatole France, Die Vormittage der Villa Said

Eigne Fehler
An andern nicht zähle.
Jüdische Spruchweisheit

Ein Fehler von Haaresbreite
kann dich tausend Li
in die Irre führen.
Chinesisches Sprichwort

Ein Pferd hat vier Beine
und stolpert doch.
Sprichwort aus Frankreich

Einen Traum zu erzählen,
ist Sache eines Wachenden
und seine Fehlhaltungen einzugestehen,
ist ein Zeichen seelischer Gesundheit.
Lucius Annaeus Seneca, Briefe über Ethik

Fehler

Eines Fehlers wegen
entsagt man keines Mannes.
Gotthold Ephraim Lessing,
Minna von Barnhelm (Fräulein)

Es gibt keine Kelle, die nicht einmal
gegen den Topfrand schlägt.
Chinesisches Sprichwort

Es gibt Leute, deren Gaben man
ohne ihre Fehler nie erkannt hätte.
Luc de Clapiers Marquis de Vauvenargues,
Nachgelassene Maximen

Es ist besser, feurig von Geist zu sein,
selbst wenn man dann mehr Fehler
begeht, als beschränkt
und übervorsichtig.
Vincent van Gogh, Briefe

Es ist kein Fisch ohne Gräten
und kein Mensch ohne Mängel.
Julius Wilhelm Zincgref, Apophthegmata

Etwas sollen wir unseren
so genannten guten Freunden
immer abzulernen suchen –
ihre Scharfsichtigkeit für unsere Fehler.
Marie von Ebner-Eschenbach, Aphorismen

Fehler begehen und sich nicht ändern,
das nenne ich fürwahr verfehlt.
Konfuzius, Gespräche

Fehler gibt es aber auch in der Kunst:
Der Schreiblehrer kann einen
Schreibfehler machen und der Arzt
die Arznei unrichtig verabreichen;
also kann das offenbar
auch in der Natur vorkommen.
Aristoteles, Physik

Gern verzeihen wir unseren Freunden
die Fehler, die uns nicht schaden.
François de La Rochefoucauld, Reflexionen

Gewisse Leute sind intelligent genug,
ihre Fehler geschickt zu entschuldigen,
aber das Untaugliche daran
können sie nicht mehr begreifen.
Heinrich Waggerl, Aphorismen

Glaube an Autoritäten bewirkt,
dass Fehler der Autoritäten
zu Vorbildern werden.
Leo N. Tolstoi, Tagebücher (1896)

Hast du einen jungen Menschen
davor bewahrt, Fehler zu machen,
dann hast du ihn auch davor bewahrt,
Entschlüsse zu fassen.
John Erskine

Hast verursacht Fehler.
Chinesisches Sprichwort

Hatte jemals ein Mensch ohne Fehler
große Tugenden?
Jean-Jacques Rousseau, Julie
oder Die neue Héloïse (Julie)

Ich verbessere nur die Fehler,
die ich aus Unachtsamkeit begehe,
nicht die, welche
meiner Art entsprechen.
Michel Eyquem de Montaigne, Die Essais

Im Gegensatz zu Männern
würden Frauen
ihre Fehler sofort zugeben,
wenn sie welche hätten.
Robert Lembke, Steinwürfe im Glashaus

In jedem Fall ist es besser,
einen Fehler zu begehen,
als einem Laster zu verfallen.
Jean-Jacques Rousseau, Emile

Jede menschliche Vollkommenheit
ist einem Fehler verwandt,
in welchen überzugehn sie droht.
Arthur Schopenhauer, Zur Ethik

Jedes Weibes Fehler
ist des Mannes Schuld.
Johann Gottfried Herder, Der Cid

Kannst du des, der vor dir geht,
kleine Mängel bald erblicken,
Wird die deinen sehen auch,
wer dir nachsieht auf den Rücken.
Friedrich von Logau, Sinngedichte

Kein Fisch ohne Gräte,
kein Mensch ohne Mängel.
Deutsches Sprichwort

Keiner zeigt uns unsere Fehler
so deutlich wie ein Schüler.
Jules Renard, Ideen, in Tinte getaucht.
Aus dem Tagebuch von Jules Renard

Leicht tadelt man
die Fehler der anderen,
aber selten lernt man von ihnen.
François de La Rochefoucauld,
Nachgelassene Maximen

Liebe deine Feinde;
denn sie sagen dir deine Fehler.
Benjamin Franklin, Des armen Richard Almanach

Man ist immer froh, kleine Mängel
an geliebten Personen zu finden,
um sie nur ohne Verzug verzeihen
und sogar mitteilen zu können.
Gottfried Keller, Der grüne Heinrich

Man kann sich über seine Fehler
trösten, wenn man stark genug war,
sie zuzugeben.
François de La Rochefoucauld, Unterdrückte Maximen

Man lässt sich seine Mängel vorhalten,
man lässt sich strafen, man leidet
manches um ihrer willen mit Geduld;
aber ungeduldig wird man,
wenn man sie ablegen soll.
Johann Wolfgang von Goethe,
Die Wahlverwandtschaften

Man lebt nicht lange genug,
um aus seinen Fehlern zu lernen.
Sie begleiten uns das ganze Leben
hindurch; und nach allem Irren
bleibt uns schließlich nur übrig,
gebessert zu sterben.
Jean de La Bruyère, Die Charaktere

Man lernt nicht nur aus seinen
Fehlern. Man lernt sie auswendig.
Lars Saabye Christensen, Der Alleinunterhalter

Man sollte nicht immer
die gleichen Fehler machen,
die Auswahl ist doch groß genug.
Robert Lembke, Das Beste aus meinem Glashaus.
Humoristisches und Satirisches

Man sollte uns wenigstens
die Fehler verzeihen, die ohne
unser Missgeschick keine wären.
Luc de Clapiers Marquis de Vauvenargues,
Unterdrückte Maximen

Man verzeiht Fehler
in der Liebe leichter
als in der Freundschaft.
Jean de La Bruyère, Die Charaktere

Manchen kleiden seine Fehler,
manchem schaden seine Vorzüge.
François de La Rochefoucauld, Reflexionen

Manchen Leuten fällt es leichter,
unzählige Tugenden zu gewinnen,
als einen einzigen Fehler abzulegen.
Jean de La Bruyère, Die Charaktere

Mancher Mann, der in ein Grübchen
verliebt ist, begeht den Fehler,
das ganze Mädchen zu heiraten.
Stephen Leacock

Manchmal ist es das Beste,
schlicht und einfach zuzugeben,
dass man etwas falsch gemacht hat.
Lido Anthony »Lee« Iacocca,
Mein amerikanischer Traum

Mit Adleraugen sehen wir
die Fehler anderer,
mit Maulwurfsaugen unsere eigenen.
Franz von Sales

Mit Bedauern sieht die fremde Klugheit, wie oft einem ganzen Verein
erhabener Fähigkeiten sich ein
kleiner Fehler keck angehängt hat;
und eine Wolke ist hinreichend,
die ganze Sonne zu verdunkeln.
Baltasar Gracián y Morales, Handorakel
und Kunst der Weltklugheit

Mit einem falschen Zug
ist eine ganze Schachpartie verloren.
Chinesisches Sprichwort

Nichts könnte uns schneller
von unseren Fehlern heilen, als wenn
wir fähig wären, sie einzugestehen

und sie an anderen wiederzuerkennen:
In diesem angemessenen Abstand
würden sie uns so erscheinen,
wie sie sind, und so abstoßend wirken,
wie es ihrem Wesen entspricht.
Jean de La Bruyère, Die Charaktere

Niemand ist mehr Fehlern ausgesetzt,
als wer nur aus Überlegung handelt.
Luc de Clapiers Marquis de Vauvenargues,
Reflexionen und Maximen

Nur große Menschen
haben große Fehler.
François de La Rochefoucauld, Reflexionen

Ob Fehler oder Vorzug,
wenn wir ihn nicht haben,
treibt uns der Stolz, ihn zu verachten.
François de La Rochefoucauld, Reflexionen

Oft kritisiert man seine Freunde,
um nicht den Anschein zu erwecken,
als hätte man ihre Fehler
nicht durchschaut.
Charles de Secondat, Baron de la Brède et de Montesquieu, Meine Gedanken

Ohne Leben – ohne Fehler.
Sprichwort aus Schottland

Sage mir, wer dich lobt,
und ich sage dir,
worin dein Fehler besteht.
Wladimir I. Lenin

Sei es Lebhaftigkeit, Hochmut,
Habsucht – jedes Menschen Charakter
bietet einen dauernden Anlass,
Fehler zu begehen, und wenn sie
ohne Folgen bleiben, hat er es
seinem Schicksal zu verdanken.
Luc de Clapiers Marquis de Vauvenargues,
Reflexionen und Maximen

Selbst ein Affe fällt vom Baum.
Sprichwort aus Indien

Statt die Menschen
von gewissen Fehlern,
die der Gesellschaft unerträglich sind,
zu korrigieren, müsste man
die Schwäche derer, die sie dulden,
korrigieren.
Chamfort, Maximen und Gedanken

Tugend ist die Mitte
zwischen den Fehlern.
Horaz, Briefe

Um wie viel weniger bekümmert
ein gescheiter Mensch sich um die
Fehler anderer als um seine eigenen!
Marie von Ebner-Eschenbach, Aphorismen

Unsere Fehler bleiben uns immer treu,
unsere guten Eigenschaften machen
alle Augenblicke kleine Seitensprünge.
Françoise Sagan

Viele Leute glauben, wenn sie
einen Fehler eingestanden haben,
brauchen sie ihn nicht mehr abzulegen.
Marie von Ebner-Eschenbach, Aphorismen

Von Natur besitzen wir keinen Fehler,
der nicht zur Tugend, keine Tugend,
die nicht zum Fehler werden könnte.
Johann Wolfgang von Goethe,
Wilhelm Meisters Wanderjahre

Vor Fehlern ist niemand sicher.
Das Kunststück besteht darin,
denselben Fehler nicht zweimal
zu machen.
Edward Heath

Was gibt es Menschliches,
das ohne Fehler wäre?
Jean-Jacques Rousseau, Brief an d'Alembert

Wem unterläuft nicht schon einmal
ein halber Fehler?
Chinesisches Sprichwort

Wenn du einen Menschen
ein gutes Werk vollbringen siehst,
vergiss seine hundert Fehler.
Chinesisches Sprichwort

Wenn Frauen Fehler machen wollen,
dann soll man ihnen
nicht im Weg sein.
Erich Kästner, Dr. Erich Kästners lyrische Hausapotheke

Wenn man manche Fehler
geschickt zeigt, wirken sie glänzender
als Vorzüge.
François de La Rochefoucauld, Reflexionen

Wenn wir selbst keine Fehler hätten,
würden wir nicht so viel Vergnügen
daran finden, sie an anderen
zu bemerken.
François de La Rochefoucauld, Reflexionen

Wer klug ist, strauchelt nicht
am selbem Ort ein zweites Mal.
Chinesisches Sprichwort

Wer seine eigenen Fehler sieht,
hat keine Zeit,
an die der anderen zu denken.
Sprichwort aus Bosnien

Wer seine Fehler eingesteht,
muss weniger dafür büßen.
Lido Anthony »Lee« Iacocca,
Mein amerikanischer Traum

Wer selbst seiner Sünde nähme wahr,
Verschwieg' eines andern Mangel gar.
Georg Rollenhagen, Froschmeuseler

Wie leicht der Jüngling
schwere Lasten trägt,
Und Fehler wie den Staub
vom Kleide schüttelt!
Johann Wolfgang von Goethe,
Torquato Tasso (Antonio)

Wie man das Gewicht seines eigenen
Körpers trägt, ohne es wie doch das
jedes fremden, den man bewegen will,
zu fühlen; so bemerkt man nicht
die eigenen Fehler und Laster,
sondern nur die der anderen.
Dafür aber hat jeder am andern einen
Spiegel, in welchem er seine eigenen
Laster, Fehler, Unarten und Widerlichkeiten jeder Art deutlich erblickt.
Arthur Schopenhauer, Aphorismen zur Lebensweisheit

Wie viel Missverständnisse können
die Welt verwirren, wie viel Umstände
können dem größten Fehler
Vergebung erflehen?
Johann Wolfgang von Goethe,
Wilhelm Meisters Lehrjahre

Wir gestehen kleine Fehler,
um vorzugeben,
dass wir keine großen haben.
François de La Rochefoucauld, Reflexionen

Wir glauben die Fehler anderer
so leicht, weil man überhaupt
leicht glaubt, was man wünscht.
François de La Rochefoucauld,
Nachgelassene Maximen

Wir hängen unsern Fehlern
gar zu gern das Gewand
eines gültigen Gesetzes um.
Johann Wolfgang von Goethe,
Wilhelm Meisters Lehrjahre

Wir hassen unsere Fehler –
wenn wir ihnen bei anderen begegnen.
Marie von Ebner-Eschenbach, Aphorismen

Wir können unsere eigenen Fehler
nicht sehen,
sobald aber andere sich verfehlen,
sind wir Richter.
Phaedrus, Fabeln

Wir vergessen unsere Fehler leicht,
wenn sie nur uns bekannt sind.
François de La Rochefoucauld, Reflexionen

Zu neuer Verfehlung
führt die Flucht vor dem Fehler.
Horaz, Von der Dichtkunst

Fehlschlag

Nimm di nix vör, dann sleiht di nix
fehl!
Fritz Reuter, Dörchläuchting

Wenn die Menschen zehn Dinge
ehrenvoll verrichtet haben
und dann eines fehlschlägt,
hat dieses eine,
besonders wenn es wichtig ist,
die Kraft, alle übrigen zu vernichten.
Niccolò Machiavelli, Briefe (an Francesco Guicciardini)

Fehltritt

Der Mut zu einem Fehltritt
wird in gewissem Sinne gebunden
und kompensiert durch den Mut,
ihn zuzugeben: Wer sich an die Verpflichtung hielte, alles zu sagen,
der fühlte auch die Verpflichtung,
nichts zu tun,
was man verschweigen muss.
Michel Eyquem de Montaigne, Die Essais

Des reifen Mannes Fehltritt
ist Verbrechen,
Des Jünglings Fehltritt
ein verfehlter Tritt.
Franz Grillparzer, Das goldene Vließ – Medea (König)

Ein Fehltritt stürzt
vom Gipfel dich herab.
Johann Wolfgang von Goethe,
Die natürliche Tochter (Gerichtsrat)

Eine schwache Frau ist die, die sich
einen Fehltritt, den man ihr nachsagt,
selbst vorwirft; deren Herz
mit der Vernunft im Streit liegt;
die von der Liebe genesen möchte,
aber nie genesen wird
oder erst sehr spät.
Jean de La Bruyère, Die Charaktere

Wenn einen Fehltritt Fraun getan,
Des Mannes Bitt' war schuld daran.
Auch ein Mann dasselbe täte,
Wenn man ihn so innig bäte.
Freidank, Bescheidenheit

Wer ein Vergehen übergeht,
lädt zu neuen Fehltritten ein.
Publilius Syrus, Sentenzen

Wir sehen die klügsten,
verständigsten Menschen
im Leben Schritte tun, über die wir
den Kopf schütteln müssen.
Adolph Freiherr von Knigge,
Über den Umgang mit Menschen

Feier

Beim Unglück ist Feiern das Beste.
Deutsches Sprichwort

Des echten Mannes wahre Feier
ist die Tat!
Johann Wolfgang von Goethe, Pandora (Prometheus)

Je dümmer, je unsittlicher es ist,
was die Menschen tun,
um so feierlicher wirkt es.
Leo N. Tolstoi, Tagebücher (1904)

Man feire nur,
was glücklich vollendet ist.
Johann Wolfgang von Goethe,
Wilhelm Meisters Lehrjahre

Wenn alle Tage im Jahre
gefeiert würden,
So würde Spiel so lästig sein
wie Arbeit.
William Shakespeare, Heinrich IV.

Wer zeitig feiern will,
muss fleißig arbeiten.
Deutsches Sprichwort

Feierabend

Not hat keinen Feierabend.
Deutsches Sprichwort

Wenn die Drescher Feierabend haben,
liegen die Flegel auf dem Tisch.
Deutsches Sprichwort

Feiertag

Eher mach zum Werkeltag dein Fest
Eh' du's zum Betteln kommen lässt.
Jüdische Spruchweisheit

Faule haben allzeit Feiertag.
Deutsches Sprichwort

Feiertage kommen wie Könige
und gehen wie Bettler.
Sprichwort aus Estland

Kein Feiertag, der kein Ende hätte.
Chinesisches Sprichwort

Nach viel Feiertagen
kommt selten ein guter Werktag.
Deutsches Sprichwort

Urahne, Großmutter, Mutter und Kind
In dumpfer Stube beisammen sind –
und morgen ist's Feiertag.
Gustav Schwab, Das Gewitter

Wie der Heilige, so der Feiertag.
Deutsches Sprichwort

Zu Neujahr und an Feiertagen
soll alle Arbeit ruhn.
Chinesisches Sprichwort

Feigheit

Das Geheimnis jeder Macht
besteht darin: zu wissen, dass andere
noch feiger sind als wir.
Ludwig Börne, Der Narr im Weißen Schwan

Dem Mutigen droht Gefahr meist nur
von einer Seite her,
dem Feigen von Hunderten.
Der Mut muss sich nur
nach einer Front schützen,
die Feigheit nach allen Seiten.
Arthur Schnitzler, Zurückgelegte Sprüche

Der Feige droht nur, wo er sicher ist.
Johann Wolfgang von Goethe,
Torquato Tasso (Antonio)

Der Feige stirbt schon vielmals,
eh er stirbt.
William Shakespeare, Julius Caesar (Caesar)

Die sorgfältige Feigherzigkeit
hält uns immer von Taten zurück,
deren wir uns freuen würden,
wenn nur der Augenblick
der Ausübung erst vorüber wäre.
Ludwig Tieck, Karl von Berneck (Reinhard)

Es gibt eine Reihe guter Vorkehrungen
gegen die Versuchung,
doch die sicherste ist die Feigheit.
Mark Twain, Querkopf Wilsons Kalender

Es gibt Fälle, in denen vernünftig sein
feig sein heißt.
Marie von Ebner-Eschenbach, Aphorismen

Extreme Idealisten
sind immer Feiglinge, sie nehmen
vor der Wirklichkeit Reißaus.
Jakob Boßhart, Bausteine zu Leben und Zeit

Fahret wohl, ihr feigen Lügen!
ihr wart niemals meine Wahl.
Franz Grillparzer, Die Ahnfrau (Jaromir)

Feig, wirklich feig ist nur, wer sich
vor seinen Erinnerungen fürchtet.
Elias Canetti, Die Provinz des Menschen.
Aufzeichnungen 1942–1972

Feige Hunde
sind mit dem Maul am freisten.
William Shakespeare, Heinrich V. (Dauphin)

Gewissen und Feigheit sind
in Wirklichkeit dasselbe.
Gewissen ist der Firmenname,
sonst nichts.
Oscar Wilde, Das Bildnis des Dorian Gray

Ich halt's für Feigheit,
Argwöhnisch bleiben,
wo ein edles Herz
Die offne Hand
als Liebespfand gereicht.
William Shakespeare, Heinrich VI. (Warwick)

In der rätselhaften Welt des Kinos
wächst die Feigheit proportional mit
der Menge des investierten Geldes.
Peter Ustinov, Peter Ustinovs geflügelte Worte

Nur dem Feigen ist es Nacht.
Johann Wolfgang von Goethe, An die Erwählte

Nur ein schlechter Mann lässt
das Gute aus Furcht vor dem Bösen;
nur ein feiger Mann sieht ab von
einem glorreichen Unternehmen um
eines zweifelhaften Ausganges willen.
Niccolò Machiavelli, Geschichte von Florenz

Sanft zu sein zur rechten Zeit,
das ist wohl schön,
doch sanft zu sein zur Unzeit,
das ist hässlich, denn es ist feig!
Friedrich Hölderlin, Hyperion

Selbst ein ganzer Haufen Hasenfüße
vollbringt nicht eine Heldentat.
Chinesisches Sprichwort

Sich mitten unter die Feinde werfen,
kann das Merkmal der Feigheit sein.
Friedrich Nietzsche, Morgenröte

Stolze und feige Menschen sind dreist,
solange ihnen das Schicksal günstig
ist, in der Not aber werden sie plötzlich kleinlaut und bescheiden.
Niccolò Machiavelli, Feigheit, Stolz

Vom Feigling zum Tapferen
ist ein weiter Weg.
Chrétien de Troyes, Yvain (Keu)

Wäre Feigheit niemals der Tugend
Hindernis, so würde sie aufhören
ein Laster zu sein.
Jean-Jacques Rousseau, Julie
oder Die neue Héloïse (Julie)

Was auf den ersten Blick
wie Feigheit aussieht,
ist möglicherweise Klugheit.
Jean Giono

Feigling

Der Verstand kann ein Held sein,
die Klugheit ist meistens ein Feigling.
Marie von Ebner-Eschenbach, Aphorismen

Ein Feigling weiß selten,
wie sehr er sich fürchtet.
François de La Rochefoucauld, Reflexionen

Nur der Feigling ist immer ein Held.
Theodor Fontane, Von Zwanzig bis Dreißig

Feilschen

Der viel feilscht, hat wenig Geld.
Deutsches Sprichwort

Wer mit Straßenhändlern feilscht,
versuche nicht, sie zu übertölpeln.
Chinesisches Sprichwort

Feindschaft

Alte Feindschaft wird leicht neu.
Deutsches Sprichwort

Ans Herz drück ich den Feind,
doch um ihn zu ersticken.
Jean Racine, Britannicus

Auch durch Beifall kann man Feinde
aus dem Konzept bringen.
Erhard Blanck

Auch vom Feind
kommt häufig uns ein guter Rat.
Aristophanes, Die Vögel (Chor)

Auch zu Feinden freundlich zu sein,
ist leicht – aus Charakterlosigkeit.
Dag Hammarskjöld, Zeichen am Weg

Auf die Feinde
muss man wohl Acht haben,
denn niemand bemerkt
unsere Fehler eher als sie.
Antisthenes, überliefert von Diogenes Laertius

Damit Kampf sei,
muss es einen Feind geben,
der widersteht,
nicht einen, der gänzlich
zugrunde geht.
Pierre Abélard, Ethica

Das Auge eines Feindes
sieht besonders scharf.
Chinesisches Sprichwort

Das Hauptmerkmal eines Charakters ist,
wie er sich bei Feindseligkeit verhält.
Leo N. Tolstoi, Tagebücher (1856)

Das Los der Waffen
wechselt hin und her:
Kein kluger Streiter
hält den Feind gering.
Johann Wolfgang von Goethe,
Iphigenie auf Tauris (Iphigenie)

Dem fliehenden Feinde sollte man
goldene Brücken bauen.
Johann Fischart

Dem Klugen nützen seine Feinde mehr
als dem Dummen seine Freunde.
Baltasar Gracián y Morales,
Handorakel und Kunst der Weltklugheit

Der Christ
muss für seine Feinde beten
und nicht gegen sie.
Leo N. Tolstoi, Tagebücher (1878)

Der Feind geht um und suchet,
wo er sich einen fange.
Clemens Brentano, Geschichte vom braven Kasperl
und dem schönen Annerl

Der Feinde Fehler soll man kennen,
aber nicht nennen.
Deutsches Sprichwort

Der Leichnam eines toten Feindes
riecht immer gut.
König Karl IX. von Orléans-Angoulême,
Vor dem Galgen von Montfaucon, auf Admiral Coligny
gemünzt (August 1572)

Der schlimmste Feind der Frau
ist die Frau.
Henry de Monthertant, Erbarmen mit den Frauen

Der Sieg allein
bricht den Willen des Feindes
und zwingt ihn,
sich dem unsrigen zu unterwerfen.
Helmuth Graf von Moltke, Verordnungen für die höheren Truppenführer (24. Juni 1869)

Der Umstand, dass wir Feinde haben,
beweist klar genug,
dass wir Verdienste besitzen.
Ludwig Börne, Über etwas, das mich betrifft

Des Menschen grausamster Feind
ist der Mensch.
Johann Gottlieb Fichte, Die Bestimmung des Menschen

Die ärgsten Feinde unbestritten
Sind die in eigenen Hauses Mitten.
Jüdische Spruchweisheit

Die ärgsten, wenn auch oft
arglosesten Feinde der Währung
sitzen auf den Bänken des Parlaments.
Karl Maria Hettlage

Die Feinde meiner Feinde
sind meine Freunde.
Sprichwort aus Frankreich

Die NATO: Sechzehn Staaten
suchen einen Feind.
Peter Ustinov, Peter Ustinovs geflügelte Worte

Die schlimmste Art von Feinden
sind Lobredner.
Publius Cornelius Tacitus, Agricola

Die solidesten Freundschaften beruhen
auf gemeinsamen Feindschaften.
Robert Lembke, Steinwürfe im Glashaus

Die Wut im Angesicht des Feindes
macht die Augen trübe.
Chinesisches Sprichwort

Du weißt nicht, wer dein Freund
oder dein Feind ist, bis das Eis bricht.
Sprichwort der Eskimo

Dummheit, seinen Feind vor dem Tode,
und Niederträchtigkeit,
nach dem Siege zu verkleinern.
Johann Wolfgang von Goethe,
Maximen und Reflexionen

Durchschauter Feind
ist doppelter Feind.
Robert Lembke, Steinwürfe im Glashaus

Ein Ehemann darf sich in Gegenwart
eines Dritten gegen seine Frau niemals
ein feindseliges Wort erlauben.
Honoré de Balzac, Physiologie der Ehe

Feindschaft

Ein Feind, den man zu Grabe trägt,
ist nicht schwer.
Victor Hugo, Der König amüsiert sich

Ein Feind ist zu viel,
hundert Freunde sind zu wenig.
Sprichwort aus Island

Ein geschlagener Feind
ist noch nicht überwunden.
Deutsches Sprichwort

Ein kleiner Feind, dies lerne fein,
Will durch Geduld ermüdet sein.
Christian Fürchtegott Gellert, Fabeln und Erzählungen

(...) eine kinderfeindliche Gesellschaft
ist außerstande, mit Optimismus und
mit Zuversicht nach vorn zu blicken.
Helmut Kohl, Rede des Bundeskanzlers
vor dem Deutschen Bundestag 1985

Es gibt kein angenehmeres Geschäft,
als dem Leichenbegräbnis
eines Feindes zu folgen.
Heinrich Heine

Es gibt keine kleinen Feinde.
Sprichwort aus Frankreich

Es gibt Menschen, die auf die Mängel
ihrer Freunde sinnen; dabei ist nichts
zu gewinnen. Ich habe immer auf die
Verdienste meiner Widersacher Acht
gehabt und davon Vorteil gezogen.
Johann Wolfgang von Goethe, Maximen und
Reflexionen

Es ist auch erlaubt,
sich vom Feind belehren zu lassen.
Ovid, Metamorphosen

Es ist besser,
den Feind durch Hunger zu besiegen
als durch Eisen.
Niccolò Machiavelli, Kriegskunst

Es ist eine wonnige Freude,
eine Frau in den Armen zu halten,
die uns viel Böses angetan,
die lange Zeit unsere erbitterte Feindin
gewesen und imstande ist,
es wieder zu werden.
Stendhal, Über die Liebe (Fragmente)

Es ist irgendwie beunruhigend
festzustellen, wie schwierig es
für menschliche Gesellschaften war,
über die großen Zeiträume der
Geschichte ohne Feinde zu leben.
Wie der Meister im Sport einen Gegner
braucht, um das Beste aus sich herauszuholen,
so verlangten die Nationen
endlose Prüfungen der Stärke und
Bestätigungen der Männlichkeit.
Peter Ustinov, Was ich von der Liebe weiß

Feindes Geschenke
haben Ränke.
Deutsches Sprichwort

Feindes Mund frommt selten.
Johann Wolfgang von Goethe, Reineke Fuchs

Feindlich ist die Welt
Und falsch gesinnt!
Es liebt ein jeder nur
Sich selbst.
Friedrich Schiller, Die Braut von Messina (Isabella)

Freunde – selbst tausend sind zu wenig.
Feinde – schon einer ist zu viel.
Chinesisches Sprichwort

Freunde sind Leute, die Freud und Leid
teilen und die gleichen Freunde
und Feinde haben.
Aristoteles, Psychologie

Freundschaften sollen unsterblich,
Feindschaften sterblich sein.
Titus Livius, Römische Geschichte
(lateinisches Sprichwort)

Heizt nicht den Ofen
eurem Feind so glühend,
Dass er euch selbst versengt.
William Shakespeare, Heinrich VIII. (Norfolk)

Ich tue recht und scheue keinen Feind.
Friedrich Schiller, Wilhelm Tell (Tell)

Ich werde mich bis zur Besinnungslosigkeit
von allen absperren.
Mit allen mich verfeinden,
mit niemandem reden.
Franz Kafka, Tagebücher (1913)

Im Fall der Gegenwehr
ist es am besten,
Den Feind für mächt'ger halten,
als er scheint.
William Shakespeare, Heinrich V. (Dauphin)

In einer Atmosphäre von Feindschaft
lässt sich leben;
Mangel an Wohlwollen
ist schlimmere Luft.
Arthur Schnitzler, in: Österreichische Rundschau
(9. September 1905)

Je mehr Feind, je mehr Glück.
Georg von Frundsberg, überliefert bei Julius Wilhelm
Zincgref (Apophthegmata)

Kein Feind siegt öfter als der,
dem man keine Beachtung schenkt.
Erasmus von Rotterdam, Handbüchlein
eines christlichen Streiters

Kein größeres Übel,
als den Feind unterschätzen.
Lao-tse, Dao-de-dsching

Krieg.
Es würde genügen, den Feind
wissen zu lassen: Kommt bloß nicht!
Wir haben Typhus.
Jules Renard, Ideen, in Tinte getaucht.
Aus dem Tagebuch von Jules Renard

Liebe deine Feinde;
denn sie sagen dir deine Fehler.
Benjamin Franklin, Des armen Richard Almanach

Lieber aus ganzem Holz
eine Feindschaft
Als eine geleimte Freundschaft!
Friedrich Nietzsche, Die fröhliche Wissenschaft

List oder Tugend, wer wollte
beim Feind danach fragen?
Vergil, Aeneis

Man darf nie glauben,
der Feind handle, ohne zu wissen,
was er tut.
Niccolò Machiavelli, Kriegskunst

Man darf sich die
nicht zum Feind machen,
die bei näherer Bekanntschaft
unsere Freunde werden könnten.
Jean de La Bruyère, Die Charaktere

Man hat immer mehr Feinde,
als man jemals auch nur
zu ahnen vermag: Weil alle
unsere besten Freunde zeitweise
dazugehören, wenn auch nur
für kleinste Strecken.
Heimito von Doderer, Repertorium. Ein Begreifbuch
von höheren und niederen Lebens-Sachen

Man ist gegen seine Feinde nicht so
ungerecht wie gegen seine Nächsten.
Luc de Clapiers Marquis de Vauvenargues,
Unterdrückte Maximen

Man muss dem flüchtenden Feind
eine goldene Brücke bauen.
Sprichwort aus Frankreich

Man muss mit seinen Feinden leben,
da man ja nicht jedermann
zum Freund haben kann.
Alexis Clérel de Tocqueville, Briefe (an Stoffels, 1823)

Mancher,
der zu feig oder faul ist,
uns ein Feind zu sein,
wird unser Freund.
Es ist die bequemste Art,
uns zu drücken.
Emil Gött, Gedichte, Sprüche und Aphorismen

Mit Vorzügen macht man sich
mehr Feinde als mit Fehlern.
Robert Lembke, Das Beste aus meinem Glashaus.
Humoristisches und Satirisches

Nicht größern Vorteil
wüsst' ich zu nennen,
Als des Feindes
Verdienst erkennen.
Johann Wolfgang von Goethe, Sprüche

Nie wird der Feind zum Freunde,
selbst im Tode nicht.
Sophokles, Antigone (Kreon)

Nützlich ist und oft ein Feind:
Er dient, wenn er zu schaden meint.
Magnus Gottfried Lichtwer, Fabeln

Persisches Sprichwort:
»Es gibt dreierlei Feinde:
den Feind selbst,
den Freund des Feindes
und den Feind des Freundes.«
Wer ist der Gefährlichste?
Vielleicht Nummer drei.
Ludwig Marcuse, Argumente und Rezepte.
Ein Wörter-Buch für Zeitgenossen

Reichen die Kräfte des Feindes
zum Weitermarschieren noch aus,
so müssen es auch die unsrigen.
Helmuth Graf von Moltke, Verordnungen für die höheren Truppenführer (24. Juni 1869)

Seinen Feinden etwas nachsagen,
was nicht wahr ist, und lügen,
um sie in Verruf zu bringen, heißt,
sich selber Unrecht tun und ihnen
ein großes Übergewicht verschaffen.
Jean de La Bruyère, Die Charaktere

Sich mitten unter die Feinde werfen,
kann das Merkmal der Feigheit sein.
Friedrich Nietzsche, Morgenröte

Sonderbar, dass die kleinen Nuancen
des Lebens so viel Feindseligkeit
unter den Menschen bewirken –
und das allen gleiche Sterben-Müssen
so wenig Solidarität.
Alfred Polgar, Kleine Schriften, Band 1. Musterung

Tatsachen sind die Todfeinde
vieler Theorien.
Lothar Schmidt

Trau niemals einem Feind,
denn seine Bosheit
gleicht dem rostenden Eisen.
Altes Testament, Jesus Sirach 12, 10

Treu gemeint sind die Schläge
eines Freundes, doch trügerisch
die Küsse eines Feindes.
Altes Testament, Sprüche Salomos 27, 6

Unseren Feinden haben wir
viel zu verdanken. Sie verhindern,
dass wir uns auf die faule Haut legen.
Thornton Wilder

Viele entdecken erst bei Aussprachen
zwecks Beseitigung kleiner Missverständnisse, dass sie Todfeinde sind.
Ludwig Marcuse, Argumente und Rezepte.
Ein Wörter-Buch für Zeitgenossen

Viele, heute befreundet,
sind uns morgen Feind.
Sophokles, Aias (Odysseus)

Vor deinen Feinden halte dich fern,
vor deinen Freunden sei auf der Hut.
Altes Testament, Jesus Sirach 6, 13

Was dein Feind nicht wissen soll,
das sage deinem Freunde nicht.
Sprichwort aus Arabien

Welche Pest könnte schlimmer sein,
was könnte schädlicher sein
als Schlangen, Vipern, Basilisken und
Sandottern – und dennoch heißt es,
ein Feind im Hause sei
noch schlimmer als sie.
Ecbasis captivi in belehrender Gestalt (Fuchs)

Wenn deine Feinde, die früher vereint
gegen dich losgezogen sind,
untereinander Händel bekommen
und du nun die Gelegenheit ergreifst,
einen von ihnen getrennt anzugreifen,
dann wirst du sie alle häufig dadurch
wieder zusammenbringen.
Francesco Guicciardini, Ricordi

Wenn der Mann nicht stirbt,
den du töten willst,
wird er ewig auf Rache sinnen.
Chinesisches Sprichwort

Wenn es in meine Hände gelegt wäre,
würde ich an meinen Feinden
tüchtig Rache nehmen.
Katharina von Bora, überliefert in den Tischgesprächen von Martin Luther

Wenn Feinde gute Worte geben,
haben sie Böses im Sinn.
Deutsches Sprichwort

Wenn ich's recht verstehe,
so ist in jedem »Liebet eure Feinde«
doch auch ein »Hasset eure Freunde«
enthalten.
Edgar Allan Poe, Marginalien

Wenn wir in eine Feindschaft verstrickt sind, können wir herausfinden,
was sie bedeutet und sie in etwas
anderes, in Energie umsetzen.
Dann könnten wir eine
menschlichere Gesellschaft haben.
Anaïs Nin, Absage an die Verzweiflung

Wenn wir unsere Feinde hassen,
geben wir ihnen große Macht über
unser Leben: Macht über unseren
Schlaf, unseren Appetit, unsere
Gesundheit und unsere Geistesruhe.
Andrew Carnegie

Wer aber erst an den Feind heran will,
darf nicht konzentriert auf einer oder
wenigen Straßen vorgehen wollen.
Helmuth Graf von Moltke, Verordnungen für die höheren Truppenführer (24. Juni 1869)

Wer davon lebt,
einen Feind zu bekämpfen,
hat ein Interesse daran,
dass er am Leben bleibt.
Friedrich Nietzsche, Menschliches, Allzumenschliches

Wer deine bittersten Feinde sind?
Unbekannte, die ahnen,
wie sehr du sie verachten würdest,
wenn du sie kenntest.
Arthur Schnitzler, Buch der Sprüche und Bedenken

Wer den Feind und sich selber kennt,
kann ohne Gefahr
hundert Schlachten schlagen.
Chinesisches Sprichwort

Wer die Gefahr verheimlicht,
ist ein Feind.
Johann Wolfgang von Goethe,
Die natürliche Tochter (Herzog)

Wer Diener hat,
hat unverhohlene Feinde.
Sprichwort aus Portugal

Wer drei Feinde hat,
der soll sich mit zweien vertragen,
damit er dem dritten
desto besser gewachsen sei.
Landgraf Philipp I. von Hessen, überliefert bei Julius Wilhelm Zincgref (Apophthegmata)

Wer sich durch jede leise Eingebung
seines Feindes ziehen
und wie im Kreise umhertreiben lässt,
der verrät, dass er eine kleine Seele
und wenig Herz hat.
Thomas von Kempen, Nachfolge Christi

Wer vierzig Tage mit den Feinden
gegangen ist, gehört zu ihnen.
Sprichwort aus Arabien

Wie süß ist es,
den Feind zu bemitleiden,
den wir nicht mehr fürchten.
Pierre Corneille, Der Tod des Pompejus

Wir müssen die Nachsicht unserer
Freunde und die Strenge unserer
Feinde auszunutzen verstehen.
Luc de Clapiers Marquis de Vauvenargues,
Nachgelassene Maximen

Zu eurem Verderben
glaubt ihr dem Feind!
Ovid, Festkalender

Feingefühl

Es ist gut, ein feinfühliges, demütiges
und zärtliches Herz zu haben,
wenn man auch dieses Fühlen
mitunter verbergen muss.
Vincent van Gogh, Briefe

Im Feingefühl hat das Herz Geist.
Sully Prudhomme, Gedanken

Schlüpfrige Geister gibt es genug,
schmähsüchtige oder satirische
in noch größerer Zahl,
die feinsinnigen sind selten.
Jean de La Bruyère, Die Charaktere

Feinheit

Denn wirkten Grobe
Nicht auch im Lande,
Wie kämen Feine für sich zustande,
So sehr sie witzten?
Johann Wolfgang von Goethe, Faust II (Holzhauer)

Feine Leute sind solche, die nur
in feiner Umgebung ordinär werden.
Wolfgang Herbst

Um in eine Versammlung feiner Leute
treten zu dürfen, muss man den Frack
tragen, die Uniform oder die Livree.
Marie von Ebner-Eschenbach, Aphorismen

Feld

Das Feld ist der Herr,
und der Mensch ist der Gast.
Chinesisches Sprichwort

Ein Feld braucht Dämme so,
wie ein Kind die Mutter braucht.
Chinesisches Sprichwort

Ein Feld kannst du nicht mit einem
Fächer vor der Sonne schützen.
Chinesisches Sprichwort

Ein gutes Feld trägt auch guten Weizen.
Chinesisches Sprichwort

Nicht Perlen und Jade,
sondern die fünf Feldfrüchte
sind echte Kostbarkeit.
Chinesisches Sprichwort

Ohne Kälte und Hitze können
die fünf Feldfrüchte nicht reifen.
Chinesisches Sprichwort

Schau mehr aufs Feld,
gaffe weniger auf die Straße.
Chinesisches Sprichwort

Viel pflanzen bringt nicht so viel ein
wie das Feld sorgsam pflege.
Chinesisches Sprichwort

Wässerst du nicht das Feld,
wird es sich rächen.
Chinesisches Sprichwort

Feldherr

Berechnung und Klugheit
sind charakterische Eigenschaften
eines Feldherrn.
Publius Cornelius Tacitus, Historien

Der gute Mut gilt mehr als der gute Rat,
Was viele Feldherrn schon
zugrund gerichtet hat.
Euripides, Die Schutzflehenden (Theseus)

Die Güte eines Heeres beruht
sowohl auf seiner eigenen Ordnung
als auch auf seinem Feldherrn,
ja in noch höherem Grade auf diesem:
Denn dieser ist nicht ein Werk
der Ordnung, sondern die Ordnung
ist sein Werk.
Aristoteles, Älteste Metaphysik

Ein Feldherr, zur Flucht oder Schlacht
genötigt, wählt immer die Schlacht,
da er durch diesen Entschluss, so
gefährlich er auch sein mag, auf den
Sieg hoffen kann, durch den anderen
aber von vornherein verloren ist.
Niccolò Machiavelli, Vom Staat

Ein wahrer Feldherr
ist nicht kriegswütig,
ein wahrer Kämpfer
ist nicht zornmütig,
ein wahrer Bezwinger des Feindes
nicht streitsüchtig,
ein wahrer Lenker der Menschen aber
ist demütig.
Lao-tse, Dao-de-dsching

Es ist die Pflicht eines guten Feldherrn,
als Erster aufs Pferd und als Letzter
vom Pferd zu steigen.
Niccolò Machiavelli, Das Leben
des Castruccio Castracani

Junggesellen sind für Frauen so etwas
wie Feldherren, die noch keine
Schlacht verloren haben.
Maurice Chevalier

Über den Ruf eines Feldherrn entscheidet vor allem der Erfolg. Wie viel
davon sein wirkliches Verdienst, ist
außerordentlich schwer zu bestimmen.
Helmuth Graf von Moltke, Über Strategie

Viel leichter wird ein Admiral,
der mit den Winden, den Wellen
und mit Männern zu kämpfen pflegt,
ein Feldherr zu Lande werden,
wo man mit Männern allein kämpft,
als ein Feldherr ein Admiral
werden kann.
Niccolò Machiavelli, Kriegskunst

Was vor allem das Heer in Eintracht
erhält, ist das Ansehen des Feldherrn,
das allein durch seine Tapferkeit entsteht; denn weder Blut noch Macht
bringen Ansehen oder Tapferkeit
hervor.
Niccolò Machiavelli, Kriegskunst

Fels

Alles Menschenwerk,
wie alle Vegetation, erscheint klein
gegen die ungeheuren Felsmassen
und Höhen.
Johann Wolfgang von Goethe, Tagebuch (1797)

Die Felsen werden sprechen.
Hexe Erictho, überliefert bei Lukan (Der Bürgerkrieg)

Ich kehre von jeder
schweifenden Betrachtung zurück
und sehe die Felsen selbst an,
deren Gegenwart meine Seele erhebt
und sicher macht.
Johann Wolfgang von Goethe, Über den Granit

Fenster

Der Platz am Fenster
ist ein idealer Ort,
um am schönen Draußen
teilzunehmen und zugleich
weltverloren zu sein.
Kyra Stromberg

Gedichte sind
gemalte Fensterscheiben.
Johann Wolfgang von Goethe, Parabolisch

Ferne

Ach, in der Ferne
zeigt sich alles reiner,
Was in der Gegenwart
uns nur verwirrt.
Johann Wolfgang von Goethe,
Torquato Tasso (Leonore)

Der Idealismus wächst
mit der Entfernung vom Problem.
John Galsworthy

Der kluge Mann greift nicht
nach dem Fernen,
Um Nahes zu finden;
Und seine Hand greift nicht
nach den Sternen,
Um Licht anzuzünden.
Friedrich von Bodenstedt, Mirza Schaffy

Ein Volk versteht man am besten
ganz aus der Nähe oder
aus größerer Entfernung.
John Steinbeck

Folgte man aber dem Drängen, es zöge
einen immer weiter in die Ferne.
Leo N. Tolstoi, Tagebücher (1857)

Ja, in der Ferne fühlt sich die Macht,
Wenn zwei sich redlich lieben.
Johann Wolfgang von Goethe,
Das Blümlein Wunderschön

Jeder ist sich selbst der Fernste.
Das merkt man,
wenn man interviewt wird.
Alfred Polgar

Man ist mit der Nähe verheiratet,
aber man liebt die Ferne.
Friedrich Sieburg

Und nun lockst du schon wieder mit
deinem Zauber, betrügerische Ferne!
Und ich blicke dahin mit Sehnsucht,
als wenn ich nicht wüsste, dass hinter
deinen blauen Gebirgen und dunklen
Wäldern eben die Flachheit und
Gewöhnlichkeit wohnt wie hier,
der ich entfliehen will.
Sophie Mereau, Betrachtungen

Von weitem ist es was
und in der Näh' ist's nichts.
Jean de La Fontaine, Fabeln

Warum denn in die Ferne schweifen?
Das Böse liegt so nah.
Ludwig Marcuse

Wer die Menschen liebt, darf sie
nur aus nächster Nähe betrachten
oder ganz aus der Ferne.
Thomas Niederreuther

Fernrohr

Der schönste gestirnte Himmel
sieht uns durch ein umgekehrtes
Fernrohr leer aus.
Georg Christoph Lichtenberg, Sudelbücher

Mikroskope und Fernrohre verwirren
eigentlich den Menschensinn.
Johann Wolfgang von Goethe,
Maximen und Reflexionen

Wie viele Sterne hat man
durch die Fernrohre entdeckt,
die vordem für unsere Philosophen
nicht da waren!
Blaise Pascal, Pensées

Fernsehen

Am zuverlässigsten
unterscheiden sich
die einzelnen Fernsehprogramme
noch immer
durch den Wetterbericht.
Woody Allen

Auf deinem Hintern sollst du sitzen
und TV anglotzen
dein Leben lang!
Günther Anders, Die Antiquiertheit des Menschen. Bd. 2

Das Fernsehen ist
eine Infektion der Seele.
Federico Fellini

Das Fernsehen ist wichtig,
es ist Ausdruck unserer Zeit.
Aber es macht oft dialogunfähig.
Mangelnder Dialog aber lässt
Gewalt wachsen.
August Everding, Vortrag, gehalten am 21. November
1992 beim Europäischen Kulturforum in Baden-Baden

Das Fernsehen macht aus dem Kreis
der Familie einen Halbkreis.
Lothar Schmidt

Das Fernsehen rettet
weit mehr Ehen, als es zerstört,
schon allein dadurch,
dass die Partner interessiert schweigen,
statt sich gegenseitig
durch langweilige Konversation
anzuöden.
Georges Lacombe

Das Fernsehen sorgt dafür,
dass man in seinem Wohnzimmer
von Leuten unterhalten wird,
die man nie einladen würde.
Shirley MacLaine

Das Fernsehen wurde erfunden,
um den Analphabeten
einen guten Grund
zum Brillentragen zu geben.
Gabriel Laub

Das Schönste am Fernsehen ist
das Abschaltenkönnen.
Lothar Schmidt

Der Sprung von drei
auf dreiunddreißig Programme
wird möglicherweise den Appetit
auf Bilder vergrößern, aber die Augen
werden größer sein als der Magen,
und dann wird's kommen:
das Sodbrennen,
vielleicht das Kotzen? (...)
Heinrich Böll, Worte töten Worte heilen

Die einzigen Menschen, die noch nicht
im Fernsehen aufgetreten sind,
sind diejenigen, die zu sehr damit
beschäftigt sind fernzusehen.
Peter Ustinov, Peter Ustinovs geflügelte Worte

Die Teilnahme der Bürger an
der Politik reduziert sich allmählich
aufs Zuschauen am Bildschirm.
Rudolf Wassermann

Durch das Fernsehen und durch passive Unterhaltung sind wir in einem
Maße gefüttert worden, dass wir
die Vorstellung des schöpferischen
Willens heute kaum noch kennen.
Anaïs Nin, Vertrauliches Gespräch

Ein Trost für Sünder:
Im Himmel gibt es kein Fernsehen.
In der Hölle bin ich nicht so sicher.
Robert Lembke, Steinwürfe im Glashaus

Es kommt der Tag,
da sendet das Fernsehen
die Verwaltung direkt.
Henning Venske

Fernsehen – das Nullmedium.
Hans Magnus Enzensberger

Fernsehen:
durch die Augen direkt in den Bauch –
unter Auslassung des Kopfes.
Günter Gaus

Fernsehen ist das einzige Schlafmittel,
das mit den Augen
eingenommen wird.
Vittorio De Sica

Fernsehen ist die Rache des Theaters
an der Filmindustrie.
Peter Ustinov

Fernsehen ist ebenso wenig schädlich,
wie Wein schädlich ist, krankhaft ist
lediglich die Unfähigkeit, mit dem
lustversprechenden Angebot
umgehen zu können.
Alexander Mitscherlich, Großstadt und Neurose

Fernsehen ist ein Hilfsmittel
und keine Kunstform.
Woody Allen

Fernsehen ist Kaugummi für die Augen.
Orson Welles

Fernsehsendungen zu machen,
ist eine viel zu wichtige Sache,
als dass man sie den Fernsehleuten
allein überlassen könnte.
Margaret Thatcher

Gott sieht alles,
außer Dallas.
Ephraim Kishon, Kishon für alle Fälle

Gutes Fernsehen ist
besonders schlecht,
weil es dazu verleitet, Zeit
vor dem Bildschirm zu verbringen.
Alexander Mitscherlich

Letzte Worte eines Intendanten:
Die Partei ist mir wursht.
Robert Lembke, Steinwürfe im Glashaus

Man benötigt
schrecklich viel Menschen,
um ein Fernsehprogramm zu machen,
viele schreckliche Menschen.
Robert Lembke, Steinwürfe im Glashaus

Man muss beim Fernsehen immer
noch damit rechnen,
dass Leute zuschauen.
Armin Halle

Mörder sehen nur im Fernsehen
wie Mörder aus.
Herbert Lichtenfeld

Solange man
mit einem Fernsehapparat
keine Fliege totschlagen kann,
solange kann er
die Zeitung nicht ersetzen.
Manfred Rommel

Steigt man in die Röhre, dann merken
die Leute buchstäblich alles,
also darf man sich nicht den kleinsten
Fehler erlauben.
Lido Anthony »Lee« Iacocca,
Mein amerikanischer Traum

Weil der Mensch zu faul war,
abends die Augen zuzumachen,
erfand er das Fernsehen.
Manfred Hausmann

Wenn ich heimkomme, stelle ich mich
direkt vor den Fernseher.
Dann wissen die Kinder,
dass ich zu Hause bin.
Robert Lembke, Steinwürfe im Glashaus

Fertig

Bau deine Hütte am Straßenrand
und du wirst in drei Jahren
noch nicht fertig sein.
Chinesisches Sprichwort

Nie seine Sachen sehen lassen,
wenn sie erst halb fertig sind:
In ihrer Vollendung wollen sie
genossen sein.
Alle Anfänge sind ungestalt
und nachmals bleibt diese Missgestalt
in der Einbildungskraft zurück.
Baltasar Gracián y Morales, Handorakel und Kunst
der Weltklugheit

Wenn man denkt, fertig zu sein,
geht's erst recht an.
Johann Wolfgang von Goethe, Briefe (an Cornelia
Goethe, 12. Oktober 1767)

Fessel

Das, das gibt erst dem Menschen
seine ganze Jugend,
dass er Fesseln zerreißt.
Friedrich Hölderlin, Hyperion

Die Armbanduhr ist
eine Handfessel der Zeit.
Sigismund von Radecki

Die kleinste Fessel, die andere gar
nicht als solche ansehen, drückt mich
unerträglich, unaushaltbar –
muss ich mich nicht freimachen,
muss ich mein Selbst nicht retten – ich
weiß, dass ich sonst
daran zugrunde gehe.
Franziska Gräfin zu Reventlow, Tagebücher

Du bist gefesselt; suche die Bande,
die du nicht zerreißen kannst,
zu lösen.
Bernhard von Clairvaux, Über die Bekehrung

Gewöhnlich nehmen wir
unsere Fesseln mit.
Michel Eyquem de Montaigne, Die Essais

Lasst mich doch, bitte,
auch in Zukunft mein Leben
ohne die Fessel der Ehe führen!
Waltharilied (Walther)

Tyrannenmacht kann nur
die Hände fesseln,
Des Herzens Andacht hebt sich
frei zu Gott.
Friedrich Schiller, Maria Stuart (Melvil)

Fest

Dem Gesunden ist jeder Tag ein Fest.
Sprichwort aus der Türkei

Die fortwirkende Kraft aller periodischen Feste stammt aus der Tradition.
Deshalb darf der Anlass nicht
umstritten sein, der Ort nicht
willkürlich verändert werden.
Heinrich Waggerl, Nach-Lese-Buch

Die meisten Völker, wenn nicht alle,
haben ihre Feste den leuchtenden Vorgängen am Himmel angeschlossen.
Ricarda Huch, Botschaft der Weihnacht (1945)

Die wahren Feste sind die religiösen.
An heiligen Tagen opfert der Arme
Gott seinen Taglohn durch seine Ruhe.
Joseph Joubert, Gedanken, Versuche und Maximen

Ein Leben ohne Feste
ist eine weite Reise ohne Gasthaus.
Demokrit

Eure Vergnügungen seien weder
verweichlicht noch kommerziell,
damit nichts, was nach Zwang oder
Interesse riecht, sie vergifte,
damit sie frei und hochherzig seien
wie ihr, damit die Sonne euer
unschuldiges Schauspiel beleuchte,
ihr seid es selbst,
das würdigste Schauspiel,
auf das die Sonne scheinen kann.
Jean-Jacques Rousseau, Brief an d'Alembert

Gib das Beste
Und mach das Leben zum Feste.
Johann Wolfgang von Goethe, An Personen

Gibt es ein herrlicheres Vergnügen,
als ein ganzes Volk an einem Festtag
sich der Freude überlassen zu sehen
und wie alle Herzen sich an dem
Strahl der Freude, der rasch, aber
lebhaft durch die dunklen Wolken
des Lebens bricht, erweitern?
Jean-Jacques Rousseau, Träumereien
eines einsamen Spaziergängers

Immer steh ich draußen vor der Tür,
wenn die andern Feste feiern.
Dies furchtbare Alleinsein.
Franziska Gräfin zu Reventlow, Tagebücher

In nichts offenbart sich die herzlose
Maschinenhaftigkeit der Neuern mehr
als in der Dürre ihrer Feste.
Jean Paul, Dämmerungen für Deutschland

Je heiliger das Fest,
je geschäftiger der Teufel.
Deutsches Sprichwort

Leben ist ein großes Fest,
Wenn sich's nicht berechnen lässt.
Johann Wolfgang von Goethe, Frühlingsorakel

Man muss die Feste feiern,
wie sie fallen.
Deutsches Sprichwort

Man soll die Feste nicht feiern,
bevor sie nicht da sind.
Sprichwort aus Frankreich

Mit der Freiheit herrscht überall, wo
viele Menschen zusammenkommen,
auch die Freude. Pflanzt in der Mitte
eines Platzes einen mit Blumen
bekränzten Baum auf,
versammelt dort das Volk,
und ihr werdet ein Fest haben.
Jean-Jacques Rousseau, Brief an d'Alembert

Nach einem guten Festmahl
knausert man nicht mit Kleingeld.
Henrik Ibsen

Ruhe der Seele ist kein Festtagskleid.
Johann Wolfgang von Goethe, Zum Schäkespears Tag

Tages Arbeit! Abends Gäste!
Saure Wochen! Frohe Feste!
Johann Wolfgang von Goethe, Der Schatzgräber

Wahre Volksfeste erhöhen das Leben,
ziehen den Menschen aus dem Ichtum
seiner Hütte und erwärmen das Herz
für Menschen- und Bürgertum,
für Staat und Vaterland.
Karl Julius Weber, Democritos

Wenn das Fest vorbei ist,
will niemand den Saal kehren.
Sprichwort aus der Schweiz

Wenn ein Fest bevorsteht,
machen sich die Menschen dazu bereit,
jeder nach seiner Weise.
Gunnar Gunnarsson, Advent im Hochgebirge

Wenn man nach einem Festessen
die Gastgeberin auf beide Wangen
küsst, erspart man ihr die Serviette.
Alexander Roda Roda

Wie große Feste doch enden!,
und welche erstaunliche Leere
bleibt in der Seele zurück,
wenn der Trubel erst vorüber ist.
Voltaire, Die Prinzessin von Babylon

Wie selten ist eine Fete,
wobei derjenige, der die Gäste
zusammenberuft, auch die
Schuldigkeit empfindet, für ihre
Bedürfnisse und Bequemlichkeiten
auf alle Weise zu sorgen!
Johann Wolfgang von Goethe,
Wilhelm Meisters Lehrjahre

Fett

Das Fett will allzeit oben schwimmen.
Deutsches Sprichwort

Die Frauen wissen das,
die köstlichsten: ein wenig fetter,
ein wenig magerer – o wie viel
Schicksal liegt in so wenigem!
Friedrich Nietzsche, Also sprach Zarathustra

Die Sau weiß nicht,
wovon sie fett wird.
Deutsches Sprichwort

Ein fettes Huhn legt keine Eier.
Chinesisches Sprichwort

Fett wird leicht ranzig.
Deutsches Sprichwort

Frauen, die Diät halten,
werden nicht fett;
das ist klar und unumstößlich.
Honoré de Balzac, Physiologie der Ehe

Manchen hält man für fett
und ist nur geschwollen.
Deutsches Sprichwort

Feuer

Alle Religion ist Feuerkult.
Oswald Spengler, Urfragen.
Fragmente aus dem Nachlass

Das innere Feuer
macht das äußere dienstbar.
Oswald Spengler, Urfragen.
Fragmente aus dem Nachlass

Das Leben gleicht dem Feuer:
Es beginnt mit Rauch
und endet mit Asche.
Sprichwort aus Arabien

Das Moor verdorrt,
es schwelt im Feuer der Himmel,
Es fällt der Mond, der Erdkreis brennt.
Das Muspilli (um 860)

Dasselbe Feuer reinigt das Gold
und das verschlingt das Stroh.
Sprichwort aus Italien

Dem Feuer ist es gleichgültig,
wessen Mantel es anbrennt.
Sprichwort aus Dänemark

Der Mensch ist das einzige Lebewesen,
das Feuer machen kann;
und das hat ihm die Herrschaft
über die Welt gegeben.
Antoine Comte de Rivarol, Maximen und Reflexionen

Die Erde war einst ein Glutball:
Feuer.
Das Leben ist ein Rest des Feuers.
Oswald Spengler, Urfragen.
Fragmente aus dem Nachlass

Die Sonnen also scheinen
uns nicht mehr;
Fortan muss eignes Feuer
uns erleuchten.
Friedrich Schiller, Die Piccolomini (Wallenstein)

Die tiefe Verwandtschaft zum Feuer:
wie die Menschenströme dem Licht
zuwandern, dem Süden zu, wie
das Feuer »entdecken« – Prometheus –,
die entscheidende Tat.
Oswald Spengler, Urfragen.
Fragmente aus dem Nachlass

Ein gebranntes Kind
scheut das Feuer –
bis zum nächsten Tag.
Mark Twain

Entzünde an sieben Stellen Feuer
und es wird an acht Stellen rauchen.
Chinesisches Sprichwort

Es verbrennt all das,
was nicht feuerfest ist.
Leo N. Tolstoi, Tagebücher (1894)

Feuer fängt mit Funken an.
Deutsches Sprichwort

Feuer lässt sich nicht
in Papier einwickeln.
Chinesisches Sprichwort

Feuer läutert,
verdeckte Glut frisst an.
Marie von Ebner-Eschenbach, Aphorismen

Feuer und Wasser
kennen kein Erbarmen.
Chinesisches Sprichwort

Feuer und Wasser
sind vor dich hingestellt,
streck deine Hände aus nach dem,
was dir gefällt.
Altes Testament, Jesus Sirach 15, 16

Feuer, Wasser und Regierungen
kennen keine Gnade.
Sprichwort aus Albanien

In meinen Adern welches Feuer!
In meinem Herzen welche Glut!
Johann Wolfgang von Goethe,
Willkommen und Abschied

Je heller das Feuer scheint,
desto leichter ist es gelöscht.
Lucius Annaeus Seneca, Trostschrift an Marcia

Leben ist eine Flamme,
die Flamme ist ein Kampf.
Sie muss kämpfen, um zu sein.
Oswald Spengler, Urfragen.
Fragmente aus dem Nachlass

Leben – Seele – Flamme:
es ist eine (!) Urmacht des Alls,
die dem Körper als Wärme,
dem Auge als Licht erscheint.
Oswald Spengler, Urfragen.
Fragmente aus dem Nachlass

Leicht wird ein kleines Feuer
ausgetreten,
Das, erst geduldet, Flüsse
nicht mehr löschen.
William Shakespeare, Heinrich VI. (Clarence)

Leute, die sich die Finger verbrennen,
verstehen nichts
vom Spiel mit dem Feuer.
Oscar Wilde

Mag dies bisschen Feuer da auch klein
und von Menschenhänden gemacht
sein, so denkt es doch an jenes größere
Himmelsfeuer als seinen Erzeuger,
und was von ihm aus dem Zenith des
Äthers kommen wird, das weiß es
in göttlichem Vorgefühl selbst
und kündet es uns an.
Lucius Apuleius, Der goldene Esel

Man soll das Feuer in seiner Seele
nie ausgehen lassen,
sondern es schüren.
Vincent van Gogh, Briefe

Mit einem Nudelholz
lässt sich kein Feuer fachen.
Chinesisches Sprichwort

Oft nämlich vernichtet ein kleines
Feuer die höchsten Bäume des Waldes.
Denn ein Feuer, das man nicht beachtet, wird stärker und stärker.
Ecbasis captivi in belehrender Gestalt (Fuchs)

Prometheus hat das Feuer
nicht vom Himmel geholt,
damit die Wurstbratereien
ihre Geschäfte machen können.
Heinrich Böll

Und wenn der Feueranbeter
das heilige Feuer hundert Jahre schürt,
wenn er hineinfällt,
wird es ihn verzehren.
Sprichwort aus Persien

Warum lernt das Kind sehr bald,
dass das Feuer brennt?
Weil das Feuer das immer tut.
Ellen Key

Wer andrer Feuer schürt,
dem verlöscht das eigene.
Deutsches Sprichwort

Wer Feuer in sich und Seele hat,
kann sie nicht unter einem Scheffel
verstecken, und – man will lieber
brennen als ersticken.
Vincent van Gogh, Briefe

Wer in Frieden zu leben wünscht,
muss Feuer in der einen und Wasser
in der anderen Hand tragen.
Sprichwort aus der Slowakei

Wer ins Feuer bläst, dem fliegen
die Funken in die Augen.
Deutsches Sprichwort

Wo man mit Feuerbränden wirft,
da bläst der Teufel in die Asche.
Deutsches Sprichwort

Wohltätig ist des Feuers Macht.
Friedrich Schiller, Das Lied von der Glocke

Feuilleton

Das Wesen des Feuilletonismus:
die augenblickliche Wirkung
in jedem Falle höher werten
als Sachlichkeit, Wahrheit und Folge.
Arthur Schnitzler, Buch der Sprüche und Bedenken

Die Narren der mittelalterlichen Höfe
entsprechen unseren Feuilletonisten;
es ist dieselbe Gattung Menschen, halb
vernünftig, witzig, übertrieben, albern,
mitunter nur dazu da, das Pathos der
Stimmung durch Einfälle, durch
Geschwätz zu mildern und den allzu
schweren, feierlichen Glockenklang
großer Ereignisse durch Geschrei
zu übertäuben.
Friedrich Nietzsche, Menschliches, Allzumenschliches

Feuilleton:
die Unsterblichkeit eines Tages.
Ludwig Speidel

Man täte Unrecht zu sagen, dass es
dem Feuilletonisten vor allem auf
seinen persönlichen Vorteil ankommt.
Im Gegenteil: Er ist, was er ist,
oft genug zu eigenem Schaden
und weiß es auch manchmal.
Arthur Schnitzler, Buch der Sprüche und Bedenken

Fieber

Alles, was ihr bewundert,
kann sich in dem bisschen Glut
eines Dreitagefiebers auflösen.
Anicius Manlius Torquatus Severinus Boethius,
Trost der Philosophie

Besser ein Rausch denn ein Fieber.
Deutsches Sprichwort

Junge Leute:
Sie haben fast alle Fieber.
Jules Renard, Ideen, in Tinte getaucht.
Aus dem Tagebuch von Jules Renard

Langeweile, du bist ärger
als ein kaltes Fieber.
Johann Wolfgang von Goethe, Götz von Berlichingen
(Adelheit)

Leidenschaft
ist eine Art Fieber des Geistes,
das uns schwächer verlässt,
als es uns vorgefunden hat.
William Penn, Früchte der Einsamkeit

Film

Beim Film ist es wie im Leben:
Man beginnt als jugendlicher
Liebhaber, dann wird man
Charakterdarsteller und endet
als komischer Alter.
Jean Gabin

Bevor ich einen Film mache,
sind auch die kleinsten Einzelheiten
in meinem Kopf schon fertig.
Mir ist dann, als hätte ich den Film
schon gesehen, und deshalb mache ich
ihn manchmal gar nicht.
Alfred Hitchcock

Botschaften soll man
per Telex verschicken,
aber nicht in einen Film verpacken.
Jerry Lewis

Der Film lebt so lange,
wie es im Kino dunkel ist.
Samuel Goldwyn

Die Freundschaft zwischen
zwei Schriftstellern hält manches aus,
aber nicht die Tatsache,
dass der eine ein Drehbuch
aus dem Roman des anderen macht.
Truman Capote

Die mäßigen Filme waren
gegen den Hunger –
die guten für den Aufstrich.
Heinz Rühmann

Die meisten Filmdialoge
werden von rachsüchtigen Anhängern
des Stummfilms geschrieben.
Gabriel Laub

Diese Branche – wenn man Film
als Branche bezeichnen kann –
springt eben zwischen Kunst
und Geschäft hin und her,
und ein Schauspieler wird eben
von den Herren, die das Geld geben,
auf Nummer Sicher eingesetzt.
Heinz Rühmann

Es ist sehr schwer,
aus einem schlechten Drehbuch
einen guten Film zu machen.
Umgekehrt ist das schon einfacher.
Billy Wilder

Film multipliziert die Popularität,
Fernsehen potenziert sie.
Gustav Knuth

Film – was man an Geld hineinsteckt,
verliert man an Niveau.
Desmond Young

Filme und das Militär haben furchtbar
viel miteinander gemein: Bei beiden
gibt es Ablagen für Eingänge, Ablagen
für Ausgänge, den Tagesbefehl, und
die heiße Kartoffel der Verantwortung
wird mit der Geschwindigkeit eines
Balles in einem Profi-Rugbyspiel
umhergeworfen.
Peter Ustinov, Peter Ustinovs geflügelte Worte

Filmemacher sollten bedenken,
dass man ihnen
am Tag des Jüngsten Gerichts
alle ihre Filme wieder vorspielen wird.
Charlie Chaplin

Filmstudios gleichen sich
wie Nachtklubs überall auf der Welt.
Nur die Straßen davor
sehen anders aus.
Peter Ustinov, Peter Ustinovs geflügelte Worte

Früher zeigte man im Film
die Dame ohne Unterleib.
Heute zeigt man
den Unterleib ohne Dame.
Ida Ehre

Gangster sind Vollidioten,
die davon profitieren,
dass wir über sie Filme machen.
John Cassavetes

Ich bin wie ein Koch.
Wenn ein Film fertig ist,
setze ich mich hin und schaue zu,
ob die Sache den anderen schmeckt.
Roman Polanski

Ich mache keine Filme,
ich mache Kino.
Jean-Luc Godard

Mit einem Film Wirkung auf das Volk
ausüben zu wollen, wäre etwa so,
als wollte man mit einem Fingerhut
das Meer ausschöpfen.
Pier Paolo Pasolini

Theaterrollen vergisst man nie.
Filme schon:
Wenn sie auf Celluloid sind,
hat man den Kopf wieder frei.
Heinz Rühmann

Wann verlässt ein Zuschauer
schon einmal das Kino
und wurde in seiner Seele angerührt?
Heinz Rühmann

Wenn ein Film Erfolg hat,
ist er ein Geschäft.
Wenn er keinen Erfolg hat,
ist er Kunst.
Carlo Ponti

Wenn ein Schauspieler sich voll
mit einer Filmrolle identifiziert,
dann wird aus der Scheinwelt
des Films oder des Theaters
die Wirklichkeit.
Heinz Rühmann

Wir haben die falschen Filme
zur falschen Zeit gedreht.
Heinz Rühmann

Finanzen

Das Finanzamt hat mehr Männer
zu Lügnern gemacht als die Ehe.
Robert Lembke, Steinwürfe im Glashaus

Die öffentliche Hand befindet sich
meist in unseren Taschen.
Ilona Bodden

Eher legt sich ein Hund
einen Wurstvorrat an
als eine demokratische Regierung
eine Budgetreserve.
Joseph Alois Schumpeter

Ein Finanzminister ist ein
gesetzlich autorisierter Taschendieb.
Paul Ramadier

Ein kluger Mann lebt
weder geistig noch finanziell
über seine Verhältnisse.
Philipp Stanhope Earl of Chesterfield, Briefe über
die anstrengende Kunst, ein Gentleman zu werden

Finden

Alles auf Erden lässt sich finden,
wenn man nur zu suchen
sich nicht verdrießen läßt.
Philemon, Fragmente

Armut findet alle Wege und Stege.
Deutsches Sprichwort

Ich frage mich
in meinen stillen Stunden,
Was war das Leben, Liebster,
eh du kamst
Und mir den Schatten
von der Seele nahmst?
Was suchte ich,
bevor ich dich gefunden?
Mascha Kaléko, Gedichte

Kolumbus musste von Indien träumen,
um Amerika zu finden.
Emil Gött, Im Selbstgespräch

Finde dich, sei dir selber treu,
lerne dich verstehen,
folge deiner Stimme,
nur so kannst du das Höchste erreichen.
Bettina von Arnim, Goethes Briefwechsel
mit einem Kinde

Folge den Ranken und du gelangst
an die Melone.
Chinesisches Sprichwort

Immer mit der Nase anstoßen,
heißt auch, einen Weg finden.
Heinrich Waggerl, Wagrainer Bilderbuch

Man findet oftmals mehr,
als man zu finden glaubt.
Pierre Corneille, Der Lügner

Menschen, welche gerne den Spuren
des Schönen und Edlen nachgehen,
finden sich wechselweise schneller als
andere, haben ein innigeres Gefühl
des Wohlwollens füreinander, und
dieses Gefühl ist auch ein dauerndes.
Adalbert Stifter, Briefe (an Antonia Hermann,
5. Juni 1865)

Nur in seinem Suchen findet der Geist
des Menschen das Geheimnis,
welches er sucht.
Friedrich Schlegel, Lucinde

Oft finden wir etwas ganz Anderes,
ja Besseres, als wir suchten; oft auch
das Gesuchte selbst auf einem ganz
anderen Wege, als den wir zuerst vergeblich danach eingeschlagen hatten.
Arthur Schopenhauer, Aphorismen zur Lebensweisheit

Sehr viele und vielleicht
die meisten Menschen müssen,
um etwas zu finden,
erst wissen, dass es da ist.
Georg Christoph Lichtenberg, Sudelbücher

Seit ich des Suchens müde ward,
Erlernte ich das Finden.
Seit mir ein Wind hielt Widerpart, /
Segl ich mit allen Winden.
Friedrich Nietzsche, Die fröhliche Wissenschaft

Steht es in der Macht des Menschen
zu finden, was er wissen will?
Michel Eyquem de Montaigne, Die Essais

Verlass alles, dann findest du alles;
gib Abschied der Begierde,
dann kommt dir die Ruhe entgegen.
Thomas von Kempen, Nachfolge Christi

Was man sucht, das lässt sich finden;
was man unbeachtet lässt, entflieht.
Sophokles, König Ödipus (Kreon)

Weißt du nicht, wie wenig Gutes sich
in dem findet, was man wünscht,
im Vergleich zu dem, was man
zu finden glaubte?
Niccolò Machiavelli, Mandragola

Wer Unerhofftes nicht erhofft,
kann es nicht finden.
Heraklit, Fragmente

Wir suchen überall das Unbedingte
und finden immer nur Dinge.
Novalis, Blütenstaub

Finger

Des Menschen Finger sind gespalten,
Dass er soll geben und nit behalten.
Hugo von Trimberg, Der Renner

Die fünf Finger einer Hand
können nicht alle gleich lang sein.
Chinesisches Sprichwort

Fünf Finger fassen mehr
als zwei Gabeln.
Deutsches Sprichwort

Leute, die sich die Finger verbrennen,
verstehen nichts
vom Spiel mit dem Feuer.
Oscar Wilde

Was ein rechter Wiener ist,
der rührt grundsätzlich keinen Finger.
Walter Hasenclever

Wenn die Finger kratzen,
geht der Daumen immer mit.
Chinesisches Sprichwort

Wer dem andern
den Finger ins Maul steckt,
der will gebissen sein.
Deutsches Sprichwort

Wer immer auf sein Recht pocht,
bekommt wunde Finger.
Volker Schlöndorff

Wer seine Finger
in alle Löcher steckt,
der zieht sie oft übel heraus.
Deutsches Sprichwort

Zuerst haben die Männer
zehn Frauen an einem Finger.
Und dann haben sie
zehn Finger an einer Frau.
Helen Vita

Finsternis

Am Tag erkennen, das sind Possen,
Im Finstern sind Mysterien zu Haus.
Johann Wolfgang von Goethe, Faust II (Mephisto)

Die Finsternis weicht dem Licht
und am meisten dem stärksten Licht.
Dionysios Aeropagites, Briefe (1. an Gaius)

Erst dann werde ich die Finsternis
nicht mehr lieben,
wenn ich die Sonne geschaut habe.
Aurelius Augustinus, Selbstgespräche

Je größer wir die Finsternis erkennen,
desto wahrer erreichen wir
in der Finsternis das unsichtbare Licht.
Nikolaus von Kues, Über die Schauung Gottes

Seltsam, wie Menschen,
die durch die Finsternis wandern,
einander verloren gehen.
Gunnar Gunnarsson, Advent im Hochgebirge

Firmung

Die Firmung verhält sich zur Taufe
wie das Wachstum zur Geburt.
Thomas von Aquin, Summa theologica

In der Firmung erlangt der Mensch
das Vollalter des geistlichen Lebens.
Thomas von Aquin, Summa theologica

Fisch

Der Fisch, der entkommt,
ist stets ein großer.
Chinesisches Sprichwort

Der Fisch fängt am Kopf an zu stinken.
Deutsches Sprichwort

Der Fisch will dreimal schwimmen,
im Wasser, im Schmalz und im Wein.
Deutsches Sprichwort

Der Fisch will schwimmen.
Deutsches Sprichwort

Ein Fisch sieht den Köder,
aber nicht den Haken.
Chinesisches Sprichwort

Ein Gast ist wie ein Fisch,
er bleibt nicht lange frisch.
Deutsches Sprichwort

Ein gemalter Fisch
hat immer nur ein Auge.
Chinesisches Sprichwort

Ein kleiner Fisch auf dem Tisch
ist besser als ein großer im Bach.
Deutsches Sprichwort

Entweder muss der Fisch
sein Leben lassen,
oder das Netz wird reißen.
Chinesisches Sprichwort

Er ist neugierig wie ein Fisch.
Johann Wolfgang von Goethe, Faust II (Thales)

Es fällt leicht, Gäste zu bewirten,
wenn man den Fisch
aus dem Fluss holen kann.
Chinesisches Sprichwort

Es kann vorkommen,
dass sich der Vater um
das neu entstandene Leben kümmert –
ein bei den Fischen häufiges Phänomen.
Simone de Beauvoir

Frische Fische, gute Fische.
Deutsches Sprichwort

In einer Regenpfütze
gibt es keine Fische.
Chinesisches Sprichwort

Iss Fisch nur frisch und Reis nur gar.
Chinesisches Sprichwort

Kein Fisch ohne Gräte,
kein Mensch ohne Mängel.
Deutsches Sprichwort

Man geht an einem Bahnhofsbuffet
III. Klasse vorbei, sieht einen kalten,
vor langer Zeit gebratenen Fisch
daliegen und denkt gleichgültig: Wer
braucht diesen unappetitlichen Fisch?
Es steht jedoch außer Zweifel, dieser
Fisch wird gebraucht und gegessen,
und es gibt Menschen, die ihn
schmackhaft finden werden.
Anton P. Tschechow, Briefe (15. August 1894)

Und kann der Fisch
einen Fischer lieben?
Martial, Epigramme

Wer Fische fangen will,
muss vorher die Netze flicken.
Deutsches Sprichwort

Wir haben beobachtet,
dass Fische sich lange küssen.
Man weiß aber noch nicht,
was das zu bedeuten hat.
Bernhard Grzimek

Wo das Wasser versiegt,
beginnen die Fische zu fliegen.
Chinesisches Sprichwort

Fischer

Ein Fischer weiche nicht
von seinem Boot.
Chinesisches Sprichwort

Je willkürlicher das Netz gewebt ist,
das der kühne Fischer auswirft,
desto glücklicher ist der Fang.
Novalis, Die Lehrlinge zu Sais

Flamme

Die Flamme ist sich selbst nicht so hell
als den andern, denen sie leuchtet:
so auch der Weise.
Friedrich Nietzsche, Menschliches, Allzumenschliches

Die Philosophie endet wie eine
Flamme mit einer himmlischen Spitze
nach oben.
Jean Paul, Aphorismen

Ein leichter Wind nährt die Flammen,
ein stärkerer löscht sie.
Ovid, Heilmittel gegen die Liebe

Eine nur schwache Flamme
verlöscht der Sturm,
hat sie schon um sich gegriffen,
facht er sie nur stärker an.
Sophie Mereau, Betrachtungen

Nur wer sich selbst verbrennt,
wird den Menschen
ewig wandernde Flamme.
Christian Morgenstern, Stufen

Schon hat sich still
der Jahre Kreis gerundet,
Die Lampe harrt der Flamme,
die entzündet.
Johann Wolfgang von Goethe, Urworte, Orphisch

Flasche

Eine volle Flasche tönt nicht,
eine leere desto mehr.
Chinesisches Sprichwort

Versuchung ist ein Parfüm,
das man so lange riecht,
bis man die Flasche haben möchte.
Jean-Paul Belmondo

Fleisch

Das Fleisch hat seinen eignen Geist.
Frank Wedekind, Feuerwerk (Vorwort)

Der Gehorsam des Fleisches
gegen den Geist,
das heißt recht eigentlich Paradie.
Martin Luther, Tischreden

Der Geist hebt uns zum Himmel,
das Fleisch drückt uns nieder
zur Hölle.
Erasmus von Rotterdam, Handbüchlein
eines christlichen Streiters

Der Geist ist willig,
aber das Fleisch ist schwach.
Neues Testament, Matthäus 26, 41 (Jesus)

Der Geist lässt uns zu Göttern werden,
das Fleisch zu Tieren.
Erasmus von Rotterdam,
Handbüchlein eines christlichen Streiters

Der Geist strebt
nach dem Himmlischen, das Fleisch
nach dem Angenehmen, die Seele
nach dem Notwendigen.
Erasmus von Rotterdam, Handbüchlein
eines christlichen Streiters

Des einen Fleisch ist des anderen Gift.
Sprichwort aus England

Fleisch ist etwas,
was ich lieber warm und lebend auf
meiner Haut spüre,
als es blutend auf meinem Teller
liegen zu sehen.
Achim Reichel

Mich treibt mein Fleisch dazu
und wen der Teufel treibt,
der muss wohl gehn.
William Shakespeare, Ende gut, alles gut

Welch furchtbares Schicksal hat doch
eine Auster, und was für Barbaren
sind doch die Menschen!
Voltaire, Indisches Abenteuer

Fleiß

Abends wird der Faule fleißig.
Deutsches Sprichwort

Arbeit und Fleiß, das sind die Flügel,
Sie führen über Strom und Hügel.
Johann Fischart, Das Glückhafft Schiff von Zürich

Bequemlichkeit erjagt sich kein Wild,
kostbare Güter erlangt der Fleißige.
Altes Testament, Sprüche Salomos 12, 27

Das Verlangen des Faulen
regt sich vergebens,
das Verlangen der Fleißigen
wird befriedigt.
Altes Testament, Sprüche Salomos 13, 4

Dem fleißigen Hamster
schadet der Winter nicht.
Deutsches Sprichwort

Denn aller Fleiß,
der männlich schätzenswerteste,
Ist morgendlich;
nur er gewährt dem ganzen Tag
Nahrung, Behagen,
müder Stunden Vollgenuss.
Johann Wolfgang von Goethe, Pandora (Prometheus)

Der Fleiß ist
die Wurzel aller Hässlichkeit.
Oscar Wilde

Der rollende Stein
setzt kein Moos an.
Sprichwort aus Frankreich

Der Schlüssel aller Arbeit
ist der Fleiß.
Chinesisches Sprichwort

Den eigenen Fleiß
empfinden wir als notwendiges Übel.
Der Fleiß der anderen
ist eine Folge ihrer Unfähigkeit.
Gabriel Laub

Ein fauler und ein fleißiger Mensch
können nicht gut miteinander leben,
der faule verachtet den fleißigen
gar zu sehr.
Marie von Ebner-Eschenbach, Aphorismen

Ein fleißig herumgetragener Bettelsack
ernährt seinen Herrn.
Sprichwort aus Frankreich

Eine fleißige Hausfrau
ist die beste Sparbüchse.
Deutsches Sprichwort

Erfahrung wird
durch Fleiß und Müh erlangt.
William Shakespeare, Die beiden Veroneser (Antonio)

Es ist gefährlich,
einen extrem fleißigen Büroangestellten einzustellen,
weil die anderen
ihm dann ständig zuschauen.
Henry Ford, Mein Leben und Werk

Fleiß bringt Brot, Faulheit Not.
Deutsches Sprichwort

Fleiß, der Jahrtausende lang und auch
noch in meiner Jugend als Tugend
selbstverständlich anerkannt worden
war – (...), ist nun antiquiert.
Günther Anders, Die Antiquiertheit des Menschen.
Bd.2

Fleiß erlernt man in drei Jahren,
Faulheit in drei Tagen.
Chinesisches Sprichwort

Fleiß für die falschen Ziele
ist noch schädlicher
als Faulheit für die richtigen.
Peter Bamm

Fleiß geht sicher auf dem Eis.
Deutsches Sprichwort

Fleiß hat immer etwas übrig.
Deutsches Sprichwort

Fleiß ist des Glückes Vater.
Deutsches Sprichwort

Fleiß ist die Wurzel aller Hässlichkeit.
Oscar Wilde, Sätze und Lehren zum Gebrauch
für die Jugend

Fleiß überwindet alles.
Deutsches Sprichwort

Fleißiger Schüler
macht fleißigen Lehrer.
Deutsches Sprichwort

Fleißiger Spaten ist immer blank.
Deutsches Sprichwort

Früh zu Bett und früh wieder auf,
macht gesund und reich in Kauf.
Deutsches Sprichwort

Für den Fleißigen gibt es
nichts auf Erden, das schwierig wäre.
Chinesisches Sprichwort

Geduld und Fleiß,
und ich bin überzeugt,
ich werde alles erreichen,
was ich will.
Leo N. Tolstoi, Tagebücher (1847)

Huren und Diebe
arbeiten am fleißigsten.
Sprichwort aus Tanger

Im Fleiß kann dich die Biene meistern.
Friedrich Schiller, Die Künstler

Ist der Mensch fleißig,
ist auch die Erde nicht faul.
Chinesisches Sprichwort

Je kürzer der Fleiß,
je länger der Tag.
Marie von Ebner-Eschenbach, Aphorismen

Mach Spindel und Rocken bereit,
und Gott wird dir Flachs senden.
Sprichwort aus England

Man muss früh aufstehen,
wenn man früh fertig werden will.
Deutsches Sprichwort

Mit dem Fleiße bringt
ein mittelmäßiger Kopf es weiter
als ein überlegener ohne denselben.
Baltasar Gracián y Morales, Handorakel und Kunst
der Weltklugheit

Mit Fleiß, mit Mut und festem Willen
lässt jeder Wunsch sich endlich stillen.
Novalis, Vermischte Gedichte

Müh und Fleiß
Bricht alles Eis.
Deutsches Sprichwort

Tausend fleiß'ge Hände regen,
Helfen sich in munterm Bund,
Und in feurigem Bewegen
Werden alle Kräfte kund.
Friedrich Schiller, Das Lied von der Glocke

Wer seinen Acker mit Fleiß baut,
soll Brots genug haben.
Deutsches Sprichwort

Willst du einen guten Ruf haben, so
triff niemals die Sonne in deinem Bett.
Sprichwort aus Brasilien

Zu viel Fleiß fällt auf dem Eis.
Deutsches Sprichwort

Flexibilität

Eine Tragestange, die sich leicht biegt, bricht nicht entzwei.
Chinesisches Sprichwort

Inkonsequenz nennen wir die Flexibilität unserer Mitmenschen.
Mildred Scheel

Mehr Flexibilität ist das Gebot der Stunde.
Helmut Kohl, Rede des Bundeskanzlers bei der Meisterfeier der Handwerkskammer Düsseldorf 1986

Niemand ist so groß, dass er sich nicht strecken, und niemand so klein, dass er sich nicht beugen müsste.
Sprichwort aus Norwegen

Weiche zurück, um voranzugehen.
Chinesisches Sprichwort

Fliege

Der Kriminalschriftsteller ist eine Spinne, die die Fliege bereits hat, bevor sie das Netz um sie herum webt.
Arthur Conan Doyle

Die Fliege, die nicht geklappt sein will, setzt sich am sichersten auf die Klappe selbst.
Georg Christoph Lichtenberg, Sudelbücher

Es gibt Leute, die keiner Fliege etwas zu Leide tun, weil sie nicht im Stande sind, eine zu fangen.
Helmut Qualtinger

Es ist ein wahres Glück, dass der liebe Gott die Fliegen nicht so groß wie Elefanten gemacht hat, sonst würde uns, sie zu töten, viel mehr Mühe machen und auch weit mehr Gewissensbisse.
Christian Morgenstern, Stufen

Fliegen und Freunde kommen im Sommer.
Deutsches Sprichwort

Fürchte den, der dich fürchtet, auch wenn er eine Fliege und du ein Elefant bist.
Sprichwort aus Persien

Jede Fliege hinterlässt ein paar Maden.
Chinesisches Sprichwort

Mit Crispin sind alle Fliegen hin.
Bauernregel

Nur auf ein angeknicktes Ei setzen sich die Fliegen.
Chinesisches Sprichwort

Um Viti kommen die Fliegen selbneun.
Deutsches Sprichwort

Vit bringt die Fliegen mit.
Bauernregel

Was Fliegen lockt, das lockt auch Freunde.
Deutsches Sprichwort

Wer krank ist, den ärgert die Fliege an der Wand.
Deutsches Sprichwort

Wer sich an die Weiber hängt, der bleibt wie die Fliege im Honig kleben.
Deutsches Sprichwort

Fliegen

Beim Fliegen hat man Röntgenaugen, man kann der Erde bis auf den Grund sehen.
Anne Morrow Lindbergh, Verschlossene Räume, offene Türen

Das Zusammen-Fliegen verbindet, denn man ist ganz auf sich gestellt. Man ist ganz auf den anderen angewiesen, das sind einmalige, ureigene Erlebnisse.
Anne Morrow Lindbergh, Verschlossene Räume, offene Türen

Der Mensch will höher fliegen, als ihm die Flügel dazu gewachsen sind. Da fällt er herunter.
Knut Hamsun, August Weltumsegler

Der Vogel Strauß läuft schneller als das schnellste Pferd, aber auch er steckt noch den Kopf schwer in schwere Erde: also der Mensch, der noch nicht fliegen kann.
Friedrich Nietzsche, Also sprach Zarathustra

Die Flughäfen liegen außerhalb der Städte, wo es viel Luft gibt, immer Wind geht und niemand im Wege ist. Sie sind die Knoten in einem Verkehrsnetz, das die Welt nicht berührt.
Ingeborg Bachmann, Die blinden Passagiere

Die Luftschifffahrt wird dem religiösen Genie der Menschheit neue Nahrung geben. Zu den großen Beförderern kosmischer Stimmungen: Wald, Meer und Wüste, wird nun noch der Luftraum kommen.
Christian Morgenstern, Stufen

Die Madonna von Loreto beschützt alle, die fliegen. Sie weiß, wie ihnen zumute ist.
Ingeborg Bachmann, Die blinden Passagiere

Die nächste Eskalation der Luftpiraterie wird die Entführung eines Raumschiffes sein.
Harold Pinter

Du kannst so rasch sinken, dass du zu fliegen meinst.
Marie von Ebner-Eschenbach, Aphorismen

Es bleibt der Weg durch den Himmel; durch den Himmel zu gehen werden wir versuchen!
Ovid, Liebeskunst (Daedalus)

Es ist merkwürdig, dass die Fliegerei, die jüngste und modernste Tätigkeit, einen in Kontakt mit den Elementen zurückführt.
Anne Morrow Lindbergh, Blume und Nessel

Fliegen, das bedeutet für mich das Losgelöstsein von der Erde, das Erhobensein in eine Atmosphäre, in der man sich frei fühlt, zugehörig zu den Elementen. Es ist mehr als nur das Bewusstsein, getragen zu sein von einer motorischen Kraft, deren Energien der Flieger selbst bestimmt oder kontrolliert.
Heinz Rühmann

Je länger die Schnur, desto höher fliegt der Drache.
Chinesisches Sprichwort

Je leiser der Flug, desto gefährlicher der Raubvogel.
Graham Greene

Luftpiraten sind Passagiere, die Flugzeuge erst unterwegs chartern.
Danny Kaye

Man muss in der Luft umkehren können.
Heinz Rühmann

Ohne Flügel zu fliegen ist nicht leicht.
Titus Maccius Plautus, Der junge Punier

Seit der Mensch fliegen kann, muss der Pegasus ackern.
Karol Irzykowski

Statt zu lernen, in Liebe zu leben, lernen die Menschen das Fliegen. Das ist, als wollten die Vögel zu fliegen aufhören und laufen oder Fahrräder bauen und darauf fahren lernen.
Leo N. Tolstoi, Tagebücher (1910)

Wer einst fliegen lernen will, der muss erst stehn und gehn und laufen und klettern und tanzen lernen – man erfliegt das Fliegen nicht.
Friedrich Nietzsche, Also sprach Zarathustra

Wie hoch ein Vogel auch fliegen mag,
seine Nahrung sucht er auf der Erde.
Sprichwort aus Dänemark

Wie viel Vertrauen gehört zum Fliegen!
Anne Morrow Lindbergh, Bring mir das Einhorn

Willst fliegen
und bist vorm Schwindel nicht sicher?
Johann Wolfgang von Goethe, Faust I (Mephisto)

Wollt ihr in der Luft fliegen?
Habt ihr wirklich Lust dazu,
und sagt euch dieser Gedanke
mehr als irgendein anderer zu?
Dann haltet ein paar tausend Jahre
an eurem Wunsche fest
und es werden euch Flügel wachsen.
Tania Blixen, Motto meines Lebens

Flinkheit

Behendigkeit ist keine Hexerei.
Deutsches Sprichwort

Flinke Arme und Beine
bringen nicht so viel ein
wie ein flinker Mund.
Chinesisches Sprichwort

Flirt

Der Flirt ist
die Sünde der Tugendhaften
und die Tugend der Sünderinnen.
Paul Bourget

Der Flirt ist das Manöver,
die Liaison der Krieg.
Marcel Achard

Die ersten Liebesbriefe
werden mit den Augen verschickt.
Sprichwort aus Frankreich

Flirt ist Training mit dem Unrichtigen
für den Richtigen.
Senta Berger

Flirten heißt,
auf Distanz intim werden.
Hellmut Walters

Flirts sind Spinnweben
zwischen einem Maskulinum
und einem Femininum,
auf denen ein Sonnenstrahl tanzt.
Thaddäus Troll

Huldige nicht mehreren Frauen
zur gleichen Zeit, an demselben Ort,
wenn es dir darum zu tun ist,
Zuneigung oder Vorzug
von einer einzelnen zu erlangen.
Adolph Freiherr von Knigge, Über den Umgang
mit Menschen

Flitterwochen

Die Engländer sprechen
von einem »honeymoon« und
geben damit ein gewisses Zeitmaß;
die Deutschen sind Gott sei Dank
gemütlicher und sprechen von
Flitterwochen, die statt vier auch 52
und noch länger dauern können.
Theodor Fontane, Briefe

Haben alle Ehen Honigmonde?
Honoré de Balzac, Die Physiologie der Ehe

Flitterwochen sind das, was man
heutzutage schon hinter sich hat,
wenn man heiratet.
Mary McCarthy

Nach den Flitterwochen
kommen die Zitterwochen.
Deutsches Sprichwort

Wie kann der Honigmond
zwei Menschen scheinen,
die einander nicht lieben?
Wie kommt es, dass er untergeht,
nachdem er aufgegangen ist?
Honoré de Balzac, Die Physiologie der Ehe

Floh

Ein Floh auf der Schlafmatte
ist schlimmer
als ein Löwe in der Wüste.
Chinesisches Sprichwort

Eine vernünftige Anzahl von Flöhen
ist gut für einen Hund;
sie hält ihn davon ab,
darüber nachzudenken,
dass er ein Hund ist.
Broote Foss Westcott

Im Dunkeln ist gut munkeln,
aber nicht gut Flöhe fangen.
Deutsches Sprichwort

Nichts soll man in Eile tun
außer Flöhe fangen.
Sprichwort aus Schottland

Florian (4.5.)

Sankt Florian, Sankt Florian,
verschon mein Haus,
zünd andre an.
Deutsches Sprichwort

Fluch

Bist du ärgerlich,
so zähle bis vier;
bist du sehr ärgerlich,
so fluche!
Mark Twain, Querkopf Wilsons Kalender

Der Fluch ist das Gebet des Teufels.
Hans Lohberger

Ein gutes Gedächtnis
ist ein Fluch,
der einem Segen
ähnlich sieht.
Harold Pinter

Es ist leicht, dem Fußgänger zu fluchen,
wenn man auf dem Pferde sitzt.
Sprichwort aus Serbien

Sei einer unter denen,
denen man flucht,
nicht unter denen, die fluchen.
Talmud

Wer vermöchte zu leugnen,
dass unser Leben erleichtert wird,
wenn man es mit einer nicht
abreißenden Kette von Flüchen
ausgesuchtester Art begleitet?
Zu solchen mittlerer Sorte darf man
sich jedoch niemals herablassen
Heimito von Doderer, Repertorium. Ein Begreifbuch
von höheren und niederen Lebens-Sachen

Flucht

Alles rennet, rettet, flüchtet.
Friedrich Schiller, Das Lied von der Glocke

Betriebsamkeit als Zeichen
einer Flucht, die vergaß,
wovor sie flieht.
Peter Benary

Besser da läuft er,
als da hängt er.
Deutsches Sprichwort

Besser in Ehren sterben,
als sich durch feige Flucht retten.
Roald Amundsen, Eskimoleben

Besser, wer fliehend entrann
der Gefahr, als wen sie ereilet!
Homer, Ilias

Bin ich der Flüchtling nicht,
der Unbehauste?
Der Unmensch ohne Zweck und Ruh,
Der wie ein Wassersturz
von Fels zu Felsen brauste,
Begierig wütend,
nach dem Abgrund zu?
Johann Wolfgang von Goethe, Faust I (Faust)

Denn zu fliehn gehörig wissen,
Hat oft auch für Sieg gegolten.
Pedro Calderón de la Barca, Der standhafte Prinz
(Muley)

Der einzelne Mann
entfliehet am leichtesten.
Johann Wolfgang von Goethe, Hermann und Dorothea
(2. Gesang)

Der Leichtsinnige freut sich der Flucht
wie einer Spazierfahrt
und der Ungenügsame verlangt,
dass ihm auch noch als Bettler
alles zu Dienste stehe.
Johann Wolfgang von Goethe, Unterhaltungen
deutscher Ausgewanderten

Die Flucht vor dem Kitsch
endet nicht selten
im fehlgeschlagenen Experiment,
das dann nichts ist als diese Flucht.
Ludwig Marcuse, Argumente und Rezepte.
Ein Wörter-Buch für Zeitgenossen

Die Frauen sind nicht zum Laufen
geschaffen. Wenn sie fliehen, so
geschieht es, um eingeholt zu werden.
Jean-Jacques Rousseau, Emile

Die Soldaten, die fünfzig Schritte
geflohen sind, lachen jene aus,
die hundert Schritte geflohen sind.
Chinesisches Sprichwort

Durch Flucht gerät man
mitten ins Verderben.
Titus Livius, Römische Geschichte

Ein schlaues Kaninchen
hat drei Löcher in seinem Bau.
Chinesisches Sprichwort

Es erfordert zuweilen mehr Mut,
den Gegner zu fliehen,
als ihn anzugreifen.
Heinrich Waggerl, Aphorismen

Junggesellen sind Männer,
die sich zuallererst
über den Notausgang informieren.
Richard Attenborough

Können sie schon
den Menschen entlaufen,
so haben sie doch keine Flügel,
um Gott zu entfliehen.
William Shakespeare, Heinrich V. (Heinrich)

Nicht alle fliehen,
so den Rücken wenden.
Deutsches Sprichwort

Nichts ist kummervoller,
als unstet leben und flüchtig.
Homer, Odyssee

Schuldig macht sich
eine Geisteshaltung,
die sich selbst nie entflieht.
Horaz, Briefe

Sind eure Hände
wuchtiger zum Raufen,
So hab ich längre Beine
doch zum Laufen.
William Shakespeare, Ein Sommernachtstraum
(Helena)

Was der Mensch fliehen will,
das bringt er mit an den Ort,
an den er flieht.
Paul Ernst, Jugenderinnerungen

Wenn das Reh flieht,
so ist es darum nicht schuldig.
Johann Wolfgang von Goethe,
Wilhelm Meisters Wanderjahre

Wer flieht,
kann später wohl noch siegen!
Ein toter Mann bleibt ewig liegen.
Samuel Butler, Hudibras

Wer flieht, wird gejagt.
Deutsches Sprichwort

Wer vor seiner Vergangenheit flieht,
verliert immer das Rennen.
T. S. Eliot, Ein verdienter Staatsmann

Wir wandern, wir wandern,
endloser Zug,
Volk, das die Geißel
des Krieges schlug.
Agnes Miegel, Wagen an Wagen

Flüchtigkeit

Flüchtig ist die Zeit
und kurz das Leben,
Schmach treffe den, der Trägheit erkor.
Adelbert von Chamisso, Gedichte

Oft gibt sich das Leben damit
zufrieden, während es fast alles
ungesagt lässt, nur das anzudeuten,
was flüchtig scheint und klein
und dabei doch die Lösung eines
Rätsels ist oder gar der Entwurf
zu neuen Wahrheiten.
Almeida Faria, Passionstag

Flügel

Ach, zu des Geistes Flügeln
wird so leicht
Kein körperlicher Flügel sich gesellen!
Johann Wolfgang von Goethe, Faust I (Faust)

Angst: verleiht Flügel.
Gustave Flaubert, Wörterbuch der Gemeinplätze

Der Mensch will höher fliegen, als ihm
die Flügel dazu gewachsen sind.
Da fällt er herunter.
Knut Hamsun, August Weltumsegler

Geflügelt ist das Glück
und schwer zu binden.
Friedrich Schiller, Die Braut von Messina (Manuel)

Parteien mit starken Flügeln
bekommen schwache Beine.
Gabriel Laub

Fluss

Ach, und in demselben Flusse
Schwimmst du nicht zum zweiten Mal.
Johann Wolfgang von Goethe, Dauer im Wechsel

Alle Flüsse fließen ins Meer,
das Meer wird nicht voll. Zu dem Ort,
wo die Flüsse entspringen,
kehren sie zurück,
um wieder zu entspringen.
Altes Testament, Kohelet 1, 7

Alle Flüsse laufen ins Meer.
Deutsches Sprichwort

Als der Meister einst
an einem Fluss stand, sprach er:
So fließt alles, dahin – rastlos,
Tag und Nacht.
Konfuzius, Gespräche

Denn die Quelle kann nur gedacht
werden, insofern sie fließt.
Johann Wolfgang von Goethe, Dichtung und Wahrheit

Die Flüsse sind unsere Brüder,
sie löschen unseren Durst.
Seattle, Die Rede des Indianerhäuptlings Seattle.
Neuere Version

Die Flüsse sind Wege, die wandern,
und die uns dahin bringen,
wohin wir wollen.
Blaise Pascal, Pensées

Die Heilige Schrift ist ein Fluss,
in dem ein Elefant schwimmen muss
und ein Lamm gehen kann.
Martin Luther, Tischreden

Die meisten Quellen sind
mit dem Flußlauf nicht einverstanden.
Jean Cocteau

Die milde Luft, die ein großer Fluss
mitbringt, ist ganz was Eigenes.
Johann Wolfgang von Goethe, Italienische Reise

Flüsse und Berge altern nicht.
Chinesisches Sprichwort

In dem tobenden und schäumenden
Meere spiegelt sich der Himmel nicht;
der klare Fluss ist es, worin Bäume
und Felsen und die ziehenden Wolken
und alle Gestirne des Firmamentes
sich wohlgefällig beschauen.
Wilhelm Heinrich Wackenroder, Herzensergießungen
eines kunstliebenden Klosterbruders

Jeder Fluss hat eine Quelle,
jeder Baum hat eine Wurzel.
Chinesisches Sprichwort

Unser Leben ist der Fluss,
der sich ins Meer ergießt,
das Sterben heißt.
Federico Garcia Lorca

Zehntausend Flüsse fließen ins Meer,
allein das Meer läuft nie über.
Chinesisches Sprichwort

Flüstern

Das Flüstern einer schönen Frau hört
man weiter als den lautesten Ruf
der Pflicht.
Pablo Picasso

Ins Ohr geflüsterte Worte
kann man tausend Li weit hören.
Chinesisches Sprichwort

Flut

Die schwere Flut ist's,
die das schwere Schiff
Vom Strande hebt.
Friedrich Schiller, Die Piccolomini (Illo)

Ein Haus ist eine Arche,
um der Flut zu entrinnen.
Katherine Mansfield, Briefe

Je größer die Flut, desto größer wird
die Ebbe sein.
Sprichwort aus Wales

Und wenn die Flut dich
noch so vorwärts führt,
Die Ebbe gleich wird dich
zurücke reißen.
Johann Wolfgang von Goethe, Gedichte

Folter

Alles, was, auch
beim Gerichtsverfahren, über den
einfachen Tod hinausgeht, scheint mir
bloße Grausamkeit. Wir sollten doch
eigentlich so viel Respekt vor den
Seelen haben, dass wir sie unversehrt
ins jenseitige Leben schicken; aber
das ist unmöglich, wenn wir sie durch
unerträgliche Folterqualen außer sich
gebracht und der Verzweiflung
in die Arme getrieben haben.
Michel Eyquem de Montaigne, Die Essais

Das peinliche Verhör ist eine
bewundernswerte Erfindung,
mit der vollkommensten Gewissheit,
einen Unschuldigen von schwachem
Naturell ins Verderben zu bringen
und einen kräftig angelegten
Schuldigen zu retten.
Jean de La Bruyère, Die Charaktere

Die Gefolterten sagen zu allem ja
und weil sie dann nicht zu widerrufen
wagen, müssen sie alles
mit dem Tode besiegeln.
Friedrich Spee von Langenfeld, Cautio criminalis

Die Natur verstummt auf der Folter;
ihre treue Antwort auf redliche Frage
ist: Ja! ja! Nein! nein!
Alles Übrige ist vom Übel.
Johann Wolfgang von Goethe,
Maximen und Reflexionen

Es gibt Folterungen der Intelligenz,
so wie es solche des Leibes und der
Begierde gibt. Und mit diesen
wie mit den übrigen Folterungen
ist ein Gefühl der Wollust verbunden.
Fernando Pessoa, Das Buch der Unruhe
des Hilfsbuchhalters Bernardo Soares

Folter ist unmoralischer als Mord.
Petter Moen, Petter Moens Tagebuch

Gesagt getan, wurden nach
griechischer Manier Feuer und Rad,
auch Peitschen aller Art angebracht.
Lucius Apuleius, Der goldene Esel

In früheren Jahren
bediente man sich der Folter,
jetzt bedient man sich
der Presse. Das ist sicherlich
ein Fortschritt.
Oscar Wilde, Die Seele des Menschen
unter dem Sozialismus

Was überwand vom Fakir an
bis zu den Märtyrerinnen des
Christentums und der Liebe und
der Kinderpflicht und bis zu den
Blutzeugen der Freiheit den Körper,
die Meinung, den Wunsch, die Folter?
Eine das Herz durchwurzelnde Idee.
Jean Paul, Levana

Wenn jemand Foltern tapfer erduldet,
besitzt er alle Eigenschaften
der sittlichen Vollkommenheit.
Lucius Annaeus Seneca, Briefe über Ethik

Wer die Qualen der Folter
aushalten kann,
sagt die Wahrheit nicht,
und wer sie nicht aushalten kann,
auch nicht.
Michel Eyquem de Montaigne, Die Essais

Forderung

Dem, der viel erlangen kann,
geziemt, viel zu fordern.
Johann Wolfgang von Goethe, Der Sammler
und die Seinigen

Denn was ist ein Bedürfnis,
das auf eine bestimmte Weise
befriedigt werden muss, anders als
eine Forderung?
Johann Wolfgang von Goethe, Briefe (an Schiller,
7. Februar 1798)

Die Forderung, geliebt zu werden,
ist die größte der Anmaßungen.
Friedrich Nietzsche

Die höheren Forderungen sind an sich
schon schätzbarer, auch unerfüllt,
als niedrige, ganz erfüllte.
Johann Wolfgang von Goethe,
Maximen und Reflexionen

Du musst von einem Mann
nicht alles fordern.
Johann Wolfgang von Goethe, Torquato Tasso
(Prinzessin)

Es liegt in der menschlichen Natur,
immer mehr von sich
und von andern zu fordern,
je mehr man empfangen hat.
Johann Wolfgang von Goethe, Die Wahlverwandtschaften

Fordre lieber mehr, als du brauchst,
als weniger.
Heinrich von Kleist, Briefe (an Wilhelmine von Zenge,
13. November 1800)

Indem ich mich aufopfere,
kann ich fordern.
Johann Wolfgang von Goethe, Die Wahlverwandtschaften

Schrecklich sind die Anspruchslosen;
die nichts fordern,
gewähren auch nichts.
Peter Hille, Aphorismen

Überlege einmal, bevor du gibst,
zweimal, bevor du annimmst
und tausendmal, bevor du verlangst
und forderst.
Marie von Ebner-Eschenbach, Aphorismen

Form

Alles, was wir wahrnehmen, ist Form,
ist durch sie dargestellter realer Geist.
Aber die meisten Menschen
verstehen nicht, was sie wahrnehmen.
Heinrich Leo, Vorlesungen über die Geschichte des
deutschen Volkes

Den Stoff sieht jedermann vor sich,
den Gehalt findet nur der,
der etwas dazuzutun hat,
und die Form
ist ein Geheimnis den meisten.
Johann Wolfgang von Goethe, Maximen und
Reflexionen

Der Staat kann nicht bloß Form sein;
bloße Form gibt es gar nicht.
Heinrich von Treitschke, Die Gesellschaftswissenschaft

Der Stoff nur bleibt bewahrt,
die Form muss untergehn.
Pierre de Ronsard, Elegie XXIV

Die Form will so gut verdaut sein
als der Stoff; ja, sie verdaut sich
viel schwerer.
Johann Wolfgang von Goethe,
Maximen und Reflexionen

Die Notwendigkeit schafft die Form.
Wassily Kandinsky

Form ist Grenze.
Oswald Spengler, Urfragen.
Fragmente aus dem Nachlass

Form ist Verzicht.
Reinhold Schneider

Jede, auch vom Menschen
geschaffene Form ist unsterblich.
Denn die Form ist unabhängig
vom Stoff und nicht die Moleküle
bilden die Form.
Charles Baudelaire, Tagebücher

Kunst ist Form.
Formen heißt entformen.
Kurt Schwitters, Das literarische Werk. Bd. 5

Liebe will ich liebend loben,
Jede Form, sie kommt von oben.
Johann Wolfgang von Goethe, Sonette

Nur erst, wenn dir die Form
ganz klar ist,
wird dir der Geist klar werden.
Robert Schumann, Musikalische
Haus- und Lebensregeln

Und keine Zeit und keine Macht zerstückelt
Geprägte Form, die lebend sich entwickelt.
Johann Wolfgang von Goethe, Urworte, Orphisch

Was keine Form hat,
ist nicht real.
Heinrich Leo, Vorlesungen über die Geschichte
des deutschen Volkes

Wer die Form zerstört,
beschädigt auch den Inhalt.
Herbert von Karajan

Wo Inhalt ist, fügen sich die Formen
von selbst.
Leo N. Tolstoi, Tagebücher (1896)

Förmlichkeit

Alte und Bekannte sind nicht
an Förmlichkeit gebunden.
Chinesisches Sprichwort

Ein gewisses Maß an Förmlichkeit
ist ein notwendiger Schutzwall
im Umgang ebenso
wie in der Religion:
Er hält die Zudringlichen und Unverschämten in gehörigem Abstand
und ist für den verständigen und
wohl erzogenen Teil der Menschheit
ein geringes Hindernis.
Philipp Stanhope Earl of Chesterfield, Briefe über die
anstrengende Kunst, ein Gentleman zu werden

Formulierung

Es tut wohl, den eigenen Kummer
von einem anderen Menschen
formulieren zu lassen.
Formulierung ist heilsam.
Erich Kästner, Dr. Erich Kästners lyrische Hausapotheke

Originelle Formulierungen sind
noch nicht originelle Einsichten.
Ludwig Marcuse, Argumente und Rezepte.
Ein Wörter-Buch für Zeitgenossen

Forschung

Betrachtet, forscht,
die Einzelheiten sammelt,
Naturgeheimnis
werde nachgestammelt.
Johann Wolfgang von Goethe,
Trilogie der Leidenschaft

Den Mut zur Forschung brauchen wir,
um ein menschenwürdiges Leben auch
über den Tag, über die Lebensspanne
unserer eigenen Generation hinaus
zu sichern.
Helmut Kohl, Mut zur Forschung und Verantwortung
für die Zukunft. Rede des Bundeskanzlers vor der DFG
in Bonn 1986

Der Blick des Forschers fand
Nicht selten mehr,
als er zu finden hoffte.
Gotthold Ephraim Lessing, Nathan der Weise
(Tempelherr)

Der Mensch muss bei dem Glauben
verharren, dass das Unbegreifliche
begreiflich sei; er würde sonst
nicht forschen.
Johann Wolfgang von Goethe,
Maximen und Reflexionen

Die beste Morgengymnastik
für einen Forscher ist es,
jeden Tag vor dem Frühstück
eine Lieblingshypothese
über Bord zu werfen.
Konrad Lorenz

Die medizinische Forschung
hat so enorme Fortschritte gemacht,
dass es praktisch überhaupt
keinen gesunden Menschen mehr gibt.
Aldous Huxley

Doch Forschung strebt und ringt,
ermüdend nie,
Nach dem Gesetz, dem Grund
Warum und Wie.
Johann Wolfgang von Goethe, Chinesisch-deutsche
Tages- und Jahreszeiten

Durch Forschen nur
Gewinnt man Vorsicht und Bedacht
in allem Tun.
Sophokles, Ödipus auf Kolonos

Ein wahrer Forscher wird nie alt,
jeder ewige Trieb ist außer dem Gebiete der Lebenszeit, und je mehr die
äußere Hülle verwittert, desto heller
und glänzender wird der Kern.
Novalis, Die Lehrlinge zu Sais

Einem Mann,
der die Welt auf den Kopf stellt,
weil er ein Sandkorn gespalten,
glaubt man es nur schwer,
dass ihm hauptsächlich
an der Spaltung des Sandkornes
und nur wenig an der Umwälzung
der Erde gelegen war.
Gilbert Keith Chesterton, Heretiker

Ernst zu nehmende Forschung
erkennt man daran, dass plötzlich
zwei Probleme existieren,
wo es vorher nur eines gegeben hat.
Thorstein Bunde Veblen

Es ist ein angenehmes Geschäft,
die Natur zugleich und sich selbst
zu erforschen, weder ihr noch seinem
Geiste Gewalt anzutun, sondern beide
durch gelinden Wechseleinfluss miteinander ins Gleichgewicht zu setzen.
Johann Wolfgang von Goethe,
Maximen und Reflexionen

Fliehe die Lehren jener Forscher,
deren Beweisgründe nicht bestätigt
werden durch die Erfahrung.
Leonardo da Vinci, Tagebücher und Aufzeichnungen

Forschung ist zwar nicht eine Sache
der bloßen Gesinnungstüchtigkeit,
aber eine durch und durch
sittliche Angelegenheit.
Othmar Spann, Haupttheorien
der Volkswirtschaftslehre

Für passend gilt es nicht,
und zwar aus gutem Grunde,
Dass jedes Ding ein Weib
erforsche und erkunde.
Molière, Die gelehrten Frauen (Chrysale)

Hat das Forschen, um das sich der
Mensch jahrhundertelang bemüht,
ihm wirklich eine neue Kraft
und eine Wahrheit eingebracht,
auf die er sich verlassen kann?
Michel Eyquem de Montaigne, Die Essais

Höre auf zu erforschen,
was dich nichts angeht.
Terenz, Die Schwiegermutter

In der Naturforschung bedarf es eines
kategorischen Imperativs so gut
als im Sittlichen; nur bedenke man,
dass man dadurch nicht am Ende,
sondern erst am Anfang ist.
Johann Wolfgang von Goethe,
Maximen und Reflexionen

Jeder, der eine Zeit lang
auf dem redlichen Forschen verharrt,
muss seine Methode
irgendeinmal umändern.
Johann Wolfgang von Goethe, Maximen und Reflexionen

Jedoch beweisen wir
gewissen Herrn es nun,
Die dünkelhaft auf uns
herabzuschaun geruhn,
Dass auch die Frauen sich
am Forschungsdrang entzünden
Und wohl imstande sind,
Vereine zu gründen.
Molière, Die gelehrten Frauen (Philaminte)

Kein menschliches Forschen
kann das Wesen Gottes
in seiner ganzen Fülle enthüllen.
Johann Michael Sailer, Grundlehren der Religion

Keine Arbeit im Dienste der Forschung
ist nutzlos, selbst dann nicht,
wenn sie von falschen
Voraussetzungen ausgeht.
Fridtjof Nansen, In Nacht und Eis

Manchmal bin ich der Verzweiflung
nahe, wenn ich bedenke, dass ich nach
allen meinen Forschungen weder weiß,
woher ich komme, noch was ich bin
oder wohin ich gehe und was einmal
aus mir wird.
Voltaire, Die Geschichte eines guten Brahmanen

O Erforscher der Natur der Dinge,
ich lobe dich nicht, wenn du die Dinge
kennst, welche die Natur gewöhnlich
allein vollbringt; aber freue dich,
wenn du den Zweck der Dinge kennst,
die den Geist begreift.
Leonardo da Vinci, Tagebücher und Aufzeichnungen

Unerforschlich, Gott!,
sind Deine Wege,
Unerforschlich die tiefen Wunder
der Kunst!
Wilhelm Heinrich Wackenroder, Herzensergießungen eines kunstliebenden Klosterbruders

(...) wenn einer im Delirium tremens
immer Ratten sieht, ist er deshalb
noch lange kein Naturforscher.
Gilbert Keith Chesterton, Heretiker

Wissenschaftler sind Beamte,
die abends um sechs Uhr
ihre Probleme vergessen können.
Forscher können das nicht.
Adolf Butenandt

Fortpflanzung

Das »Seid fruchtbar und mehret euch«
hat mit der Liebe nichts zu tun.
Honoré de Balzac, Die Physiologie der Ehe

Die Liebe ist unsere Strafe dafür,
dass wir es nicht einfach bei der Fortpflanzung bewenden lassen.
Helmar Nahr

Die Männer sind
das nebensächliche Geschlecht.
Im Tierreich braucht man sie
bei vielen Arten nicht einmal
zur Fortpflanzung.
Orson Welles

Der Mensch hat
neben dem Trieb der Fortpflanzung
und dem zu essen und zu trinken
zwei Leidenschaften:
Krach zu machen und nicht
zuzuhören.
Kurt Tucholsky

Nicht nur fort sollst du dich pflanzen,
sondern hinauf! Dazu helfe dir
der Garten der Ehe!
Friedrich Nietzsche, Also sprach Zarathustra

Weil der Mensch sterben muss,
muss er sich auch fortpflanzen.
Jean-Jacques Rousseau, Emile

Wenn man den Unzufriedenen,
Schwarzgalligen und Murrköpfen
die Fortpflanzung verwehrte, so
könnte man schon die Erde in einen
Garten des Glücks verzaubern.
Friedrich Nietzsche, Menschliches, Allzumenschliches

Wenn Riese sich mit Riesin paart
Was anders gibt's als Riesenart?
Jüdische Spruchweisheit

Fortschritt

Aller Fortschritt beruht
auf dem allgemeinen inneren Wunsch
eines jeden Organismus,
über sein Einkommen hinaus zu leben.
Samuel Butler, Notizbücher

Alles, was menschlich ist,
muss rückwärts gehen,
wenn es nicht vorwärts geht.
Edward Gibbon, Geschichte des Verfalls und Untergangs des Römischen Reiches

Am schlimmsten wirkt sich der technische Fortschritt da aus, wo er die Mittel zur Vernichtung von Menschenleben und mühsam erzeugten Produkten der Arbeit liefert.
Albert Einstein, Mein Weltbild

Damit das Gesetz des Fortschritts
eine Wirklichkeit wäre, müsste jeder
Einzelne es erschaffen wollen;
das heißt, wenn alle Einzelnen fortzuschreiten bemüht sind, dann, und
nur dann, wird die Menschheit sich
auf der Bahn des Fortschritts befinden.
Charles Baudelaire, Tagebücher

Das Gute wollen ist ein Fortschritt,
das Böse wollen ein Rückschritt.
Bernhard von Clairvaux, Gnade und Willensfreiheit

Das Jahrhundert glaubte,
Fortschritte zu machen,
indem es sich in Abgründe stürzte.
Joseph Joubert, Gedanken, Versuche und Maximen

Demokratie ist die Organisation des
Fortschritts auf allen Gebieten
menschlicher Tätigkeit.
Tomáš Garrigue Masaryk, Das neue Europa

Den Fortschritt
erkennt man schon daran,
dass in jedem neuen Krieg
die Menschen auf andere Art
getötet werden.
Will Rogers

Den Fortschritt
verdanken wir den Kurzschläfern.
Langschläfer können nur bewahren.
Ernst Hoffmann

Den Fortschritt verdanken wir
Menschen, die Dinge versucht haben,
von denen sie gelernt haben,
dass sie nicht gehen.
Robert Lembke, Das Beste aus meinem Glashaus. Humoristisches und Satirisches

Den Fortschritt verdanken
die Menschen den Unzufriedenen.
Aldous Huxley

Denn die Fortschritte von Jahrhunderten haben nur geringen Einfluss auf
die Grundgesetze der menschlichen
Existenz gehabt; wie unsere Skelette
wahrscheinlich nicht von denen unserer Vorfahren zu unterscheiden sind.
Henry David Thoreau, Walden

Der Begriff »Fortschritt« allein setzt
bereits die Horizontale voraus.
Er bedeutet ein Weiterkommen
und kein Höherkommen.
Joseph Roth

Der Fortschritt besteht nur
in einer immer klareren Beantwortung
der Grundfragen des Lebens.
Leo N. Tolstoi, Tagebücher (1903)

Der Fortschritt hat seine Nachteile:
Von Zeit zu Zeit explodiert er.
Elias Canetti, Die Provinz des Menschen. Aufzeichnungen 1942–1972

Der Fortschritt ist in Sicht,
wenn es uns gelingt,
unseren Horizont
Schritt für Schritt zu erweitern.
Richard von Weizsäcker, Die Verantwortung der Gewerkschaften in der freiheitlichen Demokratie. Ansprache des Bundespräsidenten auf dem DGB-Bundeskongress in Hamburg 1986.

Der Fortschritt ist
kein Überschallflugzeug,
er kommt zu Fuß daher.
Norbert Blüm, Unverblümtes von Norbert Blüm

Der Fortschritt ist unaufhaltsam.
Früher hat man fünf Mottenkugeln
für einen Badeanzug gebraucht,
jetzt genügt eine Mottenkugel
für fünf Badeanzüge.
Micheline Presle

Der Fortschrittsgedanke der Zivilisation hat sich als ein Übermut
des Menschen entschleiert.
Karl Jaspers, Vom europäischen Geist

Der technologische Fortschritt hat
zur Folge, dass die Arbeitslosigkeit
zunimmt, statt die Arbeitslast aller
zu vermindern.
Albert Einstein, Aus meinen späten Jahren

Der technologische Fortschritt muss an
seinem Nutzen für den Menschen
gemessen, das heißt, er muss
qualitativ bewertet werden.
Hans-Dietrich Genscher, Chancen des technischen
Fortschritts für die Zukunft Europas. Rede des Bundesministers des Auswärtigen in Berlin 1986

Der Vogel, der einen Ballon sieht,
sagt sich womöglich:
Ich möchte fliegen können wie er,
ohne Flügel.
Und das ist dann Fortschritt.
Jules Renard, Ideen, in Tinte getaucht.
Aus dem Tagebuch von Jules Renard

Die Quelle des Fortschritts
in der Geschichte
ist der einzelne Mensch.
Paul Anton de Lagarde, Deutsche Schriften

Die Richtung unseres Geistes
ist wichtiger als sein Fortschritt.
Joseph Joubert, Gedanken, Versuche und Maximen

Die Welt wird mit jedem Tag ärger.
Dass dies der eigentliche Sinn des
Fortschritts ist, illustriert mit
erschreckender Deutlichkeit Amerika.
Hermann Graf Keyserling,
Reisetagebuch eines Philosophen

Die Zeit rückt fort
und in ihr Gesinnungen, Meinungen,
Vorurteile und Liebhabereien.
Johann Wolfgang von Goethe,
Die Wahlverwandtschaften

Durch Ausharren ebnen wir Berge,
setzen dem Meere Grenzen
und machen aus Steinen Städte
und Paläste und Mauern.
Karl Julius Weber, Democritos

Es gibt auf Dauer keinen wirtschaftlichen Fortschritt, ohne dass die
Wissenschaft auch gepflegt wird.
Konrad Adenauer, CDU-Bundesparteitag, 1956

Es gibt kein besseres Mittel festzustellen, ob man in irgendetwas
Fortschritte macht, als sich in der
bisherigen Art und Weise seines Tuns
zu versuchen. Will man feststellen,
ob man gewachsen ist oder nicht,
muss man sich an die alte
Messmarke stellen.
Leo N. Tolstoi, Tagebücher (1851)

Es gibt nur einen Fortschritt,
nämlich den in der Liebe; aber er führt
in die Seligkeit Gottes hinein.
Christian Morgenstern, Stufen

Es gilt, den technischen Fortschritt
ganz gezielt zum Instrument für den
humanen Fortschritt zu machen.
Hans-Dietrich Genscher, Chancen des technischen
Fortschritts für die Zukunft Europas (1986)

Es ist ein starker Beweis, wie weit wir
schon sind, dass wir so verächtlich
von unsern Fortschritten,
von unsrer Stufe denken.
Novalis, Fragmente

Es wird im Allgemeinen unendlich viel
vom Fortschritt geredet: aber was wir
heutzutage darunter verstehen, ist nur
ein Komparativ, zu dem uns
der Superlativ noch fehlt.
Gilbert Keith Chesterton, Heretiker

Fortschritt in der Politik
ist manchmal nur das Gefühl, das man
in einem stehenden Eisenbahnzug hat,
wenn nebenan ein anderer fährt.
George Brown

Fortschritt ist nur die Verwirklichung
von Utopien.
Oscar Wilde, Die Seele des Menschen
unter dem Sozialismus

Fortschritt ist nur
durch Sackgassen möglich.
Helmut Heißenbüttel

Geistige Auseinandersetzungen
gehören zum Leben; und sie sind
notwendig zu jedem Fortschritt.
Konrad Adenauer, Brief an Sollmann, 1946

Gibt's irgendwo in der Weltgeschichte
Fußstapfen eines Fortschrittes der
Menschheit: so sind sie auf den Wegen
zur Freiheit so wie zum Lichte.
Jean Paul, Dämmerungen für Deutschland

Habe heute die Phantasien eines Amerikaners darüber gelesen, wie prächtig
im Jahre 2000 die Straßen beschaffen
sein werden und dergleichen mehr;
diese verschrobenen Wissenschaftler
haben nicht einmal eine Vorstellung
davon, worin der Fortschritt besteht.
Leo N. Tolstoi, Tagebücher (1895)

Ich bin bereit, überallhin zu gehen,
wenn es nur vorwärts ist.
David Livingstone

In dem Maße, in dem die Gedanken
in Europa abgenommen haben,
haben die Erfindungen zugenommen.
Joseph Roth

In unserem Land ist es stets
dadurch zu Fortschritten gekommen,
dass sich die Menschen aufgelehnt
und gesagt haben: Jetzt reicht's!
Lido Anthony »Lee« Iacocca,
Mein amerikanischer Traum

Ja, Fortschritt heißt
Vermehrung des Lichts,
aber dieses Licht ist immer dasselbe.
Leo N. Tolstoi, Tagebücher (1889)

Jeder Fortschritt ist ein Wagestück,
und nur durch Wagen
kommt man entschieden vorwärts.
Johann Wolfgang von Goethe,
Der Sammler und die Seinigen

Jeder Zoll, den die Menschheit
weiterrückt, kostet Ströme Blutes.
Heinrich Heine, Reise von München nach Genua

Jedes Jahr einen Fehler mehr,
das ist unser Fortschritt.
Jules Renard, Ideen, in Tinte getaucht.
Aus dem Tagebuch von Jules Renard

Man beseitige unsere verhängnisvollen
Fortschritte, man beseitige unsere
Irrtümer und Laster, man beseitige
das Menschenwerk, und alles ist gut.
Jean-Jacques Rousseau, Emile

99 Hundertstel des Tuns
aller Menschen erfolgt
aufgrund von Nachahmung,
Suggestion oder Instinkt.
Ein Hundertstel wird dank
der Vernunft in Freiheit vollzogen;
und dieses eine Hundertstel
treibt die Menschheit voran,
ist das wahre Leben.
Leo N. Tolstoi, Tagebücher (1900)

Niemand kann von Fortschritt reden,
der nicht doktrinär ist.
Gilbert Keith Chesterton, Heretiker

Ratlosigkeit und Unzufriedenheit
sind die ersten Vorbedingungen
des Fortschritts.
Thomas Alva Edison

Tausend Dinge gehen vorwärts;
neunhundertneunundneunzig zurück;
das ist Fortschritt.
Henri Frédéric Amiel, Fragments d'un journal intim
(1883 f.)

Technischer Fortschritt bei der
Energiegewinnung darf sich nicht
auf den Schultern von Strahlenopfern
aufbauen.
Richard von Weizsäcker, Verantwortung für sozialen
Fortschritt, Gerechtigkeit und Menschenrechte (1986)

Trotz allen Fortschritts
des menschlichen Geistes
wird immer noch sehr wenig gelesen.
Voltaire, Der Mann mit den vierzig Talern

Trunken von den Fortschritten des
Wissens und Könnens, die über unsere
Zeit hereinbrachen, vergaßen wir, uns
um den Fortschritt in der Geistigkeit
der Menschen zu sorgen.
Albert Schweitzer, Kultur und Ethik

Überhaupt hat der Fortschritt das an
sich, dass er viel größer ausschaut,
als er wirklich ist.
Johann Nepomuk Nestroy, Der Schützling

Und was nicht vorwärts gehen kann,
schreitet zurück.
Johann Wolfgang von Goethe,
Winckelmann und sein Jahrhundert

Unkritische Fortschrittsgläubigkeit
hilft uns gewiss nicht weiter.
Helmut Kohl, Rede des Bundeskanzlers
zur Internationalen Funkausstellung in Berlin 1985

Unter Fortschritt verstehen die meisten
die Unfähigkeit, Wurzel zu fassen.
Richard von Schaukal

Warum nicht alle nur erdenkliche
Anerkennung der technischen Fortschritte? Aber darf man dabei stehen
bleiben? Dass die Menschheit zu einer
immer höheren Beherrschung der Welt
aufsteigt, versteht sich von selbst
und bietet an sich noch nicht den
geringsten Grund zur Begeisterung.
Ob sie selbst damit aufsteigt, was sie
selbst damit macht: Vergängliches
oder Unvergängliches,
wie sie jene Herrschaft anwendet –
darauf kommt es an.
Christian Morgenstern, Stufen

Was man von der Menschheit weiß,
ist das, in der sie fortschreitet;
was man nicht kennt, ist die Strecke,
die sie geht.
Théodore Jouffroy, Das grüne Heft

Was wir Fortschritt nennen,
ist der Austausch einer Plage
durch eine andere.
Havelock Ellis

Welcher Begriff wäre törichter als der
des Fortschritts, da doch der Mensch,
wie jeder Tag aufs Neue beweist,
immer dem Menschen ähnlich und
gleich, das heißt immer ein Wilder
bleibt. Was bedeuten die Gefahren des
Waldes und der Steppe neben den sich
täglich wiederholenden Zusammen-
stößen und Auseinandersetzungen
der Zivilisation?
Charles Baudelaire, Tagebücher

Wenn die Menschheit sich im Kreis
bewegte wie die Sterne,
könnte man ihre Bahn berechnen;
weil sie fortschreitet und sich
nicht im Kreis bewegt,
ist sie unberechenbar.
Théodore Jouffroy, Das grüne Heft

Wenn man sieht, was die heutige
Medizin fertig bringt,
fragt man sich unwillkürlich:
Wie viele Etagen hat der Tod?
Jean-Paul Sartre

Wer hat zu einem anderen gesagt,
Fortschritt sei gut? Das ist nur Mangel
an Glauben und das in Glaubensvor-
stellungen gekleidete Bedürfnis nach
bewusster Tätigkeit.
Leo N. Tolstoi, Tagebücher (1860)

Wer ununterbrochen vorwärts
marschiert, steht die Hälfte
seines Lebens auf einem Bein.
Manfred Bieler

Wir haben einen Teil des technischen
Fortschritts verschlafen – unter einem
sozialistischen Eiapopeia
in den Schlaf gesungen.
Norbert Blüm, Unverblümtes von Norbert Blüm

Wir vergessen immer wieder,
dass wir nicht stehen, sondern gehen,
jeder für sich, so lange er lebt,
und alle zusammen in der Ewigkeit.
Leo N. Tolstoi, Tagebücher (1904)

Fotografie

Auf dieser Welt halte ich zwei Be-
schäftigungen für besonders nutzlos:
Laubsägearbeiten und die Fotografie.
Anton P. Tschechow, Briefe (6. Februar 1893)

Fotografische Aufnahmen sind sehr
selten ähnlich, und das ist leicht zu
erklären: Das Original, das heißt,
ein jeder von uns, ist ja auch im Leben
nur äußerst selten sich selber ähnlich.
Fjodor M. Dostojewski, Der Jüngling

Frage

Ab einem gewissen Alter fängt man an,
die richtigen Fragen zu stellen.
Shirley MacLaine

Alle wichtigen Fragen
entscheiden sich besser über Nacht.
Epicharmos, Fragmente

Auf eine hastige Frage
gib eine gemächliche Antwort.
Sprichwort aus Portugal

Auf einige der großen, drängenden
Fragen gibt es einfach keine Antworten. Du musst sie weiterhin ausleben
und dein Leben zu einem wertvollen
Ausdruck der Neigung zum Licht
machen.
Barry Lopez, Arktische Träume

Besser, eine Frage zu untersuchen,
ohne sie zu entscheiden,
als sie zu entscheiden, ohne sie
zu untersuchen.
Joseph Joubert, Gedanken, Versuche und Maximen

Besser zweimal fragen,
als einmal irregehen.
Deutsches Sprichwort

Das Genie entdeckt die Frage,
das Talent beantwortet sie.
Karl Heinrich Waggerl

Denn dies wird ja als der erste
Schlüssel zur Weisheit bestimmt:
das beständige und häufige Fragen.
Pierre Abélard, Sic et non

Die Antwort auf eine Frage
bei Tag oder bei Nacht –
das sind zwei Antworten.
Erhard Blanck

Die beste Frage nützt nichts,
wenn sie so lange dauert,
dass keine Zeit zum Antworten bleibt.
Peter Ustinov

Die Frage ist falsch gestellt, wenn wir
nach dem Sinn unseres Lebens fragen.
Das Leben ist es, das Fragen stellt;
wir sind die Befragten,
die zu antworten haben.
Viktor E. Frankl

Die Tabuierung von Antworten
ist nie so schlimm
wie die Tabuierung von Fragen.
Ludwig Marcuse, Argumente und Rezepte.
Ein Wörter-Buch für Zeitgenossen

Ein Narr kann mehr fragen,
als sieben Weise sagen.
Deutsches Sprichwort

Eine beschämende Antwort gehört
auf eine vorwitzige Frage
Johann Jakob Engel, Der Philosoph für die Welt

Einer, der fortgesetzt fragt,
hat keine Lebensart.
Sprichwort aus Spanien

Es ist wichtiger,
Fragen stellen zu können,
als auf alles eine Antwort zu haben.
James Thurber

Es vergeht kein Tag, an dem ich nicht
alles wieder infrage stelle.
André Gide, Tagebuch

Frag nur vernünftig
und du hörst Vernünftiges.
Euripides, Iphigenie in Aulis (Agamemnon)

Fragen sind nie indiskret.
Antworten sind es manchmal.
Oscar Wilde, Ein idealer Gatte

Fragen und Antworten
sind die ersten Denkakte.
Ludwig Feuerbach, Das Wesen des Christentums

Für vernünftige Fragen
gibt es kein Geheimnis.
Für unvernünftige Fragen indes
ist alles Geheimnis.
Leo N. Tolstoi, Tagebücher (1904)

Gut fragen heißt viel wissen.
Sprichwort aus Arabien

Hütet euch vor den Politikern,
die auf jede Frage eine Antwort wissen.
Norbert Blüm

Ich glaube, Fragen sind wichtiger als
Antworten. Die Menschen sind vereinigt durch ihre Zweifel und getrennt
durch ihre Überzeugungen. Der Zweifel ist eine sehr wichtige Sache.
Der Weg ist nie einfach zu finden.
Peter Ustinov, Was ich von der Liebe weiß

In Prüfungen stellen Narren Fragen,
die Weise nicht beantworten können.
Oscar Wilde

Jedes Fragen ist ein Suchen.
Martin Heidegger, Sein und Zeit

Man hört nur die Fragen,
auf welche man imstande ist,
eine Antwort zu finden.
Friedrich Nietzsche, Die fröhliche Wissenschaft

Man muss aufhören können zu fragen,
im Täglichen wie im Ewigen.
Christian Morgenstern, Stufen

Mein erst Gesetz ist, in der Welt
Die Frager zu vermeiden.
Johann Wolfgang von Goethe,
Die Weisen und die Leute (Die Weisen)

Mit Fragen kommt man durch die Welt.
Deutsches Sprichwort

Nicht jede Frage verdient
eine Antwort.
Publilius Syrus, Sentenzen

Nicht Philosophen
stellen die radikalsten Fragen,
sondern Kinder.
Hellmut Walters

Oft beweist es mehr Geist,
sich um eine Frage zu kümmern,
als sie zu lösen.
Henry de Montherlant

Sag, o Weiser, wodurch du
zu solchem Wissen gelangtest?
Dadurch, dass ich mich
nie andre zu fragen geschämt.
Johann Gottfried Herder, Völkerstimme, Persisch

Scharfsinnige Geister überspringen
alle Vorstadien und halten weder sich
noch andere am Rand der Fragen auf.
Joseph Joubert, Gedanken, Versuche und Maximen

Übernimm so lange von anderen keine
Antwort auf Fragen, wie die Fragen
nicht in dir selbst entstehen.
Leo N. Tolstoi, Tagebücher (1908)

Ungefragt soll man niemand antworten und auch nicht, wenn man
ungehörig gefragt wird;
der Weise bleibt in solchem Falle,
auch wenn er die Sache kennt,
ruhig sitzen wie ein Dummer.
Mahabharata, Buch 12

Unwissende werfen Fragen auf,
welche von Wissenden vor tausend
Jahren schon beantwortet sind.
Johann Wolfgang von Goethe,
Maximen und Reflexionen

Warum können wir uns nicht
in Träumen treffen und uns
alle unsere Fragen beantworten?
Katherine Mansfield, Briefe

Wenn der Interviewte
zu dem Interviewer sagt:
»Das ist eine gute Frage«,
will er entweder schmeicheln
oder Zeit gewinnen.
David Frost

Wenn du eine weise Antwort verlangst,
Musst du vernünftig fragen.
Johann Wolfgang von Goethe, Invectiven

Wer ängstlich fragt, lehrt abzulehnen.
Lucius Annaeus Seneca, Hippolytus

Wer geschickt fragt, lenkt unsere Aufmerksamkeit auf viele Dinge und lässt
uns viele andere entdecken, auf die
der Befragte vielleicht niemals
von selbst gekommen wäre.
Niccolò Machiavelli, Kriegskunst

Wer sich fürchtet zu fragen,
schämt sich zu lernen.
Sprichwort aus Dänemark

Wer viel fragt,
dem wird viel gesagt.
Deutsches Sprichwort

Wir leben innerhalb der abgeleiteten
Erscheinungen und wissen keineswegs,
wie wir zur Urfrage gelangen sollen.
Johann Wolfgang von Goethe,
Maximen und Reflexionen

Zu sagen und fragen verstehe jeder,
Der nicht dumm will dünken.
Edda, Hávamál (Des Hohen Lied)

Fragment

Du sollst ein natürliches Fragment
einer künstlichen Vollendung
vorziehen.
Ludwig Marcuse, Argumente und Rezepte.
Ein Wörter-Buch für Zeitgenossen

Ein Fragment muss gleich einem kleinen Kunstwerke von der umgebenden
Welt ganz abgesondert und in sich
selbst vollendet sein wie ein Igel.
Friedrich Schlegel, Fragmente

Frankreich

Auch jetzt noch ist Frankreich der Sitz
der geistigsten und raffiniertesten
Kultur Europas und die hohe Schule
des Geschmacks: Aber man muss
dies »Frankreich des Geschmacks«
zu finden wissen.
Friedrich Nietzsche, Jenseits von Gut und Böse

Der Deutsche geht um das Ding herum,
der Franzose fängt den Lichtstrahl auf,
den es ihm zuwirft,
und geht weiter.
Heinrich von Kleist, Briefe (an Luise von Zenge,
16. August 1801)

Die Franzosen sind die
gewandtesten Diplomaten Europas.
Germaine Baronin von Staël, Über Deutschland

Die Franzosen sind nicht bloß
das geistreichste, sie sind auch
das barmherzigste Volk.
Heinrich Heine, Vorrede zu Salon I

Die Franzosen sind von jeher
die witzigste und lebendigste und
geistreichste Nation gewesen;
durch Verstand und Vernunft
waren sie nie berühmt.
In der Revolution schien die Vernunft
emportauchen zu wollen,
aber es blieb ein Witz.
Johann Gottfried Seume, Apokryphen

Die Franzosen singen vor dem Essen.
Deutsches Sprichwort

Die Franzosen wollen kommandiert
sein, aber nur, um einen Grund
zum Ungehorsam zu haben.
Harold Wilson

Die französische Nation charakterisiert
sich unter allen andern durch den
Konversationsgeschmack, in Ansehung
dessen sie das Muster aller übrigen ist.
Sie ist höflich, vornehmlich gegen den
Fremden, der sie besucht, wenn es
gleich jetzt außer Mode ist, höfisch
zu sein. Der Franzose ist es nicht aus
Interesse, sondern aus unmittelbarem
Geschmacksbedürfnis, sich mitzuteilen.
Immanuel Kant, Anthropologie
in pragmatischer Hinsicht

Die französische Nation ist die
närrischste der Welt: Man schreit und
singt Lieder gegen mich,
und man lässt mich gewähren;
und ich lasse sie schreien und singen
und mache, was ich will.
Jules Mazarin, Berichtet von Liselotte von der Pfalz,
Herzogin von Orléans, in einem Brief

Die Französische Revolution
bricht aus und zertrümmert
die alte Gesellschaft
nicht bloß in Frankreich,
sondern mehr oder weniger
in ganz Europa.
Gustav Schmoller, Die Arbeiterfrage

Die Wesensart der Franzosen
verlangt einen gewissen Ernst
in der Person des Herrschers.
Jean de La Bruyère, Die Charaktere

Dieses Frankreich
ist ein gottgesegnetes Land.
Paula Modersohn-Becker, Briefe (an Otto Modersohn,
25. April 1906; über die Bretagne)

Dieses Volk ist doch von Natur sanftmütig! Wer mag es seinem Wesen so
entfremdet haben? Es scherzt gern und
veranstaltet dennoch Bartholomäus-
nächte. Gelobt die Zeit,
da es nur noch scherzen wird!
Voltaire, Geschichte der Reisen Scarmentados

Ein Aprilmonat kann kaum so schnell
mit der Witterung wechseln,
als die Franzosen mit der Kleidung.
Heinrich von Kleist, Briefe (an Luise von Zenge,
16. August 1801)

Ein Kleid, das sie heute einen Schlafrock nennen, tragen sie morgen
zum Tanze, und umgekehrt.
Heinrich von Kleist, Briefe (an Luise von Zenge,
16. August 1801)

Es gibt nichts Älteres
als einen jungen Franzosen.
Sie alle sind geistig vorzeitig gealtert.
Peter Ustinov, Peter Ustinovs geflügelte Worte

Frankreich wird das einzige Land sein,
dessen Fahne auf einem
300 Meter hohen Mast weht.
Gustave Eiffel

Franzosen und Briten sind so
gute Feinde, dass sie nicht
anders können als Freunde zu sein.
Peter Ustinov, Peter Ustinovs geflügelte Worte

Guillotine: eine Maschine,
die einen Franzosen aus gutem Grund
die Achseln zucken lässt.
Ambrose Bierce

Ich liebe die französische Nation, und
man erweist mir keine Gefälligkeit,
wenn man übel von ihr spricht.
Jean-Jacques Rousseau, Julie oder
Die neue Héloïse (Julie; eine Schweizerin)

Im Gegensatz zum Deutschen hat der
Franzose nicht die Sucht, sein Denken
um jeden Preis mit der Wirklichkeit
zur Deckung zu bringen.
Armin Mohler

In letzter Zeit konnte man
bei Hofe in Frankreich
sein Glück nur machen,
wenn man es verstand,
auf anziehende Weise
lächerlich zu werden,
oder sich erträglich machte
durch völlige Bedeutungslosigkeit.
Antoine Comte de Rivarol, Maximen und Reflexionen

Ist Frankreich auch nicht das Land
freier Menschen, so ist es doch
das Land der aufrichtigen;
und in des Weisen Augen
gilt diese Freiheit so viel als jene.
Jean-Jacques Rousseau, Julie oder
Die neue Héloïse (Julie)

Nachdem die Franzosen
die Österreicherin Marie Antoinette
verdammt hatten,
wollten sie sich mit Romy Schneider
wieder freikaufen.
Claude Sautet

Paris ist Frankreich.
Johann Wolfgang von Goethe, überliefert von Johann
Peter Eckermann (Gespräche mit Goethe)

Um die Wahrheit zu finden,
zieht man in Frankreich etwas ab,
in Deutschland fügt man etwas hinzu
und in England
wechselt man das Thema.
Peter Ustinov

Unter dem Einfluss
der liebenswürdigen Franzosen,
die nur Eitelkeit und körperliches
Begehren kennen, sind
die Französinnen nicht so vielseitig,
weniger unternehmungslustig,
weniger zu fürchten und vor allem
weniger geliebt und
weniger einflussreich
als die Spanierinnen und Italienerinnen.
Stendhal, Über die Liebe

Was das Luthertum war,
ist jetzt das Franztum in diesen
Letzten Tagen, es drängt
ruhige Bildung zurück.
Johann Wolfgang von Goethe/Friedrich Schiller,
Xenien

Weil Französinnen das Glück
wahrer Leidenschaft gar nicht kennen,
fällt ihnen auch nicht schwer,
im Haushalt, im Alltag des Lebens
ihr inneres Genügen zu finden.
Stendhal, Über die Liebe (Fragmente)

Wie ist es möglich, dass man in der
Geschichte eines Volkes die Bartho-
lomäusnacht und daneben die Fabeln
von La Fontaine findet? Liegt es am
Klima? Liegt es an den Gesetzen?
Voltaire, Potpourri

Frau

Aber die Ansicht von der Frau
bleibt doch dieselbe:
Sie ist ein Gegenstand des Genusses.
Ihr Körper ist ein Mittel zur Befriedigung der Sinnlichkeit,
und sie weiß das auch. Es ist damit
ähnlich wie mit der Sklaverei.
Leo N. Tolstoi, Die Kreutzersonate

Abhängigkeit ist das Los der Frauen;
Macht ist, wo die Bärte sind.
Molière, Die Schule der Frauen

Adam nannte seine Frau Eva (Leben),
denn sie wurde die Mutter
aller Lebendigen.
Altes Testament, Genesis 3, 20

Adams Rippe bringt weniger Nutzen
als Schaden.
Sprichwort aus Polen

»Ah, ihr wollt, wir sollen nur ein
Gegenstand der Sinnenlust sein? Gut,
so wollen wir, als Gegenstand der Sinnenlust, euch zu unseren Sklaven
machen«, sagen die Frauen.
Leo N. Tolstoi, Die Kreutzersonate

Alle Aphorismen über Frauen
sind notgedrungen boshaft.
Um das Gute an den Frauen zu schildern, benötigt man viele Seiten.
André Maurois

Alle Frauen lieben die Geister, die in
jungen Körpern wohnen, und Seelen,
die schöne Augen haben.
Joseph Joubert, Gedanken, Versuche und Maximen

Alle Frauen sind furchtsam.
Und es ist ein Glück, dass sie es sind;
denn wer möchte sich sonst
mit ihnen einlassen?
Honoré de Balzac, Die Physiologie der Ehe

Alle Frauen sind voller Klugheit,
vor allem wenn es darum geht,
ihre Schwäche zu übertreiben.
Francis M. de Picabia, Aphorismen

Alle großen Verführer
beherrschen die Kunst,
einer Frau beim Fallen
so behilflich zu sein,
dass sie sich nicht wehtut.
Michel Simon

Als Frau muss man sich
in der Liebe entscheiden,
ob man Recht haben
oder geliebt werden will.
Gerardo Diego Cendoya

Alt ist ein Mann dann,
wenn er an einer Frau
vor allem ihre Tugend bewundert.
Sacha Guitry

Am liebsten erinnern sich die Frauen
an die Männer, mit denen sie
lachen konnten.
Anton Tschechow

Am schönsten sind die Frauen so,
wie Gott sie erschaffen hat –
die Schneider können sie nur verderben.
Paul Gauguin

Anführerin bei den Übeltaten
aber ist die Frau;
in Verbrechen ist sie Künstlerin.
Lucius Annaeus Seneca, Hippolytus

Anständige Frauen haben eine Scheu
vor Heftigkeiten und Unberechenbarkeiten, die indessen zum Wesen der
Leidenschaft gehören; aber auch wo
kein Ungestüm ihr Schamgefühl
verletzt, setzen sie sich zur Wehr.
Stendhal, Über die Liebe

Auch Gott hat eine Frau,
und mit ihr
hat er die Welt erschaffen.
Teolinda Gersão, A Casa da Cabeça de Cavalo

Auch Gott lernt dazu.
Man merkt das an den Verbesserungen
bei der Erschaffung der Frau
gegenüber der des Mannes.
Zsa Zsa Gabor

Auch in Frauen
bewahrt das Alter vieles,
was man in ihrer Jugend
vergeblich suchen würde.
Wilhelm von Humboldt, Briefe an eine Freundin

(Aus den Sprüchen des Pfarrers Otto):
Frauen sind die Holzwolle
der Glaskiste des Lebens.
Kurt Tucholsky, Schnipsel

Becherrand und Lippen,
Zwei Korallenklippen,
Wo auch die gescheitern
Schiffer gerne scheitern.
Friedrich Rückert, Gedichte

Bedrücktes Herz und düsteres Gesicht
und ein wundes Herz: ein böse Frau.
Schlaffe Hände und zitternde Knie:
eine Frau, die ihren Mann
nicht glücklich macht.
Altes Testament, Jesus Sirach 25, 23

Behandelt die Frauen mit Nachsicht!
Aus krummer Rippe
ward sie erschaffen,
Gott konnte sie nicht
ganz grade machen.
Willst du sie biegen, sie bricht;
Lässt du sie ruhig,
sie wird noch krümmer;
Du guter Adam,
was ist denn schlimmer?
Johann Wolfgang von Goethe, West-östlicher Divan

Bei den Damen kommt man
mit Chopin viel weiter
als mit Mozart.
Artur Rubinstein

Bei jungen Frauen ersetzt
die Schönheit den Geist, bei alten
der Geist die Schönheit.
Charles de Secondat, Baron de la Brède
et de Montesquieu, Meine Gedanken

Bei mir haben die Frauen
immer bemängelt, dass ich
auch ohne sie auskomme.
Götz George

Bei unseren unvernünftigen Einrichtungen ist das Leben einer rechtschaffenen Frau ein beständiger
Kampf gegen sich selbst.
Jean-Jacques Rousseau, Emile

Beim Liebesspiel ist es
wie beim Autofahren:
Die Frauen mögen die Umleitung,
die Männer die Abkürzung.
Jeanne Moreau

Beschimpf niemals eine Frau,
die sündig fällt!
Victor Hugo, Seelendämmerung

Bigamie: eine Frau zu viel.
Monogamie: dasselbe.
Oscar Wilde

Bildschöne Frauen
sind selten charmant,
weil sie es nicht nötig haben,
charmant zu sein.
Charme setzt kleine Fehler voraus,
die man überdecken muss.
Boleslaw Barlog

Bist du an eine Frau gebunden,
suche dich nicht zu lösen;
bist du ohne Frau, dann suche keine.
Neues Testament, Paulus (1 Korinther 7, 27)

Blaustrumpf:
Ausdruck der Verachtung
für jede Frau, die sich
für geistige Sachen interessiert.
Gustave Flaubert, Wörterbuch der Gemeinplätze

Böse Frauen machen die besten Käse.
Deutsches Sprichwort

Brüllt ein Mann,
ist er dynamisch.
Brüllt eine Frau,
ist sie hysterisch.
Hildegard Knef

Casanova sprach lächelnd
zu seinen Gästen:
Mit den Frauen ist es, ich hoffe,
ihr wisst es,
wie mit den Äpfeln rings an den Ästen.
Die schönsten schmecken
nicht immer am besten.
Erich Kästner, Kurz und bündig. Epigramme

Da die Frau sich vermännlicht,
sucht sie instinktiv einen Männertyp,
der weiblicher ist
als die früheren Helden.
Marcello Mastroianni

Das Buch,
in dem die Frau schreiben will,
das einzige Buch,
ist das Herz des Mannes.
Jules Michelet, Die Liebe

Das einzige annehmbare Schicksal
für eine Frau ist eine glückliche Ehe.
Henry de Montherlant, Die jungen Mädchen

Das einzige Kriterium, weshalb Frauen
bei der nordrhein-westfälischen SPD
so weit oben landen, ist,
dass sie zwischen den Beinen
anders aussehen als ich.
Friedhelm Farthmann

Das einzige Mittel,
einen Mann zu ändern,
besteht für die Frau darin,
ihn so restlos zu langweilen, dass er
jegliches Interesse am Leben verliert.
Oscar Wilde, Das Bildnis des Dorian Gray

Das Frauenzimmer hat ein angebornes
stärkeres Gefühl für alles, was schön,
zierlich und geschmückt ist.
Schon in der Kindheit sind sie gerne
geputzt und gefallen sich,
wenn sie geziert sind.
Immanuel Kant, Über das Gefühl des Schönen
und Erhabenen

Das Geld ist am schnellsten
beim Teufel, wenn man einen Engel
kennen lernt.
Robert Lembke, Das Beste aus meinem Glashaus.
Humoristisches und Satirisches

Das Glück ist wie die Frauen,
die die Narren am meisten lieben.
Sprichwort aus Norwegen

Das Herz einer Frau sieht mehr
als die Augen von zehn Männern.
Sprichwort aus Dänemark

Das Ideal des westlichen Durch-
schnittsmannes ist eine Frau, die sich
freiwillig seiner Herrschaft unterwirft,
die seine Ideen nicht ohne Diskussion
übernimmt, sich seinen Argumenten
aber beugt, die ihm intelligent
widerspricht, um sich dann aber doch
überzeugen zu lassen.
Simone de Beauvoir, Das andere Geschlecht

Das ist eine arme Frau,
die nichts mehr zu geben hat,
wenn sie sich hingegeben hat.
Marie von Ebner-Eschenbach, Aphorismen

Das Kind akzeptiert einfach, dass es
Männer und Frauen gibt, wie es
einen Mond und eine Sonne gibt.
Simone de Beauvoir, Das andere Geschlecht

Das Letzte, was eine Frau
an der Liebe interessiert,
ist die Theorie.
Alfred Charles Kinsey

Das Mädchen wird
unter Tränen zur Frau
und unter Stöhnen zur Mutter.
Henry de Montherlant, Die jungen Mädchen

Das Männliche ist peripher, kämpfend,
das Weibliche ist »Dasein« in Dauer.
Oswald Spengler, Urfragen.
Fragmente aus dem Nachlass

Das Mundwerk einer Frau
macht nie Ferien.
Sprichwort aus den USA

Das Problem einiger Frauen ist,
dass sie wegen nichts
in Aufregung geraten –
und ihn dann sofort heiraten.
Cher

Das Problem vieler Ehen: Der Mann
möchte sich zur Ruhe setzen,
die Frau zur Unruhe legen.
Rolf Thiele

Das Orchester versetzt
die Damen in Trance,
aber schreiben tun's dann dem Tenor.
Arthur Schnitzler

Das Schlimme am Leben ist,
dass es so viele schöne Frauen gibt
und so verdammt wenig Zeit.
John Barrymore

Das Triebwerk der Frau ist viel stärker
als das unsere; all seine Hebel
bewegen das menschliche Herz.
Jean-Jacques Rousseau, Emile

Das Unlogische lockt die Frauen.
Michel Eyquem de Montaigne, Die Essais

Das Weib soll sich nicht im Reden
üben. Denn das wäre arg.
Demokrit, Fragment 110

Das Weibliche ist das Dauernde,
das Männliche das Schöpferische.
Oswald Spengler, Urfragen.
Fragmente aus dem Nachlass

Den Kopf in den Rachen des Löwen
zu stecken, ist auch nicht gefährlicher,
als ihn von einer Frau
streicheln zu lassen.
David Herbert Lawrence

Den Frauen, kurz gesagt, ist jeder
Zwang verhasst,
Drum ist's gewagt,
wenn man mit Argwohn sie verfolgt
Und gar versucht, sie einzusperren.
Molière, Der Sizilier (Isidora)

Den seelischen Wert einer Frau
erkennst du daran,
wie sie zu altern versteht
und wie sie sich im Alter darstellt.
Christian Morgenstern, Stufen

Den wahren Gentleman
erkennt man daran,
dass er nicht zögert,
eine Frau notfalls auch
vor sich selbst zu schützen.
Alec Guinness

Denn eine schöne Frau
hat manchen Dieb gerettet.
Johann Wolfgang von Goethe,
Die Mitschuldigen (Söller)

Denn es ist den Frauen angeboren,
die Neigungen der Männer
genau zu kennen.
Johann Wolfgang von Goethe, Der Sammler und die Seinigen

Denn in welchem Lande der Welt
sind nicht Sanftmut und Mitleid
der Frauen liebenswürdiger Anteil?
Jean-Jacques Rousseau, Julie oder
Die neue Héloïse (Julie)

Denn unverschämter als die Frau
ist kein Geschöpf zu finden.
Aristophanes, Lysistrate (Chorführer)

Denn was sogar die Frauen an uns
ungebildet zurücklassen,
das bilden die Kinder aus,
wenn wir uns mit ihnen abgeben.
Johann Wolfgang von Goethe,
Wilhelm Meisters Lehrjahre

Der beste Freund einer Frau
ist nicht der Diamant,
sondern der Scheidungsanwalt.
Zsa Zsa Gabor

Der Dung gibt dir eine gute Ernte,
das Schicksal schenkt dir
eine gute Frau.
Chinesisches Sprichwort

Der Ehemann ist seiner Frau
ausgeliefert auf Gedeih und Verderb.
Alexander Roda Roda

Der Frau bleibt kein anderer Ausweg,
als an ihrer Befreiung zu arbeiten.
Diese Befreiung kann nur
eine kollektive sein.
Simone de Beauvoir, Das andere Geschlecht

Der Frauen Liebe nährt das Kind;
Den Knaben ziehn am besten Männer.
Johann Wolfgang von Goethe, Elpenor (Evadne)

Der Frauen Zustand ist beklagenswert.
Johann Wolfgang von Goethe, Iphigenie auf Tauris
(Iphigenie)

Der ganze Instinkt der Frau –
der ewigen Nährmutter der Kinder,
der Menschen, der Gemeinschaft –
verlangt, dass sie sich ausgibt.
Anne Morrow Lindbergh, Muscheln in meiner Hand

Der Geist der Frauen stärkt eher
ihren Leichtsinn als ihre Vernunft.
François de La Rochefoucauld, Reflexionen

Der Hochzeitstag
ist der entscheidendste Tag im Leben,
nicht nur der Frauen.
Carl Hilty, Für schlaflose Nächte

Der Inhalt der großen Wissenschaft
des Frauenzimmers ist der Mensch und
unter den Menschen der Mann.
Ihre Weltweisheit ist nicht Vernünfteln, sondern Empfinden.
Immanuel Kant, Über das Gefühl des Schönen und
Erhabenen

Der Kleiderschrank ist
ein Möbelstück, in dem Frauen,
die nichts anzuziehen haben,
ihre Kleider aufbewahren.
Liv Ullmann

Der Mann bedeutet den Ewigkeitswert
des Augenblicks, die Frau die Unendlichkeit des Ablaufs der Geschlechter.
Gertrud von Le Fort, Die Frau in der Zeit

Der Mann
erträgt die Ehe aus Liebe zur Frau.
Die Frau
erträgt den Mann aus Liebe zur Ehe.
Gabriel Laub

Der Mann hätte nichts zu verlieren,
wenn er darauf verzichtete,
die Frau als Symbol zu verkleiden,
ganz im Gegenteil.
Simone de Beauvoir, Das andere Geschlecht

Der Mann ist der Fels, auf dem die Zeit
ruht; die Frau ist der Strom,
der sie weiterträgt.
Gertrud von Le Fort, Die Frau in der Zeit

Der Mann ist der Herr des Hauses.
Im Hause soll aber nur
die Frau herrschen.
Marie von Ebner-Eschenbach, Aphorismen

Der Mann ist ein wilder Fluss,
die Frau ein stiller See.
Sprichwort aus Kurdistan

Der Mann ist leicht zu erforschen,
die Frau verrät ihr Geheimnis nicht;
obgleich anderer ihres (wegen ihrer
Redseligkeit) schlecht bei ihr
verwahrt ist.
Immanuel Kant, Anthropologie
in pragmatischer Hinsicht

Der Mann ist nur
in gewissen Augenblicken Mann;
die Frau ist ihr ganzes Leben lang
Frau.
Jean-Jacques Rousseau, Emile

Der Mann sucht in der Frau das Andere als Natur und als seinesgleichen.
Doch man weiß, welche ambivalenten
Gefühle die Natur im Mann erregt.
Er beutet sie aus, aber sie drückt ihn
nieder, er wird aus ihr geboren und
stirbt in ihr, sie ist der Ursprung
seines Seins und das Reich, das er
seinem Willen unterwirft.
Simone de Beauvoir, Das andere Geschlecht

Der Mann will zugleich, dass die Frau
Tier und Pflanze ist und dass sie sich
hinter einer künstlich hergestellten
Hülle versteckt.
Simone de Beauvoir, Das andere Geschlecht

Der Männer Schwüre
sind der Fraun Verräter.
William Shakespeare, Cymbeline (Imogen)

Der Mensch hat auch im Verhältnis
zu seiner Größe am meisten Gehirn,
und die Männer wiederum mehr
als die Frauen.
Aristoteles, Psychologie

Der Platz der Frau in der Gesellschaft
ist immer der, den der Mann ihr zuweist.
Simone de Beauvoir, Das andere Geschlecht

Der Pullover einer Frau sitzt richtig,
wenn die Männer nicht mehr
atmen können.
Zsa Zsa Gabor

Der schönste Schmuck für einen
weißen Frauenhals ist ein Geizkragen.
Kurt Tucholsky, Schnipsel

Der Streit, ob der Mann oder die Frau
wertvoller sei, ist genauso müßig
wie die Diskussion über die Frage,
was schwerer ist, ein Kilo Eisen
oder ein Kilo Bettfedern.
Andres Segovia

Der Teufel verschluckte eine Frau,
aber er konnte sie nicht verdauen.
Sprichwort aus Polen

Der Teufel weiß alles außer dem Platz,
wo Frauen ihre Messer schärfen.
Sprichwort aus Bulgarien

Der Umgang mit Frauen
ist das Element guter Sitten.
Johann Wolfgang von Goethe,
Die Wahlverwandtschaften

Der Unterschied
zwischen Mann und Frau
ist der des Tieres und der Pflanze:
Das Tier entspricht mehr
dem Charakter des Mannes,
die Pflanze mehr dem der Frau,
denn sie ist mehr ruhiges Entfalten.
Georg Wilhelm Friedrich Hegel,
Grundlinien der Philosophie des Rechts

Der wahre Gentleman ist ein Mann,
der die Gedanken einer Frau errät
und sie trotzdem nicht
nach Hause begleitet.
John Barrymore

Der Widerstand, den eine Frau leisten
wird, lässt sich berechnen.
Er ist gleich dem Quotienten
aus den Wünschen der Frau und
der Angst vor dem schlechten Ruf,
multipliziert mit der Chance,
das Ganze geheim zu halten.
John Osborne

Derjenige, so zuerst das Frauenzimmer
unter dem Namen des schönen
Geschlechts begriffen hat, kann vielleicht etwas Schmeichelhaftes haben
sagen wollen, aber er hat es
besser getroffen, als er wohl selbst
geglaubt haben mag.
Immanuel Kant, Über das Gefühl des Schönen
und Erhabenen

Die Abhängigkeit der Frau
war in den besitzenden Klassen
immer am ausgeprägtesten.
Simone de Beauvoir, Das andere Geschlecht

Die Ahnung der Frau
ist meistens zuverlässiger
als das Wissen des Mannes.
Rudyard Kipling

Die alten Briten wurden öfters von
tapfern Weibern in Schlachten geführt.
Mehrere skandinavische Weiber waren
nach Homer Seeräuberinnen. Eine
Nordamerikanerin tut auf dem Felde
und eine Pariserin im Kaufladen alles,
was bei uns der Mann. Sollte es
sonach genug sein, wenn ein Mädchen
bloß stickt, strickt und flickt?
Jean Paul, Levana

Die Anmut der Frau
entzückt ihren Mann,
ihre Klugheit erfrischt seine Glieder.
Altes Testament, Jesus Sirach 26, 13

Die beste Frau ist die,
von der man am wenigsten spricht.
Thukydides, Gefallenenrede des Perikles

Die Bestimmung der Frau
und ihr einziger Ruhm liegt darin,
das Herz der Männer
schlagen zu lassen.
Honoré de Balzac, Physiologie der Ehe

Die Blüten des Feigenbaums, die weiße
Krähe, den Fuß des Fischs im Wasser
mag man sehen, aber nicht,
was in einer Frau vorgeht.
Sprichwort aus Indien

Die bösen Fraun man hüten soll,
Die guten hüten selbst sich wohl.
Freidank, Bescheidenheit

Die dümmste Frau ist in der Lage,
einen klugen Mann
um den Finger zu wickeln.
Um aber einen Narren
richtig zu behandeln,
bedarf es einer sehr klugen Frau.
André Maurois

Die einzigen Männer, die eine Frau
zu durchschauen vermögen,
sind die Röntgenologen.
Sacha Guitry

Die Enthüllung der Frau bedeutet stets
den Sturz ihres Mysteriums.
Gertrud von Le Fort, Die ewige Frau

Die entscheidende Fähigkeit
der Frauen ist, zu ahnen,
welche Rolle wem gefällt,
und diese Rolle dann zu spielen.
Leo N. Tolstoi, Tagebücher (1901)

Die erfahrene Hausfrau
behält bei einer Scheidung alles,
bis auf ihren Mann.
Robert Lembke, Steinwürfe im Glashaus

Die Erfahrung in allen Ländern deutet
darauf hin, dass die Ausdehnung der
Vorrechte der Frau glückliche
Ergebnisse verspricht.
Charles Fourier, Über die Liebe und Ehe

Die Frau als Tal. Tal in der Umarmung,
Tal in ihren Organen, Tal ihrem Wesen
nach, von der Welt abgeschieden,
nichts wahrnehmend, als was sich in
ihrer Reichweite befindet, von Mauern
umschlossen, die bisweilen ihre Liebe
und bisweilen nicht einmal das sind.
Henry de Montherlant, Die Aussätzigen

Die Frau bedarf des Leidens.
Nehmen Sie ihr ihr Leid,
und Sie bringen sie um,
oder wenigstens beinahe.
Henry de Montherlant, Die Aussätzigen

Die Frau, die den Mann zur Endlichkeit verurteilt, ermöglicht es ihm auch,
seine Grenzen zu überschreiten: Das
verleiht ihr ihre zweideutige Magie.
Simone de Beauvoir, Das andere Geschlecht

Die Frau, die ihre Reize ungezwungen
einsetzt, ob Abenteurerin, Vamp
oder Femme fatale, bleibt
ein beunruhigender Typus.
Simone de Beauvoir, Das andere Geschlecht

Die Frau, die ihren Mann
nicht beeinflussen kann,
ist ein Gänschen. Die Frau,
die ihn nicht beeinflussen will –
eine Heilige.
Marie von Ebner-Eschenbach

Die Frau, die man liebt,
riecht immer gut.
Remy de Gourmont

Die Frau, die sich ertappen lässt,
verdient ihr Schicksal.
Honoré de Balzac, Physiologie der Ehe

Die Frau fühlt sich, aber sieht sich
nicht; sie ist ganz Herz, und ihre
Ohren sind Herz-Ohren. Sich selber
und was dazugehört, nämlich Gründe
anzuschauen, wird ihr zu sauer.
Jean Paul, Levana

Die Frau gilt mehr als Frau
und weniger als Mann. Überall,
wo sie ihre Rechte geltend macht,
ist sie im Vorteil; überall, wo sie sich
die unsrigen anmaßt, bleibt sie
unter uns (...). Die schlauen Frauen
erkennen das nur zu gut.
Jean-Jacques Rousseau, Emile

Die Frau ist das Kamel,
das uns hilft,
die Wüste des Lebens zu durchqueren.
David Ben Gurion

Die Frau ist dem Wesen nach kokett,
ihre Koketterie aber wechselt
die Form und den Gegenstand
nach ihren Absichten.
Jean-Jacques Rousseau, Emile

Die Frau ist die Beute ihres Gatten,
sein Besitz.
Simone de Beauvoir, Das andere Geschlecht

Die Frau ist die Rätselecke
in Gottes großer Weltzeitung.
Marcel Achard

Die Frau ist eine Festung,
der Mann ihr Gefangener.
Sprichwort aus Kurdistan

Die Frau ist eine gute Quelle
für Träume. Berühre sie nie!
Fernando Pessoa, Das Buch der Unruhe
des Hilfsbuchhalters Bernardo Soares

Die Frau ist eine raffinierte Mischung
von Brandstiftung und Feuerwehr.
Marcel Aymé

Die Frau ist empfänglicher als der
Mann, daher waren die Frauen in den
Jahrhunderten der Tugend besser als
wir, in unserem verdorbenen und
lasterhaften Jahrhundert dagegen
sind sie schlechter als wir.
Leo N. Tolstoi, Tagebücher (1847)

Die Frau ist Feld und Weide,
aber sie ist auch
Sodom und Gomorrha.
Simone de Beauvoir, Das andere Geschlecht

Die Frau ist für einen Mann
geschaffen, der Mann für das Leben
und zumal für alle Frauen.
Henry de Montherlant, Die jungen Mädchen

Die Frau ist für ihren Mann,
was ihr Mann aus ihr gemacht hat.
Honoré de Balzac, Physiologie der Ehe

Die Frau ist gar veränderlich,
Töricht, wer auf sie verlässet sich.
Victor Hugo, Der König amüsiert sich

Die Frau ist geschaffen,
sich einzufinden und sich zu binden;
der Mann ist geschaffen, etwas zu
unternehmen und sich loszulösen;
sie beginnt, wenn er fertig ist.
Henry de Montherlant, Die jungen Mädchen

Die Frau ist grimmig, wenn sie greift,
Ist ohne Schonung, wenn sie raubt.
Johann Wolfgang von Goethe, Faust II (Eilebeute)

Die Frau ist im eigentlichen Sinne nur
das Anhängsel des Mannes; also zer-
teile sie nur, beschneide sie, stutze sie
zu. Beunruhige dich nicht im Geringsten über ihr Stöhnen, ihr Schreien,
ihre Schmerzen; die Natur hat sie zu
unserm Gebrauch geschaffen,
damit sie alles trage: Kinder, Kummer,
Prügel und Schmerzen um den Mann.
Man beschuldige uns nicht der Härte!
In allen Gesetzbüchern der so genannten Kulturvölker hat der Mann
die Gesetze geschrieben,
die das Schicksal der Frauen regeln (...).
Honoré de Balzac, Physiologie der Ehe

Die Frau ist kein Raubtier.
Sie ist die Beute,
die dem Raubtier auflauert.
José Ortega y Gasset

Die Frau ist mächtiger
durch ihren Einfluss
als durch ihr unmittelbares Handeln,
durch ihr Beispiel
als durch ihre Ermahnung,
und oft durch ihr Schweigen
als durch ihre Rede.
Alexandre Vinet, Erziehung, Familie und Gesellschaft

Die Frau ist nur frei geworden,
indem sie eine Gefangene wurde.
Simone de Beauvoir, Das andere Geschlecht

Die Frau ist und bleibt
das Ruhelager des Mannes.
Brigitte Bardot

Die Frau kontrolliert ihren Sex,
weil sie für Sex all das bekommt,
was ihr noch wichtiger ist als Sex.
Esther Vilar

Die Frau lernt schnell,
dass ihre erotische Anziehungskraft
nur die schwächste ihrer Waffen ist.
Mit der Gewohnheit
wird sie wirkungslos.
Simone de Beauvoir, Das andere Geschlecht

Die Frau liebt die Schwäche
des Starken mehr als seine Stärke,
die Dummheit des Gescheiten
mehr als seine Gescheitheit.
Shirley MacLaine

Die Frau muss geheimnisvoll
und unbekannt bleiben,
damit sie wie eine ferne Prinzessin
angebetet werden kann.
Simone de Beauvoir, Das andere Geschlecht

Die Frau muss gehorchen,
es sei denn, der Mann
unterwerfe sich ihren Befehlen,
denn das Paar braucht ein Haupt.
Sully Prudhomme, Intimes Tagebuch

Die Frau,
ohne die man nicht leben konnte,
ist manchmal dieselbe,
mit der man nicht leben kann.
Charles Boyer

Die Frau schreitet jetzt wie ein Mann,
Zigarette im Mund, die Mundwinkel
nach unten, die Stirn gefaltet:
wie der Herr dieser die Natur
zertretenden Zivilisation.
Max Horkheimer, Falsche Hosenrolle

Die Frau will, dass der Mann
ein Kind bleibt, aber dass er aussieht
wie ein Mann.
Henry de Montherlant, Erbarmen mit den Frauen

Die Frau will lieben,
der Mann will sein.
Henry de Montherlant, Erbarmen mit den Frauen

Die Frau wird am leichtesten den Weg
zu sich selbst finden, wenn sie sich
in irgendeiner schöpferischen Tätigkeit
verliert.
Anne Morrow Lindbergh, Muscheln in meiner Hand

Die Frau wird neben einem bedeutenden Künstler immer zu kurz kommen.
Alma Mahler-Werfel, Mein Leben

Die Frau wurde Sklavin,
ehe der Sklave existierte.
August Bebel, Die Frau und der Sozialismus

Die Frauen betrachten
die Forderungen der Vernunft für sich
nicht als bindend und können daher
nicht vorwärts schreiten. Dieses Segel
ist bei ihnen nicht gesetzt. Sie fahren
in einem Ruderboot ohne Steuer.
Leo N. Tolstoi, Tagebücher (1897)

Die Frauen, die nicht käuflich sind,
kosten am meisten.
François Mauriac

Die Frauen entschwinden
im Augenblick, da wir sie
sicher zu halten meinen.
Jean Giraudoux

Die Frauen ergeben sich Gott,
wenn der Teufel nichts mehr
mit ihnen zu schaffen haben will.
Sophie Arnould, Arnoldiana

Die Frauen haben
eine gewandte Zunge;
sie reden viel eher, viel leichter und
viel angenehmer als die Männer.
Jean-Jacques Rousseau, Emile

Die Frauen haben es auf dieser Erde
viel besser als die Männer.
Ihnen sind viel mehr Dinge verboten.
Oscar Wilde

Die Frauen haben gelernt,
die Stärke der Männer zu bewundern.
Die Stärke anderer Frauen
ist ihnen verdächtig.
Alice Schwarzer

Die Frauen haben heute sicher
mehr Rechte. Aber mehr Macht
hatten sie früher.
Charles Aznavour

Die Frauen im Nahen Osten dürfen erst
dann sprechen, wenn ihr Mann es
erlaubt hat. Bisher ist noch kein Fall
dieser Art bekannt geworden.
Ephraim Kishon, Kishon für alle Fälle

Die Frauen jammern und stöhnen,
sie würden falsch beurteilt.
Aber warum lassen sie es geschehen,
dass immer nur der Auswurf ihres
Geschlechts in den Vordergrund tritt?
Henry de Montherlant, Erbarmen mit den Frauen

Die Frauen können wählen, und das
ist es, was sie den Männern so unendlich überlegen macht: Jede von ihnen
hat die Wahl zwischen der Lebensform
eines Mannes und der eines dummen,
parasitären Luxusgeschöpfes –
und so gut wie jede wählt für sich die
zweite Möglichkeit.
Der Mann hat diese Wahl nicht.
Esther Vilar, Der dressierte Mann

Die Frauen machen sich
nur deshalb so hübsch,
weil das Auge des Mannes besser
entwickelt ist als sein Verstand.
Doris Day

Die Frauen: Missgeburt
aus Schönheit ohne Geist
oder aus Geist ohne Schönheit.
Guillaume Augier, Victor Emile

Die Frauen missfallen einander
wegen derselben Vorzüge,
durch die sie den Männern gefallen:
Tausend Arten des Verhaltens,
welche in diesen große Leidenschaften
entzünden, erwecken unter jenen
Abneigung und Widerwillen.
Jean de La Bruyère, Die Charaktere

Die Frauen müssen so viel Kraft
haben, dass sie alles, was sie tun, mit
Anmut tun können; die Männer brauchen so viel Geschicklichkeit, dass sie
alles, was sie tun, leicht tun können.
Jean-Jacques Rousseau, Emile

Die Frauen müssen wieder lernen,
die Männer auf das neugierig zu
machen, was sie schon kennen.
Coco Chanel

Die Frauen müssen wohl prüde
bleiben, solange Männer sentimental,
dumm und schlecht genug sind,
ewige Unschuld und Mangel
an Bildung von ihnen zu fordern.
Friedrich Schlegel, Fragmente

Die Frauen sind darauf angewiesen,
dass die Männer
den Verstand verlieren.
Peter Bamm

Die Frauen sind die Hauptträger der
religiösen Überlieferung, die treuen
Hüter der Sitte wie der Unsitte,
die fanatischen Verteidiger der ererbten Vorurteile und Missbräuche.
Eduard von Hartmann, Phänomenologie
des sittlichen Bewusstseins

Die Frauen sind falsch.
Das rührt von ihrer Abhängigkeit her.
Je stärker die Abhängigkeit,
desto größer die Falschheit.
Es ist damit wie mit den Zöllen:
Je mehr man sie erhöht, um so mehr
wächst der Schmuggel.
Charles de Secondat, Baron de la Brède
et de Montesquieu, Meine Gedanken

Die Frauen sind nicht
zum Laufen geschaffen.
Wenn sie fliehen, so geschieht es,
um eingeholt zu werden.
Jean-Jacques Rousseau, Emile

Die Frauen sind sinnlicher
als die Männer, aber sie wissen
weniger um ihre Sinnlichkeit.
Friedrich Nietzsche

Die Frauen vermögen andere Menschen nur durch das Medium der Liebe
oder das der Entfernung zu sehen
und zu begreifen.
Arthur Schnitzler, Aphorismen und Betrachtungen
aus dem Nachlass

Die Frauen warten auf Liebe
und die Männer warten auf Frauen.
Wolf Wondratschek

Die Frauen werden in der Poesie ebenso ungerecht behandelt wie im Leben.
Friedrich Schlegel, Fragmente

Die ganze Welt kennt
ihre Unvollkommenheit;
's ist weiter nichts
als Launen, Vorwitz, Eigensinn;
Voll Bosheit steckt ihr Geist,
voll Wankelmut ihr Herz;
Es gibt nichts Dümmres
nichts Gebrechlicheres,
nichts Treuloseres auf Erden,
aber gleichwohl tut
Ein jedes Mannsbild brav,
was solch ein Tierchen wünscht.
Molière, Die Schule der Frauen

Die Geschichte
einer einzelnen Frau ist nicht anders
als die Geschichte
einer Million Frauen.
Anaïs Nin, Die Frau legt den Schleier ab

Die geschmackvolle Frau wählt
den Mann, der ihr am besten steht.
Emilio Schuberth

Die größte Gewalt über einen Mann
hat die Frau, die sich ihm zwar
versagt, ihn aber in dem Glauben
zu erhalten weiß, dass sie
seine Liebe erwidere.
Marie von Ebner-Eschenbach, Aphorismen

Die hässlichen Frauen altern besser
als die hübschen, denn sie gehen
vom Schatten in die Dunkelheit.
Francis Croisset

Die Herrschaft der Frau
fange mit ihren Tugenden an!
Jean-Jacques Rousseau, Emile

Die Hölle kennt keine Wut
wie die einer verschmähten Frau.
Sprichwort aus England

Die im Bett behält immer Recht.
Kurt Tucholsky, Schnipsel

Die Kleider der Frau sind der Preis
für des Mannes Frieden.
Sprichwort aus Afrika

Die Kunst der Frau besteht darin,
den Mann zu wählen, der sie wählt.
Graham Greene

Die Kunst ist eine hohe Dame.
Sei also nicht ungezogen und warte,
bis du angesprochen wirst.
Karl Heinrich Waggerl

Die lange Zunge einer Frau
ist die Treppe,
über die das Unglück kommt.
Chinesisches Sprichwort

Die Macht einer Frau wird an dem
Maß des Unglücks gemessen, das sie
über ihren Geliebten verhängen kann.
Stendhal, Über die Liebe

Die Mädchen lernen leichter fühlen
als die Männer denken.
Voltaire, Der ehrliche Hurone

Die Männer bringen die Frauen um.
Die meisten Frauen lassen sich
gern umbringen.
Vita Sackville-West, Erloschenes Feuer

Die Männer haben
einen sehr sicheren Geschmack –
sie wünschen sich immer eine andere
Frau, als sie gerade haben.
Barbra Streisand

Die Männer haben oft Recht,
aber die Frauen behalten Recht –
das ist viel wichtiger.
Jeanne Moreau

Die Männer sind auf allen Gebieten
die Führenden, nur auf dem Wege
zum Himmel überlassen sie
den Frauen den Vortritt.
Marie von Ebner-Eschenbach, Aphorismen

Die Männer sind schuld daran,
dass die Frauen sich nicht lieben.
Jean de La Bruyère, Die Charaktere

Die Männer wissen nicht mehr,
was eine Dame ist. Und die Frauen
wissen es auch nicht mehr.
Emilio Schuberth

Die Männer würden mehr gestehen,
wenn ihnen bekannt wäre,
wie viel die Frauen schon wissen.
Peter Frankenfeld

Die meisten Frauen gehen vor
wie die Flöhe: sprungweise
und in willkürlichen Sätzen.
Honoré de Balzac, Physiologie der Ehe

Die meisten Frauen setzen alles daran,
einen Mann zu ändern;
und wenn sie ihn geändert haben,
mögen sie ihn nicht mehr.
Marlene Dietrich

Die meisten Frauen sind
von Natur so hübsch,
dass sie auch ohne Puder betören.
Chinesisches Sprichwort

Die meisten Frauen verwechseln
Geliebtwerden mit selber Lieben.
Günther Anders, Lieben gestern.
Notizen zur Geschichte des Fühlens

Die meisten Frauen wählen
ihr Nachthemd mit mehr Verstand
als ihren Mann.
Coco Chanel

Die meisten Männer, die Kluges
über die Frauen gesagt haben,
waren schlechte Liebhaber.
Die großen Praktiker reden nicht,
sondern handeln.
Jeanne Moreau

Die Menge von Kleidern,
die eine Frau zur Auswahl hat,
steht in einem genau ausgewogenen
Verhältnis zu der Zeit,
die sie ihren Gatten warten lässt.
Ephraim Kishon, Kishon für alle Fälle

Die mütterliche Frau ist die zeitlose
Frau, in allen Epochen
und in allen Völkern die gleiche.
Gertrud von Le Fort, Die zeitlose Frau

Die Nacktheit der Frau ist weiser
als die Lehren der Philosophie.
Max Ernst

Die Natur bestimmt euch,
Mütter zu werden;
ihr sollt mit eurem Leibe die Natur
preisen und den Staat bereichern.
Theodor Gottlieb von Hippel, Über die Ehe

Die Natur hat die Frauenzimmer
so geschaffen, dass sie nicht
nach Prinzipien, sondern nach
Empfindungen handeln sollen.
Georg Christoph Lichtenberg, Sudelbücher

Die Phantasie der Frau
ist ihre Wirklichkeit.
Jean Giraudoux

Die Phantasie des Mannes
ist die beste Waffe der Frau.
Sophia Loren

Die Phantasie der Männer
reicht bei weitem nicht aus,
um die Realität Frau zu begreifen.
Anna Magnani

Die Philosophie ist ein Frauenzimmer;
wenn sie keinen Grund mehr anzugeben weiß, fällt sie in Ohnmacht.
Moritz Saphir, Humoristische Abende

Die Probleme jeder Frau sind anders,
und sie können nicht nach einer
einzigen Formel gelöst werden.
Anaïs Nin, Frauen verändern die Welt

Die reiche Frau bezahlt ihren Müßiggang mit ihrer Unterwerfung.
Simone de Beauvoir, Das andere Geschlecht

Die Rolle der Frau in der Industrie
spiegelt ihre Rolle als Dienerin,
wie sie sie draußen verkörpert.
Germaine Greer, Der weibliche Eunuch

Die Schlechtigkeit einer Frau macht
ihr Aussehen düster und verfinstert ihr
Gesicht wie das einer Bärin. Sitzt ihr
Mann im Freundeskreis,
muss er unwillkürlich seufzen.
Altes Testament, Jesus Sirach 25, 17–18

Die Schönheit brauchen wir Frauen,
damit die Männer uns lieben,
die Dummheit, damit wir
die Männer lieben.
Coco Chanel

Die Schönheit einer Frau besteht
in dem Grad des Verlangens,
das sie bei einem Manne auslöst.
Italo Svevo

Die Schwachen, die mit ihrer
Schwäche umzugehen wissen,
sind stark.
Das ist das Geheimnis der Frauen
und der Entwicklungsländer.
Maurice Couve de Murville

Die Sklavin des Mannes
hält sich für sein Idol.
Simone de Beauvoir, Das andere Geschlecht

Die Tugend einer Jungfer kennt keine
Grenze, der Groll einer Frau kein Ende.
Chinesisches Sprichwort

Die Vergangenheit einer Frau ist wie
die Wurzel einer Blume: Die Wurzel
steckt im Schmutz, dennoch führt man
die Blume an die Lippen.
Sully Prudhomme, Intimes Tagebuch

Die volle Gleichberechtigung der Frau
wäre ein kolossaler Rückschritt.
Anita Ekberg

Die vollkommene Frau
hat einige kleine Disharmonien.
Maurice Chevalier

Die Wahrheit über eine Frau erfährt
man entweder von ihrer besten Freundin oder von ihrer ärgsten Feindin –
und manchmal ist das dieselbe Person.
Vittorio De Sica

Dieweil mein schwächrer Geist,
vom Irdischen durchtränkt,
Sich auf das traute Glück
des Ehestands beschränkt.
Molière, Die gelehrten Frauen (Henriette)

Doch die Frau gewinnt etwas von der
Überbetonung des persönlichen
Lebens. Sie gewinnt eine große
menschliche Haltung.
Anaïs Nin, Frauen verändern die Welt

Doch hängt die Tugend der Frauen mit
nur wenigen Ausnahmen
vom Benehmen der Männer ab.
Germaine Baronin von Staël, Über Deutschland

Don Juan ist nicht der Mann,
der die Frauen liebt, sondern der
Mann, den die Frauen lieben.
José Ortega y Gasset

Drei Frauen, drei Gänse und
drei Frösche machen einen Jahrmarkt.
Deutsches Sprichwort

Drei Viertel des Hauses
stützen sich auf die Frau,
das vierte auf den Mann.
Sprichwort aus der Slowakei

Drei Zehntel der Schönheit einer Frau
sind angeboren, sieben Zehntel
auf Putz zurückzuführen.
Chinesisches Sprichwort

Du hast Diamanten und Perlen,
Hast alles, was Menschenbegehr,
Und hast die schönsten Augen –
Mein Liebchen, was willst du mehr?
Heinrich Heine, Buch der Lieder

Du sollst keinen Geliebten haben
neben ihm: Aber du sollst Freundin
sein können, ohne in das Kolorit
der Liebe zu spielen und
zu kokettieren oder anzubeten.
Friedrich Schleiermacher, Idee zu einem Katechismus

Du sollst nicht falsch Zeugnis
ablegen für die Männer; du sollst
ihre Barbarei nicht beschönigen
mit Worten und Werken.
Friedrich Schleiermacher, Idee zu einem Katechismus

Du überzeugst keine Frau,
die dich nicht mag.
Jan Lemanski

Du wirst also im Reich der Frauen in
Acht und Bann getan. Du findest auf
allen Lippen ein ironisches Lächeln,
aus allen Antworten treten Boshaftigkeiten entgegen. Diese geistreichen
Geschöpfe schmieden Dolche und
amüsieren sich damit, den Griff mit
schönen Schnitzereien zu versehen,
ehe sie dich voll Grazie durchbohren.
Honoré de Balzac, Physiologie der Ehe

Dumme Frauen
werden mit gescheiten Männern fertig,
aber es bedarf einer sehr klugen Frau,
um einen Dummkopf zu lenken.
Rudyard Kipling

Ehret die Frauen,
sie flechten und weben
Himmlische Rosen
ins irdische Leben.
Friedrich Schiller, Würde der Frauen

Ein Frauenhaar zieht stärker
als ein Glockenseil.
Deutsches Sprichwort

Ein großer Fehler der Frauen,
welcher jeden Mann, der diesen
Namen noch verdient, ungemein
abstößt: Sie machen das Publikum,
das sich in Gefühlsdingen nie von
niedrigen Gedanken lösen kann,
zum obersten Richter über ihr Leben;
und zwar tun dies selbst die wertvollsten Frauen, oft ohne es zu bemerken,
ja sogar indem sie das Gegenteil
glauben und sagen.
Stendhal, Über die Liebe (Fragmente)

Ein Gentleman ist ein Mann,
der einer Frau auch dann
beim Aufstehen behilflich ist,
wenn er sie selbst zu Fall gebracht hat.
Alec Guinness

Ein Gentleman ist ein Mann,
der einer Frau gegenüber
nicht aus dem Rahmen fällt,
auch wenn er über sie im Bilde ist.
Werner Finck

Ein Gentleman ist ein Mann,
der seiner Frau die Hoteltür öffnet,
damit sie das Gepäck
in die Halle tragen kann.
Peter Ustinov

Ein Gentleman ist ein Mann,
der sich nach einem Zusammensein
mit einer Frau als freiwilliger
Geheimnisträger betrachtet.
Alec Guinness

Ein Hund ist klüger als eine Frau;
er bellt seinen Herrn nicht an.
Sprichwort aus Russland

Ein Kind ist nicht das einzige,
das die Mütterlichkeit in einer Frau
zum Vorschein bringt.
Aber andererseits ist eine Mutter
auch nicht ganz die richtige Frau
für einen erwachsenen Mann.
Peter Ustinov, Was ich von der Liebe weiß

Ein Mädchen gehorcht dem Vater,
eine Ehefrau ihrem Gatten.
Chinesisches Sprichwort

Ein Mann, der liebt,
vergisst sich selbst.
Eine Frau, die liebt,
vergisst die andern Frauen.
Daphne du Maurier

Ein Mann fühlt sich
erst dann von einer Frau verstanden,
wenn sie ihn bewundert.
Kim Novak

Ein Mann kann
höchstens vollständig sein,
eine Frau aber vollkommen.
Eleonora Duse

Ein Mann kann
mit jeder Frau glücklich sein,
solange er sie nicht liebt.
Oscar Wilde, Das Bildnis des Dorian Gray

Ein Mann ohne Frau
hat ein Haus ohne Herrin,
eine Frau ohne Mann
einen Körper ohne Herrn.
Chinesisches Sprichwort

Ein Modeschöpfer muss
die Seele einer Frau erfassen
und das Kleiden, was drum herum ist.
Emilio Schuberth

Ein Philosoph ist ein Mann,
der in Ermangelung einer Frau
die ganze Welt umarmt.
Peter Ustinov

Ein rot geschminktes schönes Weib
ist die Wurzel allen Übels.
Chinesisches Sprichwort

Ein scheuerndes Ochsenjoch
ist eine böse Frau; wer sie nimmt,
fasst einen Skorpion an.
Altes Testament, Jesus Sirach 26, 7

Ein unnütz Leben ist ein früher Tod:
Dies Frauenschicksal
ist vor allen meins.
Johann Wolfgang von Goethe,
Iphigenie auf Tauris (Iphigenie)

Ein Urteil über die Frauen nach ihrem
verdorbenen Charakter in der Zivilisation entspräche einem solchen über
die Natur des Menschen nach dem
Charakter des russischen Bauern,
der weder von der Ehre noch von
der Freiheit eine Vorstellung hat.
Charles Fourier, Über die Liebe und Ehe

Ein vollkommenes Frauenzimmer und
eine vollkommene Mannsperson dürfen einander ebenso wenig der Seele
als der Gesichtsbildung nach ähnlich
sein; jenes nutzlose Streben,
es dem andern Geschlecht gleichzutun,
ist der höchste Grad von Unvernunft,
bringt den Weisen zum Lachen und
verscheucht die Liebesgötter.
Jean-Jacques Rousseau, Julie oder
Die neue Héloïse (Julie)

Ein wankelmütiges und stets veränder-
liches Wesen ist stets die Frau.
Vergil, Aeneis

Ein Weib ist viel mehr als der Mann
darauf erpicht, Bosheiten auszuhecken.
Demokrit, Fragment 273

Ein Weiser hat behauptet,
eine Frau sei überhaupt nie allein –
sie stelle sich stets jemand vor,
und sei es auch nur einen Spiegel.
Kurt Tucholsky, Schnipsel

Ein' Lieb' und nicht mehr,
Wär' allen Frauen eine Ehr'.
Gottfried Keller, Gedichte

Eine anständige Frau ist eine,
die nicht oder nicht mehr imstande ist,
mehr als nur einen Mann
unglücklich zu machen.
Henry de Montherlant, Erbarmen mit den Frauen

Eine Dame ist eine Frau, deren bloße
Anwesenheit zur Folge hat, dass sich
Männer wie Herren benehmen.
Henry Louis Mencken

Eine Dame ist eine Frau,
die weiß, was sie nicht wissen darf –
obwohl sie es weiß.
Jean-Paul Belmondo

Eine Dame trägt keine Kleider.
Sie erlaubt den Kleidern,
von ihr getragen zu werden.
Yves Saint-Laurent

Eine der dringendsten Aufgaben der
Menschheit besteht in der Erziehung
der keuschen Frau.
Leo N. Tolstoi, Tagebücher (1898)

Eine echte Frau wird nie Gesetze
beachten, die ihrem Privatinteresse
im Weg stehen. Sie ist wesentlich
gesetzlos.
H. L. Mencken, Verteidigung der Frau

Eine eitle Frau braucht einen Spiegel.
Ein eitler Mann ist
sein eigener Spiegel.
Françoise Sagan

Eine faule Frau versucht,
alles auf einmal fortzutragen.
Chinesisches Sprichwort

Eine Frau, die die Stellung ihres Mannes
bei seinen Vorgesetzten festigt,
festigt auch ihre eigene im Haus.
Otto Flake

Eine Frau, die geliebt wird,
hat immer Erfolg.
Vicki Baum

Eine Frau, die ihr wahres Alter verrät,
ist fähig, alles zu verraten.
Oscar Wilde

Eine Frau, die ihren Mann ehrt,
erscheint allen als weise,
eine Frau, die ihn verachtet,
wird von allen als ruchlos erkannt.
Altes Testament, Jesus Sirach 26, 26

Eine Frau, die mit einem Archäologen
verheiratet ist, darf sich glücklich
schätzen, je älter sie wird,
desto interessanter wird sie
für ihren Mann.
Agatha Christie

Eine Frau, die sich auf ihren Vorteil
versteht, geht nicht aus dem Hause;
da erst gilt sie alles, was sie kann
und soll. Doch, machen Sie das
mit Ihrem Gewissen aus.
Heinrich von Kleist, Briefe (an Rahel Levin, 16. Oktober 1811)

Eine Frau, die sich öffentlich auszieht,
gleicht einem Thriller-Regisseur, der
im Vorspann die Lösung bekannt gibt.
Alfred Hitchcock

Eine Frau,
die von Herzen aus sehr glücklich ist,
geht nicht mehr in Gesellschaft.
Honoré de Balzac, Physiologie der Ehe

Eine Frau, die zu einem Rendezvous
nicht zu spät kommt,
kommt zu früh.
Françoise Hardy

Eine Frau erziehen,
heißt, einem Affen
ein Messer in die Hand drücken.
Sprichwort aus Indien

Eine Frau gehört niemals gänzlich
zu dem, der sie nimmt.
Sprichwort aus Kurdistan

Eine Frau gewöhnt sich nicht daran,
der Vernunft zu gehorchen, wie ich als
ein Mann, der sich in seinem Büro
täglich in sechsstündiger Arbeit mit
nüchternen, verstandesmäßigen
Dingen abgeben muss.
Stendhal, Über die Liebe

Eine Frau hat eine Ausrede
schneller zur Hand als eine Schürze.
Sprichwort aus Irland

Eine Frau holt gerne
den Rat ihres Mannes ein –
schon deshalb, um ihn
nicht zu befolgen.
Arthur Schnitzler

Eine Frau ist das Mächtigste auf
Erden, und in ihrer Hand liegt es,
den Mann dahin zu leiten,
wo Gott ihn haben will.
Henrik Ibsen, Frau Inger (Nils Lykke)

Eine Frau ist ein Engel mit zehn,
eine Heilige mit fünfzehn, ein Teufel
mit vierzig und eine Hexe mit achtzig.
Sprichwort aus England

Eine Frau ist ein Wesen,
das sich selbst gefunden hat.
Jean Giraudoux, Judith

Eine Frau ist gezwungen,
so zu gefallen,
als ob sie ihr eigenes Werk sei.
Charles de Secondat, Baron de la Brède
et de Montesquieu, Meine Gedanken

Eine Frau ist keine Gitarre;
du kannst nicht auf ihr spielen
und sie dann an die Wand hängen.
Sprichwort aus Russland

Eine Frau ist nur eine Frau,
aber eine gute Zigarre
kann man rauchen.
Rudyard Kipling

Eine Frau ist leicht zu beherrschen,
wenn einem Mann daran gelegen ist.
Ein Einziger kann sogar mehrere
Lenken.
Jean de La Bruyère, Die Charaktere

Eine Frau ist wie ein Buch, das immer,
mag es gut oder schlecht sein,
zunächst durch das Titelblatt
gefallen muss.
Giacomo Girolamo Casanova, Memoiren

Eine Frau lacht, wenn sie kann,
und weint, wann sie will.
Sprichwort aus Frankreich

Eine Frau nimmt jeden
beliebigen Mann, doch die eine Frau
ist schöner als die andere.
Altes Testament, Jesus Sirach 36, 26

Eine Frau ohne Ehemann
ist ein ödes Brachfeld.
Spruchweisheit aus Sumer

Eine Frau ohne Ehemann
ist ein Sandkörnchen in der Wüste.
Sprichwort aus Indien

Eine Frau sagt nein und nickt ja.
Sprichwort aus Japan

Eine Frau, so schwach sie ist,
ist durch das Gefühl, das sie einflößt,
stärker als der stärkste Mann.
Giacomo Girolamo Casanova, Memoiren

Eine Frau soll sich still in aller Unterordnung belehren lassen.
Neues Testament, Paulus (1 Timotheus 2, 11)

Eine Frau verzeiht alles –
aber sie erinnert uns oft daran,
dass sie uns verziehen hat.
Karl-Heinz Böhm

Eine Frau wird zweimal verrückt:
Wenn sie liebt und wenn sie anfängt,
grau zu werden.
Sprichwort aus Polen

Eine Frau ziert Schweigen,
ziert Bescheidenheit
Am schönsten.
Euripides, Die Herakliden

Eine Frau zu sein, bedeutet immer
noch für mich, das Leben mehr als die
Macht zu erhalten und zu lieben.
Die Männer haben allzu tragisch ihre
Machtbesessenheit gezeigt.
Die ganze Geschichte ist ein Kampf
um die Macht.
Anaïs Nin, Frauen verändern die Welt

Eine Frau zu sein,
ist eine schrecklich schwierige
Aufgabe, weil sie es vor allem
mit Männern zu tun hat.
Joseph Conrad

Eine Frau, so schwach sie ist,
ist durch das Gefühl, das sie einflößt,
stärker als der stärkste Mann.
Giacomo Girolamo Casanova, Memoiren

Eine Freundschaft
zwischen zwei Männern ist ein Luxus,
zwischen zwei Frauen ein Wunder.
Jorge Luis Borges

Eine Gans, eine Frau und eine Ziege
sind schlechte Dinge, wenn mager.
Sprichwort aus Portugal

Eine gefühllose Frau ist eine Frau,
die den Mann, den sie lieben muss,
noch nicht gesehen hat.
Jean de La Bruyère, Die Charaktere

Eine gescheite Frau
hat Millionen geborener Feinde:
alle dummen Männer.
Marie von Ebner-Eschenbach, Aphorismen

Eine Gottesgabe ist eine schweigsame
Frau, unbezahlbar ist eine Frau
mit guter Erziehung.
Altes Testament, Jesus Sirach 26, 14

Eine großsprecherische
und zungenfertige Frau erscheint
wie eine schmetternde Kriegstrompete.
Ein jeder Mann, der dazu schweigen
muss, muss sein Leben in Kriegsunruhen verbringen.
Altes Testament, Jesus Sirach 26, 27

Eine gute Frau ist ein guter Besitz;
er wird dem zuteil, der Gott fürchtet;
ob reich, ob arm, sein Herz ist guter
Dinge, sein Gesicht jederzeit heiter.
Altes Testament, Jesus Sirach 26, 3-4

Eine gute Frau – wohl ihrem Mann!
Die Zahl seiner Jahre verdoppelt sich.
Altes Testament, Jesus Sirach 26, 1

Eine immer pünktliche Frau
ist auch sonst nicht sehr zuverlässig.
Maurice Chevalier

Eine kluge Frau fragt nicht,
wo ihr Mann gewesen ist;
eine kluge Frau weiß es.
Marcel Achard

Eine kluge Frau lernt beizeiten,
ihren Mann ohne Grund zu bewundern.
Margot Hielscher

Eine schöne Frau, die zugleich
die Eigenschaften eines Mannes
von Welt besitzt, ist der köstlichste
Umgang, den es gibt:
In ihr finden sich Vorzüge
beider Geschlechter vereint.
Jean de La Bruyère, Die Charaktere

Eine schöne Frau gehört der Welt,
eine hässliche dir allein.
Sprichwort aus Indien

Eine schöne Frau macht das Gesicht
strahlend, sie übertrifft alle Lust
der Augen. Hat sie dazu noch
eine friedfertige Sprache, so
zählt ihr Gatte nicht
zu den gewöhnlichen Menschen.
Altes Testament, Jesus Sirach 36, 27–28

Eine schöne Frau
wird von mir bemerkt.
Eine charmante bemerkt mich.
Gary Cooper

Eine schweigsame Frau
ist ein Geschenk Gottes.
Sprichwort aus Frankreich

Eine tüchtige Frau
ist die Krone ihres Mannes,
eine schändliche
ist wie Fäulnis in seinen Knochen.
Altes Testament, Sprüche Salomos 12, 4

Eine tüchtige Frau pflegt ihren Mann;
so vollendet er seine Jahre in Frieden.
Altes Testament, Jesus Sirach 26, 2

Eine tüchtige Frau, wer findet sie?
Sie übertrifft alle Perlen an Wert.
Altes Testament, Sprüche Salomos 31, 10

Eine unverschämte Frau
wird wie ein Hund geachtet,
eine schamhafte fürchtet den Herrn.
Altes Testament, Jesus Sirach 26, 25

Einem Mann, der in der großen Welt
lebt, steht es nicht frei,
den Frauen zu huldigen oder nicht.
Luc de Clapiers Marquis de Vauvenargues,
Unterdrückte Maximen

Eines Mannes Diener
mag ein Jahr leben,
der Sklave einer Frau
stirbt in sechs Monaten.
Sprichwort aus Persien

Eines Tages, wenn die Frauen
sich selbst besser verstehen,
werden auch die Männer
sich von einer betont kreativen Frau
nicht mehr verunsichert fühlen,
sondern sie gewähren lassen,
ohne sie als Bedrohung oder
zu fürchtenden Tyrannen sehen.
Anaïs Nin, Die Frau legt den Schleier ab

Entweder Hure
oder sofort geheiratet werden –
das ist die Provinz.
Gottfried Benn, Briefe an Oelze Nr. 32

Es gibt drei einander ähnliche Arten
von Lächeln: das der Toten,
das einer befriedigten Frau
und das geköpfter Tiere.
Henry de Montherlant, Erbarmen mit den Frauen

Es gibt ein Alter, in dem eine Frau
schön sein muss, um geliebt zu werden. Und dann kommt das Alter, in
dem sie geliebt werden muss, um
schön zu sein.
Françoise Sagan

Es gibt Frauen, die etwas
Elementareres sind als die Erde.
Arthur Schnitzler, Aphorismen und Betrachtungen
aus dem Nachlass

Es gibt Frauen, die von Jahr zu Jahr
unschuldiger werden.
Greta Garbo

Es gibt genug charakterfeste Männer,
die eine Frau nicht sitzen lassen –
vor allem im Bus und
in der Straßenbahn.
Grethe Weiser

Es gibt gewisse Dinge, wo ein Frauenzimmer immer schärfer sieht als
hundert Augen der Mannspersonen.
Gotthold Ephraim Lessing, Der Freygeist (Theophan)

Es gibt kaum etwas Schöneres,
als den Frauen beim Sammeln
von Erfahrungen behilflich zu sein.
Marcel Achard

Es gibt kein anziehenderes Schauspiel
auf Erden als das einer schönen Frau
beim Dinner-Kochen für einen,
den sie liebt.
Thomas Wolfe, Geweb und Fels (1939)

Es gibt keine Gestalt der Frau,
die nicht sogleich ihr Gegenbild
hervorruft: Sie ist Leben und Tod,
Natur und Artefakt, Licht und Nacht.
Simone de Beauvoir, Das andere Geschlecht

Es gibt keine hässlichen Frauen,
es gibt nur gleichgültige.
Helena Rubinstein

Es gibt keinen Erfolg ohne Frauen.
Kurt Tucholsky, Schnipsel

Es gibt nichts Beglückenderes
für einen Mann als die unbedingte
Ergebenheit eines weiblichen Gemüts.
Wilhelm von Humboldt, Briefe an eine Freundin

Es gibt nichts Besseres
als eine gute Frau, nichts Schlimmeres
als eine schlechte.
Pierre Abélard, Monita ad Astralabium

Es gibt nur eine böse Frau auf der Welt,
aber jeder meint, er habe sie.
Deutsches Sprichwort

Es gibt nur eine Tragödie im Leben
der Frau: Dass ihre Vergangenheit
stets ihr Geliebter und ihre Zukunft
stets ihr Mann ist.
Oscar Wilde, Ein idealer Gatte

Es gibt zweierlei Frauen:
Die einen glauben, dass ihr Platz
in der Welt das Bett sei,
die anderen glauben, am Spülstein.
Colette

Es gilt, den Frauen klar zu machen,
dass die persönliche Sphäre in der
heutigen Zeit einen außerordentlichen
Wert hat, denn uns bedroht die Gefahr
der Enthumanisierung durch die
Technologie, durch die Ausweitung
des Universums, durch alles, was uns
in Millionenzahlen denken lässt.
Anaïs Nin, Frauen verändern die Welt

Es ist absolut sinnlos,
die Frauen verstehen zu wollen,
wo doch ihr größter Reiz
in der Unergründlichkeit liegt.
Alfred Hitchcock

Es ist ausgemacht, dass die schlechte
Erziehung der Frauen
viel mehr Unheil anrichtet
als die der Männer.
Fénelon, Über die Erziehung der Mädchen

Es ist das Ziel jeder Frau,
den Mann zu dem zu machen,
was er vor der Hochzeit
zu sein behauptet hatte.
Micheline Presle

Es ist dem Mann gelungen,
die Frau zu unterjochen:
Damit aber er ihr das genommen,
was den Besitz der Frau
begehrenswert machte.
Simone de Beauvoir, Das andere Geschlecht

Es ist den Frau'n doch eingepflanzt,
Die Lust, den Jammer,
den sie leiden, allezeit
Im Mund und auf der Zung' zu führen.
Euripides, Andromache

Es ist doch immer dasselbe.
Frauen brüsten sich mit Pelzen
und Juwelen und Männer
mit weisen Aussprüchen und Zitaten.
Maurice Chevalier

Es ist ein Irrtum anzunehmen,
Frauen machten sich schön,
um Männern zu gefallen; sie tun es,
um andere Frauen zu ärgern.
Marcel Ayme

Es ist ein weit verbreiteter Irrtum,
die Frauen als höhere, unbegreifliche
Wesen zu betrachten, mit denen man
sich überhaupt nicht vergleichen dürfe. Man vergisst zu leicht, dass diese
unbeständigen Geschöpfe außer dem
allgemeinen menschlichen Triebleben
noch von zwei anderen eigenartigen
Geboten beherrscht werden:
nämlich vom weiblichen Stolz und
vom Schamgefühl sowie von jenen
daraus entspringenden, oft ganz
unbegreiflichen Verhaltensweisen.
Stendhal, Über die Liebe

Es ist ganz entscheidend für die Frau,
dass sie die wahre Natur ihres weiblichen Wesens erkennt, würdigt und
betont. Einige der Frauenrechtlerinnen
übersehen diesen Punkt. Die Frauen
sollen nicht Männer werden
und die Welt wie Männer gestalten.
Anaïs Nin, Die Frau legt den Schleier ab

Es ist kein Kunststück, bei einer Frau
der Erste oder der Letzte zu sein.
Trotzdem bilden sich die Männer
auf beides etwas ein.
Françoise Rosay

Es ist leichter, auf einen Sack Flöhe
Acht zu geben, als auf eine Frau.
Sprichwort aus Ungarn

Es ist schon möglich,
dass man im Laufe der Zeit
an mehrere falsche Frauen gerät.
Bei der Wahl seiner Witwe aber
sollte man keinen Fehler mehr
machen.
Sacha Guitry

Es muss doch ein Gefühl der Unbill
in uns wecken,
Will unserm Urteil man
solch enge Grenzen stecken,
Dass wir mit Kleiderputz,
Brokatstoff, Häkelei
Und Mantelwurf
uns nur befassen dürfen.
Molière, Die gelehrten Frauen (Armande)

Es sind nicht die dümmsten Frauen,
die sich für eine Untreue des Mannes
durch bedingungslose Treue rächen.
Alec Guinness

Es wirkt normaler,
in eine Ministerrunde zu blicken,
in der auf jedem zweiten Stuhl
eine Frau sitzt.
Gro Harlem Brundtland

Falten machen einen Mann männlicher,
eine Frau älter.
Jeanne Moreau

Fast jede Frau wäre gerne treu.
Schwierig ist es bloß,
den Mann zu finden,
dem man treu sein kann.
Marlene Dietrich

Fehlt die Mauer,
so wird der Weinberg verwüstet,
fehlt die Frau,
so ist einer rastlos und ruhelos.
Altes Testament, Jesus Sirach 36, 30

Frau zu sein bedeutet, dass die Interessen und Pflichten wie die Speichen
von einer Radnabe vom Muttertrieb
in alle Richtungen ausgehen.
Anne Morrow Lindbergh, Muscheln in meiner Hand

Frauen am Steuer versuchen
erst gar nicht, den Motor zu verstehen;
deshalb imponiert er ihnen auch nicht.
Ugo Tognazzi

Frauen, auch wenn sie sonst
als vernünftig gelten, haben allesamt,
mal mehr, mal weniger, Eigenheiten,
Launen, Stimmungen und Schwächen,
vor allem die der Eitelkeit.
Studiere aufmerksam alle ihre Fehler,
stelle sie zufrieden, so gut du kannst,
ja, huldige ihnen und opfere ihnen
deine eigenen kleinen Launen auf.
Philipp Stanhope Earl of Chesterfield, Briefe über die anstrengende Kunst, ein Gentleman zu werden

Frauen bedeuten den Triumph
der Materie über den Geist,
so wie Männer den Triumph
des Geistes über die Moral bedeuten.
Oscar Wilde, Das Bildnis des Dorian Gray

Frauen begnügen sich nicht mehr
mit der Hälfte des Himmels,
sie wollen die Hälfte der Welt.
Alice Schwarzer

Frauen benützen Parfüm, weil die Nase
leichter zu verführen ist als das Auge.
Jeanne Moreau

Frauen besitzen einen wunderbaren
Instinkt. Alles entdecken sie,
nur das Nächstliegende nicht.
Oscar Wilde, Sätze und Lehren zum Gebrauch
für die Jugend

Frauen bestimmen über das vorteilhafte oder ungünstige gesellschaftliche
Renommee aller jungen Männer
bei ihrem Eintritt in die Welt.
Bestich sie mit
inständiger Aufmerksamkeit,
guter Lebensart und Schmeicheleien.
Philipp Stanhope Earl of Chesterfield, Briefe über die anstrengende Kunst, ein Gentleman zu werden

Frauen, das Böse und Gurken –
je kleiner, desto besser.
Sprichwort aus Ungarn

Frauen, die abgetrieben haben,
brauchen dringend Vergebung.
Mutter Teresa

Frauen, die jede Modeschöpfung zuerst
tragen wollen, sind meistens jene,
die es bleiben lassen sollten.
Yves Saint-Laurent

Frauen, die lange ein Auge zudrücken,
tun es am Ende nur noch,
um zu zielen.
Humphrey Bogart

Frauen, die sich zu schnell erobern
lassen, organisieren den Widerstand
später im Untergrund.
Jean-Paul Belmondo

Frauen geben Fehler
leichter zu als Männer.
Deshalb sieht es so aus,
als machten sie mehr.
Gina Lollobrigida

Frauen gelten
vielleicht deshalb als gefühlvoller,
weil sie mehr Dinge
zu fühlen vorgeben müssen
als Männer.
Silvana Mangano

Frauen gleichen sich dem Mann,
den sie lieben, derart an, dass sie auf
der Ebene ihrer ersten Dinglichkeitsreihe nicht mehr apperzipiert werden
können. Sie tragen Tarnkappen (...).
Heimito von Doderer, Repertorium. Ein Begriffbuch
von höheren und niederen Lebens-Sachen

Frauen halten das für unschuldig,
was sie sich erlauben.
Joseph Joubert, Gedanken, Versuche und Maximen

Frauen, ich beklage euer Los!
Für euer Elend kann es nur
eine Entschädigung geben;
und wäre ich Gesetzgeber, so wäre sie
euch womöglich zuteil geworden.
Von jeder Knechtschaft befreit,
hättet ihr, wo immer ihr euch zeigt,
als unantastbar gegolten.
Denis Diderot, Über die Frauen

Frauen, ihr Engel der Erde!
Des Himmels lieblichste Schöpfung!
Ihr seid der einzige Strahl,
der uns das Leben erhellt.
Alphonse de Lamartine

Frauen inspirieren uns
zu großen Dingen –
und hindern uns dann,
sie auszuführen.
Alexandre Dumas d. J.

Frauen können Not,
nicht aber Wohlstand teilen.
Chinesisches Sprichwort

Frauen können von vielem träumen,
wovon Männer
sich nichts träumen lassen.
Claire Goll

Frauen lieben die Besiegten,
aber sie betrügen sie mit den Siegern.
Tennessee Williams

Frauen lieben die einfachen Dinge
des Lebens – zum Beispiel Männer.
Robert Lembke, Steinwürfe im Glashaus

Frauen lügen nie.
Sie erfinden höchstens die Wahrheit,
die sie gerade brauchen.
Yves Montand

Frauen misstrauen Männern
im Allgemeinen zu sehr
und im Besonderen zu wenig.
Gustave Flaubert, Briefe (an Louise Colet, 8. Oktober 1852)

Frauen mit Vergangenheit
und Männer mit Zukunft
ergeben eine fast ideale Mischung.
Oscar Wilde

Frauen neigen dazu, aus dem Allgemeinen die hervorstechende, ins Auge
fallenden Einzelheit herauszugreifen.
Anton P. Tschechow, Briefe (18. Oktober 1888)

Frauen, Pferde und Uhren
soll man nicht verleihen.
Deutsches Sprichwort

Frauen pflegen aber immer mehr,
immer inniger zu lieben, je mehr Opfer
eben ihre Liebe ihnen kostet.
Louise Otto-Peters, Die Demokratinnen

Frauen, Priester und Hühner
sind nie zufrieden.
Sprichwort aus den USA

Frauen sagen selten bewusst die
Unwahrheit. Aber sie geben der Wahrheit gerne ein bisschen Make-up.
Laurence Olivier

Frauen schätzen das Gefühlserlebnis
höher als den Verstand. Das kommt
daher: Weil sie unseren gedankenlosen
Sitten zufolge in Familienangelegenheiten nichts zu sagen haben,
war ihnen ihr Verstand auch nie
von Nutzen. Sie können ihn ja
bei keiner Gelegenheit bewähren.
Stendhal, Über die Liebe

Frauen scheinen weniger der Liebe
im eigentlichen Sinn zu bedürfen als
der Zuneigung und der Zärtlichkeit.
Henry de Montherlant, Erbarmen mit den Frauen

Frauen siegen, indem sie sich
scheinbar ergeben.
Peter Ustinov

Frauen sind das verkörperte Gedächtnis und schleppen immerfort das
Vergangene wie ein Neunmonatsbäuchlein mit sich herum,
während der Mann
das ewige Vergessen ist, die männliche
und kindliche Kraft, zu vergessen.
Henry de Montherlant, Erbarmen mit den Frauen

Frauen sind des Teufels Fangnetze.
Sprichwort aus England

Frauen sind die Chamäleons der Liebe.
Wir Männer sind für sie nur die Farbe,
der sie sich jeweils anpassen.
Albert Chevalier

Frauen sind die Geißeln des Teufels.
Sprichwort aus Persien

Frauen sind ein dekoratives Geschlecht.
Sie haben nie irgendetwas zu sagen,
aber sie sagen es entzückend.
Oscar Wilde, Das Bildnis des Dorian Gray

Frauen sind Extreme:
entweder besser oder schlechter
als Männer.
Jean de La Bruyère, Die Charaktere

Frauen sind im Unglück
weiser als Männer,
weil sie Übung darin haben.
Eleonora Duse

Frauen sind immer nur gegen jemand
miteinander befreundet.
Robert Lembke, Das Beste aus meinem Glashaus. Humoristisches und Satirisches

Frauen sind keine Maurer, aber
sie errichten und zerstören Häuser.
Sprichwort aus Frankreich

Frauen sind nicht etwa
die besseren Menschen; sie hatten
bisher nur nicht so viel Gelegenheit,
sich die Hände schmutzig zu machen.
Alice Schwarzer

Frauen sind überzählig,
wenn anwesend, und werden vermisst,
wenn abwesend.
Sprichwort aus Portugal

Frauen sollten nicht besser sein müssen als Männer, um als menschliche
Wesen betrachtet zu werden.
Golda Meir

Frauen stehen immer vor dem Dilemma,
die Schwächen eines Mannes
zu beseitigen oder seine Schwäche
zu sein.
Françoise Sagan

Frauen stünde gelehrt sein nicht?
Die Wahrheit zu sagen, nützlich ist es:
Es steht Männern
so wenig wie Frauen.
Heinrich von Kleist, Eine notwendige Berichtigung

Frauen trösten uns
über jeden Kummer hinweg,
den wir ohne sie nicht hätten.
Jean Anouilh

Frauen tun so, als seien sie Rätsel.
Die meisten sind aber schon
die Lösung.
Jean-Luc Godard

Frauen und Brücken
sind immer ausbesserungsbedürftig.
Sprichwort aus England

Frauen und Geld regieren die Welt.
Deutsches Sprichwort

Frauen und Wind
sind notwendige Übel.
Sprichwort aus Schottland

Frauen unterwerfen sich willig
der Mode; denn sie wissen, dass
die Verpackung wechseln muss, wenn
der Inhalt interessant bleiben soll.
Noel Coward

Frauen vereinfachen unseren Schmerz,
verdoppeln unsere Freude
und verdreifachen unsere Ausgaben.
James Saunders

Frauen vergessen leicht ihre privilegierte Stellung auf sexuellem Gebiet.
Sie sind von dem Trauma befreit, auf
Kommando potent sein zu müssen.
Susanna Kubelka, Endlich über vierzig

Frauen verwechseln ihre Halluzinationen so leicht mit Wirklichkeit.
August Strindberg, Der Sohn der Magd

Frauen verzeihen eher,
dass man ihre Liebe verletzt
als ihr Selbstgefühl.
Alexandre Dumas d. J., Die Kameliendame

Frauen von Rang und Charakter – ich
rede nicht von absolut fleckenlosen –
sind ein notwendiger Bestandteil
in der Zusammensetzung
jeder guten Gesellschaft.
Philipp Stanhope Earl of Chesterfield, Briefe über die anstrengende Kunst, ein Gentleman zu werden

Frauen waren jahrhundertelang
ein Vergrößerungsspiegel, der es
den Männern ermöglichte, sich selbst
in doppelter Lebensgröße zu sehen.
Virginia Woolf

Frauen werden nie
durch Komplimente entwaffnet.
Männer immer.
Oscar Wilde

Frauen wollen geliebt werden.
Männer wollen im Grunde nicht
geliebt werden, oder nur
im individuellen Ausnahmefall
(die Frau ist in der Liebe zu Hause,
der Mann zu Gast).
Sebastian Haffner

Frauen wollen nicht nur erobern,
sie wollen auch erobert sein.
William Makepeace Thackeray, Die Virginier

Frauen würden noch reizender sein,
wenn man in ihre Arme fallen könnte,
ohne in ihre Hände zu fallen.
Ambrose Bierce, Epigramm

Frauen würden sich leichter
damit abfinden, dass ihr Mann
später nach Hause kommt, wenn sie
sich wirklich darauf verlassen könnten,
dass er nicht früher da ist.
Colette

Frauenzimmer sind
wie ein heller Spiegel, der auch
von dem geringsten Hauche anläuft.
Theodor Gottlieb von Hippel, Über die Ehe

Freund und Gefährte
leiten zur rechten Zeit,
doch mehr als beide
eine verständige Frau.
Altes Testament, Jesus Sirach 40, 23

Freundin eines Mannes
kann eine Frau nur werden,
wenn sie zuerst seine Bekannte,
dann seine Geliebte war.
Anton Tschechow

Früher haben die Frauen
auf ihrem eigenen Boden gekämpft.
Da war jede Niederlage ein Sieg.
Heute kämpfen sie
auf dem Boden der Männer.
Da ist jeder Sieg eine Niederlage.
Coco Chanell

Früher hatten schöne Frauen
automatisch dumm zu sein.
Wie man sieht, können heute auch
schöne Männer dumm sein.
Jean-Paul Gaultier

Früher war ich immer verärgert,
wenn in Romanen behauptet wurde,
eine Frau sei nur glücklich, wenn sie
in einem anderen Menschen aufgeht.
Heute sage ich Ja und Amen dazu
wie auch zu all den anderen abgedroschenen Wahrheiten, die ich
in meiner Jugend bestritten habe.
Sigrid Undset, Frau Marta Oulie

Fühlen, lieben, leiden
und sich erniedrigen wird immer
der Inhalt des Lebens einer Frau sein.
Honoré de Balzac, Eugénie Grandet

Für das Lächeln einer Frau
fallen Städte, für ein zweites Lächeln
ganze Reiche.
Chinesisches Sprichwort

Für das Wohlbefinden einer Frau sind
bewundernde Männerblicke wichtiger
als Kalorien und Medikamente.
Françoise Sagan

Für den Mann ist jede Frau ein Rätsel,
dessen Lösung er
bei der nächsten sucht.
Jeanne Moreau

Für die dummen Frauen
hat man die Galanterie;
aber was tut man mit den Klugen?
Da ist man ratlos.
Heinrich Mann, Zwischen den Rassen

Für eine Frau bedeutet die Ehe
mit einem schlechten Mann,
lebendig begraben zu sein.
Chinesisches Sprichwort

Für Frauen zu sterben
ist manchmal einfacher,
als mit ihnen zu leben.
Robert Lembke, Das Beste aus meinem Glashaus. Humoristisches und Satirisches

Für jede Frau, die aus ihrem Mann
einen Narren macht,
gibt es eine andere, die imstande ist,
ihn wieder zu heilen.
Sprichwort aus den USA

Für viele Frauen ist der Geliebte
ein Spiegel, in dem sie sich
selbst bewundern.
Fernandel

Gegen Menschen hilft
der Mensch nicht.
Gegen Männer helfen Frauen.
Wolf Biermann, Romanze von Rita

Gegenüber sehr attraktiven Frauen ist
meist der Mann der Schutzbedürftige.
Oscar Wilde

Genie erweckt in uns allein die Frau.
Properz, Elegien

Gib dem Wasser keinen Abfluss und
einer schlechten Frau keine Freiheit.
Altes Testament, Jesus Sirach 25, 25

Glücklich leben die Zikaden;
denn sie haben stumme Weiber.
Xenarchos

Gott,
dem die Freiheit der Wahl gelassen,
hat sich zum Mann und nicht
zum Weibe geschaffen.
Sprichwort aus Spanien

Gott gab sie dir,
dich in deinen Mühseligkeiten
zu trösten, dir deine Leiden zu lindern;
das ist die Frau.
Jean-Jacques Rousseau, Emile

Gott ist Mensch geworden, sei's!
Der Teufel Frau.
Victor Hugo, Ruy Blas

Gut zurechtgemacht fürs Ausgehen
ist eine Frau dann, wenn ihr Begleiter
lieber mit ihr zu Hause bliebe.
Olga Tschechowa

Gute Frauen
sind besser als gute Männer.
Böse Frauen
sind böser als böse Männer.
Marcel Achard

Hat nicht die Frau die gleichen
Bedürfnisse, die der Mann hat,
ohne dass sie das gleiche Recht hat,
sie zu äußern?
Jean-Jacques Rousseau, Emile

Herr Ober, bitte eine andre Frau!
Erich Kästner, Dr. Erich Kästners lyrische Hausapotheke

Heutzutage gilt ein Mann
schon als Gentleman, wenn er
die Zigarette aus dem Mund nimmt,
bevor er eine Frau küsst.
Barbra Streisand

Hinter jeder Frau,
die erfolgreich werden könnte,
steht mindestens eine Frau,
die sie am Erfolg zu hindern versucht.
Lore Lorentz

Hol dir ein Pferd
von einem reichen Gut und eine Frau
von einem armen.
Sprichwort aus Estland

Ich begreife nicht, warum man über
geschäftstüchtige Frauen die Nase
rümpft. Meines Wissens ist Geschäftstüchtigkeit kein sekundäres
männliches Geschlechtsmerkmal.
Jane Fonda

Ich bewundere, mit welcher Feinheit
und Sicherheit Frauen gewisse Einzeldinge zu beurteilen verstehen;
aber einen Augenblick später heben
sie einen Hohlkopf in den Himmel,
lassen sich durch einen faden
Schmeichler zu Tränen rühren und
nehmen einen Wichtigtuer ernstlich
für einen Charakter. Ich kann dergleichen Albernheit nicht begreifen.
Es muss da irgendein allgemeines,
mir unbekanntes Gesetz walten.
Stendhal, Über die Liebe

Ich finde, dass es letzten Endes
nur zwei Arten von Frauen gibt,
die geschminkten
und die ungeschminkten.
Oscar Wilde, Das Bildnis des Dorian Gray

Ich fühle, es gibt nichts,
das den Geist des Mannes so sehr
von seiner sicheren Höhe stürzt
wie die Schmeicheleien einer Frau
und jene körperlichen Berührungen,
ohne die man eine Frau
nicht haben kann.
Aurelius Augustinus, Selbstgespräche

Ich glaube, dass die Männer sich bis
zu einem gewissen Grad sehr befreit
fühlen werden, wenn die Frauen
nicht mehr versuchen, durch sie
als Stellvertreter zu leben.
Anaïs Nin, Die Frau legt den Schleier ab

Ich glaube, dass durch das Gefühl dem
Geist einer Frau alles offenbar wird;
nur bleibt es oft nicht darin haften.
Guy de Maupassant, Unser Herz

Ich habe nie verstanden,
warum Frauen an talentierten Männern
zunächst deren Fehler und an Narren
deren Verdienste sehen.
Pablo Picasso

Ich kann
in zwölf Sprachen Nein sagen –
das ist unerlässlich für eine Frau,
die weit herumkommt.
Sophia Loren

Ich komme mir vor
wie eine Katze unter Tigern.
Katherine Mansfield, Tagebücher

Ich liebe die gelehrten Frauen nicht.
Molière, Die gelehrten Frauen (Clitandre)

Ich liebe Männer,
die eine Zukunft,
und Frauen,
die eine Vergangenheit haben.
Oscar Wilde, Das Bildnis des Dorian Gray

Ich liebe überall die Arbeitsamkeit,
sie ist mir besonders an Frauen
sehr schätzenswert.
Wilhelm von Humboldt, Briefe an eine Freundin

Ich wollte Frau sein, ich wollte
Künstlerin sein, ich wollte alles sein.
Ich nahm alles auf, und je mehr man
aufnimmt, desto mehr Kraft findet
man, Dinge zu vollbringen
und den Lebenshorizont zu erweitern.
Anaïs Nin, Absage an die Verzweiflung

Ich würde mit Freuden zugeben,
dass die Frauen uns überlegen sind,
wenn sie nur den Versuch
lassen wollten, uns gleich zu sein.
Sascha Guitry

Ich wüßte gerne,
wie viele Frauen ihren guten Ruf
schon verwünscht haben.
Norman Mailer

Im Allgemeinen bilden alle Frauen
einen Bund gegen einen der Tyrannei
beschuldigten Ehemann; denn zwischen ihnen besteht ein geheimes
Band, wie zwischen den Priestern
einer und derselben Religion.
Sie hassen sich untereinander,
aber sie beschützen sich.
Honoré de Balzac, Physiologie der Ehe

Im Augenblick, da man eine Frau
»sein Eigen« nennt,
ist sie es schon nicht.
Peter Altenberg, Schnipsel

Im Leben einer Frau
zählt nur die Jugend.
Henry de Montherlant, Erbarmen mit den Frauen

Im Weiblichen überwiegt das
pflanzenhafte das tierhafte Element,
im Männlichen ist das Tierhafte
stärker als das Pflanzenhafte.
Oswald Spengler, Urfragen.
Fragmente aus dem Nachlass

Immer maßvoll und besorgt –
das ist die rechte Frau.
Chinesisches Sprichwort

In allem, was nicht das Geschlecht
betrifft, ist die Frau wie der Mann.
Sie hat die gleichen Gliedmaßen,
die gleichen Bedürfnisse,
die gleichen Fähigkeiten.
Jean-Jacques Rousseau, Emile

In der Jugend bemüht man sich,
die Liebe durch die Frauen
kennen zu lernen.
Später hofft man dann,
die Frauen durch die Liebe
kennen zu lernen.
Roland Dorgelés

In der Liebe ergeben
ein kluger Mann und eine kluge Frau
zusammen zwei Narren.
Helen Vita

In einer Religion,
die das Fleisch verflucht,
erscheint die Frau als die furchtbarste
Versuchung des Teufels.
Simone de Beauvoir, Das andere Geschlecht

In einer Zeit, da das Weltübel
der Egoismus ist, müssen die Männer,
auf die sich alle positiven Interessen
beziehen, notwendigerweise
weniger Hochherzigkeit und weniger
Feinfühligkeit besitzen als die Frauen,
denn diese sind nur durch die Bande
des Herzens mit dem Leben verknüpft,
und wenn sie auf Abwege geraten,
so reißt stets ein Gefühl sie dazu hin:
Ihr Ich gehört immer zweien,
während das Ich des Mannes
nur sich selbst zum Zweck hat.
Germaine Baronin von Staël, Über Deutschland

In Gesellschaft ist jede Frau jedem
Mann überlegen auf Anspruch,
mit Respekt, ja sogar mit Schmeichelei
angesprochen zu werden.
Philipp Stanhope Earl of Chesterfield, Briefe über die
anstrengende Kunst, ein Gentleman zu werden

In moralischer Beziehung
ist der Mann öfter und länger Mann,
als die Frau Frau ist.
Honoré de Balzac, Die Physiologie der Ehe

In physischer Hinsicht
ist ein Mann länger ein Mann,
als eine Frau eine Frau ist.
Honoré de Balzac, Die Physiologie der Ehe

Intuition ist der eigenartige Instinkt,
der einer Frau sagt, dass sie Recht hat,
gleichgültig, ob das stimmt oder nicht.
Oscar Wilde

Ist denn nicht auch die Frau mit einer
Seele begabt? Hat sie nicht Gefühlsregungen gerade wie wir?
Mit welchem Recht missachtet man
ihre Schmerzen, ihre Ideen,
ihre Bedürfnisse und bearbeitet sie
wie ein gemeines Metall, aus dem
der Handwerker ein Löschhorn
oder einen Leuchter macht?
Honoré de Balzac, Physiologie der Ehe

Ist die Frau Engel oder Dämon?
Diese Ungewissheit
macht sie zur Sphinx.
Simone de Beauvoir, Das andere Geschlecht

Ist es nicht das, was jede
Frau empfindet: das Bedürfnis,
sich unentwegt zu verströmen?
Anne Morrow Lindbergh, Muscheln in meiner Hand

Ist es nicht für die Frauenzimmer
ebenso vernünftig und billig als
für die Männer, sich von denjenigen
Geschäften zu unterreden, mit welchen
sie am meisten zu tun haben, und beieinander über diejenigen Gegenstände
Rat, Unterricht oder Trost zu suchen,
die, wenn sie auch klein scheinen,
doch zu ihrem eigentlichen Berufe
gehören und
auf das Wohl der Familien
einen wesentlichen Einfluss haben?
Christian Garve, Über Gesellschaft und Einsamkeit

Jawohl, selbst eine Dumme,
hässlich wie die Nacht,
Zög sie der Schönsten vor,
die zu viel Geist besitzt.
Molière, Die Schule der Frauen (Arnold)

Je größer der Gehorsam der Frau ist,
desto sicherer ist ihre Herrschaft.
Jules Michelet, Die Liebe

Je höher gestimmt die Seele einer Frau,
desto fürchterlicher ihre Ausbrüche.
Stendhal, Über die Liebe

Je mehr Geist oder Raffinement
eine Frau aufs Anziehen verwendet,
um so mehr tut sie es auch
beim Ausziehen.
Jewgeni Jewtuschenko

Jede Frau, die ihren engen Kreis
verlassen, die herbes Schicksal,
tolle Laune, heißes Fühlen, ein starker
Geist aus ihren Grenzen trieb,
die findet nirgends mehr einen Halt.
Ada Christen, Faustina

Jede Frau hat den Ehrgeiz,
aus dem Mann das zu machen,
was er gerne sein möchte.
Annemarie Selinko

Jede Frau schließt die andere aus,
ihrer Natur nach: Denn von jeder
wird alles gefordert, was dem
ganzen Geschlechte zu leisten obliegt.
Johann Wolfgang von Goethe,
Die Wahlverwandtschaften

Jede Frau sollte heiraten –
aber kein Mann.
Benjamin Disraeli, Lothar

Jede Sittenlehre predigt ihnen,
die Pflicht der Frau sei,
für andere zu leben,
sich selbst vollständig aufzugeben
und keine andere Existenz
als in und durch die Liebe zu haben,
und die hergebrachte Sentimentalität
behauptet, dass dies der Zustand sei,
welcher der eigentlichen Natur
der Frau gemäß sei.
John Stuart Mill, Die Hörigkeit der Frau

Junge Bettschwester,
alte Betschwester.
Deutsches Sprichwort

Junge Damen erkennt man heute
daran, dass sie Wörter gebrauchen,
die man früher in ihrer Gesellschaft
vermieden hätte.
Johannes Heesters

Junge Männer neigen dazu,
Missfallen, wenn nicht gar Abscheu
und Verachtung für ältere
und hässliche Frauen zu zeigen,
was ebenso unhöflich wie unklug ist,
denn wir schulden
dem ganzen Geschlecht
eine achtungsvolle Höflichkeit.
Philipp Stanhope Earl of Chesterfield, Briefe über die
anstrengende Kunst, ein Gentleman zu werden

Jungen leben so viel härter
als Mädchen, und sie wissen so viel
mehr vom Leben. Seine Grenzen
als Frau kennen zu lernen,
ist wirklich kein Vergnügen.
Sylvia Plath, Briefe nach Hause (4. August 1951)

Junger Mann, die Frauen kennen
Ist dir nützlich; dieses Wissen
Übersteiget jedes andre;
Doch zu weit hin – forsche nicht.
Johann Gottfried Herder, Der Cid

Kann man auch nur eine Spur Gerechtigkeit in dem Los erblicken,
das die Frauen getroffen hat?
Charles Fourier, Über die Liebe und Ehe

Kann man Vertrauen
zu einer Frau haben, die einen selber
zum Mann nimmt.
Curt Goetz

Kannst du dich dem allgemeinen
Schicksal deines Geschlechtes
entziehen, das nun einmal seiner
Natur nach die zweite Stelle in der
Reihe der Wesen bekleidet?
Nicht einen Zaun, nicht einen elenden
Graben kannst du ohne Hülfe eines
Mannes überschreiten, und willst
allein über die Höhen und über
die Abgründe des Lebens wandeln?
Heinrich von Kleist, Briefe (an Ulrike von Kleist, Mai 1799)

Kein Mann ist so stark
wie eine hilflose Frau,
die ihre Schwäche zu erkennen gibt.
Hans Holt

Kein Mann sollte ein Geheimnis
vor seiner Frau haben. Sie wird es
in jedem Fall herausfinden.
Oscar Wilde

Kein Mann würde eine Frau
sein wollen, aber alle wünschen,
dass es Frauen gibt.
Simone de Beauvoir, Das andere Geschlecht

Keine Frau kann zugleich ihr Kind
und die vier Weltteile lieben,
aber der Mann kann es.
Er liebt den Begriff, das Weib,
die Erscheinung, das Einzige.
Jean Paul, Levana

Keine Frau sollte mit der Gabe,
sich zu erinnern, behaftet sein. Eine
Frau, die sich erinnert, neigt bereits
dazu, sich zu vernachlässigen.
Man sieht es dem Hut einer Frau an,
ob sie in Erinnerungen lebt.
Oscar Wilde

Keine Frau trägt gerne ein Kleid,
das eine andere abgelegt hat. Mit
Männern ist sie nicht so wählerisch.
Françoise Sagan

Konserven und Waschmaschinen
haben mehr zur Befreiung der Frau
beigetragen als alle Revolutionen.
Jean Duché

Letzten Endes besteht
die einzige Methode,
die Frauen zu beherrschen, darin,
in ihnen die Illusion zu wecken,
sie beherrschten uns.
André Maurois

Liebe ist der für manche Männer
unvorstellbare Zustand,
in dem man bereit ist,
die Frau im Singular zu akzeptieren.
Georges Courteline

Liebe ist der Lebensgeist ihres Geistes,
ihr Geist der Gesetze, die Springfeder
ihrer Nerven.
Jean Paul, Levana

Liebe ist die Lebensgeschichte
einer Frau und eine Episode
im Leben des Mannes.
Germaine Baronin von Staël, Über den Einfluss der Leidenschaften

Liebe ist, wenn sie dir die Krümel
aus dem Bett macht.
Kurt Tucholsky, Schnipsel

Liebe oder Hass – ein Drittes
kennen die Frauen nicht.
Publilius Syrus, Sentenzen

Lieber mit einem Löwen
oder Drachen zusammenhausen,
als bei einer bösen Frau wohnen.
Altes Testament, Jesus Sirach 25, 16

Lieber noch
unter dem Huf eines Pferdes
als unter dem Absatz einer Frau.
Sprichwort aus Russland

Liefere dich nicht einer Frau aus,
damit sie nicht Gewalt bekommt
über dich.
Altes Testament, Jesus Sirach 9, 2

Luxustier und Haustier, das ist heute
die Frau fast ausschließlich.
Vom Manne ausgehalten,
wenn sie nicht arbeitet, wird sie
auch noch von ihm »gehalten«,
wenn sie sich totschindet.
Karl Marx, Das Kapital

Man bezahlt die Frauen,
damit sie kommen,
und man bezahlt sie,
damit sie verschwinden;
das ist ihr Schicksal.
Henry de Montherlant, Die Aussätzigen

Man fordere nicht Wahrhaftigkeit von
den Frauen, solange man sie in dem
Glauben erzieht, ihr vornehmster
Lebenszweck sei zu gefallen.
Marie von Ebner-Eschenbach, Aphorismen

Man hat der Frau
die Rolle eines Parasiten zugewiesen:
Jeder Parasit ist
notwendigerweise ein Ausbeuter.
Simone de Beauvoir, Das andere Geschlecht

Man kann eine Frau immer nur
mit dem überraschen, was sie erhofft.
Jean Anouilh

Man kommt nicht als Frau zur Welt,
man wird es.
Simone de Beauvoir, Das andere Geschlecht

Man möchte immer große Lange,
und dann bekommt man
eine kleine Dicke –
C'est la vie – !
Kurt Tucholsky, Schnipsel

Man muss zugeben, dass Gott
die Frauen nur erschaffen hat,
um die Männer milde
und zugänglich zu stimmen.
Voltaire, Der ehrliche Hurone

Man soll nur schöne Frauen heiraten.
Sonst hat man keine Aussicht,
sie wieder loszuwerden.
Danny Kaye

Man wird erst wissen, was die Frauen
sind, wenn ihnen nicht mehr vor
geschrieben wird, was sie sein sollen.
Rosa Mayreder

Manche Frauen glauben offenbar,
Liebe heiße,
nie Nein sagen zu können.
Erich Segal

Manche kluge Frau
ist nur deshalb allein,
weil sie es nicht verstanden hat,
ihre Klugheit zu verbergen.
Daphne du Maurier

Manche Missstimmung von Frauen,
der auch beste Psychiater nicht
beizukommen vermögen, kann schon
ein mittelmäßiger Friseur beseitigen.
Mary McCarthy

Männer können idealisiert werden,
Frauen nur angebetet.
Oscar Wilde, Ein idealer Gatte

Männer und Frauen stimmen
in ihrem Urteil über das Verdienst
einer Frau selten überein:
Ihre Interessen sind zu verschieden.
Jean de La Bruyère, Die Charaktere

Männer verlangen von den Frauen
immer das Gleiche.
Frauen verlangen von den Männern
etwas Besonderes.
Sarah Bernhardt

Männer werden ohne Frauen dumm,
und Frauen welken ohne Männer.
Anton Tschechow

Männer wollen alles ausprobieren,
bevor sie es haben.
Frauen wollen alles haben,
damit sie es ausprobieren können.
Harold Pinter

Mehr als vierzig Jahre war die Liebe
zu den Hilflosen und Sterbenden
meine größte Freude. Diese Fähigkeit
zur Liebe ist allen Frauen gemeinsam.
Mutter Teresa

Meine Freiheit ist mir eine Last,
ich mag meine Unabhängigkeit nicht
(...). Freie Frauen sind keine Frauen.
Colette, Claudine

Mich anzulehnen,
»ein reizender kleiner Liebling« zu sein
– das ist undenkbar.
Katherine Mansfield, Tagebücher

Mit der Eitelkeit eines Mannes
kämen zehn Frauen aus.
Dunja Rajter

Mit der übermäßigen Verweichlichung
der Frauen fängt auch die
der Männer an.
Jean-Jacques Rousseau, Emile

Mit Frauen soll man sich
nie unterstehn zu scherzen.
Johann Wolfgang von Goethe, Faust I (Mephisto)

Mit einer verliebten Frau
kann man alles machen, was sie will.
Marcello Mastroianni

Mit vierzig Jahren haben Männer
fast nur noch Gewohnheiten;
eine davon ist ihre Frau.
George Meredith

Müsst Euer Glück nicht
auf die Jüngste setzen.
Die Angejahrten wissen
Euch zu schätzen.
Johann Wolfgang von Goethe, Faust II (Mephisto)

Mutterschaft ist für die Frau
nicht die höchste Berufung.
Leo N. Tolstoi, Tagebücher (1910)

Nach schönen Frauen
Musst du frühmorgens schauen
(d.h. bevor sie die Künste der Toilette
angewandt haben).
Jüdische Spruchweisheit

Nah dich nicht einer fremden Frau,
damit du nicht in ihre Netze fällst.
Altes Testament, Jesus Sirach 9, 3

Natur und Gesellschaft machen die
Frauen aufs Innigste mit dem Leiden
vertraut, und niemand kann leugnen,
wie mir scheint, dass sie
in unserem Zeitalter im Allgemeinen
besser sind als die Männer.
Germaine Baronin von Staël, Über Deutschland

Neun Frauen von zehn
sind eifersüchtig.
Chinesisches Sprichwort

Nicht das Geld imponiert den Frauen,
sondern nur, dass wir sie manchmal
damit kaufen können.
Arthur Schnitzler, Aphorismen und Betrachtungen
aus dem Nachlass

Nicht die Bestimmung der Frauen,
sondern ihre Natur und Lage
ist häuslich.
Friedrich Schlegel, Über die Philosophie

Nicht größre Schmähung
einer Frau man spend't,
Als wenn man sie
alt oder hässlich nennt.
Ludovico Ariosto, Der rasende Roland

Nicht treuer, nur anhänglicher
sind die Frauen als wir.
Arthur Schnitzler, Aphorismen und Betrachtungen
aus dem Nachlass

Nichts ist schwerer
als die Wahl eines guten Mannes,
wenn es nicht vielleicht
die Wahl einer guten Frau ist.
Jean-Jacques Rousseau, Emile

Nichts ist trauriger als eine Frau,
die sich aus anderen Gründen auszieht
als für die Liebe.
Juliette Gréco

Nichts macht die Frauen heutzutage
so altern wie die Anhänglichkeit
ihrer Bewunderer.
Oscar Wilde, Ein idealer Gatte

Nichts übertrifft doch Frauenlist
im Ränkespiel.
Euripides, Iphigenie bei den Taurern (Orest)

Nie kann eine Frau vergessen
zu lieben,
sie möge dichten oder herrschen.
Jean Paul, Levana

Niemals rede schlecht von Frauen,
Denn ich sag's dir, auch die letzte
Ist der Achtung wert, weil sie
Ja es sind, durch die wir leben.
Pedro Calderón de la Barca, Der Richter von Zalamea
(Crespo)

Niemand erfreut sich mehr an Rache
als eine Frau.
Juvenal, Satiren

Niemand ist den Frauen gegenüber
aggressiver oder herablassender
als ein Mann, der seiner Männlichkeit
nicht ganz sicher ist.
Simone de Beauvoir

Niemand, ob tot oder lebendig,
in Meditation oder Hypnose,
ist so tief in sich versunken
wie eine Frau,
die sich das Gesicht eincremt.
Ephraim Kishon, Kishon für alle Fälle

Nur auf der Woge der Frau bist du –
flott.
Emil Gött, Im Selbstgespräch

Nur der verdient die Gunst der Frauen,
Der kräftigst sie zu schützen weiß.
Johann Wolfgang von Goethe, Faust II (Faust)

Nur die Frau kann eine Familie
schaffen. Aber eine Familie
kann auch an ihr zerbrechen.
Mutter Teresa

Nur die Frauen können leiden
und dazu lächeln,
als ginge sie das gar nichts an.
Alberto Moravia

Nur Frauen beherrschen die Kunst,
sich so zu verstellen,
wie sie wirklich sind.
Tristan Bernard

Nur hässliche Frauen
sind erziehungsfähig;
und bei denen hat es keinen Zweck.
Egon Friedell, Egon Friedells Konversationslexikon

Nur wer die Liebe kennt,
der kennt die Frauen.
Leopold Schefer, Laienbrevier

Nur zwei Dinge behält die Frau
verbissen für sich: ihr Alter
und was sie selbst nicht weiß.
Sprichwort aus Bulgarien

Oft bilden Frauen sich ein,
Initiative ergriffen zu haben,
wenn sie das Gegenteil von dem tun,
was der Mann von ihnen verlangt.
Jean Gabin

Ohne die Frau
könnte der Mann nicht Mann heißen,
ohne Mann könnte
die Frau nicht Frau genannt werden.
Hildegard von Bingen, Welt und Mensch

Ohne Frauen geht es nicht,
das hat sogar Gott einsehen müssen.
Eleonora Duse

Ohne Mann ist die Frau eine Waise.
Sprichwort aus Russland

Richtig verheiratet ist ein Mann
erst dann, wenn er jedes Wort versteht,
das seine Frau nicht gesagt hat.
Alfred Hitchcock

Sagt man zu einer unauffälligen Frau,
sie sei schön, wird sie zwar
nicht schön, aber bezaubernd.
André Malraux

Schlechte Frauen gibt es
ziemlich viele.
Erich Kästner, Dr. Erich Kästners lyrische Hausapotheke

Schlechtigkeit ist ein bedeutender
Charakterzug bei einer Frau. Von jeher
war sie die Waffe des Schwachen.
Donatien Alphonse François Marquis de Sade,
Geschichte von Juliette

Schließlich gibt es nichts Schöneres,
als über den Widerstand
einer schönen Frau zu triumphieren.
Molière, Don Juan oder Der Steinerne Gast (Don Juan)

Schmuck des Weibes, wenig zu reden;
aber auch Einfachheit im Schmuck
steht ihr wohl an.
Demokrit, Fragment 274

Schmutzige Männerhemden
sind reine Frauensache.
Ephraim Kishon, Kishon für alle Fälle

Schönheit: die Macht, womit
eine Frau ihren Liebhaber bezaubert
und ihren Ehegatten
in Schranken hält.
Ambrose Bierce

Sehr wenige Frauen haben Grundsätze.
Die meisten werden nur von ihrem
Herzen geleitet, und ihre Tugend hängt
von der Gesinnung ihrer Liebhaber ab.
Jean de La Bruyère, Die Charaktere

Sein Blick macht aus der Frau ein Bild.
Erich Kästner, Dr. Erich Kästners lyrische Hausapotheke

Seine Frau kauft auch der Listigste
noch im Sack.
Friedrich Nietzsche, Also sprach Zarathustra

Seit Urzeiten verströmt sich die Frau
in vielfältigen Rinnsalen an die Durstigen, und nur selten hat sie die Zeit,
die Ruhe und den inneren Frieden, den
Krug wieder bis zum Rand aufzufüllen.
Anne Morrow Lindbergh, Muscheln in meiner Hand

Seitdem die Frauen das Recht
erhalten haben, sich ebenso laut
zu blamieren wie die Männer,
ist der zauberhafteste Nimbus
der Jahrhunderte vergangen.
Ludwig Marcuse, Argumente und Rezepte.
Ein Wörter-Buch für Zeitgenossen

Selbst demokratische Väter und Gatten
wollen oft nicht, dass ihre Frauen an
einem mehr öffentlich tätigen Leben
sich beteiligen, und zwar teils
aus unvertilgbarer Philisterhaftigkeit,
welche nicht von dem Grundsatz
abgeht, jeden öffentlichen Schritt
einer Frau unweiblich zu finden.
Louise Otto-Peters, Die Demokratinnen

Selbst ein fünfzigzüngiger Mann
kann sich mit einer einzüngigen Frau
beim Schmähen nicht messen.
Sprichwort aus Indien

Seltsame Illusion der Frauen
zu glauben, die Kleidung
lasse Gesicht und Figur vergessen!
Sully Prudhomme, Intimes Tagebuch

Sich von einem Weibe beherrschen
lassen, ist für einen Mann
die ärgste Schmach.
Demokrit, Fragment 111

Sicher verdanken einige Millionäre
ihren Erfolg ihren Frauen.
Aber die meisten verdanken
ihre Frauen dem Erfolg.
Danny Kaye

Sie (die Germanen) glauben sogar,
in den Frauen sei etwas Heiliges und
Vorhersehendes, deshalb verschmähen
sie weder ihre Ratschläge noch vernachlässigen sie ihre Antworten.
Wir haben es ja unter dem göttlichen
Vespasian erlebt, wie Veleda lange Zeit
bei vielen als göttliches Wesen galt.
Doch schon vorzeiten haben sie Albru-
na und mehrere andere Frauen verehrt,
aber nicht aus Unterwürfigkeit
und als ob sie erst Göttinnen
aus ihnen machen müssten.
Publius Cornelius Tacitus, Germania

Sie schwankt, sie zögert,
mit einem Worte:
Sie ist eine Frau.
Jean Racine, Athalie

Sie trug gestern Abend zu viel Rouge
und zu wenig Kleid. Das ist bei Frauen
immer ein Zeichen von Verzweiflung.
Oscar Wilde, Ein idealer Gatte

Sind die Frauen tief?
Dass man einem Wasser nicht auf den
Grund blicken kann,
beweist noch nicht, dass es tief ist.
Egon Friedell, Egon Friedells Konversationslexikon

So gewiss in der Vorzeit
nicht anders als heute
Wille und Tat Sache des Mannes war,
so gewiss war Sache des Weibes
Weisheit und Reichtum!
Ludwig Klages, Der Geist als Widersacher der Seele

So winzig sind der Frauen Seelen,
Dass mancher annimmt,
dass sie gänzlich fehlen.
Samuel Butler, Vermischte Gedanken

Solange der Nagellack
noch nicht trocken ist,
ist eine Frau praktisch wehrlos.
Burt Reynolds

Sowie sich der Mann
der Frau nur nähert, verfällt er
ihrem betäubenden Einfluss
und verliert seinen klaren Verstand.
Leo N. Tolstoi, Die Kreutzersonate

Spätestens mit zwölf Jahren –
einem Alter, in dem die meisten Frau-
en beschlossen haben, die Laufbahn
von Prostituierten einzuschlagen,
das heißt, später einen Mann für sich
arbeiten zu lassen und ihm als Gegenleistung in bestimmten Intervallen ihre
Vagina zur Verfügung zu stellen –
hört die Frau auf,
ihren Geist zu entwickeln.
Esther Vilar, Der dressierte Mann

Stark im Tun,
schwach im Dulden, ist Männerart.
Schwach im Tun,
stark im Dulden, ist Frauenart.
Marie von Ebner-Eschenbach, Aphorismen

(...) tatsächlich hat die Natur sie zu
unseren Sklavinnen erschaffen.
Einzig durch unsere geistige Verschrobenheit haben sie behaupten können,
sie seien unsere Herrscherinnen.
Henry de Montherlant, Erbarmen mit den Frauen

Tausend Frauen wiegt das Leben
eines einzigen Mannes auf.
Euripides, Iphigenie in Aulis (Iphigenie)

Trau dem Gaul nicht auf dem Felde
und der Frau nicht im Hause!
Leo N. Tolstoi, Die Kreutzersonate

Über die Währungen anderer Länder
pflegte ich ebenso ungern zu sprechen
wie über die Frauen meiner Freunde.
Hermann Josef Abs

Überall also, wo die Frauen herrschen,
muss auch ihr Geschmack herrschen:
Er ist es auch,
der unser Jahrhundert bestimmt.
Jean-Jacques Rousseau, Brief an d'Alembert

Überall schätzt eine Frau
einen perfekten Gentleman,
nur nicht im Bett.
Noël Coward

Überdies ist es nach der Ordnung
der Natur, dass die Frau
dem Manne gehorche.
Jean-Jacques Rousseau, Emile

Überhaupt ist das Symbol der Frauen
das der Apokalypse,
und auf ihrer Stirn steht geschrieben:
Mysterium.
Denis Diderot, Über die Frauen

Um die Frauen zur Gratisarbeit
zu bringen, kann man ihnen nicht
die Schönheit und Mystik
des Geschirrspülens oder des
Wäschewaschens preisen.
Also predigt man ihnen
die Schönheit der Mutterschaft.
Simone de Beauvoir

Und also sprach das alte Weiblein:
»Du gehst zu Frauen?
Vergiss die Peitsche nicht!«
Friedrich Nietzsche, Also sprach Zarathustra

Und besonders werden Frauen
Sich am Talisman erbauen.
Johann Wolfgang von Goethe,
West-östlicher Divan (Segenspfänder)

Und wenn Mädchen wie du
sich der heiligen Pflicht,
Mütter und Erzieherinnen
des Menschengeschlechts zu werden,
entziehen, was soll aus
der Nachkommenschaft werden?
Soll die Sorge für künftige
Geschlechter nur der Üppigkeit feiler
oder eitler Dirnen überlassen sein?
Oder ist sie nicht vielmehr eine heilige
Verpflichtung tugendhafter Mädchen?
Ich schweige und überlasse es dir,
diesen Gedanken auszubilden.
Heinrich von Kleist, Briefe (an Ulrike von Kleist,
Mai 1799)

Undurchdringlich in ihrer Verstellung,
grausam in ihrer Rache,
zäh in ihren Plänen,
skrupellos in ihren Mitteln,
von einem tiefen heimlichen Hass
auf die Despotie der Männer beseelt,
scheint es, als hingen sie einer selbstverständlichen Verschwörung an –
eine Art Geheimbund, wie ihn
die Priester aller Nationen geschlossen
haben. Sie kennen seine Satzung,
ohne dass sie sich
darüber aussprechen müssten.
Denis Diderot, Über die Frauen

Unverstandene Frauen
suchen sich einen Dolmetscher.
Françoise Sagan

Unser Größerwerden lähmt
unsere Mitmenschen nicht, es regt sie
vielmehr an, es inspiriert sie.
Anaïs Nin, Frauen verändern die Welt

Unsere Frauen sollen gelobt werden,
wenn sie so fortfahren, durch Betrachtung und Übung sich auszubilden.
Johann Wolfgang von Goethe, Briefe (an Schiller,
1. Juli 1797)

Verleiht nicht Pferd noch Frau
noch Schwert.
Sprichwort aus England

Viehzucht und Ackerbau
lassen den Leib gedeihen,
doch mehr als beide eine treue Frau.
Altes Testament, Jesus Sirach 40, 19

Viel Narrentag und selten gut
hat, wer sin Frouwen hüten dut.
Sebastian Brant, Das Narren Schyff

Viele Frauen sagen ein Fest lieber ab,
als dass sie schlecht gekleidet
hingehen.
Simone de Beauvoir, Das andere Geschlecht

Vieles, was Männer tun,
ist von Frauen erdacht,
und das meiste, was sie nicht tun,
haben Frauen verhindert.
Ludwig Friedrich Barthel

Vielleicht wird der Mythos Frau eines
Tages verschwinden: Je mehr die Frauen sich als Menschen behaupten,
desto mehr stirbt in ihnen die wunderbare Eigenschaft des Anderen.
Heute aber existiert es noch
im Herzen aller Männer.
Simone de Beauvoir, Das andere Geschlecht

Vom Freun die Fraun sind zubenannt,
Ihre Freud erfreuet alles Land.
Freidank, Bescheidenheit

Von allen Frauen,
deren Charme ich erlegen bin,
habe ich hauptsächlich
Augen und Stimme in Erinnerung.
Marcel Proust

Von einer Frau nahm die Sünde
ihren Anfang,
ihretwegen müssen wir alle sterben.
Altes Testament, Jesus Sirach 25, 24

Vor allem in der Liebesleidenschaft,
in den Attacken der Eifersucht, den
Aufwallungen mütterlicher Zärtlichkeit, den Anwandlungen des Aberglaubens, in der Art, wie sie teilnehmen an den ansteckenden Gefühlen
der Menge, zeigt sich, was uns
an ihnen erstaunt: Dann sind
sie schön wie die Engel Klopstocks
oder fürchterlich wie Miltons Teufel.
Denis Diderot, Über die Frauen

Vor lasterhaften Frauen
hüte dich das ganze Jahr,
vor Dieben – jede Nacht.
Chinesisches Sprichwort

Während wir in den Büchern lesen,
lesen die Frauen im großen Buch der
Welt. So befähigt sie gerade ihre
Unwissenheit, die Wahrheit
ohne Zögern aufzunehmen (...).
Denis Diderot, Über die Frauen

Waltet im Hause eine kluge Frau,
wird die Männer kein Unglück treffen.
Chinesisches Sprichwort

Wär ich ein Jäger auf freier Flur,
Ein Stück nur von einem Soldaten,
Wär ich ein Mann
doch mindestens nur,
So würde der Himmel mir raten;
Nun muss ich sitzen so fein und klar,
Gleich einem artigen Kinde,
Und darf nur heimlich
lösen mein Haar
Und lassen es flattern im Winde.
Annette von Droste-Hülshoff, Am Turme

Warum benützen die Frauen ihr
Gehirn nicht? Sie benützen es nicht,
weil sie, um am Leben zu bleiben,
keine geistigen Fähigkeiten brauchen.
Theoretisch wäre es möglich, dass eine
schöne Frau weniger Intelligenz besitzt
als beispielsweise ein Schimpanse
und dass sie sich dennoch
im menschlichen Milieu behauptet.
Esther Vilar, Der dressierte Mann

Was die Praxis betrifft, ist die emanzipierte Frau von heute kein eifersüchtiger Typ. Sie würde einen Mann
nie überwachen, nein, sie gibt ihm
uneingeschränkte Freiheit.
Solange sie keinen Verdacht hegt.
Dann allerdings bricht die Hölle los.
Ephraim Kishon, Kishon für alle Fälle

Was eine Frau will,
davor zittert Gott.
Sprichwort aus Frankreich

Was Gott je auf Erden geschaffen hat,
das besitzen die Frauen,
um der Himmel Chöre zu erfüllen.
Hugo von Trimberg, Lieder
(Weka, wekch die zarten lieben)

Was ist an einer Frau
das Vollkommene? Es ist die Anmut.
Li Yü

Was uns so oft an mancher Frau
abstößt, ist der Gedanke an den Mann,
der sie verlangt.
Arthur Schnitzler, Aphorismen und Betrachtungen
aus dem Nachlass

Was vermag man über eine Frau
in der Gesellschaft? Nichts!
In der Einsamkeit? Alles!
Jules Michelet, Die Liebe

Was wär' die Erde ohne Frauen?
Das fühlt das Herz, ist's Auge blind;
Ein Garten wär' sie anzuschauen,
In welchem keine Blumen sind.
Justinus Kerner, Gedichte

Was wären die Menschen
ohne die Frauen?
Rar, sehr rar.
Mark Twain

Wasser, Feuer und Frauen
sagen niemals »genug«.
Sprichwort aus Polen

Weh der Frau, die nicht im Falle der
Not ihren Mann zu stellen vermag.
Marie von Ebner-Eschenbach, Aphorismen

Wehe der Zeit,
in der die Frauen ihre Gewalt verlieren
und ihre Urteile nichts mehr
über die Männer vermögen!
Das ist die letzte Stufe
des Verderbens.
Alle gesitteten Völker
haben die Frauen in Ehren gehalten.
Jean-Jacques Rousseau, Emile

Welche Frau gäbe nicht gerne zu,
dass ihr Mann bei der Partnerwahl
einen besseren Geschmack hatte
als sie selbst.
Victor de Kowa

Welche Frau ist keusch?
Die, über die der Skandal
sich fürchtet zu lügen.
Bias von Priene, Sprüche der Sieben Weisen

Welche Mission hat die Frau?
Zum ersten, zu lieben,
zweitens, einen Einzigen zu lieben,
und drittens, immer zu lieben.
Jules Michelet, Die Liebe

Wenig oder widerwillig
schweigt die Frau.
Sprichwort aus Frankreich

Wenigstens in einem Punkt
sind sich Männer und Frauen einig:
beide misstrauen den Frauen.
Jean Genet

Wenn aber eine Frau
auch etwas bitter ist,
muss sie trotzdem ertragen werden,
denn sie gehört ins Haus.
Martin Luther, Tischreden

Wenn die Frauenzimmer
immer wüssten, was sie könnten,
wenn sie wollten!
Johann Wolfgang von Goethe, Briefe (an Friederike Oeser, 13. Februar 1769)

Wenn ein Mann der umworbenen Frau
versichert, er sei ihrer nicht würdig,
dann hat er meistens damit Recht.
Jeanne Moreau

Wenn ein Mann will, dass ihm
seine Frau zuhört, braucht er nur
mit einer anderen zu reden.
Liza Minelli

Wenn die Männer wüssten,
wie dumm die Frauen sind,
so würden sie sie bedauern,
anstatt sie zu zerfleischen.
Henry de Montherlant, Erbarmen mit den Frauen

Wenn ein Mann eine Frau
anziehend findet, fliegen alle Regeln
aus dem Fenster.
Peter Ustinov, Peter Ustinovs geflügelte Worte

Wenn eine Frau
in ein Rendezvous einwilligt,
dann weiß sie im Moment noch nicht,
ob sie kommen wird oder nicht.
In dieser Ungewissheit liegt für sie
der Reiz der Verabredung.
Tristan Bernard

Wenn eine Frau des Schweigens
Gabe zeigt,
An Wert sie weit die Allgemeinheit
übersteigt.
Pierre Corneille, Der Lügner

Wenn ein Mann über eine Frau
nachzudenken beginnt,
hat sie ihn schon halb gewonnen.
Marcel Pagnol

Wenn eine Frau die Wahl hat
zwischen Liebe und Reichtum,
versucht sie immer, beides zu wählen.
Marcel Achard

Wenn eine Frau ihr Herz ausschüttet,
fragt sie nicht lange, wohin.
Helmut Käutner

Wenn eine Frau klug ist, ist das ganz
schön, aber wenn sie es nicht ist,
ist das für das Spiel ebenso unbeachtlich, als wenn ein Geiger heiser ist.
Gottfried Benn, Die Stimme hinter dem Vorhang

Wenn eine Frau lange genüg
nackt gewesen ist,
schaut man ihr wieder ins Gesicht.
Norman Mailer

Wenn eine Frau pfeift,
zittern sieben Kirchen.
Tschechisches Sprichwort

Wenn eine sehr kluge Frau
geliebt werden will,
muss sie ihre Klugheit
ein bisschen verbergen.
Noel Coward

Wenn es den Frauen
eines Tages gelingt, ihre Kinder
schmerzlos zur Welt zu bringen,
dann lieben sie sie nicht mehr.
Henry de Montherlant, Die Aussätzigen

Wenn es darauf ankommt,
in den Augen einer Frau zu lesen,
sind die meisten Männer Analphabeten.
Heidelinde Weis

Wenn es die Aufgabe der Frau ist,
zu geben, so muss sie auch
wiederbekommen.
Anne Morrow Lindbergh, Muscheln in meiner Hand

Wenn Frauen Fehler machen wollen,
dann soll man ihnen
nicht im Weg sein.
Erich Kästner, Dr. Erich Kästners lyrische Hausapotheke

Wenn Frauen gut wären,
würde der liebe Gott
eine genommen haben.
Sprichwort aus Georgien

Wenn Frauen sich küssen,
muss man immer an Boxer denken,
die sich die Hände reichen.
Henry Louis Mencken

Wenn Frauen sich schön anziehen,
sind sie wahrscheinlich der Ansicht,
die Männer hielten sie unbekleidet
für genauso reizvoll.
Christian Dior

Wenn Gott, als er den Mann formte,
gedacht hätte, dass die Frau etwas
Schlechtes sei, dann hätte er sie dem
Mann nicht zur Gesellschaft gegeben,
noch hätte er sie aus ihm gemacht.
Juan Ruiz de Alarcón y Mendoza,
Buch von rechter Liebe

Wenn man die Frauen
verstehen könnte, ginge viel
von ihrem Zauber verloren.
Sacha Guitry

Wenn man in Paris Frau gewesen ist,
kann man es nirgendwo anders sein.
Charles de Secondat, Baron de la Brède et de Montesquieu, Meine Gedanken

Wenn man mit einer jungen Dame
vom Wetter redet, vermutet sie, dass
man etwas ganz anderes im Sinn hat.
Und meistens hat sie damit Recht.
Oscar Wilde

Wenn man von einer schönen Frau
geliebt wird, kommt man
auf dieser Welt
immer mit heiler Haut davon.
Voltaire, Zadig

Wenn Männer wüssten,
was Frauen denken,
wären sie tausendmal kühner.
Pablo Picasso

Wenn mein Herz nicht spricht,
dann schweigt auch mein Verstand,
sagt die Frau. Schweige, Herz,
damit der Verstand zu Worte komme,
sagt der Mann.
Marie von Ebner-Eschenbach, Aphorismen

Wenn wir Männer die Frau bekämen,
die wir verdienen, könnte uns
nichts Schlimmeres passieren.
Oscar Wilde

Wenn zwei Frauen
nebeneinander sitzen, zieht es.
Marlene Dietrich

Wenn zwei Frauen zusammenkommen,
wird die dritte in die Hechel genommen.
Deutsches Sprichwort

Wer Böses von den Frauen spricht,
Erkannte ihre Freuden nicht.
Freidank, Bescheidenheit

Wer die Frauen kennen will,
muss die Männer studieren.
Franz Molnár

Wer ein Frauenzimmer für eine Sache
gewinnen oder von ihr abbringen will,
versuche nicht, zu beweisen,
sondern zu gefallen.
Heinrich Waggerl, Aphorismen

Wer eine Frau gewinnt, macht den
besten Gewinn: eine Hilfe,
die ihm entspricht,
eine stützende Säule.
Altes Testament, Jesus Sirach 36, 29

Wer sie durchschaut, der hat in ihnen
einen unerbittlichen Feind.
Denis Diderot, Über die Frauen

Wie die Sonne aufstrahlt
in den höchsten Höhen,
so die Schönheit einer guten Frau
als Schmuck ihres Hauses.
Altes Testament, Jesus Sirach 26, 16

Wie es in allen Gemeinden der Heiligen üblich ist, sollen die Frauen in der
Versammlung schweigen; es ist ihnen
nicht gestattet zu reden. Sie sollen sich
unterordnen, wie auch das Gesetz
es erfordert. Wenn sie etwas wissen
wollen, dann sollen sie zu Hause
ihre Männer fragen.
Neues Testament, Paulus (1 Korinther 14, 33–35)

Wie glühend verzehrt euch unser Blick,
wie gewalthaft schnellt er auf euer
Haupt, ihr schönen, sieghaften Frauen!
Anmut und Verderbtheit atmet
jegliche eurer Bewegungen, das
Rascheln der Falten in euren Kleidern
erregt uns bis zum Herzensgrunde,
und eurer Haut entströmt etwas,
das uns tötet und bezaubert.
Gustave Flaubert, November

Wie ich schon früher zu verstehen gab,
halte ich die Frau für eine Verkörperung von Ahimsa. Ahimsa bedeutet
unendliche Liebe, worin sich auch
unbegrenzte Leidensfähigkeit
ausdrückt (...). Lasst die Frau
diese Liebe auf die ganze Menschheit
ausdehnen (...). Ihr ist es gegeben,
der zerstrittenen Welt
Frieden zu lehren.
Mohandas K. »Mahatma« Gandhi, Harijan (engl. Wochenzeitung 1933–1956), 24. Februar 1940

Wie kann man die Liebe
einer Frau behalten?
Indem man sie nicht zurückgibt.
Sprichwort aus den USA

Wie könnte einer Feind der Frau sein –
sie sei, wie sie wolle? Mit ihren
Früchten wird die Welt bevölkert,
darum lässt Gott sie lange leben,
auch wenn sie noch so garstig wäre.
Philippus Theophrastus Paracelsus,
Mensch und Schöpfung

Wie manches regt sich
in der Brust der Frauen,
das für das Licht des Tages
nicht gemacht.
Heinrich von Kleist, Penthesilea (Prothoe)

Wie schlecht auch ein Mann
über die Frauen denken mag,
es gibt keine Frau, die darin
nicht noch weiterginge als er.
Chamfort, Maximen und Gedanken

Wie vertraut ein Mann mit Frauen sei,
Es bleibt viel Fremdes doch dabei.
Freidank, Bescheidenheit

Wie viele brave Männer sind
durch Wein und Weib verdorben.
Chinesisches Sprichwort

Wir armen Frauen brauchen
die Führung eines Mannes.
Voltaire, Der ehrliche Hurone

Wir Frauen verlieben uns immer
in den gleichen Typ von Mann.
Das ist unsere Form der Monogamie.
Lauren Bacall

Wir lieben die Frauen um so mehr,
je fremder sie uns sind.
Charles Baudelaire, Tagebücher

Wo eine Frau am Ort,
da ist die Ruhe fort.
Sprichwort aus Frankreich

Wo ist sie, die Frau,
in all den Räumen,
die der Mann durchmisst,
in all den Bildern und Szenen,
die er in den literarischen Gehegen
und Eingrenzungen konstruiert?
Hélène Cixous, Le nom d'Oedipe, Avignon

Wohl den Frauen,
die unfruchtbar sind,
die nicht geboren
und nicht gestillt haben.
Neues Testament, Lukas 23, 29 (Jesus)

Wollt ihr die Männer kennen,
so studiert die Frauen!
Jean-Jacques Rousseau, Brief an d'Alembert

Würden die Frauen
nur einmal wieder Mütter;
die Männer würden bald wieder
Väter und Ehemänner werden.
Jean-Jacques Rousseau, Emile

Zersplitterung ist, war und wird wohl
immer ein Grundzug
im Leben der Frau sein.
Anne Morrow Lindbergh, Muscheln in meiner Hand

Zuerst haben die Männer
zehn Frauen an einem Finger.
Und dann haben sie
zehn Finger an einer Frau.
Helen Vita

Zwei Hähne lebten in Frieden,
als eine Henne kam,
Und schon der Streit
den Anfang nahm.
Jean de La Fontaine, Fabeln

Frauenfeindschaft

Aber warum sprechen die Männer
dieses Wort so oft aus über Wesen,
denen sie den ersten Dank des Lebens
schuldig sind, und die von der Natur
selbst geopfert werden,
damit Leben nach Leben erscheine?
Jean Paul, Levana

Die schlimmsten Frauenfeinde
sind die Geistlichen.
Simone de Beauvoir, Das andere Geschlecht

Je verdorbner ein Zeitalter,
desto mehr Verachtung der Weiber.
Je mehr Sklaverei der Regierungsform
oder -uniform, desto mehr
werden jene zu Mägden der Knechte.
Jean Paul, Levana

Weltschmerz und Frauenfeindschaft
gehen oft Hand in Hand.
Und der weibliche Weltschmerz?
Ludwig Marcuse, Argumente und Rezepte.
Ein Wörter-Buch für Zeitgenossen

Wenn jemand sagt:
»Richard III. ist ein Ungeheuer«,
hat er Recht. Wenn er sagt:
»Salome ist ein Ungeheur«,
ist er ein Frauenfeind.
Hans Weigel

Frauenfrage

Als eine Frau lesen lernte,
trat die Frauenfrage in die Welt.
Marie von Ebner-Eschenbach, Aphorismen

Es gibt keine Frauenfrage. Es gibt
die Frage der Freiheit und Gleichheit
für alle menschlichen Wesen.
Die Frauenfrage hingegen ist Unfug.
Leo N. Tolstoi, Tagebücher (1898)

Heute hat die Frauenbewegung ihre
Ziele weithin erreicht – wir stehen
nicht mehr ihrem Kampf,
sondern dessen Resultaten gegenüber.
Gertrud von Le Fort, Die Frau in der Zeit

Frechheit

Frei, aber nicht frech,
das ist so mein Satz.
Theodor Fontane, Der Stechlin

Ist dir noch nicht aufgefallen,
wie viel Frechheit durch Unsicherheit
zu erklären ist?
Kurt Tucholsky

Willst du mit reinem Gefühl der Liebe
Freuden genießen,
O so lass Frechheit und Ernst ferne
vom Herzen dir sein.
Johann Wolfgang von Goethe,
Venezianische Epigramme

Freigebigkeit

Die Freigebigkeit erwirbt einem
jeden Gunst, vorzüglich wenn sie
von Demut begleitet wird.
Johann Wolfgang von Goethe,
Maximen und Reflexionen

Es ist weit wirtschaftlicher,
freigebig als geizig zu sein.
François de La Rochefoucauld, Reflexionen

Freigebigkeit ist bei Reichen
oft nur eine Art Schüchternheit.
Friedrich Nietzsche, Die fröhliche Wissenschaft

Freiherzige Wohltat wuchert reich.
Johann Wolfgang von Goethe, Faust II (Faust)

Gewissen, Ehre, Keuschheit,
Liebe und Achtung der Menschen
sind käuflich,
und Freigebigkeit vermehrt nur
die Vorteile des Reichtums.
Luc de Clapiers Marquis de Vauvenargues,
Reflexionen und Maximen

Nichts verbraucht sich selbst so wie
die Freigebigkeit, denn indem du sie
übst, verlierst du die Fähigkeit,
sie zu üben, und du wirst entweder
arm oder verächtlich oder,
um der Armut zu entgehen,
raubgierig und verhasst.
Niccolò Machiavelli, Der Fürst

Wahre Freigebigkeit besteht
nicht darin, viel zu geben,
sondern zur rechten Zeit zu geben.
Jean de La Bruyère, Die Charaktere

Wer anderen Hunden Brot gibt,
wird von den eigenen angebellt.
Sprichwort aus Italien

Wir sind etwas freigebiger, wenn es
auf Kosten der Gesamtheit geht,
als wir aus unserer eigenen Kasse
zu sein pflegen.
Otto von Bismarck, Reden (im Deutschen Reichstag,
2. Juni 1871)

Wir sind nur freigebig aus Eitelkeit,
denn wir lieben die Geste des Gebens
mehr als die Gabe.
François de La Rochefoucauld, Reflexionen

Freiheit

Alle Menschen, wie sie zur Freiheit
gelangen, machen ihre Fehler geltend:
die Starken das Übertreiben,
die Schwachen das Vernachlässigen.
Johann Wolfgang von Goethe,
Maximen und Reflexionen

Allein im Bereich des Bewusstseins
ist der Mensch frei, Bewusstsein
wiederum ist nur im jeweils
gegenwärtigen Augenblick möglich.
Leo N. Tolstoi, Tagebücher (1907)

Als ein vernünftiges, mithin zur intel-
ligiblen Welt gehöriges Wesen kann
der Mensch die Kausalität seines
eigenen Willens niemals anders als
unter der Idee der Freiheit denken.
Immanuel Kant, Grundlegung zur
Metaphysik der Sitten

Als freier Mann geboren zu werden
ist leicht.
Gaius Petronius, Schelmengeschichten

Als ich das erste Mal schrieb,
verspürte ich das erste Mal
den Geschmack der Freiheit.
Jean Genet

Als Thomas von Aquino die geistige
Freiheit des Menschen betonte,
rief er alle die billigen Romane
der Leihbibliotheken ins Leben.
Gilbert Keith Chesterton, Heretiker

Alter ist Freiheit,
Vernunft, Klarheit, Liebe.
Leo N. Tolstoi, Tagebücher (1904)

Arkadisch frei sei unser Glück!
Johann Wolfgang von Goethe, Faust II (Faust)

Auch die Freiheit
muss ihren Herrn haben.
Friedrich Schiller, Die Räuber (Roller)

Auf den Bergen ist Freiheit!
Der Hauch der Grüfte
Steigt nicht hinauf
in die reinen Lüfte.
Friedrich Schiller, Die Braut von Messina (Chor)

Aus jeder Freiheit ohne Ordnung entsteht bloß eine Anarchie;
nur das Zusammenwirken von Freiheit
und Ordnung, von Vielfalt und Einheit
bringt eine wahre Demokratie
oder ein großes Kunstwerk hervor.
Leonard Bernstein, Von der unendlichen Vielfalt
der Musik

Befreien muss man sich aus dem
Gefängnis der Alltagsgeschäfte
und der Politik.
Epikur, Sprüche. In: Briefe, Sprüche, Werkfragmente

Besser frei in der Fremde
als Knecht daheim.
Deutsches Sprichwort

Bilden wir uns nicht ein,
wir könnten unsere Freiheit bewahren
und auf die Sitten verzichten,
durch die wir sie uns erworben haben.
Jean-Jacques Rousseau, Brief an d'Alembert

Da das böse Wort
für die Tyrannei bezeichnend ist,
ist es das Bonmot für die Freiheit.
Friedrich Hacker

Da, wo's zu weit geht,
fängt die Freiheit erst an.
Werner Finck

Das Einzige, was ich an der Freiheit
liebe, ist der Kampf um sie;
aus dem Besitz mache ich mir nichts.
Henrik Ibsen, Briefe (an Brandes, 20. Dezember 1870)

Das freie Schaf frisst der Wolf.
Deutsches Sprichwort

Das freie Wesen muss auch
das ursprüngliche sein.
Ist unser Wille frei,
so ist er auch das Urwesen;
und umgekehrt.
Arthur Schopenhauer, Zur Ethik

Das Gesetz der Freiheit aber gebietet,
ohne alle Rücksicht auf die Hilfe der
Natur. Die Natur mag zur Ausübung
desselben förderlich sein oder nicht,
es gebietet.
Friedrich Hölderlin, Über das Gesetz der Freiheit

Das Gesetz nur
kann uns Freiheit geben.
Johann Wolfgang von Goethe,
Was wir bringen (Nymphe)

Das Grundprinzip unserer Freiheit
ist die Freiheit des Willens,
die viele im Munde führen,
wenige aber verstehen.
Dante Alighieri, Über die Monarchie

Das Menschengeschlecht befindet sich
im besten Zustande,
wenn es möglichst frei ist.
Dante Alighieri, Über die Monarchie

Das muss schon ein Mensch
von hoher Art sein,
dem die Sehnsucht nach Freiheit
etwas anderes bedeutet als die Begier
nach Verantwortungslosigkeit.
Arthur Schnitzler, Buch der Sprüche und Bedenken

Das Postulat der Freiheit der Person
gilt auch gegenüber dem Staat.
Er darf seine Macht
niemals so weit ausdehnen,
dass die freie Entwicklung der Persönlichkeit dadurch beeinträchtigt wird.
Konrad Adenauer, Rede auf dem CDU-Parteitag,
Kiel, 1958

Das Volk will niemals die Freiheit.
Erstens: weil es
keinen Begriff von ihr hat.
Und zweitens: weil es
mit ihr gar nichts anfangen könnte.
Egon Friedell

Das Wahlrecht steht im Zentrum
des Freiheitskampfes.
Nelson Mandela, Rede, 20. Dezember 1991

Das Weib wird durch die Ehe frei; der
Mann verliert dadurch seine Freiheit.
Immanuel Kant, Anthropologie
in pragmatischer Hinsicht

Das Wort Gottes ist frei;
es will nicht Fesseln dulden
durch Vorschriften der Menschen.
Martin Luther, Tischreden

Dass die Wölfe nach Freiheit schreien,
ist begreiflich; wenn aber die Schafe
in ihr Geschrei einstimmen,
so beweisen sie damit nur,
dass sie Schafe sind.
Rudolf von Ihering, Der Zweck im Recht

Dass Zeit nicht reicht, den Durst nach
Freiheit zu löschen, ist gewiss.
Denn häufig hört man, dass in einer
Stadt die Freiheit von Männern
wiedererkämpft wurde,
die sie niemals selbst genossen hatten,
sondern sie allein aufgrund der Erinnerung liebten, die sie aus der Zeit
ihrer Väter haben, und darum die
wiedergewonnene Freiheit standhaft
unter jeder Gefahr schützen.
Niccolò Machiavelli, Geschichte von Florenz

Den Geist der Freiheit
bändigt keine Gewalt,
keine Zeit verwischt ihn,
kein Geschenk wiegt ihn auf.
Niccolò Machiavelli, Geschichte von Florenz

Denn auch nach Freiheit
strebt das Weib,
wenn nur der Meister da ist,
der es führt.
Karl Joël, Die Frauen in der Philosophie

Der Baum der Freiheit wächst nur
begossen mit dem Blut der Tyrannen.
Bertrand Barère, Im französischen Konvent (1792)

Der Begriff der Freiheit hat in unserer
Zeit einen erweiterten Inhalt bekom-
men. Er umschließt neben der politi-
schen und religiösen Freiheit auch die
soziale Freiheit. Ich meine damit die
Freiheit von Hunger und Not,
Freiheit zu persönlicher und wirt-
schaftlicher Entfaltung.
Die Verwirklichung dieser sozialen
Freiheit ist auch eines der wesent-
lichen Ziele unserer Demokratie.
Konrad Adenauer, Rede in London, 6. Dezember 1951

Der erste Seufzer der Kindheit
gilt der Freiheit.
Luc de Clapiers Marquis de Vauvenargues,
Unterdrückte Maximen

Der Freiheit Inhalt,
intellektuell gesehen,
ist Wahrheit und die Wahrheit macht
den Menschen frei.
Søren Kierkegaard, Der Begriff Angst

Der Freiheit Kampf, einmal begonnen,
Vom Vater blutend
auf den Sohn vererbt,
Wird immer, wenn auch schwer,
gewonnen.
Lord Byron, Der Giaur

Der Hund läuft hinter dem Hasen her,
der Hase hinter der Freiheit.
Sprichwort aus Russland

Der jetzige Hang zu allgemeinen
Gesetzen und Verordnungen
ist der gemeinen Freiheit gefährlich.
Justus Möser, Der jetzige Hang
zu allgemeinen Gesetzen und Verordnungen

Der Knechtschaft Stand ist hart,
doch besser jederzeit
Als Freiheit ohne Sicherheit.
Magnus Gottfried Lichtwer, Fabeln

Der Mensch befindet sich niemals im
Besitz uneingeschränkter Freiheit,
sondern er besitzt nur eine zweiter
Ordnung; zum Beispiel steht es ihm
frei, das oder das zu essen,
nicht aber, überhaupt nicht zu essen.
Antoine Comte de Rivarol, Maximen und Reflexionen

Der Mensch, der von der Vernunft
geleitet wird, ist freier in einem Staate,
wo er nach gemeinsamem Beschlusse
lebt, als in der Einsamkeit,
wo er sich allein gehorcht.
Baruch de Spinoza, Ethik

Der Mensch ist frei geboren
und dennoch liegt er überall in Ketten.
Jean-Jacques Rousseau, Der Gesellschaftsvertrag

Der Mensch ist frei geschaffen, ist frei,
Und würd' er in Ketten geboren!
Friedrich Schiller, Die Worte des Glaubens

Der Mensch ist in seinen Handlungen
frei und als freies Wesen von einer
immateriellen Substanz beseelt.
Jean-Jacques Rousseau, Emile

Der Mensch ist nur dann unfrei,
wenn er wider seine vernünftige
Natur handelt.
Leo N. Tolstoi, Tagebücher (1906)

Der Mensch ist zur Freiheit verurteilt.
Jean-Paul Sartre, Kritik der dialektischen Vernunft

Der Mensch kann schließlich
auch im Gefängnis völlig frei sein.
Seine Seele kann frei sein. Seine Persönlichkeit kann ungetrübt bleiben.
Er kann im Frieden leben.
Oscar Wilde, Die Seele des Menschen
unter dem Sozialismus

Der Selbstgenügsamkeit größte Frucht:
Freiheit.
Epikur, Sprüche. In: Briefe, Sprüche, Werkfragmente

Der Sklave ist frei,
solange er sich begnügt,
und der Freie ist Sklave,
solange er begehrt.
Gabriel Laub

Der sogenannte freie Schriftsteller ist
eine der letzten Bastionen der Freiheit.
Heinrich Böll

Der Weg der Lebensgestaltung (der
sog. »Entwicklungsgeschichte«)
ist ein Drängen nach Freiheit.
Oswald Spengler, Urfragen.
Fragmente aus dem Nachlass

Der Zweck des Erdenlebens
der Menschheit ist der, dass sie
in demselben alle ihre Verhältnisse mit
Freiheit nach der Vernunft einrichten.
Johann Gottlieb Fichte, Grundzüge des gegenwärtigen
Zeitalters

Die Freiheit, aus der eine Frau
den höchsten Gewinn schöpft, ist jene,
die sie einem anderen nimmt.
Alfred Polgar, Kleine Schriften, Band 3. Irrlicht

Die Freiheit besteht darin,
dass man alles das tun kann,
was einem andern nicht schadet.
Matthias Claudius, Der Wandsbecker Bothe

Die Freiheit besteht nicht darin,
das persönlich oder politisch Beliebige,
sondern das vom Wesen des Seienden
her Geforderte zu tun.
Romano Guardini, Die Macht

Die Freiheit ist die letzte individuelle
Leidenschaft. Deshalb ist sie heute
unmoralisch. In Gesellschaft und
eigentlich auch an sich
ist sie unmoralisch.
Albert Camus, Aus dem Tagebuch eines Moralisten

Die Freiheit ist ein
von seinen Launen
beherrschter Tyrann.
Joseph Joubert, Gedanken, Versuche und Maximen

Die Freiheit ist eine neue Religion,
die Religion unserer Zeit.
Heinrich Heine, Englische Fragmente

Die Freiheit ist jedem gegeben.
Wenn der Mensch sich zum Guten
wenden und ein Gerechter werden
will, so kann er das.
Moses Maimonides, Die starke Hand

Die Freiheit ist nicht die Willkür,
beliebig zu handeln, sondern
die Fähigkeit, vernünftig zu handeln.
Rudolf Virchow, Über die mechanische Auffassung
des Lebens

Die Freiheit ist nicht etwas,
das in den äußern Verhältnissen liegt,
sie liegt in den Menschen.
Wer frei sein will, der ist frei.
Paul Ernst, Erdachte Gespräche

Die Freiheit lässt sich nicht aufteilen:
Die freie Frau wird sie oft
gegen den Mann einsetzen.
Simone de Beauvoir, Das andere Geschlecht

Die Freiheit lieben heißt,
andere lieben; die Macht lieben,
sich selbst lieben.
William Hazlitt, Politische Essays

Die Freiheit ohne soziale und
wirtschaftliche Ordnung
lässt sich nicht denken.
Benedetto Croce, Die Geschichte als Gedanke
und als Tat

Die Freiheit spürt nicht,
wer niemals unter Zwang gelebt hat.
Fernando Pessoa, Das Buch der Unruhe
des Hilfsbuchhalters Bernardo Soares

Die Freiheit umschließt auch
das Recht, zu ertrinken,
obwohl Rettungsringe vorhanden sind.
Carlo Sforza

Die Freiheit verlangt
immer nach Staatsbürgern,
manchmal nach Helden.
Benjamin Constant de Rebecque, Die Religion

Die Freiheiten müssen untergehn,
wo die allgemeine gesetzliche Freiheit
gedeihen soll.
Heinrich Heine

Die Freiheitsapostel,
sie waren mir immer zuwider;
Willkür suchte doch nur jeder
am Ende für sich.
Johann Wolfgang von Goethe,
Venezianische Epigramme

Die Freiheitsliebe ist eine Kerkerblume,
und erst im Gefängnisse
fühlt man den Wert der Freiheit.
Heinrich Heine, Vorrede zu Salon I

Die führtest sie zur Freiheit,
und sie dachten an Raub.
Friedrich Hölderlin, Hyperion

Die Furcht vor der Freiheit
ist stark in uns.
Germaine Greer, Der weibliche Eunuch

Die Geschichte der Freiheit
ist eine Geschichte des Widerstandes.
Die Geschichte der Freiheit
ist eine Geschichte der Begrenzung
der Regierungsgewalt.
Thomas Woodrow Wilson

Die glücklichen Sklaven sind
die erbittertsten Feinde der Freiheit.
Marie von Ebner-Eschenbach, Aphorismen

Die große Freiheit setzt sich aus vielen
kleinen Freiheiten zusammen.
Ignazio Silone

Die Idee der Freiheit ist nicht unvereinbar mit dem Vorhandensein
bestimmter Konstanten.
Simone de Beauvoir, Das andere Geschlecht

Die Kriege,
selber für Freiheit geführt,
verloren entweder
oder nahmen eine.
Jean Paul, Dämmerungen für Deutschland

Die Lehre
von der Freiheit des Willens
ist eine Erfindung
herrschender Stände.
Friedrich Nietzsche, Menschliches, Allzumenschliches

Die Liebe wandelt die Seelen um
und macht sie frei.
Bernhard von Clairvaux, Briefe (an Prior Guigo)

Die meisten verarbeiten den größten
Teil der Zeit, um zu leben,
und das bisschen, das ihnen
von Freiheit übrig bleibt,
ängstigt sie so, dass sie alle Mittel
aufsuchen, um's loszuwerden:
O Bestimmung des Menschen!
Johann Wolfgang von Goethe,
Die Leiden des jungen Werthers

Die Menschen können nicht
frei werden,
ohne zur Freiheit erzogen zu sein.
Henry Thomas Buckle, Geschichte der Civilisation
in England

Die Menschen
sind doch sonderbare Wesen.
Sie gebrauchen nie die Freiheit,
die sie haben, sondern fordern die,
die sie nicht haben:
Denkfreiheit haben sie,
Redefreiheit fordern sie.
Søren Kierkegaard, Entweder – Oder

Die Menschen sind es, die begreifen
müssen, dass man Menschen nicht
kaufen und verkaufen darf. Und Voraussetzung dafür ist die Freiheit und
nicht die Einmischung der Regierung,
und zwar vor allem eine Freiheit, die
durch Enthaltsamkeit gewonnen wird.
Leo N. Tolstoi, Tagebücher (1889)

Die Menschen wollen Freiheit
und um sie zu erreichen, begeben sie
sich in die Sklaverei der Institutionen,
der sie nie wieder entrinnen.
Leo N. Tolstoi, Tagebücher (1902)

Die so genannte Freiheit des Menschen
läuft darauf hinaus,
dass er seine Abhängigkeit von den
allgemeinen Gesetzen nicht kennt.
Friedrich Hebbel, Tagebücher

Die Verteidiger der Freiheit werden
immer nur Geächtete sein, solange
eine Horde von Schurken regiert!
Maximilien de Robespierre, Letzte Worte
im französischen Konvent (26. Juli 1794)

Die Toleranz in jeder Gesellschaft muss
jedem Bürger die Freiheit sichern,
zu glauben, was er will.
Aber sie darf nicht so weit gehen,
dass sie die Frechheit und Zügellosigkeit junger Hitzköpfe gutheißt,
die etwas vom Volke Verehrtes
dreist beschimpfen.
König Friedrich der Große, Briefe (an Voltaire,
13. August 1766)

Die Völker beißen grimmiger,
wenn sie die Freiheit wiedererrungen,
als wenn sie diese
nur aufrechterhalten haben.
Niccolò Machiavelli, Vom Staat

Die wahre Freiheit ist nichts anderes
als Gerechtigkeit.
Johann Gottfried Seume

Die wahre Quelle der Kraft
eines Volkes ist die Freiheit,
wenn es für sich selbst schaffen kann
unter einer guten und weisen Führung.
Konrad Adenauer, Gespräch mit Nehru, 13. Juli 1956

Die Welt muss überhaupt in jeder
Richtung durch Freiheit zur Vollendung gelangen, nicht durch Zwang
und Gewalt irgendeiner Art.
Carl Hilty, Glück

Die Weltgeschichte ist der Fortschritt
im Bewusstsein der Freiheit.
Georg Wilhelm Friedrich Hegel, Vorlesungen über die
Philosophie der Geschichte

Du sagst, nur Männer besäßen diese
uneingeschränkte Freiheit des Willens,
dein Geschlecht sei unauflöslich an
die Verhältnisse der Meinung und des
Rufs geknüpft. Aber ist es aus deinem

Munde, dass ich dies höre?
Bist du nicht ein freies Mädchen, so
wie ich ein freier Mann?
Welcher anderen Herrschaft
bist du unterworfen,
als allein der Herrschaft der Vernunft?
Heinrich von Kleist, Briefe
(an Ulrike von Kleist, Mai 1799)

Ein Volk gibt niemals seine Freiheit auf,
außer in irgendeiner Verblendung.
Edmund Burke, Reden (1784)

Eine Nation von Dummköpfen
ist glücklich: Wenn sie kein Gefühl
für die Freiheit hat, so kennt sie
auch nicht deren Beunruhigungen
und Gewitterstürme.
Honoré de Balzac, Physiologie der Ehe

Einem anderen gehöre nicht,
wer sein eigener Herr sein kann.
Philippus Theophrastus Paracelsus, Wahlspruch

Es binden Sklavenfesseln
nur die Hände,
Der Sinn, er macht den Freien
und den Knecht.
Franz Grillparzer, Sappho (Phaon)

Es darf keine Freiheit geben
zur Zerstörung der Freiheit.
Karl Jaspers

Es darf sich einer nur für frei erklären,
so fühlt er sich den Augenblick als
bedingt. Wagt er es, sich für bedingt
zu erklären, so fühlt er sich frei.
Johann Wolfgang von Goethe,
Maximen und Reflexionen

Es gibt kaum ein Wort heutzutage,
mit dem mehr Missbrauch getrieben
wird als mit dem Wort »frei«.
Ich traue dem Wort nicht,
aus dem Grunde, weil keiner
die Freiheit für alle will;
jeder will sie für sich.
Otto von Bismarck, Reden (im Deutschen Reichstag,
15. März 1884)

Es gibt keine absolute Freiheit;
man ist immer frei von etwas.
Stefan Napierski

Es ist die Stärke unserer Freiheit, dass
sie uns die Chance gibt, dazuzulernen,
im Streit um den besten Weg der
Wahrheit näher zu kommen und dort,
wo es nötig wird, den Kurs
mit friedlichen Mitteln zu ändern.
Richard von Weizsäcker, Die Verantwortung der
Gewerkschaften in der freiheitlichen Demokratie.
Ansprache des Bundespräsidenten auf dem DGB-
Bundeskongress in Hamburg 1986.

Es ist ein Feind,
vor dem wir alle zittern,
Und eine Freiheit macht uns alle frei.
Friedrich Schiller, Wilhelm Bertha (Bertha)

Es ist gefährlich,
die Freiheit einem Volk zu geben,
das auf jeden Fall Knecht sein will.
Niccolò Machiavelli, Geschichte von Florenz

Es ist gewiss, dass dieser Geist der
Freiheit in mir weniger aus Stolz als
aus Trägheit entsteht,
diese Trägheit aber ist unglaublich,
alles macht sie scheu, die geringsten
Pflichten des bürgerlichen Lebens sind
ihr unerträglich. Ein Wort, das ich zu
sagen, ein Brief, den ich zu schreiben,
ein Besuch, den ich abzustatten habe,
sind wahre Foltern für mich,
wenn ich muss.
Jean-Jacques Rousseau, Erster Brief an Malesherbes
(4. Januar 1762)

Es ist nicht gut, zu frei zu sein.
Es ist nicht gut, allen seinen Nöten
unterworfen zu sein.
Blaise Pascal, Pensées

Es ist tatsächlich wahr,
dass niemand einem andern
die Freiheit rauben kann,
ohne die eigene Freiheit
zu verlieren.
Milovan Djilas

Es ist vielleicht das einzige Stück
Freiheit, das man sein ganzes Leben
ununterbrochen besitzt:
Die Freiheit, das Leben wegzuwerfen.
Stefan Zweig

Es lebe die Freiheit!
Hans Scholl, durch das Gefängnis gerufene Worte
direkt vor der Enthauptung (1943)

Es lebe die Freiheit!,
es lebe der Wein!
Johann Wolfgang von Goethe, Faust I (Altmayer)

Es liebt ein jeder, frei sich selbst
Zu leben nach dem eigenen Gesetz.
Friedrich Schiller, Die Braut von Messina (Isabella)

Es nenne niemand frei und weise sich
Vor seinem Ende!
Johann Wolfgang von Goethe,
Claudine von Villa Bella (Lucinde)

Es sind nicht alle frei,
die ihrer Ketten spotten.
Gotthold Ephraim Lessing,
Nathan der Weise (Tempelherr)

Es stößt die Freiheit an der Freiheit
sich, und was geschieht,
trägt der Beschränkung
und Gemeinschaft Zeichen.
Friedrich Schleiermacher, Monologen

Eure Freiheit, vergesst es nicht,
taugt gerade so viel, als ihr taugt.
Alexandre Vinet, Erziehung, Familie und Gesellschaft

Feiger Gedanken
Bängliches Schwanken,
Weibisches Zagen,
Ängstliches Klagen,
Wendet kein Elend,
Macht dich nicht frei.
Johann Wolfgang von Goethe, Lila (Magus)

Fleiß und Bedürfnislosigkeit sind Vater
und Mutter der Freiheit – dabei darf
der Vater ein fauler Lümmel sein,
wenn nur die Mutter fleißig ist.
Emil Gött, Zettelsprüche. Aphorismen

Frau und Mann sind niemals frei.
Stets ist ein Gefühl dabei. Und die
Dummen sind gewöhnlich alle zwei.
Kurt Tucholsky, Schnipsel

Frei, aber nicht frech,
das ist so mein Satz.
Theodor Fontane, Der Stechlin

Frei heißt ein Ding, das nur aus der
Notwendigkeit seiner eigenen Natur
heraus existiert und nur durch sich
selbst zum Handeln bestimmt wird.
Baruch de Spinoza, Ethik

Frei ist nicht, wer tun kann,
was er will, sondern wer werden kann,
was er soll. Frei ist, wer seinem
anerschaffenen Lebensprinzip
zu folgen imstande ist.
Paul Anton de Lagarde, Deutsche Schriften

Frei will ich leben
und also sterben,
Niemand berauben
und niemand beerben.
Friedrich Schiller, Wallensteins Lager (1. Kürassier)

Frei will ich sein
im Denken und im Dichten;
Im Handeln schränkt die Welt
genug uns ein.
Johann Wolfgang von Goethe, Torquato Tasso (Tasso)

Freie Meinungen in freien Worten.
Torquato Tasso, Das befreyte Jerusalem

Freiheit besteht im Fehlen vom Zwang,
Böses zu tun.
Leo N. Tolstoi, Tagebücher (1851)

Freiheit besteht vor allem darin,
das zu tun, was man
nach seinem Gewissen tun soll.
Albert Schweitzer

Freiheit: die Möglichkeit, so zu leben,
wie du willst.
Marcus Tullius Cicero, Paradoxa Stoicorum

Freiheit existiert nicht;
sie ist nur ein Wunsch der Seele.
Emile Henriot

Freiheit! Freiheit!
In allem Gerechtigkeit,
und es wird genug Freiheit geben.
Joseph Joubert, Gedanken, Versuche und Maximen

Freiheit geht über Silber und Gold.
Deutsches Sprichwort

Freiheit, Geselligkeit, Gleichheit,
wie sie jetzt überall aufkeimen –
sie haben in tausend Missbräuchen
Übles gestiftet und werden's stiften.
Johann Gottfried Herder, Auch eine Philosophie der
Geschichte zur Bildung der Menschheit

Freiheit gibt es
in keiner Regierungsform;
sie lebt nur im Herzen des freien Menschen; er trägt sie überall mit sich.
Jean-Jacques Rousseau, Emile

Freiheit ist Befreiung von der Illusion,
der Täuschung der Persönlichkeit.
Leo N. Tolstoi, Tagebücher (1905)

Freiheit ist das Recht, zu tun,
was die Gesetze gestatten.
Charles de Secondat, Baron de la Brède
et de Montesquieu, Vom Geist der Gesetze

Freiheit ist ein Erleben – ich will,
Wahl ist Zeichen der Freiheit.
Oswald Spengler, Urfragen.
Fragmente aus dem Nachlass

Freiheit ist ein Gut,
das durch Gebrauch wächst,
durch Nichtgebrauch
dahinschwindet.
Carl Friedrich von Weizsäcker

Freiheit ist ein herrlicher Schmuck,
der schönste von allen,
Und doch steht er, wir sehn's,
wahrlich nicht jeglichem an.
Johann Wolfgang von Goethe/Friedrich Schiller,
Xenien

Freiheit ist eine Summe
mikroskopischer Unfreiheiten.
Peter Hille, Aphorismen

Freiheit ist Einsicht
in die Notwendigkeit.
Georg Wilhelm Friedrich Hegel

Freiheit ist Gleichheit.
Heinrich Mann, Geist und Tat

Freiheit ist immer nur
die Freiheit des anders Denkenden.
Rosa Luxemburg, Die Russische Revolution

Freiheit ist kein Mittel
zu einem höheren politischen Ziel.
Sie selbst ist
das höchste politische Ziel.
John Dalberg Baron Acton, Geschichte der Freiheit

Freiheit ist nicht ein Vorrecht,
das verliehen wird,
sondern eine Gewohnheit,
die man erwerben muss.
David Lloyd George, Reden (1928)

Freiheit ist nicht Freiheit zu tun,
was man will;
sie ist die Verantwortung,
das zu tun, was man tun muss.
Yehudi Menuhin, Kunst als Hoffnung
für die Menschheit

Freiheit ist nicht die Willkür, beliebig
zu handeln, sondern die Fähigkeit,
vernünftig zu handeln.
Rudolf Virchow

Freiheit ist nicht Müßiggang, die
besteht im freien Gebrauch der Zeit,
in der freien Wahl von Arbeit und
Tätigkeit, mit einem Wort:
Frei sein bedeutet nicht Nichtstun,
sondern Herr sein
über sein Tun und Lassen.
Jean de La Bruyère, Die Charaktere

Freiheit ist: sich befehlen zu können,
und zwar so vernünfig, dass sich
gehorchen ein neuer Genuss ist.
Seinen eignen unsinnigen Befehlen
widerwillig Gehorsam leisten, ist die
qualvollste Form der Unfreiheit.
Emil Gött, Zettelsprüche. Aphorismen

Freiheit kann auch die Freiheit
des aufgeknöpften Hemdes
vor der Hinrichtung bedeuten.
Václav Havel

Freiheit sei der Zweck des Zwanges,
wie man eine Rebe bindet,
Dass sie, statt im Staub zu kriechen,
frei sich in die Lüfte windet.
Friedrich Wilhelm Weber, Dreizehnlinden

Freiheit und Demokratie
passen zueinander
wie Feuer und Wasser.
Paul Anton de Lagarde, Deutsche Schriften

Freiheit verdirbt auch
ein gutes Weib.
Sprichwort aus Russland

Freiheit von allen Illusionen
ist das Glück der Hoffnungslosen.
Ludwig Marcuse, Argumente und Rezepte.
Ein Wörter-Buch für Zeitgenossen

Freiheit wird nie geschenkt,
immer nur gewonnen.
Heinrich Böll

Freiheit, wo sprichst du deine göttlichen Worte am lautesten? Nicht im
Wohlleben und Spätalter der Staaten,
nur in ihrer noch kahlen Mai-Jugend.
So singt der Vogel seine schönsten
Lieder auf den unbelaubten und
belaubten Ästen des Frühlings; aber
unter den Früchten des Herbstes sitzt
er stumm und trübe auf den Zweigen
und schmachtet nach dem Frühling.
Jean Paul, Dämmerungen für Deutschland

Geben Sie
Gedankenfreiheit.
Friedrich Schiller, Dom Karlos (Marquis)

Gedanken sind frei.
William Shakespeare, Der Sturm (Stephano)

Gesetzgeber oder Revolutionärs,
die Gleichsein und Freiheit zugleich
versprechen, sind Phantasten
oder Charlatans.
Johann Wolfgang von Goethe,
Maximen und Reflexionen

Gib dich nicht lebend und freiwillig
in Knechtschaft, solange es dir
noch offen steht, frei zu sterben.
Euripides, Archelaos-Fragment

Gleichheit setzt stärker Freiheit
voraus als Freiheit Gleichheit.
Jean Paul, Vorschule der Ästhetik

Gott gönnt nur denen die Freiheit,
die sie lieben und jederzeit bereit sind,
sie zu schützen und zu verteidigen.
Daniel Webster, Reden (1834)

Herrenlos ist auch der Freiste nicht.
Friedrich Schiller, Wilhelm Tell (Stauffacher)

Höchste Knechtschaft und höchste
Freiheit, beides sind höchste Übel.
Martin Luther, Tischreden

Ich glaube, dass dieser Staat
nicht auf die Dauer
halb Sklave und halb frei sein kann.
Abraham Lincoln, Reden (1858)

Ich habe mein ganzes Leben
über Freiheit gesprochen.
Nelson Mandela, Rede in Soweto, Februar 1990

Ich habe immer mehr den Eindruck,
dass man Freiheit mit Frechheit
verwechselt.
Gino Cervi

Ich möchte nicht herrschen,
sofern ich mich dann nicht frei fühle.
Phaedrus, Fabeln

Im Freien werde ich
freier denken können.
Heinrich von Kleist, Briefe (an Wilhelmine von Zenge,
28. März 1801)

Im Reich der Natur
waltet Bewegung und Tat,
im Reich der Freiheit
Anlage und Willen.
Johann Wolfgang von Goethe,
Maximen und Reflexionen

In der heutigen Welt
hält man Zügellosigkeit für Freiheit.
Fjodor M. Dostojewski, Tagebuch eines Schriftstellers

In dir ein edler Sklave ist,
Dem du die Freiheit schuldig bist.
Matthias Claudius, Der Wandsbecker Bothe

In Freiheit leben heißt erst leben.
Karl Wilhelm Ramler

In seinem Hühnerstall, aus dem man
ihn zum Schlachten herausholen wird,
kräht der Hahn Hymnen auf
die Freiheit, weil man ihm darin
zwei Sitzstangen eingebaut hat.
Fernando Pessoa, Das Buch der Unruhe
des Hilfsbuchhalters Bernardo Soares

Ist denn nicht das eheliche Band
sowohl die freiste als auch heiligste
von allen Verbindungen?
Jean-Jacques Rousseau, Julie oder
Die neue Héloïse (Eduard)

Ist die Freiheit ein Gut
für den Menschen, wenn sie so groß,
so schrankenlos werden kann,
dass er schließlich nur noch wünscht,
weniger Freiheit zu haben?
Jean de La Bruyère, Die Charaktere

Je freier man sich fühlt,
um so mehr Freiheit will man haben.
Sully Prudhomme, Gedanken

Je tiefer, reiner und göttlicher
unser Erkennen ist, desto reiner,
göttlicher und allgemeiner ist auch
unser Würken, mithin desto freier
unsre Freiheit.
Johann Gottfried Herder, Vom Erkennen
und Empfinden der menschlichen Seele

Jeder, der tut, was er nicht will,
hat keine Handlungsfreiheit; wohl aber
kann er einen freien Willen haben.
Thomas von Aquin, Über das Böse

Kein Mann der Erde, wahrlich!,
ist ein freier Mann.
Euripides, Hekabe (Hekabe)

Keine Freiheit ohne Tatkraft.
Sully Prudhomme, Gedanken

Keine Freiheit, wenn nicht
ein starker und mächtiger Wille
die gesetzte Ordnung sichert.
Joseph Joubert, Gedanken, Versuche und Maximen

Lass mich der neuen Freiheit genießen,
Lass mich ein Kind sein, sei es mit.
Friedrich Schiller, Maria Stuart (Maria)

Lechzt der Geist nicht nach Freiheit?
Ach, mein Geist nicht allein, auch
mein Leib lechzt stündlich danach!
Max Stirner, Der Einzige und sein Eigentum

Macht ist Pflicht,
Freiheit ist Verantwortlichkeit.
Marie von Ebner-Eschenbach, Aphorismen

Man bildet sich immer ein, frei zu
sein, wenn man eine Knechtschaft
loswird – und bedenkt nur selten,
in welche neue man geraten ist.
Ludwig Marcuse, Argumente und Rezepte.
Ein Wörter-Buch für Zeitgenossen

Man darf die Geister nicht einkerkern.
Es ist an der Zeit, über die öffentlichen
Dinge frei zu reden und zu schreiben.
Siegen wird in jedem Fall
nur die Wahrheit.
John Milton, Aeropagitica

Man darf nicht warten,
bis der Freiheitskampf
Landesverrat genannt wird.
Erich Kästner

Man kann in wahrer Freiheit leben
Und doch nicht ungebunden sein.
Johann Wolfgang von Goethe, Der wahre Genuss

Man muss sich die Freiheit nehmen.
Sie wird einem nicht gegeben.
Meret Oppenheim

Man soll frei sein, aber man soll
gerecht und maßvoll sein.
Alexandre Vinet, Erziehung, Familie und Gesellschaft

Man sollte den Menschen
auch die Freiheit geben: zu gehorchen.
Ludwig Marcuse, Argumente und Rezepte.
Ein Wörter-Buch für Zeitgenossen

Man sollte nie die besten Hosen
anziehen, wenn man in den Kampf
geht für Freiheit und Wahrheit.
Henrik Ibsen, Ein Volksfeind

Manche Leute wären frei, wenn sie
zu dem Bewusstsein ihrer Freiheit
kommen könnten.
Marie von Ebner-Eschenbach, Aphorismen

Meine Freiheit ist mir eine Last,
ich mag meine Unabhängigkeit nicht
(...). Freie Frauen sind keine Frauen.
Colette, Claudine

Merkwürdig, welche Angst
die Menschen vor der Freiheit haben.
Anton P. Tschechow, Briefe (11. März 1889)

Mit dem Ideal der absoluten Freiheit
wird dasselbe Unwesen getrieben
wie mit allem Absoluten.
Max Stirner, Der Einzige und sein Eigentum

Mit den großen befreienden Skeptikern
kann sich niemand befreunden,
sie stürzen jeden in zuviel Freiheit.
Ludwig Marcuse, Argumente und Rezepte.
Ein Wörter-Buch für Zeitgenossen

Nationalität ist das einzige Hindernis
für die Entfaltung der Freiheit.
Leo N. Tolstoi, Tagebücher (1857)

Nein! nein! sie glauben sich nicht frei,
wenn sie sich nicht selbst
und andern schaden können.
Johann Wolfgang von Goethe, Egmont (Alba)

Niemand ist frei,
der nicht über sich selbst Herr ist.
Matthias Claudius

Niemand ist mehr Sklave,
als der sich für frei hält,
ohne es zu sein.
Johann Wolfgang von Goethe,
Die Wahlverwandtschaften

Niemand kann
einem anderen die Freiheit rauben,
ohne die eigene Freiheit zu verlieren.
Milovan Djilas

Nur auf dem Begriff der Ordnung
kann jener der Freiheit ruhen.
Klemens Wenzel Fürst von Metternich,
Denkwürdigkeiten

Nur der verdient sich Freiheit
wie das Leben,
Der täglich sie erobern muss.
Johann Wolfgang von Goethe, Faust II (Faust)

Nur in Freiheit kann menschliche
Gemeinschaft gedeihen
und Früchte tragen.
Benedetto Croce, Geschichte Europas
im 19. Jahrhundert

Nur keine Zügel,
die ertrag ich nicht!
Franziska Gräfin zu Reventlow, Tagebücher

Nur wenn die Welt als werdend
gedacht wird, als in steigender Entwickelung
sich ihrer Vollendung
nähernd, ist die Freiheit möglich.
Wäre die Welt vollendet, so könnte
auch in ihr nichts mehr verändert,
gewirkt und hervorgebracht werden,
und die Freiheit wäre unmöglich.
Friedrich Schlegel, Philosophische Vorlesungen

Nur wer denkt,
ist frei und selbstständig.
Ludwig Feuerbach, Das Wesen des Christentums

O süßes Wort: Freiheit!
Marcus Tullius Cicero, Zweite Verhandlung
gegen Verres

Offen sind überall Wege zur Freiheit,
viele kurze, leichte.
Lucius Annaeus Seneca, Briefe über Ethik

Ordnung und Ordnung allein führen
endgültig zur Freiheit.
Unordnung schafft Knechtschaft.
Charles Péguy, Cahiers de la Quinzaine (1905)

Presse, du bist wieder frei.
Jeder wünscht die Freiheit sich,
Andre brav zu pressen.
Johann Wolfgang von Goethe, Zahme Xenien

Schön ist die Freiheit
mit Verstand und Geld.
Sprichwort aus Russland

Schrankenlos, wie die Natur;
so ist die Kunst; schrankenlos
in die Höhe, wie in die Breite.
Eberhard Freiherr von Bodenhausen,
In: Zeitschrift Pan 1899/1900, 5. Jg./4. Heft

Selig ist der Mann,
Der Herrengunst entraten kann.
Georg Rollenhagen, Froschmeuseler

So viel Gestalten,
als es Menschen gibt,
Hat Freiheit: Einem ist Geliebte sie,
In deren Anschaun er sich selig fühlt,
Dem andern eine rasende Mänade,
An deren Seit' er sich
im Schlamme wälzt.
Franz Grillparzer, Hannibal-Fragment (2. Gladiator)

So weit deine Selbstbeherrschung geht,
so weit geht deine Freiheit.
Marie von Ebner-Eschenbach, Aphorismen

Stehen bleiben: es wäre der Tod;
nachahmen: es ist schon eine Art
von Knechtschaft;
eigne Ausbildung und Entwicklung:
das ist Leben und Freiheit.
Leopold von Ranke, Zur Geschichte Deutschlands
und Frankreichs

Übel angewandte Freiheit bringt
einem selbst und anderen Nachteil.
Niccolò Machiavelli, Geschichte von Florenz

Über Freiheit kann jeder reden,
aber nur in der Freiheit!
Herbert Wehner, auf dem Godesberger Parteitag der
SPD, November 1959

Um das Hauptgeschenk der Natur,
die Freiheit, zu bewahren,
erfinde ich Angriffswaffen –
und Verteidigungsmittel für den Fall,
dass ehrgeizige Tyrannen
uns bedrängen sollten.
Leonardo da Vinci

Um unsere Freiheit ist es sehr traurig
bestellt. Wahrscheinlich hat es nie
anderswo als auf dem Papier gegeben.
Marlen Haushofer, Die Wand

Und wenn Freiheit und Gerechtigkeit
in Ewigkeit nichts als eine schöne
Morgenröte wäre, so will ich lieber
mit der Morgenröte sterben,
als den glühenden, ehernen Himmel
der Despotie über meinem Schädel
brennen zu lassen.
Johann Gottfried Seume, Apokryphen

Unfreiheit lehrt Freiheit.
Sprichwort aus Russland

Unser Wunsch ist eine Welt,
die in Freiheit und nicht
in Sklaverei lebt.
Dwight D. Eisenhower

Vermehrung der Freiheit
ist Erhellung des Bewusstseins.
Leo N. Tolstoi, Tagebücher (1905)

Vernunft und Freiheit
sind unvereinbar mit Schwäche.
Luc de Clapiers Marquis de Vauvenargues,
Reflexionen und Maximen

Vielleicht brächte ich es so weit,
in Glanz zu leben, aber ich hätte dann
alles andere nicht, meine absolute
Freiheit und mein Leben für mich.
Franziska Gräfin zu Reventlow, Tagebücher

Volksfreiheit ist nicht meine Freiheit!
Max Stirner, Der Einzige und sein Eigentum

Völlige Sicherheit, stets geheiligtes
Eigentum eines jeden über seine Person und sein Vermögen, darin besteht
die wahre soziale Freiheit.
Antoine Comte de Rivarol, Maximen und Reflexionen

Wahrhaft, wenn man so etwas Großes
wie die Freiheit zu bewahren hat,
ist der Rest recht kindisch.
Jean-Jacques Rousseau, Brief an d'Alembert

Was ist Freiheit, fragst du?
Keiner Sache als Sklave zu dienen,
keiner Notwendigkeit, keinen Zufällen,
das Schicksal auf die gleiche Ebene
zu führen.
Lucius Annaeus Seneca, Briefe über Ethik

Was ist Gleichheit anderes
als die Verneinung aller Freiheit,
alles Höheren und der Natur selbst?
Gustave Flaubert, Briefe (an Louise Colet, 16. Mai 1852)

Wehe, wenn sie losgelassen!
Friedrich Schiller, Das Lied von der Glocke

Weit eher verlangt sind freie Seelen
als freie Menschen. Nur die moralische
Freiheit ist wichtig, die andere gut
und nützlich nur, sofern sie
diese begünstigt.
Joseph Joubert, Gedanken, Versuche und Maximen

Wenn der Mensch tätig und frei ist,
handelt er aus sich selbst.
Jean-Jacques Rousseau, Emile

Wenn die Menschen frei geboren
würden, so würden sie,
solange sie frei blieben, keinen Begriff
von gut und schlecht bilden.
Baruch de Spinoza, Ethik

Wenn ein Volk, das an eine Alleinherrschaft gewohnt ist, durch irgendein
Ereignis frei wird, behauptet es
nur schwer seine Freiheit.
Niccolò Machiavelli, Vom Staat

Wenn euer Gewissen rein ist,
so seid ihr frei.
Johann Wolfgang von Goethe,
Götz von Berlichingen (Götz)

Wenn wir uns als frei denken,
so versetzen wir uns als Glieder
in die Verstandeswelt und erkennen
die Autonomie des Willens,
samt ihrer Folge, der Moralität;
denken wir uns aber als verpflichtet,
so betrachten wir uns als
zur Sinnenwelt und doch zugleich
zur Verstandeswelt gehörig.
Immanuel Kant, Grundlegung zur Metaphysik
der Sitten

Wer an die Freiheit
des menschlichen Willens glaubt,
hat nie geliebt und nie gehasst.
Marie von Ebner-Eschenbach, Aphorismen

Wer die Freiheit nicht im Blut hat,
wer nicht fühlt, was das ist: Freiheit,
der wird sie nie erringen.
Kurt Tucholsky

Wer eine Stadt erobert, die gewohnt
war, frei zu sein, und sie nicht zerstört,
mag sich darauf gefasst machen,
von ihr zugrunde gerichtet zu werden.
Denn im Namen der Freiheit und die
alte Staatsverfassung dienen stets als
Vorwand für Aufstände und werden
weder im Lauf der Zeit noch durch
Wohltaten in Vergessenheit geraten.
Niccolò Machiavelli, Der Fürst

Wer Freiheit will,
muss Unbequemlichkeit ertragen.
Richard von Weizsäcker auf dem DGB-Bundeskongress
in Hamburg 1986

Wer ist ein freier Mann?
Der, dem nur eigner Wille
Und keines Zwingherrn Grille
Gesetze geben kann;
Der ist ein freier Mann.
Gottlieb Konrad Pfeffel, Fabeln
und poetische Erzählungen

Wer nie in Banden war,
weiß nichts von Freiheit.
Jakob Boßhart, Bausteine zu Leben und Zeit

Wer seine Schranken kennt,
der ist der Freie,
Wer sich frei wähnt,
ist seines Wahnes Knecht.
Franz Grillparzer, Libussa (Tetka)

Wer unfrei konsumiert,
konsumiert Unfreiheit.
Günther Anders, Die Antiquiertheit des Menschen. Bd. 2

Wer von Freiheit und Gerechtigkeit
kein besseres Ideal kennt,
als ihm die Geschichte zeigt, ist sehr
arm an Trost für die Menschheit.
Johann Gottfried Seume, Apokryphen

Wer weiß, wo man unabhängig und
frei leben kann, ohne es nötig zu
haben, jemandem Böses zu tun,
und ohne Furcht, solches zu erleiden?
Jean-Jacques Rousseau, Emile

Wie wird verlorene Freiheit wieder
gewonnen? Durch einen aus der Tiefe
des Volkes kommenden Stoß
und Sturm der sittlichen Kräfte.
Conrad Ferdinand Meyer, Die Versuchung des Pescara

Willensfreiheit ist das bewusste
Begreifen des eigenen Lebens.
Frei ist, wer sich als lebendig begreift.
Und sich als lebendig begreifen heißt,
das Gesetz seines Lebens zu begreifen,
heißt, danach zu streben, das Gesetz
des eigenen Lebens zu erfüllen.
Leo N. Tolstoi, Tagebücher (1891)

Wir dünken uns frei, und der Zufall
führt allgewaltig an tausend fein
gesponnenen Fäden fort.
Heinrich von Kleist, Briefe (an Wilhelmine von Zenge,
9. April 1801)

Wir haben ständig die menschliche
Freiheit gepredigt. Da wir aber
den Menschen vergessen haben,
haben wir unsere Freiheit als eine
unklare Fessellosigkeit definiert,
einzig begrenzt durch den Schaden,
der dem Nächsten angetan wird.
Das entbehrt jeder Sinngebung;
denn es gibt keine Handlung,
die den Nächsten nicht mit betrifft (...).
Antoine de Saint-Exupéry, Flug nach Arras

Wir Subalternen haben keinen Willen;
Der freie Mann, der mächtige, allein
Gehorcht dem schönen menschlichen
Gefühl.
Friedrich Schiller, Wallensteins Tod (Gordon)

Wir verlangen Beständigkeit,
Haltbarkeit und Fortdauer;
und die einzig mögliche Fortdauer
des Lebens wie der Liebe
liegt im Wachstum,
im täglichen Auf und Ab –
in der Freiheit; einer Freiheit
im Sinne von Tänzern,
die sich kaum berühren und doch
Partner in der gleichen Bewegung sind.
Anne Morrow Lindbergh, Muscheln in meiner Hand

Wird die Freiheit wiedergewonnen,
so ist die Erbitterung heftiger,
sind die Wunden tiefer,
als wenn man sie verteidigt.
Niccolò Machiavelli, Geschichte von Florenz

Wirklich frei ist nur derjenige,
der eine Einladung zum Essen
abzulehnen vermag, ohne erst irgendeinen Vorwand suchen zu müssen.
Jules Renard, Ideen, in Tinte getaucht.
Aus dem Tagebuch von Jules Renard

Wo Freiheit ist,
sind keine Privilegien.
Johann Gottfried Seume, Apokryphen

Wo keine Freiheit ist,
wird jede Lust getötet.
Johann Wolfgang von Goethe,
Die Laune des Verliebten

Wonach misst sich die Freiheit,
bei Einzelnen wie bei Völkern?
Nach dem Widerstand, der überwunden werden muss, nach der Mühe,
die es kostet, oben zu bleiben.
Friedrich Nietzsche, Götzen-Dämmerung

Zügellosigkeit hat zur natürlichen
Folge Erschlaffung; Missbrauch
der Freiheit den Verlust derselben.
Friedrich Schlegel, Vom ästhetischen Werte
der griechischen Komödie

Zugunsten der Wahrheit
und der Freiheit muss man sich
manchmal über die üblichen Regeln
des guten Tons hinwegsetzen.
Michel Eyquem de Montaigne, Die Essais

Zur Entfaltung der Wissenschaft und
überhaupt der produktiven geistigen
Tätigkeit bedarf es einer inneren Freiheit. Es ist jene Freiheit des Geistes,
die in der Unabhängigkeit des Denkens
von Fesseln autoritärer und gesellschaftlicher Vorurteile sowie
von Fesseln unkritischer Routine und
Gewohnheit besteht. Diese innere
Freiheit ist eine seltene Gabe der Natur
und ein würdiges Ziel
für das Individuum (...).
Albert Einstein, Aus meinen späten Jahren

Zur inneren Freiheit werden
zwei Stücke erfordert: seiner selbst in
einem gegebenen Falle Meister und
über sich selbst Herr zu sein,
d. i. seine Affekte zu zähmen und
seine Leidenschaften zu beherrschen.
Immanuel Kant, Die Metaphysik der Sitten

Zur Sklaverei
gewöhnt der Mensch sich gut
Und lernet leicht gehorchen,
wenn man ihn
Der Freiheit ganz beraubt.
Johann Wolfgang von Goethe, Iphigenie auf Tauris
(Thoas)

Zwei Dinge bedeuten mir Leben:
die Freiheit und die Frau, die ich liebe.
Voltaire, Der ehrliche Hurone

Freimut

Es gibt nichts Schwereres im Leben als
offenen Freimut und nichts Leichteres
als Schmeichelei.
Fjodor M. Dostojewski, Raskolnikow

Freimütigkeit ist eine natürliche
Eigenschaft, beständige Wahrhaftigkeit
eine Tugend.
Joseph Joubert, Gedanken, Versuche und Maximen

Freispruch

Der Richter wird verurteilt,
wenn ein Schuldiger
freigesprochen wird.
Publilius Syrus, Sentenzen

Es ist besser,
einen Schuldigen freizusprechen,
als einen Unschuldigen zu verurteilen.
Sprichwort aus Frankreich

Freitod

Freitod und Selbstmord
sind nicht Synonyma.
Ludwig Marcuse, Argumente und Rezepte.
Ein Wörter-Buch für Zeitgenossen

Meinen Tod lobe ich euch,
den freien Tod, der kommt,
weil ich will.
Friedrich Nietzsche, Also sprach Zarathustra

Freiwilligkeit

Das beste Mittel gegen einen Anschlag
des Feindes ist, das freiwillig zu tun,
wozu er dich zu zwingen vorhat.
Denn tust du es freiwillig, so kannst
du es mit Ordnung zu deinem Vorteil
und seinem Nachteil ausführen;
tätest dues gezwungenermaßen,
so würde es deinen Untergang
herbeiführen.
Niccolò Machiavelli, Kriegskunst

Wie viel Menschen mögen denn
das freiwillig zugestehen,
was sie am Ende doch müssen?
Johann Wolfgang von Goethe,
Die Wahlverwandtschaften

Fremde

Daheim ist tausend Tage alles gut,
in der Fremde ist immerfort
alles schwer.
Chinesisches Sprichwort

Die Heimat des Abenteuers
ist die Fremde.
Emil Gött, Im Selbstgespräch

Die Heimat ist nie schöner,
als wenn man in der Fremde
von ihr spricht.
Horst Wolfram Geißler

Kann uns zum Vaterland
die Fremde werden?
Johann Wolfgang von Goethe, Hermann und Dorothea
(4. Gesang)

Weh, du fremdes Land,
wie so hart bist du!
Du bist so drückend schwer.
Otfrid von Weissenburg, Evangelienbuch

Fremdheit

Der ist nicht fremd,
wer teilzunehmen weiß.
Johann Wolfgang von Goethe, Die natürliche Tochter
(Gerichtsrat)

Fremd bin ich eingezogen,
Fremd zieh ich wieder aus.
Wilhelm Müller, Gedichte (Schubert: Winterreise)

Fremd und böse sind für mich
immer noch ein und dasselbe.
Marlen Haushofer, Die Wand

Fremdsein ist
ein gewaltiges Handwerk,
das Fleiß und Fertigkeit erfordert.
Franz Werfel, Zwischen Oben und Unten

Letztlich sind wir Fremde
auf dieser Erde, und es liegt an uns,
den Versuch zu wagen,
es nicht zu sein.
Elie Wiesel, Macht Gebete aus meinen Geschichten

Man kann nicht stets
das Fremde meiden,
Das Gute liegt uns oft so fern.
Johann Wolfgang von Goethe, Faust I (Brander)

Mein Leben! Immer wieder komme ich
in eine unbekannte Stadt und bin
fremd. Auch im Jenseits werde ich nur
ein Zugereister oder Refugie sein!
Franz Werfel, Zwischen Oben und Unten

Nicht alle Fremden sind Barbaren
und nicht alle unsere Landsleute
gesittete Menschen.
Jean de La Bruyère, Die Charaktere

O unglücksel'ge Stunde,
da das Fremde
In diese still beglückten Täler kam,
Der Sitten fromme Unschuld
zu zerstören.
Friedrich Schiller, Wilhelm Tell (Attinghausen)

Überall, wo Fremde selten sind,
werden sie gut aufgenommen.
Jean-Jacques Rousseau, Emile

Um den Wert des Fremden zu fühlen,
müssen wir uns erst in die Gesinnung
und die geistige Richtung eines anderen Volkes versetzen lernen. Das wird
nicht ohne Arbeit und Mühe erreicht.
Wilhelm Grimm, Einleitung zur Vorlesung über Gudrun

Wenn du unter Fremden bist, singe
nicht allein, sondern mit im Chor.
Sprichwort aus Afrika

Werde dir selbst erst befremdlich –
und bald wird nichts mehr
dir fremd sein.
Heimito von Doderer, Repertorium. Ein Begreifbuch
von höheren und niederen Lebens-Sachen

Wir beginnen allmählich einzusehen,
daß nichts Natürliches uns,
den Naturgeborenen, fremd sein kann.
Leslie Stephen, The Playground of Europe

Fremdsprache

Bei fremden Sprachen schrecken die
davor zurück, sich auch nur mit einem
einzigen Buchstäblein gegen die
Grammatik zu verfehlen
und die eigene Sprache bringt beinahe
mit jedem Wort einen Fehler hervor.
Otfrid von Weissenburg, Liutbertbrief

Das musst du als ein Knabe leiden,
Dass dich die Schule tüchtig reckt.
Die alten Sprachen sind die Scheiden,
Darin das Messer des Geistes steckt.
Johann Wolfgang von Goethe, Sprüche

Eine fremde Sprache ist schon
als wissenschaftliche Beleuchtung
der eignen nötig, aber auch genug.
Jean Paul, Levana

Ich beherrsche nur drei Wörter
Französisch: Yves, Saint, Laurent.
Prinzessin Diana

Lerne jeden Tag Verse in der Sprache,
die du nicht beherrschst.
Leo N. Tolstoi, Tagebücher (1847)

Lernst du nicht fremde Sprachen
in den Ländern am besten,
wo sie zu Hause sind?
Johann Wolfgang von Goethe,
Wilhelm Meisters Wanderjahre

Man kann noch so viele
Fremdsprachen beherrschen – wenn
man sich beim Rasieren schneidet,
gebraucht man die Muttersprache.
Eddie Constantine

Rede nicht in einer fremden Sprache,
wenn nicht jeder sie versteht!
Adolph Freiherr von Knigge,
Über den Umgang mit Menschen

Tote Sprachen nennt ihr die Sprache
des Flaccus und Pindar,
Und von beiden nur kommt,
was in der unsrigen lebt.
Johann Wolfgang von Goethe/Friedrich Schiller,
Xenien

Was muss es auf ein Volk für einen
Einfluss haben, wenn es keine fremden
Sprachen lernt? Vermutlich etwas
Ähnliches von dem, den eine gänzliche Entfernung von aller Gesellschaft
auf einen einzelnen Menschen hat.
Georg Christoph Lichtenberg, Sudelbücher

Wer eine Fremdsprache lernt,
zieht den Hut
vor einer anderen Nation.
Thornton Wilder

Wer fremde Sprachen nicht kennt,
weiß nichts von seiner eigenen.
Johann Wolfgang von Goethe, Maximen und
Reflexionen

Fremdwort

Ein Fremdwort ist
wie ein unscharfes Foto.
Karl Heinrich Waggerl

Ich verfluche allen negativen Purismus, dass man ein Wort
nicht brauchen soll, in welchem
ine andre Sprache
Vieles oder Zarteres gefasst hat.
Johann Wolfgang von Goethe, Maximen und
Reflexionen

Sinnreich bist du, die Sprache
von fremden Wörtern zu säubern;
Nun, so sage doch, Freund,
wie man Pedant uns verdeutscht.
Johann Wolfgang von Goethe/Friedrich Schiller,
Xenien

Fressen

Angesichts einer Schöpfung,
in der alle Geschöpfe fressen
und gefressen werden,
liegt die Vermutung nahe,
dass auch der Urheber frisst.
Hans Henny Jahnn, Die Niederschrift
des Gustav Anias Horn

Erst kommt das Fressen,
dann kommt die Moral.
Bertolt Brecht

Je mehr man isst,
desto gefräßiger wird man.
Chinesisches Sprichwort

Sei kein Fresser und Säufer,
denn sonst bleibt nichts im Beutel.
Altes Testament, Jesus Sirach 18, 33

Freud, Sigmund

Die Frauen waren gerade dabei,
die Startrampe zu erklimmen,
als ein großes Unglück sie ereilte:
Freud.
Benoîte Groult, Ödipus' Schwester

Psychologie ist nicht Freud.
Anaïs Nin, Sich vom Traum führen lassen

Freude

Ach, dass hienieden nichts dauert,
dass das plötzliche Ende
desto bittrer ist,
je süßer uns die Freude dünkte!
Francesco Petrarca, Petrarca über sich selbst

Alle meine Freuden sind wie Sumpf-
blumen, die man nicht anders brechen
kann, als wenn man bis an die Knie
in Sumpf fällt.
Sophie Mereau, Betrachtungen

Alle meine Freuden, alle, glänzen
Nur im Schimmer der Erinnerung.
Sophie Mereau, Gedichte

Alle, sage ich, streben dorthin,
zur Freude, aber wo sie dauerhafte und
große Freude finden, wissen sie nicht.
Lucius Annaeus Seneca, Moralische Briefe

Alles freuet sich und hoffet,
Wenn der Frühling sich erneut.
Friedrich Schiller, Der Jüngling am Bache

Alles Fühlende leidet in mir,
aber mein Wille ist stets
mein Bezwinger und Freudenbringer.
Franziska Gräfin zu Reventlow, Tagebücher

Alt ist man dann, wenn man
an der Vergangenheit mehr Freude hat
als an der Zukunft.
John Knittel

Auf die großen Freuden
folgen die großen Leiden.
Sully Prudhomme, Intimes Tagebuch

Aufgabe des Lebens,
seine Bestimmung ist Freude.
Freue dich über den Himmel,
über die Sonne, über die Sterne,
über Gras und Bäume, über die Tiere
und die Menschen.
Und sei auf der Hut, dass diese Freude
durch nichts zerstört wird.
Leo N. Tolstoi, Tagebücher (1889)

Aus dieser Erde quillen meine Freuden,
Und diese Sonne scheinet
meinen Leiden.
Johann Wolfgang von Goethe, Faust I (Faust)

Das Geheimnis der kleinsten
natürlichen Freuden geht
über die Vernunft hinaus.
Luc de Clapiers Marquis de Vauvenargues, Reflexionen und Maximen

Das Leben kann kein anderes Ziel
haben als das Glück, Freude.
Nur dieses Ziel – Freude – ist
des Lebens völlig würdig.
Verzicht, das Kreuz, Hingabe des
Lebens, alles für die Freude.
Leo N. Tolstoi, Tagebücher (1892)

Das Vergnügen ist der Feind
der Freude.
Romano Guardini

Das, woran sich freut die Masse,
gewährt dünne und oberflächliche
Freude, und welche Freude immer
nicht von Herzen stammt,
ermangelt der Grundlage.
Lucius Annaeus Seneca, Briefe über Ethik

Denn ein Herz voll Freude
sieht alles fröhlich an,
ein Herz voll Trübsal alles trübe.
Martin Luther, Tischreden

Denn solange ich lebe,
freue ich mich ähnlich wie die Götter.
Epikur, Sprüche. In: Briefe, Sprüche, Werkfragmente

Der üble Charakter eines Menschen
zeigt sich häufig darin, dass er
einen anderen nicht unkorrigiert
lassen kann, der sich grundlos
über etwas freut.
Heinrich Waggerl, Aphorismen

Der Wein erfreut des Menschen Herz,
und die Freudigkeit
ist die Mutter aller Tugenden.
Johann Wolfgang von Goethe,
Götz von Berlichingen (Götz)

Des Lebens ungemischte Freude
Ward keinem Irdischen zuteil.
Friedrich Schiller, Der Ring des Polykrates

Die besten Vergrößerungsgläser
für die Freuden der Welt sind die,
aus denen man trinkt.
Joachim Ringelnatz

Die Freude des Menschen
hienieden ist nichts
als eine vergrößerte Sehnsucht.
Jean Paul, Aphorismen

Die Freude entsteht nur
aus dem Bewusstsein sittlicher Vollkommenheit: Nicht kann sich freuen,
wenn nicht der Tapfere,
wenn nicht der Gerechte,
wenn nicht der Selbstbeherrschte.
Lucius Annaeus Seneca, Moralische Briefe

Die Freude ist an sich gut,
und auch die sinnlichste
enthält einen unmittelbaren Genuss
höhern menschlichen Daseins.
Friedrich Schlegel, Vom ästhetischen Werte der griechischen Komödie

Die Freude kennst du nicht,
wenn du nur Freuden kennst.
Dir fehlt das ganze Licht,
wenn du's in Strahlen trennest.
Friedrich Rückert, Gedichte

Die Freude und die Schönheit ist kein
Privilegium der Gelehrten, der Adeli-
gen und der Reichen; sie ist ein
heiliges Eigentum der Menschheit.
Friedrich Schlegel, Vom ästhetischen Werte der griechischen Komödie

Die höchste Vollkommenheit der Seele
ist ihre Fähigkeit zur Freude.
Luc de Clapiers Marquis de Vauvenargues, Nachgelassene Maximen

Die Hoffnung freuet manchen Mann,
Der Herzensfreude nie gewann.
Freidank, Bescheidenheit

Die Kunst zu erfreuen besteht darin,
selbst erfreut zu sein.
William Hazlitt, Der runde Tisch

Die Mutter der Ausschweifung
ist nicht die Freude,
sondern die Freudlosigkeit.
Friedrich Nietzsche, Menschliches, Allzumenschliches

Du brauchst nur zu lieben,
und alles ist Freude.
Leo N. Tolstoi, Tagebücher (1910)

Ein anderer Mann erfreut sich
anderer Werke.
Homer, Odyssee

Ein Wurm weiß nicht,
woran sich ein Adler freut,
und freut sich dennoch seines Lebens.
Chinesisches Sprichwort

Es gibt Quellen der Freude,
die nie versiegen:
die Schönheit der Natur,
der Tiere, der Menschen,
die nie aufhört.
Leo N. Tolstoi, Tagebücher (1892)

Es gibt wahrhaftig eine Art zurückhal-
tender und empfindlicher Menschen,
die, wenn sie sich freuen,
aussehen wie andere,
wenn sie weinen.
Georg Christoph Lichtenberg, Sudelbücher

Es ziemt sich,
sich maßvoll zu freuen
und in aller Stille zu klagen.
Phaedrus, Fabeln

Freude

Freud muss Leid,
Leid muss Freude haben.
Johann Wolfgang von Goethe, Faust I (Mephisto)

Freud' und Leid sind Reiseleute,
ziehen immer aus und ein;
Doch will dieses immer länger,
jenes kürzer bei uns sein.
Friedrich von Logau, Sinngedichte

Freude am Schauen und Begreifen
ist die schönste Gabe der Natur.
Albert Einstein, Mein Weltbild

Freude berauscht.
Knut Hamsun, Pan

Freude – das ist sowohl die restlose
Beseitigung des Hochmuts
als auch die dauernde Vereinigung
des Ich mit seiner »Seele«.
Eugen Drewermann, Der goldene Vogel

Freude für den Menschen ist es,
das dem Menschen
Eigentümliche zu leisten.
Mark Aurel, Selbstbetrachtungen

Freude heißt die starke Feder
In der ewigen Natur.
Freude, Freude treibt die Räder
In der großen Weltenuhr.
Friedrich Schiller, An die Freude

Freude im Übermaß zeugt Kummer.
Chinesisches Sprichwort

Freude ist ein Urquell, sie ist zwecklos
und sinnvoll, sie ist ein Lebensgefühl,
das Herzen, Verstand, Sinne und
Gefühle animiert. Freude ist die Tochter aus Elysium, die uns trunken und
nüchtern macht, und Theater und
Musik können dieses Lebensgefühl,
diese Stimmung wecken.
August Everding, Kolumne in »Welt am Sonntag«
vom 25. Dezember 1994

Freude ist eine gesunde Kost.
Chinesisches Sprichwort

Freude ist Gebet. Freude ist Kraft,
Freude ist Liebe.
Freude ist ein Netz von Liebe,
mit dem man Seelen fangen kann.
Mutter Teresa

Freude ist nicht Lustigkeit.
Knut Hamsun, Segen der Erde

Freude ist wie das Wechselfieber;
ein guter Tag
zwischen zwei schlechten.
Sprichwort aus Dänemark

Freude kommt aus dem Willen,
der sich abmüht,
Hindernisse überwindet, triumphiert.
William Butler Yeats, Entfremdung

Freude, schöner Götterfunken,
Tochter aus Elysium.
Friedrich Schiller, An die Freude

Freude und Angst
sind Vergrößerungsgläser.
Jeremias Gotthelf, Zeitgeist und Berner Geist

Freut euch in dem engsten Raum.
Was beglückt, ist kein Traum.
Johann Wolfgang von Goethe, Inschriften,
Denk- und Sendeblätter

Frohsinn, Freude ist eine Form
der Erfüllung des göttlichen Willens.
Leo N. Tolstoi, Tagebücher (1905)

Geduld ist der Schlüssel zur Freude.
Sprichwort aus Arabien

Geistige Freude ist rein und ruhig.
Friedrich Schlegel, Vom ästhetischen Werte
der griechischen Komödie

Große Freude hat stets zweierlei
Wirkung: Stimmt sie nicht heiter,
so macht sie traurig, weil sie unangebracht erscheint. Das große Geheimnis besteht darin, sie richtig zu dosieren,
sonst ist der Heiterkeit sehr oft die
Traurigkeit zugesellt. Um liebenswürdig zu sein, muss man seinen Charakter der Gelegenheit anpassen können,
wenn er uns nicht in Gang bringt,
schleudert er uns aus der Bahn.
Charles de Secondat, Baron de la Brède
et de Montesquieu, Meine Gedanken

Heute Freud, morgen Leid.
Deutsches Sprichwort

Im Kinde tanzt noch die Freude,
im Manne lächelt
oder weinet sie höchstens.
Jean Paul, Levana

Im Wesen der Musik liegt es,
Freude zu machen.
Aristoteles, Älteste Politik

In der Musik zieht die Freude des
Daseins bei einem Ohr hinein
und beim andern Ohr hinaus.
Otto Stoessl

In ewgem Wechsel
wiegt ein Wohl das Weh
Und schnelle Leiden
unsre Freuden auf.
Johann Wolfgang von Goethe,
Die natürliche Tochter (Gerichtsrat)

In Freuden und Vergnügungen
wende dich sofort voll Ehrfurcht
und Wahrhaftigkeit an Gott,
und du wirst weder getäuscht
noch in Eitelkeit verstrickt.
Juan de la Cruz, Merksätze von Licht und Liebe

In jede hohe Freude mischt sich
eine Empfindung von Dankbarkeit.
Marie von Ebner-Eschenbach, Aphorismen

Jeden Nachklang fühlt mein Herz
Froh- und trüber Zeit,
Wandle zwischen Freud und Schmerz
In der Einsamkeit.
Johann Wolfgang von Goethe, An den Mond

Keine Freud ohne Leid.
Deutsches Sprichwort

Keine Freude
kommt dem Studieren gleich.
Chinesisches Sprichwort

Kurz ist der Schmerz,
und ewig ist die Freude.
Friedrich Schiller, Die Jungfrau von Orleans (Johanna)

Lass dich nicht stören, was auch
äußerlich geschehe, in des inneren
Lebens Fülle und Freude!
Friedrich Schleiermacher, Monologen

Leben und unbeschränkte Freude
bedeuten Liebe.
Friedrich Schlegel, Vom ästhetischen Werte
der griechischen Komödie

Leid aus Freude tritt so leicht hervor.
Johann Wolfgang von Goethe, Pandora (Prometheus)

Leid löscht die Kraft und den Verstand,
Die Freud' ist Gottes Feuerbrand.
Ernst Moritz Arndt, Gedichte

Lieb ist Freud,
Freud ist Liebe,
und Freud ist Leben.
Martin Luther, Tischreden

Mach andern Freude!
Du wirst erfahren, dass Freude freut.
Friedrich Theodor von Vischer, Kritische Gänge

Man hat nur an so viel Freude
und Glück Anspruch,
als man selbst gewährt.
Ernst von Feuchtersleben, Aphorismen

Man soll nie
einen Menschen aufgeben,
bevor er in einer Aufgabe versagt hat,
die ihm Freude bereitet.
Lewis E. Lawes

Misstraue jeder Freude,
die nicht auch Dankbarkeit ist!
Theodor Haecker, Tag- und Nachtbücher

Möge jeder still beglückt
seiner Freuden warten!
Wenn die Rose selbst sich schmückt,
schmückt sie auch den Garten.
Friedrich Rückert, Gedichte

Nichts kommt dem Landleben gleich.
Es vermittelt mehr echte Freuden
als irgendeine andere Lebensweise.
Katherine Mansfield, Briefe

Nur der Schmerz trennt und vereinzelt,
in der Freude
verlieren sich alle Grenzen.
Friedrich Schlegel, Vom ästhetischen Werte
der griechischen Komödie

O heil'ger Geist zeuch bei mir ein
Und lass mich deine Wohnung sein
Zu steter Freud und Wonne.
Paula Modersohn-Becker, Tagebuchblätter

Ohne Freude
kann die ewige Schönheit
nicht recht in uns gedeihen.
Friedrich Hölderlin, Briefe (an Neuffer 1796)

Ohne Mitleiden ist kein Mitfreuen.
Franz von Baader, Religiöse Erotik

Schadenfreude ist die Freude,
die durch Schaden nicht klug wird.
Hellmut Walters

Schluchzen wird oft Juchzen.
Deutsches Sprichwort

Schöne Freude muss frei sein,
unbedingt frei. Auch die kleinste
Beschränkung raubt der Freude
ihre hohe Bedeutung
und damit ihre Schönheit.
Friedrich Schlegel, Vom ästhetischen Werte
der griechischen Komödie

Schwinde, schwinde, sterbliches Leben,
dürftig Geschäft, wo der einsame Geist
die Pfennige, die er gesammelt, hin
und her betrachtet und zählt! Wir sind
zur Freude der Gottheit alle berufen!
Friedrich Hölderlin, Hyperion

Sehen Sie,
dass auch die Freude ihre Tränen hat?
Hier rollen sie,
diese Kinder der süßesten Wollust.
Gotthold Ephraim Lessing, Miss Sara Sampson
(Marwood)

So strömet Freud' und Leid,
wie Zeiten wandeln.
William Shakespeare, Heinrich VI. (Gloucester)

So wilde Freude
nimmt ein wildes Ende.
William Shakespeare, Romeo und Julia (Lorenzo)

Söhne und Töchter
sind den Augen eine Freude.
Chinesisches Sprichwort

Späte Freuden sind die schönsten;
sie stehen zwischen entschwundener
Sehnsucht und kommendem Frieden.
Marie von Ebner-Eschenbach, Aphorismen

Traurigsein ist wohl etwas Natürliches.
Es ist wohl ein Atemholen zur Freude,
ein Vorbereiten der Seele dazu.
Paula Modersohn-Becker, Briefe (12. Februar 1901)

Trotz deiner grauen Haare
strahlst du wie ein Jüngling!
Ecbasis captivi in belehrender Gestalt (Fuchs)

Und alles löst sich endlich auf
in Schlaf.
So Freud als Schmerz.
Johann Wolfgang von Goethe, Prometheus
(Prometheus)

Von allen irdischen Lebensfreuden ist
keine tiefer in alle Gefühle des Lebens
eingreifend als die häusliche Freude.
Heinrich Zschokke, Stunden der Andacht

Von einem gewissen Alter an tut auch
die Freude weh.
Charlie Chaplin

Vorbei! vorbei!, sagte der arme Baum.
Hätte ich mich doch gefreut,
als ich es konnte! Vorbei! vorbei!
Hans Christian Andersen, Der Tannenbaum

Wahre Freude ist eine ernste Sache.
Lucius Annaeus Seneca, Briefe über Ethik

Was der Schlaf für den Körper,
ist die Freude für den Geist:
Zufuhr neuer Lebenskraft.
Rudolf von Ihering, Der Zweck im Recht

Was je die Freude großgezogen,
Es wiegt das Vaterglück nicht auf.
Eduard Duller, Freund Hein

Weil reine menschliche Kraft sich in
Freude äußert, so ist sie ein Symbol
des Guten, eine Schönheit der Natur.
Friedrich Schlegel, Vom ästhetischen Werte
der griechischen Komödie

Wenn sich der Verirrte findet,
Freuen alles Götter sich.
Johann Wolfgang von Goethe, Deutscher Parnass

Wenn wir an Freuden denken,
die wir erlebt haben
oder noch zu erleben hoffen,
denken wir sie uns immer ungetrübt.
Marie von Ebner-Eschenbach, Aphorismen

Wenn wir eine Freude ganz ungetrübt
genießen sollen, muss sie einem Menschen zuteil werden, den wir lieben.
Marie von Ebner-Eschenbach, Aphorismen

Wer Freude will,
besänftige sein Blut.
Johann Wolfgang von Goethe, Faust II (Astrolog)

Wer mit Freuden gibt,
gibt am meisten.
Mutter Teresa

Wie doch Freude und Glück
einen Menschen schön machen!
Fjodor M. Dostojewski, Helle Nächte

Zu viel Erfahrung ist durchaus geeignet,
die Freude am Leben zu trüben.
André Maurois

Freundlichkeit

Auch zu Feinden freundlich zu sein,
ist leicht – aus Charakterlosigkeit.
Dag Hammarskjöld, Zeichen am Weg

Ein Hund wird sich an drei Tage
Freundlichkeit drei Jahre lang erinnern,
eine Katze wird drei Jahre Freundlichkeit nach drei Tagen vergessen.
Sprichwort aus Japan

Freundlichkeit ist eine Sprache,
die Taube hören und
Blinde lesen können.
Mark Twain

Freundlichkeit kann man kaufen.
Marie von Ebner-Eschenbach, Aphorismen

Freundlichkeit macht mich nachgiebig,
Furcht unbeugsam.
Michel Eyquem de Montaigne, Die Essais

Für ein paar Groschen
kann man viel Freundlichkeit
und guten Willen kaufen.
Johann Peter Hebel, Schatzkästlein des rheinischen
Hausfreundes

Liebe und Freundlichkeit sind
die besten Gewürze zu allen Speisen.
Chinesisches Sprichwort

Man schädige kein Wesen,
sondern beharre auf dem Wege
der Freundlichkeit!
Mahabharata, Buch 12

Sei nicht zu parteiisch für Menschen,
die dir freundlicher begegnen
als andere.
Adolph Freiherr von Knigge,
Über den Umgang mit Menschen

Seid freundlich, eifrig und gütig
zu jedem, der eurer bedarf.
Jan van Ruusbroec, Briefe (an Katharina von Löwen)

So freundlich, wie du vom Berge rufst,
wird dir aus dem Tal Antwort gegeben.
Chinesisches Sprichwort

Unter freundlichen Menschen ist selbst
das Wasser süß.
Chinesisches Sprichwort

Wer den Ton in Dur angibt,
dem wird, früher oder später,
in Dur geantwortet.
Johann Gottfried Herder, Das eigene Schicksal

Wer Handel treibt,
muss freundlich sein.
Chinesisches Sprichwort

Freundschaft

Alle Würden dieser Welt
wiegen einen guten Freund nicht auf.
Voltaire, Jeannot und Colin

Als Umgangsregel dies sei dein Ziel:
Der Freunde tausend
seien dir zu wenig
Und ein Feind schon sei dir zu viel.
Jüdische Spruchweisheit

Alte Freunde und alte Ecus
sind die besten.
Sprichwort aus Frankreich

Alte Wege und alte Freunde
soll man in Würden halten.
Deutsches Sprichwort

Anerkennen und beobachten müssen
stört die Freundschaft;
die festesten und wahrsten Freundschaften gedeihen auf der Basis wechselseitiger Geringschätzung.
Kluge achten darauf,
solche Basis nie zu verlassen.
Alfred Polgar, Kleine Schriften, Band 3. Irrlicht

Anstatt deine Feinde zu lieben,
behandle deine Freunde
ein wenig besser.
Edgar W. Howe

Auf den Wegen der Freundschaft
soll man kein Gras wachsen lassen.
Marie-Thérèse Geoffrin, auch französisches Sprichwort

Aus verdorbenen Freunden
werden die schlimmsten Feinde.
Baltasar Gracián y Morales, Handorakel und Kunst
der Weltklugheit

Baue nicht eher fest auf treue Liebe
und Freundschaft, als bis du erst
solche Proben gesehen hast,
die Aufopferung kosten.
Adolph Freiherr von Knigge,
Über den Umgang mit Menschen

Bei entgegengesetzten
sittlichen Lebensanschauungen
kann keine Freundschaft bestehen.
Ambrosius, Von den Pflichten

Bei Freunden sind alte,
bei Kleidern neue die Besten.
Chinesisches Sprichwort

Bei gewissen leidenschaftlichen
Freundschaften hat man zum Glück
der Leidenschaft noch die Billigung
der Vernunft als Draufgabe.
Chamfort, Maximen und Gedanken

Bei Menschen ist
Gar oft der Freundschaft Hafen
falsch und trügerisch.
Sophokles, Aias (Aias)

Beim Kartenspiel und in der Weltpolitik hört die Freundschaft auf.
Finley Peter Dunne

Besitz findet Freunde.
Titus Maccius Plautus, Stichus

Besser die Freundschaft
eines Verständigen
als die sämtlicher Unverständigen.
Demokrit, Fragment 98

Besser ist es, einen Freund zu ersetzen,
als zu beweinen.
Lucius Annaeus Seneca, Moralische Briefe

Betritt jemand das Haus eines Freundes, so kann er gleich beim Eintreten
dessen Wohlwollen erkennen, auch
wenn kein Wort gesprochen wird.
Der Pförtner ist freundlich, der Hund
kommt wedelnd heran, es eilt jemand
herbei und setzt ihm einen Stuhl
freundlich zurecht.
Apollodoros, Fragmente

Bettler: jemand, der sich auf die Hilfe
seiner Freunde verlassen hat.
Ambrose Bierce

Bücher und Freunde
soll man wenige und gute haben.
Sprichwort aus Spanien

Das Bewusstsein der notwendigen
Grenzen ist das Unentbehrlichste
und das Seltenste in der Freundschaft.
Friedrich Schlegel, Fragmente

Das Meiste und Beste, was wir haben,
hängt von anderen ab.
Wir müssen entweder unter Freunden
oder unter Feinden leben.
Baltasar Gracián y Morales, Handorakel und Kunst
der Weltklugheit

Das schönste Freundschaftsverhältnis:
wenn jeder von beiden
es sich zur Ehre rechnet,
der Freund des andern zu sein.
Marie von Ebner-Eschenbach, Aphorismen

Das sind Freundschaften, die das Volk
als auf Zeit geschlossen betrachtet:
Wer um des Nutzens willen angenommen worden ist, wird so lange gefallen, wie er nützlich ist.
Lucius Annaeus Seneca, Briefe über Ethik

Das sind schlechte Freunde,
bei denen Rock und Hut
nicht gerade sitzen.
Chinesisches Sprichwort

Das Vertrauen, welches neue Freunde
sich einander schenken,
pflegt sich stufenweise zu entwickeln.
Johann Wolfgang von Goethe, Dichtung und Wahrheit

Dasselbe zu wollen
und dasselbe nicht zu wollen, gerade
darin liegt beständige Freundschaft.
Sallust, Der Catilinarische Krieg

Dein wahrer Freund ist nicht,
wer dir den Spiegel hält
Der Schmeichelei, worin
dein Bild dir selbst gefällt.
Dein wahrer Freund ist,
wer dich sehn lässt deine Flecken
Und sie dir tilgen hilft,
eh' Feinde sie entdecken.
Friedrich Rückert, Gedichte

Den Freund, dessen Hoffnungen man
nicht befriedigen kann,
wünscht man sich lieber zum Feinde.
Friedrich Nietzsche, Morgenröte

Den Freund muss die Seele besitzen:
Sie aber ist niemals abwesend;
wen immer sie will, sieht sie täglich.
Lucius Annaeus Seneca, Briefe über Ethik

Denke, dass nichts besser schmückt,
Als wenn man den Freund beglückt.
Johann Wolfgang von Goethe, An Personen

Der Besitz verschafft Freunde, das
gebe ich zu, aber falsche,
und er verschafft sie nicht dir,
sondern sich.
Erasmus von Rotterdam, Handbüchlein
eines christlichen Streiters

Der Ehemann darf keiner einzigen
Freundin seiner Frau trauen.
Honoré de Balzac, Physiologie der Ehe

Der Feind ist ein Freund,
der dich zum Handeln anstachelt.
Elbert Hubbard

Der Freund gibt sich durch den
andern, was er selbst nicht besitzt.
Ludwig Feuerbach, Das Wesen des Christentums

Der Freund in der Not
ist der wahre Freund.
Sprichwort aus England

Der Freund schaut auf den Kopf,
der Feind auf den Fuß.
Sprichwort aus der Türkei

Der Freund soll dem Freunde
Freundschaft bewähren,
Ihm selbst und seinen Freunden.
Aber des Feindes Freunden
soll niemand
Sich gewogen erweisen.
Edda, Hávamál (Des Hohen Lied)

Der Freunde gehn zur Zeit der Not
Wohl vierundzwanzig auf ein Lot,
Und die zumeist uns wollen lieben,
Die gehen auf ein Quentchen sieben.
Sebastian Brant, Das Narren Schyff

Der Freundschaft Sanftmut
mäßigt der Liebe Ungestüm.
Jean-Jacques Rousseau, Julie oder
Die neue Héloïse (Saint-Preux)

Der Hass, den man auf verloschene
Freundschaft pfropft, muss unter
allen die tödlichsten Früchte bringen.
Gotthold Ephraim Lessing, Philotas (Philotas)

Der Hass der Schwachen ist nicht so
gefährlich wie ihre Freundschaft.
Luc de Clapiers Marquis de Vauvenargues,
Unterdrückte Maximen

Der Hierarchie der Freundschaften
entspricht eine Hierarchie der Geheimnisse. Um aber das Unteilbare
mitzuteilen, muss man eins werden.
Ernst Jünger

Der Mann ist töricht,
Der die Menge der Freunde zählt.
Ein Bündel Röhricht
Hilft dir nicht,
wo ein Stab dir fehlt.
Friedrich Rückert, Gedichte

Der Mensch hat nichts so eigen,
So wohl steht ihm nichts an,
Als dass er Treu erzeigen
Und Freundschaft halten kann.
Simon Dach, Gedichte

Der Müßige ist seinen Freunden
gefährlich: Denn weil er nicht genug
zu tun hat, redet er davon, was seine
Freunde tun und nicht tun, mischt sich
endlich hinein und macht sich
beschwerlich; weshalb man
klugerweise nur mit Arbeitsamen
Freundschaft schließen soll.
Friedrich Nietzsche, Menschliches, Allzumenschliches

Der Vernünftige hat wenige Freunde,
aber der Unvernünftige kann keine
haben. Der Letztere hat indessen das
Glück, sich besser über den Mangel
derselben zu täuschen.
Johann Gottfried Seume, Apokryphen

Derart ist der Weise mit sich zufrieden,
dass er nicht ohne Freund sein will,
sondern kann.
Lucius Annaeus Seneca, Briefe über Ethik

Die Albernheit ist der Prüfstein
der Freundschaft sowohl als der Liebe.
Peter Bamm, Die kleine Weltlaterne (1935)

Die alten Freunde sind die besten.
Deutsches Sprichwort

Die breite Menge misst Freundschaften
an ihrem Nutzen.
Ovid, Briefe aus der Verbannung

Die Cafés sind gute Erfindungen,
günstig für die Freundschaft:
Jemand einladen heißt, ihm
seine Zuneigung beweisen.
Sully Prudhomme, Intimes Tagebuch

Die dauerhaftesten Freundschaften
beruhen darauf, dass man sich
zu lange zu wenig kennt.
Oliver Hassencamp

Die Erfahrung der Freundschaft prägt
ein Leben ebenso tief – ja tiefer –
als die der Liebe.
Die Liebe läuft Gefahr,
in Besessenheit auszuarten,
die Freundschaft bedeutet nie
etwas anderes als Teilhabe.
Elie Wiesel, Lob der Freundschaft

Die Frauen gehen in der Liebe weiter
als die meisten Männer;
aber die Männer sind größer
in der Freundschaft.
Jean de La Bruyère, Die Charaktere

Die Freundin ist des Liebenden
Lebenskraft.
Titus Maccius Plautus, Die Bacchiden

Die Freundschaft allein
kann mich fesseln, nicht Umstände,
und hierin folge ich mehr
meinem Herzen als meinem Vorteil.
Jean-Jacques Rousseau, Brief an Erzbischof de Beaumont (18. November 1762)

Die Freundschaft eines großen Herrn
macht dich zum Bettler.
Sprichwort aus Estland

Die Freundschaft ist das edelste Gefühl,
dessen das Menschenherz fähig ist.
Carl Hilty, Briefe

Die Freundschaft unter Mandarinen
ist zerreißbar wie Papier.
Chinesisches Sprichwort

Die Freundschaft ist eine Kunst
der Distanz, so wie die Liebe
eine Kunst der Nähe ist.
Sigmund Graff

Die Freundschaft lebt vom
ungehinderten Gedankenaustausch.
Michel Eyquem de Montaigne, Die Essais

Die Freundschaft schließt erst völlig
den Ring des Glückes und gibt uns
(wie edel und gut auch der Freund sei)
doch die Versicherung eigenen Wertes;
der Unwürdige hat nur Spießgesellen,
nicht Freunde.
Adalbert Stifter, Briefe (an Joseph Türck, 30. Juni 1847)

Die Freundschaft tanzt
um den Erdkreis, ja, sie heißt uns alle
aufwachen zur Seligpreisung.
Epikur, Sprüche. In: Briefe, Sprüche, Werkfragmente

Die Freundschaft unter Mandarinen
ist zerreissbar wie Papier.
Chinesisches Sprichwort

Die Freundschaft vermehrt das Gute
und verteilt das Schlimme: Sie ist das
einzige Mittel gegen das Unglück
und ist das Freiatmen der Seele.
Baltasar Gracián y Morales, Handorakel und
Kunst der Weltklugheit

Die Freundschaften,
die für alle Teile Vorteile bringen,
sind von langer Dauer
Niccolò Machiavelli, Briefe (an die Zehn,
20. November 1502)

Die Hausfreunde heißen meist
mit Recht so, indem sie mehr die
Freunde des Hauses als des Herrn,
also den Katzen ähnlicher
als den Hunden sind.
Arthur Schopenhauer, Aphorismen zur Lebensweisheit

Die Liebe gebar die Welt, die Freundschaft wird sie wieder gebären.
Friedrich Hölderlin, Hyperion

Die Liebe geht darauf, aus zweien eins
zu machen, die Freundschaft darauf,
aus jedem zwei zu machen.
Friedrich Schleiermacher, Denkmale

Die Liebe geht in größere Breite
als die Freundschaft, weil sie fähig ist,
sich zu ergänzen, aber die Freundschaft steht höher als die Liebe,
da sie zu trösten versteht,
wenn die Liebe zerbricht.
Sully Prudhomme, Gedanken

Die Liebe offenbart niemals,
was die Freundschaft
in ihrer höchsten Form sagen lässt.
Charles de Secondat, Baron de la Brède
et de Montesquieu, Meine Gedanken

Die Liebenden fordern immer
Glück voneinander,
die Freunde geben es sich.
Sully Prudhomme, Gedanken

Die meisten Freundschaften sind so
mit Wenn und Aber gespickt, dass sie
auf bloße Beziehungen hinauslaufen,
die dank stillschweigender Übereinkunft weiter bestehen.
Chamfort, Maximen und Gedanken

Die Neigung gibt
Den Freund,
es gibt der Vorteil den Gefährten;
Wohl dem, dem die Geburt
den Bruder gab!
Friedrich Schiller, Die Braut von Messina (Isabella)

Die Neigung zur Freundschaft
entsteht allerdings oft plötzlich,
die Freundschaft selbst aber
braucht Zeit.
Aristoteles, Nikomachische Ethik

Die neuen Freunde, die wir im reifen
Alter finden und mit denen wir die
verlorenen zu ersetzen suchen,
verhalten sich zu unseren alten Freunden wie Glasaugen, künstliche Zähne,
Stelzfüße zu wirklichen Augen,
natürlichen Zähnen und Beinen
aus Fleisch und Blut.
Chamfort, Maximen und Gedanken

Die reine Freundschaft gewährt einen
Genuss, zu dem sich mittelmäßige
Menschen nie zu erheben vermögen.
Jean de La Bruyère, Die Charaktere

Die solidesten Freundschaften beruhen
auf gemeinsamen Feindschaften.
Robert Lembke, Steinwürfe im Glashaus

Die Stütze mancher Freundschaft ist
bloß eine gemeinsame Feindschaft.
Thomas Terry

Die wahren Freunde erkennt man
im Glück, denn nur sie sind nicht
eifersüchtig, wenn ihr euch freut.
Elie Wiesel, Geschichten gegen die Melancholie

Die zarte und wahre Freundschaft
lässt sich mit keinem anderen Gefühl
verknüpfen.
Chamfort, Maximen und Gedanken

Diejenigen, die um eines Nutzens willen Freundschaft geschlossen haben,
lieben sich gegenseitig nicht an sich,
sondern nur, insofern ihnen
aus ihrem Verhältnis wechselseitig
etwas Gutes erwächst.
Aristoteles, Nikomachische Ethik

Dieser Zeit ein guter Rat:
Freund ist mehr als Kamerad.
Franz Werfel, Zwischen Oben und Unten

Doch in der Freundschaft ist immer
Feindschaft gegen die innere Natur.
Friedrich Schleiermacher, Monologen

Drei Arten von Freunden
sind von Nutzen, drei Arten von
Freunden sind von Schaden.
Aufrechte, Ehrliche, Vielerfahrene als
Freunde zu haben, bringt Nutzen.
Falsche, Kriecherische, Glattzüngige
als Freunde zu haben, bringt Schaden.
Konfuzius, Gespräche

Du weißt nicht, wer dein Freund
oder dein Feind ist,
bis das Eis bricht.
Sprichwort der Eskimo

Du zählst im Elend keinen Freund.
Euripides, Elektra

Durch Bande der Liebe und des
Zutrauens sind Freunde verknüpft;
es schlägt in ihnen ein Herz;
ihre gemeinschaftliche Seele sorgt
füreinander.
Johann Gottfried Herder, Das eigene Schicksal

Egoisten sind von unseren Freunden
alle, denen unsere Freundschaft
gleichgültig ist.
Henry de Montherlant

Ehe man anfängt, seine Feinde
zu lieben, sollte man seine Freunde
besser behandeln.
Mark Twain

Ein an die Macht gekommener Freund
ist ein verlorener Freund.
Henry Adams

Ein Buch ist ein Freund,
der nie enttäuscht.
René Charles Guilbert de Pixérécourt, Exlibris

Ein Feind ist zu viel,
hundert Freunde sind zu wenig.
Sprichwort aus Island

Ein Freund ist ein Mensch,
vor dem man laut denken kann.
Ralph Waldo Emerson, Essays

Ein Freund ist gleichsam
ein zweites Ich.
Ambrosius, De officiis

Ein Freund ist jemand,
mit dem man nicht reden muss.
Carl Schmitt

Ein Freund ist schwer zu finden
und leicht zu verlieren.
Sprichwort aus Frankreich

Ein gewisses Maß an Unkenntnis
vom anderen ist die Voraussetzung
dafür, dass zwei Menschen Freunde
bleiben.
Hermann Bahr

Ein Gott, eine Frau,
aber viele Freunde.
Sprichwort aus Holland

Ein guter Freund ist mehr wert
als hundert Verwandte.
Deutsches Sprichwort

Ein guter Freund wiegt schwer
wie ein Berg.
Chinesisches Sprichwort

Ein Mädchen ohne Freund
ist wie ein Frühling ohne Rosen.
Sprichwort aus Frankreich

Ein Quäntchen wirklicher Freundschaft
ist viel mehr als eine ganze
Wagenladung Verehrung.
Carl Hilty, Glück

Ein treuer Freund
ist wie ein festes Zelt,
wer einen solchen findet,
hat einen Schatz gefunden.
Altes Testament, Jesus Sirach 6, 14

Ein unbekannter Freund
ist auch ein Freund.
Gotthold Ephraim Lessing, Emilia Galotti (Emilia)

Ein wahrer Freund ist das Beste
auf der Welt und wird doch
so wenig gesucht.
François de La Rochefoucauld,
Nachgelassene Maximen

Ein wahrer Freund trägt mehr
zu unserem Glück bei als
tausend Feinde zu unserem Unglück.
Marie von Ebner-Eschenbach, Aphorismen

Ein wirklich guter und liebenswürdiger
Mensch kann so viel Freunde haben,
als er will, aber nicht diejenigen,
die er will.
Marie von Ebner-Eschenbach, Aphorismen

Ein wirklicher und aufrichtiger Freund
ist nächst der treuen Gattin das größte
Gut des Herzens, das ein Mann
auf dieser Erde haben kann.
Adalbert Stifter, Briefe (an Joseph Türck, 30. Juni 1847)

Eine Freundschaft,
die der Wein gemacht,
Wirkt wie der Wein
nur eine Nacht.
Friedrich von Logau, Sinngedichte

Eine Freundschaft macht die andre.
Deutsches Sprichwort

Eine Freundschaft zwischen
zwei Männern ist Luxus,
zwischen zwei Frauen ein Wunder.
Jorge Luis Borges

Eine Lilie unter Disteln
ist meine Freundin
unter den Mädchen.
Altes Testament, Hohelied Salomos 2, 2

Eine vollkommene Freundschaft
gibt es nur zwischen guten und
an Rechtschaffenheit sich gleichstehenden Menschen.
Aristoteles, Nikomachische Ethik

Einem Kameraden hilft man.
Einem Kollegen misstraut man.
Mit einem Freunde ist man albern.
Peter Bamm, Die kleine Weltlaterne (1935)

Einen Freund kann man nur haben,
wenn man einer ist.
Ralph Waldo Emerson, Essays

Einer Liebe wäre ich vielleicht untreu
geworden, aber nicht dem Freund,
während er seine helfenden Arme
über mich hält.
Franziska Gräfin zu Reventlow, Tagebücher

Einige Freunde führt ihre Zudringlichkeit, die meisten der Zufall uns zu.
Und doch wird man nach seinen
Freunden beurteilt: Denn nie war
Übereinstimmung zwischen dem
Weisen und den Unwissenden.
Baltasar Gracián y Morales, Handorakel und Kunst der Weltklugheit

Entfernung und lange Abwesenheit
tun jeder Freundschaft Eintrag;
so ungern man es gesteht. Denn Menschen, die wir nicht sehen, wären sie
auch unsere geliebtesten Freunde,
trocknen im Laufe der Jahre allmählich zu abstrakten Begriffen aus.
Arthur Schopenhauer, Aphorismen zur Lebensweisheit

Erleichtert von den halben Freunden,
fährt sich's freier.
Carl Spitteler, Olympischer Frühling

Erst im Alter begreift man,
was das Wort »Freund« bedeutet.
Heinz Rühmann

Erzähl deinem Freund eine Lüge;
wenn er sie geheim hält,
erzähl ihm die Wahrheit.
Sprichwort aus Portugal

Es gibt Frauen, die ihr Geld
mehr lieben als ihre Freunde,
und ihre Liebhaber mehr als ihr Geld.
Jean de La Bruyère, Die Charaktere

Es gibt kaum etwas Besseres,
als mit einem guten Freund
über ein interessantes Thema
zu schweigen.
Alec Guinness

Es gibt keinen festen Grund
und Boden in der Wirklichkeit als
den innigen Umgang mit Freunden.
Karl Solger, Briefe

Es gibt mehr Beispiele
von maßloser Liebe als
von vollkommener Freundschaft.
Jean de La Bruyère, Die Charaktere

Es gibt nur ein Problem,
das schwieriger ist,
als Freunde zu gewinnen:
sie wieder loszuwerden.
Mark Twain

Es gibt nur wenige
unter den vielen Freunden,
die einem Menschen sicher sind.
Titus Maccius Plautus, Pseudolus

Es gibt wenig aufrichtige Freunde.
Die Nachfrage ist auch gering.
Marie von Ebner-Eschenbach, Aphorismen

Es gibt wenige Laster, durch die man
sich seine Freunde so verscherzen
kann wie durch große Vorzüge.
Chamfort, Maximen und Gedanken

Es ist besser, einen Freund haben,
der viel wert ist, als viele haben,
die nichts wert sind.
Julius Wilhelm Zincgref, Apophthegmata

Es ist besser, man betrügt sich
an seinen Freunden,
als dass man seine Freunde betrüge.
Johann Wolfgang von Goethe,
Maximen und Reflexionen

Es ist ein Beweis geringer Freundschaft, das Erkalten der Freundschaft
unserer Freunde zu übersehen.
François de La Rochefoucauld, Unterdrückte Maximen

Es ist ein Glück, dass man gute Freunde hat, und dass der Verkehr mit ihnen
dafür sorgt, dass einem
ein bisschen was anfliegt.
Theodor Fontane, Von Zwanzig bis Dreißig

Es ist eine Kunst in der Freundschaft
wie in allen Dingen, und vielleicht
daher, dass man sie nicht als Kunst
erkennt und treibt, entspringt
der Mangel an Freundschaft,
über welchen alle Welt jetzt klagt.
Ludwig Tieck, Phantasus

Es ist ganz gewiss, dass man
viele Freunde hat,
wenn man keines Menschen bedarf.
Teresa von Ávila, Weg der Vollkommenheit

Es ist nicht jeder dein Freund,
der dich anlacht.
Deutsches Sprichwort

Es ist sicher, dass der Charakter
der Liebe und Freundschaft
ganz verschieden ist:
Letztere hat noch niemals einen Mann
ins Irrenhaus gebracht.
Charles de Secondat, Baron de la Brède et
de Montesquieu, Meine Gedanken

Es ist weit schwerer, die Wahrheit
von seinen Freunden zu sagen
als von seinen Feinden; und es gehört
vielleicht mehr reiner Mut dazu,
den Fehler eines Freundes freimütig
zu rügen, als dem Dolch eines Feindes
entgegenzugehen.
Johann Gottfried Seume, Apokryphen

Es mag zwischen Menschen
verschiedenen Geschlechts
Freundschaft, frei von aller Niedrigkeit,
bestehen. Und doch sieht eine Frau
einen Mann stets als einen Mann an;
und umgekehrt ein Mann eine Frau
als eine Frau. Eine solche Verbindung
ist nicht Leidenschaft
noch wahre Freundschaft:
Sie ist etwas für sich.
Jean de La Bruyère, Die Charaktere

Es sollt' ein Freund des Freundes
Schwächen tragen.
William Shakespeare, Julius Caesar (Cassius)

Etwas Verwandtschaft
macht gute Freundschaft.
Deutsches Sprichwort

Fliegen und Freunde
kommen im Sommer.
Deutsches Sprichwort

Frauen finden nichts
an der Freundschaft, weil sie
schal schmeckt nach der Liebe.
François de La Rochefoucauld, Reflexionen

Frauen sind immer nur
gegen jemand miteinander befreundet.
Robert Lembke, Das Beste aus meinem Glashaus.
Humoristisches und Satirisches

Freund: ein Mensch,
der dir völlig selbstlos schadet.
Wiesław Brudziński

Freund sein, Bruder sein, lieben,
das öffnet das Gefängnis
durch eine höhere Macht,
durch eine magische Kraft.
Ohne diese bleibt man im Gefängnis.
Vincent van Gogh, Briefe

Freunde, die uns in der Not
nicht verlassen, sind äußerst selten.
Sei du einer dieser seltnen Freunde!
Adolph Freiherr von Knigge,
Über den Umgang mit Menschen

Freunde ergänzen sich;
Freundschaft ist ein Tugendmittel
und mehr: Sie ist selbst Tugend,
aber eine gemeinschaftliche Tugend.
Ludwig Feuerbach, Das Wesen des Christentums

Freunde erwählt man,
nahe Verwandte kann man entfernen,
aber Nachbarn bleiben Nachbarn.
Ephraim Kishon, Kishon für alle Fälle

Freunde in der Not wären selten?
Im Gegenteil! Kaum hat man
mit einem Freundschaft gemacht,
so ist er auch schon in der Not
und will Geld geliehen haben.
Arthur Schopenhauer, Aphorismen zur Lebensweisheit

Freundschaft

Freunde offenbaren einander
gerade das am deutlichsten,
was sie einander verschweigen.
Johann Wolfgang von Goethe,
Die Leiden des jungen Werthers

Freunde – selbst tausend sind zu wenig.
Feinde – schon einer ist zu viel.
Chinesisches Sprichwort

Freunde sind doch immer zwei,
Mann und Frau sind eins.
Chinesisches Sprichwort

Freunde sind Leute, die Freud und Leid
teilen und die gleichen Freunde
und Feinde haben.
Aristoteles, Psychologie

Freunde sind Leute,
die meine Bücher entleihen
und nasse Gläser darauf stellen.
Edwin A. Robinson

Freunde sollten zwischen sich
eine hohe Mauer ziehen.
Chinesisches Sprichwort

Freunde wollen Wein und Fleisch,
ein Ehegatte braucht Holz und Reis.
Chinesisches Sprichwort

Freundin eines Mannes
kann eine Frau nur werden,
wenn sie zuerst seine Bekannte,
dann seine Geliebte war.
Anton Tschechow

Freundliche Freunde sind keine.
William Borm

Freundschaft bedarf keiner Worte –
sie ist Einsamkeit,
frei von der Angst der Einsamkeit.
Dag Hammarskjöld, Zeichen am Weg

Freundschaft des Hofes – Treue von
Füchsen, Gemeinschaft von Wölfen.
Chamfort, Maximen und Gedanken

Freundschaft – ein Schiff, groß genug,
um bei gutem Wetter
zwei Menschen, bei schlechtem
aber nur einen zu tragen.
Ambrose Bierce, Aus dem Wörterbuch des Teufels

Freundschaft hält stand
in allen Dingen,
Nur in der Liebe
Dienst und Werbung nicht.
William Shakespeare, Viel Lärm um nichts (Claudio)

Freundschaft
(in ihrer Vollkommenheit betrachtet)
ist die Vereinigung
zweier Personen durch gleiche
wechselseitige Liebe und Achtung.
Immanuel Kant, Die Metaphysik der Sitten

Freundschaft ist besser
als Verwandtschaft.
Marcus Tullius Cicero, Laelius über die Freundschaft

Freundschaft ist des Lebens Salz.
Deutsches Sprichwort

Freundschaft ist die Hochzeit
der Seele.
Voltaire, Philosophisches Taschenwörterbuch

Freundschaft ist die stillschweigende
Übereinkunft zweier Feinde,
die für eine gemeinsame Beute
arbeiten wollen.
Elbert Hubbard

Freundschaft ist ein Regenschirm,
der den Fehler hat, dass er
bei schlechtem Wetter
zurückgegeben werden muss.
Pierre Véron

Freundschaft ist ein Tier, das in Paaren
und nicht in Rudeln lebt.
Michel Eyquem de Montaigne, Die Essais

Freundschaft ist Ergänzung,
es sei nun zum Selbstbilden
oder zum Werkbilden.
Friedrich Schleiermacher, Denkmale

Freundschaft ist nur unter den
Vortrefflichen möglich,
deren ganzes Leben ein ewiger
Fortgang nach dem Höchsten ist.
Clemens Brentano, Godwi

Freundschaft ist wie Geld,
leichter gewonnen als erhalten.
Samuel Butler, Notizbücher

Freundschaft kann nicht geknüpft
werden, wo die Gleichheit
in den Voraussetzungen
für den geistigen Austausch fehlt.
Michel Eyquem de Montaigne, Die Essais

Freundschaft, Liebe und Pietät sollten
geheimnisvoll behandelt werden.
Man sollte nur in seltnen, vertrauten
Momenten davon reden, sich still-
schweigend darüber einverstehn.
Vieles ist zu zart, um gedacht, noch
mehreres, um besprochen zu werden.
Novalis, Blütenstaub

Freundschaften, die wir selbst
geknüpft haben, sind gewöhnlich
wertvoller als die, welche aus nachbar-
lichen oder verwandtschaftlichen
Beziehungen hervorgehen.
Michel Eyquem de Montaigne, Die Essais

Freundschaften sollen unsterblich,
Feindschaften sterblich sein.
Titus Livius, Römische Geschichte (lateinisches Sprichwort)

Freundschaften unter Herrschern
werden mit den Waffen bewahrt.
Niccolò Machiavelli, Briefe (an die Zehn, 8. November 1502)

Für die Freundschaft von zweien
ist die Geduld von einem nötig.
Sprichwort aus Indien

Für einen Freund lässt man sich
mit Dolchen in beide Seiten stechen
und klagt nicht über Schmerzen.
Chinesisches Sprichwort

Für einen treuen Freund
gibt es keinen Preis,
nichts wiegt seinen Wert auf.
Altes Testament, Jesus Sirach 6, 15

Für sich selbst bedarf man nur eines
einzigen treuen Freundes; es bedeutet
sogar viel, ihn gefunden zu haben:
Um anderen gefällig zu sein,
kann man nie genug Freunde besitzen.
Jean de La Bruyère, Die Charaktere

Geben und Wiedergeben
hält die Freundschaft zusammen.
Deutsches Sprichwort

Geleimte Freundschaften
müssen vorsichtiger behandelt werden
als nie zerbrochene.
François de La Rochefoucauld,
Nachgelassene Maximen

Gemeinschaft aller Dinge stiftet
zwischen uns die Freundschaft: Weder
ein Glück gibt es für uns einzeln noch
ein Unglück – gemeinsam lebt man.
Lucius Annaeus Seneca, Briefe über Ethik

Geschenke
halten die Freundschaft warm.
Deutsches Sprichwort

Gewannst du den Freund,
dem du wohl vertraust,
So besuch ihn nicht selten;
Denn Strauchwerk gründ
und hohes Gras
Auf dem Weg, den niemand wandelt.
Edda, Hâvamâl (Loddfafnirlied)

Gewöhnlich verschließen wir Freunden
unsere Seele, nicht weil wir ihnen,
sondern weil wir uns misstrauen.
François de La Rochefoucauld, Reflexionen

Gleiches Unglück macht Freundschaft.
Deutsches Sprichwort

Gleichheit der Gesinnung
erzeugt Freundschaft.
Demokrit, Fragment 186

Glück macht Freunde,
aber Not bewährt sie.
Deutsches Sprichwort

Gott erhalte uns die Freundschaft.
Man möchte beinah glauben,
man sei nicht allein.
Kurt Tucholsky, Schnipsel

Gott gibt die rechten Freunde
zur rechten Zeit, wir dürfen
sie nicht selbst suchen.
Carl Hilty, Glück

Grüß meine Freunde, zeig meinen
Feinden ein Stirnrunzeln.
Katherine Mansfield, Briefe

Gut immer ist redliche Warnung
des Freundes.
Homer, Ilias

Handel und Wandel leidet keine
Freundschaft, aber Freundschaft leidet
auch keinen Wandel und Handel.
Gotthold Ephraim Lessing, Briefe,
die neueste Literatur betreffend

Hast du einen treuen Freund gefunden,
so bewahre ihn. Achte ihn auch dann,
wenn das Glück dich plötzlich
über ihn erhebt.
Adolph Freiherr von Knigge,
Über den Umgang mit Menschen

Hast du Feigen in deinem Brotbeutel,
so sucht jeder deine Freundschaft.
Sprichwort aus Albanien

Hat man einen verkommenen Freund,
so muss man, wenn man engen
Umgang mit ihm pflegt,
ebenso verkommen, auch wenn man
selbst unverdorben ist.
Epiktet, Handbuch der Moral

Höret den Rat verständiger Freunde,
das hilft euch am besten.
Johann Wolfgang von Goethe, Reineke Fuchs

Ich glaube, dass es nicht vier Freunde
auf der Welt gäbe,
wenn alle Menschen wüssten,
was sie untereinander über sich reden.
Blaise Pascal, Pensées

Ich sei, gewährt mir die Bitte,
In eurem Bunde der Dritte!
Friedrich Schiller, Die Bürgschaft

Ich weiß dir Dank dafür, dass du mich
so hinnimmst, wie ich bin.
Was habe ich mit einem Freund
zu tun, der mich wertet? Wenn ich
einen Hinkenden zu Tisch lade,
bitte ich ihn, sich zu setzen, und verlange von ihm nicht, dass er tanze.
Antoine de Saint-Exupéry,
Brief an einen Ausgelieferten

Im Busen eines Freundes widerhallend,
Verliert sich nach und nach
des Schmerzes Ton.
Johann Wolfgang von Goethe, Erwin und Elmire (Valerio)

In allem berate dich mit dem Freund,
aber über ihn vorher: Nachdem eine
Freundschaft geschlossen,
muss man vertrauen, vorher urteilen.
Lucius Annaeus Seneca, Briefe an Lucilius

In der Bedrängnis
zeigen sich wahre Freunde.
Gaius Petronius, Schelmengeschichten

In der Fremde einen alten Freund
zu treffen, ist wie labender Regen
nach langer Trockenheit.
Chinesisches Sprichwort

In der Freundschaft
knacke ich nur zu gern neue Nüsse.
Jules Renard, Ideen, in Tinte getaucht.
Aus dem Tagebuch von Jules Renard

In der Freundschaft wie in der Liebe
macht uns meist glücklicher,
was wir nicht wissen,
als was wir wissen.
François de La Rochefoucauld, Reflexionen

In der Liebe ist Egoismus,
in der Freundschaft nicht.
Das eine leiht, das andere gibt.
Sully Prudhomme, Gedanken

Je älter ein Freund ist,
desto besser ist er für den Menschen.
Titus Maccius Plautus, Truculentus

Je älter man wird,
desto mehr braucht man
einen Weißt-du-noch-Freund.
Tilla Durieux

Jede Freundschaft ist um ihrer selbst
willen zu wählen. Ihren Anfang jedoch
nimmt sie beim Nutzen.
Epikur, Sprüche. In: Briefe, Sprüche, Werkfragmente

Jeder ist sich selbst der beste Freund.
Chinesisches Sprichwort

Jedermanns Freund,
jedermanns Geck.
Deutsches Sprichwort

Jedermanns Freund,
niemandes Freund.
Sprichwort aus Frankreich

Jedes brave eheliche Verhältnis
endet mit Freundschaft.
Marie von Ebner-Eschenbach, Aphorismen

Jedes interessante Wissen, wenn es
der andere noch nicht mit mir teilt,
Empfindung und Erfahrung,
ist mir ein Berg,
der mich von dem,
mit dem ich mich vereinigen möchte,
trennt.
Karoline von Günderode, Briefe (an Gunda Brentano,
11. August 1801)

Jemandem Freund sein heißt, ihm als
Krücke für sein lahmes Selbstbewusst-
sein dienen. Wer aber liebt seine
Krücken? Man leidet an ihrer
verfluchten Unentbehrlichkeit.
Alfred Polgar, Kleine Schriften, Band 3. Irrlicht

Junge Leute bewahrt die Freundschaft
vor Verirrungen, alten lässt sie
Pflege zukommen und ergänzt ihre
geschwächte Leistungsfähigkeit,
bei den in der Blüte der Jahre
stehenden aber fördert sie edle Taten.
Aristoteles, Nikomachische Ethik

Kein besseres Heilmittel
gibt es im Leid
als eines edlen Freundes Zuspruch.
Euripides, Fragmente

Kinder werfen den Ball an die Wand
und fangen ihn wieder;
Aber ich lobe das Spiel,
wirft mir der Freund ihn zurück.
Johann Wolfgang von Goethe/Friedrich Schiller,
Xenien

Kleine Freunde
können sich als große erweisen.
Äsop, Fabeln

Komm, meine Liebe, öffne deine Seele
meinen Klagen; komm und sammle
deiner Freundin Tränen;
schütze mich, wenn das möglich ist,
vor der Verachtung meiner selbst
und lass mich glauben,
dass ich nicht alles verloren habe,
weil dein Herz mir noch bleibt.
Jean-Jacques Rousseau, Julie oder
Die neue Héloïse (Julie an Claire)

Komm, unglücklicher Freund; schütte
deinen Kummer in dieses Herz aus,
das dich liebt.
Jean-Jacques Rousseau, Julie oder
Die neue Héloïse (Eduard)

Lachen ist durchaus
kein schlechter Anfang
für eine Freundschaft, und es ist
bei weitem ihr bester Schluss.
Oscar Wilde, Das Bildnis des Dorian Gray

Lebe mit deinem Freund,
als ob er dein Feind werden könnte.
Sprichwort aus England

Leicht finden wir Freunde, die uns
helfen; schwer verdienen wir uns jene,
die unsere Hilfe brauchen.
Antoine de Saint-Exupéry,
Brief an einen Ausgelieferten

Liebe fängt mit Liebe an,
und man kann von der stärksten
Freundschaft nur
zu einer schwachen Liebe kommen.
Jean de La Bruyère, Die Charaktere

Freundschaft

Liebe und Freundschaft
schließen sich gegenseitig aus.
Jean de La Bruyère, Die Charaktere

Lieber aus ganzem Holz
eine Feindschaft
Als eine geleimte Freundschaft!
Friedrich Nietzsche, Die fröhliche Wissenschaft

Mach einen Freund
nicht einem Bruder gleich, doch wenn,
Tu ihm als Erster nicht ein Unrecht an.
Hesiod, Werke und Tage

Man berührt nur die Werte
der Oberfläche in der Gesellschaft,
die der Tiefe
in der wahren Freundschaft.
Joseph Joubert, Gedanken, Versuche und Maximen

Man darf sich die nicht zum Feind
machen, die bei näherer Bekanntschaft
unsere Freunde werden könnten.
Jean de La Bruyère, Die Charaktere

Man erkauft sich weder seinen Freund
noch seine Geliebte.
Jean-Jacques Rousseau, Emile

Man gewinnt keine Freunde mehr
im Alter; dann ist jeder Verlust
unersetzlich.
Luc de Clapiers Marquis de Vauvenargues,
Nachgelassene Maximen

Man ist besser dran
mit einem intelligenten Feind
als mit einem stupiden Freund.
David Ben Gurion

»Man kennt nur die Dinge,
die man zähmt«, sagte der Fuchs.
»Die Menschen haben keine Zeit mehr,
irgendetwas kennen zu lernen.
Sie kaufen sich alles fertig in den
Geschäften. Aber da es keine Kaufläden für Freunde gibt, haben die
Leute keine Freunde mehr.
Wenn du einen Freund willst,
so zähme mich!«
Antoine de Saint-Exupéry, Der Kleine Prinz

Man kommt in der Freundschaft
nicht weit, wenn man nicht bereit ist,
kleine Fehler zu verzeihen.
Jean de La Bruyère, Die Charaktere

Man lebt, wenn man das Glück hat,
mehrere Freunde zu besitzen,
mit jedem Freunde ein eignes,
abgesondertes Leben.
Ludwig Tieck, Phantasus

Man mag in der Liebe
empfindlich sein, man verzeiht in ihr
doch mehr Fehler
als in der Freundschaft.
Jean de La Bruyère, Die Charaktere

Man muss mit seinen Feinden leben,
da man ja nicht jedermann
zum Freund haben kann.
Alexis Clérel de Tocqueville, Briefe (an Stoffels, 1823)

Man muss nicht nur seine Freunde
pflegen, sondern auch die Freundschaft in sich, man muss sie
mit Sorgfalt erhalten, warten,
sozusagen begießen.
Joseph Joubert, Gedanken, Versuche und Maximen

Man soll keinen guten Willen von sich
weisen, wenn er einem auch nicht
gerade Not tut, sonst möchte
der liebe Freund ausbleiben, wenn er
ein andermal gar willkommen wäre.
Clemens Brentano, Geschichte vom braven Kasperl
und dem schönen Annerl

Mancher, der zu feig oder faul ist,
uns ein Feind zu sein,
wird unser Freund.
Es ist die bequemste Art,
uns zu drücken.
Emil Gött, Gedichte, Sprüche und Aphorismen

Meine einäugigen Freunde
betrachte ich im Profil.
Joseph Joubert, Gedanken, Versuche und Maximen

Mit der Freundschaft verhält es sich
genau wie mit der körperlichen Liebe:
Damit sie authentisch ist,
muss sie zuerst frei sein.
Simone de Beauvoir, Das andere Geschlecht

Mit einem Weibe, das man begehrt,
kann man sich nicht eher befreunden,
als man es besitzt.
Heinrich Waggerl, Aphorismen

Mitfreude, nicht Mitleiden,
macht den Freund.
Friedrich Nietzsche, Menschliches, Allzumenschliches

Mitfühlen wollen wir mit unseren
Freunden, nicht indem wir jammern,
sondern indem wir uns
um sie kümmern!
Epikur, Sprüche. In: Briefe, Sprüche, Werkfragmente

Nach Taten, nicht nach Worten
soll man Freunde wägen.
Titus Livius, Römische Geschichte

Neuer Freund, neuer Wein:
Nur alt trinkst du ihn gern.
Altes Testament, Jesus Sirach 9, 10

Neuer Freunde Wort erklingt
Dem Ohr beredter
als gewohnter Freunde Trost.
Euripides, Andromache

Nicht bloß Ergötzen,
sondern auch Nutzen muss man
aus seinem Freund schöpfen.
Baltasar Gracián y Morales, Handorakel und Kunst
der Weltklugheit

Nichts aber ist liebenswerter
und verbindender
als die Ähnlichkeit in guter Art.
Marcus Tullius Cicero, Vom rechten Handeln

Nichts gleicht mehr herzlicher Freundschaft als Verbindungen, die wir
im Interesse unserer Liebe pflegen.
Jean de La Bruyère, Die Charaktere

Nichts ist einem Menschen willkommener als ein Freund zur rechten Zeit.
Titus Maccius Plautus, Epidicus

Nur der ist hoher Freundschaft fähig,
der auch ohne sie fertig zu werden
vermag.
Ralph Waldo Emerson, Essays

Nur ein Mensch, der nach einem
Freunde sich ebenso wie nach einer
Freundin sehnt, verdient beide.
Dorothea von Schlegel, Tagebuch

O brich den Faden nicht
der Freundschaft rasch entzwei!
Wird er auch neu geknüpft,
ein Knoten bleibt dabei.
Friedrich Rückert, Die Weisheit des Brahmanen

O wie hatten die alten Tyrannen
so Recht, Freundschaften
wie die unsere zu verbieten!
Da ist man stark wie ein Halbgott
und duldet nichts Unverschämtes
in seinem Bezirke!
Friedrich Hölderlin, Hyperion

Oh, ein Fürst hat keinen Freund,
kann keinen Freund haben.
Gotthold Ephraim Lessing, Emilia Galotti (Prinz)

Oh! In der Freundschaft geht es
immer schief, hat man sich erst
seine Geldgeheimnisse anvertraut.
Jules Renard, Ideen, in Tinte getaucht.
Aus dem Tagebuch von Jules Renard

Ohne Aufopferung lässt sich
keine Freundschaft denken.
Johann Wolfgang von Goethe,
Wilhelm Meisters Lehrjahre

Ohne Freunde möchte niemand leben,
auch wenn er alle übrigen Güter besäße.
Aristoteles, Nikomachische Ethik

Ohne Freundschaft gibt es kein Leben.
Marcus Tullius Cicero, Laelius über die Freundschaft

Ohne unsere Freunde
können wir leben, aber nicht
ohne unsere Nachbarn.
Sprichwort aus England

Öl, Wein und Freunde –
je älter, desto besser.
Sprichwort aus Portugal

Sanfte Rede erwirbt viele Freunde,
freundliche Lippen sind willkommen.
Altes Testament, Jesus Sirach 6, 5

Schade scheidet Freundschaft.
Deutsches Sprichwort

Schenken und Wiederschenken
erhält die Freundschaft.
Deutsches Sprichwort

Schöne Seelen finden sich
Zu Wasser und zu Lande.
Andreas Gryphius, Horribilicribifax. Teutsch

Sei gegen deine Freunde, ob sie Glück
oder Unglück haben, immer derselbe.
Periandros, überliefert bei Stobaios (Anthologie)

Sei nicht jedermanns
Freund und Vertrauter!
Adolph Freiherr von Knigge,
Über den Umgang mit Menschen

Seinen Freunden zu misstrauen,
ist schimpflicher, als von ihnen
betrogen zu werden.
François de La Rochefoucauld, Reflexionen

Seinen heutigen Freunden traue
man so, als ob sie morgen
Feinde sein würden,
und zwar die schlimmsten.
Baltasar Gracián y Morales, Handorakel und
Kunst der Weltklugheit

Selbst der bescheidenste Mensch
hält mehr von sich, als sein Freund
von ihm hält.
Marie von Ebner-Eschenbach

Selig, wer sich vor der Welt
Ohne Hass verschließt,
Einen Freund am Busen hält
Und mit dem genießt.
Johann Wolfgang von Goethe, An den Mond

Seufzend suche ich nun auf der Erde
einen kleinen Rest Trost.
Ich finde ihn nur noch bei dir,
meine liebenswürdige Freundin;
beraube,ich beschwöre dich,
beraube mich nicht einer so angenehmen Zuflucht; entziehe mir nicht
deiner Freundschaft Süße.
Jean-Jacques Rousseau, Julie oder
Die neue Héloïse (Julie an Claire)

Sind zwei Menschen eines Sinnes,
vermag ihr Wille Metall zu durchschneiden.
Chinesisches Sprichwort

So bin ich denn nun allein auf Erden,
ohne Bruder, ohne Nächsten,
ohne Freund, überlassen
meiner eigenen Gesellschaft.
Jean-Jacques Rousseau, Träumereien
eines einsamen Spaziergängers

So ist ein Weib der beste Freund,
den's gibt,
Falls ihr sie nicht geliebt habt
oder liebt.
Lord Byron, Don Juan

So sehr darf man nicht allen gehören,
dass man nicht mehr sich selber
angehörte. Ebenso darf man auch
seinerseits nicht seine Freunde missbrauchen und nicht mehr von ihnen
verlangen, als sie eingeräumt haben.
Baltasar Gracián y Morales, Handorakel und Kunst der
Weltklugheit

So selten wahre Liebe ist,
wahre Freundschaft
ist noch viel seltener.
François de La Rochefoucauld, Reflexionen

Solange du glücklich bist,
wirst du viele Freunde haben;
in düstern Zeiten wirst du allein sein.
Ovid, Gedichte der Trübsal

Trau keinem Freunde sonder Mängel,
Und lieb ein Mädchen, keinen Engel.
Gotthold Ephraim Lessing, Sinngedichte

Trennung der Freundschaft
gibt einen Prüfstein der Freundschaft.
Menandros, Monostichoi

Treu gemeint sind die Schläge
eines Freundes, doch trügerisch
die Küsse eines Feindes.
Altes Testament, Sprüche Salomos 27, 6

Über das Glück geht doch der Freund,
Der's fühlend erst erschafft,
der's teilend mehrt.
Friedrich Schiller, Wallensteins Tod (Wallenstein)

Und wärest du
dem ärmsten Bettler gleich,
Bleibt dir ein Freund, so bist du reich.
Doch wer den höchsten
Königsthron gewann
Und keinen Freund hat,
ist ein armer Mann.
Friedrich von Bodenstedt, Mirza Schaffy

Unser Egoismus lässt uns die Vorzüge
unserer Freunde einmal größer,
einmal kleiner erscheinen und
wir beurteilen ihren Wert nach der Art,
wie sie uns gegenübertreten.
François de La Rochefoucauld, Reflexionen

Unter Freunden bedarf es keiner
Gerechtigkeit, wohl aber unter gerechten Menschen der Freundschaft; und
der höchste Grad der Gerechtigkeit
scheint sich mit der Freundschaft
zu berühren.
Aristoteles, Nikomachische Ethik

Unter Freunden gilt nur der Handschlag.
Sprichwort aus Frankreich

Unter Freunden ist alles gemeinsam.
Terenz, Die Brüder

Verbreitet ist die Bezeichnung
»Freund«, doch selten ist die Treue.
Phaedrus, Fabeln

Vergeblich ist es, zu wünschen,
dass der Freund, den wir lieben,
uns ganz in unserer eigensten
Eigentümlichkeit verstehen möchte.
Sophie Bernhardi, Lebensansicht

Vergleichbar den fahrenden Rittern,
die sich eine eingebildete Geliebte
nahmen und so vollkommen sich
ausmalten, dass sie sie immer suchten,
ohne sie zu finden, haben bedeutende
Menschen immer nur eine Theorie
der Freundschaft gehabt.
Antoine Comte de Rivarol, Maximen und Reflexionen

Verkehren kann man mit Freunden,
auch wenn sie abwesend sind,
und zwar so oft du willst,
so lange du willst.
Lucius Annaeus Seneca, Briefe über Ethik

Verwandte sind nur dann verwandt
und Freunde nur dann befreundet,
wenn sie ebenbürtig sind.
Chinesisches Sprichwort

Viel Geld, viel Freunde.
Deutsches Sprichwort

Viele Freundschaften sind nichts
als degenerierte Gleichgültigkeit.
Alfred Polgar, Kleine Schriften, Band 1. Musterung

Viele, heute befreundet,
sind uns morgen Feind.
Sophokles, Aias (Odysseus)

Vielleicht muss man die Liebe richtig
gefühlt haben, um die Freundschaft
richtig zu erkennen.
Chamfort, Maximen und Gedanken

Vom Hass ist es ein kleinerer Schritt
zur Freundschaft
als von der Abneigung.
Jean de La Bruyère, Die Charaktere

Von Jugend auf gepflegte Herzensbeziehungen sind doch das Schönste,
was das Leben hat.
Theodor Fontane, Unwiederbringlich

Wahre Freundschaft
tauscht man nicht
gegen tausend Pferde ein.
Chinesisches Sprichwort

Wahre Freundschaften
sind von ewiger Dauer.
Marcus Tullius Cicero, Laelius über die Freundschaft

Freundschaft

Wahre, echte Freundschaft setzt eine
starke, rein objektive und völlig unin-
teressierte Teilnahme am Wohl und
Wehe des anderen voraus,
und diese wieder ein wirkliches sich
mit dem Freunde Identifizieren.
Arthur Schopenhauer, Aphorismen zur Lebensweisheit

Wärst du ein Mann gewesen – o Gott,
wie innig habe ich dies gewünscht! –
wärst du ein Mann gewesen –
denn eine Frau konnte meine Vertraute
nicht werden –, so hätte ich
diesen Freund nicht so weit
zu suchen gebraucht, als jetzt.
Heinrich von Kleist, Briefe (an Ulrike von Kleist,
14. August 1800)

Was dein Feind nicht wissen soll,
das sage deinem Freunde nicht.
Sprichwort aus Arabien

Was die Menschen Freundschaft nen-
nen, ist nur ein Zusammenschluss zur
Verfolgung gegenseitiger Interessen im
Austausch guter Dienste. Schließlich
also bloß ein Geschäft, in dem der
Eigennutz etwas zu gewinnen hofft.
François de La Rochefoucauld, Reflexionen

Was Freunde besitzen,
ist Gemeingut.
Pythagoras, überliefert bei Aristoteles (Älteste Politik)

Was ist ein Freund? Er ist derjenige,
der dir zum ersten Mal deine
und seine Einsamkeit bewusst macht
und dir hilft, dich aus ihr zu lösen,
damit du ihm deinerseits hilfst,
sich aus der seinen zu lösen.
Elie Wiesel, Lob der Freundschaft

Was macht wohl die Freundschaften
zwischen Frauenzimmern, und zwar
solchen, die zu lieben wissen,
so lau und wenig dauerhaft?
Der Eigennutz der Liebe ist es;
die Herrschaft der Schönheit,
die Eifersucht der Eroberungen.
Jean-Jacques Rousseau, Julie oder
Die neue Héloïse (Claire)

Was sind Freunde,
die sich nicht auch raufen.
Chinesisches Sprichwort

Was wir gewöhnlich Freunde und
Freundschaft nennen, ist weiter nichts
als eine durch Zufall zustande gekommene nähere Bekanntschaft,
an die man sich gewöhnt hat
und durch die ein gewisser geistiger
Austausch erleichtert wird.
Michel Eyquem de Montaigne, Die Essais

Weder die Leichtfertigen noch die
Zauderer soll man der Freundschaft
würdigen. Man muss allerdings etwas
riskieren um der Freundschaft willen.
Epikur, Sprüche. In: Briefe, Sprüche, Werkfragmente

Wein und Bier erfreuen das Herz,
doch mehr als beide die Freundesliebe.
Altes Testament, Jesus Sirach 40, 20

Welche Bedeutung hat die Freundschaft? Gegenseitige Hilfe mit Rat und
Tat. Darum schließen zwei Freunde
sich eng zusammen, um füreinander
alles zu sein, ungeachtet dessen, dass
doch ein Mensch gar nichts anderes
für den anderen Menschen sein kann
als ihm im Wege sein.
Søren Kierkegaard, Entweder – Oder

Welcher Schmerz kann tiefer uns
verwunden als ein böser Freund?
Sophokles, Antigone

Wenige taugen zu guten Freunden,
und dass man sie nicht zu wählen
versteht, macht ihre Zahl noch kleiner.
Sie erhalten, ist mehr, als sie erwerben
zu wissen.
Baltasar Gracián y Morales, Handorakel und Kunst der
Weltklugheit

Wenn das Fass leer ist, so wischen
die Freunde das Maul und gehen.
Deutsches Sprichwort

Wenn dich deine Freunde
einen Esel heißen,
so lade dir einen Sattel auf.
Talmud

Wenn die Jahre wachsen,
erkennt man den Wert
der Freundschaft immer tiefer.
Adalbert Stifter, Briefe (an Gustav Heckenast,
31. Oktober/2. November 1861)

Wenn du den Kameltreiber
zum Freund hast,
baue deine Tore hoch.
Sprichwort aus Bulgarien

Wenn ich's recht verstehe,
so ist in jedem »Liebet eure Feinde«
doch auch ein »Hasset eure Freunde«
enthalten.
Edgar Allan Poe, Marginalien

Wenn unsere Freunde uns betrogen
haben, sollen wir gegen ihre freundschaftlichen Gesten, aber nie
gegen ihr Unglück gleichgültig sein.
François de La Rochefoucauld, Reflexionen

Wenn unsere Freunde uns Dienste
erweisen, so denken wir, sie schuldeten
sie uns als Freunde, ohne zu bedenken,
dass sie uns ihre Freundschaft
nicht schuldig sind.
Luc de Clapiers Marquis de Vauvenargues,
Reflexionen und Maximen

Wer an den vier Meeren Freunde hat,
glaubt überall Orchideenduft zu riechen.
Chinesisches Sprichwort

Wer auch nicht einen einzigen
guten Freund hat,
dessen Dasein ist nicht lebenswert.
Demokrit, Fragment 99

Wer den Teufel zum Freund hat,
hat's gut in der Hölle.
Deutsches Sprichwort

Wer ein Freund zu sein begonnen hat,
weil es von Nutzen ist,
hört auch damit auf,
weil es von Nutzen ist.
Lucius Annaeus Seneca, Briefe über Ethik

Wer einen guten Freund hat,
braucht keinen Spiegel.
Sprichwort aus Indien

Wer einen guten Freund heiratet,
verliert ihn, um dafür einen
schlechten Ehemann einzutauschen.
Françoise Sagan

Wer Freunden leiht,
verliert doppelt.
Sprichwort aus Frankreich

Wer ihn nicht braucht,
dem wird ein Freund nicht fehlen,
Und wer in Not versucht
den falschen Freund,
Verwandelt ihn sogleich
in einen Feind.
William Shakespeare, Hamlet (König)

Wer in Lumpen geht,
hat wenig Freunde.
Wer allerorten Freunde hat,
lebt in Zank und Streit.
Chinesisches Sprichwort

Wer ins Auge stößt,
treibt Tränen heraus;
wer ins Herz stößt,
treibt Freundschaft hinaus.
Altes Testament, Jesus Sirach 22, 19

Wer mit sich selbst uneins ist,
der ist niemands Freund.
Johann Geiler von Kaysersberg, Das Seelenparadies

Wer nicht die Schwächen der Freundschaft hat, hat auch nicht ihre Stärke.
Joseph Joubert, Gedanken, Versuche und Maximen

Wer ohne Sinn für Freundschaft,
Wohlwollen und Liebe
nur für sich selber lebt,
der bleibt verlassen, wenn er sich
nach fremdem Beistand sehnt.
Adolph Freiherr von Knigge, Über den Umgang mit
Menschen

Wer seinem eigenen Vorteil zuliebe
einen Freund bloßstellen könnte,
verdiente der wohl, Freunde zu haben?
Jean-Jacques Rousseau, Julie oder
Die neue Héloïse (Julie)

Wer tyrannische Absichten, Herrschsucht und selbst Wohltätigkeit unter
der Maske der Freundschaft verbirgt,
erinnert an den verbrecherischen
Priester, der mit der Hostie vergiftet.
Chamfort, Maximen und Gedanken

Wie anders ist es,
was man mit sich
und unter Freunden ins Zarteste
und Besonderste arbeitet.
Johann Wolfgang von Goethe, Briefe (an Schiller,
6. Oktober 1798)

Wie gut ist es,
einen Freund heranzuziehen,
wenn man etwas unternimmt!
Titus Maccius Plautus, Der Perser

Wie könnte man auf der Stelle
jemandes Freund sein, den man
noch nie gesehen hat?
Jean-Jacques Rousseau, Julie oder Die neue Héloïse
(Saint-Preux)

Wie schwach sind doch
die Tröstungen der Freundschaft,
wo die der Liebe fehlen!
Jean-Jacques Rousseau, Julie oder
Die neue Héloïse (Julie)

Will ein Freund borgen,
vertröst ihn nicht auf morgen.
Deutsches Sprichwort

Willst du einen Freund gewinnen,
gewinne ihn durch Erprobung, schenk
ihm nicht zu schnell dein Vertrauen.
Altes Testament, Jesus Sirach 6, 7

Willst du einen Freund gewinnen,
sei selber einer.
Herbert Louis Samuel

Wir fühlen uns mitunter einsam
und sehnen uns nach Freunden und
denken, wir wären ganz anders und
glücklicher, wenn wir einen Freund
fänden, von dem wir sagen könnten,
»das ist der Richtige«. Aber du wirst
auch schon allmählich gemerkt haben,
dass viel Selbsttäuschung hinter dieser
Sehnsucht ist, und wenn wir ihr zu
sehr nachgäben, würde sie uns vom
Wege abbringen.
Vincent van Gogh, Briefe

Wir machen uns Freunde.
Wir machen uns Feinde.
Aber Gott macht uns
den Nachbarn nebenan.
Gilbert Keith Chesterton, Aphorismen und Paradoxa

Wir müssen die Nachsicht
unserer Freunde und die Strenge
unserer Feinde auszunutzen verstehen.
Luc de Clapiers Marquis de Vauvenargues,
Nachgelassene Maximen

Wir rühmen die Zuneigung unserer
Freunde zu uns nicht aus Dankbarkeit
so überschwänglich,
sondern um damit unseren Wert
erkennbar zu machen.
François de La Rochefoucauld, Reflexionen

Wir trösten uns leicht über das
Missgeschick unserer Freunde,
wenn wir dadurch Gelegenheit haben,
unsere Zuneigung für sie zu bekunden.
François de La Rochefoucauld, Reflexionen

Wir wechseln deshalb so oft
unsere Freunde, weil wir die Vorzüge
des Geistes so leicht, die der Seele
aber so schwer kennen.
François de La Rochefoucauld, Reflexionen

Wir wissen unseren Freunden
für die Schätzung unserer guten
Eigenschaften wenig Dank,
wenn sie auch nur wagen,
unsere Fehler wahrzunehmen.
Luc de Clapiers Marquis de Vauvenargues,
Reflexionen und Maximen

Wo ist denn der Ruhesitz der Seele?
Wo fühlt sie sich beschwichtigt genug,
um zu atmen und sich zu besinnen?
Im engen Raum ist's,
im Busen des Freundes.
Bettina von Arnim, Tagebuch

Wo man nicht die freie Wahl hat,
sind alle Menschen Freunde.
Peter Ustinov, Peter Ustinovs geflügelte Worte

Wozu mache ich jemanden zum
Freunde? Um einen Menschen
zu haben, für den ich sterben kann,
um einen Menschen zu haben,
dem ich in die Verbannung folge,
dessen Tod ich mich entgegenstelle
und für den ich mich aufopfern kann.
Lucius Annaeus Seneca, Briefe über Ethik

Wusst ich doch, dass allezeit
Ein Armer von den Freunden
scheu gemieden wird.
Euripides, Medea

Zeit stärkt die Freundschaft,
schwächt aber die Liebe.
Jean de La Bruyère, Die Charaktere

Zurück! Du rettest
den Freund nicht mehr,
So rette das eigene Leben!
Friedrich Schiller, Die Bürgschaft

Zwei Freunde müssen sich im Herzen
ähneln, in allem anderen können sie
grundverschieden sein.
Sully Prudhomme, Gedanken

Zwietracht oft Freundschaft macht.
Deutsches Sprichwort

Frevel

Einst war der Frevel an Gott
der größte Frevel, aber Gott starb, und
damit starben auch diese Frevelhaften.
An der Erde zu freveln ist jetzt
das Furchtbarste und die Eingeweide
des Unerforschlichen höher zu achten,
als den Sinn der Erde!
Friedrich Nietzsche, Also sprach Zarathustra

Entzünde nicht die Glut des Frevlers,
damit du in der Flamme seiner Feuers
nicht verbrennst.
Altes Testament, Jesus Sirach 8, 10

Es gibt kein größeres Frevlertum,
als sich an der Natur zu versündigen.
August Heinrich Hoffmann von Fallersleben

Furcht, nicht Güte
bändigt Frevler.
Publilius Syrus, Sentenzen

Vom Übermut zum Frevel
ist der Weg nicht weit.
Carl Spitteler, Olympischer Frühling

Warum bleiben Frevler am Leben,
werden alt und stark an Kraft?
Altes Testament, Hiob 7, 1

Frieden

Aber der Friede erfordert unentwegten,
zähen, dauernden Dienst, er verlangt
Ausdauer, erlaubt keinen Zweifel.
Aristide Briand, Dans la Voie de la Paix, Discours du
8 Novembre 1929, Prononcé à la Chambre des Députés

Abrüstung mit Frieden zu verwechseln,
ist ein schwerer Fehler.
Winston S. Churchill

Alles Gute nimmt wie der Himmel nur
wenige Farben an; es gehört mehr
Kenntnis dazu, einen Friedensfürsten
als einen Kriegsfürsten zu malen.
Jean Paul, Dämmerungen für Deutschland

Auch wenn Friede geschlossen ist,
ist es doch nur das Interesse,
das ihn erhält.
Oliver Cromwell, Reden (im Parlament,
4. September 1654)

Bald, es kenne nur jeder den eigenen,
gönne dem andern
Seinen Vorteil,
so ist ewiger Friede gemacht.
Johann Wolfgang von Goethe/Friedrich Schiller,
Xenien

Besser und sicherer
ist gesicherter Frieden
als erhoffter Sieg.
Titus Livius, Römische Geschichte

Frieden

Bewahre du zuerst Frieden
in dir selbst, dann kannst du auch
anderen Frieden bringen.
Thomas von Kempen

Bleib daheim bei deiner Kuh,
willst du haben Fried und Ruh.
Deutsches Sprichwort

Bloßes Lob des Friedens ist einfach,
aber wirkungslos. Was wir brauchen,
ist aktive Teilnahme am Kampf
gegen den Krieg und alles
was zum Krieg führt.
Albert Einstein, Über den Frieden

Das Gewissen ist furchtsam,
es liebt die Zurückgezogenheit und
den Frieden; die Welt und der Lärm
erschrecken es.
Jean-Jacques Rousseau, Emile

Das Wesen des Friedens ist,
ewig zu sein, und doch sehen wir
kein Menschenalter und kaum
eine Regierung vergehen, ohne dass er
nicht mehrmals hätte erneuert werden
müssen. Aber darf man sich wundern,
dass Geschöpfe, die der Gesetze
bedürfen, um gerecht zu sein,
auch fähig sind, sie zu verletzen?
Luc de Clapiers Marquis de Vauvenargues,
Unterdrückte Maximen

Das Ziel des Rechts ist der Friede,
das Mittel dazu der Kampf.
Rudolf von Ihering, Der Kampf ums Recht

Dauernder Friede
kann nicht durch Drohungen,
sondern nur durch den
ehrlichen Versuch vorbereitet werden,
gegenseitiges Vertrauen herzustellen.
Albert Einstein, Aus meinen späten Jahren

Dem Friedlichen gewährt man gern
den Frieden.
Friedrich Schiller, Wilhelm Tell (Tell)

Den Frieden zu haben –
das kommt der Liebe zu.
Frieden zu begründen aber ist das Amt
der ordnenden Weisheit.
Thomas von Aquin, Summa theologica

Denn das Glück
ist wohl hauptsächlich Frieden.
Weniger Arbeit
und weniger Luxus.
August Strindberg, Der Sohn der Magd

Der Begriff des Friedens schließt den
der Eintracht in sich und fügt noch
etwas hinzu. Wo immer daher
Friede ist, da ist auch Eintracht;
nicht aber ist, wo immer Eintracht
herrscht, auch Friede.
Thomas von Aquin, Summa theologica

Der einfachste Weg zum Frieden
wäre ein Gesetz, das Völkern verbietet,
einen Krieg anzufangen, bevor sie die
Schulden des vorhergegangenen
bezahlt haben.
Robert Lembke, Steinwürfe im Glashaus

Der ewige Friede ist ein Traum,
und nicht einmal ein schöner,
und der Krieg ein Glied
in Gottes Weltordnung.
Helmuth Graf von Moltke, Briefe (an Johann Kaspar
Bluntschli, 11. Dezember 1880)

Der ewige Frieden
ist auf dem Kirchhof.
Deutsches Sprichwort

Der Friede geht von dem aus,
der Liebe sät,
indem er sie zu Taten werden lässt.
Mutter Teresa

Der Friede Gottes ist nicht Ruhe,
sondern treibende Kraft.
Albert Schweitzer, Straßburger Predigten 1900–1919,
13. Oktober 1918

Der Friede hat ebenso viele Siege
aufzuweisen wie der Krieg,
aber weit weniger Denkmäler.
Kin Hubbard

Der Friede ist stets nur
um Haarbreite vom Krieg entfernt.
Carl Hilty, Für schlaflose Nächte

Der Friede macht die Völker glücklich
und die Männer schwach.
Luc de Clapiers Marquis de Vauvenargues,
Unterdrückte Maximen

Der Friede war bisher
nur eine blühende Vorstadt
mit Landhäusern und Gärten
vor der Festung des Kriegs, der jene
bei jedem Anlass niederschoss.
Jean Paul, Dämmerungen für Deutschland

Der Gott des Sieges
soll nur eine Hand haben, aber der
Friede gibt Sieg nach beiden Seiten.
Ralph Waldo Emerson, Tagebücher

Der soziale Friede
ist jede Anstrengung wert.
Norbert Blüm, Unverblümtes von Norbert Blüm

Die alten Sachsen leisteten im Kriege
ihren Fürsten jeden Gehorsam;
der Friede aber führte die unabhängige
Gleichheit zurück.
Jean Paul, Dämmerungen für Deutschland

Die Federn, die gegen
Abrüstung schreiben,
sind aus demselben Stahl gemacht,
aus dem die Kanonen sind.
Aristide Briand, In Genf (September 1930)

Die Handhabung des Friedens
wird uns jetzo vielleicht schwerer
als die des Kriegs; und doch ist jene
die wichtigere.
Jean Paul, Politische Fastenpredigten

Die letzten Stichworte in einem richtig
geführten menschlichen Leben
müssen Friede und Güte heißen.
Carl Hilty, Für schlaflose Nächte

Die Welt braucht so viel Frieden,
und der Herr wird ihn uns
in dem Maß gewähren,
wie wir uns anstrengen, den guten
Frieden unter uns zu fördern.
Papst Johannes XXIII., Briefe an die Familie
(Schwestern Ancilla und Maria), 12. Februar 1940

Duldung ist die einzige Vermittlerin
eines in allen Kräften und Anlagen
tätigen Friedens.
Johann Wolfgang von Goethe,
Varnhagen van Enses Biographien

Durch einen Sieg, nicht durch einen
Pakt soll man den Frieden schaffen.
Marcus Tullius Cicero, Briefe ad familiares

Ebenso macht umgekehrt Friede an
sich nicht kraftlos, wie die so lange
auf dessen Tabors-Bergen und Tem-
petälern eingewohnten Schweizer
zeigen.
Jean Paul, Friedens-Predigt an Deutschland

Ein jeder Stand hat seinen Frieden,
Ein jeder Stand hat seine Last.
Christian Fürchtegott Gellert, Lieder

Einer muss den Frieden beginnen
wie den Krieg.
Stefan Zweig

Empfängst du Gunst,
dann denke an die Schmach.
Lebst du in Frieden,
dann vergiss nicht die Gefahr.
Chinesisches Sprichwort

Es gab noch nie einen guten Krieg
oder einen schlechten Frieden.
Benjamin Franklin, Briefe (an J. Quincy,
11. September 1773)

Es gibt keinen Frieden
für die Furchtsamen und Uneinigen.
Charles de Gaulle

Es kann der Frömmste
nicht im Frieden bleiben,
Wenn es dem bösen Nachbar
nicht gefällt.
Friedrich Schiller, Wilhelm Tell (Tell)

Es kommt der Tag,
wo die Motoren schweigen,
und Frieden läuten
wird ein Glockenreigen.
Albrecht Haushofer

Fast alle, die über den Frieden reden,
denken nicht daran, dass es ihn
noch nie gegeben hat (...),
was kein Einwand gegen ihn ist,
aber eine Gedankenlosigkeit.
Ludwig Marcuse, Argumente und Rezepte.
Ein Wörter-Buch für Zeitgenossen

Friede beginnt mit einem Lächeln –
lächle fünfmal am Tag
einem Menschen zu,
dem du gar nicht zulächeln willst –;
tue es um des Friedens willen.
Mutter Teresa

Friede: die Epoche des Betrügens
zwischen zwei Epochen
des Kriegführens.
Ambrose Bierce

Friede – die Fortsetzung des Krieges
mit anderen Mitteln.
Oswald Spengler

Friede ernährt,
Unfriede verzehrt.
Deutsches Sprichwort

Friede ist das höchste materielle Glück
der menschlichen Gesellschaft,
wie des Individuums höchstes
materielles Glück die Gesundheit ist.
Leo N. Tolstoi, Tagebücher (1906)

Friede ist niemals durch Koexistenz,
sondern in Kooperation.
Karl Jaspers, Die Atombombe
und die Zukunft des Menschen

Friede macht Reichtum,
Reichtum macht Übermut,
Übermut bringt Krieg,
Krieg bringt Armut,
Armut macht Demut,
Demut macht wieder Frieden.
Julius Wilhelm Zincgref, Apophthegmata

Frieden bedeutet in einem Gesicht
zu lesen, das sich hinter den Dingen
zeigt, wenn sie ihren Sinn
und ihren Platz bekommen haben.
Antoine de Saint-Exupéry, Flug nach Arras

Frieden entstammt einem
in sich ruhenden Herzen,
das keinen Neid kennt und nicht
nach materiellem Gewinn giert.
Yehudi Menuhin, Berliner Lektionen 1992

Frieden findet man nur
in den Wäldern.
Michelangelo

Frieden ist die beste Sache.
Ein Friedensschluss ist besser
als unzählige Triumphzüge.
Silius Italicus, Punica

Frieden ist ungestörte Freiheit.
Marcus Tullius Cicero, Philippische Reden

Frieden kannst du nur haben,
wenn du ihn gibst.
Marie von Ebner-Eschenbach, Aphorismen

Frieden macht reich,
Krieg macht arm.
Sprichwort aus Frankreich

Frieden und Freiheit, das sind die
Grundlagen jeder menschenwürdigen
Existenz. Ohne Frieden und Freiheit
gibt es keinen Aufstieg der Völker,
kein Glück, keine Ruhe
für die Menschheit.
Konrad Adenauer, Weihnachtsansprache 1952

Glück verheißend
allein ist friedvolles Tun,
Unglück verheißend
das Handwerk des Krieges.
Lao-tse, Dao-de-dsching

Glücklich ist das Land,
wo man es nicht nötig hat,
den Frieden in einer Wüste zu suchen!
Wo aber ist dieses Land?
Jean-Jacques Rousseau, Emile

Gut auseinander setzen
hilft zum guten Zusammensitzen.
Emil Gött, Zettelsprüche. Aphorismen

Ich muss schon allzu lang wohnen
bei Leuten, die den Frieden hassen.
Altes Testament, Psalmen 120, 6

Ich ziehe den ungerechtesten Frieden
dem gerechtesten Krieg vor.
Marcus Tullius Cicero, An seine Freunde

Im Frieden werden die Väter
von ihren Kindern begraben,
im Krieg aber
die Kinder von den Vätern.
Krösus, überliefert von Herodot (Historien)

In Frieden lebt der Mensch,
der Gutes mit Gutem vergilt und,
so viel an ihm liegt,
niemanden schädigen will.
Bernhard von Clairvaux, Über die Bekehrung

Ist Frieden stiften Hass,
Versöhnen ein Geschäft der Hölle?
Friedrich Schiller, Die Jungfrau von Orleans (Johanna)

Lange leben und angenehm leben
heißt für zwei leben
und ist die Frucht des Friedens.
Baltasar Gracián y Morales, Handorakel und Kunst
der Weltklugheit

Liebe die Treue und den Frieden!
Altes Testament, Sacharja 8, 19

Lieber möchte man ein Hund im Frieden als ein Mensch im Krieg sein.
Chinesisches Sprichwort

Man kann nicht länger Frieden halten,
als der Nachbar will.
Deutsches Sprichwort

Meiner Meinung nach muss man
immer für einen Frieden sorgen,
der nichts Hinterhältiges hat.
Marcus Tullius Cicero, Vom rechten Handeln

Mit Frieden muss die Erde schließen,
denn mit ihm hob sie an, so wie die
gerade Linie eher als die krumme ist.
Jean Paul, Dämmerungen für Deutschland

Nicht die Friedensredner, sondern
die Friedensstifter werden gelobt.
Bernhard von Clairvaux, Über die Bekehrung

Nur zwischen Glauben und Vertrauen
ist Friede.
Friedrich Schiller, Wallensteins Tod

Selig, die Frieden stiften, denn sie
werden Söhne Gottes genannt werden.
Neues Testament, Matthäus 5, 9 (Jesus: Bergpredigt)

Sie schaffen eine Wüste
und nennen das Frieden.
Publius Cornelius Tacitus, Agricola

Starke Regierungen
sind eine Bürgschaft für den Frieden.
Helmuth Graf von Moltke, Reden (im Deutschen
Reichstag, 11. Januar 1887)

Süß ist's, die Zeit auf die Bearbeitung
der Äcker zu verwenden.
Ovid, Briefe aus der Verbannung

Träumt ihr den Friedenstag?
Träume, wer träumen mag!
Krieg ist das Losungswort!
Sieg! und so klingt es fort.
Johann Wolfgang von Goethe, Faust II (Euphorion)

Um des lieben Friedens willen
lässt man sich viel gefallen.
Deutsches Sprichwort

Unbilliger Frieden
ist besser als gerechter Krieg.
Deutsches Sprichwort

Unrecht wird gegen Gute nur von
Schlechten gerichtet: Die Guten
untereinander haben Frieden.
Lucius Annaeus Seneca, Über die Standhaftigkeit
des Weisen

Was ich sonst mache oder sage, kann
die Struktur des Universums nicht
ändern. Aber vielleicht kann meine
Stimme der größten Sache dienen:
guten Willen unter den Menschen
und Friede auf Erden.
Albert Einstein, Über den Frieden

Was wir mit dem Namen Frieden
ehren, ist oft nur ein kurzer Waffenstillstand, in dem der Schwächere auf

seine gerechten oder ungerechten
Ansprüche verzichtet,
bis er Gelegenheit findet,
sie mit Waffengewalt
wieder geltend zu machen.
Luc de Clapiers Marquis de Vauvenargues,
Nachgelassene Maximen

Wenn Krieg ist, denkt man
über ein besseres Leben nach,
wenn Friede ist,
über ein bequemeres.
Thornton Wilder

Wenn man für den Frieden arbeitet,
verringert dieser Frieden den Krieg.
Mutter Teresa

Wer den Frieden stört,
der mache sich auf den Krieg gefasst.
Niccolò Machiavelli, Geschichte von Florenz

Wer für den Krieg nicht tauglich ist,
muss die Kunst des Friedens anwenden,
wenn er regieren will.
Niccolò Machiavelli, Das Leben
des Castruccio Castracani

Wer im Frieden
Wünschet sich Krieg zurück,
Der ist geschieden
Vom Hoffnungsglück.
Johann Wolfgang von Goethe, Faust II (Chor)

Wer im Herzen keinen Frieden hat,
der hat ihn auch nicht außen.
Johann Geiler von Kaysersberg, Das Seelenparadies

Wer in Frieden zu leben wünscht,
muss Feuer in der einen und
Wasser in der anderen Hand tragen.
Sprichwort aus der Slowakei

Wer ist wohl so unverständig, dass er
den Krieg wählete statt des Friedens?
Krösus, überliefert von Herodot (Historien)

Wer sich nach Frieden sehnt,
der bereite den Krieg.
Vegetius, Epitoma rei militaris (Vorrede)

Wer verschont wurde, während man
die Seinigen gemordet hat,
kann mit sich und der Welt
keinen Frieden machen.
Marcel Reich-Ranicki

Wie viel mehr
hat das kleine friedliche Athen
für die Welt getan
als das würgende Riesen-Rom!
Jean Paul, Dämmerungen für Deutschland

Willst du friedlich leben?
Verkehre mit den Menschen,
lebe aber allein, unternimm nichts
und bedaure gar nichts.
Iwan S. Turgenjew, Gedichte in Prosa

Wir müssen bereit sein, heroische
Opfer, wie wir sie widerspruchslos
im Krieg hinnehmen, für die Sache
des Friedens zu bringen. Es gibt keine
wichtigere Aufgabe für mich und
keine, die mir mehr am Herzen liegt.
Albert Einstein, Warum Krieg?

Wir tragen eben den Frieden
wie ein Gewand, an dem wir
vorn flicken, während es hinten reißt.
Wilhelm Raabe, Horacker

Wir verspeisen die Friedenstaube,
gefüllt mit den Kastanien,
die wir füreinander
aus dem Feuer holen.
Arnfried Astel, Friedensmahl

Wo Liebe ist, da ist Frieden.
Mutter Teresa

Wollte ein großer Staat nur die Hälfte
seines Kriegs-Brennholzes zum Bau-
holz des Friedens verbrauchen;
wollt' er nur halb so viel Kosten
aufwenden, um Menschen als
um Unmenschen zu bilden, und
halb so viel, um sich zu entwickeln
als zu verwickeln:
Wie ständen die Völker
ganz anders und stärker da.
Jean Paul, Dämmerungen für Deutschland

Zwei Hähne lebten in Frieden,
als eine Henne kam,
Und schon der Streit
den Anfang nahm.
Jean de La Fontaine, Fabeln

Zwischen Sinnenglück
und Seelenfrieden
Bleibt dem Menschen
nur die bange Wahl.
Friedrich Schiller, Das Ideal und das Leben

Friedensschluss

Ein Friedensschluss erfüllt niemals
alle Wünsche, wird niemals
allen Berechtigungen gerecht.
Otto von Bismarck, Reden (im preußischen Herrenhaus,
22. Dezember 1866)

Es soll kein Friedensschluss für einen
solchen gelten, der mit dem geheimen
Vorbehalt des Stoffs zu einem künftigen Kriege gemacht worden.
Immanuel Kant, Zum ewigen Frieden

Friedfertigkeit

Ob neidisch, hitzig, träge,
trunksüchtig, lüstern –
niemand ist so wild,
dass er nicht friedlich werden könnte.
Horaz, Briefe

Um liebenswürdig zu sein,
ist das Hauptmittel,
friedfertig zu sein.
Baltasar Gracián y Morales, Handorakel und
die Kunst der Weltklugheit

Wer krank ist,
hat die Seele eines Lammes.
Sprichwort aus Lettland

Friedhof

Die Friedhöfe sind voll von Leuten,
die sich für unentbehrlich hielten.
Georges Clemenceau

Ich bin der Meinung, dass alle
ab und zu
auf den Friedhof gehen sollten.
Dann ist der Übergang nicht so abrupt.
Lars Saabye Christensen, Der Alleinunterhalter

Menschen denken zu historisch.
Sie leben immer zur Hälfte
auf dem Friedhof.
Aristide Briand

Welch tiefe Ruhe
ist über alle Friedhöfe gebreitet!
Wenn man dort mit über der Brust
gekreuzten Armen liegt,
gehüllt in das Leichentuch,
dann gleiten die Jahrhunderte vorüber
und stören so wenig wie der Wind,
der durch das Gras fächelt.
Gustave Flaubert, November

Wenn man die Inschriften
auf dem Friedhof liest,
fragt man sich, wo denn eigentlich
die Schurken begraben sind.
Peter Sellers

Fröhlichkeit

Dem Fröhlichen ist jedes Unkraut
eine Blume, dem Betrübten
jede Blume ein Unkraut.
Sprichwort aus Finnland

Die Fröhlichkeit des Menschen
ist der Zug, der mehr als alles andere
den Menschen verrät.
Fjodor M. Dostojewski, Der Jüngling

Die Tapfersten waren meistens
die fröhlichsten Menschen,
Männer von offener, weiter Brust.
Johann Gottfried Herder, Vom Erkennen
und Empfinden der menschlichen Seele

Du wirst es nicht
zu Tüchtigem bringen bei
deines Grames Träumereien,
die Tränen lassen nichts gelingen;
wer schaffen will,
muss fröhlich sein.
Theodor Fontane

Ein fröhliches Herz entsteht
normalerweise nur aus einem Herzen,
das vor Liebe brennt.
Mutter Teresa

Ein Herz muss dann und wann
an einem Glück sich laben,
Es muss der Liebe
viel und etwas Frohsinn haben.
Carl Spitteler, Olympischer Frühling

Fröhliche Armut
ist Reichtum ohne Gut.
Deutsches Sprichwort

Fröhliche Menschen sind nicht bloß
glückliche, sondern in der Regel auch
gute Menschen.
Karl Julius Weber

Frohsinnige Menschen sind ideenreich.
Li Taibai

Herzensfreude ist Leben
für den Menschen,
Frohsinn verlängert ihm die Tage.
Altes Testament, Jesus Sirach 30, 22

Ich habe nichts so gern
wie fröhliche Menschen.
Theodor Fontane, Briefe

In deinen fröhlichen Tagen
Fürchte des Unglücks tückische Nähe!
Friedrich Schiller, Die Braut von Messina (Chor)

In Gesellschaft sind die liebenswürdigsten Talente Fröhlichkeit und gute
Laune, denn obwohl sie nicht notwendig Gutmütigkeit und gute Lebensart
einschließen, machen sie diese doch
sehr gut nach, und das ist alles, was in
gemischter Gesellschaft verlangt wird.
Philipp Stanhope Earl of Chesterfield, Briefe über die
anstrengende Kunst, ein Gentleman zu werden

Nur arbeitsame Menschen
sind aus sich heraus
fröhlich, friedfertig und gut.
Berthold Auerbach, Der Lauterbacher

Nur ein Mensch von höchster
und glücklichster geistiger
Ausgeglichenheit versteht es,
auf eine Weise fröhlich zu sein,
die ansteckend wirkt,
das heißt unwiderstehlich
und gutmütig.
Fjodor M. Dostojewski, Der Jüngling

Seid, geliebte Lieder,
Zeugen meiner Fröhlichkeit;
Ach, sie kommt gewiss nicht wieder,
Dieser Tage Frühlingszeit.
Johann Wolfgang von Goethe, Annette

Solange das Schicksal es erlaubt,
lebt froh!
Lucius Annaeus Seneca, Der rasende Herkules

Um glücklich zu sein, muss man das
Unglück meiden, um fröhlich zu sein,
muss man die Langeweile meiden.
Leo N. Tolstoi, Tagebücher (1852)

Und seid von Herzen froh:
Das ist das A und O.
Johann Wolfgang von Goethe, Claudine von Villa Bella
(Vagabunden)

Wahrlich, unser Leben währt nur kurz,
Durchmesst denn seine Bahnen
auf das Fröhlichste!
Euripides, Herakles (Amphitryon)

Was kann der Schöpfer lieber sehen
als ein fröhliches Geschöpf?
Gotthold Ephraim Lessing, Minna von Barnhelm
(Fräulein)

Wie kommt's, dass du so traurig bist,
Da alles froh erscheint?
Johann Wolfgang von Goethe, Trost in Tränen

Wir haben Fröhlichkeit nötig und
Glück, Hoffnung und Liebe.
Vincent van Gogh, Briefe

Wo die Armut mit der Fröhlichkeit ist,
da ist nicht Begierde noch Habsucht.
Franz von Assisi, Von der Kraft der Tugenden

Frömmigkeit

Als David kam ins Alter,
da sang er fromme Psalter.
Deutsches Sprichwort

Das Glück ist dem Frommen Feind.
Deutsches Sprichwort

Das Opfer, das Gott am höchsten
schätzt, ist die Frömmigkeit.
Menandros, Monostichoi

Der Gott gehorsam ist,
fragt nicht nach Lohn und Pein,
Er will nicht fromm um Heil,
nicht gut um Wonne sein.
Daniel Czepko von Reigersfeld,
Monodisticha Sapientium

Die Erfahrung zeigt uns, welch
ein gewaltiger Unterschied zwischen
Frömmigkeit und Güte besteht.
Blaise Pascal, Pensées

Die Frommen in allen Nationen werden teilhaben an der künftigen Welt.
Talmud

Die Frommen siegen im Erliegen.
Deutsches Sprichwort

Die Leut wollen nicht fromm werden,
spricht Gott;
so muss ich den Teufel an sie schicken,
der sie plagt mit dem Gesetze.
Martin Luther, Tischreden

Die recht Frommen haben sogar
ihren Gott, um den Nächsten
damit zu schikanieren.
Emil Gött, Zettelsprüche. Aphorismen

Ein fromme fraw zeugt offt ein hur.
Deutsches Sprichwort

Eine Mauer um uns baue!
Singt das fromme Mütterlein.
Dass den Feinden vor uns graue,
Nimm in deine Burg uns ein.
Clemens Brentano, Die Gottesmauer

Einsiedler sind nicht alle so fromm,
als sie sich stellen.
Deutsches Sprichwort

Es ist nicht einfach,
gleichzeitig Satiriker
und fromm zu sein.
Ephraim Kishon, Kishon für alle Fälle

Es stünde besser in der Welt, wenn
nicht jeder Fromme sich an Seelenadel
über den Zweifler, nicht jeder Zweifler
an Klugheit über den Frommen sich
erhaben fühlte. Auch der Zweifler
kann ein Dummkopf, der Fromme
ein Schuft sein – und beide – beides.
Arthur Schnitzler, Buch der Sprüche und Bedenken

Fromm ist der, für den es
etwas Heiliges gibt.
Nathan Söderblom

Fromm sind wir Liebende,
still verehren wir alle Dämonen,
Wünschen uns jeglichen Gott,
jegliche Göttin geneigt.
Johann Wolfgang von Goethe, Römische Elegien

Fromme Leute
müssen täglich Lehrgeld zahlen.
Deutsches Sprichwort

Frömmigkeit ist das einzige Mittel,
der Trockenheit zu entgehen,
durch die die Arbeit der Reflexion
unweigerlich die Quellen unseres
Empfindungsvermögens bringen will.
Joseph Joubert, Gedanken, Versuche und Maximen

Frömmigkeit ist ein Glaube, dass man
mehr wert sei als ein anderer.
Charles de Secondat, Baron de la Brède
et de Montesquieu, Meine Gedanken

Frömmigkeit ist eine erhabene Weisheit, welche alle anderen übertrifft,
eine Art besonderer Begabung,
die den Geist beflügelt.
Joseph Joubert, Gedanken, Versuche und Maximen

Frömmigkeit ist kein Zweck,
sondern ein Mittel,
um durch die reinste Gemütsruhe
zur höchsten Kultur zu gelangen.
Johann Wolfgang von Goethe,
Maximen und Reflexionen

Frömmigkeit kommt aus dem Hang,
um welchen Preis auch immer
eine Rolle in der Welt zu spielen.
Charles de Secondat, Baron de la Brède
et de Montesquieu, Meine Gedanken

Gern hält der Teufel sich
bei Frommen auf.
Niemand vermutet ihn in ihrer Nähe –
am wenigsten die Frommen selbst.
Emil Gött, Im Selbstgespräch

Gottlose Altweiberfabeln weise zurück!
Übe dich in der Frömmigkeit!
Neues Testament, Paulus (1 Timotheus 4, 7)

Huren haben oft fromme Kinder.
Sprichwort aus Italien

Ich nenne Frömmigkeit eine Krankheit
des Körpers, die die Seele in einen
Wahnsinn versetzt und deren Wesen es
ausmacht, völlig unheilbar zu sein.
Charles de Secondat, Baron de la Brède
et de Montesquieu, Meine Gedanken

Jedes unfromme Kind
ist ein böses und verderbtes Kind.
Joseph Joubert, Gedanken, Versuche und Maximen

Keine gute Eigenschaft ist so leicht
nachzuahmen wie die Frömmigkeit,
wenn man Sitten und Leben nicht
damit in Einklang bringt;
ihr Wesen ist demnach Dunkel,
ihr äußeres Gebaren unkompliziert
und in die Augen fallend.
Michel Eyquem de Montaigne, Die Essais

Kirchen gibt es hier genug. Aber
fromme Augen sehe ich so wenig.
Paula Modersohn-Becker, Briefe (18. Januar 1901)

Körperliche Übung nützt nur wenig,
die Frömmigkeit aber ist nützlich
zu allem: Ihr ist das gegenwärtige
und das zukünftige Leben verheißen.
Neues Testament, Paulus (1 Timotheus 4, 8)

Man erkennt Gott durch die Frömmigkeit, die einzige Beschaffenheit
unserer Seele, durch die er
unserer Fassungskraft erreichbar wird.
Joseph Joubert, Gedanken, Versuche und Maximen

Manche Leute sprechen das Gebet
um das tägliche Brot so,
als betriebe der liebe Gott
eine Bäckerei.
Robert Lembke, Das Beste aus meinem Glashaus.
Humoristisches und Satirisches

Mit der Andacht Mienen
und frommem Wesen
Überzuckern wir den Teufel selbst.
William Shakespeare, Hamlet (Polonius)

Nichts Heiliges ist mehr, es lösen
Sich alle Bande frommer Scheu.
Friedrich Schiller, Das Lied von der Glocke

Schön und fromm stehen selten
in einem Stall.
Deutsches Sprichwort

Um eine böse Tat zu tun, findet die
Frömmigkeit Gründe,
die einem einfachen, redlichen Mann
nie in den Sinn kommen würden.
Charles de Secondat, Baron de la Brède
et de Montesquieu, Meine Gedanken

Was ist Frömmigkeit?, fragst du.
Der Selbstbesinnung leben.
Bernhard von Clairvaux, Über die Selbstbesinnung

Weit besser für das Heil der Welt
Ist frommer Irrtum, der erhält,
Als kalte Weisheit, die zerstöret.
Karl Wilhelm Ramler, Fabellese

Wenn ein Tiger sich
mit einem Rosenkranz behängt,
ist es falsche Frömmigkeit.
Chinesisches Sprichwort

Wenn ich von jemand höre, er sei sehr
fromm, so nehme ich mich sogleich
sehr vor seiner Gottlosigkeit in Acht.
Johann Gottfried Seume, Apokryphen

Wer überfromm und dumm
Um den geh' weit herum.
Jüdische Spruchweisheit

Wo man viel von Frömmigkeit sagt,
da ist man selten fromm.
Deutsches Sprichwort

Frosch

Am wohlsten fühlt sich
ein Baumfrosch im Brunnen.
Chinesisches Sprichwort

Der Frosch lässt das Quaken nicht.
Deutsches Sprichwort

Dem Storch gegenüber
haben die Frösche
eine beschränkte Souveränität.
David Frost

Nicht überall, wo Wasser ist,
sind Frösche; aber
wo man Frösche hört, ist Wasser.
Johann Wolfgang von Goethe,
Maximen und Reflexionen

Selbst ein Frosch kann ertrinken.
Chinesisches Sprichwort

Selbst ein Frosch würde beißen,
wenn er Zähne hätte.
Sprichwort aus Italien

Solange die Frösche
quaken vor Markustag,
solange schweigen sie danach.
Bauernregel

Was will der Frosch von dir?
Jacob und Wilhelm Grimm, Der Froschkönig oder der
eiserne Heinrich

Wo Frösche sind, da sind auch Störche.
Deutsches Sprichwort

Frost

Die Liebe und der Mai
gehen selten ohne Frost vorbei.
Bauernregel

Friert's am Tag von Sankt Vidal,
friert es wohl noch fünfzehnmal.
Bauernregel

Friert's auf Petri Stuhlfeier,
friert's noch vierzehnmal heuer.
Bauernregel

Gott gibt nicht mehr Frost
als Kleider.
Deutsches Sprichwort

Ist es vor Sankt Markus warm,
friert's hernach bis in den Darm.
Bauernregel

Je frostiger der Januar,
je freudiger das ganze Jahr.
Bauernregel

Medardus bringt keinen Frost mehr,
der dem Wein gefährlich wär.
Bauernregel

Frucht

Besser eine unreife Frucht am Baum
als eine faule Frucht unter dem Baum.
Chinesisches Sprichwort

Der dunkle Herbst kehrt ein
voll Frucht und Fülle,
Vergilbter Glanz
von schönen Sommertagen.
Georg Trakl, Der Herbst des Einsamen

Die Frucht der Stille ist das Gebet.
Die Frucht des Gebets ist der Glaube.
Die Frucht der Liebe ist der Dienst.
Die Frucht des Dienstes ist Frieden.
Mutter Teresa

Die Natur ahmt sich selbst nach; ein
Samenkorn, in gutes Erdreich gelegt,
bringt Frucht; ein Prinzip in einen
rechten Geist gelegt, bringt Frucht.
Blaise Pascal, Pensées

Eben an Baumes höchsten Zweigen
blühen und sprießen die Früchte –
siehe da die schöne Voraussicht
des größten der Werke Gottes!
Johann Gottfried Herder, Auch eine Philosophie
der Geschichte zur Bildung der Menschheit

Eine faule Kirsche macht nicht
so viel Matsch wie ein fauler Kürbis.
Chinesisches Sprichwort

Früchte bringet das Leben dem Mann;
doch hangen sie selten
Rot und lustig am Zweig,
wie uns ein Apfel begrüßt.
Johann Wolfgang von Goethe/Friedrich Schiller,
Xenien

Früchte, die dahinschwinden,
pflücket mit rascher Hand!
Ovid, Liebeskunst

Geduld ist ein Baum,
dessen Wurzeln bitter
und dessen Früchte nicht süß sind.
Sprichwort aus Persien

In den natürlich gewachsenen Früchten leben und wirken die eigentlichen, die nützlichsten, die natürlichen Kräfte und Eigenschaften; durch die Umzüchtung in der Richtung unseres verdorbenen Geschmacks haben wir gerade diese Naturkräfte in ihnen verkümmern lassen.
Michel Eyquem de Montaigne, Die Essais

Nicht leicht zu hüten
ist des Gartens reife Frucht.
Aischylos, Die Schutzflehenden

Legt man eine Zitrone
neben eine Orange, so hören sie auf,
Zitrone und Orange zu sein.
Sie werden Früchte.
Georges Braque

O mein Freund, die Geduld ist bitter,
ihre Frucht aber süß.
Jean-Jacques Rousseau, Julie oder Die neue Héloïse (Julie)

Schlecht ist die Frucht,
die nicht reif wird.
Sprichwort aus Frankreich

Unkraut, auch ungepflegt, gedeiht
Doch Frucht will Pflege, Schutz
und Zeit.
Jüdische Spruchweisheit

Verbotene Früchte
schmecken am besten.
Sprichwort aus England

Verbotne Frucht schmeckt am besten.
Deutsches Sprichwort

Von einem Baum, der noch
in Blüte steht, musst du nicht schon
Früchte erwarten.
Karl Gutzkow, Vom Baum der Erkenntnis

Wann wird der Zankapfel endlich
zur verbotenen Frucht erklärt?
Wiesław Brudziński

Wer sich nicht mit der Frucht,
die Gott verboten, speist,
Wird aus dem Paradeis
nicht einen Tritt verweist.
Angelus Silesius, Der cherubinische Wandersmann

Willst du nach den Früchten greifen,
Eilig nimm dein Teil davon!
Diese fangen an zu reifen,
Und die andern keimen schon.
Johann Wolfgang von Goethe, Dauer im Wechsel

Fruchtbarkeit

Den Boden für einen anonymen
Ackerknecht fruchtbar zu machen,
das ist die wahre Zukunft
des wahren Soldaten.
Louis Ferdinand Céline, Reise ans Ende der Nacht (1932)

Es gibt Epochen, in denen
ein romantischer Vitalismus blüht,
der den Triumph des Lebens
über den Geist herbeiwünscht:
Die magische Fruchtbarkeit
der Erde und der Frau
gilt als etwas Wunderbareres
als die ausgeklügelten Unternehmungen
des männlichen Geschlechts.
Simone de Beauvoir, Das andere Geschlecht

Ist Palmsonntag hell und klar,
so gibt's ein gut und fruchtbar Jahr.
Bauernregel

Frühe

Der Vogel, der früh auf ist,
fängt den Wurm.
Sprichwort aus England

Ich habe mir zur Regel gemacht,
dass mich die aufgehende Sonne
nie im Bette finden sollte,
solange ich gesund bin.
Georg Christoph Lichtenberg, Sudelbücher

Man muss sich früh auf den Weg
machen, wenn man früh
ankommen will.
Deutsches Sprichwort

Frühling

Ach, himmlischer Gott,
was schwindelt man sich alles vor,
wenn es ein wenig Frühling ist,
sogar, dass die Menschen
nicht entsetzlich wären.
Franziska Gräfin zu Reventlow, Tagebücher

Alle Mädchen erwarten wen,
wenn die Bäume in Blüten stehn.
Rainer Maria Rilke, Advent

Alles freuet sich und hoffet,
Wenn der Frühling sich erneut.
Friedrich Schiller, Der Jüngling am Bache

Auf der Flur erscheinen die Blumen;
die Zeit zum Singen ist da.
Altes Testament, Hohelied Salomos 2, 12

Das Wesen des Frühlings erkennt man
erst im Winter, und hinter dem Ofen
dichtet man die besten Mailieder.
Heinrich Heine, Vorrede zu Salon I

Der Bäume Gipfel schauerten leise;
wie Blumen aus der dunklen Erde
sprossten Sterne aus dem Schoße
der Nacht, und des Himmels Frühling
glänzt' in heiliger Freude mich an.
Friedrich Hölderlin, Hyperion

Der Frühling ist etwas Herrliches.
Der Frühling aber,
der nicht mehr kommen musste,
der nur so aus überirdischer Gnade
noch einmal gekommen ist,
der ist nicht mit Namen zu nennen.
Christian Morgenstern, Stufen

Der Frühling webt
schon in den Birken,
Und selbst die Fichte fühlt ihn schon;
Sollt er nicht auch auf
unsre Glieder wirken?
Johann Wolfgang von Goethe, Faust I (Faust)

Der Jüngling,
froh wie in der Kindheit Flor,
Im Frühling
tritt als Frühling selbst hervor.
Johann Wolfgang von Goethe,
Trilogie der Leidenschaft

Die Kinder schreien »Vivat hoch!«
In die blaue Luft hinein;
Den Frühling setzen sie auf den Thron,
Der soll ihr König sein.
Theodor Storm, Mai

Ein jeder Frühling ist neue Feier
der großen Vereinigung der männlichen und weiblichen Natur.
Joseph von Görres, Mythengeschichte

Ein kalter Frühling bringt viel Regen.
Chinesisches Sprichwort

Erst müssen die raueren Stürme,
die den Frühling ankündigen,
verbraust sein,
ehe die Blüte hervordringt.
Wilhelm Schulz, Die Statistik der Kultur

Frühling ist die Zeit,
in der auch die Männer
an das zu denken beginnen,
woran die Frauen
immer gedacht haben.
Willy Forst

Frühling ist Seligkeit,
weil's Begeistrung ist von der Zukunft,
Seligkeit ist Begeistrung zum Leben,
das ist Frühling.
Bettina von Arnim, Die Günderode

Ich kann sie kaum erwarten,
Die erste Blum im Garten,
Die erste Blüt am Baum.
Sie grüßen meine Lieder,
Und kommt der Winter wieder,
Sing ich noch jenen Traum.
Johann Wolfgang von Goethe, Der Musensohn

Ich träumte von bunten Blumen,
So wie sie wohl blühen im Mai;
Ich träumte von grünen Wiesen,
Von lustigem Vogelgeschrei.
Wilhelm Müller, Gedichte (Schubert: Winterreise)

Im Herbst verkauft man Obst,
im Frühling – Medizin.
Chinesisches Sprichwort

Im Frühjahr kehrt die Wärme
in die Knochen zurück.
Vergil, Georgica

Ist der Jänner hell und weiß,
kommt der Frühling ohne Eis,
wird der Sommer sicher heiß.
Bauernregel

Ist der Paulustag gelinde,
folgen im Frühjahr raue Winde.
Bauernregel

Laue Luft kommt blau geflossen,
Frühling, Frühling muss es sein!
Joseph von Eichendorff, Frische Fahrt

Man erzählt von einem unserer trefflichsten Männer, er habe mit Verdruss das Frühjahr wieder aufgrünen gesehn und gewünscht, es möchte zur Abwechslung einmal rot erscheinen.
Johann Wolfgang von Goethe, Dichtung und Wahrheit

Man gedenkt des Frühlings im Spätherbst wie eines kindischen Traums und hofft mit kindischer Einfalt, die vollen Speicher sollen auf immer aushalten.
Novalis, Die Christenheit oder Europa

Ohne Liebe kehrt kein Frühling wieder,
Ohne Liebe preist kein Wesen Gott.
Friedrich Schiller, Phantasie an Laura

Selbst der strengste Winter
hat Angst vor dem Frühling.
Sprichwort aus Finnland

Tage der Wonne,
kommt ihr so bald?
Schenkt mir die Sonne,
Hügel und Wald?
Johann Wolfgang von Goethe, Frühzeitiger Frühling

Vom Eise befreit sind Strom und Bäche
Durch des Frühlings holden,
belebenden Blick.
Johann Wolfgang von Goethe, Faust I (Faust)

»Wann magst du dich am liebsten bücken?«
Dem Liebchen Frühlingsblume zu pflücken.
Johann Wolfgang von Goethe, Sprichwörtlich

Wenn es vor Frühlingsanfang
Gewitter gibt, folgen neunundvierzig
Tage schlechtes Wetter.
Chinesisches Sprichwort

Wenn Winter kommt, kann Frühling
weit entfernt dann sein?
Percy Bysshe Shelley, Ode an den Westwind

Wer im Frühjahr nicht sät,
wird im Spätjahr nicht ernten.
Deutsches Sprichwort

Wer sehnt sich nicht nach Freuden der
Liebe und großen Taten, wenn im
Auge des Himmels und im Busen
der Erde der Frühling wiederkehrt?
Friedrich Hölderlin, Hyperion

Will dir den Frühling zeigen,
der hundert Wunder hat.
Der Frühling ist waldeigen
und kommt nicht in die Stadt.
Rainer Maria Rilke, Advent

Frühreife

Besser zu früh ein Mann,
als zu früh ein Greis.
Heinrich Waggerl, Aphorismen

Frühreif sein,
heißt vollkommen sein.
Oscar Wilde, Sätze und Lehren zum Gebrauch für die Jugend

Nichts ist weniger verheißend
als Frühreife; die junge Distel sieht
einem zukünftigen Baume
viel ähnlicher als die junge Eiche.
Marie von Ebner-Eschenbach, Aphorismen

Frühstück

Die Germanen aber essen als Frühstück Fleischstücke, die gliedweise gebraten sind; dazu trinken sie Milch und ungemischten Wein.
Poseidonios, Fragmente

Die Tischzeit ist die merkwürdigste
Periode des Tages und vielleicht
der Zweck, die Blüte des Tages.
Das Frühstück ist die Knospe.
Novalis, Fragmente

Solang ich nüchtern,
bin ich träg und dumm,
Doch nach dem Frühstück schon
kommt Witz und Klugheit.
Franz Grillparzer, Weh dem, der lügt! (Leon)

Fuchs

An dem Füchselein siehst du schon
Dass er eines Fuchses Sohn.
Jüdische Spruchweisheit

Auch was wir aufgeben,
müssen wir mit freier Wahl aufgeben,
nicht wie der Fuchs die Trauben.
Gottfried Keller, Der grüne Heinrich

Dem schlafenden Fuchs
fällt nichts ins Maul.
Sprichwort aus Frankreich

Der Fuchs wechselt den Balg,
nicht den Charakter
(Vulpes pilum mutat, non mores).
Titus Flavius Vespasian, nach Sueton, Vespasian

Der Fuchs weiß viel,
doch der ihn fängt, weiß mehr.
Sprichwort aus Portugal

Ein Schlaufuchs kann auch
auf einem Löwen reiten.
Chinesisches Sprichwort

Einen schlauen Fuchs fängt man nicht
zweimal in derselben Falle.
Sprichwort aus Frankreich

Entferne niemals den listigen Fuchs
aus deiner Nähe!
Ecbasis captivi in belehrender Gestalt (Löwe)

Es ist ein armer Fuchs,
der nur ein Loch hat.
Deutsches Sprichwort

Hat der Fuchs die Nase erst hinein,
So weiß er bald den Leib
auch nachzubringen.
William Shakespeare, Heinrich VI. (Gloucester)

Wenn der Fuchs Gänse fangen will,
so wedelt er mit dem Schwanze.
Deutsches Sprichwort

Wenn der Fuchs über das Eis geht,
kannst du eine Kanone hinüberfahren.
Sprichwort aus Serbien

Fühlen

Das Denken ist nur ein Traum des
Fühlens, ein erstorbenes Fühlen, ein
blassgraues, schwaches Leben.
Novalis, Die Lehrlinge zu Sais

Der Mensch kann nicht mehr fühlen,
als er denkt, nicht mehr denken,
als er fühlt.
Adam Heinrich Müller, Die Lehre vom Gegensatze

Man ist nur glücklich durch das,
was man fühlt, und nicht durch das,
was man ist.
Sully Prudhomme, Gedanken

Man kann vieles unbewusst wissen,
indem man es nur fühlt,
aber nicht weiß.
Fjodor M. Dostojewski, Tagebuch eines Schriftstellers

Führung

Auch Wildgänse haben einen Führer.
Chinesisches Sprichwort

Das Schiff geht nicht immer,
wie der Steuermann will.
Deutsches Sprichwort

Das Wunderlichste im Leben ist
das Vertrauen, dass andre uns führen
werden. Haben wir's nicht, so tappen
und stolpern wir unsern eignen Weg
hin; haben wir's, so sind wir auch,
eh wir's uns versehen,
auf das schlechteste geführt.
Johann Wolfgang von Goethe,
Maximen und Reflexionen

Denn der Mann ist mehr zur Führung
begabt als das Weib, wenn nicht etwa
eine widernatürliche Veranlagung
vorliegt.
Aristoteles, Politik

Der beste Wanderer
muss vorangehen.
Deutsches Sprichwort

Der Führer muss uns den Weg verkürzen, uns aber selbst gehen lassen,
nicht tragen wollen und uns
damit lähmen!
Johann Gottfried Herder, Journal meiner Reise
im Jahr 1769

Der Führerkult, sei es der um
Napoleon, Mussolini oder Hitler,
schließt jeden anderen Kult aus.
Simone de Beauvoir, Das andere Geschlecht

Der große Führer zieht
Männer verwandten Charakters an
wie der Magnet das Eisen.
Samuel Smiles, Charakter

Der Jugend Führer sei das Alter;
beiden sei
Nur wenn sie als Verbundne wandeln,
Glück beschert.
Johann Wolfgang von Goethe,
Paläophron und Neoterpe (Neoterpe)

Der Mensch ist
nachahmendes Geschöpf,
Und wer der vorderste ist,
führt die Herde.
Friedrich Schiller, Wallensteins Tod (Wallenstein)

Die einzige Art, Gefolgschaft zu haben,
ist schneller als die anderen zu laufen.
Francis M. de Picabia, Aphorismen

Die Führung eines Schiffes überträgt
man nicht dem unter den Reisenden,
der aus dem besten Hause ist.
Blaise Pascal, Pensées

Die Hoffnung ist ein schlechter Führer,
aber ein guter Gesellschafter
unterwegs.
Edward Wood Halifax

Die Masse kritisiert oft mit Kühnheit
die Entscheidungen ihrer Führer;
sobald sie aber die Strafe vor Augen
sieht, traut keiner mehr dem anderen,
und jeder ist nur bestrebt zu gehorchen.
Niccolò Machiavelli, Vom Staat

Ein Führer entsteht nur, wenn
eine Gefolgschaft bereits da ist.
Ludwig Marcuse, Argumente und Rezepte.
Ein Wörter-Buch für Zeitgenossen

Ein Oberhaupt muss sein.
Friedrich Schiller, Wilhelm Tell (Stauffacher)

Eine führerlose Menge
ist zu nichts nütze.
Niccolò Machiavelli, Vom Staat

Es ist ein altes Gesetz,
dass der Führer stehen bleibt,
wenn er in ein gewisses Alter kommt,
ja sogar kehrtmacht und
für das Gegenteil stimmt.
Dann muss die Jugend ihm entgegentreten, ihn vor sich hertreiben
oder ihn niedertrampeln.
Knut Hamsun, Neue Erde

Es ist leichter ein Land zu regieren,
als eine Familie zu führen.
Chinesisches Sprichwort

Geht ein Hammel vornweg, folgt
die ganze Schafherde hinterdrein.
Chinesisches Sprichwort

Geist blendet. Damit ist schon gesagt,
wie wenig er taugt, im Dunkel Tappenden als Führer zu dienen.
Alfred Polgar, Kleine Schriften, Band 3. Irrlicht

Ging der Kopf von hinnen
Was soll der Rumpf beginnen?
Jüdische Spruchweisheit

Gleich von der Geburt an
begleitet einen jeden ein Schutzgeist,
der unbemerkt sein Leben leitet.
Menandros, Fragmente

Leute von Geist bedürfen nur geringer
Kunst, um Dummköpfe zu lenken.
Voltaire, Die Briefe Amabeds

Man darf den Führern nicht zu sehr
vertrauen, dagegen sollte die Jugend
unsere Hoffnung sein.
Knut Hamsun, Neue Erde

Man kann erst steuern,
wenn man Fahrt hat.
Emil Gött, Zettelsprüche. Aphorismen

Menschen rechnen
zu den Herdentieren: Leithammel,
gefolgt von Neidhammeln.
Lothar Schmidt

Mit verbundenen Augen führen
unbekannte Hände
uns den dunklen unterird'schen Gang
durchs Leben.
Johann Wilhelm Ritter, Fragmente

Politische Führung bedeutet gerade in
Zeiten des Umbruchs geistige Führung.
Hans-Dietrich Genscher, Chancen des technischen
Fortschritts für die Zukunft Europas. Rede des Bundesministers des Auswärtigen in Berlin 1986

Schrecklich ist die Volksmasse,
wenn sie schlimme Führer hat.
Euripides, Orest

Solang noch die Leitung
in deiner Hand
Lenke den Ochsen und
pflüge das Land.
Jüdische Spruchweisheit

Tausend Soldaten
sind leicht zu rekrutieren, es ist nur
schwierig, einen General zu finden.
Chinesisches Sprichwort

Teilnehmend führen gute Geister, /
Gelinde leitend höchste Meister
Zu dem, der alles schafft und schuf.
Johann Wolfgang von Goethe, Gott und Welt

Wenn die Führung das Bestialische
zum System erhebt, so wird sich
immer eine Minderheit finden,
die Folge leistet. Das ist immer
und überall so gewesen.
Golo Mann, Deutsche Geschichte des 19. und
20. Jahrhunderts

Wenn's Schiff gut geht,
will jeder Schiffsherr sein.
Deutsches Sprichwort

Wer alles lenken will,
steuert gar nichts.
Manfred Rommel, Rommel-Kalender

Wo ein Schaf vorgeht,
folgen die anderen nach.
Deutsches Sprichwort

Zur Führerschaft gehört die Fühllosigkeit. Es herrscht, wer heiter ist, denn um traurig zu sein, muss man fühlen.
Fernando Pessoa, Das Buch der Unruhe des Hilfsbuchhalters Bernardo Soares

Zwei Kapitäne
bringen ein Schiff zum Sinken.
Türkisches Sprichwort

Fülle

Ach, den Lippen entquillt
Fülle des Herzens so leicht!
Johann Wolfgang von Goethe, Römische Elegien

Die Ungeduld sucht die Fülle,
aber sie erlangt nichts als die Völle.
Jürgen Dahl, Vom Geschmack der Lilienblüten

Fundament

Wer hohe Türme bauen will,
muss lange beim Fundament verweilen.
Anton Bruckner

Wohl steht das Haus gezimmert und gefügt, doch ach: Es wankt der Grund, auf dem wir bauen.
Friedrich Schiller

Funke

Aus einem Funken
kann ein Steppenbrand werden.
Mao Tse-tung

Die Ideen entzünden einander
wie die elektrischen Funken.
Johann Jakob Engel, Das Weihnachtsgeschenk

Ein Funken kann eine Stadt verzehren.
Sprichwort aus Ungarn

Funktion

Die Funktion ist das Dasein,
in Tätigkeit gedacht.
Johann Wolfgang von Goethe,
Maximen und Reflexionen

Ein Ding mag noch so wenig taugen,
Es kömmt ein Augenblick,
und man kann alles brauchen.
Johann Wolfgang von Goethe,
Die Mitschuldigen (Söller)

Gott lässt der Ziege den Schwanz nicht länger wachsen, als sie ihn brauchen kann.
Deutsches Sprichwort

Je besser der Zustand eines Dings ist,
desto besser ist seine Funktion.
Aristoteles, Eudemische Ethik

Kunst ist im höchsten Ausmaß
eine männliche Funktion.
Emil Nolde, Jahre der Kämpfe

Solange der Esel trägt,
ist er dem Müller lieb.
Deutsches Sprichwort

Wo der Löffel ausreicht,
da bedarf es der Kelle nicht.
Deutsches Sprichwort

Furcht

Alle Frauen sind furchtsam. Und es ist ein Glück, dass sie es sind; denn wer möchte sich sonst mit ihnen einlassen?
Honoré de Balzac, Die Physiologie der Ehe

Alle kennen den Bär,
aber der Bär kennt keinen.
Sprichwort aus Finnland

Alle Leidenschaften
suchen ihre Nahrung, die Furcht liebt den Gedanken an Gefahr.
Joseph Joubert, Gedanken, Versuche und Maximen

Als Soldat fürchte dich nicht
vor dem Tod, als Bauer fürchte dich nicht vor dem Dung.
Chinesisches Sprichwort

Bettler fürchten die Hunde, angehende Doktoren die Jahresprüfung.
Chinesisches Sprichwort

Da nun alles schon an mir vollbracht ist, was bleibt mir noch
zu fürchten übrig?
Jean-Jacques Rousseau, Träumereien eines einsamen Spaziergängers

Das einzige, was wir zu fürchten haben, ist unsere eigene Furcht.
Franklin Delano Roosevelt

Das rate ich dir, sei nicht unglücklich vor der Zeit, da das, wovor du, als sei es bedrohlich, dich fürchtest, vielleicht niemals kommen wird, jedenfalls nicht gekommen ist.
Lucius Annaeus Seneca, Briefe über Ethik

Das Übel, das du fürchtest,
wird gewiss durch deine Tat.
Johann Wolfgang von Goethe, Egmont (Egmont)

Das Verhängte muss geschehen,
Das Gefürchtete muss nahn.
Friedrich Schiller, Kassandra

Dem Furchtsamen
rauschen alle Blätter.
Deutsches Sprichwort

Der echte Adel weiß von keiner Furcht.
William Shakespeare, Heinrich VI.

Der Furchtsame erschrickt
vor der Gefahr, der Feige in ihr,
der Mutige nach ihr.
Jean Paul, Quintus Fixlein

Der Grad der Furchtsamkeit
ist der Gradmesser der Intelligenz.
Friedrich Nietzsche

Der kommt nimmer in den Wald,
der jeden Strauch fürchtet.
Deutsches Sprichwort

Der Mensch fürchte sich vor dem Ruhm,
das Schwein davor, fett zu werden.
Chinesisches Sprichwort

Der Mensch gibt ebenso schwer
eine Furcht auf als eine Hoffnung.
Otto Ludwig, Zwischen Himmel und Erde

Der Verstand glaubt stets,
dass wahr sei, was er fürchtet.
Ovid, Liebeskunst

Die Basis des Optimismus
ist schiere Furcht.
Oscar Wilde, Das Bildnis des Dorian Gray

Die einen haben Furcht vor dem Staat,
die anderen haben Furcht um den Staat.
Walter Scheel

Die erste Frau fürchtet den Mann,
die zweite Frau fürchtet der Mann.
Sprichwort aus Serbien

Die Furcht hat ihren besonderen Sinn.
Gotthold Ephraim Lessing, Emilia Galotti (Claudia)

Die Furcht lässt das Gefürchtete
Wirklichkeit werden.
Ingmar Bergman

Die Furcht steckt an
wie der Schnupfen
und macht aus dem Singularis
allemal den Pluralis.
Katharina Elisabeth Goethe

Die Furcht und die Faulheit bringen
die Menschen um alles Vernünftige.
Johann Gottfried Seume, Apokryphen

Die Furcht vermehrt unsere Leiden,
wie die Begehrlichkeit
unsere Freuden steigert.
Charles de Secondat, Baron de la Brède
et de Montesquieu, Meine Gedanken

Die Furcht vor der Freiheit
ist stark in uns.
Germaine Greer, Der weibliche Eunuch

Die Gewöhnung,
seine Pflicht zu erfüllen,
verjagt die Furcht.
Charles Baudelaire, Tagebücher

Die Menschen werden hauptsächlich von zwei Haupttrieben beherrscht: von Liebe und Furcht. Es beherrscht sie also gleichermaßen derjenige, der ihre Liebe gewinnt, wie der, der ihnen Furcht einflößt; ja, meistens findet sogar der, der ihnen Furcht einflößt, mehr Folgsamkeit und Gehorsam als der, der ihnen Liebe entgegenbringt.
Niccolò Machiavelli, Vom Staat

Die menschlichen Vorurteile sind wie bissige Hunde, die nur den Furchtsamen angreifen.
Isolde Kurz

Die Strafe zu fürchten ist der beste Weg, ihr zu entgehen.
Chinesisches Sprichwort

Die Ungewissheit schlägt mir tausendfältig
Die dunklen Schwingen um das bange Haupt.
Johann Wolfgang von Goethe, Iphigenie auf Tauris (Iphigenie)

Die Ursache, die den Aberglauben hervorbringt, erhält und ernährt, ist die Furcht.
Baruch de Spinoza, Tractatus theologico-politicus

Diejenigen fürchten das Pulver am meisten, die es nicht erfunden haben.
Heinrich Heine, Englische Fragmente

Du sollst dich nicht fürchten, zu erfahren,
was deine bisherige Ordnung sprengt.
Ludwig Marcuse, Argumente und Rezepte. Ein Wörter-Buch für Zeitgenossen

Du sollst dich nicht so sehr vor dem Tode fürchten, dass du schreist: »Carpe diem.«
Ludwig Marcuse, Argumente und Rezepte. Ein Wörter-Buch für Zeitgenossen

Ein frisch geborenes Kalb fürchtet nicht den Tiger.
Chinesisches Sprichwort

Ein großer Teil der Sorgen besteht aus unbegründeter Furcht.
Jean-Paul Sartre

Ein Mädchen fürchtet,
ohne Mann zu bleiben.
Ein Bauer fürchtet die Erntezeit.
Chinesisches Sprichwort

Eine der Wirkungen der Furcht ist es, die Sinne zu verwirren und zu machen, dass uns sie Dinge anders erscheinen, als sie sind.
Miguel de Cervantes Saavedra, Don Quijote

Eine einzige Furcht hat etwas Edles, die Schamhaftigkeit.
Karl Julius Weber, Democritos

Eine große Philosophie ist nicht eine fehlerlose, sondern eine furchtlose.
Charles Péguy, Cahiers de la Quinzaine (1914)

Er fürchtet, dass ihm die fallenden Blätter den Kopf einschlagen werden.
Chinesisches Sprichwort

Es gibt viele Dinge, die aus der Ferne gesehen schrecklich, unerträglich, ungeheuerlich scheinen. Nähert man sich ihnen, werden sie menschlich, erträglich, vertraut. Darum sagt man, die Furcht ist größer als das Übel.
Niccolò Machiavelli, Mandragola

Es ist nichts ekelhafter,
als diese Furcht vor dem Tode.
Heinrich von Kleist, Briefe (an Wilhelmine von Zenge, 21. Juli 1801)

Es ist sonderbar, dass der Mensch sich nicht vor sich selbst fürchtet.
Friedrich Schlegel, Lucinde

Feig, wirklich feig ist nur, wer sich vor seinen Erinnerungen fürchtet.
Elias Canetti, Die Provinz des Menschen. Aufzeichnungen 1942–1972

Fort mit dem Gedanken an Verdammung, fort mit der Furcht, fort mit der Unruhe!
Bernhard von Clairvaux, Über die Bekehrung

Furcht gibt es in der Liebe nicht, sondern die vollkommene Liebe vertreibt die Furcht.
Neues Testament, 1. Johannesbrief 4, 18

Furcht ist der Anfang der Weisheit.
Sprichwort aus Spanien

Furcht ist die schrecklichste der Leidenschaften, weil sie ihre ersten Anstrengungen gegen die Vernunft macht: Sie lähmt Herz und Geist.
Antoine Comte de Rivarol, Maximen und Reflexionen

Furcht ist egoistischer als der Mut, denn sie ist bedürftiger.
Jean Paul, Levana

Furcht ist ein gebieterisch Ding.
Martial, Epigramme

Furcht ist hohl im Mittelpunkt, und ringsherum ist nichts.
Sprichwort aus Slowenien

Furcht ist unbeständige Unlust, entsprungen aus der Idee einer zukünftigen oder vergangenen Sache, über deren Ausgang wir in gewisser Hinsicht im Zweifel sind.
Baruch de Spinoza, Ethik

Furcht macht verächtlich, und Verachtung ist gefahrvoller als Hass.
Johann Jakob Engel, Fürstenspiegel

Furcht schuf Götter. Das hätte gut gehen können, dann aber schufen Götter Furcht, deshalb erst wurden sie Feinde menschlichen Glücks.
Ludwig Marcuse, Argumente und Rezepte. Ein Wörter-Buch für Zeitgenossen

Furcht stählt die Seelen
wie Kälte das Eisen.
Joseph Joubert, Gedanken, Versuche und Maximen

Furcht und Mut stecken an.
Jean Paul, Dämmerungen für Deutschland

Furcht verursacht Schmeichelei, aber keine Liebe.
Demokrit, Fragment 268

Furcht vor der Gefahr ist schrecklicher als die Gefahr selbst.
Sprichwort aus Afrika

Fürchte den, der dich fürchtet, auch wenn er eine Fliege und du ein Elefant bist.
Sprichwort aus Persien

Fürchte dich immer ein wenig, sodass du dich niemals zu sehr fürchten brauchst.
Sprichwort aus Finnland

Fürchte dich nicht!
Neues Testament, Offenbarung 1, 17

Fürchte einen Mandarin, der lacht.
Chinesisches Sprichwort

Fürchte nicht, dass der Körper, sondern nur, dass die Seele altert.
Chinesisches Sprichwort

Fürchte nicht,
dich in der Jugend zu plagen, wohl aber, im Alter arm zu sein.
Chinesisches Sprichwort

Fürchte nicht, langsam zu gehen, fürchte nur, stehen zu bleiben.
Chinesisches Sprichwort

Fürchte nicht schwere Arbeit, fürchte leere Reden.
Chinesisches Sprichwort

Geduld ist ebenso schmachvoll wie Eile: Beide sind Furcht.
Walter Rathenau, Auf dem Fechtboden des Geistes. Aphorismen aus seinen Notizbüchern

Gerücht verdoppelt,
so wie Stimm und Echo
Die Zahl Gefürchteter.
William Shakespeare, Heinrich IV. (Warwick)

Geschrei macht den Wolf größer, als er ist.
Deutsches Sprichwort

Furcht

Große Furcht
wird durch Wagemut vertuscht.
Lukan, Der Bürgerkrieg

Hoffnung und Furcht
wechseln sich ständig ab.
Ovid, Heroinen

Ich lieb' und fürcht' ihn nicht,
das ist mein Credo.
William Shakespeare, Heinrich VIII. (Suffolk)

Ich will keine Furcht einflößen,
es gibt nichts in der Welt,
dessen ich mich so sehr schäme.
Lieber verachtet sein als gefürchtet.
Elias Canetti, Die Provinz des Menschen.
Aufzeichnungen 1942-1972

Im Unglück finden wir meistens die
Ruhe wieder, die uns durch die Furcht
vor dem Unglück geraubt wurde.
Marie von Ebner-Eschenbach, Aphorismen

Je größer Christe, je mehr Anfechtung;
je mehr Sünd, je mehr Furcht.
Martin Luther, Tischreden

Je größer die Furcht,
desto näher die Gefahr.
Sprichwort aus Dänemark

Je weniger man fürchtet, desto kleiner
wird man die Gefahr finden.
Titus Livius, Römische Geschichte

Jeder glaubt gar leicht,
was er fürchtet und was er wünscht.
Jean de La Fontaine, Fabeln

Jegliche Furcht rührt daher,
dass wir etwas lieben.
Thomas von Aquin, Summa theologica

Keine Religion, sagten sie,
die sich auf Furcht gründet,
wird unter uns geachtet.
Johann Wolfgang von Goethe,
Wilhelm Meisters Wanderjahre

Leg ab die Furcht deines Herzens!
Waltharilied (Walther)

Man fügt zu dem Übel,
das man empfindet,
noch dasjenige hinzu,
welches man fürchtet.
Jean-Jacques Rousseau, Emile

Man fürchtet das Alter, ohne dass man
weiß, ob man alt werden wird.
Jean de La Bruyère, Die Charaktere

Man fürchtet seine Anhänger mehr
als irgendeinen Feind,
er lässt sich leichter abschütteln.
Ludwig Marcuse, Argumente und Rezepte.
Ein Wörter-Buch für Zeitgenossen

Mancher sieht aus Furcht
vor sich einen Wolf
und hinter sich einen Tiger.
Chinesisches Sprichwort

Mich plagen keine Skrupel
noch Zweifel,
Fürchte mich weder vor Hölle
noch Teufel.
Johann Wolfgang von Goethe, Faust I (Faust)

Mut kann nur der haben,
der auch die Furcht kennt;
der andere ist nur tollkühn.
Willy Brandt

Nicht der Beamte wird gefürchtet,
sondern seine Macht.
Chinesisches Sprichwort

Nicht Menschen, sondern Sitten
sind zu fürchten, nicht das fremde Ich,
sondern das eigne.
Jean Paul, Friedens-Predigt an Deutschland

Nichts ist für uns furchtbar,
wenn wir Gladiatoren sein wollen.
Franziska Gräfin zu Reventlow, Tagebücher

Nichts ist so gewiss bei den Dingen,
die man fürchtet, dass es nicht gewisser sei, Befürchtetes bleibe aus
und Erhofftes enttäusche.
Lucius Annaeus Seneca, Briefe über Ethik

Nun können wir klagend
um unser Schicksal bangen.
Altsächsische Genesis (um 860), Adams Klage

Nur eine kranke Ente
fürchtet sich vor dem Wiesel.
Chinesisches Sprichwort

Schüchternheit ist eine Art Furcht
vor sich selbst.
Walter Hilsbecher

Selbst ein Hundertjähriger
fürchtet sich vor dem Sterben.
Chinesisches Sprichwort

Sie mögen mich ruhig hassen,
solange sie mich fürchten!
Lucius Accius, Atreus

So ist also Furcht das Gesetz
des Sklaven, an das er gebunden ist,
die Begierde das Gesetz des Mietlings,
in das er eingezwängt ist
und das ihn zieht und lockt.
Bernhard von Clairvaux, Briefe (an Prior Guigo)

Sowohl des Unheils Furcht
als wirklich Unheil
Muss meiner Meinung nach
verhütet werden.
William Shakespeare, Richard III. (Buckingham)

Tätigkeit allein
verscheucht Furcht und Sorge.
Johann Wolfgang von Goethe, Am Rhein, Main
und Neckar

Treibet die Furcht aus!
Dann ist Hoffnung,
dass der gute Geist einziehen werde.
Johann Gottfried Seume, Apokryphen

Tue, was Du fürchtest,
und die Furcht wird Dir fremd!
Dale Carnegie

Tugend strebt nach den Sternen,
Furcht nach dem Tod.
Lucius Annaeus Seneca, Herkules auf dem Oeta

Unglücklicher, wenn du die Todesfurcht ablegen willst, musst du endlich begreifen, dass alle Herrlichkeit
dieser Welt wie blühendes Gras ist.
Ecbasis captivi in belehrender Gestalt (Papagei)

Viele muss fürchten,
wen viele fürchten.
Publilius Syrus, Sentenzen

Viele sind durch das umgekommen,
was sie stets gefürchtet haben;
was half aber das Fürchten,
wenn sie nicht vorbeugten?
Baltasar Gracián y Morales, Handorakel und Kunst
der Weltklugheit

Was man nicht zu verlieren fürchtet, hat
Man zu besitzen nie geglaubt
und nie gewünscht.
Gotthold Ephraim Lessing, Nathan der Weise
(Tempelherr)

Was soll ich fürchten,
der den Tod nicht fürchtet?
Friedrich Schiller, Die Räuber (Kosinsky)

Wenn ein Mensch Furcht hat,
so verrät er damit, dass er
den Glauben an Gott verloren hat.
Mohandas K. »Mahatma« Gandhi, Young India (engl.
Wochenzeitung 1919-1931), 18. September 1924

Wenn man das Kommende zu sehr
gefürchtet hat, ist man schließlich
erleichtert, wenn es gekommen.
Joseph Joubert, Gedanken, Versuche und Maximen

Wenn man etwas ernstlich fürchtet,
so bringen die entferntesten Dinge
uns den Gegenstand in den Sinn.
Georg Christoph Lichtenberg, Sudelbücher

Wer alle Macht hat,
muss auch alles fürchten.
Pierre Corneille, Cinna

Wer aus falscher Furcht zittert,
der verdient richtige.
Lucius Annaeus Seneca, Ödipus

Wer die Cholera nicht fürchtet,
den fürchtet sie.
Sprichwort aus Russland

Wer die Zukunft fürchtet,
verdirbt sich die Gegenwart.
Lothar Schmidt

Wer fest auf beiden Beinen steht,
braucht sich vor Sturm
nicht zu fürchten.
Chinesisches Sprichwort

Wer nicht schifft,
fürchtet sich nicht vor dem Meer,
wer nicht Soldat ist,
nicht vor dem Krieg,
wer zu Hause bleibt,
nicht vor Straßenräubern.
Plutarch, Über den Aberglauben

Wer nichts fürchtet, ist nicht weniger
mächtig als der, den alles fürchtet.
Friedrich Schiller, Die Räuber (Franz)

Wer nichts fürchtet,
kann leicht ein Bösewicht werden,
aber wer zu viel fürchtet,
wird sicher ein Sklave.
Johann Gottfried Seume, Apokryphen

Wer ohne Tadel ist,
ist immer ohne Furcht,
aber wer ohne Furcht ist,
ist nicht immer ohne Tadel.
Johann Gottfried Seume, Apokryphen

Wer sich fürchtet, denkt langsamer,
läuft aber schneller.
Lothar Schmidt

Wer sich fürchtet,
der lauf in die Kirche.
Deutsches Sprichwort

Wer tapfer ist, der fürchtet nichts.
Konfuzius, Gespräche

Wir hassen bald,
was oft uns Furcht erregt.
William Shakespeare, Asterix und Cleopatra (Charmion)

Wo sich der ehrliche Mann zu fürchten
anfängt, hört meistens der Schurke
zu fürchten auf, und umgekehrt.
Johann Gottfried Seume, Apokryphen

Würde ich dich fürchten,
hätte ich dich nicht gefreit. Da ich
dich freite, fürchte ich dich nicht.
Chinesisches Sprichwort

Fürst

Achtung, die man den Fürsten bezeigt,
ist zweite Selbstachtung.
François de La Rochefoucauld,
Nachgelassene Maximen

An Fürsten Vorzüge zu loben,
die sie nicht haben, heißt,
sie ungestraft beleidigen.
François de La Rochefoucauld, Reflexionen

Bauern machen Fürsten.
Deutsches Sprichwort

Der Fürst denkt,
aber der Krämer – lenkt!
Friedrich Nietzsche, Also sprach Zarathustra

Die Fürsten haben viele Augen,
lassen aber nur zweie sehen.
Deutsches Sprichwort

Die Fürsten lassen sich leicht dazu
bringen, neue Gefälligkeiten
denen zu erweisen, denen sie
alte Gefälligkeiten erwiesen haben;
sie fürchten so sehr durch Verweigern
die früheren Wohltaten zu verlieren,
dass sie sich immer beeilen,
neue zu erweisen,
wenn diese begehrt werden.
Niccolò Machiavelli, Briefe (an Francesco Guicciardini, 21. Oktober 1525)

Die Leutseligkeiten der Fürsten
ist oft nur eine Taktik,
die Herzen des Volkes zu gewinnen.
François de La Rochefoucauld, Reflexionen

Die Mitteilung eines Geheimnisses
vonseiten des Fürsten ist keine Gunst,
sondern ein Drang seines Herzens.
Schon viele zerbrachen den Spiegel,
weil er sie an ihre Hässlichkeit
erinnerte.
Baltasar Gracián y Morales, Handorakel und Kunst
der Weltklugheit

Ein Fürst darf nur so viel Furcht
verbreiten, dass er, wenn er dadurch
schon keine Liebe gewinnt,
doch keinen Hass auf sich zieht; denn
er kann sehr wohl gefürchtet werden,
ohne verhasst zu sein.
Niccolò Machiavelli, Der Fürst

Ein Fürst erlangt am meisten Ruhm
bei seinen Bürgern, wenn er die
Alleinherrschaft in eine Volksherrschaft verwandelt.
Plutarch, Das Gelage der Sieben Weisen

Ein Fürst, insbesondere ein neuer
Fürst, kann nicht all das befolgen,
was gewöhnlich für gut gehalten wird;
denn oft muss er, um seine Stellung zu
behaupten, gegen Treu und Glauben,
gegen Barmherzigkeit, Menschlichkeit
und Religion verstoßen.
Niccolò Machiavelli, Der Fürst

Ein Fürst ist am glücklichsten, wenn er
es dahin bringt, dass die Untertanen
nicht ihn, sondern für ihn fürchten.
Plutarch, Das Gelage der Sieben Weisen

Ein Fürst lernt seine Aufgab' kaum aus
einem Buche.
Pierre Corneille, Der Cid

Ein Fürst muss milde, rechtschaffen,
menschlich, aufrichtig und gottes-
fürchtig scheinen und es auch sein;
aber er muss in der Lage sein,
im Notfall auch das Gegenteil zu tun.
Niccolò Machiavelli, Der Fürst

Ein Fürst ohne Familiengeist
ist kein Monarch.
Novalis, Politische Aphorismen

Ein Fürst soll nicht darauf sehen,
wie weit, sondern wie wohl er regiere.
König Rudolf I., überliefert von Julius Wilhelm Zincgref
(Apophthegmata)

Ein Reich blüht,
in dem die Interessen des Staates
und die des Fürsten eines sind.
Jean de La Bruyère, Die Charaktere

Eine schlimmere Rotte gewohnheits-
mäßiger Verbrecher als unsere Fürsten
kennt die Geschichte nicht;
juristisch betrachtet,
gehören sie fast alle ins Zuchthaus.
Houston Stewart Chamberlain, Die Grundlagen
des 19. Jahrhunderts

Es gefällt uns,
einen König »Fürst« zu nennen,
weil das seine Qualität verringert.
Blaise Pascal, Pensées

Es ist für einen Fürsten, der Großes
vollbringen will, notwendig zu lernen,
wie man Menschen betrügt.
Niccolò Machiavelli, Discorsi

Es ist nicht erforderlich, dass ein Fürst
alle guten Eigenschaften wirklich
besitze; es genügt, wenn er
den Anschein erweckt, sie zu besitzen.
Niccolò Machiavelli, Der Fürst

Fürsten haben keinen anderen Schlaf
und keinen anderen Appetit als wir,
ihre Krone schützt sie nicht
vor Sonnenbrand und Regen.
Michel Eyquem de Montaigne, Die Essais

Fürsten haben lange Hände
und viele Ohren.
Deutsches Sprichwort

Fürsten sind Nullen –
sie gelten an sich nichts,
aber mit Zahlen,
Die sie beliebig erhöhn,
neben sich gelten sie viel.
Novalis, Distichen

Fürstengunst schließt Verdienst nicht
aus, setzt es aber auch nicht voraus.
Jean de La Bruyère, Die Charaktere

Gewalt und Notwendigkeit, nicht
Verordnungen und Verpflichtungen
halten die Fürsten an,
ihrem Wort nachzukommen.
Niccolò Machiavelli, Geschichte von Florenz

Jeder Fürst ist Kaiser in seinem Lande.
Deutsches Sprichwort

Jeder weiß, wie löblich es ist, wenn ein
Fürst sein Wort hält und rechtschaffen
und ohne List seinen Weg geht.
Gleichwohl zeigt die Erfahrung unserer Tage, dass sie Fürsten, die sich aus
Treu und Glauben wenig machten
und die Gemüter der Menschen mit
List zu betören verstanden,
Großes vollbracht haben und sich
schließlich gegen diejenigen, die redlich handeln, durchgesetzt haben.
Niccolò Machiavelli, Der Fürst

Jetzt ist es so sehr Mode, den Fürsten
Schlechtes nachzusagen, dass man in
den Ruf besonderer Kennerschaft
gerät, wenn man sie lobt.
Antoine Comte de Rivarol, Maximen und Reflexionen

Lass nur einen Fürsten siegen
und seine Herrschaft behaupten,
so werden die Mittel dazu stets
für ehrbar gehalten und von
jedermann gelobt werden;
denn der Pöbel lässt sich immer nur
von Schein und Erfolg mitreißen,
und die Welt ist voller Pöbel.
Niccolò Machiavelli, Der Fürst

Man ändert nicht die Fürsten,
es wechseln nur die Namen.
Deutsches Sprichwort

Man muss viel Geist haben bei der
Unterhaltung mit Fürsten, denn da es
Leute sind, deren Ruf schon feststeht,
so darf man ihnen, wenn man sie lobt,
nur das sagen, was auch die Zuhörer
denken können.
Charles de Secondat, Baron de la Brède
et de Montesquieu, Meine Gedanken

Man tut den regierenden Fürsten
Unrecht, wenn man ihnen die Verdienste und die Laster des Volkes
zuschreibt, das sie beherrschen.
Charles Baudelaire, Tagebücher

Mir ist das Volk zur Last,
Meint es doch dies und das:
Weil es die Fürsten hasst,
Denkt es, es wäre was.
Johann Wolfgang von Goethe, Sprüche

Nach der Vernunft
gehören die Fürsten den Ländern,
nach der Unvernunft
gehören die Länder den Fürsten.
Johann Gottfried Seume, Apokryphen

Nach einem guten Fürsten kann sich
auch ein schwacher behaupten,
aber nach einem schwachen
kann ein Staat einen zweiten
schwachen nicht überleben.
Niccolò Machiavelli, Discorsi

Neue Fürsten, neue Gesetze.
Deutsches Sprichwort

Nichts macht einem Fürsten
mehr Ehre als die Bescheidenheit
seiner Günstlinge.
Jean de La Bruyère, Die Charaktere

Oh, ein Fürst hat keinen Freund,
kann keinen Freund haben.
Gotthold Ephraim Lessing, Emilia Galotti (Prinz)

Ohne Kanonen-Donner kommt kein
Fürst durch eine Stadt –
oder auf die Welt –
oder ins Ehebett oder in die Erde.
Jean Paul, Dämmerungen für Deutschland

Schönem Wetter und Fürstenlächeln
ist nicht zu trauen.
Deutsches Sprichwort

Verlasset euch nicht auf Fürsten,
sie sind Menschen.
Anton P. Tschechow, Briefe (22. Februar 1899)

Was die Fürsten geigen,
müssen die Untertanen tanzen.
Deutsches Sprichwort

Wenn sich die Fürsten
an einen Fuß stoßen,
so müssen die Untertanen hinken.
Deutsches Sprichwort

Wenn sich die Fürsten befehden,
Müssen die Diener
sich morden und töten.
Friedrich Schiller, Die Braut von Messina (Chor)

Wer alt mit Fürsten wird,
lernt vieles, lernt
Zu vielem schweigen.
Johann Wolfgang von Goethe, Elpenor (Evadne)

Wer gegen sein besseres Wissen
für das Gedächtnis eines Fürsten,
der kein Lob verdient,
eintritt, weil er persönlich ihm
zu Dank verpflichtet war,
der urteilt parteiisch
und nicht wirklich gerecht.
Michel Eyquem de Montaigne, Die Essais

Wohl gibt es Fürsten,
Die nach Wahrheit dürsten;
Doch wenigen
ward ein so gesunder Magen,
Sie zu vertragen.
Friedrich von Bodenstedt, Mirza Schaffy

Zu einem frommen Fürsten
gehört ein Beichtvater als Staatsmann.
Antoine Comte de Rivarol, Maximen und Reflexionen

Fuß

Die meisten Menschen haben
ihre Achillesferse woanders.
Heinrich Nüsse

Ein schöner Fuß
ist eine große Gabe der Natur.
Diese Anmut ist unverwüstlich.
Johann Wolfgang von Goethe,
Die Wahlverwandtschaften

Es ist auch eine Kunst,
auf eigenen Füßen zu stehen,
ohne jemandem auf die Zehen
treten zu müssen.
Stavros Spyros Niarchos

Feiglinge sind Leute,
die mit den Füßen nachdenken.
Jerry Lewis

Füßen, die gewohnt sind zu springen,
will das Stillstehn nimmer gelingen.
Sprichwort aus Spanien

Fußball

Das nächste Spiel
ist immer das schwerste Spiel!
Sepp Herberger, Rundbrief an die Nationalspieler,
20. August 1954

Der Ball ist rund
und ein Spiel dauert 90 Minuten.
Sepp Herberger

Früher war Fußball Kultur –
heute ist er Krieg.
Bernhard Minetti

Fußball: eine Möglichkeit, sich
brüllend über die Grenzen des Daseins
hinwegzusetzen.
Albert K. Cohen

Ist es nicht absurd und eine erbärmliche Antiklimax, wenn man zulässt,
dass ein herrliches Spiel mit der willkürlichen Lotterie eines Elfmeterschießens beendet wird?
Das ist, als würde ein großer Krieg
(einer von der veralteten anregenden
Sorte) nicht mit einem geistigen Kräftemessen am Konferenztisch beendet
werden, sondern mit einer Partie
russischen Roulettes zwischen ausgewählten Gefreiten beider Seiten.
Peter Ustinov, Peter Ustinovs geflügelte Worte

Nach dem Spiel ist
vor dem Spiel.
Sepp Herberger

Fußgänger

Dank der Modernisierung
gibt es heute eigentlich nur noch
zwei Gruppen von Fußgängern:
die schnellen und die toten.
James Dewar

Ein Fußgänger ist
ein glücklicher Autofahrer,
der einen Parkplatz gefunden hat.
Joachim Fuchsberger

Es ist leicht,
dem Fußgänger zu fluchen,
wenn man auf dem Pferde sitzt.
Sprichwort aus Serbien

Es ist leicht, zu Fuß zu gehen,
wenn man sein Pferd am Zügel hat.
Sprichwort aus Frankreich

Es wird dem Fußgänger schwindlig,
der einen Mann
mit rasselnder Eile daherfahren sieht.
Johann Wolfgang von Goethe, Egmont (Sekretär)

Nichts ist süßer als schlafen.
Nichts ist bittrer,
als zu Fuß durchs Land zu ziehen.
Chinesisches Sprichwort

Füttern

Gott gibt jedem Vogel sein Futter,
aber er wirft es ihm nicht ins Nest.
Sprichwort aus Montenegro

Lieber iss selber nichts,
aber füttere das Vieh.
Chinesisches Sprichwort

Wer Schweine füttert,
kommt zu Dung und Fleisch.
Chinesisches Sprichwort

Wer seinem Maultier
kein Futter gönnt,
geht bald zu Fuß.
Chinesisches Sprichwort

G

Gabe

Alle guten Gaben kommen von oben.
Deutsches Sprichwort

Der Wille
Und nicht die Gabe macht den Geber.
Gotthold Ephraim Lessing,
Nathan der Weise (Klosterbruder)

Die Art, wie man gibt, bedeutet mehr,
als was man gibt.
Pierre Corneille, Der Lügner

Die Gabe eines Bösen
bringt kein Glück.
Menandros, Monostichoi

Die Gaben des Geistes
sind überall zu Hause,
die Geschenke der Natur
über den Erdboden
sparsam ausgeteilt.
Johann Wolfgang von Goethe,
Wilhelm Meisters Wanderjahre

Die Gaben sind wie die Geber.
Deutsches Sprichwort

Eine kleine Gabe
kann wertvoll sein,
wenn sie zur rechten Zeit
gegeben wird.
Menandros, Monostichoi

Es ist das Vorrecht der Größe, mit
geringen Gaben hoch zu beglücken.
Friedrich Nietzsche, Menschliches, Allzumenschliches

Gaben brechen Felsen.
Sprichwort aus Spanien

Man muss die natürlichen Gaben
achten, die weder Fleiß noch Glück
vermitteln können.
Luc de Clapiers Marquis de Vauvenargues,
Reflexionen und Maximen

Nicht immer groß muss die Gabe sein,
Oft erwirbt man mit wenigem Lob.
Edda, Hâvamâl (Des Hohen Lied)

Ohne Wahl verteilt die Gaben,
Ohne Billigkeit das Glück.
Friedrich Schiller, Das Siegesfest

Sage nie, dass du etwas geben wirst.
Denn wer so spricht, gibt nichts
und verhindert die Gaben anderer.
Philemon, Fragmente

Schöne Zähne sind überall,
besonders auch im Morgenland,
als eine Gabe Gottes hoch angesehen.
Johann Wolfgang von Goethe, West-östlicher Divan

Verständig seid so im Geben
auch im Behalten.
Wolfram von Eschenbach, Parzival

Wer vieles bringt,
wird manchem etwas bringen.
Johann Wolfgang von Goethe, Faust
(Vorspiel auf dem Theater: Direktor)

Wo man nehmen will,
muss man geben.
Lao-tse, Dao-de-dsching

Gaffen

So sind die Menschen fürwahr!,
und einer ist doch wie der andre,
Dass er zu gaffen sich freut,
wenn den Nächsten
ein Unglück befället!
Johann Wolfgang von Goethe,
Hermann und Dorothea (1. Gesang)

Zum Gaffen hat das Volk die Augen,
lasst sie!
William Shakespeare, Romeo und Julia

Galanterie

Galante Frauen leiden darunter,
dass sie selbst von sich
und alle Menschen von ihnen denken,
sie verfehlen ihr Leben.
Stendhal, Über die Liebe (Fragmente)

Galanterie kostet nichts
und bringt alles, und sie ist die
Bedingung für allen erotischen Genuss.
Galanterie ist die Freimaurerei der
Sinnlichkeit und der Wollust
zwischen Mann und Wein.
Sie ist eine Natursprache
wie die Sprache der Liebe überhaupt.
Søren Kierkegaard, Stadien auf dem Lebensweg

Galanterie und Aufmerksamkeiten
gelten bei ihnen mehr als Liebe.
Jean-Jacques Rousseau,
Julie oder Die neue Héloïse (Saint-Preux)

Nichts zerstört
eine galante Liebe so sicher
wie Anwandlungen
von Leidenschaft beim Partner.
Stendhal, Über die Liebe (Fragmente)

Galgen

Den Galgen hat man abg'schafft,
die Schelmen sind geblieben.
Sprichwort aus der Schweiz

Der Galgen ist nur
für die Pechvögel da.
Sprichwort aus Frankreich

Die erste Nacht am Galgen
ist die schlimmste.
Sprichwort aus Finnland

Kein Mensch ist so vollkommen, dass
er nicht zehnmal in seinem Leben den
Galgen verdient hätte, wenn er alles,
was er getan und gedacht hat,
einer strengen gesetzlichen Prüfung
aussetzen müsste.
Michel Eyquem de Montaigne, Die Essais

Was hilft ein güldener Galgen,
wenn man hängen soll.
Emil Gött, Zettelsprüche. Aphorismen

Was zum Galgen geboren ist,
ersäuft nicht.
Deutsches Sprichwort

Gallus, Sankt (16.10.)

Auf Sankt Gall bleibt die Kuh im Stall.
Bauernregel

Sankt Gallen lässt den Schnee fallen.
Bauernregel

Gans

Auch Wildgänse haben einen Führer.
Chinesisches Sprichwort

Die Gans geht so lange zu Küche,
bis sie am Spieß stecken bleibt.
Deutsches Sprichwort

Die Gänse gehen überall barfuß.
Deutsches Sprichwort

Die Gänse werden im Herbst unruhig,
denn ihr Blut erinnert sich,
dass es Zeit ist zu ziehen.
August Strindberg, Der Sohn der Magd

Reiße jeder Gans,
der du habhaft wirst,
eine Feder aus.
Chinesisches Sprichwort

Ziehen die wilden Gänse weg,
fällt der Altweibersommer in'n Dreck.
Bauernregel

Ganzes

Das Halbe ist oft besser als das Ganze.
Deutsches Sprichwort

Das Wahre ist das Ganze.
Das Ganze aber ist nur das
durch seine Entwicklung
sich vollendende Wesen.
Georg Wilhelm Friedrich Hegel,
Die Phänomenologie des Geistes

Denn das Ganze muss früher sein
als der Teil.
Aristoteles, Politik

Der Mensch ist nicht ganz,
es sei denn, er habe sein Liebstes
und sehne sich dennoch danach.
Bettina von Arnim,
An Achim von Arnim (Dezember 1809)

Ich will nicht halb sein,
ich will ganz sein.
Paula Modersohn-Becker, Briefe (28. Dezember 1900)

Immer strebe zum Ganzen,
und kannst du selber kein Ganzes
Werden, als dienendes Glied
schließ an ein Ganzes dich an.
Johann Wolfgang von Goethe/Friedrich Schiller,
Xenien

Wenn Männer aufs Ganze gehen,
meinen sie meistens die untere Hälfte.
Helen Vita

Wie alles sich zum Ganzen webt,
Eins in dem andern wirkt und lebt!
Johann Wolfgang von Goethe, Faust I (Faust)

Wie sich der Teil zum Ganzen verhält,
so die Ordnung des Teils
zur Ordnung des Ganzen.
Dante Alighieri, Über die Monarchie

Willst du dich am Ganzen erquicken,
So musst du das Ganze
im Kleinsten erblicken.
Johann Wolfgang von Goethe, Sprüche

Wir lieben immer mehr
das Halbe als das Ganze,
den versprechenden Morgen als
den Mittag in höchster Sonnenhöhe.
Johann Gottfried Herder,
Vom Erkennen und Empfinden der menschlichen Seele

Wir würden unser Wissen
nicht für Stückwerk halten,
wenn wir nicht einen Begriff
von einem Ganzen hätten.
Johann Wolfgang von Goethe,
Maximen und Reflexionen

Garten

Die gärtnerische Arbeit gilt
als ein Heilmittel, das hilft,
Ordnungen und Rhythmen
wieder herzustellen,
die beschädigt worden
oder abhanden gekommen sind.
Jürgen Dahl, Vom Geschmack der Lilienblüten

Die Pracht der Gärten aber
hat stets die Liebe zur Natur
zur Voraussetzung.
Germaine Baronin von Staël, Über Deutschland

Ein Garten ist ein Gegenstand
der Kunst allein.
Hermann Fürst von Pückler-Muskau

Ein Garten ist eine Kunstnatur.
Robert Musil

Es deutet die fallende Blüte
dem Gärtner,
Dass die liebliche Frucht
schwellend im Herbste gedeiht.
Johann Wolfgang von Goethe,
Venezianische Epigramme

Es ist so beruhigend und gut,
in der Erde zu arbeiten,
Bäume zu beschneiden,
zu graben, Gras zu mähen.
Sylvia Plath, Briefe nach Hause (27. März 1962)

Ich habe nichts dagegen,
dass der Tod mich
bei der Gartenarbeit überrascht,
aber er soll mich nicht schrecken;
und noch weniger soll
es mich traurig machen,
dass ich mit dem Garten
nicht fertig geworden bin.
Michel Eyquem de Montaigne, Die Essais

Liebe ist das große Amulett,
das diese Welt
in einen Garten verwandelt.
Robert Louis Stevenson,
Reise mit dem Esel durch die Cevennen

Mein Geliebter komme in seinen Garten
Und esse von den köstlichen Früchten.
Altes Testament, Hoheslied Salomos 4, 16

Schimpfe auf dich selbst,
nicht aber auf die Sonne,
wenn dein Garten nicht blüht.
Chinesisches Sprichwort

So wenig der Gärtner sich durch
andere Liebhabereien und Neigungen
zerstreuen darf, so wenig darf der
ruhige Gang unterbrochen werden,
den die Pflanze zur dauernden oder
zur vorübergehenden Vollendung
nimmt.
Johann Wolfgang von Goethe,
Die Wahlverwandtschaften

Trage Vorsorge für deinen Garten,
den Gottes Gabe gepflanzt, und sei
auf der Hut, dass seine Gewürzkräuter
nicht verdorren. Schneide vielmehr
das Faule von ihnen ab, wirf es weg
– denn es erstickt das Wachstum –
und bringe es so zum Blühen.
Hildegard von Bingen, Briefwechsel

Überflüss'ge Äste
Haun wir hinweg,
damit der Fruchtzweig lebe.
William Shakespeare, Heinrich II. (Gärtner)

Und wir sind ganz allein im Garten,
Drin die Blumen wie Kinder stehn,
Und wir lächeln und lauschen
und warten,
Und wir fragen uns nicht, auf wen (...).
Rainer Maria Rilke, Advent

Unkraut ist die Opposition der Natur
gegen die Regierung der Gärtner.
Oskar Kokoschka

Unkraut wächst in jedermanns Garten.
Deutsches Sprichwort

Wären die Menschen in ihrem kleinen
Garten geblieben, so hätten wir eine
andere Vorstellung von Glück und
Unglück als die, die wir jetzt haben.
Charles de Secondat, Baron de la Brède
et de Montesquieu, Meine Gedanken

Wer eine Scheibe
an seine Gartentür malt,
dem wird gewiss hineingeschossen.
Georg Christoph Lichtenberg, Sudelbücher

Gärung

Der Most, der gärend sich
vom Schaum geläutert,
Er wird zum Trank,
der Geist und Sinn erheitert.
Johann Wolfgang von Goethe,
Was wir bringen (Lachesis)

Was sich soll klären,
das muss erst gären.
Deutsches Sprichwort

Gasse

Durch diese hohle Gasse
muss er kommen,
Es führt kein andrer Weg
nach Küssnacht.
Friedrich Schiller, Wilhelm Tell (Tell)

Wer in allen Gassen wohnt,
wohnt übel.
Deutsches Sprichwort

Gast

Als Gast bring lieber ein Dou Reis
als einen Esser mit.
Chinesisches Sprichwort

Armer Leute Gäste
gehen früh nach Haus.
Deutsches Sprichwort

Der Gast ist dem Gast
nicht willkommen,
aber beide dem Wirt.
Sprichwort aus der Türkei

Die liebsten Gäste kommen von selbst.
Deutsches Sprichwort

Dreitägiger Gast ist jedermann zur Last.
Deutsches Sprichwort

Ehre deinen Gast,
auch wenn er ein Ungläubiger ist.
Sprichwort aus Arabien

Ein froher Wirt macht frohe Gäste.
Sprichwort aus Holland

Ein Gast, der sich selbst einlädt,
ist leicht zu sättigen.
Sprichwort aus Spanien

Ein Gast ist wie ein Fisch,
er bleibt nicht lange frisch.
Deutsches Sprichwort

Ein Gast schlägt
einen Nagel in die Wand,
auch wenn er nur eine Nacht bleibt.
Sprichwort aus Polen

Ein Nachtklub ist ein Lokal,
in dem die Tische reservierter sind
als die Gäste.
Charlie Chaplin

Ein Wirt beschwert sich nicht
über den Appetit der Gäste.
Chinesisches Sprichwort

Einem Gast gegenüber gewalttätig
zu werden, gilt als Frevel; wer aus
irgendeinem Grund zu ihnen (den
Germanen) kommt, den schützen sie
vor Unrecht und behandeln ihn wie
einen Unverletzlichen; ihm stehen
die Häuser aller offen, und er hat Teil
an ihrem Leben.
Gaius Iulius Caesar, Der Gallische Krieg

Es fällt leicht, Gäste zu bewirten,
wenn man den Fisch aus dem Fluss
holen kann.
Chinesisches Sprichwort

Es gibt eine Art,
Gastfreundschaft zu zeigen,
die dem wenigen, was man darreicht,
einen höheren Wert gibt
als große Schmausereien.
Adolph Freiherr von Knigge,
Über den Umgang mit Menschen

Fühlen Sie sich hier wie zu Hause,
doch vergessen Sie nicht,
hier bin ich zu Hause.
Jules Renard, Ideen, in Tinte getaucht.
Aus dem Tagebuch von Jules Renard

Ihr Recht ruht auf der Macht,
sodass sie (die Germanen) sich
nicht einmal der Räuberei schämen;
nur Gästen gegenüber sind sie gütig
und gegenüber Bittenden freundlich.
Pomponius Mela, Geographie des Erdkreises

Ist der Gast gegangen,
hat der Hausherr wieder Ruhe.
Chinesisches Sprichwort

Lass den Gast ziehen,
ehe das Gewitter ausbricht.
Deutsches Sprichwort

Monsieur bezahlt die Köche, man ist
aber immer bei Madame zu Gast.
Jean de La Bruyère, Die Charaktere

Oft zu Gast, wird bald zur Last.
Jüdische Spruchweisheit

Schönheit ist überall
ein gar willkommener Gast.
Johann Wolfgang von Goethe,
Die Wahlverwandtschaften

Solange das Feuer im Herd
noch brennt, werden die Gäste
kein Ende nehmen.
Chinesisches Sprichwort

Über das Kommen
mancher Menschen tröstet uns nichts
als die Hoffnung auf ihr Gehen.
Marie von Ebner-Eschenbach, Aphorismen

Und vor Freude darüber,
dass die Gäste endlich gingen,
sagte die Frau des Hauses:
Bleiben Sie doch noch ein wenig!
Anton P. Tschechow, Notizbücher

Ungeladene Gäste
Sind nicht willkommener meist,
als wenn sie gehn.
William Shakespeare, Heinrich IV. (Bedford)

Vor einem Mandarin
dränge dich nicht nach vorn,
als Gast stelle dich nicht hinten an.
Chinesisches Sprichwort

Wärme wünscht,
der vom Wege kommt
Mit erkaltetem Knie;
Mit Kost und Kleidern
erquicke den Wandrer,
Der über Felsen fuhr.
Edda, Hâvamâl (Des Hohen Lied)

Was ein aus der Ferne kommender
Gast sagt, findet Glauben.
Ecbasis captivi in belehrender Gestalt (vor 1030)

Wasser bedarf, der Bewirtung sucht,
Ein Handtuch und holde Ladung,
Freundliche Gesinnung,
wenn er sie finden mag,
Wort und Wiedervergeltung.
Edda, Hâvamâl (Des Hohen Lied)

Wegen eines Gastes mehr
schlachtet man kein Huhn.
Chinesisches Sprichwort

Wenn der Gast am liebsten ist,
soll er wandern.
Deutsches Sprichwort

Wer zu Hause nie
einen Wanderer aufgenommen,
merkt erst in der Fremde,
wie rar Gastgeber sind.
Chinesisches Sprichwort

Wo der Wirt vor der Tür steht,
da sind nicht viele Gäste.
Deutsches Sprichwort

Wo du auch Gast bist,
danke für Tabak und Tee.
Chinesisches Sprichwort

Gastfreundschaft

Bewirte deine Gäste,
doch halte sie nicht auf.
Chinesisches Sprichwort

Der Sinn in den Gebräuchen
der Gastfreundschaft ist:
das Feindliche im Fremden zu lähmen.
Friedrich Nietzsche, Morgenröte

Der Zustrom von Gästen
zerstört die Gastfreundschaft.
Jean-Jacques Rousseau, Emile

Für einen Gast,
der in kalter Nacht eintrifft,
ist Tee so gut wie Wein.
Chinesisches Sprichwort

In der Familie sei sparsam,
doch Gästen gib reichlich.
Chinesisches Sprichwort

Kommt ein Gast, dann bringe Wein,
und schlachte einen Hammel.
Chinesisches Sprichwort

Lieber schätze einen Gast gering,
doch lass ihn nicht hungern.
Chinesisches Sprichwort

Wer das Recht des Fremden verletzt,
der verletzt das Recht Gottes.
Talmud

Wer einen Gast nicht nötigt,
wird ihn noch beleidigen.
Chinesisches Sprichwort

Gattung

Es gibt Insekten,
die nur einen Tag leben,
und doch existiert ihre Gattung
immer und immer fort.
Voltaire, Der Mann mit den vierzig Talern

Genau gesagt, baut nicht
diese Schwalbe ihr Nest,
sondern die Art tut es in ihr.
Das Einzelwesen ist nur Organ
des Gesamtwesens »Art«.
Oswald Spengler, Urfragen.
Fragmente aus dem Nachlass

Nur die Gattung ist ewig.
Darum soll der Mensch lieben.
Johann Wilhelm Ritter, Fragmente

Geben

Almosen, das von Herzen kommt,
Dem Geber wie dem Nehmer frommt.
Deutsches Sprichwort

Besser nicht gebetet,
als zu viel geboten:
Die Gabe will stets Vergeltung.
Edda, Odins Runenlied

Das Geben erfordert Verstand.
Ovid, Liebesgedichte

Das Vergnügen, zu geben,
ist dem wahren Glück unentbehrlich;
aber der Ärmste schon kann es haben.
Joseph Joubert, Gedanken, Versuche und Maximen

Deine Hand sei nicht
ausgestreckt beim Nehmen und
verschlossen beim Zurückgeben.
Altes Testament, Jesus Sirach 4, 31

Denken Sie daran, einige geben wenig,
und es ist viel für sie, andere geben
alles, und es kostet sie keine Überwindung; wer hat so das meiste gegeben?
Knut Hamsun, Pan

Die Art, wie man gibt,
bedeutet mehr, als was man gibt.
Pierre Corneille, Der Lügner

Dinge, die umsonst weggegeben
werden, machen das Herz hart.
Sprichwort aus Persien

Freundlich abschlagen ist besser,
als mit Unwillen geben.
Deutsches Sprichwort

Geben fängt zu Hause an.
Lido Anthony »Lee« Iacocca,
Mein amerikanischer Traum

Geben ist Angeln.
Sprichwort aus Italien

Geben ist ein guter Bursche,
aber er wird bald müde.
Sprichwort aus Schottland

Geben ist seliger denn Nehmen:
das Motto der Barmherzigen
und der Boxer.
Harold Pinter

Geben und Wiedergeben
hält die Freundschaft zusammen.
Deutsches Sprichwort

Gebt, und es wird Euch
gegeben werden. Wer großherzig ist,
wird immer Segen empfangen.
In dem Maß, in dem der Hass tobt,
müssen wir versuchen,
uns in der Liebe zu vervollkommnen,
bis zum Opfer.
Papst Johannes XXIII., Briefe an die Familie,
11. Dezember 1942

Gib bald, so wird der Dank alt.
Deutsches Sprichwort

Gib dem Guten,
nicht aber dem Bösen,
unterstütze den Demütigen,
gib nicht dem Hochmütigen.
Altes Testament, Jesus Sirach 12, 4

Gott gibt und
erinnert uns nicht dauernd daran.
Sprichwort aus Afrika

Haben und nichts geben
ist in manchen Fällen
schlechter als stehlen.
Marie von Ebner-Eschenbach, Aphorismen

Ich glaube, dass dies das Eigentum der
seltnen Menschen ist, dass sie geben
können, ohne zu empfangen, dass sie
sich auch »am Eise wärmen« können.
Friedrich Hölderlin, Briefe
(an Schiller, 4. September 1795)

Im selben Maß du willst empfangen,
musst du geben:
Willst du ein ganzes Herz,
so gib ein ganzes Leben.
Friedrich Rückert, Gedichte

Je mehr du gibst,
desto mehr Schätze
wirst du in dir finden.
Anaïs Nin, Ein neuer innerer Schwerpunkt

Je mehr man gibt,
desto mehr hat man zu geben –
es ist wie mit
der Milch in der Mutterbrust.
Anne Morrow Lindbergh, Muscheln in meiner Hand

Kleine Gaben werden groß,
Bergen sie viel Lieb im Schoß.
Jüdische Spruchweisheit

Man muss geben,
will man anders etwas haben.
Martin Luther, Tischreden

Selbst in der kleinsten Gabe
musst du den Willen haben,
alles zu geben.
Dag Hammarskjöld, Zeichen am Weg

Sich selbst geben ist besser
als nur geben.
Mutter Teresa

The more you give,
the more you receive
(dt.: Je mehr Du gibst,
desto mehr empfängst Du).
Mutter Teresa

Unter allen Umständen empfängt man
nur so viel, wie man gegeben hat.
Honoré de Balzac, Die Physiologie der Ehe

Was die Menschen geben,
musst du bezahlen mit dem,
was du hast,
oder teurer mit dem,
was du bist.
Ludwig Börne, Über den Umgang mit Menschen

Was man gibt, geht nicht verloren.
Anaïs Nin, Absage an die Verzweiflung

Wenig und oft geben
ist ein untrügliches Mittel,
die Menschen glücklich zu machen.
König Friedrich der Große,
Politisches Testament (1752)

Wenn du gibst,
so gib mit Freuden und lächelnd.
Joseph Joubert, Gedanken, Versuche und Maximen

Wenn es möglich wäre, zu geben,
ohne zu verlieren –
immer noch würden sich
unzugängliche Menschen finden.
Luc de Clapiers Marquis de Vauvenargues,
Unterdrückte Maximen

Wer Armen gibt, wird nimmer arm.
Deutsches Sprichwort

Wer gern gibt, fragt nicht lange.
Deutsches Sprichwort

Wer hat, kann geben;
wer nichts hat, sag,
was kann der geben?
Ruodlieb

Wer Liebe gibt, verliert Liebe.
Fernando Pessoa, Das Buch der Unruhe
des Hilfsbuchhalters Bernardo Soares

Wer mit Freuden gibt,
gibt am meisten.
Mutter Teresa

Wir greifen nach dem anderen.
Es ist umsonst, weil wir nie wagten,
uns selbst zu geben.
Dag Hammarskjöld, Zeichen am Weg

Wir müssen geben, bis es weh tut.
Wahre Liebe muss weh tun.
Mutter Teresa

Gebet

Allein das beständige Gebet
erhellt und erleuchtet die Seele,
festigt und verwandelt sie
und erhebt sie zu Gott.
Angela von Foligno,
Das Buch der glückseligen Angela von Foligno

Alles Gebet macht rein;
es ist eine Selbstpredigt.
Jean Paul, Dr. Kazenbergers Badereise

Aus dem Gebet
erwächst des Geistes Sieg.
Friedrich Schiller, Demetrius

Bei einem gerechten Gott
ist die beste Art, etwas zu verlangen,
wenn man verdient, es zu erhalten.
Jean-Jacques Rousseau, Dritter Brief vom Berge

Besser nicht gebetet,
als zu viel geboten:
Die Gabe will stets Vergeltung.
Edda, Odins Runenlied

Beten heißt für mich,
24 Stunden lang eins
mit dem Willen Jesu zu sein,
für ihn, durch ihn
und mit ihm zu leben.
Mutter Teresa

Danksagung erhebt, Gebet erniedrigt.
Walter Rathenau, Auf dem Fechtboden des Geistes.
Aphorismen aus seinen Notizbüchern

Das edelste Gebet ist,
wenn der Beter sich
In das, vor dem er kniet,
verwandelt inniglich.
Angelus Silesius, Der cherubinische Wandersmann

Das Gebet
ist der Aufstieg des Geistes zu Gott
oder eine Bitte an Gott
um das uns Zukömmliche.
Johannes von Damaskus, Quelle der Erkenntnis

Das Gebet ist die Selbstteilung
des Menschen in zwei Wesen
– ein Gespräch des Menschen
mit sich selbst, mit seinem Herzen.
Ludwig Feuerbach, Das Wesen des Christentums

Das Gebet ist Mutter und Ursprung
aller Seelenerhebung.
Bonaventura, Pilgerbuch der Seele zu Gott

Das Gebet, kristallisiert im Wort,
legt immer wieder die Wellenlänge fest,
auf welcher das Zwiegespräch
weiter geführt werden muss,
auch wenn sich unser Bewusstsein
auf andere Ziele richtet.
Dag Hammarskjöld, Zeichen am Weg

Das Gebet nützt der ganzen Welt,
denn der Frieden beginnt zu Hause
und in unseren eigenen Herzen.
Wie können wir Frieden in die Welt
bringen, wenn wir keinen Frieden
in uns haben?
Mutter Teresa

Das Gebet tröstet.
Leo N. Tolstoi, Tagebücher (1890)

Das Glück
widersetzt sich feigen Gebeten.
Ovid, Metamorphosen

Das reine Gebet leitet unsere Neigung
zum Himmel wie zu einer dem Feind
unzugänglichen Burg.
Erasmus von Rotterdam,
Handbüchlein eines christlichen Streiters

Das Werk gibt dem Wort innere Stärke,
doch das Gebet erwirbt für Taten
und Worte innere Kraft.
Bernhard von Clairvaux, Briefe (an Abt Balduin)

Der Himmel weist das Gebet,
das nicht die Grundbefindlichkeit
des Menschen, seine Ängste
und Leiden widerspiegelt, zurück;
es ist ein totes Gebet.
Elie Wiesel, Macht Gebete aus meinen Geschichten

Der Fluch ist das Gebet des Teufels.
Hans Lohberger

Der Rosenkranz ist ein Mittel,
ein Vehikel: die allen mögliche
und zugängliche Form des Gebets.
Charles Baudelaire, Tagebücher

Die Allmacht, an die sich
der Mensch im Gebete wendet,
ist nichts als die Allmacht der Güte,
die zum Heile des Menschen auch
das Unmögliche möglich macht.
Ludwig Feuerbach, Das Wesen des Christentums

Die Sünden des einen
sind Gott lieber
als die Gebete des andern.
Emil Gött, Im Selbstgespräch

Du kannst beten,
während du arbeitest.
Die Arbeit hält das Gebet nicht auf
und das Gebet nicht die Arbeit.
Mutter Teresa

Durch Gebet erlangt man alles.
Gebet ist eine universale Arznei.
Novalis, Tagebuch (16. Oktober 1800)

Ein einziger dankbarer Gedanke gen
Himmel ist das vollkommenste Gebet.
Gotthold Ephraim Lessing,
Minna von Barnhelm (Fräulein)

Ein kurzes Gebet steigt zum Himmel.
Sprichwort aus Frankreich

Ein Mensch ohne Gebet
gleicht einem Tier ohne Vernunft.
Filippo Neri, überliefert bei Brigitta zu Münster
(Der heilige Philipp Neri)

Es beten nicht alle,
die in die Kirche gehen.
Deutsches Sprichwort

Es gibt nur ein Gebet.
Das lautet: Hinan!
Walter Rathenau, Auf dem Fechtboden des Geistes.
Aphorismen aus seinen Notizbüchern

Für drei Dinge muss man beten:
einen guten König, ein gutes Jahr
und einen guten Traum.
Talmud

Ich sammelte alle meine Gefühle
in meinem Gebet.
Fjodor M. Dostojewski, Netotschka Neswanowa

Ich spürte, dass das Gebet so
unentbehrlich für die Seele war
wie Nahrung für den Körper.
Ja, für ihn ist die Nahrung
nicht einmal so notwendig,
wie das Gebet notwendig ist
für die Seele. Denn der Körper
braucht oft das Fasten,
um sich gesund zu erhalten,
doch ein Gebetsfasten gibt es nicht.
Sie können sich keinesfalls
am Beten überessen.
Mohandas K. »Mahatma« Gandhi, The Nation's Voice

Ich vergleiche den Genuss
der edleren Kunstwerke dem Gebet.
Wilhelm Heinrich Wackenroder, Herzensergießungen
eines kunstliebenden Klosterbruders

Ich will, dass die Männer überall beim
Gebet ihre Hände in Reinheit erheben,
frei von Zorn und Streit.
Neues Testament, Paulus (1 Timotheus 2, 8)

Im Gebet vollzieht sich eine magische
Verrichtung. Das Gebet ist eine der
großen Kräfte der geistigen Dynamik.
Es löst so etwas wie einen elektrischen
Rückschlag aus.
Charles Baudelaire, Tagebücher

Jede Wiederholung des Gottesnamens
hat einen neuen Sinn.
Jede bringt einen näher zu Gott.
Mohandas K. »Mahatma« Gandhi, Harijan (engl.
Wochenzeitung 1933–1956), 25. Mai 1935

Jeder Mensch hat ein Gebet, das ihm
allein gehört, wie er eine Seele hat,
die ihm allein gehört. So wie es dem
Menschen schwerfällt, seine Seele zu
finden, so fällt es ihm auch schwer,
sein Gebet zu finden. Die meisten
Menschen leben mit Seelen und sprechen Gebete, die nicht die ihren sind.
Elie Wiesel, Gezeiten des Schweigens

Katzengebet dringt nicht
in den Himmel.
Deutsches Sprichwort

Kürzer sind die Gebete im Bett.
Aber inniger.
Rainer Maria Rilke, Die Weise von Liebe und Tod

Lasst mich beizeiten Amen sagen,
ehe mir der Teufel einen Querstrich
durch mein Gebet macht.
William Shakespeare,
Der Kaufmann von Venedig (Solanio)

Man sollte nicht länger
im Gottespalast bleiben,
wie das Gebet des Herzens dauert.
Else Lasker-Schüler, Der Malik

Nicht das Geräusch der Lippen,
sondern das glühende Gelübde des
Herzens gewinnt gleich einer hellen,
lauteren Stimme die Ohren Gottes.
Erasmus von Rotterdam,
Handbüchlein eines christlichen Streiters

Not lehrt beten.
Deutsches Sprichwort

Sei nicht kleinlich beim Gebet
und nicht säumig beim Wohltun.
Altes Testament, Jesus Sirach 7, 10

Sie können nicht lächeln,
wenn Sie nicht beten.
Mutter Teresa

So wie der Weihrauch einer Kohle
Leben erfrischt, so erfrischt das
Gebet die Hoffnungen des Herzens.
Johann Wolfgang von Goethe,
Maximen und Reflexionen

Unsere Gebete müssen heiße Speisen
sein, die von dem Herd eines von
Liebe erfüllten Herzens kommen.
Mutter Teresa

Verachtete Gebetbücher fassen tiefer
oft in Jahrhunderte hinein
als die Manifeste der Eroberer.
Jean Paul, Dämmerungen für Deutschland

Wegen keiner Beschäftigung
das innere Gebet unterlassen,
denn es ist Nahrung für die Seele.
Juan de la Cruz, Stufen der Vollkommenheit

Wenn der Pirat betet,
dann versteck dein Silber.
Sprichwort aus England

Wenn die Götter uns strafen wollen,
erhören sie unsere Gebete.
Oscar Wilde, Ein idealer Gatte

Wenn Sie einmal die Existenz Gottes
annehmen, dann ist die Notwendigkeit
des Gebets unbezweifelbar.
Mohandas K. »Mahatma« Gandhi, The Nation's Voice

Wer kann die Gebete zählen,
die zu nicht existierenden Göttern
aufgestiegen sind?
Thornton Wilder, Der achte Schöpfungstag

Wer sich als besserer Mensch
vom Gebet erhebt, der ist erhört.
George Meredith, Richard Feverels Prüfung

Wer sich schuldig erwiesen hat
gegen den Himmel, findet keinen,
der sein Gebet erhört.
Konfuzius, Gespräche

Wofür ein Mensch auch beten mag
– er betet um Wunder.
Iwan S. Turgenjew, Gedichte in Prosa

Wundertätig ist die Liebe,
Die sich im Gebet enthüllt.
Johann Wolfgang von Goethe, Novelle

Gebirge

Das Enge der Gebirge scheint überhaupt auf das Gefühl zu wirken,
und man findet darin viele
Gefühlsphilosophen, Menschenfreunde, Freunde der Künste,
besonders der Musik. Das Weite des
platten Landes hingegen wirkt mehr
auf den Verstand, und hier findet man
die Denker und Vielwisser.
Heinrich von Kleist, Briefe
(an Wilhelmine von Zenge, 3./4. September 1800)

(...) dass wir in den schönsten und
reichsten Ländern und besonders in
den durch Naturschönheiten sich
auszeichnenden Gebirgsgegenden
die muntersten, tätigsten und geist-
reichsten Menschen finden.
Christian Garve, Über Gesellschaft und Einsamkeit

Die Gebirge sind stumme Meister
und machen schweigsame Schüler.
Johann Wolfgang von Goethe,
Wilhelm Meisters Wanderjahre

Die Geister, längst
dem flachen Land entzogen,
Sind mehr als sonst
dem Felsgebirg gewogen.
Johann Wolfgang von Goethe, Faust II (Faust)

Dies und die große Natur
in diesen Gegenden erhebt
und befriedigt meine Seele wunderbar.
Du würdest auch so betroffen,
wie ich, vor diesen glänzenden,
ewigen Gebirgen stehen,
und wenn der Gott der Macht
einen Thron auf der Erde hat,
so ist es über diesen
herrlichen Gipfeln.
Friedrich Hölderlin, Briefe
(an die Schwester, 23. Februar 1801)

Gebirge: Schwärze,
Schweigen und Schnee.
Rot vom Wald niedersteigt die Jagd;
Oh, die moosigen Blicke des Wilds.
Georg Trakl, Geburt

Im Gebirg ist es ganz einfach: Sobald
man die Ebene verlassen hat und
in geneigtem Gelände sich befindet,
am Steig, auf Hütten, auf dem Gipfel,
da sagt man »du«.
Franz X. Wagner, Satiren (in: Bergwelt 4/1981)

Im Gebirge ist der nächste Weg von
Gipfel zu Gipfel: Aber dazu musst du
lange Beine haben. Sprüche sollen
Gipfel sein: und die, zu denen gesprochen wird, Große und Hochwüchsige.
Friedrich Nietzsche, Also sprach Zarathustra

In den Tiefen der Gebirgswelt wird das
Geheimnis unsers Herzens ruhn wie
das Edelgestein im Schacht, im Schoße
der himmelragenden Wälder, da wird
uns sein wie unter den Säulen des
innersten Tempels, wo die Götterlosen
nicht nahn, und wir werden sitzen am
Quell, in seinem Spiegel unsre Welt
betrachten, den Himmel und Haus und
Garten und uns.
Friedrich Hölderlin, Hyperion

Nun ging mir eine neue Welt auf. Ich
näherte mich den Gebirgen, die sich
nach und nach entwickelten.
Johann Wolfgang von Goethe,
Italienische Reise (gemeint sind die Alpen)

Steile Gegenden lassen sich
nur durch Umwege erklimmen,
auf der Ebene führen gerade Wege
von einem Ort zum andern.
Johann Wolfgang von Goethe,
Wilhelm Meisters Lehrjahre

Überhaupt hat das Gebirgsleben
etwas Menschlicheres als das Leben
auf dem flachen Lande.
Die Bewohner sind einander näher
und, wenn man will, auch ferner;
die Bedürfnisse geringer,
aber dringender.
Johann Wolfgang von Goethe,
Wilhelm Meisters Wanderjahre

Gebot

Denkt ans fünfte Gebot:
Schlagt eure Zeit nicht tot!
Erich Kästner, Kurz und bündig. Epigramme

Einmal leben zu müssen,
heißt unser Gebot.
Nur einmal leben zu dürfen,
lautet das zweite.
Erich Kästner, Kurz und bündig. Epigramme

Not hat kein Gebot.
Deutsches Sprichwort

Übertretungen kommen nur
von den Geboten,
Hühneraugen von zu engen Schuhen.
Peter Hille

Gebrauch

Das Schiff brauch zum Segeln,
den Schild zum Decken,
Die Klinge zum Hiebe,
das Mädchen zum Küssen.
Edda, Hávamál (Fragmente)

Eine Nadel,
die man nicht gebraucht, rostet.
Chinesisches Sprichwort

Freiheit ist ein Gut,
das durch Gebrauch wächst,
durch Nichtgebrauch dahinschwindet.
Carl Friedrich von Weizsäcker

Genießen aber heißt gebrauchen
mit Freude, nicht in der Hoffnung,
sondern in der Wirklichkeit.
Aurelius Augustinus, Über die Dreieinigkeit

Handschuhe, die durch langen
Gebrauch verschlissen sind,
will ich nicht haben.
Ecbasis captivi in belehrender Gestalt (Leopard)

Nur durch Gebrauch
wird etwas besessen.
Johann Kaspar Lavater, Geheimes Tagebuch

Schade, dass man
für die meisten Gebrauchsanweisungen eine Gebrauchsanweisung
braucht.
Hanns Joachim Friedrichs

Gebrechen

Die Gebrechlichen haben
oft Fertigkeiten, deren ein ordentlich
gebauter Mensch wo nicht unfähig,
doch zu erlernen nicht entschlossen
genug ist.
Georg Christoph Lichtenberg, Sudelbücher

Heiter muss man die Gebrechen
hinnehmen, die der Himmel schickt
oder die Zeit herbeiführt.
Joseph Joubert, Gedanken, Versuche und Maximen

Kann wohl Liebe, so scharf sie sieht,
Gebrechen sehen?
Jean-Jacques Rousseau,
Julie oder Die neue Héloïse (Julie)

Keiner überschreitet die engen
Grenzen der Menschheit:
Alle haben ihr Gebrechen,
bald im Kopfe, bald im Herzen.
Baltasar Gracián y Morales,
Handorakel und Kunst der Weltklugheit

Seine kleinsten Vorzüge kann man
nicht schnell genug entdecken,
mit seinen Gebrechen hat man es
nicht so eilig.
Jean de La Bruyère, Die Charaktere

Geburt

Aller Tod in der Natur ist Geburt,
und gerade im Sterben erscheint
sichtbar die Erhöhung des Lebens.
Johann Gottlieb Fichte, Die Bestimmung des Menschen

Besser einmal im Jahr gebären,
als täglich den Bart zu scheren.
Sprichwort aus Russland

Das Beste für alle, Mann und Weib,
ist, nicht geboren zu werden,
und das Nächste und Erste von dem,
was für den Menschen erreichbar ist,
ist, so bald wie möglich
nach der Geburt zu sterben.
König Midas von Phrygien,
überliefert bei Aristoteles (Eudemos)

Das einzige Mittel
gegen Geburt und Tod besteht darin,
die Zeit dazwischen zu nutzen.
George Santayana

Das neue Geschöpf ist nichts
als eine wirklich gewordene Idee
der schaffenden Natur,
die immer nur tätig denkt.
Johann Gottfried Herder,
Ideen zur Philosophie der Geschichte der Menschheit

Dass das Weib das Gebärende in der
Natur ist, zeigt die höhere Stufe,
auf der es steht. Das Weib eigentlich
ist die letzte Grenze der Erde,
und der Mann steht durchaus
eine Stufe niedriger.
Johann Wilhelm Ritter, Fragmente

Denn gleich sind
Geburt und Tod hienieden.
Pedro Calderón de la Barca,
Das Leben ein Traum (König Basilius)

Der Bauch tut weh,
gebiert aber Kinder.
Sprichwort aus Russland

Der erste Atemzug schließet,
gleich dem letzten,
eine alte Welt mit einer neuen zu.
Jean Paul, Levana

Der Mann entbindet nur.
So stolz sei er nicht, zu glauben,
sein Kind sei seine Frucht. Er gibt
allein dem Weibe ihre Natur zurück,
er löst die Fesseln der Frau, und
treibend gebiert die Erde durch sie.
Johann Wilhelm Ritter, Fragmente

Geburt

Die Geburt bringt nur das Sein
zur Welt; die Person wird im Leben
erschaffen.
Théodore Jouffroy, Das grüne Heft

Die Menschen werden geboren
und sterben, aber allezeit in einem
gewissen Verhältnis. Es werden Kinder,
Söhne und Töchter durcheinander
geboren, aber ohne Verletzung der
einmal von der Vorsehung beliebten
Ordnung.
Johann Peter Süßmilch, Die göttliche Ordnung in den
Veränderungen des menschlichen Geschlechts

Die Wollust ist
die Prämie der Natur für die Mühen
von Zeugung und Geburt.
Sigmund Freud

Die Zeit des ersten Wiederauflebens
nach der Geburt eines Kindes ist
für ein Weib stets eine Auferstehung.
Sophie Mereau, Tagebücher (Frühling 1794)

Du hast in der falschen Wiege
geschlafen und bist dem falschen
Schoß entschlüpft.
Chinesisches Sprichwort

Ein Kind aus dem eigenen Bauch
zu holen, ist ebenso schön
wie ein Zauberkunststück.
Die Mutter scheint mit der
wundersamen Macht einer Fee begabt.
Simone de Beauvoir, Das andere Geschlecht

Ein Kind zu haben, macht einen
neun Monate lang, und selbst in
diesen schrecklichen letzten Stunden,
so außerordentlich glücklich.
Anne Morrow Lindbergh, Blume und Nessel

Es gibt für den Menschen
nur drei Ereignisse:
Geburt, Leben und Tod.
Der Geburt ist er sich nicht bewusst,
der Tod ist ihm ein Schmerz,
und er vergisst zu leben.
Jean de La Bruyère, Die Charaktere

Es ist dir daran gelegen,
da zu sein, wo du alle
deine Pflichten erfüllen kannst,
und eine dieser Pflichten
ist die Anhänglichkeit
an den Ort deiner Geburt.
Jean-Jacques Rousseau, Emile

Es ruht noch manches im Schoß
der Zeit, das zur Geburt will.
William Shakespeare, Othello (Jago)

Geboren werden heißt,
in unkongenialer Umgebung
auf die Welt kommen,
d. h. in Romantik geboren werden.
Gilbert Keith Chesterton, Heretiker

Geboren wird nicht nur das Kind
durch die Mutter, sondern auch
die Mutter durch das Kind.
Gertrud von Le Fort, Aphorismen

Geburt ist etwas, Bildung mehr.
Deutsches Sprichwort

Geburt macht nicht edel.
Deutsches Sprichwort

Ich bin bereit. Ich habe keine Angst
vor der letzten Klappe. Die Geburt
und der Tod sind das Natürlichste
auf der Welt.
Heinz Rühmann

Ich bin geboren mit dem Wunsche,
zu sterben. Nichts dünkte mich
dümmer als das Leben, nichts
schmachvoller, als darin zu verweilen.
Gustave Flaubert, November

Ich lag in meinem Wohnzimmer und
sah grüne Bäume und Sonne und hatte
mein Kind, endlich mein Kind,
o mein Gott, mein Kind.
Alles hängt an ihm, all meine Liebe
und all mein Leben, und die Welt ist
wieder herrlich für mich geworden,
wieder Götter und Tempel und
der blaue Himmel darüber.
Franziska Gräfin zu Reventlow, Tagebücher

Ich stelle mir wieder einmal
meine ewige Frage: Was macht
den Augenblick der Entbindung
so schwer für mich?
Katherine Mansfield, Tagebücher

Im Schmerze
wird die neue Zeit geboren.
Adelbert von Chamisso, Gedichte

Jeder Mensch
ist eine Unmöglichkeit,
bis er geboren ist.
Ralph Waldo Emerson, Essays

Man mag von der spanischen
Inquisition sagen, was man will,
keine Frau, die ein Kind bekommen
hat, dürfte sie fürchten.
Sie war ein Kinderspiel dagegen.
Isadora Duncan

Man muss die Menschen
bei ihrer Geburt beweinen,
nicht bei ihrem Tode.
Charles de Secondat, Baron de la Brède
et de Montesquieu, Persianische Briefe

Mit jedem Menschen,
der geboren wird,
erscheint die menschliche Natur
immer wieder in einer
etwas veränderten Gestalt.
Christian Garve, Über Gesellschaft und Einsamkeit

Mit Schmerzen sollst du
Kinder gebären, sagte Gott
zu dem pflichtvergessenen Weibe.
Aber was haben ihm
die Weibchen der Tiere getan,
die auch mit Schmerzen gebären?
Denis Diderot, Philosophische Gedanken

Nicht geboren zu werden,
ist weit das Beste.
Sophokles, Ödipus auf Kolonos (Chor)

Nicht Leben und Tod sind Gegensätze,
sondern Geburt und Tod,
Leben und Nichtmehrdasein
(oder Nochnichtdasein).
Oswald Spengler, Urfragen.
Fragmente aus dem Nachlass

O wär ich nie geboren!
Johann Wolfgang von Goethe, Faust I (Faust)

Preis jeder Stunde, wo gegeben
Gott dieser Welt ein weiblich Kind
Zu lichtem, warmem Frauenleben,
Und wenn es noch so viele sind!
Justinus Kerner, Gedichte

Überständ ich doch weit lieber, traun!,
Dreimalige Feldschlacht als ein einzig
Wochenbett.
Euripides, Medea (Medea)

Und welche Sekunde
ist die wichtigste im ganzen Leben?
Gewiss nicht die letzte,
wie Theologen sonst sagen,
sondern wahrscheinlich die erste,
wie Ärzte bewiesen.
Jean Paul, Levana

Viel Mühsal bereite ich dir,
so oft du schwanger wirst.
Unter Schmerzen gebierst du Kinder.
Du hast Verlangen nach deinem Mann,
er aber wird über dich herrschen.
Altes Testament, Genesis 3, 16

Von dem Augenblicke an, wo er
das Licht der Welt erblickt, sucht
ein Mensch aus ihrem Wirrwarr,
in welchem auch er mit allem andern
bunt durcheinander herumgewürfelt
wird, sich herauszufinden und sich
zu gewinnen.
Max Stirner, Der Einzige und sein Eigentum

Warum freuen wir uns bei einer
Geburt und trauern bei einem
Begräbnis? Weil es sich dabei
nicht um unsere Person handelt.
Mark Twain, Querkopf Wilsons Kalender

Weil die Mutter in der Stunde der
Geburt ihr Leben rückhaltlos für das
Kind einsetzt, so gehört auch ihr
Leben nach der Geburt nicht mehr
sich selbst, sondern eben dem Kinde.
Gertrud von Le Fort, Die zeitlose Frau

Welch wunderbares Geheimnis
ist der Eintritt eines neuen Menschen
in die Welt.
Leo N. Tolstoi, Tagebücher (1907)

Wem der Teufel ein Ei
in die Wirtschaft gelegt hat,
dem wird eine hübsche Tochter geboren.
Friedrich Schiller, Kabale und Liebe (Miller)

Wenn eine Frau niederkommt
und einen Knaben gebiert,
ist sie sieben Tage unrein, wie sie
in der Zeit ihrer Regel unrein ist.
Wenn sie ein Mädchen gebiert,
ist sie zwei Wochen unrein
wie während ihrer Regel.
Altes Testament, Levitikus 12, 2/5

Wenn es den Frauen
eines Tages gelingt, ihre Kinder
schmerzlos zur Welt zu bringen,
dann lieben sie sie nicht mehr.
Henry de Montherlant, Die Aussätzigen

Wer der Geburt nicht entgangen ist,
entgeht nicht dem Tode.
Sprichwort aus Finnland

Wer geboren ist in bös'ren Tagen,
Dem werden selbst die bösen behagen.
Johann Wolfgang von Goethe, West-östlicher Divan

Wer geboren wird, schreit;
wer stirbt, ist still.
Sprichwort aus Russland

Wir werden schwach geboren,
wir brauchen Kraft; wir werden von
allem entblößt geboren, wir brauchen
Beistand; wir werden dumm geboren,
wir brauchen Verstand.
Jean-Jacques Rousseau, Emile

Wirst du doch immer aufs Neue hervorgebracht, herrlich Ebenbild Gottes!
Johann Wolfgang von Goethe,
Wilhelm Meisters Wanderjahre

Wonniglicher, das Pochen
des Neulebendigen fühlen,
Das in dem lieblichen Schoß
immer sich nährend bewegt.
Johann Wolfgang von Goethe,
Venezianische Epigramme

Zu früh sterben ist schlimm,
zu spät geboren werden ist schlimmer.
Erich Kästner, Kurz und bündig. Epigramme

Zweimal geboren zu werden
ist nicht wunderbarer als nur einmal.
Voltaire, Die Prinzessin von Babylon

Zwischen der Wieg und dem Sarg
wir schwanken und schweben
Auf dem großen Kanal sorglos
durchs Leben dahin.
Johann Wolfgang von Goethe,
Venezianische Epigramme

Geburtstag

Der Geburtstag ist das Echo der Zeit.
Evelyn Waugh

Die Kindheit ist jene herrliche Zeit,
in der man dem Bruder zum Geburtstag die Masern geschenkt hat.
Peter Ustinov

Geck

Geckenhaftigkeit ersetzt Herzensleere.
Luc de Clapiers Marquis de Vauvenargues,
Unterdrückte Maximen

In Frankreich ist ein junger Mann
für die meisten Frauen so lange ohne
Wert, bis sie einen Gecken aus ihm
gemacht haben. Erst dann vermag er
ihrer Eitelkeit zu schmeicheln.
Stendhal, Über die Liebe (Fragmente)

Jedermann sagt von einem Gecken,
dass er ein Geck sei, aber niemand
wagt, es ihm offen zu erklären;
er stirbt, ohne es zu wissen und
ohne dass es ihn jemand hätte
entgelten lassen.
Jean de La Bruyère, Die Charaktere

Wie groß auch die Vorzüge der Jugend
sein mögen – ein junger Mann ist den
Weibern nicht willkommen, solange
sie nicht einen Gecken aus ihm
gemacht haben.
Luc de Clapiers Marquis de Vauvenargues,
Unterdrückte Maximen

Gedächtnis

Aller Dinge Hort ist das Gedächtnis.
Marcus Tullius Cicero, Partitiones oratoriae

Das Gedächtnis des Menschen
ist das Vermögen, die Vergangenheit
den Bedürfnissen der Gegenwart
entsprechend umzudeuten.
George Santayana

Das Gedächtnis hebt die Zeit auf:
Es vereint, was dem Anschein nach
getrennt vor sich geht.
Leo N. Tolstoi, Tagebücher (1900)

Das Gedächtnis
ist der Diener unserer Interessen.
Thornton Wilder

Das Gedächtnis ist ein sonderbares
Sieb: Es behält alles Gute von uns
und alles Üble von den anderen.
Wiesław Brudziński

Das Gedächtnis lässt nach,
wenn man es nicht übt.
Marcus Tullius Cicero, Über das Greisenalter

Das richtige Gedächtnis
für einen Politiker ist eines,
das ihm sagt,
woran er sich zu erinnern
und was er zu vergessen hat.
John Morley

Der Instinkt ist nichts anderes als das
von Generation zu Generation vererbte
Gedächtnis des Menschengeschlechts.
François Alphonse Forel

Der Vater der Weisheit ist Gedächtnis,
Überlegung ist ihre Mutter.
Sprichwort aus Wales

Der Vorteil des schlechten Gedächtnisses ist, dass man dieselben guten
Dinge mehrere Male zum ersten Mal
genießt.
Friedrich Nietzsche, Menschliches, Allzumenschliches

Die Erfahrung lehrt, dass ein ausgezeichnetes Gedächtnis oft mit einer
schwachen Urteilskraft zusammengeht.
Michel Eyquem de Montaigne, Die Essais

Die sinnliche Wahrnehmung ist den
lebenden Wesen von Natur eigen.
Aufgrund derselben bildet sich bei
manchen von ihnen ein Gedächtnis,
bei andere ist das nicht der Fall.
Deshalb sind die ersten verständiger
und gelehriger als diejenigen,
die keine Erinnerungskraft besitzen.
Aristoteles, Älteste Metaphysik

Ein gutes Gedächtnis ist ein Fluch,
der einem Segen ähnlich sieht.
Harold Pinter

Ein Lügner
muss ein gutes Gedächtnis haben.
Pierre Corneille, Der Lügner

Ein schlechter Pinsel ist besser
als ein gutes Gedächtnis.
Chinesisches Sprichwort

Ein schlechtes Gedächtnis hat
den Vorzug, dass man die gleichen
schönen Dinge ein zweites Mal zum
ersten Mal erlebt.
Lothar Schmidt (nach Nietzsche)

Einem Menschen
mit schlechtem Gedächtnis
helfen Erfahrungen
auch nicht viel.
Robert Lembke, Steinwürfe im Glashaus

Fast jeder schöpferische Geist hat
über ein schlechtes Gedächtnis
geklagt, den meisten Gedächtniskräftigen fällt wenig ein.
Hermann Graf Keyserling,
Reisetagebuch eines Philosophen

Gedächtnis nennt man die Fähigkeit,
sich das zu merken,
was man vergessen möchte.
Daniel Gelin

Jeder klagt über sein Gedächtnis,
aber niemand über seinen Verstand.
François de La Rochefoucauld, Reflexionen

Kalkulierter Gedächtnisverlust
ist in der Politik ein Überlebensmittel.
Hans Maier

Kein Politiker ist denkbar
ohne gutes Gedächtnis für Dinge,
die er vergessen muss.
Alberto Sordi

Meine Phantasie,
das ist mein Gedächtnis.
Jules Renard, Ideen, in Tinte getaucht.
Aus dem Tagebuch von Jules Renard

Nichts ist so sehr
für die gute alte Zeit verantwortlich
wie das schlechte Gedächtnis.
Anatole France

Propheten müssen eine starke Stimme
und ein schwaches Gedächtnis haben.
John Osborne

Sein Gedächtnis schult man
am besten dadurch,
dass man etwas vergessen möchte.
André Gide

Wer ein schlechtes Gedächtnis hat,
dem bleibt keine andere Wahl,
als die Wahrheit zu sagen.
Tennessee Williams

Wer ein schlechtes Gedächtnis hat,
erlebt viele Premieren.
Axel von Ambesser

Wer ein schlechtes Gedächtnis hat,
erspart sich viele Gewissensbisse.
John Osborne

Wer lügen will,
muss ein gutes Gedächtnis haben.
Deutsches Sprichwort

Wo der Anteil sich verliert,
verliert sich auch das Gedächtnis.
Johann Wolfgang von Goethe,
Maximen und Reflexionen

Gedanke

Achte mit Sorgfalt darauf,
dass durch die Wechselhaftigkeit
deiner Gedanken die grünende Kraft,
die du von Gott hast,
in dir nicht dürr wird.
Hildegard von Bingen, Briefwechsel

Alle Gedanken sind vorwärts gerichtet,
wie Flaggen und Wimpel;
Nur ein Trauriger steht rückwärts
gewendet am Mast.
Johann Wolfgang von Goethe, Alexis und Dora

Alles Sprechen und Schreiben
heißt Würfeln um den Gedanken.
Wie oft fällt nur ein Auge,
wenn alle sechs fallen sollten.
Friedrich Hebbel, Tagebücher

Am Anfang gehören
alle Gedanken der Liebe.
Später gehört dann
alle Liebe den Gedanken.
Albert Einstein

Das Beste im Menschen
sind seine jungen Gefühle
und seine alten Gedanken.
Joseph Joubert, Gedanken, Versuche und Maximen

Das Seil, das Gedanken festbindet,
ist noch nicht geflochten worden.
Sprichwort aus Schweden

Das Universum ist ein Gedanke Gottes.
Friedrich Schiller, Philosophische Briefe

Das Wort
ist die Entschuldigung des Gedankens.
Jules Renard, Ideen, in Tinte getaucht.
Aus dem Tagebuch von Jules Renard

Dass anderer Menschen Gedanken
solchen Einfluss auf uns haben!
Johann Wolfgang von Goethe, Egmont (Egmont)

Dein Wunsch
war des Gedankens Vater.
William Shakespeare, Heinrich IV. (König Heinrich)

Den eigenen Gedanken nachgehen,
das kann, je nach Persönlichkeit,
die bequemste oder die anstrengendste
Beschäftigung sein, die es gibt.
Die größten Seelen machen daraus
ihren Lebensinhalt.
Michel Eyquem de Montaigne, Die Essais

Der Gedanke ist bald
eine einfache Bewegung
und bald eine Tat der Seele.
Joseph Joubert, Gedanken, Versuche und Maximen

Der Gedanke liegt so tief unter dem
Wort, dass es ihn nicht preisgibt.
Ludwig Marcuse, Argumente und Rezepte.
Ein Wörter-Buch für Zeitgenossen

Der Gedanke macht die Größe
des Menschen.
Blaise Pascal, Pensées

Der Gedanke muss
in der Gesellschaft geboren werden,
seine Bearbeitung und Ausprägung
erfolgt in der Einsamkeit.
Leo N. Tolstoi, Tagebücher (1853)

Die besten Gedanken,
die einem kommen,
sind erst fremd und unheimlich,
und man muss sie erst vergessen,
bevor man auch nur beginnt,
sie zu begreifen.
Elias Canetti, Die Provinz des Menschen.
Aufzeichnungen 1942–1972

Die einen eilen
durch schöne Gedanken,
andere verweilen dort;
diese sind die Glücklicheren,
jene aber die Größeren.
Joseph Joubert, Gedanken, Versuche und Maximen

Die Gedanken der Menschen sind
dünn und zerbrechlich, sie selbst
armselige Geschöpfe wie Spitzen-
klöpplerinnen. Ihres Herzens Gedanken
sind zu elend, um sündhaft zu sein.
Søren Kierkegaard, Entweder – Oder

Die Gedanken kommen wieder,
die Überzeugungen pflanzen sich fort,
die Zustände gehen unwiederbringlich
vorüber.
Johann Wolfgang von Goethe,
Maximen und Reflexionen

Die Idee
ist ein stehen gebliebener Gedanke.
Henri Bergson

Die Kraft des Gedankens
ist unsichtbar wie der Same,
aus dem ein riesiger Baum erwächst.
Leo N. Tolstoi, Tagebücher (1910)

Die Menschen sind verantwortlich
für ihre Taten. Ich aber werde meine
Gedanken verantworten müssen.
Sie bilden nicht nur die Grundlage
meines Werkes, sondern meines Lebens.
Joseph Joubert, Gedanken, Versuche und Maximen

Die Qualität unserer Gedanken
kommt von innen:
Aber ihre Richtung,
und dadurch ihr Stoff,
kommt von außen.
Arthur Schopenhauer, Den Intellekt überhaupt und in
jeder Beziehung betreffende Gedanken

Die Sprache ist
dem Menschen gegeben,
um seine Gedanken zu verbergen.
Charles Maurice de Talleyrand, überliefert von Bertrand Barère de Vieuzac (Memoiren)

Die Sprache ist untauglich,
den ganzen Gedanken wiederzugeben.
Sully Prudhomme, Gedanken

Die Wissenschaft wächst
auf Kosten des Lebens.
Je mehr man dem Gedanken gibt,
umso mehr entzieht man sich der Tat.
Francesco De Sanctis,
Über die Wissenschaft und das Leben

Dumme Gedanken hat jeder,
nur der Weise verschweigt sie.
Wilhelm Busch

Ein Gedanke erscheint uns dann als
tief, wenn er klar, stark und wahr ist,
immer also, wenn er vom Hauch
des Erlebnisses umwittert ist,
dem er seine Entstehung verdankt.
Arthur Schnitzler, Buch der Sprüche und Bedenken

Ein Gedanke ist nur vollkommen,
wenn er sich verwenden lässt, das
heißt, wenn man ihn nach Belieben
lostrennen und versetzen kann.
Joseph Joubert, Gedanken, Versuche und Maximen

Ein Gedanke
kann einen Menschen töten.
Honoré de Balzac, Physiologie der Ehe

Ein Gedanke kann nicht erwachen,
ohne andere zu wecken.
Marie von Ebner-Eschenbach, Aphorismen

Ein Gedanke wird erst dann Gedanke
und fruchtbar, wenn er durch nichts
gebunden ist: Darin besteht seine
Stärke im Vergleich zu anderen
sinnlichen Dingen.
Leo N. Tolstoi, Tagebücher (1890)

Ein großer Gedanke
kennt keine Grenzen.
Leo N. Tolstoi, Tagebücher (1852)

Ein neuer Gedanke
– das ist meist eine uralte Banalität in
dem Augenblick, da wir ihre Wahrheit
an uns selbst erfahren.
Arthur Schnitzler, Buch der Sprüche und Bedenken

Ein neuer Gedanke
will sich von Zeit zu Zeit
unter den alten seinesgleichen umtun,
sonst verdurstet er.
Elias Canetti, Die Provinz des Menschen.
Aufzeichnungen 1942–1972

Einem, der viel gedacht hat,
erscheint jeder neue Gedanke,
den er hört oder liest,
sofort in Gestalt einer Kette.
Friedrich Nietzsche, Menschliches, Allzumenschliches

Er wird ein großer König werden; er
sagt kein Wort von dem, was er denkt.
Jules Mazarin, Über Louis XIV (um 1655)

Es bedarf vieler Gedanken,
um einen festzuhalten.
Stanislaw Jerzy Lec, Neue unfrisierte Gedanken (1964)

Es gäbe keine Geselligkeit,
alle Familienbande würden gelockert,
wenn die Gedanken der Menschen
auf ihrer Stirn zu lesen wären.
Marie von Ebner-Eschenbach, Aphorismen

Es gibt Gedanken,
die durch sich selbst leuchten, andere,
die nur glänzen durch die Stelle,
an der sie stehen;
man könnte sie nicht umstellen,
ohne sie auszulöschen.
Joseph Joubert, Gedanken, Versuche und Maximen

Es gibt Gedanken,
die klüger sind als die Leute,
die sie haben.
Robert Lembke, Das Beste aus meinem Glashaus.
Humoristisches und Satirisches

Es gibt wenig neue,
aber viele einander
nahe kommende Gedanken.
Luc de Clapiers Marquis de Vauvenargues,
Unterdrückte Maximen

Es ist eine große Kunst, den Gedanken
wie ein Wurfgeschoss zu schleudern
und in die Aufmerksamkeit zu senken.
Joseph Joubert, Gedanken, Versuche und Maximen

Es ist eine Verwandtschaft
zwischen den glücklichen Gedanken
und den Gaben des Augenblicks:
Beide fallen vom Himmel.
Friedrich Schiller, Briefe (an Goethe, 12. Juli 1799)

Es ist eine Zeit,
die sich durch neue Dinge
und gar keine neuen Gedanken
auszeichnet.
Elias Canetti, Die Provinz des Menschen.
Aufzeichnungen 1942–1972

Frühling ist die Zeit,
in der auch die Männer
an das zu denken beginnen,
woran die Frauen
immer gedacht haben.
Willy Forst

Geben Sie
Gedankenfreiheit.
Friedrich Schiller, Dom Karlos (Marquis)

Gedanken, die schockweise kommen,
sind Gesindel. Gute Gedanken
erscheinen in kleiner Gesellschaft.
Ein göttlicher Gedanke kommt allein.
Marie von Ebner-Eschenbach, Aphorismen

Gedanken ohne Inhalt sind leer, Anschauungen ohne Begriffe sind blind.
Immanuel Kant

Gedanken schaden nicht dem Kopf,
sondern dem Herzen.
Martin Luther, Tischreden

Gedanken sind die Schatten
unsrer Empfindungen
– immer dunkler, leerer,
einfacher als diese.
Friedrich Nietzsche, Die fröhliche Wissenschaft

Gedanken sind frei.
William Shakespeare, Der Sturm (Stephano)

Gedanken sind nicht stets parat,
man schreibt auch,
wenn man keine hat.
Wilhelm Busch

Gedanken sind zollfrei.
Martin Luther, Tischreden; auch deutsches Sprichwort

Gedanken sind zollfrei,
notgedrungen lassen wir
sie also passieren,
aber o wie gerne möchten wir
sie kontrollieren.
Emil Gött, Zettelsprüche. Aphorismen

Gedanken sollen
aus der Seele geboren werden,
Wörter aus den Gedanken
und Sätze aus den Worten.
Joseph Joubert, Gedanken, Versuche und Maximen

Gedanken töten,
Worte sind verbrecherischer
als irgendein Mord,
Gedanken rächen sich
an Helden und Herden.
Gottfried Benn, Der gedankliche Hintergrund

Gefühl wird von der Zeit immer
gerechtfertigt, Gedanken fast nie.
Sie können uns bloß an das Gefühl
zurückführen.
William Butler Yeats, Entfremdung

»Geist« ist heute Marktware,
wer redet noch davon?
Ein wirklich eigener Gedanke
aber ist immer noch so selten
wie ein Goldstück im Rinnstein.
Christian Morgenstern, Stufen

Große Gedanken entspringen weniger
einem großen Verstand
als einem großen Gefühl.
Fjodor M. Dostojewski, Der ewige Gatte

Große Gedanken und ein reines Herz,
das ist's, was wir uns von Gott
erbitten sollten.
Johann Wolfgang von Goethe,
Wilhelm Meisters Wanderjahre

Große Worte
verbergen kleine Gedanken.
Lothar Schmidt

Habe einen guten Gedanken,
man borgt dir zwanzig.
Marie von Ebner-Eschenbach, Aphorismen

Hinter jedem Gedanken lauert
eine Leidenschaft, jedes Urteil
ist von einer Neigung gefärbt.
August Strindberg, Der Sohn der Magd

Im Schlaf sind wir
ebenso wenig Herr unserer Gedanken
wie im wachen Zustand.
Voltaire, Der Weiße und der Schwarze

In den Gedanken ist mehr Wirklichkeit
als in den Dingen.
Gustave Flaubert, Erinnerungen, Aufzeichnungen
und geheime Gedanken

Ist ein Gedanke zu schwach,
um einen schlichten Ausdruck zu tragen,
so soll er verworfen werden.
Luc de Clapiers Marquis de Vauvenargues,
Reflexionen und Maximen

Jeder denkt, dass jede Glocke
seine eigenen Gedanken widertönt.
Sprichwort aus Slowenien

Jeder Gedanke, der nicht zu seiner
Aufhebung vordringt, ist halb.
Otto Flake, Die Stadt des Hirns

Jeder Gedanke ist durch sich selbst
mit unsterblichem Leben begabt,
wie ein lebendiges Wesen.
Charles Baudelaire, Tagebücher

Jeder Menschenkopf ist eine Sonne,
und seine Gedanken sind die überall
hindringenden unsichtbaren Strahlen.
Könnten wir sie, wie bei der Sonne,
mit unseren leiblichen Augen schauen,
so würden sie uns in ihrer Gesamtheit
erscheinen wie ein großer Lichtkreis,
an dessen Ausdehnung und Leucht-
kraft leicht zu erkennen wäre,
einen Stern wievielter Größe
wir vor uns haben.
Christian Morgenstern, Stufen

Jeder wahre Gedanke
trägt das Universum in sich,
und keiner spricht es aus.
Ernst von Feuchtersleben, Aphorismen

Jeder zu früh klar gefasste Gedanke
zersetzt wie ein scharfkantiger Fremd-
körper den schöpferischen Erfluss in
uns, und ist für den Schritt des Geistes
nichts als ein Steinchen im Schuh.
Heimito von Doderer, Repertorium. Ein Begreifbuch
von höheren und niederen Lebens-Sachen

Kein Gedankenstreit kann
einen ewigen Frieden schließen,
sondern nur einen Waffenstillstand
für einen künftigen höhern Streit.
Jean Paul, Politische Fastenpredigten

Klarheit schmückt tiefe Gedanken.
Luc de Clapiers Marquis de Vauvenargues,
Reflexionen und Maximen

Man lasse den guten Gedanken nur
den Plan frei: Sie werden kommen.
Arthur Schopenhauer, Den Intellekt überhaupt und in
jeder Beziehung betreffende Gedanken

Man reist nicht billiger und schneller
als in Gedanken.
Georg Weerth, Leben und Thaten des berühmten
Ritters Schnapphahnski

Man wendet seine Gedanken
wie einen Rock, um sich ihrer
mehrmals zu bedienen.
Luc de Clapiers Marquis de Vauvenargues,
Unterdrückte Maximen

Manche Leute meinen, man wäre nicht
feurig in seinen Gedanken, weil man
es nicht ist der Art, sie zu verteidigen.
Charles de Secondat, Baron de la Brède
et de Montesquieu, Meine Gedanken

Mancher Gedanke fällt um
wie ein Leichnam, wenn er
mit dem Leben konfrontiert wird.
Christian Morgenstern

Mein dritter Grundsatz war,
immer bemüht zu sein, lieber mich
als das Schicksal zu besiegen,
lieber meine Wünsche
als die Weltordnung zu verändern,
und überhaupt mich an den Glauben
zu gewöhnen, dass nichts
vollständig in unserer Macht sei
als unsere Gedanken.
René Descartes, Diskurs über die Methode

Mein Gehirn
Treibt öfters wundersame Blasen auf,
Die schnell, wie sie entstanden sind,
zerspringen.
Friedrich Schiller, Dom Karlos (Karlos)

Meine Gedanken haben mir
weher getan denn all meine Arbeit.
Martin Luther, Tischreden

Misstraue jedem Gedanken,
der nicht selbstverständlich erscheint.
Jakob Boßhart, Bausteine zu Leben und Zeit

Müßige Leute haben
seltsame Gedanken.
Deutsches Sprichwort

Neue Gedanken werden von unseren
automatischen Gehirnen nicht gerne
aufgenommen.
August Strindberg, Der Sohn der Magd

Nicht der Gedanke wird bestraft,
die Tat.
Franz Grillparzer

Nicht im Raume darf ich meine Würde
suchen, sondern in der Ordnung
meiner Gedanken.
Blaise Pascal, Pensées

Ob die Gedanken
wirklich aus Köpfen stammen?
Meist stammen sie aus zweiter Hand.
Wiesław Brudziński

Redensarten sind gleichsam
das Kleid der Gedanken.
Johann Jakob Engel, Fürstenspiegel

Schwimmt man lang
im Abgrund der Gedanken,
So wird man matt.
Lord Byron, Don Juan

Seine Gedanken nicht klar auszudrücken, ist entweder Leichtfertigkeit,
Feigheit oder bewusstes Verbrechen.
Dieses Letztere ist häufiger,
als man ahnt. Nicht nur Politiker
und Pfaffen, auch Literaten
pflegen es zu begehen.
Arthur Schnitzler,
Aphorismen und Betrachtungen aus dem Nachlass

Sobald ein Gedanke
allgemein akzeptiert wird,
ist es Zeit, ihn zu verwerfen.
Holbrook Jackson

Stellt euren Geist
über euren Gedanken,
eure Gedanken
über euren Ausdruck!
Joseph Joubert, Gedanken, Versuche und Maximen

Über jedem Gedanken,
jeder Vorstellung liegen
hundert Gedanken und Vorstellungen,
die uns das jeweils Gedachte,
jeweils Vorgestellte verhüllen.
Christian Morgenstern, Stufen

Unser Kopf ist rund,
damit die Gedanken
die Richtung ändern können.
Francis Picabia

Unsere besten Gedanken
denken sich selbst.
Adolf Pichler

Unsere Gedanken sind
unvollkommener als die Sprache.
Luc de Clapiers Marquis de Vauvenargues,
Unterdrückte Maximen

Unstet treiben die Gedanken
Auf dem Meer der Leidenschaft.
Friedrich Schiller, Würde der Frauen

Viel Wurmgedanken:
Entzwei geschnitten
wachsen sie weiter.
Elias Canetti, Die Provinz des Menschen.
Aufzeichnungen 1942–1972

Viele Gedanken heben sich erst
aus der allgemeinen Kultur hervor
wie die Blüten aus den grünen Zweigen.
Zur Rosenzeit sieht man Rosen
überall blühen.
Johann Wolfgang von Goethe,
Maximen und Reflexionen

Was den leidigen Alltagsköpfen,
von denen die Welt vollgepfropft ist,
eigentlich abgeht, sind zwei nahe
verwandte Fähigkeiten,
nämlich die, zu urteilen, und die,
eigene Gedanken zu haben.
Arthur Schopenhauer,
Den Intellekt überhaupt und in jeder Beziehung
betreffende Gedanken

Weibergedanken eilen immer
ihren Handlungen voraus.
William Shakespeare, Wie es euch gefällt (Rosalinde)

Weise erdenken die neuen Gedanken,
und Narren verbreiten sie.
Heinrich Heine

Weist man auf einen Gedanken
in einem Werk hin, so bekommt man
zu hören, er sei nicht neu;
fragt man aber weiter, ob er wahr sei,
so merkt man, dass die Leute nicht
mehr mitreden können.
Luc de Clapiers Marquis de Vauvenargues,
Nachgelassene Maximen

Wenn wir die Gedanken rufen,
fliehen sie uns,
wenn wir sie verjagen,
überfallen sie uns und zwingen uns,
die Augen die ganze Nacht
offen zu halten.
Luc de Clapiers Marquis de Vauvenargues,
Unterdrückte Maximen

Wer laut nachdenkt,
dem stiehlt man seine Gedanken.
Gustaf Gründgens

Wie wenig exakte Gedanken gibt es,
und wie viele mögen uns
scharfsinnige Geister noch entwickeln?
Luc de Clapiers Marquis de Vauvenargues,
Nachgelassene Maximen

Wohin gehen unsere Gedanken?
In das Gedächtnis Gottes.
Joseph Joubert, Gedanken, Versuche und Maximen

Gedankenlosigkeit

Die Gedankenlosigkeit
hat mehr ehrliche Namen
zugrunde gerichtet
als die Bosheit.
Marie von Ebner-Eschenbach, Aphorismen

Die meisten Männer
heiraten aus Gedankenlosigkeit,
wie sie aus Gedankenlosigkeit
auch Kriege führen.
Henry de Montherlant

Wie sehr die Gedankenlosigkeit dem
modernen Menschen zur zweiten
Natur geworden ist, zeigt sich
in der Gesellschaft, die er pflegt.
Wo er mit seinesgleichen ein Gespräch
führt, wacht er darüber, dass es sich in
allgemeinen Bemerkungen halte und
sich nicht zu einem wirklichen Austausch von Gedanken entwickele.
Er hat nichts Eigenes mehr und wird
von einer Art Angst beherrscht,
dass Eigenes von ihm verlangt
werden könnte.
Albert Schweitzer,
Verfall und Wiederaufbau der Kultur

Gedeihen

Starkes gedeiht von selbst.
Ovid, Briefe aus der Verbannung

Wenig gedeiht, zu viel zerstreut.
Deutsches Sprichwort

Gedicht

Bilde, Künstler! Rede nicht!
Nur ein Hauch sei dein Gedicht.
Johann Wolfgang von Goethe, Sprüche

Das Leben Gedicht! Nein!,
nicht wenn man nur umherging
und an seinem Leben herumdichtete,
anstatt es zu leben.
Jens Peter Jacobsen, Niels Lyhne

Die Frauen lieben nicht die Gedichte,
sie lieben nur ihr Geräusch.
Sully Prudhomme, Intimes Tagebuch

Ein Gedicht entsteht nicht,
ein Gedicht wird gemacht.
Gottfried Benn

Ein Gedicht ist eine ganze,
geschlossene, gemachte Welt.
Adam Heinrich Müller, Von der Idee der Schönheit

Ein gesunder Mensch
wird immer rot,
wenn er ein Gedicht gemacht hat.
Frank Wedekind, Die junge Welt (Holberg)

Ein gutes Gedicht
ist das eindringlichste Mittel
der Belebung des Gemüts.
Immanuel Kant, Die Metaphysik der Sitten

Gedichte schenke nur
einem Menschen mit Talent.
Chinesisches Sprichwort

Gedichte
sind gemalte Fensterscheiben.
Johann Wolfgang von Goethe, Parabolisch

Gedichte sind wie Austern:
Wenn sie nicht
von ganz vorzüglicher Qualität sind,
sind sie ungenießbar.
Carl Zuckmayer

In einem Gedicht sollen nicht nur
Bilder, sondern auch dichterische
Gedanken sein.
Joseph Joubert, Gedanken, Versuche und Maximen

Jedes Kunstwerk ist Kunstwerk nur,
wenn es verständlich ist – ich
behaupte nicht, für alle verständlich,
aber doch für Menschen, die ein
bestimmtes Bildungsniveau besitzen,
eben das Niveau dessen, der Gedichte
liest und über sie urteilt.
Leo N. Tolstoi, Tagebücher (1896)

Nicht jedes Gedicht
eines jeden Dichters
ist in jedem Augenblick
für jeden Leser geeignet.
Reiner Kunze

Saget, wann nützt mein Gedicht,
o Musen? – Wenn es den Edlen
Weckt in dem Augenblick,
wenn er sich selber vergisst.
Johann Wolfgang von Goethe/Friedrich Schiller,
Xenien

Weil ein Gedicht
entweder vortrefflich sein
oder gar nicht existieren soll.
Johann Wolfgang von Goethe,
Wilhelm Meisters Lehrjahre

Wenn man echte Gedichte liest und
hört, so fühlt man einen innern Verstand der Natur sich bewegen, und
schwebt, wie der himmlische Leib derselben, in ihr und über ihr zugleich.
Novalis, Die Lehrlinge zu Sais

Wenn man vom Gereimten
das Stimmungsmäßige abzieht
– was dann übrig bleibt,
wenn dann noch etwas übrig bleibt,
das ist dann vielleicht ein Gedicht.
Gottfried Benn

Gedrucktes

Das Gedruckte übt
einen mächtigen Druck aus,
der besondere Glaube ans Gedruckte
ist einer der mächtigsten Aberglauben.
Ludwig Marcuse, Argumente und Rezepte.
Ein Wörter-Buch für Zeitgenossen

Eines der schwierigsten Probleme,
die sich aus der Verbreitung
von Rundfunk und Fernsehen
ergeben haben, lautet:
Was geschieht mit dem Sprichwort:
»Er lügt wie gedruckt«?
Gabriel Laub

Nähme man den Zeitungen
den Fettdruck – um wie viel stiller
wäre es in der Welt.
Kurt Tucholsky

Geduld

Also, meine Geduld muss heiter
und lächelnd und nicht zu ernst sein.
Papst Johannes XXIII., Geistliches Tagebuch
(Geistliche Notizen), 1. Februar 1903

Aus der Geduld
geht der unschätzbare Frieden hervor,
welcher das Glück der Welt ist.
Baltasar Gracián y Morales,
Handorakel und Kunst der Weltklugheit

Bei allem, was ich tue, daran denken,
dass die erste und einzige Bedingung,
von welcher der Erfolg abhängt,
Geduld heißt, und dass es gerade
die Voreiligkeit ist, die bei jedem Tun
am meisten hindert.
Leo N. Tolstoi, Tagebücher (1851)

Brenn einem das Haus ab,
daran er zehen Jahre gebauet hat,
und schick ihm einen Beichtvater,
der ihm die christliche Geduld
empfiehlt.
Johann Wolfgang von Goethe, Clavigo (Carlos)

Dem, der sich mit Geduld wappnet,
liegen keine Vorteile zu fern.
Jean de La Bruyère, Die Charaktere

Der Geduldige hält aus
bis zur rechten Zeit,
doch dann erfährt er Freude.
Altes Testament, Jesus Sirach 1, 22

Der Genügsame ist immer fröhlich,
der Geduldige ist immer ruhig.
Chinesisches Sprichwort

Der wesentliche Teil des Glaubens
ist Geduld.
George MacDonald

Die Geduld ist imstande,
auch den verwildertsten
und frechsten Menschen
so umzustimmen, dass er lenksam
und für edlere Regungen
wieder empfänglich wird.
Johannes I. Chrysostomos,
Homilie über den 1. Brief an die Tessalonicher

Die sprichwörtliche Geduld des Papiers
wird gottlob von der Geduld
der Papierkörbe noch übertroffen.
Hanns-Hermann Kersten

Die Zeit bringt Rat.
Erwartet in Geduld.
Friedrich Schiller, Wilhelm Tell (Reding)

Doch Geduld! Die müssen wir haben,
die Geduld, die bittere Wurzeln hat,
aber süße Früchte trägt.
Papst Johannes XXIII., Briefe an die Familie
(Nichte Teresa), 6. Januar 1948

Ein kleiner Feind, dies lerne fein,
Will durch Geduld ermüdet sein.
Christian Fürchtegott Gellert, Fabeln und Erzählungen

Eine Übertreibung ist eine Wahrheit,
die die Geduld verloren hat.
Kahlil Gibran

Er kann nicht warten,
bis der Kuchen im Feuer
heiß geworden ist.
Chinesisches Sprichwort

Es ist das Kennzeichen der Geduld,
dass sie das Unverfügbare so sein
lässt, in seiner Entfaltung, aber natürlich auch im möglichen Scheitern
dieser Entfaltung, auch im Welken
und Sterben.
Jürgen Dahl, Vom Geschmack der Lilienblüten

Es mag noch so lange dauern,
im April wird Ostern sein.
Sprichwort aus Frankreich

Für die Freundschaft von zweien
ist die Geduld von einem nötig.
Sprichwort aus Indien

Geduld erreicht bisweilen
von den Menschen, was sie niemals
zu gewähren dachten. Und Gelegenheit
kann selbst die ärgsten Betrüger
zwingen, ihre falschen Versprechungen
einzuhalten.
Luc de Clapiers Marquis de Vauvenargues,
Unterdrückte Maximen

Geduld ist der Schlüssel zur Freude.
Sprichwort aus Arabien

Geduld ist die Kunst zu hoffen.
Luc de Clapiers Marquis de Vauvenargues,
Reflexionen und Maximen

Geduld ist die Kunst,
die Ungeduld zu verbergen.
Hermann Schridde

Geduld ist die Tugend der Esel.
Sprichwort aus Frankreich

Geduld ist ebenso schmachvoll
wie Eile: Beide sind Furcht.
Walter Rathenau, Auf dem Fechtboden des Geistes.
Aphorismen aus seinen Notizbüchern

Geduld ist ein Baum,
dessen Wurzeln bitter
und dessen Früchte
nicht süß sind.
Sprichwort aus Persien

Geduld ist eine Tugend des Indianers
und bringt einem christlichen Weißen
keine Schande.
James Fenimore Cooper, Die Prärie

Geduld ist gezähmte Leidenschaft.
Lymann Abbott

Geduld ist in der Berge
langem Bleiben
Und in der Ewigkeit
des Regenfalls.
Geduld ist eines Baumes
stetig Treiben
Und der gestrahlte Ausbau
des Kristalls –
Wo ist ein Ding,
das anders sich vollende?
Ina Seidel, Geduld

Geduld ist stärker denn Diamant.
Deutsches Sprichwort

Geduld und Fleiß,
und ich bin überzeugt,
ich werde alles erreichen,
was ich will.
Leo N. Tolstoi, Tagebücher (1847)

Geduld und Zeit vermögen mehr als
Gewalt und Wut.
Sprichwort aus Frankreich

Geduld wird alle Schmerzen heilen.
Publilius Syrus, Sentenzen

Geduld wird mit allem fertig.
Sprichwort aus Frankreich

Glaube, Liebe, Hoffnung fühlten
einst in ruhiger geselliger Stunde
einen plastischen Trieb in ihrer Natur;
sie befleißigten sich zusammen
und schufen ein liebliches Gebild,
eine Pandora im höhern Sinne:
die Geduld.
Johann Wolfgang von Goethe,
Maximen und Reflexionen

Glaube nur, du hast viel getan,
Wenn dir Geduld gewöhnest an.
Johann Wolfgang von Goethe, Sprüche

Gott hört wohl zu,
aber er antwortet nicht schnell.
Sprichwort aus Russland

Gut Ding will Weile.
Deutsches Sprichwort

Jeder Europäer, der nach Indien
kommt, lernt Geduld, wenn er keine
hat, und verliert sie, wenn er sie hat.
Sprichwort aus Indien

Leichter trägt, was er trägt,
Wer Geduld zur Bürde leget.
Friedrich von Logau, Sinngedichte

Liebe ist Geduld, Sex Ungeduld.
Erich Segal

Liebe und Geduld
sind durch tausend Meilen getrennt.
Sprichwort aus Persien

Mit dem Kopf durch die Wand
kommen wir nicht voran,
sondern nur mit Zähigkeit und Geduld.
Richard von Weizsäcker, Ansprache des Bundespräsidenten vor beiden Häusern des Parlaments
in London 1986

Mit Geduld wird ein Vorgesetzter
umgestimmt, sanfte Zunge bricht
Knochen.
Altes Testament, Sprüche Salomos 25, 15

Mit Ruhe und Geduld im Herzen
denke über eine Sache dreimal nach.
Chinesisches Sprichwort

Nicht Kunst und Wissenschaft allein,
Geduld will bei dem Werke sein.
Johann Wolfgang von Goethe, Faust I (Mephisto)

Nichts übereile, gut Ding will Weile.
Deutsches Sprichwort

O mein Freund,
die Geduld ist bitter,
ihre Frucht aber süß.
Jean-Jacques Rousseau,
Julie oder Die neue Héloïse (Julie)

Solange man die Geduld zur ersten
Tugend macht, werden wir nie viel
tätige Tugend haben. An tätigen
Tugenden scheint auch den Volks-
führern wenig gelegen zu sein, sie
brauchen nur leidende. Daher geht
es denen leider kaum leidlich.
Johann Gottfried Seume, Apokryphen

Talent ist nur große Geduld.
Anatole France

Überall bedarf der Mensch Geduld,
überall muss er Rücksicht nehmen.
Johann Wolfgang von Goethe,
Wilhelm Meisters Wanderjahre

Ungeduld ist es,
die den Menschen zuweilen anfällt,
und dann beliebt er
sich unglücklich zu finden.
Johann Wolfgang von Goethe,
Die Wahlverwandtschaften

Uns fehlt die Geduld des Lebens.
Dag Hammarskjöld, Zeichen am Weg

Was immer du auch tun willst,
führe es in Geduld zu Ende:
Denn wenn du geduldig alles
auf dich nimmst, wird Gott
dir helfen bei all deinem Tun
und in allem, was dir begegnet
und widerfährt.
Antonius der Große, Geistliche Zeugnisse, den Regeln
angefügt, für seine geistlichen Söhne

Was man bei einer Diät
am schnellsten verliert,
ist die Geduld.
Lothar Schmidt

Wenn die Birne reif ist,
fällt sie vom Baum.
Deutsches Sprichwort

Wenn du die Angel ziehst zu früh,
so fängst du nie.
Deutsches Sprichwort

Wer Geduld sagt,
sagt Mut, Ausdauer, Kraft.
Marie von Ebner-Eschenbach, Aphorismen

Wer geduldig ist, leidet weniger,
und alles gereicht ihm zum Vorteil.
Papst Johannes XXIII., Briefe an die Familie
(Schwester Assunta), 11. Februar 1948

Wer hätte mit mir Geduld haben
sollen, wenn ich's nicht gehabt hätte?
Johann Wolfgang von Goethe,
Maximen und Reflexionen

Wer keine Geduld hat,
hat auch keine Philosophie.
Sprichwort aus Persien

Wer tapfer ist,
der ist auch geduldig.
Thomas von Aquin, Summa theologica

Wer's Recht hat und Geduld,
für den kommt auch die Zeit.
Johann Wolfgang von Goethe, Faust II (Erzbischof)

Zur Wut wird allzu oft
beleidigte Geduld.
Publilius Syrus, Sentenzen

Gefahr

Aller Aufschub ist gefährlich.
Jean-Jacques Rousseau,
Julie oder Die neue Héloïse (Claire)

Auch nicht in Gefahren
mag ich sinnlos Ungestüm.
Johann Wolfgang von Goethe, Faust II (Faust)

Aus der Nessel Gefahr
pflücken wir die Blume Sicherheit.
William Shakespeare, Heinrich IV. (Percy)

Besser, wer fliehend entrann
der Gefahr, als wen sie ereilet!
Homer, Ilias

Das Glück
Und nicht die Sorge
bändigt die Gefahr.
Johann Wolfgang von Goethe,
Die natürliche Tochter (Eugenie)

Der Furchtsame erschrickt
vor der Gefahr,
der Feige in ihr,
der Mutige nach ihr.
Jean Paul, Quintus Fixlein

Der größten Gefahr
kommt die Hilfe zuvor.
Chinesisches Sprichwort

Der Honig ist nicht weit vom Stachel.
Deutsches Sprichwort

Der Wolf im Schafpelze
ist weniger gefährlich
als das Schaf in irgendeinem Pelze,
wo man es für mehr
als einen Schöps nimmt.
Johann Wolfgang von Goethe,
Maximen und Reflexionen

Die Gefahr lässt sich nicht auslernen.
Johann Wolfgang von Goethe,
Die Leiden des jungen Werthers

Die Gefahr will keine Wechsel,
sie will in barem Mut bezahlt werden.
Emil Gött, Im Selbstgespräch

Die größte Gefahr im Leben ist,
dass man zu vorsichtig wird.
Alfred Adler

Die Tugend des freien Menschen
zeigt sich ebenso groß im Vermeiden
wie im Überwinden von Gefahren.
Baruch de Spinoza, Ethik

Die Unglücklichen sind gefährlich!
Johann Wolfgang von Goethe, Clavigo (Clavigo)

Du ersehnst Macht? Den Nachstellungen der Unterworfenen verfallen,
wirst du unter Gefahren leben.
Anicius Manlius Torquatus Severinus Boethius,
Trost der Philosophie

Durch Gefahren
setzt ein großes Herz sich durch.
Jean Racine, Andromaque

Ehrenvolle, tätige Gefahr ist besser
als der ruhige Schlaf eines Sklaven.
Johann Gottfried Seume, Apokryphen

Ein hohes Amt ist immer
mit Gefahr verbunden.
Chinesisches Sprichwort

Eine Sache ist nur gefährdet,
wenn die Menschen nicht
mit dem Herzen dabei sind.
Chinesisches Sprichwort

Eine Waffe ist nirgends gefährlicher
als in der Hand des Schwachen.
Emmanuel Mounier, Vor der UNESCO 1947

Eines Mannes Tugend
Erprobt allein die Stunde der Gefahr.
Friedrich Schiller, Maria Stuart (Maria)

Es ist, als ob die Völker die Gefahren
liebten, weil sie sich solche schaffen,
wenn es keine gibt.
Joseph Joubert, Gedanken, Versuche und Maximen

Gefahr

Es ist denkbar, dass jemand auf dem
Bahnhof in New York einen Koffer
mit einer Atombombe aufgibt.
Carl Friedrich von Weizsäcker

Es ist gefährlicher,
das Gute als das Böse zu tun.
Francis M. de Picabia, Aphorismen

Es wandelt ohne Gefahr,
wer den Weg des Gerechten wandelt.
Chinesisches Sprichwort

Für die Gesellschaft ungefährlich
ist noch, wer sich nur ärgert,
nicht mehr, wer Ärgernis nimmt.
Ludwig Marcuse, Argumente und Rezepte.
Ein Wörter-Buch für Zeitgenossen

Furcht vor der Gefahr
ist schrecklicher als die Gefahr selbst.
Sprichwort aus Afrika

Gefahr und Vergnügen
wachsen am selben Baum.
Sprichwort aus England

Gefahr wird nicht
ohne Gefahr vertrieben.
Deutsches Sprichwort

Geringschätzung von Gefahren wird
die ständige Gegenwart von Gefahr
ausbilden.
Lucius Annaeus Seneca, Über die Vorsehung

Große Dinge sind immer
mit großen Gefahren verknüpft.
König Xerxes I., überliefert von Herodot (Historien)

Größe ist immer gefährlich.
Voltaire, Candide oder Die beste der Welten

Großen Schiffen
sind kleine Lecks gefährlich.
Chinesisches Sprichwort

Im Gewitter
erkennt man den Steuermann.
Sprichwort aus Frankreich

Im Zeitalter der Spezialisten
ersetzt die Gefahrenzulage den Orden.
Emil Gött, Im Selbstgespräch

In Fährden und in Nöten
zeigt erst das Volk sich echt,
Drum soll man nie zertreten
sein gutes altes Recht.
Ludwig Uhland, Graf Eberhard der Rauschebart

In Gefahr und großer Not
Bringt der Mittelweg den Tod.
Friedrich von Logau, Sinngedichte

Ist die Gefahr vorüber,
wird der Heilige ausgelacht.
Deutsches Sprichwort

Je größer die Furcht,
desto näher die Gefahr.
Sprichwort aus Dänemark

Je weniger man fürchtet,
desto kleiner wird man
die Gefahr finden.
Titus Livius, Römische Geschichte

Jene Unternehmungen,
die mit Gefahr beginnen,
enden mit Lohn,
und ohne Gefahr
hat man sich noch nie
aus einer Gefahr gerettet.
Niccolò Machiavelli, Geschichte von Florenz

Jungfern und Gläser
schweben in steter Gefahr.
Deutsches Sprichwort

Lieber zehn Schritte zu weit, als einen
Schritt in die Gefahr gegangen.
Chinesisches Sprichwort

Man gewöhnt sich wirklich daran,
unter Damoklesschwertern zu leben.
Franziska Gräfin zu Reventlow, Tagebücher

Man ist am meisten in Gefahr,
überfahren zu werden, wenn man
eben einem Wagen ausgewichen ist.
Friedrich Nietzsche, Menschliches, Allzumenschliches

Man kann überhaupt
nichts mehr sagen,
ohne Gefahr zu laufen,
dass irgendein Idiot
der gleichen Meinung ist.
Gabriel Laub

Muss denn alles schädlich sein,
was gefährlich aussieht?
Johann Wolfgang von Goethe,
Wilhelm Meisters Lehrjahre

Nachäffen
kann gefährlich werden.
Jean de La Bruyère, Die Charaktere

Nichts auf der Welt
macht so gefährlich,
als tapfer und allein zu sein!
Erich Kästner, Dr. Erich Kästners lyrische Hausapotheke

Nichts ist gefährlicher
wie Zerstreuung.
Franz Grillparzer, Selbstbiographie

Ob du eine Dschunke oder einen
Rappen nimmst, immer warten
drei zehntel Gefahr auf dich.
Chinesisches Sprichwort

Solche Männer haben nimmer Ruh,
Solang sie jemand größer sehn als sich.
Das ist es, was sie so gefährlich macht.
William Shakespeare, Julius Caesar (Caesar)

Stumme Hunde
und stille Wasser
sind gefährlich.
Deutsches Sprichwort

Toren und gescheite Leute
sind gleich unschädlich.
Nur die Halbnarren und Halbweisen,
die sind die gefährlichsten.
Johann Wolfgang von Goethe,
Maximen und Reflexionen

Vergnügen sucht der Mann sich
in Gefahren.
Johann Wolfgang von Goethe, Elpenor (Elpenor)

Weiche dem Übel nicht,
sondern geh ihm kühner noch
entgegen!
Sibylle von Cumae, überliefert bei Vergil (Aeneis)

Wenn man schon fallen muss,
muss man der Gefahr entgegenlaufen.
Publius Cornelius Tacitus, Historien

Wer die Gefahr verheimlicht,
ist ein Feind.
Johann Wolfgang von Goethe,
Die natürliche Tochter (Herzog)

Wer edel ist,
den suchet die Gefahr,
Und er sucht sie:
So müssen sie sich treffen.
Johann Wolfgang von Goethe, Elpenor (Antiope)

Wer Gefahren wagt,
ohne zu bedenken, wie groß sie sind,
ist lediglich ein dummes Tier;
tapfer ist nur, wer die Gefahr kennt und
sie aus Not oder achtbarem Grunde
trotzdem auf sich nimmt.
Francesco Guicciardini, Ricordi

Wer halb sich rächt,
der bringt sich in Gefahr.
Pierre Corneille, Rodogune

Wer Seelengröße besitzt, setzt sich
nicht wegen einer Kleinigkeit der
Gefahr aus, noch sucht er diese
um ihrer selbst willen auf, weil er
nur weniges hoch einschätzt.
Aristoteles, Nikomachische Ethik

Wer sich selbst in Gefahr begibt,
weiß am besten,
wie hinauszukommen.
Chinesisches Sprichwort

Wer sich vor dem Pulver fürchtet,
muss nicht mit Pulver umgehen.
Johann Wolfgang von Goethe,
Die Aufgeregten (Friederike)

Werden wir eigentlich erst wach,
wenn das Haus in Flammen steht?
Norbert Blüm, Unverblümtes von Norbert Blüm

Wie ich von den
Weisen hab vernommen:
Wer Gefahr liebt,
wird darin umkommen.
Georg Rollenhagen, Froschmeuseler

Wolf und Tiger streichle nicht.
Chinesisches Sprichwort

Gefährlichkeit

Ein Gift, welches nicht gleich wirkt,
ist darum kein minder gefährliches Gift.
Gotthold Ephraim Lessing, Emilia Galotti (Claudia)

Man hält die Menschen gewöhnlich
für gefährlicher, als sie sind.
Johann Wolfgang von Goethe,
Die Wahlverwandtschaften

Mutige Leute überredet man dadurch
zu einer Handlung, dass man dieselbe
gefährlicher darstellt, als sie ist.
Friedrich Nietzsche, Menschliches, Allzumenschliches

Was bedeutend schmückt,
es ist durchaus gefährlich.
Johann Wolfgang von Goethe,
Die natürliche Tochter (Eugenie)

Gefallen

Der Menge gefällt,
was auf den Marktplatz taugt.
Friedrich Hölderlin, Menschenbeifall

Der Mensch, der sich ständig bemüht
zeigt, zu gefallen, legt sein vielleicht
kleines Kapital an Verdienst gegen
hohe Zinsen an.
Philipp Stanhope Earl of Chesterfield, Briefe über die
anstrengende Kunst, ein Gentleman zu werden

Der Wunsch, Gefallen zu empfinden,
ist allgemein; der Wunsch, Gefallen
zu erregen, sollte es ebenfalls sein.
Philipp Stanhope Earl of Chesterfield, Briefe über die
anstrengende Kunst, ein Gentleman zu werden

Die Kunst zu gefallen
ist die Kunst zu täuschen.
Luc de Clapiers Marquis de Vauvenargues,
Reflexionen und Maximen

Die lieblich tun mit allen will,
Die macht es keinem recht:
Die Tausenden gefallen will,
Gefällt nicht einem recht.
Friedrich von Bodenstedt, Mirza Schaffy

Du musst klein sein,
willst du kleinen Menschen gefallen.
Ludwig Börne, Über den Umgang mit Menschen

Eine Frau ist gezwungen, so zu gefallen, als ob sie ihr eigenes Werk sei.
Charles de Secondat, Baron de la Brède
et de Montesquieu, Meine Gedanken

Eine herrschsüchtige
und hässliche Frau,
die gefallen will,
gleicht dem Bettler,
der befehlen wollte,
dass man ihm Almosen gibt.
Chamfort, Maximen und Gedanken

Es gehet also in der Welt,
Einem jeden seine Weis' gefällt.
Georg Rollenhagen, Froschmeuseler

Euch zu gefallen,
war mein höchster Wunsch,
Euch zu ergötzen,
war mein letzter Zweck.
Johann Wolfgang von Goethe, Torquato Tasso (Tasso)

Fremdes gefällt uns,
Unseres mehr den anderen.
Publilius Syrus, Sentenzen

Gefallen wollen heißt,
sich erniedrigen.
Gustave Flaubert, Briefe
(an Louise Colet, 3. April 1852)

Ich suche weder den Schöngeistern
noch den Leuten nach der Mode
zu gefallen.
Jean-Jacques Rousseau,
Abhandlung über die Wissenschaften und Künste

Ich will nicht, dass man mir
zu gefallen sucht;
ich will aufgeklärt
und unterrichtet werden.
Voltaire, Micromégas

Ich wünsche sehr,
der Menge zu behagen,
Besonders weil sie lebt
und leben lässt.
Johann Wolfgang von Goethe, Faust
(Vorspiel auf dem Theater: Direktor)

In der großen Welt gefällt nichts so
sehr wie die Gleichgültigkeit darüber,
ob man ihr gefällt.
Marie von Ebner-Eschenbach, Aphorismen

Je allgemeineres Wohlgefallen einer
erregt, ein desto seichteres ist es.
Stendhal, Über die Liebe (Fragmente)

Man gefällt den anderen nur, wenn
man sich zu ihrem Vorteil abwertet.
Sully Prudhomme, Gedanken

Man soll sich nicht aufdrängen,
und es ist besser, wenn man es einmal
nicht allen Menschen recht macht.
Adolph Freiherr von Knigge,
Über den Umgang mit Menschen

Manche missfallen
trotz ihrer Verdienste,
andere gefallen
trotz ihrer Fehler.
François de La Rochefoucauld, Reflexionen

Niemals strebte ich danach, der Masse
zu gefallen. Denn was ihr gefiel,
verstand ich nicht; was ich wusste,
war ihrer Wahrnehmung weit entrückt.
Epikur, Briefe an Freunde und Verwandte.
In: Briefe, Sprüche, Werkfragmente

Oh, der ist noch nicht König,
der der Welt
Gefallen muss! Nur der ist's,
der bei seinem Tun
Nach keines Menschen Beifall
braucht zu fragen.
Friedrich Schiller

Seltenes gefällt.
Martial, Epigramme

Um irgendeiner Frau zu gefallen,
muss man damit beginnen,
ihr Respekt zu erweisen;
jede Frau möchte gern
ernst genommen werden.
Sully Prudhomme, Intimes Tagebuch

Und vieles, was hässlich ist,
wenn es geschieht, gefällt uns,
wenn es geschehen ist.
Ovid, Liebeskunst

Verwechsle nicht die Freude am
Gefallen mit dem Glück der Liebe.
Coco Chanel

Weil das Volk doch immer gleich
elend bleibt, ist es nie lange in Ruhe,
sondern das nur kann ihm recht
gefallen, was noch neu ist und es
noch nicht getrogen hat.
Baruch de Spinoza, Tractatus theologico-politicus

Wer daran verzweifelt, zu gefallen,
wird niemals gefallen;
wer sicher ist, überall zu gefallen,
wohin er auch geht, der ist ein Narr;
wer aber hofft und sich bemüht,
zu gefallen, der wird unfehlbar gefallen.
Philipp Stanhope Earl of Chesterfield, Briefe über die
anstrengende Kunst, ein Gentleman zu werden

Wer nicht Gott,
sondern den Menschen gefallen will,
dessen Tugend leidet
an Knochenfraß und geht unter.
Johann Geiler von Kaysersberg, Das Seelenparadies

Wer tun will, was allen gefällt,
Muss Atem haben warm und kalt.
Deutsches Sprichwort

Will man jemand einen Gefallen
erweisen, so ist es besser,
dies ohne Aufforderung zu tun.
Niccolò Machiavelli, Briefe
(an die Zehn, 8. November 1502)

Wir gefallen mehr durch unsere Fehler
als durch unsere Vorzüge.
François de La Rochefoucauld, Reflexionen

Wir Menschen sind meist so veranlagt,
dass wir an Fremdem mehr Gefallen
finden als an Eigenem, und dass wir
Bewegung und Änderung gern haben.
Michel Eyquem de Montaigne, Die Essais

Zeige stets dein Bestreben, zu gefallen,
und du wirst die Eigenliebe der Leute
deinem Interesse verpflichten – eine
höchst einflussreiche Fürsprecherin.
Philipp Stanhope Earl of Chesterfield, Briefe über die
anstrengende Kunst, ein Gentleman zu werden

Gefälligkeit

Ach, diese dumme Gefälligkeit,
sobald jemand was will, sagt man ja.
Franziska Gräfin zu Reventlow, Tagebücher

Aus Gefälligkeit werden
weit mehr Schurken
als aus schlechten Grundsätzen.
Johann Gottfried Seume, Apokryphen

Das Wie beim Vergeben von
Gefälligkeiten und Wohltaten
ist für die gefällige Wirkung
beinahe so wichtig wie das Was.
Philipp Stanhope Earl of Chesterfield, Briefe über die
anstrengende Kunst, ein Gentleman zu werden

Es ist nicht schlecht, seinem Nachbarn
Gefälligkeiten zu erweisen, aber
töricht, selber solche zu erheischen.
Emil Gött, Zettelsprüche. Aphorismen

Gefälligkeit schafft Freunde,
Wahrheit Hass.
Terenz, Das Mädchen von Andros

Jemand an die Gefälligkeiten
zu erinnern, die man ihm getan hat,
kommt einem Vorwurf gleich.
Demosthenes, Kranzrede

Liebe begnügt sich nicht
mit bloßer Gefälligkeit.
Jean-Jacques Rousseau,
Julie oder Die neue Héloïse (Julie)

Nichts zieht den Undank so unausbleiblich
nach sich als Gefälligkeiten,
für die kein Dank zu groß wäre.
Gotthold Ephraim Lessing,
Miss Sara Sampson (Marwood)

Nimm einen Gefallen an, und
der Freund wird fordern, dass du
dein Urteil über ihn verfälschst,
dass du seine schlechten Taten
und die schlechten Taten seiner Frau
und seiner Kinder lobst.
August Strindberg, Der Sohn der Magd

Gefangenschaft

Alte Diebe machen gute Kerkermeister.
Sprichwort aus England

Bei den wenigsten Gefängnissen
sieht man die Gitter.
Oliver Hassencamp

Das Gefängnis betritt man gewöhnlich
nicht freiwillig und bleibt auch selten
freiwillig darin, sondern hegt das
egoistische Verlangen nach Freiheit.
Max Stirner, Der Einzige und sein Eigentum

Die Welt ist ein Gefängnis.
Johann Wolfgang von Goethe,
Götz von Berlichingen (Elisabeth)

Die Welt ist nur ein großes Gefängnis,
aus dem täglich einige zur Exekution
geführt werden.
Walter Raleigh,
Ausspruch im Gefängnis vor seiner Hinrichtung (1618)

Es gibt kein besseres Vorzimmer
zur Macht als die Zelle
eines politischen Gefängnisses.
Lal Bahadur Schastri

Im Gefängnis
– die Schönheit eines Sonnenstrahls,
einer Fliege, von Tönen.
Leo N. Tolstoi, Tagebücher (1892)

Im Gefängnis gewesen zu sein,
das ist ein großes Erlebnis,
das kein politischer Mensch
aus seinem Dasein streichen kann.
Es ist die Berührung
mit einer abgesonderten Welt,
die eingemauert zwischen uns ragt
und von der wir weniger wissen
als von Tibet.
Carl von Ossietzky, Rückkehr

Im Käfig lernt der Vogel singen.
Deutsches Sprichwort

Ist vielleicht die Welt
nur ein großer Kerker?
Und frei ist wohl der Tolle,
der sich Ketten zu Kränzen erkiest.
Johann Wolfgang von Goethe, Weissagungen des Bakis

Man bekommt keine Lust,
im Gefängnis zu sein,
nur weil man darin bleiben muss.
Jean-Jacques Rousseau, Emile

Nirgends lernt man so aufrecht gehen
wie im Gefängnis.
Inge Scholl, Die weiße Rose

Wenn der Wolf gefangen ist,
stellt er sich wie ein Schaf.
Deutsches Sprichwort

Wenn die Justiz wüsste,
was wir so alles treiben,
würden die Gefängnisse
nicht ausreichen.
Robert Lembke, Steinwürfe im Glashaus

Gefolgschaft

Die einzige Art,
Gefolgschaft zu haben, ist,
schneller als die anderen
zu laufen.
Francis M. de Picabia, Aphorismen

Ein Führer entsteht nur,
wenn eine Gefolgschaft bereits da ist.
Ludwig Marcuse, Argumente und Rezepte.
Ein Wörter-Buch für Zeitgenossen

Geht ein Hammel vornweg, folgt
die ganze Schafherde hinterdrein.
Chinesisches Sprichwort

Gefühl

Alle wertvollen Gefühle – für einen
Menschen wie für einen Glauben, eine
Scholle, ein Land – sind konservativ.
Ellen Key, Über Liebe und Ehe

Alles auf jegliche Weise fühlen, mit
den Gefühlen zu denken verstehen
und mit dem Denken zu fühlen (...).
Fernando Pessoa, Das Buch der Unruhe
des Hilfsbuchhalters Bernardo Soares

Allzu große Zartheit der Gefühle
ist ein wahres Unglück.
Karl Julius Weber, Democritos

Als die Natur Männer und Weiber
schuf, da warf sie zwei Lose in den
Glückstopf; wir zogen die Vernunft,
und ihr das Gefühl.
August von Kotzebue,
Der weibliche Jakobinerclub (Duport)

Auf die Zehen treten können uns nur
Menschen, die uns nahe genug stehen.
Robert Lembke, Das Beste aus meinem Glashaus.
Humoristisches und Satirisches

Auf welcher Gesetzestafel steht:
Die heiligen Gefühle der Theisten
sollen respektiert werden, die heiligen
Gefühle der A-Theisten aber nicht?
Ludwig Marcuse, Argumente und Rezepte.
Ein Wörter-Buch für Zeitgenossen

Das Beste im Menschen
sind seine jungen Gefühle
und seine alten Gedanken.
Joseph Joubert, Gedanken, Versuche und Maximen

Das Gefühl findet,
der Scharfsinn weiß die Gründe.
Jean Paul, Aphorismen

Das Gefühl wird von den Deutschen
als eine Tugend, als eine göttliche
Schickung, als irgendetwas Mystisches
angesehen.
Stendhal, Über die Liebe

Das Großartige auf dieser Erde ist,
dass man gezwungen wird,
mehr zu fühlen als zu denken.
André Gide, Tagebuch

Das Widermenschliche,
das Tierische besteht darin,
im Gefühle stehen zu bleiben
und nur durch diese
sich mitteilen zu können.
Georg Wilhelm Friedrich Hegel,
Die Phänomenologie des Geistes

Den stärksten Anlass zum Handeln
bekommt der Mensch
immer durch Gefühle.
Carl von Clausewitz, Vom Kriege

Der abscheulichste Einbruch ist der in
die heiligen Gefühle eines Menschen.
Marie von Ebner-Eschenbach, Aphorismen

Der Begriff wirkt republikanisch
im Geiste, das Gefühl monarchisch.
Jean Paul, Levana

Der Glückliche fühlt,
der Unglückliche denkt.
Joachim Fernau

Der Mensch hat ein hartes Herz
und gefühlvolle Eingeweide.
Georges Bernanos

Der Mensch kann aus sich selbst heraus weder Gefühle noch Vorstellungen
haben, er muss alles erst empfangen;
Schmerz und Lust werden ihm, wie
sein ganzes Sein, von außen zuteil.
Voltaire, Zadig

Der Zweifel ist's,
der Gutes böse macht.
Bedenke nicht;
gewähre, wie du's fühlst.
Johann Wolfgang von Goethe,
Iphigenie auf Tauris (Iphigenie)

Die drei grundlegenden Leid
verursachenden Emotionen sind
Unwissenheit, Begierde und Hass.
Sie verursachen eine Reihe anderer
Leidenschaften wie etwa Eifersucht
und Feindseligkeit.
Dalai Lama XIV, Logik der Liebe

Die Entblößung der Gefühle
ist viel anstößiger als die des Körpers.
Arthur Schnitzler

Die Entwicklung der Menschheit geht
vor allem in Richtung der Reduzierung
des unvermeidlichen Übergewichts des
gefühlsmäßigen über das intellektuale
Leben.
Auguste Comte, Soziologie

Die erste Bedingung zum Schreiben
ist ein starkes, lebhaftes Gefühlsleben.
Germaine Baronin von Staël, Über Deutschland

Die Freundschaft
ist das edelste Gefühl,
dessen das Menschenherz fähig ist.
Carl Hilty, Briefe

Die Gefühle bestimmen ihr Ziel selbst.
Leo N. Tolstoi, Tagebücher (1847)

Die gewohnt sind, mit dem Gefühl
zu urteilen, begreifen nichts von dem,
was nur der Verstand erkennt, denn
sie wollen gleich mit einem Blick alles
durchdringen und sind nicht daran
gewöhnt, die Prinzipien zu suchen. Die
anderen dagegen, die daran gewöhnt
sind, nach Prinzipien zu denken,
begreifen nichts von dem, was nur das
Gefühl erfasst und sind nicht imstande, etwas mit einem Blick zu erfassen.
Blaise Pascal, Pensées

Die Kunst ist nicht
unbewusstes Verhalten,
sie ist bewusstes Fühlen.
David Herbert Lawrence,
in: Ch. Caudwell, Studien zu einer sterbenden Kultur

Die Leichtsinnigen und die Dummen
sehen die Welt durch ihr Gefühl.
François de La Rochefoucauld, Reflexionen

Die Mädchen lernen leichter fühlen
als die Männer denken.
Voltaire, Der ehrliche Hurone

Die Musik ist die Sprache des Gefühls
– der Ton das laute Gefühl,
das Gefühl, das sich mitteilt.
Ludwig Feuerbach, Das Wesen des Christentums

Die Musik richtet sich an die Fähigkeit, Gefühle nachzuerleben. Und ihr
Bereich ist die Harmonie und die Zeit.
Leo N. Tolstoi, Tagebücher (1851)

Die Natur muss gefühlt werden.
Alexander von Humboldt, Briefe
(an Goethe, 3. Januar 1810)

Die Stärke der Gefühle kommt nicht so
sehr vom Verdienst des Gegenstandes,
der sie erregt, als von der Größe
der Seele, die sie empfindet.
Théodore Jouffroy, Das grüne Heft

Die uns das Leben gaben,
herrliche Gefühle
Erstarren in dem
irdischen Gewühle.
Johann Wolfgang von Goethe, Faust I (Faust)

Die Welt gehört demjenigen,
der nicht fühlt.
Fernando Pessoa, Das Buch der Unruhe
des Hilfsbuchhalters Bernardo Soares

Doch ist es jedem eingeboren,
Dass sein Gefühl hinauf
und vorwärts dringt.
Johann Wolfgang von Goethe, Faust I (Faust)

Ein Gefühl ist ein Engagement,
das den Augenblick überschreitet.
Simone de Beauvoir, Das andere Geschlecht

Eine Frau, so schwach sie ist,
ist durch das Gefühl, das sie einflößt,
stärker als der stärkste Mann.
Giacomo Girolamo Casanova, Memoiren

Eine ganze Kategorie von Gefühlen
ist veraltet.
Jules Renard, Ideen, in Tinte getaucht.
Aus dem Tagebuch von Jules Renard

Eine Waffe ist alles, womit man verwunden kann, und von diesem Standpunkt aus betrachtet sind die Gefühle
vielleicht die grausamste Waffe, von
der der Mensch Gebrauch machen
kann, um seinesgleichen zu treffen.
Honoré de Balzac, Physiologie der Ehe

Einerlei Gefühl, einerlei Wunsch,
einerlei Hoffnung einigt.
Matthias Claudius, Der Wandsbecker Bothe

Es gibt Gefühle der Menschenbrust,
welche unaussprechlich bleiben, bis
man die ganze körperliche Nachbarschaft der Natur wie Düfte
entstanden, als Wörter zu ihrer
Beschreibung gebraucht.
Jean Paul, Vorschule der Ästhetik

Es gibt Gefühle,
die man niemandem
anvertrauen sollte.
Es mögen schöne,
erhabene Gefühle sein,
man verliert in den Augen dessen,
dem man sie anvertraut
oder auch nur die Möglichkeit gibt,
sie zu erraten.
Leo N. Tolstoi, Tagebücher (1851)

Es ist schwerer,
Gefühle zu verbergen, die man hat,
als die zu heucheln,
die man nicht hat.
François de La Rochefoucauld,
Nachgelassene Maximen

Es kommandiert,
wer nicht fühlt.
Fernando Pessoa, Das Buch der Unruhe
des Hilfsbuchhalters Bernardo Soares

Es kostet die Frauen wenig,
zu sagen, was sie nicht fühlen.
Noch weniger aber kostet es die Männer,
zu sagen, was sie fühlen.
Jean de La Bruyère

Frau und Mann sind niemals frei.
Stets ist ein Gefühl dabei.
Und die Dummen sind
gewöhnlich alle zwei.
Kurt Tucholsky, Schnipsel

Frauen haben die besondere Gabe,
auf unerklärbare Weise die leisesten
Gefühlsregungen, die unmerklichsten
Veränderungen des körperlichen
Ausdrucks, die geringste eigennützige
Regung zu erfühlen. Sie besitzen ein
Organ dafür, das uns abgeht;
man sehe nur zu, wie sie einen
Verwundeten pflegen.
Stendhal, Über die Liebe

Fühlen lehrt glauben.
Deutsches Sprichwort

Fühlen, lieben, leiden
und sich erniedrigen
wird immer der Inhalt
des Lebens einer Frau sein.
Honoré de Balzac, Eugénie Grandet

Für das, was man sich nicht mehr
erlaubt, nicht mehr erlauben darf,
verliert man sein Fingerspitzengefühl.
Günther Anders, Lieben gestern.
Notizen zur Geschichte des Fühlens

Gefühl wird von der Zeit immer
gerechtfertigt, Gedanken fast nie.
Sie können uns bloß an das Gefühl
zurückführen.
William Butler Yeats, Entfremdung

Gefühle bei den Ohren zu nehmen,
ist eine – im Zeitalter des Verstandes –
fast vergessene Kunst.
Emil Gött, Im Selbstgespräch

Gefühle, Blumen und Schmetterlinge
leben desto länger,
je später sie sich entwickeln.
Jean Paul, Levana

Gefühle sind im Traum
echter als im Wachzustand.
Leo N. Tolstoi, Tagebücher (1851)

Gefühlsaufwallung durch ein Kunstwerk zählt nur dann, wenn sie nicht
mittels Erpressung der Gefühle hervorgerufen wird.
Jean Cocteau, Hahn und Harlekin

Große Gedanken entspringen weniger
einem großen Verstand
als einem großen Gefühl.
Fjodor M. Dostojewski, Der ewige Gatte

Ich bin für Natur und Offenheit geboren, und keine Rücksicht in der Welt
kann mich zwingen, Gefühl zu zeigen,
wie ich es nicht habe.
Sophie Mereau, Betrachtungen

Ich glaube, dass durch das Gefühl dem
Geist einer Frau alles offenbar wird;
nur bleibt es oft nicht darin haften.
Guy de Maupassant, Unser Herz

Ich mache Landschaften aus dem,
was ich fühle.
Fernando Pessoa, Das Buch der Unruhe
des Hilfsbuchhalters Bernardo Soares

Ich untersuche nicht, ich fühle nur.
Johann Wolfgang von Goethe,
Iphigenie auf Tauris (Iphigenie)

In dem Ehebett besitzest du einen
treuen Dolmetscher, der mit tiefer
Wahrheit die Gefühle einer Frau
überträgt.
Honoré de Balzac, Physiologie der Ehe

In Gefühlsdingen hat,
was bewertet werden kann,
keinen Wert.
Chamfort, Maximen und Gedanken

In jedem Gefühl ist das Edelste,
was unser Verstand, in jedem Urteil
das Verständigste, was unser Gefühl
dazu tut.
Arthur Schnitzler, Ungedrucktes
(in: Österreichische Dichtergabe, Wien 1928)

In jedem starken menschlichen Gefühl
ist sein Gegenteil enthalten.
Im Ausbruch der Verzweiflung
verkündet sich der Trost,
im Jubel lauert die Verzweiflung.
Walter Rathenau, Auf dem Fechtboden des Geistes.
Aphorismen aus seinen Notizbüchern

Jedes wahrhaft große Gefühl kann
edel und fruchtbar sein, der Hass
geradeso wie die Liebe; er muss
nur frei sein von den unsauberen
Elementen der Selbstsucht, des Neides,
der Rachsucht und der Feigheit.
Arthur Schnitzler, Buch der Sprüche und Bedenken

Lass dich vom Verstande leiten, aber
verletze nicht die heilige Schranke
des Gefühls.
Otto Ludwig, Zwischen Himmel und Erde

Man ist nicht unglücklich ohne Gefühl;
ein zerstörtes Haus ist es nicht.
Nur der Mensch ist unglücklich.
Blaise Pascal, Pensées

Man kann nicht einmal sagen, die
Umstände bestimmten unser Fühlen,
vielmehr bestimmt unser Fühlen
die Umstände.
Leo N. Tolstoi, Tagebücher (1863)

Man kann nur in Berührung sein,
wenn man fühlt.
Anaïs Nin, Absage an die Verzweiflung

Man soll seinem Gefühl folgen
und den ersten Eindruck,
den eine Sache auf uns macht,
zu Wort bringen.
Georg Christoph Lichtenberg, Sudelbücher

Man übt sich im Sehen wie im
Empfinden; oder vielmehr ist
ein scharfes Auge nichts als
ein zärtliches, feines Gefühl.
Jean-Jacques Rousseau,
Julie oder Die neue Héloïse (Saint-Preux)

Mit einem kurzen Schweifwedeln
kann ein Hund mehr Gefühl
ausdrücken als mancher Mensch
mit stundenlangem Gerede.
Louis Armstrong

Nicht von umsichtigen Erwägungen
werden die Völker geleitet. Sie werden
von großen Gefühlen bestimmt.
Leopold von Ranke, Englische Geschichte

Nur das Gefühl versteht das Gefühl.
Heinrich Heine

Sentimentalität nennen wir
das Gefühl, das wir nicht teilen.
Graham Greene

Siehe die ganze Natur, betrachte
die große Analogie der Schöpfung.
Alles fühlt sich und seinesgleichen,
Leben wallet zu Leben.
Johann Gottfried Herder,
Vom Erkennen und Empfinden der menschlichen Seele

Sind wir ganz von einem Gefühl
durchdrungen, so handeln wir am
stärksten und konsequentesten, wenn
wir ohne Reflexion diesem folgen.
Ludwig Tieck, Phantasus

Suchen wir unser Licht in unseren
Gefühlen. In ihnen liegt eine Wärme,
die viel Klarheit in sich schließt.
Joseph Joubert, Gedanken, Versuche und Maximen

Stärke des Charakters
ist oft nichts anderes
als eine Schwäche des Gefühls.
Arthur Schnitzler

Stimmung ist Schwelgen in Gefühlen,
die man nicht hat.
Werner Ross

Unser Gefühl selbst ist nichts anderes
als eine innere Musik immer währender Schwingung der Lebensnerven.
Wilhelm Heinse, Hildegard von Hohenthal

Was dein erstes Gefühl dir antwortet,
das tue.
Heinrich von Kleist, Briefe
(an Wilhelmine von Zenge, 11./12. Januar 1801)

Was die Liebe betrifft, ist es leichter,
auf ein Gefühl zu verzichten,
als eine Gewohnheit aufzugeben.
Marcel Proust

Was ist eine Wissenschaft
gegen das Lebendige des Gefühls!
Sophie Mereau, Betrachtungen

Was man zu heftig fühlt,
fühlt man nicht allzu lang.
Johann Wolfgang von Goethe,
Die Laune des Verliebten (Egle)

Was wir ein Leben nennen, ist für den
ganzen ewigen inneren Menschen nur
ein einziger Gedanke, ein unteilbares
Gefühl.
Friedrich Schlegel, Lucinde

Was wir Gefühl nennen, ist eine
Lebensform, eine bloße Manier,
der eine hat die, der andre eine andere.
Theodor Fontane, Oceane von Parceval

Wer weiß, dass er höherer Gefühle
für fähig ist, hat das Recht, eher
von seinem Charakter als von seiner
Stellung auszugehen, um nach
Verdienst behandelt zu werden.
Chamfort, Maximen und Gedanken

Wir haben gelernt, uns zu schützen,
indem wir nicht fühlen; was eine
schreckliche Gefahr darstellt, denn
dadurch werden wir wirklich minderwertige Menschen oder nicht menschlich und sind von einer echten
Beziehung zu anderen Menschen
so weit wie nur möglich entfernt.
Anaïs Nin, Absage an die Verzweiflung

Wir opfern die Gefühle so gern, wenn
uns ein großes Ziel vor Augen steht.
Friedrich Hölderlin, Hyperion

Wir sitzen mit unseren Gefühlen
meistens zwischen zwei Stühlen.
Kurt Tucholsky

Zur Führerschaft
gehört die Fühllosigkeit.
Es herrscht, wer heiter ist,
denn um traurig zu sein,
muss man fühlen.
Fernando Pessoa, Das Buch der Unruhe
des Hilfsbuchhalters Bernardo Soares

Zynismus entsteht,
wenn ein heißes Gefühl
kalt geduscht wird.
Alberto Sordi

Gefühllosigkeit

Die Grenze zwischen Frigidität
und dem Willen zur Frigidität
ist verschwommen.
Simone de Beauvoir, Das andere Geschlecht

Eine gefühllose Frau ist eine Frau,
die den Mann, den sie lieben muss,
noch nicht gesehen hat.
Jean de La Bruyère, Die Charaktere

Gefühlsarmut nährt die Trägheit.
Luc de Clapiers Marquis de Vauvenargues,
Reflexionen und Maximen

Gegenleistung

Eine Gegenleistung zu verlangen,
das heißt missgönnen, was man gibt.
Das heißt: nicht schenken,
sondern verkaufen.
Sully Prudhomme, Gedanken

Hüte dich vor Leuten,
die dir Versprechungen machen,
ohne Gegenleistungen zu fordern.
Bernard Mannes Baruch

Gegensatz

Alle Eindrücke sind polar,
unterscheiden etwas im Gegensatz
zu etwas anderem.
Oswald Spengler, Urfragen.
Fragmente aus dem Nachlass

Das Gleichgewicht
in den menschlichen Handlungen
kann leider nur durch Gegensätze
hergestellt werden.
Johann Wolfgang von Goethe,
Wilhelm Meisters Lehrjahre

Das Widerstrebende
fügt sich zusammen
wie ein gespannter Bogen.
Heraklit, Fragmente

Denn entgegengesetzte Eigenschaften
machen eine innigere Verbindung
möglich.
Johann Wolfgang von Goethe,
Die Wahlverwandtschaften

Denn wo das Strenge mit dem Zarten,
Wo Starkes sich und Mildes paarten,
Da gibt es einen guten Klang.
Friedrich Schiller, Das Lied von der Glocke

Der Brennnessel ganz nah
ist oft die Rose.
Ovid, Heilmittel gegen die Liebe

Der Riese liebt den Zwerg.
Sprichwort aus England

Es erheben
Zwei Stimmen streitend sich
in meiner Brust.
Friedrich Schiller, Wallensteins Tod (Max)

Es gibt unter den Menschen viele
solcher Charaktere, in denen sich
zwei entgegengesetzte Eigenschaften
vereinigen.
Johann Jakob Engel, Der Philosoph für die Welt

Gegensätze sind nicht dadurch
aus der Welt zu schaffen,
dass man sie verschweigt.
Sie lassen sich eher überwinden,
wenn man sie offen ausspricht.
Konrad Adenauer, im Bundestag, 22. September 1955

Gegensätze ziehen einander an.
Wehe, wenn sie einander ausziehen.
Emil Baschnonga

Gottes Haben ist ein Sein,
sein Bewegen Stillstehen,
sein Laufen ein Ruhen.
Nikolaus von Kues, Über die Schauung Gottes

Wie sich die Gegensätze gleichen!
Alfred Polgar

Wir empfinden aus Gegensätzen, wir
denken in Gegensätzen, alle Begriffe
sind in gegensätzlichen Paaren
entstanden. Es ist das Wesen des
Unterscheidens, der Kritik, dass sie
im Feststellen der Gegensätze besteht.
Oswald Spengler, Urfragen.
Fragmente aus dem Nachlass

Wo unter einem Dach
beisammen zwei entgegen
Gesetzte Winde sind,
wird nie der Sturm sich legen.
Friedrich Rückert, Die Weisheit des Brahmanen

Gegenstand

Es gibt keine »toten« Gegenstände.
Jeder Gegenstand ist eine Lebens-
äußerung, die weiter wirkt und ihre
Ansprüche geltend macht wie ein
gegenwärtig Lebendiges. Und je mehr
Gegenstände du daher besitzest, desto
mehr Ansprüche hast du zu befriedigen. Nicht nur sie dienen uns,
sondern auch wir müssen ihnen dienen.
Und wir sind oft viel mehr ihre Diener
als die unsern.
Christian Morgenstern, Stufen

Jeder geliebte Gegenstand
ist der Mittelpunkt eines Paradieses.
Novalis, Blütenstaub

Kunst selbst ist zum Gegenstand
der Kunst geworden.
Ralph-Rainer Wuthenow, Muse, Maske Meduse

Gegenteil

Alles ist richtig, auch das Gegenteil.
Nur »zwar – aber«, das ist nie richtig.
Kurt Tucholsky

Es ist nicht recht, nur eine Sache zu
kennen – man wird dumm davon;
man sollte nicht ruhen, bis man
auch das Gegenteil kennt.
Vincent van Gogh, Briefe

Gerade das Gegenteil tun heißt
auch nachahmen, es heißt nämlich
das Gegenteil nachahmen.
Georg Christoph Lichtenberg, Sudelbücher

Man sollte beständig die Wirkung der Zeit und die Wandelbarkeit der Dinge vor Augen haben und daher bei allem, was jetzt stattfindet, sofort das Gegenteil imaginieren.
Arthur Schopenhauer, Aphorismen zur Lebensweisheit

Gegenwart

Ach, in der Ferne
zeigt sich alles reiner,
Was in der Gegenwart
uns nur verwirrt.
Johann Wolfgang von Goethe,
Torquato Tasso (Leonore)

Am schwersten ist es wohl, voll in der Gegenwart zu leben, ohne zuzulassen, dass sie aus Furcht vor der Zukunft oder aus Reue über eine falsch gelebte Vergangenheit vergiftet und verdorben wird.
Sylvia Plath, Briefe nach Hause (17. Januar 1956)

Auch ist die Gegenwart
gar nicht verständlich
ohne die Vergangenheit
und ohne ein hohes Maß
von Bildung.
Novalis, Fragmente

Bei der Ungewissheit des menschlichen Lebens wollen wir doch vornehmlich die falsche Klugheit vermeiden, das Gegenwärtige dem Zukünftigen aufzuopfern; das heißt oftmals, dasjenige, was ist, demjenigen aufopfern, was nicht sein wird.
Jean-Jacques Rousseau, Emile

Das Gegenwärtige ist das Ewige,
oder richtiger
das Ewige ist das Gegenwärtige,
und das Gegenwärtige ist das Erfüllte.
Søren Kierkegaard, Der Begriff Angst

Das künftige Leben
interessiert uns mehr
als das gegenwärtige.
Leo N. Tolstoi, Tagebücher (1852)

Das Vergangene abgetan sein lassen, die Zukunft der Vorsehung anheim stellen – beides heißt den eigentlichen Sinn der Gegenwart nicht verstehen, die überhaupt nur so weit als Realität gelten kann, als sie durch Treue des Gedächtnisses das Vergangene zu bewahren, durch Bewusstsein der Verantwortung die Zukunft in sich einzubeziehen versteht.
Arthur Schnitzler, Buch der Sprüche und Bedenken

Dem gehört das Morgen nicht,
Der nicht das Heute
glücklich schon zurückgelegt.
Sophokles, Die Trachinierinnen (Deianeira)

Denken wir an das Heute
und überlassen wir uns dem Herrn,
was den morgigen Tag angeht!
Die Vorsehung ist da
und wird uns Stunde um Stunde
ihre Hilfe zukommen lassen.
Papst Johannes XXIII., Briefe an die Familie
(Bruder Saverio), 21. März 1934

Die Alten
sehen nicht den heutigen Mond,
doch der heutige Mond schien schon
den Alten.
Chinesisches Sprichwort

Die ganze gegenwärtige Zeit
ein Punkt der Ewigkeit.
Mark Aurel, Selbstbetrachtungen

Die Gegenwart allein
ist wahr und wirklich:
Sie ist real erfüllte Zeit,
und ausschließlich in ihr
liegt unser Dasein.
Arthur Schopenhauer, Aphorismen zur Lebensweisheit

Die Gegenwart verführt
ins Übertriebne.
Johann Wolfgang von Goethe, Faust II (Gelahrter)

Die Menschen lassen sich viel stärker von der Gegenwart beeinflussen als von der Vergangenheit, und wenn sie in der Gegenwart ihren Vorteil finden, genießen sie ihn und suchen nichts anderes.
Niccolò Machiavelli, Der Fürst

Die Zukunft ist nicht einfach
Verlängerung der Gegenwart.
Norbert Blüm, Die Kollegen stehen am Abgrund.
In: Der Spiegel, Nr. 28/1986

Die Zukunft ist unser Hemd,
aber die Gegenwart ist unsere Haut.
Eugène Ionesco

Die Zukunft vorauszusagen,
ist keine Kunst;
aber die Gegenwart zu erraten.
Hugo Dionizy Steinhaus

Es ist eine Zeit,
die sich durch neue Dinge
und gar keine neuen Gedanken
auszeichnet.
Elias Canetti, Die Provinz des Menschen.
Aufzeichnungen 1942–1972

Für Gott gibt es keine Vergangenheit
und keine Zukunft,
für Gott ist alles Gegenwart.
Miguel de Cervantes Saavedra, Don Quijote

Für Historiker ist die Gegenwart
wie ein Camembert:
erst eine Weile liegen lassen,
damit der reizvolle Hautgout entsteht.
Henri Troyat

Gegenwart und Vergangenheit
lassen sich nicht vergleichen.
Chinesisches Sprichwort

Heute ziehst Du Schuhe
und Socken aus und weißt nicht,
ob Du sie morgen noch anziehen wirst.
Chinesisches Sprichwort

In der Gegenwart leben,
das heißt in der Gegenwart
auf die beste Weise handeln,
ist Weisheit.
Leo N. Tolstoi, Tagebücher (1852)

In jedem Leben gibt es Augenblicke,
in welchen die Gegenwart
mächtiger wirkt als die Vergangenheit
und Zukunft.
Karoline von Günderode, Briefe
(an Carl Friedrich von Savigny, Ende Juli 1803)

Indem du die Gegenwart gewahr wirst,
ist sie schon Vergangenheit,
das Bewusstsein des Genusses
liegt immer in der Erinnerung.
Karoline von Günderode, Die Manen (Lehrer)

Jedem Vorgang unsers Lebens gehört
nur auf einen Augenblick das Ist;
sodann für immer das War.
Arthur Schopenhauer,
Nachträge zur Lehre von der Nichtigkeit des Daseins

Keiner will heute leben; keiner ist mit
der gegenwärtigen Stunde zufrieden;
alle finden, dass sie gar zu langsam
vergeht.
Jean-Jacques Rousseau, Emile

Könnte doch jetzt ein paar Monate
alles bleiben, wie es ist! So selten,
dass man die Gegenwart erstrebenswert findet.
Franziska Gräfin zu Reventlow, Tagebücher

Kurz ist das Leben;
man muss aus dem Gegenwärtigen
mit Bedachtsamkeit und Gerechtigkeit
Gewinn ziehen.
Mark Aurel, Selbstbetrachtungen

Manch »unbewältigte Vergangenheit«
schuf Vergewaltiger der Gegenwart.
Ludwig Marcuse, Argumente und Rezepte.
Ein Wörter-Buch für Zeitgenossen

Musst nicht vor dem Tage fliehen:
Denn der Tag, den du ereilest,
Ist nicht besser als der heut'ge.
Johann Wolfgang von Goethe, West-östlicher Divan

Nun schaut der Geist nicht vorwärts,
nicht zurück;
Die Gegenwart allein
Ist unser Glück.
Johann Wolfgang von Goethe, Faust II
(Faust und Helena)

Nur an sich und die Gegenwart
denken: ein Quell des Irrtums
in der Staatskunst.
Jean de La Bruyère, Die Charaktere

Nur was für die Gegenwart zu gut ist,
ist gut genug für die Zukunft.
Marie von Ebner-Eschenbach, Aphorismen

O wünsche nichts vorbei
und nichts zurück!
Nur ruhiges Gefühl
der Gegenwart ist Glück.
Friedrich Rückert, Gedichte

Stets zwischen zwei Disteln reift die
Ananas. Aber stets zwischen zwei
Ananassen reift unsere stechende
Gegenwart, zwischen der Erinnerung
und der Hoffnung.
Jean Paul, Dr. Kazenbergers Badereise

Unser ganzes Leben hindurch haben
wir immer nur die Gegenwart inne,
und nie mehr.
Arthur Schopenhauer, Aphorismen zur Lebensweisheit

Unser Verlangen nach Lust
verknüpft uns der Gegenwart.
Die Sorge um unser Heil
macht uns von der Zukunft abhängig.
Charles Baudelaire, Tagebücher

Vergangenheit und Zukunft sind
Spiegel, und zwischen ihnen leuchtet,
für unsere Augen unfasslich,
die Gegenwart.
Ernst Jünger, Strahlungen

Was gewesen ist, das ist nicht mehr;
ist ebenso wenig wie das, was nie
gewesen ist. Aber alles, was ist, ist im
nächsten Augenblick schon gewesen.
Daher hat vor der bedeutendsten
Vergangenheit die unbedeutendste
Gegenwart die Wirklichkeit voraus;
wodurch sie zu jener sich verhält
wie Etwas zu Nichts.
Arthur Schopenhauer,
Nachträge zur Lehre von der Nichtigkeit des Daseins

Was in der Gegenwart geschieht,
erfährt man in der Regel erst
eine ganze Weile danach
von den Historikern.
Ludwig Marcuse, Argumente und Rezepte.
Ein Wörter-Buch für Zeitgenossen

Wenn man zu begierig ist,
in der Vergangenheit zu leben,
so bleibt man gewöhnlich
sehr unwissend in der Gegenwart.
René Descartes, Diskurs über die Methode

Wer bereut, hat die Chance,
dass er eine Gegenwart haben wird,
deren er sich in Zukunft
nicht zu schämen braucht.
Ludwig Marcuse, Argumente und Rezepte.
Ein Wörter-Buch für Zeitgenossen

Wer nun auf solche intuitive Weise
inne wird, dass die Gegenwart,
welche doch die alleinige Form
der Realität im eigentlichen Sinne ist,
ihre Quelle in uns hat, also von innen,
nicht von außen quillt,
der kann an der Unzerstörbarkeit
seines eigenen Wesens nicht zweifeln.
Arthur Schopenhauer, Von der Unzerstörbarkeit
unseres wahren Wesens durch den Tod

Wir loben die alten Zeiten,
doch wir leben in den unsrigen.
Ovid, Festkalender

Zukunft ist die Zeit,
in der man die ganze Vergangenheit
kennen wird.
Solange man die Vergangenheit
nur teilweise kennt,
lebt man in der Gegenwart.
Gabriel Laub

Gegnerschaft

Alle Gegner einer geistreichen Sache
schlagen nur in die Kohlen,
diese springen umher und zünden da,
wo sie sonst nicht gewirkt hätten.
Johann Wolfgang von Goethe,
Maximen und Reflexionen

Auf seinen Lippen
hat der Gegner süße Worte,
doch in seinem Herzen
sinnt er nach Verderben.
Altes Testament, Jesus Sirach 12, 16

Das sicherste Anzeichen dafür,
dass man sich auf dem falschen Weg
befindet, ist der Beifall der Gegner.
Mario Scelba

Der bequemste Standort
ist prinzipiell der auf den Zehen
des politischen Gegners.
Georges Clemenceau

Die Halunken suchen immer Deckung
hinter der guten Erziehung
ihrer Gegner.
Otto Ernst, Der Erbförster

Die Koalition
ist die intimste Form der Gegnerschaft.
Richard Wiggins

Die Wahrheit triumphiert nie,
ihre Gegner sterben nur aus.
Max Planck

Ein Zitat
ist besser als ein Argument.
Man kann damit in einem Streit
die Oberhand gewinnen,
ohne den Gegner überzeugt zu haben.
Gabriel Laub

Es ist ein Kniff der Unwürdigen,
als Gegner großer Männer aufzutreten,
um auf indirektem Wege zu der
Berühmtheit zu gelangen, welcher sie
auf direktem Wege, durch Verdienste,
nie teilhaft geworden wären.
Baltasar Gracián y Morales,
Handorakel und Kunst der Weltklugheit

Furchtbar ist ein Gegner,
der die Götter ehrt.
Aischylos, Sieben gegen Theben

Ich kann mich nicht betören lassen,
Macht euern Gegner nur nicht klein;
Ein Kerl, den alle Menschen hassen,
Der muss was sein.
Johann Wolfgang von Goethe, Sprüche

Ketzer sind nützlich.
Wir wissen nicht,
wie gut es uns ist,
Gegner zu haben.
Martin Luther, Tischreden

Man macht den Gegner eines Planes
zu seinem Gönner, wenn man ihm
dessen Urheberschaft zuschiebt.
Leichtfertige Menschen lassen sich
auf diese Weise unschwer gewinnen,
da Eitelkeit über sie ungleich
viel mehr vermag als Sachlichkeit,
die eigentlich vorwalten sollte.
Francesco Guicciardini, Ricordi

Man muss
sich von einem politischen Gegner
nicht unbedingt mit einem Fußtritt
verabschieden, wenn man es
mit einem Händedruck tun kann.
Edgar Faure

Man muss, um gut zu sein,
starke Gegner haben,
aber man darf nicht
von ihnen überwältigt werden.
Wolf Wondratschek

Man soll den Gegner
nicht schlechter machen,
als er ohnehin ist.
Mark Twain

Man sollte bei einem Gegner
keine niedrigeren Motive vermuten,
als man selber hat.
James Matthew Barrie

Wer einen Gegner
schonungslos behandelt, respektiert
ihn.
Michel Debre

Wenn jetzt jemand zu sagen wagte:
»wer nicht für mich ist, der ist wider
mich«, so hätte er sofort alle wider
sich. Diese Empfindung macht
unserem Zeitalter Ehre.
Friedrich Nietzsche, Menschliches, Allzumenschliches

Wenn wir zürnen, hat unser Gegner
seinen Zweck erreicht:
Wir sind in seiner Gewalt.
Ernst von Feuchtersleben, Zur Diätetik der Seele

Gehalt

Die Achselstücke der Bourgeoisie
bezeichnen die Gehaltsgruppe
des Trägers.
Emil Gött, Im Selbstgespräch

Die Glücksarten der Menschen
sind eben verschieden:
Den enen sin Uhl
is den annern sin Nachtigall.
Mir ist die Freiheit Nachtigall,
den andern Leuten das Gehalt.
Theodor Fontane, Briefe

Die Stadt ist groß,
und klein ist das Gehalt.
Erich Kästner, Dr. Erich Kästners lyrische Hausapotheke

Ich heirate nicht bei diesem Gehalt.
Erich Kästner, Dr. Erich Kästners lyrische Hausapotheke

Gehässigkeit

Der Misthaufen muss allezeit stinken,
die Bremse stechen und die Hummel
brummen, der Gehässige andere ärgern
und kränken.
Chrétien de Troyes, Yvain

Der Tadel der Gehässigkeit
hat schon manchem Verdienst
zur Anerkennung geholfen.
Marie von Ebner-Eschenbach, Aphorismen

Die Gelehrten sind meist gehässig,
wenn sie widerlegen; einen Irrenden
sehen sie gleich als ihren Todfeind an.
Johann Wolfgang von Goethe,
Maximen und Reflexionen

Wie ein geiles Ross
ist ein gehässiger Freund,
unter jedem Reiter wiehert es.
Altes Testament, Jesus Sirach 33, 6

Geheimnis

Alle Dinge haben ihr Geheimnis,
und die Poesie ist das Geheimnis,
das alle Dinge haben.
Federico García Lorca, Über Dichtung und Theater

Alle Geheimnisse liegen in vollkommener Offenheit vor uns.
Nur wir stufen uns gegen sie ab,
vom Stein bis zum Seher.
Es gibt kein Geheimnis an sich,
es gibt nur Uneingeweihte aller Grade.
Christian Morgenstern, Stufen

Alles Gelingen hat sein Geheimnis,
alles Misslingen seine Gründe.
Joachim Kaiser

An der Enthüllung eines Geheimnisses
ist stets der schuld, der es jemandem
anvertraut hat.
Jean de La Bruyère, Die Charaktere

Auch den vertrautesten Freund
verschone mit deinem Geheimnis!
Forderst du Treu von ihm,
die du dir selber versagst?
Johann Gottfried Herder,
Blumenlese aus morgenländischen Dichtern

Aus dem Ehebett
soll man nicht schwatzen.
Deutsches Sprichwort

Das Geheimnis bleibt unzugänglich:
Theoretisches Wissenwollen
ist unerfüllbar.
Oswald Spengler, Urfragen.
Fragmente aus dem Nachlass

Das Geheimnisvolle hat einen
gewissen göttlichen Anstrich.
Baltasar Gracián y Morales,
Handorakel und Kunst der Weltklugheit

Das Glück, ein Geheimnis zu haben,
verlangt nach dem Akt der Enthüllung.
Mary McCarthy

Das Große wie das Niedre
nötigt uns,
Geheimnisvoll zu handeln
und zu wirken.
Johann Wolfgang von Goethe,
Die natürliche Tochter (Herzog)

Das schönste aller Geheimnisse:
ein Genie zu sein
und es als einziger zu wissen.
Mark Twain

Das Schönste, was wir erleben können,
ist das Geheimnisvolle.
Es ist das Grundgefühl,
das an der Wiege von wahrer Kunst
und Wissenschaft steht.
Wer es nicht kennt und
sich nicht mehr wundern,
nicht mehr staunen kann,
der ist sozusagen tot und
sein Auge erloschen.
Das Erlebnis des Geheimnisvollen –
wenn auch mit Furcht gemischt –
hat auch die Religion gezeugt.
Albert Einstein, Mein Weltbild

Das Schweigen ist der Gott
Der Glücklichen.
Die engsten Bande sind's,
Die zartesten,
die das Geheimnis stiftet.
Friedrich Schiller, Maria Stuart (Elisabeth)

Das Wesen der so genannten okkulten
Erscheinungen liegt nicht darin,
dass sie geheimnisvoller sind als
tausend andere, die wir nur darum
nicht als okkult bezeichnen, weil wir
sie gewohnt sind, sondern dass sie
sich den uns bekannten Naturgesetzen
nicht einfügen und ihnen geradezu zu
widersprechen scheinen.
Arthur Schnitzler, Buch der Sprüche und Bedenken

Dem König sollte nichts
Geheimnis sein.
Johann Wolfgang von Goethe,
Iphigenie auf Tauris (Arkas)

Denn ein vollkommner Widerspruch
Bleibt gleich geheimnisvoll
für Kluge wie für Toren.
Johann Wolfgang von Goethe, Faust I (Mephisto)

Die Angelegenheiten unseres Lebens
haben einen geheimnisvollen Gang,
der sich nicht berechnen lässt.
Johann Wolfgang von Goethe,
Wilhelm Meisters Wanderjahre

Drei können ein Geheimnis bewahren,
wenn zwei von ihnen tot sind.
Benjamin Franklin, Des armen Richard Almanach

Drum hab ich mich der Magie ergeben,
Ob mir durch Geistes Kraft und Mund
Nicht manch Geheimnis würde kund.
Johann Wolfgang von Goethe, Faust I (Faust)

Ein Geheimnis ist wie ein Loch im
Gewande. Je mehr man es zu ver-
bergen sucht, umso mehr zeigt man es.
Carmen Sylva, Stürme

Ein Mann bewahrt das Geheimnis
eines anderen besser als sein eigenes;
eine Frau hingegen bewahrt ihr eigenes Geheimnis besser als ein fremdes.
Jean de La Bruyère, Die Charaktere

Eine Wunde lässt sich verbinden,
ein Streit beilegen,
doch wer ein Geheimnis verrät,
hat keine Hoffnung.
Altes Testament, Jesus Sirach 27, 21

Es gehört zur Würde des Menschen,
Geheimnisse haben zu dürfen, selbst
wenn er gar keine Geheimnisse hat.
Heinrich Waggerl, Wagrainer Bilderbuch

Es ist nichts Geheimnisvolles an
den Frauen. Die Männer haben sie
zu dem Glauben gebracht, es sei an
ihnen etwas Geheimnisvolles, einmal
aus Galanterie, zum andern, um sie
zu ködern, weil der Mann nun einmal
die Frau begehrt.
Henry de Montherlant, Erbarmen mit den Frauen

Für Geheimnis und anvertrautes Gut
gelten die gleichen Regeln.
Chamfort, Maximen und Gedanken

Für vernünftige Fragen
gibt es kein Geheimnis.
Für unvernünftige Fragen indes
ist alles Geheimnis.
Leo N. Tolstoi, Tagebücher (1904)

Geheimnis meines Weltalls: Gott ohne
menschliche Unsterblichkeit denken.
Albert Camus, Aus dem Tagebuch eines Moralisten

Geheimnisse sind noch keine Wunder.
Johann Wolfgang von Goethe,
Maximen und Reflexionen

Gott hat bei der Bildung des Menschen
Seine verborgenen Geheimnisse
in ihn verschlüsselt, da der Mensch
im Wissen, im Denken und im Wirken
zum Gleichbild Gottes gemacht wurde.
Hildegard von Bingen, Welt und Mensch

Halte geheim, was die sieben Donner
gesprochen haben; schreib es nicht auf!
Neues Testament, Offenbarung 10, 4

Im Einfall liegt das Geheimnis.
Erich Kästner, Kurz und bündig. Epigramme

In der Freundschaft
vertraut man ein Geheimnis an,
in der Liebe entwischt es einem.
Jean de La Bruyère, Die Charaktere

Jedes wahre Geheimnis muss die
Profanen von selbst ausschließen.
Wer es versteht, ist von selbst,
mit Recht, Eingeweihter.
Novalis, Glauben und Liebe

Kein Mann sollte ein Geheimnis
vor seiner Frau haben.
Sie wird es in jedem Falle
herausfinden.
Oscar Wilde

Männer verschweigen fremde,
Weiber eigne Geheimnisse.
Deutsches Sprichwort

Mit etwas Anstrengung lässt sich
alles auf dieser Welt geheim halten
– ausgenommen Knoblauch.
Alexander Roda Roda

Nur einer erfahr es,
nicht auch der Zweite,
Wissen's dreie,
so weiß es die Welt.
Edda, Hávamál (Des Hohen Lied)

So viele Hüllen deuten auf Verhülltes.
Franz Grillparzer, Sappho (Sappho)

Suche nicht vergebne Heilung!
Unsrer Krankheit schwer Geheimnis
Schwankt zwischen Übereilung
Und zwischen Versäumnis.
Johann Wolfgang von Goethe, Sprichwörtlich

Versteckt eure Geheimnisse
nicht in eurem Arsch,
jeder würde sie kennen.
Francis M. de Picabia, Aphorismen

Vertrau ein Geheimnis einem
Stummen, und er wird reden.
Sprichwort aus Russland

Was dreie wissen, wissen hundert.
Deutsches Sprichwort

Was ist die Zeit? Ein Geheimnis
– wesenlos und allmächtig.
Thomas Mann, Der Zauberberg

Was kommt in den dritten Mund,
wird aller Welt kund.
Deutsches Sprichwort

Was mehr als zwei betreiben,
Wird's wohl Geheimnis bleiben?
Jüdische Spruchweisheit

Was sind es für Geheimnisse,
die eine Mutter nicht wissen darf?
Jean-Jacques Rousseau, Emile

Welch wunderbares Geheimnis
ist der Eintritt eines neuen Menschen
in die Welt.
Leo N. Tolstoi, Tagebücher (1907)

Wenn alberne Leute sich bemühen,
ein Geheimnis vor uns zu verbergen,
dann erfahren wir es gewiss,
so wenig uns auch danach gelüstet.
Marie von Ebner-Eschenbach, Aphorismen

Wer die Geheimnisse des Bettes verrät,
verdient die Liebe nicht.
Ingeborg Bachmann

Wer Geheimnis verrät,
zerstört das Vertrauen,
er findet keinen Freund,
der zu ihm steht.
Altes Testament, Jesus Sirach 27, 16

Wer verrät, er verwahre ein Geheimnis,
hat schon dessen Hälfte ausgeliefert,
und die zweite wird er nicht lange
behalten.
Jean Paul, Levana

Wie fällt doch ein Geheimnis
Weibern schwer!
William Shakespeare, Julius Caesar (Portia)

Wie folgt aus einem Geheimnis
immer ein größeres!
Franz Kafka, Tagebücher (1913)

Wie geheimnisvoll ist alles
für alte Menschen
und wie klar alles den Kindern!
Leo N. Tolstoi, Tagebücher (1907)

Wie kann man annehmen, ein anderer
würde unser Geheimnis hüten,
wenn wir es doch selbst nicht hüten
konnten?
François de La Rochefoucauld, Unterdrückte Maximen

Wie manches regt sich in der Brust
der Frauen, das für das Licht des Tages
nicht gemacht.
Heinrich von Kleist, Penthesilea (Prothoe)

Wir haben alle
die gleichen Geheimnisse
– und doch Geheimnisse.
Heinrich Waggerl, Aphorismen

Zieret Stärke den Mann
und freies mutiges Wesen,
Oh! So ziemet ihm fast
tiefes Geheimnis noch mehr.
Johann Wolfgang von Goethe, Römische Elegien

Gehen

Alle Krebse haben den gleichen Gang.
Chinesisches Sprichwort

Apropos Gehen: wohin sollten
wir gehen, wenn nicht nach innen?
Doris Lessing

Fürchte nicht, langsam zu gehen,
fürchte nur stehen zu bleiben.
Chinesisches Sprichwort

Geh mit der Hoffnung,
und du gehst rückwärts.
Sprichwort aus England

Gut geht, wer ohne Spuren geht.
Lao-tse, Dao-de-dsching

Ich finde schon Gehen eine unnatürliche Bewegungsart, Tiere laufen, aber der Mensch sollte reiten oder fahren.
Gottfried Benn,
An Nele Poul Soerensen, 13. März 1953

Im Leben lernt der Mensch
zuerst das Gehen und Sprechen.
Später lernt er dann stillzusitzen
und den Mund zu halten.
Marcel Pagnol

Läufer sind schlechte Geher.
Marie von Ebner-Eschenbach

Man geht nie weiter, als wenn man
nicht mehr weiß, wohin man geht.
Johann Wolfgang von Goethe,
Maximen und Reflexionen

Schimpflich ist es, nicht zu gehen,
sondern sich treiben zu lassen und
mitten im Wirbel der Dinge verblüfft
zu fragen: Wie bin ich bloß hierher
gekommen?
Lucius Annaeus Seneca, Briefe über Ethik

Gehirn

Das Gehirn denkt,
wie der Magen verdaut.
Arthur Schopenhauer, Aphorismen zur Lebensweisheit

Das Gehirn des zivilisierten Menschen
ist ein Museum einander widersprechender Wahrheiten.
Remy de Gourmont

Das Gehirn entwickelt sich
zwecks Existenzerhaltung,
nicht zwecks Selbsterkenntnis.
Karl Steinbuch

Das Gehirn kennt keine Scham.
Jules Renard, Ideen, in Tinte getaucht.
Aus dem Tagebuch von Jules Renard

Gehirn: ein Organ, mit dem wir denken, dass wir denken.
Ambrose Bierce

Gehorsam

Das Schiff,
das dem Steuer nicht gehorcht,
wird den Klippen gehorchen müssen.
Sprichwort aus England

Das Wort ist frei, die Tat ist stumm,
Gehorsam blind.
Friedrich Schiller, Wallensteins Lager (Wachtmeister)

Der Gehorsam
ist ein gewaltiger Vorzug;
nur die vernünftige Kreatur
ist seiner fähig.
Aurelius Augustinus, Über den Gottesstaat

Die Autorität zwingt,
aber die Vernunft überzeugt
zum Gehorsam.
Armand-Jean du Plessis Herzog von Richelieu,
Politisches Testament

(...) Die Deutschen gehorchen so gern,
wie sie gern Gehorsam fordern. (1964)
Heinrich Böll, Worte töten Worte heilen

Du hast mir nicht gehorcht,
und hast noch dazu gelogen,
du bist nicht mehr würdig,
im Himmel zu sein.
Jacob und Wilhelm Grimm, Marienkind

Du sollst Gott mehr gehorchen
denn den Menschen.
Caspar David Friedrich, Über Kunst und Kunstgeist

Ein Mädchen gehorcht dem Vater,
eine Ehefrau ihrem Gatten.
Chinesisches Sprichwort

Es macht müde, stets dem gleichen
Herrn zu dienen und zu gehorchen.
Heraklit, Fragmente

Geh, lerne nun gehorchen,
dass du herrschen lernst.
Johann Wolfgang von Goethe, Elpenor (Antiope)

Gehorchen mag,
wer nicht zu herrschen weiß.
William Shakespeare, Heinrich VI. (York)

Gehorchen soll man mehr als immer
Und zahlen mehr als je zuvor.
Johann Wolfgang von Goethe, Faust I (Bürger)

Gehorcht der Zeit
und dem Gesetz der Stunde!
Friedrich Schiller, Maria Stuart (Shrewsbury)

Gehorsam der Kinder an und für sich
hat keinen Wert für sie selber – denn
wie, wenn sie nun aller Welt gehorchten? –, sondern nur das Motiv desselben, als verehrender, liebender Glaube
und als Ansicht der Notwendigkeit,
adelt ihn.
Jean Paul, Levana

Gehorsam ist immer eine Kunst,
die der Regent selbst lehren muss, und
wer gut leitet, dem folgt man gern.
Plutarch, Parallelbiographien

Gut ist's,
auch der Nacht zu gehorchen.
Homer, Ilias

Ich glaube, dass ich nicht lebe,
um zu gehorchen oder um mich
zu zerstreuen, sondern um zu sein
und zu werden.
Friedrich Schleiermacher, Idee zu einem Katechismus

Ist Gehorsam im Gemüte,
Wird nicht fern die Liebe sein.
Johann Wolfgang von Goethe,
Der Gott und die Bajadere

Je größer der Gehorsam der Frau ist,
desto sicherer ist ihre Herrschaft.
Jules Michelet, Die Liebe

Je stummer ein Kommando, umso
selbstverständlicher unser Gehorsam.
Günther Anders, Die Antiquiertheit des Menschen. Bd. 2

Leider ist es eine typisch deutsche
Eigenschaft, den Gehorsam schlechthin für eine Tugend zu halten.
Wir brauchen die Zivilcourage,
»Nein« zu sagen.
Fritz Bauer

Man sollte den Menschen auch
die Freiheit geben: zu gehorchen.
Ludwig Marcuse, Argumente und Rezepte.
Ein Wörter-Buch für Zeitgenossen

Mut zeigt auch der Mameluck,
Gehorsam ist des Christen Schmuck.
Friedrich Schiller, Der Kampf mit dem Drachen

Nur der Gehorsam dauert,
der freiwillig ist.
Niccolò Machiavelli, Geschichte von Florenz

Nur wer gehorchen gelernt hat,
kann später auch befehlen.
Paul von Hindenburg,
An die deutsche Jugend (1. Mai 1933)

Unbedingter Gehorsam ist kein
Gedanke unter vernünftigen Wesen.
Wo mich jemand nach seiner Willkür
brauchen kann, bin ich ihm keinen
Gehorsam schuldig, das geht aus der
moralischen Natur des Menschen
hervor.
Johann Gottfried Seume, Apokryphen

Unbedingter Gehorsam
setzt Unwissenheit
bei den Gehorchenden voraus.
Charles de Secondat, Baron de la Brède
et de Montesquieu, Vom Geist der Gesetze

Unsicherheit im Befehlen erzeugt
Unsicherheit im Gehorchen.
Helmuth Graf von Moltke,
Reden (im Deutschen Reichstag, 24. April 1877)

Wer dem Gebot der Götter gehorcht,
den hören sie wieder.
Homer, Ilias

Wer immer nach Gründen fragt
und auf seinem Recht besteht,
für den gibt es keinen reinen
und ruhigen Gehorsam.
Michel Eyquem de Montaigne, Die Essais

Wer nicht hören will, muss fühlen.
Deutsches Sprichwort

Wer sich nicht befehlen kann,
der soll gehorchen.
Und mancher kann sich befehlen,
aber da fehlt noch viel,
dass er sich gehorche.
Friedrich Nietzsche, Also sprach Zarathustra

Wer zum Gehorchen geboren ist, wird
auch noch auf dem Thron gehorcht.
Luc de Clapiers Marquis de Vauvenargues,
Reflexionen und Maximen

Geige

Man muss nicht nur verstehen,
gut zu spielen, sondern auch,
sich gut zu Gehör zu bringen.
Die Geige in der Hand des größten
Meisters gibt nur ein Gezirp von sich,
wenn der Raum zu groß ist.
Friedrich Nietzsche, Menschliches, Allzumenschliches

Oft muss man spielen,
wie die Geige will.
Deutsches Sprichwort

Geißel

Frauen sind die Geißeln des Teufels.
Sprichwort aus Persien

Kein Genusssüchtiger schreit
so wild nach Freuden,
wie ein Flagellant
nach seiner Geißel schreit.
Marie von Ebner-Eschenbach, Aphorismen

Geist

Aber es ist schwierig, dass einer, der
durch Gaben des Geistes ausgezeichnet
ist, sich nicht überheben soll.
Martin Luther, Tischreden

Ach, alle diese Schriftsteller besitzen
nichts als Geist und Kunstfertigkeit.
Voltaire, Der ehrliche Hurone

Ach, wie schlecht steht es
um den menschlichen Geist,
wenn er jäh in die Tiefe geworfen ist.
Und wie zwangsläufig eilt er dann
aus dem Licht in die Finsternis.
Notker III. Labeo, Kommentierte Boethius-Übersetzung

Ach, zu des Geistes Flügeln
wird so leicht
Kein körperlicher Flügel sich
gesellen!
Johann Wolfgang von Goethe, Faust I (Faust)

Aller Geist der Welt
zusammengenommen
ist fruchtlos für den,
der keinen besitzt:
Er hat keinen eigenen Gedanken
und ist nicht imstande,
aus fremder Einsicht
Nutzen zu ziehen.
Jean de La Bruyère, Die Charaktere

Alles, was unsern Geist befreit,
ohne uns die Herrschaft über uns
selbst zu geben, ist verderblich.
Johann Wolfgang von Goethe,
Maximen und Reflexionen

Als geistlos bestimmt ist der Mensch
eine Sprechmaschine geworden, und
es steht dem nichts im Wege, dass er
ebenso gut einen philosophischen
Schwulst auswendig lernen kann
wie ein Glaubensbekenntnis und
ein politisches Rezitativ.
Søren Kierkegaard, Der Begriff Angst

Am Ende söhnet der Geist
mit allem uns aus.
Friedrich Hölderlin, Hyperion

Aphorismen sind geistige Vitaminpillen: Einnahme beliebig,
keine schädlichen Nebenwirkungen.
Lothar Schmidt

Auch der vornehmste Geist bleibt
sich nicht gleich; er ist dem Wachsen
und Abnehmen unterworfen.
Jean de La Bruyère, Die Charaktere

Auch wer Geist hat,
kann der Lächerlichkeit verfallen;
aber er befreit sich wieder davon.
Jean de La Bruyère, Die Charaktere

Auf den Geist muss man schauen.
Denn was nützt ein schöner Körper,
wenn in ihm nicht eine schöne Seele
wohnt.
Euripides, Fragmente

Begriffe sind Tastversuche des Geistes.
Otto Michel

Bei bestimmten Geistern
muss man verweilen
und sich von ihnen
durchdringen lassen,
wenn du etwas gewinnen willst,
was in der Seele zuverlässig
Platz finden soll.
Lucius Annaeus Seneca, Briefe an Lucilius

Bildung des Geistes
ist Mitbildung des Weltgeistes
– und also Religion.
Novalis, Fragmente

Das Fleisch hat seinen eignen Geist.
Frank Wedekind, Feuerwerk (Vorwort)

Das Geist-Erschaffene
ist lebendiger als die Materie.
Charles Baudelaire, Tagebücher

Das Herz ist das Organ der Seele, so wie
der Geist das Organ des Verstandes ist.
Théodore Jouffroy, Das grüne Heft

Das Herz muss dem Geist vorangehen,
und die Nachsicht der Wahrheit.
Joseph Joubert, Gedanken, Versuche und Maximen

Das höchste Gut des Geistes
ist die Erkenntnis Gottes,
und die höchste Tugend des Geistes
ist, Gott zu erkennen.
Baruch de Spinoza, Ethik

Das Misstrauen gegen den Geist
ist Misstrauen gegen den Menschen
selbst, ist Mangel an Selbstvertrauen.
Heinrich Mann, Geist und Tat

Das Schicksal kann Reichtümer,
doch nicht den Geist rauben.
Lucius Annaeus Seneca, Medea

Das Schöne ist wesentlich das Geistige,
das sich sinnlich äußert,
sich im sinnlichen Dasein darstellt.
Georg Wilhelm Friedrich Hegel,
Vorlesungen über die Philosophie der Religion

Das Vorurteil ist ein Floß, an das sich
der schiffbrüchige Geist klammert.
Ben Hecht

Dass sich das größte Werk vollende,
Genügt ein Geist für tausend Hände.
Johann Wolfgang von Goethe, Faust II (Faust)

Dein Geist gleicht einer Mauer, an der
wechselnde Wolken vorüberziehen.
Hildegard von Bingen, Briefwechsel

Dein Geist wird dich leiten,
in jedem Augenblick
das Rechte zu wirken.
Johann Wolfgang von Goethe, Lila (Almaide)

Denn es ist zuletzt doch nur der Geist,
der jede Technik lebendig macht.
Johann Wolfgang von Goethe,
Entwurf einer Farbenlehre

Denn nicht das Geistige kommt zuerst,
sondern das Natürliche.
Bernhard von Clairvaux, Briefe (an Prior Giugo)

Der Abgrund meines Geists
ruft immer mit Geschrei
Den Abgrund Gottes an;
sag, welcher tiefer sei?
Angelus Silesius, Der cherubinische Wandersmann

Der ganz lautere Geist lässt sich nicht
auf seltsame Wunderlichkeiten noch
auf menschliche Rücksichten ein,
sondern tauscht sich allein und
abgesondert von allen Formen innerlich in köstlicher Ruhe mit Gott aus,
denn sein Erkennen geschieht in
gottgewirkter Stille.
Juan de la Cruz, Merksätze von Licht und Liebe

Der Geist baut das Luftschiff,
die Liebe aber macht
gen Himmel fahren.
Christian Morgenstern, Stufen

Der Geist bewegt die Materie.
Vergil, Aeneis

Der Geist bleibt so lange stark,
als man die Kraft hat,
über seine Schwäche zu klagen.
Joseph Joubert, Gedanken, Versuche und Maximen

Der Geist der Frauen
stärkt eher ihren Leichtsinn
als ihre Vernunft.
François de La Rochefoucauld, Reflexionen

Der Geist empfängt mit Schmerzen,
aber er gebiert mit Entzücken.
Joseph Joubert, Gedanken, Versuche und Maximen

Der Geist
ergründet nämlich alles,
auch die Tiefen Gottes.
Neues Testament, Paulus (1 Korinther 2, 10)

Der Geist führt
einen ewigen Selbstbeweis.
Novalis, Blütenstaub

Der Geist hat nämlich
sozusagen auch seine Augen:
im Empfindungsvermögen der Seele.
Aurelius Augustinus, Selbstgespräche

Der Geist hebt uns zum Himmel,
das Fleisch drückt uns nieder zur Hölle.
Erasmus von Rotterdam,
Handbüchlein eines christlichen Streiters

Der Geist ist demselben Gesetz
unterworfen wie der Körper,
der sich nur durch beständige
Nahrung erhalten kann.
Luc de Clapiers Marquis de Vauvenargues,
Reflexionen und Maximen

Der Geist ist die Kraft,
jedes Zeitliche ideal aufzufassen.
Jacob Burckhardt, Weltgeschichtliche Betrachtungen

Der Geist ist ein Feuer,
dessen Flamme der Gedanke ist.
Der Flamme gleich strebt er empor.
Man trachtet ihn niederzuhalten,
indem man seine Spitze
nach abwärts kehrt.
Joseph Joubert, Gedanken, Versuche und Maximen

Der Geist ist ein gefährliches Schwert,
gefährlich auch für den, der es trägt,
wenn er die Waffe nicht ordentlich
und vorsichtig zu gebrauchen versteht.
Michel Eyquem de Montaigne, Die Essais

Der Geist ist ein intermittierender,
die Güte ein permanenter Quell.
Marie von Ebner-Eschenbach, Aphorismen

Der Geist ist es, der sieht und hört;
alles andere ist taub und stumm.
Epicharmos, Fragmente

Der Geist ist leuchtend, er strahlt,
er ist die Erkenntnis selbst.
Dalai Lama XIV, Das Auge der Weisheit

Der Geist ist oft dort,
wo er nicht glänzt,
und wie die falschen Diamanten
scheint er oft zu glänzen,
wo er nicht ist.
Charles de Secondat, Baron de la Brède
et de Montesquieu, Meine Gedanken

Der Geist ist willig,
aber das Fleisch ist schwach.
Neues Testament, Matthäus 26, 41 (Jesus)

Der Geist ist's,
der die Welt besiegt,
Das All durchleuchtend
wie die Sonnen.
Friedrich von Bodenstedt, Mirza Schaffy

Der Geist kann, wie alles Denkbare,
auch Gegenstand seines Denkens sein.
Aristoteles, Psychologie

Der Geist lässt uns zu Göttern werden,
das Fleisch zu Tieren.
Erasmus von Rotterdam,
Handbüchlein eines christlichen Streiters

Der Geist muss so mächtig werden,
dass er den Tod des Leibes
nicht empfindet.
Bettina von Arnim, Tagebuch

Der Geist soll also frei sein, dass er an
allen nennbaren Dingen nicht hange
und dass sie nicht an ihm hangen. Ja,
er soll noch freier sein: also frei, dass
er für all seine Werke keinerlei Lohn
erwarte von Gott. Die allergrößte Freiheit aber soll dies sein, dass er all seine Selbstheit vergesse und mit allem,
was er ist, in den grundlosen Abgrund
seines Ursprungs zurückfließe.
Meister Eckhart, Traktate

Der Geist strebt nach dem Himmlischen,
das Fleisch nach dem Angenehmen,
die Seele nach dem Notwendigen.
Erasmus von Rotterdam,
Handbüchlein eines christlichen Streiters

Der Geist strebt, so viel er vermag,
sich das vorzustellen, was das
Tätigkeitsvermögen des Körpers
vermehrt oder fördert.
Baruch de Spinoza, Ethik

Der Geist umfasst die Natur, wie der
Liebende seine Geliebte, sich ganz ihr
hingebend, sich selbst in ihr findend,
ursprünglich, unvermittelt, unbetrübt.
Henrik Steffens,
Beiträge zur inneren Naturgeschichte der Erde

Der Geist verbraucht sich
wie alle Dinge,
die Kenntnisse sind seine Kost;
sie nähren und verzehren ihn.
Jean de La Bruyère, Die Charaktere

Der Geist wird wohl die Materie los,
aber nie die Materie den Geist.
Friedrich Hebbel, Tagebücher

Der geisterfüllte Mensch
urteilt über alles, ihn aber
vermag niemand zu beurteilen.
Neues Testament, Paulus (1 Korinther 2, 15)

Der geistige Blutsverwandte errät
viel leichter seinen Verwandten
als der körperliche den seinigen.
Jean Paul, Dämmerungen für Deutschland

Der hat keinen Geist,
welcher den Geist sucht.
Friedrich Nietzsche, Menschliches, Allzumenschliches

Der Kopf ist stärker als die Hände.
Deutsches Sprichwort

Der Körper kann ohne den Geist nicht
bestehen, aber der Geist bedarf nicht
des Körpers.
Erasmus von Rotterdam,
Handbüchlein eines christlichen Streiters

Der lebendige begabte Geist,
sich in praktischer Absicht
ans Allernächste haltend,
ist das Vorzüglichste auf Erden.
Johann Wolfgang von Goethe,
Maximen und Reflexionen

Der Leib ist ein Gerüst,
das dem Aufbau von Leben dient.
Der Leib ist die Nahrung des Geistes.
Leo N. Tolstoi, Tagebücher (1890)

Der Mensch ist eine Synthese
des Seelischen und des Leiblichen.
Aber eine Synthese ist nicht denkbar,
wenn die zwei nicht in einem Dritten
vereinigt werden. Dieses Dritte ist der
Geist.
Søren Kierkegaard, Der Begriff Angst

Der Mensch lebt in Wahrheit nicht
vom Brote allein. Das ist ein Wort,
das ewig ist. Daher müssen wir für
das Geistige mehr tun, als bisher
geschehen ist, damit unser Volk
nicht herabsinkt.
Konrad Adenauer,
auf dem CDU-Parteitag, 17. März 1964

Der menschliche Geist ist durchdringender als folgerecht und umfasst
mehr, als er vereinigen kann.
Luc de Clapiers Marquis de Vauvenargues,
Reflexionen und Maximen

Der menschliche Geist kann mit dem
Körper nicht absolut zerstört werden,
sondern es bleibt von ihm etwas übrig,
das ewig ist.
Baruch de Spinoza, Ethik

Der unsichere Geist fürchtet,
obwohl er zu wissen begehrt.
Lucius Annaeus Seneca, Ödipus

Der wahre und echte Geist
entspringt im Herzen.
Luc de Clapiers Marquis de Vauvenargues,
Nachgelassene Maximen

Des Menschen Geist ist unbändig,
ich besonders
bedarf der Weite gar sehr.
Johann Wolfgang von Goethe, Italienische Reise

Die Ausbildung des Geistes
bringt bei beiden Geschlechtern
dieselben guten oder schlechten
Wirkungen hervor.
Stendhal, Über die Liebe

Die Diskussion
ist der Übungsplatz des Geistes.
Lothar Schmidt

Die Eigenschaft des reinen Geistes
ist das Schauen und nicht das Wissen.
Justinus Kerner, Die Seherin von Prevorst

Die Eigenschaften wahrhaft geistiger
Betätigung jedoch sind so beschaffen,
dass nichts sie aufzuhalten vermag.
Wenn sie aber aufgehalten wird,
heißt das nur, sie war nicht echt.
Leo N. Tolstoi, Tagebücher (1896)

Die eigentlich großen Geister horsten,
wie die Adler, in der Höhe allein.
Arthur Schopenhauer, Aphorismen zur Lebensweisheit

Die Europäer sagen, dieser Trank verleihe ihnen Geist. Wie soll das möglich sein, da er ihnen doch den Verstand raubt?
Voltaire, Die Briefe Amabeds

Die Gaben des Geistes
sind überall zu Hause,
die Geschenke der Natur
über den Erdboden
sparsam ausgeteilt.
Johann Wolfgang von Goethe,
Wilhelm Meisters Wanderjahre

Die ganze Natur ist nur Symbol
des Geistes; sie ist heilig, weil sie
ihn ausspricht.
Bettina von Arnim, Tagebuch

Die geistbegabten Wesen haben eine
größere Verwandtschaft zum Ganzen
als die anderen Wesen. Denn jegliches
geistbegabte Wesen ist in gewisser
Weise alles, sofern es durch seine
Erkenntniskraft das gesamte Sein zu
erfassen vermag. Jedes andere Wesen
aber besitzt nur eine stückhafte Teilhabe am Sein.
Thomas von Aquin, Summe gegen die Heiden

Die Genies brechen die Bahnen,
und die schönen Geister ebnen
und verschönern sie.
Georg Christoph Lichtenberg, Sudelbücher

Die goldne Zeit der Geistlichkeit
fiel immer in die Gefangenschaft
des menschlichen Geistes.
Friedrich Schiller, Geschichte des Abfalls der Vereinigten Niederlande

Die größte Freude eines Geistes,
der arbeitet, besteht in dem Gedanken
an die Arbeit, die später andere leisten
werden.
Hippolyte Taine, Mein so genanntes System

Die Harmonie des Lebens finden wir
im Geiste, dem wahrhaft wirklichen
Leben.
Friedrich Ast, Das Wesen der Philosophie

Die Jugend brauset,
Das Leben schäumt,
Frisch auf, eh der Geist
noch verdüftet!
Friedrich Schiller, Wallensteins Lager (1. Jäger)

Die kleinen Zimmer
oder Behausungen
lenken den Geist zum Ziel,
die großen lenken ihn ab.
Leonardo da Vinci, Tagebücher und Aufzeichnungen

Die Kraft des Geistes ist nur so groß
als ihre Äußerung, seine Tiefe nur so
tief, als er in seiner Auslegung sich
auszubreiten vermag.
Georg Wilhelm Friedrich Hegel,
Die Phänomenologie des Geistes

Die Kunst ist aus Geist geboren
und nur darum schön,
weil sie geisterzeugt ist.
Herman Nohl, Die ästhetische Wirklichkeit

Die Logik hat den Verdienst,
die Geister geschmeidig
gemacht zu haben.
André Maurois, Die Kunst zu leben

Die Mathematik allein befriedigt
den Geist durch ihre außerordentliche
Gewissheit.
Johannes Kepler, Briefe
(an J. Bartsch, 6. November 1628)

Die Natur des Geistes
als Liebe zu begreifen,
hat (...) eine gültige Grundlage.
Dalai Lama XIV, Logik der Liebe

Die Reife des Geistes zeigt sich
an der Langsamkeit im Glauben.
Baltasar Gracián y Morales,
Handorakel und Kunst der Weltklugheit

Die Richtung unseres Geistes
ist wichtiger als sein Fortschritt.
Joseph Joubert, Gedanken, Versuche und Maximen

Die Schädlichkeit der Medizin
besteht darin, dass sich die Menschen
nie mehr mit ihrem Leib als mit ihrem
Geist befassen.
Leo N. Tolstoi, Tagebücher (1907)

Die Schönheit ist vollkommene
Übereinstimmung des Sinnlichen
mit dem Geistigen.
Franz Grillparzer, Ästhetische Studien

Die Welt ist nur,
weil du bist Körper, körperlich;
Der Geist geht frei hindurch
und nirgend stößt er sich.
Das ist der Vorschub,
den dir die Geistigkeit leistet:
Die Welt stößt minder dich,
je mehr du dich ergeistest.
Friedrich Rückert, Die Weisheit des Brahmanen

Die wesentliche und schwerste Aufgabe unserer geistigen Existenz ist nicht,
die Rätsel des Lebens zu lösen,
sondern an ihnen nicht zu ermüden.
Heimito von Doderer, Repertorium. Ein Begriffbuch
von höheren und niederen Lebens-Sachen

Dies Glas dem guten Geist!
Friedrich Schiller, An die Freude

Doch Euch des Schreibens ja befleißt,
Als diktiert Euch der Heilig Geist!
Johann Wolfgang von Goethe, Faust I (Mephisto)

Du gleichst dem Geist,
den du begreifst,
Nicht mir!
Johann Wolfgang von Goethe, Faust I (Geist)

Ein gesunder Geist
in einem gesunden Körper.
Juvenal

Ein Greis ist stolz, hochmütig
und von ungeselligem Wesen,
wenn er nicht viel Geist besitzt.
Jean de La Bruyère, Die Charaktere

Ein großer Geist fühlt sich
im Dunkeln wohl,
Das Weib ist dazu da,
gesehn zu werden.
Frank Wedekind, Der Stein der Weisen

Ein Irrtum bekämpft den anderen,
jeder zerstört seinen Widersacher,
und die Wahrheit springt hervor.
Dies ist der Verlauf menschlicher
Geistesentwicklung.
Henry Thomas Buckle,
Geschichte der Civilisation in England

Ein jedes Band, das noch so leise
Die Geister aneinander reiht,
Wirkt fort auf seine stille Weise
Durch unberechenbare Zeit.
August Graf von Platen, Gedichte

Ein Mann von Geist
wird nicht allein
nie etwas Dummes sagen,
er wird auch
nie etwas Dummes hören.
Ludwig Börne, Aphorismen

Ein neuer geistiger Stil ist nur
nach einer Revolution möglich,
die abgeänderte soziale Tatsachen
schafft und andere menschliche Typen
hervorbrachte.
Carl Einstein, Die Fabrikation der Fiktionen

Ein Pedant ist ein Mensch,
der geistig schlecht verdaut.
Jules Renard, Ideen, in Tinte getaucht.
Aus dem Tagebuch von Jules Renard

Ein rühriger Geist fasst überall Fuß.
Johann Wolfgang von Goethe, Dichtung und Wahrheit

Ein Säugling ist der Geist,
Natur ist seine Amme,
Sie nährt ihn, bis er fühlt,
dass er von ihr nicht stamme.
Friedrich Rückert, Die Weisheit des Brahmanen

Ein vollkommener Geist kommt aus
einem vollkommenen Herzen (...),
aus dem Herzen, das die Wohnung
Gottes ist. Es ist wahr, die Verwirklichung Gottes im Herzen macht es
einem unsauberen oder müßigen
Gedanken unmöglich, in den Geist
einzudringen.
Mohandas K. »Mahatma« Gandhi, Harijan (engl. Wochenzeitung 1933–1956), 9. Juni 1946

Ein vollkommener Geist
lässt sich nicht denken
als geschlechtlich bestimmt.
Søren Kierkegaard, Der Begriff Angst

Ein wenig Kenntnisse und gutes
Gedächtnis, einige Kühnheit in den
Ansichten und gegen die Vorurteile
charakterisieren den umfassenden
Geist.
Luc de Clapiers Marquis de Vauvenargues, Unterdrückte Maximen

Einfach tätig sein, wird unserem Geist
so leicht, dass er sogar beim Schlafen
weiterarbeitet; aber man muss ihn
vorsichtig anstoßen.
Michel Eyquem de Montaigne, Die Essais

Einsam steht der Heilige in seiner
Kapelle, Sokrates in seinem Gefängnis;
aber ganze Jahrhunderte werden von
seinem Schüler Platon begeistert
und besessen und von großen Gesetz-
gebern länger als von Dynastien
beherrscht.
Jean Paul, Dämmerungen für Deutschland

Einst war der Geist Gott,
dann wurde er zum Menschen,
und jetzt wird er gar noch Pöbel.
Friedrich Nietzsche, Also sprach Zarathustra

Es gehört nicht weniger Geist und
Erfindung dazu, einen Gedanken,
den man in einem Buche findet,
richtig anzuwenden, als der Autor
dieses Gedankens zu sein.
Pierre Bayle, Dictionnaire historique et critique (1695–1697)

Es gibt Animalisches in der Seele,
und der Körper hat seine Augenblicke
der Geistigkeit.
Oscar Wilde, Das Bildnis des Dorian Gray

Es gibt keine Grenzen
für die Ausdehnung der Körper,
warum sollte es welche
für die Ausdehnung des Geistes geben?
Maurice Maeterlinck, Das Leben der Termiten

Es gibt keine großen Geister
ohne ein bisschen Narrheit.
Sprichwort aus Frankreich

Es gibt keinen Anfang des Geistes.
Und auch kein Ende. In einem
einzelnen Geist und Bewusstsein
gibt es Anfang und Ende, aber
im Hinblick auf allein diesen Faktor
von Klarheit und Erkennen gibt es
weder Anfang noch Ende.
Dalai Lama XIV, Interview

Es gibt Leute,
die so in ihren Geist verliebt sind,
dass sie darob den Verstand verlieren.
Curt Goetz

Es gibt nur zwei Rassen,
die geistige und die ungeistige.
Ernst Barlach, kurz nach Hitlers Machtergreifung

Es gilt wieder zu entdecken, dass es
ein Leben des Geistes gibt, das noch
höher steht als das Leben der Vernunft
und das allein den Menschen zu
befriedigen vermag (...). Man muss
unbedingt zu den Menschen sprechen.
Antoine de Saint-Exupéry, Brief an einen General

Es ist das Problem der Schönheit,
dass der Geist das Leben,
das Leben aber den Geist
als »Schönheit« empfindet.
Thomas Mann, Betrachtungen eines Unpolitischen

Es ist das,
was ihr Materie nennt,
nicht minder göttlich,
denn was ihr Geist nennet.
Gotthilf Heinrich Schubert, Ahndungen einer allge-meinen Geschichte des Lebens

Es ist der Geist,
der sich den Körper baut.
Friedrich Schiller, Wallensteins Tod (Wallenstein)

Es ist ein Geist
des Guten in dem Übel,
Zög ihn der Mensch
nur achtsam da heraus.
William Shakespeare, Heinrich V. (Heinrich)

Es ist ein großes Unglück,
wenn man weder genug Geist hat,
um zu reden,
noch genug Urteilskraft,
um zu schweigen.
Jean de La Bruyère, Die Charaktere

Es ist kein großer Vorteil, einen
lebhaften Geist zu besitzen,
der nicht auch urteilsscharf ist;
die Vollkommenheit einer Uhr
besteht nicht darin, schnell,
sondern richtig zu gehen.
Luc de Clapiers Marquis de Vauvenargues, Reflexionen und Maximen

Es ist sehr schwer zu wissen, ob
die Frauen Geist haben oder nicht.
Sie bestechen ihre Richter immer. Ihre
heitere Art ersetzt bei ihnen den Geist.
Man muss warten, bis ihre Jugend
vorbei ist. Dann können sie sagen:
Jetzt werde ich erfahren, ob ich Geist
besitze.
Charles de Secondat, Baron de la Brède et de Montesquieu, Meine Gedanken

Es ist Torheit, von unserem Geist die
Fähigkeit zu erwarten, dass er beurtei-
len kann, was wahr und was falsch ist.
Michel Eyquem de Montaigne, Die Essais

Es ist wunderbar, dass alle geistigen
Genüsse fast durch Mitteilung vermehrt werden; da bei materiellen doch
das Gegenteil stattfindet. Geben und
reicher werden durch Geben! Es ist
höchst wunderbar, ja ich meine, es
enthält eine Widerlegung gegen den
Materialismus.
Karoline von Günderode, Briefe (an Gunda Brentano, 19. August 1801)

Es steht manches Schöne isoliert
in der Welt, doch der Geist ist es,
der Verknüpfungen zu entdecken
und dadurch Kunstwerke hervorzubringen hat.
Johann Wolfgang von Goethe, Maximen und Reflexionen

Euer Geist sei nicht launischer
als euer Geschmack,
euer Urteil nicht strenger
als euer Gewissen.
Joseph Joubert, Gedanken, Versuche und Maximen

Ganz in Vollkommenheit
siehst du kein Ding erglänzen!
Warum? Damit dein Geist
hab' etwas zu ergänzen.
Friedrich Rückert, Die Weisheit des Brahmanen

Geist blendet.
Damit ist schon gesagt,
wie wenig er taugt,
im Dunkel Tappenden
als Führer zu dienen.
Alfred Polgar, Kleine Schriften, Band 3. Irrlicht

Geist braucht man für das Leben,
Verstand für die Arbeit.
Heinrich Waggerl, Nachlass

Geist im Geist ist unendlich,
aber Geist in den Sinnen, im Gefühl
ist Unendliches im Endlichen.
Bettina von Arnim, Tagebuch

Geist ist eine glänzende Gabe,
die jedermann bewundert;
die meisten streben danach,
alle fürchten ihn, wenige lieben ihn,
außer bei sich selbst.
Philipp Stanhope Earl of Chesterfield, Briefe über die anstrengende Kunst, ein Gentleman zu werden

Geist ist es keineswegs,
was man im Haushalt braucht.
Molière, Die gelehrten Frauen (Martine)

Geist ist in sich,
und was er wahrnimmt,
was er aufnimmt,
das ist seine eigene Richtung,
sein Vermögen.
Bettina von Arnim, Tagebuch

Geist ist nicht eine späte Blüte
am Baume Mensch,
sondern er ist das,
was den Menschen
als solchen konstituiert.
Martin Buber

Geist ist nicht so selten
wie Menschen, die sich
ihres Geistes zu bedienen wissen
oder den der anderen zur Geltung
zu bringen und fruchtbar zu machen
verstehen.
Jean de La Bruyère, Die Charaktere

Geist kann sich in Satire zeigen;
aber Satire ist nicht das Wesen
des Geistreichen.
Philipp Stanhope Earl of Chesterfield, Briefe über die
anstrengende Kunst, ein Gentleman zu werden

Geist schlägt Brücken
aus Regenbogenstoff
über logische Abgründe.
Vorm Betreten wäre zu warnen.
Alfred Polgar, Kleine Schriften, Band 3. Irrlicht

Geist und Talent verhalten sich zueinander wie das Ganze zu seinem Teil.
Jean de La Bruyère, Die Charaktere

Geist, und sei es der
eines Seminaristen,
strahlt heller als eine Glatze.
Anton P. Tschechow, Briefe (16. September 1891)

Geist: Verpflichtet zu gar nichts,
berechtigt zu üblem Atem.
Die Qualle unter den Begriffen:
fließt, will man ihn fassen,
leuchtend und formlos
ins tiefe Meer des Nonsens zurück.
Alfred Polgar, Kleine Schriften, Band 1. Musterung

Geistige Kastraten.
Und ihr Name ist Legion.
Leo N. Tolstoi, Tagebücher (1901)

Geistiges Leben lässt sich nicht
mit körperlichem Maß messen.
Leo N. Tolstoi, Tagebücher (1904)

Gemeine Seele ist oft gepaart mit
ungemeinem Geist. Aber Dreck bleibt
Dreck, auch wenn er phosphoresziert.
Alfred Polgar, Kleine Schriften, Band 3. Irrlicht

Gemüt ist mehr als Geist,
denn das Gemüt besteht
Als Wurzel, wenn der Geist
wie Blütenstaub vergeht.
Friedrich Rückert, Die Weisheit des Brahmanen

Geschichte ist nur das,
was in der Entwicklung des Geistes
eine wesentliche Epoche ausmacht.
Georg Wilhelm Friedrich Hegel,
Vorlesungen über die Philosophie der Geschichte

Gewöhnlich sind diejenigen,
die einen großen Geist besitzen,
sich dessen nicht bewusst.
Charles de Secondat, Baron de la Brède
et de Montesquieu, Meine Gedanken

Gib deinem leeren Geist eine Aufgabe,
die ihn packe!
Ovid, Heilmittel gegen die Liebe

Glaub und Geist sind beisammen; aber
der Geist ist nicht immer offenbar.
Martin Luther, Tischreden

Glück ist gut für den Körper,
aber Kummer stärkt den Geist.
Marcel Proust

Groß sind die, die sehen, dass geistige
Macht stärker ist als materielle, und
dass Gedanken die Welt regieren.
Ralph Waldo Emerson, Essays

Große Geisteswerke vermögen einem
großen Geiste stets Trost zu spenden;
selbst wenn aus ihnen deutlich hervorgeht, wie nichtig alles im Leben ist,
selbst wenn sie uns zeigen und fühlen
lassen, wie unausweichlich das Elend
im Leben ist, und wenn sie von tiefster
Verzweiflung künden: so trösten und
begeistern sie doch.
Giacomo Leopardi, Gedanken aus dem Zibaldone

Großes erreicht der Geist
nur sprungweise.
Luc de Clapiers Marquis de Vauvenargues,
Nachgelassene Maximen

Heimat ist ein geistiger Raum,
in den wir mit einem jeden Jahre
tiefer eindringen.
Reinhold Schneider

Höhenflug und Tiefsinn,
per Flügel oder Flosse
– Germanengeist ging nie zu Fuß.
Emil Gött, Im Selbstgespräch

Ich bin bequemen Sinns,
und was man hier bespricht,
Dass man sich nur vor Geist
den Kopf zerbricht.
Ein solcher Ehrgeiz liegt
auch nicht in meinem Blute;
Und hält man mich für blöd,
ich trag's mit frohem Mute.
Molière, Die gelehrten Frauen (Henriette)

Ich finde nicht die Spur
Von einem Geist,
und alles ist Dressur.
Johann Wolfgang von Goethe, Faust I (Faust)

Ich glaube, dass jede Architektur,
die sich an den Geist wendet, noch
immer das Werk eines Einzelnen ist.
Le Corbusier

Ich sag's euch Geistern ins Gesicht:
Den Geistesdespotismus leid' ich nicht!
Mein Geist kann ihn nicht exerzieren.
Johann Wolfgang von Goethe, Faust I
(Proktophantasmist)

Ich sehe blöd aus. Um diese Zeit
befindet sich mein Geist auf der Weide.
Jules Renard, Ideen, in Tinte getaucht.
Aus dem Tagebuch von Jules Renard

Ich sitze an meinem Schreibtisch wie
der Esel in einer Box. Ich lese und bin
faul. Mein Geist isst und käut wieder.
Jules Renard, Ideen, in Tinte getaucht.
Aus dem Tagebuch von Jules Renard

Ich verstehe unter Geist
die Kraft der Seele,
welche denkt und
Vorstellungen bildet.
Aristoteles, Psychologie

Ich weiß nicht, ob jemand seinen
Körper zur Gänze kennt.
Und den Zustand seines Geistes
soll jeder kennen?
Erasmus von Rotterdam,
Handbüchlein eines christlichen Streiters

Ich will Zigarren rauchen, eine Flasche
Burgunder zärtlich umhalsen, und zu
einem hansomcab mich herbeilassen,
wenn ich mir nur die Frische des
Geistes bewahre und mit Schauern
und Beben noch zu genießen verstehe.
Gilbert Keith Chesterton, Heretiker

Im Geistigen kann es niemals Hass
geben, sondern nur Gegensätze;
und auch die sind noch fruchtbar.
Arthur Schnitzler, Zurückgelegte Sprüche

Im Maße man mehr Geist hat, findet
man mehr Originalität unter den
Menschen. Die gewöhnlichen Leute
finden keinen Unterschied unter den
Menschen.
Blaise Pascal, Pensées

In des Geistes Leben ist kein Stillstand,
eigentlich auch kein Zustand, alles ist
Aktualität, Tathaftigkeit.
Søren Kierkegaard, Die Krankheit zum Tode

In dieser Welt, von Übeln krank,
vom Blute rot,
Tut Geist und Schönheit, tut ein Flecklein Himmel Not.
Carl Spitteler, Olympischer Frühling

In einem großen Geiste bricht
jahrhundertelanges, im Verborgenen
schaffendes Keimen der Naturkräfte
zur strahlenden Blüte auf.
Christian Morgenstern, Stufen

In müß'ger Weile
schafft der böse Geist.
Friedrich Schiller, Maria Stuart (Pauler)

In Wirklichkeit ist es so,
dass der Geist des vergangenen Lebens
die Ursache für den Geist des jetzigen
ist. Hingegen gibt es keinen Zweifel
daran, dass der Körper
seine Existenz der Vereinigung
von Samen und Eizelle verdankt.
Dalai Lama XIV, Das Auge der Weisheit

Intelligenz ist
jene Eigenschaft des Geistes,
dank derer wir schließlich begreifen,
dass alles unbegreiflich ist.
Emile Picard

Ist aber der Geist als das Wesentliche
erkannt, so macht es doch einen
Unterschied, ob der Geist arm oder
reich ist, und man sucht deshalb reich
an Geist zu werden: Es will der Geist
sich ausbreiten, sein Reich zu gründen,
ein Reich, das nicht von dieser Welt
ist, der eben überwundenen.
Max Stirner, Der Einzige und sein Eigentum

Ist doch Geist und Verstand an den
Tag zu legen nur eine indirekte Art,
allen anderen ihre Unfähigkeit und
ihren Stumpfsinn vorzuwerfen.
Arthur Schopenhauer, Aphorismen zur Lebensweisheit

Ist jeder endliche Geist nur Ausfluss
aus dem Unendlichen: dann ist auch
notwendig das, was in jedem endlichen Geist das Höchste ist, abgeleitet
aus dem Unendlichen, ist göttlichen
Ursprungs.
Friedrich Schlegel, Philosophische Vorlesungen

Ist uns das Leben nicht gegeben,
damit wir reicher werden im Geist,
auch wenn die äußere Erscheinung
leiden muss?
Vincent van Gogh, Briefe

Jawohl, selbst eine Dumme,
hässlich wie die Nacht,
Zög' ich der Schönsten vor,
die zu viel Geist besitzt.
Molière, Die Schule der Frauen (Arnold)

Je höher du wirst aufwärts gehn,
Dein Blick wird immer allgemeiner,
Stets einen größeren Teil
wirst du vom Ganzen sehn,
Doch alles Einzelne immer kleiner.
Friedrich Rückert, Gedichte

Je länger man im Geistigen lebt,
umso unabhängiger wird man
vom Schicksal.
Leo N. Tolstoi, Tagebücher (1903)

Jede wahre Kunst ist geistig, welchen
Gegenstand sie auch darstellen mag.
Piet Mondrian, in: H.L.C. Jaffé, Mondrian und de Stijl

Jeder Dummkopf kann
den kompliziertesten Geist,
wann immer er Lust hat,
verstören.
Elias Canetti, Die Provinz des Menschen.
Aufzeichnungen 1942–1972

Jeder echte Mensch
bedarf der Schönheit
als der einzigen Nahrung
des Geistes.
Bettina von Arnim,
Goethes Briefwechsel mit einem Kinde

Jeder Geist hat seinen Bodensatz.
Joseph Joubert, Gedanken, Versuche und Maximen

Jegliche Schöpfung braucht einen
gemeinsamen Geist des Schaffens
und einen gemeinsamen Geist
des Genießens.
William Butler Yeats, Synges Tod

Kein Geist kann
ohne Körper erscheinen.
Wilhelm Schulz, Die Statistik der Kultur

Kein potenter Geist ruht in sich; er
strebt immer nach etwas und will über
seine Grenzen hinaus; bei seinem Aufschwung begnügt er sich nie mit dem
Erreichbaren: Er ist nur halb lebendig,
wenn er nicht vorstürmt, hastet, sich
bäumt, sich stößt und dreht.
Michel Eyquem de Montaigne, Die Essais

Klar nennt man Ideen,
die dasselbe Maß an Verwirrung haben
wie unser eigener Geist.
Marcel Proust

Kleine Geister handeln, große wirken.
Karl Heinrich Waggerl

Könnte Geistesruhe ein besserer
Beweis tugendhaften Lebens sein?
Gesundheit gibt sie.
Luc de Clapiers Marquis de Vauvenargues,
Reflexionen und Maximen

Kunst ist eine geistige Tätigkeit,
die durch verschiedene Mittel
eine angenehme Wirkung
auf den Geist hervorbringt.
Kurt Schwitters, Das literarische Werk. Bd. 5

Lassen Sie die Sprache des Geistes
durch das Herz gehen,
damit sie verständlich wird.
Jean-Jacques Rousseau, Emile

Läuft man hinter dem Geist her,
so erwischt man die Dummheit.
Charles de Secondat, Baron de la Brède
et de Montesquieu, Meine Gedanken

Lechzt der Geist nicht nach Freiheit?
Ach, mein Geist nicht allein, auch
mein Leib lechzt stündlich danach!
Max Stirner, Der Einzige und sein Eigentum

Leute von Geist bedürfen
nur geringer Kunst,
um Dummköpfe zu lenken.
Voltaire, Die Briefe Amabeds

Man braucht sehr wenig inneren
Gehalt für die Feinheit des Betragens,
aber sehr viel für die des Geistes.
Jean de La Bruyère, Die Charaktere

Man ist nicht einig über den Geist,
weil er zwar, soweit er sieht, etwas
Wirkliches, aber soweit er Gefallen
erregt, etwas völlig Relatives ist.
Charles de Secondat, Baron de la Brède
et de Montesquieu, Meine Gedanken

Man misst die Geister
nach ihrer Größe;
besser wäre es,
sie nach ihrer Schönheit
zu messen.
Joseph Joubert, Gedanken, Versuche und Maximen

Man muss aber den Geist kennen,
den man fliehen will.
Jean Paul, Levana

Man muss die Kraft des Körpers erhal-
ten, um die des Geistes zu bewahren.
Luc de Clapiers Marquis de Vauvenargues,
Reflexionen und Maximen

Man muss Geist haben,
um ihn aufgeben zu können.
Peter Bamm

Man muss in den Menschen das
Gefühl ihrer Klugheit und Kraft
steigern, wenn man ihren Geist
erhöhen will.
Luc de Clapiers Marquis de Vauvenargues,
Reflexionen und Maximen

Man sollte sich nur den Gegenständen
zuwenden, zu deren klarer und
unzweifelhafter Erkenntnis
unser Geist zuzureichen scheint.
René Descartes, Regeln zur Leitung des Geistes

Manchen Menschen verhilft die Mittelmäßigkeit ihres Geistes zur Weisheit.
Jean de La Bruyère, Die Charaktere

Mein Geist, der trägt den Leib,
der Leib, der trägt ihn wieder,
Lässt eins vom andern ab,
so fall'n sie beide nieder.
Angelus Silesius, Der cherubinische Wandersmann

Mein Geist ist hell, weise, gescheit,
abgeklärt; unter bescheidener Hülle
verbirgt sich ein großes Wesen.
Ecbasis captivi in belehrender Gestalt (Igel)

Mein Gott, wie mag das sein:
Mein Geist, die Nichtigkeit,
Sehnt zu verschlingen dich,
den Raum der Ewigkeit.
Angelus Silesius, Der cherubinische Wandersmann

Mir ist das geistige Reich das liebste
und die oberste aller geistigen und
weltlichen Monarchien.
Ludwig van Beethoven, Briefe

Mit dem Geist ist es wie mit dem
Magen: Man sollte ihm nur Dinge
zumuten, die er verdauen kann.
Winston Churchill

Mögen die Berge einsinken,
die Blumen verblühen,
die Sternenwelt zusammenstürzen,
die Menschen sterben
– was liegt am Untergang
dieser sichtbaren Körper?
Der Geist, der unsichtbare, bleibt ewig!
Max Stirner, Der Einzige und sein Eigentum

Nicht ohne Absicht hat die sorgsame
Natur in der Biene die Süße des
Honigs mit der Schärfe des Stachels
verbunden. Sehnen und Knochen hat
der Leib; so sei der Geist auch nicht
lauter Sanftmut.
Baltasar Gracián y Morales,
Handorakel und Kunst der Weltklugheit

Nichts ist dem Geist erreichbarer
als das Unendliche.
Novalis, Fragmente

Nichts verbessert einen missratenen
Geist: eine traurige und schmerzliche
Wahrheit, die man spät und nach viel
verlorener Mühe erfährt.
Joseph Joubert, Gedanken, Versuche und Maximen

Niemand hat das Recht, einem geistreichen Manne vorzuschreiben,
womit er sich beschäftigen soll.
Johann Wolfgang von Goethe,
Tag- und Jahreshefte (1807)

Nur das Leichtere
trägt auf leichten Schultern
der Schöngeist,
Aber der schöne Geist
trägt das Gewichtige leicht.
Johann Wolfgang von Goethe/Friedrich Schiller,
Xenien

Nur der Geist des Menschen vermag
sich in den höchsten Augenblicken der
Weihe der unmittelbaren, geistigen
Anschauung des Göttlichen zu nähern.
Gotthilf Heinrich Schubert,
Ansichten von der Nachtseite

O Heil'ger Geist zeuch bei mir ein
Und lass mich deine Wohnung sein
Zu steter Freud und Wonne.
Paula Modersohn-Becker,
Tagebuchblätter; Kirchenlied

Offenbarung des Geistes in den Sinnen
ist die Kunst.
Bettina von Arnim,
Goethes Briefwechsel mit einem Kinde

Oft beweist es mehr Geist,
sich um eine Frage zu kümmern,
als sie zu lösen.
Henry de Montherlant

Oft ist's der eigne Geist,
der Rettung schafft,
Die wir beim Himmel suchen.
William Shakespeare, Ende gut, alles gut (Helena)

Revolution ist nicht Barrikade;
Revolution ist ein Geisteszustand.
José Ortega y Gasset

Rührung trübt den Geist.
Jean Cocteau

Schönheit ist eine Auflösung
der sinnlichen Anschauung
in eine höhere Wahrheit;
Schönheit stirbt nicht, sie ist Geist.
Bettina von Arnim,
Goethes Briefwechsel mit einem Kinde

Schönheit ist Geist,
der einen sinnlichen Leib hat.
Bettina von Arnim,
Goethes Briefwechsel mit einem Kinde

Schönheit und Geist
muss man entfernen,
wenn man nicht
ihr Knecht werden will.
Johann Wolfgang von Goethe,
Maximen und Reflexionen

Sei das Wort die Braut genannt,
Bräutigam der Geist.
Johann Wolfgang von Goethe, West-östlicher Divan

Seine Wort und Werke
Merkt ich und den Brauch,
Und mit Geistesstärke
Tu ich Wunder auch.
Johann Wolfgang von Goethe, Der Zauberlehrling

Selig, wer sich nicht in das Gewühl
zu mischen braucht, und in der Stille
auf die Gesänge seines Geistes horchen
darf.
Friedrich Schlegel, Über die Philosophie

So wie unsere Augen
Licht brauchen, um zu sehen,
so braucht der Geist Ideen,
um zu verstehen.
Nicole Malebranche,
Von der Erforschung der Wahrheit

Spottsucht ist oft Armut an Geist.
Jean de La Bruyère, Die Charaktere

Starke Wasser reißen viel Gestein und
Gestrüpp mit sich fort, starke Geister
viel dumme und verworrene Köpfe.
Friedrich Nietzsche, Menschliches, Allzumenschliches

Stellt euren Geist über euren Gedanken,
eure Gedanken über euren Ausdruck!
Joseph Joubert, Gedanken, Versuche und Maximen

Um ein Intrigant zu sein,
braucht man Geist.
Jean de La Bruyère, Die Charaktere

Um Großes zu vollbringen,
muss der Geist weit und gelassen sein.
Ho Chi Minh

Unersättlich ist der menschliche Geist.
Titus Livius, Römische Geschichte

Unser Ergötzen am Geist anderer
dauert nicht lang.
Luc de Clapiers Marquis de Vauvenargues,
Reflexionen und Maximen

Unser Geist ist ein Arbeitsgerät,
unruhig, gefährlich und vermessen;
er fügt sich nur schwer der Ordnung
und dem Maß.
Michel Eyquem de Montaigne, Die Essais

Unser Geist ist Gott.
Euripides, Fragmente (so auch Anaxagoras)

Unser Geist tut manches,
manches aber leidet er.
Baruch de Spinoza, Ethik

Unsere Zukunft liegt nach wie vor
im Geiste. Seien wir Imperialisten
des Geistes.
Christian Morgenstern, Stufen

Vergebens werden
ungebunde Geister
Nach der Vollendung
reiner Höhe streben.
Johann Wolfgang von Goethe,
Was wir bringen (Nymphe)

Verzweifle nicht, werde nicht missmutig, wenn du nicht die moralische
oder geistige Höhe erreichst, auf
welcher ein anderer steht.
Adolph Freiherr von Knigge,
Über den Umgang mit Menschen

Viel Geist haben erhält jung:
Aber man muss es ertragen,
damit gerade für älter zu gelten,
als man ist.
Friedrich Nietzsche, Menschliches, Allzumenschliches

Vollkommenheit in der Natur
ist keine Eigenschaft der Materie,
sondern der Geister.
Friedrich Schiller, Philosophische Briefe

Vom Haupt geht gute Gesundheit
zu allen Teilen des Körpers aus;
alles ist lebendig und gespannt
oder in Schlaffheit ermattet,
je nachdem wie ihr Geist
lebhaft oder kraftlos ist.
Lucius Annaeus Seneca, Über die Milde

Von allen Geistern,
die verneinen,
Ist mir der Schalk
am wenigsten zur Last.
Johann Wolfgang von Goethe, Faust
(Prolog im Himmel: Der Herr)

Was der Schlaf für den Körper,
ist die Freude für den Geist:
Zufuhr neuer Lebenskraft.
Rudolf von Ihering, Der Zweck im Recht

Was die Schärfe angeht, bin ich der
Meinung, dass in der geistigen Welt
durch Schwammigkeit mehr Unheil
entstand, als durch Härte.
Gottfried Benn, Die Grundlagenkrise (Doppelleben)

Was die Stern' dem Firmamente,
Sind der Welt Geist und Talente.
Jüdische Spruchweisheit

Was ihr den Geist
der Zeiten heißt,
Das ist im Grund
der Herren eigner Geist,
In dem die Zeiten
sich bespiegeln.
Johann Wolfgang von Goethe, Faust I (Faust)

Was immer du tun wirst, rasch kehre
zurück vom Körper zum Geist.
Ihn nachts und tags:
Maßvolle Anstrengung nährt ihn.
Lucius Annaeus Seneca, Briefe über Ethik

Was willst du, armer Teufel, geben?
Ward eines Menschen Geist
in seinem hohen Streben
Von deinesgleichen je gefasst?
Johann Wolfgang von Goethe, Faust I (Faust)

Was wir aus der Geschichte des Geistes
lernen können, das ist, meine ich,
vor allem eine immer tiefere
Bescheidenheit, uns zu äußern.
Christian Morgenstern, Stufen

Weder heiße ich dich, stets über
Buch und Schreibzeug zu hocken:
Eine Pause muss man dem Geist
gewähren, so freilich, dass er nicht
erschlaffe, sondern sich entspanne.
Lucius Annaeus Seneca, Briefe über Ethik

Welche Freude, wenn es heißt:
Alter, du bist alt an Haaren,
Blühend aber ist dein Geist.
Gotthold Ephraim Lessing, 47. Ode Anakreons

Wenn auch die geistige Wesenheit
höheren Ranges ist als die körperliche,
so wäre dennoch eine Welt, in der es
einzig geistige Wesen gäbe, nicht
besser, sondern unvollkommener.
Thomas von Aquin, Summe gegen die Heiden

Wenn der Geist sich einmal seiner
selbst bewusst geworden, bildet er
von sich aus seine Welt weiter.
Jacob Burckhardt, Weltgeschichtliche Betrachtungen

Wenn der Geist sich selbst und
sein Tätigkeitsvermögen betrachtet,
so empfindet er Lust; und umso mehr,
je deutlicher er sich und sein Tätigkeitsvermögen vorstellt.
Baruch de Spinoza, Ethik

Wenn du den Geist frei haben willst,
musst du entweder arm sein
oder einem Armen ähnlich.
Lucius Annaeus Seneca, Briefe über Ethik

Wenn du geistig arbeitest, bemühe
dich, alle geistigen Fähigkeiten
auf den betreffenden Gegenstand
zu konzentrieren.
Leo N. Tolstoi, Tagebücher (1847)

Wenn du wirklich Geist hast,
dann zeigt er sich spontan,
und du musst ihn nicht forcieren.
Philipp Stanhope Earl of Chesterfield, Briefe über die
anstrengende Kunst, ein Gentleman zu werden

Wenn ein Geist stirbt, wird er Mensch.
Wenn der Mensch stirbt, wird er Geist.
Novalis, Fragmente

Wenn Geister einander berühren,
das ist göttliche Elektrizität.
Bettina von Arnim, Tagebuch

Wenn Gott dir Geist geben sollte,
dann trage ihn wie dein Schwert
in der Scheide und fuchtele nicht
damit herum zum Schrecken
der ganzen Gesellschaft.
Philipp Stanhope Earl of Chesterfield, Briefe über die
anstrengende Kunst, ein Gentleman zu werden

Wenn uns ein Geist erschiene,
so würden wir uns sogleich unserer
eigenen Geistigkeit bemächtigen:
Wir würden inspiriert sein
durch uns und den Geist zugleich.
Ohne Inspiration keine
Geistererscheinung.
Inspiration ist Erscheinung
und Gegenerscheinung,
Zueignung und Mitteilung zugleich.
Novalis, Blütenstaub

Wer den Geist nicht verträgt,
beruft sich aufs Blut.
Heinrich Mann, Das Bekenntnis zum Übernationalen

Wer ist im Geiste ärmer als der,
der in seinem Geiste keine Ruhe findet,
der kein Plätzchen entdecke,
wohin er sein Haupt lege?
Bernhard von Clairvaux, Über die Bekehrung

Wer mag wohl den unveränderlichen
Himmel im Kreise drehn?
Wer sonst als der Geist Gottes?
Notker III. Labeo, Kommentierte Boethius-Übersetzung

Wer recht viel Geist hat, den hemmen
Schranken und Unterschiede nicht;
sie reizen ihn vielmehr. Nur der Geistlose fühlt Last und Hemmung.
Novalis, Glauben und Liebe

Wer sich von seinen Strebungen nicht
fortreißen lässt, wird wie der Vogel,
dem keine Feder fehlt, im Geiste
mit Leichtigkeit davonfliegen.
Juan de la Cruz, Merksätze von Licht und Liebe

Wer viel Geist hat,
macht viel aus seinem Leben.
Novalis, Blütenstaub

Werde nie so reich an Geist,
dass arm du würdest am Herzen!
Otto Ludwig

Wie dem Geiste nichts zu groß ist,
so ist der Güte nichts zu klein.
Jean Paul, Briefe
(an Zar Alexander von Russland, 9. Februar 1815)

Wie der Geist in den Blumen ist,
so ist er auch in den Bäumen.
Philipp Otto Runge, An Ludwig Tieck

Wie die Pflanzen bei zu viel Nässe
eingehen und die Lampen bei zu
reichlicher Ölzufuhr ausgehen,
so wird der Geist bei Überanstrengung
und Überfütterung aktionsunfähig.
Michel Eyquem de Montaigne, Die Essais

Wie kann man das Leben verstehen,
wenn man es nicht auffasste als das
Arbeiten jedes Einzelnen am Geiste,
man kann wohl sagen, am Heiligen
Geiste.
Paula Modersohn-Becker, Briefe
(an die Mutter, 19. Januar 1906)

Wir müssen unverzagt
an unsern Gittern rütteln,
Um allen Geisteszwang
auf immer abzuschütteln.
Molière, Die gelehrten Frauen (Belise)

Wo Geist und Schönheit ist, häuft sich
in konzentrischen Schwingungen
das Beste aller Naturen.
Novalis, Blütenstaub

Zu geistiger Offenbarung gehört
der Wille, den Geist zu entfalten.
Bettina von Arnim, Clemens Brentanos Frühlingskranz

Zum Lachen braucht es immer
ein wenig Geist; das Tier lacht nicht.
Gottfried Keller, Das Sinngedicht

Zwei Extreme
– das Drängen des Geistes
und die Macht des Fleisches.
Leo N. Tolstoi, Tagebücher (1884)

Zwinge deinen Geist ständig, mit aller
ihm gegebenen Kraft tätig zu sein.
Leo N. Tolstoi, Tagebücher (1847)

Zwischen Geist und Herz besteht oft
dasselbe Verhältnis wie zwischen
Schlossbibliothek und Schlossherr.
Chamfort, Maximen und Gedanken

Geister

Denn alle Geister sind dem unsichtbar,
der keinen hat.
Arthur Schopenhauer, Aphorismen zur Lebensweisheit

Denn von den Teufeln kann ich ja
Auf gute Geister schließen.
Johann Wolfgang von Goethe, Faust II
(Supernaturalist)

Die Geister haben keine Gestalten;
jeder sieht sie mit den Augen seiner
Seele in bekannte Formen gekleidet.
Johann Wolfgang von Goethe, Lila (Magus)

Die ich rief, die Geister
Werd' ich nun nicht los.
Johann Wolfgang von Goethe, Der Zauberlehrling

Drohen Geister, uns zu schädigen,
Soll sich die Magie betätigen.
Johann Wolfgang von Goethe, Faust II (Plutus)

Es existieren Geister!
Blicke umher in der Welt
und sage selbst, ob nicht aus allem
dich ein Geist anschaut.
Aus der Blume, der kleinen,
lieblichen, spricht der Geist
des Schöpfers zu dir,
der sie so wunderbar geformt hat;
die Sterne verkünden den Geist,
der sie geordnet, von den Berggipfeln
weht ein Geist der Erhabenheit herunter,
aus den Wassern rauscht ein Geist
der Sehnsucht herauf, und –
aus den Menschen
reden Millionen Geister.
Max Stirner, Der Einzige und sein Eigentum

Es ist ein wahres Unglück,
wenn man von vielerlei Geistern
verfolgt und versucht wird!
Johann Wolfgang von Goethe, Italienische Reise

Geister werden nicht besser sichtbar,
wenn man Licht macht.
Alfred Polgar, Kleine Schriften, Band 3. Irrlicht

Glaube mir, das Unterirdische geht so
natürlich zu als das Überirdische,
und wer bei Tage und unter freiem
Himmel keine Geister bannt, ruft sie
um Mitternacht in keinem Gewölbe.
Johann Wolfgang von Goethe, Briefe
(an Lavater, 22. Juni 1781)

Hast du schon einen Geist gesehen? –
Nein, ich nicht,
aber meine Großmutter.
Max Stirner, Der Einzige und sein Eigentum

Hier braucht es, dächt' ich,
keine Zauberworte:
Die Geister finden sich
von selbst zum Orte.
Johann Wolfgang von Goethe, Faust II (Mephisto)

Ich sag's euch Geistern ins Gesicht:
Den Geistesdespotismus leid' ich nicht!
Mein Geist kann ihn nicht exerzieren.
Johann Wolfgang von Goethe, Faust I
(Proktophantasmist)

Man kann Geister nicht durch Beschwörungen rufen, aber sie können
sich dem Geiste offenbaren, das Empfängliche kann sie empfangen, dem
innern Sinn können sie erscheinen.
Karoline von Günderode, Die Manen (Lehrer)

Männer oder Frauen, in denen
ein Toten- oder Wahrsagegeist ist,
sollen mit dem Tod bestraft werden.
Man soll sie steinigen, ihr Blut
soll über sie kommen.
Altes Testament, Levitikus (3. Buch Mose) 20, 27

Welcher Ausschweifung würden
reine Geister wohl fähig sein?
Jean-Jacques Rousseau, Emile

Welcher Philosoph hat nicht einmal,
zwischen den Beteurungen eines
vernünftigen und fest überredeten
Augenzeugen und der inneren Gegenwehr eines unüberwindlichen Zweifels,
die einfältigste Figur gemacht, die
man sich vorstellen kann? Soll er
die Richtigkeit aller solcher Geistererscheinungen gänzlich ableugnen?
Was kann er für Gründe anführen,
sie zu widerlegen?
Immanuel Kant, Träume eines Geistersehers

Wenn alles dasjenige, was von
Geistern der Schulknabe herbetet,
der große Haufe erzählt und der
Philosoph demonstriert, so scheinet
es keinen kleinen Teil von unserm
Wissen auszumachen.
Immanuel Kant, Träume eines Geistersehers

Wer sieht nicht Geister
auf den Wolken
beim Untergang der Sonne?
Philipp Otto Runge, Nachgelassene Schriften

Geisteskraft

Immerhin, wer nicht durch freie
Geisteskraft emporsprießen kann,
der mag am Boden ranken.
Heinrich Heine,
Verschiedenartige Geschichtsauffassung

Was dem einen wie Geistesfülle
erscheint, ist für den anderen nur
Gedächtnis und Oberflächlichkeit.
Luc de Clapiers Marquis de Vauvenargues,
Reflexionen und Maximen

Wir verlassen uns so vollständig
auf die Hilfe von außen, dass unsere
eigenen Geisteskräfte verkümmern.
Michel Eyquem de Montaigne, Die Essais

Geistlichkeit

Der wahre Geistliche fühlt immer
etwas Höheres als Mitgefühl.
Friedrich Schlegel, Ideen

Die geistlichen Herren haben immer
die schmackhaftesten, die süßesten
Besitztümer.
Johann Wolfgang von Goethe,
Der Bürgergeneral (Schnaps)

Die goldne Zeit der Geistlichkeit
fiel immer in die Gefangenschaft
des menschlichen Geistes.
Friedrich Schiller,
Geschichte des Abfalls der Vereinigten Niederlande

Die schlimmsten Frauenfeinde
sind die Geistlichen.
Simone de Beauvoir, Das andere Geschlecht

Ein Geistlicher ist, wer nur
im Unsichtbaren lebt, für wen
alles Sichtbare nur die Wahrheit
einer Allegorie hat.
Friedrich Schlegel, Ideen

Eine vermehrte Macht der Geistlichkeit
verträgt sich nicht mit den Interessen
der Zivilisation.
Henry Thomas Buckle,
Geschichte der Civilisation in England

Es ist ein Jammer,
dass es unter den Geistlichen
nicht mehr feure Intellektuelle gibt.
Sylvia Plath, Briefe nach Hause (22. Oktober 1961)

Selbst der Geistliche vergisst,
Wohin er streben soll,
und strebt nach Gold.
Johann Wolfgang von Goethe,
Die natürliche Tochter (Sekretär)

Verfolgung der Andersdenkenden
ist überall das Monopol
der Geistlichkeit.
Heinrich Heine, Englische Fragmente

Geistreich

Abstumpfen des Geistes
durch Geistreiche.
Johann Wolfgang von Goethe,
Maximen und Reflexionen

Dagegen ist der geistvolle Mensch
einem Virtuosen zu vergleichen,
der sein Konzert allein ausführt;
oder auch dem Klavier.
Arthur Schopenhauer, Aphorismen zur Lebensweisheit

Das geistreiche Unwesen
lebt auf Kosten der Vernunft.
Luc de Clapiers Marquis de Vauvenargues,
Unterdrückte Maximen

Der Geistreiche
ist der Wahrheit sehr nahe.
Joseph Joubert, Gedanken, Versuche und Maximen

Ein geistreicher Mensch hat, in gänzlicher Einsamkeit, an seinen eigenen Gedanken und Phantasien vortreffliche Unterhaltung, während von einem Stumpfen die fortwährende Abwechslung von Gesellschaften, Schauspielen, Ausfahrten und Lustbarkeiten die marternde Langeweile nicht abzuwehren vermag.
Arthur Schopenhauer, Aphorismen zur Lebensweisheit

Ein geistreicher Mensch
könnte sich oft einsam fühlen
ohne die Gesellschaft
von Dummköpfen.
François de La Rochefoucauld, Reflexionen

Ein geistreicher und schlechter und ein geistreicher und anständiger Charakter unterscheiden sich wie ein Mörder und ein Weltmann, der gut fechten kann.
Chamfort, Maximen und Gedanken

Geistreich sein
ersetzt das Wissen nicht.
Luc de Clapiers Marquis de Vauvenargues,
Nachgelassene Maximen

Geistreiche Menschen wären
oft einsam ohne die Flachköpfe,
die stolz auf sie sind.
Luc de Clapiers Marquis de Vauvenargues,
Reflexionen und Maximen

Geistreiche Miene bei Männern
entspricht ebenmäßigen Zügen
bei Frauen:
ein Grad von Vollkommenheit, den
die Nichtssagendsten erstreben dürfen.
Jean de La Bruyère, Die Charaktere

Geistreichigkeit verhüllt
alle Einfachheit der Natur,
um alle Ehre nur für sich zu haben.
Luc de Clapiers Marquis de Vauvenargues,
Nachgelassene Maximen

Geistvolle Menschen sind
fast ebenso eintönig
in der Unterhaltung
wie Dummköpfe.
Benjamin Constant de Rebecque, Intimes Tagebuch

Man braucht nicht geistreich zu sein,
um zu wissen, dass man begabt ist.
Aber man braucht Geist,
um zu verbergen,
dass man keine Begabung hat.
Marcel Achard

Mit vielen Ideen ist man
noch kein geistvoller Mann,
wie mit vielen Soldaten
noch kein guter Feldherr.
Chamfort, Maximen und Gedanken

Jeder, der seinen Geist zeigen will,
lässt merken, dass er auch reichlich
vom Gegenteil hat.
Friedrich Nietzsche, Menschliches, Allzumenschliches

Versuch nicht,
geistreicher zu erscheinen,
als du bist – eher weniger.
Philipp Stanhope Earl of Chesterfield, Briefe über
die anstrengende Kunst, ein Gentleman zu werden

Geiz

Bin männlichen Geschlechts, der Geiz!
Johann Wolfgang von Goethe, Faust II
(Der Abgemagerte)

Dem Auge des Toren
ist sein Besitz zu klein,
ein geiziges Auge
trocknet die Seele aus.
Altes Testament, Jesus Sirach 14, 9

Dem Geiz ist nichts zu viel.
Deutsches Sprichwort

Der Armut geht wenig ab,
dem Geiz alles.
Deutsches Sprichwort

Der Armut mangelt es an vielem,
dem Geiz an allem.
Publilius Syrus, Sentenzen

Der Geiz hat keinen Boden.
Deutsches Sprichwort

Der Geiz ist so dumm, dass er sich
nicht einmal auf das Rechnen versteht.
Charles de Secondat, Baron de la Brède
et de Montesquieu, Meine Gedanken

Der Geiz wird noch stärker im Alter.
Denn immer noch begehren wir
den Genuss. In der Jugend kosten wir
den Genuss nur im Verschwenden,
im Alter nur im Bewahren aus.
Charles de Secondat, Baron de la Brède
et de Montesquieu, Meine Gedanken

Der Geizige ist ein reicher Bettler.
Deutsches Sprichwort

Der Geizige legt seine Goldstücke
in einen Koffer; aber kaum hat er
den Koffer geschlossen, ist es,
als ob dieser leer wäre.
André Gide, Tagebuch

Der Geizige leidet Mangel an dem, was
er hat, wie an dem, was er nicht hat.
Publilius Syrus, Sentenzen

Der Geizige liebt das Geld
um seiner selbst willen,
nicht wegen des Nutzens,
den er daraus zieht.
Charles de Secondat, Baron de la Brède
et de Montesquieu, Meine Gedanken

Der Narr lebt arm,
um reich zu sterben.
Hinrich Brockes, Versuch vom Menschen

Der reichste aller Menschen ist der
Sparsame, der Geizhals der Ärmste.
Chamfort, Maximen und Gedanken

Des Geizes Schlund ist ohne Grund.
Deutsches Sprichwort

Des Geizigen Zähne sind
durch Habgier zusammengefroren.
Sprichwort aus Russland

Die Alten sind zäh,
geben tut ihnen weh.
Deutsches Sprichwort

Die Großmut ist immer
am rechten Platz,
der Geiz aber ist immer
am unrechten.
Marie von Ebner-Eschenbach, Aphorismen

Ein armer wohltätiger Mensch
kann sich manchmal reich fühlen,
ein geiziger Krösus nie.
Marie von Ebner-Eschenbach, Aphorismen

Ein besonderer Blitz nur für Geizige,
der ihnen alles auf einmal wegnimmt.
Elias Canetti, Die Provinz des Menschen.
Aufzeichnungen 1942–1972

Ein Geizhals ist ein Mensch,
der sich an das Geld verliert,
nachdem er es gewonnen hat.
Karl Heinrich Waggerl

Einen Geizhals zu bitten, heißt,
einen Graben ins Meer schaufeln.
Sprichwort aus der Türkei

Er ist die Schmeichelei, die Achtung,
das Wohlwollen selbst, sobald es nur
auf Worte ankommt; aber Geld?
Da ist's aus.
Molière, Der Geizige (La Flèche)

Er ist so geizig, dass er noch
ein Ochsenhaar spalten möchte.
Chinesisches Sprichwort

Er möchte, dass sein Esel trabt,
doch ohne Heu auskommt.
Chinesisches Sprichwort

Er sitzt im Loch der Münze
und befühlt ihren Rand.
Chinesisches Sprichwort

Geiz ist die größte Armut.
Deutsches Sprichwort

Geiz ist die letzte
und tyrannischste
unserer Leidenschaften.
Luc de Clapiers Marquis de Vauvenargues,
Unterdrückte Maximen

Geiz lässt sich nicht improvisieren.
Yvan Goll, Der Goldbazillus

Geiz treibt die Liebe aus dem Haus.
Andreas Capellanus, Gebote des Minnerechts

Geizhälse sind gewöhnlich
nicht auf allzu viel stolz.
Luc de Clapiers Marquis de Vauvenargues,
Unterdrückte Maximen

Ihr nennt mich einen kargen Mann;
Gebt mir, was ich verprassen kann.
Johann Wolfgang von Goethe, West-östlicher Divan

In unserer Zeit haben nur die Großes
erreicht, die für knauserig gehalten
wurden.
Niccolò Machiavelli, Der Fürst

Keine Gewalteinwirkung
schwächt grausamen Geiz.
Claudius Claudianus, In Eutropium

Nicht eure Sünde – eure Genügsamkeit
schreit gen Himmel, euer Geiz selbst in
der Sünde schreit gen Himmel!
Friedrich Nietzsche, Also sprach Zarathustra

Vom Geizhals und vom Schwein
hat man erst nach ihrem Tode Nutzen.
Sprichwort aus Frankreich

Wenn die Geizhälse nicht das kriegen,
was sie wollen, fallen sie in eine
Traurigkeit, aus der sie sich nicht
leicht erheben können.
Hildegard von Bingen,
Der Mensch in der Verantwortung

Wer seinem Maultier
kein Futter gönnt,
geht bald zu Fuß.
Chinesisches Sprichwort

Wozu braucht ein Geiziger Gold?
Altes Testament, Jesus Sirach 14, 3

Gelassenheit

Die Gelassenheit ist eine anmutige
Form des Selbstbewusstseins.
Marie von Ebner-Eschenbach, Aphorismen

Die Gnade der Ruhe und Gelassenheit
ist besonders notwendig. Mit ihr lassen
sich alle Übel in Freude ertragen.
Papst Johannes XXIII., Briefe an die Familie
(Schwestern Ancilla und Maria), 6. November 1939

Die innere Gelassenheit, die sich auf
die Worte Christi und seine Verheißungen stützt, erzeugt eine unzerstörbare
Heiterkeit, die sich wie eine Blüte
entfaltet im Antlitz, in den Worten,
im Benehmen und in der Übung
gewinnender Nächstenliebe.
Papst Johannes XXIII., Geistliches Tagebuch
(Geistliche Notizen), 28. November 1940

Du sprichst ein großes Wort
gelassen aus.
Johann Wolfgang von Goethe,
Iphigenie auf Tauris (Thoas)

Ein grundgelassner Mensch
ist ewig frei und ein:
Kann auch ein Unterschied
an ihm und Gotte sein?
Angelus Silesius, Der cherubinische Wandersmann

Einzig hoch und erhaben
ist die sittliche Vollkommenheit,
und nichts ist groß,
wenn es nicht zugleich
von Gelassenheit erfüllt.
Lucius Annaeus Seneca, Über den Zorn

Erzürne dich über niemand,
sondern nimm alles gutmütig,
ganz gelassen auf. Bemühe dich,
heiter und gütig zu sein.
Papst Johannes XXIII., Briefe an die Familie
(Neffe Battista), 4. August 1945

Gelassen, immer zufrieden kann man
nur sein, wenn man sich nicht etwas
Äußeres zum Ziel setzt, sondern die
Befolgung des Willens dessen, der
uns gesandt hat.
Leo N. Tolstoi, Tagebücher (1885)

Gelassenheit ist eine anmutige Form
des Selbstbewusstseins.
Marie von Ebner-Eschenbach

Um Gelassenheit und Festigkeit
zu erwerben, gibt es nur ein Mittel:
die Liebe, die Liebe zu deinen Feinden.
Leo N. Tolstoi, Tagebücher (1897)

Wenn der Herrscher gegen dich
in Zorn gerät, bewahre die Ruhe;
denn Gelassenheit bewahrt
vor großen Fehlern.
Altes Testament, Kohelet 10, 4

Geld

Adel, Tugend, Kunst
sind ohne Geld umsunst.
Deutsches Sprichwort

Alles ist möglich,
aber es regnet kein Geld.
Deutsches Sprichwort

Alles, was die Sozialisten
vom Geld verstehen, ist die Tatsache,
dass sie es von anderen haben wollen.
Konrad Adenauer

Am Gelde riecht man es nicht,
womit es verdient ist.
Deutsches Sprichwort

An Geld denke ich nur,
wenn ich keins mehr habe.
Zu vergessen, dass es existiert,
ist mein größter Luxus.
Peter Ustinov, Peter Ustinovs geflügelte Worte

An sich ist es ja gleichgültig,
ob man sein Geld spart oder ausgibt;
gut oder schlecht kann nur genannt
werden, was wir damit wollen.
Michel Eyquem de Montaigne, Die Essais

Auf einem guten Boden kann man
einen guten Bau aufführen, und der
beste Boden und Baugrund auf Erden
ist das Geld.
Miguel de Cervantes Saavedra, Don Quijote

Aus fremden Beuteln ist gut blechen.
Deutsches Sprichwort

Beim Anblick von Geld
werden die Augen rot.
Chinesisches Sprichwort

Bequemlichkeit und Sicherheit sind
Hauptbedürfnisse: Daher liebt man im
Alter, noch mehr als früher, das Geld;
weil es den Ersatz für die fehlenden
Kräfte gibt.
Arthur Schopenhauer, Aphorismen zur Lebensweisheit

Bringst du Geld,
so findest du Gnade;
Sobald es dir mangelt,
schließen die Türen sich zu.
Johann Wolfgang von Goethe, Reineke Fuchs

Das Erz hat Heimweh. Und verlassen
Will es die Münzen und die Räder,
Die es ein kleines Leben lehren.
Und aus Fabriken und aus Kassen
Wird es zurück in das Geäder
Der aufgetanen Berge kehren,
Die sich verschließen hinter ihm.
Rainer Maria Rilke, Das Stundenbuch

Das Geld, das auf der Straße liegt,
ist ziemlich dünn gesät.
Erich Kästner, Dr. Erich Kästners lyrische Hausapotheke

Geld

Das Geld ist am schnellsten beim Teufel,
wenn man einen Engel kennen lernt.
Robert Lembke, Das Beste aus meinem Glashaus.
Humoristisches und Satirisches

Das Geld ist der wahre Apostel der
Gleichheit; wo es aufs Geld ankommt,
verlieren alle soziale, politischen,
religiösen, nationalen Vorurteile
und Gegensätze ihre Geltung.
Rudolf von Ihering, Der Zweck im Recht

Das Geld ist freilich alles vermögend.
Johann Wolfgang von Goethe, Reineke Fuchs

Das Geld ist ganz bestimmt kein Übel.
Sonst könnten wir es ja
nicht so leicht loswerden.
Alex Möller

Das Geld ist rund, es muss rollen.
Sprichwort aus Frankreich

Das Geld ist wie ein krankes Kind
– man muss alles tun,
um es durchzubringen.
Joachim Ringelnatz

Das Geld macht alles möglich.
Altes Testament, Kohelet 10, 19

Das Geld steht vermöge
der Abstraktheit seiner Form
jenseits aller bestimmten
Beziehungen zum Raum:
Es kann seine Wirkungen
in die weitesten Fernen erstrecken,
ja, es ist gewissermaßen
in jedem Augenblick
der Mittelpunkt eines Kreises
potenzieller Wirkungen.
Georg Simmel,
Die Bedeutung des Geldes für das Tempo des Lebens

Das Geld wandert zur Spielbank,
der Mörder aufs Schafott.
Chinesisches Sprichwort

Das Glück liegt woanders als in
aufgetürmten Fünftalerscheinen.
Theodor Fontane, Briefe

Das Leben ist ein Meer,
der Fährmann ist das Geld.
Georg Rudolf Weckherlin

Dass man ohne Sorgen lebe,
sorgt man stets um Gut und Geld,
Das doch den, der es ersorgte,
stets in Angst und Sorgen hält.
Friedrich von Logau, Sinngedichte

Dein Freund ist in deiner Tasche.
Sprichwort aus Irland

Dem Geld darf man nicht nachlaufen.
Man muss ihm entgegengehen.
Aristoteles Onassis

Dem wachsenden Geld folgt die Sorge.
Horaz, Lieder

Denn das Geld ist das Element
und das Ziel des Umsatzes.
Aristoteles, Politik

Der ärmste Mann in der Welt ist der,
der nichts hat außer Geld.
Sprichwort aus den USA

Der Dumme gibt das Geld her,
der Dümmere nimmt es nicht an.
Sprichwort aus Russland

Der geistige Tod eines Volkes
liegt in seinen Geldschränken.
Leonhard Frank, Der Mensch ist gut

Der Geiz wächst mit dem Gelde.
Deutsches Sprichwort

Der Geldbeutel des Kranken
verlängert seine Heilung.
Sprichwort aus Schottland

Der Verschwender
ist Sklave des Geldes.
Sully Prudhomme, Gedanken

Der viel feilscht, hat wenig Geld.
Deutsches Sprichwort

Die bloße Vermehrung des Geldquantums, das man auf einmal in der Hand
hat, vermehrt die Versuchung zum
Geldausgeben und bewirkt damit einen
gesteigerten Warenumsatz, also eine
Vermehrung, Beschleunigung und
Vermannigfaltigung der ökonomischen
Vorstellungen.
Georg Simmel,
Die Bedeutung des Geldes für das Tempo des Lebens

Die Ehe und das Geld
– sind das große Arsenal
unseres Elends.
Hippolyte Taine, Balzacs Welt

Die einzige Möglichkeit, zu Geld
zu kommen, liegt in einer Arbeit,
die um ihrer selbst willen getan wird.
Charles Baudelaire, Tagebücher

Die Juden verschwenden ihr Geld
mit Festmahlen,
die Mohren mit Hochzeiten
und die Christen mit Rechten.
Julius Wilhelm Zincgref, Apophthegmata

Die Jugend welkt,
die Liebe macht verdrossen,
Langweilig werden
Freund und Parasiten,
Geld bleibt ein Kleinod,
das wir gern gewönnen,
Auch wenn wir gar nicht mehr
missbrauchen können.
Lord Byron, Don Juan

Die Liebe zum Geld
wächst in gleichem Maße
wie das Geld selbst.
Juvenal, Satiren

Die Männer, die nach deinem Gelde
trachten, sind noch weit zahlreicher
als diejenigen, die nach deiner Frau
trachten.
Honoré de Balzac, Die Physiologie der Ehe

Die richtige Einstellung dem Geld
gegenüber ist die einer begehrlichen
Verachtung.
Henry Miller

Ehr und Geld treibt alle Welt.
Deutsches Sprichwort

Ein Deut im Kasten klappert mehr,
Als wenn er voller Taler wär'.
Jüdische Spruchweisheit

Ein Frauenzimmer, das einen jungen
Menschen des Geldes wegen heiratet,
setzt sich selbst zur Konkubine herab.
Theodor Gottlieb von Hippel, Über die Ehe

Ein Mann ohne Geld
ist wie ein Wolf ohne Zähne.
Sprichwort aus Frankreich

Ein Narr und sein Geld
sind bald geschieden.
Sprichwort aus den USA

Ein schlechter Piaster
kennt viele Leute.
Sprichwort aus Slowenien

Ein Taler, der in deinem Beutel,
wird vor anderen mehr erheben
als zwanzig, die du ausgegeben.
Barthold Hinrich Brockes

Ein Tier, das nicht klettern kann,
sollte sein Geld nicht einem Affen
anvertrauen.
Sprichwort aus Afrika

Eine Viertelstunde
ist tausend Goldstücke wert.
Chinesisches Sprichwort

Endlich weiß ich, was den Menschen
vom Tier unterscheidet: Geldsorgen.
Jules Renard, Ideen, in Tinte getaucht.
Aus dem Tagebuch von Jules Renard

Es gilt nicht überall die gleiche Münze.
Deutsches Sprichwort

Es ist nicht gut, wenn man sich
um Geld Sorge machen muss
und die furchtbare Last fühlt,
nicht tun zu können, was man möchte
– weil man ausgeben muss,
was man verdient.
Katherine Mansfield, Briefe

Es ist nicht so leicht verdient,
als vertan.
Deutsches Sprichwort

Es ist sonderbar, dass diejenigen Leute,
die das Geld am liebsten haben und
am besten zu Rate halten, gerne im
Diminutivo davon sprechen. »Da kann
ich doch meine 600 Tälerchen dabei
verdienen – ein hübsches Sümmchen!«
– Wer so sagt, schenkt nicht leicht
ein halbes Tälerchen weg.
Georg Christoph Lichtenberg, Sudelbücher

Es stünde besser
um Volk und Welt,
Hätt' Geld mehr Herz
und Herz mehr Geld.
Jüdische Spruchweisheit

Frauen und Geld regieren die Welt.
Deutsches Sprichwort

Für das Essiggeld
kaufe keine Sojasauce.
Chinesisches Sprichwort

Für ein paar Groschen
kann man viel Freundlichkeit
und guten Willen kaufen.
Johann Peter Hebel,
Schatzkästlein des rheinischen Hausfreundes

Für einen Mann mit Geld
ist Jangzhou überall.
Chinesisches Sprichwort

Für Geld gibt es keine Bannmeile.
Französisches Sprichwort

Für Geld kann man
den Teufel tanzen sehen.
Deutsches Sprichwort

Für Geld lässt man
auch den Hund tanzen.
Sprichwort aus Spanien

Gehören wir am richtigsten dorthin,
wo wir mehr Essen, bessere Kleider
und mehr Geld bekommen?
Knut Hamsun, Landstreicher

Geld deckt hundert Flecken zu.
Chinesisches Sprichwort

Geld flieht überall dort,
wo man es mit Gewalt festhalten will.
André Kostolany

Geld führt den Krieg.
Deutsches Sprichwort

Geld, Gewalt und Herrengunst
Zerbricht Ehr', Recht und alle Kunst.
Georg Rollenhagen, Froschmeuseler

Geld hat keinen Verstand.
Erich Kästner, Dr. Erich Kästners lyrische Hausapotheke

Geld hat manchen
an den Galgen gebracht.
Deutsches Sprichwort

Geld im Alter ist wie Schnee im Juni.
Chinesisches Sprichwort

Geld im rechten Augenblick haben
– das allein ist Geld.
Detlev von Liliencron

Geld ist des Teufels Wort, wodurch
er in der Welt alles erschafft, so wie
Gott durch das wahre Wort schafft.
Martin Luther, Tischreden

Geld ist die beste Hebamme
für gute Taten.
Norbert Blüm, Unverblümtes von Norbert Blüm

Geld ist die Seele des Krieges.
Sprichwort aus Frankreich

Geld ist ein guter Diener
und ein schlechter Herr.
Sprichwort aus Frankreich

Geld ist ein Schlüssel für alle Türen.
Sprichwort aus Frankreich

Geld ist eine neue Form der Sklaverei.
Leo N. Tolstoi

Geld ist geprägte Freiheit.
Fjodor M. Dostojewski

Geld ist kurzlebig.
Knut Hamsun, August Weltumsegler

Geld ist nicht die Hauptsache,
Gesundheit ist vielmehr;
die Ehre aber ist alles.
Heinrich Heine

Geld ist rund und rollt weg,
aber Bildung bleibt.
Heinrich Heine, Reisebilder

Geld ist schön,
weil es eine Befreiung bedeutet.
Fernando Pessoa, Das Buch der Unruhe
des Hilfsbuchhalters Bernardo Soares

Geld kann vieles in der Welt,
Jugend kauft man nicht ums Geld.
Ferdinand Raimund,
Das Mädchen aus der Feenwelt (Jugend)

Geld läuft einer Familie in Not davon.
Chinesisches Sprichwort

Geld macht nicht glücklich,
aber für Glück bekommt man nichts
beim Metzger.
Robert Lembke, Das Beste aus meinem Glashaus.
Humoristisches und Satirisches

Geld regiert die Welt.
Deutsches Sprichwort

Geld regiert die Welt, Gut macht Mut,
oft Übermut und Armut ist arm an Mut.
Karl Julius Weber, Democritos

Geld schließt auch die Hölle auf.
Deutsches Sprichwort

Geld schwor einen Eid,
dass niemand es haben sollte,
der es nicht liebte.
Sprichwort aus Irland

Geld, soweit es nicht für unbedingte
Lebensbedürfnisse notwendig ist,
lässt uns kalt.
Vincent van Gogh, Briefe

Geld stinkt nicht (Pecunia non olet).
Titus Flavius Vespasian, zu seinem Sohn Titus in Bezug
auf Einnahmen aus der Besteuerung von Bedürfnis-
anstalten; nach Sueton, Vespasian

Geld und Sexualität
sind die reellen Mysterien des Lebens.
Peter Altenberg, Schnipsel

Geld verdirbt den Charakter
– vor allem, wenn man keins hat.
Peter Ustinov, Peter Ustinovs geflügelte Worte

Geld wächst nicht an Bäumen.
Sprichwort aus den USA

Geld wird nicht gehenkt.
Deutsches Sprichwort

Geld wirkt viel,
ein kluges Wort kaum weniger.
Chinesisches Sprichwort

Geld zerreißt einem die Taschen nicht.
Sprichwort aus Lettland

Geld zu verdienen bringt mehr ein,
als sich das Gesicht zu waschen.
Chinesisches Sprichwort

Gesundheit und Geld
durchstreifen die Welt.
Deutsches Sprichwort

Gewinne einen Prozess
und du verlierst dein Geld.
Chinesisches Sprichwort

Greif schleunigst zu, kurz nur
bietet sich die Gelegenheit,
zu Geld zu kommen.
Martial, Epigramme

Halb besoffen ist schade ums Geld.
Robert Lembke, Steinwürfe im Glashaus

Hast du Geld,
dann begleiche deine Schulden,
hast du keines,
dann spare nicht mit Worten.
Chinesisches Sprichwort

Hat man einem einzigen Wunsch
Einlass in seine Seele gewährt,
so ist man noch nicht glücklich;
dieser Wunsch erzeugt eine Unmenge
anderer, zumal wenn es sich um Geld
handelt, denn das Geld vervielfältigt
sich. Oft begreift jemand, der Amt und
Würden innehat, dass er nicht noch
andere haben kann. Aber wer, der
100 000 Francs besitzt, würde nicht
200 000 wünschen?
Charles de Secondat, Baron de la Brède
et de Montesquieu, Meine Gedanken

Heirate nie um des Geldes willen!
Du leihst es billiger.
Sprichwort aus Schottland

Ich halte dafür, dass Ehre und Geld
fast immer sich zusammenfinden; wer
die Ehre liebt, verabscheut auch das
Geld nicht; wer aber dieses verachtet,
macht sich auch wenig aus der Ehre.
Teresa von Ávila, Weg der Vollkommenheit

Im Deutschen reimt sich Geld auf
Welt; es ist kaum möglich, dass es
einen vernünftigeren Reim gebe.
Georg Christoph Lichtenberg, Sudelbücher

Im Ganzen ist es mühevoller,
Geld zu hüten als es zu verdienen.
Michel Eyquem de Montaigne, Die Essais

Im Sozialbereich muss gefragt werden,
ob das Geld immer diejenigen erreicht,
die es erreichen soll.
Norbert Blüm, Unverblümtes von Norbert Blüm

Ist das Geld die Braut,
so taugt die Ehe selten etwas.
Deutsches Sprichwort

Jeder findet nur im Unrecht an anderen
seinen Gelderwerb.
Lucius Annaeus Seneca, Über den Zorn

Kämpf nicht gegen einen Reichen an,
sonst wirft er zu deinem Verderben
sein Geld ins Gewicht.
Altes Testament, Jesus Sirach 8, 2

Kassenschlüssel schließen alle Schlösser.
Deutsches Sprichwort

Kein Geld ist vorteilhafter angewandt
als das, um welches wir uns haben
prellen lassen: Denn wir haben dafür
unmittelbar Klugheit eingehandelt.
Arthur Schopenhauer, Aphorismen zur Lebensweisheit

Kredit ist besser denn bar Geld.
Deutsches Sprichwort

Le temps, c'est de l'argent –
Zeit ist Geld –
Time is Money
Internationales Sprichwort

Lege die Hand schnell an deinen Hut
und langsam an deinen Geldbeutel.
Sprichwort aus Dänemark

Liebe ist mehr als Geld.
Oscar Wilde, Das Bildnis des Dorian Gray

Lieber bleib zu Hause müßig,
nur geh nicht ohne Geld zu Markte.
Chinesisches Sprichwort

Mag das Geld auch den Charakter
des bloß Nützlichen haben, so hat es
dennoch eine gewisse Ähnlichkeit mit
dem Glück, weil es auch den Charakter
des Allumfassenden besitzt, da ja dem
Gelde alles untertan ist.
Thomas von Aquin, Über das Böse

Man muss dem Gelde gebieten,
nicht gehorchen.
Deutsches Sprichwort

Man muss den Wert des Geldes kennen;
die Verschwender kennen ihn nicht
und die Geizhälse noch weniger.
Charles de Secondat, Baron de la Brède
et de Montesquieu, Meine Gedanken

Man muss sich fragen, was der heuti-
gen Menschheit größeren Schaden an
ihrer Seele zufügt: die verblendende
Geldgier oder die zermürbende Hast.
Konrad Lorenz,
Die acht Todsünden der zivilisierten Menschheit

Man predigt Menschenlehre,
wenn man sagt:
Sobald das Geld im Kasten klingt,
entflieht die Seele [dem Fegefeuer].
Martin Luther, Thesen über den Ablass

Man verliert die Beziehung zu Gott,
wenn man die Beziehung zum Geld hat.
Mutter Teresa

Millionär zu werden, ist heute leicht
– wenn man Milliardär ist.
Jerry Lewis

Mit Geld bist du ein Drache,
ohne Geld bist du ein Wurm.
Chinesisches Sprichwort

Nach einem guten Festmahl
knausert man nicht mit Kleingeld.
Henrik Ibsen

Nicht das Geld imponiert den Frauen,
sondern nur, dass wir sie manchmal
damit kaufen können.
Arthur Schnitzler,
Aphorismen und Betrachtungen aus dem Nachlass

Nicht dass Geld alles vermag,
aber der große Magnetismus,
mittels dessen man viel Geld anzieht,
vermag in der Tat beinahe alles.
Fernando Pessoa, Das Buch der Unruhe
des Hilfsbuchhalters Bernardo Soares

Nur Bettler
wissen ihres Guts Betrag.
William Shakespeare, Romeo und Julia (Julia)

Nur eine Klasse unter uns
beschäftigt sich noch mehr
mit dem Geld als die Reichen,
nämlich die Armen.
Darin liegt gerade ihr Elend.
Oscar Wilde,
Die Seele des Menschen unter dem Sozialismus

Nur Leute, die ihre Rechnungen
bezahlen, brauchen Geld,
und ich bezahle meine nie.
Oscar Wilde, Das Bildnis des Dorian Gray

O bleiche Pest der Geldsucht!
Lukan, Der Bürgerkrieg

Obwohl, dem Sprichwort entgegen,
das Geld nicht auf der Straße liegt,
gibt es Menschen, die's finden.
Sie kommen des Wegs,
gucken in die Luft,
bücken sich plötzlich
und haben ein Geldstück in der Hand.
Erich Kästner, Kurz und bündig. Epigramme

Offensichtlich ist die Stimme eines
Mannes oder einer Gruppe umso
gewichtiger und repräsentativer,
je mehr Geld dahintersteht, da sie
dann für den größeren Teil des Wirt-
schaftssystems und der von diesem
Abhängigen spricht.
Yehudi Menuhin,
Kunst als Hoffnung für die Menschheit

Oh! In der Freundschaft
geht es immer schief,
hat man sich erst
seine Geldgeheimnisse anvertraut.
Jules Renard, Ideen, in Tinte getaucht.
Aus dem Tagebuch von Jules Renard

Ohne Geld ist der Schlaf fester.
Sprichwort aus Russland

Ohne Geld
ist die Ehre nur eine Krankheit.
Jean Racine, Die Prozesssüchtigen

Probleme mit Geld sind besser
als Probleme ohne Geld.
Malcolm Forbes

Schmutzige Arbeit, blankes Geld.
Deutsches Sprichwort

Schon viele hat das Geld
übermütig gemacht,
die Herzen der Großen
hat es verführt.
Altes Testament, Jesus Sirach 8, 2

Seht, so bitte ich,
was das Geld vermag!
Titus Maccius Plautus, Stichus

Seltsam, wie alle verbergen,
dass eine der Haupttriebfedern
unseres Lebens das Geld ist.
Als wäre dies eine Schande.
Leo N. Tolstoi, Tagebücher (1853)

Sie hatte kein Geld.
Und er hatte keins.
Da machten sie Hochzeit
und lachten sich eins.
Erich Kästner, Dr. Erich Kästners lyrische Hausapotheke

Sie verkaufen ihre Zeit – wie sollten
sie sie da aufs Glück verwenden?
Das Geld ist ihr Gott. Man kann nicht
zwei Herren zugleich dienen.
Honoré de Balzac, Die Physiologie der Ehe

Sieht ein Amtsdiener Geld,
gleicht er einer Fliege,
die Blut gerochen hat.
Chinesisches Sprichwort

Silbergeld ist nur Kot und Staub.
Das Gesicht zu wahren,
ist tausend Batzen wert.
Chinesisches Sprichwort

Sobald das Geld im Kasten klingt,
Die Seele aus dem Fegfeuer springt.
Johann Tetzel, Bei Hans Sachs, »Die Wittenbergisch
Nachtigall« (1523) u.a.

Und es herrscht der Erde Gott,
das Geld.
Friedrich Schiller, An die Freude

Verfüge nie über Geld, ehe du es hast.
Thomas Jefferson, Lebensregeln

Vergnügt sein ohne Geld,
Das ist der Stein der Weisen.
Magnus Gottfried Lichtwer, Fabeln

Viel Geld erwerben ist eine Tapferkeit;
Geld bewahren erfordert eine gewisse
Weisheit, und Geld schön ausgeben ist
eine Kunst.
Berthold Auerbach, Das Landhaus am Rhein

Viel Geld rührt selbst die Götter an.
Chinesisches Sprichwort

Viel Geld, viel Freunde.
Deutsches Sprichwort

Vielleicht verdirbt Geld den Charakter.
Auf keinen Fall aber
macht Mangel an Geld ihn besser.
John Steinbeck

Waffen und Geld
verlangen eine sichere Hand.
Sprichwort aus Spanien

Was der Reiche mit seinem Geld, vermag der Arme nur durch seine Kraft.
Chinesisches Sprichwort

Was frag' ich viel nach Geld und Gut,
Wenn ich zufrieden bin?
Johann Martin Miller,
Zufriedenheit (vertont von Mozart)

Was ist das doch für eine niedrige
und dumme Bemühung, sein Geld
nachzurechnen, es mit Behagen
durch die Finger gleiten zu lassen,
es nachzuwiegen und immer wieder
durchzuzählen. Das ist der Weg,
auf dem der Geiz heranschleicht.
Michel Eyquem de Montaigne, Die Essais

Was ist Geld? Geld ist rund
und rollt weg, aber Bildung bleibt.
Heinrich Heine

Was macht der Deutsche
nicht fürs Geld?
Deutsches Sprichwort

Was man nicht für Geld kaufen kann,
muss man gewöhnlich teuer bezahlen.
Lothar Schmidt

Was nützte mir der ganzen Erde Geld?
Kein kranker Mensch genießet die Welt.
Johann Wolfgang von Goethe,
Briefe (an Friederike Oeser, 6. November 1768)

Was tu' ich eigentlich mit dem Geld,
es ist mir selbst unklar.
Ich arbeite wie ein Pferd
und lebe miserabel
und habe nie etwas.
Franziska Gräfin zu Reventlow, Tagebücher

Was zwingst du nicht die Herzen der
Sterblichen, schändliche Goldgier!
Vergil, Aeneis

Wenn das Geld Sie nicht glücklich
macht, geben Sie es doch zurück.
Jules Renard, Ideen, in Tinte getaucht.
Aus dem Tagebuch von Jules Renard

Wenn die Pfennige klingeln,
sind die Philosophen still.
Sprichwort aus Serbien

Wenn man das Geld richtig behandelt,
ist es wie ein folgsamer Hund,
der einem nachläuft.
Howard Hughes

Wenn man immer so durchkäme,
brauchte man überhaupt kein Geld.
Franziska Gräfin zu Reventlow, Tagebücher

Wenn man von Bargeld lebt, kennt
man die Ufer des Meeres, das man
tagein, tagaus zu befahren hat; Kredit
führt einen in dieser Beziehung in die
Wüste, deren Ende nicht abzusehen ist.
Anton P. Tschechow, Briefe (18. August 1893)

Wenn mit dem Taler geläutet wird,
gehen alle Türen auf.
Deutsches Sprichwort

Wenn Sie mit Ihrem Geld nicht
auskommen, machen Sie es wie ich:
Arbeiten Sie 18 Stunden am Tag,
und fangen Sie mit sieben Jahren an.
Sonja Henie

Wer Almosen gibt,
gewöhnt sich daran,
Geld und Gut nicht mehr
zu bewundern.
Johannes I. Chrysostomos,
Homilie über den Brief an die Philipper

Wer das Geld bringt, kann die Ware
nach seinem Sinne verlangen.
Johann Wolfgang von Goethe,
Wilhelm Meisters Lehrjahre

Wer das Geld liebt,
bekommt vom Geld nie genug.
Altes Testament, Kohelet 5, 9

Wer das Geld liebt,
wird nicht satt;
wer den Ruhm sucht,
wird nicht gesättigt.
Bernhard von Clairvaux, Über die Bekehrung

Wer den Daumen auf dem Beutel hat,
hat die Macht.
Otto von Bismarck, Reden (im Norddeutschen Reichstag, 16. April 1868)

Wer den Pfennig nicht ehrt,
ist des Talers nicht wert.
Deutsches Sprichwort

Wer Geistesgegenwart besitzt, hat
Bargeld. Wer keine besitzt, hat sein
Vermögen in Landgüter stecken.
Charles de Secondat, Baron de la Brède
et de Montesquieu, Meine Gedanken

Wer Geld aussät, wird Armut ernten.
Sprichwort aus Dänemark

Wer Geld hat, ein Pferd zu kaufen,
sollte der nicht auch das Geld
für einen Sattel haben?
Chinesisches Sprichwort

Wer Geld hat, findet Vettern.
Italienisches Sprichwort

Wer Geld hat zu helfen,
beschönige nicht die Armut.
Chinesisches Sprichwort

Wer kein Geld hat,
muss mit der Haut bezahlen.
Deutsches Sprichwort

Wer mit seinem Geld Gutes tut,
hat es nicht umsonst verbraucht.
Chinesisches Sprichwort

Wer nach Geld heiratet,
verliert seine Freiheit.
Deutsches Sprichwort

Wer nicht auf Bargeld sieht,
ist kein rechter Händler.
Chinesisches Sprichwort

Wer nicht kann blechen,
der lasse das Zechen.
Deutsches Sprichwort

Wer sein Herz gibt,
wird sein Geld nicht verweigern.
Sprichwort aus England

Wer viel Geld hat, hat viele Verwandte.
Sprichwort aus Frankreich

Wie kommt es, dass so viele Menschen
für so geringes Geld zu Verfolgern, zu
Mitläufern und Henkern der anderen
werden können?
Voltaire, Der ehrliche Hurone

Willst du den Wert des Geldes
kennen lernen, versuche,
dir welches zu borgen.
Benjamin Franklin, Des armen Richard Almanach

Wo ein Dummkopf sein Geld verliert,
hat sich der Schlaue alsbald saniert.
Sprichwort aus Spanien

Wo Geld ist, da ist der Teufel,
wo keins ist, da ist er zweimal.
Deutsches Sprichwort

Woher man hat, fragt niemand,
aber haben muss man.
Juvenal, Satiren

Wohltätigkeit dein Geld,
Wie Salz das Fleisch erhält.
Jüdische Spruchweisheit

Wozu ist Geld noch gut?
Wer's nicht hat, hat nicht Mut.
Wer's hat, hat Sorglichkeit,
Wer's hat gehabt, hat Leid.
Friedrich von Logau, Sinngedichte

Zeit bekommt man nicht
für Geld zu kaufen.
Chinesisches Sprichwort

Zerreiße nicht die Schnur,
auf die das Geld gefädelt ist.
Chinesisches Sprichwort

Zum Kriegführen sind drei Dinge
nötig: Geld, Geld und nochmals Geld.
Gian-Jacopo Trivulzio, zu Ludwig XII.

Geldbeutel

Ich weiß kein Mittel gegen diese
Auszehrung des Geldbeutels;
Borgen zieht es bloß in die Länge,
aber die Krankheit ist unheilbar.
William Shakespeare, Heinrich V. (Falstaff)

Schöne Mädchen tragen keine Börsen.
Sprichwort aus Schottland

Schwer drückt ein voller Beutel,
schwerer ein leerer.
Friedrich Haug, Epigramme

Gelegenheit

Alle Gelegenheit, glücklich zu werden,
hilft nichts, wer den Verstand nicht hat,
sie zu nutzen.
Johann Peter Hebel,
Schatzkästlein des rheinischen Hausfreundes

Alles, worauf die Liebe wartet,
ist die Gelegenheit.
Miguel de Cervantes Saavedra

Auch Gelegenheit macht nicht Diebe
allein, sie macht auch beliebte Leute,
Menschenfreunde, Helden.
Georg Christoph Lichtenberg, Sudelbücher

Denn die Gelegenheit
ist eine gleichgültige Göttin,
sie begünstigt das Gute wie das Böse.
Johann Wolfgang von Goethe,
Unterhaltungen deutscher Ausgewanderten

Der Gott, der Bub und Mädchen schuf,
Erkannte gleich den edelsten Beruf,
Auch selbst Gelegenheit zu machen.
Johann Wolfgang von Goethe, Faust I (Mephisto)

Der Mensch ist mit Fähigkeiten begabt,
die sich nur bei zufälligen Gelegenheiten äußern.
Georg Christoph Lichtenberg, Sudelbücher

Die Gelegenheit bedarf
eines bereiten Geistes.
Louis Pasteur

Die Gelegenheit hat
nur an der Stirne Haar,
hinten ist sie kahl.
Friedrich Maximilian von Klinger,
Fausts Leben, Thaten und Höllenfahrt

Eine verpasste Gelegenheit
ist wie Gold, das in der Hand
zu Messing wird.
Chinesisches Sprichwort

Gelegenheit macht Diebe.
Deutsches Sprichwort

Gelegenheit macht – Räusche.
Emil Gött, Zettelsprüche. Aphorismen

Gelegenheiten
sind selten gekennzeichnet.
John A. Shedd

Glück ist Scharfsinn für Gelegenheiten
und die Fähigkeit, sie zu nutzen.
Sam Goldwyn

Greif schleunigst zu, kurz nur
bietet sich die Gelegenheit,
zu Geld zu kommen.
Martial, Epigramme

Hier
Vollend' ich's –
die Gelegenheit
ist günstig.
Friedrich Schiller, Wilhelm Tell (Tell)

Im Augenblick kann sich begeben,
was man nie gedacht im Leben.
Deutsches Sprichwort

Im Sturm fäll den Baum,
stich bei Fahrwind in See.
Edda, Hávamál (Fragmente)

Man muss die Feste feiern,
wie sie fallen.
Deutsches Sprichwort

Nach der Gelegenheit leben: Unser
Handeln, unser Denken, alles muss
sich nach den Umständen richten.
Man wolle, wann man kann:
Denn Zeit und Gelegenheit
warten auf niemanden.
Baltasar Gracián y Morales,
Handorakel und Kunst der Weltklugheit

Nicht nur Anwesenheit,
sondern Wachsamkeit ist nötig,
eine enteilende Gelegenheit
wahrzunehmen.
Lucius Annaeus Seneca, Briefe über Ethik

Nichts wird so oft unwiederbringlich
versäumt wie eine Gelegenheit,
die sich täglich bietet.
Marie von Ebner-Eschenbach, Aphorismen

Nützen
Muss man
den Augenblick,
der einmal nur
Sich bietet.
Friedrich Schiller, Dom Karlos (Marquis)

Wenn der Sattel leer ist,
kann man aufsitzen.
Deutsches Sprichwort

Gelehrsamkeit

Alle Gelehrsamkeit
ist noch kein Urteil.
Johann Wolfgang von Goethe, überliefert von Johann
Peter Eckermann (Gespräche mit Goethe)

Büchergelehrsamkeit vermehrt zwar
die Kenntnisse, aber erweitert nicht
den Begriff und die Einsicht,
wo nicht Vernunft dazu kommt.
Immanuel Kant,
Anthropologie in pragmatischer Hinsicht

Der gelehrteste Mensch ist nicht der,
der die meisten Wahrheiten kennt,
sondern der, der die besten kennt.
Sully Prudhomme, Gedanken

Der Geschmack an der Gelehrsamkeit
kündigt bei einem Volke immer nur
den Beginn der Verderbtheit an,
welche er schnellstens beschleunigt.
Denn dieser Geschmack kann bei einer
ganzen Nation nur aus zwei üblen
Quellen entspringen, welche ihrerseits
die Studien erhalten und vermehren,
nämlich aus dem Müßiggang und dem
Verlangen, sich zu unterscheiden.
Jean-Jacques Rousseau, Narcisse (Vorrede)

Der Weltmann steigt empor,
und der Pedant bleibt sitzen:
Die Sitten können mehr
als die Gelahrtheit nützen.
Magnus Gottfried Lichtwer, Fabeln

Die Gelehrsamkeit versteht ja doch
nur höchstens, was schon da war,
aber nicht das, was da kommen soll.
Bettina von Arnim,
Goethes Briefwechsel mit einem Kinde

Die Menschen sind verdorben,
und sie würden noch elender sein,
wenn sie das Unglück gehabt hätten,
gelehrt geboren zu werden.
Jean-Jacques Rousseau,
Abhandlung über die Wissenschaften und Künste

Ein gelehrter Dummkopf
ist ein größerer Dummkopf
als ein unwissender Dummkopf.
Molière, Die gelehrten Frauen (Clitandre)

Ein gelehrter Müßiggänger
gleicht einer Wolke ohne Regen.
Chinesisches Sprichwort

Es braucht Mut, vor manchen Menschen die Schande der Gelehrsamkeit
auf sich zu nehmen: Sie haben ein
zähes Vorurteil gegen die Gelehrten,
denen sie feine Umgangsformen,
Lebensart, Sinn für Geselligkeit
absprechen und die sie gern auf ihr
Studierzimmer und zu ihren Büchern
verbannen möchten.
Jean de La Bruyère, Die Charaktere

Es fällt kein Gelehrter vom Himmel.
Deutsches Sprichwort

Es ist einer der großen Nachteile
der Pflege der Gelehrsamkeit, dass sie
für einige Menschen, die sie aufklärt,
eine ganze Nation völlig verdirbt.
Jean-Jacques Rousseau,
Brief an Melchior Grimm (1. November 1751)

Frauen stünde gelehrt sein nicht?
Die Wahrheit zu sagen, nützlich ist es:
Es steht Männern so wenig wie Frauen.
Heinrich von Kleist, Eine notwendige Berichtigung

Ich liebe die gelehrten Frauen nicht.
Molière, Die gelehrten Frauen (Clitandre)

Lieber ein bärtiges Weib
als ein gelehrtes.
Deutsches Sprichwort

Man sollte fragen: wer eine wertvollere,
nicht, wer eine größere Gelehrsamkeit
aufweisen kann.
Michel Eyquem de Montaigne, Die Essais

Meinung des Professors:
Nicht Shakespeare ist die Hauptsache,
sondern die Anmerkungen dazu.
Anton P. Tschechow, Notizbücher

Nicht immer muss ein gelehrter Herr
auch ein kluger sein.
Johann Jakob Engel, Fürstenspiegel

Sprachen sind der Schlüssel
oder Eingang zur Gelehrsamkeit,
nichts weiter.
Jean de La Bruyère, Die Charaktere

Was dem einen widerfährt,
Widerfährt dem andern;
Niemand wäre so gelehrt,
Der nicht sollte wandern.
Johann Wolfgang von Goethe, Zahme Xenien

Was die gelehrten Frauen betrifft: So
brauchen sie ihre Bücher etwa so wie
ihre Uhr, nämlich sie zu tragen, damit
gesehen werde, damit sie eine haben;
ob sie zwar gemeiniglich still steht
oder nicht nach der Sonne gestellt ist.
Immanuel Kant,
Anthropologie in pragmatischer Hinsicht

Wir können Menschen sein,
ohne gelehrt zu sein.
Jean-Jacques Rousseau, Emile

Gelehrter

Der Gelehrte hat an sich selbst
immer einen Schatz.
Phaedrus, Fabeln

Der Gelehrte in der letzten Rücksicht
betrachtet soll der sittlich beste
Mensch seines Zeitalters sein:
Er soll die höchste Stufe der bis auf
ihn möglichen sittlichen Ausbildung
in sich darstellen.
Johann Gottlieb Fichte,
Über die Bestimmung des Gelehrten

Der Gelehrte ist der Schatz des Reiches,
der Literat eine Perle an der Gästetafel.
Chinesisches Sprichwort

Der Gelehrte verallgemeinert,
der Künstler unterscheidet.
Jules Renard, Ideen, in Tinte getaucht.
Aus dem Tagebuch von Jules Renard

Der Gelehrte vergesse, was er getan,
sobald es getan ist, und denke stets
nur auf das, was er noch zu tun hat.
Johann Gottlieb Fichte,
Über die Bestimmung des Gelehrten

Die Gelehrten sind meist gehässig,
wenn sie widerlegen; einen irrenden
sehen sie gleich als ihren Todfeind an.
Johann Wolfgang von Goethe,
Maximen und Reflexionen

Die Gelehrtesten
sind nicht immer die Klügsten.
Deutsches Sprichwort

Ein Gelehrter ist, wer viel gelernt hat;
ein Genie der, von dem die Menschheit
lernt, was er von keinem gelernt hat.
Arthur Schopenhauer, Den Intellekt überhaupt und in
jeder Beziehung betreffende Gedanken

Ein Gelehrter weiß, auch wenn
er sein Haus nicht verlässt,
was im Staate vor sich geht.
Chinesisches Sprichwort

Ein Professor ist ein Mann,
der anderer Meinung ist.
Eduard von Hartmann

Ein wahrer Gelehrter
schämt sich nicht,
einen einfachen Mann
zu fragen.
Chinesisches Sprichwort

Jeder dumme Junge
kann einen Käfer zertreten.
Aber alle Professoren der Welt
können keinen herstellen.
Arthur Schopenhauer

Klare Flüsse werden
an ein irden Bett gefesselt.
Unzählige Gelehrte werden
durch den Wein getrübt.
Chinesisches Sprichwort

Leute werden oft Gelehrte,
so wie manche Soldaten werden,
bloß weil sie zu keinem
anderen Stand taugen, ihre rechte
Hand muss ihnen Brot schaffen.
Georg Christoph Lichtenberg, Sudelbücher

Nehmen Sie unsern Gelehrten
das Vergnügen, sich hören zu lassen,
so wird das Wissen wertlos für sie.
Jean-Jacques Rousseau,
Julie oder Die neue Héloïse (Saint-Preux)

Sei ein Gelehrter, wie es Edle sind,
nie ein Gelehrter niedrer Sinnesart.
Konfuzius, Gespräche

Universaltendenz ist dem eigentlichen
Gelehrten unentbehrlich.
Novalis, Fragmente

Wenn ein Gelehrter drei Tage fort war,
muss man ihn mit neuen Augen
ansehen.
Chinesisches Sprichwort

Wessen Bildung seicht und löchrig ist,
der sollte nicht wie ein Gelehrter tun.
Chinesisches Sprichwort

Wie viel Unsinn ist im Laufe der Zeit
von Professoren gesagt worden!
Warum sollten Studenten nicht auch
mal dummes Zeug reden.
Alexander Mitscherlich

Wissende sind nicht gelehrt,
Gelehrte sind nicht wissend.
Lao-tse, Dao-de-dsching

Zum Beweisen
sind die Privatdozenten da.
Walter Rathenau, Auf dem Fechtboden des Geistes.
Aphorismen aus seinen Notizbüchern

Geliebte

Auch abgesehen von der Liebe neigen
die Frauen dazu, sich ihrer Phantasie,
ihren gewohnten Schwärmereien
zu überlassen; darum übersehen und
vergessen sie die Fehler des Geliebten
so rasch.
Stendhal, Über die Liebe

Bis zum Meer für einen Bruder,
durch das Meer für eine Geliebte.
Sprichwort aus Bulgarien

Das Call-Girl hat
die Maitresse ersetzt, weil die Männer,
die für ihre Frauen keine Zeit haben,
nun auch für ihre Geliebten
keine Zeit mehr haben.
Hans Habe

Das Verhältnis zur Geliebten steht unter
beständigem Druck einer zweifachen
Angst: der Angst, dass es enden,
und der Angst, dass es dauern könnte.
Alfred Polgar, Kleine Schriften, Band 1. Musterung

Dem geht es gut, der sagen kann,
dass er seine Geliebte
voller Sehnsuchtsschmerz zurückließ.
Reinmar der Alte, Lieder (Sô ez iener nâhet deme tage)

Denn nichts ermuntert mehr
zu tugendhaftem Handeln,
als wenn eine Geliebte,
deren Achtung man erringen will,
Zeuge und Richter
unseres Verhaltens ist.
Voltaire, Der Lauf der Welt

Denn wo man die Geliebte sucht,
Sind Ungeheuer selbst willkommen.
Johann Wolfgang von Goethe, Faust II (Mephisto)

Die Fehler der Geliebten sieht man
erst, wenn man sie nicht mehr liebt.
François de La Rochefoucauld,
Nachgelassene Maximen

Die Frau empfindet es als Triumph,
wenn sie der früheren Geliebten
des Mannes begegnet;
der Mann als Schmach,
wenn ihm der frühere Geliebte
seiner Frau erscheint.
Arthur Schnitzler,
Aphorismen und Betrachtungen aus dem Nachlass

Du wirst deine Geliebte
erst dann richtig beurteilen können,
wenn du dich als denjenigen
zu denken vermagst,
der dein Nachfolger sein wird.
Arthur Schnitzler, Buch der Sprüche und Bedenken

Ein Mann, der das innere Verlangen
seiner Geliebten nicht ganz stillen und
befriedigen kann, versteht es gar nicht
zu sein, was er doch ist und sein soll.
Er ist eigentlich unvermögend und
kann keine gültige Ehe schließen.
Friedrich Schlegel, Lucinde

Eine unbekannte Geliebte
hat freilich einen magischen Reiz.
Novalis, Fragmente

Einem wahren Liebhaber ist es
angenehm, Opfer zu bringen,
die ihm alle angerechnet werden,
und deren keines in der Geliebten
Herzen verloren geht.
Jean-Jacques Rousseau,
Julie oder Die neue Héloïse (Julie)

Es bedeutet zuweilen
einen schlimmeren Betrug
an der Geliebten,
sie selbst als eine andere
in den Armen zu halten.
Arthur Schnitzler, Buch der Sprüche und Bedenken

Es ist noch nicht entschieden,
was törichter ist: seine Geliebte
zu seiner Frau oder seine Frau
zu seiner Geliebten zu machen.
Arthur Schnitzler,
Aphorismen und Betrachtungen aus dem Nachlass

Geliebte!,
nicht erretten konnt' ich dich,
So will ich dir
ein männlich Beispiel geben.
Friedrich Schiller, Maria Stuart (Mortimer)

Immer war mir
das Feld und der Wald
und der Fels und die Gärten
Nur ein Raum, und du machst sie,
Geliebte, zum Ort.
Johann Wolfgang von Goethe/Friedrich Schiller,
Xenien

Ja, das Bild der Geliebten
kann nicht alt werden,
denn jeder Moment
ist seine Geburtsstunde.
Johann Wolfgang von Goethe,
Der Sammler und die Seinigen

Je erhabener die Seele einer Frau
veranlagt ist, desto himmlischere,
dem Alltagsschmutz unerreichbare
Freuden genießt ein romantisches Herz
in ihren Armen.
Stendhal, Über die Liebe

Jeglicher Anlass sei dir
für eine Aufmarksamkeit recht.
Ovid, Liebeskunst

Keinen Verlust fühlt man
so heftig und so kurz
wie den Verlust
einer geliebten Frau.
Luc de Clapiers Marquis de Vauvenargues,
Unterdrückte Maximen

Man erkauft sich
weder seinen Freund
noch seine Geliebte.
Jean-Jacques Rousseau, Emile

Man erlebt schwere Enttäuschungen,
wenn man die Fehler der Geliebten
zu entdecken anfängt,
aber noch schwerere,
wenn man sie ihr endlich abgewöhnt
hat. Denn man findet dann zumeist,
dass diese Fehler gerade
das Beste, Anziehendste und Liebenswürdigste an ihr waren.
Heinrich Waggerl, Aphorismen

Mannräuschlein nannte man
im siebzehnten Jahrhundert
gar ausdrucksvoll die Geliebte.
Johann Wolfgang von Goethe,
Maximen und Reflexionen

»Meine Liebe und meinen Körper
schenke ich Euch, macht aus mir
Eure Geliebte!«
Jener dankte ihr herzlich dafür.
Marie de France, Bisclavret

Mir war so bang,
und du kamst lieb und leise,
Ich hatte grad
im Traum an dich gedacht.
Du kamst, und leis
wie eine Märchenweise
Erklang die Nacht.
Rainer Maria Rilke, Traumgekrönt

Ob nicht jede Frau das natürliche
Recht hat, einmal in ihrem Leben
auch die Geliebte eines vollkommen
schönen Mannes zu sein?
Arthur Schnitzler,
Aphorismen und Betrachtungen aus dem Nachlass

Sechzig Königinnen hat Salomo,
achtzig Nebenfrauen
Und Mädchen ohne Zahl.
Doch einzig ist meine Taube,
die Makellose.
Altes Testament, Hohelied Salomos 6, 8-9

Selbst eine völlig verschmähte Geliebte
versetzt uns in Unruhe und weckt
in unserem Herzen alle Zeichen
der Leidenschaft, sobald wir merken,
dass sie einen anderen Mann vorzieht.
Stendhal, Über die Liebe

So vertraut darfst du dich mit keiner
Geliebten glauben, dass du ihr deine
geheimsten Regungen gestehen würdest. Und wenn du es dennoch tust,
so sei gewiss, dass sie sich rächen
wird, entweder indem sie dir die ihren
gleichfalls gesteht – oder indem sie sie
dir verschweigt.
Arthur Schnitzler, Buch der Sprüche und Bedenken

Stets fürchtet man den Anblick
der Geliebten, wenn man anderswo
Abenteuern nachgegangen ist.
François de La Rochefoucauld, Unterdrückte Maximen

Unüberwindliche Macht
der Stimme der Geliebten!
Jean-Jacques Rousseau,
Julie oder Die neue Héloïse (Saint-Preux)

Was die Geliebte uns lieber macht,
ist die Ausschweifung
mit anderen Frauen.
Was sie an sinnlicher Lust einbüßt,
gewinnt sie an Anbetung.
Charles Baudelaire, Notizen

Welchen Wert, sprich,
hat dein Leib, wenn ihn
Des Geliebten Arme
nicht umfangen.
Friedrich von Bodenstedt, Mirza Schaffy

Wenn man der Geliebten zu oft sagt,
wie schön sie ist, besteht die Gefahr,
dass sie Lust bekommt, es sich auch
von anderen sagen zu lassen.
Paul Léautaud

Wenn man seine Geliebte
um ihrer selbst zu lieben meint,
irrt man sich sehr.
François de La Rochefoucauld, Reflexionen

Wenn's drauf ankommt,
eine Geliebte zu betrügen,
da ist der Dümmste ein Philosoph.
Johann Nepomuk Nestroy, Der Treulose (Nanette)

Wer über die Geliebte
im Liebesrausch sich neigt,
Gleicht einem Sterbenden,
der meist sein Grab liebkost.
Charles Baudelaire, Die Blumen des Bösen

Wie der Götzendiener den Gegenstand
seiner Verehrung mit Schätzen bereichert, die er hoch hält, und auf dem
Altar den Abgott schmückt, den er
anbetet, so will auch der Liebhaber,
wenn er seine Geliebte auch noch so
vollkommen sieht, ihr dennoch unaufhörlich neuen Zierrat hinzufügen.
Jean-Jacques Rousseau, Emile

Wie süß ist's, das Geliebte
zu beglücken
Mit ungehoffter Größe,
Glanz und Schein.
Friedrich Schiller, Die Braut von Messina (Manuel)

Wir betrachten die Geliebte
als unser Eigentum,
weil nur wir allein
sie glücklich machen können.
Stendhal, Über die Liebe

Zeitverkürzend ist immer
die Nähe der Geliebten.
Johann Wolfgang von Goethe, Dichtung und Wahrheit

Geliebter

Die Gebieterin ist nicht frei
von Eigensinn, der Liebhaber
nicht frei von Heftigkeit.
Diese kleinen Stürme aber
gehen schnell vorüber
und festigen die Vereinigung
nur noch mehr.
Jean-Jacques Rousseau, Emile

Du liebst in dem Geliebten
nur den eignen Genius.
Bettina von Arnim,
Goethes Briefwechsel mit einem Kinde

Ein Dasein im Geliebten haben
ohne einen Standpunkt sinnlichen
Bewusstseins, was kann mächtiger
uns von unserer geistigen Macht
und Unendlichkeit überzeugen?
Bettina von Arnim, Tagebuch

Ein Geliebter ist ein Mann,
den man nicht heiratet,
weil man ihn gern hat.
Vanessa Redgrave

Ein Tag ohne den Liebsten
dünkt mich
drei Monde lang.
Chinesisches Sprichwort

Eine Hennablüte ist mein Geliebter mir
Aus den Weinbergen von En-Gedi.
Altes Testament, Hohelied Salomos 1, 14

Er hat die herzlosen Augen
eines über alles Geliebten.
Elias Canetti, Die Provinz des Menschen. Aufzeichnungen 1942–1972

Er springt über die Berge,
hüpft über die Hügel.
Der Gazelle gleicht mein Geliebter,
Dem jungen Hirsch.
Altes Testament, Hohelied Salomos 2, 8-9

Gott ist Mensch geworden
in dem Geliebten,
in welcher Gestalt du auch liebst
– es ist das Ideal deiner
eignen höheren Natur,
was du im Geliebten berührst.
Bettina von Arnim,
Goethes Briefwechsel mit einem Kinde

In der gepflegten Liebe, vielleicht auch
in den ersten fünf Minuten der leidenschaftlichen Liebe schätzt eine Frau
den Geliebten mehr nach seinem Wert
in den Augen anderer Frauen ein
als dem in ihren eigenen.
Stendhal, Über die Liebe

Man behält den ersten Geliebten lange,
wenn man keinen zweiten nimmt.
François de La Rochefoucauld, Reflexionen

Mein Geliebter komme in seinen Garten
Und esse von den köstlichen Früchten.
Altes Testament, Hohelied Salomos 4, 16

Wer immer nur geliebt wird,
ist ein Trottel.
Thomas Mann

Willst du allein sein
mit dem Geliebten,
so sei allein mit dir.
Bettina von Arnim,
Goethes Briefwechsel mit einem Kinde

Willst du den Geliebten erwerben,
so suche dich zu finden,
zu erwerben in ihm.
Bettina von Arnim,
Goethes Briefwechsel mit einem Kinde

Wo immer ein Geliebter den Tag über
bei seiner Liebsten bleibt,
da entsteht das Gerede der Aufpasser.
Walther von Breisach, Lieder
(Ich singe und sollte weinen)

Gelingen

Alles Gelingen hat sein Geheimnis,
alles Misslingen seine Gründe.
Joachim Kaiser

Alles gelingt,
was man mit rechtem Eifer angreift.
Samuel Smiles, Charakter

Es gibt Augenblicke,
in denen gelingt uns alles.
Kein Grund zu erschrecken:
Das geht vorüber.
Jules Renard, Ideen, in Tinte getaucht.
Aus dem Tagebuch von Jules Renard

Nichts gelingt so leicht als das,
was dich der Feind zu wagen
außerstande hält.
Niccolò Machiavelli, Kriegskunst

Geltung

Alles hat heutzutage
seinen Gipfel erreicht,
aber die Kunst,
sich geltend zu machen,
den höchsten.
Baltasar Gracián y Morales,
Handorakel und Kunst der Weltklugheit

Des Königs Spreu gilt mehr
als andrer Leute Korn.
Deutsches Sprichwort

Die Alten lernten,
um zu erhöhen den eigenen Wert;
heute lernt man,
um von anderen höher gewertet
zu werden.
Konfuzius, Gespräche

Draußen wie wenig!
Daheim der König.
Jüdische Spruchweisheit

Jedermann gefällt's,
sich mit Hut und Gürtel
aufzuputzen.
Chinesisches Sprichwort

Nichts schwerer,
als den gelten lassen,
der uns nicht gelten lässt.
Marie von Ebner-Eschenbach, Aphorismen

Sorg, dass man einst an deiner Bahre
Nur Gutes über dich erfahre.
Jüdische Spruchweisheit

Um etwas zu gelten in dieser Welt,
muss man tun, was man kann,
was man soll und was sich schickt.
Antoine Comte de Rivarol, Maximen und Reflexionen

Was gelten soll,
muss wirken und muss dienen.
Johann Wolfgang von Goethe,
Torquato Tasso (Antonio)

Wer da schilt aufs Schelten,
Will durchs Schelten gelten.
Freidank, Bescheidenheit

Wer tänzelnd einherstolziert,
tut es nur für die Leute.
Chinesisches Sprichwort

Wer was will gelten, der komme selten.
Deutsches Sprichwort

Wie guter Ruf, wo du bekannt,
Wirkt gutes Kleid im fremden Land.
Jüdische Spruchweisheit

Wo keine Bäume wachsen,
gilt schon Wermut als ein Baum.
Chinesisches Sprichwort

Wo man ihn noch als Kind gekannt,
Wird kein Prophet Prophet genannt.
Jüdische Spruchweisheit

Gemälde

An den modernen Gemälden
ist nur noch eines verständlich:
die Signatur.
Ephraim Kishon

Ein schönes Bild oder Gemälde ist
eigentlich gar nicht zu beschreiben;
denn in dem Augenblicke, da man
mehr als ein einziges Wort darüber
sagt, fliegt die Einbildung von der
Tafel weg und gaukelt für sich allein
in den Lüften.
Wilhelm Heinrich Wackenroder, Herzensergießungen
eines kunstliebenden Klosterbruders

Es geht mit unserem Glück
wie mit Gemälden. Die Nähe
drängt zu gewaltig auf uns;
wir müssen in der gehörigen
Entfernung stehen, um die
Schönheit recht zu fühlen
und zu genießen.
Sophie Mereau, Betrachtungen

Es ist gut, dass die Bilder
nicht hören können,
sie hätten sich schon längst
verschleiert.
Achim von Arnim/Clemens Brentano, Empfindungen
vor einer Seelandschaft von Friedrich

Um alle deine Reize
auszudrücken,
müsste man dich
in jedem Augenblick
deines Lebens malen.
Jean-Jacques Rousseau,
Julie oder Die neue Héloïse (Saint-Preux)

Wie die Moral des Himmels bedarf,
so das Bild des Lichts.
Joseph Joubert, Gedanken, Versuche und Maximen

Gemeinheit

Alle Schmeichler sind Lakaienseelen,
und nur Leute von gemeiner
Gesinnung werden Schmeichler.
Aristoteles, Nikomachische Ethik

Das Gemeine muss man nicht rügen;
denn das bleibt sich ewig gleich.
Johann Wolfgang von Goethe,
Maximen und Reflexionen

Das Leben ist fast zu gemein,
um ertragen zu werden.
Katherine Mansfield, Briefe

Den Angriffen der Gemeinheit
gegenüber ist es schwer,
nicht in Selbstüberhebung
zu verfallen.
Marie von Ebner-Eschenbach, Aphorismen

Der Mensch ist niedrig und gemein,
wenn er sich in seiner niedrigen
Leidenschaft getroffen fühlt.
Alexandre Dumas d. J., Die Kameliendame

Der Wurf
mag zuweilen nicht treffen,
aber die Absicht
verfehlt niemals ihr Ziel.
Jean-Jacques Rousseau,
Träumereien eines einsamen Spaziergängers

Glaubt ihr, man könne kosten
vom Gemeinen?
Man muss es hassen oder
ihm sich einen.
Franz Grillparzer, Sprüche und Epigramme

Nein, es ist
Kein Mensch so klug,
dass er nicht eben toll
Bei der gemeinsten Sache
werden könnte.
Johann Wolfgang von Goethe,
Claudine von Villa Bella (Basco)

Wenn die Gemeinheit Genie hat
und der Anstand Talent,
ist der Anstand verloren.
Emil Gött, Im Selbstgespräch

Wo das Gemeine geduldet wird,
da gibt es den Ton an.
August Julius Langbehn, Rembrandt als Erzieher

Gemeinplatz

Abends versammelt sich
eine schweigende Mehrheit
auf dem Gemeinplatz
vor dem Fernsehschirm.
Heinrich Nüsse

Ein Generalist ist ein Mensch,
dem auch zum ausgefallensten Thema
noch ein Gemeinplatz einfällt.
Lore Lorentz

Einen Gemeinplatz erfinden,
das ist das Genie.
Charles Baudelaire, Tagebücher

Gemeinplätze
haben ein ewiges Interesse.
Es liegt an dem gleichförmigen Stoff,
den der menschliche Geist
immer und überall verwendet,
wenn er gefallen will.
Joseph Joubert, Gedanken, Versuche und Maximen

Gemeinplätze sind die Straßenbahnen
des geistigen Verkehrs.
José Ortega y Gasset

In einem kleinen Vorrat an Redewendungen und Gemeinplätzen,
die wir in der Jugend erlernten,
besitzen wir alles Nötige, um ohne
die ermüdende Notwendigkeit, denken
zu müssen, durchs Leben zu gehen.
Gustave Le Bon, Psychologie der Massen

In der Politik spielt sich
der geistige Verkehr
vorwiegend auf Gemeinplätzen ab.
Lothar Schmidt

Wenn ein Gedanke sich uns
wie eine tiefe Entdeckung darbietet
und wir uns dann die Mühe nehmen,
ihn zu entwickeln,
merken wir oft,
dass er nur ein Gemeinplatz war.
Luc de Clapiers Marquis de Vauvenargues,
Reflexionen und Maximen

Gemeinsamkeit

Alles, was an einem Gemeinsamen
Anteil hat, strebt zum Verwandten.
Mark Aurel, Selbstbetrachtungen

Das Pendel muss
zwischen Einsamkeit
und Gemeinsamkeit,
zwischen Einkehr
und Rückkehr
schwingen.
Anne Morrow Lindbergh, Muscheln in meiner Hand

Gemeinsam stirbt es sich leichter.
Leo N. Tolstoi, Tagebücher (1901)

Gemeinsam Unglück rüstet wohl.
Deutsches Sprichwort

Gemeinsame Beschäftigungen
und Liebhabereien sind das Erste,
worin sich eine wechselseitige
Übereinstimmung hervortut.
Johann Wolfgang von Goethe, Dichtung und Wahrheit

Verbunden
sind wir stark und unwandelbar,
im Schönen wie im Guten,
über alle Gedanken hinaus
im Glauben und im Hoffen.
Susette Gontard, Briefe
(an Friedrich Hölderlin, Januar 1799)

Viele können mehr denn einer.
Deutsches Sprichwort

Wer etwas Eigenes haben will,
verliert das Gemeinsame.
Thomas von Kempen, Nachfolge Christi

Wir stimmen den anderen nur zu,
wenn wir eine Gemeinsamkeit
zwischen ihnen und uns empfinden.
Jean de La Bruyère, Die Charaktere

Gemeinschaft

Alle für einen und einer für alle!
Sprichwort aus der Schweiz

Aus einer Mehrzahl von Häusern
entsteht die erste nicht mehr bloß
dem Tagesbedürfnis dienende
Gemeinschaft, das Dorf.
Aristoteles, Politik

Besser allein als in böser Gemein.
Deutsches Sprichwort

Das Gemeinschaftsgefühl
erkaltet leicht,
wenn man zu regelmäßig
beisammen ist.
Michel Eyquem de Montaigne, Die Essais

Das Gute also des Vernunftwesens
ist die Gemeinschaft.
Denn dass wir zur Gemeinschaft
geboren sind, ist längst bewiesen.
Mark Aurel, Selbstbetrachtungen

Denn da dies von Natur
den Lebewesen gemeinsam ist,
die Lust zu zeugen, liegt die erste
Gemeinschaft in der Ehe selbst,
die nächste in den Kindern,
dann die Einheit des Hauses,
die Gemeinsamkeit in allem.
Das aber ist der Anfang der Stadt
und gleichsam die Pflanzschule
des Gemeinwesens.
Marcus Tullius Cicero, Vom rechten Handeln

Der Mensch ist von Natur
ein Gemeinschaft bildendes Wesen.
Aristoteles, Nikomachische Ethik

Der Mensch muss bewusst tun,
was die Tiere unbewusst tun.
Ehe der Mensch zur Gemeinschaft
der Bienen und Ameisen gelangt,
muss er erst einmal bewusst den Stand
des Viehs erreichen, von dem er noch
so weit entfernt ist.
Leo N. Tolstoi, Tagebücher (1890)

Der Reifegrad einer Gemeinschaft
zeigt sich darin, wie sie mit Fehltritten
in den eigenen Reihen fertig wird.
Gottfried Edel

Einsamkeit ist ohne Gemeinschaft
nicht möglich,
so wenig wie das Nichts ohne das Sein.
Jakob Boßhart, Bausteine zu Leben und Zeit

Es gibt keine Alternative
zur Erkenntnis, dass wir
– allen Konflikten zum Trotz –
in einem Boot sitzen.
Richard von Weizsäcker, Ansprache beim Besuch
des UN-Generalsekretärs in Bonn 1986

Jeder weiß aus Erfahrung,
dass die fortgesetzte Gemeinschaft
nicht dieselbe Freude bieten kann,
als wenn man sich immer einmal
entbehrt und dann wieder hat.
Michel Eyquem de Montaigne, Die Essais

Jung war ich einst, einsam ging ich,
Da wusst ich den Weg nicht.
Ich fühlte mich reich,
als ich einen anderen fand:
Der Mann ist des Mannes Lust.
Edda, Hávamál (Des Hohen Lied)

Nur in Freiheit
kann menschliche Gemeinschaft
gedeihen und Früchte tragen.
Benedetto Croce,
Geschichte Europas im 19. Jahrhundert

Vielmehr sind die Menschen verbunden,
nebeneinander und mit einander
zu leben, damit einer des andern
Glückseligkeit befördern kann,
so viel an ihm ist.
Christian Freiherr von Wolf, Vernünfftige Gedancken
von dem gesellschaftlichen Leben der Menschen

Vier Hände vermögen mehr als zwei;
aber auch vier Augen sehen mehr
als zwei.
Ludwig Feuerbach, Das Wesen des Christentums

Wer aber nicht in Gemeinschaft leben
kann oder, weil er sich selbst genügt,
einer solchen nicht bedarf,
der ist entweder ein Tier oder ein Gott.
Aristoteles, Politik

Wer allein schläft, bleibt lange kalt,
Zwei wärmen sich einander bald.
Deutsches Sprichwort

Gemeinwohl

Das Gemeinwohl als solches ist nicht
mein Wohl, sondern nur die äußerste
Spitze der Selbstverleugnung.
Das Gemeinwohl kann laut jubeln,
während ich kuschen muss,
der Staat glänzen, indes ich darbe.
Max Stirner, Der Einzige und sein Eigentum

Der Zweck der Arbeit
soll das Gemeinwohl sein.
Alfred Krupp

Es ist selten der Fall,
dass die Leidenschaften Einzelner
dem Gemeinwohl nicht schaden.
Niccolò Machiavelli, Geschichte von Florenz

Es ist unmöglich,
dass ein Mensch gut sei,
außer er stehe im rechten Bezug
zum Gemeinwohl.
Thomas von Aquin, Summa theologica

Was haben Kultur und Politik
miteinander gemeinsam?
Das Gemeinwohl.
August Everding, Festrede zur Eröffnung des Berliner
Abgeordnetenhauses am 28. April 1993

Gemüt

Das Gemüt bleibt jung,
solange es leidensfähig bleibt.
Marie von Ebner-Eschenbach, Aphorismen

Das Gemüt hat mehr Mängel
als der Verstand.
François de La Rochefoucauld, Reflexionen

Das Gemüt ist träumerischer Natur;
darum weiß es auch nichts Seligeres,
nichts Tieferes, als den Traum.
Ludwig Feuerbach, Das Wesen des Christentums

Das Gemüt macht reich;
es ist besser ein Mann ohne Geld
als Geld ohne einen Mann.
Adolf von Nassau,
nach Julius W. Zincgref, Apophthegmata

Des Menschen Gemüt
ist sein Geschick.
Ferdinand Lassalle, Die Philosophie des Herakleitos

Die Krankheit des Gemütes löset
In Klagen und Vertraun
am leichtesten auf.
Johann Wolfgang von Goethe,
Torquato Tasso (Leonore)

Die Menschen beginnen mit der Liebe,
enden mit dem Ehrgeiz und befinden
sich in einer ruhigeren Verfassung
des Gemüts oft erst, wenn sie sterben.
Jean de La Bruyère, Die Charaktere

Die Menschen, bei denen Verstand
und Gemüt sich die Waage halten,
gelangen spät zur Reife.
Marie von Ebner-Eschenbach, Aphorismen

Ein Zelt für den Willen ist im Herzen
des Menschen das Gemüt.
Die Erkenntnis, der Wille
und alle Seelenkräfte entsenden,
je nach ihrer Stärke, ihren Hauch
in dieses Zelt. Sie alle werden
in ihm erwärmt und verschmelzen
miteinander.
Hildegard von Bingen, Wisse die Wege

Gemüt ist der Brei,
den anständige Leute jetzt allein essen.
Friedrich Hebbel, Briefe
(an H. A. Th. Schacht, 18. September 1835)

Gemüt ist mehr als Geist,
denn das Gemüt besteht
Als Wurzel, wenn der Geist
wie Blütenstaub vergeht.
Friedrich Rückert, Die Weisheit des Brahmanen

In sich geschlossen und mit sich einig
ist das göttliche Gemüt,
in sich geschlossen und mit sich einig
ist die göttliche Natur.
Henrik Steffens,
Beiträge zur inneren Naturgeschichte der Erde

Nicht die Gewalt der Armee
noch die Tüchtigkeit der Waffen,
sondern die Kraft des Gemüts ist es,
welche Siege erkämpft.
Johann Gottlieb Fichte, Reden an die deutsche Nation

Ohne Umschweife
Begreife,
Was dich mit der Welt entzweit;
Nicht will sie Gemüt,
will Höflichkeit.
Johann Wolfgang von Goethe, Sprüche

Rein wie das feinste Gold,
fest wie ein Felsenstein,
Ganz lauter wie Kristall
soll dein Gemüte sein.
Angelus Silesius, Der Cherubinische Wandersmann

So wie es trotz aller Sinne
ohne Phantasie keine Außenwelt gibt,
so auch mit allem Sinn ohne Gemüt
keine Geisterwelt. Wer nur Sinn hat,
sieht keinen Menschen, sondern bloß
Menschliches: Dem Zauberstabe
des Gemüts allein tut sich alles auf.
Friedrich Schleiermacher, Fragmente

Tiefe Gemüter sind gezwungen,
in der Vergangenheit
so wie in der Zukunft zu leben.
Johann Wolfgang von Goethe, Dichtung und Wahrheit

Wir bewaffnen unseren Körper,
um nicht den Dolch des Mörders
fürchten zu müssen.
Sollen wir nicht auch das Gemüt
so schützen, dass es in Sicherheit ist?
Erasmus von Rotterdam,
Handbüchlein eines christlichen Streiters

Genauigkeit

Der Scharfsinn bedarf
nur eines Augenblicks,
um alles zu bemerken,
die Genauigkeit Jahre,
um alles auszudrücken.
Joseph Joubert, Gedanken, Versuche und Maximen

Wir würden gar vieles besser kennen,
wenn wir es nicht zu genau erkennen
wollten. Wird uns doch ein Gegenstand
unter einem Winkel von fünfundvierzig
Graden erst fasslich.
Johann Wolfgang von Goethe,
Maximen und Reflexionen

Ungenauigkeit ist ein Umweg.
Carl Sternheim

General

Als mit Papierhüten
und Holzschwertern
ausstaffierte Vierjährige
sind wir alle Generäle.
Aber einige von uns
entwachsen dem nie.
Peter Ustinov, Peter Ustinovs geflügelte Worte

Bei gewissen Generälen ist durchaus
eine gewisse Denkbereitschaft
festzustellen – nach ihrem Ausscheiden.
Elmar Schmähling

Der General: ein Korporal,
der mehrmals befördert wurde.
Gabriel Laub

Ein ordengeschmückter General
mit Schluckauf
ersetzt jeden Schellenbaum.
Jaroslav Hašek

Generäle und Dirigenten leben länger;
denn sie sind gewohnt,
dass man ihnen nicht widerspricht.
David Frost

Ich glaube,
Generäle verabscheuen Generäle
auf ihrer eigenen Seite weit mehr
als den Feind.
Peter Ustinov, Peter Ustinovs geflügelte Worte

Nach einem dummen General
ist ein intelligenter General
das Schlimmste.
Bob Charles de Gaulle

Tausend Soldaten sind
leicht zu rekrutieren,
es ist nur schwierig,
einen General zu finden.
Chinesisches Sprichwort

Unter einem starken General
gibt es keine schwächlichen Soldaten.
Chinesisches Sprichwort

Generation

Der Mann vertritt
die jeweilige geschichtliche Situation,
die Frau vertritt die Generation.
Gertrud von Le Fort, Die Frau in der Zeit

Die junge Generation
hat auch heute noch
Respekt vor dem Alter.
Allerdings nur beim Wein,
beim Whisky und bei den Möbeln.
Truman Capote

Die jetzige Generation entdeckt immer,
was die alte schon vergessen hat.
Johann Wolfgang von Goethe, überliefert von
Friedrich Wilhelm Riemer (Mittheilungen über Goethe)

Die Sterne,
die wir am Himmel sehen,
gibt es vielleicht gar nicht mehr.
Genauso verhält es sich
mit den Idealen früherer Generationen.
Tennessee Williams

Die Vorwärtsbewegung
erfolgt langsam, generationenweise.
Um einen Schritt voranzukommen,
ist es notwendig,
dass eine ganze Generation ausstirbt.
Leo N. Tolstoi, Tagebücher (1910)

(...) eine Generation dankt nicht dann
ab, wenn ihre Antworten widerlegt,
sondern wenn diese als unwichtig
erachtet werden.
Günther Anders, Lieben gestern.
Notizen zur Geschichte des Fühlens

Eine Generation geht,
eine andere kommt.
Die Erde steht in Ewigkeit.
Altes Testament, Kohelet 1, 4

Eine Generation verlässt
die Unternehmungen der anderen
wie gestrandete Schiffe.
Henry David Thoreau, Walden

Es ist das Schicksal jeder Generation,
in einer Welt unter Bedingungen
leben zu müssen,
die sie nicht geschaffen hat.
John F. Kennedy

Es ist zuweilen so,
als ob ganze Generationen
mit Blindheit geschlagen wären;
indem sie miteinander streiten,
bahnen sie dem gemeinschaftlichen
Feinde den Weg.
Leopold von Ranke, Französische Geschichte

Jede Generation
ist eine Fortsetzung der andern
und ist verantwortlich
für ihre Taten.
Heinrich Heine

Wenn eine Generation
kriegerisch gewesen ist,
werden die zehn folgenden
furchtsam sein.
Sprichwort aus der Mongolei

Genesung

Ist der Kranke genesen,
so zahlt er ungern die Spesen.
Deutsches Sprichwort

Um zu genesen,
musst du viel Schmerzhaftes ertragen.
Ovid, Heilmittel gegen die Liebe

Genie

Beim Genie heißt es: Lass dich gehen!
Beim Talent: Nimm dich zusammen!
Marie von Ebner-Eschenbach, Aphorismen

Beständiges unwillkürliches Lernen
ist Sache des Genies.
Marie von Ebner-Eschenbach, Aphorismen

Das Erste und Letzte,
was vom Genie gefordert wird,
ist Wahrheitsliebe.
Johann Wolfgang von Goethe,
Maximen und Reflexionen

Das Genie beginnt die schönen Werke,
aber nur die Arbeit vollendet sie.
Joseph Joubert, Gedanken, Versuche und Maximen

Das Genie entdeckt die Frage,
das Talent beantwortet sie.
Karl Heinrich Waggerl

Das Genie entzieht sich
den Konventionen
und sieht die Dinge selbst an.
Sully Prudhomme, Gedanken

Das Genie geht glatt durch Mauern
und stößt sich wund an der Luft.
Alfred Polgar, Kleine Schriften, Band 3. Irrlicht

Das Genie
hat etwas vom Instinkt der Zugvögel.
Jakob Boßhart, Bausteine zu Leben und Zeit

Das Genie ist die höchste Verkörperung
der Vernunft in einem Punkt und
zu einem bestimmten Augenblick.
Théodore Jouffroy, Das grüne Heft

Das Genie ist die Macht,
Gott der menschlichen Seele
zu offenbaren.
Franz Liszt, Über Paganini

Das Genie ist in der Gesellschaft
eine Krankheit, ein geistiges Fieber,
von dem man sich wie von einem Übel
heilen lassen müsste, wenn nicht der
Ruhm als Lohn die Schmerzen linderte.
Germaine Baronin von Staël, Über Deutschland

Das Genie ist
unter den andern Köpfen,
was unter den Edelsteinen
der Karfunkel:
Er strahlt eigenes Licht aus,
während die andern
nur das empfangene reflektieren.
Arthur Schopenhauer, Den Intellekt überhaupt
und in jeder Beziehung betreffende Gedanken

Das Genie ist
wie das Donnerwetter:
Es geht gegen den Wind,
schreckt die Menschen
und reinigt die Luft.
Sören Kierkegaard, Der Augenblick

Das Genie
kann man nicht ersitzen,
wie die Beamten ihre Pension.
Heimito von Doderer, Repertorium. Ein Begreifbuch
von höheren und niederen Lebens-Sachen

Das Genie
kann man nicht nachahmen.
Luc de Clapiers Marquis de Vauvenargues,
Unterdrückte Maximen

Das Genie lässt sich genauso wenig
analysieren wie die Elektrizität.
Entweder man hat es
oder man hat es nicht.
Jean Cocteau, Hahn und Harlekin

Das Genie macht die Fußstapfen,
und das nachfolgende Talent
tritt in dieselben hinein,
tritt sie aber schief.
Wilhelm Raabe, Frau Salome

Das Genie mit Großsinn
sucht seinem Jahrhundert vorzueilen;
das Talent aus Eigensinn
möchte es oft zurückhalten.
Johann Wolfgang von Goethe,
Maximen und Reflexionen

Das Genie unterscheidet sich eben
dadurch, dass es die Natur reicher
und vollständiger sieht, so wie der
Mensch vom halb blinden und halb
tauben Tiere; mit jedem Genie wird
uns eine neue Natur erschaffen,
indem es die alte weiter enthüllet.
Jean Paul, Vorschule der Ästhetik

Das Glück des Genies:
wenn es zu Zeiten
des Ernstes geboren wird.
Johann Wolfgang von Goethe,
Maximen und Reflexionen

Das schönste aller Geheimnisse:
ein Genie zu sein
und es als einziger zu wissen.
Mark Twain

Das Publikum
ist wunderbar nachsichtig.
Es verzeiht alles – außer Genie.
Oscar Wilde

Das Talent arbeitet,
das Genie schafft.
Robert Schumann, Denk- und Dichtbüchlein

Das Talent stellet nur Teile dar,
das Genie des Ganze des Lebens.
Jean Paul, Vorschule der Ästhetik

Das wahre Genie arbeitet
gleich einem reißenden Strome
sich selbst seinen Weg
durch die größten Hindernisse.
Gotthold Ephraim Lessing, Rezensionen

Genie

Das wahre Genie ist notwendigerweise
wenn schon nicht universal
in seinen Manifestationen,
so doch solcher Universalität
durchaus fähig.
Edgar Allan Poe, Marginalien

Dem Genie traut man alles zu,
da es doch nur ein Gewisses vermag.
Johann Wolfgang von Goethe, Dichtung und Wahrheit

Denn was ist Genie anders
als jene produktive Kraft,
wodurch Taten entstehen,
die vor Gott und der Natur
sich zeigen können
und die eben deswegen
Folge haben und von Dauer sind.
Johann Wolfgang von Goethe, überliefert von Johann Peter Eckermann (Gespräche mit Goethe)

Der Durchschnittskünstler
bringt Durchschnittliches hervor
und nie sehr Schlechtes.
Das anerkannte Genie hingegen
schafft entweder wahrhaft große Werke
oder absoluten Schund.
Leo N. Tolstoi, Tagebücher (1896)

Der Gegensatz von genial ist nicht:
ungenial, sondern: geschickt.
Alfred Polgar, Kleine Schriften, Band 3. Irrlicht

Der geniale Mensch hat Augen für das,
was ihm zu Füßen liegt.
Johann Jakob Mohr

Der Genius weist den Weg,
das Talent geht ihn.
Marie von Ebner-Eschenbach, Aphorismen

Der Hunger
ist die Dienerin des Genies.
Mark Twain, Querkopf Wilsons Kalender

Der Mensch ist verloren,
der sich früh für ein Genie hält.
Georg Christoph Lichtenberg, Sudelbücher

Der Strich,
den das Genie in einem Zuge hinwirft,
kann das Talent in glücklichen Stunden
aus Punkten zusammensetzen.
Marie von Ebner-Eschenbach, Aphorismen

Die Aufgabe, ihr Volk zu vertreten,
fällt den Mittelmäßigen zu,
nicht den Genies.
Curzio Malaparte

Die genialen Menschen aller Länder
sind sehr wohl imstande,
einander zu verstehen und zu achten.
Germaine Baronin von Staël, Über Deutschland

Die Genies brechen die Bahnen,
und die schönen Geister ebnen
und verschönern sie.
Georg Christoph Lichtenberg, Sudelbücher

Die Kinder der Götter entziehen sich
den Gesetzen der Natur
und bilden gleichsam
die Ausnahme von der Regel.
Jean de La Bruyère, Die Charaktere

Die Kinder des Genies erben
normalerweise nichts weiter
als ausgebrannte Gehirne.
August Strindberg, Der Sohn der Magd

Die Verehrung, welche der gebildete
große Haufe dem Genie zollt, artet,
geradeso wie die, welche die Gläubigen ihren Heiligen widmen, gar leicht
in läppischen Reliquiendienst aus.
Arthur Schopenhauer, Den Intellekt überhaupt und in jeder Beziehung betreffende Gedanken

Ein Gelehrter ist, wer viel gelernt hat;
ein Genie der, von dem die Menschheit
lernt, was er von keinem gelernt hat.
Arthur Schopenhauer, Den Intellekt überhaupt und in jeder Beziehung betreffende Gedanken

Ein Genie ist ein Mensch,
dem etwas Selbstverständliches
zum ersten Mal einfällt.
Hermann Bahr

Ein Genie ist ein Mensch,
der einen doppelten Intellekt hat:
den einen für sich,
zum Dienste seines Willens,
und den anderen für die Welt,
deren Spiegel er wird,
indem er sie rein objektiv erfasst.
Arthur Schopenhauer, Den Intellekt überhaupt und in jeder Beziehung betreffende Gedanken

Ein Mann von Genie,
sobald er vom Schwierigen redet,
meint bloß das Unmögliche.
Edgar Allan Poe, Marginalien

Ein Unterschied:
Nicht das Genie ist 100 Jahre
seiner Zeit voraus, sondern
der Durchschnittsmensch
ist um 100 Jahre hinter ihr zurück.
Robert (Edler von) Musil, Aphorismen

Einen Gemeinplatz erfinden,
das ist das Genie.
Charles Baudelaire, Tagebücher

Erfindung ist das einzige Kennzeichen
des Genius.
Luc de Clapiers Marquis de Vauvenargues, Nachgelassene Maximen

Es gibt eine Art Genie, die an der Erde
zu haften scheint, nämlich Kraft;
eine andere, die an der Erde und am
Himmel teilhat, die Erhabenheit;
eine dritte endlich, die an Gott teilhat,
das ist Licht und Weisheit
oder das Licht des Geistes.
Alles Licht kommt von oben.
Joseph Joubert, Gedanken, Versuche und Maximen

Es gibt keinen größeren Trost
für die Mittelmäßigkeit, als dass
das Genie nicht unsterblich sei.
Johann Wolfgang von Goethe, Maximen und Reflexionen

Es gibt zwei Arten des Genies:
eins, welches vor allem
zeugt und zeugen will,
und ein andres, welches sich gern
befruchten lässt und gebiert.
Friedrich Nietzsche, Jenseits von Gut und Böse

Es ist erstaunlich:
Ich weiß von mir selbst, dass ich
schlecht und dumm bin, aber man
hält mich für einen genialen Menschen.
Wie steht es dann um die anderen?
Leo N. Tolstoi, Tagebücher (1902)

Es ist etwas Schönes
um die Herzenseinfalt beim Genie
und die Seelenreinheit beim Starken.
Germaine Baronin von Staël, Über Deutschland

Es ist nicht die einfache Kreatur,
die der Hilfe bedarf, sondern das
Genie.
Eleonora Duse

Es liegt im Wesen des Genies,
die einfachsten Ideen auszunutzen.
Charles Péguy

Freilich kann Genie
nicht unterdrückt werden,
aber doch verrückt und verpflanzt.
Jean Paul, Dämmerungen für Deutschland

Genialität ist nichts anderes
als eine große Fähigkeit zur Geduld.
Georges Louis Leclerc Graf von Buffon, Antrittsrede nach der Aufnahme in die Académie française

Genie besteht immer darin,
dass einem etwas Selbstverständliches
zum ersten Mal einfällt.
Hermann Bahr, Tagebücher

Genie blickt voll der Hochachtung
auf andres Genie, ja mag ihm sogar
in enthusiastischer Bewunderung
gegenüberstehen, doch nichts von
Verehrung haftet solchem Gefühle an.
Edgar Allan Poe, Marginalien

Genie erweckt in uns allein die Frau.
Properz, Elegien

Genie ist der Verdichtungspunkt
latenter Massenkräfte.
Walther Rathenau, Auf dem Fechtboden des Geistes. Aphorismen aus seinen Notizbüchern

Genie ist eine Macht,
aber es ist mehr noch eine Fackel,
mit der man die große Kunst,
glücklich zu sein, auffinden soll.
Stendhal, Über die Liebe

Genie ist in Wahrheit
kaum mehr als die Fähigkeit,
auf ungewöhnliche Weise
wahrzunehmen.
William James, Die Prinzipien der Psychologie

Genie und Wahnsinn
sind eng verbunden.
Edgar Allan Poe, Marginalien

Gott denkt in den Genies,
träumt in den Dichtern
und schläft in den übrigen Menschen.
Meine Damen und Herren – gute
Nacht!
André Heller

Ich fühle wohl, Bester,
es gehört Genie zu allem,
auch zum Märtyrertum.
Johann Wolfgang von Goethe,
Die Wahlverwandtschaften

Im Genie
liegt immer etwas Universales.
Germaine Baronin von Staël, Über Deutschland

Im Genius stehen alle Kräfte auf einmal in Blüte, und die Phantasie ist
darin nicht die Blume, sondern die
Blumengöttin, welche die zusammenstäubenden Blumenkelche für neue
Mischungen ordnet, gleichsam die
Kraft voller Kräfte.
Jean Paul, Vorschule der Ästhetik

Im Wesen des Genies liegt es, dass es
alle möglichen inneren und äußeren
Misslichkeiten, die von dem Talent
als Hemmnisse empfunden werden,
ja an denen es manchmal rettungslos
zugrunde geht, zu fördernden Elementen umzubilden, ja aus ihnen den
letzten Antrieb zur Vollendung zu
empfangen versteht.
Arthur Schnitzler, Buch der Sprüche und Bedenken

In der Gabe, alle Vorfälle des Lebens
zu seinem und seiner Wissenschaft
Vorteil zu nutzen, darin besteht ein
großer Teil des Genies.
Georg Christoph Lichtenberg, Sudelbücher

Jahrelang bildet der Meister
und kann sich nimmer genugtun;
Dem genialen Geschlecht
wird es im Traume beschert.
Johann Wolfgang von Goethe/Friedrich Schiller,
Xenien

Jeder Mensch von edlen lebendigen
Kräften ist Genie auf seiner Stelle,
in seinem Werk, zu seiner Bestimmung.
Johann Gottfried Herder,
Vom Erkennen und Empfinden der menschlichen Seele

Jeder Mensch von Genie
hat seine Verleumder.
Edgar Allan Poe, Marginalien

Jedes große Genie hat seinen eignen
Gang, seinen eignen Ausdruck,
seinen eignen Ton, sein eignes System
und sogar sein eignes Kostüm.
Johann Wolfgang von Goethe,
Lavater – Predigten über das Buch Jonas

Kann ein Genie
der Welt so völlig entsagen,
wie es der restlose Ausdruck
seiner selbst erfordert,
ohne ein Laster oder ein Gebrechen?
William Butler Yeats, Synges Tod

Mächtige Regierungen
haben einen Widerwillen
gegen das Geniale.
Jacob Burckhardt, Weltgeschichtliche Betrachtungen

Mit dem Genius
steht die Natur
im ewigen Bunde.
Friedrich Schiller, Kolumbus

Mittelmäßigkeit ist
von allen Gegnern der schlimmste,
Deine Verirrung, Genie,
schreibt sie als Tugend sich an.
Johann Wolfgang von Goethe/Friedrich Schiller,
Xenien

Nicht an dem höhern und reichern
Wuchs von Gipfel und Zweigen ist der
Genius am erkennbarsten, sondern am
Fremdartigen des ganzen Gewächses.
Jean Paul,
Kleine Nachschule zur ästhetischen Vorschule

Nicht das Genie
ist 100 Jahre seiner Zeit voraus,
sondern der Durchschnittsmensch
ist um 100 Jahre hinter ihr zurück.
Robert Musil

Noah hatte drei Söhne: Sem, Ham und
Japhet, glaube ich. Ham bemerkte nur,
dass sein Vater ein Trinker war,
und übersah dabei völlig, dass Noah
genial war, dass er die Arche gebaut
und die Welt gerettet hatte.
Anton P. Tschechow, Briefe (16. September 1891)

Nur das einseitige Talent gibt wie eine
Klaviersaite unter dem Hammerschlage
einen Ton; aber das Genie gleicht einer
Windharfen-Saite, eine und dieselbe
spielet sich selber zu mannigfachem
Tönen vor dem mannigfachen
Anwehen.
Jean Paul, Vorschule der Ästhetik

Nur das Genie hat
für den neuen Gedanken
auch das neue Wort.
Heinrich Heine

Ohne Leidenschaft
gibt es keine Genialität.
Theodor Mommsen, Römische Geschichte

Selbst das größte Genie würde nicht
weit kommen, wenn es alles seinem
eigenen Innern verdanken wollte.
Das begreifen aber viele sehr gute
Menschen nicht und tappen mit ihren
Träumen von Originalität ein halbes
Leben im Dunkeln.
Johann Wolfgang von Goethe, überliefert von Johann
Peter Eckermann (Gespräche mit Goethe)

Talente können sich untereinander,
als Grade, vernichten und erstatten;
Genies, als Gattungen, aber nicht.
Jean Paul, Vorschule der Ästhetik

Um Genies in der Kindheit zu beobachten, müsste man erst wissen,
wer eines wird; denn erst hinterher
macht man spätere Erlebungen
zu frühern Erfahrungen.
Jean Paul, Dämmerungen für Deutschland

Und wenn eine Frau Genie hat,
so prägt es sich bei ihr, wie ich glaube,
ursprünglicher aus als bei uns.
Denis Diderot, Über die Frauen

Warum will sich Geschmack
und Genie so selten vereinen?
Jener fürchtet die Kraft,
dieses verachtet den Zaum.
Johann Wolfgang von Goethe/Friedrich Schiller,
Xenien

Was die Welt gemeinhin Genie nennt,
ist jener krankhafte Geisteszustand,
welcher aus einer ungebührlichen
Vorherrschaft einer einzigen Fähigkeit
über alle anderen erwächst. Die Werke
solcher Genies sind niemals von echter
Gesundheit und verraten in speziellen
Punkten stets einen wahnhaften Geist.
Edgar Allan Poe, Marginalien

Welches Genie das größte wohl sei?
Das größte ist dieses,
Welches, umstrickt von der Kunst,
bleibt auf der Spur der Natur.
Johann Wolfgang von Goethe/Friedrich Schiller,
Xenien

Wenn ein Land
einen genialen Menschen hervorbringt,
dann ist er nie, wie es ihn haben will
oder glaubt, ihn haben zu wollen.
William Butler Yeats, Synges Tod

Wer ein Genie ist,
bestimmt die Nachwelt.
Wer ein Star ist,
entscheidet die Mitwelt.
Werner Höfer

Wer Humor hat,
der hat beinahe schon Genie.
Wer nur Witz hat,
der hat meistens nicht einmal den.
Arthur Schnitzler

Wie manches würde in der Theorie
unwidersprechlich scheinen, wenn es
dem Genie nicht gelungen wäre, das
Widerspiel durch die Tat zu erweisen.
Gotthold Ephraim Lessing, Laokoon

Wissen wir sicher, ob die genialen
Ideen der großen Männer ausschließlich ihr eigenes Werk sind? Zweifellos
sind sie stets Schöpfungen einzelner
Geister, aber die unzähligen Körnchen,
die den Boden für den Keim dieser
Ideen bilden, hat die Massenseele
sie nicht erzeugt?
Gustave Le Bon, Psychologie der Massen

Wüchsen die Kinder in der Art fort,
wie sie sich andeuten,
so hätten wir lauter Genies.
Johann Wolfgang von Goethe, Dichtung und Wahrheit

Zu den Blitzen des Genies
machen die Talente den Donner.
Peter Sirius, Genie und Talent

Genius

Bist du allein mit dir,
so bist du mit dem Genius.
Bettina von Arnim,
Goethes Briefwechsel mit einem Kinde

Ein großer Genius bildet sich
durch einen andern großen Genius,
weniger durch Assimilierung
als durch Reibung.
Ein Diamant schleift den andern.
Heinrich Heine,
Zur Geschichte der Religion und Philosophie in
Deutschland

Huldige dem Genius einmal,
und er achtet dir kein sterblich
Hindernis mehr und reißt dir
alle Bande des Lebens entzwei.
Friedrich Hölderlin, Hyperion

Genosse

Die Narrheit hat gewiss mehr
Genossen und Schmarotzer
als die Gescheitheit.
Miguel de Cervantes Saavedra, Don Quijote

Niemand weiß, was er ist, wer nicht
weiß, was seine Genossen sind,
vor allem der höchste Genosse,
der Meister der Meister,
der Genius des Zeitalters.
Friedrich Schlegel, Ideen

So wie der Griffel
durch den Marmor bohrt,
so durchschaut der Spitzbube
seinen Genossen.
Talmud

Gentleman

Den Gentleman erkennt man daran,
dass er nett ist zu Leuten,
von denen er keinen Nutzen hat.
William Lyon Phelps

Ein Gentleman ist ein Herr,
der sich sogar dann,
wenn er allein ist,
der Zuckerzange bedient.
Alphonse Allais

Ein Gentleman ist ein Mann,
der eine Frau beschreiben kann,
ohne die Hände zu Hilfe zu nehmen.
Alec Guinness

Ein Gentleman ist ein Mann,
der eine Frau so lange beschützt,
bis er mit ihr allein ist.
Peter Sellers

Ein Gentleman ist ein Mann,
der einer Frau auch dann
beim Aufstehen behilflich ist,
wenn er sie selbst zu Fall gebracht hat.
Alec Guinness

Ein Gentleman ist ein Mann,
der in einem überfüllten Bus
niemals sitzen bleibt, ohne eine Frau
auf den Schoß zu nehmen.
David Frost

Ein Gentleman ist ein Mann,
der seiner Frau die Hoteltür öffnet,
damit sie das Gepäck
in die Halle tragen kann.
Peter Ustinov

Ein Gentleman ist ein Mann,
in dessen Gesellschaft
die Frauen zu blühen beginnen.
Jeanne Moreau

Ein Gentleman ist, wer etwas tut,
was ein Gentleman niemals tun darf,
es aber so tut, wie es nur
ein Gentleman zu tun versteht.
Peter Ustinov

Eine Lady ist eine Dame,
die aus Männern Gentlemen macht.
Alec Guinness

Gib dich jeder Frau gegenüber so,
als seist du in sie verliebt, und jedem
Manne, als sei er dir überlegen, und
nach einer Saison wirst du den Ruf
des vollkommensten Gentleman haben.
Oscar Wilde, Eine Frau ohne Bedeutung

Heutzutage gilt ein Mann
schon als Gentleman,
wenn er die Zigarette
aus dem Mund nimmt,
bevor er eine Frau küsst.
Barbra Streisand

Genug

Denn wer unendlich resigniert hat,
ist sich selber genug.
Søren Kierkegaard, Furcht und Zittern

Die Erfüllung liegt in dem,
was genug ist.
Michel Eyquem de Montaigne, Die Essais

Gar selten tun wir uns selbst genug;
desto tröstender ist es, andern genug
getan zu haben.
Johann Wolfgang von Goethe,
Maximen und Reflexionen

Nichts weiter wünsche,
wer erhielt, was genug ist.
Horaz, Briefe

Und es ist noch keiner gefunden worden, dem, was er hat, genug wäre.
Marcus Tullius Cicero, Paradoxa Stoicorum

Wer genug hat, hat zu viel.
Heinrich Waggerl, Aphorismen

Zur Hand ist, was genug ist.
Lucius Annaeus Seneca, Briefe an Lucilius

Genügsamkeit

Alle Guten sind genügsam.
Johann Wolfgang von Goethe, West-östlicher Divan

Also besitzen Selbstgenügen
und Macht ein und dasselbe Wesen.
Anicius Manlius Torquatus Severinus Boethius,
Trost der Philosophie

Das wahre Glück
Ist die Genügsamkeit,
Und die Genügsamkeit
Hat überall genug.
Johann Wolfgang von Goethe, Adler und Taube

Der Genügsame ist immer fröhlich,
der Geduldige ist immer ruhig.
Chinesisches Sprichwort

Die Frömmigkeit bringt in der Tat
reichen Gewinn, wenn man nur
genügsam ist. Denn wir haben nichts
in die Welt mitgebracht, und wir können auch nichts aus ihr mitnehmen.
Neues Testament, Paulus (1 Timotheus 6, 6–7)

Genug ist besser als zu viel.
Deutsches Sprichwort

Ich habe das Bedürfnis
nach Genügsamkeit und habe
oft das bedrückende Bewusstsein,
mehr als nötig von der Arbeit meiner
Mitmenschen zu beanspruchen. (...).
Auch glaube ich, dass ein schlichtes
und anspruchsloses äußeres Leben für
jeden gut ist, für Körper und Geist (...).
Albert Einstein, Mein Weltbild

Mit wenig lebt man wohl.
Deutsches Sprichwort

Nur wer sich in Genügsamkeit genügt,
hat stets genug.
Lao-tse, Dao-de-dsching

Sich mit wenigem begnügen,
ist schwer,
sich mit vielem begnügen
noch schwerer.
Marie von Ebner-Eschenbach, Aphorismen

Wahrlich glücklich ist nur
der Genügsame,
die Großen und Ehrgeizigen aber
sind unglücklich,
weil sie unendlich viel brauchen,
um zufrieden zu sein.
François de La Rochefoucauld,
Nachgelassene Maximen

Wenn ein jeder sich selbst genug wäre,
brauchte er nur das Land zu kennen,
das ihn ernähren kann.
Jean-Jacques Rousseau, Emile

Genuss

Aber kein Genuss
ist vorübergehend:
denn der Eindruck,
den er zurücklässt,
ist bleibend.
Johann Wolfgang von Goethe,
Wilhelm Meisters Lehrjahre

Alle Genüsse
sind schließlich Einbildung,
und wer die beste Phantasie hat,
hat den größten Genuss.
Theodor Fontane, Irrungen, Wirrungen

Ästhetischer Genuss ist ein Genuss
niederer Ordnung. Daher lässt uns
höchster ästhetischer Genuss
unbefriedigt.
Leo N. Tolstoi, Tagebücher (1896)

Auch in den Geschlechtsteilen
des Menschen blüht die Vernunft,
sodass ein Mensch weiß,
was er zu tun und lassen hat.
Daher hat er Genuss an diesem Werk.
Hildegard von Bingen, Mensch und Welt

Auch widerwärtige Eindrücke
lassen sich genießen.
Arthur Schnitzler,
Aphorismen und Betrachtungen aus dem Nachlass

Auch wir müssen Kriegsdienst leisten,
und zwar von einer Art, wo niemals
Ruhe, niemals Muße gewährt wird:
Niederkämpfen müssen wir vor allem
die Genüsse.
Lucius Annaeus Seneca, Briefe über Ethik

Denn die Begriffe von Glück
sind so verschieden,
wie die Genüsse und die Sinne,
mit welchen sie genossen werden.
Heinrich von Kleist, Briefe

Denn jeder Genuss ist immer nur
die Stillung eines Bedürfnisses:
Dass nun mit diesem auch jener wegfällt, ist so wenig beklagenswert,
wie dass einer nach Tische nicht mehr
essen kann und nach ausgeschlafener
Nacht wach bleiben muss.
Arthur Schopenhauer, Aphorismen zur Lebensweisheit

(...) Denn Liebesgenuss
hat noch nie genutzt,
man darf zufrieden sein,
wenn er nicht schadete.
Epikur, Sprüche. In: Briefe, Sprüche, Werkfragmente

Der höchste Genuss besteht
in der Zufriedenheit mit sich selbst.
Jean-Jacques Rousseau, Emile

Der Mensch braucht nur wenige
Erdschollen, um drauf zu genießen,
weniger, um drunter zu ruhen.
Johann Wolfgang von Goethe,
Die Leiden des jungen Werthers

Die Genusssucht frisst alles auf,
am liebsten aber das Glück.
Marie von Ebner-Eschenbach, Aphorismen

Die höchsten, die mannigfaltigsten
und die anhaltendsten Genüsse sind
die geistigen, wie sehr auch wir in der
Jugend uns darüber täuschen mögen;
diese aber hängen hauptsächlich von
der angeborenen Kraft ab.
Hieraus also ist klar, wie unser Glück
abhängt von dem, was wir sind,
von unsrer Individualität.
Arthur Schopenhauer, Aphorismen zur Lebensweisheit

Die Kunst des Genießens ist uns verloren gegangen. Wir sind zu bewusst,
zu kritisch, zu sehr eingenommen von
unserer Macht, die Dinge mit Wert
zu begaben. Wir genießen nicht, wie
befriedigen uns, und so verarmen wir
allmählich.
Genießen heißt, sich willenlos der
Schönheit eines Zufälligen hingeben.
Heinrich Waggerl, Nach-Lese-Buch

Die meisten Menschen
hasten so sehr nach Genuss,
dass sie an ihm vorbeirennen.
Søren Kierkegaard, Entweder – Oder

Die reine Freundschaft
gewährt einen Genuss,
zu dem sich mittelmäßige Menschen
nie zu erheben vermögen.
Jean de La Bruyère, Die Charaktere

Die Tage der Jugend,
sie glänzen und blühn;
O lass uns der Tage
der Jugend genießen!
Johann Wolfgang von Goethe,
Erwin und Elmire (Valerio und Rosa)

Du hast mehr
in der Hoffnung genossen,
als du jemals
in Wirklichkeit genießen wirst.
Jean-Jacques Rousseau, Emile

Du möchtest ein Genussleben führen?
Aber wer verschmähte
und verachtete nicht
einen Sklaven des wertlosesten
und gebrechlichsten Dinges,
des Körpers?
Anicius Manlius Torquatus Severinus Boethius,
Trost der Philosophie

Durch Trauern
wird die Trauer zum Genuss.
Johann Wolfgang von Goethe,
Die natürliche Tochter (Herzog)

Ein großes Können
– ein großes Genießen.
Marie von Ebner-Eschenbach, Aphorismen

Ein neuer Hedonismus – das ist's,
was unser Jahrhundert braucht!
Oscar Wilde, Das Bildnis des Dorian Gray

Es liegt ein gewisser sinnlicher Genuss
im Umgang mit Sonderlingen.
Charles Baudelaire, Tagebücher

Es soll niemand genießen,
was besser ist als er;
er muss erst desselben wert,
das heißt ihm gleich sein.
Johann Wolfgang von Goethe, überliefert von Friedrich Wilhelm Riemer (Mittheilungen über Goethe)

Fortwährendem Entbehren
folgt Stumpfheit ebenso gewiss
wie übermäßigem Genuss.
Marie von Ebner-Eschenbach, Aphorismen

Frage nicht, was das Geschick
Morgen will beschließen;
Unser ist der Augenblick,
Lass uns den genießen!
Friedrich Rückert, Gedichte

Froh zu genießen ist nicht
ausschließlich Vorrecht der Reichen.
Ecbasis captivi in belehrender Gestalt (Papagei)

Genieße das Leben!
In schnellem Lauf flieht es dahin.
Lucius Annaeus Seneca, Phaedra

Genieße froh die Gaben
der gegenwärtigen Stunde
und lass das Unangenehme beiseite!
Horaz, Lieder

Genieße lieber das Leben
und seine Annehmlichkeiten,
solange du noch kannst!
Ecbasis captivi in belehrender Gestalt (Wolf)

Genießen aber heißt gebrauchen
mit Freude, nicht in der Hoffnung,
sondern in der Wirklichkeit.
Aurelius Augustinus, Über die Dreieinigkeit

Genießen! Genießen!
Wo genießen wir?
Mit dem Verstande
oder mit dem Herzen?
Heinrich von Kleist, Briefe
(an Adolphine von Werdeck, 28./29. Juli 1801)

Genießen und genießen lassen, ohne
sich noch sonst jemandem zu schaden
– das ist die ganze Moral.
Chamfort, Maximen und Gedanken

Genuss kann unmöglich
das Ziel des Lebens sein.
Genuss ohne etwas darüber
ist etwas Gemeines.
Christian Morgenstern, Stufen

Genuss und Leiden
sind der Atem des Lebens:
Einatmen und Ausatmen,
Speise und ihre Ausscheidung.
Leo N. Tolstoi, Tagebücher (1886)

Genusssucht ist stets ein Zeichen
der mangelnden Bildung, die allein
gründlich davor schützen kann.
Carl Hilty, Glück

Hoffnung auf Genuss ist fast so viel
Als schon genossne Hoffnung.
William Shakespeare, Richard III. (Northumberland)

Ich bete einfache Genüsse an.
Sie sind die letzte Zuflucht
komplizierter Menschen.
Oscar Wilde, Das Bildnis des Dorian Gray

Ich will genießen, und du willst lieben.
Ich bin außer mir vor Leidenschaft;
du aber liebst.
Jean-Jacques Rousseau,
Julie oder Die neue Héloïse (Saint-Preux)

Ich wollte immer zu viel
und will noch zu viel:
alles haben, alles können,
alles genießen.
Franziska Gräfin zu Reventlow, Tagebücher

In der heroischen Zeit,
da Götter und Göttinnen liebten,
Folgte Begierde dem Blick,
folgte Genuss der Begier.
Johann Wolfgang von Goethe, Römische Elegien

Jählings neigt sich
der Genuss zum Schmerz,
wenn er nicht Maß gehalten hat.
Lucius Annaeus Seneca, Briefe über Ethik

Je edlerer Art das Werk,
desto höher der Genuss.
Arthur Schopenhauer, Aphorismen zur Lebensweisheit

Jedes Ding wird
mit mehr Genuss erjagt als genossen.
William Shakespeare,
Der Kaufmann von Venedig (Graziano)

Kein Genusssüchtiger schreit
so wild nach Freuden,
wie ein Flagellant
nach seiner Geißel schreit.
Marie von Ebner-Eschenbach, Aphorismen

Kleiner Verdruss
bringt oft großen Genuss.
Deutsches Sprichwort

Lasset uns
des flücht'gen Tags genießen,
Gilt's vielleicht
doch morgen schon zu sterben.
Adelbert von Chamisso, Gedichte

Man habe Schwärmerei genug,
um zu idealisieren, Geschmack genug,
um mit anzustoßen beim festlichen
Klingen des Genusses, Verstand genug,
um abzubrechen, wenn es Zeit ist,
absolut abzubrechen wie der Tod,
Raserei genug, um aufs Neue genießen
zu wollen – so wird man der Götter
und Mädchen Liebling.
Søren Kierkegaard, Stadien auf dem Lebensweg

Man sei langsam im Genießen,
schnell im Wirken:
Denn die Geschäfte sieht man gern,
die Genüsse ungern beendigt.
Baltasar Gracián y Morales,
Handorakel und Kunst der Weltklugheit

Mancher glaubt zu genießen,
und schlingt doch nur.
Sprichwort aus Frankreich

Nachruhm!
Was ist das für ein seltsames Ding,
das man erst genießen kann,
wenn man nicht mehr ist?
Heinrich von Kleist, Briefe
(an Wilhelmine von Zenge, 15. August 1801)

Natur! Du ewig keimende,
Schaffst jeden zum Genuss des Lebens.
Johann Wolfgang von Goethe, Der Wandrer

Nicht hastig leben.
Die Sachen zu verteilen wissen,
heißt, sie zu genießen verstehen.
Baltasar Gracián y Morales,
Handorakel und Kunst der Weltklugheit

Nichts dau'ret ohn' Genuss,
Gott muss sich selbst genießen,
Sein Wesen würde sonst
wie Gras verdorren müssen.
Angelus Silesius, Der cherubinische Wandersmann

Nichts verhindert den rechten Genuss
so wie der Überfluss.
Michel Eyquem de Montaigne, Die Essais

Niemand kann sein Glück genießen,
ohne daran zu denken,
dass er es genießt.
Samuel Johnson, The Rambler

Nur Einsamkeit
ist Vollgenuss des Lebens.
August Graf von Platen, Gedichte

Oft findet man nicht den Genuss,
Den man mit Recht erwarten muss.
Wilhelm Busch, Die Haarbeutel

Ohne Verdruss ist kein Genuss.
Deutsches Sprichwort

Reden Sie einem Menschen ein,
dass der Branntwein, der Tabak,
das Opium ihm unentbehrlich seien,
und es wird nicht lange dauern, bis sie
ihm wirklich unentbehrlich werden.
Leo N. Tolstoi, Die Kreutzersonate

Und im Glück, im Genuss
wird der Mensch nicht wachsen,
in dem will er immer stillestehen.
Bettina von Arnim, Die Günderode

Verachte das Leben,
um es zu genießen.
Jean Paul, Quintus Fixlein

Während wir sprechen,
flieht die missgünstige Zeit.
Genieße den Tag!
Horaz, Lieder

Warum haben wir unser Glück nicht
bis zur letzten Tiefe genossen,
als es durch unsere Hände glitt?
Gustave Flaubert, November

Was in sich als größte Freude
jeder Genuss birgt, hebt er sich
für sein Ende auf.
Lucius Annaeus Seneca, Briefe über Ethik

Was kannst du genießen,
wenn du allein genießest?
Jean-Jacques Rousseau,
Julie oder Die neue Héloïse (Julie)

Was man verspricht,
das sollst du rein genießen,
Dir wird davon nichts abgezwackt.
Johann Wolfgang von Goethe, Faust I (Mephisto)

Wenn das Herz von falscher Scham
erfüllt ist und sie zu überwinden sucht,
kann es nicht zugleich genießen.
Der Genuss ist ein Luxus; um ihn
auszukosten, bedarf es der Sicherheit,
das heißt der Gewissheit, dass man
keine Gefahr läuft.
Stendhal, Über die Liebe (Fragmente)

Wenn einer zwanzig Jahre alt ist
und nicht erfasst, dass es einen
kategorischen Imperativ gibt: Genieße!,
der ist ein Narr, und wer nicht zugreift,
der werde ein Herrnhuter.
Søren Kierkegaard, Stadien auf dem Lebensweg

Wenn's am besten schmeckt,
soll man aufhören.
Deutsches Sprichwort

Wer ganz mit seinem Schmerz allein,
Der lernt den Schmerz genießen.
August Graf von Platen, Gedichte

Wer ist denn so begabt,
dass er vielseitig genießen könne?
Johann Wolfgang von Goethe,
Wilhelm Meisters Wanderjahre

Wer weiß zu leben?
Wer zu leiden weiß.
Wer weiß zu genießen?
Wer zu meiden weiß.
David Friedrich Strauß,
Der alte und der neue Glaube (Motto)

Zuweilen, wenn ich dem Fluge einer
Rakete nachsehe oder in den Schein
einer Lampe blicke oder ein künstliches Eis auf meiner Zunge zergehen
lasse, wenn ich mich dann frage:
Genießest du? Oh, dann fühle ich
mich so leer, so arm.
Heinrich von Kleist, Briefe
(an Luise von Zenge, 16. August 1801)

Zwei Blumen blühen
für den weisen Finder,
Sie heißen Hoffnung und Genuss.
Friedrich Schiller, Resignation

Geometrie

Das sind nur Spielereien mit Begriffen,
rein gedankliche Phantasiegebilde.
Die echte Geometrie ist die Kunst,
die tatsächlich bestehenden Dinge
zu messen.
Voltaire, Der Mann mit den vierzig Talern

Es gibt keine Königsstraße,
die zur Geometrie führt.
Euklid, Überliefert bei Proclus

Eure Geometrie taugt wohl,
den Geist des Mannes aufzurichten,
aber sie macht den des Kindes erstarren;
sie ist der Gelehrigkeit entgegengesetzt.
Joseph Joubert, Gedanken, Versuche und Maximen

Georg (23.4.)

Gewitter vorm Georgiustag,
folgt gewiss noch Kälte nach.
Bauernregel

Geradheit

Der gerade Weg ist der beste.
Deutsches Sprichwort

Durch Ruhe und Geradheit
geht doch alles durch.
Johann Wolfgang von Goethe, Tagebuch (1778)

Gott hat die Gradheit
selbst ans Herz genommen,
Auf gradem Weg ist
niemand umgekommen.
Johann Wolfgang von Goethe, Sprüche

Ich schätze den,
der tapfer ist und grad.
Johann Wolfgang von Goethe,
Iphigenie auf Tauris (Orest)

Wahrheit ist schlicht und gerade.
William Shakespeare, Heinrich VIII. (Königin)

Gerechtigkeit

Alle gerechten und berechtigten
Vorhaben sind ihrer Natur nach
gemäßigt und nicht übertrieben;
sonst bleiben sie nicht so, sondern
werden meuterisch und gesetzwidrig.
Michel Eyquem de Montaigne, Die Essais

Allzu gerecht tut Unrecht.
Deutsches Sprichwort

Auch die Gerechtigkeit
trägt eine Binde
Und schließt die Augen
jedem Blendwerk zu.
Johann Wolfgang von Goethe, Torquato Tasso (Tasso)

Barmherzigkeit ist leichter zu üben
als Gerechtigkeit.
Sully Prudhomme, Gedanken

Bei einem gerechten Gott
ist die beste Art,
etwas zu verlangen,
wenn man verdient,
es zu erhalten.
Jean-Jacques Rousseau, Dritter Brief vom Berge

Das Gesetz macht in keinem Stand
und keinem Beruf gerecht.
Martin Luther, Tischreden

Das Volk liebt den Mann,
der die Gerechtigkeit bringt,
dem Weisen schenkt es
eher Ehrfurcht als Liebe.
Francesco Guicciardini, Ricordi

Dass du erkennest im Herzen
und anderen auch es verkündest,
Wie viel besser es sei,
gerecht als böse zu handeln.
Homer, Odyssee

Denken wir aber daran,
dass auch gegen die Geringsten
Gerechtigkeit zu wahren ist.
Marcus Tullius Cicero, Vom rechten Handeln

Denn die Liebe zur Ordnung,
welche die Ordnung hervorbringt,
heißt Güte, und die Liebe zur Ordnung,
welche sie erhält, heißt Gerechtigkeit.
Jean-Jacques Rousseau, Emile

Denn nichts ist großzügig,
was nicht zugleich gerecht ist.
Marcus Tullius Cicero, Vom rechten Handeln

Der Edle ist auf Rechtlichkeit,
der gemeine Mann auf Vorteil bedacht.
Chinesisches Sprichwort

Der Gerechte ist am wenigsten zu
erschüttern; der Ungerechte ist von
höchster Erschütterung durchdrungen.
Epikur, Sprüche. In: Briefe, Sprüche, Werkfragmente

Der Gerechte ist sterblich und geht
dahin, sein Licht jedoch bleibt.
Fjodor M. Dostojewski, Die Brüder Karamasow

Der Gerechtigkeitssinn milder Richter
ist nur Liebe zu ihrer Würde.
François de La Rochefoucauld, Unterdrückte Maximen

Der größte Vorwurf, den wir uns
machen können, besteht gewiss darin,
dass wir die Ideen von Ehre und
Gerechtigkeit, die von Zeit zu Zeit
in unserem Herzen entsprießen,
uns entgleiten lassen, als wären es
flüchtige, traumgeborene Phantome.
Stendhal, Über die Liebe (Fragmente)

Der rechtliche Mensch denkt immer,
er sei vornehmer und mächtiger,
als er ist.
Johann Wolfgang von Goethe,
Maximen und Reflexionen

Der Schein regiert die Welt,
und die Gerechtigkeit
ist nur auf der Bühne.
Friedrich Schiller, Der Parasit

Der Schlaf der Gerechten!
Der Gerechte dürfte nicht
schlafen können.
Jules Renard, Ideen, in Tinte getaucht.
Aus dem Tagebuch von Jules Renard

Die Gerechtigkeit an sich,
die natürliche und allgemein gültige,
ist in einem anderen und in einem
vornehmeren Sinne als Gerechtigkeit
zu bezeichnen als die besondere,
national beschränkte Gerechtigkeit,
die den Forderungen
unserer politischen Wirklichkeit
unterworfen ist.
Michel Eyquem de Montaigne, Die Essais

Gerechtigkeit

Die Gerechtigkeit besteht darin,
die Strafe genau nach dem Fehler
abzumessen, und die äußerste Strenge
der Gerechtigkeit ist selbst ein Fehler,
wenn sie nicht auf vernünftige Vorstellungen hört, welche die Strenge
des Gesetzes mildern.
Jean-Jacques Rousseau, Vierter Brief vom Berge

Die Gerechtigkeit der Menschen
aber ist, einem jedem das zu geben,
was ihm gehört, und die Gerechtigkeit
Gottes, von einem jeden Rechenschaft
zu fordern für das, was ihm gegeben ist.
Jean-Jacques Rousseau, Emile

Die Gerechtigkeit erfüllen,
bedeutet: tun, was man muss;
Ungerechtigkeit aber:
nicht tun, was man muss,
sondern sich davor drücken.
Demokrit, Fragment 256

Die Gerechtigkeit ist eine Maschine,
die von selbst weiterrollt, wenn man
ihr einen Anstoß gegeben hat.
John Galsworthy, Justiz

Die Gerechtigkeit ist nur unter einem
Weltmonarchen am mächtigsten,
also ist, damit die Welt am besten
bestellt sei, die Weltmonarchie
oder das Kaisertum erforderlich.
Dante Alighieri, Über die Monarchie

Die Gerechtigkeit ist ohnmächtig
ohne die Macht;
die Macht ist tyrannisch
ohne die Gerechtigkeit.
Blaise Pascal, Pensées

Die Gerechtigkeit
ist von der Güte untrennbar.
Jean-Jacques Rousseau, Emile

Die Güte des Herzens
nimmt einen weiteren Raum ein
als der Gerechtigkeit geräumiges Feld.
Johann Wolfgang von Goethe,
Maximen und Reflexionen

Die meisten Menschen
lieben die Gerechtigkeit
nur aus Angst,
Ungerechtigkeit zu erleiden.
François de La Rochefoucauld, Reflexionen

Die Mühlen der Gerechtigkeit
mahlen langsam,
aber sicher nicht gratis.
Ephraim Kishon, Kishon für alle Fälle

Die Rechte des Volkes kommen nicht
von ihm, sondern von der Gerechtigkeit. Die Gerechtigkeit kommt von der
Ordnung und diese von Gott selbst.
Joseph Joubert, Gedanken, Versuche und Maximen

Die schlimmste Art
von Ungerechtigkeit
ist vorgespielte Gerechtigkeit.
Platon, Der Staat

Die Sprache aber dient dazu,
das, was nützlich und schädlich,
was gerecht und ungerecht ist,
offenkundig zu machen.
Aristoteles, Politik

Die Strafe ist die Gerechtigkeit,
welche die Schuldigen an die austeilen,
die gefasst werden.
Elbert Hubbard

Die Tränen des Armen
sollen bei dir mehr Mitleid,
aber nicht mehr Gerechtigkeit finden
als die Beweisgründe des Reichen.
Miguel de Cervantes Saavedra, Don Quijote

Die Waage unterscheidet nicht
zwischen Gold und Blei.
Sprichwort aus den USA

Dienen wir der Gerechtigkeit,
folgen wir der Vernunft,
so haben wir keine Hexen mehr
zum Verbrennen.
Friedrich Spee von Langenfeld, Cautio criminalis

Ein gerechter Mann ist nicht der,
der kein Unrecht begeht,
sondern wer es tun kann,
aber nicht will.
Menandros, Monostichoi

Ein gerechtes Urteil findet nur,
wer sich öffentlich berät.
Chinesisches Sprichwort

Ein wesentlicher Umstand bei der Gerechtigkeit, die man anderen schuldet,
ist, dass man sie ihnen sogleich und
ohne Aufschub widerfahren lässt;
sie auf sich warten lassen,
ist Ungerechtigkeit.
Jean de La Bruyère, Die Charaktere

Es gibt Akte der Gerechtigkeit, welche
die verderben, die sie vollziehen.
Joseph Joubert, Gedanken, Versuche und Maximen

Es gibt ein unfehlbares Rezept,
eine Sache gerecht unter zwei
Menschen aufzuteilen: Einer von
ihnen darf die Portionen bestimmen,
und der andere hat die Wahl.
Gustav Stresemann

Es gibt keine Gerechtigkeit
im Geschehen (...), recht und unrecht
ist ein privater Maßstab, den man an
die Dinge legt, um sich selbst damit
zu messen – wer hätte das je gekonnt!
Oswald Spengler, Urfragen.
Fragmente aus dem Nachlass

Es gibt keinen
gefährlicheren Feind der Gerechtigkeit
als die Selbstgerechtigkeit.
Richard Schmid

Es gibt mehr Strenge als Gerechtigkeit.
Luc de Clapiers Marquis de Vauvenargues,
Unterdrückte Maximen

Es ist gerecht,
dass jeder an die Reihe kommt.
Jean-Jacques Rousseau, Emile

Es ist schwerer, als man denkt,
gerecht zu sein.
Johann Wolfgang von Goethe,
Wilhelm Meisters theatralische Sendung

Es wachte das ewige Auge
der Gerechtigkeit.
Ammianus Marcellinus, Römische Geschichte

Es wandelt ohne Gefahr,
wer den Weg des Gerechten wandelt.
Chinesisches Sprichwort

Freiheit! Freiheit!
In allem Gerechtigkeit,
und es wird genug Freiheit geben.
Joseph Joubert, Gedanken, Versuche und Maximen

Für Gerechte gibt es keine Gesetze.
Deutsches Sprichwort

Gepriesen sei der Zufall.
Er ist wenigstens nicht ungerecht.
Ludwig Marcuse, Argumente und Rezepte.
Ein Wörter-Buch für Zeitgenossen

Gerecht ist, was den Gesetzen
und der Gleichheit entspricht,
ungerecht, was mit den Gesetzen und
der Gleichheit in Widerspruch steht.
Aristoteles, Nikomachische Ethik

Gerechtigkeit entspringt dem Neide,
denn ihr oberster Satz ist:
Allen das Gleiche.
Walter Rathenau, Auf dem Fechtboden des Geistes.
Aphorismen aus seinen Notizbüchern

Gerechtigkeit gibt jedem das Seine,
maßt sich nichts Fremdes an und setzt
den eigenen Vorteil zurück, wo es gilt,
das Wohl des Ganzen zu wahren.
Ambrosius, Von den Pflichten

Gerechtigkeit ist das Mindestmaß an
Tugend, zu dem jeder verpflichtet ist.
Darüber liegen die Stufen zur Voll-
kommenheit, darunter das Laster.
Leo N. Tolstoi, Tagebücher (1852)

Gerechtigkeit
ist das Recht des Schwächeren.
In uns ist sie das Gut des Nächsten,
und in den anderen das unsere.
Joseph Joubert, Gedanken, Versuche und Maximen

Gerechtigkeit ist tätige Wahrheit.
Joseph Joubert, Gedanken, Versuche und Maximen

Gerechtigkeit ohne Barmherzigkeit
ist Grausamkeit;
Barmherzigkeit ohne Gerechtigkeit
ist die Mutter der Auflösung.
Thomas von Aquin,
Kommentar zum Matthäusevangelium

Gleichheit ist immer der Probestein
der Gerechtigkeit, und beide machen
das Wesen der Freiheit.
Johann Gottfried Seume, Apokryphen

Grundlage aber der Gerechtigkeit
ist die Zuverlässigkeit, das heißt die
Unveränderlichkeit und Wahrhaftigkeit
von Worten und Abmachungen.
Marcus Tullius Cicero, Vom rechten Handeln

Grundlage der Gerechtigkeit
jedoch ist Pflichttreue.
Marcus Tullius Cicero, Vom rechten Handeln

Haltet gerechtes Gericht!
Altes Testament, Sacharja 7, 9

Hunde sind gerechter,
als die Menschen meinen.
Chinesisches Sprichwort

Hütet euch, eure Gerechtigkeit
vor den Menschen zur Schau zu stellen.
Neues Testament, Matthäus 6, 1 (Jesus: Bergpredigt)

Ich brauche keine Gnade,
ich will Gerechtigkeit.
Gotthold Ephraim Lessing,
Minna von Barnhelm (Tellheim)

In der Jugend meinen wir,
das Geringste, was das Leben uns
gewähren könne, sei Gerechtigkeit.
Im Alter erfährt man,
dass es das Höchste ist.
Marie von Ebner-Eschenbach, Aphorismen

Ist der Herrscher nicht gerecht,
fliehen die Minister aus dem Land.
Chinesisches Sprichwort

Juristen sind Leute,
die die Gerechtigkeit
mit dem Recht betrügen.
Harold Pinter

Kann man auch nur eine Spur
Gerechtigkeit in dem Los erblicken,
das die Frauen getroffen hat?
Charles Fourier, Über die Liebe und Ehe

Kein Mensch steht so hoch,
dass er anderen gegenüber
gerecht sein dürfte.
Marie von Ebner-Eschenbach, Aphorismen

Langes Flehen ziemt sich nicht,
wenn wir Gerechtes bitten.
Sophokles, Ödipus auf Kolonis

Man gibt in unsern Staaten meistens
der Gerechtigkeit eine Form,
die schrecklicher ist
als die Ungerechtigkeit selbst.
Johann Gottfried Seume, Apokryphen

Man kann nicht gerecht sein,
wenn man nicht menschlich ist.
Luc de Clapiers Marquis de Vauvenargues,
Reflexionen und Maximen

Man kommt nicht als Gerechter
auf die Welt, man wird es.
Wer ein Gerechter geworden ist,
muss an sich selber arbeiten,
damit er es bleibe.
Elie Wiesel, Adam oder das Geheimnis des Anfangs

Man soll frei sein,
aber man soll gerecht
und maßvoll sein.
Alexandre Vinet, Erziehung, Familie und Gesellschaft

Manche Richter sind so stolz
auf ihre Unbestechlichkeit,
dass sie darüber
die Gerechtigkeit vergessen.
Oscar Wilde

Nachsicht ist ein Teil der Gerechtigkeit.
Joseph Joubert, Gedanken, Versuche und Maximen

Nachsicht möge nicht
zu laut sprechen, aus Furcht,
die Gerechtigkeit aufzuwecken.
Joseph Joubert, Gedanken, Versuche und Maximen

Noch nie war einer glücklich,
welcher Unrecht tat;
Des Heiles Hoffnung blüht
dem Gerechten nur.
Euripides, Helena (Chor)

Reiche ohne Gerechtigkeit,
sind die etwas anderes
als große Räuberhöhlen?
Aurelius Augustinus, Über den Gottesstaat

Richter sollen
zwei gleiche Ohren haben.
Deutsches Sprichwort

Richtiges Recht ist geworden dem,
der, was er tat, auch erleidet.
Rhadamanthys,
überliefert bei Aristoteles (Nikomachische Ethik)

Sei gerecht,
und du wirst glücklich sein.
Jean-Jacques Rousseau, Emile

Seid gewarnt: Lernet Gerechtigkeit
und verachtet nicht die Götter!
Vergil, Aeneis

Selbst einem gerechten Mandarin
fällt es schwer, einen Familienstreit
zu schlichten.
Chinesisches Sprichwort

Selig,
die hungern und dürsten
nach der Gerechtigkeit,
denn sie werden satt werden.
Neues Testament, Matthäus 5, 6 (Jesus: Bergpredigt)

Sinn für Gerechtigkeit
ist bloß Angst,
man könnte uns nehmen,
was uns gehört.
François de La Rochefoucauld, Unterdrückte Maximen

So ungerecht der Liebende,
so lieblos der Gerechte.
Peter Benary

Strebe unermüdlich nach Gerechtigkeit, Frömmigkeit, Glauben, Liebe,
Standhaftigkeit und Sanftmut.
Neues Testament, Paulus (1 Timotheus 6, 9)

Tapferkeit und Klugheit sind immer
seltene Tugenden unter den Menschen,
aber die seltenste ist wohl
die Gerechtigkeit.
Plutarch, Parallelbiographien

Terror
ist nichts anderes als Gerechtigkeit,
prompt, sicher und unbeugsam.
Maximilien de Robespierre, Rede in der französischen
Nationalversammlung (1792)

Von allen seelischen Verschwendungen
die nutzloseste ist die Gerechtigkeit.
Was man an Liebe verausgabt, erhält
man immerhin manchmal, wenn auch
in bescheidenem Maße, zurückstattet.
Für die Gerechtigkeit, die man erwies,
erhält man nichts wieder als Missverstehen, Undank und am Ende noch
Hohn dazu.
Arthur Schnitzler, Buch der Sprüche und Bedenken

Was hat man am Ende von der
Gerechtigkeit? Nichts anderes,
als dass auch diejenigen Leute
einem Bedauern einflößen,
denen man im Grunde
alles Böse gewünscht hat.
Arthur Schnitzler,
Aphorismen und Betrachtungen aus dem Nachlass

Welt ist Welt;
sie liebt weder die Gerechtigkeit
noch duldet sie sie.
Martin Luther, Tischreden

Wem Gewinn winkt,
der wahre die Rechtlichkeit.
Chinesisches Sprichwort

Wen Gott nass macht,
den macht er auch wieder trocken.
Deutsches Sprichwort

Wenn der Hass feige wird,
geht er maskiert in Gesellschaft
und nennt sich Gerechtigkeit.
Arthur Schnitzler, Buch der Sprüche und Bedenken

Wenn die Gerechtigkeit
all ihre Strenge anwendete,
würde die Erde bald eine Wüste sein.
Pietro Metastasio, La clemenza di Tito

Wenn du die Einsamkeit fürchtest,
versuche nicht gerecht zu sein.
Jules Renard, Ideen, in Tinte getaucht.
Aus dem Tagebuch von Jules Renard

Wenn man die Gerechtigkeit biegt,
so bricht sie.
Deutsches Sprichwort

Wenn man zu einem Menschen
oder zu einer Gruppe von Menschen
gerecht ist, ist man es zu allen.
Elie Wiesel, Adam oder das Geheimnis des Anfangs

Wenn sich die höchste Gerechtigkeit
rächt, so rächt sie sich bereits
in diesem Leben.
Jean-Jacques Rousseau, Emile

Wer den ersten Gedanken
der Gerechtigkeit hatte,
war ein göttlicher Mensch;
aber noch göttlicher wird der sein,
der ihn wirklich ausführt.
Johann Gottfried Seume, Apokryphen

Wer mag ein Urteil fällen,
wer das Rechte sehn,
Bevor er sorgsam angehört
der beiden Wort.
Euripides, Die Herakliden

Wie ganz anders wäre doch die Welt,
wenn wir, statt immer von ausglei-
chender Gerechtigkeit zu reden, selber
etwas ausgleichende Gerechtigkeit
trieben, und jeder von uns sich fragte:
Was darfst Du von dem, was Du mehr
als andere an Glück empfangen hast,
wirklich für Dich behalten?
Albert Schweitzer, Aus meinem Leben

Wir mögen die Strafe nicht,
die gerecht ist,
wohl aber die Handlung,
die ungerecht ist.
Pierre Abélard, Ethica

Wo ist der gerechte und rächende Gott?
Nein, bei Gott, es gibt keinen Gott!
Voltaire, Geschichte von Jenni

Gerede

Das Gerede der Leute
dauert nur fünfundsiebzig Tage.
Sprichwort aus Japan

Der Staub, den die Schafe aufwirbeln,
erstickt den Wolf nicht.
Sprichwort aus England

Die Menschen neigen dazu,
das Schlechte eher zu glauben
als das Gute.
Giovanni Boccaccio, Das Dekameron

Ein Ding wird gehört,
zehn werden verstanden.
Sprichwort aus Japan

Es ist nicht gar ohne,
was Herr Jedermann sagt.
Deutsches Sprichwort

Lass die Leute reden
und die Hunde bellen.
Deutsches Sprichwort

Man muss den Brei nicht weiter treten,
als er von selbst fließt.
Deutsches Sprichwort

Nicht alles ist Evangelium,
was man in der Stadt erzählt.
Sprichwort aus Frankreich

Und man kommt ins Gered,
wie man sich immer stellt.
Johann Wolfgang von Goethe, Faust I (Martha)

Verbreite niemals ein Gerede, dann
wird auch dich niemand schmähen.
Altes Testament, Jesus Sirach 19, 7

Wer jedem das Maul stopfen wollte,
müsste viel Mehl haben.
Deutsches Sprichwort

Wer über andre Schlechtes hört,
Soll es nicht weiter noch verkünden.
Gar leicht wird Menschenglück
zerstört,
Doch schwer ist Menschenglück
zu gründen.
Friedrich von Bodenstedt, Mirza Schaffy

Wo immer ein Geliebter den Tag über
bei seiner Liebsten bleibt,
da entsteht das Gerede der Aufpasser.
Walther von Breisach, Lieder
(Ich singe und sollte weinen)

Gericht

Bringe einen Menschen vor Gericht,
und du ziehst dir den Hass
von drei Generationen seiner Sippe zu.
Chinesisches Sprichwort

Erfahrene Juristen bezeugen,
dass es vor Gericht
von Vorteil sein kann,
wenn man im Recht ist.
Graham Chapman

Filmemacher sollten bedenken,
dass man ihnen am Tag
des Jüngsten Gerichts
all ihre Filme wieder vorspielen wird.
Charlie Chaplin

Gibt doch die Beschaffenheit
der Gerichte und der Heere
die genaueste Einsicht
in die Beschaffenheit
irgendeines Reiches.
Johann Wolfgang von Goethe, Dichtung und Wahrheit

Haltet gerechtes Gericht!
Altes Testament, Sacharja 7, 9

Im Gericht auf die Person sehen
ist nicht recht.
Altes Testament, Sprüche Salomos 24, 23

In den Gerichtshöfen
sollen die Gesetze sprechen
und der Herrscher schweigen.
König Friedrich der Große,
Politisches Testament (1752)

Verlässt man das Gericht,
ist man weise.
Sprichwort aus Frankreich

Wer mit dem Gericht zu tun hat,
ganz gleich, wer es ist,
verliert immer dabei.
Michel Eyquem de Montaigne, Die Essais

Geringes

Man muss sich für nichts
zu gering halten.
Georg Christoph Lichtenberg, Sudelbücher

Wer das Geringe verschmäht,
dem wird das Große nit.
Martin Luther, Tischreden

Geringschätzung

Bewunderung, die man erfährt,
macht klein, Geringschätzung groß.
Gerhart Hauptmann, Aufzeichnungen

Die Gestirne, weil sie mit uns
sich nicht gemein machen,
erhalten sich in ihrem Glanz.
Das Göttliche gebietet Ehrfurcht.
Jede Leutseligkeit bahnt den Weg
zur Geringschätzung.
Baltasar Gracián y Morales,
Handorakel und Kunst der Weltklugheit

Niemand soll dich
wegen deiner Jugend gering schätzen.
Neues Testament, Paulus (1 Timotheus 4, 12)

Germanen

Bis zur Pubertät bewegen sie
(die Germanen) sich nackt,
und das Knabenalter dauert
bei ihnen sehr lange.
Pomponius Mela, Geographie des Erdkreises

Der einzige Jacob Grimm hat für
Sprachwissenschaft mehr geleistet,
als eure ganze französische Akademie
seit Richelieu. Seine deutsche Grammatik ist ein kolossales Werk, ein
gotischer Dom, worin alle germanischen Völker ihre Stimmen erheben,
wie Riesenchöre, jedes in seinem
Dialekte.
Heinrich Heine, Elementargeister

Der Germane
ist die Seele unserer Kultur.
Houston Stewart Chamberlain,
Die Grundlagen des 19. Jahrhunderts

Die Germanen selbst sind Ureinwohner, möchte ich meinen, und von Zuwanderung und gastlicher Aufnahme fremder Völker gänzlich unberührt. (...) Wer hätte auch – abgesehen von den Gefahren des schrecklichen und unbekannten Meeres – Asien oder Afrika oder Italien verlassen und Germanien aufsuchen wollen, landschaftlich ohne Reiz, rau im Klima, trostlos für den Bebauer wie für den Beschauer, es müsste denn seine Heimat sein?
Publius Cornelius Tacitus, Germania

Die (germanischen) Männer kleiden
sich trotz des strengen Winters in
kurze Mäntel oder Bast von Bäumen.
Pomponius Mela, Geographie des Erdkreises

Die germanischen Nationen haben fast immer der Herrschaft der Römer widerstanden und sind daher erst später und nur durch das Christentum zivilisiert worden, sodass sie also unmittelbar aus einer Art Barbarei in die christliche Gesellschaft übertraten.
Germaine Baronin von Staël, Über Deutschland

Die Seeräuber Germaniens fahren
auf einzelnen, ausgehöhlten Baumstämmen, von denen einige
30 Menschen tragen.
Plinius d. Ä., Naturkunde

Die Sitten der Germanen waren einzigartig. Nur während der Kriege kannten sie ein Oberhaupt, in Friedenszeiten war die Familie eine autonome Gemeinschaft, die anscheinend eine Mittelstellung zwischen den matrilinearen Clans und der patriarchalischen Gens einnahm.
Simone de Beauvoir, Das andere Geschlecht

Ich selbst schließe mich der Ansicht an, dass sich die Bevölkerung Germaniens niemals durch Heiraten mit Fremdstämmen vermischt hat und so ein reiner, nur sich selbst gleicher Menschenschlag von eigener Art geblieben ist. (...) Für Strapazen und Mühen bringen sie nicht dieselbe Ausdauer auf, und am wenigsten ertragen sie Durst

und Hitze, wohl aber sind sie durch
Klima oder Bodenbeschaffenheit gegen
Kälte und Hunger abgehärtet.
Publius Cornelius Tacitus, Germania

Wer die finsteren Winkel der Völker Germaniens durchziehen muss, würde in die Schlinge des Todes fallen, wenn er nicht als Leuchte für die Füße und als Licht auf seinen Wegen das Wort Gottes hätte.
Bonifatius, Briefe (an Eadburg 735/736)

Gertrud (17.3.)

Gertraud sät Zwiebeln und Kraut.
Bauernregel

Geruch

An meinen Bildern
müsst ihr nicht schnüffeln,
die Farben sind ungesund.
Rembrandt, überliefert bei Goethe
(Maximen und Reflexionen)

Gemalte Blumen riechen nicht.
Deutsches Sprichwort

Ich will lieber nach nichts riechen,
als lieblich zu riechen.
Martial, Epigramme

Um einen faulen Fisch
verbreitet sich Gestank,
um eine Orchidee – feiner Duft.
Chinesisches Sprichwort

Gerücht

Das Gerücht ist immer größer
als die Wahrheit.
Deutsches Sprichwort

Das Gerücht ist wie Falschgeld:
Rechtschaffene Menschen
würden es niemals herstellen,
aber sie geben es bedenkenlos weiter.
Claire Boothe-Luce

Doch wir horchen allein dem Gerücht
und wissen durchaus nichts.
Homer, Ilias

Ein Gerücht fliegt auch ohne Flügel.
Chinesisches Sprichwort

Ein Intrigant ist ein Mensch,
der keineswegs alle Gerüchte glaubt,
aber alle weitererzählt.
Jacques Baumel

Eine Gesinnung,
die sich des Rechten bewusst ist,
lacht über die Lügen des Gerüchts.
Ovid, Festkalender

Einen guten Menschen
machen Gerüchte nicht schlecht.
Fällt das Wasser, tritt der Fels hervor.
Chinesisches Sprichwort

Gemein Gerücht ist selten erlogen.
Deutsches Sprichwort

Gerücht ist eine Pfeife,
Die Argwohn, Eifersucht,
Vermutung bläst.
William Shakespeare, Heinrich IV. (Prolog zum 2. Teil)

Gerücht verdoppelt,
so wie Stimm' und Echo
Die Zahl Gefürchteter.
William Shakespeare, Heinrich IV. (Warwick)

Gerüchte sind die einzigen Geräusche,
die sich schneller vorwärts bewegen
als das Licht.
Robert Lembke, Steinwürfe im Glashaus

Gerüchte sind
die Rauchfahnen der Wahrheit.
Henry de Montherlant

Jedermann sagt es,
niemand weiß es.
Deutsches Sprichwort

Lieber ein Augenzeuge
als zehntausend Gerüchte.
Chinesisches Sprichwort

Nichts ist schneller als das Gerücht.
Titus Livius, Römische Geschichte

Vom Hörensagen
kommen die Lügen ins Land.
Deutsches Sprichwort

Wer das Gegenteil von Gerüchten,
die über Ereignisse oder Personen
in Umlauf sind, annimmt,
trifft oft den wahren Sachverhalt.
Jean de La Bruyère, Die Charaktere

Wer jedem das Maul stopfen wollte,
müsste viel Mehl haben.
Deutsches Sprichwort

Wo Nachrichten fehlen,
wachsen die Gerüchte.
Alberto Moravia

Gervasius (19.6.)

Wenn's regnet auf Sankt Gervasius,
es vierzig Tage regnen muss.
Bauernregel

Gesang

Am Gesang kennt man den Vogel.
Deutsches Sprichwort

Auf der Flur erscheinen die Blumen;
Die Zeit zum Singen ist da.
Altes Testament, Hohelied Salomos 2, 12

Auf Flügeln des Gesanges,
Herzliebchen, trag ich dich fort.
Heinrich Heine, Buch der Lieder

Durch den wahren Vortrag muss
der Meister sein Recht behaupten.
Joseph Haydn, Briefe (an Artaria, 1781)

Ein guter Gesang
wischt den Staub vom Herzen.
Christoph Lehmann

Gesang ist
der Sterblichen höchste Lust.
Musaios, überliefert von Aristoteles (Älteste Politik)

Gesang verschönt das Leben,
Gesang erfreut das Herz;
Ihn hat uns Gott gegeben,
zu lindern Sorg und Schmerz.
Karl Friedrich Zelter

Ich singe wie der Vogel singt,
Der in den Zweigen wohnt.
Johann Wolfgang von Goethe, Der Sänger

Jeder Vogel singt,
wie ihm der Schnabel gewachsen ist.
Deutsches Sprichwort

Schlagersänger
sind Leute, die immer schon
Gesangsunterricht nehmen wollten,
aber niemals dazu gekommen sind
und die es jetzt bleiben lassen, weil
sie inzwischen berühmt geworden sind.
Jacques Tati

Singen ist eine edle Kunst und Übung.
Martin Luther, Tischreden

Und wären Mädchen noch so blöde,
Und wären Weiber noch so spröde,
Doch allen wird so liebebang
Bei Zaubersaiten und Gesang.
Johann Wolfgang von Goethe, Der Rattenfänger

Was unsterblich im Gesang soll leben,
Muss im Leben untergehn.
Friedrich Schiller, Die Götter Griechenlands

Was wir in Gesellschaft singen,
Wird von Herz zu Herzen dringen.
Johann Wolfgang von Goethe, Gesellige Lieder

Wehe dem Lande,
wo man nicht mehr singt!
Johann Gottfried Seume, Die Gesänge

Wenn das Gewölbe widerschallt,
Fühlt man erst recht
des Basses Grundgewalt.
Johann Wolfgang von Goethe, Faust I (Siebel)

Wer kann des Sängers Zauber lösen?
Wer seinen Tönen widerstehn?
Wie mit dem Stab des Götterboten
Beherrscht er das bewegte Herz.
Friedrich Schiller, Die Macht des Gesanges

Geschäft

Das glänzendste Geschäft
in dieser Welt ist die Moral.
Frank Wedekind, Marquis von Keith

Der Gatte der Frau ist der Mann, der
Gatte des Mannes ist sein Geschäft.
Sprichwort aus Indien

Der Geschäftsmann ist eine Gerade,
der Künstler eine Kurve.
Sully Prudhomme, Intimes Tagebuch

Der Verfall von Geschäftsehre zeugt
nur von dem Verfalle der Sitten
überhaupt und ist nur ein einzelnes
Zeichen, wie sehr das Gute, Edle,
Würdige aus dem inneren Leben zu
verschwinden droht, und dies ist ein
sehr trauriges Zeichen, weil es allemal
dem Verfalle und dem Unglücke eines
Volkes vorausgeht.
Adalbert Stifter, Der Nachsommer

Ein Geist, der mit verschiedenen
Geschäften umgeht,
kann sich nicht sammeln.
Martin Luther, Tischreden

Ein gutes Leben hat nur selten
einen Menschen ruiniert.
Was den Menschen in den Ruin treibt,
sind die dummen Geschäfte.
Carl Fürstenberg

Es ist eine bekannte Tatsache,
dass man nicht genug aufpassen kann,
wenn man mit Frauen
geschäftlich zu tun hat.
Stendhal, Über die Liebe

Geistreiche Leute gehen
mit geschäftlichen Angelegenheiten
oft um wie Ignoranten mit Büchern:
Sie verstehen nichts davon.
Joseph Joubert, Gedanken, Versuche und Maximen

Geschäfte, die weniger wichtig sind,
brauchen deshalb noch nicht
weniger lästig zu sein.
Michel Eyquem de Montaigne, Die Essais

Glücklich ist der, dem sein Geschäft
auch zur Puppe wird, der mit demselbigen Geschäft zuletzt noch spielt sich an
dem ergötzt, was ihm sein Zustand zur
Pflicht macht.
Johann Wolfgang von Goethe,
Wilhelm Meisters Wanderjahre

Glücklich ist, wer fern von Geschäften.
Horaz, Epodenbuch

Ich war mit dem linken Fuß
losgegangen und sah mich
in meiner Hoffnung
auf ein gutes Geschäft geprellt.
Lucius Apuleius, Der goldene Esel

In allen Ländern sind Leute, die mit
Geschäften überlastet sind, allgemein
unfreundlich und unbarmherzig.
Jean-Jacques Rousseau,
Julie oder Die neue Héloïse (Saint-Preux)

Jeder Mensch, meine schönen Fräulein,
treibt seine Liebhabereien
sehr ernsthaft, meist ernsthafter
als seine Geschäfte.
Johann Wolfgang von Goethe,
Triumph der Empfindsamkeit (Merkulo)

Leicht ist es, einen Laden zu eröffnen,
doch schwer, ihn aufzuhalten.
Chinesisches Sprichwort

Man öffnet jeden Morgen sein
Geschäft und legt die Waren aus,
um seine Kunden zu betrügen;
und man schließt am Abend,
nachdem man den ganzen Tag über
betrogen hat.
Jean de La Bruyère, Die Charaktere

Man sei langsam im Genießen,
schnell im Wirken:
Denn die Geschäfte sieht man gern,
die Genüsse ungern beendigt.
Baltasar Gracián y Morales,
Handorakel und Kunst der Weltklugheit

Man überhäufe sich nicht
mit Geschäften und mit Neid,
sonst stürzt man sein Leben hinunter
und erstickt den Geist. Einige wollen
dies auch auf das Wissen ausdehnen:
Aber wer nichts weiß,
der lebt auch nicht.
Baltasar Gracián y Morales,
Handorakel und Kunst der Weltklugheit

Mit Wein im Bauch
ist man zu Geschäften aufgelegt.
Chinesisches Sprichwort

Ob das Geschäft gelingt oder nicht, wir
brauchen unsere achtzehn Krüge Wein.
Chinesisches Sprichwort

Trenne alles, was eigentlich Geschäft ist,
vom Leben.
Johann Wolfgang von Goethe,
Die Wahlverwandtschaften

Überlass einmal deiner Frau
die Geschäfte mit den Verwaltern
von zweien deiner Landgüter:
Ich wette, deine Bücher werden
genauer geführt werden
als von dir selbst.
Stendhal, Über die Liebe

Von Natur sind die Frauen geborne
Geschäftsleute; berufen dazu vom
Gleichgewichte ihrer Kräfte und von
ihrer sinnlichen Aufmerksamkeit.
Jean Paul, Levana

Welchen Überblick verschafft uns
nicht die Ordnung,
in der wir unsere Geschäfte führen!
Johann Wolfgang von Goethe,
Wilhelm Meisters Lehrjahre

Wer nie einmal betrogen wurde, kann
kein Kenner von Geschäften werden.
Chinesisches Sprichwort

Wer sein Leben mit einem Geschäft
zubringt, dessen Undankbarkeit
er zuletzt einsieht, der hasst es
und kann es doch nicht loswerden.
Johann Wolfgang von Goethe,
Maximen und Reflexionen

Wir auf dem Gipfel stehn
schon an der Neige,
Der Strom der menschlichen
Geschäfte wechselt.
William Shakespeare, Julius Caesar (Brutus)

Geschäftigkeit

Die meisten Misslichkeiten der Welt
scheinen mir von Menschen her-
zurühren, die zu geschäftig sind.
Evelyn Waugh

Es gibt eine unermüdliche Geschäftigkeit, die den Menschen aus der Welt
des Geistes ausschließt und auf eine
Stufe mit den Tieren stellt, die instinktiv immer in Bewegung sein müssen.
Søren Kierkegaard, Entweder – Oder

Geschäftigkeit ist für eine gewisse Art
Leut ein Zeichen von Bedeutung und
Würde; ihr Geist sucht seine Ruhe in
der Bewegung, wie die Kinder in der
Wiege: Sie sind ihren Freunden ebenso
zu Diensten wie sich selber zur Last.
Michel Eyquem de Montaigne, Die Essais

Geschehen

Die Gletscher wandern,
Länder heben sich,
Länder versinken,
es eilt nicht, es geschieht nur.
Knut Hamsun, Die letzte Freude

Es geschieht nichts Unvernünftiges,
das nicht Verstand oder Zufall
wieder in die Richte brächten;
nichts Vernünftiges, das Unverstand
und Zufall nicht missleiten könnten.
Johann Wolfgang von Goethe,
Maximen und Reflexionen

Gar vieles kann, gar
vieles muss geschehn,
Was man mit Worten
nicht bekennen darf.
Johann Wolfgang von Goethe,
Die natürliche Tochter (König)

Geschehen ist geschehen.
Deutsches Sprichwort

Nichts geschieht von selbst, sondern
alles infolge eines Grundes und unter
dem Grund der Notwendigkeit.
Leukipp(os) von Milet, Vom Geiste; bei Aetius

Schnell genug geschieht, was gut
geschieht. Was sich auf der Stelle
macht, kann auch auf der Stelle
wieder zunichte werden: Aber was
eine Ewigkeit dauern soll, braucht
auch eine Ewigkeit, um zustande
zu kommen.
Baltasar Gracián y Morales,
Handorakel und Kunst der Weltklugheit

Seltsam ist Propheten Lied;
Doppelt seltsam, was geschieht.
Johann Wolfgang von Goethe, Weissagungen des Bakis

Unvermeidlich ist nichts,
ehe es nicht geschah.
Golo Mann,
Deutsche Geschichte des 19. und 20. Jahrhunderts

Was geschehen ist,
lässt sich nicht ändern.
Sprichwort aus Frankreich

Was geschehen ist, solange die Welt
steht, braucht deshalb nicht zu geschehen, solange sie noch stehen wird.
Marie von Ebner-Eschenbach, Aphorismen

Was irgendeinem passieren kann,
kann jedem passieren.
Publilius Syrus, Sentenzen

Was muss geschehn,
mag's gleich geschehn!
Johann Wolfgang von Goethe, Faust I (Faust)

Wie eilig ordnet sich Geschehnes ein.
Arthur Schnitzler,
Aphorismen und Betrachtungen aus dem Nachlass

Gescheitheit

Der Gescheitere gibt nach!
Eine traurige Wahrheit; sie begründet
die Weltherrschaft der Dummheit.
Marie von Ebner-Eschenbach, Aphorismen

Die Törichten machen
immer wieder dieselben Dummheiten,
die Gescheiten
wenigstens immer wieder andere.
Karl Heinrich Waggerl

Es gibt viele Narren,
die so tun, als wären sie gescheit.
Warum sollte ein Gescheiter
nicht so tun dürfen, als wäre er ein
Narr?
Salvador Dalí

Gescheite Leute sind immer
das beste Konversationslexikon.
Johann Wolfgang von Goethe,
Maximen und Reflexionen

Leute, die immer die Gescheiteren
sein wollen, sind genötigt, an diese
ununterbrochene Mühe so viel Intensität des Verstandes zu wenden, dass
sie am Ende meistens die Dümmeren
gewesen sind.
Arthur Schnitzler, Buch der Sprüche und Bedenken

Man muss nicht das Gescheitere tun,
sondern das Bessere.
Jakob Boßhart, Bausteine zu Leben und Zeit

Mit vielem rechnen Gescheite nicht,
weil sie sich ein solches Maß von
Dummheit nicht vorstellen können.
Ludwig Marcuse, Argumente und Rezepte.
Ein Wörter-Buch für Zeitgenossen

Nur die allergescheitesten Leute
benützen ihren Scharfsinn zur
Beurteilung nicht bloß anderer,
sondern auch ihrer selbst.
Marie von Ebner-Eschenbach, Aphorismen

Vergiss in keinem Falle,
auch dann nicht, wenn vieles misslingt:
Die Gescheiten werden nicht alle!
(So unwahrscheinlich das klingt.)
Erich Kästner, Dr. Erich Kästners lyrische Hausapotheke

Was nennen die Menschen
am liebsten »dumm«?
Das Gescheite, das sie nicht verstehen.
Marie von Ebner-Eschenbach

Wenn die Menschen werden gescheiter,
Macht der Teufel die Hölle weiter.
Wilhelm Müller, Epigramme

Wer es versteht, den Leuten mit
Anmut und Behagen Dinge auseinander zu setzen, die sie ohnehin wissen,
der verschafft sich am geschwindesten
den Ruf eines gescheiten Menschen.
Marie von Ebner-Eschenbach, Aphorismen

Geschenk

Allzu gern schenken ist krankhaft,
nicht menschenfreundlich.
Epicharmos, Fragmente

Der Beginn einer Karriere
ist ein Geschenk der Götter.
Der Rest ist harte Arbeit.
Fritzi Massary

Die Vorstellung, das einem
das Leben geschenkt worden ist,
erscheint mir ungeheuerlich.
Elias Canetti, Die Provinz des Menschen.
Aufzeichnungen 1942–1972

Durch Geschenke
erwirbt man keine Rechte.
Friedrich Nietzsche, Menschliches, Allzumenschliches

Ein Geschenk ist genauso viel wert
wie die Liebe, mit der es ausgesucht
worden ist.
Thyde Monnier

Ein Geschenk wartet auf ein besseres.
Sprichwort aus dem Baskenland

Ein kostbares Schwert
schenke einem Helden,
roten Puder
schenke einer schönen Frau.
Chinesisches Sprichwort

Einem geschenkten Gaul
schaut man nicht ins Maul.
Deutsches Sprichwort

Eines Menschen Geschenk
macht Platz für ihn.
Sprichwort aus England

Er leiht sich eine Blume,
um sie Buddha darzubringen.
Chinesisches Sprichwort

Es bleibt einem im Leben nur das,
was man verschenkt hat.
Robert Stolz

Es ist schön, den Augen dessen zu
begegnen, dem man soeben etwas
geschenkt hat.
Jean de La Bruyère, Die Charaktere

Feindes Geschenke haben Ränke.
Deutsches Sprichwort

Gedichte schenke nur
einem Menschen mit Talent.
Chinesisches Sprichwort

Geschenke, glaube mir,
erobern Menschen wie Götter.
Ovid, Liebeskunst

Geschenke
halten die Freundschaft warm.
Deutsches Sprichwort

Gib, was du geben willst,
eh man darum dich bat;
Es ist nur halb geschenkt,
was man erbeten hat.
Friedrich Rückert, Die Weisheit des Brahmanen

Glaube ist ein Geschenk Gottes
in unserem Herzen.
Martin Luther, Tischreden

Gold schenkt die Eitelkeit,
der raue Stolz,
Die Freundschaft und die Liebe
schenkt Blumen.
Franz Grillparzer, Sappho (Phaon)

Große Versprechungen kosten weniger
als kleine Geschenke.
Lothar Schmidt

Kleine Geschenke
erhalten die Freundschaft,
große Geschenke
erhalten die Liebe.
Sprichwort aus Frankreich

Nicht bitten, es entwürdigt.
Schenke und lass dir schenken,
es wird ein seliges Nehmen sein.
Emil Gött, Im Selbstgespräch

O Dichtkunst! welch ein schmerzliches
Geschenk des Himmels bist du!
Heinrich Laube, Die Karlsschüler (Schiller)

Reichtum ist das allergeringste Ding
auf Erden, das kleinste Geschenk, das
Gott einem Menschen geben kann.
Martin Luther, Tischreden

Schenken hat keinen Boden.
Deutsches Sprichwort

Schenken heißt angeln.
Deutsches Sprichwort

Schenken tut niemand kränken.
Deutsches Sprichwort

Schenken und Wiederschenken
erhält die Freundschaft.
Deutsches Sprichwort

Was die Einbildungskraft
für ein göttliches Geschenk ist.
Johann Wolfgang von Goethe,
Die Leiden des jungen Werthers

Wenig, aber mit Liebe.
Homer, Odyssee

Wenn man geliebten Menschen
Geschenke gemacht hat, so kommt,
was auch geschehen mag, nie wieder
eine Gelegenheit, bei der man sich
seiner Wohltaten erinnern dürfte.
Jean de La Bruyère, Die Charaktere

Wer gibt, wird müde,
wer empfängt, wird niemals müde.
Sprichwort aus Estland

Wer große Geschenke gab, wollte, dass
ihm wiederum große gemacht würden.
Martial, Epigramme

Wer mit Geschenken kommt,
hat sicher eine Bitte.
Chinesisches Sprichwort

Wie tröstlich ist es, einem Freunde, der
Auf eine kurze Zeit verreisen will,
Ein klein Geschenk zu geben.
Johann Wolfgang von Goethe,
Torquato Tasso (Prinzessin)

Will man einen Menschen kennen
lernen, dann sehe man nur,
wie er sich benimmt, wenn er
Geschenke annimmt oder gibt.
Ludwig Börne, Aphorismen

Geschichte

Alle historischen Rechte veralten.
Marie von Ebner-Eschenbach, Aphorismen

Alle Zweifel und Klagen der Menschen
über die Verwirrung und den wenig
merklichen Fortgang des Guten in der
Geschichte rührt daher, dass der
traurige Wanderer auf eine zu kleine
Strecke seines Weges sieht.
Johann Gottfried Herder,
Ideen zur Philosophie der Geschichte der Menschheit

Alles, was wir hinterlassen, sind nur
Überbleibsel einer Geschichte, ein Blei-
stiftstummel und ein Radiergummi.
Lars Saabye Christensen, Der Alleinunterhalter

Auch auf das Schrecklichste, was
geschehen, muss ja die Menschheit
sich wieder einrichten, ihre noch
heilen Kräfte herbeibringen und
weiterbauen.
Jacob Burckhardt, Weltgeschichtliche Betrachtungen

Avantgarde und Reaktion
– Gashebel und Bremse
der Geschichte.
Emil Gött, Im Selbstgespräch

Das Allerseltenste aber ist
bei weltgeschichtlichen Individuen
die Seelengröße.
Jacob Burckhardt, Weltgeschichtliche Betrachtungen

Das Buch der Geschichte
findet mannigfaltige Auslegungen.
Heinrich Heine,
Verschiedenartige Geschichtsauffassung

Das Leben der Völker
ist überall das Gleiche.
Die Hartherzigen, Unmenschlichen
und Müßigen ernähren sich
durch Gewalt und Krieg,
die Gutherzigen, Sanften und Fleißigen
dulden lieber.
Die Geschichte ist eine Geschichte
solcher Gewalt und ihrer Bekämpfung.
Leo N. Tolstoi, Tagebücher (1906)

Das Wesen der Geschichte
ist die Wandlung.
Jacob Burckhardt

Geschichte

Dennoch ist selbst unter dem Heiligsten nichts, das heiliger wäre
als die Geschichte,
dieser große Spiegel des Weltgeistes,
dieses ewige Gedicht des göttlichen
Verstandes: nichts, das weniger
die Berührung unreiner Hände ertrüge.
Friedrich von Schelling,
Über die Methode des akademischen Studiums

Der größte Teil der Geschichte enthält
die Schilderungen des mannigfachen
Elends, welches Stolz, Ehrsucht, Geiz,
Rachgier, blinde Lust, Empörungsgeist,
Heuchelei, ausschweifender Eifer und
das ganze Heer der ungezügelten Neigungen über die Welt gebracht haben.
Edmund Burke,
Betrachtungen über die Französische Revolution

Der größte Trost der Geschichte war
von jeher, dass die Natur durch allen
verlebten Schutt hindurch immer neue
Kräfte emporschiebt.
Franz Marc, Der Blaue Reiter (Vorwort zur 2. Auflage)

Der Historiker stellt die Vergangenheit
in seiner Perspektive dar, ein standortfreier Historiker ohne Perspektive ist
unmöglich.
Thomas Nipperdey,
Nachdenken über die deutsche Geschichte

Der Mann macht Geschichte,
das Weib ist Geschichte.
Oswald Spengler

Der Mann vertritt die jeweilige
geschichtliche Situation,
die Frau vertritt die Generation.
Gertrud von Le Fort, Die Frau in der Zeit

Der Patriotismus
verdirbt die Geschichte.
Johann Wolfgang von Goethe, überliefert von Friedrich Wilhelm Riemer (Mitteilungen über Goethe)

Der Schlüssel der Geschichte
ist nicht in der Geschichte;
er ist im Menschen.
Théodore Jouffroy, Das grüne Heft

Der schönste, reichste, beste und
wahrste Roman, den ich je gelesen
habe, ist die Geschichte.
Jean Paul, Aphorismen

Die Bestialität hat jetzt Handschuhe
über die Tatzen gezogen! Das ist das
Resultat der ganzen Weltgeschichte.
Friedrich Hebbel, Tagebücher

Die Erfindung der Buchdruckerkunst
ist das größte Ereignis
der Weltgeschichte.
Victor Hugo, Der Glöckner von Notre-Dame

Die Geschichte fotografiert
mit einer langen Belichtungszeit.
Arthur Schlesinger

Die Geschichte ist ein Drehbuch
von miserabler Qualität.
Norman Mailer

Die ganze Weltgeschichte verdichtet
sich in die Lebensgeschichte weniger
und ernster Menschen.
Ralph Waldo Emerson, Essays

Die geheime Geschichte
der so genannten Großen
ist leider meistens ein Gewebe von
Niederträchtigkeit und Schandtaten.
Johann Gottfried Seume, Apokryphen

Die gesamte Geschichte der Frauen
wurde von Männern gemacht.
Simone de Beauvoir, Das andere Geschlecht

Die Geschichte der Menschheit macht
zuweilen einen Eindruck auf mich, als
ob sie der Traum eines Raubtiers wäre.
Friedrich Hebbel, Tagebücher

Die Geschichte erzeugt sich selbst. Erst
durch Verknüpfung der Vergangenheit
und Zukunft entsteht sie. Solange jene
nicht festgehalten wird durch Schrift
und Satzung, kann diese nicht nutzbar
und bedeutend werden.
Novalis, Fragmente

Die Geschichte geht zu Ende, und es
erscheinen die Geschichtsschreiber.
Francesco De Sanctis,
Über die Wissenschaft und das Leben

Die Geschichte hat Helden und Werkzeuge und macht beide unsterblich.
Marie von Ebner-Eschenbach, Aphorismen

Die Geschichte hat ihre besondere Art
zu scherzen. Eine der Leistungen des
Kommunismus besteht beispielsweise
darin, dass er den Kapitalismus vor
der Verkalkung bewahrt hat.
Pietro Quaroni

Die Geschichte ist das Bett, das der
Strom des Lebens sich selbst gräbt.
Friedrich Hebbel, Tagebücher

Die Geschichte ist das Verzeichnis
der Zufrühgekommenen.
Rainer Maria Rilke

Die Geschichte ist der beste Lehrmeister
mit den unaufmerksamsten Schülern.
Indira Gandhi

Die Geschichte ist für Könige
eine treffliche Lehrerin,
die aber so unglücklich ist,
etwas unachtsame Schüler zu haben.
Johann Jakob Engel, Fürstenspiegel

Die Geschichte ist ein Drehbuch
von miserabler Qualität.
Norman Mailer

Die Geschichte ist
eine Buslinie mit Haltestellen,
aber ohne Fahrplan.
John Osborne

Die Geschichte ist eine Schule,
in der die Stundenpläne
selten eingehalten werden.
Olof Palme

Die Geschichte ist nicht viel mehr
als eine Aufzählung der Verbrechen,
Narrheiten und Unglücksfälle
der Menschheit.
Edward Gibbon, Geschichte des Verfalls und Untergangs des Römischen Reiches

Die Geschichte ist nur der Nagel,
an den das Gemälde gehängt wird.
Alexandre Dumas d. Ä., Catherine Howard

Die Geschichte
kennt keine Wiedergutmachung.
August Everding,
Kolumne aus der »Welt am Sonntag« vom 7. Mai 1995

Die Geschichte scheint mir fast
zu bürgen, dass die Menschen
keine Vernunft haben.
Johann Gottfried Seume, Apokryphen

Die Geschichte schreibt den Individuen
wie den Regierungen beinahe immer
mehr Berechnung zu, als sie in Wirklichkeit gehabt haben.
Germaine Baronin von Staël, Über Deutschland

Die Geschichte soll nicht das Gedächtnis beschweren, sondern den Verstand
erleuchten.
Gotthold Ephraim Lessing

Die Geschichte wie das Universum,
das sie repräsentieren soll,
hat einen realen und idealen Teil.
Johann Wolfgang von Goethe,
Maximen und Reflexionen

Die Geschichte wiederholt sich
und jedesmal kostet es mehr.
Halldór Laxness

Die Geschichte wiederholt sich, wenn
auch nicht so oft wie das Fernsehen.
Lothar Schmidt

Die Geschichte will Wahrheit.
Johann Gottfried Herder,
Ideen zur Philosophie der Geschichte der Menschheit

Die Geschichte wird uns nicht messen
an kleinen taktischen Erfolgen hier
und dort, sie wird uns allein daran
messen, ob es uns gelungen ist, die
Weltkatastrophe zu vermeiden und
das Leben für alle menschenwürdiger
zu gestalten.
Hans-Dietrich Genscher, Rede des Bundesaußenministers vor den Vereinten Nationen 1985

Die Geschichte wirkt auf lange Sicht
hin zwangsläufig im Sinne der
Gerechtigkeit, und zwar mit oder
ohne Einwilligung des Betroffenen,
wer es auch immer sei.
Konrad Adenauer, Interview mit der brasilianischen
Zeitung O GLOBO, 2. August 1964

Die Geschichte zeigt uns das Leben
der Völker und findet nichts, als
Kriege und Empörungen zu erzählen.
Arthur Schopenhauer,
Nachträge zur Lehre vom Leiden der Welt

Die glücklichen Zeiten der Menschheit
sind die leeren Blätter
im Buch der Geschichte.
Leopold von Ranke

Die großen Männer in der Geschichte
hätten zu gähnen oder zu lachen
angefangen, wenn man ihnen
mit den Angelsachsen
gekommen wäre.
Gilbert Keith Chesterton, Heretiker

Die interessanteste Geschichte ist die,
wo man die meisten Beispiele,
Sitten, Gemütsarten jeder Gattung,
mit einem Wort:
die meiste Belehrung findet.
Jean-Jacques Rousseau,
Julie oder Die neue Héloïse (Saint-Preux)

Die Kunst ist alt
und hat eine lange Geschichte.
Konrad Fiedler, Schriften zur Kunst. Bd. 1

Die Menschen vergessen
und verzweifeln nur zu oft:
Sonst würden sie finden,
dass das Schauen und Vertrauen
auf die göttlichen Gesetze
des großen Weltganges
leichter das Ziel weissagen kann,
als oft der Reichtum von Kenntnissen
der politischen Einzelheiten vermag.
Jean Paul, Politische Fastenpredigten

Die Menschheit ist keine Tierart:
Sie ist eine historische Realität.
Simone de Beauvoir, Das andere Geschlecht

Die Poesie geht mehr
auf das Allgemeine
und die Geschichte
auf das Besondere.
Gotthold Ephraim Lessing, Hamburgische Dramaturgie

Die Quelle des Fortschritts in der
Geschichte ist der einzelne Mensch.
Paul Anton de Lagarde, Deutsche Schriften

Die sicherste Prophezeiung ist,
dass sich eher nach
dem 100-jährigen Kalender des Wetters
als nach dem 6000-jährigen
der Geschichte prophezeien lässt.
Jean Paul, Dämmerungen für Deutschland

Die Völker mit all ihrer Weltgeschichte
gleichen den Epileptischen, welche, so
oft sie auch ihren Zufall schon erlitten
haben, doch niemals vorhersehen,
wann er sie wieder hinwirft.
Jean Paul, Dämmerungen für Deutschland

Die von einer Generation gesammelten
Erfahrungen sind im Allgemeinen für
die folgende nutzlos, darum hat es
keinen Zweck, geschichtliche Beweise
als Ereignisse anzuführen.
Gustave Le Bon, Psychologie der Massen

Die Weltgeschichte ist das Weltgericht.
Friedrich Schiller, Resignation

Die Weltgeschichte ist der Fortschritt
im Bewusstsein der Freiheit.
Georg Wilhelm Friedrich Hegel,
Vorlesungen über die Philosophie der Geschichte

Die Weltgeschichte ist das Weltgericht.
Friedrich Schiller, Resignation

Die Weltgeschichte ist nicht
der Boden des Glücks.
Die Perioden des Glücks
sind leere Blätter in ihr.
Georg Wilhelm Friedrich Hegel,
Vorlesungen über die Philosophie der Geschichte

Die Zeiten rollen fort und mit ihnen
das Kind der Zeiten, die vielgestaltige
Menschheit.
Johann Gottfried Herder,
Ideen zur Philosophie der Geschichte der Menschheit

Ein Politiker, der schon
in die Geschichte eingegangen ist,
kann schwerlich daraus zurückkehren.
Henri Troyat

Eine Ära stirbt in dem Augenblick, in
dem Menschen sich an ihren Wänden
stoßen und nach Freiheit rufen. Alle
Versuche, einen rissig gewordenen
Himmel zu verkleben, enden erfolglos.
Ludwig Marcuse, Argumente und Rezepte.
Ein Wörter-Buch für Zeitgenossen

Eine Geschichte der Menschheit
kann nur einen Sinn haben, wenn es
entweder aufwärts geht oder abwärts.
Ludwig Marcuse, Argumente und Rezepte.
Ein Wörter-Buch für Zeitgenossen

Eine Geschichte ist immer wahr,
wenn man sie von einem guten
Erzähler hört. Nur nicht eben so, wie
sie sich zugetragen hat, sondern so,
wie sie sich hätte zutragen können.
Kálmán Mikszáth

Es eiferten viele Völker
in immer neuem Bemühen,
Das schriftlich festzuhalten,
was den Ruhm ihres Namens
ausbreiten konnte.
Otfrid von Weissenburg, Evangelienbuch

Es gibt Länder, deren Geschichte
man nicht lesen kann,
man müsste denn blöden Verstandes
oder ein Diplomat sein.
Jean-Jacques Rousseau,
Julie oder Die neue Héloïse (Saint-Preux)

Es ist von großer Bedeutung,
dass eine Nation
eine große Vergangenheit habe,
auf die sie zurückblicken kann.
Samuel Smiles, Charakter

Geht die Geschichte gerade
oder im Kreis?
Eine große Frage für den,
der die Geschichte nicht gelesen hat.
Théodore Jouffroy, Das grüne Heft

Geschichte, das wird ja
gerne als unfein ignoriert,
ist leider weitgehend
Kriminalgeschichte.
Rolf Hochhuth

Geschichte,
im höheren Sinne des Wortes,
ist einzig jene Vergangenheit,
welche noch gegenwärtig
im Bewusstsein des Menschen
gestaltend weiterlebt.
Houston Stewart Chamberlain,
Die Grundlagen des 19. Jahrhunderts

Geschichte ist das Muster,
das man hinterher in das Chaos webt.
Carlo Levi

Geschichte ist die Essenz
unzähliger Biographien.
Thomas Carlyle, Über Geschichte

Geschichte ist die Rekonstruktion
des Lebens in seiner Gesamtheit, nicht
an der Oberfläche, sondern in seinen
inneren, organischen Vorgängen.
Jules Michelet, Geschichte Frankreichs

Geschichte ist ein kontinuierlicher
Vorgang. Auch in den so genannten
ruhigen Zeiten geht sie weiter,
in denen wenig geschieht,
was die Allgemeinheit interessiert.
Arthur Schnitzler, Buch der Sprüche und Bedenken

Geschichte ist die Lüge,
auf die man sich geeinigt hat.
Napoleon I.

Geschichte ist eine Philosophie,
die uns durch Beispiele lehrt.
Henry Saint John Viscount Bolingbroke, Briefe

Geschichte ist nur das,
was in der Entwicklung des Geistes
eine wesentliche Epoche ausmacht.
Georg Wilhelm Friedrich Hegel,
Vorlesungen über die Philosophie der Geschichte

Geschichte

Geschichte muss immer wieder neu geschrieben werden, nicht weil neue historische Tatsachen bekannt werden, sondern weil sich der Standpunkt der Betrachter ändert.
Arnold J Toynbee

Geschichte schreiben ist eine Art, sich das Vergangene vom Halse zu schaffen.
Johann Wolfgang von Goethe, Maximen und Reflexionen

Geschichte schreibt man am besten mit Bleistift und Radiergummi.
Gerhard Altenbourg

Geschichte – Versteckspiel unbelehrter Kinder zwischen Gräbern.
Ernst Wilhelm Eschmann

Große Männer schaffen ihre Zeiten nicht, aber sie werden auch nicht von ihnen geschaffen.
Leopold von Ranke, Weltgeschichte

Hätte die Weltgeschichte ein Sachregister, wie sie ein Namenregister hat, könnte man sie besser benutzen.
Ludwig Börne, Aphorismen

Historie ohne Lügen ist außerordentlich langweilig.
Anatole France

Historisch betrachtet, erscheint unser Gutes in mäßigem Lichte, und unsere Mängel entschuldigen sich.
Johann Wolfgang von Goethe, Maximen und Reflexionen

Historische Anrechte sind gewöhnlich historische Unrechte.
Emil Gött, Gedichte, Sprüche und Aphorismen

In aller Geschichte wohnt, lebet, ist Gott zu erkennen.
Leopold von Ranke, Briefe (März 1820)

In der Geschichte gibt es nichts Willkürliches.
Joseph von Eichendorff, Über die Folgen von der Aufhebung der Landeshoheit

In die Geschichte gehen Sätze von höchstens sieben Wörtern ein.
Hugo Dionizy Steinhaus

Indes nur dem, welchem die ganze Vorzeit gegenwärtig ist, mag es gelingen, die einfache Regel der Geschichte zu entdecken.
Novalis, Heinrich von Ofterdingen

Ist indessen ein Gott in der Natur: so ist er auch in der Geschichte; denn auch der Mensch ist ein Teil der Schöpfung und muss in seinen wildesten Ausschweifungen und Leidenschaften Gesetze befolgen, die nicht minder schön und vortrefflich sind als jene, nach welchen sich alle Himmels- und Erdkörper bewegen.
Johann Gottfried Herder, Ideen zur Philosophie der Geschichte der Menschheit

Ist nicht die Geschichte das höchste Trauer- und Lustspiel?
Jean Paul, Vorschule der Ästhetik

Jede Geschichte muss Weltgeschichte sein.
Novalis, Fragmente

Konferenzen sind die Bremsspuren der Geschichte.
Henri Troyat

Kunst ist der sichtbare und spürbare Teil einer vorwärts stürmenden Geschichte (...).
Beat Wyss, Trauer der Vollendung

Lies keine Geschichte, nur Biografien, denn das ist Leben ohne Theorie.
Benjamin Disraeli, Contarini Fleming

Machen wir uns doch von der Tyrannei der Geschichte frei. Ich sage nicht: von der Geschichte, ich sage: von der Tyrannei der Geschichte.
Christian Morgenstern, Stufen

Man darf nicht vergessen, dass es in der Geschichte Perioden gibt, Wellenbewegungen. Das eine Volk steigt, das andere fällt ab. So ist es mit Völkern und mit Kulturen – und die Menschen heute sehen nicht die Gefahren.
Konrad Adenauer, Gespräch in Cadenabbia, Anfang 1966

Man kann verhindern, dass Völker lernen; aber verlernen machen kann man sie nichts.
Ludwig Börne, Aphorismen

Man macht sich nie genug klar, mit wie geringem Personal die Weltgeschichte arbeitet, wenn ihr Geist in Aktion ist.
Ludwig Marcuse, Argumente und Rezepte. Ein Wörter-Buch für Zeitgenossen

Männer machen die Geschichte.
Heinrich von Treitschke, Deutsche Geschichte im 19. Jahrhundert

Moderne Geschichte sollte man nur mit dem Bleistift schreiben.
Golda Meir

Nach dreißig, höchstens vierzig Jahren, erneuern sich alle handelnden Hauptpersonen auf dem großen Welttheater; sie übernehmen ihre Rollen mit anderen Anlagen, Neigungen und Kräften, anderen Kenntnissen und Handlungsweisen als ihre Vorgänger, um wie diese auf dem einzig möglichen Wege, durch Erfahrung, zur Besinnung und Klugheit zu gelangen.
Georg Forster, Über die Beziehung der Staatskunst auf das Glück der Menschheit

Nicht allein die allgemeinen Tendenzen entscheiden in dem Fortgang der Geschichte: Es bedarf immer großer Persönlichkeiten, um sie zur Geltung zu bringen.
Leopold von Ranke, Weltgeschichte

Nicht die großen Ereignisse machen die Geschichte, sondern das vereinzelte Tun zerstreuter Menschen bestimmt das Geschehen durch die Art, wie es auf die andern wirkt, und durch den Geist, der davon ausgeht.
Albert Schweitzer, Predigt, 12. März 1911

Niemals wiederholt sich die Geschichte, sondern ist überall neu und frisch, unaufhörlich wiedergeboren wird die Sage.
Jacob Grimm, Deutsche Mythologie

Nur die Geschichte freier Völker ist es wert, dass man sie studiert. Die Geschichte von Völkern, die dem Despotismus verfallen sind, ist nur eine Anekdotensammlung.
Chamfort, Maximen und Gedanken

Nur wenn man ferne von der Zeit steht, kennt man sie genauer und weiß, wie ihr zu helfen wäre. Nur die Geschichte der vergangenen Zeiten ist die einzige, die größte, die weiteste, aber leider sehr oft unbeachtete Lehrerin in menschlichen Dingen; nur in ihr können wir unsere Zustände mit vergangenen vergleichen und so zu unserer Erkenntnis und vielleicht auch zur Besserung gelangen.
Adalbert Stifter, Die Zukunft des menschlichen Geschlechtes

O Weltgeschichte: Wundervolles Buch! Ein jeder liest was anderes aus dir; Der eine Segen und der andre Fluch, Der Leben, jener Tod dafür.
Sándor Petőfi, Weltgeschichte

Ohne Christus wäre alle Geschichte unverständlich.
Ernest Renan, Das Leben Jesu

Ohne die Spekulation, was hätte geschehen können, wirft das tatsächlich Geschehene keine Schatten.
Sebastian Haffner

Schauplatz des Schicksals ist die Geschichte.
Oswald Spengler, Urfragen. Fragmente aus dem Nachlass

Schlagzeilen –
das ist Weltgeschichte in Pillenform.
Norman Mailer

So wandern die Heiligtümer:
Reiche verschwinden,
es wechseln Völker und Zeiten.
Johann Gottfried Herder,
Ideen zur Philosophie der Geschichte der Menschheit

So zwischen Ejaculatio praecox und
Priapismus spielt die Weltgeschichte
ihr drolliges Spiel.
Gottfried Benn, An Hans Paeschke, 25. Juni 1954

Tatsächlich ist ja die Geschichte
nur das Abbild der Verbrechen und
Widerlichkeiten, die sich ereignen.
Die Menge der unschuldigen und
friedfertigen Menschen verschwindet
immer auf diesem ungeheuren
Schauplatz. Die Handelnden sind stets
nur Böse, entartete Ehrgeizige. Es sieht
so aus, als könne die Geschichte bloß
wie die Tragödie fesseln, die langweilig wird, sobald nicht Leidenschaften,
Missetaten oder Schicksalsschläge sie
beleben und ihre Spannung erhöhen.
Voltaire, Der ehrliche Hurone

Über Geschichte kann niemand urteilen, als wer an sich selbst Geschichte
erlebt hat. So geht es ganzen Nationen. Die Deutschen können erst über
Literatur urteilen, seitdem sie selbst
eine Literatur haben.
Johann Wolfgang von Goethe,
Maximen und Reflexionen

Um der Geschichte nicht zu unterliegen, müssen wir lernen, in Distanz
zu ihr zu leben. Das ist nicht Flucht
vor der Wirklichkeit. Das ist eine
innere Stätte, zu der wir zurückkehren,
um unsere Kraft wiederzugewinnen,
um unsere Werte wiederzugewinnen,
um nicht von den Geschehnissen
erdrückt zu werden.
Anaïs Nin, Absage an die Verzweiflung

Verzeiht! es ist
ein groß Ergetzen,
Sich in den Geist
der Zeiten zu versetzen,
Zu schauen, wie vor uns
ein weiser Mann gedacht,
Und wie wir's dann zuletzt
so herrlich weit gebracht.
Johann Wolfgang von Goethe, Faust I (Wagner)

Völker verrauschen,
Namen verklingen.
Friedrich Schiller, Die Braut von Messina

Vom Gipfel der Alpen gleicht
die Schweiz einem Garten;
vom Gipfel des Denkens gleicht
die Geschichte einer Erzählung.
Théodore Jouffroy, Das grüne Heft

Von hier und heute geht eine neue
Epoche der Weltgeschichte aus,
und ihr könnt sagen,
ihr seid dabei gewesen.
Johann Wolfgang von Goethe,
Kampagne in Frankreich (19. September 1792)

Vorübergehend ist also
alles in der Geschichte;
die Aufschrift ihres Tempels heißt:
Nichtigkeit und Verwesung.
Johann Gottfried Herder,
Ideen zur Philosophie der Geschichte der Menschheit

Wäre des Menschen Wille frei,
könnte also jeder handeln,
wie er wollte,
so wäre die gesamte Geschichte ein
Gewebe zusammenhangloser Zufälle.
Leo N. Tolstoi, Krieg und Frieden

Was bildet den Menschen
als seine Lebensgeschichte? Und
so bildet den großartigen Menschen
nichts als die Weltgeschichte.
Novalis, Fragmente

Weltgeschichte ist die Verschwörung
der Diplomaten gegen den gesunden
Menschenverstand.
Arthur Schnitzler

Wenn die Historiker immer weiter
ins Altertum eindringen,
dann beweist dies,
dass sich Vergangenes uns
ebenso eröffnet wie Künftiges,
nur in einem anderen Prozess
und ebenso unvollständig.
Leo N. Tolstoi, Tagebücher (1907)

Wenn man Geschichte macht,
merkt man nicht,
dass es Geschichte ist.
Margaret Thatcher

Wenn man sich
über die schurkische Narrheit
oder die närrische Schurkerei
der Zeitgenossen ärgert,
darf man nur in die Geschichte
blicken, um sich zu beruhigen
und leidlich zu trösten.
Johann Gottfried Seume, Apokryphen

Wenn man zu begierig ist,
in der Vergangenheit zu leben,
so bleibt man gewöhnlich
sehr unwissend in der Gegenwart.
René Descartes, Diskurs über die Methode

Wer behauptet,
die Geschichte zu verstehen,
wird nie eine Rolle in ihr spielen.
Carlos Barral

Wer die Geschichte versteht,
wird nie eine Rolle in ihr spielen.
Théodore Jouffroy, Das grüne Heft

Wer in der Weltgeschichte lebt,
Dem Augenblick sollt' er sich richten?
Wer in die Zeiten schaut und strebt,
Nur der ist wert, zu sprechen
und zu dichten.
Johann Wolfgang von Goethe, Sprüche

Wer in sich nicht Licht und Kraft
genug hat, kommt bei dem Studium
der Geschichte in Gefahr, sich unbedingt dem Unsinn zu ergeben.
Johann Gottfried Seume, Apokryphen

Wer jene zerfurchten Kessel sieht,
in denen Gletscher gelagert haben,
hält es kaum für möglich, dass eine
Zeit kommt, wo an derselben Stelle
ein Wiesen- und Waldtal mit Bächen
darin sich hinzieht. So ist es auch in
der Geschichte der Menschheit.
Friedrich Nietzsche, Menschliches, Allzumenschliches

Wer nie weiß, was er war,
wird auch nie wissen können,
was er werden soll.
Johann Wilhelm Ritter, Die Physik als Kunst

Wie der alte ewige Ausbau
des Blättchens und dessen Käfers
eine stehende Vorsehung ist,
so ist die Geschichte beider Wesen
und der Völker eine wandelnde.
Jean Paul, Dämmerungen für Deutschland

Wie Schatten gingen uns Ägypten,
Persien, Griechenland, Rom vorüber;
wie Schatten steigen sie aus den
Gräbern hervor und zeigen sich
in der Geschichte.
Johann Gottfried Herder,
Ideen zur Philosophie der Geschichte der Menschheit

Wie sich der kleine Moritz
die Weltgeschichte vorstellt
– genau so ist sie.
Anton Kuh

Wir lernen aus der Geschichte
immer wieder, dass wir nichts lernen.
Henry de Montherlant

Geschichtsschreibung

Alle historischen Bücher,
die keine Lügen enthalten,
sind schrecklich langweilig.
Anatole France, Die Schuld des Professors Bonnard

Aus der Geschichtsschreibung
erfährt man mehr über die Historiker
als über die Geschichte.
Paul Reynaud

Der Historiker,
der blind ist für den Tag,
ist auch blind für vergangene Tage.
Ludwig Marcuse, Argumente und Rezepte.
Ein Wörter-Buch für Zeitgenossen

Der lebende Impuls aller Geschichts-
bilder ist der Wille zur Diagnose der
Gegenwart, motiviert von den Fragen:
Was kann man erwarten
und unternehmen?
Ludwig Marcuse, Argumente und Rezepte.
Ein Wörter-Buch für Zeitgenossen

Die Geschichtsschreibung
ist der zweite Triumph der Sieger
über die Besiegten.
Bernard L. Montgomery

Die Geschichtsschreibung
ist ein Kartenhaus,
das von der Windstille abhängt.
Reinhold Schneider

Die Geschichtsschreibung ist
eine Waschanstalt, aus der die Wäsche
meist schmutziger zurückkommt,
als sie hingebracht worden ist.
Dame Edith Sitwell

Geschichtsschreibung
ist der Klatsch der Professoren.
John Osborne

Geschichtsschreibung ist Planung
für die Vergangenheit.
Thornton Wilder

Man verwechsle nicht,
was in den Geschichtsbüchern steht,
mit dem, was einer, dessen Zeit sie
beschreibt, durchgemacht hat.
Ludwig Marcuse, Argumente und Rezepte.
Ein Wörter-Buch für Zeitgenossen

Was in der Gegenwart geschieht,
erfährt man in der Regel
erst eine ganze Weile danach
von den Historikern.
Ludwig Marcuse, Argumente und Rezepte.
Ein Wörter-Buch für Zeitgenossen

Wir wissen vollkommen, dass die
Geschichtsschreiber der Zukunft
unfehlbar finden werden, dass unser
Denken voller Einbildungen gewesen
ist: weil sie eine vollendete Welt hinter
sich haben werden.
Georges Sorel, Über die Gewalt

Geschicklichkeit

Blasen und zugleich schlucken
ist nicht leicht zu bewerkstelligen.
Titus Maccius Plautus, Mostellaria

Ein geschickter Akrobat kann von Tag
zu Tag geschwindere Purzelbäume
schlagen und immer mehr.
Das hat aber mit Vervollkommnung
oder mit Entwicklung nichts zu tun.
Arthur Schnitzler,
Aphorismen und Betrachtungen aus dem Nachlass

Für die Liebe und für die Sense
braucht man Kraft
und geschickte Hände.
Sprichwort aus Spanien

Ein gut gespielter Ball
findet immer sein Loch.
Deutsches Sprichwort

Es gibt keine wichtigere Lebensregel
in der Welt als die: Halte dich, so viel
du kannst, zu Leuten, die geschickter
sind als du, aber doch nicht so sehr
unterschieden sind, dass du sie nicht
begreifst.
Georg Christoph Lichtenberg, Sudelbücher

Geschicklichkeit verhält sich zur List
wie Rechtlichkeit zur Spitzbüberei.
Chamfort, Maximen und Gedanken

Mehr Dinge hat Geschick durchgesetzt
als Gewalt, und öfter haben die Klugen
die Tapferen besiegt als umgekehrt.
Baltasar Gracián y Morales,
Handorakel und Kunst der Weltklugheit

Geschlecht

Bei der Erkenntnis
spielt das Geschlecht keine Rolle.
Juana Inés de la Cruz, Carta atenagorica

Der Ausdruck Weibchen
ist nicht deshalb abwertend,
weil die Frau in der Natur
verankert, sondern weil er sie
in ihr Geschlecht einsperrt.
Simone de Beauvoir, Das andere Geschlecht

Der Geschlechterkampf
ist so einfallslos
wie der Klassenkampf.
Norbert Blüm, Unverblümtes von Norbert Blüm

Der Geschlechtsunterschied ist
kein oberflächlicher oder nur auf
gewisse Körperteile beschränkter;
er ist ein wesentlicher;
er durchdringt Mark und Bein.
Ludwig Feuerbach, Das Wesen des Christentums

Die emanzipierte Frau
wird zum dritten Geschlecht.
Erhard Blanck

Die kommunistische Gesellschaftsord-
nung wird das Verhältnis der beiden
Geschlechter zu einem reinen Privat-
verhältnis machen, worin sich die
Gesellschaft nicht zu mischen hat.
Friedrich Engels, Grundsätze des Kommunismus

Die Liebe ist nichts anderes
als das Selbstgefühl der Gattung
innerhalb des Geschlechtsunterschieds.
Ludwig Feuerbach, Das Wesen des Christentums

Die Männer sind
das nebensächliche Geschlecht.
Im Tierreich braucht man sie
bei vielen Arten nicht einmal
zur Fortpflanzung.
Orson Welles

Ein höherer Wuchs,
eine kräftigere Stimme
nd ausgeprägtere Gesichtszüge
scheinen in keiner notwendigen
Beziehung zum Geschlecht zu stehen.
Allein, die äußerlichen Unterschiede
künden von des Schöpfers Absicht,
auch Unterschiede zwischen den Seelen
zu machen.
Jean-Jacques Rousseau,
Julie oder Die neue Héloïse (Julie)

Einst war unsere Natur nicht die
von jetzt, sondern eine andere.
Denn zuerst gab es drei der menschlichen Geschlechter, nicht zwei wie
jetzt, männlich und weiblich, es gab
ein drittes dazu, das zu beiden gehörte.
Sein Name lebt fort, indes es selbst
verschwand. Es war das Mannweib,
nach Aussehen und Namen an beiden
teilnehmend, an Männlichem und
Weiblichem.
Platon, Das Gastmahl

Es ist ein vergebliches Bemühen,
die beiden Geschlechter
entzweien zu wollen;
sie finden ja doch wieder zueinander.
Claire Boothe-Luce

Geselligkeit und leichter Umgang
zwischen den Geschlechtern,
hat es nicht die Ehre, Anständigkeit
und Zucht beider Teile erniedrigt?
Johann Gottfried Herder, Auch eine Philosophie der
Geschichte zur Bildung der Menschheit

Grad und Art der Geschlechtlichkeit
eines Menschen reicht bis in den
letzten Gipfel seines Geistes hinauf.
Friedrich Nietzsche, Jenseits von Gut und Böse

In der Verwirrung der Geschlechter,
die bei uns herrscht,
ist es fast ein Wunder,
wenn man seinem eigenen Geschlecht
angehört.
Jean-Jacques Rousseau, Emile

Ist die Frau weniger wert als der Mann?
Wer diese Frage beantwortet,
muss auch sagen,
ob Feuer mehr wert ist als Wasser.
Carl Ludwig Schleich

Jedes Wesen ist, wie das Urwesen,
dem es entfloss, Kraft und Zartheit
in einem, in der Erscheinung aber
spaltet es sich in Mann und Weib.
Zacharias Werner, Über das menschliche Leben

Kann zwischen den Geschlechtern
Freundschaft entstehen und Bestand
haben? Nur scheinbar, denn die
Geschlechter sind geborene Feinde.
Plus und Minus bleiben Gegensätze,
positive und negative Elektrizität
sind Feinde, brauchen einander jedoch,
um sich zu ergänzen.
August Strindberg, Der Sohn der Magd

Man kann wohl sagen,
dass das Geschlecht zwei Drittel
aller möglichen Geistigkeit auffrisst.
Christian Morgenstern, Stufen

Nicht indem er Leben schenkt, sondern
indem er es einsetzt, erhebt sich der
Mensch über das Tier. Deshalb wird
innerhalb der Menschheit der höchste
Rang nicht dem Geschlecht zuerkannt,
das gebiert, sondern dem, das tötet.
Simone de Beauvoir, Das andere Geschlecht

Sage mir, Kind,
hat denn die Seele ein Geschlecht?
Jean-Jacques Rousseau,
Julie oder Die neue Héloïse (Claire)

Sobald die Frau frei ist, hat sie
kein anderes Schicksal mehr
als das von ihr frei geschaffene.
Die Beziehung der Geschlechter
wird dann zu einer Kampfbeziehung.
Simone de Beauvoir, Das andere Geschlecht

Und immer wieder komme ich
darauf zurück, dass die Bewertung
der geschlechtlichen Liebe unter
uns Heutigen eine krankhafte Höhe
erreicht hat, von der wir durchaus
wieder heruntersteigen müssen.
Christian Morgenstern, Stufen

Viele Männer gibt es,
viele Frauen, die vernünftig sind
im Umgang mit dem eigenen
und ach, so albern im Umgang
mit dem anderen Geschlecht.
Marie von Ebner-Eschenbach, Aphorismen

Was auch die Spaßvögel dazu sagen,
so ist doch der gesunde Menschenverstand bei beiden Geschlechtern gleich.
Jean-Jacques Rousseau, Emile

Wenn Kenntnisse und Lebensklugheit
sich in einer Person vereint finden,
frage ich nicht nach dem Geschlecht:
Ich bewundere.
Jean de La Bruyère, Die Charaktere

Wenn man gar nicht einmal die
Geschlechter an den Kleidungen
erkennen könnte, sondern auch noch
sogar das Geschlecht erraten müsste,
so würde eine neue Welt von Liebe
entstehen.
Georg Christoph Lichtenberg, Sudelbücher

Wie lächerlich gering ist der Unterschied zwischen Mann und Frau!
Von achtundvierzig Chromosomen
unterscheidet sich nur eines.
Germaine Greer

Geschlechtsverkehr

Das einzige Erotische am Liebesakt
ist sein Schauplatz –
das Schlafzimmer.
Saul Steinberg

Dein Schoß ist ein rundes Becken,
Würzwein mangle ihm nicht.
Altes Testament, Hohelied Salomos 7, 3

Den natürlichen Gebrauch, den ein
Geschlecht von den Geschlechtsorganen des andern macht, ist ein
Genuss, zu dem sich ein Teil dem
anderen hingibt. In diesem Akt
macht sich ein Mensch selbst
zur Sache, welches dem Rechte
der Menschheit an seiner eigenen
Person widerstreitet.
Immanuel Kant, Die Metaphysik der Sitten

Der Schlaf erstickt und unterdrückt
unsere seelischen Kräfte,
der Geschlechtsakt saugt sie ebenso auf
und lässt sie verschwinden.
Michel Eyquem de Montaigne, Die Essais

Eine liebevolle Umarmung
mit blanken Armen
macht ohne Zweifel
ein sehnendes Herz
hochgemut.
Ulrich von Singenberg, Lieder
(Wie hôhes muotes ist ein man)

Hätte die Natur nicht gewollt,
dass der Kopf den Forderungen
des Unterleibes Gehör geben sollte,
was hätte sie nötig gehabt, den Kopf
an einen Unterleib anzuschließen.
Georg Christoph Lichtenberg, Sudelbücher

Ich habe eine anständige Frau
zittern sehen vor Abscheu, sobald
ihr eigener Mann in die Nähe kam;
ich habe gesehen, wie sie sich ins Bad
stürzte, und bemerkt, dass sie sich
nie genügend rein gewaschen fühlte
von der Beschmutzung, zu der sie
gezwungen worden war.
Diese Art von Widerwillen
ist uns Männern so gut wie unbekannt.
Unser Organ ist weniger nachtragend.
Denis Diderot, Über die Frauen

Im Geschlechtsakt sucht der Mann
nicht nur eine subjektive,
vergängliche Lust, sondern er will
erobern, nehmen, besitzen.
Eine Frau haben, heißt sie besiegen.
Simone de Beauvoir, Das andere Geschlecht

In geschlechtlicher Hinsicht übe vor
der Ehe größtmögliche Zurückhaltung.
Wenn du dich dennoch darauf einlässt,
so bleibe im Rahmen des gesetzlich
Erlaubten. Beschimpfe und tadle
auf jeden Fall nicht diejenigen,
die sich dem Geschlechtsgenuss
hingeben. Erzähle auch nicht überall,
dass du dies nicht tust.
Epiktet, Handbuch der Moral

In unserer Zeit
hat der Geschlechtsverkehr
nur mehr die Bedeutung
eines Händedrucks in der Horizontalen.
Doris Lessing

Ja, ich wollte, dass die Erde
in Krämpfen bebte, wenn sich
ein Heiliger und eine Gans
miteinander paaren.
Friedrich Nietzsche, Also sprach Zarathustra

Körperliches und Gefühlshaftes sind
unentwirrbar verschlungen in aller
wahren Glückseligkeit, so dass in
diesem Zusammenhang auch der
Geschlechtsakt zur Offenbarung einer
ekstatischen Vereinigung mit dem All
des Nirwana, der Vereinigung mit dem
geliebten Menschen werden kann, eine
Art kurzer Tod, wenn der Einzelne
momentan im Trieb der Art sich
verliert. Denn auch der Tod ist ein
Sichhingeben und Vereinigen; es ist
die Auflösung des Einzelnen in das
Viele oder in ein größeres Einzelnes.
Yehudi Menuhin,
Kunst als Hoffnung für die Menschheit

Küsse keck das holde Weib
Und drück es fest an deinen Leib.
Denn das gibt Glück und hohen Mut,
Sofern sie züchtig ist und gut.
Wolfram von Eschenbach, Parzival

Liebste, tu doch etwas,
damit unser Bettchen kracht.
Wie auf einem Freudenthron
möchte ich jubeln.
Oswald von Wolkenstein, Lieder
(Ain tunckle farb von occident)

Nicht darin besteht die Rechtlosigkeit
der Frau, dass sie nicht wählen
und kein Richteramt bekleiden darf;
dies schmälert ihre rechtliche Stellung
nicht. Wohl aber darf sie das Recht
beanspruchen, im Geschlechtsverkehr
dem Manne gleich gestellt zu sein,
nach eigenem Wunsch mit ihm zu
verkehren oder ihn zu meiden
und nach eigenem Wunsch
sich den Mann zu wählen,
und nicht vom Mann
gewählt zu werden.
Leo N. Tolstoi, Die Kreutzersonate

Und gleich, wie ich mit ihr geschlafen
hatte, holte ich armer Teufel mir
von einem einzigen Beisammensein
eine jahrelange, mich auszehrende
Hörigkeit.
Lucius Apuleius, Der goldene Esel

Wenn man gleich an den Beginn
einer Beziehung den Koitus setzt,
gibt es keine Neurosen.
Gottfried Benn, Brief an Oelze Nr. 66

Wenn Mann und Weib einander ihren
Geschlechtseigenschaften nach wechselseitig genießen wollen, so müssen
sie sich notwendig verehelichen, und
dieses ist nach Rechtsgesetzen der
reinen Vernunft notwendig.
Immanuel Kant, Die Metaphysik der Sitten

Wie hohen Mutes ist ein Mann,
der sich zu herzlicher Geliebter
schönem Leib hat gelegt.
Es gibt nichts, das ich dieser Freude
vergleichen kann.
Ulrich von Singenberg, Lieder
(Wie hôhes muotes ist ein man)

Wir wagen es nicht, unsere Glieder
mit ihren eigentlichen Namen
zu benennen, und benutzen sie
ohne weiteres zu allerart nicht sehr
anständigen Funktionen.
Michel Eyquem de Montaigne, Die Essais

Geschmack

Alle wahren Muster des Geschmacks
sind in der Natur.
Jean-Jacques Rousseau, Emile

Das Geschmacksurteil sinnet jedermann
Beistimmung an; und wer etwas für
schön erklärt, will, dass jedermann
dem vorliegenden Gegenstande Beifall
geben und ihn gleichfalls für schön
erklären solle.
Immanuel Kant, Kritik der Urteilskraft

Das Leben schmeckt mir fad
wie ein nutzloses Medikament.
Fernando Pessoa, Das Buch der Unruhe
des Hilfsbuchhalters Bernardo Soares

Das Süße mit dem Sauern
abwechseln zu lassen,
beweist einen guten Geschmack.
Das Süße ganz allein
ist für Kinder und Narren.
Baltasar Gracián y Morales,
Handorakel und Kunst der Weltklugheit

Den Geschmack kann man nicht
am Mittelgut bilden, sondern nur
am Allervorzüglichsten.
Johann Wolfgang von Goethe, überliefert von Johann
Peter Eckermann (Gespräche mit Goethe)

Der allgemeine Geschmack ist so
schlecht, dass ihm nachzulaufen
immer nur bedeutet, das Hinterteil
zu sehen.
August Everding, Vortrag anlässlich des 125. Bestehens
der Eidgenöss. Technischen Hochschule Zürich, 1995

Der einzige Geschmack,
der einem Menschen
wirkliche Befriedigung geben kann,
ist sein eigener.
Philip Rosenthal

Der Geschmack ist allen Menschen
natürlich; sie haben ihn aber nicht
alle in gleichem Maße.
Jean-Jacques Rousseau, Emile

Der Geschmack ist gewissermaßen
der Urteilskraft Vergrößerungsglas;
er bringt kleine Gegenstände in ihre
Reichweite, und seine Wirkungen
fangen da an, wo die der Urteilskraft
enden.
Jean-Jacques Rousseau,
Julie oder Die neue Héloïse (Saint-Preux)

Der Geschmack mag sich ändern,
der Trieb nicht.
François de La Rochefoucauld, Reflexionen

Derjenige Geschmack ist gut,
der mit den Regeln übereinstimmt,
die von der Vernunft festgesetzt
worden sind.
Johann Christoph Gottsched

Der schlechte Geschmack gefällt,
sobald er Mode wird.
Felicien Marceau

Die Liebe zu den Moden
zeugt von schlechtem Geschmack,
weil sich die Gesichter
nicht mit ihnen ändern.
Jean-Jacques Rousseau, Emile

Durch Fleiß und Talent bildet sich
der Geschmack; durch den Geschmack
öffnet sich der Geist unvermerkt den
Ideen des Schönen aller Art und
endlich auch den sittlichen Begriffen,
die sich darauf beziehen.
Jean-Jacques Rousseau, Emile

Ein anderer Mann
erfreut sich anderer Werke.
Homer, Odyssee

Ein Beet mit Rüben, ein Beet mit Kohl
– jeder nach seinem Geschmack.
Chinesisches Sprichwort

Feinschmeckerei
verdirbt den Geschmack.
Lao-tse, Dao-de-dsching

Guter Geschmack
ist eher vernünftig als geistreich.
François de La Rochefoucauld, Reflexionen

Ich weiß nicht, wer den schlechten
Geschmack hat: Die Griechen, die sich
nicht schämten, die Liebe so zu besingen, wie sie in Wirklichkeit ist, in der
schönen Natur, oder die Leser von
Gaboriau, Marlitt und Pierre Bobo?
Anton P. Tschechow, Briefe (14. Januar 1887)

Ihr auffallender Putz
verriet mehr Pracht als Geschmack.
Jean-Jacques Rousseau,
Julie oder Die neue Héloïse (Saint-Preux)

(...) Kunst hat mit Geschmack nichts
zu tun, Kunst ist nicht da, dass man
sie »schmecke«.
Max Ernst, in: Katalog Max Ernst (1979)

Luxus und schlechter Geschmack
sind unzertrennlich. Überall, wo der
Geschmack viel Aufwand erfordert,
ist er falsch.
Jean-Jacques Rousseau, Emile

Man muss viel Geschmack haben,
um dem seines Zeitalters zu entgehen.
Théodore Jouffroy, Das grüne Heft

Mit dem guten Geschmack
ist es ganz einfach:
Man nehme von allem nur das Beste.
Oscar Wilde

Persönlicher Geschmack
ist ein unschätzbarer Regulator
der Lebensführung, allein schon
durch Beschränkung, Auswahl,
Harmonisierung der Bedürfnisse.
Heinrich Waggerl, Aphorismen

Über Geschmack
soll man nicht streiten.
Voltaire, Indisches Abenteuer

Wer nur scharf denkt,
hat schlechten Geschmack.
Wer aber guten Geschmack hat,
denkt auch scharf.
François de La Rochefoucauld, Reflexionen

Wir sind arm, aber mit Geschmack.
Voltaire, Der Mann mit den vierzig Talern

Wir wissen doch nur zu gut,
wie oft abartiger Geschmack
als der beste und Abscheulichkeiten
als Vorbilder angesehen wurden.
Leo N. Tolstoi, Tagebücher (1901)

Wo Geschmacklosigkeit daheim ist,
wird auch immer etwas Rohheit
wohnen.
Marie von Ebner-Eschenbach, Aphorismen

Zwischen gutem Verstand
und gutem Geschmack
besteht derselbe Unterschied
wie zwischen Ursache und Wirkung.
Jean de La Bruyère, Die Charaktere

Geschwätz

Alle Nachrichten sind Weiber.
Reiner Kunze

Bei Weibern
ist des Schwatzens hohe Schule.
Deutsches Sprichwort

Besser kurz und bündig,
Als Geschwätz vielstündig.
Jüdische Spruchweisheit

Das Plappern macht Schwielen
nicht einmal im Maule!
Emil Gött, Zettelsprüche. Aphorismen

Der Schall: das Fleisch der Sprache.
Geschwätz: wenn sie den Weg
allen Fleisches geht.
Heimito von Doderer, Repertorium. Ein Begreifbuch
von höheren und niederen Lebens-Sachen

Die lange Zunge einer Frau
ist die Treppe,
über die das Unglück kommt.
Chinesisches Sprichwort

Die Welt besteht aus lauter Geschwätz,
jeder Mensch redet eher zu viel
als zu wenig.
Michel Eyquem de Montaigne, Die Essais

Durch Geschwätz
verrät die Elster ihr Nest.
Deutsches Sprichwort

Ein Komma am falschen Ort
kann unglaublich geschwätzig sein.
Henry de Montherlant

Eine dreimal wiederholte Rede wird
von allein zu müßigem Geschwätz.
Chinesisches Sprichwort

Man sagt immer, die Weiber schwätzen
viel, und wenn die Männer anfangen,
so hat's gar kein Ende.
Johann Wolfgang von Goethe,
Die Fischerin (Dortchen)

Reden ohne Schweigen
wird Geschwätz.
Romano Guardini

Was der einfältige Frosch schwätzt,
der sitzt im Wasser bei seinesgleichen
und quakt, und kann keines Menschen
Geselle sein.
Jacob und Wilhelm Grimm,
Der Froschkönig oder der eiserne Heinrich

Weiberlippen sind geschaffen
Mehr zum Küssen als zum Klaffen.
Friedrich von Logau, Sinngedichte

Welch ein Geräusch,
welch ein Gegacker.
Johann Wolfgang von Goethe, Lilis Park

Geschwindigkeit

Der Mensch von heute
hat nur ein einziges
wirklich neues Laster erfunden:
die Geschwindigkeit.
Aldous Huxley

Die Emsigkeit allzeit bestehet,
Da die Geschwindigkeit vergehet.
Johann Fischart, Das Philosophisch Ehzuchtbüchlin

Die Menschen neigen zur falschen
Auffassung, dass, da sich alle unsere
mechanischen Apparate so flink
vorwärts bewegen, auch das Denken
schneller vor sich geht.
Christopher Morley

Keiner, der mit äußerster
Geschwindigkeit läuft,
hat Kopf oder Herz.
William Butler Yeats, Entfremdung

Man kann erst steuern,
wenn man Fahrt hat.
Emil Gött, Zettelsprüche. Aphorismen

Geschwister

Ein Kind, Angstkind,
zwei Kinder, Spielkinder.
Deutsches Sprichwort

Liebe zwischen Bruder und Schwester
– die Wiederholung der Liebe
zwischen Mutter und Vater.
Franz Kafka, Tagebücher (1912)

Und doch ist mir recht heimatlich
bei den Geschwistern, heimatlich,
zugleich heimatlos.
Franziska Gräfin zu Reventlow, Tagebücher

Wenn Geschwister drei Jahre
mit aufgeteiltem Erbe leben,
werden sie wie Nachbarn.
Chinesisches Sprichwort

Geselle

Die Arbeit macht den Gesellen.
Johann Wolfgang von Goethe,
Maximen und Reflexionen

Wir dünken uns Gesellen
und sind Knechte.
Johann Wolfgang von Goethe, Elpenor (Polymetis)

Geselligkeit

Du hast das nicht, was andre haben,
Und andern mangeln deine Gaben;
Aus dieser Unvollkommenheit
Entspringet die Geselligkeit.
Christian Fürchtegott Gellert, Fabeln und Erzählungen

Geselligkeit gehört zu den gefährlichen,
ja verderblichen Neigungen, da sie uns
in Kontakt bringt mit Wesen, deren
große Mehrzahl moralisch schlecht und
intellektuell stumpf oder verkehrt ist.
Der Ungesellige ist einer, der ihrer
nicht bedarf.
Arthur Schopenhauer, Aphorismen zur Lebensweisheit

Geselligkeit ist die Kunst,
den Umgang mit sich selbst
zu verlernen.
Oscar Blumenthal

Je verbreiteter die Geselligkeit,
desto frostiger die Herzen.
Karl Julius Weber, Democritos

Man ist geselliger und umgänglicher
durch das Herz als durch den Geist.
Jean de La Bruyère, Die Charaktere

Man spricht so viel davon, dass
der Mensch ein geselliges Tier sei;
im Grunde ist er ein Raubtier,
worüber man sich nicht bloß
durch die Betrachtung seines
Gebisses vergewissern kann.
Das ganze Geschwätz
von Geselligkeit und Gemeinschaft
ist deshalb
teils eine vererbte Heuchelei,
teils eine ausgesuchte Hinterlist.
Søren Kierkegaard, Entweder – Oder

Nichts, als wenn man nicht von der
Gesellschaft andrer profitieren könnte:
Der Mensch ist ein so geselliges Tier,
als er Mensch ist.
Johann Gottfried Herder,
Journal meiner Reise im Jahr 1769

Was nun andrerseits
die Menschen gesellig macht,
ist ihre Unfähigkeit,
die Einsamkeit und in dieser
sich selbst zu ertragen.
Arthur Schopenhauer, Aphorismen zur Lebensweisheit

Was sind Geselligkeit
und Unterhaltung
ohne Wein?
Chinesisches Sprichwort

Wo die Geselligkeit
Unterhaltung findet,
ist sie zu Hause.
Johann Wolfgang von Goethe,
Tag- und Jahreshefte (1802)

Gesellschaft

Aber unsere Gesellschaft nimmt
den Charakter des Eigennutzes an und
wird dadurch sehr leicht das Gegenteil
von dem, was sie sein sollte.
Friedrich Buchholz, Hermes oder Über die Natur der
Gesellschaft mit Blicken in die Zukunft

Alle unsere Weisheit besteht
in knechtischen Vorurteilen;
alle unsere Bräuche sind nur
Unterwerfung, Marter und Zwang.
Jean-Jacques Rousseau, Emile

Allein ist besser als
mit Schlechten im Verein.
Mit Guten im Verein
ist besser als allein.
Friedrich Rückert, Gedichte

Als Adam hackt' und Eva spann,
wer war da der Edelmann?
Deutsches Sprichwort

Als ich in der Gesellschaft lebte,
hing ich so an ihr, als ob ich die
Zurückgezogenheit nicht ertragen
könnte. Als ich wieder auf meinen
Gütern war, habe ich nicht mehr
an die Gesellschaft gedacht.
Charles de Secondat, Baron de la Brède
et de Montesquieu, Meine Gedanken

Als Umgangsregel dies sei dein Ziel:
Der Freunde tausend seien dir zu wenig
Und ein Feind schon sei dir zu viel.
Jüdische Spruchweisheit

Besser allein
als in schlechter Gesellschaft sein.
Sprichwort aus Spanien

Besser bedient werden als dienen.
Deutsches Sprichwort

Bisher habe ich viele Masken gesehen;
wann werde ich menschliche Gesichter
erblicken?
Jean-Jacques Rousseau,
Julie oder Die neue Héloïse (Saint-Preux)

Bleibe jeder mir ferne, der meint, ich
sei für seine Langeweile gerade gut.
Emil Gött, Zettelsprüche. Aphorismen

Böse Gesellschaft verdirbt gute Sitten.
Deutsches Sprichwort

Da eine jede Gesellschaft ein Vertrag
ist, kein Vertrag aber recht ist, darinnen
Dinge versprochen werden, die
dem Gesetze der Natur zuwider laufen;
so kann auch keine Gesellschaft recht
sein, die etwas zu ihrer Absicht hat,
was dem Gesetz der Natur zuwider ist.
Christian Freiherr von Wolf, Vernünfftige Gedancken
von dem gesellschaftlichen Leben der Menschen

Das allerbeste Zeichen des inneren
Fortschrittes ist es, wenn es einem in
möglichst guter und hoch gesinnter
Gesellschaft wohl ist und in gewöhnlicher
immer weniger.
Carl Hilty, Für schlaflose Nächte

Das Band der Gesellschaft
sind Vernunft und Sprache.
Marcus Tullius Cicero, Vom rechten Handeln

Das Elend des Menschen liegt darin,
dass er in der Gesellschaft Trost
suchen muss gegen die Leiden,
die ihm die Natur zufügt, und in
der Natur Trost gegen die Leiden
der Gesellschaft. Wie viele haben
weder hier noch dort eine Erleichterung
ihrer Schmerzen gefunden!
Chamfort, Maximen und Gedanken

Das gesellschaftliche Recht ist
ganz und gar kein sittliches Recht,
sondern eine bloße Modifikation
des tierischen.
Johann Heinrich Pestalozzi,
Meine Nachforschungen über den Gang der Natur

Das gesellschaftliche Spiel ist ein
falsches Spiel, wer aber will entdeckt
werden? Darum bereut man in einsamen
Stunden, wenn unbestechlich
die Vergangenheit aufsteigt, nicht seine
Fehler, sondern seine Dummheiten.
August Strindberg, Der Sohn der Magd

Das Glück des Menschen ist,
das zu lieben, was sie tun müssen.
Auf diesem Prinzip ist die Gesellschaft
nicht aufgebaut.
Claude Adrien Helvétius, Über den Geist

Das Menschengeschlecht,
von Natur aus schlecht,
ist durch die Gesellschaft
noch schlechter geworden.
Chamfort, Maximen und Gedanken

Den Menschen kann man nicht anders
als unter Menschen und im Umgange
mit ihnen kennen lernen.
Christian Garve, Über Gesellschaft und Einsamkeit

Denn schon wo viele Gäste sind,
ist viel Pack – und hätten sie auch
sämtlich Sterne auf der Brust. Die
wirklich gute Gesellschaft ist, was ist,
überall und notwendig, sehr klein.
Arthur Schopenhauer, Aphorismen zur Lebensweisheit

Denn was ist widersinniger, als die
Gesellschaft der Menschen zu suchen
und sich durch Unaufmerksamkeit
auf das, was sie sagen, im Geiste
wieder von ihnen zu entfernen?
Christian Garve, Über Gesellschaft und Einsamkeit

Der Adler fliegt allein,
der Rabe scharenweise;
Gesellschaft braucht der Tor,
und Einsamkeit der Weise.
Friedrich Rückert, Die Weisheit des Brahmanen

Der am besten behandelte,
am meisten bevorzugte
und intelligenteste Teil
jeder Gesellschaft
ist oft der undankbarste.
Saul Bellow, Herzog (1964)

Der Einzelne steht unter der Herrschaft
der gesellschaftlichen Zusammenhänge;
aber diese gesellschaftlichen Zusammenhänge
sind für gewöhnlich nicht
so wechselnd, dass das Individuum
sich nicht nach ihnen richten könnte.
Gustav Schmoller, Die Arbeiterfrage

Der Gedanke muss in der Gesellschaft
geboren werden, seine Bearbeitung
und Ausprägung erfolgt in der
Einsamkeit.
Leo N. Tolstoi, Tagebücher (1853)

Der Geist der Wahrheit
und der Geist der Freiheit
– dies sind die Stützen
der Gesellschaft.
Henrik Ibsen, Stützen der Gesellschaft

Der Herrscher muss ein Herrscher,
der Minister ein Minister,
der Vater ein Vater,
und der Sohn ein Sohn sein.
Konfuzius, Gespräche

Der Herrscher soll das Gleichgewicht
zwischen Bauern und Adligem erhalten,
sodass sie einander nicht zugrunde
richten.
König Friedrich der Große,
Politisches Testament (1752)

Der letzte Entscheid über die Zukunft
einer Gesellschaft liegt nicht in der
größeren oder geringeren Vollendung
ihrer Organisation, sondern in der
größeren oder geringeren Wertigkeit
ihrer Individuen.
Albert Schweitzer,
Verfall und Wiederaufbau der Kultur

Der Mann von großen Fähigkeiten
findet in der Gesellschaft nur wenige
Personen, die ihn belehren, ja nur
wenige, die ihn verstehen und ihn
mit ihrem Beifalle ehren können.
Christian Garve, Über Gesellschaft und Einsamkeit

Der Mensch ist dazu gemacht,
außer sich zu leben,
ehe er in sich selbst zurückkehrt.
Christian Garve, Über Gesellschaft und Einsamkeit

Der Mensch liebt die Gesellschaft,
und sollte es auch nur die von einem
brennenden Rauchkerzchen sein.
Georg Christoph Lichtenberg, Sudelbücher

Der Mensch verkrüppelt in der
Einsamkeit, der richtige, volle,
gesunde Mensch ist nur der Mensch
in der Gesellschaft.
Rudolf von Ihering, Der Zweck im Recht

Der Platz der Frau
in der Gesellschaft
ist immer der,
den der Mann ihr zuweist.
Simone de Beauvoir, Das andere Geschlecht

Der Weg führt nicht zurück
in den Schrebergarten.
Der Weg führt vorwärts
in eine neue Industriegesellschaft.
Norbert Blüm, Unverblümtes von Norbert Blüm

Der wilde Mensch lebt in sich,
der gesellige hingegen ist immer
außer sich und lebt nur in der
Meinung, die andere von ihm haben.
Jean-Jacques Rousseau, Über den Ursprung und die Grundlagen der Ungleichheit

Die angenehmsten Gesellschaften
sind die, in welchen eine
heitere Ehrerbietung der Glieder
gegeneinander obwaltet.
Johann Wolfgang von Goethe,
Maximen und Reflexionen

Die, die oben standen, traten nach
unten, und die, die unten standen,
zerrten einem am Rock, wenn man
nach oben wollte.
August Strindberg, Der Sohn der Magd

Die einen erheben sich in der
Gesellschaft von Menschen,
die anderen sinken ab.
Leo N. Tolstoi, Tagebücher (1907)

Die ganze Gesellschaft spaltet sich
mehr rund mehr in zwei große
feindliche Lager, in zwei große,
einander direkt gegenüberstehende
Klassen: Bourgoisie und Proletariat.
Karl Marx/Friedrich Engels,
Das Kommunistische Manifest

Die Gesellschaft besteht aus zwei
großen Klassen: Die einen haben
mehr Essen als Appetit, die anderen
mehr Appetit als Essen.
Chamfort, Maximen und Gedanken

Die Gesellschaft hat kein Recht
auf unsere Gedanken.
Michel Eyquem de Montaigne, Die Essais

Die Gesellschaft ist ein Chaos,
das nur durch Witz zu bilden
und in Harmonie zu bringen ist.
Friedrich Schlegel, Lucinde

Die Gesellschaft ist eine Welle.
Sie selbst bewegt sich vorwärts,
nicht aber das Wasser,
woraus sie besteht.
Ralph Waldo Emerson, Essays

Die Gesellschaft ist immer männlich
gewesen, die politische Macht lag
immer in den Händen der Männer.
Simone de Beauvoir, Das andere Geschlecht

Die Gesellschaft ist wie die Luft:
Notwendig zum Atmen, aber nicht
ausreichend, um davon zu leben.
George Santayana

Die Gesellschaft teilt sich
in zwei Klassen: die, die haben,
und die, die haben möchten.
Sprichwort aus England

Die Gesellschaft verschmilzt mit
der bestehenden Staatsordnung, die
höhern Klassen derselben machen
die Staatsgewalt zu einem Mittel
für ihre gesellschaftlichen Zwecke,
und das Volk teilt sich im Ganzen in
zwei große Gruppen, die sowohl auf
dem Gebiete des staatlichen Rechts
als auf der gesellschaftlichen Ordnung
einander entschieden entgegenstehen.
Dies ist die wichtigste Tatsache im
Leben aller Völker.
Lorenz von Stein,
Die socialen Bewegungen der Gegenwart

Die Gewohnheit ist das enorme
Schwungrad der Gesellschaft und
ihr wertvollster konservativer Agent.
William James, Die Prinzipien der Psychologie

Die Klasse, welche die herrschende
materielle Macht der Gesellschaft ist,
ist zugleich ihre herrschende geistige
Macht.
Karl Marx, Die deutsche Ideologie

Die Männer von Charakter
sind das Gewissen der Gesellschaft,
zu der sie gehören.
Samuel Smiles, Charakter

Die physischen Geißeln und Drang-
sale der menschlichen Natur haben
die Gesellschaft notwendig gemacht.
Die Gesellschaft hat die Leiden der
Natur noch gesteigert. Die Nachteile
der Gesellschaft haben die Regierung
notwendig gemacht, und die Regierung steigert noch die Leiden der
Gesellschaft. Das ist die Geschichte
der menschlichen Natur.
Chamfort, Maximen und Gedanken

Die schlechteste Gesellschaft
lässt dich fühlen,
Dass du ein Mensch
mit Menschen bist.
Johann Wolfgang von Goethe, Faust I (Mephisto)

Die sogenannte Creme der Gesellschaft
ist meistens fett.
Jean Cau

Die tiefe Sicherheit einer Gesellschaft
hängt von Natur und Verhalten
ihrer Bürger ab.
Herbert Spencer

Die Unterklasse ist für die Oberklasse
geopfert worden, aber weiß Gott, sie
hat sich freiwillig geopfert. Sie hat
das Recht, ihre Rechte zurückzuholen,
doch das muss sie selbst tun.
August Strindberg, Der Sohn der Magd

Die vorteilhafteste menschliche Ordnung wäre die, bei welcher jeder an
das Glück der anderen dächte und
sich uneingeschränkt dem Dienst
für dieses Glück weihte. Bei einer
solchen Einstellung aller erhielte
jeder den größten Anteil von Glück.
Leo N. Tolstoi, Tagebücher (1889)

Dieses nachahmende Volk könnte voller
Originale sein, ohne dass es möglich
wäre, etwas davon zu wissen; denn
niemand getraut sich, er selbst zu sein.
»Man muss so handeln wie die andern«,
lautet hierzulande der Weisheit erster
Grundsatz.
Jean-Jacques Rousseau,
Julie oder Die neue Héloïse (Saint-Preux)

Ein glücklicher Mensch ist eine
Bereicherung für die Gesellschaft,
ein unglücklicher Mensch ist eine
große Gefahr.
Otto Rank, Der Wille zum Glücklichsein

Ein Künstler sollte geeignet sein
für die beste Gesellschaft,
aber sich von ihr fern halten.
John Ruskin

Eine der niedrigsten Tendenzen
des Menschen ist:
irgendwo dazugehören zu wollen.
Heimito von Doderer, Repertorium. Ein Begreifbuch von höheren und niederen Lebens-Sachen

Eine Frau, die von Herzen aus
sehr glücklich ist, geht nicht mehr
in Gesellschaft.
Honoré de Balzac, Physiologie der Ehe

Eine Gesellschaft, die nicht an Gott
glaubt, aber Angst hat vor bösen
Vorzeichen und dem Teufel, die alle
Ärzte ablehnt und die gleichzeitig
Trauer um B. heuchelt und sich
kniefällig verneigt vor Z., darf nicht
einmal im Traum daran zu denken
wagen, sie wisse, was Gerechtigkeit
sei.
Anton P. Tschechow, Briefe (27. Dezember 1889)

Eine Gesellschaft,
die weder fastet noch betet
und in der nicht wenigstens einige
Mitglieder sich in diesen Formen
der Reinigung und Teilhabe
am Unendlichen zuwenden,
ist ernstlich in ihrem Gleichgewicht
gestört.
Yehudi Menuhin,
Kunst und Wissenschaft als verwandte Begriffe

Eine selbstbewusste Gesellschaft
kann viele Narren ertragen.
John Steinbeck

Einer ist des andern Teufel.
Deutsches Sprichwort

Erkennen sie denn nicht, dass
die bestehende Gesellschaft eine
missglückte Evolution und selbst
kulturfeindlich ist, wie auch natur-
feindlich zugleich?
August Strindberg, Der Sohn der Magd

Es gibt ein Land, wo die Freuden
sichtbar, aber falsch sind, und
der Kummer verborgen, aber echt.
Jean de La Bruyère, Die Charaktere

Es gibt nicht nur einen Feudalismus
in der Gesellschaft, es gibt auch
einen Feudalismus der Liebe.
Frank Wedekind

Es lässt sich berechnen, dass die
Spitzbuben weit mehr Vorteile
von der bürgerlichen Gesellschaft
ziehen als die ehrlichen Leute.
Ludwig Börne, Der Narr im Weißen Schwan

Es muss verschiedene Rangstufen
geben, da alle Menschen herrschen
wollen und nicht alle es können.
Blaise Pascal

Es sieht so aus, als ob unsere Industriegesellschaft langsam untergeht, und
zwar vor allem, weil sie eine Gesellschaft ohne Freude und Liebe ist. Sieht
man tiefer, dann wird die Vitalität des
Menschen durch den Mangel an Freude
und an Liebe geschwächt.
Erich Fromm, Interview 1980

Es tut mir lang schon weh,
Dass ich dich in der Gesellschaft seh!
Johann Wolfgang von Goethe, Faust I (Margarete)

Gesellschaft ist wie die Luft:
notwendig zum Atmen,
aber nicht ausreichend,
dass man davon leben könnte.
George Santayana

Gewissen ist das Gedächtnis
der Gesellschaft, das sich
der Einzelne zu eigen macht.
Leo N. Tolstoi, Tagebücher (1899)

Gezwungen, gegen die Natur oder
die gesellschaftlichen Satzungen
anzukämpfen, muss man wählen,
ob man einen Menschen oder einen
Bürger schaffen will; denn man kann
nicht beides zugleich schaffen.
Jean-Jacques Rousseau, Emile

Gleich und Gleich gesellt sich gern.
Deutsches Sprichwort

Gleichwie aber einer nicht verbunden
ist, einen Vertrag zu halten, der dem
Gesetze der Natur zuwider ist; so ist
auch keiner gehalten, in einer Gesellschaft zu verbleiben, die unrecht ist.
Christian Freiherr von Wolf, Vernünfftige Gedancken
von dem gesellschaftlichen Leben der Menschen

Gute Gesellschaft besteht aus Menschen
einer bestimmten Lebensart,
die in der Mehrheit als Leute
von Verstand und anständigem
Charakter gelten.
Philipp Stanhope Earl of Chesterfield, Briefe über die
anstrengende Kunst, ein Gentleman zu werden

Hast du Verstand und ein Herz,
so zeige nur eines von beiden,
Beides verdammen sie dir,
zeigest du beides zugleich.
Friedrich Hölderlin, Guter Rat

Hier Innerlichkeit und Sinnbezüge,
Gewissen und Traum – da Nützlich-
keitsfunktion, Sinnlosigkeit, Phrase
und sprachlose Gewalt.
Denken Sie nicht aus einem Grund,
das ist gefährlich –
denken Sie aus vielen Gründen.
Ingeborg Bachmann, Frankfurter Vorlesungen

Hüte dich vor übler Gesellschaft!
Du hast dabei am Ende jedes Mal
noch mehr Haare gelassen,
als die Leute auf den Zähnen hatten,
mit denen du beisammen warst.
Heimito von Doderer, Repertorium. Ein Begreifbuch
von höheren und niederen Lebens-Sachen

Ich gehe nicht gern
auf Gesellschaften.
Ich komme stets zu früh,
und das verdrießt mich.
Jules Renard, Ideen, in Tinte getaucht.
Aus dem Tagebuch von Jules Renard

Ich liebe gute, ehrenwerte Bekanntschaft; ich liebe es, der Schlechteste
in einer Gesellschaft zu sein.
Jonathan Swift, Tagebuch für Stella

Ich möchte in keiner Gesellschaft leben,
in der der Mensch nach dem Muster
von Hühnerbatterien gehalten wird,
wohl versorgt, aber ohne Spielraum.
Norbert Blüm, Unverblümtes von Norbert Blüm

Ihre Meinungen kommen nicht
aus dem Herzen, ihre Erkenntnisse
finden sich nicht in ihrem Verstande,
ihre Reden drücken nicht
ihre Gedanken aus; man erblickt
von ihnen bloß die Gestalt
und steht in einer Versammlung
fast wie vor einem lebenden Bilde,
da der ruhige Betrachter das einzige
durch sich selbst bewegte Wesen ist.
Jean-Jacques Rousseau,
Julie oder Die neue Héloïse (Saint-Preux)

In der Gesellschaft, der Sozietät,
kann höchstens die menschliche
Forderung befriedigt werden,
indes die egoistische stets
zu kurz kommen muss.
Max Stirner, Der Einzige und sein Eigentum

In der Gesellschaft gibt die Vernunft
am ersten nach. Die Verständigsten
lassen sich oft vom wunderlichsten
Narren lenken.
Jean de La Bruyère, Die Charaktere

In der Gesellschaft werden die
Männer klein, von den Frauen
bleibt fast nichts übrig.
Chamfort, Maximen und Gedanken

In einer »Gesellschaft im Überfluss«
kann, da Vollbeschäftigung oberstes
Wirtschaftsziel und schneller Ver-
schleiß deswegen höchste Bürgerpflicht ist, der Geizkragen eines
Tages asozialer als der Dieb sein.
Fritz Bauer

In Gesellschaft
hören Männer einander zu,
Frauen beobachten einander.
Sprichwort aus Lettland

In Osteuropa gibt es kaum noch
Marxisten, nur mehr Häretiker.
Marxisten gibt es nur noch im Westen.
Milovan Djilas

In schlechter Gesellschaft
scheinen die Guten
Heuchler zu sein.
Sprichwort aus Arabien

In unserer Gesellschaft gibt es zu viele
Menschen, die den Weg des geringsten
Widerstandes suchen und zu wenige,
die nach dem Motto tätig werden:
»Hier steh' ich. Gott helfe mir. Amen.«
Norbert Blüm, Ein ZEIT-Interview mit Norbert Blüm. In:
DIE ZEIT, Nr. 10/1989

Innere Leere und Überdruss sind es,
von denen sie sowohl in die Gesellschaft wie in die Fremde und auf
Reisen getrieben werden.
Arthur Schopenhauer, Aphorismen zur Lebensweisheit

Je besser die Formen des gesellschaftlichen Lebens sind, umso niedriger
ist der geistige und charakterliche
Entwicklungsstand der Menschen.
Leo N. Tolstoi, Tagebücher (1905)

Je kränker die Gesellschaft, umso
größer ist die Anzahl von Institutionen
zur Behandlung der Symptome, und
umso weniger sorgt man sich um die
Veränderung des Lebens insgesamt.
Leo N. Tolstoi, Tagebücher (1896)

Jede Gesellschaft
verlangt vom Neuankömmling,
dass er sich lernend dem Lebensstil,
den er vorfindet, anpasst.
Sie verlangt Triebregulation
und Triebverzicht.
Alexander Mitscherlich, Krankheit als Konflikt

Jede Leidenschaft,
welche in der Einsamkeit schläft,
wacht in der Gesellschaft auf.
Christian Garve, Über Gesellschaft und Einsamkeit

Jede Mehrung deines Besitzes
verwende nicht für dich selbst,
sondern für die Gesellschaft.
Leo N. Tolstoi, Tagebücher (1847)

Jeder, der lange in der Gesellschaft
leben kann, beweist mir nur, dass er
nicht besonders feinfühlig ist. Nichts,
was dort das Herz erwärmen könnte,
nichts, das es nicht verhärtete, und
wäre es auch nur der Anblick der
Fühllosigkeit, Leere und Eitelkeit,
die dort herrschen.
Chamfort, Maximen und Gedanken

Jeder Mensch
ist eine kleine Gesellschaft.
Novalis, Blütenstaub

Jeder von uns
ist eine ganze Gesellschaft (...).
Fernando Pessoa, Das Buch der Unruhe
des Hilfsbuchhalters Bernardo Soares

Kann die Gesellschaft gesund sein,
wenn die Individuen krank sind?
August Strindberg, Der Sohn der Magd

Keine Gesellschaft kann gedeihen
und glücklich sein, in der der weitaus
größte Teil ihrer Mitglieder arm und
elend ist.
Adam Smith,
Natur und Ursachen von Nationalreichthümern

Lass die Vernunft walten, sie weist dir
deine Bestimmung, sie gibt die Regeln,
mit denen du furchtlos in die Gesellschaft eintreten kannst.
Leo N. Tolstoi, Tagebücher (1847)

Lerne den Ton der Gesellschaft
anzunehmen, in der du dich befindest.
Adolph Freiherr von Knigge,
Über den Umgang mit Menschen

Man berührt nur die Werte
der Oberfläche in der Gesellschaft, die
der Tiefe in der wahren Freundschaft.
Joseph Joubert, Gedanken, Versuche und Maximen

Man braucht Einsamkeit,
um sich seinem Herzen hinzugeben,
um lieben zu können, aber man muss
in der Gesellschaft zu Hause sein,
wenn man Erfolg haben will.
Stendhal, Über die Liebe (Fragmente)

Man ist glücklich in dem Gesellschafts-
kreis, in dem man lebt:
Das beweisen die Galeerensträflinge.
Jeder schafft sich den Kreis, in den
er sich stellt, um glücklich zu sein.
Charles de Secondat, Baron de la Brède
et de Montesquieu, Meine Gedanken

Man kann der Gesellschaft
alles aufdringen, nur nicht,
was eine Folge hat.
Johann Wolfgang von Goethe,
Die Wahlverwandtschaften

Man kann die gewöhnliche Gesellschaft jener russischen Hornmusik
vergleichen, bei der jedes Horn nur
einen Ton hat und bloß durch das
pünktliche Zusammentreffen aller
eine Musik herauskommt.
Arthur Schopenhauer, Aphorismen zur Lebensweisheit

Man kann nach den Jahren der
Leidenschaft es in der Gesellschaft
nicht mehr aushalten. Sie ist nur
erträglich, solange man sich mit
Essen und Trinken unterhält und
mit der Pflege des eigenen Ich
die Zeit totschlägt.
Chamfort, Maximen und Gedanken

Man könnte meinen,
es seien lauter Marionetten,
die auf dasselbe Brett genagelt sind
oder von demselben Faden gezogen
werden.
Jean-Jacques Rousseau,
Julie oder Die neue Héloïse (Saint-Preux)

Man lernt die Menschheit lieben.
In den großen Gesellschaften
lernt man die Menschen nur hassen.
Jean-Jacques Rousseau, Julie oder Die neue Héloïse

Man muss viel Kunst anwenden,
um den gesellschaftlichen Menschen
davon abzuhalten, dass er ganz und
gar gekünstelt wirkt.
Jean-Jacques Rousseau, Emile

Man mutet sich so leichtfertig
anderen Menschen zu,
und dabei kann man sich
kaum selbst ertragen.
Wolfgang Borchert

Manche Menschen gelten nur deshalb
etwas in der Welt, weil ihre Fehler
die Fehler der Gesellschaft sind.
François de La Rochefoucauld, Reflexionen

Mancherlei Vorteile
hat der Mittelstand,
dort ist es wohl mir.
Phokylides, Fragmente

Nicht ein einziges krankes Glied
dieser Gesellschaft gereicht uns
zur Mahnung, wie verkehrt das
gesamte Leben der Gesellschaft ist
und wie sehr es der Veränderung
bedarf, wir glauben vielmehr,
dass es für jedes solch kranke Glied
eine Institution gebe oder geben
müsse, die uns von ihm befreit
oder es gar bessert.
Leo N. Tolstoi, Tagebücher (1896)

Nichts ärgert mich so wie die
gesellschaftlichen Moralbegriffe.
Fernando Pessoa, Das Buch der Unruhe
des Hilfsbuchhalters Bernardo Soares

Niemals fühlt man sich einsamer
als in großer Gesellschaft.
Herbert Eulenberg, Katinka, die Fliege

Niemand dankt dem geistreichen Menschen die Höflichkeit, wenn er sich
einer Gesellschaft gleichstellt, in der
es nicht höflich ist, Geist zu zeigen.
Friedrich Nietzsche, Menschliches, Allzumenschliches

Niemand würde viel in Gesellschaften
sprechen, wenn er sich bewusst wäre,
wie oft er die andern missversteht.
Johann Wolfgang von Goethe,
Maximen und Reflexionen

Parlament gegen Kirche,
Literaten gegen Literaten,
Hofschranzen gegen Höflinge,
Finanzleute gegen das Volk,
Weiber gegen ihre Männer,
Verwandte gegen ihre Angehörigen.
Es ist ein ewig währender Krieg.
Voltaire, Candide oder Die beste der Welten

Schlechte Gesellschaft ist
viel leichter zu beschreiben als gute.
Philipp Stanhope Earl of Chesterfield, Briefe über die
anstrengende Kunst, ein Gentleman zu werden

Sei dir selber
ein angenehmer Gesellschafter!
Adolph Freiherr von Knigge,
Über den Umgang mit Menschen

Selbst Tiger und Wolf
kennen Vater und Sohn,
selbst die Bienen haben ihre Königin.
Chinesisches Sprichwort

Selbstmord ist ein Kompliment,
das man der Gesellschaft
nicht machen dürfte.
Oscar Wilde

Sobald Menschen in Gesellschaft leben,
fühlen sie sich weniger schwach;
die unter ihnen bestehende Gleichheit
verschwindet, und der Kriegszustand
beginnt.
Charles de Secondat, Baron de la Brède
et de Montesquieu, Vom Geist der Gesetze

Sobald sich der Mensch von der
Gesellschaft absondert, sich ganz
in sich selbst zurückzieht, reißt ihm
der Verstand die Brille von den Augen,
die ihm alles in verzerrter Gestalt
zeigte, sieht er die Dinge mit klarem
Blick und begreift selbst nicht mehr,
warum er dies alles nicht schon früher
erkannt hat.
Leo N. Tolstoi, Tagebücher (1847)

Soll das Individuum unglücklich leben,
damit eine ungesunde Gesellschaft
aufrechterhalten wird?
August Strindberg, Der Sohn der Magd

Tritt, wenn du zuerst in Gesellschaft
kommst, bescheiden auf, jedoch ohne
die mindeste Schüchternheit oder Blö-
digkeit, sicher, ohne Unverschämtheit
und ohne Verlegenheit, so als seist du
in deinem eigenen Zimmer.
Philipp Stanhope Earl of Chesterfield, Briefe über die
anstrengende Kunst, ein Gentleman zu werden

Tue, was die Wohlfahrt
der Gesellschaft befördert;
unterlass, was ihr hinderlich,
oder sonst nachteilig ist.
Christian Freiherr von Wolf, Vernünfftige Gedancken
von dem gesellschaftlichen Leben der Menschen

Überall verschwört sich
die Gesellschaft gegen
die Mannhaftigkeit
jedes ihrer Mitglieder.
Ralph Waldo Emerson, Essays

Um ein tadelloses Mitglied
einer Schafherde sein zu können,
muss man vor allem ein Schaf sein.
Albert Einstein, Briefe

Vermeiden sollen sich,
die nicht zusammenpassen;
Wahl der Gesellschaft
ist jedem freigelassen.
Friedrich Rückert, Die Weisheit des Brahmanen

Von den Bedürfnissen
der bestehenden Gesellschaft
auf die kommenden
zu schließen, ist ein Fehlschluss.
August Strindberg, Der Sohn der Magd

Von der besten Gesellschaft sagte man:
Ihr Gespräch ist unterrichtend,
ihr Schweigen bildend.
Johann Wolfgang von Goethe,
Maximen und Reflexionen

Vor der Haustür steht die egalitäre
Gesellschaft noch nicht, aber vielleicht
liegt sie in der nächsten Ecke.
Norbert Blüm, Unverblümtes von Norbert Blüm

Vorurteil, Eitelkeit, Berechnung
beherrschen die Welt; wer nur
Vernunft, Wahrheit, Gefühl folgt,
hat fast nichts gemein mit der
Gesellschaft. Er muss in sich selbst
sein ganzes Glück suchen und finden.
Chamfort, Maximen und Gedanken

Während die unter Gottes Gebot
stehende Gesellschaft nur Autorität
war, ist die wissenschaftlich geplante
Gesellschaft totalitär.
Gerhard Szczesny, Das so genannte Gute

Wäre die Gesellschaft nicht ein
künstliches Machwerk, so würde
die Äußerung jedes einfachen und
wahren Gefühls nicht die große Wirkung haben, die sie hat. Sie würde
gefallen, ohne in Erstaunen zu setzen.
Aber sie setzt in Erstaunen und gefällt.
Unsere Verwunderung ist eine Satire
auf die Gesellschaft, unser Wohlgefallen huldigt der Natur.
Chamfort, Maximen und Gedanken

Was die Besten und nur die Besten
unter den Zeitgenossen wünschen,
das geschieht zwar auch, aber spät;
denn da die Besten ihrer Zeit vorauseilen, so werden ihre Wünsche und
Bedürfnisse erst die der Nachwelt.
Doch was die Menge wünscht,
geschieht bald.
Ludwig Börne, Aphorismen

Was für ein Neuling ist doch der,
welcher wähnt, Geist und Verstand
zu zeigen wäre ein Mittel, sich in der
Gesellschaft beliebt zu machen!
Arthur Schopenhauer, Aphorismen zur Lebensweisheit

Was vermag man über eine Frau
in der Gesellschaft? Nichts!
In der Einsamkeit? Alles!
Jules Michelet, Die Liebe

Wehe aber, wer sich dem Gelächter
aussetzt; er ist auf ewig gebrandmarkt.
Jean-Jacques Rousseau,
Julie oder Die neue Héloïse (Saint-Preux)

Wenn der Mann die Gesetze der
Gemeinschaft übertritt, gehört er
ihr weiter an: Er ist nur ein Enfant
terrible, das die kollektive Ordnung
nicht weiter bedroht. Wenn dagegen
die Frau aus der Gesellschaft ausbricht, kehrt sie zur Natur, zum
Dämonischen zurück und entfesselt
im Schoß der Gemeinschaft
unkontrollierbare, böse Kräfte.
Simone de Beauvoir, Das andere Geschlecht

Wenn eine Gesellschaft den ganzen
Tag beisammensitzt und mit keinem
Wort Pflicht und Rechtschaffenheit
erwähnt, indes man gern sich billig
geistreich gibt – ein schwierig Volk
ist das fürwahr!
Konfuzius, Gespräche

Wenn Menschen miteinander eines
werden, mit vereinigten Kräften ihre
Bestes worinnen zu befördern; so
begeben sich diese miteinander in eine
Gesellschaft. Und demnach ist die
Gesellschaft nichts anderes als ein
Vertrag einiger Personen, mit vereinigten Kräften ihr Bestes worinnen
zu befördern.
Christian Freiherr von Wolf, Vernünfftige Gedancken
von dem gesellschaftlichen Leben der Menschen

Wer dem Haufen folgt,
hat viele Gesellen.
Deutsches Sprichwort

Wer eine Gesellschaft kritisieren will,
muss Außenseiter
dieser Gesellschaft sein.
Edward Albee

Wer in der Welt gefallen will,
muss sich entschließen,
eine Menge Dinge zu lernen,
die man von Leuten erfährt,
die sie nie gelernt haben.
Chamfort, Maximen und Gedanken

Wer keinen Spaß mag verstehn,
soll nicht unter Leute gehn.
Deutsches Sprichwort

Wer weiß, ob nicht der Jugendliche
richtig gesehen hat, ehe ihm die
Gesellschaft die Augen ausstach?
August Strindberg, Der Sohn der Magd

Wir befinden uns nicht leicht
in großer Gesellschaft,
ohne zu denken, der Zufall,
der so viele zusammenbringt,
solle uns auch unsre Freunde
herbeiführen.
Johann Wolfgang von Goethe,
Maximen und Reflexionen

Wo der Einzelne nur an sich denkt,
wird die Gesamtheit nimmer
vorwärts kommen.
Jakob Boßhart, Bausteine zu Leben und Zeit

Wohlerzogene Menschen sprechen
in Gesellschaft weder vom Wetter
noch von der Religion.
Marie von Ebner-Eschenbach, Aphorismen

Gesetz

Aber fordert nicht die Vernunft,
dass jeder sein eigner Gesetzgeber sei?
Nur seinen eigenen Gesetzen
soll der Mensch gehorchen.
Novalis, Politische Aphorismen

Alle Gesetze sind Versuche,
sich den Absichten
der moralischen Weltordnung
im Welt- und Lebenslaufe
zu nähern.
Johann Wolfgang von Goethe,
Maximen und Reflexionen

Alle Gesetze sind von Alten
und Männern gemacht.
Junge und Weiber
wollen die Ausnahme,
Alte die Regel.
Johann Wolfgang von Goethe,
Maximen und Reflexionen

Gesetz

Alle Glieder bilden sich aus
nach ew'gen Gesetzen,
Und die seltenste Form bewahrt
im Geheimen das Urbild.
Johann Wolfgang von Goethe,
Gott und Welt (Metamorphose der Tiere)

Alles, was kein natürliches Gesetz
verletzt, ist dann kein Verbrechen,
wenn es nicht durch ein positives
Gesetz verboten ist.
Jean-Jacques Rousseau, Fünfter Brief vom Berge

Allgewaltig Not,
sie kennet kein Gesetz.
Johann Wolfgang von Goethe, Reineke Fuchs

Aus Bequemlichkeit
suchen wir nach Gesetzen.
Novalis, Fragmente

Brich kein Gesetz und mach keines.
Sprichwort aus Irland

Da das Volk nach den Gesetzen zu
leben wünscht, die Mächtigen aber
den Gesetzen befehlen zu dürfen
glauben, so können sie unmöglich
miteinander auskommen.
Niccolò Machiavelli, Geschichte von Florenz

Da die Menschen schlecht sind,
ist das Gesetz notwendig, um sie
für besser anzusehen, als sie sind.
Charles de Secondat, Baron de la Brède
et de Montesquieu, Vom Geist der Gesetze

Daher wurden Gesetze geschaffen,
damit der Stärkere nicht alles vermöge.
Ovid, Festkalender

Das Gesetz ist die Vereinigung
von Einsicht und Macht.
Das Volk gibt die Macht,
die Regierung die Einsicht.
Antoine Comte de Rivarol, Maximen und Reflexionen

Das Gesetz macht den Menschen,
Nicht der Mensch das Gesetz.
Johann Wolfgang von Goethe, Tagebuch (1797)

Das Gesetz macht in keinem Stand
und keinem Beruf gerecht.
Martin Luther, Tischreden

»Das Gesetz nur kann uns
Freiheit geben.
Johann Wolfgang von Goethe,
Was wir bringen (Nymphe)

Das Gesetz unterwirft sich den
Menschen, die Liebe macht ihn frei.
Ludwig Feuerbach, Das Wesen des Christentums

Das Herz gehorcht keinem Gesetz
außer seinem eigenen;
es entkommt der Knechtschaft;
nur freiwillig gibt es sich her.
Jean-Jacques Rousseau,
Julie oder Die neue Héloïse (Julie)

Das öffentliche Wohl
soll das oberste Gesetz sein.
Marcus Tullius Cicero, Über die Gesetze

Das Spiel ist das einzige,
was Männer wirklich ernst nehmen.
Deshalb sind Spielregeln älter
als alle Gesetze der Welt.
Peter Bamm

Dem ehernen Gesetz des Falles
gehorcht auf Erden alles. (Alles!)
Erich Kästner, Kurz und bündig. Epigramme

Denn die nützlichsten Gesetze, auch
wenn sie durch den Beschluss sämtlicher Bürger zustande gekommen
sind, bleiben fruchtlos, wenn diese
nicht an das Leben nach der Verfassung gewöhnt und in ihrem Sinn
erzogen werden.
Aristoteles, Politik

Denn wenn ein Staat stürzt,
so stürzen auch seine Gesetze.
Martin Luther, Tischreden

Der Eine beobachtet das Gesetz getreu
und ist dennoch treulos,
ein Zweiter verletzt das Gesetz
und ist dennoch edel.
Oscar Wilde,
Die Seele des Menschen unter dem Sozialismus

Der jetzige Hang zu allgemeinen
Gesetzen und Verordnungen
ist der gemeinen Freiheit gefährlich.
Justus Möser, Der jetzige Hang zu allgemeinen
Gesetzen und Verordnungen

Der Moral Gesetze hängen nicht
von den Gebräuchen der Völker ab.
Jean-Jacques Rousseau,
Julie oder Die neue Héloïse (Saint-Preux)

Der Tod ist kein Übel, denn er ist
ein unzweifelhaftes Gesetz Gottes.
Leo N. Tolstoi, Tagebücher (1852)

Des Gesetzes strenge Fessel bindet
Nur den Sklavensinn,
der es verschmäht.
Friedrich Schiller, Das Ideal und das Leben

Des Königs Gesetze sind bekannt,
nur der Hunger ist schwer zu ertragen.
Chinesisches Sprichwort

Des Königs Wille schert sich
um kein Gesetz.
Sprichwort aus Frankreich

Die besten Gesetze
entstehen aus den Gebräuchen.
Joseph Joubert, Gedanken, Versuche und Maximen

Die Gesetze der Regierung
dauern drei Tage.
Sprichwort aus Japan

Die Gesetze eines Volkes
bringen zum Ausdruck,
was es zu sein vorgibt;
die Sitten, was es ist.
Sully Prudhomme, Gedanken

Die Gesetze gestatten nicht,
dass zweimal gegen denselben
über dasselbe ein Prozess stattfinde.
Demosthenes, Rede gegen Leptines

Die Gesetze sind den Spinnweben
gleich, da die kleinen Fliegen und
Mücken innen bleiben henken,
die Wespen aber und Hornissen
hindurchdringen.
Christoph Lehmann, Florilegium Politicum,
Politischer Blumengarten (1662)

Die Götter haben ihre eigenen Gesetze.
Ovid, Metamorphosen

Die Güte des Menschen wiegt schwerer
als ein Gesetz des Königs.
Chinesisches Sprichwort

Die Kunst gibt sich selbst Gesetze
und gebietet der Zeit.
Johann Wolfgang von Goethe,
Über den Dilettantismus

Die Not kennt kein Gesetz außer sich;
die Not bricht Eisen.
Ludwig Feuerbach, Das Wesen des Christentums

Die Riten gelten für die Edlen,
die Strafgesetze für den Pöbel.
Chinesisches Sprichwort

Die Schwachen wollen abhängig sein,
um beschützt zu werden. Wer die
Menschen fürchtet, liebt die Gesetze.
Luc de Clapiers Marquis de Vauvenargues,
Reflexionen und Maximen

Die wertvollsten Gesetze sind die
Abschaffungen früherer Gesetze
gewesen, und die besten Gesetze,
die gegeben worden sind, waren die,
die alte Gesetze aufhoben.
Henry Thomas Buckle,
Geschichte der Civilisation in England

Die wunderbare Verschmelzung aller
Gesellschaftsklassen wird nur durch
die Herrschaft des für alle gleichen
Gesetzes erreicht.
Germaine Baronin von Staël, Über Deutschland

Durch Gewöhnung suchen die Gesetzgeber die Bürger tüchtig zu machen.
Dies ist die Absicht jedes Gesetzgebers.
Aristoteles, Nikomachische Ethik

Ein ewig Gesetzliches vollzieht sich,
weiter nichts, und dieser Vollzug,
auch wenn er Tod heißt, darf uns
nicht erschrecken.
Theodor Fontane, Der Stechlin

Ein Verbrechen hört dadurch, dass es zum Gesetz erhoben wird, nicht auf, ein Verbrechen zu sein.
Oskar Loerke, Tagebücher

Eine echte Frau wird nie Gesetze beachten, die ihrem Privatinteresse im Weg stehen. Sie ist wesentlich gesetzlos.
H. L. Mencken, Verteidigung der Frau

Es ist besser, es geschehe dir Unrecht, als die Welt sei ohne Gesetz. Deshalb füge sich jeder dem Gesetze.
Johann Wolfgang von Goethe, Maximen und Reflexionen

Es ist gefährlich, dem Volk zu sagen, dass die Gesetze nicht gerecht sind, denn es gehorcht ihnen nur darum, weil es sie für gerecht hält.
Blaise Pascal, Pensées

Es kann keine guten Gesetze geben, wo es keine guten Streitkräfte gibt.
Niccolò Machiavelli, Der Fürst

Es liebt ein jeder, frei sich selbst Zu leben nach dem eigenen Gesetz.
Friedrich Schiller, Die Braut von Messina (Isabella)

Forsche der Philosoph, der Weltmann handle! Doch weh uns, Handelt der Forscher und gibt, der es vollzieht, das Gesetz!
Johann Wolfgang von Goethe/Friedrich Schiller, Xenien

Freiheit ist das Recht, zu tun, was die Gesetze gestatten.
Charles de Secondat, Baron de la Brède et de Montesquieu, Vom Geist der Gesetze

Für Gerechte gibt es keine Gesetze.
Deutsches Sprichwort

Gesetz aber gibt es da, wo Ungerechtigkeit möglich ist.
Aristoteles, Nikomachische Ethik

Gesetz ist mächtig, mächtiger ist die Not.
Johann Wolfgang von Goethe, Faust II (Plutus)

Gesetze kann man hintergehen, nicht aber die Geister und Dämonen.
Chinesisches Sprichwort

Gesetze schinden die Armen, und die Reichen beherrschen die Gesetze.
Oliver Goldsmith, Der Wanderer

Gesetze sind nicht für die Ewigkeit.
Chinesisches Sprichwort

Gesetze sind Spinnweben, die die kleinen Fliegen fangen, aber die großen gehen durch sie hindurch.
Honoré de Balzac, Das Haus Nucingen

Gesetze sind wie Kleider. Eine Zeit lang sitzen sie gut. Dann sind sie abgetragen, und es wird Zeit, sie auszuwechseln.
Jean Foyer

Gesetze werden oft von Dummköpfen geschaffen; öfter noch von Menschen, denen gleichmäßiges Abwägen zuwider ist und die deshalb in dem, was recht und billig ist, versagen.
Michel Eyquem de Montaigne, Die Essais

Ich höre ja jetzt auch, dass die Gesetze anders sind, als ich glaubte; aber dass die Gesetze gut sein sollen, das will mir nicht in den Kopf.
Henrik Ibsen, Nora oder Ein Puppenheim (Nora)

Im Haus und im Staat muss ein Gesetz sein; man will es nicht haben, dass irgendwas gefehlt wird.
Martin Luther, Tischreden

In den Gerichtshöfen sollen die Gesetze sprechen und der Herrscher schweigen.
König Friedrich der Große, Politisches Testament (1752)

In fast allen Ländern hat die Grausamkeit der bürgerlichen Gesetze sich mit der Grausamkeit der Natur gegen die Frauen verbündet. Sie werden behandelt wie schwachsinnige Kinder.
Denis Diderot, Über die Frauen

Je einfacher die Gesetze und je allgemeiner die Regeln werden, desto despotischer, trockner und armseliger wird ein Staat.
Justus Möser, Der jetzige Hang zu allgemeinen Gesetzen und Verordnungen

Je mehr Gesetze, umso mehr Diebe und Räuber.
Lao-tse, Dao-de-dsching

Jeder, der die Sünde tut, handelt gesetzwidrig; denn Sünde ist Gesetzwidrigkeit.
Neues Testament, 1. Johannesbrief 3, 4

Jedes wahre Gesetz ist mein Gesetz – sagen und aufstellen mag es, wer will.
Novalis, Politische Aphorismen

Jegliches Gesetz ist hingeordnet auf das gemeinsame Heil der Menschen, und insoweit besitzt es Wesen und Kraft eines Gesetzes; sofern es aber hierin versagt, hat es keine verpflichtende Kraft.
Thomas von Aquin, Summa theologica

Keine Strafe ohne Gesetz.
Anselm Feuerbach, Lehrbuch des gemeinen in Deutschland gültigen peinlichen Rechts

Man bemerkt, dass strenge Gesetze sich sehr bald abstumpfen und nach und nach loser werden, weil die Natur immer ihre Rechte behauptet.
Johann Wolfgang von Goethe, Wilhelm Meisters Wanderjahre

Man glaubte früher, dass die Gerechtigkeit nicht aus dem Gesetze kommen sollte, sondern das Gesetz aus der Gerechtigkeit.
Joseph Joubert, Gedanken, Versuche und Maximen

Man muss wissen, dass es zwei Arten zu kämpfen gibt: mit den Gesetzen und mit der Gewalt. Die erste Art ist den Menschen eigen, die zweite den Tieren; da aber die erste oft unzulänglich ist, muss man zuweilen auf die zweite zurückgreifen.
Niccolò Machiavelli, Der Fürst

Man verkauft uns meistens Gesetze für Gerechtigkeit, und oft sind sie gerade das Gegenteil.
Johann Gottfried Seume, Apokryphen

Mit wenigen Gesetzen regiert man wohl.
Deutsches Sprichwort

Neue Fürsten, neue Gesetze.
Deutsches Sprichwort

Neuem Gesetz folgt neuer Betrug.
Deutsches Sprichwort

Neuer König, neues Gesetz.
Deutsches Sprichwort

Nichts anderes ist so schwer und so weitgreifend mit Fehlern belastet wie Gesetze.
Michel Eyquem de Montaigne, Die Essais

Nutzlose Gesetze entkräften nur die notwendigen.
Charles de Secondat, Baron de la Brède et de Montesquieu, Vom Geist der Gesetze

Oft schreibt das Schwert, nicht die Feder das Gesetz.
Sprichwort aus Ungarn

Selbst ein Gesetzesbruch kann die Gesetzesbrecher nicht retten.
Altes Testament, Kohelet 8, 8

Stört man die öffentliche Ruhe, wenn man jeden an die Gesetze seines Landes erinnert?
Jean-Jacques Rousseau, Brief an Erzbischof Beaumont (18. November 1762)

Überhaupt halten sich ja Gesetze
nicht deshalb, weil sie gerecht sind,
sondern weil es Gesetze sind. Dies ist
die geheimnisvolle Begründung ihrer
Gültigkeit; sie haben keine andere.
Michel Eyquem de Montaigne, Die Essais

Unglücklicherweise ist es völlig
unmöglich, Gesetze, die in sich
ungerecht sind, gerecht anzuwenden.
Nelson Mandela, Rede vor dem Johannesburger
Presseklub, 22. Februar 1991

Unkenntnis des Gesetzes
wird niemandem zugute gehalten.
Sprichwort aus Frankreich

Vergebens trachtet man
nach der Freiheit
unter dem Schutz der Gesetze!
Gesetze! Wo gibt es sie,
und wo werden sie befolgt?
Jean-Jacques Rousseau, Emile

Vor dem Gesetz sind alle gleich,
aber einige möchten halt gleicher sein.
Helmut Qualtinger

Wäre es nicht besser, am Ende die
Gesetze unveränderlich zu machen,
als sie der Veränderlichkeit des
menschlichen Herzens bloßzustellen?
Georg Christoph Lichtenberg, Sudelbücher

Was das Gesetz nicht verbietet,
das verbietet der Anstand.
Lucius Annaeus Seneca, Die Troerinnen

Was hilft Gesetz, was helfen Strafen,
Wenn Obrigkeit und Fürsten schlafen?
Magnus Gottfried Lichtwer, Fabeln

Was ist Gesetz und Ordnung?
Können sie
Der Unschuld Kindertage
nicht beschützen.
Johann Wolfgang von Goethe,
Die natürliche Tochter (Eugenie)

Was ist unser höchstes Gesetz?
Unser eigener Vorteil.
Johann Wolfgang von Goethe,
Der Groß-Cophta (Graf Domherr)

Was nicht auf das Gesetz
gegründet war, wird auch,
vom Gesetz nicht geschützt,
zugrunde gehen.
Ecbasis captivi in belehrender Gestalt
(Menge tapferer Streiter)

Was sollen Gesetze ohne Moral?
Horaz, Lieder

Wenn die Gesetze sprechen könnten,
würden sie sich zuallererst
über die Juristen beschweren.
Edward Frederick Lindley Wood Lord Halifax

Wenn Hausbewohner
die Gesetze brechen,
trifft die Schuld den Hausherrn.
Chinesisches Sprichwort

Wenn man alle Gesetze studieren sollte,
so hätte man gar keine Zeit,
sie zu übertreten.
Johann Wolfgang von Goethe,
Maximen und Reflexionen

Wenn wir vom Volk geschätzt und
von uns selbst geachtet sein wollen,
lasst uns, solange es geht und
solange das Glück uns gewogen ist,
nach Art unserer Väter
die Gesetzesvorschriften respektieren!
Ecbasis captivi in belehrender Gestalt (Fuchs)

Wer die Gesetze nicht kennt,
bringt sich um das Vergnügen,
gegen sie zu verstoßen.
Jean Genet

Wer Gesetze schafft, muss streng,
wer Gesetze handhabt, milde sein.
Chinesisches Sprichwort

Wer sich den Gesetzen
nicht fügen lernt,
muss die Gegend verlassen,
wo sie gelten.
Johann Wolfgang von Goethe,
Wilhelm Meisters Wanderjahre

Wer strenger als die Gesetze ist,
ist ein Tyrann.
Luc de Clapiers Marquis de Vauvenargues,
Reflexionen und Maximen

Wie leichtfertig beschließt ihr
ein ungerechtes Gesetz
gegen euch selbst!
Ecbasis captivi in belehrender Gestalt (Fuchs)

Wir hängen unsern Fehlern
gar zu gern das Gewand
eines gültigen Gesetzes um.
Johann Wolfgang von Goethe,
Wilhelm Meisters Lehrjahre

Wir leben in einer Zeit,
wo Verborgenheit mehr schützt
als das Gesetz und sicherer macht
als Unschuld.
Antoine Comte de Rivarol, Maximen und Reflexionen

Wir wünschen alle aufrichtig,
dass die Gesetze gehalten werden;
der beste Weg dazu ist,
die Gesetze so zu geben,
dass sie gehalten werden können.
Helmuth Graf von Moltke, Reden
(im Norddeutschen Reichstag 18. Oktober 1867)

Wo das Gesetz aufhört,
da beginnt die Tyrannei.
William Pitt d. Ä., Reden (1770)

Wo Gesetze schriftlich
aufgezeichnet sind,
Genießt der Schwache
mit dem Reichen gleiches Recht.
Euripides, Die Schutzflehenden (Theseus)

Wo von selbst, auch ohne Gesetz,
gut gehandelt wird, ist das Gesetz
nicht nötig. Wenn aber diese gute
Gewohnheit aufhört, ist sogleich
das Gesetz notwendig.
Niccolò Machiavelli, Vom Staat

Wolken, die über den Himmel ziehn,
ohne Regen zu geben, sind die Gerechtigkeit des Gesetzes, das viel verheißt,
aber nichts gibt als Schauspielerei.
Martin Luther, Tischreden

Gesetzgebung

Aber fordert nicht die Vernunft,
dass jeder sein eigner Gesetzgeber sei?
Nur seinen eigenen Gesetzen
soll der Mensch gehorchen.
Novalis, Politische Aphorismen

Das Leben hat immer mehr Fälle, als
der Gesetzgeber sich vorstellen kann.
Norbert Blüm, Unverblümtes von Norbert Blüm

Der Mensch, frei geboren,
wurde Sklave der Gesetzgebung.
Frans Hemsterhuis,
Über den Menschen und die Beziehungen desselben

Handle so, dass die Maxime deines
Willens jederzeit zugleich als Prinzip
einer allgemeinen Gesetzgebung
gelten könne.
Immanuel Kant, Kritik der praktischen Vernunft

Kann eine Gesetzgebung
wohl sittlich heißen,
welche die Angriffe
auf die Ehre der Bürger
weniger hart bestraft
als die auf ihr Leben?
Friedrich Schlegel, Athenäumsfragmente

Nicht jedes neue Problem
muss mit neuen Paragraphen
beantwortet werden.
Ich bin gegen zu viel Staat.
Norbert Blüm, Unverblümtes von Norbert Blüm

Während die rechte Hand
noch an der letzten Zeile
eines Gesetzes arbeitet,
radiert die Linke schon wieder
in den ersten Zeilen herum.
Norbert Blüm, Unverblümtes von Norbert Blüm

Wer das Gesetz gibt,
ist nicht daran gebunden.
Deutsches Sprichwort

Gesicht

Ab dreißig ändert sich das Gesicht.
Chinesisches Sprichwort

Aller Menschen Gesichter sind ehrlich,
wie auch ihre Hände beschaffen seien.
William Shakespeare, Antonius und Cleopatra (Menas)

Aus der Physiognomie lassen sich
keine festen Regeln für die Beurteilung
des menschlichen Charakters herleiten:
sie gestattet Vermutungen.
Jean de La Bruyère, Die Charaktere

Aus einem Augenblick lässt sich
kein Gesicht beurteilen,
es muss eine Folge da sein.
Georg Christoph Lichtenberg, Sudelbücher

Das Geistige hat seinen Ausdruck
im Antlitz.
Søren Kierkegaard, Der Begriff Angst

Das Gesicht eines Menschen
verrät vielleicht dessen Magen,
gewiss aber nicht sein Herz.
Erhard Blanck

Das Gesicht verrät den Wicht.
Deutsches Sprichwort

Das Herz des Menschen
verändert sein Gesicht
und macht es heiter oder traurig.
Altes Testament, Jesus Sirach 13, 25

Dass man mitunter
Gesichter verwechselt,
hat seinen Grund darin,
dass das wirkliche Bild
verdunkelt wird von
dem geistigen Bild,
das ihm entspringt.
Charles Baudelaire, Tagebücher

Dein Gesicht sei offen,
deine Gedanken verschlossen.
Philipp Stanhope Earl of Chesterfield, Briefe über die
anstrengende Kunst, ein Gentleman zu werden

Die unterhaltendste Fläche
auf der Erde für uns ist die
vom menschlichen Gesicht.
Georg Christoph Lichtenberg, Sudelbücher

Die verbitterten Gesichtszüge
eines Mannes sind oft nur
die festgefrorene Verwirrung
eines Knaben.
Franz Kafka

Ein Gesicht ist in der Tat
eine wunderbare Tastatur.
Schon der Hauch eines Gedankens
verändert die Linie der Lippen
mit einer unglaublichen Genauigkeit
des Ausdrucks.
Sully Prudhomme, Intimes Tagebuch

Ein rechter Mann hat zwei
Gesichter, die er hält,
Das eine auf sein Haus,
das andre auf die Welt.
Das freundliche Gesicht,
das wendet er ins Haus,
Das ernste aber kehrt
er in die Welt hinaus.
Friedrich Rückert, Die Weisheit des Brahmanen

Ein verheirateter Mann
muss das Gesicht seiner Frau
zum Gegenstand
eines tiefen Studiums
gemacht haben.
Honoré de Balzac, Physiologie der Ehe

Einer Dirne schön Gesicht
Muss allgemein sein,
wie's Sonnenlicht.
Friedrich Schiller, Wallensteins Lager (2. Jäger)

Es genügt,
sich das Gesicht zu schminken,
bei der Brust ist das überflüssig.
Michel Eyquem de Montaigne, Die Essais

Es gibt eine Menge Menschen,
aber noch viel mehr Gesichter,
denn jeder hat mehrere.
Rainer Maria Rilke,
Die Aufzeichnungen des Malte Laurids Brigge

Es gibt Gesichter, die jedes Mal,
wenn sie auftauchen, wieder
etwas Neues mitbringen, etwas,
das man bis dahin noch nicht an
ihnen bemerkt hat, auch wenn man
ihnen hundertmal begegnet ist.
Fjodor M. Dostojewski, Die Dämonen

Es gibt noch keine Kunst,
die innerste Gestalt des Herzens
im Gesicht zu lesen.
William Shakespeare, Macbeth (König)

Es ist nicht das schöne Gesicht,
das man liebt, es ist das Gesicht,
das man zerstört hat.
Elias Canetti, Die Provinz des Menschen.
Aufzeichnungen 1942–1972

Gesicht und Seele sind wie
Silbenmaß und Gedanken.
Georg Christoph Lichtenberg, Sudelbücher

Gesichter
sind die Lesebücher des Lebens.
Federico Fellini

Gott hat euch ein Gesicht gegeben,
und ihr macht euch ein anderes.
William Shakespeare, Hamlet (Hamlet)

In der Weltpolitik
herrscht Konjunktur für Kosmetik.
Jeder will sein Gesicht wahren.
Joseph Alsop

Jeder Mensch trägt einen Zauber
im Gesicht: irgendeinem gefällt er.
Friedrich Hebbel, Tagebücher

Man lerne, ein Gesicht zu entziffern
und aus den Zügen die Seele heraus-
zubuchstabieren.
Man erkenne in dem, der immer lacht,
einen Narren, in dem, der nie lacht,
einen Falschen.
Baltasar Gracián y Morales,
Handorakel und Kunst der Weltklugheit

Mehr kann ein Mann nicht verlieren
als sein Gesicht.
Tom Stoppard

Maske: der einzige Teil des Gesichts,
den sich der Mensch selber aussucht.
Gabriel Laub

Silbergeld ist nur Kot und Staub.
Das Gesicht zu wahren,
ist tausend Batzen wert.
Chinesisches Sprichwort

Vom Gesicht strahlt ein Glanz aus
wie von keinem anderen Teil
des Körpers.
Joseph Joubert, Gedanken, Versuche und Maximen

Warum müssen eigentlich
so viele ihr Gesicht wahren,
obwohl es gar nicht so schön ist.
Linus Pauling

Wer kommt,
wird nach seinem Gesicht beurteilt.
Wer geht, nach seinem Kopf.
Heinrich Wiesner

Gesindel

Das Leben ist ein Born der Lust;
aber wo das Gesindel mittrinkt,
da sind alle Brunnen vergiftet.
Friedrich Nietzsche, Also sprach Zarathustra

Und mancher,
der sich vom Leben abkehrte,
kehrte sich nur vom Gesindel ab:
Er wollte nicht Brunnen und Flamme
und Frucht mit dem Gesindel teilen.
Friedrich Nietzsche, Also sprach Zarathustra

Gesinnung

Adel sitzt im Gemüte,
nicht im Geblüte.
Deutsches Sprichwort

Auf Rechtschaffenheit
versteht der Edle sich,
auf Gewinn
der niedrig Gesinnte.
Konfuzius, Gespräche

Aus kleinen Dingen
werden große Dinge,
und die Gesinnung
der Menschen
erkennt man auch
an den kleinen Dingen.
Niccolò Machiavelli, Briefe
(an die Zehn, 15. Oktober 1502)

Der edle Mensch
hat die Tugend im Sinn,
der niedrig Gesinnte Besitz;
der edle Mensch
hat die Satzungen im Sinn,
der niedrig Gesinnte
Vergünstigungen.
Konfuzius, Gespräche

Der edle Mensch ist frei
von Betrübnis und frei von Furcht.
Konfuzius, Gespräche

Der Leitstern deines Lebens sei:
Treue und Ehrlichkeit.
Hab' keinen Freund,
der dein nicht würdig ist.
Wo du gefehlt, verfehl nicht,
dich zu bessern.
Konfuzius, Gespräche

Die Kutte macht den Mönch nicht aus.
Deutsches Sprichwort

Die Menschen werden
durch Gesinnungen vereinigt,
durch Meinungen getrennt.
Johann Wolfgang von Goethe, Briefe
(an F.H. Jacobi, 6. Januar 1813)

Edle Gesinnung
kommt von hohen Ämtern.
Titus Livius, Römische Geschichte

Eigentlich kommt alles
auf die Gesinnungen an;
wo diese sind, treten auch
die Gedanken hervor,
und nachdem sie sind,
sind auch die Gedanken.
Johann Wolfgang von Goethe,
Maximen und Reflexionen

Ein edles Herz verleugnet
seine Gesinnung nicht;
es ist ihm recht,
wenn man ihm
bis ins Innere sieht.
Michel Eyquem de Montaigne, Die Essais

Eine Gesinnung,
die sich des Rechten bewusst ist,
lacht über die Lügen des Gerüchts.
Ovid, Festkalender

Gelassen und weitherzig
ist der edle Mensch,
ruhlos und stets gequält
von Kümmernissen
der niedrig Gesinnte.
Konfuzius, Gespräche

Gelehrte Floskeln
führt er stets im Munde,
doch sein Herz sinnt nur
auf Hurerei und Diebstahl.
Chinesisches Sprichwort

Gute Gesinnung
in einer schlechten Sache
ist halbes Übel.
Titus Maccius Plautus, Pseudolus

Mit wahrhaft Gleichgesinnten
kann man sich auf die Länge
nicht entzweien.
Johann Wolfgang von Goethe

Sich nicht nähern
– das ist adlige Gesinnung.
Fernando Pessoa, Das Buch der Unruhe
des Hilfsbuchhalters Bernardo Soares

Wer ist hier so niedrig gesinnt,
dass er ein Knecht sein möchte?
William Shakespeare, Julius Caesar (Brutus)

Woher kommt es doch,
dass man bei ähnlichen Gesichtern
so oft ähnliche Gesinnungen findet?
Georg Christoph Lichtenberg, Sudelbücher

Wohl nicht zum Schlechten
verwendet sich ein edler Sinn.
Sophokles, König Ödipus

Gespenst

Denn mit Gespenstern
sind die Diebe nah verschwistert.
Johann Wolfgang von Goethe,
Die Mitschuldigen (Wirt)

Die Menschen lieben die Dämmerung
mehr als den hellen Tag,
und eben in der Dämmerung
erscheinen die Gespenster.
Johann Wolfgang von Goethe,
Der Groß-Cophta (Marquise)

Ein Gespenst geht um in Europa
– das Gespenst des Kommunismus.
Karl Marx/Friedrich Engels,
Das Kommunistische Manifest

Man möchte oft
lieber ein Gespenst
als einen alten Liebhaber
zur unrechten Zeit
vor den Augen sehen.
Johann Wolfgang von Goethe,
Wilhelm Meisters Lehrjahre

Manche Leute sind gerade
noch aufgeklärt genug, um an
Gespenster nicht zu glauben,
aber immerhin in Zweifel,
ob nicht vor hundert Jahren
noch welche existiert haben.
Arthur Schnitzler,
Aphorismen und Betrachtungen aus dem Nachlass

Nur in den Einsamen
schleichen Gespenster.
Jean Paul, Hesperus

Weg mit kindischen Gespenstern,
Aug in Auge der Sache selbst
gegenüber frisch angetreten!
Lucius Apuleius, Der goldene Esel

Wo ein Gespenst ist,
ist der Teufel nicht weit.
Deutsches Sprichwort

Wo keine Götter sind,
walten Gespenster.
Novalis, Die Christenheit oder Europa

Gespräch

Bei einem argumentationsfreudigen
Streitgespräch erreicht der Unterlegene
mehr, insofern er etwas dazulernt.
Epikur, Sprüche. In: Briefe, Sprüche, Werkfragmente

Bemerkst du, dass einer im Streit
seine äußere Stellung verteidigt,
beende schleunigst das Gespräch.
Leo N. Tolstoi, Tagebücher (1907)

Das Gespräch ist, meiner Ansicht nach,
die lohnendste und natürlichste Übung
unseres Geistes: Keine andere Lebensbetätigung macht mir so viel Freude.
Michel Eyquem de Montaigne, Die Essais

Der Freund des Gespräches aber
ist der Freund des Friedens,
der nur auf dem Gespräch
der Menschen miteinander
ruhen kann.
Richard von Weizsäcker auf dem Weltkongress
der Germanisten in Göttingen 1985

Der Tourist.
In einem Gespräch von
nur einer Viertelstunde
verleidet er mir die halbe Welt.
Jules Renard, Ideen, in Tinte getaucht.
Aus dem Tagebuch von Jules Renard

Die Frauen, namentlich jene, die durch
die Schule der Männer gegangen sind,
wissen sehr wohl, dass die Gespräche
über ideale Dinge eben nur Gespräche
sind und dass der Mann nur nach dem
Körper verlangt und nach alledem,
was diesen anziehend und verlockend
erscheinen lässt. Und danach richten
sie sich auch.
Leo N. Tolstoi, Die Kreutzersonate

Die gewöhnlichen Gegenstände unsers
Gesprächs, besonders wenn beide
Geschlechter sich in Gesellschaft
vereinigen, sind teils einförmig, teils
geringfügig: Und der Gelegenheit
zu lernen gibt es darin nur wenige.
Christian Garve, Über Gesellschaft und Einsamkeit

Die Menschen, mit denen man natürlich
bleiben kann, sind so selten!
Umso schöner, umso kostbarer sind
die Augenblicke, die man im Gespräch
mit diesen wenigen Seltenen verbringen
kann.
André Gide, So sei es

Die Unterhaltung als Talent
existiert nur in Frankreich.
Germaine Baronin von Staël, Über Deutschland

Ein Buch ist immer
ein verhindertes Gespräch.
Hans Urs von Balthasar

Es ist zum Erstaunen, wie leicht und
schnell Homogenität oder Heteroge-
nität des Geistes und Gemüts zwischen
Menschen sich im Gespräch kundgibt:
An jeder Kleinigkeit wird sie fühlbar.
Arthur Schopenhauer, Aphorismen zur Lebensweisheit

Geistreiche Gespräche mit Männern
sind ein Einklang, mit Frauen eine
Harmonie, ein Zusammenklang.
Man scheidet befriedigt von jenen,
entzückt von diesen.
Joseph Joubert, Gedanken, Versuche und Maximen

Gespräch ist gegenseitige
distanzierte Berührung.
Christian Morgenstern, Stufen

Gespräche sind wie Reisen zu Schiff.
Man entfernt sich vom Festland,
ehe man es merkt, und ist schon weit,
ehe man merkt, dass man das Ufer
verlassen hat.
Chamfort, Maximen und Gedanken

Gesprächskunst:
dem anderen so zu schmeicheln, dass
er es nicht als Schmeichelei empfindet.
Lothar Schmidt

Groß betrachtet
ist alles Gespräch nur – Selbstgespräch.
Christian Morgenstern

Hast du keinen Begleiter, so
besprich dich mit deinem Spazierstock.
Sprichwort aus Albanien

Im Gespräch
soll die heftige Leidenschaft nur die
Hofdame des ruhigen Verstandes sein.
Es ist erlaubt, ja lobenswert,
der Stimmung im Reden nachzugeben,
aber denken und urteilen
soll man nur mit dem Verstand.
Joseph Joubert, Gedanken, Versuche und Maximen

In der Musik des Gesprächs
dient die Aufmerksamkeit
des Hörers als Begleitung.
Joseph Joubert, Gedanken, Versuche und Maximen

Man höret niemand fast
mehr plaudern und erzählen
Als Leute, denen Witz,
Verstand und Klugheit fehlen.
Hinrich Brockes, Versuch vom Menschen

Man soll in ein Buch nur so viel Geist
legen wie nötig, man kann aber im
Gespräch mehr haben als nötig ist.
Joseph Joubert, Gedanken, Versuche und Maximen

Nichts beleidigt mehr als Verachtung:
und es ist immer eine Art derselben,
wenn wir das, was andre der Mühe
wert geachtet haben, uns vorzutragen,
nicht eines aufmerksamen Anhörens
wert halten.
Christian Garve, Über Gesellschaft und Einsamkeit

Niemand würde viel in Gesellschaften
sprechen, wenn er sich bewusst wäre,
wie oft er die andern missversteht.
Johann Wolfgang von Goethe,
Maximen und Reflexionen

Sei vorsichtig und zurückhaltend
in deinen Worten, doch erfinderisch
im Anknüpfen eines Gespräche.
Ecbasis captivi in belehrender Gestalt (Fuchs)

Sprichwörter im Gespräch
– Fackeln in der Dunkelheit.
Sprichwort aus Bosnien

Vielleicht ist Kunst
das Gespräch der Welt mit sich selbst
– durch das Medium Künstler.
Norbert Kricke, In: K.-Th. Lenk, Texte zur Kunst und zur eigenen Arbeit

Von der besten Gesellschaft sagte man:
Ihr Gespräch ist unterrichtend,
ihr Schweigen bildend.
Johann Wolfgang von Goethe,
Maximen und Reflexionen

Wem es darum zu tun ist, sich andau-
ernde Achtung zu erwerben, der würze
nicht ohne Unterlass seine Gespräche
mit Lästerungen, Spott, Gehässigkeiten
und gewöhne sich nicht an einen
bissigen, höhnenden Ton.
Adolph Freiherr von Knigge,
Über den Umgang mit Menschen

Wenn die Absurditäten eines
Gesprächs, welches wir anzuhören im
Falle sind, anfangen, uns zu ärgern,
müssen wir uns denken, es wäre eine
Komödienszene zwischen zwei Narren.
Arthur Schopenhauer, Aphorismen zur Lebensweisheit

Wenn man einmal weiß,
worauf alles ankommt,
hört man auf, gesprächig zu sein.
Johann Wolfgang von Goethe,
Wilhelm Meisters Wanderjahre

Wer konversiert, spricht nicht.
Christian Morgenstern, Stufen

Wer vor andern lange allein spricht,
ohne den Zuhörern zu schmeicheln,
erregt Widerwillen.
Johann Wolfgang von Goethe,
Maximen und Reflexionen

Widerspruch und Schmeichelei
machen beide ein schlechtes Gespräch.
Johann Wolfgang von Goethe,
Maximen und Reflexionen

Gestalt

Dem schlechtsten Ding
an Art und Gestalt
Leiht Liebe dennoch
Ansehn und Gewalt.
William Shakespeare,
Ein Sommernachtstraum (Helena)

Die Gestalt des Menschen
ist der beste Text zu allem,
was sich über ihn empfinden
und sagen lässt.
Johann Wolfgang von Goethe, Stella (Stella)

Gestalt hat nur für uns,
was wir überschauen können.
Karoline von Günderode, Melete

Glücklich, wem doch Mutter Natur
die recht' Gestalt gab!
Johann Wolfgang von Goethe,
Hermann und Dorothea (6. Gesang)

Ihr naht euch wieder,
schwankende Gestalten,
Die früh sich einst
dem trüben Blick gezeigt.
Johann Wolfgang von Goethe, Faust I (Zueignung)

Gestaltung

Denn Kunst ist nichts anderes
als Gestaltung
mit beliebigem Material.
Kurt Schwitters, Das literarische Werk. Bd. 5

Die Kunst ist
die künstlerisch logische Gestaltung
optischer oder akustischer Elemente.
Herwarth Walden, Einblick in die Kunst

Man muss das Gestern kennen, man
muss auch an das Gestern denken,
wenn man das Morgen wirklich gut
und dauerhaft gestalten will.
Konrad Adenauer,
Ansprache in Frankfurt am Main, 30. Juni 1952

Geständnis

Geständnisse werden meist
von denen gemacht,
die ihre Bedeutung nicht kennen.
Charles John Darling

Man darf sich nur im Notfall
jemandem anvertrauen, und
zwar nur im Augenblick der Tat.
Niccolò Machiavelli, Vom Staat

Manches gestehen, das bedeutet meist
einen hinterhältigeren Betrug als alles
verschweigen.
Arthur Schnitzler, Buch der Sprüche und Bedenken

Verzeihe dem Geständigen!
Tibull, Elegien

Wir gestehen lieber Laster ein
als Läuse.
Emil Gött, Im Selbstgespräch

Gestank

Der Teufel hinterlässt immer
einen Gestank.
Deutsches Sprichwort

Ist gleich der Bock aus dem Hause,
so bleibt der Gestank doch darin.
Deutsches Sprichwort

Schriftsteller reden Gestank.
Franz Kafka, Tagebücher (1910)

Um einen faulen Fisch
verbreitet sich Gestank,
um eine Orchidee – feiner Duft.
Chinesisches Sprichwort

Wenn schlechte Leute zanken,
riecht's übel um sie her;
doch wenn sie sich versöhnen,
so stinkt es noch viel mehr.
Gottfried Keller

Gestrig

Das ganz Gemeine ist's,
das ewig Gestrige,
Das immer war
und immer wiederkehrt
Und morgen gilt,
weil's heute hat gegolten.
Friedrich Schiller, Wallensteins Tod (Wallenstein)

Die Menschen der alten Zeit sind auch
die der neuen, aber die Menschen
von gestern sind nicht die von heute.
Marie von Ebner-Eschenbach, Aphorismen

Es gibt nicht nur die ewig Gestrigen,
es gibt auch die ewig Morgigen.
Erich Kästner

Gesundheit

Anstrengungen
machen gesund und stark.
Martin Luther, Tischreden

Besser ein gesunder Bauer
denn ein kranker Kaiser.
Deutsches Sprichwort

Bevor du redest,
unterrichte dich,
und bevor du krank wirst,
sorge für Gesundheit.
Altes Testament, Jesus Sirach 18, 19

Das Gefühl von Gesundheit erwirbt
man sich nur durch Krankheit.
Georg Christoph Lichtenberg, Sudelbücher

Dem Gesunden ist jeder Tag ein Fest.
Sprichwort aus der Türkei

Den Kopf halt kühl, die Füße warm,
das macht den besten Doktor arm.
Deutsches Sprichwort

Der Gesunde mag dem Tod
näher sein als der Sterbende.
Er mag geistig tot sein,
nur sieht man es nicht.
Wer sind wir schon,
das zu beurteilen?
Mutter Teresa

Der Gesunde weiß nicht,
wie reich er ist.
Deutsches Sprichwort

Der Gesunde zählt seine Jahre nicht.
Sprichwort aus Serbien

Die Arbeit ist eine Quelle
der Gesundheit.
Carl Hilty, Briefe

Die Gesunden und Kranken
haben ungleiche Gedanken.
Deutsches Sprichwort

Die Gesundheit ist ein kostbares Gut,
nur sie ist es eigentlich wert,
dass man dafür seine Zeit,
seinen Schweiß, seine Arbeit
und sein Geld, ja sogar sein Leben
einsetzt.
Michel Eyquem de Montaigne, Die Essais

Die Gesundheit zu erhalten:
Nicht bis zur Sättigung essen,
sich vor Anstrengungen nicht scheuen!
Hippokrates, Die epidemischen Krankheiten

Die Normalsten sind die Kränksten.
Und die Kranken sind die Gesündesten.
Erich Fromm, Interview 1977

Dürr und gesund läuft hindurch
wie ein Jägerhund.
Deutsches Sprichwort

Ein geflicktes Hemd
und ein Magen voll Medizin
können nicht lange halten.
Sprichwort aus Albanien

Ein gesunder armer Mann
ist schon halb ein reicher.
Chinesisches Sprichwort

Ein Leben in Gesundheit
ist mir lieber als Gold,
ein frohes Herz lieber als Perlen.
Altes Testament, Jesus Sirach 30, 15

Erbitte dir zuerst Gesundheit,
dann Wohlergehen,
drittens ein frohes Herz
und zuletzt,
niemandes Schuldner zu sein.
Philemon, Fragmente

Es gibt tausend Krankheiten,
aber nur eine Gesundheit.
Ludwig Börne

Es ist doch eine elende Heilmethode,
wenn man seine Gesundheit
der Krankheit verdankt.
Michel Eyquem de Montaigne, Die Essais

Es ist eine lästige Krankheit,
sich die Gesundheit durch allzu
strenge Lebensweise zu erhalten.
François de La Rochefoucauld, Unterdrückte Maximen

Freude ist eine gesunde Kost.
Chinesisches Sprichwort

Freude, Mäßigkeit und Ruh'
Schließt dem Arzt die Türe zu.
Friedrich von Logau, Sinngedichte

Für das Wohlbefinden einer Frau sind
bewundernde Männerblicke wichtiger
als Kalorien und Medikamente.
Françoise Sagan

Gesunde Menschen sind die, in deren
Leibes- und Geistesorganisation
jeder Teil eine Vita propria hat.
Johann Wolfgang von Goethe,
Maximen und Reflexionen

Gesundheit erkennt man daran,
dass das Leben seine Wurzeln gern
in das irdische Element senkt
und sich dort wohl fühlt.
Sully Prudhomme, Intimes Tagebuch

Gesundheit im Alter
gleicht Frost im Frühling
oder Wärme im Spätherbst.
Chinesisches Sprichwort

Gesundheit ist der größte Reichtum.
Deutsches Sprichwort

Gesundheit ist doch
eine hässliche Krankheit,
sagen die Bakterien.
Piet Hein

Gesundheit kauft man nicht im Handel,
Sie liegt im Lebenswandel.
Karl Kötschau

Gesundheit schätzt man erst,
wenn man krank wird.
Deutsches Sprichwort

Gesundheit und Geld
durchstreifen die Welt.
Deutsches Sprichwort

Gesundheit und Verstand sind
die zwei großen Gaben des Lebens.
Menandros, Monostichoi

Gesundheit will bei Armen
als Reichen lieber stehn.
Wieso? Sie hassen Prassen
und stets Müßiggehn.
Friedrich von Logau, Sinngedichte

Glück ist die Gesundheit der Seele.
Hans Lohberger

Glücklich ist man, wenn man
aus dem Zustand der Gesundheit
in den der Weisheit übergeht.
Joseph Joubert, Gedanken, Versuche und Maximen

Ich bin so tausendmal jünger
und gesünder geworden und
will wieder so viel vom Leben,
je härter es äußerlich ist.
Franziska Gräfin zu Reventlow, Tagebücher

Ich möchte lieber gesund
als reich sein.
Marcus Tullius Cicero, Briefe ad familiares

Im Frühling warm
und im Herbst leicht gekleidet,
so bleibt man gesund bis ins Alter.
Chinesisches Sprichwort

Jedem Arzt geht es schlecht,
wenn es niemandem schlecht geht.
Philemon, Fragmente

Jetzt, da ich nur noch nach den
Vorschriften der Natur lebe, habe
ich durch sie meine ursprüngliche
Gesundheit wieder erlangt. Hätten
auch die Ärzte nichts weiter gegen
mich einzuwenden, wen könnte ihr
Hass befremden? Ich bin ein lebender
Beweis für die Eitelkeit ihrer Kunst
und die Fruchtlosigkeit ihrer
Bemühungen.
Jean-Jacques Rousseau,
Träumereien eines einsamen Spaziergängers

Käs und Brot macht Wangen rot.
Deutsches Sprichwort

Keine Krone hilft vor Kopfweh.
Deutsches Sprichwort

Keiner will gesund leben,
keiner gut sein –,
jener nur durch ein Wunder kuriert,
dieser entsündigt werden.
Emil Gött, Im Selbstgespräch

Könnte Geistesruhe ein besserer
Beweis tugendhaften Lebens sein?
Gesundheit gibt sie.
Luc de Clapiers Marquis de Vauvenargues,
Reflexionen und Maximen

Man genießt weniger
seine gute Gesundheit,
als man unter
einer schlechten leidet.
Sully Prudhomme, Gedanken

Nichts ist für mich so schön und so
wertvoll wie die Gesundheit!
Ecbasis captivi in belehrender Gestalt (Löwe)

Niemand kann körperlich ganz gesund
sein, wenn es ein Teil des Leibes nicht
ist, sondern es müssen alle oder doch
wenigstens die wichtigsten Organe in
derselben Verfassung sein wie das
Ganze.
Aristoteles, Eudemische Ethik

Nur die Gesundheit ist das Leben.
Friedrich von Hagedorn

Nur wer in allem Maß hält und sich
Bewegung macht, fühlt sich wohl,
und die Kunst, ausschweifend zu
leben und dabei gesund zu bleiben,
existiert ebenso wenig wie der Stein
der Weisen, die Sterndeuterei und
die Theologie der Magier.
Voltaire, Zadig

Oh, der Sieche nur
ermisst im Jammer
Ganz den Preis
des vollen frischen Lebens.
Adelbert von Chamisso, Gedichte

Seelische Gesundheit hat für mich
mit der Überwindung des Narzissmus
zu tun (...).
Erich Fromm, Pathologie der Normalität

Sorge für die Gesundheit
deines Leibes und deiner Seele,
aber verzärtele beide nicht.
Adolph Freiherr von Knigge,
Über den Umgang mit Menschen

Unter Gesundheit verstehe ich
die Kraft, ein volles, erwachsenes,
lebendiges, atmendes Leben zu leben
mit allem, was wir meinen, wenn wir
von der äußeren Welt sprechen.
Katherine Mansfield, Tagebücher

Vernunft ist so etwas
wie ansteckende Gesundheit.
Alberto Moravia

Von dem Gesunden in dir
sollst du leben;
das Gesunde ist es,
aus dem das Große wird.
Jens Peter Jacobsen, Niels Lyhne

Wenn man krank wird,
denkt man an sein Leben;
wenn man wieder gesund wird,
an sein Geld.
Sprichwort aus der Mongolei

Wenn man seine Gesundheit durch
ein zügelloses Leben verdorben hat,
will man sie durch Arzneimittel
wiederherstellen.
Jean-Jacques Rousseau, Emile

Wer gesund ist
und alles Notwendige hat,
ist reich genug,
wenn er aus seinem Herzen
die eingebildeten Güter verbannt.
Jean-Jacques Rousseau, Emile

Wer im Alter gesund ist,
stirbt so ungern.
Ein Nachteil des Vorteils.
Manfred Rommel, Rommel-Kalender

Wer nicht eher isset,
als ihn hungert,
und nichts trinket
als das liebe Wasser,
der wird selten krank.
Sophie Mereau, Raimond und Guido
(Frau in der Waldhütte)

Wer sich guter Gesundheit erfreut,
ist reich, ohne es zu wissen.
Sprichwort aus Frankreich

Wie gern wollt' ich dem Teufel
meine Seele verschreiben,
wenn ich dafür Gesundheit hätte.
Franziska Gräfin zu Reventlow, Tagebücher

Willst du lange leben gesund,
iss wie die Katze, trink wie der Hund.
Deutsches Sprichwort

Zu viel ist ungesund.
Deutsches Sprichwort

Gewalt

Alle irdische Gewalt
beruht auf Gewalttätigkeit.
Marie von Ebner-Eschenbach, Aphorismen

Alle politischen Gebilde
sind Gewaltgebilde.
Max Weber, Politik als Beruf

Der Geist der Gewalt
ist so stark geworden,
weil die Gewalt des Geistes
so schwach geworden ist.
Leonhard Ragaz

Der Krieg ist ein Akt der Gewalt,
um den Gegner zur Erfüllung
unseres Willens zu zwingen.
Carl von Clausewitz, Vom Kriege

Gewalt

Der Krieg ist ein Akt der Gewalt,
und es gibt in der Anwendung
derselben keine Grenzen.
Carl von Clausewitz, Vom Kriege

Die Empfänglichkeit für Kultur
wird künftig den Ausschlag geben,
und nicht die Gewalt.
Jakob Boßhart, Bausteine zu Leben und Zeit

Die Gewalt als solche
schafft nie Neues.
Das Neue muss schon da sein.
Erich Fromm, Interview 1980

Die Gewalt besitzt nicht
halb so viel Macht wie die Milde.
Samuel Smiles, Charakter

Die Gewalt, die andere uns antun,
ist oft weniger schmerzlich als die,
die wir uns selbst antun.
François de La Rochefoucauld, Reflexionen

Die Gewalt lebt davon,
dass sie von anständigen Leuten
nicht für möglich gehalten wird.
Jean-Paul Sartre

Die Gewalt rüstet sich mit den Erfindungen der Künste und Wissenschaften aus, um der Gewalt zu begegnen.
Carl von Clausewitz, Vom Kriege

Die Weltgeschichte im Allgemeinen
und die Geschichte von Südafrika im
Besonderen lehrt, dass die Anwendung
von Gewalt in bestimmten Fällen ganz
und gar berechtigt sein kann.
Nelson Mandela,
Brief an den Justizminister, April 1969

Ein Gran Gewalt in der Güte
ist die Voraussetzung, dass sie
nicht nur blasser Gedanke bleibt.
Emil Gött, Im Selbstgespräch

Es gehört zur Pflicht des Menschen,
sich der Gewaltsamkeit zu widersetzen
und die Ordnung zu stärken.
Jean-Jacques Rousseau,
Julie oder Die neue Héloïse (Eduard)

Es gibt zwei friedliche Gewalten:
das Recht und die Schicklichkeit.
Johann Wolfgang von Goethe,
Maximen und Reflexionen

Es wird gebahnt ein Weg
durch Gewalt.
Vergil, Aeneis

Fehlt die Einsicht von oben,
der gute Wille von unten,
Führt sogleich die Gewalt
oder sie endet den Streit.
Johann Wolfgang von Goethe/Friedrich Schiller,
Xenien

Geld, Gewalt und Herrengunst
Zerbricht Ehr', Recht und alle Kunst.
Georg Rollenhagen, Froschmeuseler

Geld sammeln, das durch Gewalt
erworben wurde, und damit Menschen
helfen wollen, die durch Gewalt zu
Bettlern gemacht worden sind, heißt,
mit Gewalt Wunden heilen, welche
Gewalt geschlagen hat.
Leo N. Tolstoi, Tagebücher (1893)

Gewalt als Mittel politischer
Auseinandersetzung untergräbt
unseren demokratischen Staat.
Helmut Kohl, Dank an die Polizei für den Schutz des
demokratischen Rechtsstaates. Ansprache des Bundeskanzlers vor dem Bundesgrenzschutz 1986

Gewalt birgt immer
ein Element der Verzweiflung.
Thomas Mann

Gewalt ging jederzeit vor Recht.
Georg Rollenhagen, Froschmeuseler

Gewalt ist das Problem,
als dessen Lösung sie sich ausgibt.
Friedrich Hacker

Gewalt ist der Index der Primitiven.
Kurt Wortig

Gewalt
Ist für den Schwachen
jederzeit ein Riese.
Friedrich Schiller, Dom Karlos (Marquis)

Gewalt ist nicht Recht.
Sprichwort aus Frankreich

Gewalt kann man
mit Gewalt vertreiben.
Deutsches Sprichwort

Gewalt machte die ersten Sklaven,
und ihre Feigheit hat ihren Zustand
verewigt.
Jean-Jacques Rousseau, Der Gesellschaftsvertrag

Gewalt mit Gewalt bekämpfen heißt,
neue Gewalt an die Stelle der alten
setzen.
Leo N. Tolstoi, Tagebücher (1893)

Gewalt provoziert Gegengewalt
und verstärkt die Unterdrückung.
Georgi Walentinowitsch Plechanow

Gewalt und Betrug sind
die zwei Haupttugenden im Kriege.
Thomas Hobbes, Leviathan

Gewalt und Recht sind es,
die alles in der Welt regeln,
Gewalt in Ermangelung des Rechts.
Joseph Joubert, Gedanken, Versuche und Maximen

Gewalt wird nicht alt.
Deutsches Sprichwort

Güte vermag mehr als Gewalt.
Sprichwort aus Frankreich

Ich hasse jeden gewaltsamen Umsturz,
weil dabei ebenso viel Gutes vernichtet
als gewonnen wird.
Johann Wolfgang von Goethe, überliefert von Johann
Peter Eckermann (Gespräche mit Goethe)

Im Wort ruht Gewalt
Wie im Ei die Gestalt,
Wie das Brot im Korn,
Wie der Klang im Horn.
Ina Seidel, Des Wortes Gewalt

Ist der Krieg ein Akt der Gewalt,
so gehört er notwendig dem Gemüt an.
Carl von Clausewitz, Vom Kriege

Jede erfolgreiche Gewalttat
ist allermindestens ein Skandal,
das heißt ein böses Beispiel.
Jacob Burckhardt, Weltgeschichtliche Betrachtungen

Jedes Gewaltsame, jedes Sprunghafte,
ist mir in der Seele zuwider,
denn es ist nicht naturgemäß.
Johann Wolfgang von Goethe, überliefert von Johann
Peter Eckermann (Gespräche mit Goethe)

Jetzt ist der Tag da,
wo Anwendung von Gewalt gegen
ein anderes menschliches Wesen
als ebenso verwerflich angesehen
werden muss wie Menschenfresserei.
Martin Luther King

List geht über Gewalt.
Deutsches Sprichwort

Man darf sich der Gewalt
nicht mit Gewalt widersetzen.
Leo N. Tolstoi, Tagebücher (1898)

Man erträgt leicht eine Gewalt,
die man eines Tages auszuüben hofft.
Joseph Joubert, Gedanken, Versuche und Maximen

Mehr Dinge hat Geschick durchgesetzt
als Gewalt, und öfter haben die Klugen
die Tapferen besiegt als umgekehrt.
Baltasar Gracián y Morales,
Handorakel und Kunst der Weltklugheit

Mit Gewalt kann man nur das behalten, was man mit Gewalt genommen
hat. Bis ein anderer kommt, der es mit
Gewalt wieder wegnimmt. Gewalt
dauert nicht, Gewalt ist nur gut,
um sich selbst zu schützen.
Yehudi Menuhin,
Kunst als Hoffnung für die Menschheit

Mit Gewalt schafft man seinen Weg.
Vergil, Aeneis

Ochsen spannt man nicht an Faden,
denn er würde stracks zerrissen:
So auch lässt sich schwerlich binden,
wer Gewalt hat, an Gewissen.
Friedrich von Logau, Sinngedichte

Regierung kann nur
von der höchsten Gewalt ausgehen.
Heinrich Friedrich Karl Reichsfreiherr vom und zum
Stein, Politisches Testament (1808)

Reichtum und Geld
sind ebenso Gewalt wie die direkte.
Leo N. Tolstoi, Tagebücher (1906)

Rohe Kräfte können nur durch die
Vernunft geregelt werden; es gehört
aber eine wirkliche Gegenmacht,
d.i. Klugheit, Ernst und die ganze Kraft
der Güte dazu, sie in Ordnung zu
setzen und mit heilsamer Gewalt darin
zu erhalten.
Johann Gottfried Herder,
Ideen zur Philosophie der Geschichte der Menschheit

Schrecklich immer,
Auch in gerechter Sache,
ist Gewalt.
Friedrich Schiller, Wilhelm Tell (Reding)

Schwierigkeiten heilt man nicht mit
Gewalt und Kalamitäten nicht mit
Beschlüssen, sondern mit Klugheit
und Vorsicht.
Carl Spitteler, Politische Tagesberichte

Tu deiner Natur niemals Gewalt an;
es ist aber nicht im Mindesten
erforderlich, sie ganz zu zeigen.
Philipp Stanhope Earl of Chesterfield, Briefe über die
anstrengende Kunst, ein Gentleman zu werden

Vernunft ist die sanfte Gewalt,
die allem, und selbst der Gewalt,
Grenze und Maß setzt.
Karl Jaspers,
Die Atombombe und die Zukunft des Menschen

Von Natur herrscht die Gewalt:
Statt dieser Rechten zur Herrschaft
zu verhelfen, dies ist das Problem
der Staatskunst.
Arthur Schopenhauer, Zur Rechtslehre und Politik

Vor 300 Jahren galt die Folter als
ebenso notwendig wie heute die
Gewalt. Wie die Folter sehr bald zu
den gewünschten Ergebnissen führte,
so tut es heute die Gewalt.
Leo N. Tolstoi, Tagebücher (1906)

Was ist Gewalt anderes als Vernunft,
die verzweifelt?
José Ortega y Gasset

Was mit Gewalt erlangt worden ist,
kann man nur mit Gewalt behalten.
Mohandas K. »Mahatma« Gandhi

Wer die Gewalt
als seine Methode proklamiert hat,
muss die Lüge
zu seinem Prinzip machen.
Alexander Solschenizyn

Wer eine friedliche Revolution
unmöglich macht,
macht eine gewaltsame
unvermeidbar.
John Fitzgerald Kennedy

Wer Gewalt braucht, darf nicht zittern.
Johann Wolfgang von Goethe,
Die Aufgeregten (Albert)

Wer zur Gewalt schweigt,
verliert sein Recht.
Deutsches Sprichwort

Wie ein Entmannter,
der bei einem Mädchen liegt,
ist einer, der mit Gewalt
das Recht durchsetzen will.
Altes Testament, Jesus Sirach 20, 4

Wir sehn ja, dem Gewaltigen,
dem Klugen
Steht alles wohl, und er erlaubt
sich alles.
Johann Wolfgang von Goethe, Torquato Tasso (Tasso)

Wir sind in einem Staat und einer Zeit,
Wo mit Gewalt nichts auszurichten ist.
Molière, Tartuffe (Cléante)

Wo es Klugheit gibt,
da schafft die Gewalt nichts.
Herodot, Historien

Wo Gewalt angewendet wird,
wird Gewalt geweckt.
Karl Jaspers

Wo Gewalt Recht hat,
hat das Recht keine Gewalt.
Deutsches Sprichwort

Wo Kultur wegbricht,
wird Platz frei für Gewalt.
August Everding, Rede anlässlich der Protestveranstaltung des Deutschen Bühnenvereins in Berlin,
27. Juni 1993

Zugegeben, dass alle Gewalt
von Gott stammt. Aber auch alle
Krankheit kommt von ihm; ist es
deshalb verboten, einen Arzt zu rufen?
Jean-Jacques Rousseau, Der Gesellschaftsvertrag

Gewaltherrschaft

Wenn ein Volk von unbeschränkter
Gewalt regiert wird,
wird es sehr schnell verderben.
Niccolò Machiavelli, Discorsi

Wenn es ebenso leicht wäre, die
Geister wie die Zungen zu beherrschen, so würde jeder in Sicherheit
regieren, und eine Gewaltherrschaft
könnte es nicht geben.
Baruch de Spinoza, Tractatus theologico-politicus

Gewaltig

Ein Gewaltiger erlebt Gewaltiges
in seinen vier Pfählen.
Marie von Ebner-Eschenbach, Aphorismen

Vieles Gewaltige lebt, und nichts
Ist gewaltiger als der Mensch.
Sophokles, Antigone (Chor)

Gewaltlosigkeit

Dem Übel nicht mit Gewalt zu widerstreben, ist kein Gebot, sondern ein
entdecktes, bewusst erkanntes Lebensgesetz für jeden einzelnen Menschen
und für die gesamte Menschheit
– ja für alles Lebendige.
Leo N. Tolstoi, Tagebücher (1907)

Den Geist der Gewaltlosigkeit erwirbt
man durch langes Training in Selbstverleugnung, durch Vertrautwerden
mit den geheimen inneren Kräften. Er
verändert die Einstellung zum Leben.
Er bewertet die Dinge anders und wirft
vorausgegangene Berechnungen um.
Und wenn der Geist der Gewaltlosigkeit intensiv genug geworden ist, kann
er das ganze Universum verändern.
Mohandas K. »Mahatma« Gandhi, Young India (engl.
Wochenzeitung 1919–1931), 23. September 1926

Die Lehre, der ich lebe,
ist nicht Anarchismus.
Sondern Erfüllung des ewigen Gesetzes,
das Gewalt und Beteiligung
an der Gewalt verbietet.
Leo N. Tolstoi, Tagebücher (1910)

Die Waffe der Gewaltlosigkeit
kehrt die Gewalt in ihr Gegenteil.
Mohandas K. »Mahatma« Gandhi,
auf einer Massenversammlung am 11. September 1906

Gewaltlosigkeit
ist die Antwort des Negers
auf seine Not.
Sie wird vielleicht auch die Antwort
auf die verzweifelte Not
der Menschheit sein.
Martin Luther King

Gewaltlosigkeit kann man nicht
lernen, wenn man zu Hause sitzt.
Man muss sie erproben (...).
Mohandas K. »Mahatma« Gandhi, Harijan (engl.
Wochenzeitung 1933–1956), 1. September 1940

Gewaltlosigkeit war nie als Waffe
der Schwachen, sondern der tapferen
Herzen gedacht.
Mohandas K. »Mahatma« Gandhi, Young India (engl.
Wochenzeitung 1919–1931), 31. Dezember 1931

Selig, die keine Gewalt anwenden,
denn sie werden das Land erben.
Neues Testament, Matthäus 5, 5 (Jesus: Bergpredigt)

Gewalttat

Alle Gewalttaten müssen auf einmal begangen werden, da sie dann weniger empfunden und eher vergessen werden; Wohltaten aber dürfen nur nach und nach erwiesen werden, damit sie desto besser gewürdigt werden.
Niccolò Machiavelli, Der Fürst

Eines gewaltsamen Todes
muss der Gewaltsame sterben.
Lao-tse, Dao-de-dsching

Gewalttat und Hochmut
verwüsten den Wohlstand,
das Haus des Übermütigen
stürzt ein.
Altes Testament, Jesus Sirach 21, 4

Mit einem Gewalttätigen geh nicht des Wegs, damit du nicht schweres Unheil über dich bringst. Denn er läuft rücksichtslos weiter, und du gehst zugrunde durch seinen Unverstand.
Altes Testament, Jesus Sirach 8, 15

Nur wer gewalttätig ist,
um zu zerstören,
nicht wer es ist,
um aufzubauen,
verdient Tadel.
Niccolò Machiavelli, Vom Staat

Gewandtheit

Gewandtheit über Stärke geht
In manchem Streit und Sport,
Und wo der Ochs am Berge steht,
Hüpft's Häschen drüber fort.
Jüdische Spruchweisheit

Man muss sehr gewandt sein, um seine Gewandtheit verbergen zu können.
François de La Rochefoucauld, Reflexionen

Wer aber fein zu scherzen versteht,
den nennen wir gewandt
und schlagfertig.
Aristoteles, Nikomachische Ethik

Wer andere mit Wortgewandtheit übertrumpft, handelt damit sich oft nur Missgunst ein.
Konfuzius, Gespräche

Wirklich gewandt sein, heißt,
den Preis der Dinge kennen.
François de La Rochefoucauld, Reflexionen

Gewerbe

Auf der Welt gibt es
nur drei schmutzige Gewerbe:
Hure, Schauspieler und Musikant.
Chinesisches Sprichwort

In seinem eigenen Gewerbe
ist jeder ein Dieb.
Sprichwort aus Holland

Jedes Gewerbe hat seinen Meister.
Chinesisches Sprichwort

Wer sein Gewerbe wechselt,
macht Suppe in einem Korb.
Sprichwort aus England

Wie schwer, ein eigennütziges
Gewerbe ohne Eigennutz auszuüben!
Luc de Clapiers Marquis de Vauvenargues, Nachgelassene Maximen

Gewicht

An dünnen, unmerkbaren Seilen
hängen oft fürchterliche Gewichte.
Friedrich Schiller

Ein Pfund Federn wiegt so viel
als ein Pfund Blei.
Deutsches Sprichwort

Man ist niemals zu schwer
für seine Größe,
aber man ist oft zu klein
für sein Gewicht.
Gert Fröbe

Gewinn

Das Edle zu erkennen, ist Gewinst,
Der nimmer uns entrissen werden kann.
Johann Wolfgang von Goethe, Torquato Tasso (Tasso)

Denn was der Trug gewann, der ungerechte, kann nicht dauernd sein.
Sophokles, Ödipus auf Kolonos (Theseus)

Der Zweck der Aufstände aber ist Gewinn und Ehre oder ihr Gegenteil.
Aristoteles, Politik

Des Feindes Gab' ist keine,
bringt uns nie Gewinn.
Sophokles, Aias (Aias)

Die Menschen streben nach Gewinn, doch besser ein Armer
als ein Betrüger.
Altes Testament, Sprüche Salomos 19, 22

Doch manchen stürzte schon
Die Hoffnung auf Gewinn
in sein Verderben.
Sophokles, Antigone (Kreon)

Du musst steigen oder sinken,
Du musst herrschen und gewinnen,
Oder dienen und verlieren,
Leiden oder triumphieren,
Amboss oder Hammer sein.
Johann Wolfgang von Goethe, Kophtisches Lied

Durch Betrug erlistet,
ist noch nicht gewonnen.
Sophokles, Ödipus auf Kolonos (Theseus)

Erbschaft ist oft kein Gewinn.
Deutsches Sprichwort

Es ist nicht alles Gewinn,
was man gewonnen zu haben glaubt.
Lothar Schmidt

Es ist selten ein Gewinn
ohne des andern Schaden.
Deutsches Sprichwort

Frisch gewagt, ist halb gewonnen.
Deutsches Sprichwort

Frisch gewagt, ist schon gewonnen,
Halb ist schon mein Werk vollbracht.
Johann Wolfgang von Goethe, An die Erwählte

Für alles, was du verlorst,
hast du etwas gewonnen,
und für alles, was du gewinnst,
verlierst du etwas.
Ralph Waldo Emerson, Essays

Gewinn ist Segen,
wenn man ihn nicht stiehlt.
William Shakespeare, Der Kaufmann von Venedig (Shylock)

Gewinn ist so notwendig wie die Luft zum Atmen, aber es wäre schlimm, wenn wir nur wirtschaften würden, um Gewinne zu machen,
wie es schlimm wäre,
wenn wir nur leben würden,
um zu atmen.
Hermann Josef Abs, Lebensfragen der Wirtschaft

Gewinn und Verlust
sind Bruder und Schwester.
Sprichwort aus Wallonien

Gewinnes halber dient auch,
wer zum Sklaven nicht geboren ist.
Euripides, Die Phönikierinnen

Große Männer nennen Schande
das Verlieren, nicht aber
den Gewinn durch Trug.
Niccolò Machiavelli, Geschichte von Florenz

Ist doch das Leben nur
auf Gewinn und Verlust berechnet.
Johann Wolfgang von Goethe, Die Wahlverwandtschaften

Ja, wenn eine Schlacht
gewonnen wäre dadurch,
dass man den lautesten Trompeter wegschießt!
Arthur Schnitzler, Aphorismen und Betrachtungen aus dem Nachlass

Jeder ungerechte Gewinn
bringt Schaden mit sich.
Menandros, Monostichoi

Jeder Verlust ist für ein Glück
zu achten, der höhere Gewinne
zuwege bringt.
Jacob Grimm, Rede auf der Frankfurter Germanistenversammlung 1846

Leichter ein Dorf vertan,
als ein Haus erworben.
Deutsches Sprichwort

Mach keine schlechten Gewinne,
sie sind so schlimm wie Verluste.
Hesiod, Werke und Tage

Man hat heute nicht nur Begierde,
sondern Ehrgeiz nach Gewinn.
Joseph Joubert, Gedanken, Versuche und Maximen

Man läuft Gefahr zu verlieren,
wenn man zu viel gewinnen möchte.
Jean de La Fontaine, Fabeln

Nachsicht zählt zur Pflicht
des Menschen,
Gewinn rechnet er sich
als Schläue an.
Chinesisches Sprichwort

Siehe, sie zögern nicht,
des Gewinnes wegen
in Schande zu sterben!
Waltharilied (Hagen)

Um etwas desto gewisser zu gewinnen,
muss man stets ein anderes aufgeben.
Karoline von Günderode, Melete

Und setzet ihr nicht das Leben ein,
Nie wird euch das Leben gewonnen
sein.
Friedrich Schiller, Wallensteins Lager (1. Jäger)

Wagen gewinnt, Wagen verliert.
Deutsches Sprichwort

Was ist der Mensch,
Wenn seiner Zeit Gewinn,
sein höchstes Gut
Nur Schlaf und Essen ist?
Ein Vieh, nichts weiter.
William Shakespeare, Hamlet (Hamlet)

Was leicht gewonnen,
wird leicht verloren.
Chinesisches Sprichwort

Was macht gewinnen?
Nicht lange besinnen!
Johann Wolfgang von Goethe, West-östlicher Divan

Wem Gewinn winkt,
der wahre die Rechtlichkeit.
Chinesisches Sprichwort

Wenn dem Menschen am Ende seines
Lebens ein Lächeln übrig bleibt, so ist
das ein sehr anständiger Reingewinn.
Horst Wolfram Geißler

Wer auch immer gewinnt,
der Bankhalter zieht allemal
den Nutzen.
Chinesisches Sprichwort

Wer da handelt,
der hat gewöhnlich den Gewinn;
wer alles überlegt und zaudert,
der nicht leicht.
König Xerxes I., überliefert von Herodot (Historien)

Wer gewinnt,
der spielt am besten.
Deutsches Sprichwort

Wer mehr verzehrt, als er gewinnt, der
muss nachher mit den Mäusen essen.
Deutsches Sprichwort

Wer möcht' den Einsatz wohl riskieren,
Wo man nur Ruß gewinnt
und Perlen kann verlieren.
Jüdische Spruchweisheit

Wer seine Schäfchen
ins Trockene gebracht hat,
der baut dann meistens
dort auf Sand.
Heimito von Doderer, Repertorium. Ein Begriffbuch
von höheren und niederen Lebens-Sachen

Wer sich nicht in die Tigerhöhle wagt,
wird kein Tigerjunges fangen.
Chinesisches Sprichwort

Wie gewonnen,
so zerronnen.
Deutsches Sprichwort

Wie schwer ist es,
dass der Mensch recht abwäge,
was man aufopfern muss gegen das,
was zu gewinnen ist!
Johann Wolfgang von Goethe,
Die Wahlverwandtschaften

Woher der Gewinn
auch stammen mag,
sein Geruch ist gut.
Juvenal, Satiren

Gewinnstreben

Die Liebe zum Profit
beherrscht die ganze Welt.
Aristophanes, Plutus

Ruhm und Gewinn
treiben einen Menschen weiter,
als ein Adler fliegt.
Chinesisches Sprichwort

Schafft ab die Geschicklichkeit,
verwerft die Gewinnsucht
– keine Diebe und Räuber
wird es mehr geben.
Lao-tse, Dao-de-dsching

Wäre seine Milch danach
oder die Trangewinnung
– der Mensch würde auch
den Walfisch melken;
denn der Mensch ist danach.
Emil Gött, Zettelsprüche. Aphorismen

Wer nach Ruhm strebt,
geht an den Hof.
Wer nach Gewinn strebt,
geht auf den Markt.
Chinesisches Sprichwort

Gewissen

An das Gewissen zu appellieren,
geniert den, der es tut,
beinahe mehr als den,
der gemeint ist.
Emil Gött, Im Selbstgespräch

Auch was wir Gewissen nennen
und was wir doch gewöhnlich
als naturgegeben auffassen, hat
seinen Ursprung in der Gewohnheit.
Michel Eyquem de Montaigne, Die Essais

Dacht' ich's doch! Wissen sie nichts
Vernünftiges mehr zu erwidern,
Schieben sie's einem geschwind
in das Gewissen hinein.
Johann Wolfgang von Goethe/Friedrich Schiller,
Xenien

Darin ermahne ich euch:
Hört die innere Stimme.
Bernhard von Clairvaux, Über die Bekehrung

Das Antlitz der Seele
ist das Gewissen.
Vinzenz Ferrer, Predigten

Das Gewissen des Menschen
gibt ihm bessere Auskunft
als sieben Wächter auf der Warte.
Altes Testament, Jesus Sirach 37, 14

Das Gewissen des Menschen
ist das Denken Gottes.
Victor Hugo, Die Züchtigungen (Vorwort)

(...) Das Gewissen einer Nation
muss aus sehr vielen, einander
korrigierenden Instrumenten bestehen,
die gelegentlich in offenen Konflikt
geraten können. (1973)
Heinrich Böll, Worte töten Worte heilen

Das Gewissen eines jeden Bürgers
ist sein Gesetz.
Thomas Hobbes, Leviathan

Das Gewissen hält uns keineswegs
von allen Taten zurück;
doch es verhindert,
dass wir Freude daran haben.
Lothar Schmidt

Das Gewissen
ist der erleuchtetste Philosoph.
Jean-Jacques Rousseau, Emile

Das Gewissen
ist der Kompass des Menschen.
Vincent van Gogh, Briefe

Das Gewissen
ist die Stimme der Seele,
die Leidenschaften
sind die Stimme des Leibes.
Jean-Jacques Rousseau, Emile

Das Gewissen ist
die Stimme des Staatsanwalts in uns.
William Casey

Das Gewissen
ist die veränderlichste
aller Normen.
Luc de Clapiers Marquis de Vauvenargues,
Reflexionen und Maximen

Das Gewissen ist eine
eingefleischte Kulturgeschichte.
Jakob Boßhart, Bausteine zu Leben und Zeit

Das Gewissen ist eine Uhr,
die immer richtig geht.
Nur wir gehen manchmal falsch.
Erich Kästner

Das Gewissen ist furchtsam,
es liebt die Zurückgezogenheit
und den Frieden;
die Welt und der Lärm
erschrecken es.
Jean-Jacques Rousseau, Emile

Das Gewissen ist jene innere Stimme,
die uns zwar nicht abhält,
etwas zu tun,
aber das Vergnügen erheblich stört.
Marcel Achard

Das Gewissen ist nichts anderes
als die Übereinstimmung
zwischen der eigenen
und der höchsten Vernunft.
Leo N. Tolstoi, Tagebücher (1900)

Das Gewissen ist unser bester
und zuverlässigster Wegweiser,
doch wo finden sich Merkmale,
die seine Stimme von anderen
Stimmen unterscheiden?
Leo N. Tolstoi, Tagebücher (1852)

Das Gewissen
ist vermessen in dem Starken,
schüchtern in dem Schwachen
und Unglücklichen,
unruhig in dem Unentschlossenen,
also ein Organ der Stimmungen,
die uns beherrschen,
und der Meinungen, die uns lenken.
Luc de Clapiers Marquis de Vauvenargues,
Reflexionen und Maximen

Das Gewissen wird umso friedloser, je
gewissenhafter einer sich aushorcht.
Ludwig Marcuse, Argumente und Rezepte.
Ein Wörter-Buch für Zeitgenossen

Das große Unglück, unter dem Millionen leiden, besteht nicht so sehr darin,
dass die Menschen ein verwerfliches
Leben führen, sondern darin, dass sie
nicht nach dem Gewissen, nicht nach
ihrem eigenen Gewissen leben.
Leo N. Tolstoi, Tagebücher (1888)

Das gute Gewissen
ist eine Erfindung des Teufels.
Albert Schweitzer, Kultur und Ethik

Das Urteil, das ich selbst über mich
spreche, trifft mich unmittelbarer und
härter als das der Richter; diese müssen mich so nehmen, wie ich nach
dem Zivilrecht verpflichtet erscheine;
mein Gewissen packt viel fester zu und
ist viel strengen.
Michel Eyquem de Montaigne, Die Essais

Das Wichtigste im menschlichen
Verkehr bleibt immer: die Leute bei
schlechtem Gewissen zu erhalten.
Arthur Schnitzler,
Aphorismen und Betrachtungen aus dem Nachlass

Der Handelnde
ist immer gewissenlos;
es hat niemand Gewissen
als der Betrachtende.
Johann Wolfgang von Goethe,
Maximen und Reflexionen

Der Inhalt unseres Gewissens ist alles,
was in den Jahren der Kindheit von
uns ohne Grund regelmäßig gefordert
wurde durch Personen, die wir verehrten oder fürchteten.
Friedrich Nietzsche, Menschliches, Allzumenschliches

Die Alten
hatten ein Gewissen ohne Wissen;
wir heutzutag
haben das Wissen ohne Gewissen.
Julius Wilhelm Zincgref, Apophthegmata

Die echten Schriftsteller
sind die Gewissensbisse
der Menschheit.
Ludwig Feuerbach, Abälard und Heloise

Die Geschichte zeigt,
dass Strafen Menschen,
die ihrem Gewissen folgen,
nicht zurückhalten können.
Nelson Mandela, Verteidigungsrede vor Gericht 1962

Die Gewissen aber
sind so zahlreich
wie die Religionen
und die Völker.
August Strindberg, Der Sohn der Magd

Die Moral sagt nichts Bestimmtes
– sie ist das Gewissen
– eine Richterin ohne Gesetz.
Novalis, Fragmente

Die Regungen des Gewissens
sind keine Urteile,
sondern Empfindungen.
Jean-Jacques Rousseau, Emile

Die Stimme des Gewissens
wäre ein besserer Berater,
wenn wir ihr nicht immerzu
soufflieren würden,
was sie sagen soll.
Jean Anouilh

Die Vernunft hintergeht uns nur zu
oft, wir haben nur zu sehr das Recht
erworben, sie abzulehnen; das Gewissen aber betrügt niemals; es ist der
wahre Führer des Menschen, es ist für
die Seele, was der Instinkt für den Leib
ist; wer ihm folgt, gehorcht der Natur
und befürchtet nicht, sich zu verirren.
Jean-Jacques Rousseau, Emile

Du fragst mich, Freund,
welches besser ist:
von einem bösen Gewissen
genagt zu werden
oder ganz ruhig
am Galgen zu hängen?
Georg Christoph Lichtenberg, Sudelbücher

Eigen Gewissen
ist mehr als tausend Zeugen.
Deutsches Sprichwort

Ein gut Gewissen
fragt nach bösen Mäulern nicht.
Martin Opitz

Ein guter Jurist kann nur der werden,
der mit einem schlechten Gewissen
Jurist ist.
Gustav Radbruch

Ein gutes Gewissen
ist ein sanftes Ruhekissen.
Deutsches Sprichwort

Ein gutes Gewissen
ruft die Menschen zu Zeugen,
ein schlechtes ist auch
in der Einsamkeit
angstvoll und unruhig.
Lucius Annaeus Seneca, Briefe über Ethik

Ein schlechtes Gewissen
ist nichts anderes als ein Gewissen,
das seine Pflicht tut.
Joseph Höffner

Ein schlechtes Gewissen
kann nur haben,
wer ein Gewissen hat.
Hans Habe

Eine üble Tat
trägt einen Zeugen
in ihrem Busen.
Sprichwort aus Dänemark

Es gibt Leute, die werden
mit einem bösen Gewissen geboren.
Georg Christoph Lichtenberg, Sudelbücher

Es ist so elend, betteln zu müssen,
Und noch dazu mit bösem Gewissen!
Johann Wolfgang von Goethe, Faust I
(Hexenküche: Mephisto und Tiere)

Es ruht im Grunde der Seele ein angeborenes Prinzip der Gerechtigkeit und Tugend, nach welchem wir, ungeachtet unserer eigenen Grundregeln, unsere und fremde Handlungen als gut und böse beurteilen, und diesem Prinzip gebe ich den Namen Gewissen.
Jean-Jacques Rousseau, Emile

Für den sittlichen Menschen gibt es kein gutes Gewissen, sondern immer nur Kampf mit sich selber, Zweifel und Frage, ob er gewesen ist, wie er nach den Forderungen der verinnerlichten Menschlichkeit sein soll, Angst, dass er dem sittlichen Menschen in sich das Wort verbietet, wo er gebieten soll.
Albert Schweitzer,
Was sollen wir tun? (Predigt, 3. Mai 1919)

Für jeden kommt der Zeitpunkt,
an dem er von seinem Gewissen
eingeholt wird.
Federico Fellini

Gewissen: die innere Stimme,
die uns warnt,
weil jemand zuschauen könnte.
Henry Louis Mencken

Gewissen!, göttlicher Instinkt, unsterbliche und himmlische Stimme, sicherer und uneingeschränkter Führer eines unwissenden und eingeschränkten Wesens, unfehlbarer Richter des Guten und Bösen, der den Menschen Gott ähnlich macht (...).
Jean-Jacques Rousseau, Emile

Gewissen ist das Gedächtnis
der Gesellschaft, das sich
der Einzelne zu eigen macht.
Leo N. Tolstoi, Tagebücher (1899)

Gewissen ist eine Gedächtnisfrage.
Elazar Benyoëtz

Gewissen kann nur sein,
wo Wissen ist.
Erhard Blanck

Gewissen
macht uns alle zu Egoisten.
Oscar Wilde, Das Bildnis des Dorian Gray

Gewissen ohne Gott
ist etwas Entsetzliches.
Es kann sich bis zur
größten Unsittlichkeit verirren.
Fjodor M. Dostojewski, Tagebuch eines Schriftstellers

Gewissen und Feigheit
sind in Wirklichkeit dasselbe.
Gewissen ist der Firmenname,
sonst nichts.
Oscar Wilde, Das Bildnis des Dorian Gray

Gutes Gewissen – tausend Zeugen.
Quintilian, Schule der Beredsamkeit

Hienieden verschlingen
tausend hitzige Leidenschaften
die innere Empfindung
und narren das Gewissen.
Jean-Jacques Rousseau, Emile

Ich fürchte nicht die Höllenstrafe
der Zukunft, weil ich mein eignes
Gewissen fürchte, und rechne nicht
auf einen Lohn jenseits des Grabes,
weil ich ihn mir diesseits desselben
schon erwerben kann.
Heinrich von Kleist, Briefe
(an Wilhelmine von Zenge, 13.–18. September 1800)

In der Spezialisierung
betäubt die Wissenschaft
ihr Gewissen.
Parzellierte Verantwortung.
Emil Gött, Im Selbstgespräch

In Gewissensfragen
gilt das Gesetz der Mehrheit nicht.
Mohandas K. »Mahatma« Gandhi, Young India (engl. Wochenzeitung 1919–1931), 4. August 1920

Jede Art Berufung
ist bedeutsam und nötig,
damit das Gewissen gewiss sei.
Martin Luther, Tischreden

Jeder trägt das Gesetz
von Recht und Unrecht in sich.
Sein Gewissen sagt ihm:
dieses zu tun, jenes zu lassen.
Caspar David Friedrich, Über Kunst und Kunstgeist

Kein Gold besticht
ein empörtes Gewissen.
Heinrich von Kleist, Briefe

Kein Mensch,
der ein böses Gewissen hat,
vermag Schweigen auszuhalten.
Søren Kierkegaard, Der Begriff Angst

Kein Mensch stand noch deshalb tiefer in meiner Achtung, weil er einen Fleck auf dem Rock hatte, doch bin ich überzeugt, dass man im Allgemeinen mehr besorgt ist, moderne oder wenigstens reine und ungefleckte Kleider zu besitzen als ein reines Gewissen.
Henry David Thoreau, Walden

Man entgeht wohl der Strafe,
aber nicht dem Gewissen.
Deutsches Sprichwort

Man ist nie scharfsinniger,
als wenn es darauf ankommt,
sich selbst zu täuschen
und seine Gewissensbisse
zu unterdrücken.
Fénelon, Die Erlebnisse des Telemach

Man sagt uns, das Gewissen sei das Werk der Vorurteile. Indessen weiß ich doch aus meiner Erfahrung, dass es dem Gebote der Natur wider alle Gesetze der Menschen hartnäckig folgt.
Jean-Jacques Rousseau, Emile (Glaubensbekenntnis)

Man wird mit einem schlechten
Gewissen leichter fertig
als mit einem schlechten Rufe.
Friedrich Nietzsche, Die fröhliche Wissenschaft

Mehr liebt Gott an dir
den geringsten Grad
an Gewissensreinheit
als alle Werke, die du
vollbringen könntest.
Juan de la Cruz, Merksätze von Licht und Liebe

Niemals begeht man das Böse
so gründlich und so freudig,
als wenn man es aus Gewissen tut.
Blaise Pascal, Pensées

Niemand wird in der Welt leichter
betrogen – nicht einmal die Weiber
und die Fürsten – als das Gewissen.
Jean Paul, Siebenkäs

Sei deines Willens Herr
und deines Gewissens Knecht.
Marie von Ebner-Eschenbach, Aphorismen

Seinem Gewissen folgen ist bequemer als seinem Verstande: Denn es hat bei jedem Misserfolg eine Entschuldigung und Aufheiterung in sich – darum gibt es immer noch so viele Gewissenhafte gegen so wenig Verständige.
Friedrich Nietzsche, Menschliches, Allzumenschliches

So macht Gewissen
Feige aus uns allen.
William Shakespeare, Hamlet (Hamlet)

So scheuet das böse Gewissen
Licht und Tag.
Johann Wolfgang von Goethe, Reinecke Fuchs

Terroristen haben kein Gewissen,
da sie meinen, das Gewissen zu sein.
Friedrich Hacker

Tugend und Laster haben im Gewissen
ihr schweres Eigengewicht;
ohne Gewissen liegt alles darnieder.
Michel Eyquem de Montaigne, Die Essais

Um als Verbrecher
glücklich zu sein,
darf man wahrlich
kein Gewissen haben.
Stendhal, Über die Liebe

Was hilft das Schweigen,
wenn das Gewissen schreit?
Jean-Jacques Rousseau,
Julie oder Die neue Héloïse (Julie)

Was sagt dein Gewissen?
Du sollst der werden, der du bist.
Friedrich Nietzsche, Die fröhliche Wissenschaft

Welch Unglück,
dass das gute Gewissen
ein sanftes Ruhekissen ist.
Solch Komfort lockt die Tugend,
reichlich oft zu schlafen.
Emil Gött, Im Selbstgespräch

Welche Strafe ist größer
als die Wunde des Gewissens?
Ambrosius, Von den Pflichten

Wenn auch der Mensch
nicht über sich selber steht,
so steht doch der über ihm,
von dessen Gebot er ein Wissen hat;
und so wird er gebunden
durch das Gewissen.
Thomas von Aquin, Über die Wahrheit

Wenn ein Mensch auf die Bewegungen
seiner bessern Natur nicht achtet,
oder wenn er der geringern die volle
Gewalt lässt, so spricht das Gewissen
nach und nach leiser und schweigt
endlich gar.
Matthias Claudius, Der Wandsbecker Bothe

Wenn euer Gewissen rein ist,
so seid ihr frei.
Johann Wolfgang von Goethe,
Götz von Berlichingen (Götz)

Wer ein schlechtes Gewissen hat,
glaubt leicht, man spreche von ihm.
Er kann ein in völlig anderer Absicht
gesprochenes Wort hören, darüber
den Kopf verlieren und glauben,
es gehe ihn selbst an.
Niccolò Machiavelli, Vom Staat

Wer nach seinem Gewissen lebt,
der ist kein Knecht,
der befiehlt sich selbst
und gehorcht sich selbst;
der lebt wirklich menschlich.
Johann Geiler von Kaysersberg, Das Seelenparadies

Wir haben eine innere Richtschnur,
welche weit untrüglicher ist
als alle Bücher und die uns
in der Not niemals verlässt.
Jean-Jacques Rousseau,
Bemerkung über die Antwort des Königs von Polen

Wo ein unglückliches Gewissen
sich abplagt, fehlt keine Mühsal.
Erasmus von Rotterdam,
Handbüchlein eines christlichen Streiters

Gewissensbiss

Bedenken sind
Gewissensbisse im voraus.
Hans Joachim Clarin

Der Gewissensbiss ist unanständig.
Friedrich Nietzsche, Götzen-Dämmerung

Der Gewissensbiss ist,
wie der Biss des Hundes
gegen einen Stein,
eine Dummheit.
Friedrich Nietzsche, Menschliches, Allzumenschliches

Gewissensbiss: der Trieb wird Hemmung.
Hans Lohberger

Gewissensbisse erziehen zum Beißen.
Friedrich Nietzsche

Gewissensbisse sind
Erinnerungen an das, was man
eigentlich vergessen wollte.
Bernhard Wicki

Gewissensbisse sind Selbstbetrug,
ein Sichnähren von Illusionen.
Anne Morrow Lindbergh,
Stunden von Gold – Stunden von Blei

Jeder Gewissensbiss
ist ein Ahnen Gottes.
Peter Ustinov

Sind Gewissensbisse
nicht ein Bedauern der Freiheit,
dass sie dem Laster geopfert wurde?
Sully Prudhomme, Gedanken

Wer ein schlechtes Gedächtnis hat,
erspart sich viele Gewissensbisse.
John Osborne

Gewissheit

Ein neuer Irrtum ist mir lieber
als alle Gewissheiten.
Hans Magnus Enzensberger

Ich liebe mir inneren Streit:
Denn wenn wir die Zweifel
nicht hätten,
Wo wäre denn frohe Gewissheit?
Johann Wolfgang von Goethe, Zahme Xenien

Im Ganzen: Haltet euch an Worte!
Dann geht ihr durch die sichre Pforte
Zum Tempel der Gewissheit ein.
Johann Wolfgang von Goethe, Faust I (Mephisto)

In Wahrheit gibt es nie Gewissheit.
So ist das Leben.
Lido Anthony »Lee« Iacocca,
Mein amerikanischer Traum

Unser Fehler besteht darin,
dass wir am Gewissen zweifeln
und das Ungewisse fixieren möchten.
Meine Maxime bei der Naturforschung
ist, das Gewisse festzuhalten
und dem Ungewissen aufzupassen.
Johann Wolfgang von Goethe,
Maximen und Reflexionen

Gewitter

Beamte werden Gewitter machen
wie Jupiter.
Elias Canetti, Die Provinz des Menschen.
Aufzeichnungen 1942–1972

Die Leiden sind
wie die Gewitterwolken:
In der Ferne sehen sie schwarz aus,
über uns grau.
Jean Paul, Hesperus

Donnert's im März,
so schneit's im Mai.
Bauernregel

Gewitter in der Vollmondzeit
verkünden Regen lang und breit.
Bauernregel

Gibt's im Juni Donnerwetter,
wird auch das Getreide fetter.
Bauernregel

Im Gewitter erkennt man
den Steuermann.
Sprichwort aus Frankreich

Lass den Gast ziehen,
ehe das Gewitter ausbricht.
Deutsches Sprichwort

Mächtig zürnt der Himmel
im Gewitter.
Nikolaus Lenau, Gedichte

Oktobergewitter sagen beständig: Der
kommende Winter wird wetterwendig!
Bauernregel

Vor dem Gewitter erhebt sich
zum letzten Male
der Staub gewaltsam,
der nun bald für lange
getilgt sein soll.
Johann Wolfgang von Goethe,
Maximen und Reflexionen

Wenn der September
noch donnern kann,
so setzen die Bäume
noch Blüten an.
Bauernregel

Wenn es vor Frühlingsanfang
Gewitter gibt,
folgen neunundvierzig Tage
schlechtes Wetter.
Chinesisches Sprichwort

Wenn's im Märzen donnert,
so wird's im Winter schnein.
Bauernregel

Gewohnheit

Alte Gewohnheit ist stärker
als Brief und Siegel.
Deutsches Sprichwort

Auch wenn ein alter Traber
an der Krippe steht,
möchte er noch
tausend Li galoppieren.
Chinesisches Sprichwort

Ausgetretene Fährten
führen gewöhnlich zur Tränke.
Emil Baschnonga

Austausch der Gewohnheiten:
Ich schenke dir diese, du mir jene,
daraus soll dann eine Ehe werden.
Elias Canetti, Die Provinz des Menschen.
Aufzeichnungen 1942–1972

Da wird eine Menge romantischer
Quatsch geredet, der einzig Richtige
und all so was – aber wenn es eine
Vereinbarung war, macht man sich
zur Aufgabe, eine bestimmte Person
zu lieben; das wird dann rasch zur
Gewohnheit, und Gewohnheiten sind
viel dauerhafter als romantische
Zuneigungen. Das ist eine Tatsache.
Mehr Gewohnheit
– weniger Scheidung.
Peter Ustinov, Was ich von der Liebe weiß

Den wilden Gram
macht die Gewohnheit zahm.
William Shakespeare, Richard III.

Denn aus Gemeinem
ist der Mensch gemacht,
Und die Gewohnheit
nennt er seine Amme.
Friedrich Schiller, Wallensteins Tod (Wallenstein)

Der Mensch ändert leichter
seine Überzeugungen
als seine Gewohnheiten.
Paul Wegener

Die Gewohnheit hat die Kraft,
unser Leben zu formen,
und zwar nach ihrem Gutdünken;
ihr Einfluss ist grenzenlos;
es ist der Zaubertrank der Circe,
der unsere Natur in jeder Richtung
umzugestalten vermag.
Michel Eyquem de Montaigne, Die Essais

Die Gewohnheit
ist das enorme Schwungrad
der Gesellschaft und
ihr wertvollster konservativer Agent.
William James, Die Prinzipien der Psychologie

Die Gewohnheit
ist eine so mächtige Göttin,
dass wohl keiner ungestraft
ihr abtrünnig wird.
Friedrich Hölderlin, Briefe
(Entwurf an Neuffer, Ende 1799)

Die Gewohnheit ist gewiss
eine zweite Natur,
kaum kann man sie
vor dem Tod verlieren.
Juan Ruiz de Alarcón y Mendoza,
Buch von rechter Liebe

Die Gewohnheit ist
langlebiger als die Liebe
und überwindet manchmal
sogar die Verachtung.
Marie von Ebner-Eschenbach, Aphorismen

Die Gewohnheit ist so mächtig,
dass sie uns selbst aus dem Bösen
ein Bedürfnis macht.
Théodore Jouffroy, Das grüne Heft

Die Gewohnheit
ist unsere Natur.
Blaise Pascal, Pensées

Die Gewohnheit
regelt den Kompromiss zwischen
Scham und Exhibitionismus.
Eine »anständige« Frau muss bald
den Busenansatz, bald die Knöchel
bedecken.
Simone de Beauvoir, Das andere Geschlecht

Die Macht der Gewohnheit
behauptet sich selbst in den
leidenschaftlichsten Augenblicken.
Stendhal, Über die Liebe

Die meisten wohnen
in den Ruinen ihrer Gewohnheiten.
Jean Cocteau

Die Natur, sagt man, ist nur
die Gewohnheit. Was heißt das?
Gibt es nicht Gewohnheiten,
die man bloß durch Zwang annimmt
und die niemals die Natur ersticken?
Jean-Jacques Rousseau, Emile

Die schlechten Gewohnheiten wollen
wir wie minderwertige Menschen,
die uns lange Zeit schwer geschädigt
haben, endgültig vertreiben.
Epikur, Sprüche. In: Briefe, Sprüche, Werkfragmente

Die schlimmste Herrschaft
ist die der Gewohnheit.
Publilius Syrus, Sentenzen

Ein junger Mann muss seine Gewohnheiten manchmal durchbrechen,
um seine Kräfte wach zu halten
und um zu vermeiden,
dass sie faul und feige werden.
Michel Eyquem de Montaigne, Die Essais

Ein Ochse vom Berg
frisst nur das Gras vom Berg.
Chinesisches Sprichwort

Ein Schwacher trägt
aus alter Gewohnheit eine Last,
die ein Stärkerer niemals
zu tragen vermöchte.
Chrétien de Troyes, Yvain (Yvain)

Einander nah nach ihrem Wesen
sind die Menschen;
Gewohnheit erst
entfernt sie voneinander.
Konfuzius, Gespräche

Einmal ist keine Gewohnheit.
Deutsches Sprichwort

Es ist gar übel, wenn man alles
aus Überlegung tun muss,
und zu nichts früh gewöhnt ist.
Georg Christoph Lichtenberg, Sudelbücher

Es ist in vielen Dingen
eine schlimme Sache
um die Gewohnheit.
Sie macht, dass man
Unrecht für Recht
und Irrtum für Wahrheit hält.
Georg Christoph Lichtenberg, Sudelbücher

Für viele ist die Kunst der Verstellung
zur Gewohnheit geworden.
Torquato Accetto,
Über die ehrenwerte Kunst der Verstellung

Gewohnheit bedeutet,
einen gewissen Platz
für jede Sache zu haben
und sie niemals
dort aufzubewahren.
Mark Twain

Gewohnheit ist der große Führer
im Menschenleben.
David Hume, Eine Untersuchung in Betreff
des menschlichen Verstandes

Gewohnheit macht alles,
selbst in der Liebe.
Luc de Clapiers Marquis de Vauvenargues,
Reflexionen und Maximen

Gewohnheit stärkt den Körper
in großen Anstrengungen,
die Seele in großen Gefahren,
das Urteil gegen den ersten Eindruck.
Carl von Clausewitz, Vom Kriege

Gewohnheit umgab ihn
mit hohen Mauern.
Erich Kästner, Dr. Erich Kästners lyrische Hausapotheke

Gewohnheit wächst mit den Jahren.
Deutsches Sprichwort

Gewohnheiten sind
der Bodensatz unseres Lebens:
Rührt man ihn kräftig auf,
dann schäumt die Lösung
und wird seltsamerweise klar.
Heimito von Doderer, Repertorium. Ein Begriffbuch
von höheren und niederen Lebens-Sachen

Gewohnheiten sind
die Fingerabdrücke des Charakters.
Alfred Polgar

Gewohnheiten machen alt.
Jung bleibt man
durch die Bereitschaft zum Wechsel.
Attila Hörbiger

Herkömmliche Gewohnheit,
altes Recht,
Man kann auf gar nichts mehr
vertrauen.
Johann Wolfgang von Goethe, Faust II (Mephisto)

In der Ehe muss man
einen unaufhörlichen Kampf
gegen ein Ungeheuer führen,
das alles verschlingt:
die Gewohnheit.
Honoré de Balzac, Physiologie der Ehe

In der ersten Hälfte seines Lebens
erwirbt der Mensch Gewohnheiten,
die ihm in der zweiten Hälfte
zu schaffen machen.
Lothar Schmidt

Ist es nicht so, dass die Menschen
aus Gewohnheit abergläubisch
und aus Instinkt Schurken sind?
Voltaire, Potpourri

Jeder Augenblick übt nur eine Kraft
in einer Art der Äußerung.
Häufige Wiederholung geht
in Gewohnheit über, und diese
eine Äußerung dieser einen Kraft
wird nun mehr oder minder,
länger oder kürzer, Charakter.
Wilhelm von Humboldt, Ideen über Staatsverfassung

Man bekommt keine Lust,
im Gefängnis zu sein,
nur weil man darin bleiben muss.
Jean-Jacques Rousseau, Emile

Man nimmt oft eine Gewohnheit an,
deren man sich später nur schwer
entledigt; wenn man es dann möchte,
hat man nicht mehr die Kraft dazu.
Chrétien de Troyes, Yvain (Gauvain)

Mit vierzig Jahren haben Männer
fast nur noch Gewohnheiten;
eine davon ist ihre Frau.
George Meredith

Neigungen besiegen ist schwer;
gesellet sich aber Gewohnheit,
Wurzelnd, allmählich zu ihr,
unüberwindlich ist sie.
Johann Wolfgang von Goethe/Friedrich Schiller,
Xenien

Nichts bedarf so sehr der Reform
wie die Gewohnheit der Mitmenschen.
Mark Twain, Querkopf Wilsons Kalender

Nichts ist mächtiger
als die Gewohnheit.
Ovid, Liebeskunst

Wäre ich Narr genug,
noch an das Glück zu glauben,
so würde ich es
in der Gewohnheit suchen.
François René Vicomte de Chateaubriand,
Der Geist des Christentums

Was die Liebe betrifft, ist es leichter,
auf ein Gefühl zu verzichten,
als eine Gewohnheit aufzugeben.
Marcel Proust

Wenn alle hinken, meint jeder,
er gehe recht.
Deutsches Sprichwort

Wenn man zusammen ist,
so weiß man nicht, was man hat,
weil man es so gewohnt ist.
Johann Wolfgang von Goethe, Briefe
(an Christiane Vulpius, 1. April 1804)

Wer in ein Zimmer
voller Orchideen geht,
nimmt bald ihren Duft
nicht mehr wahr.
Chinesisches Sprichwort

Wie leicht entstehen
schlechte Gewohnheiten!
Leo N. Tolstoi, Tagebücher (1853)

Zwei ganz verschiedene Dinge
behagen uns gleichermaßen:
die Gewohnheit und das Neue.
Jean de La Bruyère, Die Charaktere

Gewöhnlich

Der Durchschnittsmensch glaubt,
dass er keiner sei.
Lothar Schmidt

Der gewöhnliche Kopf ist immer
der herrschenden Meinung
und der herrschenden Mode konform.
Georg Christoph Lichtenberg, Sudelbücher

Ein Ungewöhnlicher braucht
nur einmal gewöhnlich zu sein,
gleich berufen sich alle Gewöhnlichen
auf ihn.
Emil Gött, Im Selbstgespräch

Kein Philosoph weiß,
was das Gewöhnliche ist;
er ist nie tief genug hineingestürzt.
Saul Bellow, Herzog (1964)

Kleine Geister interessieren
sich für das Außergewöhnliche,
große Geister für das Gewöhnliche.
Elbert Hubbard

Gewöhnung

Die Gewöhnung
an soziale Missstände
ist eine Schwester der Resignation.
Norbert Blüm, Unverblümtes von Norbert Blüm

Die Gewöhnung
stumpft unsere Sinne ab.
Michel Eyquem de Montaigne, Die Essais

Einen Regenbogen,
der eine Viertelstunde steht,
sieht man nicht mehr an.
Johann Wolfgang von Goethe,
Maximen und Reflexionen

Es gibt für denjenigen keine
abscheulichen Gegenstände mehr,
der solche alle Tage sieht.
Jean-Jacques Rousseau, Emile

Gewöhne dich an nichts,
und alles wird ungewöhnlich bleiben.
Heinrich Waggerl, Aphorismen

Gewöhnt sich
Ungenügsam das Herz,
so muss es vieles vermissen.
Johann Wolfgang von Goethe, Reineke Fuchs

Ich kenne keinen,
der nicht zusammengezuckt wäre,
als er seinen ersten reifen Camembert
probiert hat.
Dann gewöhnt man sich daran.
Und später kann es zur Sucht werden.
Wie das meiste im Leben.
Peter Ustinov, Peter Ustinovs geflügelte Worte

Man gewöhnt sich wirklich daran,
unter Damoklesschwertern zu leben.
Franziska Gräfin zu Reventlow, Tagebücher

Man verdirbt das unschuldige Kind
mit freien Reden, und eine zarte Liebe
verführt die galante Frau: beides
durch den Reiz des Ungewohnten.
Antoine Comte de Rivarol, Maximen und Reflexionen

Ständige Arbeit wird leichter
durch Gewöhnung.
Demokrit, Fragment 241

Wichtig ist die Gewöhnung
im zarten Alter.
Vergil, Georgica

Gewürz

Alles, was ich erfuhr,
ich würzt es mit süßer Erinnrung,
Würzt es mit Hoffnung; sie sind
die lieblichsten Würzen der Welt.
Johann Wolfgang von Goethe,
Venezianische Epigramme

Der alte Ingwer ist der schärfste.
Chinesisches Sprichwort

Euer guter Wille ist die beste Würze.
Johann Wolfgang von Goethe, Egmont (Egmont)

Hunger ist das beste Gewürz.
Deutsches Sprichwort

In der Kürze liegt die Würze.
Deutsches Sprichwort

Reiz und Salz gehören zum Leben;
sie müssen aber, wie alle Würze,
mäßig gebraucht werden,
sonst fressen sie, statt zu nähren.
Johann Gottfried Herder,
Vom Erkennen und Empfinden der menschlichen Seele

Salz ist die beste Würze.
Deutsches Sprichwort

Wo kein Salz im Haus ist,
da mangelt es am besten Gewürz.
Deutsches Sprichwort

Geziertheit

Das unverschämte Wesen
passt nur für Sklaven,
die Unabhängigkeit
hat nichts Affektiertes.
Jean-Jacques Rousseau, Emile

Geziertheit in Gebärden,
Sprechen und Benehmen
ist oft eine Folge von Müßiggang
oder Teilnahmslosigkeit;
und es scheint, dass eine starke
Neigung oder ernstliche Tätigkeit
den Menschen sein wahres Wesen
wieder finden lässt.
Jean de La Bruyère, Die Charaktere

Gier

Der gierige Schlemmer,
vergisst er sich selbst,
Isst sich Lebensleid an.
Edda, Hâvamâl (Des Hohen Lied)

Die Menschen handeln oft
wie gewisse kleine Raubvögel,
die die Beute, zu der die Natur sie
treibt, mit solcher Gier verfolgen,
dass sie den größeren Vogel nicht
bemerken, der über ihnen schwebt,
um sie zu zerfleischen.
Niccolò Machiavelli, Vom Staat

Freche Gier
richtet ihre Opfer zugrunde und
macht sie zum Gespött des Feindes.
Altes Testament, Jesus Sirach 6, 4

Ganz allgemein gilt, dass nur der
Mensch gierig ist, der unbefriedigt ist.
Die Gier ist immer das Ergebnis tiefer
Enttäuschung. Ob es um die Gier
nach Macht, nach Essen oder etwas
anderem geht, die Gier ist immer
das Ergebnis einer inneren Leere.
Erich Fromm, Von der Kunst des Zuhörens

Gierig ist das Glück
und fremder Gier ausgesetzt:
Solange dir nichts genug ist,
wirst du es selber anderen nicht sein.
Lucius Annaeus Seneca, Briefe über Ethik

Ihn blendet des Goldes Glanz,
Es rieselt ihm kalt durch die Adern,
und Gier erfüllt ihn ganz.
Adelbert von Chamisso, Gedichte

Man muss den Bissen
nicht größer machen
als das Maul.
Deutsches Sprichwort

Verfall nicht
der Macht deiner Gier,
sie wird wie ein Stier
deine Kraft abweiden.
Altes Testament, Jesus Sirach 6, 2

Wer den Geist der Gierigkeit hat,
er lebt nur in Sorgen,
Niemand sättiget ihn.
Johann Wolfgang von Goethe, Reineke Fuchs

Gift

Ach, der unselige Ehrgeiz,
er ist ein Gift für alle Freuden.
Heinrich von Kleist, Briefe
(an Wilhelmine von Zenge, 10. Oktober 1801)

Des einen Fleisch ist des anderen Gift.
Sprichwort aus England

Ein Gift, welches nicht gleich wirkt, ist
darum kein minder gefährliches Gift.
Gotthold Ephraim Lessing, Emilia Galotti (Claudia)

Es ist Arznei, nicht Gift,
was ich dir reiche.
Gotthold Ephraim Lessing, Nathan der Weise (Nathan)

Gift in den Händen eines Weisen
ist ein Heilmittel,
ein Heilmittel in den Händen des Toren
ist Gift.
Giacomo Girolamo Casanova, Memoiren

Vergiften die Bösen nicht
ihr und unser Leben?
Jean-Jacques Rousseau, Emile

Wenn irgendwo Pilze schmoren,
wird der Kriminalist
unwillkürlich hellhörig.
Agatha Christie

Wir brauchen uns nicht mehr
vor Kannibalen zu fürchen;
das Gift in uns
hat uns ungenießbar gemacht.
Hermann J. Muller

Gipfel

Auf dem Gipfel der Zustände
hält man sich nicht lange.
Johann Wolfgang von Goethe, Dichtung und Wahrheit

Auf den wenigen Berggipfeln,
auf denen leider noch nicht
durch Überbauung Ordnung
geschaffen wurde, herrscht häufig
ein schreckliches Durcheinander.
Franz X. Wagner, Alpines Alphabet

Auf einem hohen nackten Gipfel
sitzend und eine weite Gegend
überschauend, kann ich mir sagen:
Hier ruhst du unmittelbar auf einem
Grunde, der bis zu den tiefsten Orten
der Erde hinreicht.
Johann Wolfgang von Goethe, Über den Granit

Der Blocksberg,
wie der deutsche Parnass,
Hat gar einen breiten Gipfel.
Johann Wolfgang von Goethe, Faust I (Genius der Zeit)

Die breiten Landstraßen werden immer
engere Fußtritte und Steilhöhen, auf
denen wenige wandeln können – aber
Höhen sind's und streben zum Gipfel!
Johann Gottfried Herder, Auch eine Philosophie der
Geschichte zur Bildung der Menschheit

Die Höhe reizt uns,
nicht die Stufen;
den Gipfel im Auge,
wandeln wir gerne
auf der Ebene.
Johann Wolfgang von Goethe,
Wilhelm Meisters Lehrjahre

Ein Fehltritt
stürzt vom Gipfel
dich herab.
Johann Wolfgang von Goethe,
Die natürliche Tochter (Gerichtsrat)

Eines zu sein mit allem, was lebt, in
seliger Selbstvergessenheit wiederzukehren ins All der Natur, das ist der
Gipfel der Gedanken und Freuden,
das ist die heilige Bergeshöhe, der Ort
der ewigen Ruhe, wo der Mittag seine
Schwüle und der Donner seine Stimme
verliert und das kochende Meer der
Woge des Kornfelds gleicht.
Friedrich Hölderlin, Hyperion

Eins aber hat mir stets das innerste
Gemüt schmerzlich angegriffen, es
ist dies: dass hinter jedem Gipfel sich
der Abhang verbirgt; dieser Gedanke
macht mir die Freude bleich in ihrer
frischesten Jugend und mischt in all
mein Leben eine unnennbare Wehmut.
Karoline von Günderode, Melete

Es gibt nichts Schwereres,
als einen Menschen, den man liebt,
einen Weg gehen lassen zu müssen,
der zur nächsten Stadt führt,
statt auf den nächsten Gipfel.
Christian Morgenstern, Stufen

Gipfel und Abgrund sind eins.
Friedrich Nietzsche

Gipfeltreffen finden auf Bergen statt,
die den Glauben versetzen.
Werner Marx

Ich stieg auf einige der niedrigsten
Berge, durchlief nachher ihre Unebenheiten, gelangte von da auf die höchsten, die nahe vor mir waren. Nachdem
ich in den Wolken einhergegangen
war, erreichte ich eine heitere Gegend,
wo man im Sommer Donner und
Sturm unter sich entstehen sieht; ein
zu stolzes Bild von des Weisen Seele,
dessen Urbild doch niemals vorhanden
war, wenigstens sich nur an denselben
Orten findet, woher man das Sinnbild
entlehnt hat.
Jean-Jacques Rousseau,
Julie oder Die neue Héloïse (23. Brief, Saint-Preux)

Man kann nicht auf dem Gipfel
verharren. Man sieht zu viel,
man wird schwindlig. Steige hinab.
Anne Morrow Lindbergh, Halte das Herz fest

Sogar auf dem Gipfel des Montblancs
dürfte der Himmel noch recht weit
entfernt liegen. Und doch löst uns der
körperliche Auftrieb in die Schicht
fünftausend Meter über dem Meer von
den kleinlichen Dingen des Alltags.
Leslie Stephen, The Playground of Europe

Um das Geheimnis der Tiefen
zu ergründen, muss man manchmal
nach den Gipfeln schauen.
Henri Bergson, Die spirituelle Energie

Was ehmals Grund war,
ist nun Gipfel.
Sie gründen auch hierauf
die rechten Lehren,
Das Unterste
ins Oberste zu kehren.
Johann Wolfgang von Goethe, Faust II (Mephisto)

Wir auf dem Gipfel
stehn schon an der Neige,
Der Strom der menschlichen
Geschäfte wechselt.
William Shakespeare, Julius Caesar (Brutus)

Wo ein Begeisterter steht,
da ist der Gipfel der Welt.
Joseph von Eichendorff, Ahnung und Gegenwart

Glanz

Die Menschen
drängen sich zum Lichte,
nicht um besser zu sehen,
sondern um besser zu glänzen.
Vor wem man glänzt,
den lässt man gerne
als Licht gelten.
Friedrich Nietzsche, Menschliches, Allzumenschliches

Es gibt Menschen,
die das Bedürfnis haben zu glänzen,
sich über die anderen zu erheben,
koste es, was es wolle.
Alles ist ihnen recht,
wenn sie sichtbar sind
auf den Brettern des Marktschreiers.
Ob Theater, Thron, Schafott –
sie fühlen sich überall wohl,
wo die Blicke auf sich ziehen.
Chamfort, Maximen und Gedanken

Es ist nicht alles deutsch,
was nicht glänzt.
Ludwig Marcuse, Argumente und Rezepte.
Ein Wörter-Buch für Zeitgenossen

Es ist nicht alles Gold,
was glänzt.
Deutsches Sprichwort

Man kann durch den Aufputz glänzen,
man gefällt aber nur durch die Person.
Unsere Kleider sind nicht wir.
Jean-Jacques Rousseau, Emile

Was der heutigen Welt trotz allen
äußeren Glanzes, ihrer Erfindungen
und Wirtschaftswunder fehlt, ist jenes
Mindestmaß an Güte, Mütterlichkeit,
Erbarmen, Takt und Zartgefühl,
welches der Welt des Mannes durch
die Frau zugeordnet ist.
Gertrud von Le Fort, Die Frau in der Zeit

Was glänzt,
ist für den Augenblick geboren.
Johann Wolfgang von Goethe, Faust
(Vorspiel auf dem Theater: Dichter)

Wie Motten lockt der Glanz
die Mädchen an.
Lord Byron, Childe Harold

Glashaus

Wer hat denn schon Steine zur Hand,
wenn er im Glashaus sitzt?
Günther Ungeheuer

Wer im Glashaus sitzt,
soll nicht mit Steinen werfen.
Deutsches Sprichwort

Wer im Glashaus sitzt,
sollte die Rolläden herunterlassen.
Oliver Herford

Wer nicht im Glashaus sitzt,
sollte sich ehrlicherweise eingestehen,
dass er nicht hineinfand.
Rolf Hochhuth

Glatze

Der Mensch
wird schließlich mangelhaft,
Die Locke
wird hinweggerafft.
Wilhelm Busch, Die fromme Helene

Was nutzt's,
wenn sich der Kahlkopf kämmt?
Deutsches Sprichwort

Glaube

Alle meine Überzeugung ist nur Glaube,
und sie kommt aus der Gesinnung,
nicht aus dem Verstande.
Johann Gottlieb Fichte, Die Bestimmung des Menschen

Allem Glauben zugrunde liegt
die Empfindung des Angenehmen
oder Schmerzhaften in Bezug
auf das empfindende Subjekt.
Friedrich Nietzsche, Menschliches, Allzumenschliches

Aller Glauben ist wunderbar
und wundertätig.
Novalis, Fragmente

Alles wird geleugnet werden.
Alles wird Glaubensartikel werden.
Gilbert Keith Chesterton, Heretiker

Als unverlierbaren Kinderglauben
habe ich mir den an die Wahrheit
bewahrt. Ich bin der Zuversicht,
dass der aus der Wahrheit
kommende Geist stärker ist
als die Macht der Verhältnisse.
Albert Schweitzer, Aus meinem Leben und Denken

Ältere Menschen
glauben gern an sich selbst.
August Strindberg, Der Sohn der Magd

Angewöhnung geistiger Grundsätze
ohne Gründe nennt man Glauben.
Friedrich Nietzsche, Menschliches, Allzumenschliches

Auch die Furcht,
die Angst,
die Traurigkeit
können zu Gott führen.
Elie Wiesel, Geschichten gegen die Melancholie

Besser gläubiges Unwissen
als anmaßendes Wissen.
Aurelius Augustinus, Sermones

Da die Menschen
so verschiedene Köpfe haben,
können sie nicht alle gleich stark
von einem Beweis gerührt werden,
besonders in Glaubensfragen.
Jean-Jacques Rousseau, Dritter Brief vom Berge

Da zuletzt doch alles
auf den Glauben hinausläuft,
müssen wir jedem Menschen
das Recht zugestehen,
lieber das zu glauben,
was er sich selbst,
als was andre ihm weisgemacht.
Marie von Ebner-Eschenbach, Aphorismen

Das ist Glaube,
wenn man mit Gott spricht, wie man
mit einem Menschen sprechen würde.
Jean-Baptiste Vianney,
überliefert von Wildlöcher (Der Pfarrer von Ars)

Das menschliche Dasein
ist zu traurig ohne Gottesglaube.
Carl Hilty, Neue Briefe

Das religiöse Leben ist ein Faktum.
Der Türke ruft: Allah ist groß!,
und stirbt für diese Überzeugung.
Der Norweger kniet noch heute vor
dem Altar und trinkt Christi Blut.
Jedes Volk hat irgendeine Kuhglocke,
an die es glaubt, und in diesem
Glauben stirbt es selig.
Knut Hamsun, Mysterien

Das Wissen setzt Glauben
an das Wissen voraus.
Oswald Spengler, Urfragen.
Fragmente aus dem Nachlass

Das Wort ist tot,
der Glaube macht lebendig.
Friedrich Schiller, Maria Stuart (Melvil)

Das Wunder
ist das äußere Gesicht des Glaubens,
der Glaube
die innere Seele des Wunders.
Ludwig Feuerbach, Das Wesen des Christentums

Das Wunder
ist des Glaubens
liebstes Kind.
Johann Wolfgang von Goethe, Faust I (Faust)

Dass dir Gott selten hilft,
da hast du zuzuschaun,
So stark du glaubst, so stark
ist seiner Hand zu traun.
Daniel Czepko von Reigersfeld,
Monodisticha Sapientium

Dem Blinden ist die Welt erblindet,
dem Tauben ist die Welt ertaubt,
so auch an keinen Glauben glaubt,
wer in sich selbst nicht Glauben findet.
Franz Werfel, Zwischen Oben und Unten

Dem Glauben ist nichts unmöglich,
und diese Allmacht des Glaubens
verwirklicht nur das Wunder.
Ludwig Feuerbach, Das Wesen des Christentums

Dem Menschen
einen Glauben schenken, heißt,
seine Kraft verzehnfachen.
Gustave Le Bon, Psychologie der Massen

Denken, das ist nicht glauben (...).
Denken, das ist Erfinden,
ohne zu glauben.
Alain, Vorschläge und Meinungen zum Leben

Denken ist eine Anstrengung,
Glauben ein Komfort.
Ludwig Marcuse, Argumente und Rezepte.
Ein Wörter-Buch für Zeitgenossen

Der christliche Glaube
besteht nicht darin,
dass alle Christen
in allen Punkten
dieselbe Meinung haben,
sondern dass jeder
im Geiste Christo handle.
Albert Schweitzer, Predigt, Januar 1899

Der, der glaubt, hat keine Eile.
Jens Peter Jacobsen, Niels Lyhne

Der Geist glaubt von Natur,
und der Wille liebt von Natur,
und so müssen sie sich
an falsche Objekte hängen,
wenn wahre fehlen.
Blaise Pascal, Pensées

Der Glaube an das Leben, an sich
selbst, an andere, muss sich auf den
harten Felsen der Realität gründen,
das heißt, auf die Fähigkeit,
Schlechtes dort zu sehen, wo es ist (...).
Erich Fromm, Vom Haben zum Sein

Der Glaube an Gott ist wie
das Wagnis des Schwimmens:
Man muss sich dem Element
anvertrauen und sehen, ob es trägt.
Hans Küng

Der Glaube an Gott und die Herrlichkeit der Natur halten ewige Probe,
während die Lehren, Dogmen und
Wissenschaften der Menschen untergehen, nachdem sie ihre Zeit erfüllt
haben.
Jacob Grimm, An Achim von Arnim (20. Mai 1811)

Der Glaube, der rettet, besteht zu allen
Zeiten und an allen Orten der Welt
in dem gleichen Vertrauen gegen die
Angst und in den gleichen Intuitionen
der Bilder, mittels deren die Seele
ihren Weg nach innen zu bezeichnen
pflegt.
Eugen Drewermann, Tiefenpsychologie und Exegese

Der Glaube entfesselt die Wünsche
des Menschen von den Banden der
natürlichen Vernunft; er genehmigt,
was Natur und Vernunft versagen;
er macht den Menschen darum selig,
denn er befriedigt seine subjektivsten
Wünsche.
Ludwig Feuerbach, Das Wesen des Christentums

Der Glaube ist der Ackerbau des
Lebens, die Leiter, die uns zum Fortdauern führt. Haltet euch, o! haltet
euch fest an dem Gedanken, lasst ihn
lebendig werden, sein Gefühl, seine
Frucht ist Unsterblichkeit. Lebt ihr
allein der Erde, allein in Sorgen,
Freude und Hoffnungen, so bleibt ihr
auch der Erde, geht wieder in ihre
Bestandteile über, steigt nicht höher,
werdet vernichtet.
Sophie Mereau, Tagebücher (28. Juli 1805)

Der Glaube ist der Magnet,
nach dem der Lebenskurs
des Menschen unwillkürlich,
unbesinnlich gesteuert wird.
Heinrich Leo,
Vorlesungen über die Geschichte des deutschen Volkes

Der Glaube ist
der Unglücklichen Trost
und der Glücklichen Schrecken.
Luc de Clapiers Marquis de Vauvenargues,
Reflexionen und Maximen

Der Glaube ist ein Gottesgeschenk,
das durch das Gebet kommt.
Mutter Teresa

Der Glaube
ist eine Art von sechstem Sinn,
der wirksam wird,
wenn die Vernunft versagt.
Mahatma Gandhi

Der Glaube ist
verschieden vom Beweis.
Dieser ist menschlich,
jener ist ein Geschenk Gottes.
Blaise Pascal, Pensées

Der Glaube
kann zwar keine Berge versetzen,
aber er vermag Berge
dorthin zu setzen,
wo keine sind.
Friedrich Nietzsche

Der Glaube sagt wohl das,
was die Sinne nicht sagen,
aber nicht das Gegenteil von dem,
was sie sagen.
Er ist über ihnen und nicht gegen sie.
Blaise Pascal, Pensées

Der Glaube schwindet,
und es entsteht die Philosophie.
Francesco De Sanctis,
Über die Wissenschaft und das Leben

Der Glaube soll dich stets beleben:
Wer Leben gab, gibt auch zu leben.
Jüdische Spruchweisheit

Der Glaube versetzt Berge,
der Zweifel erklettert sie.
Karl Heinrich Waggerl

Der Gläubige,
der nie gezweifelt hat,
wird schwerlich
einen Zweifler bekehren.
Marie von Ebner-Eschenbach, Aphorismen

Der irrende Glaube
ist immer der tiefste.
Jakob Boßhart, Bausteine zu Leben und Zeit

Der Kritizismus kann dich
zum Philosophen machen,
aber nur der Glauben zum Apostel.
Marie von Ebner-Eschenbach, Aphorismen

Der Mensch allein,
durch seinen Glauben,
Kann selbst dem Tod
sein Bittres rauben.
Jüdische Spruchweisheit

Der Mut zur eigenen Begabung
ist die Glaubensform des Künstlers.
Heimito von Doderer, Repertorium. Ein Begreifbuch von höheren und niederen Lebens-Sachen

Der Teufel, der Adel
und die Jesuiten
existieren nur so lange,
als man an sie glaubt.
Heinrich Heine, Reise von München nach Genua

Der Ungläubige täuscht sich
über das jenseitige,
der Gläubige oft
über das diesseitige Leben.
Antoine Comte de Rivarol, Maximen und Reflexionen

Der wahre Gläubige weiß, dass der Ungläubige auch ein Mensch ist, dass er auch ein rechtschaffener Mensch sein kann, und er kann also, ohne lasterhaft zu werden, teil an seinem Schicksal nehmen.
Jean-Jacques Rousseau,
Brief an Erzbischof Beaumont (18. November 1762)

Der Zweifel
ist menschlichen Wissens Grenze,
Die nur
der blinde Glaube überschreitet.
Adelbert von Chamisso, Gedichte

Des Glaubens Höhen
sind nun demoliert.
Und auf der flachen Erde
schreitet der Verstand
Und misset alles aus,
nach Klafter und nach Schuhen.
Karoline von Günderode, Vorzeit und neue Zeit

Des Glaubens Sonde ist der Zweifel.
Johann Gottfried Seume, Apokryphen

Des Herzens Andacht
hebt sich hin zu Gott,
Das Wort ist tot,
der Glaube macht lebendig.
Friedrich Schiller, Maria Stuart

Die Augen glauben sich selbst,
die Ohren andern Leuten.
Deutsches Sprichwort

Die Botschaft hört ich wohl,
Allein mir fehlt der Glaube.
Johann Wolfgang von Goethe, Faust I (Faust)

Die Gläubigen sehen nie mit den Augen, immer nur mit dem Willen. Das ist im zwanzigsten Jahrhundert nicht anders, als es im ersten war.
Ludwig Marcuse, Argumente und Rezepte. Ein Wörter-Buch für Zeitgenossen

Die Krankheit unserer Zeit
ist der Verlust des Glaubens.
Anaïs Nin, Ein neuer innerer Schwerpunkt

Die Liebe wird auch
im künftigen Leben bleiben;
Glaube und Hoffnung aber
werden aufhören.
Martin Luther, Tischreden

Die Menschen sind von Natur aus wankelmütig; es ist leicht, sie von etwas zu überzeugen, aber schwer, sie in dem Glauben zu erhalten. Daher muss man Maßnahmen treffen, mit Gewalt nachzuhelfen, wenn sie nicht mehr freiwillig glauben.
Niccolò Machiavelli, Der Fürst

Die Naturwissenschaften braucht
der Mensch zum Erkennen,
den Glauben zum Handeln.
Max Planck

Die Reife des Geistes zeigt sich
an der Langsamkeit im Glauben.
Baltasar Gracián y Morales,
Handorakel und Kunst der Weltklugheit

Die Schwäche oder Stärke unseres Glaubens hängt mehr von unserer Stärke als von unserer Einsicht ab: Nicht alle, die sich über die Auguren lustig machen, haben mehr Geist als die an sie glauben.
Luc de Clapiers Marquis de Vauvenargues,
Reflexionen und Maximen

Die Vernunft ist
das größte Hindernis
für den Glauben,
weil alles Göttliche
ihr absurd scheint.
Martin Luther, Tischreden

Die Werke für den Nächsten,
der Glaube für Gott.
Martin Luther, Tischreden

Du nennst es Glauben,
wir heißen's Angst.
Henrik Ibsen, Peer Gynt (Dovrealter)

Durch die Werke
geben wir Zinsgut,
aber durch den Glauben
empfangen wir Erbgut.
Martin Luther, Tischreden

Ein Glaube eint die Menschen mehr als ein und dasselbe Wissen, ohne Zweifel, weil der Glaube aus dem Herzen kommt.
Joseph Joubert, Gedanken, Versuche und Maximen

Ein Gläubiger ist doch wohl ein Verliebter; ja, sogar von allen Verliebten der am meisten Verliebte.
Søren Kierkegaard, Die Krankheit zum Tode

Ein Hauch von Zweifel schon macht den Glauben zum Unsinn, ja hebt ihn gewissermaßen auf, während gelegentliche Anfälle von Gläubigkeit dem Zweifel im Wesentlichen kaum etwas anhaben können, ja ihn eigentlich erst recht zu bestätigen scheinen.
Arthur Schnitzler, Buch der Sprüche und Bedenken

Ein kleiner Geist will nur glauben,
was er sieht.
François de La Rochefoucauld, Reflexionen

Ein religiöser Mensch ist demnach in dem Sinne gläubig, dass er nicht zweifelt an der Bedeutung und Erhabenheit jener außerpersönlichen Inhalte und Ziele, die einer verstandesmäßigen Begründung weder fähig sind noch bedürfen. Sie sind da mit derselben Notwendigkeit und Selbstverständlichkeit wie er selbst.
Albert Einstein, Aus meinen späten Jahren

Ein wenig Wissen
entfernt vom Glauben,
sehr viel führt zum Glauben zurück.
Gustave Flaubert, Wörterbuch der Gemeinplätze

Ein Zynismus, der nicht mit einem großen Glauben einhergeht, ist pure Entmutigung, ist geradezu selbstdestruktiv.
Erich Fromm, Von der Kunst des Zuhörens

Erst müssen wir glauben,
dann glauben wir.
Georg Christoph Lichtenberg, Sudelbücher

Es gab eine Zeit,
wo ich jedem Kapuziner,
dem ich auf der Straße begegnete,
gläubig die Hand küsste.
Heinrich Heine, Elementargeister

Es gelang ihm nicht,
zu glauben,
obwohl er nichts
für notwendiger hielt.
Ludwig Marcuse, Argumente und Rezepte.
Ein Wörter-Buch für Zeitgenossen

Es gibt drei Mittel
zu glauben:
die Vernunft,
die Gewohnheit,
die Inspiration.
Blaise Pascal, Pensées

Es gibt eine Selbstgefälligkeit
des Glaubens, unverzeihlicher und
gefährlicher als die der Intelligenz.
Dag Hammarskjöld, Zeichen am Weg

Es gibt Leute, die können
alles glauben, was sie wollen;
das sind glückliche Geschöpfe!
Georg Christoph Lichtenberg, Sudelbücher

Es ist ein großer Unterschied zwischen
etwas noch glauben und es wieder
glauben. Noch glauben, dass der Mond
auf die Pflanzen wirke, verrät Dummheit und Aberglaube, aber es wieder
glauben, zeigt von Philosophie und
Nachdenken.
Georg Christoph Lichtenberg, Sudelbücher

Es ist ganz falsch zu glauben, dass
der Mangel an bestimmten Überzeugungen den Geist lebendig, frei und
behende macht. Wer an etwas glaubt,
ist reif und witzig, seine Überzeugung
dient ihm jederzeit zur Wehr.
Gilbert Keith Chesterton, Heretiker

Es ist menschlich, traurig zu sein,
es ist menschlich, traurig zu sein
mit den Traurigen, aber größer ist es,
zu glauben, und seliger, auf den
Glaubenden zu schauen.
Sören Kierkegaard, Furcht und Zittern

Es ist nicht leicht,
mehr zu glauben,
als was man sieht.
François de La Rochefoucauld, Unterdrückte Maximen

Es wäre leichter, gut zu sein,
wenn man an einen Generalnenner
des Guten glauben könnte.
Sigrid Undset, Novellen

Es wird gesagt, dass in der Frage
der Liebe und des Glaubens der
persönliche Wille zu kurz komme,
aber die Wahrheit ist, dass er sich
nirgends stärker zeigt.
Tania Blixen, Motto meines Lebens

Gern glauben die Menschen das,
was sie wollen.
Gaius Iulius Caesar, Der Gallische Krieg

Gewiss ist's übrigens, dass alles Große,
was noch auf der Kleinigkeit-Erde
getan worden, nur aus dem
begeisternden Glauben an eine
Erhebung desselben entstanden ist.
Jean Paul, Dämmerungen für Deutschland

Glaub und Geist sind beisammen;
aber der Geist ist nicht immer offenbar.
Martin Luther, Tischreden

Glaube an Gott und verehre ihn,
aber forsche ihm nicht nach; denn
dadurch erreichst du weiter nichts.
Philemon, Fragmente

Glaube deinen Schmeichlern
– du bist verloren;
glaube deinen Feinden
– du verzweifelst.
Marie von Ebner-Eschenbach, Aphorismen

Glaube dem, der Erfahrung hat!
Silius Italicus, Punica

Glaube ist ein Geschenk Gottes
in unserem Herzen.
Martin Luther, Tischreden

Glaube ist Liebe zum Unsichtbaren,
Vertrauen aufs Unmögliche,
Unwahrscheinliche.
Johann Wolfgang von Goethe,
Maximen und Reflexionen

Glaube ist nichts anderes
als Besitz einer festen Meinung,
ja Gewissheit über Dinge,
die man mithilfe des Verstandes
nicht erfassen kann.
Francesco Guicciardini, Ricordi

Glaube ist Wunderglaube,
Glaube und Wunder
absolut unzertrennlich.
Ludwig Feuerbach, Das Wesen des Christentums

Glaube keinem weinenden Mann
und keiner lachenden Frau.
Sprichwort aus Indien

Glaube keinem,
der immer die Wahrheit spricht.
Elias Canetti, Die Provinz des Menschen.
Aufzeichnungen 1942–1972

Glaube nennt man die Angewöhnung
geistiger Grundsätze ohne Gründe.
Friedrich Nietzsche

Glaube nicht schnell!
Ovid, Liebeskunst

Glaube und Wissen
sind nicht streng zu trennen.
Man glaubt an sein Wissen.
Wissen ist sprachlich fixierter Glaube.
Oswald Spengler, Urfragen.
Fragmente aus dem Nachlass

Glaube weder dem Schwein im Garten
noch dem Wolf im Schafstall!
Chinesisches Sprichwort

Glauben – das heißt: nicht zweifeln!
Dag Hammarskjöld, Zeichen am Weg

Glauben ist leichter als Denken.
Deutsches Sprichwort

Glauben ist so weit davon entfernt, mit
der Unwissenheit unvereinbar zu sein,
dass man ruhig behaupten kann,
er sei im Gegenteil mit der Unwissenheit eher vereinbar als mit dem Wissen.
Giacomo Leopardi, Gedanken aus dem Zibaldone

Glauben, nicht zweifeln.
Johan aber zweifelte.
August Strindberg, Der Sohn der Magd

Glauben: seine Zweifel
in Sicherheit bringen.
Elazar Benyoëtz

Glauben und Kreuz, das tut's.
Denn Glaube kann nicht bestehn
ohne Kreuz.
Martin Luther, Tischreden

Greise glauben alles,
Männer bezweifeln alles,
Junge wissen alles.
Oscar Wilde,
Sätze und Lehren zum Gebrauch für die Jugend

Heute weiß ich,
dass Glauben nichts ist
als das Hineinleben
in die göttliche Welt.
Paul Ernst, Jugenderinnerungen

Hinknien ist noch kein Beweis
– weder für einen Gott
noch für einen Gläubigen,
nur dafür, dass einer
nicht mehr stehen kann.
Ludwig Marcuse, Argumente und Rezepte.
Ein Wörter-Buch für Zeitgenossen

Höllenqualen sind
den Gläubigen vorbehalten.
Gabriel Laub

Hole zum Glauben mit einem besonderen Überglauben aus; achte vorzüglich
auf das, was, wenn deine Schuld und
Würdigkeit wiederkommen, wie ein
Geist erscheint und geht, was plötzlich
in der Nacht herunterfällt als ein
Manna, das entweder ernährt oder
sanft ausheilt.
Jean Paul, Dämmerungen für Deutschland

Ich glaube, je älter ich werde,
an Schicksal, nicht an Zufälle.
Heinz Rühmann

Ich glaube, um zu erkennen.
Anselm von Canterbury, Proslogion

Glaube

Ich glaube, um zu verstehen.
Anselm von Canterbury, Proslogion

Ich muss das Wissen aufheben,
um zum Glauben Platz zu bekommen.
Immanuel Kant, Kritik der reinen Vernunft

Im Licht des Glaubens bin ich stark,
standhaft und beharrlich,
im Licht des Glaubens hoffe ich:
Das lässt mich nicht schwach werden
auf dem Weg, und ohne dieses Licht
ginge ich in der Finsternis.
Katharina von Siena, Gebete

Im Realisten wird der Glaube nicht
durch das Wunder hervorgerufen, sondern
das Wunder durch den Glauben.
Fjodor M. Dostojewski, Die Brüder Karamasow

In der buddhistischen Religion und
ebenso in vielen anderen Religionen
und Philosophien des Ostens glaubt
man an die ununterbrochene Fortdauer
des Geistes.
Dieser Glaube ist die Grundlage
für die Theorie der Wiedergeburt.
Dalai Lama XIV, Yoga des Geistes

In der Erkenntnis des Glaubens kommt
die Sehnsucht des Menschen nicht zur
Ruhe. Denn der Glaube ist eine unvollkommene
Erkenntnis.
Thomas von Aquin, Compendium theologiae

In jedem Falle aber verschmilzt der
Glaube an Gott auf das Engste mit
dem Glauben an die Personalität des
Menschen, und ein und dasselbe ist es,
an Gott als Person, als weltjenseitigen
Willen und ewige Liebe zu glauben
und die menschliche Person als etwas
Absolutes zu betrachten.
Eugen Drewermann, Tiefenpsychologie und Exegese

In unserer Zeit bleibt keiner
beim Glauben stehen,
sondern geht weiter.
Søren Kierkegaard, Furcht und Zittern

Ist der Glaube mehr als ein
Wunschmechanismus der Seele?
Petter Moen, Petter Moens Tagebuch

Ist doch der Glaube
Nur das Gefühl der Eintracht
mit dir selbst.
Franz Grillparzer,
Ein Bruderzwist in Habsburg (Kaiser Rudolf)

Jedem wahren Glauben
liegt ein Willensakt zugrunde.
Franz Werfel, Zwischen Oben und Unten

Jeder Glaube ist Imitation
oder Rechtfertigung
einer vorherrschenden Stimmung.
Ludwig Marcuse, Argumente und Rezepte.
Ein Wörter-Buch für Zeitgenossen

Jeder, der lernt, muss glauben, damit
er zu vollkommenem Wissen gelange.
Thomas von Aquin, Summa theologica

Jeder glaubt gar leicht,
was er fürchtet
und was er wünscht.
Jean de La Fontaine, Fabeln

Jedes Bedürfnis,
dessen wirkliche Befriedigung
versagt ist,
nötigt zum Glauben.
Johann Wolfgang von Goethe,
Die Wahlverwandtschaften

Jemand, der an nichts glaubt,
kann durchaus ein Ehrenmann sein.
Jules Renard, Ideen, in Tinte getaucht.
Aus dem Tagebuch von Jules Renard

Leicht und willig zu glauben,
ist ein Merkmal kräftiger Naturen;
der Zweifel ist das spätgeborne und
schwächliche Kind der Verfeinerung.
August Wilhelm Schlegel,
Rezension der Altdeutschen Blätter

Liebe bringt Unruhe.
Der Glaube dagegen verleiht Ruhe.
Leo N. Tolstoi, Tagebücher (1873)

Mal glaube ich an nichts,
dann wieder an alles.
Jules Renard, Ideen, in Tinte getaucht.
Aus dem Tagebuch von Jules Renard

Man darf trauern
über den Glauben eines anderen,
aber niemals darf man ihn verlachen.
Joseph Joubert, Gedanken, Versuche und Maximen

Man kann auch
zum Kopf einer Sardine beten,
wenn man fest daran glaubt.
Sprichwort aus Japan

Man sollte doch auch nichts glauben,
als was man mit Augen sieht!
Johann Wolfgang von Goethe,
Wilhelm Meisters Lehrjahre

Man weiß von manchem Strenggläubigen,
dass er an Gott irre ward,
weil ihn ein großes Unglück traf
– mochte er es auch selbst verschuldet
haben; doch man hat noch keinen
gesehen, der seinen Glauben darum
verlor, weil ihm ein unverdientes
Glück zuteil wurde.
Arthur Schnitzler, Buch der Sprüche und Bedenken

Mit dem Glauben als Gewinn
ist der Tod ein Freund.
Petter Moen, Petter Moens Tagebuch

Mit Zweifeln muss man beginnen,
um mit Gewissheit zu glauben.
Sprichwort aus Polen

Nur der Glaube betet;
nur das Gebet des Glaubens hat Kraft.
Ludwig Feuerbach, Das Wesen des Christentums

Nur zwischen Glauben und Vertrauen
ist Friede.
Friedrich Schiller, Wallensteins Tod

Ob einer glaubt, das weiß er im Allgemeinen
selber nicht. Darüber, dass er
zweifelt, ist sich jeder ohne weiteres
klar. Er weiß nur nicht immer woran.
Arthur Schnitzler, Buch der Sprüche und Bedenken

Ohne Wunder
gibt's keinen Glauben;
und der Wunderglaube selbst
ist ein Innres.
Jean Paul, Levana

Seid wachsam,
steht fest im Glauben,
seid mutig, seid stark!
Alles, was ihr tut,
geschehe in Liebe.
Neues Testament, Paulus (1 Korinther 16, 13)

Selten reicht unser Glaube
weiter als unser Auge.
Francois VI Duc de La Rochefoucauld

So bete ich für einen Christen, dass er
ein besserer Christ werde, für einen
Moslem, dass er ein besserer Moslem
werde. Ich bin überzeugt, dass Gott
einst nach dem fragen wird und heute
schon nach dem fragt, was wir sind,
das heißt, was wir tun, nicht nach der
Bezeichnung, die wir uns geben. Bei
ihm ist Tun alles, Glauben ohne Tun
nichts. Bei ihm ist Tun Glauben und
Glauben Tun.
Mohandas K. »Mahatma« Gandhi,
Aus der Gefangenschaft

Tätiger Glaube ist Liebe,
und tätige Liebe ist Dienst.
Mutter Teresa

Trübsal macht gläubig.
Deutsches Sprichwort

Und alles wanket, wo der Glaube fehlt.
Friedrich Schiller, Wallensteins Tod

Und alles,
was ihr im Gebet erbittet,
werdet ihr erhalten,
wenn ihr glaubt.
Neues Testament, Matthäus 21, 22 (Jesus)

Und steht nur erst der Glaube fest,
So hebt sich auch die Liebe wieder.
Johann Wolfgang von Goethe, Epimenides (Hoffnung)

Unmöglich ist's,
drum eben glaubenswert.
Johann Wolfgang von Goethe, Faust II (Astrolog)

Unser Glaube ist schwach und doch mächtig, denn es ist ein klein Geistlein im Herzen, das heißt unaussprechlich Seufzen, und der Heilige Geist tritt dazu, der es versteht.
Martin Luther, Tischreden

Vernunft vor dem Glauben und der Erkenntnis Christi ist Finsternis, aber im Glaubenden ist sie ein treffliches Werkzeug. Denn wie alle Naturgaben und -werkzeuge in den Gottlosen gottlos sind, so sind sie in den Gläubigen heilsam.
Martin Luther, Tischreden

Viele Leute glauben, wenn man die Gottesvorstellung aufgäbe, müsse man notwendig allen religiösen Glauben und alle Moralbegriffe mit aufgeben. Das ist einfach nicht wahr.
Julian Huxley

Von der Stärke und Entschiedenheit des Glaubens hängt die sittliche Kraft des Menschens ab, nicht bloß des Christen, sondern auch des Heiden.
Heinrich Leo, Vorlesungen über die Geschichte des deutschen Volkes

Vor dem Glauben
Gilt keine Stimme der Natur.
Friedrich Schiller, Dom Karlos (Großinquisitor)

Was der Glaube,
die Konfession,
der Wahn trennt,
das verbindet die Liebe.
Ludwig Feuerbach, Das Wesen des Christentums

Was ein aus der Ferne
kommender Gast sagt,
findet Glauben.
Ecbasis captivi in belehrender Gestalt (vor 1030)

Was ein Mensch glaubt
und woran er zweifelt,
ist gleich bezeichnend
für die Stärke seines Geistes.
Marie von Ebner-Eschenbach, Aphorismen

Was ich also verstehe,
das glaube ich auch;
aber nicht alles,
was ich glaube,
verstehe ich auch.
Aurelius Augustinus, Über den Lehrer

Was ist das Geheimnis des Glaubens:
Im Tod ist das Leben.
August Everding, Vortrag auf der Schlussveranstaltung des 111. Chirurgen-Kongresses in München, 1994

Was ist denn unser Glaube und unsere Frömmigkeit wert, wenn wir jetzt im Leid nicht ein wenig auf den Herrn vertrauen!
Papst Johannes XXIII., Briefe an die Familie (Vater), 28. November 1913

Was man wünscht,
das glaubt man gern.
Deutsches Sprichwort

Was Unglückliche
allzu sehr wünschen,
das glauben sie leicht.
Lucius Annaeus Seneca, Der rasende Herkules

Was wird uns retten? Der Glaube? Ich will keinen Glauben haben und lege auch keinen Wert darauf, gerettet zu werden.
Jules Renard, Ideen, in Tinte getaucht. Aus dem Tagebuch von Jules Renard

Wenn der Glaube stark ist,
kann er Berge versetzen.
Aber ist er auch noch blind,
dann begräbt er das Beste darunter.
Karl Heinrich Waggerl

Wenn du an Gott glaubst,
wird er die Hälfte
deines Werkes tun.
Die zweite Hälfte.
Cyrus Curtis

Wenn ein gelehrter Mann käme und mir im Namen Gottes befehlen würde zu glauben, dass der Teil größer sei als das Ganze, was könnte ich bei mir selbst anderes denken, als dass dieser Mann mir befiehlt, verrückt zu sein?
Jean-Jacques Rousseau, Brief an d'Alembert

Wenn es einen Glauben gibt,
der Berge versetzen kann,
so ist es der Glaube
an die eigene Kraft.
Marie von Ebner-Eschenbach, Aphorismen

Wenn euer Glaube auch nur so groß ist wie ein Senfkorn, dann werdet ihr zu diesem Berg sagen: Rück von hier nach dort!, und er wird wegrücken. Nichts wird euch unmöglich sein.
Neues Testament, Matthäus 17, 20 (Jesus)

Wenn ihr glaubtet,
glücklich zu sein,
so wäret ihr es auch.
Voltaire, Der Mann mit den vierzig Talern

Wer alles glaubt,
was man ihm erzählt,
glaubt nicht an sich selber.
Sprichwort aus Malta

Wer an einen Glauben glaubt,
der lässt andere für sich glauben.
Friedrich Georg Jünger

Wer einen bestimmten Glauben hat, gilt für die anderen stets als bizarr, weil er nicht mit der Welt geht: Er hat einen Fixstern erklommen und die Welt saust unter ihm wie in einem Zootrop.
Gilbert Keith Chesterton, Heretiker

Wer es glaubt, dem ist das Heil'ge nah.
Friedrich Schiller, Thekla

Wer glaubt, weiß mehr.
Erich Kästner, Kurz und bündig. Epigramme

Wer leichthin glaubt,
wird leicht betrogen.
Georg Rollenhagen, Froschmeuseler

Wer nichts weiß, muss alles glauben.
Marie von Ebner-Eschenbach, Aphorismen

Werke sind das Siegel
und die Probe des Glaubens.
Wie ein Brief ein Siegel braucht,
so braucht der Glaube die Werke.
Martin Luther, Tischreden

Wie aber die einzelnen Menschen nur in ihrem Glauben und in dessen Stärke die Wurzel ihrer Energie zu suchen haben, so auch die Völker.
Heinrich Leo, Vorlesungen über die Geschichte des deutschen Volkes

Wiewohl die Dinge des Glaubens nicht bewiesen werden können, so können sie dennoch nicht durch Beweisgründe widerlegt werden.
Thomas von Aquin, Kommentar zu Boethius' Über die Dreieinigkeit

Wir alle verlieren unter dem Druck eitler Anführer, der unsinnigen Geschichte und der pathologischen Grausamkeiten des täglichen Lebens etwas von unseren Glauben.
Anaïs Nin, Ein neuer innerer Schwerpunkt

Wir glauben in der Regel nicht etwas, sondern jemandem.
Heinrich Waggerl, Aphorismen

Wir lassen uns gern zumuten,
an das zu glauben,
was außerordentlich zu sein scheint,
wenn uns Außerordentliches fehlt.
Luc de Clapiers Marquis de Vauvenargues, Unterdrückte Maximen

Wir schmeicheln uns törichterweise, anderen einreden zu können, was wir selber nicht glauben.
Luc de Clapiers Marquis de Vauvenargues, Reflexionen und Maximen

Wo der Glaube an die Mutter Gottes sinkt, da sinkt auch der Glaube an den Sohn Gottes und den Gott Vater.
Ludwig Feuerbach, Das Wesen des Christentums

Wo der Verstand versagt,
dort besteht das Glaubensgebäude.
Aurelius Augustinus, Sermones

Zwar sagen wir wahrscheinlich mit Recht, dass wir alles, was wir wissen, auch glauben; aber nicht alles, was wir glauben, wissen wir auch.
Aurelius Augustinus, Selbstgespräche

Gleich

Am gleichen Strang zu ziehen,
heißt noch gar nichts.
Auch Henker und Gehenkter tun das.
Helmut Qualtinger

Das Schicksal setzt den Hobel an
Und hobelt alles gleich.
Ferdinand Raimund, Der Verschwender (Valentin)

Dein Tiger
hat einen weiten Rachen,
doch mein Büffel
einen starken Nacken.
Chinesisches Sprichwort

Der Arme und der Kardinal,
sie gehen alle durch dasselbe Tal.
Sprichwort aus Spanien

Egal, ob eine Katze weiß
oder schwarz ist – wichtig ist nur,
dass sie Mäuse fängt.
Deng Xiaoping

Ein Schiff auf dem Rhein
ist ein Nachen zur See.
Deutsches Sprichwort

Kein Hirt und eine Herde!
Jeder will das Gleiche,
jeder ist gleich:
Wer anders fühlt,
geht freiwillig ins Irrenhaus.
Friedrich Nietzsche, Also sprach Zarathustra

Wenn zwei dasselbe tun,
ist es nicht dasselbe.
Terenz, Die Brüder

Wer das Jetzige gesehen hat,
der hat alles gesehen,
was seit Ewigkeit geschah
und was ins Unendliche sein wird.
Denn alles ist wesensverwandt
und gleichförmig.
Mark Aurel, Selbstbetrachtungen

Wie das Garn, so das Tuch.
Deutsches Sprichwort

Wie gesellet doch Gott beständig
Gleiche zu Gleichen.
Homer, Odyssee

Wie Stall, so Vieh.
Deutsches Sprichwort

Gleichberechtigung

Am Ende meines Strebens
könnte meine göttliche Tat
(oder Mittat) gewesen sein:
dem Manne das Weib
gleichgestellt zu haben.
Emil Gött, Gedichte, Sprüche und Aphorismen

Das Weib gibt sich weg, der Mann
nimmt hinzu – ich denke, über diesen
Natur-Gegensatz wird man durch keine sozialen Verträge, auch nicht durch
den allerbesten Willen zur Gerechtigkeit hinwegkommen: so wünschenswert es sein mag, dass man das Harte,
Schreckliche, Rätselhafte, Unmoralische dieses Antagonismus sich nicht
beständig vor Augen stellt. Denn die
Liebe, ganz, groß, voll gedacht, ist
Natur und als Natur in alle Ewigkeit
etwas »Unmoralisches«.
Friedrich Nietzsche, Die fröhliche Wissenschaft

Der Staat ist eine Gemeinschaft
gleichberechtigter Bürger
zum Zweck der Ermöglichung
der besten Lebensführung.
Aristoteles, Älteste Politik

Die volle Gleichberechtigung der Frau
wäre ein kolossaler Rückschritt.
Anita Ekberg

Es gibt keine Befreiung der Menschheit
ohne die soziale Unabhängigkeit
und Gleichstellung der Geschlechter.
August Bebel, Die Frau und der Sozialismus

Gleichheit ist kein Naturgesetz.
Luc de Clapiers Marquis de Vauvenargues

Hat denn zur unerhörten Tat der Mann
Allein das Recht?
Drückt denn Unmögliches
Nur er an die gewalt'ge Heldenbrust?
Johann Wolfgang von Goethe, Iphigenie auf Tauris (Iphigenie)

Ich möchte ein Bruder
der Weißen sein,
nicht der Schwager.
Martin Luther King

Romeo wollen wir weiter mit einem
Mann besetzen und Julia mit einer
Frau, aber in der alten Kleiderordnung
der Berufe ist sicherlich viel männliche
Überheblichkeit enthalten, und die
werden wir überwinden müssen.
Norbert Blüm, Unverblümtes von Norbert Blüm

Gleichgewicht

Das Gesetz der Wiedervergeltung ist
eine ewige Naturordnung. Wie bei
einer Waage keine Schale niedergedrückt werden kann, ohne dass die
andre höher steige: So wird auch kein
politisches Gleichgewicht gehoben,
kein Frevel gegen die Rechte der
Völker und der gesamten Menschheit
verübt, ohne dass sich derselbe räche
und das gehäufte Übermaß selbst sich
einen desto schrecklichern Sturz
bewirke.
Johann Gottfried Herder,
Ideen zur Philosophie der Geschichte der Menschheit

Das Gleichgewicht
in den menschlichen Handlungen
kann leider nur durch Gegensätze
hergestellt werden.
Johann Wolfgang von Goethe,
Wilhelm Meisters Lehrjahre

Dauernd ist jene Liebe,
die stets die Kräfte
zweier menschlicher Wesen
im Gleichgewicht erhält.
Honoré de Balzac, Die Physiologie der Ehe

Der Zustand des Gleichgewichts ist
nur auf dem gespannten Seil schön;
auf dem Boden sitzend
hat er nichts Glorreiches mehr.
André Gide

Es gibt Menschen, die durch kleine
Zwischenfälle aus dem Gleichgewicht
geraten können, während sie die
großen Schläge standhaft ertragen.
Sully Prudhomme, Gedanken

Steuergerechtigkeit
ist das Gleichgewicht der Lobbys.
Helmar Nahr

Gleichgültigkeit

Das Gegenteil von Liebe ist nicht Hass,
sondern Gleichgültigkeit,
das Gegenteil von Leben nicht Tod,
sondern die Gefühllosigkeit.
Elie Wiesel, Geschichten gegen die Melancholie

Das höchste Gut
ist die Gleichgültigkeit.
Ariston, Fragmente

Die Gleichgültigkeit,
der innere Tod,
ist manchmal ein Zeichen
von Erschöpfung,
meistens ein Zeichen
von geistiger Impotenz
und immer – guter Ton.
Marie von Ebner-Eschenbach, Aphorismen

Die Grausamkeit des Ohnmächtigen
äußert sich als Gleichgültigkeit.
Marie von Ebner-Eschenbach, Aphorismen

Es gibt kaum eine größere Enttäuschung, als wenn du mit einer
recht großen Freude im Herzen zu gleichgültigen Menschen kommst.
Christian Morgenstern, Stufen

Gleichgültigkeit
ist die mildeste Form der Intoleranz.
Karl Jaspers

Gleichgültigkeit ist die Vergeltung
der Welt für Mittelmäßigkeit.
Oscar Wilde

Gleichgültigkeit jeder Art
ist verwerflich,
sogar die Gleichgültigkeit
gegen uns selbst.
Marie von Ebner-Eschenbach, Aphorismen

Gleichgültigkeit verstößt mehr
gegen unsere menschliche Pflicht
als Eigennutz.
François de La Rochefoucauld, Reflexionen

Immer wird die Gleichgültigkeit
und die Menschenverachtung dem
Mitgefühl und der Menschenliebe
gegenüber einen Schein von geistiger
Überlegenheit annehmen können.
Marie von Ebner-Eschenbach, Aphorismen

In der großen Welt gefällt nichts so
sehr wie die Gleichgültigkeit darüber,
ob man ihr gefällt.
Marie von Ebner-Eschenbach, Aphorismen

In der Jugend kann man
gegen niemand gleichgültig sein
– Hass oder Liebe.
Jean Paul, Aphorismen

Jene Würde allein ist wirklich,
die nicht verringert wird
durch die Gleichgültigkeit anderer.
Dag Hammarskjöld, Zeichen am Weg

Liebe vergeht,
Gleichgültigkeit vergeht nicht.
Marie von Ebner-Eschenbach, Aphorismen

Man ist oft gleichgültiger als billig.
Johann Wolfgang von Goethe, überliefert von Johann
Peter Eckermann (Gespräche mit Goethe)

Nicht gleichgültig werden. Es gehört
zu den Gefahren unserer Kultur,
dass wir durch die Massenmedien
seelische Schocks bekommen und
dann abgestumpft werden.
Anaïs Nin, Absage an die Verzweiflung

Nur die Gleichgültigen sind imstande,
die Dinge klar zu sehen, gerecht zu
sein und zu arbeiten. Das bezieht sich
natürlich nur auf die klugen und
anständigen Menschen; Egoisten und
Hohlköpfe sind ohnehin schon gleichgültig.
Anton P. Tschechow, Briefe (4. Mai 1889)

Unser heutiges Problem ist nicht unsere
Verderbtheit, sondern meiner Meinung
nach unsere Gleichgültigkeit (...) uns
selbst und der Zukunft gegenüber.
Erich Fromm, Pathologie der Normalität

Viele Freundschaften sind nichts
als degenerierte Gleichgültigkeit.
Alfred Polgar, Kleine Schriften, Band 1. Musterung

Was ist Gleichgültigkeit anderes
als Blindheit in höchster Potenz?
Elie Wiesel, in: R. Walter (Hrsg.), Lebenskraft Angst

Was ist noch schlimmer als Leid?
Gleichgültigkeit! Was ist noch
schlimmer als Verzweiflung?
Resignation! Wer sich nämlich nicht
rühren und ergreifen lassen kann,
wer sich nicht fallen lassen kann,
dessen Vorstellungskraft nie Feuer
fängt – der ist schlimm dran.
Elie Wiesel, Was die Tore des Himmels öffnet

Wo Mäßigung ein Fehler ist,
da ist Gleichgültigkeit ein Verbrechen.
Georg Christoph Lichtenberg, Sudelbücher

Gleichheit

Alle Raben auf der Welt sind schwarz.
Chinesisches Sprichwort

Arm oder Reich,
der Tod macht alles gleich.
Deutsches Sprichwort

Bei Nacht sind alle Katzen grau.
Deutsches Sprichwort

Bei Nacht sind alle Kühe schwarz.
Deutsches Sprichwort

Das Gleiche lässt uns in Ruhe;
aber der Widerspruch ist es,
der uns produktiv macht.
Johann Wolfgang von Goethe, überliefert von Johann
Peter Eckermann (Gespräche mit Goethe)

Das Größte will man nicht erreichen,
Man beneidet nur seinesgleichen;
Der schlimmste Neidhart ist in der Welt,
Der jeden für seinesgleichen hält.
Johann Wolfgang von Goethe, Sprüche (Egalité)

Das Ideal der Gleichheit
ist deshalb so schwer zu verwirklichen,
weil die Menschen Gleichheit nur mit
jenen wünschen, die über ihnen stehen.
John B. Priestley

Das liberale Zeitalter
hat die Gleichheit
vor der Verwesung
mit der Gleichheit
vor Gott verwechselt.
Franz Werfel, Zwischen Oben und Unten

Die absolute Gleichheit
ist das größte Kunststück
– das Ideal – aber nicht natürlich.
Von Natur sind die Menschen
nur relativ gleich.
Novalis, Fragmente

Die fünf Finger einer Hand
können nicht alle gleich lang sein.
Chinesisches Sprichwort

Die größte Gleichheit,
die von nichts verschieden ist,
geht über allen Begriff.
Nikolaus von Kues, Von der gelehrten Unwissenheit

Die Idee der Gleichheit der Menschen
ist eine im höchsten Sinne des Wortes
germanische Idee. So großartig auch
die Philosophien des Altertums in
mancher anderer Beziehung sein
mögen, zu diesem Prinzip haben sie
sich in keiner Schule, in keinem Philosophen erhoben. Erst die germanischen
Völker brachten sie der Weltgeschichte. Die germanischen Völker kannten,
als sie die Welt eroberten, keine Kasten
und keine Sklaverei, und eben darum
haben sie die Welt erobert. Die Gleichheit der Staatsbürger war die allgemeine Grundlage aller Verfassung. Aber
diese Gleichheit ward gebrochen durch
dieselbe Eroberung, die sie über den
Erdkreis verbreitete: Die glücklichern
Sieger erhielten größere Besitzungen.
Lorenz von Stein,
Die socialen Bewegungen der Gegenwart

Die Menschen sind,
wenn überhaupt etwas,
dann von Geburt an ungleich.
Magnus Hirschfeld

Eingebildete Gleichheit:
das erste Mittel,
die Ungleichheit zu zeigen.
Johann Wolfgang von Goethe,
Maximen und Reflexionen

Es ist falsch, dass Gleichheit
ein Naturgesetz sei. Die Natur
hat nichts Gleiches erschaffen.
Ihr oberstes Gesetz ist Unterordnung
und Abhängigkeit.
Luc de Clapiers Marquis de Vauvenargues,
Reflexionen und Maximen

Freiheit ist Gleichheit.
Heinrich Mann, Geist und Tat

Gesetzgeber oder Revolutionärs,
die Gleichsein und Freiheit zugleich
versprechen, sind Phantasten oder
Charlatans.
Johann Wolfgang von Goethe,
Maximen und Reflexionen

Gleichheit ist Demut. Nur wenn wir
uns nicht überheben, sondern jeder
sich für den am tiefsten Stehenden
hält, werden wir alle gleich sein.
Leo N. Tolstoi, Tagebücher (1906)

Gleichheit ist immer
das festeste Band der Liebe.
Gotthold Ephraim Lessing,
Minna von Barnhelm (Tellheim)

Gleichheit ist immer der Probestein
der Gerechtigkeit, und beide machen
das Wesen der Freiheit.
Johann Gottfried Seume, Apokryphen

Gleichheit setzt stärker Freiheit
voraus als Freiheit Gleichheit.
Jean Paul, Vorschule der Ästhetik

Gleichmachung führt immer
zu Benachteiligung:
Im Interesse gleicher Arbeitsvergütung
wird der beste Arbeiter
dem schlechtesten gleich gestellt.
Leo N. Tolstoi, Tagebücher (1889)

Im eigentlichen Wortsinn bedeutet
Gleichheit vor dem Gesetz das Recht
auf Beteiligung an der Erstellung der
Gesetze, denen man unterworfen ist,
bedeutet eine Verfassung, die allen
Gruppen der Bevölkerung demokratische Rechte garantiert.
Nelson Mandela, Verteidigungsrede vor Gericht 1962

Im Gegensatz zur üblichen Ansicht
scheint es mir nahe liegender, dass
wir Menschen alle verschieden sind,
als dass wir alle gleich sind.
Michel Eyquem de Montaigne, Die Essais

Immer das Gleiche – das ist ein
Produkt beständiger Verwandlung,
in der sich das Wesen behauptet.
Mit jedem Hauche ein andrer
– das ist immer derselbe, unter
der Wirkung eines jeden Angriffs.
Emil Gött, Zettelsprüche. Aphorismen

In der Kirche, im Gasthaus
und im Sarg
sind alle Menschen gleich.
Sprichwort aus Polen

Je mehr man sich von der Gleichheit
entfernt, desto mehr verändern sich
die natürlichen Empfindungen.
Jean-Jacques Rousseau, Emile

Mensch und Tier sind alle gleich.
Chinesisches Sprichwort

Sie sind nicht alle gleich,
die mit dem Kaiser reiten.
Deutsches Sprichwort

Ungleich verteilt
sind des Lebens Güter.
Friedrich Schiller, Die Braut von Messina (Chor)

Unsere Zeit ist
eine Zeit der Gleichheit,
in der jeder alle anderen
überragen will.
Marie von Ebner-Eschenbach, Aphorismen

Völlige Gleichheit unter den
Geschlechtern kann nur funktionieren,
wenn die Naturelle miteinander vereinbar sind – und wer hat je von einer
Frau gehört, die so ausgeglichen wäre
wie ein Mann?
Peter Ustinov, Peter Ustinovs geflügelte Worte

Vor der Haustür steht die
egalitäre Gesellschaft noch nicht,
aber vielleicht liegt sie
in der nächsten Ecke.
Norbert Blüm, Unverblümtes von Norbert Blüm

Vor Gott und in einem Verkehrsstau
sind alle Menschen gleich.
Robert Lembke, Das Beste aus meinem Glashaus.
Humoristisches und Satirisches

Was ist Gleichheit anderes
als die Verneinung aller Freiheit,
alles Höheren und der Natur selbst?
Gustave Flaubert, Briefe
(an Louise Colet, 16. Mai 1852)

Wenn Gott in allem wohnt, was im
Universum existiert, wenn der Gelehrte
wie der Straßenkehrer von Gott sind,
dann gibt es keinen, der hoch ist, und
keinen, der niedrig ist, alle sind ohne
Einschränkung gleich, sie sind gleich,
weil sie die Geschöpfe
jenes Schöpfers sind.
Mohandas K. »Mahatma« Gandhi, Harijan (engl.
Wochenzeitung 1933–1956), 30. Januar 1937

Wer Gleichheit
zu schaffen verstände,
müsste der Natur
Gewalt antun können.
Marie von Ebner-Eschenbach, Aphorismen

Wer soll denn meine Stiefel wichsen,
wenn alle Menschen gleiches Glück
haben? – Wenn Sie Ihre Stiefel durchaus gewichst haben wollen und
es findet sich niemand, der es Ihnen
vortun mag, dann müssen Sie es selber
tun; das Unglück wäre nicht so groß
wie manches andere.
Moses Hess, Über die Not in unserer Gesellschaft und
deren Abhülfe

Wer unten ist, fordert Gleichheit.
Wer oben ist, behauptet,
sie sei erreicht.
Lothar Schmidt

Wollt ihr die Unterschiede vernichten,
hütet euch, dass ihr nicht das Leben
tötet.
Leopold von Ranke,
Zur Geschichte Deutschlands und Frankreichs

Gleichmut

Bei Trübsal ist Gleichmut
die beste Würze.
Titus Maccius Plautus, Das Tau

Den Übeln raubte die Kraft
und das Gewicht,
wer das Schicksal
gleichmütig ertrug.
Lucius Annaeus Seneca, Herkules auf dem Oeta

Im Unglück ist Gleichmut
die beste Medizin.
Publilius Syrus, Sentenzen

Man soll die Dinge
nicht so tragisch nehmen,
wie sie sind.
Karl Valentin

Von einem Augenblick der Wut oder
der Fröhlichkeit wird man weiter
geführt als von vielen Stunden
des Gleichmuts: Und da bereitet
manchmal eine kurze Weile die
Beschämung des ganzen Lebens.
Baltasar Gracián y Morales,
Handorakel und Kunst der Weltklugheit

Wer die Strafe verdient hat,
soll sie gleichmütig ertragen.
Ovid, Liebesgedichte

Wirklich hat einen Sieg
über alle Dinge errungen,
wer weder zur Freude bewegt wird,
wenn er Geschmack an ihnen findet,
noch zur Traurigkeit veranlasst wird,
wenn das Verkosten fehlt.
Juan de la Cruz, Merksätze von Licht und Liebe

Gleichnis

Alles Vergängliche
ist nur ein Gleichnis.
Johann Wolfgang von Goethe, Faust II
(Chorus mysticus)

Auf den Höhen ist es wärmer,
als man in den Tälern meint,
namentlich im Winter.
Der Denker weiß, was
all dies Gleichnis besagt.
Friedrich Nietzsche, Menschliches, Allzumenschliches

Glocke

Auch hier erinnert das Läuten der
Glocken unaufhörlich an die katholische Religion, wie das Geklirr der Ketten den Gefangnen an seine Sklaverei.
Mitten in einem geselligen Gespräche
sinken bei dem Schall des Geläuts alle
Knie, alle Häupter neigen, alle Hände
falten sich; und wer auf seinen Füßen
stehen bleibt, ist ein Ketzer.
Heinrich von Kleist, Briefe
(an Wilhelmine von Zenge, 13.–18. September 1800)

Die Glocke sie donnert
ein mächtiges Eins
Und unten zerschellt das Gerippe.
Johann Wolfgang von Goethe, Der Totentanz

Die Glocken klingen,
klingen viel anderst denn sonst,
wenn einer einen Toten weiß,
den er lieb hat.
Martin Luther, Tischreden

Dieselbe Glocke läutet
zu Gewitter und Hochzeit.
Deutsches Sprichwort

Glocken und Narren läuten gern.
Deutsches Sprichwort

Jeder denkt, dass jede Glocke
seine eigenen Gedanken widertönt.
Sprichwort aus Slowenien

Zur Eintracht, zum herzinnigen Vereine
Versammle sie die liebende Gemeine.
Friedrich Schiller, Das Lied von der Glocke

Glück

Aber Glück hat auf die Dauer doch
zumeist wohl nur der Tüchtige.
Helmuth Graf von Moltke, Über Strategie (1871)

Ach so gewiss ist's,
dass unser Herz allein
sein Glück macht.
Johann Wolfgang von Goethe,
Die Leiden des jungen Werthers

Alle Beschränkung beglückt.
Arthur Schopenhauer, Aphorismen zur Lebensweisheit

Alle Gelegenheit, glücklich zu werden,
hilft nichts, wer den Verstand nicht hat,
sie zu nutzen.
Johann Peter Hebel,
Schatzkästlein des rheinischen Hausfreundes

Alle glücklichen Familien ähneln einander; jede unglückliche Familie ist
auf ihre eigene Weise unglücklich.
Leo N. Tolstoi, Anna Karenina

Alle haben es gleich. Wie man in
einem See an keiner Stelle die Wasseroberfläche höher oder niedriger
machen kann als an anderen Stellen,
so kann man auch das Glück nicht
durch materielle Mittel vermehren
oder vermindern.
Leo N. Tolstoi, Tagebücher (1893)

Alle Menschen versuchen glücklich zu
sein; darin gibt es keine Ausnahmen,
wie verschieden die Mittel auch sind,
die sie anwenden.
Blaise Pascal, Pensées

Alles führt mich zu dem
glücklichen stillen Leben zurück,
zu dem ich geboren war.
Jean-Jacques Rousseau,
Träumereien eines einsamen Spaziergängers

Alles schläft und ist glücklich,
nur ich nicht.
Fernando Pessoa, Das Buch der Unruhe
des Hilfsbuchhalters Bernardo Soares

Alles verändert sich um uns her.
Wir selbst verändern uns, und keiner
ist sicher, morgen das noch zu lieben,
was ihm heute gefällt. So sind alle
unsere Entwürfe der Glückseligkeit
nichtige Hirngespinste.
Jean-Jacques Rousseau,
Träumereien eines einsamen Spaziergängers

Alles, was der Glückliche wünscht,
ist, geboren zu sein.
Sprichwort aus Wales

Als Kind hat jeder Mensch ein Sehnen
nach einem großen Glück, das ihm das
Leben bringen soll, und nachher verlieren es die meisten Menschen, weil
sie ihr Sehnen auf kleine Erfolge und
Eitelkeiten einstellen und lassen sich
einreden, das große Glück, nach dem
sie sich sehnten, sei eben nur ein Kindertraum gewesen, statt dass sie sich
sagen, ich will es finden, nicht so wie
ich es mir als Kind gedacht, aber dennoch finden so, wie es sein muß (...).
Albert Schweitzer, Predigt, 2. März 1913

Arbeit, Arbeit!
Wie glücklich fühle ich mich,
wenn ich arbeite!
Leo N. Tolstoi, Tagebücher (1853)

Arkadisch frei sei unser Glück!
Johann Wolfgang von Goethe, Faust II (Faust)

Auch aus entwölkter Höhe
Kann der zündende Donner schlagen.
Friedrich Schiller, Die Braut von Messina (Chor)

Auch eine blinde Katze stößt mal
auf eine tote Ratte.
Chinesisches Sprichwort

Auch in ein neues Glück
muss man sich schicken lernen.
Marie von Ebner-Eschenbach, Aphorismen

Auf jeden Grashalm
fällt ein Tröpfchen Tau.
Chinesisches Sprichwort

Auf Tugend gegründetes Glück
wird durch nichts zerstört.
Leo N. Tolstoi, Tagebücher (1851)

Augenblick gibt das Glück.
Deutsches Sprichwort

Aus den Wolken muss es fallen,
Aus der Götter Schoß das Glück,
Und der mächtigste von allen
Herrschern ist der Augenblick.
Friedrich Schiller, Die Gunst des Augenblicks

Bedürftigkeit durchkreuzt unsere
Wünsche zwar nicht, aber sie schränkt
sie ein. Überfluss vermehrt unsere
Bedürfnisse und hilft uns, sie zu
befriedigen. Ist man auf seinem Platz,
so ist man glücklich.
Luc de Clapiers Marquis de Vauvenargues,
Nachgelassene Maximen

Behalte dein Glück
stillschweigend für dich
und erfreue dich daran.
Titus Maccius Plautus, Epidicus

Bei dem ewigen Beweisen und Folgern
verlernt das Herz fast zu fühlen; und
doch wohnt das Glück nur im Herzen,
nur im Gefühl, nur im Kopfe, nicht im
Verstande.
Heinrich von Kleist, Briefe
(an Ulrike von Kleist, 12. November 1799)

Bekommen, was man sich wünscht,
ist Erfolg.
Sich wünschen, was man bekommen
kann, ist Glück.
Charles F. Kettering

Besser wäre es,
niemals glücklich zu sein,
als das Glück zu kosten,
um es zu verlieren.
Jean-Jacques Rousseau,
Julie oder Die neue Héloïse (Saint-Preux)

Beständig ist kein Glück
im Unbestand des Lebens,
Als nach Beständigkeit
Beständigkeit des Strebens.
Friedrich Rückert, Gedichte

Besteht das Glück
in der Entwicklung unserer Fähigkeiten
oder in ihrer Unterdrückung?
Germaine Baronin von Staël, Über Deutschland

Besteht zwischen zwei Menschen
völlige Natürlichkeit, so darf ihr Glück
für gegründet gelten. Zuneigung und
einige andere Gesetze des Seelenlebens
machen es einfach zum größten überhaupt möglichen Glück.
Stendhal, Über die Liebe

Bin ich jemals glücklich,
außer wenn ich Schwierigkeiten
zu überwinden habe?
Katherine Mansfield, Tagebücher

Da jedes Menschen Glückseligkeit in
seinen Begriffen von Glückseligkeit
ruht, so ist es grausam, irgendeinen
zwingen zu wollen, gegen seinen
Willen glücklich zu sein.
Adolph Freiherr von Knigge,
Über den Umgang mit Menschen

Das artige Wesen, das entzückt,
Sich selbst und andre gern beglückt,
Das möcht ich Seele nennen.
Johann Wolfgang von Goethe, Gott und Welt

Das beste Glück,
des Lebens schönste Kraft
Ermattet endlich.
Johann Wolfgang von Goethe,
Iphigenie auf Tauris (Iphigenie)

Das beste Mittel,
das Glück zu verpassen,
besteht darin, es zu suchen.
Paul Claudel

Das Bild des Glücks schmeichelt den
Menschen nicht mehr; das Verderben
des Lasters hat ihren Geschmack nicht
weniger als ihre Herzen entstellt.
Jean-Jacques Rousseau, Emile

Das bisschen, was äußere Umstände
hinzufügen können, das kommt dem
wahren Glück gegenüber gar nicht in
Betracht. Das trägt jeder still in sich
und wärmt sich daran, wenn er sich
in der Welt kalte Füße geholt hat.
Paula Modersohn-Becker, Briefe (29. Januar 1900)

Das eigentliche Lebensglück, das in
geistiger Ruhe und Zufriedenheit und
seelischer Geradheit und Sicherheit
besteht, darf man nie einem Menschen
zusprechen, ehe man nicht gesehen
hat, wie er in den letzten und zweifellos
schwierigsten Akt im Schauspiel seines
Lebens spielt.
Michel Eyquem de Montaigne, Die Essais

Das Gaukeln schafft kein festes Glück.
Johann Wolfgang von Goethe, Faust II (Obergeneral)

Das Gefühl des Glücks
zerschmettert den Menschen;
er ist nicht stark genug,
es zu ertragen.
Jean-Jacques Rousseau, Emile

Das Gefühl von Glück und Fülle ist
ganz unabhängig von wirklichem
Erleben. Aber in welcher Sphäre liegt
es dann, und warum ist es manchmal
in uns und manchmal wieder unerreichbar?
Franziska Gräfin zu Reventlow, Tagebücher

Das Glück beruht oft nur
auf dem Entschluss,
glücklich zu sein.
Lawrence Durrell

Das Glück besteht nicht in großen
Erfolgen oder in der Sicherung des
einmal Erreichten. Das Glück besteht
allein in der Pflichterfüllung und darin, dass man zu dem steht, was man
für richtig hält, auch wenn man dabei
unterliegt.
Konrad Adenauer,
im Gespräch mit Anneliese Poppinga, 1962

Das Glück der Frauen kommt von den
Männern, aber das der Männer kommt
von ihnen selbst. Das Einzige, was
eine Frau für einen Mann tun kann,
ist, sein Glück nicht zu zerstören.
Henry de Montherlant, Die jungen Mädchen

Das Glück der Menschheit ist, laut den
Beteurungen der Regenten, das stete
Ziel ihrer landesväterlichen Sorgen.
Georg Forster, Über die Beziehung der Staatskunst auf
das Glück der Menschheit

Das Glück des Mannes heißt: Ich will.
Das Glück des Weibes heißt: Er will.
Friedrich Nietzsche, Also sprach Zarathustra

Das Glück des Menschen ist,
das zu lieben, was sie tun müssen.
Auf diesem Prinzip ist die Gesellschaft
nicht aufgebaut.
Claude Adrien Helvétius, Über den Geist

Das Glück dreht sich wie ein Mühlrad.
Sprichwort aus Spanien

Das Glück folgt meist denen,
die es fliehen, und flieht die,
die ihm folgen.
Erasmus von Rotterdam,
Handbüchlein eines christlichen Streiters

Das Glück gibt vielen zu viel,
aber keinem genug.
Martial, Epigramme

Das Glück hat kein Aushängeschild;
um es gewahr zu werden, müsste man
im Herzen des Glücklichen lesen können, aber die Zufriedenheit leuchtet
aus den Augen, aus der Haltung,
dem Ton der Stimme, dem Gang
und teilt sich dem, der sie bemerkt,
mitzuteilen.
Jean-Jacques Rousseau,
Träumereien eines einsamen Spaziergängers

Das Glück im Leben hängt von den
guten Gedanken ab, die man hat.
Marc Aurel

Das Glück in dieser Welt besteht darin,
nicht unglücklich zu sein. Man beachtet es nicht mit zwanzig Jahren, man
weiß es mit sechzig.
Théodore Jouffroy, Das grüne Heft

Das Glück ist dem Frommen Feind.
Deutsches Sprichwort

Das Glück ist den Kühnen hold.
Sprichwort aus Frankreich

Das Glück ist ein immer währender
Zustand, der für den Menschen hier
auf Erden nicht gemacht zu sein
scheint. Alles auf Erden ist in einem
beständigen Fluss.
Jean-Jacques Rousseau,
Träumereien eines einsamen Spaziergängers

Das Glück ist ein Mysterium
wie die Religion
und duldet kein Rationalisieren.
Gilbert Keith Chesterton, Heretiker

Das Glück ist eine Redensart
Für das, was andere erreichen.
Rudolf Presber, Vom Wege eines Weltkindes

Das Glück ist irdisch.
Sully Prudhomme, Intimes Tagebuch

Das Glück ist mehr
auf der Seite des Angreifers
als auf der desjenigen,
der sich verteidigt.
Niccolò Machiavelli, Geschichte von Florenz

Das Glück ist mit Müdigkeit
und Muskelkater billig erkauft.
Leo N. Tolstoi, Tagebücher (1884)

Das Glück ist nur die Liebe,
Die Liebe ist das Glück.
Adelbert von Chamisso, Frauen-Liebe und -Leben

Das Glück ist unsere Mutter,
das Unglück unser Erzieher.
Charles de Secondat, Baron de la Brède
et de Montesquieu, Meine Gedanken

Das Glück ist weder außer uns
noch in uns; es ist in Gott und
sowohl außer uns als auch in uns.
Blaise Pascal, Pensées

Das Glück ist wie die Frauen,
die die Narren am meisten lieben.
Sprichwort aus Norwegen

Das Glück ist zuweilen des Menschen
größter Feind: Es macht ihn oft böse,
leichtfertig und rücksichtslos; deshalb
ist ihm zu widerstehen eine härtere
Probe als die Überwindung vieler
Widerstände.
Francesco Guicciardini, Ricordi

Das Glück kann nicht, wie ein mathematischer Lehrsatz, bewiesen werden,
es muss empfunden werden, wenn es
da sein soll.
Heinrich von Kleist, Briefe
(an Ulrike von Kleist, 12. November 1799)

Das Glück kommt nicht in Paaren,
das Unglück nie allein.
Chinesisches Sprichwort

Das Glück lässt sich nie erreichen,
denn beim Erreichen einer Glücksstufe
wird sogleich eine neue sichtbar.
Glück aber ist unendliche Vollkommenheit, wie Gott.
Leo N. Tolstoi, Tagebücher (1908)

Das Glück liegt in uns,
nicht in den Dingen.
François de La Rochefoucauld, Reflexionen

Das Glück liegt woanders
als in aufgetürmten Fünftalerscheinen.
Theodor Fontane, Briefe

Das Glück suchen, ohne zu wissen,
wo es ist, heißt, sich der Gefahr
aussetzen, es zu fliehen, heißt,
ebenso viele Gefahren laufen,
wie es Wege gibt, sich zu verirren.
Jean-Jacques Rousseau, Emile

Das Glück tut's nicht allein, sondern
der Sinn, der das Glück herbeiruft,
um es zu regeln.
Johann Wolfgang von Goethe,
Wilhelm Meisters Lehrjahre

Das Glück und die Natur
halten unsere Rechnung
immer im Gleichgewicht;
nie erzeigt sie uns eine Wohltat,
dass nicht gleich ein Übel käme.
Niccolò Machiavelli, Mandragola

Das Glück
Und nicht die Sorge
bändigt die Gefahr.
Johann Wolfgang von Goethe,
Die natürliche Tochter (Eugenie)

Das Glück von heute
lässt das Unglück vergessen,
das Unglück von heute
lässt das Glück vergessen.
Altes Testament, Jesus Sirach 11, 25

Das Glück,
wenn es mir recht ist,
liegt in zweierlei: Darin,
dass man ganz da steht,
wo man hingehört,
und zum Zweiten und Besten
in einem behaglichen Abwickeln
des ganz Alltäglichen, also darin,
dass man ausgeschlafen hat,
und dass einen die neuen Stiefel
nicht drücken.
Theodor Fontane, Effi Briest

Das Glück, wenn's
wirklich kommt,
ertragen,
Ist keines Menschen,
wäre Gottes Sache.
Auch kommt es nie,
wir wünschen bloß
und wagen.
August Graf von Platen, Sonette

Das Glück will gepflegt sein.
Luc de Clapiers Marquis de Vauvenargues,
Reflexionen und Maximen

Das goldne Glück,
das süße Wohlgefallen,
Sie eilen – treu ist
nur der Schmerz –
von hinnen.
August Graf von Platen, Sonette

Das größte Glück außer Lieben:
seine Liebe gestehen.
André Gide, Tagebuch

Das größte Glück
ist ein guter Ehemann
und das nächste
ein guter Diener.
Sprichwort aus Serbien

Das Haus, die Heimat,
die Beschränkung
– die sind das Glück
und sind die Welt.
Theodor Fontane

Das höchste Glück des Menschen
ist die Befreiung von der Furcht.
Walther Rathenau

Das höchste Glück ist das,
welches unsere Mängel verbessert
und unsere Fehler ausgleicht.
Johann Wolfgang von Goethe,
Maximen und Reflexionen

Das ist es, was euch in solches Elend
stürzt: Mit dem eigenen Geschick
unzufrieden, strebt ein jeder im Geiste
nach dem höchsten Glück.
Francesco Petrarca,
Gespräche über die Weltverachtung (Augustinus)

Das Leben, es mag sein, wie es will,
ist ein Glück, das von keinem andern
übertroffen wird.
Leo N. Tolstoi, Tagebücher (1902)

Das mühsam erlangte Glück
wird doppelt genossen.
Baltasar Gracián y Morales,
Handorakel und Kunst der Weltklugheit

Das Sehnen des Fleisches
und der Seele des Menschen
nach Glück ist der einzige Weg,
die Geheimnisse des Lebens
zu begreifen.
Leo N. Tolstoi, Tagebücher (1853)

Das Überraschende macht Glück.
Friedrich Schiller, Dom Karlos (König)

Das verdammte Glück!
Ohne das kann man nicht einmal
ein guter Spitzbube sein.
Gotthold Ephraim Lessing, Die Juden (Stich)

Das vollkommene Glück
ist nicht nur ein Gefühl
oder ein Zustand, den wir
in der Zukunft erreichen wollen,
es ist vielmehr die Vorstellung
von einer Harmonie,
die tief in uns selbst lebt,
und die wir schon im Mutterleib
erfahren haben.
Yehudi Menuhin,
Ich bin fasziniert von allem Menschlichen

Das wahre Glück
Ist die Genügsamkeit,
Und die Genügsamkeit
Hat überall genug.
Johann Wolfgang von Goethe, Adler und Taube

Das wahre Glück wäre,
sich an die Gegenwart zu erinnern.
Jules Renard, Ideen, in Tinte getaucht.
Aus dem Tagebuch von Jules Renard

Das wissen alle Menschen, und du
vor allem solltest es wissen, den es
eine lange Erfahrung gelehrt hat,
dass das höchste Glück ein Zustand
voller Mühen und Sorgen, ja das Elend
selber ist.
Francesco Petrarca,
Gespräche über die Weltverachtung (Augustinus)

Dass andere Leute kein Glück haben,
finden wir sehr leicht natürlich,
dass wir selbst keines haben,
immer unfassbar.
Marie von Ebner-Eschenbach, Aphorismen

Dass jedermann nach Wohlbefinden
im Leben und nach Glück strebt, ist
klar, ebenso aber, dass nur ein Teil der
Menschen die Möglichkeit dazu hat,
ein anderer nicht, teils infolge
zufälliger Umstände, teils infolge
ihrer Naturanlage.
Aristoteles, Älteste Politik

Dauerndes Glück ist Langeweile.
Oswald Spengler

Deine erste Pflicht ist,
dich selbst glücklich zu machen.
Bist du glücklich,
so machst du auch andere glücklich.
Ludwig Feuerbach,
Philosophische Kritiken und Grundsätze

Dem Glücklichen schlägt keine Stunde.
Deutsches Sprichwort

Den Wagemutigen hilft das Glück.
Vergil, Aeneis

Denn das Glück ist wohl
hauptsächlich Frieden.
Weniger Arbeit
und weniger Luxus.
August Strindberg, Der Sohn der Magd

Denn der ist gar nicht glücklich,
dessen Reichtum niemand kennt.
Lucius Apuleius, Der goldene Esel

Denn die Begriffe von Glück
sind so verschieden,
wie die Genüsse und die Sinne,
mit welchen sie genossen werden.
Heinrich von Kleist, Briefe

Denn man ist glücklich,
wenn man mit sich selbst,
seinem Herzen und seinem Gewissen
zufrieden ist.
August Strindberg, Der Sohn der Magd

Denn wenn ich auch nicht ganz
bestreiten will, dass es Pechvögel gibt,
so gilt doch vom Glück im Ganzen
dasselbe wie vom Gold:
Es liegt auf der Straße, und der hat's,
der's zu finden und aufzuheben
versteht.
Theodor Fontane, Briefe

Denn worum geht es eigentlich?
Um das Glücklichsein.
Was tut es dann,
ob man klug oder dumm ist?
Voltaire, Die Geschichte eines guten Brahmanen

Der Anblick eines wahrhaft Glücklichen
macht glücklich.
Johann Wolfgang von Goethe, Lila (Almaide)

Der Buchdruck hat das Glück
der Menschen nicht gefördert.
Leo N. Tolstoi, Tagebücher (1907)

Der Gipfel des Glücks ist es, geliebt
zu werden von einer schönen Seele,
der Gipfel des Ruhms, bewundert zu
werden von einem großen Geist.
Théodore Jouffroy, Das grüne Heft

Der Glückliche ist großzügig.
Er möchte andere teilhaben lassen
an seinem Geheimnis.
Peter Ustinov, Was ich von der Liebe weiß

Der Hoffnungsfreie
schläft sanft,
Hoffnungsfreiheit
ist das höchste Glück.
Mahabharata, Buch 12

Der ist beglückt,
der sein darf, was er ist.
Friedrich von Hagedorn, Gedichte

Der ist ein Rasender,
der nicht das Glück
Festhält in unauflöslicher
Umarmung,
Wenn es ein Gott
in seine Hand gegeben.
Friedrich Schiller, Maria Stuart (Mortimer)

Der kann gut tanzen,
dem das Glück vorsingt.
Sprichwort aus Frankreich

Der Mann braucht zum vollkommenen
Glück einen zuverlässigen Freund,
die Frau eine zuverlässige Feindin.
Tennessee Williams

Der Mensch ist von Natur aus
ehrgeizig und misstrauisch und
weiß sich im Glück nicht zu mäßigen.
Niccolò Machiavelli, Vom Staat

Der Mensch kann's nicht verleugnen,
dass er einst glücklich war wie die Hirsche des Forsts, und nach unzähligen
Jahren glimmt noch in uns ein Sehnen
nach den Tagen der Urwelt, wo jeder
die Erde durchstreifte wie ein Gott, eh,
ich weiß nicht was? den Menschen
zahm gemacht, und noch statt Mauern
und totem Holz die Seele der Welt,
die heilige Luft allgegenwärtig
ihn umfing.
Friedrich Hölderlin, Hyperion

Der Mensch lebt in einer ewigen
Furcht vor seinem Glück.
Es tritt ihm schon als Kind entgegen,
und er entzieht sich der liebenden
Gewalt, er möchte gern
sich selbst versuchen
und durch eigene Kraft das erringen,
was ihm ein freundliches Geschick
früh mit auf die Welt gab.
Sophie Bernhardi, Lebensansicht

Der Mensch wird nicht
zum Glück geboren.
Der Mensch verdient sich sein Glück
immer nur durch Leiden.
Fjodor M. Dostojewski, Raskolnikows Tagebuch

Der Neider steht als Folie des Glücks,
Der Hasser lehrt uns
immer wehrhaft bleiben.
Johann Wolfgang von Goethe,
Die natürliche Tochter (Eugenie)

Der Staat sichert uns unser Eigentum,
unsre Ehre und unser Leben;
wer sichert uns aber
unser inneres Glück zu,
wenn es die Vernunft nicht tut?
Heinrich von Kleist, Briefe
(an Ulrike von Kleist, Mai 1799)

Der Unterschied zwischen Glück
und Vergnügen besteht darin,
dass man sich das Vergnügen
selber wählen kann.
Gustav Knuth

Der Unterschied
zwischen Vergnügen und Glück
ist derselbe wie zwischen
einem Kahn und einem Ozeandampfer.
Auf den Tiefgang kommt es an.
Ewald Balser

Der Weise trägt sein Glück bei sich.
Deutsches Sprichwort

Des Menschen Glück
ist nicht an seine Kraft,
sondern an seine Laune geknüpft.
Friedrich Hebbel, Tagebücher

Des Menschen Wille,
das ist sein Glück.
Friedrich Schiller, Wallensteins Lager (2. Jäger)

Dich, liebste Freundin, anzusehen,
genügt mir, um glücklich zu sein.
Mönch von Salzburg, Das Taghorn

Dicht neben dem Wehe der Welt
und oft aus seinem vulkanischen
Boden hat der Mensch seine kleinen
Gärten des Glücks angelegt.
Friedrich Nietzsche, Menschliches, Allzumenschliches

Die allervorteilhafteste Ordnung
für alle ist nicht dann gegeben,
wenn das Ziel jedes Einzelnen
in Gewinn, in irdischem Glück besteht;

sie ist erst gegeben, wenn jeder sich
ein Glück zum Ziel setzt,
das vom irdischen unabhängig ist.
Leo N. Tolstoi, Tagebücher (1889)

Die Anschauung von einem Glück,
welches in einem Verharren, in
einem bestimmten Zustande bestände,
ist an sich falsch.
Jacob Burckhardt, Weltgeschichtliche Betrachtungen

Die Bemühungen um das Glück
gingen auch immer dahin, ihm sein
wesentlichstes Element zu rauben:
die lustvolle Erfahrung.
Ludwig Marcuse, Argumente und Rezepte.
Ein Wörter-Buch für Zeitgenossen

Die Bestimmung des Menschen
ist das Glück.
Leo N. Tolstoi, Tagebücher (1905)

Die Chance klopft öfter an
als man meint, aber meistens
ist niemand zu Hause.
Will Rogers

Die Gegenwart des Elenden ist dem
Glücklichen zur Last! Und ach!, der
Glückliche dem Elenden noch mehr.
Johann Wolfgang von Goethe,
Stella (Madame Sommer)

Die Genusssucht frisst alles auf,
am liebsten aber das Glück.
Marie von Ebner-Eschenbach, Aphorismen

Die glücklichsten Momente unseres
Lebens sind diejenigen, in denen wir
die seltsame Empfindung haben, als
stünde es in unserer Macht, dieses
Leben wieder von vorne anzufangen
und das Bisherige mit all seinen Leiden und Irrtümern auszustreichen wie
einen Aufsatz, den wir nun besser zu
schreiben hoffen, als er uns im ersten
Entwurf gelang.
Arthur Schnitzler, Buch der Sprüche und Bedenken

Die glücklichsten und die
unglücklichsten Menschen
haben die gleiche Neigung
zur Härte.
Charles de Secondat, Baron de la Brède
et de Montesquieu, Vom Geist der Gesetze

Die Gunst der Zeit
ist nicht zu bannen,
Am schnellsten flieht
das höchste Glück.
Friedrich von Bodenstedt, Mirza Schaffy

Die Höhe der Gunst des Glücks wird
oft durch die Kürze ihrer Dauer aufgewogen: Denn das Glück wird es müde,
einen so lange auf den Schultern zu
tragen.
Baltasar Gracián y Morales,
Handorakel und Kunst der Weltklugheit

Die meisten Menschen geben vor
und glauben selbst daran,
dass sie glücklich sind,
denn wenn man unglücklich ist,
ist man ein Misserfolg.
Erich Fromm, Interview, 1977

Die meisten Menschen machen
das Glück zur Bedingung.
Aber das Glück findet sich nur ein,
wenn man keine Bedingungen stellt.
Arthur Rubinstein, Erinnerungen. Die frühen Jahre

Die Menge
Geht nach dem Glück.
Friedrich Schiller, Wallensteins Tod (Wallenstein)

Die Menschen lieben nur das Glück,
den Glanz und die lachenden Gesichter,
und zuletzt:
Wer will es ihnen verargen?!
Theodor Fontane, Briefe

Die Pflicht, unbedingt wenigstens
einen Menschen in seinem Leben
glücklich zu machen, und zwar
praktisch, das heißt: in Wirklichkeit,
würde ich für jeden entwickelten
Menschen einfach zum Gebot erheben.
Fjodor M. Dostojewski, Der Jüngling

Die Quelle des Mythos
ist nicht das Glück,
sondern das Unglück.
Franz Herre

Die Quelle unseres menschlichen
Lebens, die Quelle unseres persönlichen Glücks hängt doch allezeit
von dieser persönlichen Welt ab.
Anaïs Nin, Die Frau legt den Schleier ab

Die Uhr schlägt keinem Glücklichen.
Friedrich Schiller, Die Piccolomini (Max)

Die Unterschiede des Ranges und
Reichtums geben jedem seine Rolle
zu spielen, aber keineswegs entspricht
dieser eine innere Verschiedenheit des
Glücks und Behagens.
Arthur Schopenhauer, Aphorismen zur Lebensweisheit

Die Welt ist rund
und muss sich drehn,
Was oben war,
muss unten stehn.
Rudolf Baumbach, Lieder

Die Welt wäre glücklich,
stände sie auf dem Kopf.
Jules Renard, Ideen, in Tinte getaucht.
Aus dem Tagebuch von Jules Renard

Die Weltgeschichte ist nicht der Boden
des Glücks. Die Perioden des Glücks
sind leere Blätter in ihr.
Georg Wilhelm Friedrich Hegel,
Vorlesungen über die Philosophie der Geschichte

Du kannst dem Glück
nicht ein Pförtlein öffnen,
ohne zugleich vor der Sorge
ein Tor aufzureißen.
Marie von Ebner-Eschenbach, Aphorismen

Dumm sein und Arbeit haben
– das ist das Glück.
Gottfried Benn

Dumm sein und Glück haben
– das ist das Größte.
Robert Lembke, Steinwürfe im Glashaus

Dunkel ist des Glückes
launenhafter Gang,
Ein unbegreiflich,
unergründlich Rätselspiel.
Euripides, Alkestis (Herakles)

Durch den Besitz des Guten
sind die Glücklichen glücklich.
Man braucht nicht weiter zu fragen:
Zu welchem Zweck will man glücklich
sein? Das Fragen ist am Ziel.
Platon, Das Gastmahl (Diotima)

Durch unsern Instinkt fühlen wir,
dass wir unser Glück außer uns suchen
müssen. Unsere Leidenschaften treiben
uns nach außen, selbst wenn gar keine
Objekte da sind, sie zu erregen.
Blaise Pascal, Pensées

Ehe man vom Glück der befriedigten
Bedürfnisse redet, sollte man entscheiden, welche Bedürfnisse das Glück
ausmachen.
Leo N. Tolstoi, Tagebücher (1900)

Ein altes Wort bewährt sich
leider auch an mir:
Dass Glück und Schönheit
dauerhaft sich nicht vereint.
Johann Wolfgang von Goethe, Faust II (Helena)

Ein Buch über das Glück wäre nur gut,
wenn es seine Leser glücklich machte,
denn wenn sie unglücklich bleiben,
ist das Rezept offensichtlich wertlos.
Sully Prudhomme, Intimes Tagebuch

Ein dauerhaftes Glück
macht nur der rechtliche Mann
und der rechtliche Staat.
Novalis, Glauben und Liebe

Ein einzig Wort
enthält mein ganzes Glück.
Johann Wolfgang von Goethe,
Die natürliche Tochter (Eugenie)

Ein gescheiter Arzt ist nicht so gut,
wie ein Arzt, der Glück hat.
Chinesisches Sprichwort

Ein Glück, das mit dem Unglück
der Mitmenschen erkauft wird,
ist ein unerlaubtes Glück.
Michel del Castillo, Elegie der Nacht

Ein glücklicher Mensch ist eine
Bereicherung für die Gesellschaft,
ein unglücklicher Mensch ist eine
große Gefahr.
Otto Rank, Der Wille zum Glücklichsein

Ein glückliches Leben wird durch
vollkommene Weisheit erreicht,
im Übrigen ein erträgliches auch
durch sich entwickelnde.
Lucius Annaeus Seneca, Briefe über Ethik

Ein jeder hat seine eigne Art, glücklich
zu sein, und niemand darf verlangen,
dass man es in der seinigen sein soll.
Heinrich von Kleist, Briefe
(an Wilhelmine von Zenge, 10. Oktober 1801)

Ein jeder Wechsel
schreckt den Glücklichen.
Friedrich Schiller, Die Braut von Messina (Manuel)

Ein lang anhaltendes Glück ist allemal
verdächtig: Das unterbrochene ist
sicherer und das Süßsaure desselben
sogar dem Geschmack angenehmer.
Baltasar Gracián y Morales,
Handorakel und Kunst der Weltklugheit

Ein langes Glück verliert schon
bloß durch seine Dauer.
Georg Christoph Lichtenberg, Sudelbücher

Ein Narr, der gut über sich denkt,
ist glücklicher als ein Weiser,
über den andere gut denken.
Sprichwort aus Schottland

Ein niedrer Sinn ist stolz im Glück, im
Leid bescheiden.
Bescheiden ist im Glück ein edler,
stolz im Leide.
Friedrich Rückert, Gedichte

Ein Quäntlein Glück ist besser
als ein Pfund Weisheit.
Deutsches Sprichwort

Ein steter Kampf ist unser Leben;
glücklich sind die einen plötzlich,
andere spät erst, andre bald.
Euripides, Die Schutzflehenden (Theseus)

Ein tiefer Fall führt oft
zu höherm Glück.
William Shakespeare, Cymbeline (Lucius)

Ein wahrer Freund trägt mehr
zu unserem Glück bei
als tausend Feinde
zu unserem Unglück.
Marie von Ebner-Eschenbach, Aphorismen

Einem Menschen geht es nicht
tausend Tage gut,
eine Blume bleibt nicht
hundert Tage rot.
Chinesisches Sprichwort

Einen Tropfen Glück
möchte ich haben
oder ein Fass Verstand.
Menandros, Monostichoi

Einmal nur in unserm Leben,
Was auch sonst begegnen mag,
Ist das höchste Glück gegeben,
Einmal feiert solchen Tag!
Johann Wolfgang von Goethe, Loge

Er hat im Leben viel Glück gehabt
Und ist doch niemals glücklich
gewesen.
Franz Dingelstedt, Selbstverfasste Grabschrift

Erfasse das Glück
Des Lebens im Fluge:
Es kommt nicht zurück.
Friedrich von Bodenstedt, Mirza Schaffy

Erst wenn jeder nicht nach irdischem
Glück trachtet, sondern geistiges Glück
erstrebt, das immer Opfer bedeutet und
durch Opfer geprüft wird, erst dann ist
das größte Glück aller gewährleistet.
Leo N. Tolstoi, Tagebücher (1889)

Es fehlt einem niemals an Gründen,
wenn man sein Glück gemacht hat,
einen Wohltäter oder alten Freund zu
vergessen, und man erinnert sich mit
Unwillen all dessen, was man über
ihre Launen verschweigen musste.
Luc de Clapiers Marquis de Vauvenargues, Unterdrückte Maximen

Es genügt nicht, selbst glücklich zu
sein, die anderen müssen dazu noch
unglücklich sein.
Jules Renard, Ideen, in Tinte getaucht.
Aus dem Tagebuch von Jules Renard

Es gibt ein Glück,
allein wir kennen's nicht:
Wir kennen's wohl
und wissen's nicht zu schätzen.
Johann Wolfgang von Goethe,
Torquato Tasso (Prinzessin)

Es gibt kein Glück im Wohlstand,
durch Leiden wird das Glück erkauft.
Fjodor M. Dostojewski, Raskolnikows Tagebuch

Es gibt kein Glück ohne Mut
und keine Tugend ohne Kampf.
Jean-Jacques Rousseau, Emile

Es gibt Menschen, die glücklich leben,
ohne es zu wissen.
Luc de Clapiers Marquis de Vauvenargues,
Nachgelassene Maximen

Es gibt nur ein Mittel – den Menschen
ihr wahres Glück zeigen und ihnen
verständlich machen, dass Reichtum
kein Glück ist, sondern sie im Gegenteil vom Glück fortführt, indem er
ihnen ihr wahres Glück verbirgt.
Leo N. Tolstoi, Tagebücher (1890)

Es gibt Regeln für das Glück: Denn
für den Klugen ist nicht alles Zufall.
Die Bemühung kann dem Glücke
nachhelfen.
Baltasar Gracián y Morales,
Handorakel und Kunst der Weltklugheit

Es gibt zwei Arten von Glück:
das Glück der Tugendhaften
und das Glück der Eitlen.
Das erste hat seine Ursache
in der Tugend, das zweite
im Schicksal.
Leo N. Tolstoi, Tagebücher (1851)

Es gibt zwei Wünsche, deren Erfüllung
das wahre Glück des Menschen ausmachen kann – nützlich sein und ein
ruhiges Gewissen haben.
Leo N. Tolstoi, Tagebücher (1853)

Es ist der Fehler des Jünglings,
sich immer für glücklicher oder
unglücklicher zu halten, als er ist.
Gotthold Ephraim Lessing, Philotas (Strato)

Es ist ebenso schwer, einen eitlen
Menschen zu finden, der sein Glück
groß genug glaubte, wie einen
bescheidenen, der sein Missgeschick
für unerträglich hielte.
Jean de La Bruyère, Die Charaktere

Es ist ein Unterschied, ob man auf ein
Glück verzichtet um des Glücks willen
oder zugunsten einer glücksfeindlichen
Moral.
Ludwig Marcuse, Argumente und Rezepte.
Ein Wörter-Buch für Zeitgenossen

Es ist eine Verwandtschaft zwischen
den glücklichen Gedanken und den
Gaben des Augenblicks:
Beide fallen vom Himmel.
Friedrich Schiller, Briefe (an Goethe, 12. Juli 1799)

Es ist gut, die Glücklichen dieser Welt
hin und wieder wissen zu lassen, und
wäre es auch nur, um ihren törichten
Hochmut ein wenig zu schmälern, dass
es ein höheres Glück gibt als das ihre,
umfassender und erlesener.
Charles Baudelaire, Kleine Gedichte in Prosa

Es ist ja das große Glück,
den Wurm dann zu spüren,
wenn er noch vernichtet werden kann.
Bernhard von Clairvaux, Über die Bekehrung

Es ist recht leicht, glücklich, ruhig
zu sein mit seichtem Herzen
und eingeschränktem Geiste.
Friedrich Hölderlin, Hyperion

Es ist traurig zu erkennen, dass ich
das Glück ebenso wenig zu ertragen
verstand als das Unglück.
Leo N. Tolstoi, Tagebücher (1854)

Es kann unterhaltend sein,
sein Glück zu machen:
Man ist stets voll Hoffnung.
Charles de Secondat, Baron de la Brède
et de Montesquieu, Meine Gedanken

Es scheint indes nicht, dass die Vorgesetzten des Menschengeschlechts
sein Glück definieren.
Georg Forster, Über die Bedeutung der Staatskunst auf
das Glück der Menschheit

Es stirbt der Glücklichste wünschend.
Ewald Christian von Kleist, Der Frühling

Es sucht jeder in der Liebe nur sich,
und es ist das höchste Glück,
sich in ihr zu finden.
Bettina von Arnim,
Goethes Briefwechsel mit einem Kinde

Es wird kein Friede, keine Ruhe, keine
Freude für die Menschheit geben,
wenn wir nicht zurückfinden zu den
ewigen, unverfänglichen Gütern, auf
denen allein das Glück der Menschen
aufgerichtet werden kann. Schrankenlose, hemmungslose Ichsucht, Sucht
nach Betrieb und Genuss bringen kein
Glück. Verinnerlichung, Besinnung auf
sich selbst, Arbeit und Sorge für andere und für das Gemeinsame, das ist,
was uns Not tut und was uns glücklich
macht.
Konrad Adenauer,
Rundfunkansprache, Weihnachten 1951

Es ziemt sich nicht,
auf das gegenwärtige Glück
zu vertrauen.
Titus Livius, Römische Geschichte

Fleiß ist des Glückes Vater.
Deutsches Sprichwort

Freiheit von allen Illusionen
ist das Glück der Hoffnungslosen.
Ludwig Marcuse, Argumente und Rezepte.
Ein Wörter-Buch für Zeitgenossen

Fremder Hunger langweilt.
Fremdes Glück reizt.
Kurt Tucholsky, Schnipsel

Für die Menschen gibt es nichts
Überzeugenderes als die Erfolge;
willig beugen sie sich dem Glücke
und dem Ruhm.
Leopold von Ranke, Weltgeschichte

Für mich ist das Glück,
keine Befehle zu erteilen
und keine zu bekommen.
Francis M. de Picabia, Aphorismen

Für nichts ist der Mensch so
wenig geschaffen wie für das Glück,
und von nichts hat er schneller genug.
Paul Claudel, Der seidene Schuh

Furcht soll das Haupt
des Glücklichen umschweben,
Denn ewig wanket
des Geschickes Waage.
Friedrich Schiller, Wallensteins Tod (Gordon)

Geflügelt ist das Glück
und schwer zu binden.
Friedrich Schiller, Die Braut von Messina (Manuel)

Geld macht nicht glücklich,
aber für Glück bekommt man nichts
beim Metzger.
Robert Lembke, Das Beste aus meinem Glashaus.
Humoristisches und Satirisches

Geliebt wird nur, wem die
Glücksgöttin Fortuna hold ist.
Ovid, Briefe aus der Verbannung

Glaube mir, die Gelegenheit,
andere glücklich zu machen,
ist seltener als man denkt.
Jean-Jacques Rousseau,
Julie oder Die neue Héloïse (Julie)

Glück beim Wandern
ist so viel wert,
wie ein fetter Pferderücken
beim Reiten.
Chinesisches Sprichwort

Glück besteht darin, glücklich zu sein,
und nicht etwa darin, den anderen
glauben zu lassen, dass man es ist.
Jules Renard

Glück besteht darin,
die Eigenschaften zu haben,
die von der Zeit verlangt werden.
Henry Ford

Glück betört mehr Menschen
als Unglück.
Martin Luther, überliefert von Julius Wilhelm Zincgref
(Apophthegmata)

Glück bringen kann dem Einzelnen
kein Staat, keine Gesellschaft,
keine Gemeinschaft.
Ernst Toller, Der deutsche Hinkemann

Glück bringt Neider.
Deutsches Sprichwort

Glück, das ist einfach
eine gute Gesundheit
und ein schlechtes Gedächtnis.
Ernest Hemingway

Glück entsteht oft
durch Aufmerksamkeit
in kleinen Dingen.
Wilhelm Busch

Glück erkennt man erst
im Rückspiegel.
Hannelore Schroth

Glück fragt nicht nach Recht.
Deutsches Sprichwort

Glück gleicht durch Höhe aus,
was ihm an Länge fehlt.
Robert Frost

Glück hat keinen Plural.
Peter Bamm

Glück hat niemals ein Maß.
Lucius Annaeus Seneca, Ödipus

Glück hat Tück.
Deutsches Sprichwort

Glück heißt, das mögen, was man
muss, und das dürfen, was man mag.
Hans Joachim Clarin

Glück im Leben besteht aus
den vielen Dingen,
die einem nicht zugestoßen sind.
Paul Hörbiger

Glück ist blind und macht blind.
Deutsches Sprichwort

Glück ist das Idol der Müßigen.
Sprichwort aus England

Glück ist der Zustand,
den man nicht spürt.
Kurt Tucholsky

Glück ist die Gesundheit der Seele.
Hans Lohberger

Glück ist ein Abfallprodukt
des Strebens nach Vollendung.
Richard Graf von Coudenhove-Kalergi

Glück ist etwas,
das man zum ersten Mal wahrnimmt,
wenn es sich mit großem Getöse
verabschiedet.
Marcel Achard

Glück ist gut für den Körper,
aber Kummer stärkt den Geist.
Marcel Proust

Glück ist immer das,
was man dafür hält.
Ingrid Bergman

Glück ist meistens
ein beseeligendes Missverständnis.
Hannelore Schroth

Glück ist nicht nur leben können, sondern auch sterben dürfen. Der Tod ist schon bei der Geburt in uns angelegt und reift in uns wie ein Organ.
August Everding, Vortrag anlässlich des 125. Bestehens der Eidgenöss. Technischen Hochschule Zürich, 1995

Glück ist nur in der Tugend enthalten.
Fjodor M. Dostojewski,
Das Dorf Stepantschikowo und seine Bewohner

Glück ist Scharfblick
für Gelegenheiten
und die Fähigkeit,
sie zu nutzen.
Samuel Goldwyn

Glück ist, seinen Anlagen gemäß
verbraucht zu werden.
Frank Wedekind

Glück ist vor allem die ruhige,
frohe Gewissheit der Unschuld.
Henrik Ibsen, Rosmersholm

Glück ist wie ein Maßanzug. Unglücklich sind meistens die, die den Maßanzug eines andern tragen möchten.
Karl Böhm

Glück, Lust, Entzücken,
wie scharf sind eure Pfeile!
Wer kann ihre Verletzung ertragen?
Jean-Jacques Rousseau,
Julie oder Die neue Héloïse (Saint-Preux)

Glück macht Mut.
Johann Wolfgang von Goethe,
Götz von Berlichingen (Sickingen)

Glück macht wenig Freunde.
Luc de Clapiers Marquis de Vauvenargues,
Reflexionen und Maximen

Glück? Sollst du Glück haben? Wünsche ich dir auch nur eine Spur von Glück – wenn sie nicht deinen Wert erhöhte? Wert wünsche ich dir.
Christian Morgenstern, Stufen

Glück und Glas, wie leicht bricht das!
Deutsches Sprichwort

Glück und Unglück
fahren im selben Schlitten.
Sprichwort aus Russland

Glück und Unglück
hängen nicht nur vom Schicksal,
sondern ebenso sehr vom Charakter ab.
François de La Rochefoucauld, Reflexionen

Glück und Unglück
sind Namen für Dinge,
deren äußerste Grenzen
wir nicht kennen.
John Locke, Über den menschlichen Verstand

Glück und Unglück
tragen einander auf dem Rücken.
Deutsches Sprichwort

Glück wird durch Aufschub süßer, und es ist besser, ein kleines Glück später, als ein großes gleich zu kosten.
Chrétien de Troyes, Yvain (Gauvain)

Glück zieht immer noch mehr Glück an,
wie ein Magnet.
Sylvia Plath, Briefe nach Hause (21. Juli 1957)

Glücke kennt man nicht,
drinne man geboren;
Glücke kennt man erst,
wenn man es verloren.
Friedrich von Logau, Sinngedichte

Glücklich, glücklich nenn ich den,
Dem des Daseins letzte Stunde
Schlägt in seiner Kinder Mitte.
Franz Grillparzer, Die Ahnfrau (Graf)

Glücklich ist man bestenfalls
unterwegs, nie am Ziel.
Heinrich Waggerl, Nachlass

Glücklich ist nicht,
wer andern so vorkommt,
sondern wer sich selbst dafür hält.
Seneca

Glücklich ist, wer fern von Geschäften.
Horaz, Epodenbuch

Glücklich jener, der nicht durch seine
Gegenwart nur, sondern auch wenn
man an ihn denkt, besser macht.
Lucius Annaeus Seneca, Briefe über Ethik

Glücklich machen
ist das höchste Glück.
Aber auch dankbar
empfangen können,
ist ein Glück.
Theodor Fontane, Die Poggenpuhls

Glücklich schätze sich jeder,
der keine Pflichten hat.
Horaz

Glücklich sind die Menschen,
wenn sie haben,
was gut für sie ist.
Platon

Glücklich wird der Mensch durch die
Bestätigung seiner eigenen Kräfte,
wenn er sich selbst aktiv in der Welt
erlebt. (...) Es lässt sich zeigen, dass
das Glück für den Menschen in der
Liebe zum Leben liegt (...).
Erich Fromm, Interview, 1980

Glücklich, wem doch Mutter Natur
die recht' Gestalt gab!
Johann Wolfgang von Goethe,
Hermann und Dorothea (6. Gesang)

Glücklich,
wer bei mäßigem Besitz wohlgemut,
unglücklich,
wer bei vielem missmutig ist.
Demokrit, Fragment 286

Glücklich, wer das, was ihm schmeckt
und ihn anzieht, auf die Seite gestellt
hat, und die Dinge auf ihre Vernünf-
tigkeit und Gerechtigkeit hin betrachtet,
bevor er sie tut.
Juan de la Cruz, Merksätze von Licht und Liebe

Glückliche Menschen bessern sich
kaum. Sie glauben sich immer im
Recht, weil das Schicksal ihr schlechtes Verhalten zu rechtfertigen scheint.
François de La Rochefoucauld, Reflexionen

Glückliche Menschen!
Es ist auch etwas,
beinahe nichts zu sein.
Knut Hamsun, Landstreicher

Glücklicher Tag!, wo ich endlich
bestimmt die eigentlichen Vergehungen meines Lebens einsehen lernte,
wo ich die wahre Quelle meines
Unglücks fand, wo mein Geist sich
gestärkt fühlte wie die Natur nach
einem Gewitterregen, und wo der
wahre Genuss des Lebens an keine
Zeit, kein Alter gebunden, nahe und
erreichbar vor mir stand!
Sophie Mereau, Tagebücher (14. Mai 1803)

Glückliches Kind,
du ahnst noch nicht,
wie wunderbar verwickelt
und wechselvoll das Leben ist!
Fridtjof Nansen, In Nacht und Eis

Glückspilze sind ungenießbar.
Lee Van Cleef

Gold macht taub, Glück macht blind.
Deutsches Sprichwort

Gott, was ist Glück!
Eine Grießsuppe, eine Schlafstelle
und keine körperlichen Schmerzen
– das ist schon viel.
Theodor Fontane, Briefe

Große Glücksfälle
setzen den nicht in Verlegenheit,
der noch größerer würdig ist.
Baltasar Gracián y Morales,
Handorakel und Kunst der Weltklugheit

Großes Glück ist häufiger
als großes Talent.
Luc de Clapiers Marquis de Vauvenargues,
Nachgelassene Maximen

Gut und gut gibt Glück. Aber sicher
hat man's nie, und um die Gnade der
großen Rätselmacht, sie heiße nun
Gott oder Schicksal, muss immer
gebeten werden.
Theodor Fontane, Briefe

Haben die wirklichen Dinge
oder die eingebildeten Dinge
mehr zum menschlichen Glück
beigetragen?
Friedrich Nietzsche, Morgenröte

Harre aus im Unglück; denn oft hat
schon, was im Augenblick als Unglück
schien, zuletzt großes Glück gebracht.
Euripides, Fragmente

Hast du das Glück in der Faust,
so halte sie fest zu; denn es ist sehr
schlüpfrig und lässt sich nicht gern
wider Willen halten.
Julius Wilhelm Zincgref, Apophthegmata

Häusliches Glück ist das beste Glück!
Heinrich Zschokke, Stunden der Andacht

Heute mir, morgen dir.
Deutsches Sprichwort

Hilf dir selber, so hilft dir das Glück.
Deutsches Sprichwort

Himmelhoch jauchzend,
Zum Tode betrübt
– Glücklich allein
Ist die Seele, die liebt.
Johann Wolfgang von Goethe, Egmont (Klärchen)

Hübsche Mägde
und schöne Konkubinen
tragen nicht zum Glück
der Familie bei.
Chinesisches Sprichwort

Ich betrachte mich als glücklich,
weil ich keine Verwandten mehr habe.
Fernando Pessoa, Das Buch der Unruhe
des Hilfsbuchhalters Bernardo Soares

Ich bin besonders glücklich,
wenn das Glück unvollkommen ist.
Vollkommenheit hat keinen Charakter.
Peter Ustinov, Peter Ustinovs geflügelte Worte

Ich denke, dem Glücklichen schlägt
keine Stunde, und er soll die glückliche
Stunde nicht abkürzen, auch nicht auf
die Gefahr hin, dabei einmal unpünktlich zu sein.
Theodor Fontane, Von Zwanzig bis Dreißig

Ich glaube, dass das Glück nur in der
heiteren Auffassung des Lebens und in
der Vortrefflichkeit des Herzens und
nicht in den äußeren Umständen liegt.
Fjodor M. Dostojewski, Briefe

Ich habe genossen das irdische Glück,
Ich habe gelebt und geliebet.
Friedrich Schiller, Des Mädchens Klage

Ich habe ja auch kein Glück.
Es zerbricht, wo ich es anfasse.
Franziska Gräfin zu Reventlow, Tagebücher

Ich habe noch nicht einmal das Glück
gehabt, einen Zug zu verpassen,
der verunglückt wäre.
Jules Renard, Ideen, in Tinte getaucht.
Aus dem Tagebuch von Jules Renard

Ich habe nur ein Ziel:
Mein Glück für das eines anderen
zu opfern, und vielleicht dadurch
selber glücklich zu werden.
Alma Mahler-Werfel, Mein Leben

Ich meine, es sei besser, ungestüm als vorsichtig zu sein, denn das Glück ist ein Weib; wer es bezwingen will, muss es prügeln und strafen.
Niccolò Machiavelli, Der Fürst

Ich nenne nämlich Glück nur die vollen und überschwänglichen Genüsse, die in dem erfreulichen Anschauen der moralischen Schönheit unseres eigenen Wesens liegen.
Heinrich von Kleist, Briefe

Im endlosen Wechsel neuer Gestalten flicht die bildende Zeit den Kranz der Ewigkeit, und heilig ist der Mensch, den das Glück berührt, dass er Früchte trägt und gesund ist.
Friedrich Schlegel, Lucinde

Im Glück wird man vergesslich.
Menandros, Monostichoi

Im Glück zeitigt schon eine Lehmpille Wunder, im Unglück vermag auch das Elixier der Genien nichts auszurichten.
Chinesisches Sprichwort

Im Reiche der Wirklichkeit ist man nie so glücklich wie im Reiche der Gedanken.
Arthur Schopenhauer

Im Vorgefühl
von solchem hohen Glück
Genieß ich jetzt
den höchsten Augenblick.
Johann Wolfgang von Goethe, Faust II (Faust)

In allen Revolutionen war die Utopie, die Phantasie von einer glücklichen Gesellschaft, immer die stärkste Kraft.
Ludwig Marcuse, Argumente und Rezepte. Ein Wörter-Buch für Zeitgenossen

In den meisten Fällen
ist Glück kein Geschenk,
sondern ein Darlehen.
Albrecht Goes

In den menschlichen Dingen ist ein Kreislauf, er geht um und lässt nicht immer dieselben glücklich sein.
Herodot, Historien

In der Jugend glaubt man das Glück zwingen zu können. Später zwingt man sich, an das Glück zu glauben.
Salvatore Quasimodo

In einer glücklichen Welt käme die Idee des Vergnügens gar nicht auf, das Glück wäre das Leben selbst.
Sully Prudhomme, Intimes Tagebuch

In jeder Kunst gibt es Regeln, und nur für die Weise, glücklich zu leben, soll es keine Ratschläge geben?
Erasmus von Rotterdam,
Handbüchlein eines christlichen Streiters

In toller Verkehrtheit des Begriffes »Glück« jagten Völker, jagt fast die Menschheit in zitternder Hast nach der Wechselmarter Erwerben und Verzehren, indem ihm sein einzig Glück aus den Händen fällt: Hold und selig zu spielen im Sonnenschein der Güte Gottes wie der Vogel in den Lüften: selig und arm, – nein, nicht arm; denn zum Bedürfnis ist eine Überfülle da, und reich und glücklich macht die Liebe und die Fröhlichkeit der tausend um uns herum Mitspielenden.
Adalbert Stifter, Aussicht und Betrachtungen von der Spitze des St. Stefans-Turmes

Ist das Leben unglücklich,
so ist es mühselig zu ertragen;
ist es glücklich, so ist es furchtbar,
es zu verlieren.
Beides kommt aufs Gleiche heraus.
Jean de La Bruyère, Die Charaktere

Ist sonach der Charakter der ersten Lebenshälfte unbefriedigte Sehnsucht nach Glück, so ist der der zweiten Besorgnis vor Unglück. Denn mit ihr ist, mehr oder weniger deutlich, die Erkenntnis eingetreten, dass alles Glück chimärisch, hingegen das Leiden real sei.
Arthur Schopenhauer, Aphorismen zur Lebensweisheit

Ja, es ist kein Unglück,
das Glück verloren zu haben,
das erst ist ein Unglück,
sich seiner nicht mehr zu erinnern.
Heinrich von Kleist, Briefe
(an Adolphine von Werdeck, 28./29. Juli 1801)

Je dümmer der Mensch,
desto größer das Glück.
Deutsches Sprichwort

Je enger unser Gesichts-, Wirkungs- und Berührungskreis, desto glücklicher sind wir: je weiter, desto öfter fühlen wir uns gequält oder geängstigt.
Arthur Schopenhauer, Aphorismen zur Lebensweisheit

Je glücklicher du bist,
umso weniger kostet es,
dich zugrunde zu richten.
Friedrich Hölderlin, Hyperion

Je mehr Feind, je mehr Glück.
Georg von Frundsberg, überliefert bei Julius Wilhelm Zincgref (Apophthegmata)

Je mehr sich Glück auf Glück häuft, desto mehr Gefahren laufen sie, auszugleiten und alle miteinander niederzustürzen.
Baltasar Gracián y Morales,
Handorakel und Kunst der Weltklugheit

Jeder glückliche Augenblick ist eine Gnade und muss zum Danke stimmen.
Theodor Fontane, Briefe

Jeder Glückliche kann, wenn sich das Rad des Schicksals dreht, vor dem Abend zum Allerelendsten werden.
Ammianus Marcellinus, Römische Geschichte

Jeder ist seines Glückes Schmied.
Deutsches Sprichwort

»Jeder ist seines Glückes Schmied«? Die meisten von uns sind der Amboss.
Hans-Horst Skupy

Jeder träumt sich sein Glück
und hält sich selbst für ein Wunder.
Baltasar Gracián y Morales,
Handorakel und Kunst der Weltklugheit

Jeder will Ordnung und Glück,
trotzdem liegen sich alle in den Haaren.
Thornton Wilder

Jedes Neue,
auch das Glück,
erschreckt.
Friedrich Schiller, Die Braut von Messina (Carlos)

Just ging ein Glück vorüber,
als ich schlief,
Und wie ich träumte, hört ich nicht:
Es rief.
Rainer Maria Rilke, Larenopfer

Kann auch die reinste Seele sich zu ihrem Glücke nicht selbst genug sein, so ist es noch weit richtiger zu sagen, dass alle Seligkeit der Erde nicht eines verderbten Herzens Glück machen kann.
Jean-Jacques Rousseau,
Julie oder Die neue Héloïse (Julie)

Kann es da jemals Glück geben, wo nichts als Schande und Reue herrscht?
Jean-Jacques Rousseau,
Julie oder Die neue Héloïse (Julie)

Kann man auch nur den Gedanken wagen, glücklich zu sein, wenn alles in Elend darnieder liegt?
Heinrich von Kleist, Briefe
(an Marie von Kleist, Juni 1807)

Kehr in dich still zurück,
Ruh in dir selber aus,
So fühlst du höchstes Glück.
Friedrich Rückert, Gedichte

Kein Schmerz
erträgt sich schwerer,
Als sich erinnern
an die Zeit des Glücks.
Dante Alighieri, Die Göttliche Komödie

Kein verkehrter Weg zum Glück
als das Leben in der großen Welt
in Saus und Braus (high life).
Arthur Schopenhauer, Aphorismen zur Lebensweisheit

Kommt zu einem schmerzlosen
Zustand noch die Abwesenheit
der Langeweile, so ist das irdische
Glück im Wesentlichen erreicht:
Denn das Übrige ist Chimäre.
Arthur Schopenhauer, Aphorismen zur Lebensweisheit

Könnte ich leben, ohne zu arbeiten,
ich wäre das glücklichste Wesen
unter der Sonne.
Franziska Gräfin zu Reventlow, Tagebücher

Krone des Lebens,
Glück ohne Ruh,
Liebe, bist du!
Johann Wolfgang von Goethe, Rastlose Liebe

Kummer lässt sich allein tragen.
Für das Glück sind
zwei Menschen erforderlich.
Elbert Hubbard

Kurz scheint das Leben
dem Glücklichen, doch wer im Elend,
Dem scheint selbst eine Nacht
unendlich lange zu währen.
Lukian, Epigramme

Lächeln ist das Kleingeld des Glücks.
Heinz Rühmann

Lass uns glücklich und arm sein;
oh, welche Schätze werden wir uns
dann erworben haben!
Jean-Jacques Rousseau,
Julie oder Die neue Héloïse (Saint-Preux)

Leben erhalten ist das einzige Glück.
Albert Schweitzer,
Straßburger Predigten 1900–1919, 23. Februar 1919

Leicht ist ein schöner Zustand zerstört,
während man ihn auf schwer erreicht.
Wer sich wohl befindet, tue darum alles,
um dieses Glück nicht zu verlieren.
Francesco Guicciardini, Ricordi

Leise, leise! Stille, Stille!
Das ist erst das wahre Glück.
Johann Wolfgang von Goethe, Loge

Lerne, großes Glück zu ertragen!
Horaz, Lieder

Liebe, Glück und Wind
ziehn vorüber geschwind.
Sprichwort aus Spanien

Liebe und Bildung sind zwei
unerlässliche Bedingungen
meines künftigen Glückes.
Heinrich von Kleist, Briefe
(an Wilhelmine von Zenge, 13. November 1800)

Liegt dir gestern klar und offen,
Wirkst du heute kräftig frei,
Kannst auch auf ein Morgen hoffen,
Das nicht minder glücklich sei.
Johann Wolfgang von Goethe, Sprüche

Mächte des Himmels!
Für den Gram hatte ich eine Seele,
gebt mir nun eine für das Glück!
Jean-Jacques Rousseau,
Julie oder Die neue Héloïse (Saint-Preux)

Man bedarf weit größerer Kraft, das
Glück zu ertragen als das Unglück.
François de La Rochefoucauld, Reflexionen

Man hat nur an so viel Freude
und Glück Anspruch,
als man selbst gewährt.
Ernst von Feuchtersleben, Aphorismen

Man hat sein Glück nicht gemacht,
vermag man nicht, es zu genießen.
Luc de Clapiers Marquis de Vauvenargues,
Reflexionen und Maximen

Man ist glücklich oder unglücklich
durch eine Menge von Dingen,
die nicht ans Tageslicht kommen,
über die man nicht spricht
und nicht sprechen kann.
Chamfort, Maximen und Gedanken

Man ist nie so unglücklich,
wie man glaubt,
und nie so glücklich,
wie man gehofft hat.
François de La Rochefoucauld, Unterdrückte Maximen

Man ist nur glücklich durch das, was
man fühlt, und nicht durch das, was
man ist.
Sully Prudhomme, Gedanken

Man muss glücklich sein, lieber Emile;
das ist der Endzweck eines jeden
fühlenden Wesens; das ist die erste
Begierde, die uns die Natur eingeprägt
hat, und die einzige, die uns niemals
verlässt.
Jean-Jacques Rousseau, Emile

Man muss nur warten können,
das Glück kommt schon.
Paula Modersohn-Becker, Briefe
(an die Schwester, 18. November 1906)

Man müsste die Menschen vom Glück
überzeugen, das sie, selbst wenn sie es
genießen, nicht sehen.
Charles de Secondat, Baron de la Brède
et de Montesquieu, Meine Gedanken

Man sollte nicht sprechen
von der Kunst, glücklich zu sein,
sondern von der Kunst,
sich glücklich zu fühlen.
Marie von Ebner-Eschenbach, Aphorismen

Man trägt zum Glück anderer
Menschen gerade so viel bei,
als man selber an Glück
sich erworben hat.
Eugen Drewermann, Kleriker

Man verbringt die eine Hälfte
des Lebens damit, sich das Glück
zu erhoffen, und die andere,
eine Hoffnung zu vermissen.
Théodore Jouffroy, Das grüne Heft

Man versucht sein Glück
gewöhnlich mit Talenten,
die man nicht hat.
Luc de Clapiers Marquis de Vauvenargues,
Unterdrückte Maximen

Man weiß es ja, doch niemals
glaubt's das Herz hinlänglich,
Dass Liebe flüchtig ist
und Erdenglück vergänglich.
Carl Spitteler, Olympischer Frühling

Man weiß selten, was Glück ist, aber
man weiß meistens, was Glück war.
Françoise Sagan

Mancher versäumt das kleine Glück,
während er vergeblich
auf das große wartet.
Pearl S. Buck

Materielles Glück
erwirbt man sich immer nur
auf Kosten anderer.
Geistiges Glück immer
durch Beglückung anderer.
Leo N. Tolstoi, Tagebücher (1894)

Materielles Glück
wird durch Erfahrung gewonnen
und nicht durch Theorie.
Leo N. Tolstoi, Tagebücher (1889)

Mein Sohn, bedenkt,
dass es ohne Tugend
kein Glück gibt.
Voltaire, Geschichte von Jenni

Meine Leiden sind das Werk der Natur,
mein Glück aber ist mein Werk.
Jean-Jacques Rousseau,
Dritter Brief an Malesherbes (26. Januar 1762)

Meiner Meinung nach macht das
»glücklich leben« die menschliche
Glückseligkeit aus und nicht,
wie Antisthenes sagte,
das »glücklich sterben«.
Michel Eyquem de Montaigne, Die Essais

Möglichst viel Glück, sagt man. Aber
wie, wenn die höchste Glücksempfin-
dung einen Menschen voraussetzte,
der auch Allertiefstes gelitten haben
muss? Wenn Glücksgefühl überhaupt
erst möglich wäre in einem durch Lust
und Unlust gereiften Herzen? Wer
möglichst viel Glücksmöglichkeiten
fordert, muss auch möglichst viel
Unglück fordern oder er negiert ihre
Grundbedingungen.
Christian Morgenstern, Stufen

Müsst Euer Glück nicht
auf die Jüngsten setzen.
Die Angejahrten
wissen Euch zu schätzen.
Johann Wolfgang von Goethe, Faust II (Mephisto)

Nach dem Glück
wird unsrer Weisheit Maß geschätzt.
Euripides, Der bekränzte Hippolytos (Amme)

Nehmen Sie einem Durchschnittsmenschen die Lebenslüge,
und Sie nehmen ihm zu gleicher Zeit
das Glück.
Henrik Ibsen, Die Wildente (Relling)

Nein, mein süßer Freund, nein, wir wollen nicht aus diesem kurzen Leben gehen, ohne wenigstens einen Augenblick das Glück verspürt zu haben.
Jean-Jacques Rousseau,
Julie oder Die neue Héloïse (Julie)

Nicht glücklich
ist ein schlechter Mensch,
auch wenn er Glück hat.
Menandros, Monostichoi

Nicht glücklich ist,
wer nicht glücklich zu sein glaubt.
Publilius Syrus, Sentenzen

Nicht hält es einen Schlag aus, das unangefochtene Glück; aber wer ständig mit den eigenen Widerständen streitet, bildet durch Unannehmlichkeit eine Hornhaut aus, und er weicht keiner Drangsal, sondern auch wenn er zu Boden gefallen ist, kämpft auf den Knien weiter.
Lucius Annaeus Seneca, Über die Vorsehung

Nicht soll dich das Glück
zu Hochmut verleiten,
noch das Unglück dich
zu seinem Sklaven machen.
Euripides, Fragmente

Nichts Ewiges kann
das Glück uns geben,
Denn flüchtiger Traum
ist Menschenleben,
Und selbst die Träume
sind ein Traum.
Pedro Calderón de la Barca,
Das Leben ein Traum (Sigismund)

Nichts ist leichter zu zerstören als das Glück eines Menschen. Es ist das Ergebnis einer unendlichen Reihe von Ursachen und schwer zu fassenden und doch sehr tief reichenden Bedingungen.
Sully Prudhomme, Intimes Tagebuch

Nichts ist wahrem Glück so sehr
im Wege wie die Gewohnheit,
etwas von der Zukunft zu erwarten.
Leo N. Tolstoi, Tagebücher (1853)

Nichts macht so alt wie Glück.
Oscar Wilde

Nie waltet
Im Leben das Glück
lauter und frei
vom Leide.
Sophokles, Antigone

Niemand ist vor seinem Tod glücklich
zu preisen? Weshalb eigentlich nicht?
Das Glück ist doch kein Kontinuum!
Ludwig Marcuse, Argumente und Rezepte.
Ein Wörter-Buch für Zeitgenossen

Niemand kann
sein Glück genießen,
ohne daran zu denken,
dass er es genießt.
Samuel Johnson, The Rambler

Niemand würde einen Menschen glücklich nennen, der keinen Funken von Tapferkeit, von Selbstzucht, von Gerechtigkeit und vernünftiger Besonnenheit besäße, sondern sich vor den vorbeifliegenden Mücken fürchten, sich im Essen und Trinken keine Lust, keinen Exzess versagen, seine liebsten Freunde um ein paar Pfennige verraten würde und hinsichtlich des Verstandes so töricht und Täuschungen so zugänglich wäre wie ein kleines Kind oder ein Verrückter.
Aristoteles, Älteste Politik

Nimm einem Durchschnittsmenschen
seine Lebenslüge, und du nimmst ihm
zugleich sein Glück.
Henrik Ibsen

Nun schaut der Geist
nicht vorwärts, nicht zurück;
Die Gegenwart allein
Ist unser Glück.
Johann Wolfgang von Goethe, Faust II
(Faust und Helena)

Nur die Würdigkeit, glücklich zu sein,
ist das, was der Mensch erringen kann.
Immanuel Kant

Nur immer geradeaus,
und führt es nicht zum Glück,
so führt es sicher doch zu dir zurück.
Emil Gött, Zettelsprüche. Aphorismen

O Schicksal,
gib mir zu so vielem
und so großem Glück
auch ein kleines Unglück!
König Philipp II. von Makedonien, überliefert bei Plutarch (Denksprüche)

O wünsche nichts vorbei
und nichts zurück!
Nur ruhiges Gefühl
der Gegenwart ist Glück.
Friedrich Rückert, Gedichte

Ob es nicht vielleicht das Vollkommenste ist, was wir Menschen erleben können, zugleich einen tiefen, nagenden Schmerz und die lichte sonnige Freude – eine lachende Liebe und eine dunkle schwere Leidenschaft.
Franziska Gräfin zu Reventlow, Tagebücher

Obgleich alles Maßlose schadet, ist am gefährlichsten Übermaß an Glück: Es erregt das Gehirn, zu nichtigen Phantasien reizt es die Seele, dichtes Dunkel breitet es über die Grenze zwischen Falsch und Echt.
Lucius Annaeus Seneca, Über die Vorsehung

Ohne den inneren Frieden werden wir niemals glücklich werden, werden wir niemals die Zufriedenheit gewinnen, die die Grundlage des Glückes auf Erden ist. Es ist nicht nötig, immer wieder der Abwechslung, der Zerstreuung, dem Vergnügen nachzustreben.
Konrad Adenauer,
Rundfunkansprache, Weihnachten 1954

Ohne Wahl verteilt die Gaben,
Ohne Billigkeit das Glück.
Friedrich Schiller, Das Siegesfest

Plötzliches Glück aller Art ist auf schwankenden Grund gebaut,
weil es selten verdient ist.
Die Früchte der Arbeit
und Klugheit reifen spät.
Luc de Clapiers Marquis de Vauvenargues,
Reflexionen und Maximen

Positives Glück gibt es
auf Erden nicht.
Irdisches Glück heißt:
Das Unglück besucht uns
nicht zu regelmäßig.
Karl Gutzkow, Vom Baum der Erkenntnis

Recht hat, wer glücklich ist!
Leo N. Tolstoi, Tagebücher (1863)

Schlaf ist das einzige Glück,
das man erst recht genießt,
wenn es vorbei ist.
Alfred Polgar, Kleine Schriften, Band 3. Irrlicht

Schlimmer betrogen, wer aus Angst vor Enttäuschung immer wieder sein Glück versäumte, als wer jede Möglichkeit eines Glücks ergriff, selbst die Gefahr hin, es könnte wieder nicht das wahre gewesen sein.
Arthur Schnitzler, Buch der Sprüche und Bedenken

Schweigen ist
die wesentlichste Bedingung
des Glücks.
Heinrich Heine, Elementargeister

Segelnd im Glücke zerschellt
Menschengeschick
an verborgener Klippe.
Aischylos, Agamemnon

Sei gerecht,
und du wirst glücklich sein.
Jean-Jacques Rousseau, Emile

Sei wieder ruhig, sei heiter, und
bringe mir das einzig seelige Gefühl,
dass du zufrieden bist. Und gib auch
mir meine Ruhe wieder, dann gewiss,
dann gewiss werde ich glücklich sein.
Susette Gontard, Briefe
(an Friedrich Hölderlin Dezember 1798)

Sein Glück schafft sich jeder selbst.
Titus Maccius Plautus, Der's für einen Dreier tut

Seine Lebensgefährtin
glücklich zu machen,
das ist der schönste Ruhmestitel,
den man im Tale Josaphat
erwerben kann.
Honoré de Balzac, Physiologie der Ehe

Selbst im Augenblick
des höchsten Glücks
und der höchsten Not
bedürfen wir des Künstlers.
Johann Wolfgang von Goethe,
Die Wahlverwandtschaften

Selten ist derselbe Mensch
glücklich und alt.
Lucius Annaeus Seneca, Herkules auf dem Oeta

Sich glücklich fühlen können
auch ohne Glück – das ist Glück.
Marie von Ebner-Eschenbach, Aphorismen

Sie, die Frauen, finden oft das Glück
in den Armen des Mannes,
den sie anbeten.
Wir dagegen finden es
selbst an der Seite einer willigen Frau,
die uns missfällt.
Denis Diderot, Über die Frauen

Sie fragen, wie man zu solch
einem großen Vermögen kommt?
Man muss einfach Glück haben!
Voltaire, Jeannot und Colin

So übe ich mich unaufhörlich darin,
das wahre Glück von allen äußeren
Umständen zu trennen und es nur als
Belohnung und Ermunterung an die
Tugend zu knüpfen. Da erscheint es
in schönerer Gestalt und auf sicherem
Boden.
Heinrich von Kleist, Briefe

So viel Glück habe ich mir
nicht träumen lassen,
als ich noch das hässliche Entlein war!
Hans Christian Andersen, Das hässliche Entlein

Solang man trinken kann,
lässt sich's noch glücklich sein.
Johann Wolfgang von Goethe,
Die Mitschuldigen (Söller)

Soll ich das stolze, grausame,
blinde Glück nicht hassen,
das mit uns Menschen
nach Willkür spielt?
Francesco Petrarca,
Gespräche über die Weltverachtung (Franciscus)

Sollt' ein schönes Glück mich kränken,
Weil es allzu rasch entfloh?
Kurz Begegnen, lang Gedenken
Macht die Seele reich und froh.
Emanuel Geibel, Sprüche

Sollte ich glücklich sein,
so müssten es erst
alle anderen Menschen
um mich her sein.
Gerhart Hauptmann, Vor Sonnenaufgang (Loth)

Stets aber glücklich zu sein und ohne
Schmerz durch das Leben zu gehen
heißt, nur eine Seite der Natur
zu kennen.
Lucius Annaeus Seneca, Über die Vorsehung

Suche im Leid das Glück.
Fjodor M. Dostojewski, Die Brüder Karamasow

Tiefes Glück
ist Gegenwart ohne Denken.
Oswald Spengler, Urfragen.
Fragmente aus dem Nachlass

Über-, doppelt und mehrfach glücklich,
wer auf Gold und Kleinodien tritt!
Lucius Apuleius, Der goldene Esel

Übermäßiges Glück
und übermäßiges Leid
übersteigen beide
unsere Aufnahmefähigkeit.
François de La Rochefoucauld, Reflexionen

Um glücklich in der Welt zu leben,
muss man gewisse Seiten seines Seelenlebens völlig ausschalten können.
Chamfort, Maximen und Gedanken

Um glücklich zu sein,
muss man das Unglück meiden,
um fröhlich zu sein,
muss man die Langeweile meiden.
Leo N. Tolstoi, Tagebücher (1852)

Um glücklich zu sein,
muss man seine Vorurteile abgelegt
und seine Illusionen behalten haben.
Gabrielle Marquise du Châtelet

Um uns ein Glück,
das uns gleichgültig scheint,
recht fühlbar zu machen,
müssen wir immer denken,
dass es verloren sei
und dass wir es
in diesem Augenblick
wieder erhielten.
Georg Christoph Lichtenberg, Sudelbücher

Und doch, welch Glück,
geliebt zu werden!
Und lieben, Götter,
welch ein Glück!
Johann Wolfgang von Goethe,
Willkommen und Abschied

Und hat er Glück,
so hat er auch Vasallen.
Johann Wolfgang von Goethe, Faust II (Mephisto)

Und ich sah bald aus meiner eigenen
Erfahrung, dass die Quelle des wahren
Glücks in uns selbst liegt und dass es
nicht in der Menschen Gewalt steht,
den, der es versteht, glücklich sein zu
wollen, wahrhaft elend zu machen.
Jean-Jacques Rousseau,
Träumereien eines einsamen Spaziergängers

Und im Glück, im Genuss
wird der Mensch nicht wachsen,
in dem will er immer stillstehen.
Bettina von Arnim, Die Günderode

Und keiner darf vor seinem Tod
und seinem letzten Geleit
glücklich genannt werden.
Ovid, Metamorphosen

Unglück, also Pech, zu haben,
ist ärgerlich, doch Glück, also Dusel,
zu haben, ist irgendwie beschämend.
Jules Renard, Ideen, in Tinte getaucht.
Aus dem Tagebuch von Jules Renard

Unglück stützt sich auf das Glück,
Glück liegt verborgen im Unglück,
wer weiß, wo sie enden!
Lao-tse, Dao-de-dsching

Unglück verlängert das Leben,
Glück verkürzt es.
Sprichwort aus Estland

Unsere lichten Augenblicke
sind Augenblicke des Glücks,
ist es hell in unserem Geist,
so ist es schön in ihm.
Joseph Joubert, Gedanken, Versuche und Maximen

Unter allen Mitteln,
sein Glück zu machen,
ist das kürzeste und beste das:
die Leute klar erkennen zu lassen,
dass es in ihrem Interesse liege,
euch Gutes zu erweisen.
Jean de La Bruyère, Die Charaktere

Vergnügen ist das Einzige,
wofür man leben sollte.
Nichts macht so alt wie Glück.
Oscar Wilde,
Sätze und Lehren zum Gebrauch für die Jugend

Vergnügen
kann ein Fließbanderzeugnis sein.
Glück niemals.
John Steinbeck

Vermehrung des menschlichen Glücks
wird nur durch Vermehrung der Liebe
möglich.
Leo N. Tolstoi, Tagebücher (1903)

Vermutlich bin ich so glücklich,
weil ich nie zufrieden bin.
Peter Ustinov, Peter Ustinovs geflügelte Worte

Vernunft und Freiheit und Fortschritt
haben in sich nichts Herrliches,
wenn von ihrer Beziehung zum Glück
des Menschen abgesehen wird.
Ludwig Marcuse, Argumente und Rezepte.
Ein Wörter-Buch für Zeitgenossen

Vernunft und Liebe hegen jedes Glück,
Und jeden Unfall mildert ihre Hand.
Johann Wolfgang von Goethe,
Die natürliche Tochter (Gerichtsrat)

Vernunft und Überspanntheit, Tugend
und Laster können glücklich machen.
Zufriedenheit ist noch kein Anzeichen
von Verdienst.
Luc de Clapiers Marquis de Vauvenargues,
Reflexionen und Maximen

Viel besser ohne Glück,
als ohne Liebe sein.
Christian Fürchtegott Gellert, Fabeln und Erzählungen

Viele, die richtig prophezeit
zu haben scheinen,
haben nur aufs richtige Pferd gesetzt.
Ludwig Marcuse, Argumente und Rezepte.
Ein Wörter-Buch für Zeitgenossen

Vielen gibt das Glück allzu viel,
keinem genug.
Martial

Von allen, die auf Erden
ich gekannt,
Ich nur zwei Arten Menschen
glücklich fand:
Den, der der Welt Geheimnis
tief erforscht,
Und den, der nicht ein Wort
davon verstand.
Omar e-Chajjam, Rubaijat

Von außen
kommt dem Menschen
nie sein Glück.
Leopold Schefer, Laienbrevier

Von Jugend auf verwöhnt
durchs Glück und seine Gaben,
Hat man so viel man braucht
und glaubt, noch nichts zu haben.
Johann Wolfgang von Goethe,
Die Mitschuldigen (Sophie)

Von Liebe träumen
heißt von allem träumen,
sie ist das Unendliche im Glück,
das Mysterium in der Lust.
Gustave Flaubert, November

Wäre das Glück
in leiblichen Lüsten,
so hätten wir das Vieh
glücklich zu nennen,
wenn es Erbsen
zu fressen findet.
Heraklit, Fragmente

Wäre ich doch so glücklich,
wie ich reinen Herzens bin!
Ovid, Briefe aus der Verbannung

Wäre ich Narr genug,
noch an das Glück zu glauben,
so würde ich es
in der Gewohnheit suchen.
François René Vicomte de Chateaubriand,
Der Geist des Christentums

Wäre ich schlecht gewesen
wie so viele andere,
ich könnte heute
so glücklich sein wie diese.
Voltaire, Zadig

Warum haben wir unser Glück
nicht bis zur letzten Tiefe genossen,
als es durch unsere Hände glitt?
Gustave Flaubert, November

Was für ein Glück, fern von achtspurigen Highways und Supermärkten zu sein, da, wo Straßen für Fahrräder und junge Liebende gemacht sind, wo Blumen die Lenkstangen und Ampeln schmücken.
Sylvia Plath, Briefe nach Hause (25. September 1955)

Was gibt es Höheres als das Glück?,
wird man sagen.
Man muss jedoch wissen, was
unter diesem Wort zu verstehen ist.
Germaine Baronin von Staël, Über Deutschland

Was gibt Glück uns und andern? Fest
sein und stetig sein, stetig im Guten.
Theodor Fontane, Vor dem Sturm

Was ist das höchste Glück
des Menschen,
als dass wir das ausführen,
was wir als recht und gut einsehen?
Dass wir wirklich Herren
über die Mittel zu unseren Zwecken
sind?
Johann Wolfgang von Goethe, Wilhelm Meisters Lehrjahre

Was ist der Erde Glück?
– Ein Schatten!
Was ist der Erde Ruhm?
– Ein Traum!
Franz Grillparzer, Das goldene Vließ – Medea (Medea)

Was man auch an
Begierden wegräumt,
der Raum wird immer
vom Glück ausgefüllt.
Mahabharata, Buch 12

Was vergänglich ist und dem Zufall
unterworfen, kann nie Quelle des
Glücks sein; man darf das Glück,
wenn es von Dauer sein soll, nicht
mit dem notwendigerweise flüchtigen
Vergnügen verwechseln. Wir müssen
also das Glück in den unzerstörbaren
Dingen suchen.
Sully Prudhomme, Gedanken

Was wir auch in dieser Welt erlangen
mögen, ist doch die Liebe das höchste
Glück.
Philipp Otto Runge,
An David Runge (21. November 1801)

Weder durch den Leib
noch durch Geld und Gut
sind die Menschen glücklich,
sondern durch Rechtlichkeit
und Verstand.
Demokrit, Fragment 40

Welch ein unsägliches Glück
mag in dem Bewusstsein liegen,
seine Bestimmung ganz nach
dem Willen der Natur zu erfüllen.
Heinrich von Kleist, Briefe
(an Wilhelmine von Zenge, 10. Oktober 1801)

Wem das Glück wohl will,
dem will niemand übel.
Deutsches Sprichwort

Wen das Glück
in die Höhe hebt,
den will's werfen.
Deutsches Sprichwort

Wenig und oft geben,
ist ein untrügliches Mittel,
die Menschen glücklich zu machen.
König Friedrich der Große,
Politisches Testament (1752)

Wenige haben Glück, alle den Tod.
Sprichwort aus Dänemark

Wenn alle Menschen sich immer
gegenseitig beistünden,
dann bedürfte niemand des Glückes.
Menandros, Fragmente

Wenn du etwas Glück
dein Eigen nennst, verheimliche es.
Saul Bellow

Wenn es auf der Erde
nur ein einziges Beispiel
des Glücks gibt,
so findet es sich in einem
rechtschaffenen Menschen.
Jean-Jacques Rousseau,
Julie oder Die neue Héloïse (Julie)

Wenn es den Menschen glücklich geht,
so können sie niemals satt bekommen.
Herodot, Historien

Glück

Wenn ihr glaubtet,
glücklich zu sein,
so wäret ihr es auch.
Voltaire, Der Mann mit den vierzig Talern

Wenn jemand das Glück überall,
nur nicht in der Liebe sucht,
sucht er gleichsam im Finstern
nach einem Weg.
Leo N. Tolstoi, Tagebücher (1900)

Wenn jemand sagt: Ich bin glücklich,
so meint er damit ganz einfach:
Ich habe zwar Ärger,
aber der lässt mich kalt.
Jules Renard, Ideen, in Tinte getaucht.
Aus dem Tagebuch von Jules Renard

Wenn man den Zustand eines Menschen, seiner Glücklichkeit nach,
abschätzen will, soll man nicht
fragen nach dem, was ihn vergnügt,
sondern nach dem, was ihn betrübt:
Denn je geringfügiger dieses,
an sich selbst genommen, ist,
desto glücklicher ist der Mensch.
Arthur Schopenhauer, Aphorismen zur Lebensweisheit

Wenn man glücklich ist,
soll man nicht noch glücklicher
sein wollen.
Theodor Fontane, Unwiederbringlich

Wenn man nur glücklich sein wollte,
das wäre bald getan. Aber man will
immer glücklicher sein als die anderen, und das ist fast immer schwierig,
weil wir die anderen für glücklicher
halten, als sie sind.
Charles de Secondat, Baron de la Brède
et de Montesquieu, Meine Gedanken

Wenn wir glücklich sind,
sind wir immer gut,
aber wenn wir gut sind,
sind wir nicht immer glücklich.
Oscar Wilde, Das Bildnis des Dorian Gray

Wenn wir nur bedächten,
wie oft wir schon Glück gehabt haben,
ohne es zu verdienen,
dürften wir uns eigentlich
nicht mehr beklagen.
Jules Renard, Ideen, in Tinte getaucht.
Aus dem Tagebuch von Jules Renard

Wer dem Glück entsagt,
Hat das Glück erjagt.
Ernst Ziel, Moderne Xenien

Wer ein heimisch Glück gefunden,
Warum sucht er's dort im Blauen?
Johann Wolfgang von Goethe, Wanderlied

Wer Glück hat,
dem kommt selbst die Ameise
zu Hilfe.
Sprichwort aus Spanien

Wer Glücklich ist, der ist auch gut,
Das zeigt auf jeden Schritt sich;
Denn wer auf Erden Böses tut,
Trägt seine Strafe mit sich.
Friedrich von Bodenstedt, Mirza Schaffy

Wer glücklich lebt,
weiß nicht,
was Glück bedeutet.
Chinesisches Sprichwort

Wer im Glück ist, denkt ihm nicht
nach. Wer mit dem Unglück vertraut
ist, redet von Glück wie einer, dem
Zunge und Gaumen verbrannt sind,
vom Wasser (...).
Ludwig Marcuse, Argumente und Rezepte.
Ein Wörter-Buch für Zeitgenossen

Wer ist glücklich?
Die Götter wissen es,
denn sie blicken
ins Herz der Weisen,
der Könige und der Hirten.
Charles de Secondat, Baron de la Brède
et de Montesquieu, Meine Gedanken

Wer liebt, sucht nicht das Glück,
sondern das Unglück.
Marcel Proust

Wer meint, er sei nicht zum Glück
geboren, könnte doch wenigstens am
Glück seiner Freunde oder Angehörigen teilhaben. Aber Missgunst raubt
ihm auch diese letzte Möglichkeit.
Jean de La Bruyère, Die Charaktere

Wer möchte, wenn er darauf sieht,
glücklich und selig zu sein vermeinen
von uns, die wir gleich von Anfang an
von Natur in einem Zustand sind, als
ob wir alle zur Strafe da wären, wie
man in den Mysterien sagt?
Aristoteles, Protreptikos

Wer Schaden litt, erwarb auch Spott:
Wem Glück zuteil ward, dem half Gott.
Wolfram von Eschenbach, Parzival

Wer schlafen kann, darf glücklich sein.
Erich Kästner, Dr. Erich Kästners lyrische Hausapotheke

Wer seines Glücks sich überschätzt,
Sich wähnt auf höchsten Thron gesetzt,
Den trifft der Hammer doch zuletzt.
Sebastian Brant, Das Narren Schyff

Wer sich am wenigsten auf das Glück
verlässt, behauptet sich am besten.
Niccolò Machiavelli, Der Fürst

Wer sich nicht glücklich machen kann,
kann wenigstens verdienen, es zu sein.
Jean-Jacques Rousseau,
Julie oder Die neue Héloïse (Saint-Preux)

Wer viel von sich selbst verlangt,
dem wird viel Glück zuteil.
Chinesisches Sprichwort

Wer wahrhaft glücklich sein will,
muss zu Hause bleiben.
Sprichwort aus Griechenland

Wer's Glück hat, dem fliegen die Enten
gebraten ins Maul.
Deutsches Sprichwort

Wie der Tag, so sinkt
und steigt auch wieder
Des Menschen Los.
Sophokles, Aias (Athene)

Wie doch Freude und Glück
einen Menschen schön machen!
Fjodor M. Dostojewski, Helle Nächte

Wie eine Musik aus der Luft
überrascht uns das hohe Glück,
erscheint und verschwindet.
Friedrich Schlegel, Lucinde

Wie eng gebunden
ist des Weibes Glück!
Johann Wolfgang von Goethe,
Iphienie auf Tauris (Iphigenie)

Wie glücklich würde mancher leben,
wenn er sich um anderer Leute Sachen
so wenig bekümmerte als um seine
eigenen.
Georg Christoph Lichtenberg, Sudelbücher

Wie unerträglich sind manchmal
Menschen, die glücklich sind,
denen alles gelingt.
Anton P. Tschechow, Notizbücher

Will das Glück sich mit mir einlassen,
so muss es die Bedingungen annehmen, die mein Charakter ihm stellt.
Chamfort, Maximen und Gedanken

Willst du glücklich sein?
Dann lerne erst leiden.
Iwan S. Turgenjew, Gedichte in Prosa

Willst du glücklich und weise leben, so
hänge dein Herz nur an die Schönheit,
die nicht vergeht.
Jean-Jacques Rousseau, Emile

Willst du immer weiter schweifen?
Sieh, das Gute liegt so nah.
Lerne nur das Glück ergreifen,
Denn das Glück ist immer da.
Johann Wolfgang von Goethe, Erinnerung

Wir bemühen uns weniger,
glücklich zu sein,
als glücklich zu scheinen.
François de La Rochefoucauld,
Nachgelassene Maximen

Wir bilden uns ein, das Recht zu
haben, einen Menschen auf seine
Kosten glücklich zu machen, und
wollen nicht, dass er es selbst hat.
Luc de Clapiers Marquis de Vauvenargues,
Unterdrückte Maximen

Wir hatten nicht darum gebeten,
geboren zu werden, wir hatten
niemanden verraten, wir waren
unschuldige Kreaturen, warum
sollten wir nicht so glücklich sein,
wie wir es verdienten?
Lidia Jorge,
Nachricht von der anderen Seite der Straße

Wir sind nicht glücklich
durch die Tugenden,
die man uns nachrühmt,
sondern durch die Fehler,
die man uns zu haben erlaubt.
Heinrich Waggerl, Nachlass

Wirklich glaubte ich,
ungetrübtes Glück
Sorglos immer zu haben:
Seht, die Hoffnung täuschte mich.
Hartmann von Aue, Iwein

Wirkliches Glück muss von innen
kommen. Einzig die Freude und die
Zufriedenheit, die der inneren Kraft
des Geistes entspringen, sind wahrhaft
und beständig.
Dalai Lama XIV, Yoga des Geistes

Wissen wirklich nur noch die Märchen,
dass einzig die Liebe die Kraft besitzt,
glücklich zu machen?
Eugen Drewermann, Lebenskraft Angst

Wo aber ist das Glück? Wer weiß es?
Ein jeder sucht es, und niemand
findet es. Man braucht sein Leben,
ihm nachzujagen, und man stirbt,
ohne es erreicht zu haben.
Jean-Jacques Rousseau, Emile

Wo das Glück einmal einkehrt,
da greift es leicht um sich.
Gottfried Keller, Zürcher Novellen

Wodurch wird Würd' und Glück
erhalten lange Zeit?
Ich mein', durch nichts mehr
als Bescheidenheit.
Friedrich von Logau, Sinngedichte

Wozu die Tage zählen!
Dem Menschen genügt
ja ein einziger Tag,
um das ganze Glück zu erfahren.
Fjodor M. Dostojewski, Die Brüder Karamasow

Wozu nutzt mir das Glück,
wenn mir nicht gestattet wird,
davon Gebrauch zu machen?
Horaz, Briefe

Zeiten langen Glücks zerrinnen
oft in einem Augenblick,
so wie die heißen Sommertage
von einem Gewittersturm
verweht werden.
Luc de Clapiers Marquis de Vauvenargues,
Reflexionen und Maximen

Zum Glück sind die Menschen
geschaffen, und wer vollkommen
glücklich ist, der ist gewürdigt, sich
selbst sagen zu dürfen: Ich habe das
Gebot Gottes auf dieser Erde erfüllt.
Fjodor M. Dostojewski, Die Brüder Karamasow

Glückseligkeit

Das Wirken der Tugenden
ist deshalb zu loben,
weil es auf Glückseligkeit zielt.
Thomas von Aquin, Summe gegen die Heiden

Denn die Glückseligkeit ist nichts
anderes als die Zufriedenheit des
Gemüts, die aus der intuitiven
Erkenntnis Gottes entspringt.
Baruch de Spinoza, Ethik

Der Begriff Glückseligkeit
meint die äußerste Vollendung
der geistigen Natur.
Thomas von Aquin, Summa theologica

Des menschlichen Lebens
letztes Ziel ist: Glückseligkeit.
Thomas von Aquin, Summa theologica

Die Glückseligkeit ist das Schönste
und Beste von allem und zugleich
die höchste Lust.
Aristoteles, Eudemische Ethik

Die Glückseligkeit ist nicht der Lohn
der Tugend, sondern die Tugend selbst;
und wir erfreuen uns ihrer nicht,
weil wir die Lüste einschränken,
sondern umgekehrt, weil wir uns ihrer
erfreuen, schränken wir die Lüste ein.
Baruch de Spinoza, Ethik

Die Glückseligkeit und das glückliche
Leben dürften sich aber dann einstellen, wenn drei Dinge vorhanden sind,
die die wünschenswertesten zu sein
scheinen: Denn für das höchste Gut
hält man teils die Vernunft, teils die
Rechtschaffenheit, teils die Lust.
Aristoteles, Eudemische Ethik

Ein jeder ordnet, was immer er will,
auf seine Glückseligkeit hin. Diese
selbst ist es, die nicht um etwas
anderen willen ersehnt wird, und
worin die Bewegung der Sehnsucht
zur Ruhe kommt.
Thomas von Aquin, Summe gegen die Heiden

Glückseligkeit (Eudämonie)
ist guter Dämon, gutes Leitvermögen.
Mark Aurel, Selbstbetrachtungen

Glückseligkeit heißt,
seine eigene Glückseligkeit schaffen,
eine andere gibt es nicht.
Leo N. Tolstoi, Tagebücher (1887)

Glückseligkeit
ist vor allem
Maß halten.
Yehudi Menuhin,
Kunst als Hoffnung für die Menschheit

Glückseligkeit und das Streben danach
ist ein edles Ziel der Menschheit,
nirgendwo ist es greifbarer als in
schönen Werken – besonders in der
Musik, die an sich Abstraktion und
Sublimierung aller komplexen und
widerstreitenden Faktoren ist.
Yehudi Menuhin,
Kunst als Hoffnung für die Menschheit

In einer solchen Welt, wo keine Stabi-
lität irgendeiner Art, kein dauernder
Zustand möglich, sondern alles in
rastlosem Wirbel und Wechsel begrif-
fen ist, alles eilt, fliegt, sich auf dem
Seile, durch stetes Schreiten und
Bewegen aufrecht hält – lässt Glück-
seligkeit sich nicht einmal denken.
Arthur Schopenhauer,
Nachträge zur Lehre von der Nichtigkeit des Daseins

Klugheit betrachtet
die Wege zur Glückseligkeit,
Weisheit aber betrachtet
den Inbegriff der Glückseligkeit selbst.
Thomas von Aquin, Summa theologica

Manche Leute nämlich halten die
Bedingungen der Glückseligkeit
für Bestandteile von ihr.
Aristoteles, Eudemische Ethik

O was ist glückseliger,
als frei von Sorgen zu sein!
Catull, Gedichte

Seliges Geschöpf!, das den Mangel
seiner Glückseligkeit einem irdischen
Hindernis zuschreiben kann.
Johann Wolfgang von Goethe,
Die Leiden des jungen Werthers

Viele Menschen meinen,
Glückseligkeit und Glück haben
sei dasselbe.
Aristoteles, Eudemische Ethik

Von dem, was die Weisheit für die
Glückseligkeit des gesamten Lebens
bereitstellt, ist das weitaus Größte
der Erwerb der Freundschaft.
Epikur, Sprüche. In: Briefe, Sprüche, Werkfragmente

Glücksspiel

Beim Hasardspiel
verlieren sogar Götter und Genien.
Chinesisches Sprichwort

Es spielen sich eher zehn arm
als einer reich.
Deutsches Sprichwort

Was man gesagt hat,
gilt so viel wie im Spiel gesetzt.
Chinesisches Sprichwort

Glut

Der Sturm vermehrt die Glut
und die Gefahr.
Johann Wolfgang von Goethe, Ilmenau

Die Leidenschaft ist hart
wie die Unterwelt,
Ihre Gluten sind Feuergluten,
Gewaltige Flammen.
Altes Testament, Hohelied Salomos 8,6

Gnade

Alle natürlichen Bewegungen der
Seele werden von Gesetzen gelenkt,
die denen der materiellen Schwerkraft
analog sind. Die Gnade allein bildet
die Ausnahme.
Simone Weil, Schwerkraft und Gnade

Das Erste,
was die Gnade tut, ist dies:
Sie verleiht göttliches Sein.
Thomas von Aquin,
Kommentar zum Sentenzenbuch des Petrus Lombardus

Das Wort Gnade
In einem sünd'gen Mund
ist nur Entweihung.
William Shakespeare, Heinrich II. (York)

Die Gnade ist ein Bild der Gottheit,
im Menschen kraft Teilhabe anwesend.
Thomas von Aquin, Summa theologica

Die Gnade wird immer in der Welt sein
und die Natur auch, und so wird die
Gnade in gewisser Hinsicht natürlich
sein.
Blaise Pascal, Pensées

Die Gnade zerstört nicht die Natur,
sondern setzt sie voraus
und vollendet sie.
Thomas von Aquin, Über die Wahrheit

Die Reue spricht sich aus,
und du wirst Gnade finden.
Johann Wolfgang von Goethe, Faust II (Erzbischof)

Es gibt verschiedene Gnadengaben,
aber nur den einen Geist.
Neues Testament, Paulus (1 Korinther 12, 4)

Es steht mir nicht zu, die Gerechtigkeit
Gottes und seine Gnade abzuwägen.
Voltaire, Geschichte von Jenni

Feuer, Wasser und Regierungen
kennen keine Gnade.
Sprichwort aus Albanien

Gnade für den Verbrecher kann
Grausamkeit für die Menschen sein.
Sprichwort aus Arabien

Gnade ist besser denn Recht.
Deutsches Sprichwort

Gnade und Tugend bilden die Ordnung
der Natur nach, die kraft göttlicher
Weisheit gegründet ist.
Thomas von Aquin, Summa theologica

Gnade und Ungnade
– Angst machen sie beide.
Lao-tse, Dao-de-dsching

Ich brauche keine Gnade,
ich will Gerechtigkeit.
Gotthold Ephraim Lessing,
Minna von Barnhelm (Tellheim)

Je älter ich werde,
desto tiefer empfinde ich,
alles ist Glück und Gnade,
das Kleine so gut wie das Große.
Theodor Fontane, Briefe

Kein Mensch muss Christ sein,
das ist eine Gnade.
Carl Friedrich von Weizsäcker

Was entscheidet,
ist doch immer die Gnade Gottes.
Und diese Gnade Gottes,
sie geht ihre eigenen Wege.
Es bindet sie keine Regel,
sie ist sich selber Gesetz.
Theodor Fontane, Vor dem Sturm

Wenn jemand in Ungnade fällt,
so erlöschen Hass und Neid;
wer sich nicht mehr durch die Gunst,
die er genießt, erbittert,
kann ruhig recht tun:
Es gibt kein Verdienst, keine Tugend,
die man ihm nicht verziehe.
Er dürfte ungestraft ein Held sein.
Jean de La Bruyère, Die Charaktere

Wenn wir nur Gottes Gnad haben,
da lachen uns alle Kreaturen an.
Wenn ich zum Ziegelstein sage:
Sei ein Smaragd!, so wird es geschehen.
Martin Luther, Tischreden

Wer voller Unschuld ist,
will nichts von Gnade wissen.
Johann Christoph Gottsched,
Der sterbende Cato (Cato)

Goethe,
Johann Wolfgang von

Die Goethebewunderer bilden eine Art
Brüderschaft, deren Losungsworte die
Adepten miteinander bekannt machen.
Germaine Baronin von Staël, Über Deutschland

Goethe hält durch die Macht seiner
Werke die Entwicklung der deutschen
Sprache wahrscheinlich zurück.
Franz Kafka, Tagebücher (1911)

Goethe hat nicht mehr jene hinreißende
Glut, die ihm sein »Werther« eingab,
aber die Wärme seiner Gedanken
genügt noch immer, um allem Leben
zu verleihen. Es hat fast den Anschein,
als werde er nicht mehr vom Leben
berührt und beschreibe es nur als
Maler.
Germaine Baronin von Staël, Über Deutschland

Goethe – kein deutsches Ereignis,
sondern ein europäisches:
ein großartiger Versuch,
das achtzehnte Jahrhundert
zu überwinden durch eine Rückkehr
zur Natur, durch ein Hinaufkommen
zur Natürlichkeit der Renaissance,
eine Art Selbstüberwindung
vonseiten dieses Jahrhunderts.
Friedrich Nietzsche, Götzen-Dämmerung

Goethe könnte ganz für sich allein
die deutsche Literatur repräsentieren:
Nicht dass es keine andern Schriftsteller
gäbe, die ihm nicht in mancher
Beziehung überlegen wären, sondern
weil er allein alles in sich vereint,
was den deutschen Geist auszeichnet.
Germaine Baronin von Staël, Über Deutschland

Goethen hab ich gesprochen, Bruder!
Es ist der schönste Genuss unsers
Lebens, so viel Menschlichkeit
zu finden bei so viel Größe.
Friedrich Hölderlin, Briefe (an Hegel, 26. Januar 1795)

Jede Nation findet einen Genius,
der in ihrem Kostüm die ganze
Menschheit repräsentiert,
die deutsche Goethen.
Friedrich Hebbel, Tagebücher

Lese Goethe und erkenne,
welch schädliche Wirkung
dieser seichte, bürgerlich-egoistische
und begabte Mensch
auf die Generationen hatte,
die ich vorfand.
Leo N. Tolstoi, Tagebücher (1906)

Lese Goethe, und in meinem Kopf
wimmelt es nur so von Gedanken.
Leo N. Tolstoi, Tagebücher (1863)

Wäre er nicht ein achtungswerter
Mensch, so würde man Furcht
empfinden vor dieser Überlegenheit,
die sich über alles erhebt,
abwechselnd erniedrigt und erhöht,
rührt und spottet,
behauptet und zweifelt,
und immer mit demselben Erfolg.
Germaine Baronin von Staël, Über Deutschland

Gold

Auch die Wahrheit ertrinkt,
wenn das Gold aufschwimmt.
Sprichwort aus Russland

Auf einer goldenen Schaukel
kann man bis in den Himmel fliegen.
Sprichwort aus Russland

Besitzt eine Familie Gold,
dann gibt es auch Leute,
die es wiegen wollen.
Chinesisches Sprichwort

Das erst gibt dem Gold die Farbe der
Sonne, dass man ins Feuer es wirft!
Friedrich Hölderlin, Hyperion

Das Gold ist die Sonne der Metalle.
Joseph Joubert, Gedanken, Versuche und Maximen

Das Gold, sobald es hat
erkannt den Edelstein,
Ehrt dessen höhern Glanz
und fasst ihn dankbar ein.
Friedrich Rückert, Die Weisheit des Brahmanen

Die Schlacken werden weggebrannt,
aber das wahre Gold soll bleiben.
Johann Gottfried Herder,
Vom Erkennen und Empfinden der menschlichen Seele

Echtes Gold braucht Feuer
nicht zu fürchten.
Chinesisches Sprichwort

Ein goldener Schlüssel
schließt auch das Zarenherz auf.
Sprichwort aus Russland

Eine verpasste Gelegenheit
ist wie Gold,
das in der Hand zu Messing wird.
Chinesisches Sprichwort

Es ist nicht alles Gold, was glänzt.
Deutsches Sprichwort

Esel mögen Spreu lieber als Gold.
Heraklit, Fragmente

Geringer als Gold ist Silber,
geringer als die Tugenden das Gold.
Horaz, Briefe

Gold ist der Souverän der Souveräne.
Antoine Comte de Rivarol, Maximen und Reflexionen

Gold ist Gold, auch wenn es
in des Schurken Beutel steckt.
Sprichwort aus Dänemark

Gold ist unbedingt
so mächtig auf der Erde,
wie wir uns Gott
im Weltall denken.
Johann Wolfgang von Goethe,
Geschichte der Farbenlehre

Gold kauft die Stimmung
großer Haufen,
Kein einzig Herz erwirbt es dir.
Johann Wolfgang von Goethe, Der wahre Genuss

Gold macht taub, Glück macht blind.
Deutsches Sprichwort

Golden sind wahrhaftig
nun die Zeiten:
Das höchste Amt
wird für Gold verkauft,
mit Gold verschafft
man sich Liebe.
Ovid, Liebeskunst

Haben wir Gold, so sind wir in Furcht;
haben wir keins, so sind wir in Gefahr.
Sprichwort aus England

Ich kann nicht begreifen, was für
einen Narren eure Leute in Europa an
unserem gelben Kot gefressen haben.
Aber nehmt nur mit, so viel ihr wollt,
und wohl bekomm es euch.
Voltaire, Candide oder Die beste der Welten
(König von Eldorado)

Ich möchte goldene Tage,
aber es soll auch so gut sein.
Franziska Gräfin zu Reventlow, Tagebücher

Ihn blendet des Goldes Glanz,
Es rieselt ihm kalt durch die Adern,
und Gier erfüllt ihn ganz.
Adelbert von Chamisso, Gedichte

Ihre wahre Gottheit ist das Gold,
und diesen ihren Gott suchen sie
bis ans andere Ende der Welt.
Voltaire, Die Briefe Amabeds

Ja, wahrlich, kann man weniger tun,
als den Diamanten in Gold zu fassen?
Heinrich von Kleist, Briefe
(an Adolphine von Werdeck, November 1801)

Mädchen und Gold
sind desto weicher,
je reiner sie sind.
Jean Paul, Siebenkäs

Man schätzt den Staub,
ein wenig übergoldet,
Weit mehr als Gold,
ein wenig überstäubt.
William Shakespeare, Troilus und Cressida

Nach Golde drängt,
Am Golde hängt
Doch alles!
Johann Wolfgang von Goethe, Faust I (Margarete)

O Gold, o schnöde Gabe,
Wie wenig magst du frommen!
Magst läuten nur zu Grabe
Das letzte Gnadenwehn.
Annette von Droste-Hülshoff, Das geistliche Jahr 1820

Oft pflegen im Gold
viele Übel zu stecken.
Tibull, Elegien

Selbst der Geistliche vergisst,
Wohin er streben soll,
und strebt nach Gold.
Johann Wolfgang von Goethe,
Die natürliche Tochter (Sekretär)

Trompeter sind Alchimisten:
Sie machen aus Blech Gold.
Herb Alpert

Was zwingst du nicht die Herzen der
Sterblichen, schändliche Goldgier!
Vergil, Aeneis

Wenn der Pöbel aller Sorten
Tanzet um die goldnen Kälber,
Halte fest: du hast vom Leben
Doch am Ende nur dich selber.
Theodor Storm, Für meine Söhne

Goldenes Zeitalter

Die goldne Zeit,
wohin ist sie geflohn,
Nach der sich jedes Herz
vergebens sehnt?
Johann Wolfgang von Goethe, Torquato Tasso (Tasso)

Ich lobe mir die guten Alten;
Denn freilich, da wir alles galten,
Da war die rechte goldne Zeit.
Johann Wolfgang von Goethe, Faust I (Minister)

Kehre wieder,
Holdes Blütenalter der Natur.
Friedrich Schiller, Die Götter Griechenlands

Mein Freund, die goldne Zeit
ist wohl vorbei;
Allein die Guten
bringen sie zurück.
Und soll ich dir gestehen,
wie ich denke:
Die goldne Zeit,
womit der Dichter uns
Zu schmeicheln pflegt,
die schöne Zeit, sie war,
So scheint es mir,
so wenig, als sie ist;
Und war sie je,
so war sie nur gewiss,
Wie sie uns immer wieder
werden kann.
Johann Wolfgang von Goethe,
Torquato Tasso (Prinzessin)

Wenn die Taube Gesellschafterin
und Liebling des Adlers wird,
so ist die goldne Zeit in der Nähe
oder gar schon da, wenn auch
noch nicht öffentlich anerkannt
und allgemein verbreitet.
Novalis, Glauben und Liebe

Wo Kinder sind,
da ist ein goldenes Zeitalter.
Novalis, Blütenstaub

Gott

Ach!, der Gott in uns ist immer einsam
und arm. Wo findet er alle seine Verwandten? Die einst da waren und da
sein werden? Wann kommt das große
Wiedersehen der Geister? Denn einmal
waren wir doch, wie ich glaube, alle
beisammen.
Friedrich Hölderlin, Fragment von Hyperion

Alle meine Worte und Taten
sind in Gottes Hand.
Auf ihn allein verlasse ich mich.
Jeanne d'Arc, Aussage im siebten Kreuzverhör in der Gefängniszelle (14. März 1431)

Alle tun Gottes Werk,
ob sie wollen oder nicht.
Und wie schön ist es, zu wollen.
Leo N. Tolstoi, Tagebücher (1889)

Alle, welche dich suchen,
versuchen dich.
Und die, die dich finden,
binden dich
An Bild und Gebärde.
Ich aber will dich begreifen
Wie dich die Erde begreift,
Mit meinem Reifen
Reift dein Reich.
Rainer Maria Rilke, Das Stundenbuch

Alles, was ist, ist in Gott,
und nichts kann ohne Gott sein
noch begriffen werden.
Baruch de Spinoza, Ethik

Als Gott den Menschen erschuf,
war er bereits müde;
das erklärt manches.
Mark Twain

Also kann man einigermaßen sagen,
dass der Mann ein Werk der Natur ist
und das Weib ein Werk Gottes; darum
ist das Weib oft geschickter als der
Mann, die göttlichen Geheimnisse zu
verstehen.
Agrippa von Nettesheim, Von dem Vorzug des weiblichen vor dem männlichen Geschlecht

An Gott denken ist ein Handeln.
Joseph Joubert, Gedanken, Versuche und Maximen

Antike Tempel konzentrieren den Gott
im Menschen; des Mittelalters Kirchen
streben nach dem Gott in der Höhe.
Johann Wolfgang von Goethe,
Maximen und Reflexionen

Auch Gott hat eine Frau, und mit ihr
hat er die Welt erschaffen.
Teolinda Gersão, A Casa da Cabeça de Cavalo

Auch Götter sterben,
wenn niemand mehr an sie glaubt.
Jean-Paul Sartre

Auf dieser Erde, in dieser Zeit,
in diesem Leib das Höchste leisten,
das wird auch Gott wohlgefällig sein.
Jakob Boßhart, Bausteine zu Leben und Zeit

Begib dich nicht in die Gegenwart der
Geschöpfe, wenn du das Antlitz Gottes
in deiner Seele klar und ungebrochen
bewahren willst; sondern entleere und
entferne deinen Geist weit von ihnen,
und du wirst in göttlichen Lichtern
wandeln, denn Gott ist den Geschöpfen nicht ähnlich.
Juan de la Cruz, Merksätze von Licht und Liebe

Begreift, dass Gott das Endziel,
nicht der Ausgangspunkt
der ganzen Schöpfung ist.
André Gide, Tagebuch

Bei den mancherlei
wiederkehrenden Nöten
geht der Mensch immer wieder
zu seinem Gott.
Da lernt er ihn kennen.
Bernhard von Clairvaux, Von der Gottesliebe

Bei Hofe ist der Unglaube verpönt,
weil er den Interessen der Fürsten als
schädlich gilt; Unglaube ist auch in
Gegenwart junger Mädchen verpönt,
wie leicht könnte er sie abhalten zu
heiraten. Man wird zugeben, wenn
es einen Gott gibt, muss es ihm sehr
wohlgefällig sein, aus solchen Beweggründen verehrt zu werden.
Stendhal, Über die Liebe (Fragmente)

Bekehrung gehört nicht zu unserer
Arbeit, weil nur Gott bekehren kann.
Mutter Teresa

Berufung ist die Einladung,
sich in Gott zu verlieben und
diese Liebe unter Beweis zu stellen.
Mutter Teresa

Besser ist's, ihr fallt in Gottes Hand
Als in die der Menschen.
Friedrich Schiller, Wilhelm Tell (Tell)

Betet Gott an, seid gerecht und
wohltätig; das heißt Mensch sein.
Voltaire, Geschichte von Jenni

Bist du aus Gott gebor'n,
so blühet Gott in dir,
Und seine Gottheit ist
dein Saft und deine Zier.
Angelus Silesius, Der cherubinische Wandersmann

Damit Gott
uns die Sünden vergeben kann,
müssen wir erst einmal sündigen.
Brendan Behan

Das absolute Wesen,
der Gott des Menschen,
ist sein eignes Wesen.
Ludwig Feuerbach, Das Wesen des Christentums

Das Bewusstsein von der Allgegenwart
Gottes weckt Achtung vor dem Leben
der Gegner und Verständigen.
Mohandas K. »Mahatma« Gandhi, Harijan (engl. Wochenzeitung 1933–1956), 18. Juni 1938

Das Genie ist die Macht,
Gott der menschlichen Seele
zu offenbaren.
Franz Liszt, Über Paganini

Das Gewissen des Menschen
ist das Denken Gottes.
Victor Hugo, Die Züchtigungen (Vorwort)

Das Glück ist weder außer uns
noch in uns; es ist in Gott und
sowohl außer uns als auch in uns.
Blaise Pascal, Pensées

Das Gottesreich zu erkennen und es
suchen, immer weiter auszubreiten
– das ist der Lebenszweck aller
echten Demokratinnen.
Louise Otto-Peters, Die Demokratinnen

Das größte Wunderding
ist doch der Mensch allein,
Er kann, nachdem er's macht,
Gott oder Teufel sein.
Angelus Silesius, Der Cherubinische Wandersmann

Das Gute ist dem Göttlichen
ebenso fremd wie das Böse.
Gott hat mit moralischen Werten
nichts zu schaffen.
Jakob Boßhart, Bausteine zu Leben und Zeit

Das Höchste ist, überall in allen Dingen Gott zu suchen und zu finden,
und seine Spur webt eben in allem
Natürlichen und Wirklichen.
Jacob Grimm, An Achim von Arnim (12. Oktober 1817)

Das ist das Äußerste
menschlichen Gotterkennens:
zu wissen, dass wir Gott nicht wissen.
Thomas von Aquin, Über die Macht Gottes

Das ist Glaube,
wenn man mit Gott spricht,
wie man mit einem Menschen
sprechen würde.
Jean-Baptiste Vianney,
überliefert von Wildlöcher (Der Pfarrer von Ars)

Das Leben besteht
in der Annäherung an Gott.
Leo N. Tolstoi, Tagebücher (1909)

Das Sehen Gottes ist Vorsehung,
Gnade und ewiges Leben.
Nikolaus von Kues, Über die Schauung Gottes

Das Selbsterscheinen des Absoluten
ist Selbstbewusstsein.
Das selbstbewusste Absolute ist Gott.
Lorenz Oken, Lehrbuch der Naturphilosophie

Das Weltall gehorcht Gott so,
wie der Leib der Seele gehorcht,
die ihn ausfüllt.
Joseph Joubert, Gedanken, Versuche und Maximen

Das Wort Gottes ist frei;
es will nicht Fesseln dulden
durch Vorschriften der Menschen.
Martin Luther, Tischreden

Das Wunder ist das einzig Reale, es
gibt nichts außer ihm. Wenn aber alles
Wunder ist, das heißt durch und durch
unbegreiflich, so weiß ich nicht, warum man dieser großen einen Unbegreiflichkeit, die alles ist, nicht den
Namen Gott sollte geben dürfen.
Christian Morgenstern, Stufen

Das zu tun, was Gott mich tun hieß,
was er mir befahl oder befehlen wird,
davon werde ich um keines noch unter
den Lebenden weilenden Menschen
willen ablassen.
Jeanne d'Arc, Aussage im Nachverhör
in der Kerkerzelle in Rouen (31. März 1431)

Dass Gott so selig ist
und lebet ohn' Verlangen,
Hat er sowohl von mir,
als ich von ihm empfangen.
Angelus Silesius, Der cherubinische Wandersmann

Dass wir Gott ahnen, ist nur
ein unzulänglicher Beweis
für sein Dasein.
Ein stärkerer ist,
dass wir fähig sind,
an ihm zu zweifeln.
Arthur Schnitzler, Buch der Sprüche und Bedenken

Dem beschiedenen Geschick
kann niemand entfliehen,
selbst ein Gott nicht.
Herodot, Historien

Dem wahrhaft religiösen Menschen
ist Gott kein bestimmungsloses Wesen,
weil er ihm ein gewisses, wirkliches
Wesen ist. Die Bestimmungslosigkeit
und die mit ihr identische Unerkennbarkeit Gottes ist daher nur
eine Frucht der neuern Zeit,
ein Produkt der modernen
Ungläubigkeit.
Ludwig Feuerbach, Das Wesen des Christentums

Den wahren und großen Gott
kann keines Menschen Hirn fassen.
Ihn nicht zu glauben,
ist vielleicht die einzige Möglichkeit,
ihn würdig zu verehren.
Heinrich Waggerl, Aphorismen

Denke nicht, dass das Wohlgefallen
vor Gott so sehr in vielen Werken
besteht, sondern darin, sie mit gutem
Willen zu wirken, ohne Besitzdenken
und falsche Rücksichten.
Juan de la Cruz, Merksätze von Licht und Liebe

Denken ist die Wege Gottes beschreiten
– durch Denken gelangt man zu Gott.
Bettina von Arnim, Clemens Brentanos Frühlingskranz

Denn das Törichte an Gott
ist weiser als die Menschen,
und das Schwache an Gott
ist stärker als die Menschen.
Neues Testament, Paulus (1 Korinther 1, 25)

Denn eine bekümmerte Seele ist Gott
nahe, und Not führt zu dem, der geben
und helfen kann, der aber wohl verachtet würde, wenn er immer und
uneingeschränkt hülfe.
Gregor von Nazianz, Reden

Denn Gott ist nicht
ein Gott der Unordnung,
sondern ein Gott des Friedens.
Neues Testament, Paulus (1 Korinther 14, 33)

Denn ich, der Herr, dein Gott,
bin ein eifersüchtiger Gott:
Bei denen, die mir Feind sind,
verfolge ich die Schuld der Väter
an den Söhnen, an der dritten
und vierten Generation.
Altes Testament, Exodus 20, 5–6 (Jahwe)

Denn nicht in Worten
erweist sich die Herrschaft Gottes,
sondern in der Kraft.
Neues Testament, Paulus (1 Korinther 4, 20)

Denn nicht wie Gott ist der Mensch,
Gottes Gedanken sind nicht
wie die Gedanken der Menschen.
Altes Testament, Jesus Sirach 17, 30

Denn voll erkannt kann Gott in dieser
Welt nie werden, geliebt aber kann er
werden, fromm und glühend. Und
diese Liebe ist immer glücklich, die
Erkenntnis aber kann bisweilen
schrecklich und bitter sein – wie die
der Teufel, die Gott in der Hölle erkennen und vor ihm zittern.
Francesco Petrarca,
Von seiner und vieler Leute Unwissenheit

Der Abgrund meines Geists
ruft immer mit Geschrei
Den Abgrund Gottes an;
sag', welcher tiefer sei?
Angelus Silesius, Der cherubinische Wandersmann

Der Ausdruck »Lieber Gott«, über den
schon Nietzsche spottet, musste in der
Tat dem Deutschen zu erfinden aufgespart bleiben. Es sollte ihm nur einmal
aufgehen, wie er sich selbst damit
den Blick für die unaussprechliche
Gewaltigkeit und Fürchterlichkeit des
Weltganzen verdirbt, wenn er dessen
höchster Personifikation das vertrauliche Wörtchen »lieb« voransetzt.
Christian Morgenstern, Stufen

Der Autor soll in seinem Werke sein
wie Gott.
Gustave Flaubert, Briefe
(an Louise Colet, 9. Dezember 1852)

Der donnernde Gott,
der zürnende Gott, der rächende Gott.
Was für ein Choleriker.
Heinrich Wiesner

Der einzige Zweck alles Lebens:
Gott fassen lernen!
Bettina von Arnim, Die Günderode

Der Geist ergründet nämlich alles,
auch die Tiefen Gottes.
Neues Testament, Paulus (1 Korinther 2, 10)

Der Glaube an einen Gott und eine
andere Welt ist mit meiner moralischen Gesinnung so verwebt, dass,
sowenig ich Gefahr laufe, die Letztere
einzubüßen, ebenso wenig besorge ich,
dass mir die Erstere jemals entrissen
werden könne.
Immanuel Kant, Kritik der reinen Vernunft

Der Glaube an einen lenkenden,
strafenden Gott ist die letzte, große
Illusion der Menschheit, und was,
wenn auch diese verloren ist?
Dann ist sie klüger geworden
– aber reicher, glücklicher?
Jens Peter Jacobsen, Niels Lyhne

Der Glaube an Gott
ist wie das Wagnis des Schwimmens:
Man muss sich dem Element
anvertrauen und sehen, ob es trägt.
Hans Küng

Der Glaube an Gott
ist wie der ewige Beginn
einer Liebe: Schweigen.
Jean Giraudoux, Suzanne und der Pazifik

Der Gott, den du suchst,
ist dein eigener Gott.
Tania Blixen, Motto meines Lebens

Der Gott, den ich anbete, ist kein Gott
der Finsternis; er hat mich nicht darum mit einem Verstand begabt, um
mir dessen Gebrauch zu untersagen.
Jean-Jacques Rousseau, Emile (Glaubensbekenntnis)

Der Gott muss in den Liebenden sein,
ihre Umarmung ist eigentlich seine
Umschließung, die sie in demselben
Augenblicke gemeinschaftlich fühlen,
und hernach auch wollen.
Friedrich Schleiermacher, Vertraute Briefe

Der Irrtum der Kirchenväter,
Gott sei die Weisheit,
hat gar manchen Anstoß gegeben:
Denn Gott ist die Leidenschaft.
Bettina von Arnim, Die Günderode

Der kennt Gott besser,
der ihn nicht zu kennen bekennt.
Aurelius Augustinus, Über die Weltordnung

Der Leib soll sein ein Knecht der Seele,
die Seele eine Dienerin des Geistes
und der Geist ein Anstarren Gottes.
Johannes Tauler, überliefert von Julius Wilhelm Zincgref (Apophthegmata)

Der Mensch denkt, Gott lenkt.
Deutsches Sprichwort

Der Mensch hat bisher nichts anderes getan, als sich einen Gott auszudenken, um leben zu können, ohne sich selbst umzubringen.
Fjodor M. Dostojewski, Die Dämonen

Der Mensch hat nicht die Macht,
von Gott zu sprechen wie von der
menschlichen Natur des Menschen
und wie von der Farbe eines von
Menschenhand geschaffenen Werkes.
Hildegard von Bingen, Briefwechsel

Der Mensch kann arzneien,
Gott gibt das Gedeihen.
Deutsches Sprichwort

Der Mensch schlägt vor,
aber Gott ordnet an.
Thomas von Kempen, Nachfolge Christi

Der Mensch?, wo ist er her?
Zu schlecht für einen Gott,
zu gut fürs Ungefähr.
Gotthold Ephraim Lessing, Die Religion

Der menschliche Geist hat eine
adäquate Erkenntnis des ewigen
und unendlichen Wesens Gottes.
Baruch de Spinoza, Ethik

Der metaphysische Gott ist nur eine
Idee, aber der Gott der Religion, der
Schöpfer des Himmels und der Erde,
der höchste Richter der Taten und
Gedanken ist eine Gewalt.
Joseph Joubert, Gedanken, Versuche und Maximen

Der nächste Weg zu Gott
ist durch der Liebe Tür,
Der Weg der Wissenschaft
bringt dich gar langsam für.
Angelus Silesius, Der Cherubinische Wandersmann

Der nationalistische Rückschritt
vom Weltengott zum Stammesgott ist
ärger als Atheismus, denn das Nichts
erscheint wahrhaftiger als ein Götze.
Franz Werfel, Zwischen Oben und Unten

Der Sieger, wie er prangt,
preist den gewogenen Gott,
Und alles stimmt mit ein.
Johann Wolfgang von Goethe, Faust II (Kaiser)

Der Weihrauch duftet nur,
wo ihn die Glut verzehrt;
Leid in Geduld, o Herz,
so bist du Gottes wert.
Friedrich Rückert, Die Weisheit des Brahmanen

Der Zorn Gottes
währt nur einen Augenblick,
die göttliche Barmherzigkeit ist ewig.
Joseph Joubert, Gedanken, Versuche und Maximen

Der Zufall ist Gottes Deckname, wenn
Gott sich nicht zu erkennen geben
will.
Anatole France

»Die anderen Götter, bitte,
lassen mich nicht Gott sein.«
– »Das ist Künstlerlos, mein Lieber.«
Franz Werfel, Zwischen Oben und Unten

Die Bigotten.
Sonntags schlafen sie mit Gott,
und die ganze Woche über
betrügen sie ihn.
Jules Renard, Ideen, in Tinte getaucht.
Aus dem Tagebuch von Jules Renard

Du darfst zu Gott nicht schrein,
der Brunnquell ist in dir:
Stopfst'st du den Ausgang nicht,
er flösse für und für.
Angelus Silesius, Der cherubinische Wandersmann

Die Demokratie trachtet nach der
Verwirklichung des Reiches Gottes
auf Erden.
Louise Otto-Peters, Die Demokratinnen

Die Einsamkeit ist nur für Gott.
Sprichwort aus Montenegro

Die Energie des Geistes ist Leben; ja er
ist Energie. Seine absolute Energie ist
bestes und ewiges Leben. Wir behaupten also, Gott sei ein ewiges, vollkommenes Wesen, und ihm komme Leben
und ununterbrochenes, ewiges Sein zu.
Das ist Gott.
Aristoteles, Älteste Metaphysik

Die Existenz Gottes und sein Wesen
sind ein und dasselbe.
Baruch de Spinoza, Ethik

Die Frauen ergeben sich Gott,
wenn der Teufel nichts mehr
mit ihnen zu schaffen haben will.
Sophie Arnould, Arnoldiana

Die ganze Welt lästert Gott. Nur von
der kleinen Zahl der Seinen, und das
sind die Ärmsten, wird er verehrt.
Martin Luther, Tischreden

Die Geschichte meines Lebens wird
der Welt sagen, was sie mir sagt:
Es gibt einen liebevollen Gott,
der alles zum Besten führt.
Hans Christian Andersen, Das Märchen meines Lebens

Die göttliche Schöpferkraft darf nicht
müßig sein, und das umso weniger,
wenn man ihre Wirkung außerhalb
ihres eigentlichen Wesens setzt,
falls etwas überhaupt außerhalb desselben
existieren kann, und sie wäre, wenn
sie nur eine endliche Wirkung hervorbrächte, nicht minder müßig und neidisch, als wenn sie gar nichts schüfe.
Giordano Bruno,
Zwiegespräche vom unendlichen All und den Welten

Die heutige Auflösung der Menschheit
muss man verstehen
als ein Abwenden von Gott.
Paul Ernst, Der schmale Weg zum Glück

Die heutige Kultur ist der Anfang
einer Arbeit im Namen einer großen
Zukunft, einer Arbeit, die vielleicht
noch Zehntausende von Jahren
andauern wird, damit die Menschheit,
und sei es in ferner Zukunft, die
Wahrheit des wahren Gottes erkennt.
Anton P. Tschechow, Briefe (30. Dezember 1902)

Die Himmel rühmen des Ewigen Ehre,
Der Schall pflanzt seinen Namen fort.
Christian Fürchtegott Gellert,
Lieder (vertont von Beethoven)

Die höchste Vollendung
des menschlichen Lebens liegt darin,
das des Menschen Sinn
ledig sei für Gott.
Thomas von Aquin, Summe gegen die Heiden

Die Inkarnation ist nichts andres als
die tatsächliche, sinnliche Erscheinung
von der menschlichen Natur Gottes.
Ludwig Feuerbach, Das Wesen des Christentums

Die kleinen Heiligen
werden Gott ruinieren.
Sprichwort aus Bulgarien

Die Liebe macht den Menschen
zu Gott und Gott zum Menschen.
Ludwig Feuerbach, Das Wesen des Christentums

Die Liebe zu Gott
muss sich umsetzen
in die Tat für den Nächsten.
Mutter Teresa

Die Macht Gottes ist sein Wesen selbst.
Baruch de Spinoza, Ethik

Die menschliche Macht handelt durch
Mittel, die göttliche Macht wirkt durch
sich selbst: Gott kann, weil er will,
sein Wille ist Handlung.
Jean-Jacques Rousseau,
Brief an Erzbischof Beaumont (18. November 1762)

Die Natur ist
unendlicher geteilter Gott.
Friedrich Schiller, Philosophische Briefe

Die Natur strebt nach einem Gipfel,
und da der Mensch fühlt, dass er
dieser Gipfel nicht ist, so muss es
ein ihm korrespondierendes höheres
Wesen geben, in dem das Weltall
zusammenläuft und von dem es eben
darum auch ausgeht.
Dies Wesen ist Gott.
Friedrich Hebbel, Briefe
(an Elise Lensing, 23. Januar 1837)

Die Ordnung der Glieder
des Alls zueinander
besteht kraft der Ordnung
des ganzen Alls auf Gott hin.
Thomas von Aquin, Über die Macht Gottes

Die Prädikate Gottes
sind keine realen Unterschiede.
Nikolaus von Kues, Über die Schauung Gottes

Die recht Frommen
haben sogar ihren Gott,
um den Nächsten damit
zu schikanieren.
Emil Gött, Zettelsprüche. Aphorismen

Die Unmöglichkeit, in der ich mich
befinde, zu beweisen, dass Gott nicht
sei, beweist mir seine Existenz.
Jean de La Bruyère, Die Charaktere

Die unveränderliche Ordnung
der Natur zeigt das höchste Wesen
am besten.
Jean-Jacques Rousseau, Emile (Glaubensbekenntnis)

Die wahre Gottesverehrung besteht
darin, dass man nach Gottes Willen
handelt.
Immanuel Kant, Über Pädagogik

Die Welt schaltet, Gott waltet.
Deutsches Sprichwort

Die Werke Gottes werden allen,
die sie würdigen können,
frei gegeben, ob es nun e
in Millionär oder
ein armer Schlucker ist,
wogegen die Werke der Menschen
für die Millionäre reserviert sind.
Vita Sackville-West, Erloschenes Feuer

Diese absolute Einheit,
die keinen Gegensatz hat,
ist das absolut Größte – Gott.
Nikolaus von Kues, Von der gelehrten Unwissenheit

Dieses ganze maßlose Leben,
unendlich sich vervielfältigend –
für uns? Das kann nur Gott glauben.
Elias Canetti, Die Provinz des Menschen.
Aufzeichnungen 1942–1972

Doch zeige sich niemand
so arm an Verstand,
dass er beim Einsturz
seines Hauses glaubt,
Gott werde ihn retten
ohne andere Stütze.
Niccolò Machiavelli, Der goldene Esel

Du darfst nicht warten,
bis Gott zu dir geht
Und sagt: Ich bin.
Ein Gott, der seine
Stärke eingesteht,
Hat keinen Sinn.
Du musst wissen,
dass dich Gott durchweht
Seit Anbeginn,
Und wenn dein Herz dir glüht
und nichts verrät,
Dann schafft er darin.
Rainer Maria Rilke, Die frühen Gedichte

Du sollst dir
kein Gottesbild machen und
keine Darstellung von irgendetwas
am Himmel droben,
auf der Erde unten
oder im Wasser unter der Erde.
Altes Testament, Exodus 20, 4 (Jahwe)

Du sollst Gott mehr gehorchen
denn den Menschen.
Caspar David Friedrich, Über Kunst und Kunstgeist

Du sollst neben mir
keine anderen Götter haben.
Altes Testament, Exodus 20, 3 (Jahwe)

Du weißt es wohl:
Dein feiger Teufel in dir,
der gerne Hände-falten
und Hände-in-den-Schoß-legen
und es bequemer haben möchte
– dieser Teufel redet dir zu
»es gibt einen Gott!«
Friedrich Nietzsche, Also sprach Zarathustra

Du willst mit nüchternem Verstand
das Göttliche beweisen?
Das heißt, nach einem Fabelland
auf Eisenbahnen reisen.
Otto von Leixner, Aus der Vogelschau

Dunkel ist die Kreatur,
sofern sie aus dem Nichts stammt.
Sofern sie aber von Gott
ihren Ursprung hat,
ist sie teilhaftig seines Bildes.
Thomas von Aquin, Über die Wahrheit

Ein Erdgott wirkt nur
in seiner Heimat Wunder.
Chinesisches Sprichwort

Ein ganz vollendetes Wesen ist ein
Gott, es könnte die Last des Lebens
nicht ertragen und hat nicht in der
Welt der Menschheit Raum.
Friedrich Schleiermacher, Monologen

Ein Gott, dessen der Mensch, den er
geschaffen, noch bedürfte, müsste
doch ein recht trauriger Gott sein.
Friedrich Hebbel, Tagebücher

Ein Gott hat mancherlei Lieder
Mir in die Seele gepflanzt.
Homer, Odyssee

Ein Gott ist, ein heiliger Wille lebt,
Wie auch der menschliche wanke.
Friedrich Schiller, Die Worte des Glaubens

Ein guter Mensch aber
ist niemand ohne Gott:
Oder kann einer über das Schicksal,
wenn nicht von ihm unterstützt,
sich erheben?
Lucius Annaeus Seneca, Briefe über Ethik

Ein Hoch, Ihr Menschen, Tiere und
Vögel, für die einsame Nacht in den
Wäldern, den Wäldern! Ein Hoch auf
die Dunkelheit und Gottes Murmeln
zwischen den Bäumen, auf des
Schweigens süßen, einfältigen Wohl-
laut an meinen Ohren, auf das grüne
Laub und das gelbe Laub.
Knut Hamsun, Pan

Ein jeder bedarf,
sofern er wirklich Mensch ist,
der Barmherzigkeit Gottes.
Origenes, Spicilegio Solesmensi parata

Ein jedes Wesen,
das seine eigene Vollendung erstrebt,
strebt nach Gottähnlichkeit.
Thomas von Aquin, Summe gegen die Heiden

Ein Mensch, der Gott fürchtet, ist
wenig zu fürchten, sein Anhang ist
nicht schrecklich, er ist beinahe allein,
und man kann ihm vieles Üble
zufügen, ehe man ihn dahin bringt,
sich zu wehren.
Jean-Jacques Rousseau,
Brief an Erzbischof Beaumont (18. November 1762)

Ein verdrießlicher Gott
ist ein Widerspruch oder der Teufel.
Jean Paul, Levana

Ein von Gott Geliebter ist der,
welcher gehorcht;
wen aber Gott hasst,
der gehorcht nicht.
Ptahhotep,
zitiert nach Erman, Die Literatur der Ägypter (1923)

Eine Welt ohne Gott
ist nicht nur die unsittlichste,
sondern auch die unkomfortabelste,
die sich ersinnen lässt.
Egon Friedell, Egon Friedells Konversationslexikon

Einen Dank für die einsame Nacht,
für die Berge, für das Rauschen der
Finsternis und des Meeres, es rauscht
durch mein Herz! Einen Dank für mein

Leben, für meinen Atemzug, für die
Gnade, heute Nacht leben zu dürfen,
dafür danke ich von Herzen! Lausche
nach Osten und lausche nach Westen,
nein, lausche! Es ist der ewige Gott!
Diese Stille, die gegen mein Ohr
murmelt, ist das siedende Blut der
Allnatur, Gott, der die Erde und mich
durchwebt.
Knut Hamsun, Pan

Einen Gott, der die Objekte seines
Schaffens belohnt und bestraft, der
überhaupt einen Willen hat nach Art
desjenigen, den wir an uns selbst
erleben, kann ich mir nicht einbilden.
Auch ein Individuum, das seinen
körperlichen Tod überdauert, mag
und kann ich mir nicht denken (...).
Albert Einstein, Mein Weltbild

Einen Lichtbildervortrag
über Gott halten.
Jules Renard, Ideen, in Tinte getaucht.
Aus dem Tagebuch von Jules Renard

Eros ist an Jahren und Ehren der
reichste Gott, er, der die Menschen
edel und selig macht, im Leben
und im Tode.
Platon, Das Gastmahl

Erschaffen kommt nur
einer unendlichen Macht zu.
Thomas von Aquin, Summe gegen die Heiden

Erst wenn du jedes Ding lieben wirst,
wird sich dir das Geheimnis Gottes in
den Dingen offenbaren. Hat es sich dir
aber einmal offenbart, dann wirst du
es unablässig immer weiter und immer
mehr Tag für Tag erkennen.
Fjodor M. Dostojewski, Die Brüder Karamasow

Es bringt dir einen Gott
ein jedes Gräslein bei,
Und macht es dazu klar,
dass er dreifaltig sei.
Daniel Czepko von Reigersfeld,
Monodisticha Sapientium

Es gibt kein Gesetz der Sittlichkeit,
sondern Gott sagt einem jeden,
was er darf und was er nicht darf.
Paul Ernst, Erdachte Gespräche

Es gibt keinen Gott,
ist der anschwellende Ruf der Massen.
Damit wird auch der Mensch wertlos,
in beliebiger Zahl hingemordet,
weil er nichts ist.
Karl Jaspers, Die geistige Situation der Zeit

Es gibt Länder, wo jeder irgendein
beliebiges Wesen zu seinem Gott
erheben kann: der Jäger einen Löwen
oder einen Fuchs, der Fischer einen
bestimmten Fisch.
Michel Eyquem de Montaigne, Die Essais

Es gibt nämlich Personen
von heiliger Einfalt,
die für die Geschäfte
und Gebräuche der Welt wenig,
für den Umgang mit Gott
aber viel Verständnis besitzen.
Teresa von Ávila, Weg der Vollkommenheit

Es gibt nichts,
was Gott nicht bewirken könnte.
Marcus Tullius Cicero, Über die Natur der Götter

Es gibt nur einen Fortschritt,
nämlich den in der Liebe;
aber er führt in die Seligkeit
Gottes hinein.
Christian Morgenstern, Stufen

Es gibt sogar Leute,
die Gott selbst ausbeutet,
und das sind die Propheten
und Heiligen in der Leere der Welt.
Fernando Pessoa, Das Buch der Unruhe
des Hilfsbuchhalters Bernardo Soares

Es ist erstaunlich,
dass noch nie
ein kanonischer Autor
sich der Natur bedient hat,
um Gott zu beweisen.
Blaise Pascal, Pensées

Es ist ganz nah von der Naturliebe
zur Erkenntnis Gottes; deswegen sind
die Dörfer frömmer als die Städte.
Théodore Jouffroy, Das grüne Heft

Es ist genug,
dass ein jeglicher Mensch
in seinem Herzen Gott bekennt.
Jan Hus, Glaubensartikel, überliefert von Siegmund
Meisterlin (Chronik Nürnbergs)

Es ist leicht, rein zu sein,
wenn man es fertig bringt,
den Teufel zu hassen,
den man nicht kennt,
und Gott zu lieben,
an dem zu zweifeln
das Hirn nicht reicht.
Anton P. Tschechow, Briefe (11. September 1888)

Es ist weder ein Grund vorhanden,
noch hat es Sinn, an ein unendliches,
unteilbares, einfachstes und innerlich
vollkommenes Wesen zu glauben,
ohne zugleich zuzugeben, dass es
auch ein unendliches körperliches
und räumliches gebe.
Giordano Bruno,
Zwiegespräche vom unendlichen All und den Welten

Es lebt ein Gott,
zu strafen und zu rächen.
Friedrich Schiller, Wilhelm Tell (Tell)

Es steht mir nicht zu,
die Gerechtigkeit Gottes
und seine Gnade abzuwägen.
Voltaire, Geschichte von Jenni

Es wäre eine Frage,
ob die bloße Vernunft
ohne das Herz
je auf einen Gott
verfallen wäre.
Georg Christoph Lichtenberg, Sudelbücher

Es wird immer klarer, dass Gott nicht
mehr unter uns weilt. Bis vor kurzem
wurde der Mensch von Fragen gepei-
nigt, auf die es keine Antworten gab;
dank des Computers werden wir jetzt
mit Antworten eingedeckt, zu denen
wir nicht einmal die Fragen gestellt
haben.
Peter Ustinov, Peter Ustinovs geflügelte Worte

Etliche Leute
wollen Gott mit Augen schauen,
so wie sie eine Kuh betrachten,
und wollen Gott genauso lieben,
wie sie eine Kuh lieb haben.
Meister Eckhart, Merksprüche und Weisungen

Euer Gott liebt euer Volk
und hasst meins (...).
Seattle, Chief Seattle – A Gentleman by Instinct –
His native Eloquence. Urfassung der Rede Häuptling
Seattles

Euer Gott scheint parteiisch zu sein.
Seattle, Chief Seattle – A Gentleman by Instinct –
His native Eloquence. Urfassung der Rede Häuptling
Seattles

Fast jeder hat Gefühl für die Natur,
der eine mehr, der andere minder,
aber nur wenig gibt es, die fühlen:
Gott ist Geist.
Vincent van Gogh, Briefe

Frage nicht durch welche Pforte
Du in Gottes Stadt gekommen,
Sondern bleib an stiller Orte
Wo du einmal Platz genommen.
Johann Wolfgang von Goethe, West-östlicher Divan

Für Gott gibt es keine Vergangenheit
und keine Zukunft,
für Gott ist alles Gegenwart.
Miguel de Cervantes Saavedra, Don Quijote

Für mich ist Gott
Wahrheit und Liebe.
Gott ist Ethik und Moralität.
Gott ist Furchtlosigkeit.
Gott ist die Quelle
von Licht und Leben,
doch er ist über all dem
und jenseits all dessen.
Gott ist Gewissen.
Mohandas K. »Mahatma« Gandhi, Gandhi's View of Life

Für viele ist Gott kaum mehr
als eine Berufungsinstanz
gegen das Verdammungsurteil der Welt
über ihr eigenes Versagen.
William James,
Die religiöse Erfahrung in ihrer Mannigfaltigkeit

Gedenk in allem deinem Tun an Gott:
Geht dir's wohl, so dank ihm,
geht dir's übel, so klag's ihm.
Kurfürst Friedrich der Fromme, überliefert bei Julius
Wilhelm Zincgref (Apophthegmata)

Gibt es einen Gott,
so ist die Art,
in der ihr ihn verehrt,
Gotteslästerung.
Arthur Schnitzler,
Aphorismen und Betrachtungen aus dem Nachlass

Gibt es Gott? Ich weiß nicht.
Ich weiß, es gibt ein Gesetz
meines geistigen Wesens.
Die Quelle, den Ursprung
dieses Gesetzes nenne ich Gott.
Leo N. Tolstoi, Tagebücher (1906)

Glaube an Gott und verehre ihn,
aber forsche ihm nicht nach; denn
dadurch erreichst du weiter nichts.
Philemon, Fragmente

»Glaube mir Mutter, dass ich ergeben
und zufrieden sterbe. Gott hat mir
Kraft und Ruhe gegeben.« Für sich
selbst fügte er hinzu: »Hat er das?«
Theodore Dreiser, Eine Amerikanische Tragödie (1925)

Glaubt ihr allen Ernstes, es gebe
irgendwo ein Wesen, das immerfort
dafür sorgt, dass alle bösen Frauen
und alle perversen Männer, die
allenthalben unsere kleine Welt
be- und entvölkern, bestraft werden?
Voltaire, Geschichte von Jenni

Gold ist unbedingt
so mächtig auf der Erde,
wie wir uns Gott
im Weltall denken.
Johann Wolfgang von Goethe,
Geschichte der Farbenlehre

Gott ähneln,
aber dem gekreuzigten Gott.
Simone Weil, Schwerkraft und Gnade

Gott äußert sich in uns
durch das Bewusstsein.
Solange das Bewusstsein fehlt,
ist Gott nicht vorhanden.
Leo N. Tolstoi, Tagebücher (1898)

Gott begegnet dem Menschen dort, wo
der Mensch nichts hat als sich selbst.
Kein Beispiel, keinen Vormund,
keinen Helfer.
Max Brod, Heidentum, Christentum, Judentum (1921)

Gott beschert wohl die Kuh,
aber nicht den Strick dazu.
Deutsches Sprichwort

Gott besucht uns oft
– nur sind wir selten zu Hause.
Heinz Rühmann

Gott bezahlt seine Schulden
nicht mit Geld.
Sprichwort aus Irland

Gott bittet uns, ihn zu lieben, nicht
weil er unsere Liebe zu ihm braucht,
sondern weil wir unsere Liebe zu ihm
brauchen.
Franz Werfel, Zwischen Oben und Unten

Gott (...), deine Stimme ist leise
geworden – zu leise für den Donner
unserer Zeit. Wir können dich nicht
mehr hören.
Wolfgang Borchert, Draußen vor der Tür (1946)

Gott denkt in den Genies,
träumt in den Dichtern
und schläft in den übrigen Menschen.
Peter Altenberg, Schnipsel

Gott, der die Zeit erneut,
erneure auch Ihr Glück,
Und kröne Sie dies Jahr
mit stetem Wohlergehen.
Johann Wolfgang von Goethe, Erhabner Großpapa
(Gedicht des siebenjährigen Knaben Goethe)

Gott: die Summe
aller unserer Entsagungen.
Stefan Napierski

Gott dienen? Kann er etwa nicht
ohne uns schaffen, was er braucht?
Und er kann ja gar nichts brauchen.
Leo N. Tolstoi, Tagebücher (1892)

Gott erblicken wir nicht,
aber überall erblicken wir Göttliches.
Friedrich Schlegel, Ideen

Gott erhält nicht nur das ganze Weltgebäude und ihre Himmelskörper in
ihrem Lauf und Ordnung, sondern er
hat auch besonders ein Aufsehen auf
die Einwohner des Erdkreises und auf
ihre steten Veränderungen, denen wir
unterworfen sind.
Johann Peter Süßmilch, Die göttliche Ordnung in den
Veränderungen des menschlichen Geschlechts

Gott erschuf dich, damit du ihn liebst,
nicht damit du ihn verstehst.
Voltaire, Die Liga oder Heinrich der Große

Gott finden: aufhören, ihn zu suchen.
Elazar Benyoëtz

Gott führt wohl in die Grube,
aber auch wieder hinaus.
Deutsches Sprichwort

Gott gibt die rechten Freunde
zur rechten Zeit,
wir dürfen sie nicht selbst suchen.
Carl Hilty, Glück

Gott gibt und erinnert uns
nicht dauernd daran.
Sprichwort aus Afrika

Gott gibt's den Seinen im Schlafe.
Deutsches Sprichwort

Gott handelt nur
nach den Gesetzen seiner Natur
und von niemandem gezwungen.
Baruch de Spinoza, Ethik

Gott hat das Leben lieb,
der Teufel hat den Tod lieb.
Martin Luther, Tischreden

Gott hat die Armut nicht erschaffen,
er schuf nur uns.
Mutter Teresa

Gott hat Menschengestalt angenommen, um diese ad absurdum zu führen,
indem er sie zur Glorie erhebt.
Franz Werfel, Zwischen Oben und Unten

Gott hat mir immer geholfen.
Er wird mir auch künftig helfen.
Don Giovanni Bosco, Erinnerungen

Gott hat weder Anfang noch Ende,
er besitzt sein ganzes Sein auf einmal –
worin der Begriff der Ewigkeit beruht.
Thomas von Aquin, Summe gegen die Heiden

Gott hätte die Welt nicht erschaffen,
wenn sie nicht unter allen möglichen
die beste wäre.
Gottfried Wilhelm Leibniz, Theodizee

Gott herrscht im All! Sein Wille lenkt
Das ganze Weltgetümmel,
Und selbst des Brunnens Wächter hat
Sein kleines Amt vom Himmel.
Jüdische Spruchweisheit

Gott hilft denen,
die sich selber helfen.
Benjamin Franklin, Des armen Richard Almanach

Gott hilft nur dann,
wenn Menschen nicht mehr helfen.
Friedrich Schiller, Wilhelm Tell (Reding)

Gott hilft,
und dem Arzt dankt man.
Deutsches Sprichwort

Gott hört wohl zu,
aber er antwortet nicht schnell.
Sprichwort aus Russland

Gott ist allerdings das letzte,
höchste, vollkommenste Urideal,
aber wir haben von ihm nicht mehr,
als er uns von sich in der Sinnenwelt
gegeben hat.
Johann Gottfried Seume, Apokryphen

Gott ist das einzige Wesen, das,
um zu herrschen,
nicht einmal des Daseins bedarf.
Charles Baudelaire, Tagebücher

Gott ist das einzige Wesen,
dessen Idee die Existenz beweist.
Théodore Jouffroy, Das grüne Heft

Gott ist, das weiß ich,
die Wahrheit.
Für mich gibt es nur
einen einzigen Weg
der Erkenntnis Gottes:
Gewaltlosigkeit, Liebe.
Mohandas K. »Mahatma« Gandhi, Young India (engl. Wochenzeitung 1919–1931), 3. April 1924

Gott ist der Ding ihr End.
Es wäre kein Bewegen,
Wenn er den Trieb zu sich
nicht wollt in alle legen.
Daniel Czepko von Reigersfeld, Monodisticha Sapientium

Gott
ist der Spiegel des Menschen.
Ludwig Feuerbach, Das Wesen des Christentums

Gott ist die gewinnendste Maske
des Teufels.
Ernst Wilhelm Eschmann

Gott ist die Liebe,
und wer in der Liebe bleibt,
bleibt in Gott,
und Gott bleibt in ihm.
Neues Testament, 1. Johannesbrief 4, 16b

Gott ist die Liebe.
Die Liebe ist das höchste Reale
– der Urgrund.
Novalis, Fragmente

Gott ist die Zukunft!
Bettina von Arnim, Clemens Brentanos Frühlingskranz

Gott ist dreifach von Person
und doch einfach von Natur.
Gott ist auch an allen Orten,
und an jedem Ort ist Gott ganz.
Das will so viel sagen,
dass alle Orte
ein Ort Gottes sind.
Meister Eckhart, Traktate

Gott ist ein Ärgernis
– ein Ärgernis, das etwas einbringt.
Charles Baudelaire, Tagebücher

Gott ist ein erdachtes Wort,
uns die Welt zu erklären.
Alphonse de Lamartine

Gott ist ein Herr,
der Abt ein Mönch.
Deutsches Sprichwort

Gott ist ein lauter Nichts,
ihn rührt kein Nun noch Hier:
Je mehr du nach ihm greifst,
je mehr entwird er dir.
Angelus Silesius, Der cherubinische Wandersmann

Gott ist ein unaussprechlicher Seufzer,
im Grunde der Seelen gelegen.
Sebastian Franck, überliefert bei Julius Wilhelm Zincgref (Apophthegmata)

Gott ist eine bequeme Formel
auf dem Bücherbrett des Lebens,
stets zur Hand und wenig gebraucht.
Dag Hammarskjöld, Zeichen am Weg

Gott ist eine Träne der Liebe,
in tiefster Verborgenheit vergossen
über das menschliche Elend.
Ludwig Feuerbach, Das Wesen des Christentums

Gott ist entweder Geist
oder ein Wesen,
das noch jenseits
des Geistes steht.
Aristoteles, Über das Gebet

Gott ist ewig, ohne Zweifel.
Kann aber mein Geist
die Idee der Ewigkeit fassen?
Jean-Jacques Rousseau, Emile

Gott ist für mich
schon deshalb unentbehrlich,
weil er das einzige Wesen ist,
das man ewig lieben kann.
Fjodor M. Dostojewski, Der Jüngling

Gott ist Geist,
der die Bewegung der Welt
durch eine Art
rückläufiger Drehung lenkt
und im Gange hält.
Aristoteles, Über Philosophie

Gott ist gerecht,
er will meine Leiden
und kennt meine Unschuld.
Hierauf gründet sich mein Vertrauen.
Jean-Jacques Rousseau, Träumereien eines einsamen Spaziergängers

Gott ist Gott,
und der Mensch ist nur sein Werkzeug,
aber Gott braucht den Menschen,
um sich zu offenbaren,
ebenso wie der Mensch Gott braucht,
um zu dieser Erkenntnis zu gelangen.
Elie Wiesel, Adam oder das Geheimnis des Anfangs

Gott ist immer
mit den stärksten Bataillonen.
König Friedrich, der Große

Gott ist in mir das Feu'r
und ich in ihm der Schein:
Sind wir einander nicht
ganz inniglich gemein?
Angelus Silesius, Der cherubinische Wandersmann

Gott ist kein Gott der Toten;
er könnte nicht zerstörerisch
und böse sein, ohne sich zu schaden.
Jean-Jacques Rousseau, Emile

Gott ist keine Lösung.
Das bringt nichts.
Jules Renard, Ideen, in Tinte getaucht. Aus dem Tagebuch von Jules Renard

Gott ist Licht,
und keine Finsternis ist in ihm.
Neues Testament, 1. Johannesbrief 1, 5

Gott ist Licht
wegen seiner Helligkeit,
Friede wegen seiner Ruhe,
eine Quelle wegen seiner
überfließenden Fülle
und der Ewigkeit.
Bernhard von Clairvaux, Vierte Ansprache auf den Vorabend der Geburt des Herrn

Gott ist mein Mittelpunkt,
wenn ich ihn in mich schließe,
Mein Umkreis dann, wenn ich
aus Lieb' in ihn zerfließe.
Angelus Silesius, Der cherubinische Wandersmann

Gott ist mein Stab,
mein Licht, mein Pfad,
mein Ziel, mein Spiel,
Mein Vater, Bruder, Kind
und alles, was ich will.
Angelus Silesius, Der cherubinische Wandersmann

Gott ist möglicherweise
an seinem Ehrgeiz gescheitert.
Weiß der Teufel.
Amen.
Dieter Hildebrandt

Gott ist nahe,
wo die Menschen
einander Liebe zeigen.
Johann Heinrich Pestalozzi, Lienhard und Gertrud

Gott ist nicht sündenlos,
er erschuf die Welt.
Sprichwort aus Bulgarien

Gott ist nichts unmöglich.
Sprichwort aus Frankreich

Gott ist sein Sein selbst.
Das kann von keinem anderen Wesen ausgesagt werden.
Thomas von Aquin, De spiritualibus creaturis

Gott ist so groß
und unbeschränkt,
dass man ihn teilen muss,
um ihn zu begreifen.
Joseph Joubert, Gedanken, Versuche und Maximen

Gott ist so viel an mir,
als mir an ihm gelegen,
Sein Wesen helf' ich ihm,
wie er das meine, hegen.
Angelus Silesius, Der cherubinische Wandersmann

Gott ist tot.
Friedrich Nietzsche

Gott ist tot, Marx ist tot,
und ich selber fühle mich
nicht sehr gut.
Eugène Ionesco

Gott ist überall,
außer wo er seinen Stellvertreter hat.
Sprichwort aus Italien

Gott ist, was uns fehlt,
deswegen sind die großen Seelen
frömmer als die kleinen.
Théodore Jouffroy, Das grüne Heft

Gott kann nicht durchsucht
und durchsiebt werden
nach Menschenart,
weil in Gott nichts ist,
was nicht Gott ist.
Hildegard von Bingen, Briefwechsel

Gott kann nicht geschaut werden,
sondern wird durch die Schöpfung
erkannt.
Hildegard von Bingen, Welt und Mensch

Gott lässt der Ziege
den Schwanz nicht länger wachsen,
als sie ihn brauchen kann.
Deutsches Sprichwort

Gott lässt seine Sonne
über allen Menschen leuchten,
er will sie nicht
einander gegenüberstellen,
wie von denen zuweilen geschieht,
die uns Gottes Wort verkündigen.
Jacob Grimm, Rede auf der Frankfurter Germanistenversammlung 1846

Gott lieben ist nicht das Letzte.
Das Letzte ist Gottseligkeit.
Walter Rathenau, Auf dem Fechtboden des Geistes. Aphorismen aus seinen Notizbüchern

Gott liebt es,
wenn seine Quellen rauschen.
Aber niemand weiß,
welche Art Mühlen er damit antreibt.
Karl Heinrich Waggerl

Gott macht genesen,
und der Arzt holt die Spesen.
Deutsches Sprichwort

Gott
oder alle Attribute Gottes
sind ewig.
Baruch de Spinoza, Ethik

Gott rechnet anders als der Mensch.
Deutsches Sprichwort

Gott sage ich und meine den Geist,
der die Natur durchströmt,
dessen auch ich ein winziges Teilchen
bin, den ich im großen Sturme fühle.
Paula Modersohn-Becker, Tagebuchblätter

Gott schuf den Menschen
nach seinem Bilde,
das heißt vermutlich:
Der Mensch schuf Gott
nach dem seinigen.
Georg Christoph Lichtenberg, Sudelbücher

Gott schuf die Welt –
und dann begann er mit ihr zu spielen.
Karol Irzykowski

Gott schuf ihn,
also lasst ihn
als einen Menschen gelten.
William Shakespeare,
Der Kaufmann von Venedig (Porcia)

Gott schuf zwar die Zeit,
aber von Eile hat er nichts gesagt.
Deutsches Sprichwort

Gott schweigt.
Deswegen gilt er als guter Zuhörer.
Emil Baschnonga

Gott sieht alles, außer Dallas.
Ephraim Kishon, Kishon für alle Fälle

Gott sieht nach reinen Händen,
nicht nach vollen.
Sprichwort aus England

Gott, so sagt man,
ist seinen Geschöpfen nichts schuldig.
Ich glaube, er ist ihnen alles schuldig,
was er ihnen versprach,
da er ihnen das Sein gab.
Jean-Jacques Rousseau, Emile

»Gott« und »Dialektik«
haben eins gemeinsam:
Sie, die es nicht gibt,
haben Generationen von Theologen
in die Welt gesetzt.
Ludwig Marcuse, Argumente und Rezepte.
Ein Wörter-Buch für Zeitgenossen

Gott und Natur sind zwei Größen,
die sich vollkommen gleich sind.
Friedrich Schiller, Philosophische Briefe

Gott und was in Gott ist,
hat nicht ein Ziel,
sondern ist das Ziel.
Thomas von Aquin, Über die Macht Gottes

Gott verlässt den Mutigen nimmer.
Theodor Körner, Harras, der kühne Springer

Gott verspricht eine sichere Landung,
aber keine ruhige Reise.
Sprichwort aus England

Gott verzeiht nicht,
was die Menschen verzeihen.
Die Menschen verzeihen nicht,
was Gott verzeiht.
Franz Werfel, Zwischen Oben und Unten

Gott war sich vor der Schöpfung
selbst ein Geheimnis,
er musste schaffen,
um sich selbst kennen zu lernen.
Friedrich Hebbel, Tagebücher

Gott wäre etwas gar Erbärmliches,
wenn er sich in einem Menschenkopf
begreifen ließe.
Christian Morgenstern

Gott, wenn wir hoch stehen, ist alles;
stehen wir niedrig,
so ist er ein Supplement
unserer Armseligkeit.
Johann Wolfgang von Goethe,
Maximen und Reflexionen

Gott will alles zum Guten fügen,
allein der Teufel straft ihn Lügen.
Sprichwort aus Spanien

Gott wird als Du oder Ich erlebt,
je nachdem,
wo das Bewusstseinszentrum ruht;
doch wer ihn als Ich erlebt,
erlebt ihn tiefer.
Hermann Graf Keyserling,
Reisetagebuch eines Philosophen

Gott wird durch Schweigen geehrt
– nicht weil wir von ihm nichts zu
sagen oder zu erkennen vermöchten,
sondern weil wir wissen, dass wir
unvermögend sind, ihn zu begreifen.
Thomas von Aquin,
Kommentar zu Boethius' Über die Dreieinigkeit

Gott wohnt in einem Licht,
zu dem die Bahn gebricht;
Wer es nicht selber wird,
der sieht ihn ewig nicht.
Angelus Silesius, Der cherubinische Wandersmann

Gottes Eingreifen sollte man
vorsichtig beurteilen.
Michel Eyquem de Montaigne, Die Essais

Gottes Haben ist ein Sein,
sein Bewegen Stillstehen,
sein Laufen ein Ruhen.
Nikolaus von Kues, Über die Schauung Gottes

Gottes Schutz
scheint uns leicht entbehrlich,
solange wir ihn besitzen.
Zu unserem eigenen Nutzen und Wohl
entzieht ihn Gott zuweilen,
damit wir erkennen,
dass ohne Gottes Schutz
der Mensch ein reines Nichts ist.
Antonius von Padua, Predigten

Gottes Weisheit zeigt sich vielfältig,
denn er ist gut und klug, einfach,
sanft, gnädig, stark und treu.
Jüngerer deutscher Physiologus (um 1140)

Gottesfurcht ist Gotteslästerung.
Peter Hille, Aphorismen

Gotteskinder,
göttliche Keime sind wir.
Einst werden wir sein,
was unser Vater ist.
Novalis, Fragmente

Halt dich nur an Christum.
Außer Christus
gibt es keine Erkenntnis Gottes.
Martin Luther, Tischreden

Häufig erst zeigt das Fleisch,
der Körper, durch Beschwernisse
wie mit einer Geißel der Seele Gott,
den sie, obgleich sie dem Körper
befiehlt, nicht sah; und der Körper
behindert und hemmt die Seele,
die ängstlich darauf bedacht war,
wie ein eiliger Wanderer in dieser Welt
vorwärts zu kommen, so lange,
bis er ihr den Unsichtbaren,
der sich ihr in den Weg gestellt hat,
kund getan und offenbart hat.
Papst Gregor I. der Große, Regulae Pastoralis

Hinknien ist noch kein Beweis
 – weder für einen Gott
noch für einen Gläubigen;
nur dafür, dass einer
nicht mehr stehen kann.
Ludwig Marcuse

Hinter einem voranziehenden Gott
würden alle Menschen Götter.
Tilgt ihr aber das Ideal aus der Brust,
so verschwindet damit Tempel,
Opferaltar und alles.
Jean Paul, Levana

Ich bin so groß als Gott,
er ist als ich so klein:
Er kann nicht über mir,
ich unter ihm nicht sein.
Angelus Silesius, Der cherubinische Wandersmann

Ich denke immer, das beste Mittel,
Gott zu erkennen, ist, viel zu lieben.
Vincent van Gogh, Briefe

Ich fühle,
dass es einen Gott gibt,
und ich fühle nicht,
dass es keinen gebe;
das genügt mir,
alles Vernünfteln ist dabei wertlos:
Ich folgere also,
dass Gott existiert.
Jean de La Bruyère, Die Charaktere

Ich fürchte Gott,
ohne vor der Hölle zu zittern,
und spreche ohne Leichtfertigkeit
von der Religion,
weder Fanatismus
noch Gottlosigkeit gefallen mir,
die Intoleranz aber hasse ich
noch mehr als die Freigeisterei.
Jean-Jacques Rousseau,
Brief an Erzbischof de Beaumont (18. November 1762)

Ich gehe durch den Todesschlaf
Zu Gott ein als Soldat und brav.
Johann Wolfgang von Goethe, Faust II (Valentin)

»Ich glaube an einen Gott!«
Dies ist ein schönes löbliches Wort;
aber Gott erkennen,
wo und wie er sich offenbare,
das ist eigentlich
die Seligkeit auf Erden.
Johann Wolfgang von Goethe, Maximen und Reflexionen

Ich habe Gott überall erblickt
und niemals begriffen.
Alphonse de Lamartine, Poetische Meditationen

Ich kann mir
keinen persönlichen Gott denken,
der die Handlungen
der einzelnen Geschöpfe
direkt beeinflusste
oder über seine Kreaturen
direkt zu Gericht säße.
Albert Einstein, Briefe

Ich möchte einen nüchternen,
maßvollen, keuschen, rechtlich
denkenden Menschen behaupten
hören, es gebe keinen Gott:
Ein solcher Mensch würde wenigstens
ganz uneigennützig sprechen.
Doch er ist nicht zu finden.
Jean de La Bruyère, Die Charaktere

Ich trage Gottes Bild:
Wenn er sich will besehn,
So kann es nur in mir
und wer mir gleicht geschehn.
Angelus Silesius, Der cherubinische Wandersmann

Ich wäre der unglücklichste Mensch
der Welt, wenn ich wüsste, dass ich
nicht in der Gnade Gottes stünde.
Jeanne d'Arc, Aussage in der 3. öffentlichen Sitzung
ihres Prozesses (24. Februar 1431)

Ich will aufhören, an Gott zu glauben,
wenn ich sehe,
dass ein Baum ein Gedicht macht
und ein Hund eine Madonna malt.
Friedrich Hebbel, Tagebücher

Ich wünschte, es gäbe einen Gott.
Ich sehne mich,
ihn zu loben, ihm zu danken.
Katherine Mansfield, Briefe

Ich würde nur
an einen Gott glauben,
der zu tanzen verstünde.
Friedrich Nietzsche, Also sprach Zarathustra

Ihr fragt mich, wo Gott ist;
ich weiß es nicht,
und ich soll es nicht wissen.
Ich weiß, dass er ist.
Voltaire, Geschichte von Jenni

Ihr müsst aber
für Gott predigen
und nicht aufs Urteil
der Menschen sehen.
Martin Luther, Tischreden

Ihre wahre Gottheit ist das Gold,
und diesen ihren Gott suchen sie
bis ans andere Ende der Welt.
Voltaire, Die Briefe Amabeds

Immer weniger Menschen
glauben an Gott. Was vermutlich
auf Gegenseitigkeit beruht.
Michael Augustin

In aller Geschichte wohnt,
lebet, ist Gott zu erkennen.
Leopold von Ranke, Briefe (März 1820)

In der Persönlichkeit Gottes feiert
der Mensch die Übernatürlichkeit,
Unsterblichkeit, Unabhängigkeit
und Unbeschränktheit
seiner eigenen Persönlichkeit.
Ludwig Feuerbach, Das Wesen des Christentums

In der Welt
ist ein Gott begraben,
der auferstehen will
und allenthalben
durchzubrechen sucht,
in der Liebe,
in jeder edlen Tat.
Friedrich Hebbel, Tagebücher

In jedem Menschen
kann mir Gott erscheinen.
Novalis, Fragmente

In Wahrheit ist Gott
die Weite unseres Herzens
und die Unendlichkeit
unseres Denkens.
Eugen Drewermann,
Das Markusevangelium, Zweiter Teil

In wenigen Stunden
Hat Gott das Rechte gefunden.
Johann Wolfgang von Goethe, Sprüche

In Zeiten blühender Gesundheit
zweifelt man am Dasein Gottes,
wie man die Sündhaftigkeit
des Umgangs mit einem losen
Frauenzimmer bezweifelt.
Wird man krank und
plagt einen die Wassersucht,
dann gibt man seine Mätresse auf
und glaubt an Gott.
Jean de La Bruyère, Die Charaktere

Ist Gott der Traum der Menschheit?
Es wäre zu schön.
Ist die Menschheit der Traum Gottes?
Es wäre zu abscheulich.
Arthur Schnitzler,
Aphorismen und Betrachtungen aus dem Nachlass

Je mehr du dich
von den irdischen Dingen trennst,
desto mehr näherst du dich
den himmlischen,
und umso mehr
findest du in Gott.
Juan de la Cruz, Merksätze von Licht und Liebe

Je näher der Kirche,
je weiter von Gott.
Deutsches Sprichwort

Je weiter unsere Erkenntnis
Gottes dringt,
desto weiter weicht Gott
vor uns zurück.
Marie von Ebner-Eschenbach, Aphorismen

Je weniger ich ihn begreife,
desto mehr bete ich ihn an.
Jean-Jacques Rousseau, Emile

Jede Unterschiedenheit ist Gott fremd,
sowohl in Bezug auf seine Natur
wie in Bezug auf die Personen.
Beweis: Seine Natur ist eine;
und jede Person ist eine
und eben dieses selbe Eine,
was die Natur ist.
Meister Eckhart, Vom Papst verurteilte Sätze aus
Meister Eckharts Predigten

Jeder, der liebt,
stammt von Gott
und erkennt Gott.
Neues Testament, 1. Johannesbrief 4, 8

Jeder gute Mensch wird immer
mehr und mehr Gott.
Gott werden, Mensch sein,
sich bilden, sind Ausdrücke,
die einerlei bedeuten.
Friedrich Schlegel, Fragmente

Jeder Mensch
wird zu jeder Stunde gleichzeitig
von zwei Forderungen bewegt:
Die eine führt ihn zu Gott,
die andere zu Satan hin.
Die Anrufung Gottes,
oder das Streben des Geistes,
ist die Sehnsucht des Emporsteigens;
die Anrufung Satans,
oder die tierische Lust,
ist eine Wonne des Hinabsteigens.
Charles Baudelaire, Tagebücher

Jedes Kind, das zur Welt kommt,
ist ein Mensch gewordener Gott.
Simone de Beauvoir, Das andere Geschlecht

Jegliches Wesen
liebt von Natur
auf seine Weise
Gott mehr als sich selbst.
Thomas von Aquin, Summa theologica

Kann doch ein Gott, wenn er will,
auch fernher Männer erretten.
Homer, Odyssee

Kein Mensch schaut jenes erhabene
Gebirge, in dem Gottes Wissen ruht,
und zumal nicht den Gipfel des Berges. Er kann ihn nicht ersteigen und
wird weder Seine Geheimnisse kennen
noch das Geheimnis derer, die immerfort vor Seinem Angesicht stehen.
Hildegard von Bingen,
Der Mensch in der Verantwortung

Kein Volk hat an einen Gott geglaubt,
der ganz Körper, oder an einen,
der ganz Geist, aber kein freier, wäre.
Giambattista Vico, Neue Wissenschaft

Kommt der Geist eines Menschen
vor zeitlichen Sorgen nicht zur Ruhe,
so kann er Gott nicht näher kommen.
Antonius von Padua, Predigten

Können sie schon
den Menschen entlaufen,
so haben sie doch keine Flügel,
um Gott zu entfliehen.
William Shakespeare, Heinrich V. (Heinrich)

Könnten wir alles
mit eigener Kraft,
Wie bald wär Gott
aus dem Himmel geschafft.
Wilhelm Müller, Epigramme

Lass Gott einen guten Mann sein.
Deutsches Sprichwort

Lasse sich doch keine Seele
vom Glauben an Gott
in ihrer Lebens-Geschichte
etwan dadurch abneigen,
dass sie zu klein dafür sei
in der Menge der Geister
und Sonnen.
Jean Paul, Dämmerungen für Deutschland

Leben in Gott ist nicht
Flucht aus dem Leben,
sondern der Weg
zur vollen Einsicht.
Dag Hammarskjöld, Zeichen am Weg

Liebe das Menschengeschlecht,
folge Gott.
Mark Aurel, Selbstbetrachtungen

Liebe zu Gott.
Eine erhabene Liebe,
die alles einschließt, was gut,
und alles negiert, was böse ist.
Leo N. Tolstoi, Tagebücher (1851)

Lösch mir die Augen aus,
ich kann dich sehn,
Wirf mir die Ohren zu,
ich kann dich hören,
Und ohne Füße kann
ich zu dir gehn,
Und ohne Mund noch
kann ich dich beschwören.
Brich mir die Arme ab,
ich fasse dich

Mit meinem Herzen
wie mit einer Hand,
Halt mir das Herz zu,
und mein Hirn wird schlagen,
Und wirfst du
in mein Hirn den Brand,
So werd ich dich
auf meinem Blute tragen.
Rainer Maria Rilke, Das Stundenbuch

Mache ich einen Gott aus der Natur?
Was tust du?
Haben nicht die Mohammedaner
ihren Gott, die Juden den ihren,
die Inder den ihren?
Niemand kennt Gott, kleiner Freund,
der Mensch kennt nur Götter.
Manchmal ist es mir,
als begegne ich dem meinen.
Knut Hamsun, Die letzte Freude

Man erkennt Gott leicht,
wenn man sich nicht abmüht,
ihn zu definieren.
Joseph Joubert, Gedanken, Versuche und Maximen

Man kann den höchsten Gott
mit allen Namen nennen,
Man kann ihm wiederum
nicht einen zuerkennen.
Angelus Silesius, Der cherubinische Wandersmann

Man kann ein Mann von Geist sein
und in Gott den Komplizen
und den Freund suchen,
die einem immer fehlen.
Gott ist der ewige Vertraute
in diesem Trauerspiel,
dessen Held jeder Einzelne ist.
Charles Baudelaire, Tagebücher

Man kann Gott nur
auf eigene Kosten lieben.
Mutter Teresa

Man muss an Gott glauben,
und wenn man den Glauben nicht hat,
dann soll man an seine Stelle
keinen Sensationsrummel setzen,
sondern suchen, suchen,
einsam suchen, allein mit sich
und seinem Gewissen.
Anton P. Tschechow, Briefe (17. Dezember 1901)

Man muss ein reines Herz besitzen.
Ein reines Herz kann Gott sehen.
Mutter Teresa

Man muss Gott lieben in allem,
was er gibt und was er versagt,
was er will und was er nicht will.
Joseph Joubert, Gedanken, Versuche und Maximen

Man sollte auch bedenken,
dass der Herr im Urteilen
nachsichtiger ist als wir.
Papst Johannes XXIII., Briefe an die Familie
(Schwester Assunta), 28. März 1941

Man verliert die Beziehung zu Gott,
wenn man die Beziehung zum Geld hat.
Mutter Teresa

Man wird zum Gotteslästerer
und Vernunftleugner
beim Blick auf die Welt,
und doch ist dieser Gedanke
an Gott und Vernunft
das einzige Heilige und Große,
was wir haben.
Der Rest ist Schlamm und Sumpfluft.
Johann Gottfried Seume, Apokryphen

Mehr liebt Gott an dir
den geringsten Grad
an Gewissensreinheit
als alle Werke,
die du vollbringen könntest.
Juan de la Cruz, Merksätze von Licht und Liebe

Mein Bankier ist der liebe Gott.
Mutter Teresa

Mein Geist, o wolle nicht ergründen,
Was einmal unergründlich ist:
Der Stein des Falles harrt des Blinden,
Wenn er die Wege Gottes misst.
Annette von Droste-Hülshoff, Das geistliche Jahr 1820

»Mein Gott ist dort«,
und er zeigte zum Himmel,
»mein Gesetz ist hier drinnen«,
und er legte die Hand auf sein Herz.
Voltaire, Geschichte von Jenni

Mich zurückzuziehen und
in der Einsamkeit im Wald zu sitzen
und es schön und dunkel
um mich herum zu haben.
Das ist die letzte Freude.
Das Hohe, das Religiöse an der
Einsamkeit und an der Dunkelheit
macht, dass man sie braucht.
Nicht aber, weil man nur noch
sich selbst ertragen kann,
geht man von den anderen fort,
nein, nein. Das jedoch ist
das Mystische daran, dass alles
einem von Ferne entgegenbraust
und doch alles nah ist. Man sitzt
in der Mitte einer Allgegenwart.
Das ist wohl Gott.
Das ist man wohl selbst,
als Glied von allem.
Knut Hamsun, Die letzte Freude

Mit Gott sprechen
und ihm sagen: Mein Lieber:
Man würde sich wohl
schon ganz gut verstehen.
Jules Renard, Ideen, in Tinte getaucht.
Aus dem Tagebuch von Jules Renard

Mutter
ist das Wort für Gott
auf den Lippen
und in den Herzen
von kleinen Kindern.
William Makepeace Thackeray, Jahrmarkt der Eitelkeit

Nicht braucht man
zum Himmel erheben die Hände
noch anzuflehen den Tempelwächter,
dass er uns zum Ohr des Götterbildes,
wo wir dann besser erhört werden
könnten, vorlasse:
Nahe ist dir der Gott,
mit dir ist er, in dir ist er.
Lucius Annaeus Seneca, Briefe über Ethik

Nicht darum also
wird Gott laufend genannt,
weil er etwa außerhalb
seiner selbst liefe,
da er ja immer unveränderlich
in sich selber steht,
sintemal er alles erfüllt;
sondern weil er aus dem Nichtsein
alles ins Sein laufen lässt.
Johannes Scotus Eriugena,
Über die Eintheilung der Natur

Nicht in der Macht ist Gott,
sondern in der Wahrheit.
Sprichwort aus Russland

Nichts ist für uns notwendig
außer Gott.
Gott finden wir nur,
wenn wir unser Herz
und unseren Geist
allein in Gott bergen.
Angela von Foligno,
Das Buch der glückseligen Angela von Foligno

Niemand kann Gott hassen.
Baruch de Spinoza, Ethik

Nun merket, wie die Seele zu ihrer
höchsten Vollendung kommen kann:
Wenn Gott in die Seele getragen wird,
dann entspringt in der Seele ein
göttlicher Liebesquell, der treibt
die Seele wieder in Gott zurück,
sodass der Mensch nichts mehr
wirken mag als geistliche Dinge.
Meister Eckhart, Traktate

Nur der, den auch die Menschen lieben,
Ist auch bei Gott gut angeschrieben.
Jüdische Spruchweisheit

O süße Liebe Gottes,
die wenig nur bekannt ist!
Wer zu ihren Adern fand,
hat seine Ruhe gefunden.
Juan de la Cruz, Merksätze von Licht und Liebe

Ohne Gedanken an Gott
ist mir die ganze Natur,
das ganze Geschlecht der Menschen
und ich mir selbst
ein ewig unauflösbares Rätsel.
Johann Michael Sailer, Glückseligkeitslehre

Ohne Gott jedoch zu leben,
ist nur eine Qual.
Fjodor M. Dostojewski, Der Jüngling

Regel ist Einheit,
und Einheit ist Gottheit.
Nur der Teufel ist veränderlich.
Jean Paul, Levana

Religion ist Bewusstsein
der Rückverbundenheit
des Menschen in Gott.
Othmar Spann, Religionsphilosophie

Religion ist das Werk Gottes,
das durch den Teufel
seine Perfektion erhielt.
Peter Ustinov

Religion ist Gottes Werk,
vom Teufel perfektioniert.
Peter Ustinov, Peter Ustinovs geflügelte Worte

Rufe Gott an,
aber rudere fort
von den Felsen.
Sprichwort aus Indien

Schau alle Ding in Gott
und Gott in allen an,
Du siehst, dass alles sich
in ihm vergleichen kann.
Daniel Czepko von Reigersfeld,
Monodisticha Sapientium

Schwankend ist alles,
und fest allein ist Gottes Gebot.
Auch das unausgesprochene,
das still und stumm
in der Natur der Dinge liegt.
Theodor Fontane, Graf Petöfy

Seitdem die Menschen nicht mehr
an Gott glauben, glauben sie nicht
etwa an nichts, sondern an alles.
Gilbert Keith Chesterton

Setze den Gott, mit dem du unzufrieden bist, immerhin ab, sorg aber
für einen würdigeren Thronfolger.
Emil Gött, Zettelsprüche. Aphorismen

Sie machen aus Gott
einen Wahlkämpfer.
Jules Renard, Ideen, in Tinte getaucht.
Aus dem Tagebuch von Jules Renard

So gebt dem Kaiser,
was dem Kaiser gehört,
und Gott, was Gott gehört!
Neues Testament, Matthäus 22, 21 (Jesus)

So lebe mit den Menschen,
als ob der Gott es sähe;
so sprich mit dem Gott,
als ob die Menschen es hörten.
Lucius Annaeus Seneca, Briefe über Ethik

So viel du Gott gelässt,
so viel mag er dir werden,
Nicht minder und nicht mehr
hilft er dir aus Beschwerden.
Angelus Silesius, Der cherubinische Wandersmann

So viel empfängt von Gott
ein jedes, als es kann,
Er schaut den Engel nicht
vor der Mücken an.
Daniel Czepko von Reigersfeld,
Monodisticha Sapientium

So wie ich mich im Geiste
dem ew'gen Licht nahe fühle,
so blendet mich sein Glanz,
so verwirrt er mich,
und ich bin gezwungen,
alle irdischen Begriffe aufzugeben,
die mir halfen,
ihn mir vorzustellen.
Jean-Jacques Rousseau, Emile

Solange das Wort Gottes
in einer Sprache
noch dauert und tönt:
so richtet es das Menschenauge
nach oben auf.
Jean Paul, Levana

Solange jeder Narr,
jeder Theolog, jeder Betbruder
und jeder Feuilletonist
sich erlauben darf,
das Wort Gott so zu verstehen
und so anzuwenden,
wie es ihm gerade
im Augenblick genehm ist,
wird jede Diskussion
über religiöse Fragen
unfruchtbar bleiben.
Arthur Schnitzler, Buch der Sprüche und Bedenken

Sowohl Gottes
wie auch des Engels
wie auch des Menschen
letztes Glück und Glückseligkeit ist:
Gott zu schauen.
Thomas von Aquin,
Kommentar zum Sentenzenbuch des Petrus Lombardus

Spricht man über rein Menschliches,
so ist eine andere, eine weniger erhabene Ausdrucksweise angebracht, als
wenn es sich um Gottes Wort handelt;
wir sollten dessen Würde, Majestät
und sakrale Kraft nicht missbrauchen.
Michel Eyquem de Montaigne, Die Essais

Teilnehmend führen gute Geister,
Gelinde leitend höchste Meister
Zu dem, der alles schafft und schuf.
Johann Wolfgang von Goethe, Gott und Welt

Träume kommen von Gott.
Friedrich Schiller, Die Räuber (Daniel)

Tu bist wego-wiso,
unde selber der weg,
unde daz ende,
zu demo wir rameen.
(Du bist der Wegweiser,
und selber der Weg,
und das Ziel,
zu dem hin wir streben.)
Notker III. Labeo, Kommentierte Boethius-Übersetzung

Um Gott ist eine Glut,
o Mensch, du wirst verbrannt,
Wann du Ihn kennen willst,
eh als du dich erkannt.
Daniel Czepko von Reigersfeld,
Monodisticha Sapientium

Um zu wissen, ob es einen Gott gibt,
verlange ich von euch nur eins:
Macht die Augen auf (...).
Macht eure Augen auf,
und ihr werdet einen Gott erkennen
und ihn anbeten.
Voltaire, Geschichte von Jenni

Und das Verlangen nach dem Ideal
schafft den Gedanken an Gott,
aber der Gedanke an Gott
kann auf keine Weise
ein anderes Ideal schaffen als das,
das es schon gibt.
Tania Blixen, Motto meines Lebens

Und es herrscht der Erde Gott,
das Geld.
Friedrich Schiller, An die Freude

Unerforschlich, Gott!,
sind Deine Wege,
Unerforschlich die tiefen
Wunder der Kunst!
Wilhelm Heinrich Wackenroder, Herzensergießungen
eines kunstliebenden Klosterbruders

Unser Leben vergeht
mit der Suche nach Gott,
denn es vergeht
mit der Suche nach dem,
was uns fehlt.
Théodore Jouffroy, Das grüne Heft

Unser Verstehen der Gottheit
mag vergleichbar sein
dem Denken der kleinsten Atome
zu uns Menschen hin.
Emil Nolde (10. Januar 1942)

Unter Gott verstehe ich
das absolut unendliche Seiende.
Baruch de Spinoza, Ethik

Verstehet recht:
Gott ist, was er ist,
und was er ist, das ist mein,
und was mein ist, das liebe ich,
und was ich liebe, das liebt mich
und zieht mich in sich hinein;
und was mich also
an mich genommen hat,
dem gehöre ich mehr an
als mir selber.
Meister Eckhart, Traktate

Vertrau auf Gott,
er wird dir helfen,
hoffe auf Ihn,
er wird deine Wege ebnen.
Altes Testament, Jesus Sirach 2, 6

Von der Welt zu Gott gehen,
heißt vom Genuss eines
unvollkommenen Glücks
zur Hoffnung auf ein
vollkommenes Glück
übergehen.
Théodore Jouffroy, Das grüne Heft

Vor Gott ist alles schön,
gut und gerecht.
Aber die Menschen wähnen,
das eine sei Unrecht,
das andere Recht.
Heraklit, Fragmente

Vor Gott und in einem Verkehrsstau
sind alle Menschen gleich.
Robert Lembke, Das Beste aus meinem Glashaus.
Humoristisches und Satirisches

Wann bist du eigentlich lieb, lieber
Gott?
Wolfgang Borchert

Wär der Teufel tot,
so würden die Leute
wenig um Gottes willen tun.
Sprichwort aus Schottland

Warum greifen wir Gott an?
Es könnte doch sein,
dass er genauso unglücklich ist
wie wir.
Erik Satie

Warum uns Gott so wohl gefällt?
Weil er sich uns nie in den Weg stellt.
Johann Wolfgang von Goethe, Sprüche

Was du für Gott tust,
das tue nur für Gott.
Teile dein Geheimnis nur mit Gott.
Sobald du es vor anderen ausplauderst,
wendet er sich von dir ab.
Leo N. Tolstoi, Tagebücher (1906)

Was für ein Gedanke,
unter einem Allmächtigen zu leben,
von dem man weiß,
dass er lachen und singen kann!
Joachim Fernau, Rosen für Apoll

Was Gott an und für sich ist,
wissen wir so wenig,
als ein Käfer weiß,
was ein Mensch ist.
Ulrich Zwingli, Von der wahren und falschen Religion

Was ist der Mensch?
Die Tragödie Gottes.
Christian Morgenstern

Was ist Gott anderes
denn Leben und Lieblichkeit,
leuchtendes Licht,
unvergängliche Güte,
richtende Gerechtigkeit
und heilendes Erbarmen?
Birgitta von Schweden, Offenbarungen

Was man von Gott gesagt,
das g'nüget mir noch nicht:
Die Über-Gottheit ist
mein Leben und mein Licht.
Angelus Silesius, Der cherubinische Wandersmann

Was wäre ich denn ohne Gott?
Fjodor M. Dostojewski, Schuld und Sühne

Wasser ist nicht zum Trinken da,
sonst hätte Gott
nicht so viel davon gesalzen.
Brendan Behan

Weder Christ noch Heide
erkennt das Wesen Gottes,
wie es in sich selber ist.
Thomas von Aquin, Summa theologica

Wen Gott nass macht,
den macht er auch wieder trocken.
Deutsches Sprichwort

Wen Gott niederschlägt,
der richtet sich selbst nicht auf.
Johann Wolfgang von Goethe,
Götz von Berlichingen (Götz)

Wenn die Dreiecke
sich einen Gott machen würden,
würden sie ihm drei Seiten geben.
Charles de Secondat, Baron de la Brède
et de Montesquieu, Persianische Briefe

Wenn die Götter uns strafen wollen,
erhören sie unsere Gebete.
Oscar Wilde

Wenn die Menschen bedächten,
was sie ihrem Gott damit antun,
dass sie ihn zum Mitwisser
ihrer Schändlichkeiten machen!
Heinrich Waggerl, Aphorismen

Wenn du an Gott glaubst,
wird er die Hälfte
deines Werkes tun.
Die zweite Hälfte.
Cyrus Curtis

Wenn du doch
Gott nicht kennst,
woher weißt du denn,
dass du nichts
Gott Ähnliches kennst?
Aurelius Augustinus, Selbstgespräche

Wenn ein Mensch seine Seele
zur Höhe der Beschauung Gottes
nicht erheben kann,
so soll er sich nicht betrüben;
er soll sich vielmehr bemühen,
alle seine Aufgaben
und Verpflichtungen zu erfüllen
und dabei immer die Furcht Gottes
im Herzen haben und alle Werke
auf Gott hin ausrichten,
sie gleichsam vor Gottes Angesicht tun.
Elisabeth von Schönau, Über den Weg der Tätigen

Wenn Gott sein Ebenbild
wie sich selbst liebt,
warum soll nicht auch ich
das Bild Gottes
wie Gott selbst lieben?
Ludwig Feuerbach, Das Wesen des Christentums

Wenn Gott will,
so grünt ein Besenstiel.
Deutsches Sprichwort

Wenn Gott zu dir
in Wundern spricht,
So merkst du's,
doch in Wundern nicht.
Jüdische Spruchweisheit

Wenn ich existiere, existiert Gott.
Mohandas K. »Mahatma« Gandhi, The Nation's Voice

Wenn ihr mit Gott zürnt,
so ist kein Hilf;
wo aber Gott mit euch zürnt,
so ist noch wohl Rat da.
Martin Luther, Tischreden

Wenn man das Bedürfnis
nach etwas Großem,
Unendlichem hat, nach etwas,
das einen zu Gott hinführt,
so braucht man nicht weit zu gehen.
Vincent van Gogh, Briefe

Wenn man in die Slums
und in die Konzentrationslager schaut,
muss man meinen,
Gott habe die Welt verlassen.
Wir sind auf uns gestellt.
August Everding,
Vortrag im Kloster Andechs, 29. Mai 1988

Wenn man mir sagt,
ich solle meine Vernunft unterwerfen,
so beleidigt man ihren Urheber.
Jean-Jacques Rousseau, Emile (Glaubensbekenntnis)

Wenn Sie einmal
die Existenz Gottes annehmen,
dann ist die Notwendigkeit
des Gebets unbezweifelbar.
Mohandas K. »Mahatma« Gandhi, The Nation's Voice

Wenn so oft an Gott man dachte,
Als man an die Steuer denkt,
Wär uns, glaub ich, längst zu Rechte
Fried und Ruh von Gott geschenkt.
Friedrich von Logau, Sinngedichte

Wer alles kann, kann nur das wollen,
was gut ist.
Jean-Jacques Rousseau, Emile

Wer auf den blumigen Höhen der
Menschheit doch kein Glück erreicht,
der ist, wenn er ohne Gott im Innern
ist, hülfloser als der Niedrige, der
wenigstens in der Anklage seiner
tiefen Stellung die Hoffnung der
Verbesserung sucht.
Jean Paul, Levana

Wer Gott ahnet, ist hochzuhalten,
Denn er wird nie im Schlechten walten.
Johann Wolfgang von Goethe, Sprüche

Wer Gott aufgibt,
der löscht die Sonne aus,
um mit einer Laterne
weiterzuwandeln.
Christian Morgenstern, Stufen

Wer Gott definiert, ist schon Atheist.
Oswald Spengler

Wer Gott glaubt,
mag zu ihm beten,
wer ihn weiß,
dessen Andacht
heißt Arbeit.
Arthur Schnitzler, Buch der Sprüche und Bedenken

Wer Gott ist, wissen wir.
Und weil wir's wissen,
Verschließen wir's in uns.
Frank Wedekind, Der Stein der Weisen

Wer Gott liebt,
muss nicht verlangen,
dass Gott ihn wieder liebe.
Johann Wolfgang von Goethe, Dichtung und Wahrheit

Wer Gott recht finden will,
muss sich zuvor verliern
Und bis in Ewigkeit
nichts wieder sehn noch spürn.
Angelus Silesius, Der cherubinische Wandersmann

Wer Gott sieht, stirbt.
Franziska Gräfin zu Reventlow, Tagebücher

Wer Gott vertraut,
Ist schon auferbaut.
Johann Wolfgang von Goethe, Sprüche

Wer kann die Gebete zählen,
die zu nicht existierenden Göttern
aufgestiegen sind?
Thornton Wilder, Der achte Schöpfungstag

Wer sagt: Ich bin Gott nah!,
der ist ihm fern geblieben;
Wer sagt: Ich bin Gott fern!,
der ist ihm nah durch Lieben.
Friedrich Rückert, Die Weisheit des Brahmanen

Wer sich ein einziges Volk auserwählt
und das übrige menschliche
Geschlecht verwirft, ist nicht der
gemeinsame Vater der Menschen.
Jean-Jacques Rousseau, Emile (Glaubensbekenntnis)

Wie der Mensch denkt,
wie er gesinnt ist,
so ist sein Gott:
So viel Wert
der Mensch hat,
so viel Wert
und nicht mehr
hat sein Gott.
Ludwig Feuerbach, Das Wesen des Christentums

Wie du Gott denkst,
so denkst du selbst.
Ludwig Feuerbach, Das Wesen des Christentums

Wie einer,
der den Karren bergaufwärts schiebt,
so ist zu Gott unterwegs,
wer seine Sorgen nicht abschüttelt
und sein Streben nicht mäßigt.
Juan de la Cruz, Merksätze von Licht und Liebe

Wie könne man
als Mensch leben,
wenn man nicht
zuweilen ein Gott wäre?
Arthur Schnitzler, Zurückgelegte Sprüche

Wie lassen sich in einer Welt,
über die Mord und Not rast,
die Spuren Gottes erkennen?
Inge Scholl, Die weiße Rose

Wie muss sich Gott,
der alles sieht,
zuletzt doch amüsieren!
Jules Renard, Ideen, in Tinte getaucht.
Aus dem Tagebuch von Jules Renard

Wie sehr irrt der, der schwarz
die helle Sonne heißt;
Noch mehr der, so da spricht:
Gott ist gut und ein Geist.
Daniel Czepko von Reigersfeld, Monodisticha Sapientium

Wie verborgen und unzugangbar uns
auch der höchste Regierer des Weltalls
ist, so wissen wir doch genug von seiner Regierung, um ein unbeschränktes
Vertrauen zu ihr zu fassen, und genug
von seinen Gesetzen.
Christoph Martin Wieland,
Das Geheimnis des Kosmopolitenordens

Wiewohl die Seele eher
zu Gott geführt wird
durch die Erkenntniskraft
als durch liebende Hinwendung,
so erreicht ihn doch
die liebende Hinwendung
vollkommener als
die Erkenntniskraft.
Thomas von Aquin, Über die Wahrheit

Wir alle sind Arme vor Gott.
Mutter Teresa

Wir glauben immer,
dass Gott uns selbst ähnlich sei:
Die Nachsichtigen
verkünden ihn als nachsichtig,
die Hasserfüllten predigen,
dass er furchtbar sei.
Joseph Joubert, Gedanken, Versuche und Maximen

Wir können uns zwar
Gott ohne die Kirche vorstellen,
aber nicht die Kirche ohne Gott.
Thomas Mann

Wir lesen nirgendwo,
dass Gott um der Tiere willen
Tier geworden sei.
Ludwig Feuerbach, Das Wesen des Christentums

Wir wollen Gott kennen,
ohne seine Gesetze zu kennen.
Gegeben aber ist uns nur,
die Gesetze zu kennen,
die Schlussfolgerung auf Gott,
auf seine Existenz ziehen wir nur,
weil es die Gesetze gibt
und also auch ein Gesetzgeber
existieren muss.
Leo N. Tolstoi, Tagebücher (1899)

Wirst du doch immer
aufs Neue hervorgebracht,
herrlich Ebenbild Gottes!
Johann Wolfgang von Goethe,
Wilhelm Meisters Wanderjahre

Wo die Stille
mit dem Gedanken Gottes ist,
da ist nicht Unruhe
noch Zerfahrenheit.
Franz von Assisi, Von der Kraft der Tugenden

Wo einer Zeit Gott,
wie die Sonne, untergehet;
da tritt bald darauf auch
die Welt in das Dunkel;
der Verächter des Alls
achtet nichts weiter als sich
und fürchtet sich in der Nacht
vor nichts weiter
als vor seinen Geschöpfen.
Jean Paul, Vorschule der Ästhetik

Wo ist der gerechte
und rächende Gott?
Nein, es gibt keinen Gott!
Voltaire, Geschichte von Jenni

Wo ist Gott nun jetzt,
nach Erschaffung der Welt?
Martin Luther, Tischreden

Wo wir in Gott,
das heißt in der Wahrheit sind,
dort sind wir zusammen,
wo wir in Teufel,
das heißt in der Lüge sind,
ist jeder für sich allein.
Leo N. Tolstoi, Tagebücher (1890)

Wohl können wir Gott
unser Herz öffnen,
aber nicht ohne göttliche Hilfe.
Thomas von Aquin, Über die Wahrheit

Zieht Gott sich von der Welt zurück,
so zieht der Weise sich in Gott zurück.
Joseph Joubert, Gedanken, Versuche und Maximen

Zu Gott humpelt man,
zum Teufel springt man.
Sprichwort aus Dänemark

Zünde keine falsche Kerze
vor einer wahren Gottheit an.
Chinesisches Sprichwort

Zündet eine Kerze für Gott
und zwei für den Teufel an.
Sprichwort aus Frankreich

Götter

Ach, es ist niemandem erlaubt,
auf die unwilligen Götter zu vertrauen!
Vergil, Aeneis

Ach, wenn Götter uns betören,
Können Menschen widerstehn?
Johann Wolfgang von Goethe,
Claudine von Villa Bella (Pedro)

Alle Tätigkeit,
die nicht von den Göttern ausgeht,
ist des Menschen unwürdig.
Es ist also gut, sich in Vorrat zu setzen.
Friedrich Schlegel, Über die Philosophie

Alles Höchste,
es kommt frei
von den Göttern herab.
Friedrich Schiller, Das Glück

Bedecke deinen Himmel, Zeus,
Mit Wolkendunst
Und übe, dem Knaben gleich,
Der Disteln köpft,
An Eichen dich und Bergeshöhn;
Musst mir meine Erde
doch lassen stehn
Und meine Hütte,
die du nicht gebaut,
Und meinen Herd.
Johann Wolfgang von Goethe, Prometheus

Den Göttern gleich zu sein,
ist Edler Wunsch.
Johann Wolfgang von Goethe, Elpenor (Elpenor)

Den Göttern nur
Naht nie das Alter,
ihnen naht niemals der Tod.
Doch alles andre stürzt
die Allgewalt der Zeit.
Sophokles, Ödipus auf Kolonos

Den Hunger nennt ihr Liebe,
und wo ihr nichts mehr seht,
da wohnen eure Götter.
Friedrich Hölderlin, Hyperion

Denn mit Göttern
Soll sich nicht messen
Irgend ein Mensch.
Johann Wolfgang von Goethe,
Grenzen der Menschheit

Der Atheist glaubt,
der Abergläubische wünscht,
dass es keine Götter gibt.
Plutarch, Moralia

Götter

Der Mensch versuche
die Götter nicht
Und begehre nimmer
und nimmer zu schauen,
Was sie gnädig bedecken
mit Nacht und Grauen.
Friedrich Schiller, Der Taucher

Die Götter haben ihre eigenen Gesetze.
Ovid, Metamorphosen

Die Götter, mit denen wir es halten,
sind die, die wir nötig haben
und brauchen können.
William James,
Die religiöse Erfahrung in ihrer Mannigfaltigkeit

Die Kinder der Götter
entziehen sich
den Gesetzen der Natur
und bilden gleichsam
die Ausnahme von der Regel.
Jean de La Bruyère, Die Charaktere

Die Menschen stellen sich
sowohl die Gestalt als auch
die Lebensweise der Götter
ähnlich ihrer eigenen vor.
Aristoteles, Politik

Die Vorstellung der Menschen von
Göttern entspringt einer doppelten
Quelle: den Erlebnissen der Seele
und der Anschauung der Gestirne.
Aristoteles, Über Philosophie

Erheb sich nimmer
ein Mann zu frevlem Hochmut,
Sondern still empfang er
ein jedes Geschenk von den Göttern.
Homer, Odyssee

Erst handle, dann rufe die Götter an;
dem Tätigen fehlt auch die Hilfe
der Gottheit nicht.
Euripides, Fragmente

Es gibt Götter,
die die Menschen verlassen;
das sind die Götter,
die die Menschen kennen.
Sprichwort aus Japan

Frechen Hochmut
lieben auch die Götter nicht.
Sophokles, Die Trachinierinnen (Lichas)

Götter haben schon oft
geringere Hütten betreten.
Ovid, Metamorphosen

Götter und Menschen haben
dem Liebenden jede Freiheit gegeben:
So will es unsere Sitte.
Platon, Das Gastmahl

In seinen Göttern
malt sich der Mensch.
Friedrich Schiller, Akademische Antrittsrede

Keines Tempels heitre Säule
Zeuget, dass man Götter ehrt.
Friedrich Schiller, Das Eleusische Fest

Mit den Göttern zusammenleben.
Es lebt mit den Göttern zusammen,
wer ihnen fortgesetzt seine Seele zeigt,
wie sie über das Zugeteilte zufrieden
ist.
Mark Aurel, Selbstbetrachtungen

Mögen mir die Götter
meine Träume verändern,
nicht aber die Gabe
zu träumen entziehen.
Fernando Pessoa, Das Buch der Unruhe
des Hilfsbuchhalters Bernardo Soares

Nicht allen erscheinen
Unsterbliche sichtbar.
Homer, Odyssee

Nicht lange besteht,
wer wider Unsterbliche kämpfet.
Homer, Ilias

Niemals sollten wir
in ehrfurchtsvollerer
Stimmung sein,
als wenn es sich
um die Götter handelt.
Aristoteles, Über Philosophie

Raserei und Schlaf
sind die beiden Tore,
durch die man Eintritt
zum Rat der Götter erhält,
wo man die Zukunft
voraussehen kann.
Michel Eyquem de Montaigne, Die Essais

Scheue die Götter,
rette die Menschen.
Mark Aurel, Selbstbetrachtungen

Seid gewarnt:
Lernet Gerechtigkeit
und verachtet nicht die Götter!
Vergil, Aeneis

So gab der Mensch
sich seine Götter.
Denn im Anfang
war der Mensch
und seine Götter Eins,
das, sich selber unbekannt,
die Schönheit war.
Friedrich Hölderlin, Hyperion

Spät erst mahlen
die Mühlen der Götter,
doch mahlen sie Feinmehl.
Sextus Empiricus, Wider die Gelehrten

Und der Mensch
versuche die Götter nicht.
Friedrich Schiller, Der Taucher

Unermessliches Lachen
erscholl den seligen Göttern.
Homer, Ilias

Uns kröne das schönste Geschenk
aus Götterhand: Schamhaftigkeit.
Euripides, Medea (Chor)

Viel Geld rührt selbst die Götter an.
Chinesisches Sprichwort

Viele begegnen den Göttern,
aber wenige begrüßen sie.
Sprichwort aus England

Wahrung der Tradition.
Aber was nützen Gläubige,
Altäre, Priester,
wenn die Götter fort sind?
Alfred Polgar, Kleine Schriften, Band 3. Irrlicht

Was ist des Menschen Klugheit,
wenn sie nicht
Auf jener Willen droben
achtend lauscht?
Johann Wolfgang von Goethe,
Iphigenie auf Tauris (Pylades)

Wende dich mutig an die Götter,
die du als deine Ratgeber betrachten
mögest. Und dann, wenn dir ein Rat
erteilt wird, denke daran, an welche
Ratgeber du dich gewandt hast und
wem du den Gehorsam verweigerst,
falls du nicht hörst.
Epiktet, Handbuch der Moral

Wenn die Götter uns strafen wollen,
erhören sie unsere Gebete.
Oscar Wilde, Ein idealer Gatte

Wenn die Menschen sich weiterentwickeln, müssen auch ihre Götter sich
mit- und weiterentwickeln, all die
geistigen Wesenheiten, die an ihnen
gearbeitet haben und arbeiten.
Der Lehrer, der das Kind bis zu dessen
zwanzigstem Jahre geleitet hat, wird
dann ebenfalls um zwanzig Jahre
gealtert, gereift, weiterentwickelt sein.
Wer überhaupt göttliche Demiurgen
annimmt, der soll sie nicht als starre
Götzen verehren.
Christian Morgenstern, Stufen

Wenn die Vögel sich Götter erfinden,
wie sie es höchstwahrscheinlich tun,
sehen diese Götter sicher aus wie sie
selbst.
Michel Eyquem de Montaigne, Die Essais

Wenn wir neue Götter haben,
müssen die alten notwendig
Götzen gewesen sein?
Arthur Schnitzler,
Aphorismen und Betrachtungen aus dem Nachlass

Wer dem Gebot der Götter gehorcht,
den hören sie wieder.
Homer, Ilias

Wer der Götter Wort vernimmt
Und ihm das Ohr verschließt,
Der ist ein Tor.
Euripides, Iphigenie bei den Taurern (Thoas)

Wer wollte die Waffen
gegen die Götter richten?
Tibull, Elegien

Wie man behauptet, gibt es greise
Menschen in Westfalen, die noch
immer wissen, wo die alten Götterbilder verborgen liegen; auf ihrem Sterbebette sagen sie es dem jüngsten
Enkel, und der trägt dann das teure
Geheimnis in dem verschwiegenen
Sachsenherz.
Heinrich Heine, Elementargeister

Wie man es wendet,
und wie man es nimmt,
Alles geschieht,
was die Götter bestimmt!
Johann Wolfgang von Goethe,
Des Epimenides Erwachen (Genien)

Wie? Wann? und Wo?
– Die Götter bleiben stumm!
Du halte dich ans Weil
und frage nicht Warum?
Johann Wolfgang von Goethe, Sprüche

Wo die olympischen Götter zurücktraten, da war auch das griechische
Leben düsterer und ängstlicher.
Friedrich Nietzsche, Menschliches, Allzumenschliches

Wo keine Götter sind,
walten Gespenster.
Novalis, Die Christenheit oder Europa

Wohl gibt's,
wo Götter schaffen,
nichts Unmögliches.
Sophokles, Aias

Zur Zahl der Götter rechnen sie
(die Germanen) nur diejenigen, die
sie sehen können und durch deren
Hilfe sie augenscheinlich unterstützt
werden: Sonne, Feuer und Mond, die
übrigen kennen sie nicht einmal vom
Hörensagen.
Gaius Iulius Caesar, Der Gallische Krieg

Gottesdienst

Das Wort Gottesdienst sollte verlegt
und nicht vom Kirchengehen,
sondern bloß von guten Handlungen
gebraucht werden.
Georg Christoph Lichtenberg, Sudelbücher

Der Dienst, den Gott fordert,
ist der Dienst des Herzens,
und der ist stets einheitlich,
wenn er aufrichtig ist.
Jean-Jacques Rousseau, Emile (Glaubensbekenntnis)

Die meisten neuen Gottesdienste
entstehen aus dem Fanatismus und
erhalten sich durch die Heuchelei.
Jean-Jacques Rousseau,
Brief an Erzbischof Beaumont (18. November 1762)

Du sollst dich nicht
vor anderen Göttern niederwerfen
und dich nicht verpflichten,
ihnen zu dienen.
Altes Testament, Exodus 20, 5 (Jahwe)

Es ist kein leichter Dienst auf Erden,
denn der rechte Gottesdienst.
Martin Luther, Tischreden

Je weniger
ein Gottesdienst vernünftig ist,
desto mehr sucht man ihn
durch Gewalt zu befestigen.
Jean-Jacques Rousseau, Brief an Erzbischof Beaumont
(18. November 1762)

Gotteserkenntnis

Das höchste Gut des Geistes
ist die Erkenntnis Gottes, und
die höchste Tugend des Geistes ist,
Gott zu erkennen.
Baruch de Spinoza, Ethik

Es ist ganz nah von der Naturliebe
zur Erkenntnis Gottes; deswegen sind
die Dörfer frömmer als die Städte.
Théodore Jouffroy, Das grüne Heft

Gottesfurcht

Die Furcht vor Gott
ist für uns so notwendig,
um uns im Guten zu erhalten,
wie die Furcht vor dem Tode,
um uns im Leben zu erhalten.
Joseph Joubert, Gedanken, Versuche und Maximen

Die Gottesfurcht hält Sünden fern,
wer in ihr verbleibt,
vertreibt allen Zorn.
Altes Testament, Jesus Sirach 1, 21

Gottesfurcht ist Gotteslästerung.
Peter Hille

Wir wollen in der Freude
nicht der Gottesfurcht vergessen
und im Leid
die Hoffnung niemals aufgeben.
Gregor von Nazianz, Reden

Gottheit

Alles, was über das Wesen der Gottheit
an Gedankengebäuden aufgebaut
und abgebaut wird, wird vom Menschen
erfunden, so wie er von sich aus die
Beziehung zur Gottheit ansieht.
Michel Eyquem de Montaigne, Die Essais

Das Ineinanderfließen
in der Gottheit
ist ein Sprechen sonder Wort
und sonder Laut,
ein Hören sonder Ohren,
ein Sehen sonder Augen.
Meister Eckhart, Traktate

Die ew'ge Gottheit ist
so reich an Rat und Tat,
Dass sie sich selbst noch nie
ganz ausgeforschet hat.
Angelus Silesius, Der cherubinische Wandersmann

Die Gottheit ist ein Brunn',
aus ihr kommt alles her
Und läuft auch wieder hin,
drum ist sie auch ein Meer.
Angelus Silesius, Der cherubinische Wandersmann

Die Männer entscheiden,
ob ihre höchsten Gottheiten
weiblich oder männlich sein sollen.
Simone de Beauvoir, Das andere Geschlecht

Eines zu sein mit Allem,
das ist Leben der Gottheit,
das ist der Himmel des Menschen.
Friedrich Hölderlin, Hyperion

Es beleidigt die Gottheit mehr, wenn
man falsch über sie denkt, als wenn
man gar nicht über sie nachdenkt.
Jean-Jacques Rousseau, Emile (Glaubensbekenntnis)

Es gibt keinen Weg zur Gottheit
als durch das Tun des Menschen.
Durch die vorzüglichste Kraft,
das hervorragendste Talent,
was jedem verliehen worden,
hängt er mit dem Ewigen zusammen,
und so weit er dies Talent ausbildet,
diese Kraft entwickelt,
so weit nähert er sich seinem Schöpfer
und tritt mit ihm in Verhältnis.
Alle andere Religion ist Dunst
und leerer Schein.
Friedrich Hebbel, Tagebücher

Es wird nur Eine Schönheit sein,
und Menschheit und Natur
wird sich vereinen
in Eine allumfassende Gottheit.
Friedrich Hölderlin, Hyperion

Im Menschen kommt die Gottheit
zum Selbstbewusstsein,
und solches Selbstbewusstsein
offenbart sie wieder
durch den Menschen.
Heinrich Heine, Zur Geschichte der Religion und
Philosophie in Deutschland

Nehmt die Gottheit
auf in euern Willen,
Und sie steigt
von ihrem Weltenthron.
Friedrich Schiller, Das Ideal und das Leben

Unsere Fragen an die Gottheit sind es,
die uns reicher machen,
nicht die spärlichen Antworten,
die uns zuteil werden.
Arthur Schnitzler, Buch der Sprüche und Bedenken

Göttin

Die Gegenwart
ist eine mächtge Göttin.
Johann Wolfgang von Goethe,
Torquato Tasso (Antonio)

Er fragte überall
nach der heiligen Göttin (Isis)
Menschen und Tiere,
Felsen und Bäume.
Manche lachten,
manche schwiegen,
nirgends erhielt er Bescheid.
Novalis, Die Lehrlinge zu Sais

Es ist Zeit, den Schleier der Isis zu zerreißen und das Geheime zu offenbaren. Wer den Anblick der Göttin nicht ertragen kann, fliehe oder verderbe.
Friedrich Schlegel, Ideen

So dir aber der innere Sinn
nicht aufgeht für die Göttin,
so wirst du sie nicht schauen,
weder durch deine Vernunft,
noch durch dein Wissen.
Karoline von Günderode, Geschichte eines Bramienen

Werde jeder bessre Sinn
Dir zum Dienst erbötig!
Jungfrau, Mutter, Königin,
Göttin, bleibe gnädig!
Johann Wolfgang von Goethe, Faust II
(Doctor Marianus)

Göttliches

Aber du wirst richten, heilige Natur! Denn, wenn sie nur bescheiden wären, diese Menschen, zum Gesetze sich nicht machten für die Besseren unter ihnen!, wenn sie nur nicht lästerten, was sie nicht sind, und möchten sie doch lästern, wenn sie nur das Göttliche nicht höhnten!
Friedrich Hölderlin, Hyperion

Alles Göttliche hat eine Geschichte.
Novalis, Die Lehrlinge zu Sais

Alles Göttliche und alles Schöne
ist schnell und leicht.
Oder sammelt die Freude sich etwa
so wie Geld und andere Materien
durch ein konsequentes Betragen?
Friedrich Schlegel, Lucinde

Alles, was der göttlichen Natur eigen ist, das ist auch ganz dem gerechten und göttlichen Menschen eigen. Darum wirkt solch ein Mensch auch alles, was Gott wirkt: Er hat zusammen mit Gott Himmel und Erde geschaffen, er ist Zeuger des ewigen Wortes, und Gott wüsste ohne einen solchen Menschen nichts zu tun.
Meister Eckhart, Vom Papst verurteilte Sätze aus Meister Eckharts Predigten

Das Göttliche verschwindet von der Erde nicht. Vertrieben aus dem äußern Leben, flieht es in seine unverletzliche Heimat, die stille Brust des Menschen. Hier glüht und wärmt es und bereitet still arbeitend, aber rastlos, gläubig, unerschütterlich die Zukunft der Dinge, die den Menschen werden sollen.
Lorenz von Stein,
Die sozialen Bewegungen der Gegenwart

Deine Ahnung vom Göttlichen: Du hältst sie für eine Frage, die du an die Unendlichkeit richtest, doch du irrst: Sie ist schon die Antwort, die dir aus der Unendlichkeit zurücktönt – und die einzige, die du zu erwarten hast.
Arthur Schnitzler, Buch der Sprüche und Bedenken

Denn ganz ohne Bild
lässt sich nichts Göttliches fassen.
Zacharias Werner,
An E. F. Peguilhen (5. Dezember 1803)

Die endlichen Wesen vermögen
das Unendliche und Göttliche,
aus welchem sie sind,
nicht unmittelbar anzuschauen,
nicht unmittelbar das Leben
aus ihm zu empfangen,
sondern dieses wird ihnen,
nach dem Maße ihrer Empfänglichkeit,
durch andre höhere vermittelt.
Gotthilf Heinrich Schubert,
Ansichten von der Nachtseite

Es ist das Verderben unserer Tage,
dass wir, losgelöst vom Göttlichen,
alles aus unserer Kraft und Weisheit
heraus gestalten, alles uns selbst
und nicht der ewigen Gnade
verdanken wollen.
Theodor Fontane, Graf Petöfy

Frag nicht, was göttlich sei,
denn so du es nicht bist,
So weißt du es doch nicht,
ob du's gleich hörst, mein Christ.
Angelus Silesius, Der cherubinische Wandersmann

Gott erblicken wir nicht,
aber überall erblicken wir Göttliches.
Friedrich Schlegel, Ideen

Ich glaube, spüre und traue,
dass etwas Göttliches in uns ist,
das von Gott ausgegangen ist
und uns wieder zu ihm führt.
Jacob Grimm, An Achim von Arnim (20. Mai 1811)

Ich mag lieber,
dass das Göttliche zu hart
als zu zierlich sei.
Friedrich Schlegel, Über die Philosophie

Ihr sollt alle Kultstätten zerstören, an denen die Völker, deren Besitz ihr übernehmt, ihren Göttern gedient haben: auf den hohen Bergen, auf den Hügeln und unter jedem Baum. Ihr sollt ihre Altäre niederreißen und ihre Steinmale zerschlagen. Ihre Kultpfähle sollt ihr im Feuer verbrennen und die Bilder ihrer Götter umhauen. Ihre Namen sollt ihr an jeder solchen Stätte tilgen.
Altes Testament, Deuteronomium 12, 2–3

Im Wachsen einer Symphonie
liegt etwas Göttliches, etwas
der Schöpfung selbst Ähnliches.
Leonard Bernstein,
Von der unendlichen Vielfalt der Musik

Ist nicht göttlich,
was ihr höhnt und seellos nennt?
Ist besser denn euer Geschwätz
die Luft nicht, die ihr trinkt?
Friedrich Hölderlin, Hyperion

Keine Umgebung,
selbst die gemeinste nicht,
soll in uns das Gefühl
des Göttlichen stören,
das uns überall hin begleiten
und jede Stätte zu einem Tempel
einweihen kann.
Johann Wolfgang von Goethe,
Die Wahlverwandtschaften

Kunst ist unbewusste,
wirksame Betrachtung
des Göttlichen.
Walter Rathenau, Auf dem Fechtboden des Geistes.
Aphorismen aus seinen Notizbüchern

Und so verleugnet ihr das Göttlichste,
Wenn euch des Herzens Winke
nichts bedeuten.
Johann Wolfgang von Goethe,
Die natürliche Tochter (Hofmeisterin)

Wir sind doch göttlich genug,
wie wir sind.
Jens Peter Jacobsen, Niels Lyhne (Frau Boye)

Gottlosigkeit

Die meisten unserer Gottlosen
sind nur rebellische Frömmler.
Antoine Comte de Rivarol, Maximen und Reflexionen

Einem wirklich Gottlosen
bin ich in meinem ganzen Leben
noch nicht begegnet.
Statt seiner bin ich nur
dem Ruhelosen begegnet.
Fjodor M. Dostojewski, Der Jüngling

Gottlos, lieblos.
Deutsches Sprichwort

Gottlose Altweiberfabeln weise zurück!
Übe dich in der Frömmigkeit!
Neues Testament, Paulus (1 Timotheus 4, 7)

Gottlosem Geschwätz
geh aus dem Weg;
solche Menschen geraten
immer tiefer in die Gottlosigkeit,
und ihre Lehre wird um sich fressen
wie ein Krebsgeschwür.
Neues Testament, Paulus (2 Timotheus 2, 16–17)

Ich bin Zarathustra, der Gottlose:
Wo finde ich meinesgleichen?
Und alle die sind meinesgleichen,
die sich selber ihren Willen geben
und alle Ergebung von sich abtun.
Friedrich Nietzsche, Also sprach Zarathustra

Ich weiß nicht, wozu unsere
Katechismen am ehesten führen,
zur Gottlosigkeit oder zum Fanatismus;
ich weiß aber wohl, dass sie notwendig
das eine oder das andere tun.
Jean-Jacques Rousseau, Emile

Schau, Bruder,
selbst wenn unser Gemüt dann und
wann von dem Problem erfüllt ist,
»Gibt es einen Gott, oder gibt es ihn
nicht?«, so ist das kein Grund für uns,
absichtlich etwas Gottloses zu tun.
Vincent van Gogh, Briefe

Statt beim Humoristen
über seine Gottlosigkeit sollten
sich manche Leute lieber bei Gott
über ihre Humorlosigkeit beklagen.
Hanns-Hermann Kersten

Was sind das für gottlose Streiche, die
muss dir der Böse eingegeben haben.
Jacob und Wilhelm Grimm, Märchen von einem,
der auszog, das Fürchten zu lernen

Wenn ich einen Gottlosen
bekehren wollte,
würde ich ihn
in eine Wüste verbannen.
Théodore Jouffroy, Das grüne Heft

Götze

Alle sind Götzendiener,
einige der Ehre,
andere des Interesses,
die meisten des Vergnügens.
Der Kunstgriff besteht darin,
dass man diesen Götzen
eines jeden kenne,
um mittels desselben
ihn zu bestimmen.
Baltasar Gracián y Morales,
Handorakel und Kunst der Weltklugheit

Den Götzen macht
nicht der Vergolder,
sondern der Anbeter.
Baltasar Gracián y Morales,
Handorakel und Kunst der Weltklugheit

Die Masse, schon immer
dem Anthropomorphismus
in Religion und Moral zugetan,
liebt die Götzen am meisten,
bei denen sie eigene Schwächen
wiederfindet.
Anton P. Tschechow, Das Duell

Habe mit Ausnahme deines Vaters
keinen Abgott, außer der Mutter
keinen Götzen.
Sprichwort aus der Mongolei

Hütet euch vor den Götzen!
Neues Testament, 1. Johannesbrief 4, 21

Lieber noch ein wenig
zähneklappern
als Götzen anbeten!
– so will's meine Art.
Friedrich Nietzsche, Also sprach Zarathustra

Nicht der Priester,
die Anbetung schafft den Götzen.
Ludwig Börne, Kritiken

Wenn du Götzen zerschlägst
einem andern, vergiss nicht,
dass es ihm Götter sind.
Emil Gött, Zettelsprüche. Aphorismen

Grab

Am Grab der meisten Menschen trauert,
tief verschleiert, ihr ungelebtes Leben.
Oskar Jellinek

Anerkennung ist eine Pflanze,
die vorwiegend auf Gräbern wächst.
Robert Lembke, Das Beste aus meinem Glashaus.
Humoristisches und Satirisches

Anfangs fällt die Gestalt im Grabe ein,
dann schleift sich sogar ihr Bildnis auf
dem Grabsteine hinweg; – was bleibt?
Was beide erschuf, die Seele!
Jean Paul, Dämmerungen für Deutschland

»Auch ich war in Arkadien!«,
ist die Grabschrift aller Lebendigen
in der sich immer verwandelnden,
wiedergebärenden Schöpfung.
Johann Gottfried Herder,
Ideen zur Philosophie der Geschichte der Menschheit

Auf Grabschriften stehen
auch die größten Lügen.
Karl Julius Weber, Democritos

Dann werden alle Menschen
aus dem Staube erstehen,
Sich aus der Gräber Last lösen.
Das Muspilli (um 860)

Das Grab ist eine Brück'
ins bessre Leben!
Den Brückenzoll müsst ihr
dem Arzte geben.
Friedrich von Logau, Sinngedichte

Dein Leben hört nicht auf,
wie tief man dich begräbt,
Wann du in Gott, und Gott
hinwieder in dir lebt.
Daniel Czepko von Reigersfeld,
Monodisticha Sapientium

Die Stunde kommt, die Stunde kommt,
Wo du an Gräbern stehst und klagst.
Ferdinand Freiligrath, Der Liebe Dauer

Die Verleumdung, das freche Gespenst,
setzt sich auf die edelsten Gräber.
Heinrich Heine, Englische Fragmente

Ein Feind, den man zu Grabe trägt,
ist nicht schwer.
Victor Hugo, Der König amüsiert sich

Ein geliebtes Abgeschiedenes
umarme ich weit eher und inniger
im Grabhügel als im Denkmal.
Johann Wolfgang von Goethe,
Die Wahlverwandtschaften

Ein Grab ist doch immer
die beste Befestigung
gegen die Stürme des Schicksals.
Georg Christoph Lichtenberg, Sudelbücher

Es ist schön, dass es dem Menschen
so schwer wird, sich vom Tode dessen,
was er liebt, zu überzeugen,
und es ist wohl keiner noch
zu seines Freunde Grab gegangen
ohne die leise Hoffnung, da dem
Freunde wirklich zu begegnen.
Friedrich Hölderlin, Hyperion

Grabschrift:
spät vorgebrachte Komplimente.
Elbert Hubbard

O wie tief, wie lieb wird das Leben,
wenn sich die Schätze
nach und nach sammeln,
die man mit ins Grab nehmen will.
Bettina von Arnim,
An Achim von Arnim (Dezember 1809)

Um die große Bedeutung der Begräbnisse für die menschliche Gattung
zu würdigen, stelle man sich einen
tierischen Zustand vor, in dem die
menschlichen Leichname unbegraben
auf der Erde liegen bleiben, um
eine Speise der Raben und Hunde
zu werden.
Giambattista Vico, Neue Wissenschaft

Vier Zeilen in einem Lexikon sind
mehr wert als der schönste Grabstein.
Alec Guinness

Wir sprechen von unsren Herzen,
unserm Planen, als wären sie unser,
und es ist doch eine fremde Gewalt,
die uns herumwirft und ins Grab legt,
wie es ihr gefällt, und von der wir
nicht wissen, von wannen sie kommt
noch wohin sie geht.
Friedrich Hölderlin, Hyperion

Gram

Blick einem Weibe, das dich liebt,
Ins Auge, und dein Gram zerstiebt.
Nikolaus Lenau, Faust (Isenburg)

Den wilden Gram
macht die Gewohnheit zahm.
William Shakespeare, Richard III.

Hör auf, mit deinem Gram zu spielen,
Der wie ein Geier dir
am Leben frisst.
Johann Wolfgang von Goethe, Faust I (Mephisto)

Mächte des Himmels!
Für den Gram hatte ich eine Seele,
gebt mir nun eine für das Glück!
Jean-Jacques Rousseau,
Julje oder Die neue Héloïse (Saint-Preux)

Grammatik

Da die Grammatik die Kunst sein soll,
die Schwierigkeiten einer Sprache zu
lösen, darf der Hebel nicht schwerer
sein als die Last.
Antoine Comte de Rivarol, Maximen und Reflexionen

Das Leben ist wie die Grammatik:
die Ausnahmen sind häufiger
als die Regeln.
Rémy de Gourmont

In der Politik ist es manchmal
wie in der Grammatik:
ein Fehler, den alle begehen,
wird schließlich als Regel anerkannt.
André Malraux

Logik ist für die Grammatik,
was der Sinn für den Klang der Worte.
Joseph Joubert, Gedanken, Versuche und Maximen

Gras

Auch die besessensten Vegetarier
beißen nicht gern ins Gras.
Joachim Ringelnatz

Das Gräslein ist ein Buch,
suchst du es aufzuschließen,
Du kannst die Schöpfung draus
und alle Weisheit wissen.
Daniel Czepko von Reigersfeld,
Monodisticha Sapientium

Die Gräslein können
den Acker nicht begreifen,
aus dem sie sprießen.
Hildegard von Bingen, Wisse die Wege

Es bringt dir einen Gott
ein jedes Gräslein bei,
Und macht es dazu klar,
dass er dreifaltig sei.
Daniel Czepko von Reigersfeld,
Monodisticha Sapientium

Es gibt Untaten,
über welche kein Gras wächst.
Ernst Bloch

Heu machen kann schließlich jeder,
wenn der Himmel Gras wachsen lässt.
Karl Heinrich Waggerl

Wächst das Gras im Januar,
ist's im Sommer in Gefahr.
Bauernregel

Wenn Gras wächst im Januar,
wächst es schlecht das ganze Jahr.
Bauernregel

Wer im Sommer das Gras frisst,
hat im Winter kein Heu.
Norbert Blümr

Wo jedermann geht, wächst kein Gras.
Deutsches Sprichwort

Grauen

Heinrich!, mir graut's vor dir!
Johann Wolfgang von Goethe, Faust I (Margarete)

Mir graust mächtig
vor den düsteren Winkeln
und dem Bann der Zauberkunst.
Lucius Apuleius, Der goldene Esel

Grausamkeit

Der missversteht die Himmlischen,
der sie
Blutgierig wähnt: er dichtet ihnen nur
Die eignen grausamen Begierden an.
Johann Wolfgang von Goethe,
Iphigenie auf Tauris (Iphigenie)

Der schlechteste Zug
in der menschlichen Natur
bleibt aber die Schadenfreude,
da sie der Grausamkeit
enge verwandt ist.
Arthur Schopenhauer, Zur Ethik

Die Grausamkeit des Ohnmächtigen
äußert sich als Gleichgültigkeit.
Marie von Ebner-Eschenbach, Aphorismen

Die Menschen sind grausam,
aber der Mensch ist gütig.
Rabindranath Tagore, Verirrte Vögel

Doch wer ist so gebildet,
dass er nicht seine Vorzüge
gegen andere manchmal
auf eine grausame Weise
geltend machte?
Johann Wolfgang von Goethe,
Die Wahlverwandtschaften

Ein hartes Herz ist niemals grausam.
Sully Prudhomme, Intimes Tagebuch

Eine grausame Regierung
ist schlimmer als ein Tiger.
Chinesisches Sprichwort

Gnade für den Verbrecher kann
Grausamkeit für die Menschen sein.
Sprichwort aus Arabien

Grausamkeit ist dem Menschen nicht
wesenseigen und lässt sich nur mit
Enge des Ziels erklären, mit Konzentrierung der Lebenskräfte auf ein Ziel.
Je enger die Zielstellung, umso mehr
ist Grausamkeit möglich. Liebe setzt
sich das Glück der anderen zum Ziel.
Leo N. Tolstoi, Tagebücher (1909)

Grausamkeit oder Wut ist die Begierde,
durch die jemand angetrieben wird,
dem Böses zuzufügen, den wir lieben
oder den wir bemitleiden.
Baruch de Spinoza, Ethik

Hart kann die Tugend sein,
doch grausam nie.
Friedrich Schiller, Dom Karlos (Karlos)

Man spricht von der
»tierischen« Grausamkeit des Menschen.
Aber das ist sehr ungerecht
und für die Tiere wirklich beleidigend:
Ein Tier kann niemals
so grausam sein wie der Mensch,
so ausgeklügelt,
so kunstvoll grausam.
Fjodor M. Dostojewski, Die Brüder Karamasow

Was bei der Jugend
wie Grausamkeit aussieht,
ist meistens Ehrlichkeit.
Jean Cocteau

Wenn wir einmal nicht grausam sind,
dann glauben wir gleich, wir seien gut.
Kurt Tucholsky, Schnipsel

Wer die Grausamkeit der Natur
und der Menschen einmal erkannt hat,
der bemüht sich,
selbst in kleinen Dingen
wie dem Niedertreten des Grases
schonungsvoll zu sein.
Christian Morgenstern, Stufen

Zur Grausamkeit
zwingt bloße Liebe mich.
William Shakespeare, Hamlet (Hamlet)

Grazie

Es gibt Grazien des Geistes
ebenso wie des Körpers.
Philipp Stanhope Earl of Chesterfield, Briefe über die
anstrengende Kunst, ein Gentleman zu werden

Hexen lassen sich wohl
durch schlechte Sprüche zitieren,
Aber die Grazie kommt nur
auf der Grazie Ruf.
Johann Wolfgang von Goethe/Friedrich Schiller,
Xenien

Was Grazie dem Körper,
ist Klarheit dem Geist.
François de La Rochefoucauld, Reflexionen

Greis

Aber was den Greis entkräftet,
das stärkt den Jüngling.
Heinrich Heine, Die romantische Schule

Beschimpf keinen alten Mann, denn
auch mancher von uns wird ein Greis.
Altes Testament, Jesus Sirach 8, 6

Besser zu früh ein Mann,
als zu früh ein Greis.
Heinrich Waggerl, Aphorismen

Bleibt dem Greis noch irgendeine
Kunst zu lernen, so ist es einzig die zu
sterben, und gerade dies lernt man in
meinem Alter am wenigsten, denn
man denkt an alles, nur daran nicht.
Jean-Jacques Rousseau,
Träumereien eines einsamen Spaziergängers

Das Greisenalter ist
eine zweite Kindheit minus Lebertran.
Mark Twain

Das Leben ist ein Land, das die Greise
gesehen und bewohnt haben.
Wer es durchwandern will,
kann nur sie um den Weg fragen.
Joseph Joubert, Gedanken, Versuche und Maximen

Dem Greis geziemt es doppelt,
Mit süßem Tand zu spielen,
Je näher er dem Ende.
Anakreon, Der alternde Dichter

Denke nicht schlimm
von der Lebensauffassung der Greise.
Wenn du alt geworden bist,
wirst du sie selber teilen.
Apollodoros, Fragmente

Der sittliche Fortschritt der Menschheit
beruht einzig darin, dass es Greise gibt.
Greise werden gütiger, gescheiter
und geben ihre Lebenserfahrung
an die folgenden Generationen weiter.
Leo N. Tolstoi, Tagebücher (1898)

Die Aphrodite ist nicht mehr
den Greisen hold.
Euripides, Fragmente

Die Leidenschaften der Jünglinge
sind Laster bei Greisen.
Joseph Joubert, Gedanken, Versuche und Maximen

Ein Greis im Hause
– eine Bürde im Hause;
eine Greisin im Hause
– ein Schatz im Hause.
Talmud

Ein Greis ist stolz, hochmütig
und von ungeselligem Wesen,
wenn er nicht viel Geist besitzt.
Jean de La Bruyère, Die Charaktere

Grauhaarigen Redner verhöhne nicht:
Oft ist gut, was Greise sprechen,
Aus welker Haut kommt oft guter Rat.
Edda, Hávamál (Loddfafnirlied)

Greise,
die ihr Äußeres zu sehr vernachlässigen
oder sich übertrieben herausputzen,
vermehren die Zahl ihrer Runzeln
und sehen umso hinfälliger aus.
Jean de La Bruyère, Die Charaktere

Greise hängen mit zärtlichen Gefühlen
an den Erinnerungen ihrer Jugend.
Jean de La Bruyère, Die Charaktere

Greise hängen stärker am Leben als die
Kinder und verlassen es mit weniger
Anstand, als die Kinder es tun. Denn
alle ihre Bemühungen waren nur auf
dieses Leben gerichtet, und an seinem
Ende werden sie gewahr, dass alle ihre
Arbeit vergeblich war.
Jean-Jacques Rousseau,
Träumereien eines einsamen Spaziergängers

Greise sind des Volkes Majestät.
Joseph Joubert, Gedanken, Versuche und Maximen

Ich träume als Kind mich zurücke
Und schüttle mein greises Haupt.
Adelbert von Chamisso, Gedichte

Langer Schlaf verleiht dem Greise
Kurzen Wachens rasches Tun.
Johann Wolfgang von Goethe, Faust II (Greif)

Leidenschaftslosigkeit, das heißt
eine immer gleiche und abgeklärte
Betrachtungsweise macht die Weisheit
der Greise aus.
Leo N. Tolstoi, Tagebücher (1854)

Nur Greise wie ich bemerken diese
Kürze, die Zeitlichkeit des Lebens.
Sie wird einem so deutlich, wenn
ringsum einer nach dem anderen
dahingeht. Man wundert sich nur,
dass man sich selbst noch hält.
Leo N. Tolstoi, Tagebücher (1894)

Tue dem Greis, was du willst,
dass man dir tun solle,
wenn einst deines Scheitels Haar
versilbert sein wird!
Adolph Freiherr von Knigge,
Über den Umgang mit Menschen

Von Greisen
sind nicht viele Dienste
zu erwarten.
Luc de Clapiers Marquis de Vauvenargues,
Reflexionen und Maximen

Grenze

Auch in der intelligenten Welt
bildet eine schaffende Natur Stufen,
die einem jeden seine Grenzen anweist.
Henrik Steffens,
Beiträge zur inneren Naturgeschichte der Erde

Dass die Grenze meines Ichs
die Haut sei
gemeinster aller Gedanken.
Walter Rathenau, Auf dem Fechtboden des Geistes.
Aphorismen aus seinen Notizbüchern

Der Mensch ist nicht eher glücklich,
als bis sein unbedingtes Streben
sich selbst seine Begrenzung bestimmt.
Johann Wolfgang von Goethe,
Wilhelm Meisters Lehrjahre

Ein großer Gedanke
kennt keine Grenzen.
Leo N. Tolstoi, Tagebücher (1852)

Ein Mensch,
der seine Grenzen kennt,
wird sie nicht so schnell
überschreiten.
Harold George Nicolson

Es ist schmerzlich,
einem Menschen
seine Grenze anzusehen.
Christian Morgenstern, Stufen

Form ist Grenze.
Oswald Spengler, Urfragen.
Fragmente aus dem Nachlass

Gefühl von Grenze darf nicht heißen:
hier bist du zu Ende, sondern:
hier hast du noch zu wachsen.
Emil Gött, Zettelsprüche. Aphorismen

Hilfsbereitschaft überwindet Grenzen.
Richard von Weizsäcker, Verantwortung und solidarische Hilfe für die Hungernden in der Welt. Ansprache des Bundespräsidenten in Hof 1985

Kanone: Instrument zur Berichtigung
von Staatsgrenzen.
Ambrose Bierce

Keine Grenze verlockt uns mehr
zum Schmuggeln als die Altersgrenze.
Robert Musil

Ländergrenzen haben (...)
längst ihre Bedeutung verloren.
Helmut Kohl, Notwendiger Dialog zwischen Politik und Wirtschaft. Rede des Bundeskanzlers vor dem BDI in Bonn 1986

Man sagt,
die Liebe kenne keine Grenzen.
Aber die Grenzen sind gerade
das Interessante.
Jean-Luc Godard

Wenn man seine Grenzen
sehr intensiv erkennt,
muss man zersprengt werden.
Franz Kafka, Tagebücher (1915)

Wer kann der Allmacht
Grenzen setzen?
Friedrich Schiller, Demetrius

Wer seine Grenzen kennt,
ist schon ein halber Weiser.
John Galsworthy

Wir haben die Grenzen
nicht in uns selbst.
Oskar Kokoschka, Briefe
(an Alma Mahler-Werfel, 1915)

Wo einer steht,
da ist des andern Grenze.
Friedrich Schleiermacher, Monologen

Griechenland

Das allgemeine
vorzügliche Kennzeichen
der griechischen Meisterstücke
ist endlich eine edle Einfalt
und eine stille Größe,
in Stellung und Ausdruck.
Johann Joachim Winckelmann, Gedanken über die Nachahmung der griechischen Werke (1755)

Die Bildung der Griechen
war vollendete Naturerziehung.
August Wilhelm Schlegel,
Über dramatische Kunst und Literatur

Ich liebe dieses Griechenland überall.
Es trägt die Farbe meines Herzens.
Friedrich Hölderlin, Hyperion

Latein und Griechisch sind zweifellos
ein schöner und wirkungsvoller Luxus,
aber man bezahlt ihn zu teuer.
Michel Eyquem de Montaigne, Die Essais

Grille

Die Grille ist eine Kakerlake
mit der Seele einer Nachtigall.
José Cardoso Pires, E agora, José?

Weg mit den Grillen,
weg mit den Sorgen!
Siegfried August Mahlmann, Gedichte

Wenn die Nachtigallen
aufhören zu schlagen,
fangen die Grillen an zu zirpen.
Marie von Ebner-Eschenbach, Aphorismen

Grobheit

Auf einen groben Klotz
gehört ein grober Keil.
Martin Luther, Tischreden

Denn wirkten Grobe
Nicht auch im Lande,
Wie kämen Feine
für sich zustande,
So sehr sie witzten?
Johann Wolfgang von Goethe, Faust II (Holzhauer)

Die Grobheit spare wie Gold, wenn du sie in gerechter Entrüstung einmal hervorkehrst, es ein Ereignis sei und den Gegner wie ein unvorhergesehener Blitzstrahl treffe.
Gottfried Keller, Zürcher Novellen

Du weißt wohl nicht, mein Freund!,
wie grob du bist?
Johann Wolfgang von Goethe, Faust II (Mephisto)

Grobheit – geistige Unbeholfenheit.
Marie von Ebner-Eschenbach, Aphorismen

So wie es selten Komplimente gibt
ohne alle Lügen, so finden sich auch
selten Grobheiten ohne alle Wahrheit.
Gotthold Ephraim Lessing, Hamburgische Dramaturgie

Wir würden gerne Grobiane sein,
um in den Ruf zu kommen,
tapfer zu sein.
Blaise Pascal, Pensées

Großbritannien

Bei Ihnen richtet sich nicht
das Leben nach Ideen,
bei Ihnen wachsen Ideen
aus dem Leben selbst.
Richard von Weizsäcker, Ansprache des Bundespräsidenten vor beiden Häusern des Parlaments in London 1986

Britannien, eine Insel im Ozean,
die einstmals Albion hieß,
liegt zwischen Norden und Westen,
in großer Entfernung gegenüber
Germanien, Gallien, Spanien,
den größten Gebieten Europas.
Beda Venerabilis,
Kirchengeschichte des englischen Volkes

Franzosen und Briten
sind so gute Feinde,
dass sie nicht anders können
als Freunde zu sein.
Peter Ustinov, Peter Ustinovs geflügelte Worte

Für Großbritannien
ist der Ärmelkanal
immer noch breiter
als der Atlantik.
Jaques Baumel

Größe

Aber dass ein Baum groß werde,
dazu will er um harte Felsen
harte Wurzeln schlagen!
Friedrich Nietzsche, Also sprach Zarathustra

Adler fängt nicht Fliegen.
Deutsches Sprichwort

Alle Größe ist unbewusst,
oder sie ist wenig oder gar nichts.
Thomas Carlyle, Über Walter Scott

Alle großen, alle schönen Dinge
können nie Gemeingut sein.
Friedrich Nietzsche, Götzen-Dämmerung

Alle großen Männer sind bescheiden.
Gotthold Ephraim Lessing,
Briefe, die neueste Literatur betreffend

Alle großen Menschen bilden sich ein,
mehr oder weniger inspiriert zu sein.
Joseph Joubert, Gedanken, Versuche und Maximen

Alle Großen waren große Arbeiter,
unermüdlich nicht nur im Erfinden,
sondern auch im Verwerfen, Sichten,
Umgestalten, Ordnen.
Friedrich Nietzsche, Menschliches, Allzumenschliches

Alles Große bildet,
sobald wir es gewahr werden.
Johann Wolfgang von Goethe, überliefert von Johann Peter Eckermann (Gespräche mit Goethe)

Alles Große,
das Menschen je geleistet,
geht aus der Einsamkeit,
aus der Vertiefung
geistigen Schauens hervor.
Peter Rosegger, Höhenfeuer

Alles Große in der Welt
wird nur dadurch Wirklichkeit,
dass irgendwer mehr tut,
als er tun müsste.
Hermann Gmeiner

Alles Große und Gescheite
existiert in der Minorität.
Johann Wolfgang von Goethe, überliefert von Johann Peter Eckermann (Gespräche mit Goethe)

Andere neidlos
Erfolge erringen sehen,
nach denen man selbst strebt,
ist Größe.
Marie von Ebner-Eschenbach, Aphorismen

Auch im Scheitern kann Größe liegen.
Otto Heuschele, Augenblicke

Auf Ehre machen
die großen Männer
am meisten Anspruch,
und zwar mit Recht.
Aristoteles, Nikomachische Ethik

Auf tausend Menschen, die bereit sind,
etwas Großes zu tun, kommt einer,
der bereit ist, etwas Kleines zu tun.
George MacDonald

Bei den Großen
macht man eher sein Glück,
wenn man ihnen die Straße
zu ihrem Ruin ebnet,
als wenn man ihnen den Weg
zum Reichtum zeigt.
Luc de Clapiers Marquis de Vauvenargues,
Nachgelassene Maximen

Bei jeder Art von Größe
besteht der bleibende Ruhm darin,
den Grundstein geleget zu haben.
Ernest Renan, Das Leben Jesu

Bei Lebzeiten und ein halb Jahrhundert nach dem Tode für einen
großen Geist gehalten werden, ist
ein schlechter Beweis, dass man es ist;
durch alle Jahrhunderte aber hindurch
dafür gehalten werden, ist ein
unwidersprechlicher.
Gotthold Ephraim Lessing, Rettung des Horaz

Das absolut Größte wird nur
als unbegreiflich erkannt.
Mit ihm koinzidiert
das absolut Kleinste.
Nikolaus von Kues, Von der gelehrten Unwissenheit

Das Allerseltenste aber ist
bei weltgeschichtlichen Individuen
die Seelengröße.
Jacob Burckhardt, Weltgeschichtliche Betrachtungen

Das Große lässt er schleifen, doch
im Kleinen ist er eine Krämerseele.
Chinesisches Sprichwort

Das Große posaunet sich nie aus,
es ist bloß und wirkt so.
Meist weiß das Große nicht,
dass es groß ist, daher die höchsten
Künstler der Welt die lieblichste,
kindlichste Naivität haben
und dem Ideale gegenüber,
das sie immer leuchten sehen,
stets demütig sind.
Adalbert Stifter, Briefe
(an Aurelius Buddeus, 21. August 1847)

Das Große spricht für sich selbst.
Theodor Fontane, Briefe

Das Große wie das Niedre
nötigt uns,
Geheimnisvoll zu handeln
und zu wirken.
Johann Wolfgang von Goethe,
Die natürliche Tochter (Herzog)

Das Vorurteil des Volkes
zugunsten der Großen ist so blind
und die Eingenommenheit
für ihre Gebärde, ihre Miene,
den Ton in ihrer Stimme
und ihr ganzes Benehmen so allgemein,
dass es bis zur Vergötterung käme,
wenn es ihnen auch noch einfiele,
gut zu sein.
Jean de La Bruyère, Die Charaktere

Dass die Vernunft
eine Feindin jeder Größe ist,
ist eine Erkenntnis,
die man nicht wichtig genug
nehmen kann.
Giacomo Leopardi, Gedanken aus dem Zibaldone

Der Akt der Würdigung
von etwas, das Größe ist,
ist ein Akt der Selbstüberwindung.
William Butler Yeats, Synges Tod

Der aufrecht stehende Bauer
ist größer als der, der das Knie beugt.
Sprichwort aus der Türkei

Der bedeutende Mensch
unterliegt nicht der Geschichte,
er hat seine unmittelbare Verbindung
mit Gott in den Formen seiner Zeit.
Paul Ernst, Grundlagen der neuen Gesellschaft

Der erscheint mir als der Größte,
Der zu keiner Fahne schwört,
Und, weil er vom Teil sich löste,
Nun der ganzen Welt gehört.
Rainer Maria Rilke, Larenopfer

Der große Baum
braucht überall
viel Boden;
Und mehrere,
zu nah gepflanzt,
zerschlagen sich
nur die Äste.
Gotthold Ephraim Lessing, Nathan der Weise (Nathan)

Der ist groß,
der, was er ist,
von Natur aus ist,
und uns nie
an andere erinnert.
Ralph Waldo Emerson, Essays

Der Künstler braucht es
nicht überall zu sein,
der große Mensch aber muss es.
Jean Paul, Dämmerungen für Deutschland

Der Mensch ist kleiner
als er selbst.
Günther Anders, Die Antiquiertheit des Menschen. Bd. 2

Die Arroganz der Kleinen ist es,
immer von sich,
die der Großen,
nie von sich zu reden.
Voltaire, Philosophisches Taschenwörterbuch

Die Fähigkeit und die Größe
soll man nach der Tugend messen und
nicht nach den Umständen des Glücks.
Sie allein ist sich selbst genug:
Sie macht den Menschen
im Leben liebenswürdig
und im Tode denkwürdig.
Baltasar Gracián y Morales,
Handorakel und Kunst der Weltklugheit

Die Größe, die du suchst,
wird dich erdrücken.
William Shakespeare, Heinrich IV. (Heinrich)

Die Größe eines Menschen
hängt allein davon ab,
wie stark er von der Vernunft
beherrscht wird. Der Geist
aller wirklich Großen wird nicht
von der Ratio geprägt, sondern von
schönen Wahnvorstellungen (...)
Man denke nur an die Unternehmungen
Alexanders des Großen:
Das alles ist schöner Wahn.
Giacomo Leopardi, Gedanken aus dem Zibaldone

Die Größe muss zuweilen
aufgegeben werden,
damit sie empfunden wird.
Blaise Pascal, Pensées

Die großen Menschen,
die auf der Erde
eine sehr kleine Familie bilden,
finden leider nur sich selbst
zum Nachahmen.
François René Vicomte de Chateaubriand,
Von jenseits des Grabes

Die Großen schaffen das Große,
die Guten das Dauernde.
Marie von Ebner-Eschenbach, Aphorismen

Die großen Tatmenschen haben mit
dem Mondsüchtigen eines gemein:
Sie vertragen es auf ihrem
gefährlichen Wege nicht,
angerufen, gestört
oder gar gewarnt zu werden.
Lily Braun, Im Schatten der Titanen

Die größten Dinge in der Welt
werden durch andere
zuwege gebracht,
die wir nichts achten,
kleine Ursachen,
die wir übersehen.
Georg Christoph Lichtenberg, Sudelbücher

Die innere Größe besteht nicht darin,
sich möglichst weit nach oben
oder nach vorwärts zu recken,
sondern darin, sich zu bescheiden
und zu beschränken.
Michel Eyquem de Montaigne, Die Essais

Die Kleinen schaffen,
der Große erschafft.
Marie von Ebner-Eschenbach, Aphorismen

Größe

Die Menschen wachsen
mit den Zeiten,
nur in großen Zeiten
entwickeln sich
die großen Menschen.
Louise Otto-Peters, Die Demokratinnen

Die Neigung der Menschen,
kleine Dinge für wichtig zu halten,
hat sehr viel Großes hervorgebracht.
Georg Christoph Lichtenberg, Sudelbücher

Die wirkliche Größe ist ein Mysterium.
Jacob Burckhardt, Weltgeschichtliche Betrachtungen

Doch große Seelen dulden still.
Friedrich Schiller, Dom Karlos (Marquis)

Ein Bösewicht gelangt zu keiner Größe.
Johann Wolfgang von Goethe, West-östlicher Divan

Ein großer Baum zieht den Wind an.
Chinesisches Sprichwort

Ein großer Mensch ist derjenige,
der sein Kinderherz nicht verliert.
James Legge, Die heiligen Bücher Chinas

Ein großer Mensch ist,
wer weit, schnell und richtig sieht.
Charles de Secondat, Baron de la Brède
et de Montesquieu, Meine Gedanken

Ein kleiner Mann macht oft
einen großen Schatten.
Deutsches Sprichwort

Ein zu großer Bissen
bleibt in der Kehle stecken.
Chinesisches Sprichwort

Es brennt in mir ein Verlangen,
in Einfachheit groß zu werden.
Paula Modersohn-Becker, Tagebuchblätter (April 1903)

Es ist das Vorrecht der Größe,
mit geringen Gaben
hoch zu beglücken.
Friedrich Nietzsche, Menschliches, Allzumenschliches

Es ist eine Wollust,
einen großen Mann zu sehen.
Johann Wolfgang von Goethe,
Götz von Berlichingen (Martin)

Es ist erfreulich,
wenn Gleiches sich
zu Gleichem gesellt,
aber es ist göttlich,
wenn ein großer Mensch
die kleineren zu sich aufzieht.
Friedrich Hölderlin, Hyperion

Es ist kein Baum,
der nicht zuvor
ein Sträuchlein gewesen.
Deutsches Sprichwort

Es ist was Schreckliches
um einen vorzüglichen Mann,
auf den sich die Dummen
was zugute tun.
Johann Wolfgang von Goethe,
Maximen und Reflexionen

Es können nicht alle gleich groß sein.
Knut Hamsun, Landstreicher

Es macht den Eindruck, als wenn es in
einer höheren Welt Mächte gäbe, die
von Neid gegen irdische Größe erfüllt
sind, wie Stürme und Gewitter die
höchsten und stolzesten Bauten am
schrecklichsten umtoben.
Michel Eyquem de Montaigne, Die Essais

Falsche Größe ist ungesellig und unzugänglich: Da sie ihre Schwäche fühlt,
so verbirgt sie sich oder zeigt sich
wenigstens nicht offen und lässt nur
so viel von sich sehen, als nötig ist,
um Achtung einzuflößen und nicht als
das zu erscheinen, was sie in Wirklichkeit ist, einfache Kleinheit.
Jean de La Bruyère, Die Charaktere

Frauen waren jahrhundertelang
ein Vergrößerungsspiegel, der es den
Männern ermöglichte, sich selbst in
doppelter Lebensgröße zu sehen.
Virginia Woolf

Für die Laus ist ein Bart
schon ein großer Wald.
Chinesisches Sprichwort

Glücklich der Mensch,
der fremde Größe fühlt
Und sie durch Liebe
macht zu seiner eignen.
Franz Grillparzer, Gedichte

Greife dich immer an, Mensch,
wenn du etwas Großes tun willst.
Georg Christoph Lichtenberg, Sudelbücher

Groß darf ja denken,
dem das Recht zur Seite steht.
Sophokles, Aias (Teukros)

Groß sein, heißt, missverstanden sein.
Ralph Waldo Emerson, Essays

Große Bäume werfen große Schatten.
Chinesisches Sprichwort

Große Dinge sind immer
mit großen Gefahren verknüpft.
König Xerxes I., überliefert von Herodot (Historien)

Große Geister sind Solospieler
im Konzerte der Welt,
und ihre Kadenzen unterbrechen
den einförmigen Takt der Lebensmusik.
Ludwig Börne, Aphorismen

Größe ist immer gefährlich.
Voltaire, Candide oder Die beste der Welten

Große Männer bleiben
in jeder Lebenslage die gleichen;
mag das Schicksal sie erhöhen
oder erniedrigen, sie ändern sich nie,
sie bleiben immer standhaft
und ihrer Lebensart treu,
so dass jeder sieht,
dass das Schicksal
keine Macht über sie hat.
Niccolò Machiavelli, Vom Staat

Große Männer
schaffen ihre Zeiten nicht,
aber sie werden auch nicht
von ihnen geschaffen.
Leopold von Ranke, Weltgeschichte

Große Männer
sind fast immer schlecht,
auch wenn sie nur Einfluss,
nicht Autorität ausüben.
John Dalberg Baron Acton, Geschichte der Freiheit

Große Männer sind wie große Zeiten
Explosiv-Stoffe, in denen eine ungeheure Kraft aufgehäuft ist; ihre Voraussetzung ist immer, historisch und
physiologisch, dass lange auf sie hin
gesammelt, gespart und bewahrt worden ist – dass lange keine Explosion
stattfand.
Friedrich Nietzsche, Götzen-Dämmerung

Große Männer wirken nicht bloß
durch ihre Taten, sondern auch
durch ihr persönliches Leben.
Heinrich Heine, Die romantische Schule

Große Menschen fühlen
die Weltgesetze stärker als andere;
daher kommt ihre Kraft und ihr Mut.
Friedrich Hebbel, Tagebücher

Große Menschen sind da
– aber nicht für die Kleinen.
Marie von Ebner-Eschenbach, Aphorismen

Große Menschen
sind lebende Gleichnisse.
Paul Claudel

Große Menschen unternehmen
große Dinge, weil sie groß sind, und
die Narren, weil sie sie für leicht halten.
Luc de Clapiers Marquis de Vauvenargues,
Reflexionen und Maximen

Großer Stein ist schwer zu werfen.
Deutsches Sprichwort

Größeres tönen Größere.
Martial, Epigramme

Hoher Baum fängt viel Wind.
Deutsches Sprichwort

Ich bin so groß wie das, was ich sehe.
Fernando Pessoa, Das Buch der Unruhe
des Hilfsbuchhalters Bernardo Soares

Ich habe keine Kenntnis
von einem wirklich großen Mann,
der nicht mancherlei hätte sein können.
Thomas Carlyle, Der Held als Dichter

Ich hasse die Großen,
ich hasse ihren Stand, ihre Härte,
ihre Vorurteile, ihre Kleinlichkeit
und alle ihre Laster,
und ich würde sie
noch weit heftiger hassen,
wenn ich sie weniger verachtete.
Jean-Jacques Rousseau,
Vierter Brief an Malesherbes (28. Januar 1762)

Ihr habt den Glauben an alles Große
verloren; so müsst, so müsst ihr hin,
wenn dieser Glaube nicht wiederkehrt,
wie ein Komet aus fremden Himmeln.
Friedrich Hölderlin, Hyperion

In einer kleinen Rolle
muss man ein großer Künstler sein,
um gesehen zu werden.
August Strindberg, Der Sohn der Magd

In großen Dingen
zeigen sich die Menschen so,
wie man es von ihnen erwartet,
in kleinen geben sie sich so,
wie sie sind.
Chamfort, Maximen und Gedanken

Ja, ja, mein Guter,
man muss jung sein,
um große Dinge zu tun.
Johann Wolfgang von Goethe, überliefert von Johann
Peter Eckermann (Gespräche mit Goethe)

Je größer aber ein Mensch ist,
desto mehr neigt er dazu,
vor einer Blume niederzuknien.
Gilbert Keith Chesterton, Heretiker

Je größer der Herr,
desto größer der Knecht.
Chinesisches Sprichwort

Jede Größe ist einfach und sanft,
wie es ja auch das Weltgebäude ist,
und jede Erbärmlichkeit poltert wie
Pistol in Shakespeare, und die Unkraft
lärmt auch und schlägt um sich, wie
es die Knaben in ihren Spielen tun,
wo sie Männer darstellen.
Adalbert Stifter, Briefe
(an Gustav Heckenast, Juli 1847)

Jede Volksgröße
scheint ein Frühling,
der nur einmal kömmt
und dann entfliehet,
um andere Zonen
zu beglücken.
Karoline von Günderode, Geschichte eines Braminen

Jeder große Mensch
hat eine rückwirkende Kraft:
Alle Geschichte wird um seinetwillen
wieder auf die Waage gestellt,

und tausend Geheimnisse
der Vergangenheit kriechen
aus ihren Schlupfwinkeln
– hinein in seine Sonne.
Friedrich Nietzsche, Die fröhliche Wissenschaft

Kein großer Geist, durch den
das Schicksal Veränderung bewirkt,
kann freilich mit allem,
was er denkt und fühlt,
nach der Gemeinregel
jeder mittelmäßigen Seele
gemessen werden.
Johann Gottfried Herder, Auch eine Philosophie der
Geschichte zur Bildung der Menschheit

Kein Mensch ist wahrhaft groß,
der in uns nicht den Drang auslöst,
ihn symbolisch oder gar mythisch
zu sehen.
Arthur Schnitzler,
Aphorismen und Betrachtungen aus dem Nachlass

Kein Strom ist durch sich selber
groß und reich: Sondern dass er
so viele Nebenflüsse aufnimmt
und fortführt, das macht ihn dazu.
Friedrich Nietzsche, Menschliches, Allzumenschliches

Kleine Knaben treiben große Reifen.
Erich Kästner, Dr. Erich Kästners lyrische Hausapotheke

Macht besitzen
und nicht ausüben
ist wahre Größe.
Friedel Beutelrock

Man kann die Fehler
eines großen Mannes tadeln,
aber man muss ihn nicht
den Mann deswegen tadeln.
Der Mann muss
zusammengefasst werden.
Georg Christoph Lichtenberg, Sudelbücher

Mehr denn je sehe ich ein,
dass man niemals etwas
nach seiner scheinbaren Größe
bemessen darf!
Voltaire, Micromégas

Merkmal großer Menschen ist,
dass sie an andere
weit geringere
Anforderungen stellen
als an sich selbst.
Marie von Ebner-Eschenbach, Aphorismen

Mit allem Großen ist es
wie mit dem Sturm.
Der Schwache verflucht ihn
mit jedem Atemzug,
der Starke stellt sich mit Lust dahin,
wo's am heftigsten weht.
Christian Morgenstern, Stufen

Mit Kleinen tut man kleine Taten,
Mit Großen wird der Kleine groß.
Johann Wolfgang von Goethe, Faust II (Thales)

Nicht jede Zeit
findet ihren großen Mann,
und nicht jede große Fähigkeit
findet ihre Zeit.
Jacob Burckhardt, Weltgeschichtliche Betrachtungen

Nicht jeder große Mann
ist ein großer Mensch.
Marie von Ebner-Eschenbach, Aphorismen

Nichts Großes ist je
ohne Begeisterung
geschaffen geworden.
Ralph Waldo Emerson, Essays

Nichts ist einfacher als Größe;
ja, einfach zu sein,
heißt groß zu sein.
Ralph Waldo Emerson, Natur

Niemand ist so groß,
dass er sich nicht strecken,
und niemand so klein,
dass er sich nicht beugen müsste.
Sprichwort aus Norwegen

Niemand ist vor den andern
ausgezeichnet groß,
wo die andern
nicht sehr klein sind.
Johann Gottfried Seume, Apokryphen

Ohne Arroganz
wird kein großer Mann.
Arthur Schopenhauer, Den Intellekt überhaupt und in
jeder Beziehung betreffende Gedanken

Rauch ist alles ird'sche Wesen;
Wie des Dampfes Säule weht,
Schwinden alle Erdengrößen,
Nur die Götter bleiben stet.
Friedrich Schiller, Das Siegesfest

Riesen sind gewöhnlich
so schwachköpfig als Zwerge.
Jean Paul, Dämmerungen für Deutschland

Seelengröße scheint zu besitzen,
wer sich selbst Großes zutraut,
und zwar mit Recht.
Aristoteles, Nikomachische Ethik

Selbst die Ameise ist sechs Fuß hoch
– an ihrem eigenen Fuße gemessen.
Sprichwort aus Serbien

Sieger zu sein, ist wenig,
doch groß zu bleiben, alles.
Victor Hugo, Die Züchtigungen

Sind die großen Pfeiler morsch,
halten auch die kleinen nicht.
Chinesisches Sprichwort

Sprichwörtlich heißt es:
Kein Mensch ist unersetzlich.
Aber die wenigen,
die es eben doch sind, sind groß.
Jacob Burckhardt, Weltgeschichtliche Betrachtungen

Suche nicht nach Größe,
sondern nach dem,
was zu tun deine Pflicht ist.
Leo N. Tolstoi, Tagebücher (1904)

Um Großes zu vollbringen,
muss man leben,
als müsste man niemals sterben.
Luc de Clapiers Marquis de Vauvenargues,
Reflexionen und Maximen

Understatement
ist ein beliebtes Vergrößerungsglas
für die eigene Größe.
Peter Ustinov

Unendlich Großes
ist im unendlich Kleinen enthalten
wie im Strauß,
den ein Menschenkind pflückt.
Hans Arp, Unsern täglichen Traum ... (1914-1954)

Unsere Berge – da gibt es noch Größe
und gute Luft und Gläubigkeit!
Heinrich Federer, Das Mätteliseppi

Viele haben den Beinamen der Großen,
der dem Caesar und dem Alexander
gehört, angenommen, aber vergeblich,
da ohne die Taten das Wort ein bloßer
Hauch ist.
Baltasar Gracián y Morales,
Handorakel und Kunst der Weltklugheit

Vom Schatten und vom Lobe
wird man weder größer noch kleiner.
Deutsches Sprichwort

Von dem Gesunden in dir
sollst du leben;
das Gesunde ist es,
aus dem das Große wird.
Jens Peter Jacobsen, Niels Lyhne

Vorzeiten richtete man
mit kleinen Mitteln große Dinge aus,
und heutzutage tut man gerade
das Gegenteil.
Jean-Jacques Rousseau,
Julie oder Die neue Héloïse (Saint-Preux)

Wahrhaft groß sein heißt,
nicht ohne Grund sich regen.
William Shakespeare

Was die Völker groß macht, sind in
erster Linie nicht ihre großen Männer.
Es ist die Höhe des Mittelmäßigen.
José Ortega y Gasset

Was groß ist, neigt dem Großen zu
und wagt das Unglaubliche.
Adalbert Stifter, Nachruf auf Kaiser Maximilian

Was immer
in seiner Umgebung hervorragt,
ist groß dort, wo es hervorragt.
Denn Größe hat kein festgelegtes Maß.
Lucius Annaeus Seneca, Briefe über Ethik

Wenn wir nicht groß genug sind,
das Knie des Riesen zu greifen,
so ist das kein Grund,
noch kleiner als sonst zu werden
und auf unsere eigenen Knie zu fallen.
Gilbert Keith Chesterton, Heretiker

Wer das Geringe verschmäht,
dem wird das Große nit.
Martin Luther, Tischreden

Wer die andern neben sich klein macht,
ist nie groß. Gewöhnlich sind die
so genannten Großen am kleinsten,
wo der goldene und bleierne Pöbel
sie anstaunt.
Johann Gottfried Seume, Apokryphen

Wer etwas Großes leisten will,
muss tief eindringen,
scharf unterscheiden,
vielseitig verbinden
und standhaft beharren.
Friedrich Schiller, Über die notwendigen Grenzen beim
Gebrauch schöner Formen

Wer Großes will,
muss sich zusammenraffen.
Johann Wolfgang von Goethe,
Was wir bringen (Nymphe)

Wer sich Großes zutraut,
ohne das Zeug dazu zu haben,
ist eingebildet.
Aristoteles, Nikomachische Ethik

Wer sich zu viel mit dem Kleinen abgibt,
wird meist unfähig für das Große.
François de La Rochefoucauld, Reflexionen

Wer unter Großen leben muss,
kann sich wider ihre vergifteten
Grundsätze nicht genug
mit Vorsichtsmaßnahmen schützen.
Jean-Jacques Rousseau,
Julie oder Die neue Héloïse (Julie)

Wer wahrhaft Seelengröße besitzt,
muss sittlich sein.
Aristoteles, Nikomachische Ethik

Wer wird etwas Großes erreichen,
wenn er nicht die Kraft
und den Willen in sich fühlt,
große Schmerzen zuzufügen?
Friedrich Nietzsche, Die fröhliche Wissenschaft

Wie ein Wasserfall im Sturz
langsamer und schwebender wird,
so pflegt der große Mensch der Tat
mit mehr Ruhe zu handeln,
als seine stürmische Begierde
vor der Tat es erwarten ließ.
Friedrich Nietzsche, Menschliches, Allzumenschliches

Wie leicht unterschätzt man doch
das Bedürfnis der Großen,
Anerkennung zu finden.
Sylvia Plath, Briefe nach Hause (11. Mai 1960)

Wir bedürfen eines kleinen Kreises,
um groß zu sein, und sind klein,
wenn wir die Welt umfassen wollen.
Theodor Fontane, Causerien über Theater

Wir billigen oft neue Größen,
weil wir die anerkannten
heimlich beneiden.
François de La Rochefoucauld, Reflexionen

Zwei Wassermelonen
kann man nicht
unter einem Arm halten.
Sprichwort aus der Türkei

Größenwahn

Es ist schwer, einen uralten einge-
fleischten Größenwahn abzulegen.
Marlen Haushofer, Die Wand

Was uns als Größenwahn erscheint,
ist nicht immer eine Geisteskrankheit;
oft genug ist es nur die bequeme Maske
eines Menschen, der an sich verzweifelt.
Arthur Schnitzler, Buch der Sprüche und Bedenken

Großherzigkeit

Die Großherzigkeit
schuldet der Klugheit
nicht Rechenschaft
über ihre Motive.
Luc de Clapiers Marquis de Vauvenargues,
Reflexionen und Maximen

Großherzigkeit ist edler Aufschwung
des Stolzes, in dem der Mensch Herr
seiner selbst wird, um Herr über alles
andere zu werden.
François de La Rochefoucauld, Unterdrückte Maximen

Im Herzen eines Kanzlers
muss eine Dschunke
wenden können.
Chinesisches Sprichwort

Großmut

Der Arme rechnet dem Reichen
die Großmut niemals als Tugend an.
Marie von Ebner-Eschenbach, Aphorismen

Der Großmütige ist reich,
und wenn er auch nur
ein Stück Brot besitzt,
das er mit einem Hungrigen
teilen kann.
Marie von Ebner-Eschenbach, Aphorismen

Die Großmut ist immer
am rechten Platz,
der Geiz aber ist immer
am unrechten.
Marie von Ebner-Eschenbach, Aphorismen

Die Großmut muss eine beständige
Eigenschaft der Seele sein und ihr
nicht bloß ruckweise entfahren.
Gotthold Ephraim Lessing,
Das Neueste aus dem Reiche des Witzes

Großmut findet immer Bewunderer,
selten Nachahmer, denn sie ist eine
zu kostspielige Tugend.
Johann Nepomuk Nestroy, Der Schützling

Man muss gerecht sein,
ehe man großmütig ist,
wie man Hemden haben muss,
ehe man Spitzen hat.
Chamfort, Maximen und Gedanken

Meide den Großmut!
Lucius Annaeus Seneca, Die Troerinnen

Was als Großmut erscheint,
ist oft nur maskierter Ehrgeiz,
der kleine Vorteile verachtet,
um größeren nachzugehen.
François de La Rochefoucauld, Reflexionen

Wenn die Großmut
vollkommen sein soll,
muss sie eine kleine Dosis
Leichtsinn enthalten.
Marie von Ebner-Eschenbach, Aphorismen

Großzügigkeit

Denn nichts ist großzügig,
was nicht zugleich gerecht ist.
Marcus Tullius Cicero, Vom rechten Handeln

Es ist leichter,
großzügig zu sein,
als es hinterher
nicht zu bedauern.
Jules Renard, Ideen, in Tinte getaucht.
Aus dem Tagebuch von Jules Renard

Man muss bisweilen
fünf gerade sein lassen.
Deutsches Sprichwort

Grotesk

Die Mischung des Grotesken
und des Tragischen
ist dem Geist angenehm,
so wie ein übersättigtes Ohr
an Misstönen Gefallen findet.
Charles Baudelaire, Tagebücher

Innerhalb des Grotesken ist es niemals
möglich, die Vollendung zu erreichen,
ja es ist unsinnig, sie anzustreben.
Denn während sowohl das Tragische
als das Komische bei höchst gesteigerter Intensität innerhalb des Endlichen beschlossen ist, weist das Groteske ins Grenzenlose (...).
Arthur Schnitzler, Buch der Sprüche und Bedenken

Grübelei

Der Grübler entfernt sich
immer weiter von einer Lösung,
je energischer er grübelt.
Ludwig Marcuse, Argumente und Rezepte.
Ein Wörter-Buch für Zeitgenossen

Die grübelnde Vernunft
dringt sich in alles ein.
Gotthold Ephraim Lessing, Fabeln

Doch es ziemt dem Menschen
nicht mehr zu grübeln,
wo er nicht mehr wirken soll.
Johann Wolfgang von Goethe, Egmont (Egmont)

Nimm alles leicht!
Das Träumen lass und Grübeln!
So bleibst du wohl
bewahrt von tausend Übeln.
Ludwig Uhland, Fortunat und seine Söhne

Grund

Den bessern Gründen
müssen gute weichen.
William Shakespeare, Julius Caesar (Brutus)

Der edle Mensch
sucht nach Gründen
in sich selbst,
der niedrig Gesinnte
sucht sie in anderen.
Konfuzius, Gespräche

Die Kunst ist der Grund
für das Leben geworden.
Wilhelm Genazino, Beruf: Künstler

Ein Grund, der Gründe hat,
Wird durch die Wiederholung
ja nicht schlecht;
Und ist er schlecht,
so ist es sehr probat,
Umschrieben ihn zu wiederholen.
Lord Byron, Don Juan

Es fallen eure Gründ'
auf euch zurück
Wie Hunde, die den
eignen Herrn zerfleischen.
William Shakespeare, Heinrich V. (Heinrich)

Es ist kein Was ohne Weil.
Deutsches Sprichwort

Man hat immer zwei Gründe,
etwas zu tun:
einen anständigen und den wahren.
John Pierpont Morgan

Man hat nie nur einen Grund
zu einer Handlung,
sondern hundert und tausend.
Christian Morgenstern, Stufen

Man soll nicht alles
zu genau wissen wollen
oder die Gründe, warum.
Walt Whitman, Tagebuch (1881)

»Ohne Grund« ist der triftigste Grund
für das Aufhören einer Liebe.
Alfred Polgar, Kleine Schriften, Band 1. Musterung

Wer Gründe anhört,
kommt in Gefahr,
nachzugeben.
Johann Wolfgang von Goethe,
Die Vögel (Dritter Vogel)

Wohl erwogen
sind meine Gründe eben nicht,
aber sie sind doch gut genug.
William Shakespeare, Was ihr wollt (Junker Christoph)

Grundsatz

An Grundsätzen hält man nur fest,
solange sie nicht auf die Probe gestellt
werden; geschieht das, so wirft man
sie fort wie der Bauer die Pantoffeln
und läuft, wie einem die Beine nach
der Natur gewachsen sind.
Otto von Bismarck, Briefe
(an seine Braut, 14. März 1847)

Das Festhalten an Grundsätzen
verdient weder Lob noch Tadel.
Es ist nur die Beständigkeit
von Neigungen und Ansichten,
die man selbst weder erwirbt
noch ablegt.
François de La Rochefoucauld, Reflexionen

Die dramatisch wirksamste Schuld
eines tragischen Helden ist die Untreue,
begangen an seinem obersten
Grundsatz.
Jakob Boßhart, Bausteine zu Leben und Zeit

Die eigentliche Kunst
liegt viel weniger
in der Kenntnis
der Grundsätze
als in der Art
ihrer Anwendung.
Honoré de Balzac, Physiologie der Ehe

Die Grundsätze der Menschen
verraten ihr Herz.
Luc de Clapiers Marquis de Vauvenargues,
Reflexionen und Maximen

Es heißt, der Teufel stecke im Detail.
Ich glaube manchmal,
er stecke eher in den Grundsätzen.
Michael Stewart

Es ist besser, hohe Grundsätze
zu haben, die man befolgt,
als noch höhere,
die man außer Acht lässt.
Albert Schweitzer

Grundsätze
haben keine wirkliche Macht,
außer man hat gerade gut gegessen.
Mark Twain

Grundsätze
sind das Höchste, was es gibt.
Grundsätze muss man so hoch halten,
dass man unter Umständen auch einmal darunter durchkriechen kann.
Michael Horlacher

Grundsätze sind ein Korsett,
das mit der Zeit immer enger wird.
Victor de Kowa

Gute Grundsätze,
zum Extrem geführt,
verderben alles.
Jacques Bénigne Bossuet,
Politik gezogen aus den Worten der Heiligen Schrift

Halbheit wechselt stets
ihre Grundsätze.
Luc de Clapiers Marquis de Vauvenargues,
Reflexionen und Maximen

Ich glaube schwerlich,
dass das schöne Geschlecht
der Grundsätze fähig sei,
und ich hoffe dadurch
nicht zu beleidigen,
denn diese sind auch
äußerst selten beim männlichen.
Immanuel Kant,
Über das Gefühl des Schönen und Erhabenen

Lasst uns Grundsätze und Regeln,
die wir sicherer in uns selbst finden,
nicht in Büchern suchen!
Jean-Jacques Rousseau,
Julie oder Die neue Héloïse (Saint-Preux)

Nach abstrakten Grundsätzen handeln,
ist schwer und gelingt erst nach vieler
Übung, und selbst da nicht jedes Mal:
Auch sind sie oft nicht ausreichend.
Hingegen hat jeder gewisse angeborene konkrete Grundsätze, die ihm in
Blut und Saft stecken, indem sie das
Resultat alles seines Denkens, Fühlens
und Wollens sind.
Arthur Schopenhauer, Aphorismen zur Lebensweisheit

Nichts ist dem Dilettantismus
mehr entgegen als feste Grundsätze
und strenge Anwendung derselben.
Johann Wolfgang von Goethe, Über strenge Urteile

Nichts ist so unnütz
wie ein allgemeiner Grundsatz.
Lord Thomas Babington Macaulay,
Über Machiavelli, Edinburgh Review (1827)

Ohne Grundsätze ist der Mensch wie
ein Schiff ohne Steuer und Kompass,
das von jedem Wind hin- und hergetrieben wird.
Samuel Smiles, Charakter

Seine Grundsätze sollte man sich
für die großen Gelegenheiten sparen.
Albert Camus

Um alt zu werden,
darf man keine Grundsätze haben.
Ludwig Börne, Aphorismen

Wenn man nicht bei ein paar
einfachen Grundsätzen bleibt,
nützen alle Bücher nichts.
Lido Anthony »Lee« Iacocca,
Mein amerikanischer Traum

Wenn zwei brave Menschen
über Grundsätze streiten,
haben immer beide Recht.
Marie von Ebner-Eschenbach, Aphorismen

Wer Grundsätze hat,
darf auch einmal einen fallen lassen.
Otto Flake

Gruppe

Eine Gruppe kann nicht individuelle
und persönliche traumatische Erlebnisse
auslöschen und uns wieder aufrichten.
Das müssen wir selbst machen.
Anaïs Nin, Frauen verändern die Welt

In der Tat verhält sich das Recht
der sozialen Gruppen zum Staate
genauso wie das Privatrecht:
Es muss vom Staate beaufsichtigt
und geordnet werden.
Heinrich von Treitschke, Die Gesellschaftswissenschaft

Wenn aus fünf Mann eins werden,
so ist das ein großer Moment; jeder,
der einen Klub gründete, kennt ihn.
Gilbert Keith Chesterton, Heretiker

Gruß

Bei einer dummen Obrigkeit,
Da grüßt man nicht den Mann,
man grüßet nur das Kleid.
Jean de La Fontaine, Fabeln

Grüß meine Freunde,
zeig meinen Feinden
ein Stirnrunzeln.
Katherine Mansfield, Briefe

Mancher grüßet uns freundlich
bei Tage, doch käm er im Finstern
Uns in den Weg, es möchte wohl kaum
zum Besten geraten.
Johann Wolfgang von Goethe, Reineke Fuchs

Warum tust du so,
als wärest du mein Freund,
und wozu begrüßt du mich
mit vertraulicher Falschheit?
Ecbasis captivi in belehrender Gestalt (Kälbchen)

Wer den höchsten Rang in einer Gruppe von Tieren oder Menschen hat,
ist leicht zu erkennen.
Es ist immer derjenige,
der am meisten angeschaut wird.
Davon kommt auch das Wort Ansehen.
Irenäus Eibl-Eibesfeldt

Wir sind so von uns selbst erfüllt,
dass alles sich auf uns beziehen muss:
Wir möchten gesehen und gegrüßt
werden, selbst von Unbekannten;
tun sie es nicht, so sind sie stolz;
sie haben zu erraten, wer wir sind.
Jean de La Bruyère, Die Charaktere

Gunst

Bei manchen, die bei der Verteilung
fürstlicher Gunst nicht berücksichtigt
wurden, fragt man: Warum vergisst
man sie?, und würde doch, hätte man
sich ihrer erinnert, gefragt haben:
Warum gerade die?
Jean de La Bruyère, Die Charaktere

Dadurch gibt Neigung
sich ja kund, dass sie bewilligt
Aus freier Gunst,
was sie auch nicht gebilligt.
Friedrich Schiller, Maria Stuart (Elisabeth)

Die Frauen binden sich an die Männer
durch die Gunst, die sie ihnen
gewähren; die Männer werden durch
ebendiese Gunstbeweise geheilt.
Jean de La Bruyère, Die Charaktere

Die Weltgunst ist ein Meer:
Darin versinkt, was schwer;
Was leicht ist, schwimmt daher.
Friedrich von Logau, Sinngedichte

Einen Mann ohne Verdienst
nur aus Gunst zu bereichern,
heißt, ebenso blind zu sein
wie das Glück.
König Friedrich der Große,
Politisches Testament (1752)

Empfängst du Gunst,
dann denke an die Schmach.
Lebst du in Frieden,
dann vergiss nicht die Gefahr.
Chinesisches Sprichwort

Es ist wichtiger,
die Gunst der Mächtigen
sich zu erhalten,
als Gut und Habe.
Baltasar Gracián y Morales,
Handorakel und Kunst der Weltklugheit

Gunst widerstreitet der Vernunft nicht,
sondern kann mit ihr übereinstimmen
und aus ihr entspringen.
Baruch de Spinoza, Ethik

Herbstwolken sind dünn,
dünner noch als des Menschen Gunst.
Chinesisches Sprichwort

Nur wer von Allah begünstiget ist,
Der nährt sich, erzieht sich,
lebendig und reich.
Johann Wolfgang von Goethe, West-östlicher Divan
(Ferdusi spricht)

Selig ist der Mann,
Der Herrengunst entraten kann.
Georg Rollenhagen, Froschmeuseler

Was willst du dich
der Gunst denn schämen,
Willst du sie geben,
musst du sie nehmen.
Johann Wolfgang von Goethe, Dichtung und Wahrheit

Wem Gott will rechte Gunst erweisen,
den schickt er nicht mehr in die weite
Welt, sondern macht ihn zum Günstling eines Mächtigen.
August Everding, Festrede zur Eröffnung des Berliner
Abgeordnetenhauses am 28. April 1993

Günstling

Nichts macht
einem Fürsten mehr Ehre
als die Bescheidenheit
seiner Günstlinge.
Jean de La Bruyère, Die Charaktere

Wer Günstlinge hasst,
strebt selbst nach Gunst.
François de La Rochefoucauld, Reflexionen

Gut

Alle guten Dinge
sind starke Reizmittel zum Leben,
selbst jedes gute Buch,
das gegen das Leben
geschrieben ist.
Friedrich Nietzsche, Menschliches, Allzumenschliches

Alle Dinge haben ihre Zeit,
auch die guten.
Michel Eyquem de Montaigne, Die Essais

Das höchste Gut aber
ist offenbar Selbstzweck (...);
denn das vollkommen Gute
muss offenbar sich selbst genügen.
Aristoteles, Nikomachische Ethik

Das höchste Gut
sucht nicht draußen Hilfsmittel:
Im Innern wird es gepflegt,
es besteht ganz aus sich selbst.
Es beginnt dem Schicksal
unterworfen zu sein,
wenn es einen Teil seiner selbst
draußen sucht.
Lucius Annaeus Seneca, Briefe über Ethik

Denn alle äußeren Güter haben eine
Grenze und sind gewissermaßen ein
Werkzeug, das zu etwas nützlich ist.
Ein Übermaß daran muss den Besitzern schaden oder mindestens keinen
Vorteil bringen: Von den seelischen
Gütern dagegen bringt jedes, in je
höheren Grade es vorhanden ist, umso
mehr Nutzen, wenn man bei diesen
überhaupt außer von ihrer Schönheit
auch noch von ihrem Nutzen sprechen
soll.
Aristoteles, Älteste Politik

Des Lebens Mühe
Lehrt uns allein
des Lebens Güter schätzen.
Johann Wolfgang von Goethe,
Torquato Tasso (Antonio)

Einsamkeit ist höchstes Gut.
Johann Wolfgang von Goethe,
Wilhelm Tischbeins Idyllen

Es gäbe keine wandelbaren Güter,
wenn es nicht
ein unwandelbares Gut gäbe.
Aurelius Augustinus, Über die Dreieinigkeit

Es gibt nur eine Betrübnis,
die nicht vergeht,
der Kummer um den Verlust
von äußeren Gütern:
Jeden anderen mildert die Zeit,
diesen allein lässt sie bitterer werden.
Jean de La Bruyère, Die Charaktere

Für Geheimnis
und anvertrautes Gut
gelten die gleichen Regeln.
Chamfort, Maximen und Gedanken

Kein Gut hilft dem Besitzer,
wenn nicht auf dessen Verlust
vorbereitet ist die Seele.
Lucius Annaeus Seneca, Briefe an Lucilius

Keins von allen Gütern
dieser weiten Erde,
Keines!, dem nicht Schmerz
und Reue sei Gefährte,
Überall verfolgt
die Plagegöttin dich.
Karoline von Günderode, Schicksal und Bestimmung

Man kann sich nicht im Besitz von
eigentlich unveräußerlichen Gütern
befinden, ohne etwas von seinem
Rechtssinn einzubüßen.
Marie von Ebner-Eschenbach, Aphorismen

Nie mag ein Gut ja,
welches er in Händen hält,
Der Tor erkennen,
bis es ihm entwunden ist.
Sophokles, Aias (Tekmessa)

Ohne Freunde möchte niemand leben,
auch wenn er alle übrigen Güter besäße.
Aristoteles, Nikomachische Ethik

Schätzt nicht
die schätzenswerten Güter,
und es wird nicht
Räuber geben im Volk.
Lao-tse, Dao-de-dsching

Sein ist ein Gut.
Ludwig Feuerbach, Das Wesen des Christentums

Seltene Güter führen zu Verbotenem.
Lao-tse, Dao-de-dsching

Um Gut und Vermögen
läuft man sich nicht so die Beine ab
wie um nichtige Lockungen der Laune.
Jean de La Bruyère, Die Charaktere

Unendlicher Verschwendung
Sind ungemessne Güter
wünschenswert.
Johann Wolfgang von Goethe,
Die natürliche Tochter (Sekretär)

Ungerechtes Gut
Befängt die Seele,
zehrt auf das Blut.
Johann Wolfgang von Goethe, Faust I (Mephisto)

Ungleich verteilt
sind des Lebens Güter.
Friedrich Schiller, Die Braut von Messina (Chor)

Unter gut verstehe ich das,
von dem wir gewiss wissen,
dass es uns nützlich ist.
Unter schlecht aber verstehe ich das,
von dem wir gewiss wissen,
dass es uns hindert,
ein Gutes zu erlangen.
Baruch de Spinoza, Ethik

Von allen Gütern ist das beste,
ein edles Weib zu haben.
Euripides, Fragmente

Was also ist gut? Der Dinge Kenntnis.
Was ist böse? Der Dinge Unkenntnis.
Lucius Annaeus Seneca, Briefe über Ethik

Was soll ich mit einem Gut,
mit dem ich nichts anfangen kann?
Michel Eyquem de Montaigne, Die Essais

Wer Güter genießen kann,
wie ich sie verloren habe,
kann der noch weiterleben?
Jean-Jacques Rousseau,
Julie oder Die neue Héloïse (Saint-Preux)

Wer seine Güter gibt
den Armen her,
erhält so viel zurück
und zehnmal mehr.
John Bunyan, In: Die Pilgerreise (The Pilgrims Progress)

Wer setzt sein' Lust auf zeitlich Gut
Und darin sucht sein' Freud' und Mut,
Der ist ein Narr in Leib und Blut.
Sebastian Brant, Das Narren Schyff

Wir nennen das gut oder schlecht,
was der Erhaltung unseres Seins
nützt oder schadet.
Baruch de Spinoza, Ethik

Gut sein

Alle Guten sind genügsam.
Johann Wolfgang von Goethe, West-östlicher Divan

Alles ist gut,
wie es aus den Händen
der Natur kommt.
Johann Wolfgang von Goethe, Dichtung und Wahrheit

Allzu gut ist liederlich.
Deutsches Sprichwort

Als ob man wissen könnte,
welcher guten Tat ein Mensch fähig
ist! Man weiß ja auch nicht,
welcher schlechten.
Elias Canetti

Damit wir immer gut sein könnten,
müssten die anderen glauben,
niemals ungestraft gegen uns
böse sein zu können.
François de La Rochefoucauld, Unterdrückte Maximen

Das Herumdoktern an sich
hat keinen Zweck. Man gehe gerade
und einfach seinen Weg.
Ich halte mich für gut von Natur,
und sollte ich dann und wann
etwas Schlechtes tun,
so ist das auch natürlich.
Paula Modersohn-Becker, Briefe (an die Schwester,
12. August 1906)

Der kürzeste Weg zum Ruhm ist
– gut zu werden.
Heraklit, Fragmente

Der Mensch,
der nur gut ist,
ist bloß für sich gut.
Jean-Jacques Rousseau, Emile

Die Großen schaffen das Große,
die Guten das Dauernde.
Marie von Ebner-Eschenbach, Aphorismen

Die Guten, die Großen
ziehen andere nach sich,
erleuchten, erheben alle,
die sich im Bereich
ihres Einflusses befinden.
Sie sind gewissermaßen
lebendige Zentren
segensvoller Tätigkeit.
Samuel Smiles, Charakter

Die guten Menschen
kommen auf den Mond,
die bösen in die Erde hinab.
Roald Amundsen, Eskimoleben

Die Guten sind immer umstritten.
Boris Becker, Ich bin das Vorbild der neuen Deutschen,
DER SPIEGEL, Nr. 38/1986

Du sollst mit den Guten verkehren,
und du wirst selbst zu ihnen gehören.
Sprichwort aus Spanien

Ein guter Mensch
ist immer ein Anfänger.
Martial, Epigramme

Ein Tag genügt, um festzustellen,
dass ein Mensch böse ist;
man braucht ein Leben,
um festzustellen, dass er gut ist.
Théodore Jouffroy, Das grüne Heft

Es fällt schwer, gut zu sein,
wenn man scharfsinnig ist.
Jules Renard, Ideen, in Tinte getaucht.
Aus dem Tagebuch von Jules Renard

Es gibt zwei gute Menschen:
Der eine ist tot,
der andere noch nicht geboren.
Sprichwort aus Estland

Es ist ausgeschlossen,
dass alle Verhältnisse gut sind,
solange nicht alle Menschen gut sind,
worauf wir ja wohl noch
eine hübsche Reihe von Jahren
werden warten müssen.
Thomas More, Utopia

Gut oder böse sein verändert
alle äußeren Lebensbedingungen.
Leo N. Tolstoi, Tagebücher (1899)

Gut sein heißt,
mit sich selber im Einklang sein.
Oscar Wilde, Das Bildnis des Dorian Gray

Gut und rechtschaffen aber
werden die Menschen durch dreierlei:
durch Naturanlage, Gewöhnung
und Vernunft.
Aristoteles, Älteste Politik

Gut zu sein bedeutet nur, den Wunsch
zu haben, häufiger gut zu sein.
Und diesen Wunsch habe ich.
Leo N. Tolstoi, Tagebücher (1905)

Ich weiß, wie gute Menschen denken;
weiß,
Dass alle Länder gute Menschen
tragen.
Gotthold Ephraim Lessing, Nathan der Weise (Nathan)

Immer klagen die Hilfreichen über den
Undank der Armen. Wollen wir denn
nicht unbelohnt gut sein?
Marie von Ebner-Eschenbach, Aphorismen

Menschen
werden nicht plötzlich reich
und nicht plötzlich gut.
Sprichwort aus Griechenland

Nicht wer eine gute Erkenntniskraft,
sondern wer einen guten Willen hat,
heißt ein guter Mensch.
Thomas von Aquin, Summa theologica

Niemals sind die Bösen
zu etwas Gutem gut;
es mag sein, was es wolle.
Jean-Jacques Rousseau, Emile

Schlechthin gut wird der Mensch
nicht dann genannt,
wenn er in einem Teil gut ist,
sondern dann, wenn er
in seiner Ganzheit gut ist.
Dies aber geschieht
kraft der Gutheit des Willens.
Thomas von Aquin, De virtutibus in communi

Sei gut und lass nach Möglichkeit
niemanden wissen, dass du gut bist.
Ruhmsucht bringt anderen Nutzen,
nicht dir selbst.
Leo N. Tolstoi, Tagebücher (1847)

Selten freilich sind gute Menschen.
Juvenal, Satiren

Viele Menschen warten
ihr Leben lang auf die Gelegenheit,
auf ihre Art gut zu sein.
Friedrich Nietzsche, Menschliches, Allzumenschliches

Vieles wirst du versuchen müssen,
bis du einen Guten findest.
Publilius Syrus, Sentenzen

Warum sind nicht mehr Leute
aus Trotz gut?
Elias Canetti, Die Provinz des Menschen.
Aufzeichnungen 1942–1972

Wenn man so gut ist,
wie man nur irgend sein kann,
ist man noch immer nicht gut genug.
Theodor Fontane, Cécile

Wenn wir einmal nicht grausam sind,
dann glauben wir gleich, wir seien gut.
Kurt Tucholsky, Schnipsel

Wenn wir glücklich sind,
sind wir immer gut,
aber wenn wir gut sind,
sind wir nicht immer glücklich.
Oscar Wilde, Das Bildnis des Dorian Gray

Wer abwesend ist, ist gut.
Sprichwort aus Bulgarien

Wer selbst gut ist,
hegt einen unüberwindlichen Trieb,
die Menschen zu lieben;
wer selbst böse ist, sie zu hassen.
Johann Jakob Engel, Fürstenspiegel

Wo alles gut ist, ist nichts ungerecht.
Jean-Jacques Rousseau, Emile

Güte

Auch die Güte hat ihre heiklen Punkte.
Da wird sie zur Dummheit.
Jean Ciono

Auch wenn ein wahrhaft
königlicher Herrscher käme,
ein Menschenalter müsste
schon vergehen,
ehe die Güte wiederkehrte.
Konfuzius, Gespräche

Bei einem Liebenden
gibt es nur ein Einziges,
das unerschöpflich ist:
nämlich Güte, Anmut
und Zartgefühl.
Honoré de Balzac, Physiologie der Ehe

Das Schöne an Fortschritten in der
Güte ist auch, dass sie kein Anlass zu
Stolz, zu Eitelkeit oder auch nur Trost
sein können. Sie sind nur dann Fortschritte, wenn sie für uns selbst unbemerkt bleiben.
Leo N. Tolstoi, Tagebücher (1900)

Denn das Licht stammt vom Guten
und ist ein Bild der Güte.
Dionysios Aeropagites, Peri ton theon onomaton

Der Geist ist ein intermittierender,
die Güte ein permanenter Quell.
Marie von Ebner-Eschenbach, Aphorismen

Der Mensch soll
um der Güte und Liebe willen
dem Tode keine Herrschaft einräumen
über seine Gedanken.
Thomas Mann, Der Zauberberg

Die Erfahrung zeigt uns,
welch ein gewaltiger Unterschied
zwischen Frömmigkeit
und Güte besteht.
Blaise Pascal, Pensées

Die Gerechtigkeit
ist von der Güte untrennbar.
Jean-Jacques Rousseau, Emile

Die Güte des Herzens
nimmt einen weiteren Raum ein
als der Gerechtigkeit geräumiges Feld.
Johann Wolfgang von Goethe, Maximen und Reflexionen

Die Güte des Menschen wiegt schwerer
als ein Gesetz des Königs.
Chinesisches Sprichwort

Die Güte, die du mir erwiesen hast,
ist nicht verloren, denn du hattest sie,
und das bleibt dir; auch wenn die
materiellen Ergebnisse null sein sollten, das bleibt dir trotzdem; aber ich
kann es nicht sagen, wie ich es fühle.
Vincent van Gogh, Briefe

Die Güte, die nicht grenzenlos ist,
verdient den Namen nicht.
Marie von Ebner-Eschenbach, Aphorismen

Die höchste Güte ist nicht,
gut zu den anderen zu sein,
sondern vorauszusetzen,
dass die anderen
es gut mit mir meinen.
Maurice Blondel, Tagebuch vor Gott

Die Menschen sind grausam,
aber der Mensch ist gütig.
Rabindranath Tagore, Verirrte Vögel

Ein bisschen Güte
von Mensch zu Mensch
ist besser als alle Liebe zur Menschheit.
Richard Dehmel

Ein Gran Gewalt in der Güte
ist die Voraussetzung,
dass sie nicht nur
blasser Gedanke bleibt.
Emil Gött, Im Selbstgespräch

Es ist recht schwierig,
große, allen bezeigte Güte
von Weltgewandtheit
zu unterscheiden.
François de La Rochefoucauld, Unterdrückte Maximen

Esel dulden stumm:
Allzu gut ist dumm.
Deutsches Sprichwort

Geld kann zurückgezahlt werden,
eine Güte wie die deine nicht.
Vincent van Gogh, Briefe

Gottes Weisheit zeigt sich vielfältig,
denn er ist gut und klug, einfach,
sanft, gnädig, stark und treu.
Jüngerer deutscher Physiologus (um 1140)

Güte – erst Schweres auf sich nehmen
und zuletzt an Erfolg denken.
Das würde ich Güte nennen.
Konfuzius, Gespräche

Güte ist etwas so Einfaches:
immer für andere da sein,
nie sich selber suchen.
Dag Hammarskjöld, Zeichen am Weg

Güte ist, wenn man das leise tut,
was andere laut sagen.
Friedel Beutelrock

Güte muss sich mit Verstand verbinden. Güte allein ist, wie ich im Leben
erfahren habe, nicht viel wert. Man
muss eine feine Unterscheidungsfähig-
keit ausbilden, die mit Mut und Stärke
des Geistes einhergeht. In schwierigen
Lagen muss man erkennen, wenn es
Zeit ist zu handeln und wann, sich
zurückzuhalten.
Mohandas K. »Mahatma« Gandhi, Harijan (engl.
Wochenzeitung 1933–1956), 12. Januar 1947

Güte und Reichtum
sind selten gepaart.
Chinesisches Sprichwort

Güte vermag mehr als Gewalt.
Sprichwort aus Frankreich

Gutmütigkeit ist eine
alltägliche Eigenschaft.
Güte die höchste Tugend.
Marie von Ebner-Eschenbach, Aphorismen

In menschlicher Gemeinschaft
ist das Beste Güte. Wenn einer,
der sich eine Heimstatt sucht,
nicht seinen Platz wählt unter Gütigen,
kann man den nennen klug?
Konfuzius, Gespräche

Lass es sein, dass der Gutherzige
lang unterdrückt werde;
mit der Zeit werden sich
andre Gutherzige zu ihm sammeln
und ihre Kräfte mit den seinigen
vereinen.
Johann Gottfried Herder, Das eigene Schicksal

Mit Güte kann man
fast jeden Menschen überraschen.
Pearl S. Buck

Mütterliche Güte
– ein uferloses Meer,
unendliche Tiefe.
Sprichwort aus Russland

Nichts ist seltener
als wahre Güte.
Selbst wer sie wirklich
zu haben glaubt,
ist meist nur gefällig
oder schwach.
François de La Rochefoucauld, Reflexionen

Niemand verdient seiner Güte wegen
gelobt zu werden, wenn er nicht auch
die Kraft hat, böse zu sein.
Jede andere Güte ist meist nur
Trägheit und Willensschwäche.
François de La Rochefoucauld, Reflexionen

Ohne Phantasie keine Güte,
keine Weisheit.
Marie von Ebner-Eschenbach, Aphorismen

Schönheit vergeht, Güte bleibt.
Sprichwort aus Frankreich

Schwer ist es,
das Tor zur Güte zu öffnen
und genauso schwer,
es wieder zu schließen.
Chinesisches Sprichwort

Seid freundlich, eifrig und gütig
zu jedem, der eurer bedarf.
Jan van Ruusbroec, Briefe (an Katharina von Löwen)

Selbst für kurze Frist nicht,
eine Mahlzeit zu verzehren,
darf sich der edle Mensch
abwenden von der Güte.
In Hast und Eile
– hält er sich fest daran.
In Wirrnis und Beschwer
– hält er sich fest daran.
Konfuzius, Gespräche

Tut ab ein edler Mensch die Güte,
wie könnte man ihn dann noch
edel nennen?
Konfuzius, Gespräche

Und eine einzige Tugend
fordert mein Gemüte
Von jeglichem Geschöpf,
die leichteste: Güte.
Carl Spitteler, Olympischer Frühling

Wahrhaft ungütig
sind wir nur gegen Menschen,
von denen wir wissen,
dass sie uns niemals
verloren gehen können.
Arthur Schnitzler, Buch der Sprüche und Bedenken

Wenn du einen Schlag
auf die Wange bekommst
und hältst auch noch
die andere Wange hin,
dann verliert die Güte allen Wert.
Knut Hamsun, Neue Erde

Wer festen Willens
strebt nach Güte,
wird nie aus Bosheit
handeln.
Konfuzius, Gespräche

Wie dem Geiste nichts zu groß ist,
so ist der Güte nichts zu klein.
Jean Paul, Briefe
(an Zar Alexander von Russland, 9. Februar 1815)

Wie ohnmächtig
auf dieser Erde ist die Güte,
wie schrecklich glaubhaft hingegen
das probate Mittel der Macht:
das Rezept der Gewalt!
Eugen Drewermann,
Das Markusevangelium, Zweiter Teil

Wie sehr gibt doch bei allem
die Güte den Ausschlag.
Die besten Tugenden
sind ohne Güte gar nichts wert;
und die schlimmsten Laster
werden verziehen,
wenn sie mit Güte gepaart sind.
Leo N. Tolstoi, Tagebücher (1891)

Vornehmheit und Herzensgüte
sind nicht alles,
aber sie sind viel.
Theodor Fontane, Cécile

Guter Mensch

Ein guter Mensch,
der seine Irrtümer nicht erkennt
und versucht, sie zu rechtfertigen,
kann zum Unhold werden.
Leo N. Tolstoi, Tagebücher (1899)

Einen guten Menschen
machen Gerüchte nicht schlecht.
Fällt das Wasser, tritt der Fels hervor.
Chinesisches Sprichwort

Er ist ein guter Mensch,
sagen die Leute gedankenlos.
Sie wären sparsamer
mit diesem Lobe,
wenn sie wüßten,
dass sie kein höheres
zu erteilen haben.
Marie von Ebner-Eschenbach, Aphorismen

Es gibt zwei Arten guter Menschen:
die Toten und Ungeborenen.
Chinesisches Sprichwort

Gute Menschen werden betrogen,
so wie man gute Pferde
zuschanden reitet.
Chinesisches Sprichwort

Schöne Dinge
und gute Menschen
sind schwer zu haben.
Chinesisches Sprichwort

Unter einem alten Hut
ist oft ein guter Kopf.
Sprichwort aus Norwegen

Unter hundert
gibt es auf der Welt
einen guten Menschen.
Chinesisches Sprichwort

Wer viel Freude hat,
muss ein guter Mensch sein:
Aber vielleicht ist er
nicht der klügste,
obwohl er gerade das erreicht,
was der Klügste
mit aller seiner Klugheit erstrebt.
Friedrich Nietzsche, Menschliches, Allzumenschliches

Gutes

Alle geschaffenen Wesen haben
darin an der göttlichen Gutheit teil,
dass sie das Gute, das sie selber besitzen, auf andere Wesen ausströmen.
Denn es gehört zum Wesen des Guten,
dass es sich anderen mitteilt.
Thomas von Aquin, Summa theologica

Alle guten Dinge sind billig;
alle schlechten sind teuer.
Henry David Thoreau, Journal

Alle Seiten jeden Dinges zu verstehen,
gilt als so selbstverständlich,
dass sich das Gute fast
seiner Einseitigkeit schämt.
Emil Gött, Im Selbstgespräch

Alle Wesen erstreben das Gute,
doch nicht alle erkennen das Wahre.
Thomas von Aquin, Über die Wahrheit

Allen Gutes tun, aber einem jeden
die eigene Verantwortung lassen.
Papst Johannes XXIII., Briefe an die Familie
(Bruder Severo), 6. Januar 1948

Aller guten Dinge sind drei.
Deutsches Sprichwort

Alles Böse ist nur das Phänomen
der Hemmung des Triebs zum Guten,
der Verzehrung des Guten.
Johann Wilhelm Ritter, Fragmente

Alles Gute, das besteht,
ist eine Frucht der Originalität.
John Stuart Mill, Die Freiheit

Alles Gute ist entweder äußerer
oder seelischer Art,
und davon verdient
das seelisch Gute den Vorzug.
Aristoteles, Eudemische Ethik

Alles ist gut, wenn es aus den Händen
des Urhebers der Dinge kommt;
alles entartet unter den Händen
des Menschen.
Jean-Jacques Rousseau, Emile

Alles wird vergehen
außer dem Guten,
das du getan hast.
Sprichwort aus Frankreich

Alles, was ich als gut empfinde,
ist gut;
alles, was ich als böse empfinde,
ist böse.
Jean-Jacques Rousseau, Emile

Alles, was ist, und sei es
auf welche Weise auch immer
– sofern es seiend ist, ist es gut.
Thomas von Aquin, Summe gegen die Heiden

An sich ist nichts
weder gut noch böse;
das Denken macht es erst dazu.
William Shakespeare, Hamlet (Hamlet)

Auch schlechte Menschen
tun mitunter Gutes,
als wollten sie ausprobieren,
ob es wirklich
so viel Vergnügen mache,
wie die guten behaupten.
Chamfort, Maximen und Gedanken

Auf was Gutes ist gut warten,
und der Tag kommt nie zu spat,
Der was Gutes in sich hat:
Schnelles Glück hat schnelle Fahrten.
Friedrich von Logau, Sinngedichte

Aus dem Mund Unedler auch
Fällt oft ein Rat zum Guten.
Sophokles, Die Trachinierinnen (Deianeira)

Bei den meisten Menschen
ist es weniger gefährlich,
ihnen Böses zu tun,
als zu viel Gutes.
François de La Rochefoucauld, Reflexionen

Betrachte alles von der guten Seite.
Thomas Jefferson, Lebensregeln

Böses hört man immer mehr als Gutes.
Deutsches Sprichwort

Da man Macht haben muss,
um das Gute durchzusetzen,
setzt man zunächst das Schlechte durch,
um Macht zu gewinnen.
Ludwig Marcuse, Argumente und Rezepte.
Ein Wörter-Buch für Zeitgenossen

Das Beste soll mir
gerade gut genug
und nicht mehr sein.
Jens Peter Jacobsen, Niels Lyhne

Das Böse ist auf jegliche Weise
zu meiden; darum darf man
auf keine Weise Böses tun,
damit daraus etwas Gutes erwachse.
Das Gute aber soll man nicht
auf jegliche Weise tun;
darum muss man bisweilen
etwas Gutes unterlassen,
damit große Übel
vermieden werden.
Thomas von Aquin, De correctione fraterna

Das Böse ist leicht, und es gibt
unendlich viele Formen des Bösen;
das Gute ist beinahe einförmig.
Blaise Pascal, Pensées

Das Böse ist nichts als das Gute,
gequält von seinem eigenen Hunger
und Durst.
Djubran Chalil, Der Prophet

Das Böse kann nicht
mit der ganzen Seele getan werden;
das Gute kann nur
mit der ganzen Seele getan werden.
Martin Buber

Das eigentlich wahrhaft Gute,
was wir tun, geschieht größtenteils
clam, vi et precario (heimlich,
mit Gewalt und auf Bitten).
Johann Wolfgang von Goethe,
Maximen und Reflexionen

Das Gute bleibt ewig gut,
aber das Schlechte
wird durch das Alter
immer schlechter.
Johann Heinrich Pestalozzi,
Kinderlehre der Wohnstube

Das Gute braucht zum Entstehen Zeit
– das Böse braucht sie zum Vergehen.
Jean Paul, Dämmerungen für Deutschland

Das Gute, das zur Schau gestellt wird,
ist halb entwertet.
Michel Eyquem de Montaigne, Die Essais

Das Gute – dieser Satz steht fest –
Ist stets das Böse, was man lässt.
Wilhelm Busch, Die fromme Helene

Das Gute dieser Welt
ist einer anderen Welt,
die etwa existieren könnte,
ebenso wenig mitteilbar,
wie mein Sinn mitteilbar ist
an diesen oder jenen.
Giordano Bruno,
Zwiegespräche vom unendlichen All und den Welten

Das Gute in der Welt
ist viel schmäler gesät, als man denkt,
was man hat, muss man halten.
Johann Wolfgang von Goethe, Briefe
(an Christiane Vulpius, 22. Juni 1793)

Das Gute ist für alle Dinge
das genaueste Maß.
Aristoteles, Der Staatsmann

Das Gute ist relativ.
Nur an den Absichten
darf niemals etwas
zu verbessern sein.
Heinrich Waggerl, Aphorismen

Das Gute ist voller Lohn,
das Böse voller Pein.
O Mensch, wie soll in dir
nicht Höll und Himmel sein?
Daniel Czepko von Reigersfeld,
Monodisticha Sapientium

Das Gute missfällt uns,
wenn wir ihm nicht gewachsen sind.
Friedrich Nietzsche, Menschliches, Allzumenschliches

Das Gute und die Hinneigung
zum Guten folgt aus der Natur selbst;
solange darum die Natur verbleibt,
kann die Hinneigung zum Guten
nicht weggenommen werden,
nicht einmal von den Verdammten.
Thomas von Aquin, Über die Wahrheit

Das Gute wächst im Leben nicht wie
der Baum allein für sich aus der Wurzel, sondern neben dem Guten wächst
auch das Böse empor, und aus dem
Bösen lässt die Natur Gutes entstehen.
Menandros, Fragmente

Das Gute wollen ist ein Fortschritt,
das Böse wollen ein Rückschritt.
Bernhard von Clairvaux, Gnade und Willensfreiheit

Das höchste Gut aber
ist offenbar Selbstzweck (...);
denn das vollkommen Gute
muss offenbar sich selbst genügen.
Aristoteles, Nikomachische Ethik

Das Leben ist so kurz,
und das Gute wirkt so langsam.
Johann Wolfgang von Goethe,
Die Aufgeregten (Gräfin)

Das Motiv einer guten Handlung
ist manchmal nichts anderes
als zur rechten Zeit eingetretene Reue.
Marie von Ebner-Eschenbach, Aphorismen

Das Schlechte, was man von sich sagt,
findet immer Glauben, das Gute nicht.
Michel Eyquem de Montaigne, Die Essais

Das Schöne ist das Gute,
das Schöne ist das Wahre.
Samuel Smiles, Charakter

Das Vernünftige ist durchaus nicht
immer das Gute, das Vernünftigste
jedoch muss auch das Beste sein.
Marie von Ebner-Eschenbach, Aphorismen

Das Wesen des Guten ist:
Leben erhalten, Leben fördern, Leben
auf seinen höchsten Wert bringen.
Das Wesen des Bösen ist: Leben
vernichten, Leben schädigen, Leben
in seiner Entwicklung hemmen.
Albert Schweitzer, Das Problem der Ethik ...

Das Ziel des Lebens ist das Gute.
Leo N. Tolstoi, Tagebücher (1852)

Dass Böses aus Gutem entstehen kann,
ist begreiflich,
wie aber Gutes aus Bösem?
Friedrich Hebbel, Tagebücher

Dass gewisse Leute
im Guten nicht so weit gehen,
wie sie könnten,
liegt an ihrer schlechten Erziehung.
Jean de La Bruyère, Die Charaktere

Dem großen Mann gibt Gutes tun
mehr Genuss als Gutes empfangen:
ein Glück seines Edelmuts.
Baltasar Gracián y Morales,
Handorakel und Kunst der Weltklugheit

Dem Schlechten Gutes tun, nützt gar
nichts. Ein Undankbarer macht die
gute Tat niemals gut; die Dankbarkeit
macht der schlechte Mensch zunichte:
Er sagt, dass ihm zustehe, was man
ihm Gutes tut.
Juan Ruiz de Alarcón y Mendoza,
Buch von rechter Liebe

Denket nie,
es werde das Gute oder das Böse,
das ihr tut, verborgen bleiben,
so abgeschlossen ihr auch seid!
Teresa von Ávila, Weg der Vollkommenheit

Denn alle Dinge sind getauft
am Borne der Ewigkeit
und jenseits von Gut und Böse;
Gut und Böse selber aber
sind nur Zwischen-Schatten und
feuchte Trübsale und Zieh-Wolken.
Friedrich Nietzsche, Also sprach Zarathustra

Denn alles Gute ist Selbstzweck und
um seiner selbst willen erstrebenswert.
Aristoteles, Eudemische Ethik

Denn die Gelegenheit
ist eine gleichgültige Göttin,
sie begünstigt das Gute
wie das Böse.
Johann Wolfgang von Goethe,
Unterhaltungen deutscher Ausgewanderten

Denn nicht duldet es die Natur,
dass je Gutes Guten schade.
Lucius Annaeus Seneca, Über die Vorsehung

Der Beste wird immer ein Bester sein,
Auch wenn sich die Zeiten erneuen,
Und nur wer selber kein echter Stein,
Hat die Feuerprobe zu scheuen.
Börries von Münchhausen, Gedichte

Der edle Mensch
hilft seinen Mitmenschen,
das Gute in ihnen zur Reife zu bringen,
nicht aber das Schlechte.
Der niedrig Gesinnte tut das Gegenteil.
Konfuzius, Gespräche

Der Mensch weiß wohl um das Gute,
auch wenn er es nicht tut.
Hildegard von Bingen, Welt und Mensch

Der Trieb zum Guten ist dem Menschen
eingepflanzt von Natur wie dem Wasser
der Trieb, bergab zu fließen. Es gibt keinen Menschen ohne diesen natürlichen
Trieb zum Guten, wie es kein Wasser
gibt, das nicht abwärts flösse.
Meng-zi, Buch Meng-zi

Der Weise verbirgt
seine törichten Gedanken
und setzt dafür, wenn er es vermag,
das Gute ins Werk.
Chrétien de Troyes, Yvain

Die allerstillste Liebe
ist die Liebe zum Guten.
Marie von Ebner-Eschenbach, Aphorismen

Die Freiheit ist jedem gegeben.
Wenn der Mensch
sich zum Guten wenden
und ein Gerechter werden will,
so kann er das.
Moses Maimonides, Die starke Hand

Die guten ins Töpfchen,
die schlechten ins Kröpfchen.
Jacob und Wilhelm Grimm,
Kinder- und Hausmärchen (Aschenputtel)

Die Kirchenmusik war
eben deswegen gut,
weil alle sie verstanden.
Unzweifelhaft gut ist nur,
was jeder versteht.
Leo N. Tolstoi, Tagebücher (1896)

Die meisten Menschen
sind nur so lange gut,
als sie andere für gut halten;
sie wollen nicht geben,
sie wollen nur eine Schuldigkeit
abtragen.
Friedrich Hebbel, Tagebücher

Die Menschen neigen von Natur aus
zum Guten, wenigstens so, das alle,
denen das Üble nicht gerade Nutzen
oder Vorteil bringt, eher das Gute als
das Schlechte tun. Da ihre Natur
jedoch nicht unüberwindlich ist und
unzählige Gelegenheiten zum Bösen
sie verlocken, verraten sie oft aus
Eigennutz ihre Natur.
Francesco Guicciardini, Ricordi

Die Menschen
tun niemals etwas Gutes,
wenn sie nicht dazu gezwungen sind.
Niccolò Machiavelli, Vom Staat

Die Philosophen mögen streiten über
die Natur der Wahrheit. Für das Gute
haben wir nur ein einziges haltbares
Kriterium: dass es nütze; nicht zuweilen und einzeln, sondern immer und
allgemein.
Johann Gottfried Seume, Apokryphen

Die Schwierigkeit liegt nicht in dem
Faktum, dass Gut und Böse ziemlich
gleich verteilt ist, sondern hauptsächlich darin, dass die Menschen sich nicht
klar sind, was gut und was böse ist.
Gilbert Keith Chesterton, Heretiker

Die Seele drängt danach,
dem Nächsten Gutes zu tun.
Das Fleisch drängt danach,
Gutes für sich selbst zu tun.
Leo N. Tolstoi, Tagebücher (1852)

Die Weisen sagen, der Gegenstand
des Willens sei die Güte,
der des Verstandes die Wahrheit.
Wertvoller aber ist es,
das Gute zu wollen,
als das Wahre zu erkennen.
Francesco Petrarca,
Von seiner und vieler Leute Unwissenheit

Dies ist freilich auch wahr:
Ein vollkommen guter Mensch
wäre für nichts zu gebrauchen.
Heinrich Waggerl, Aphorismen

Ein guter Mensch bringt Gutes hervor,
weil er Gutes in sich hat, und
ein böser Mensch bringt Böses hervor,
weil er Böses in sich hat.
Neues Testament, Matthäus 12, 33 (Jesus)

Ein Mensch, der überall nur das Gute
will, muss inmitten von so vielen
anderen, die das Schlechte tun,
notwendigerweise zugrunde gehen.
Niccolò Machiavelli, Der Fürst

Eine gute Tat
bessert tausend schlechte.
Chinesisches Sprichwort

Eine gute Tat wird totgeschwiegen,
eine schlechte Tat in alle Welt posaunt.
Chinesisches Sprichwort

Einem Schlechten Gutes tun
ist ebenso gefährlich wie
einem Guten Schlechtes tun.
Titus Maccius Plautus, Der junge Punier

Erwarte keine Dankbarkeit,
wenn du einem Menschen Gutes tust;
du hast seine Schwächen aufgedeckt.
Elbert Hubbard

Erst muss das Böse vom Guten zehren,
ehe es sich selbst zugrunde richtet.
Chinesisches Sprichwort

Es genügt nicht,
den Menschen Abscheu
vor dem Bösen einzuflößen,
sie müssen auch zum Guten
ermuntert werden.
Leo N. Tolstoi, Tagebücher (1847)

Es gibt nichts Gutes,
außer: Man tut es.
Erich Kästner, Dr. Erich Kästners lyrische Hausapotheke

Es gibt nichts Gutes,
das nicht immer
aus deiner Seele kommen kann.
Jean-Jacques Rousseau,
Julie oder Die neue Héloïse (Claire an Julie)

Es gibt viel Gutes, das zwar von einem
klugen Mann erkannt wird, aber doch
keine so auffälligen Gründe hat,
um andere von seiner Richtigkeit
überzeugen zu können.
Niccolò Machiavelli, Vom Staat

Es gibt viele, die sind nicht wert,
dass sie ein gutes Werk tun.
Denn es ist ein großes Ding,
dass ein Mensch würdig ist,
ein gutes Werk zu tun.
Martin Luther, Tischreden

Es ist besser, aus ganzer Seele
einem Menschen Gutes zu tun,
als sich »für die Menschheit zu opfern«.
Dag Hammarskjöld, Zeichen am Weg

Es ist besser,
das Gute steht nur auf dem Papier
– als nicht einmal dort.
Ludwig Marcuse, Argumente und Rezepte.
Ein Wörter-Buch für Zeitgenossen

Es ist gut, dass es in der Welt
Gutes und Schlechtes gibt;
sonst wäre man verzweifelt
beim Abschied vom Leben.
Charles de Secondat, Baron de la Brède
et de Montesquieu, Meine Gedanken

Es ist Pflicht eines rechtschaffenen
Mannes, das Gute, das er wegen der
Ungunst der Zeiten und des Schicksals
nicht selbst ausführen konnte, andere
zu lehren, damit viele dazu befähigt
werden und es vielleicht einer davon,
den der Himmel begünstigt, verwirklichen kann.
Niccolò Machiavelli, Vom Staat

Es ist sehr leicht zu wissen,
was Gut und Böse an sich bedeuten;
Menschen aber, die Gut und Böse
durcheinander gebracht haben,
können dies nur sehr schwer
entscheiden.
Leo N. Tolstoi, Tagebücher (1895)

Es ist unmöglich oder doch schwer,
das Gute zu tun,
wenn man keine Mittel hat.
Aristoteles, Nikomachische Ethik

Es mangelt nie Gelegenheit,
was Gutes zu verrichten.
Es mangelt nie Gelegenheit,
was Gutes zu vernichten.
Friedrich von Logau, Sinngedichte

Es reicht nicht aus, Gutes zu tun.
Man muss es auf die richtige Weise tun.
John Morley

Es steht also fest, dass alles,
was gut ist, dadurch gut ist,
dass es eine Einheit bildet.
Dante Alighieri, Über die Monarchie

Es wäre leichter, gut zu sein,
wenn man an einen Generalnenner
des Guten glauben könnte.
Sigrid Undset, Novellen

Es werden viele Bücher geschrieben,
aber sehr wenige mit der aufrichtigen
Absicht, Gutes damit zu stiften.
Jean-Jacques Rousseau, Fünfter Brief vom Berge

Freu dich über Übles nie
Und tu Gutes gern.
Edda, Hávamál (Loddfafnirlied)

Freude ist der Lohn dafür,
dass man Gutes getan hat,
und dieser Lohn wird erst ausbezahlt,
nachdem man ihn verdient hat.
Jean-Jacques Rousseau, Emile

Freunde, nur Mut!
Lächelt und sprecht:
Die Menschen sind gut,
bloß die Leute sind schlecht.
Erich Kästner, Kurz und bündig. Epigramme

Geld ist die beste Hebamme
für gute Taten.
Norbert Blüm, Unverblümtes von Norbert Blüm

Gib der Welt, auf der du wirkst,
die Richtung zum Guten,
so wird der ruhige Rhythmus der Zeit
die Entwicklung bringen.
Friedrich Schiller,
Über die ästhetische Erziehung des Menschen

Gibt es denn für uns
eine andere Richtschnur
oder eine genauere
Bestimmung des Guten
als den vernünftigen Menschen?
Aristoteles, Protreptikos

Gut ist nur, dem Bösen widerstreben.
Emil Gött, Im Selbstgespräch

Gut ist, wer anderen Gutes erweist;
wenn er um des Guten willen, das er
tut, leidet, ist er sehr gut; wenn er
durch die leidet, denen er Gutes erwiesen hat, kann seine Güte nur durch
Vermehrung der Leiden wachsen; und
wenn er daran stirbt, so hat seine
Tugend den höchsten Grad erreicht:
dann ist sie heldisch, vollkommen.
Jean de La Bruyère, Die Charaktere

Gute Regungen sind nichts,
wenn sie nicht zu guten Taten führen.
Joseph Joubert, Gedanken, Versuche und Maximen

Gute Taten
wollen ins Licht gesetzt werden.
Marcus Tullius Cicero, Gespräche in Tusculum

Gute Werke haben keinen Namen.
Martin Luther, Tischreden

Gutes für die Menschen?
Was heißt Gutes?
Nur eins: Liebe.
Leo N. Tolstoi, Tagebücher (1889)

Gutes und Böses
sind in unseren Verhältnissen
nirgends ganz unvermischt,
und der Grad
des Mehrern oder Mindern
bestimmt die Unterschiede.
Georg Forster, Über die Beziehung der Staatskunst auf
das Glück der Menschheit

Haben wir
von jemandem Gutes empfangen,
sollen wir auch das Übel hinnehmen,
das er uns später zufügt.
François de La Rochefoucauld, Reflexionen

Heute gibt es viele,
die das Gute für schlecht,
das Minderwertige
hingegen für gut halten.
Diese Leute helfen nicht,
sie hindern vielmehr.
Gottfried von Straßburg, Tristan

Historisch betrachtet, erscheint
unser Gutes in mäßigem Lichte,
und unsere Mängel entschuldigen sich.
Johann Wolfgang von Goethe,
Maximen und Reflexionen

Hüte dich, so zu tun,
als stamme das Gute
– im Geiste oder im Werk –
von dir.
Schreibe es vielmehr Gott zu,
von dem alle Kräfte ausgehen
wie die Funken vom Feuer.
Hildegard von Bingen, Briefwechsel

Ich bin immer so töricht gewesen,
an das Gute im Menschen zu glauben.
Paul Gauguin, Briefe
(an Mette Gauguin, 27. Februar 1886)

In der Gemeinde der Guten
vererbt sich das Gute;
es ist unmöglich,
dass ein Schlechter
aus so gutem Erdreiche
hervorwachse.
Friedrich Nietzsche, Menschliches, Allzumenschliches

Ja, es liegt eine Schuld
auf dem Menschen,
etwas Gutes zu tun.
Heinrich von Kleist, Briefe
(an Wilhelmine von Zenge, 15. August 1801)

Ja, Gutes tut man nur,
wenn man nicht weiß,
dass man es tut.
Leo N. Tolstoi, Tagebücher (1893)

Je jünger der Mensch ist,
umso weniger glaubt er an das Gute,
obwohl er dem Bösen gegenüber
vertrauensseliger ist.
Leo N. Tolstoi, Tagebücher (1853)

Jede Kunst, jede wissenschaftliche
Untersuchung, jede Handlung und
jeder Vorsatz hat, wie es scheint,
ein Gut zum Ziel, und so hat man
nicht übel das Gute bezeichnet als das,
wonach alles strebt.
Aristoteles, Nikomachische Ethik

Jeder Charakter ist durch zwei teilbar,
da Gut und Böse beisammen sind.
Erich Kästner, Dr. Erich Kästners lyrische Hausapotheke

Jeder Sieg des Guten in uns
ist wertlos ohne die Erkenntnis,
wie wenig zu einer Niederlage
gefehlt hätte.
Heinrich Waggerl, Aphorismen

Jeder Suchende sucht doch nur Gutes.
Nikolaus von Kues, Über die Schauung Gottes

Jegliche Kreatur
hat so sehr teil an der Gutheit,
als sie teilhat am Sein.
Thomas von Aquin, Über die Wahrheit

Keine Neigung ist an sich gut, sondern
nur insofern sie etwas Gutes wirkt.
Johann Wolfgang von Goethe,
Unterhaltungen deutscher Ausgewanderten

Lachen und Lächeln
sind Tor und Pforte,
durch die viel Gutes
in den Menschen
hineinhuschen kann.
Christian Morgenstern, Stufen

Liebt nun der Mensch das Gute an sich
oder nur das, was für ihn gut ist?
Denn das steht zuweilen
miteinander im Widerspruch.
Aristoteles, Nikomachische Ethik

Mag auch das Böse
sich noch so sehr vervielfachen,
niemals vermag es das Gute
ganz aufzuzehren.
Thomas von Aquin, Summe gegen die Heiden

Man kann nicht stets
das Fremde meiden,
Das Gute liegt uns oft so fern.
Johann Wolfgang von Goethe, Faust I (Brander)

Man lasse den guten Gedanken nur
den Plan frei: Sie werden kommen.
Arthur Schopenhauer, Den Intellekt überhaupt und in
jeder Beziehung betreffende Gedanken

Man muss das Gute tun,
damit es in der Welt sei.
Marie von Ebner-Eschenbach, Aphorismen

Man wird nie fertig mit einer guten Tat;
sie muss wieder
und immer wieder getan werden,
bis zum Lebensende.
Olav Duun, Mitmensch

Mein Ziel ist literarischer Ruhm.
Das Gute, das ich mit meinen Werken
tun kann.
Leo N. Tolstoi, Tagebücher (1855)

Naturnotwendig
will der Mensch das Gute.
Thomas von Aquin, Über die Wahrheit

Nichts ist verloren,
wo der Same des Guten bleibt!
Georg Forster, Über die Beziehung der Staatskunst auf
das Glück der Menschheit

Nie hat man den gesehen,
den eine gute Tat gereut hätte.
Jean-Jacques Rousseau,
Julie oder Die neue Héloïse (Julie)

Niemals ein gutes Werk verschieben,
weil es nur unbedeutend sei,
im Gedanken, zu gelegener Zeit
größere Werke zu tun.
Ignatius von Loyola, Geistliche Briefe (an die Scholastiker in Alcalá um 1541)

Nur wer Gutes tut, verdiente unseren
Neid, wenn uns nicht eine bessere
Wahl bliebe: noch besser zu handeln;
das ist eine süße Rache an denen, die
uns zu solcher Eifersucht reizen.
Jean de La Bruyère, Die Charaktere

Oft tut man Gutes,
um ungestraft
Böses tun zu können.
François de La Rochefoucauld, Reflexionen

Predigen ist die Kunst,
die Menschen zum Guten zu
verführen.
Billy Graham

Pfui über Eure Zunge,
Die alles Gute verschweigt
Und nur das Übelste sagt,
Das Euer Herz sich ausdenken kann.
Hartmann von Aue, Iwein (Königin)

Schon immer hat eine gute Tat nur
hundert Nackenschläge eingebracht.
Chinesisches Sprichwort

Schwierig ist die Vollendung
des Besten.
Marcus Tullius Cicero, Brutus

Siehe!, so sind wir denn
über allen Neid erhaben,
frei von eitler Angst
und törichter Sorge,
das Gute in der Ferne zu suchen,
was wir so nah und
unmittelbar besitzen.
Giordano Bruno,
Zwiegespräche vom unendlichen All und den Welten

So weit die kleine Kerze
Schimmer wirft,
So scheint die gute Tat
in arger Welt.
William Shakespeare,
Der Kaufmann von Venedig (Porcia)

Tu den Menschen Gutes,
und sie werden dich segnen:
Das ist wahrer Ruhm.
König Friedrich der Große, Briefe
(an Voltaire, 31. Januar 1773)

Tu Gutes und frage nicht
nach dem Vorteil.
Chinesisches Sprichwort

Tu Gutes, wenn es auch
vielleicht nicht rettet dich,
Doch wenn du Böses tust,
verdirbt dich's sicherlich.
Friedrich Rückert, Gedichte

Um den Preis der Arbeit
verkaufen uns
die Götter alles Gute.
Epicharmos, Fragmente

Um Guts zu tun,
braucht's keiner Überlegung.
Johann Wolfgang von Goethe,
Iphigenie auf Tauris (Iphigenie)

Und das Wohl der ganzen Welt
Ist's, worauf ich ziele.
Johann Wolfgang von Goethe, Tischlied

Und doch ist das Böse für das Gute
notwendig wie der Stoff für die Idee
und die Dunkelheit für das Licht.
Simone de Beauvoir, Das andere Geschlecht

Verbirg das Gute, das du tust.
Nimm dir ein Beispiel am Nil,
der seine Quellen versteckt.
Sprichwort aus Ägypten

Viele Male habe ich die Erfahrung
gemacht, dass das Gute Gutes hervorlockt, das Böse jedoch Böses erzeugt.
Wenn das Echo ausbleibt auf den Ruf
des Bösen, so verliert es aus Mangel
an Nahrung seine Kraft und stirbt ab.
Das Böse nährt sich nur von seinesgleichen. Darum haben weise Menschen, denen dies klar wurde, nicht
Böses mit Bösem, sondern immer nur
mit Gutem vergolten und so das Böse
zu Fall gebracht.
Mohandas K. »Mahatma« Gandhi,
Aus der Gefangenschaft

Vielen Menschen kann man,
wie den Tieren,
nur in beschränktem Maße
wohl tun.
Heinrich Waggerl, Aphorismen

Von solcher Art
ist des Menschen Verfassung, solange
er lebt in diesem sterblichen Leben:
dass er weder unbeweglich gefestigt ist
im Guten noch auch unbeweglich
sich verstockend im Bösen.
Thomas von Aquin, Compendium theologiae

Was als Böses erscheint,
ist meistens böse,
aber was als Gutes erscheint,
ist nicht immer gut.
Johann Gottfried Seume, Apokryphen

Was man uns auch
Gutes über uns sagen mag,
man sagt uns nichts Neues.
François de La Rochefoucauld, Reflexionen

Was Menschen Übles tun,
das überlebt sie,
Das Gute wird mit ihnen
oft begraben.
William Shakespeare, Julius Caesar (Antonius)

Was willst du denn noch mehr, wenn
du einem Menschen Gutes getan hast?
Genügt dies nicht, dass du etwas
gemäß deiner Natur getan hast,
sondern du suchst dafür ein Entgelt?
Mark Aurel, Selbstbetrachtungen

Wenn das Gute das Schlechte übersteigt, muss die Sache trotz ihrer Mängel zugelassen werden, und wenn das
Schlechte das Gute übersteigt, muss
man sie trotz ihrer Vorzüge ablehnen.
Jean-Jacques Rousseau, Brief an d'Alembert

Wenn du einen Menschen
ein gutes Werk vollbringen siehst,
vergiss seine hundert Fehler.
Chinesisches Sprichwort

Wenn du Gutes getan hast und in
anderer Hinsicht Gutes erfahren,
was suchst du daneben noch ein
Drittes wie die Toren, dass du für
einen Wohltäter giltst oder eine
Gegengabe erlangst.
Mark Aurel, Selbstbetrachtungen

Wenn du willst, dass dir jemand
nicht mehr unsympathisch ist,
tue ihm Gutes.
Jacinto Benavente

Wenn man nicht aufhören will,
die Menschen zu lieben,
muss man nicht aufhören,
ihnen Gutes zu tun.
Marie von Ebner-Eschenbach, Aphorismen

Wer Gutes tut,
braucht Vorwürfe
nicht zu fürchten.
Sprichwort aus Frankreich

Wer Gutes tut,
dem begegnet es
auf seinen Wegen,
sobald er wankt,
findet er eine Stütze.
Altes Testament, Jesus Sirach 3, 31

Wer Gutes will, der sei erst gut.
Johann Wolfgang von Goethe, Faust II (Astrolog)

Wer immer irgendetwas unter
dem Gesichtspunkt des Guten will,
dessen Wille ist gleichförmig
dem göttlichen Willen.
Thomas von Aquin, Summa theologica

Wer mit seinem Geld Gutes tut,
hat es nicht umsonst verbraucht.
Chinesisches Sprichwort

Wer nach dem wahrhaft Guten
von ganzem Herzen strebt,
dem wird Ansehen vor Gott
und den Menschen
als sicherer Lohn zuteil.
Hartmann von Aue, Iwein

Wer sich vornimmt, Gutes zu wirken,
darf nicht erwarten, dass die Menschen ihm deswegen Steine aus dem
Wege räumen, sondern muss auf das
Schicksalhafte gefasst sein, dass sie
ihm welche darauf rollen.
Albert Schweitzer, Aus meinem Leben und Denken

Wer was Gutes will,
soll niemals weilen.
Johann Wolfgang von Goethe, Reinecke Fuchs

Wie das Wort »Gut«
das Vollkommene meint,
so das Wort »Böse« nichts anderes
denn den Verlust des Vollkommenseins.
Thomas von Aquin, Compendium theologiae

Wie oft wird das Gute durch die
verwerfliche Art, es öffentlich
zu machen, wieder entwertet.
Heinrich Waggerl, Aphorismen

Wie unsere Zuneigung
zu Menschen wächst,
denen wir Gutes tun,
so unser Hass gegen die,
welche wir sehr beleidigt haben.
Jean de La Bruyère, Die Charaktere

Wir haben weder die Kraft
noch die Gelegenheit,
all das Gute und Böse zu tun,
das wir planen.
Luc de Clapiers Marquis de Vauvenargues,
Reflexionen und Maximen

Wir können aus allem Guten
uns Gutes bilden
und können sogar unsere Übel
zu Gutem umbilden.
Charles de Secondat, Baron de la Brède
et de Montesquieu, Meine Gedanken

Wir sehen lieber die,
denen wir Gutes tun,
als jene, die uns Gutes tun.
François de La Rochefoucauld,
Nachgelassene Maximen

Wir würden uns ja gerne
zum Guten bekehren,
wenn nicht der Nachbar
seinen Vorteil dabei hätte.
Heinrich Waggerl, Aphorismen

Wirke gut, so wirkst du länger,
Als es Menschen sonst vermögen.
Johann Wolfgang von Goethe, Deutscher Parnass

Wollt ihr, dass man Gutes von euch
glaube? Dann sagt es nicht selber.
Blaise Pascal, Pensées

Zu allen Zeiten, in allen Ländern
und auf allen Gebieten des Lebens
wuchert das Böse, und das Gute
bleibt rar.
Voltaire, Der Lauf der Welt

Gutmütigkeit

Die Gutmütigkeit gemeiner Menschen
gleich dem Irrlicht. Vertraue nur
seinem gleißenden Schein,
es führt dich gewiss in den Sumpf.
Marie von Ebner-Eschenbach, Aphorismen

Ein Mensch
ohne geistigen Aufschwung
kann nicht gütig,
höchstens gutmütig sein.
Chamfort, Maximen und Gedanken

Es gibt wenig ausgesprochen
gute oder böse Menschen.
Die meisten sind gutmütig,
aber nicht gut, und boshaft,
aber nicht böse.
Heinrich Waggerl, Aphorismen

Große Gutmütigkeit
hat schon manchem geschadet.
Sprichwort aus Frankreich

Gut Meinen bringt oft Weinen.
Deutsches Sprichwort

Gutmütigkeit bezaubert alle,
auch diejenigen, die keine haben.
Philipp Stanhope Earl of Chesterfield, Briefe über die
anstrengende Kunst, ein Gentleman zu werden

Gutmütigkeit ist eine
alltägliche Eigenschaft.
Güte die höchste Tugend.
Marie von Ebner-Eschenbach, Aphorismen

Lässt du dir auf den Achseln sitzen,
so sitzt man dir bald auf dem Kopfe.
Deutsches Sprichwort

Warum uns doch die Gutmütigkeit
unserer Nebenmenschen meist als
Dummheit und unsere eigene als Güte
– die Güte der anderen als Schwäche
und die unsere als ein Zeichen von
Seelenadel erscheint?
Arthur Schnitzler, Buch der Sprüche und Bedenken

Gymnasium

Um alles in der Welt nicht
noch unsere Gymnasialbildung
auf die Mädchen übertragen!
Sie, die häufig aus geistreichen,
wissbegierigen, feurigen Jungen
– Abbilder ihrer Lehrer macht!
Friedrich Nietzsche, Menschliches, Allzumenschliches

Warum geben Eltern ihre Kinder
ins Gymnasium? Es wurde mir
plötzlich klar. Behielten die Eltern
sie zu Hause, sähen sie die Folgen
ihres sittenlosen Lebens an ihren
eigenen Kindern.
Leo N. Tolstoi, Tagebücher (1891)

H

Haar

Auch ein einziges Haar
wirft seinen Schatten.
Publilius Syrus, Sentenzen

Auch Kritik kann zur Manie werden:
Man schmeckt vor lauter Haaren
die Suppe nicht mehr.
Werner Roß

Das Schenken und Austauschen
von Haar ist eines
der köstlichsten Liebesspiele.
Gustave Flaubert, November

Der Mensch wird
schließlich mangelhaft,
Die Locke wird hinweggerafft.
Wilhelm Busch, Die fromme Helene

Ein Frauenhaar
zieht stärker als ein Glockenseil.
Deutsches Sprichwort

Es kann zuweilen
von einigem Nutzen sein,
an den Haaren gezogen zu werden.
Knut Hamsun, Pan

Graues Haar ist eine prächtige Krone.
Altes Testament, Sprüche Salomos 16, 31

Haar! Wundervoller Mantel
des Weibes in Urzeiten,
als es noch bis zu den Fersen
herabhing und die Arme verbarg.
Gustave Flaubert, November

Habe mir gestern
die Haare schneiden lassen,
und schon das kommt mir wie
ein Zeichen meiner Wiedergeburt vor.
Leo N. Tolstoi, Tagebücher (1859)

Ich lass mir
keine grauen Haare wachsen.
Für so etwas
ist meine Brust zu schmal.
Erich Kästner, Dr. Erich Kästners lyrische Hausapotheke

Illusionen sind das,
was ein Mann bisweilen
noch vor seinen Haaren verliert.
Yul Brynner

Lehrt es euch nicht schon die Natur,
dass es für den Mann eine Schande,
für die Frau aber eine Ehre ist,
lange Haare zu tragen? Denn der Frau
ist das Haar als Hülle gegeben.
Neues Testament, Paulus (1 Korinther 11, 14)

Mag eine Frau noch sosehr mit Gold,
Kleidern, Juwelen und allem
erdenklichen Schmuck herausgeputzt
daherkommen – wenn sie
ihre Haare vernachlässigt,
bekommt sie doch ein
»Schmucke Person!« nicht zu hören.
Lucius Apuleius, Der goldene Esel

Unglück, Nagel und Haar
wachsen durchs ganze Jahr.
Deutsches Sprichwort

Warum kämmen sich die,
die kein Haar haben?
Deutsches Sprichwort

Weicher Haarwuchs bezeichnet den
Feigling, rauer den tapferen Mann (...).
Die Bewohner der nordischen
Gegenden sind mutig
und haben raue Haare,
die der südlichen sind feige
und tragen weiches Haar.
Aristoteles, Psychologie

Wenn der Kopf ab ist,
weint man den Haaren nicht nach.
Nikita Chruschtschow

Wie balsamisch duftet
das Haar der Frauen!
Wie zart ist die Haut ihrer Hände,
wie versehren ihre Blicke!
Gustave Flaubert, November

Wie dass das Frauenvolk
so lange Haare führen?
Sie sind der Zaum,
womit der Mann sie kann regieren.
Friedrich von Logau, Sinngedichte

Haben

Alles hat der,
welcher sich aus dem nichts macht,
woran ihm nichts liegt.
Baltasar Gracián y Morales,
Handorakel und Kunst der Weltklugheit

Denn wer hat, dem wird gegeben,
und er wird im Überfluss haben;
wer aber nicht hat, dem wird auch
noch weggenommen, was er hat.
Neues Testament, Matthäus 13, 12 (Jesus)

Haben ist haben,
aber kriegen, das ist die Kunst.
Deutsches Sprichwort

Man muss geben,
will man anders etwas haben.
Martin Luther, Tischreden

Von vier Dingen
hat der Mensch mehr, als er weiß:
von Sünden, Schulden,
Jahren und Gegnern.
Sprichwort aus Persien

Was wir ausgaben, hatten wir,
was wir verließen, verloren wir,
was wir gaben, haben wir.
Sprichwort aus England

Wer nichts will, hat alles.
Juan de la Cruz, Der Berg der Vollkommenheit

Woher man hat, fragt niemand,
aber haben muss man.
Juvenal, Satiren

Habgier

Da lagen König Gunthers Fuß,
Walthers Rechte
und Hagens zuckendes Auge.
So, ja so teilten sie sich
in die hunnischen Armreife.
Waltharilied (9./10. Jh.)

Den Völkern schadet weit mehr
die Habsucht der Bürger
als die Raubsucht der Feinde,
denn von dieser ist
das Ende abzusehen,
nicht aber das Ende von jener.
Niccolò Machiavelli, Geschichte von Florenz

Denn die Wurzel aller Übel
ist die Habsucht.
Neues Testament, Paulus (1 Timotheus 6, 10)

Der Habsüchtige möchte in der Regel
gern an fremder Tafel schwelgen.
Baruch de Spinoza, Ethik

Der Unzufriedene hat oft zu viel,
aber nie genug.
Deutsches Sprichwort

Des Geizigen Zähne sind
durch Habgier zusammengefroren.
Sprichwort aus Russland

Des Priesters Sack und der Hölle
Abgrund werden niemals voll.
Sprichwort aus Estland

Die Vorstellung einer ewigen Dauer
der Persönlichkeit ist
eine metaphysische Überschätzung
der Habgier.
Walter Rathenau, Auf dem Fechtboden des Geistes.
Aphorismen aus seinen Notizbüchern

Durch die Habsucht
verliert der Mensch, was er besitzt,
er strebt danach,
viel mehr zu haben als das,
was ihm zukommt:
Er hat nicht das, was er begehrt,
und das Seine bewahrt er nicht.
Juan Ruiz de Alarcón y Mendoza,
Buch von rechter Liebe

Ein Habgieriger leidet immer Mangel.
Horaz, Briefe

Gierig zu sein nach unrechtmäßigem
Geld ist frevelhaft, nach rechtmäßigem
schändlich. Denn es ist unziemlich,
in schmutziger Art zu geizen,
selbst wenn es rechtmäßig ist.
Epikur, Sprüche. In: Briefe, Sprüche, Werkfragmente

Habsucht erzielt oft
gegenteilige Wirkungen.
François de La Rochefoucauld, Reflexionen

Habsucht ist unmäßige Begierde
und Liebe zu Reichtum.
Baruch de Spinoza, Ethik

Hüte Dich, Mensch, dass sie dich nicht
lieben wie ein schönes Tier:
nicht aus Liebe, sondern aus Habsucht.
Walter Rathenau, Auf dem Fechtboden des Geistes.
Aphorismen aus seinen Notizbüchern

Ist ein König frei von Habgier,
muss er weder Menschen
noch Gespenster fürchten.
Chinesisches Sprichwort

Je mehr man hat,
je mehr man haben will.
Deutsches Sprichwort

Nichts ist ausreichend für den,
dem das Ausreichende zu wenig ist.
Epikur, Sprüche. In: Briefe, Sprüche, Werkfragmente

Niemand sagt,
dass sein Speicher voll ist.
Sprichwort aus England

Nimmersatte Habgier und
blindgläubige Liebe geben oft ein Paar.
Chinesisches Sprichwort

O du reißender Strudel der Habgier,
du bist die Wurzel allen Übels!
Waltharilied (Hagen)

Überall wo ein Aas ist,
da sammeln sich die Geier.
Neues Testament, Matthäus 24, 28 (Jesus)

Übermäßige Habsucht irrt fast stets.
Keine andere Leidenschaft verfehlt
so oft ihr Ziel, und keine steht zum
Schaden der Zukunft so sehr unter
dem Einfluss der Gegenwart.
François de La Rochefoucauld, Reflexionen

Was du hast, hat auch dich,
was du willst, fängt an zu befehlen.
Emil Gött, Im Selbstgespräch

Wer auf einem Bett von Silber schläft,
träumt von Gold.
Sprichwort aus Livland

Wer das Geld liebt,
bekommt vom Geld nie genug.
Altes Testament, Kohelet 5, 9

Wir leben in einer Zeit,
in der die Menschen nicht wissen,
was sie wollen, aber alles tun,
um es zu bekommen.
Donald Marquis

Wurzel aller Sünden ist die Habsucht.
Juan Ruiz de Alarcón y Mendoza,
Buch von rechter Liebe

Hahn

Der Hahn ist König auf seinem Miste.
Deutsches Sprichwort

Ein guter Einfall ist
wie ein Hahn am Morgen.
Gleich krähen andere Hähne mit.
Karl Heinrich Waggerl

Ein guter Hahn wird selten fett.
Deutsches Sprichwort

Jeder Misthaufen
ist das Zentrum der Welt,
wenn der richtige Hahn drauf kräht.
Wolf Biermann

Man sieht zeitig am Kamme,
was ein Hahn werden will.
Deutsches Sprichwort

Wer zu laut und zu oft
seinen eigenen Namen kräht,
erweckt den Verdacht,
auf einem Misthaufen zu stehen.
Otto von Leixner, Aus meinem Zettelkasten

Wo viele Hähne sind,
legen die Hühner wenig Eier.
Chinesisches Sprichwort

Zwei Hähne auf einem Mist
vertragen sich nicht.
Deutsches Sprichwort

Haken

Ein Fisch sieht den Köder,
aber nicht den Haken.
Chinesisches Sprichwort

Was ein Haken werden will,
krümmt sich beizeiten.
Deutsches Sprichwort

Halbheit

Das Halbe ist oft besser als das Ganze.
Deutsches Sprichwort

Ein halbleeres Glas Wein
ist zwar zugleich ein halbvolles,
aber eine halbe Lüge mitnichten
eine halbe Wahrheit.
Jean Cocteau

Ich will nicht halb sein,
ich will ganz sein.
Paula Modersohn-Becker, Briefe (28. Dezember 1900)

Nichts ist in der Welt
an allem hinderlicher,
als etwas halb zu sein.
Ein halber Bösewicht wird nie
sein Glück machen,
was ein ganzer so oft macht,
eine halbe Kokette nie gefallen,
ein halbes Genie nie Aufsehen erregen.
Sophie Mereau, Betrachtungen

Wer den Aal hält bei dem Schwanz,
dem bleibt er weder halb noch ganz.
Deutsches Sprichwort

Wer die Hälfte gibt,
soll nicht das Ganze wollen.
Juana Inés de la Cruz, Sonette

Halbwahrheit

Eine so genannte Halbwahrheit,
sie mag sich aufspielen, wie sie will,
wird niemals eine ganze Wahrheit
werden. Ja, wenn wir ihr nur scharf
genug ins Auge sehen, so ist sie immer
eine ganze Lüge gewesen.
Arthur Schnitzler, Buch der Sprüche und Bedenken

Es ist weit eher möglich,
sich in den Zustand eines Gehirns
zu versetzen,
das im entschiedensten Irrtum
befangen ist, als eines,
das Halbwahrheiten sich vorspiegelt.
Johann Wolfgang von Goethe,
Maximen und Reflexionen

Halluzination

Frauen verwechseln
ihre Halluzinationen so leicht
mit Wirklichkeit.
August Strindberg, Der Sohn der Magd

LSD: Es ruft die gleichen
Halluzinationen hervor,
die eine Nonne im Mittelalter
durch das Fasten bekam.
Peter Ustinov, Peter Ustinovs geflügelte Worte

Halt

Die Menschen,
denen wir eine Stütze sind,
geben uns den Halt im Leben.
Marie von Ebner-Eschenbach, Aphorismen

Wer auf einer glatten Stelle steht,
Verschmäht den schnödsten Halt
zur Stütze nicht.
William Shakespeare, König Johann (Pandulpho)

Haltbarkeit

Ein geflicktes Hemd
und ein Magen voll Medizin
können nicht lange halten.
Sprichwort aus Albanien

Ein Mensch sieht schon
seit Jahren klar:
Die Lage ist ganz unhaltbar.
Allein – am längsten, leider, hält
Das Unhaltbare auf der Welt.
Eugen Roth

Früh Obst verwelkt bald.
Deutsches Sprichwort

Rappelige Räder laufen am längsten.
Deutsches Sprichwort

Spät Obst liegt lange.
Deutsches Sprichwort

Haltung

Alte Menschen gehen krumm
und eingezogen, alte Bäume haben
dürre, kahle Äste.
Chinesisches Sprichwort

Armut ist keine Schande, aber ein
leerer Sack steht nicht gut aufrecht.
Deutsches Sprichwort

Blick in die Ferne, blick nicht zurück.
Es ist Unsinn,
immer die Gründe kennen zu wollen.
Francis M. de Picabia, Aphorismen

Bücken muss man sich,
wenn man durch die Welt will.
Deutsches Sprichwort

Man tut so,
als sei man nie dabei gewesen.
Helmut Kohl, Notwendiger Dialog zwischen Politik und Wirtschaft. Rede des Bundeskanzlers vor dem BDI in Bonn 1986

Was gibt es denn Schimpflicheres,
als in einem aufrechten Leibe eine
bucklige Seele herumzutragen.
Bernhard von Clairvaux, 24. Ansprache über das Hohelied Salomos

Wenn du dich
vor einem Zwerg verneigst,
so verhindert das nicht,
dass du wieder aufrecht stehen kannst.
Sprichwort aus Afrika

Hammer

Ich hör meinen Schatz,
Den Hammer er schwinget.
Ludwig Uhland, Der Schmied

Im Leben kommt es darauf an,
Hammer oder Amboss zu sein –
aber niemals das Material dazwischen.
Norman Mailer

Lieber Hammer als Amboss.
Deutsches Sprichwort

Hand

Das Auge kann den Zustand unserer
Seele malen; aber die Hand teilt
gleichzeitig die Geheimnisse des
Körpers und die des Gedankens mit.
Honoré de Balzac, Physiologie der Ehe

Das Denken der Hand
unterscheidet zweckmäßig
und unzweckmäßig.
Oswald Spengler, Urfragen. Fragmente aus dem Nachlass

Das Geheimnis, tausend Hände
am Tag schütteln zu können,
ohne Schaden zu nehmen,
besteht darin, selbst zu schütteln
und nicht schütteln zu lassen.
Eleanor Roosevelt

Das Säen will eine offene Hand.
Emil Gött, Im Selbstgespräch

Das Tun der denkenden Hand
nennen wir alle Tat.
Oswald Spengler,
Urfragen. Fragmente aus dem Nachlass

Den ganzen Tag
hat man die Hände voll!
Johann Wolfgang von Goethe, Faust I (Mephisto)

Der Mensch ist nicht das verständigste
Wesen, weil er Hände hat,
sondern weil er das verständigste
Wesen ist, hat er Hände.
Aristoteles, Psychologie

Die Alten vergleichen
die Hand der Vernunft.
Die Vernunft ist die Kunst der Künste.
Die Hand die Technik alles Handwerks.
Johann Wolfgang von Goethe,
Maximen und Reflexionen

Die Hand ist der Mittelpunkt
des menschlichen Tuns, der Praxis,
das Auge der Theorie.
Oswald Spengler,
Urfragen. Fragmente aus dem Nachlass

Die Hand schwitzt
gewissermaßen Leben aus, und überall,
wo sie hingelegt wird, lässt sie
die Spuren einer Zaubermacht zurück;
daher kommt denn auch
auf ihre Rechnung die Hälfte
aller Wonnen der Liebe.
Honoré de Balzac, Physiologie der Ehe

Die Hände sind ein Werkzeug;
die Natur aber teilt,
wie ein vernünftiger Mensch,
jedes Werkzeug demjenigen Wesen zu,
das es gebrauchen kann.
Aristoteles, Psychologie

Die linke Hand geht von Herzen.
Deutsches Sprichwort

Die menschliche Hand
bedeutet menschliche Macht:
Mit dem durchgeistigten Handeln
der Hand ist der Mensch
der Natur gegenüber
gefährlich geworden.
Oswald Spengler,
Urfragen. Fragmente aus dem Nachlass

Die Wärme und Kälte der Hand
weisen so unmerkliche Nuancen auf,
dass diese Wahrnehmungen
oberflächlichen Menschen entgehen;
aber wer sich auch nur ein wenig
mit der Anatomie der Gefühle
und der Dinge des Menschenlebens
beschäftigt hat, der weiß
diese Nuancen zu unterscheiden.
Honoré de Balzac, Physiologie der Ehe

Eine Hand wäscht die andere.
Lucius Annaeus Seneca, Verkürbissung

Eine Hand wird zusehends schöner,
wenn man sie streichelt.
Peter Altenberg

Einem Menschen
die Hand hinstrecken, heißt, ihn retten.
Honoré de Balzac, Physiologie der Ehe

Gefährlicher als eine falsche Theorie
ist eine richtige in falschen Händen.
Gabriel Laub

Hand und Geist
sind zarteste und mächtigste Waffe.
Oswald Spengler, Urfragen.
Fragmente aus dem Nachlass

Ich möchte so leben,
dass ich sowohl mit den Händen
als auch mit dem Gefühl
und dem Verstand arbeite.
Katherine Mansfield, Tagebücher

Junggesellen sind Männer,
die aus der Hand fressen –
aber nur aus der eigenen.
Mario Adorf

Küss die Hand,
die du nicht beißen kannst.
Sprichwort aus Arabien

Lässige Hand bringt Armut,
fleißige Hand macht reich.
Altes Testament, Sprüche Salomos, 10, 4

Lieber von einer Hand,
die wir nicht drücken möchten,
geschlagen,
als von ihr gestreichelt werden.
Marie von Ebner-Eschenbach, Aphorismen

Man sollte immer anständig spielen,
wenn man die Trümpfe in der Hand hat.
Oscar Wilde

Mir dient meine Rechte
besser als die Zunge.
Ovid, Metamorphosen

Ob die Gedanken wirklich
aus Köpfen stammen?
Meist stammen sie aus zweiter Hand.
Wieslaw Brudziński

Schwielen sind mehr wert
als duftendes Öl an den Händen.
Chinesisches Sprichwort

Sexappeal ist das, was Männer nur mit
den Händen beschreiben können.
Uschi Glas

Vier Hände vermögen mehr als zwei;
aber auch vier Augen
sehen mehr als zwei.
Ludwig Feuerbach, Das Wesen des Christentums

Was Hände bauten,
können Hände stürzen.
Friedrich Schiller, Wilhelm Tell (Tell)

Wenn dir einer
mit dem Herzen in der Hand kommt,
sieh dir zunächst einmal die Hand an.
Henry Benrath

Wer die Hand als erster
zum Schlag erhebt, gibt zu,
dass ihm die Ideen ausgegangen sind.
Franklin D. Roosevelt

Wer die Perle in Händen hält,
fragt nicht nach der Muschel.
Peter Benary

Wer keine Hand hat,
kann keine Faust machen.
Deutsches Sprichwort

Zwei Hände können sich wohl fassen,
aber doch nicht
ineinander verwachsen.
So Individualität zu Individualität.
Friedrich Hebbel, Tagebücher

Handarbeit

Frauenzimmerliche Handarbeiten,
in Gesellschaft unternommen
und scheinbar gleichgültig fortgesetzt,
erhalten durch Klugheit und Anmut
oft eine wichtige Bedeutung.
Johann Wolfgang von Goethe,
Wilhelm Meisters Wanderjahre

Händedruck

Das größte Glück, das die Liebe
zu geben vermag, liegt im ersten
Händedruck der geliebten Frau.
Stendhal, Über die Liebe

Handel

Der Handel ist die Schule des Betrugs.
Luc de Clapiers Marquis de Vauvenargues,
Reflexionen und Maximen

Der Pflug nährt einen Menschen,
Handel nährt tausend Menschen.
Chinesisches Sprichwort

Die Sicherheit ist die erste Bedingung
einer großen Entwicklung des Handels.
Ein guter Hafen und
einige Morgen Land,
die vor jedem Übergriff
geschützt sind, das genügt,
um den Koloss zu errichten –
er würde ins Wanken geraten
auf breiterer Grundlage, weil es
schwerer wäre, sie zu beschützen.
Théodore Jouffroy, Das grüne Heft

Eine gute Ware
gelangt kaum in zweite Hand.
Chinesisches Sprichwort

Fern der Heimat
verliert ein Mensch sein Ansehen,
und eine Ware gewinnt an Wert.
Chinesisches Sprichwort

Feuer, Sturm, Erdbeben mögen
meine Gebäude zerstören,
meine Einrichtungsgegenstände und
meine Waren – ich verliere nicht viel,
wenn mir das Vertrauen meiner
Kunden erhalten bleibt.
John Wanamaker

Freihandel ist kein Grundsatz,
sondern ein Notbehelf.
Benjamin Disraeli, Über Einfuhrzölle

Genaue Waagen und volle Maße
haben noch keinem Menschen geschadet.
Chinesisches Sprichwort

Handel hat Wandel.
Deutsches Sprichwort

Handel mit Ehre bereichert nicht.
Luc de Clapiers Marquis de Vauvenargues,
Reflexionen und Maximen

Handel und Wandel leidet
keine Freundschaft,
aber Freundschaft leidet auch
keinen Wandel und Handel.
Gotthold Ephraim Lessing, Briefe,
die neueste Literatur betreffend

Handeln ist besser als Wissen.
Heinrich von Kleist, Briefe (an Wilhelmine von Zenge,
31. Januar 1801; auch 5. Februar 1801)

Handelt einer mit Honig,
er leckt zuweilen die Finger.
Johann Wolfgang von Goethe, Reineke Fuchs

Hohe Preise ziehen ferne Käufer an.
Chinesisches Sprichwort

In jedem Land
ernährt der Reiche den Armen,
und das allein ist wiederum
die Voraussetzung
für jede Handelstätigkeit.
Voltaire, Der Mann mit den vierzig Talern

Jede Handelsmacht geht
durch Landerwerbungen zugrunde.
So nahm es ein Ende mit Karthago, so
vernichteten sich Venedig und Genua.
So sah man, wie England erschüttert
wurde durch seine kontinentalen
Interessen. Eine Handelsmacht soll
überall Kontore haben, nirgends Land.
Théodore Jouffroy, Das grüne Heft

Kaufmannsregel: Erst das Geld
Dann die Ware zugestellt.
Jüdische Spruchweisheit

Krieg, Handel und Piraterie,
Dreieinig sind sie, nicht zu trennen.
Johann Wolfgang von Goethe, Faust II (Mephisto)

Mancher verkauft in drei Tagen
nur zwei Gurken.
Chinesisches Sprichwort

Mitunter kostet der Sattel
mehr als das Pferd.
Chinesisches Sprichwort

Nach einem großen Schneefall
steigt der Preis von Brennholz,
Salz, Öl und Reis.
Chinesisches Sprichwort

Nicht einmal ein Narr verkauft mit
Verlust, um den Leuten zu gefallen.
Chinesisches Sprichwort

Rufe nur das aus,
was du auch verkaufst.
Chinesisches Sprichwort

Selbst ein schlauer Käufer
vermag einen einfältigen Händler
nicht zu hintergehen.
Chinesisches Sprichwort

Sind Rüben auf dem Markt gefragt,
muss man sie nicht waschen.
Chinesisches Sprichwort

Steigt die Kauflust,
dann zeige keine Hast.
Chinesisches Sprichwort

Von Nanjing bis Peking
ist kein Käufer so klug wie ein Händler.
Chinesisches Sprichwort

Wenn du Waren auf dem Lager hast,
bedenke, die Käufer werden niemals alle.
Chinesisches Sprichwort

Wer den Acker pflügt, stehe zeitig auf,
wer Handel treibt, rechne öfter nach.
Chinesisches Sprichwort

Wer etwas zu verkaufen hat,
gilt nicht als arm.
Chinesisches Sprichwort

Wer Handel treibt,
muss freundlich sein.
Chinesisches Sprichwort

Wer mit Straßenhändlern feilscht,
versuche nicht, sie zu übertölpeln.
Chinesisches Sprichwort

Wer nicht auf Bargeld sieht,
ist kein rechter Händler.
Chinesisches Sprichwort

Handeln

Alle Regierungs- und
Verwaltungsgeschäfte erfordern
die vereinigte Wirkung
vieler Menschen.
Christian Garve, Über Gesellschaft und Einsamkeit

Alles Handeln ist der Idee gegenüber
auch ein Handeln im
kaufmännischen Sinn.
Friedrich Hebbel, Tagebücher

Bei jeder Tat prüfe
ihre Voraussetzungen und Folgen,
und geh erst dann an sie heran.
Wenn du das nicht tust, wirst du dich
anfangs mit Begeisterung auf die
Sache werfen, da du ja nicht an ihre
Folgen gedacht hast; wenn später aber
irgendwelche Schwierigkeiten
auftreten, dann wirst du aufgeben
und Schimpf und Schande ernten.
Epiktet, Handbuch der Moral

Beim kriegerischen Handeln
kommt es weniger darauf an,
was man tut, als darauf, wie man es tut.
Helmuth Graf von Moltke, Verordnungen für die höheren Truppenführer (24. Juni 1869)

Das kontemplative Leben ist oft elend.
Man muss mehr handeln, weniger
denken und sich nicht leben sehen.
Chamfort, Maximen und Gedanken

Das Streben nach
moralischem Handeln ist
das wichtigste Streben des Menschen.
Sein inneres Gleichgewicht,
ja seine Existenz hängen davon ab.

Moralisches Handeln allein
kann dem Leben Schönheit
und Würde verleihen.
Albert Einstein, Briefe

Den stärksten Anlass zum Handeln
bekommt der Mensch
immer durch Gefühle.
Carl von Clausewitz, Vom Kriege

Der Edle schämt sich großer Worte;
so tut er mehr, als er zu sagen pflegt.
Konfuzius, Gespräche

Der Edle wählt nur langsam seine
Worte, doch schnell ist er,
wenn es zum Handeln kommt.
Konfuzius, Gespräche

Der eine wartet,
dass die Zeit sich wandelt. –
Der andere packt sie kräftig an –
und handelt.
Dante Alighieri

Der Feind ist ein Freund,
der dich zum Handeln anstachelt.
Elbert Hubbard

Der Handelnde ist immer gewissenlos;
es hat niemand Gewissen als der
Betrachtende.
Johann Wolfgang von Goethe,
Maximen und Reflexionen

Der Rettende fasst an
und klügelt nicht.
Johann Wolfgang von Goethe, Die natürliche Tochter (Hofmeisterin)

Der Ursprung allen Handelns
liegt im Willen eines freien Wesens.
Jean-Jacques Rousseau, Emile

Die beste Vorbedingung für die Praxis
des Lebens ist die Triebkraft,
die zum Handeln führt,
das heißt der Wille.
Fernando Pessoa, Das Buch der Unruhe des Hilfsbuchhalters Bernardo Soares

Die Menschen gehen langsam
zu Werke, wenn sie Zeit
zu haben glauben, und rasch,
wenn die Not sie treibt.
Niccolò Machiavelli, Vom Staat

Die Netze auswerfen, das tut mancher,
aber dann auch einen Fischzug tun!
Paula Modersohn-Becker,
Tagebuchblätter (2. Mai 1902)

Du glaubst zu schieben,
und du wirst geschoben.
Johann Wolfgang von Goethe, Faust I (Mephisto)

Durch Handeln zu verwirklichen
ist nur das, was auch unverwirklicht
bleiben kann.
Aristoteles, Psychologie

Durch ein Unterlassen
kann man genauso schuldig werden
wie durch Handeln.
Konrad Adenauer, Gespräch, 5. April 1957

Ein Mensch, der eine bestimmte Art
zu handeln gewohnt ist, ändert sich
nie und muss, wenn die veränderten
Zeitverhältnisse zu seinen Methoden
nicht mehr passen, scheitern.
Niccolò Machiavelli, Vom Staat

Einfaches Handeln,
folgerecht durchgeführt,
wird am sichersten das Ziel erreichen.
Helmuth Graf von Moltke, Verordnungen für die höheren Truppenführer (24. Juni 1869)

Erst handle, dann rufe die Götter an;
dem Tätigen fehlt auch die Hilfe
der Gottheit nicht.
Euripides, Fragmente

(...) es bleibt einfach kein Raum für
mutiges Handeln und für den Instinkt,
wenn man mit lauter Wenns und
Abers überfrachtet wird.
Lido Anthony »Lee« Iacocca, Mein amerikanischer Traum

Es ist besser, zu schnell zu handeln
als zu lange zu warten.
Jack Welch

Es ist letzten Endes unser Nichtwissen,
das unser Handeln bestimmt,
und nicht unser Wissen.
Yehudi Menuhin, Kunst als Hoffnung für die Menschheit

Es wäre eine Freude zu leben,
wenn jeder die Hälfte von dem täte,
was er von dem anderen verlangt.
Valerie von Martens

Freude und Schmerz werden durch
unsere eigenen früher begangenen
Handlungen (karman) verursacht.
So kann Karma ohne Schwierigkeiten
in einem kurzen Satz erklärt werden:
Handeln wir gut, wird alles gut
werden, und handeln wir schlecht,
werden wir leiden müssen.
Dalai Lama XIV, Logik der Liebe

Gescheit gedacht
und dumm gehandelt,
So bin ich meine Tage
durchs Leben gewandelt.
Franz Grillparzer, Sprüche und Epigramme

Handeln, das ist die wahre Intelligenz.
Fernando Pessoa, Das Buch der Unruhe des Hilfsbuchhalters Bernardo Soares

Handeln heißt
gegen sich selbst reagieren.
Fernando Pessoa, Das Buch der Unruhe des Hilfsbuchhalters Bernardo Soares

Handelt man zu spät,
so verpasst man die günstige
Gelegenheit; handelt man zu früh,
so hat man noch nicht genügend
Kräfte gesammelt.
Niccolò Machiavelli, Geschichte von Florenz

Handle – doch nie der Natur zuwider.
Lao-tse, Dao-de-dsching

Handle niemals so, dass die Maxime
deines Handelns den Maximen der
Apparate, deren Teile du bist oder sein
wirst, widerspricht.
Günther Anders, Die Antiquiertheit des Menschen. Bd. 2

Handle so, als ob die Maxime deiner
Handlung durch deinen Willen zum
allgemeinen Naturgesetze werden sollte.
Immanuel Kant,
Grundlegung zur Metaphysik der Sitten

Handle so, als wärest du nicht da!
Günther Anders, Die Antiquiertheit des Menschen. Bd. 2

Handle so, dass die Maxime deines
Willens jederzeit zugleich als Prinzip
einer allgemeinen Gesetzgebung gelten
könne.
Immanuel Kant, Kritik der praktischen Vernunft

Handle so, dass du die Menschheit,
sowohl in deiner Person als in der
Person eines jeden andern, jederzeit
zugleich als Zweck, niemals bloß als
Mittel brauchest.
Immanuel Kant,
Grundlegung zur Metaphysik der Sitten

Handle so, wie du kannst wollen,
Dass auch andre handeln sollen.
Friedrich von Bodenstedt, Mirza Schaffy

Handle so,
wie du nie wieder handeln könntest.
Elias Canetti, Die Provinz des Menschen. Aufzeichnungen 1942–1972

Handle, wie du handeln musst.
Marcus Tullius Cicero, Über das höchste Gut und das höchste Übel

In Worten sei wahrhaft und zuverlässig,
im Handeln gewissenhaft
und rücksichtsvoll.
Konfuzius, Gespräche

Kein kluger Arzt
Bespricht das Übel klagend,
Das den Schnitt verlangt.
Sophokles, Aias

Leben heißt nicht Atem holen;
es heißt handeln.
Jean-Jacques Rousseau, Emile

Man muss etwas tun,
aber nicht daran denken, etwas zu tun.
Francis M. de Picabia, Aphorismen

Menschen können zu verändernden
Handlungen nur motiviert werden,
wenn sie Hoffnung haben. Und sie
können nur Hoffnung haben,
wenn es eine Vision gibt; und sie
können nur dann eine Vision haben,
wenn man ihnen Alternativen zeigt.
Erich Fromm, Ethik und Politik

Miteinander verbinden muss man das:
Der Ruhende muss handeln,
und der Handelnde muss ruhen.
Lucius Annaeus Seneca, Briefe an Lucilius

Nie handle man im leidenschaftlichen
Zustande: Sonst wird man alles
verderben. Der kann nicht für sich
handeln, der nicht bei sich ist: Stets
aber verbannt die Leidenschaft die
Vernunft. In solchen Fällen lasse man
für sich einen vernünftigen Vermittler
eintreten, und das wird jeder sein,
der ohne Leidenschaft ist.
Baltasar Gracián y Morales, Handorakel und Kunst der Weltklugheit

Nie in meinem Leben, auch wenn das
Schicksal noch so sehr drängte,
werde ich etwas tun, das meinen
innern Forderungen, sei es auch noch
so leise, widerspräche.
Heinrich von Kleist, Briefe (an Wilhelmine von Zenge, 10. Oktober 1801)

Reden ist nicht dasselbe wie Handeln,
man muss bei der Beurteilung
die Predigt vom Prediger trennen.
Michel Eyquem de Montaigne, Die Essais

Sinnlos ist es, von den Göttern
zu erbitten, was einer sich selbst zu
verschaffen imstande ist.
Epikur, Sprüche. In: Briefe, Sprüche, Werkfragmente

Solang noch die Leitung
in deiner Hand
Lenke den Ochsen
und pflüge das Land.
Jüdische Spruchweisheit

Spontanes Handeln will geübt sein.
Heinrich Nüsse

Sprecht nicht: Wir wollen leiden;
denn ihr müsst. Sprecht aber:
Wir wollen handeln;
denn ihr müsst nicht.
Jean Paul, Dr. Kazenbergers Badereise

Stets handeln, als würde man gesehen:
Der ist ein umsichtiger Mann,
welcher sieht, dass man ihn sieht
oder doch sehen wird. Er weiß,
dass die Wände hören und
dass schlechte Handlungen zu bersten
drohen, um herauszukommen.
Baltasar Gracián y Morales, Handorakel und Kunst der Weltklugheit

Um zu handeln, muss man toll sein.
Ein einigermaßen vernünftiger Mensch
begnügt sich mit dem Denken.
Georges Clemenceau, Unterhaltungen mit seinem Sekretär Martet

Und was man tut, sind selten Taten.
Das, was man tut, ist Tuerei.
Erich Kästner, Dr. Erich Kästners lyrische Hausapotheke

Unsere Geschicklichkeiten
und unsere Irrtümer verfehlen
oft ihre Wirkung, so wenig hängt
von unserem Handeln ab.
Luc de Clapiers Marquis de Vauvenargues, Unterdrückte Maximen

Während wir handeln,
sind wir zugleich ein Bewirktes.
David Hume, Eine Untersuchung in Betreff des menschlichen Verstandes

Wenn der Mensch tätig und frei ist,
handelt er aus sich selbst.
Jean-Jacques Rousseau, Emile

Wenn der Sack voll ist,
bindet man ihn zu.
Deutsches Sprichwort

Wenn die Zeit zum Handeln da ist,
dann ist Wissen, das nur im Buch
steht, kein Wissen, und Geld,
das sich in fremden Händen befindet,
kein Geld.
Canakya, Sprüche

Wenn ihr nicht wisst,
ob euer Tun richtig ist,
dann fragt euch, ob ihr dadurch
den Menschen näher kommt.
Ist das nicht der Fall, dann wechselt
schleunigst die Richtung;
denn was euch den Menschen
nicht näher bringt,
entfernt euch von Gott.
Elie Wiesel, Geschichten gegen die Melancholie

Wenn man sich erst fragt,
was das Handeln ist, ist man kein
Mann des Handelns.
Georges Clemenceau, Unterhaltungen mit seinem Sekretär Martet

Wer am besten dulden kann,
der kann am besten handeln.
Samuel Smiles, Charakter

Wer am Brunnenrand wartet,
bis das Wasser aus der Tiefe hochsteigt,
wird verdursten.
Chinesisches Sprichwort

Wer da handelt,
der hat gewöhnlich den Gewinn;
wer alles überlegt und zaudert,
der nicht leicht.
König Xerxes I., überliefert von Herodot (Historien)

Wer es allen recht machen will,
muss früh aufstehen.
Deutsches Sprichwort

Wer wagt selbst zu denken,
der wird auch selbst handeln.
Bettina von Arnim, Die Günderode

Wie wir gegen andre handeln,
so handeln andre gegen uns;
ja sie werden von uns gezwungen,
also zu handeln.
Johann Gottfried Herder, Das eigene Schicksal

Wir Bewussten, wir haben es
eigentlich noch einmal so schwer.
Wir dürfen niemandem wehe tun,
weil wir wissen.
Paula Modersohn-Becker, Briefe (3. November 1900)

Wir handeln alle nach dem Maße
unserer Einsicht und Kräfte.
Gotthold Ephraim Lessing, Eine Duplik

Wir leben durch unser Handeln,
das heißt durch den Willen.
Fernando Pessoa, Das Buch der Unruhe des Hilfsbuchhalters Bernardo Soares

Wir sind gezwungen,
zu denken und auszudrücken,
nicht zu handeln.
William Butler Yeats, Entfremdung

Wir wissen nichts.
Das ist in allen Kulturen der Weisheit
letzter Schluss: wir können
nur handeln, nicht erkennen.
Oswald Spengler, Urfragen. Fragmente aus dem Nachlass

Wo man Kerker, Folter, Tod durch
Henkershand im Hintergrund sieht,
ist es gefährlicher zu warten als zu
handeln: Denn im ersten Fall ist das
Übel groß, im anderen zweifelhaft.
Niccolò Machiavelli, Geschichte von Florenz

Zum Handeln gehört wesentlich
Charakter, und ein Mensch von
Charakter ist ein verständiger Mensch,
der als solcher bestimmte Zwecke
vor Augen hat und diese mit
Festigkeit verfolgt.
Georg Wilhelm Friedrich Hegel, Encyklopädie der philosophischen Wissenschaften

Händler

Ein Mönch gehört in den Tempel,
ein Händler in den Laden.
Chinesisches Sprichwort

Für den Händler
ist selbst die Ehrbarkeit
noch eine Spekulation auf Gewinn.
Charles Baudelaire, Tagebücher

Sagt mir keine Lügen;
das schickt sich nur für Handelsleute.
William Shakespeare, Das Wintermärchen (Atolycus)

Handlung

Alle Handlungen müssen
vom Willen bestimmt und dürfen
keine unbewusste Befriedigung
physischer Bedürfnisse sein.
Leo N. Tolstoi, Tagebücher (1847)

Bei jeder Handlung frage dich:
Wie steht diese zu mir? Werde ich
nicht Reue über sie empfinden?
Mark Aurel, Selbstbetrachtungen

Ein und dieselbe Handlung
kann vom Wahnsinn oder von
höchster Philosophie eingegeben sein.
Sully Prudhomme, Gedanken

Es gibt keine Handlung,
die an sich böse wäre.
Rudolf von Ihering, Der Zweck im Recht

Handlungen,
die in unserer Brust
kein Echo hervorrufen,
können wir nicht beurteilen.
Houston Stewart Chamberlain, Die Grundlagen des 19. Jahrhunderts

Man hat nie nur einen Grund
zu einer Handlung,
sondern hundert und tausend.
Christian Morgenstern, Stufen

Nur die gemeineren Naturen haben das
Gesetz ihrer Handlungen in anderen
Menschen, die Voraussetzungen ihrer
Handlungen außerhalb ihrer selbst.
Søren Kierkegaard, Furcht und Zittern

Unsere Handlungen sind wie Verse,
für die jeder den Reim finden kann,
der ihm gefällt.
François de La Rochefoucauld, Reflexionen

Wenn doch jeder von uns die Tatsache
ernst nähme, dass jede kleine Handlung, jedes kleine Wort, das wir aussprechen, jedes Unrecht,
das wir einem Menschen zufügen,
sich in einem größeren Zusammenhang widerspiegelt!
Anaïs Nin, Absage an die Verzweiflung

Handwerk

Allem Leben, allem Tun,
aller Kunst muss das Handwerk
vorausgehen, welches nur in der
Beschränkung erworben wird.
Johann Wolfgang von Goethe, Wilhelm Meisters Wanderjahre

Das Handwerk mag
noch so bescheiden sein,
es ernährt seinen Mann.
Sprichwort aus Frankreich

Das Handwerk, mit seinen
familienartigen, sittlichen
Beziehungen zwischen Meister,
Geselle und Lehrling, wird mehr
und mehr zurückgedrängt.
Gustav Schmoller, Die Arbeiterfrage

Den schlechten Handwerker erkennt
man daran, dass er kommt.
Alberto Sordi

Der Dilettant verhält sich zur Kunst
wie der Pfuscher zum Handwerk.
Johann Wolfgang von Goethe,
Über den Dilettantismus

Der Handwerker, der's allzu gut
will machen,
Verdirbt aus Ehrgeiz
die Geschicklichkeit.
William Shakespeare, Leben und Tod König Johanns

Die Griffe der Handwerker
lassen sich nicht lehren.
Georg Christoph Lichtenberg, Sudelbücher

Die Werkstatt ist die Familie in der
Arbeit. Ganz anders gestaltet sich dies
da, wo die Maschinen auftreten.
Lorenz von Stein, Die socialen Bewegungen der Gegenwart

Ein schlechtes Handwerk,
das seinen Meister nicht nährt.
Deutsches Sprichwort

Fremdsein ist ein gewaltiges Handwerk,
das Fleiß und Fertigkeit erfordert.
Franz Werfel, Zwischen Oben und Unten

Für alle Handwerker aber gilt der Satz,
dass die persönliche Tüchtigkeit,
der Fleiß und die Geschicklichkeit
des Einzelnen die hauptsächlichsten
Bedingungen des Fortkommens bilden.
Lorenz von Stein, Die socialen Bewegungen der Gegenwart

Geschickte Ackerbauern
und Handwerker
sollen belohnt werden.
Zarin Katharina II. die Große, Instruktion

Handwerk hat goldnen Boden.
Deutsches Sprichwort

Handwerk ist durch Gewohnheit
erlangte Geschicklichkeit.
Sully Prudhomme, Intimes Tagebuch

Herrscht sieben Jahr auch Hungersnot
Der Handwerksmann
find't doch sein Brot.
Jüdische Spruchweisheit

Im Handwerke ist daher der Arbeiter
gewissermaßen der eigene Urheber
seines eigenen Schicksals,
und alles auf ihn selber ankommt,
so hat er keinen Grund,
den Lauf der Dinge und die Gesetze
des Güterlebens anzuklagen,
wenn es ihm
an Fortkommen mangelt.
Lorenz von Stein, Die socialen Bewegungen
der Gegenwart

In Manufaktur und Handwerk bedient
sich der Arbeiter des Werkzeugs,
in der Fabrik dient er der Maschine.
Karl Marx, Das Kapital

Kein Handwerk ohne Lehrzeit.
Jean de La Bruyère, Die Charaktere

Klappern gehört zum Handwerk.
Deutsches Sprichwort

Man braucht nicht immer
einen Handwerker bestellen.
Man kann sein Heim
auch selbst ruinieren.
Ephraim Kishon, Kishon für alle Fälle

Mit einem Handwerk kommt
man weiter als mit tausend Gulden.
Deutsches Sprichwort

Schlage den Gong und verkaufe
Zuckerwaren, so übe ein jeder sein
Handwerk aus.
Chinesisches Sprichwort

Sich auf ein Handwerk zu beschränken,
ist das Beste.
Johann Wolfgang von Goethe, Wilhelm Meisters
Wanderjahre

Vielleicht sollte man
aus den Vorteilen seines Handwerks
ein Geheimnis machen.
Johann Wolfgang von Goethe,
Die Wahlverwandtschaften

Vom Handwerk kann man sich
zur Kunst erheben.
Vom Pfuschen nie.
Johann Wolfgang von Goethe, Über den Dilettantismus

Wenn man einem Mann
das Handwerk gelegt hat,
versucht er es eben mit den Füßen.
Helen Vita

Harmonie

Alle Disharmonie ist Unwahrheit.
Bettina von Arnim, Tagebuch

Anmut ist
ein Ausströmen der inneren Harmonie.
Marie von Ebner-Eschenbach, Aphorismen

Dann, ja dann müsste alles aus dem
Gleichgewichte kommen und die Welt
in ein Chaos sich verwandeln,
wenn nicht der nämliche Geist der
Harmonie und Liebe sie erhielte,
der auch uns erhält.
Susette Gontard, Briefe (an Friedrich Hölderlin,
Dezember 1798)

Das Ideal ist die Harmonie.
Nur die Kunst fühlt dies.
Leo N. Tolstoi, Tagebücher (1863)

Den Zufall aber gibt es nicht im Leben,
sondern nur Harmonie und Ordnung.
Plotin, Enneaden

Denn Harmonie ist Zusammentönen,
Zusammentönen aber ist
Übereinstimmung. Übereinstimmung
kann aber unmöglich
aus Gegensätzen bestehen,
solange sie auseinander streben.
Platon, Das Gastmahl

Denn Verstand ist ein guter Pilgerstab
zum Erdenwallen, Gefühl ein Ausfluss
des ewigen Lichts, und der Punkt,
auf dem Gefühl und Vernunft,
sich selber unbewusst, umarmen,
ist das höchste Ziel unseres Daseins,
die göttliche Harmonie unserer Natur.
Zacharias Werner, An K. F. Fenkohl (30. März 1804)

Der Dichtkunst heilige Magie
Dient einem weisen Weltenplane;
Still lenke sie zum Ozeane
Der großen Harmonie.
Friedrich Schiller, Der Künstler

Der edle Mensch
strebt nach Harmonie,
aber er biedert sich nicht an;
der Niedriggesinnte biedert sich an,
aber er strebt nicht nach Harmonie.
Konfuzius, Gespräche

Die Harmonie des Lebens
finden wir im Geiste,
dem wahrhaft wirklichen Leben.
Friedrich Ast, Das Wesen der Philosophie

Die irdische Harmonie ist doch
gewaltiger als die himmlische.
Johann Wolfgang von Goethe, Briefe
(an Charlotte von Stein, 10. Februar 1781)

Die Liebe ist die melodiöseste aller
Harmonien, und eine Ahnung davon
ist uns allen angeboren.
Honoré de Balzac, Die Physiologie der Ehe

Einen vollkommen harmonischen
Menschen gibt es fast überhaupt nicht;
unter Zehntausenden, vielleicht aber
auch unter vielen Hunderttausenden
findet man je einen, und selbst die in
ziemlich schwachen Exemplaren.
Fjodor M. Dostojewski, Raskolnikow

Es ist keine bessere Harmonie, als
wenn Herz und Mund übereinstimmen.
Julius Wilhelm Zincgref, Apophthegmata

Harmonisch in einfacher
schöner Sitte leben kann kein anderer,
als wer die toten Formeln hassend
sich eigne Bildung sucht und so
der künftigen Welt gehört.
Friedrich Schleiermacher, Monologen

In einer harmonischen Familie
sprießt das Glück von allein.
Chinesisches Sprichwort

Je vollständiger man ein Individuum
lieben oder bilden kann,
je mehr Harmonie findet man
in der Welt.
Friedrich Schlegel, Über die Philosophie

Manche Staatsmänner
sind wie Klavierstimmer:
Sie wollen die Harmonie
wiederherstellen, indem sie
die Spannung verstärken.
Walter Lippmann

Mehr als sichtbare
gilt unsichtbare Harmonie.
Heraklit, Fragmente

Takt ist unhörbare Harmonie.
Richard von Schaukal

Von Kinderharmonie sind einst
die Völker ausgegangen,
die Harmonie der Geister wird
der Anfang einer neuen
Weltgeschichte sein.
Friedrich Hölderlin, Hyperion

Wahre Harmonie zwischen
zwei Menschen bestünde dann,
wenn sie alles, was sie denken,
voreinander laut denken dürften.
Ich glaube, nicht einmal
Philemon und Baucis hätten das
riskieren können.
Alfred Polgar, Kleine Schriften, Band 3. Irrlicht

Wahrheit ist innere Harmonie.
Walter Rathenau, Auf dem Fechtboden des Geistes.
Aphorismen aus seinen Notizbüchern

Wem die Natur vergönnte,
in sich ihre Harmonie zu finden,
der trägt eine ganze,
unendliche Welt in seinem Innern –
er ist die individuellste Schöpfung
und der geheiligte Priester der Natur.
Henrik Steffens,
Beiträge zur inneren Naturgeschichte der Erde

Wer für Harmonie ist,
muss auch bereit sein,
das Harmonium zu spielen.
Franz Josef Strauß

Wer Harmonie wünscht,
soll in einen Gesangsverein eintreten,
aber nicht in die Politik gehen.
Norbert Blüm

Wie jeder Gedanke,
jede Seele Melodie ist,
so soll der Menschengeist durch
sein Allumfassen Harmonie werden –
Poesie Gottes.
Bettina von Arnim, Die Günderode

Härte

Bleibt hart und
erhaltet euch für günstige Zeiten!
Vergil, Aeneis

Das harte Wort schmerzt immer,
sei's auch ganz gerecht.
Sophokles, Aias (Chor)

Der harte Mensch wird in seiner
Eigenliebe noch härter.
Juan de la Cruz, Merksätze von Licht und Liebe

Die glücklichsten und
die unglücklichsten Menschen
haben die gleiche Neigung zur Härte.
Charles de Secondat, Baron de la Brède et de Montesquieu, Vom Geist der Gesetze

Die Welt ist nicht
aus Brei und Mus geschaffen,
Deswegen haltet euch
nicht wie Schlaraffen;
Harte Bissen gibt es zu kauen:
Wir müssen erwürgen
oder sie verdauen.
Johann Wolfgang von Goethe, Sprüche

Ich bin so tausendmal jünger
und gesünder geworden und
will wieder so viel vom Leben,
je härter es äußerlich ist.
Franziska Gräfin zu Reventlow, Tagebücher

Um milde, tolerant, weise
und vernünftig zu sein (...)
muss man wirklich hart sein.
Peter Ustinov, Peter Ustinovs geflügelte Worte

Wer sich stets zu viel geschont hat,
der kränkelt zuletzt an seiner vielen
Schonung. Gelobt sei, was hart macht!
Friedrich Nietzsche, Also sprach Zarathustra

Hartherzigkeit

Besiegt werden
harte Herzen durch weiche Bitten.
Tibull, Elegien

Die Erfahrung lehrt,
dass Weichlichkeit und Nachsicht
gegen sich selbst und Hartherzigkeit
gegen andere dasselbe Laster sind.
Jean de La Bruyère, Die Charaktere

Die Sentimentalität
ist das Alibi der Hartherzigen.
Arthur Schnitzler

Gibt's irgendeine Ursache in der Natur,
die diese harten Herzen hervorbringt?
William Shakespeare, King Lear (Lear)

Sehr glückliche oder sehr unglückliche
Leute verfallen in gleicher Weise
der Hartherzigkeit; was die Mönche
und Eroberer beweisen.
Nur die mittlere Haltung oder
die Mischung von Glück und Unglück
führt zum Mitleid.
Charles de Secondat, Baron de la Brède et de Montesquieu, Meine Gedanken

Hartnäckigkeit

Ausdauer ist eine Tochter der Kraft,
Hartnäckigkeit eine Tochter
der Schwäche,
nämlich der Verstandesschwäche.
Marie von Ebner-Eschenbach, Aphorismen

Bleib dran, auch wenn es
anders kommt, als geplant.
Lido Anthony »Lee« Iacocca,
Mein amerikanischer Traum

Der Lahme
kommt weiter als der Sitzende.
Sprichwort aus Slowenien

Hase

Ein Hase
frisst nicht das Gras um sein Nest.
Chinesisches Sprichwort

Viele Hunde sind des Hasen Tod.
Deutsches Sprichwort

Wenn der Hase läuft über den Weg,
so ist das Unglück schon auf dem Steg.
Deutsches Sprichwort

Hass

Alles, was der Geist eines,
der sehr starken Hass empfindet,
diktiert, hat die Wirkung
zu schaden und zu zerstören.
Agrippa von Nettesheim, De occulta philosophia

Auch im Hass gibt es Eifersucht;
wir wollen unseren Feind
für uns allein haben.
Friedrich Nietzsche

Bezwingt des Herzens Bitterkeit!
Es bringt / Nicht gute Frucht,
wenn Hass dem Hass begegnet.
Friedrich Schiller, Maria Stuart (Shrewsbury)

Bringe einen Menschen vor Gericht,
und du ziehst dir den Hass von drei
Generationen seiner Sippe zu.
Chinesisches Sprichwort

Darin liegt die dynamische und
dämonische Natur des Hasses,
der alle Schranken überspringt
und sich überall einfrisst:
Es fängt damit an, dass man eine
bestimmte soziale Gruppe hasst,
und endet damit, dass man
die ganze Gesellschaft verachtet.
Es fängt damit an, dass man
die Juden verfolgt und am
Ende die ganze Menschheit bedroht.
jeder Hass wird zum Selbsthass.
Elie Wiesel, Der fünfte Sohn

Denn wer die Weiber hasst,
wie kann der leben?
Johann Wolfgang von Goethe, Wilhelm Meisters Lehrjahre

Der Genius des Hasses auf Erden
ist vielleicht noch ein gewaltigerer
als der Genius der Liebe.
Arthur Schnitzler, Buch der Sprüche und Bedenken

Der größte Hass ist,
wie die größte Tugend und
die schlimmsten Hunde, still.
Jean Paul, Hesperus

Der Hass, den man auf verloschene
Freundschaft pfropft, muss unter
allen die tödlichsten Früchte bringen.
Gotthold Ephraim Lessing, Philotas (Philotas)

Der Hass, der durch Liebe gänzlich
besiegt wird, geht in Liebe über,
und die Liebe ist dann stärker,
als wenn ihr der Hass
nicht vorausgegangen wäre.
Baruch de Spinoza, Ethik

Der Hass der Größe
gegen die Kleinheit ist der Ekel;
der Hass der Kleinheit
gegen die Größe der Neid.
Arthur Schnitzler, Aphorismen und Betrachtungen aus dem Nachlass

Der Hass ist die letzte Offenbarung
abgefallener Geister, die Logik der
Auflösung. Sie ist aber auch die
Auflösung der Logik.
Theodor Haecker, Tag- und Nachtbücher

Der Hass ist ein fruchtbares,
der Neid ein steriles Laster.
Marie von Ebner-Eschenbach, Aphorismen

Der Hass ist eine läst'ge Bürde.
Er senkt das Herz
tief in die Brust hinab
Und legt sich wie ein Grabstein schwer
auf alle Freuden.
Johann Wolfgang von Goethe, Elpenor (Antiope)

Der Hass ist wahrscheinlich ein ebenso
mächtiger Urtrieb wie Liebe und Hunger.
Arthur Schnitzler, Buch der Sprüche und Bedenken

Der Hass kann niemals gut sein.
Baruch de Spinoza, Ethik

Der Hass wird durch Erwiderung des
Hasses verstärkt, kann dagegen durch
Liebe getilgt werden.
Baruch de Spinoza, Ethik

Der Hasser lehrt uns
immer wehrhaft bleiben.
Johann Wolfgang von Goethe, Die natürliche Tochter
(Eugenie)

Der Mutter Lieb' ist mächtig;
wenn ihr Böses auch
Geschah, sie kann nicht hassen,
denn ihr Schoß gebar.
Sophokles, Elektra (Klytemnästra)

Der Zorn ist vorübergehend,
der Hass dauernd;
der Zorn will weh tun;
der Hass gilt der Schlechtigkeit;
der Zürnende will,
dass der andere es spüre,
dem Hass liegt daran nichts.
Aristoteles, Psychologie

Die Menschen fügen einander Schaden
zu entweder aus Furcht oder aus Hass.
Niccolò Machiavelli, Der Fürst

Die Traurigen hassen den Fröhlichen,
die Lustigen den Traurigen.
Horaz, Briefe

Ein Bettler hasst den anderen nicht so
sehr wie ein Arzt den anderen.
Sprichwort aus Polen

Ein Herz, das einen liebt,
kann keinen Menschen hassen.
Johann Wolfgang von Goethe, Die Laune des Verliebten (Amine)

Es gibt Blicke, es wären
ihrer neun genug zum Tode.
Deutsches Sprichwort

Es gibt verhasste Leute, die wir gar
nicht sehen wollen, und verhasste
Leute, bei denen wir es uns nicht
verkneifen können, sie zu treffen, und
das sind unsere Hassgewohnheiten.
Jules Renard, Ideen, in Tinte getaucht. Aus dem Tagebuch von Jules Renard

Es ist nur gut, sich manchmal
zu hassen, nicht zu oft,
sonst braucht man wieder sehr viel
Hass gegen andere,
um den Selbsthass auszugleichen.
Elias Canetti, Die Provinz des Menschen.
Aufzeichnungen 1942–1972

Gehasst wird langsam,
aber schnell geliebt.
Lord Byron, Don Juan

Hass beruht meistens
auf Gegenseitigkeit,
Liebe nur manchmal.
Erhard Blanck

Hass: ein angemessenes Gefühl
angesichts der Überlegenheit
eines anderen.
Ambrose Bierce

Hass entsteht, weil wir
unsere Empfindungen von Ungenügen
oder Übel auf die Erscheinungen
der Wirklichkeit projizieren,
die aber nicht dem entsprechen,
was wirklich vorhanden ist.
Auf dieser Grundlage entwickeln wir
Ärger über das, was der Erfüllung
unserer Begierden im Wege steht.
Dalai Lama XIV, Logik der Liebe

Hass erzeugt Hass,
aber nie will der Hass sich
nach dieser Wahrheit richten.
Paul Ernst, Saat auf Hoffnung

Hass ist die Liebe der Schwachen.
Agustina Bessa-Luis, Aphorismen

Hass ist nicht weniger flatterhaft
als Freundschaft.
Luc de Clapiers Marquis de Vauvenargues, Unterdrückte Maximen

Hass ist stärker als Freundschaft
und schwächer als Liebe.
Luc de Clapiers Marquis de Vauvenargues, Reflexionen und Maximen

Hass ist stets Selbsthass.
Man hasst seine Ohnmacht.
Walter Hilsbecher

Hass ist Unlust, verbunden mit der
Idee einer äußeren Ursache.
Baruch de Spinoza, Ethik

Hass und Liebe sind wichtig
wie Nord- und Südpol. Man muss
jedoch auch die Länder und Gebiete,
die zwischen beiden liegen,
zur Kenntnis nehmen und wissen,
dass nicht alles nur zum einen
oder zum andern Pol gehört.
Yehudi Menuhin, Kunst als Hoffnung für die Menschheit

Hass und Liebe,
schlecht und gut,
wenn wir diese menschlichen
Eigenschaften nicht hätten,
hätten wir die furchtbare Indolenz
der Mittellinie.
Emil Nolde (22. Januar 1943)

Hass und Traurigkeit
haben ihre Ursache in einer Liebe,
einem Verlangen, einer Lust.
Thomas von Aquin, Über das Böse

Hass und Wut berauben uns einer
der wertvollsten Qualitäten unseres
Menschseins: Sie stehlen uns unser
gesundes Urteilsvermögen.
Dalai Lama XIV, Das Auge einer neuen Achtsamkeit

Hass weckt Streit,
Liebe deckt alle Vergehen zu.
Altes Testament, Sprüche Salomos 10, 12

Hasse deinen Nächsten wie dich selbst!
Gegen manche Menschen (inklusive
sich selbst) ist man am besten gerüstet,
wenn man mit ihnen verfeindet ist.
Ludwig Marcuse, Argumente und Rezepte.
Ein Wörter-Buch für Zeitgenossen

Hassen ist ein positiver Lebensstrom:
das Verlangen nach Vernichtung,
Angriff, der vom Kern ausgeht.
Oswald Spengler,
Urfragen. Fragmente aus dem Nachlass

Hätten wir keine angeborene Liebe:
So könnten wir nicht einmal hassen.
Jean Paul, Levana

Im Geistigen kann es niemals Hass
geben, sondern nur Gegensätze;
und auch die sind noch fruchtbar.
Arthur Schnitzler, Zurückgelegte Sprüche

Im Zustande des Hasses sind
Frauen gefährlicher als Männer.
Friedrich Nietzsche, Menschliches, Allzumenschliches

Ist unser Hass zu heftig, so macht er
uns kleiner als jene, die wir hassen.
François de La Rochefoucauld, Reflexionen

Leben ist Gold und kornsüß,
Hass kurz, Liebe grenzenlos.
Gabriela Mistral, Gedichte

Liebe, Freundschaft, Achtung
können nicht so verbinden
wie der gemeinsame Hass auf etwas.
Anton P. Tschechow, Notizbücher

Liebe ist Glut, Hass ist Kälte.
Sehnsucht und Angst sind Feuer
und Eis. Die ganze Welt der Gefühle
liegt dazwischen.
Oswald Spengler, Urfragen.
Fragmente aus dem Nachlass

Liebe und Hass
verketten gleich furchtbar.
Heinrich Waggerl, Nachlass

Man hasst oft die Zisterne
Und trinkt ihr Wasser gerne.
Jüdische Spruchweisheit

Man kann Hass durch gute ebenso wie durch schlechte Taten auf sich ziehen.
Niccolò Machiavelli, Der Fürst

Man muss mit Geist hassen und verachten. Grobe Worte verletzen den guten Geschmack, dummes Lachen ist das Lachen eines Einfältigen; es macht verhasst.
Joseph Joubert, Gedanken, Versuche und Maximen

Nicht dort hassen die Menschen am unversöhnlichsten, wo ihnen die triftigsten Gründe dazu geboten sind, sondern dort, wo die Betätigung ihres Hasses mit der verhältnismäßig geringsten Gefahr für sie selbst verbunden ist oder ihnen sogar Vorteil, Gewinn und Ehre zu bringen vermag.
Arthur Schnitzler, Buch der Sprüche und Bedenken

Nichts ist den Durchschnittsmenschen so verhasst wie Überlegenheit des Geistes: Hierin liegt der Ursprung des Hasses in unserer gegenwärtigen Gesellschaft.
Stendhal, Über die Liebe

Niemals in der Welt
hört Hass durch Hass auf.
Hass hört durch Liebe auf.
Gautama Siddharta Buddha

Niemals würde der Hass die Liebe besiegen – außer um einer noch größeren Liebe willen.
Thomas von Aquin, Summa theologica

Niemand kann Gott hassen.
Baruch de Spinoza, Ethik

Schläft der Hass, bleibt ihm immer noch der böse Traum.
Emil Gött, Im Selbstgespräch

Sie mögen mich ruhig hassen, solange sie mich fürchten!
Lucius Accius, Atreus

Überlasse das Hassen denen, die zu schwach sind,
um lieben zu können.
Michel del Castillo

Ungöttlich ist Hass,
Und göttlich nur die Liebe.
Friedrich von Bodenstedt, Mirza Schaffy

Vollkommen liebenswert und vollkommen hassenswert sind nur die Menschen, die man nicht kennt.
Evelyn Waugh

Vom Hass ist es
ein kleinerer Schritt zur Freundschaft als von der Abneigung.
Jean de La Bruyère, Die Charaktere

Von der Religion haben wir gerade genug, einander zu hassen, aber nicht genug, einander zu lieben.
Jonathan Swift, Gedanken über verschiedne Dinge

Was die großen Konflikte in der Welt und im Menschenleben bewirkt,
ist nicht die Eigenliebe,
sondern der Selbsthass.
Eric Hoffer

Was die Menge hasst, musst du prüfen; was die Menge liebt, musst du prüfen.
Konfuzius, Gespräche

Weil der Hass dem anderen das Böse als Böses wünscht, darum wird er durch kein Maß des Bösen gesättigt; was nämlich seiner selbst wegen begehrt wird, das wird
ohne Maß begehrt.
Thomas von Aquin, Summa theologica

Welch ein Leben führen wir im Hass? Wir haben keine Sonne, die uns leuchtet, kein Feuer, das uns erwärmt;
wir verlieren in einer toten Einsamkeit unsern eigenen Wert.
Ludwig Tieck, Karl von Berneck (Reinhard)

Welches Haus nämlich ist so stabil, welcher Staat so gefestigt, dass er nicht gänzlich zerstört werden könnte durch Hass und Zerrüttung?
Marcus Tullius Cicero, Laelius über die Freundschaft

Wen man schlafen sah,
den kann man nie mehr hassen.
Elias Canetti, Die Provinz des Menschen.
Aufzeichnungen 1942–1972

Wenn du etwas hassen können wirst, werde ich aufhören, dich zu lieben.
Jean-Jacques Rousseau, Julie oder Die neue Héloïse
(Saint-Preux)

Wenn es wirklich so viel Hass auf der Welt gibt, wie soll man sich da die Bevölkerungsexplosion erklären?
Truman Capote

Wenn jemand einen geliebten Gegenstand zu hassen begonnen hat, sodass die Liebe vollständig verdrängt wird, so wird er ihn, bei gleicher Ursache, stärker hassen, als wenn er ihn niemals geliebt hätte, und zwar umso stärker, je stärker vorher die Liebe gewesen ist.
Baruch de Spinoza, Ethik

Wer Gott liebt und Seine Schöpfung hasst oder verachtet, wird schließlich auch Gott hassen.
Elie Wiesel, Chassidische Feier

Wer Hass allzu sehr fürchtet,
versteht nicht zu herrschen.
Lucius Annaeus Seneca, Ödipus

Wer Hass verbirgt, heuchelt.
Altes Testament, Sprüche Salomos 10, 18

Wer jemanden hasst, wird bestrebt sein, ihm Übles zuzufügen, wenn er nicht fürchtet, dass darauf für ihn selbst ein größeres Übel entsteht. Umgekehrt wird, wer jemand liebt, bestrebt sein, ihm nach demselben Gesetz Gutes zuzufügen.
Baruch de Spinoza, Ethik

Wer mit vierzig verhasst ist,
bleibt so bis ans Lebensende.
Chinesisches Sprichwort

Wer selbst gut ist,
hegt einen unüberwindlichen Trieb, die Menschen zu lieben;
wer selbst böse ist, sie zu hassen.
Johann Jakob Engel, Fürstenspiegel

Wie es hysterische Liebe gibt, so gibt es auch hysterischen Hass, und er hat alle Kennzeichen, die andern hysterischen Affekten eigen sind.
Arthur Schnitzler, Buch der Sprüche und Bedenken

Wir alle benutzen einander
und nennen es Liebe, und wenn wir einander nicht benutzen können, nennen wir es Hass.
Tennessee Williams

Wir hassen bald,
was oft uns Furcht erregt.
William Shakespeare, Antonius und Cleopatra
(Charmion)

Wisset, die euch Hass predigen,
erlösen euch nicht.
Marie von Ebner-Eschenbach, Aphorismen

Wohl jedem, der nur liebt,
was er darf, und nur hasst, was er soll.
Marie von Ebner-Eschenbach, Aphorismen

Würdige keinen deines Hasses,
den du nicht auch der Liebe würdigen könntest!
Friedrich Hebbel, Tagebücher

Zufall aber bleibt verhasst.
Johann Wolfgang von Goethe, Pandora (Prometheus)

Hässlichkeit

Aber jede Missgestalt des Geistes ist hässlicher als die des Leibes, weil sie einer höheren Gattung von Schönheit widerstreitet.
Baltasar Gracián y Morales, Handorakel und Kunst der Weltklugheit

Alle Ehemänner sind hässlich.
Charles de Secondat, Baron de la Brède et de Montesquieu, Meine Gedanken

Arm und hässlich
kann man nicht verstecken.
Chinesisches Sprichwort

Auch wenn sie die Allerhässlichste ist:
Keiner Frau gefällt ihr Äußeres nicht.
Ovid, Liebeskunst

Der Fleiß
ist die Wurzel aller Hässlichkeit.
Oscar Wilde

Die hässlichen Frauen altern besser als
die hübschen, denn sie gehen vom
Schatten in die Dunkelheit.
Francis Croisset

Die Hässlichkeit ist ein Verbrechen bei
den Frauen, weil es ihre Pflicht ist,
schön zu sein.
Théodore Jouffroy, Das grüne Heft

»Durch Geist verklärte Hässlichkeit« –
ein Kompliment, mit dem in Ewigkeit
niemand ein Frauenzimmer zufrieden
stellen wird, am wenigsten, wenn es
zutrifft.
Heinrich Waggerl, Aphorismen

Ein Mensch, der viel Verdienst und
Geist hat und dafür bekannt ist, ist
selbst mit ungestaltem Gesicht nicht
hässlich; mindestens wirkt er nicht
hässlich.
Jean de La Bruyère, Die Charaktere

Eine hässliche Frau und
ein ausgelaugter Acker sind
ein Schatz fürs Haus.
Chinesisches Sprichwort

Eine hässliche, mit Schmuck behängte
Frau ist und kann nur sein ein unge-
füges Stück Holz, man bedauert, dass
ihre Kleider sie nicht ganz verstecken.
Sully Prudhomme, Intimes Tagebuch

Fleiß ist die Wurzel aller Hässlichkeit.
Oscar Wilde, Sätze und Lehren zum Gebrauch für die
Jugend

Hässlichkeit bewegt sich langsam,
aber die Schönheit ist in großer Eile.
Sprichwort aus Serbien

Hässlichkeit und Alter, die man eingesteht, wirken auf mich weniger alt und
hässlich, als wenn man sie schminkt
und zurechtmacht.
Michel Eyquem de Montaigne, Die Essais

Ich habe auch bemerkt,
dass der punkvollste Putz meistens
hässliche Frauen ankündigt.
Jean-Jacques Rousseau, Emile

Keine Frau ist hässlich,
wenn sie gut angezogen ist.
Sprichwort aus Portugal

Mode ist eine so unerträgliche Form
der Hässlichkeit, dass wir sie
alle sechs Monate ändern müssen.
Oscar Wilde

Nicht größre Schmähung
einer Frau man spend't,
Als wenn man sie alt
oder hässlich nennt.
Ludovico Ariosto, Der rasende Roland

Nichts ist so hässlich zu ergründen,
Es wird ein paar Verehrer finden.
Magnus Gottfried Lichtwer, Fabeln

»Schönheit« (ist das, was) geliebt
(wird), im Gegensatz zum Hässlichen,
Hassenswerten.
Oswald Spengler, Urfragen. Fragmente aus dem Nachlass

Überall in der Welt ist das Schöne
mit dem Hässlichen gemischt,
und jeder trägt seinen Thersites an
und in sich.
Kuno Fischer, Akademische Reden, 1862

Was man allgemein als Hässlichkeit
bezeichnet, kann in der Kunst zu
großer Schönheit werden.
Auguste Rodin

Wenn eine Hässliche Liebe erweckt,
muss solche Leidenschaft maßlos heftig sein; denn nur eine ungewöhnliche
Schwäche ihres Liebhabers oder
geheimere, unwiderstehliche Reize
als die der Schönheit können ihre
Ursache werden.
Jean de La Bruyère, Die Charaktere

Wer sich Respekt verschaffen will,
darf sich nur von seiner hässlichsten
Seite zeigen.
Gustave Flaubert, November

Hast

Hast ist der Feind des Lebens.
Thornton Wilder

Hast und Reue
sind Bruder und Schwester.
Sprichwort aus Bosnien

Hast verursacht Fehler.
Chinesisches Sprichwort

Haus

Am Abend schätzt man erst das Haus.
Johann Wolfgang von Goethe, Faust I (Wagner)

Baue dein Haus
weit von den Verwandten
und dicht an einem Wasserlauf.
Sprichwort aus Slowenien

Baut einer sein Haus mit fremdem
Geld, sammelt er Steine
für einen Schutthaufen.
Altes Testament, Jesus Sirach 21, 8

Bei Unverträglichkeit gedeiht
kein Feu'r im Haus:
Der eine bläst es an,
der andre bläst es aus.
Friedrich Rückert, Die Weisheit des Brahmanen

Besser in einer Ecke des Daches
wohnen als eine zänkische Frau im
gemeinsamen Haus.
Altes Testament, Sprüche Salomos 21, 9

Bring nicht jeden Menschen ins Haus,
denn viele Wunden schlägt
der Verleumder.
Altes Testament, Jesus Sirach 11, 29

Das Haus ist eine Maschine zum
Wohnen. Ein Sessel ist eine Maschine
zum Sitzen.
Le Corbusier

Der Ausgänge halber,
bevor du eingehst,
Stelle dich sicher,
Denn ungewiss ist,
Wo Widersacher im Haus halten.
Edda, Hâvamâl (Des Hohen Lied)

Der Großvater kauft, der Vater baut,
der Sohn verkauft,
der Enkel geht betteln.
Sprichwort aus Schottland

Der Mann ist der Herr des Hauses.
Im Hause soll aber
nur die Frau herrschen.
Marie von Ebner-Eschenbach, Aphorismen

Der Mensch kann sich besser in
einem kleinen Häuschen einrichten als
in einem riesigen Schloss.
Leo N. Tolstoi, Tagebücher (1907)

Die Frau
ist der Schlüssel zum Hause.
Sprichwort aus England

Die Katze mag dich bestehlen –
sie darf in deinem Haus nicht fehlen!
Sprichwort aus Spanien

Die Kuh frisst, während sie geht,
das Haus, während es steht.
Sprichwort aus Indien

Draußen zu wenig oder zu viel,
Zu Hause nur ist Maß und Ziel.
Johann Wolfgang von Goethe, Sprüche

Drei Viertel des Hauses
stützen sich auf die Frau,
das vierte auf den Mann.
Sprichwort aus der Slowakei

Durch Weisheit wird ein Haus gebaut,
durch Umsicht hat es Bestand.
Altes Testament, Sprüche Salomos 24, 3

Eigen Haus, ob eng, geht vor,
Daheim bist du Herr. / Zwei Ziegen
nur und aus Zweigen ein Dach
Ist besser als Betteln.
Edda, Hâvamâl (Des Hohen Lied)

Eigentlich müsste man sich fürchten,
aus dem Haus zu treten.
Franz Kafka, Tagebücher (1913)

Ein Greis im Hause – eine Bürde im
Hause; ein Greisin im Hause –
ein Schatz im Hause.
Talmud

Ein Haus,
in dem man alle Räume kennt,
ist nicht wert, bewohnt zu werden.
Giuseppe Tomasi di Lampedusa

Ein Haus ist blind ohne einen Hund
und stumm ohne einen Hahn.
Sprichwort aus Litauen

Ein Haus ist eine Arche,
um der Flut zu entrinnen.
Katherine Mansfield, Briefe

Ein Haus ist
leichter angezündet als gelöscht.
Deutsches Sprichwort

Ein Haus kann nicht
zwei Hunde nähren.
Deutsches Sprichwort

Ein Haus ohne Herrin
ist ein Leib ohne Seele, der bald zerfällt.
Jean-Jacques Rousseau, Brief an d'Alembert

Eine einfache Küche
macht das Haus groß.
Sprichwort aus Frankreich

Erst kaufe Land,
dann baue dir ein Haus.
Chinesisches Sprichwort

Erstlich das Haus und das Weib und
den pflügenden Ochsen bedarf man.
Hesiod, Werke und Tage

Es bedarf in einem Hause
nur einer zu Liebesabenteuern
aufgelegten Frau,
um es bekannt zu machen und
um ihm den Rang der ersten Häuser
zu verschaffen.
Charles de Secondat, Baron de la Brède et de Montesquieu, Meine Gedanken

Es ist kein Haus ohn' eine Maus.
Deutsches Sprichwort

Es sollte jedes Haus der schöne Leib,
das schöne Werk von einer eignen
Seele sein und eigne Gestalt und Züge
haben, und alle sind in stummer Einförmigkeit das öde Grab der Freiheit
und des wahren Lebens.
Friedrich Schleiermacher, Monologen

Frauen sind keine Maurer, aber sie
errichten und zerstören Häuser.
Sprichwort aus Frankreich

Gerade die großen Häuser sind
voll mit hochmütigen Sklaven.
Juvenal, Satiren

Hat dein Haus auch tausend Zimmer,
zum Schlafen brauchst Du nur eines.
Chinesisches Sprichwort

Ich brauch, dass mein Haus gedeiht:
Eine Frau, vergnügt und gescheit,
Eine Katz, die auf Bücher sich rollte.
Und Freund zu jeder Zeit, / Ohne die
ich nicht leben wollte.
Guillaume Apollinaire, Die Katze

Ihr nehmt mein Haus, wenn ihr die
Stütze nehmt, / Worauf mein Haus
beruht; ihr nehmt mein Leben, wenn
ihr die Mittel nehmt, wodurch ich lebe.
William Shakespeare, Der Kaufmann von Venedig (Shylock)

Im ersten Jahr vermiete dein Haus an
deinen Feind, im zweiten an deinen
Freund, im dritten lebe selbst darin.
Sprichwort aus England

Im Haus und im Staat muss ein Gesetz
sein; man will es nicht haben, dass
irgendwas gefehlt wird.
Martin Luther, Tischreden

Im Hause der Tränen
lächelt Venus nicht.
William Shakespeare, Romeo und Julia (Paris)

Im Hause, wo der Gatte sicher waltet,
Da wohnt allein der Friede,
den vergebens / Im Weiten, du da
draußen, suchen magst.
Johann Wolfgang von Goethe, Die natürliche Tochter (Gerichtsrat)

In jedem Haus gibt es ein Gerippe.
Sprichwort aus den USA

In seinem Haus ist selbst
der Arme ein Fürst.
Talmud

Ja, wer erfüllt eigentlich getreuer
seine Bestimmung nach dem Willen
der Natur als der Hausvater,
der Landmann?
Heinrich von Kleist, Briefe (an Wilhelmine von Zenge, 21. Mai 1801)

Jedes Haus hat
einen schwarzen Schornstein.
Sprichwort aus Serbien

Kannst du dein Haus
dir selbst verwalten
Sollst du nicht
fremde Aufsicht halten.
Jüdische Spruchweisheit

Lässt du einen ins Haus kommen,
er kommt dir bald in die Stube.
Deutsches Sprichwort

Man spricht immer nur von Leuten,
die in Häuser einbrechen wollen.
Aber es gibt mehr Leute auf der Welt,
die aus Häusern ausbrechen wollen.
Thornton Wilder

Mein Haus ist mein Schloss.
(My home is my castle.)
Sprichwort aus England

Mein Luftschloss ist mein Haus!
Wilhelm Raabe, Alte Nester

Mit dem Liebsten kann man auch in
der kleinsten Hütte glücklich sein.
Leo N. Tolstoi, Tagebücher (1851)

Narren bauen Häuser,
und Weise kaufen sie.
Sprichwort aus Deutschland und Holland

O du Ausgeburt der Hölle!
Soll das ganze Haus ersaufen?
Johann Wolfgang von Goethe, Der Zauberlehrling

O liebe Hand!, so göttergleich!
Die Hütte wird durch dich
ein Himmelreich.
Johann Wolfgang von Goethe, Faust I (Faust)

Philosophen und Hausbesitzer
haben immer Reparaturen.
Wilhelm Busch

Schenkte mir der Himmel ein grünes
Haus, ich gäbe alle Reisen und alle
Wissenschaft und allen Ehrgeiz auf
immer auf.
Heinrich von Kleist, Briefe (an Wilhelmine von Zenge, 9. April 1801)

Schlage die Trommel drinnen,
dass sie draußen keiner hören kann.
Chinesisches Sprichwort

Schon in ein reinliches Haus
zu kommen, ist eine Freude,
wenn es auch sonst geschmacklos
gebauet und verziert ist:
Denn es zeigt uns die Gegenwart
wenigstens von einer Seite
gebildeter Menschen.
Johann Wolfgang von Goethe,
Wilhelm Meisters Lehrjahre

Überall, wo Menschen sind,
bin ich bei meinen Brüdern; überall,
wo keine sind, bin ich zu Hause.
Jean-Jacques Rousseau, Emile

Unfrieden manches Haus zerstört/ Wie
wenn im Mohn der Wurm verkehrt.
Jüdische Spruchweisheit

Waltet im Hause eine kluge Frau,
wird die Männer kein Unglück treffen.
Chinesisches Sprichwort

Was du hast in deinem Haus,
das plaudre nicht vor Herren aus.
Deutsches Sprichwort

Wechselseitiges Vertrauen
Wird ein reinlich Häuschen bauen.
Johann Wolfgang von Goethe, Bleiben, Gehen

Wenn auf der Welt Gerechtigkeit
herrschte, wäre es hinreichend,
sein Haus gebaut zu haben, und es
bedürfte keines anderen Schutzes
als dieses offenbaren Eigentumsrechts.
Aber weil das Unrecht an der Tagesordnung ist, so ist erfordert, dass,
wer das Haus gebaut hat,
auch imstande sei, es zu schützen.
Arthur Schopenhauer, Zur Rechtslehre und Politik

Wenn Hausbewohner
die Gesetze brechen,
trifft die Schuld den Hausherrn.
Chinesisches Sprichwort

Wenn Raum im Herzen ist,
ist auch Raum im Hause.
Sprichwort aus Dänemark

Wer die Dachrinne nicht ausbessert,
muss das ganze Haus instand setzen.
Sprichwort aus Spanien

Wer knuspert an meinem Häuschen?
Der Wind, der Wind,
das himmlische Kind!
Jacob und Wilhelm Grimm, Kinder- und Hausmärchen
(Hexe/Hänsel und Gretel)

Wer sein Haus vom Architekten einrichten lässt, darf sich nicht wundern,
wenn es nachher aussieht, als wohne
er gar nicht darin.
Oliver Hassencamp

Wer stets zu Hause bleibt,
hat nur Witz fürs Haus.
William Shakespeare, Die beiden Veroneser (Valentin)

Wie der Vogel, so das Nest,
wie die Frau, so das Haus.
Sprichwort aus Frankreich

Wie sollte man aus einem Baum
ein ganzes Haus bauen können?
Chinesisches Sprichwort

Willst du mit mir hausen,
So lass die Bestie draußen.
Johann Wolfgang von Goethe, Sprichwörtlich

Wohl steht das Haus gezimmert und
gefügt, / Doch ach, es wankt der
Grund, auf dem wir bauen.
Friedrich Schiller, Wilhelm Tell (Stauffacher)

Hausbau

Erst nach dem Nachbar schaue,
Sodann das Haus dir baue!
Wenn der Nachbar ist ein Schuft,
So baust du dir eine Totengruft.
Friedrich Rückert, Gedichte

Wenn das Haus fertig ist,
kommt der Tod.
Sprichwort aus der Türkei

Willst du, dass wir mit hinein
In das Haus dir bauen,
Lass es dir gefallen, Stein,
dass wir dich behauen.
Friedrich Rückert, Gedichte

Hausfrau

Die Hand, die samstags ihren Besen
führt, / Wird sonntags dich am besten
karessieren.
Johann Wolfgang von Goethe, Faust I (Erster Schüler)

Die katholische Moral war die Mater
dolorosa, die protestantische eine
wohlbeleibte, kindergesegnete
Hausfrau.
Ludwig Feuerbach, Das Wesen des Christentums

Die rechte Hausfrau ist zugleich
eine Sklavin und eine Dame.
Sprichwort aus Bosnien

Eine fleißige Hausfrau
ist die beste Sparbüchse.
Deutsches Sprichwort

Eine Frau ist in der Wirtschaft wie
der Zaun um einen Garten. Ist der
Zaun tüchtig, so bleibt alles ordentlich; nichts Fremdes bricht herein.
Nehmt den Zaun weg, und alles
wird niedergetreten.
Sophie Mereau, Ein ländliches Gemälde

Frauenarbeit ist niemals getan.
Sprichwort aus den USA

Ich hasse, hasse, hasse es, diese Dinge
tun zu müssen, die du von mir erwartest, wie alle Männer sie von ihren
Frauen erwarten. Ich mache nur sehr
widerwillig den Dienstboten.
Katherine Mansfield, Briefe

Oh, welch ein köstlich Kleinod ist eine
wahre Hausfrau! Wo sie wirkt und
schafft, da verwischen Jahrhunderte
nicht die Segensspuren.
August von Kotzebue, Der Graf von Burgund

Schon an der Suppe
erkennt man die Hausfrau.
Eine Suppe kann lachen.
Thomas Niederreuther

Schönheit bringt den Topf
nicht zum Kochen.
Sprichwort aus Irland

Und drinnen waltet die züchtige Hausfrau, / Die Mutter der Kinder, und
herrschet weise / Im häuslichen Kreise.
Friedrich Schiller, Das Lied von der Glocke

Haushalt

Der Haushalt ist der beste,
in dem man nichts Überflüssiges will,
nichts Notwendiges entbehrt.
Plutarch, Das Gelage der Sieben Weisen

Der Staatshaushalt ist ein Haushalt,
in dem alle essen möchten,
aber niemand Geschirr spülen will.
Werner Finck

Die Leitung eines Haushaltes
bringt kaum weniger Ärger
als die eines ganzen Staates.
Michel Eyquem de Montaigne, Die Essais

Ein hässlich Weib
ist eine gute Haushälterin.
Deutsches Sprichwort

Geist ist es keineswegs,
was man im Haushalt braucht.
Molière, Die gelehrten Frauen (Martine)

Haushalt hat ein großes Maul.
Deutsches Sprichwort

Hausarbeit ist Menschenarbeit
und nicht Frauenarbeit.
Alice Schwarzer

Häusliche Wirksamkeit, Keuschheit,
Treue und Ehre sind ein
unterscheidender Zug des weiblichen
Geschlechts in allen deutschen Stämmen und Völkern gewesen. Der älteste
Kunstfleiß dieser Völker war in den
Händen der Weiber: Sie webeten und
wirketen, hatten Aufsicht über das
arbeitende Gesinde und standen
auch in den obersten Ständen der
häuslichen Regierung vor.
Johann Gottfried Herder, Ideen zur Philosophie der
Geschichte der Menschheit

Heiraten ist leicht, Haushalten schwer.
Deutsches Sprichwort

In allen diesen Beziehungen ist die
Leitung einer Familie und eines Haus-
halts ebenso gut eine Geschäftssache
wie die Leitung eines Ladens oder
einer Wechselbank.
Samuel Smiles, Charakter

In der Tat ist es ein wichtiger Gewinn
des gesellschaftlichen Umgangs,
wenn durch denselben die Kunst einer
nicht kargen und doch genauen und
sparsamen Haushaltung von einer
erfahrnen Frau zu den Unerfahrnern
übergeht oder durch die Berat-
schlagungen mehrerer kluger Weiber
vervollkommnet wird.
Christian Garve, Über Gesellschaft und Einsamkeit

Man hat das Gefühl, dass nur ein
Mädchen die häuslichen Dinge zu
schätzen weiß, da sie es ja ist,
die sie benutzt.
Sylvia Plath, Briefe nach Hause (12. März 1962)

Ordnung hilft Haushalten.
Deutsches Sprichwort

Was ein Minister im kleinen Staate ist,
dies ist eine Frau in ihrem kleinern;
nämlich der Minister aller Departe-
ments auf einmal – der Mann hat das
der auswärtigen Affären.
Jean Paul, Levana

Wenn man die Stiege wischt,
so fängt man oben an.
Deutsches Sprichwort

Wer seinem eigenen Hauswesen nicht
vorstehen kann, wie soll der für die
Kirche Gottes sorgen?
Neues Testament, Paulus (1 Timotheus 3, 1–5)

Häuslichkeit

Auch auf Thronen
kennt man häuslich Glück.
Königin Luise, Stammbuchblatt

Das Weib ist ein häusliches Wesen.
Friedrich Schlegel, Über die Philosophie

Der Reiz des häuslichen Lebens ist das
beste Gegengift gegen schlechte Sitten.
Jean-Jacques Rousseau, Emile

Die wirkliche Arena für den Kampf
der Geschlechter ist, trotz aller öffentlichen Gemeinheiten, der häusliche
Herd: Hier wird gnadenlos gekämpft.
Germaine Greer, Der weibliche Eunuch

Häusliches Glück ist das beste Glück!
Heinrich Zschokke, Stunden der Andacht

In einer Welt, in welcher alles
schwankt, bedarf es eines festen Punktes, auf den man sich stützen kann.

Dieser Punkt ist der häusliche Herd;
der Herd aber ist kein fester Stein,
wie die Leute sagen, sondern ein Herz,
und zwar das Herz einer Frau.
Jules Michelet, Die Liebe

Nicht die Bestimmung der Frauen,
sondern ihre Natur und Lage
ist häuslich.
Friedrich Schlegel, Über die Philosophie

Von allen irdischen Lebensfreuden ist
keine tiefer in alle Gefühle des Lebens
eingreifend als die häusliche Freude.
Heinrich Zschokke, Stunden der Andacht

Wenn man das ruhige und häusliche
Leben lieben soll, muss man dessen
Süßigkeit von Kindheit an empfunden
haben. Nur in seinem Elternhaus
erwirbt man die Lust an seinem
eigenen Heim.
Jean-Jacques Rousseau, Emile

Haut

Die Gänsehaut
ist die Epidermis unserer Zeit.
Alfred Hitchcock

Es hat noch niemand
in meiner Haut gesteckt.
Franziska Gräfin zu Reventlow, Tagebücher

Jeder muss seine Haut
zu Markte tragen.
Deutsches Sprichwort

Man muss seine Haut
so teuer als möglich verkaufen.
Deutsches Sprichwort

Weibliche Fürsorge
hat etwas Erschreckendes.
Heute sitzt sie ans Hemd,
morgen an die Haut,
übermorgen unter die Haut.
Alfred Polgar

Heer

Die Handhabung großer Heereskörper
ist im Frieden nicht zu erlernen.
Helmuth Graf von Moltke, Verordnungen für die
höheren Truppenführer (24. Juni 1869)

Ein tapferes Heer überzeugt von der
Sache, für welche es kämpft.
Friedrich Nietzsche, Menschliches, Allzumenschliches

Gelänge es uns, einen Staat oder ein
Heer aus Liebespaaren zu bilden, so
wäre es unmöglich, dass sie das Ihre
besser in Ordnung hielten, als da sie
sich von allem Schlechen fern hielten
und im Edlen miteinander wetteiferten.
Platon, Das Gastmahl

Stehende Heere
sollen mit der Zeit ganz aufhören.
Immanuel Kant, Zum ewigen Frieden

Heftigkeit

Durch Heftigkeit ersetzt der Irrende,
Was ihm an Wahrheit
und an Kräften fehlt.
Johann Wolfgang von Goethe,
Torquato Tasso (Antonio)

Labilität erzeugt auch Heftigkeit.
Ludwig Marcuse, Argumente und Rezepte.
Ein Wörter-Buch für Zeitgenossen

Was man zu heftig fühlt,
fühlt man nicht allzu lang.
Johann Wolfgang von Goethe,
Die Laune des Verliebten (Egle)

Hehlerei

Der Hehler ist schlimmer
als der Stehler.
Deutsches Sprichwort

Hehler sind Stehler.
Deutsches Sprichwort

Heide

Grün ist die Heide, die Heide ist grün,
Aber rot sind die Rosen,
eh' sie verblühn.
Hermann Löns, Der kleine Rosengarten

Über die Heide hallet mein Schritt;
Dumpf aus der Erde wandert es mit.
Theodor Storm, Über die Heide

Heidentum

Bei jenen Quellen,
die das Heidentum als göttlich verehrte,
baute der christliche Priester
sein kluges Kirchlein,
und er selber segnete jetzt das Wasser
und exploitierte dessen Wunderkraft.
Heinrich Heine, Elementargeister

Ein jeder Aberglaube
versetzt uns in das Heidentum.
Justus von Liebig, Chemische Briefe

Man soll keineswegs Waffen und
Weisheit der Heiden verachten.
Erasmus von Rotterdam, Handbüchlein eines christli-
chen Streiters

Farsakist thu allon hethinussion?
Farsaku. (Sagst du allem Heidentum
ab? Ich sage ab.)
Altwestfälisches Taufgelöbnis (um 850)

Wenn du aus den Büchern der Heiden
jeweils das Beste herausnimmst und
nach dem Vorbild der Biene durch alle
Gärten der Alten schwärmst und dabei
allem Giftigen ausweichst und nur den
heilsamen und edlen Saft saugst, so
wirst du sicher um vieles gerüsteter für
ein gemeinsames Leben, das sie als
ethisch bezeichnen.
Erasmus von Rotterdam,
Handbüchlein eines christlichen Streiters

Heil

Darin besteht unser ganzes Heil,
dass wir ein klares Licht darüber
haben, wie das göttliche Gesetz
vollkommen zu beobachten ist.
Teresa von Ávila, Weg der Vollkommenheit

Denn alles Heil kommt aus der Stille.
Heinrich Waggerl, Das ist die stillste Zeit im Jahr

Die Sinnlichkeit ist eine Mauer
und ein großer Berg, der uns hindert,
unser Heil zu sehen.
Martin Luther, Tischreden

Heil! Heil! Heil! Ironie des Schicksals,
dass gerade in diesem Lande am
wenigsten heil geblieben ist.
Werner Finck, Gedanken zum Nachdenken

Ohne Wasser ist kein Heil!
Johann Wolfgang von Goethe, Faust II (Sirenen)

Weit besser für das Heil der Welt
Ist frommer Irrtum, der erhält,
Als kalte Weisheit, die zerstöret.
Karl Wilhelm Ramler, Fabellese

Heiland

Denke nur niemand,
dass man auf ihn
als den Heiland gewartet habe!
Johann Wolfgang von Goethe,
Maximen und Reflexionen

Ein dem Heiland ähnliches Leben
führt nur, wer ganz und gar
er selbst bleibt. Ein solcher
mag ein großer Dichter sein
oder ein großer Gelehrter;
oder ein junger Universitätsstudent
oder ein Schafhirte auf der Heide;
oder ein Schöpfer von Dramen
wie Shakespeare oder ein Gottgrübler
wie Spinoza oder ein Kind,
das im Garten spielt, oder ein Fischer,
der seine Netze in die See senkt.
Er sei was immer – wenn er nur
alle Möglichkeiten seiner Seele
zur Entfaltung bringt.
Oscar Wilde,
Die Seele des Menschen unter dem Sozialismus

Heilige

Alle Gerechten, alle Heiligen,
alle Märtyrer sind glücklich gewesen.
Fjodor M. Dostojewski, Die Brüder Karamasow

Alles Wunder ist einmal Wunderlich-
keit gewesen, kein Heiliger ist vom
Himmel gefallen.
Erwin Guido Kolbenheyer, Das gottgelobte Herz

An den Wundern
erkennt man die Heiligen.
Sprichwort aus Frankreich

An die Heiligen zu denken heißt
gewissermaßen, sie zu schauen.
Bernhard von Clairvaux, Fünfte Ansprache auf das Fest Allerheiligen

Arme Leute machen reiche Heilige.
Deutsches Sprichwort

Auch kleine Heilige bewirken Wunder.
Sprichwort aus Dänemark

Aus Holz macht man
große und kleine Heilige.
Deutsches Sprichwort

Bekanntlich taten die Reliquien eines
Heiligen stets größere Wunder als
vorher der ganze lebendige Mann.
Jean Paul, Dämmerungen für Deutschland

Das Gegenteil der Heiligen sind nicht
die Sünder, sondern die Scheinheiligen.
Glenn Close

Der einzige Unterschied zwischen
dem Heiligen und dem Sünder ist,
dass jeder Heilige eine Vergangenheit
und jeder Sünder eine Zukunft hat.
Oscar Wilde

Der Heilige, der von nichts erlöst,
hat keine Pilger.
Sprichwort aus Frankreich

Die Heil'gen sind so viel von Gottes
Gottheit trunken, / So viel sie sind in
ihm verloren und versunken.
Angelus Silesius, Der cherubinische Wandersmann

Die Heiligen, die Geist haben,
scheinen mir den Philosophen überlegen. Ich hielte war glücklicher,
nützlicher und beispielhafter.
Joseph Joubert, Gedanken, Versuche und Maximen

Die Heiligen lassen nicht
mit sich spaßen.
Deutsches Sprichwort

Die Heiligen reden nicht
und rächen sich dennoch.
Deutsches Sprichwort

Die Heiligkeit der Heiligen beruht
nicht auf Aufsehen erregenden Taten,
sondern auf Kleinigkeiten,
die in den Augen der Welt als
Lappalien erschienen.
Papst Johannes XXIII., Geistliches Tagebuch
(Exerzitien), 1.–10. April 1903

Die kleinen Heiligen
werden Gott ruinieren.
Sprichwort aus Bulgarien

Du verehrst die Heiligen, du freust
dich, ihre Reliquien zu berühren.
Doch du verachtest das Beste,
was sie überliefert haben:
das Beispiel des reinen Lebens.
Erasmus von Rotterdam,
Handbüchlein eines christlichen Streiters

Es ist kein Heiliger so klein,
er will seine eigene Kerze haben.
Deutsches Sprichwort

Es sind nicht alle Heilige,
die in aller Heiligen Kirchen gehen.
Deutsches Sprichwort

Genau betrachtet, möchte man doch
wohl gutheißen, dass es so viele
Heilige gibt; nun kann jeder Gläubige
den seinigen auslesen und, mit vollem
Vertrauen, sich gerade an den wenden,
der ihm eigentlich zusagt.
Johann Wolfgang von Goethe, Italienische Reise

Gott sind die Werke gleich:
Der Heil'ge, wann er trinkt,
Gefallet ihm so wohl,
als wenn er bet't und singt.
Angelus Silesius, Der cherubinische Wandersmann

Gott tut im Heil'gen selbst all's,
was der Heil'ge tut, / Gott geht, steht,
liegt, schläft, wacht, isst, trinkt,
hat guten Mut.
Angelus Silesius, Der cherubinische Wandersmann

Gott will, dass wir dem Beispiel der
Heiligen solcherart folgen, dass wir
das Lebensmark ihrer Tugend uns zu
eigen machen, es in unserem Blut
umwandeln und unseren besonderen
Anlagen und Umständen anpassen.
Papst Johannes XXIII., Geistliches Tagebuch (Geistliche Notizen), 16. Januar 1903

Große Kirchen, kleine Heilige.
Deutsches Sprichwort

Hätte ich die Kraft gehabt weiterzu-
malen, so hätte ich die Porträts heiliger Männer und Frauen nach der
Natur gemalt, und sie wären wie aus
einer anderen Zeit gewesen; sie wären
Bürgerfrauen von heute gewesen, und
doch hätten sie etwas gemeinsam
gehabt mit den ersten Christen.
Vincent van Gogh, Briefe

Heilige gehen aus dem Volk hervor.
Chinesisches Sprichwort

Heilige hat es immer gegeben,
niemals aber noch einen Menschen,
der das Recht gehabt hätte, einen
andern Menschen heilig zu sprechen.
Arthur Schnitzler, Ungedrucktes (in: Österreichische Dichtergabe, Wien 1928)

Heiliger: ein toter Sünder,
überarbeitet und neu herausgegeben.
Ambrose Bierce

Ist die Gefahr vorüber,
wird der Heilige ausgelacht.
Deutsches Sprichwort

Junger Heiliger, alter Teufel.
Deutsches Sprichwort

Kein Heiliger ist so gering,
dass er nicht doch darauf hielte,
seine eigene Kerze zu haben.
Karl Heinrich Waggerl

Kein Heiliger ist zu bezwingen.
Jean Paul, Politische Fastenpredigten

Kleine Heilige tun auch Zeichen.
Deutsches Sprichwort

Nicht, was der Heilige ist, sondern das,
was er in den Augen der Nicht-
Heiligen bedeutet, gibt ihm seinen
welthistorischen Wert.
Friedrich Nietzsche, Menschliches, Allzumenschliches

Niemand ist aller Heiligen Knecht.
Deutsches Sprichwort

Nur die Guten, Weisen und Heiligen
sind glücklich. Die Heiligen aber sind
es noch mehr als die anderen,
so sehr ist die menschliche Natur
zur Heiligkeit berufen.
Joseph Joubert, Gedanken, Versuche und Maximen

Schafft ab die Heiligkeit,
verwerft die Klugheit – die Menschen
werden hundertfach gewinnen.
Lao-tse, Dao-de-dsching

Selbst die Heiligen
leiden unter Warzen.
Sprichwort aus Polen

Vermeide den Narren
und vermeide den Heiligen!
Sprichwort aus Serbien

Wären keine Sünder,
so wären keine Heiligen.
Deutsches Sprichwort

Was für einer bin ich gewesen?
Ich habe Heilige angebetet,
die nie sind geborn worden.
Martin Luther, Tischreden

Wenn der Pöbel heilige Namen ausspricht, ist's Aberglaube oder Lästerung.
Johann Wolfgang von Goethe, Von deutscher Baukunst

Wenn die Felder nichts geben,
ernten die Heiligen nichts.
Sprichwort aus Spanien

Wenn Gott nicht will,
können die Heiligen nicht.
Sprichwort aus Italien

Wenn man uns einige Aussagen von
Heiligen vorhält, wie gegensätzlich sie
doch seien oder von der Wahrheit entfernt, so sollen wir auch sorgfältig
darauf Acht geben, dass wir nicht
durch falsche Titelaufschriften oder
durch die Verderbtheit des Textes
getäuscht werden.
Pierre Abélard, Sic et non

Wie der Heilige, so der Feiertag.
Deutsches Sprichwort

Wie der Heilige, so der Weihrauch.
Sprichwort aus Frankreich

Wiewohl der Heilige einsam wirkt und
seine Hände mehr gen Himmel hebt
als wider die Erde, so treibt er doch,
wie aus einem wundertätigen Grabe,
obwohl unscheinbar, fort; ein stilles
Musterbild teilt ohne Getöse stillen
Seelen Jahrhunderte nach Jahrhunderten segnende Kräfte mit und treibt
unten mit unsichtbarer Wärme Blumen
und Früchte ins Freie hinaus.
Jean Paul, Dämmerungen für Deutschland

Will der Teufel Heilige fangen,
so steckt er Heilige an die Angel.
Deutsches Sprichwort

Heiligkeit

Alles Heilige ist ein Band, eine Fessel.
Max Stirner, Der Einzige und sein Eigentum

Alles Heilige ist früher als Unheilige;
Schuld setzt Unschuld voraus,
nicht umgekehrt.
Jean Paul, Levana

Das Schönste ist auch das Heiligste.
Friedrich Hölderlin, Hyperion

Der Weisen Wink und Wort
und Spruch / Sei heilig dir
wie Bibelbuch.
Jüdische Spruchweisheit

Es ist schön, zu denken, dass so viele
Menschen heilig sind in den Augen
derer, die sie lieben.
Christian Morgenstern, Stufen

Fromm ist der,
für den es etwas Heiliges gibt.
Nathan Söderblom

Gebt das Heilige nicht den Hunden,
und werft eure Perlen nicht den
Schweinen vor, denn sie können sie
mit ihren Füßen zertreten und sich
umwenden und euch zerreißen.
Neues Testament, Matthäus 7, 6 (Jesus: Bergpredigt)

Gott heiligt uns nicht ohne uns.
Thomas von Aquin, Summa theologica

Heilig und helfend zu sein,
sind beinahe gleichbedeutende Worte.
Johann Heinrich Pestalozzi

Heiligkeit ist kein Luxus,
sondern einfach eine Pflicht.
Mutter Teresa

Je heiliger die Stadt,
desto böser die Bewohner.
Sprichwort aus Arabien

Jeder Teil dieser Erde ist meinem Volk
heilig. Jede glänzende Kiefernnadel,
jeder lichte Nebel in dunklen Wäldern,
jede Lichtung und jedes summende
Insekt ist heilig in der Erinnerung und
der Erfahrung meines Volkes.
Seattle, Die Rede des Indianerhäuptlings Seattle. Neuere Version

Kein Mensch und kein Fürst darf das
Heilige und Heiligende eine Minute
lang verschieben;
denn es kennt selber keine Zeit.
Jean Paul, Dämmerungen für Deutschland

Leb wohl, mein alter Wald, lebt wohl,
ihr heil'gen Kronen, / Euch konnte
hoch genug kein Dank,
kein Opfer wohnen.
Pierre de Ronsard, Elegie XXIV

Nichts Heiliges ist mehr, es lösen
Sich alle Bande frommer Scheu.
Friedrich Schiller, Das Lied von der Glocke

Nur die heiligen Dinge sind es wert,
dass man nach ihnen greift.
Oscar Wilde, Das Bildnis des Dorian Gray

Pfaffen, Mönche und Begeinen
Sind nicht so heilig als sie scheinen.
Deutsches Sprichwort

Uns sind die Gebeine
unserer Vorfahren heilig, und ihre
Ruhestätte ist geweihter Boden.
Seattle

Was ist das Heiligste? Das, was heut
und ewig die Geister, / Tief und tiefer
gefühlt, immer nur einiger macht.
Johann Wolfgang von Goethe/Friedrich Schiller, Xenien

Weh mir! Mich bringt dein heilig
Wesen schier noch um!
Euripides, Der bekränzte Hippolytos (Theseus)

Wer es glaubt, dem ist das Heil'ge nah.
Friedrich Schiller, Thekla

Heiligtum

Bescheiden freue dich des Ruhms,
So bist du wert des Heiligtums.
Johann Wolfgang von Goethe, West-östlicher Divan

Ein Briefkasten heißt nur so; in Wahrheit ist er das Sanktuarium menschlichen Gedankenaustausches.
Gilbert Keith Chesterton, Heretiker

Ein jeder muss ein inneres Heiligtum haben, dem er schwört, und sich als Opfer in ihm unsterblich machen – denn Unsterblichkeit muss das Ziel sein.
Bettina von Arnim, Die Günderode

Meine Wohnung kommt mir vor wie ein Heiligtum. Ich mag nur Menschen drin sehn, die ich mag. Alle anderen weise ich ab.
Franziska Gräfin zu Reventlow, Tagebücher

Heilmittel

Das Heilmittel ist schlimmer
als die Krankheit.
Francis Bacon, Die Essays (Über Aufstände)

Die Heilmittel sind ein Teil
der Krankheit selbst.
Oscar Wilde, Die Seele des Menschen unter dem Sozialismus

Gift in den Händen eines Weisen ist ein Heilmittel, ein Heilmittel in den Händen des Toren ist Gift.
Giacomo Girolamo Casanova, Memoiren

Gott bringt aus der Erde
Heilmittel hervor, der Einsichtige
verschmähe sie nicht.
Altes Testament, Jesus Sirach 38, 4

Ich werde niemandem ein Heilmittel geben, das zum Tode führt, auch nicht, wenn man mich darum bittet, und auch keinen derartigen Rat erteilen.
Hippokrates, Aus dem Hippokratischen Eid

Manche Angelegenheiten werden wie manche Krankheiten zu bestimmten Zeiten durch Heilmittel verschlimmert. An unserer Lebenskunst liegt es, zu erkennen, wann ihr Gebrauch gefährlich ist.
François de La Rochefoucauld, Reflexionen

Nicht kommt die Wunde zur Vernarbung, an der Heilmittel ausprobiert werden.
Lucius Annaeus Seneca, Briefe an Lucilius

Heilung

Allgegenwärtiger Balsam
Allheilender Natur.
Johann Wolfgang von Goethe, Adler und Taube

Der Liebe Wunden kann nur heilen,
wer sie schlägt.
Publilius Syrus, Sentenzen

Der Tränen Gabe,
sie versöhnt den grimmsten Schmerz;
Sie fließen glücklich, wenn's
im Innern heilend schmilzt.
Johann Wolfgang von Goethe, Pandora (Epimetheus)

Die Formulierung, die Verallgemeinerung, die Antithese, die Parodie und die übrigen Variationen der Maßstäbe und der Empfindungsgrade, alles das sind bewährte Heilmethoden.
Erich Kästner, Dr. Erich Kästners lyrische Hausapotheke

Die Heilung von Krankheiten geht gewöhnlich auf Kosten des Lebens vor sich: Wir müssen Schneiden und Ausbrennen der Wunden, Amputationen von Gliedern, Entziehen von Nahrung und Abzapfen von Blut uns gefallen lassen. Der Eingriff braucht nur einen Schritt weiterzugehen, dann sind wir ganz geheilt.
Michel Eyquem de Montaigne, Die Essais

Die wunderbarste Medizin
kann Rachsucht nicht kurieren.
Chinesisches Sprichwort

Die Zeit heilt alle Wunden.
Voltaire, Der ehrliche Hurone

Die Zeit heilt nicht alles,
aber rückt vielleicht das Unheilbare
aus dem Mittelpunkt.
Ludwig Marcuse, Argumente und Rezepte. Ein Wörter-Buch für Zeitgenossen

Dringt die Krankheit in den Bereich des Herzens, kann keine Arznei mehr helfen.
Chinesisches Sprichwort

Ein Lot Vorbeugung ist besser
als ein Pfund Heilung.
Sprichwort aus England

Ein Todkranker wird auch
durch Zinnoberelixir und
Wunderkräuter nicht geheilt.
Chinesisches Sprichwort

Es geht mir von Tag zu Tag besser.
Emile Coué, Die Selbstbemeisterung durch bewusste Autosuggestion (Standardformel)

Es ist leicht, tausend Rezepte
zu bekommen, doch schwer,
wirklich Heilung zu erlangen.
Chinesisches Sprichwort

Geduld wird alle Schmerzen heilen.
Publilius Syrus, Sentenzen

Gleiches wird durch Gleiches geheilt.
Samuel Hahnemann, Organon der Heilkunst (Grundsatz der Homöopathie)

Gott heilt, der Arzt bekommt das Geld.
Sprichwort aus Portugal

Je gesunder das Pflaster,
je größer der Schmerz.
Deutsches Sprichwort

Jedes Heil (auch die chiliastische Soziologie) ist der Ersatz für eine Heilung, die nicht möglich war.
Ludwig Marcuse, Argumente und Rezepte. Ein Wörter-Buch für Zeitgenossen

Jedes Übel soll an der Stelle geheilt werden, wo es zum Vorschein kommt, und man bekümmert sich nicht um jenen Punkt, wo es eigentlich seinen Ursprung nimmt, woher es wirkt.
Johann Wolfgang von Goethe,
Die Wahlverwandtschaften

Kein Psychotherapeut der Welt vermag eine Heilung gegen den Willen seines Patienten zu vollbringen.
Eugen Drewermann, Das Markusevangelium, Zweiter Teil

Kommt, o ihr Trostlosen, wenn noch Entschlusskraft in euch schlummert – kommt zu der unfehlbaren Heilkraft von Bachufer, Wald und Feld.
Walt Whitman, Tagebuch (1877)

Man kann nicht alle Schäden
mit einem Pflaster heilen.
Deutsches Sprichwort

Mancher reist krätzig ins Bad
und kommt räudig wieder heim.
Deutsches Sprichwort

Niemand heilt
durch Jammern seinen Harm.
William Shakespeare, Richard III. (Gloucester)

O Retterin!, o Natur!,
du gute, alles heilende!
Friedrich Hölderlin, Hyperion

Tausend Ärzte kurieren
auch einen Gesunden zu Tode.
Chinesisches Sprichwort

Verletzen ist leicht, Heilen schwer.
Deutsches Sprichwort

Vorbeugen ist besser als Heilen.
Sprichwort aus Frankreich

Was Butter und Whisky nicht heilen,
dafür gibt es keine Heilung.
Sprichwort aus Irland

Was Medikamente nicht heilen,
heilt das Schwert; was das Schwert
nicht heilt, heilt das Feuer;
was aber das Feuer nicht heilt, muss
als unheilbar angesehen werden.
Hippokrates, Aphorismen

Wenig, aber öfter essen
führt zur Heilung.
Chinesisches Sprichwort

Wer aber seine Krankheit
nicht offenbart, kann auch kaum
Heilung davon finden.
Marie de France, Die Lais (Guigemar)

Wir sehen an tausend Beispielen,
dass die Heilung gewöhnlich auf
Kosten der Gesundheit erfolgt.
Michel Eyquem de Montaigne, Die Essais

Wir werden von einem Leiden
nur geheilt, indem wir es bis zum
Letzten auskosten.
Marcel Proust, Auf der Suche nach der
verlorenen Zeit (Die Entflohene)

Zeit heilt alle Wunden.
Deutsches Sprichwort

Heim

Ein bedauernswerter Mensch ist in
meinen Augen, wer in seinem Heim
keinen Platz hat, wo er sich selbst
gehört, wo er sich nur um sich allein
bemüht, wo er verborgen sein kann.
Michel Eyquem de Montaigne, Die Essais

Ein trautes Heim ist ein Heim,
in das man sich heimtraut.
Robert Lembke, Das Beste aus meinem Glashaus.
Humoristisches und Satirisches

Wie oft überfällt einen nicht beim
Eintreten in eines dieser idealisierten
Heime moralisch und intellektuell
dasselbe Gefühl, das einem physisch
in einem überfüllten Coupé
oder Wartesaal, in dem die Fenster
geschlossen sind, begegnet:
Die Luft ist verbraucht.
Tania Blixen, Motto meines Lebens

Heimat

Alle denken gewiss,
in kurzen Tagen zur Heimat
Wiederzukehren; so pflegt sich stets
der Vertriebne zu schmeicheln.
Johann Wolfgang von Goethe,
Hermann und Dorothea (7. Gesang)

Am Tage, da ich meinen Pass verlor,
entdeckte ich mit achtundfünfzig
Jahren, dass man mit seiner Heimat
mehr verliert als einen Fleck
umgrenzter Erde.
Stefan Zweig, Erinnerungen

Da ist unsre Heimat, diese Dinge
Bleiben in den Tiefen unsrer Seele.
Carl Spitteler, Der verlorene Sohn

Daheim bin ich König.
Deutsches Sprichwort

Daheim ist tausend Tage alles gut, in
der Fremde ist immerfort alles schwer.
Chinesisches Sprichwort

Das traute Heim
erspart dir eine Menge Arbeit,
weil es dir keine Zeit für sie lässt.
Gabriel Laub

Denn nichts ist doch süßer
als unsre Heimat und Eltern.
Homer, Odyssee

Der ist in tiefster Seele treu,
Wer die Heimat liebt wie du.
Theodor Fontane, Archibald Douglas

Die Heimat, das bedeutet:
von Zeit zu Zeit eine Minute der
Rührung, aber doch nicht dauernd.
Jules Renard, Ideen, in Tinte getaucht.
Aus dem Tagebuch von Jules Renard

Die Heimat des Abenteuers
ist die Fremde.
Emil Gött, Im Selbstgespräch

Die Heimat ist nie schöner,
als wenn man in der Fremde
von ihr spricht.
Horst Wolfram Geißler

Die ursprüngliche Heimat ist eine
Mutter, die zweite eine Stiefmutter.
Ernst Wiechert

Dies ist der andre Weg,
Geh diesen Weg;
sei sicher, dieser führt dich heim.
Otfrid von Weissenburg, Evangelienbuch

Ein äußerer Emigrant a.D. z.Zt. in der
inneren Emigration, in spe jenseits
von Heimat und Heimatlosigkeit.
Ludwig Marcuse, Argumente und Rezepte.
Ein Wörter-Buch für Zeitgenossen

Ein Mensch, auf der Scholle geboren,
wird ihr durch Gewohnheit angehörig,
beide verwachsen miteinander,
und sogleich knüpfen sich die
schönsten Bande.
Johann Wolfgang von Goethe,
Wilhelm Meisters Wanderjahre

Es ist vom Übel, wenn der Mensch
nicht da ist, wohin er gehört.
Und ich gehöre nicht in die Stadt.
Paula Modersohn-Becker, Briefe (5. Dezember 1900)

Es leben mit der Mühsal,
die des Heimatlands entbehren.
Otfrid von Weissenburg, Evangelienbuch

Für des Menschen wilde Brust
ist keine Heimat möglich.
Friedrich Hölderlin, Hyperion

Gibt's kein höheres Übel doch
Als den Verlust der Heimat.
Euripides, Medea (Chor)

Heimat ist ein geistiger Raum,
in den wir mit einem jeden Jahre
tiefer eindringen.
Reinhold Schneider

Heimatliche Natur!,
wie bist du treu mir geblieben!
Zärtlichpflegend, wie einst,
nimmst du den Flüchtling noch auf.
Friedrich Hölderlin, Der Wanderer

Heimisch in der Welt
wird man nur durch Arbeit.
Wer nicht arbeitet, ist heimatlos.
Berthold Auerbach, Das Landhaus am Rhein

Ich bin die Heimat durchgezogen,
und ich habe sie reicher gefunden,
als ich zu hoffen gewagt hatte.
Theodor Fontane,
Wanderungen durch die Mark Brandenburg

Ich habe keine Heimat,
aber mein Kind, mein Kind.
Franziska Gräfin zu Reventlow, Tagebücher

Ich kann unser Leben in der Fremde
nicht ertragen und denke oft an unsere
Heimat, die wir verlassen mussten.
Waltharilied (Walther)

In der Fremde erfährt man,
was die Heimat wert ist.
Ernst Wiechert

Luoyang ist schön,
doch schöner noch ist es zu Hause.
Chinesisches Sprichwort

Mit heißen Tränen
wirst du dich dereinst
Heim sehnen nach den
väterlichen Bergen.
Friedrich Schiller, Wilhelm Tell (Attinghausen)

Nicht da ist man daheim,
wo man seinen Wohnsitz hat,
sondern wo man verstanden wird.
Christian Morgenstern, Stufen

Ohne Heimat sein heißt leiden.
Fjodor M. Dostojewski

Und doch ist mir recht heimatlich
bei den Geschwistern, heimatlich,
zugleich heimatlos.
Franziska Gräfin zu Reventlow, Tagebücher

Und ergreift auf einmal uns
das Heimweh ganz,
Dann gehen wir wie die Gefährten
auch eine andere Straße,
Den Weg, der uns führen kann
zurück ins eigene Land.
Otfrid von Weissenburg, Evangelienbuch

Wasser und Erde der Heimat
formen sich ihren Menschenschlag.
Chinesisches Sprichwort

Weh, du fremdes Land,
wie so hart bist du!
Du bist so drückend schwer.
Otfrid von Weissenburg, Evangelienbuch

Wer aus seiner Heimat scheidet,
ist sich selten bewusst,
was er alles aufgibt:
Er merkt es vielleicht erst dann,
wenn die Erinnerung daran
eine Freude seines späteren Lebens wird.
Gustav Freytag, Soll und Haben

Wir sollen dort bleiben,
wo wir hingehören.
Knut Hamsun, Landstreicher

Heimlichkeit

Heimliche Liebe ist süß.
Ulrich von Winterstetten,
Lieder (Verholniu minne sanfte tuot)

Ins Ohr geflüsterte Worte
kann man tausend Li weit hören.
Chinesisches Sprichwort

Tue nichts im Verborgenen,
dessen du dich schämen müsstest,
wenn es ein Fremder sähe!
Adolph Freiherr von Knigge, Über den Umgang mit Menschen

Was einer nicht öffentlich tun darf,
soll er auch nicht heimlich tun.
König Friedrich der Schöne, überliefert bei
Julius Wilhelm Zincgref (Apophthegmata)

Wer nie eine heimliche Liaison hatte,
weiß nicht,
wie das Schicksal übertreibt.
Oliver Hassencamp

Heimsuchung

Der zu meiner Heimsuchung
bestellte Teufel ist immer gegenwärtig
und quält mich.
Leo N. Tolstoi, Tagebücher (1896)

Sei tapfer und stark, zur Zeit der
Heimsuchung überstürze nichts!
Altes Testament, Jesus Sirach 2, 2

Heimweh

Aus dem Zusammenleben und Zusammenwohnen mit Felsen, Seen, Trümmern, Bäumen, Pflanzen entspringt
bald eine Art von Verbindung,
die sich auf die Eigentümlichkeit
jedes dieser Gegenstände gründet und
zu gewissen Stunden ihre Wunder zu
vernehmen berechtigt ist. Wie mächtig
das dadurch entstehende Band sei,
zeigt an natürlichen Menschen jenes
herzzerreißende Heimweh.
Jacob und Wilhelm Grimm, Deutsche Sagen

Das Heimweh hört doch nie auf.
Franziska Gräfin zu Reventlow, Tagebücher

Die Jugend hat Heimweh
nach der Zukunft.
Jean-Paul Sartre

Im fremden Land
ist auch der Frühling nicht schön.
Sprichwort aus Russland

Heimzahlen

Alles wird uns heimgezahlt,
wenn auch nicht von denen,
welchen wir geborgt haben.
Marie von Ebner-Eschenbach, Aphorismen

Nun geht es aber auf die Dauer nicht an,
dass man alles, was einem widerfährt,
mit dem strengen Maßstab
Kaiser Karls heimzahlt.
Gottfried von Straßburg, Tristan

Heiraten

Am vorsichtigsten sei man
beim Ratgeben
in Heiratsangelegenheiten!
Adolph Freiherr von Knigge, Über den Umgang
mit Menschen

Beobachte die Mutter
und heirate die Tochter.
Sprichwort aus der Türkei

Bete einmal, eh du in den Krieg gehst;
zweimal, wenn du auf die See gehst,
und dreimal, eh du heiratest.
Sprichwort aus Polen

Bevor du heiratest,
halte deine Augen weit offen –
und halb geschlossen danach.
Benjamin Franklin, Des armen Richard Almanach

Christen dürfen nur eine Frau heiraten.
Man nennt das Monotonie.
Robert Lembke, Das Beste aus meinem Glashaus.
Humoristisches und Satirisches

Da du nach dem Stande eines Ehemannes und Vaters trachtest – hast du
auch dessen Pflichten recht erwogen?
Jean-Jacques Rousseau, Emile

Das Kind, das sich bloß die Liebe zum
Gesetze macht, wählt schlecht;
der Vater, der sich die herrschende
Meinung zum Gesetze macht,
wählt noch schlechter.
Jean-Jacques Rousseau,
Julie oder Die neue Héloïse (Eduard)

Dass ich mich verheirate,
soll kein Grund sein,
dass ich nichts werde.
Paula Modersohn-Becker, Briefe

Dass man, wenn man heiratet,
so furchtbar festsitzt, ist etwas schwer.
Paula Modersohn-Becker, Briefe (an die Mutter)

Denk erst ans Brot
und dann an die Braut.
Sprichwort aus Norwegen

Der Entschluss zur Heirat ist
für die meisten Leute der wichtigste,
den sie in ihrem Leben fassen:
und zugleich der unüberlegteste.
Sebastian Haffner

Die gefährlichste Klippe im Leben
eines Künstlers ist die Heirat,
besonders eine so genannte
glückliche Heirat.
Anselm Feuerbach, Rom

Die große Schönheit, scheint mir,
sollte man beim Heiraten eher fliehen
als suchen. Die Schönheit wird bald
durch den Besitz abgenutzt;
nach Verlauf von sechs Wochen
ist sie für den Besitzer nichts mehr wert;
ihre Gefährlichkeit aber dauert
so lange wie sie selbst.
Jean-Jacques Rousseau, Emile

Die heilige Jungfrau Maria
bringe Schande über den,
der sich vermählt,
um zu verweichlichen!
Chrétien de Troyes, Yvain (Gauvain)

Die Heirat ist die einzige
lebenslängliche Verurteilung,
bei der man aufgrund schlechter
Führung begnadigt werden kann.
Alfred Hitchcock

Die Heiraten,
so mit Lachen anfangen,
sind nicht allezeit die glücklichsten.
Liselotte von der Pfalz, Briefe

Heiraten

Die Leute verheiraten
einen Feuerbrand
an eine Wachsfigur
und predigen dem Ehepaar
Liebe und Eintracht.
Marie von Ebner-Eschenbach, Aphorismen

Die meisten Menschen haben bei ihrer
Heirat nur Fortpflanzung, Eigentum
oder Kind im Auge; aber weder
Fortpflanzung noch Eigentum
noch Kind machen das Glück aus.
Honoré de Balzac, Die Physiologie der Ehe

Die warten kann,
kriegt auch einen Mann.
Deutsches Sprichwort

Dreimal unglücklich,
wer als armer Mann heiratet.
Menandros, Monostichoi

Drum prüfe, wer sich ewig bindet,
Ob sich das Herz zum Herzen findet.
Friedrich Schiller, Das Lied von der Glocke

Du bereitest dich zum Kriege vor,
und der erste Gedanke eines Generals
ist stets, seinem Gegner
die Lebensmittel abzuschneiden.
Honoré de Balzac, Physiologie der Ehe

Ehemals überlegte man gewissenhaft,
ehe man heiratete.
Jean de La Bruyère, Die Charaktere

Ein Frauenzimmer, das einen jungen
Menschen des Geldes wegen heiratet,
setzt sich selbst zur Konkubine herab.
Theodor Gottlieb von Hippel, Über die Ehe

Ein Hund, der beißen will, knurrt;
eine Biene, die stechen will, summt;
aber ein Mädchen lässt nur seine
Augen leuchten.
Sprichwort aus Polen

Ein Mädchen
aus gleichem Stande heirate;
denn nimmst du eine
aus vornehmem Geschlecht,
erhältst du Herren
und nicht Verwandte.
Kleobulos, überliefert von Stobaios (Anthologie)

Ein Mädchen heiratet, um den Eltern,
eine Witwe heiratet, um sich selbst
einen Gefallen zu tun.
Chinesisches Sprichwort

Ein Mann kann sich nicht verheiraten,
ohne Anatomie zu studieren und
mindestens eine Frau seziert zu haben.
Honoré de Balzac, Die Physiologie der Ehe

Ein Mann mag werben, wo er will,
aber er wird heiraten, wo der Zufall ist.
Sprichwort aus Schottland

Ein Weib, das nicht erzählen kann,
sollte nicht heiraten, und ein Mann,
der nicht erzählen kann,
nicht Schulmeister werden dürfen.
Gustav Friedrich Dinter, Ausgewählte Schriften

Eine fürchterliche Rache des Mittelalters war, einen Menschen mit einem
Leichnam zu verschnüren und so
einem langsamen Tode preiszugeben.
Heute tut man so etwas kaum mehr,
aber man heiratet noch.
Emil Gött, Zettelsprüche. Aphorismen

Einem Paar,
das füreinander geschaffen ist,
vermittle getrost die Heirat.
Chinesisches Sprichwort

Einmal heiraten ist Pflicht,
zweimal ist Torheit,
dreimal ist Wahnsinn.
Sprichwort aus Holland

Er heiratete sie, weil sie ihn liebte;
sie liebte ihn, weil er sie heiratete.
Jean Paul, Aphorismen

Erst sehn
Und dann zum Altar gehn.
Jüdische Spruchweisheit

Es ist besser zu heiraten,
als sich in Begierde zu verzehren.
Neues Testament, Paulus (1 Korinther 7, 9)

Es ist keine Schande und kein Fehler,
wenn ein junger Mann
eine ältere Frau heiratet:
Er kann es aus Klugheit,
aus Vorsicht tun.
Jean de La Bruyère, Die Charaktere

Es sieht aus, als laufe alles nur auf
diesen einen Punkt, auf eine Art von
Verkauf hinaus: Einem Wüstling wird
ein unschuldiges Mädchen verkauft,
und der Verkauf vollzieht sich eben
unter bestimmten Zeremonien und
Formalitäten!
Leo N. Tolstoi, Die Kreutzersonate

Fast alle haben sich verheiratet,
ohne von der Frau und von der Liebe
auch nur die allergeringste Kenntnis
zu besitzen.
Honoré de Balzac, Die Physiologie der Ehe

Freien ist wie Pferdekauf:
Freier, tu die Augen auf.
Deutsches Sprichwort

Früh Eh früh Weh.
Deutsches Sprichwort

Halte deine Augen weit offen,
bevor du heiratest,
und halb geschlossen danach.
Sprichwort aus den USA

Heirat, das heißt:
Nachtigallen zu Hausvögeln machen.
Christian Dietrich Grabbe

Heirat: Eine Gemeinschaft,
bestehend aus Herr, Herrin und
zwei Sklaven, macht zusammen zwei.
Ambrose Bierce, Aus dem Wörterbuch des Teufels

Heirat hat – wenn das Sprichwort
Recht hat – zwei gute Tage:
den ersten und den letzten.
Alexis Piron, Gedichte

Heirat ins Blut tut selten gut.
Deutsches Sprichwort

Heirate nie um des Geldes willen!
Du leihst es billiger.
Sprichwort aus Schottland

Heirate über den Mist,
so weißt du, wer sie ist.
Deutsches Sprichwort

Heiraten darf nur,
wer, ohne bemittelt zu sein, leben
und sein Kind erziehen kann.
Leo N. Tolstoi, Tagebücher (1900)

Heiraten heißt für eine Frau so viel
wie im Winter ins Wasser springen:
Hat sie's einmal getan –
dann denkt sie ihren Lebtag daran.
Maxim Gorki, Nachtasyl

Heiraten in Eile bereut man mit Weile.
Deutsches Sprichwort

Heiraten ist eine Pflicht,
einen Liebhaber nehmen ein Luxus.
Simone de Beauvoir, Das andere Geschlecht

Heiraten ist leicht,
Haushalten schwer.
Deutsches Sprichwort

Heiraten ist Lotterie.
Deutsches Sprichwort

Heiraten ist schwerlich eine Sache,
die man hin und wieder tun kann.
Oscar Wilde, Das Bildnis des Dorian Gray

Heiraten ist,
wenn man die Wahrheit prüft,
Ein Übel zwar, doch ein notwendiges.
Menandros, Fragmente

Heiratest du aber,
so sündigst du nicht;
und heiratet eine Jungfrau,
so sündigt auch sie nicht.
Freilich werden solche Leute
irdischen Nöten nicht entgehen;
ich aber möchte sie euch ersparen.
Neues Testament, Paulus (1 Korinther 7, 28)

Hol dir ein Pferd von einem reichen
Gut und eine Frau von einem armen.
Sprichwort aus Estland

Ich bin altmodisch.
Ich finde, die Menschen sollten
für das ganze Leben heiraten –
so wie Tauben oder Katholiken.
Woody Allen

Ich bin wohl reich genug,
dass ich drum eine Frau
Heiraten will,
die alles mir zu danken hat
Und voller Demut
weil sie sich abhängig weiß,
Nichts stets mit Geld und Herkunft
aufzutrumpfen wagt.
Molière, Die Schule der Frauen (Arnolf)

Ich hätte niemals ein Mädchen
geheiratet, mit dem ich ein Jahr lang
in der gleichen Stadt gelebt hätte.
Franz Kafka, Tagebücher (1913)

Ich heirate nicht bei diesem Gehalt.
Erich Kästner, Dr. Erich Kästners lyrische Hausapotheke

In Paris wird das höchste Lob für ein
junges heiratsfähiges Mädchen in dem
Satz zusammengefasst: Sie hat die
sanfte Gemütsart eines Schäfchens –
und nichts macht größeren Eindruck
auf einen dummen Freier.
Stendhal, Über die Liebe

In unserem monogamischen Weltteile
heißt heiraten seine Rechte halbieren
und seine Pflichten verdoppeln.
Arthur Schopenhauer, Über die Weiber

Jede Frau sollte heiraten –
aber kein Mann.
Benjamin Disraeli, Lothar

Jeder singt nach seiner Begabung
und heiratet nach seinem Glück.
Sprichwort aus Portugal

Jung gefreit hat niemand gereut.
Deutsches Sprichwort

Kaufe deines Nachbarn Rind
und freie deines Nachbarn Kind.
Deutsches Sprichwort

Lieber eine unordentliche Frau nehmen,
als Junggeselle bleiben.
Sprichwort aus Afrika

Lobe die Heirat nicht nach dem dritten
Tag, sondern nach dem dritten Jahr!
Sprichwort aus Russland

Man kann anderen Leuten erklären,
warum man seinen Mann geheiratet
hat, aber sich selbst kann man das
nicht erklären.
George Sand

Man soll ebenso wenig nach den
Augen als nach den Fingern heiraten.
Plutarch, Ehevorschriften

Man soll nur schöne Frauen heiraten.
Sonst hat man keine Aussicht,
sie wieder loszuwerden.
Danny Daye

Man sollte stets verliebt sein.
Das ist der Grund,
warum man nicht heiraten sollte.
Oscar Wilde, Eine Frau ohne Bedeutung

Man verheiratet die Frauen,
ehe sie etwas sind und sein können.
Der Ehemann ist nur eine Art
Handwerker, der den Leib der Frau
plagt, ihren Geist formt
und ihre Seele ausarbeitet.
Chamfort, Maximen und Gedanken

Manche Dinge lassen sich leichter
legalisieren als legitimieren.
Chamfort, Maximen und Gedanken

Mancher Mann, der in ein Grübchen
verliebt ist, begeht den Fehler,
das ganze Mädchen zu heiraten.
Stephen Leacock

Männer heiraten, weil sie müde sind,
Frauen, weil sie neugierig sind.
Beide werden enttäuscht.
Oscar Wilde, Eine Frau ohne Bedeutung

Mein Rat ist zu allen,
die freien wollen,
dass sie nicht scherzen.
Und sucht nicht die Verbindung mit
den Frauen nach den Leidenschaften
des Fleisches und nach der Brunst,
sondern betet, betet!
Martin Luther, Tischreden

Meine Frau will ich
nicht zum Manne nehmen.
Martial, Epigramme (Ratschlag, nie eine reichere Frau zu heiraten)

Mit der Verheiratung ändert sich das
System. Der Verheiratete verlangt
Ordnung, Sicherheit und Ruhe, er
wünscht, als Familie in einer Familie
zu leben, in einem regelmäßigen
Hauswesen – er sucht eine echte
Monarchie.
Novalis, Politische Aphorismen

Nach den drei
in der Kirche gesprochenen
lateinischen Worten
einem Manne ins Bett zu folgen,
den man nur zweimal gesehen hat,
ist entschieden schamloser,
als sich willenlos einem Manne
hinzugeben, den man zwei Jahre lang
angebetet hat.
Stendhal, Über die Liebe

Niemand arbeitet so hart für sein Geld,
wie der, der es geheiratet hat.
Kin Hubbard

Nimm einen jungen Mann,
feurig wie ein arabisches Pferd;
lass ihn heiraten, und er ist verloren.
Zuerst ist das Weib stolz,
dann wird es schwach,
dann wird es ohnmächtig,
dann wird er ohnmächtig,
dann wird die ganze Familie
ohnmächtig. Eines Weibes Liebe
ist nur Verstellung und Schwachheit.
Søren Kierkegaard, Entweder – Oder

Nimmst du einen Mann,
um dein Glück ist's getan.
Deutsches Sprichwort

Ob eine Heirat zustande kommt
oder nicht, die Kupplerin erhält
immer ihren Schnaps.
Chinesisches Sprichwort

Reicher Leute Töchter
und armer Leute Kälber
kommen bald an den Mann.
Deutsches Sprichwort

Totschlag von Räubern
Ist Kleinigkeit; doch Heirat! Heirat!
Christian Dietrich Grabbe,
Don Juan und Faust (Don Juan)

Über dem Geschwätz eines Buddhamönchs von Heirat vergeht die Zeit.
Chinesisches Sprichwort

Übereilte Heirat fällt selten gut aus.
Deutsches Sprichwort

Überhaupt ist in der Welt
nichts so schwierig wie das Heiraten.
Friedrich Schleiermacher, Briefe (10. November 1801)

Übrigens versichere ich die Bräute,
noch gewisser die Bräutigame,
dass sie nur von liebenden Eltern
liebende Kinder erheiraten können;
und dass besonders ein hassender
oder liebender Vater kindliches
Hassen oder Lieben fortpflanze.
Jean Paul, Levana

Und leider haben überhaupt die Heiraten – verzeihen Sie mir einen lebhafte-
ren Ausdruck – etwas Tölpelhaftes;
sie verderben die zartesten Verhältnisse, und es liegt doch eigentlich nur
an der plumpen Sicherheit, auf die
sich wenigstens ein Teil zugute tut.
Johann Wolfgang von Goethe,
Die Wahlverwandtschaften

Verheiraten die meisten Männer
sich nicht genau so, wie wenn sie
einen Posten Staatspapiere
an der Börse kauften?
Honoré de Balzac, Die Physiologie der Ehe

Viele Männer wären gern verheiratet,
nur nicht vierundzwanzig Stunden
täglich.
Ursula Herking

Warum so errötet?
Ich möchte heiraten.
Warum so bleich?
Ich habe geheiratet.
Sprichwort aus Russland

Warum will man lieber für seine Tochter einen Dummkopf, der Namen und Rang hat, als einen geistvollen Menschen? Die Vorteile des Dummkopfs lassen sich teilen, die des Geistes sind nicht mitteilbar: Ein Herzog macht eine Herzogin, ein geistreicher Mann keine geistreiche Frau.
Antoine Comte de Rivarol, Maximen und Reflexionen

Was man im Himmel tut, wissen wir nicht; was man nicht tut,
das sagt man uns ausdrücklich,
nämlich dass man weder heiratet
noch verheiratet ist.
Jonathan Swift, Gedanken über verschiedne Dinge

Weibernehmen ist kein Pferdehandel.
Deutsches Sprichwort

Wen man zu lange kennt,
den soll man nicht heiraten.
Sprichwort aus Afrika

Wenn der Himmel regnen
oder eine Witwe heiraten will,
lässt es sich durch nichts verhindern.
Chinesisches Sprichwort

Wenn der rechte Joseph kommt,
sagt Maria ja.
Deutsches Sprichwort

Wenn die Tochter heiratet,
verliert ein Vater zwar die Mitgift,
aber er gewinnt ein Badezimmer.
Robert Lembke, Das Beste aus meinem Glashaus. Humoristisches und Satirisches

Wenn die Tochter unter der Haube ist,
erscheinen die Freier in Scharen.
Sprichwort aus Spanien

Wenn du passend heiraten willst,
dann heirate einen Ebenbürtigen.
Ovid, Heroinen

Wenn ein Genie sich verheiratet,
so geschieht immer ein Wunder.
Friedrich Hebbel, Briefe (an Elise Lensing,
14. Dezember 1836)

Wenn ein Mädchen heiratet,
tauscht es die Aufmerksamkeit
vieler Männer gegen die Unaufmerksamkeit eines einzigen ein.
Helen Rowland

Wenn ein Mann nicht die Liebeswonnen zweier aufeinander folgender Nächte völlig verschieden zu gestalten weiß, hat er sich zu früh verheiratet.
Honoré de Balzac, Die Physiologie der Ehe

Wenn ein Mann sich mit einer hoch geehrten Dame verheiraten will,
verspricht er und verheißt er viel;
sobald er sie gewonnen hat,
gibt er von all dem,
was er ihr versprochen hat,
entweder wenig oder gar nichts.
Juan Ruiz de Alarcón y Mendoza,
Buch von rechter Liebe

Wenn man die Mädchen nicht verheiratet, verheiraten sie sich selber.
Voltaire, Die Prinzessin von Babylon

Wenn man, wie ich, eine böse Frau geheiratet hat, ist das Beste,
was man tun kann, sich ins Wasser zu stürzen mit dem Kopf voran.
Molière, George Dandin (Dandin)

Wenn wir heiraten, übernehmen wir
ein versiegeltes Schreiben,
dessen Inhalt wir erst erfahren,
wenn wir auf hoher See sind.
Lilli Palmer

Wer an einem Regentag heiratet,
hat das ganze Leben lang Glück.
Sprichwort aus Frankreich

Wer aus Liebe heiratet,
hat schöne Nächte und schlechte Tage.
Sprichwort aus Frankreich

Wer die Tochter haben will,
halt es mit der Mutter.
Deutsches Sprichwort

Wer eine Witwe
mit drei Töchtern heiratet,
heiratet vier Diebe.
Sprichwort aus England

Wer früh Kinder hat,
zieht auch früh den Nutzen.
Wer früh heiratet,
muss sich auch früh ärgern.
Chinesisches Sprichwort

Wer heiratet, tut wohl,
wer ledig bleibt, besser.
Deutsches Sprichwort

Wer nach Geld heiratet,
verliert seine Freiheit.
Deutsches Sprichwort

Wer nur das Vermögen
oder den Stand heiratet,
ist der Person nichts schuldig.
Jean-Jacques Rousseau,
Julie oder Die neue Héloïse (Saint-Preux)

Wer seine Jungfrau heiratet,
handelt also richtig;
doch wer sie nicht heiratet,
handelt besser.
Neues Testament, Paulus (1 Korinther 7, 38)

Wer sich freit ein Nachbarskind,
der weiß auch, was er find't.
Deutsches Sprichwort

Wer Weiber kaufen sol,
Der kauft gemeinlich wol,
Wenn er kauft nach Gerüchte
Und nicht nur nach Gesichte.
Friedrich von Logau, Sinngedichte

Wie viele Orangs ... Männer,
wollte ich sagen, verheiraten sich,
ohne zu wissen, was eine Frau ist.
Honoré de Balzac, Die Physiologie der Ehe

Willst du ein braves Weib,
so sei ein rechter Mann.
Johann Wolfgang von Goethe,
Die Mitschuldigen (Sophie)

Willst du eine Frau nehmen, so zieh
die Ohren mehr als die Augen zurat.
Deutsches Sprichwort

Wir heiraten nicht für uns,
wie es zunächst scheint;
wir heiraten ebenso sehr
für unsere Nachkommenschaft,
für unsere Familie.
Michel Eyquem de Montaigne, Die Essais

Wo es Heirat ohne Liebe gibt,
da wird es Liebe ohne Heirat geben.
Benjamin Franklin, Des armen Richard Almanach

Wofern nicht eine schöne Frau ein Engel ist, ist ihr Mann der unglücklichste Mensch, und wenn sie auch ein Engel wäre, wie wird sie verhindern, dass sie unaufhörlich von Feinden umgeben ist?
Jean-Jacques Rousseau, Emile

Zu früh gefreit hat manchen gereut.
Deutsches Sprichwort

Zum Heiraten gehören immer zwei:
Ein Mädchen und ihre Mutter!
Adele Sandrock

Zuneigung allein ist nicht genug zum Heiraten; heiraten ist eine Sache für vernünftige Menschen.
Theodor Fontane, Meine Kinderjahre

Zur Heirat gehören mehr
als nur vier nackte Beine ins Bett.
Kurt Tucholsky, Schnipsel

Zwischen Ostern und Pfingsten
heiraten die Unseligen.
Deutsches Sprichwort

Heiterkeit

Aller Anfang ist heiter,
die Schwelle ist der Platz der Erwartung.
Johann Wolfgang von Goethe,
Wilhelm Meisters Lehrjahre

Auf ernstem Lebensgrunde
zeigt sich das Heitere so schön.
Johann Wolfgang von Goethe,
Wilhelm Meisters Wanderjahre

Das deutlichste Anzeichen
der Weisheit ist eine immer
gleich bleibende Heiterkeit.
Michel Eyquem de Montaigne, Die Essais

Dem Freudigen erwächst Heiterkeit.
Dem im Geist Heiteren kommt der
Körper zur Ruhe. Der im Körper Ruhige fühlt Glückseligkeit. Dem Glückseligen ordnet sich das Denken.
Gautama Buddha, Dīghanikāya

Der Heitere ist den Betrübten,
der Traurige den Vergnügten zuwider.
Ecbasis captivi in belehrender Gestalt (Papagei)

Der letzte Ernst der Dinge ist heiter.
René Schickelé, Genfer Reise

Die Heiterkeit des Unglücklichen
ist oft rührender
als seine rührendste Klage.
Marie von Ebner-Eschenbach, Aphorismen

Die innere Heiterkeit des Menschen,
die wahre Heiterkeit – die etwas ganz
anderes ist als die Lustigkeit – entsteht
nur, wenn der Mensch sich für die
Gegenwart und Zukunft in Ruhe und
Sicherheit weiß.
Ferdinando Galiani, Gedanken und Beobachtungen

Die Sonnenuhr zählt nur
die heiteren Stunden.
Deutsches Sprichwort

Ein Gemüt, das sich meist in Heiterkeit
erhält, ist schon darum so schön,
weil es immer auch ein genügsames
und anspruchsloses ist.
Wilhelm von Humboldt, Briefe an eine Freundin

Heiterkeit ist die Mutter von Einfällen.
Luc de Clapiers Marquis de Vauvenargues,
Unterdrückte Maximen

Heiterkeit kann kein Übermaß haben,
sondern ist immer gut;
Melancholie dagegen
ist immer schlecht.
Baruch de Spinoza, Ethik

Heiterkeit oder Freudigkeit ist der
Himmel, unter dem alles gedeihet,
Gift ausgenommen.
Jean Paul, Levana

Heiterkeit zieht an,
Heiterkeit ist wie ein Magnet.
Theodor Fontane, Die Poggenpuhls

Ich liebe mir den heitern Mann
Am meisten unter meinen Gästen:
Wer sich nicht selbst
zum Besten haben kann,
Der ist gewiss nicht von den Besten.
Johann Wolfgang von Goethe, Sprüche

Lachende Heiterkeit wirft auf alle
Leben-Bahnen Tages-Licht;
der Missmut weht seinen bösen Nebel
in jede Ferne.
Jean Paul, Levana

Prost der Heiterkeit!
Lucius Apuleius, Der goldene Esel

So schwer das Leichte fällt,
so ernst ist das Heitere.
Peter Benary

Traurigkeit ist Stille, ist Tod;
Heiterkeit ist Regsamkeit,
Bewegung, Leben.
Marie von Ebner-Eschenbach, Aphorismen

Wenn der Genuss eine
sich selbst verzehrende Rakete ist:
so ist die Heiterkeit ein
wiederkehrendes lichtes Gestirn,
ein Zustand, der sich, ungleich dem
Genusse, durch die Dauer nicht
abnützt, sondern wieder gebiert.
Jean Paul, Levana

Wenn im Herzen keine Bosheit ist,
so sind immer Heiterkeit und Leichtigkeit in Miene und Manieren.
Philipp Stanhope Earl of Chesterfield, Briefe über die
anstrengende Kunst, ein Gentleman zu werden

Wer dieses Leben recht versteht,
will heiter sein, so oft es geht.
Li Taibai, Gedichte

Zeige, so viel du kannst,
eine immer gleiche, heitere Stirn!
Adolph Freiherr von Knigge,
Über den Umgang mit Menschen

Held/Heldin

An einem Helden ist alles verzeihlich,
nur nicht die Schwäche.
Jakob Boßhart, Bausteine zu Leben und Zeit

Besser ein Langmütiger als ein Kriegsheld, besser, wer sich selbst beherrscht,
als wer Städte erobert.
Altes Testament, Sprüche Salomos 16, 32

Das Leben der Helden hat die
Geschichte bereichert, und die
Geschichte hat die Taten der Helden
verklärt: Ich wüsste nicht, wer dem
anderen mehr Dank schuldig ist,
ob die Historiker denen, die ihnen
einen so edlen Stoff darboten,
oder jene großen Männer den
Geschichtsschreiber.
Jean de La Bruyère, Die Charaktere

Der Held dringt kühn voran,
der Schwächling bleibt zurück.
Friedrich Schiller, Das Spiel des Lebens

Der Held zeigt wohl seine Narben,
aber nur der Bettler seine Wunden.
Jean Paul, Politische Fastenpredigten

Der Heldentod (...)
ist politische Münze,
ist als solche Falschgeld (...)
Heinrich Böll, Worte töten Worte heilen

Der Mann kann sich nur als Held
zeigen, indem er angreift, das heißt,
indem er Schmerzen zufügt.
Die Frau dagegen zeigt ihr Heldentum,
indem sie die Schmerzen erträgt.
Ernest Bornemann, Mann, Frau, Schmerz

Der rasche Kampf
verewigt einen Mann:
Er falle gleich,
so preiset ihn das Lied.
Johann Wolfgang von Goethe,
Iphigenie auf Tauris (Iphigenie)

Der Ruhm verschönert den Helden.
Luc de Clapiers Marquis de Vauvenargues, Nachgelassene Maximen

Der Verbrecher von gestern
ist der Held von heute.
Der Held im Westen ist
Verbrecher im Osten und umgekehrt.
Fritz Bauer

Der Verstand kann ein Held sein,
die Klugheit ist meistens ein Feigling.
Marie von Ebner-Eschenbach, Aphorismen

Die Amerikaner
sind große Heldenverehrer
und suchen ihre Helden
stets in der Verbrecherwelt.
Oscar Wilde

Die Geschichte
hat Helden und Werkzeuge
und macht beide unsterblich.
Marie von Ebner-Eschenbach, Aphorismen

Die legendären Helden,
nicht die wirklichen Helden
haben Eindruck
auf die Massen gemacht.
Gustave Le Bon, Psychologie der Massen

Die Natur gibt Vorzüge,
aber erst das Glück
macht den Helden.
François de La Rochefoucauld, Reflexionen

Held/Heldin

Diese Helden!
Immer wissen sie, wer zuschaut.
Elias Canetti, Die Provinz des Menschen.
Aufzeichnungen 1942–1972

Ein Held, der nicht stirbt,
ist ein unzuverlässiger Held.
Nur tote Helden sind echte Helden.
Jean-Pierre Melville

Ein Held –
hoch heiliger Ernst der Natur;
eine Heldin –
Spiel der Natur.
Marie von Ebner-Eschenbach, Aphorismen

Ein Held ist einer,
der tut, was er kann.
Die anderen tun das nicht.
Romain Rolland, Johann Christof

Ein Held lebt auch nach dem Tode.
Chinesisches Sprichwort

Ein Held kann man sein,
auch ohne die Erde zu verwüsten.
Nicolas Boileau-Despréaux, Episteln

Ein Heros ist jemand, der glaubt,
dass er alles überwinden kann.
Aber heute glauben wir offensichtlich
nicht mehr daran, dass wir unsere
Schwierigkeiten überwinden können.
Wir haben das Ideal
des Heros verworfen.
Anaïs Nin, Ein neuer innerer Schwerpunkt

Ein jeglicher muss
seinen Helden wählen,
Dem er die Wege zum Olymp hinauf
Sich nacharbeitet.
Johann Wolfgang von Goethe, Iphigenie auf Tauris

Ein kostbares Schwert schenke
einem Helden, roten Puder schenke
einer schönen Frau.
Chinesisches Sprichwort

Ein Langweiler ist einer,
der seinen Mund aufmacht
und seine Heldentaten hineinsteckt.
Henry Ford

Es gibt Heldentaten, deren nur die
ganz Schüchternen fähig sind.
Pierre Gascar

Es ist eine Eigenschaft der Heroen,
mit Heroen übereinzustimmen.
Baltasar Gracián y Morales,
Handorakel und Kunst der Weltklugheit

Es gibt, sagt man, für den Kammerdiener keinen Helden. Das kommt aber
bloß daher, weil der Held nur vom
Helden anerkannt werden kann. Der
Kammerdiener wird aber wahrscheinlich seinesgleichen zu schätzen wissen.
Johann Wolfgang von Goethe,
Maximen und Reflexionen

Es ist leichter, ein Held zu sein,
als ein Ehrenmann.
Ein Held muss man nur einmal sein,
ein Ehrenmann immer.
Luigi Pirandello

Fast alle Menschen sind
von Natur »Heldenverehrer«;
gegen diesen gesunden Instinkt lässt
sich nichts Stichhaltiges einwenden.
Houston Stewart Chamberlain,
Die Grundlagen des 19. Jahrhunderts

Helden sind nicht Einzelne.
Martin Luther, Tischreden

Heldentum fühlt und vernünftelt nicht
und hat deshalb immer Recht.
Ralph Waldo Emerson, Essays

Heldentum ist Verstand – er weiß,
dass Mut den Tod nervös macht.
Emil Gött, Im Selbstgespräch

Im Krieg ist es schwierig,
den Helden und den großen Mann
zu unterscheiden.
Jean de La Bruyère, Die Charaktere

Jeder Held wird
auf die Dauer langweilig.
Ralph Waldo Emerson, Essays

Jedes Weib hat ein Recht,
von jedem Mann zu verlangen,
dass er ein Held sei.
Friedrich Hebbel, Judith (Judith)

Kein Heroen-Verehrer verfügt über
irgendwelche inneren Werte.
Edgar Allan Poe, Marginalien

Leicht ist man entschlossen
Findet man Genossen
Erst auf sich gestellt
Zeiget sich der Held.
Jüdische Spruchweisheit

Man strebe lieber danach,
ein Held zu sein, als es zu scheinen.
Baltasar Gracián y Morales,
Handorakel und Kunst der Weltklugheit

Nur der Feigling ist immer ein Held.
Theodor Fontane, Von Zwanzig bis Dreißig

Ob gut oder böse,
Held bleibt Held.
François de La Rochefoucauld, Reflexionen

Odins Runen waren die erste Form
des Schaffens eines Helden.
Thomas Carlyle, Über Helden,
Heldenverehrung und das Heldentümliche

Pflichterfüllung ist
tägliches Heldentum
ohne Ordensverleihung.
Werner Krauss

Reiz des Herzens und seiner Diener
macht Helden oder Feige,
Helden in der Liebe oder im Zorne.
Johann Gottfried Herder, Vom Erkennen und
Empfinden der menschlichen Seele

Selbst ein ganzer Haufen Hasenfüße
vollbringt nicht eine Heldentat.
Chinesisches Sprichwort

Sie blieb vor ihm stehen
und betrachtete schweigend
das Antlitz des Helden.
Waltharilied (9./10. Jh.)

Sonderbar, die Menschen verlangen
immer moralische Heldentaten,
solange sie persönlich nicht »dran sind«.
Theodor Fontane, Von Zwanzig bis Dreißig

Stellt sittliche Helden ins Feld,
so ziehen Heldinnen als Bräute nach;
nur umgekehrt gilt's nicht,
und eine Heldin kann durch Liebe
keine Heldin bilden, obwohl gebären.
Jean Paul, Levana

Töte einen, und du bist ein Mörder.
Töte Tausende, und du bist ein Held.
Sprichwort aus Indien

Viel Wunderbares
melden uns Mären alter Zeit
Von hoch gelobten Helden,
von Mühsal und von Leid.
Nibelungenlied

Vielleicht liegt darin das wirkliche
Heldentum, beharrlich gerade das
Alltägliche, Kleine, und nahe liegende
zu verteidigen, nachdem allzu viel von
großen Dingen geredet worden ist.
Inge Scholl, Die weiße Rose

Von Heldenverehrung halte ich nichts.
Wir bewundern Menschen
wegen ihrer Stärken, lieben sie aber
wegen ihrer Schwächen.
Peter Ustinov, Peter Ustinovs geflügelte Worte

Was am tiefsten in der menschlichen
Natur steckt, ist doch die Angst vor
der Vernichtung. Und so bedeutet
unser ehrfürchtiger Schauer vor dem
tapfersten Helden oft nichts anderes
als unsere scheue Bewunderung für
den geschicktesten Komödianten.
Arthur Schnitzler, Buch der Sprüche und Bedenken

Was ein Held werden will,
zeigt sich in der Jugend.
Chinesisches Sprichwort

Wenn auch der Held
sich selbst genug ist,
Verbunden geht es doch geschwinder;
Und wenn der Überwundne klug ist,
Gesellt er sich zum Überwinder.
Johann Wolfgang von Goethe, Sprüche

Wenn einer schon ein Held sein will,
dann mag er es dadurch bekunden,
dass er die Konsequenzen auf sich
nimmt, welche ihm aus der Verweigerung des Kriegsdienstes erwachsen.
Albert Einstein, Über den Frieden

Wirf den Helden in deiner Seele
nicht weg! Halte heilig
deine höchste Hoffnung!
Friedrich Nietzsche, Also sprach Zarathustra

Zahllos sind die Menschen auf der
weiten Welt, doch welcher Mann ist
schon ein wahrer Held.
Chinesisches Sprichwort

Helfen

Den Helfer such dir, den du mehr
bewunderst, wenn du ihn siehst,
als wenn du ihn hörst.
Lucius Annaeus Seneca, Briefe über Ethik

Es entmutigt oft den wärmsten
Menschenfreund, dass er so vielen
Hilfsbedürftigen begegnet,
denen nicht zu helfen ist.
Marie von Ebner-Eschenbach, Aphorismen

Hilf dir selber: dann hilft dir noch
jedermann. Prinzip der Nächstenliebe.
Friedrich Nietzsche, Götzen-Dämmerung

Mancher lässt den von selbst fallen,
dem er beispringen würde,
wenn ein anderer ihn stieße.
Niccolò Machiavelli, Geschichte von Florenz

Schäme dich nicht,
dir helfen zu lassen.
Mark Aurel, Selbstbetrachtungen

Wir helfen anderen,
um sie zur Gegenhilfe zur verpflichten,
und den ihnen erwiesenen Dienste
sind daher eigentlich nur Wohltaten,
die wir uns selbst im Voraus erweisen.
François de La Rochefoucauld, Reflexionen

Henken

Alles schenken,
Niemals henken,
Verändert Land und Stand.
Abraham a Sancta Clara, Etwas für Alle

Am gleichen Strang zu ziehen,
heißt noch gar nichts.
Auch Henker und Gehenkter tun das.
Helmut Qualtinger

Das Mitleid des Henkers
liegt im sicheren Hieb.
Ernst Jünger

Der Henker ist ein scharfer Barbier.
Deutsches Sprichwort

Es gibt Akte der Gerechtigkeit,
welche die verderben, die sie vollziehen.
Joseph Joubert, Gedanken, Versuche und Maximen

Gut gehenkt ist besser
als schlecht verheiratet.
William Shakespeare, Was ihr wollt (Narr)

Mancher hat seinen Henker überlebt.
Lucius Annaeus Seneca, Briefe über Ethik

Seid erst nicht hängenswert,
wenn ihr uns hängen wollt.
Johann Wolfgang von Goethe,
Die Mitschuldigen (Söller)

Wer gehenkt ist,
wird nicht gebessert;
höchstens werden andere
durch ihn gebessert.
Michel Eyquem de Montaigne, Die Essais

Henne

Fette Hennen legen nicht.
Deutsches Sprichwort

Hat die Henne ein Ei gelegt,
so gackert sie.
Deutsches Sprichwort

Hennen, die viel gackern,
legen wenig Eier.
Deutsches Sprichwort

Ist die Henne mein,
so gehören mir auch die Eier.
Deutsches Sprichwort

Man muss die Henne rupfen,
ohne dass sie schreit.
Deutsches Sprichwort

Wenn die Henne ihr Gackern ließe,
so wüsste man nicht,
wo sie gelegt hat.
Deutsches Sprichwort

Herausforderung

Drei Arten von Menschen
soll man nicht herausfordern:
Beamte, Kunden und Witwen.
Sprichwort aus den USA

Fordert man sich nicht unablässig
selber heraus, verdorrt man.
Lido Anthony »Lee« Iacocca, Mein amerikanischer
Traum

Gegenwind macht
den Menschen weise.
Sprichwort aus Frankreich

Wer vom Schicksal herausgefordert
wird, entrüstet sich nicht
über die Bedingungen.
Dag Hammarskjöld, Zeichen am Weg

Worauf es ankommt, ist,
dass wir uns der Herausforderung
bewusst werden und
dass wir sie bestehen wollen.
Hans-Dietrich Genscher,
Die technologische Herausforderung (1983)

Herbst

Bunt sind schon die Wälder,
Gelb die Stoppelfelder,
Und der Herbst beginnt.
Johann Gaudenz von Salis-Sewis, Gedichte

Der dunkle Herbst kehrt ein
voll Frucht und Fülle,
Vergilbter Glanz
von schönen Sommertagen.
Georg Trakl, Der Herbst des Einsamen

Der Frühling ist zwar schön;
doch wenn der Herbst nicht wär',
wär' zwar das Auge satt,
der Magen aber leer.
Friedrich von Logau

Des Sommers Wochen standen still,
Es stieg der Bäume Blut;
jetzt fühlst du, dass es fallen will
In den, der alles tut.
Rainer Maria Rilke, Das Stundenbuch

Die Gänse werden im Herbst unruhig,
denn ihr Blut erinnert sich,
dass es Zeit ist zu ziehen.
August Strindberg, Der Sohn der Magd

Ein Blatt verkündet den Herbst.
Chinesisches Sprichwort

Ein Bruder des Frühlings war uns der
Herbst, voll milden Feuers, eine Fest-
zeit für die Erinnerung an Leiden und
vergangne Freuden der Liebe.
Friedrich Hölderlin, Hyperion

Es deutet die fallende Blüte
dem Gärtner,
Dass die liebliche Frucht schwellend
im Herbste gedeiht.
Johann Wolfgang von Goethe,
Venezianische Epigramme

Fällt das Laub zu bald,
wird der Herbst nicht alt.
Bauernregel

Herbst. Wenn das Wild
im Pfeffer liegt.
Emil Baschnonga

Ich liebe den Herbst; die Jahreszeit der
Trauer stimmt gut zu Erinnerungen.
Gustave Flaubert, November

Im Herbst verkauft man Obst,
im Frühling – Medizin.
Chinesisches Sprichwort

Wenn der Baum im Herbst die Blätter
fallen lässt, dann schaut man dem zu
und segnet den Willen der Natur. Denn
die Kraft stirbt nicht, und im Frühling
ersteht ein neuer grüner Zauber.
Paula Modersohn-Becker, Briefe (18. Januar 1901)

Wenn der Herbst seine Farben verliert,
kommt erst der wahre Herbst.
Joachim Günther

Wer mag es bewirken,
dass der Herbst kommt,
beladen mit reifen Beeren
in einem erntereichen Jahr?
Notker III. Labeo, Kommentierte Boethius-Übersetzung

Werden die Felder gelb,
zieht der Hunger
in die Bauernhütten ein.
Chinesisches Sprichwort

Wie sich Bartelmäus hält,
so ist der ganze Herbst bestellt.
Bauernregel

Herd

Eigen Herd ist Goldes wert;
ist er gleich arm, hält er doch warm.
Deutsches Sprichwort

Reis koche auf starkem Feuer –
Fleisch auf schwachem.
Chinesisches Sprichwort

Solange das Feuer im Herd
noch brennt, werden die Gäste
kein Ende nehmen.
Chinesisches Sprichwort

Herde

Freilich ist's auch kein Vorteil für die
Herde, wenn der Schäfer ein Schaf ist.
Johann Wolfgang von Goethe, Brief des Pastors

Kein Hirt und eine Herde!
Jeder will das Gleiche, jeder ist gleich:
Wer anders fühlt,
geht freiwillig ins Irrenhaus.
Friedrich Nietzsche, Also sprach Zarathustra

Von hundert, die von »Herde« reden,
gehören neunundneunzig dazu.
Christian Morgenstern

Wer die Menschen als Herde betrachtet
und vor ihnen so schnell er kann
flieht, den werden sie gewiss einholen
und mit ihren Hörnern stoßen.
Friedrich Nietzsche, Menschliches, Allzumenschliches

Herkunft

Der Wein schmeckt nach dem Fasse.
Deutsches Sprichwort

Des Menschen
Denk- und Ausdrucksweise
Verrät dir seine Herkunftsweise.
Jüdische Spruchweisheit

Je weniger die Menschen durch das
Herkommen gebunden sind, umso
größer wird die innere Bewegung der
Motive, umso größer wiederum, dementsprechend, die äußere Unruhe, das
Durcheinanderfluten der Menschen,
die Polyphonie der Bestrebungen.
Für wen gibt es jetzt noch einen
strengen Zwang, an einen Ort sich
und seine Nachkommen anzubinden?
Für wen gibt es überhaupt noch
etwas streng Bindendes?
Friedrich Nietzsche, Menschliches, Allzumenschliches

Man bewahrt immer
die Merkmale seiner Ursprünge.
Ernest Renan, Das Leben Jesu

O lerne fühlen,
welches Stamms du bist!
Friedrich Schiller, Wilhelm Tell (Attinghausen)

Wenn es ein Glück ist, von guter Herkunft zu sein, so ist es kein geringeres,
so geartet zu sein, dass man nicht
danach fragt, ob ihr es seid oder nicht.
Jean de La Bruyère, Die Charaktere

Wenn man älter wird,
hat man das Bedürfnis,
alles über seine eigenen Wurzeln,
seine Familie und sein Land zu wissen.
Sylvia Plath, Briefe nach Hause (5. Juli 1958)

Wer als Huhn geboren wird,
liebt das Scharren.
Sprichwort aus Frankreich

Wer mit seiner Herkunft prahlt,
lobt Fremdes.
Lucius Annaeus Seneca, Der rasende Herkules

Herr

Alle Raben sind schwarz
und alle Gutsherren böse.
Chinesisches Sprichwort

Bei uns Herren kann man sich wohl
wärmen, aber auch verbrennen.
Kurfürst Friedrich der Weise, überliefert bei
Julius Wilhelm Zincgref (Apophthegmata)

Die großen Herren und die Sonne,
je weiter sie fort sind,
desto größer die Wonne.
Sprichwort aus Spanien

Die Menschen wechseln gern ihren
Herrn in der Hoffnung,
einen besseren zu bekommen –
darin aber täuschen sie sich.
Niccolò Machiavelli, Der Fürst

Ein dürrer Hund
ist eine Schande für den Herrn.
Chinesisches Sprichwort

Ein Herr beißt den anderen nicht.
Deutsches Sprichwort

Ein Herr ist, wer noch nicht weiß,
wessen Knecht er ist.
Hellmut Walters

Erst sei man Herr über sich; so wird
man es nachher auch über andere sein.
Baltasar Gracián y Morales,
Handorakel und Kunst der Weltklugheit

Es ist schlimm, einen Diener,
doch schlimmer, einen Herrn zu haben.
Sprichwort aus Portugal

Große Herren haben lange Hände.
Deutsches Sprichwort

Herr ist, der Ruhe uns schafft.
Johann Wolfgang von Goethe, Faust II (Mephisto)

Ist der Gast gegangen,
hat der Hausherr wieder Ruhe.
Chinesisches Sprichwort

Je größer der Herr,
desto größer der Knecht.
Chinesisches Sprichwort

Jedes Ding hat seinen Herrn.
Chinesisches Sprichwort

Nach einem Jahr
gleicht der Hund seinem Herrn.
Sprichwort aus Spanien

Niemals spaße
in Gegenwart eines Herrn.
Chinesisches Sprichwort

Wer den Willen seines Herrn erkennt,
wird mehr Schläge empfangen:
wegen der Macht,
die er durch seine Erkenntnis hat.
Blaise Pascal, Pensées

Zählt eine Familie
auch tausend Münder,
Herr ist doch nur einer.
Chinesisches Sprichwort

Herrschaft

Alle Menschen
sollen thronfähig werden.
Novalis, Glauben und Liebe

Apartheid ist die Herrschaft
der Gewehre und der Henker.
Nelson Mandela,
Aufruf nach dem Soweto-Aufstand von 1976

Auch die Freiheit
muss ihren Herrn haben.
Friedrich Schiller, Die Räuber (Roller)

Auf Tugend, nicht auf Blut
muss man sich stützen.
Claudius Claudianus,
De quarto consulatu honorii Augusti

Besser in der Hölle herrschen,
als im Himmel dienen.
John Milton, Das verlorene Paradies

Bloß jene Herrschaft ist von Bestand,
die freiwillig zugestanden wird.
Niccolò Machiavelli, Geschichte von Florenz

Das größte Bedürfnis eines Volkes ist,
beherrscht zu werden, sein größtes
Glück, gut beherrscht zu werden.
Joseph Joubert, Gedanken, Versuche und Maximen

Das Kloster währt länger denn der Abt.
Deutsches Sprichwort

Das Regieren beruht auf zwei Dingen:
zügeln und betrügen.
Fernando Pessoa, Das Buch der Unruhe des
Hilfsbuchhalters Bernardo Soares

Das Schweigen der Völker sollte den
Königen eine Lehre sein.
Honoré Gabriel du Riqueti Mirabeau, Reden (1789)

Das Talent zu herrschen
täuscht oft über den Mangel
an anderem Talent.
Marie von Ebner-Eschenbach, Aphorismen

Der Herr bekam einen Schnupfen,
und alle Diener niesten.
Sprichwort aus Polen

Der Herrscher macht sich gewisser-
maßen zum Mitschuldigen an dem
Verbrechen, das er nicht bestraft.
König Friedrich der Große, Politisches Testament

Der Herrscher soll das Gleichgewicht
zwischen Bauern und Adligen
erhalten, sodass sie einander nicht
zugrunde richten.
König Friedrich der Große, Politisches Testament

Der König kann nicht allweg regieren,
wie er will.
Deutsches Sprichwort

Der König muss von Natur
über den Beherrschten stehen,
dem Stamme nach aber
ihnen gleich sein.
Aristoteles, Politik

Der kostbarste Schatz,
der den Fürsten anvertraut ist,
ist das Leben der Untertanen.
König Friedrich der Große, Der Antimachiavell

Der Mensch beherrscht die Natur,
bevor er gelernt hat,
sich selbst zu beherrschen.
Albert Schweitzer

Die erste Herrschaft
schuf das Bedürfnis.
Man gehorchte nie länger,
als man entweder den Herrscher
nicht entbehren oder
ihm nicht widerstehen konnte.
Wilhelm von Humboldt, Ideen über Staatsverfassung

Die Frau will herrschen,
der Mann beherrscht sein
(vornehmlich vor der Ehe).
Immanuel Kant,
Anthropologie in pragmatischer Hinsicht

Die Fürsten haben viele Augen,
lassen aber nur zweie sehen.
Deutsches Sprichwort

Die guten Herrscher
bringen den Menschen eine Ordnung,
die sie fröhlicher macht.
Tschuang-tse

Die Herrschaft der Frau
ist eine Herrschaft der Sanftmut,
der Geschicklichkeit und der Gefälligkeit.
Ihre Befehle sind Liebkosungen,
ihre Drohungen sind Tränen.
Jean-Jacques Rousseau, Emile

Die Herrschaft ist ein schlüpfrig Ding.
Herodot, Historien

Die Herrschenden müssen bewacht
werden, nicht die Beherrschten.
Friedrich Dürrenmatt

Die Herrschenden zimmern ihren
Thron nicht mehr selbst.
Darum wissen sie auch nicht,
wo er brüchig ist.
Karl Heinrich Waggerl

Die Herrscher dürfen niemals vergessen,
dass die Regierung immer Vater sein
muss, da das Volk immer Kind ist.
Antoine Comte de Rivarol, Maximen und Reflexionen

Die Klasse, welche die herrschende
materielle Macht der Gesellschaft ist,
ist zugleich ihre herrschende
geistige Macht.
Karl Marx, Die deutsche Ideologie

Die Liebe herrscht nicht,
aber sie bildet, und das ist mehr.
Johann Wolfgang von Goethe,
Unterhaltungen deutscher Ausgewanderten

Die Männer lenken das Land,
doch die Frauen lenken die Männer,
In Italien herrscht
das geheime Mutterrecht.
Luigi Barzini

Die Männer verwalten unsere Welt nur.
Beherrscht wird sie von den Frauen.
Esther Vilar

Die Menschen schließen sich zusammen,
binden sich aneinander,
um sich vor Gefahr zu schützen.
Es besteht aber keinerlei Gefahr;
sie jedoch fesseln sich und liefern sich
denen aus, die herrschen wollen.
Leo N. Tolstoi, Tagebücher (1898)

Die schlimmste Herrschaft
ist die der Gewohnheit.
Publilius Syrus, Sentenzen

Die schnellen Herrscher sind's,
die kurz regieren.
Friedrich Schiller, Wilhelm Tell (Tell)

Die Treue des Herrschers erzeugt
und erhält die Treue seiner Diener.
Otto von Bismarck, Briefe (an Kaiser Wilhelm I.,
25. Dezember 1883)

Die Tyrannis ist eine Monarchie zum
Nutzen des Alleinherrschers,
die Oligarchie eine Regierung
zum Vorteil der Reichen und die
Demokratie eine solche zu dem der
Armen. Keine dieser drei aber dient
dem allgemeinen Besten.
Aristoteles, Älteste Politik

Die Versuchung zu herrschen
ist die größte, die unwiderstehlichste
Versuchung überhaupt.
Simone de Beauvoir, Das andere Geschlecht

Die Wesensart der Franzosen
verlangt einen gewissen Ernst
in der Person des Herrschers.
Jean de La Bruyère, Die Charaktere

Die westlichen Völker
haben den Ackerbau aufgegeben
und wollen alle nur herrschen.
Über sich selbst herrschen geht nicht,
also machen sie sich auf die Suche
nach Kolonien und Märkten.
Leo N. Tolstoi, Tagebücher (1906)

Drei sind, die da herrschen auf Erden:
die Weisheit, der Schein und
die Gewalt.
Johann Wolfgang von Goethe,
Unterhaltungen deutscher Ausgewanderten

Ebenso verderblich wie die Einbuße
nationaler Selbstständigkeit
ist für ein Volk auch das Streben
nach grenzenloser Weltherrschaft.
Heinrich von Sybel, Kleine historische Schriften
(1863–1881)

Herrschaft

Eine Bande von Räubern ist das –
diese Richter, Minister und Zaren,
um zu Gelde zu kommen,
morden sie Menschen.
Und sie haben kein Gewissen.
Leo N. Tolstoi, Tagebücher (1890)

Einem gerechten Herrscher steht der
Himmel bei, unter sauberen Beamten
lebt das Volk vom Frieden.
Chinesisches Sprichwort

Es bringt einem Herrn nur Schande,
wenn er seinen Knechten allzu viel
von ihren Pflichten erlässt.
Ecbasis captivi in belehrender Gestalt (Leopard)

Es ist so schön, zu herrschen!
Johann Wolfgang von Goethe, Egmont (Regentin)

Es kann nur einer Papst sein.
Deutsches Sprichwort

Es kommt vor,
dass ein Reich drei Herren hat.
Chinesisches Sprichwort

Für die Politik ist es völlig belanglos,
ob ein Herrscher religiös ist oder nicht.
König Friedrich der Große, Politisches Testament

Fürsten haben lange Hände
und viele Ohren.
Deutsches Sprichwort

Geh, lerne nun gehorchen,
dass du herrschen lernst.
Johann Wolfgang von Goethe, Elpenor (Antiope)

Gehorchen mag,
wer nicht zu herrschen weiß.
William Shakespeare, Heinrich VI. (York)

Hat es je eine Herrschaft gegeben,
die den Herrschenden
nicht natürlich erschien?
John Stuart Mill, Die Hörigkeit der Frau

Hätt ich mal einen Mann,
dann säh ich's grade gern,
Zeigt er, wie sich's gehört,
im Haushalt mir den Herrn.
Molière, Die gelehrten Frauen (Martine)

Herrenlos ist auch der Freiste nicht.
Friedrich Schiller, Wilhelm Tell (Stauffacher)

Herrschaft behaupten wollen,
heißt kämpfen wollen.
Nutzen stiften wollen,
heißt freilich auch kämpfen wollen,
aber – um den Frieden.
Marie von Ebner-Eschenbach, Aphorismen

Herrschen lernt sich leicht,
Regieren schwer.
Johann Wolfgang von Goethe,
Maximen und Reflexionen

Herrschen und genießen geht nicht
zusammen. Genießen heißt, sich und
andern in Fröhlichkeit angehören;
herrschen heißt, sich und andern im
ernstlichsten Sinne wohltätig sein.
Johann Wolfgang von Goethe,
Maximen und Reflexionen

Herrscht der rechte Weg im Reich,
hört im Volke das Gerede auf.
Konfuzius, Gespräche

Herrscht doch über Gut und Blut
Dieser Schönheit Übermut.
Johann Wolfgang von Goethe, Faust II (Lynceus)

Heute Herr, morgen Knecht.
Deutsches Sprichwort

Höchste Gewandtheit:
ohne Gewalt zu herrschen.
Luc de Clapiers Marquis de Vauvenargues,
Reflexionen und Maximen

Ich bin gewissermaßen der Papst der
Lutheraner und das kirchliche Haupt
der Reformierten.
König Friedrich der Große,
Politisches Testament (1752)

Ich möchte nicht herrschen,
sofern ich mich dann nicht frei fühle.
Phaedrus, Fabeln

Ich will nicht herrschen
über Sklavenseelen.
Friedrich Schiller, Demetrius (Demetrius)

Ist der Herrscher nicht gerecht,
fliehen die Minister aus dem Land.
Chinesisches Sprichwort

Ist die Katze aus dem Haus,
tanzen die Mäuse über Tisch und Bänke.
Deutsches Sprichwort

Ist die Katze fort,
kommen die Ratten hervor
und rekeln sich.
Chinesisches Sprichwort

Jeder Fürst ist Kaiser in seinem Lande.
Deutsches Sprichwort

Jeder ist Herr in seiner Welt.
Voltaire, Der Mann mit den vierzig Talern

Könige haben lange Arme.
Deutsches Sprichwort

Man ändert nicht die Fürsten,
es wechseln nur die Namen.
Deutsches Sprichwort

Neue Herrschaft, neue Lehrzeit.
Deutsches Sprichwort

Niemand aber vermag zu herrschen,
außer wer sich auch beherrschen lässt.
Lucius Annaeus Seneca, Über den Zorn

Nimmer Gedeihen bringt Vielherrschaft;
Ein Herrscher gebiete!
Homer, Ilias

Noch keinem Volk,
das sich zu ehren wusste,
Drang man den Herrscher
wider Willen auf.
Friedrich Schiller, Demetrius (König)

Nur einer kann Kaiser sein.
Deutsches Sprichwort

Nur einer sei Herrscher.
Homer, Ilias

Sähen die Könige einmal ein
schonungsloses Bild von all dem Elend
des Volkes, es griffe ihnen ans Herz.
Doch ihre Einbildungskraft ist nicht
lebendig genug.
König Friedrich der Große, Der Antimachiavell

Säßest du auf dem Thron,
du fändest keinen, der dich beschützte.
Chinesisches Sprichwort

Selbst wer gebieten kann,
muss überraschen.
Johann Wolfgang von Goethe,
Die natürliche Tochter (König)

Skandale stören
das Untersichsein der Herrschenden.
Karl Otto Hondrich

So herrscht der Weise:
Das Herz leeren, den Bauch füllen,
stärken die Knochen,
schwächen den Willen.
Immer lässt er das Volk
ohne Wissen und Begierde und
die Klugen ohne Mut zum Handeln.
Lao-tse, Dao-de-dsching

Technokratie ist die Technik der Herrschaft, die sich als Herrschaft der
Technik verkleidet hat.
Lothar Schmidt

Über Freie zu herrschen,
ist schon weit mehr,
als Knechte zu befehlen.
Friedrich von Raumer, Geschichte der Hohenstaufen

Ungerechte Herrschaft
ist niemals dauerhaft.
Lucius Annaeus Seneca, Medea

Unter einer Willkürherrschaft
gibt es kein Vaterland;
andere Dinge treten an seine Stelle:
Eigennutz, Ruhm, Fürstendienst.
Jean de La Bruyère, Die Charaktere

Unterwirf dich nicht dem Toren,
nimm keine Rücksicht auf den Herrscher.
Altes Testament, Jesus Sirach 4, 27

Wahre Herrscher legen
nicht Wert auf Worte,
von Wert sind alle ihre Taten,
von selbst getan
erscheinen sie dem Volk.
Lao-tse, Dao-de-dsching

Was aber von Natur besser ist,
ist mehr zum Herrschen und Führen
geeignet, wie z. B. der Mensch
im Verhältnis zu den anderen
lebenden Wesen.
Aristoteles, Protreptikos

Wenn die Magd Frau wird,
jagt sie den Herrn aus dem Hause.
Deutsches Sprichwort

Wenn die Untertanen verderben,
kann die Herrschaft
nichts von ihnen erben.
Deutsches Sprichwort

Wenn du urteilst, untersuche;
wenn du herrschst, befiehl!
Lucius Annaeus Seneca, Medea

Wenn es schon zu viel ist,
die Sorge für eine Familie zu tragen,
wenn es schon schwer genug fällt,
für sich allein zu haften:
Welches Gewicht, welche Last
bedeutet erst ein Königreich.
Jean de La Bruyère, Die Charaktere

Wer dem Pferde seinen Willen lässt,
den wirft es aus dem Sattel.
Deutsches Sprichwort

Wer gut herrscht,
muss einst gehorcht haben,
und wer in Bescheidenheit gehorcht,
erscheint würdig,
selbst einmal zu befehlen.
Marcus Tullius Cicero, Über die Gesetze

Wer Hass allzu sehr fürchtet,
versteht nicht zu herrschen.
Lucius Annaeus Seneca, Ödipus

Wer liebt, herrscht ohne Gewalttat
und dient, ohne Sklave zu sein.
Zenta Maurina

Wer nicht zu schweigen weiß,
verdient nicht zu herrschen.
Fénelon, Die Erlebnisse des Telemach

Wer Respekt vor seinem Herrn hat,
soll auch in allem
seinen Diener respektieren.
Ecbasis captivi in belehrender Gestalt (Löwe)

Wer sich am besten zum Herrschen
eignen kann, der kann auch andre am
besten geeignet machen.
Dante Alighieri, Über die Monarchie

Wer vernünftig gebieten kann,
dem ist gut dienen.
Deutsches Sprichwort

Wie viele Gaben des Himmels braucht
es dazu, ein guter Herrscher zu sein!
Jean de La Bruyère, Die Charaktere

Wir alle geben zu, dass der Tüchtigste
und von Natur Trefflichste herrschen
sollte, und dass allein das Gesetz herrsche und Geltung habe. Das aber ist
die Vernunft und der aus der Vernunft
entspringende Gedanke.
Aristoteles, Protreptikos

Wo der Ochse König ist,
sind die Kälber Prinzen.
Deutsches Sprichwort

Wo der Papst ist, da ist Rom.
Deutsches Sprichwort

Zehn Derwische können auf einem
Teppich schlafen, aber ein ganzes
Reich kann nicht zwei Könige halten.
Sprichwort aus Persien

Zuerst wussten die Niedrigen kaum
von den Herrschern, später drängten
sie sich um sie und rühmten sie,
sie zu fürchten lernten sie später,
dann zu verachten.
Lao-tse, Dao-de-dsching

Zwischen dem Herrscher
und seinen Untertanen
und zwischen Untertanen
und Herrscher besteht ein Austausch
gegenseitiger Pflichten:
Welche drückender
und mühseliger sind,
wage ich nicht zu entscheiden.
Jean de La Bruyère, Die Charaktere

Herrschsucht

Es ist mit der Herrschbegierde
wie mit der Esslust.
Bei schwachen Gemütern
ist jene oft am stärksten,
wie diese oft am größten ist bei
Menschen von schwacher Verdauung.
Ludwig Börne, Aphorismen

Herrschsucht: vor deren Blick der
Mensch kriecht und duckt und frönt
und niedriger wird als Schlange und
Schwein – bis endlich die große
Verachtung aus ihm herausschreit.
Friedrich Nietzsche, Also sprach Zarathustra

Sich vor der Herrschsucht
anderer zu bewahren, ist schwerer,
als selbst zu herrschen.
François de La Rochefoucauld, Reflexionen

Herz

Abwesenheit macht
das Herz zärtlicher.
Sprichwort aus England

Ach, es muss öde und leer und traurig
sein, später zu sterben als das Herz –
aber noch lebt es.
Heinrich von Kleist, Briefe (an Caroline von Schlieben,
18. Juli 1801)

Ach so gewiss ist's,
dass unser Herz allein sein Glück macht.
Johann Wolfgang von Goethe,
Die Leiden des jungen Werthers

Ach, so viele tausend Menschen kennen,
Dumpf sich treibend,
kaum ihr eigen Herz.
Johann Wolfgang von Goethe,
Warum gabst du uns die tiefen Blicke

Ach, was ich weiß, kann jeder wissen
– mein Herz habe ich allein.
Johann Wolfgang von Goethe,
Die Leiden des jungen Werthers

Ah – wie das die Lebensgeister wieder
auf die Beine brachte! Das Herz sprang
bei der kalten Dusche erschrocken
empor, drehte sich einmal in der Luft
und begann eifrig zu schwingen!
Martin Andersen-Nexø, Ditte Menschenkind

All das Neigen
Von Herzen zu Herzen,
Ach, wie so eigen
Schaffet das Schmerzen!
Johann Wolfgang von Goethe, Rastlose Liebe

Alles, was zu Herzen gehen soll,
muss von Herzen kommen.
Jean-Jacques Rousseau, Emile

Bei Männern, welche Liebe fühlen,
fehlt auch ein gutes Herze nicht.
Emanuel Schikaneder, Die Zauberflöte (Tamino und
Papageno)

Bei Weibern ist alles Herz,
sogar der Kopf.
Jean Paul, Der Komet

Beseelt das Herz:
So dürstet es nicht mehr nach Luft,
sondern nach Äther.
Jean Paul, Levana

Bestehet ja das Leben der Welt
im Wechsel des Entfaltens und
Verschließens, in Ausflug und
Rückkehr zu sich selbst, warum nicht
auch das Herz des Menschen?
Friedrich Hölderlin, Hyperion

Das beste Deutsch ist,
das von Herzen geht.
Deutsches Sprichwort

Herz

Das gehörte Wort geht verloren, wenn
es nicht vom Herzen verstanden wird.
Chrétien de Troyes, Yvain

Das Herz bleibt ein Kind.
Theodor Fontane,
Wanderungen durch die Mark Brandenburg

Das Herz einer Frau sieht mehr
als die Augen von zehn Männern.
Sprichwort aus Dänemark

Das Herz eines Kindes
ist wie Buddhas Herz.
Chinesisches Sprichwort

Das Herz gehorcht keinem Gesetz
außer seinem eigenen;
es entkommt der Knechtschaft;
nur freiwillig gibt es sich her.
Jean-Jacques Rousseau,
Julie oder Die neue Héloïse (Julie)

Das Herz gehört ganz der Liebe,
die Seele bleibt der Tugend.
Charles de Secondat, Baron de la Brède et de Montesquieu, Meine Gedanken

Das Herz gibt allem, was der Mensch
sieht und hört und weiß, die Farbe.
Johann Heinrich Pestalozzi

Das Herz hat seine Vernunft,
die der Verstand nicht kennt.
Blaise Pascal, Pensées

Das Herz ist das Genie der Tugend,
die Moral dessen Geschmacklehre.
Jean Paul, Levana

Das Herz ist das Organ der Seele,
so wie der Geist
das Organ des Verstandes ist.
Théodore Jouffroy, Das grüne Heft

Das Herz ist der Schlüssel
der Welt und des Lebens.
Novalis, Fragmente

Das Herz ist geschaffen,
zu lieben und zu hassen,
sich zu freuen und zu leiden,
zu jubeln und zu klagen.
Wenn es sich aber müht zu verstehen
– was allein dem Geiste zukommt,
so versündigt es sich gegen seine Natur;
und wenn es endlich zu verstehen
glaubt, belügt es sich immer nur
selbst, und daran geht es zugrunde.
Arthur Schnitzler, Buch der Sprüche und Bedenken

Das Herz kann nur zum Herzen sich
wenden; es findet nur in sich selbst,
in seinem eignen Wesen Trost.
Ludwig Feuerbach, Das Wesen des Christentums

Das Herz lügt nicht.
Deutsches Sprichwort

Das Herz und nicht die Meinung
ehrt den Mann.
Friedrich Schiller, Wallensteins Tod (Gordon)

Das Herz wird wohl immer
seine Stürme haben.
Franziska Gräfin zu Reventlow, Tagebücher

Das körperliche Herz sei das Muster
des geistigen: verletzbar, empfindlich,
rege und warm, aber ein derber,
frei fortschlagender Muskel hinter
dem Knochengitter, und seine zarten
Nerven sind schwer zu finden.
Jean Paul, Levana

Das Maß des Schmerzes wächst mit
der Anteilnahme des Herzens.
Ecbasis captivi in belehrender Gestalt (Nachtigall)

Das Menschenherz ist ein unergründlicher Born der Traurigkeit: Nur ein
einziges Glück wohnt darin, vielleicht
noch ein zweites, aber der Menschheit
ganzer Jammer vermag dort zusammenzutreffen und als steter Gast
darin zu hausen.
Gustave Flaubert, November

Das Prinzip der Empfindung liegt also
sicherlich bei allen mit Blut ausgestatteten lebenden Wesen im Herzen.
Aristoteles, Psychologie

Das Problem ist heute
nicht die Atomenergie,
sondern das Herz des Menschen.
Albert Einstein

Das Reifen des Herzens
geht dem des Körpers voraus.
Gustave Flaubert, November

Das schwere Herz
wird nicht durch Worte leicht.
Doch können Worte
uns zu Taten führen.
Friedrich Schiller, Wilhelm Tell (Tell und Stauffacher)

Dein Herz, das ist ein Taubenhaus:
Ein Lieb' fliegt ein, das andre aus.
Hans Sachs

Denke daran, in widrigen Zeiten
ein ruhiges Herz zu bewahren.
Horaz, Lieder

Denn ein Herz, das sucht, fühlt wohl,
dass ihm etwas mangle, ein Herz, das
verloren hat, fühlt, dass es entbehre.
Johann Wolfgang von Goethe,
Die Wahlverwandtschaften

Denn ein Herz voll Freude
sieht alles fröhlich an,
ein Herz voll Trübsal alles trübe.
Martin Luther, Tischreden

Denn es bereitet Lust, zu empfinden,
wie die Kälte sich ins Herz schleicht,
und sagen zu können,
während man es mit der Hand betastet
wie einen noch rauchenden Herd:
Es brennt nicht mehr.
Gustave Flaubert, November

Denn es muss von Herzen gehen,
Was auf Herzen wirken soll.
Johann Wolfgang von Goethe, Faust II (Phorkyas)

Denn wenn das Herz ein Bedürfnis
hat, so ist es kalt gegen alles,
was es nicht befriedigt.
Heinrich von Kleist, Briefe (an Wilhelmine von Zenge,
21. Mai 1801)

Denn wo dein Schatz ist,
da ist auch dein Herz.
Neues Testament, Matthäus 6, 20 (Jesus: Bergpredigt)

Denn wovon das Herz voll ist,
davon spricht der Mund.
Neues Testament, Matthäus 12, 34 (Jesus)

Der berühmte »rechte Fleck«,
auf dem man sein Herz haben soll,
ist jedenfalls nicht die Zunge.
Paul Nikolaus Cossmann, Aphorismen

Der Dichter ist das Herz der Welt.
Joseph von Eichendorff, Des Dichters Weihe

Der Dienst, den Gott fordert,
ist der Dienst des Herzens,
und der ist stets einheitlich,
wenn er aufrichtig ist.
Jean-Jacques Rousseau, Emile (Glaubensbekenntnis)

Der Göttliche lächelt;
er siehet mit Freuden
Durch tiefes Verderben
ein menschliches Herz.
Johann Wolfgang von Goethe,
Der Gott und die Bajadere

Der Mittelpunkt alles
Menschenverderbens ist
Verhärtung des Herzens.
Johann Heinrich Pestalozzi,
Über Gesetzgebung und Kindermord

Der Toren Herze liegt im Munde,
Der Weisen Mund im Herzensgrunde.
Hugo von Trimberg, Der Renner

Der Verstand könnte nicht lange
die Rolle des Herzens spielen.
François de La Rochefoucauld, Reflexionen

Der Verstand und das Herz
stehen auf sehr gutem Fuße.
Eines vertritt oft die Stelle
des andern so vollkommen,
dass es schwer ist zu entscheiden,
welches von beiden tätig war.
Marie von Ebner-Eschenbach, Aphorismen

Der Zug des Herzens
ist des Schicksals Stimme.
Friedrich Schiller, Die Piccolomini (Thekla)

Deshalb sorgt vor in eurem Herzen.
Heliand (um 850)

Die Blumen des Herzens wollen
freundliche Pflege. Ihre Wurzel ist
überall, aber sie selbst gedeihn
in heitrer Witterung nur.
Friedrich Hölderlin, Hyperion

Die Finger reichen dar,
aber das Herz schenkt.
Sprichwort aus Afrika

Die Frauen tragen ihre Beweise im
Herzen, die Männer im Kopfe.
August von Kotzebue, Falsche Scham

Die Herzen aber werden
nicht durch Waffen, sondern
durch Liebe und Edelmut besiegt.
Baruch de Spinoza, Ethik

Die Herzen,
die für die Liebe geschaffen sind,
binden sich nicht leicht.
Charles de Secondat, Baron de la Brède et de Montesquieu, Meine Gedanken

Die Herzen sind sich
so ungleich wie die Gesichter.
Sprichwort aus Japan

Die Ideen wechseln,
das Herz bleibt immer gleich.
Fjodor M. Dostojewski, Briefe

Die kleinen Entbehrungen
erträgt man leicht, wenn das Herz
besser behandelt wird als der Körper.
Jean-Jacques Rousseau,
Träumereien eines einsamen Spaziergängers

Die Launen unseres Herzens sind
sonderbarer als die des Schicksals.
François de La Rochefoucauld, Reflexionen

Die sensiblen Herzen verstehen sich
schnell; alles ist für sie ausdrucksvoll.
Claudine Alexandrine Guérin de Tencin,
Memoiren des Comte de Comminge

Die Tiefen des menschlichen Herzens
sind unergründlich.
Immanuel Kant, Die Metaphysik der Sitten

Die Tugend wohnt im Herzen
und sonst nirgends.
Voltaire, Die Briefe Amabeds

Die Uhr, sie zeigt die Stunde,
Die Sonne teilt den Tag;
Doch was kein Aug' erschaute,
Misst unsres Herzens Schlag.
Franz Grillparzer, Gedichte

Die Vernunft begreift nicht
die Interessen des Herzens.
Luc de Clapiers Marquis de Vauvenargues,
Reflexionen und Maximen

Die Vernunft ist des Herzens
größte Feindin.
Giacomo Girolamo Casanova, Memoiren

Die Vernunft ist grausam,
das Herz ist besser.
Johann Wolfgang von Goethe,
Wilhelm Meisters Lehrjahre

Die wirklich lieben,
stehlen keine Herzen.
Chrétien de Troyes, Yvain (Botin der Königin)

Die Zunge ist des Herzens Dolmetsch.
Deutsches Sprichwort

Die Zunge ist die Saat des Herzens und
das Herz die Wurzel der Zunge.
Chinesisches Sprichwort

Dinge, die umsonst weggegeben
werden, machen das Herz hart.
Sprichwort aus Persien

Doch ein gekränktes Herz
erholt sich schwer.
Johann Wolfgang von Goethe, Torquato Tasso (Tasso)

Du bist beslozzen
In minem herzen
Verlorn ist das sluzzelin
Du muost och immer darinne sind.
Anonym (13. Jh., Münchner Handschrift)

Ein frohes Herz
kann Schnee in Feuer verwandeln.
Sprichwort aus Spanien

Ein goldener Schlüssel schließt
auch das Zarenherz auf.
Sprichwort aus Russland

Ein hartes Herz ist niemals grausam.
Sully Prudhomme, Intimes Tagebuch

Ein Herz lässt sich nicht kränken,
Das rechter Meinung ist.
Ludwig Uhland, Volkslieder

Ein jeder hat in seinem Herzen einen
Leierkasten, der nicht verstummen will.
Jules Renard, Ideen, in Tinte getaucht.
Aus dem Tagebuch von Jules Renard

Ein Menschenherz ist viel zu klein,
Um liebend sich der Welt zu weihn.
Friedrich Rückert, Gedichte

Ein Mühlstein und ein Menschenherz
wird stets umhergetrieben.
Wo beides nichts zu reiben hat
wird beides selbst zerrieben.
Friedrich von Logau, Sinngedichte

Ein reines Herz hat dir Natur gegeben,
O bring es rein zurück.
Friedrich Schiller, Dem Erbprinzen von Weimar

Ein seufzendes Herz hat nicht,
wonach es sich sehnt.
Sprichwort aus Frankreich

Ein treues Herz
besänftigt die Götter der Erde,
eine scharfe Zunge
bringt ein Land in Gefahr.
Chinesisches Sprichwort

Ein volles Herz hat noch nie gelogen.
Sprichwort aus Schottland

Ein Wesen ohne Leiden
ist ein Wesen ohne Herz.
Ludwig Feuerbach, Das Wesen des Christentums

Eine Sache ist nur gefährdet,
wenn die Menschen nicht
mit dem Herzen dabei sind.
Chinesisches Sprichwort

Eines Mädchens Herz
ist ein dunkler Wald.
Sprichwort aus Russland

Eines Vaters Herz fühlt,
dass es gemacht ist, zu verzeihen
und nicht, der Verzeihung zu bedürfen.
Jean-Jacques Rousseau, Julie oder Die neue Héloïse

Elend und Schimpf
verändern die Herzen.
Jean-Jacques Rousseau, Julie oder Die neue Héloïse

Ende der Liebe: fühlbarer Beweis,
dass der Mensch ein beschränktes
Wesen ist und das Herz
seine Grenzen hat.
Jean de La Bruyère, Die Charaktere

Er hat die herzlosen Augen
eines über alles Geliebten.
Elias Canetti, Die Provinz des Menschen.
Aufzeichnungen 1942-1972

Erhasche tausend Herzen
auf tausend Weisen!
Ovid, Liebeskunst

Erhoffe nur kein Herz Nachhülfe
oder Rettung auf seiner Bahn zu
irgendeinem reinsten Ziel!
Jean Paul, Dämmerungen für Deutschland

Erst unser Herz gibt den Fügungen
des Schicksals ihren Wert.
François de La Rochefoucauld, Reflexionen

Es gibt noch keine Kunst,
die innerste Gestalt des Herzens
im Gesicht zu lesen.
William Shakespeare, Macbeth (König)

Herz

Es ist das Herz, das beredt macht.
Quintilian, Schule der Beredsamkeit

Es ist genug, dass ein jeglicher Mensch
in seinem Herzen Gott bekennt.
Jan Hus, Glaubensartikel (überliefert von Siegmund Meisterlin: Chronik Nürnbergs)

Es krabbelt wohl mir um die Ohren,
Allein zum Herzen dringt es nicht.
Johann Wolfgang von Goethe, Faust II (Mephisto)

Es lässt der innere Drang des Herzens
nicht der Klugheit Raum.
Friedrich Schleiermacher, Monologen

Es schlug mein Herz,
geschwind zu Pferde!
Johann Wolfgang von Goethe, Willkommen und Abschied

Es stünde besser um Volk und Welt
Hätt' Geld mehr Herz
und Herz mehr Geld.
Jüdische Spruchweisheit

Etwas wünschen und verlangen,
Etwas hoffen muss das Herz,
Etwas zu verlieren bangen,
Und um etwas fühlen Schmerz.
Friedrich Rückert, Gedichte

Gar manches Herz verschwebt
im Allgemeinen, Doch widmet sich
das Edelste dem Einen.
Johann Wolfgang von Goethe, Urworte, Orphisch

Große Gedanken und ein reines Herz,
das ist's, was wir uns von Gott
erbitten sollten.
Johann Wolfgang von Goethe,
Wilhelm Meisters Wanderjahre

Halte dein Herz rein,
dann wird auch dein Körper rein sein.
Epicharmos, Fragmente

Hängt das Herz vom Willen ab?
Jean-Jacques Rousseau, Emile (Sophie)

Hast du nicht alles selbst vollendet,
Heilig glühend Herz?
Johann Wolfgang von Goethe, Prometheus

Herz, mein Herz, was soll das geben?
Was bedränget dich so sehr?
Johann Wolfgang von Goethe, Neue Liebe, neues Leben

Herz reimt sich wieder häufiger
auf Schmerz, seit der Infarkt
wie eine Seuche um sich greift.
Christiaan Barnard

Herz und Kopf: Die beiden Pole der
Sonne unserer Fähigkeiten – eines
ohne das andere, halbes Glück.
Verstand reicht nicht hin,
Gemüt ist erfordert.
Baltasar Gracián y Morales,
Handorakel und Kunst der Weltklugheit

Hüte dich vor kalter Vielwisserei,
vor frevelhaftem Vernünfteln;
denn sie tötet das Herz,
und wo das Herz und Gemüt
im Menschen erstorben sind,
da kann die Kunst nicht wohnen!
Caspar David Friedrich, Über Kunst und Kunstgeist

Ich glaube, Träume träumt nicht die
Vernunft, sondern der Wunsch,
nicht der Kopf, sondern das Herz.
Fjodor M. Dostojewski,
Traum eines lächerlichen Menschen

Ich habe zu teuer dafür bezahlt,
dass ich ein Herz habe; es ist besser,
wenn man der Menschlichkeit entsagt.
Jean-Jacques Rousseau, Julie oder Die neue Héloïse (Saint-Preux)

Im Feingefühl hat das Herz Geist.
Sully Prudhomme, Gedanken

Im Herzen wird das Denken
des Menschen geordnet
und der Wille großgezogen.
Hildegard von Bingen, Welt und Mensch

Immer ist mein Herz das Gleiche,
wenn es für jemanden schlagen kann,
wenn es nur lieben kann.
Franziska Gräfin zu Reventlow, Tagebücher

In den Dämmerungen regiert das Herz.
Jean Paul, Dämmerungen für Deutschland

In der Ehe sind die Herzen verbunden,
die Leiber aber sind nicht unterjocht.
Jean-Jacques Rousseau, Emile

Ist nicht der Kern der Natur
Menschen im Herzen?
Johann Wolfgang von Goethe, Gott und Welt

Je verbreiteter die Geselligkeit,
desto frostiger die Herzen.
Karl Julius Weber, Democritos

Jede Glut des Herzens findet ihren
Schatten, jeder Durst seine Welle,
jede Sehnsucht ihre Ferne,
und unzählige, heimliche,
fest beschirmte Zufluchtsstätten sind
bereitet für die Seele, welche nach
Sicherheit und Ruhe strebt.
Adam Heinrich Müller, Etwas über Landschaftsmalerei

Jeder arbeitet an seinem Geist,
nur wenige am Herzen,
denn die neu erworbenen Erkenntnisse
spüren wir deutlicher als die
neu errungene Vollkommenheit.
Charles de Secondat, Baron de la Brède et de Montesquieu, Meine Gedanken

Jeder sagt, er habe ein gutes Herz.
Beim Verstand wagt er es nicht.
François de La Rochefoucauld, Reflexionen

Jedes Genie aber ist in seiner Sprache,
jedes Herz in seiner Religion
allmächtig.
Jean Paul, Levana

Keine Phantasie könnte die Widersprüche ersinnen, welche die Natur ins
Herz jedes Menschen gelegt hat.
François de La Rochefoucauld, Reflexionen

Keines Menschen Mund spricht anders,
als ihm sein Herz eingibt.
Hartmann von Aue, Iwein

Kenntnisse, was sind sie?
Und wenn Tausende mich darin überträfen, übertreffen sie mein Herz?
Heinrich von Kleist, Briefe (an Wilhelmine von Zenge, 10. Oktober 1801)

Lass stürmen hin, lass stürmen her,
mein Herz und zage nicht!
Sei ruhig wie der Fels im Meer,
an dem die Woge bricht.
Luise Brachmann, Gedichte

Lassen Sie die Sprache des Geistes
durch das Herz gehen,
damit sie verständlich wird.
Jean-Jacques Rousseau, Emile

Man folgt seinem Herzen,
und alles ist geschehen.
Jean-Jacques Rousseau, Erster Brief an Malesherbes
(4. Januar 1776²)

Man ist geselliger und umgänglicher
durch das Herz als durch den Geist.
Jean de La Bruyère, Die Charaktere

Man sagt, Gott mangelt nichts,
er darf nicht unsrer Gaben;
Ist's wahr, was will er dann
mein Herze haben?
Angelus Silesius, Der cherubinische Wandersmann

Manch einem geht der Mund über,
bevor das Herz voll ist.
Stella Kadmon

Manch einer macht die Ohren auf,
wenn er es aber nicht
mit dem Herzen aufnimmt,
dann hat er nichts als leeren Schall.
Hartmann von Aue, Iwein

Mein Herz ruht nicht,
weil deine Liebe es
mit solcher Sehnsucht entflammt hat,
dass es nur in dir ruhen kann.
Nikolaus von Kues, Über die Schauung Gottes

Nein, unter der Welt Geräuschen
wird das Herz nicht genährt.
Falsches Vergnügen macht ihm
den Verlust des wahren noch bitterer,
und lieber sind ihm seine Leiden
als ein eitler Ersatz.
Jean-Jacques Rousseau,
Julie oder Die neue Héloïse (Saint-Preux)

Nichts ist gefährlicher als
die Ahnungslosigkeit
eines unverdorbenen Herzens.
Heinrich Waggerl, Aphorismen

Nichts wiegt schwerer
als der Tod des Herzens.
Chinesisches Sprichwort

Nur wenn das Herz erschlossen,
Dann ist die Erde schön.
Du standest so verdrossen
Und wusstest nicht zu sehn.
Johann Wolfgang von Goethe, Sprüche

O Gott, beschwichtige die Gedanken,
Erleuchte mein bedürftig Herz.
Johann Wolfgang von Goethe, Faust II
(Pater Profundus)

O Götter! Welch schwarze Nacht
wohnt in den Herzen der Sterblichen!
Ovid, Metamorphosen

Öffne dein Herz
nicht jedem Menschen,
und wirf das Glück nicht von dir.
Altes Testament, Jesus Sirach 8, 19

Oft glaubt der Mensch, sich zu führen,
und wird doch geführt,
und während sein Verstand nach
diesem Ziel strebt, führt ihn
sein Herz unmerklich nach jenem.
François de La Rochefoucauld, Reflexionen

Oft hat das beste Herz
zum Ärgsten sich verirrt,
Wie aus dem süßesten Wein
der schärfste Essig wird.
Friedrich Rückert, Die Weisheit des Brahmanen

Ohne ein reines Herz
wird man niemals zu voller,
rechter Erkenntnis gelangen.
Fjodor M. Dostojewski,
Aufzeichnungen aus dem Untergrund

Ohr und Geist können müde werden,
dasselbe zu hören, das Herz nie.
Chamfort, Maximen und Gedanken

Reichtum, Ansehen, Macht,
alles ist unbedeutend und nichtig
gegen die Größe des Herzens –
das Herz allein ist
das einzige Kleinod auf der Welt.
Adalbert Stifter, Briefe (an Amalia Stifter,
31. Dezember 1848)

Seinem Herzen glauben,
zumal wenn es erprobt ist:
Dann versage ihm
man nicht das Gehör,
da es oft das vorherkündet,
woran am meisten gelegen.
Es ist ein Hausorakel.
Baltasar Gracián y Morales,
Handorakel und Kunst der Weltklugheit

Selig, die ein reines Herz haben,
denn sie werden Gott schauen.
Neues Testament, Matthäus 5, 8 (Jesus: Bergpredigt)

Sie sagen, ich sollte meinem Herzen
nicht zu sehr nachgeben,
und doch ist's mein größtes Vergnügen,
diesen Träumen nachzuhängen.
Karoline von Günderode, Briefe
(an Karoline von Barkhaus, 17. Juli 1799)

So fühl ich denn im Augenblick,
was den Dichter macht,
ein volles, ganz von
einer Empfindung volles Herz.
Johann Wolfgang von Goethe, Götz von Berlichingen
(Franz)

So mancher meint,
ein gutes Herz zu haben,
und hat nur schwache Nerven.
Marie von Ebner-Eschenbach, Aphorismen

Stein:
ein häufig für Herzen
verwendetes Material.
Ambrose Bierce

Stets betrügt das Herz den Verstand.
François de La Rochefoucauld, Reflexionen

Stille Ergebenheit!
Vertrauen auf das Herz,
auf den Sieg des Wahren und Besten,
dem wir uns hingegeben.
Und wir könnten untergehen?
Susette Gontard, Briefe (an Friedrich Hölderlin,
Dezember 1798)

Takt und Würde
lehrt das eigene Herz
und nicht der Tanzmeister.
Fjodor M. Dostojewski, Der Idiot

Und ist das Menschenherz
denn nicht eine einzige ungeheure
Einsamkeit, dahinein niemand
zu dringen vermag?
Die Leidenschaften,
die es durchschweifen,
sind wie Wanderer in der Wüste Sahara;
sie ersticken darin,
und ihr Todesröcheln dringt nicht
darüber hinaus.
Gustave Flaubert, November

Und so verleugnet ihr
das Göttlichste,
Wenn euch des Herzens Winke
nichts bedeuten.
Johann Wolfgang von Goethe, Die natürliche Tochter
(Hofmeisterin)

Und wer vermag sein Herz
in einer schönen Grenze zu halten,
wenn die Welt mit Fäusten
auf ihn einschlägt?
Friedrich Hölderlin, Briefe (an den Bruder,
2. November 1797)

Und wie auch der Zeitgeist das Herz,
diese kleinere Weltkugel,
bewege und drehe, so behält es sich
wie jede in sich kreisende Kugel
zwei angeborne unbewegliche Pole
fest, den guten und den bösen.
Jean Paul, Levana

Uns alle zieht
Das Herz zum Vaterland.
Friedrich Schiller, Dom Karlos (Königin)

Unser Herz ist eine Harfe,
Eine Harfe mit zwei Saiten.
In der einen jauchzt die Freude,
Und der Schmerz weint in der zweiten.
Peter Rosegger, Spruchverse

Unsere Gebete müssen
heiße Speisen sein,
die von dem Herd eines
von Liebe erfüllten Herzens kommen.
Mutter Teresa

Vergib dir nicht dein Herz,
wenn du zum Pinsel greifst,
um Anklage zu erheben.
Chinesisches Sprichwort

Vieles ist erlaubt, nur nicht das,
was die Seele trifft,
nur nicht Herzen hineinziehen,
und wenn's auch bloß das eigne wäre.
Theodor Fontane, Irrungen, Wirrungen

»Vom Herzen geredet.« Kommentar:
Das Gehirn war nicht beteiligt.
Ludwig Marcuse, Argumente und Rezepte.
Ein Wörter-Buch für Zeitgenossen

Warum ist das Menschenherz
so groß und das Leben so klein?
Gustave Flaubert, November

Was aus einem reinen Munde kommt
und in ein reines Herz geht,
das kann keinen Schaden tun.
Paul Ernst, Der schmale Weg zum Glück

Was dem Herzen gefällt,
das suchen die Augen.
Deutsches Sprichwort

Was Ihnen Ihr Herz sagt,
ist Goldklang.
Heinrich von Kleist, Briefe (an Caroline von Schlieben,
18. Juli 1801)

Was nicht von Herzen kommt,
das geht nicht zu Herzen.
Deutsches Sprichwort

Was wir in Gesellschaft singen,
Wird von Herz zu Herzen dringen.
Johann Wolfgang von Goethe, Gesellige Lieder

Wein entdeckt
die Geheimnisse des Herzens.
Chinesisches Sprichwort

Weint nicht, wenn das Trefflichste
verblüht!, bald wird es sich verjüngen!
Trauert nicht, wenn eures Herzens
Melodie verstummt!, bald findet eine
Hand sich wieder, es zu stimmen!
Friedrich Hölderlin, Hyperion

Weit ist der Weg vom Ohr zum Herzen,
aber noch weiter ist der Weg
zu den helfenden Händen.
Josephine Baker

Welch eine himmlische Empfindung
ist es, seinem Herzen zu folgen!
Johann Wolfgang von Goethe,
Wilhelm Meisters Lehrjahre

Wenn das Herz still stehen könnte,
würde es stillstehen.
Fernando Pessoa, Das Buch der Unruhe des
Hilfsbuchhalters Bernardo Soares

Wenn eine Frau ihr Herz ausschüttet,
fragt sie nicht lange, wohin.
Helmut Käutner

Wenn man liebt, so urteilt das Herz.
Joseph Joubert, Gedanken, Versuche und Maximen

Wenn Raum im Herzen ist,
ist auch Raum im Hause.
Sprichwort aus Dänemark

Wenn Zweifel Herzens Nachbar wird,
Die Seele sich in Leid verwirrt.
Wolfram von Eschenbach, Parzival

Wer andere mit sich selber misst,
hat ein Herz wie Buddha.
Chinesisches Sprichwort

Wer im Herzen keinen Frieden hat,
der hat ihn auch nicht außen.
Johann Geiler von Kaysersberg, Das Seelenparadies

Wer immer in Zerstreuungen lebt,
wird fremd im eigenen Herzen.
Adolph Freiherr von Knigge,
Über den Umgang mit Menschen

Wer nicht den tiefen Sinn des Lebens
Im Herzen sucht, der sucht vergebens.
Kein Geist, und sei er noch so reich,
Kommt einem edlen Herzen gleich.
Friedrich von Bodenstedt, Mirza Schaffy

Wer sein Herz gibt,
wird sein Geld nicht verweigern.
Sprichwort aus England

Wer seinen Verstand ganz kennt,
kennt sein Herz nicht.
François de La Rochefoucauld, Reflexionen

Wie atmet im Herzen die Liebe!
Es ist, als wolle man sein ganzes Herz
überströmen lassen, man will,
dass alles froh sei, dass alles lache!
Und wie ansteckend ist diese Freude.
Fjodor M. Dostojewski, Helle Nächte

Wie die Tage sich ändern,
die Gott vom Himmel uns sendet,
Ändert sich auch das Herz des Erde
bewohnenden Menschen.
Homer, Odyssee

Wie du im Herzen bist,
so zeigst du dich in deinen Worten.
Ruodlieb

Wie groß wird unsere Tugend,
Wenn unser Herz bei ihrer Übung bricht.
Friedrich Schiller, Dom Karlos (Königin)

Wie viel Irrtum ist in den Herzen!
Ovid, Festkalender

Wir sind Menschen, soweit wir Kopf,
wir sind Gott und Teufel,
soweit wir Herz sind.
Ricarda Huch, Quellen des Lebens

Wohin das Herz will gerne ziehn
Da tragen es die Füße hin.
Jüdische Spruchweisheit

Wohl lässt der Pfeil
sich aus dem Herzen ziehn,
Doch nie wird das verletzte
mehr gesunden.
Friedrich Schiller, Die Braut von Messina (Cesar)

Worte sind die Stimme des Herzens.
Chinesisches Sprichwort

Zum Lichte des Verstandes
können wir immer gelangen;
aber die Fülle des Herzens
kann uns niemand geben.
Johann Wolfgang von Goethe,
Wilhelm Meisters Lehrjahre

Zweifellos vermag die Politik
Großartiges zu schaffen,
aber nur das Herz vollbringt Wunder.
George Sand, Briefe

Zwischen Geist und Herz besteht oft
dasselbe Verhältnis wie zwischen
Schlossbibliothek und Schlossherr.
Chamfort, Maximen und Gedanken

Herzlichkeit

Das Gesetz der Zurückhaltung ist
bestimmt, durch das Recht der Herzlichkeit durchbrochen zu werden.
Albert Schweitzer,
Aus meiner Kindheit und Jugendzeit

Für jeden Menschen von Bildung und
feinem Gefühle ist es ein inniges
Lebensbedürfnis, sein Herz an andere
Menschen anzuhängen, die er lieben,
mit denen er in herzlichem Verkehr
leben kann.
Adalbert Stifter, Briefe (an Franziska Greipl,
7. November 1828)

Viel Kälte ist unter den Menschen,
weil wir nicht wagen,
uns so herzlich zu geben,
wie wir sind.
Albert Schweitzer,
Aus meiner Kindheit und Jugendzeit

Hetäre

Die jüngste Verkörperung
der Hetäre ist der Star.
Simone de Beauvoir, Das andere Geschlecht

Jene Mädchen, welche allein ihrem
Jugendreize die Versorgung fürs ganze
Leben verdanken wollen und deren
Schlauheit die gewitzten Mütter noch
soufflieren, wollen ganz dasselbe wie
die Hetären, nur sind sie klüger und
unehrlicher als diese sind.
Friedrich Nietzsche, Menschliches, Allzumenschliches

Heuchelei

Die Heuchelei ist ein privilegiertes
Laster, das mit seiner eigenen Hand
aller Welt den Mund verschließt und
in Ruhe seine Straflosigkeit genießt.
Molière, Don Juan oder Der Steinerne Gast (Don Juan)

Die Höflichkeit ist
die einzige Heuchelei,
die man verzeiht,
denn sie ist gegenseitig.
Sully Prudhomme, Gedanken

Die unerträglichsten Heuchler
sind diejenigen, die jedes Vergnügen,
das ihnen geboren wird, von der
Pflicht zur Taufe tragen lassen.
Marie von Ebner-Eschenbach, Aphorismen

Für Heuchelei gibt's Geld genug,
Wahrheit geht betteln.
Martin Luther, überliefert von Julius Wilhelm Zincgref
(Apophthegmata)

Heucheln: dem Charakter
ein sauberes Hemd überziehen.
Ambrose Bierce

Heuchelei ist der Tribut,
den das Laster der Tugend zollen muss.
Fjodor M. Dostojewski, Tagebuch eines Schriftstellers

Höflichkeit:
die annehmbare Heuchelei.
Ambrose Bierce

Ich brauche die Menschen nur einen
Augenblick zu hintergehen, und meine
Feinde liegen zu meinen Füßen.
Jean-Jacques Rousseau, Brief an Erzbischof Beaumont
(18. November 1762)

In der Heuchelei
huldigt das Laster der Moral.
François de La Rochefoucauld, Reflexionen

Man könnt einen nicht höher
schelten als einen Heuchler;
dieser ist die schlimmste Pest.
Martin Luther, Tischreden

Nimm dich vor Heuchelei
der stillen Leut' in Acht!
Am tiefsten ist ein Fluß,
der kein' Geräusche macht.
Martin Opitz

Schöne Worte werfen sie
Als Köder hin und brüten über
Schändlichem.
Euripides, Der bekränzte Hippolytos (Theseus)

Sei kein Heuchler vor den Menschen,
und hab Acht auf deine Lippen.
Altes Testament, Jesus Sirach 1, 29

Übe mich in der Tugend, ohne Gähnen
sagen zu können: sehr interessant.
Jules Renard, Ideen, in Tinte getaucht.
Aus dem Tagebuch von Jules Renard

Was erwarten eigentlich die Leute
davon, wenn sie immer heucheln und
sich verstellen? Schließlich glaubt man
ihnen doch nicht mehr,
auch wenn sie die Wahrheit sagen.
Michel Eyquem de Montaigne, Die Essais

Heute

Alle Stunden umfasse mit beiden
Armen. So wirst du weniger vom
Morgen abhängen, wenn auf das
Heute du die Hand legst.
Lucius Annaeus Seneca, Briefe an Lucilius

Besser heute als morgen.
Deutsches Sprichwort

Heute Freud, morgen Leid.
Deutsches Sprichwort

Heute groß, morgen klein.
Deutsches Sprichwort

Heute Herr, morgen Knecht.
Deutsches Sprichwort

Heute im Putz, morgen im Schmutz.
Deutsches Sprichwort

Heute mir, morgen dir.
Deutsches Sprichwort

Heute rot, morgen tot.
Deutsches Sprichwort

Heute was, morgen Aas.
Deutsches Sprichwort

Was du heute kannst besorgen,
das verschiebe nicht auf morgen.
Deutsches Sprichwort

Hexerei

Behändigkeit ist keine Hexerei.
Deutsches Sprichwort

Bezüglich des ersten Punktes,
warum in dem so gebrechlichen
Geschlechte der Weiber eine größere
Menge Hexen sich findet als unter
Männern, frommt es nicht,
Argumente für das Gegenteil herzuleiten,
da außer den Zeugnissen der Schriften
und Glaubwürdiger die Erfahrung
selbst solches glaubwürdig macht.
Heinrich Institoris/Jakob Sprenger,
Malleus maleficarum (»Hexenhammer«)

Da wurde Kampf in der Welt zuerst,
Da sie mit Geren Gullveig stießen
Und sie in der Halle
des Hohen verbrannten,
Dreimal verbrannten
die dreimal Geborene,
Oft, unselten – und doch lebt sie.
Edda, Der Seherin Weissagung

Das göttliche Recht nämlich schreibt
an vielen Punkten vor,
dass man die Hexen nicht nur fliehe,
sondern auch töte. Solche Strafen
würde es aber nicht eingesetzt haben,
wenn jene nicht in Wahrheit und zu
wirklichen Taten und Schädigungen
mit den Dämonen sich verbündeten.
Heinrich Institoris/Jakob Sprenger,
Malleus maleficarum (»Hexenhammer«)

Das ist eine alberne Meinung,
dass sich Weiber und Männer in den
Wolken verstecken können und
hageln, um alles zu verderben.
Zu Paris glaubt man an keine Hexen
und hört auch von keinen.
Liselotte von der Pfalz, Briefe

Das Teufels- und Hexenwesen
machte ich nur einmal;
ich war froh,
mein nordisches Erbteil verzehrt
zu haben und wandte mich zu den
Tischen der Griechen.
Johann Wolfgang von Goethe, überliefert von Johann
Peter Eckermann (Gespräche mit Goethe)

Dem Pöbelsinn verworrner Geister
Entwickelt sich ein Widerstand:
Die Ketzer sind's! die Hexenmeister!
Und sie verderben Stadt und Land.
Johann Wolfgang von Goethe, Faust II (Kanzler)

Denn wenn es keine Hexen gäbe,
Wer, Teufel! möchte Teufel sein!
Johann Wolfgang von Goethe, Faust II (Mephisto)

Der Blocksberg,
wie der deutsche Parnass,
Hat gar einen breiten Gipfel.
Johann Wolfgang von Goethe, Faust I (Genius der Zeit)

Der Harz, der Brocken
der Hexentanzplatz,
nordisch finstere Welt,
fremd, fremd.
Luise Rinser, Den Wolf umarmen

Die Fee Morgana,
wie würde sie erschrecken,
wenn sie etwa einer deutschen Hexe
begegnete, die nackt, mit Salben
beschmiert, und auf einem Besenstiel,
nach dem Brocken reitet.
Heinrich Heine, Zur Geschichte der Religion
und Philosophie in Deutschland

Dienen wir der Gerechtigkeit,
folgen wir der Vernunft,
so haben wir keine Hexen
mehr zum Verbrennen.
Friedrich Spee von Langenfeld, Cautio criminalis

Dies ist die Art, mit Hexen umzugehn!
Johann Wolfgang von Goethe, Faust I (Mephisto)

Dieser Glaube an eine Unmenge von
Hexen in unserem Lande wird aus
zwei wichtigen Quellen genährt.
Deren erste heißt Unwissen und Aber-
glauben des Volkes.
Die zweite Quelle heißt
Neid und Missgunst des Volkes.
Friedrich Spee von Langenfeld, Cautio criminalis

Eine Hexe mit dämonischer Macht,
den Himmel niederzulegen, die Erde
aufzuhängen, Quellen zu verhärten,
Berge zu schmelzen, Geister
heraufzuholen, Götter herabzuziehen,
Sterne auszulöschen, tatsächlich
die Unterwelt zu illuminieren.
Lucius Apuleius, Der goldene Esel

Eine Hexe sollst du
nicht am Leben lassen.
Altes Testament, Exodus 22, 17

Es besteht ein doppelter Anspruch des
Mannes, der die Frau zur Doppelzüngigkeit verurteilt: Sie soll ihm
gehören, und sie soll eine Fremde
bleiben. Er erträumt sie sich sowohl
als Magd wie als Hexe.
Simone de Beauvoir, Das andere Geschlecht

Es ist ein überaus gerechtes Gesetz,
dass die Zauberinnen getötet werden,
denn sie richten viel Schaden an,
was bisweilen ignoriert wird (...),
sie haben teuflische Gestalten,
ich habe einige gesehen.
Deswegen sind sie zu töten.
Martin Luther, Predigt über Exodus 22, 18
(Wittenberg 1526)

Frauen sind nur deshalb
als Hexen verbrannt worden,
weil sie schön waren.
Simone de Beauvoir, Das andere Geschlecht

Häufig sind die Richter, denen die
Hexenprozesse anvertraut werden,
schamlose, niederträchtige Menschen;
die Folter wird oft übermäßig und
grausam angewandt; viele Indizien
sind unzulässig und gefährlich und
das Verfahren nicht selten gegen
Gesetz und Vernunft.
Friedrich Spee von Langenfeld, Cautio criminalis

Hexen lassen sich wohl
durch schlechte Sprüche zitieren,
Aber die Grazie kommt
nur auf der Grazie Ruf.
Johann Wolfgang von Goethe/Friedrich Schiller,
Xenien

Hexen weinen nicht.
Deutsches Sprichwort

Hupff auf du hessigs kammelthier,
Im feur muest du jetz schwitzen schier.
Dein gabel reitten hat ein endt,
Vom Heuberg hol ich dich
gar gschwendt.
Füssener Totentanz (um 1600)

Ihre Schönheit
Verdunkelte die lichte Welt,
und neben ihr
Schien alles nur ein
flüchtig Schattenbild zu sein.
Percy Bysshe Shelley, Die Atlas-Hexe

In der Zauberfrau Schoß
schlaf du nicht,
Sodass ihre Glieder dich gürten.
Edda, Hávamál (Loddfáfnirlied)

In die Traum- und Zaubersphäre
Sind wir, scheint es, eingegangen.
Führ uns gut.
Johann Wolfgang von Goethe, Faust (Walpurgisnacht: Faust)

Jetzt los, Schwester, wollen wir also
den da erst bacchantisch zerreißen
oder seine Glieder festschnüren und
ihm die Mannsteile abschneiden?
Lucius Apuleius, Der goldene Esel (Panthia)

Obschon die scharfsinnigsten Richter
der Hexen und sogar die Hexen selber
von der Schuld der Hexerei überzeugt
waren, war die Schuld trotzdem nicht
vorhanden. So steht es mit aller
Schuld.
Friedrich Nietzsche, Die fröhliche Wissenschaft

Verlangst du nicht
nach einem Besenstiele?
Johann Wolfgang von Goethe,
Faust I (Walpurgisnacht: Mephisto)

Vorsicht mit diesem Dämon von Frau,
sonst hast du mit deiner vorwitzigen
Zunge einen Schaden weg!
Lucius Apuleius, Der goldene Esel

Wie man nach Norden weiterkommt,
Da nehmen Ruß und Hexen zu.
Johann Wolfgang von Goethe, Faust I (Paralipomena)

Zum Jüngsten Tag
fühl ich das Volk gereift,
Da ich zum letzten Mal
den Hexenberg ersteige,
Und weil mein Fässchen trübe läuft,
So ist die Welt auch auf der Neige.
Johann Wolfgang von Goethe, Faust I (Mephisto)

Hilfe

Alle verzeihen,
niemand kommt zur Hilfe.
Lucius Annaeus Seneca, Briefe an Lucilius

Beim Schiffbruch
hilft der Einzelne sich leichter.
Friedrich Schiller, Wilhelm Tell (Tell)

Da Unheil ich erfahren, lerne ich,
den Elenden zu Hilfe zu kommen.
Vergil, Aeneis (Dido)

Das schöne Wetter hilft zu allem.
Johann Wolfgang von Goethe, Briefe
(an Charlotte von Stein, 15. Juni 1786)

Dem Armen hilf,
den Bettler verjag.
Deutsches Sprichwort

Dem Bruder, der es aufrichtig meint,
helfe der Bruder, wo immer er kann.
Ecbasis captivi in belehrender Gestalt (Fuchs)

Dem Helfer half der Helfer droben.
Johann Wolfgang von Goethe, Faust I (alter Bauer)

Dem Mutigen hilft Gott.
Friedrich Schiller, Wilhelm Tell (Gertrud)

Dem Nächsten muss man helfen:
Es kann uns allen Gleiches ja begegnen.
Friedrich Schiller, Wilhelm Tell (Kuoni)

Denen, die wirklich arm sind,
muss man helfen.
Martin Luther, Tischreden

Denn nicht genug,
dem Schwachen aufzuhelfen,
Auch stützen muss man ihn.
William Shakespeare, Timon von Athen (Timon)

Der Berg bedarf nicht des Berges,
aber der Mensch des Menschen.
Sprichwort aus dem Baskenland

Der brave Mann
denkt an sich selbst zuletzt,
Vertrau auf Gott und
rette den Bedrängten.
Friedrich Schiller, Wilhelm Tell (Tell)

Der eine bedarf der Hilfe des anderen.
Sallust, Der Catilinarische Krieg

Der größten Gefahr
kommt die Hilfe zuvor.
Chinesisches Sprichwort

Der Grundgedanke jedoch,
dass die Hilfe immer ein Mittel und
Weg zur Selbsthilfe sein muss,
wenn sie auf lange Sicht Früchte
tragen soll, hat sich überall
als richtig erwiesen.
Heinrich Lübke, Rede anlässlich des Welt-Raiffeisentags in der Frankfurter Paulskirche 1968

Der Mensch hilft sich selbst am besten.
Johann Wolfgang von Goethe, Lila (Almaide)

Der Mensch,
wenn er sich getreu bleibt,
findet zu jedem Zustande
eine hülfreiche Maxime.
Johann Wolfgang von Goethe,
Kampagne in Frankreich

Die Menschen sind doch dazu da,
einander auszuhelfen.
Voltaire, Candide oder Der Glaube an die beste der Welten

Die nicht helfen wollen,
hindern gern.
Deutsches Sprichwort

Die Schmerzen sind's,
die ich zu Hilfe rufe:
Denn es sind Freunde,
Gutes raten sie.
Johann Wolfgang von Goethe, Iphigenie auf Tauris

Du verlierst nichts,
wenn du mit deiner Kerze
die eines anderen anzündest.
Sprichwort aus Dänemark

Durch Wechselbeistand
kann auch Not die Not vertreiben,
Als wie einander warm
zwei kalte Hände reiben.
Friedrich Rückert, Die Weisheit des Brahmanen

Ein jeder zählt nur sicher
auf sich selbst.
Friedrich Schiller, Wilhelm Tell (Tell)

Ein rechter Schütze hilft sich selbst.
Friedrich Schiller, Wilhelm Tell (Tell)

Ein tüchtiger Mann
braucht drei Gehilfen.
Chinesisches Sprichwort

Elend wäre die Welt,
wenn du den Elenden
nicht zu Hilfe kämest.
Torquato Accetto, Über die ehrenwerte Kunst
der Verstellung

Es hilft nicht immer
Recht zu haben.
Johann Wolfgang von Goethe, Reineke Fuchs

Es ist zwecklos,
den Eltern nach ihrem Tode zu opfern,
wenn man sie
zu Lebzeiten nicht unterstützt.
Chinesisches Sprichwort

Fordere keinen Helfer in Dingen,
die du selbst erledigen kannst.
Leo N. Tolstoi, Tagebücher (1847)

Gegenseitige Hilfe macht
selbst arme Leute reich.
Chinesisches Sprichwort

Gott hilft denen, die sich selber helfen.
Benjamin Franklin, Des armen Richard Almanach

Gott hilft nur dann,
wenn Menschen nicht mehr helfen.
Friedrich Schiller, Wilhelm Tell (Reding)

Greift an mit Gott!
Dem Nächsten muss man helfen.
Friedrich Schiller, Wilhelm Tell

Gut Recht bedarf oft guter Hilfe.
Deutsches Sprichwort

Helft mir, ach!, ihr hohen Mächte.
Johann Wolfgang von Goethe, Der Zauberlehrling

Hilf dir selber, so hilft dir das Glück.
Deutsches Sprichwort

Hilft Gott uns nicht,
kein Kaiser kann uns helfen.
Friedrich Schiller, Wilhelm Tell (Rudenz)

Ich hebe meine Augen
auf zu den Bergen,
von denen mir Hilfe kommt.
Altes Testament, Psalmen 121, 1
(mehrere Übersetzungsvarianten)

Jetzt suchst du Hilfe;
danach hättest du in Friedenszeiten
suchen sollen.
Ecbasis captivi in belehrender Gestalt (Otter)

Man darf nur die meisten Menschen
bestimmt nötig haben, um sogleich
ihre Bösartigkeit zu wecken.
Johann Gottfried Seume, Apokryphen

Man kann nicht allen helfen,
sagt der Engherzige, und hilft keinem.
Marie von Ebner-Eschenbach, Aphorismen

Man muss sich gegenseitig helfen,
das ist ein Naturgesetz.
Jean de La Fontaine, Fabeln

Mitleid ohne Hilfe ist
wie Senf ohne Rindfleisch.
Sprichwort aus England

Nichts wird so
teuer bezahlt als Hilfeleistungen.
Keine Arbeit, keine durchrungene Not
reicht an die Ausgaben heran.
Emil Gött, Zettelsprüche. Aphorismen

Rechter Mann hilft, wo er kann.
Deutsches Sprichwort

Schwimmen ist leicht,
wenn einem das Kinn gehalten wird.
Sprichwort aus Frankreich

Sieh nur zu, dass du nicht schadest,
während du zu helfen wünschst.
Ovid, Gedichte der Trübsal

Tausend fleiß'ge Hände regen,
Helfen sich in munterm Bund,
Und in feurigem Bewegen
Werden alle Kräfte kund.
Friedrich Schiller, Das Lied von der Glocke

Vermeide niemand, der dir begegnet.
Du findest leicht einen, dem du hilfst,
einen, der dir helfen kann.
Johann Wolfgang von Goethe, Lila (Magus)

Weiber wissen sich immer zu helfen.
Voltaire, Candide oder Die beste der Welten

Wem nicht zu raten ist,
dem ist nicht zu helfen.
Deutsches Sprichwort

Wenn alle Menschen
sich immer gegenseitig beistünden,
dann bedürfte niemand des Glückes.
Menandros, Fragmente

Wenn der Blinde den Lahmen trägt,
kommen sie beide fort.
Deutsches Sprichwort

Wenn jeder dem anderen helfen wollte,
wäre allen geholfen.
Marie von Ebner-Eschenbach, Aphorismen

Wer die Leiter hält,
ist so schuldig als der Dieb.
Deutsches Sprichwort

Wer dir geholfen hat,
als du in der Not warst,
den sollst du hernach nicht verachten.
Jacob und Wilhelm Grimm, Der Froschkönig oder der
eiserne Heinrich

Wer jetzt will seinem Nachbarn helfen?
Ein jeder hat für sich zu tun.
Johann Wolfgang von Goethe, Faust II (Schatzmeister)

Wer nicht im Augenblick hilft,
scheint mir nie zu helfen;
wer nicht im Augenblick Rat gibt,
nie zu raten.
Johann Wolfgang von Goethe,
Wilhelm Meisters Lehrjahre

Wer nichts für andre tut,
tut nichts für sich.
Johann Wolfgang von Goethe, Clavigo (Carlos)

Wer ohne Hilfe aufstehen kann,
sitzt gut.
Sprichwort aus Dänemark

Wer um Hilfe ruft, nimmt in Kauf,
dass die Polizei kommen könnte.
Danilo Kis

Wo menschliche Hülfe aufhört,
setzt der Mensch immer sich selbst
zum Trost göttliche Hülfe,
und der unwissende Mensch zumal.
Johann Gottfried Herder,
Journal meiner Reise im Jahr 1769

Womit soll ein
Lebensüberdrüssiger gurgeln?
Erich Kästner, Dr. Erich Kästners lyrische Hausapotheke

Zwei Drittel der Hilfe ist,
Mut einzuflößen.
Sprichwort aus Irland

Hilflosigkeit

Entrüstung ist Bekenntnis
der Hilflosigkeit, also unmännlich.
Walter Rathenau, Auf dem Fechtboden des Geistes.
Aphorismen aus seinen Notizbüchern

Nichts als ein Erwarten,
ewige Hilflosigkeit.
Franz Kafka, Tagebücher (1914)

Niemand kommt sich so hilflos vor
wie der Besitzer
eines kranken Goldfisches.
Kin Hubbard

Solange der Nagellack
noch nicht trocken ist,
ist eine Frau praktisch wehrlos.
Burt Reynolds

Hilfsbereitschaft

Edel sei der Mensch,
Hilfreich und gut!
Denn das allein
Unterscheidet ihn
Von allen Wesen,
Die wir kennen.
Johann Wolfgang von Goethe, Das Göttliche

Man muss manchmal
sogar der Versuchung,
hilfreich zu sein,
widerstehen können.
Marie von Ebner-Eschenbach, Aphorismen

Weit ist der Weg vom Ohr zum Herzen,
aber noch weiter ist der Weg zu den
helfenden Händen.
Joséphine Baker

Himmel

Alle hundert Li
ist der Himmel ein anderer.
Chinesisches Sprichwort

Auf einer goldenen Schaukel kann
man bis in den Himmel fliegen.
Sprichwort aus Russland

Betrübnisse sind die Sprossen
der Leiter, die zum Himmel führt.
Sprichwort aus Wales

Blickt auf die Weite, die Festigkeit,
die Raschheit des Himmels und hört
einmal auf, Wertloses zu bewundern!
Anicius Manlius Torquatus Severinus Boethius,
Trost der Philosophie

Da, nimm die Schlüssel zu den dreizehn Türen des Himmelreichs in
Verwahrung: zwölf davon darfst du
aufschließen und die Herrlichkeiten
darin betrachten, aber die dreizehnte,
wozu dieser kleine Schlüssel gehört,
die ist dir verboten: Hüte dich,
dass du sie nicht aufschließest,
sonst wirst du unglücklich.
Jacob und Wilhelm Grimm, Marienkind

Dankbarkeit ist in den Himmel
gestiegen und hat
die Leiter mitgenommen.
Sprichwort aus Polen

Das Auge sieht den Himmel offen.
Friedrich Schiller, Das Lied von der Glocke

Das ist Leben ohne Tod,
Licht ohne Finsternis,
eine Wohnung ohne Sorgen:
Da ist niemand krank.
Das Muspilli (um 860)

Das Leben hängt vom Himmel und
seine Dauer vom Menschen ab.
Chinesisches Sprichwort

Der erhabene Himmel lässt
einen Mann mit einem rechten Herzen
nicht im Stich.
Chinesisches Sprichwort

Der Himmel erinnert den Menschen an
seine Bestimmung, daran,
dass er nicht bloß zum Handeln,
sondern auch zur Beschauung
bestimmt ist.
Ludwig Feuerbach, Das Wesen des Christentums

Der Himmel erscheint zuweilen kurz,
die Erde hingegen lang.
Chinesisches Sprichwort

Der Himmel gehört allen,
die Erde wenigen.
Klaus Staeck

Der Himmel gleicht einem
großen Menschen und der Mensch
einem kleinen Himmel.
Chinesisches Sprichwort

Der Himmel hat uns
die Erde verdorben.
Johann Gottfried Seume, Apokryphen

Der Himmel ist also nicht durch eine
Kluft von uns getrennt,
die wir durch den Tod überspringen;
er fängt unmittelbar da an,
wo wir uns nach ihm sehnen.
Bettina von Arnim, An Fürst Pückler-Muskau
(15. Dezember 1833)

Der Himmel ist auf der ganzen Welt
der gleiche, ganz egal,
wie sich die Welt darunter wandelt.
Anne Morrow Lindbergh, Blume und Nessel

Der Himmel ist das umfangende,
spendende, wesentlich feurige,
männliche Prinzip, die Erde aber
das umarmte, empfangende, dunkle,
feuchte, weibliche Prinzip;
aus der Verknüpfung beider sind
alle Dinge hervorgegangen.
Joseph von Görres, Mythengeschichte

Der Himmel ist für die,
welche an ihn denken.
Joseph Joubert, Gedanken, Versuche und Maximen

Der Himmel ist in dir
und auch der Höllen Qual:
Was du erkiest und willst,
das hast du überall.
Angelus Silesius, Der cherubinische Wandersmann

Der Himmel wird unsere Schicksale
auf Erden oder unsere Seelen
im ewigen Leben vereinigen.
Jean-Jacques Rousseau,
Julie oder Die neue Héloïse (Saint-Preux)

Der Mensch soll nicht sorgen,
dass er in den Himmel kommt,
sondern dass der Himmel in ihn komme.
Wer ihn nicht in sich selber trägt,
der sucht ihn vergebens im ganzen All.
Otto Ludwig, Zwischen Himmel und Erde

Der Nachteil des Himmels
besteht darin, dass man die gewohnte
Gesellschaft vermissen muss.
Mark Twain

Der Versuch, den Himmel auf Erden
zu verwirklichen, produzierte
stets die Hölle.
Sir Karl Raimund Popper

Des Himmels Netz ist von
gewaltiger Größe, weitmaschig,
und doch entschlüpft ihm nichts.
Lao-tse, Dao-de-dsching

Des Menschen Willen
ist sein Himmelreich.
Deutsches Sprichwort

Die Himmelsluft ist so erquickend,
dass man gern zu lange über Wipfel
und Bäume schwebet, hinunter an den
traurigen Boden, um etwa aufs Ganze
oder Nichtganze einen Blick zu werfen.
Johann Gottfried Herder, Auch eine Philosophie
der Geschichte zur Bildung der Menschheit

Die irdische Harmonie
ist doch gewaltiger als die himmlische.
Johann Wolfgang von Goethe, Briefe
(an Charlotte von Stein, 10. Februar 1781)

Die Kirche ist's, die heilige, die hohe,
Die zu dem Himmel uns die Leiter baut.
Friedrich Schiller, Maria Stuart (Maria)

Die Männer sind auf allen Gebieten
die Führenden, nur auf dem Wege
zum Himmel überlassen sie
den Frauen den Vortritt.
Marie von Ebner-Eschenbach, Aphorismen

Die meisten Völker, wenn nicht alle,
haben ihre Feste den leuchtenden
Vorgängen am Himmel angeschlossen.
Ricarda Huch, Botschaft der Weihnacht (1945)

Die Menschheit wird den Himmel auf
Erden haben, wenn wir lernen,
unsere Grenzen zu respektieren.
Es mag paradox klingen zu sagen,
dass Unendlichkeit und Ewigkeit des
Himmels in Wirklichkeit nur der
Abstand ist zum Herzen eines
Fremden, zum Herzen eines Feindes:
Ewigkeit ist der Augenblick
des Erkennens.
Yehudi Menuhin, Variationen

Die Sitze, die im Himmel für gute
Wächter bereit gehalten werden,
sind immer noch leer.
Sprichwort aus Tschechien

Die Straße zum Himmel ist gleich kurz,
wo wir auch sterben.
Sprichwort aus Dänemark

Die Unschuld hat
im Himmel einen Freund.
Friedrich Schiller, Wilhelm Tell (Gertrud)

Ein einziger dankbarer Gedanke gen
Himmel ist das vollkommenste Gebet.
Gotthold Ephraim Lessing,
Minna von Barnhelm (Fräulein)

Ein jeder Mensch trägt in dieser Welt
Himmel und Hölle in sich;
welche Eigenschaft er erweckt,
dieselbe brennet in ihm,
dessen Feuers ist die Seele fähig.
Jakob Böhme, Von sechs theosophischen
Puncten hohe und tiefe Gründung

Ein Teil des Himmels
steigt ständig auf,
ein Teil geht unter.
Lucius Annaeus Seneca, Briefe über Ethik

Eines zu sein mit allem,
das ist Leben der Gottheit,
das ist der Himmel des Menschen.
Friedrich Hölderlin, Hyperion

Es dünkt mich leichter sein,
in Himmel sich zu schwingen,
Als mit der Sünden Müh'
in Abgrund einzudringen.
Angelus Silesius, Der cherubinische Wandersmann

Es gibt Taten, die sich keinem
Menschenurteil mehr unterwerfen,
nur den Himmel zum Schiedsmann
erkennen.
Friedrich Schiller, Die Verschwörung des Fiesco zu Genua (Verrina)

Es ist besser,
zum Himmel hinaufzuschauen,
als dort zu leben.
Truman Capote

Es ist dafür gesorgt,
dass die Bäume nicht
in den Himmel wachsen.
Deutsches Sprichwort

Es stimmt nicht,
was so viele behaupten,
dass man in den Himmel kommt.
Man kommt in die Erde.
Lars Saabye Christensen, Der Alleinunterhalter

Fahr wohl,
du altes Jahr mit Freud und Leiden!
Der Himmel schenkt ein neues,
wenn er will.
Annette von Droste-Hülshoff, Das geistliche Jahr 1820

Frauen begnügen sich nicht länger
mit der Hälfte des Himmels,
sie wollen die Hälfte der Welt.
Alice Schwarzer

Frauen sind die Hälfte des Himmels.
Chinesisches Sprichwort

Für die Hölle
gibt es genügend Beispiele.
Den Himmel
müssen wir uns machen.
Heinrich Nüsse

Gar mancher wähnt sich im Himmel,
dabei schwebt er nur über den Wolken.
Friedl Beutelrock

Gott treibet Kaufmannschaft:
Er biet't den Himmel feil;
Wie teuer gibt er ihn?
Um einen Liebespfeil.
Angelus Silesius, Der cherubinische Wandersmann

Halt an, wo läufst du hin?
Der Himmel ist in dir;
Suchst du Gott anderswo,
du fehlst ihn für und für.
Angelus Silesius, Der cherubinische Wandersmann

Hoffentlich gibt's keinen Himmel,
denn da passe ich nicht hin.
Erich Kästner, Dr. Erich Kästners lyrische Hausapotheke

Ich glaube nicht, dass es im Himmel
sehr humorvoll zugeht.
Mark Twain

Ich glaube, sehr viele Menschen
vergessen über ihrer Erziehung
für den Himmel die für die Erde.
Georg Christoph Lichtenberg, Sudelbücher

Ich mag nicht in den Himmel,
wenn es da keine Weiber gibt.
Was soll ich mit bloßen Flügelköpfchen?
Albrecht Dürer

Ich rate,
suche nicht den Himmel übermorgen,
Kommst du nicht heut in ihn,
er bleibt dir stets verborgen.
Daniel Czepko von Reigersfeld, Monodisticha Sapientium

Ihr verdammt diejenigen,
die in diesem Leben
nach hohen Ehren streben!
Warum verlangt es euch
dann nach so großen Ehren
in jener anderen Welt?
Voltaire, Brief eines Türken über die Fakire

In dem Alter der Welt, wo wir leben,
findet der unmittelbare Verkehr mit
dem Himmel nicht mehr statt.
Novalis, Heinrich von Ofterdingen

In dieser Welt,
von Übeln krank, vom Blute rot,
Tut Geist und Schönheit,
tut ein Flecklein Himmel Not.
Carl Spitteler, Olympischer Frühling

In Holzschuhen
werde ich den Himmel betreten.
Jules Renard, Ideen, in Tinte getaucht.
Aus dem Tagebuch von Jules Renard

In meiner Kirche gibt es kein Gewölbe
zwischen mir und dem Himmel.
Jules Renard, Ideen, in Tinte getaucht.
Aus dem Tagebuch von Jules Renard

Jede Kunst steht eigenmächtig da,
den Tod zu verdrängen,
den Menschen in
den Himmel zu führen.
Bettina von Arnim, Goethes Briefwechsel mit einem Kinde

Kann sich öffnen und schließen das
Himmelstor ohne das Weibliche?
Lao-tse, Dao-de-dsching

Keine Erfindung ist wohl dem
Menschen leichter geworden
als die eines Himmels.
Georg Christoph Lichtenberg, Sudelbücher

Kinder
sind eine Brücke zum Himmel.
Sprichwort aus Persien

Mach deine Rechnung
mit dem Himmel, Vogt!
Friedrich Schiller, Wilhelm Tell (Tell)

Mächtig zürnt
der Himmel im Gewitter.
Nikolaus Lenau, Gedichte

Man muss dem Himmel nachgeben
und den Menschen Widerstand leisten.
Joseph Joubert, Gedanken, Versuche und Maximen

»Mein Gott ist dort«,
und er zeigte zum Himmel,
»mein Gesetz ist hier drinnen«,
und er legte die Hand auf sein Herz.
Voltaire, Geschichte von Jenni

Mensch, willst du selig sein,
eh als du es sollst werden –
Ergib dich Gott:
Du hast dein Himmelreich auf Erden.
Daniel Czepko von Reigersfeld, Monodisticha Sapientium

Mit den Beinen
läuft man nicht in den Himmel.
Deutsches Sprichwort

Nicht aus dem Hause gehn,
doch alles wissen,
nicht aus dem Fenster blicken,
und doch das Dach des Himmels sehn.
Lao-tse, Dao-de-dsching

Nur durch Himmelskarten
können Erdkarten gemacht werden.
Jean Paul, Vorschule der Ästhetik

Nur wer keine irdischen Eltern hat,
braucht himmlische Eltern.
Ludwig Feuerbach, Das Wesen des Christentums

O Himmel über mir, du Reiner!
Tiefer! Du Licht-Abgrund!
Dich schauend schaudere ich
vor göttlichen Begierden.
Friedrich Nietzsche, Also sprach Zarathustra

Passagen zum Himmel
oder zur Hölle
bucht man im gleichen Reisebüro.
Upton Sinclair

Und was aus der Erde gewachsen,
das ging in die Erde zurück,
doch die Arten, gezeugt vom Himmel,
die kehrten zum himmlischen Raum.
Mark Aurel, Selbstbetrachtungen

Vielleicht wird der Himmel
den Laien gehören, aber diese Welt
gehört ganz bestimmt den Klerikern.
George Moore

Was doch eigentlich den Armen den
Himmel so angenehm macht,
ist der Gedanke an die dortige
größere Gleichheit der Stände.
Georg Christoph Lichtenberg, Sudelbücher

Was Leben hat,
das kennt die Zeit der Gnade;
Der Liebe Pforten sind ihm aufgetan.
Zum Himmel führen
tausend lichte Pfade;
Ein jeder Stand hat sein eigne Bahn.
Annette von Droste-Hülshoff, Geistliche Lieder

Was vom Himmel fällt,
das ist teuflisch;
was auf der Erde strauchelt,
das ist menschlich.
Martin Luther, Tischreden

Was vom Himmel fällt,
schadet keinem.
Deutsches Sprichwort

Weißt du, wie viel Sternlein stehen
An dem blauen Himmelszelt?
Wilhelm Hey, Fabeln für Kinder

Weist nur die Menschen
in den Himmel, wenn ihr sie
um alles Irdische
königlich betrügen wollt.
Johann Gottfried Seume, Apokryphen

Welch reicher Himmel!
Stern bei Stern!
Wer kennet ihre Namen?
Johann Wolfgang von Goethe, Der Sänger

Wenn du nicht den Weg
zum Himmel gehst,
wirst du von selbst zur Hölle fahren,
auch wenn sie ohne Tore wär.
Chinesisches Sprichwort

Wer keinen höhern und festern
Himmel über seinem Auge hat als
den Thronhimmel aus Samt und Holz,
ist sehr beengt und hat über seinem
Kopfe wenig Aussicht.
Jean Paul, Levana

Wer mag wohl den unveränderlichen
Himmel im Kreise drehn?
Wer sonst als der Geist Gottes?
Notker III. Labeo, Kommentierte Boethius-Übersetzung

Wer nicht in den Himmel will,
braucht keine Predigt.
Deutsches Sprichwort

Wer seinen Horizont erweitert,
verkleinert den Himmel.
Klaus Kinski

Wie schlecht bereitet
muss der Mensch zum Himmel sein,
Der ihn nicht auf der Welt
sich traut zu nehmen ein.
Daniel Czepko von Reigersfeld,
Monodisticha Sapientium

Wie viele Gaben des Himmels braucht
es dazu, ein guter Herrscher zu sein!
Jean de La Bruyère, Die Charaktere

Wie von selbst
steigt der Mensch zum Himmel auf,
wenn ihn nichts mehr bindet.
Novalis, Die Christenheit oder Europa

Wir alle sind von oben.
Johann Wolfgang von Goethe, Loge

Wir begreifen die Wege
des Himmels nicht.
Wilhelm Heinrich Wackenroder, Herzensergießungen
eines kunstliebenden Klosterbruders

Wir leben zwar alle
unter dem gleichen Himmel,
aber wir haben nicht alle
den gleichen Horizont.
Konrad Adenauer

Wir sind auf dem Mont Cenis
dem Himmel nicht näher
als im tiefen Meer.
Michel Eyquem de Montaigne, Die Essais

Wo das himmlische Leben
eine Wahrheit ist, da ist das
irdische Wesen eine Lüge – wo alles
die Phantasie, die Wirklichkeit nichts.
Ludwig Feuerbach, Das Wesen des Christentums

Zwei Dinge erfüllen das Gemüt mit
immer neuer und zunehmender
Bewunderung und Ehrfurcht,
je öfter und anhaltender sich das
Nachdenken damit beschäftigt:
Der bestirnte Himmel über mir
und das moralische Gesetz in mir.
Immanuel Kant, Kritik der praktischen Vernunft

Zwischen uns und der Hölle
oder dem Himmel steht nur das Leben.
Blaise Pascal, Pensées

Himmelreich

Das Himmelreich
wird leicht erobert und sein Leben;
Belag're Gott mit Lieb',
er muss dir's übergeben.
Angelus Silesius, Der cherubinische Wandersmann

Eher geht ein Kamel
durch ein Nadelöhr,
als dass ein Reicher
in das Reich Gottes gelangt.
Neues Testament, Matthäus 19, 24 (Jesus)

Selig, die arm sind vor Gott,
denn ihnen gehört das Himmelreich.
Neues Testament, Matthäus 5, 3 (Jesus: Bergpredigt)

Wenn ihr nicht umkehrt
und wie die Kinder werdet,
könnt ihr nicht
in das Himmelreich kommen.
Neues Testament, Matthäus 18, 3 (Jesus)

Hindernis

Aber das Leben rechnet nicht mit
Träumen; nicht ein einziges Hindernis
lässt sich aus der Wirklichkeit
hinausträumen.
Jens Peter Jacobsen, Niels Lyhne

Das wahre Genie arbeitet
gleich einem reißenden Strome
sich selbst seinen Weg
durch die größten Hindernisse.
Gotthold Ephraim Lessing, Rezensionen

Die nicht helfen wollen,
hindern gern.
Deutsches Sprichwort

Ein Dattelkern hält keinen Karren auf.
Chinesisches Sprichwort

Es gibt Leute, welche mehr zum
Hindernis als zur Zierde der Welt
da sind, unnütze Möbel,
die jeder aus dem Wege rückt.
Baltasar Gracián y Morales,
Handorakel und Kunst der Weltklugheit

Jockeis sind Reiter,
die manchmal früher
über ein Hindernis kommen
als das Pferd.
Danny Kaye

Manche richten sich ihr Leben ein
wie einen Parcours – alle paar Meter
ein künstliches Hindernis.
Robert Lembke, Das Beste aus meinem Glashaus.
Humoristisches und Satirisches

Seliges Geschöpf!, das den Mangel
seiner Glückseligkeit einem
irdischen Hindernis zuschreiben kann.
Johann Wolfgang von Goethe,
Die Leiden des jungen Werthers

Verbringe nicht die Zeit
mit der Suche nach einem Hindernis,
vielleicht ist keines da.
Franz Kafka

Was du jetzt noch nicht siehst,
einst wirst du es erkennen.
Was du jetzt für ein Hindernis hältst,
wird dir später ein
wirksames Heilmittel sein.
Vinzenz Ferrer, Das geistliche Leben

Hingabe

Bei jenen Frauen,
die sich jedem hingeben,
ist der geringste Fehler,
dass sie sich hingeben.
François de La Rochefoucauld, Reflexionen

Das ist eine arme Frau,
die nichts mehr zu geben hat,
wenn sie sich hingegeben hat.
Marie von Ebner-Eschenbach, Aphorismen

Denn ich weiß es recht wohl:
Der Einzelne schadet sich selber,
Der sich hingibt, wenn sich nicht
alle zum Ganzen bestreben.
Johann Wolfgang von Goethe, Hermann und Dorothea
(4. Gesang)

Der Geliebte ist mein,
und ich bin sein;
er weidet in den Lilien.
Altes Testament, Hohelied Salomos 2, 16

Die meisten Frauen geben sich mehr
aus Schwäche als aus Leidenschaft hin.
Deshalb gelangen stürmische Männer
öfter ans Ziel, obwohl sie nicht
liebenswerter sind als andere.
François de La Rochefoucauld, Unterdrückte Maximen

Du wirst immer wieder
etwas Törichtes tun,
doch tu es wenigstens mit Hingabe.
Colette

Frauen sollten ihren Wunsch,
sich unbesonnen und stürmisch gleich
ganz hinzugeben, mit allen Mitteln,
die ihnen zu Gebote stehen,
zu verdecken suchen: Wenn sie ihre
Gunst hübsch der Reihe nach und
vorsichtig abmessend spenden,
so reizen sie unsere Wünsche
viel sicherer und verbergen dabei
ihre eigenen.
Michel Eyquem de Montaigne, Die Essais

Frühe Hingabe und späte Keuschheit –
kein Talent für Termine.
Emil Gött, Im Selbstgespräch

Man behauptet, Frauen liebten Tapferkeit und Schönheit oder alle die,
von denen sie geliebt würden.
Das ist alles unrichtig: Sie geben sich
denen hin, die davon überzeugt sind,
dass sie sich ihnen hingeben werden.
Leo N. Tolstoi, Tagebücher (1901)

Noch im Augenblick ihrer Hingabe
verfolgen die Frauen manchmal
eine verborgene Absicht.
Sie verstehen es besser als wir,
sich über ihre eigene Lust
etwas vorzumachen.
Denis Diderot, Über die Frauen

Ob sie sich hingeben
oder sich verweigern,
sie freuen sich dennoch,
gefragt worden zu sein.
Ovid, Liebeskunst

Und das ist meine Demut,
Lieber, dass ich mich gebe,
wie ich bin, und in deine Hände lege
und rufe: Hier bin ich.
Paula Modersohn-Becker, Briefe (26. Dezember 1900)

Hinken

Niemand hinkt,
weil ein anderer verletzt ist.
Sprichwort aus Dänemark

Wenn alle hinken,
meint jeder, er gehe recht.
Deutsches Sprichwort

Wohnst du neben einem Lahmen,
so wirst du hinken lernen.
Plutarch, Über Kindererziehung

Hinrichtung

Der Henker ist ein scharfer Barbier.
Deutsches Sprichwort

Die Furcht soll die Menschen
vom Verbrechen abhalten,
doch Zwangsarbeit und
lebenslängliche Schande
schrecken mehr ab als der Galgen.
Voltaire, Der Mann mit den vierzig Talern

Ein Mann mit tausend Batzen wird
nicht auf dem Richtplatz enden.
Chinesisches Sprichwort

Kreuzige ihn, kreuzige ihn.
Neues Testament, Lukas 23, 21 (die Menge)

Man eilt herbei, um die Unglücklichen
zu betrachten, man bildet eine Gasse
oder stellt sich an die Fenster,
um die Züge und die Haltungen
eines Menschen zu beobachten,
der zum Tode verurteilt ist und weiß,
dass er sterben muss: eitle, bösartige,
unmenschliche Neugierde!
Jean de La Bruyère, Die Charaktere

Nichts ist aber so verdrießlich,
wie ruhmlos gehängt zu werden.
Voltaire, Historische Lobrede auf die Vernunft

Schmach bringt allein die Schuld
und nicht das Blutgerüst.
Thomas Corneille, Der Graf von Essex (Essex)

Seid erst nicht hängenswert,
wenn ihr uns hängen wollt.
Johann Wolfgang von Goethe,
Die Mitschuldigen (Söller)

Hinterhalt

Aus dem Hinterhalt zu wirken,
scheint ein Zeichen von Kleinmütigkeit.
Der Hochgemute nämlich hat
den Willen, offenbar zu sein
in allen Dingen.
Thomas von Aquin, Summa theologica

Gegen Pfeile aus dem Hinterhalt fällt
es schwer, sich zu schützen.
Chinesisches Sprichwort

Hinterlassenschaft

Jede Fliege hinterlässt ein paar Maden.
Chinesisches Sprichwort

Wie unerträglich wäre es zu sterben –
und nur »Bruchstücke«, »Fetzen« zu
hinterlassen, nichts wirklich Fertiges.
Katherine Mansfield, Briefe

Hirngespinst

Es gehört eine eigene Geisteswendung
dazu, um das gestaltlose Wirkliche
in seiner eigensten Art zu fassen und
es von Hirngespinsten zu unterscheiden, die sich denn doch auch
mit einer gewissen Wirklichkeit
lebhaft aufdrängen.
Johann Wolfgang von Goethe,
Maximen und Reflexionen

Wie gern nährt sich doch eine toll
gewordene Liebe mit Hirngespinsten!
Jean-Jacques Rousseau, Julie oder Die neue Héloïse
(Saint-Preux)

Hirte

Die Aufgabe eines guten Hirten
besteht darin, das Vieh zu scheren
und nicht zu schinden.
Sueton, Das Leben der Caesaren

Ein Hirt muss seine Schafe kennen.
Deutsches Sprichwort

Gegen die Hirten ist mein Zorn
entbrannt, die Leithammel
ziehe ich zur Rechenschaft.
Altes Testament, Sacharja 10, 3

Ich bin vom Berg der Hirtenknab',
Ich bin der Knab vom Berge.
Ludwig Uhland, Des Knaben Berglied

Irrender Hirt, irrende Schafe.
Deutsches Sprichwort

Wie der Hirt, so die Herde.
Deutsches Sprichwort

Historiker

Der Historiker,
der blind ist für den Tag,
ist auch blind für vergangene Tage.
Ludwig Marcuse, Argumente und Rezepte.
Ein Wörter-Buch für Zeitgenossen

Der Historiker ist
ein rückwärts gekehrter Prophet.
Friedrich Schlegel, Athenäumsfragmente

Die Historiker sind so etwas
wie die Schminkmeister
des großen Welttheaters.
John Osborne

Ein Historiker ist vor allem jemand,
der nicht selber dabei war.
Frithjof Brandt

Für Historiker ist die Gegenwart
wie ein Camembert:
erst eine Weile liegen lassen,
damit der reizvolle Hautgout entsteht.
Henri Troyat

Historiker: ein Breitspur-Klatschmaul.
Ambrose Bierce

Man muss die historische Wahrheit
mehr gegen die Historiker verteidigen
als gegen die Dichter.
Ezra Pound

Pflicht des Historikers,
das Wahre vom Falschen,
das Gewisse vom Ungewissen,
das Zweifelhafte vom Verwerflichen
zu unterscheiden.
Johann Wolfgang von Goethe,
Maximen und Reflexionen

Was in der Gegenwart geschieht,
erfährt man in der Regel
erst eine ganze Weile später
von den Historikern.
Ludwig Marcuse

Hitze

An heißen Tagen
besteht man nicht auf den Riten.
Chinesisches Sprichwort

Der moderne Mensch
»läuft« zu leicht »heiß«.
Ihm fehlt zu sehr das Öl der Liebe.
Christian Morgenstern, Stufen

Hitze an Sankt Dominikus,
ein strenger Winter kommen muss.
Bauernregel

Macht der August uns heiß,
bringt der Winter zu viel Eis.
Bauernregel

Von der Stirne heiß
Rinnen muss der Schweiß.
Friedrich Schiller, Das Lied von der Glocke

Was gegen die Kälte nützt,
auch vor der Hitze schützt.
Sprichwort aus Spanien

Hobby

Ein Hobby ist harte Arbeit,
die niemand täte,
wenn sie sein Beruf wäre.
Günther Schramm

Eine gute Ehe fördert
die Nebenbeschäftigung mit Hobbys.
Eine schlechte Ehe noch mehr.
Ephraim Kishon, Kishon für alle Fälle

Für den Leser ist ein gutes Buch
das billigste Hobby,
für den Schriftsteller – das teuerste.
Gabriel Laub

Hobbies sind Steckenpferde,
die den Reitern die Sporen geben.
Heinz Rühmann

Jeder Mensch,
meine schönen Fräulein,
treibt seine Liebhabereien
sehr ernsthaft, meist ernsthafter
als seine Geschäfte.
Johann Wolfgang von Goethe,
Triumph der Empfindsamkeit (Merkulo)

Steckenpferde dürfen nicht
im Galopp geritten werden,
sonst nützen sie nichts.
Mathias Wieman

Steckenpferde sind teurer
als arabische Hengste.
Deutsches Sprichwort

Hochachtung

Der oft unüberlegten Hochachtung
gegen alte Gesetze, alte Gebräuche
und alte Religionen hat man
alles Übel in der Welt zu danken.
Georg Christoph Lichtenberg, Sudelbücher

Reden
heißt zu viel Hochachtung
vor den Mitmenschen haben.
Durch ihr Maul sterben die
Fische und Oscar Wilde.
Fernando Pessoa, Das Buch der Unruhe des
Hilfsbuchhalters Bernardo Soares

Vor Holunder soll man
den Hut abziehen und
vor Wacholder die Knie beugen.
Deutsches Sprichwort

Hochmut

Bescheidenheit –
Mantel des Hochmuts.
Carmen Sylva

Betört ist der, der hochmütig ist,
der Hochmut eben ist die Betörung.
Mahabharata, Buch 12

Der größte Hochmut
und der größte Kleinmut
ist die größte Unkenntnis seiner selbst.
Baruch de Spinoza, Ethik

Der Hochmut ist
bei allen Menschen gleich.
Nur die Art, ihn zu äußern,
ist verschieden.
François de La Rochefoucauld, Reflexionen

Der Hochmut
ist ein plebejisches Laster.
Marie von Ebner-Eschenbach, Aphorismen

Der Hochmut ist
eine Art von Ehrbegierde,
nach welcher wir anderen Menschen
ansinnen, sich selbst in Vergleichung
mit uns gering zu schätzen,
und ist also ein der Achtung,
worauf jeder Mensch gesetzmäßigen
Anspruch machen kann,
widerstreitendes Laster.
Immanuel Kant, Die Metaphysik der Sitten

Der Hochmut löscht alle Tugend
aus und zerstört, durch eine Art
Ausstrahlung seiner Herrschaft,
alles Vermögen der Seele.
Thomas von Aquin, Über das Böse

Der Hochmütige
liebt die Nähe von Schmarotzern
oder Schmeichlern,
hasst aber die Edelgesinnten.
Baruch de Spinoza, Ethik

Der Lorbeer und
der Hochmut sind gefährlich.
Adelbert von Chamisso, Gedichte

Der Ruhm eines Hochmütigen
wird rasch zur Schande.
Publilius Syrus, Sentenzen

Der Stolze verlangt von sich
das Außergewöhnliche,
der Hochmütige schreibt es sich zu.
Marie von Ebner-Eschenbach

Die Hochmütigen verfolgt
im Rücken ein rächender Gott.
Lucius Annaeus Seneca, Der rasende Herkules

Die höchsten Türme fallen am tiefsten.
Sprichwort aus Frankreich

Die Nacken der Hochmütigen sollen
lernen, wie Schuldige bestraft werden!
Ecbasis captivi in belehrender Gestalt (Löwe)

Drei Klassen von Narren:
die Männer aus Hochmut,
die Mädchen aus Liebe,
die Frauen aus Eifersucht.
Johann Wolfgang von Goethe,
Maximen und Reflexionen

Ein Hochmütiger ist
in gewissem Maße ein Wahnsinniger,
welcher aus dem Betragen anderer,
die ihn spöttisch angaffen, schließt,
dass sie ihn bewundern.
Immanuel Kant, Versuch über die Krankheiten
des Kopfes

Ein hochmütiges und
aufgeblasenes Wesen trägt in der
Gesellschaft gerade das Gegenteil
der erwarteten Achtung ein.
Jean de La Bruyère, Die Charaktere

Ein stolzer Mensch verlangt
von sich das Außerordentliche,
ein hochmütiger schreibt es sich zu.
Marie von Ebner-Eschenbach, Aphorismen

Erheb sich nimmer
ein Mann zu frevlem Hochmut,
Sondern still empfang er ein jedes
Geschenk von den Göttern.
Homer, Odyssee

Es gibt eine Bescheidenheit,
die nur der Mantel des Hochmuts ist.
Carmen Sylva, Vom Amboss

Es ist mehr Hochmut als Güte,
wenn wir anderen ihre Fehler vorwerfen,
und wir tadeln sie nicht so sehr,
um sie zu bessern, als um sie
zu überzeugen, dass wir selbst
keine Fehler haben.
François de La Rochefoucauld, Reflexionen

Es scheint, dass die Natur,
welche die Organe unseres Körpers
so weise zu unserem Glück
eingerichtet hat, uns auch
den Hochmut gegeben hat,
um uns den Schmerz der Erkenntnis
unserer Unvollkommenheit
zu ersparen.
François de La Rochefoucauld, Reflexionen

Flieg nicht hoch empor,
dann kannst du auch nicht stürzen.
Chinesisches Sprichwort

Frechen Hochmut
lieben auch die Götter nicht.
Sophokles, Die Trachinierinnen (Lichas)

Glanz und Ehren mit Hochmut gepaart,
ziehen sich selbst ins Verderben.
Lao-tse, Dao-de-dsching

Herablassung entspringt,
ebenso wie Hochmut, dem Bedürfnis,
sich vom Gleichen zu unterscheiden.
Heinrich Waggerl, Aphorismen

Hinter übertriebener Höflichkeit
verbirgt sich Hochmut.
Chinesisches Sprichwort

Hochmut erleidet niemals Schaden.
Er verliert selbst dann nichts,
wenn er auf Eitelkeit verzichtet.
François de La Rochefoucauld, Reflexionen

Hochmut ist, aus Liebe zu sich selbst
eine höhere Meinung von sich haben,
als recht ist.
Baruch de Spinoza, Ethik

Hochmut ist's,
wodurch die Engel fielen,
Woran der Höllengeist
den Menschen fasst.
Friedrich Schiller, Die Jungfrau von Orleans (Thibaut)

»Hochmut kommt vor dem Fall.«
Nicht so sehr vor dem Fall –
wie vor dem Erfolg.
Ludwig Marcuse, Argumente und Rezepte.
Ein Wörter-Buch für Zeitgenossen

Hochmut tröstet die Schwachen.
Luc de Clapiers Marquis de Vauvenargues,
Nachgelassene Maximen

Hoffart kommt vor dem Sturz,
und Hochmut kommt vor dem Fall.
Altes Testament, Sprüche Salomos 16, 18

Je höher der Baum,
je schwerer sein Fall.
Deutsches Sprichwort

Nicht soll dich das Glück
zu Hochmut verleiten,
noch das Unglück dich
zu seinem Sklaven machen.
Euripides, Fragmente

Oft täuscht man sich,
wenn man glaubt,
durch Bescheidenheit den Hochmut
bezwingen zu können.
Niccolò Machiavelli, Vom Staat

Selbst der Teufel
war ursprünglich ein Engel.
Sprichwort aus den USA

So mancher steigt herum,
Der Hochmut bringt ihn um.
Ferdinand Raimund, Das Mädchen aus der Feenwelt
(Wurzel)

Überschätzung macht leicht
den Menschen, der überschätzt wird,
hochmütig.
Baruch de Spinoza, Ethik

Und verwendet der Hochmut
auch tausend Masken,
niemals ist er besser verkleidet
und täuschender
als unter der Maske der Demut.
François de La Rochefoucauld, Reflexionen

Wären wir nicht selbst hochmütig,
würden wir uns nicht über den
Hochmut anderer beklagen.
François de La Rochefoucauld, Reflexionen

Wenn der Hochmut voranschreitet,
folgen Schande und Schaden
dicht hinterdrein.
Sprichwort aus Frankreich

Wenn ihr entmutigt seid,
ist das ein Zeichen,
dass ihr hochmütig seid;
es zeigt, dass ihr
zu viel Vertrauen
in euch selbst habt.
Mutter Teresa

Wer gar zu hoch ist,
steht nicht lang!
Georg Rollenhagen, Froschmeuseler

Zu viel Demut ist Hochmut.
Deutsches Sprichwort

Höchstes

Das Höchste ist das Verständlichste,
das Nächste das Unentbehrlichste.
Novalis, Blütenstaub

Das Höchste und Edelste
aber dem Zufall zuzuschreiben,
wäre doch gar zu verfehlt.
Aristoteles, Nikomachische Ethik

Die unstete Zeit vertauscht
Niedriges mit dem Höchsten.
Lucius Annaeus Seneca, Thyestes

Nach dem Höchsten und Herrlichsten
musst du ringen,
wenn dir das Schöne
zuteil werden soll.
Caspar David Friedrich, Über Kunst und Kunstgeist

Vom Höchsten und Schönsten
im Leben,
davon soll man nicht lesen,
nicht hören, es nicht sehen,
sondern, wenn man so will,
es leben.
Søren Kierkegaard, Entweder – Oder

Zum Höchsten ist gelangt,
wer weiß, worüber er sich freut,
wer sein Glück nicht
unter fremde Macht gesetzt hat.
Lucius Annaeus Seneca, Briefe über Ethik

Hochzeit

Besser der Sohn,
der am Galgen hängt,
als die Tochter,
die zur Hochzeit drängt.
Sprichwort aus Spanien

Denn eine Hochzeit war nicht
nur ein Versprechen und ein Gelöbnis,
das man vor Gott und den Menschen
ablegte; sie war eine Erhöhung des
menschlichen Daseins, weil diesem
etwas Größeres hinzugefügt wurde,
etwas Ungewisses, Ungreifbares,
Unbeweisbares. Eine Bestätigung
des menschlichen Glaubens an
etwas Geistiges – Liebe.
Anne Morrow Lindbergh, Halte das Herz fest

Der Augenblick ist gekommen,
der sie von der Herrschaft ihrer Eltern
befreien soll; ihre Phantasie eröffnet
ihr eine Zukunft voller Illusionen;
ihr Herz schwelgt in heimlichen
Wonnen. Ja, freue dich nur,
unglückliches Geschöpf!
Die Tyrannei, der du entkommen bist,
hätte sich mit der Zeit unmerklich
gemildert; diejenige, die dir
bevorsteht, wird mit den Jahren
unaufhaltsam zunehmen.
Denis Diderot, Über die Frauen

Der Hauptgrund für Scheidungen
sind Hochzeiten.
Robert Lembke, Das Beste aus meinem Glashaus.
Humoristisches und Satirisches

Der Hochzeitstag
ist der entscheidendste Tag im Leben,
nicht nur der Frauen.
Carl Hilty, Für schlaflose Nächte

Der schlechteste Esser
beim Hochzeitmahl ist die Braut.
Sprichwort aus Spanien

Die Frau weint vor der Hochzeit,
und der Mann danach.
Sprichwort aus Polen

Die Hochzeit der Armen
besteht nur aus Geschrei.
Sprichwort aus Spanien

Die Hochzeit der Seele mit der Natur
macht den Verstand fruchtbar und
erzeugt die Phantasie.
Henry David Thoreau, Journal

Die Hochzeit währte acht Tage lang,
und die Hunde saßen mit bei Tische
und machten große Augen.
Hans Christian Andersen, Das Feuerzeug

Die süßeste Pflaume
im Hochzeitskuchen ist die Hoffnung.
Sprichwort aus England

Dringe nicht weiter in mich,
Hochzeit zu machen!
Waltharilied (Walther)

Du hast ein Feuerwerk abgebrannt,
von dem im Augenblick,
da dein Gast sich einfindet,
nur das verkohlte Skelett übrig ist.
Honoré de Balzac, Die Physiologie der Ehe

Ein ernster Gast
stimmt nicht zum Hochzeitshaus.
Friedrich Schiller, Wilhelm Tell (Tell)

Eine Hochzeit ist eine Landung,
die wie ein Start aussieht.
Paul Hubschmid

Freundschaft ist die
Hochzeit der Seele.
Voltaire, Philosophisches Taschenwörterbuch

Frühe Hochzeiten, lange Liebe.
Novalis, Heinrich von Ofterdingen

Für die überwiegende Mehrheit der
Frauen bewahrt diese Welt auch nach
der Hochzeit ihren Glanz. Allein der
Ehemann verliert sein Prestige.
Simone de Beauvoir, Das andere Geschlecht

Hochzeiten gehören
unter die Fleischspeisen,
da sie in den Fasten verboten sind.
Georg Christoph Lichtenberg, Sudelbücher

Ich weiß nicht, in welchem Zeitalter
wir heute leben, aber du weißt so gut
wie ich, dass man zu sagen pflegt,
zuerst käme das goldene Zeitalter,
dann das silberne, dann das kupferne,
dann das eherne. In der Ehe ist es
umgekehrt: Da kommt zuerst
die silberne Hochzeit,
dann die goldene Hochzeit.
Søren Kierkegaard, Entweder – Oder

Japanische Sitten
haben einen tiefen Sinn.
Zum Beispiel lächelt die Japanerin
in jeder Lebenslage,
nur nicht bei der Hochzeit.
Pierre Loti

Mutter, was soll man
von der Hochzeit meinen?
Tochter, spinnen, gebären
und Tränen weinen.
Sprichwort aus Spanien

Nichts ist geschmackloser als die
ganze Selbstgefälligkeit und
Zufriedenheit, die aus den Gesichtern
eines neu vermählten Paares leuchtet.
Charles Lamb, Essays

Romane schließen damit, dass Held
und Heldin heiraten. Damit müsste
man anfangen, aufhören aber damit,
dass sie sich wieder trennen,
das heißt befreien. Denn das Leben
von Menschen so beschreiben,
dass man mit der Schilderung der
Hochzeit abbricht, ist nicht anders,
als beschriebe man die Reise eines
Mannes und bräche den Bericht
an der Stelle ab, wo er Räubern
in die Hände fällt.
Leo N. Tolstoi, Tagebücher (1894)

Unsere Trauung: Du kannst dir nicht
vorstellen, was sie für mich bedeutet
hat, das würde zu phantastisch
klingen. Ich stellte mir vor,
sie würde leuchten in meinem Leben.
Und in Wirklichkeit war sie schließlich
nur ein Teil des ganzen Alptraums.
Katherine Mansfield, Briefe

Unter allen Festen ist
das Hochzeitsfest das unschicklichste;
keines sollte mehr in Stille,
Demut und Hoffnung
begangen werden als dieses.
Johann Wolfgang von Goethe,
Wilhelm Meisters Lehrjahre

Wer ein holdes Weib errungen,
mische seinen Jubel ein!
Friedrich Schiller, An die Freude

Wer liebt, kann dabei wohl noch
sehend bleiben; der sich aber verliebt,
wird gegen die Fehler des geliebten
Gegenstandes unvermeidlich blind;
wiewohl der Letztere acht Tage
nach der Hochzeit sein Gesicht
wieder zu erlangen pflegt.
Immanuel Kant,
Anthropologie in pragmatischer Hinsicht

Wie kann der Priester segnen,
wenn das Ja
Der holden Braut nicht
aus dem Herzen quillt.
Johann Wolfgang von Goethe,
Die natürliche Tochter (Mönch)

Hochzeitsgeschenk

Ein findiger Brauch,
seiner Frau prächtige Hochzeits-
geschenke zu machen,
die einen nichts kosten,
weil man sie beim Goldschmied
nur geliehen hat.
Jean de La Bruyère, Die Charaktere

Hochzeitsreise

Diese Hochzeitsreisen,
diese idyllischen Einöden,
in die sich die jungen Leute
mit Erlaubnis der Eltern begeben –
alles das ist nichts anderes als die
Erlaubnis zur Ausschweifung.
Leo N. Tolstoi, Die Kreutzersonate

Venedig ist meistens
die zweite Enttäuschung der Braut
auf der Hochzeitsreise.
Alberto Sordi

Hof

Am Hofe legt man sich
mit der Selbstsucht zu Bett
und steht mit ihr wieder auf.
Sie erfüllt einen morgens und abends,
am Tag und in der Nacht;
sie ist die Triebfeder im Denken,
Sprechen, Schweigen, Handeln.
Jean de La Bruyère, Die Charaktere

Am Hofe sagt man aus zwei Gründen
Gutes von jemandem: Erstens, damit
er erfahre, dass wir gut von ihm
sprechen, und zweitens, damit er
es auch von uns tue.
Jean de La Bruyère, Die Charaktere

Am Hofe teilt man die Menschen ein,
wie ehemals die Chemiker die Metalle,
nämlich in solche, die sich dehnen
und strecken lassen, und in solche,
die dies nicht tun.
Heinrich von Kleist, Briefe (an Ulrike von Kleist,
25. November 1800)

Bei Hofe, Herr, das wollt bedenken,
Gilt andre Sitte als im Bergrevier.
Pedro Calderón de la Barca, Das Leben ein Traum
(2. Kammerherr)

Der Hof ist wie ein Gebäude
aus Marmor erbaut; ich meine,
dass er aus sehr harten,
aber polierten Menschen besteht.
Jean de La Bruyère, Die Charaktere

Die Hofleute müssten
vor Langerweile umkommen,
wenn sie ihre Zeit nicht durch
Zeremonien auszufüllen wüssten.
Johann Wolfgang von Goethe, überliefert von Johann
Peter Eckermann (Gespräche mit Goethe)

Es ist in gewissem Sinn eine Ehre,
wenn man jemandem zum Vorwurf
macht, er verstehe sich nicht auf den
Hof: Es gibt kaum eine Tugend,
die man ihm damit nicht beilegte.
Jean de La Bruyère, Die Charaktere

Freundschaft des Hofes – Treue von
Füchsen, Gemeinschaft von Wölfen.
Chamfort, Maximen und Gedanken

Höfe sind der Lieblingssitz der
Schmeichler; denn hier tragen die
Bienen des Landes ihren Honig
zusammen und locken also
natürlich auch die Raubbienen bei.
Johann Jakob Engel, Fürstenspiegel

Lang bei Hofe, lang bei Höll'!
Johann Wolfgang von Goethe, Dichtung und Wahrheit

Nirgends
ist die ganze Sündhaftigkeit
des Lebens der Reichen so deutlich
erkennbar wie auf dem Lande,
auf einem Herrenhof.
Leo N. Tolstoi, Tagebücher (1910)

Wenn die Leute vom Hof
feiner denken und sich feiner
ausdrücken können als andere,
so liegt das daran, dass sie bei Hofe
immerfort gezwungen sind, ihre
Gedanken und Gefühle zu verbergen.
Antoine Comte de Rivarol, Maximen und Reflexionen

Hoffnung

Alle Menschen werden
in ihren Hoffnungen getäuscht,
in ihren Erwartungen betrogen.
Johann Wolfgang von Goethe,
Die Leiden des jungen Werthers

Alles, was man verzeichnet,
enthält noch ein Körnchen Hoffnung,
es mag noch sosehr der Verzweiflung
entstammen.
Elias Canetti, Die Provinz des Menschen.
Aufzeichnungen 1942–1972

Also prüfe Hoffnung und Furcht,
und so oft alles ungewiss ist,
meine es gut mit dir:
Glaube, was du lieber willst.
Lucius Annaeus Seneca, Briefe über Ethik

An den Hoffnungen erkennt man
die Toren, denn sie erfüllen sich nie.
Sie hüpfen wie Irrlichter vor uns her
und ziehn uns in das Elend hinab.
Ludwig Tieck, Karl von Berneck (Karl)

Aus Hoffnung wird also Zuversicht
und aus Furcht Verzweiflung,
wenn die Ursache des Zweifelns über
den Ausgang der Sache schwindet.
Baruch de Spinoza, Ethik

Da die Zeit kurz ist,
begrenze deine lange Hoffnung!
Horaz, Lieder

Das Alter ist nicht trübe,
weil darin unsere Freuden, sondern
weil unsere Hoffnungen aufhören.
Jean Paul, Titan

Dass eine einzige fehlgeschlagene
Hoffnung uns gegen die Welt
so unversöhnlich macht?
Gotthold Ephraim Lessing, Emilia Galotti (Prinz)

Dass ich vor keiner Demütigung
zurückschrecke, kann ebenso gut
Hoffnungslosigkeit bedeuten als
Hoffnung geben.
Franz Kafka, Tagebücher (1914)

Dem Armen ist nicht mehr gegeben
Als gute Hoffnung, übles Leben.
Freidank, Bescheidenheit

Denn Hoffen ist
aus dem Geist Gottes,
aber Verzweifeln ist
aus unserm eignen Geist.
Martin Luther, Tischreden

Der Fromme liebt das Schaurige,
Der Leidende das Traurige,
Der Hoffende das Künftige,
Der Weise das Vernünftige.
Friedrich von Bodenstedt, Mirza Schaffy

Der Geist hegt zwar Hoffnungen,
worauf die Sache aber hinausläuft,
liegt in göttlichen Händen.
Titus Maccius Plautus, Die Bacchiden

Der Hoffnungsfreie schläft sanft,
Hoffnungsfreiheit
ist das höchste Glück.
Mahabharata, Buch 12

Der Mensch gibt ebenso schwer
eine Furcht auf als eine Hoffnung.
Otto Ludwig, Zwischen Himmel und Erde

Der Mensch, vor allem der junge
Mensch, braucht die Hoffnung auf
Fortschritt. Älteren Menschen
genügt es, wenn sie hoffen können,
dass es nicht schlechter wird.
Manfred Rommel, Rommel-Kalender

Der Wunsch
ist der Vater der Hoffnung.
Marie von Ebner-Eschenbach, Aphorismen

Die Armut und die Hoffnung sind
Mutter und Tochter. Indem man
sich mit der Tochter unterhält,
vergisst man die Mutter.
Jean Paul, Aphorismen

Die einzige echte Hoffnung ist die,
die auf das abzielt,
was nicht von uns abhängt.
Gabriel Marcel

Die größte Wahrscheinlichkeit der
Erfüllung lässt noch einen Zweifel zu;
daher ist das Gehoffte,
wenn es in die Wirklichkeit eintritt,
jederzeit überraschend.
Johann Wolfgang von Goethe,
Maximen und Reflexionen

Die Hoffnung durch einen Stern
ausdrücken, die Sehnsucht
der Seele durch einen
strahlenden Sonnenuntergang.
Vincent van Gogh, Briefe

Die Hoffnung erhält das Leben.
Sprichwort aus Frankreich

Hoffnung

Die Hoffnung feuert den Weisen an und narrt den Vermessenen und den Trägen, die gedankenlos auf ihren Versprechungen ausruhen.
<small>Luc de Clapiers Marquis de Vauvenargues, Reflexionen und Maximen</small>

Die Hoffnung freuet manchen Mann, Der Herzensfreude nie gewann.
<small>Freidank, Bescheidenheit</small>

Die Hoffnung hilft uns leben.
<small>Johann Wolfgang von Goethe, Briefe (an Charlotte von Stein, 9. April 1782)</small>

Die Hoffnung ist ein schlechter Führer, aber ein guter Gesellschafter unterwegs.
<small>Edward Wood Halifax</small>

Die Hoffnung ist ein Seil; könnt ein Verdammter hoffen, Gott zög ihn aus dem Pfuhl, in dem er ist ersoffen.
<small>Angelus Silesius, Der cherubinische Wandersmann</small>

Die Hoffnung ist ein umgekehrter Don Quichotte, der feindliche Schwerbewaffnete zu Windmühlen erklärt.
<small>Gabriel Laub</small>

Die Hoffnung ist ein Unheil für den Glücklichen und ein Segen für den Unglücklichen.
<small>Leo N. Tolstoi, Tagebücher (1847)</small>

Die Hoffnung ist eine große Verfälscherin der Wahrheit: Die Klugheit weise sie zurecht und sorge dafür, dass der Genuss die Erwartung übertreffe.
<small>Baltasar Gracián y Morales, Handorakel und Kunst der Weltklugheit</small>

Die Hoffnung ist eine Vorwegnahme erwünschten Glücks.
<small>Sully Prudhomme, Gedanken</small>

Die Hoffnung ist die Willenskraft der Schwachen.
<small>Henry de Montherlant</small>

Die Hoffnung ist es, die die Liebe nährt.
<small>Ovid, Metamorphosen</small>

Die Hoffnung ist oft ein Trugbild.
<small>Sprichwort aus Frankreich</small>

Die Hoffnung lässt erhoffte Dinge spüren, und wenn sie glaubt, sieht sie den Himmel offen.
<small>Sully Prudhomme, Gedanken</small>

Die Hoffnung macht die übertriebensten Versprechungen, welche nachher die Erfahrung durchaus nicht erfüllt.

Dergleichen eitle Einbildungen werden eine Quelle der Qualen, wenn einst die wahrhafte Wirklichkeit die Täuschung zerstört.
<small>Baltasar Gracián y Morales, Handorakel und Kunst der Weltklugheit</small>

Die Hoffnung macht selbst das elendeste Leben noch lebenswert.
<small>Sully Prudhomme, Gedanken</small>

Die Hoffnungen guter Menschen sind Prophezeiungen, die Besorgnisse schlechter sind es auch.
<small>Ludwig Börne, Aphorismen</small>

Die lächerlichsten und kühnsten Hoffnungen sind manchmal die Ursache außerordentlicher Erfolge gewesen.
<small>Luc de Clapiers Marquis de Vauvenargues, Reflexionen und Maximen</small>

Die Menschen begehen den Fehler, dass sie ihren Hoffnungen keine Grenzen zu setzen wissen. Sie bauen auf sie, ohne sich nach den eigenen Kräften zu richten, und rennen so ins Verderben.
<small>Niccolò Machiavelli, Vom Staat</small>

Die menschliche Natur kann einfach ohn irgend Hoffnung und Ziel nicht bestehen.
<small>Gilbert Keith Chesterton, Heretiker</small>

Die prinzipielle Hoffnung ist eine Munterkeit mit zusammengebissenen Zähnen. Vielleicht ist sie auch weniger Hoffnung als Sehnsucht.
<small>Ludwig Marcuse, Argumente und Rezepte. Ein Wörter-Buch für Zeitgenossen</small>

Die Welt wird alt und wird wieder jung, Doch der Mensch hofft immer auf Verbesserung.
<small>Friedrich Schiller, Die Hoffnung</small>

Du hast mehr in der Hoffnung genossen, als du jemals in Wirklichkeit genießen wirst.
<small>Jean-Jacques Rousseau, Emile</small>

Eine frohe Hoffnung ist mehr wert als zehn trockene Wirklichkeiten.
<small>Franz Grillparzer</small>

Eine verlorene Hoffnung ist die einzig wirkliche Hoffnung, die einzig wahre der Menschheit.
<small>Gilbert Keith Chesterton, Heretiker</small>

Entferne die Hoffnung aus dem Herzen des Menschen und du machst ihn zum wilden Tier.
<small>Ouida</small>

Erst wenn man die Hoffnung über Bord geworfen hat, erst dann beginnt man künstlerisch zu leben. Denn solange man hofft, kann man sich nicht beschränken.
<small>Søren Kierkegaard, Entweder – Oder</small>

Es empfiehlt sich, den Menschen Hoffnungen zu machen und ihnen immer etwas zu versprechen, wenn man sie braucht.
<small>Niccolò Machiavelli, Über die Reform des Staates Florenz</small>

Es ist eigentlich nie möglich, genau zu sagen, wann wir am Ende unserer Hoffnung sind.
<small>Michel Eyquem de Montaigne, Die Essais</small>

Es ist unmöglich, keine Hoffnung zu hegen, auch dann, wenn man sich wieder und wieder sagt, dass man es nicht tun soll.
<small>Anne Morrow Lindbergh, Stunden von Gold – Stunden von Blei</small>

Es ist verblüffend, wie heiter man wird, wenn man Hoffnungen aufgibt.
<small>Terence Rattigan</small>

Es kommt darauf an, das Hoffen zu lernen.
<small>Ernst Bloch</small>

Es lebte nichts, wenn es nicht hoffte.
<small>Friedrich Hölderlin, Hyperion</small>

Geben und nehmen kann uns das Glück, was wir hoffen und lieben; Aber die Hoffnung beherrscht, so wie die Liebe, das Glück.
<small>Friedrich Bouterwek, Sinnsprüche</small>

Geh mit der Hoffnung, und du gehst rückwärts.
<small>Sprichwort aus England</small>

Gerade die Leichtsinnigen und die, die sich nicht um die Zukunft kümmern, schwellen an vor eitler Hoffnung.
<small>Publius Cornelius Tacitus, Historien</small>

Hoff, o du arme Seele, Hoff, und sei unverzagt.
<small>Paul Gerhardt, Geistliche Lieder</small>

Hoffen heißt, jeden Augenblick bereit zu sein für das, was noch nicht geboren ist, und trotzdem nicht verzweifeln, wenn es zu unseren Lebzeiten nicht zur Geburt kommt.
<small>Erich Fromm, Revolution der Hoffnung</small>

Hoffen heißt: vom Leben falsche Vorstellungen haben.
<small>Gottfried Benn</small>

Hoffen und harren
macht manchen zum Narren.
Deutsches Sprichwort

Hoffnung auf Genuss ist fast so viel
Als schon genossne Hoffnung.
William Shakespeare, Richard III. (Northumberland)

Hoffnung auf Gutes betrügt sich
oft selbst durch ihr Vorgefühl.
Ovid, Heroinen

Hoffnung braucht
man nicht zu kaufen.
Deutsches Sprichwort

Hoffnung erhält den Armen am Leben,
Furcht tötet den Reichen.
Sprichwort aus Finnland

Hoffnung ist das einzige Gut,
das der Überdruss noch achtet.
Luc de Clapiers Marquis de Vauvenargues,
Nachgelassene Maximen

Hoffnung ist das nützlichste
oder verderblichste aller Güter.
Luc de Clapiers Marquis de Vauvenargues, Unterdrückte Maximen

Hoffnung ist der krankhafte Glaube
an den Eintritt des Unmöglichen.
Henry Louis Mencken

Hoffnung ist des armen Mannes
Einkommen.
Sprichwort aus Dänemark

Hoffnung ist ein gutes Frühstück,
aber ein schlechtes Abendbrot.
Francis Bacon, Die Essays

Hoffnung ist ein Mittelding
zwischen Flügel und Fallschirm.
Tilla Durieux

Hoffnung ist immer etwas Schönes.
Voltaire, Candide oder Die beste der Welten

Hoffnung ist oft
ein Jagdhund ohne Spur.
William Shakespeare,
Die lustigen Weiber von Windsor (Pistol)

Hoffnung ist unbeständige Lust,
entsprungen aus der Idee einer
zukünftigen oder vergangenen Sache,
über deren Ausgang wir in gewisser
Hinsicht im Zweifel sind.
Baruch de Spinoza, Ethik

Hoffnung: Man geht hinaus
bei schönem Wetter
und kehrt im Regen zurück.
Jules Renard

Hoffnung = Schöne Jungfrau,
kindliches Gesicht, welke Brüste.
Heinrich Heine

Hoffnung und Furcht sind untrennbar.
Keine Furcht ohne Hoffnung,
keine Hoffnung ohne Furcht.
François de La Rochefoucauld,
Nachgelassene Maximen

Hoffnung und Furcht
wechseln sich ständig ab.
Ovid, Heroinen

Hoffnung, welcher Art auch immer,
besteht zu Recht,
wenn sie auf Verdienst fußt.
Ovid, Heroinen

Ich pflanzte die Hoffnung
und sehe sie täglich welken.
Jean-Jacques Rousseau,
Julie oder Die neue Héloïse (Julie)

Ich setze meine ganze Hoffnung
auf mich selbst.
Terenz, Phormio

Ihr kennt sie wohl,
sie schwärmt durch alle Zonen;
Ein Flügelschlag –
und hinter uns Äonen.
Johann Wolfgang von Goethe,
Urworte, Orphisch (Hoffnung)

Je törichter dein Hoffen, umso fester.
Marie von Ebner-Eschenbach, Aphorismen

Komm, sehn wir zu!
Der Lebende soll hoffen!
Johann Wolfgang von Goethe, Faust II (Mephisto)

Mag Hoffnung auch
ein kleines Kind sein,
sie kann einen großen Anker tragen.
Sprichwort aus England

Man darf das Schiff nicht an einen
einzigen Anker und das Leben nicht
an eine einzige Hoffnung binden.
Epiktet

Man hofft immer mehr zu tun,
als wirklich geschieht.
Johann Wolfgang von Goethe, Italienische Reise

Man muss das Beste hoffen,
das Schlimme kommt von selbst.
Deutsches Sprichwort

Nichts ist verloren,
wo der Same des Guten bleibt!
Georg Forster, Über die Beziehung der Staatskunst
auf das Glück der Menschheit

O Gott,
was sind die Hoffnungen dieser Erden.
Johann Wolfgang von Goethe, Götz von Berlichingen
(Marie)

Schafft und hofft;
euch helfen und bleiben Gott und Tod.
Jean Paul, Friedens-Predigt an Deutschland

Schlägt dir die Hoffnung fehl,
nie fehle dir das Hoffen!
Ein Tor ist zugetan,
doch tausend sind noch offen.
Friedrich Rückert, Die Weisheit des Brahmanen

Schwach ist die Liebe,
die mit dem Schwinden der Hoffnung
selber schwindet oder gar erlischt.
Bernhard von Clairvaux,
83. Ansprache über das Hohelied Salomos

Seelenruhe bekommt man,
wenn man aufhört zu hoffen.
Sprichwort aus Arabien

So trügerisch unser Hoffen auch ist,
es führt uns wenigstens
auf angenehme Art durch das Leben.
François de La Rochefoucauld, Reflexionen

Solange einem Kranken Atem
innewohnt, gibt es noch Hoffnung.
Marcus Tullius Cicero, Ad Atticum

Solange ich atme, hoffe ich.
Sprichwort aus Frankreich

Tier und Fisch lassen sich durch eine
verlockende Hoffnung täuschen.
Für Geschenke des Schicksals haltet
ihr das? Fallen sind es.
Lucius Annaeus Seneca, Briefe an Lucilius

Und hoffen darf man alles.
Sophokles, Aias

Und ich habe mich so gefreut!,
sagst du vorwurfsvoll, wenn dir eine
Hoffnung zerstört wurde. Du hast
dich gefreut – ist das nichts?
Marie von Ebner-Eschenbach, Aphorismen

Vergieße keine Tränen,
wenn du noch hoffen darfst.
Chinesisches Sprichwort

Viele Hoffende täuscht die Hoffnung.
Titus Maccius Plautus, Das Tau

Was die innere Stimme spricht,
Das täuscht die hoffende Seele nicht.
Friedrich Schiller, Die Hoffnung

Was wäre das Leben ohne Hoffnung?
Ein Funke, der aus der Kohle springt
und verlischt.
Friedrich Hölderlin, Hyperion

Welch ein Anker ist die Hoffnung!
Sully Prudhomme, Gedanken

Welch ein Leben ist dies,
in dem wir die Hoffnung
wie eine betäubende Arznei
gebrauchen müssen, damit wir nur
von unserm eigentlichen Selbst
und von unserm wahren Leben nichts
gewahr werden.
Ludwig Tieck, Karl von Berneck (Karl)

Wenn ich einen grünen Zweig im
Herzen trage, wird sich ein Singvogel
darauf niederlassen.
Chinesisches Sprichwort

Wenn mich alle lassen:
Meine Hoffnung bleibt,
Wird mich rettend dann umfassen,
Wenn mich Not und Sünde treibt.
Annette von Droste-Hülshoff, Geistliche Lieder

Wer auf Hoffnung traut,
hat auf Eis gebaut.
Deutsches Sprichwort

Wer eine vergebliche Hoffnung
verliert, gewinnt viel.
Sprichwort aus Italien

Wer mit der Hoffnung fährt,
hat die Armut zum Kutscher.
Deutsches Sprichwort

Wer nichts hoffen kann,
soll an nichts verzweifeln.
Lucius Annaeus Seneca, Medea

Wer Unerhofftes nicht erhofft,
kann es nicht finden.
Heraklit, Fragmente

Wie dieselbe Kette Sträfling und
Bewacher verbindet, so hält auch das,
was so unähnlich ist, gleichen Schritt:
Hoffnung und Furcht.
Lucius Annaeus Seneca, Briefe an Lucilius

Wir brauchen vielerlei Hoffnungen;
schon das Glück kann ohne diese
nicht genossen werden, geschweige
das Unglück ertragen oder geheilt.
Jean Paul, Friedens-Predigt an Deutschland

Wir hoffen immer, und in allen Dingen
Ist besser hoffen als verzweifeln. Denn
Wer kann das Mögliche berechnen?
Johann Wolfgang von Goethe,
Torquato Tasso (Antonio)

Wir stärken solange wir jung sind,
unsere Seelen mit Hoffnung;
die Stärke, die wir so erwerben,
befähigt uns später,
Verzweiflung zu ertragen.
Thornton Wilder, Der achte Schöpfungstag, Prolog

Wir verbringen unser ganzes Leben
mit Hoffen, und hoffen noch,
wenn wir sterben.
Voltaire, Der Mann mit den vierzig Talern

Wir wollen in Frieden unser Leid
tragen und weiter hoffen.
Voltaire, Der ehrliche Hurone

Wirf den Helden
in deiner Seele nicht weg!
Halte heilig deine höchste Hoffnung!
Friedrich Nietzsche, Also sprach Zarathustra

Wirklich glaubte ich,
ungetrübtes Glück
sorglos immer zu haben:
Seht, die Hoffnung täuschte mich.
Hartmann von Aue, Iwein

Zwei Blumen blühen
für den weisen Finder,
Sie heißen Hoffnung und Genuss.
Friedrich Schiller, Resignation

Hoffnungslosigkeit

Hoffnungslose Liebe macht den Mann
kläglich und die Frau beklagenswert.
Marie von Ebner-Eschenbach, Aphorismen

Sollte die Hoffnungslosigkeit
noch ein Name sein für
die namenlose Hoffnung?
Sich der Dinge bewusst sein,
rettet niemand, es klärt nur den Blick.
Almeida Faria, Cavaleiro Andante

Höflichkeit

Alle Regeln und Formen der Höflichkeit enthalten die Verköperung eines
nach Ausdruck ringenden Innerlichen.
Rudolf von Ihering, Der Zweck im Recht

Anmut ahmt die Schamhaftigkeit nach
wie Höflichkeit die Güte.
Joseph Joubert, Gedanken, Versuche und Maximen

Bei groben Leuten wird man grob,
Bei höflichen sinnt man auf Lob.
Drum soll ein junger Mann sich halten
Gern zu den zuchtbeflissnen Alten.
Hans Sachs, Das Krapfenholen

Denn Höflichkeit ist,
wie die Rechenpfennige,
eine offenkundig falsche Münze:
Mit einer solchen sparsam zu sein,
beweist Unverstand; hingegen
Freigebigkeit mit ihr Verstand.
Arthur Schopenhauer, Aphorismen zur Lebensweisheit

Die feine Lebensart schließt nicht
immer Güte, Billigkeit, Gefälligkeit,
Dankbarkeit in sich.
Aber sie verleiht wenigstens
den Anschein davon und stellt
den Menschen äußerlich dar,
wie er innerlich sein sollte.
Jean de La Bruyère, Die Charaktere

Die größte Gleichmacherin
ist die Höflichkeit; durch sie werden
alle Standesunterschiede aufgehoben.
Marie von Ebner-Eschenbach, Aphorismen

Die Höflichkeit ist
die einzige Heuchelei,
die man verzeiht,
denn sie ist gegenseitig.
Sully Prudhomme, Gedanken

Die Höflichkeit ist ein Hauptteil der
Bildung und ist eine Art Hexerei,
welche die Gunst aller erobert,
wie im Gegenteil Unhöflichkeit
allgemeine Verachtung und
Widerwillen erregt.
Baltasar Gracián y Morales,
Handorakel und Kunst der Weltklugheit

Die Höflichkeit schenkt nicht,
sondern legt eine Verpflichtung auf,
und die edle Sitte
ist die größte Verpflichtung.
Baltasar Gracián y Morales,
Handorakel und Kunst der Weltklugheit

Die wahre Höflichkeit besteht darin,
dass man den Menschen
Wohlgewogenheit bezeigt;
sie zeigt sich ohne Mühe,
wenn man welche hat; nur bei dem,
der keine hat, ist man gezwungen,
ihren äußeren Schein
künstlich zu erzeugen.
Jean-Jacques Rousseau, Emile

Ein höflicher Mensch tritt nicht auf
den Schatten seines Begleiters.
Chinesisches Sprichwort

Eine Verbeugung wird den Kopf
nicht abfallen lassen.
Sprichwort aus Russland

Es gibt eine Höflichkeit des Herzens;
sie ist der Liebe verwandt.
Aus ihr entspringt die bequemste
Höflichkeit des äußern Betragens.
Johann Wolfgang von Goethe,
Maximen und Reflexionen

Es gibt kein äußeres Zeichen
der Höflichkeit, das nicht einen
tiefen sittlichen Grund hätte.
Die rechte Erziehung wäre,
welche dieses Zeichen und
den Grund zugleich überlieferte.
Johann Wolfgang von Goethe,
Maximen und Reflexionen

Es ist keine Höflichkeit,
einem Lahmen den Stock
tragen zu wollen.
Arthur Schnitzler, Buch der Sprüche und Bedenken

Hinter übertriebener Höflichkeit
verbirgt sich Hochmut.
Chinesisches Sprichwort

Höfliche Worte vermögen viel
und kosten doch wenig.
Deutsches Sprichwort

Höflichkeit glättet die Falten.
Joseph Joubert, Gedanken, Versuche und Maximen

Höflichkeit ist der dritte Arm,
der uns erlaubt,
Zudringliche auf Distanz zu halten.
Walther Kiaulehn

Höflichkeit ist der Güte,
was die Worte dem Gedanken sind.
Sie wirkt nicht nur auf die Manieren,
sondern auch auf Geist und Herz.
Joseph Joubert, Gedanken, Versuche und Maximen

Höflichkeit ist der Versuch,
die anderen so zu sehen,
wie sie nicht sind.
Victor de Kowa

Höflichkeit ist
der Widerschein der Sittlichkeit.
Jean Paul, Aphorismen

Höflichkeit ist die Blüte der Menschlichkeit. Wer nicht höflich genug,
ist auch nicht menschlich genug.
Joseph Joubert, Gedanken, Versuche und Maximen

Höflichkeit ist die sicherste Form
der Verachtung.
Heinrich Böll

Höflichkeit ist ein goldener Schlüssel,
der alle Türen öffnet.
Sprichwort aus Frankreich

Höflichkeit ist Klugheit;
folglich ist Unhöflichkeit Dummheit:
Sich mittels ihrer unnötiger und
mutwilliger Weise Feinde machen,
ist Raserei, wie wenn man sein Haus
in Brand steckt.
Arthur Schopenhauer, Aphorismen zur Lebensweisheit

Höflichkeit ist Staatspapier des Herzens,
das umso größere Zinsen trägt,
je unsicherer das Kapital ist.
Ludwig Börne, Aphorismen

Höflichkeit mit Stolz zu vereinigen,
ist ein Meisterstück.
Arthur Schopenhauer, Aphorismen zur Lebensweisheit

Höflichkeit und Ehre haben
vor anderen Dingen dies voraus,
dass sie bei dem, der sie erzeigt, bleiben.
Baltasar Gracián y Morales,
Handorakel und Kunst der Weltklugheit

Höflichkeit verhüllt die Schroffheiten
unseres Charakters und verhindert,
dass andere dadurch verletzt werden.
Man sollte sie niemals ablegen, selbst
nicht im Kampf gegen rohe Menschen.
Joseph Joubert, Gedanken, Versuche und Maximen

Hut in der Hand
hilft durchs ganze Land.
Deutsches Sprichwort

Je mehr das Innere verdirbt,
desto mehr gibt man aufs Äußere,
und auf diese Art entstand aus der
Pflege der Wissenschaften nach
und nach die Höflichkeit.
Jean-Jacques Rousseau, Letzte Antwort

Je vornehmer einer ist,
je höflicher behandelt er den Niedrigen.
Ludwig Börne, Schilderungen aus Paris

Lass es nicht merken,
wenn du die Zehen dessen zählst,
der nur neun Zehen hat!
Sprichwort aus Afrika

Lege die Hand schnell an deinen Hut
und langsam an deinen Geldbeutel.
Sprichwort aus Dänemark

Man muss auch den Deutschen Dank
wissen für das Wohlwollen,
das sich in ihren ehrfurchtsvollen
Verbeugungen und steifen Höflichkeitsformeln kund gibt, die von den
Ausländern oft genug ins Lächerliche
gezogen worden sind.
Germaine Baronin von Staël, Über Deutschland

Man muss zum Menschen so höflich
sein wie zu einem Gemälde,
dem man den Vorteil der
guten Beleuchtung gewährt.
Ralph Waldo Emerson, Essays

Man soll die Höflichkeit weder
affektieren noch verachten:
Es zeugt von Größe,
wenn man in Kleinigkeiten eigen ist.
Baltasar Gracián y Morales,
Handorakel und Kunst der Weltklugheit

Nicht nur jedes Land, sondern jede
Stadt und jeder Beruf prägt seine
besonderen Höflichkeitsformen.
Michel Eyquem de Montaigne, Die Essais

Ohne Etikette kann kein Hof bestehn.
Es gibt aber eine natürliche Etikette,
die schöne, und eine erkünstelte,
modische, die hässliche.
Novalis, Glauben und Liebe

Ohne Umschweife
Begreife,
Was dich mit der Welt entzweit;
Nicht will sie Gemüt, will Höflichkeit.
Johann Wolfgang von Goethe, Sprüche

Schon der Zwang zur Höflichkeit
setzt dem Willen zur Ehrlichkeit
gewisse Grenzen.
Robert Lembke, Steinwürfe im Glashaus

Unser deutsches Wort Höflichkeit
ist ebenso zweideutig
als das französische politesse.
Ob uns von den Höfen viel Gutes
kommt, weiß ich nicht;
aber das weiß ich, dass uns
von ihnen viel Schlechtes kommt.
Johann Gottfried Seume, Apokryphen

Unsere Sitten sind zwar gefällig,
aber nicht gut; wir sind höflich,
dabei aber nicht einmal human.
Voltaire, Der Mann mit den vierzig Talern

Voller Höflichkeit,
voller Verschlagenheit.
Sprichwort aus Schottland

Wer stets höflich ist,
über den beklagt sich niemand.
Chinesisches Sprichwort

Wie höflich doch der arme Mann!
Bei offner Tür noch klopft er an.
Jüdische Spruchweisheit

Wir sind höflich,
um höflich behandelt
und für höflich gehalten zu werden.
François de La Rochefoucauld, Reflexionen

Wir sollten vielmehr uns gegenwärtig
erhalten, dass die gewöhnliche Höflichkeit nur eine grinsende Maske ist:
Dann würden wir nicht Zeter schreien,
wenn sie einmal sich etwas
verschiebt oder auf einen Augenblick
abgenommen wird.
Arthur Schopenhauer, Aphorismen zur Lebensweisheit

Höfling

Sieh zu,
dass du nicht zu einem Höfling wirst,
dass der Purpur nicht
auf dich abfärbt.
Mark Aurel, Selbstbetrachtungen

Zu den Königen zu sprechen verstehen:
Darin gipfelt vielleicht alle Klugheit
und Geschmeidigkeit des Höflings.
Jean de La Bruyère, Die Charaktere

Höhe

Alles Höchste,
es kommt frei von den Göttern herab.
Friedrich Schiller, Das Glück

Alles Menschenwerk,
wie alle Vegetation, erscheint klein
gegen die ungeheuren
Felsmassen und Höhen.
Johann Wolfgang von Goethe, Tagebuch (1797)

Auch ein hoher Berg
bleibt unter der Sonne.
Chinesisches Sprichwort

Auch zehntausend Zhang hohe Türme
nehmen auf der Erde ihren Anfang.
Chinesisches Sprichwort

Auf hohen Stühlen
sitzt man schlecht.
Deutsches Sprichwort

Denn höher vermag sich niemand
zu heben, als wenn er vergibt.
Johann Wolfgang von Goethe, Reineke Fuchs

Des Niedrigen und Bequemen
Wesen ist es, Sicherheit zu suchen –
über Höhen schreitet Mannesart.
Lucius Annaeus Seneca, Über die Vorsehung

Die Höhe eines Lebens wird nicht
erreicht, damit man sich hinaufsetzt,
sondern damit man in besserer Luft
weitergeht.
Heimito von Doderer, Repertorium. Ein Begreifbuch
von höheren und niederen Lebens-Sachen

Droben stehet die Kapelle,
Schauet still ins Tal hinab.
Ludwig Uhland, Die Kapelle

Eigentlich ist
alles im männlichen Sitzen
produziert worden, was das Abendland
so sein Höheres nennt.
Gottfried Benn

Es steht der Mensch so hoch,
Wie er sich stellt.
Ernst Ziel, Moderne Xenien

Hinter den großen Höhen
Folgt auch der tiefe,
der donnernde Fall.
Friedrich Schiller, Die Braut von Messina (Chor)

Höher und höher
in die Tiefe des Raumes.
Emil Gött, Im Selbstgespräch

Höhere Seelen schaffen höhere Welten.
Walter Rathenau, Auf dem Fechtboden des Geistes.
Aphorismen aus seinen Notizbüchern

Je höher ein Mensch steht,
auf desto mehr Dinge
muss er verzichten.
Fernando Pessoa, Das Buch der Unruhe des Hilfsbuchhalters Bernardo Soares

Je höher ein Wesen ist,
desto mehr ist,
was aus ihm hervorströmt,
ihm innerlich.
Thomas von Aquin, Summe gegen die Heiden

Man kann auch in die Höhe fallen,
so wie in die Tiefe.
Friedrich Hölderlin, Reflexion

Nichts ist zu hoch,
wonach der Starke nicht
Befugnis hat, die Leiter anzusetzen.
Friedrich Schiller, Die Piccolomini (Buttler)

Stärke und Höhe sind
(für das Gefühl) verwandt.
Oswald Spengler,
Urfragen. Fragmente aus dem Nachlass

Steige nicht zu hoch,
so fällst du nicht zu tief.
Deutsches Sprichwort

Was auch immer das Schicksal
in die Höhe trug, erhebt es,
auf dass es wieder herniederstürze.
Lucius Annaeus Seneca, Agamemnon

Was denn,
auf ebenem Weg erreicht man Höhe?
Lucius Annaeus Seneca,
Über die Standhaftigkeit des Weisen

Wer hoch steht,
den kann mancher Windstoß treffen,
Und wenn er fällt,
so wird er ganz zerschmettert.
William Shakespeare, Heinrich III. (Margareta)

Wer hoch steht, den sieht man weit.
Deutsches Sprichwort

Wohl der Höhe,
aus der man noch fallen kann.
Emil Gött, Im Selbstgespräch

Hohlheit

Auch die hohlste Nuss
will noch geknackt sein.
Friedrich Nietzsche, Also sprach Zarathustra

Hohle Töpfe
haben den lautesten Klang.
William Shakespeare, Heinrich V. (Bursch)

Je eindrucksvoller und imposanter
etwas auf Auge und Ohr wirkt,
umso hohler und nichtswürdiger ist es.
Leo N. Tolstoi, Tagebücher (1895)

Leere Fässer klingen hohl.
Deutsches Sprichwort

Hohn

Satire ist der Hohn der Angst.
Lothar Schmidt

Wer wagt mich zu höhnen?
Richard Wagner, Tristan und Isolde (Isolde)

Hölle

Besser in der Hölle herrschen,
als im Himmel dienen.
John Milton, Das verlorene Paradies

Das Gut ist voller Lohn,
das Böse voller Pein.
O Mensch, wie soll in dir
nicht Höll und Himmel sein?
Daniel Czepko von Reigersfeld,
Monodisticha Sapientium

Das Krokodil bezeichnet
die Hölle und den Tod.
Jüngerer deutscher Physiologus (um 1140)

Der Teufel hat die Welt verlassen,
weil er weiß,
Die Menschen machen selbst
die Höll' einander heiß.
Friedrich Rückert, Die Weisheit des Brahmanen

Der Versuch, den Himmel auf Erden
zu verwirklichen,
produziert stets die Hölle.
Karl Popper

Der Weg zur Hölle ist mit
guten Bekannten gepflastert.
Kurt Kluge, Der Herr Kortüm

Der Weg zur Hölle ist mit
guten Vorsätzen gepflastert.
Deutsches Sprichwort

Die Hölle besteht darin,
dass man in Ewigkeit tun muss,
was man am liebsten getan hat.
Zum Beispiel den Liebesakt.
Jean Cau

Die Hölle – das sind die andern.
Jean-Paul Sartre

Die Hölle, das sind wir selbst.
T. S. Eliot, Mord im Dom

Die Hölle hat viel Ähnlichkeit mit
einem Ofen. Sie wird nicht auf
einmal glühend, sondern zuerst
nur lieblich warm.
Jeremias Gotthelf

Die Hölle ist das Unvermögen,
ein anderes Geschöpf als das zu sein,
als das man sich für
gewöhnlich benimmt.
Aldous Huxley, Geblendet in Gaza

Die Hölle ist ein Ort,
an dem die Engländer kochen,
die Italiener den Verkehr dirigieren
und die Deutschen Fernseh-
unterhaltungssendungen machen.
Robert Lembke, Steinwürfe im Glashaus

Die Hölle selbst hat ihre Rechte?
Johann Wolfgang von Goethe, Faust I (Faust)

Die Hölle wäre nicht vollständig,
wenn ihr die Phrasen
des Idealismus fehlten.
Max Brod, Sozialismus im Zionismus (1920)

Die Mark ist verbrannt;
die Seele steht gebannt,
weiß nicht, wie es sühnen;
so fährt sie zur Hölle.
Das Muspilli (um 860)

Dort in der Höllen hat
ein jeder seinen Willen,
Drum steckt sie vollert Pein,
und nichts nicht kann sie stillen.
Daniel Czepko von Reigersfeld,
Monodisticha Sapientium

Früher ohne Weib
War die Hölle keine Hölle.
Heinrich Heine, Neue Gedichte

Geld schließt auch die Hölle auf.
Deutsches Sprichwort

Gott schuf das Böse,
damit die Hölle nicht leer steht.
Sprichwort aus Georgien

Herr Camper erzählte,
dass eine Gemeinde Grönländer,
als ein Missionar ihnen die Flammen
der Hölle recht fürchterlich malte
und viel von ihrer Hitze sprach,
sich alle nach der Hölle zu sehnen
angefangen hätten.
Georg Christoph Lichtenberg, Sudelbücher

Höllenqualen
sind den Gläubigen vorbehalten.
Gabriel Laub

Hüte dich,
dass du im Leben nicht in den Yamen,
im Tode nicht in die Hölle kommst.
Chinesisches Sprichwort

In der Tat,
wenn der Teufel kein Feuergeist wäre,
wie könnte er es denn in der Hölle
aushalten?
Heinrich Heine, Elementargeister

In die Hölle ist es überall gleich weit.
Deutsches Sprichwort

Ist amal aner g'wesen,
Der hat nie ane g'liebt,
In die Höll ist er kömmen,
Und Schläg hat er kriegt.
Tiroler Schnaderhüpfl

Kapitalismus ohne Konkurse
ist wie Christentum ohne Hölle.
Frank Borman

Lang bei Hofe, lang bei Höll'!
Johann Wolfgang von Goethe, Dichtung und Wahrheit

Nichts lieben, das ist die Hölle.
Georges Bernanos

Nun kannst du die schwarze Hölle
gähnen sehen, die gierige;
nun kannst du sie grollen
hören von hier.
Altsächsische Genesis (um 860), Adams Klage

Sicherlich gibt es in der Hölle
weibliche Dämonen, die uns begehren,
ohne dass wir sie begehren.
Es ist ausgeschlossen, dass ein Gott,
der auf Quälereien versessen ist,
nicht auf diesen Gedanken
gekommen sein sollte.
Henry de Montherlant, Erbarmen mit den Frauen

So viele brave Leute sind in der Hölle!
Musst du dich denn schämen,
auch hineinzukommen?
Niccolò Machiavelli, Mandragola

Sogar der Himmel
kann zur Hölle werden.
Ich denke da vor allem
an die Fluglotsen.
Guy Williams

Viel weniger irrt,
wer mit zu finsterem Blicke
diese Welt als eine Art Hölle ansieht
und demnach nur darauf bedacht ist,
sich in derselben eine
feuerfeste Stube zu schaffen.
Arthur Schopenhauer, Aphorismen zur Lebensweisheit

Was ist übrigens Verbrennen eines
Einzelnen im Vergleich mit ewigen
Höllenstrafen für fast alle?
Friedrich Nietzsche, Menschliches, Allzumenschliches

Weh dem,
der im Finstern seine Frevel büßt
und brennt in der Hölle!
Das Muspilli (um 860)

Wenn die Menschen werden gescheiter,
Macht der Teufel die Hölle weiter.
Wilhelm Müller, Epigramme

Wenn du nicht den Weg
zum Himmel gehst,
wirst du von selbst zur Hölle fahren,
auch wenn sie ohne Tore wär.
Chinesisches Sprichwort

Wer den Menschen
die Hölle auf Erden bereiten will,
braucht ihnen nur alles zu erlauben.
Graham Greene

Wir machen uns
diese Welt zur Hölle,
und jeder von uns
ist sein eigener Teufel.
Oscar Wilde

Wozu sollen wir die Hölle
in dem andern Leben suchen?
Sie ist in diesem Leben
schon im Herzen der Bösen.
Jean-Jacques Rousseau, Emile

Hollywood

Hollywood ist eine Stadt
mit der Persönlichkeit
eines Pappbechers.
Raymond Chandler

Hollywood ist schon in Ordnung.
Nur die Filme sind halt so schlecht.
Orson Welles

Ich kam nach Hollywood,
nach Hölle-Wut, nach dem Orte,
wo die Hölle wütet. das heißt,
wo die Menschen die Doppelgänger
ihrer eigenen Schatten sind (...).
Joseph Roth

In Hollywood werden Filme gemacht,
die länger dauern als so manche
Schauspielerehe.
Barbra Streisand

Offenbar wissen nur die wenigsten
Topmanager Hollywoods,
wer ihre Freunde sind,
aber anscheinend wissen sie alle
ganz genau, wer ihre Feinde sind.
Peter Ustinov, Peter Ustinovs geflügelte Worte

Holz

Aus Holz macht man
große und kleine Heilige.
Deutsches Sprichwort

Dürres Holz brennt besser
als grünes Holz.
Abraham a Sancta Clara, Judas der Ertz-Schelm

Holz hat im Walde andern Wert
Als wenn man es zu Markte fährt.
Jüdische Spruchweisheit

Holzbeine sind nicht vererblich,
aber Holzköpfe.
Albert Edward Wiggam

Holzhacken ist bei manchen Leuten
deshalb so beliebt, weil sie den Erfolg
dieser Tätigkeit sofort sehen können.
Albert Einstein

Je krummer das Holz,
je besser die Krücke.
Deutsches Sprichwort

Krummes Holz brennt so gut
wie gerades.
Deutsches Sprichwort

Nicht aus jedem Holz
kann man einen Pfeil machen.
Sprichwort aus Frankreich

Schleppt ihr Holz herbei,
so tut's mit Wonne,
Denn ihr tragt den Samen
irdscher Sonne.
Johann Wolfgang von Goethe, West-östlicher Divan

Sorge dich nicht ums Feuerholz,
solange es noch grüne Berge gibt.
Chinesisches Sprichwort

Wo Holz gehauen wird,
da fallen Späne.
Deutsches Sprichwort

Homer

Der beste Western-Autor aller Zeiten
war Homer. Seine Helden Achill, Ajax,
Hector, Agamemnon denken, reden
und handeln wie meine Filmbanditen.
Sergio Leone

Und die Sonne Homers, siehe!
Sie lächelt auch uns.
Friedrich Schiller, Der Spaziergang

Wie konnte Homer nicht wissen,
dass das Gute die Liebe ist!
Leo N. Tolstoi, Tagebücher (1857)

Homosexualität

Aber Frauen,
die Teil einer Urfrau sind,
kehren sich gar nicht an die Männer;
die Tribaden entstehen
aus diesem Geschlecht.
Platon, Das Gastmahl

Der Eros der himmlischen Aphrodite
hingegen kommt von der Göttin,
die nicht am Weiblichen,
sondern nur am Männlichen teilhat –
deshalb gehört ihm die Knabenliebe –
und die älter ist und
keine Ausschweifung kennt.
Darum wendet sich, wer von diesem
Eros beseelt ist, dem Männlichen zu;
das von Natur Stärkere und
mit Vernunft Begabte hat er gern.
Platon, Das Gastmahl

Du darfst nicht mit einem Mann
schlafen, wie man mit einer Frau
schläft; das wäre ein Gräuel.
Altes Testament, Levitikus 18, 22

Ich liebe die Homosexuellen,
denn aus ihnen werden keine Soldaten.
Francis M. de Picabia, Aphorismen

Offene Liebe gilt für uns schöner
als heimliche, und für die schönste
gilt die zu den Edelsten und Besten,
auch wenn sie vielleicht hässlich sind.
Platon, Das Gastmahl

Und in der Knabenliebe selbst ist der
zu erkennen, der rein von diesem Eros
getrieben wird. Er verliebt sich nicht
in Knaben, die noch Kinder sind,
sondern in bereits Verständige, wie sie
werden, wenn der erste Bart keimt.
Platon, Das Gastmahl

Wir müssen dem Entwurf
entsprechend leben, nach dem wir
geschaffen sind: die Homosexualität
ist nicht natürlich.
Mutter Teresa

Honig

Der Honig ist nicht weit vom Stachel.
Deutsches Sprichwort

Handelt einer mit Honig,
er leckt zuweilen die Finger.
Johann Wolfgang von Goethe, Reineke Fuchs

Honig ist der Mücken Tod.
Deutsches Sprichwort

Hören

Bewusstes Hören bringt mehr Wissen,
und mehr Lust am Wissen
gewinne ich durch Hören.
August Everding, Vortrag an der Universität Tübingen,
5. Dezember 1995

Er hört den Wind und sagt,
es wäre Regen.
Chinesisches Sprichwort

Hier und heute sehen wir nicht
nur zu viel, wir hören auch zu viel,
sodass uns das Hören vergeht.
August Everding, Vortrag an der Universität Tübingen,
5. Dezember 1995

Höre viel und rede wenig.
Deutsches Sprichwort

In jeder Ehe kommt einmal die Zeit,
in der man andere
um ihre Schwerhörigkeit beneidet.
August Strindberg

Je treuer du nach innen lauschest,
umso besser wirst du hören,
was um dich ertönt. Nur wer hört,
kann sprechen.
Dag Hammarskjöld, Zeichen am Weg

Manche Ohren haben Wände.
Robert Lembke, Steinwürfe im Glashaus

Mauern haben Löcher,
Wände haben Ohren.
Chinesisches Sprichwort

Mit allen Fasern zu lauschen
entspricht der Art scheuer Hirschkühe;
ich ziehe es vor, ganz Ohr zu sein.
Jean Cocteau, Hahn und Harlekin

Natürlich brauchen wir unsere drei
Kommunikationskanäle,
den visuellen, auditiven
und kinästhetischen,
um zum Wissen zu gelangen.
Doch das Hören ist
der archaischste Sinn.
Das ungeborene Kind hört,
bevor es sieht.
August Everding, Vortrag an der Universität Tübingen,
5. Dezember 1995

Sehen geht über Hören.
Deutsches Sprichwort

Takt ist vor allem
die Kunst des Überhörens.
Hans Söhnker

Was das Ohr nicht hört,
belastet nicht das Herz.
Chinesisches Sprichwort

Wenn du am Wegrand sprichst,
hört man dich im Grase.
Chinesisches Sprichwort

Wer dauernd redet, gerade wie es ihm
gefällt, muss dann auch Dinge hören,
die ihm nicht gefallen.
Ecbasis captivi in belehrender Gestalt (Fuchs)

Wer Ohren hat, der höre!
Neues Testament, Matthäus 13, 43 (Jesus)

Wer wenig sieht,
sieht immer weniger;
wer schlecht hört,
hört immer einiges noch dazu.
Friedrich Nietzsche, Menschliches, Allzumenschliches

Wer zu hören versteht,
hört die Wahrheit heraus.
Wer nicht zu hören versteht,
hört nur Lärm.
Chinesisches Sprichwort

Zum einen Ohr hinein,
zum andern wieder hinaus.
Deutsches Sprichwort

Horizont

Ach, Weib,
wie eng ist doch dein Horizont!
Und dies grad zieht
den stolzen Mann zu dir!
Imre Madách, Die Tragödie des Menschen (Adam)

Horizont. Was für ein Horizont?
Etwas mehr, etwas weniger,
Sie können ihn ja doch
nie mitnehmen!
Jules Renard, Ideen, in Tinte getaucht.
Aus dem Tagebuch von Jules Renard

In unserer Hast und Arbeitswut
verkümmern wir nur zu oft,
unser Horizont verengt sich auf das
Unmittelbare, auf das, was wir in einer
Lebenszeit oder einem Teil unserer
Lebenszeit vollbringen können.
Yehudi Menuhin,
Kunst als Hoffnung für die Menschheit

Wenn Menschen auch noch so eng
zusammengehören: es gibt innerhalb
ihres gemeinsamen Horizontes doch
noch alle vier Himmelsrichtungen,
und in manchen Stunden merken sie es.
Friedrich Nietzsche, Menschliches, Allzumenschliches

Wer seinen Horizont erweitert,
verkleinert den Himmel.
Klaus Kinski

Wir leben zwar alle
unter dem gleichen Himmel,
aber wir haben nicht alle
den gleichen Horizont.
Konrad Adenauer

Hübsch

Es scheint mir, dass es bei
den hübschesten Frauen Tage gibt,
wo ich sehe, wie sie sein werden,
wenn sie hässlich sein werden.
Charles de Secondat, Baron de la Brède et de Montesquieu, Meine Gedanken

Wenn jemand bloß hübsch ist,
ohne schön zu sein, so beruht dies
auf einer Symmetrie, deren Regeln wir
nicht kennen, und auf einer unerklärbaren Harmonie aller Züge.
François de La Rochefoucauld, Reflexionen

Huhn

Ein fettes Huhn legt keine Eier.
Chinesisches Sprichwort

Kein Huhn scharrt umsonst.
Deutsches Sprichwort

Wenn die Hühner abends picken,
wird es Regen geben.
Chinesisches Sprichwort

Wo viele Hähne sind,
legen die Hühner wenig Eier.
Chinesisches Sprichwort

Humor

Auch der ehrlichste Denker
wird es ohne Humor niemals
zum Philosophen, sondern immer
nur zum Pedanten bringen.
Arthur Schnitzler, Ungedrucktes
(in: Österreichische Dichtergabe, Wien 1928)

Dass die Bibel keine Spur von Humor
enthält, ist eine der merkwürdigsten
Tatsachen der ganzen Literatur.
Alfred North Whitehead, Abenteuer der Ideen (1971)

Dem Humor, dem göttlichen Kind,
ist nichts verwehrt; auch nicht mit
dem Schmerz, dem Elend,
dem Tod zu spielen. Wenn die Ironie,
der Witz, die Satire das Gleiche
versuchen, empfinden wir das als
geschmacklos, roh, wenn nicht gar
als Blasphemie.
Arthur Schnitzler, Buch der Sprüche und Bedenken

Der Humor, als das umgekehrte Erhabene, vernichtet nicht das Einzelne,
sondern das Endliche durch den
Kontrast mit der Idee. Es gibt für
ihn keine einzelne Torheit,
keine Toren, sondern nur Torheit
und eine tolle Welt.
Jean Paul, Vorschule der Ästhetik

Der Humor ist das bewusste Einatmen
des Lebens, das nach dem Verhauchen
nichts mehr fragt.
Emil Gött, Zettelsprüche. Aphorismen

Der Humor ist der Regenschirm
der Weisen (...).
Erich Kästner, Kurz und bündig. Epigramme

Der Humor ist eins der Elemente
des Genies, aber sobald er vorwaltet,
nur ein Surrogat desselben;
er begleitet die abnehmende Kunst,
zerstört, vernichtet sie zuletzt.
Johann Wolfgang von Goethe,
Maximen und Reflexionen

Der Humor ist keine Gabe des Geistes,
er ist eine Gabe des Herzens.
Ludwig Börne, Denkrede auf Jean Paul

Der Humor ist – wie die Liebe –
eine Eigenschaft des Herzens.
Rudolf G. Binding

Der Humor lässt uns werden
wie die Kinder.
Jean Paul,
Kleine Nachschule zur ästhetischen Vorschule

Der Humor sitzt eher im Kopf
als im Herzen.
Dummköpfe sind humorlos.
Lee Remick

Der Humor spricht mit zwei Zungen:
der des Satyrs und der des Mönchs.
August Strindberg, Der Sohn der Magd

Der wahre Humor weiß ganz genau,
dass man im Grunde
nichts zu lachen hat.
Ernst Heimeran

Die tragische Weltanschauung, von
den Höhen des Humors aus betrachtet,
wirkt in jedem Falle
irgendwie beschränkt, wenn nicht
lächerlich oder gar unsinnig.
Arthur Schnitzler, Buch der Sprüche und Bedenken

Die verborgene Quelle des Humors
ist nicht Freude, sondern Kummer.
Mark Twain

Durch Humor wird das eigentümlich
Bedingte allgemein interessant –
und erhält objektiven Wert.
Novalis, Blütenstaub

Ein ernster Mensch sein und keinen
Humor haben, das ist zweierlei.
Arthur Schnitzler, Zurückgelegte Sprüche

Ein humoristisches Werk ist entweder
amüsant oder unerträglich.
Ein Mittelding ist unvorstellbar.
Ebenso wenig wie eine Telefonnummer,
die ungefähr stimmt, oder eine Frau,
die ein bisschen schwanger ist.
Ephraim Kishon, Kishon für alle Fälle

Eine niedrige Stirn ist noch
lange kein Beweis für Humorlosigkeit.
Aber auch nicht für das Gegenteil.
Ephraim Kishon, Kishon für alle Fälle

Entscheidend ist, dass jemand über
sich selbst lachen kann.
Heinz Rühmann

Es gibt einen Ernst für alle;
aber nur einen Humor für wenige.
Jean Paul, Vorschule der Ästhetik

Es gibt nichts Gemeines, was,
fratzenhaft ausgedrückt,
nicht humoristisch aussähe.
Johann Wolfgang von Goethe,
Maximen und Reflexionen

Humor – das ist für mich Verständnis.
Er kommt nicht ohne Menschenkenntnis.
Nach Spott sind manche gieriger.
Verständnis ist viel schwieriger.
Karl-Heinz Söhlker, Es schadet nichts, vergnügt zu sein

Humor
ist äußerste Freiheit des Geistes.
Wahrer Humor ist immer souverän.
Christian Morgenstern, Stufen

Humor ist das, was man nicht hat,
sobald man es definiert.
Rudolf Presber

Humor ist der Knopf,
der verhindert,
dass uns der Kragen platzt.
Joachim Ringelnatz

Humor ist der Schwimmgürtel
auf dem Strome des Lebens.
Wilhelm Raabe

Humor ist der Versuch,
sich selbst nicht ununterbrochen
wichtig zu nehmen.
Ernst Kreuder

Humor ist die Lust zu lachen,
wenn einem zum Heulen ist.
Werner Finck

Humor ist ein Element,
das dem deutschen Menschen
abhanden gekommen ist.
Kurt Tucholsky

Humor ist eine so ernste Sache, dass
man es nur mit Humor schaffen kann.
Gabriel Laub

Humor ist Gemüt.
Humor kann man nicht lernen.
Darum ist er auch so selten (...).
Heinz Rühmann

Humor ist immer dämonischer Natur;
das Reich von Witz, Ironie, Satire,
dieser gefallenen Engel des Geistes,
ist innerhalb des
Satanischen beschlossen.
Arthur Schnitzler, Der Geist im Wort

Humor ist wie Sekt:
der trockene ist der beste.
Werner Roß

Humor sollte so trocken sein,
dass kein Auge trocken bleibt.
Werner Hinz

Humor unterscheidet sich vom Witz
wie sich das Lächeln
vom Gelächter unterscheidet.
Paul Alverdes

Humor verträgt sich mit Mitleid,
Satire gehört zur Grausamkeit.
Oswald Spengler,
Urfragen. Fragmente aus dem Nachlass

Humorlosigkeit ist die Unfähigkeit,
eine andere Wirklichkeit
wahrzunehmen als die eigene.
August Everding, Vortrag auf der Schlussveranstaltung
des 111. Chirurgen-Kongresses in München, 1994

In der Tragik gerät der menschliche
Geist, so tief er auch hinabsteigen
mag, irgendeinmal auf Grund –
im Humor niemals.
Arthur Schnitzler, Buch der Sprüche und Bedenken

Man kann Humor nicht auftragen
wie auf einem Servierteller.
Der Ton macht die Musik –
und der Resonanzboden
muss das Herz sein.
Heinz Rühmann

Man spricht von grimmigem Humor.
Was nicht eine Modalität
des Humors ist, sondern die
Anmeldung seiner Abwesenheit.
Ludwig Marcuse, Argumente und Rezepte. Ein Wörter-Buch für Zeitgenossen

Mit dem Humor ist es
wie mit den Austern: Eine Perle
setzt eine kleine Wunde voraus.
William Saroyan

Mit Humor kann man Frauen am
leichtesten verführen; denn die
meisten Frauen lachen gerne,
bevor sie anfangen zu küssen.
Jerry Lewis

Nicht jeder Künstler von Genie
hat Humor,
aber jeder Künstler von Humor
(nicht jeder Spaßmacher)
hat Genie.
Arthur Schnitzler, Buch der Sprüche und Bedenken

Nur ungern enttäusche ich alle,
die meinen, die Deutschen hätten
keinen Sinn für das Lächerliche.
Den haben sie durchaus, aber sie
sind eine besinnliche Kulturnation
und nicht so begierig auf Gelächter
aus wie die Briten.
Peter Ustinov, Peter Ustinovs geflügelte Worte

Stürbe der Snobismus,
wäre das Lachen der Leidtragende.
Peter Ustinov, Peter Ustinovs geflügelte Worte

Unter Humor
verstehen die meisten Menschen
das Gelächter über Dinge,
die einem anderen zugestoßen sind.
Curt Goetz

Was auch immer geschieht:
Nie dürft ihr so tief sinken,
von dem Kakao,
durch den man euch zieht,
auch noch zu trinken.
Erich Kästner, Kurz und bündig. Epigramme

Wenn der Mensch,
wie die alte Theologie tat,
aus der überirdischen Welt auf
die irdische herunterschauet:
so zieht diese klein und eitel dahin;
wenn er mit der kleinen,
wie der Humor tut, die unendliche
ausmisst und verknüpft,
so entsteht jenes Lachen, worin noch
ein Schmerz und eine Größe ist.
Jean Paul, Vorschule der Ästhetik

Wer Humor hat,
der hat beinahe schon Genie.
Wer nur Witz hat,
der hat meistens nicht einmal den.
Arthur Schnitzler, Buch der Sprüche und Bedenken

Wesentlichste Dinge im Leben
sind nicht zuletzt der Humor
und die Fähigkeit,
über sich selbst zu lachen.
Yehudi Menuhin, Variationen

Wo Phantasie und Urteilskraft sich
berühren, entsteht Witz –
wo sich Vernunft und Willkür paaren,
Humor.
Novalis, Blütenstaub

Zieh von einem Menschen
seine Humorlosigkeit ab
und rechne mit dem Rest.
Curt Goetz

Humorist

Der Humorist lustwandelt
innerhalb der Unendlichkeit.
Arthur Schnitzler, Buch der Sprüche und Bedenken

Der Humorist wird zum Akrobaten
wider Willen, sein Weg ist eine stete
Gratwanderung über ein schwankendes Seil. Das einzige Sicherheitsnetz,
das sich weit unter ihm befindet,
ist die Wahrheit.
Ephraim Kishon, Kishon für alle Fälle

Ein Humorist ist einer,
dem weniger lustig zumute ist
als den anderen.
Hans Weigel

Hund

Besser ein toter Löwe,
als ein lebendiger Hund!
Emil Gött, Zettelsprüche. Aphorismen

Dem bösen Hund eine kurze Leine.
Sprichwort aus Frankreich

Dem Hunde, wenn er gut erzogen,
Wird selbst ein weiser Mann gewogen.
Johann Wolfgang von Goethe, Faust I (Wagner)

Der eigene Hund macht
keinen Lärm – er bellt nur.
Kurt Tucholsky

Der Hund bellt, wenn ihn etwas erregt.
Der Mensch spricht immer.
Richard von Schaukal

Die Wahrheit ist, dass der Hund den
Menschen nicht ausstehen kann und
ihm nur aus Existenzgründen eine
gewisse Anhänglichkeit bewahrt.
Etwa auf der Basis: eine halbe Stunde
Schwanzwedeln pro Tag gegen
eine auskömmliche Versorgung
fürs ganze Leben.
Ephraim Kishon, Kishon für alle Fälle

Durch einen dichten Zaun
gelangt kein Hund.
Chinesisches Sprichwort

Ein dürrer Hund
ist eine Schande für den Herrn.
Chinesisches Sprichwort

Ein ehrlicher Mann ist nicht schlechter,
weil ein Hund ihn anbellt.
Sprichwort aus Dänemark

Ein Haus
ist blind ohne einen Hund
und stumm ohne einen Hahn.
Sprichwort aus Litauen

Ein Haus kann nicht
zwei Hunde nähren.
Deutsches Sprichwort

Ein Hund ist der einzige Freund,
den man sich für Geld kaufen kann.
Fritz Herdi

Ein Hund ist ein Hund,
welche Farbe er auch hat.
Sprichwort aus Dänemark

Ein Hund wird dem Menschen immer
ein besserer Freund sein als andere
Menschen. Doch auch hier ist
der Rassehund meist teurer als die
Promenadenmischung – was ein
ebenso taktvolles Ventil für Rassismus
ist, wie andere auch.
Peter Ustinov, Peter Ustinovs geflügelte Worte

Ein kluger Hund bellt nie ohne Grund.
Sprichwort aus Frankreich

Ein lebender Hund
ist besser als ein toter Löwe.
Altes Testament, Kohelet 9, 4

Einen Hund zu schlagen
find't sich bald ein Stock.
William Shakespeare, Heinrich VI. (Königin)

Es möchte kein Hund so länger leben!
Johann Wolfgang von Goethe, Faust I (Faust)

Geht der Hund,
wenn die Katze kommt,
kann Streit gar nicht erst entbrennen.
Chinesisches Sprichwort

Ginge ein Hund tausend Stund
Zur Kirche, er wär doch ein Hund.
Freidank, Bescheidenheit

Hund wird »canis« genannt,
weil er nicht singt (non canit).
Marcus Terentius Varro, De lingua latina

Hunde sind gerechter,
als die Menschen meinen.
Chinesisches Sprichwort

Ich verabscheue Leute,
die Hunde halten.
Es sind Feiglinge,
die nicht genug Schneid haben,
selbst zu beißen.
August Strindberg

Ich weiß drei böse Hunde:
Undankbarkeit, Stolz, Neid.
Wen die drei Hunde beißen,
der ist sehr übel gebissen.
Martin Luther, Tischreden

In einer Hundehütte
ist schlecht Kuchen aufbewahren.
Chinesisches Sprichwort

Man achtet kleiner Hunde
Murren nicht,
Doch große zittern,
wenn der Löwe brüllt.
William Shakespeare, Heinrich VI. (Königin)

Man muss die Hunde bellen lassen;
wer's ihnen aber wehren will,
der muss manchmal eine ganze Nacht
ungeschlafen liegen.
Martin Luther, Tischreden

Manche Töne sind mir Verdruss,
doch bleibet am meisten
Hundegebell mir verhasst;
kläffend zerreißt es mein Ohr.
Johann Wolfgang von Goethe, Römische Elegien

Mit Fleischknochen
wirf nicht nach Hunden.
Chinesisches Sprichwort

Nach einem Jahr
gleicht der Hund seinem Herrn.
Sprichwort aus Spanien

Nur ein dummer Hund
jagt einem fliegenden Vogel nach.
Chinesisches Sprichwort

Schlafende Hunde
soll man nicht wecken.
Deutsches Sprichwort

Schlägst du einen Hund,
dann sieh erst, wer der Herr ist.
Chinesisches Sprichwort

Stumme Hunde und stille Wasser
sind gefährlich.
Deutsches Sprichwort

Viele, die ihr ganzes Leben
auf die Liebe verwendeten,
können uns weniger über sie sagen
als ein Kind, das gestern
seinen Hund verloren hat.
Thornton Wilder

Vielleicht verdankt der Mensch
seinen Größenwahn dem Hund.
Marlen Haushofer, Die Wand

Wenn der Hund wacht,
mag der Hirt schlafen.
Deutsches Sprichwort

Wenn du einen verhungernden Hund
aufliest und ihn satt machst,
dann wird er dich nicht beißen.
Das ist der grundlegende Unterschied
zwischen Hund und Mensch.
Mark Twain

Wenn du issest,
gib auch den Hunden zu essen,
selbst wenn sie dich beißen.
Voltaire, Zadig

Wenn ein Hund dabei ist,
werden die Menschen
gleich menschlicher.
Hubert Ries

Wer mich liebt,
liebt auch meinen Hund.
Sprichwort aus England

Wer mit Hunden zu Bette geht,
steht mit Flöhen wieder auf.
Deutsches Sprichwort

Wer seinen Hund ertränken will,
klagt ihn der Tollheit an.
Sprichwort aus Frankreich

Hundstage (23.7.–22.8.)

Hundstage heiß, Winter lange weiß.
Bauernregel

Hundstage hell und klar
deuten uns ein gutes Jahr.
Bauernregel

Hunger

Aber man kann unmöglich
die Wut des hungrigen Magens
Bändigen, welcher den Menschen
so vielen Kummer verursacht!
Ihn zu besänftigen,
gehn selbst schön gezimmerte Schiffe
Über das wilde Meer,
mit Schrecken des Krieges gerüstet.
Homer, Odyssee

Das Lächeln auf dem Gesicht
eines Hungrigen ist eine Lüge.
Sprichwort aus Polen

Dem Hungrigen
ist leichter geholfen
als dem Übersättigten.
Marie von Ebner-Eschenbach, Aphorismen

Den Hunger in den Kopf verlegen.
Elias Canetti, Die Provinz des Menschen.
Aufzeichnungen 1942–1972

Den Hungrigen
ist nicht gut predigen.
Deutsches Sprichwort

Der große Hunger
macht die Liebe klein –
eine Unart, die sich der Appetit
nie herausnähme.
Thaddäus Troll

Der Hunger beweist nicht,
dass es zu seiner Sättigung
eine Speise gibt,
aber er wünscht die Speise.
Friedrich Nietzsche, Menschliches, Allzumenschliches

Der Hunger
ist die Dienerin des Genies.
Mark Twain, Querkopf Wilsons Kalender

Der Satte glaubt dem Hungrigen nicht.
Deutsches Sprichwort

Der Speise Würze ist der Hunger.
Marcus Tullius Cicero

Des Königs Gesetze sind bekannt,
nur der Hunger ist schwer zu ertragen.
Chinesisches Sprichwort

Die klügsten Fische
treibt der Hunger an die Angel.
Johann Wolfgang von Goethe,
Die Mitschuldigen (Sophie)

Durch die unnatürliche Kost
wird der Hunger nur gesteigert.
Bernhard von Clairvaux, Über die Bekehrung

Ein hungriger Magen
verschmäht auch
die gewöhnlichste Mahlzeit nicht.
Ecbasis captivi in belehrender Gestalt (Leopard)

Ein Hungriger taugt nicht zum Dienen.
Chinesisches Sprichwort

Ein Mönch stirbt nicht an Hunger.
Chinesisches Sprichwort

Ein scharfes Essen
stillt dreifachen Hunger.
Chinesisches Sprichwort

Ein solcher Reichtum ist aber doch
sinnwidrig, in dessen Besitz man
hungers sterben kann.
Aristoteles, Politik

Eine kostbare Perle ist mehr wert als
Brot; und doch würde der Hungernde
ihr das Brot vorziehen.
Thomas von Aquin, Quaestiones quodlibetales

Einem Hungrigen scheint
selbst ein Büffelhorn weich zu sein.
Chinesisches Sprichwort

Enttäusche den Hungrigen nicht,
und das Herz des Unglücklichen
errege nicht.
Altes Testament, Jesus Sirach 4, 2

Es ist besser,
den Feind durch Hunger zu besiegen
als durch Eisen.
Niccolò Machiavelli, Kriegskunst

Fremder Hunger langweilt.
Fremdes Glück reizt.
Kurt Tucholsky, Schnipsel

Für Hungrige und Durstige
ist leicht kochen.
Chinesisches Sprichwort

Gemalter Kuchen
stillt den Hunger nicht.
Chinesisches Sprichwort

Hunger ist der beste Koch.
Deutsches Sprichwort

Hunger wandelt Bohnen
in Mandeln.
Sprichwort aus Italien

Hungrige Mücken beißen schlimm.
Deutsches Sprichwort

Krankheit macht die Gesundheit
süß und gut,
Hunger die Sattheit,
Mühe die Ruhe.
Heraklit, Fragmente

Leichter ist der Tod durch Hunger;
vor überladenem Magen platzt man.
Lucius Annaeus Seneca, Über die Vorsehung

Lieber hungrig und rein
als satt und verderbt.
Chinesisches Sprichwort

Man ist nie traurig genug,
um die Welt besser zu machen.
Man hat zu bald wieder Hunger.
Elias Canetti, Die Provinz des Menschen.
Aufzeichnungen 1942–1972

Man muss die Kluft erkennen,
die Millionen verlauster und
verhungerter Menschen von jenen
anderen trennt, welche zu viel zu
essen haben und sich in Samt und
Seide kleiden, und um diese Kluft zu
überwinden, bedarf es des Opfers,
nicht aber jener Heuchelei,
mit der wir heute die Augen
vor der Tiefe des Abgrundes
zu verschließen pflegen.
Leo N. Tolstoi, Tagebücher (1893)

Nichts ist gut für die Augen,
aber nicht für den Magen.
Deutsches Sprichwort

Nichts ist, wie es früher war,
außer Schlaf und Hunger.
Sprichwort aus Finnland

Nun quälen mich
schon Hunger und Durst,
bittre Übel –
von beidem waren wir bisher frei.
Altsächsische Genesis (um 860), Adams Klage

Satte Augen gibt es nicht auf der Welt.
Sprichwort aus Russland

So gar verliebt sind wir nicht,
dass uns nicht hungerte.
Gotthold Ephraim Lessing,
Minna von Barnhelm (Franziska)

Und maßlos fährt
Und grimmig der Hunger
über die Kinder der Menschen,
An Hungersnöten die größte.
Heliand (um 850), Ankündigung des Jüngsten Gerichts

Unseren täglichen Hunger
gib uns heute.
Günther Anders, Die Antiquiertheit des Menschen.

Wenn du dich eines
hungernden Hundes annimmst
und ihn wieder glücklich machst,
so wird er dich nicht beißen.
Das ist der Hauptunterschied
zwischen Hund und Mensch.
Mark Twain, Querkopf Wilsons Kalender

Wer drei Tage nichts gegessen hat,
schreckt vor nichts mehr zurück.
Chinesisches Sprichwort

Wer Hunger hat, isst jedes Brot.
Sprichwort aus Frankreich

Wer satt und warm lebt,
denkt an Wollust.
Wer hungert und friert,
denkt ans Stehlen.
Chinesisches Sprichwort

Wer vor Hunger stirbt,
muss eher gespeist als belehrt werden.
Thomas von Aquin, Summa theologica

Werden die Felder gelb,
zieht der Hunger
in die Bauernhütten ein.
Chinesisches Sprichwort

Wo Augen und Ohren übersatt sind,
hat das Gehirn nie Hunger.
Ludwig Marcuse, Argumente und Rezepte.
Ein Wörter-Buch für Zeitgenossen

Woher kommt dem Menschen
so großer Hunger
nach verbotenen Speisen?
Ovid, Metamorphosen

Zuerst den Hunger abgetan –
dann fangen die Probleme an.
Arthur Schnitzler, Buch der Sprüche und Bedenken

Hure

Arm wie eine Hur in der Karwoche.
Deutsches Sprichwort

Auf der Welt gibt es
nur drei schmutzige Gewerbe:
Hure, Schauspieler und Musikant.
Chinesisches Sprichwort

Bei Huren und bei Tisch
darf man nicht schüchern sein.
Sprichwort aus den USA

Die »große Hure« ist das
apokalyptische Weib der Endzeit.
Gertrud von Le Fort, Die ewige Frau

Die Hure,
die sich auf ihr Handwerk versteht,
braucht keine Kupplerin.
Sprichwort aus Spanien

Du Hure, tu's nimmer weiter!
Martin Luther, Tischreden

Ein fromme fraw zeugt offt ein hur.
Deutsches Sprichwort

Entweder Hure
oder sofort geheiratet werden –
das ist die Provinz.
Gottfried Benn, Brief an Oelze Nr. 32

Es ist keine Hure so bös,
sie zöge gern ein fromm Kind.
Deutsches Sprichwort

Es sind nicht alle Huren,
die einem Manne zu Willen sind.
Deutsches Sprichwort

Hore, Huri, H-e scheint
ursprünglich eins zu sein (...).
Das Letzte ist bei uns so
schlecht geworden, dass man es
nicht gern ausspricht und ausschreibt.
Mohammed setzt seine Huris noch
zu ihrer und der Seligen Belohnung
in sein Paradies.
Johann Gottfried Seume, Apokryphen

Huren haben oft fromme Kinder.
Sprichwort aus Italien

Huren und Diebe
arbeiten am fleißigsten.
Sprichwort aus Tanger

Kommt die Hur ins Herz,
so kommt sie auch in den Säckel.
Deutsches Sprichwort

Mit der Wahrheit ist das
wie mit einer stadtbekannten Hure.
Jeder kennt sie,
aber es ist peinlich,
wenn man ihr auf der Straße begegnet.
Wolfgang Borchert

Hut

Das Hutabnehmen
ist eine Abkürzung unsres Körpers,
ein Kleinermachen.
Georg Christoph Lichtenberg, Sudelbücher

Der eine schlägt den Nagel ein,
der andre hängt den Hut daran.
Deutsches Sprichwort

Es kommt nicht darauf an,
was für einen Hut man
auf dem Kopf hat,
sondern was für einen Kopf
unter dem Hut.
Herbert George Wells

Halte den Hut fest;
es wird mehr als einer
seine Kraft daran setzen,
ihn dir vom Kopfe zu pusten.
Wilhelm Raabe, Die Leute vom Walde

Hut in der Hand
hilft durchs ganze Land.
Deutsches Sprichwort

Wer hat nicht jemals
einen schlecht aufgeschlagenen Hut,
den er aufsetzen musste,
durch sein ganzes Wesen durch
gefühlt, oder einen schlechten
Stockknopf im Arm gefühlt.
Georg Christoph Lichtenberg, Sudelbücher

Wer keinen Kopf hat,
braucht keinen Hut.
Deutsches Sprichwort

Hygiene

Auch der Geist hat seine Hygiene.
Er braucht, wie der Körper,
seine Gymnastik.
Honoré de Balzac

Der einzige nützliche Teil
der Arzneikunst ist die Hygiene.
Die Hygiene ist allerdings weniger
eine Wissenschaft als eine Tugend.
Jean-Jacques Rousseau, Emile

Wenn der Mensch der Körper wäre,
so gäbe es keine andere Moral
als die Hygiene.
Théodore Jouffroy, Das grüne Heft

Hypnose

Eines der wirksamsten Mittel
bei der Hypnose –
der äußeren Einwirkung
auf den seelischen Zustand des
Menschen – ist die Kostümierung.
Die Menschen wissen das sehr gut.
So erklärt sich das Mönchsgewand
im Kloster und die Uniform
beim Militär.
Leo N. Tolstoi, Tagebücher (1896)

Wer hypnotisiert werden soll,
muss an die Wichtigkeit dessen
glauben, was ihm suggeriert wird.
Für solchen Glauben aber bedarf
es der Unwissenheit und des
anerzogenen Vertrauens.
Leo N. Tolstoi, Tagebücher (1897)

Hypochonder

Der Hypochondrist ist
ein Grillenfänger (Phantast)
von der kümmerlichsten Art.
Immanuel Kant, Anthropologie in pragmatischer Hinsicht

Wie viele Menschen sind
krank geworden, bloß weil sie sich
einbildeten, es zu sein!
Sie lassen sich behandeln und
allerlei Mittel eingeben, um Leiden
zu heilen, die sie nur fühlen,
weil sie sie sich ausdenken.
Michel Eyquem de Montaigne, Die Essais

Hypothese

Dass zuweilen eine falsche Hypothese
der richtigen vorzuziehen sei,
sieht man aus der Lehre von
der Freiheit des Menschen.
Georg Christoph Lichtenberg, Sudelbücher

Es gibt Hypothesen,
wo Verstand und Einbildungskraft
sich an die Stelle der Idee setzen.
Johann Wolfgang von Goethe,
Maximen und Reflexionen

Hypothesen sind Gerüste,
die man vor dem Gebäude aufführt,
und die man abträgt,
wenn das Gebäude fertig ist.
Sie sind dem Arbeiter nicht unentbehrlich; nur muss er das Gerüste
nicht für das Gebäude ansehn.
Johann Wolfgang von Goethe,
Maximen und Reflexionen

Hypothesen sind Netze,
nur der wird fangen, der auswirft.
Novalis, Distichen

Ich

Anschauen können wir uns nicht,
das Ich verschwindet uns dabei immer.
Denken können wir uns aber freilich.
Wir erscheinen uns dann
zu unserm Erstaunen unendlich,
da wir uns doch im gewöhnlichen
Leben so durchaus endlich fühlen.
Friedrich Schlegel, Philosophische Vorlesungen

Das Ich ist die Spitze eines Kegels,
dessen Boden das All ist.
Christian Morgenstern, Stufen

Das Ich ist kein Selbst;
es ist eine Vielfalt von Reflexen,
ein Komplex aus Begierden, Trieben,
einige hier unterdrückt,
andere dort losgelassen.
August Strindberg, Der Sohn der Magd

Das Ich sucht ein Ur-Ich –
nicht etwa bloß eine Ur-Welt
neben der jetzigen –, jene Freiheit,
von welcher die Endlichkeit
die Gesetze bekam;
aber es könnte nicht suchen,
wenn es nicht kennte
und wenn es nicht hätte.
Jean Paul, Levana

Die höchste Aufgabe der Bildung ist,
sich seines transzendentalen Selbst
zu bemächtigen,
das Ich seines Ichs
zugleich zu sein.
Novalis, Blütenstaub

Dieses Versinken im Ich
oder die neue Kulturkrankheit
tritt wohl konstant
bei allen Menschen auf,
die nicht mit dem Körper arbeiten.
August Strindberg, Der Sohn der Magd

Für eines Mannes Handeln
ist das eigene Ich
ein dürftiger Ausgangspunkt.
Francis Bacon, Die Essays

Ich beneide alle Leute darum,
nicht ich zu sein.
Fernando Pessoa, Das Buch der Unruhe
des Hilfsbuchhalters Bernardo Soares

Ich bin der Ansicht,
dass mein eigentliches Sein
nur in mir selber wohnt;
das andere Leben
von mir besteht darin,
was meine Freunde
von mir wissen.
Michel Eyquem de Montaigne, Die Essais

Ich bin der Meinung, das man
das eigene Ich, die innere Quelle,
am besten
in der Einsamkeit wiederfindet.
Anne Morrow Lindbergh, Muscheln in meiner Hand

Ich bin nicht, was ich bin.
William Shakespeare, Othello (Jago)

Ich: hört nicht an den Fingerspitzen
und den Fußnägeln auf.
Deshalb sind alle Diskussionen
zwischen Egoismus und Altruismus
Babytalk.
Ludwig Marcuse, Argumente und Rezepte.
Ein Wörter-Buch für Zeitgenossen

Immer mehr zu werden, was ich bin,
das ist mein einziger Wille.
Friedrich Schleiermacher, Monologen

Jedes Du ist ein Supplement
zum großen Ich.
Wir sind gar nicht Ich – wir können
und sollen aber Ich werden.
Wir sind Keime zum Ich-Werden.
Wir sollen alles in ein Du,
in ein zweites Ich verwandeln –
nur dadurch erheben wir uns selbst
zum großen Ich,
das Eins und Alles zugleich ist.
Novalis, Fragmente

Jedes Ich ist Persönlichkeit,
folglich geistige Individualität.
Jean Paul, Levana

Nur mit Gelassenheit und Sanftmut
in der heiligen Stille
der echten Passivität kann man sich
an sein ganzes Ich erinnern und
die Welt und das Leben anschauen.
Friedrich Schlegel, Lucinde

Ohne Zugang zum eigenen Ich
kann man auch keinen Zugang
zu anderen finden.
Anne Morrow Lindbergh, Muscheln in meiner Hand

So wie ich bin, bin ich mein eigen;
Mir soll niemand eine Gunst erzeigen.
Johann Wolfgang von Goethe, Dichtung und Wahrheit

Verliert euer Ich!
Nur der wird ernten, der mit vollen
Händen sein Saatkorn in weitem
Bogen über die Furchen streut.
Was im Speicher dorrt, vermehrt
sich nicht und kann verderben.
Walter Rathenau, Auf dem Fechtboden des Geistes.
Aphorismen aus seinen Notizbüchern

Wachsein ist die Grenze
zwischen zwei Geheimnissen.
(Diese) Grenze (ist die) Schale,
(das) »Gegen«. Wachsein = Ich.
Oswald Spengler, Urfragen.
Fragmente aus dem Nachlass

(Was wir beim Menschen das) »Ich«
(nennen) (Bewusstsein, bei allen
animalischen Wesen), ist eine schmale
Grenze zwischen dem Geheimnis
drinnen und draußen (Seele und Welt).
Oswald Spengler, Urfragen.
Fragmente aus dem Nachlass

Wer sein eigenes Ich entfalten will,
der soll nicht Theologe werden.
Otto Dibelius

Wie Krankheit die Dimension
des Ichs vergrößert!
Charles Lamb, Essays

Wie seltsam es ist, wenn man
Sehnsucht nach sich selbst hat.
Jens Peter Jacobsen, Niels Lyhne

Wir leben nur dann, wenn wir uns
unseres geistigen Ichs eingedenk sind.
Und das ist in Augenblicken geistiger
Ekstase der Fall oder in Augenblicken
des Kampfes zwischen dem geistigen
und dem animalischen Prinzip.
Leo N. Tolstoi, Tagebücher (1903)

Wirf das Missvergnügen über dein
Wesen ab, verzeih dir dein eignes Ich,
denn in jedem Falle hast du an dir
eine Leiter mit hundert Sprossen,
auf welchen du zur Erkenntnis
steigen kannst.
Friedrich Nietzsche, Menschliches, Allzumenschliches

Wo kein Du, ist kein Ich.
Ludwig Feuerbach, Das Wesen des Christentums

Ideal

Alles Ideale hat eine natürliche
Grundlage und alles Natürliche
eine ideale Entwicklungsmöglichkeit.
George de Santayana

An seinen Idealen
zu Grund gehen können
heißt lebensfähig sein.
Peter Altenberg

Das Ideal. Es gibt keins
als die verschwundene Realität
der Vergangenheit.
Friedrich Hebbel, Tagebücher

Das Ideal ist die Wahrheit,
von weitem gesehen.
Alphonse de Lamartine, Geschichte der Girondisten

Das Ideal lässt sich am besten
an den Opfern messen,
die es verlangt.
Carl Friedrich von Weizsäcker

Der beste Beweis einer physischen
Kraft ist der Hang
nach hohen kühnen Idealen.
Gilbert Keith Chesterton, Heretiker

Der Erbfeind des Idealen
ist das Lächerliche.
Jean Paul, Vorschule der Ästhetik

Der Geist säet in der Materie
seine Ideale ein, und wenn die Saat
aufgekommen und reif geworden ist,
erscheint das Weltall verwandelt.
Hermann Graf Keyserling, Reisetagebuch
eines Philosophen

Die Begeisterung
ist die Mutter des Ideals,
und der Begriff sein Vater.
Friedrich Schlegel, an seinen Bruder (17. Mai 1792)

Die Ideale sind zerronnen,
Die einst das trunkene Herz geschwellt.
Friedrich Schiller, Die Ideale

Die Quelle des Ideals
ist der heiße Durst nach Ewigkeit,
die Sehnsucht nach Gott,
also das Edelste unsrer Natur.
Friedrich Schlegel, an seinen Bruder (17. Mai 1792)

Die Sterne, die wir am Himmel sehen,
gibt es vielleicht gar nicht mehr.
Genauso verhält es sich
mit den Idealen früherer Generationen.
Tennessee Williams

Der Wert der Ideale steigt.
Wenigstens behaupten das diejenigen,
die ihre Ideale
erfolgreich verkauft haben.
Gabriel Laub

Du erhebest uns erst zu Idealen
und stürzest
Gleich zur Natur uns zurück;
glaubst du, wir danken dir das?
Johann Wolfgang von Goethe/Friedrich Schiller,
Xenien

Du sollst dir kein Ideal machen,
weder eines Engels im Himmel
noch eines Helden aus einem Gedicht
oder Roman, noch eines selbst-
geträumten oder phantasierten;
sondern du sollst einen Mann lieben,
wie er ist.
Friedrich Schleiermacher, Idee zu einem Katechismus

Ein Mensch, der Ideale hat,
der hüte sich, sie zu erreichen!
Sonst wird er eines Tags
anstatt sich selber
andren Menschen gleichen.
Erich Kästner, Dr. Erich Kästners lyrische Hausapotheke

Erwachsene nennen
ihre Teddybären Ideale.
Robert Lembke, Das Beste aus meinem Glashaus.
Humoristisches und Satirisches

Es ist eine Frage der Zeit,
wann das Ideal den Namen wechseln
und sich Natur nennen wird.
Tania Blixen, Motto meines Lebens

Es mag wohl sein,
dass manch verrückter und verdrehter
Kopf Ideale aufstellte, welche die
Menschheit bestürzten; keiner jedoch
kam dem in Torheit und Verdrehtheit
gleich, der den praktischen Verstand
über alles stellte.
Gilbert Keith Chesterton, Heretiker

Fliehet aus dem engen dumpfen Leben
In des Ideales Reich!
Friedrich Schiller, Das Ideal und das Leben

Für das Leben wird ein Ideal benötigt.
Ein Ideal ist jedoch nur dann Ideal,
wenn es VOLLKOMMENHEIT ist.
Leo N. Tolstoi, Tagebücher (1910)

Heil dem Manne, der stets helfend
durchs Leben ging, keine Furcht
kannte und dem jede Aggressivität
und jedes Ressentiment fremd war!
Von solchem Holz sind die Ideal-
gestalten geschnitzt, die der Menschheit Trost bieten in den Situationen
selbstgeschaffenen Leidens.
Albert Einstein, Mein Weltbild

Ich habe mich wohl schon tausendmal
über diese Fähigkeit des Menschen
gewundert, die höchste Ideal neben
der niedrigsten Gemeinheit in seiner
Seele hegen zu können, und beides
mit vollkommener Aufrichtigkeit.
Fjodor M. Dostojewski, Die Brüder Karamasow

Ideal ist, was Natur war.
Daran, an diesem Ideale,
dieser verjüngten Gottheit,
erkennen die Wenigen sich,
und eins sind sie,
denn es ist eines in ihnen,
und von diesen, diesen beginnt
das zweite Lebensalter der Welt.
Friedrich Hölderlin, Hyperion

Ideale sind das Schönste und Größte
und Wertvollste im Leben –
außer wenn wir versuchen,
danach zu leben.
Charlie Chaplin

Ideale sind wie Sterne,
ihr könnt sie mit den Händen
nicht berühren; aber wie Seefahrer
in den Wasserwüsten wählt ihr sie
als eure Führer.
Carl Schurz, Reden (1859)

Im Idealen kommt alles auf die élans,
im Realen auf die Beharrlichkeit an.
Johann Wolfgang von Goethe,
Maximen und Reflexionen

In dem Augenblick, wo wir uns
ein Ideal bilden, entsteht in Gott
der Gedanke, es zu schaffen.
Friedrich Hebbel, Tagebücher

In dem Glauben an das Ideale
ist alle Macht wie alle Ohnmacht
der Demokratie begründet.
Theodor Mommsen, Römische Geschichte

In der ganzen Geschichte der Menschheit ist kein Ideal aufgegeben worden,
weil zu große Schwierigkeiten mit ihm
verbunden waren, sondern alte Ideale
sind verworfen worden, weil sie ihren
Glanz verloren und keiner mehr Lust
auf sie hatte oder sich wirklich
von ihnen angesprochen fühlte.
Tania Blixen, Motto meines Lebens

Kein Volk schlägt sein Ideal ans Kreuz.
Paul Anton de Lagarde, Deutsche Schriften

Man kann nicht leben ohne Ideal –
und sei es das allerniedrigste,
allerehrgeizigste oder eigensüchtigste.
Leo N. Tolstoi, Tagebücher (1896)

Man vergesse nie,
dass der Mensch in zwei Welten lebt:
In einer wirklichen und
in einer diese wie mit einem
Himmelsdom umspannenden idealen,
und dass alle diejenigen,
denen die Menschheit
etwas Großes verdankt,
die erdichtete Welt des Ideals
über die andere gestellt haben.
Jakob Boßhart, Im Nebel

Mit dem Ideal der absoluten Freiheit
wird dasselbe Unwesen getrieben
wie mit allem Absoluten.
Max Stirner, Der Einzige und sein Eigentum

Nicht die hohen Ideale bringen die
Welt aus den Fugen, die niedrigen
und zahmen Ideale tun es.
Gilbert Keith Chesterton, Heretiker

Ohne Ideal gibt es weder Maler
noch Zeichner noch Farbe.
Eugène Delacroix, Briefe (an Léon Peisse, Juli 1849)

Sobald die Wirklichkeit
mit einem Ideal verschmolzen wird,
verdeckt es sie.
Ludwig Marcuse, Argumente und Rezepte.
Ein Wörter-Buch für Zeitgenossen

Unsre Väter und Mütter schelten
immer so erbittert auf die Ideale,
und doch gibt es nichts, was den
Menschen wahrhaft erheben kann,
als sie allein.
Heinrich von Kleist, Briefe (an Wilhelmine von Zenge,
11./12. Januar 1801)

Während die Menschheit sich
entwickelt, werden unmerklich eine
Menge Ideale nicht gerade als
verwerflich, aber als unanwendbar
abgeschafft.
Tania Blixen, Motto meines Lebens

Wer jemandes Ideal geschaut hat,
ist dessen unerbittlicher Richter
und gleichsam sein böses Gewissen.
Friedrich Nietzsche, Menschliches, Allzumenschliches

Wer sein Ideal erreicht, kommt
eben damit über dasselbe hinaus.
Friedrich Nietzsche, Jenseits von Gut und Böse

Idealismus

Am Ende pflegen die Idealisten doch
Recht zu behalten, wenn auch
mitunter vielleicht hundert Jahre,
nachdem sie begraben sind.
Theodor Storm

Andererseits ist aber, wie längst
bekannt, jede Kunst ideal.
Kurt Badt, Kunsttheoretische Versuche

Der Idealist geht glatt durch Mauern
und stößt sich wund an der Luft.
Alfred Polgar

Der Satiriker ist ein gekränkter Idealist.
Kurt Tucholsky

Die Hölle wäre nicht vollständig,
wenn ihr die Phrasen
des Idealismus fehlten.
Max Brod, Sozialismus im Zionismus (1920)

Die Kunst ist ihrem Wesen nach ideal,
sonst hört sie auf, Kunst zu sein.
Konrad Fiedler, Schriften zur Kunst. Bd. 2

Ein Idealist ist ein Mann,
der aus der Tatsache, dass
die Rose besser riecht als der Kohl,
darauf schließt, eine Suppe aus Rosen
müsse auch besser schmecken.
Ernest Hemingway

Ein Idealist ist unverbesserlich:
Wirft man ihn aus seinem Himmel,
so macht er sich aus der Hölle
ein Ideal zurecht.
Friedrich Nietzsche, Menschliches, Allzumenschliches

Extreme Idealisten sind immer
Feiglinge, sie nehmen
vor der Wirklichkeit Reißaus.
Jakob Boßhart, Bausteine zu Leben und Zeit

Idealismus ist die Fähigkeit,
die Menschen so zu sehen,
wie sie sein könnten,
wenn sie nicht so wären,
wie sie sind.
Curt Goetz

Idealisten werden manchmal
sehr böse,
wenn die Wirklichkeit
sie widerlegt.
Jean-Louis Barrault

Seid Idealisten bis ins Greisenalter.
Idealisten, die eine Idee verkörpern.
Dann habt ihr gelebt.
Paula Modersohn-Becker, Briefe (26. April 1900)

Was ist Kunst?
Das humanistische Ideal.
Robert Musil, Gesammelte Werke. Bd. 2

Idee

Alle Ideen sind wahr,
insofern sie auf Gott bezogen werden.
Baruch de Spinoza, Ethik

Alles Handeln ist der Idee gegenüber
auch ein Handeln
im kaufmännischen Sinn.
Friedrich Hebbel, Tagebücher

Aus fixen Ideen
entstehen die Verbrechen.
Max Stirner, Der Einzige und sein Eigentum

Begriff ist Summe,
Idee Resultat der Erfahrung;
jene zu ziehen, wird Verstand,
dieses zu erfassen,
Vernunft erfordert.
Johann Wolfgang von Goethe,
Maximen und Reflexionen

Das Missverhältnis
zwischen einer Idee
und den Menschen,
die diese Idee
verwirklichen sollen,
ist in jedem Falle größer als das
zwischen den Menschen,
die für diese Idee sterben
und denen, die sie verraten.
Arthur Schnitzler, Aphorismen und Betrachtungen
aus dem Nachlass

Das Schlagwort
ist eine Idee auf dem Weg zur Phrase.
Rolf Haller

Der größte Künstler ist der,
der in die Summe seiner Werke
die größte Anzahl der größten Ideen
einverleibt hat.
John Ruskin, Moderne Maler

Die Idee
ist ein stehen gebliebener Gedanke.
Henri Bergson

Der Ideen-Kampf wird nie
im Reich der Ideen entschieden.
Ludwig Marcuse, Argumente und Rezepte.
Ein Wörter-Buch für Zeitgenossen

Die menschliche Dummheit
besteht nicht darin,
dass man keine Ideen hat,
sondern dass man dumme Ideen hat.
Henry de Montherlant

Der Mensch lebt,
wirkt nur in der Idee fort,
durch die Erinnerung an sein Dasein.
Novalis, Blütenstaub

Der Ritus ist älter als die Idee; er ist
viel primitiver und wilder als die Idee.
Gilbert Keith Chesterton, Heretiker

Die einen geben es den Menschen,
die anderen einer Idee. Ist darüber
dieser zu loben und jener zu tadeln?
Paula Modersohn-Becker, Briefe (10. September 1899)

Die Erfahrung ist immer
eine Parodie auf die Idee.
Johann Wolfgang von Goethe, Reise in die Schweiz

Die flüchtige Idee
beim Schopfe fassen
und ihr die Nase
auf dem Papier plattdrücken.
Jules Renard, Ideen, in Tinte getaucht.
Aus dem Tagebuch von Jules Renard

Die Idee ist ein so göttliches Ding,
dass sie freiwillige Opfer wohl annehmen, ja vielleicht sogar fordern darf.
Wie oft aber im Laufe der Geschichte
wurde sie zum Götzen erniedrigt,
auf dessen Altar man
unschuldige Kinder hinschlachtete.
Arthur Schnitzler, Buch der Sprüche und Bedenken

Die Idee ist ewig und einzig;
dass wir auch den Plural brauchen,
ist nicht wohl getan. Alles, was wir
gewahr werden und wovon wir reden
können, sind nur Manifestationen der
Idee; Begriffe sprechen wir aus, und
insofern ist die Idee selbst ein Begriff.
Johann Wolfgang von Goethe,
Maximen und Reflexionen

Die Ideen entzünden einander
wie die elektrischen Funken.
Johann Jakob Engel, Das Weihnachtsgeschenk

Die Ideen wechseln,
das Herz bleibt immer gleich.
Fjodor M. Dostojewski, Briefe

Die Ideen, welche bestimmt sind
zu wachsen, zu blühen
und Früchte zu tragen,
ich möchte sie organische Ideen
nennen, führen gewöhnlich lange
ein unterirdisches Dasein,
bevor sie sich in kenntlichen Formen
am Tage ausbreiten.
Ricarda Huch, Romantischer Sozialismus

Die mit den schwächsten Stimmen
haben oft die besten Ideen.
Peter Ustinov, Peter Ustinovs geflügelte Worte

Die Ordnung der Ideen
muss fortschreiten nach der Ordnung
der Gegenstände.
Giambattista Vico, Neue Wissenschaft

Die Welt der Ideen lässt sich in drei
Sphären einteilen: die des Instinkts,
die der Abstraktion
und die der Besonderheit.
Honoré de Balzac, Louis Lambert

Ein Mann mit großen Ideen
ist ein unbequemer Nachbar.
Marie von Ebner-Eschenbach, Aphorismen

Ein Schlagwort ist eine heruntergekommene Idee.
Ignazio Silone

Eine große Zukunft winkt mich eilends
weiter ins Unermessliche hinaus, jede
Idee öffnet ihren Schoß und entfaltet
sich in unzählige neue Geburten.
Friedrich Schlegel, Lucinde

Eine gute Idee erkennt man daran,
dass sie geklaut wird.
Hanns-Hermann Kersten

Eine Idee, die anregen soll,
muss zu dem Einzelnen kommen
mit der Wucht einer Offenbarung.
William James, Die religiöse Erfahrung
in ihrer Mannigfaltigkeit

Eine Idee
kann sich die Köpfe nicht aussuchen,
von denen sie gedacht wird.
Don Marquis

Eine Idee muss Wirklichkeit werden
können, oder sie ist eine Seifenblase.
Berthold Auerbach

Eine Idee, welche die Existenz
unseres Körpers ausschließt,
kann es in unserem Geiste
nicht geben, sie steht vielmehr
zu ihm in Widerspruch.
Baruch de Spinoza, Ethik

Eine Idee wird darum noch nicht wahr,
weil jemand sich dafür geopfert hat.
Oscar Wilde

Eine jede Idee tritt als ein fremder Gast
in die Erscheinung, und wie sie sich
zu realisieren beginnt, ist sie kaum
von Phantasie und Phantasterei
zu unterscheiden.
Johann Wolfgang von Goethe,
Maximen und Reflexionen

Es gibt Ideen, denen man
nicht entrinnen kann.
Theodor Herzl

Es ist nicht schwer, Ideen zu haben,
schwer ist nur, sie auszudrücken.
Henri Bergson, Eintragung ins Gästebuch
des Hôtel des Gergues in Genf (1924)

Es liegt im Wesen des Genies,
die einfachsten Ideen auszunutzen.
Charles Peguy

Es verhält sich mit einer neuen Idee
oft so, dass, wenn sie bescheiden
und mit den besten Erklärungen
für ihre Existenz kommt und
an die Tür der Gesellschaft klopft,
drinnen ein beispielloser Aufstand
ausbricht. Man einigt sich darauf,
dass, wenn diese Idee jemals Eingang
in die Gesellschaft erhält, die Gesellschaft nicht lange bestehen wird.
Tania Blixen, Motto meines Lebens

Extreme Idealisten
sind immer Feiglinge;
sie nehmen vor der Wirklichkeit
Reißaus.
Jakob Boßhart

Frohsinnige Menschen sind ideenreich.
Li Taibai, Gedichte

Für eine Idee braucht man
keinen Krieg zu führen: Idee kommen
ohne Pulver und Blei durch die Welt.
Paul de Lagarde

Ich glaube, eine Idee ist wahr, wenn
sie sich noch nicht durchgesetzt hat;
im Augenblick der allgemeinen
Bestätigung wird sie maßlos.
Eugène Ionesco, Bekenntnisse

Ideen: Mögen zwischen ihnen
auch Gegensätze walten,
die unserem irdischen Auge unaus-
gleichbar scheinen – sie werden
am Ende doch versöhnt
durch die Unendlichkeit schweben.
Arthur Schnitzler, Buch der Sprüche und Bedenken

Ideen sind etwas Gefährliches,
aber am gefährlichsten für den,
der keine hat, denn die erste Idee,
die sich ihm präsentiert, wird so
gefährlich wie ein Glas Wein
für einen Abstinenzler.
Gilbert Keith Chesterton, Heretiker

Ideen sind ja nur das wahrhaft
Bleibende im Leben.
Wilhelm von Humboldt, Briefe an eine Freundin

Ideen sind mächtiger als Körperkraft.
Sophokles, Fragmente

Ideen sind unendliche, selbstständige,
immer in sich bewegliche,
göttliche Gedanken.
Friedrich Schlegel, Ideen

Ideen sind wie Kinder:
Die eigenen liebt man am meisten.
Lothar Schmidt

Ideen werden gewöhnlich
nach dem Menschen beurteilt,
der sie vorträgt.
Lothar Schmidt

Jede große Idee stirbt
mit ihrem Entdecker. Was übrig bleibt,
ist Dünger für allerhand Unkraut.
Heinrich Waggerl, Aphorismen

Klar nennt man Ideen,
die dasselbe Maß an Verwirrung haben
wie unser eigener Geist.
Marcel Proust

Klare Ideen helfen uns, zu sprechen,
aber fast immer handeln wir aufgrund
irgendwelcher verworrener Ideen;
sie sind es, die das Leben bestimmen.
Joseph Joubert, Gedanken, Versuche und Maximen

Man kann die Nützlichkeit einer Idee
anerkennen und doch nicht recht
verstehen, sie vollkommen zu nutzen.
Johann Wolfgang von Goethe,
Maximen und Reflexionen

Man kann eine Idee durch eine andere
verdrängen, nur die der Freiheit nicht.
Ludwig Börne

Man kann sich wohl in einer Idee
irren, man kann sich aber nicht
mit dem Herzen irren.
Fjodor M. Dostojewski, Briefe

Mancher lehnt eine gute Idee
bloß deshalb ab,
weil sie nicht von ihm ist.
Luis Buñuel

Mehrere Namen
sind einer Idee vorteilhaft.
Novalis, Blütenstaub

Mit vielen Ideen
ist man noch ein geistvoller Mann,
wie mit vielen Soldaten
noch kein guter Feldherr.
Chamfort, Maximen und Gedanken

Natur und Idee
lässt sich nicht trennen,
ohne dass die Kunst
sowie das Leben zerstört werden.
Johann Wolfgang von Goethe,
Maximen und Reflexionen

Nein, wir ergreifen keine Idee,
die Idee ergreift uns und knechtet uns
und peitscht uns in die Arena hinein,
dass wir, wie gezwungene Gladiatoren,
für sie kämpfen.
Heinrich Heine, Vorrede zu Salon I

Neue Ideen begeistern jene
am meisten, die auch mit den alten
nichts anzufangen wussten.
Karl Heinrich Waggerl

Nichts auf der Welt ist so mächtig wie
eine Idee, deren Zeit gekommen ist.
Victor Hugo

Sie sind der höchsten Ideen voll,
Zum Staunen – oder zum Lachen;
Ein jeder weiß, wie man's machen soll,
Doch keiner kann es machen.
Franz Grillparzer, Gedichte

Sie tummeln ihre Rosse,
aber sie reiten sie nicht.
Arthur Schnitzler, Aphorismen und Betrachtungen
aus dem Nachlass

So wie unsere Augen Licht brauchen,
um zu sehen, so braucht der Geist
Ideen, um zu verstehen.
Nicole Malebranche, Von der Erforschung
der Wahrheit

Tatsachen sind nichts,
sie existieren nicht; es hat von uns
nichts Bestand als Ideen.
Honoré de Balzac, Louis Lambert

Unsere Ideen bestehen gleich unseren
Malereien aus Schatten und Licht,
aus Dunkelheit und Helle.
Joseph Joubert, Gedanken, Versuche und Maximen

Was aber das Eine im Vielen ist,
von diesem getrennt und ewig,
das ist die Idee.
Aristoteles, Über die Ideen

Was man Idee nennt: das, was immer
zur Erscheinung kommt
und daher als Gesetz
aller Erscheinungen uns entgegentritt.
Johann Wolfgang von Goethe,
Maximen und Reflexionen

Was nützen mir die Farben,
wenn ich nicht weiß,
was ich malen soll?
Michel Eyquem de Montaigne, Die Essais

Wenn der Musiker nicht von einer
Idee ausgeht, ist seine Musik null
und nichtig. Aber wenn er von einer
bestimmten Idee ausgeht, und sein
tiefster Bewunderer findet darin eine
andere Idee, so schmälert das weder
den Wert des Werkes noch den Preis
der Bewunderung.
Jean Cocteau, Hahn und Harlekin

Wenn die Ideen sich
mit anderem vermischen,
so müssen sie Körper sein;
denn nur körperliche Dinge
können sich vermischen.
Aristoteles, Über die Ideen

Wenn eine Idee fortwirken soll,
muss sie die Möglichkeit bieten,
missverstanden zu werden.
Heinrich Waggerl, Nachlass

Wer Bambus malen will,
muss ihn im Herzen tragen.
Chinesisches Sprichwort

Wer die Hand als erster
zum Schlag erhebt, gibt zu,
dass ihm die Ideen ausgegangen sind.
Franklin D. Roosevelt

Wer hochfliegende Ideen hat,
sollte nicht vergessen,
dass sie auf dem Boden der Tatsachen
landen müssen.
Lothar Schmidt

Wie oft verwechselt man
Einfälle mit Ideen!
Friedrich Hebbel, Tagebücher

Wir brauchen viele neue Ideen.
Mit Ladenhütern werden wir
das Jahr 2000 nicht erreichen.
Norbert Blüm, Unverblümtes von Norbert Blüm

Wir leben in einem Zeitalter,
in dem die überflüssigen Ideen
überhand nehmen
und die notwendigen Gedanken
ausbleiben.
Joseph Joubert, Gedanken, Versuche und Maximen

Ideologie

Du sollst nicht intolerant sein!
Wenn es aber schon sein muss, bitte:
ohne ideologisches Parfüm.
Ludwig Marcuse, Argumente und Rezepte.
Ein Wörter-Buch für Zeitgenossen

Ideologien bellen sich gegenseitig an,
aber sie beißen nicht.
Robert Musil

Ideologien sind bewaffnete Ideen.
Ignazio Silone

Nicht nur die scheinheilige Ideologie
verdeckt die Wirklichkeit,
auch die scheinunheilige.
Ludwig Marcuse, Argumente und Rezepte.
Ein Wörter-Buch für Zeitgenossen

Was die Menschen trennt,
ist manchmal nur dieselbe Ideologie.
George F. Kennan

Wer ein Theater füllen will,
bedient sich der Dramaturgie.
Um es zu leeren,
genügt Ideologie.
Oliver Hassencamp

Idiotie

Gewissen Geistern muss man
ihre Idiotismen lassen.
Johann Wolfgang von Goethe,
Maximen und Reflexionen

Nur Idioten ändern sich nie.
Georges Pompidou

Oft gehen zwei Idioten
eine Vernunftehe ein.
Wieslaw Brudziński

Idol

Alle vom Mann erfundenen Idole
sind, wie Furcht erregend er sie auch
gebildet hat, tatsächlich von ihm
abhängig, und deshalb wird er
imstande sein, sie zu zerstören.
Simone de Beauvoir, Das andere Geschlecht

Das Hinknien oder Hinwerfen zur
Erde, selbst um die Verehrung himmlischer Gegenstände sich dadurch zu
versinnlichen, ist der Menschenwürde
zuwider, sowie die Anrufung derselben
in gegenwärtigen Bildern;
denn ihr demütigt euch alsdann
nicht unter einem Ideal, das euch
eure eigene Vernunft vorstellt,
sondern unter einem Idol,
was euer eigenes Gemächsel ist.
Immanuel Kant, Die Metaphysik der Sitten

Gestürzte Idole sind nur noch Schutt.
Stephen Spender

Igel

Aus einer Igelhaut
macht man kein Brusttuch.
Deutsches Sprichwort

Gegen das Kleine stachlicht zu sein,
dünkt mich eine Weisheit für Igel.
Friedrich Nietzsche, Also sprach Zarathustra

Mein Geist ist hell, weise, gescheit,
abgeklärt; unter bescheidener Hülle
verbirgt sich ein großes Wesen.
Ecbasis captivi in belehrender Gestalt (Igel)

Illusion

Das Allerschönste am ganzen Leben
sind seine Illusionen.
Honoré de Balzac, Die Physiologie der Ehe

Das Vergnügen kann sich auf Illusionen
stützen, aber das Glück
beruht auf der Wahrheit.
Nur die Wahrheit kann uns
das Glück geben, dessen die
menschliche Natur fähig ist.
Wer durch Illusionen glücklich wird,
verspekuliert sein Vermögen,
wer durch Wahrheit glücklich wird,
hat es in sicheren Gütern angelegt.
Chamfort, Maximen und Gedanken

Der vorzüglichste Charakter
hat keine Illusionen mehr.
Chamfort, Maximen und Gedanken

Die Illusionen einer Zeit sind ihr
nie so sichtbar wie ihr Desillusionen.
Ludwig Marcuse, Argumente und Rezepte. Ein Wörter-
Buch für Zeitgenossen

Die Natur hat Illusionen den Weisen
wie den Narren mitgegeben, damit die
Weisen nicht zu unglücklich würden
durch ihre Weisheit.
Chamfort, Maximen und Gedanken

Eine Illusion verlieren heißt,
um eine Wahrheit reicher werden.
Doch wer den Verlust beklagt, ist auch
des Gewinnes nicht wert gewesen.
Arthur Schnitzler, Buch der Sprüche und Bedenken

Erkennen ist eine Illusion.
Oswald Spengler, Urfragen.
Fragmente aus dem Nachlass

Es gibt keine größere Illusion
als die Meinung, Sprache sei
ein Mittel der Kommunikation
zwischen Menschen.
Elias Canetti

Es gibt keine harmonischere Ehe
als die zwischen Illusion und Ignoranz.
Peter Bamm

Es ist die Stärke der Frauen,
dass sie im Stande sind,
Illusionen für Tatsachen zu halten.
Federico Fellini

Es ist fast die Regel,
dass alte Rezensenten
unzufrieden und quengelig sind.
Sie haben die Illusion verloren.
August Strindberg, Der Sohn der Magd

Freiheit ist Befreiung von der Illusion,
der Täuschung der Persönlichkeit.
Leo N. Tolstoi, Tagebücher (1905)

Illusion ist ein integrierender
Bestandteil der Wirklichkeit,
sie gehört wesensmäßig zu ihr
wie die Wirkung zur Ursache.
Joseph Joubert, Gedanken, Versuche und Maximen

Illusion und Weisheit zusammen
bilden das Entzücken des Lebens
und der Kunst.
Joseph Joubert, Gedanken, Versuche und Maximen

Illusionen gefährden
die soziale Sicherheit.
Norbert Blüm, Unverblümtes von Norbert Blüm

Illusionen sind die Schmetterlinge
des Lebensfrühlings.
Peter Sirius, 1001 Gedanken

Manche Menschen müssen über alle
Angelegenheiten in Illusionen befangen sein. Manchmal freilich nähern sie
sich in einem Lichtblick der Wahrheit,
von der sie aber rasch wieder abkommen, und so gleichen sie Kindern,
die hinter einer Maske her sind und
davonlaufen, wenn sie sich umdreht.
Chamfort, Maximen und Gedanken

Nach dem Zusammenbruch
aller Illusionen genügt die Suche
nach der Wahrheit,
um uns fest ans Leben zu ketten.
Sully Prudhomme, Gedanken

Nichts ist trauriger
als der Tod einer Illusion.
Arthur Koestler

O unsterbliche Erinnerung
an jenen Augenblick der Illusion,
des Rauschs und der Bezauberung!
Niemals, niemals sollst du
in meiner Seele erlöschen.
Jean-Jacques Rousseau, Julie oder
Die neue Héloïse (Saint-Preux)

Solange eine Illusion
nicht als Täuschung erkannt wird,
ist sie einer Realität
durchaus gleichwertig.
Arthur Schnitzler, Buch der Sprüche und Bedenken

Trenne dich nie von deinen Illusionen!
Sind sie verschwunden,
so magst du noch existieren,
aber du hast aufgehört zu leben.
Mark Twain, Querkopf Wilsons Kalender

Um glücklich zu sein,
muss man seine Vorurteile abgelegt
und seine Illusionen behalten haben.
Gabrielle Marquise du Châtelet

Was wir Illusion nennen,
ist entweder Wahn, Irrtum oder
Selbstbetrug – wenn sie nicht
eine höhere Wirklichkeit bedeutet,
die als solche anzuerkennen
wir zu bescheiden, zu skeptisch
oder zu zaghaft sind.
Arthur Schnitzler, Buch der Sprüche und Bedenken

Wenn einer die Illusion bekämpft,
so ist das das sicherste Zeichen
seines unvollkommenen und
unzureichenden Wissens – eben ein
Zeichen dafür, dass er einer Illusion
zum Opfer gefallen ist.
Giacomo Leopardi, Gedanken aus dem Zibaldone

Wie teuer du eine schöne Illusion
auch bezahltest, du hast doch
einen guten Handel gemacht.
Marie von Ebner-Eschenbach, Aphorismen

Wie vermessen,
einem einreden zu wollen,
man hätte nicht genug Illusionen,
um glücklich zu sein.
Luc de Clapiers Marquis de Vauvenargues,
Unterdrückte Maximen

Imponieren

Der Zwerg selbst findet,
sei er noch so klein,
Den Klein'ren,
dem er mächtig imponiert.
Lord Byron, Don Juan

Die Welt ist voll Menschen,
die anderen durch ihren Ruhm
oder ihr Schicksal imponieren.
Kommt man ihnen aber zu nahe,
so geht man plötzlich von der
gespannten Bewunderung zur Verachtung über – wie man manchmal
in einem Augenblick geheilt ist
von der Liebe zu einer Frau,
die man eben noch heiß begehrt hat.
Luc de Clapiers Marquis de Vauvenargues,
Unterdrückte Maximen

Hüte dich vor dem Imposanten!
Aus der Länge des Stiels
kann man nicht
auf die Schönheit der Blüte schließen.
Peter Altenberg

Was immer die Männer anfangen,
um den Frauen zu imponieren:
In der Welt der Frauen zählen sie
nicht. In der Welt der Frauen
zählen nur die anderen Frauen.
Esther Vilar, Der dressierte Mann

Wer sich selbst imponiert,
imponiert auch anderen.
Luc de Clapiers Marquis de Vauvenargues,
Unterdrückte Maximen

Impotenz

Der Mann, der im Altertum sagte,
er fühle sich den Jahren dankbar
verpflichtet, weil sie ihn
von der Sinnenlust befreit hätten,
war anderer Ansicht als ich:
Die Impotenz begrüße ich sicher nie,
auch wenn sie mir noch so gesund ist.
Michel Eyquem de Montaigne, Die Essais

Ist sexuelle Potenz etwa ein Zeichen
für wahres Leben, Gesundheit?
Anton P. Tschechow, Briefe (11. November 1893)

Indien

Deutschland ist das Indien
des Abendlandes.
Victor Hugo, William Shakespeare

Die Inder sind von den Engländern
unterworfen worden und doch freier
als diese: Sie können
ohne die Engländer leben,
die Engländer dagegen nicht ohne sie.
Leo N. Tolstoi, Tagebücher (1906)

Jeder Europäer, der nach Indien
kommt, lernt Geduld,
wenn er keine hat,
und verliert sie, wenn er sie hat.
Sprichwort aus Indien

Welcher feindliche Dämon der Natur
hat aus den Höllenpfühlen Europas
die Ungeheuer entfesselt,
denen Indien preisgegeben ist!
Voltaire, Die Briefe Amabeds

Individualismus

Der politische Grundsatz
des Individualismus ist,
weil er im Einzelnen den alleinigen
Grund für den Staat sieht,
die Freiheit des Einzelnen.
Der politische Grundsatz des
Universalismus ist die Gerechtigkeit,
die jedem Einzelnen
das ihm Angemessene gibt.
Othmar Spann, Haupttheorien
der Volkswirtschaftslehre

Die Revolte des Individualismus fand
statt, weil die Tradition abgesunken
oder, besser: weil eine verfälschte
Kopie an ihre Stelle getreten war.
William Butler Yeats, Entfremdung

Der Individualist
ist seinem Wesen nach ein Ketzer.
Jean Cocteau

Entwicklung ist das Gesetz des Lebens,
und es gibt keine andere Entwicklung
als zum Individualismus hin.
Oscar Wilde, Die Seele des Menschen
unter dem Sozialismus

Individualismus bedeutet heute,
alles zu tun, was die andern auch tun,
bloß einzeln.
Rock Hudson

Individualität

Aber die Erlösung der »Welt«
besteht nicht darin,
das Ich des Einzelnen zu opfern,
sondern ganz im Gegenteil:
es in seine Rechte und Freiheiten
einzusetzen und gegen den Terror
des Kollektivs mit Eigenständigkeit,
Erschlossenheit und Entschlossenheit
auszustatten.
Eugen Drewermann, Kleriker

Alles Individualisieren führt zur
ewigen inneren Form, von der die
äußere nur der Firnis ist, und nur
aus der vollendeten Form geht das
Befreiende hervor.
Friedrich Hebbel, Tagebücher

Das Universum kommt nur durch
Individualisierung zum Selbstgenuss,
darum ist diese ohne Ende.
Friedrich Hebbel, Tagebücher

Der extreme Individualist ist nicht
nur unausstehlich, sondern auch
seicht, denn er sieht ja nicht einmal,
dass alles Bedeutende auf einer breiten
Schicht ruht, dass jeder Bedeutende
tief im Volksganzen verwurzelt ist.
Jakob Boßhart, Bausteine zu Leben und Zeit

Der tiefste Grund unsres Daseins ist
individuell, sowohl in Empfindungen
als in Gedanken.
Johann Gottfried Herder, Vom Erkennen und
Empfinden der menschlichen Seele

Die Kunst ist ein individuelles Werk.
Wladyslaw Tatarkiewicz, Geschichte der Ästhetik. Bd. 2

Die Natur selbst will den ewigen
Kreislauf immer neuer Versuche;
und sie will auch, dass jeder Einzelne
in sich vollendet einzig und neu sei,
ein treues Abbild der höchsten
unteilbaren Individualität.
Friedrich Schlegel, Lucinde

Die neuen Trends führen
zu mehr Individualität (...).
Hans-Dietrich Genscher, Chancen des technischen
Fortschritts für die Zukunft Europas. Rede des Bundesministers des Auswärtigen in Berlin 1986

Die Phantasie aber
ist das eigentlich Individuelle
und Besondere eines jeden.
Friedrich Schleiermacher, Grundlinien

Die Reihenfolge,
in der man die Dinge erlernt, ist,
was schließlich die Individualität
des Menschen ausmacht.
Elias Canetti

Die Welt hat so viele Mittelpunkte, als es Menschen gibt.
Gerhard Szczesny, Das so genannte Gute

Dies verrät den Unbedeutenden
immer wieder: dass er sich, wenn das
Schicksal schon alle Mühe aufwandte,
ihn zur Individualität zu gestalten,
doch um jeden Preis
in den Typus hineinzuretten weiß.
Arthur Schnitzler, Buch der Sprüche und Bedenken

Einer, der selbst nicht wahr ist,
wird sich nie einreden lassen,
ein anderer sei wahr.
Dies ist das Mittel, wodurch die
individuelle Natur sich in allen Fällen
wiederherstellt;
so viel sie selbst, der Idee gegenüber,
in ihrem eigenen Ich vermisst,
so viel zieht sie
der gesamten Menschheit ab.
Friedrich Hebbel, Tagebücher

Es gibt nicht nur eine Volksindividualität, es gibt eine Stadt-,
eine Dorfindividualität;
jedes Haus hat seine, jede Hütte
hat ihre besondere Physiognomie.
Marie von Ebner-Eschenbach, Aphorismen

Es ist leichter, hundert Uhren
in Übereinstimmung zu bringen
als zehn Weiber.
Sprichwort aus Polen

Furcht drängt die Ichs
zum Wir zusammen,
will die Individualität aufheben.
Der überlegene, rassestarke Mensch
will aber Ich, nicht Wir sein.
Oswald Spengler, Urfragen.
Fragmente aus dem Nachlass

Gerade die Individualität
ist das Ursprüngliche und Ewige
im Menschen.
Friedrich Schlegel, Ideen

In jedermann ist etwas Kostbares,
das in keinem anderen ist.
Martin Buber

Individualität ist Einheit
des Schmerzes.
Walter Rathenau, Auf dem Fechtboden des Geistes.
Aphorismen aus seinen Notizbüchern

Individualität. Nicht ohne Erfolg
ist er bemüht, die Mängel
seines Talents durch Defekte
des Charakters wettzumachen.
Alfred Polgar, Kleine Schriften, Band 3. Irrlicht

Je kühner das Leben,
desto mehr ist es »Ich«.
Oswald Spengler, Urfragen.
Fragmente aus dem Nachlass

Jeder soll seine Individualität kennen
lernen, das heißt, seine innern und
äußern körperlichen und geistigen
Anlagen. Hat er dann ein richtiges Bild
von sich gefasst, so tritt er
mit diesem Bild ruhig in die Welt
und das Handeln ein und sucht sich
seine Verhältnisse, und er kann dann
so ruhig handeln wie bei
der Anschauung des Universums.
Sophie Mereau, Betrachtungen

Minderheiten sind die Sterne des Firmaments; Mehrheiten sind das Dunkel,
in dem sie fließen.
Martin Henry Fischer

Sei lieber das kleinste Lämpchen,
das einen dunklen Winkel mit Licht
erleuchtet, als ein großer Mond
einer fremden Sonne oder gar
ein Trabant eines Planeten.
Adolph Freiherr von Knigge,
Über den Umgang mit Menschen

Unter den Menschen gibt es
viel mehr Kopien als Originale.
Pablo Picasso

Wer unter Menschen zu leben hat,
darf keine Individualität,
sofern sie doch einmal
von der Natur gesetzt
und gegeben ist,
unbedingt verwerfen;
auch nicht die schlechteste,
erbärmlichste oder lächerlichste.
Arthur Schopenhauer, Aphorismen zur Lebensweisheit

Zwei Hände können sich wohl fassen,
aber doch nicht
ineinander verwachsen.
So Individualität zu Individualität.
Friedrich Hebbel, Tagebücher

Individuum

Als das eigentlich Wertvolle
im menschlichen Getriebe
empfinde ich nicht den Staat,
sondern das schöpferische und
fühlende Individuum,
die Persönlichkeit: Sie allein schafft
das Edle und Sublime, während
die Herde als solche stumpf im Denken
und stumpf im Fühlen bleibt (...).
Albert Einstein, Mein Weltbild

An den Anfang eines Buches setzen:
Ich habe keine Typen gesehen,
wohl aber Individuen (...).
Jules Renard, Ideen, in Tinte getaucht.
Aus dem Tagebuch von Jules Renard

Das ganze menschliche Geschlecht
lobt nur das Gute, das Individuum
oft das Schlechte.
Georg Christoph Lichtenberg, Sudelbücher

Die obersten Grundsätze unseres
Strebens und Wertens sind für uns
in der jüdisch-christlich religiösen
Tradition gegeben: (...) Freie und
selbstverantwortliche Entfaltung
des Individuums, damit es seine Kräfte
froh und freiwillig in den Dienst der
Gemeinschaft aller Menschen stelle.
Da ist kein Platz für Vergottung
einer Nation, einer Klasse
oder gar eines Individuums.
Albert Einstein, Aus meinen späten Jahren

Die Unentbehrlichkeit
eines Individuums ist gewiss
immer nur eingebildet und chimärisch;
aber auch so ist sie gut.
Friedrich Buchholz, Hermes oder Über die Natur
der Gesellschaft mit Blicken in die Zukunft

Geh hinaus und probiere etwas Neues,
sei ein Individuum
und suche dir deinen eigenen Weg.
Lynn Hill, überliefert von Heinz Zak (Rock Stars)

Je größer ein Staat,
desto kleiner die Individuen,
die ihn bilden.
Georg Kaiser

Jeder Mensch trägt stets
einen Keim in sich,
der seine Originalität ausmacht, jedes
Individuum hat seine Geschichte.
August Strindberg, Der Sohn der Magd

Kann die Gesellschaft gesund sein,
wenn die Individuen krank sind?
August Strindberg, Der Sohn der Magd

Sache des Staates ist es,
das Nützliche zu schaffen;
Sache des Individuums ist es,
das Schöne hervorzubringen.
Oscar Wilde, Die Seele des Menschen
unter dem Sozialismus

Soll das Individuum
unglücklich leben,
damit eine ungesunde Gesellschaft
aufrechterhalten wird?
August Strindberg, Der Sohn der Magd

Wohl dem, der, ohne sich mit andern
zu vergleichen, den Genuss hinnehmen kann, den die Natur mit der
Selbstgemäßheit unzertrennlich
verbunden hat!
Georg Forster, Über die Beziehung der Staatskunst
auf das Glück der Menschheit

Industrie

Die Industrie muss gefördert werden,
aber die blühende Industrie
müsste dann ihrerseits
auch den Staat unterstützen.
Voltaire, Der Mann mit den vierzig Talern

Die Industriegesellschaft erzeugt
viele nutzvolle Dinge und im gleichen
Ausmaß viele nutzlose Menschen.
Der Mensch ist nur noch ein Zahnrad
in der Produktionsmaschinerie;
er wird zu einem Ding und hört auf,
ein Mensch zu sein.
Erich Fromm, Ethik und Politik

Die Mode ist die Maßnahme,
die die Industrie verwendet,
um ihre eigenen Produkte
ersatzbedürftig zu machen.
Günther Anders, Die Antiquiertheit des Menschen. Bd. 2

Die Rolle der Frau in der Industrie
spiegelt ihre Rolle als Dienerin,
wie sie sie draußen verkörpert.
Germaine Greer, Der weibliche Eunuch

Die Sklaven der entwickelten
industriellen Zivilisationen
sind sublimierte Sklaven,
aber sie sind Sklaven.
Herbert Marcuse, Der eindimensionale Mensch

Es gibt nicht einen Menschen
auf der ganzen Welt,
der von Banken und Industrie lebt.
Knut Hamsun, August Weltumsegler

Information

(...) der Grundstoff »Information«
ist eine Ressource, die unser an
materiellen Rohstoffen armes,
an geistiger und technischer Kapazität
aber reiches Land großzügig
produzieren kann.
Helmut Kohl, Rede des Bundeskanzlers zur
Internationalen Funkausstellung in Berlin 1985

Der Mensch, der gar nichts liest,
ist besser informiert als derjenige,
der nur Zeitung liest.
Lido Anthony »Lee« Iacocca,
Mein amerikanischer Traum

Die beste Informationsquelle
sind Leute, die versprochen haben,
nichts weiterzuerzählen.
Lothar Schmidt

Die Zahl derer, die durch
zu viele Informationen
nicht mehr informiert sind, wächst.
Rudolf Augstein

Information ist Energie.
Bei jeder Weitergabe
verliert sie etwas davon.
Wolfgang Herbst

Information und Desinformation
pflanzen sich mit gleicher
Geschwindigkeit fort.
Ja, unsere Kommunikationsmittel
haben sich so weit verbessert,
dass sich Informationen nicht mehr
»fortpflanzen«. Sie sind im selben
Augenblick da, in dem sie entstehen.
Peter Ustinov, Peter Ustinovs geflügelte Worte

Kunst ist Information.
Ferdinand Kriwet, In: R.-G. Dienst, Deutsche Kunst;
eine neue Generation

Mut ist oft Mangel an Einsicht,
Feigheit dagegen beruht nicht selten
auf guten Informationen.
Peter Ustinov

Inhalt

Den Rahmen unseres Schicksals
dürfen wir nicht wählen.
Des Rahmens Inhalt aber geben wir.
Dag Hammarskjöld, Zeichen am Weg

Die Form will so gut verdauet sein
als der Stoff;
ja sie verdaut sich viel schwerer.
Johann Wolfgang von Goethe,
Maximen und Reflexionen

Ein Titel muss kein Küchenzettel sein.
Je weniger er von dem Inhalte verrät,
desto besser ist er.
Gotthold Ephraim Lessing, Hamburgische Dramaturgie

Es ist doch eigentlich
der Hauptinhalt im Leben:
Sehnsucht und wieder Sehnsucht.
Franziska Gräfin zu Reventlow, Tagebücher

Mehr Inhalt, weniger Kunst.
William Shakespeare, Hamlet (Königin)

Wer die Form zerstört,
beschädigt auch den Inhalt.
Herbert von Karajan

Wo Inhalt ist, fügen sich
die Formen von selbst.
Leo N. Tolstoi, Tagebücher (1896)

Inneres

Alle Regeln und Formen
der Höflichkeit enthalten
die Verkörperung eines
nach Ausdruck ringenden Innerlichen.
Rudolf von Ihering, Der Zweck im Recht

Alles, was außer mir ist, ist mir nun
fremd. Ich habe in dieser Welt
weder Nächsten noch meinesgleichen
noch Brüder mehr.
Jean-Jacques Rousseau, Träumereien
eines einsamen Spaziergängers

An der Gaukelei teilnehmen und
auf der Bühne eine anständige Rolle
spielen, das kann jeder;
aber im Inneren und in seiner Brust,
wo alles für uns erlaubt ist und
wo alles verborgen bleibt,
dort mit sich im Reinen zu sein,
das ist der springende Punkt.
Michel Eyquem de Montaigne, Die Essais

Bewahre einen reinen kindlichen Sinn
in dir und folge unbedingt
der Stimme deines Innern;
denn sie ist das Göttliche in uns
und führt uns nicht irre!
Caspar David Friedrich, Über Kunst und Kunstgeist

Blicke nach innen. Von keiner
Sache entgehe dir die eigentümliche
Beschaffenheit und der Wert.
Mark Aurel, Selbstbetrachtungen

Bloße Bewegung zeigt mir nur Leben,
nicht dessen Inneres.
Jean Paul, Levana

Da die Philosophie keinen Weg zur
inneren Ruhe hat finden können,
der allgemein gültig wäre, muss jeder
diesen Weg in seinem Inneren suchen.
Michel Eyquem de Montaigne, Die Essais

Darin ermahne ich euch:
Hört die innere Stimme.
Bernhard von Clairvaux, Über die Bekehrung

Das äußre muss ein Weg
zum innren Leben sein,
Doch fängt das innre an,
so geht das äußre ein.
Daniel Czepko von Reigersfeld,
Monodisticha Sapientium

Das Leben ist eine Plünderung
des inneren Menschen.
Friedrich Hebbel, Tagebücher

Das, was Ihnen in Ihrem
eigenen Inneren schlecht erscheint,
wird schon allein dadurch,
dass Sie es in sich bemerken, geläutert.
Fjodor M. Dostojewski, Die Brüder Karamasow

Denn das eigene Innere
des Einzelnen ist die Quelle der Trauer
oder der Freude.
Knut Hamsun, Pan

Der innere Mensch
mit allen seinen dunklen Kräften,
Reizen und Trieben
ist nur einer.
Alle Leidenschaften,
ums Herz gelagert,
hangen durch unsichtbare Bande
zusammen und
schlagen Wurzel im feinsten Bau
unserer beseelten Fibern.
Johann Gottfried Herder, Vom Erkennen
und Empfinden der menschlichen Seele

Der wahre Weise ist hoch erhaben
über Königswürde und Herzogstitel;
er hat sein Herrschaftsbereich
in seinem Inneren.
Michel Eyquem de Montaigne, Die Essais

Die Qualität unserer Gedanken
kommt von innen:
aber ihre Richtung,
und dadurch ihr Stoff,
kommt von außen.
Arthur Schopenhauer, Den Intellekt überhaupt
und in jeder Beziehung betreffende Gedanken

Ein giftger Wurm ist innerlicher Zwist,
Der nagt am Innern
des gemeinen Wesens.
William Shakespeare, Heinrich VI. (Heinrich)

Es ist ein geheimnisvoller Zug
nach allen Seiten in unserm Innern,
aus einem unendlich tiefen
Mittelpunkt sich rings verbreitend.
Novalis, Die Lehrlinge zu Sais

Fast möcht' ich glauben: Das,
was ich nicht mit eignen Augen sah,
Steht desto schöner
vor dem innren Sinn.
Henrik Ibsen, Das Hünengrab (Blanka)

Freund! Sie ist nicht erfunden,
diese innere Welt,
sie beruht auf Wissen und Geheimnis,
sie beruht auf höherem Glauben; die
Liebe ist der Weltgeist dieses Inneren,
sie ist die Seele der Natur.
Bettina von Arnim, Tagebuch

Frisch bleibt der Puls des
inneren Lebens bis an den Tod.
Friedrich Schleiermacher, Monologen

Gewöhnlich sehen die Menschen auf
ihr Gegenüber; ich richte meinen Blick
nach innen, dort bohrt er sich ein,
dort hat er seine Freude.
Michel Eyquem de Montaigne, Die Essais

Grabe innen. Innen ist die Quelle
des Guten, und sie kann immer
aufsprudeln, wenn du immer gräbst.
Mark Aurel, Selbstbetrachtungen

Höre nur auf dein Inneres, richte die
Augen deines Geistes darauf,
und du wirst selbst erleben,
wie es geht, und dadurch lernen.
Bernhard von Clairvaux, Über die Bekehrung

Ich gehe in mich,
um herauszukommen.
Anaïs Nin, Absage an die Verzweiflung

Ich kann mein Letztes nicht sagen.
Es bleibt scheu in mir und fürchtet
das Tageslicht.
Dann kommt es im Dämmern
oder in einer Nacht einmal hervor.
Aber weißt du,
die Welt ist ihm so fremd.
Paula Modersohn-Becker, Briefe (4. Februar 1901)

Im Inneren ist alles eins,
ein jedes Handeln ist Ergänzung
nur zum andern, in jedem ist
das andere auch enthalten.
Friedrich Schleiermacher, Monologen

Innerer Reichtum
ohne Fähigkeit innerer Sammlung
ist ein begrabener Schatz.
Arthur Schnitzler, Buch der Sprüche und Bedenken

Ist nicht im Innern Sonnenschein,
Von außen kommt er nicht herein.
Friedrich von Bodenstedt, Mirza Schaffy

Je höher ein Wesen ist,
desto mehr ist,
was aus ihm hervorströmt,
ihm innerlich.
Thomas von Aquin, Summe gegen die Heiden

Je treuer du nach innen lauschest,
um so besser wirst du hören,
was um dich ertönt.
Nur wer hört, kann sprechen.
Dag Hammarskjöld, Zeichen am Weg

Jeder, der in sich hineinhorcht,
entdeckt in sich eine eigene Form,
eine Grundgestalt; alles, was zu dieser
nicht passt, versucht man abzuwehren,
mag die Beeinflussung von außen
oder vom Sturm der inneren Leidenschaften kommen.
Michel Eyquem de Montaigne, Die Essais

Jeder Mensch trägt in seinem Inneren
seinen persönlichen Raubtierkäfig
mit sich herum.
José Cardoso Pires, A República dos Corvos

Keiner soll mit fremdem Gute wuchern
und sein eignes Pfund vergraben!
Nur das ist dein eignes Pfund, was du
in deinem Innern für wahr und schön,
für edel und gut anerkennst!
Caspar David Friedrich, Über Kunst und Kunstgeist

Lass dich nicht stören, was auch
äußerlich geschehe, in des inneren
Lebens Fülle und Freude!
Friedrich Schleiermacher, Monologen

Lass, mein Freund,
jene eitlen Sittenlehrer fahren und
kehre in deiner Seele Innerstes zurück.
Jean-Jacques Rousseau, Julie oder
Die neue Héloïse (Julie)

Merke auf dich selbst: Kehre deinen
Blick von allem, was dich umgibt,
ab und in dein Inneres; ist die erste
Forderung, welche die Philosophie
an ihren Lehrling tut.
Johann Gottlieb Fichte, Wissenschaftslehre

Nach innen sollen sich
deine Werte orientieren.
Lucius Annaeus Seneca, Briefe an Lucilius

Nicht seine Wirkung nach außen,
der Einfluss, den er auf Welt und
Leben ausübt, nur seine Wirkungen
nach innen, seine Reinigung und
Läuterung, hängt von dem Willen
des Menschen ab. Er ist die von
unsichtbarer Hand geschwungene Axt,
die sich selbst schleift.
Friedrich Hebbel, Tagebücher

O ihr Genossen meiner Zeit! fragt
eure Ärzte nicht und nicht die Priester,
wenn ihr innerlich vergeht!
Friedrich Hölderlin, Hyperion

Ohne alle Bewegung ist das Leben
nichts als ein schläfriger Zustand.
Ist die Bewegung aber ungleichmäßig
oder zu heftig, so weckt sie uns auf,
und indem sie uns an die Gegenstände
außer uns erinnert, zerstört sie den
Zauber der Träumerei, reißt uns aus
unserem Inneren heraus, unterjocht
uns sogleich wieder dem Eigensinn
des Glücks und der Menschen.
Jean-Jacques Rousseau, Träumereien
eines einsamen Spaziergängers

Ohne Innerlichkeit gibt es keine äußere
Welt, ohne Phantasie keine Realität.
Franz Werfel, Realismus und Innerlichkeit

Schlecht außen, kostbar innen.
William Shakespeare, Cymbeline (Posthumus)

Sei gewiss, dass nichts dein Eigentum
sei, was du nicht inwendig in dir hast.
Matthias Claudius, Der Wandsbecker Bothe

So oft ich aber ins innere Selbst den
Blick zurückwende, bin ich zugleich
im Reich der Ewigkeit.
Friedrich Schleiermacher, Monologen

Suche nur die Wahrheit in deinem
Innern, so hast du den Vorteil,
sie zu finden und dich zugleich
in sie aufzulösen.
Bettina von Arnim, Tagebuch

Was euch das Innre stört,
Dürft ihr nicht leiden!
Dringt es gewaltig ein,
Müssen wir tüchtig sein.
Johann Wolfgang von Goethe, Faust II
(Chor der Engel)

Was nicht eine wahre innere Existenz
hat, hat kein Leben und kann nicht
lebendig gemacht werden
und kann nicht groß sein
und nicht groß werden.
Johann Wolfgang von Goethe, Tagebuch
der Italienischen Reise

Wer die Welt in seinem Inneren
kennen lernen will, der darf nur
flüchtig die Dinge außer ihm mustern.
Heinrich von Kleist, Briefe (an Adolphine von Werdeck,
28./29. Juli 1801)

Wer niemals außer sich geriete,
Wird niemals in sich gehen.
Paul von Heyse, Spruchbüchlein

Wir träumen von Reisen
durch das Weltall: Ist denn das Weltall
nicht in uns?
Novalis, Blütenstaub

Inquisition

Die Zensur ist die jüngere
von zwei Schwestern, die ältere
heißt Inquisition.
Johann Nepomuk Nestroy, Freiheit in Krähwinkel

Es ist ja nicht nur den Laien, sondern
an manchen Orten auch den Beichtvätern ein Preis für jeden Angeklagten
ausgesetzt. Sie essen und trinken sich
gemeinsam mit den Inquisitoren satt
am Blute der Armen, das sie
bis zum letzten Tropfen aussaugen.
Die Verlockung, gemeinsame Sache
zu machen, ist gar zu groß.
Friedrich Spee von Langenfeld, Cautio criminalis

Insekt

Wenn Insekten nicht schädlich wären,
wären Vögel nicht nützlich.
Walter Vogt

So leicht ertrinkt ein Insekt in Sekt.
Deutsches Sprichwort

Insel

Die ganze Welt besteht aus Inseln,
aus dem Raum, der sie voneinander
trennt und miteinander verbindet.
Das Leben der Menschen hat den Sinn,
durch die Distanz zu irren, die alle
Inseln der Welt miteinander verbindet
und voneinander trennt.
João de Melo, Bem-Aventuranças

Jeder Mensch ist eine Insel,
die sich nach Vereinigung
mit dem Festland sehnt.
Arthur Koestler

Was kümmert mich der Schiffbruch
der Welt, ich weiß von nichts
als meiner seligen Insel.
Friedrich Hölderlin, Hyperion

Inspiration

Alle großen Menschen bilden sich ein,
mehr oder weniger inspiriert zu sein.
Joseph Joubert, Gedanken, Versuche und Maximen

Das Ideal von Stil: die Verbindung
von Sachlichkeit und Inspiration.
Stefan Napierski

Die Seele atmet durch den Geist,
der Geist atmet durch die Inspiration,
und die ist das Atmen der Gottheit.
Bettina von Arnim, Goethes Briefwechsel
mit einem Kinde

Die Sonne ist eine Art von Inspiration;
man soll sie darum nicht immer haben.
Elias Canetti

Instinkt

Das Denken ist der Prozess, durch den
niedrige Instinkte verwandelt werden.
Walter Rathenau, Auf dem Fechtboden des Geistes.
Aphorismen aus seinen Notizbüchern

Das Genie hat etwas
vom Instinkt der Zugvögel.
Jakob Boßhart, Bausteine zu Leben und Zeit

Der Instinkt ist nichts anderes
als das von Generation zu Generation
vererbte Gedächtnis
des Menschengeschlechts.
François Alphonse Forel

Der Instinkt oder Trieb
ist der Sinn der Zukunft.
Er ist blind, aber nur
wie das Ohr blind ist gegen Licht
und das Auge taub gegen Schall.
Er bedeutet und enthält
seinen Gegenstand ebenso
wie die Wirkung die Ursache.
Jean Paul, Vorschule der Ästhetik

Der Instinkt treibt voran,
das Sittlichkeitsgefühl weist den Weg.
Sully Prudhomme, Gedanken

Der Instinkt verlangt, durch die
Methode gezügelt zu werden,
aber allein der Instinkt hilft, eine uns
gemäße Methode zu entdecken,
dank derer wir unseren Instinkt
zügeln können.
Jean Cocteau, Hahn und Harlekin

Die Instinkte entstehen,
arbeiten und sterben, ohne sich
zum zweiten Grad der
menschlichen Intelligenz zu erheben,
der Abstraktion.
Honoré de Balzac, Louis Lambert

Die Menschen erwerben
ihre Diplome und verlieren Instinkt.
Francis M. de Picabia, Aphorismen

Die Zivilisation hat die Liebe
von der Stufe des Instinkts
auf die der Leidenschaft gehoben.
George Moore

Frauen besitzen
einen wunderbaren Instinkt.
Alles entdecken sie,
nur das Nächstliegende nicht.
Oscar Wilde, Sätze und Lehren zum Gebrauch
für die Jugend

Guter Instinkt bedarf der Vernunft nicht;
er verleiht sie.
Luc de Clapiers Marquis de Vauvenargues,
Reflexionen und Maximen

Ich pfeife auf die Intelligenz:
Ich wäre durchaus zufrieden,
wenn ich viel Instinkt hätte.
Jules Renard, Ideen, in Tinte getaucht.
Aus dem Tagebuch von Jules Renard

Ich war eine Memme aus Instinkt.
William Shakespeare, Heinrich IV. (Falstaff)

Instinkt bezeichnet
ein zweckgerichtetes Handeln,
bei dem wir keine genaue
Vorstellung davon haben,
was der Zweck ist.
Nicolai Hartmann

Instinkt: ersetzt die Intelligenz.
Gustave Flaubert, Wörterbuch der Gemeinplätze

Instinkt und Vernunft:
Merkmale von zwei Naturen.
Blaise Pascal, Pensées

Jede erste Bewegung,
alles Unwillkürliche, ist schön;
und schief und verschroben alles,
sobald es sich selbst begreift.
O der Verstand!
Der unglückselige Verstand!
Heinrich von Kleist, Briefe (an Otto August Rühle
von Lilienstern, 31. August 1806)

Mag sein, dass wir mehr Verstand
haben als die Frauen, an Instinkt
hingegen sind sie uns weit überlegen.
Denis Diderot, Über die Frauen

Mit Instinkt
hat der Mensch angefangen,
mit Instinkt soll der Mensch endigen.
Instinkt ist das Genie im Paradiese –
vor der Selbstabsonderung.
Novalis, Fragmente

Wir handeln nämlich bei den großen
Zügen, den Hauptschritten unseres
Lebenslaufes, nicht sowohl nach
deutlicher Erkenntnis des Rechten,
als nach einem inneren Impuls, man
möchte sagen Instinkt, der aus dem
tiefsten Grund unseres Wesens kommt.
Arthur Schopenhauer, Aphorismen zur Lebensweisheit

Institution

Alle menschlichen Einrichtungen
gründen sich auf die menschlichen
Leidenschaften und werden
durch dieselben erhalten:
Wie kann also dasjenige,
was die Leidenschaften bekämpft,
diese Einrichtungen unterstützen?
Jean-Jacques Rousseau, Briefe vom Berge

Die Ehe ist eine sehr gute Institution,
aber ich bin nicht reif
für eine Institution.
Mae West

Die einzelnen Mitglieder sterben,
aber die Körperschaften sterben nicht.
Dieselben Leidenschaften
pflanzen sich darin fort.
Jean-Jacques Rousseau, Träumereien
eines einsamen Spaziergängers

Die politischen Institutionen allein
können den Charakter einer Nation
zur Entwicklung bringen.
Germaine Baronin von Staël, Über Deutschland

Die politischen Körper haben ihre
unvermeidlichen Gebrechen wie die
verschiedenen Lebensalter.
Und wer schützt vor Altersschwäche
außer der Tod?
Luc de Clapiers Marquis de Vauvenargues,
Unterdrückte Maximen

Die Presse ist kein Ersatz
für öffentliche Institutionen.
Walter Lippmann, Die öffentliche Meinung

Es ist Sitte großer Städte, nicht lange
bei einem Vorsatz zu beharren und
heute eine Institution zu befürworten,
die man morgen wieder abschafft.
Niccolò Machiavelli, Briefe (an Francesco Guicciardini,
18. Mai 1521)

Es verhält sich mit einer ehrwürdigen
Institution oft so, dass das, was am
längsten von ihr lebt, der Name ist,
denn für viele Menschen hat der Name
mehr Wirklichkeit als die Idee.
Tania Blixen, Motto meines Lebens

Jede Institution ist der verlängerte
Schatten eines einzelnen Menschen.
Ralph Waldo Emerson, Essays

Persönlichkeiten mögen eine
Gemeinde bilden, aber nur Institu-
tionen schaffen eine Nation.
Benjamin Disraeli, Reden (1866)

Instrument

Viele Instrumente
kommen aus den Wäldern;
die Herkunft ist ihnen noch anzusehen
an Haut, Darm und Holz.
Ingeborg Bachmann, Die wunderliche Musik

Wenn das Orchester
seine Instrumente stimmt,
fängt das Publikum an,
seine Katarrhe zu stimmen.
Hermann Prey

Zum Teufel erst das Instrument!
Zum Teufel hinterdrein der Sänger!
Johann Wolfgang von Goethe, Faust I (Valentin)

Intellekt

Das intellektuelle Talent
stört oft wie ein Schnupfen
die natürlichen Sinne
und hindert sie,
den Feind zu riechen.
Emil Gött, Im Selbstgespräch

Dass der Kopf im Raume sei,
hält ihn nicht ab, einzusehn, dass
der Raum doch nur im Kopfe ist.
Arthur Schopenhauer, Den Intellekt überhaupt
und in jeder Beziehung betreffende Gedanken

Denken ist die Arbeit des Intellekts,
Träumen sein Vergnügen.
Victor Hugo

Der größte intellektuelle Reichtum
kann neben der größten moralischen
Armut bestehen
Justinus Kerner, Die Seherin von Prevorst

Der Intellekt hat alles derart
zerfleischt, dass man vor nichts mehr
Ehrfurcht empfindet.
Jakob Boßhart, Bausteine zu Leben und Zeit

Der Intellekt ist bei den allermeisten
eine schwerfällige, finstere und
knarrende Maschine, welche übel
in Gang zu bringen ist.
Friedrich Nietzsche, Die fröhliche Wissenschaft

Der menschliche Intellekt
hat an sich die Natur
des Erkennens, denn das Erkennen
ist seine Tätigkeit.
Ramón Llull, De modo naturali intelligendi

Es ist ein Jammer, dass es unter
den Geistlichen nicht mehr
feure Intellektuelle gibt.
Sylvia Plath, Briefe nach Hause (22. Oktober 1961)

In der intellektualen Anschauung
ist der Schlüssel des Lebens.
Novalis, Fragmente

Intellekt zerstört die Harmonie
eines jeden Gesichts. Sobald man sich
zum Nachdenken hinsetzt, wird man
ganz Nase oder ganz Stirn
oder sonst etwas Scheußliches.
Oscar Wilde, Das Bildnis des Dorian Gray

Nur wo der Intellekt schon
das notwendige Maß überschreitet,
wird das Erkennen,
mehr oder weniger, Selbstzweck.
Arthur Schopenhauer, Den Intellekt überhaupt
und in jeder Beziehung betreffende Gedanken

Schon derer, die einen ganz kleinen
Überschuss intellektueller Kräfte haben,
sind wenige.
Arthur Schopenhauer, Den Intellekt überhaupt
und in jeder Beziehung betreffende Gedanken

Starker Intellekt lässt
den Instinkt verkümmern.
Oswald Spengler, Urfragen.
Fragmente aus dem Nachlass

Was für die äußere Körperwelt
das Licht, das ist für die innere Welt
des Bewusstseins der Intellekt.
Arthur Schopenhauer, Den Intellekt überhaupt
und in jeder Beziehung betreffende Gedanken

Intellektueller

Die Intellektuellen haben dem Volk
hundertmal mehr Unheil
als Gutes gebracht.
Leo N. Tolstoi, Tagebücher (1905)

Ein Intellektueller ist ein Mensch,
der nicht genug Körper hat,
um seinen Geist zu bedecken.
Jean Giono

Es ist das Privileg der Intellektuellen,
sich zwischen alle Stühle zu setzen.
Max Bense

Intellektuelle sind seltener
wohlwollend gegeneinander
als Einheimische gegen Gastarbeiter.
Ludwig Marcuse, Argumente und Rezepte.
Ein Wörter-Buch für Zeitgenossen

Intelligenz

Bauernschlau, pfiffig, geweckt sein
bedeutet, dass diese Intelligenz
Tempo hat.
Oswald Spengler, Urfragen.
Fragmente aus dem Nachlass

Der Computer ist die logische
Weiterentwicklung des Menschen:
Intelligenz ohne Moral.
John Osborn

Der eigentliche Akt und Dienst
unserer Intelligenz
ist die Überwindung der Trägheit.
Sie bleibt jedesmal
als geplatzte Fiktion hinter uns
und wird dann unvorstellbar.
Heimito von Doderer, Repertorium. Ein Begreifbuch
von höheren und niederen Lebens-Sachen

Der Mensch ist eine in der Knechtschaft
seiner Organe lebende Intelligenz.
Aldous Huxley

Die Furchtsamkeit ist ein Gradmesser
der Intelligenz.
Friedrich Nietzsche

Die Intelligenz ist auf doppelte Art,
entweder blind und bewusstlos
oder frei und
mit Bewusstsein produktiv;
bewusstlos produktiv in der Weltanschauung, mit Bewusstsein in dem
Erschaffen einer ideellen Welt.
Friedrich von Schelling, Ideen zu einer Philosophie
der Natur

Die Intelligenz ist ein Heerführer,
der immer zu spät
in die Schlacht kommt und
nach der Schlacht diskutiert.
Léon-Paul Fargue

Ein Gramm Intelligenz
ist ein Pfund Bildung wert,
denn wo Intelligenz ist,
stellt sich die Bildung von selber ein.
Louis Bromfield

Ein Messer wetzt das andere.
Deutsches Sprichwort

Ein Schwert wetzt das andere.
Deutsches Sprichwort

Es gehört Mut dazu, den intelligenten
Menschen dem besonders netten
Menschen vorzuziehen.
Jules Renard, Ideen, in Tinte getaucht.
Aus dem Tagebuch von Jules Renard

Esprit ist Intelligenz im Frack.
Lothar Schmidt

Handeln, das ist die wahre Intelligenz.
Fernando Pessoa, Das Buch der Unruhe
des Hilfsbuchhalters Bernardo Soares

Ich habe die Intelligenz
und die Erfindungsgabe.
Was sonst brauche ich?
Katherine Mansfield, Tagebücher

Ich pfeife auf die Intelligenz:
Ich wäre durchaus zufrieden,
wenn ich viel Instinkt hätte.
Jules Renard, Ideen, in Tinte getaucht.
Aus dem Tagebuch von Jules Renard

Intelligenz ist jene Eigenschaft
des Geistes, dank derer wir schließlich
begreifen, dass alles unbegreiflich ist.
Émile Picard

Jeder Mensch hält den, der das sagt,
was er selber denkt, für intelligent.
Manfred Rommel, Rommel-Kalender

Man mag sich Intelligenz
mitunter aus dem Grunde wünschen,
um endlich das größte Wunder
erschauen zu können.
Wie dumm nämlich
die Dummköpfe wirklich sind.
Heimito von Doderer, Repertorium. Ein Begreifbuch
von höheren und niederen Lebens-Sachen

Manche Menschen benützen
ihre Intelligenz zum Vereinfachen,
manche zum Komplizieren.
Erich Kästner

Sehen Sie, ich bin keine Intellektuelle.
Sonntagsmahlzeiten, komplizierte
Gespräche über die sexuelle Frage
und jene wichtigtuerische »Müdigkeit«
und die noch wichtigtuerischen
Geistreicheleien – all das meide ich.
Katherine Mansfield, Briefe

So tritt die Natur durch immer
größeres Individualisieren dem Reiche
der Intelligenzen immer näher,
und alles, was sich da zeigt, das liegt,
als dunkle Anlage schon
in der bewusstlosen Natur.
Henrik Steffens, Beiträge zur inneren Naturgeschichte
der Erde

Wenn ein Intelligenter
die falsche Sache vertritt,
ist das noch schlimmer
als wenn ein Dummkopf
für die richtige eintritt.
Georges Clemenceau

Interesse

Auch wenn Friede geschlossen ist,
ist es doch nur das Interesse,
das ihn erhält.
Oliver Cromwell, Reden
(im Parlament, 4. September 1654)

Das höchste Interesse
und der Grund alles übrigen Interesses
ist das für uns selbst.
Johann Gottlieb Fichte, Wissenschaftslehre

Das Gedächtnis ist der Diener
unserer Interessen.
Thornton Wilder

Den Dichter und Schriftsteller,
nicht zum wenigsten den Journalisten,
geht alles an, was geschieht.
Ricarda Huch, Schlussworte auf dem 1. Deutschen
Schriftstellerkongress

Die Koalition ist vortrefflich,
solange alle Interessen
jedes Mitgliedes dieselben sind.
Helmuth Graf von Moltke, Redeentwurf 1868/2

Die Leute sind wirklich erstaunlich:
Sie erwarten einfach, dass man sich
für sie interessiert.
Jules Renard, Ideen, in Tinte getaucht.
Aus dem Tagebuch von Jules Renard

Die Verengung des Gesichtsfeldes
hebt das Interesse.
Darin liegt der Reiz
des Schlüsselloches.
Peter Frankenfeld

Einen interessenlosen Gegenstand
gibt es nicht auf dieser Welt,
wohl aber Menschen,
die sich für nichts interessieren.
Gilbert Keith Chesterton, Heretiker

Interesse ist Teilnahme an dem Leiden
und der Tätigkeit eines Wesens.
Mich interessiert etwas, wenn es mich
zur Teilnahme zu erregen weiß.
Novalis, Blütenstaub

Nichts ist dem Interesse
so zuwider als Einförmigkeit,
und nichts ihm dagegen so günstig
als Wechsel und Neuheit.
Heinrich von Kleist, Briefe (an Wilhelmine von Zenge,
Frühjahr 1800)

Niemand ist so uninteressant
wie ein Mensch ohne Interesse.
John Mason Brown

Rede nicht von Dingen,
die außer dir schwerlich
jemand interessieren können!
Adolph Freiherr von Knigge, Über den Umgang
mit Menschen

Übe mich in der Tugend, ohne Gähnen
sagen zu können: sehr interessant.
Jules Renard, Ideen, in Tinte getaucht.
Aus dem Tagebuch von Jules Renard

Unserem Herzen kommt es zu,
die Abstufung unserer Interessen
zu bestimmen, unserer Vernunft,
sie zu leiten.
Luc de Clapiers Marquis de Vauvenargues,
Reflexionen und Maximen

Verstand dient der Wahrnehmung
der eigenen Interessen. Vernunft ist
Wahrnehmung des Gesamtinteresses.
Carl-Friedrich von Weizsäcker

Was kümmert mich die Politik?
Sie könnten ebenso gut sagen:
Was kümmert mich das Leben.
Jules Renard, Ideen, in Tinte getaucht.
Aus dem Tagebuch von Jules Renard

Wenn ein Gedanke oder ein Werk
nur wenige interessieren, werden auch
nur wenige davon sprechen.
Luc de Clapiers Marquis de Vauvenargues,
Reflexionen und Maximen

Wer interessieren will,
muss provozieren.
Salvadore Dali

Interpretation

Ein Ding wird gehört,
zehn werden verstanden.
Sprichwort aus Japan

Es können nur
einigermaßen gleiche Naturen
in ihrem ganzen Umfange
einander erklären und abschätzen.
Heut aber will jedermann
interpretieren, wenn er nur
schreiben gelernt hat.
Christian Morgenstern, Stufen

Moderne Literatur
ist die Kunst,
den richtigen Interpreten zu finden.
Wolfgang Herbst

Interview

Quiz für Prominente:
Nach einem Interview
die Sätze suchen,
die man tatsächlich gesagt hat.
Oliver Hassencamp

Ein Interviewer sollte
die Zitate eines Politikers
besser kennen als dieser selbst.
Günter Gaus

Intoleranz

Du sollst nicht intolerant sein!
Wenn es aber schon sein muss, bitte:
ohne ideologisches Parfüm.
Ludwig Marcuse, Argumente und Rezepte.
Ein Wörter-Buch für Zeitgenossen

Gleichgültigkeit ist die mildeste Form
von Intoleranz.
Karl Jaspers

Ich kenne eigentlich
nichts Kleinlicheres als Intoleranz,
und ich kenne auch nichts,
was der Liebe am meisten
widerspricht als die Intoleranz.
Konrad Adenauer, Rede vor der Hermann-Ehlers-
Gesellschaft, 22. Juni 1956

Manche meinen, sie seien liberal
geworden, nur weil sie die Richtung
ihrer Intoleranz geändert haben.
Wieslaw Brudziński

Wer ein System glaubt, hat die
allgemeine Liebe aus seinem Herzen
verdrängt! Erträglicher noch ist
Intoleranz des Gefühls als Intoleranz
des Verstandes – Aberglaube besser
als Systemglaube.
Wilhelm Heinrich Wackenroder, Herzensergießungen
eines kunstliebenden Klosterbruders

Intrige

Das Leben vieler Menschen besteht aus
Klatschigkeiten, Tätigkeiten, Intrige
zu momentaner Wirkung.
Johann Wolfgang von Goethe,
Maximen und Reflexionen

Ein Intrigant ist ein Mensch,
der keinesfalls alle Gerüchte glaubt,
aber alle weitererzählt.
Jacques Baumel

Ein Mensch, der eine Zeitlang das
Leben eines Intriganten geführt hat,
kann ohne Umtriebe nicht mehr
bestehen: Jede andere Form
des Daseins scheint ihm schal.
Jean de La Bruyère, Die Charaktere

Nichts übertrifft doch
Frauenlist im Ränkespiel.
Euripides, Iphigenie bei den Taurern (Orest)

Um ein Intrigant zu sein,
braucht man Geist.
Jean de La Bruyère, Die Charaktere

Intuition

Die Intuition ist eine der Fähigkeiten
des inneren Menschen, dessen Attribut
die Besonderheit ist. Sie wirkt durch
eine unwahrnehmbare Empfindung,

von der derjenige, der ihr gehorcht,
nichts weiß: Napoleon entfernte sich
instinktiv von seinem Platz,
ehe eine Kugel dort einschlug.
Honoré de Balzac, Louis Lambert

Die Voraussetzung für die Kreativität
ist es, dass man sich der Intuition
überlässt, allerdings im Rahmen
der Disziplin bestimmter Formen
und Strukturen.
Yehudi Menuhin, Ich bin fasziniert
von allem Menschlichen

Frauen denken emotional.
Ihre Sicht gründet auf Intuition.
Anaïs Nin, Die Frau legt den Schleier ab

Ich misstraue allen Leuten,
die auf Intuition warten.
Johannes Mario Simmel

Intuition ist der eigenartige Instinkt,
der einer Frau sagt,
dass sie Recht hat,
gleichgültig, ob das stimmt
oder nicht.
Oscar Wilde

Intuition ist die Fähigkeit,
aus nicht vorhandenen Fakten
falsche Schlüsse zu ziehen.
Erskine Caldwell

Unter Intuition verstehe ich nicht
das mannigfache wechselnde Zeugnis
der Sinne, das sich
auf die verworrenen Bilder
der Anschauung stützt,
sondern ein so einfaches und
instinktes Begreifen des reinen
und aufmerksamen Geistes.
René Descartes, Regeln zur Leitung des Geistes

Unter Intuition versteht man
die Fähigkeit mancher Leute,
eine Lage in Sekundenschnelle
falsch zu beurteilen.
Heinz Hilpert

Investition

Auch um ein Huhn zu fangen,
brauchst du wenigstens
zwei Körner Reis.
Chinesisches Sprichwort

Investitionen von heute
sind Arbeitsplätze von morgen.
Man kann es nicht oft genug sagen.
Helmut Kohl, Chancen und neue Perspektiven
der Politik der Bundesregierung. Rede des Bundeskanzlers vor dem Deutschen Bundestag 1985

Man schöpft nicht gleich so
aus dem Vollen: Wer Böckle will,
muss Böcklein wollen.
Jüdische Spruchweisheit

Was wir konsumieren,
können wir nicht investieren.
Konsumieren, ohne zu investieren,
bedeutet ruinieren.
Norbert Blüm, Unverblümtes von Norbert Blüm

Wenn der Dunghaufen wachsen soll,
darf der Tragkorb nie zur Ruhe kommen.
Chinesisches Sprichwort

Irdisches

Das Glück ist irdisch.
Sully Prudhomme, Intimes Tagebuch

Der Mensch hat einen sinnlichen Leib
angenommen, damit er in ihm
zur Wahrheit komme;
das Irdische ist da, damit sich in ihm
das Göttliche manifestiere.
Bettina von Arnim, Tagebuch

Muss immer der Morgen wiederkommen? Endet nie des Irdischen Gewalt?
Novalis, Hymnen an die Nacht

Zuerst kommt das Irdische,
dann das Überirdische.
Neues Testament, Paulus (1 Korinther 15, 46)

Ironie

Der Ironiker ist meist nur
ein beleidigter Pathetiker.
Christian Morgenstern

Die Gewöhnung an Ironie,
ebenso wie die an Sarkasmus,
verdirbt übrigens den Charakter,
sie verleiht allmählich die Eigenschaft
einer schadenfrohen Überlegenheit;
man ist zuletzt einem bissigen Hunde
gleich, der noch das Lachen
gelernt hat außer dem Beißen.
Friedrich Nietzsche, Menschliches, Allzumenschliches

Die Ironie ist die Kaktuspflanze,
die über dem Grab
unserer toten Illusionen wuchert.
Elbert Hubbard

Die Laune hat tausend krumme Wege,
die Ironie nur einen geraden
wie der Ernst.
Jean Paul, Vorschule der Ästhetik

Es gibt auf der Welt zwei Länder,
in denen keine Ironie existiert:
Amerika und Monaco.
Ersteres, weil es zu groß ist,
Letzteres, weil es zu klein ist.
Peter Ustinov, Peter Ustinovs geflügelte Worte

In den Handlungen der Natur
gibt es keine Ironie.
Sully Prudhomme, Intimes Tagebuch

In unserer Zeit wird viel von Ironie
und Humor geredet, besonders von
Leuten, die nie vermocht haben,
sie praktisch auszuüben.
Søren Kierkegaard, Furcht und Zittern

Ironie heißt fast immer, aus einer Not
eine Überlegenheit machen.
Thomas Mann

Ironie ist die Form des Paradoxen.
Paradox ist alles,
was zugleich gut und groß ist.
Friedrich Schlegel, Kritische Fragmente

Ironie ist die letzte Phase
der Enttäuschung.
Anatole France

Ironie ist keine Waffe,
eher ein Trost der Ohnmächtigen.
Ludwig Marcuse, Argumente und Rezepte.
Ein Wörter-Buch für Zeitgenossen

Ironie ist klares Bewusstsein der ewigen
Agilität, des unendlich vollen Chaos.
Friedrich Schlegel, Ideen

Irrenhaus

Das Recht zu leben und
zu triumphieren erwirbt man heute
fast durch die gleichen Verfahren,
mit denen man die Einweisung
in ein Irrenhaus erreicht:
die Unfähigkeit zu denken,
die Unmoral und die Übererregtheit.
Fernando Pessoa, Das Buch der Unruhe
des Hilfsbuchhalters Bernardo Soares

Diese Welt
ist ein einziges großes Bedlam,
wo Irre andere Irre in Ketten legen.
Voltaire, Potpourri

Lieber lasse ich mich für immer
in eine Irrenzelle stecken,
als ein anderes Menschenleben
dem meinen zu opfern.
Vincent van Gogh, Briefe

Man müsste die Geistesblitze
aus den Irrenhäusern sammeln,
man fände viele.
Charles de Secondat, Baron de la Brède
et de Montesquieu, Meine Gedanken

Irrlehre

Eine Irrlehre, sei sie
aus falscher Ansicht gefasst oder
aus schlechter Absicht entsprungen,
ist stets nur auf spezielle Umstände,
folglich auf eine gewisse
Zeit berechnet;
die Wahrheit allein auf die Zeit.
Arthur Schopenhauer, Über Philosophie
und ihre Methode

Irrlehren nachzueifern – wahrlich,
nur Unheil wächst daraus.
Konfuzius, Gespräche

Irrtum

Alle unsere Irrtümer übertragen wir
auf unsere Kinder, in denen sie
untilgbare Spuren hinterlassen.
Maria Montessori, Kinder sind anders

Alle Verhältnisse der Dinge wahr.
Irrtum allein in dem Menschen.
An ihm nichts wahr, als dass er irrt,
sein Verhältnis zu sich, zu andern,
zu den Dingen nicht finden kann.
Johann Wolfgang von Goethe,
Maximen und Reflexionen

Als Irrender sollst du
deine Irrtümer begehen,
nicht als Wissender: Sonst bist du
nur ein Geck deines Irrtums!
Arthur Schnitzler, Zurückgelegte Sprüche

Arbeit ist Irrtums Lohn.
Deutsches Sprichwort

Auch die Könige irren sich,
wenn sie über ihre Regierung,
die Heerführer, wenn sie
über ihre Feldzüge schreiben:
wie viel mehr, wenn sie davon reden!
Christian Garve, Über Gesellschaft und Einsamkeit

Besser zweimal fragen
als einmal irregehen.
Deutsches Sprichwort

Das Falsche (der Irrtum)
ist meistens der Schwäche bequemer.
Johann Wolfgang von Goethe,
Maximen und Reflexionen

Das sind die Weisen,
die durch Irrtum zur Wahrheit reisen;
Die beim Irrtum verharren,
das sind die Narren.
Friedrich Rückert, Gedichte

Das Wahre fördert;
aus dem Irrtum entwickelt sich nichts,
er verwickelt uns nur.
Johann Wolfgang von Goethe,
Maximen und Reflexionen

Das, was anfangs der Leidenschaft
schmeichelte, wird von der Zeit
zu spät als Irrtum erkannt.
Baltasar Gracián y Morales, Handorakel und Kunst
der Weltklugheit

Dass viele irregehn,
macht den Weg nicht richtig.
Deutsches Sprichwort

Dein Urteil kann sich irren,
nicht dein Herz.
Friedrich Schiller, Die Piccolomini (Max)

Dem Irrtum, Freund,
entgehst du nicht,
Doch lässt dich Irrtum
Wahrheit ahnen.
Emanuel Geibel, Sprüche

Der Irrtum ist recht gut, solange
wir jung sind; man muss ihn nur
nicht mit ins Alter schleppen.
Johann Wolfgang von Goethe,
Maximen und Reflexionen

Der Irrtum verhält sich
gegen das Wahre wie der Schlaf
gegen das Wachen. Ich habe bemerkt,
dass man aus dem Irren
sich wie erquickt wieder
zu dem Wahren hinwende.
Johann Wolfgang von Goethe,
Maximen und Reflexionen

Der Irrtum wiederholt sich immerfort
in der Tat, deswegen muss man
das Wahre unermüdlich
in Worten wiederholen.
Johann Wolfgang von Goethe,
Maximen und Reflexionen

Die Antithese ist die enge Pforte,
durch welche sich am liebsten
der Irrtum zur Wahrheit schleicht.
Friedrich Nietzsche, Menschliches, Allzumenschliches

Die großen Menschen
haben die Schwachen,
als sie sie das Denken lehrten,
auf den Weg des Irrtums geführt.
Luc de Clapiers Marquis de Vauvenargues,
Reflexionen und Maximen

Die größte Wohltat, die man
einem Menschen erweisen kann,
besteht darin, dass man ihn
vom Irrtum zur Wahrheit führt.
Thomas von Aquin, Kommentar zu Pseudo-Dionysius

Die Irrtümer des Menschen
machen ihn eigentlich
liebenswürdig.
Johann Wolfgang von Goethe,
Maximen und Reflexionen

Die kürzesten Irrtümer
sind immer die besten.
Molière, Der Unbesonnene oder Zur Unzeit

Die Regierungen irren immer
und in allem unendlich mehr
als der Mensch.
Johann Heinrich Pestalozzi,
Wie Gertrud ihre Kinder lehrt

Die Staatsmänner
sind wie die Chirurgen:
ihre Irrtümer sind tödlich.
François Mauriac

Die Wahrheit gehört dem Menschen,
der Irrtum der Zeit an.
Johann Wolfgang von Goethe,
Maximen und Reflexionen

Diskussion: eine Methode,
andere in ihren Irrtümern zu festigen.
Ambrose Bierce

Doch der ist weder unklug
noch beschränkt,
Wer nach dem Irrtum
sich vom Fall erhebt,
Anstatt in Unrecht
trotzig zu verharren.
Sophokles, Antigone (Teiresias)

Durch Heftigkeit ersetzt der Irrende,
Was ihm an Wahrheit
und an Kräften fehlt.
Johann Wolfgang von Goethe, Torquato Tasso
(Antonio)

Ein guter Mensch, der seine Irrtümer
nicht erkennt und versucht,
sie zu rechtfertigen,
kann zum Unhold werden.
Leo N. Tolstoi, Tagebücher (1899)

Ein Irrtum ist umso gefährlicher,
je mehr Wahrheit er enthält.
Henri Frédéric Amiel, Fragments d'un journal intime
(1883 f.)

Ein neuer Irrtum ist mir lieber
als alle Gewissheiten.
Hans Magnus Enzensberger

Eine nachgesprochne Wahrheit
verliert schon ihre Grazie,
aber ein nachgesprochner Irrtum
ist ganz ekelhaft.
Johann Wolfgang von Goethe,
Maximen und Reflexionen

Einer neuen Wahrheit ist nichts
schädlicher als ein alter Irrtum.
Johann Wolfgang von Goethe,
Maximen und Reflexionen

Entwicklung – ein Taumel
von einem Irrtum zum anderen.
Henrik Ibsen

Es dürfte keine Irrtümer geben,
die, klar ausgedrückt,
nicht von selbst zergingen.
Luc de Clapiers Marquis de Vauvenargues,
Reflexionen und Maximen

Es gibt gewisse Irrtümer, die man
mit geringerem Schaden verschweigt
als zu beseitigen trachtet.
Erasmus von Rotterdam, Über den freien Willen

Es gibt keine reine Wahrheit,
aber ebenso wenig
einen reinen Irrtum.
Friedrich Hebbel, Tagebücher

Es gibt keine Wahrheit,
die in einem Flachkopf
nicht zum Irrtum werden könnte.
Luc de Clapiers Marquis de Vauvenargues,
Reflexionen und Maximen

Es gibt keinen gefährlicheren Irrtum,
als die Folge mit der Ursache
zu verwechseln.
Friedrich Nietzsche, Götzen-Dämmerung

Es gibt unüberwindliche Irrtümer,
die man nie angreifen soll.
Joseph Joubert, Gedanken, Versuche und Maximen

Es irrt der Mensch,
so lang er strebt.
Johann Wolfgang von Goethe, Faust
(Prolog im Himmel: der Herr)

Es ist sehr wahrscheinlich,
dass wir über alle Dinge,
die wir nur auf eine Art
erklären können, im Irrtum sind.
Heinrich Waggerl, Aphorismen

Es steckt oft mehr Geist
und Scharfsinn in einem Irrtum
als in einer Entdeckung.
Joseph Joubert, Gedanken, Versuche und Maximen

Fremde Kinder lieben wir nie so sehr
als die eignen;
Irrtum, das eigene Kind,
ist uns dem Herzen so nah.
Johann Wolfgang von Goethe, Vier Jahreszeiten

Geirrt zu haben, ist menschlich,
und einen Irrtum einzugestehen
Kennzeichen eines Weisen.
Hieronymus, Briefe

Hundertmal werd' ich's euch sagen
und tausendmal: Irrtum bleibt Irrtum!
Ob ihn der größte Mann,
ob ihn der kleinste beging.
Johann Wolfgang von Goethe/Friedrich Schiller,
Xenien

Ich merke wohl:
Es steckt der Irrtum an.
Johann Wolfgang von Goethe, Torquato Tasso
(Antonio)

Ich möchte fast von mir behaupten:
»Ich werde nie ein Dieb oder Mörder
sein.« Dass ich aber nicht eines Tages
für diese Vergehen bestraft werden
könnte, wäre eine sehr kühne
Behauptung.
Jean de La Bruyère, Die Charaktere

Ich verwünsche die, die aus dem
Irrtum eine eigene Welt machen
und doch unablässig fordern,
dass der Mensch nützlich sein müsse.
Johann Wolfgang von Goethe,
Maximen und Reflexionen

Ihr müsst mich nicht
durch Widerspruch verwirren!
Sobald man spricht,
beginnt man schon zu irren.
Johann Wolfgang von Goethe, Sprüche

Irren heißt,
sich in einem Zustande befinden,
als wenn das Wahre gar nicht wäre;
den Irrtum sich und andern entdecken,
heißt rückwärts erfinden.
Johann Wolfgang von Goethe,
Maximen und Reflexionen

Irren ist kein Verbrechen.
Sprichwort aus Frankreich

Irren ist menschlich,
aber aus Leidenschaft im Irrtum
zu verharren,
ist teuflisch.
Aurelius Augustinus, Sermones

Irren ist menschlich,
Vergeben göttlich.
Alexander Pope, Versuch über die Kritik

Irrend lernt man.
Johann Wolfgang von Goethe, Briefe
(an August von Goethe, 14. Januar 1814)

Irrtum erregt,
Wahrheit beruhigt.
Joseph Joubert, Gedanken, Versuche und Maximen

Irrtum.
Ich habe immer geglaubt,
er ist ein Esel, und jetzt
stellt sich heraus, er ist ein Schwein.
Wie man sich
in einem Menschen täuschen kann!
Alfred Polgar, Kleine Schriften, Band 3. Irrlicht

Irrtum ist die Nacht des Geistes
und die Falle der Unschuld.
Luc de Clapiers Marquis de Vauvenargues,
Unterdrückte Maximen

Irrtum ist Scharfsinns Bruder
Oft sitzt er statt seiner am Ruder.
Jüdische Spruchweisheit

Irrtum verlässt uns nie;
doch ziehet ein höher Bedürfnis
Immer den strebenden Geist
leise zur Wahrheit hinan.
Johann Wolfgang von Goethe/Friedrich Schiller,
Xenien

Irrtümer haben ihren Wert jedoch
nur hie und da.
Nicht jeder, der nach Indien fährt,
entdeckt Amerika.
Erich Kästner, Kurz und bündig. Epigramme

Ist es nicht besser, auf die Stellungnahme zu verzichten, als sich in einen
der vielen Irrtümer zu verwickeln,
die die menschliche Phantasie
hervorgebracht hat?
Michel Eyquem de Montaigne, Die Essais

Jede Sekte kommt mir vor
wie ein Bund des Irrtums.
Voltaire, Der ehrliche Hurone

Jede Wahrheit von heute
ist Irrtum von morgen.
Oswald Spengler, Urfragen.
Fragmente aus dem Nachlass

Jeder Mensch kann sich irren,
doch ein Narr verharrt im Irrtum.
Marcus Tullius Cicero, Philippische Reden

Kein Irrtum ist so feist,
dass er nicht den Eindruck
größter Beweisbarkeit machte,
wenn man ihn
aus der bloßen Vernunft
ohne das Wort abwägt.
Martin Luther, Tischreden

Liegt der Irrtum nur erst, wie ein
Grundstein, unten im Boden,
Immer baut man darauf,
nimmermehr kommt er an den Tag.
Johann Wolfgang von Goethe/Friedrich Schiller,
Xenien

Man erkennt den Irrtum daran,
dass alle Welt ihn teilt.
Jean Giraudoux

Man kann anderen nichts beweisen,
das heißt, man kann die Irrtümer
anderer nicht eigentlich widerlegen:
Jeder Irrende fällt seinem
besonderen Irrtum zum Opfer.
Leo N. Tolstoi, Tagebücher (1889)

Man kann auf dem rechten Weg irren
und auf dem falschen recht gehen.
Johann Wolfgang von Goethe,
Die Aufgeregten (Magister)

Man kann sich wohl
in einer Idee irren,
man kann sich aber nicht
mit dem Herzen irren.
Fjodor M. Dostojewski, Briefe

Man muss seine Irrtümer
teuer bezahlen, wenn man sie
loswerden will, und dann hat man
noch von Glück zu sagen.
Johann Wolfgang von Goethe,
Maximen und Reflexionen

Man übersteht so viel, dass man
in den Irrtum verfällt,
man könne alles überstehen.
Elias Canetti, Die Provinz des Menschen.
Aufzeichnungen 1942-1972

Manche Irrtümer sind so trefflich
als Wahrheit maskiert,
dass man schlecht urteilt, wenn man
sich von ihnen nicht täuschen lässt.
François de La Rochefoucauld, Reflexionen

Mehrheiten können sich, wie die
Geschichte lehrt, sehr wohl irren.
Helmut Kohl, Verantwortung für die Jugend-Erziehung
im demokratischen Staat. Rede des Bundeskanzlers in
Bonn 1985

Mit den Irrtümern der Zeit ist schwer
sich abzufinden: Widerstrebt man
ihnen, so steht man allein; lässt man
sich davon befangen, so hat man auch
weder Ehre noch Freude davon.
Johann Wolfgang von Goethe,
Maximen und Reflexionen

Nicht alle Irrtümer
haben eine Ahnentafel.
August Wilhelm Schlegel, Rezension
der Altdeutschen Blätter

Nichts ist orthodox als die Wahrheit,
und nichts heterodox als der Irrtum.
Karl Julius Weber, Democritos

Nur das ist die wahrste Wahrheit,
in der auch der Irrtum,
weil sie ihn im Ganzen ihres Systems,
in seine Zeit und seine Sache setzt,
zur Wahrheit wird.
Friedrich Hölderlin, Reflexion

Nur der Irrtum ist das Leben,
Und das Wissen ist der Tod.
Friedrich Schiller, Kassandra

Nur durch ein Kunstwerk kann man
auf Irrende einwirken und erreichen,
was man gewöhnlich durch Polemik
zu erreichen sucht.
Durch ein Kunstwerk kann man ihn
bis ins Mark erschüttern und
auf den richtigen Weg drängen.
Leo N. Tolstoi, Tagebücher (1889)

O glücklich, wer noch hoffen kann,
Aus diesem Meer des Irrtums
aufzutauchen!
Johann Wolfgang von Goethe, Faust I (Faust)

Oft müssen wir uns irren,
damit wir uns nicht irren,
unser Sehen und Hören beschränken,
damit die Sinne
besser und schärfer werden.
Michel Eyquem de Montaigne, Die Essais

Selbst unsere häufigen Irrtümer haben
den Nutzen, dass sie uns am Ende
gewöhnen zu glauben, alles könne
anders sein, als wir uns es vorstellen.
Georg Christoph Lichtenberg, Sudelbücher

So manche Wahrheit
ging von einem Irrtum aus.
Marie von Ebner-Eschenbach, Aphorismen

Täuschungen kommen vom Himmel,
Irrtümer von uns selbst.
Joseph Joubert, Gedanken, Versuche und Maximen

Wahrheit ist Irrtum, sobald man
sie als etwas anderes nimmt
als dies innere Bild.
Oswald Spengler, Urfragen.
Fragmente aus dem Nachlass

Wahrheit ist der Name, den wir
unseren wechselnden Irrtümern geben.
Rabindranath Tagore

Wenn du nicht irrst,
kommst du nicht zu Verstand!
Johann Wolfgang von Goethe, Faust II (Mephisto)

Wenn ein paar Menschen
recht miteinander zufrieden sind,
kann man meistens versichert sein,
dass sie sich irren.
Johann Wolfgang von Goethe,
Maximen und Reflexionen

Wenn ich irre, kann es jeder bemerken,
wenn ich lüge, nicht.
Johann Wolfgang von Goethe,
Maximen und Reflexionen

Wenn ihr eure Türen
allen Irrtümern verschließt,
schließt ihr die Wahrheit aus.
Rabindranath Tagore, Verirrte Vögel

Wenn weise Männer nicht irrten,
müssten die Narren verzweifeln.
Johann Wolfgang von Goethe,
Maximen und Reflexionen

Wer glaubt, absolut Wahrheit
zu haben, der irrt.
Oswald Spengler, Urfragen.
Fragmente aus dem Nachlass

Wer Ja oder Nein sagt,
riskiert immer den Irrtum.
Man erkennt die großen Kritiker
in ihren Irrtümern.
Nur wer dauernd Jein sagt, irrt nie.
Marcel Reich-Ranicki

Wer nur mit ganzer Seele wirkt,
irrt nie. Er bedarf des Klügens nicht,
denn keine Macht ist wider ihn.
Friedrich Hölderlin, Hyperion

Wer sich an falsche Vorstellung
gewöhnt, dem wird jeder Irrtum
willkommen sein.
Johann Wolfgang von Goethe,
Maximen und Reflexionen

Wer tiefer irrt,
der wird auch tiefer weise.
Gerhart Hauptmann, Aufzeichnungen

Wie anfangs man geirrt,
das findet man am Ende;
Oh, dass ich wenigstens
auf halbem Wege fände!
Friedrich Rückert, Die Weisheit des Brahmanen

Wir alle sind so borniert, dass wir
immer glauben, Recht zu haben;
und so lässt sich ein außerordentlicher
Geist denken, der nicht allein irrt,
sondern sogar Lust am Irrtum hat.
Johann Wolfgang von Goethe,
Maximen und Reflexionen

Wo der Gelehrte irrt,
begeht er einen gelehrten Irrtum.
Sprichwort aus Arabien

Zur Verewigung des Irrtums
tragen die Werke besonders bei,
die enzyklopädisch das Wahre
und Falsche des Tages überliefern.
Hier kann die Wissenschaft nicht
bearbeitet werden, sondern was
man weiß, glaubt, wähnt, wird
aufgenommen; deswegen sehen
solche Werke nach fünfzig Jahren
gar wunderlich aus.
Johann Wolfgang von Goethe,
Maximen und Reflexionen

Zur Verteidigung der Wahrheit
braucht es ein viel höheres Organ
als zur Verteidigung des Irrtums.
Johann Wolfgang von Goethe,
Maximen und Reflexionen

Israel

Israel aber ist der Erbbesitz des Herrn.
Altes Testament, Jesus Sirach 17, 17

Zehn Maß Weisheit hat die Welt
erhalten; neun davon hat das Land
Israel erhalten und einen Teil
die übrige Welt.
Talmud

Italien

Das Glück Italiens beruht darin,
dass es sich der Eingebung
des Augenblicks überlässt,
ein Glück, das in gewisser Weise
auch Deutschland
und England besitzen.
Stendhal, Über die Liebe

Denen Herrn Kunstrichtern genügt
unsere teutsche Sonne, Mond und
Sterne, unsere Felsen, Bäume und
Kräuter, unsere Ebenen, Seen und
Flüsse nicht mehr. Italienisch muss
alles sein, um Anspruch auf Größe
und Schönheit machen zu können.
Caspar David Friedrich, Äußerung bei Betrachtung
einer Sammlung von Gemälden

Der Italiener vereinigt die
französische Lebhaftigkeit (Frohsinn)
mit spanischem Ernst (Festigkeit)
und sein ästhetischer Charakter ist ein
mit Affekt verbundener Geschmack,
so wie die Aussicht von seinen Alpen
in die reizenden Täler
einerseits Stoff zum Mut,
andererseits zum ruhigen Genuss
darbietet. In seinen Mienen
äußert sich ein starkes Spiel
seiner Empfindungen,
und sein Gesicht ist ausdrucksvoll.
Immanuel Kant, Anthropologie
in pragmatischer Hinsicht

Die echten Italiener sind jene,
die noch etwas Wildheit
und Blutdurst haben:
die Bewohner der Romagna,
die Kalabreser und
unter den kultivierten die Brescianer,
die Piemontesen und die Korsen.
Stendhal, Über die Liebe (Fragmente)

Die Italiener sind deshalb
ein besonders sympathisches Volk,
weil sie so gute Spaghetti machen
und so schlechte Soldaten sind.
Ephraim Kishon, Kishon für alle Fälle

Die Männer lenken das Land,
doch die Frauen lenken die Männer.
In Italien herrscht
das geheime Mutterrecht.
Luigi Barzini

Die Schönheit der Italienerin kennen
zu lernen, bezahlt man sehr teuer:
Man wird unempfindlich
gegen andere Frauen.
Außerhalb Italiens hält man sich lieber
an ein Gespräch mit Männern.
Stendhal, Über die Liebe (Fragmente)

Italien besteht aus
fünfzig Millionen Schauspielern.
Die schlechtesten von ihnen
stehen auf der Bühne.
Orson Welles

Jahrhunderte katholische Erziehung
haben im italienischen Mann
eine enorme, nie zu stillende Gier
nach dem Weib ausgelöst.
Federico Fellini

Kennst du das Land,
wo die Zitronen blühn,
Im dunkeln Laub
die Goldorangen glühn?
Johann Wolfgang von Goethe, Mignon

Nur jemand mit einem steinernen
Herzen könnte vermeiden,
in selbigem eine Schwäche
für Italien zu hegen (...).
Peter Ustinov, Peter Ustinovs geflügelte Worte

Wenn die jungen Italienerinnen
lieben, überlassen sie sich völlig
dem natürlichen Gefühl. Höchstens,
dass ihnen ein paar handfeste Lebens-
erfahrungen, die sie an den Türen
erlauschen, zu Hilfe kommen.
Stendhal, Über die Liebe (Fragmente)

J

Ja

Immer I-A sagen –
das lernte allein der Esel
und wer seines Geistes ist.
Friedrich Nietzsche, Also sprach Zarathustra

Ja und nein sind schnell gesagt,
erfordern aber langes Nachdenken.
Baltasar Gracián y Morales,
Handorakel und Kunst der Weltklugheit

Jagd

Auf einer Jagd
fängt man nicht alles Wild.
Deutsches Sprichwort

Die Jagd auf Sündenböcke
kennt keine Schonzeit.
Lothar Schmidt

Die Jagd ist doch immer was,
und eine Art von Krieg.
Johann Wolfgang von Goethe,
Götz von Berlichingen (Lerse)

Dieser jagt das Wild,
jener isst den Braten.
Deutsches Sprichwort

Es sind nicht alle Jäger,
die das Horn gut blasen.
Deutsches Sprichwort

Hoffnung ist oft
ein Jagdhund ohne Spur.
William Shakespeare,
Die lustigen Weiber von Windsor (Pistol)

Ich finde es richtig,
dass man zu Beginn einer Jagd
die Hasen und Fasane
durch Hörnersignale warnt.
Gustav Heinemann

Ich habe etwas gegen Pazifisten,
die auf die Jagd gehen.
Aristide Briand

Lass nicht den Falken los,
bevor du den Hasen siehst.
Chinesisches Sprichwort

Nicht jeder, der jagt,
hat Weidmannsglück.
Deutsches Sprichwort

Nur ein Jäger, der protzt,
steckt sich eine tote Ratte in den Gürtel.
Chinesisches Sprichwort

Nur mit alten Hunden ist gut jagen.
Sprichwort aus Frankreich

Reget sich was,
gleich schießt der Jäger,
ihm scheinet die Schöpfung,
Wie lebendig sie ist,
nur für den Schnappsack gemacht.
Johann Wolfgang von Goethe/Friedrich Schiller,
Xenien

Wenn das Jagdhorn schallt,
da fühlen sich die Jäger.
Friedrich Hölderlin, Hyperion

Wer flieht, wird gejagt.
Deutsches Sprichwort

Wer Hirsche jagt,
späht nicht auf Hasen.
Chinesisches Sprichwort

Wer jagen, stechen, schießen will,
Der hat klein Nutz und Kosten viel.
Sebastian Brant, Das Narren Schyff

Wer mit Katzen auf Jagd geht,
wird Mäuse fangen.
Sprichwort aus Dänemark

Wer zwei Hasen zugleich hetzen will,
fängt gar keinen.
Deutsches Sprichwort

Jahr

Das Jahr hat ein weites Maul
und einen großen Magen.
Deutsches Sprichwort

Das Jahr ist ein Kranz
aus Blumen, Ähren, Früchten
und trockenen Kräutern.
Joseph Joubert, Gedanken, Versuche und Maximen

Das vorige Jahr war immer besser.
Deutsches Sprichwort

Dem Beobachter
ist das kommende Jahr
immer der Kommentar des vergangenen.
Wer etwas heller sieht,
hat ihn oft nicht nötig.
Johann Gottfried Seume, Apokryphen

Die Jahre, die nicht wiederkommen,
sie fahren ohne Schiff vorbei.
Die Toten werden mitgenommen.
Christine Busta, Frühling am Strom

Die Jahre fliehen pfeilgeschwind.
Friedrich Schiller, Das Lied von der Glocke

Die Jahre lehren viel,
was die Tage niemals wissen.
Ralph Waldo Emerson, Essays

Ein kommender Tag
scheint länger als ein vergangenes Jahr.
Sprichwort aus Schottland

Es gibt mehr Tage als Würste im Jahr.
Sprichwort aus Spanien

Es ist mit den Jahren
wie mit den Sibyllinischen Büchern:
Je mehr man ihrer verbrennt,
desto teurer werden sie.
Johann Wolfgang von Goethe,
Maximen und Reflexionen

Gewohnheit wächst mit den Jahren.
Deutsches Sprichwort

Gott!,
was verliert man in gewissen Jahren,
die man nie wieder zurückhaben kann,
durch gewaltsame Leidenschaften,
durch Leichtsinn, durch Hinreißung
in die Laufbahn des Hasards.
Johann Gottfried Herder, Journal meiner Reise im Jahr 1769

Jahre lehren mehr als Bücher.
Deutsches Sprichwort

Man ist in den besten Jahren,
wenn man die guten hinter sich hat.
André Maurois

Man soll das Jahr
nicht mit Programmen beladen
wie ein krankes Pferd.
Wenn man es allzu sehr beschwert,
bricht es zu guter Letzt zusammen.
Erich Kästner, Dr. Erich Kästners lyrische Hausapotheke

Mit den Jahren
wird man eher älter als weiser.
Sprichwort aus Frankreich

Nicht das Genie
ist 100 Jahre seiner Zeit voraus,
sondern der Durchschnittsmensch
ist um 100 Jahre hinter ihr zurück.
Robert Musil

Nichts ist schneller als die Jahre.
Ovid, Metamorphosen

Stück um Stück wird unser Leben
ein Raub der dahineilenden Jahre.
Ecbasis captivi in belehrender Gestalt (Fuchs)

Und die Jahre schwanden,
und die Welt
war nicht mehr die Wunderwelt,
die sie gewesen.
Jens Peter Jacobsen, Niels Lyhne

Viele Annehmlichkeiten
bringen die voranschreitenden Jahre
mit sich, viele nehmen sie wieder weg,
wenn sie weichen.
Horaz, Von der Dichtkunst

Wahre Jugend ist eine Eigenschaft,
die sich nur mit den Jahren
erwerben lässt.
Jean Cocteau

Was, langer Tag, was, Jahre,
verzehrt ihr nicht?
Martial, Epigramme

Wenn der Ernst zu Jahren kommt,
wird er langweilig.
Oscar Wilde

Jahreszeit

Das Licht ist Maß und Zahl
der Jahreszeiten, der Tage
und all unserer Zeit.
Dionysios Aeropagites, Peri ton theon onomaton

Der Gang der Jahrzeiten
ist ein Uhrwerk, wo ein Kuckuck ruft,
wenn es Frühling ist.
Georg Christoph Lichtenberg, Sudelbücher

Man muss an alle Jahreszeiten denken.
Jean-Jacques Rousseau, Emile

Sobald ein frisches Kelchlein blüht,
Es fordert neue Lieder;
Und wenn die Zeit verrauschend flieht,
Jahrszeiten kommen wieder.
Johann Wolfgang von Goethe, Immer und überall

Jahrhundert

Auf alle Fälle sind wir genötigt,
unser Jahrhundert zu vergessen,
wenn wir nach unserer Überzeugung
arbeiten wollen.
Johann Wolfgang von Goethe,
Briefe (an Schiller, 25. November 1797)

Das ganze Jahrhundert
ist ein Wettrennen nach großen Zielen
mit kleinen Menschen.
Jean Paul, Clavis Fichtiana

Das Jahrhundert ist vorgerückt;
jeder Einzelne aber fängt doch
von vorne an.
Johann Wolfgang von Goethe,
Maximen und Reflexionen

Das Schwache
ist ein Charakterzug
unseres Jahrhunderts.
Johann Wolfgang von Goethe, überliefert von
Johann Peter Eckermann (Gespräche mit Goethe)

Die Menschen sind als Organe
ihres Jahrhunderts anzusehen,
die sich meist unbewusst bewegen.
Johann Wolfgang von Goethe,
Maximen und Reflexionen

Eine große Epoche
hat das Jahrhundert geboren,
Aber der große Moment
findet ein kleines Geschlecht.
Johann Wolfgang von Goethe/Friedrich Schiller,
Xenien

In was für einem Jahrhundert
es auch sein mag,
die natürlichen Verhältnisse
ändern sich nicht.
Jean-Jacques Rousseau, Emile

Jedem Jahrhundert
sendet der Unendliche
einen bösen Genius zu,
der es versuche.
Jean Paul, Quintus Fixlein

Lebe mit deinem Jahrhundert,
aber sei nicht sein Geschöpf;
leiste deinen Zeitgenossen,
aber was sie bedürfen,
nicht, was sie loben.
Friedrich Schiller,
Über die ästhetische Erziehung des Menschen

Sein Jahrhundert
kann man nicht verändern,
aber man kann sich dagegenstellen
und glückliche Wirkungen vorbereiten.
Johann Wolfgang von Goethe,
Briefe (an Schiller, 21. Juli 1798)

Uns ekelt vor unserem Jahrhundert,
und doch gehören wir zu ihm.
Benjamin Constant de Rebecque,
Briefe (an Prosper de Barante, 22. April 1798)

Zu jeder Zeit liegen
einige große Wahrheiten in der Luft;
sie bilden die geistige Atmosphäre
des Jahrhunderts.
Marie von Ebner-Eschenbach, Aphorismen

Jahrmarkt

Drei Frauen, drei Gänse und
drei Frösche machen einen Jahrmarkt.
Deutsches Sprichwort

Dreier Weiber Gezänk
macht einen Jahrmarkt.
Deutsches Sprichwort

Es ist nicht alle Tage Jahrmarkt.
Deutsches Sprichwort

Willst du nichts Unnützes kaufen,
Musst nicht auf den Jahrmarkt laufen.
Deutsches Sprichwort

Jähzorn

Die Galle macht jähzornig und krank,
doch ohne Galle
könnte der Mensch nicht leben.
Voltaire, Zadig

Einem Jähzornigen
biete nicht die Stirn,
und reite mit ihm
nicht durch die Wüste.
Altes Testament, Jesus Sirach 8, 16

Jähzornige Frauenzimmer,
gleich wie Männer auch,
Sind weniger schlimm
als stille Wasser, welche tief.
Euripides, Medea (Kreon)

Wer den Jähzorn besiegt,
überwindet den stärksten Feind.
Publilius Syrus, Sentenzen

Jammer

Der Menschheit ganzer Jammer
fasst mich an.
Johann Wolfgang von Goethe, Faust I (Faust)

Die Menschen dauern mich
in ihren Jammertagen.
Johann Wolfgang von Goethe,
Faust (Prolog im Himmel: Mephisto)

Jammern

Die Deutschen
sind auf sehr unsympathische Weise
Weltmeister im Jammern.
Helmut Kohl

Die Unglücklichen
ketten sich gern aneinander.
Statt sich aber gegenseitig zu trösten,
winseln sie nur meistenteils
miteinander und versinken
immer tiefer in Schwermut
und Hoffnungslosigkeit.
Adolph Freiherr von Knigge,
Über den Umgang mit Menschen

Es sind nicht alle krank,
die Ach und Wehe schreien.
Deutsches Sprichwort

Kein Weiser jammert um Verlust,
Er sucht mit freudgem Mut
ihn zu ersetzen.
William Shakespeare, Heinrich VI. (Margareta)

Man muss selbst handeln
und nicht herumjammern.
Leo N. Tolstoi, Tagebücher (1884)

Niemand heilt durch Jammern
seinen Harm.
William Shakespeare, Richard III. (Gloucester)

Januar

Anfang und Ende vom Januar
zeigen das Wetter fürs ganze Jahr.
Bauernregel

Ist der Jänner hell und weiß,
kommt der Frühling ohne Eis,
wird der Sommer sicher heiß.
Bauernregel

Ist der Januar nicht nass,
füllt sich der Winzer Fass.
Bauernregel

Januar: Es ist kalt.
Roald Amundsen, Eskimoleben (Eskimo-Monatsnamen)

Januar warm, das Gott erbarm!
Bauernregel

Je frostiger der Januar,
je freudiger das ganze Jahr.
Bauernregel

Nebel im Januar
macht ein nasses Frühjahr.
Bauernregel

Ohne Schlittschuh und Schellengeläut
Ist der Januar ein böses Heut.
Johann Wolfgang von Goethe, Jahr aus, Jahr ein

Wächst das Gras im Januar,
ist's im Sommer in Gefahr.
Bauernregel

Wenn Gras wächst im Januar,
wächst es schlecht das ganze Jahr.
Bauernregel

Wirft der Maulwurf im Januar,
dauert der Winter bis Mai sogar.
Bauernregel

Jazz

Jazz ist Freude am Spiel und
deshalb Unterhaltung im besten Sinne.
Leonard Bernstein, Freude an der Musik

Jazz ist komprimierte,
wiehernde Lebensfreude.
Kurt Wortig

Jenseits

Das Schattenreich
ist das Paradies der Phantasten.
Hier finden sie ein unbegrenztes Land,
wo sie nach Belieben anbauen können.
Hypochondrische Dünste,
Ammenmärchen und Klosterwunder
lassen es ihnen an Bauzeug
nicht ermangeln.
Immanuel Kant, Träume eines Geistersehers

Freund, wer in jener Welt
will lauter Rosen brechen,
Den müssen vor allhier
die Dornen g'nugsam stechen.
Angelus Silesius, Der cherubinische Wandersmann

Ich wünschte mir,
ich könnte im Jenseits
von diesem Leben denken:
Es waren schöne Visionen.
Anton P. Tschechow, Notizbücher

Jenseits dieser Welt und dieses Lebens
tastet und sucht man nicht mehr.
Es gibt dort nur ein Schauen,
und alles Geschaute ist Wahrheit.
Joseph Joubert, Gedanken, Versuche und Maximen

Jerusalem

Ein asphaltischer Sumpf
bezeichnet hier noch die Stätte,
Wo Jerusalem stand,
das uns Torquato besang.
Johann Wolfgang von Goethe/Friedrich Schiller,
Xenien

Zehn Teile Schönheit
kamen herab in die Welt;
Jerusalem erhielt neun
und einen Teil die übrige Welt.
Talmud

Jesus

Beten heißt für mich,
24 Stunden lang eins
mit dem Willen Jesu zu sein,
für ihn, durch ihn
und mit ihm zu leben.
Mutter Teresa

Ich glaube, dass immer mehr Leute
wirklich hungrig nach Gott sind.
Und um den Hunger nach Gott
und nach der Liebe Gottes zu stillen,
hat Jesus sich zum Brot des Lebens
gemacht. Und um dem menschlichen
Hunger nach Gott gerecht zu werden,
um unser Verlangen nach Gott
zu befriedigen, müssen wir diesen
Hunger stillen, indem wir Jesus
in der heiligen Eucharistie empfangen.
Mutter Teresa

In der heiligen Kommunion haben wir
Christus in der Gestalt von Brot.
In unserer Arbeit finden wir ihn
in der Gestalt von Fleisch und Blut.
Es ist derselbe Christus.
Mutter Teresa

O Jesu, großer Wundermann,
Hilf du, wo es kein andrer kann.
Bjørnstjerne Bjørnson, Arne

Ohne Jesus wäre unser Leben
bedeutungsleer und unverständlich.
Mutter Teresa

Joch

Man muss das Joch schon ertragen,
das man sich auferlegt hat.
Jean-Jacques Rousseau, Emile

Trägt ja ein jeder Mensch sein Joch.
Johann Wolfgang von Goethe,
Künstlers Erdewallen (Muse)

Johannes der Täufer (24.6.)

Johannisnacht
gesteckte Zwiebel
wird groß fast wie
ein Butterkübel.
Bauernregel

Regnet's auf Johannistag,
missraten die Nüsse
und geraten die Huren.
Bauernregel

Wenn die Johanniswürmer glänzen,
darfst du richten deine Sensen.
Bauernregel

Zu Johannis aus den Reben gahn
Und die Reben blühen lahn.
Bauernregel

Journalismus

Das Beste am Journalismus ist,
dass er die Neugier tötet.
Walter Rathenau, Auf dem Fechtboden des Geistes.
Aphorismen aus seinen Notizbüchern

Dem Tage dient der Journalist,
vom Tage hat er seinen Namen.
Hugo von Hofmannsthal

Der geschickte Journalist
hat eine Waffe: das Totschweigen
– und von dieser Waffe
macht er oft genug Gebrauch.
Kurt Tucholsky

Der große Journalist
sollte über den Dichtern stehen.
Knut Hamsun, Neue Erde

Der Journalist hat zwei Augen
und zwei Ohren,
um doppelt so viel zu sehen
und zu hören,
wie geschieht.
Alexander Roda Roda

Der Unterschied zwischen Literatur
und Journalismus besteht darin,
dass der Journalismus unlesbar ist
und die Literatur nicht gelesen wird.
Oscar Wilde

Die Aktualität
ist der Pulsschlag der Presse.
Deshalb haben Zeitschriften
einen relativ niedrigen Blutdruck.
Cevil King

Die Journalisten sind die Geburtshelfer
und Totengräber der Zeit.
Karl Gutzkow, Basedow und seine Söhne

Die Redakteure
legen die Tagesordnung der Nation fest.
Lido Anthony »Lee« Iacocca,
Mein amerikanischer Traum

Die tyrannische Herrschaft,
die der Journalismus sich über
das Privatleben des Einzelnen anmaßt,
scheint mir ganz außerordentlich.
Das Publikum ist eben
von unersättlicher Neugier erfüllt,
alles zu wissen außer dem,
was wissenswert ist.
Oscar Wilde,
Die Seele des Menschen unter dem Sozialismus

Die Verhältnisse sind dort
am besten geordnet,
wo die Journalisten alles schreiben
können, was sie wollen,
und wo die Politiker nicht alles machen, was die Journalisten schreiben.
Manfred Rommel

Ein altes Pressegesetz warnt:
Je feiner die Manieren
eines Journalisten, desto ordinärer
seine Schreibweise.
Ephraim Kishon, Kishon für alle Fälle

Ein Chefredakteur muss an das Blatt
geflochten werden wie an ein Rad.
Liegt er unten, blutet er.
Ist er oben, ist es sein Sieg.
Henri Nannen

Ein Journalist hat nicht die Pflicht,
geliebt zu werden.
Aber er hat die Pflicht,
gelesen zu werden.
Cecil King

Ein Journalist ist ein Mensch,
der immer etwas Wichtigeres zu tun hat
und daher nie zum Wichtigen kommt.
Heimito von Doderer, Repertorium. Ein Begriffbuch
von höheren und niederen Lebens-Sachen

Ein Journalist ist ein Mensch,
der keine Befehle entgegennimmt.
Fritz Sänger

Ich glaube,
dass ein leidenschaftlicher Journalist
kaum einen Artikel schreiben kann,
ohne im Unterbewusstsein
die Wirklichkeit ändern zu wollen.
Rudolf Augstein

Ich nenne Journalismus alles,
was morgen weniger interessant ist
als heute.
André Gide, Tagebuch

In früheren Jahrhunderten
nagelte man die Ohren
von Journalisten an Pumpen.
Das war sehr hässlich.
In unserem Jahrhundert
haben die Journalisten ihre Ohren
an die Schlüssellöcher genagelt,
das ist noch ärger.
Oscar Wilde,
Die Seele des Menschen unter dem Sozialismus

Jede Nation muss
eine Institution haben,
die vorschnell urteilen darf.
Früher waren das die Wahrsager,
heute sind es die Kolumnisten.
Eugene McCarthy

Journalismus ist Literatur in Eile.
Matthew Arnold

Journalismus ist in Wirklichkeit
Geschichte, die dahinstürmt.
Thomas Griffith

Journalisten erzählen den Leuten,
welchen Weg die Katze
beim Sprung nimmt.
Die Leute passen auf die Katze auf.
Arthur Hays Sulzberger

Journalisten sind Leute, die ein Leben
lang darüber nachdenken, welchen
Beruf sie eigentlich verfehlt haben.
Mark Twain

Journalisten sind Leute,
die über Aktuelles unbefangen
schreiben und über bürgerliche Ehren
spotten. Dann werden sie Publizisten,
schreiben über Ewiges bedeutsam
und nehmen bürgerliche Ehren an.
Johannes Groß

Journalisten sind Schriftsteller,
die auf Schnee schreiben.
Robert Lembke, Steinwürfe im Glashaus

Journalisten sind wie Frauen:
die, die nichts verlangen,
sind oft die teuersten.
Georges Clemenceau

Journalisten sind wie Politiker
– sie reichen vom Verbrecher
bis zum Staatsmann.
Helmut Schmidt

Mit Schlagzeilen erobert man Leser.
Mit Information behält man sie.
Lord Alfred Northcliff

Reporter: ein Schreiber,
der den Weg zur Wahrheit errät
und ihn mit einem Wolkenbruch
von Worten verschüttet.
Ambrose Bierce

Unter den heutigen so genannten
Gelehrten muss man billigerweise
unseren Journalisten einen
ansehnlichen Rang einräumen.
Mit diesen Leuten ist eine ganz
besondere Vorsicht im Umgang nötig.
Sie stehen bei geringem Vorrat
von eigener Gelehrsamkeit im Sold
irgendeiner herrschsüchtigen Partei
oder eines Anführers derselben.
Adolph Freiherr von Knigge,
Über den Umgang mit Menschen

Was immer Du schreibst –
schreibe kurz,
und sie werden es lesen,
schreibe klar,
und sie werden es verstehen,
schreibe bildhaft,
und sie werden es
im Gedächtnis behalten.
Joseph Pulitzer

Jubiläum

Ein Jubiläum ist ein Datum,
an dem eine Null für eine Null
von mehreren Nullen geehrt wird.
Peter Ustinov

Jucken

Es ist besser, dass ein Übel juckt,
als dass es reißt und zieht.
Johann Wolfgang von Goethe, Italienische Reise

Was dich nicht juckt, das kratze nicht.
Deutsches Sprichwort

Wen's juckt, der kratze sich.
Deutsches Sprichwort

Judentum

Das Wesen der jüdischen
Lebensauffassung scheint mir zu sein:
Bejahung des Lebens aller Geschöpfe.
Leben des Individuums hat nur Sinn
im Dienst der Verschönerung und
Veredelung des Lebens alles Lebendigen.
Leben ist heilig, d.h. der höchste Wert,
von dem alle Wertungen abhängen.
Die Heiligung des überindividuellen
Lebens bringt die Verehrung alles
Geistigen mit sich – ein besonders
charakteristischer Zug der jüdischen
Tradition.
Albert Einstein, Mein Weltbild

Die Juden sind ein seltsames Volk.
Fordert man sie auf, fröhlich zu sein,
sind sie traurig. Sagt man ihnen,
dass sie traurig sein sollen,
dann sind sie traurig.
Ephraim Kishon, Kishon für alle Fälle

Die Judenfrage besteht.
Es wäre töricht, sie zu leugnen.
Sie ist ein verschlepptes Stück
Mittelalter, mit dem die Kulturvölker
auch heute beim besten Willen
noch nicht fertig werden.
Theodor Herzl, Der Judenstaat

Einmal wird dieser schreckliche Krieg
doch aufhören, einmal werden wir
auch wieder Menschen
und nicht allein Juden sein.
Anne Frank, Das Tagebuch der Anne Frank

Es wird eine Zeit kommen, da man
in Europa nicht mehr fragen wird,
wer Jude oder Christ sei:
Denn auch der Jude wird nach
europäischen Gesetzen leben und
zum Besten des Staats beitragen.
Nur eine barbarische Verfassung
hat ihn daran hindern oder seine
Fähigkeit schädlich machen mögen.
Johann Gottfried Herder,
Ideen zur Philosophie der Geschichte der Menschheit

Kommt es euch wohl zu,
Menschen zu verbrennen, weil sie von
einer Rasse abstammen, die ehemals
ein kleines steiniges Land in der Nähe
der Syrischen Wüste bewohnte?
Was schert es euch, ob ein Mann eine
Vorhaut hat oder nicht, ob er seine
Osterandacht bei Vollmond im April
hält oder am Sonntag darauf?
Voltaire, Geschichte von Jenni

Selbsthass
ist der Patriotismus der Juden.
Arthur Koestler

Streben nach Erkenntnis um ihrer
selbst willen, an Fanatismus grenzende
Liebe zur Gerechtigkeit und Streben
nach persönlicher Selbstständigkeit –
das sind die Motive der Tradition
des jüdischen Volkes, die mich meine
Zugehörigkeit zu ihm als ein Geschenk
des Schicksals empfinden lassen.
Albert Einstein, Mein Weltbild

Wenn ein Jude betrügt, so hat ihn,
unter neun Malen, ein Christ
vielleicht siebenmal dazu genötigt.
Gotthold Ephraim Lessing, Die Juden (Reisender)

Wenn man das Judentum der Propheten
und das Christentum, wie es Jesus
Christus gelehrt hat, von allen Zutaten
der Späteren, insbesondere der Priester,
loslöst, so bleibt eine Lehre übrig,
die die Menschheit von allen sozialen
Krankheiten zu heilen imstande wäre.
Albert Einstein, Mein Weltbild

Wir sind ein Volk – der Feind
macht uns ohne unseren Willen dazu,
wie das immer in der Geschichte so war.
In der Bedrängnis stehen wir zusammen,
und da entdecken wir plötzlich
unsere Kraft, einen Staat, und zwar
einen Musterstaat, zu bilden.
Theodor Herzl, Der Judenstaat

Jugend

Alter liebt das Wenig,
Jugend das Zuviel.
Joseph Joubert, Gedanken, Versuche und Maximen

Alter schadet der Torheit nicht,
Jugend schadet der Weisheit nicht.
Deutsches Sprichwort

Am besten wär's,
die Kinder blieben klein.
Erich Kästner, Dr. Erich Kästners lyrische Hausapotheke

Bei jungen Frauen
ersetzt die Schönheit den Geist,
bei alten der Geist die Schönheit.
Charles de Secondat,
Baron de la Brède et de Montesquieu, Meine Gedanken

Beschränkt und unerfahren,
hält die Jugend
Sich für ein einzig
auserwähltes Wesen
Und alles über alle sich erlaubt.
Johann Wolfgang von Goethe, Torquato Tasso (Tasso)

Besonders in der Jugend
fixiert sich das Ziel unseres Glückes
in Gestalt einiger Bilder,
die uns vorschweben
und oft das halbe,
ja das ganze Leben verharren.
Sie sind eigentlich neckende Gespenster:
Denn, haben wir sie erreicht,
so zerrinnen sie in nichts,
indem wir die Erfahrung machen,
dass sie gar nichts, von dem,
was sie verhießen, leisten.
Arthur Schopenhauer, Aphorismen zur Lebensweisheit

Besser ist's,
man hat in der Jugend zu kämpfen
als im Alter.
Gottfried Keller, Briefe

Böse und hässliche alte Leute
waren als Kinder fast tadellos.
Erich Kästner, Dr. Erich Kästners lyrische Hausapotheke

Das Alter soll man ehren,
der Jugend soll man wehren.
Deutsches Sprichwort

Das Alter wägt und misst es,
Die Jugend spricht: So ist es.
August Graf von Platen, Spruch

Das bescheidene Gemüt erkennt es,
dass es auch seine wie aller Dinge
natürliche Bestimmung sei,
zu blühen, zu reifen und zu welken.
Aber es weiß, dass eins doch
in ihm unvergänglich sei.
Dieses ist die ewige Sehnsucht
nach der ewigen Jugend,
die immer da ist und immer entflieht.
Friedrich Schlegel, Lucinde

Das, das gibt erst dem Menschen
seine ganze Jugend,
dass er Fesseln zerreißt.
Friedrich Hölderlin, Hyperion

Das Fieber der Jugend
hält den Rest der Welt
auf Normaltemperatur.
Georges Bernanos

Jugend

Das Gemüt bleibt jung,
solange es leidensfähig bleibt.
Marie von Ebner-Eschenbach, Aphorismen

Das Herrliche an der Jugend
ist das ihr eigene übermütige Gefühl,
dass die Unermesslichkeit des Raumes
ihr Besitztum sei.
Gilbert Keith Chesterton, Heäretiker

Das ist der Jugend edelster Beruf:
Die Welt, sie war nicht,
eh ich sie erschuf!
Die Sonne führt ich
aus dem Meer herauf;
Mit mir begann der Mond
des Wechsels Lauf.
Johann Wolfgang von Goethe, Faust II (Baccalaureus)

Das ist ewige Jugend,
dass immer Kräfte genug im Spiele sind,
und wir uns ganz erhalten
in Lust und Arbeit.
Friedrich Hölderlin, Hyperion

Das Leben der Jugend
beherrscht die Leidenschaft,
sie geht hauptsächlich
auf das Vergnügen aus
und genießt den Augenblick.
Aristoteles, Nikomachische Ethik

Das Leben ist unermesslich lange,
so lang man noch jung ist.
Man meint immer, noch recht viel
vor sich zu haben und erst
einen kurzen Weg gegangen zu sein.
Darum schiebt man auf,
stellt dieses und jenes zur Seite,
um es später vorzunehmen.
Aber wenn man es vornehmen will,
ist es zu spät, und man merkt,
dass man alt ist.
Adalbert Stifter, Der Hagestolz

Das reife Alter ist aller Freuden
des blühenden Jugendalters fähig,
und das hohe Alter aller Freuden
der Kindheit.
Joseph Joubert, Gedanken, Versuche und Maximen

Dass der Mensch das Ziel
in seiner Jugend so nahe glaubt!
Es ist die schönste aller Täuschungen,
womit die Natur der Schwachheit
unsers Wesens aufhilft.
Friedrich Hölderlin, Hyperion

Dass doch die Jugend immer
zwischen den Extremen schwankt!
Johann Wolfgang von Goethe,
Wilhelm Meisters Lehrjahre

Denn niemand glaube,
die ersten Eindrücke der Jugend
überwinden zu können.
Johann Wolfgang von Goethe,
Wilhelm Meisters Lehrjahre

Der Alte altert,
aber der Junge verjüngt sich nicht.
Sprichwort aus Russland

Der fremde Zauber
reißt die Jugend fort,
Gewaltsam strebend
über unsre Berge.
Friedrich Schiller, Wilhelm Tell (Attinghausen)

Der größte Fehler, den
die Jugend von heute hat, ist der,
dass man nicht mehr zu ihr gehört.
Salvador Dali

Der Irrtum ist recht gut,
solange wir jung sind;
man muss ihn nur nicht
mit ins Alter schleppen.
Johann Wolfgang von Goethe,
Maximen und Reflexionen

Der Jugend Führer sei das Alter;
beiden sei
Nur wenn sie als Verbundne wandeln,
Glück beschert.
Johann Wolfgang von Goethe,
Paläophron und Neoterpe (Neoterpe)

Der Jugend Nachtgefährt
ist Leidenschaft,
Ein wildes Feuer leuchtet
ihrem Pfad.
Johann Wolfgang von Goethe,
Des Eupimenides Erwachen (Eupimenides)

Der junge Mann weiß,
dass seine Zukunft so werden wird,
wie er will;
das junge Mädchen weiß,
dass seine Zukunft so werden wird,
wie ein Mann es will.
Henry de Montherlant, Die jungen Mädchen

Der Junge soll seine Kraft
auf die Vorbereitung,
der Alte auf die Nutzung verwenden.
Michel Eyquem de Montaigne, Die Essais

Der Jüngling,
der Mensch von schwachem Kopfe,
der von einem unbestimmten Charakter,
wird in der Gesellschaft leicht berauscht
und zu einer Vergessenheit seiner selbst
und auch ernsthaften Gegenstände
gebracht: Und dieser Zustand,
der ihm anfangs vielleicht lästig war,
fängt nach und nach an,
ihm zu gefallen, und wird zuletzt
von ihm als Endzweck angesehn,
warum er in Gesellschaft geht.
Christian Garve, Über Gesellschaft und Einsamkeit

Der Nachahmungstrieb
der frühesten Jugend bewirkt,
dass wir die Leidenschaften
unserer Eltern übernehmen,
selbst wenn diese Leidenschaften
unser Leben vergiftet werden.
Stendhal, Über die Liebe (Fragmente)

Des Jünglings Aufgabe
für seine Selbstbehauptung
ist die Bewahrung seiner Jugend
und die Abwehr derer,
die alles besudeln wegen
ihrer rasenden Begierden.
Epikur, Sprüche. In: Briefe, Sprüche, Werkfragmente

Die Alten lieben den Bart,
die Jungen den Zopf,
und die dazwischen
– lange Fingernägel.
Chinesisches Sprichwort

Die Alten zum Rat,
Die Jungen zur Tat.
Deutsches Sprichwort

Die Disziplinlosigkeit und
der schlechte Geschmack,
die der Jugend eigen sind,
beeinträchtigen nicht
früher erworbene Qualitäten,
die allmählich und zudem
recht mühselig und behutsam
wie bei einer verschütteten Venus
mit dem Spaten freigelegt
werden müssen.
Jean Cocteau, Hahn und Harlekin

Die Finken, die im Lenz nicht singen,
Die bringen's auf den Herbst dann ein.
Der muss dann alt erst rasend sein,
Der jung es konnte nicht vollbringen.
Friedrich von Logau, Sinngedichte

Die flüchtige Jugend
gleitet heimlich dahin
und täuscht uns.
Ovid, Liebesgedichte

Die Heiterkeit und
der Lebensmut unserer Jugend
beruht zum Teil darauf, dass wir,
bergauf gehend, den Tod nicht sehen;
weil er am Fuß der anderen Seite
des Berges liegt.
Arthur Schopenhauer, Aphorismen zur Lebensweisheit

Die Jugend besteht nicht nur
aus Blüten.
Leo N. Tolstoi, Tagebücher (1861)

Die Jugend brauset,
Das Leben schäumt,
Frisch auf,
eh der Geist noch verdüftet!
Friedrich Schiller, Wallensteins Lager (1. Jäger)

Die Jugend hat Heimweh
nach der Zukunft.
Jean-Paul Sartre

Die Jugend ist die Zeit der Unruhe,
das Alter die der Ruhe:
Schon hieraus ließe sich auf ihr
beiderseitiges Wohlbehagen schließen.
Arthur Schopenhauer, Aphorismen zur Lebensweisheit

Die Jugend ist die Zeit,
die Weisheit zu studieren,
das Alter,
die erlangte Weisheit auszuüben.
Jean-Jacques Rousseau,
Träumereien eines einsamen Spaziergängers

Die Jugend ist ein Rosenkranz,
das Alter ist ein Dornenkranz.
Talmud

Die Jugend kann nicht mehr
auf die Erwachsenen hören.
Dazu ist ihre Musik zu laut.
Oliver Hassencamp

Die Jugend macht sich am liebsten
an die schwersten, die letzten Probleme,
die hat den Zug zum Absoluten,
sie überschätzt aber ihre Kraft,
sie kennt die Schranken noch nicht.
Jakob Boßhart, Bausteine zu Leben und Zeit

Die Jugend muss sich austoben.
Deutsches Sprichwort

Die Jugend soll
ihre eigenen Wege gehen.
Aber ein paar Wegweiser
schaden nicht.
Pearl S. Buck

Die Jugend soll nicht traurig sein,
sondern heiter und fröhlich.
Junge Menschen sollen
voll Frohsinn sein.
Martin Luther, Tischreden

Die Jugend überschätzt das Neueste,
weil sie sich mit ihm gleichaltrig fühlt.
Darum ist es ein zweifaches Unglück,
wenn das Neueste zu ihrer Zeit
schlecht ist.
Robert Musil, Aphorismen

Die Jugend verirrt sich nie von selbst,
alle ihre Irrtümer kommen daher,
dass man sie schlecht führte.
Jean-Jacques Rousseau,
Brief an Erzbischof Beaumont (18. November 1762)

Die Jugend wäre ein
nahezu idealer Zustand,
wenn man sie später im Leben
haben könnte.
Herbert Henry Earl of Oxford and Asquith

Die Jugend wäre eine
noch viel schönere Zeit,
wenn sie erst später
im Leben käme.
Charlie Chaplin

Die Jugend wechselt
ihre Neigungen aus Lebenslust,
das Alter bewahrt sie
aus Gewohnheit.
François de La Rochefoucauld, Reflexionen

Die Jugend weiß, was sie nicht will,
bevor sie sich darüber im Klaren ist,
was sie will.
Jean Cocteau

Die Jugend
will nicht mit Samthandschuhen
oder mit Watte angefasst werden,
die jungen Menschen brauchen
einen harten Ausbildungsprozess,
wenn sie im Leben von morgen
ihren Mann stehen sollen und
wenn sie nicht eines Tages
im Konflikt zur Gesellschaft
dann mehr oder minder latente
Revolutionäre werden sollen.
Franz Josef Strauß, Bayernkurier, 9. Juli 1977

Die Jugend zeigt den Mann an,
so wie der Morgen den Tag ankündigt.
John Milton, Das verlorene Paradies

Die jungen Leute leiden
weniger unter ihren Fehlern
als unter der Weisheit der Alten.
Luc de Clapiers Marquis de Vauvenargues,
Reflexionen und Maximen

Die jungen Leute sind
neue Aperçus der Natur.
Johann Wolfgang von Goethe,
Maximen und Reflexionen

Die Jungen lieben Kleider,
die Alten lieben das Essen.
Chinesisches Sprichwort

Die Jungen sollten den Alten
ebenso viel Toleranz entgegenbringen
wie ihren Freunden.
Die Alten sollten nicht so schnell
vergessen, wie »kühn« sie selbst
seinerzeit waren.
Das wäre für beide Teile
der Mühe wert.
Heinz Rühmann

Die Menge klammert sich an das Alter,
weil sie die Jugend fürchtet.
Alexander S. Neill,
Theorie und Praxis der antiautoritären Erziehung

Die Menschen halten sich
mit ihren Neigungen ans Lebendige.
Die Jugend bildet sich wieder
an der Jugend.
Johann Wolfgang von Goethe,
Maximen und Reflexionen

Die Neigung der Jugend
zum Geheimnis, zu Zeremonien
und großen Worten ist außerordentlich
und oft ein Zeichen
einer gewissen Tiefe des Charakters.
Johann Wolfgang von Goethe,
Wilhelm Meisters Lehrjahre

Die Reize der Jugend
sind das einzige Gepäck der Liebe.
Honoré de Balzac, Die Physiologie der Ehe

Die Stürme der Jugend
sind von strahlenden Tagen umgeben.
Luc de Clapiers Marquis de Vauvenargues,
Reflexionen und Maximen

Die Tage der Jugend,
sie glänzen und blühn;
O lass uns die Tage
der Jugend genießen!
Johann Wolfgang von Goethe,
Erwin und Elmire (Valerio und Rosa)

Die Ungeduld
ist die einzige Eigenschaft der Jugend,
deren Verlust man im Alter
nicht beklagt.
Frank Thieß

Die Verirrungen der Jugend
sind weder durch das Temperament
noch durch die Sinne, sondern
durch vorgefasste Meinung bedingt.
Jean-Jacques Rousseau, Emile

Die Welt vergöttert die Jugend, aber
regieren lässt sie sich von den Alten.
Henry de Montherlant

Die wilde Hitze roher Jugend
Wird mit den Jahren Sittsamkeit.
Christian Fürchtegott Gellert, Lieder

Die Zweige des Maulbeerbaumes
werden gebogen, wenn sie jung sind.
Chinesisches Sprichwort

Diese jugendlichen Illusionen
vom Leben, woher kommen sie?
Aus der Kraft, sagt man.
Doch der Verstand, der so viele
zerstörte Kinderträume gesehen hat,
müsste darauf schließen können,
wie unsinnig die Verwirklichung
von Jugendillusionen ist.
August Strindberg, Der Sohn der Magd

Ein alter Wunsch,
der älteste wohl auf Erden:
Die Jungen möchten alt,
verjüngt die Alten werden.
Jüdische Spruchweisheit

Ein junger Mann muss erwerben,
ein alter benutzen.
Lucius Annaeus Seneca, Briefe über Ethik

Ein junger Mensch
darf keine sicheren Werte erwerben.
Jean Cocteau, Hahn und Harlekin

Ein junger Mensch
ist ein junger Most;
der lässt sich nicht halten;
er muss gären.
Martin Luther, Tischreden

Eine gemeinschaftlich genossne Jugend
ist ein unzerreißliches Band.
Novalis, Heinrich von Ofterdingen

Jugend

Einen jungen Zweig biegt man,
wohin man will.
Deutsches Sprichwort

Erst dann hört man auf, jung zu sein,
wenn ein Verlangen nach dem andern
Abschied nimmt oder totgemacht wird.
Franziska Gräfin zu Reventlow, Tagebücher

Erst wenn die Jugend hin ist,
lieben wir sie, und dann erst,
wenn die verlorne wiederkehrt,
beglückt sie alle Tiefen der Seele.
Friedrich Hölderlin, Hyperion

Es betrügt sich kein Mensch, der
in seiner Jugend noch so viel erwartet.
Aber wie er damals die Ahndung
in seinem Herzen empfand,
so muss er auch die Erfüllung
in seinem Herzen suchen,
nicht außer sich.
Johann Wolfgang von Goethe,
Maximen und Reflexionen

Es gibt ein Lebensalter,
da man unbestimmt lächelt,
als sei die Luft erfüllt von Küssen;
das Herz ist ganz geschwellt
von einem Dufthauch,
heiß pocht das Blut in den Adern,
es perlt wie schäumender Wein
in kristallenem Becher.
Gustave Flaubert, November

Es gibt Menschen,
die immer jung bleiben,
und andere, die nie jung waren.
Leo N. Tolstoi, Tagebücher (1852)

Es ist besser, ein junger Maikäfer
als ein alter Paradiesvogel zu sein.
Mark Twain, Querkopf Wilsons Kalender

Es ist das Vorrecht der Jugend,
Fehler zu begehen,
denn sie hat
genügend Zeit, sie zu korrigieren.
Ernst Barlach

Es ist ein Jammer,
dass die Zeit so kurz ist
zwischen der Spanne,
wo man zu jung, und jener,
wo man zu alt ist.
Charles de Secondat, Baron de la Brède
et de Montesquieu, Meine Gedanken

Es ist seltsam,
dass einem eine Jugendliebe
so lange nachgehen kann
und sich dann und wann
immer wieder meldet.
Knut Hamsun, Mysterien

Es liegt im Wesen der Jugend,
dass sie das Bild der Zukunft,
die sein soll,
als berauschendes Phantasiebild
in sich trägt.
Eduard Spranger

Es wehte und trieb mich im Leben
umher manch heißer, sengender Wind,
Meine Eltern weinten in stiller Nacht
um ihr verlorenes Kind.
Franziska Gräfin zu Reventlow, Tagebücher

Es ziemt sich für einen jungen Mann,
bescheiden zu sein.
Titus Maccius Plautus, Eselskomödie

Faule Jugend, lausig Alter.
Deutsches Sprichwort

Flieh vor den Begierden der Jugend.
Neues Testament, Paulus (2 Timotheus 2, 22)

Forcierte Jugendlichkeit
macht nur noch viel älter.
Franziska Gräfin zu Reventlow, Tagebücher

Für Zeiten standen Junge
vor Alten höflich auf,
Jetzt heißt es:
Junger, sitze! Und alter Greiner, lauf!
Friedrich von Logau, Sinngedichte

Geld kann vieles in der Welt,
Jugend kauft man nicht ums Geld.
Ferdinand Raimund,
Das Mädchen aus der Feenwelt (Jugend)

Gib ungebändigt jene Triebe,
Das tiefe, schmerzenvolle Glück,
Des Hasses Kraft, die Macht der Liebe,
Gib meine Jugend mir zurück!
Johann Wolfgang von Goethe,
Faust (Vorspiel auf dem Theater: Dichter)

Greise hängen mit zärtlichen Gefühlen
an den Erinnerungen ihrer Jugend.
Jean de La Bruyère, Die Charaktere

Greisenantlitz oft verkündigt
Was der Jüngling einst gesündigt.
Jüdische Spruchweisheit

Grüne Jugend, was prahlst du so?
Ein jeder Halm wird endlich Stroh.
Paul von Heyse, Spruchbüchlein

Hamletische Jünglinge
sind schon seit langem
dem Gelächter ausgesetzt,
denn es ist eine andere
Generation herangewachsen,
die neue Visionen denkt
und so, wie sie denkt, auch handelt.
August Strindberg, Der Sohn der Magd

Ich bin in einem Alter,
in dem man Jugendsünden
gestehen sollte, bevor man sie vergisst.
Ephraim Kishon, Kishon für alle Fälle

Ich hör es gern,
wenn auch die Jugend plappert;
Das Neue klingt, das Alte klappert.
Johann Wolfgang von Goethe, Zahme Xenien

Ich muss doch recht jung sein,
dass ich immer noch
so viel zu lernen finde.
Franziska Gräfin zu Reventlow, Tagebücher

Ich weiß, dass das Leben wirklich
immer wieder von vorn anfängt,
immer wieder neu, immer,
und man ist wieder jung.
Franziska Gräfin zu Reventlow, Tagebücher

Ich weiß, was Jugend ist:
inniges, unzerstreutes Empfinden
des eigenen Selbst.
Bettina von Arnim

Im Alter waren wir jung.
Im Neuen werden wir alt sein.
Walter Rathenau, Auf dem Fechtboden des Geistes.
Aphorismen aus seinen Notizbüchern

Im Erwachsenenalter
ist es schrecklich schwer zu begreifen,
wie kindisch junge Leute sein können.
Leo N. Tolstoi, Tagebücher (1889)

Im Leben einer Frau
zählt nur die Jugend.
Henry de Montherlant, Erbarmen mit den Frauen

Im Leben jedes wachen
jungen Menschen tritt beim Übergang
von der Familie in die Gesellschaft
ein Augenblick ein, in dem ihn
das ganze seltsame Kulturleben anekelt,
und er bricht aus.
August Strindberg, Der Sohn der Magd

In den Ozean schifft
mit tausend Masten der Jüngling;
Still auf gerettetem Boot
treibt in den Hafen der Greis.
Friedrich Schiller, Erwartung und Erfüllung

In der Jugend bald die Vorzüge
des Alters gewahr zu werden,
im Alter die Vorzüge der Jugend
zu erhalten, beides ist nur ein Glück.
Johann Wolfgang von Goethe,
Maximen und Reflexionen

In der Jugend
entscheidet man sich
– ob volle Sonne oder
gedämpfte Beleuchtung,
Anstand oder Zynismus,
Stil oder Realität.
Heinrich Mann, Geist und Tat

In der Jugend herrscht die Anschauung,
im Alter das Denken vor:
Daher ist jene die Zeit für Poesie,
dieses mehr für die Philosophie.
Arthur Schopenhauer, Aphorismen zur Lebensweisheit

In der Jugend kann man
gegen niemand gleichgültig sein
– Hass oder Liebe.
Jean Paul, Aphorismen

In der Jugend lernt man,
im Alter versteht man.
Marie von Ebner-Eschenbach, Aphorismen

In der Jugend,
wo wir nichts besitzen
oder doch den ruhigen Besitz
nicht zu schätzen wissen,
sind wir Demokraten.
Johann Wolfgang von Goethe, überliefert von
Johann Peter Eckermann (Gespräche mit Goethe)

In jüngeren Jahren ist man ungeduldig
bei den kleinsten Übeln.
Johann Wolfgang von Goethe,
Tag- und Jahreshefte (1795)

In uns, die wir noch jung sind,
ändert nichts der Natur Triebe,
und alle unsre Regungen
scheinen sich ähnlich.
Jean-Jacques Rousseau,
Julie oder Die neue Héloïse (Saint-Preux)

Ja, ja, mein Guter,
man muss jung sein,
um große Dinge zu tun.
Johann Wolfgang von Goethe, überliefert von
Johann Peter Eckermann (Gespräche mit Goethe)

Je jünger der Mensch ist,
umso weniger glaubt er an das Gute,
obwohl er dem Bösen gegenüber
vertrauensseliger ist.
Leo N. Tolstoi, Tagebücher (1853)

Je jünger wir sind, desto mehr vertritt
jedes Einzelne seine ganze Gattung.
Dies nimmt immer mehr ab,
von Jahr zu Jahr.
Arthur Schopenhauer, Aphorismen zur Lebensweisheit

Jugend – das ist vor allem
das Übergewicht der Hormone
über die Argumente.
David Frost

Jugendgefährdend heißt:
Die Alten sind so gefährdet,
dass sie sich hinter der Jugend
verstecken müssen.
Ludwig Marcuse

Jugend geht in einer Herde,
Mannesalter in Paaren
und das Alter allein.
Sprichwort aus Schweden

Jugend hat nicht allzeit Tugend.
Deutsches Sprichwort

Jugend hat viel Herrlichkeit,
Alter Seufzen viel und Leid.
Wolfram von Eschenbach, Parzival

Jugend heißt stolpern,
Mannheit heißt kämpfen,
Alter heißt bedauern.
Benjamin Disraeli, Coningsby

Jugend ist das Einzige,
was zu besitzen sich lohnt.
Oscar Wilde, Das Bildnis des Dorian Gray

Jugend ist dauernde Trunkenheit
und fiebrige Unrast der Vernunft.
François de La Rochefoucauld, Reflexionen

Jugend ist nur Erinnerung
an einen, der noch nicht kam.
Rainer Maria Rilke,
Die weiße Fürstin (Die weiße Fürstin)

Jugend ist oft arm:
Man hat noch nichts erworben
oder noch nichts geerbt.
Reichtum und Alter
finden sich zu gleicher Zeit ein:
So selten geschieht es,
dass Menschen alles Gute
auf einmal haben!
Jean de La Bruyère, Die Charaktere

Jugend ist Trunkenheit ohne Wein.
Johann Wolfgang von Goethe, West-östlicher Divan

Jugend ist voll von vielen
weit reichenden Hoffnungen,
Jugend will den Fluss in Brand setzen
und alle Glockentürme der Welt
zum Läuten bringen.
Vita Sackville-West, Erloschenes Feuer

Jugend! Jugend!
Es gibt auf der Welt
nichts als die Jugend!
Oscar Wilde, Das Bildnis des Dorian Gray

Jugendkraft besteht darin, dass einem
jeder Widerstand Freude macht.
Sigismund von Radecki

Jugend träumt, Alter rechnet.
Sprichwort aus Frankreich

Jugend verlache kein graues Haupt,
denn wie lange bleibt eine Blume
rot und frisch?
Chinesisches Sprichwort

Jugend wild, Alter mild.
Deutsches Sprichwort

Jugendeindrücke verlöschen nicht,
auch in ihren kleinsten Teilen.
Johann Wolfgang von Goethe,
Wilhelm Meisters Lehrjahre

Jugendliebe dauert nicht länger
als Schnee im April.
Sprichwort aus Frankreich

Jung an Jahren
kann alt an Verstand sein.
Deutsches Sprichwort

Jung sein ist schön,
alt sein ist bequem.
Marie von Ebner-Eschenbach, Aphorismen

Junge Leute kennen eher
die Liebe als die Schönheit.
Luc de Clapiers Marquis de Vauvenargues,
Reflexionen und Maximen

Junge Leute leiden weniger
unter eigenen Fehlern
als unter der Weisheit der Alten.
Luc Clapiers Marquis de Vauvenargues

Junge Leute lieben
das Interessante
und Absonderliche,
gleichgültig wie wahr
oder falsch es sei.
Friedrich Nietzsche, Menschliches, Allzumenschliches

Junge Leute: Sie haben fast alle Fieber.
Jules Renard, Ideen, in Tinte getaucht.
Aus dem Tagebuch von Jules Renard

Junge Reiser pfropft man nicht
auf alte Stämme.
Deutsches Sprichwort

Junger Engel, alter Teufel.
Deutsches Sprichwort

Junger Schlemmer, alter Bettler.
Deutsches Sprichwort

Junges Blut spar dein Gut.
Deutsches Sprichwort

Jünglinge von einigem Geist
tragen sich gern
mit allerhand großen Erwartungen,
mit allerhand stolzen Entwürfen
für ihre Zukunft.
Johann Jakob Engel, Fürstenspiegel

Kalbfleisch und Kuhfleisch
kochen nicht zugleich.
Deutsches Sprichwort

Keine Verbindungen pflegen
dauerhafter zu sein als die,
welche in der frühen Jugend
geschlossen werden.
Man ist da noch weniger misstrauisch,
weniger schwierig in Kleinigkeiten.
Adolph Freiherr von Knigge,
Über den Umgang mit Menschen

Keine Zeit ist mit der Zeit zufrieden;
das heißt, die Jünglinge halten
die künftige für idealer
als die gegenwärtige,
die Alten die vergangne.
Jean Paul, Vorschule der Ästhetik

Kluge Leute verstehen es,
den Abschied von der Jugend
auf mehrere Jahrzehnte zu verteilen.
Françoise Rosay

Komische Junge
sind viel seltener als komische Alte.
Kurt Tucholsky, Schnipsel

Lassen wir der Jugend
die Leidenschaften, die Koketterien,
die Liebe und ihre Ängste, die Liebe
und ihre Wonnen! In dieser Jugendzeit
gibt es keinen Fehltritt, der
sich nicht wieder gutmachen ließe.
Honoré de Balzac, Die Physiologie der Ehe

Man bleibt jung,
solange man noch lernen,
neue Gewohnheiten annehmen
und Widerspruch ertragen kann.
Marie von Ebner-Eschenbach, Aphorismen

Man darf den Führern
nicht zu sehr vertrauen,
dagegen sollte die Jugend
unsere Hoffnung sein.
Knut Hamsun, Neue Erde

Man hat nichts davon,
wenn man nur jung,
aber nicht schön ist,
oder nur schön,
aber nicht jung.
François de La Rochefoucauld, Reflexionen

Man pflegt die Jugend
die glücklichste Zeit
des Lebens zu nennen,
und das Alter die traurige.
Das wäre wahr,
wenn die Leidenschaften
glücklich machen.
Arthur Schopenhauer, Aphorismen zur Lebensweisheit

Man sagt »in jungen Jahren«
und »in alten Tagen«,
weil die Jugend Jahre
und das Alter nur noch Tage
vor sich hat.
Marie von Ebner-Eschenbach, Aphorismen

Man verliert seine Jugend,
wenn man seine Sinne
nicht gebraucht.
Johann Gottfried Herder,
Journal meiner Reise im Jahr 1769

Man will aber seinen Spielplatz haben,
denn man ist ja ein Kind und
kann nicht so gesetzt sein wie ein Alter:
Jugend hat keine Tugend.
Max Stirner, Der Einzige und sein Eigentum

Man zwingt die jungen Leute,
ihre Vermögen zu verwenden,
als ob es sicher wäre,
dass sie alt werden müssten.
Luc de Clapiers Marquis de Vauvenargues,
Unterdrückte Maximen

Manches lange Leben
dient dazu,
von den Plänen der Jugend
wegzukommen.
Ludwig Marcuse, Argumente und Rezepte.
Ein Wörter-Buch für Zeitgenossen

Mehr noch als nach
dem Glück unserer Jugend
sehnen wir uns im Alter
nach den Wünschen
unserer Jugend zurück.
Marie von Ebner-Eschenbach, Aphorismen

Menschen,
die ihre Kenntnis an die Stelle
der Einsicht setzen. (Jung Leute.)
Johann Wolfgang von Goethe,
Maximen und Reflexionen

Nichts schadet
einem jungen Menschen mehr
als das Gefühl, keinen Platz zu finden,
nicht gebraucht zu werden
und von der Gesellschaft
ausgeschlossen zu sein.
Richard von Weizsäcker, Verantwortung für sozialen
Fortschritt, Gerechtigkeit und Menschenrechte (1986)

Niemand soll dich
wegen deiner Jugend gering schätzen.
Neues Testament, Paulus (1 Timotheus 4, 12)

Nur die Jugend kann man
gesund nennen, die sich mit
den alten Zuständen nicht abfindet
und die, auf dumme oder kluge Weise,
dagegen ankämpft – so will es
die Natur, und darauf baut sich
der Fortschritt.
Anton P. Tschechow, Briefe (29. März 1890)

Nur in der Jugend
ist man wahrer Weltbürger;
die besten unter den Alten
sind nur Erdenbürger.
Ludwig Börne, Aus meinem Tagebuch

Oh! Jung und in der Fülle des Lebens
sterben! Beneidenswertes Geschick!
Honoré de Balzac, Physiologie der Ehe

Republik ist das Fluidum deferens
der Jugend. Wo junge Leute sind,
ist Republik.
Novalis, Politische Aphorismen

Schmerzen sind der Jugend Nahrung,
Tränen seliger Lobgesang.
Johann Wolfgang von Goethe, Ungeduld

Schnell fertig ist die Jugend
mit dem Wort,
Das schwer sich handhabt
wie des Messers Schneide.
Friedrich Schiller, Wallensteins Tod (Wallenstein)

Schon hat sich still
der Jahre Kreis geründet,
Die Lampe harrt
der Flamme, die entzündet.
Johann Wolfgang von Goethe, Urworte, Orphisch

Selten ist jüngeres Alter verständig.
Homer, Odyssee

Sinnlosigkeit der Jugend.
Furcht vor der Jugend,
Furcht vor der Sinnlosigkeit,
vor dem sinnlosen Heraufkommen
des sinnlosen Lebens.
Franz Kafka, Tagebücher (1914)

So sehr mich mein Gemüt auch
vorwärts treibt, so kann ich
es doch nicht verleugnen,
oft mit Dank und oft mit Sehnsucht
an die Jugendtage zu denken,
wo man noch mehr mit seinem Herzen
als mit dem Verstande leben darf und
sich und die Welt noch zu schön fühlt,
als um seine Befriedigung einzig
im Geschäft und im Fleiße
suchen zu müssen.
Friedrich Hölderlin, Briefe (an die Schwester, Juli 1799)

Sonst: Wie die Alten sungen,
So zwitscherten die Jungen;
Jetzt: Wie die Jungen singen,
Soll's bei den Alten klingen.
Bei solchem Lied und Reigen
Das Beste – ruhn und schweigen.
Johann Wolfgang von Goethe, Sprüche

Spätestens mit sechzig Jahren
muss sich der Mann entscheiden,
ob er seine Jugend oder sein Leben
verlängern will.
Alfred Charles Kinsey

Um seine Jugend zurückzubekommen,
muss man nur
seine Torheiten wiederholen.
Oscar Wilde, Das Bildnis des Dorian Gray

Und besonders bedarf die Jugend,
dass man sie leite.
Johann Wolfgang von Goethe,
Hermann und Dorothea (5. Gesang)

Und was das liebe junge Volk betrifft,
Das ist noch nie so naseweis gewesen.
Johann Wolfgang von Goethe, Faust I (Autor)

Unsere Jugend
sammelt nur Seufzer für das Alter.
Edward Young, Nachtgedanken

Vergessenkönnen
ist das Geheimnis ewiger Jugend.
Wir werden alt durch Erinnerung.
Erich Maria Remarque

Wahre Jugend ist eine Eigenschaft, die
sich nur mit den Jahren erwerben
lässt.
Jean Cocteau

Warum ist die Jugend
die üppigste Zeit des Lebens?
Weil kein Ziel so hoch
und so fern ist,
das sie sich nicht einst
zu erreichen getraute.
Heinrich von Kleist, Briefe
(an Adolphine von Werdeck, 28./29. Juli 1801)

Warum sind wir so klug,
wenn wir jung sind,
so klug,
um immer törichter zu werden!
Johann Wolfgang von Goethe,
Wilhelm Meisters Lehrjahre

Was bei der Jugend
wie Grausamkeit aussieht,
ist meistens Ehrlichkeit.
Jean Cocteau

Was ein Held werden will,
zeigt sich in der Jugend.
Chinesisches Sprichwort

Was Hänschen nicht lernte,
lernt Hans nimmermehr.
Deutsches Sprichwort

Was man in der Jugend wünscht,
hat man im Alter die Fülle.
Johann Wolfgang von Goethe, Dichtung und Wahrheit

Wein, Gesang und Liebe
Haben mich wieder jung gemacht.
Friedrich von Bodenstedt, Mirza Schaffy

Wendet euch an die Jugend:
Sie weiß alles!
Joseph Joubert, Gedanken, Versuche und Maximen

Wenige erinnern sich daran,
dass sie einmal jung gewesen sind,
und wie schwer es ihnen fiel,
keusch und mäßig zu sein.
Jean de La Bruyère, Die Charaktere

Wenn das Alter stark
und die Jugend klug wär,
das wär Gelds wert.
Martin Luther, Tischreden

Wenn die Jugend
das Wort Ungebundenheit
auf ihre Fahne malt,
so verrät sie dadurch nur,
dass sie nach Gebundenheit,
Führung verlangt.
Jakob Boßhart, Bausteine zu Leben und Zeit

Wenn die Jugend den Mut
und die Größe ihres Herzens
nicht anders kundtun kann als
durch Angriffe auf die Gesellschaft,
dann muss es um diese Gesellschaft
sehr übel bestellt sein.
George Sand, Briefe

Wenn die Jugend ein Fehler ist,
so legt man ihn sehr schnell ab.
Johann Wolfgang von Goethe,
Maximen und Reflexionen

Wenn es in unserem Leben
etwas Ewiges geben soll,
so sind es die Erschütterungen,
die wir in der Jugend empfangen.
Theodor Storm, Ein Bekenntnis

Wenn ich die Jahre zähl,
so sind noch nicht gar viele
verstrichen seit meiner Geburt;
doch ich trage an Erinnerungen
ohne Zahl, unter deren Wucht
ich ächze wie Greise unter der Last
ihrer Lebenstage; bisweilen ist mir,
als habe ich Jahrhunderte überdauert.
Gustave Flaubert, November

Wenn ich die Jugend
unserer Tage betrachte,
so meine ich, dass der Himmel
die Welt zerstören wolle.
Joseph Joubert, Gedanken, Versuche und Maximen

Wenn ich mich so betrachte und
die vergangenen Zeiten überdenke,
staune ich über die vielen Verirrungen,
die die Jugend mit sich bringt.
Ecbasis captivi in belehrender Gestalt (vor 1030)

Wenn Jugend nur wüsste,
Alter nur könnte!
Charles-Guillaume Etienne, Les Pémices

Wenn Leute sich lieben,
dann bleiben sie jung füreinander.
Paul Ernst, Liebesgeschichten

Wenn man jung und gesund ist,
kann man sich am Montag
umbringen wollen und am Mittwoch
schon wieder lachen.
Marilyn Monroe

Wenn sich die unbesonnene Jugend
täuscht, so nicht darin, dass sie
genießen will, sondern darin, dass sie
den Genuss sucht, wo er nicht ist.
Jean-Jacques Rousseau, Emile

Wer es der Jugend so leicht macht,
macht es ihr schwer.
Gino Cervi

Wer in der Jugend
sich durch Mühsal musste schlagen,
Den rührt's im Alter nicht,
wenn sich die Jungen plagen.
Friedrich Rückert, Gedichte

Wer jung nichts taugt,
bleibt auch im Alter ein Taugenichts.
Deutsches Sprichwort

Wer seiner eigenen Jugend nachläuft,
wird sie nie einholen.
André Maurois

Wer weiß, ob nicht der Jugendliche
richtig gesehen hat, ehe ihm
die Gesellschaft die Augen ausstach?
August Strindberg, Der Sohn der Magd

Wir bekamen unsere Prügel
von den Eltern. Die Jungen
beziehen sie direkt vom Leben.
Waldemar Bonsels

Wir müssen der Jugend
mehr Gelegenheit geben,
während ihrer Ausbildungszeit
persönliche Erfahrungen zu machen.
Nur wenn wir sie selbst
Tatsachen finden lassen,
kann Wissen zur Weisheit werden.
Walter Gropius

Wir müssen ein Beispiel geben
für die jungen Menschen,
für die Generation, die heute
auf deutschen Schulbänken sitzt.
Helmut Kohl

Womit man in der Jugend prahlt,
das wird man im Alter bereuen.
Sprichwort aus Russland

Zu jung ist ein Fehler,
der sich täglich bessert.
Deutsches Sprichwort

Zucker in der Jugend
macht faule Zähne im Alter.
Deutsches Sprichwort

Zudringliche Jugend findet Gunst.
Johann Wolfgang von Goethe, Dichtung und Wahrheit

Juli

Bringt der Juli heiße Glut,
so gerät der September gut.
Bauernregel

Ist's im Juli hell und warm,
friert's um Weihnacht reich und arm.
Bauernregel

So golden die Sonne im Juli strahlt,
so golden sich der Weizen mahlt.
Bauernregel

Wenn die Schwalben
Ende Juli schon ziehen,
sie vor baldiger Kälte fliehen.
Bauernregel

Wenn im Juli die Ameisen viel tragen,
wollen sie einen harten Winter ansagen.
Bauernregel

Jünger

Unter der Bewunderung,
die ein Jünger seinem Meister zollt,
verbirgt sich oft und nicht immer
unbewusst die Genugtuung
über dessen Schwächen, durch die
er sich ihm verwandt,
seine eigenen gerechtfertigt
und sich weiterer Beweisführung
zur Legitimation seiner Jüngerschaft
enthoben fühlt.
Arthur Schnitzler, Buch der Sprüche und Bedenken

Wer dein richtiger Jünger ist,
der fängt damit an,
dich misszuverstehen,
fährt damit fort,
dich zu kompromittieren
und endet damit,
dich zu verleugnen.
Arthur Schnitzler, in: Rikola-Almanach (1923)

Jungfrau

Alle Mädchen sind Jungfern,
solange der Bauch schweigt.
Deutsches Sprichwort

Bald vom Mann gefürchtet,
bald erwünscht oder sogar gefordert,
wird die Jungfräulichkeit
als vollendetste Form
des Mysteriums Frau angesehen:
Sie ist sein beunruhigendster und
zugleich faszinierendster Aspekt.
Simone de Beauvoir, Das andere Geschlecht

Bei Mädchen, die unberührt sind,
werden Sie die Fallsucht nicht finden,
sondern nur bei verheirateten Frauen,
die mit Männern in geschlechtlichem
Verkehr stehen.
Leo N. Tolstoi, Die Kreutzersonate

Da blühen Jungfraun auf
zum Unbekannten
und sehnen sich
nach ihrer Kindheit Ruh;
das aber ist nicht da,
wofür sie brannten,
und zitternd schließen sie
sich wieder zu.
Rainer Maria Rilke, Das Stundenbuch

Denn noch nie hörte man das,
dass durch jungfräuliche Geburt
ein Mensch geboren wurde.
Otfrid von Weissenburg, Evangelienbuch

Denn schon im heidnischen Altertum
war Jungfräulichkeit und Mutterschaft
verbunden denkbar.
Johann Wolfgang von Goethe,
Am Rhein, Main und Neckar

Die allein stehenden Jungfrauen aber,
die keine oder nur eine unglückliche
Männerliebe gekannt haben,
die einsam, ohne beglückende
Familienbande, ohne einen
besonderen Beruf im Leben stehen,
die ihr liebebedürftiges Herz nicht
an einzelne Menschen gehangen haben
– sie erheben sich von dem Menschen,
der sie nicht befriedigen konnte,
zur Menschheit, und da
der Wirkungskreis einer Familie
ihnen versagt war, suchen und
finden sie Befriedigung
im Wirken für die Allgemeinheit.
Louise Otto-Peters, Die Demokratinnen

Die Jungfräulichkeit
ist ein Geheimnis,
das die Männer
umso aufregender finden,
je ausschweifender sie selbst sind.
Simone de Beauvoir, Das andere Geschlecht

Die Jungfräulichkeit
ist nur dann erotisch anziehend,
wenn sie mit Jugend einhergeht,
andernfalls wirkt sie beunruhigend.
Simone de Beauvoir, Das andere Geschlecht

Die Jungfrau weiß nichts
und begreift doch alles.
Sprichwort aus Russland

Die törichten Jungfrauen
sind noch nicht ausgestorben.
August Bebel, Die Frau und der Sozialismus
(Vorrede zur 50. Auflage)

Die Tugend einer Jungfer
kennt keine Grenze,
der Groll einer Frau kein Ende.
Chinesisches Sprichwort

Ein Nein ist nicht immer ein Nein
aus dem Mund einer Jungfrau.
Sprichwort aus Schweden

Eine alte Jungfer ist nicht mehr wert
als ein nicht angekommener Brief.
Sprichwort aus Ungarn

Eine Jungfrau ist etwas sehr Schönes
– vorausgesetzt, sie bleibt es nicht.
Joachim Ringelnatz

Eine Jungfrau über dreißig
wird dreimal täglich
vom Teufel versucht.
Sprichwort aus Spanien

Einem Jungfernschänder
geht's nimmer wohl.
Deutsches Sprichwort

Es geht den Büchern
wie den Jungfrauen.
Gerade die Besten
bleiben oft am längsten sitzen.
Ludwig Feuerbach, Abälard und Heloise

Es ist meine Jungfräulichkeit,
die mich bindet.
Und ich will sie tragen,
still und fromm tragen,
bis eine Stunde kommt,
die auch die letzten Schleier
hinwegnehmen wird. Und dann?
Paula Modersohn-Becker, Briefe (4. Februar 1901)

Für die Frau,
welche ihre Jungfräulichkeit nicht
als Wert auf Gott bezogen erkennt,
bedeutet Ehe- und Kinderlosigkeit
in der Tat eine tiefe Tragik.
Gertrud von Le Fort, Die Frau in der Zeit

Jungfern und Gläser
schweben in steter Gefahr.
Deutsches Sprichwort

Jungfernherz ein Taubenhaus,
fliegt einer ein, ein andrer aus.
Deutsches Sprichwort

Jungfernschänder
schändet Gott wieder.
Deutsches Sprichwort

März grün,
Jungfrau kühn.
Deutsches Sprichwort

Nicht weil die Unversehrtheit
die weibliche Jungfräulichkeit
symbolisiert, fasziniert sie den Mann,
sondern seine Liebe zur Unversehrtheit
erhöht für ihn den Wert
der Jungfräulichkeit.
Simone de Beauvoir, Das andere Geschlecht

Reizende Fülle schwellt der Jungfrau
schwellende Glieder;
Aber der Stolz bewacht streng
wie der Gürtel den Reiz.
Friedrich Schiller, Die Geschlechter

Spiegel, Glas und Jungfern
nimm stets dir vor dem Bruch.
Sprichwort aus Russland

Was die Jungfrau nicht weiß
– das ziert sie.
Gregor von Rezzori

Wer eine Jungfrau finden will,
muss nach Köln gehen.
Sprichwort aus Polen

Wollten die Frauen
doch nur die ganze Schönheit
der Jungfräulichkeit begreifen,
erkennen, in welchem Maße
sie die besten Gefühle
im Menschen weckt, sie würden
sie sich häufiger bewahren.
Leo N. Tolstoi, Tagebücher (1900)

Junggeselle

Das Unglück des Junggesellen
ist für die Umwelt, ob scheinbar
oder wirklich, so leicht zu erraten,
dass er jedenfalls, wenn er
aus Freude am Geheimnis
Junggeselle geworden ist,
seinen Entschluss verfluchen wird.
Franz Kafka, Tagebücher (1911)

Der Hagestolze hat das Unglück,
dass ihm niemand
seine Fehler frei sagt,
der Ehemann hat dies Glück.
Jean Paul, Aphorismen

Ehemänner leben länger,
Junggesellen glücklicher.
Ephraim Kishon, Kishon für alle Fälle

Ein Hagestolz
ist schwerlich zu bekehren.
Johann Wolfgang von Goethe, Faust I (Marthe)

Ein Junggeselle ist ein Mann,
der lieber Socken stopft als Mäuler.
Mario Adorf

Ein Junggeselle ist ein Mann,
der nicht gleich eine Farm kauft,
wenn er ein Hühnerei braucht.
Peter Frankenfeld

Ein Junggeselle ist ein Mann,
der sein Ziel erreicht,
ohne dort zu verweilen.
Alberto Sordi

Ein Mann ohne Frau –
ein Wasser ohne Damm.
Sprichwort aus Russland

Ich bezweifle sehr, dass Ehemänner
länger leben als Junggesellen.
Ich bezweifle allerdings nicht,
dass es ihnen so vorkommt.
Jean Marais

Immer allein leben:
eine kostbare Regel, die
ich mich bemühen will einzuhalten.
Leo N. Tolstoi, Tagebücher (1853)

Junggesellen sind für Frauen
so etwas wie Feldherren, die
noch keine Schlacht verloren haben.
Maurice Chevalier

Junggesellen sind Männer,
die sich zuallererst
über den Notausgang informieren.
Richard Attenborough

Junggesellen wissen, dass man
einer Frau nicht zu lange
den Hof machen darf,
weil man ihn sonst kehren muss.
Peter Weck

Lieber eine unordentliche Frau nehmen,
als Junggeselle bleiben.
Sprichwort aus Afrika

Man ist denn doch nur
ein vagierender Räuber und Spitzbube,
wenn man das dreißigste Jahr
überschritten hat,
ohne verheiratet zu sein.
Franz Grillparzer, Tagebuchblätter (1830)

Spielen, Fischen, Vogelstellen
schänden manchen Junggesellen.
Deutsches Sprichwort

Jüngling

Aber was den Greis entkräftet,
das stärkt den Jüngling.
Heinrich Heine, Die romantische Schule

Der Jüngling erwartet
seinen Lebenslauf in Form
eines interessanten Romans.
Arthur Schopenhauer, Aphorismen zur Lebensweisheit

Der Jüngling, der vieles ahnet,
glaubt in einem Geheimnisse
viel zu finden, in ein Geheimnis
viel legen und durch dasselbe
wirken zu müssen.
Johann Wolfgang von Goethe,
Wilhelm Meisters Lehrjahre

Der Jüngling,
froh wie in der Kindheit Flor,
Im Frühling
tritt als Frühling selbst hervor.
Johann Wolfgang von Goethe, Trilogie der Leidenschaft

Der Jüngling hat den Drang, ein
Wesen zu lieben, dessen Eigenschaften
ihn über sich selbst erheben.
Stendhal, Über die Liebe (Fragmente)

Der Jüngling kämpft,
damit der Greis genieße.
Johann Wolfgang von Goethe, Elpenor (Antiope)

Der Jüngling reift zum Manne;
Besser im Stillen
reift er zur Tat oft, als im Geräusche
Wilden, schwankenden Lebens,
das manchen Jüngling verderbt hat.
Johann Wolfgang von Goethe,
Hermann und Dorothea (4. Gesang)

Der Mann hat anderes zu tun
als der Jüngling.
Francesco Petrarca, Petrarca über sich selbst

Es ist der Fehler des Jünglings,
sich immer für glücklicher oder
unglücklicher zu halten, als er ist.
Gotthold Ephraim Lessing, Philotas (Strato)

Es hilft nun einmal nichts:
Wer aus dem Jungen
einen richtigen Mann machen will,
der darf ihn bestimmt
in den jungen Jahren nicht schonen;
und es ist unvermeidlich,
dass man dabei oft gegen
die Vorschriften der Medizin verstößt.
Michel Eyquem de Montaigne, Die Essais

Jünglinge lieben in einander
das Höchste in der Menschheit;
denn sie lieben in sich
die ganze Ausbildung ihrer Naturen
schon um zwei oder drei
glücklicher Anlagen willen,
die sich eben entfalten.
Heinrich von Kleist, Briefe
(an Varnhagen van Ense, 11. August 1804)

Man hätte viel gewonnen,
wenn man durch zeitige Belehrung
den Wahn, dass in der Welt
viel zu holen sei,
in den Jünglingen
ausrotten könnte.
Arthur Schopenhauer,
Aphorismen zur Lebensweisheit

Nichts verächtlicher
als ein brausender Jünglingskopf
mit grauen Haaren.
Gotthold Ephraim Lessing,
Emilia Galotti (Odoardo)

Stets ist Jünglingen ja ihr Herz
voll flatternden Leichtsinns.
Homer, Ilias

Unreif liebt der Jüngling,
und unreif hasst er auch
Mensch und Erde.
Angebunden und schwer
ist ihm noch Gemüt
und Geistesflügel.
Friedrich Nietzsche, Also sprach Zarathustra

Wahre Neigung vollendet sogleich
zum Manne den Jüngling.
Johann Wolfgang von Goethe,
Hermann und Dorothea (5. Gesang)

Wer einen Bart hat,
ist mehr als ein Jüngling,
und wer keinen hat,
weniger als ein Mann.
William Shakespeare,
Viel Lärm um nichts (Beatrice)

Wie leicht der Jüngling
schwere Lasten trägt,
Und Fehler wie den Staub
vom Kleide schüttelt!
Johann Wolfgang von Goethe,
Torquato Tasso (Antonio)

Juni

Bleibt der Juni kühl,
wird's dem Bauern schwül.
Bauernregel

Gibt's im Juni Donnerwetter,
wird auch das Getreide fetter.
Bauernregel

Juniregen und Brauttränen
dauern so lange wie's Gähnen.
Bauernregel

Menschen und Juniwind
ändern sich geschwind.
Bauernregel

Nasser Mai
bringt trockenen Juni herbei.
Bauernregel

Jurist

»Die Tugend in der Mitte«,
sagte der Teufel
und setzte sich
zwischen zwei Juristen.
Sprichwort aus Dänemark

Ein guter Jurist
kann nur der werden,
der mit einem schlechten Gewissen
Jurist ist.
Gustav Radbruch

Erfahrene Juristen bezeugen,
dass es vor Gericht
von Vorteil sein kann,
wenn man im Recht ist.
Graham Chapman

Juristen sind böse Christen.
Deutsches Sprichwort

Juristen sind Leute,
die die Gerechtigkeit
mit dem Recht betrügen.
Harold Pinter

Juristen sind wie Schuster,
die zerren mit den Zähnen
Das Leder; sie die Rechte,
dass sie sich müssen dehnen.
Friedrich von Logau, Sinngedichte

Nie hat ein Dichter
die Natur so frei ausgelegt
wie ein Jurist die Wirklichkeit.
Jean Giraudoux,
Der Trojanische Krieg findet nicht statt

Wenn ein Jurist in den Raum tritt,
muss es um einige Grade kälter werden.
Walter Hallstein

Kabarett

Ein gutes Kabarett sorgt dafür, dass
die Menschen etwas zu lachen haben.
Eine Regierung sorgt auch
für das Gegenteil.
Gabriel Laub

Kaffee

Etwas Kaffee nach dem Essen,
und man schätzt sich höher ein;
manchmal bedarf es auch nur
eines kleinen Scherzes,
um eine große Anmaßung
niederzuschlagen.
Luc de Clapiers Marquis de Vauvenargues,
Unterdrückte Maximen

Hab ich doch, Freunde,
immer mit Recht den Caffé gehasst.
Johann Wolfgang von Goethe, Epigramme

Tabak ohne Kaffee
ist wie ein Fürst ohne Pelz.
Sprichwort aus Ägypten

Tee, Kaffee und Leckerli
Bringen den Bürger ums Äckerli.
Sprichwort aus der Schweiz

Kaiser

Des Kaisers Wort ist groß
und sichert jede Gift;
Doch zur Bekräftigung
bedarfs der edlen Schrift,
Bedarfs der Signatur.
Johann Wolfgang von Goethe, Faust II (Kaiser)

Ein Kaiser sei niemand untertan
als Gott und der Gerechtigkeit!
Kaiser Friedrich I. Barbarossa, überliefert bei
Julius Wilhelm Zincgref (Apophthegmata)

Eines Kaisers Wort will sich nicht
gebühren zu drehen oder zu deuten.
König Konrad III., überliefert von
Julius Wilhelm Zincgref (Apophthegmata)

Entweder Caesar oder nichts.
Caligula, überliefert bei Sueton
(auch Wahlspruch von Cesare Borgia)

Es ziemt sich für einen Kaiser,
im Stehen zu sterben.
Sueton, Das Leben der Caesaren (Vespasian)

Hilft Gott uns nicht,
kein Kaiser kann uns helfen.
Friedrich Schiller, Wilhelm Tell (Rudenz)

In Wien hat sich
seit hundert Jahren nichts verändert.
Nur der Kaiser kommt nicht mehr.
Fritz Molden

Jeder ist ein Kaiser in seiner Lage.
Georg Christoph Lichtenberg, Sudelbücher

Kein Kaiser
hat dem Herzen vorzuschreiben.
Friedrich Schiller, Wallensteins Tod (Max)

Kein Kaiser kann, was unser ist,
verschenken.
Friedrich Schiller, Wilhelm Tell (Stauffacher)

Nur einer kann Kaiser sein.
Deutsches Sprichwort

O weh, ich glaube, ich werde ein Gott!
Titus Flavius Vespasian(us), beim ersten Anfall
seiner tödlichen Krankheit; nach Tacitus, Historiae

Sie sind nicht alle gleich,
die mit dem Kaiser reiten.
Deutsches Sprichwort

So gebt dem Kaiser,
was dem Kaiser gehört,
und Gott, was Gott gehört!
Neues Testament, Matthäus 22, 21 (Jesus)

Subtilitäten und Spitzfindigkeiten
gehören den Advokaten und
Prokuratoren und keinem Kaiser.
Moritz von Sachsen, überliefert bei
Julius Wilhelm Zincgref (Apophthegmata)

Wenn ich der Kaiser der Erde wäre,
würde ich als mein höchstes Recht
mir ausbitten, einen Monat im Jahr
allein zu sein am Strand.
Max Beckmann, Briefe im Kriege (16. März 1915)

Wie groß auch der Kaiser ist,
er regiert doch nicht den Himmel.
Chinesisches Sprichwort

Wo der Kaiser hinkommt,
da steht ihm das Recht offen.
Deutsches Sprichwort

Wo nichts ist,
da hat nicht nur der Kaiser,
sondern auch der Proletarier
sein Recht verloren.
Max Weber, Politik als Beruf

Kalender

Der Tod hat keinen Kalender.
Deutsches Sprichwort

Die Kalendermacher
machen die Kalender,
aber Gott macht das Wetter.
Julius Wilhelm Zincgref, Apophthegmata

Es schnurrt mein Tagebuch
Am Bratenwender:
Nichts schreibt sich leichter voll
Als ein Kalender.
Johann Wolfgang von Goethe, Zahme Xenien

Jeder Kalender sagt,
dass unsere Tage gezählt sind.
Lothar Schmidt

Kälte

Bringt der Dezember Kälte ins Land,
dann wächst das Korn selbst auf Sand.
Bauernregel

Die Kälte ist angenehm,
wenn man sich wärmen kann.
Blaise Pascal, Pensées

Es ist nicht kalt, wenn es schneit,
es ist nur kalt, wenn es taut.
Chinesisches Sprichwort

Februar mit Frost und Wind
macht die Ostertage lind.
Bauernregel

Gewitter vorm Georgiustag,
folgt gewiss noch Kälte nach.
Bauernregel

Ist's im Mai recht kalt und nass,
haben Maikäfer wenig Spaß.
Bauernregel

Januar: Es ist kalt.
Roald Amundsen, Eskimoleben (Eskimo-Monatsnamen)

Sankt Martin macht Feuer im Kamin.
Bauernregel

Sankt Martin setzt sich schon mit Dank
zum Wärmen auf die Ofenbank.
Bauernregel

Schon immer haben die Dicken
mehr Kälte ausgehalten.
Chinesisches Sprichwort

Sterbende frösteln immer.
Die Majestät, die auf sie zukommt,
ist kalt.
Heinrich Böll, Worte töten Worte heilen

Viel Kälte ist unter den Menschen,
weil wir nicht wagen,
uns so herzlich zu geben,
wie wir sind.
Albert Schweitzer, Aus meiner Kindheit und Jugendzeit

Was gegen die Kälte nützt,
auch vor der Hitze schützt.
Sprichwort aus Spanien

Wenn's dem Severin gefällt,
bringt er mit die erste Kält'.
Bauernregel

Kamel

Ach, das Gefühl
auf Kamelrücken gewiegt zu werden!
Vor sich einen ganz roten Himmel,
ganz braunen Sand, einen flammend
hingestreckten Horizont,
gewelltes Gelände.
Gustave Flaubert, November

Das widerspenstige Kamel
wird doch beladen
Und hat mit seinem Trotz
verscherzt des Treibers Gnaden.
Friedrich Rückert, Die Weisheit des Brahmanen

Eher geht ein Kamel
durch ein Nadelöhr,
als dass ein Reicher
in das Reich Gottes gelangt.
Neues Testament, Matthäus 19, 24 (Jesus)

Ein Kamel ist ein Pferd,
zu dem ein persönlicher Referent
einen Entwurf gemacht hat.
Horst Ehmke

Lasst uns endlich doch nur
ein einziges Tor haben,
ein einziges Nadelöhr
für alle Kamele des Erdreichs.
Jens Peter Jacobsen, Niels Lyhne

Kampf

Alles Leben ist Kampf,
weil es Feuer ist.
Oswald Spengler,
Urfragen. Fragmente aus dem Nachlass

Bei unserer Geburt
treten wir auf den Kampfplatz
und verlassen ihn bei unserem Tode.
Jean-Jacques Rousseau,
Träumereien eines einsamen Spaziergängers

Damit Kampf sei,
muss es einen Feind geben,
der widersteht, nicht einen,
der gänzlich zugrunde geht.
Pierre Abélard, Ethica

Das Dramatische ist die Einheit
des Kampfes mit dem Leiden.
Walter Rathenau, Auf dem Fechtboden des Geistes.
Aphorismen aus seinen Notizbüchern

Das einzige, was ich an der Freiheit
liebe, ist der Kampf um sie.
Henrik Ibsen

Das menschliche Leben ist ein Kampf
von Anfang bis Ende.
Wir alle werden unter Umständen
voll Kummer und Schmerzen
in dieses elende Leben geboren.
August Strindberg, Der Sohn der Magd

Der Ideen-Kampf wird nie
im Reich der Ideen entschieden.
Ludwig Marcuse, Argumente und Rezepte.
Ein Wörter-Buch für Zeitgenossen

Der Jüngling kämpft,
damit der Greis genieße.
Johann Wolfgang von Goethe, Elpenor (Antiope)

Der Kampf
ist die Vorbedingung des Sieges.
Samuel Smiles, Charakter

Der Kampf ist mein Leben.
Nelson Mandela, Presseerklärung 1961

Der Kampf
zwischen Geist und Fleisch
kann tödlich enden.
Thomas Hardy

Der Kampf zwischen Menschen
besteht eigentlich
aus zwei verschiedenen Elementen,
dem feindseligen Gefühl
und der feindseligen Absicht.
Carl von Clausewitz, Vom Kriege

Der Not gehorchend,
lass ich ab vom eitlen Kampf.
Sophokles, Antigone (Kreon)

Der rasche Kampf
verewigt einen Mann:
Er falle gleich,
so preiset ihn das Lied.
Johann Wolfgang von Goethe,
Iphigenie auf Tauris (Iphigenie)

Die Fähigkeit zum Kampf
wird im Kampf gewonnen.
Nelson Mandela, Rede vor der Nationalversammlung
des ANC, 2. Juli 1991

Die materielle Welt ist dem Gesetz
des Kampfes ums Dasein unterworfen,
und als materielle Wesen sind auch
wir ihm unterworfen. Aber außer
unserem materiellen Dasein erkennen
wir in uns noch ein anderes Prinzip,
das nicht unter das Gesetz des Kampfes
fällt, ihm vielmehr entgegengesetzt ist
– das Prinzip der Liebe. Die Äußerung
dieses Prinzips in uns ist, was wir
Willensfreiheit nennen.
Leo N. Tolstoi, Tagebücher (1895)

Durch Krieg und Kampf
besteht diese Welt; es stirbt sogleich,
was hier nur ruhen will.
Ernst Moritz Arndt, Grundlinien einer deutschen
Kriegsordnung

Ein Kampfplatz ist die Welt:
das Kränzlein und die Kron'
Trägt keiner, der nicht kämpft,
mit Ruhm und Ehr' davon.
Angelus Silesius, Der Cherubinische Wandersmann

Ein steter Kampf ist unser Leben;
glücklich sind die einen plötzlich,
andere spät erst, andre bald.
Euripides, Die Schutzflehenden (Theseus)

Es gibt keinen Kampfplatz,
wo die Eitelkeit sich
in mannigfacherer Gestalt zeigt,
als in der Unterhaltung.
Germaine Baronin von Staël, Über Deutschland

Es ist hart,
mit einem Sieger zu kämpfen.
Horaz, Sermones

Es ist notwendig,
das Prinzip des Kampfes
durch sein Gegenteil zu ersetzen:
durch das des Opfers – der Liebe.
Leo N. Tolstoi, Tagebücher (1891)

Fasst Mut, ihr Freunde,
Gefährten im Kampf!
Das Ludwigslied (882)

Früher haben die Frauen
auf ihrem eigenen Boden gekämpft.
Da war jede Niederlage ein Sieg.
Heute kämpfen sie
auf dem Boden der Männer.
Da ist jeder Sieg eine Niederlage.
Coco Chanel, Pariser Gespräche

Gewöhnlich werden die Menschen
durch drei Hauptgründe zum Kampf
bewogen: durch die Liebe
zum Vaterland und zur Freiheit,
durch Ruhmsucht und durch
religiösen Fanatismus.
Germaine Baronin von Staël, Über Deutschland

Ich muss streiten,
um vergessen zu können:
Ich muss bekämpfen,
um mich selbst wieder achten
zu können.
Katherine Mansfield, Tagebücher

In der Politik
darf man nicht versuchen,
mit dem Kinn
eine Faust k. o. zu schlagen.
Olof Palme

Kann man im Kampf ums Leben
seinen Platz behaupten,
ohne in erster Linie
an sich selbst zu denken?
Ist nicht Besitz Kraft?
Houston Stewart Chamberlain,
Die Grundlagen des 19. Jahrhunderts

Man kann eine Aktion
nicht erfolgreicher bekämpfen
als durch Eintreten für die Mitläufer,
die sie kompromittieren.
Ludwig Marcuse, Argumente und Rezepte.
Ein Wörter-Buch für Zeitgenossen

Man muss sein Leben lang kämpfen,
um das Leben lebendig zu machen.
Sylvia Plath, Briefe nach Hause (23. April 1956)

Mein Gefühl der Kraft
will weiterkämpfen,
sich immer und immer wieder
seiner bewusst werden,
wachen, nicht ruhen.
Paula Modersohn-Becker, Tagebuchblätter

Nicht anders als in einer Gladiatorenkaserne verläuft das Leben,
denn mit denselben Menschen
lebt man und kämpft man.
Lucius Annaeus Seneca, Über den Zorn

Nicht lange besteht,
wer wider Unsterbliche kämpfet.
Homer, Ilias

Nichts ist für uns furchtbar,
wenn wir Gladiatoren sein wollen.
Franziska Gräfin zu Reventlow, Tagebücher

Nur durch Kampf gewinnt man Siege.
Friedrich von Bodenstedt, Mirza Schaffy

O Leben, Leben, nur leben.
Lieber noch verzweifelte Kämpfe
als entsagen.
Franziska Gräfin zu Reventlow, Tagebücher

Peinlich ist es zu kämpfen
mit einem Menschen,
der zur Niederlage bereit ist.
Lucius Annaeus Seneca, Über die Vorsehung

Schönheit gibt es nur noch im Kampf.
Ein Werk ohne aggressiven Charakter
kann kein Meisterwerk sein.
Filippo Tommaso Marinetti, Futuristisches Manifest

Sein ein Löwe im Kampf,
in der Rache jedoch ein Lamm!
Ruodlieb

Sich nie mit dem einlassen,
der nichts zu verlieren hat.
Denn dadurch geht man
einen ungleichen Kampf ein.
Der andere tritt sorglos auf:
Denn er hat sogar die Scham verloren,
ist mit allem fertig geworden
und hat weiter nichts zu verlieren.
Baltasar Gracián y Morales,
Handorakel und Kunst der Weltklugheit

Über die Kraft kann keiner,
wie sehr er auch eifere, kämpfen.
Homer, Ilias

Um zu wollen,
braucht man nicht zu glauben.
Um zu kämpfen,
braucht man kein Vertrauen.
Ludwig Marcuse, Argumente und Rezepte.
Ein Wörter-Buch für Zeitgenossen

Umgürte dich und stelle dich
zum Kampf!
Bernhard von Clairvaux, Briefe (an Patriarch Radulf)

Und endlich schwieg der Kampf,
da es an Kämpfern fehlte.
Pierre Corneille, Der Cid

Vergiss nicht den Kampfgefährten!
Hast du Beute gemacht,
so lass ihn nicht leer ausgehen.
Altes Testament, Jesus Sirach 37, 6

Viele physische Kämpfe haben
aufgehört, weil wir entweder gesiegt
oder versagt haben.
Anne Morrow Lindbergh, Muscheln in meiner Hand

Was hilft der Kampf
mit der Notwendigkeit?
Sophokles, Antigone (Kreon)

Wenn das Kämpfen
über einen gewissen Punkt hinausgeht,
dann macht es einen nur noch fertig,
und man muss die Stelle im Kopf,
wo es an einem nagt,
einfach ausschalten und mit Tapferkeit
und stoischer Haltung weitermachen.
Sylvia Plath, Briefe nach Hause (29. Januar 1955)

Wer den Kampf (auch als so genannten
friedlichen Wettbewerb) verklärt,
kennt ihn nicht, er ist immer ein Opfer.
Ludwig Marcuse, Argumente und Rezepte.
Ein Wörter-Buch für Zeitgenossen

Wer wird schon einen
scheinbar ruhmreichen Kampf wagen,
wenn ihm der Tod droht?
Erasmus von Rotterdam,
Handbüchlein eines christlichen Streiters

Zwei Hähne,
die sich auf Leben und Tod bekämpfen,
weil sie gemeinsam gekräht haben.
Jules Renard, Ideen, in Tinte getaucht.
Aus dem Tagebuch von Jules Renard

Kannibalismus

Der Kannibalismus
hat die pervertierteste Form erreicht.
Man tötet den Menschen,
ohne ihn zu essen.
Heinrich Wiesner

In der Einsamkeit
frisst sich der Einsame selbst auf,
in der Vielsamkeit fressen ihn
die vielen. Nun wähle.
Friedrich Nietzsche, Menschliches, Allzumenschliches

Kannibale:
ein Gastronom alter Schule, der sich
den einfachen Geschmack bewahrt hat
und an der natürlichen Diät
der Vor-Schweinefleischzeit festhält.
Ambrose Bierce

Uns ist ganz kannibalisch wohl,
Als wie fünfhundert Säuen.
Johann Wolfgang von Goethe, Faust I (Alle)

Kanone

Die Federn,
die gegen Abrüstung schreiben,
sind aus demselben Stahl gemacht,
aus dem die Kanonen sind.
Aristide Briand, In Genf (September 1930)

Die Führer der einzelnen Armeeteile
müssen der alten Regel eingedenk
bleiben, stets in der Richtung
des Kanonendonners zu marschieren.
Helmuth Graf von Moltke, Verordnungen
für die höheren Truppenführer (24. Juni 1869)

Die letzte Waffe des Königs.
(ultima ratio regis)
Inschrift auf den preußischen Geschützen (ab 1742)

Kanone: Instrument zur Berichtigung
von Staatsgrenzen.
Ambrose Bierce

Ohne Kanonen-Donner
kommt kein Fürst durch eine Stadt –
oder auf die Welt – oder ins Ehebett –
oder in die Erde.
Jean Paul, Dämmerungen für Deutschland

Kapelle

Keine Kapelle so klein,
des Jahrs muss einmal Kirmes drin sein.
Deutsches Sprichwort

Wo Gott eine Kapelle baut,
baut der Teufel eine Kirche daneben.
Deutsches Sprichwort

Kapital

Auch was das Leben betrifft,
ist es besser, nur die Zinsen,
nicht das Kapital zu verbrauchen.
Joachim Günther

Es kommt darauf an, dass Sie sich
ein Kapital bilden, das nie ausgeht.
Johann Wolfgang von Goethe, überliefert von
Johann Peter Eckermann (Gespräche mit Goethe)

Verteil dein Kapital auf sieben
oder gar auf acht; denn du weißt nicht,
welches Unglück über das Land kommt.
Altes Testament, Kohelet 11, 2

Wir könnten manches
vom Kapital entbehren,
wenn wir mit den Interessen
weniger willkürlich umgingen.
Johann Wolfgang von Goethe,
Wilhelm Meisters Lehrjahre (Interessen = Zinsen)

Kapitalismus

Das Regime der Manager
und Funktionäre ist an die Stelle
der alten Kapitalisten getreten,
und das Bündnis beider
ist fast so unangreifbar
wie der Adel vergangener Zeiten.
Norbert Blüm, Unverblümtes von Norbert Blüm

Das unsittlich hastige Streben nach
Besitz und Reichtum aufseite der
Fabrikanten, die Not aufseite der
Arbeiter führt zur Lohnbedrückung,
zum Drucksystem, zur absoluten
Herrschaft des Kapitals in der Wirt-
schaft, in der Gesellschaft, im Staat.
Gustav Schmoller, Die Arbeiterfrage

Die Stunde des kapitalistischen Privateigentums schlägt. Die Expropriateurs
werden expropriiert.
Karl Marx, Das Kapital

Die Welt ist in keiner Weise auf den
Untergang des Kapitalismus vorbereitet.
Es könnte sehr unangenehm werden,
wenn er jetzt schon in große oder gar
tödliche Schwierigkeiten käme.
Robert Havemann

Ein Kapitalist ist ein Mann,
der hauptsächlich in seiner Freizeit
Geld verdient.
Aneurin Bevan

Kapitalismus ohne Konkurse
ist wie Christentum ohne Hölle.
Frank Borman

Wer die Kapitalisten vernichten will,
muss ihre Währung zerstören.
Wladimir Iljitsch Lenin

Karikatur

Die Fratze des Parteigeists
ist mir mehr zuwider
als irgendeine andere Karikatur.
Johann Wolfgang von Goethe,
Briefe (an Schiller, 17. Mai 1797)

Die Menschen schätzen die Karikatur,
denn sie nimmt ihnen die Rache ab
an Fehlern, an denen die Gesellschaft
krankt.
Luc de Clapiers Marquis de Vauvenargues,
Nachgelassene Maximen

Die Vergrößerung
macht Gegenstände nicht hassenswert,
sondern nur lächerlich.
Jean-Jacques Rousseau, Brief an d'Alembert

Eine gute Karikatur
ist dem Menschen ähnlicher
als der Mensch sich selbst.
Gunnar Heiberg

Eine Karikatur ist bloß immer
einen Augenblick wahr.
Christian Morgenstern, Stufen

Eine treffende Karikatur
ist optisches Juckpulver.
Sie zwingt den Getroffenen,
sich zu kratzen.
Ronald Searle

Es gehört durchaus
eine gewisse Verschrobenheit dazu,
um sich gern mit Karikaturen
und Zerrbildern abzugeben.
Johann Wolfgang von Goethe,
Die Wahlverwandtschaften

Es ist jedem heilsam, sich auch einmal
als Karikatur sehen zu können.
Karl Gutzkow, Vom Baum der Erkenntnis

Karikatur ist eine passive Verbindung
des Naiven und Grotesken.
Friedrich Schlegel, Fragmente

Karikaturen sind geistige Akupunktur
ohne therapeutische Absicht.
Ronald Searle

Karikaturen sind gezeichnete
Leitartikel.
Lothar Schmidt

Kinder fürchten sich vor gezeichneten
Karikaturen ebenso leicht,
als sie darüber lachen.
Ludwig Tieck, Shakespeare-Studien

Wer ängstlich abwägt, sagt gar nichts.
Nur die scharfe Zeichnung,
die schon die Karikatur streift,
macht eine Wirkung.
Theodor Fontane, Der Stechlin

Karneval

Der Karneval ist ein Fest,
das dem Volke eigentlich nicht
gegeben wird,
sondern das sich das Volk selbst gibt.
Johann Wolfgang von Goethe, Italienische Reise

Karriere

Als Sohn eines berühmten Vaters
hat man erst dann
wirklich Karriere gemacht,
wenn die Leute den Vater fragen,
wie es dem Sohn geht.
Hans Hass

Am sichersten macht man Karriere,
wenn man anderen
den Eindruck vermittelt,
es sei für sie von Nutzen,
einem zu helfen.
Jean de La Bruyère

Arbeiten oder eine Karriere haben,
erhält einen länger jung.
Sylvia Plath, Briefe nach Hause (12. März 1962)

Bedenke, wie viel du leichtfertig
für Geld, wie viel du unter Mühen
für deine Karriere unternommen hast;
etwas muss man auch
für die Muße wagen.
Lucius Annaeus Seneca, Briefe über Ethik

Darum geht es: Man muss immer
die nächste Sprosse anpeilen,
so verrückt das klingen mag.
Lido Anthony »Lee« Iacocca, Mein amerikanischer Traum

Den Aufstieg einer Frau
zu einer höheren Position
hemmt nicht der Chef,
sondern seine Sekretärin.
Lore Lorentz

Der Weltmann steigt empor,
und der Pedant bleibt sitzen:
Die Sitten können mehr
als die Gelehrtheit nützen.
Magnus Gottfried Lichtwer, Fabeln

Die, die oben standen,
traten nach unten, und die,
die unten standen,
zerrten einem am Rock,
wenn man nach oben wollte.
August Strindberg, Der Sohn der Magd

Die Karriere ist ein Pferd,
das bisweilen auch gute Reiter abwirft.
James Baldwin

Die Räder der Karriere
werden meistens mit dem Fett
der Schmeichelei geschmiert.
Sigmund Graff, Man sollte darüber nachdenken

Dummkopf: ein Idiot,
der keine Karriere gemacht hat.
Gabriel Laub

Ein reich gewordener Habenichts
kennt weder Verwandte noch Freunde.
Sprichwort aus Frankreich

Es gilt als suspekt,
vor allem in Amerika,
wenn Leute keinen Zehnjahresplan
für eine Karriere oder zumindest
für eine geregelte Arbeit haben.
Sylvia Plath, Briefe nach Hause (5. November 1957)

Fallen ist der Sterblichen Los.
So fällt hier der Schüler,
Wie der Meister;
doch stürzt dieser gefährlicher hin.
Johann Wolfgang von Goethe, Vier Jahreszeiten

Ich will nach oben.
Aber nicht zu schnell.
Jan Ullrich, vor dem Start zur Tour de France 1997,
die er am 27. Juli 1997 als erster Deutscher gewinnt

In einer hierarchischen Organisation
pflegt jeder Beschäftigte
so lange aufzusteigen, bis er
einen Posten erreicht hat,
für den ihm die Kompetenz fehlt.
Laurence J. Peter

Je höher der Affe steigt,
je mehr er den Hintern zeigt.
Deutsches Sprichwort

Karriere:
Beförderung
bis zur absoluten Inkompetenz.
Cyril Northcote Parkinson

Lass nicht nach,
so kommst du hoch.
Deutsches Sprichwort

Manchmal ist es in diesem Leben so,
dass man erst etwas wird,
wenn man nichts mehr werden will.
Willy Brandt

Türen öffnen sich leicht dem,
der eine Schlüsselposition innehat.
Lothar Schmidt

Von unten hinauf zu dienen,
ist überall nötig.
Johann Wolfgang von Goethe,
Wilhelm Meisters Wanderjahre

Wen das Glück in die Höhe hebt,
den will's werfen.
Deutsches Sprichwort

Wer die Leiter hinauf will,
muss mit der untersten Sprosse
anfangen.
Deutsches Sprichwort

Wer gar zu hoch ist,
steht nicht lang!
Georg Rollenhagen, Froschmeuseler

Wer nach oben kommen will,
stellt sich gerne
auf die Zehen anderer.
Lothar Schmidt

Wer seine Leiter zu steil stellt,
kann leicht nach hinten fallen.
Sprichwort aus Tschechien

Wer vorwärts kommen will,
muss einen Buckel machen –
sagte die Raupe zu ihren Kindern.
Robert Lembke, Das Beste aus meinem Glashaus.
Humoristisches und Satirisches

Zum Vorwärtskommen
gehört Unangenehmes;
wenn du höher hinauf willst
als die große Menge,
so mache dich zum Leiden bereit.
Carl Hilty, Glück

Kartenspiel

Die Kart und die Kanne
macht manchen zum armen Manne.
Deutsches Sprichwort

Kartenspiel ist des Teufels Gebetbuch.
Deutsches Sprichwort

Mit Menschen, denen alles Trumpf ist,
kann man nicht Karten spielen.
Friedrich Hebbel, Tagebücher

Reformen kommen immer
von den Benachteiligten.
Wer vier Asse in der Hand hat,
verlangt nicht, dass neu gegeben wird.
Wilhelm Hennis

Wer mit offenen Karten spielt,
läuft Gefahr, zu verlieren.
Baltasar Gracián y Morales,
Handorakel und Kunst der Weltklugheit

Wer verlangt,
dass mit offenen Karten gespielt wird,
hat gewöhnlich
alle Trümpfe in der Hand.
Graham Greene

Kartoffel

Morgens rund,
Mittags gestampft,
Abends in Scheiben,
Dabei soll's bleiben,
Es ist gesund.
Johann Wolfgang von Goethe,
Am Rhein, Main und Neckar

Wenn sich naht Sankt Stanislaus,
rolle die Kartoffeln aus.
Bauernregel

Karwoche

Die Marterwoch lass still vergehn,
dein Heiland wird schon auferstehn.
Deutsches Sprichwort

Nach der Marterwoche
kommt Ostertag.
Deutsches Sprichwort

Käse

Der Mensch ist wie der Käse:
Er muss eine Rinde haben,
sonst geht er kaputt.
Brendan Behan

Ein Dessert ohne Käse
ist wie eine schöne Frau,
der ein Auge fehlt.
Anthelme Brillat-Savarin, Physiologie des Geschmacks

Ich kenne keinen,
der nicht zusammengezuckt wäre,
als er seinen ersten
reifen Camembert probiert hat.
Dann gewöhnt man sich daran.
Und später kann es zur Sucht werden.
Wie das meiste im Leben.
Peter Ustinov, Peter Ustinovs geflügelte Worte

Man isst nicht Brot zu Käse,
sondern Käse zu Brot.
Deutsches Sprichwort

Kassian (13.8.)

Wie das Wetter an Kassian,
hält es viele Tage an.
Bauernregel

Kasteiung

Kasteiungen sind nur echt,
wenn sie unbekannt bleiben.
Alle anderen macht die Eitelkeit leicht.
François de La Rochefoucauld,
Nachgelassene Maximen

Unter Kasteiungen
leidet nie bloß der Körper;
die Seele verhärtet sich mit ihm.
Luc de Clapiers Marquis de Vauvenargues,
Nachgelassene Maximen

Kastration

Aber welch ein Unglück,
ohne Hoden zu sein!
Voltaire, Candide oder Die beste der Welten

Geistige Kastraten.
Und ihr Name ist Legion.
Leo N. Tolstoi, Tagebücher (1901)

Ich bin aus Neapel gebürtig,
dort kapaunt man alljährlich
zwei- bis dreitausend Knäblein.
Manche sterben daran, die anderen
bekommen dadurch eine Stimme,
die weit schöner
als eine Frauenstimme ist,
wieder andere lenken späterhin
die Geschicke der Staaten.
Voltaire, Candide oder Die beste der Welten

Pfui über das schlappe Kastraten-
jahrhundert, zu nichts nutze,
als die Taten der Vorzeit
wieder zu käuen.
Friedrich Schiller, Die Räuber (Karl Moor)

Katastrophe

Der Mensch ist ein Geschöpf,
dem es bestimmt ist,
in Katastrophen zu leben.
Graham Greene

Die bevorstehende Katastrophe
ist immer die schlimmste.
Sprichwort aus Niedersachsen

Es gibt für Unzählige nur ein Heilmittel
– die Katastrophe.
Christian Morgenstern, Stufen

In der Katastrophe nimmt sich
das Unheil nur selten die Zeit,
um für unser Gesicht die rechte Maske
zu liefern.
Jean Giraudoux, Um Lukrezia

O hätt ich nie gelebt,
um das zu schauen!
Friedrich Schiller, Wilhelm Tell (Stauffacher)

Katharina (25.11.)

Katharinenwinter ein Plackwinter.
Bauernregel

Kathedrale

Die Kathedralen sind der Mittelpunkt
einer jeden Stadt,
ziehen die Häuser zu sich heran
wie das Zentrum einer Blume –
oder wie die Sonne.
Anne Morrow Lindbergh, Blume und Nessel

Wer eine gotische Kirche
mit alten Glasfenstern betritt,
hinter dem versinkt,
was auf Erden Geltung hat.
Er ist in ein Reich versetzt,
das nicht von dieser Welt ist.
Ricarda Huch, Farbfenster großer Kathedralen

Katholizismus

Ach, nur einen Tropfen Vergessenheit,
und mit Wollust
würde ich katholisch werden.
Heinrich von Kleist, Briefe (an Wilhelmine von Zenge,
21. Mai 1801)

Auf der Erde hat es niemals einen
gewaltigeren Widerspruch gegeben als
den zwischen der römischen Regierung
und ihrem Glauben.
Voltaire, Die Briefe Amabeds

Darum sind die Oblaten
so zart im katholischen Welschland;
Denn aus demselbigen Teig
weiht der Priester den Gott.
Johann Wolfgang von Goethe,
Venezianische Epigramme

Der Katholizismus ist die Wissenschaft
davon, dass der Mensch mit irdischen
Mitteln allein unmöglich zu ändern ist.
Stefan Napierski

Die katholische Moral
ist christlich, mystisch,
die protestantische Moral
war schon von Anfang an
rationalistisch.
Ludwig Feuerbach, Das Wesen des Christentums

Die katholische Moral
war die Mater dolorosa,
die protestantische eine wohlbeleibte,
kindergesegnete Hausfrau.
Ludwig Feuerbach, Das Wesen des Christentums

Ich glaube, man lästert
den Namen Christi, wenn man
die katholische Religion,
so wie sie in Spanien und Portugal
herrscht, unter der christlichen nennt.
Georg Christoph Lichtenberg, Sudelbücher

Im Christentum und besonders
im Katholizismus sind die Mysterien
ausschließlich spekulative Wahrheiten,
aus denen durch die Verbindung
eines Mysteriums mit einem anderen
wieder ungemein praktische
Wahrheiten hervorgehen.
Joseph Joubert, Gedanken, Versuche und Maximen

Indessen rate ich der Nachwelt,
dem römischen Klerus nicht zu trauen,
ohne zuverlässige Beweise
seiner Treue zu besitzen.
König Friedrich der Große, Politisches Testament (1752)

Nirgends fand ich mich aber tiefer
in meinem Innersten gerührt
als in der katholischen Kirche,
wo die größte, erhabenste Musik
noch zu den andern Künsten tritt,
das Herz gewaltsam zu bewegen.
Ach, Wilhelmine,
unser Gottesdienst ist keiner.
Er spricht nur zu dem kalten Verstande,
aber zu allen Sinnen
ein katholisches Fest.
Heinrich von Kleist, Briefe (an Wilhelmine von Zenge,
21. Mai 1801)

Katze

Auch eine blinde Katze stößt mal
auf eine tote Ratte.
Chinesisches Sprichwort

Bei Frost fängt eine Katze
keine Mäuse.
Chinesisches Sprichwort

Die Katze frisst gern Fische,
sie will aber nicht ins Wasser.
Deutsches Sprichwort

Die Katze ist das einzige
vierbeinige Tier, das dem Menschen
eingeredet hat, er müsse es erhalten,
es brauche aber dafür nichts zu tun.
Kurt Tucholsky

Die Katze kennt keinen Herrn.
Sprichwort aus Spanien

Die Katze lässt das Mausen nicht.
Deutsches Sprichwort

Die Katze mag dich bestehlen –
sie darf in deinem Haus nicht fehlen!
Sprichwort aus Spanien

Die Katze schmeichelt uns nicht,
sie lässt sich von uns schmeicheln.
Antoine Comte de Rivarol, Maximen und Reflexionen

Die Katze weiß wohl,
wem sie den Bart leckt.
Johann Wolfgang von Goethe,
Wilhelm Meisters Wanderjahre

Die Katzen halten keinen für eloquent,
der nicht miauen kann.
Marie von Ebner-Eschenbach, Aphorismen

Die Wahrheit über die Katze
erfährt man von den Mäusen.
Henry Ford

Du musst nur die Laufrichtung ändern,
sagte die Katze zur Maus und fraß sie.
Franz Kafka

Ein entscheidender Unterschied
zwischen einer Katze und einer Lüge ist,
dass eine Katze nur neun Leben hat.
Mark Twain, Querkopf Wilsons Kalender

Eine alte Katze und ein alter Hund
denken an ihr Heim.
Chinesisches Sprichwort

Eine Katze hat neun Leben,
und das Weib sieben Häute
wie die Zwiebel.
Deutsches Sprichwort

Es ist schwer, die Katze
wieder in den Sack zu bekommen,
wenn man sie erst einmal
herausgelassen hat.
Robert Lembke, Steinwürfe im Glashaus

Ich komme mir vor
wie eine Katze unter Tigern.
Katherine Mansfield, Tagebücher

Ist die Katze fort,
kommen die Ratten hervor
und rekeln sich.
Chinesisches Sprichwort

Journalisten erzählen den Leuten,
welchen Weg
die Katze beim Sprung nimmt.
Die Leute passen auf die Katze auf.
Arthur Hays Sulzberger

Katz aus dem Haus,
rührt sich die Maus.
Deutsches Sprichwort

Katzen erreichen mühelos,
was uns Menschen versagt bleibt:
durchs Leben zu gehen,
ohne Lärm zu machen.
Ernest Hemingway

Keine Katze so glatt,
sie hat scharfe Nägel.
Deutsches Sprichwort

Man muss keine Katze
im Sack kaufen.
Deutsches Sprichwort

Nachdem sie neunhundert Ratten
gefressen hatte,
ging die Katze auf eine Pilgerreise.
Sprichwort aus Indien

Wenn die Katze heult,
fassen die Mäuse Mitleid.
Chinesisches Sprichwort

Wenn die Katze viel frisst,
So wird sie übermütig.
Hartmann von Aue, Iwein (Keii)

Wenn die Katzen mausen,
hängen sie keine Schellen an.
Deutsches Sprichwort

Wenn Katze und Maus sich einigen,
hat der Bauer keine Chance.
Sprichwort aus Dänemark

Wer mit Katzen auf Jagd geht,
wird Mäuse fangen.
Sprichwort aus Dänemark

Wer seine Katzen satt hält,
in dessen Garten nistet der Zeisig.
Chinesisches Sprichwort

Wo man die Katze streichelt,
da ist sie gern.
Deutsches Sprichwort

Kaufen

Augen auf, Kauf ist Kauf.
Deutsches Sprichwort

Frage nicht nach dem Preis einer Ware,
wenn du sie gar nicht kaufen willst.
Talmud

Früher waren die Künstler naiv
und die Käufer clever;
heute ist es umgekehrt.
Franz Josef Strauß

Kauf bedarf hundert Augen,
Verkauf hat an einem genug.
Deutsches Sprichwort

Kauf in der Zeit, so hast du in der Not.
Deutsches Sprichwort

Kaufe nie unnütze Sachen,
weil sie billig sind.
Thomas Jefferson, Lebensregeln

Kaufen ist wohlfeiler denn bitten.
Deutsches Sprichwort

Man kann viele Dinge kaufen,
die unbezahlbar sind.
Marie von Ebner-Eschenbach, Aphorismen

Schöne Worte, böser Kauf.
Deutsches Sprichwort

Willst Du einen Acker kaufen,
sieh dir die Lage an.
Chinesisches Sprichwort

Käuflichkeit

Die Liebe ist nicht nur nicht käuflich,
sie wird auch durch Geld
unfehlbar getötet.
Jean-Jacques Rousseau, Emile

Golden sind wahrhaftig nun die Zeiten:
Das höchste Amt
wird für Gold verkauft,
mit Gold verschafft man sich Liebe.
Ovid, Liebeskunst

Kaufmann

Aber wer tut dem Kaufmann es nach,
der bei seinem Vermögen
Auch die Wege noch kennt,
auf welchem das Beste zu haben?
Johann Wolfgang von Goethe,
Hermann und Dorothea (3. Gesang)

Kaufmannsregel:
Erst das Geld,
Dann die Ware zugestellt.
Jüdische Spruchweisheit

Schwerlich bleibt ein Kaufmann
frei von Schuld,
ein Händler wird sich
nicht rein halten von Sünde.
Altes Testament, Jesus Sirach 26, 29

Welche Vorteile gewährt die doppelte
Buchhaltung dem Kaufmanne!
Johann Wolfgang von Goethe,
Wilhelm Meisters Lehrjahre

Kegeln

Das Fiedeln, Schreien, Kegelschieben
Ist mir ein gar verhasster Klang,
Sie toben,
wie vom Bösen Geist getrieben,
Und nennen's Freude,
nennen's Gesang.
Johann Wolfgang von Goethe, Faust I (Wagner)

Wer in der Öffentlichkeit Kegel
schiebt, muss sich gefallen lassen,
dass nachgezählt wird,
wieviel er getroffen hat.
Kurt Tucholsky

Wer kegeln will, muss aufsetzen.
Deutsches Sprichwort

Kenntnis

Blick in die Ferne, blick nicht zurück.
Es ist Unsinn,
immer die Gründe kennen zu wollen.
Francis M. de Picabia, Aphorismen

Das Mitspracherecht des Schauspielers
ist der Text.
Fritz Kortner

Der geheime Groll alles dessen,
das man hätte kennen können
und nie gekannt hat.
Elias Canetti, Die Provinz des Menschen.
Aufzeichnungen 1942-1972

Der Geist verbraucht sich
wie alle Dinge;
die Kenntnisse sind seine Kost;
sie nähren und verzehren ihn.
Jean de La Bruyère, Die Charaktere

Ein Mensch ohne Kenntnis,
eine Welt im Finstern.
Baltasar Gracián y Morales,
Handorakel und Kunst der Weltklugheit

Ein Ochse vom Berg
frisst nur das Gras vom Berg.
Chinesisches Sprichwort

Es erweist sich, dass das,
was Weltkenntnis genannt wird,
die Menschen eher schlauer
als gut macht.
Samuel Johnson, The Rambler

Es fällt uns leichter,
uns einen Anstrich von unendlich viel
Kenntnissen zu geben,
als einige wenige wirklich zu besitzen.
Luc de Clapiers Marquis de Vauvenargues,
Reflexionen und Maximen

Es ist nötig,
alle seine Kenntnisse umzurühren
und sich dann wieder setzen zu lassen,
um zu sehen, wie sich alles setzt.
Georg Christoph Lichtenberg, Sudelbücher

Hoch Gestellte kennen das Volk nicht
und denken auch gar nicht daran,
es kennen zu lernen.
Luc de Clapiers Marquis de Vauvenargues,
Nachgelassene Maximen

Keines Menschen Kenntnis kann
über seine Erfahrung hinausgehen.
John Locke, Über den menschlichen Verstand

Kenntnisse müssen dem Glück dienen
– der Vereinigung der Menschen,
nur dann sind sie wichtig.
Leo N. Tolstoi, Tagebücher (1889)

Kenntnisse sind unter Umständen
beleuchtet, Planeten.
Heimito von Doderer, Repertorium. Ein Begreifbuch
von höheren und niederen Lebens-Sachen

Man ist seinen Vorfahren dankbar,
weil man sie nicht kennt.
Elias Canetti, Die Provinz des Menschen.
Aufzeichnungen 1942-1972

Man mag drei- oder viertausend
Menschen gekannt haben,
man spricht immer nur
von sechs oder sieben.
Elias Canetti, Die Provinz des Menschen.
Aufzeichnungen 1942-1972

Niemand kennt den anderen (...).
Fernando Pessoa, Das Buch der Unruhe
des Hilfsbuchhalters Bernardo Soares

Selbst ein Drache
nimmt nur einen Weg, den er kennt.
Chinesisches Sprichwort

Über Schnee kann ein Schmetterling
nicht urteilen.
Chinesisches Sprichwort

Wenn man ein Kenner ist,
darf man keine Sammlung anlegen.
Jean-Jacques Rousseau, Emile

Wenn Sie das Leben kennen,
geben Sie mir doch bitte
seine Anschrift.
Jules Renard, Ideen, in Tinte getaucht.
Aus dem Tagebuch von Jules Renard

Wer den Feind und sich selber kennt,
kann ohne Gefahr
hundert Schlachten schlagen.
Chinesisches Sprichwort

Wer die Dinge gut genug kennt,
dass er allen
ihren wahren Wert geben kann,
redet niemals zu viel.
Jean-Jacques Rousseau, Emile

Wer etwas kennt, reicht nicht heran
an jenen, der es liebt;
und der es liebt, reicht nicht heran
an jenen, den es freut.
Konfuzius, Gespräche

Wer von uns
hat seinen Bruder gekannt?
Wer von uns
hat in seines Vaters Herz geschaut? (...)
Wer von uns
ist nicht für immer ein Fremder
und allein?
Thomas Wolfe, Schau heimwärts, Engel (1929),
Vorwort

Wir kennen uns nie ganz,
und über Nacht
sind wir andre geworden,
schlechter oder besser.
Theodor Fontane, Graf Petöfy

Zuwachs an Kenntnis
ist Zuwachs an Unruhe.
Johann Wolfgang von Goethe, Dichtung und Wahrheit

Kern

Das also war des Pudels Kern!
Ein fahrender Skolast?
Der Kasus macht mich lachen.
Johann Wolfgang von Goethe, Faust I (Wagner)

Herb ist des Lebens innerster Kern.
Friedrich Schiller, Punschlied

Kerze

Am Fuß der Kerze ist es dunkel.
Sprichwort aus Persien

Der Mensch liebt die Gesellschaft,
und sollte es auch nur die
von einem brennenden
Rauchkerzchen sein.
Georg Christoph Lichtenberg, Sudelbücher

Du verlierst nichts,
wenn du mit deiner Kerze
die eines anderen anzündest.
Sprichwort aus Dänemark

Im Märzen spart man die Kerzen.
Bauernregel

Kerzen sind im Dunklen teuer.
Chinesisches Sprichwort

Kein Heiliger ist so gering,
dass er nicht doch darauf hielte,
seine eigene Kerze zu haben.
Karl Heinrich Waggerl

Kette

Alles hängt notwendigerweise
zusammen wie die Glieder einer Kette,
und alles ist zum Besten bestellt.
Voltaire, Candide oder Der Glaube an die beste
der Welten

Alte Ketten ärgern weniger als neue.
Sprichwort aus England

Der Mensch ist frei geboren,
und dennoch liegt er überall in Ketten.
Jean-Jacques Rousseau, Der Gesellschaftsvertrag

Der Mensch ist frei geschaffen, ist frei,
Und würd' er in Ketten geboren!
Friedrich Schiller, Die Worte des Glaubens

Die Unglücklichen
ketten sich so gern aneinander.
Gotthold Ephraim Lessing, Emilia Galotti (Orsina)

Du klirrst mit deinen Ketten
Und überredest dich, es sei Musik.
Johann Wolfgang von Goethe, Die Laune des Verliebten (Egle)

Ein einziges Glied,
das in einer großen Kette bricht,
vernichtet das Ganze.
Johann Wolfgang von Goethe,
Wilhelm Meisters Wanderjahre

Es ist besser, in Ketten mit Freunden
als im Garten mit Fremden zu sein.
Sprichwort aus Persien

Es sind nicht alle frei,
die ihrer Ketten spotten.
Gotthold Ephraim Lessing,
Nathan der Weise (Tempelherr)

Nur die Arbeit kann erretten,
Nur die Arbeit sprengt die Ketten,
Arbeit macht die Völker frei!
Heinrich Seidel, Hymne an die Arbeit

So mancher akzeptiert die Kette
in dem Glauben, an ihrem Ende
befinde sich der Rettungsanker.
Wieslaw Brudziński

Ketzerei

(...) Dass Ketzer nicht mehr verbrannt
werden, verdanken wir ja nur den paar
Ketzern, die überlebt haben (...).
Heinrich Böll, Worte töten Worte heilen

Der Individualist
ist seinem Wesen nach ein Ketzer.
Jean Cocteau

Die Ketzer von heute
sind die Orthodoxen von morgen.
Ignazio Silone

Die Ketzerei straft sich
am schwersten selbst.
Friedrich Schiller, Die Jungfrau von Orleans (Burgund)

Jede Zeit überschätzt
ihre lauten Ketzer.
Ludwig Marcuse, Argumente und Rezepte. Ein Wörter-Buch für Zeitgenossen

Ketzer sind Leute,
die so lange verfolgt werden,
bis man ihnen folgt.
Henry de Montherlant

Ketzer sind nützlich.
Wir wissen nicht, wie gut es uns ist,
Gegner zu haben.
Martin Luther, Tischreden

So also sehen Ketzer aus?
Ach, wie hat man uns doch getäuscht!
Voltaire, Geschichte von Jenni

Wie dereinst die Sancta Simplicitas
des Glaubens, so schleppt heute
die Sancta Simplicitas der Wissenschaft
ihre Scheiter herbei,
den »Ketzer« zu verbrennen.
Christian Morgenstern, Stufen

Keuschheit

Auf der Kanzel ist der Mönch keusch.
Deutsches Sprichwort

Das einzige Verbrechen,
das die Frömmler kennen,
ist die Unkeuschheit,
besser gesagt, der Ruf oder Anschein
der Unkeuschheit.
Jean de La Bruyère, Die Charaktere

Das ist nicht die rechte Keuschheit
und Mäßigung, wenn Katarrhe
uns diese Tugenden bescheren.
Michel Eyquem de Montaigne, Die Essais

Das Weib ist keusch
in seinem tiefsten Wesen.
Robert Hamerling, Ahasverus in Rom

Der Kuss eines keuschen Weibes
ist das Zeichen,
womit die Natur ihren Segen sprüht.
August von Kotzebue, Verleumder

Der Mann muss sich zur Keuschheit
der Frau erheben, statt dass die Frau,
wie dies jetzt geschieht,
auf die Stufe der Lasterhaftigkeit
des Mannes herabsteigt.
Leo N. Tolstoi, Tagebücher (1901)

Die Franken haben die germanische
Keuschheit aufgegeben:
Unter den Merowingern
und Karolingern herrscht Polygamie.
Simone de Beauvoir, Das andere Geschlecht

Die keuscheste verheiratete Frau
kann zugleich die wollüstigste sein.
Honoré de Balzac, Die Physiologie der Ehe

Die Keuschheit einer Sprache
besteht nicht darin, dass man
die unehrbaren Redensarten vermeidet,
sondern darin, dass es sie in ihr
gar nicht gibt. In der Tat,
wenn man sie vermeiden will,
muss man an sie denken.
Jean-Jacques Rousseau, Emile

Die Keuschheit
ist bei einigen eine Tugend,
aber bei vielen beinahe ein Laster.
Friedrich Nietzsche, Also sprach Zarathustra

Die Prüderie ist Scham ohne Unschuld,
und die Keuschheit
ist Scham ohne Unwissenheit.
Sully Prudhomme, Gedanken

Die tugendhaftesten Frauen
haben in sich ein gewisses Etwas,
das niemals keusch ist.
Honoré de Balzac, Die Physiologie der Ehe

Durch Not
muss keusch wohl sein ein Weib,
Wenn keiner gehret ihren Leib.
Freidank, Bescheidenheit

Eine der dringendsten Aufgaben
der Menschheit
besteht in der Erziehung
der keuschen Frau.
Leo N. Tolstoi, Tagebücher (1898)

Eine schöne Frau hat Mühe,
keusch zu bleiben.
Sprichwort aus Frankreich

Einsamkeit ist eine große Gefahr
für die Keuschheit.
Luc de Clapiers Marquis de Vauvenargues,
Nachgelassene Maximen

Es gibt überall
mehr keusche Jungfrauen
als keusche Jünglinge,
keusche Weiber als Männer,
alte Jungfern als alte Junggesellen.
Jean Paul, Levana

Es ist leicht für jemanden,
von Keuschheit zu reden,
der noch nie
mit einer Frau geschlafen hat.
Anton P. Tschechow, Briefe (6. Juli 1892)

Fast alle keuschen Frauen
sterben jung oder werden verrückt.
Donatien Alphonse François Marquis de Sade,
Geschichte von Juliette

Frühe Hingabe und späte Keuschheit
– kein Talent für Termine.
Emil Gött, Im Selbstgespräch

Gib mir Keuschheit und Enthaltsamkeit
– aber jetzt noch nicht!
Aurelius Augustinus, Über den Gottesstaat

Ich weiß nicht, ob ich mich irre;
mich dünkt aber, wahre Liebe
sei das allerkeuscheste Band.
Nur sie, nur ihr göttliches Feuer
kann unsere natürlichen Neigungen
läutern, indem sie sie
mit vereinigter Kraft auf einen einzigen
Gegenstand wirken lässt.
Jean-Jacques Rousseau,
Julie oder Die neue Héloïse (Julie)

Keuschheit ist ebenso wenig
eine Tugend wie Unterernährung.
Alexander Comfort

Man darf das nicht
vor keuschen Ohren nennen,
Was keusche Herzen
nicht entbehren können.
Johann Wolfgang von Goethe, Faust I (Mephisto)

Niemals hat ein keusches Mädchen
Romane gelesen.
Jean-Jacques Rousseau, Julie oder Die neue Héloïse

Nichts ist schändlicher
als unkeusches Leben
und dessen grobe Sprache.
Jean-Jacques Rousseau,
Julie oder Die neue Héloïse (Julie)

Selbst der Liebe Verblendungen
werden in keuschen Herzen gereinigt
und verderben nur Herzen,
die bereits verderbt sind.
Jean-Jacques Rousseau,
Julie oder Die neue Héloïse (Julie)

Trau keinem weinenden Mann,
und noch weniger einer Frau,
die von ihrer Keuschheit spricht.
Sprichwort aus Montenegro

Welche Frau ist keusch?
Die, über die der Skandal
sich fürchtet zu lügen.
Bias von Priene, Sprüche der Sieben Weisen

Wenige erinnern sich daran,
dass sie einmal jung gewesen sind,
und wie schwer es ihnen fiel,
keusch und mäßig zu sein.
Jean de La Bruyère, Die Charaktere

Wenn die Keuschheit zum Tanz kommt,
so tanzt sie auf gläsernen Schuhen.
Deutsches Sprichwort

Wer am längsten
die Keuschheit bewahrt,
trägt bei ihnen das höchste Lob davon;
das, so glauben sie (die Germanen),
fördere ihre Gestalt, nähre ihre Kräfte
und stärke die Muskeln.
Gaius Iulius Caesar, Der Gallische Krieg

Zu viel Keuschheit, die da schwächt,
ist ebenso wohl Laster
als zu viel Unkeuschheit.
Johann Gottfried Herder,
Journal meiner Reise im Jahr 1769

Kind

Aber aus Kindern werden Königinnen.
Rainer Maria Rilke, Die weiße Fürstin

Alle unsere Irrtümer
übertragen wir auf unsere Kinder,
in denen sie untilgbare Spuren
hinterlassen.
Maria Montessori, Kinder sind anders

Als Kind ist jeder ein Künstler.
Die Schwierigkeit liegt darin,
als Erwachsener einer zu bleiben.
Pablo Picasso

Am besten wär's,
die Kinder blieben klein.
Erich Kästner, Dr. Erich Kästners lyrische Hausapotheke

Auch rücksichtsvolle Kinder
kommen nicht darum herum,
ihren Eltern eines Tages
mitteilen zu müssen,
was im Leben eigentlich gespielt wird.
Robert Lembke, Steinwürfe im Glashaus

Auf Knien und im Wohlgeruch
des Weihrauchs gibt sich das Kind
dem Blick Gottes und der Engel hin:
einem Männerblick.
Simone de Beauvoir, Das andere Geschlecht

Aus der Art, wie das Kind spielt,
kann man erahnen,
wie es als Erwachsener
seine Lebensaufgabe ergreifen wird.
Rudolf Steiner

Aus Kindern werden Leute,
aus Jungfern werden Bräute.
Deutsches Sprichwort

Autokraten lieben meist kleine Kinder.
Sie schränken ihre Macht nicht ein,
dafür sind sie ihnen dankbar.
Ludwig Marcuse, Argumente und Rezepte.
Ein Wörter-Buch für Zeitgenossen

Beim Himmel, dieses Kind ist schön!
So etwas hab ich nie gesehn.
Johann Wolfgang von Goethe, Faust I (Faust)

Bleibe ein Kind,
sodass deine Kinder
dich immer lieben können.
Sprichwort aus Estland

Böse Kinder machen den Vater fromm.
Deutsches Sprichwort

»D'Fremde macht Leut«,
hot's Mädle gsait
und isch mit am Schubkarre
voll Kind hoimkomme.
Spruch aus dem Allgäu

Das Ei will klüger sein als die Henne.
Deutsches Sprichwort

Das Grundproblem der Kindererziehung
besteht darin, zu verhindern,
dass die Kleinen werden, wie wir sind.
Robert Lembke, Das Beste aus meinem Glashaus.
Humoristisches und Satirisches

Das Herz eines Kindes
ist wie Buddhas Herz.
Chinesisches Sprichwort

Das ist das ganze Geheimnis
eines Kindes, dass es uns
durch sein bloßes Dasein nötigt,
es zu lieben, und dass es davon lebt,
für nichts geliebt zu werden.
Eugen Drewermann, Tiefenpsychologie und Exegese

Das ist ein weiser Vater,
der sein eigenes Kind kennt!
William Shakespeare,
Der Kaufmann von Venedig (Lancelot)

Das Kalb folgt der Kuh.
Deutsches Sprichwort

Das Kind akzeptiert einfach,
dass es Männer und Frauen gibt,
wie es einen Mond und eine Sonne gibt.
Simone de Beauvoir, Das andere Geschlecht

Das Kind, das da ist geschlagen,
Das muoß wohl weinen unde klagen.
Hartmann von Aue, Iwein
(Quellwächter von Brocéliande)

Das Kind hält das, was es begehrt,
und das, was ihm gehört, für eins.
Jean Paul, Aphorismen

Das Kind hat den Verstand
meistens vom Vater,
weil die Mutter ihren noch besitzt.
Adele Sandrock

Das Kind
ist mein unermesslicher Reichtum.
Franziska Gräfin zu Reventlow, Tagebücher

Das Kind lernt viel,
was nur der Mann anwenden kann;
deswegen aber hat es solches
nicht umsonst erlernt.
Johann Gottfried Herder, Ideen zur Philosophie
der Geschichte der Menschheit

Das Kind soll spielen,
es soll Erholungsstunden haben,
aber es muss auch arbeiten lernen.
Immanuel Kant, Über Pädagogik

Das Kind sollte sich ganzheitlich
im Tun ausdrücken – durch Singen,
Tanzen, Malen – und in aller Ruhe,
ehe es sich spezialisieren muss.
Das Phantasievolle muss
dem Faktischen vorangehen
und von der Wirklichkeit
des Faktischen diszipliniert werden.
Yehudi Menuhin, Variationen

Das Leben, welches wir
von unsern Eltern empfangen,
ist ein heiliges Unterpfand,
das wir unsern Kindern
wieder mitteilen sollen.
Das ist ein ewiges Gesetz der Natur,
auf welches sich
ihre Erhaltung gründet.
Heinrich von Kleist,
Briefe (an Ulrike von Kleist, Mai 1799)

Das Neugeborene ist ein kleines
runzliges, miauendes Tier,
das sich erst langsam
in einen Menschen verwandelt (...).
Oswald Spengler,
Urfragen. Fragmente aus dem Nachlass

Das Wagnis,
ein Kind in die Welt zu setzen.
Oder die Weigerung,
ein Kind zu bekommen,
weil die Erde nicht
bewohnbar war.
Teolinda Gersão,
Landschaft mit Frau und Meer im Hintergrund

Das Wort »brav« ist ein Wort,
das ein Kind immer versteht,
auch wenn man es ihm nicht erklärt.
Joseph Joubert, Gedanken, Versuche und Maximen

Das Zugreifen ist doch
der natürlichste Trieb der Menschheit.
Greifen die Kinder nicht nach allem,
was ihnen in den Sinn fällt?
Johann Wolfgang von Goethe,
Die Leiden des jungen Werthers

Dass wir wieder werden wie Kinder,
ist eine unerfüllbare Forderung.
Aber wir können zu verhüten suchen,
dass die Kinder werden wie wir.
Erich Kästner

Daseinszweck des Kindes ist es,
sein eigenes Leben zu leben.
Alexander S. Neill,
Theorie und Praxis der antiautoritären Erziehung

Deine Kinder sind nicht deine Kinder.
Sie sind die Söhne und die Töchter
der Sehnsucht des Lebens
nach sich selbst.
Djubran Chalil, Der Prophet

Denn die Sklaven bedürfen noch mehr
als die Kinder der Ermahnung.
Aristoteles, Politik

Denn er wäre imstande,
von der Fülle der Kindheit
würdig zu sprechen!
Johann Wolfgang von Goethe, Dichtung und Wahrheit

Denn was sogar die Frauen
an uns ungebildet zurücklassen,
das bilden die Kinder aus,
wenn wir uns mit ihnen abgeben.
Johann Wolfgang von Goethe,
Wilhelm Meisters Lehrjahre

Denn wer nicht einmal
ein vollkommenes Kind war,
der wird schwerlich
ein vollkommener Mann.
Friedrich Hölderlin, Hyperion

Der Apfel fällt nicht weit vom Stamm.
Deutsches Sprichwort

Der Bauer braucht Kinder für die Arbeit;
fällt es ihm auch schwer, sie großzuziehen, so braucht er sie doch eben,
und dabei haben seine ehelichen
Beziehungen eine Rechtfertigung.
Wir wohlhabenden Leute dagegen
bedürfen der Kinder nicht,
sie sind eine überflüssige Sorge,
verursachen Kosten, Schwierigkeiten
bei der Erbschaftsteilung, kurzum:
Sie sind eine Last.
Leo N. Tolstoi, Die Kreutzersonate

Der einzige Unterschied
zwischen einem Mann und einem Kind
ist die Erfahrung.
Cornel Wilde

Der Erwachsene achtet auf Taten,
das Kind auf Liebe.
Sprichwort aus Indien

Der Frauen Liebe nährt das Kind;
Den Knaben ziehn am besten Männer.
Johann Wolfgang von Goethe, Elpenor (Evadne)

Der frische Blick des Kindes
ist überschwänglicher
als die Ahndung
des entschiedendsten Sehers.
Novalis, Fragmente

Der Hauptreiz der Kindheit
beruht darauf, dass alles,
bis zu den Haustieren herab,
freundlich und wohlwollend
gegen sie ist; denn daraus
entspringt ein Gefühl der Sicherheit,
das bei dem ersten Schritt
in die feindselige Welt hinaus
entweicht und nie zurückkehrt.
Friedrich Hebbel, Aufzeichnungen aus meinem Leben

Der Himmel
ist zu den Füßen der Mutter.
Sprichwort aus Persien

Der Trunk, dessen man nie müde wird,
ist Wasser;
die Frucht, deren man nie müde wird,
ist ein Kind.
Sprichwort aus Indien

Der Umgang mit Kindern
hat für einen verständigen Menschen
unendlich viel Interesse.
Hier sieht er das Buch der Natur
in unverfälschter Ausgabe
aufgeschlagen.
Adolph Freiherr von Knigge,
Über den Umgang mit Menschen

Der Vater liebt das Kind nur,
solange die Mutter bei ihm bleibt.
Sprichwort aus Afrika

Die Ammen sagen von Töchtern:
ein schönes Kind;
von Knaben: ein starkes Kind.
Theodor Gottlieb von Hippel, Über die Ehe

Die erste Hälfte unseres Lebens
wird uns von unseren Eltern verdorben,
die zweite von unseren Kindern.
Clarence Darrow

Die Eltern haben die Kinder lieber
als die Kinder die Eltern.
Deutsches Sprichwort

Die Grundlage des Charakters
muss in dem Kinde gelegt sein,
bevor es in die Schule kommt.
Carl Hilty, Briefe

Die jungen Ochsen
lernen das Pflügen von den Alten.
Sprichwort aus Frankreich

Die Kinder beginnen
unter sich mit der Volksherrschaft,
jeder ist Herr und Meister;
aber sie kommen, wie es natürlich ist,
nicht lange damit zurecht und
gehen zur monarchischen Form über:
Einer zeichnet sich aus.
Jean de La Bruyère, Die Charaktere

Die Kinder kennen
weder Vergangenheit noch Zukunft,
und – was uns Erwachsenen kaum
passiert – sie genießen die Gegenwart.
Jean de La Bruyère, Die Charaktere

Die Kinderschuhe treten sich
von selbst aus, wenn sie einem
zu eng werden.
Johann Wolfgang von Goethe,
Erwin und Elmire (Olimpia)

Die Kindheit deutet den Mann an,
wie der Morgen den Tag andeutet.
Samuel Smiles, Charakter

Die Liebe zu den Kindern
ist immer eine unglückliche,
im Grunde die einzige,
die diese Bezeichnung
mit Recht verdient.
Arthur Schnitzler, Buch der Sprüche und Bedenken

Die Löwin hat nur ein Junges
– aber es ist ein Löwe.
Sprichwort aus Montenegro

Die Moral bringt auch für das Kind
lediglich Pflichten und keine Rechte
mit sich. Darum ist die Moral
gegen das Kind ungerecht,
und das Kind hasst Ungerechtigkeit.
August Strindberg, Der Sohn der Magd

Die Moral, die gut genug war
für unsere Väter, ist nicht gut genug
für unsere Kinder.
Marie von Ebner-Eschenbach, Aphorismen

Die Mutter soll im Lärm der Gassen
Ihr Kind nicht aus den Augen lassen.
Jüdische Spruchweisheit

Die Pflanzen scheinen eine solche Art
von Leben zu führen wie auch
die ganz kleinen Kinder.
Denn auch diese, wenn sie
im Mutterleib erzeugt sind,
wachsen zwar fortwährend,
schlafen aber dabei die ganze Zeit.
Aristoteles, Eudemische Ethik

Die Seele eines Kindes ist heilig,
und was vor sie gebracht wird,
muss wenigstens den Wert
der Reinigkeit haben.
Johann Gottfried Herder, Palmblätter

Die stimmt es meistens linder:
Sie haben gern ein Herz für Kinder.
Warum, so frage ich mich eins,
Bloß für Erwachsene oft keins?
Karl-Heinz Söhlker, Es schadet nichts, vergnügt zu sein

Die Welt ist voll
von unlösbaren Fragen:
Wieso sind die Kinder unserer Nachbarn
durchwegs unausstehlich,
während die unsrigen
ihre Umwelt bezaubern?
Ephraim Kishon, Kishon für alle Fälle

Du bist der Bogen,
von dem deine Kinder
als lebende Pfeile
ausgeschickt werden.
Djubran Chalil, Der Prophet

Du bist jung und wünschest dir
Kind und Ehe. Aber ich frage dich:
Bist du ein Mensch,
der sich ein Kind wünschen darf?
Bist du der Siegreiche,
der Selbstbezwinger,
der Gebieter der Sinne,
der Herr deiner Tugenden?
Friedrich Nietzsche, Also sprach Zarathustra

Durch das Kind setzt ihr,
wiewohl mit Mühe,
durch den kurzen Hebelarm
der Menschheit
den langen in Bewegung,
dessen weiten Bogen ihr
in der Höhe und Tiefe
einer solchen Zeit
schwer bestimmen könnt.
Jean Paul, Levana

Durch Umgang mit Kindern
gesundet die Seele.
Fjodor M. Dostojewski, Der Idiot

Ehre die Eigentümlichkeit
und die Willkür deiner Kinder,
auf dass es ihnen wohl gehe
und sie kräftig leben auf Erden.
Friedrich Schleiermacher, Idee zu einem Katechismus

Ein großer Mensch ist derjenige,
der sein Kinderherz nicht verliert.
James Legge, Die heiligen Bücher Chinas

Ein Kind, Angstkind,
zwei Kinder, Spielkinder.
Deutsches Sprichwort

Ein Kind, das stirbt,
wird zum Mittelpunkt der Welt:
Die Sterne und Gefilde
sterben mit ihm.
Elie Wiesel, Gezeiten des Schweigens

Ein Kind erscheint im frohen Kreise;
holdes Glück
Erwecket lauten Jubel;
und sein Strahlenblick
Lässt aller Augen strahlen.
Victor Hugo, Herbstblätter

Ein Kind erträgt Veränderungen,
die ein Mann nicht ertragen würde.
Jean-Jacques Rousseau, Emile

Ein Kind ist ein Buch,
aus dem wir lesen
und in das wir schreiben sollen.
Peter Rosegger, Die Schriften des Waldschulmeisters

Ein Kind
ist eine sichtbar gewordene Liebe.
Novalis, Fragmente

Ein Kind wird mit zunehmendem Alter
kostbarer. Mit dem Wert seiner Person
verbindet sich der Wert der Sorgen.
Jean-Jacques Rousseau, Emile

Ein kluges Kind,
das mit einem närrischen erzogen wird,
kann närrisch werden.
Georg Christoph Lichtenberg, Sudelbücher

Ein nacktes Kind lacht,
ein hungriges niemals.
Sprichwort aus Wales

Ein umhegtes Kind weiß nicht,
wie sich seine Mutter plagt.
Chinesisches Sprichwort

Ein unglücklicher Mensch,
der kein Kind haben soll,
ist in sein Unglück
schrecklich eingeschlossen.
Nirgend eine Hoffnung auf Erneuerung,
auf eine Hilfe
durch glücklichere Sterne.
Franz Kafka, Tagebücher (1911)

Ein Vater, der sechs Söhne hat,
ist verloren, er mag sich stellen,
wie er will.
Johann Wolfgang von Goethe, überliefert von
Johann Peter Eckermann (Gespräche mit Goethe)

Ein Vater spricht nicht gern
von den Gebrechen seines Kindes,
auch wenn er den Buckel
oder den Kopfgrind deutlich sieht.
Michel Eyquem de Montaigne, Die Essais

Ein Wunderkind, das heißt,
ein um seine Kindheit betrogenes Kind.
Marie von Ebner-Eschenbach, Aphorismen

Eine Frau, die den Verlust
eines Kindes durchgemacht hat,
erschrickt nicht mehr.
Talmud

Eine gute Zeit,
keine Kinder zu bekommen,
ist 18 Jahre vor einem Krieg.
Elwyn Brooks White

(...) eine kinderfeindliche Gesellschaft
ist außerstande,
mit Optimismus und mit Zuversicht
nach vorn zu blicken.
Helmut Kohl, Rede des Bundeskanzlers
vor dem Deutschen Bundestag 1985

Einem Menschen,
den Kinder und Tiere
nicht leiden können,
ist nicht zu trauen.
Carl Hilty, Glück

Einen traurigen Mann erduld' ich,
aber kein trauriges Kind.
Jean Paul, Levana

Eltern verzeihen ihren Kindern
die Fehler am schwersten,
die sie selbst ihnen anerzogen haben.
Marie von Ebner-Eschenbach

Empfindsame Kinder
und bedeutende Männer ertragen
Tadel nur in Lob eingewickelt.
Walther von Hollander

Er war Atheist, wie das Kind es ist,
aber im Dunkel ahnte er
wie der Wilde und das Tier
böse Geister.
August Strindberg, Der Sohn der Magd

Erst bei den Enkeln ist man dann
so weit, dass man die Kinder ungefähr
verstehen kann.
Erich Kästner

Es gibt in der Welt
kein so genanntes Frauenrecht
auf Beruf und Berufung,
aber es gibt ein Kindesrecht
in der Welt und in der Frau.
Gertrud von Le Fort, Die zeitlose Frau

Es gibt keine großen Entdeckungen
und Fortschritte, solange es noch
ein unglückliches Kind auf Erden gibt.
Albert Einstein

Es gibt keine Seelenangst,
bis man Kinder hat.
Sprichwort aus Irland

Es gibt Kinder, denen man ansieht,
welche Vergangenheit
sie einmal haben werden.
Robert Lembke, Das Beste aus meinem Glashaus.
Humoristisches und Satirisches

Es gibt leider nicht sehr viele Eltern,
deren Umgang für ihre Kinder
wirklich ein Segen ist.
Marie von Ebner-Eschenbach, Aphorismen

Es gibt nichts Schöneres,
als einem Kind Vergnügen zu machen.
Franziska Gräfin zu Reventlow, Tagebücher

Es heißt sich den Gesetzen
des Weltgeistes widersetzen,
der von Generation zu Generation
auf größeren Fortschritt drängt,
wenn es die Kinder
in allen Stücken halten wollten,
wie es zur Väter Zeit gewesen.
Louise Otto-Peters, Die Demokratinnen

Es ist besser, das Kind schreit,
als dass die Mutter seufzt.
Sprichwort aus Dänemark

Es ist bloß ein Dünkel der Eltern,
wenn sie sich einbilden,
dass ihr Dasein für die Kinder
so nötig sei.
Johann Wolfgang von Goethe,
Die Wahlverwandtschaften

Es ist leichter, mit Kindern zu leben,
die einen fürchten, als mit Kindern,
die einen lieben – man hat nämlich
ein ruhigeres Leben.
Alexander S. Neill, Theorie und Praxis
der antiautoritären Erziehung

Es ist merkwürdig,
wie Gereiztheit der Mutter
gleich auf das Kind reflektiert
und es ungezogen macht.
Franziska Gräfin zu Reventlow, Tagebücher

Es ist nun einmal so,
dass das eine Kind mehr Sympathie
auf sich zieht als das andere, warum,
das lässt sich niemals feststellen.
August Strindberg, Der Sohn der Magd

Es ist schon eine große Freude
zu beobachten, wie die eigenen Kinder
aufwachsen. Man erkennt in ihnen
die Fehler, die man selber hat,
und die Tugenden seiner Frau
– und das dürfte gewiss
zur Beständigkeit der Ehe beitragen.
Peter Ustinov, Was ich von der Liebe weiß

Es ist schrecklich anzusehen,
was die Reichen mit ihren Kindern
machen. Solange sie jung sind
und dumm und voller Leidenschaft,
zwingt man sie zu einem Leben
auf Kosten anderer, gewöhnt sie
an dieses Leben, und wenn sie dann,
an Händen und Füßen
durch Verlockungen gebunden,
nicht mehr anders können,
als die Arbeit anderer zu beanspruchen
– öffnet man ihnen die Augen.
Leo N. Tolstoi, Tagebücher (1894)

Es ist so töricht, ein Kind
oder einen Menschen so oder so
haben zu wollen, damit sie so sind,
wie es einem als Ideal vorschwebt.
Franziska Gräfin zu Reventlow, Tagebücher

Es ist von der größten Wichtigkeit,
dass Kinder arbeiten lernen.
Der Mensch ist das einzige Tier,
das arbeiten muss.
Durch viele Vorbereitungen muss er
erst dahin gebracht werden,
dass er etwas zu seinem Unterhalte
genießen kann.
Immanuel Kant, Über Pädagogik

Es meint jede Frau,
ihr Kind sei ein Pfau.
Deutsches Sprichwort

Es schont der Krieg
Auch nicht das zarte Kindlein
in der Wiege.
Friedrich Schiller, Wilhelm Tell (Stauffacher)

Feinde bleiben beide
und liegen immer auf der Lauer:
Sie lauern einer
auf die Schwäche des andern,
Kinder auf die der Eltern
und Eltern auf die der Kinder.
Max Stirner, Der Einzige und sein Eigentum

Fremde Kinder lieben wir nie so sehr
als die eignen;
Irrtum, das eigene Kind
ist uns dem Herzen so nah.
Johann Wolfgang von Goethe, Vier Jahreszeiten

Früher haben sich die Eltern
wegen ihrer Kinder entschuldigt.
Jetzt entschuldigen sich Kinder
wegen ihrer Eltern.
Robert Lembke, Steinwürfe im Glashaus

Für seine Kinder hat man keine Zeit.
Erich Kästner, Dr. Erich Kästners lyrische Hausapotheke

Gebrannte Kinder fürchten das Feuer
oder vernarren sich darein.
Marie von Ebner-Eschenbach, Aphorismen

Gebt ihnen Schläg,
wenn sie es verdienen,
und doch gute Wort dazu;
sonst werden sie scheu
und versehen sich nichts Guts zu euch.
Martin Luther, Tischreden

Glückliches Kind! Das kein Übel kennt,
als wenn die Suppe lang ausbleibt.
Johann Wolfgang von Goethe,
Götz von Berlichingen (Weislingen)

Glückliches Kind, du ahnst noch nicht,
wie wunderbar verwickelt
und wechselvoll das Leben ist!
Fridtjof Nansen, In Nacht und Eis

Gute Eltern sorgen sich
um die Heirat ihrer Kinder.
Gute Kinder sorgen sich
um das Begräbnis ihrer Eltern.
Chinesisches Sprichwort

Halb Kinderspiele,
Halb Gott im Herzen!
Johann Wolfgang von Goethe, Faust I (Böser Geist)

Heranwachsende Kinder
essen ihre Eltern fast ins Grab.
Chinesisches Sprichwort

Hoher Sinn liegt oft
in kind'schem Spiel.
Friedrich Schiller, Thekla

Ich habe keine Heimat,
aber mein Kind, mein Kind.
Franziska Gräfin zu Reventlow, Tagebücher

Ich möchte alles sein,
dessen ich fähig bin,
sodass ich ein Kind der Sonne bin.
Katherine Mansfield, Tagebücher

Ich träume als Kind mich zurücke /
Und schüttle mein greises Haupt.
Adelbert von Chamisso, Gedichte

Ich wäre bereit,
um meinem geliebten Kind
ein bestimmtes Spielzeug zu beschaffen,
bis ans Ende der Welt zu reisen.
Ohne Kind natürlich.
Ephraim Kishon, Kishon für alle Fälle

Ich will auch keine Kinder,
denn ich gönne sie
der Sklavenwelt nicht.
Friedrich Hölderlin, Hyperion (Diotima)

Ideen sind wie Kinder:
Die eigenen liebt man am meisten.
Lothar Schmidt

Ihr Kinder, lernet jetzt genug!
Ihr lernt nichts mehr in alten Tagen.
Gottlieb Konrad Pfeffel,
Fabeln und poetische Erzählungen

Im echten Manne ist ein Kind versteckt:
Das will spielen.
Friedrich Nietzsche, Also sprach Zarathustra

Immer / dort wo Kinder sterben
Werden die leisesten Dinge heimatlos.
Nelly Sachs, Gedichte

In den Naivitäten
eines wohl geratenen Kindes
steckt oft
eine sehr liebenswürdige Philosophie.
Chamfort, Maximen und Gedanken

In einem Haus voller Kinder
hat der Teufel nichts zu sagen.
Sprichwort aus Kurdistan

In fremdem Hause
wachsen Kinder rasch heran.
Sprichwort aus Serbien

In jedem von uns ist ein Mann,
eine Frau und ein Kind,
und das Kind ist gewöhnlich eine Waise.
So haben wir eine schwere Aufgabe
zu bewältigen. Wir müssen uns
um das Waisenkind in uns kümmern;
wir müssen unsere Kreativität in jedem
Augenblick unseres Lebens umsetzen.
Anaïs Nin, Absage an die Verzweiflung

Ist eine Mutter noch so arm,
gibt sie doch ihrem Kinde warm.
Deutsches Sprichwort

Ja!, ein göttlich Wesen ist das Kind,
solang es nicht in die Chamäleons-
farbe der Menschen getaucht ist.
Friedrich Hölderlin, Hyperion

Jede Mutter hat die Vorstellung,
dass ihr Kind ein Held sein wird.
Simone de Beauvoir, Das andere Geschlecht

Jedes Kind, das etwas taugt,
wird mehr durch Auflehnung
als durch Gehorsam lernen.
Peter Ustinov, Peter Ustinovs geflügelte Worte

Jedes Kind, das zur Welt kommt,
ist ein Mensch gewordener Gott.
Simone de Beauvoir, Das andere Geschlecht

Jedes Kind ist kostbar.
Jedes ist ein Geschöpf Gottes.
Mutter Teresa

Jedes unfromme Kind
ist ein böses und verderbtes Kind.
Joseph Joubert, Gedanken, Versuche und Maximen

Kann wohl ein Kind empfinden,
wie den Vater
Die Sorge möglichen Verlustes quält?
Johann Wolfgang von Goethe,
Die natürliche Tochter (Herzog)

Kinder aufziehen
ist eine unsichere Sache;
geht es gut, dann hat man davon
ein Leben voll Kampf und Sorge gehabt;
geht es schlecht,
ist der Kummer bitterer
als jeder andere.
Demokrit, Fragment 275

Kinder beruhigen sich niemals
bei etwas Unbestimmtem
oder Schwebendem,
sondern aus instinktmäßigem
Selbsterhaltungstrieb fordern sie stets
ein reines Ja oder ein reines Nein,
ein Für oder Wider, damit sie wissen,
welchen Weg sie mit ihrer Liebe,
und welchen sie mit ihrem Hass
einzuschlagen haben.
Jens Peter Jacobsen, Niels Lyhne

Kinder brauchen eher das Vorbild
als die Kritik.
Joseph Joubert, Gedanken, Versuche und Maximen

Kinder brauchen einen Vater zu Hause.
Ein Vater ist viel leichter
in den Griff zu bekommen.
Ephraim Kishon, Kishon für alle Fälle

Kinder brauchen viel Liebe und Beispiel
und sehr wenig Religionslehre.
Carl Hilty, Glück

Kinder, die man nicht liebt,
werden Erwachsene, die nicht lieben.
Pearl S. Buck

Kinder findet man nicht auf dem Mist.
Deutsches Sprichwort

Kinder gehorchen den Eltern nur,
wenn sie sehen,
dass diese der Regel gehorchen.
Ordnung und Regel, einmal hergestellt,
sind die stärkste Macht.
Joseph Joubert, Gedanken, Versuche und Maximen

Warum kann man nicht Enkel haben,
ohne Kinder haben zu müssen?
Göran Järvefelt

Kinder leben zu unserer Rührung,
zur Reinigung unserer Herzen
und wie zu einer gewissen Belehrung
für uns.
Fjodor M. Dostojewski, Die Brüder Karamasow

Kinder leckt man nicht aus dem Schnee.
Deutsches Sprichwort

Kinder mögen
manche Untugenden haben,
aber wenigstens zeigen sie
nicht unentwegt
Bilder ihrer Eltern vor.
Robert Lembke, Das Beste aus meinem Glashaus.
Humoristisches und Satirisches

Kinder müssen auch offenherzig sein
und so heiter in ihren Blicken
wie die Sonne.
Das fröhliche Herz allein ist fähig,
Wohlgefallen am Guten zu empfinden.
Immanuel Kant, Über Pädagogik

Kinder müssen die Dummheiten
der Erwachsenen ertragen,
bis sie groß genug sind,
sie zu wiederholen.
Jean Anouilh

Kinder müssen wir werden,
wenn wir das Beste erreichen wollen.
Philipp Otto Runge, Nachgelassene Schriften

Kinder quälen und verfolgen,
wen sie lieben.
Joseph Joubert, Gedanken, Versuche und Maximen

Kinder rechnen nicht
mit der Zeit,
daher ihre langen
und gründlichen Beobachtungen.
Jakob Boßhart, Bausteine zu Leben und Zeit

Kinder schöpft man nicht
aus dem Brunnen.
Deutsches Sprichwort

Kinder
sind besonders deswegen liebenswert,
weil sie immer in der Gegenwart leben.
Selbst ihre Träume
sind Leben in der Gegenwart
und zerstören diese nicht.
Leo N. Tolstoi, Tagebücher (1909)

Kinder sind der süße Mörtel,
der das wacklige Gebäude der Ehe
zusammenhält.
Oder es endgültig
zum Einstürzen bringt.
Ephraim Kishon, Kishon für alle Fälle

Kinder sind ein Segen Gottes,
Kinder sind die Freude der Eltern!
Alles das ist reine Lüge.
Alles das war wohl
früher einmal der Fall,
hat aber längst aufgehört.
Kinder sind eine Plage
und weiter nichts.
Die Mehrzahl der Mütter
hat die Empfindung
und spricht sie zuweilen
unwillkürlich aus.
Leo N. Tolstoi, Die Kreutzersonate

Kinder sind ein Segen Gottes.
William Shakespeare, Ende gut, alles gut (Narr)

Kinder sind ein Trost im Alter
und ein Mittel, es rascher zu erreichen.
Rudolf Fernau

Kinder sind eine Art
Lebensversicherung – die einzige Art
der Unsterblichkeit,
derer wir sicher sein können.
Peter Ustinov

Kinder sind eine Brücke zum Himmel.
Sprichwort aus Persien

Kinder sind
ernst zu nehmende Menschen,
»denn ihrer ist das Reich Gottes«.
Leo N. Tolstoi, Tagebücher (1895)

Kinder sind heilig und rein.
Selbst bei Räubern und Krokodilen
besitzen sie den Rang von Engeln.
Anton P. Tschechow, Briefe (2. Januar 1889)

Kinder sind immer
mehr oder weniger undankbar.
Simone de Beauvoir, Das andere Geschlecht

Kinder sind Rätsel von Gott
und schwerer als alle zu lösen,
Aber der Liebe gelingt's,
wenn sie sich selber bezwingt.
Friedrich Hebbel, Gedichte

Kinder sind Taschenuhren von Forrer,
die sich selber aufziehen,
wenn man nur mit ihnen geht.
Jean Paul, Levana

Kinder sind trotzig, hochmütig,
jähzornig, neidisch, neugierig,
selbstsüchtig, träge, leichtsinnig,
schüchtern, unmäßig, lügnerisch,
zur Verstellung geneigt;
sie lachen und weinen leicht;
Kleinigkeiten versetzen sie in maßlose
Freude und bittere Betrübnis;
sie wollen nicht,
dass man ihnen Böses antue,
fügen es aber gerne anderen zu:
Es sind eben schon Menschen.
Jean de La Bruyère, Die Charaktere

Kinder sollen ihre Gespielen
zu Freunden haben,
nicht aber ihre Väter und Lehrer.
Diese sollen nur ihre Führer sein.
Joseph Joubert, Gedanken, Versuche und Maximen

Kinder tun erst dem Arm weh
und dann dem Herzen.
Sprichwort aus England

Kinder und Narren sagen die Wahrheit.
Deutsches Sprichwort

Kinder unterscheiden sich,
solange sie Kinder sind,
also ungefähr bis zum siebenten Jahr,
ganz unglaublich
von erwachsenen Menschen,
als ob sie
einer anderen Gattung angehörten,
eine ganz andere Natur hätten.
Fjodor M. Dostojewski, Die Brüder Karamasow

Kinder vergessen,
dass sie zwar keinerlei Erfahrung
mit ihrem Kindsein haben,
ihre Väter aber auch keinerlei Erfahrung
mit ihrem Vatersein.
Peter Ustinov, Was ich von der Liebe weiß

Kinder zerstreuen mit einer Gabel,
was die Eltern mit einer Harke
zusammengescharrt haben.
Sprichwort aus Livland

Kleine Kinder essen Brei,
große ihrer Eltern Herzen.
Sprichwort aus Tschechien

Kleine Kinder kleine Sorgen,
große Kinder große Sorgen.
Deutsches Sprichwort

Kleine Kinder lügen oft,
aus mangelndem Erinnerungsvermögen.
August Strindberg, Der Sohn der Magd

Kleyn kinderscheisze
ist der beste kitt für weybertreu.
Spruchweisheit aus Deutschland

Lass mich der neuen Freiheit genießen,
Lass mich ein Kind sein, sei es mit.
Friedrich Schiller, Maria Stuart (Maria)

Lasst den Menschen spät erst wissen,
dass es Menschen,
dass es irgendetwas außer ihm gibt,
denn so nur wird er Mensch.
Friedrich Hölderlin, Hyperion

Lässt du dir das gefallen,
dass wir als gleicher Eltern Kinder
verschieden gestellt sind?
Lucius Apuleius, Der goldene Esel

Lässt für die Sterblichen größeres Leid
Je sich erdenken,
Als sterben zu sehen die Kinder?
Euripides, Die Schutzflehenden

Liebe Kinder haben viele Namen.
Deutsches Sprichwort

Ließe man mich wählen:
Entweder die Welt
mit Heiligen zu bevölkern,
wie ich sie mir
nur immer vorstellen mag,
sie dürften aber keine Kinder haben,
oder mit Menschen wie jetzt,
die jedoch ständig frisch
von Gott Kinder bekommen sollten,
ich wählte das Letztere.
Leo N. Tolstoi, Tagebücher (1892)

Man kann auch den zartesten Kindern
getrost den Hintern versohlen
– es ist wie mit den zähen Beefsteaks:
Je mehr man sie klopft,
desto zarter werden sie.
Edgar Allan Poe, Marginalien

Man küsst das Kind oft
um der Mutter willen.
Deutsches Sprichwort

Man muss dem Kind
den rechten Namen geben.
Deutsches Sprichwort

Man nimmt das Kind in seine Arme,
so dass es den Magnetismus
eines freundlichen Menschen spürt,
und es beruhigt sich.
Diese Methode ist besser
als alle anderen.
August Strindberg, Der Sohn der Magd

Man soll das Kind nicht
mit dem Bade verschütten.
Deutsches Sprichwort

Man steht
zu seinen Kindern nicht anders
als zu anderen Menschen.
Theodor Fontane, Der Stechlin

Mein Kind soll keinen Vater haben,
nur mich. Und mich ganz.
Oh, das Geliebte!
Franziska Gräfin zu Reventlow, Tagebücher

Mensch, wirst du nicht ein Kind,
so gehst du nimmer ein,
Wo Gottes Kinder sind:
die Tür ist gar zu klein.
Angelus Silesius, Der Cherubinische Wandersmann

Mir scheint,
ich sehe etwas Tieferes,
Unendlicheres, Ewigeres als den Ozean
im Ausdruck eines kleinen Kindes,
wenn es am Morgen erwacht
und kräht oder lacht,
weil es die Sonne auf seine Wiege
scheinen sieht.
Vincent van Gogh, Briefe

Mit einem Kind
sollte man immer allein sein.
Es gehört nicht
unter mehrere große Menschen.
Franziska Gräfin zu Reventlow, Tagebücher

Neue Formulierung:
Das Kind weinte wie ein Mann.
Jules Renard, Ideen, in Tinte getaucht.
Aus dem Tagebuch von Jules Renard

Nicht die Kinder bloß speist man
Mit Märchen ab.
Gotthold Ephraim Lessing, Nathan der Weise (Nathan)

Nichts ist schlimmer für ein Kind,
als erleben zu müssen,
dass die eigenen Eltern
einer drohenden Gefahr
absolut hilflos und selber voller Angst
gegenüberstehen;
(...) zu erleben, dass auch sie
keinen Halt zu bieten vermögen,
verwandelt die ganze Welt
in eine Stätte nicht endender Angst.
Eugen Drewermann,
Das Markusevangelium, Zweiter Teil

Nur wenige Kinder sind
gleich dem Vater an Tugend.
Homer, Odyssee

Nur wer sich seelisch
ganz in der Gewalt hat,
kann sich ohne Gefahr
dem kindlichen Denken anpassen
und dabei doch die Führung
nicht verlieren.
Michel Eyquem de Montaigne, Die Essais

O selig, o selig, ein Kind noch zu sein!
Albert Lortzing, Zar und Zimmermann (Zar)

O wüsst ich doch den Weg zurück,
Den lieben Weg zum Kinderland!
Klaus Groth,
Gedichte (Kinderland, vertont von Johannes Brahms)

Ohne Kind konnte eine Ehe
kaum ihren Ausdruck finden.
Liebe musste sichtbar gemacht werden.
Anne Morrow Lindbergh, Halte das Herz fest

Seht das Kind
umgrunzt von Schweinen,
Hilflos, mit verkrümmten Zehn!
Weinen kann es, nichts als weinen –
Lernt es jemals stehn und gehn?
Unverzagt! Bald, sollt ihr meinen,
Könnt das Kind ihr tanzen sehn!
Steht es erst auf beiden Beinen,
Wird's auch auf dem Kopfe stehn.
Friedrich Nietzsche, Die fröhliche Wissenschaft

Sie sollen nur erst einmal
ihre eigenen Kinder erziehen
und mir dann sagen,
wie ich meins erziehen soll.
Franziska Gräfin zu Reventlow, Tagebücher

Sie wachsen insgeheim heran,
die Kinder.
Verstecken sich
im verborgensten Winkel des Hauses,
um eine wilde Katze,
eine weiße Birke zu sein.
Eugenio de Andrade, Memória doutro Rio

Sind einmal Menschen
für Menschen gemacht,
so sind's folglich auch Kinder
für Kinder, nur aber viel schöner.
Jean Paul, Levana

So böse ist kein Kind,
dass es nicht
für eine Steuerermäßigung gut wäre.
Robert Lembke, Steinwürfe im Glashaus

So ein Kind ist doch wie ein Stück Erde,
das man unendlich anbauen kann.
Franziska Gräfin zu Reventlow, Tagebücher

So lange kriecht ein Kind,
bis es gehen lernt.
Deutsches Sprichwort

Söhne und Töchter
sind den Augen eine Freude.
Chinesisches Sprichwort

Sollen die Kinder erben,
müssen die Eltern sterben.
Erich Kästner, Kurz und bündig. Epigramme

Spiele,
das heißt Tätigkeit, nicht Genüsse,
erhalten Kinder heiter.
Jean Paul, Levana

Über Betrunkene und Kinder
wacht eine besondere Vorsehung.
Sprichwort aus Schottland

Über viele Dinge urteilen Kinder,
von Systemgeist, Leidenschaft
und Gelehrsamkeit unverführt,
weit richtiger als Erwachsene.
Adolph Freiherr von Knigge,
Über den Umgang mit Menschen

Um Kinder erziehen zu können,
wartet doch wenigstens so lange,
bis ihr selber keine mehr seid!
Jean-Jacques Rousseau, Emile

Und was für ein Leben führt man
dann in der Kindheit!
Kein Verständiger würde es
über sich gewinnen,
in dieses zurückzukehren.
Aristoteles, Eudemische Ethik

Ungleiche Intelligenzen
und Charaktere bringen
die am reichsten ausgestatteten Kinder
hervor, die die Anlagen beider erben.
August Strindberg, Der Sohn der Magd

Unnatürlich wäre es,
ewig ein Kind zu sein,
allzu bequem,
schwach zu bleiben.
Erasmus von Rotterdam,
Handbüchlein eines christlichen Streiters

Unschuld ist das Kind
und Vergessen,
ein Neubeginnen, ein Spiel,
ein aus sich rollendes Rad,
eine erste Bewegung,
ein heiliges Jasagen.
Friedrich Nietzsche, Also sprach Zarathustra

Verwöhnte Kinder
sind die unglücklichsten;
sie lernen schon in jungen Jahren
die Leiden der Tyrannen kennen.
Marie von Ebner-Eschenbach, Aphorismen

Viele Kinder sind das Leid der Mutter.
Chinesisches Sprichwort

Vor Ziegenbock und Käferzahn
Soll man ein Bäumchen wahren!
Johann Wolfgang von Goethe, Erklärung einer antiken Gemme

Warum lernt das Kind sehr bald,
dass das Feuer brennt?
Weil das Feuer das immer tut.
Ellen Key

Warum soll man nicht gern haben,
was sich an einen anschmiegt,
und gerade das universelle
Anschmiegen an jede Frau
hab' ich gern an dem Jungen.
Franziska Gräfin zu Reventlow, Tagebücher

Was die Alten sündigten,
das büßen oft die Jungen.
Deutsches Sprichwort

Was die Kinder an die Eltern bindet,
ist eher der Respekt.
Michel Eyquem de Montaigne, Die Essais

Was ein Kind tut,
soll nicht als eine Handlung,
sondern als ein Symptom
aufgefasst werden.
Marie von Ebner-Eschenbach, Aphorismen

Was hat man dir, du armes Kind, getan?
Johann Wolfgang von Goethe, Mignon

Was ist unsere Phantasie schon
im Vergleich zu der eines Kindes,
das aus Spargeln eine Eisenbahn
bauen möchte?
Jules Renard, Ideen, in Tinte getaucht.
Aus dem Tagebuch von Jules Renard

Was kein Verstand der Verständigen
sieht, / Das übt in Einfalt
ein kindlich Gemüt.
Friedrich Schiller, Worte des Glaubens

Was sind Kinder anders
als erste Menschen?
Novalis, Fragmente

Weg mit kindischen Gespenstern,
Aug in Auge der Sache selbst gegenüber
frisch angetreten!
Lucius Apuleius, Der goldene Esel

Welches Kind hätte nicht Grund,
über seine Eltern zu weinen?
Friedrich Nietzsche, Also sprach Zarathustra

Wenn das Kind entwöhnt werden soll,
schwärzt die Mutter die Brust.
Søren Kierkegaard, Furcht und Zittern

Wenn das Kind getauft ist,
will es jedermann heben.
Deutsches Sprichwort

Wenn ein Erwachsener
das Zutrauen eines Kindes
oder gar einer ganzen Gruppe
von Kindern gewinnen will,
muss er ernst und sachlich beginnen
und sie unbedingt als vollkommen
gleichstehend behandeln.
Fjodor M. Dostojewski, Die Brüder Karamasow

Wenn ich die Welt ansehe,
freue ich mich,
dass ich keine Kinder habe.
Denn was würden sie anders werden
als Sklaven oder Handlanger
der Despoten?
Freiheit und Vernunft
gehören noch nicht in unsere Zeit.
Johann Gottfried Seume, Apokryphen

Wenn ich heimkomme,
stelle ich mich direkt
vor den Fernseher.
Dann wissen die Kinder,
dass ich zu Hause bin.
Robert Lembke, Steinwürfe im Glashaus

Wenn ihr nicht umkehrt
und wie die Kinder werdet,
könnt ihr nicht
in das Himmelreich kommen.
Neues Testament, Matthäus 18, 3 (Jesus)

Wenn Kinder kacken wollen
wie große Leute,
so knacken ihnen die Ärsche.
Deutsches Sprichwort

Wenn man sich um der Kinder willen
keine Mühe gäbe,
wie wärt ihr groß geworden?
Johann Wolfgang von Goethe,
Wilhelm Meisters Lehrjahre

Wenn wir Kinder bekommen,
rechtfertigen wir
alle unsere Schwächen wie:
Neigung zu Kompromissen,
zur Spießigkeit – so:
»Es ist wegen der Kinder.«
Anton P. Tschechow, Notizbücher

Wer darf das Kind
beim rechten Namen nennen?
Johann Wolfgang von Goethe, Faust I (Faust)

Wer die Kinder verzärtelt,
setzt sie ins leichte Schiff.
Deutsches Sprichwort

Wer eine Saat
missratener Kinder auferzieht,
Was zieht er anders
als sich selbst die Sorge groß.
Sophokles, Antigone

Wer früh Kinder hat,
zieht auch früh den Nutzen.
Wer früh heiratet,
muss sich auch früh ärgern.
Chinesisches Sprichwort

Wer in Gegenwart von Kindern
spottet oder lügt,
begeht ein todeswürdiges Verbrechen.
Marie von Ebner-Eschenbach, Aphorismen

Wer kein Kind hat,
hat kein Licht in seinen Augen.
Sprichwort aus Persien

Wer lebt wie die Kinder
– also nicht um sein Brot kämpft
und nicht glaubt,
dass seinen Handlungen eine
endgültige Bedeutung zukomme –,
bleibt kindlich.
Friedrich Nietzsche, Morgenröte

Wer Menschen studieren will,
der versäume nicht,
sich unter Kinder zu mischen.
Adolph Freiherr von Knigge,
Über den Umgang mit Menschen

Wer nennt ein Mittel,
mit beschränkten
und ungezogenen Kindern
fertig zu werden.
Chinesisches Sprichwort

Wer seinem Kind
kein Handwerk beibringt,
bringt ihm das Stehlen bei.
Sprichwort aus Persien

Wer viel mit Kindern lebt,
wird finden,
dass keine äußere Einwirkung auf sie
ohne Gegenwirkung bleibt.
Johann Wolfgang von Goethe,
Maximen und Reflexionen

Wie machen doch
ungestüme Leidenschaften
die Menschen zu Kindern!
Jean-Jacques Rousseau,
Julie oder Die neue Héloïse (Saint-Preux)

Wie viel Eltern verkennen
das Wohl ihrer Kinder
und sind für ihre
dringendsten Empfindungen taub.
Johann Wolfgang von Goethe,
Erwin und Elmire (Elmire)

Wie viele Kinder wachsen so auf,
gut gepflegt, gut versorgt und gefüttert,
alle schön regelmäßig,
nur keine Gefühle, nur keine
Weichheit und kein Überschwang.
Franziska Gräfin zu Reventlow, Tagebücher

Wie wir sind, sind unsre Kinder.
Johann Gottfried Herder, Vom Erkennen und
Empfinden der menschlichen Seele

Wir leben so, wie wir leben,
für unsere Kinder.
Wozu? Wozu eine weitere Generation
ebenso betrogener Sklaven aufziehen,
die nicht wissen, wozu sie leben,
und ein ebenso
freudloses Leben führen?
Leo N. Tolstoi, Tagebücher (1897)

Wir müssen die Kinder
mit Mitteln zurechtweisen,
die wir anwenden würden,
wenn sie ebenso stark wären wie wir.
Sully Prudhomme, Gedanken

Wir sollen es mit den Kindern machen
wie Gott mit uns,
der uns am glücklichsten macht,
wenn er uns in freundlichem Wahne
so hintaumeln lässt.
Johann Wolfgang von Goethe,
Die Leiden des jungen Werthers

Wo Anmaßung mir wohl gefällt?
An Kindern: denen gehört die Welt.
Johann Wolfgang von Goethe, Sprüche

Wo Kinder sind,
da ist ein goldenes Zeitalter.
Novalis, Blütenstaub

Wo kriegten wir die Kinder her,
Wenn Meister Klapperstorch nicht wär'?
Wilhelm Busch, Die fromme Helene

Wohl dem,
der frei von Schuld und Fehle
Bewahr die kindlich reine Seele!
Friedrich Schiller, Die Kraniche des Ibykus

Wüchsen die Kinder in der Art fort,
wie sie sich andeuten,
so hätten wir lauter Genies.
Johann Wolfgang von Goethe, Dichtung und Wahrheit

Wünsch dir nicht schöne Kinder,
wenn sie nichts taugen,
und freu dich nicht
über missratene Söhne.
Altes Testament, Jesus Sirach 16, 1

Zehn gegen eins ist zu wetten,
dass das Bauernkind
inmitten eines einsamen Feldes
Lokomotive spielt.
Gilbert Keith Chesterton, Heretiker

Zeigt den Kindern nur das Einfache,
damit ihr Herz
nicht verdorben werde,
nur das Unschuldige,
damit ihr Geschmack
nicht verdorben werde.
Joseph Joubert, Gedanken, Versuche und Maximen

Zuerst lieben Kinder ihre Eltern,
wenn sie älter werden,
urteilen sie über sie;
manchmal vergeben sie ihnen auch.
Oscar Wilde, Das Bildnis des Dorian Gray

Kindheit

Das Greisenalter ist
eine zweite Kindheit minus Lebertran.
Mark Twain

Der erste Seufzer der Kindheit
gilt der Freiheit.
Luc de Clapiers Marquis de Vauvenargues,
Unterdrückte Maximen

Der Kindheit Anmut
ist am größten bei ihrem Ende.
Lucius Annaeus Seneca, Briefe über Ethik

Die ersten Jahre
sind ebenso wichtig
wie die neun Monate davor.
August Strindberg, Der Sohn der Magd

Die Kindheit ist jene herrliche Zeit,
in der man dem Bruder zum Geburtstag die Masern geschenkt hat.
Peter Ustinov

Die Weisheit
führt uns zur Kindheit zurück.
Blaise Pascal, Pensées

Es kommt vielleicht nicht selten vor,
dass edel und hoch strebende Menschen
ihren härtesten Kampf in der Kindheit
zu bestehen haben:
etwa dadurch, dass sie ihre Gesinnung
gegen einen niedrig denkenden,
dem Schein und der Lügnerei ergebenen
Vater durchsetzen müssen,
der fortwährend, wie Lord Byron,
im Kampfe mit einer kindischen
und zornwütigen Mutter lebte.
Friedrich Nietzsche, Menschliches, Allzumenschliches

In der Kindheit bringt die Neuheit
aller Gegenstände und Begebenheiten
jegliches zum Bewusstsein:
Daher ist der Tag unabsehbar lang.
Dasselbe widerfährt uns auf Reisen,
wo deshalb ein Monat länger erscheint
als vier zu Hause.
Arthur Schopenhauer, Aphorismen zur Lebensweisheit

Lasst von der Wiege an
den Menschen ungestört!
Treibt aus der eng vereinten Knospe
seines Wesens,
treibt aus dem Hüttchen seiner Kindheit
ihn nicht heraus!
Friedrich Hölderlin, Hyperion

Man wundert sich über gar nichts,
wenn man sich über alle wundert:
das ist der Zustand der Kindheit.
Antoine Comte de Rivarol, Maximen und Reflexionen

Ruhe der Kindheit!, himmlische Ruhe!
Friedrich Hölderlin, Hyperion

So hat das Kind
ein königliches Verhältnis zur Zeit,
nämlich keins, wenn es spielt.
Das ist es, was wir an der Kindheit
bewundern:
Ausstieg aus Zeit, Paradies.
Erhart Kästner, Ölberge, Weinberge; Rhamnus

Wir haben in der Kindheit nur wenige
Beziehungen und geringe Bedürfnisse,
also wenig Anregung des Willens:
Der größere Teil unseres Wesens
geht demnach im Erkennen auf.
Arthur Schopenhauer, Aphorismen zur Lebensweisheit

Wo finden wir das Eine,
das uns Ruhe gibt, Ruhe?
Wo tönt sie uns einmal wieder,
die Melodie unsers Herzens
in den seligen Tagen der Kindheit?
Friedrich Hölderlin, Fragment von Hyperion

Kino

Das Kino kommt wieder!
Die Leute wollen miterleben,
ohne dass die Familie
dazwischenquatscht.
Oliver Hassencamp

(...) Im Kino gibt es (...) nur Gute
oder Böse, bestenfalls als zulässige
Zwischenstufe noch Bekehrte.
Alles andere ist langweilig
und verdächtig.
Heinrich Böll, Worte töten Worte heilen

In der rätselhaften Welt des Kinos
wächst die Feigheit proportional
mit der Menge des investierten Geldes.
Peter Ustinov, Peter Ustinovs geflügelte Worte

Kino ist nichts anderes als der Traum,
den jeder von uns kurz vor und
kurz nach dem Einschlafen träumt.
Federico Fellini

Wann verlässt ein Zuschauer
schon einmal das Kino
und wurde in seiner Seele angerührt?
Heinz Rühmann

Kirche

Alte Kirchen haben dunkle Fenster.
Deutsches Sprichwort

Antike Tempel konzentrieren
den Gott im Menschen;
des Mittelalters Kirchen streben
nach dem Gott in der Höhe.
Johann Wolfgang von Goethe,
Maximen und Reflexionen

Außerhalb der Kirche gibt es kein Heil.
Thascius Caecilius Cyprianus, Briefe

Das Apostolat der Frau in der Kirche
ist in erster Linie
das Apostolat des Schweigens.
Gertrud von Le Fort, Die zeitlose Frau

Dass eine Kirche ist,
ist ein Artikel des Glaubens.
Wir müssen sie also
mit dem Glauben erfassen,
nicht mit Augen sehen.
Martin Luther, Tischreden

Der Priester will Andacht,
der Pfaffe Unterwerfung,
der Staatsmann Entwicklung,
der Politiker Parteisieg.
Arthur Schnitzler, Der Geist im Wort

Die Kirche hat einen guten Magen,
Hat ganze Länder aufgefressen
Und doch noch nie sich übergessen;
Die Kirche allein, meine lieben Frauen,
Kann ungerechtes Gut verdauen.
Johann Wolfgang von Goethe, Faust I (Mephisto)

Die Kirche
hat mit ihrer Buß- und Beichtordnung
das mittelalterliche Europa
domestiziert.
Max Weber, Politik als Beruf

Die Kirche hat nicht den Auftrag,
die Welt zu verändern.
Wenn sie aber ihren Auftrag erfüllt,
verändert sich die Welt.
Carl Friedrich von Weizsäcker

Die Kirche
ist eine konservative Macht;
dessen hat sie sich von jeher gerühmt.
Carl Spitteler, Erzbischöfliche Demokratie

Die Kirche ist eine Konserve
von vorgestern, deren Verfallsdatum
längst überschritten ist.
Uta Ranke-Heinemann

Die Kirche ist's,
die heilige, die hohe,
Die zu dem Himmel
uns die Leiter baut.
Friedrich Schiller, Maria Stuart (Maria)

Die Kirche lehrt die Menschen,
die Wahrheit zu wissen
und nicht zu tun,
und hat auf diese Weise
den sittlichen Nerv in ihnen
verkümmern lassen.
Leo N. Tolstoi, Tagebücher (1890)

Die Kirche segnet den,
der ihr zu Diensten fährt.
Johann Wolfgang von Goethe, Faust II (Erzbischof)

Die wahre Kirche besteht
in der Erwählung und Berufung
durch Gott.
Martin Luther, Tischreden

Die wahre Kirche kann nicht
ohne Blutvergießen wachsen
und erhalten werden.
Denn Satan, ihr Widersacher,
ist ein Mörder von Anfang an.
Martin Luther, Tischreden

Dienen muss der faltenreiche
Kirchenmantel hundert Zwecken:
Ehrsucht, Habsucht,
Machtgelüste muss er decken.
Friedrich Wilhelm Weber, Dreizehnlinden

Entweder muss man sich
der Autorität unserer Kirchenlehre
vollständig unterwerfen
oder sich vollständig
über sie hinwegsetzen.
Michel Eyquem de Montaigne, Die Essais

Es beten nicht alle,
die in die Kirche gehen.
Deutsches Sprichwort

Es schadet nicht gar so viel, wenn
Leute in der Kirche sanft einnicken,
denn das Übersinnliche findet auch so
einen gewissen Eingang in sie und oft
besser als durch den kleinen Verstand.
Christian Morgenstern, Stufen

Es sind nicht alle Heilige,
die in aller Heiligen Kirchen gehen.
Deutsches Sprichwort

Finstre Kirchen, lichte Herzen,
hölzerne Kelche, goldne Pfaffen.
Deutsches Sprichwort

Gilaubistu heilaga gotes chirichun? –
Ih gilaubu.
(Glaubst du an die heilige Kirche
Gottes? – Ich glaube.)
Fränkisches Taufgelöbnis (um 780)

Ginge ein Hund tausend Stund
Zur Kirche, er wär doch ein Hund.
Freidank, Bescheidenheit

Hier in den stillen Bergtälern hat die
Kirche noch ihre besondere Sprache
für jedes Alter, ihr besonderes Aussehen für jedes Auge; vieles kann
sich dazwischen aufgetürmt haben,
nichts aber ragt über sie hinweg.
Bjørnstjerne Bjørnson, Synnøve Solbakken

Ich achte der Possen nicht,
sagte jener Bischof,
als er einen Spruch
aus der Bibel hörte.
Deutsches Sprichwort

Ich hoffe es noch zu erleben,
dass das Narrenschiff der Zeit
an dem Felsen der christlichen Kirche
scheitert.
Otto von Bismarck, Reden (in der preußischen
Zweiten Kammer, 15. November 1849)

Ich liebe die stille Kirche,
ehe der Gottesdienst beginnt,
mehr als alle Predigten.
Ralph Waldo Emerson, Essays

Ich möchte durch die Hand
meiner Feinde umkommen.
Mein Tod würde der Kirche
mehr nützen als mein Leben.
Martin Luther, Tischreden

Ich verkenne nicht den Wert
von Fasten, Gebeten und
anderen frommen Werken,
die die Kirche anordnet und die
die Priester uns ans Herz legen.
Die größte gute Tat, neben der
alle anderen wenig bedeuten,
sehe ich jedoch darin,
niemandem zu schaden
und jedem nach Kräften zu helfen.
Francesco Guicciardini, Ricordi

Im Mai gehn Huren und Buben
zur Kirche.
Deutsches Sprichwort

In der Kirche, im Gasthaus
und im Sarg
sind alle Menschen gleich.
Sprichwort aus Polen

In der Kirche
singen immer die am lautesten,
die falsch singen.
Franz Grillparzer

In die Kirche mit Heiligen geh,
Ins Wirtshaus mit den Zechern.
Dante Alighieri, Die Göttliche Komödie

In meiner Kirche gibt es kein Gewölbe
zwischen mir und dem Himmel.
Jules Renard, Ideen, in Tinte getaucht.
Aus dem Tagebuch von Jules Renard

Kein Bauwerk kann vaterländischer
sein als eine Kirche, denn in ihr allein
vereinigen sich alle Klassen der Nation,
sie allein erinnert nicht nur an die
geschichtlichen Ereignisse, sondern
auch an die geheimen Gedanken, die
innern Neigungen, welche die Fürsten
und die Bürger in ihren Bereich trugen.
Germaine Baronin von Staël, Über Deutschland

Kirchen gibt es hier genug.
Aber fromme Augen
sehe ich so wenig.
Paula Modersohn-Becker, Briefe (18. Januar 1901)

Lass den Teufel in die Kirche,
und schon steigt er auf die Kanzel.
Sprichwort aus Lettland

Lass die Kirche im Dorf stehen.
Deutsches Sprichwort

Man muss heute weniger die Ketzerei
als den Unglauben fürchten;
die Kirche steht heute vor anderen
Feinden und Gefahren und auch
vor anderen Sorgen und Kämpfen.
Joseph Joubert, Gedanken, Versuche und Maximen

Manche Frauen verteilen ihre Gaben
zugleich an Klöster und Liebhaber:
Buhlerisch und mildtätig wie sie sind,
haben sie oft nahe am Altar Kirchenstuhl und Betplatz, wo sie Liebesbriefe
lesen, ohne dass jemand bemerkt,
dass sie nicht zu Gott beten.
Jean de La Bruyère, Die Charaktere

Noch immer ist die Kirche
ein machtvoller Mittelpunkt,
in welchem sich Männer
und Frauen sammeln,
und wir brauchen sie
notwendiger als je zuvor.
Anne Morrow Lindbergh, Muscheln in meiner Hand

Regieren ist schwer,
zumal in der Kirche.
Die Menschen werden
durch Freiheit schlecht,
durch Gesetze verzweifelt.
Verzweiflung aber
ist zu keinem Ding gut.
Martin Luther, Tischreden

Und einmal vor allemal,
eine Hierarchie ist ganz und gar
wider den Begriff einer echten Kirche.
Johann Wolfgang von Goethe, Brief des Pastors

Und keine Kirchen,
welche Gott umklammern
Wie einen Flüchtling
und ihn dann bejammern
Wie ein gefangenes
und wundes Tier,
Die Häuser gastlich
allen Einlassklopfern
Und ein Gefühl
von unbegrenztem Opfern
In allem Handeln
und in dir und mir.
Rainer Maria Rilke, Das Stundenbuch

Unter zwölf Aposteln muss immer
einer hart wie Stein sein,
damit auf ihm die neue Kirche
gebaut werden könne.
Friedrich Nietzsche, Menschliches, Allzumenschliches

Viele Leute halten es
mit der Kirche wie mit dem Staat.
Sie schieben alles Versagen auf ihn
und haben vergessen,
dass sie der Staat sind.
August Everding,
Vortrag im Kloster Andechs, 29. Mai 1988

Von ihrem Gatten vernachlässigt,
von ihren Kindern verlassen,
von der Gesellschaft missachtet,
bleibt ihr nur die Kirche
als einzige und letzte Zuflucht.
Denis Diderot, Über die Frauen

Vor äußeren Feinden
habe ich keine Angst,
denn die Kirche geht nicht
von außen her zugrunde.
Aber die inwendigen Übel,
die falschen Brüder,
die werden's tun.
Martin Luther, Tischreden

Was die Kirche nicht verhindern kann,
das segnet sie.
Kurt Tucholsky, Schnipsel

Was ist dem Laster Kirch' und Altar!
Gotthold Ephraim Lessing, Emilia Galotti (Emilia)

Wenn die Vertreter der Kirche
Christen sind,
dann bin ich kein Christ;
und umgekehrt.
Leo N. Tolstoi, Tagebücher (1890)

Wer der Kirche am nächsten wohnt,
kommt als Letzter zur Messe.
Sprichwort aus Irland

Wer die Kirche nicht kennt,
betet den Ofen an.
Sprichwort aus Tschechien

Wer seinem eigenen Hauswesen
nicht vorstehen kann,
wie soll der für die Kirche Gottes
sorgen?
Neues Testament, Paulus (1 Timotheus 3, 1-5)

Wer sich fürchtet,
der lauf in die Kirche.
Deutsches Sprichwort

Wir können uns zwar Gott
ohne die Kirche vorstellen,
aber nicht die Kirche ohne Gott.
Thomas Mann

Wo die Kirche ist,
da ist der Krug nicht weit.
Deutsches Sprichwort

Wo Gott eine Kapelle baut,
baut der Teufel eine Kirche daneben.
Deutsches Sprichwort

Zügle deinen Schritt,
wenn du zum Gotteshaus gehst.
Altes Testament, Kohelet 4, 17

Kirmes

Es ist nicht alle Tage Kirmes.
Deutsches Sprichwort

Keine Kapelle so klein,
des Jahrs muss einmal
Kirmes drin sein.
Deutsches Sprichwort

Man spricht so lange
von der Kirmes,
bis sie kommt.
Deutsches Sprichwort

Klage

Die Klage aber
ist nur das Bedürfnis,
die schmerzende Wunde
immer wieder zu berühren.
Fjodor M. Dostojewski, Die Brüder Karamasow

Die Klage
lindert nur dadurch das Leid,
dass sie das Herz zerreißt.
Fjodor M. Dostojewski, Die Brüder Karamasow

Die Klage,
sie wecket die Toten nicht auf.
Friedrich Schiller, Des Mädchens Klage

Die Natur erhört nicht
die Klagen des Menschen
– sie ist gefühllos
gegen seine Leiden.
Ludwig Feuerbach, Das Wesen des Christentums

Es ziemt sich,
sich maßvoll zu freuen
und in aller Stille zu klagen.
Phaedrus, Fabeln

Ich, der ich einst fröhliche Lieder sang,
muss nun Klagelieder machen. Ja sieh!
Leiderfüllte Musen lehren mich
schreiben.
Notker III. Labeo, Kommentierte Boethius-Übersetzung

Jede hohe Klage und Träne
über irgendeine Zeit sagt,
wie eine Quelle auf einem Berge,
einen höhern Berg oder Gipfel an.
Jean Paul, Levana

Klagen füllt nicht den Magen.
Deutsches Sprichwort

Klagen? Nein, tätig sein!
Beklagen? Nein, hilfreich sein!
Anklagen? Nein, bessern!
Arthur Schnitzler, Buch der Sprüche und Bedenken

Klagen, nichts als Klagen!
Gotthold Ephraim Lessing, Emilia Galotti (Prinz)

Lass ruhn, lass ruhn die Toten,
Du weckst sie mit Klagen nicht auf.
Adelbert von Chamisso, Gedichte

Nicht warten,
bis aus den Einfällen
Klagen werden.
Elias Canetti, Die Provinz des Menschen.
Aufzeichnungen 1942-1972

Niemand hat sich
übers Meer zu beklagen,
der zum zweiten Mal
Schiffbruch litt.
Deutsches Sprichwort

Nun können wir klagend
Um unser Schicksal bangen.
Altsächsische Genesis (um 860), Adams Klage

Oft sind die Unterdrückten
nur darum unterdrückt,
weil es ihnen an Mitteln fehlt,
ihre Klagen vorzubringen.
Jean-Jacques Rousseau,
Julie oder Die neue Héloïse (Julie)

Unheil beklagen,
das nicht mehr zu bessern,
Heißt um somehr,
das Unheil nur vergrößern.
William Shakespeare, Othello (Herzog)

Wehgeheul ist dumm und überflüssig.
Franziska Gräfin zu Reventlow, Tagebücher

Wen man schlägt,
der soll Klage führen.
Chrétien de Troyes, Yvain

Wer klagen will, der klage fest.
Deutsches Sprichwort

Wo Menschen sind,
da sind auch Klagen.
Francesco Petrarca,
Gespräche über die Weltverachtung (Augustinus)

Klang

Ein einziger schöner Klang
ist schöner als langes Gerede.
Joseph Joubert, Gedanken, Versuche und Maximen

Je voller das Fass,
je gelinder der Klang.
Deutsches Sprichwort

Klangreichtum betäubt das Ohr.
Lao-tse, Dao-de-dsching

Leere Tonnen geben großen Klang.
Deutsches Sprichwort

Orchester haben keinen eigenen Klang;
den macht der Dirigent.
Herbert von Karajan

Stellen wir uns einen Tauben vor,
welcher die Existenz der Klänge
leugnet, weil sie niemals seine Ohren
berührt haben.
Jean-Jacques Rousseau, Emile (Glaubensbekenntnis)

Klarheit

Das Schwerste klar und allen
fasslich sagen,
Heißt aus gediegnem Golde
Münzen schlagen.
Emanuel Geibel, Sprüche

Deutlichkeit erspart Längen
und kann Gedanken beweisen.
Luc de Clapiers Marquis de Vauvenargues,
Unterdrückte Maximen

Die Köpfe, welche die Gabe
lichtvoller Klarheit haben,
erlangen Beifall;
die verworrenen
werden bisweilen verehrt,
weil keiner sie versteht.
Baltasar Gracián y Morales,
Handorakel und Kunst der Weltklugheit

Es gibt klare Dinge,
die man weder beweisen kann
noch muss.
August Strindberg, Der Sohn der Magd

Fraktur sprechen.
Jules Renard, Ideen, in Tinte getaucht.
Aus dem Tagebuch von Jules Renard

Für mich gibt es nur eine Regel:
klar zu sein. Bin ich es nicht,
so stürzt meine Welt in sich zusammen.
Stendhal, Briefe (an Balzac, 30. Oktober 1840)

Ich würde tausend Originalitäten des
Ausdrucks hergeben für eine Klarheit.
Manès Sperber

Klarheit ist die Ehrlichkeit
der Philosophen.
Luc de Clapiers Marquis de Vauvenargues,
Unterdrückte Maximen

Klarheit ist die Höflichkeit
des Schriftstellers.
Jules Renard

Klarheit ist Wahrhaftigkeit
in der Kunst
und in der Wissenschaft.
Marie von Ebner-Eschenbach, Aphorismen

Nur erst,
wenn dir die Form ganz klar ist,
wird dir der Geist klar werden.
Robert Schumann,
Musikalische Haus- und Lebensregeln

Sprich in Zeitworten
und du sprichst klar,
klangvoll und anschaulich
Ludwig Reiners, Stilkunst II, Satzbau

Was Grazie dem Körper,
ist Klarheit dem Geist.
François de La Rochefoucauld, Reflexionen

Wer sich tief weiß,
bemüht sich um Klarheit;
wer der Menge tief scheinen möchte,
bemüht sich um Dunkelheit.
Friedrich Nietzsche, Die fröhliche Wissenschaft

Klasse

In all den Fällen,
in denen die Unterklasse
nicht durch Not gehindert ist,
ist sie pflichtbewusster
als die Oberklasse. Sie ist auch
barmherziger mit ihresgleichen,
zärtlicher mit Kindern.
Wie lange hat sie geduldet,
dass ihre Arbeit von der Oberklasse
benutzt wird, bis sie schließlich
ungeduldig zu werden begann.
August Strindberg, Der Sohn der Magd

Jede Klasse hat ihr Spießbürgertum.
Stanislaw Jerzy Lec, Neue unfrisierte Gedanken (1964)

Manche mögen lieber
die Ersten in der II. Klasse
als die Zweiten in der I. Klasse sein.
Baltasar Gracián y Morales,
Handorakel und Kunst der Weltklugheit

Klassenkampf

Der älteste aller menschlichen
Kriegszustände ist der Klassenkampf.
Sklaven wollen sich von ihren Herren
befreien und die Herren sich von ihren
Frauen. Monarchen bekämpfen die
Kirche, Mieter die Untermieter,
das Naphthalin die Motten.
Ephraim Kishon, Kishon für alle Fälle

Der Geschlechterkampf
ist so einfallslos
wie der Klassenkampf.
Norbert Blüm, Unverblümtes von Norbert Blüm

Es ist klar, dass keine Klasse
sich selbst vernichten will.
Darum kann der Klassenkampf,
so scharf er auch sein mag,
nicht zum Zerfall der Gesellschaft
führen.
Josef Wissarionowitsch Stalin,
Marxismus und Fragen der Sprachwissenschaft (1950)

Trotz aller Widerstände:
Partnerschaft ist besser
als Klassenkampf.
Norbert Blüm, Erklärung der Bundesregierung
zur Klarstellung der Neutralitätspflicht der BA
im Arbeitskampf, 1985

Klassik

Ein großer Klassiker
ist heutzutage ein Mann,
den man loben kann,
ohne ihn gelesen zu haben.
Gilbert Keith Chesterton, Aphorismen und Paradoxa

Ein Klassiker ist etwas,
das jeder gelesen haben möchte,
aber niemand lesen will.
Mark Twain, Das Verschwinden von Literatur

Klassiker: einer, der uns nicht mehr
davon in Kenntnis setzen kann,
dass er die Ansichten, auf die wir
uns berufen, längst geändert hat.
Gabriel Laub

Klassisch ist das Gesunde,
romantisch das Kranke.
Johann Wolfgang von Goethe,
Maximen und Reflexionen

Klatsch

Die Basis für einen Klatsch
ist eine unmoralische Gewissheit.
Oscar Wilde

Es ist in manchen Kreisen nur allzu
üblich, den Ton des Klatsches und
der Verleumdung anzustimmen;
einige befriedigen dabei ihre Bosheit,
andere glauben, damit Geist zu zeigen.
Philipp Stanhope Earl of Chesterfield, Briefe über die
anstrengende Kunst, ein Gentleman zu werden

Klatsch ist eine gesprochene Zeitung
für Analphabeten der Fairness.
Laurence Olivier

Klatsch ist Mangel
eines lohnenden Themas.
Elbert Hubbard

Man mache sich also nicht unnötig
Gedanken über den Klatsch
der Frauengruppen. Sollen sie lästern,
so viel sie wollen, solange sie es
untereinander tun.
Jean-Jacques Rousseau, Brief an d'Alembert

Ob aber jemand langsam
oder schnell geht,
viel oder wenig schläft,
oft oder selten zu Hause,
prächtig oder schlecht gekleidet ist,
Wein oder Bier trinkt,
Schulden oder Geld macht,
eine Geliebte hat oder nicht –,
was geht es dich an,
wenn du nicht sein Vormund bist?
Adolph Freiherr von Knigge,
Über den Umgang mit Menschen

Überlege oft,
was du über jemanden sagst
und wem du es sagst.
Horaz, Briefe

Klavier

Das Klavier ist ein Schlaginstrument,
das man zum Singen bringen muss.
Wladimir Horowitz

Ein neues Klavier
hat ungeborenen Lärm im Leibe.
Wilhelm Busch

Ein gutes Tier
Ist das Klavier,
Still, friedlich und bescheiden,
Und muss dabei
Doch vielerlei
Erdulden und erleiden.
Wilhelm Busch, Zu guter Letzt

Ein Onkel, der Gutes mitbringt,
ist besser als eine Tante,
die bloß Klavier spielt.
Wilhelm Busch

Einem Maler sagen,
er solle die Natur wiedergeben,
wie sie ist, hieße
einem Pianisten sagen, er solle sich
auf die Klaviertasten setzen.
James Abbott McNeill Whistler

Liebchen, kommen diese Lieder
Jemals wieder dir zur Hand,
Sitze beim Klaviere nieder,
Wo der Freund sonst bei dir stand.
Johann Wolfgang von Goethe, An Lina

Man spielt nicht Klavier,
wenn das Haus brennt.
Sprichwort aus den USA

Spiele immer,
als hörte dir ein Meister zu!
Robert Schumann,
Musikalische Haus- und Lebensregeln

Wenn Affen Klavier spielen können,
warum sollten Menschen
nicht dazu singen?
John Lennon

Kleidung

Als Essen ist schlichte Kost,
als Kleidung grobes Leinen
stets das Beste.
Chinesisches Sprichwort

Auch in ihrer Kleidung forcieren sich
diese Frauen, oft zeichnen sie sich
durch die Nachlässigkeit derselben aus,
oder sie wählen Schnitte, die ihnen
von Weitem das Ansehen von
Männergestalten geben, oder
auffallende Farben, die gleich
als eine Demonstration gelten können.
Louise Otto-Peters, Die Demokratinnen

Auch sollen die Frauen
sich anständig, bescheiden und
zurückhaltend kleiden;
nicht Haartracht, Gold, Perlen
oder kostbare Kleider
seien ihr Schmuck,
sondern gute Werke.
Neues Testament, Paulus (1 Timotheus 2, 9–10)

Bei Freunden sind alte,
bei Kleidern neue die Besten.
Chinesisches Sprichwort

Bescheidene Kleider
machen bescheiden;
pompöse hinterlassen unmerklich
ihre Spuren in den Manieren
selbst einfacher Personen.
Nicht alle Menschen können
ihre Kleidung ihren Sitten anpassen,
alle jedoch richten ihre Manieren
nach ihrer Kleidung.
Joseph Joubert, Gedanken, Versuche und Maximen

Das Kleid macht nicht den Mann,
der Sattel macht kein Pferd.
Angelus Silesius, Der Cherubinische Wandersmann

Das sind schlechte Freunde,
bei denen Rock und Hut
nicht gerade sitzen.
Chinesisches Sprichwort

Denk erst ans Essen,
dann an die Kleidung.
Chinesisches Sprichwort

Denn an der Farbe
lässt sich die Sinnesweise,
an dem Schnitt die Lebensweise
des Menschen erkennen.
Johann Wolfgang von Goethe,
Wilhelm Meisters Lehrjahre

Der Frau ist das Kleid
das dritte Seelenorgan
(denn der Leib ist das zweite,
und das Gehirn das erste);
und jedes Überkleid
ist ein Organ mehr.
Jean Paul, Levana

Der Kleiderschrank ist ein Möbelstück,
in dem Frauen, die nichts anzuziehen
haben, ihre Kleider aufbewahren.
Liv Ullmann

Die Hose ist mittlerweile ein
so weibliches Kleidungsstück
geworden, dass sich die Männer
nach einem anderen Geschlechts-
symbol umsehen sollten.
Peter Ustinov

Die (germanischen) Männer kleiden
sich trotz des strengen Winters in
kurze Mäntel oder Bast von Bäumen.
Pomponius Mela, Geographie des Erdkreises

Die griechische Kleidung
war wesentlich unkünstlerisch.
Einzig der Körper
soll den Körper offenbaren.
Oscar Wilde,
Sätze und Lehren zum Gebrauch für die Jugend

Die Kleider der Frau
sind der Preis
für des Mannes Frieden.
Sprichwort aus Afrika

Die Kleider, die am besten sitzen,
tragen sich am schnellsten ab.
Sprichwort aus der Slowakei

Die Kleidung des Menschen
offenbart sein Verhalten,
die Schritte des Menschen zeigen,
was an ihm ist.
Altes Testament, Jesus Sirach 19, 30

Die Kutte macht den Mönch nicht aus.
Deutsches Sprichwort

Die Liebe der Frau
erkennt man
am Anzug des Mannes.
Sprichwort aus Spanien

Die wahre Koketterie
ist zuweilen erlesen,
sie ist aber niemals hoffärtig,
und Juno kleidete sich
prächtiger als Venus.
Jean-Jacques Rousseau, Emile

Die weibliche Kleider-Liebe
hat samt der Reinlichkeit,
welche gleichsam auf der Grenzscheide
zwischen Leib und Sittlichkeit wohnt,
eine Wand- und Tür-Nachbarin,
nämlich Herzens-Reinheit.
Jean Paul, Levana

Die wirklich Reichen
achten nicht auf ihre Kleidung.
Chinesisches Sprichwort

Durch zerlumpte Kleider
sieht man die kleinsten Laster;
lange Röcke und Pelzmäntel
verbergen alles.
William Shakespeare, King Lear (Lear)

Ein Gebildeter,
den Sinn gerichtet
auf den rechten Weg,
und der sich schämt,
weil ärmlich seine Kleidung,
karg die Kost,
was gäbe es mit dem
noch zu bereden!
Konfuzius, Gespräche

Ein Kleiderwechsel
ändert noch nicht den Mann.
Chinesisches Sprichwort

Ein Mann, der seine Frau liebt,
achtet nicht auf ihr Kleid,
sondern auf seine Frau.
Fängt er an,
auf die Kleidung zu achten,
hat seine Liebe schon nachgelassen.
Henry Miller

Eine Dame trägt keine Kleider.
Sie erlaubt den Kleidern,
von ihr getragen zu werden.
Yves Saint-Laurent

Eitelkeit – ein schlimmes Kleid.
Deutsches Sprichwort

Es gibt Menschen,
die sich auch innerlich kleiden,
wie es die Mode heischt.
Berthold Auerbach, Drei einzige Töchter

Es hat auch das Kleid
seine Rechtschaffenheit;
denn es hat eine Funktion
oder Aufgabe,
und der beste Zustand des Kleides
ist seine Rechtschaffenheit.
Aristoteles, Eudemische Ethik

Es liegt in frischen Kleidern
eine Art Jugend,
in die das Alter sich hüllen soll.
Joseph Joubert, Gedanken, Versuche und Maximen

Feiertagskleider
werden bald Alltagshosen.
Deutsches Sprichwort

Frauen in Männerkleidern,
ohne ihre wallenden Gewänder,
verlieren an Anmut.
Joseph Joubert, Gedanken, Versuche und Maximen

Frauen zeigen mehr Geschmack,
wenn sie eine andere,
als wenn sie sich anzukleiden haben;
aber eben weil es ihnen
mit ihrem Körper geht
wie mit ihrem Herzen:
Im fremden lesen sie besser
als im eignen.
Jean Paul, Levana

Gehören wir am richtigsten dorthin,
wo wir mehr Essen, bessere Kleider
und mehr Geld bekommen?
Knut Hamsun, Landstreicher

Gesetze sind wie Kleider.
Eine Zeit lang sitzen sie gut.
Dann sind sie abgetragen,
und es wird Zeit,
sie auszuwechseln.
Jean Foyer

Gut zurechtgemacht
fürs Ausgehen
ist eine Frau dann,
wenn ihr Begleiter lieber
mit ihr zu Hause bliebe.
Olga Tschechowa

Häuser schmücken sich mit Menschen.
Menschen schmücken sich mit Kleidern.
Chinesisches Sprichwort

Ich habe auch bemerkt,
dass der punkvollste Putz
meistens hässliche Frauen ankündigt.
Jean-Jacques Rousseau, Emile

Ich trage große Toiletten immer nur
einmal und verschenke sie dann.
So kommt es, dass meine Abendkleider
häufiger ausgehen als ich selbst.
Brigitte Bardot

Ihr auffallender Putz
verriet mehr Pracht
als Geschmack.
Jean-Jacques Rousseau,
Julie oder Die neue Héloïse (Saint-Preux)

Im Frühling warm
und im Herbst leicht gekleidet,
so bleibt man gesund bis ins Alter.
Chinesisches Sprichwort

In deiner Kleidung verfalle nie in
Nachlässigkeit, wenn du allein bist.
Gehe nicht schmutzig, nicht krumm
noch mit groben Manieren einher,
wenn dich niemand beobachtet.
Adolph Freiherr von Knigge,
Über den Umgang mit Menschen

In der Ferne wird einer
nach Rock und Hut,
in der Heimat
nach seinem Geld geachtet.
Chinesisches Sprichwort

In jedem Kleide
werd ich wohl die Pein
Des engen Erdenlebens
fühlen.
Johann Wolfgang von Goethe, Faust I (Faust)

In Kleidung und in Essen
verstoße nicht gegen die Sitte.
Chinesisches Sprichwort

Iss, worauf du nur Lust hast,
aber kleide dich wie die andern.
Sprichwort aus Arabien

Je mehr Geist oder Raffinement
eine Frau aufs Anziehen verwendet,
umso mehr tut sie es auch
beim Ausziehen.
Jewgeni Jewtuschenko

Jedermann gefällt's,
sich mit Hut und Gürtel aufzuputzen.
Chinesisches Sprichwort

Kein Kleid ist so züchtig,
dass ein von der Einbildungskraft
entzündeter Blick
den Begierden nicht mehr enthüllte.
Eine junge Chinesin,
die ein Stückchen ihres bedeckten
und beschuhten Fußes zeigte,
würde in Peking
mehr Verwirrung stiften
als das schönste Mädchen der Welt,
das nackt am Fuße des Taygetos tanzte.
Jean-Jacques Rousseau, Brief an d'Alembert

Keine Frau ist hässlich,
wenn sie gut angezogen ist.
Sprichwort aus Portugal

Kleid eine Säule,
Sie sieht (aus) wie ein Fräule.
Johann Wolfgang von Goethe, Sprichwörtlich

Kleide dich so gut,
wie es Menschen deines Ranges
gewöhnlich tun,
und lieber besser als schlechter.
Philipp Stanhope Earl of Chesterfield, Briefe über die
anstrengende Kunst, ein Gentleman zu werden

Kleider fressen die Motten
und Sorgen das Herz.
Deutsches Sprichwort

Kleider machen Leute,
Lumpen machen Läuse.
Deutsches Sprichwort

Man darf anders denken als seine Zeit,
aber man darf sich nicht anders kleiden.
Marie von Ebner-Eschenbach, Aphorismen

Man empfängt den Mann
nach dem Kleide
und entlässt ihn
nach dem Verstande.
Deutsches Sprichwort

Man kann durch den Aufputz glänzen,
man gefällt aber nur durch die Person.
Unsere Kleider sind nicht wir.
Jean-Jacques Rousseau, Emile

Man sieht nicht, was einer isst,
wohl aber, was er am Leibe trägt.
Chinesisches Sprichwort

Man soll entweder ein Kunstwerk sein
oder ein Kunstwerk tragen.
Oscar Wilde,
Sätze und Lehren zum Gebrauch für die Jugend

Man sollte nie
seine beste Hose anziehen,
wenn man hingeht,
um für Freiheit
und Wahrheit zu kämpfen.
Henrik Ibsen

Rein und gesättigt
reit zur Versammlung,
Um schönes Kleid unbekümmert.
Der Schuh und der Hosen
schäme sich niemand,
Noch des Hengstes,
hat er nicht guten.
Edda, Hávamál (Des Hohen Lied)

Reines Herz und reiner Mut
Sind in jedem Kleide gut.
Freidank, Bescheidenheit

Rüstung: die Kleidung eines Mannes,
dessen Schneider ein Schmied ist.
Ambrose Bierce

Scham gab es eher als Kleidung
und sie wird wieder geboren werden,
wenn es keine Kleidung mehr gibt.
Mark Twain

Seide wurde erfunden,
damit die Frauen nackt
in Kleidern gehen können.
Sprichwort aus Arabien

Seitdem der erste Mensch
die Augen auftat und erkannte,
dass er nackt sei, trug er Sorge,
sich selbst vor den Blicken
seines Schöpfers zu verhüllen.
Das Bestreben, sich zu verstecken,
ist also so alt wie die Menschheit.
Torquato Accetto,
Über die ehrenwerte Kunst der Verstellung

Seltsame Illusion der Frauen,
zu glauben, die Kleidung
lasse Gesicht und Figur vergessen!
Sully Prudhomme, Intimes Tagebuch

Und was sorgt ihr euch
um eure Kleidung?
Lernt von den Lilien,
die auf dem Feld wachsen:
Sie arbeiten nicht
und spinnen nicht.
Doch ich sage euch:
Selbst Salomo war in all seiner Pracht
nicht gekleidet wie eine von ihnen.
Neues Testament, Matthäus 6, 28 (Jesus: Bergpredigt)

Viele Frauen sagen ein Fest lieber ab,
als dass sie schlecht gekleidet
hingehen.
Simone de Beauvoir, Das andere Geschlecht

Vor schönen Kleidern
zieht man den Hut ab.
Deutsches Sprichwort

Warum machen die Weiber durch
allerlei hindernde Kleidungsstücke
übereinander die Körperstellen,
die unsere und ihre Lust
am meisten reizen, unzugänglich?
Michel Eyquem de Montaigne, Die Essais

Was dem Buddha seine goldne Hülle,
sind dem Menschen seine Kleider.
Chinesisches Sprichwort

Wem Farb und Kleid
ein Ansehn geben,
Der hat Verstand,
so dumm er ist.
Christian Fürchtegott Gellert, Fabeln und Erzählungen

Wenn es nicht
an Kleidung und Essen mangelt,
werden auch Sitten und Recht
erblühen.
Chinesisches Sprichwort

Wenn ich daran denke,
wie der Mensch nackt aussieht, auch
das so genannte schönere Geschlecht,
was er alles für Fehler,
natürliche Schwächen
und Unvollkommenheiten aufweist,
so finde ich, dass wir es nötiger
gehabt haben als alle anderen Tiere,
für uns die Kleidung zu erfinden.
Michel Eyquem de Montaigne, Die Essais

Wenn wir es recht überdenken,
so stecken wir doch alle
nackt in unseren Kleidern.
Heinrich Heine, Reisebilder (Norderney)

Wer sich
mit reingewaschenen Lumpen kleidet,
kleidet sich zwar reinlich,
aber doch lumpenhaft.
Friedrich Nietzsche, Menschliches, Allzumenschliches

Wie guter Ruf, wo du bekannt,
Wirkt gutes Kleid im fremden Land.
Jüdische Spruchweisheit

Kleine Leute

Das ganze Jahrhundert
ist ein Wettrennen
nach großen Zielen
mit kleinen Menschen.
Jean Paul, Clavis Fichtiana

Ihr werdet immer kleiner,
ihr kleinen Leute!
Friedrich Nietzsche, Also sprach Zarathustra

Weiber und kleine Leute sind schwer
zu behandeln: Lässt du sie zu nahe
heran, werden sie aufdringlich; hältst
du sie fern, werden sie aufsässig.
Konfuzius, Gespräche

Kleinheit

Aber jeder Atom der Materie
ist eine ebenso unendliche Welt
als das ganze Universum;
im kleinsten Teil tönt das ewige Wort
der göttlichen Bejahung wieder.
Friedrich von Schelling,
Ideen zu einer Philosophie der Natur

Alles, auch das Erhabenste, verkleinert
sich unter den Händen der Menschen,
wenn sie die Idee desselben
zu ihrem Gebrauch verwenden.
Immanuel Kant, Die Religion innerhalb der Grenzen
der bloßen Vernunft

Auch ein Haar hat seinen Schatten.
Deutsches Sprichwort

Auch mit einem kleinen Beil
kann man große Bäume fällen.
Chinesisches Sprichwort

Auch mit einem kleinen Haken
kann man große Fische fangen.
Chinesisches Sprichwort

Auf tausend Menschen, die bereit sind,
Großes zu tun, kommt höchstens einer,
der bereit ist, Kleines zu tun.
Das ist der Kern des Übels.
George MacDonald

Bist du gering und im Gefolge
eines angesehenen Mannes
– so wisse du nichts
von seiner früheren Kleinheit.
Ptahhotep,
zitiert nach Erman, Die Literatur der Ägypter (1923)

Das Kleinste ist,
was nicht mehr kleiner sein kann.
Nikolaus von Kues, Von der gelehrten Unwissenheit

Der kleinste Hügel
vermag uns die Aussicht
auf einen Chimborasso
zu verdecken.
Marie von Ebner-Eschenbach, Aphorismen

Die kleinen Schwächen
legt man am schwersten ab,
so wie man der Moskitos
weit schwerer Herr wird
als des Skorpions oder der Schlange.
Und so ist es recht eigentlich
das Kleine, was den Fortschritt
der Menschheit aufhält:
Gedankenlosigkeit,
Unaufmerksamkeit,
Trägheit, Lauheit.
Christian Morgenstern, Stufen

Die Neigung der Menschen,
kleine Dinge für wichtig zu halten,
hat sehr viel Großes hervorgebracht.
Georg Christoph Lichtenberg, Sudelbücher

Ein kleiner Mann ist auch ein Mann.
Johann Wolfgang von Goethe, Neueröffnetes moralisch-politisches Puppenspiel (Prolog)

Für Kleine ziemt sich Kleines.
Horaz, Briefe

Für Männer
gelten die Gesetze der Optik nicht:
Wenn man sie unter die Lupe nimmt,
werden sie plötzlich ganz klein.
Grethe Weiser

Gegen das Kleine stachlicht zu sein,
dünkt mich eine Weisheit für Igel.
Friedrich Nietzsche, Also sprach Zarathustra

Gibst du auf die kleinen Dinge nicht
Acht, wirst du Größeres verlieren.
Menandros, Monostichoi

Ich behandle das Kleine
mit derselben Liebe wie das Große,
weil ich den Unterschied
zwischen klein und groß
nicht recht gelten lasse.
Theodor Fontane, Briefe

Im Kleinen ist man nicht allein.
Johann Wolfgang von Goethe, Faust I (Mephisto)

Kein Stäublein ist so schlecht,
kein Stüpfchen ist so klein,
Der Weise siehet Gott
ganz herrlich drinne sein.
Angelus Silesius, Der cherubinische Wandersmann

Kleine Töpfe sind leicht zu füllen
– Geheimnis der Nichtverzweiflung
kleiner Leute.
Emil Gött, Zettelsprüche. Aphorismen

Mach dich klein, aber nicht gemein.
Deutsches Sprichwort

Manche Dinge, Ereignisse oder Personen, vertragen es nicht, im kleinen
Maßstabe behandelt zu werden. Man
kann die Laokoon-Gruppe nicht zu
einer Nippesfigur verkleinern.
Friedrich Nietzsche, Menschliches, Allzumenschliches

Mit Kleinen tut man kleine Taten,
Mit Großen wird der Kleine groß.
Johann Wolfgang von Goethe, Faust II (Thales)

Nimm dich voll Menschenhuld
der Kleinsten willig an.
Auch wisse, dass dir oft
der Kleinste nützen kann.
Karl Wilhelm Ramler, Fabellese

Sind die großen Pfeiler morsch,
halten auch die kleinen nicht.
Chinesisches Sprichwort

Unendlich Großes
ist im unendlich Kleinen
enthalten wie im Strauß,
den ein Menschenkind pflückt.
Hans Arp, Unsern täglichen Traum ... (1914–1954)

Vom Tun oder Nichttun
eines scheinbar Nichtigen
hängt oft das Gelingen
des Wichtigsten ab
– darum soll man auch im Kleinen
behutsam und umsichtig sein.
Francesco Guicciardini, Ricordi

Was artig ist, ist klein.
Gotthold Ephraim Lessing, An den Marull

Wer nicht wie Menschen sein will,
schwach und klein,
Der halte sich von Menschennähe rein.
Franz Grillparzer, Libussa (Kascha)

Wer sich zu viel
mit dem Kleinen abgibt,
wird meist unfähig für das Große.
François de La Rochefoucauld, Reflexionen

Wir bedürfen eines kleinen Kreises,
um groß zu sein, und sind klein,
wenn wir die Welt umfassen wollen.
Theodor Fontane, Causerien über Theater

Wisst ihr, wie auch der Kleine was ist?
Er mache das Kleine
Recht; der Große begehrt just so
das Große zu tun.
Johann Wolfgang von Goethe/Friedrich Schiller, Xenien

Kleinigkeit

Die Vollendung setzt sich
aus Kleinigkeiten zusammen.
Joseph Joubert, Gedanken, Versuche und Maximen

Eine kleine Wolke
kann Sonne und Mond verdecken.
Sprichwort aus Dänemark

Eine Kleinigkeit, einverstanden,
aber an solchen Kleinigkeiten
geht die Welt zugrunde.
Anton P. Tschechow, Briefe (17. Oktober 1889)

Gerade in Kleinigkeiten,
als bei welchen der Mensch
sich nicht zusammennimmt,
zeigt er seinen Charakter.
Arthur Schopenhauer, Aphorismen zur Lebensweisheit

Hab mich nie
mit Kleinigkeiten abgegeben.
Friedrich Schiller, Die Räuber (Franz)

Ich fühle, dass Kleinigkeiten
die Summe des Lebens ausmachen.
Charles Dickens, David Copperfield

Im Alter liebt man die Kleinigkeiten,
heißt es. Die liebte ich aber immer;
ich weiß, wieviel Kleinigkeiten
bedeuten, und ich glaube,
dass ich noch etwas zu sagen habe.
Eine Kleinigkeit kommt zur anderen.
Heinz Rühmann

Kleinvieh macht auch Mist.
Deutsches Sprichwort

Man muss nicht
nach jeder Mücke schlagen.
Deutsches Sprichwort

Vor allen Dingen eine Kleinigkeit
als eine Kleinigkeit ansehen!
Gotthold Ephraim Lessing, Emilia Galotti (Marinelli)

Wenig zu wenig macht zuletzt viel.
Deutsches Sprichwort

Wir reden hier über Peanuts!
Hilmar Kopper, Vorstandssprecher der Deutschen Bank, im April 1994 über Handwerkerforderungen in Höhe von rd. 55 Mio DM nach der Pleite des Immobilien-Imperiums von J. Schneider

Kleinmut

Demut soll nie etwas anderes sein
als die Verneinung von Hochmut.
Sonst wird sie Kleinmut.
Ludwig Marcuse, Argumente und Rezepte. Ein Wörter-Buch für Zeitgenossen

Der größte Hochmut
und der größte Kleinmut
ist die größte Unkenntnis
seiner selbst.
Baruch de Spinoza, Ethik

Im Kleinmut steckt eine falsche Art
von Frömmigkeit und Religion. Und
obgleich der Kleinmut dem Hochmut
entgegengesetzt ist, steht doch
der Kleinmütige dem Hochmütigen
am nächsten.
Baruch de Spinoza, Ethik

Kleinmut ist, aus Unlust eine geringere
Meinung von sich haben, als recht ist.
Baruch de Spinoza, Ethik

Wer sich weniger zutraut,
als er leisten kann,
ist kleinmütig.
Aristoteles, Nikomachische Ethik

Kleophas (25.9.)

Nebelt's an Sankt Kleophas,
wird der ganze Winter nass.
Bauernregel

Klima

Das eine Menschengeschlecht hat sich
allenthalben auf der Erde klimatisiert.
Johann Gottfried Herder, Ideen zur Philosophie der Geschichte der Menschheit

Die genetische Kraft
ist die Mutter aller Bildungen
auf der Erde,
der das Klima feindlich
oder freundlich nur zuwirket.
Johann Gottfried Herder, Ideen zur Philosophie der Geschichte der Menschheit

Ideales Klima gibt es nur im Bett.
Sprichwort aus den USA

Je schöner das Klima ist,
je passiver ist man.
Nur Italiener wissen zu gehen,
und nur die im Orient
verstehen zu liegen,
wo hat sich aber der Geist
zarter und süßer gebildet
als in Indien?
Friedrich Schlegel, Lucinde

Wie auch das Klima wirke,
jeder Mensch, jedes Tier,
jede Pflanze hat ihr eigenes Klima:
Denn alle äußern Einwirkungen
nimmt jedes nach seiner Weise auf
und verarbeitet sie organisch.
Johann Gottfried Herder, Ideen zur Philosophie der Geschichte der Menschheit

Wir können also das Menschengeschlecht als eine Schar kühner,
obwohl kleiner Riesen betrachten,
die allmählich von den Bergen herab-
stiegen, die Erde zu unterjochen
und das Klima mit ihrer schwachen
Faust zu verändern. Wie weit sie es
darin gebracht haben mögen,
wird uns die Zukunft lehren.
Johann Gottfried Herder, Ideen zur Philosophie der Geschichte der Menschheit

Klischee

Am Ende zeigt sich's,
dass alle Klischees wahr sind.
Und das ist fast noch schlimmer
zu ertragen als die Wahrheit.
Peter Ustinov

Ich habe Angst vor Klischees,
denn sie sind fast immer wahr.
Françoise Sagan

Klischees sind verabscheuungswürdig,
aber die Wahrheit muss heraus.
Irgendwann kommt man dahinter,
dass sämtliche Klischees wahr sind
– was die allerbitterste Pille ist.
Peter Ustinov, Peter Ustinovs geflügelte Worte

Sind die Träume kollektiv und
gesteuert, das heißt Klischees,
sind sie neben der lebendigen Realität
überaus arm und eintönig:
Für den wahren Träumer, den Poeten
ist diese eine viel ergiebigere Quelle
als ein abgedroschenes Wunder.
Simone de Beauvoir, Das andere Geschlecht

Kloster

Das Kloster währt länger denn der Abt.
Deutsches Sprichwort

Das Klosterleben macht die Frau
vom Mann unabhängig, manche
Äbtissinnen besitzen große Macht:
Héloise ist als Äbtissin ebenso
berühmt geworden wie als Liebende.
Simone de Beauvoir, Das andere Geschlecht

Je näher dem Kloster,
je ärmer der Bauer.
Deutsches Sprichwort

Und wer in dem Kloster
Gut zu schwatzen versteht,
der wird im Orden erhoben.
Johann Wolfgang von Goethe, Reineke Fuchs

Klub

Ich möchte keinem Klub angehören,
der Leute wie mich aufnimmt.
Groucho Marx

Die Mitgliedschaft in einem
angesehenen Club ist begehrt,
denn sie bietet die Möglichkeit, sich
mit anderen Menschen zu schmücken.
Lothar Schmidt

Wenn aus fünf Mann eins werden,
so ist das ein großer Moment; jeder,
der einen Klub gründete, kennt ihn.
Gilbert Keith Chesterton, Heretiker

Klugheit

Alle Klugheit und Berechnung
wird an der Einmaligkeit
jedes Geschehnisses zuschanden.
Heinrich Waggerl, Aphorismen

Alle Sünden widerstreiten der Klugheit,
wie auch alle Tugenden von der Klugheit ihre Richtschnur empfangen.
Thomas von Aquin, Summa theologica

Allzu klug ist dumm.
Deutsches Sprichwort

Alt wird man wohl, wer aber klug?
Johann Wolfgang von Goethe, Faust II (Mephisto)

Auch mit den klügsten Menschen
bereitet der Umgang kein Vergnügen,
wenn sie immer noch klüger scheinen
möchten, als sie sind.
Arthur Schnitzler,
Aphorismen und Betrachtungen aus dem Nachlass

Da steh ich nun, ich armer Tor,
Und bin so klug als wie zuvor!
Johann Wolfgang von Goethe, Faust I (Faust)

Das Pferd ist oft klüger als sein Reiter.
Deutsches Sprichwort

Dem Klugen kommt das Leben
leicht vor, wenn dem Toren schwer,
und oft dem Klugen schwer,
wenn dem Toren leicht.
Johann Wolfgang von Goethe,
Maximen und Reflexionen

Denn welcher Kluge fänd im Vatikan
Nicht seinen Meister?
Johann Wolfgang von Goethe,
Torquato Tasso (Antonio)

Denn worum geht es eigentlich?
Um das Glücklichsein.
Was tut es dann,
ob man klug oder dumm ist?
Voltaire, Die Geschichte eines guten Brahmanen

Der Kluge hütet sich vor dem Stolpern,
aber wenn er stolpert,
bricht er sich den Hals.
Sprichwort aus Georgien

Der kluge Mann baut vor.
Friedrich Schiller, Wilhelm Tell (Gertrud)

Der Kluge verhüte, dass man
sein Wissen und sein Können
bis auf den Grund ermesse,
wenn er von allen verehrt sein will.
Er lasse zu, dass man ihn kenne,
aber nicht, dass man ihn ergründe.
Baltasar Gracián y Morales,
Handorakel und Kunst der Weltklugheit

Der Mensch vermeidet es gewöhnlich,
einem andern Klugheit zuzuschreiben
– wenn es sich nicht etwa
um einen Feind handelt.
Albert Einstein, Mein Weltbild

Der Vorteil der Klugheit besteht darin,
dass man sich dumm stellen kann.
Das Gegenteil ist schon schwieriger.
Kurt Tucholsky

Der Weise ist selten klug.
Marie von Ebner-Eschenbach, Aphorismen

Der weise Mann ist selten klug,
Und der Kluge selten weise.
Friedrich von Bodenstedt, Mirza Schaffy

Der Wunsch, klug zu sein,
hindert uns oft, es zu werden.
François de La Rochefoucauld, Reflexionen

Die Allerklügsten nur
und die Allerdümmsten
ändern sich nie.
Konfuzius, Gespräche

Die Erfahrungen sind die Samenkörner,
aus denen die Klugheit emporwächst.
Konrad Adenauer

Die Gelehrtesten sind nicht immer
die Klügsten.
Deutsches Sprichwort

Die kluge Frau freut sich,
wenn man sie für schön hält.
Die schöne Frau freut sich,
wenn man sie für klug hält.
Sprichwort aus Norwegen

Die Klugen führt zuweilen
ihre eigene Klugheit in die Irre.
Chinesisches Sprichwort

Die Klugen haben wahrhaftig lange
nicht so viel Beweglichkeit in die Welt
gebracht und so viel Glückliche darin
gemacht wie die Einfältigen.
Wilhelm Raabe, Stopfkuchen

Die Klugen meistern das Leben,
die Weisen durchleuchten es
und schaffen neue Schwierigkeiten.
Emil Nolde (10. November 1943)

Die Klugen nur
erringen überall den Sieg.
Sophokles, Aias (Agamemnon)

Die Klugheit des Mannes
ist eine Leiter,
die der Frau eine Wendeltreppe.
Halldór Laxness

Die Klugheit eines Menschen
lässt sich aus der Sorgfalt ermessen,
womit er das Künftige
oder das Ende bedenkt.
Georg Christoph Lichtenberg, Sudelbücher

Die Klugheit gibt nur Rat,
die Tat entscheidet.
Franz Grillparzer,
Ein Bruderzwist in Habsburg (Leopold)

Die Klugheit ist oft so lästig
wie ein Nachtlicht im Schlafzimmer.
Ludwig Börne, Aphorismen

Klugheit

Die Klugheit lässt sich nicht
auf Wahrscheinlichkeiten ein:
Sie wandelt stets am hellen
Mittagslichte der Vernunft.
Baltasar Gracián y Morales,
Handorakel und Kunst der Weltklugheit

Die klügsten Fische
treibt der Hunger an die Angel.
Johann Wolfgang von Goethe,
Die Mitschuldigen (Sophie)

Die Mehrzahl, die Masse
wird immer dumm bleiben,
wird immer alles ersticken;
der Kluge soll die Hoffnung aufgeben,
sie zu erziehen
und zu sich emporzuheben.
Anton P. Tschechow, Notizbücher

Die Wissenschaft
belehrt nur den Klugen.
Sprichwort aus Russland

Durch Schaden wird man selten klug.
Deutsches Sprichwort

Ein gescheiter Mann
muss so gescheit sein,
Leute anzustellen,
die viel gescheiter sind als er.
John Fitzgerald Kennedy

Ein Hase frisst nicht das Gras
um sein Nest.
Chinesisches Sprichwort

Ein kluger Esel frisst aus zwei Krippen.
Heinrich Heine

Ein kluger Mann
macht nicht alle Fehler selber.
Er gibt auch anderen eine Chance.
Winston Churchill

Ein kluger Mensch
sollte nur eine Spezialität haben
– und zwar klug zu sein.
Francis M. de Picabia, Aphorismen

Einem Klugen widerfährt
keine geringe Torheit.
Johann Wolfgang von Goethe,
Maximen und Reflexionen

Erfahrung macht klug.
Deutsches Sprichwort

Erfahrungen stehen
wie Kreuze über Begrabenem.
Je mehr deine Landschaft verkirchhoft,
desto klüger wirst du.
Alfred Polgar, Kleine Schriften, Band 3. Irrlicht

Es gibt Gedanken, die klüger sind
als die Leute, die sie haben.
Robert Lembke, Das Beste aus meinem Glashaus.
Humoristisches und Satirisches

Es ist gefährlich, wenn man allzu lang
Sich klug und mäßig zeigen muss.
Johann Wolfgang von Goethe,
Torquato Tasso (Antonio)

Es ist immer der Schwächere,
der sich nach dem Nachgeben
als der Klügere ausgibt.
Georg Leber

Es ist klug und kühn,
dem unvermeidlichen Übel
entgegenzugehn.
Johann Wolfgang von Goethe, Egmont (Oranien)

Es ist klug und weise,
an allem zu zweifeln.
Voltaire, Der Mann mit den vierzig Talern

Es waren zwei Brüder, die waren klug,
und ein dritter, der war verheiratet.
Sprichwort aus Polen

Für die dummen Frauen
hat man die Galanterie;
aber was tut man mit den klugen?
Da ist man ratlos.
Heinrich Mann, Zwischen den Rassen

In dem, was zur Klugheit gehört,
ist niemand sich selbst in allem genug.
Thomas von Aquin, Summa theologica

Indessen hat die Klugheit
so was Gebietendes,
dass wir ihr oft auch
wider unsre Neigung folgen.
Johann Wolfgang von Goethe,
Wilhelm Meisters theatralische Sendung

Ist jemand so klug wie die Schlange,
so kann er es sich leisten,
so harmlos wie die Taube zu sein.
Sprichwort aus den USA

Ja, wer zu klug ist,
ist schon wieder dumm.
Erich Kästner, Dr. Erich Kästners lyrische Hausapotheke

Jeder Schaden macht dich etwas klüger.
Chinesisches Sprichwort

Kaum schätze ich die Klugheit,
wenn sie nicht sittlich ist.
Joseph Joubert, Gedanken, Versuche und Maximen

Kein Mensch kann gegen
sein eigenes Wunschleben klug sein.
Er kann nur so tun, als sei er's.
Franz Werfel, Zwischen Oben und Unten

Kein Narr war so dumm,
er fand einen, der ihn für klug hielt.
Deutsches Sprichwort

Klug ist,
wer stets zur rechten Stunde kommt,
doch klüger, wer zu gehen weiß,
wenn es frommt.
Emanuel Geibel

Klug zu reden ist oft schwer,
Klug zu schweigen meist noch mehr.
Friedrich von Bodenstedt, Mirza Schaffy

Kluge, die etwas Dummes tun wollen,
richten weniger Schaden an als
Dumme, die etwas Kluges tun möchten.
Marcel Pagnol

Kluge dienen oft einem Narren.
Chinesisches Sprichwort

Kluge Egoisten denken an andere,
helfen anderen so gut sie können
– mit dem Ergebnis,
dass sie selbst davon profitieren.
Dalai Lama XIV, Das Auge einer neuen Achtsamkeit

Kluge Frauen sind so klug,
ihre Männer nicht merken zu lassen,
wie klug sie sind.
Paul Henckels

Kluge leben von den Dummen.
Dumme leben von der Arbeit.
Robert Lembke, Steinwürfe im Glashaus

Klugheit tötet Weisheit;
das ist eine der wenigen zugleich
traurigen und wahren Tatsachen.
Gilbert Keith Chesterton, Aphorismen und Paradoxa

Klugheit und Güte ziehen es vor,
ohne Maske aufzutreten.
Arthur Schnitzler,
Aphorismen und Betrachtungen aus dem Nachlass

Man soll das Brett bohren,
wo es am dünnsten ist.
Deutsches Sprichwort

Manche kluge Frau
ist nur deshalb allein,
weil sie es nicht verstanden hat,
ihre Klugheit zu verbergen.
Daphne du Maurier

Manche unserer Originalköpfe
müssen wir wenigstens so lange
für wahnwitzig halten,
bis wir so klug werden wie sie.
Georg Christoph Lichtenberg, Sudelbücher

Mit Toren schwatzen
ziemt dem Klugen nicht.
Sophokles, Die Trachinierinnen

Nein, es ist
Kein Mensch so klug,
dass er nicht eben toll
Bei der gemeinsten Sache
werden könnte.
Johann Wolfgang von Goethe,
Claudine von Villa Bella (Basco)

Nicht immer muss ein gelehrter Herr
auch ein kluger sein.
Johann Jakob Engel, Fürstenspiegel

Nur der Unbegabte stiehlt,
der Kluge macht Geldgeschäfte.
Kurt Tucholsky

Schaden macht zwar klug,
aber nicht reich.
Deutsches Sprichwort

Schafft ab die Heiligkeit,
verwerft die Klugheit
– die Menschen werden
hundertfach gewinnen.
Lao-tse, Dao-de-dsching

Sehr klugen Personen
fängt man an zu misstrauen,
wenn sie verlegen werden.
Friedrich Nietzsche, Jenseits von Gut und Böse

Seid daher klug wie die Schlangen
und arglos wie die Tauben.
Neues Testament, Matthäus 10, 16

Sie werden es nicht glauben,
aber es gibt soziale Staaten,
die von denKlügsten regiert werden;
das ist bei den Pavianen der Fall.
Konrad Lorenz

Verachte nicht eine kluge Frau,
liebenswürdige Güte
ist mehr wert als Perlen.
Altes Testament, Jesus Sirach 7, 19

Von einem bestimmten Alter ab
erscheint jeder kluge Mensch
gefährlich.
Elias Canetti, Die Provinz des Menschen.
Aufzeichnungen 1942–1972

Von Nanking bis Peking
ist kein Käufer so klug
wie ein Händler.
Chinesisches Sprichwort

Von zwei gleich gescheiten Menschen
wird derjenige den weiteren Horizont
haben, der mehr Herz hat.
Mit anderen Worten: Wärme dehnt aus.
Egon Friedell, Egon Friedells Konversationslexikon

Warum sind wir so klug,
wenn wir jung sind, so klug,
um immer törichter zu werden!
Johann Wolfgang von Goethe,
Wilhelm Meisters Lehrjahre

Was auf den ersten Blick
wie Feigheit aussieht,
ist möglicherweise Klugheit.
Jean Giono

Was ist des Menschen Klugheit,
wenn sie nicht
Auf jener Willen droben
achtend lauscht?
Johann Wolfgang von Goethe,
Iphigenie auf Tauris (Pylades)

Weder Zucht und Maß
noch irgendeine
sittliche Tugend sonst
kann es geben ohne die Klugheit.
Thomas von Aquin, Über die Wahrheit

Weiber sind klug von Natur
und Närrinnen aus Neigung.
Deutsches Sprichwort

Wenn die Klügeren nachgeben,
regieren die Dummköpfe die Welt.
Jean-Claude Riber

Wenn eine sehr kluge Frau
geliebt werden will,
muss sie ihre Klugheit
ein bisschen verbergen.
Noel Coward

Wenn einer viel und klug denkt,
so bekommt nicht nur sein Gesicht,
sondern auch sein Körper
ein kluges Aussehen.
Friedrich Nietzsche, Menschliches, Allzumenschliches

Wenn ich nur wüsste,
wer es dem ehrlichen Mann
beibringen wollte,
dass er nicht klug ist.
Georg Christoph Lichtenberg, Sudelbücher

Wer klug ist,
strauchelt nicht
am selben Ort ein zweites Mal.
Chinesisches Sprichwort

Wer klug und wortkarg
zum Wirte kommt,
schadet sich selten.
Edda, Hâvamâl (Des Hohen Lied)

Werde klüger, so wie du älter wirst.
Johann Wolfgang von Goethe, Briefe
(an Cornelia Goethe, 7. Dezember 1765)

Wir schätzen
die Klugheit über alles,
und doch bietet sie nicht einmal
für das Gelingen des kleinsten Plans
Gewähr.
François de La Rochefoucauld, Reflexionen

Wir sehen die klügsten, verständigsten
Menschen im Leben Schritte tun, über
die wir den Kopf schütteln müssen.
Adolph Freiherr von Knigge,
Über den Umgang mit Menschen

Wo die Barmherzigkeit
und Klugheit ist,
da ist nicht Verschwendung
noch Täuschung.
Franz von Assisi, Von der Kraft der Tugenden

Wo es Klugheit gibt,
da schafft die Gewalt nichts.
Herodot, Historien

Worüber man nicht springen kann,
darunter muss man wegkriechen.
Deutsches Sprichwort

Knabe

Die Knaben lieben Bewegung und
Lärm: Trommel, Kreisel, kleine Wagen.
Jean-Jacques Rousseau, Emile

Die verbitterten Gesichtszüge
eines Mannes sind oft nur
die festgefrorene Verwirrung
eines Knaben.
Franz Kafka

Gibt es wohl in allen Gefühlsverhält-
nissen des Lebens ein zarteres, edleres
und innigeres als die leidenschaftliche
und doch so schüchterne Liebe eines
Knaben zu einem andern?
Jens Peter Jacobsen, Niels Lyhne

Knechtschaft

Besser frei in der Fremde
als Knecht daheim.
Deutsches Sprichwort

Das Unvermögen eines Menschen,
seine Affekte zu zügeln
und einzuschränken,
nenne ich Knechtschaft.
Baruch de Spinoza, Ethik

Das wird eine knechtische Seele
werden, bei der man mit Strenge
etwas erreicht.
Jean-Jacques Rousseau, Emile

Dem Knecht, dem das Brot schmeckt,
braucht man nicht auch noch
Knoblauch zu geben.
Sprichwort aus Spanien

Denn ein Leben in den Schranken
der Verfassung zu führen,
soll man nicht für knechtisch halten,
sondern für heilsam.
Aristoteles, Politik

Der Gott, der Eisen wachsen ließ,
der wollte keine Knechte!
Ernst Moritz Arndt, Vaterlandslied

Der Knechtschaft Stand ist hart,
doch besser jederzeit
Als Freiheit ohne Sicherheit.
Magnus Gottfried Lichtwer, Fabeln

Die Knechtschaft erniedrig
den Menschen so weit,
dass er sie lieb gewinnt.
Luc de Clapiers Marquis de Vauvenargues,
Reflexionen und Maximen

Diener können Herren werden,
aber aus Knechten
werden keine Gutsbesitzer.
Chinesisches Sprichwort

Faule Knechte sind gute Propheten.
Deutsches Sprichwort

Gib dich nicht lebend
und freiwillig in Knechtschaft,
solange es dir noch offen steht,
frei zu sterben.
Euripides, Archelaos-Fragment

Ein Herr ist, wer noch nicht weiß,
wessen Knecht er ist.
Hellmut Walters

Härter drückt kein andres Leid
Die Menschen als des Knechtes
unfreiwillig Los.
Sophokles, Aias (Tekmessa)

Höchste Knechtschaft
und höchste Freiheit,
beides sind höchste Übel.
Martin Luther, Tischreden

Jeglicher Zeit ihr Recht,
macht manchen armen Knecht.
Johann Geiler von Kaysersberg, überliefert bei Julius
Wilhelm Zincgref (Apophthegmata)

Nicht, was der Knecht sei,
fragt der Herr, nur, wie er diene.
Johann Wolfgang von Goethe, Faust II (Helena)

Ob Knechtschaft besser ist als Freiheit,
mag dahingestellt sein; aber dass
Knechtschaft bessere Früchte zeitigte,
als unsere heutige Freiheit,
das kann wohl niemand leugnen.
Gilbert Keith Chesterton, Heretiker

Treue Knechte bleiben immer Knechte
und ehrliche Leute immer arm;
nur die Verräter und Kühnen
sprengen die Ketten,
nur Räuber und Betrüger
machen sich von der Armut los.
Niccolò Machiavelli, Geschichte von Florenz

Wer ist hier so niedrig gesinnt,
dass er ein Knecht sein möchte?
William Shakespeare, Julius Caesar (Brutus)

Wer mit dem Leben spielt,
Kommt nie zurecht;
Wer sich nicht selbst befiehlt,
Bleibt immer ein Knecht.
Johann Wolfgang von Goethe, Sprüche

Wer nicht gebieten kann, ist Knecht.
Friedrich Schiller, Die Weltweisen

Wer sich verdungen hat als Knecht,
Dem sei auch Knechtes Arbeit recht.
Jüdische Spruchweisheit

Wir dünken uns Gesellen
und sind Knechte.
Johann Wolfgang von Goethe, Elpenor (Polymetis)

Kneipe

Die dritte Generation
sieht man niemals in der Bierkneipe.
Sprichwort aus Irland

Mein Vorsatz ist es,
in einer Kneipe zu sterben.
Archipoeta, Verse

Stehkneipen sind so beliebt,
weil der Alkohol
hier das beste Gefälle hat.
Jürgen von Manger

Koalition

Die große Koalition
ist die formierte Gesellschaft
des Parlaments
zur Abwehr
missgünstiger Wählereinflüsse.
Helmar Nahr

Die Koalition ist die intimste Form
der Gegnerschaft.
Richard Wiggins

Die Koalition ist vortrefflich,
solange alle Interessen
jedes Mitgliedes dieselben sind.
Helmuth Graf von Moltke, Redeentwurf 1868/2

In einer Koalition bestätigt man
seine Treue durch Seitensprünge
von begrenztem Radius.
Ugo Tognazzi

In jeder Koalition verwandelt sich
der Bindestrich im Laufe der Zeit
in einen Trennungsstrich.
Paul-Henri Spaak

Koalition:
eine Partei wäscht die andere.
Paul Renner

Koalition ist das Kunststück,
den rechten Schuh
auf dem linken Fuß zu tragen,
ohne Hühneraugen zu bekommen.
Guy Mollet

Not macht seltsame Bettgenossen.
Sprichwort aus den USA

Vereinte Macht bricht Burg und Strom.
Deutsches Sprichwort

Wenn Katze und Maus sich einigen,
hat der Bauer keine Chance.
Sprichwort aus Dänemark

Wenn Tyrannen
sich zu küssen scheinen,
dann ist es Zeit,
in Angst zu geraten.
Sprichwort aus Indien

Wer auf Erden jemals
Chef einer Koalitionsregierung war,
dem bleibt nach dem Tode
das Fegefeuer erspart.
Mario Scelba

Koch/Köchin

Da wo zwei Köche an einem Herd,
Da bin ich nicht gern eingekehrt.
Jüdische Spruchweisheit

Der Koch muss
seines Herren Zunge haben.
Deutsches Sprichwort

Ein guter Koch,
ein guter Arzt.
Deutsches Sprichwort

Eine gute Köchin
braucht kein Thermometer.
Karl Valentin

Es sind nicht alle Köche,
die lange Messer tragen.
Deutsches Sprichwort

Hunger ist der beste Koch.
Deutsches Sprichwort

Selbst wenn der Koch
eine Fliege kochen würde,
würde er einen Flügel
für sich behalten.
Sprichwort aus Polen

Viele gute Köche
sind gerade dadurch
verdorben worden,
dass sie zur Kunst übergingen.
Paul Gauguin

Viele Köche verderben den Brei.
Deutsches Sprichwort

Zu einem Koch
gehören drei Kellner.
Deutsches Sprichwort

Kochen

Eine Frau, die in ihrer Haushaltung
selber kocht, ist keine anständige Frau.
Honoré de Balzac, Die Physiologie der Ehe

Es gibt kein anziehenderes Schauspiel
auf Erden als das einer schönen Frau
beim Dinner-Kochen für einen,
den sie liebt.
Thomas Wolfe, Geweb und Fels (1939)

Für Hungrige und Durstige
ist leicht kochen.
Chinesisches Sprichwort

Küsse vergehen,
Kochkunst bleibt bestehen.
George Meredith, Richard Feverels Prüfung

Reis koche auf starkem Feuer
– Fleisch auf schwachem.
Chinesisches Sprichwort

Selbst die geschickteste Hausfrau
kann ohne Reis kein Essen kochen.
Chinesisches Sprichwort

Tausendmal hab ich in meiner Herzensfreude gelacht über die Menschen,
die sich einbilden, ein erhabner Geist
könne unmöglich wissen, wie man
ein Gemüse bereitet.
Friedrich Hölderlin, Hyperion

Theorie und Praxis verhalten sich
wie die bibliophile Ausgabe
eines Kochbuchs
zum verkohlten Steak.
Michael Kehlmann

Verliebte Köchin versalzt die Speisen.
Deutsches Sprichwort

Wenn so ein gutes Weib kocht,
brät und schürt
Und in den Topf den Wunsch
des Herzens rührt,
Dass es den Gästen schmecke
und gedeihe,
Das gibt den Speisen erst
die rechte Weihe!
Nikolaus Lenau, Faust (Schmid)

Köder

Ein Fisch sieht den Köder,
aber nicht den Haken.
Chinesisches Sprichwort

Ohne Köder ist übel Fische fangen.
Deutsches Sprichwort

Köder: ein Präparat,
das einen Haken genießbarer macht.
Der beste Köder ist Schönheit.
Ambrose Bierce

Wer nichts an die Angel steckt,
der fängt nichts.
Deutsches Sprichwort

Kohle

Der Winter ist vorüber,
aber des Kohlenverkäufers Gesicht
ist noch genauso schwarz.
Sprichwort aus Persien

Die Kohle, die zurzeit nicht hitzt,
Dir schwerlich nach der Zeit
noch nützt.
Jüdische Spruchweisheit

Koketterie

Das größte Wunder der Liebe ist,
dass sie von der Koketterie heilt.
François de La Rochefoucauld, Reflexionen

Die Frau ist dem Wesen nach kokett,
ihre Koketterie aber wechselt die Form
und den Gegenstand nach ihren
Absichten.
Jean-Jacques Rousseau, Emile

Die Frauen beherrschen eher
ihre Leidenschaften als ihre Koketterie.
François de La Rochefoucauld, Reflexionen

Die koketten Frauen haben ein
schlechtes Los erwählt. Selten entfachen sie eine große Leidenschaft,
nicht weil sie leichtsinnig sind,
wie man gemeinhin glaubt, sondern
weil niemand zum Besten gehalten
sein will. Aus Tugendhaftigkeit
verachtet man die Falschheit,
und aus Eigennutz hasst man sie.
Luc de Clapiers Marquis de Vauvenargues,
Unterdrückte Maximen

Die Koketterie ist perfide,
ohne es zu wissen;
sie täuscht nicht, aber bewirkt,
dass man sich täuscht.
Théodore Jouffroy, Das grüne Heft

Die Koketterie war mir immer interes-
sant; sie ist zugleich das geistreichste
Spiel und die größte Übung für den
Geist; man gehört sich dadurch an,
ohne sich selbst zu verlieren.
Karoline von Günderode, Allerley Gedanken

Die Kunst der Koketten besteht darin,
nichts zu erlauben und dabei doch
alles möglich erscheinen zu lassen.
Sully Prudhomme, Intimes Tagebuch

Die Liebe hat ihr Stück Brot,
aber sie verfügt auch
über jene Kunst des Liebens,
die wir Koketterie nennen,
ein reizendes Wort, das nur
in Frankreich existiert,
wo diese Wissenschaft
entstanden ist.
Honoré de Balzac, Die Physiologie der Ehe

Die Sprache der Augen. Sie ist die
Hauptwaffe tugendhafter Koketterie.
Mit einem Blick kann man alles sagen,
und doch kann man ihn leugnen, denn
er lässt sich nicht wörtlich auslegen.
Stendhal, Über die Liebe

Die Strafe der Koketten ist, nur noch
an die Liebe denken zu können,
so wie sie Liebe empfinden würden,
hörten sie auf, kokett zu sein.
Sully Prudhomme, Gedanken

Die wahre Koketterie ist zuweilen
erlesen, sie ist aber niemals hoffärtig,
und Juno kleidete sich prächtiger
als Venus.
Jean-Jacques Rousseau, Emile

Eine Kokette gleicht einem Vogel,
der sich in einem Busch versteckt
und singt.
Théodore Jouffroy, Das grüne Heft

Koketterie ist der Grundzug
des weiblichen Charakters,
aber nicht alle Frauen benutzen sie,
weil sie bei einigen durch Angst
oder Vernunft gehemmt wird.
François de La Rochefoucauld, Reflexionen

Kokettieren heißt
Lider ohne Worte machen.
Peter Weck

Man ist kokett, wenn man immer
darbietet und niemals gewährt.
Théodore Jouffroy, Das grüne Heft

Manche Frau entgeht der Koketterie
durch ihre starke Liebe
zu einem einzigen Mann
– und gilt als Törin
wegen ihrer schlechten Wahl.
Jean de La Bruyère, Die Charaktere

Neid erlischt in wahrer Freundschaft,
Koketterie in wahrer Liebe.
François de La Rochefoucauld, Reflexionen

Komet

Der Komet – ein Flüchtling
des Sonnensystems.
Marc Chagall

Kometen – böse Propheten.
Deutsches Sprichwort

Komik

Aber komisch ist nur
das Entgegengesetzte
von Nichtkomisch,
das ist alles.
Gilbert Keith Chesterton, Heretiker

Besonders komisch
und eine Ironie des Schicksals ist,
dass bedeutende Komiker
im wirklichen Leben
nicht komisch sind.
Peter Ustinov, Peter Ustinovs geflügelte Worte

Ein Komiker ist ein Mensch,
der nichts, aber auch gar nichts
ernst nimmt außer sich selbst.
Danny Kaye

Gesuchter Ernst wirkt komisch; es ist,
als wenn sich zwei Extreme berührten,
in deren Mitte wahre Würde liegt.
Jean de La Bruyère, Die Charaktere

Komik entsteht,
wenn man Tragödien anschaut
und dabei ein Auge zukneift.
Eugène Ionesco

Komik erkennen wir nur in den
Dingen, die anderen zustoßen.
Keith Haring

Komik ist lediglich eine lustige Art,
ernst zu sein.
Peter Ustinov, Peter Ustinovs geflügelte Worte

Komik ist Tragik in Spiegelschrift.
James Thurber

Komisch muss man sein
und die Komik braucht immer Tragik
als Hintergrund.
Heinz Rühmann

Nur wer zwischen Komik und Humor
unterscheiden kann, der weiß,
dass Humor und Lächeln zusammengehören, so wie Komik und Lachen
sich ergänzen, nur der kann die Gratwanderung des Komödiespielens
und Inszenierens bestehen.
Heinz Rühmann

»Sinn für Komik«:
Wenn man eine Situation mit ihrer
unkomischen Seite kontrastiert.
Peter Ustinov, Peter Ustinovs geflügelte Worte

Um das Tragische und das Komische
im Leben zu sehn,
dazu gehört ein großes, warmes Herz.
Emanuel von Bodman, Tagebücher

Wenn ich versuche, komisch zu sein,
passiert gar nichts.
Peter Ustinov, Peter Ustinovs geflügelte Worte

Komma

Das Fehlen bloß eines einzigen
Kommas bewirkt oftmals, dass,
was als ein Axiom gedacht war,
sich als ein Paradoxon präsentiert,
oder dass ein Sarkasmus urplötzlich
Moral zu predigen scheint.
Edgar Allan Poe, Marginalien

Ein Komma am falschen Ort
kann unglaublich geschwätzig sein.
Henry de Montherlant

Kommentar

Der hundertste Kommentar macht
einen weiteren nötig, bei dem die
Schwierigkeiten und Dunkelheiten
noch unüberwindlicher werden,
als sie schon dem ersten Bearbeiter
erschienen waren.
Michel Eyquem de Montaigne, Die Essais

Es gibt eben Leute, die es nicht wagen,
eigene Bücher zu schreiben,
und die deshalb in ihrer Schreibwut
wenigstens Kommentare zu fremden
Büchern verfassen, ähnlich denen,
die von der Baukunst nichts verstehen,
dafür aber wenigstens
die Hausmauern übertünchen.
Francesco Petrarca,
Von seiner und vieler Leute Unwissenheit

Politische Kommentare
sind Orakel im Nachhinein.
Thornton Wilder

Kommunikation

Der Mitteilungsdrang ist,
nach dem analogen Drang zum Coit,
die stärkste aller zentrifugalen Kräfte
des Menschen.
Heimito von Doderer, Repertorium. Ein Begriffbuch
von höheren und niederen Lebens-Sachen

Die höchste Form der Kommunikation
ist der Dialog.
August Everding, Vortrag, gehalten am 21. November
1992 beim Europäischen Kulturforum in Baden-Baden

Die modernen Nachrichtenmittel
bürden uns mehr Probleme auf, als
die menschliche Natur aushalten kann.
Anne Morrow Lindbergh, Muscheln in meiner Hand

Es gibt keine größere Illusion
als die Meinung, Sprache sei
ein Mittel der Kommunikation
zwischen Menschen.
Elias Canetti

In diesem Zeitalter
der Massenkomunikation
sind Verrücktheiten ansteckend.
Peter Ustinov, Peter Ustinovs geflügelte Worte

Kommunismus

Der Grund davon liegt aber nicht im
Mangel des Kommunismus, sondern
in der Schlechtigkeit der Menschen;
denn man sieht ja, dass Leute,
die einen gemeinsamen Besitz haben
und miteinander an etwas teilhaben,
noch viel mehr Streit bekommen
als diejenigen, die Privateigentum
besitzen.
Aristoteles, Älteste Politik

Der Kommunismus findet Zulauf
nur dort, wo er nicht herrscht.
Henry Kissinger

Der Kommunismus kann momentan
siegen, das heißt, er kann sich so lange
behaupten, bis er alle seine Schreck-
nisse entfaltet und die Menschheit mit
einem für alle Zeiten ausreichenden
Abscheu getränkt hat.
Friedrich Hebbel, Tagebücher (1848)

Der praktische Staatsmann wird sich
kaum vor Kommunismus und Sozialismus fürchten, das sind Lehrgebäude
der großen und kleinen Schulmeister,
und die Schulmeister selber
werden schon dafür sorgen,
dass die Toten ihre Toten begraben.
Wilhelm Heinrich von Riehl, Der vierte Stand

Die Kommunisten wissen zu gut, dass
alle Verschwörungen nicht nur nutzlos, sondern sogar schädlich sind.
Friedrich Engels, Grundsätze des Kommunismus

Die Mauer ist die abscheulichste und
stärkste Demonstration für das Versagen des kommunistischen Systems.
John Fitzgerald Kennedy, In Berlin (West) 1963

Ein Gespenst geht um in Europa
– das Gespenst des Kommunismus.
Karl Marx/Friedrich Engels,
Das Kommunistische Manifest

Kommunismus – das ist Sowjetmacht
plus Elektrifizierung.
Wladimir Iljitsch Lenin

Mögen die herrschenden Klassen vor
einer kommunistischen Revolution
zittern. Die Proletarier haben nichts
in ihr zu verlieren als ihre Ketten.
Sie haben eine Welt zu gewinnen.
Karl Marx/Friedrich Engels,
Das Kommunistische Manifest

Wenn aber die Bürger
für sich selbst arbeiten,
dann wird der Kommunismus
große Schwierigkeiten
mit sich bringen.
Aristoteles, Älteste Politik

Komödie

Auch auf dem Grund jeder richtigen
Komödie, tief verborgen in vermauer-
ten Räumen, ruht ein tragisches
Geheimnis – mag auch oft der Meister
selbst, der das Gebäude aufgerichtet
hat, nichts davon ahnen.
Arthur Schnitzler, Buch der Sprüche und Bedenken

Das Leben ist eine Komödie
für jene, die denken,
eine Tragödie aber für jene, die fühlen.
Oscar Wilde

Die Komödie bessert nicht unmittelbar,
vielleicht auch die Satire nicht,
ich meine, man legt die Laster nicht ab,
die sie lächerlich macht.
Georg Christoph Lichtenberg, Sudelbücher

Die Komödie verbessert nur
Verkehrtheiten und Manieren,
und oft auf Kosten der Sitten.
Joseph Joubert, Gedanken, Versuche und Maximen

Eine Komödie ist wie ein Pappbecher:
man trinkt aus ihm und wirft ihn weg.
Woody Allen

Es gibt keine Komödie,
die keine Tragikomödie ist.
Gerhart Hauptmann

Es ist nicht alles Komödie in der Welt.
Wilhelm Raabe, Altershausen

Ich verstehe nicht, weshalb man
so viel Wesens um die Technik
des Komödien-Schreibens macht.
Man braucht doch nur die Feder
in ein Whisky-Glas zu tauchen.
Oscar Wilde

Kinder müssen Komödien haben
und Puppen.
Johann Wolfgang von Goethe,
Wilhelm Meisters theatralische Sendung

Nichts ist seltner
als eine schöne Komödie.
Friedrich Schlegel,
Vom ästhetischen Werte der griechischen Komödie

Statt uns von unseren Lächerlichkeiten
zu heilen, wird uns die Komödie
die Lächerlichkeiten anderer
vor Augen führen.
Jean-Jacques Rousseau, Brief an d'Alembert

Kompass

Soll dein Kompass dich richtig leiten,
Hüte dich vor Magnetstein',
die dich begleiten.
Johann Wolfgang von Goethe, Gott, Gemüt und Welt

»Was will die Nadel,
nach Norden gekehrt?«
Sich selbst zu finden,
es ist ihr verwehrt.
Johann Wolfgang von Goethe, Sprüche

Kompliment

Ein hübsches Kompliment
ist eine glaubwürdige Übertreibung.
Peter Alexander

Ein Kompliment ist so etwas
wie ein Kuss durch einen Schleier.
Victor Hugo, Die Elenden

Frauen werden durch Komplimente
niemals entwaffnet, Männer stets.
Oscar Wilde, Ein idealer Gatte

Grabschrift:
spät vorgebrachte Komplimente.
Elbert Hubbard

Ich meinerseits habe Mühe zu begreifen, wie man die Frauen so wenig
ehren kann, dass man sich untersteht,
pausenlos jene faden, galanten
Redensarten an sie zu richten,
jene beleidigenden und spöttischen
Komplimente, denen man nicht
einmal den Schein von Aufrichtigkeit
zu geben geruht.
Jean-Jacques Rousseau, Brief an d'Alembert

Sage mir, wer dich lobt,
und ich sage dir,
worin dein Fehler besteht.
Wladimir Iljitsch Lenin

So wie es selten Komplimente gibt
ohne alle Lügen, so finden sich auch
selten Grobheiten ohne alle Wahrheit.
Gotthold Ephraim Lessing, Hamburgische Dramaturgie

Kompliziertheit

Alles Komplizierte ist kurzlebig.
Oswald Spengler, Urfragen.
Fragmente aus dem Nachlass

Denn eigentlich
sind die verwickelten Fälle
die interessantesten.
Johann Wolfgang von Goethe,
Die Wahlverwandtschaften

Manche Menschen benützen
ihre Intelligenz zum Vereinfachen,
manche zum Komplizieren.
Erich Kästner

Komponieren

Das ist die wichtigste Komponente
des Musikschaffens
– die Persönlichkeit des Komponisten,
der mit Kopf und Herz
»etwas zu sagen« hat.
Leonard Bernstein,
Von der unendlichen Vielfalt der Musik

Die Komponisten
sollten nur Musik schreiben,
in der man wohnen kann.
Darius Milhaud

Fängst du an zu komponieren,
so mache alles im Kopf!
Erst wenn du ein Stück
ganz fertig hast,
probiere es am Instrumente!
Robert Schumann,
Musikalische Haus- und Lebensregeln

Warum will ein Komponist
überhaupt etwas sagen?
Vorausgesetzt, er habe etwas zu sagen,
warum behält er es nicht für sich?
Das ist der Zwang,
der den Künstler macht.
Leonard Bernstein,
Von der unendlichen Vielfalt der Musik

Kompromiss

Der Weg der Reflexion
ist der Weg des Kompromisses.
Agustina Bessa-Luís, Alegria do Mundo

Ein Kompromiss, das ist die Kunst,
einen Kuchen so zu teilen,
dass jeder meint,
er habe das größte Stück bekommen.
Ludwig Erhard

Ein Kompromiss ist dann vollkommen,
wenn alle unzufrieden sind.
Aristide Briand

Ein Kompromiss ist dann vollkommen,
wenn beide das erhalten,
was sie nicht haben wollen.
Edgar Faure

Ein Kompromiss ist ein Zusammen-
prall unter Anwendung von
Stoßdämpfern.
Maurice Couve de Murville

Ein Kompromiss ist eine Abmachung,
bei der man großzügig
auf die Rechte des anderen verzichtet.
Tage Erlander

Gehen Sie geraden Weges,
ohne Kompromisse im Leben.
Fjodor M. Dostojewski, Briefe

Grundlage der Politik
ist der Kompromiss.
Gustav Freytag

Wir dürfen nicht die Verantwortung
für einen Kompromiss übernehmen.
William Butler Yeats, Entfremdung

Konferenz

Abrüstungskonferenzen
erinnern mich immer
an den Versuch von Alkoholikern,
sich darauf zu verständigen,
an einem Tag der Woche
ein Glas weniger zu trinken.
Alfred Mechtersheimer

Eine Konferenz ist eine Sitzung,
bei der viele hineingehen
und wenig herauskommt.
Werner Finck

Konferenzen sind die Bremsspuren
der Geschichte.
Henri Troyat

Konferenzen sind
ein vorzügliches Mittel, Probleme
so lange zu diskutieren, bis sie
nicht mehr aktuell sind.
Alex Möller

Konferenzen sind heute
Verschiebebahnhöfe für Probleme.
Richard Burton

König/Königin

Auch auf Thronen
kennt man häuslich Glück.
Königin Luise, Stammbuchblatt

Auch der orthodoxeste Kommunist
verteidigt, wenn er Schach spielt,
seinen König.
Brana Crnčević

Beim Theater ist jede Rolle wichtig.
Ich werde nicht dadurch zum König,
dass ich mich königlich gebärde,
sondern dadurch, dass der Diener
sich vor mir verneigt.
Will Quadflieg

Daheim bin ich König.
Deutsches Sprichwort

Das Glück schlechter Könige
ist das Unglück der Völker.
Luc de Clapiers Marquis de Vauvenargues,
Reflexionen und Maximen

Das ist königlich,
dass man Böses über sich
sagen lässt von einem,
dem man Gutes getan.
Alexander der Große, überliefert bei Plutarch
(Königs- und Feldherrnsprüche)

Das sind die besonderen Gaben der
Könige: Zuerst, dass sie klug sind
und nicht durch einen Irrtum sündigen, dann, dass sie nur das wollen,
was richtig ist; dass sie nicht gegen
das Urteil des Gesetzes etwas schlecht
machen. Wem eines davon fehlt,
den sollst du nicht für einen König,
sondern für einen Räuber halten.
Erasmus von Rotterdam,
Handbüchlein eines christlichen Streiters

Das Wissen, wie man sich verstellt,
ist das Wissen der Könige.
Armand-Jean du Plessis Herzog von Richelieu, Mirarne

Dem König sollte nichts
Geheimnis sein.
Johann Wolfgang von Goethe,
Iphigenie auf Tauris (Arkas)

Der eigene König gefällt der Königin.
Titus Maccius Plautus, Stichus

Der Erste, der ein Dieb wird,
ist der Erste, der ein König wird.
Sprichwort aus Wales

Der Fürst, der sein Volk nicht liebt,
kann ein großer Mensch sein,
aber nicht ein großer König.
Luc de Clapiers Marquis de Vauvenargues,
Nachgelassene Maximen

Der Hahn ist König auf seinem Mist.
Deutsches Sprichwort

Der König gründet seine Sicherheit
auf den Schutz der Bürger,
der Tyrann auf den von Söldnertruppen.
Aristoteles, Politik

Der König ist nicht
der Vertreter der Nation,
sondern ihr Schreiber.
Maximilien de Robespierre, Rede in der französischen
Nationalversammlung (1792)

Der König kann nicht allweg regieren,
wie er will.
Deutsches Sprichwort

Der König muss von Natur
über den Beherrschten stehen,
dem Stamme nach
aber ihnen gleich sein.
Aristoteles, Politik

Der Mensch muss denken, und ich
muss für meine Untertanen denken:
Denn sie denken nicht,
sie denken nicht.
Georg Büchner, Leonce und Lena (König Peter)

Der wahre Bettler ist
Doch einzig und allein
der wahre König.
Gotthold Ephraim Lessing, Nathan der Weise (Nathan)

Des Königs Milde zeugt Verwegenheit.
Johann Wolfgang von Goethe,
Die natürliche Tochter (Herzog)

Des Königs Sohn
muss König oder ein Narr sein.
Deutsches Sprichwort

Des Königs Spreu
gilt mehr als andrer Leute Korn.
Deutsches Sprichwort

Des Königs Wille
schert sich um kein Gesetz.
Sprichwort aus Frankreich

Die Frau auf dem Thron
ist in erster Linie
die Pflegerin und Hüterin
ihres Volkes.
Gertrud von Le Fort, Die zeitlose Frau

Die Könige sind
nur Sklaven ihres Standes,
Dem eignen Herzen
dürfen sie nicht folgen.
Friedrich Schiller, Maria Stuart (Elisabeth)

Die Königinnen lieben schlecht;
ein Weib,
Das lieben kann, versteht sich schlecht
auf Kronen.
Friedrich Schiller, Dom Karlos (Prinzessin)

Die Königinnen sichern sich durch
göttliches Recht und die Heiligen
durch ihre hervorragenden Tugenden
in der Gesellschaft einen Rückhalt,
der sie in den Stand setzt,
es den Männern gleich zu tun.
Simone de Beauvoir, Das andere Geschlecht

Die Macht der Könige
ist auf die Vernunft
und auf die Torheit
des Volkes gegründet
– und viel mehr auf die Torheit.
Blaise Pascal, Pensées

Die wichtigste Kunst
der Königsherrschaft:
Neid ertragen zu können.
Lucius Annaeus Seneca, Der rasende Herakles

Dort gibt es keine Monarchie mehr,
wo der König und die Intelligenz
des Staats nicht mehr identisch sind.
Novalis, Glauben und Liebe

Du solltest meine Königin
und ich dein Sklave sein,
aber mein Sklavenfuß müsste auf
deinem stolzen Königsnacken stehen.
Jens Peter Jacobsen, Niels Lyhne (Niels)

Ein König ist, wer nichts fürchtete;
ein König ist, wer nichts begehren wird.
Lucius Annaeus Seneca, Thyestes

Ein König lässt befehlen,
dass man bei Lebensstrafe
einen Stein für einen Demant
halten soll.
Georg Christoph Lichtenberg, Sudelbücher

Ein König muss wenig Verstand
oder eine schwache Seele haben,
wenn er die nicht beherrscht,
derer er sich bedient.
Luc de Clapiers Marquis de Vauvenargues,
Nachgelassene Maximen

Ein König ohne Religion
scheint immer ein Tyrann.
Joseph Joubert, Gedanken, Versuche und Maximen

Ein König ohne Zucht
richtet die Stadt zugrunde,
volkreich wird die Stadt
durch kluge Fürsten.
Altes Testament, Jesus Sirach 10, 3

Er wird ein großer König werden;
er sagt kein Wort von dem,
was er denkt.
Jules Mazarin, Über Louis XIV. (um 1655)

Es gefällt uns,
einen König »Fürst« zu nennen,
weil das seine Qualität verringert.
Blaise Pascal, Pensées

Es hat wohl
mehr denn ein König gebettelt.
Deutsches Sprichwort

Es ist eine erstaunliche Tatsache,
dass sich Frauen stets den Männern
überlegen zeigten, wenn sie auf dem
Thron ihre natürlichen Gaben
frei entfalten konnten.
Charles Fourier, Über die Liebe und Ehe

Es ist nicht die Krone und das Reich,
was einen König macht.
Novalis, Heinrich von Ofterdingen

Es ist schimpflich,
eine volle Börse zu leeren;
es ist frech,
eine Million zu veruntreuen;
aber es ist namenlos groß,
eine Krone zu stehlen.
Die Schande nimmt ab
mit der wachsenden Sünde.
Friedrich Schiller,
Die Verschwörung des Fiesco zu Genua (Fiesco)

Es wird eine Zeit kommen und das
bald, wo man allgemein überzeugt
sein wird, dass kein König ohne Republik und keine Republik ohne König
bestehn könne, dass beide so unteilbar
sind wie Körper und Seele, und dass
ein König ohne Republik und eine
Republik ohne König nur Worte ohne
Bedeutung sind.
Novalis, Glauben und Liebe

Heil dem König!
Richard Wagner, Tristan und Isolde (alle Männer)

Hinter dem Wort des Königs
steht nun einmal die Macht.
Wer also kann ihm sagen:
Was tust du?
Altes Testament, Kohelet 8, 4

Ich habe Geschmack gefunden
an der Republik,
Seit ich so viele Könige gesehen.
Pierre Jean de Béranger, Lieder

Ich habe in der Geschichte
und im Leben gefunden,
dass die Könige im Kleinen so viel
Gerechtigkeit als möglich zeigen,
um im Großen so wenig als möglich
zu haben.
Johann Gottfried Seume, Apokryphen

Ich hasse nicht die Könige, sondern
den Druck, den sie mit sich führen.
Theodor Fontane, Briefe

Im Reich der Blinden
ist der Einäugige König.
Sprichwort aus Frankreich

Ist ein König frei von Habgier,
muss er weder Menschen
noch Gespenster fürchten.
Chinesisches Sprichwort

Jede gebildete Frau
und jede sorgfältige Mutter
sollte das Bild der Königin
in ihrem oder ihrer Töchter
Wohnzimmer haben.
Welche schöne kräftige
Erinnerung an das Urbild,
das jede zu erreichen
sich vorgesetzt hätte.
Novalis, Glauben und Liebe

Jeder ist entsprossen
aus einem uralten Königsstamm.
Aber wie wenige tragen noch
das Gepräge dieser Abkunft?
Novalis, Glauben und Liebe

Jeder will seinen König, unabhängig
von dessen wirklichem Wesen,
als ungewöhnlich tüchtig
und unerreicht groß hinstellen.
Michel Eyquem de Montaigne, Die Essais

Jeder wird als König geboren,
und die meisten sterben im Exil,
wie die Könige.
Oscar Wilde, Eine Frau ohne Bedeutung

Könige dürfen griesgrämig sein.
Knechte müssen lachen.
Ludwig Marcuse, Argumente und Rezepte.
Ein Wörter-Buch für Zeitgenossen

Könige haben lange Arme.
Deutsches Sprichwort

Könige prägen Menschen wie Münzen,
die wir nicht nach ihrem wahren Wert,
sondern nach dem Kurs nehmen
müssen, den sie ihnen geben.
François de La Rochefoucauld, Unterdrückte Maximen

Königinnen und Regentinnen
haben dieses seltsame Glück:
Ihre Souveränität erhebt sie
über ihr Geschlecht.
Simone de Beauvoir, Das andere Geschlecht

Königlich ist es, wohl zu tun
und üblen Ruf zu haben!
Mark Aurel, Selbstbetrachtungen

Kriegsläufte sind mächtiger
als die Könige.
Johann Wolfgang von Goethe,
Kampagne in Frankreich

Mit der Person der Könige
verhält es sich wie mit Götterstatuen:
Die ersten Schläge gelten dem Gott
selbst, die letzten fallen nur mehr
auf entstellten Marmor.
Antoine Comte de Rivarol, Maximen und Reflexionen

Neuer König, neues Gesetz.
Deutsches Sprichwort

Nicht weniger Menschen sind
durch Sklaven Zorn gefallen
als durch den von Königen.
Lucius Annaeus Seneca, Briefe an Lucilius

Sehr wenige Könige wurden
durch die Schuld anderer gestürzt.
Die meisten fielen
ihren eigenen Fehlern zum Opfer.
König Hassan II. von Marokko

Ungestraft zu tun, was beliebt,
heißt König sein.
Sallust, Der Iugurthinische Krieg

Unterwerfung und Gehorsam
sind wir allen Königen schuldig,
dies gilt ihrem Amt;
aber zur Achtung und erst recht
zur Liebe sind wir ihnen gegenüber
nur wegen ihres inneren Wertes
verpflichtet.
Michel Eyquem de Montaigne, Die Essais

Von einem König geliebt zu werden,
heißt nicht, geliebt zu werden.
Sprichwort aus Serbien

Vor tausend Jahren
hätten die Höflinge gemerkt,
wenn der König oder Herrscher
unmerklich verrückt geworden wäre.
Heute würde es ihnen
gar nicht auffallen.
Peter Ustinov, Peter Ustinovs geflügelte Worte

Wäre einzig und allein
die gerechte Herrschaft rechtmäßig,
so wären wir schlechten Königen
gegenüber zu nichts verpflichtet.
Luc de Clapiers Marquis de Vauvenargues,
Unterdrückte Maximen

Weh dir, Land,
dessen König ein Knabe ist
und dessen Fürsten
schon früh am Morgen tafeln.
Altes Testament, Kohelet 10, 16

Weißt du etwa nicht,
dass die Hände der Könige
weit reichen?
Ovid, Heroinen

Wenn die Könige trauern,
so trauert auch das Land.
Heinrich von Kleist, Briefe
(an Wilhelmine von Zenge, 3./4. September 1800)

Wenn es den König juckt,
müssen die Völker sich kratzen.
Heinrich Heine

Wer wird so vermessen sein,
sich in eine Königin zu verlieben,
ohne dass sie ihn zuvor ermutigt?
Stendhal, Über die Liebe

Wie selten
kommt ein König zu Verstand.
Johann Wolfgang von Goethe, Egmont (Egmont)

Wo das Volk keine Stimme hat,
steht's auch um die Könige schlecht,
und wo die Könige kein Ansehen
haben, steht's schlecht um das Volk.
Johann Gottfried Seume, Apokryphen

Wo der Ochse König ist,
sind die Kälber Prinzen.
Deutsches Sprichwort

Wo nichts ist,
verliert der König sein Recht.
Sprichwort aus Frankreich

Zu den Königen
zu sprechen verstehen:
Darin gipfelt vielleicht alle Klugheit
und Geschmeidigkeit des Höflings.
Jean de La Bruyère, Die Charaktere

Königreich

Du kommst mir vor wie Saul,
der Sohn Kis, der auszog,
seines Vaters Eselinnen zu suchen,
und ein Königreich fand. -
Ich kenne den Wert eines Königreiches
nicht, versetzte Wilhelm,
aber ich weiß, dass ich ein Glück
erlangt habe, das ich nicht verdiene,
und das ich mit nichts in der Welt
vertauschen möchte.
Johann Wolfgang von Goethe,
Wilhelm Meisters Lehrjahre (Schluß)

Ein Pferd!, ein Pferd!
Mein Königreich für ein Pferd!
William Shakespeare, Richard III.

Um ein Königreich
bricht man jeden Eid.
William Shakespeare, Heinrich VI. (Eduard)

Konkubinat

Ein leidenschaftliches Konkubinat
kann ein Begriff von den Wonnen
einer jungen Ehe vermitteln.
Charles Baudelaire, Tagebücher

Fast alle Ehen sind nur Konkubinate.
Friedrich Schlegel, Fragmente

Konkurrenz

Der Egoismus hat seinen Kreislauf
vollendet, und diese Vollendung hat er
in der Konkurrenz erreicht. In ihr hat
der Egoismus seine klassische Gestalt
erhalten.
Moses Hess, Über die Not in unserer Gesellschaft
und deren Abhülfe

Die geschickteste Art,
einen Konkurrenten zu besiegen, ist,
ihn in dem zu bewundern,
worin er besser ist.
Peter Altenberg, Schnipsel

Die großen Fische fressen die kleinen.
Deutsches Sprichwort

Konkurrenz, die aus Neid entspringt,
ist etwas ganz anderes als die
Bemühung, sein Bestes zu tun,
um, aus gegenseitiger Achtung, die
Arbeit so gut wie möglich zu machen.
Vincent van Gogh, Briefe

Man hebt einen Stand
am besten dadurch, dass man
sich eine gute Konkurrenz schafft.
Kurt Tucholsky

Sport ist das Ventil der Konkurrenzgier,
ist »Konkurrenz fürs Volk«.
Günther Anders, Die Antiquiertheit des Menschen. Bd. 2

Systematische Herabdrückung des
Lohns, welche auf die Vernichtung
einer gewissen Anzahl von Arbeitern
hinausläuft, dies ist die unvermeidliche Folge der unbegrenzten
Konkurrenz.
Louis Blanc, Die Organisation der Arbeit

Zwei Hähne,
die sich auf Leben und Tod bekämpfen,
weil sie gemeinsam gekräht haben.
Jules Renard, Ideen, in Tinte getaucht.
Aus dem Tagebuch von Jules Renard

Zweifelsohne hat der Mangel
an Wetteifer im Streben einen Vorteil:
Er vermindert die Eitelkeit.
Germaine Baronin von Staël, Über Deutschland

Können

Das Wissen muss ein Können werden.
Carl von Clausewitz, Vom Kriege

Das Wollen ist uns gegeben aufgrund
unserer freien Willensentscheidung,
nicht aber das Können dessen,
was wir wollen.
Bernhard von Clairvaux, Gnade und Willensfreiheit

Der Acker taugt so viel wie der Mann.
Sprichwort aus Frankreich

Der Mensch kann alles, was er will.
Deutsches Sprichwort

Der Mensch kann mehr, als er will.
Sophie Mereau, Betrachtungen

Die Vielen können nichts,
der Einzige kann alles.
Carl Spitteler, Olympischer Frühling

Es kann oft einer, was er nicht weiß.
Deutsches Sprichwort

Es muss einer oft können,
was er nicht kann.
Deutsches Sprichwort

Für das Können gibt es nur
einen Beweis: das Tun.
Marie von Ebner-Eschenbach, Aphorismen

Ich erkenne – darf ich deshalb mit
Recht sagen: Also kann ich?
Francesco De Sanctis,
Über die Wissenschaft und das Leben

Ich kann alles, nur das nicht,
was ich muss.
Friedrich Hebbel, Briefe
(an Elise Lensing, 14. Dezember 1836)

Ich kann die Zeit nicht erwarten,
dass ich etwas kann.
Paula Modersohn-Becker, Tagebuchblätter

Jeder kann, so viel er tut.
Deutsches Sprichwort

Jeder Mensch kann alles
– aber er muss auch
zu allem bereit sein.
Alma Mahler-Werfel, Mein Leben

Keiner kann nichts,
und keiner kann alles.
Deutsches Sprichwort

Lerne was, so kannst du was.
Deutsches Sprichwort

Man kann es auf zweierlei Art
zu etwas bringen:
Durch eigenes Können oder
durch die Dummheit der anderen.
Jean de La Bruyère, Die Charaktere

Man kann noch nicht,
nur weil man soll,
man muss auch können.
Das Soll hat immer allzu naiv
das Kann ignoriert.
Ludwig Marcuse, Argumente und Rezepte.
Ein Wörter-Buch für Zeitgenossen

Man kann, was man will.
Deutsches Sprichwort

Man muss leben, wie man kann,
nicht wie man will.
Deutsches Sprichwort

Mehr kann der Mensch, als er meint;
aber auch dem Höchsten entgegenstrebend, erreicht er nur einiges.
Friedrich Schleiermacher, Monologen

Nicht an Können fehlt es uns also,
sondern an Nichtkönnen.
Günther Anders, Die Antiquiertheit des Menschen. Bd. 2

Nicht, wer nichts hat,
nein, wer nichts kann,
Der ist ein wahrhaft armer Mann.
Jüdische Spruchweisheit

Viele können mehr denn einer.
Deutsches Sprichwort

Was der Mann kann,
das zeigt seine Red an.
Deutsches Sprichwort

Was er nicht kann, will er können,
der zu viel kann.
Lucius Annaeus Seneca, Hippolytus

Was ich mir wünsche,
ist mir gleichgültig.
Hauptsache ist, dass ich es kann.
Francis M. de Picabia, Aphorismen

Weder als Mensch
noch als Glied der sozialen Ordnung
muss man mehr sein wollen,
als man kann.
Chamfort, Maximen und Gedanken

Wenn die Zeit kommt,
in der man könnte,
ist die vorüber,
in der man kann.
Marie von Ebner-Eschenbach, Aphorismen

Wenn jemand etwas kann, das
gewöhnliche Menschen nicht können,
so trösten sie sich damit,
dass er gewiss von allem,
was sie können, nichts kann.
Marie von Ebner-Eschenbach, Aphorismen

Wer alles kann, kann nur das wollen,
was gut ist.
Jean-Jacques Rousseau, Emile

Wer dem Tiger ein Glöckchen
umbinden kann, vermag auch,
es ihm wieder abzunehmen.
Chinesisches Sprichwort

Wer kennt sich selbst?
Wer weiß, was er vermag?
Johann Wolfgang von Goethe, Ilmenau

Wer nicht kann, wie er will,
muss wollen, wie er kann.
Deutsches Sprichwort

Wer tut, was er kann,
tut so viel als der Papst in Rom.
Deutsches Sprichwort

Wer viel kann, muss viel tun.
Deutsches Sprichwort

Wer will, schafft mehr als der,
der kann.
Sprichwort aus Frankreich

Zehn Kesselflicker reichen nicht
an einen Glockengießer.
Chinesisches Sprichwort

Zwischen Können und Tun
liegt ein Meer und auf seinem Grunde
die gescheiterte Willenskraft.
Marie von Ebner-Eschenbach, Aphorismen

Konsequenz

Die Konsequenzen
unserer guten Handlungen
verfolgen uns unerbittlich
und sind oft schwerer zu ertragen
als die der bösen.
Marie von Ebner-Eschenbach, Aphorismen

Dilemma:
der Lohn der Konsequenz.
Ambrose Bierce

Du sagst mir, du seist aus Liebe
von rechts nach links gegangen
und hast dabei nur das Gewand
gewechselt.
Man muss auch die Haut wechseln.
Jean Cocteau, Hahn und Harlekin

Es ist nichts inkonsequenter
als die höchste Konsequenz,
weil sie unnatürliche Phänomene
hervorbringt, die zuletzt umschlagen.
Johann Wolfgang von Goethe,
Maximen und Reflexionen

Es sind gerade
die Inkonsequenzen eines Lebens,
welche die größten
Konsequenzen haben.
André Gide

Inkonsequenz nennen wir
die Flexibilität unserer Mitmenschen.
Mildred Scheel

So ist Entschiedenheit und Folge
nach meiner Meinung
das Verehrungswürdigste
am Menschen.
Johann Wolfgang von Goethe,
Wilhelm Meisters Lehrjahre

Wenn du dir den Kopf kahl scherst,
dann lass keine Strähne
für den Sonntag stehen.
Jean Cocteau, Hahn und Harlekin

Wer A sagt, muss auch B sagen.
Deutsches Sprichwort

Wer akzeptiert, muss bezahlen.
Deutsches Sprichwort

Wer dem Altar dient,
soll auch vom Altar leben.
Wer vom Altar lebt,
soll auch dem Altar dienen.
Deutsches Sprichwort

Wer den Teufel geladen hat,
der muss ihm auch Arbeit geben.
Deutsches Sprichwort

Konservatismus

Die Kirche ist eine konservative Macht;
dessen hat sie sich von jeher gerühmt.
Carl Spitteler, Erzbischöfliche Demokratie

Die Konservativen sind
die Pausenzeichen der Geschichte.
Norman Mailer

Die Menschen sind am konservativsten,
wenn sie am wenigsten tatkräftig sind.
Ralph Waldo Emerson, Essays

Die Verteidigung des Ungeliebten
ist das Zeichen
modernen Konservativismus:
Sie bewahren nicht,
sie klammern sich an.
Ludwig Marcuse, Argumente und Rezepte.
Ein Wörter-Buch für Zeitgenossen

Ein Konservativer ist ein Mensch
mit zwei völlig gesunden Beinen,
der nie gehen gelernt hat.
Franklin D. Roosevelt

Ein Konservativer ist ein Mensch,
der zum Kämpfen zu feige
und zum Laufen zu dick ist.
Elbert Hubbard

Fortschrittlicher Konservativismus
ist wie Autofahren
mit angezogener Bremse.
George Brown

Im Hinblick
auf seine eigenen Ansichten
ist jedermann konservativ.
Lothar Schmidt

Konservativismus ist
Staffellauf auf der Stelle.
Alberto Moravia

Nirgends ist Konservativismus
so schädlich wie in der Kunst.
Leo N. Tolstoi, Tagebücher (1896)

Was heißt konservativ? Heißt es nicht,
dem Alten und Erprobten anzuhängen
gegen das Neue und Unerprobte?
Abraham Lincoln, Reden (1860)

Wir sind im Guten wie im Schlechten
eine zutiefst konservative Gesellschaft.
James William Fulbright

Konsum

Konsumprodukte erlöschen
durch ihre Verwendung.
Sie sind da, um nicht mehr da zu sein.
Günther Anders, Die Antiquiertheit des Menschen. Bd. 2

Was wir konsumieren,
können wir nicht investieren.
Konsumieren, ohne zu investieren,
bedeutet ruinieren.
Norbert Blüm, Unverblümtes von Norbert Blüm

Wie es in der materiellen Produktion
und Konsumtion einen schädlichen
Luxus gibt, so auch in der Literatur.
Wilhelm Schulz, Die Statistik der Kultur

Wir können anscheinend kaum noch
einen leeren Fleck, ein bisschen Zeit
oder einen Bauch sehen,
ohne daran zu denken,
wie man das eiligst ausfüllt.
Yehudi Menuhin,
Kunst als Hoffnung für die Menschheit

Wir leben
in einer Wegwerfgesellschaft,
auch was den Ehepartner betrifft.
Harold Pinter

Zwanghafter Konsum
ist eine Kompensation für Angst.
Das Bedürfnis nach dieser Art
von Konsum entspringt dem Gefühl
der inneren Leere, der Hoffnungslosigkeit, der Verwirrung und dem Stress.
Erich Fromm, Revolution der Hoffnung

Kontakt

Am besten sitzt es sich unter Menschen,
die man nie wieder sehen wird,
man hält sie genauso lange aus,
als man glaubt, dass sie einem
nie etwas antun werden.
Elias Canetti, Die Provinz des Menschen.
Aufzeichnungen 1942-1972

Der zu Hause bleibt
und der Party-Tiger
sind gleich kontaktarm.
Ludwig Marcuse, Argumente und Rezepte.
Ein Wörter-Buch für Zeitgenossen

Für die Entwicklung einer Seele
zu einem reichen, freien Leben
sind viele Kontakte nötig.
Je mehr Menschen
man sieht und spricht,
desto mehr Gesichtspunkte,
desto mehr Erfahrung gewinn man.
August Strindberg, Der Sohn der Magd

In der Politik
ist es wie in der Elektrizität:
Wo es Kontakte gibt,
gibt es auch Spannungen.
Pierre Mendés France

Kontrast

Bis wir nicht die Dunkelheit
als Hintergrund erschaut,
können wir das Licht nicht
als etwas Abhebendes,
Erschaffenes erblicken;
sobald wir die Nacht gesehen,
wird das Licht etwas Leuchtendes,
Helles, Blendendes und Göttliches.
Gilbert Keith Chesterton, Heretiker

Die Freiheit spürt nicht,
wer niemals unter Zwang gelebt hat.
Fernando Pessoa, Das Buch der Unruhe
des Hilfsbuchhalters Bernardo Soares

Solange wir uns keine Vorstellung
von dem Unerreichbaren machen,
können wir uns auch das Erreichbare
nicht gut vorstellen.
Gilbert Keith Chesterton, Heretiker

Wäre kein Links, so wäre kein Rechts.
Deutsches Sprichwort

Weiß erkennt man am besten,
wenn man Schwarz dagegen hält.
Deutsches Sprichwort

Wer in einen sauren Apfel gebissen hat,
dem schmeckt der süße desto besser.
Deutsches Sprichwort

Kontrolle

Ein Herr überwacht
seine Diener so unmerklich,
wie man den Socken im Stiefel spürt.
Chinesisches Sprichwort

Vertrauen ist gut, Kontrolle ist besser.
Wladimir Iljitsch Lenin

Konvention

Die Gesellschaft verlangt ständige
Grimassen, unter Androhung der
Schmach befiehlt sie uns, ihren
Konventionen zu gehorchen.
Honoré de Balzac, Eine Frau von dreißig Jahren

Es bedeutet einen Kampf,
uns von der Welt der Konventionen
und der Spekulation zu befreien.
Es ist etwas Gutes, etwas Friedvolles,
ein ehrliches Unternehmen.
Vincent van Gogh, Briefe

Konzentration

Das Geheimnis
allen geistigen Schaffens
ist die Sammlung.
Othmar Spann,
Haupttheorien der Volkswirtschaftslehre

Sammle dich zu jeglichem Geschäfte,
Nie zersplittere deine Kräfte!
Friedrich von Bodenstedt, Mirza Schaffy

Wenn du geistig arbeitest, bemühe
dich, alle geistigen Fähigkeiten
auf den betreffenden Gegenstand
zu konzentrieren.
Leo N. Tolstoi, Tagebücher (1847)

Kopf

Alter spielt sich im Kopf ab,
nicht auf der Geburtsurkunde.
Martina Navratilova

Armer Mensch,
an dem der Kopf alles ist!
Johann Wolfgang von Goethe, Briefe
(an Herder, 10. Juli 1772)

Auch die Bretter,
die man vor dem Kopf hat,
können die Welt bedeuten.
Werner Finck

Den Hunger in den Kopf verlegen.
Elias Canetti, Die Provinz des Menschen.
Aufzeichnungen 1942-1972

Den Kopf halt kühl, die Füße warm,
das macht den besten Doktor arm.
Deutsches Sprichwort

Den Kopf
in den Rachen des Löwen zu stecken,
ist auch nicht gefährlicher, als ihn
von einer Frau streicheln zu lassen.
David Herbert Lawrence

Denn es ist nicht genug,
einen guten Kopf zu haben;
die Hauptsache ist,
ihn richtig anzuwenden.
René Descartes, Diskurs über die Methode

Der Fisch fängt am Kopf
an zu stinken.
Deutsches Sprichwort

Der Kopf ist jener Teil unseres Körpers,
der uns am häufigsten im Wege steht.
Gabriel Laub

Der Kopf ist stärker als die Hände.
Deutsches Sprichwort

Der Kopf ist vor allem
die Kassette des Gehirns,
nicht der Humus für die Haare.
Gino Cervi

Der Mann hat hauptsächlich
deshalb einen Kopf,
damit eine Frau
ihn verdrehen kann.
Jacques Prévert

Die beste Droge
ist ein klarer Kopf.
Herbert Hegenbarth

Die Häupter ohne Schweif sind bald
vernichtet und erreichen wenig.
Niccolò Machiavelli, Briefe
(an Francesco Vettori, 26. August 1513)

Die Krone: eine Kopfbedeckung,
die den Kopf überflüssig macht.
Gabriel Laub

Die meisten haben selten mehr Licht
im Kopf, als gerade nötig ist zu sehen,
dass sie nichts darin haben.
Georg Christoph Lichtenberg

Die Menschen und die Pyramiden
Sind nicht gemacht,
um auf dem Kopf zu stehn.
Gottlieb Konrad Pfeffel,
Fabeln und poetische Erzählungen

Dieser Krieg der Köpfe.
– Die Körper steckten in der Erde.
Nur die Köpfe schauten heraus.
Alfred Andersch, Winterspelt (1974)

Du musst meinen Kopf hochheben
und ihn der Menge zeigen. So einen
wird man so bald nicht wieder sehen.
Georges Jacques Danton,
Auf dem Schafott, zum Henker

Ehrgeiz ist die Sehnsucht,
die nicht vom Herzen,
sondern vom Kopf her kommt.
Anita Daniel

Ein guter Kopf weiß alles zu benutzen.
William Shakespeare, Heinrich IV. (Falstaff)

Es ist erstaunlich,
wie viele Menschen den Kopf
nur zum Hutaufsetzen haben.
Harold Pinter

Es kommt nicht darauf an,
was für einen Hut man
auf dem Kopf hat,
sondern was für einen Kopf
unter dem Hut.
Herbert George Wells

Gebrechen des Kopfs sind unheilbar,
und da die Unwissenden
sie nicht kennen,
suchen sie auch nicht,
was ihnen abgeht.
Baltasar Gracián y Morales,
Handorakel und Kunst der Weltklugheit

Ging der Kopf von hinnen,
Was soll der Rumpf beginnen?
Jüdische Spruchweisheit

Lässt du dir auf den Achseln sitzen,
so sitzt man dir bald auf dem Kopfe.
Deutsches Sprichwort

Man kann sich auch an offenen Türen
den Kopf einrennen.
Erich Kästner

Man könnte vermuten,
dass der menschliche Kopf
eigentlich eine Trommel sei,
die nur darum klingt,
weil sie leer ist.
Immanuel Kant,
Versuch über die Krankheiten des Kopfes

Nicht nur für die Mütze
hat man den Kopf
auf den Schultern.
Sprichwort aus Russland

Ob die Gedanken
wirklich aus Köpfen stammen?
Meist stammen sie aus zweiter Hand.
Wieslaw Brudziński

Unser Kopf ist rund,
damit das Denken
die Richtung wechseln kann.
Francis M. de Picabia, Aphorismen

Viele Köpfe gehen schwer
unter einen Hut.
Deutsches Sprichwort

Viele Menschen sind zu gut erzogen,
um mit vollem Mund zu sprechen,
aber sie haben keine Bedenken,
dies mit leerem Kopf zu tun.
Orson Welles

Was der Pfau am Kopf zu wenig hat,
hat er am Schwanz zu viel.
Deutsches Sprichwort

Was ist der Körper,
wenn das Haupt ihm fehlt?
William Shakespeare, Heinrich VI. (Eduard)

Was man nicht im Kopf hat,
muss man in den Beinen haben.
Deutsches Sprichwort

Wenn der Kopf ab ist,
weint man den Haaren nicht nach.
Nikita Chruschtschow

Wenn der Kopf wund ist,
verbindet man umsonst die Füße.
Deutsches Sprichwort

Wenn ein Buch und ein Kopf
zusammenstoßen und es klingt hohl,
ist das allemal im Buch?
Georg Christoph Lichtenberg, Sudelbücher

Wer kommt,
wird nach seinem Gesicht beurteilt.
Wer geht, nach seinem Kopf.
Heinrich Wiesner

Wir sind Menschen,
soweit wir Kopf,
wir sind Gott und Teufel,
soweit wir Herz sind.
Ricarda Huch, Quellen des Lebens

Zerbrecht euch die Köpfe nicht,
und wenn's auf eine oder
die andre Weise übel abläuft,
zerbrecht sie euch auch nicht.
Johann Wolfgang von Goethe,
Die Wahlverwandtschaften

Kopie

Es gibt keine Originale mehr,
sondern nur noch Kopien.
Günther Anders, Die Antiquiertheit des Menschen. Bd. 2

Nicht selten begegnet man Kopien
bedeutender Menschen;
und den meisten gefallen,
wie bei Gemälden so auch hier,
die Kopien besser
als die Originale.
Friedrich Nietzsche, Menschliches, Allzumenschliches

Snobismus ist die Fähigkeit,
sich als Original zu fühlen,
auch wenn man nur eine Kopie ist.
Victor de Kowa

Korn

Das fremde Korn
und die eigenen Kinder
scheinen immer besser.
Chinesisches Sprichwort

Gut Korn geht nicht verloren.
Deutsches Sprichwort

Kein Korn ohne Spreu.
Deutsches Sprichwort

Korn ist Korn,
auch wenn Stadtleute es anfangs
für Gras halten.
Vincent van Gogh, Briefe

Viele Körnlein
machen einen Haufen.
Deutsches Sprichwort

Wer die Saat verfüttert hat,
kann nicht erwarten,
dass der Weizen blüht.
Norbert Blüm

Wie das Korn, so gibt es Mehl.
Deutsches Sprichwort

Körper

Alle Körper sind entweder
in Bewegung oder in Ruhe.
Baruch de Spinoza, Ethik

Alle Körper sind mit dem Weltganzen
zusammengewachsen und wirken wie
unsere Glieder miteinander zusammen.
Mark Aurel, Selbstbetrachtungen

Alle Körper weisen
Spuren der Einheit auf,
erreichen sie aber nicht.
Aurelius Augustinus, Über die wahre Religion

Alles, was das Tätigkeitsvermögen
unseres Körpers vermehrt oder
vermindert, fördert oder hemmt,
dessen Idee vermehrt oder vermindert,
fördert oder hemmt das Denkvermögen
unseres Geistes.
Baruch de Spinoza, Ethik

Auch der Körper muss fest sein
und darf nicht hin und her geworfen
werden, weder bei der Bewegung
noch bei der Ruhehaltung.
Mark Aurel, Selbstbetrachtungen

Bemalung und Punktierung der Körper
ist eine Rückkehr zur Tierheit.
Johann Wolfgang von Goethe,
Maximen und Reflexionen

Denn unser Leib hat einmal den Fehler,
dass er umso mehr Bedürfnisse
entdeckt, je mehr er gepflegt wird.
Teresa von Ávila, Weg der Vollkommenheit

Der Körper ist der Panzer und Küraß
der Seele. Nun, so werde dieser vorerst
zu Stahl gehärtet, geglüht und gekältet.
Jean Paul, Levana

Der Körper ist
der Übersetzer der Seele ins Sichtbare.
Christian Morgenstern

Der Körper ist ein notwendiges Vehikel, weil er die Kleider trägt
und mit den Kleidern die Taschen.
Alfred Jarry

Der Körper kann eine größere Last
tragen, wenn man ihn strafft;
mit der Seele ist es genauso.
Michel Eyquem de Montaigne, Die Essais

Der Körper kann ohne den Geist
nicht bestehen,
aber der Geist bedarf nicht des Körpers.
Erasmus von Rotterdam,
Handbüchlein eines christlichen Streiters

Die Entblößung der Gefühle
ist viel anstößiger als die des Körpers.
Arthur Schnitzler

Die Fürsorge für den Körper muss
derjenigen für die Seele vorangehen;
dann muss die Regelung
des Begehrens folgen.
Aristoteles, Älteste Politik

Die materielle Ursache des Körpers,
die aus dem Samen des Mannes
und der Eizelle der Frau besteht,
kann nicht die (materielle) Ursache
für den Geist des Kindes sein, sondern
nur die Ursache für seinen Körper.
Dalai Lama XIV., Das Auge der Weisheit

Die Menschen geben fast nichts
auf die Tugenden des Herzens
und vergöttern die Gaben des Körpers
und des Geistes.
Jean de La Bruyère, Die Charaktere

Die Seele ist Ursache und Prinzip
des lebenden Körpers.
Aristoteles, Psychologie

Die vollends, die sich
der Vorzüge des Körpers brüsten,
auf einen wie geringen, wie gebrechlichen Besitz stützen sie sich!
Anicius Manlius Torquatus Severinus Boethius,
Trost der Philosophie

Diese gesunde und heilsame
Lebensform haltet fest,
dem Körper nur insoweit nachzugeben,
wie es für gute Gesundheit nötig ist.
Härter muss man ihn behandeln,
damit er dem Geist
durchaus willig gehorcht.
Lucius Annaeus Seneca, Briefe an Lucilius

Ein Intellektueller ist ein Mensch,
der nicht genug Körper hat,
um seinen Geist zu bedecken.
Jean Giono

Ein leeres Vorurteil ist das Alter,
die schnöde Frucht
von dem tollen Wahn,
dass der Geist abhänge vom Körper.
Friedrich Schleiermacher, Monologen

Ein schwacher Körper
schwächt die Seele.
Jean-Jacques Rousseau, Emile

Ertrage alle körperlichen Beschwerden,
ohne ihnen Ausdruck zu verleihen.
Leo N. Tolstoi, Tagebücher (1847)

Es gibt eine Schwäche des Körpers,
die aus der Stärke des Geistes kommt,
und eine Schwäche des Geistes,
die aus der Stärke des Körpers kommt.
Joseph Joubert, Gedanken, Versuche und Maximen

Es gibt kein Leiden des Körpers,
von dem die Seele nicht profitiert.
George Meredith, Diana vom Kreuzweg

Es gibt keine Grenzen
für die Ausdehnung der Körper,
warum sollte es welche
für die Ausdehnung des Geistes
geben?
Maurice Maeterlinck, Das Leben der Termiten

Es ist der Geist,
der sich den Körper baut.
Friedrich Schiller, Wallensteins Tod (Wallenstein)

Es liegt in der Seele ein Geschmack,
der das Gute liebt,
wie im Leib eine Lust,
die das Vergnügen liebt.
Joseph Joubert, Gedanken, Versuche und Maximen

Glaubt mir, meine Töchter,
wenn wir einmal damit beginnen,
diesen armseligen Leib zu meistern,
wird er uns nicht mehr so lästig sein.
Teresa von Ávila, Weg der Vollkommenheit

Glück ist gut für den Körper,
aber Kummer stärkt den Geist.
Marcel Proust

Ich bitte, macht nicht weis
dem eingebild'ten Ding,
Der Seel', es sei der Leib
für sie viel zu gering.
Friedrich Rückert, Die Weisheit des Brahmanen

Jeder Körper bewegt sich
bald langsamer, bald schneller.
Baruch de Spinoza, Ethik

Kein Volk hat an einen Gott geglaubt,
der ganz Körper, oder an einen, der
ganz Geist, aber kein freier, wäre.
Giambattista Vico, Neue Wissenschaft

Körper und Seele sind nicht zwei
verschiedene Dinge, sondern nur zwei
verschiedene Arten, dasselbe Ding
wahrzunehmen. Entsprechend sind
Physik und Psychologie nur zwei verschiedenartige Versuche, unsere Erlebnisse auf dem Weg systematischen
Denkens miteinander zu verknüpfen.
Albert Einstein, Briefe

Man muss die Kraft des Körpers erhalten, um die des Geistes zu bewahren.
Luc de Clapiers Marquis de Vauvenargues,
Reflexionen und Maximen

Nicht durch Entstellung des Körpers
wird die Seele entstellt,
sondern durch Schönheit der Seele
der Körper geschmückt.
Lucius Annaeus Seneca, Moralische Briefe

Nie ist eine Kraft zu schwächen
– kann man nicht oft genug
wiederholen –, sondern nur
ihr Gegenmuskel ist zu stärken.
Jean Paul, Levana

Vor allem der Seele wegen
ist es nötig, den Körper zu üben.
Jean-Jacques Rousseau

Während ich male,
lasse ich meinen Körper
draußen vor der Tür,
wie die Moslems ihre Schuhe
vor der Moschee.
Pablo Picasso

Was ist der Körper,
wenn das Haupt ihm fehlt?
William Shakespeare, Heinrich VI. (Eduard)

Wer einen Körper hat,
der zu sehr vielen Dingen befähigt ist,
der hat einen Geist,
dessen größter Teil ewig ist.
Baruch de Spinoza, Ethik

Wie entsetzlich, wenn jemand sich
eingebildet hat, sein Leben bestünde
in seinem Körper, und dann erkennen
muss, dass dieser Körper zerfällt,
und dazu noch unter Schmerzen!
Für einen Menschen, der begreift,
dass sein Leben im Geiste besteht,
bedeutet der Zerfall des Körpers
nur Stärkung des Geistes
– die Leiden sind dabei notwendige
Bedingungen dieses Zerfalls.
Leo N. Tolstoi, Tagebücher (1906)

Will Licht einem Körper
sich vermählen,
Es wird den ganz durchsicht'gen
wählen.
Johann Wolfgang von Goethe, Gott, Gemüt und Welt

Wir können von der Dauer
unseres Körpers
nur eine höchst inadäquate
Erkenntnis haben.
Baruch de Spinoza, Ethik

Korrektur

Man ist nur korrekt,
indem man korrigiert.
Joseph Joubert, Gedanken, Versuche und Maximen

Sich immer am Leben korrigieren.
Christian Morgenstern, Stufen

Korruption

Die Korruption jeder Regierung
beginnt fast immer mit der
ihrer Prinzipien.
Charles de Secondat, Baron de la Brède
et de Montesquieu, Vom Geist der Gesetze

Ein korrupter Minister ist nicht treu,
ein treuer Minister ist nicht korrupt.
Chinesisches Sprichwort

Ein Mandarin peinigt keinen,
der ihm Geschenke bringt.
Chinesisches Sprichwort

Ein Yamen ist so tief wie das Meer,
die Korruption so groß wie der Himmel.
Chinesisches Sprichwort

In allen Instituten,
in welche nicht die scharfe Luft
der öffentlichen Kritik hineinweht,
wächst eine unschuldige Korruption
auf wie ein Pilz.
Friedrich Nietzsche, Menschliches, Allzumenschliches

Käuflich ist das Volk,
käuflich die Kurie der Väter,
ihre Unterstützung hängt vom Preis ab.
Gaius Petronius, Schelmengeschichten

Korruption ist der natürliche Weg,
um unseren Glauben
an die Demokratie wiederherzustellen.
Peter Ustinov, Peter Ustinovs geflügelte Worte

Korruption
ist die tägliche Gesetzesänderung.
Lothar Schmidt

Neben Lobhudeleien
gibt's Tadelhudeleien,
neben Freundeleien Feindeleien.
Das Neben
ist die schlimmere Korruption.
Ludwig Marcuse, Argumente und Rezepte.
Ein Wörter-Buch für Zeitgenossen

Sieht ein Amtsdiener Geld,
gleicht er einer Fliege,
die Blut gerochen hat.
Chinesisches Sprichwort

Kosmos

Der Mensch ein Kosmos im Kleinen.
Demokrit, Fragment 34

Nach meiner Auffassung
ist der Kosmos in uns,
wie umgekehrt wir im Kosmos sind.
Wir gehören zum Universum ebenso,
wie er ein Teil von uns ist.
Yehudi Menuhin,
Kunst als Hoffnung für die Menschheit

Wir sollten den Kosmos
nicht mit den Augen des Rationali-
sierungsfachmanns betrachten.
Verschwenderische Fülle gehört
seit jeher zum Wesen der Natur.
Wernher von Braun

Kostbarkeit

Die Zeit ist zu kostbar, um sie mit
falschen Dingen zu verschwenden.
Heinz Rühmann

In jedermann ist etwas Kostbares,
das in keinem anderen ist.
Martin Buber

Nicht Perlen und Jade,
sondern die fünf Feldfrüchte
sind echte Kostbarkeiten.
Chinesisches Sprichwort

Kosten

Alles, was uns wirklich nützt,
ist für wenig Geld zu haben.
Nur das Überflüssige kostet viel.
Axel Munthe

Baulust,
Geldverlust.
Jüdische Spruchweisheit

Die höchsten Kilometerkosten von
allen Wagentypen hat noch immer
ein Einkaufswagen im Supermarkt.
Lothar Schmidt

Dreimal husten kostet eine Mark.
Erich Kästner, Dr. Erich Kästners lyrische Hausapotheke

Ein gutes Wort kostet nichts.
Deutsches Sprichwort

Erträge und Kosten müssen im richtigen Verhältnis zueinander stehen.
Helmut Kohl, Rede des Bundeskanzlers bei der Meisterfeier der Handwerkskammer Düsseldorf 1986

Irgendwo kommt man immer
auf seine Kosten.
Theodor Fontane, Briefe

Man kann Gott nur
auf eigene Kosten lieben.
Mutter Teresa

Was wenig kostet, taugt nicht viel.
Deutsches Sprichwort

Wenn ich weiß, was eine Sache kostet,
so schmeckt mir kein Bissen.
Johann Wolfgang von Goethe,
Wilhelm Meisters Wanderjahre

Kraft

Alle kräftigen Menschen
lieben das Leben.
Heinrich Heine

Am Anfang war die Kraft.
Paula Modersohn-Becker, Tagebuchblätter

Aus der Kräfte
schön vereintem Streben
Erhebt sich
wirkend erst das wahre Leben.
Friedrich Schiller, Huldigung der Künste

Kraft

Beim Mann liegt die Kraft im Gehirn,
bei der Frau im Herzen;
und wenn der Kopf auch regiert,
so ist es doch das Herz,
welches gewinnt.
Samuel Smiles, Charakter

Da erschien ihm ein Engel
und gab ihm Kraft.
Neues Testament, Lukas 22, 43

Das beste Glück,
des Lebens schönste Kraft
Ermattet endlich.
Johann Wolfgang von Goethe,
Iphigenie auf Tauris (Iphigenie)

Das Gefühl unserer Kräfte steigert sie.
Luc de Clapiers Marquis de Vauvenargues,
Reflexionen und Maximen

Das Werk gibt dem Wort innere Stärke,
doch das Gebet erwirbt
für Taten und Worte innere Kraft.
Bernhard von Clairvaux, Briefe (an Abt Balduin)

Den Gebrauch der Kräfte,
die man hat, ist man denen schuldig,
die sie nicht haben.
Carl Schurz

Denn Gott hat uns nicht
einen Geist der Verzagtheit gegeben,
sondern einen Geist der Kraft,
der Liebe und der Besonnenheit.
Neues Testament, Paulus (2 Timotheus 1, 7)

Denn Kraft zeugt Ruhe,
Ruhe Trägheit, Trägheit Unordnung,
Unordnung Zerrüttung.
So entsteht hinwiederum
aus der Zerrüttung Ordnung,
aus der Ordnung Kraft,
aus der Kraft Ruhm und Glück.
Niccolò Machiavelli, Geschichte von Florenz

Denn Unverstand ist's,
über seine Kraft zu tun.
Sophokles, Antigone (Ismene)

Der beste Beweis
einer physischen Kraft
ist der Hang
nach hohen kühnen Idealen.
Gilbert Keith Chesterton, Heretiker

Der eigne Sinn, die eigne Kraft
und der eigne Wille eines Menschen
ist das Menschlichste, das Ursprüng-
lichste, das Heiligste an ihm.
Friedrich Schlegel, Über die Philosophie

Der Glaube an unsere Kraft
kann sie ins Unendliche verstärken.
Friedrich Schlegel, Philosophische Vorlesungen

Der Leib muss Kraft haben,
um der Seele zu gehorchen.
Jean-Jacques Rousseau, Emile

Der Pfeil flieht den Bogen,
der ihm Kraft verleiht.
Friedrich Hebbel, Tagebücher

Die größte Kraft auf der Welt
ist das Pianissimo.
Maurice Ravel

Die Kraft missbrauchen bringt Verfall.
Lao-tse, Dao-de-dsching

Die Kraft verleiht Gewalt,
die Liebe leiht Macht.
Marie von Ebner-Eschenbach, Aphorismen

Die Natur hat dem Menschen
nur so viel Kräfte gegeben,
dass er, unter mäßiger Anstrengung
derselben, seinen Unterhalt
der Erde abgewinnen kann:
großen Überschuss von Kräften
hat er nicht erhalten.
Arthur Schopenhauer, Zur Rechtslehre und Politik

Die üppige Kraft sucht eine Arbeit.
Die jungen Lämmer stoßen sich
die Stirnen aneinander, wenn sie
von der Mutter Milch gesättigt sind.
Friedrich Hölderlin, Hyperion

Durch geistige Kraft
können wir den beherrschen,
der uns an körperlicher überragt.
Antiphon, Fragmente

Ein Nichts vermag das Vertrauen
in die eigene Kraft zu erschüttern,
aber nur ein Wunder vermag es
wieder zu befestigen.
Marie von Ebner-Eschenbach, Aphorismen

Ein Zeichen von Kraft ist es,
wenn man weder die Tugend leugnet,
weil man einmal getäuscht worden ist,
noch das Glück, weil man leidet.
Sully Prudhomme, Gedanken

Einzeln ist die menschliche Kraft
eine beschränkte,
vereinigt eine unendliche Kraft.
Ludwig Feuerbach, Das Wesen des Christentums

Es bleibt einem jedem
immer noch so viel Kraft,
das auszuführen,
wovon er überzeugt ist.
Johann Wolfgang von Goethe,
Maximen und Reflexionen

Es braucht viel Kraft,
um in einer Welt zu leben,
die der Erinnerung geweiht ist.
François Mauriac, Von Tag und Ewigkeit

Es ist unglaublich,
wie viel Kraft die Seele
dem Körper zu leihen vermag.
Wilhelm von Humboldt, Briefe an eine Freundin

Es tritt ein Alter ein,
wo die Kräfte unseres Körpers
sich in unseren Geist verschieben
und zurückziehen.
Joseph Joubert, Gedanken, Versuche und Maximen

Für einen kraftvollen Mann
ist immer Platz,
und er macht Platz für viele.
Ralph Waldo Emerson, Essays

Geschrieben steht:
Im Anfang war der Sinn.
Bedenke wohl die erste Zeile,
Dass deine Feder sich nicht übereile!
Ist es der Sinn,
der alles wirkt und schafft?
Es sollte stehn:
Im Anfang war die Kraft!
Johann Wolfgang von Goethe, Faust I (Faust)

Glücklich,
wer den Fehlschluss
von seinen Wünschen
auf seine Kräfte
bald gewahr wird!
Johann Wolfgang von Goethe,
Wilhelm Meisters Lehrjahre

Große, von Ewigkeit her oder in der
Zeit entwickelte ursprüngliche Kräfte
wirken unaufhaltsam, ob nutzend
oder schadend, das ist zufällig.
Johann Wolfgang von Goethe,
Maximen und Reflexionen

Halte den Hut fest;
es wird mehr als einer
seine Kraft daransetzen,
ihn dir vom Kopfe zu pusten.
Wilhelm Raabe, Die Leute vom Walde

Ich fühl es endlich,
nur in ganzer Kraft
ist ganze Liebe.
Friedrich Hölderlin, Briefe
(an Christian Landauer Februar 1801)

Ideen sind mächtiger als Körperkraft.
Sophokles, Fragmente

In mir lebt die Kraft
uralter Vorfahren weiter.
Ecbasis captivi in belehrender Gestalt (Igel)

Je weniger die menschliche Kraft
in Anspruch genommen wird,
desto mehr neigt sie zu Exzessen.
Honoré de Balzac, Physiologie des Alltagslebens

Kein Stoff ohne Kraft!
Keine Kraft ohne Stoff!
Ludwig Büchner, Kraft und Stoff

Könnten wir alles
mit eigener Kraft,
Wie bald wär Gott
aus dem Himmel geschafft.
Wilhelm Müller, Epigramme

Korn gibt den jungen Männern Kraft
und Most den Mädchen.
Altes Testament, Sacharja 9, 17

Kraft besteht nicht darin,
dass man stark oder oft zuschlägt,
sondern dass man richtig trifft.
Honoré de Balzac, Die Physiologie der Ehe

Kraft erwart' ich vom Mann,
des Gesetzes Würde behaupt' er.
Friedrich Schiller, Macht des Weibes

Kraft ist Tugend, Gesetz, Schönheit.
Walter Rathenau, Auf dem Fechtboden des Geistes.
Aphorismen aus seinen Notizbüchern

Kraft macht keinen Lärm,
sie ist da und wirkt.
Albert Schweitzer

Kräfte lassen sich nicht mitteilen,
sondern nur wecken.
Ludwig Büchner, Kraft und Stoff

Kräftige Naturen reden nicht
von ihrem Organismus,
sondern von ihren Zielen.
Gilbert Keith Chesterton, Heretiker

Leidenschaften misshandeln
die Lebenskraft.
Friedrich Schiller, Die Räuber (Franz)

Liebe gibt der Liebe Kraft.
Johann Wolfgang von Goethe, West-östlicher Divan

Man kann nichts verbergen.
Die Kraft besteht darin,
nichts zu verbergen zu haben.
Jules Renard, Ideen, in Tinte getaucht.
Aus dem Tagebuch von Jules Renard

Mein Gefühl der Kraft
will weiterkämpfen,
sich immer und immer wieder
seiner bewusst werden, wachen,
nicht ruhen.
Paula Modersohn-Becker, Tagebuchblätter

Mit der erhöhten Wirkung steigt
das Bewusstsein unserer Kräfte
und sie selbst.
Franz Kafka, Tagebücher (1911)

Nicht alle seine Fähigkeiten und Kräfte
soll man sogleich
und bei jeder Gelegenheit anwenden.
Baltasar Gracián y Morales,
Handorakel und Kunst der Weltklugheit

Nur die Ruhe ist die Quelle
jeder großen Kraft.
Fjodor M. Dostojewski, Tagebuch eines Schriftstellers

O herrlich ist's,
Zu haben eines Riesen Kraft;
doch grausam,
Sie wie ein Riese zu gebrauchen.
William Shakespeare, Ende gut, alles gut (Isabelle)

Obgleich die Kräfte der Menschen
ungleich sind,
so sind doch ihre Rechte gleich.
Arthur Schopenhauer, Zur Rechtslehre und Politik

Reichen die Kräfte des Feindes
zum Weitermarschieren noch aus,
so müssen es auch die unsrigen.
Helmuth Graf von Moltke, Verordnungen für die
höheren Truppenführer (24. Juni 1869)

Schreiben ist,
wie mir scheint,
Kraftüberschuss.
Kurt Tucholsky, Schnipsel

Seine Kraft besteht
in der Verachtung der Kraft.
Gilbert Keith Chesterton, Heretiker

So am Grünen, so am Bunten
Kräftigt sich ein reiner Sinn.
Johann Wolfgang von Goethe, Schwebender Genius

So viele Menschen sind,
so viele Kräfte,
so viele Eigenschaften
hat die Menschheit.
Ludwig Feuerbach, Das Wesen des Christentums

Über die Kraft kann keiner,
wie sehr er auch eifere, kämpfen.
Homer, Ilias

Und wer sich rüsten will,
muss eine Kraft
Im Busen fühlen,
die ihm nie versagt.
Johann Wolfgang von Goethe, Torquato Tasso (Tasso)

Unsere Kräfte können wir abmessen,
aber nicht unsere Kraft.
Friedrich Nietzsche, Morgenröte

Was der Reiche mit seinem Geld,
vermag der Arme nur durch seine Kraft.
Chinesisches Sprichwort

Was einmal tief lebendig
lebt und war,
Das hat auch Kraft zu sein
für immerdar.
Emanuel Geibel, Gedichte

Was sollte bestehen,
was nicht die Kraft dazu hat!
Fort mit uns, wenn wir nicht würdig
dieser stolzen Erde!
Achim von Arnim, An Bettina

Was über deine Kräfte geht,
wird keine gute Arbeit.
Chinesisches Sprichwort

Wenn du Macht hast,
schöpfe sie niemals aus,
wenn du Kraft hast,
verausgabe sie nicht völlig.
Chinesisches Sprichwort

Wenn es einen Glauben gibt,
der Berge versetzen kann,
so ist es der Glaube
an die eigene Kraft.
Marie von Ebner-Eschenbach, Aphorismen

Wer sie nicht kennte,
Die Elemente,
Ihre Kraft
Und Eigenschaft,
Wäre kein Meister
Über die Geister.
Johann Wolfgang von Goethe, Faust I (Faust)

Wirkt doch vereinigte Kraft
auch wohl von schwächeren Männern.
Homer, Ilias

Wünsche können ohne Kraft
und Talent sein;
aber nie sind Kraft und Talent
ohne Wünsche.
Johann Jakob Engel, Fürstenspiegel

Krähe

Eine gepuderte Krähe
bleibt nicht lange weiß.
Chinesisches Sprichwort

Eine Krähe hackt der andern
kein Aug aus.
Deutsches Sprichwort

Eine sitzende Krähe verhungert.
Sprichwort aus Island

Watet die Krähe an Weihnacht im
Klee, sitzt sie an Ostern im Schnee.
Bauernregel

Krankenhaus

Beobachtet man die Art,
in der man in den Spitälern
mit den Kranken umgeht,
so möchte man glauben,
die Menschen hätten diese traurigen
Zufluchtsstätten nicht erfunden
zum Wohl der Kranken,
sondern um den Glücklichen
den Anblick zu ersparen,
der sie in ihrem Vergnügen stört.
Chamfort, Maximen und Gedanken

Das Angebot schafft sich
seine Nachfrage.
Ganz salopp gesagt:
Wo ein Krankenhaus ist,
liegt auch ein Kranker drin.
Norbert Blüm, Unverblümtes von Norbert Blüm

Die Religion ist das Krankenhaus der
Seele, welche die Welt verwundet hat.
Jean Antoine Petit-Senn,
Geistesfunken und Gedankensplitter

Krankenschwester

Kein noch so genialer Arzt
kann seine Patienten heilen,
wenn die treue Pflegerin fehlt.
Gertrud von Le Fort, Die Frau in der Zeit

Krankenschwestern
sind ausgebildete Sklavinnen und
als solche typische Vertreterinnen
des weiblichen Berufsmodells.
Germaine Greer, Der weibliche Eunuch

Krankhaft

Allzu gern schenken ist krankhaft,
nicht menschenfreundlich.
Epicharmos, Fragmente

Gewisse krankhafte Veranlagungen
begleiten starke Seelen.
Sully Prudhomme, Gedanken

Krankheit

Alle Trübseligkeit und Krankheit
ist vom Teufel, nicht von Gott.
Gott erlaubt aber dem Teufel,
uns zu schaden,
wenn er verachtet wird.
Martin Luther, Tischreden

Alle Welt maßt sich Recht
über einen Kranken an.
Priester, Ärzte, Diener,
Fremde und Freunde
– ja, bis herunter
zu den Wärtern glaubt jeder,
ihn beherrschen zu können.
Luc de Clapiers Marquis de Vauvenargues,
Unterdrückte Maximen

Am Bett eines lange Kranken
gibt es keine wahre Sohnesliebe.
Chinesisches Sprichwort

Arm am Beutel, krank am Herzen.
Johann Wolfgang von Goethe, Der Schatzgräber

An Rheumatismus
und an wahre Liebe
glaubt man erst,
wenn man davon befallen wird.
Marie von Ebner-Eschenbach, Aphorismen

Aus einem kranken Reis
kann kein hoher Baum kommen,
und sei das Reis noch so kostbar.
Alma Mahler-Werfel, Mein Leben

Bei einer ernsten Krankheit
gehe drei Ärzte an.
Chinesisches Sprichwort

Besser arm und gesunde Glieder
als reich und mit Krankheit geschlagen.
Altes Testament, Jesus Sirach 30, 14

Das Gefühl von Gesundheit
erwirbt man sich nur durch Krankheit.
Georg Christoph Lichtenberg, Sudelbücher

Denn schlaflos ist ja
der Kranken Schlaf
Und lauscht und sieht alles.
Sophokles, Philoktet (Chor)

Der Arzt verzweifelt nur dann,
wenn der Kranke nicht mehr fühlt,
dass er leidet.
Johann Jakob Engel, Der Philosoph für die Welt

Der Geldbeutel des Kranken
verlängert seine Heilung.
Sprichwort aus Schottland

Der Genuss schwerer Speisen
beeinträchtigt das innere
Gleichgewicht; man wird krank.
Ecbasis captivi in belehrender Gestalt (Wolf)

Der Kranke darf alles sagen.
Sprichwort aus Italien

Der Kranke,
der das wirkende Mittel
immer zur Hand hat,
ist nicht zu beklagen.
Michel Eyquem de Montaigne, Die Essais

Der Kranke spart nichts
als die Schuhe.
Deutsches Sprichwort

Der Kranke traut nur widerwillig
Dem Arzt, der's schmerzlos macht
und billig,
Lasst nie den alten Grundsatz rosten:
Es muss a) wehtun, b) was kosten.
Eugen Roth

Der Mensch, der krank zu Bette liegt,
kommt mitunter dahinter, dass er für
gewöhnlich an seinem Amte, Geschäfte
oder an seiner Gesellschaft krank ist
und durch sie jede Besonnenheit
über sich verloren hat:
Er gewinnt diese Weisheit
aus der Muße, zu welcher
ihn seine Krankheit zwingt.
Friedrich Nietzsche, Menschliches, Allzumenschliches

Die allerschlimmste Krankheit
ist das Leben;
und heilen kann sie nur der Tod.
Heinrich Heine

Die Dummheit
ist die sonderbarste aller Krankheiten.
Der Kranke leidet niemals unter ihr.
Aber die anderen leiden.
Paul-Henri Spaak

Die gefährlichsten Herzkrankheiten
sind immer noch Neid, Hass, Geiz.
Pearl S. Buck

Die Gesunden und Kranken haben
ungleiche Gedanken.
Deutsches Sprichwort

Die größte Krankheit ist die, traurig zu
sein, dem Herrn nicht zu vertrauen
und ihm gleichsam unseren Willen
aufzwingen zu wollen.
Papst Johannes XXIII., Briefe an die Familie
(Nichte Enrica), 8. August 1945

Die größte Krankheit ist es heute,
ungewollt, ungeliebt,
allein gelassen zu sein,
ein Abschaum der Gesellschaft.
Mutter Teresa

Die Heilmittel
sind ein Teil der Krankheit selbst.
Oscar Wilde,
Die Seele des Menschen unter dem Sozialismus

Die Krankheit aller bedeutet
für den Einzelnen Gesundheit.
Michel Eyquem de Montaigne, Die Essais

Die Krankheit des Gemütes löset
In Klagen und Vertraun
am leichtesten auf.
Johann Wolfgang von Goethe,
Torquato Tasso (Leonore)

Die Krankheit des Körpers
wird erträglicher, wenn du bedenkst,
dass sie ein Heilmittel für die Seele ist.
Erasmus von Rotterdam,
Handbüchlein eines christlichen Streiters

Die Krankheit erst
bewähret den Gesunden.
Johann Wolfgang von Goethe, Das Tagebuch

Die Krankheiten
heben unsere Tugenden
und unsere Laster auf.
Luc de Clapiers Marquis de Vauvenargues,
Unterdrückte Maximen

Die Liebe ist eine Gemütskrankheit,
die durch die Ehe oft schnell geheilt
werden kann.
Sascha Guitry

Die Normalsten
sind die Kränkesten.
Und die Kranken
sind die Gesündesten.
Erich Fromm, Interview 1977

Die Popularität ist eine Krankheit,
die um so chronischer zu werden
droht, je später im Leben
sie den Patienten befällt.
Ernst Jünger

Die zahllosen Krankheiten
wundern dich?
Zähle die Ärzte.
Karl Julius Weber, Democritos

Drei Arten von Leben sind kein Leben:
dessen, der von eines andern Tisch
lebt, den seine Frau beherrscht und
der ein körperliches Gebrechen hat.
Talmud

Dringt die Krankheit
in den Bereich des Herzens,
kann keine Arznei mehr helfen.
Chinesisches Sprichwort

Du leidest an einer alten Krankheit
– willst du nicht ein altes Mittel
dagegen nehmen?
Francesco Petrarca,
Gespräche über die Weltverachtung (Augustinus)

Dummköpfe werden niemals krank.
Chinesisches Sprichwort

Durch Enthaltsamkeit und Ruhe
werden viele Krankheiten geheilt.
Hippokrates, Aphorismen

Eifersucht ist eine Krankheit.
Aber die natürlichste von allen.
Ephraim Kishon, Kishon für alle Fälle

Ein Arzt kann die Krankheit,
nicht jedoch das Schicksal bessern.
Chinesisches Sprichwort

Ein Arzt muss wissen,
ob die Krankheit
von Kälte oder Hitze rührt.
Chinesisches Sprichwort

Ein Arzt weiß, dass er
gegen unheilbare Krankheiten
nichts ausrichten kann;
trotzdem behandelt er weiter.
Für den Schriftsteller gilt dasselbe.
Walter Mehring

Ein Todkranker wird auch durch
Zinnoberelixir und Wunderkräuter
nicht geheilt.
Chinesisches Sprichwort

Eine der größten Krankheitsursachen
ist die Polypragmasia medicorum,
die Neigung der Ärzte,
viel zu verordnen.
August Bier

Eine wirklich ausgemerzte Krankheit
ist etwas anderes
als eine bloß beruhigte.
Aurelius Augustinus, Selbstgespräche

Es gibt gewisse Krankheiten des
Körpers, die mit geringerem Schaden
ertragen als beseitigt werden.
Erasmus von Rotterdam, Über den freien Willen

Es gibt gewisse Tore,
die nur die Krankheit öffnen kann.
André Gide

Es gibt Krankheiten
der Verdichtung (Krebs)
und Krankheiten der Auflichtung
(Tuberkulose, Herzleiden).
Franz Werfel, Zwischen Oben und Unten

Es gibt Krankheiten, von denen man
gehörig und gründlich nur dadurch
genest, dass man ihnen ihren natürlichen Verlauf lässt, nach welchem sie
von selbst verschwinden, ohne eine
Spur zu hinterlassen.
Arthur Schopenhauer, Aphorismen zur Lebensweisheit

Es gibt Rückfälle bei den Krankheiten
der Seele wie bei denen des Körpers.
Was wir für Genesung halten,
ist häufig nur Unterbrechung
oder Wechsel des Leidens.
François de La Rochefoucauld, Reflexionen

Es gibt vorzügliche Medikamente,
für die man noch keine passende
Krankheit gefunden hat.
Ephraim Kishon, Kishon für alle Fälle

Es ist doch eine elende Heilmethode,
wenn man seine Gesundheit
der Krankheit verdankt.
Michel Eyquem de Montaigne, Die Essais

Es ist doch unter aller Menschenwürde,
krank und abhängig zu sein.
Franziska Gräfin zu Reventlow, Tagebücher

Es ist eine lästige Krankheit,
sich die Gesundheit durch allzu
strenge Lebensweise zu erhalten.
François de La Rochefoucauld, Unterdrückte Maximen

Es ist eine Torheit zu glauben,
es wäre eine Welt möglich,
worin keine Krankheit,
kein Schmerz und kein Tod wäre.
Georg Christoph Lichtenberg, Sudelbücher

Es ist kein Weib so krank,
dass es nicht könnte
auf dem Rücken liegen.
Sprichwort aus Russland

Es ist nicht schön, wenn die Ehefrau
vor ihrem kranken Ehemann
davonläuft unter Berufung darauf,
dass die Krankheit ansteckend
oder unmoralisch sei.
Anton P. Tschechow, Briefe (28. Februar 1895)

Es sind nicht alle krank,
die Ach und Wehe schreien.
Deutsches Sprichwort

Es sind nicht alle krank,
die in Ohnmacht fallen.
Deutsches Sprichwort

Frage nicht den Doktor, sondern den,
der krank gewesen ist.
Sprichwort aus Griechenland

Früh schlafen gehn
und früh aufstehn,
schließt vielen Krankheiten
die Türe zu.
Deutsches Sprichwort

Gesunde quält oft der Gedanke:
Wohin sie schauen - lauter Kranke!
Doch blickt ein Kranker in die Runde,
Sieht er nur unverschämt Gesunde.
Eugen Roth

Gesundheit ist doch
eine hässliche Krankheit,
sagen die Bakterien.
Piet Hein

Gesundheit schätzt man erst,
wenn man krank wird.
Deutsches Sprichwort

Gewiss ist die Krankheit nützlich,
die nach der Hand des Arztes verlangt.
Bernhard von Clairvaux, Über die Bekehrung

Gewöhnlichen Menschen scheint
jedes Medium des höheren Lebens
Krankheit.
Friedrich Hebbel, Tagebücher

Ich glaube, dass es im Krankenbette
oft besser zugeht als am ersten Platz
der königlichen Tafel.
Georg Christoph Lichtenberg, Sudelbücher

Ist der Kranke genesen,
so zahlt er ungern die Spesen.
Deutsches Sprichwort

Je schlechter es dem Menschen
körperlich geht, umso besser geht
es ihm geistig. Und daher kann es
dem Menschen nie schlecht gehen.
Leo N. Tolstoi, Tagebücher (1905)

Je später Krankheiten auftreten,
umso gefährlicher
und tödlicher sind sie.
Niccolò Machiavelli, Geschichte von Florenz

Jede Epoche
hat ihre eigenen Krankheiten
und ihre eigenen Heilungen.
Otto Heuschele, Augenblicke

Jede Krankheit
hat ihren besonderen Sinn, denn
jede Krankheit ist eine Reinigung;
man muss nur herausbekommen,
wovon.
Christian Morgenstern, Stufen

Jede Überzeugung
ist eine Krankheit.
Francis M. de Picabia, Aphorismen

Krankes Fleisch,
kranker Geist.
Deutsches Sprichwort

Krankheit

Krankheit ist das größte Gebrechen
des Menschen.
Georg Christoph Lichtenberg, Sudelbücher

Krankheit ist für die Trägen ein Fest,
denn sie enthebt sie der Arbeit.
Antiphon, Fragmente

Krankheit ist hinderlich für den
Körper, nicht aber für die sittliche Entscheidung, falls sie selbst es nicht will.
Eine Lähmung behindert ein Bein,
nicht aber die sittliche Entscheidung.
Sag dir das bei allem, was dir zustößt.
Du wirst nämlich finden, dass es
für etwas anderes hinderlich ist,
nicht aber für dich selbst.
Epiktet, Handbuch der Moral

Krankheit kommt mit Extrapost
und schleicht weg wie die Schnecken.
Deutsches Sprichwort

Krankheit macht die Gesundheit
süß und gut,
Hunger die Sattheit,
Mühe die Ruhe.
Heraklit, Fragmente

Krankheit verschafft Befriedigungen,
die es dem Kranken oft verwehren,
gesund zu werden.
Nathalie Sarraute

Krankheit zerstört
in einigen Menschen den Mut,
in anderen die Furcht,
ja sogar die Liebe zum Leben.
Luc de Clapiers Marquis de Vauvenargues,
Reflexionen und Maximen

Krankheiten, besonders langwierige,
sind Lehrjahre der Lebenskunst
und der Gemütsbildung.
Novalis, Fragmente

Krankheiten der Seele
können den Tod nach sich ziehen,
und das kann Selbstmord werden.
Georg Christoph Lichtenberg, Sudelbücher

Kranksein
– das heißt im Advent leben.
Reinhold Schneider

Lange Krankheit, sichrer Tod.
Deutsches Sprichwort

Leicht sieht ein jeder, der nicht blind.
Wie krank wir trotz der Ärzte sind.
Doch nie wird man die Frage klären,
Wie krank wir ohne Ärzte wären.
Eugen Roth

Man kann den Charakter eines
Menschen nie besser kennen lernen
als an seinem Krankenbette
sowie die Gesinnungen
während seines Rausches.
Franz Grillparzer, Aphorismen

Man muss die Krankheiten
gewähren lassen.
Michel Eyquem de Montaigne, Die Essais

Man muss eine schwere Krankheit
durchmachen, um zu erkennen,
worin das Leben besteht:
Je schwächer der Leib,
umso stärker die geistige Aktivität.
Leo N. Tolstoi, Tagebücher (1902)

Man sollte sich seiner Krankheiten
schämen und freuen;
denn sie sind nichts anderes
als auszutragende Verschuldung.
Christian Morgenstern, Stufen

Man stirbt nicht
an einer bestimmten Krankheit,
man stirbt an einem ganzen Leben.
Charles Peguy

Manchen Kranken spricht man
einen Glückwunsch aus,
wenn sie selber bemerkt haben,
sie seien krank.
Lucius Annaeus Seneca, Briefe an Lucilius

Nach Faulheit folgt Krankheit.
Deutsches Sprichwort

Nicht tödlich, aber unheilbar,
das sind die schlimmsten Krankheiten.
Marie von Ebner-Eschenbach, Aphorismen

Nur eine kranke Ente
fürchtet sich vor dem Wiesel.
Chinesisches Sprichwort

Oh, der Sieche nur ermisst im Jammer
Ganz den Preis des vollen frischen
Lebens.
Adelbert von Chamisso, Gedichte

Siechbett lehrt beten.
Deutsches Sprichwort

Sogar eingebildete Krankheiten
können wirkliche werden.
Georg Christoph Lichtenberg, Sudelbücher

Solange der Magen nicht krank ist,
wird der Patient nicht sterben.
Chinesisches Sprichwort

Solange einem Kranken
Atem innewohnt,
gibt es noch Hoffnung.
Marcus Tullius Cicero, Ad Atticum

Soll ich nun krank sein,
so will ich unserm Herrgott zuliebe
und dem Teufel zu Trotz krank sein.
Martin Luther, Tischreden

Stärkt mich mit Traubenkuchen,
Erquickt mich mit Äpfeln;
Denn ich bin krank vor Liebe.
Altes Testament, Hohelied Salomos 2, 5

Torheit ist die schwerste Krankheit.
Deutsches Sprichwort

Und was ist Kränklichkeit
(nicht Krankheit) anderes
als innere Verzerrung?
Georg Christoph Lichtenberg, Sudelbücher

Unsere Gesellschaft ist krank
und unglücklich, und ich behaupte,
dass die Wurzel dieses Übels
die unreife Familie ist.
Alexander S. Neill,
Theorie und Praxis der antiautoritären Erziehung

Verachtest du den Arzt,
so verachte auch die Krankheit.
Sprichwort aus Afrika

Verordne einem Kranken
dreimal täglich Manulavanz
statt Händewaschen,
und er ist zufrieden.
Ludwig Reiners, Stilkunst V,
Licht und Schatten der Fremdwörterei

Verschone nicht den Kranken,
lieber Arzt!
Reich ihm das Mittel,
denke nicht daran,
Ob's bitter sei.
Johann Wolfgang von Goethe, Torquato Tasso (Tasso)

Viel Essen, viel Krankheit.
Deutsches Sprichwort

Was nützte mir der ganzen Erde Geld?
Kein kranker Mensch genießt die Welt.
Johann Wolfgang von Goethe, Briefe
(an Friederike Oeser, 6. November 1768)

Wenn der Teufel krank ist,
will er ein Mönch werden.
Deutsches Sprichwort

Wenn ein Tier krank ist,
leidet es in der Stille
und hält sich ruhig.
Nun sieht man aber nicht mehr
kranke Tiere als Menschen.
Jean-Jacques Rousseau, Emile

Wenn es einem gut geht,
dann wundert man sich darüber,
wie man sich verhalten würde,
wenn man krank wäre;
wenn man es ist,
nimmt man fröhlich seine Medizin:
Die Krankheit zwingt uns dazu.
Blaise Pascal, Pensées

Wenn gegen irgendeine Krankheit
viele Mittel verschrieben werden,
so dient dies als sicherstes Anzeichen
dafür, dass die Krankheit unheilbar ist
und die Medizin im Kampf gegen die
Krankheit kein einziges wirkliches
Mittel besitzt.
Anton P. Tschechow, Briefe (15. Dezember 1886)

Wenn man klein ist und krank
und weit weg in einem fernen
Schlafzimmer, dann ist alles,
was woanders geschieht, wunderbar.
Katherine Mansfield, Tagebücher

Wenn man krank wird,
denkt man an sein Leben;
wenn man wieder gesund wird,
an sein Geld.
Sprichwort aus der Mongolei

Wenn wir uns nicht entschließen,
Krankheit und Tod
geduldig hinzunehmen,
so werden wir nie etwas erreichen.
Teresa von Ávila, Weg der Vollkommenheit

Wer aber seine Krankheit
nicht offenbart,
kann auch kaum
Heilung davon finden.
Marie de France, Die Lais (Guigemar)

Wer an Schwindsucht
oder Wassersucht leidet,
steht auf der Gästeliste
des Höllenfürsten.
Chinesisches Sprichwort

Wer bei guter Gesundheit ist,
dem fällt es leicht,
Kranken Ratschläge zu geben.
Sprichwort aus Frankreich

Wer den Doktor verachtet,
verachtet auch die Krankheit.
Sprichwort aus Afrika

Wer eine unheilbare Krankheit hat,
glaubt alles, was er hört.
Sprichwort aus Arabien

Wer einen Fuß im Hurenhaus hat,
der hat den andern im Spital.
Deutsches Sprichwort

Wer gerne krank ist,
der lacht den Arzt aus.
Deutsches Sprichwort

Wer krank ist,
den ärgert die Fliege an der Wand.
Deutsches Sprichwort

Wer krank ist,
hat die Seele eines Lammes.
Sprichwort aus Lettland

Wer lange krank ist,
wird selbst zum Arzt.
Chinesisches Sprichwort

Wer würde nicht lieber
krank wie Pascal sein
als gesund wie der Pöbel?
Ernest Renan, Das Leben Jesu

Wie Krankheit
die Dimension des Ichs vergrößert!
Charles Lamb, Essays

Wie ungern tritt man nach einer
Krankheit vor den Spiegel!
Die Besserung fühlt man,
und man sieht nur die Wirkung
des vergangenen Übels.
Johann Wolfgang von Goethe,
Wilhelm Meisters Lehrjahre

Wir alle geben,
solange wir gesund sind,
Kranken gern Ratschläge.
Terenz, Das Mädchen von Andros

Zwei Dinge
trüben sich beim Kranken:
a) der Urin, b) die Gedanken.
Eugen Roth

Kränkung

Auch Kränkungen haben ihr Gutes;
sie setzen einen ins Recht.
Henry de Montherlant

Doch ein gekränktes Herz
erholt sich schwer.
Johann Wolfgang von Goethe, Torquato Tasso (Tasso)

Dulde, mein Herz!
Du hast noch härtere Kränkung
erduldet.
Homer, Odyssee

Ein Herz lässt sich nicht kränken,
Das rechter Meinung ist.
Ludwig Uhland, Volkslieder

Kränken ein liebendes Herz und
schweigen müssen – geschärfter
Können die Qualen nicht sein,
die Rhadamanth sich ersinnt.
Johann Wolfgang von Goethe/Friedrich Schiller,
Xenien

Kränkungen schreiben wir in Marmor,
Wohltaten in Staub.
Sprichwort aus England

Nicht die Gefahr
drückt den Menschen nieder,
sondern die Kränkung,
der Verlust des Glaubens,
die Empfindung
der eigenen Ohnmacht.
Ilja G. Ehrenburg, Menschen, Jahre, Leben

Schenken tut niemand kränken.
Deutsches Sprichwort

Vermeide jedwede Bewegung
oder Äußerung,
die einen anderen kränken könnte.
Leo N. Tolstoi, Tagebücher (1854)

Vermögen und Ehre
sind die beiden Dinge,
deren Verletzung die Menschen
am meisten kränkt.
Niccolò Machiavelli, Vom Staat

Wenn man liebt,
dann gedenkt man
der Kränkung nicht lange.
Fjodor M. Dostojewski, Helle Nächte

Wer glaubt, dass die Großen
dank neuer Wohltaten
alte Kränkungen vergessen,
der täuscht sich.
Niccolò Machiavelli, Der Fürst

Wie wenig Gehalt hat der Mensch
doch in sich selber, da eine Ungnade
oder Kränkung dazu nötig ist,
ihn menschlicher, umgänglicher,
milder und gesitteter zu machen.
Jean de La Bruyère, Die Charaktere

Kreativität

Die einzig revolutionäre Kraft ist die
Kraft der menschlichen Kreativität.
Joseph Beuys

Kreativität entsteht ja durch Überfluss,
und darum musst du lernen aufzunehmen, dich vollzusaugen, zu empfangen,
deinen Hunger zu stillen und dich nicht
vor der Fülle zu fürchten.
Anaïs Nin, Ein neuer innerer Schwerpunkt

Kreativität ist die menschliche
Situation, in der Subjektives
und Universales zusammenfallen;
wenn wir nicht länger unterscheiden
können zwischen dem, zu dem wir
gehören, und dem, was zu uns gehört.
Yehudi Menuhin,
Kunst als Hoffnung für die Menschheit

Nicht nur der Künstler redet von
Kreativität. Wir können schöpferisch
werden in der Ödnis des Lebens oder
zusammen mit unseren Nächsten; wir
können schöpferisch werden wie Kinder, die plötzlich Gedichte schreiben
oder malen, obwohl sie Pinsel oder
Feder noch kaum halten können.
Anaïs Nin, Absage an die Verzweiflung

Nichts fördert das Kreative mehr
als die Liebe, vorausgesetzt,
sie ist echt.
Erich Fromm, Pathologie der Normalität

Ursprung der Kunst ist die Kreativität,
und die hervorragendste Eigenschaft
des Menschen ist die Phantasie.
Und die Technik – braucht die
etwas anderes? Auch sie bedarf
der Inspiration zur Kreativität.
August Everding, Vortrag anlässlich des 125. Bestehens
der Eidgenöss. Technischen Hochschule Zürich, 1995

Krebs

Alle Krebse haben den gleichen Gang.
Chinesisches Sprichwort

Den Krebs straft man nicht
mit Ersäufen.
Deutsches Sprichwort

Kredit

Der Bauch gibt keinen Kredit.
Sprichwort aus Dänemark

Kredit ist besser denn bar Geld.
Deutsches Sprichwort

Man sei äußerst heikel in der
Annahme von Freundschaftsdiensten.
Man suche lieber Hilfe bei Fremden,
besonders in Geldsachen.
Adolph Freiherr von Knigge,
Über den Umgang mit Menschen

Weiland war die Hauptstütze
des Thrones der Glaube;
heutzutage ist es der Kredit.
Kaum mag dem Papste selbst
das Zutrauen seiner Gläubigen
mehr am Herzen liegen,
als das seiner Gläubiger.
Arthur Schopenhauer, Zur Rechtslehre und Politik

Wer den Kredit verloren hat,
der ist tot für die Welt.
Deutsches Sprichwort

Kreislauf

Der klug gewordene Greis geht unter
die Erde, damit sein Nachfolger ebenfalls wie ein Kind beginne, die Werke
seines Vorgängers vielleicht als ein Tor
zerstöre und dem Nachfolger dieselbe
nichtige Mühe überlasse, mit der auch
er sein Leben verzehret. So ketten sich
Tage, so ketten Geschlechter
und Reiche sich aneinander.
Johann Gottfried Herder,
Ideen zur Philosophie der Geschichte der Menschheit

Gleich ist es für mich,
von wo ich beginne:
Denn dorthin komme ich
wieder zurück.
Parmenides, Über die Natur

Wir dünken uns selbstständig und
hangen von allem in der Natur ab;
in eine Kette wandelbarer Dinge
verflochten, müssen auch wir den
Gesetzen ihres Kreislaufs folgen,
die keine andren sind als Entstehen,
Sein und Verschwinden.
Johann Gottfried Herder,
Ideen zur Philosophie der Geschichte der Menschheit

Kreuz

Andrer Leute Kreuz
lehrt das eigne tragen.
Deutsches Sprichwort

Denn das Wort vom Kreuz ist denen,
die verloren gehen, Torheit; uns aber,
die gerettet werden, ist es Gottes Kraft.
Neues Testament, Paulus (1 Korinther 1, 18)

Der Schwächste
muss das Kreuz tragen.
Deutsches Sprichwort

Glauben und Kreuz, das tut's.
Denn Glaube kann nicht bestehn
ohne Kreuz.
Martin Luther, Tischreden

Hinterm Kreuz
versteckt sich der Teufel.
Deutsches Sprichwort

Im Menschen, nicht in Gott,
ist Gott die Sünde leid:
Und so sehr, dass er sich
am Kreuz zu Tode schreit.
Daniel Czepko von Reigersfeld,
Monodisticha Sapientium

Je frommer der Christ,
je größer das Kreuz.
Deutsches Sprichwort

Jeder meint, er habe das größte Kreuz.
Deutsches Sprichwort

Jedes Kreuz hat seine eigene Inschrift.
Sprichwort aus England

Kreuz und Verfolgung
lehret einen die güldene Kunst.
Martin Luther, Tischreden

Trost wohnt im Himmel,
und wir sind auf Erden,
Wo nichts als Kreuz,
als Sorg' und Kummer lebt.
William Shakespeare, Richard II. (York)

Wer einem Kreuz entläuft,
der wird auf seinem Weg
ein größeres wiederfinden.
Filippo Neri, überliefert bei Brigitta zu Münster
(Der heilige Philipp Neri)

Wer kein Kreuz hat,
muss sich eins schnitzen.
Deutsches Sprichwort

Kreuzigung

Christus wird noch täglich gekreuzigt.
Deutsches Sprichwort

Gott ähneln,
aber dem gekreuzigten Gott.
Simone Weil, Schwerkraft und Gnade

Käme er, man würde ihn
zum zweiten Mal kreuzigen.
Johann Wolfgang von Goethe, überliefert von Johann
Peter Eckermann (Gespräche mit Goethe)

Kreuzige ihn, kreuzige ihn.
Neues Testament, Lukas 23, 21 (die Menge)

Kriechen

Auch das mag im Bereich
des Menschlichen zu verstehen sein:
dass wer nach oben kriechen will,
nach unten treten muss.
Heinrich Waggerl, Briefe

Es gibt einen Stolz,
der zu kriechen versteht.
Sully Prudhomme, Gedanken

Krieg

Ach, die Elenden, die Kriege führen!
Lukan, Der Bürgerkrieg

Alle Kriege sind nur Raubzüge.
Voltaire

Alles ist fair in der Liebe und im Krieg.
Sprichwort aus den USA

Am Krieg ist nur eine Sache gut:
der Frieden, der ihm folgt.
Sprichwort aus Spanien

Beim kriegerischen Handeln
kommt es weniger darauf an,
was man tut, als darauf,
wie man es tut.
Helmuth Graf von Moltke, Verordnungen für die
höheren Truppenführer (24. Juni 1869)

Beim modernen Ultimatum
droht man nicht mit Krieg,
sondern mit Hilfe.
George F. Kennan

Böser Nachbar, ewiger Krieg.
Deutsches Sprichwort

Da lagen greise Männer, über und über
mit blutenden Wunden bedeckt, und
starrten auf ihre sterbenden Weiber,
die mit durchschnittener Kehle ihre
Kindlein an die blutüberströmten
Brüste drückten. Dort verröchelten mit
aufgeschlitzten Bäuchen Mädchen und
junge Frauen, an denen zuvor ein paar
Helden ihre geile Brunst befriedigt
hatten. Andere, halb verbrannt,
schrien und jammerten herzzerreißend,
man möge ihnen vollends den Garaus
machen. Blut und Hirn waren
verspritzt, wohin man schaute.
Voltaire,
Candide oder Der Glaube an die beste der Welten

Da liegen sie auf einem freien Platz
im Walde, zwei- bis dreihundert arme
Kerls, das Ächzen und Schreien,
der Blutgeruch mit dem frischen Duft
der Nacht, des Grases, der Bäume
– dieses Schlachthaus!
Walt Whitman, Tagebuch (1863)

Da sehen Sie, wie Menschen
mit ihren Menschenbrüdern umgehen.
Voltaire, Candide oder Die beste der Welten

Das Erste, was im Krieg
auf der Strecke bleibt,
ist die Wahrheit.
Hiram Johnson

Das Los der Waffen
wechselt hin und her:
Kein kluger Streiter
hält den Feind gering.
Johann Wolfgang von Goethe,
Iphigenie auf Tauris (Iphigenie)

Das moralische Element kommt im
Frieden seltener zur Geltung, im Krie-
ge bildet es die Bedingung jeglichen
Erfolges, den wahren Wert der Truppe.
Helmuth Graf von Moltke, Verordnungen für die
höheren Truppenführer (24. Juni 1869)

Das Unglück des Erde war bisher,
dass zwei den Krieg beschlossen
und Millionen ihn ausführten und
ausstanden, indes es besser wäre, wenn
auch nicht gut gewesen wäre, dass
Millionen beschlossen hätten, und
zwei gestritten.
Jean Paul, Dämmerungen für Deutschland

Das Weib
Bedarf in Kriegsnöten
des Beschützers.
Friedrich Schiller, Die Jungfrau von Orleans (Thibault)

Dem Kriege gewisse Regeln und
Beschränkungen vorschreiben zu
wollen, scheint mir ganz aussichtslos.
Krieg ist eben kein Spiel und kann
daher nicht nach Spielregeln getrieben
werden. Nur der Krieg als solcher kann
bekämpft werden, und dies vonseiten
der Massen am wirksamsten durch
Organisation der absoluten Kriegsdienstverweigerung im Großen schon
in Friedenszeiten.
Albert Einstein, Über den Frieden

Den Fortschritt erkennt man schon
daran, dass in jedem neuen Krieg
die Menschen auf andere Art getötet
werden.
Will Rogers

Der Berufsoffizier: ein Mann,
den wir in Friedenszeiten
durchfüttern, damit
er uns im Krieg
an die Front schickt.
Gabriel Laub

Der Charakter der heutigen Kriegs-
führung ist bezeichnet durch das
Streben nach großer und schneller
Entscheidung.
Helmuth Graf von Moltke, Verordnungen für die
höheren Truppenführer (24. Juni 1869)

Der ewige Friede ist ein Traum, und
nicht einmal ein schöner, und der
Krieg ein Glied in Gottes Weltordnung.
Helmuth Graf von Moltke, Briefe
(an Johann Kaspar Bluntschli, 11. Dezember 1880)

Der Friede hat ebenso viele Siege
aufzuweisen wie der Krieg,
aber weit weniger Denkmäler.
Kin Hubbard

Der Friede ist stets
nur um Haarbreite
vom Krieg entfernt.
Carl Hilty, Für schlaflose Nächte

Der Glaube an die Heilungskraft der
Kriegs-Gifte gründet sein Wahres bloß
auf die Geschichte verwelkter Völker,
welche bloß durch neue antreibende
verdrungen oder befruchtet wurden.
Jean Paul, Dämmerungen für Deutschland

Der Hasser allen Friedens und
unser aller Feind wird nicht müde,
des Unkrauts Samen zu mehren,
auf dass, wo immer Treue ist,
sie sich nicht auf Dauer halten kann.
Ruodlieb

Der kleine Mann leidet,
wo Mächtige sich streiten.
Phaedrus, Fabeln

Der Knechtsdienst tötet,
aber gerechter Krieg
macht jede Seele lebendig.
Friedrich Hölderlin, Hyperion

Der Krieg beugt viel Recht
und biegt viel Unrecht zurecht.
Sprichwort aus Spanien

Der Krieg hat einen langen Arm.
Noch lange, nachdem er vorbei ist,
holt er sich seine Opfer.
Martin Kessel

Der Krieg hat zum Zweck,
die Politik der Regierung
mit den Waffen durchzuführen.
Helmuth Graf von Moltke, Verordnungen für die
höheren Truppenführer (24. Juni 1869)

Der Krieg ist auf Gewalttätigkeit und
Zerstörung begründet, was das Gesetz
im Frieden streng bestraft, das Töten
von Menschen, wird im Kriege gefordert. Den Trieben primitiver Völker
entspricht das, denen der Kulturvölker
im Allgemeinen nicht.
Ricarda Huch, Wir Barbaren und die Kathedralen

Der Krieg ist der Vater aller Dinge.
Heraklit, Fragment 53

Der Krieg ist
die Freiheit gewisser Barbaren,
darum ist es kein Wunder,
dass sie ihn lieben.
Friedrich Hebbel, Tagebücher

Der Krieg ist ein Akt der Gewalt, um
den Gegner zur Erfüllung
unseres Willens zu zwingen.
Carl von Clausewitz, Vom Kriege

Der Krieg ist ein Akt der Gewalt,
und es gibt in der Anwendung
derselben keine Grenzen.
Carl von Clausewitz, Vom Kriege

Der Krieg ist ein solcher Abgrund
des Jammers, sein Ausgang
so wenig sicher und seine Folgen
für ein Land so verheerend,
dass es sich die Landesherren
gar nicht genug überlegen können,
ehe sie ihn auf sich nehmen.
König Friedrich der Große, Der Antimachiavell

Der Krieg ist eine bloße Fortsetzung
der Politik mit anderen Mitteln.
Carl von Clausewitz, Vom Kriege

Der Krieg
ist eine Sache des Menschen,
in der er sich wiedererkennen kann:
unter Schlägen und Leid
findet er sein deformiertes Bild.
Siegfried Lenz, Ich zum Beispiel (1966)

Der Krieg ist
in wachsendem Umfang
kein Kampf mehr,
sondern ein Ausrotten
durch Technik.
Karl Jaspers,
Die Atombombe und die Zukunft des Menschen

Der Krieg ist kein Abenteuer.
Der Krieg ist eine Krankheit.
Wie der Typhus.
Antoine de Saint-Exupéry, Flug nach Arras

Der Krieg ist kein Zeitvertreib, keine
bloße Lust am Wagen und Gelingen,
kein Werk einer freien Begeisterung;
er ist ein ernstes Mittel
für einen ernsten Zweck.
Carl von Clausewitz, Vom Kriege

Der Krieg ist nichts
als ein erweiterter Zweikampf.
Carl von Clausewitz, Vom Kriege

Der Krieg ist nie ein isolierter Akt.
Carl von Clausewitz, Vom Kriege

Der Krieg ist niemandes Bruder.
Sprichwort aus Serbien

Krieg

Der Krieg ist nur der vergrößernde
Hohlspiegel der Wunden,
die wir so leicht machen,
nur das Sprachrohr und
Sprachgewölbe der Seufzer,
die wir einzeln auspressen.
Jean Paul, Friedens-Predigt an Deutschland

Der Krieg ist oft eine Pflicht,
aber deswegen muss man
kein Handwerk daraus machen.
Jean-Jacques Rousseau, Letzte Antwort

Der Krieg ist schrecklich,
wie des Himmels Plagen,
Doch er ist gut, ist ein Geschick,
wie sie.
Friedrich Schiller, Wallensteins Tod (Max)

Der Krieg ist um des Friedens willen,
die Geschäftigkeit um der Muße willen,
das Notwendige und Nützliche
um des Schönen willen vorhanden.
Aristoteles, Älteste Politik

Der Krieg kommt endlich selber am
Kriege um, seine Vervollkommnung
wird seine Vernichtung, weil er sich
durch seine Verstärkung abkürzt.
Jean Paul, Dämmerungen für Deutschland

Der Krieg
macht die Männer zu Räubern,
und der Frieden knüpft sie auf.
Sprichwort aus Spanien

Der Krieg nährt sich selbst.
Titus Livius, Römische Geschichte (Ausspruch Catos)

Der Krieg, sagt ihr,
entwickelt und enthüllt große Völker
und große Menschen, so wie sich bei
Regenwetter ferne Gebirge aufdecken.
Sonach hätten wir denn lauter große
Völker (...).
Jean Paul, Dämmerungen für Deutschland

Der Krieg spielt sich immer so ab,
als wäre die Menschheit
auf den Begriff der Gerechtigkeit
noch überhaupt nicht gekommen.
Elias Canetti, Die Provinz des Menschen.
Aufzeichnungen 1942–1972

Der Krieg und die Malerei
zeigen ihre Schönheit nur von weitem.
Sprichwort aus Spanien

Der Krieg verschlingt die Besten!
Friedrich Schiller, Das Siegesfest

Der Krieg wird niemals zu Ende sein,
solange noch eine Wunde blutet,
die er geschlagen hat.
Heinrich Böll

Der Krieg
zwischen zwei gebildeten Völkern
ist ein Hochverrat an der Zivilisation.
Carmen Sylva, Vom Amboss

Der nächste Krieg wird von einer
Furchtbarkeit sein wie noch keiner
seiner Vorgänger.
Bertha von Suttner, Die Waffen nieder!

Der offene Krieg – erschreckend ist es,
Dass Menschen je solches Morden
beginnen.
Heliand (um 850), Ankündigung des Jüngsten Gerichts

Der Offensivkrieg
ist der Krieg eines Tyrannen;
wer sich jedoch verteidigt,
ist im Recht.
Voltaire, Der Mann mit den vierzig Talern

Der Sieg in der Waffenentscheidung
ist der wichtigste Moment im Kriege.
Helmuth Graf von Moltke, Verordnungen für die
höheren Truppenführer (24. Juni 1869)

Der übernächste Krieg
wird nur noch
mit Pfeil und Bogen entschieden.
Albert Einstein

Der Ursprung alles Krieges
aber ist Diebesgelüst.
Arthur Schopenhauer, Parerga und Paralipomena

Der wahre Krieg ist der Religionskrieg;
der geht geradezu auf Untergang,
und der Wahnsinn der Menschen
erscheint in seiner völligen Gestalt.
Novalis, Heinrich von Ofterdingen (Klingsor)

Des Krieges Eltern heißen
Schwachsinn und Trägheit.
Sie finden es viel einfacher
und bequemer, ein Kind,
den Krieg, in die Welt zu setzen,
als in sich zu gehen und
in Selbsterkenntnis und Selbstzucht
Geist und schöpferische Kraft
zu werden.
Christian Morgenstern, Stufen

Despotismus erzeugt Krieg,
und der Krieg
erhält den Despotismus am Leben.
Leo N. Tolstoi, Tagebücher (1904)

Did you ever stop to notice
All the children dead from war?
Did you ever stop to notice
The crying Earth the weeping shores?
Michael Jackson, Earth Song

Die Arbeiter des Teufels, überzeugt
von der Existenz des Bösen im Menschen, erzielen gewaltige Erfolge:
Aberglauben, Hinrichtungen, Krieg.
Leo N. Tolstoi, Tagebücher (1898)

Die Friedensmanöver – auch
die ausgedehntesten – geben nur
ein sehr unvollkommenes Bild
des wirklichen Krieges.
Helmuth Graf von Moltke, Verordnungen für die
höheren Truppenführer (24. Juni 1869)

Die Geschichte
zeigt uns das Leben der Völker
und findet nichts, als Kriege
und Empörungen zu erzählen.
Arthur Schopenhauer,
Nachträge zur Lehre vom Leiden der Welt

Die Gesetze wurden
durch den Krieg gezwungen
zu schweigen.
Lukan, Der Bürgerkrieg

Die größte Weisheit
in der Kriegskunst besteht darin,
den Feind nicht bis zur Verzweiflung
zu treiben.
Michel Eyquem de Montaigne, Die Essais

Die Jagd ist doch immer was,
und eine Art von Krieg.
Johann Wolfgang von Goethe,
Götz von Berlichingen (Lerse)

Die Kriege, selber für Freiheit geführt,
verloren entweder oder nahmen eine.
Jean Paul, Dämmerungen für Deutschland

Die Leidenschaften, welche im Kriege
entbrennen sollen, müssen schon
in den Völkern vorhanden sein.
Carl von Clausewitz, Vom Kriege

Die meisten kriegerischen Staaten
behaupten sich zwar, solange sie
Krieg führen; wenn sie aber dadurch
ihre Herrschaft gewonnen haben, so
gehen sie zugrunde. Wenn sie nämlich
Frieden halten, so büßen sie, wie das
Eisen, ihre Stählung ein. Die Schuld
daran trägt der Gesetzgeber, der sie
nicht zu der Fähigkeit erzogen hat,
der Muße zu pflegen.
Aristoteles, Älteste Politik

Die Menschheit muss dem Krieg
ein Ende setzen, oder der Krieg
setzt der Menschheit ein Ende.
John F. Kennedy

Die Politik bedient sich des Kriegs
zur Erreichung ihrer Zwecke.
Helmuth Graf von Moltke, Über Strategie

Die Tapferkeit nährt den Krieg,
aber die Furcht gebärt ihn. Der sich
gefürchtet weiß, der attackiert nicht,
weil er nicht will; der aber Furcht hat,
und nicht flüchten kann, der attackiert
bevor er sogar will.
Alain, Vorschläge und Meinungen zum Leben

Diese Umzüge sind eine der widerlichsten Begleiterscheinungen des Krieges.
Franz Kafka, Tagebücher (1914)

Dieser Krieg der Köpfe.
– Die Körper steckten in der Erde.
Nur die Köpfe schauten heraus.
Alfred Andersch, Winterspelt (1974)

Doch der Mensch führt nicht mit
dem Menschen Krieg, sondern mit
sich selbst, und gerade aus dem
eigenen Inneren fällt uns die feindliche Schlachtreihe an.
Erasmus von Rotterdam,
Handbüchlein eines christlichen Streiters

Dornengestrüpp überwuchert den
Boden, wo Kriegsvolk gehaust hat,
hinter den großen Armeen ziehen
Hungerjahre.
Lao-tse, Dao-de-dsching

Du Gott des Krieges, lass die Erde!
Dein Schritt, mit Blut bemerkt,
ist fürchterlich, ist schwer.
Verändre doch die schreckliche Gebärde,
Und schüttle länger nicht den Speer.
Anna Luise Karsch, Gedichte

Durch Krieg und Kampf
besteht diese Welt;
es stirbt sogleich,
was hier nur ruhen will.
Ernst Moritz Arndt,
Grundlinien einer deutschen Kriegsordnung

Ein furchtbar wütend Schrecknis ist
Der Krieg; die Herde schlägt er
und den Hirten.
Friedrich Schiller, Wilhelm Tell (Stauffacher)

Ein Fürst ist auf dem höchsten Grad
der Verstellungskunst angelangt,
wenn er seinem Volk die Überzeugung
beibringt, es schlage sich für sich
selbst, während er es in Wirklichkeit
für seinen Thron abschlachten lässt.
Honoré de Balzac, Physiologie der Ehe

Ein großer Krieg aber, wenn er einmal
da ist, folgt seinem eigenen Gesetz,
wird vom Mittel alsbald zum Zweck,
zum alles beherrschenden, auf alle
seine Teilhaber verändernd zurück-
wirkenden Wesen.
Golo Mann,
Deutsche Geschichte des 19. und 20. Jahrhunderts

Ein Krieg aber soll so unternommen
werden, dass nichts anderes als der
Friede gesucht scheint.
Marcus Tullius Cicero, Vom rechten Handeln

Ein Land regiert man
nach Regel und Maß,
Krieg führt man
ohne Regel mit List.
Lao-tse, Dao-de-dsching

Ein Mensch wie ich
pfeift auf das Leben
einer Million Menschen.
Kaiser Napoleon I., zu Metternich (in Dresden 1813)

Ein Tag Krieg
heißt zehn Jahre Not.
Chinesisches Sprichwort

Ein Volk sollte den Krieg fürchten
wie der Einzelne den Tod.
Jules Renard, Ideen, in Tinte getaucht.
Aus dem Tagebuch von Jules Renard

Ein Wahrzeichen nur gilt:
das Vaterland zu erretten!
Homer, Ilias

Eine gute Zeit,
keine Kinder zu bekommen,
ist 18 Jahre vor einem Krieg.
Elwyn Brooks White

Eine Million Meuchelmörder und
Schnapphähne, in Regimenter
eingereiht, durchziehen Europa von
einem Ende zum andern, verüben mit
Manneszucht und Gründlichkeit Mord
und Straßenräuberei und verdienen
damit ihr täglich Brot, weil sie kein
ehrsameres Gewerbe erlernt haben.
Voltaire, Candide oder Die beste der Welten

Eine objektive Person würde sagen,
dass sie für Krieg nicht verantwortlich
ist. Aber wer mit der Psychologie
vertraut ist, weiß, dass jeder von uns
verantwortlich ist, weil jeder von uns
Feindseligkeit in sich hat, die dann
in größere kollektive Feindseligkeit
projiziert wird.
Anaïs Nin, Sich vom Traum führen lassen

Eine Stute taugt nicht für den Krieg.
Chinesisches Sprichwort

Eine zu große Frontausdehnung
der Stellungen ist zu vermeiden.
Helmuth Graf von Moltke, Verordnungen für die
höheren Truppenführer (24. Juni 1869)

Einen Krieg beginnen
heißt nichts weiter,
als einen Knoten zerhauen
statt ihn aufzulösen.
Christian Morgenstern, Stufen

Einen Krieg
kann man nie ganz vermeiden,
sondern nur zum Vorteil des Gegners
aufschieben.
Niccolò Machiavelli, Der Fürst

Entweder gestorben,
Oder Heil euch erkämpft!
Denn das ist der Wandel des Krieges.
Homer, Ilias

Er hat 1870 ein Bein verloren,
das andere hebt er
für den nächsten Krieg auf.
Jules Renard, Ideen, in Tinte getaucht.
Aus dem Tagebuch von Jules Renard

Er zerspaltete diesen,
jenen durchstach er,
Er kredenzte den Feinden
Bitteren Wein. Weh über ihr Leben!
Das Ludwigslied (882)

Erst dann
kann man von einem Sieg sprechen,
wenn durch ihn der Krieg beendet ist.
Michel Eyquem de Montaigne, Die Essais

Es entstehen ja alle Kriege
um den Besitz des Geldes willen.
Platon, Phaidon

Es gab noch nie einen guten Krieg
oder einen schlechten Frieden.
Benjamin Franklin, Briefe
(an J. Quincy, 11. September 1773)

Es genügt, einem Menschen
eine Uniform anzuziehen,
ihn von seiner Familie zu trennen
und die Trommel zu rühren, um
ein wildes Tier aus ihm zu machen.
Leo N. Tolstoi, Tagebücher (1857)

Es gibt im Krieg keinen Urlaub.
Altes Testament, Kohelet 8, 8

Es gibt keine kriegslüsternen Völker,
es gibt nur kriegslüsterne Führer.
Ralph J. Bunche

Es gibt keine menschliche Tätigkeit,
welche mit dem Zufall so beständig
und so allgemein in Berührung stände
als der Krieg.
Carl von Clausewitz, Vom Kriege

Es ist der Krieg
ein roh gewaltsam Handwerk.
Friedrich Schiller, Die Piccolomini (Illo)

Es schont der Krieg
Auch nicht das zarte Kindlein
in der Wiege.
Friedrich Schiller, Wilhelm Tell (Stauffacher)

Es werden Kriege geführt
über Ursachen,
die im gemeinen Leben
den Galgen verdienen.
Aber wer will richten?
Georg Christoph Lichtenberg, Sudelbücher

Fahre hin, o Kriegesmann!
Den Tod musst du erleiden!
Hans Christian Andersen, Der standhafte Zinnsoldat

Fehler, die man in anderen Dingen
macht, können bisweilen wieder
gutgemacht werden; aber die Fehler,
die man im Krieg macht, können
nicht wieder gutgemacht werden,
da ihnen die Strafe auf dem Fuß folgt.
Niccolò Machiavelli, Kriegskunst

Frieden macht reich, Krieg macht arm.
Sprichwort aus Frankreich

Für mich ist der Krieg ein Wunder,
wenn auch ein ziemlich unbequemes.
Meine Kunst kriegt hier zu fressen.
Max Beckmann, Briefe im Kriege (18. April 1915)

Krieg

Für mich ist Krieg
eine Vervielfältigung
unserer eigenen Feindschaften.
Anaïs Nin, Absage an die Verzweiflung

Geld ist die Seele des Krieges.
Sprichwort aus Frankreich

Gewalt und Betrug sind
die zwei Haupttugenden im Kriege.
Thomas Hobbes, Leviathan

Glaubt nicht,
ihr hättet Millionen Feinde.
Euer einziger Feind heißt – Krieg.
Erich Kästner

Glück verheißend allein
ist friedvolles Tun,
Unglück verheißend
das Handwerk des Krieges.
Lao-tse, Dao-de-dsching

Glücklichere Verhältnisse können erst eintreten, wenn alle Völker zu der Erkenntnis gelangen, dass jeder Krieg, auch der siegreiche, ein nationales Unglück ist. Diese Überzeugung herbeizuführen, vermag auch die Macht unseres Kaisers nicht; sie kann nur aus einer besseren religiösen und sittlichen Erziehung der Völker hervorgehen, eine Frucht von Jahrhunderten weltgeschichtlicher Entwicklung.
Helmuth Graf von Moltke, Briefe (an Karl Friedrich August Hauschild, Anfang März 1879)

Große Erfolge im Kriege
sind aber einmal nicht
ohne große Gefahren zu erreichen.
Helmuth Graf von Moltke, Verordnungen für die höheren Truppenführer (24. Juni 1869)

Große Worte sind Waffen,
die in keinem Kriege fehlen.
Lothar Schmidt

Hätte man sich,
zufrieden mit der eigenen Habe,
nicht am Gut der Nachbarn vergriffen,
so hätten für alle Zeiten
Friede und Freiheit geherrscht.
Jean de La Bruyère, Die Charaktere

Ich betrachte auch einen siegreichen Krieg an sich immer als ein Übel, das die Staatskunst den Völkern zu ersparen bemüht sein muss.
Otto von Bismarck, Rundschreiben an die Vertreter des Norddeutschen Bundes (29. Juni 1870)

Ich ziehe den ungerechtesten Frieden dem gerechtesten Krieg vor.
Marcus Tullius Cicero, An seine Freunde

Im Frieden und im Krieg
Behält Einigkeit den Sieg.
Georg Rollenhagen, Froschmeuseler

Im Frieden werden die Väter
von ihren Kindern begraben,
im Krieg aber die Kinder
von den Vätern.
Krösus, überliefert von Herodot (Historien)

Im Krieg ist der Zweig
des friedlichen Ölbaums
von Nutzen.
Ovid, Briefe aus der Verbannung

Im Krieg ist es schwierig,
den Helden und den großen Mann
zu unterscheiden.
Jean de La Bruyère, Die Charaktere

Im Krieg ist's Sitte,
jeden Vorteil nutzen.
William Shakespeare, Heinrich VI. (Northumberland)

Im Krieg kann man
nur einmal abgeschossen werden,
in der Politik dagegen oft und oft.
Winston S. Churchill

Im Krieg liegt kein Heil,
wir alle fordern Frieden von dir.
Vergil, Aeneis

Im Krieg und in der Liebe
hat nur der Sieger Recht.
Sprichwort aus Spanien

Im Krieg verlieren alle,
auch die Sieger.
Sprichwort aus Schweden

Im Krieg vermag Disziplin mehr
als blinde Wut.
Niccolò Machiavelli, Kriegskunst

Im Krieg weiß man verdammt gut,
dass es die heilige Pflicht hat,
den anderen zu töten, bevor
man die Zeit hat herauszufinden,
ob man gemeinsame Interessen hat
oder nicht.
Peter Ustinov, Peter Ustinovs geflügelte Worte

Im Kriege schweigt das Recht.
Deutsches Sprichwort

Im längsten Frieden
spricht der Mensch
nicht so viel Unsinn
und Unwahrheit
als im kürzesten Kriege.
Jean Paul, Friedens-Predigt an Deutschland

Im nächsten Krieg
werden die Überlebenden
die Toten beneiden.
Nikita Chruschtschow

Im Rückblick, wenn die Fehleinschätzungen und weit verbreiteten Zweifel nach und nach von den Historikern aufgedeckt werden, schneidet der Krieg nie gut ab. Und die Führung eines Krieges ist sogar noch kostspieliger als seine Vermeidung. Der Kalte Krieg! Das waren geruhsame Zeiten. Da wusste man wenigstens, woran man war.
Peter Ustinov, Peter Ustinovs geflügelte Worte

Im Waffenlärm schweigen die Gesetze.
Marcus Tullius Cicero

In jeder Sünde
wohnt der ganze Krieg,
wie in jedem Funken
die ganze Feuersbrunst.
Jean Paul, Friedens-Predigt an Deutschland

Ist der Krieg ein Akt der Gewalt,
so gehört er notwendig dem Gemüt an.
Carl von Clausewitz, Vom Kriege

Je mehr die Vernunft unter den Menschen zunimmt: desto mehr muss man's von Jugend auf einsehen lernen, dass es eine schönere Größe gibt als die menschenfeindliche Tyrannengröße, dass es besser und selbst schwerer sei, ein Land zu bauen, als es zu verwüsten, Städte einzurichten, als solche zu zerstören.
Johann Gottfried Herder, Ideen zur Philosophie der Geschichte der Menschheit

Je stärker wir sind,
desto unwahrscheinlicher ist der Krieg.
Otto von Bismarck, Reden
(im Deutschen Reichstag, 11. Januar 1887)

Jeder Krieg enthält alle früheren.
Elias Canetti, Die Provinz des Menschen.
Aufzeichnungen 1942–1972

Jeder Krieg ist der allerletzte.
Jean Giraudoux, Amphitryon

Jeder Krieg ist ein Kind der Furcht.
Deshalb muss man vor allem
die Furcht beseitigen,
wenn man Kriege vermeiden will.
Norman Angell

Jeder Krieg ist eine Niederlage
des menschlichen Geistes.
Henry Miller, Der Koloss von Maroussi

Jeder Krieg wird unter den nichtigsten Vorwänden begonnen, aus guten Gründen weitergeführt und mit den verlogensten Argumenten beschlossen.
Arthur Schnitzler, Buch der Sprüche und Bedenken

Jetzt suchst du Hilfe; danach hättest du in Friedenszeiten suchen sollen.
Ecbasis captivi in belehrender Gestalt (Otter)

Jubel über militärische Schauspiele ist eine Reklame für den nächsten Krieg.
Kurt Tucholsky

Junge Krieger, alte Kriecher.
Deutsches Sprichwort

Kein Anblick ist niederschlagender als
ein Land, das sich ohne Schwertstreich
unterwirft.
Leopold von Ranke, Geschichten der romanischen und
germanischen Völker

Kein Reich ward je von so vielen
Bürgerkriegen heimgesucht
wie das von Christus.
Charles de Secondat, Baron de la Brède
et de Montesquieu, Persianische Briefe

Kein stilles Fleckchen,
Krieg drinnen, Krieg draußen!
Kein dunkel Eckchen,
Qual innen und außen!
Wilhelm Raabe, Gedichte

Keiner bescheidet sich gern
mit dem Teile, der ihm gebühret,
Und so habt ihr den Stoff
immer und ewig zum Krieg.
Johann Wolfgang von Goethe/Friedrich Schiller,
Xenien

Krieg. Es würde genügen,
den Feind wissen zu lassen:
Kommt bloß nicht!
Wir haben Typhus.
Jules Renard, Ideen, in Tinte getaucht.
Aus dem Tagebuch von Jules Renard

Krieg frisst Gold
und scheißt Kieselsteine.
Deutsches Sprichwort

Krieg führen heißt Unschuldige töten
und sich selbst unschuldig töten lassen
(...). Kann sich ein selbstständiger und
anständiger Mensch an einem solchen
Geschäft beteiligen? Würden Sie einen
Meineid begehen, wenn es Ihr Staat
verlangt? Gewiss nicht, aber Unschuldige töten?
Albert Einstein, Über den Frieden

Krieg, Handel und Piraterie,
Dreieinig sind sie, nicht zu trennen.
Johann Wolfgang von Goethe, Faust II (Mephisto)

Krieg ist aller Dinge Vater,
aller Dinge König.
Die einen erweist er als Götter,
die anderen als Menschen,
die einen lässt er als Sklaven werden,
die anderen Freie.
Heraklit, Fragmente

Krieg ist das Ergebnis von Politik,
und deswegen mische ich mich da
nicht ein, das ist alles.
Mutter Teresa

Krieg ist das Tribunal der Könige,
und Siege sind seine Urteilssprüche.
Antoine Comte de Rivarol, Maximen und Reflexionen

Krieg ist ewig
zwischen List und Argwohn.
Friedrich Schiller, Wallensteins Tod

Krieg ist kein Kinderspiel.
Deutsches Sprichwort

Krieg ist leichter angefangen
als beendet.
Deutsches Sprichwort

Krieg ist süß – den Unerfahrnen.
Deutsches Sprichwort

Krieg ist, wenn ihn das Recht
nicht heilig macht,
Bloß Hirnzerschmettern und
Luftröhrenschneiden.
Lord Byron, Don Juan

Krieg kömmt von Kriegen her.
Paul Fleming

Krieg oder Frieden:
Klug ist das Bemühen,
Zu seinem Vorteil
etwas auszuziehen.
Johann Wolfgang von Goethe, Faust II (Mephisto)

Krieg sät Krieg.
Deutsches Sprichwort

Kriegsknecht und Bäckerschwein
wollen stets gefüttert sein.
Deutsches Sprichwort

Kriegsläufte sind mächtiger
als die Könige.
Johann Wolfgang von Goethe,
Kampagne in Frankreich

Läuft ein Krieg unglücklich aus,
so fragt man nach dem, der »schuld«
am Kriege sei; geht er siegreich zu
Ende, so preist man seinen Urheber.
Friedrich Nietzsche, Morgenröte

Lieber möchte man
ein Hund im Frieden
als ein Mensch im Krieg sein.
Chinesisches Sprichwort

Manches Herrliche der Welt
Ist in Krieg und Streit zerronnen;
Wer beschützet und erhält,
Hat das schönste Los gewonnen.
Johann Wolfgang von Goethe, Beschildeter Arm

Männer, Eisen, Geld und Brot
sind der Nerv des Krieges.
Von diesen vieren jedoch sind
die zwei Ersten am notwendigsten,
denn Männer und Eisen finden Geld,
aber Brot und Geld finden nicht
Männer und Eisen.
Niccolò Machiavelli, Kriegskunst

Mars regiert die Stunde.
Friedrich Schiller, Wallensteins Tod (Wallenstein)

Mir liegt mehr an Bündnissen als daran,
den Menschen Krieg zu bringen.
Waltharilied (Attila)

Mit geringeren Schäden,
wenn auch mit höheren Kosten,
führt man Krieg auf fremdem Gebiet
als in der Heimat.
Niccolò Machiavelli, Geschichte von Florenz

Moltke behauptet, heutzutage seien es
die Völker, die Krieg führen wollten,
und nicht die Regierungen. Da hat
man die Hähne erst aufgestachelt,
sie dazu erzogen, und nun heißt es:
Sie wollen selber.
Leo N. Tolstoi, Tagebücher (1891)

Nicht das Gold
ist der Herr des Krieges,
sondern gute Soldaten;
denn Gold genügt nicht,
um gute Soldaten zu schaffen,
aber gute Soldaten genügen wohl,
um Gold herbeizuschaffen.
Niccolò Machiavelli, Vom Staat

Nicht ruhmlos ist's,
für das Vaterland kämpfend,
Unterzugehn.
Homer, Ilias

Nichts Bessers weiß ich mir
an Sonn- und Feiertagen,
Als ein Gespräch von Krieg
und Kriegsgeschrei,
Wenn hinten, weit in der Türkei,
Die Völker aufeinander schlagen.
Johann Wolfgang von Goethe, Faust I (Andrer Bürger)

Nie wieder Krieg.
Käthe Kollwitz, Titel einer Lithographie (1924)

Niemand wählt Krieg und Kriegs-
rüstung um des Krieges willen.
Man müsste ja schon ganz und gar
blutdürstig sein, wenn man sich seine
Freunde zu Feinden machen wollte,
nur damit es Schlachten
und Blutvergießen gäbe.
Aristoteles, Nikomachische Ethik

Schlage deinen Nächsten tot!
So lehrt uns das Naturrecht,
und so macht man's auch,
so weit die Erde reicht.
Voltaire, Candide oder Die beste der Welten

Schon wieder Krieg!
Der Kluge hört's nicht gern.
Johann Wolfgang von Goethe, Faust II (Faust)

Selten ist in Europa überall Frieden,
und nie geht der Krieg
in den anderen Weltteilen aus.
Carl von Clausewitz, Vom Kriege

Sind nicht fast alle Kriege
im Grunde Raubzüge?
Arthur Schopenhauer, Aphorismen zur Lebensweisheit

Sprich vom Kriege, aber geh nicht hin.
Sprichwort aus Spanien

Krieg

Stell dir vor, es ist Krieg,
und keiner geht hin.
Carl Sandburg

Süß und ehrenvoll ist es,
für das Vaterland zu sterben.
Horaz, Carmina

Träumt ihr den Friedenstag?
Träume, wer träumen mag!
Krieg ist das Losungswort!
Sieg!, und so klingt es fort.
Johann Wolfgang von Goethe, Faust II (Euphorion)

Unbilliger Frieden ist besser
als gerechter Krieg.
Deutsches Sprichwort

Und dann all die schöne Jugend,
die die Felder Frankreichs düngt.
Katherine Mansfield, Briefe (1918)

Und endlich schwieg der Kampf,
da es an Kämpfern fehlte.
Pierre Corneille, Der Cid

Und Kampf überall wird sich
auf der Welt hier erheben
Voller Hass, und es führt
seine Heerschar
Jedes Geschlecht
gegen das andere.
Heliand (um 850), Ankündigung des Jüngsten Gerichts

Unsre modernen Kriege
machen viele unglücklich,
indessen sie dauern,
und niemand glücklich,
wenn sie vorbei sind.
Johann Wolfgang von Goethe, Italienische Reise

Unter friedlichen Umständen
fällt der kriegerische Mensch
über sich selber her.
Friedrich Nietzsche, Jenseits von Gut und Böse

Vielen nützt der Krieg.
Lukan, Der Bürgerkrieg

Von Natur wird es kein Volk geben,
in dem die Kriegslust schreit,
solange es eine Mutter gibt.
Karl Joël, Wandlungen der Weltanschauung

Wanderer, kommst du nach Sparta,
verkündige dorten, du habest
Uns hier liegen gesehen,
wie das Gesetz es befahl.
Simonides, Inschrift an den Thermopylen
(Übersetzung: Friedrich Schiller)

Was bedeutet: Niemand will Krieg?
Jeder will, was er will, risikolos – also:
im Frieden. Der Krieg entstand meist
aus der falschen Hoffnung,
das Begehrte »friedlich«
grabschen zu können.
Ludwig Marcuse, Argumente und Rezepte.
Ein Wörter-Buch für Zeitgenossen

Was durch Krieg kommt, wird
durch Krieg wieder verloren gehen;
jede Beute wird wieder genommen,
jeder Raub wieder zersplittert,
alle Sieger werden besiegt und jede
von Kriegsbeute strotzende Stadt
wird einst selbst verwüstet werden.
Joseph Joubert, Gedanken, Versuche und Maximen

Was Krieg für den Mann,
ist Kindsgeburt für die Frau.
Sprichwort aus Indien

Weder Krieger noch Mönche
nähren ein Land.
Johann Gottfried Herder,
Ideen zur Philosophie der Geschichte der Menschheit

Wehe dem Staatsmann, der sich in
dieser Zeit nicht nach einem Grund
zum Kriege umsieht, der auch nach
dem Kriege noch stichhaltig ist.
Otto von Bismarck, Reden (in der Zweiten Kammer
des preußischen Landtags, 3. Dezember 1850)

Wenn die Fürsten
um Provinzen spielen,
bilden die Untertanen
den Einsatz.
König Friedrich der Große, Geschichte meiner Zeit

Wenn du den Frieden willst,
bereite den Krieg vor!
Vegetius, Epitome institutorum rei militaris

Wenn eine Generation
kriegerisch gewesen ist,
werden die zehn folgenden
furchtsam sein.
Sprichwort aus der Mongolei

Wenn einer schon ein Held sein will,
dann mag er es dadurch bekunden,
dass er die Konsequenzen auf sich
nimmt, welche ihm aus der Verweigerung des Kriegsdienstes erwachsen.
Albert Einstein, Über den Frieden

Wenn es Krieg gibt,
so macht der Teufel die Hölle
um hundert Klafter weiter.
Deutsches Sprichwort

Wenn ihr nackt gegeneinander
antreten müsstet, würde euch
das Schlachten schwerer fallen.
– Die mörderischen Uniformen.
Elias Canetti, Die Provinz des Menschen.
Aufzeichnungen 1942–1972

Wenn jeder Soldat sich weigern würde,
zu den Waffen zu greifen – gäbe es
keine Kriege mehr; aber keiner hat den
Mut, der Erste zu sein, der gemäß den
Lehren von Christus und Sokrates lebt,
weil er in einer Welt aus lauter Opportunisten zum Märtyrer werden müsste.
Sylvia Plath, Briefe nach Hause (6. November 1956)

Wenn Krieg ist, denkt man
über ein besseres Leben nach,
wenn Frieden ist, über ein bequemeres.
Thornton Wilder

Wenn man bewaffnet
in den Krieg geht,
hat man noch einmal
so viel Courage.
Niccolò Machiavelli, Clizia

Wenn man für den Frieden arbeitet,
verringert dieser Frieden den Krieg.
Mutter Teresa

Wenn sich die Fürsten befehden,
Müssen die Diener sich morden
und töten.
Friedrich Schiller, Die Braut von Messina (Chor)

Wer den Frieden stört,
der mache sich
auf den Krieg gefasst.
Niccolò Machiavelli, Geschichte von Florenz

Wer im Frieden
Wünschet sich Krieg zurück,
Der ist geschieden
Vom Hoffnungsglück.
Johann Wolfgang von Goethe, Faust II (Chor)

Wer ist wohl so unverständig,
dass er den Krieg wählete
statt des Friedens?
Krösus, überliefert von Herodot (Historien)

Wer jagen, stechen, schießen will,
Der hat klein Nutz und Kosten viel.
Sebastian Brant, Das Narren Schyff

Wer keinen Krieg erlebt,
wird niemals wissen,
was für eine herrliche Vorkriegszeit
er erlebt hat.
Gabriel Laub

Wer Krieg predigt,
ist des Teufels Feldprediger.
Deutsches Sprichwort

Wer mit dem Schwert spielt,
spielt mit dem Teufel.
Sprichwort aus Spanien

Wer Waffen schmiedet,
bereitet Krieg.
Johann Wolfgang von Goethe, Achilleis

Wie herrlich würde es nicht um die
Welt stehen, wenn die großen Herrn
den Frieden wie eine Maitresse liebten,
sie haben für ihre Person zu wenig
vom Kriege zu fürchten.
Georg Christoph Lichtenberg, Sudelbücher

Wie lassen sich in einer Welt,
über die Mord und Not rast,
die Spuren Gottes erkennen?
Inge Scholl, Die weiße Rose

Wir sagen also, der Krieg gehört nicht
in das Gebiet der Künste und Wissenschaften, sondern in das Gebiet des
gesellschaftlichen Lebens. Er ist ein
Konflikt großer Interessen, der sich
blutig löst, und nur darin ist er von
den andern verschieden.
Carl von Clausewitz, Vom Kriege

Wir wandern,
wir wandern,
endloser Zug,
Volk, das die Geißel
des Krieges schlug.
Agnes Miegel, Wagen an Wagen

Wo es Armee und Krieg gibt,
sind dem Bösen keine Grenzen gesetzt.
Leo N. Tolstoi, Tagebücher (1910)

Zu allen Zeiten sind die Menschen
übereingekommen, um ein Fleckchen
Erde mehr oder weniger einander zu
berauben, zu verbrennen, zu töten
und umzubringen; und um dabei
geschickter und sicherer zu verfahren,
haben sie treffliche Regeln ersonnen,
die man »Kriegskunst« nennt.
Jean de La Bruyère, Die Charaktere

Zuletzt steckt
in jedem Patriotismus der Krieg,
und deshalb bin ich kein Patriot.
Jules Renard, Ideen, in Tinte getaucht.
Aus dem Tagebuch von Jules Renard

Zum Kriegführen sind drei Dinge nötig:
Geld, Geld und nochmals Geld.
Gian-Jacopo Trivulzio, Zu Ludwig XII.

Zwischen Völkern,
die sich lange bekriegt haben,
bilden sich echte Bündnisse.
Der Krieg ist eine Art Handel,
der selbst die vereinigt,
die er entzweit.
Joseph Joubert, Gedanken, Versuche und Maximen

Kriegsdienstverweigerung

Besser ein Langmütiger
als ein Kriegsheld,
besser, wer sich selbst beherrscht,
als wer Städte erobert.
Altes Testament, Sprüche Salomos 16, 32

Die Schweiz ist ein Land,
das seine Minderheiten schützt.
Selbst Dienstverweigerer kommen
in den Genuss der Schutzhaft.
Heinrich Wiesner

Wenn einer schon ein Held sein will,
dann mag er es dadurch bekunden,
dass er die Konsequenzen auf sich
nimmt, welche ihm aus der Verweigerung des Kriegsdienstes erwachsen.
Albert Einstein, Über den Frieden

Krimi

Alles,
was man für einen Krimi braucht,
ist ein guter Anfang
und ein Telefonbuch,
damit die Namen stimmen.
Georges Simenon

Das wichtigste Rezept für den Krimi:
Der Detektiv darf niemals mehr wissen
als der Leser.
Agatha Christie

Krise

Alle Übergänge sind Krisen,
und ist eine Krise nicht Krankheit?
Johann Wolfgang von Goethe,
Wilhelm Meisters Lehrjahre

Ich finde, »Krise« ist geradezu zum
Lieblingswort der Zeit geworden.
Es wird gebraucht wie die Hostie
einer Pseudoreligion.
Norbert Blüm, Unverblümtes von Norbert Blüm

Krise ist ein produktiver Zustand.
Man muss ihr nur den Beigeschmack
der Katastrophe nehmen.
Max Frisch

Krisen meistert man am besten,
indem man ihnen zuvorkommt.
Walt Whitman Rostow

Von den Chinesen
könnten wir einiges lernen.
Man hat mir gesagt, sie hätten
ein und dasselbe Schriftzeichen
für die Krise und für die Chance.
Richard von Weizsäcker

Kritik

Am gefährlichsten sind die Kritiker,
die nichts von der Sache verstehen,
aber gut schreiben.
Leopold Stokowski

Arme Kritiker! Dass sie immer nur
sehen, hören und lesen müssen,
was ihnen gar nicht gefällt!
Erhard Blanck

Auch Kritik kann zur Manie werden:
Man schmeckt vor lauter Haaren
die Suppe nicht mehr.
Werner Roß

Autoren stellen bekanntlich eine
höchst empfindliche Menschensorte
vor. Wer möchte dem widersprechen?
Ich kenne tatsächlich nur eine, die
empfindlicher wäre – die der Kritiker.
Arthur Schnitzler, Buch der Sprüche und Bedenken

Das, was man liebt,
kritisiert man oft am heftigsten.
Leonard Bernstein, Freude an der Musik

Dem Kritiker ist es so leicht gemacht,
eine Abneigung, die er etwa gegen
einen Autor, dessen Persönlichkeit,
dessen Werk empfindet, in einer völlig
gefahrlosen Weise zum Ausdruck zu
bringen, sodass es schon einer ganz
besonderen Charakterstärke und
Selbstüberwindung bedarf, um dieser
Verführung nicht zu unterliegen.
Arthur Schnitzler, Buch der Sprüche und Bedenken

Der gnädigste von allen Richtern
ist der Kenner.
Friedrich Schiller,
Kleine Schriften vermischten Inhaltes (Einleitung)

Der Hund bellt,
und die Karawane zieht vorüber.
Sprichwort aus der Türkei

Der Kritiker ist Botaniker.
Ich bin Gärtner.
Jules Renard, Ideen, in Tinte getaucht.
Aus dem Tagebuch von Jules Renard

Der Kritiker lässt den Künstler,
den er nicht versteht, das fühlen.
Er behandelt ihn sehr von unten herab.
Alfred Polgar, Kleine Schriften, Band 3. Irrlicht

Des Kritikers erste Frage müsste sein:
Was hast du mir zu sagen, Werk?
Aber das kümmert ihn
im Allgemeinen wenig.
Seine erste Regung ist vielmehr:
Nun, Werk, gib Acht,
was ich dir zu sagen habe!
Arthur Schnitzler, Buch der Sprüche und Bedenken

Die Aufgabe der Kritik besteht nicht
darin, die Ideale herabzusetzen,
sondern vielmehr nachzuweisen, dass
sie in Ideologien verwandelt wurden,
und die Ideologie im Namen des
verratenen Ideals zu bekämpfen.
Erich Fromm, Jenseits der Illusionen

Die gewöhnlichen Theaterkritiken
sind unbarmherzige Sündenregister,
die ein böser Geist vorwurfsweise
den armen Schächern vorhält
ohne hilfreiche Hand
zu einem bessern Wege.
Johann Wolfgang von Goethe,
Maximen und Reflexionen

Die höchste wie die niederste Form
von Kritik ist eine Art Autobiographie.
Oscar Wilde, Das Bildnis des Dorian Gray

Die Insekten stechen nicht aus Bosheit,
sondern weil sie auch leben wollen:
Ebenso unsere Kritiker, sie wollen
unser Blut, nicht unseren Schmerz.
Friedrich Nietzsche, Menschliches, Allzumenschliches

Kritik

Die Kritik an anderen hat noch keinem
die eigene Leistung erspart.
Noël Coward

Die Kritik erscheint wie Ate:
Sie verfolgt die Autoren, aber hinkend.
Johann Wolfgang von Goethe,
Maximen und Reflexionen

Die Kritik ist eine methodische Übung
der Urteilskraft.
Joseph Joubert, Gedanken, Versuche und Maximen

Die Kritik ist leicht,
die Kunst ist schwer.
Philipp Destouches, Der Ruhmredige

Die Kritik ist oft genug
keine Wissenschaft,
sondern ein Handwerk,
wozu mehr Gesundheit als Geist,
mehr Fleiß als Fähigkeit,
mehr Gewohnheit als Begabung
erforderlich ist.
Jean de La Bruyère, Die Charaktere

Die Kritik ist von geringer Qualität,
die meint, ein Kunstwerk nur dann
richtig beurteilen zu können,
wenn sie die Verhältnisse kennt,
unter denen es entstanden ist.
Marie von Ebner-Eschenbach, Aphorismen

Die Kritik
zeigt dem Genie seine Schranken;
sie bewahrt uns vor dem Götzendienst
und hält unsere Sympathie
in den Grenzen der Bewunderung.
Théodore Jouffroy, Das grüne Heft

Die Kunst geht unter,
und die Kritik taucht auf.
Francesco De Sanctis,
Über die Wissenschaft und das Leben

Die Lust an der Kritik
beraubt uns des Vergnügens,
selbst von den schönsten Werken
lebhaft ergriffen zu werden.
Jean de La Bruyère, Die Charaktere

Die Mängel aufdecken ist nicht genug;
ja man hat Unrecht, solches zu tun,
wenn man nicht zugleich das Mittel
zu dem besseren Zustande anzugeben
weiß.
Johann Wolfgang von Goethe, Dichtung und Wahrheit

Die Schriftsteller vertragen viel lieber
Kritik an ihrer Idee als an ihrem Stil.
Sully Prudhomme, Gedanken

Die weltlichen Kritiker sind sittliche
Kastraten, man hat ihnen den sittlichen Nerv herausgeschnitten,
das Bewusstsein, dass man Leben
aus eigener Kraft zu schaffen vermag.
Leo N. Tolstoi, Tagebücher (1890)

Durch Kritik wird unserem Urteil der
Maßstab zugeteilt, wodurch Wissen
von Scheinwissen mit Sicherheit
unterschieden werden kann.
Immanuel Kant,
Prolegomena zu einer jeden künftigen Metaphysik

Eigne Fehler
An andern nicht zähle.
Jüdische Spruchweisheit

Ein Autor muss mit gleicher
Bescheidenheit Lob und Tadel
seiner Werke hinnehmen.
Jean de La Bruyère, Die Charaktere

Ein Kritiker ist ein lahmer Trainer
für Dreisprung.
John Osborne

Ein Kritiker ist ein Mensch,
der sehr böse wird,
wenn dem Publikum etwas gefällt,
was er nicht mag.
Erich Segal

Ein recht kommuner Kniff
besteht darin,
die höheren Meriten
eines Autors herabzusetzen,
indem man beständig
seine geringeren preist.
Edgar Allan Poe, Marginalien

Ein schlechter Schriftsteller
wird manchmal ein guter Kritiker,
genauso wie man
aus einem schlechten Wein
einen guten Essig machen kann.
Henry de Montherlant

Erst adle dich, dann tadle mich.
Jüdische Spruchweisheit

Erst studieren,
Dann kritisieren.
Jüdische Spruchweisheit

Es gibt keine Kritik,
es gibt nur den Kritiker.
Siegfried Jacobsohn

Es gibt wohl nur wenige Bürger
in der Bundesrepublik,
die mehr Kritik erfahren als ich.
Helmut Kohl, Notwendiger Dialog zwischen Politik und Wirtschaft. Rede vor dem BDI in Bonn 1986

Es ist leicht, einen Autor zu kritisieren,
schwer, ihn richtig zu verstehen.
Luc de Clapiers Marquis de Vauvenargues,
Reflexionen und Maximen

Es ist leichter tadeln,
als besser machen.
Deutsches Sprichwort

Es ist nicht alles Vernunft,
was das Gegebene zerstört.
Neben der Rücksichtslosigkeit
der echten Kritik gibt es noch
die Rücksichtslosigkeit
der gewaltigen Willkür.
Ludwig Marcuse, Argumente und Rezepte.
Ein Wörter-Buch für Zeitgenossen

Es ist schon genug,
dass Kunstliebhaber das Vollkommene
übereinstimmend anerkennen
und schätzen; über das Mittlere
lässt sich der Streit nicht endigen.
Johann Wolfgang von Goethe,
Maximen und Reflexionen

Filmkritiker
haben die wichtige Aufgabe,
dem Publikum zu erklären,
warum es einen Film
niemals verstehen wird.
René Clair

Für Kritiker gilt der Grundsatz:
Hunde, die beißen, bellen nicht.
Hans Weigel

Für Kritiker zu schreiben
lohnt sich nicht, wie es sich nicht
lohnt, denjenigen Blumen riechen zu
lassen, der einen Schnupfen hat.
Anton Tschechow

Für mich gibt es nur ein Mittel,
um die Achtung vor mir selbst
nicht einzubüßen: fortwährende Kritik.
Christian Morgenstern, Stufen

Gegen die Kritik kann man sich
weder schützen noch wehren; man
muss ihr zum Trutz handeln, und das
lässt sie sich nach und nach gefallen.
Johann Wolfgang von Goethe,
Maximen und Reflexionen

Glauben Sie keinem Schauspieler,
der behauptet, er läse keine Kritiken!
Heinz Rühmann

Habe ich schlechte Kritiken,
muß ich sie zugießen.
Habe ich gute,
bin ich gezwungen,
vor Freude zu trinken.
Dieter Hildebrandt

Höre den Tadler! Du kannst,
was er noch vermisst, dir erwerben;
Jenes, was nie sich erwirbt,
– freue dich! – gab dir Natur.
Johann Wolfgang von Goethe/Friedrich Schiller,
Xenien

Ich bin dankbar für die schärfste
Kritik, wenn sie nur sachlich bleibt.
Otto von Bismarck, Reden (im Deutschen Reichstag,
30. November 1874)

Ich bin von den Kritikern oft zerrissen
worden, aber das Publikum hat mich
immer wieder zusammengeflickt.
Jacques Tati

Ich gehöre keineswegs zu denen, die
der Kritik den Mund stopfen wollen,
aber die Kritik muss klug
und bescheiden geübt werden
und muss sich bei jedem Wort
ihrer Grenzen bewusst bleiben.
Theodor Fontane, Briefe

Ich lasse mich nicht irre schrein,
Nicht durch Kritik noch Zweifel.
Johann Wolfgang von Goethe, Faust I (Dogmatiker)

Ich mag mich nicht mit dem Maul
Dem Hund gleichsetzen,
Der zurückknurrt,
Wenn ihn ein anderer anknurrt.
Hartmann von Aue, Iwein (Iwein)

Ich sitze im kleinsten Raum des
Hauses. Ich habe Ihre Kritik vor mir.
Bald werde ich sie hinter mir haben.
Max Reger

Ihr Herren wisst an allem
was zu mäkeln.
Johann Wolfgang von Goethe, Faust II (Dame)

Jede Art von künstlerischer Produktion
fordert mit Notwendigkeit Kritik heraus.
Denn es liegt im Wesen der Produktion,
sich Schöpferwillen und Schöpferkraft
– und damit in gewissem Sinne Göttlichkeit – anzumaßen. Und da das
Göttliche ein Absolutes, doch jede Art,
auch die höchste der künstlerischen
Produktion immer nur ein Relatives
vorstellt, so hat die Kritik im Prinzip
immer Recht; doch in der Praxis oft
auf eine recht wohlfeile Weise und
beinahe stets an der unrechten Stelle.
Arthur Schnitzler, Buch der Sprüche und Bedenken

Kein Theaterbesucher kann
so aus voller Seele gähnen und
so überschwänglich klatschen
wie ein guter Theaterkritiker.
Ludwig Marcuse, Argumente und Rezepte.
Ein Wörter-Buch für Zeitgenossen

Keine Nation hat eine Kritik
als in dem Maße,
wie sie vorzügliche, tüchtige
und vortreffliche Werke besitzt.
Johann Wolfgang von Goethe,
Maximen und Reflexionen

Knurre nicht, Pudel!
Johann Wolfgang von Goethe, Faust I (Faust)

Kritik ist die Kunst,
auf fremde Kosten geistreich zu sein,
ohne dass jemand den Diebstahl
merkt.
Wolfgang Herbst

Kritik ist die Kunst, mit der sich
der Kritiker einen Anteil am Ruhm
des Künstlers zu sichern trachtet.
George J. Nathan

Kritik soll zur rechten Zeit erfolgen.
Man darf sich nicht angewöhnen,
erst dann zu kritisieren,
wenn das Unheil passiert ist.
Mao Tse-Tung

Kritiker glauben tatsächlich,
man habe nichts anderes zu tun, als
ihnen im Schweiß unseres Angesichts
ihr täglich Brot zu verdienen.
Joseph Kainz

Kritiker ist, wer seinen Eindruck von
schönen Dingen in eine andere Form
oder in ein neues Material übersetzen
kann.
Oscar Wilde, Das Bildnis des Dorian Gray

Kritiker ohne Arroganz sind heutzutage so selten wie Fische ohne Flossen.
Harold Pinter

Kritiker sind einbeinige Dozenten
über den Weitsprung.
Harold Pinter

Kritiker sind Leute,
die zum Tode verurteilen,
damit sie begnadigen können.
Oskar Werner

Kritiker suchen Ewigkeiten nach dem
falschen Wort, das sie, was man ihnen
als Verdienst anrechnen muss, schließlich auch finden.
Peter Ustinov, Peter Ustinovs geflügelte Worte

Lieber von Dummköpfen umgebracht
als von ihnen gelobt werden.
Anton P. Tschechow, Notizbücher

Lieblose Kritik ist ein Schwert,
das scheinbar den andern,
in Wirklichkeit aber
den eigenen Herrn verstümmelt.
Christian Morgenstern, Stufen

Lieblose Kritik verwirrt den Geschmack
und vergiftet den Genuss.
Joseph Joubert, Gedanken, Versuche und Maximen

Man achtet kleiner Hunde
Murren nicht,
Doch große zittern,
wenn der Löwe brüllt.
William Shakespeare, Heinrich VI. (Königin)

Man kann einen narzisstischen
Menschen daran erkennen,
dass er äußerst empfindlich
auf jede Kritik reagiert.
Erich Fromm, Seele des Menschen

Man kritisiert einen Denker schärfer,
wenn er einen uns unangenehmen
Satz hinstellt; und doch wäre es vernünftiger, dies zu tun, wenn sein Satz
uns angenehm ist.
Friedrich Nietzsche, Menschliches, Allzumenschliches

Man sagt: »Eitles Eigenlob stinket.«
Das mag sein; was aber fremder und
ungerechter Tadel für einen Geruch
habe, dafür hat das Publikum keine
Nase.
Johann Wolfgang von Goethe,
Maximen und Reflexionen

Man soll die Kritiker
nicht für Mörder halten.
Sie stellen nur den Totenschein aus.
Marcel Reich-Ranicki

Manche Menschen
lesen überhaupt keine Bücher,
sondern kritisieren sie.
Kurt Tucholsky, Schnipsel

Meines Wissens hat man noch
keinem Kritiker ein Denkmal gesetzt.
Jean Sibelius

Mir wird, bei meinem
kritischen Bestreben,
Doch oft um Kopf
und Busen bang.
Johann Wolfgang von Goethe, Faust I (Wagner)

Mittelmäßigkeit ist bei einem Kritiker
gefährlicher als bei einem Schriftsteller.
Eugène Ionesco

Möglichkeit und Fähigkeit
zur Kritik setzen Sachwissen voraus.
Helmut Kohl, Verantwortung für die Jugend-Erziehung im demokratischen Staat, 1985

Nichts Ärgerlicheres als jene Kritiker,
die beweisen wollen, dass das,
was man geschrieben hat, nicht das
ist, was man schreiben wollte.
André Gide

Nur still geschwiegen, Autor –,
und keine Erwiderung!
Die einzige, die du allen Angriffen
entgegenstellen darfst, hast du schon
vorweggenommen: dein Werk.
Wenn es dauert, hast du Recht behalten.
Arthur Schnitzler, Buch der Sprüche und Bedenken

O ihr Tags- und Splitterrichter,
Splittert nur nicht alles klein!
Denn fürwahr!,
der schlechteste Dichter
Wird noch euer Meister sein.
Johann Wolfgang von Goethe, Zahme Xenien

Oft kritisiert man seine Freunde,
um nicht den Anschein zu erwecken,
als hätte man ihre Fehler
nicht durchschaut.
Charles de Secondat, Baron de la Brède
et de Montesquieu, Meine Gedanken

Pfui über Eure Zunge,
Die alles Gute verschweigt
Und nur das Übelste sagt,
Das Euer Herz sich ausdenken kann.
Hartmann von Aue, Iwein (Königin)

Querkopf!, schreiet ergrimmt
in unsere Wälder Herr Nickel,
Leerkopf!, schallt es darauf
lustig zum Walde heraus.
Johann Wolfgang von Goethe/Friedrich Schiller,
Xenien

Sache der Kritik ist es, das Schaffen
großer Schriftsteller zu interpretieren,
vor allem auszusondern,
aus der großen Menge des von uns
allen geschriebenen Gewächs
das auszusondern, was das Beste ist.
Und was tun sie stattdessen?
Leo N. Tolstoi, Tagebücher (1891)

Schweigen ist die schlimmste
oder die gnädigste Form der Kritik.
Pierre Reverdy

Tadeln ist leicht,
Erschaffen so schwer;
ihr Tadler des Schwachen,
Habt ihr das Treffliche denn auch
zu belohnen ein Herz?
Johann Wolfgang von Goethe/Friedrich Schiller,
Xenien

Um Kritik zu vermeiden, darf man
nichts sagen, nichts tun, nichts sein.
Elbert Hubbard

Und seines Bellens lauter Schall
Beweist nur, dass wir reiten.
Johann Wolfgang von Goethe, Kläffer

Und wie der Dichter eher ist als der
Kritiker, so müssen wir auch vieles
sehen, lesen und hören, ehe wir uns
einfallen lassen wollen zu urteilen.
Johann Wolfgang von Goethe,
Wilhelm Meisters theatralische Sendung

Unkritische Fortschrittsgläubigkeit
hilft uns gewiss nicht weiter.
Helmut Kohl, Rede des Bundeskanzlers zur
Internationalen Funkausstellung in Berlin 1985

Unsre Poeten sind seicht,
doch das Unglück
ließ sich vertuschen,
Hätten die Kritiker nicht,
ach, so entsetzlich viel Geist.
Johann Wolfgang von Goethe/Friedrich Schiller,
Xenien

Urteil kommt zuwege
durch Stillstand der Kritik.
Emil Gött, Im Selbstgespräch

Von andern Pflanzen unterscheiden
sich Schauspieler dadurch,
dass sie eintrocknen,
wenn sie nicht in die Presse kommen.
Alfred Polgar, Kleine Schriften, Band 3. Irrlicht

Was dir an anderen verhasst,
Auch anderen an dir nicht passt.
Jüdische Spruchweisheit

Was kümmert's den Mond,
wenn ihn die Hunde anbellen?
Deutsches Sprichwort

Was kümmert's die Eiche,
wenn das Schwein sich an ihr kratzt?
Deutsches Sprichwort

Was wir gewöhnlich
an unseren Nächsten beanstanden,
ist, dass sie sich nicht
um ihre eigenen Sachen kümmern.
Gilbert Keith Chesterton, Heretiker

Weckuhren und Kritiker
dürfen nicht rücksichtsvoll sein.
Gabriel Laub

Wenn die Kritiker Kritik schreiben, ist
jeder ein Repräsentant der Weisheit
und spricht Orakel von seinem Dreifuß
und erregt Ehrfurcht in seinem heiligen Nimbus. Dann machen sie selbst
Werke, und der Nimbus zerrinnt und
zeigt eine Jammergestalt. Gemeiniglich geben sie dann dem Gezüchtigten
durch ihre Werke Genugtuung für ihre
Kritik.
Johann Gottfried Seume, Apokryphen

Wenn du selbst
keine Haare auf dem Kopf hast,
dann beschimpfe andere nicht
als Glatzkopf.
Chinesisches Sprichwort

Wenn die Kritiker
verschiedener Meinung sind,
ist der Künstler
mit sich im Einklang.
Oscar Wilde, Das Bildnis des Dorian Gray

Wer andere bekrittelt,
arbeitet an seiner Selbstbesserung.
Arthur Schopenhauer, Aphorismen zur Lebensweisheit

Wer der Nachsicht selbst bedarf,
Richte andre nicht zu scharf.
Jüdische Spruchweisheit

Wer Ja oder Nein sagt,
riskiert immer den Irrtum.
Man erkennt die großen Kritiker
an ihren Irrtümern.
Nur wer dauernd Jein sagt, irrt nie.
Marcel Reich-Ranicki

Wer keine Kritik verträgt,
hat sie bitter nötig.
Lothar Schmidt

Wer Kritik übel nimmt,
hat etwas zu verbergen.
Helmut Schmidt

Wer sich mit der Kunst verheiratet,
bekommt die Kritik
zur Schwiegermutter.
Hildegard Knef

Wir leben in einer Kultur,
in der es zu viel Kritik gibt,
zu viel Spaltung,
zu viel Feindschaft
und zu viel zügellosen
und ziellosen Zorn.
Anaïs Nin, Frauen verändern die Welt

Zum Verdienste fordert man
Bescheidenheit; aber diejenigen, die
unbescheiden das Verdienst schmälern,
werden mit Behagen angehört.
Johann Wolfgang von Goethe,
Maximen und Reflexionen

Krone

Die Krone:
eine Kopfbedeckung,
die den Kopf
überflüssig macht.
Gabriel Laub

Die Krone wiegt schwer,
und unter einem Diadem fließen
nachts oft mehr Perlen als Tränen.
Sprichwort aus Arabien

Es ist nicht die Krone und das Reich,
was einen König macht.
Novalis, Heinrich von Ofterdingen

Keine Himmelsseligkeit
ist ohne Tugend,
keine Krone ohne Kampf möglich.
Johann Gottfried Herder,
Über die dem Menschen angeborne Lüge

Keine Krone hilft vor Kopfweh.
Deutsches Sprichwort

Schwer ruht das Haupt,
das eine Krone drückt.
William Shakespeare, Heinrich IV. (Heinrich)

Verdiente Kronen schmücken,
Unverdiente drücken.
Friedrich Rückert, Gedichte

Wer angelangt am Ziel ist,
wird gekrönt,
Und oft entbehrt ein Würd'ger
eine Krone.
Johann Wolfgang von Goethe,
Torquato Tasso (Antonio)

Krücke

Gott ist eine Krücke.
Emil Gött, Gedichte, Sprüche und Aphorismen

Wenn man auch
seiner Krücken spottet,
so kann man darum
doch nicht besser gehen.
Heinrich Heine, Zur Geschichte der Religion und Philosophie in Deutschland

Krumm

Früh krümmt sich,
was ein Häkchen werden will.
Deutsches Sprichwort

Was krumm ist,
kann man nicht gerade biegen.
Altes Testament, Kohelet 1, 15

Küche

Die Fackel der Liebe
entzündet sich in der Küche.
Sprichwort aus Frankreich

Die gute Küche
ist das innigste Band
der guten Gesellschaft.
Luc de Clapiers Marquis de Vauvenargues,
Nachgelassene Maximen

Eine einfache Küche
macht das Haus groß.
Sprichwort aus Frankreich

Fette Küche macht magern Beutel.
Deutsches Sprichwort

In andrer Leute Küchen
ist gut kochen lernen.
Deutsches Sprichwort

Kuckuck

Der Kuckuck
ruft seinen eigenen Namen.
Deutsches Sprichwort

Wenn der Kuckuck Eier legt,
so muss ein fremdes Nest herhalten.
Deutsches Sprichwort

Kugel

Der Stimmzettel
ist stärker als die Kugel.
Abraham Lincoln, Reden (1856)

Die Kugel, die mich töten soll,
ist noch nicht gegossen.
Kaiser Napoleon I.,
bei der Belagerung von Toulon (1893)

Nicht alle Kugeln treffen.
Deutsches Sprichwort

Kuh

Auch eine heilige Kuh
braucht einen Stier.
Harold Pinter

Die Kuh frisst, während sie geht,
das Haus, während es steht.
Sprichwort aus Indien

Die Kühe, die am meisten brüllen,
geben am wenigsten Milch.
Deutsches Sprichwort

Es ist gut,
dass böse Kühe
kurze Hörner haben.
Sprichwort aus Holland

Schwarze Kühe geben
auch weiße Milch.
Deutsches Sprichwort

Wer Kühe schlecht malen kann,
sollte sie lieber melken, denn dabei
kommt wenigstens etwas heraus.
Wilhelm Leibl

Kühle

Bleibt der Juni kühl,
wird's dem Bauern schwül.
Bauernregel

Die kühlsten Köpfe sind
bei den großen Begebenheiten
auch die erregtesten.
Voltaire, Geschichte von Jenni

Mai kühl und nass
füllt dem Bauern
Scheuer und Fass.
Bauernregel

Maimond kühl und Brachmond nass
füllt den Boden und das Fass.
Bauernregel

Kühnheit

Das Glück ist den Kühnen hold.
Sprichwort aus Frankreich

Das Schicksal
hält es immer mit den Kühnen.
Philipp Destouches, L'Ambitieux

Der Hahn kräht am kühnsten
auf eigenem Mist.
Deutsches Sprichwort

Ein Gran Kühnheit bei allem
ist eine wichtige Klugheit.
Baltasar Gracián y Morales,
Handorakel und Kunst der Weltklugheit

Eine heilige Kühnheit
sollen wir haben;
denn Gott hilft den Mutvollen
und kennt kein Ansehen der Person.
Teresa von Ávila, Weg der Vollkommenheit

Erwache mir wieder,
Kühne Gewalt;
Herauf aus dem Busen,
Wo du dich bargst!
Richard Wagner, Tristan und Isolde (Isolde)

Es gibt nichts Kühneres
als Selbstüberwindung.
Erasmus von Rotterdam,
Handbüchlein eines christlichen Streiters

Gegen Kühne ist Kühnheit
kein sicheres Hilfsmittel.
Ovid, Metamorphosen

In gefährlicher Lage
vermag Kühnheit am meisten.
Publilius Syrus, Sentenzen

Keiner ist kühner als der,
der den Teufel besiegt.
Erasmus von Rotterdam,
Handbüchlein eines christlichen Streiters

Kühnheit ist die Begierde,
durch die jemand angetrieben wird,
etwas zu tun trotz einer
damit verbundenen Gefahr,
die andere seinesgleichen
von dieser Tat abhält.
Baruch de Spinoza, Ethik

Takt in der Kühnheit heißt zu wissen,
wie weit man zu weit gehen kann.
Jean Cocteau, Hahn und Harlekin

Weiche dem Übel nicht, sondern geh
ihm kühner noch entgegen!
Sibylle von Cumae, überliefert bei Vergil (Aeneis)

Kult

Der Führerkult,
sei es der um Napoleon,
Mussolini oder Hitler,
schließt jeden anderen Kult aus.
Simone de Beauvoir, Das andere Geschlecht

Personenkult ist Machtkult.
Schwindet die Macht,
hört der Personenkult auf.
Lothar Schmidt

Wer den Kult, den er mir predigt,
mit Geheimnissen, mit Widersprüchen
überlädt, lehrt mich ebendadurch,
ihm zu misstrauen.
Jean-Jacques Rousseau, Emile (Glaubenskenntnis)

Kultur

Als Kultur sind wir immer
in einem Zustand der Entwicklung
und der dynamischen Veränderung.
Anaïs Nin, Absage an die Verzweiflung

Am hellsten leuchtet der Menschengeist,
wo Glanz der Kunst
mit Glanz der Wissenschaft sich eint.
Emil Du Bois-Reymond, Reden (3. Juli 1890)

Auch die Kultur, die alle Welt beleckt,
Hat auf den Teufel sich erstreckt.
Johann Wolfgang von Goethe, Faust II (Mephisto)

Aus Herdentieren Individuen,
aus Bandenmitgliedern Avantgardisten
zu machen, die in die Terra incognita
vorstoßen und sich erstmalig
an Höhlenwänden porträtieren,
seiner selbst ansichtig zu werden,
das vermag Kultur.
August Everding, Vortrag, gehalten am 21. November 1992 beim Europäischen Kulturforum in Baden-Baden

Barbarei und Zivilisation
– Vorgericht und Nachspeise
der Kultur.
Emil Gött, Im Selbstgespräch

Darum ist Kultur:
in einer ewigen Spannung,
in einem ewigen Kampf
gegen den Rückschritt leben.
August Strindberg, Der Sohn der Magd

Das Gehirn ist nur ein Impulsorgan
für die Muskeln. Wenn nun beim Kulturmenschen die Impulse des Gehirns
auf die Muskeln nicht einwirken, ihre
Kraft nie abgeben dürfen, entsteht eine
Störung des Gleichgewichts, ähnlich
der des unbefriedigten Geschlechtstriebes. Das Gehirn beginnt zu träumen.
August Strindberg, Der Sohn der Magd

Das Gewissen ist
eine eingefleischte Kulturgeschichte.
Jakob Boßhart, Bausteine zu Leben und Zeit

Das ordinäre Produkt
der Kulturlosigkeit
wird so lange leben
wie das erlesne Getue
der Kulturellen,
also sehr lange.
Ludwig Marcuse, Argumente und Rezepte.
Ein Wörter-Buch für Zeitgenossen

Das Prompte ist das Barbarische.
Günther Anders, Lieben gestern.
Notizen zur Geschichte des Fühlens

Denn Kultur besteht in Umwegen.
Und Umwege sind zumeist Umwege
um Tabus.
Günther Anders, Lieben gestern.
Notizen zur Geschichte des Fühlens

Der Endzweck aller Kultur ist es, das,
was wir »Politik« nennen, überflüssig,
jedoch Wissenschaft und Kunst der
Menschheit unentbehrlich zu machen.
Arthur Schnitzler, Buch der Sprüche und Bedenken

Der Germane ist die Seele
unserer Kultur.
Houston Stewart Chamberlain,
Die Grundlagen des 19. Jahrhunderts

Der Kulturstaat
ist die Selbstdarstellung
der Kultur als Staat.
August Everding, Festrede zur Eröffnung des Berliner Abgeordnetenhauses am 28. April 1993

Der Wald ist die Urheimat der Barbarei
und der Feind des Pfluges,
also der Kultur.
August Strindberg, Der Sohn der Magd

Der Zusammenbruch der Kultur
ist dadurch gekommen,
dass man der Gesellschaft
die Ethik überließ.
Erneuerung der Kultur
ist nur dadurch möglich,
dass die Ethik wieder die Sache
der denkenden Menschen wird,
und dass die Einzelnen sich
in der Gesellschaft
als ethische Persönlichkeiten
zu behaupten suchen.
Albert Schweitzer, Kultur und Ethik

Die Ehe ist der Anfang
und Gipfel aller Kultur.
Johann Wolfgang von Goethe,
Die Wahlverwandtschaften

Die Empfänglichkeit für Kultur
wird künftig den Ausschlag geben,
und nicht die Gewalt.
Jakob Boßhart, Bausteine zu Leben und Zeit

Die Kultur eines Volkes
ist die Blüte seines Daseins,
mit welcher es sich zwar angenehm,
aber hinfällig offenbaret.
Johann Gottfried Herder,
Ideen zur Philosophie der Geschichte der Menschheit

(...) die Kultur einer Zeit lässt sich
an der Zahl der Wunder messen,
die sie exakt nachzuweisen vermochte.
Egon Friedell, Egon Friedells Konversationslexikon

Die Kultur ist ein sehr dünner Firnis,
der sich leicht in Alkohol auflöst.
Aldous Huxley

Die Kultur rückt fort;
sie wird aber damit
nicht vollkommener:
Am neuen Ort werden
neue Fähigkeiten entwickelt,
die alten des alten Orts
gingen unwiederbringlich unter.
Johann Gottfried Herder, Ideen zur Philosophie der Geschichte der Menschheit

Eine Armee ohne Kultur
ist eine unwissende Armee,
und eine unwissende Armee
kann vom Feind besiegt werden.
Mao Tse-Tung

Eine nachgemacht Kultur
gedeiht nie.
Germaine Baronin von Staël, Über Deutschland

Europa ist zweifellos
die Wiege der Kultur,
aber man kann nicht sein ganzes
Leben in der Wiege verbringen.
Oskar Maria Graf

Gegen den Kulturstrom
kann man nicht schwimmen,
doch man kann sich an Land retten.
August Strindberg, Der Sohn der Magd

Gewöhnlich wird geglaubt,
die Sittlichkeit erwachse
wie eine Blüte auf der Kultur.
Genau das Gegenteil ist der Fall.
Kultur entwickelt sich nur,
wenn keine Religion und daher
keine Sittlichkeit vorhanden ist
(Griechenland, Rom, Moskau).
Leo N. Tolstoi, Tagebücher (1900)

Hochkultur ist Stadtkultur.
Oswald Spengler, Urfragen.
Fragmente aus dem Nachlass

Horaz hat recht.
Der Kultur Aufgabe ist:
docere, delectare, movere.
Frei übersetzt:
belehren, erregen, bewegen.
August Everding, Festrede zur Eröffnung des Berliner Abgeordnetenhauses am 28. April 1993

Ich würde ganz gern
in die Kulturpolitik eingreifen
– wenn es in Deutschland
überhaupt eine gäbe.
August Everding

In Zeiten der Kultur
steht jeder Mensch
an seiner richtigen Stelle.
Paul Ernst, Zusammenbruch und Glaube

Je mehr die Kultur der Länder
zunimmt, desto enger wird die Wüste,
desto seltner ihre wilden Bewohner.
Johann Gottfried Herder,
Ideen zur Philosophie der Geschichte der Menschheit

Jede Kultur muss einmal entscheiden,
aktiv erörtern und entscheiden, was sie
von alle dem, was sie umgibt, sei es
materiell oder ideell, demontieren und
in wirtschaftlichen Reichtum verwandeln will. Und was sie von den Werten
ihrer Zivilisation, angefangen bei der
Überzeugung, dass man beim Anblick
eines unberührten Berghangs Frieden
findet, bis hin zu dem Wissen, wie
man eine Firmenfusion finanziert,
um jeden Preis erhalten will.
Barry Lopez, Arktische Träume

Jede Kultur wird durch die Suggestion
eines unsichtbaren Hypnotiseurs
zusammengehalten
– durch künstlich erzeugte Illusion.
William Butler Yeats, Entfremdung

Kultur arbeitet Vergangenheit auf, lebt
Gegenwart und bereitet Zukunft vor.
Nein, mehr, Kultur ist Zukunft,
die heute noch nicht begriffen wird.
August Everding, Rede am 9. April 1992
im Stadttheater Bremerhaven

Kultur, das kommt von Kult
– und viel ur ist darin.
Und ur ist nicht nur urig,
es ist Urgewalt, es ist Ursprung,
es ist Urtrieb;
Kultur sollte dieses – ur – überwinden,
sollte das Tier, den Dämon,
den Teufel in uns an die Kette legen.
August Everding, Vortrag, gehalten am 21. November
1992 beim Europäischen Kulturforum in Baden-Baden

Kultur denkt man, fühlt man nicht
nur, Kultur muss man leben, besser,
mit Kultur muss man aufwachsen.
August Everding, Festrede zur Eröffnung des Berliner
Abgeordnetenhauses am 28. April 1993

Kultur hat die Hemmungen
als Basis ihres Bestands.
Klaus Mann, Krieg und Sexualität

Kultur ist das, was der Metzger hätte,
wenn er Chirurg geworden wäre.
Anthony Quayle

Kultur ist die Angewohnheit,
mit dem Besten zufrieden zu sein
und zu wissen – warum.
Henry van Dyke

Kultur ist eine Vision – entworfen
kraft der Phantasie eines Erfinders,
eines Pioniers, eines Phantasten,
eines Wirtschaftlers, eines Politikers.
Wir alle leben von der Vision einer
besseren, einer friedlichen Welt.
August Everding, Festrede zur Eröffnung des Berliner
Abgeordnetenhauses am 28. April 1993

Kultur ist Einheit
des künstlerischen Stils
in allen Lebensäußerungen
eines Volkes.
Friedrich Nietzsche

Kultur ist keine Zutat,
Kultur ist der Sauerstoff einer Nation.
August Everding, Vortrag, gehalten am 21. November
1992 beim Europäischen Kulturforum in Baden-Baden

Kultur ist Natur.
Ja, aber schlechte Natur,
Natur auf Abwegen,
weil sie ihrem Ziel entgegenwirkt:
dem Glück.
August Strindberg, Der Sohn der Magd

Kultur ist untrennbar von der Politik.
So wie nach Beuys – potenziell –
jeder Mensch ein Künstler ist,
so ist unser aller Tun politisch.
August Everding, Festrede zur Eröffnung des Berliner
Abgeordnetenhauses am 28. April 1993

Kultur muss Natur haben.
Peter Hille, Aphorismen

Kultur muss und will auch Sand in das
Getriebe werfen, um die Widerstandskraft des Materials zu prüfen (...).
Unsere Emissionen sind oft giftig, weil
sie dreckige Wirklichkeit zur Klärung
vorzuführen haben und nicht heile
Wirklichkeit. Die Umwelt muss durch
uns gestört, aufgestört werden, um
dann zur Beruhigung beizutragen.
August Everding, Vortrag vor dem Verein Deutscher
Eisenhüttenleute anlässlich des Eisenhüttentags
in Düsseldorf, 15. November 1991

Kulturgefühle sollte man nicht
in das Bild der Natur hineintragen.
Oswald Spengler, Urfragen.
Fragmente aus dem Nachlass

Mit Politik
kann man keine Kultur machen,
aber vielleicht kann man
mit Kultur Politik machen.
Theodor Heuss

Ohne alle Weltanschauung wäre
der Mensch ohne jegliche Kultur,
eine große zweifüßige Ameise.
Houston Stewart Chamberlain,
Die Grundlagen des 19. Jahrhunderts

Und während auf dem einen Teil der
Erdoberfläche große Völker den vorge-
schrittensten Kulturstufen angehören,
stehen andere Völkerschaften in den
verschiedensten Erdteilen auf den
verschiedensten Staffeln der Kultur-
entwicklung. Diese geben uns ein Bild
unserer eigenen Vergangenheit und
zeigen uns die Wege, welche die
Menschheit in dem langen Laufe
ihrer Entwicklung gegangen ist.
August Bebel, Die Frau und der Sozialismus

Unsere Kulturen
sind noch vorwiegend egoistisch,
darum ist auch
so wenig Segen in ihnen.
Christian Morgenstern, Stufen

Unsere Zivilisation hat die Erhaltung
und Entwicklung unserer inneren
Kultur zur notwendigen Voraussetzung.
Diese aber empfängt ihre Nahrung aus
zwei Quellen. Die erste kommt von dem
hellenischen Geiste her und empfing
ihre Erneuerung und Ergänzung in der
italienischen Renaissance. Sie tritt an
das Individuum mit der Forderung
heran: Denke, beobachte und gestalte!
Die zweite kommt aus dem Judentum
und dem Urchristentum. Sie ist gekennzeichnet durch die Maxime: Rette deine
Seele durch selbstlosen Dienst an der
menschlichen Gesellschaft. Wir können
in diesem Sinne von einer gestaltenden
und einer sittlichen Lebensquelle
unserer Kultur reden.
Albert Einstein, Über den Frieden

Welch loses Anhängsel
ist doch die Kultur!
Trink einen Edelmann unter den Tisch,
und er wird zum Wilden.
August Strindberg, Der Sohn der Magd

Wir gehören einer Zeit an,
deren Kultur in Gefahr ist,
an den Mitteln der Kultur
zugrunde zu gehen.
Friedrich Nietzsche, Menschliches, Allzumenschliches

Wo das Bewusstsein schwindet,
dass jeder Mensch
uns als Mensch etwas angeht,
kommen Kultur und Ethik ins Wanken.
Albert Schweitzer,
Verfall und Wiederaufbau der Kultur

Wo Kultur wegbricht,
wird Platz frei für Gewalt.
August Everding, Rede anlässl. der Protestveranstaltung
des Deutschen Bühnenvereins in Berlin, 27. Juni 1993

Kummer

Bei wem bleibt Kummer gerne,
zieht auch am liebsten ein?
Bei denen, die ihn warten
und fleißig bei ihm sein.
Friedrich von Logau, Sinngedichte

Den Mann, der sich um Fernes
nicht bekümmert,
erwartet schon in nächster Nähe
Kummer.
Konfuzius, Gespräche

Der Kummer darf sich nicht
in unserem Herzen ansammeln
wie Wasser in einem trüben Tümpel.
Vincent van Gogh, Briefe

Der Kummer, der nicht spricht,
Raunt leise zu dem Herzen,
bis es bricht.
William Shakespeare, Macbeth (Malcolm)

Die verborgene Quelle des Humors
ist nicht Freude, sondern Kummer.
Mark Twain

Es ist leichter,
eigenen Kummer zu ertragen.
Anne Morrow Lindbergh,
Stunden von Gold – Stunden von Blei

Es schwinden jedes Kummers Falten,
Solang des Liedes Zauber walten.
Friedrich Schiller, Die Macht des Gesanges

Es tut wohl, den eigenen Kummer von
einem anderen Menschen formulieren
zu lassen. Formulierung ist heilsam.
Erich Kästner, Dr. Erich Kästners lyrische Hausapotheke

Frauen trösten uns
über jeden Kummer hinweg,
den wir ohne sie nicht hätten.
Jean Anouilh

Freude im Übermaß zeugt Kummer.
Chinesisches Sprichwort

Gleich ob Figur oder Landschaft, ich
möchte nicht sentimentale Schwermut
ausdrücken, sondern ernsten Kummer.
Vincent van Gogh, Briefe

Glück ist gut für den Körper,
aber Kummer stärkt den Geist.
Marcel Proust

Kein Kummer ohne seinen Trost.
Baltasar Gracián y Morales,
Handorakel und Kunst der Weltklugheit

Kein Tag ist frei von Kummer.
Lucius Annaeus Seneca, Die Troerinnen

Kummer lässt sich allein tragen.
Für das Glück
sind zwei Menschen erforderlich.
Elbert Hubbard

Kummer, nimm erst Gestalt!
Nur das Formlose ängstet und martert;
Hat sich der Feind mal gestellt,
halb ist gewonnen der Sieg.
Franz Grillparzer, Schwermut

Liebe heißt,
auch den Kummer zu teilen,
den man noch nicht hat.
Liselotte Pulver

Man gewinnt Stärke,
wenn man weiß,
dass man Kummer hat
und ihn ertragen kann.
Anne Morrow Lindbergh,
Stunden von Gold – Stunden von Blei

Welchen Grund wir
unserem Kummer auch geben,
meist sind Eigennutz und Eitelkeit
die Ursachen.
François de La Rochefoucauld, Reflexionen

Wer einen kleinen Zorn
bezwingen kann,
erspart sich hundert Jahre Kummer.
Chinesisches Sprichwort

Willst du ohne Kummer leben,
bezahle stets beim Mandarin
die Steuern.
Chinesisches Sprichwort

Zwischen Kummer und Freude
liegt nur Haaresbreite.
Sprichwort aus Spanien

Kunde

Das Schild ist's, das die Kunden lockt.
Jean de La Fontaine, Fabeln

Der Kunde ist der Schatz,
die Ware ist nur Stroh.
Chinesisches Sprichwort

Die Augen halte zu,
und deinen Beutel offen;
Ein solcher Kunde ist es,
auf den die Krämer hoffen.
Friedrich Rückert, Die Weisheit des Brahmanen

Nur die Kunden können Könige sein,
die sich wie Könige benehmen.
Erhard Blanck

Kunst

Aber der Inhalt des Lebens
ist unerschöpflich,
und das Medium der Kunst
ist begrenzt.
Friedrich Hebbel, Über das Drama

Alle Kunst gefällt nur, wenn sie den
Charakter der Leichtigkeit hat. Sie
muss wie improvisiert erscheinen.
Johann Wolfgang von Goethe, überliefert von Friedrich Wilhelm Riemer (Mittheilungen über Goethe)

Alle Kunst ist
Entwicklung von Vorstellungen,
wie alles Denken
Entwicklung von Begriffen ist.
Konrad Fiedler, Schriften zur Kunst. Bd. 2

Alle Kunst ist Nachahmung der Natur.
Lucius Annaeus Seneca, Moralische Briefe

Alle Kunst ist schwer,
und wer sie beurteilen will,
muss durchaus die Teilnahme
und den Respekt mitbringen,
die aller ehrlichen Arbeit gebührt.
Theodor Fontane, Briefe

Alle Kunst ist seelische Bewegung,
hervorgerufen durch die Mittel
der betreffenden Kunst.
Henry von Heiseler, Sämtliche Werke

Alle Kunst ist sozial bedingt,
doch nicht alles in der Kunst
ist soziologisch definierbar.
Arnold Hauser, Methoden moderner Kunstbetrachtung

Alle Kunst ist zugleich Oberfläche
und Symbol.
Oscar Wilde, Das Bildnis des Dorian Gray

Alle Künste sind gut,
ausgenommen
die langweilige Kunst.
Voltaire

Allein die Kunst ist unerschöpflich.
Johann Joachim Winckelmann,
Kleine Schriften, Vorreden, Entwürfe

Allem Leben, allem Tun, aller Kunst
muss das Handwerk vorausgehen,
welches nur in der Beschränkung
erworben wird.
Johann Wolfgang von Goethe,
Wilhelm Meisters Wanderjahre

Alles Erzeugnis der Kunst
ist Symbol der Offenbarung,
und da hat oft der auffassende Geist
mehr teil an der Offenbarung
als der erzeugende.
Bettina von Arnim,
Goethes Briefwechsel mit einem Kinde

ALLES ist kunst,
was als kunst begriffen wird.
Timm Ulrichs, in: (Katalog) Timm Ulrichs (Kunstverein Braunschweig 1975)

Allzu oft begibt es sich,
dass unser analytisches Reflektieren
über Kunst eigentlich bloß
dem Spiegelwerke im Tempel
zu Smyrna gleicht, welches
auch das holdeste Bild nur
als ein verzerrtes zurückwirkt.
Edgar Allan Poe, Marginalien

Anderseits ist aber,
wie längst bekannt,
jede Kunst ideal.
Kurt Badt, Kunsttheoretische Versuche

Auch die Kunst ist Himmelsgabe,
Borgt sie gleich von ird'scher Glut.
Friedrich Schiller, Punschlied

Auch die Kunst ist revolutionäres Tun.
Renato Guttuso, Das Handwerk der Maler

Auch in Beziehung auf die Kunst
ist die Geschichte der Menschheit
ein zusammenhängendes Ganzes,
auch hier überliefert das eine Volk
dem andern, was es erreicht hatte,
und das Ziel ist ein gemeinsames,
nach dem alle streben.
Carl Schnaase,
Geschichte der bildenden Künste bei den Alten

Aufgefordert, in aller Kürze
den Begriff Kunst zu definieren,
könnte ich ihn nur bezeichnen
als die Reproduktion dessen,
was unsere Sinne durch den Schleier
der Seele von der Natur wahrnehmen.
Edgar Allan Poe, Marginalien

Aus dem Verlangen
nach dem Überflüssigen
ist die Kunst entstanden.
Marie von Ebner-Eschenbach, Aphorismen

Buonarroti fing an,
den Block zur Büste zu bilden,
Sah, es wurde nichts draus,
Freunde, da ließ er ihn stehn.
Johann Wolfgang von Goethe/Friedrich Schiller,
Xenien

Da die Kunst die Natur nachahmt,
und die Natur alles immer so gut
wie ihr nur möglich ist macht,
ist auch die Kunst irrtumsfrei
wie die Natur.
Robert Grosseteste, De gener. son

Damit es Kunst gibt, damit es irgendein ästhetisches Tun und Schauen gibt,
dazu ist eine physiologische Vorbedingung unumgänglich: der Rausch.
Der Rausch muss erst die Erregbarkeit
der ganzen Maschine gesteigert haben:
Eher kommt es zu keiner Kunst.
Friedrich Nietzsche, Götzen-Dämmerung

Darum eben ist die Kunst
die Sprache des Unaussprechlichen,
ist nur Fühlen, dem sich kein Mensch
in Worten Rechenschaft geben kann.
Julius Hebing, Lebenskreise – Farbenkreise

Das erste Kind der menschlichen,
der göttlichen Schönheit ist die Kunst.
In ihr verjüngt und wiederholt
der göttliche Mensch sich selbst.
Friedrich Hölderlin, Hyperion

Das Geheimnis der Kunst liegt darin,
dass man nicht sucht, sondern findet.
Pablo Picasso

Das Geistige eines Kunstwerks
besteht nicht darin,
über was es spricht,
sondern zu wem es spricht.
Moritz Heimann, Die Wahrheit liegt nicht in der Mitte

Das Gute ist ein Kennzeichen
wahrer Kunst.
Leo N. Tolstoi, Tagebücher (1889)

Das Hauptziel der Kunst, wenn
es Kunst gibt und sie ein Ziel hat,
besteht darin, die Wahrheit
über die Seele des Menschen
zu offenbaren, zu verkünden,
Geheimnisse auszusprechen,
die sich mit einfachen Worten
nicht sagen lassen.
Leo N. Tolstoi, Tagebücher (1896)

Das höchste irdische Gut
ist die Kunst,
die Darstellung des Göttlichen
im Kleide des Reizes.
Adalbert Stifter, Stammbuchblatt

Das Ideal ist die Harmonie.
Nur die Kunst fühlt dies.
Leo N. Tolstoi, Tagebücher (1863)

Das ist die Kunst, das ist die Welt,
Dass eins ums andere gefällt.
Johann Wolfgang von Goethe, Modernes

Das Leben ist kurz,
die Kunst ist lang.
Hippokrates, Aphorismen

Das Leben ist stümperhaft,
allein die Kunst ist kunstvoll
– und deshalb von
nachhaltiger Wirkung.
Ralph-Rainer Wuthenow, Muse, Maske, Meduse

Das menschlich Höchste
für den Menschen ist
nach der Religion die Kunst,
die ja in allen ihren Zweigen
auch der Religion dient.
Selbst das Landschaftsbild
ist als Bild eines göttlichen Werkes
religiös, und es wird desto mehr
und desto schöner,
je tiefer es göttliches Walten
darzustellen imstande ist.
Adalbert Stifter,
Die oberösterreichische Kunstausstellung (1863)

Das Schlechte gewinnt
durch die Nachahmung an Ansehen,
das Gute verliert dabei
– namentlich in der Kunst.
Friedrich Nietzsche, Menschliches, Allzumenschliches

Das Schlichte
ist in allen Künsten
das Schönere.
Martin Luther, Tischreden

Das Spiel des Kälbchens
besteht im Herumspringen,
das Spiel des Menschen
in Sinfonien, Bildern,
Poemen, Romanen.
Leo N. Tolstoi, Tagebücher (1896)

Das Urteil der Bourgeoisie
in den Dingen der Kunst
ist naiv und brutal.
Sully Prudhomme, Intimes Tagebuch

Das Werk des Meisters
riecht nicht nach Schweiß,
verrät keine Anstrengung
und ist von Anfang an fertig.
James Abbott MacNeill Whistler,
The gentle art of making enemies

Das Zwielicht ist der Raum des
Dichters und der Kunst überhaupt.
Wo die Vernunft an die Sinnlichkeit
und die Sinnlichkeit an die Vernunft
grenzt, ist der Mensch in seinem
schönsten Spiele.
Johann Gottfried Seume, Apokryphen

Dass die Kunst aus dem Inneren
des Menschen hervorgehen muss,
ja von seinem sittlich-religiösen Wert
abhängt, ist manchen ein töricht Ding.
Caspar David Friedrich, Äußerungen bei Betrachtung
einer Sammlung von Gemälden

Den heutigen »Artisten«
ins Stammbuch:
Kunst ist die liebend überwundene,
nicht die verächtlich übergangene
Künstlichkeit der Regeln.
Heinz Piontek, Buchstab – Zauberstab

Denjenigen Dingen, die durch Kunst
entstehen, wohnt ein Ziel und ein
Zweck inne, denn immer wird der
Künstler dir über den Grund Rechenschaft geben, aus dem und um dessentwillen er z.B. etwas gemalt hat;
und dieser Zweck steht immer höher
als das, was um seinetwillen geschieht.
Aristoteles, Protreptikos

Denn die Kunst
ist die Äußerung einer Kultur,
ist die sichtbar gewordene Steigerung
eines Lebensgefühls.
Franz W. Seiwert, Schriften

Denn die Kunst ist ein
auf geradezu geheimnisvolle Art
gesunder Organismus,
der sich stets in der Richtung
des Wesentlichen erneuert.
Kurt Hofer, Aus Leben und Kunst

Denn die Kunst ist eine geistige Macht,
und wir können – als Historiker –
nie geistig genug von ihr denken.
Kurt Badt, Eine Wissenschaftslehre der Kunstgeschichte

Denn Kunst ist nichts anderes
als Gestaltung mit beliebigem Material.
Kurt Schwitters, Das literarische Werk. Bd. 5

Denn wie die höchste Kunst
ein Erzeugnis des Gesamtvolkes ist,
wirkt sie auf dies Volk unmittelbar
mit gestaltender Kraft zurück.
Alfred Lichtwark, Eine Auswahl seiner Schriften

Der alte Satz: Aller Anfang ist schwer,
gilt nur für Fertigkeiten. In der Kunst
ist nichts schwerer als beenden.
Marie von Ebner-Eschenbach, Aphorismen

Der Bürger wünscht die Kunst üppig
und das Leben asketisch;
umgekehrt wäre es besser.
Theodor W. Adorno, Ästhetische Theorie

Der Endzweck der Wissenschaft
ist Wahrheit;
der Endzweck der Künste hingegen
ist Vergnügen.
Gotthold Ephraim Lessing, Laokoon

Der Kunstgeist ist und bleibt
dem Menschen ein ewiges Geheimnis,
wobei er schwindelt, wenn er
die Tiefen desselben ergründen will.
Wilhelm Heinrich Wackenroder, Herzensergießungen
eines kunstliebenden Klosterbruders

Der Standpunkt
der Kunst eines Volkes
ist immer der Standpunkt
seiner Menschlichkeit.
Adalbert Stifter,
Die oberösterreichische Kunstausstellung (1863)

Der überladene Stil in der Kunst
ist die Folge einer Verarmung
der organisierenden Kraft bei
verschwenderischem Vorhandensein
von Mitteln und Absichten.
Friedrich Nietzsche, Menschliches, Allzumenschliches

Der Unterschied
zwischen Kunst und Unterhaltung
ist eine absurde Trennung,
die nur in Deutschland gemacht wird.
Johannes Schaaf

Der wahre Kunstrichter folgert
keine Regeln aus seinem Geschmacke,
sondern hat seinen Geschmack
nach den Regeln gebildet,
welche die Natur der Sache erfordert.
Gotthold Ephraim Lessing, Hamburgische Dramaturgie

Die allerschwerste Kunst
ist aber die Regierungskunst.
Karl Julius Weber, Democritos

Die bloße Imitation der Natur,
wie akkurat sie immer sein mag,
berechtigt den Menschen
noch lange nicht,
sich den heiligen Namen
»Künstler« beizulegen.
Edgar Allan Poe, Marginalien

Die eigentliche Kunst also
wäre es zu lieben,
ohne den zugehörigen Hass
zu speichern.
Elias Canetti, Die Provinz des Menschen.
Aufzeichnungen 1942–1972

Die einfachen, die unkomplizierten
Künste gedeihen zur Vollkommenheit
schon an ihrem Ursprung.
Alle komplexe Kunst aber bedarf der
langsamen und mühevollen Erfahrung
vieler Epochen.
Edgar Allan Poe, Marginalien

Die einzig wahre Quelle der Kunst ist
unser Herz, die Sprache eines reinen
kindlichen Gemütes. Ein Gebilde,
nicht aus diesem Borne entsprungen,
kann nur Künstelei sein.
Caspar David Friedrich, Äußerung bei Betrachtung
einer Sammlung von Gemälden

Die erste künstlerische Tat
des Menschen war, zu schmücken
und vorzüglich seinen eigenen Leib
zu schmücken. Im Schmuck,
der Erstgeborenen der Künste,
finden wir den Keim aller anderen.
José Ortegy y Gasset

Die gesamte bestehende Kunst ist
– mit einigen ganz geringen
Ausnahmen – der großen Masse
der Gesellschaft, nämlich dem
arbeitenden Volke, unverständlich.
Rosa Luxemburg, Schriften über Kunst und Literatur

Die höchste Absicht der Kunst ist,
menschliche Formen zu zeigen,
so sinnlich bedeutend und so schön,
als es möglich ist.
Johann Wolfgang von Goethe,
Maximen und Reflexionen

Die höchste Form der Kunst
ist das Gesamtkunstwerk,
in dem die Grenzen zwischen Kunst
und Nichtkunst aufgehoben sind.
Kurt Schwitters

Die Kritik ist leicht,
die Kunst ist schwer.
Philipp Destouches, Der Ruhmredige

Die Kunst aber ist etwas Sinnliches
und Sichtbares, und ihre Werke müssen gleichermaßen beschaffen sein.
Friedrich Georg Jünger, Gespräche

Die Kunst aber zeigt uns
auch in dem Zeitlichen selbst die vollkommene Gegenwart des Höchsten;
sie adelt dieses Zeitliche und heiligt
so schon unser irdisches Leben.
Karl Solger, Über den Ernst in der Ansicht

Die Kunst an und für sich selbst
ist edel; deshalb fürchtet sich der
Künstler nicht vor dem Gemeinen.
Ja indem er es aufnimmt, ist es schon
geadelt, und so sehen wir die größten
Künstler mit Kühnheit ihr Majestätsrecht ausüben.
Johann Wolfgang von Goethe,
Maximen und Reflexionen

Die Kunst darf nie
populär sein wollen. Das Publikum
muss künstlerisch werden.
Oscar Wilde

Die Kunst, das heißt die Künstler,
sie dienen den Menschen nicht,
sondern beuten sie stattdessen aus.
Leo N. Tolstoi, Tagebücher (1897)

Die Kunst des Kreativen besteht in
der Gabe, das Besondere zu erfassen,
es ins Allgemeine zu verwandeln
und damit ein neues Besonderes
zu erschaffen.
Yehudi Menuhin,
Kunst als Hoffnung für die Menschheit

Die Kunst des Nachdenkens
besteht in der Kunst (...),
das Denken genau vor dem
tödlichen Augenblick abzubrechen.
Thomas Bernhard, Gehen (1971)

Die Kunst, die verfolgte,
findet überall eine Freistatt;
erfand doch Dädalus,
eingeschlossen im Labyrinthe,
die Flügel, die ihn oben hinaus
in die Luft emporhoben.
Ludwig van Beethoven, Briefe

Die Kunst eines Volkes
ist der Zeiger
seiner sittlichen Höhe.
Adalbert Stifter, Die Poesie und ihre Wirkungen

Die Kunst entwickelt sich durch
wilde Romantik weiter durch den
wild-nüchternen Naturalismus.
Sie ist in ihrem Bestreben nicht umgeschlagen, sie hat unablässig versucht,
Ausdruck des Sehnens der Menschheit
zu sein.
Tania Blixen, Motto meines Lebens

Die Kunst erhebt ihr Haupt,
wo die Religionen nachlassen.
Friedrich Nietzsche, Menschliches, Allzumenschliches

Die Kunst geht unter,
und die Kritik taucht auf.
Francesco De Sanctis,
Über die Wissenschaft und das Leben

Die Kunst gibt nicht
das Sichtbare wieder,
sondern macht sichtbar.
Paul Klee

Die Kunst gibt sich selbst Gesetze
und gebietet der Zeit.
Johann Wolfgang von Goethe,
Über den Dilettantismus

Die Kunst hält die Mitte
zwischen Natur und Menschheit.
Das Symbol ist hier reiner
als in der Menschheit,
es ist toter als in der Natur.
Théodore Jouffroy, Das grüne Heft

Die Kunst hat das Handwerk nötiger
als das Handwerk die Kunst.
Franz Kafka

Die Kunst hat es mit dem Leben,
dem innern und äußern, zu tun,
und man kann wohl sagen,
dass sie beides zugleich darstellt,
seine reinste Form
und seinen höchsten Gehalt.
Friedrich Hebbel, Über das Drama

Die Kunst hat nie
ein Mensch allein besessen.
Johann Wolfgang von Goethe,
Künstlers Apotheose (Meister)

Die Kunst hat Schwingen,
die Wissenschaft hat Krücken.
Georges Braque

Die Kunst hungert und lungert, dass
das Handwerk einen goldenen Boden
habe, auf dem sie selig tanzen könnte,
das will sie sich nicht sagen lassen!
Drum, sie ist nicht stolz,
sondern – eitel.
Emil Gött, Zettelsprüche. Aphorismen

Die Kunst ist alt.
Und die alte Kunst
ist oft neuer
als die neue.
Christian Schad, In: Centre G. Pompidou Paris (Hrsg.),
(Katalog) Paris-Berlin 1979

Die Kunst ist auch Magie,
sie beschwört auch den Geist
in eine erhöhte sichtbare Erscheinung,
und der Geist geht auch
über die Schmerzensbrücke
bis innerhalb des magischen Kreises.
Bettina von Arnim,
Goethes Briefwechsel mit einem Kinde

Die Kunst ist auch von der Natur nicht
zu trennen. Der Mensch und die Tiere
verspüren in sich den – wie man
im Deutschen sagt – »Drang« nach
Schönheit. Keine menschliche
Kunstschöpfung, ob sie nun aus
dem Bereich des Sichtbaren oder
des Hörbaren kommt, hat nicht auch
eine Entsprechung in der Tierwelt.
Yehudi Menuhin,
Ich bin fasziniert von allem Menschlichen

Die Kunst ist (...) aufs Strengste
an die Natur gebunden,
sie kann nichts erreichen
und sie soll nichts erstreben,
was schlechthin über sie hinausgeht.
Ernst Cassirer, Die Philosophie der Aufklärung

Die Kunst ist aus Geist geboren
und nur darum schön,
weil sie geisterzeugt ist.
Herman Nohl, Die ästhetische Wirklichkeit

Kunst ist das Bemühen,
neben der wirklichen Welt
eine menschlichere Welt
zu schaffen.
André Maurois

Die Kunst ist das einzige Seriöse
auf der Welt.
Und der Künstler ist der einzige,
der nie seriös wird.
Oscar Wilde

Die Kunst ist das Gewissen
der Menschheit.
Friedrich Hebbel, Tagebücher

Die Kunst ist das Spiel
der menschlichen Freiheit
mit sich selbst.
Heinz Winfried Sabais, in: Katalog Realismus und
Realität (Kunsthalle Darmstadt 1975)

Die Kunst ist das Wahre:
das Wissen, was
»mit dem Leben gemeint« ist.
Hans Egon Holthusen, Das Schöne und das Wahre

Die Kunst
ist der Ausdruck der Schönheit,
die Plato mit den Worten umschreibt:
»Schönheit ist die Pracht der Wahrheit«,
womit gesagt sein soll,
dass wir die Augen offen halten,
die Natur betrachten müssen.
Ferdinand Hodler, in: S. Rudolph (Hrsg.), Die Krise
der Kunst in Malerbriefen aus dem 19. Jahrhundert

Die Kunst ist das große Stimulans
zum Leben: Wie könnte man sie
als zwecklos, als ziellos,
als l'art pour l'art verstehn?
Friedrich Nietzsche, Götzen-Dämmerung

Die Kunst ist der Grund
für das Leben geworden.
Wilhelm Genazino, Beruf: Künstler

Die Kunst ist der Spiegel
der innersten Seele.
Bettina von Arnim,
Goethes Briefwechsel mit einem Kinde

Die Kunst ist die Blüte,
die Vollendung der Natur,
Natur wird erst göttlich
durch die Verbindung
mit der verschiedenartigen,
aber harmonischen Kunst.
Friedrich Hölderlin, Grund zum Empedokles

Die Kunst ist die höchste Kraft,
sie ist erhaben, heilsam und geheiligt;
sie führt zur Reife.
Odilon Redon, Selbstgespräche

Die Kunst
ist die irdische Schwester
der Religion.
Adalbert Stifter

Die Kunst ist die künstlerisch logische
Gestaltung optischer oder akustischer
Elemente.
Herwarth Walden, Einblick in die Kunst

Die Kunst ist die Mittlerin
zwischen Gott und unserer Seele.
Giovanni Segantini, Schriften und Briefe

Die Kunst ist die Schöpfung
unseres Geistes,
zu der die Natur
nur die Gelegenheit gegeben hat.
Maurice Denis, in: W. Hess, Das Problem der Farbe in
den Selbstzeugnissen moderner Maler

Die Kunst ist die stärkste Form
von Individualismus,
welche die Welt kennt.
Oscar Wilde,
Die Seele des Menschen unter dem Sozialismus

Die Kunst ist ein Ausfluss
des Edelsten und Besten
unseres Innern.
Ludwig Richter,
Lebenserinnerungen eines deutschen Malers

Die Kunst
ist ein individuelles Werk.
Wladyslaw Tatarkiewicz, Geschichte der Ästhetik. Bd. 2

Die Kunst ist ein Mittel zur Unterscheidung zwischen Gut und Böse,
ein Mittel, das Gute zu erkennen.
Leo N. Tolstoi, Tagebücher (1890)

Die Kunst ist ein Mittel,
die Dinge der Welt in Besitz zu nehmen
– sei es durch Gewalt,
sei es durch Liebe.
Arnold Hauser, Methoden moderner Kunstbetrachtung

Die Kunst ist ein Produkt des Menschen.
Friedrich Schlegel, Kritische Ausgabe. Bd. 16

Die Kunst ist ein so schönes Spielwerk,
um den unruhigen, ewig begehrenden
Menschengeist auf sich selbst zurückzuführen, um ihn denken zu lehren
und sehen.
Bettina von Arnim,
Goethes Briefwechsel mit einem Kinde

Die Kunst ist ein so überaus reines
und selbstzufriedenes Wesen,
dass es sie kränkt, wenn man sich
um sie bemüht.
Robert Walser, Das Gesamtwerk. Bd. 1

Die Kunst ist ein Spiel.
Der hat das Nachsehen,
der sich eine Pflicht daraus macht.
Max Jacob, Ratschläge für einen jungen Dichter

Die Kunst ist ein Unendliches,
jedes Kunstwerk ein Bruchstück,
trotzdem es als ein Vollständiges
erscheint.
Konrad Fiedler, Schriften zur Kunst. Bd. 2

Die Kunst ist eine Äußerung
des geistigen Lebens des Menschen,
und wie das lebende Tier atmet
und das Produkt seines Atmens
ausscheidet, so bringt die Menschheit,
wenn sie lebt, Kunst hervor.
Daher muss sie in jedem gegebenen
Augenblick – zeitgenössische,
Kunst unserer Zeit sein.
Leo N. Tolstoi, Tagebücher (1896)

Die Kunst ist eine hohe Dame.
Sei also nicht ungezogen und warte,
bis du angesprochen wirst.
Karl Heinrich Waggerl

Die Kunst ist eine intellektuelle
Funktion, gesund, stark und wahr
und nur eine andere Form der Denk-
fähigkeit. Sie ist kein Delirium,
sondern eine Philosophie.
Marianne von Werefkin,
Briefe an einen Unbekannten, 1901–1905

Die Kunst
ist eine klare gesetzmäßige Sache.
Franz W. Seiwert, Schriften

Die Kunst ist eine Metapher
für das Unsterbliche.
Ernst Fuchs, in: A. Müller, Entblößungen

Die Kunst ist eine sehr öffentliche
Angelegenheit und Gegenstand
eines sehr allgemeinen Interesses.
Konrad Fiedler, Schriften zur Kunst. Bd. 1

Die Kunst ist eine so reine
himmlische Region,
zu der sich wenige ganz
erhoben haben und die nur
im Glauben daran erkannt
und völlig begriffen werden kann.
Philipp Otto Runge, Von einer neuen religiösen Kunst

Die Kunst ist eine Sprache
ganz anderer Art als die Natur;
aber auch ihr ist, durch ähnlich
dunkle und geheime Wege,
eine wunderbare Kraft
auf das Herz des Menschen eigen.
Wilhelm Heinrich Wackenroder, Herzensergießungen
eines kunstliebenden Klosterbruders

Die Kunst ist eine Vermittlerin
des Unaussprechlichen;
darum scheint es eine Torheit,
sie wieder durch Worte
vermitteln zu wollen.
Doch indem wir uns darin bemühen,
findet sich für den Verstand
so mancher Gewinn,
der dem ausübenden Vermögen
auch wieder zugute kommt.
Johann Wolfgang von Goethe,
Maximen und Reflexionen

Die Kunst ist eine Zusammenarbeit
zwischen Gott und den Menschen.
Je weniger der Mensch dabei tut,
desto besser.
André Gide

Die Kunst
ist eine zusammengepresste Natur,
und die Natur
eine zusammengepresste Kunst.
Friedrich Hebbel, Tagebücher

Die Kunst ist etwas Natürliches und
Menschliches wie Gehen oder Beten:
aber sobald einer recht feierlich
von Kunst zu sprechen anfängt,
darf man fast bestimmt annehmen,
dass es mit der Sache einen Haken hat.
Gilbert Keith Chesterton, Heretiker

Die Kunst ist fast so alt
wie der Mensch.
Ernst Fischer, Von der Notwendigkeit der Kunst

Die Kunst ist Heiligung
der sinnlichen Natur.
Bettina von Arnim,
Goethes Briefwechsel mit einem Kinde

Die Kunst ist heute nicht liberal,
sie kann es nicht sein.
Unerbittliche Kräfte binden sie
in ein ideologisches
und wirtschaftliches Netz.
Renato Guttuso, Das Handwerk der Maler

Die Kunst ist ihrem Wesen nach ideal,
sonst hört sie auf, Kunst zu sein.
Konrad Fiedler, Schriften zur Kunst. Bd. 2

Die Kunst ist im Niedergang begriffen,
die sich von der Darstellung der Leidenschaft zu der des Lasters wendet.
Marie von Ebner-Eschenbach, Aphorismen

Die Kunst ist keine Unterwerfung,
sie ist Eroberung.
André Breton, in: G. Metken (Hrsg.),
Als die Surrealisten noch Recht hatten

Die Kunst ist nach meiner Meinung
die einzige evolutionäre Kraft.
Das heißt, nur aus der Kreativität
des Menschen heraus
können sich die Verhältnisse ändern.
Joseph Beuys,
in: G. Adriani/W. Konnertz/K. Thomas, Joseph Beuys

Die Kunst ist nicht
Fälschung der Erfahrung,
sondern Erweiterung derselben.
Konrad Fiedler, Schriften zur Kunst. Bd. 2

Die Kunst ist nicht mitteilbar.
Sie ist eine Gabe der Vorsehung.
Hermann Grimm,
Neue Essays über Kunst und Literatur

Die Kunst ist nicht
unbewusstes Verhalten,
sie ist bewusstes Fühlen.
David Herbert Lawrence,
in: Ch. Caudwell, Studien zu einer sterbenden Kultur

Die Kunst ist nur Kunst,
wo sie sich Selbstzweck,
wo sie absolut frei,
sich selbst überlassen ist,
wo sie keine höheren Gesetze kennt
als ihre eigenen,
die Gesetze der Wahrheit
und der Schönheit.
Ludwig Feuerbach, Pierre Bayle

Die Kunst ist nur
Mittel der Erkenntnis.
Bazon Brock, Ästhetik als Vermittlung

Die Kunst ist sehr herabgekommen.
Wenn man bedenkt, zu was für einem
Zweck man sich jetzt ihrer bedient,
so muss man bedauern,
dass der Verfall so allgemein ist.
Franz Pforr, in: E. H. Gombrich, Kunst und Fortschritt

Die Kunst ist über dem Menschen:
Wir können die herrlichen Werke
ihrer Geweihten nur bewundern
und verehren und, zur Auflösung
und Reinigung aller unsrer Gefühle,
unser ganzes Gemüt vor ihnen auftun.
Wilhelm Heinrich Wackenroder, Herzensergießungen
eines kunstliebenden Klosterbruders

Die Kunst ist unendlich,
endlich aller Künstler
Wissen und Können.
Caspar David Friedrich, Über Kunst und Kunstgeist

Die Kunst
ist von der Wissenschaft verschieden,
beide haben je verschiedene Aufgaben,
doch der Universalismus
ist ihnen gemeinsam.
Wladyslaw Tatarkiewicz, Geschichte der Ästhetik. Bd. 1

Die Kunst ist
Wiedergabe der Wirklichkeit,
eine wiederholte, sozusagen
neugeschaffene Welt.
Wissarion G. Belinskij, Ein Lesebuch für unsere Zeit

Die Kunst ist wiederum ganz
anderswo: Sie hebt sich ab
von den Vielzuvielen.
Beat Wyss, Trauer der Vollendung

Die Kunst ist Zeugnis,
dass die Sprache
einer höheren Welt
deutlich in der unsern
vernommen wird.
Bettina von Arnim,
Goethes Briefwechsel mit einem Kinde

Die Kunst ist »zu Ende gedacht«,
in Nichts aufgelöst.
Das Nihil ist alles,
was übrig bleibt.
Hans Richter, DADA – Kunst und Antikunst

Die Kunst ist zwar nicht das Brot,
aber der Wein des Lebens.
Jean Paul, Sämtliche Werke, 1. Abt. Bd. 16

Die Kunst kann nicht trösten;
sie verlangt schon Getröstete.
Ernst von Feuchtersleben, Aphorismen

Die Kunst kann niemand fördern
als der Meister. Gönner fördern den
Künstler, das ist recht und gut;
aber dadurch wird nicht immer
die Kunst gefördert.
Johann Wolfgang von Goethe,
Maximen und Reflexionen

Die Kunst kann nur durch die Natur,
mit der Natur wuchern,
ohne sie kann sie nichts.
Karoline von Günderode, Briefe
(an Gunda Brentano, 24. November 1801)

Die Kunst,
mit den Menschen nicht umzugehen,
könnte auch noch geschrieben werden.
Emil Gött, Gedichte, Sprüche und Aphorismen

Die Kunst muss das Medium sein
und von dazu Verbündeten absichtlich
geleitet werden, die Menschheit
durch religiösen Sinn zu veredeln
und zu verbinden.
Zacharias Werner, an E. F. Peguilhen
(5. Dezember 1803)

Die Kunst muss nichts,
die Kunst darf alles.
Ernst Fischer

Die Kunst, o Mensch, hast du allein.
Friedrich Schiller, Die Künstler

Die Kunst
soll sich ein Ziel geben,
das stets zurückweicht.
Antoine Comte de Rivarol, Maximen und Reflexionen

Die Kunst soll vor allem
und zuerst das Leben verschönern,
als uns selber den anderen erträglich,
womöglich angenehm machen.
Friedrich Nietzsche, Menschliches, Allzumenschliches

Die Kunst sollte nie versuchen,
volkstümlich zu sein.
Das Publikum sollte
vielmehr versuchen,
künstlerisch zu empfinden.
Oscar Wilde,
Die Seele des Menschen unter dem Sozialismus

Die Kunst steckt in der Natur;
wer sie herausreißen kann, der hat sie.
Albrecht Dürer, Proportionslehre

Die Kunst steht im Dienste
der Menschheit.
Sie hat eine höhere Aufgabe,
als nur das darzustellen,
was erfreut und gefällt.
Marie von Ebner-Eschenbach, Aphorismen

Die Kunst stellt uns die höchste
menschliche Vollendung dar.
Wilhelm Heinrich Wackenroder, Herzensergießungen
eines kunstliebenden Klosterbruders

Die Kunst tritt als Mittlerin
zwischen die Natur und den Menschen.
Das Urbild ist der Menge zu groß,
zu erhaben, um es erfassen zu können.
Das Abbild als Menschenwerk
liegt näher den Schwachen,
und so erklärt sich auch wohl
die öfter gehörte Äußerung, dass
das Abbild mehr gefalle
als die Natur.
Caspar David Friedrich, Äußerung bei Betrachtung
einer Sammlung von Gemälden

Die Kunst,
und besonders die moderne Kunst,
ist ausdrücklich irrational und kann
sich nicht auf Rationalität stützen,
ebenso wie der Glaube.
Willi Baumeister, Das Unbekannte in der Kunst

Die Kunst verhält sich so
zu den Machbarkeiten
wie die Klugheit
zu den Handlungen,
denn die Kunst ist der rechte Begriff
des Machbaren.
Johannes Duns Scotus, Coll. I, n. 19

Die Kunst verhält sich zur Natur
wie der Wein zur Traube.
Franz Grillparzer

Die Kunst versieht nebenbei
die Aufgabe, zu konservieren,
auch wohl erloschene,
verblichene Vorstellungen
ein wenig wieder aufzufärben;
sie flicht, wenn sie diese Aufgabe löst,
ein Band um verschiedene Zeitalter
und macht deren Geister wiederkehren.
Friedrich Nietzsche, Menschliches, Allzumenschliches

Die Kunst! Wer versteht die?
– mit wem kann man sich bereden
über die große Göttin?
Ludwig van Beethoven, Briefe

Die Kunst, will sie geachtet sein,
muss sie sittlich Gutes hervorbringen.
Und will man wissen, was das Gute ist,
muss man eine Weltanschauung,
einen Glauben haben.
Leo N. Tolstoi, Tagebücher (1889)

Die Künste sind das,
zu was wir sie machen wollen.
Es liegt nur an uns,
wenn sie uns schädlich sind.
Gotthold Ephraim Lessing,
Das Neueste aus dem Reiche des Witzes

Die Künste sind eines der wenigen
bekannten Mittel gegen die Blässe
der Genauigkeit und das unterkühlte
Hochgefühl der Naturwissenschaften.
Peter Ustinov, Peter Ustinovs geflügelte Worte

Die Natur ahmt nicht die Kunst nach,
sondern diese die Natur,
und wenn sie ihr zu Hilfe kommt,
so kann sie das vollenden,
was die Natur noch unvollendet
gelassen hat.
Aristoteles, Protreptikos

Die Natur neigt zum Tode,
die Kunst kaum zum Leben.
Emil Gött, Im Selbstgespräch

Die Natur wirkt nach Gesetzen,
die sie sich in Eintracht
mit dem Schöpfer vorschrieb,
die Kunst nach Regeln,
über die sie sich
mit dem Genie einverstanden hat.
Johann Wolfgang von Goethe,
Maximen und Reflexionen

Die Rolle der Kunst besteht darin,
den Sinn ihrer Epoche zu erfassen
und in der Zurschaustellung
jener praktischen Schlichtheit
über ein Mittel gegen die Schönheit
des Unnützen, das den Überfluss
fördert, zu verfügen.
Jean Cocteau, Hahn und Harlekin

Die schönen Künste
haben zum Hauptzweck
nur das Vergnügen.
Adolph Freiherr von Knigge,
Über den Umgang mit Menschen

Die Schönheit
ist für die heutige Kunst gestorben.
Sie lebt nur mehr in Werken,
die hundert oder mehr Jahre alt sind
und Immunität genießen.
Die Gegenwart gehört
der Mülldeponie.
Ephraim Kishon, Kishon für alle Fälle

Die Technik im Bündnis
mit dem Abgeschmackten ist die
fürchterlichste Feindin der Kunst.
Johann Wolfgang von Goethe,
Maximen und Reflexionen

Die wahre Vermittlerin ist die Kunst.
Über Kunst sprechen heißt,
die Vermittlerin vermitteln wollen,
und doch ist uns daher
viel Köstliches erfolgt.
Johann Wolfgang von Goethe,
Maximen und Reflexionen

Die Wahrheit und Einfachheit
der Natur sind immer die letzten
Grundlagen einer bedeutenden Kunst.
Paul Ernst, Der Weg zur Form

Die Wirkungen der Kunst
beruhen nicht auf Illusion,
sondern auf Ideenassoziationen.
Arthur Schnitzler, Buch der Sprüche und Bedenken

Die Zeit ist kurz, die Kunst ist lang.
Johann Wolfgang von Goethe, Faust I (Faust)

Durch nichts wird ein Volk so schnell
und so edel gehoben und gebildet als
durch nachhaltige Anschauung wahrer
Kunst, so wie es durch nichts so
schnell entsittlicht wird als durch die
Einwirkung schlechter Kunst, sei es
durch schlechte Theater, schlechte
Gemälde, schlechte Dichtungen.
Adalbert Stifter, Der oberösterreichische Kunstverein

Eigentümlichkeit des Ausdrucks
ist Anfang und Ende aller Kunst.
Johann Wolfgang von Goethe,
Maximen und Reflexionen

Ein echtes,
ein zündendes Kunstwerk
kommt nur zustande,
wenn der Künstler sucht
– einem Ziel zustrebt.
Leo N. Tolstoi, Tagebücher (1896)

Ein Kunstwerk ist etwas,
das die Menschen entflammt,
alle in die gleiche Stimmung versetzt.
Leo N. Tolstoi, Tagebücher (1894)

Ein Neues habe ich gefunden:
Die wahre Kunst ist,
Unwirklichkeit üben.
Lovis Corinth,
in: Katalog Lovis Corinth (Kunsthalle Bremen 1975)

Ein Spiel mit ernsten Problemen.
Das ist Kunst.
Kurt Schwitters, Briefe

Eine junge Künstlergeneration
gebärdet sich immer so,
als gälte es, die Kunst
überhaupt erst zu erschaffen.
Jakob Boßhart, Bausteine zu Leben und Zeit

Eine Kunst auszuüben
oder ein Handwerk zu betreiben
– ob man das Leben mit Kunst
oder mit Geschicklichkeit meistert,
ist gleich – gibt den Hoffnungslosen
neue Hoffnung.
Yehudi Menuhin,
Kunst als Hoffnung für die Menschheit

Eine Kunstrichtung hat sich
erst dann durchgesetzt, wenn sie auch
von den Schaufensterdekorateuren
praktiziert wird.
Pablo Picasso

Eine Trennung in Wissenschaft und
Kunst gibt es in Wirklichkeit nicht,
es gibt nur zwei Arten der Weitergabe.
Die erste Art besteht im logischen
Beweisen, die zweite in der Einwir-
kung auf die Eigenschaft der Nach-
ahmung (das Gähnen).
Leo N. Tolstoi, Tagebücher (1889)

Eines der vorzüglichsten Kennzeichen
des Verfalles der Kunst
ist die Vermischung
der verschiednen Arten derselben.
Johann Wolfgang von Goethe, Propyläen

Ernst ist das Leben,
heiter ist die Kunst.
Friedrich Schiller, Wallenstein (Prolog)

1. Kunst ist Nachahmung;
2. sie ist Nachahmung der sinnlichen
wie der geistigen Objekte.
Ernesto Grassi, Die Theorie des Schönen in der Antike

Es gehört zu den Pflichten eines jeden,
der des höheren Lebens teilhaftig werden soll, sich von dem Schönen und
der Kunst eine tiefer eindringende
Kenntnis zu verschaffen, sie mit der
gebührenden Ehrfurcht zu betrachten
und, soweit es ihm vergönnt ist, sie
mit heiliger Scheu und ihrer Würde
gemäß zu üben.
Karl Solger, Über den Ernst in der Ansicht

Es gibt in der Kunst einen Punkt
höchster Vollkommenheit, wie die
Natur eine letzte Güte und Reife kennt.
Wer ihn empfindet und liebt, hat den
vollkommenen Geschmack; wer ihn
nicht empfindet, sondern das schätzt,
was diesseits oder jenseits davon liegt,
hat einen mangelhaften Geschmack.
Jean de La Bruyère, Die Charaktere

Es gibt in der Kunst keinen Fortschritt
in der Horizontale, sondern nur immer
das neue Aufreißen einer Vertikale.
Ingeborg Bachmann, Frankfurter Vorlesungen

Es gibt Maler, die die Sonne
in einen gelben Fleck verwandeln.
Es gibt aber andere, die dank ihrer
Kunst und Intelligenz einen gelben
Fleck in die Sonne verwandeln.
Pablo Picasso

Es gibt nur eine Kunst,
und sie besteht darin, die harmlosen
allgemeinen Freuden zu erhöhen,
die allen zugänglich sind
– das Glück des Menschen.
Leo N. Tolstoi, Tagebücher (1896)

Es gibt nur zwei Leben, das gemeine
(das schlechter ist als wir) und das
höhere; viele Menschen schweben
zwischen beiden, der wahre Künstler
steht ganz Letzterm, es ist die wahre
Seligkeit, und wer es einmal betreten,
der ist der Welt ohne Rettung verloren.
Karoline von Günderode, Allerley Gedanken

Es ist die Aufgabe der Kunst,
den Stoff mit den Formen zu vereinen,
die das Wahrste, Schönste und Reinste
in der Natur sind.
Joseph Joubert, Gedanken, Versuche und Maximen

Es ist unmöglich,
dass die Kunst mehr vermöge
als die Natur.
Niccolò Machiavelli, Dialog über die Sprache

Es reden so viele von Liebe,
und doch verstehen so wenige
die Kunst zu lieben.
Jean-Jacques Rousseau,
Julie oder Die neue Héloïse (Julie)

Fraglos ist die Kunst nur dem,
der sie schafft. Wer ihrer unfähig ist,
zieht entweder ihre Notwendigkeit
in Zweifel oder leugnet ihre Existenz.
Ernst Fuchs, Im Zeichen der Sphinx

Gegenstand der Kunst ist
– nach Heiner Müller –
die Unerträglichkeit des Seins.
August Everding, Festrede zur Eröffnung des Berliner
Abgeordnetenhauses am 28. April 1993

Gemeine Wahrheit oder rein Wirkliches
kann nicht Thema der Kunst sein.
Täuschung auf dem Grund der
Wahrheit, das ist das Geheimnis
der schönen Künste.
Joseph Joubert, Gedanken, Versuche und Maximen

Gemüt hat jedermann,
Naturell manche,
Kunstbegriffe sind selten.
Johann Wolfgang von Goethe,
Maximen und Reflexionen

Gott hat die Welt erschaffen,
aber der Mensch
hat sich eine zweite Welt erschaffen,
die Kunst.
Max Reinhardt, Briefe, Reden, Schriften und Szenen

Große Kunst ist häufiger gegen
als für den Konsum durch
breite Abnehmerkreise entstanden.
Hans Heinz Stuckenschmidt

Große Kunst wurde
aus großem Schrecken geboren,
aus großer Einsamkeit,
großer Unterdrückung
und inneren Spannungen,
und immer wirkt sie als Gegengewicht.
Anaïs Nin, Ein neuer innerer Schwerpunkt

Heilig sollst du halten jede Regung
deines Gemütes, heilig achten
jede fromme Ahndung,
denn sie ist Kunst in uns!
In begeisternder Stunde
wird sie zur anschaulichen Form;
und diese Form ist dein Bild!
Caspar David Friedrich, Über Kunst und Kunstgeist

Heute ist Kunst noch eine Sache
der Privat- und Museumsräume.
Winfred Gaul,
in: R.-G. Dienst, Deutsche Kunst: eine neue Generation

Heutige Kunst:
Ihr Wesensausdruck ist Chaos
bei äußerem Können.
Karl Jaspers, Die geistige Situation der Zeit

Historisch gesehen,
ist die Kunst kaum mehr
als ein Pubertätsphänomen
der Menschheit.
Ralph-Rainer Wuthenow, Muse, Maske, Meduse

Höchste Empfindungen, Phantasie
im Gewande intimster Natur – eine
Durchgeistigung der Realität auf allen
Punkten, künstlerischer Polytheismus
(im Sinne der Kunst), das meine ich,
muss das Programm der Zukunft,
unserer Zukunft sein. Der Sieg des
menschlichen Geistes über die Außenwelt muss vollkommen werden.
Christian Morgenstern, Stufen

Höchste Kunst
ist die traditionelle Aussage
bestimmter heroischer
und religiöser Wahrheiten,
die eine Epoche
der anderen weitergibt,
vom individuellen Genie
wohl modifiziert,
aber nie aufgegeben.
William Butler Yeats, Entfremdung

Ich glaube, dass alle Kunst
Mitteilung ist.
Heinrich Waggerl, Briefe

Ich glaube, die Kunst ist
die einzige Tätigkeitsform,
durch die der Mensch als Mensch sich
als wahres Individuum manifestiert.
Marcel Duchamp, Ready Made

Ich glaube, dies ist
der wichtigste Aspekt jeder Kunst
– dass sie nicht vorsätzlich
aus dem Kopf eines Menschen
entstanden ist.
Leonard Bernstein,
Von der unendlichen Vielfalt der Musik

Ich glaube,
Kunst ist eine Art Aktivität,
die sich selbst verzehrt,
sie verzehrt sich mit jedem Stück,
das man vollendet,
und dann kommt wieder
etwas anderes.
Richard Serra, in: Katalog Richard Serra
(Kunsthalle Tübingen/Baden-Baden 1978)

Ich habe einen festen Glauben
an die Kunst, ein festes Vertrauen,
dass sie ein mächtiger Strom ist, der
den Menschen in einen Hafen trägt,
wiewohl er selber etwas dazutun muss.
Vincent van Gogh, Briefe

Ich halte Kunst nicht für ein Spielwerk,
sondern für das ernste hohepriesterliche
Geschäft, zugleich aber auch für die
lebenslängliche holde Gefährtin des
Glücklichen, dem sie sich offenbarte.
Zacharias Werner, an K. F. Fenkohl (30. März 1804)

Ich lebe; die Kunst ist ein Mittel,
sich zu erfreuen oder zu leben,
und das ist alles.
Robert Delaunay, in: (Katalog) Robert Delaunay
(Kunsthalle Baden-Baden 1976)

Ich liebe die Kunst.
Ich diene ihr auf den Knien,
und sie muss die Meine werden.
Paula Modersohn-Becker, Tagebuchblätter

Ich möchte der Kunst leben,
an der mein Herz hängt,
und muss mich herumarbeiten
unter den Menschen, dass ich oft
so herzlich lebensmüde bin.
Und warum das?
Weil die Kunst wohl ihre Meister,
aber den Schüler nicht ernährt.
Friedrich Hölderlin, Briefe
(an den Bruder, 12. Februar 1798)

Ich sage bloß,
die Kunst ist eine Täuschung.
Marcel Duchamp, Ready Made

Ihr fürchtet, dass die Umsturzepoche,
vor der wir zu stehen glauben,
alle Kunst und Poesie, alles Schöne
und Wertvolle im Leben vernichte?
Ich fürchte das nicht. Denn mag jeder
Tempel zertrümmert, jedes Kunstwerk
verbrannt, jedes Saitenspiel zerschmettert werden – das unantastbare Saitenspiel, das Menschenherz, wird nie
aufhören, von den ewigen Melodien
zu tönen, die der Geist der Welten
ihm zuhaucht.
Christian Morgenstern, Stufen

Im eigentlichen Sinne des Worts
gilt es: Kunst ist Liebe.
Julius Hart, in: Zeitschrift Pan 1897, 3. Jg., 1. Heft

Im Entwurf, da zeigt sich das Talent,
in der Ausführung die Kunst.
Marie von Ebner-Eschenbach, Aphorismen

Im Positiven die Poesie festzuhalten,
scheint mir die Aufgabe des Künstlers
zu sein.
Anselm Feuerbach, Rom

In allem wirkt die Einsicht,
dass die Kunst schwer ist.
Hans Egon Holthusen, Das Schöne und das Wahre

In allen Künsten gibt es einen
gewissen Grad, den man mit den
natürlichen Anlagen, sozusagen
allein erreichen kann. Zugleich aber
ist es unmöglich, denselben zu überschreiten, wenn nicht die Kunst
zu Hülfe kommt.
Johann Wolfgang von Goethe,
Maximen und Reflexionen

In den schönen Künsten und selbst in
vielen anderen Dingen weiß man nur,
was man nicht gelernt hat.
Chamfort, Maximen und Gedanken

In der Kunst allein
bringt die notwendige Harmonie
des Werkes die zartesten,
dem Worte unaussprechlichen
Regungen ans Licht.
Carl Schnaase,
Geschichte der bildenden Künste bei den Alten

In der Kunst gilt nur das Erhebende,
das uns nach oben führt.
Paul Ernst, Der Weg zur Form

In der Kunst
heiligt der Zweck die Mittel nicht,
aber heilige Mittel können hier
den Zweck heiligen.
Friedrich Nietzsche, Menschliches, Allzumenschliches

In der Kunst ist alles Bilden
nur ein Nachbilden.
Marie von Ebner-Eschenbach, Aphorismen

In der Kunst ist Aufrichtigkeit
keine Frage des Willens,
sondern der Begabung.
Aldous Huxley

In der Kunst ist jeder Wert,
der sich durchsetzt, vulgär.
Jean Cocteau, Hahn und Harlekin

In der Kunst können wir
für Gottes Enkel gelten.
Leonardo da Vinci, Tagebücher und Aufzeichnungentraktat über die Malerei

In der Kunst muss man immer
ein bisschen höher zielen,
als man vielleicht trifft.
Giacomo Manzù

In der Kunst sollte es
keine Aufgeregtheit geben.
Wahre Kunst ist kalt.
Arnold Schönberg

In der Kunst und in der Politik
ist gut gemeint das Gegenteil von gut.
André Malraux

In der Kunst war es noch nie so
schwierig wie heute, den Könner
vom Scharlatan zu unterscheiden.
Giogio di Chirico

In der Kunst zählt nur eines:
was man nicht erklären kann.
Georges Braque

In der Moral zählt nur die Absicht,
in der Kunst nur das Ergebnis.
Henry de Montherlant

In der reinen Region der Kunst
soll man seinen Gegenstand durch
einen einzigen Lichtstrahl erleuchten,
der von einem Punkt ausgeht.
Joseph Joubert, Gedanken, Versuche und Maximen

In der wahren Kunst gibt es keine
Vorschule, wohl aber Vorbereitungen;
die beste jedoch ist die Teilnahme des
geringsten Schülers am Geschäft des
Meisters. Aus Farbenreibern sind
treffliche Maler hervorgegangen.
Johann Wolfgang von Goethe,
Maximen und Reflexionen

In jeder Kunst gibt es zwei Abweichungen: Trivialität und Künstelei.
Zwischen beiden verläuft nur ein
schmaler Pfad. Und diesen schmalen
Pfad weist innerer Drang.
Leo N. Tolstoi, Tagebücher (1896)

(...) In jeder Kunstäußerung
liegt eine ziemliche Zumutung,
und Zumutung ist eine Äußerung
des Respekts.
Schließlich ist eine Liebeserklärung
auch eine ziemliche Zumutung. (1966)
Heinrich Böll, Worte töten Worte heilen

In Wahrheit spiegelt die Kunst
den Zuschauer, nicht das Leben.
Oscar Wilde, Das Bildnis des Dorian Gray

Je schwerer Kunst, je mehr Pfuscher.
Deutsches Sprichwort

Jede Kunst steht eigenmächtig da,
den Tod zu verdrängen,
den Menschen in den Himmel
zu führen.
Bettina von Arnim,
Goethes Briefwechsel mit einem Kinde

Jede Kunst
verlangt den ganzen Menschen,
der höchstmögliche Grad derselben
die ganze Menschheit.
Johann Wolfgang von Goethe, Propyläen

Jede wahre Kunst ist geistig, welchen
Gegenstand sie auch darstellen mag.
Piet Mondrian, in: H. L. C. Jaffé, Mondrian und de Stijl

Jede Welle, die das bewegte Leben
schlägt, wird zum schnell aufgeworfenen Parnass, worauf die Künste
wechselnd sich schaukeln.
Wilhelm Schulz, Die Statistik der Kultur

Jeder spricht am liebsten
von seiner Kunst.
Deutsches Sprichwort

Jeder übe sich in der Kunst,
die er erlernt hat!
Marcus Tullius Cicero, Gespräche in Tusculum

Jedes künstlerische Erzeugnis
entsteht um eines Zweckes willen, und
dieser ist das höchste Ziel der Kunst;
was aber zufällig geschieht,
hat keinen Zweck.
Aristoteles, Protreptikos

Jedes Kunstwerk bildet einen Organismus aus Stoff, Gefühl und Idee
– gleich wie im Menschen Körper,
Seele und Geist wechselwirkend
zu seiner Ganzheit werden.
Bernhard Diebold, Anarchie im Drama

Jedes schöne Werk muss der Künstler
in sich schon antreffen, aber nicht sich
mühsam darin aufsuchen. Die Kunst
muss seine höhere Geliebte sein, denn
sie ist himmlischen Ursprungs; gleich
nach der Religion muss sie ihm teuer
sein; sie muss ihm religiöse Liebe
werden oder eine geliebte Religion.
Wilhelm Heinrich Wackenroder, Herzensergießungen
eines kunstliebenden Klosterbruders

Kein Kritiker, keine Zeitung,
kein künstlerisches Forum
würde es heutzutage wagen,
einen Maler ernst zu nehmen,
der seine Kunst noch ernst nimmt.
Ephraim Kishon, Kishon für alle Fälle

Kitsch ist das Echo der Kunst.
Kurf Tucholsky

Kitsch ist Kunst,
gescheitert am fehlenden Widerstand.
Sigismund von Radecki

Kunst aber ist Höhenflug
in den Himmel der Inspiration.
Boris Arvatov, Kunst und Produktion

Kunst: eine andere Natur,
auch geheimnisvoll, aber verständlicher;
denn sie entspringt aus dem Verstande.
Johann Wolfgang von Goethe,
Maximen und Reflexionen

Kunst gebraucht die Gefühle als Leiter,
um dann frei zu schwingen, nicht
im luftleeren, sondern im lustvollen
Raum. Kunst macht nicht besoffen, sie
bringt mich zur berauschenden Klarheit, sie lässt den Menschen fühlen,
wozu er fähig wäre und fähig ist.
August Everding, Kolumne aus der »Welt am Sonntag«
vom 31. Dezember 1995

Kunst gehört zum Leben.
Sie ist ein schönes, ein notwendiges,
ein wirksames Regulativ.
Helmut Kohl, Ausstellung der Nationalgalerie Berlin im
Bundeskanzleramt. Ansprache des Bundeskanzlers 1985

Kunst hat mit Geschmack
nichts zu tun.
Kunst ist nicht da,
dass man sie schmecke.
Max Ernst

Kunst im überlieferten Sinne
gibt es nicht mehr. Es gibt nur noch
kurzlebige modische Einfälle.
Giorgio de Chirico

Kunst ist Ahnung, Empfinden,
Wissenschaft ist Erkenntnis
des Gesetzmäßigen.
Walter Rathenau, Auf dem Fechtboden des Geistes.
Aphorismen aus seinen Notizbüchern

Kunst ist also Betätigung
aus Freiheit und Spontaneität.
Ernst Krieck, Persönlichkeit und Kultur

Kunst ist also
im höchsten und tiefsten Sinne
der originalen Bedeutung historisch.
Kurt Badt, Kunsttheoretische Versuche

Kunst ist Beitrag zur Erziehung
zur Lustfähigkeit und damit
zur Menschlichkeit!
Kurt Lüthi, in: Zeitschrift für Evangelische Ethik, 2/1975

Kunst ist – daran rüttelt keine noch so
innige Verbundenheit des Künstlers
mit der Umwelt, der Masse,
der Menschheit – die Übertragung
seelischer Vorgänge in sinnliche
Wahrnehmbarkeit.
Erich Mühsam, Ausgewählte Werke. Bd. 2

Kunst ist das Blühen der Natur
im Menschen.
Kunst ist die Sprache der Seele
durch den Menschen.
Eberhard Freiherr von Bodenhausen,
in: Zeitschrift Pan 1899/1900, 5. Jg., 4. Heft

Kunst ist das Fenster,
durch das der Mensch
seine höhere Fähigkeit erkennt.
Giovanni Segantini, Schriften und Briefe

Kunst ist das Trampolin,
auf dem wir vom Traum
in die Wirklichkeit
vorstoßen können.
August Everding, Vortrag vor der American Chamber
of Commerce in München, 12. März 1986

Kunst ist das, was uns täglich umgibt.
Roy Lichtenstein

Kunst ist der sichtbare und spürbare
Teil einer vorwärts stürmenden
Geschichte (...).
Beat Wyss, Trauer der Vollendung

Kunst ist der Verkehr,
der Austausch der aus dem innersten,
göttlichen Leben fließenden Idee,
welche Prinzip des Lebens und alles
Seienden und Werdens ist.
Ernst Krieck, Persönlichkeit und Kultur

Kunst ist die Blume menschlicher
Empfindung zu nennen.
In ewig wechselnder Gestalt erhebt sie
sich unter den mannigfaltigen Zonen
der Erde zum Himmel empor.
Wilhelm Heinrich Wackenroder, Herzensergießungen
eines kunstliebenden Klosterbruders

Kunst ist die Brücke
zwischen Mensch und Natur.
Kunst ist nicht die Brücke
zwischen Mensch und Mensch.
Friedensreich Hundertwasser,
Schöne Wege – Gedanken über Kunst und Leben

Kunst ist die Fähigkeit,
darzustellen, was sein soll,
wonach alle Menschen
streben müssen und was ihnen
das größte Glück gewährt.
Leo N. Tolstoi, Tagebücher (1894)

Kunst ist die Nachahmung der Natur.
Je intensiver die Nachahmung ahmt,
desto größer ist die Kunst.
Es gibt nämlich große
und kleine Kunst,
auch mittelmäßige.
Kurt Schwitters, Das literarische Werk. Bd. 5

Kunst ist die rechte Hand der Natur.
Diese hat nur Geschöpfe,
jene hat Menschen gemacht.
Friedrich Schiller,
Die Verschwörung des Fiesco zu Genua (Fiesco)

Kunst ist die Technik
der Gefühlsmanipulierung
im Verhältnis zur Wirklichkeit.
David Herbert Lawrence,
in: Ch. Caudwell, Studien zu einer sterbenden Kultur

Kunst ist die zeugerische Naturkraft
– das Leben Schaffende,
das stets sich erneuernde Leben selbst.
Julius Hart, in: Zeitschrift Pan 1897, 3. Jg./1. Heft

Kunst ist
ein auf bestimmten Sprachmitteln
basierender Vereinbarungsbegriff,
der im Dialog zwischen Hersteller
und Empfänger ermittelt wird.
Werner Hofmann, Gegenstimmen

Kunst ist ein hartes Geschäft,
und man geht drauf
oder man schafft's.
Daniel Spoerrli,
in: Atelier – Die Zeitschrift für Künstler 1983, Nr. 6

Kunst ist ein sonderbares Ding,
sie braucht den Künstler ganz.
Kurt Schwitters, Das literarische Werk. Bd. 5

Kunst ist ein Spiel. Der Mensch ist
nicht nur das Werkzeug machende
Tier: er ist auch das spielende Tier.
John Perreault,
in: R. D. Brinkmann/R. R. Rygulla (Hrsg.), Acid

Kunst ist ein Wissen,
aber von der Art,
die aus Regeln
und Vorschriften besteht.
Wladyslaw Tatarkiewicz, Geschichte der Ästhetik. Bd. 2

Kunst ist ein Zeichen, ein Ding,
das die Realität in unserer
geistigen Vorstellung wachruft.
Antoni Tàpies, Die Praxis der Kunst

Kunst ist eine Art
zwanghafter Akrobatik.
Emilio Vendova, in: ART – Das Kunstmagazin 1985, Nr. 7

Kunst ist eine freie Nachahmung
der Natur mit Bewusstsein,
das höchste Ziel der Kunst
ist eine verschönte Natur.
Sophie Mereau, Betrachtungen

Kunst ist eine geistige Tätigkeit,
die durch verschiedene Mittel
eine angenehme Wirkung
auf den Geist hervorbringt.
Kurt Schwitters, Das literarische Werk. Bd. 5

Kunst ist
eine grausame Angelegenheit, deren
Rausch bitter bezahlt werden muss.
Max Beckmann

Kunst ist eine historische Angelegen-
heit, da sie der Ausdruck menschlicher
Gesellschaft ist, das ästhetische Moment
ist dabei von untergeordneter
Bedeutung.
Conrad Felixmüller, Von ihm – über ihn

Kunst ist eine Lüge,
die uns die Wahrheit erkennen lässt.
Pablo Picasso

Kunst ist eine politische Waffe.
Carl André, in: L. Glozer, (Katalog) Westkunst

Kunst (ist) eine sich stetig verfeinernde
Wahrnehmungsfähigkeit,
ein sich ständig vertiefendes,
identifizierendes Verstehen
alles Lebendigen in und um uns.
Yehudi Menuhin,
Kunst als Hoffnung für die Menschheit

Kunst ist eine Sprache,
und eine Sprache ist da,
um verstanden zu werden.
Hans Sedlmayr, Kunst und Wahrheit

Kunst ist Erinnerung besserer Zukunft.
Timm Ulrichs, in: (Katalog) Tim Ulrichs
(Kunstverein Braunschweig 1975)

Kunst ist Erkenntnis.
Sie begreift den Geist,
der das wahre Sein ist (...).
Wladyslaw Tatarkiewicz, Geschichte der Ästhetik. Bd. 1

Kunst ist Fiktion.
Wladyslaw Tatarkiewicz, Geschichte der Ästhetik Bd. 1

Kunst ist
Fleisch gewordene Wissenschaft.
Jean Cocteau, Hahn und Harlekin

Kunst ist Form.
Formen heißt entformen.
Kurt Schwitters, Das literarische Werk. Bd. 5

Kunst ist Formgebung, Kunst ist
charakteristische Darstellung dessen,
was in uns und was außer uns lebt.
Georg Kerschensteiner, in: Kunsterziehung, Ergebnisse
und Anregungen des Kunsterziehertages in Dresden
(28./29. September 1901)

Kunst ist formorganisierendes Schaffen.
Boris Arvatov, Kunst und Produktion

Kunst ist für das Genie,
was der Fleiß für die Wissenschaft ist.
Théodore Jouffroy, Das grüne Heft

Kunst ist fürs Volk
– was nützt sie sonst?
Ludwig Richter,
in: Zeitschrift Pan. Unsere herrliche Welt 1985, Nr. 3

Kunst ist Gewissheit vom Leben und
liegt jenseits von Zufall und Chaos –
Kunst ist Ordnung, wenn sie Kunst ist.
Conrad Felixmüller, Von ihm – über ihn

Kunst ist im höchsten Ausmaß
eine männliche Funktion.
Emil Nolde, Jahre der Kämpfe

Kunst ist immer und durchaus
Ausdruck der Persönlichkeit.
Erich Mühsam, Ausgewählte Werke. Bd. 2

Kunst ist Information.
Ferdinand Kriwet,
in: R.-G. Dienst, Deutsche Kunst; eine neue Generation

Kunst ist kein Abbild der realen Welt.
Eine ist, bei Gott, mehr als genug.
Virginia Woolf

Kunst ist kein Sonntagsspaß.
Kein Schnörkel am Alltag, kein Nippes
auf dem Vertiko. Kunst ist notwendig,
weil oft notwendend. Deswegen ist
Kunst aber nicht bitterernst,
sie ist auch unterhaltend.
August Everding, Rede am 9. April 1992
im Stadttheater Bremerhaven

Kunst ist keine Beschäftigung,
Kunst beschäftigt immerwährend
den Künstler.
Willi Baumeister, Das Unbekannte in der Kunst

Kunst ist
keine intellektualistische Schwärmerei.
Giorgio de Chirico, Wir Metaphysiker

Kunst ist keine Spielerei,
sondern Pflicht dem Volke gegenüber.
Sie ist eine öffentliche Angelegenheit.
Max Pechstein, in: D. Schmidt, Was wir wollen,
aus: An alle Künstler, Flugschrift 1919

Kunst ist Nachahmen mit Geist
(Phantasie, Vorstellungskraft) und
durch das Innehaben einer Technik.
Ernesto Grassi, Die Theorie des Schönen in der Antike

Kunst ist natürlich, ein Vogel singt.
Leo N. Tolstoi, Tagebücher (1894)

Kunst ist nicht ein Stück Welt
im Spiegel eines Temperaments,
sondern – ein (Stück) Temperament
im Spiegel des Bewusstseins.
Christian Morgenstern, Stufen

Kunst (...) ist nicht Luxus,
sondern Notwendigkeit!
Lyonel Feininger, in: H. Hess, Lyonel Feininger

Kunst ist nicht mehr die Gabe der
Wenigen an die Vielen, eine Gabe,
welche die zeitbedingte Wirklichkeit
ins Zeitfreie erhebt, sondern eine Fertigkeit, die jedermann zugänglich ist.
Hans Sedlmayr, Kunst und Wahrheit

Kunst ist nicht nur
seltener Einfall der Erfindung.
Grassi Ernesto, Die Theorie des Schönen in der Antike

Kunst ist nicht schwierig,
um schwierig zu sein,
sondern weil sie Kunst ist.
Donald Barthelme

Kunst ist nie Nachahmung der Natur,
sondern aus ebenso strengen Gesetzen
gewachsen wie die Natur.
Kurt Schwitters, Das literarische Werk. Bd. 5

Kunst ist Opium fürs Volk.
Aleksei Gan, in: H. Gassner/E. Gillen, Zwischen
Revolutionskunst und sozialistischem Realismus

Kunst ist reaktionär oder sie ist keine.
Christian Enzensberger,
in: W. Oelmüller (Hrsg.), Ästhetische Erfahrung

Kunst ist schön,
macht aber viel Arbeit.
Karl Valentin

Kunst ist Spiel,
und das Spiel hat seine Gesetze.
Theo van Doesburg,
in: H. L. C. Jaffé, Mondrian und de Stijl

Kunst ist Spiel. Und solange es sich um das Spiel arbeitender, normaler Menschen handelt, ist es gutes Spiel; doch wenn es das Spiel sittlich verdorbener Schmarotzer ist, ist es schlecht; und so haben wir es heute bis zur Dekadenz gebracht.
Leo N. Tolstoi, Tagebücher (1896)

Kunst ist Sprache, nichts als Sprache, doch eine Sprache eigener Art und Struktur, anders als die begriffliche.
Hans Sedlmayr, Kunst und Wahrheit

Kunst ist Subjektivität
und Subjektivität ist Glaube.
Julius Langbehn, Rembrandt als Erzieher

Kunst ist Überschuss.
Kurt Tucholsky, Schnipsel

Kunst ist unbewusste, wirksame Betrachtung des Göttlichen.
Walter Rathenau, Auf dem Fechtboden des Geistes. Aphorismen aus seinen Notizbüchern

Kunst ist und bleibt
eine seltene Sache.
Alfred Döblin, Aufsätze zur Literatur

Kunst ist ursprünglich mythischer Kult als Fest und Feier, als heiliges Spiel, als ausdrücklicher Vollzug numinoser Gegenwart.
Alois Halder, Kunst und Kult

kunst ist, was gefällt: was mir gefällt, was dir gefällt, was ihm, ihr, uns, euch, ihnen gefällt: subjektivismus statt objektivismus!
Timm Ulrichs,
Einige abschließende Bemerkungen zum Thema Kunst

Kunst ist, was man nicht begreift.
Markus Lüpertz,
in: ART – Das Kunstmagazin 1985, Nr. 12

Kunst ist weniger eine Sprache,
als vielmehr die Sprache
eine Kunstform ist (...).
Ernst Krieck, Persönlichkeit und Kultur

Kunst ist wie ein Sirup,
der einem durch die Finger läuft.
Daniel Spoerrli,
in: Atelier – Die Zeitschrift für Künstler 1983, Nr. 6

Kunst ist wie ein Spiel;
nur im Zustand der Unschuld
– und wer weiß, ob das nicht
für alles Menschliche gilt –,
erfassen wir ihren tiefen Sinn.
Antoni Tàpies, Die Praxis der Kunst

Kunst ist zuerst Vision,
nicht Expression.
Josef Albers, in: E. Gomringer, Josef Albers

Kunst ist zunächst
Gegensatz von Natur.
Richard Hamann, Theorie der bildenden Künste

Kunst ist Zusammenarbeit
zwischen Gott und dem Künstler,
und je weniger der Künstler dabei tut,
desto besser.
André Gide

Kunst kennt keine Erfahrung
und ist keine Ableitung. Sie setzt sich
mit dem Unbekannten in Beziehung.
Willi Baumeister, Das Unbekannte in der Kunst

Kunst kommt im politischen Alltag
gewiss oft zu kurz.
Helmut Kohl, Ausstellung der Nationalgalerie Berlin im Bundeskanzleramt. Ansprache des Bundeskanzlers 1985

Kunst kommt nicht von Können,
sondern von Müssen.
Arnold Schönberg

Kunst macht aus etwas
etwas anderes,
aus Realem Fiktives
oder aus Fiktivem Reales.
Kunst ist homogen,
aus Gleichem entwickelt,
interpretierend entstanden.
André Thomkins,
in: Katalog Arnold Böcklin (Kunstmuseum Basel 1977)

Kunst muss lebendig machen.
Eugène Delacroix

Kunst offenbaren
und den Künstler verbergen,
ist das Ziel der Kunst.
Oscar Wilde, Das Bildnis des Dorian Gray

Kunst selbst
ist zum Gegenstand
der Kunst geworden.
Ralph-Rainer Wuthenow, Muse, Maske, Meduse

Kunst steht nicht unter oder über, sondern jenseits von Richtigkeit und Fehler. – Die größten Kunstwerke aller Zeiten sind mit der Natur verglichen und alle unrichtig.
Emil Nolde (13. September 1941)

Kunst stellt nicht fest,
sie ahnt das, was sein wird.
August Everding, Vortrag anlässlich des 125. Bestehens der Eidgenöss. Technischen Hochschule Zürich, 1995

Kunst wäscht den Staub des Alltags
von der Seele.
Pablo Picasso

Kunst wird vom Menschen
für Menschen gemacht, ist also
ein gesellschaftliches Phänomen.
Ernst Fischer, Von der Notwendigkeit der Kunst

Kunst üben kann nur der Erkorene,
Kunst lieben jeder Erdgeborene.
Anastasius Grün

Kunst und Lehre gibt Gunst und Ehre.
Matthäus Daniel Pöppelmann

Künste und Wissenschaften
sind selbst Kinder des Luxus,
und sie tragen ihm ihre Schuld ab.
Arthur Schopenhauer, Zur Rechtslehre und Politik

Künste und Wissenschaften,
wenn sie sich selbst nicht helfen,
so hilft ihnen kein König auf.
Heinrich von Kleist, Briefe
(an Ulrike von Kleist, 25. November 1800)

Kunstliebe ohne Kunstsinn
Bringt bei Fürsten wenig Gewinn,
Sie öffnet Kunstschwätzern ihr Ohr,
Und die Kunst bleibt einsam wie zuvor.
Franz Grillparzer, Sprüche und Epigramme

Kunstwerke sind Produkte
der Phantasie, und der ganze Gang
unsrer heutigen Kultur geht dahin,
das Gebiet des Verstandes immer mehr
und mehr zu erweitern, das heißt,
das Gebiet der Einbildungskraft
immer mehr und mehr zu verengen.
Heinrich von Kleist, Briefe
(an Adolphine von Werdeck, November 1801)

Lebensfreude ohne Sünde
ist der Gegenstand der Kunst.
Leo N. Tolstoi, Tagebücher (1895)

Legt man eine Zitrone neben
eine Orange, so hören sie auf,
Zitrone und Orange zu sein.
Sie werden Früchte.
Georges Braque

Licht senden in die Tiefe
des menschlichen Herzens
– des Künstlers Beruf!
Robert Schumann,
in: Neue Zeitschrift für Musik (1847)

Man darf nicht sagen: Kunst ist Moral.
Robert Musil, Gesammelte Werke. Bd. 2

Man kann in der Kunst ohne begeisterte Zustimmung der Mitlebenden, oder wenigstens eines bestimmten Kreises der Mitlebenden, nicht bestehen.
Theodor Fontane, Briefe

Man kann Kunst nicht halb betreiben.
Sully Prudhomme, Intimes Tagebuch

Man könnte sagen, dass die Kunst
eine zweifache Aufgabe hat;
sie ist das Spiegelbild des Künstlers
und ein Kommunikationsmittel,
das andere Menschen befähigt,
mehr über sich selbst zu erfahren.
Yehudi Menuhin,
Ich bin fasziniert von allem Menschlichen

Man muss bei modernen Ausstellungen
sehr vorsichtig sein. Selbst eine Tafel
»Bitte, die Kunstobjekte nicht berühren«
kann ein Kunstobjekt sein, vielleicht
sogar ein rein metaphysisches.
Ephraim Kishon, Kishon für alle Fälle

Man muss sich
auf das Entdecken beschränken
und auf das Erklären verzichten.
Georges Braque

Man soll dem Geheimnis der Kunst
nachgehen, aber nicht zu weit.
Das Letzte bleibt eben immer
und überall ein Verschleiertes,
das wir ahnen,
aber nicht schauen sollen.
Theodor Fontane, Causerien über Theater

Man soll in der Kunst
das Schöne und Gute
in den verschiedensten Gestalten,
in denen es sich zeigen mag,
anerkennen, statt es nur
in einer Richtung zu suchen.
Adolf Friedrich von Schack

Man sollte lieber
mit feiner Kunst sterben wollen,
als mit grober siegen.
Christian Morgenstern, Stufen

Man weicht der Welt
nicht sicherer aus
als durch die Kunst,
und man verknüpft sich
nicht sicherer mit ihr
als durch die Kunst.
Johann Wolfgang von Goethe,
Maximen und Reflexionen

Mein Wahlspruch bleibt:
Kunst ist der Zweck der Kunst,
wie Liebe der Zweck der Liebe,
und gar das Leben selbst
der Zweck des Lebens ist.
Heinrich Heine

Mehr Inhalt, weniger Kunst.
William Shakespeare, Hamlet (Königin)

Mit tausend Wurzeln
ist die Kunst im Boden
der geschichtlichen Gegebenheiten
verankert.
Heinrich Wölfflin, Kleine Schriften

Natur und Kunst, sie scheinen
sich zu fliehen
Und haben sich, eh man es denkt,
gefunden.
Johann Wolfgang von Goethe,
Was wir bringen (Nymphe)

Natürlichkeit!
Kunst muss sie ins Werk setzen
und diese Seide spinnen und glätten.
Joseph Joubert, Gedanken, Versuche und Maximen

Nicht freut sich in gleicher Weise,
wer von der vollendeten Arbeit
die Hand entfernt: Er genießt bereits
das Ergebnis seiner Kunst,
die Kunst selber genoss er, als er malte.
Lucius Annaeus Seneca, Briefe über Ethik

Nicht Kunst und Wissenschaft allein,
Geduld will bei dem Werke sein.
Johann Wolfgang von Goethe, Faust I (Mephisto)

Nicht so wichtig ist,
dass eine der Zeit
entsprechende Kunst da ist,
als dass die Menschen
davon erreicht werden.
Kasimir Edschmid, Bilanz (31. Dezember 1919)

Nichts bringt solche Verwirrung
in die Vorstellungen von der Kunst
wie der Glaube an Autoritäten.
Leo N. Tolstoi, Tagebücher (1896)

Nirgends ist Konservativismus
so schädlich wie in der Kunst.
Leo N. Tolstoi, Tagebücher (1896)

Nur aus innig verbundenem Ernst und
Spiel kann wahre Kunst entspringen.
Johann Wolfgang von Goethe,
Der Sammler und die Seinigen

Nur die Kunst gibt uns
die Möglichkeit, etwas zu sagen,
was wir nicht wissen.
Gabriel Laub

Nur Gestalt hat Lebensrecht
in der Kunst; was in ihr Geist ist,
lebt vom Ungefähr der Worte.
Arthur Schnitzler, Buch der Sprüche und Bedenken

Objektiv betrachtet ist die Kunst
eine Form der Wahrheit;
sie ist Philosophie und Praxis.
Renato Guttuso, Das Handwerk der Maler

Offenbarung des Geistes
in den Sinnen ist die Kunst.
Bettina von Arnim,
Goethes Briefwechsel mit einem Kinde

Ohne öffentlichen Skandal
ist Kunst heutzutage unverkäuflich.
So ist der öffentliche Skandal
zur Kunst geworden.
Ephraim Kishon, Kishon für alle Fälle

Organische Natur: ins Kleinste lebendig;
Kunst: ins Kleinste empfunden.
Johann Wolfgang von Goethe,
Maximen und Reflexionen

Predigen ist die Kunst,
die Menschen zum Guten
zu verführen.
Billy Graham

Realismus ist die leichteste Kunst
und kennzeichnet stets den Verfall.
Anselm Feuerbach, Rom

Religion ist das unaufhörliche Zwie-
gespräch der Menschheit mit Gott.
Kunst ist ihr Selbstgespräch.
Franz Werfel, Zwischen Oben und Unten

Schließlich ist die Kunst nichts anderes
als die Bild gewordene Erkenntnis
in der Darstellung der Welt,
ihrer Kräfte, ihrer Gesetzlichkeit.
Franz W. Seiwert, Schriften

Schrankenlos, wie die Natur;
so ist die Kunst;
schrankenlos in die Höhe,
wie in die Breite.
Eberhard Freiherr von Bodenhausen,
in: Zeitschrift Pan 1899/1900, 5. Jg./4. Heft

Schwer ist die Kunst,
vergänglich ist ihr Preis.
Friedrich Schiller, Wallenstein (Prolog)

Sei Kunst!
Kein Liebäugeln mit Sensationen,
keine erborgten Federn, kein billiger
Einkauf unter Zuhilfenahme
von unzugehörigen Effekten.
Sei rein, sei Kunst!
Tania Blixen, Motto meines Lebens

Selbst im Augenblick
des höchsten Glücks
und der höchsten Not
bedürfen wir des Künstlers.
Johann Wolfgang von Goethe,
Die Wahlverwandtschaften

Sieh, was das Leben dir entzog,
Ob dir's ersetzen kann die Kunst.
Franz Grillparzer, Der Bann

Singen ist eine edle Kunst und Übung.
Martin Luther, Tischreden

Sinnlichkeit, Sinnlichkeit bis in die
Fingerspitzen, gepaart mit Keuschheit,
das ist das Einzige, Wahre, Rechte
für den Künstler.
Paula Modersohn-Becker, Tagebuchblätter

So wie der Künstler immer ein Sohn
seines Volkes, so ist die Kunst immer
eine Tochter der jeweiligen geschichtlichen Konstellation.
Julius Langbehn, Rembrandt als Erzieher

Übung führt zur Kunst.
Publius Cornelius Tacitus, Germania

Und doch erfordert jede Kunst
ein ganzes Menschenleben, und
der Schüler muss alles, was er lernt,
in Beziehung auf sie lernen, wenn
er die Anlage zu ihr entwickeln und
nicht am Ende gar ersticken will.
Friedrich Hölderlin, Briefe (an die Mutter, Januar 1799)

Und haben nicht selbst die Heiden
ihre Künste nur am Schönsten um ihre
Götter, um ihre Tempel geschlungen?
Ja, war bei den Griechen nicht
am Ende Religion und Kunst eins?
Adalbert Stifter,
Über die Behandlung der Poesie in Gymnasien

Unsere Kunst ist wie die Soße zum
Essen. Gibt es nur Soße, schmeckt
das gut, aber man wird nicht satt
und verdirbt sich den Magen.
Leo N. Tolstoi, Tagebücher (1899)

Unsere Kunst leidet, wenn wir Künstler
nicht den Großteil allen Lebens lieben,
das in sich ruht, und ohne Vorbedacht
und deshalb mit Freuden tut, was die
Menschlichkeit ihm befiehlt.
William Butler Yeats, Entfremdung

Verfeinerungsgrad und Ausstrahlungs-
kraft der Kunst stehen fast immer
diametral zueinander.
Leo N. Tolstoi, Tagebücher (1896)

Viele halten Patina für Kunst.
Wieslaw Brudziński

Viele Leute scheinen von der fixen
Idee besessen zu sein, dass nicht nur
im Zirkus, sondern auch in der Musik,
Malerei und Literatur nur noch
die Clowns eine Chance haben.
Pablo Casals

Vieles, was uns an der Kunst unserer
Zeit nicht verständlich ist, ist für uns
Grund zur Nachdenklichkeit,
nicht sosehr über die Kunst,
sondern über die Zeit.
Richard von Weizsäcker, Wissenschaft und Phantasie –
Herausforderungen unserer Zeit (Interview 1985)

Vielleicht ist Kunst
das Gespräch der Welt mit sich selbst
– durch das Medium Künstler.
Norbert Kricke,
in: K.-Th. Lenk, Texte zur Kunst und zur eigenen Arbeit

Vollkommne Kunst
wird wieder zur Natur.
Immanuel Kant, Über Pädagogik

Vom Handwerk kann man sich zur
Kunst erheben. Vom Pfuschen nie.
Johann Wolfgang von Goethe,
Über den Dilettantismus

Von allen Künsten ist die Musik
womöglich die befriedigendste; denn
ohne beengt zu sein wie das Wort,
trägt sie in einem einzigen, beständigen Fluss eine universale Botschaft
vom Komponisten zum Interpreten
und weiter zum Hörer.
Yehudi Menuhin,
Kunst als Hoffnung für die Menschheit

Wahr ist wohl, dass je mehr einer zur
Kunst zugeschnitten ist, desto saurer
fällt ihm das Handwerk, alle Kunst
ist ja aber auch zugleich Handwerk,
was bitter erlernt werden muss, und
grade mit darin liegt ihr Großes.
Adolph Menzel, in: S. Rudolph (Hrsg.), Die Krise der
Kunst in Malerbriefen aus dem 19. Jahrhundert

Wahrhaftig, die Kunst ist es,
was man verehren muss,
nicht den Künstler;
der ist nichts mehr
als ein schwaches Werkzeug.
Wilhelm Heinrich Wackenroder, Herzensergießungen
eines kunstliebenden Klosterbruders

Was in der Kunst für wahr gilt,
bleibt auch für das Leben wahr.
Oscar Wilde,
Die Seele des Menschen unter dem Sozialismus

Was ist die Kunst? Prostitution.
Charles Baudelaire, Tagebücher

Was ist in der Kunst das Höchste?
Das, was auch in in allen andren Manifestationen des Lebens das Höchste ist:
die selbstbewußte Freiheit des Geistes.
Heinrich Heine

Was ist Kunst?
Das humanistische Ideal.
Robert Musil, Gesammelte Werke. Bd. 2

Was ist Kunst?
Die Fähigkeit des Menschen zur Utopie,
die Fähigkeit des Menschen zur Phantasie, die Fähigkeit des Menschen zur
Innovation, aber auch zum Bewahren,
aber auch in der Lage zu sein,
das ausdrücken zu können. Kunst ist
aufregend, anregend, anstoßend.
August Everding, Vortrag vor dem Verein Deutscher
Eisenhüttenleute anlässlich des Eisenhüttentags in
Düsseldorf, 15. November 1991

Was Kunst ist,
wissen Sie ebenso gut wie ich,
es ist nichts weiter als Rhythmus.
Kurt Schwitters, Das literarische Werk. Bd. 5

Was nützten uns die Künste
ohne den Luxus, welcher sie nährt?
Jean-Jacques Rousseau,
Abhandlung über die Wissenschaften und Künste

Weder die Künstler noch die Dichter
haben den Mut, den Menschen
zu kennen, wie er ist.
Jens Peter Jacobsen, Niels Lyhne

Weißt du, wie notwendig ist, dass der
Kunst ehrliche Leute erhalten bleiben?
Vincent van Gogh, Briefe

Welch himmlischer Beruf die Kunst ist!
Felix Mendelssohn Bartholdy, Briefe

Wem die Natur ihr offenbares
Geheimnis zu enthüllen anfängt,
der empfindet eine unwiderstehliche
Sehnsucht nach ihrer würdigsten
Auslegerin, der Kunst.
Johann Wolfgang von Goethe,
Maximen und Reflexionen

Wenn der Kunst
kein Tempel mehr offen steht,
dann flüchtet sie in die Werkstatt.
Marie von Ebner-Eschenbach, Aphorismen

Wenn die Kunst sich
in den abgetragensten Stoff kleidet,
erkennt man sie am besten als Kunst.
Friedrich Nietzsche, Menschliches, Allzumenschliches

Wenn die Welt klar wäre,
gäbe es keine Kunst.
Albert Camus

Wenn ich auch
anderer Dinge beraubt bin,
meiner Künste konnte mich
niemand berauben.
Notker III. Labeo, Kommentierte Boethius-Übersetzung

Wenn man ein Kunstwerk nicht versteht, so heißt das, es ist nicht gut;
denn seine Aufgabe ist es, das nicht
Verstandene verständlich zu machen.
Leo N. Tolstoi, Tagebücher (1896)

Wenn sich jemand in eine Sache
hineindrängt, die ihm fremd ist,
zum Beispiel die Kunst,
so wird er unweigerlich Beamter.
Wie viele Beamte im Umkreis
von Wissenschaft, Theater, Malerei!
Anton P. Tschechow, Notizbücher

Wenn sie eine neue Möglichkeit
ergreift, gibt die Kunst uns die Möglichkeit zu erfahren, wo wir stehen
oder wo wir stehen sollten, wie es
mit uns bestellt ist und wie es mit uns
bestellt sein sollte. Denn ihre Entwürfe
entstehen nicht im luftleeren Raum.
Ingeborg Bachmann, Frankfurter Vorlesungen

Wer sich einer strengen Kunst ergibt,
muss sich ihr fürs Leben widmen.
Johann Wolfgang von Goethe,
Wilhelm Meisters Wanderjahre

Wer sich in seiner Kunst auszeichnet
und ihr die ganze Vollendung verleiht,
derer sie fähig ist, der erhebt sich
gewissermaßen über sie und wird
dem Edelsten und Erhabensten gleich.
Jean de La Bruyère, Die Charaktere

Wer sich mit der Kunst verheiratet,
bekommt die Kritik
zur Schwiegermutter.
Hildegard Knef

Wessen feinere Nerven
einmal beweglich und
für den geheimen Reiz,
der in der Kunst verborgen liegt,
empfänglich ist, dessen Seele
wird oft da, wo ein anderer
gleichgültig vorübergeht, innig gerührt;
er wird des Glückes teilhaftig,
in seinem Leben häufigere Anlässe
zu einer heilsamen Bewegung
und Aufregung seines Inneren
zu finden.
Wilhelm Heinrich Wackenroder, Herzensergießungen
eines kunstliebenden Klosterbruders

(...) Wie weit sie [die Kunst, Anm. d.
Red.] gehen darf oder hätte gehen dürfen, kann ihr ohnehin vorher niemand
sagen; sie muss also zu weit gehen,
um herauszufinden, wie weit sie gehen
darf, und wie weit die ihr gelassene Frei-
heitsleine reicht.
Heinrich Böll, Worte töten Worte heilen

Willst du dich also der Kunst widmen,
fühlst du einen Beruf, ihr dein Leben
zu weihen, oh!, so achte genau
auf die Stimme deines Innern,
denn sie ist Kunst in uns.
Caspar David Friedrich, Über Kunst und Kunstgeist

Wir haben die Kunst, damit wir nicht
an der Wahrheit zugrunde gehen.
Friedrich Nietzsche

Wir heißen das Göttliche, insofern
es sinnlich wahrnehmbar wird,
auch das Schöne. Was anderes
darstellt als das Göttliche, mag
allerlei sein, nur Kunst ist es nicht.
Adalbert Stifter,
Über die Beziehung des Theaters zum Volke

Wir wissen von keiner Welt
als in Bezug auf den Menschen;
wir wollen keine Kunst,
als die ein Abdruck dieses Bezugs ist.
Johann Wolfgang von Goethe,
Maximen und Reflexionen

Wissenschaft und Kunst
ohne religiöse Grundlage
sind Unfug und ein Übel.
Leo N. Tolstoi, Tagebücher (1889)

Wo Sklaven knien, Despoten walten,
Wo sich die eitle Aftergröße bläht,
Da kann die Kunst das Edle nicht
gestalten.
Friedrich Schiller, an Goethe, als er den Mahomet
von Voltaire auf die Bühne brachte

Zum Erzieher muss man eigentlich
geboren sein wie zum Künstler.
Karl Julius Weber, Democritos

Zur Erlernung jeder bildenden Kunst,
selbst wenn sie ernsthafte oder trübse-
lige Dinge abschildern soll, gehört ein
lebendiges und aufgewecktes Gemüt.
Wilhelm Heinrich Wackenroder, Herzensergießungen
eines kunstliebenden Klosterbruders

Künstler

Alle Künstler tragen das Gepräge ihrer
Zeit; aber die großen Künstler sind die,
denen sie sich am tiefsten eingeprägt
hat.
Henri Matisse, Notizen eines Malers

Als Kind ist jeder ein Künstler.
Die Schwierigkeit liegt darin,
als Erwachsener einer zu bleiben.
Pablo Picasso

Als Künstlernatur bezeichnen wir
im Allgemeinen die Summe von
Eigenschaften, die den Künstler
am Produzieren behindert.
Arthur Schnitzler, Buch der Sprüche und Bedenken

Als Mensch muss man lebendig sein,
als Künstler postum.
Jean Cocteau

Am unbarmherzigsten im Urteil
über fremde Kunstleistungen sind
die Frauen mittelmäßiger Künstler.
Marie von Ebner-Eschenbach, Aphorismen

Auch schlechte Künstler
haben gute Gründe und Absichten.
Robert (Edler von) Musil, Aphorismen

Das edelste, wohltuendste Verständnis
findet der Künstler bei einem
bescheiden gebliebenen Dilettanten.
Marie von Ebner-Eschenbach, Aphorismen

Das Genie des Künstlers manifestiert
sich recht eigentlich in der Wahl
des jeweiligen Lehms.
Edgar Allan Poe, Marginalien

Das Leben des Künstlers
ist Rausch und Not.
Sully Prudhomme, Intimes Tagebuch

Das Schlimme für einen Künstler ist,
irrtümlich bewundert zu werden.
Jean Cocteau, Hahn und Harlekin

Das sind die großen Künstler.
Wenn's ans Leben geht, sind sie
samt und sonders Dilettanten.
Alles fließt in das Werk.
Alma Mahler-Werfel, Mein Leben

Das unablässige Schaffenwollen
und Nach-außen-Spähen des Künstlers
hält ihn davon ab, als Person
schöner und besser zu werden,
also sich selber zu schaffen.
Friedrich Nietzsche, Menschliches, Allzumenschliches

Den Künstler muss nach jedem vollendeten Werk die Angst überfallen,
er könne sich nicht mehr übertreffen.
Jakob Boßhart, Bausteine zu Leben und Zeit

Der Charakter des Künstlers
ernährt oder verzehrt sein Talent.
Marie von Ebner-Eschenbach, Aphorismen

Der Gelehrte verallgemeinert,
der Künstler unterscheidet.
Jules Renard, Ideen, in Tinte getaucht.
Aus dem Tagebuch von Jules Renard

Der Geschäftsmann ist eine Gerade,
der Künstler eine Kurve.
Sully Prudhomme, Intimes Tagebuch

Der größte Künstler ist der,
der in die Summe seiner Werke
die größte Anzahl der größten Ideen
einverleibt hat.
John Ruskin, Moderne Maler

Der Künstler, der Gefühl für die Realität besitzt, muss nie Angst haben,
lyrisch zu werden. Die objektive Welt
bewahrt ihre Macht in seinem Werk,
was auch immer die Metamorphosen
sein mögen, denen sie durch das
Lyrische unterworfen ist.
Jean Cocteau, Hahn und Harlekin

Der Künstler,
der nicht sein ganzes Selbst preisgibt,
ist ein unnützer Knecht.
Friedrich Schlegel, Ideen

Der Künstler hat jenes Ding in seiner
Seele, das alle fühlenden Menschen in
ihrer Tiefe ergreift, das alle entzückt,
und das keiner nennen kann.
Adalbert Stifter, Briefe
(an August Piepenhagen, 13. Dezember 1859)

Der Künstler hat lauter Kugelgestalten
im Kopf, der gewöhnliche Mensch
lauter Dreiecke.
Friedrich Hebbel, Tagebücher

Der Künstler hat nicht dafür zu sorgen,
dass sein Werk Anerkennung finde,
sondern dass es sie verdiene.
Marie von Ebner-Eschenbach, Aphorismen

Der Künstler hilft, denn er widmet
sein Leben der Kunst, die ihn befähigt,
die tiefere Wirklichkeit für andere
verständlich zu machen.
Anaïs Nin, Der Künstler als Magier

Der Künstler
ist der wirklich Reiche.
Er fährt im Auto.
Die Öffentlichkeit folgt im Omnibus.
Weshalb sollte es verwundern,
dass sie in einiger Entfernung folgt?
Jean Cocteau, Hahn und Harlekin

Künstler

Der Künstler ist derjenige, der Einblick in das Unbewusste hat und versucht, es uns zu vermitteln.
Anaïs Nin, Sich vom Traum führen lassen

Der Künstler ist die purste Antithese des Heiligen. Der Heilige opfert sein Ich Gott auf, der Künstler opfert sich selbst seinem Ich auf.
Franz Werfel, Zwischen Oben und Unten

Der Künstler ist ein Mitverwalter der Schöpfung, er trägt zur Zerstreuung des Schöpfers bei. Er ist aber auch Aufklärer wie der Politiker, beide sind Träger des Lichts, sind Luzifer.
August Everding, Festrede zur Eröffnung des Berliner Abgeordnetenhauses am 28. April 1993

Der Künstler ist Künstler nur vermöge seines hochgradig verfeinerten Schönheitssinns – eines Sinnes, der ihn zu höchstem Entzücken hinreißen mag, gleichzeitig aber einen ebenso hochgradig entwickelten Sinn für die Ungestalt und das Missverhältnis impliziert.
Edgar Allan Poe, Marginalien

Der Künstler ist nur ein Aufnahmeorgan, ein Registrierapparat für Sinnesempfindungen, aber, weiß Gott, ein guter, empfindlicher, komplizierter, besonders im Vergleich zu anderen Menschen.
Paul Cézanne, Gespräche mit Gasquet

Der Künstler kann und muss, als Mensch, die Heiligkeit der Moral einsehen und respektieren, als Künstler braucht er von der Moral keine Notiz zu nehmen, nur muss er in seinen Darstellungen die ewige Sittlichkeit – nicht verletzen.
Zacharias Werner, an E. F. Peguilhen (5. Dezember 1803)

Der Künstler ringt nicht mit seinem Werk, sondern mit dem, was ihn daran hindert.
Waldemar Bonsels

Der Künstler soll nicht Richter seiner Personen und ihrer Gespräche sein, sondern nur ein leidenschaftsloser Zeuge.
Anton P. Tschechow, Briefe (30. Mai 1888)

Der Künstler soll nur darüber urteilen, wovon er etwas versteht; sein Gesichtskreis ist ebenso beschränkt wie der eines jeden anderen Spezialisten auch.
Anton P. Tschechow, Briefe (27. Oktober 1888)

Der Künstler strebt nicht danach, bekannt zu werden. Er tut seine Arbeit, und zuweilen stirbt er unbekannt, zuweilen stirbt er berühmt. Aber darauf richtet er sich nicht aus.
Anaïs Nin, Der Künstler als Magier

Der Künstler versäume nie, die Spuren des Schweißes zu verwischen, den sein Werk gekostet hat. Sichtbare Mühe war zu wenig Mühe.
Marie von Ebner-Eschenbach, Aphorismen

Der Künstler weiß, dass sein Werk nur voll wirkt, wenn es den Glauben an eine Improvisation, an eine wundergleiche Plötzlichkeit der Eingebung erregt.
Friedrich Nietzsche, Menschliches, Allzumenschliches

Der Künstlergeist soll nur ein brauchbares Werkzeug sein, die ganze Natur in sich zu empfangen und, mit dem Geiste des Menschen beseelt, in schöner Verwandlung wiederzugebären.
Wilhelm Heinrich Wackenroder, Herzensergießungen eines kunstliebenden Klosterbruders

Der künstlerische Genius will Freude machen, aber wenn er auf einer sehr hohen Stufe steht, so fehlen ihm leicht die Genießenden; er bietet Speisen, aber man will sie nicht.
Friedrich Nietzsche, Menschliches, Allzumenschliches

Der Unterschied zwischen mir und einem Verrückten besteht darin, dass ich nicht verrückt bin.
Salvador Dali

Der wahre Künstler bringt ohne Wissen das Göttliche, wie es sich in seiner Seele spiegelt, in sein Werk.
Adalbert Stifter, Ausstellung des oberösterreichischen Kunstvereins (1867)

Der wahre Künstler stellt sich die Frage gar nicht, ob sein Werk verstanden werden wird oder nicht.
Adalbert Stifter, Der Nachsommer

Der Wille zum Schaffen, der schöpferische Wille, der den Künstler drängt und den Künstler quält, ist ebenso sehr anwendbar auf unser individuelles, unser persönliches Leben wie auf jedes Kunstwerk.
Anaïs Nin, Ein neuer innerer Schwerpunkt

»Die anderen Götter, bitte, lassen mich nicht Gott sein.«
– »Das ist Künstlerlos, mein Lieber.«
Franz Werfel, Zwischen Oben und Unten

Die Aufgabe des Künstlers besteht darin, das darzustellen, was zwischen dem Objekt und dem Künstler steht, nämlich die Schönheit der Atmosphäre, das Unmögliche.
Claude Monet

Die Bestätigung eines Künstlers liegt nicht im Erfolg – der Erfolg ist manchmal nur ein Missverständnis –, sondern im Argwohn, im Misstrauen, das ihm entgegenschlägt.
Siegfried Lenz, Ansteckende Gefühle (1961)

Die Frau wird neben einem bedeutenden Künstler immer zu kurz kommen.
Alma Mahler-Werfel, Mein Leben

Die gefährlichste Klippe im Leben eines Künstlers ist die Heirat, besonders eine so genannte glückliche Heirat.
Anselm Feuerbach, Rom

Die großen Künstler vereinen für gewöhnlich zwei Gefühle, die einander zu widersprechen scheinen: die Verachtung ihrer eigenen Werke und die Geduld über jede Kritik. Man vergisst, dass jeder große Künstler sich seinem Werk überlegen fühlt, eben deswegen verachtet er es und erträgt es nicht, in ihm und durch sein Medium beurteilt zu werden.
Théodore Jouffroy, Das grüne Heft

Die Psyche unter Freunden, das Entstehen des Gedankens im Gespräch und Brief ist Künstlern nötig. Sonst haben wir keinen für uns selbst; sondern er gehöret dem heiligen Bilde, das wir bilden.
Friedrich Hölderlin, Briefe (an Casimir Ulrich Böhlendorff, Entwurf, Herbst 1802)

Die Seele des Künstlers selbst muss schön sein, denn ihr ist das ewige Urbild, das er nicht schaffen kann, und das Werk, das er mit Fleiß und Besonnenheit im vergänglichen Stoffe hervorbringt, eins und dasselbe.
Karl Solger, Über den Ernst in der Ansicht

Die wahren Künstler gaben ihre Persönlichkeit ganz dem Schönen hin, sie behielten keinen Teil ihrer selbst für sich zurück, den sie ihm nicht freudig opferten.
Karl Solger, Über den Ernst in der Ansicht

Durch die Künstler wird die Menschheit ein Individuum, indem sie Vorwelt und Nachwelt in der Gegenwart verknüpfen.
Friedrich Schlegel, Ideen

Ein Dichter hat immer zu viele Worte in seinem Wortschatz, ein Maler zu viele Farben auf seiner Palette, ein Musiker zu viele Töne in seinem Instrumentarium.
Jean Cocteau, Hahn und Harlekin

Ein echter Künstler
schildert nie,
um zu gefallen,
sondern um zu – zeigen.
Christian Morgenstern, Stufen

Ein Künstler, der die Welt
über seinem Werke vergisst,
wird nie durch das Werk
zur Welt sprechen,
wird das Werk vielleicht
tot von sich losreißen,
aber nie zu eignem freien
und notwendigen Leben
schließen können.
Adam Heinrich Müller, Die Lehre vom Gegensatze

Ein Künstler, der zurückweicht,
verrät nicht seine Kunst. Er verrät sich.
Jean Cocteau, Hahn und Harlekin

Ein Künstler ist,
wer sein Zentrum in sich selbst hat.
Friedrich Schlegel, Ideen

Ein Künstler kann, umhertastend,
eine Geheimtür aufstoßen,
ohne jemals zu begreifen,
dass diese Tür eine Welt verbarg.
Jean Cocteau, Hahn und Harlekin

Ein Künstler sollte geeignet sein
für die beste Gesellschaft,
aber sich von ihr fernhalten.
John Ruskin

Ein Künstler sollte reif
für die beste Gesellschaft sein,
um sie meiden zu können.
John Ruskin

Ein Künstler überspringt keine Stufen;
überspringt er sie dennoch,
so ist das vertane Zeit,
denn er muss sie hinterher
noch einmal emporsteigen.
Jean Cocteau, Hahn und Harlekin

Ein Maler ist ein Mann,
der das malt, was er verkauft.
Ein Künstler dagegen ist ein Mann,
der das verkauft, was er malt.
Pablo Picasso

Ein wahrer Künstler
nimmt vom Publikum keine Notiz.
Das Publikum existiert nicht für ihn.
Oscar Wilde,
Die Seele des Menschen unter dem Sozialismus

Es gibt eine nähere Verwandtschaft
als die zwischen Mutter und Kind:
die zwischen dem Künstler
und seinem Werke.
Marie von Ebner-Eschenbach, Aphorismen

Es gibt keinen großen Künstler,
der nicht eine maßlose Liebe
zum Leben besäße.
Henry Bordeaux, Die Angst zu leben

Es ist für den Künstler unmöglich,
mit dem Volk zu leben.
Oscar Wilde,
Die Seele des Menschen unter dem Sozialismus

Es ist schlimm,
wenn ein Künstler etwas aufgreift,
wovon er nichts versteht.
Anton P. Tschechow, Briefe (27. Oktober 1888)

Es ist so wichtig für uns einzusehen,
dass Künstler zu unterstützen
einfach bedeutet, für die Schöpfung
und gegen die Zerstörung einzutreten.
Anaïs Nin, Der Künstler als Magier

Es ist übel in der Welt eingerichtet,
dass auch die größten Künstler nur
zeitweise ihr ganzes Genie zur Verfügung haben, dass sich aber auch die
kleinsten Schurken im ununterbrochenen Besitz ihres Charakters haben.
Arthur Schnitzler, Buch der Sprüche und Bedenken

Für einen Künstler gibt es
nur eine passende Regierungsform,
nämlich gar keine Regierung.
Oscar Wilde,
Die Seele des Menschen unter dem Sozialismus

Für einen Künstler
ist es vor allem gefährlich,
gelobt zu werden.
Edvard Munch

Für jeden Künstler
bedeutet es einen Kampf,
sich nicht der Kultur anzupassen,
sondern etwas hinzuzufügen,
die Zukunft zu gestalten.
Anaïs Nin, Der Künstler als Magier

Gefallen und gelten:
Wenn ein Künstler dem Publikum
ein Friedensangebot macht,
ist er besiegt.
Jean Cocteau, Hahn und Harlekin

Große Künstler haben kein Vaterland.
Alfred de Musset, Lorenzacchio

Große Künstler oder auch Dilettanten
können vollkommen reine Menschen
sein. Mittelmäßige Künstler und ganz
besonders Literaten niemals.
Arthur Schnitzler,
in: Jüdischer Almanach 5670 (Wien 1910)

Gute Künstler leben nur in dem, was
sie schaffen, und sind infolgedessen
als Personen völlig uninteressant.
Oscar Wilde, Das Bildnis des Dorian Gray

Hundert Jahre später
verbrüdert sich alles;
doch zunächst muß man sich
tüchtig herumgeschlagen haben,
um seinen Platz im Paradies
der Kreativen zu erkämpfen.
Jean Cocteau, Hahn und Harlekin

Ich glaube, dass der Künstler
nicht bloß charmanter Gesellschafter
oder Lebensphilosoph,
sondern Priester des Ewigen sei.
Zacharias Werner, an K. F. Fenkohl (30. März 1804)

Ich wünschte in der Tat,
dass andere Künstler
ein Gespür und Verlangen
nach Einfachheit hätten,
wie ich es habe.
Vincent van Gogh, Briefe

In den besten Momenten ihres Schaffens sind Künstler zweiten Ranges von
den wahrhaft großen kaum zu unterscheiden. Doch was ihnen in jedem
Falle mangelt, ist die Fähigkeit, sich
genügend lange auf der erforderlichen
Höhe zu halten; und ihr Verhängnis ist
es, gerade in den Augenblicken, wo
die außerordentlichste und letzte
Anspannung aller Kräfte notwendig
wäre, ins Dürftige, Triviale oder
Absurde abzusinken.
Arthur Schnitzler, Buch der Sprüche und Bedenken

In jedem Künstler
liegt ein Keim von Verwegenheit,
ohne den kein Talent denkbar ist,
und dieser wird besonders rege,
wenn man den Fähigen einschränkt
und zu einseitigen Zwecken dingen
und brauchen will.
Johann Wolfgang von Goethe,
Maximen und Reflexionen

Je höher der Künstler strebt, besonders
wenn er mit dem Herzen strebt,
und der echte Künstler strebt stets
mit dem Herzen, desto tiefer
empfindet er die Herrlichkeit der Natur,
sei's Landschaft, sei's Menschenseele;
dieses Empfinden gestaltet sich
in ihm zum Ideale,
und je größer er selber wird,
desto größer ist sein Ideal;
darum kann er es nie erreichen,
weil es mit seinem Wachsen
immer selber wächst.
Und hätte er es einmal erreicht,
so hätte sein Schaffen ein Ende;
denn er hätte ja nichts mehr,
wonach er noch streben sollte.
Adalbert Stifter, Briefe
(an August Piepenhagen, 15. Januar 1865)

Je mehr ich darüber nachdenke, desto
mehr fühle ich, dass es nichts gibt,
was wahrhaft künstlerischer wäre,
als die Menschen zu lieben.
Vincent van Gogh, Briefe

Jeder echte Mensch ist Künstler,
er sucht die Schönheit
und sucht sie wiederzugeben,
so weit er sie zu fassen vermag.
Bettina von Arnim,
Goethes Briefwechsel mit einem Kinde

Künstler

Jeder große Künstler reißt uns weg,
steckt uns an. Alles, was in uns von
eben der Fähigkeit ist, wird rege, und
da wir eine Vorstellung dazu haben,
vom Großen
und einige Anlage dazu haben,
so bilden wir uns gar leicht ein,
der Keim davon stecke in uns.
Johann Wolfgang von Goethe,
Maximen und Reflexionen

Jeder Künstler
fühlt die Schranken seiner Kunst.
Adam Heinrich Müller, Idee der Kunst

Jeder Künstler soll es
der Vogelmutter nachmachen,
die sich um ihre Brut
nicht mehr bekümmert,
sobald sie flügge geworden ist.
Marie von Ebner-Eschenbach, Aphorismen

Jeder Künstler tötet zehn folgende
(Dilettanten).
Christian Morgenstern, Stufen

Jeder Künstler
will Beifall erhalten,
und der kostbarste Teil
seiner Belohnung
sind die Lobreden
seiner Zeitgenossen.
Jean-Jacques Rousseau,
Abhandlung über die Wissenschaften und Künste

Jeder Mensch sollte Künstler sein.
Alles kann zur schönen Kunst werden.
Novalis, Glauben und Liebe

Kein Künstler
wünscht etwas zu beweisen.
Oscar Wilde, Das Bildnis des Dorian Gray

Künstler – ein Priester.
Marie von Ebner-Eschenbach, Aphorismen

Künstler haben gewöhnlich
die Meinung von uns,
die wir von unseren Werken haben.
Marie von Ebner-Eschenbach, Aphorismen

Künstler ist ein jeder,
dem es Ziel und Mitte
des Daseins ist,
seinen Sinn zu bilden.
Friedrich Schlegel, Ideen

Künstler ist,
wer die Welt immer neu sieht
wie zum ersten Male
und es vermag,
dass auch andere so sehen.
René Schickelé, Wir wollen nicht sterben

Künstler, nie mit Worten,
mit Taten begegne dem Feinde!
Schleudert er Steine nach dir,
mache du Statuen daraus.
Friedrich Hebbel, Gedichte

Künstler sein, das heißt: verstehen,
die rauen Flächen der Wirklichkeit
so glatt zu schleifen, dass sie die
ganze Unendlichkeit von den Höhen
des Himmels bis zu den Tiefen
der Hölle widerzuspiegeln vermag.
Arthur Schnitzler, Buch der Sprüche und Bedenken

Künstler sein heißt
in einem Maße scheitern,
in dem kein anderer
zu scheitern wagt.
Samuel Beckett

Künstler, was du nicht schaffen musst,
das darfst du nicht schaffen wollen.
Marie von Ebner-Eschenbach, Aphorismen

Künstler wird man aus Verzweiflung.
Ernst Ludwig Kirchner

Künstlerische Fähigkeiten
und scharfer Verstand
harmonieren sehr gut miteinander.
Gottfried von Straßburg, Tristan

Laster und Tugend
sind dem Künstler
Kunstmaterialien.
Oscar Wilde, Das Bildnis des Dorian Gray

Man fordert zu viele Wunder von uns;
ich schätze mich schon glücklich,
wenn ich einen Blinden hörend mache.
Jean Cocteau, Hahn und Harlekin

Man nennt viele Künstler, die eigentlich
Kunstwerke der Natur sind.
Friedrich Schlegel, Kritische Fragmente

Manche Künstler wissen sich ihren
Ruf mühselig genug nur dadurch zu
erhalten, dass sie sich immer wieder
an Aufgaben wagen, denen ihre Kraft
nicht gewachsen ist.
Arthur Schnitzler, Buch der Sprüche und Bedenken

Mein Allerheiligstes sind
– der menschliche Körper, Gesundheit,
Geist, Talent, Begeisterung, Liebe und
absolute Freiheit, Freiheit von Gewalt
und Lüge, worin sich die beiden Letzteren
auch äußern mögen. Das ist das
Programm, an das ich mich halten
würde, wenn ich ein großer Künstler
wäre.
Anton P. Tschechow, Briefe (4. Oktober 1888)

Nicht dem Wollen des Künstlers,
sondern dem,
was ihm auszusprechen gelungen ist,
trägt die Nachwelt Rechnung.
Franz Liszt

Nichts Besseres
kann der Künstler sich wünschen
als grobe Freunde und höfliche Feinde.
Marie von Ebner-Eschenbach, Aphorismen

Nur der vollkommene Künstler
bleibt vor dem Alter bewahrt.
André Gide, Tagebuch

Nur derjenige kann ein Künstler sein,
welcher eine eigne Religion, eine originelle
Ansicht des Unendlichen hat.
Friedrich Schlegel, Ideen

Nur derjenige Künstler vermag ein
reines Dasein in der Welt zu führen
und zugleich reinliche, künstlerische
Arbeit zu leisten, der sich zu den von
ihm geschaffenen Gestalten in ein
menschliches und zu den Menschen,
mit denen er lebt, in ein künstlerisches
Verhältnis zu setzen weiß.
Arthur Schnitzler, Buch der Sprüche und Bedenken

Nur ein Künstler
kann den Sinn des Lebens erraten.
Novalis, Fragmente

Selbst im Augenblick
des höchsten Glücks
und der höchsten Not
bedürfen wir des Künstlers.
Johann Wolfgang von Goethe,
Maximen und Reflexionen

Selbst in den äußerlichen Lebensgebräuchen
sollte sich die Lebensart der
Künstler von der Lebensart der übrigen
Menschen durchaus unterscheiden. Sie
sind Brahminen, eine höhere Kaste,
aber nicht durch Geburt, sondern
durch freie Selbsteinweihung geadelt.
Friedrich Schlegel, Ideen

Um den Künstler ist ein geheimnisvolles
Element, durch dessen Medium
er die Umwelt unvergleichlich stärker zu
erfassen vermag als irgendein anderer
Mensch, und das ihn doch zugleich
unerbittlicher von ihr abschließt, als
die dickste Mauer es vermöchte.
Arthur Schnitzler, Buch der Sprüche und Bedenken

Vollkommne Künstler
haben mehr dem Unterricht
als der Natur zu danken.
Johann Wolfgang von Goethe,
Maximen und Reflexionen

Warum bin ich so wenig Künstler,
dass ich immer bedaure,
dass die Statue und das Bild
nicht leben?
Vincent van Gogh, Briefe

Welch ein Künstler
geht an mir verloren!
Kaiser Nero, Ausspruch kurz vor seinem Selbstmord
(überliefert von Sueton)

Wenn der Künstler
einen echten Gegenstand hat,
so kann er etwas Echtes machen.
Johann Wolfgang von Goethe,
Tagebuch der italienischen Reise

Wenn der Künstler seinen Weg antritt,
so scheint es ein einsamer Weg zu sein,
aber er wagt, ihm zu folgen.
Anaïs Nin, Der Künstler als Magier

Wenn die Kritiker
verschiedener Meinung sind,
ist der Künstler mit sich
im Einklang.
Oscar Wilde, Das Bildnis des Dorian Gray

Wenn ein Künstler seine herrlichen
Gaben versäuft und verlüdert,
nennt man's geniales Leben
– der Schreiner, der seinen Hobel
vertrinkt, ist dagegen ein Lump.
Emil Gött, Zettelsprüche. Aphorismen

Wenn Künstler von Natur sprechen,
subintelligieren sie immer die Idee,
ohne sich's deutlich
bewusst zu machen.
Johann Wolfgang von Goethe,
Maximen und Reflexionen

Wenn mich nicht alles trügt,
so stehen wir dicht
vor Künstlergenerationen,
die sich des ganzen irdischen
Lebensstoffes noch ganz anders
bemächtigen werden
als die bisherigen.
Christian Morgenstern, Stufen

Wer nichts will, auf nichts hofft
und vor nichts Angst hat,
der kann kein Künstler sein.
Anton P. Tschechow, Briefe (25. November 1892)

Wer sich von der Persönlichkeit
eines Künstlers enttäuscht
oder überrascht fühlt,
hat dessen Werke missverstanden.
Arthur Schnitzler,
in: Wiener Allgemeine Zeitung (Osterbeilage 1898)

Wer sein Leben erhalten will,
der wird es verlieren;
wer es aber verliert
um der Liebe willen,
der wird das ewige Leben ererben.«
Dieser Kampf ist das Leben
eines Künstlers.
Philipp Otto Runge, an J. H. Besser (3. April 1803)

Wie die Kaufleute im Mittelalter
so sollten die Künstler jetzt
zusammentreten zu einer Hanse,
um sich einigermaßen gegenseitig
zu schützen.
Friedrich Schlegel, Ideen

Wie groß ist die Zahl derer,
so sich Künstler nennen,
ohne zu ahnen, dass noch etwas
ganz anderes dazu gehöre
als bloße Geschicklichkeit der Hand.
Caspar David Friedrich, Äußerung bei Betrachtung
einer Sammlung von Gemälden

Wie unverzeihlich und
unaussprechlich erregend
ist doch der künstlerische Beruf!
Was lässt sich mit ihm vergleichen?
Und was mehr können wir wünschen?
Katherine Mansfield, Briefe

Wo die Künstler
eine Familie bilden,
da sind Urversammlungen
der Menschheit.
Friedrich Schlegel, Ideen

Wo ein Volk das Schöne liebt, wo es
den Genius in seinen Künstlern ehrt,
da weht, wie Lebensluft,
ein allgemeiner Geist,
da öffnet sich der scheue Sinn,
der Eigendünkel schmilzt,
und fromm und groß sind alle Herzen,
und Helden gebiert die Begeisterung.
Friedrich Hölderlin, Hyperion

Wo mehre bildend sich
in eins verbunden,
Gewinnt der Künstler
seines Daseins Mitte.
Friedrich Schlegel, Bündnis

Zeichen der Zeit:
die Künstler sind Profis geworden;
die Amateure Künstler.
Erik Satie

Zwangsläufig
stecken in jedem Künstler
ein Mann und eine Frau,
und die Frau ist fast immer
unerträglich.
Jean Cocteau, Hahn und Harlekin

Kunstwerk

Allein die Realität
führt zu dem bedeutenden Kunstwerk.
Jean Cocteau, Hahn und Harlekin

Bei jedem Kunstwerk,
groß oder klein,
bis ins Kleinste kommt alles
auf die Konzeption an.
Johann Wolfgang von Goethe,
Maximen und Reflexionen

Das höchst vollendete Kunstwerk
ist immer, es möge sonst sein,
was es will, das Bild von der tiefsten
Ahnung Gottes in dem Manne,
der es hervorgebracht.
Philipp Otto Runge, Von einer neuen religiösen Kunst

Das Kunstwerk muss grade nur das
ausdrücken, was die Seele erhebt
und edel ergötzt, und nicht mehr.
Die Empfindung des Künstlers muss
allein darauf gerichtet sein,
das Übrige ist falsch.
Bettina von Arnim,
Goethes Briefwechsel mit einem Kinde

Das Kunstwerk reflektiert uns
die Identität der bewussten
und der bewusstlosen Tätigkeit.
Friedrich von Schelling,
System des transzendentalen Idealismus

Das Kunstwerk ist souverän.
Nichts kann es belasten
und nichts entschuldigen,
das nicht in ihm ist.
Reiner Kunze

Das Kunstwerk
soll den Betrachter meistern,
nicht der Betrachter das Kunstwerk.
Oscar Wilde,
Die Seele des Menschen unter dem Sozialismus

Das Was des Kunstwerks interessiert
die Menschen mehr als das Wie;
jenes können sie einzeln ergreifen,
dieses im Ganzen nicht fassen. Daher
kommt das Herausheben von Stellen,
wobei zuletzt, wenn man wohl aufmerkt, die Wirkung der Totalität auch
nicht ausbleibt, aber jedem unbewusst.
Johann Wolfgang von Goethe,
Maximen und Reflexionen

Denn die Erscheinung, die am meisten,
bei der Betrachtung eines Kunstwerks,
rührt, ist, dünkt mich, nicht das Werk
selbst, sondern die Eigentümlichkeit
des Geistes, der es hervorbrachte
und der sich, in bewusster Freiheit
und Lieblichkeit, darin entfaltet.
Heinrich von Kleist, Briefe
(an Friedrich de La Motte-Fouqué, 25. April 1811)

Denn die Ewigkeit eines Kunstwerks
ist doch nur der Zusammenhang
mit der Seele des Künstlers,
und durch den ist es ein Bild
des ewigen Ursprungs seiner Seele.
Philipp Otto Runge, Nachgelassene Schriften

Denn wie nur ein reiner, ungetrübter
Spiegel ein reines Bild wiedergeben
kann, so kann auch nur aus einer
reinen Seele ein wahrhaftes Kunstwerk
hervorgehen.
Caspar David Friedrich, Äußerung bei Betrachtung
einer Sammlung von Gemälden

Der Künstler macht sein Werk,
wie die Blume blüht, sie blüht,
wenn sie auch in der Wüste ist
und nie ein Auge auf sie fällt.
Adalbert Stifter, Der Nachsommer

Der Verstand frage im Kunstwerk,
aber er antworte nicht!
Friedrich Hebbel, Tagebücher

Die beruhigende Wirkung der Kunstwerke erklärt sich vor allem dadurch,
dass im Kunstwerk das, was wir Zufall
nennen, ausgeschaltet ist.
Arthur Schnitzler, Buch der Sprüche und Bedenken

Die drei Kriterien des Kunstwerks:
Einheitlichkeit, Intensität, Kontinuität.
Arthur Schnitzler, Buch der Sprüche und Bedenken

Die Skizze sagt uns oft mehr
als das ausgeführte Kunstwerk,
weil sie uns zum Mitarbeiter macht.
Marie von Ebner-Eschenbach, Aphorismen

Die Werke der Alten
sind der Nordstern
für jedes künstlerische Streben.
Arthur Schopenhauer

Die wirkliche Bedeutung dessen
zu verstehen suchen, was die großen
Künstler, die ernsten Meister, uns in
ihren Meisterwerken sagen, das führt
zu Gott; der eine hat es in einem Buch
gesagt, der andere in einem Bild.
Vincent van Gogh, Briefe

Die Wirkung
ist die Probe eines Kunstwerkes,
aber nie dessen Zweck.
Ernst von Feuchtersleben, Aphorismen

Ein Kunstwerk schön finden,
heißt, den Menschen lieben,
der es hervorbrachte.
Denn was ist Kunst andres
als Vermittlung von Seele.
Christian Morgenstern, Stufen

Ein Kunstwerk ist ein Stück Natur,
gesehen durch ein Temperament.
Emile Zola

Ein Kunstwerk ist nur dann ein wirkliches Werk der Kunst, wenn derjenige, der es auf sich wirken lässt, ein Gefühl der Freude darüber empfindet, dass er ein so herrliches Werk geschaffen hat.
Leo N. Tolstoi, Tagebücher (1909)

Ein Kunstwerk soll etwas Wesentliches
und nicht etwas Willkürliches sein.
Joseph Joubert, Gedanken, Versuche und Maximen

Entsteht nicht ein Kunstwerk
nur in dem Moment, wann ich
deutlich einen Zusammenhang
mit dem Universum vernehme?
Philipp Otto Runge, Nachgelassene Schriften

Es glaube doch nicht jeder,
der imstande war, seine Meinung
von einem Kunstwerk aufzuschreiben,
er habe es kritisiert.
Marie von Ebner-Eschenbach, Aphorismen

Gerade das,
was ungebildeten Menschen
am Kunstwerk als Natur auffällt,
das ist nicht Natur (von außen),
sondern der Mensch (Natur von innen).
Johann Wolfgang von Goethe,
Maximen und Reflexionen

Hinter jedem unserer bedeutenden
Kunstwerke gibt es ein Haus,
eine Lampe, eine Suppe, Feuer,
Wein, Pfeifen.
Jean Cocteau, Hahn und Harlekin

Ich teile alle Werke
in zwei Klassen ein:
solche, die mir gefallen,
und solche, die mir nicht gefallen.
Anton P. Tschechow, Briefe (22. März 1890)

Ich vergleiche den Genuss
der edleren Kunstwerke dem Gebet.
Wilhelm Heinrich Wackenroder, Herzensergießungen eines kunstliebenden Klosterbruders

Im Kunstwerk, das aus einer inneren Notwendigkeit heraus geschaffen wurde, glüht ohne Unterlass sonnenhaft die Idee wie ein leuchtend gewordenes Herz; das Machwerk, und wäre es vom höchsten technischen Range, trägt die Idee vor sich her wie ein flackerndes Lämpchen, und es ist meist erloschen lang vor erreichtem Ziel.
Arthur Schnitzler, Buch der Sprüche und Bedenken

In jedem Kunstwerk ist der Künstler
selbst gegenwärtig. Wir spielen und
hören in Wahrheit Beethoven, sehen
Leonardo, lesen Goethe.
Christian Morgenstern, Stufen

In jedem vollendeten Kunstwerke
fühlen wir durchaus unsern innigsten
Zusammenhang mit dem Universum.
Philipp Otto Runge, Von einer neuen religiösen Kunst

Indem wir die Natur betrachten,
wird sie unmittelbar durch unsre
Betrachtung zum Kunstwerk.
Adam Heinrich Müller, Die Lehre vom Gegensatze

Jedes echte Kunstwerk
hat ebenso viel Daseinsberechtigung
wie Erde und Sonne.
Ralph Waldo Emerson, Essays

Jedes echte Kunstwerk wird
in geweihter Stunde empfangen
und in glücklicher geboren,
oft dem Künstler unbewusst
aus innerem Drange des Herzens.
Caspar David Friedrich, Äußerung bei Betrachtung einer Sammlung von Gemälden

Jedes wahre Kunstwerk
und jeder große Mensch
ist rätselhaft und dunkel.
Jakob Boßhart, Bausteine zu Leben und Zeit

Kunstwerke
Kunstwerke passen in ihrer Art
so wenig als der Gedanke an Gott
in den gemeinen Fortfluss des Lebens.
Wilhelm Heinrich Wackenroder, Herzensergießungen eines kunstliebenden Klosterbruders

Man soll entweder ein Kunstwerk sein
oder ein Kunstwerk tragen.
Oscar Wilde,
Sätze und Lehren zum Gebrauch für die Jugend

Nichts verdient Tadel
in einem Kunstwerk
als Vergehungen
wider die Schönheit
und wider die Darstellung:
das Hässliche und das Fehlerhafte.
Friedrich Schlegel,
Vom ästhetischen Werte der griechischen Komödie

So wie ein Kunstwerk,
das nicht in unsrer eignen
ewigen Existenz gegründet ist,
nicht bestehet, so ist es gewiss
auch mit dem Menschen,
der nicht in Gott gegründet ist.
Philipp Otto Runge,
an Johann Daniel Runge (9. März 1802)

Unterschiedlichkeit des Urteils
über ein Kunstwerk zeigt,
dass das Werk neu, vielfältig
und lebenskräftig ist.
Oscar Wilde, Das Bildnis des Dorian Gray

Wenn ein Kunstwerk
seiner Zeit voraus zu sein scheint,
so schlichtweg deshalb,
weil seine Zeit ihm hinterher ist.
Jean Cocteau, Hahn und Harlekin

Wenn ein Werk deinen Geist erhebt
und dir edle, beherzte Gefühle einflößt,
so suche nicht erst nach einem
anderen Maßstab des Urteils;
dann ist es gut und von der Hand
eines tüchtigen Meisters.
Jean de La Bruyère, Die Charaktere

Wir sehen in den Kunstwerken
aller Zeiten es am deutlichsten,
wie das Menschengeschlecht
sich verändert hat, wie niemals
dieselbe Zeit wiedergekommen ist,
die einmal da war.
Philipp Otto Runge, Nachgelassene Schriften

Kupplerin

Der Mund einer Kupplerin
kennt kein Maß.
Chinesisches Sprichwort

Ob eine Heirat
zustande kommt oder nicht,
die Kupplerin erhält immer
ihren Schnaps.
Chinesisches Sprichwort

Ohne Wolken am Himmel
fällt kein Regen,
ohne Kupplerin
glückt keine Heirat.
Chinesisches Sprichwort

Kürze

Der Schönheit Glanz
– wie reißend schnell,
wie kurz dauernd ist er!
Flüchtiger als der
Frühlingsblüten Welken!
Anicius Manlius Torquatus Severinus Boethius,
Trost der Philosophie

Die angeblich »kürzeren Wege«
haben die Menschheit immer
in große Gefahr gebracht;
sie verlässt immer bei der frohen
Botschaft, dass ein solcher kürzerer
Weg gefunden sei, ihren Weg
– und verliert den Weg.
Friedrich Nietzsche, Morgenröte

Die Menschen sagen,
das Leben sei kurz,
und ich sehe,
dass sie sich bemühen,
es kurz zu machen.
Jean-Jacques Rousseau, Emile

Die Moral verkürzt den Menschen,
der Mensch verkürzt das Leben (...).
Francis M. de Picabia, Aphorismen

Ein Menschenleben ist,
als zählt man Eins.
William Shakespeare, Hamlet (Hamlet)

Ein Satz soll nicht länger dauern,
als man mit einem Atemzug
vortragen kann.
Ludwig Reiners, Stilkunst IV, Klang

Eine kurze Erzählung
hört sich angenehm an,
zieht sie sich in die Länge,
wird man ihrer überdrüssig.
Ecbasis captivi in belehrender Gestalt (Kälbchen)

Eine Kurzgeschichte ist
eine Geschichte, an der man
sehr lange arbeiten muss,
bis sie kurz ist.
Vicente Aleixandre

In der Kürze liegt die Würze.
Deutsches Sprichwort

Kürze die lange Rede,
damit sie nicht verdächtig wirke!
Lucius Annaeus Seneca, Medea

Kürze ist des Witzes Seele.
William Shakespeare, Hamlet (Polonius)

Menschen, die ihre Zeit schlecht
verwenden, sind die Ersten,
die sich über deren Kürze beklagen.
Jean de La Bruyère, Die Charaktere

Niemand gefiel durch Schweigen, viele
aber durch die Kürze ihres Ausdrucks.
Decimus Magnus Ausonius, Briefe

Nur die prägnante Kürze
ist nachdrücklich.
Georg Friedrich Creuzer,
Symbolik und Mythologie der alten Völker

Was nicht
auf einer einzigen Manuskriptseite
zusammengefasst werden kann,
ist weder durchdacht
noch entscheidungsreif.
Dwight David Eisenhower

Kuss

Bei den Küssen seines Weibes
denkt ein echter Chemiker nichts,
als dass ihr Atem Stickgas
und Kohlenstoffgas ist.
Heinrich von Kleist, Briefe
(an Adolphine von Werdeck, 28./29. Juli 1801)

Beim ersten Kuss
wird eine neue Welt
dir aufgetan,
mit ihm fährt Leben
in tausend Strahlen
in dein entzücktes Herz.
Novalis, Die Lehrlinge zu Sais

Das Schiff brauch zum Segeln,
den Schild zum Decken,
Die Klinge zum Hiebe,
das Mädchen zum Küssen.
Edda, Hâvamâl (Fragmente)

Das Weib wird durch den Kuss ganz
Herz vom Scheitel bis zur Fußsohle.
Da ist keine Fiber, kein Nerv, der nicht
jubelte – oder jammervoll zuckte.
Karl Leberecht Immermann, Münchhausen

Den Mägden ist ein Kuss,
was uns ein Glas voll Wein.
Johann Wolfgang von Goethe,
Die Mitschuldigen (Söller)

Der Kuss eines keuschen Weibes
ist das Zeichen, womit die Natur
ihren Segen sprüht.
August von Kotzebue, Verleumder

Der Kuss
ist ein schlau erfundenes Verfahren,
welches das Reden stoppt,
wenn Worte überflüssig sind.
Oliver Herford

Der Kuss ist nichts anderes
als eine Weiterentwicklung
der Nahrungsübertragung
von Schnabel zu Schnabel,
wie sie bei Vögeln üblich ist.
Irenäus Eibl-Eibesfeldt

Dieser Augenblick,
der Kuss des Amor
und der Psyche,
ist die Rose des Lebens.
Friedrich Schlegel, Lucinde

Du bist mein und bist so zierlich,
Du bist mein und so manierlich,
Aber etwas fehlt dir noch:
Küssest mit so spitzen Lippen,
Wie die Tauben Wasser nippen;
Allzu zierlich bist du doch.
Johann Wolfgang von Goethe, Nett und niedlich

Ein Kompliment ist so etwas
wie ein Kuss durch einen Schleier.
Victor Hugo, Die Elenden

Ein kultiviertes Mädchen
meidet die Küsse eines Alten.
Tibull, Elegien

Ein Kuss in Ehren
mag niemand wehren.
Deutsches Sprichwort

Ein Kuss ist der Versuch,
unter möglichst intensiver Benützung
der Lippen gemeinsam zu schweigen.
Senta Berger

Ein Kuss ist eine Sache,
für die man beide Hände braucht.
Mark Twain

Ein Kuss
ist Mund-zu-Mund-Beatmung
ohne medizinischen Anlass.
Joachim Fuchsberger

Ein Pessimist ist ein Mensch,
der sich den Kuss
vom Bakteriologen erklären lässt.
Paul Hubschmid

Ein schönes Gesicht
lockt jedermann zum Küssen.
Sprichwort aus Indien

Es gehört Erfahrung dazu,
wie eine Anfängerin zu küssen.
Zsa Zsa Gabor

Es küsst sich so süße
die Lippe der Zweiten
Als kaum sich die Lippe
der Ersten geküsst.
Johann Wolfgang von Goethe, Wechsel

Frauen erinnern sich noch
an den ersten Kuss, wenn der Mann
bereits den letzten vergessen hat.
Rémy de Gourmont

Hollywood ist ein Ort,
wo sie dir 50 000 Dollar für einen Kuß
und 50 Cent für deine Seele zahlen.
Marilyn Monroe

Küsse sind das,
was von der Sprache des Paradieses
übrig geblieben ist.
Joseph Conrad

Küsse vergehen,
Kochkunst bleibt bestehen.
George Meredith, Richard Feverels Prüfung

Lieben ist nicht Sünd,
und küssen macht kein Kind.
Deutsches Sprichwort

Mit einem Kuss
verrätst du den Menschensohn?
Neues Testament, Lukas 22, 48 (Jesus)

Mit Küssen seines Mundes
bedecke er mich.
Süßer als Wein ist deine Liebe.
Altes Testament, Hohelied Salomos 1, 2

Nein, behalte deine Küsse, ich kann sie nicht ertragen – sie sind zu bitter, zu durchdringend, sie durchbohren mich, brennen bis ins Mark – rasend würden sie mich machen. Nur einer, nur ein einziger hat mich in eine Verwirrung gestürzt, von der ich mich nicht wieder erholen kann.
Jean-Jacques Rousseau,
Julie oder Die neue Héloïse (Saint-Preux)

Neumond und geküsster Mund
Sind gleich wieder hell
und frisch und gesund.
Johann Wolfgang von Goethe, Sprichwörtlich

Nun bekommst du keine Küsse mehr,
denn sonst küsste ich dich tot.
Hans Christian Andersen,
Die Schneekönigin (zweite Geschichte)

Seid umschlungen, Millionen!
Diesen Kuss der ganzen Welt.
Friedrich Schiller, An die Freude

Sinnlos wiederholte unzählige Küsse,
so wie man in der Verzweiflung,
ohne davon zu wissen,
die Zigarette immer wieder vornimmt.
Franz Kafka, Tagebücher (1915)

So verrauschte Scherz und Kuss,
Und die Treue so.
Johann Wolfgang von Goethe, An den Mond

Süßer rosenfarbner Mund,
Komm und mache mich gesund.
Komm und mache mich gesund,
Süßer rosenfarbner Mund.
Anonym, Tanzliedchen (13. Jh., Münchner Handschrift)

Versteh ich deinen Kuss doch
und du meinen,
Und das ist ein gefühltes Unterreden.
William Shakespeare, Heinrich IV. (Mortimer)

Vertreibe den Sehnsuchtsschmerz
und küsse mich.
Auf diese Weise nehme ich Abschied
von dir.
Konrad von Würzburg,
Lieder (Ich sihe den morgensternen glesten)

Vielleicht wurde das Küssen erfunden,
um sich gegenseitig
den Mund zu verschließen.
Sacha Guitry

Wenn eine zu viel küsst,
kommt sie bald ins Bett.
Deutsches Sprichwort

Was geschah dir, Weib, dass du
so bleich und dass du so lustig bist?
Meine Augen haben zu viel geweint,
und mein Mund hat zu viel geküsst.
Franziska Gräfin zu Reventlow, Tagebücher

Weiberlippen sind geschaffen
Mehr zum Küssen als zum Klaffen.
Friedrich von Logau, Sinngedichte

Wem gefiele nicht eine Philosophie,
deren Keim ein erster Kuss ist?
Novalis, Fragmente

Wer ein Mädchen um Verzeihung bittet,
wenn er es geküsst hat, erhält keine.
Theodor Gottlieb von Hippel,
Über die Ehe (Traum zur Abhelfung)

Wie?, du kannst nicht mehr küssen?
Mein Freund, so kurz vor mir entfernt,
Und hast's Küssen verlernt?
Warum wird mir an deinem Halse
so bang.
Johann Wolfgang von Goethe, Faust I (Margarete)

Wie willst du weiße Lilien
zu roten Rosen machen?
Küss eine weiße Galathee:
Sie wird errötend lachen.
Friedrich von Logau, Sinngedichte

Kutsche

Leute, die zu Fuß gehen,
gehören nicht zur Welt;
das sind Bürger,
Menschen aus dem Volk,
Leute aus einer andern Welt;
und fast könnte man sagen,
eine Kutsche sei weniger zum Fahren
als zum Dasein notwendig.
Jean-Jacques Rousseau,
Julie oder Die neue Héloïse (Saint-Preux)

Sogar wenn ich meine Besuche abstatte, bediene ich mich nur ungern der Kutsche. Denn ich habe zwei kräftige Beine, und es sollte mir leid tun, wenn ich, durch meine etwas größeren Mittel bewogen, ihren Gebrauch verlernte.
Jean-Jacques Rousseau,
Julie oder Die neue Héloïse (Saint-Preux)

L

Labyrinth

Das eben geschieht den Menschen,
die in einem Irrgarten hastig werden:
Eben die Eile führt immer tiefer
in die Irre.
Lucius Annaeus Seneca, Briefe über Ethik

Labyrinthe reizen zwar
zum Hindurchgehen,
aber meist nur, solange es
ein übersichtliches Vergnügen ist.
Jacob Bachofen

Labyrinth verwirrt wirklich.
Manche schon
durch seine Schreibweise.
Hans-Horst Skupy

Sie irrten in der Stadt umher
wie in einem weiten Labyrinth, in dem
man sich nicht zurechtfinden kann.
Voltaire, Der ehrliche Hurone

Lächeln

Das gemeine Volk lacht häufig,
aber lächelt niemals, während
wohl erzogene Leute häufig lächeln,
aber selten lachen.
Philipp Stanhope Earl of Chesterfield, Briefe über
die anstrengende Kunst, ein Gentleman zu werden

Das Lächeln
auf dem Gesicht eines Hungrigen
ist eine Lüge.
Sprichwort aus Polen

Das Lächeln einer schönen Frau
kann ein ganzes Schloss ruinieren.
Sprichwort aus Japan

Das Lächeln ist nur
ein gut getrocknetes Weinen.
Albert Paris Gütersloh

Das Lächeln wird nicht gelehrt,
es trägt in sich
einen gemeinverständlichen Sinn.
Sully Prudhomme, Intimes Tagebuch

Denn ein Zorniger ist wohl
zu begütigen, wenn es uns glückt,
ihn zum Lächeln zu bringen.
Johann Wolfgang von Goethe, Dichtung und Wahrheit

Die Blume ist das Lächeln der Pflanze.
Peter Hille

Die Menschen lächeln,
bis sie sich verstehen.
Erich Kästner, Dr. Erich Kästners lyrische Hausapotheke

Die Satire erkennt das Lächerliche,
die Ironie erfindet es.
Helmut Arntzen

Ein freundliches Lächeln
ist mehr wert als ein gutes Essen.
Sprichwort aus Afrika

Es gibt drei einander ähnliche Arten
von Lächeln: Das der Toten,
das einer befriedigten Frau
und das geköpfter Tiere.
Henry de Montherlant, Erbarmen mit den Frauen

Für das Lächeln einer Frau
fallen Städte,
für ein zweites Lächeln
ganze Reiche.
Chinesisches Sprichwort

Humor unterscheidet sich vom Witz,
wie sich das Lächeln
vom Gelächter unterscheidet.
Paul Alverdes

Ich muss mir's niederschreiben,
Dass einer lächeln kann
und immer lächeln
Und doch ein Schurke sein.
William Shakespeare, Hamlet (Hamlet)

Lächeln erzeugt Lächeln,
genauso wie Liebe Liebe erzeugt.
Mutter Teresa

Lächeln ist das Kleingeld des Glücks.
Heinz Rühmann

Lächeln ist die eleganteste Art,
seinen Gegnern die Zähne zu zeigen.
Werner Finck

Man kann alles
mit einem Lächeln ausdrücken,
ausgenommen vielleicht den Zorn.
Sully Prudhomme, Intimes Tagebuch

Man kann auch
mit lauter echten Zähnen
ein falsches Lächeln produzieren.
Gabriel Laub

Manche, so da lächeln,
fürcht ich, tragen
Im Herzen tausend Unheil.
William Shakespeare, Julius Caesar (Oktavio)

Männer reden,
Frauen lächeln sich
die Seele aus dem Leibe.
Karin Michaelis

Mein Lächeln hat die Gelbsucht.
Jules Renard, Ideen, in Tinte getaucht.
Aus dem Tagebuch von Jules Renard

Nur noch mit einer Lippe lächeln.
Jules Renard, Ideen, in Tinte getaucht.
Aus dem Tagebuch von Jules Renard

Runzeln sollten nur
den Platz zeigen,
wo Lächeln gestanden hat.
Mark Twain, Querkopf Wilsons Kalender

Und das ist mein innerstes Wesen,
dass ein Lächeln grenzen kann
an die unsäglichste Not.
Caroline von Schelling, Briefe

Wenn dem Menschen
am Ende seines Lebens
ein Lächeln übrig bleibt,
so ist das ein
sehr anständiger Reingewinn.
Horst Wolfram Geißler

Wer lächelt, statt zu toben,
ist immer der Stärkere.
Japanische Weisheit

Lachen

Am Lachen erkennt man den Narren
und den Dummkopf.
Sprichwort aus Frankreich

Apropos Lachen:
Keiner hat etwas dagegen,
dass man lacht. Es kommt darauf an,
worüber man lacht.
Franz Xaver Kroetz

Auch kann ihn kein Mensch
zum Lachen bringen,
aber das ist kein Wunder,
er trinkt keinen Wein.
William Shakespeare, Heinrich IV. (Falstaff)

Das Lächeln wohnt nur
auf den Lippen,
aber das Lachen hat seinen Sitz
und seine Anmut auf den Zähnen.
Joseph Joubert, Gedanken, Versuche und Maximen

Das Lachen erhält uns vernünftiger
als der Verdruss.
Gotthold Ephraim Lessing,
Minna von Barnhelm (Minna)

Das Lachen ist die Endlösung
des Rassenhasses.
Ephraim Kishon, Kishon für alle Fälle

Das Lachen ist die sicherste Probe
auf einen Menschen.
Fjodor M. Dostojewski, Der Jüngling

Das Lachen verlangt Arglosigkeit,
die meisten Menschen
lachen aber
am häufigsten boshaft.
Fjodor M. Dostojewski, Der Jüngling

Das Weinen ist
dem Menschen angeboren,
aber das Lachen will gelernt sein.
Max Pallenberg

Der heilige Laurentius hat auch
auf dem Rost noch gelacht,
was nur beweist,
wie nah das Lachen dem Tod ist.
August Everding, Vortrag auf der Schlussveranstaltung
des 111. Chirurgen-Kongresses in München, 1994

Der Mensch ist
ein lachendes Lebewesen.
Baruch de Spinoza, Ethik

Der sinnliche Mensch lacht oft,
wo nichts zu lachen ist.
Was ihn auch anregt,
sein inneres Behagen
kommt zum Vorschein.
Johann Wolfgang von Goethe,
Maximen und Reflexionen

Der Spaß verliert alles,
wenn der Spaßmacher selber lacht.
Friedrich Schiller,
Die Verschwörung des Fiesco zu Genua (Fiesco)

Der Tor lacht mit lauter Stimme,
der Kluge aber lächelt kaum leise.
Altes Testament, Jesus Sirach 21, 20

Der verlorenste aller Tage ist der,
an dem man nicht gelacht hat.
Chamfort, Maximen und Gedanken

Der Weise lacht nur über das, was
wichtig scheint im Menschenleben.
Menandros, Monostichoi

Die eine Hälfte der Welt
lacht über die andere,
und Narren sind sie alle.
Baltasar Gracián y Morales,
Handorakel und Kunst der Weltklugheit

Die Hälfte der Menschen
lacht auf Kosten der andern.
Philipp Destouches, L'Homme singulier

Die Menschen lieben nur
das Glück, den Glanz und
die lachenden Gesichter, und zuletzt:
Wer will es ihnen verargen?!
Theodor Fontane, Briefe

Die Worte, welche lachen machen,
sind entweder einfältig
oder beleidigend oder verliebt.
Niccolò Machiavelli, Clizia

Ein junger Mensch, der niemals weint,
ist ein Ungeheuer. Ein alter Mensch,
der nicht lacht, ist ein Narr.
George de Santayana

Ein Mädchen, das lacht,
ist schon halb gewonnen.
Sprichwort aus England

Ein nacktes Kind lacht,
ein hungriges niemals.
Sprichwort aus Wales

Ein unkluger Mann
meint sich alle hold,
Die ihn nur anlachen.
Kommt er zum Ting,
so erkennt er bald,
Dass er wenig Helfer hat.
Edda, Hávamál (Des Hohen Lied)

Ein witziger Einfall
hat noch niemals Gelächter erregt;
er erfreut nur den Geist und
erschüttert nicht die Gemütsruhe.
Philipp Stanhope Earl of Chesterfield, Briefe über
die anstrengende Kunst, ein Gentleman zu werden

Eine Welt, wo so viel gelacht wird,
kann so schlecht nicht sein.
Friedrich Theodor von Vischer, Auch Einer

Es ist nicht jeder dein Freund,
der dich anlacht.
Deutsches Sprichwort

Es ist von größter Wichtigkeit, dass
wir lernen, über uns selbst zu lachen.
Katherine Mansfield, Tagebücher

Es lacht mancher,
der lieber weinen möchte.
Deutsches Sprichwort

Je freudiger und sicherer der Geist
wird, umso mehr verlernt der Mensch
das laute Gelächter; dagegen quillt
ihm ein geistiges Lächeln fortwährend
auf, ein Zeichen seines Verwunderns
über die zahllosen versteckten
Annehmlichkeiten des guten Daseins.
Friedrich Nietzsche, Menschliches, Allzumenschliches

Je mehr Narren, desto mehr Gelächter.
Sprichwort aus Frankreich

Jeder Narr kann über andere lachen,
nur ein Weiser über sich selbst.
Chinesisches Sprichwort

Kann man denn nicht auch lachend
sehr ernsthaft sein?
Gotthold Ephraim Lessing,
Minna von Barnhelm (Minna)

Lache nicht
über die Dummheit der anderen!
Sie ist deine Chance.
Henry Ford, Mein Leben und Werk

Lache, und die Welt lacht mit dir;
weine, und du weinst allein.
Sprichwort aus den USA

Lachen bedeutet schadenfroh sein,
aber mit gutem Gewissen.
Friedrich Nietzsche

Lachen heißt: schadenfroh sein,
aber mit gutem Gewissen.
Friedrich Nietzsche, Die fröhliche Wissenschaft

Lachen ist durchaus kein schlechter
Anfang für eine Freundschaft, und
es ist bei weitem ihr bester Schluss.
Oscar Wilde, Das Bildnis des Dorian Gray

Lachen ist männlich, Weinen dagegen
weiblich (beim Manne weibisch).
Immanuel Kant,
Anthropologie in pragmatischer Hinsicht

Lachen ist Therapie, es lässt die Luft
aus allem Feierlichen und Pompösen.
Es ist meine höchstentwickelte
Erfindung, meine vollendetste und
raffinierteste Entdeckung,
nur von der Liebe übertroffen.
Peter Ustinov, Was ich von der Liebe weiß

Lachen reinigt die Zähne.
Sprichwort aus Afrika

Lachen und Lächeln
sind Tor und Pforte, durch die
viel Gutes in den Menschen
hineinhuschen kann.
Christian Morgenstern, Stufen

Lachende sind gutmütig
und stellen sich oft in Reih
und Glied der Belachten;
Kinder und Weiber
lachen am meisten;
die stolzen Selbstvergleicher
am wenigsten.
Jean Paul, Vorschule der Ästhetik

Man muss lachen,
ehe man glücklich ist,
aus Furcht, man könnte sterben,
ohne gelacht zu haben.
Jean de La Bruyère, Die Charaktere

Man sollte dann und wann
lachen können und
ein bisschen Spaß machen
oder sogar viel.
Vincent van Gogh, Briefe

Man sollte meinen,
dass man eigentlich nur
über lächerliche Dinge lachen könne;
gleichwohl trifft man Leute, die über
lächerliche wie ernste Dinge lachen.
Jean de La Bruyère, Die Charaktere

Nicht durch Zorn,
sondern durch Lachen tötet man.
Friedrich Nietzsche

Niemand gibt zu Gelächter Anlass,
der über sich selber lacht.
Lucius Annaeus Seneca,
Über die Standhaftigkeit des Weisen

Nur Kinder verstehen es,
vollkommen arglos zu lachen
– deshalb sind sie auch so bezaubernd.
Fjodor M. Dostojewski, Der Jüngling

Oft lacht der Mund,
wenn das Herze weint.
Deutsches Sprichwort

Schön ist's, miteinander schweigen,
Schöner, miteinander lachen –
Unter seidenem Himmels-Tuche
Hingelehnt zu Moos und Buche
Lieblich laut mit Freunden lachen
Und sich weiße Zähne zeigen.
Friedrich Nietzsche, Menschliches, Allzumenschliches

Unermessliches Lachen
erscholl den seligen Göttern.
Homer, Ilias

Was die Menge zum Lachen reizt,
ist nicht unbedingt schön und neu,
was jedoch schön und neu ist,
reizt die Menge unbedingt zum Lachen.
Jean Cocteau, Hahn und Harlekin

Was man durch Lachen verliert,
gewinnt man nicht wieder
durch Weinen.
Sprichwort aus Georgien

Wehe aber,
wer sich dem Gelächter aussetzt;
er ist auf ewig gebrandmarkt.
Jean-Jacques Rousseau,
Julie oder Die neue Héloïse (Saint-Preux)

Wenn der Mensch vor Lachen wiehert,
übertrifft er alle Tiere
durch seine Gemeinheit.
Friedrich Nietzsche, Menschliches, Allzumenschliches

Wer andere zum Lachen bringen kann,
muss ernst genommen werden;
das wissen alle Machthaber.
Werner Finck

Wer grundlos lacht, lacht am besten.
Ephraim Kishon, Kishon für alle Fälle

Wer über alles lacht,
ist ein ebenso großer Narr,
als wer sich über alles betrübt.
Baltasar Gracián y Morales,
Handorakel und Kunst der Weltklugheit

Wer über das Schlechte
– was es auch sei – lacht,
hat keinen vollkommen
richtigen moralischen Sinn.
Joseph Joubert, Gedanken, Versuche und Maximen

Wer zuletzt lacht, lacht am besten.
Deutsches Sprichwort

Wie und wann eine Frau lacht,
das ist ein Merkmal ihrer Bildung:
Aber im Klange des Lachens
enthüllt sich ihre Natur,
bei sehr gebildeten Frauen
vielleicht sogar der letzte
unlösbare Rest ihrer Natur.
Friedrich Nietzsche, Menschliches, Allzumenschliches

Zum Lachen braucht es
immer ein wenig Geist;
das Tier lacht nicht.
Gottfried Keller, Das Sinngedicht

Lächerlichkeit

Alle Liebesbriefe sind lächerlich.
Sie wären nicht Liebesbriefe,
wären sie nicht lächerlich.
Alvaro de Campos (Fernando Pessoa), Dichtungen

An manchem Ort wär' volle Offenheit
Nur lächerlich und
schwerlich an der Zeit.
Molière, Der Menschenfeind (Philinte)

Auch wer Geist hat,
kann der Lächerlichkeit verfallen;
aber er befreit sich wieder davon.
Jean de La Bruyère, Die Charaktere

Das Alter, das den Menschen
der Lächerlichkeit aussetzt,
nimmt ihm zugleich auch das Gefühl
für diese Lächerlichkeit.
Sully Prudhomme, Gedanken

Das Lächerliche entspringt
aus einem sittlichen Kontrast,
der auf eine unschädliche Weise
für die Sinne in Verbindung
gebracht wird.
Johann Wolfgang von Goethe,
Maximen und Reflexionen

Das Lächerliche ist
die hinterlistige Waffe der Gewohnheit
gegen das Neue.
Sully Prudhomme, Gedanken

Das Lächerliche ist
die Lieblingswaffe des Lasters.
Mit ihr greift es die Achtung,
welche man der Tugend schuldet, im
Grunde des Herzens an und
löscht schließlich die Liebe zu ihr aus.
Jean-Jacques Rousseau, Brief an d'Alembert

Das Lächerliche wollte von jeher nicht
in die Definitionen der Philosophen
gehen – außer unwillkürlich –,
bloß weil die Empfindung desselben
so viele Gestalten annimmt, als es
Ungestalten gibt; unter allen
Empfindungen hat sie allein einen
unerschöpflichen Stoff, die Anzahl
der krummen Linien.
Jean Paul, Vorschule der Ästhetik

Der Einfältige ist immer lächerlich;
das gehört zu seinem Charakter.
Jean de La Bruyère, Die Charaktere

Der Erbfeind des Idealen
ist das Lächerliche.
Jean Paul, Vorschule der Ästhetik

Der Mensch nimmt zweifellos
an Lächerlichkeit zu, das darf als
ausgemacht gelten. Ein Mensch
aus der Zeit der Sachsenkriege würde
sich über einen modernen Europäer
den Buckel vollachen.
Egon Friedell, Egon Friedells Konversationslexikon

Der Verständige findet
fast alles lächerlich,
der Vernünftige fast nichts.
Johann Wolfgang von Goethe,
Maximen und Reflexionen

Die gefährliche Klippe
ist die Lächerlichkeit.
Honoré de Balzac, Physiologie der Ehe

Durch nichts bezeichnen die Menschen
mehr ihren Charakter als durch das,
was sie lächerlich finden.
Johann Wolfgang von Goethe,
Maximen und Reflexionen

Es ist eine ebenso wahre
wie abgedroschene Bemerkung,
dass kein Mensch lächerlich wird,
weil er ist, was er ist, sondern weil er
zu sein vorgibt, was er nicht ist.
Philipp Stanhope Earl of Chesterfield, Briefe über
die anstrengende Kunst, ein Gentleman zu werden

Lächerlich machen, was es nicht ist,
heißt sozusagen schlecht machen,
was gut war.
Joseph Joubert, Gedanken, Versuche und Maximen

Lächerlichkeit entehrt mehr
als Unehre.
François de La Rochefoucauld, Reflexionen

Man ist nie so lächerlich
wegen der Eigenschaften, die man hat,
als wegen derjenigen,
die man zu haben vorgibt.
François de La Rochefoucauld, Reflexionen

Man prüfe alle Lächerlichkeiten,
und man wird fast keine finden,
die nicht auf die törichte Eitelkeit
zurückginge oder auf eine Leidenschaft, die uns blind macht für
unsere Grenzen; lächerlich erscheint
der Mensch, der seinen Charakter
und seine Kräfte überschreitet.
Luc de Clapiers Marquis de Vauvenargues,
Nachgelassene Maximen

Oft kann ein Benehmen
lächerlich wirken, und doch sind
die verborgenen Gründe dafür
stichhaltig und überlegt.
François de La Rochefoucauld, Reflexionen

Suchen Sie in allem und jedem
das Lächerliche,
und Sie werden es finden.
Jules Renard, Ideen, in Tinte getaucht.
Aus dem Tagebuch von Jules Renard

Treibt man etwas auf die Spitze,
so übertreibt man
und hat die Lächerlichkeit.
Theodor Fontane, Effi Briest

Was ist lächerlich?
Im Mondschein über den Schatten
eines Laternenpfahls zu springen,
in der Meinung, es sei ein Graben.
Heinrich von Kleist, Briefe
(an Wilhelmine von Zenge, 29./30. November 1800)

Was lächerlich ist,
ruft kein Lachen hervor.
Ludwig Marcuse, Argumente und Rezepte.
Ein Wörter-Buch für Zeitgenossen

Wenn es Menschen gibt,
deren Lächerlichkeit
nie sichtbar geworden ist,
dann hat man nur zu wenig
danach gesucht.
François de La Rochefoucauld, Reflexionen

Zutraulichkeit an der Stelle
der Ehrfurcht ist immer lächerlich.
Johann Wolfgang von Goethe,
Maximen und Reflexionen

Lage

Die Lage war noch nie so ernst.
Konrad Adenauer, 1957

Die Lage zerstört den Menschen,
wenn der Mensch die Lage
nicht zerstören kann – es ist gewiss.
Friedrich Hebbel, Briefe
(an H. A. Th. Schacht, 18. Januar 1834)

Es gibt keine Lage,
die man nicht veredeln könnte
durch Leisten oder Dulden.
Johann Wolfgang von Goethe,
Maximen und Reflexionen

Lahmheit

Der Lahme kommt weiter
als der Sitzende.
Sprichwort aus Slowenien

Es ist keine Höflichkeit, dem Lahmen
den Stock tragen zu wollen.
Arthur Schnitzler

Wenn der Blinde den Lahmen trägt,
kommen sie beide fort.
Deutsches Sprichwort

Wer den Lahmen rügt,
muss gerade gehen.
Sprichwort aus Dänemark

Wie geht's, sagte ein Blinder
zu einem Lahmen. Wie Sie sehen,
antwortete der Lahme.
Georg Christoph Lichtenberg, Sudelbücher

Lampe

Kannst du kein Stern am Himmel sein,
so sei eine Lampe im Haus.
Sprichwort aus Arabien

Man muss sein wie eine Lampe,
abgeschirmt gegen äußere Störungen
– den Wind, Insekten,
und gleichzeitig rein, durchsichtig
und mit heißer Flamme brennend.
Leo N. Tolstoi, Tagebücher (1910)

Soll die Ampel brennen,
so muss man Öl zugießen.
Deutsches Sprichwort

Land

Bist du vom Lande,
so geh nicht aufs Meer.
Deutsches Sprichwort

Das gelobte Land ist das Land,
wo man nicht ist.
Sprichwort aus England

Das Land,
wo die Kirchen schön
und die Häuser verfallen sind,
ist so gut verloren als das,
wo die Kirchen verfallen
und die Häuser Schlösser werden.
Georg Christoph Lichtenberg, Sudelbücher

Die Welle, die an Land will, tut nur so.
Hans Peter Keller

Ein Bauer ohne Land
ist wie ein Literat ohne Bücher.
Chinesisches Sprichwort

Ein echter Staatsmann
trägt das Bild seines Landes in sich.
André Maurois, Die Kunst zu leben

Erst kaufe Land,
dann baue dir ein Haus.
Chinesisches Sprichwort

In deinem Lande
sei einheimisch klug,
Im fremden bist du
nicht gewandt genug.
Johann Wolfgang von Goethe, Faust II (Dryas)

Ja, wer erfüllt eigentlich
getreuer seine Bestimmung
nach dem Willen der Natur
als der Hausvater, der Landmann?
Heinrich von Kleist, Briefe
(an Wilhelmine von Zenge, 21. Mai 1801)

Je schlechter das Land,
desto bessere Patrioten.
Johann Wolfgang von Goethe, überliefert von
Friedrich Wilhelm Riemer (Mittheilungen über Goethe)

Kein Land wird reich oder mächtig
– vielmehr das Gegenteil – durch das,
was es von außen hineinbekommt,
sondern nur durch alles, was es aus
sich selber gebiert und emportreibt.
Jean Paul, Politische Fastenpredigten

Nun macht aber eigentlich
das Land ein Land aus,
und das Landvolk
macht die Nation aus.
Jean-Jacques Rousseau, Emile

O welch ein herrliches Geschenk
des Himmels ist ein schönes Vaterland!
Heinrich von Kleist, Briefe
(an Wilhelmine von Zenge, 4./5. September 1800)

Unwillkürlich wird der Mensch
geprägt von den Farben des Landes,
in dem er wohnt. Die menschlichen
Gesichter sind melancholisch
in einem traurigen Land, ernst
in einem strengen und leidend
in einem veröteten, lebhaft und heiter
in einem fröhlichen, unbedeutend
in einem unbedeutenden Land.
Théodore Jouffroy, Das grüne Heft

Wann wird der Retter
kommen diesem Lande?
Friedrich Schiller, Wilhelm Tell (Ruodi)

Wehe dem Lande,
wo man nicht mehr singet!
Johann Gottfried Seume, Die Gesänge

Wehe einem Lande,
das ein Kind regiert!
William Shakespeare, Richard III. (3. Bürger)

Wenn ein jeder sich selbst genug wäre,
brauchte er nur das Land zu kennen,
das ihn ernähren kann.
Jean-Jacques Rousseau, Emile

Wenn man auf dem Lande lebt,
weiß man, ob man will oder nicht,
alles, was ringsum vor sich geht.
Leo N. Tolstoi, Tagebücher (1856)

Wer Land heimholen will,
wird Gräber mitbringen.
Peter Maiwald

Zu des Lebens lustigem Sitze
Eignet sich ein jedes Land.
Johann Wolfgang von Goethe, Faust II (Pygmäen)

Landbesitz

Das Wichtigste ist das Eigentum
an Land. Wäre festgelegt, dass es
kein Eigentum an Land gibt und das
Land dem gehört, der es bearbeitet, so
wäre dies die dauerhafteste Garantie
der Freiheit.
Leo N. Tolstoi, Tagebücher (1901)

Die Erde lacht über den,
der einen Platz sein eigen nennt.
Sprichwort aus Indien

Landleben

Aber nun das Landleben!
Der Mann arbeitet; für wen?,
für sein Weib.
Er ruht aus; wo?,
bei seinem Weibe.
Er geht in die Einsamkeit; wohin?,
zu seinem Weibe.
Er geht in Gesellschaften; wohin?,
zu seinem Weibe.
Er trauert; wo?,
bei seinem Weibe.
Er vergnügt sich; wo?,
bei seinem Weibe.
Das Weib ist ihm alles –
und wenn ein Mädchen
ein solches Los ziehen kann,
wird es säumen?
Heinrich von Kleist, Briefe
(an Wilhelmine von Zenge,
27. Oktober 1801)

Das Landleben lockt sogar diejenigen,
die sich nichts
aus ihm machen.
Fernando Pessoa, Das Buch der Unruhe
des Hilfsbuchhalters Bernardo Soares

Nichts kommt dem Landleben gleich.
Es vermittelt mehr echte Freuden
als irgendeine andere Lebensweise.
Katherine Mansfield, Briefe

Wer nicht auf dem Lande lebt, weiß
nicht, was Mühsal und Bitternis sind.
Chinesisches Sprichwort

Landschaft

Auch ein dürrer Baum
belebt die Landschaft.
Sprichwort aus Japan

Das Meer ist keine Landschaft,
es ist das Erlebnis der Ewigkeit,
des Nichts und des Todes,
ein metaphysischer Traum.
Thomas Mann, Lübeck als geistige Lebensform

Deine Seele
ist eine auserlesene Landschaft.
Paul Verlaine, Clair de lune

Die Erinnerung an irgendein schönes
Verlangen wird von jedem Baume,
jedem Bergeshange leise angeregt,
jeder Lichtstrahl, der über die Gegend
fällt, scheint ein Orakel mit sich
zu führen, und jedes Wolkengewebe
ist eine geheimnisvolle Schrift.
Adam Heinrich Müller, Etwas über Landschaftsmalerei

Die Landschaft erobert man
mit den Schuhsohlen,
nicht mit den Autoreifen.
Georges Duhamel

Die moderne Landschaftsmalerei
(und Liebe zur Landschaft, Natur)
– ein weiterer Schritt der Erde
zur Erkenntnis und Liebe ihrer selbst.
Christian Morgenstern, Stufen

Die Seele fühlt in Betrachtung
der Landschaft ein sanftes Getragen-
werden, eine Bewegung, wie von
einem unsichtbaren Geiste, durch
die das Verweilen bei den anmutigen
Einzelheiten erst seinen Reiz erhält.
Adam Heinrich Müller, Etwas über Landschaftsmalerei

Die strengere Zucht der Landschaft
festigt den Geist und
macht ihn fähig zu großen Entwürfen.
Lucius Annaeus Seneca, Briefe über Ethik

Es scheint mir, dass man
von Ort und Landschaft abhängt
in Stimmung, Leidenschaft,
Geschmack, Gefühl und Geist.
Jean de La Bruyère, Die Charaktere

Ich mache Landschaften aus dem,
was ich fühle.
Fernando Pessoa, Das Buch der Unruhe
des Hilfsbuchhalters Bernardo Soares

Jede Landschaft hat
ihre eigene besondere Seele,
wie ein Mensch,
dem du gegenüberlebst.
Christian Morgenstern, Stufen

Unverfälschte Landschaften, so
unnütz sie vordergründig sein mögen,
erlauben eindeutige Erfahrungen.
Reinhold Messner,
Die Freiheit, aufzubrechen, wohin ich will

Warum sollte man sich nicht
damit abfinden, in einer gemäßigten,
sehr gemäßigten Landschaft zu leben,
da man doch nur den Blick zu erheben
braucht, um ins völlig Ungemäßigte
zu stürzen, und nur die Gedanken,
um zu fühlen, wie wenig es verschlägt,
im wilden Ozean des ewig Ungewissen
auf einem gehobelten Brett oder einem
entwurzelten Baumstamm zu treiben.
Christian Morgenstern, Stufen

Landsmann

Die Prügel, die mein Landsmann kriegt,
sind wie ein Schlag ins eigene Gesicht.
Chinesisches Sprichwort

Nicht alle Fremden sind Barbaren
und nicht alle unsere Landsleute
gesittete Menschen.
Jean de La Bruyère, Die Charaktere

Landwirtschaft

Ackerbau und Viehzucht sind die zwei
Brüste, die den Staat sicherer säugen
als die Gold- und Silberminen Perus.
Karl Julius Weber, Democritos

Der Landwirt hat längst begriffen,
dass man auch von
zweibeinigen Rindviechern leben
kann.
Eugen Roth

Der Pflug nährt einen Menschen,
Handel nährt tausend Menschen.
Chinesisches Sprichwort

Wer den Acker pflügt, stehe zeitig auf,
wer Handel treibt, rechne öfter nach.
Chinesisches Sprichwort

Langeweile

Allein singen und allein dreschen
ist eine langweilige Arbeit.
Deutsches Sprichwort

Äußerste Langeweile
ist schon wieder Zeitvertreib.
François de La Rochefoucauld,
Nachgelassene Maximen

Besser sich allein langweilen
als in Gesellschaft.
Man kann ungenierter gähnen.
Ludwig Marcuse, Argumente und Rezepte.
Ein Wörter-Buch für Zeitgenossen

Bleibe jeder mir ferne, der meint,
ich sei für seine Langeweile gerade gut.
Emil Gött, Zettelsprüche. Aphorismen

Das Leben ist kurz,
aber die Langeweile verlängert es.
Jules Renard, Journal

Der gelangweilte Mensch,
der nicht Positives erleben kann,
hat dennoch eine Möglichkeit,
Intensität zu erleben,
indem er zerstörerisch wird.
Erich Fromm, Interview 1975

Der Langweiler ist ein Mensch,
der, wenn du dich
nach seinem Befinden erkundigst,
es dir erklärt.
Channing Pollock

Der Weise meidet zuweilen
die Menschen, aus Furcht,
sich zu langweilen.
Jean de La Bruyère, Die Charaktere

Die Angst vor der Langeweile ist die
einzige Entschuldigung für die Arbeit.
Jules Renard, Ideen, in Tinte getaucht.
Aus dem Tagebuch von Jules Renard

Die Götter langweilten sich,
darum schufen sie die Menschen.
Adam langweilte sich,
darum wurde Eva erschaffen.
Von diesem Augenblick an
kam die Langeweile in die Welt
und nahm zu im genauen Verhältnis
zur Menge der Menschen.
Søren Kierkegaard, Entweder – Oder

Die Kunst der Langeweile besteht
darin, alles zu sagen, was man weiß.
Winston S. Churchill

Die Langeweile ist die Wurzel
des Bösen.
Søren Kierkegaard, Entweder – Oder

Die Langeweile ist durch Müßiggang
in die Welt gekommen, sie trägt
viel Schuld am menschlichen Hang
nach Vergnügen, Spiel, Unterhaltung;
wer die Arbeit liebt,
hat an sich selbst genug.
Jean de La Bruyère, Die Charaktere

Die Langeweile macht Visite.
Erich Kästner, Dr. Erich Kästners lyrische Hausapotheke

Die Langeweile nimmt allem,
was sie berührt, die Farbe.
Sully Prudhomme, Intimes Tagebuch

Die nicht einsam sein können,
sind immer gelangweilt
und folglich langweilig.
Charles Joseph von Ligne, Mélanges littéraires

Diejenigen, die sich nicht
selbst langweilen, langweilen
im Allgemeinen die anderen,
diejenigen dagegen, die sich selbst
langweilen, unterhalten die anderen.
Søren Kierkegaard, Entweder – Oder

Ein Langweiler ist einer,
der seinen Mund aufmacht
und seine Heldentaten hineinsteckt.
Henry Ford

Eine der besten Möglichkeiten,
der Langeweile zu entkommen,
ist die Routine.
Erich Fromm, Pathologie der Normalität

Es ist ein Kunststück,
Langeweile darzustellen,
ohne welche zu erzeugen.
Jules Romains

Für die Reichen ist die Langeweile
die große Geißel.
Jean-Jacques Rousseau, Emile

Hunderte von Werst öder, eintöniger,
verbrannter Steppe können einen nicht
so anöden wie ein einziger Mensch.
Anton P. Tschechow, Notizbücher

Im männlichen Alter schwindet
die Langeweile mehr und mehr:
Greisen wird die Zeit zu kurz, und
die Tage fliegen pfeilschnell vorüber.
Arthur Schopenhauer, Aphorismen zur Lebensweisheit

Langweiler: ein Mensch, der redet,
wenn man wünscht, dass er zuhört.
Ambrose Bierce

Langeweile, du bist ärger
als ein kaltes Fieber.
Johann Wolfgang von Goethe,
Götz von Berlichingen (Adelheit)

Langeweile ist die Auflösung
des Schmerzes in die Zeit.
Ernst Jünger

Langeweile ist die Halbschwester
der Verzweiflung.
Marie von Ebner-Eschenbach, Aphorismen

Langeweile ist ein Gefühl
des Überdauerns, ohne zu leben.
Sully Prudhomme, Gedanken

Langeweile ist nichts anderes
als der Ausdruck von Unbezogenheit
zur Welt und zur Liebe.
Erich Fromm, Pathologie der Normalität

Manche Langweiler
sind so offensichtlich glücklich,
dass es ein Vergnügen ist,
sie zu beobachten.
Robert Lynd

Man langweilt sich fast immer
mit Leuten, mit denen man
sich nicht langweilen darf.
François de La Rochefoucauld, Reflexionen

Man langweilt sich meist mit denen,
die man selbst langweilt.
François de La Rochefoucauld,
Nachgelassene Maximen

Man muss im Leben wählen
zwischen Langeweile und Leiden.
Germaine Baronin von Staël, Briefe (an Rochet, 1800)

Man muss schon gähnen,
wenn man an sich denkt.
Erich Kästner, Dr. Erich Kästners lyrische Hausapotheke

Selbst der Schmerz,
der aus dem Überdruss
an der Nichtigkeit aller Dinge entsteht,
ist immer noch leichter zu ertragen
als die nackte Langeweile.
Giacomo Leopardi, Gedanken aus dem Zibaldone

Selbst die Freude ermüdet
auf die Dauer, sie nimmt den Geist
zu sehr in Anspruch, und man darf
nicht glauben, dass die Leute, die
immer bei Tisch oder beim Spiel sitzen,
mehr Vergnügen dabei empfinden
als die anderen. Sie sind dort, weil sie
nicht anderswo sein könnten, und sie
langweilen sich, um sich anderswo
weniger zu langweilen.
Charles de Secondat, Baron de la Brède
et de Montesquieu, Meine Gedanken

Tätige Menschen
ertragen die Langeweile ungeduldiger
als die Arbeit.
Luc de Clapiers Marquis de Vauvenargues,
Unterdrückte Maximen

Verzweiflung ist unendlich
viel lustvoller als Langeweile.
Giacomo Leopardi, Gedanken aus dem Zibaldone

Viele Menschen, namentlich Frauen,
empfinden die Langeweile nicht,
weil sie niemals ordentlich arbeiten
gelernt haben.
Friedrich Nietzsche, Menschliches, Allzumenschliches

Wenn der Ernst zu Jahren kommt,
wird er Langeweile.
Oscar Wilde

Wenn die Affen es dahin bringen
könnten, Langeweile zu haben,
so könnten sie Menschen werden.
Johann Wolfgang von Goethe,
Maximen und Reflexionen

Wenn Langeweile
die Welt ohne Mittelpunkt ist,
so ist Warten das Verweilen
auf einem Mittelpunkt ohne Welt.
Heimito von Doderer, Repertorium. Ein Begreifbuch
von höheren und niederen Lebens-Sachen

Wer es versteht, mit sich selbst
zu leben, kennt keine Langeweile.
Sprichwort aus Frankreich

Wer schafft, hat keine Langeweile.
Deutsches Sprichwort

Wollte einer die Scheidung verlangen,
weil seine Frau langweilig ist;
wollte einer einen König absetzen,
weil er langweilig anzusehen, einen
Pfarrer verbannen, weil er langweilig
anzuhören, einen Minister stürzen,
einen Journalisten hinrichten, weil
er rasend langweilig ist, so wäre man
nicht imstande, das durchzusetzen.
Was Wunder, dass es rückwärts geht
mit dieser Welt und das Böse immer
um sich greift, da die Langeweile
immer mehr überhand nimmt und die
Langeweile die Wurzel alles Übels ist.
Søren Kierkegaard, Entweder – Oder

Langmut

Besser ein Langmütiger
als ein Kriegsheld,
besser, wer sich selbst beherrscht,
als wer Städte erobert.
Altes Testament, Sprüche Salomos 16, 32

Wer muss Langmut üben?
Der große Tat vorhat, bergan steigt,
Fische speist.
Johann Wolfgang von Goethe,
Maximen und Reflexionen

Langsamkeit

Den Letzten beißen die Hunde.
Deutsches Sprichwort

Der Langsamste, der sein Ziel
nicht aus den Augen verliert,
geht noch immer geschwinder,
als der ohne Ziel herumirrt.
Gotthold Ephraim Lessing, Hamburgische Dramaturgie

Ein Mensch, der zu langsam ist,
der wird nicht so viel Schaden
unter den Menschen anstiften
als der Mensch, der zu schnell ist.
Max Dauthendey,
Gedankengut aus meinen Wanderjahren

Langsam, aber sicher.
Deutsches Sprichwort

Langsam gearbeitet,
schafft kunstvolle Ware.
Chinesisches Sprichwort

Wer langsam geht, geht sicher.
Sprichwort aus Italien

Wer langsam geht,
kommt auch zum Ziel.
Deutsches Sprichwort

Langweilig

Die erste Wirkung
einer Anpassung an andere ist,
dass man langweilig wird.
Elias Canetti, Die Provinz des Menschen.
Aufzeichnungen 1942–1972

Es gibt Leute, die sind so langweilig,
dass man mit ihnen in fünf Minuten
einen ganzen Tag verliert.
Jules Renard, Ideen, in Tinte getaucht.
Aus dem Tagebuch von Jules Renard

Kein Mensch hat Geist genug,
um niemals langweilig zu sein.
Luc de Clapiers Marquis de Vauvenargues,
Unterdrückte Maximen

Nur die Schulden,
die man bezahlen kann,
sind langweilig.
Francis M. de Picabia, Aphorismen

Steril ist der, dem nichts einfällt;
langweilig ist der,
der ein paar alte Gedanken hat,
die ihm alle Tage neu einfallen.
Marie von Ebner-Eschenbach, Aphorismen

Von einem Grundsatz auszugehen,
soll sehr verständig sein,
behaupten erfahrene Leute.
Ich füge mich dem und behaupte,
dass alle Menschen langweilig sind.
Sollte jemand so langweilig sein,
dem zu widersprechen?
Sören Kierkegaard, Entweder – Oder

Lärm

Alte Karren gerne knarren.
Deutsches Sprichwort

Das schlimmste Rad am Wagen
knarrt am ärgsten.
Deutsches Sprichwort

Den Regen hört man fallen,
den Schnee nicht.
Berthold Auerbach

Der eigene Hund macht keinen Lärm
– er bellt nur.
Kurt Tucholsky

Die Tür zur Vergangenheit
ist ohne Knarren nicht zu öffnen.
Alberto Moravia

Ein Deut im Kasten klappert mehr
Als wenn er voller Taler wär'.
Jüdische Spruchweisheit

Ein physikalischer Versuch, der knallt,
ist allemal mehr wert als ein stiller.
Georg Christoph Lichtenberg, Sudelbücher

Es gibt kein schöneres Geräusch
als das Zähneknirschen eines Kumpels.
Groucho Marx

Es ist so furchtbar still.
Mir fehlt der Krach.
Erich Kästner, Dr. Erich Kästners lyrische Hausapotheke

Gegen Lärm wird gekämpft
– warum nicht gegen
die schreiende Ungerechtigkeit.
Wieslaw Brudziński

Hohle Töpfe haben den lautesten Klang.
William Shakespeare, Heinrich V. (Bursch)

Ich habe meine Aufgabe
immer darin gesehen,
die Musik vor dem Lärm zu schützen.
Andrés Segovia

Katzen erreichen mühelos,
was uns Menschen versagt bleibt:
durchs Leben zu gehen,
ohne Lärm zu machen.
Ernest Hemingway

Lärm: Gestank im Ohr.
Ambrose Bierce

Was in unserer Zeit
immer schlimmer geworden ist und
was mich stört, ist der Lärm, das Laute.
Ich bin ein Anhänger der Stille. Ich
finde, die Stille ist etwas Wunderbares.
Heinz Rühmann

Wenn's um Toleranz geht,
machen die Christen einen Heidenlärm.
Bert Berkensträter

Wo Lärm vorherrscht, da gibt es Geld,
wo Stille einkehrt, ist Muße sicher.
Chinesisches Sprichwort

Last

Arbeit macht das Leben süß,
Macht es nie zur Last,
Der nur hat Bekümmernis,
Der die Arbeit hasst.
Gottlob Wilhelm Burmann,
Kleine Lieder für kleine Jünglinge (1777)

Auf die Pauke hauen will jeder,
aber tragen will sie keiner.
Ulrich Bremi

Auf einem weiten Weg
gibt es keine leichten Lasten.
Chinesisches Sprichwort

Der in sich unbeschwerte Mensch
ist auch dem andern keine Last.
Epikur, Sprüche. In: Briefe, Sprüche, Werkfragmente

Die Dankbarkeit ist eine Last,
und jede Last will abgeschüttelt sein.
Denis Diderot, Enzyklopädie

Die Last, die man liebt,
ist nur halb so schwer.
Sprichwort aus Frankreich

Ein Berg von Federn
bringt ein Boot zum Sinken.
Chinesisches Sprichwort

Ein Schwacher trägt
aus alter Gewohnheit eine Last,
die ein Stärkerer niemals
zu tragen vermöchte.
Chrétien de Troyes, Yvain (Yvain)

Ein Saumtier träget still und sanft
die Zentnerlast, doch all die Last
ist Scherz, bedenkst du das Gewicht,
das oft ein Menschenherz still träget
und nicht bricht.
Justinus Kerner

Je nachdem, wie stark das Kamel ist,
so schwer ist seine Last.
Talmud

Leichte Bürden werden gerne schwer.
Deutsches Sprichwort

Leute mit leichtem Gepäck
kommen am besten durchs Leben.
Jakob Boßhart, Bausteine zu Leben und Zeit

Nichts ist dem Menschen
schwerer zu tragen
Als eine Last von guten Tagen.
Wilhelm Müller

Niemand soll sich mit Lasten belasten,
die ihn nichts angehen.
Martin Luther, Tischreden

Oft belästigt man andere,
wenn man glaubt,
ihnen niemals lästig zu fallen.
François de La Rochefoucauld, Reflexionen

Schwer ist zu tragen das Unglück,
aber schwerer das Glück.
Friedrich Hölderlin

Treu Lieb' hilft alle Lasten heben.
Friedrich Schiller, Die Jungfrau von Orleans (Thibaut)

Was ist nicht beschwerlich
auf dieser Welt.
Johann Wolfgang von Goethe,
Götz von Berlichingen (Martin)

Wer unter einer Last fällt, wird
nur schwerlich mit der Last aufstehen.
Juan de la Cruz, Merksätze von Licht und Liebe

»Wie ganz anders würde ich
vorwärts kommen, läge nicht so viel
Schweres auf mir!« sagte der Mensch.
»Und wie viel besser würde ich
mein Werk tun, hätte ich nicht die
närrischen Gewichte an mir hängen!«
sagte die Schwarzwälder Uhr.
Michael Bauer

Wie viele Schultern ohne Kraft haben
sich schwere Lasten aufbürden wollen!
Joseph Joubert, Gedanken, Versuche und Maximen

Würden, Bürden.
Deutsches Sprichwort

Laster

Aber Tugend und Laster,
sie unterscheiden die Menschen.
Johann Wolfgang von Goethe, Reineke Fuchs

Alles nimmt ab in der Welt,
aber die Laster nehmen zu.
Deutsches Sprichwort

Armut ist kein Laster,
aber es ist besser, sie zu verbergen.
Sprichwort aus Brasilien

Das Laster nämlich täuscht
durch den Anschein der Tugend.
Juvenal, Satiren

Das Volk und die Großen
haben weder dieselben Tugenden
noch dieselben Laster.
Luc de Clapiers Marquis de Vauvenargues,
Reflexionen und Maximen

Den Tugenden benachbart
sind die Laster.
Hieronymus, Dialog gegen die Luziferischen

Denn nicht einem Menschen
zu dienen, ist schimpflich,
sondern dem Laster.
Pierre Abélard, Ethica

Der Makellose verkenne
das Laster nicht, auch wenn es
sich in Gold und Seide kleide:
Ja, es wird bisweilen
eine goldene Krone tragen,
deshalb aber doch nicht
weniger verwerflich sein.
Baltasar Gracián y Morales,
Handorakel und Kunst der Weltklugheit

Der Mensch neigt zum Laster,
und ein verderbliches Beispiel
greift sogleich über,
so wie Feuer nach Öl leckt.
Erasmus von Rotterdam,
Handbüchlein eines christlichen Streiters

Der wahre Duldsame duldet
nicht das Laster und keine Lehre,
welche die Menschen böse macht.
Jean-Jacques Rousseau, Briefe vom Berge

Des Lasters Bild beleidigt
ein unparteiisches Auge
an allen Orten.
Jean-Jacques Rousseau,
Julie oder Die neue Héloïse (Saint-Preux)

Die Laster der Großen
nennt man Allüren.
Friedl Beutelrock

Die Laster, die man selber verbirgt,
verurteilt man am lautesten.
Brendan Behan

Die Laster der Mehrheit
nennt man Tugenden.
Jean Genet

Die Laster entspringen
einer Verderbtheit des Herzens;
die Fehler einem Gebrechen
des Temperaments; Lächerlichkeit
einem Fehler des Geistes.
Jean de La Bruyère, Die Charaktere

Die Laster erwarten uns
im Lauf des Lebens wie Herbergen,
in denen man einkehren muss.
Ich zweifle, ob man sie aus Erfahrung
meiden würde, wenn man denselben
Weg zweimal gehen dürfte.
François de La Rochefoucauld, Reflexionen

Die Laster sind den Tugenden
beigemischt wie die Gifte den Heilmitteln. Unsere Intelligenz verbindet
und mäßigt sie und bedient sich ihrer
mit Nutzen gegen die Übel des Daseins.
François de La Rochefoucauld, Reflexionen

Die Laster sind untereinander
näher verwandt als die Tugenden.
Marie von Ebner-Eschenbach, Aphorismen

Die Laster, welche der Pflicht
des Menschen gegen sich selbst
widerstreiten, sind: der Selbstmord,
der unnatürliche Gebrauch, den jemand
von der Geschlechtsneigung macht,
und der das Vermögen zum zweckmäßigen Gebrauche seiner Kräfte
schwächende, unmäßige Genuss
der Nahrungsmittel.
Immanuel Kant, Anthropologie in moralischer Hinsicht

Die meisten Menschen
geben ihre Laster erst dann auf,
wenn sie ihnen Beschwerden machen.
William Sommerset Maugham

Die Natur scheint jedem
schon bei seiner Geburt
die Grenzen für seine Tugenden
und Laster gezogen zu haben.
François de La Rochefoucauld, Reflexionen

Die Tugenden der Heiden
sind glänzende Laster.
Aurelius Augustinus, Über den Gottesstaat

Ehre, Geiz, Leid, Wein und Liebe
Sind des Menschens Lebensdiebe.
Friedrich von Logau, Sinngedichte

Ein Laster kostet mehr
denn zwei Kinder.
Deutsches Sprichwort

Eine Seele ohne Zwang
ist auch ohne Laster.
Peter Hille, Aphorismen

Es gibt berechtigte Laster;
wie es allerlei Handlungen gibt, die,
obwohl sie gut oder entschuldbar sind,
doch als unberechtigt bezeichnet
werden müssen.
Michel Eyquem de Montaigne, Die Essais

Es gibt kein Laster,
das nicht eine trügerische Ähnlichkeit
mit einer Tugend hätte
und diesen Vorteil nicht nutzte.
Jean de La Bruyère, Die Charaktere

Es gibt Laster, die uns nur
durch ihre Verbindung mit
anderen Lastern anhaften:
Wenn man den Stamm beseitigt,
lassen sie sich wegnehmen
wie Zweige.
Blaise Pascal, Pensées

Es gibt nur ein Laster,
dessen sich niemand rühmt:
Undankbarkeit.
Gérard de Nerval, Paradox und Wahrheit

Es ist eine eigene Sache mit dem Laster.
Die Tugend kann jeder allein üben,
er hat niemand dazu nötig
als sich selber; zu jedem Laster
gehören aber immer zwei.
Heinrich Heine

Hätten sie keine Laster,
so wären sie keine Menschen.
Jean-Jacques Rousseau,
Julie oder Die neue Héloïse (Saint-Preux)

Heuchelei ist der Tribut,
den das Laster der Tugend zollen muss.
Fjodor M. Dostojewski, Tagebuch eines Schriftstellers

Im Laufe des Lebens
nutzen unsere Laster sich ab
wie unsere Tugenden.
Marie von Ebner-Eschenbach, Aphorismen

In jedem Fall ist es besser,
einen Fehler zu begehen,
als einem Laster zu verfallen.
Jean-Jacques Rousseau, Emile

Je weiter sich ein Laster ausbreitet,
desto größer sind seine Chancen,
zur Tugend zu werden.
Sacha Guitry

Jede Unmäßigkeit ist ein Laster,
und vor allem diejenige, welche uns
unserer edelsten Fähigkeiten beraubt.
Jean-Jacques Rousseau, Brief an d'Alembert

Jedes Laster der Seele trägt
umso sichtlichere Schuld in sich,
je angesehener der ist,
der sich verfehlt.
Juvenal, Satiren

Jedes Laster ist schädlich,
wenn es geistlos ist.
Luc de Clapiers Marquis de Vauvenargues,
Unterdrückte Maximen

Jegliches Laster kann man
durch die Tugend, keineswegs
durch das entgegengesetzte Laster
vermeiden.
Plutarch, Moralia

Laster, die man nicht tadelt, sät man.
Deutsches Sprichwort

Laster ist also das,
wodurch wir zum Sündigen
bereit gemacht werden,
das heißt, wir werden geneigt,
in ein Tun oder Lassen einzuwilligen,
das nicht recht ist.
Pierre Abélard, Ethica

Laster sind die Vergnügungen, zu
denen es uns an dem nötigen Mut
fehlt.
Graham Greene

Lasterhaftigkeit – das ist der Sack,
mit dem der Mensch geboren wird.
Anton P. Tschechow, Notizbücher

Man muss den Menschen vor allem
nach seinen Lastern beurteilen.
Tugenden können vorgetäuscht sein,
Laster sind echt.
Klaus Kinski

Man soll nicht ohne weiteres glauben,
dass das lasterhaft sei, was die Natur
liebenswürdig gemacht hat.
Es gibt kein Jahrhundert und kein Volk,
das nicht eingebildete Tugenden
und Laster aufgestellt hätte.
Luc de Clapiers Marquis de Vauvenargues,
Reflexionen und Maximen

Man versperre also dem Laster
den Zugang, und der Mensch
wird immer gut bleiben.
Jean-Jacques Rousseau,
Brief an Erzbischof Beaumont (18. November 1762)

Manche Laster
lassen mit dem Alter nach,
andere werden ärger.
Erasmus von Rotterdam,
Handbüchlein eines christlichen Streiters

Menschen, die keine Laster haben,
haben auch keine Tugenden.
Abraham Lincoln

Müßiggang ist aller Laster Anfang.
Deutsches Sprichwort

Nichts ist so zwiespältig
wie der Mensch,
er ist asozial und sozial zugleich,
asozial wird er durch seine Laster,
sozial durch seine Natur.
Michel Eyquem de Montaigne, Die Essais

Ob neidisch, hitzig, träge,
trunksüchtig, lüstern
– niemand ist so wild, dass er
nicht friedlich werden könnte.
Horaz, Briefe

Oft verliert man sich
nur deshalb nicht in einem Laster,
weil man mehrere hat.
François de La Rochefoucauld, Reflexionen

Schwere ist das edelste Laster.
Emil Gött, Im Selbstgespräch

Sind Gewissensbisse
nicht ein Bedauern der Freiheit,
dass sie dem Laster geopfert wurde?
Sully Prudhomme, Gedanken

Täuscht euch nicht!
Weder Unzüchtige noch Götzendiener,
weder Ehebrecher noch Lustknaben,
noch Knabenschänder, noch Diebe,
noch Habgierige, keine Trinker,
keine Lästerer werden
das Reich Gottes erben!
Neues Testament, Paulus (1 Korinther 6, 9–10)

Tugend aus Berechnung
ist Tugend des Lasters.
Joseph Joubert, Gedanken, Versuche und Maximen

Tugend ist der Boden des Glücks,
Laster das Omen der Not.
Chinesisches Sprichwort

Tugend ist nur Negation des Lasters,
denn der Mensch ist gut.
Leo N. Tolstoi, Tagebücher (1855)

Undank ist das größte Laster,
und kein Mensch wäre undankbar,
wenn er nicht vergesslich wäre!
Johann Wolfgang von Goethe, Dichtung und Wahrheit

Unsere Tugenden sind meist
nur maskierte Laster.
François de La Rochefoucauld, Reflexionen

Unter zehntausend Lastern
ist Wollust das schlimmste,
unter hundert Tugenden
ist Sohnesliebe die erste.
Chinesisches Sprichwort

Verstellung, sagt man,
sei ein großes Laster,
Doch von Verstellung leben wir.
Johann Wolfgang von Goethe,
Festzug, 18. Dezember 1818 (Mephisto)

Was früher als Laster betrachtet wurde,
gilt heute als Sitte.
Lucius Annaeus Seneca, Briefe über Ethik

Was ist dem Laster Kirch' und Altar!
Gotthold Ephraim Lessing, Emilia Galotti (Emilia)

Wenn die Laster uns verlassen,
schmeicheln wir uns mit dem Glauben,
dass wir sie verlassen.
François de La Rochefoucauld, Reflexionen

Wenn ein Mann keine Laster hat,
besteht die Gefahr, dass er
seine Tugenden in Laster verwandelt.
Thornton Wilder

Wenn es wahr ist, dass man
das Laster nicht ausrotten kann,
so sollte die Weisheit der Regierenden
danach streben, es für das allgemeine
Beste nutzbar zu machen.
Luc de Clapiers Marquis de Vauvenargues,
Reflexionen und Maximen

Wenn man kleine Laster nicht straft,
so wachsen die großen.
Deutsches Sprichwort

Wenn sich das Laster erbricht,
setzt sich die Tugend zu Tisch.
Friedrich Schiller, Shakespeares Schatten

Wer dem Laster dient,
der gibt sich dem Teufel gefangen.
Erasmus von Rotterdam,
Handbüchlein eines christlichen Streiters

Wer sich alle Laster abgewöhnt hat,
dessen Tugenden verkümmern.
Jean Genet

Wie brav,
die Laster zu meiden,
deren man nicht fähig ist.
Peter Benary

Wie Tugend ihr eigener Lohn,
ist Laster seine eigene Strafe.
Baltasar Gracián y Morales,
Handorakel und Kunst der Weltklugheit

Wie viele Tugenden und Laster
bleiben ohne Folgen!
Luc de Clapiers Marquis de Vauvenargues,
Unterdrückte Maximen

Wir bemerken viele Laster,
um wenige Tugenden zuzugeben.
Luc de Clapiers Marquis de Vauvenargues,
Unterdrückte Maximen

Wir gestehen lieber Laster ein
als Läuse.
Emil Gött, Im Selbstgespräch

Wissen Sie nicht, dass es
so verabscheuungswürdige
Dinge gibt,
eren bloßes Anschauen
dem Mann von Ehre
untersagt ist,
dass der Tugend Entrüstung
das Laster nicht ertragen kann?
Jean-Jacques Rousseau,
Julie oder Die neue Héloïse (Julie)

Würfel, Weiber, Wein
Bringen Lust und Pein.
Friedrich von Logau, Sinngedichte

Zehntausend Laster will ich jedem,
nur allein
Die Lüge und die feige Bosheit
nicht verzeihn.
Carl Spitteler, Olympischer Frühling

Lästern

Denn ich bin nichts,
wenn ich nicht lästern darf.
William Shakespeare, Othello (Jago)

Die ganze Welt lästert Gott.
Nur von der kleinen Zahl der Seinen,
und das sind die Ärmsten,
wird er verehrt.
Martin Luther, Tischreden

Der verstockte Lästerer
spricht zu Gott: Warum hast du
Unglückliche erschaffen?
Luc de Clapiers Marquis de Vauvenargues,
Unterdrückte Maximen

Gottesfurcht ist Gotteslästerung.
Peter Hille, Aphorismen

Ist einem Raben nicht
ein Lästerer zu vergleichen?
Er frisst die Lebenden
und jener nur die Leichen.
Hans Assmann von Abschatz, Sprichwörter

Jede Sünde und Lästerung
wird den Menschen vergeben werden,
aber die Lästerung gegen den Geist
wird nicht vergeben.
Neues Testament, Matthäus 12, 31 (Jesus)

Selbst wer Gott lästert, lobt Gott.
Meister Eckhart, Vom Papst verurteilte Sätze
aus Meister Eckharts Predigten

Latein

Latein hat keinen Sitz
noch Land wie andre Zungen,
Ihm ist die Bürgerschaft
durch alle Welt gelungen.
Friedrich von Logau, Sinngedichte

Latein und Griechisch sind zweifellos
ein schöner und wirkungsvoller Luxus,
aber man bezahlt ihn zu teuer.
Michel Eyquem de Montaigne, Die Essais

Wenn die Männer mit ihrem Latein am
Ende sind, reden sie deutsch.
Senta Berger

Wenn Lügen Latein wären,
gäbe es viele Gelehrte.
Sprichwort aus Dänemark

Laufen

Besser laufen als faulen.
Johann Wolfgang von Goethe, Reineke Fuchs

Den Sozialismus in seinem Lauf
Hält weder Ochs noch Esel auf.
Erich Honecker, 1989

Du musst nur die Laufrichtung ändern,
sagte die Katze zur Maus und fraß sie.
Franz Kafka

Einer, der einen weiten Weg
vor sich hat, läuft nicht.
Paula Modersohn-Becker, Briefe
(an die Mutter, 6. Juli 1902)

Keiner, der mit
äußerster Geschwindigkeit läuft,
hat Kopf oder Herz.
William Butler Yeats, Entfremdung

Läufer sind schlechte Geher.
Marie von Ebner-Eschenbach, Aphorismen

Läufst du zu rasch,
erreichst du das Ziel nicht.
Altes Testament, Jesus Sirach 11, 10

»Warte, warte«, rief der Frosch,
»nimm mich mit,
ich kann nicht so laufen wie du.«
Jacob und Wilhelm Grimm,
Der Froschkönig oder der eiserne Heinrich

Was hilft laufen, wenn man nicht
auf dem rechten Weg ist?
Deutsches Sprichwort

Wer lange Zeit stand,
wird schlecht laufen.
Ovid, Gedichte der Trübsal

Wisst ihr nicht, dass die Läufer
im Stadion zwar alle laufen, aber dass
nur einer den Siegespreis gewinnt?
Lauft so, dass ihr ihn gewinnt.
Neues Testament, Paulus (1 Korinther 9, 24)

Laune

Der einzige Unterschied zwischen
einer Laune und einer Leidenschaft,
die ein Leben lang währt, ist, dass
die Laune ein Weilchen länger dauert.
Oscar Wilde, Das Bildnis des Dorian Gray

Des Menschen Glück
ist nicht an seine Kraft,
sondern an seine Laune geknüpft.
Friedrich Hebbel, Tagebücher

Die Freiheit ist ein von seinen Launen
beherrschter Tyrann.
Joseph Joubert, Gedanken, Versuche und Maximen

Die Laune ist ein Bewusstloses
und beruht auf Sinnlichkeit.
Es ist der Widerspruch
der Sinnlichkeit mit sich selbst.
Johann Wolfgang von Goethe,
Maximen und Reflexionen

Die Launen unseres Herzens sind
sonderbarer als die des Schicksals.
François de La Rochefoucauld, Reflexionen

Die Mode ist weiblichen Geschlechts,
hat folglich ihre Launen.
Karl Julius Weber, Democritos

Einen Mann der Tat erkennt man
daran, dass er nie schlecht gelaunt ist.
Fernando Pessoa, Das Buch der Unruhe
des Hilfsbuchhalters Bernardo Soares

Es fällt mir viel schwerer, meine Laune
in den Griff zu bekommen
als meine Konten.
Jules Renard, Ideen, in Tinte getaucht.
Aus dem Tagebuch von Jules Renard

Es gibt wenig Dinge,
welche so sicher die Leute
in gute Laune versetzen,
wie wenn man ihnen ein beträcht-
liches Unglück, davon man kürzlich
betroffen worden, erzählt, oder
auch irgendeine persönliche Schwäche
ihnen unverhohlen offenbart.
Arthur Schopenhauer, Aphorismen zur Lebensweisheit

Geist sichert uns nicht
gegen die Albernheiten unserer Laune.
Luc de Clapiers Marquis de Vauvenargues,
Unterdrückte Maximen

Glück und Laune regieren die Welt.
François de La Rochefoucauld, Reflexionen

Hartnäckige Übellaunigkeit
ist ein klares Symptom dafür,
dass ein Mensch
gegen seine Bestimmung lebt.
José Ortega y Gasset,
Um einen Goethe von innen bittend

Könige dürfen griesgrämig sein.
Knechte müssen lachen.
Ludwig Marcuse, Argumente und Rezepte.
Ein Wörter-Buch für Zeitgenossen

Laune löst, was Laune knüpft.
Friedrich Schiller, Die Braut von Messina (Isabella)

Launen!, nichts als Launen!
Da scheinen die Weiber immer krank.
Johann Wolfgang von Goethe, Die Wette (Johann)

Launenhaftigkeit ist bei den Frauen
der Schönheit als Gegengift eng gesellt,
damit die Männer, die ohne
dieses Heilmittel nicht von ihr genesen
würden, weniger zu Schaden kommen.
Jean de La Bruyère, Die Charaktere

Manche Missstimmung von Frauen,
der auch beste Psychiater
nicht beizukommen vermögen,
kann schon ein mittelmäßiger Friseur
beseitigen.
Mary McCarthy

Mir wäre es fast lieber,
meine Frau versuchte, mich
in einem wütenden Moment
einmal im Jahr zu erdolchen,
anstatt mich jeden Abend
übellaunig zu empfangen.
Marcel Proust

Schlecht gelaunte Menschen
haben Pech.
Horst Geißler, Die Glasharmonika

Über Wetter- und Herrenlaunen
Runzle niemals die Augenbrauen;
Und bei den Grillen
der hübschen Frauen
Musst du immer vergnüglich schauen.
Johann Wolfgang von Goethe, Sprüche

Um Gut und Vermögen
läuft man sich nicht so die Beine ab
wie um nichtige Lockungen der Laune.
Jean de La Bruyère, Die Charaktere

Verdrießlichkeit und Schwäche
erzeugen in uns
eine schleimige Tugend.
Michel Eyquem de Montaigne, Die Essais

Laus

Man kann einer Laus
nicht mehr nehmen als das Leben.
Deutsches Sprichwort

Wegen einer Laus
verbrennt sich mancher
seinen Watterock.
Chinesisches Sprichwort

Wenn die Laus einmal im Pelze sitzt,
so ist sie schwer
wieder herauszubringen.
Deutsches Sprichwort

Wer mit Kosak und Pack sich schlägt,
Leicht Läuse auf dem Kopfe trägt.
Emil Gött, Im Selbstgespräch

Lauterkeit

Von lautern Brunnen
fließen lautre Wasser.
Deutsches Sprichwort

Wenn ich die Lauterkeit
durch Gott geworden bin,
So wend' ich mich,
um Gott zu finden, nirgends hin.
Angelus Silesius, Der cherubinische Wandersmann

Leben

Ach, wäre unser Leben noch kürzer,
da es doch so unglücklich ist!
Voltaire, Der Mann mit den vierzig Talern

Ach, was ist das Leben des Menschen
für ein farbenwechselndes Ding!
Heinrich von Kleist, Briefe
(an Adolphine von Werdeck, 28./29. Juli 1801)

Alle Lebewesen
außer dem Menschen wissen,
dass der Hauptzweck des Lebens
darin besteht, es zu genießen.
Samuel Butler

Alle Menschen nähern sich
mehr oder weniger dem einen
oder anderen Extrem: Das erste ist
ein Leben nur für sich, das zweite
ein Leben nur für die anderen.
Leo N. Tolstoi, Tagebücher (1903)

Alle Religionen, Künste und Wissenschaften sind Äste des gleichen Baumes.
Alle diese Bestrebungen sind darauf
gerichtet, das menschliche Leben
zu veredeln, es aus der Sphäre eines
bloß vitalen Daseins herauszuheben
und das Individuum zur inneren
Befreiung zu führen.
Albert Einstein, Aus meinen späten Jahren

Alle Unklarheit hat eine Ursache
– die Menschen erkennen nicht,
dass Leben Teilnehmen an
der Vervollkommnung der
eigenen Person und des Lebens heißt.
Leo N. Tolstoi, Tagebücher (1895)

Alles Leben, auch nur einer Minute,
hat ewige Gesetze hinter sich.
Jean Paul, Aphorismen

Alles Leben draußen ist nur
wie Einschlafen in Kleidern.
Daheim erst liegt man im Bett.
Berthold Auerbach

Alles Leben im Kosmos
steht in engster Verbundenheit:
nicht nur Pflanze und Erde,
sondern auch Sonne und Erde,
Tiere und Pflanzen, darüber hinaus
das All, die Sterne (...).
Oswald Spengler,
Urfragen. Fragmente aus dem Nachlass

Alles Leben ist Kampf,
weil es Feuer ist.
Oswald Spengler,
Urfragen. Fragmente aus dem Nachlass

Am farbigen Abglanz
haben wir das Leben.
Johann Wolfgang von Goethe, Faust II (Faust)

Am Grab der meisten Menschen trauert, tief verschleiert, ihr ungelebtes
Leben.
Oskar Jellinek

Am richtigsten werden wir
das Leben fassen als (...)
eine Enttäuschung:
Darauf ist, sicherlich genug,
alles abgesehn.
Arthur Schopenhauer,
Nachträge zur Lehre von der Nichtigkeit des Daseins

An sich ist das Leben
nichts Gutes und nichts Böses,
es ist der Hintergrund,
auf dem ihr selbst
Gutes und Böses anbringen könnt.
Michel Eyquem de Montaigne, Die Essais

An unser früheres Leben können
wir uns deswegen nicht erinnern,
weil Erinnerung eine Eigenschaft
nur dieses Lebens ist.
Leo N. Tolstoi, Tagebücher (1905)

An zwei Dinge muss man
sich gewöhnen, um das Leben
erträglich zu finden:
Die Unbilden der Zeit und
die Ungerechtigkeiten der Menschen.
Chamfort, Maximen und Gedanken

Arbeit gibt uns mehr
als den Lebensunterhalt,
sie gibt uns das Leben.
Henry Ford, Mein Leben und Werk

Auch allzu lang gelebt zu haben
schadet.
Ovid, Metamorphosen

Auch ich muss meinen Rucksack
selber tragen! Der Rucksack wächst.
Der Rücken wird nicht breiter.
Zusammenfassend lässt sich
etwa sagen: Ich kam zur Welt
und lebe trotzdem weiter.
Erich Kästner, Dr. Erich Kästners lyrische Hausapotheke

Auch was das Leben betrifft,
ist es besser, nur die Zinsen,
nicht das Kapital zu verbrauchen.
Joachim Günther

Auf dein jetziges Leben kommt es an,
jetzt sollst du glücklich und entspannt
sein – und nicht erst nach zahllosen
Aufschüben.
Sylvia Plath, Briefe nach Hause (29. Januar 1955)

Auf jeden Grashalm
fällt ein Tröpfchen Tau.
Chinesisches Sprichwort

Aufmerksamkeit ist das Leben!
Johann Wolfgang von Goethe,
Wilhelm Meisters Wanderjahre

Aus dem Tod blüht
immer neues Leben.
Aus dem Leben blüht
immer neuer Tod.
Beklagenswert der, den nur
jenes tröstet, nicht auch dieses.
Alfred Polgar, Kleine Schriften, Band 3. Irrlicht

(Aus den Sprüchen des Pfarrers Otto:)
Frauen sind die Holzwolle
der Glaskiste des Lebens.
Kurt Tucholsky, Schnipsel

Bei Ihnen richtet sich
nicht das Leben nach Ideen,
bei Ihnen wachsen Ideen
aus dem Leben selbst.
Richard von Weizsäcker,
Ansprache des Bundespräsidenten vor beiden Häusern
des Parlaments in London 1986

Bei unserer Geburt
treten wir auf den Kampfplatz und
verlassen ihn bei unserem Tode.
Jean-Jacques Rousseau,
Träumereien eines einsamen Spaziergängers

Besser werden
und das Leben besser machen.
Leo N. Tolstoi, Tagebücher (1895)

Bevor man stirbt, hat man gelebt.
Erich Kästner, Kurz und bündig. Epigramme

Caesars Leben ist nicht lehrreicher
für uns als unser eigenes Leben.
Michel Eyquem de Montaigne, Die Essais

Carpe Diem - Nutze den Tag!
Horaz

Da aber zu einer glückseligen Lebensführung die drei früher genannten
höchsten Güter der Menschen gehören,
Rechtschaffenheit, Vernunft und Lust,
so sehen wir demgemäß auch
drei Lebensformen, deren eine alle,
die im Leben ihr eigener Herr sind,
bevorzugen: das politische, das
philosophische und das Genussleben.
Aristoteles, Eudemische Ethik

Da ich das Dasein nicht nutzte,
nutzte das Dasein mich ab.
Gustave Flaubert, November

Damit man das Leben leben kann,
muss es geradezu
mit Einsamkeit durchtränkt sein.
Eugène Ionesco, Bekenntnisse

Dann erst genieß ich
meines Lebens recht,
Wenn ich mir's jeden Tag
aufs Neu erbeute.
Friedrich Schiller, Wilhelm Tell (Tell)

Darauf sei täglich bedacht, dass
du die Kraft habest, mit Gleichmut
das Leben zu verlassen, an dem viele
so sich festklammern und festhalten,
wie Menschen, die von einem Wild-
wasser fortgerissen werden, an Dornen
und Gestrüpp.
Lucius Annaeus Seneca, Briefe an Lucilius

Das Allerschönste am ganzen Leben
sind seine Illusionen.
Honoré de Balzac, Die Physiologie der Ehe

Das Ausfüllen der Zeit
durch planmäßig fortschreitende
Beschäftigungen, die einen großen
beabsichtigten Zweck zur Folge haben,
ist das einzige sichere Mittel,
seines Lebens froh und dabei doch
auch lebenssatt zu werden.
Immanuel Kant, Kritik der Urteilskraft

Das Ausschließen der Welt,
von Zeit zu Zeit so wichtig,
ist nur erlaubt, wenn sie
mit umso größerer Gewalt
wieder zurückflutet.
Elias Canetti, Die Provinz des Menschen.
Aufzeichnungen 1942-1972

Das äußre muss ein Weg
zum innren Leben sein,
Doch fängt das innre an,
so geht das äußre ein.
Daniel Czepko von Reigersfeld,
Monodisticha Sapientium

Das Dasein ist köstlich,
man muss nur den Mut haben,
sein eigenes Leben zu führen.
Peter Rosegger

Das eigene Leben,
bewusst gelebt, trägt einen
über das Persönliche hinaus.
Anaïs Nin, Das eigene Leben bewusst gelebt

Das ganze Geheimnis, sein Leben
zu verlängern, besteht darin,
es nicht zu verkürzen.
Ernst von Feuchtersleben, Zur Diätetik der Seele

Das ganze Leben besteht aus Teilen
und hat Kreise, wobei sich größere
um die kleineren legen. Es gibt aber
einen Kreis, der alle umfasst und
umringt; er reicht vom Geburtstag
bis zum Todestag.
Lucius Annaeus Seneca, Briefe über Ethik

Das ganze Leben ist der Versuch,
es zu behalten.
Ingeborg Bachmann

Das ganze Leben
ist ein ewiges Wiederanfangen.
Hugo von Hofmannsthal

Das ganze Leben ist ein Traum.
Niemand weiß, was er tut,
niemand weiß, was er will,
niemand weiß, was er weiß.
Wir verschlafen das Leben,
ewige Kinder des Schicksals.
Fernando Pessoa, Das Buch der Unruhe
des Hilfsbuchhalters Bernardo Soares

Das ganze Leben ist nur
einmal Frühlingsaufatmen, und
ob wir zwanzig oder dreißig oder
hundert Jahre zählen, so lang muss
der Atemzug aushalten, aufstrebend
ins Leben, mit allen Kräften,
in vollster reichster Blüte den Duft
ausbreitend in die Weite
auf schwingenbeladenen Winden.
Bettina von Arnim, Die Günderode

Das Geheimnis
des menschlichen Lebens liegt nicht
im bloßen Leben,
sondern im Sinn des Lebens.
Fjodor M. Dostojewski

Das Geheimnis im Leben ist,
dass jeder es selber nähen muss,
und das Merkwürdige ist,
dass ein Mann es ebenso gut
zu nähen vermag wie ein Weib.
Sören Kierkegaard, Furcht und Zittern

Das Glück des beschaulichen Lebens
liegt in nichts anderem als
in der vollkommenen Betrachtung
der höchsten Wahrheit; das Glück des
tätigen Lebens aber liegt im Wirken
der Klugheit, durch das der Mensch
sich selbst und andere regiert.
Thomas von Aquin, De virtutibus in communi

Das höchste Erdengut
erscheint nur klein,
Das ganze Leben nichts als ein Traum,
Und Träume – sind Schäume.
Pedro Calderón de la Barca, Das Leben ein Traum

Das ist das Verhängnis:
Zwischen Empfängnis
und Leichenbegängnis
nichts als Bedrängnis.
Erich Kästner, Dr. Erich Kästners lyrische Hausapotheke

Das ist Leben ohne Tod,
Licht ohne Finsternis,
Eine Wohnung ohne Sorgen:
Da ist niemand krank.
Das Muspilli (um 860)

Das Kühnste am Leben ist, dass
es den Tod hasst, und verächtlich
und verzweifelt sind die Religionen,
die diesen Hass verwischen.
Elias Canetti, Die Provinz des Menschen.
Aufzeichnungen 1942-1972

Das Leben besteht aus Leid und Not,
der Tod – aus Frieden und Freude.
Chinesisches Sprichwort

Das Leben besteht aus zwei Teilen:
Die Vergangenheit – ein Traum,
die Zukunft – ein Wunsch.
Sprichwort aus Arabien

Das Leben
besteht hauptsächlich aus Umwegen.
Frank Thieß

Das Leben besteht
in der Annäherung an Gott.
Leo N. Tolstoi, Tagebücher (1909)

Das Leben der Erde selbst ist (...)
eins mit dem Kosmischen. Wir durchschauen das Geheimnis nicht. Was wir
»wissen« (Astronomie, Physik), ist
menschliche Geisteskonstruktion. Was
wir fühlen, ist unbestimmte Ahnung.
Oswald Spengler,
Urfragen. Fragmente aus dem Nachlass

Das Leben der meisten ist ein Fliehen
aus sich selbst heraus.
Friedrich Hebbel, Tagebücher

Das Leben der meisten Menschen
besteht schließlich nur noch
aus Anweisungen, die sich
oder anderen sinnlos geben.
Elias Canetti, Die Provinz des Menschen.
Aufzeichnungen 1942-1972

Das Leben des Menschen
ist eine lange Geburt;
deswegen können wir
nicht an den Tod glauben.
Théodore Jouffroy, Das grüne Heft

Das Leben des Menschen ist,
wie jeder Strom, bei seinem Urprunge
am höchsten. Es fließt nur fort, indem
es fällt – in das Meer müssen wir alle.
Heinrich von Kleist, Briefe
(an Adolphine von Werdeck, 28./29. Juli 1801)

Das Leben ein Gedicht!
Nein! Nicht wenn man nur umherging
und an seinem Leben herumdichtete,
anstatt es zu leben.
Jens Peter Jacobsen, Niels Lyhne

Das Leben: ein langes Verfahren,
müde zu werden.
Samuel Butler

Das Leben eines jeden Menschen
stellt ein Drama dar, in dem
der Einzelne erfolgreich oder erfolglos
seine besondere Antwort
auf das Problem des Lebens gibt.
Erich Fromm, Seele und Gesellschaft

Das Leben eines Menschen
ist sein Charakter.
Johann Wolfgang von Goethe, Italienische Reise

Das Leben, es mag sein, wie es will,
ist ein Glück, das von keinem andern
übertroffen wird.
Leo N. Tolstoi, Tagebücher (1902)

Das Leben ist die Suche
des Nichts nach dem Etwas.
Christian Morgenstern

Das Leben ist eine Brücke von Seufzern über einen Strom von Tränen.
Philip James Bailey

Das Leben ist einfach ein
verdammtes Ding nach dem anderen.
Elbert Hubbard

Das Leben ist gar nicht so.
Es ist ganz anders.
Kurt Tucholsky

Das Leben gehört den Lebendigen an,
und wer lebt,
muss auf Wechsel gefasst sein.
Johann Wolfgang von Goethe,
Wilhelm Meisters Wanderjahre

Das Leben geht so unerhört vorbei.
Man wird verrückt,
wenn man darüber nachdenkt.
Franziska Gräfin zu Reventlow, Tagebücher

Das Leben geht unter Zaudern
verloren, und jeder Einzelne von uns
stirbt in seiner Unrast.
Epikur, Sprüche. In: Briefe, Sprüche, Werkfragmente

Das Leben geht viel zu schnell,
möchte es manchmal stoppen.
Franziska Gräfin zu Reventlow, Tagebücher

Das Leben gleicht dem Feuer:
Es beginnt mit Rauch
und endet mit Asche.
Sprichwort aus Arabien

Das Leben hängt vom Himmel
und seine Dauer vom Menschen ab.
Chinesisches Sprichwort

Das Leben hat immer mehr Fälle, als
der Gesetzgeber sich vorstellen kann.
Norbert Blüm, Unverblümtes von Norbert Blüm

Das Leben hier ist nicht Illusion
und nicht das ganze Leben, sondern
eine der Erscheinungsformen,
der ewigen Erscheinungsformen
des ewigen Lebens.
Leo N. Tolstoi, Tagebücher (1903)

Das Leben ist an sich
selbst im Grunde
eine große Schlaflosigkeit und
bei allem, was wir denken und tun,
fahren wir hellwach und jäh
aus dem Schlaf auf.
Fernando Pessoa, Das Buch der Unruhe
des Hilfsbuchhalters Bernardo Soares

Das Leben ist bezaubernd, man muss
es nur durch die richtige Brille sehen.
Alexandre Dumas d. J., Die Kameliendame

»Das Leben ist
der Güter höchstes nicht« (Schiller).
Kommentar:
Wer das zitiert, meint für gewöhnlich:
Das Leben der anderen.
Ludwig Marcuse, Argumente und Rezepte.
Ein Wörter-Buch für Zeitgenossen

Das Leben ist des Lebens Pfand.
Johann Wolfgang von Goethe,
Die natürliche Tochter (Herzog)

Das Leben ist ein Abenteuer, und
man wird auf große Schwierigkeiten
stoßen, auf große Hindernisse,
Monstren und Minotauren.
Aber wenn man darauf gefasst ist,
dann ist man auch bereit, sie als Teil
des Abenteuers zu betrachten.
Anaïs Nin, Vertrauliches Gespräch

Das Leben ist ein aufreibender
Versuch, leere Stunden zu füllen.
Roy Campbell

Das Leben ist ein Born der Lust;
aber wo das Gesindel mittrinkt,
da sind alle Brunnen vergiftet.
Friedrich Nietzsche, Also sprach Zarathustra

Das Leben ist ein Darlehn,
keine Gabe.
Friedrich von Bodenstedt, Mirza Schaffy

Das Leben ist ein Marathonlauf,
bei dem man sich den Sprint
für den Schluss aufspart.
Peter Ustinov, Peter Ustinovs geflügelte Worte

Das Leben ist ein
nie endendes Entdecken der Einheit
alles Geschaffenen.
Yehudi Menuhin,
Kunst als Hoffnung für die Menschheit

Das Leben ist ein Raub,
das Leben eine Beute:
Wer weiß, wer's morgen nimmt!
Wer's hat, genieß' es heute!
Friedrich Rückert, Gedichte

Das Leben ist ein Schlaf:
Die Greise sind die Menschen,
die den längsten Schlaf getan haben
– sie beginnen erst zu erwachen,
wenn es ans Sterben geht.
Jean de La Bruyère, Die Charaktere

Das Leben ist ein sonderbarer Ring,
er wird mehr wie einmal
abgeschlossen und wieder begonnen
von einem und demselben Geist,
und doch bilden alle nur einen Kreis.
Bettina von Arnim, An Goethe (Oktober 1826)

Das Leben ist ein ständiger Austausch.
Yehudi Menuhin,
Ich bin fasziniert von allem Menschlichen

Das Leben ist (...)
ein ständiges Nehmen und Geben
zwischen uns Älteren und
den nachfolgenden Generationen.
Was war, wird neu durchs Weitergeben.
Heinz Rühmann

Das Leben ist ein Wunder.
Es kommt über mich, dass ich oftmals
die Augen schließen muss.
Paula Modersohn-Becker, Briefe (26. Dezember 1900)

Das Leben ist eine Folge von Stichen
ins Herz. Aber die Pflicht ist da;
sie heißt: Weiter, und seine Arbeit tun,
ohne die traurig zu machen,
die mit uns leiden.
George Sand, Briefe (an Gustave Flaubert)

Das Leben ist eine Kerze im Wind.
Sprichwort aus Japan

Das Leben ist
eine Komödie für den Reichen,
ein Spiel für den Narren,
ein Traum für den Weisen
und ein Trauerspiel für den Armen.
Scholem Alejchem

Das Leben ist eine Komödie für jene,
die denken,
eine Tragödie aber für jene,
die fühlen.
Oscar Wilde

Das Leben ist eine Krankheit,
der Schlaf ein Palliativ,
der Tod die Radikalkur.
Karl Julius Weber, Democritos

Das Leben ist eine Leihgabe,
ich danke fürs Leihen.
Knut Hamsun, Die letzte Freude

Das Leben ist eine Nuss.
Sie lässt sich zwischen
zwei weichen Kissen nicht knacken.
Arthur Miller

Das Leben ist eine Quarantäne
für das Paradies.
Karl Julius Weber, Democritos

Das Leben ist eine
ungleichartige, unregelmäßige,
vielgestaltige Bewegung.
Michel Eyquem de Montaigne, Die Essais

Das Leben ist erbarmungslos.
Erbarmen ist ein Gefühl, das
erst der späte Mensch kennt und
in seinen Aspekt der Welt hineintragen
möchte, weil er sie sonst nicht erträgt.
Oswald Spengler,
Urfragen. Fragmente aus dem Nachlass

Das Leben ist Ewiges und Zeitliches
zugleich; das Ewige ist sein Wesen,
das Zeitliche seine Form oder Bildung.
Friedrich Ast, Das Wesen der Philosophie

Das Leben ist fast zu gemein,
um ertragen zu werden.
Katherine Mansfield, Briefe

Das Leben ist für uns das,
was wir in ihm wahrnehmen.
Fernando Pessoa, Das Buch der Unruhe
des Hilfsbuchhalters Bernardo Soares

Das Leben ist göttlich
und der Tod entsetzlich.
Franziska Gräfin zu Reventlow, Tagebücher

Das Leben ist halb vorüber,
ehe wir wissen, was es ist.
Sprichwort aus England

Das Leben ist kein Spaß, sondern eine
erhabene und feierliche Angelegenheit.
Man müsste immer genauso ernst
und feierlich leben, wie man stirbt.
Leo N. Tolstoi, Tagebücher (1907)

Das Leben ist kein Stillleben.
Oskar Kokoschka

Das Leben ist kurz,
aber die Langeweile verlängert es.
Jules Renard, Journal

Das Leben ist kurz, die Kunst ist lang.
Hippokrates, Aphorismen

Das Leben ist nicht im Tier,
sondern das Tier ist Leben.
Oswald Spengler,
Urfragen. Fragmente aus dem Nachlass

Das Leben ist
Nur ein Moment,
der Tod ist auch nur einer.
Friedrich Schiller, Maria Stuart (Mortimer)

Das Leben ist nur
ein physikalisches Phänomen.
Ernst Haeckel

Das Leben ist so kurz,
und das Gute wirkt so langsam.
Johann Wolfgang von Goethe,
Die Aufgeregten (Gräfin)

Das Leben ist ständige Schöpfung,
das heißt Hervorbringung
neuer, höherer Formen.
Leo N. Tolstoi, Tagebücher (1900)

Das Leben ist stümperhaft,
allein die Kunst ist kunstvoll – und
deshalb von nachhaltiger Wirkung.
Ralph-Rainer Wuthenow, Muse, Maske, Meduse

Das Leben ist unvollkommen
und muss daher bis zur Neige
ausgelebt werden.
Peter Ustinov, Peter Ustinovs geflügelte Worte

Das Leben ist viel wert,
wenn man's verachtet.
Heinrich von Kleist,
Die Familie Schroffenstein (Ottokar)

Das Leben ist weder Zweck noch
Mittel, das Leben ist ein Recht.
Heinrich Heine,
Verschiedenartige Geschichtsauffassung

Das Leben ist wie die Grammatik:
Die Ausnahmen sind häufiger
als die Regeln.
Rémy de Gourmont

Das Leben ist wie eine Flamme,
die genährt wird und lodert.
Ob Pflanze oder Tier: Der Kreislauf
warmer Säfte, besonders das Blut,
ist ein Sinnbild des Feuers.
In der Wärme entzündet sich
der Lebenskeim Zeugung.
Oswald Spengler,
Urfragen. Fragmente aus dem Nachlass

Das Leben ist wundervoll.
Es gibt Augenblicke,
da möchte man sterben.
Aber dann geschieht etwas Neues,
und man glaubt, man sei im Himmel.
Edith Piaf

Das Leben ist zu kurz,
doch es wäre absolut schauderhaft,
wenn es zu lang wäre.
Peter Ustinov, Peter Ustinovs geflügelte Worte

Das Leben kann sich
nicht ausdehnen, vervielfältigen,
bereichern, ohne sich zu ordnen.
Adam Heinrich Müller, Die Lehre vom Gegensatze

Das Leben lässt sich definieren
als der Zustand eines Körpers,
darin er, unter beständigem Wechsel
der Materie, seine ihm wesentliche
(substanzielle) Form allezeit behält.
Arthur Schopenhauer,
Zur Philosophie und Wissenschaft der Natur

Das Leben lässt sich nicht nur
an den Pluspunkten, sondern auch
an den Minuspunkten studieren.
Anton P. Tschechow, Briefe (23. Dezember 1888)

Das Leben lebt erst jenseits des Grabes.
Edward Young, Nachtgedanken

Das Leben lehrt jedem, was er sei.
Johann Wolfgang von Goethe,
Torquato Tasso (Antonio)

Das Leben lehrt uns, weniger mit uns
Und andern strenge sein.
Johann Wolfgang von Goethe,
Iphigenie auf Tauris (Pylades)

Das Leben muss
für die Besten ein Traum sein,
der sich Vergleichen entzieht.
Fernando Pessoa, Das Buch der Unruhe
des Hilfsbuchhalters Bernardo Soares

Das Leben muss wie ein kostbarer
Wein mit gehörigen Unterbrechungen
Schluck für Schluck genossen werden.
Auch der beste Wein verliert für uns
allen Reiz, wir wissen ihn nicht mehr
zu schätzen, wenn wir ihn wie Wasser
hinunterschütten.
Ludwig Feuerbach, Abälard und Heloise

Das Leben schmeckt mir fad
wie ein nutzloses Medikament.
Fernando Pessoa, Das Buch der Unruhe
des Hilfsbuchhalters Bernardo Soares

Das Leben selbst ist als Entfernung
von Gott eine Art habituelle Buße, in
deren Tiefen eine natürliche Hoffnung
auf Sündenvergebung ruht.
Franz Werfel, Zwischen Oben und Unten

Das Leben, so gemein es aussieht, so
leicht es sich mit dem Gewöhnlichen,
Alltäglichen zu befriedigen scheint,
hegt und pflegt doch immer gewisse
höhere Forderungen im Stillen fort
und sieht sich nach Mitteln um,
sie zu befriedigen.
Johann Wolfgang von Goethe,
Maximen und Reflexionen

Das Leben soll kein uns gegebener,
sondern ein von uns gemachter
Roman sein.
Novalis, Fragmente

Das Leben soll sein wie ein stetiges, sichtbares Licht.
Katherine Mansfield, Tagebücher

Das Leben stellt uns die Wahl frei, ob wir als Philosophen ein für allemal belehrt oder als Tiere allmählich dressiert werden wollen.
Heimito von Doderer, Repertorium. Ein Begriffbuch von höheren und niederen Lebens-Sachen

Das Leben tröstet uns über den Tod, und der Tod über das Leben.
Théodore Jouffroy, Das grüne Heft

Das Leben übersteigt unendlich alle Theorien, die man in Bezug auf das Leben zu bilden vermag.
Boris Pasternak, Über Kunst und Leben

Das Leben vergisst manchen, der Tod keinen.
Danilo Kiš

Das Leben versteht man nur im Rückblick. Gelebt werden aber muss es vorwärts.
Lothar Schmidt

Das Leben wäre unerträglich, wenn wir uns seiner bewusst würden.
Fernando Pessoa, Das Buch der Unruhe des Hilfsbuchhalters Bernardo Soares

Das Leben wird niemandem als Eigentum, allen aber zum Gebrauch gegeben.
Lukrez, Von der Natur

Das lebendige Leben muss etwas unglaublich Einfaches sein, das Alltäglichste und Unverborgenste, etwas Tagtägliches und Allstündliches, etwas dermaßen Gewöhnliches, dass wir einfach nicht glauben können, dieses Einfache könnte es sein, und deshalb gehen wir schon so viele Jahrtausende an ihm vorüber, ohne es zu bemerken und zu erkennen.
Fjodor M. Dostojewski, Der Jüngling

Das letzte und entscheidende Erleben, zu dem wir alle hindurchdringen müssen, ist, im Leben stehend, vom Leben frei zu werden.
Albert Schweitzer, Johann Sebastian Bachs Künstlerpersönlichkeit

Das menschliche Dasein ist zu traurig ohne Gottesglaube.
Carl Hilty, Neue Briefe

Das menschliche Leben beginnt jenseits der Verzweiflung.
Jean-Paul Sartre, Die Fliegen

Das menschliche Leben, soweit wir es kennen, ist eine Welle, die völlig in Glanz und Freude gehüllt ist.
Leo N. Tolstoi, Tagebücher (1884)

Das Menschenleben ist eine ständige Schule.
Gottfried Keller

Das Nötigste im Leben des Menschen sind: Wasser, Feuer, Eisen und Salz, kräftiger Weizen, Milch und Honig, Blut der Trauben, Öl und Kleidung.
Altes Testament, Jesus Sirach 39, 26

Das organische Leben auf der Erdrinde ist eine tiefe Einheit, als Ganzes entstanden und vergehend.
Oswald Spengler, Urfragen. Fragmente aus dem Nachlass

Das physische Leben ist zweitaktig. Wir leben in einer Welt von auf und nieder, rückwärts und vorwärts, Tag und Nacht. Um auszuatmen, müssen wir zuerst einatmen; es gibt in diesem Prozess keinen dritten Schritt und keine Zwischenfunktion. Es ist ein und aus, ein und aus, 1–2, 1–2.
Leonard Bernstein, Von der unendlichen Vielfalt der Musik

Das Problem des Lebens gleicht einem Meer, in dem wir untergehen, wenn wir entweder zu viel darüber nachdenken oder zu wenig.
Samuel Butler

Das sind die zwei Blumen des Lebens: das Schaffen und die Liebe. Und nie wird wohl jemand ergründen, ob Gott sich als Welt schafft um der Liebe willen, oder ob er liebt um des Schaffens willen.
Christian Morgenstern, Stufen

Das vollkommene Leben ist nur den Vernünftigen und Besonnenen zuzuerkennen.
Aristoteles, Protreptikos

Das Wichtigste zum Leben sind Brot und Wasser, Kleidung und Wohnung, um die Blöße zu bedecken.
Altes Testament, Jesus Sirach 29, 21

Das Ziel des Lebens ist das Gute.
Leo N. Tolstoi, Tagebücher (1852)

Das Ziel des Lebens ist Selbstentwicklung.
Oscar Wilde, Das Bildnis des Dorian Gray

Dass das Leben des Menschen nur ein Traum sei, ist manchem schon so vorgekommen.
Johann Wolfgang von Goethe, Die Leiden des jungen Werthers

Dass einer das Leben durchschaut und es doch so lieben kann! Vielleicht hat er eine Ahnung, wie wenig sein Durchschauen bedeutet.
Elias Canetti, Die Provinz des Menschen. Aufzeichnungen 1942–1972

Dass wir geschaffen sind, das Unfassbare zu fassen und das Unerträgliche zu ertragen – das ist es, was unser Leben so schmerzensvoll und was es zugleich so unerschöpflich reich macht.
Arthur Schnitzler, Buch der Sprüche und Bedenken

Dein Leben ist ein Strom; o lass dich's nicht verdrießen, Durch manchen Berg gehemmt, dem Meere zuzufließen.
Friedrich Rückert, Gedichte

Dein Ursprung g'ring – dein Ende kläglich – Dein Richter streng – dran denke täglich.
Jüdische Spruchweisheit

Deine Kinder sind nicht deine Kinder. Sie sind die Söhne und die Töchter der Sehnsucht des Lebens nach sich selbst.
Djubran Chalil, Der Prophet

Dem Klugen kommt das Leben leicht vor, wenn dem Toren schwer, und oft dem Klugen schwer, wenn dem Toren leicht.
Johann Wolfgang von Goethe, Maximen und Reflexionen

Dem Leide aus dem Weg gehen zu wollen heißt, sich einem wesentlichen Teil des menschlichen Lebens zu entziehen.
Konrad Lorenz, Die acht Todsünden der zivilisierten Menschheit

Den Wert eines Menschenlebens bestimmt nicht seine Länge, sondern seine Tiefe.
Gustav Frenssen, Grübeleien

Denken Sie daran, dass Leben nichts Fertiges ist, das nur aus vorfabrizierten Häusern, Autos, Flaschen oder Büchern besteht Es ist das, was Sie daraus machen. Und wenn Sie nichts daraus machen, macht es ein anderer, und dann werden Sie sein Sklave sein.
Yehudi Menuhin, Variationen

Denn es ist Sklavenart, nur nach dem Leben an sich zu trachten und nicht nach einem sittlich-guten Leben.
Aristoteles, Protreptikos

Denn leben hieß: sich wehren!
Johann Wolfgang von Goethe, Faust II (Mephisto)

Denn leben und wirken
heißt ebenso viel
als Partei machen und ergreifen.
Johann Wolfgang von Goethe, German Romance

Denn solange ich lebe,
freue ich mich ähnlich wie die Götter.
Epikur, Sprüche. In: Briefe, Sprüche, Werkfragmente

Denn vor und nach
dem irdischen Leben
gibt es kein irdisches,
aber doch ein Leben.
Jean Paul, Vorschule der Ästhetik

Denn wonach der Mensch gestrebt hat,
das ist in der Tat weder Freude
noch Leid, sondern einfach das Leben.
Der Mensch ist bestrebt,
ein voll empfundenes,
ganzes Leben zu führen.
Oscar Wilde,
Die Seele des Menschen unter dem Sozialismus

Der Augenblick ist kostbar wie
Das Leben eines Menschen.
Friedrich Schiller, Dom Karlos (Marquis)

Der Augenblick nur entscheidet
Über das Leben des Menschen
und über sein ganzes Geschicke.
Johann Wolfgang von Goethe,
Hermann und Dorothea (5. Gesang)

Der bessere Mensch nützt
die Energien seines äußeren Lebens,
um für sein inneres Platz und Freiheit
zu schaffen (...).
Alfred Polgar, Kleine Schriften, Band 1. Musterung

Der Bürger wünscht die Kunst üppig
und das Leben asketisch;
umgekehrt wäre es besser.
Theodor W. Adorno, Ästhetische Theorie

Der Fortschritt besteht nur
in einer immer klareren Beantwortung
der Grundfragen des Lebens.
Leo N. Tolstoi, Tagebücher (1903)

Der ganze Lebenslauf eines Menschen
ist Verwandlung.
Johann Gottfried Herder,
Ideen zur Philosophie der Geschichte der Menschheit

Der Glaube soll dich stets beleben:
Wer Leben gab, gibt auch zu leben.
Jüdische Spruchweisheit

Der größte Fehler im Leben ist,
dass man ständig fürchtet,
Fehler zu machen.
Elbert Hubbard

Der größte Teil des Lebens
entgleitet unvermerkt, während man
Schlechtes tut, ein großer Teil,
während man nichts tut, das ganze
Leben, während man Bangloses tut.
Lucius Annaeus Seneca, Briefe an Lucilius

Der Grund dafür, warum die meisten
Menschen in ihrem Leben scheitern,
liegt meiner Meinung nach darin,
dass sie nie wissen, wann der entscheidende Augenblick gekommen ist.
Erich Fromm, Von der Kunst des Zuhörens

Der hat lange gelebt, der gut lebte.
Thomas Wilson

Der Hauptirrtum
im Leben der Menschen besteht darin,
dass jeder meint, sein Leben werde
dirigiert von der Sucht nach Genuss
und von der Abscheu vor Leiden.
Leo N. Tolstoi, Tagebücher (1886)

Der Herr wird denen
entgegenkommen, die verstehen,
in den Tag hinein zu leben, immer
ihre Pflicht tun, mit Ruhe, Würde und
Geduld, ohne sich den Kopf heiß zu
machen wegen der Dinge, die morgen
oder in Zukunft geschehen können.
Papst Johannes XXIII.,
Briefe an die Familie, 30. Juli 1944

Der Kampf um die Lust
ist der Kampf um das Leben.
Friedrich Nietzsche, Menschliches, Allzumenschliches

Der Mensch, der am meisten
gelebt hat, ist nicht derjenige,
der die meisten Jahre zählt,
sondern derjenige, der das Leben
am stärksten empfunden hat.
Jean-Jacques Rousseau, Emile

Der Mensch erkennt sich nur
im Menschen, nur
Das Leben lehret jeden,
was er sei.
Johann Wolfgang von Goethe,
Torquato Tasso (Antonio)

Der Mensch geht durchs Leben,
wie ein Reisender über die Meere fährt.
Chinesisches Sprichwort

Der Mensch ist dazu gemacht,
außer sich zu leben,
ehe er in sich selbst zurückkehrt.
Christian Garve, Über Gesellschaft und Einsamkeit

Der Mensch kann nicht in einem
einzelnen Lebensbereich recht tun,
während er in irgendeinem anderen
unrecht tut.
Mohandas K. »Mahatma« Gandhi

»Der Mensch lebt nicht
vom Brot allein« –
Kommentar: – Sagen sie, und leben
vom Brot und von dieser Warnung.
Ludwig Marcuse, Argumente und Rezepte.
Ein Wörter-Buch für Zeitgenossen

Der Mensch lebt nur eine Generation,
die Blume nur einen Frühling.
Chinesisches Sprichwort

Der Mensch muss sich
durchs Leben drängen
wie die sich entwickelnde Blume
durch den Kot.
Friedrich Hebbel, Tagebücher

Der Preis und das Ziel
eines sittlichen Lebens
ist doch augenscheinlich
etwas Göttliches und Beseligendes.
Aristoteles, Nikomachische Ethik

Der Reiche setzt eher sein Leben
für seinen Reichtum
als seinen Reichtum
für sein Leben aufs Spiel.
Frank Wedekind

Der Roman soll eigentlich
das wahre Leben sein, nur folgerecht,
was dem Leben abgeht.
Johann Wolfgang von Goethe,
»Gabriele« von Johanna Schopenhauer

Der Schmerz ist Leben.
Friedrich Schiller, Wilhelm Tell (Attinghausen)

Der Seelenblitz,
den wir Leben nennen,
und von welchem wir nicht wissen,
aus welcher Sonnenwolke er fährt,
schlägt ein in die Körperwelt und
schmelzt die spröde Masse zu
seinem Gehäuse um, das fortglüht,
bis der Tod ihn durch die Nähe
einer andern Welt wieder entlockt.
Jean Paul, Levana

Der Teufel hole ein Leben,
das selbst nicht weiß, wohin es führt.
Friedrich Hebbel, Briefe
(an Theodor Hedde, 22. Mai 1833)

Der Tod ist das Ende des Lebens
für den Bösen
und der Anfang des Lebens
für den Gerechten.
Jean-Jacques Rousseau, Emile

Der Tod wirft auf das Leben
einen flüchtigen, leisen, aber eisigen
und unausweichlichen Schatten.
Sully Prudhomme, Intimes Tagebuch

Der untere tiefe Strom
des wahren Lebens
wird durch den
Tod nicht unterbrochen.
Leo N. Tolstoi, Tagebücher (1901)

Der Weg des Lebens zeigt
wenig Aufregung und Geschäftigkeit
und erfordert mehr Sterbenlassen
des Eigenwillens als viel Wissen. Wer
von den Dingen und den köstlichen
Angeboten am wenigsten nimmt,
kommt auf ihm am meisten voran.
Juan de la Cruz, Merksätze von Licht und Liebe

Der Wellenschlag der Generationen
im Strom des Lebens ist rhythmisch,
hat Takt und Periodizität im Zusammenhang mit kosmischem Rhythmus.
Oswald Spengler,
Urfragen. Fragmente aus dem Nachlass

Dich will ich lieben, du harmlos Leben,
Leben des Hains und des Quells!
Dich will ich ehren, o Sonnenlicht!
An dir mich stillen, schöner Äther,
der die Sterne beseelt und hier auch
diese Bäume umatmet und hier
im Innern der Brust uns berührt!
Friedrich Hölderlin, Hyperion

Dichtung ist nichts anderes
als konzentrierter Einsatz von Leben.
Hermann Kasack

Die Angelegenheiten unseres Lebens
haben einen geheimnisvollen Gang,
der sich nicht berechnen lässt.
Johann Wolfgang von Goethe,
Wilhelm Meisters Wanderjahre

Die Beherrschung des Lebens gelingt,
wenn es bestanden und vorbei ist.
Heinrich Mann, Ein Zeitalter wird besichtigt

Die Erde war einst ein Glutball: Feuer.
Das Leben ist ein Rest des Feuers.
Oswald Spengler,
Urfragen. Fragmente aus dem Nachlass

Die erste Hälfte unseres Lebens wird
uns von unseren Eltern verdorben und
die zweite Hälfte von unseren Kindern.
Clarence Darrow

Die Frage muss lauten, nicht:
Wozu lebe ich, sondern:
Was habe ich zu tun?
Leo N. Tolstoi, Tagebücher (1910)

Die Galle macht jähzornig und krank,
doch ohne Galle
könnte der Mensch nicht leben.
Voltaire, Zadig

Die Geheimnisse der Lebenspfade
darf und kann man nicht offenbaren;
es gibt Steine des Anstoßes, über
die ein jeder Wanderer stolpern muss.
Der Poet aber deutet auf die Stelle hin.
Johann Wolfgang von Goethe,
Maximen und Reflexionen

Die größte Gefahr im Leben ist,
dass man zu vorsichtig wird.
Alfred Adler

Die Herrschaft über den Augenblick
ist die Herrschaft über das Leben.
Marie von Ebner-Eschenbach, Aphorismen

Die Hoffnung macht selbst
das elendeste Leben noch lebenswert.
Sully Prudhomme, Gedanken

Die Höhe eines Lebens
wird nicht erreicht,
damit man sich hinaufsetzt,
sondern damit man
in besserer Luft weitergeht.
Heimito von Doderer, Repertorium. Ein Begriffbuch
von höheren und niederen Lebens-Sachen

Die Idee des Lebens ist überall
von verwandter innerer Form:
Zeugung, Geburt, Wachsen, Welken,
Vergehen, identisch vom kleinsten
Infusor bis zur gewaltigen Kultur (...).
Oswald Spengler,
Urfragen. Fragmente aus dem Nachlass

Die Katharsis ist älter als ihr Entdecker
und nützlicher als ihre Interpreten.
Erich Kästner, Dr. Erich Kästners lyrische Hausapotheke

Die kleinen Miseren des Lebens
helfen uns manchmal
über sein großes Elend hinweg.
Marie von Ebner-Eschenbach, Aphorismen

Die kurze Dauer des Lebens kann uns
nicht von seinen Freuden abbringen,
noch über seine Mühsal trösten.
Luc de Clapiers Marquis de Vauvenargues,
Reflexionen und Maximen

Die Lebenserwartung
wird immer größer, und was man
vom Leben erwarten darf,
immer kleiner.
Hans Habe

Die Lehre mag sich indessen stellen,
wie sie will,
das Leben geht seinen Gang fort.
Johann Wolfgang von Goethe,
Geschichte der Farbenlehre

Die Menschen haben
vor dem Tod zu viel Achtung,
gemessen an der geringen Achtung,
die sie vor dem Leben haben.
Henry de Montherlant

Die Menschen leben in der Welt,
ohne ihrer Berufung gerecht zu werden,
als wären sie Fabrikarbeiter, die
ständig nur damit beschäftigt sind,
zu wohnen, zu essen und ihre Freizeit
zu verbringen.
Leo N. Tolstoi, Tagebücher (1898)

Die Menschen leben nicht davon,
dass sie für sich selbst sorgen.
Sie leben von der Liebe,
die im Menschen ist.
Leo N. Tolstoi

Die Menschen sagen,
das Leben sei kurz,
und ich sehe,
dass sie sich bemühen,
es kurz zu machen.
Jean-Jacques Rousseau, Emile

Die Menschheit will nicht mehr leben,
aber der Mensch will es.
Friedrich Sieburg, Die Lust am Untergang (1954)

Die Mischung aus Glück und Leid,
die das Leben jedes gewöhnlichen
Wesens ausmacht, ist das Resultat
seiner Gedanken, seiner körperlichen
Handlungen und sprachlichen
Aktivitäten in früheren Leben.
Dalai Lama XIV, Yoga des Geistes

Die Natur sprach mit mir, und
ich lauschte ihr zitternd selig.
Leben.
Paula Modersohn-Becker, Tagebuchblätter

Die Reue über die schlechte
Anwendung des verflossenen Lebens
führt die Menschen nicht dazu,
die Zeit, die ihnen noch zu leben
vergönnt ist, besser zu nutzen.
Jean de La Bruyère, Die Charaktere

Die Ruinen des Einen
braucht die allzeit wirksame Natur
zu dem Leben des Andern.
Gotthold Ephraim Lessing, Fabeln

Die Vorstellung, dass einem
das Leben geschenkt worden ist,
erscheint mir ungeheuerlich.
Elias Canetti, Die Provinz des Menschen.
Aufzeichnungen 1942-1972

Die wenigsten Menschen
leben ihre eigene Biografie.
Egon Friedell, Egon Friedells Konversationslexikon

Die Zeit läuft immer schneller.
Die Tage werden kürzer.
Im Jahr und im Leben.
Heinz Rühmann

Dieses ganze maßlose Leben,
unendlich sich vervielfältigend,
– für uns? Das kann nur Gott glauben.
Elias Canetti, Die Provinz des Menschen.
Aufzeichnungen 1942-1972

Dieses Leben ist ein Krankenhaus,
wo jeder Kranke vom Verlangen
besessen ist, sein Bett zu wechseln.
Der eine möchte vor dem Ofen leiden,
der andere meint, dass er neben
dem Fenster gesund würde.
Charles Baudelaire, Kleine Gedichte in Prosa

Drei Pfade hat der Mensch in sich,
in denen sich sein Leben tätigt:
die Seele, den Leib und die Sinne.
Hildegard von Bingen, Wisse die Wege

Du fragst: Was ist das Leben?
Das ist als wollte man fragen:
Was ist eine Mohrrübe?
Eine Mohrrübe ist eine Mohrrübe,
mehr ist darüber nicht zu sagen.
Anton P. Tschechow, Tagebücher

Du kannst dein Leben
nicht verlängern, noch verbreitern,
nur vertiefen.
Gorch Fock

Du kannst nicht wählen,
wie du stirbst oder wann.
Aber du kannst bestimmen,
wie du lebst. Jetzt!
Joan Baez

Du musst das Leben nicht verstehen,
Dann wird es werden wie ein Fest.
Und lass dir jeden Tag geschehen
So wie ein Kind im Weitergehen
Von jedem Wehen
Sich viele Blüten schenken lässt.
Rainer Maria Rilke, Die frühen Gedichte

Ehr' ist des Lebens einziger Gewinn,
Nehmt Ehre weg, so ist mein Leben hin.
William Shakespeare, Richard III. (Norfolk)

Ein Beruf ist das Rückgrat des Lebens.
Friedrich Nietzsche, Menschliches, Allzumenschliches

Ein Bußgeld für jeden, der sich
Gedanken über das Leben macht.
Lasst doch das Leben endlich in Ruhe!
Jules Renard, Ideen, in Tinte getaucht.
Aus dem Tagebuch von Jules Renard

Ein Entsetzen, leben zu müssen,
erhob sich mit mir aus dem Bett.
Fernando Pessoa, Das Buch der Unruhe
des Hilfsbuchhalters Bernardo Soares

Ein Fisch, der
im Suppenkessel schwimmt,
hat nicht mehr lang zu leben.
Chinesisches Sprichwort

Ein gut beschriebenes Leben
hat auf die Dauer mehr Bestand
als ein gut gelebtes.
André Maurois

Ein gutes Leben hat nur selten
einen Menschen ruiniert.
Was den Menschen ruiniert,
glaubt mir, sind die dummen Geschäfte.
Carl Fürstenberg

Ein Haufen von
unbeglichenen Rechnungen
– von solchen, deren Bezahlung
man uns schuldig blieb, und solchen,
die wir nicht begleichen konnten
– das ist am Ende
die Bilanz unseres Lebens.
Arthur Schnitzler, Zurückgelegte Sprüche

Ein Held lebt auch nach dem Tode.
Chinesisches Sprichwort

Ein kurzes Leben
ist uns von der Natur gegeben.
Marcus Tullius Cicero, Philippische Reden

Ein Leben, bei dem nicht von Zeit
zu Zeit alles auf dem Spiel steht,
ist nichts wert.
Luise Rinser

Ein Mensch ohne Liebe
lebt und ist dennoch tot.
Chinesisches Sprichwort

Ein Menschenleben gleicht Reif
am Morgen.
Chinesisches Sprichwort

Ein Menschenleben ist,
als zählt man eins.
William Shakespeare, Hamlet (Hamlet)

Ein Spatz pickt Körner
und Insekten auf,
man lebt nicht von Brot allein.
Jules Renard, Ideen, in Tinte getaucht.
Aus dem Tagebuch von Jules Renard

Ein unnütz Leben ist ein früher Tod:
Dies Frauenschicksal
ist vor allem meins.
Johann Wolfgang von Goethe,
Iphigenie auf Tauris (Iphigenie)

Eine Brücke ist die Erde
Keine Ruhebank zum Schlafen
Darum immer vorwärts schreiten
Sonst erreichst du nicht den Hafen.
Jüdische Spruchweisheit

Eine langsam ausgereifte Frucht
in Winden und Sonnen,
das muss das Leben sein.
Paula Modersohn-Becker, Briefe
(an die Mutter, 6. Juli 1902)

Eine Lebensweise,
die das Reich des Unbekannten
und Geheimnisvollen ausklammert,
steht einfach nicht in Einklang
mit dem Leben selbst.
Yehudi Menuhin, Variationen

Eine Melodie geht durch
alle Absätze des Lebens-Liedes.
Jean Paul, Vorschule der Ästhetik

Einige leben vor ihrem Tode,
andere nach ihrem Tode.
Die meisten Menschen leben aber
weder vor noch nach demselben;
sie lassen sich gemächlich
in die Welt herein- und
aus der Welt hinausvegetieren.
Johann Gottfried Seume, Apokryphen

Einmal leben zu müssen,
heißt unser Gebot.
Nur einmal leben zu dürfen,
lautet das zweite.
Erich Kästner, Kurz und bündig. Epigramme

Einmal lebt ich wie Götter,
und mehr bedarf's nicht.
Friedrich Hölderlin

Er wurde nicht
aus dem Leben gerissen, als er starb.
Ludwig Marcuse, Argumente und Rezepte.
Ein Wörter-Buch für Zeitgenossen

Erfahrung bleibt des Lebens Meisterin.
Johann Wolfgang von Goethe,
Die natürliche Tochter (Eugenie)

Erfüllte Wünsche
bedeuten Stillstand.
Solange wir leben,
müssen wir unterwegs bleiben.
Heinz Rühmann

Ergreifend, wie wenig
diejenigen um ihr Leben zittern,
deren Tod eine Welt ärmer macht.
Emil Gött, Im Selbstgespräch

Erst wenn das Leben vorbei ist,
lehrt man uns gewöhnlich,
wie wir leben sollten.
Michel Eyquem de Montaigne, Die Essais

Es bleibt einem im Leben nur das,
was man verschenkt hat.
Robert Stolz

Es entspricht einem Lebensgesetz:
Wenn sich eine Tür vor uns schließt,
öffnet sich eine andere.
Die Tragik ist jedoch, dass man
auf die geschlossene Tür blickt
und die geöffnete nicht beachtet.
André Gide

Es geht im Leben darum,
Verlorenes wiederzufinden.
Luigi Bartolini in »Fahrraddiebe«

Es gibt auch im Meere des Lebens
keine ewigen Felsen.
Ricarda Huch, Ludolf Ursleu

Es gibt große Stunden im Leben.
Wir schauen an ihnen hinauf
wie an den kolossalischen Gestalten
der Zukunft und des Altertums,
wir kämpfen einen herrlichen Kampf
mit ihnen, und bestehn wir vor ihnen,
so werden sie wie Schwestern
und verlassen uns nicht.
Friedrich Hölderlin, Hyperion

Es gibt keinen Ersatz für das Leben.
Lieber jung sterben als nur
um das Leben herumschnüffeln.
Arthur Rubinstein, Erinnerungen. Die frühen Jahre

Es gibt nur drei Methoden,
um leben zu können:
betteln, stehlen oder etwas leisten.
Honoré Gabriel du Riqueti Mirabeau

Es gibt nur zwei Arten, recht zu leben:
Irdisch oder himmlisch.
Man kann der Welt dienen und nützen,
ein Amt führen, Geschäfte treiben,
Kinder erziehen; dann lebt man irdisch.

Oder man lebt himmlisch
in der Betrachtung des Ewigen,
Unendlichen, im Streben nach ihm
(eine Art Nonnenstand).
Karoline von Günderode, Allerley Gedanken

Es ist besser,
den Tod für das Leben zu halten,
als das Leben für den Tod.
Wassily Kandinsky, Der Blaue Reiter

Es ist besser, nicht zu leben,
als nur zu leben, um zu leiden.
Jean-Jacques Rousseau, Emile

Es ist das Wichtigste,
was wir im Leben lernen können:
das eigene Wesen zu finden
und ihm treu zu bleiben.
Eugen Drewermann, Das Markusevangelium,
Zweiter Teil

Es ist dem Menschen nützlich,
dass er alle die Orte kennt,
wo man leben kann, damit er
darauf diejenige wähle, wo man
am angenehmsten wählen kann.
Jean-Jacques Rousseau, Emile

Es ist erstaunlich,
wie anders ich das Leben sehe,
wenn ich nur eine Nacht
gut geschlafen habe.
Sylvia Plath, Briefe nach Hause (29. September 1952)

Es ist nicht schwer, ab und zu
köstlich und erlesen zu sein,
aber sein ganzes Leben lang! (...)
Jules Renard, Ideen, in Tinte getaucht.
Aus dem Tagebuch von Jules Renard

Es ist nicht vernünftig zu meinen,
es gebe keine vergangenen
und zukünftigen Leben, nur weil
man sie nicht gesehen hat.
Dalai Lama XIV, Das Auge der Weisheit

Es ist nicht wahr, dass das Leben
ein Traum sei;
nur dem scheint es so, der
Auf eine alberne Weise ruhet,
Auf die ungeschickteste Weise verletzt.
Johann Wolfgang von Goethe, Maximen und Reflexionen

Es ist schändlich,
um des Lebens willen
den Sinn des Lebens zu verlieren.
Juvenal, Satiren

Es ist ungeheuer wertvoll
und wunderbar, wenn ich allein bin
– die kleinen Dinge des Lebens,
das Leben des Lebens.
Katherine Mansfield, Tagebücher

Es ist wahr: Wir lieben das Leben,
nicht, weil wir ans Leben, sondern
weil wir ans Lieben gewöhnt sind.
Friedrich Nietzsche, Also sprach Zarathustra

Es kann Böses im Leben geben,
das Leben selbst aber
kann nicht böse sein.
Leo N. Tolstoi, Tagebücher (1902)

Es lebt nur der,
der lebend sich am Leben freut.
Menandros

Es lebe, wer sich tapfer hält!
Johann Wolfgang von Goethe, Faust I (Mephisto)

Es lebt, wer vielen von Nutzen ist,
es lebt, wer mit sich selber
etwas anzufangen weiß.
Lucius Annaeus Seneca, Moralische Briefe

Es lebte nichts, wenn es nicht hoffte.
Friedrich Hölderlin, Hyperion

Es muss zu einer Änderung
der Lebensweise kommen.
Aber diese Änderung darf nicht
durch äußere Umstände, sie muss
durch die Seele bewirkt werden.
Leo N. Tolstoi, Tagebücher (1847)

Es sind triviale, äußerliche Dinge,
die auf tiefe Quellen der Sicherheit,
des Vertrauens, des Friedens verweisen
und somit auf die ganze unbewusste,
kaum wahrgenommene, kostbare
Struktur des Lebens.
Anne Morrow Lindbergh,
Verschlossene Räume, offene Türen

Es wäre eine Freude zu leben,
wenn jeder die Hälfte von dem täte,
was er von dem anderen verlangt.
Valerie von Martens

Es wird einem sauer gemacht,
das bisschen Leben und Freiheit.
Johann Wolfgang von Goethe,
Götz von Berlichingen (Götz)

Fang jetzt an zu leben, und zähle
jeden Tag als ein Leben für sich.
Seneca

Falls jemand die Geschicke unseres
Lebens lenkt, möchte ich ihn tadeln.
Alles ist zu schwer und erbarmungslos.
Leo N. Tolstoi, Tagebücher (1884)

Fass das Leben immer als Kunstwerk.
Christian Morgenstern, Stufen

Folge der Natur!
Sei kein Polype ohne Kopf
und keine Steinbüste ohne Herz:
Lass den Strom deines Lebens
frisch in deiner Brust schlagen,
aber auch zum feinen Mark
deines Verstandes hinauf geläutert,
und da Lebensgeist werden.
Johann Gottfried Herder,
Vom Erkennen und Empfinden der menschlichen Seele

Frei will ich leben und also sterben,
Niemand berauben
und niemand beerben.
Friedrich Schiller, Wallensteins Lager (1. Kürassier)

Freilich ist das Leben arm und einsam.
Wir wohnen hier unten
wie der Diamant im Schacht.
Wir fragen umsonst,
wie wir herabgekommen,
um wieder den Weg hinauf zu finden.
Friedrich Hölderlin, Hyperion

Freilich, wer nie zur rechten Zeit lebt,
wie sollte der je
zur rechten Zeit sterben?
Möchte er doch nie geboren sein!
Friedrich Nietzsche, Also sprach Zarathustra

Freuet euch des wahren Scheins,
Euch des ernsten Spieles;
Kein Lebendiges ist Eins,
Immer ist's ein Vieles.
Johann Wolfgang von Goethe, Gott und Welt

Friedfertig leben, lange leben.
Um zu leben, leben lassen.
Baltasar Gracián y Morales,
Handorakel und Kunst der Weltklugheit

Frühmorgens in der Wanne
geht es los. Man sitzt und
wünscht sich, nie mehr aufzustehen.
Erich Kästner, Dr. Erich Kästners lyrische Hausapotheke

Für die meisten Menschen
ist das Leben wie schlechtes Wetter:
Sie treten unter und warten,
bis es vorüber ist.
Alfred Polgar

Für mich ist die größte Entfaltung
menschlichen Lebens,
in Frieden und Würde zu sterben,
denn das ist die Ewigkeit.
Mutter Teresa

Für wen das Leben schwer war,
für den ist die Erde leicht.
Sprichwort aus Polen

Geboren zu werden,
ist ein andauernder Prozess (...).
Jeder Vorgang des Geborenwerdens,
jeder Schritt zu etwas Neuem,
ist mit Ungewissheit und Angst
verbunden und erfordert Glauben.
Erich Fromm, Seele und Gesellschaft

Gedenke zu leben.
Johann Wolfgang von Goethe,
Wilhelm Meisters Lehrjahre

Geistiges Leben lässt sich nicht
mit körperlichem Maß messen.
Leo N. Tolstoi, Tagebücher (1904)

Genieße das Leben!
In schnellem Lauf flieht es dahin.
Lucius Annaeus Seneca, Phaedra

Leben

Genieße lieber das Leben
und seine Annehmlichkeiten,
solange du noch kannst!
Ecbasis captivi in belehrender Gestalt (Wolf)

Gesang und Saitenspiel,
die größten Freunde
Des Menschenlebens.
Johann Wolfgang von Goethe,
Claudine von Villabella (Rugantino)

Gestern noch auf stolzen Rossen.
Morgen schon beim lieben Gott.
Erich Kästner, Dr. Erich Kästners lyrische Hausapotheke

Gewöhne dich,
da stets der Tod dir dräut,
Dankbar zu nehmen,
Was das Leben beut.
Friedrich von Bodenstedt, Mirza Schaffy

Gib das Beste
Und mach das Leben zum Feste.
Johann Wolfgang von Goethe, An Personen

Gibt es schließlich eine bessere Form,
mit dem Leben fertig zu werden,
als mit Liebe und Humor?
Charles Dickens

Glaube dem Leben;
es lehrt besser als Redner und Buch.
Johann Wolfgang von Goethe, Vier Jahreszeiten

Glaube mir, es zeugt nicht
von Weisheit zu sagen:
Ich werde leben.
Allzu spät ist es,
morgen zu leben:
Lebe heute!
Martial, Epigramme

Glaubt, dass unter den verschiedenen
Möglichkeiten, in Frieden zu leben,
diese noch die beste ist:
Kein Aufhebens um kleine Dinge
machen, denjenigen gut behandeln,
der uns schlecht behandelt, und lieber
unten als oben sein. Letzten Endes
hat man dann Recht und steht sich
mit allen gut.
Papst Johannes XXIII., Briefe an die Familie
(Schwestern Maria und Ancilla), 1. Februar 1940

Glücklich leben und
naturgemäß leben ist eins.
Lucius Annaeus Seneca

Gott hat das Leben lieb,
der Teufel hat den Tod lieb.
Martin Luther, Tischreden

Greift nur hinein
ins volle Menschenleben!
Ein jeder lebt's,
nicht vielen ist's bekannt,
Und wo ihr's packt,
da ist's interessant.
Johann Wolfgang von Goethe,
Faust (Vorspiel auf dem Theater: lustige Person)

Gut hat gelebt,
wer im Verborgenen gelebt.
Ovid, Gedichte der Trübsal

Gut oder böse sein verändert
alle äußeren Lebensbedingungen.
Leo N. Tolstoi, Tagebücher (1899)

Gute Lebensart lehrt uns,
das nichts materialistischer ist,
als ein Vergnügen als etwas
rein Materielles zu verachten.
Gilbert Keith Chesterton, Heretiker

Habt das Leben bis
in seine unscheinbarsten Äußerungen
hinab lieb, und ihr werdet bis
in eure unscheinbarsten Bewegungen
hinab unbewusst von ihm zeugen.
Christian Morgenstern, Stufen

Hast du es so lange wie ich getrieben,
Versuche wie ich, das Leben zu lieben
Johann Wolfgang von Goethe, Sprüche

Häufig betrachte ich das Leben so
wie ein Zuschauer, gleichsam als
hätte ich keinen Anteil daran.
Und nur bei dieser Betrachtungsweise
sieht man es richtig.
Leo N. Tolstoi, Tagebücher (1905)

Herb ist des Lebens innerster Kern.
Friedrich Schiller, Punschlied

Hoch auf strebte mein Geist,
aber die Liebe zog
Schön ihn nieder;
das Leid beugt ihn gewaltiger;
So durchlauf ich des Lebens
Bogen und kehre, woher ich kam.
Friedrich Hölderlin, Lebenslauf

Hoffen heißt: vom Leben
falsche Vorstellungen haben.
Gottfried Benn

Humor: mit einer Träne im Auge
lächelnd dem Leben beipflichten.
Friedl Beutelrock

Hundertmal wollte ich meinem Dasein
ein Ende machen, aber ich hing
doch immer noch am Leben. Diese
lächerliche Schwäche ist vielleicht
einer unserer unseligsten Triebe.
Denn gibt es etwas Dümmeres,
als immerfort eine Last weiter mit sich
herumzuschleppen, die man jederzeit
von sich werfen möchte?
Voltaire, Candide oder Die beste der Welten

Ich begnüge mich, den Weltlauf
zu genießen, ohne in ihn einzugreifen;
ein Leben zu leben, das wenigstens
entschuldbar ist und durch das
ich mich und andere nicht unnötig
behellige.
Michel Eyquem de Montaigne, Die Essais

Ich betrachte das Leben
als eine Herberge, in
der ich verweilen muss, bis die
Postkutsche des Abgrunds eintrifft.
Fernando Pessoa, Das Buch der Unruhe
des Hilfsbuchhalters Bernardo Soares

Ich bin in Ländern gewesen, in denen
das Leben tausendmal länger währt
als bei uns, und ich habe festgestellt,
dass auch dort gemurrt wird.
Aber überall gibt es vernünftige Wesen,
die sich in ihr Schicksal zu fügen und
dem Schöpfer der Natur zu danken
wissen.
Voltaire, Micromégas

Ich bin nie auf ein Leben
ohne Sinn gestoßen,
man muss nur wirklich
nach seinem Sinn suchen.
Anaïs Nin, Absage an die Verzweiflung

Ich brauche immer Erschütterungen,
um zu fühlen, dass ich lebe.
Sonst gehe ich so im Dusel dahin.
Franziska Gräfin zu Reventlow, Tagebücher

Ich finde, es bedarf
gar keines Himmels und keiner Hölle.
Das ordnet sich hier schon
höchst einfach auf unserer Erde.
Paula Modersohn-Becker,
Briefe (an Milly, 29. Januar 1907)

Ich fühl in mir ein Leben,
das kein Gott geschaffen
und kein Sterblicher gezeugt.
Ich glaube, dass wir
durch uns selber sind,
und nur aus freier Lust
so innig mit dem All verbunden.
Friedrich Hölderlin, Hyperion

Ich fühle, dass Kleinigkeiten
die Summe des Lebens ausmachen.
Charles Dickens, David Copperfield

Ich glaube, dass ich nicht lebe,
um zu gehorchen oder
um mich zu zerstreuen,
sondern um zu sein und zu werden.
Friedrich Schleiermacher, Idee zu einem Katechismus

Ich habe das Leben immer genommen,
wie ich's fand, und
mich ihm unterworfen.
Das heißt nach außen hin,
in meinem Gemüte nicht.
Theodor Fontane, Briefe

Ich habe es immer unnütz gefunden,
das Leben als ein Tränental
zu betrachten: gewiss, es ist
ein Tränental, aber es wird darin
nur selten geweint.
Fernando Pessoa, Das Buch der Unruhe
des Hilfsbuchhalters Bernardo Soares

Ich habe im Leben Erfolg gehabt.
Jetzt versuche ich,
das Leben zum Erfolg zu machen.
Brigitte Bardot

Ich habe vieles über das Leben gelernt,
aber das Wertvollste war:
Es geht weiter.
Brigitte Bardot

Ich höre auf zu leben,
aber ich habe gelebt;
so leb auch du, mein Freund,
gern und mit Lust,
und scheue den Tod nicht.
Johann Wolfgang von Goethe, Egmont (Egmont)

Ich interessiere mich sehr
für die Zukunft,
denn ich werde den Rest
meines Lebens in ihr verbringen.
Charles F. Kettering

Ich kann kein verneinendes Prinzip
in meinem Leben brauchen.
Franziska Gräfin zu Reventlow, Tagebücher

Ich lebe, aber man merkt es nicht sehr.
Ich lebe auf einer Nebenstrecke.
Das ist nicht nur traurig.
Es fällt auch schwer.
Erich Kästner, Dr. Erich Kästners lyrische Hausapotheke

Ich lebe auf,
sobald nur Sonnenschein da ist.
Franziska Gräfin zu Reventlow, Tagebücher

Ich lebe mein Leben
in wachsenden Ringen,
Die sich über die Dinge ziehn.
Ich werde den letzten
vielleicht nicht vollbringen,
Aber versuchen will ich ihn.
Rainer Maria Rilke, Das Stunden-Buch

Ich lebe, um zu schreiben.
Katherine Mansfield, Briefe

Ich liebe das Leben,
weil ich darin auftreten darf.
Pavel Kohout

Ich liebe mein Leben.
Und ich kann nichts bereuen.
Alma Mahler-Werfel, Mein Leben

Ich liebe mein Leben, weil du
die Süßigkeit meines Lebens bist.
Nikolaus von Kues, Über die Schauung Gottes

Ich mache es mir
an meinem Schreibtisch bequem wie
an einem Bollwerk gegen das Leben.
Fernando Pessoa, Das Buch der Unruhe
des Hilfsbuchhalters Bernardo Soares

Ich möchte goldene Tage,
aber es soll auch so gut sein.
Franziska Gräfin zu Reventlow, Tagebücher

Ich muss endlich aufhören, vom Leben
Überraschungsgeschenke zu erwarten,
und das Leben selbst gestalten.
Leo N. Tolstoi, Tagebücher (1860)

Ich muss mich
gegen das Leben panzern.
Fernando Pessoa, Das Buch der Unruhe
des Hilfsbuchhalters Bernardo Soares

Ich muss mich nützlich machen,
um wieder an das Leben
glauben zu können.
Katherine Mansfield, Tagebücher

Ich verehre das Leben,
aber nach meiner Erfahrung
kann es furchtbar sein.
Katherine Mansfield, Briefe

Ich weiß, dass das Leben wirklich
immer wieder von vorn anfängt,
immer wieder neu, immer,
und man ist wieder jung.
Franziska Gräfin zu Reventlow, Tagebücher

Ich weiß jetzt, was im Leben wichtig
ist. Wichtig ist, dass man weiß,
dass nichts wichtig ist.
Roman Polanski

Ich wünschte mir, ich könnte
im Jenseits von diesem Leben denken:
Es waren schöne Visionen.
Anton P. Tschechow, Notizbücher

Im Grunde:
Es wird uns ein fremder Hut aufgesetzt
auf einen Kopf,
den wir noch gar nicht haben.
Heimito von Doderer, Repertorium. Ein Begreifbuch
von höheren und niederen Lebens-Sachen

Im Leben ist viel, viel Wunderbares.
Da habe ich oftmals das Gefühl,
als müsste man ganz still und fromm
dazwischensitzen und den Atem
anhalten, auf dass es nicht entfleucht.
Paula Modersohn-Becker, Briefe (15. Januar 1901)

Im Leben kommt es darauf an,
Hammer oder Amboss zu sein
– aber niemals das Material
dazwischen.
Norman Mailer

Im Leben wird man abgerichtet,
zugerichtet und dazwischen
auch noch ausgerichtet.
Robert Lembke, Das Beste aus meinem Glashaus.
Humoristisches und Satirisches

Im Schweiße deines Angesichts
sollst du dein Brot essen, bis du
zurückkehrst zum Ackerboden;
von ihm bist du genommen.
Denn Staub bist du,
zum Staub musst du zurück.
Altes Testament, Genesis 3, 19

Im Verkehr kann man täglich
ein Leben retten,
nämlich sein eigenes.
Siegfried Sommer

Immer auf dem Sprung stehen
bedeutet Leben.
Von Sicherheit eingewiegt werden
bedeutet Tod.
Oscar Wilde

Immer möchte
das göttliche Leben führen,
wer es einmal gekostet hat:
Jegliches Tun soll begleiten
der Blick in die Mysterien des Geistes,
jeden Augenblick
kann der Mensch
außer der Zeit leben,
zugleich in der höheren Welt.
Friedrich Schleiermacher, Monologen

In bin nicht auf die Welt gekommen,
um das Leben zu genießen,
sondern um anderen Menschen
Freude zu bereiten.
Franz Lehár

In der einen Hälfte des Lebens
opfern wir unsere Gesundheit,
um Geld zu erwerben.
In der anderen Hälfte
opfern wir Geld,
um die Gesundheit
wiederzuerlangen.
Voltaire

In der ersten Hälfte seines Lebens
erwirbt der Mensch Gewohnheiten,
die ihm in der zweiten Hälfte
zu schaffen machen.
Lothar Schmidt

In diesem Leben ist jeder mutig,
der nicht aufgibt.
Paul McCartney

In jedem Kleide werd ich wohl die Pein
Des engen Erdenlebens fühlen.
Johann Wolfgang von Goethe, Faust I (Faust)

In Leben und Sterben gleichen sich
Vergangenheit und Gegenwart.
Chinesisches Sprichwort

In Ordnung leben heißt hungern
und geschunden werden.
Georg Büchner

In Unwahrheit leben
– mag man nicht;
in Wahrheit leben
– kann man nicht.
Sprichwort aus Russland

In Wahrheit gibt es nie Gewissheit.
So ist das Leben.
Lido Anthony »Lee« Iacocca,
Mein amerikanischer Traum

Ist das ganze Leben nicht Lieben?
Und du suchst, was du lieben kannst?
So lieb doch das Leben wieder, was
dich durchdringt, was ewig mächtig
dich an sich zieht, aus dem allein
alle Seligkeit dir zuströmt.
Bettina von Arnim, Die Günderode

Ist denn das Leben bloß
wie eine Rennbahn, wo man
sogleich wieder umkehren muss, wenn
man das äußerste Ende erreicht hat?
Johann Wolfgang von Goethe,
Wilhelm Meisters Lehrjahre

Ist die Ganzheit des Lebens
für uns sichtbar,
oder ist es nicht eher so,
dass wir auf dieser Seite des Todes
nur die eine Hälfte sehen?
Vincent van Gogh, Briefe

Ist doch das Leben nur
auf Gewinn und Verlust berechnet.
Johann Wolfgang von Goethe,
Die Wahlverwandtschaften

Ist es nicht besser,
aufzuhören zu leben, als zu leben,
ohne etwas zu empfinden?
Jean-Jacques Rousseau,
Julie oder Die neue Héloïse (Julie)

Ist nicht Kriegsdienst
des Menschen Leben auf der Erde?
Sind nicht seine Tage
die eines Tagelöhners?
Altes Testament, Ijob 7, 1

Ist uns das Leben nicht gegeben,
damit wir reicher werden im Geist,
auch wenn die äußere Erscheinung
leiden muss?
Vincent van Gogh, Briefe

Ja, wohl bin ich nur ein Wanderer,
ein Waller auf der Erde!
Seid ihr denn mehr?
Johann Wolfgang von Goethe,
Die Leiden des jungen Werthers

Je kühner das Leben,
desto mehr ist es »Ich«.
Oswald Spengler,
Urfragen. Fragmente aus dem Nachlass

Je länger man lebt, je älter man wird.
Deutsches Sprichwort

Je länger man lebt,
je weniger weiß man, warum man lebt.
Friedrich Hebbel, Tagebücher

Je tiefer die Unterschiede
zwischen den Vorstellungsinhalten
in einer Zeiteinheit sind, desto mehr
lebt man, eine desto größere Lebens-
strecke gleichsam wird zurückgelegt.
Georg Simmel,
Die Bedeutung des Geldes für das Tempo des Lebens

Jede Bildung, mein Glückseliger,
fliehe, wenn du dein Schiff
startklar gemacht hast.
Epikur, Sprüche. In: Briefe, Sprüche, Werkfragmente

Jeder hält sein Leben
für die Neujahrsnacht der Zeit.
Jean Paul, Levana

Jedes Leben ist ein neues, und was
der Jüngling fühlt und tut, ist ihm
zum ersten Male auf der Welt;
ein entzückend Wunderwerk, das
nie war und nie mehr sein wird
– aber wenn es vorüber ist, legen es
die Söhne zu dem andern Trödel
der Jahrtausende, und es ist eben
nichts als Trödel; denn jeder wirkt sich
das Wunder seines Lebens aufs Neue.
Adalbert Stifter, Die Narrenburg

Kannst du lesen,
so sollst du verstehen;
kannst du schreiben,
so musst du etwas wissen;
kannst du glauben,
so musst du begreifen;
wenn du begehrst, wirst du sollen;
wenn du forderst,
wirst du nicht erlangen,
und wenn du erfahren bist,
sollst du nutzen.
Johann Wolfgang von Goethe,
Maximen und Reflexionen

Katzen erreichen mühelos,
was uns Menschen versagt bleibt:
durchs Leben zu gehen,
ohne Lärm zu machen.
Ernest Hemingway

Kein Zynismus
kann das Leben übertreffen.
Anton Tschechow

Keinem ist das Leben so süß wie dem,
der jede Todesfurcht verloren hat.
Samuel Smiles, Charakter

Keiner so alt,
der nicht noch ein Jahr leben will,
und keiner so jung,
der nicht heute sterben kann.
Deutsches Sprichwort

Keineswegs ist es
eine irrationale Phantasterei,
anzunehmen, wir könnten in
einem künftigen Leben auf unser
gegenwärtiges zurückblicken
als auf einen Traum.
Edgar Allan Poe, Marginalien

Kunst gehört zum Leben.
Sie ist ein schönes, ein notwendiges,
ein wirksames Regulativ.
Helmut Kohl,
Ausstellung der Nationalgalerie Berlin im Bundes-
kanzleramt. Ansprache des Bundeskanzlers 1985

Kurz ist das Leben;
einzige Frucht des Erdendaseins
ist fromme Gemütsverfassung und
Taten für die Gemeinschaft.
Mark Aurel, Selbstbetrachtungen

Lächerlich ist die Ansicht,
unser Leben sei wertlos, denn
es ist doch unser Wesen, unser Alles.
Michel Eyquem de Montaigne, Die Essais

Lang leben will halt alles, aber
alt werden will kein Mensch.
Johann Nepomuk Nestroy

Lass das lange Vorbereiten,
Fang dein Leben an beizeiten.
Eduard von Bauernfeld, Poetisches Tagebuch

Lass das Leben wanken,
Lass es ganz vergehn,
Über seine stillen Schranken
Will ich ernst und mutig sehn.
Annette von Droste-Hülshoff, Geistliche Lieder

Lass das Steuer los.
Trudele durch die Welt.
Sie ist so schön; gib dich ihr hin,
sie wird sich dir geben.
Kurt Tucholsky, Schnipsel

Lass uns lieben, um zu leben!
Jean-Jacques Rousseau,
Julie oder Die neue Héloïse (Julie)

Lasse dich leben wie du bist,
ohne Kunststücke mit dir zu probieren,
ohne dich zwingen zu wollen,
Dinge zu lieben,
die du nicht lieben kannst.
Karoline von Günderode, Allerley Gedanken

Lasst uns also leben, solange
es uns erlaubt ist, wohl zu sein.
Gaius Petronius, Schelmengeschichten

Lebe dein Leben und Amen.
Anton P. Tschechow, Briefe (Februar 1883)

Lebe eingedenk der Kürze
deiner Lebenszeit!
Horaz, Sermones

Lebe eingedenk des Todes!
Die Zeit flieht dahin;
was ich sage, ist schon hinweg.
Gaius Petronius, Schelmengeschichten

Lebe frisch immer fort:
keine Kraft geht verloren, als die du
ungebraucht in dich zurückdrängst.
Friedrich Schleiermacher, Monologen

Lebe hoch, wer Leben schafft!
Johann Wolfgang von Goethe, Tischlied

Lebe immer schlechter,
als du leben könntest.
Leo N. Tolstoi, Tagebücher (1847)

Lebe, solange dir
zu leben vergönnt ist,
nicht ohne Sinn und Zweck!
Ecbasis captivi in belehrender Gestalt (Papagei)

Lebe, wie du, wann du stirbst,
Wünschen wirst, gelebt zu haben.
Christian Fürchtegott Gellert, Lieder

Leben aber ist Tätigkeit, und
jedermann ist auf dem Gebiet tätig,
das ihm am besten liegt.
Aristoteles, Nikomachische Ethik

Leben beruht auf einem
sehr eng umgrenzten, sehr heiklen
Gleichgewicht, um genaue Mittelwerte
von Temperatur und Druck, Licht und
Feuchtigkeit, Geschwindigkeit und
Schwerkraft. Leben verlangt ein
ständiges Ausbalancieren aller Kräfte,
die uns vernichten können, wenn nur
eine von ihnen das Maß überschreitet.
Yehudi Menuhin,
Kunst als Hoffnung für die Menschheit

Leben besteht zu 10 Prozent aus dem,
was man daraus macht;
zu 90 Prozent geht es darum,
wie man damit fertig wird.
Lothar Schmidt

Leben – es gibt nichts Selteneres
auf der Welt. Die meisten Menschen
existieren, weiter nichts.
Oscar Wilde

Leben heißt – dunkler Gewalten
Spuk bekämpfen in sich,
Dichten – Gerichtstag halten
Über sein eigenes Ich.
Henrik Ibsen, Gedichte

Leben heißt langsam geboren werden.
Es wäre allzu bequem,
wenn man sich fix und fertige
Seelen besorgen könnte.
Antoine de Saint-Exupéry, Flug nach Arras

Leben heißt nicht, am Leben zu sein,
sondern wohl zu leben.
Martial, Epigramme

Leben heißt sterben.
Gut leben heißt gut sterben.
Gib dir Mühe, gut zu sterben.
Leo N. Tolstoi, Tagebücher (1905)

Leben heißt träumen;
weise sein heißt angenehm träumen.
Friedrich Schiller,
Die Verschwörung des Fiesco zu Genua (Fiesco)

Leben heißt wirken
und vernünftig wirken.
Nach unserer Weise heißt es aber
leiden und unvernünftig leiden.
Johann Gottfried Seume, Apokryphen

Leben in Gott ist nicht Flucht
aus dem Leben, sondern
der Weg zur vollen Einsicht.
Dag Hammarskjöld, Zeichen am Weg

Leben ist aussuchen.
Und man suche sich das aus,
was einem erreichbar und adäquat ist,
und an allem andern
gehe man vorüber.
Kurt Tucholsky, Schnipsel

Leben ist Bewegung
und Gegenbewegung, ständiges
Bewegtsein, das mit allen Dingen
des Weltganzen in Verbindung steht,
mit ihnen zu unendlichen Mustern
zusammenschwingt, die aufeinander
einwirken. Nichts kann geschehen,
was nicht einen Widerhall weckt
im All.
Yehudi Menuhin,
Kunst als Hoffnung für die Menschheit

Leben ist das Einatmen der Zukunft.
Pierre Leroux

Leben ist der Versuch
des trotzig-widerspenstigen Teils,
sich vom Ganzen loszureißen und
für sich zu existieren, ein Versuch,
der so lange glückt, als die
dem Ganzen durch die individuelle
Absonderung geraubte Kraft ausreicht.
Friedrich Hebbel, Tagebücher

Leben ist die Kunst,
aus falschen Voraussetzungen
richtige Schlüsse zu ziehen.
Samuel Butler, Notizbücher

Leben ist ein endloses Morden.
Der Vogel frisst die Raupe, der Fuchs
jagt den Vogel, der Mensch den Fuchs.
Lebende Tiere werden von Würmern
ausgehöhlt. Das kranke Tier ist schon
Humus für andere Tiere.
Oswald Spengler,
Urfragen. Fragmente aus dem Nachlass

Leben ist ein großes Fest,
Wenn sich's nicht berechnen lässt.
Johann Wolfgang von Goethe, Frühlingsorakel

Leben ist eine Flamme,
die Flamme ist ein Kampf.
Sie muss kämpfen, um zu sein.
Oswald Spengler,
Urfragen. Fragmente aus dem Nachlass

Leben ist eine Fremdsprache,
die von den meisten
falsch ausgesprochen wird.
Christopher Morley

Leben ist immer lebensgefährlich.
Erich Kästner, Kurz und bündig. Epigramme

Leben ist kein Stillleben.
Oskar Kokoschka

Leben ist nur in lebendigen Leibern.
Oswald Spengler,
Urfragen. Fragmente aus dem Nachlass

Leben ist Trieb,
Wille, Flamme, Angriff.
Oswald Spengler,
Urfragen. Fragmente aus dem Nachlass

Leben ist Tun und Leiden.
Je wissender der Mensch,
desto tiefer sein seelisches Leid.
Oswald Spengler,
Urfragen. Fragmente aus dem Nachlass

Leben! Leben! Leben!
Paula Modersohn-Becker, Tagebuchblätter

Leben – Seele – Flamme:
Es ist eine (!) Urmacht des Alls,
die dem Körper als Wärme,
dem Auge als Licht erscheint.
Oswald Spengler,
Urfragen. Fragmente aus dem Nachlass

Leben soll man leben, aber nicht
die ganze Zeit darüber diskutieren.
Isabelle Adjani

Leben und Ruhe
schließen einander aus.
Reinhold Schneider

Leichte Abendmahlzeit,
lange Lebenszeit.
Sprichwort aus Schottland

Liebe, der Seele Leben!
Jean-Jacques Rousseau,
Julie oder Die neue Héloïse (Saint-Preux)

Lieber auf Erden den Kummer tragen,
als in der Erde begraben sein.
Chinesisches Sprichwort

Lieber auf Erden
eine Schale Tee trinken,
als im Totenreich Suppe löffeln.
Chinesisches Sprichwort

Lieber mit einem Weisen sterben,
als mit einem Narren leben.
Chinesisches Sprichwort

Lieber zehn Jahre voll sich regen,
als zwanzig Jahre nur halb.
Man spart zehn Jahre Kost dabei.
Chinesisches Sprichwort

Los, überanstrengen wir uns,
überanstrengen wir uns, auf dass
wir schnell leben und früh sterben.
Jules Renard, Ideen, in Tinte getaucht.
Aus dem Tagebuch von Jules Renard

Lust ist Leben.
Novalis, Fragmente

Mag nur ein Hauch das Leben sein,
Sei's doch ein Hauch des Wohlgeruchs.
Friedrich von Bodenstedt, Mirza Schaffy

Mal ist man unten,
und mal ist man oben.
Erich Kästner, Dr. Erich Kästners lyrische Hausapotheke

Man beginnt
immer deutlicher zu erkennen:
Das Leben ist nur eine Zeit der Aussaat,
und die Ernte ist nicht hier.
Vincent van Gogh, Briefe

Man darf nicht fragen:
Soll ich mein Leben ändern?
Sein Leben ändern soll man nur, wenn
man es schlechterdings ändern muss.
Und dann braucht man auch
nicht erst zu fragen.
Leo N. Tolstoi, Tagebücher (1908)

Man erkennt das Leben erst,
wenn es entflieht,
und man begreift es erst, wenn
man die Macht darüber verloren hat.
Francesco De Sanctis,
Über die Wissenschaft und das Leben

Man frage einen Pflüger,
während er arbeitet,
ob sein Leben freudvoll ist.
Er weiß es nicht
und glaubt eher,
freudvoll sei das untätige Leben
der Reichen; dann aber frage man ihn,
wenn er alt geworden ist und
auf sein Leben zurückblickt.
Leo N. Tolstoi, Tagebücher (1893)

Man hofft, alt zu werden, und fürchtet
sich doch davor: Das heißt, man liebt
das Leben, und flieht den Tod.
Jean de La Bruyère, Die Charaktere

Man isst, um zu leben,
und lebt nicht, um zu essen.
Deutsches Sprichwort

Man kann (...) auch aus Unglück,
aus tiefsten Depressionen heraus
immer wieder zur Bejahung des Lebens
finden, die vielen positiven Möglichkeiten sehen und wahrnehmen,
die uns gegeben sind (...).
Heinz Rühmann

Man kann das Leben
schwerlich zu leicht nehmen,
aber leicht zu schwer.
Curt Goetz

Man kann den Wert eines Lebens
nicht nach der Länge messen,
er ist vom Inhalt abhängig.
Michel Eyquem de Montaigne, Die Essais

Man kann nicht für jedermann leben,
besonders für die nicht,
mit denen man nicht leben möchte.
Johann Wolfgang von Goethe,
Maximen und Reflexionen

Man kann nie sagen, ob das Leben,
das einer führt, nützlich oder unnütz-
lich ist; man kann nicht einmal sagen,
ob es freudvoll ist oder nicht.
Das lässt sich erst hinterher feststellen,
wenn man es ganz überschauen kann.
Leo N. Tolstoi, Tagebücher (1893)

Man kann nur von der Liebe leben.
Edith Piaf

Man kann sich das Leben
auch durch zu großen Ernst
verscherzen.
Peter Sirius

Man lebt nicht zweimal,
und wie groß ist deren Zahl,
Die leben auf der Welt
auch einmal nicht einmal.
Friedrich Rückert, Die Weisheit des Brahmanen

Man lebt nur einmal in der Welt,
hat nur einmal diese Kräfte,
diese Aussichten,
und wer sie nicht zum Besten braucht,
wer sich nicht
so weit treibt als möglich,
ist ein Tor.
Johann Wolfgang von Goethe, Clavigo (Carlos)

Man lebt sich selbst,
man stirbt sich selbst.
Theodor Fontane, Briefe

Man muss alt geworden sein,
also gelebt haben, um zu erkennen,
wie kurz das Leben ist.
Arthur Schopenhauer, Aphorismen zur Lebensweisheit

Man muss die Sicherheit
des beschwingten Lebens anerkennen,
seiner Ebbe, seiner Flut
und seiner Unbeständigkeit.
Anne Morrow Lindbergh, Muscheln in meiner Hand

Man muss die Vorgänge fressen
und schlucken, auch wenn sie
durchaus gegen jede Vernunft sind:
Sie haben die Majestät ihrer Wirklichkeit, die ein Jenseits im Diesseits bleibt
für alle Beteiligten.
Heimito von Doderer, Repertorium. Ein Begriffbuch
von höheren und niederen Lebens-Sachen

Man muss eben in die Jahre kommen,
in denen das Brausen des eigenen
Lebens den großen, ruhig wallenden
Strom des allgemeinen Lebens nicht
mehr überrauscht, dass man dem
großen Leben gerecht wird und
sein eigenes als ein sehr kleines
unterordnet.
Adalbert Stifter, Briefe
(an Gustav Heckenast, 7. März 1860)

Man muss leben, wie man kann,
nicht wie man will.
Deutsches Sprichwort

Man muss sich stets
die gleichen Hände waschen.
Erich Kästner, Dr. Erich Kästners lyrische Hausapotheke

Man muss so leben, als habe man nur
noch eine Stunde Zeit und könne nur
das Allerwichtigste erledigen.
Und gleichzeitig so, als werde man
das, was man tut, bis in alle Ewigkeit
fortsetzen.
Leo N. Tolstoi, Tagebücher (1893)

Man muss tief drinstehen
und zugleich hoch darüberstehen.
Das Leben ist paradox.
Ricarda Huch, Schlussworte auf dem 1. Deutschen
Schriftstellerkongress

Man schmeichelt sich
ins Leben hinein, aber das Leben
schmeichelt uns nicht.
Johann Wolfgang von Goethe,
Die Wahlverwandtschaften

Man schuftet, liebt und lebt und frisst
und kann sich nicht erklären,
wozu das alles nötig ist.
Erich Kästner, Dr. Erich Kästners lyrische Hausapotheke

Man sieht nur die Lebenden
einen Halsblock tragen, nie jedoch
einen Toten Schmerzen leiden.
Chinesisches Sprichwort

Man sollte mit seinem Leben
sparsam umgehen
und es nur für Studien verwenden,
die etwas nützen.
Sully Prudhomme, Intimes Tagebuch

Man sollte sein Herz verhärten,
bis alles vorüber ist.
Doch ach – das Leben könnte
so wunderbar sein – da liegt
der unvergessliche wunde Punkt!
Katherine Mansfield, Briefe

Man stirbt nicht
an einer bestimmten Krankheit,
man stirbt an einem ganzen Leben.
Charles Péguy

Man wird sagen müssen, dass
der Wachende in einem höheren Grade
lebt als der Schlafende und ebenso der,
der mit seiner Seele tätig ist
im Vergleich mit dem, der sie nur hat.
Aristoteles, Protreptikos

Manche Menschen leben nur
für eine gute Grabinschrift.
Henry de Montherlant

Manches lange Leben dient dazu, von
den Plänen der Jugend wegzukommen.
Ludwig Marcuse, Argumente und Rezepte.
Ein Wörter-Buch für Zeitgenossen

Mein ganzes Leben war Leiden.
Franziska Gräfin zu Reventlow, Tagebücher

Mein Leben ist ein hübsches Märchen,
so reich und glücklich.
Hans Christian Andersen, Das Märchen meines Lebens

Meine Behausung wird bald
das Nichts sein;
aber mein Name wird weiterleben
im Pantheon der Geschichte.
Georges Jacques Danton, Vor dem Tribunal (1794)

Mensch, wilt du wissen,
was dein Leben?
So merck das Wörtlein Leben eben:
Liss es zuruck, so würstu sehen,
Was es und wie es tut vergehen.
Georg Rudolf Weckherlin, Epigramme

Menschen,
die »mit dem Leben fertig werden«,
sind eigentlich Unmenschen.
Heinrich Böll

Mich müssen noch viele Schläge treffen,
bevor mich der Schlag trifft!
Erich Kästner, Dr. Erich Kästners lyrische Hausapotheke

Mit fünf Jahren reitet man auf einem
Stock, als wäre das die hohe Schule.
Mit achtzehn Jahren küsst man
ein Mädchen, als wäre das die Liebe.
Mit dreißig Jahren heiratet man,
als wäre dies das Glück.
Mit vierzig Jahren sucht man Ämter,
als wäre das die Ehre.
Dann stirbt man, als hätte man gelebt.
Sully Prudhomme, Intimes Tagebuch

Mit verbundenen Augen
führen unbekannte Hände uns
den dunklen unterird'schen Gang
durchs Leben.
Johann Wilhelm Ritter, Fragmente

Morgen wirst du leben?
Heute zu leben, Postumus,
ist bereits zu spät.
Martial, Epigramme

Na schön.
Der Weg des Lebens ist wellig.
Erich Kästner, Dr. Erich Kästners lyrische Hausapotheke

Nackt kommen wir,
und nackt gehen wir.
Chinesisches Sprichwort

Nehmt den heiligen Ernst mit hinaus,
denn der Ernst, der heilige,
macht allein das Leben zur Ewigkeit.
Johann Wolfgang von Goethe,
Wilhelm Meisters Lehrjahre

Nicht anders als
in einer Gladiatorenkaserne
verläuft das Leben,
denn mit denselben Menschen
lebt man und kämpft man.
Lucius Annaeus Seneca, Über den Zorn

Nicht die Jahre
in unserem Leben zählen,
sondern das Leben in unseren Jahren.
Adlai Ewing Stevenson

Nichts, das lang währt,
ist sehr angenehm,
nicht einmal das Leben,
und trotzdem liebt man es.
Luc de Clapiers Marquis de Vauvenargues,
Nachgelassene Maximen

Nichts möchten die Menschen
lieber erhalten und
nichts schonen sie weniger
als ihr Leben.
Jean de La Bruyère, Die Charaktere

Niemand kann ein sorgenloses Leben
zuteil werden,
der an dessen Verlängerung
allzu sehr denkt.
Lucius Annaeus Seneca, Briefe an Lucilius

Nimm mich, wie ich mich gebe,
und denke, dass es besser ist
zu sterben, weil man lebte,
als zu leben, weil man nie gelebt!
Friedrich Hölderlin, Hyperion

Nun möchte ich nur leben,
leben jeden Augenblick,
mich reut jede Stunde,
die nichts in sich hat.
Franziska Gräfin zu Reventlow, Tagebücher

Nur der Denkende
erlebt sein Leben.
Am Gedankenlosen zieht es vorbei.
Marie von Ebner-Eschenbach, Aphorismen

Nur der führt ein
des Menschen würdiges Leben,
der sich seiner selbst bewusst wird.
Wenn man das nicht tut, gibt man
sein Selbst, seine Persönlichkeit auf.
Dann ist man bald hierhin,
bald dorthin getriebenes, vielleicht
ein vom Winde verwehtes Blatt.
Konrad Adenauer,
Rundfunksprache, Weihnachten 1956

Nur der Irrtum ist das Leben,
Und das Wissen ist der Tod.
Friedrich Schiller, Kassandra

Nur ein seichtes Gewässer
ist der Fluss, der Leben und Tod
voneinander scheidet.
Chinesisches Sprichwort

Nur für Dumme
ist das Leben langweilig.
Horst Wolfram Geißler

Nur immer geradeaus,
und führt es nicht zum Glück,
so führt es sicher doch zu dir zurück.
Emil Gött, Zettelsprüche. Aphorismen

Nur in der Bewegung,
so schmerzlich sie sei, ist Leben.
Jacob Burckhardt, Weltgeschichtliche Betrachtungen

Nur kurz beschert
ist uns das Leben, darum ziemt's,
Gemach es zu vollenden,
nicht mit Sorg und Müh.
Euripides, Die Schutzflehenden (Adrastos)

Nur Leben erfüllt
des Lebens Forderung.
Dag Hammarskjöld, Zeichen am Weg

Nur wer sich recht des Lebens freut,
Trägt leichter, was es Schlimmes beut.
Friedrich von Bodenstedt, Mirza Schaffy

O Leben, lang für den Elenden,
kurz für den Glücklichen!
Publilius Syrus, Sentenzen

O Leben, Leben, nur leben.
Lieber noch verzweifelte Kämpfe
als entsagen.
Franziska Gräfin zu Reventlow, Tagebücher

Ob Sonnenschein, ob Sterngefunkel:
Im Tunnel bleibt es immer dunkel.
Erich Kästner, Kurz und bündig. Epigramme

Oft an den Tod zu denken
ist auch eine Art,
sich mehr des Lebens zu freuen.
Papst Johannes XXIII.,
Briefe an die Familie, 27. Oktober 1948

Oh, wenn das Leben so wäre,
dass alles jünger und schöner wird!
Anton P. Tschechow, Notizbücher

Ohne Anstrengung und
ohne Bereitschaft,
Schmerz und Angst zu durchleben,
kann niemand wachsen.
Erich Fromm, Vom Haben zum Sein

Ohne Jesus wäre unser Leben
bedeutungsleer und unverständlich.
Mutter Teresa

Ohne Lust kein Leben.
Friedrich Nietzsche, Menschliches, Allzumenschliches

Ohne Selbstvertrauen
ist es schwer zu leben.
Chinesisches Sprichwort

Organisches Leben ist eine Zufallsform
des unendlichen Sichwandelns.
Oswald Spengler,
Urfragen. Fragmente aus dem Nachlass

Pessimismus ist eine Katastrophe,
wenn er nur verstärkt,
was uns das Leben
ohnehin schon antut.
Ludwig Marcuse, Argumente und Rezepte.
Ein Wörter-Buch für Zeitgenossen

Richte dein Leben so ein,
als würdest du lange,
und zugleich,
als würdest du nur kurze Zeit
auf Erden sein.
Epicharmos, Fragmente

Sauer, süß, bitter, scharf
– alles muss gekostet werden.
Chinesisches Sprichwort

Schifffahrt ist nötig,
leben ist nicht nötig.
Pompeius, überliefert bei Plutarch
(Pompeius; Inschrift am Haus Seefahrt in Bremen)

Schnell zu leben heißt,
uns damit abzufinden,
dass wir nicht zu leben verstehen.
Agustina Bessa-Luis, Aphorismen

Schön zu leben
oder schön zu sterben nur
Geziemt dem Edlen.
Sophokles, Aias (Aias)

Schrecklich, was das Leben
einem alles an Zerstreuendem
und Ablenkendem auferlegt,
statt dass man immer
konzentriert sein kann.
Gottfried Benn,
An Käthe von Porada, 14. September 1933

Sechs Stunden sind genug
für die Arbeit;
die anderen sagen zum Menschen:
lebe!
Lukian, Sentenzen

Seid Idealisten bis ins Greisenalter.
Idealisten, die eine Idee verkörpern.
Dann habt ihr gelebt.
Paula Modersohn-Becker, Briefe (26. April 1900)

Sein Leben für
den Mittelpunkt des Lebens zu halten,
ist für den Menschen
gleichbedeutend mit Wahnsinn,
Verrücktheit, Aberration.
Leo N. Tolstoi, Tagebücher (1909)

Selbst der Kaiser mit all seinem Geld
kann sich nicht
zehntausend Jahre erkaufen.
Chinesisches Sprichwort

Selbst Fliegen hängen am Leben
und fürchten den Tod.
Chinesisches Sprichwort

Seltsam, wie alle verbergen,
dass eine der Haupttriebfedern
unseres Lebens das Geld ist.
Als wäre dies eine Schande.
Leo N. Tolstoi, Tagebücher (1853)

Sich immer am Leben korrigieren.
Christian Morgenstern, Stufen

Sich ruhig ertragen,
ohne voreilig zu sein,
so leben, wie man muss,
nicht sich hündisch umlaufen.
Franz Kafka, Tagebücher (1913)

Sieh, was das Leben dir entzog,
Ob dir's ersetzen kann die Kunst.
Franz Grillparzer, Der Bann

Sind doch den Menschen
nur wenige Tage beschieden.
Homer, Odyssee

Sitzen ist besser als gehen,
liegen besser als sitzen,
schlafen besser als wach sein,
und tot sein das Beste von allem.
Sprichwort aus Indien

So hart auch das Leben
mit dem Durchschnittsmenschen
umspringen mag, er hat zumindest
das Glück, nicht ständig das Leben
denkend verbringen zu müssen.
Fernando Pessoa, Das Buch der Unruhe
des Hilfsbuchhalters Bernardo Soares

So ist das Leben auf ewige Weise
Einheit und Gegensatz zugleich.
Friedrich Ast, Das Wesen der Philosophie

So ist das Leben des Menschen:
als ob man mit Würfeln spielte.
Terenz, Die Brüder

So komme, was da kommen mag!
Solange du lebest, ist es Tag.
Theodor Storm, Trost

So leben, als hätte man
unbeschränkte Zeit vor sich.
Verabredungen mit Menschen
in hundert Jahren.
Elias Canetti, Die Provinz des Menschen.
Aufzeichnungen 1942–1972

So lebt der Mensch dreifach:
tierisch, dies ist sein Verhältnis
zur Erde;
menschlich, dies ist seine
Beziehung zur Menschheit;
geistig, dies ist seine Beziehung
zum Unendlichen, Göttlichen.
Wer auf eine dieser drei Arten nicht
lebt, hat eine Lücke in seiner Existenz,
und es geht ihm etwas verloren
in seinen Anlagen.
Karoline von Günderode, Geschichte eines Bramine

So mancher Vorwitzige
hat schon sein Leben eingebüßt.
Jacob und Wilhelm Grimm, Märchen von einem,
der auszog, das Fürchten zu lernen

So regen wir die Ruder,
stemmen uns gegen den Strom
– und treiben doch stetig zurück,
dem Vergangenen zu.
F. Scott Fitzgerald, Der große Gatsby

So reich unser Leben an
wohl ausgenützten Gelegenheiten war,
vortrefflichen Menschen
nahe zu stehen,
so reich ist es überhaupt gewesen.
Marie von Ebner-Eschenbach, Aphorismen

So viel ich das Leben betrachte,
ich kann keinen Sinn hineinbringen.
Ich nehme an, dass mir ein
bösartiger Geist eine Brille auf die
Nase gesetzt hat, von deren Gläsern
das eine ungeheuer vergrößert,
während das andere
im selben Maßstab verkleinert.
Søren Kierkegaard, Entweder – Oder

So wie ein Traum
scheint's zu beginnen,
Und wie ein Schicksal geht es aus.
Rainer Maria Rilke, Traumgekrönt

Sobald du dir vertraust,
sobald weißt du zu leben.
Johann Wolfgang von Goethe, Faust I (Mephisto)

Spätestens mit sechzig Jahren
muss sich der Mann entscheiden,
ob er seine Jugend oder sein Leben
verlängern will.
Alfred Charles Kinsey

Stück um Stück wird unser Leben
ein Raub der dahineilenden Jahre.
Ecbasis captivi in belehrender Gestalt (Fuchs)

Stünden nicht Mädchen
mit feurigem Aug'
am Wege des Lebens,
Wahrlich!, es wandelte
dann ohne Gefahr sich dahin!
Bhartrihari, Sprüche

Tag und Nacht, Nacht und Tag
verbringen wir unser Leben
in der Gesellschaft von Plagen,
lassen Begierde für die angenehmen
Dinge entstehen und Zorn für die
unangenehmen.
Dalai Lama XIV., Tantra in Tibet (Einleitung)

Tod ist, wenn einer lebt
und es nicht weiß.
Rainer Maria Rilke, Die weiße Fürstin

Trenne alles,
was eigentlich Geschäft ist,
vom Leben.
Johann Wolfgang von Goethe,
Die Wahlverwandtschaften

Tyrannen zählen
ein Menschenleben nicht.
König Friedrich der Große, Der Antimachiavell

Überall ist Wunderland,
Überall ist Leben.
Joachim Ringelnatz, Gedichte

Überall nämlich sehen wir das Leben
aus der Tiefe emporsteigen,
ein Niedrigeres, dem Ansehen nach
Schlechteres, weil selbst Unscheinbares
dem Höhern, Edlern
aus ihm Hervorkommenden vorgehen.
Franz von Baader,
Über die Begründung der Ethik durch die Physik

Überall wo das Leben im Entstehen ist,
im Keimen und Gären, erregt es Ekel,
weil es nur entsteht, indem es vergeht:
Der schleimige Embryo eröffnet
den Zyklus, der sich in der Verwesung
des Todes vollendet.
Simone de Beauvoir, Das andere Geschlecht

Überleben bedingt,
über dem Leben zu stehen.
Karl Heinz Stroux

Übers Leben geht noch die Ehr'.
Friedrich Schiller, Wallensteins Lager (beide Jäger)

Unablässige, ehrliche Erziehungsarbeit
für eine moralisch fundierte, tolerante
Geisteshaltung ist der einzige Weg
zu einem glücklicheren Leben.
Albert Einstein, Über den Frieden

Unbewusst hinleben ist das Süßeste,
Bis dass du lernest, was Schmerz,
was Freude sei.
Sophokles, Aias (Aias)

Und alle Kreatur lebt von der Liebe,
vom Leben selbst.
Bettina von Arnim, Die Günderode

Und das Leben ist gut.
Aus Leid kommt Freude,
klare und süße Freude.
Sylvia Plath, Briefe nach Hause (10. Oktober 1950)

Und glaub nur nicht,
dass alle Menschen leben,
die sind zwar lebendig,
aber sie leben nicht.
Bettina von Arnim, Die Günderode

Und setzet ihr nicht das Leben ein,
Nie wird euch das Leben
gewonnen sein.
Friedrich Schiller, Wallensteins Lager (1. Jäger)

Und so soll denn die Funktion
der Seele darin bestehen, das Leben
zu gestalten, die des Lebens aber
in Schaffen und Wachsein; denn
der Schlaf ist Untätigkeit und Ruhe.
Aristoteles, Eudemische Ethik

Und warum sollen wir leben?
Wenn wir kein Ziel haben,
wenn uns das Leben nur so
um des Lebens willen gegeben ist,
dann ist doch kein Grund da zu leben.
Leo N. Tolstoi, Die Kreutzersonate

Uns fehlt die Geduld des Lebens.
Dag Hammarskjöld, Zeichen am Weg

Unser Leben hat die Gewissheit
guten Gelingens in allem, wenn wir
nur mit dem Evangelium vorangehen,
das sagt: Geduld, Schlechtes
mit Gutem vergelten, verzeihen und
– viele Dinge ihren Weg gehen lassen.
Papst Johannes XXIII., Briefe an die Familie
(Bruder Giovanni), 5. September 1940

Unser Leben ist der Fluss,
der sich ins Meer ergießt,
das Sterben heißt.
Federico Garcia Lorca

Unser Leben ist nicht
wie eine Komödie, die notwendig
fünf Akte haben muss;
manche Leben haben nur einen Akt,
manche drei, wieder andere fünf.
Charles de Secondat, Baron de la Brède
et de Montesquieu, Meine Gedanken

Unser Leben mutet an wie ein Versuch.
Jules Renard, Ideen, in Tinte getaucht.
Aus dem Tagebuch von Jules Renard

Unser wahres Studium ist das
der menschlichen Lebensbedingungen.
Jean-Jacques Rousseau, Emile

Unsere Art ist anders als eure Art.
Seattle, Die Rede des Indianerhäuptlings Seattle.
Neuere Version

Unter Leben verstehen wir das,
dass ein Körper sich selbst ernährt,
wächst und wieder abnimmt.
Aristoteles, Psychologie

Viele verfluchen nicht das Leben,
sondern ihr Leben.
Friedrich Hebbel, Tagebücher

Vier Elemente,
Innig gesellt,
Bilden das Leben,
Bauen die Welt.
Friedrich Schiller, Wunschlied

Vom Leben muss man ausgehen,
nicht vom Menschen.
Oswald Spengler,
Urfragen. Fragmente aus dem Nachlass

Vom Standpunkte der Jugend aus
gesehen, ist das Leben
eine unendlich lange Zukunft;
vom Standpunkte des Alters aus
eine sehr kurze Vergangenheit.
Arthur Schopenhauer, Aphorismen zur Lebensweisheit

Von Leben kann man erst reden,
wenn man für andere lebt oder
sich zumindest darauf vorbereitet, zu
einem Leben für andere fähig zu sein.
Leo N. Tolstoi, Tagebücher (1889)

Von Zielchen zu Zielchen
mit keuchender Brust.
Nur das hilft dem Menschen über
seine ungeheuerliche Situation hinweg.
Franz Werfel, Zwischen Oben und Unten

Wähntest du etwa,
Ich sollte das Leben hassen,
In Wüsten fliehen,
Weil nicht alle
Blütenträume reiften?
Johann Wolfgang von Goethe, Prometheus

Während es aufgeschoben wird,
enteilt das Leben.
Lucius Annaeus Seneca, Briefe an Lucilius

Wahres Leben besteht in
Vorwärtsbewegung, darin,
andere und dadurch auch sich selbst
und die Welt besser zu machen.
Alles, was nicht dazu führt und
es gar verhindert, ist nicht Leben.
Leo N. Tolstoi, Tagebücher (1895)

Wahrlich, unser Leben währt nur kurz,
Durchmesst denn
seine Bahnen auf das Fröhlichste!
Euripides, Herakles (Amphitryon)

Warmes, volles, lebendiges Leben
– im Leben verwurzelt sein – lernen,
wissen wollen, fühlen, denken, handeln.
Das ist es, was ich mir wünsche.
Und nichts weniger.
Danach muss ich streben.
Katherine Mansfield, Tagebücher

Warum ist das Menschenherz so groß
und das Leben so klein?
Gustave Flaubert, November

Warum plagen wir einer den andern?
Das Leben zerrinnt,
Und es versammelt uns nur einmal
wie heute die Zeit.
Johann Wolfgang von Goethe/Friedrich Schiller,
Xenien

Warum zanken wir dummen Menschen
uns, warum sich von dem kurzen Leben
auch nur eine Minute verderben?
Franziska Gräfin zu Reventlow, Tagebücher

(...) was hat man vom Leben,
wenn man nicht den einsamen Schrei
des Ziegenmelkervogels oder
das Streiten der Frösche am Teich
in der Nacht hören kann?
Seattle, Die Rede des Indianerhäuptlings Seattle.
Neuere Version

Was hienieden beginnen?
Wovon träumen? Was erschaffen?
Sagt es mir doch, ihr,
denen das Leben eine Lust ist,
die ihr einem Ziele nachstrebt
und euch um etwas härmt!
Gustave Flaubert, November

Was ist das Leben anders
als eine Komödie oder ein Schauspiel,
wo einer in dieser, der andere in
einer anderen Maske auftritt und
seine Rolle spielt, bis ihn
sein Prinzipal wieder abtreten heißt.
Erasmus von Rotterdam, Lob der Torheit

Was ist das Leben? Ein Trugbild nur,
Ein Schatten und flüchtiger Gedanke.
Pedro Calderón de la Barca, Das Leben ein Traum

Was ist das Leben? Ein Wahnsinn ist's.
Pedro Calderón de la Barca, Das Leben ein Traum

Was ist das Leben ohne Liebesglanz.
Friedrich Schiller, Wallensteins Tod (Thekla)

Was ist ein Leben?
Dass es die Tiefen erschöpfen könnte.
Als Knabe glaubte ich: Leben könne
nicht weniger sein, als alles erleben,
also: ewig lieben.
Christian Morgenstern, Stufen

Was ist Leben? Ein Geheimnis,
verwandt der Tatsache »Flamme«,
die rätselhaft im Bild unserer Welt
erscheint. Sie ist reine Wandlung, kein
»Ding«. Tiefe dieser Verwandtschaft:
Das Leben ist Flamme.
Oswald Spengler,
Urfragen. Fragmente aus dem Nachlass

Was ist schon das menschliche Leben?
O Tugend!
Was hast du mir eingebracht?
Voltaire, Zadig

Was kann einer noch,
wenn er auch alles wollte,
solang er nicht mit dem Genius
sein eignes Leben führt.
Bettina von Arnim,
Goethes Briefwechsel mit einem Kinde

Was man auch sagen und denken mag,
der Mensch lebt nur dann, wenn
er auf eine ihm angemessene Weise
für andere lebt.
Sophie Mereau, Tagebücher (4. September 1805)

Was nützt es dem Menschen,
wenn er die ganze Welt gewinnt,
dabei aber sein Leben einbüßt?
Neues Testament, Matthäus 16, 26 (Jesus)

Was wir als das Tempo
des Lebens empfinden, ist das Produkt
aus der Summe und der Tiefe
seiner Veränderungen.
Georg Simmel,
Die Bedeutung des Geldes für das Tempo des Lebens

Was wir ein Leben nennen, ist für
den ganzen ewigen inneren Menschen
nur ein einziger Gedanke,
ein unteilbares Gefühl.
Friedrich Schlegel, Lucinde

Wehrt euch,
wenn euch das Leben lieb ist.
Hartmann von Aue,
Iwein (Quellwächter von Brocéliande)

Welche Form auch
das menschliche Leben annehme,
es sind immer dieselben Elemente, und
daher ist es im Wesentlichen überall
dasselbe: Es mag in der Hütte
oder bei Hofe, im Kloster oder bei
der Armee geführt werden.
Arthur Schopenhauer, Aphorismen zur Lebensweisheit

Welcher Hundertjährige erlebte schon
sechsunddreißigtausend frohe Tage?
Chinesisches Sprichwort

Wenn dem innigsten heiligen Leben
Verderben droht, soll man es
sicherstellen um jeden Preis.
Karoline von Günderode, Briefe
(an Friedrich Creuzer, vor dem 26. Juni 1805)

Wenn du nicht recht zu leben weißt,
weiche den Erfahrenen.
Horaz, Briefe

Wenn ich mein Leben
noch einmal zu leben hätte,
würde ich wieder so leben,
wie ich gelebt habe:
Ich bedaure nicht, was vergangen ist,
und ich fürchte nicht,
was noch kommen soll.
Michel Eyquem de Montaigne, Die Essais

Wenn ich mir aufmerksam das Leben
anschaue, das die Menschen führen,
finde ich nichts in ihm, was es vom
Leben der Tiere unterscheiden könnte.
Fernando Pessoa, Das Buch der Unruhe
des Hilfsbuchhalters Bernardo Soares

Wenn Krieg ist, denkt man
über ein besseres Leben nach,
wenn Frieden ist, über ein bequemeres.
Thornton Wilder

Wenn man als Straßenbahn geboren ist,
dann braucht man Gleise.
Erich Kästner, Kurz und bündig. Epigramme

Wenn man dies alles
– den ganzen Krieg, oder auch
das ganze Leben nur als eine Szene
im Theater der Unendlichkeit auffasst,
ist vieles leichter zu ertragen.
Max Beckmann, Tagebücher 1940–1950
(12. September 1940)

Wenn man nicht feste, ruhige Linien
am Horizonte seines Lebens hat,
Gebirgs- und Waldlinien gleichsam, so
wird der innerste Wille des Menschen
selbst unruhig, zerstreut und begehrlich
wie das Leben des Städters:
Er hat kein Glück und gibt kein Glück.
Friedrich Nietzsche, Menschliches, Allzumenschliches

Wenn man schon nicht einmal
das Leben versteht, was kann man
dann schon vom Tod wissen?
Konfuzius, Gespräche

Wenn niemand fragt,
weiß man, was Feuer ist.
Das Nachdenken führt nur zu naturwissenschaftlichen Vorstellungen.
Wer sich träumerisch in den Anblick
der Abendröte, des Kaminfeuers
versenkt, weiß, dass Flamme
gleich Leben ist (...).
Oswald Spengler,
Urfragen. Fragmente aus dem Nachlass

Wenn Sie das Leben kennen,
geben Sie mir
doch bitte seine Anschrift.
Jules Renard, Ideen, in Tinte getaucht.
Aus dem Tagebuch von Jules Renard

Wenn wir alles wüssten, könnten wir
das Leben nicht eine Stunde ertragen.
Anatole France

Wenn wir heute
in geordneten Verhältnissen leben,
sind wir allen ein Ärgernis. Und
die Leute, die eine Maitresse haben,
grüßen uns nicht.
Jules Renard, Ideen, in Tinte getaucht.
Aus dem Tagebuch von Jules Renard

Wenn wir unsicher sind,
sind wir am Leben.
Graham Greene

Wer aus sich herauslebt,
tut immer besser,
als wer in sich hineinlebt.
Johann Gottfried Seume, Apokryphen

Wer das Leben genießen will,
muss sich immer vor Augen halten:
Geboren werden bedeutet nur
zu sterben beginnen.
Théophile Gautier

Wer das Leben nicht schätzt,
hat es nicht verdient.
Leonardo da Vinci

Wer das Leben noch als schön preist
und die Menschen als gut,
ist entweder ein Schwachkopf
oder einer, vor dem man
auf der Hut sein muss.
Walter Serner

Wer dieses Jahrhundert durchlebt hat
– auch nur mit einem Mindestmaß von
Gedächtnis – und ist kein Skeptiker
geworden, dem ist nicht zu helfen.
Ludwig Marcuse, Argumente und Rezepte.
Ein Wörter-Buch für Zeitgenossen

Wer dieses Leben recht versteht,
will heiter sein, so oft es geht.
Li Taibai, Gedichte

Wer erfreute sich des Lebens,
Der in seine Tiefen blickt!
Friedrich Schiller, Kassandra

Wer glaubt, sein Leben durch
äußere Umstände ändern zu können,
dem ergeht es wie einst mir
als kleinem Jungen, als ich glaubte,
wenn ich mich auf einen Stock setzte
und beide Enden anfasste,
könnte ich mich in die Luft erheben.
Leo N. Tolstoi, Tagebücher (1891)

Wer im Galopp lebt,
fährt im Trab zum Teufel.
Deutsches Sprichwort

Wer keinen Biografen findet,
muss sein Leben eben selbst erfinden.
Giovanni Guareschi

Wer lebt, verliert;
aber er gewinnt auch.
Johann Wolfgang von Goethe, Stella (Fernando)

Wer mit dem Leben spielt,
Kommt nie zurecht;
Wer sich nicht selbst befiehlt,
Bleibt immer ein Knecht.
Johann Wolfgang von Goethe, Sprüche

Wer nicht gewacht hat, kann nicht
schlafen. Wer nicht gelebt hat,
kann nicht sterben.
Friedrich Rückert, Gedichte

Wer nicht zur Welt kommt,
hat nicht viel verloren.
Er sitzt im All auf einem Baum
und lacht.
Erich Kästner, Dr. Erich Kästners lyrische Hausapotheke

Wer ohne Zweck lebt,
lebt in den Tag hinein, lebt traurig.
Joseph Joubert, Gedanken, Versuche und Maximen

Wer rückwärts sieht,
gibt sich verloren;
wer lebt und leben will,
muss vorwärts sehen.
Ricarda Huch, in: Kunst und Leben (1919)

Wer ununterbrochen
vorwärts marschiert, steht die Hälfte
seines Lebens auf einem Bein.
Manfred Bieler

Wer viel Geist hat,
macht viel aus seinem Leben.
Novalis, Blütenstaub

Wer während des Lebens weint,
stirbt lächelnd.
Sprichwort aus Polen

Wer wäre je von hier geschieden
Der halb erreicht,
was er erhofft, hienieden.
Jüdische Spruchweisheit

Wer weiß, ob das Leben
nicht das Totsein ist,
und Totsein da unten das Leben?
Euripides, Fragmente

Wer weiß zu leben?
Wer zu leiden weiß.
Wer weiß zu genießen?
Wer zu meiden weiß.
David Friedrich Strauß,
Der alte und der neue Glaube (Motto)

Wer wollte wohl immer leben?
Jean-Jacques Rousseau, Emile

Wer zu oft auf die Grenze
alles Irdischen blickt,
verliert die Energie
zu seiner Gestaltung.
Ludwig Marcuse, Argumente und Rezepte.
Ein Wörter-Buch für Zeitgenossen

Wichtig ist,
nicht obenauf zu schwimmen,
sondern gewichtig unterzugehen
und leichte Wellen zu verbreiten.
Jean Cocteau, Hahn und Harlekin

Wie alles sich zum Ganzen webt,
Eins in dem andern wirkt und lebt!
Johann Wolfgang von Goethe, Faust I (Faust)

Wie ein Athlet auf die Vermehrung
seiner Muskeln bedacht ist, so
müssen wir auf die Vermehrung der
Liebe oder zumindest die Verringerung
von Bosheit und Lüge bedacht sein,
dann gelangen wir zu einem erfüllten,
frohen Leben.
Leo N. Tolstoi, Tagebücher (1898)

Wie einer
das Leben sprengende Element,
die Liebe, in sein Leben einordnet,
zeigt die Art dieses Lebens an.
Ludwig Marcuse, Argumente und Rezepte.
Ein Wörter-Buch für Zeitgenossen

Wie es auch sei, das Leben, es ist gut.
Johann Wolfgang von Goethe, Der Bräutigam

Wie gelebt, so gestorben.
Sprichwort aus Frankreich

Wie leicht und froh wird das Leben,
wenn es von Leidenschaften befreit ist,
insbesondere von der Ruhmsucht.
Leo N. Tolstoi, Tagebücher (1907)

Wie schön ist das Leben, wenn
man etwas Gutes und Richtiges tut.
Fjodor M. Dostojewski, Die Brüder Karamasow

Wie schön wäre es, könnten wir
mit der gleichen Konzentration leben
und die Aufgabe unseres Lebens vor
allem mit der gleichen Konzentration
verwirklichen, wie wir Schach spielen,
Noten lesen und dergleichen.
Leo N. Tolstoi, Tagebücher (1897)

Wie süß scheint dem das Leben,
der's nicht kennt.
Menandros, Monostichoi

Wie viel erlebte ich früher!
Wie schleicht mein Leben jetzt dahin!
Alma Mahler-Werfel, Mein Leben

Wie vielen wird es noch
der Mühe wert sein zu leben,
sobald man nicht mehr stirbt.
Elias Canetti, Die Provinz des Menschen.
Aufzeichnungen 1942–1972

Will ich eine ernste Einstellung zum
Leben gewinnen, muss ich einerseits
begreifen und mir vergegenwärtigen,
dass ich sterben werde, zum anderen
aber auch, dass ich früher noch nicht
existiert habe.
Leo N. Tolstoi, Tagebücher (1904)

Wille ist durchgeistigter Lebensdrang.
Oswald Spengler,
Urfragen. Fragmente aus dem Nachlass

Wir alle glauben, unsere Pflicht,
unsere Berufung, bestünde darin,
verschiedene Aufgaben zu erfüllen:
Kinder erziehen, ein Vermögen
erwerben, ein wissenschaftliches
Gesetz entdecken und dergleichen,
dabei haben wir alle nur eine einzige
Aufgabe – unser Leben zu gestalten,
zu erreichen, dass unser Leben etwas
Ganzes, Vernünftiges, Gutes wird.
Leo N. Tolstoi, Tagebücher (1898)

Wir begnügen uns nicht
mit dem Leben, das wir aus unserem
eigenen Sein haben; wir wollen in
der Vorstellung der anderen ein
imaginäres Leben führen, und darum
strengen wir uns an, in Erscheinung
zu treten.
Blaise Pascal, Pensées

Wir bekamen unsere Prügel
von den Eltern. Die Jungen
beziehen sie direkt vom Leben.
Waldemar Bonsels

Wir brauchen nicht so fortzuleben,
wie wir gestern gelebt haben. Macht
euch nur von dieser Anschauung los,
und tausend Möglichkeiten laden
uns zu neuem Leben ein.
Christian Morgenstern, Stufen

Wir gewinnen unser Leben
aus dem Tod anderer.
In der toten Masse bleibt
ein empfindungsloses Leben.
Wenn diese in den Magen
der Lebenden kommt, gewinnt sie
wieder ein empfindsames
und sinnvolles Leben.
Leonardo da Vinci, Tagebücher und Aufzeichnungen

Wir haben nur ein Leben,
und ich kann nicht
an Unsterblichkeit glauben.
Ich wünsche,
ich könnte es.
Katherine Mansfield, Briefe

Wir können als Menschen
allenfalls die vorletzten Dinge regeln,
niemals die letzten.
Helmut Kohl, Rede vor der DFG in Bonn, 1986

Wir leben alle in dieser Welt
an Bord eines Schiffes,
das aus einem Hafen ausgelaufen ist,
den wir nicht kennen.
Fernando Pessoa, Das Buch der Unruhe
des Hilfsbuchhalters Bernardo Soares

Wir leben auf der Welt, dass wir Gott
und dem Nächsten dienen.
Sophie Mereau,
Raimond und Guido (Frau in der Waldhütte)

Wir leben durch unser Handeln,
das heißt durch den Willen.
Fernando Pessoa, Das Buch der Unruhe
des Hilfsbuchhalters Bernardo Soares

Wir müssen versuchen,
uns an das Leben anzupassen;
es ist nicht Sache des Lebens,
sich uns anzupassen.
Seien wir weder zu leer
noch zu erfüllt.
Charles de Secondat, Baron de la Brède
et de Montesquieu, Meine Gedanken

Wir reisen alle im gleichen Zug
zur Gegenwart in spe.
Wir sehen hinaus. Wir sahen genug.
Wir sitzen alle im gleichen Zug.
Und viele im falschen Coupé.
Erich Kästner, Dr. Erich Kästners lyrische Hausapotheke

Wir sind im Leben
zugefrorne, zugestöpselte Gefäße,
deren Aufgabe darin besteht, entkorkt
zu werden und sich zu ergießen,
Verbindung zu Vergangenheit
und Zukunft herzustellen,
Kanal und Teilhaber
des allgemeinen Lebens zu werden.
Leo N. Tolstoi, Tagebücher (1888)

Wir sind Pilger,
die auf verschiedenen Wegen einem
gemeinsamen Treffpunkt zuwandern.
Antoine de Saint-Exupéry,
Brief an einen Ausgelieferten

Wir sollen nicht nach goldenem Leben
im eisernen Zeitalter suchen.
Sprichwort aus England

Wir sollen nicht nur leben,
als ob wir morgen sterben,
sondern auch, als ob wir
noch hundert Jahre leben könnten.
Marie von Ebner-Eschenbach, Aphorismen

Wir sollen nicht nur mit denen leben,
die uns richtig einschätzen können:
Solche Eigenliebe wäre zu empfindlich
und zu schwer zu befriedigen.
Aber unser eigentliches Leben
sollen wir nur mit denen teilen,
die wissen, wer wir sind.
Chamfort, Maximen und Gedanken

Wir wissen alle, dass wir
einmal sterben müssen,
und doch leben wir so,
als würde unser irdisches Dasein
ewig dauern.
Francesco Guicciardini, Ricordi

Wir wissen, wir haben zwei Leben:
ein geistiges, das wir mit unserem
inneren Bewusstsein erkennen,
und ein körperliches, das wir durch
äußere Beobachtung erkennen.
Leo N. Tolstoi, Tagebücher (1903)

Wirklich zu leben – das ist
das Allerseltenste auf dieser Welt.
Die meisten Menschen existieren nur,
sonst nichts.
Oscar Wilde,
Die Seele des Menschen unter dem Sozialismus

Wo in irgendeiner Weise
mein Leben sich an Leben hingibt,
erlebt mein endlicher Wille zum Leben
das Einswerden mit dem Unendlichen,
in dem alles Leben eins ist.
Albert Schweitzer, Kultur und Ethik

Wo kein Leben ist, im inneren Sinn
von Lebendigsein, muss das Leben
auch im biologischen Sinn erlöschen.
Erich Fromm, Interview 1980

Wovon wollen wir leben,
wenn wir nicht beizeiten sammeln?
Heinrich von Kleist, Briefe
(an Wilhelmine von Zenge, 16.–18. November 1800)

Wozu also die unselige Mühe,
die Gott dem Menschengeschlecht
in seinem kurzen Leben
zum Tagwerk gab?
Wozu die Last, unter der sich jeder
zum Grabe hinabarbeitet?
Johann Gottfried Herder,
Ideen zur Philosophie der Geschichte der Menschheit

Zu sein, zu leben, das ist genug,
das ist die Ehre der Götter;
und darum ist sich alles gleich,
was nur ein Leben ist,
in der göttlichen Welt, und es gibt
in ihr nicht Herren und Knechte.
Friedrich Hölderlin, Hyperion

Zuviel Erfahrung
ist durchaus geeignet,
die Freude am Leben zu trüben.
André Maurois

Zu viele Leute beschweren sich,
dass das Leben keinen Sinn habe, statt
zu helfen, dass es einen Sinn erhält.
Anton Neuhäusler

Zwischen der Wieg und dem Sarg
wir schwanken und schweben
Auf dem großen Kanal
sorglos durchs Leben dahin.
Johann Wolfgang von Goethe,
Venezianische Epigramme

Zwischen mir und dem Leben
befanden sich immer
trübe Fensterscheiben (...).
Fernando Pessoa, Das Buch der Unruhe
des Hilfsbuchhalters Bernardo Soares

Zwischen uns und der Hölle oder
dem Himmel steht nur das Leben.
Blaise Pascal, Pensées

Lebendigkeit

In Wirklichkeit besteht
das Problem des Lebens nicht darin,
glücklich zu sein,
sondern lebendig zu sein.
Ob man sich freudig oder traurig
erlebt, ist gegenüber dem Gefühl,
lebendig zu sein, zweitrangig.
Erich Fromm, Ethik und Politik

Wir sind lebendig, wenn
dieser zeitliche, grobstoffliche Körper
mit dem Bewusstsein verbunden ist.
Trennen sich beide, ist das der Tod.
Dalai Lama XIV, Logik der Liebe

Lebensart

Die Lebensart,
die Art eines Lebens ist das Erste.
Oswald Spengler,
Urfragen. Fragmente aus dem Nachlass

Natur und Lebensart
sind mehr als zweierlei.
Georg Christoph Lichtenberg, Sudelbücher

Lebensfreude

Es dauert lange, bis man
wahrhaft reift zur Lebensfreude.
Man wird es etwa an jenem Tag,
an dem die Todesangst beginnt.
Alfred Polgar, Kleine Schriften, Band 3. Irrlicht

Jeder muss sich im Leben
so viele glückliche Augenblicke
verschaffen wie möglich.
Deswegen braucht man sich nicht
den Geschäften entziehen:
Diese sind oft unentbehrlich
zur Lebensfreude.
Charles de Secondat, Baron de la Brède
et de Montesquieu, Meine Gedanken

Lebensführung

Behandeln muss man Schicksalsschläge
mit der Dankbarkeit für das Verlorene
und mit der Erkenntnis, dass man
das Vergangene nicht ungeschehen
machen kann.
Epikur, Sprüche. In: Briefe, Sprüche, Werkfragmente

Das Leben, das die meisten führen,
zeigt ihnen, bis sie's klar erkennen:
Man kann sich auch an offenen Türen
den Kopf einrennen!
Erich Kästner, Dr. Erich Kästners lyrische Hausapotheke

Der Wille sei gerichtet
auf den rechten Weg. Als Stütze diene
auf dem Weg die Tugend. Die Güte sei
dein ständiger Begleiter. Die schönen
Künste nimmt lustwandelnd mit.
Konfuzius, Gespräche

Ein Kollege, der sich seines Lebens-
wandels schämte, ging zum Psychiater.
Seitdem schämt er sich nicht mehr.
Robert Lembke, Steinwürfe im Glashaus

Frage nicht, was andre machen,
acht auf deine eignen Sachen.
Deutsches Sprichwort

Ins Paradies wird man nicht
an den Haaren gezogen.
Sprichwort aus Russland

Manche richten sich ihr Leben ein
wie einen Parcours – alle paar Meter
ein künstliches Hindernis.
Robert Lembke, Das Beste aus meinem Glashaus. Humoristisches und Satirisches

Versuchen sollen wir,
den nachfolgenden Tag vollkommener
zu gestalten als den vorhergehenden,
solange wir auf dem Wege sind; sooft
wir aber an die Grenze kommen,
gleichmäßig froh gestimmt sein.
Epikur, Sprüche. In: Briefe, Sprüche, Werkfragmente

Wenn einer seinen Wagen für
die Fahrt nach den Sternen schirrt,
wird diese Beschäftigung eine sehr
zufriedenstellende Wirkung auf
seine Magenwände haben.
Gilbert Keith Chesterton, Heretiker

(...) wie man sich bettet, so liegt man,
und keiner deckt einen zu (...).
Gottfried Benn, Probleme der Lyrik

Lebensklugheit

Es gehört auch zur Lebensklugheit,
dass wir uns nicht dauernd
mit Menschen vergleichen,
die glücklicher sind als wir.
Sigrid Undset

Jedes Land, jede Gesellschaft,
jedes Lebensalter, jedes Verhältnis,
jedes Portemonnaie
fordert ein ganz bestimmtes
Benehmen, und die
entsprechende Haltung zu treffen,
ist die recht
eigentliche Lebensklugheit.
Theodor Fontane, Briefe

Lebensklugheit bedeutet:
alle Dinge möglichst wichtig,
aber keines völlig ernst nehmen.
Arthur Schnitzler, Buch der Sprüche und Bedenken

Lebenskunst

Aber die Lebenskunst besteht darin,
sein Pulver nicht unnütz und nicht
in jedem Augenblick zu verschießen.
Theodor Fontane, Briefe

Bei der Kunst des Lebens ist
der Mensch sowohl Künstler als auch
der Gegenstand seiner Kunst.
Er ist der Bildhauer und der Stein,
der Arzt und der Patient.
Erich Fromm, Psychoanalyse und Ethik

Den Lebenskünstler erkennt man daran,
dass er seine schlechten Erfahrungen
von anderen machen läßt.
Hans Joachim Clarin

Der Akt des Lebens selbst sollte als
ein künstlerisches Streben aufgefasst
werden (...). Die Heiterkeit, die Ekstase,
die Einfachheit, die unmittelbare
Aussagefähigkeit großer Kunst ist es,
die das tägliche Leben repräsentieren
sollte.
Yehudi Menuhin, Kunst als Hoffnung für die Menschheit

Der wahre Lebenskünstler ist aber
den bescheidenen Überraschungen
dankbar, die ihm auch innerhalb
des gleichgültigsten Erlebnisses immer
wieder zu begegnen pflegen oder
die er zumindest wieder erwarten darf.
Arthur Schnitzler, Buch der Sprüche und Bedenken

Die ganze Kunst unseres Lebens
besteht darin, uns selber und
die Menschen, die uns nahe stehen,
so wahrnehmen zu lernen, dass sie uns
erscheinen als Abbild und als Spiegel,
in dem wir Gottes Antlitz sehen.
Eugen Drewermann,
Das Markusevangelium, Zweiter Teil

Die Lebenskunst ist der Ringkunst
ähnlicher als der Tanzkunst.
Mark Aurel, Selbstbetrachtungen

Die wahre Lebenskunst besteht darin,
im Alltäglichen
das Wunderbare zu sehen.
Pearl S. Buck

Die wahren Lebenskünstler
sind bereits glücklich,
wenn sie nicht unglücklich sind.
Jean Anouilh

Die wahren Lebenskünstler
vergleichen sich grundsätzlich
nur mit Leuten, denen es
schlechter geht als ihnen.
André Maurois

Es lässt sich im Leben doch nichts,
gar nichts, nachholen, keine Arbeit,
keine Freude, ja sogar das Leid kann
zu spät kommen. Jeder Moment hat
seine eigentümlichen, unabweisbaren
Forderungen. Die Kunst zu leben
besteht in dem Vermögen, die Reste
der Vergangenheit zu jeder Zeit
durchstreichen zu können.
Friedrich Hebbel, Tagebücher

Krankheiten, besonders langwierige,
sind Lehrjahre der Lebenskunst
und der Gemütsbildung.
Novalis, Fragmente

Lebenskunst:
Die besonderen Gesetze seines Wesens
den allgemeinen der Natur,
des Staates und der Gesellschaft
unterzuordnen und
sein ureigenes Selbst über ihnen allen
zu behaupten wissen.
Arthur Schnitzler, Buch der Sprüche und Bedenken

Lebenskunst ist die Kunst
des richtigen Weglassens.
Das fängt beim Reden an
und endet beim Dekolletee.
Coco Chanel

Lebenskunst ist nicht zuletzt
die Fähigkeit, auf etwas Notwendiges
zu verzichten, um sich
etwas Überflüssiges zu leisten.
Vittorio De Sica

Lebenskunst ist
zu neunzig Prozent die Fähigkeit,
mit Menschen auszukommen,
die man nicht mag.
Samuel Goldwyn

Lebenskünstler ist,
wer seinen Sommer so erlebt,
dass er ihm noch den Winter wärmt.
Alfred Polgar, Kleine Schriften, Band 3. Irrlicht

Lebenskünstler nehmen von allem
ein wenig, aber immer nur das Beste.
Jacques Chardonne

Lebenskünstler sind Menschen,
die schon vollkommen glücklich sind,
wenn sie nicht
vollkommen unglücklich sind.
Danny Kaye

Manch schwer' Geschick
erscheint schon leicht
Wenn man's mit anderem vergleicht.
Jüdische Spruchweisheit

Von allen Besitztümern auf Erden
ist das wertvollste die Lebenskunst.
Denn alles andere können Kriege
und Schicksalsschläge rauben, die
Lebenskunst aber bleibt uns bewahrt.
Hipparchos, Fragmente

Zähl deines Lebens trübe Stunden
Erst nach, wenn du sie überwunden.
Jüdische Spruchweisheit

Lebensmitte

Als unseres Lebens Mitte
ich erklommen,
Befand ich mich
in einem dunklen Wald,
Da ich vom rechten Wege
abgekommen.
Dante Alighieri, Die Göttliche Komödie (Anfangsverse)

Denn könnte man die Mitte des Lebens
nicht als eine Zeit zweiter Blüte,
zweiten Wachstums betrachten,
ja sogar als eine Art zweiter Jugend?
Anne Morrow Lindbergh, Muscheln in meiner Hand

Lebensplan

Die erste Handlung
der Selbstständigkeit eines Menschen
ist der Entwurf
eines Lebensplans.
Heinrich von Kleist, Briefe
(an Ulrike von Kleist, Mai 1799)

Keiner entwirft einen
bestimmten Lebensplan, wir legen
ihn uns stückchenweise zurecht.
Der Schütze muss zuerst wissen,
wohin er schießen will, und darauf
muss er dann Hand, Bogen, Sehne,
Pfeil und Bewegungen einstellen.
Unsere Lebensplanung führt in
die Irre, weil ihr die Richtung fehlt.
Michel Eyquem de Montaigne, Die Essais

Lebenssinn

Das Leben hat keinen Sinn
außer dem,
den wir ihm geben.
Thornton Wilder

Die Frage ist falsch gestellt,
wenn wir nach dem Sinn
unseres Lebens fragen.
Das Leben ist es, das Fragen stellt;
wir sind die Befragten,
die zu antworten haben.
Viktor E. Frankl

Die Zeit ist schlecht? Wohlan.
Du bist da, sie besser zu machen.
Thomas Carlyle

Es ist schändlich, um des Lebens willen den Sinn des Lebens zu verlieren.
Juvenal, Satiren

Es mag für viele Millionen
Abendländer paradox klingen, dass
das menschliche Leben auch ohne
Konsumgüter und Urlaubsreisen und
ohne die Verpflichtung, Hypotheken
zurückzuzahlen, Sinn und Bedeutung
haben kann, denn was die Situation so
schrecklich macht, ist eben das Gefühl
der Sinnlosigkeit angesichts so vieler
Versuchungen.
Yehudi Menuhin, Variationen

Für neunzig Prozent der Menschen
besteht der Sinn des Lebens darin,
es zu fristen.
Helmut Qualtinger

Im Moment, da man nach Sinn und
Wert des Lebens fragt, ist man krank.
Sigmund Freud

In der Spannung zwischen dem Ziel
und der Wirklichkeit entdecken wir
den Sinn unseres Lebens.
Hans-Günther Adler

Ist das Leben lebenswert?
Das ist eine Frage für einen Embryo,
nicht für einen Erwachsenen.
Samuel Butler

Lebe, solange dir zu leben vergönnt
ist, nicht ohne Sinn und Zweck!
Ecbasis captivi in belehrender Gestalt (Papagei)

Welches ist der Sinn unseres Lebens,
welches der Sinn des Lebens
aller Lebewesen überhaupt?
Eine Antwort auf diese Frage wissen,
heißt, religiös sein. Du fragst:
Hat es denn überhaupt einen Sinn,
diese Frage zu stellen? Ich antworte:
Wer sein eigenes Leben und das seiner
Mitmenschen als sinnlos empfindet,
der ist nicht nur unglücklich, sondern
auch kaum lebensfähig.
Albert Einstein, Mein Weltbild

Wenn Arbeit alles wäre,
gäbe es keinen Lebenssinn
für Behinderte, keinen mehr für Alte
und noch keinen für Kinder.
Norbert Blüm, Unverblümtes von Norbert Blüm

Wer keinen Sinn
in der Welt finden kann,
der übersieht ihn gewöhnlich,
weil es ihm aus diesem
oder jenem Grunde passt,
dass die Welt sinnlos sein soll.
Aldous Huxley

Wer nicht den tiefen Sinn des Lebens
im Herzen sucht, der sucht vergebens.
Friedrich von Bodenstedt

Zu viele Leute beschweren sich, dass
das Leben keinen Sinn habe, statt zu
helfen, dass es einen Sinn erhält.
Anton Neuhäusler

Lebensstandard

Der hohe Lebensstandard ist ein Ziel,
für das zwar viele leben wollen,
für das aber im Ernstfall
niemand sterben wird.
Malcolm Muggeridge

Lebensstandard ist
kein würdiger Ehrgeiz für eine Nation.
Charles de Gaulle

Lebensziel

Das Lebensziel des Menschen
besteht darin, auf jedwede Weise
zur allseitigen Entwicklung
alles Bestehenden beizutragen.
Leo N. Tolstoi, Tagebücher (1847)

Das vorgegebene Lebensziel
muss man durchdenken und die ganze
augenscheinliche Gewissheit, auf die
wir die Vermutungen zurückführen.
Wenn wir dies nicht tun, wird
alles voller Unentschiedenheit
und Verwirrung sein.
Epikur, Sprüche. In: Briefe, Sprüche, Werkfragmente

Ledig

Ein Mann, der beharrlich ledig bleibt,
macht sich zu einer fortwährenden
öffentlichen Versuchung.
Oscar Wilde,
Sätze und Lehren zum Gebrauch für die Jugend

Preise die Ehefrau, aber bleibe ledig.
Sprichwort aus Italien

Wer entbehrt der Ehe,
lebt weder wohl noch wehe.
Deutsches Sprichwort

Wer heiratet, tut wohl,
wer ledig bleibt, besser.
Deutsches Sprichwort

Leere

Alle leeren Seelen
neigen zu extremen Ansichten.
William Butler Yeats, Entfremdung

Die Natur vermeidet das Vakuum.
François Rabelais, Gargantua und Pantagruel

Ein leerer Sack steht nicht.
Chinesisches Sprichwort

Glück ist heutzutage, wenn man
im neu gekauften Auto mit 150 km/h
durch die innere Leere fährt.
Sigismund von Radecki

Je mehr Leere,
je mehr Schnelligkeit.
Franz Werfel, Zwischen Oben und Unten

Leere Tonnen geben großen Klang.
Deutsches Sprichwort

Nur für die Erbärmlichen ist die Welt
erbärmlich, nur für die Leeren leer.
Ludwig Feuerbach

Wie leer ist die Welt für den,
der sie einsam durchwandert!
Gustave Flaubert, November

Legende

Aus dem Nichts
entsteht eine sehr große Legende.
Properz, Elegien

Legenden sind der Weihrauch,
der über der Geschichte schwebt.
Jaime Gild de Biedma

Wir verachten die Legenden
unserer Heimat und lehren die Kinder
die Legenden des Altertums.
Luc de Clapiers Marquis de Vauvenargues,
Nachgelassene Maximen

Lehen

Das Lehnssystem war es, in welchem
die ärgste Sklaverei und ausgelassene
Freiheit unmittelbar nebeneinander
existierte.
Wilhelm von Humboldt, Ideen über Staatsverfassung

Sobald dem Unfug des großen und
kleinen so genannten Lehnrechts
gesteuert ist, haben wir Hoffnung
zur vernünftigen Freiheit.
Johann Gottfried Seume, Apokryphen

Wo die Möglichkeit
des Lehnsrechts stattfindet, ist
der erste Schritt zur Sklaverei getan.
Johann Gottfried Seume, Apokryphen

Lehrbuch

Lehrbücher sollen anlockend sein; das
werden sie nur, wenn sie die heiterste,
zugänglichste Seite des Wissens und
der Wissenschaft hinbieten.
Johann Wolfgang von Goethe,
Maximen und Reflexionen

Millionen von Arbeitsstunden
gehen jedes Jahr durch
unzureichende Lehrbücher verloren.
Ludwig Reiners, Stilkunst IV, Die Kunst zu lehren

Lehre

Alle trügerischen Lehren,
welche das Herz Lügen straft,
überzeugen nicht.
Jean-Jacques Rousseau, Emile

Das Küken kräht,
wie der Hahn es ihm beibringt.
Sprichwort aus Frankreich

Das Leben lehret jedem, was er sei.
Johann Wolfgang von Goethe,
Torquato Tasso (Antonio)

Dass eine Frau lehrt,
erlaube ich nicht, auch nicht,
dass sie über ihren Mann herrscht;
sie soll sich still verhalten.
Neues Testament, Paulus (1 Timotheus 2, 11)

Denn der Gute dient
dem Unguten als Lehrmeister,
der Ungute dem Guten als Lehrling;
wer nicht schätzt seinen Lehrmeister,
nicht liebt seinen Lehrling,
geht irr, sei er noch so klug.
Lao-tse, Dao-de-dsching

Der Katholizismus trägt noch Züge
einer Religion, Protestantismus und
Judentum sind Lehren.
Walter Rathenau, Auf dem Fechtboden des Geistes.
Aphorismen aus seinen Notizbüchern

Der Wolf ist ein großer Übeltäter, doch
er lehrt die Hirten, auf der Hut zu sein.
Chinesisches Sprichwort

Die Erfahrung
kommt den Lehren zuvor.
Jean-Jacques Rousseau, Emile

Die Erfahrung lässt sich ein
furchtbar hohes Schulgeld bezahlen,
doch sie lehrt wie niemand sonst!
Thomas Carlyle, Einst und jetzt

Die jungen Leute mögen es glauben,
dass Erfahrung viel lehrt
– die starken Geister freilich mehr
als die schwachen.
Francesco Guicciardini, Ricordi

Die Lehre
Ist ewig wie die Welt.
Friedrich Schiller, Resignation

Die Lehre mag sich indessen stellen,
wie sie will,
das Leben geht seinen Gang fort.
Johann Wolfgang von Goethe,
Geschichte der Farbenlehre

Die Leute suchen einen Menschen auf,
der durch Bedeutsamkeit und
klare Formulierung seiner Gedanken
bekannt geworden ist, suchen ihn auf
und lassen ihn nicht zu Wort kommen,
sondern reden und reden zu ihm
von Dingen, die er um vieles klarer
oder deren Unsinnigkeit er schon
längst bewiesen hat.
Leo N. Tolstoi, Tagebücher (1910)

Die Vergangenheit enthält Lehren,
die in der Zukunft
ihre Früchte tragen müssen.
Honoré de Balzac, Die Physiologie der Ehe

Eine falsche Lehre lässt sich
nicht widerlegen, denn sie ruht ja
auf der Überzeugung, dass das Falsche
wahr sei. Aber das Gegenteil kann,
darf und muss man wiederholt
aussprechen.
Johann Wolfgang von Goethe,
Maximen und Reflexionen

Eine Frau soll sich still
in aller Unterordnung belehren lassen.
Neues Testament, Paulus (1 Timotheus 2, 11)

Eine Vorlesung ist jener Vorgang,
bei dem die Notizen des Lehrers
zu Notizen des Schülers werden,
ohne dass sie den Geist der beiden
passieren.
Mortimer J. Adler

Einem alten Hund kannst du
keine neuen Tricks beibringen.
Sprichwort aus England

Fliehe die Lehren jener Forscher, deren
Beweisgründe nicht bestätigt werden
durch die Erfahrung.
Leonardo da Vinci, Tagebücher und Aufzeichnungen

Guter Lehrling, guter Meister.
Deutsches Sprichwort

Ich leite den nicht an, der sich nicht
eifrig müht. Ich öffne dem den Sinn
nicht, der den Mund nicht auftut. Und
zeig ich eine Ecke – wer mir nicht mit
den drei anderen begegnen kann, den
werde ich nicht noch einmal belehren.
Konfuzius, Gespräche

In langweiligen Versen
und abgeschmackten Gedanken
Lehrt ein Präzeptor
und hier, wie man gefällt und verführt.
Johann Wolfgang von Goethe/Friedrich Schiller,
Xenien

In stiller Schau Erkanntes
sich zu merken; zu lernen,
ohne dessen je überdrüssig, zu lehren,
ohne dessen je müde zu werden
– fiel mir dergleichen jemals schwer?
Konfuzius, Gespräche

Jahre lehren mehr als Bücher.
Deutsches Sprichwort

Jede gute Erzählung,
so wie gute Dichtung,
umgibt sich von selber mit Lehren.
Jean Paul, Levana

Jede Lehre,
die sich als absolute Wahrheit setzt,
ist ein Herd von Kriegen.
Ludwig Marcuse, Argumente und Rezepte.
Ein Wörter-Buch für Zeitgenossen

Jede Minute, jeder Mensch,
jeder Gegenstand kann dir
eine nützliche Lehre sein, wenn
du sie nur zu entwickeln verstehst.
Heinrich von Kleist, Briefe
(an Wilhelmine von Zenge, 10./11. Oktober 1800)

Jedes Ding enthält seine Lehre,
in der der Hinweis
auf alle anderen Dinge enthalten ist.
Walt Whitman, Tagebuch (1877)

Kein Handwerk ohne Lehrzeit.
Jean de La Bruyère, Die Charaktere

Lehre tut viel,
aber Aufmunterung tut alles.
Johann Wolfgang von Goethe,
Briefe (an A. F. Oeser, 9. November 1768)

Lehren bringt Ehren.
Deutsches Sprichwort

Lehren heißt zweimal lernen.
Joseph Joubert, Gedanken, Versuche und Maximen

Lehrjahre sind keine Herrenjahre.
Deutsches Sprichwort

Leiden sind Lehren.
Äsop, Fabeln

Man muss Lehre
und Leben unterscheiden.
Das Leben ist bei uns ebenso schlimm
wie bei den Päpstlichen.
Martin Luther, Tischreden

Nachdem man also die Lehre
durch das Wunder bewiesen hat,
muss man das Wunder
durch die Lehre beweisen.
Jean-Jacques Rousseau, Emile (Glaubensbekenntnis)

Neue Herrschaft, neue Lehrzeit.
Deutsches Sprichwort

Niemand kann lehren,
wovon er zu wenig versteht.
Ovid, Gedichte der Trübsal

Nur der ist ein geborener Lehrer,
welcher die Begeisterung
seiner Schüler erwecken kann.
Ernst Hähnel, Literarische Reliquien

Ohne Zweifel ist das Unglück
ein großer Lehrer, aber er lässt sich
seinen Unterricht teuer bezahlen.
Jean-Jacques Rousseau,
Träumereien eines einsamen Spaziergängers

Trüge gern noch länger
des Lehrers Bürden,
Wenn Schüler nur nicht
gleich Lehrer würden.
Johann Wolfgang von Goethe, Lähmung

Unscheinbar sein,
alles von den anderen empfangen,
immerfort lernen, nie Lehrer,
sondern stets Schüler sein:
Das ist die beste Art, zu lehren.
Maurice Blondel, Tagebuch vor Gott

Was sie gestern gelernt,
das wollen sie heute schon lehren –
Ach, was haben die Herrn
doch für ein kurzes Gedärm!
Johann Wolfgang von Goethe/Friedrich Schiller,
Xenien

Wer andere lehren will,
kann wohl oft das Beste verschweigen,
was er weiß, aber er darf
nicht halbwissend sein.
Johann Wolfgang von Goethe,
Wilhelm Meisters Wanderjahre

Wer immer der Seele
seines Mitmenschen nützen und
ihn durch Worte erbauen will,
soll vor allen Dingen selbst besitzen,
was er andere lehren will.
Er wird sonst wenig Nutzen stiften.
Seine Lehre wird ohne Wirkung
bleiben, wenn nicht vorher
die Menschen die Überzeugung
gewonnen haben, dass er im Werk
vollbringt, was er lehrt, und zwar
im vollkommenen Maße.
Vinzenz Ferrer, Das geistliche Leben

Wer sein eigner Lehrmeister sein will,
hat einen Narren zum Schüler.
Deutsches Sprichwort

Wie wollte einer als Meister
in seinem Fach erscheinen,
wenn er nichts Unnützes lehrte!
Johann Wolfgang von Goethe,
Maximen und Reflexionen

Wir lehren nicht bloß durch Worte;
wir lehren auch weit eindringlicher
durch unser Beispiel.
Johann Gottlieb Fichte,
Über die Bestimmung des Gelehrten

Lehrer/Lehrerin

Als Lehrer sei von dir verehrt
Ein jeder, der dein Wissen mehrt.
Jüdische Spruchweisheit

Altes Wissen üben und
nach neuen Kenntnissen streben
– das ist es, wodurch man
sich zum Lehrer anderer eignet.
Konfuzius, Gespräche

Anderer Fehler sind gute Lehrer.
Deutsches Sprichwort

Aufgabe der Lehrer ist es,
für alles Einzelne
die Ursachen anzugeben.
Aristoteles, Älteste Metaphysik

Das Lehren ist wie das Segeln;
der Wind und die Segel treiben
das Boot voran; der Segler muss es
steuern und führen. Der Lehrer darf
niemals vergessen, dass nicht er alle
wichtigen Entscheidungen trifft und
die Anregungen nicht nur von ihm
ausgehen; er darf nicht den Schüler nicht
beherrschen wollen.
Yehudi Menuhin,
Ich bin fasziniert von allem Menschlichen

Den wackern Lehrer
kränze stets der reichste Lohn.
Aristophanes, Die Wolkengöttinnen (Strepsiades)

Denn welcher Lehrer spricht
Die Wahrheit uns direkt ins Angesicht?
Johann Wolfgang von Goethe, Faust II (Baccalaureus)

Der deutsche Bundestag
ist mal voller und mal leerer,
aber immer voller Lehrer.
Otto Graf Lambsdorff

Der größte Einwand gegen
jede Lehre sind die Lehrer.
Religionsstifter wählen deshalb
gern die Methode der göttlichen
Offenbarung. Da ist dann die Lehre
vom Himmel gefallen.
Alfred Polgar, Kleine Schriften, Band 3. Irrlicht

Der Lehrer strebe nur,
sich selber zu entfalten,
Der Schüler lerne nur,
sein Eignes zu gestalten.
Friedrich Rückert, Gedichte

Die Geschichte ist der beste Lehrmeister mit den unaufmerksamsten
Schülern.
Indira Gandhi

Die Liebe ist eine große Lehrmeisterin.
Molière, Die Schule der Frauen

Die Übung ist
In allem beste Lehrerin den Sterblichen.
Euripides, Andromache

Die Vorfahren sind die Lehrer
kommender Generationen.
Chinesisches Sprichwort

Diejenigen, welche die Natur
bestimmt hat, Schüler zu haben,
brauchten keine Lehrer. Ein Verulam,
ein Descartes, ein Newton, diese Lehrer
des Menschengeschlechts haben selbst
keine gehabt, und welche Führer
hätten sie so weit gebracht wie
ihr eigenes Genie?
Jean-Jacques Rousseau,
Abhandlung über die Wissenschaften und Künste

Die Zeit ist eine große Lehrerin.
Schade nur,
dass sie ihre Schüler umbringt.
Curt Goetz

Ein Knabe lernt nur
von geliebten Lehrern gerne.
Du aber sei ein Mann,
auch von verhassten lerne!
Friedrich Rückert, Gedichte

Ein Lehrer, der von seinen Schülern
jeden Tag geohrfeigt wird,
verliert allmählich das Gesicht.
Ephraim Kishon, Kishon für alle Fälle

Ein Magister, ach, ist ein Sack
von falsch geschriebenen Zeichen.
Chinesisches Sprichwort

Ein Mensch, allein, ohne Lehrer,
aber mit Tugend, ist wie eine
angezündete Kohle,
die allein daliegt: Er wird eher
abkühlen,
als sich noch mehr entzünden.
Juan de la Cruz, Merksätze von Licht und Liebe

Einen Lehrer gibt es,
der ist vortrefflich,
wenn wir ihn verstehen;
es ist die Natur.
Heinrich von Kleist, Briefe
(an Wilhelmine von Zenge, 16.–18. November 1800)

Erfahrung ist
die beste Lehrmeisterin.
Deutsches Sprichwort

Es ist nichts schrecklicher
als ein Lehrer, der nicht mehr weiß,
als die Schüler allenfalls wissen sollen.
Johann Wolfgang von Goethe,
Wilhelm Meisters Wanderjahre

Gute Lehren haben wir genug,
aber wenig gute Lehrer.
Luc de Clapiers Marquis de Vauvenargues,
Nachgelassene Maximen

Ist das Leben ein Krieg,
so sei der Lehrer ein Dichter,
der den Knaben dazu
mit nötigen Gesängen begeistert.
Jean Paul, Levana

Ist der Lehrer nicht klug,
dann sind die Schüler dumm.
Chinesisches Sprichwort

Ist ein Lehrer streng,
wird seine Arbeit auch geachtet.
Chinesisches Sprichwort

Kinder sollen ihre Gespielen
zu Freunden haben,
nicht aber ihre Väter und Lehrer.
Diese sollen nur ihre Führer sein.
Joseph Joubert, Gedanken, Versuche und Maximen

Lehrer-Komödie: Die Armut der Lehrer,
während die Staaten Unsummen für
die Wehrmacht hinauswerfen. Da sie
nur Lehrer für 600 Mark sich leisten
können, bleiben die Völker so dumm,
dass sie sich Kriege für 60 Milliarden
leisten müssen.
Christian Morgenstern, Stufen

Man vergilt einem Lehrer schlecht,
wenn man immer nur
der Schüler bleibt.
Friedrich Nietzsche, Also sprach Zarathustra

Selbst ein Haufen Bücher
ersetzt nicht einen guten Lehrer.
Chinesisches Sprichwort

Unter drei Menschen
finde ich bestimmt einen,
der mich belehren könnte.
Chinesisches Sprichwort

Wer allein bleiben will, ohne sich
auf einen Lehrer und Führer zu stützen,
wird wie ein Baum sein, der allein
und ohne Besitzer auf dem Feld steht:
So viele Früchte er auch tragen mag,
die Vorübergehenden werden
sie abpflücken, und er wird nicht
zur Reife gelangen.
Juan de la Cruz, Merksätze von Licht und Liebe

Wer von Grund aus Lehrer ist,
nimmt alle Dinge nur
in Bezug auf seine Schüler ernst
– sogar sich selbst.
Friedrich Nietzsche, Jenseits von Gut und Böse

Wird's dem Schüler schwer wie Eisen
Zähl' auch den Lehrer
nicht zu den Weisen.
Jüdische Spruchweisheit

Lehrling

Beim Schreiben und Lesen
wirst du nicht vorher Meister sein,
bevor du Lehrling warst.
Dies noch viel mehr im Leben.
Mark Aurel, Selbstbetrachtungen

Der Lehrling hört mit Bangigkeit
die sich kreuzenden Stimmen. Es
scheint ihm jede Recht zu haben,
und eine sonderbare Verwirrung
bemächtigt sich seines Gemüts.
Novalis, Die Lehrlinge zu Sais

Es gibt keine
schüchternen Lehrlinge mehr,
es gibt nur noch schüchterne Meister.
Marie von Ebner-Eschenbach, Aphorismen

Leib

Der Leib ist das Grab der Seele.
Platon, Gorgias

Der Leib ist des Teufels,
aber der Seele wird geraten werden.
Martin Luther, Tischreden

Der Leib ist ein Gerüst,
das dem Aufbau von Leben dient.
Der Leib ist die Nahrung des Geistes.
Leo N. Tolstoi, Tagebücher (1890)

Der Leib kann ohne Herz nicht
weiter leben, und wenn er es doch tut,
so ist das ein Wunder,
das noch keiner sah.
Chrétien de Troyes, Yvain

Der Leib muss Kraft haben,
um der Seele zu gehorchen.
Jean-Jacques Rousseau, Emile

Der Leib soll sein ein Knecht der Seele,
die Seele eine Dienerin des Geistes
und der Geist ein Anstarren Gottes.
Johannes Tauler, überliefert von
Julius Wilhelm Zincgref (Apophthegmata)

Du weißt, dass der Leib ein Kerker ist;
Die Seele hat man hinein betrogen;
Da hat sie nicht freie Ellebogen.
Johann Wolfgang von Goethe, West-östlicher Divan

Je schwächer der Leib ist,
desto mehr befiehlt er;
je stärker er ist,
desto mehr gehorcht er.
Jean-Jacques Rousseau, Emile

Leib ist Ausdruck der Seele.
Oswald Spengler, Urfragen. Fragmente aus dem Nachlass

Nimm deiner Persönlichkeit
ihren Leib – und du nimmst ihr
ihren Zusammenhalt. Der Leib ist der
Grund, das Subjekt der Persönlichkeit.
Nur durch den Leib unterscheidet sich
die wirkliche Persönlichkeit von
der eingebildeten eines Gespenstes.
Ludwig Feuerbach, Das Wesen des Christentums

Weil der Leib sozusagen
vor der Seele geboren wird, muss
auch der Leib zuerst behandelt werden.
Jean-Jacques Rousseau, Emile

Welchen Wert, sprich,
hat dein Leib, wenn ihn
Des Geliebten Arme
nicht umfangen.
Friedrich von Bodenstedt, Mirza Schaffy

Wer einen Unterschied
zwischen Leib und Seele macht,
besitzt keins von beiden.
Oscar Wilde,
Sätze und Lehren zum Gebrauch für die Jugend

Wer sich um nichts kümmern mag
als um die Freuden des Leibes,
der bringt sich um sein Ansehen.
Gottfried von Straßburg, Tristan

Zusammenhang von Seele und Leib:
Wut und Jähzorn steigern die Körperkräfte in unwahrscheinlichem Grade.
Oswald Spengler,
Urfragen. Fragmente aus dem Nachlass

Leichtgläubigkeit

Das meiste Unheil
richtet Leichtgläubigkeit an.
Lucius Annaeus Seneca, Über den Zorn

Die Ungläubigen
sind die Allerleichtgläubigsten.
Blaise Pascal, Pensées

Ein Übel gibt es, von dem auf die Dauer
die Ärzte uns immer heilen:
unsere Leichtgläubigkeit.
Jean Antoine Petit-Senn,
Geistesfunken und Gedankensplitter

Leichtgläubigkeit ist das Zeichen
eines guten Naturells.
Joseph Joubert, Gedanken, Versuche und Maximen

Leichtgläubigkeit ist
eines Mannes Schwäche
und eines Kindes Stärke.
Charles Lamb, Essays

Leichtgläubigkeit
kommt aus dem Herzen
und schadet dem Geist nicht.
Joseph Joubert, Gedanken, Versuche und Maximen

Wenn es weniger Leichtgläubige gäbe,
so würde es auch weniger pfiffige,
gewitzte Schlauköpfe geben,
die dadurch ihre Eitelkeit befriedigen
und ihr Ansehen erhöhen,
dass sie ihr Leben lang
andere zu betrügen pflegten.
Jean de La Bruyère, Die Charaktere

Leichtigkeit

Alle Kunst gefällt nur, wenn sie
den Charakter der Leichtigkeit hat.
Sie muss wie improvisiert erscheinen.
Johann Wolfgang von Goethe, überliefert von
Friedrich Wilhelm Riemer (Mittheilungen über Goethe)

Leute mit leichtem Gepäck
kommen am besten durchs Leben.
Jakob Boßhart, Bausteine zu Leben und Zeit

Nimm alles leicht!
Das Träumen lass und Grübeln!
So bleibst du wohl
bewahrt von tausend Übeln.
Ludwig Uhland, Fortunat und seine Söhne

So schwer das Leichte fällt,
so ernst ist das Heitere.
Peter Benary

Wie etwas sei leicht
Weiß der es erfunden
und der es erreicht.
Johann Wolfgang von Goethe, West-östlicher Divan

Wer nicht genug Talent für die Leichtigkeit hat, kann immer noch
etwas Schwerwiegendes herstellen.
Tristan Bernard

Leichtsinn

Aus Vorsatz hast du nie,
aus Leichtsinn stets gefehlt.
Johann Wolfgang von Goethe,
Die Laune des Verliebten (Eridon)

Bei großen Unternehmungen
wie bei großen Gefahren
muss der Leichtsinn verbannt sein.
Johann Wolfgang von Goethe,
Wilhelm Meisters Wanderjahre

Das Schlimmste von allem, wozu
man die Jugend erziehen kann,
ist der Leichtsinn. Denn er ist es,
der jene Lüste erzeugt, aus denen
die Schlechtigkeit erwächst.
Demokrit, Fragment 178

Der Leichtsinn des Alters
ist leichtsinniger als der der Jugend.
François de La Rochefoucauld, Reflexionen

Der Leichtsinn ist das
größte Hindernis unseres Ansehens.
Wie der zurückhaltende Mann
für mehr als Mensch gehalten wird,
so der leichtsinnige
für weniger als Mensch.
Baltasar Gracián y Morales, Handorakel und Kunst der Weltklugheit

Der Leichtsinn ist ein Schwimmgürtel
für den Strom des Lebens.
Ludwig Börne, Aphorismen

Der Leichtsinn verfolgt uns
unser ganzes Leben. Wenn einer
abgeklärt erscheint, dann nur deshalb,
weil sein Leichtsinn seinem Alter
und seiner Stellung angepasst ist.
François de La Rochefoucauld, Reflexionen

Etwas Leichtsinn dringt immer
in vortreffliche Naturen ein, und da sie
Flügel haben aufzusteigen, haben sie
auch welche, um sich zu verirren.
Joseph Joubert, Gedanken, Versuche und Maximen

Für wenige ist Leichtsinn gut,
für viele schlecht.
Phaedrus, Fabeln

Gerade die Leichtsinnigen und die, die
sich nicht um die Zukunft kümmern,
schwellen an vor eitler Hoffnung.
Publius Cornelius Tacitus, Historien

Kultivierter Leichtsinn
entsteht aus kultivierter Vernunft.
François de La Rochefoucauld, Unterdrückte Maximen

Stets ist Jünglingen ja ihr Herz
voll flatternden Leichtsinns.
Homer, Ilias

Unverzeihlich find ich den Leichtsinn;
doch liegt er im Menschen.
Johann Wolfgang von Goethe,
Hermann und Dorothea (1. Gesang)

Wer der Stütze nicht bedarf,
geht leichtsinnig mit dem Stab um.
Emil Gött, Zettelsprüche. Aphorismen

Wer ohne Leichtsinn lebt,
ist nicht so vernünftig, wie er glaubt.
François de La Rochefoucauld, Reflexionen

Wer sich mutwillig bringt in Not,
Der ist selbst schuld an seinem Tod.
Johann Fischart, Floeh Haz Weiber Traz

Leid

Aber die Wonne,
die nicht leidet, ist Schlaf,
und ohne Tod ist kein Sterben.
Friedrich Hölderlin, Hyperion

Ach, an der Erde Brust
Sind wir zum Leide da!
Johann Wolfgang von Goethe,
Faust I (Chor der Jünger)

Ach!, unsre Taten selbst,
so gut als unsre Leiden,
Sie hemmen unsres Lebens Gang.
Johann Wolfgang von Goethe, Faust I (Faust)

Alle große Dichtung
ist eine Frucht des Leidens.
Walter Muschg

Alle Leiden um uns
müssen auch wir leiden.
Franz Kafka, Betrachtungen über
Sünde, Leid, Hoffnung und den wahren Weg

Alles ist nur Metapher.
Aber warum leiden Metaphern?
Franz Werfel, Zwischen Oben und Unten

Auf die großen Freuden
folgen die großen Leiden.
Sully Prudhomme, Intimes Tagebuch

Besser ist es,
dass der Körper leide als die Seele.
Menandros, Monostichoi

Das Dramatische ist die Einheit
des Kampfes mit dem Leiden.
Walter Rathenau, Auf dem Fechtboden des Geistes.
Aphorismen aus seinen Notizbüchern

Das härteste Herz und
die grobschlächtigste Unwissenheit
müssen zurückweichen vor
der aufgehenden Sonne eines Leidens,
das ohne Zorn und ohne Arg ist.
Mohandas K. »Mahatma« Gandhi, Young India
(engl. Wochenzeitung 1919–1931), 19. Februar 1925

Das lauterste Leiden erzeugt
und fördert das lauterste Verstehen.
Juan de la Cruz, Merksätze von Licht und Liebe

Das Leben hält in seiner einen Hand
den goldenen Königsreif des Glücks,
in der anderen
die Dornenkrone des Leids.
Seinen Lieblingen reicht es beide.
Ellen Key, Über Liebe und Ehe

Das Leiden ist,
von der einen Seite betrachtet,
ein Unglück und,
von der anderen betrachtet,
eine Schule.
Samuel Smiles, Charakter

Dem Leide aus dem Weg gehen
zu wollen heißt,
sich einem wesentlichen Teil
des menschlichen Lebens zu entziehen.
Konrad Lorenz,
Die acht Todsünden der zivilisierten Menschheit

Den Segen körperlicher Leiden
vermag ich noch nicht zu begreifen,
aber ich weiß, er ist vorhanden.
Leo N. Tolstoi, Tagebücher (1908)

Der irregeleitete gute Wille
verursacht ebenso viel Leid
wie die Absicht zu schaden.
Und sehr viel Leid entsteht dadurch,
dass man sich an enge
oder irrelevante Grundsätze hält.
Die gütigsten Menschen verursachen
oft die größten Tragödien.
Yehudi Menuhin,
Ich bin fasziniert von allem Menschlichen

Der Leidende wird zum Schwätzer.
Sprichwort aus der Türkei

Der Mensch besitzt die Eigenschaft,
Leiden, die er nicht sehen will,
auch nicht zu sehen.
Und Leiden, die von ihm selbst
verursacht werden,
will er nicht sehen.
Leo N. Tolstoi, Tagebücher (1897)

Der Mensch kann weder
richtig froh sein noch richtig leiden,
da er nicht weiß, wo das Gute aufhört
und das Böse anfängt.
Juan de la Cruz, Merksätze von Licht und Liebe

Die Allertörichtsten und
die Allerweisesten haben leicht Erfolg.
Aber der zwischen beiden Stehende
hat zu leiden.
Mahabharata, Buch 12

Die christliche Religion
ist die Religion des Leidens.
Ludwig Feuerbach, Das Wesen des Christentums

Die Frau bedarf des Leidens.
Nehmen Sie ihr ihr Leid,
und Sie bringen sie um,
oder wenigstens beinahe.
Henry de Montherlant, Die Aussätzigen

Die drei grundlegenden
Leid verursachenden Emotionen
sind Unwissenheit, Begierde und Hass.
Sie verursachen eine Reihe anderer
Leidenschaften wie etwa Eifersucht
und Feindseligkeit.
Dalai Lama XIV, Logik der Liebe

Die Leiden anderer zu ertragen,
haben wir alle genug Kraft.
François de La Rochefoucauld, Reflexionen

Die Leiden des Körpers
erschöpfen die Seele, durch Leiden
verliert sie ihren Schwung.
Jean-Jacques Rousseau, Brief an d'Alembert

Die Leiden sind wie
die Gewitterwolken:
In der Ferne sehen sie schwarz aus,
über uns grau.
Jean Paul, Hesperus

Die Unglücklichen schöpfen Trost
aus den schlimmeren Leiden anderer.
Äsop, Fabeln

Die Welt ist eine Straße voll von Leid,
Und wir sind Pilger,
die sich drauf ergehen,
Der Tod das Ende
allen ird'schen Schmerzes.
Geoffrey Chaucer, Canterbury-Erzählungen

Dies nun, o Mönche,
ist die edle Wahrheit vom Leiden.
Geburt ist Leiden, Alter ist Leiden,
Krankheit ist Leiden, Sterben ist Leiden,
Kummer, Wehklage, Schmerz,
Unmut und Unrast sind Leiden; die
Vereinigung mit Unliebem ist Leiden;
die Trennung von Liebem ist Leiden;
was man wünscht, nicht zu erlangen,
ist Leiden; kurz gesagt, die fünf Arten
des Festhaltens am Sein sind Leiden.
Gautama Buddha, Dhammacakkappavattana-Sutta

Drückt dich ein Leid,
so breit es nicht vor vielen aus.
Schweigend soll man
sein Leid ertragen.
Sophokles, Fragmente

Du musst den Streich erleiden
oder führen.
Friedrich Schiller, Maria Stuart (Burgleih)

Ein Affekt, der ein Leiden ist,
hört auf, ein Leiden zu sein,
sobald wir eine klare und
deutliche Idee von ihm bilden.
Baruch de Spinoza, Ethik

Ein Leiden tritt
den andern auf die Fersen,
So schleunig folgen sie.
William Shakespeare, Hamlet (Königin)

Ein leidender Körper
beraubt den Geist seiner Freiheit.
Jean-Jacques Rousseau,
Dritter Brief an Malesherbes (26. Januar 1762)

Ein Mensch kann viel ertragen,
solange er sich selbst ertragen kann.
Axel Munthe

Ein Wesen ohne Leiden
ist ein Wesen ohne Herz.
Ludwig Feuerbach, Das Wesen des Christentums

Ersetze die Bosheit durch Liebe,
und dein Leiden endet.
Leo N. Tolstoi, Tagebücher (1896)

Erst durch das Leiden
erfährt der Mensch,
dass er göttlichen Ursprungs ist
und nicht ein Tier.
Paul Ernst, Saat auf Hoffnung

Es gibt kein Glück im Wohlstand,
durch Leiden wird das Glück erkauft.
Fjodor M. Dostojewski, Raskolnikows Tagebuch

Es gibt kein Leiden des Körpers,
von dem die Seele nicht profitiert.
George Meredith, Diana vom Kreuzweg

Es gibt Leiden, derer sind
nur die fähig, die ihrer würdig sind.
Maurice Blondel, Tagebuch vor Gott

Es ist besser, nicht zu leben,
als nur zu leben, um zu leiden.
Jean-Jacques Rousseau, Emile

Es ist herrlich,
gleichgültig gegen Leid zu sein
– aber nur gegen eigenes.
Robert Lynd

Frauenmünze heilt viel Leid,
Wer sie braucht mit Maß und Zeit.
Friedrich von Logau, Sinngedichte

Leid

Fremdes Leid macht nicht gescheit.
Fjodor M. Dostojewski, Die Brüder Karamasow

Freud muss Leid,
Leid muss Freude haben.
Johann Wolfgang von Goethe, Faust I (Mephisto)

Freud und Leid sind Reiseleute,
ziehen immer aus und ein;
Doch will dieses immer länger,
jenes kürzer bei uns sein.
Friedrich von Logau, Sinngedichte

Genuss und Leiden sind der Atem
des Lebens: Einatmen und Ausatmen,
Speise und ihre Ausscheidung.
Leo N. Tolstoi, Tagebücher (1886)

Gerade das Leiden
– das eben ist ja das Leben.
Fjodor M. Dostojewski, Die Brüder Karamasow

Gern geben die Menschen ihre Leiden
der Philosophie zur Betrachtung,
aber nicht zur Heilung.
Bernhard Le Bovier de Fontenelle,
Gespräche im Elysium

Gesunde stürzen ohne Halt –
Wer kränkelt, wird gar achtzig alt.
Sein Leiden wird zum festen Stab,
Dran er sich schleppt bis an das Grab.
Eugen Roth

Gott ist gerecht, er will meine Leiden
und kennt meine Unschuld.
Hierauf gründet sich mein Vertrauen.
Jean-Jacques Rousseau,
Träumereien eines einsamen Spaziergängers

Große Völker vergessen Leiden,
nicht aber Demütigungen.
Winston S. Churchill

Härter drückt kein andres Leid
Die Menschen
als des Knechtes unfreiwillig Los.
Sophokles, Aias (Tekmessa)

Ich glaube, dass die Menschheit
nur ein Ziel hat: das Leid.
Gustave Flaubert, Erinnerungen, Aufzeichnungen
und geheime Gedanken

Ich halte es lieber
mit meinem Landsmann Jesus Christus.
Leiden ist mir eben wirklich lieber
als Gewalt üben.
Albert Einstein, Über den Frieden

Je tiefer wir das Leiden durchschauen,
umso näher kommen wir dem Ziel
der Befreiung vom Leiden.
Dalai Lama XIV, Logik der Liebe

Kein besseres Heilmittel
gibt es im Leid als
eines edlen Freundes Zuspruch.
Euripides, Fragmente

Kein Leiden braucht so viel Teilnahme
und findet so wenige
wie das selbst verschuldete.
Marie von Ebner-Eschenbach, Aphorismen

Keinem Menschen etwas zu bedeuten,
das ist eines der schwersten Leiden.
Mutter Teresa

Keiner darf die Augen schließen
und das Leiden,
dessen Anblick er sich erspart,
als nicht geschehen ansehen.
Albert Schweitzer, Kultur und Ethik

Leid aus Freude tritt so leicht hervor.
Johann Wolfgang von Goethe, Pandora (Prometheus)

Leid ist das Gesetz
des Menschenwesens.
Krieg ist das Gesetz des Dschungels.
Doch ist das Leid unendlich mächtiger
als das Gesetz des Dschungels,
denn es bekehrt den Gegner
und es öffnet ihm die Ohren
für die Stimme der Vernunft.
Mohandas K. »Mahatma« Gandhi, The Nation's Voice

Leid ist ohne Neid.
Deutsches Sprichwort

Leid lässt sich nicht teilen.
Jeder trägt seine Bürde allein,
auf seine Weise.
Anne Morrow Lindbergh, Halte das Herz fest

Leid löscht die Kraft und den Verstand,
Die Freud' ist Gottes Feuerbrand.
Ernst Moritz Arndt, Gedichte

Leid steckt an.
William Shakespeare, Julius Caesar (Antonius)

Leiden heißt an Bewusstsein leiden,
nicht an Todesfällen.
Gottfried Benn

Leiden ist – ganz gleich,
von wie vielen es geteilt wird –
immer eine individuelle Erfahrung.
Anne Morrow Lindbergh,
Stunden von Gold – Stunden von Blei

Leiden sind Lehren.
Äsop, Fabeln

Leiden sind manchmal ein Segen
in Verkleidung. (a blessing in disguise)
Sprichwort aus den USA

Leiden und Schmerz
sind immer die Voraussetzungen
umfassender Erkenntnis
und eines tiefen Herzens.
Fjodor M. Dostojewski, Schuld und Sühne

Leidensgefährten aber finden einander.
August Strindberg, Der Sohn der Magd

Lernt man die Leiden der Natur kennen,
so verachtet man den Tod, lernt man
die Leiden der Gesellschaft kennen,
so verachtet man das Leben.
Chamfort, Maximen und Gedanken

Liebe alle Menschen,
der Leidende aber sei dein Kind.
Marie von Ebner-Eschenbach, Aphorismen

Liebe ohne Leid kann es nicht geben.
Dietmar von Aist, Släfest du, vriedel ziere?

Lieber leiden als sterben,
das ist der Menschen Wahlspruch.
Jean de La Fontaine, Fabeln

Man kennt nur diejenigen,
von denen man leidet.
Johann Wolfgang von Goethe,
Maximen und Reflexionen

Man mindert oft sein Leid,
indem man es erzählt.
Pierre Corneille, Polyeukt

Man muss im Leben wählen
zwischen Langeweile und Leiden.
Germaine Baronin von Staël, Briefe (an Rochet 1800)

Man vergisst viel Leid
in vierundzwanzig Stunden.
Deutsches Sprichwort

Mein ganzes Leben war Leiden.
Franziska Gräfin zu Reventlow, Tagebücher

Mit heiterm Angesicht
der Erde Leiden tragen,
Das ist des Himmels Lust,
das lässt uns nicht verzagen.
Friedrich Rückert, Gedichte

Muss nicht alles leiden?
Und je trefflicher es ist, je tiefer!
Leidet nicht die heilige Natur?
Friedrich Hölderlin, Hyperion

Neide die Leidensfreien nicht,
die Götzen von Holz, denen nichts
mangelt, weil ihre Seele so arm ist,
die nichts fragen nach Regen und
Sonnenschein, weil sie nichts haben,
was der Pflege bedürfte.
Friedrich Hölderlin, Hyperion

Nie waltet
Im Leben das Glück lauter
und frei vom Leide.
Sophokles, Antigone

Niemals sind wir ungeschützter
gegen das Leiden, als wenn wir lieben.
Sigmund Freud, Das Unbehagen in der Kultur

Notwendigkeit lindert mehr Leiden
als die Vernunft.
Luc de Clapiers Marquis de Vauvenargues,
Reflexionen und Maximen

O sähst du, voller Mondenschein,
Zum letzten Mal auf meine Pein.
Johann Wolfgang von Goethe, Faust I (Faust)

Ob die Überlieferung von Jesus
geschichtlich erwiesen ist oder nicht,
für mich ist sie wahrer selbst als
die Geschichte, denn ich halte sie für
möglich, weil sie ein ewiges Gesetz
darstellt – das Gesetz vom stellvertretenden Leiden des Unschuldigen.
Mohandas K. »Mahatma« Gandhi, Harijan
(engl. Wochenzeitung 1933–1956), 27. Oktober 1946

Ratschläge sind viel leichter
als Geduld im Leid.
Euripides, Alkestis

Schließe mir die Augen beide
Mit den lieben Händen zu!
Geht doch alles, was ich leide,
Unter deiner Hand zur Ruh.
Theodor Storm, Trost

Schließlich muss mir doch
das Leid den Kopf sprengen.
Und zwar an den Schläfen.
Franz Kafka, Tagebücher (1913)

Schweigt die Eigenliebe
und spricht die Vernunft,
so tröstet sie uns über alle Leiden,
die wir nicht vermeiden konnten.
Jean-Jacques Rousseau,
Träumereien eines einsamen Spaziergängers

Selbst die Heiligen
leiden unter Warzen.
Sprichwort aus Polen

So strömet Freud und Leid,
wie Zeiten wandeln.
William Shakespeare, Heinrich VI. (Gloucester)

Sprecht nicht: wir wollen leiden;
denn ihr müsst.
Sprecht aber: wir wollen handeln;
denn ihr müsst nicht.
Jean Paul, Dr. Kazenbergers Badereise

Suche im Leid das Glück.
Fjodor M. Dostojewski, Die Brüder Karamasow

Tiefes Leid schweigt und verbirgt sich.
Fjodor M. Dostojewski, Ein kleiner Held

Überstandnes Leid
vernimmt man gern.
Euripides, Helena (Menelaos)

Und das Leben ist gut.
Aus Leid kommt Freude,
klare und süße Freude.
Sylvia Plath, Briefe nach Hause (10. Oktober 1950)

Unde leid habet mih alten getan.
(Und Leid hat mich alt werden lassen.)
Notker III. Labeo, Kommentierte Boethius-Übersetzung

Und so tragen wir
unser Leiden mit Geduld,
an der ganzen Scheiße
sind wir selber schuld.
Dieter Hildebrandt

Und wenn der Mensch
in seiner Qual verstummt,
Gab mir ein Gott
zu sagen, was ich leide.
Johann Wolfgang von Goethe, Elegie (Motto)

Ungeduld begleitet wahre Leiden.
William Shakespeare, Heinrich VI. (Margareta)

Unsere Sorgen, unsere Kümmernisse,
unsere Leiden stammen aus uns selbst.
Jean-Jacques Rousseau, Emile

Vor-Bild sein heißt in erster Linie
vorleiden können.
Hans Kudszus

Was ist es anders
als Menschenschicksal,
sein Maß auszuleiden,
seinen Becher auszutrinken?
Johann Wolfgang von Goethe,
Die Leiden des jungen Werthers

Was ist's denn so großes Leiden?
Geht's nicht, so lassen wir uns scheiden.
Johann Wolfgang von Goethe, Vorschlag zur Güte

Was nennen Sie ruhig sein?
Die Hände in den Schoß legen?
Leiden, was man nicht sollte?
Dulden, was man nicht dürfte?
Gotthold Ephraim Lessing, Emilia Galotti (Emilia)

Was schert es einen, viel zu leiden,
wenn man viel genossen hat?
Charles Baudelaire, Notizen

Was trägst du denn,
was mehr als menschlich wäre?
Sophokles, Ödipus auf Kolonos (Theseus)

Wenige kennen den Unterschied
zwischen Ertragen und Leiden.
Agustina Bessa-Luís, Poder e Glória

Wenn die Leiden kommen,
So kommen sie
wie einzelne Späher nicht,
Nein, in Geschwadern.
William Shakespeare, Hamlet (König)

Wenn Leiden an sich lehrreich wäre,
wäre alle Welt weise, denn jeder leidet.
Zum Leiden müssen Trauer kommen,
Verständnis, Geduld, Liebe, Offenheit
und der Wille, verwundbar zu bleiben.
Anne Morrow Lindbergh,
Stunden von Gold – Stunden von Blei

Wenn man alles zusammenbrächte,
was alle Menschen tun und leiden,
und zwar unfreiwillig,
weil es nicht

um ihrer selbst willen geschieht,
und wenn man dazu
einen unbegrenzten Zeitraum fügte,
so würde darum
niemand das Leben
dem Nichtleben vorziehen.
Aristoteles, Eudemische Ethik

Wenn man etwas Entscheidendes
bewirken will, muss man nicht nur
der Vernunft genugtun, sondern auch
das Herz bewegen (...). Die Rührung
des Herzens geschieht durch Leiden.
Und dieses, Leiden, nicht das
Schwert, kennzeichnet die Menschheit.
Mohandas K. »Mahatma« Gandhi, The Nation's Voice

Wenn man leidet, im Sterben liegt,
kann man nicht denken.
Man vermag mit Mühe und Not
zu beten und seine Gedanken
in ausgetretenen Bahnen zu bewegen.
Leo N. Tolstoi, Tagebücher (1890)

Wenn man leidet,
muss man Einkehr halten,
nicht nach Streichhölzern suchen,
sondern das Licht löschen,
das gerade leuchtet und uns daran
hindert, unser wahres Ich zu erkennen.
Leo N. Tolstoi, Tagebücher (1896)

Wenn nicht der nächste und
unmittelbarste Zweck unsers Lebens
das Leiden ist; so ist unser Dasein
das zweckwidrigste auf der Welt.
Denn es ist absurd, anzunehmen,
dass der endlose, aus der dem Leben
wesentlichen Not entspringende
Schmerz, davon die Welt überall
voll ist, zwecklos und rein zufällig
sein sollte.
Arthur Schopenhauer,
Nachträge zur Lehre vom Leiden der Welt

Wenn wir wirklich glauben,
was wir oft verkündet haben,
nämlich dass Leiden, das wir nicht
herausgefordert haben, der sicherste
Weg ist, das Unrecht, dessentwegen
wir leiden, wieder gutzumachen, dann
brauchen wir uns über Einkerkerung
nicht zu betrüben.
Mohandas K. »Mahatma« Gandhi,
Aus der Gefangenschaft

Wer auf sein Elend tritt, steht höher.
Und das ist herrlich, dass wir echt
im Leiden recht
der Seele Freiheit fühlen.
Friedrich Hölderlin, Hyperion

Wer Äußerstes leidet,
dem ist das Äußerste recht.
Friedrich Hölderlin, Hyperion

Wer geduldig ist, leidet weniger,
und alles gereicht ihm zum Vorteil.
Papst Johannes XXIII., Briefe an die Familie
(Schwester Assunta), 11. Februar 1948

(...) wer mehr liebt,
der muss mehr leiden.
Kurt Tucholsky, Schnipsel

Wer nicht ein wenig Leid
zu ertragen weiß,
muss damit rechnen, viel zu leiden.
Jean-Jacques Rousseau, Emile

Wer ohne Leid,
der ist auch ohne Liebe.
Gottfried Keller, Sonette

Wer sich der Freude
im Übermaß hingibt,
leidet an einem Übermaß von Lust,
und wer dem Schmerz, am Gegenteil.
Aristoteles, Eudemische Ethik

Wer sich ein teuflisch Weib gefreit
Hat diesseits schon ein Höllenleid.
Jüdische Spruchweisheit

Wie das Übermaß der Freude
oft in Traurigkeit endigt,
so folgen hingegen neue Freuden
auf das überstandene Leid.
Giovanni Boccaccio, Das Dekameron

Wie elend ist, wer Härteres erleidet,
als man glaubt.
Ovid, Briefe aus der Verbannung

Willst du glücklich sein?
Dann lerne erst leiden.
Iwan S. Turgenjew, Gedichte in Prosa

Wir müssen lernen, den Menschen
weniger auf das, was er tut oder lässt,
als auf das, was er leidet, anzusehen.
Dietrich Bonhoeffer

Wir sträuben uns gegen das Leiden.
Wer aber möchte nicht gelitten haben?
Marie von Ebner-Eschenbach, Aphorismen

Wir werden von einem Leiden
nur geheilt, indem wir es
bis zum Letzten auskosten.
Marcel Proust, Auf der Suche nach der verlorenen Zeit
(die Entflohene)

Wir wollen in Frieden
unser Leid tragen und weiter hoffen.
Voltaire, Der ehrliche Hurone

Wirkliches, echtes Leid hat manchmal
sogar Dummköpfe klug gemacht.
Fjodor M. Dostojewski, Die Dämonen

Leidenschaft

Affekten und Leidenschaften
unterworfen zu sein, ist wohl immer
Krankheit des Gemüts; weil beides
die Herrschaft der Vernunft ausschließt.
Immanuel Kant, Anthropologie in moralischer Hinsicht

Alle großen Leidenschaften
entstehen in der Einsamkeit.
Jean-Jacques Rousseau,
Julie oder Die neue Héloïse (Julie)

Alle Irrtümer der Menschen
sind ein Nebel der Wahrheit;
alle Leidenschaften seiner Brust
sind wildere Triebe einer Kraft, die
sich selbst noch nicht kennet,
die ihrer Natur nach aber auf nichts
anders als aufs Bessere wirket.
Johann Gottfried Herder,
Ideen zur Philosophie der Geschichte der Menschheit

Alle Leidenschaften
sind nur übersteigert,
natürliche – legitime – Triebe.
Leo N. Tolstoi, Tagebücher (1907)

Alle Leidenschaften
suchen ihre Nahrung,
die Furcht liebt
den Gedanken an Gefahr.
Joseph Joubert, Gedanken, Versuche und Maximen

Alle Leidenschaften übertreiben
und wären keine Leidenschaften,
wenn sie nicht übertrieben.
Chamfort, Maximen und Gedanken

Alle Menschen haben
die gleichen Leidenschaften,
aber sie haben sie nicht alle
im gleichen Grade.
Friedrich Buchholz, Hermes oder Über die Natur
der Gesellschaft mit Blicken in die Zukunft

Auch die reizendste Unterhaltung
langweilt einen Menschen,
der in eine Leidenschaft verstrickt ist.
Luc de Clapiers Marquis de Vauvenargues,
Unterdrückte Maximen

Bei deinen Handlungen überlasse die
Entscheidung nicht der Leidenschaft,
sondern dem Verstande.
Epicharmos, Fragmente

Das Äußerste liegt
der Leidenschaft zunächst.
Johann Wolfgang von Goethe,
Die Wahlverwandtschaften

Das Einzige, wonach wir
mit Leidenschaft trachten, ist das
Anknüpfen menschlicher Beziehungen.
Ricarda Huch, Quellen des Lebens

Das Gewissen ist
die Stimme der Seele,
die Leidenschaften sind
die Stimme des Leibes.
Jean-Jacques Rousseau, Emile

Den Mann treibt Leidenschaft,
die Frau Leidenschaften,
jenen ein Strom,
diese die Winde.
Jean Paul, Levana

Der einzige Unterschied
zwischen einer Liebelei und
einer Leidenschaft ist,
dass die Liebelei von Dauer sein kann.
Oscar Wilde

Der Irrtum der Kirchenväter,
Gott sei die Weisheit,
hat gar manchen Anstoß gegeben:
denn Gott ist die Leidenschaft.
Bettina von Arnim, Die Günderode

Der Jugend Nachtgefährt
ist Leidenschaft,
Ein wildes Feuer leuchtet ihrem Pfad.
Johann Wolfgang von Goethe,
Des Eupimenides Erwachen (Eupimenides)

Der Leidenschaftliche redet stets eine
fremde Sprache, die von dem, was die
Dinge sind, abweicht: Aus ihm spricht
die Leidenschaft, nicht die Vernunft.
Baltasar Gracián y Morales,
Handorakel und Kunst der Weltklugheit

Der Mensch, der seine Leidenschaften
überwunden hat, ist in den Besitz
des fruchtbarsten Erdreiches getreten;
wie der Kolonist, der über die Wälder
und Sümpfe Herr geworden ist.
Friedrich Nietzsche, Menschliches, Allzumenschliches

Der Mensch ist niedrig und gemein,
wenn er sich in seiner
niedrigen Leidenschaft getroffen fühlt.
Alexandre Dumas d. J., Die Kameliendame

Der Traum der Männer wäre es,
den Frauen in die Arme zu sinken,
ohne ihnen gleichzeitig
in die Hände fallen zu müssen.
Jerry Lewis

Des Mannes Leidenschaft gleicht
einem Feuerwerk,
das bald gelöscht und
wieder entfacht wird,
weil ein Brand,
der fortwährend glühen würde,
zu vieles verzehren müsste.
Hildegard von Bingen, Heilkunde

Die Anwandlungen der Leidenschaft
sind das Glatteis der Klugheit,
und hier liegt die Gefahr,
sich ins Verderben zu stürzen.
Baltasar Gracián y Morales,
Handorakel und Kunst der Weltklugheit

Die beste Verwahrung gegen
Leidenschaft aller Art ist
nahe, gründliche Bekanntschaft
mit dem Gegenstand.
Johann Gottfried Seume, Apokryphen

Die Dauer unserer Leidenschaften
hängt ebenso wenig von uns ab
wie die Dauer unseres Lebens.
François de La Rochefoucauld, Reflexionen

Die höchste Schönheit,
die der Mensch erreichen kann, ist,
dass er alle Leidenschaften in sich
zu einem Kunstwerk verarbeitet, dass
er wie ein Gott über allen steht und
sie regiert, so dass sie nur immer
von der Kraft der Seele zeigen, aber
nie in widrige Verzerrung ausarten.
Sophie Bernhardi, Lebensansicht

Die Innigkeit, Tiefe und Ausbreitung,
mit der wir Leidenschaften empfangen,
verarbeiten und fortpflanzen,
macht uns zu den flachen oder tiefen
Gefäßen, die wir sind.
Johann Gottfried Herder,
Vom Erkennen und Empfinden der menschlichen Seele

Die Leidenschaft bringt Leiden!
Johann Wolfgang von Goethe,
Trilogie der Leidenschaft

Die Leidenschaft der höchsten Liebe
findet wohl auf Erden
ihre Befriedigung nie.
Susette Gontard,
Briefe (an Friedrich Hölderlin, Dezember 1798)

Die Leidenschaft erhöht
und mildert sich durchs Bekennen.
In nichts wäre die Mittelstraße
vielleicht wünschenswerter als
im Vertrauen und Verschweigen
gegen die, die wir lieben.
Johann Wolfgang von Goethe,
Maximen und Reflexionen

Die Leidenschaft flieht,
Die Liebe muss bleiben;
Die Blume verblüht,
Die Frucht muss treiben.
Friedrich Schiller, Das Lied von der Glocke

Die Leidenschaft ist
die Mutter großer Dinge.
Jacob Burckhardt

Die Leidenschaft ist hart
wie die Unterwelt,
Ihre Gluten sind Feuergluten,
Gewaltige Flammen.
Altes Testament, Hohelied Salomos 8, 6

Die Leidenschaft ist
immer ein Leiden,
auch die befriedigte.
Marie von Ebner-Eschenbach, Aphorismen

Die Leidenschaft ist wie der Blitz:
Meist schlägt sie daneben ein.
Anatole France

Die Leidenschaft lässt,
wenn sie vorüber ist,
eine dunkle Sehnsucht
nach sich selber zurück
und wirft, im Verschwinden noch,
einen verführerischen Blick zu.
Friedrich Nietzsche, Menschliches, Allzumenschliches

Die Leidenschaft
macht die besten Beobachtungen
und die elendesten Schlüsse.
Jean Paul, Hesperus

Die Leidenschaft will nicht warten.
Friedrich Nietzsche, Menschliches, Allzumenschliches

Die Leidenschaften der Jünglinge
sind Laster bei Greisen.
Joseph Joubert, Gedanken, Versuche und Maximen

Die Leidenschaften haben
die Menschen die Vernunft gelehrt.
Luc de Clapiers Marquis de Vauvenargues,
Reflexionen und Maximen

Die Leidenschaften sind
an sich selbst weder gut noch böse.
Denn für den Menschen bestimmt sich
Gut und Böse gemäß der Vernunft.
Darum können die Leidenschaften,
in sich betrachtet, sowohl gut
wie auch böse sein, da sie ja
der Vernunft entsprechen oder
ihr widerstreiten können.
Thomas von Aquin, Summa theologica

Die Leidenschaften
sind die Pforten der Seele.
Baltasar Gracián y Morales,
Handorakel und Kunst der Weltklugheit

Die Leidenschaften sind die Winde,
welche die Segel des Schiffes blähen:
Manchmal bringen sie es zum Kentern,
aber ohne sie könnte es nicht segeln.
Voltaire, Zadig

Die Leidenschaften sind Mängel
oder Tugenden, nur gesteigerte.
Johann Wolfgang von Goethe,
Maximen und Reflexionen

Die Leidenschaften sind nur Natur,
aber Nicht-Bereuen ist Verdorbenheit.
Joseph Joubert, Gedanken, Versuche und Maximen

Die Leidenschaften sind nur verschiedene Spielarten der Eigenliebe.
François de La Rochefoucauld, Nachgelassene Maximen

Die Natur hat Vernunft und
Leidenschaften zugleich erschaffen.
Durch das zweite Geschenk wollte sie
wohl dem Menschen hinweghelfen
über das Böse, das sie ihm mit
dem ersten zufügte, und wenn sie
ihn den Verlust seiner Leidenschaften
nur wenige Jahre überleben ließ,
geschah es offenbar aus Mitleid,
um den Menschen von einem Leben
zu befreien, dem nichts geblieben wäre
als die Vernunft.
Chamfort, Maximen und Gedanken

Die Vernunft erzählt Geschichten, aber
die Leidenschaften drängen zur Tat.
Antoine Comte de Rivarol, Maximen und Reflexionen

Die Zärtlichkeit
ist das Ruhen der Leidenschaft.
Joseph Joubert, Gedanken, Versuche und Maximen

Die Zivilisation hat die Liebe
von der Stufe des Instinkts
auf die der Leidenschaft gehoben.
George Moore

Eine erloschene Leidenschaft
ist kälter als Eis.
Zsa Zsa Gabor

Eine Frau, für die wir einst
eine tiefe Leidenschaft empfanden und
die unsere Neigung unerwidert ließ,
mag uns im späteren Leben
die wertvollsten Dienste leisten,
wir laufen immer Gefahr,
undankbar zu sein.
Jean de La Bruyère, Die Charaktere

Eine große Leidenschaft
ist das Privileg derer,
die sonst nichts zu tun haben.
Oscar Wilde, Das Bildnis des Dorian Gray

Einer Leidenschaft verfallen
ist oft schlimmer
als in Gefangenschaft geraten.
Fjodor M. Dostojewski, Onkelchens Traum

Empfindest du nur die mindeste
Leidenschaft für eine Frau und
ist deine Einbildungskraft nicht ganz
erloschen, so ist es um deinen Schlaf
geschehen, wenn sie eines Abends
in ihrem Ungeschick dir zärtlich
und überraschend erklärt:
»Ach ja, kommt morgen Mittag,
es wird niemand bei mir sein.«
Stendhal, Über die Liebe (Fragmente)

Es gibt wenig beständige
Leidenschaften, aber viele aufrichtige.
Das ist immer so gewesen. Aber die
Menschen setzen ihren Stolz darein,
beständig oder gleichgültig zu sein,
je nach der Mode, die immer
über die Natur hinausgeht.
Luc de Clapiers Marquis de Vauvenargues,
Reflexionen und Maximen

Es ist absurd, mit den Leidenschaften
vernünftig zu reden;
wenn sie Vernunft annehmen könnten,
wären sie keine Leidenschaften.
Théodore Jouffroy, Das grüne Heft

Es ist also wahr, dass
»aus Leidenschaft handeln« sowohl
das Lob wie den Tadel vermindert;
»mit Leidenschaft handeln« aber
kann beides vermehren.
Thomas von Aquin, Über die Wahrheit

Es ist ein Irrtum, dass man
die Leidenschaften in erlaubte
und verbotene einteilt, um sich
den Ersteren zu überlassen und

den anderen zu entziehen.
Alle sind gut, wenn man Herr
über sie bleibt, alle sind böse,
wenn man sich von ihnen
unterdrücken lässt.
Jean-Jacques Rousseau, Emile

Es ist selten der Fall,
dass die Leidenschaften Einzelner
dem Gemeinwohl nicht schaden.
Niccolò Machiavelli, Geschichte von Florenz

Es kann Leidenschaft
ohne Achtung geben,
dann bleibt sie ohne Zärtlichkeit.
Sully Prudhomme, Gedanken

Es kommt manchmal vor,
dass eine Frau einem Mann die volle
Leidenschaft, die sie für ihn fühlt,
verheimlicht, während er selber
die ganze Leidenschaft für sie,
die er nicht empfindet, heuchelt.
Jean de La Bruyère, Die Charaktere

Es steht nicht in unserer Macht,
Leidenschaften zu haben
oder nicht zu haben;
aber es steht in unserer Macht,
sie zu beherrschen.
Jean-Jacques Rousseau, Emile

Fast jeder nämlich
erklärt für berechtigt die Leidenschaft,
zu der er sich bekennt.
Lucius Annaeus Seneca, Über den Zorn

Geduld ist gezähmte Leidenschaft.
Lymann Abbott

Große Leidenschaften sind
Krankheiten ohne Hoffnung.
Was sie heilen könnte,
macht sie erst recht gefährlich.
Johann Wolfgang von Goethe, Maximen und Reflexionen

Hienieden verschlingen
tausend hitzige Leidenschaften
die innere Empfindung
und narren das Gewissen.
Jean-Jacques Rousseau, Emile

Hinter jedem Gedanken
lauert eine Leidenschaft,
jedes Urteil ist
von einer Neigung gefärbt.
August Strindberg, Der Sohn der Magd

Ihre Leidenschaft wird erlöschen
wie ein Leuchter,
deren Flamme keine Nahrung hat.
Walter Scott, Die Braut von Lammermoor

Im menschlichen Herzen werden
ohne Unterlass Leidenschaften geboren.
Fast immer entsteht eine neue,
wenn eine alte vergeht.
François de La Rochefoucauld, Reflexionen

Im Orient, in dem
die geschlechtlichen Leidenschaften
infolge des heißen Klimas
am lebhaftesten sind,
wird noch heute die Absperrmethode
ins Extrem getrieben.
August Bebel, Die Frau und der Sozialismus

In den Leidenschaften liegen
Ungerechtigkeit und Eigennutz.
Darum ist es gefährlich,
ihnen nachzugeben, und man soll
ihnen sogar misstrauen, wenn sie
noch so vernünftig erscheinen.
François de La Rochefoucauld, Reflexionen

In jedem Menschen ist dem Zorn
der Weg durch eine schon vorher
vorhandene Leidenschaft gebahnt.
Aristoteles, Psychologie

Jede Leidenschaft,
welche in der Einsamkeit schläft,
wacht in der Gesellschaft auf.
Christian Garve, Über Gesellschaft und Einsamkeit

Jede Periode des Lebens
hat ihre Leidenschaften.
Das Alter, das man
für die weiseste halten sollte,
hat gewöhnlich die schmutzigsten.
Johann Gottfried Seume, Apokryphen

Jeden reißt seine Leidenschaft hin.
Vergil, Hirtengedichte

Junge Leute finden sich besser
in die Einsamkeit als Greise;
ihre Leidenschaften schaffen ihnen
Unterhaltung.
Jean de La Bruyère, Die Charaktere

Kein Toter ist so gut begraben
wie eine erloschene Leidenschaft.
Marie von Ebner-Eschenbach, Aphorismen

Leidenschaft erzeugt Leidenschaft.
Johann Wolfgang von Goethe, Wilhelm Meisters Wanderjahre

Leidenschaft hat keinen Preis,
man schenkt sich nur selbst.
Nur stumpfe Illusionen können
zum Verkauf stehen, und die sind
von der Wahrheit so weit entfernt.
Peter Ustinov, Was ich von der Liebe weiß

Leidenschaft ist eine Art Fieber des
Geistes, das uns schwächer verlässt,
als es uns vorgefunden hat.
William Penn, Früchte der Einsamkeit

Leidenschaft ist immer siegreich.
Theodor Fontane, Der Stechlin

Leidenschaft macht oft
den schlauesten Menschen dumm
und den dümmsten schlau.
François de La Rochefoucauld, Reflexionen

Leidenschaft ohne Wahrheit ist blind,
und Wahrheit ohne Leidenschaft
ist ohnmächtig.
Erich Fromm, Ethik und Politik

Leidenschaften der Regierungen
zeugen von Schwäche. Leidenschaften
des Volkes aber zeugen von Stärke.
Ludwig Börne, Aphorismen und Miszellen

Leidenschaften misshandeln die
Lebenskraft.
Friedrich Schiller, Die Räuber (Franz)

Leidenschaften sind Krebsschäden
für die reine praktische Vernunft und
mehrenteils unheilbar; weil der Kranke
nicht will geheilt sein und sich der
Herrschaft des Grundsatzes entzieht,
durch den dieses allein
geschehen könnte.
Immanuel Kant, Anthropologie in moralischer Hinsicht

Leidenschaftlichkeit,
die sich im Alter steigert,
grenzt an Narretei.
François de La Rochefoucauld, Reflexionen

Leidenschaftslos sein:
Eine Eigenschaft der höchsten
Geistesgröße, deren Überlegenheit
selbst sie loslöst
vom Joch gemeiner äußerer Eindrücke.
Baltasar Gracián y Morales,
Handorakel und Kunst der Weltklugheit

Liebe ist diejenige Leidenschaft,
in der unsere heftigsten Wünsche
die größte Befriedigung finden.
Stendhal

Man hat immer große Mühe,
die Leidenschaften
der anderen zu verstehen.
André Gide, Stirb und werde

Man kann auf die Leidenschaften
nur durch Leidenschaften einwirken.
Jean-Jacques Rousseau, Emile

Manche Leidenschaften
sind den Tugenden so nahe,
dass wir Gefahr laufen,
durch den geringen Unterschied
getäuscht zu werden.
Erasmus von Rotterdam,
Handbüchlein eines christlichen Streiters

Männer, auf die Frauen fliegen,
sind nicht dieselben,
bei denen sie landen.
Senta Berger

Meist widerstehen wir
unseren Leidenschaften nur,
weil sie schwach,
nicht weil wir stark sind.
François de La Rochefoucauld, Reflexionen

Mit seinen Leidenschaften leben
setzt voraus,
dass man sie sich unterworfen hat.
Albert Camus, Aus dem Tagebuch eines Moralisten

Nehmt die Liebe weg,
und es bleiben keine Leidenschaften;
setzt sie hinzu,
und diese werden alle wieder geboren.
Jacques Bénigne Bossuet,
Von der Erkenntnis Gottes und seiner selbst

Nichts fällt der Leidenschaft leichter,
als sich über die Vernunft
hinwegzusetzen: Ihr wahrer Triumph
ist der Sieg über die Selbstsucht.
Jean de La Bruyère, Die Charaktere

Nichts ist so spannend
wie die Leidenschaft, weil in ihr
alles überraschend geschieht und
der Handelnde zugleich Opfer ist;
nichts so fad wie die gepflegte Liebe,
wo wie bei irgendeinem nüchternen
Geschäft alles voller Berechnung steckt.
Stendhal, Über die Liebe (Fragmente)

Nichts widersteht
einer wahren Leidenschaft.
Honoré de Balzac, Die Physiologie der Ehe

O Eifersucht, Eifersucht,
du Leidenschaft, die mit Eifer sucht,
was Leiden schafft!
Miguel de Cervantes Saavedra,
Der wachsame Posten (Soldat)

Ohne Leidenschaft
gibt es keine Genialität.
Theodor Mommsen, Römische Geschichte

Schön bist du, mein Geliebter,
Verlockend.
Frisches Grün ist unser Lager.
Altes Testament, Hoheslied Salomos 1, 16

Selbst la grande passion
macht mich nicht monogam.
Franziska Gräfin zu Reventlow, Tagebücher

Sie tummeln ihre Rosse,
aber sie reiten sie nicht.
Arthur Schnitzler,
Aphorismen und Betrachtungen aus dem Nachlass

Sieh doch, verändert sich
nicht alles in der Welt, warum
sollten unsere Leidenschaften bleiben.
Johann Wolfgang von Goethe, Clavigo (Carlos)

Sind die Leidenschaften Ausdruck
der Kraft oder des Unvermögens
oder der Schwäche? Verrät es
Größe oder Mittelmäßigkeit,
frei von Leidenschaften zu sein?
Oder ist alles ein Ineinander von Stärke
und Schwäche, Größe und Kleinheit?
Luc de Clapiers Marquis de Vauvenargues,
Unterdrückte Maximen

Statt die Leidenschaft,
die Quelle bittersten Unglücks,
zu zähmen, zu mäßigen, entfachen
wir sie vielmehr mit allen Mitteln und
beklagen uns dann, dass wir leiden.
Leo N. Tolstoi, Tagebücher (1897)

Stille und Nachdenken erschöpfen
die Leidenschaften, wie Arbeit und
Fasten die Launen verzehren.
Luc de Clapiers Marquis de Vauvenargues,
Unterdrückte Maximen

Sympathie und Liebe,
Wollust und Ehrgeiz,
Neid und Eifersucht enträtseln
durch Blicke, durch geheime Winke,
was unter sieben Decken
hinter der Brust verborgen liegt,
wittern gleichsam, aus lauter
kleinen sichtbaren Anzeichen,
das tief verborgne Geheimnis.
Johann Gottfried Herder,
Vom Erkennen und Empfinden der menschlichen Seele

Taste aber nur einer das Eigentum an,
und der Mensch mit seinen
Leidenschaften wird sogleich da sein.
Johann Wolfgang von Goethe, überliefert von
Johann Peter Eckermann (Gespräche mit Goethe)

Tiefe Empfindungen müssen
immer auch tiefe Kenntnisse
gewähren können, die über
jene herrschen, und sodenn sind
die stärksten Leidenschaften
und Triebe, wohlgeordnet, nur
das sinnliche Schema der starken
Vernunft, die in ihnen würket.
Johann Gottfried Herder,
Vom Erkennen und Empfinden der menschlichen Seele

Unsere Leidenschaften entsprechen
in der Regel unseren Bedürfnissen.
Luc de Clapiers Marquis de Vauvenargues,
Reflexionen und Maximen

Unsre Leidenschaften
sind wahre Phönixe.
Wie der alte verbrennt,
steigt der neue sogleich
wieder aus der Asche hervor.
Johann Wolfgang von Goethe,
Maximen und Reflexionen

Unstet treiben die Gedanken
Auf dem Meer der Leidenschaft.
Friedrich Schiller, Würde der Frauen

Vergebliches Trachten, über alte
Leidenschaften neue säen zu wollen!
Sie brechen immer wieder hervor;
keine Macht der Welt vermöchte sie
mit den Wurzeln auszureißen.
Gustave Flaubert, November

Wahrlich, die Eifersucht
ist eine schreckliche Leidenschaft!
Voltaire, Die Briefe Amabeds

Warum ist die Liebe die erste
unter allen Leidenschaften? Weil sie
ihnen allen zusammen schmeichelt.
Honoré de Balzac, Die Physiologie der Ehe

Was ist dein Glück, dein Seelenleben
– als Leidenschaft, und wie erhöht sich
deines Wirkens Kraft, welche Offenbarungen
tun sich auf in deiner Brust,
von denen du vorher noch nicht
geträumt hattest?
Bettina von Arnim, Die Günderode

Was ist Leidenschaft,
als erhöhtes Leben durchs Gefühl,
das Göttliche sei dir nah,
du könntest es erreichen, du könntest
zusammenströmen mit ihm?
Bettina von Arnim,
Goethes Briefwechsel mit einem Kinde

Was nützt
einer ganzen Landschaft schweigen,
wenn die Leidenschaften toben?
Lucius Annaeus Seneca, Briefe über Ethik

Was uns betrifft, so brechen
sich unsere Leidenschaften an
den Geschäften und Streitigkeiten
des Alltags. Die Frau ist die ihrigen;
das ist der fixe Punkt, auf den sie
unablässig ihr Augenmerk richtet,
da sie ansonsten meist unbeschäftigt
oder mit nichtigen Dingen befasst ist.
Denis Diderot, Über die Frauen

Wenn die Liebe ein Kind ist,
so ist die Leidenschaft ein Mann.
Honoré de Balzac, Die Physiologie der Ehe

Wenn die Menschen
ohne Leidenschaft wären, würde
freilich viel Böses verschwinden,
aber auch sehr viel von dem,
was jetzt sehr gut aussieht.
Johann Gottfried Seume, Apokryphen

Wenn du deine Leidenschaften
eher als sie dich besiegt hast,
hast du einen Grund zur Freude.
Titus Maccius Plautus, Der's für einen Dreier tut

Wenn du, zärtliche Frau, dich
überzeugen willst, ob der angebetete
Mann dich leidenschaftlich liebt, so
erforsche seine frühe Jugend. Jeder
außergewöhnliche Mann war einmal,
nämlich bei seinem Eintritt ins Leben,
ein lächerlicher Schwärmer oder
ein Unglücksvogel. Ein Mann von
lustiger, schmeichlerischer, leicht
zufrieden stellender Gemütsart vermag
nicht mit jener Leidenschaft zu lieben,
deren dein Herz bedarf.
Stendhal, Über die Liebe (Fragmente)

Wenn ein Mann und eine Frau eine
heftige Leidenschaft füreinander haben,
so glaube ich immer, dass sie
von Natur zusammengehören, dass

sie sich trotz aller Hindernisse wie
Gatten, Eltern usw. aus göttlichem
Recht besitzen, allen Satzungen
und menschlichen Übereinkommen
zum Trotz.
Chamfort, Maximen und Gedanken

Wenn einer Frau sehr viel daran liegt,
euch irrezuführen, wird sie den Rausch
der Leidenschaft vortäuschen; ja
sie wird ihn sogar empfinden, ohne
sich zu vergessen.
Denis Diderot, Über die Frauen

Wenn noch der Funke einer früheren
Leidenschaft in uns glüht, wird sich
leichter eine neue Leidenschaft
entzünden, als wenn die alte in uns
ganz erstorben ist.
François de La Rochefoucauld, Reflexionen

Wenn uns die Leidenschaft ergreift,
so hören wir immer nur uns selber
sprechen und vernehmen kein Wort
von den Einwendungen des andern.
Ludwig Tieck, Karl von Berneck (Reinhard)

Wenn unsere Leidenschaft uns treibt,
etwas zu tun,
vergessen wir unsere Pflicht.
Blaise Pascal, Pensées

Wer nur Geist hat,
hat Sinn für große Dinge,
Leidenschaft für kleine.
Luc de Clapiers Marquis de Vauvenargues,
Reflexionen und Maximen

Werden Anblick, Verkehr und Umgang
miteinander genommen, so löst sich
die erotische Leidenschaft auf.
Epikur, Sprüche. In: Briefe, Sprüche, Werkfragmente

Wie die Natur, so drängt auch
die Leidenschaft mit Ungestüm
auf ein Einziges, Bestimmtes.
Thomas von Aquin, Summe gegen die Heiden

Wie leichtgläubig uns doch
die Leidenschaften machen!
Und mit welcher Mühe reißt
sich doch ein aufgewühltes Herz
von Irrtümern los,
selbst wenn es sie erkennt!
Jean-Jacques Rousseau,
Julie oder Die neue Héloïse (Julie)

Wie machen doch
ungestüme Leidenschaften
die Menschen zu Kindern!
Jean-Jacques Rousseau,
Julie oder Die neue Héloïse (Saint-Preux)

Wie nur schwere Krankheiten
eine Zerrüttung des Gedächtnisses
bewirken, so bewirken auch
nur große Leidenschaften
eine solche in den Sitten.
Jean-Jacques Rousseau, Emile

Wie sehr man sich auch müht,
seine Leidenschaften durch den
Anschein von Frömmigkeit und Ehre
zu verhüllen, immer bleiben sie
hinter diesem Schleier erkennbar.
François de La Rochefoucauld, Reflexionen

Wir ahnen gar nicht,
was wir alles aus Leidenschaft tun.
François de La Rochefoucauld, Reflexionen

Wir verdanken den Leidenschaften
vielleicht die größten Vorzüge
des Verstandes.
Luc de Clapiers Marquis de Vauvenargues,
Reflexionen und Maximen

Wir werden von einer Leidenschaft
nur geheilt, wenn wir sie
bis zum Letzten auskosten.
Marcel Proust

Wo Leidenschaft die Zügel führt
Wird oft der beste Kopf verwirrt.
Jüdische Spruchweisheit

Leihen

Frauen, Pferde und Uhren
soll man nicht verleihen.
Deutsches Sprichwort

Leihe nie Bücher
oder andere Dinge aus,
die dir geliehen worden sind.
Adolph Freiherr von Knigge,
Über den Umgang mit Menschen

Mit fremdem Kalb ist wohlfeil pflügen.
Deutsches Sprichwort

Was man ausleiht, bessert sich nicht.
Deutsches Sprichwort

Wer den Armen leiht,
dem zahlt Gott die Zinsen.
Deutsches Sprichwort

Wer Freunden leiht, verliert doppelt.
Sprichwort aus Frankreich

Wer nicht freigebig, sondern karg ist
und den Mut nicht hat, zu schenken,
der tut schon viel, wenn er nur leiht.
Teresa von Ávila, Weg der Vollkommenheit

Willst du etwas los sein,
leih es einem guten Freund (...).
Titus Maccius Plautus

Leipzig

Die Biederkeit der Einwohner war
so groß, dass, als ein Leipziger Bürger
an einem Apfelbaum, den er an
den Rand der öffentlichen Promenade
gepflanzt hatte, einen Zettel mit
der Bitte anbrachte, man möge ihm
die Früchte nicht wegnehmen,
demselben zehn Jahre lang nicht
ein einziger Apfel gestohlen wurde.
Ich habe diesen Apfelbaum mit einem
Gefühl der Hochachtung betrachtet.
Germaine Baronin von Staël, Über Deutschland

Die Leipziger sind als eine
kleine moralische Republik anzusehn.
Johann Wolfgang von Goethe, Briefe
(an Charlotte von Stein, 29. Dezember 1782)

Mein Leipzig lob ich mir!
Es ist ein klein Paris
und bildet seine Leute.
Johann Wolfgang von Goethe, Faust I (Frosch)

Leise

Auf leisen Sohlen wandeln
die Schönheit,
das wahre Glück
und das echte Heldentum.
Wilhelm Raabe, Alte Nester

Die größte Kraft auf der Welt
ist das Pianissimo.
Maurice Ravel

Radfahrer sind
die einzigen sympathischen Leisetreter.
Ernst Schröder

Sprich leise
und trage einen großen Knüppel.
Theodore Roosevelt

Leistung

Alles kann der Edle leisten,
Der versteht und rasch ergreift.
Johann Wolfgang von Goethe, Faust II (Chor)

Auf dieser Erde, in dieser Zeit,
in diesem Leib das Höchste leisten,
das wird auch Gott wohlgefällig sein.
Jakob Boßhart, Bausteine zu Leben und Zeit

Demokratie braucht
nicht weniger Leistungsbereitschaft
als andere Staatsformen,
sondern eher mehr (...).
Helmut Kohl, Verantwortung für die Jugend –
Erziehung im demokratischen Staat.
Rede des Bundeskanzlers in Bonn 1985

Denn das Bessere vollbringt immer
auch eine bessere Leistung.
Aristoteles, Politik

Der bedeutende Mensch weist sich
durch Leistungen, der große vor allem
durch sein Dasein aus.
Aber war es seine Art, sich damit
zu begnügen, so war er nicht groß.
Arthur Schnitzler,
Aphorismen und Betrachtungen aus dem Nachlass

Der richtige Champ
ist dazu verpflichtet, mehr zu leisten,
und zwar auf Dauer.
Boris Becker, Ich bin das Vorbild der neuen Deutschen,
DER SPIEGEL, Nr. 38/1986

Die Ansprüche, die ein Mensch
an andre stellt, stehn gewöhnlich
in umgekehrtem Verhältnis
zu seinen Leistungen.
Emil Gött, Zettelsprüche. Aphorismen

Die Kritik an anderen hat noch
keinem die eigene Leistung erspart.
Noel Coward

Die Mäßigung glücklicher Menschen
kommt von der Ruhe,
die vollbrachte Leistungen
ihrem Gemüt geschenkt haben.
François de La Rochefoucauld, Reflexionen

Es gibt nur sittliche Unterschiede
unter den Menschen, und jemand,
der Höheres fühlt, muss Höheres leisten.
Paul Ernst, Saat auf Hoffnung

Es hat noch niemand
etwas Ordentliches geleistet, der nicht
etwas Außerordentliches leisten wollte.
Marie von Ebner-Eschenbach, Aphorismen

Es ist das Zeichen
einer außerordentlichen Leistung,
dass selbst die größten Neider
sie loben müssen.
François de La Rochefoucauld, Reflexionen

Es kommt nicht nur darauf an,
was wir äußerlich in der Welt leisten,
sondern was wir menschlich geben,
in allen Lagen.
Albert Schweitzer,
Was sollen wir tun? (Predigt, 3. Mai 1919)

Gleiche Leistungen können mit
verschiedener Kraftanstrengung und
verschiedenen Willensanspannungen
erzielt werden;
das eine ist vom anderen unabhängig.
Michel Eyquem de Montaigne, Die Essais

Ich bin überzeugt,
dass die Menschen
von den Ergebnissen
ihrer Leistungsfähigkeit
überfordert werden.
Günter Grass

Ich gebe immer 100 Prozent.
Boris Becker, Ich bin das Vorbild der neuen Deutschen,
DER SPIEGEL, Nr. 38/1986

Immer mehr wird erkannt,
dass es ohne das klare Ja,
ohne den Willen zur Leistung
keine Zukunft gibt.
Helmut Kohl, Leitlinien und Chancen
der Luft- und Raumfahrtpolitik (1986)

Ja, mit dem besten Willen leisten wir
So wenig, weil uns
tausend Willen kreuzen.
Johann Wolfgang von Goethe,
Die natürliche Tochter (König)

Jede künstlerische Leistung ist ein Sieg
über die menschliche Trägheit.
Herbert von Karajan

Leistung allein genügt nicht.
Man muss auch jemanden finden,
der sie anerkennt.
Lothar Schmidt

Leistung. Der Mensch kann nur
als ein Seins-Typus eine Kategorie
ganz erfüllen;
hierin liegt die Beschränktheit aller,
die was leisten, und die Überlegenheit
jedes universellen Müßiggängers.
Heimito von Doderer, Repertorium. Ein Begreifbuch
von höheren und niederen Lebens-Sachen

Leute, die im Kleinen nichts leisten,
bilden sich gerne ein,
sie seien für was Größeres geboren.
Heinrich Waggerl, Aphorismen

Mach, was du willst, aber sei der Erste.
Sprichwort aus Wallonien

Nach Kraft ringen.
Das klingt alles so dramatisch.
Man tut eben, was man kann
und legt sich dann schlafen.
Und auf diese Weise geschieht es, dass
man eines Tages etwas geleistet hat.
Paula Modersohn-Becker,
Briefe (an die Schwester, 12. August 1906)

Nicht leisten können,
was andere leisten
– du musst dich bescheiden.
Nicht mehr leisten können,
was du selbst einmal geleistet hast
– zum Verzweifeln.
Marie von Ebner-Eschenbach, Aphorismen

Nur ein mittelmäßiger Mensch
ist immer in Hochform.
William Sommerset Maugham

Nur wer etwas leistet,
kann sich etwas leisten.
Michail S. Gorbatschow

Viel haben geleistet,
die vor uns gelebt haben,
aber sie haben es nicht vollendet:
Achten muss man sie dennoch
und wie Götter verehren.
Lucius Annaeus Seneca, Moralische Briefe

Was noch zu leisten ist,
das bedenke;
was du schon geleistet hast,
das vergiss.
Marie von Ebner-Eschenbach, Aphorismen

Wem viel gegeben ist,
der hat auch viel zu leisten.
Johann Gottfried Herder, Auch eine Philosophie
der Geschichte zur Bildung der Menschheit

Wenn der Mensch alles leisten soll,
was man von ihm fordert, so
muss er sich für mehr halten, als er ist.
Johann Wolfgang von Goethe,
Maximen und Reflexionen

Wer etwas Großes leisten will,
muss tief eindringen,
scharf unterscheiden,
vielseitig verbinden
und standhaft beharren.
Friedrich Schiller, Über die notwendigen Grenzen
beim Gebrauch schöner Formen

Wir haben die Verantwortung
für unser Versagen, aber nicht die Ehre
für unsere Leistung.
Dag Hammarskjöld, Zeichen am Weg

Wir haben uns zu lange eine schwer
verständliche Leistungsverweigerung
erlaubt (...).
Helmut Kohl, Leitlinien und Chancen der Luft-
und Raumfahrtpolitik (1986)

Leiter

Wer die Leiter hinauf will, muss
mit der untersten Sprosse anfangen.
Deutsches Sprichwort

Wer seine Leiter zu steil stellt,
kann leicht nach hinten fallen.
Sprichwort aus Tschechien

Leitung

Und besonders bedarf die Jugend,
dass man sie leite.
Johann Wolfgang von Goethe,
Hermann und Dorothea (5. Gesang)

Wenn es die Vernunft ist,
die den Menschen macht,
so ist es die Empfindung,
die ihn leitet.
Jean-Jacques Rousseau,
Julie oder Die neue Héloïse (Claire)

Wer Schwache leiten will, der sei
Von ihrer Schwachheit selber frei!
Magnus Gottfried Lichtwer, Fabeln

Lektüre

Die Beschäftigung mit geistigen
Dingen war für mich das vornehmste
Heilmittel gegen alle Widrigkeiten des
Lebens, da ich niemals einen Kummer
hatte, den eine Stunde Lektüre nicht
verscheucht hätte.
Charles de Secondat, Baron de la Brède
et de Montesquieu, Meine Gedanken

Erst die Lektüre vollendet das Werk.
Ingeborg Bachmann

Manchem Menschen würden
Weihnachtskataloge, Zeitungs-
annoncen und zu Mundwassern, Seife,
Thermosflaschen, Petroleumöfen usw.
beigepackte Erklärungen und Referate
als Lektüre völlig genügen.
Christian Morgenstern, Stufen

Lerche

Es war die Nachtigall
und nicht die Lerche.
William Shakespeare, Romeo und Julia (Julia)

Wie die Lerche möchte ich
weit schweifen und hoch
über meinem Nest.
Joseph Joubert, Gedanken, Versuche und Maximen

Lernen

Am Bart des Toren
lernt der Barbier rasieren.
Sprichwort aus Spanien

Auch beim Lernen sogar ist es
eine gute List des Schülers, dem Lehrer
zu widersprechen, der jetzt,
von größerem Eifer getrieben, sich
tiefer in die Eröffnung des Grundes
seiner Wahrheiten einlässt; sodass
eine gemäßigte Bestreitung eine
vollendete Belehrung veranlasst.
Baltasar Gracián y Morales,
Handorakel und Kunst der Weltklugheit

Auch in einem Königshaus lernt man,
wie die Affen lernen:
Indem man die Eltern beobachtet.
Prinz Charles

Auf Sand geschrieben ist,
was du im Alter noch erlernst,
in Stein graviert,
was du in der Jugend gelernt hast.
Sprichwort aus Arabien

Aus Niederlagen lernt man leicht.
Schwieriger ist es,
aus Siegen zu lernen.
Gustav Stresemann

Begabung hängt halb vom Talent
und halb vom Lernen ab.
Chinesisches Sprichwort

Bei einem argumentationsfreudigen
Streitgespräch erreicht der Unterlegene
mehr, insofern er etwas dazulernt.
Epikur, Sprüche. In: Briefe, Sprüche, Werkfragmente

Bei Lahmen lernt man hinken,
bei Säufern lernt man trinken.
Deutsches Sprichwort

Beständiges unwillkürliches Lernen
ist Sache des Genies.
Marie von Ebner-Eschenbach, Aphorismen

Das Kind lernt viel,
was nur der Mann anwenden kann;
deswegen aber hat es solches
nicht umsonst erlernt.
Johann Gottfried Herder,
Ideen zur Philosophie der Geschichte der Menschheit

Das Lernen ist kein Spiel,
sondern eine ernste Mühe.
Aristoteles, Älteste Politik

Das Tier taugt zu allem,
was es soll, vollkommen
– der Mensch zu nichts recht,
als was er lernt, liebt und übt.
Johann Heinrich Pestalozzi,
Der natürliche Schulmeister

Das, was man im Gespräche lernt,
hat auch gleich die Form und
den Ausdruck, in welchen es sich
am leichtesten wieder an andre
im Gespräche mitteilen lässt.
Christian Garve, Über Gesellschaft und Einsamkeit

Den Menschen kann man nicht anders
als unter Menschen und
im Umgange mit ihnen kennen lernen.
Christian Garve, Über Gesellschaft und Einsamkeit

Den nenn' ich einen weisen Mann
Der weiß, dass er von jedem
lernen kann.
Jüdische Spruchweisheit

Denn was könnte man
Besseres lernen als das,
was Gott von Natur aus
in jede Menschenseele gelegt hat,
was in der Tiefe jeder Seele
lebt und liebt, hofft und glaubt,
wenn es nicht mutwillig gestört wird?
Vincent van Gogh, Briefe

Der echte Schüler lernt
aus dem Bekannten das Unbekannte
entwickeln und
nähert sich dem Meister.
Johann Wolfgang von Goethe,
Maximen und Reflexionen

Der Mensch lernt andre Sachen
in der Gesellschaft als bei
einem einsamen Leben:
Und er wird auf ein andre Art
im Denken geübt.
Christian Garve, Über Gesellschaft und Einsamkeit

Der Mensch lernt
mit den Augen seines Geistes ebenso
wie mit den Augen seines Leibes sehen,
allein das erstere Lernen
dauert weit länger als das Letztere.
Jean-Jacques Rousseau,
Brief an Erzbischof Beaumont (18. November 1762)

Der Mut verlernt sich nicht,
wie er sich nicht lernt.
Johann Wolfgang von Goethe,
Götz von Berlichingen (Sickingen)

Die Alten lernten,
um zu erhöhen den eigenen Wert;
heute lernt man, um von anderen
höher gewertet zu werden.
Konfuzius, Gespräche

Die Gefahr lässt sich nicht auslernen.
Johann Wolfgang von Goethe,
Die Leiden des jungen Werthers

Die Menschen lernen von Tag zu Tag,
das Menschengeschlecht aber vergisst.
Giacomo Leopardi, Gedanken aus dem Zibaldone

Diese Neubekehrten,
sie geben viel zu hören und zu lernen.
William Shakespeare, Wie es euch gefällt (Jacques)

Durch Schmieden wird man Schmied.
Sprichwort aus Frankreich

Durch Umgang mit Reisenden
lernt man entfernte Länder ebenso wohl
als Reisebeschreibungen kennen:
zwar nicht mit gleicher Vollständig-
keit, aber oft mit mehrerer Wahrheit.
Christian Garve, Über Gesellschaft und Einsamkeit

Eigentlich weiß man, was es auch sei,
erst lange nachdem man es gelernt hat.
Joseph Joubert, Gedanken, Versuche und Maximen

Ein Entlein lernt von allein
schwimmen, ein Tischlersohn lernt
von selbst die Säge führen.
Chinesisches Sprichwort

Ein Fürst lernt seine Aufgab'
kaum aus einem Buche.
Pierre Corneille, Der Cid

Ein Knabe lernt nur
von geliebten Lehrern gerne.
Du aber sei ein Mann,
auch von verhassten lerne!
Friedrich Rückert, Gedichte

Einsam lernt niemand je sich selbst,
Noch wen'ger anderen gebieten.
Johann Wolfgang von Goethe, Elpenor (Evadne)

Es gibt keinen, der nicht
in irgendetwas der Lehrer
des anderen sein könnte:
Und jeder, der andere übertrifft,
wird selbst noch
von jemand übertroffen werden.
Von jedem Nutzen zu ziehen
verstehen, ist ein nützliches Wissen.
Baltasar Gracián y Morales,
Handorakel und Kunst der Weltklugheit

Es gibt keinen,
von dem du nicht lernen kannst.
Dag Hammarskjöld, Zeichen am Weg

Es ist der größte Übelstand,
dass es in unsern Zeiten
keinen Dummkopf mehr gibt,
der nicht etwas gelernt hätte.
Friedrich Hebbel, Tagebücher

Es ist die beste Schule,
im Lager der Schwachen
mit den Schwachen zu kämpfen.
Gilbert Keith Chesterton, Heretiker

Es ist kein Meister geboren,
er muss gemacht werden.
Deutsches Sprichwort

Es ist kein Meister
vom Himmel gefallen.
Deutsches Sprichwort

Es ist so schwer,
etwas von Mustern zu lernen,
als von der Natur.
Johann Wolfgang von Goethe,
Maximen und Reflexionen

Es ist von grundlegender Bedeutung,
jedes Jahr mehr zu lernen,
als im Jahr davor.
Peter Ustinov, Peter Ustinovs geflügelte Worte

Es kommt nur immer darauf an, dass
derjenige, von dem wir lernen wollen,
unserer Natur gemäß sei.
Johann Wolfgang von Goethe, überliefert von Johann
Peter Eckermann (Gespräche mit Goethe)

Essen vertreibt den Hunger,
Lernen vertreibt die Dummheit.
Chinesisches Sprichwort

Experten sind Leute, die,
damit sie Experten bleiben,
sich weigern, etwas hinzuzulernen.
Harry S. Truman

Gehen wir zu dritt, wandeln gewiss
meine Lehrmeister mit mir.
Ich wähle das, was gut an ihnen ist,
und folge ihrem Beispiel; was schlecht
an ihnen, bessre ich an mir.
Konfuzius, Gespräche

Ich muss doch recht jung sein,
dass ich immer noch
so viel zu lernen finde.
Franziska Gräfin zu Reventlow, Tagebücher

Ich würde nichts Schöneres kennen,
als in Ewigkeit weiterlernen zu dürfen.
Christian Morgenstern, Stufen

Ihr Kinder, lernet jetzt genug!
Ihr lernt nichts mehr in alten Tagen.
Gottlieb Konrad Pfeffel,
Fabeln und poetische Erzählungen

Ihr Mächtigen der Erde!
Schaut und lernt!
Adelbert von Chamisso, Memento

In der Jugend lernt man,
im Alter versteht man.
Marie von Ebner-Eschenbach, Aphorismen

In vergoldeten Gemächern nimmt
ein Schüler äußerliche Lebensart an;
die Geheimnisse der Welt aber
lernt der Weise in des Armen Hütte.
Jean-Jacques Rousseau,
Julie oder Die neue Héloïse (Julie)

Irrend lernt man.
Johann Wolfgang von Goethe, Briefe
(an August von Goethe, 14. Januar 1814)

Jeder, der lernt, muss glauben, damit
er zu vollkommenem Wissen gelange.
Thomas von Aquin, Summa theologica

Kein Meister so gut,
der nicht noch zu lernen hätte.
Deutsches Sprichwort

Leicht lernt man das Schlechte
Und so schwer das Rechte.
Jüdische Spruchweisheit

Lerne auch
mit dem Zarten umzugehen.
Heinrich von Kleist, Briefe
(an Heinrich Lohse, 23.–29. Dezember 1801)

Lerne so, als ob du Wissen
nie erreichtest und immer fürchtetest,
es zu verlieren.
Konfuzius, Gespräche

Lerne was, so kannst du was.
Deutsches Sprichwort

Lernen ist Rudern gegen den Strom.
Sobald man aufhört,
treibt man zurück.
Benjamin Britten

Lernen kann man stets nur
von jenem, der seine Sache liebt,
nicht von dem, der sie ablehnt.
Polemisches ist immer
von zweitem Rang.
Max Brod, Heidentum, Christentum, Judentum (1921)

Lerngierig, aber nicht aufrichtig,
einfältig, aber nicht lernwillig,
unbegabt und auch noch unzuverlässig
– solche Leute wünsche ich
nicht zu kennen.
Konfuzius, Gespräche

Lernst du nicht fremde Sprachen
in den Ländern am besten,
wo sie zu Hause sind?
Johann Wolfgang von Goethe,
Wilhelm Meisters Wanderjahre

Man lernt so viel,
wenn man still ist und zuhört.
Sylvia Plath, Briefe nach Hause (17. Juni 1952)

Man weiß am besten,
was man nicht gelernt hat.
Luc de Clapiers Marquis de Vauvenargues,
Unterdrückte Maximen

Mit dem Meister selbst verkehren
Weiser macht als Buch und Lehren.
Jüdische Spruchweisheit

Mühsames Lernen oder
peinliches Grübeln, wenn es gleich
ein Frauenzimmer darin
hoch bringen sollte, vertilgen
die Vorzüge, die ihrem Geschlechte
eigentümlich sind, und können
dieselbe wohl um der Seltenheit willen
zum Gegenstande einer
kalten Bewunderung machen, aber sie
werden zugleich die Reize schwächen,
wodurch sie ihre große Gewalt
über das andere Geschlecht ausüben.
Immanuel Kant,
Über das Gefühl des Schönen und Erhabenen

Nicht brauchst du zu fürchten,
deine Mühe sei verloren,
wenn du für dich gelernt hast.
Lucius Annaeus Seneca, Briefe an Lucilius

Nicht für das Leben,
sondern für die Schule lernen wir.
Lucius Annaeus Seneca, Moralische Briefe (dieses Zitat
wird meist im entgegengesetzten Sinne zitiert)

Nicht richtig handelt, wer,
was er gelernt, wieder verlernt.
Titus Maccius Plautus, Amphitryon

Nichts können ist keine Schande,
aber nichts lernen.
Deutsches Sprichwort

Sieh in der Welt dich um
und lerne an anderer Weisheit;
Aber im innersten Kern
bleibe dir selber getreu.
Heinrich Leuthold, Distichen

So wie das Essen ohne Lust
der Gesundheit schädlich wird, so verdirbt das Lernen ohne Wissbegier
das Gedächtnis und behält nichts
von dem, was es auffängt.
Leonardo da Vinci, Tagebücher und Aufzeichnungen

Solange kriecht ein Kind,
bis es gehen lernt.
Deutsches Sprichwort

Spät erst vergisst das Gedächtnis,
was es über lange Zeit hinweg gelernt.
Lucius Annaeus Seneca, Die Troerinnen

Spinnen lernt man vom Spinnen.
Deutsches Sprichwort

Überall lernt man nur von dem,
den man liebt.
Johann Wolfgang von Goethe, überliefert von
Johann Peter Eckermann (Gespräche mit Goethe)

Vergebens, dass Ihr ringsum
wissenschaftlich schweift,
Ein jeder lernt nur,
was er lernen kann.
Johann Wolfgang von Goethe, Faust I (Mephisto)

Viele wissen viel,
aber keiner hat ausgelernt.
Deutsches Sprichwort

Vielleicht werden wir wirklich
durch Schaden klug?
Erich Kästner, Dr. Erich Kästners lyrische Hausapotheke

Von einem bestimmten Alter an
schließt sich der menschliche Geist,
und man lebt
von seinem intellektuellen Fett.
William Lyon Phelps

Wann werde ich so weit sein, um alles,
was ich gelernt, in mir zu zerstören
und nur selbst zu erfinden,
was ich denke und lerne und glaube.
Johann Gottfried Herder,
Journal meiner Reise im Jahr 1769

Was auch immer du lernst,
du lernst es für dich.
Gaius Petronius, Schelmengeschichten

Was ein Häkchen werden will,
muss sich beizeiten krümmen.
Jacob und Wilhelm Grimm, Märchen von einem,
der auszog, das Fürchten zu lernen

Was Hänschen nicht lernte,
lernt Hans nimmermehr.
Deutsches Sprichwort

Was hilft es,
seinen Wagen besser lenken zu lernen,
wenn man am Ende der Fahrt ist?
Jean-Jacques Rousseau,
Träumereien eines einsamen Spaziergängers

Was ich gelernt habe,
weiß ich nicht mehr.
Das wenige, was ich weiß,
habe ich erraten.
Chamfort, Maximen und Gedanken

Was man erfindet, tut man mit Liebe,
was man gelernt hat, mit Sicherheit.
Johann Wolfgang von Goethe,
Maximen und Reflexionen

Was man lernen muss,
um es es zu tun, lernt man,
indem man es tut:
So wird man Baumeister dadurch,
dass man baut,
und Kitharaspieler dadurch,
dass man spielt.
Aristoteles, Nikomachische Ethik

Was man nicht erlernt,
kann man erwandern.
Deutsches Sprichwort

Wenn der Vater nicht pflügen kann,
lernt auch der Sohn nicht säen.
Chinesisches Sprichwort

Wenn einer meint, er lerne noch,
so kommt sein Witz empor;
Wenn einer meint, er sei gelehrt,
so wird er jetzt ein Tor.
Friedrich von Logau, Sinngedichte

Wenn wir zu vielerlei
uns aneignen wollen,
so verhindern wir unseren Geist,
das Einzelne richtig zu packen
und festzuhalten.
Michel Eyquem de Montaigne, Die Essais

Wer ausgelernt sein will,
der muss im Grabe liegen.
Christoph Lehmann, Florilegium Politicum, Politischer
Blumengarten (1662); auch deutsches Sprichwort

Wer schwimmen lernen will,
muss ins Wasser springen.
Chinesisches Sprichwort

Wer seinen Sohn nichts lernen ließ,
Ihn gleichsam auf den Raub verwies.
Jüdische Spruchweisheit

Wer sich fürchtet zu fragen,
schämt sich zu lernen.
Sprichwort aus Dänemark

Wer studiert
Nicht repetiert
Der hat gesät
Und nicht gemäht.
Jüdische Spruchweisheit

Wie wir was Großes lernen sollen,
flüchten wir uns gleich in unsre
angeborne Armseligkeit und haben
doch immer was gelernt.
Johann Wolfgang von Goethe,
Maximen und Reflexionen

Wir lernen aus der Geschichte nicht,
was wir tun sollen. Aber wir können
aus ihr lernen, was wir bedenken
müssen. Das ist unendlich wichtig.
Richard von Weizsäcker, Geschichte, Politik und
Nation. Ansprache des Bundespräsidenten auf
dem Weltkongress der Historiker in Stuttgart 1985

Wir müssen immer lernen,
zuletzt auch noch sterben lernen.
Marie von Ebner-Eschenbach, Aphorismen

Wir müssen lernen,
individuelle Fähigkeiten
und Interessen besser zu nutzen.
Helmut Kohl, Rede des Bundeskanzlers bei der
Meisterfeier der Handwerkskammer Düsseldorf 1986

Wissen zu erwerben, ohne über
das Erlernte nachzudenken, ist sinnlos;
nur nachzudenken, ohne zu lernen,
führt zu gefährlichen Überlegungen.
Konfuzius, Gespräche

Zu lernen ist eine Mühe,
wieder zu verlernen, zwei.
Sprichwort aus Montenegro

Zum Lernen ist niemand zu alt.
Deutsches Sprichwort

Lesen

Ach, wie gut ist es doch,
unter lesenden Menschen zu sein.
Warum sind sie nicht immer so?
Du kannst hingehen zu einem und
ihn leise anrühren: Er fühlt nichts.
Rainer Maria Rilke,
Die Aufzeichnungen des Malte Laurids Brigge

An Zerstreuungen lässt es uns
die Welt nicht fehlen; wenn ich lese,
will ich mich sammeln und nicht,
wie jener Sultan von Indien, durch
abgerupfte Märchen hingehalten sein.
Johann Wolfgang von Goethe,
Literarisches Konversationsblatt

Beim Lesen
lässt sich vortrefflich denken.
Leo N. Tolstoi, Tagebücher (1857)

Das Drama (auf der Bühne)
ist erschöpfender als der Roman,
weil wir alles sehn,
wovon wir sonst nur lesen.
Franz Kafka, Tagebücher (1911)

Dass jedermann lesen lernen darf,
verdirbt auf die Dauer
nicht allein das Schreiben,
sondern auch das Denken.
Friedrich Nietzsche, Also sprach Zarathustra

Der Mensch, der gar nichts liest,
ist besser informiert als derjenige,
der nur Zeitung liest.
Lido Anthony »Lee« Iacocca,
Mein amerikanischer Traum

Die Durchlesung eines ganzen Buches
bringt oft nicht so viel Gewinn
wie das reifliche Nachdenken
über einen einzigen Satz desselben.
Paul Deussen, Allgemeine Geschichte der Philosophie

Die guten Leutchen wissen nicht,
was es einem für Zeit
und Mühe gekostet,
um lesen zu lernen. Ich habe
achtzig Jahre dazu gebraucht
und kann noch jetzt nicht sagen,
dass ich am Ziele wäre.
Johann Wolfgang von Goethe, überliefert von
Johann Peter Eckermann (Gespräche mit Goethe)

Ein Klassiker ist etwas,
das jeder gelesen haben möchte,
aber niemand lesen will.
Mark Twain, Das Verschwinden von Literatur

Ein nicht zu Ende gelesenes Buch
gleicht einem
nicht zu Ende gegangenen Weg.
Chinesisches Sprichwort

Eine schädliche Folge
des allzu vielen Lesens ist, dass
sich die Bedeutung der Wörter abnutzt,
die Gedanken werden nur
so ungefähr ausgedrückt.
Georg Christoph Lichtenberg, Sudelbücher

Erst durch das Lesen lernt man,
wieviel man ungelesen lassen kann.
Wilhelm Raabe

Es gibt wirklich sehr viele Menschen,
die bloß lesen,
damit sie nicht denken dürfen.
Georg Christoph Lichtenberg, Sudelbücher

Es ist ein großer Unterschied,
ob ich lese zu Genuss und Belebung
oder zu Erkenntnis und Belehrung.
Johann Wolfgang von Goethe,
Maximen und Reflexionen

Es ist unmöglich, gebildet zu werden,
wenn man nur liest, was gefällt.
Joseph Joubert, Gedanken, Versuche und Maximen

Gar zu viel lesen dient nur dazu,
eingebildete Unwissende zu machen.
Jean-Jacques Rousseau, Emile

Gern lesen heißt,
die einem im Leben zugeteilten
Stunden der Langeweile gegen
solche des Entzückens eintauschen.
Charles de Secondat, Baron de la Brède
et de Montesquieu, Meine Gedanken

Hast du drei Tage kein Buch gelesen,
werden deine Worte seicht.
Chinesisches Sprichwort

Lesen ist vielleicht
ein Schaffen zu zweien.
Honoré de Balzac, Physiologie der Ehe

Lest, bildet euch! Allein die Lektüre
entwickelt unseren Geist, das Gespräch
verwirrt und das Spiel verengt ihn.
Voltaire, Der Mann mit den vierzig Talern

Leute, die sehr viel gelesen haben,
machen selten große Entdeckungen.
Georg Christoph Lichtenberg, Sudelbücher

Lies und denke immer laut.
Leo N. Tolstoi, Tagebücher (1847)

Lies uns nach Laune, nach Lust,
in trüben, in fröhlichen Stunden,
Wie uns der gute Geist,
der böse gezeugt.
Johann Wolfgang von Goethe/Friedrich Schiller,
Xenien

Macht dir von allem, was du liest,
ein Exzerpt und lerne es auswendig.
Leo N. Tolstoi, Tagebücher (1847)

Man findet in Büchern
selten etwas anderes,
als man zu finden gelernt hat.
Nur wenige lesen mit eigenen Augen.
Ludwig Marcuse, Argumente und Rezepte.
Ein Wörter-Buch für Zeitgenossen

Man kann nicht leicht
über zu vielerlei denken, aber
man kann über zu vielerlei lesen.
Georg Christoph Lichtenberg, Sudelbücher

Man lese nicht viel und nur das Beste,
langsam, und befrage sich
alle Schritte, warum glaube ich dieses?
Georg Christoph Lichtenberg, Sudelbücher

Man liest so viel über die Gefahren
des Rauchens. Ich glaube,
ich gebe jetzt das Lesen auf.
Robert Lembke, Das Beste aus meinem Glashaus.
Humoristisches und Satirisches

Nicht Worte sollen wir lesen,
sondern den Menschen,
den wir hinter den Worten fühlen.
Samuel Butler, Notizbücher

Nichts erklärt Lesen und Studieren
besser als Essen und Verdauen.
Georg Christoph Lichtenberg, Sudelbücher

Schreiben heißt einen Gedanken
in Starrkrampf versetzen.
Lesen heißt den Starrkrampf lösen.
Hans Kudszus

Sobald man das Lesen gelernt hat,
wird das Leben auf der Reise zum Tod
plötzlich abschüssig.
Graham Greene

Solange ich mich erinnern kann,
war das Lesen meine einzige und
liebste Beschäftigung; meine Eltern
waren arm, aber da mein Vater
sehr gerne las, besaß er einige Bücher,
die ich verschlang.
Hans Christian Andersen,
Briefe (an Jonas Collin, März 1825)

Sucht beim Lesen,
und ihr werdet finden beim Meditieren;
klopft an beim Beten, und man
wird euch öffnen in der Kontemplation.
Juan de la Cruz, Merksätze von Licht und Liebe

Trotz allen Fortschritts
des menschlichen Geistes wird
immer noch sehr wenig gelesen.
Voltaire, Der Mann mit den vierzig Talern

Viele Rezensenten können schreiben,
aber nicht lesen.
Ludwig Marcuse, Argumente und Rezepte.
Ein Wörter-Buch für Zeitgenossen

Was gelesen wird, ist immer
charakteristisch für den Zeitgeist,
was geschrieben wird, nicht immer.
Friedrich Paulsen

Wenn man einsam lebt, so wechselt
man seine Lektüre weniger, weil man
dann nicht eilig liest, um mit seiner
Belesenheit zu prahlen: Man denkt
aber über das Gelesene mehr nach.
Jean-Jacques Rousseau, Julie oder Die neue Héloïse

Wenn man nur die Alten liest,
ist man sicher, immer neu zu bleiben.
Marie von Ebner-Eschenbach, Aphorismen

Wenn man zu schnell
oder zu gemächlich liest,
versteht man nichts.
Blaise Pascal, Pensées

Wir müssen von Zeit zu Zeit
die Lektüre unterbrechen, um uns
von den Eindrücken, welche sie auf
uns macht, Rechenschaft zu geben.
Christian Garve, Über Gesellschaft und Einsamkeit

Leser

Die Leser von heute sind sehr bequem.
Man muss den Tiefsinn
an der Oberfläche ausbreiten,
damit sie ihn finden.
Halldór Laxness

Ein Dichter über dreißig
wird zwar noch immer ein
leidenschaftlicher Leser sein,
doch wird die moderne Dichtung
kaum einen sehr großen Teil
seiner Lektüre ausmachen.
Wystan Hugh Auden

Ein Leser, der mehr reagiert
als einlässt, liest nicht – er korrigiert,
meist ohne dafür bezahlt zu werden
(...), seltener für ein Bettelgeld
als Kritiker.
Ludwig Marcuse, Argumente und Rezepte.
Ein Wörter-Buch für Zeitgenossen

Es ist eine Freude, sich dem Leser
zu opfern und sich mit ihm in die
engen Schranken unserer noch
kinderähnlichen Kultur zu begeben.
Friedrich Hölderlin, Briefe
(an Friedrich Wilmans, Dezember 1803)

Es ist erst der Leser, der das Buch
zum Buch macht, indem er es liest.
Francis Ponge

Jeder Leser ist, wenn er liest,
nur ein Leser seiner selbst.
Ingeborg Bachmann

Leser, pass auf:
Du wirst dein Vergnügen haben!
Lucius Apuleius, Der goldene Esel

Man darf den Leser
nicht voraussehen lassen,
was man ihm sagen will, aber man
muss ihn dazu bringen,
den Gedanken selbst zu finden,
denn dann achtet er uns,
weil wir denken wir er,
aber später als er.
Luc de Clapiers Marquis de Vauvenargues,
Nachgelassene Maximen

Nicht jedes Gedicht eines jeden
Dichters ist in jedem Augenblick
für jeden Leser geeignet.
Reiner Kunze

Welchen Leser ich wünsche?
den unbefangensten, der mich,
Sich und die Welt vergisst
und in dem Buche nur lebt.
Johann Wolfgang von Goethe/Friedrich Schiller,
Xenien

Wenn die Zahl
der guten Schriftsteller gering ist:
Wo sind die Leser,
die Geschmack und Urteil haben?
Jean de La Bruyère, Die Charaktere

Wenn sich ein Autor so wenig
wandelte wie seine Leser,
wäre der Schriftstellerberuf unmöglich.
John Steinbeck

Wer aber nicht eine Million Leser
erwartet, sollte keine Zeile schreiben.
Johann Wolfgang von Goethe, überliefert von
Johann Peter Eckermann (Gespräche mit Goethe)

Wer's nicht besser machen kann,
macht's wenigstens anders;
Zuhörer und Leser,
in herkömmlicher Gleichgültigkeit,
lassen dergleichen am liebsten gelten.
Johann Wolfgang von Goethe,
Maximen und Reflexionen

Wie wenig du gelesen hast,
wie wenig du kennst –
aber vom Zufall des Gelesenen
hängt es ab, was du bist.
Elias Canetti

Zensur hat auch ihre gute Seite:
Zahllosen Büchern hat sie wenigstens
einen Leser beschert.
Kateb Yacine

Lexikon

Gescheite Leute sind immer
das beste Konversationslexikon.
Johann Wolfgang von Goethe,
Maximen und Reflexionen

Wenn einem Autor
ein Lexikon nachkommen kann,
so taugt er nichts.
Johann Wolfgang von Goethe,
Maximen und Reflexionen

Vier Zeilen in einem Lexikon
sind mehr wert
als der schönste Grabstein.
Alec Guinness

Liberal

Das liberale Zeitalter
hat die Gleichheit vor der Verwesung
mit der Gleichheit vor Gott verwechselt.
Franz Werfel, Zwischen Oben und Unten

Konservativer: einer, der
in bestehende Mängel verliebt ist,
während der Liberale sie
durch neue Mängel ersetzen möchte.
Ambrose Bierce

Liberal ist, wer die Zeichen der Zeit
erkennt und danach handelt.
Gustav Stresemann

Liberal ist, wer von allen Seiten
und nach allen Richtungen
wie von sich selbst frei ist und
in seiner ganzen Menschheit wirkt.
Friedrich Schlegel, Fragmente

Man muss
gegen die liberalen Ideen der Zeit
die moralischen aller Zeiten halten.
Joseph Joubert, Gedanken, Versuche und Maximen

Es kann ein Liberaler
Minister sein,
aber deshalb ist er
noch kein liberaler Minister.
Wilhelm von Humboldt

Der Liberalismus
ist die letzte religiöse Anschauung.
Alexander Herzen

Licht

Alle Wesen leben
Vom Lichte,
jedes glückliche Geschöpf,
die Pflanze selbst,
kehrt freudig sich zum Licht.
Friedrich Schiller, Wilhelm Tell (Melchthal)

Bevor man den Menschen sucht,
muss man die Laterne
gefunden haben.
Friedrich Nietzsche, Menschliches, Allzumenschliches

Das Leben soll sein
wie ein stetiges, sichtbares Licht.
Katherine Mansfield, Tagebücher

Das Licht gibt allem Kraft,
Gott selber lebt im Lichte;
Doch wär' er nicht das Feu'r,
so würd' es bald zunichte.
Angelus Silesius, Der cherubinische Wandersmann

Das Licht ist das erste Geschenk
der Geburt, damit wir lernen,
dass die Wahrheit das höchste Gut
im Leben ist.
Luc de Clapiers Marquis de Vauvenargues,
Nachgelassene Maximen

Das Licht ist für alle Augen, aber
nicht alle Augen sind für das Licht.
Ernst von Feuchtersleben, Aphorismen

Das Licht ist Maß
und Zahl der Jahreszeiten,
der Tage und all unserer Zeit.
Dionysios Aeropagites, Peri ton theon onomaton

Denn das Licht stammt vom Guten
und ist ein Bild der Güte.
Dionysios Aeropagites, Peri ton theon onomaton

Der Lichtträger ist blind.
Emil Gött, Im Selbstgespräch

Des Diamanten Seele ist das Licht.
Joseph Joubert, Gedanken, Versuche und Maximen

Die Ahnung ist des Herzens Licht.
Karl Leberecht Immermann, Gedichte

Die Finsternis weicht dem Licht,
und am meisten dem stärksten Licht.
Dionysios Aeropagites, Briefe (1. an Gaius)

Dunkel ist die Nacht,
bei Gott ist Licht.
Warum hat er uns
nicht auch so zugericht'?
Johann Wolfgang von Goethe, West-östlicher Divan

Ein einsames Licht ist fast
wie ein Mensch, fast so verlassen
wie eine zweifelnde Seele.
Gunnar Gunnarsson, Advent im Hochgebirge

Ein Mensch erblickt das Licht der Welt.
Doch oft hat sich herausgestellt
Nach manchem trüb verbrachten Jahr,
Dass dies der einzige Lichtblick war.
Eugen Roth

Es ist sehr einfältig,
mit fremdem Licht zu glänzen
und dabei das eigene
unter den Scheffel zu stellen.
Michel Eyquem de Montaigne, Die Essais

Freund, so du etwas bist,
so bleib doch ja nicht stehn:
Man muss aus einem Licht
fort in das andre gehn.
Angelus Silesius, Der cherubinische Wandersmann

Ganz licht und klar sein heißt:
am Ziele sein.
Bernhard von Clairvaux,
31. Ansprache über das Hohelied Salomos

Gott ist Licht,
und keine Finsternis ist in ihm.
Neues Testament, 1. Johannesbrief 1, 5

Hin zum Lichte drängt das Licht,
doch der Blinde sieht es nicht.
Friedrich von Bodenstedt

Ich erkannte das Licht
in seiner Reinheit und Wahrheit,
und ich hielt es meines Amtes,
dafür zu streiten.
Johann Wolfgang von Goethe, überliefert von
Johann Peter Eckermann (Gespräche mit Goethe)

Je größer wir die Finsternis erkennen,
desto wahrer erreichen wir
in der Finsternis das unsichtbare Licht.
Nikolaus von Kues, Über die Schauung Gottes

Kopfhänger, geh mir weg!
Wie kann den Weg mir sagen
Zum Licht, wer frei zum Licht
nicht darf den Blick aufschlagen?
Friedrich Rückert, Die Weisheit des Brahmanen

Lass uns ruhig weitergehen, jeder
auf seinem Weg, auf das Licht zu,
»sursum corda«, als Menschen, die
wissen, dass wir sind, was andere sind,
und dass andere sind, was wir sind,
und dass es gut ist, einander zu lieben.
Vincent van Gogh, Briefe

Licht senden
in die Tiefe des menschlichen Herzens
– des Künstlers Beruf!
Robert Schumann,
in: Neue Zeitschrift für Musik (1847)

Nachts erst ist's schön,
ans Licht zu glauben.
Edmond de Rostand, Chantecler

Sobald ein Optimist ein Licht erblickt,
das es gar nicht gibt, findet sich
ein Pessimist, der es wieder ausbläst.
Giovanni Guareschi

Was handelt ihr so voreilig?
Was wagt ihr euch vor Aufgang
des Lichtes an Werke des Lichtes?
Bernhard von Clairvaux,
62. Ansprache über das Hohelied Salomos

Welch Getöse bringt das Licht!
Es trompetet, es posaunet,
Auge blinzt, und Ohr erstaunet,
Unerhörtes hört sich nicht.
Johann Wolfgang von Goethe, Faust II (Ariel)

Wer dem Licht entgegengeht,
sieht seinen Schatten nicht.
Erhard Blanck

Wer kein Kind hat,
hat kein Licht in seinen Augen.
Sprichwort aus Persien

Wie Licht spenden, wenn man selber
noch voller Schwächen ist, die man
nicht zu überwinden vermag?
Leo N. Tolstoi, Tagebücher (1884)

Wie nun?
wenn einst alle das Licht,
das wir in die Welt säen, womit
wir jetzt viel Augen blenden, viel
elend machen und verfinstern,
allenthalben gemäßigt Lebenslicht
und Lebenswärme würde die Masse
von toten, aber hellen Kenntnissen,
das Feld voll Beine, was auf, um und
unter uns liegt, würde – woher? wozu?
– belebt, befruchtet – welche neue Welt!
wie glücklich, seiner Hände Werk
in ihr zu genießen!
Johann Gottfried Herder, Auch eine Philosophie
der Geschichte zur Bildung der Menschheit

Will Licht einem Körper
sich vermählen,
Es wird den ganz
durchsicht'gen wählen.
Johann Wolfgang von Goethe, Gott, Gemüt und Welt

Wo viel Licht ist,
ist starker Schatten.
Johann Wolfgang von Goethe,
Götz von Berlichingen (Götz)

Wo viel Schatten ist,
muss viel Licht vermutet werden.
Heinrich Nüsse

Lichtmess (2.2.)

An Lichtmess fängt der Bauersmann
neu mit des Jahres Arbeit an.
Bauernregel

Lichtmess hell und klar
gibt ein gutes Flachsjahr.
Bauernregel

Lichtmess im Klee, Ostern im Schnee.
Bauernregel

Lichtmess, spinnen vergess.
Bauernregel

Lichtmessen hell,
schindet dem Bauern das Fell;
Lichtmessen dunkel,
macht den Bauern zum Junker.
Bauernregel

Sonnt sich der Dachs
in der Lichtmesswoch',
eilt auf vier Wochen
er wieder ins Loch.
Bauernregel

Wenn zu Lichtmessen
der Bär seinen Schatten sieht,
so kriecht er wieder
auf sechs Wochen ins Loch.
Bauernregel

Zu Lichtmess hat der Schäfer
lieber den Wolf als die Sonne im Stall.
Bauernregel

Liebe

Aber freilich, was sich
so gemeinhin Liebe nennt,
diese ganze Reihe niedrig stehender,
beleidigender Bourgois-Empfindungen
– und dieses Bourgoistum reicht in
alle Stände hinein –,
für diese Sorte Liebe habe ich
nur Spott und Verachtung.
Theodor Fontane, Briefe

Aber ihr Männer, ihr schüttet
mit eurer Kraft und Begierde
Auch die Liebe zugleich
in den Umarmungen aus!
Johann Wolfgang von Goethe, Römische Elegien

Aber vermag der Maler
wohl auszudrücken: Ich liebe?
Johann Wolfgang von Goethe,
Der neue Pausias und sein Blumenmädchen

Abhängig sind wir in der Liebe,
denn sie ist das Bedürfnis
eines andern Wesens;
selbstständig sind wir nur
im einsamen Denkakt.
Ludwig Feuerbach, Das Wesen des Christentums

Ach, dass der Liebesgott
trotz seinen Binden
Zu seinem Ziel stets
Pfade weiß zu finden!
William Shakespeare, Romeo und Julia (Romeo)

Ach!, den ersten Schritt,
der das meiste kostet,
den hätte ich nicht tun dürfen,
wie könnte ich nun
bei dem nächsten innehalten?
Jean-Jacques Rousseau,
Julie oder Die neue Héloïse (Julie)

Ach es ist so groß, so unendlich,
das Reich der Liebe, und doch
umschließt es das menschliche Herz.
Bettina von Arnim,
Goethes Briefwechsel mit einem Kinde

Ach, Liebe, du wohl unsterblich bist!
Nicht kann Verrat und hämische List
Dein göttlich Leben töten.
Johann Wolfgang von Goethe, Der Müllerin Reue

Ach, unsre Seelen sitzen
wie auf Stühlen und sehn der Liebe zu.
Erich Kästner, Dr. Erich Kästners lyrische Hausapotheke

Ach, was ist Liebe!
Wüssten wir doch nur, was wir lieben!
Walter Rathenau, Auf dem Fechtboden des Geistes.
Aphorismen aus seinen Notizbüchern

Ach, wer bringt die schönen Tage,
Jene Tage der ersten Liebe,
Ach, wer bringt nur eine Stunde
Jener holden Zeit zurück!
Johann Wolfgang von Goethe, Erster Verlust

Ach, wo bist du Freude blieben?
Ach, wo blieb das Morgenrot?
Alle Hoffnung selbst ist tot,
Seit das Herz verlernt zu lieben.
Sophie Mereau, Betrachtungen

All das Neigen
Von Herzen zu Herzen,
Ach, wie so eigen
Schaffet das Schmerzen!
Johann Wolfgang von Goethe, Rastlose Liebe

Allbeherrscherin,
die du thronest auf Blumen,
O Schaumgeborene, Tochter des Zeus,
Listsinnende,
Hör mich rufen,
Nicht in Jammer und bitterer Qual,
o Göttin, Lass mich erliegen!
Sappho, Ode an Aphrodite

Alle Erkenntnis ist Liebe,
drum ist es so selig zu lieben,
weil im Lieben der Besitz liegt
der eignen göttlichen Natur.
Bettina von Arnim,
Goethes Briefwechsel mit einem Kinde

Alle Kreaturen begehren der Liebe.
Wer einen Baum fragte, warum er
seine Frucht trägt, wenn er Vernunft
hätte, so spräche er: Dass ich mich
in der Frucht erneuere, das tue ich,
um mich von neuem meinem Ursprung
zu nähern. Denn dem Ursprung
nahe zu sein, das ist lustvoll.
Meister Eckhart, Merksprüche und Weisungen

Alle lieben sich selbst.
Titus Maccius Plautus, Die Gefangenen

Alle Regungen der Seele sind
in ihrem Entstehen rein und erhaben.
Die Wirklichkeit macht die Unschuld
und den Reiz aller Regungen zunichte.
Leo N. Tolstoi, Tagebücher (1851)

Alle Welt liebt einen Liebenden.
Ralph Waldo Emerson, Essays

Alles auf der Welt ist zu kaufen
außer Liebe. Und außer Neid.
Ephraim Kishon, Kishon für alle Fälle

Alles bezwingt die Liebe,
und kämpft doch ohne Mord und Blut.
Erasmus von Rotterdam, Gedichte

Alles ist dunkel in meiner Zukunft,
ich weiß nicht, was ich
wünschen und hoffen
und fürchten soll, ich fühle, dass mich
weder die Ehre noch der Reichtum
noch selbst die Wissenschaften allein
ganz befriedigen können;
nur ein einziger Wunsch ist mir
ganz deutlich, Du bist es, Wilhelmine.
Heinrich von Kleist, Briefe
(an Wilhelmine von Zenge, 14. April 1801)

Alles ist fair in der Liebe und im Krieg.
Sprichwort aus den USA

Alles ist nur Verblendung
in der Liebe, ich gestehe es;
das aber, was wirklich ist, sind
die Empfindungen, womit sie
uns für das wahre Schöne beseelt,
welches sie uns lieben lässt.
Jean-Jacques Rousseau, Emile

Alles nährt die Glut, die mich verzehrt,
alles überlässt mich mir selbst, oder
vielmehr: Alles gibt mich dir preis.
Jean-Jacques Rousseau,
Julie oder Die neue Héloïse (Julie)

Alles, was dem Wesen der Liebe
nicht zusagt, ist Sünde,
und alles, was Sünde ist,
sagt dem Wesen der Liebe nicht zu.
Bettina von Arnim,
Goethes Briefwechsel mit einem Kinde

Alles, was wir mit Wärme
und Enthusiasmus ergreifen,
ist eine Art der Liebe.
Wilhelm von Humboldt, Ideen über Staatsverfassung

Alles wird man ja satt,
des Schlafes sogar und der Liebe,
Auch des süßen Gesangs
und bewunderten Reigentanzes.
Homer, Ilias

Alles wünscht ich zu haben,
um mit ihr alles zu teilen;
Alles gäb ich dahin,
wär sie, die Einzige, mein.
Johann Wolfgang von Goethe, Vier Jahreszeiten

Allmächt'ge Liebe! Göttliche! Wohl
nennt / Man dich mit Recht
die Königin der Seelen.
Friedrich Schiller, Die Braut von Messina (Manuel)

Allzu willfährige Frauenzimmer,
wollet ihr wissen,
ob ihr aufrichtig geliebt werdet?
Betrachtet nur eure Liebhaber,
wenn sie aus euern Armen kommen!
Jean-Jacques Rousseau,
Julie oder Die neue Héloïse (Fußnote)

Als Ideal der Liebe verstehe ich
vollkommene Aufopferung
für den geliebten Gegenstand.
Leo N. Tolstoi, Tagebücher (1851)

Als sie einander acht Jahre kannten
(...) kam ihre Liebe plötzlich abhanden.
Erich Kästner, Dr. Erich Kästners lyrische Hausapotheke

Alte Liebe rostet nicht, und wenn sie
zehn Jahre im Schornstein hinge.
Deutsches Sprichwort

Alte Lieben und glimmendes Holz
flammen jederzeit wieder auf.
Sprichwort aus Frankreich

Alter schützt vor Liebe nicht,
aber Liebe schützt
bis zu einem gewissen Grad
vor Alter.
Jeanne Moreau

Alter schützt vor Liebe nicht,
aber Liebe vor dem Altern.
Coco Chanel

Amor steckt von Schalkheit voll,
Macht die armen Weiblein toll.
William Shakespeare, Ein Sommernachtstraum (Droll)

An Rheumatismus und an wahre Liebe
glaubt man erst,
wenn man davon befallen wird.
Marie von Ebner-Eschenbach, Aphorismen

Analyse der Liebe aus der Psychologie
des Verlustes.
Walter Rathenau, Auf dem Fechtboden des Geistes.
Aphorismen aus seinen Notizbüchern

Anfang und Ende einer Liebe
kündigen sich dadurch an,
dass man sich scheut,
mit dem anderen allein zu sein.
Jean de La Bruyère, Die Charaktere

Auch die Liebe sucht und
schauet im fremden Ich nicht,
was sie am eignen flieht,
sondern sie schauet und ergreift daran
die Darstellung des Göttlichen.
Jean Paul, Levana

Auch in der genialischen Bildung
der Menschheit also ist Liebe
die mächtigste der Göttinnen:
Sie veredelt Geschlechter und
hebt die gesunknen wieder empor
– eine Fackel der Gottheit, durch
deren Funken das Licht
des menschlichen Lebens, hier trüber,
dort heller, glänzet.
Johann Gottfried Herder,
Ideen zur Philosophie der Geschichte der Menschheit

Auch in der Liebe muss es
vorläufige Versuche geben, aus
denen nichts Bleibendes entsteht,
von denen aber jeder etwas beiträgt,
um das Gefühl bestimmter und
die Aussicht auf die Liebe
größer und herrlicher zu machen.
Friedrich Schleiermacher, Vertraute Briefe

Auch mächtige Wasser
können die Liebe nicht löschen;
auch Ströme schwemmen sie
nicht hinweg.
Altes Testament, Hohelied Salomos 8, 7

Auf Liebesschulden gilt die Regel:
lieber verfallen lassen
als zu spät einkassieren.
Arthur Schnitzler

Auf Minne und auf Gewinne
Stehn ganz der Welt die Sinne.
Freidank, Bescheidenheit

Aufopferung eigener Interessen
ist ein Talent, das den Priestern
der Liebe ebenso abgeht
wie den sündigen Laien.
Heinrich Heine, Englische Fragmente

Aus dem kräftigen Eindruck
wird Liebe und Anteil;
die rechte Liebe aber
ist stets objektiv und
verwechselt und vermischt sich
mit ihrem Gegenstande.
Jean Paul, Vorschule der Ästhetik

Aus den Augen, aus dem Sinn.
Deutsches Sprichwort

Aus Mitleid wird die Liebe oft geboren,
Folgt Mitleid, ist die Liebe bald verloren.
Detlev von Liliencron, Poggfred

Ausposaunte Liebe
hat schwerlich Dauer.
Andreas Capellanus, Gebote des Minnerechts

Bei der ersten Liebe
liebt die Frau den Geliebten,
bei den anderen die Liebe.
François de La Rochefoucauld, Reflexionen

Bei der Liebe, bei der hauptsächlich
der Gesichts- und der Tastsinn wirken,
kommt man zur Not ohne
geistige Reize zum Ziel,
aber nicht ohne körperliche Reize.
Michel Eyquem de Montaigne, Die Essais

Bei einem Liebenden gibt es nur
ein Einziges, das unerschöpflich ist:
nämlich Güte, Anmut und Zartgefühl.
Honoré de Balzac, Physiologie der Ehe

Bei Männern, welche Liebe fühlen,
fehlt auch ein gutes Herze nicht.
Emanuel Schikaneder,
Die Zauberflöte (Tamino und Papageno)

Beim Musizieren wurde es mir neulich
klarer als je zuvor, dass das Verlangen
des Menschen und dessen Ausdruck
in der Kunst der unbegrenzten, unendlichen, vollkommenen, nie endenden
Liebe gilt, von der die physische Liebe,
wie wir sie in unserer Lebensspanne
kennen lernen, nur eine Spiegelung,
eine Nach-Schöpfung ist.
Yehudi Menuhin,
Kunst als Hoffnung für die Menschheit

Besser ein Gericht mit Gemüse
und Liebe dabei,
als ein gemästeter Ochse
und Hass dabei.
Altes Testament, Sprüche Salomos 15, 17

Besser ist es, mit Strenge zu lieben,
als mit Milde zu hintergehen.
Aurelius Augustinus, Briefe (an Vincentius)

Beständigkeit ist
die Chimäre der Liebe.
Luc de Clapiers Marquis de Vauvenargues,
Unterdrückte Maximen

Betrachtet man die Liebe nach den
meisten ihrer Wirkungen, so ähnelt sie
mehr dem Hass als der Freundschaft.
François de La Rochefoucauld, Reflexionen

Blick einem Weibe, das dich liebt,
Ins Auge, und dein Gram zerstiebt.
Nikolaus Lenau, Faust (Isenburg)

Blinde Liebe ist unvernünftig.
Oswald von Wolkenstein,
Lieder (Es seusst dort her von orient)

Bring in Flammen Liebende zur Ruh!
Wenn der Funke sprüht,
Wenn die Asche glüht,
Eilen wir den alten Göttern zu.
Johann Wolfgang von Goethe, Die Braut von Korinth

Bringen wir einander
doch mehr Liebe entgegen, und
die Erde bekommt ein anderes Gesicht.
Sully Prudhomme, Intimes Tagebuch

Bringt eine schöne Intelligenz
mit einer verpfuschten Intelligenz
zusammen, und ihr beschwört
ein Unglück herauf: Denn in allem
muss Gleichgewicht obwalten.
Honoré de Balzac, Die Physiologie der Ehe

Chume, chume, geselle min,
ih enbite harte din.
(Komm, komm, Geselle mein,
in Zittern harr ich dein.)
Anonym,
Liebesliedchen (13. Jh., Münchner Handschrift)

Da es nie in unserer Macht steht,
zu lieben oder nicht mehr zu lieben,
ist bei zwei Liebenden die Klage
über Unbeständigkeit weder beim
einen noch bei dem anderen berechtigt.
François de La Rochefoucauld, Unterdrückte Maximen

Da, wo wir lieben, / Ist Vaterland,
Wo wir genießen, / Ist Hof und Haus.
Johann Wolfgang von Goethe,
Felsweihe-Gesang an Psyche

Damit die Liebe alles, was sie
dem menschlichen Herzen sein kann,
hervorbringt, muss zwischen
der Geliebten und ihrem Liebhaber
soweit als möglich
Gleichberechtigung erreicht werden.
Diese Gleichberechtigung
kennt man in unserem
kläglichen Abendlande nicht.
Stendhal, Über die Liebe

Darf Liebe nehmen?
Paula Modersohn-Becker, Briefe
(an Clara Westhoff, undatiert, ca. Worpswede 1901)

Darin besteht die Liebe:
dass sich zwei Einsame beschützen
und berühren und miteinander reden.
Rainer Maria Rilke

Darin liegt die Ironie des Lebens.
Wenn (ein Mann) jung ist und
noch nichts weiß, liebt er eine Frau,
eine verspielte und grausame Frau.
Wenn er alt ist und
nicht mehr imstande, liebt er
das ganze verfluchte Geschlecht.
Peter Ustinov, Was ich von der Liebe weiß

Darin liegt Erhabenheit der Liebe,
dass sie den persönlichen Zweck
aufhebt.
Walter Rathenau, Auf dem Fechtboden des Geistes.
Aphorismen aus seinen Notizbüchern

Das »Seid fruchtbar und mehret euch«
hat mit der Liebe nichts zu tun.
Honoré de Balzac, Die Physiologie der Ehe

Das Band der Liebe hält noch besser
als das Band, das die Natur so stark
um Eltern und Kinder geschlungen hat.
Bernhard von Clairvaux,
83. Ansprache über das Hohelied Salomos

Das Bild der erloschenen Liebe
erschreckt ein zärtliches Herz mehr
als das Bild der unglücklichen Liebe;
und der Ekel vor dem, was man
besitzt, ist ein hundertmal schlimmerer
Zustand als das Bedauern über das,
was man verlor.
Jean-Jacques Rousseau,
Julie oder Die neue Héloïse (Claire)

Das Bild der ersten Liebe
rührt immer und überall. Warum?
Weil es in allen Ständen,
in allen Ländern,
bei allen Charakteren
fast das Gleiche ist.
Folglich ist die erste Liebe
nicht die leidenschaftlichste.
Stendhal, Über die Liebe (Fragmente)

Das eben ist der Liebe Zaubermacht,
Dass sie veredelt,
was ihr Hauch berührt,
Der Sonne ähnlich,
deren goldner Strahl
Gewitterwolken selbst
in Gold verwandelt.
Franz Grillparzer, Sappho (Sappho)

Das Einzige, aus dem Menschen
sich etwas machen sollten, ist Freude
am Leben, Dankbarkeit für das Leben;
aber die bekommt man nicht
durch Liebe. Im Gegenteil,
Liebe ist die Peitsche.
Knut Hamsun, Das letzte Kapitel

Das Erste in der Liebe
ist der Sinn füreinander, und
das Höchste der Glauben aneinander.
Friedrich Schlegel, Fragmente

Das Etwas, wonach fast alle Menschen
suchen, ist vielleicht nur
die Erinnerung an eine Liebe,
die uns im Himmel oder in den ersten
Lebenstagen zuteil ward.
Gustave Flaubert, November

Das Feuer der Liebe
ist durchaus unverlöschlich,
und noch unter der tiefsten Asche
glühen Funken.
Friedrich Schlegel, Lucinde

Das Fließen des Wassers und die Wege
der Liebe haben sich seit den Zeiten
der Götter nicht geändert.
Sprichwort aus Japan

Das Gefühl ist souverän, und
die Tatsache, dass man liebt, ist auch
das Recht dazu, möge die Welt noch
so sehr den Kopf darüber schütteln
oder von Rätseln sprechen.
Theodor Fontane, Irrungen, Wirrungen

Das Geliebte zu vergöttern,
ist die Natur des Liebenden.
Friedrich Schlegel, Fragmente

Das Gesetz
unterwirft sich den Menschen,
die Liebe macht ihn frei.
Ludwig Feuerbach, Das Wesen des Christentums

Das größte Glück außer Lieben:
seine Liebe gestehen.
André Gide, Tagebuch

Das größte Glück, das die Liebe
zu geben vermag, liegt im
ersten Händedruck der geliebten Frau.
Stendhal, Über die Liebe

Das Ideal bestünde darin,
dass Menschen, die sich selbst
vollständig genügen, nur durch
die freie Bejahung ihrer Liebe
miteinander verbunden wären.
Simone de Beauvoir, Das andere Geschlecht

Das ist das Eigentümliche an der
Liebe, dass sie unaufhörlich wachsen
muss, wenn sie nicht abnehmen soll.
André Gide

Das ist das Göttliche
und Bewunderungswürdige,
dass das feine Menschengemüt,
und ich sage, sogar das
feine Tiergemüt, weiß,
ob man es liebt oder nur seiner bedarf.
Adalbert Stifter,
Die Mappe meines Urgroßvaters (letzte Fassung)

Das ist das Ungeheure in der Liebe,
meine Teure, dass der Wille unendlich
ist und die Ausführung beschränkt.
Dass das Verlangen grenzenlos ist und
die Tat ein Sklave der Beschränkung.
William Shakespeare, Troilus und Cressida (Troilus)

Das ist die wahre Liebe, die immer
und immer sich gleich bleibt,
Wenn man ihr alles gewährt,
wenn man ihr alles versagt.
Johann Wolfgang von Goethe/Friedrich Schiller,
Xenien

Das letzte,
was eine Frau an der Liebe interessiert,
ist die Theorie.
Alfred Charles Kinsey

Das Schenken und Austauschen
von Haar ist eines
der köstlichsten Liebesspiele.
Gustave Flaubert, November

Das Schicksal sorgt für die Liebe,
und umso gewisser,
da Liebe genügsam ist.
Johann Wolfgang von Goethe,
Wilhelm Meisters Lehrjahre

Das Schmachtende der Liebe
entsteht nur in einer süßen Ruhe;
eine gewaltige Anstrengung
erstickt die zärtlichen Regungen.
Jean-Jacques Rousseau, Emile

Das Sehnen nach Liebe
ist selber Liebe.
Jean Paul, Der Jubelsenior

Das Tier taugt zu allem,
was es soll, vollkommen
– der Mensch zu nichts recht,
als was er lernt, liebt und übt.
Johann Heinrich Pestalozzi,
Der natürliche Schulmeister

Das, was man liebt, mag man doch nie
zusammen sehen oder wissen mit dem,
was einem abstoßend ist.
Franziska Gräfin zu Reventlow, Tagebücher

Das Weib lebt nur, wenn es liebt;
es findet sich erst,
wenn es sich in einen Mann verliert.
Ludwig Börne, Fastenpredigt

Das Weib man immer bitten soll;
Ihr aber steht Versagen wohl.
Freidank, Bescheidenheit

Das Weib, sobald es ein Kind hat,
liebt den Mann nur noch so,
wie er selbst das Kind liebt.
Friedrich Hebbel, Tagebücher

Das Wesen der Liebe zu erklären
ist schwer. Nur dies weiß man von ihr:
In der Seele ist sie Herrschsucht, im
Verstand Verständnis, und körperlich
ist sie nur die versteckte, köstliche
Begierde, nach vielen Hindernissen
die Geliebte zu besitzen.
François de La Rochefoucauld, Reflexionen

Das Wesentliche bei der Liebe ist ein
unstillbares Sehnen nach einem Ziel,
das immer entweicht, sobald die Liebe
in Freundschaft hinübergreift,
das heißt, wenn die Herzen sich finden,
verliert sie an Feuer und Kraft.
Michel Eyquem de Montaigne, Die Essais

Das Wort Liebe hat
für beide Geschlechter
keineswegs den gleichen Sinn.
Simone de Beauvoir, Das andere Geschlecht

Das Wunder menschlicher Liebe
ist darin begründet, dass auf
einem überaus einfachen Trieb,
dem Verlangen, ein ganzes Gebäude
vielfältigster und zartester Gefühle
aufgebaut ist.
André Maurois, Die Kunst zu leben

Dass du mich liebst,
ganz leise sollst du's sagen,
Denn eilig ist das Wort
und wundervoll.
In meines Herzens Tempel
will ich's tragen,
Dass es als Licht
am Altar leuchten soll.
Ernst Zahn, Gedichte

Dass du sie liebtest, das war natürlich,
dass du ihr die Ehe versprachst,
war eine Narrheit, und wenn
du Wort gehalten hättest,
wär's gar Raserei gewesen.
Johann Wolfgang von Goethe, Clavigo (Carlos)

Dass man sich zwingen kann,
beweist nicht, dass man liebt.
Johann Wolfgang von Goethe,
Die Laune des Verliebten (Eridon)

Dauernd ist jene Liebe, die stets
die Kräfte zweier menschlicher Wesen
im Gleichgewicht erhält.
Honoré de Balzac, Die Physiologie der Ehe

Dein Herz braucht eine Gefährtin.
Lass uns diejenige suchen, die sich
für dich schickt; wir werden sie
vielleicht nicht leicht finden, die
wahren Verdienste sind stets selten.
Wir wollen aber nicht zu sehr eilen,
noch uns abschrecken lassen.
Jean-Jacques Rousseau, Emile

Dem Morgenland die Leidenschaft und
ihre Raserei, das lange braune Haar
und die Harems, die liebeglühenden
Gottheiten, der Pomp, die Poesie und
die Denkmäler! Dem Abendlande
die Freiheit der Frauen, ihre majestätischen blonden Locken, die Galanterie,
die Feen, die Zauberinnen,

die tiefen Erregungen der Seele,
die lieblichen Rührungen
der Melancholie und die
lang dauernde Liebe!
Honoré de Balzac, Die Physiologie der Ehe

Dem schlechtsten Ding
an Art und Gestalt
Leiht Liebe dennoch
Ansehn und Gewalt.
William Shakespeare,
Ein Sommernachtstraum (Helena)

Den Hunger nennt ihr Liebe,
und wo ihr nichts mehr seht,
da wohnen eure Götter.
Friedrich Hölderlin, Hyperion

Den Verlust deiner Liebe könnte
ich nicht ertragen. Versprich mir,
mich nimmer zu verlassen.
O du Leben meines Lebens,
verlasse meine Seele nicht.
Karoline von Günderode, Briefe
(an Friedrich Creuzer, 18. November 1805)

Denn dies ist der rechte Weg,
zur Liebeskunst zu gehen oder sich
leiten zu lassen: Bei dem Schönen, das
hier ist, zu beginnen und um jenes
Schönen willen immer aufzusteigen,
wie auf Stufen emporwandern
von einem zu zweien und von zweien
zu allen schönen Körpern, von
den schönen Körpern zu schönen
Tätigkeiten, von den Tätigkeiten
zu den schönen Erkenntnissen, bis
man von den Erkenntnissen endlich
zu jener Erkenntnis kommt, die keine
andere ist als die Erkenntnis jenes
Schönen selbst, und man an Ende
erkennt, was das Schöne an sich ist.
Platon, Das Gastmahl (Diotima)

Denn dieser Zweck ist es,
welcher der Liebe
ihren höchsten Wert gibt.
Edler und besser sollen wir
durch die Liebe werden.
Heinrich von Kleist, Briefe
(an Wilhelmine von Zenge, Anfang 1800)

Denn es löset die Liebe,
das fühl ich, jegliche Bande,
Wenn sie die ihrigen knüpft.
Johann Wolfgang von Goethe,
Hermann und Dorothea (4. Gesang)

Denn für die Menge
ist das Eingestaltige des göttlichen
und wahren Eros unfassbar.
Dionysios Aeropagites, Peri ton theon onomaton

Denn jeder, der
das süße Leben kennen gelernt hat,
wird hernach geringere Bereitschaft
zeigen, Mühen auf sich zu nehmen.
Waltharilied (Walther)

Denn liebt man einen Menschen,
offenbart er sich einem
in jeder Handlung,
man erkennt darin sein Wesen.
Anne Morrow Lindbergh, Blume und Nessel

Denn nicht durch Worte,
aber durch Handlungen zeigt sich
wahre Treue und wahre Liebe.
Heinrich von Kleist, Briefe
(an Wilhelmine von Zenge, Anfang 1800)

Denn nur die freie Neigung ist Liebe,
nur wer sich selber hat,
kann sich selber geben.
Franz von Baader, Religiöse Erotik

Denn Opfer, wie sie Liebe bringt,
Das sind die schmerzlichsten von allen.
Johann Wolfgang von Goethe, Ich bliebe gern

Denn so ist die Liebe beschaffen,
dass sie allein Recht zu haben glaubt
und alle anderen Rechte
vor ihr verschwinden.
Johann Wolfgang von Goethe,
Die Wahlverwandtschaften

Denn was dem Menschen
zu schönem Ziel Führer
durch das ganze Leben sein soll,
kann weder Verwandtschaft
noch Ehre noch Reichtum ihm bieten,
nichts kann es so gut wie die Liebe.
Platon, Das Gastmahl

Denn, wenn ein Wunder
auf der Welt geschieht,
Geschieht's durch liebevolle,
treue Herzen.
Johann Wolfgang von Goethe,
Die natürliche Tochter (Eugenie)

Denn wo es noch andere Genüsse gibt,
da teilt sich das Herz, aber wo es
nichts gibt als Liebe, da öffnet sich
ihr das ganze Wesen, da umfasst es
ihr ganzes Glück, da werden alle
ihre unendlichen Genüsse erschöpft.
Heinrich von Kleist, Briefe
(an Wilhelmine von Zenge, 13. November 1800)

Der Augenblick des Besitzes ist
der Liebe entscheidender Zeitpunkt.
Jean-Jacques Rousseau,
Julie oder Die neue Héloïse (Julie)

Der Besitz, welcher nicht gegenseitig
ist, ist nichts; er ist höchstens
der Besitz des Geschlechtes,
aber nicht der Person.
Jean-Jacques Rousseau, Emile

Der beste Lehrmeister zu Weisheit
und Tugend ist die Liebe.
Euripides, Fragmente

Der Blick ist die Gewissheit der Liebe.
Ludwig Feuerbach, Das Wesen des Christentums

Der Boden,
aus dem die Liebe entsteigt,
ist Geheimnis.
Bettina von Arnim,
Goethes Briefwechsel mit einem Kinde

Der Charakter einer Frau
zeigt sich nicht, wo die Liebe beginnt,
sondern wo sie endet.
Rosa Luxemburg

Der Erwachsene achtet auf Taten,
das Kind auf Liebe.
Sprichwort aus Indien

Der Flirt ist das Aquarell der Liebe.
Paul Bourget

Der Freundschaft Sanftmut
mäßigt der Liebe Ungestüm.
Jean-Jacques Rousseau,
Julie oder Die neue Héloïse (Saint-Preux)

Der Friede geht von dem aus,
der Liebe sät, indem er
sie zu Taten werden lässt.
Mutter Teresa

Der Gegensatz von Egoismus
und Altruismus ist in der Liebe
restlos aufgehoben.
Thomas Mann, Goethe und Tolstoi

Der Geist baut das Luftschiff, die Liebe
aber macht gen Himmel fahren.
Christian Morgenstern, Stufen

Der Geist will sich vermählen mit
dem Begriff: Ich will geliebt sein, oder
ich will begriffen sein, das ist eins.
Bettina von Arnim, Tagebuch

Der Geliebte ist mein, und ich bin sein;
er weidet in den Lilien.
Altes Testament, Hohelied Salomos 2, 16

Der Gott, der Bub und Mädchen schuf,
Erkannte gleich den edelsten Beruf,
Auch selbst Gelegenheit zu machen.
Johann Wolfgang von Goethe, Faust I (Mephisto)

Der Gott der Liebe
ließ mich dich finden.
Giuseppe Verdi, Rigoletto (Mädchen und Herzog)

Der große Rest,
der in der Liebe nicht aufgeht,
geht in die Dichtung ein.
Elazar Benyoëz

Der größte Irrtum junger Menschen
ist ihre Vorstellung vom Alter.
Ein gesunder alter Mann
liebt wie mit zwanzig.
Hermann Kesten

Der Hass ich parteiisch,
aber die Liebe ist es noch mehr.
Johann Wolfgang von Goethe,
Die Wahlverwandtschaften

Der Himmel wird unsre Schicksale
auf Erden oder unsre Seelen
im ewigen Leben vereinigen.
Jean-Jacques Rousseau,
Julie oder Die neue Héloïse (Saint-Preux)

Der Humor ist – wie die Liebe –
eine Eigenschaft des Herzens.
Rudolf G. Binding

Der kleine Unterschied:
Er denkt beim Lieben;
Sie liebt beim Denken.
Oliver Hassencamp

Der Kuss ist
ein Lippenbekenntnis zur Liebe.
Martin Beheim-Schwarzbach

Der Liebe allein
geht nicht nur nichts verloren,
sondern es wird ihr noch
gar viel gegeben.
Aurelius Augustinus, Selbstgespräche

Der Liebe erster Ruf
Ergreift die Mädchenseele
mädchenhaft,
Wie sie den Jüngling
jugendlich begeistert,
Dass er nach Kampf
und kühner Tat verlangt.
Theodor Körner, Zriny (Eva)

Der Liebe geht's
wie der Philosophie,
sie ist und soll allen alles
und jedes sein. Liebe ist also
das Ich – das Ideal jeder Bestrebung.
Novalis, Fragmente

Der Liebe Sehnsucht
fordert Gegenwart.
Johann Wolfgang von Goethe,
Die natürliche Tochter (Herzog)

Der Liebe verwundern
soll sich kein Weiser
An dem andern Mann.
Oft fesselt den Klugen,
was den Toren nicht fängt,
Liebreizender Leib.
Edda, Hávamál (Fragmente)

Der Liebe Wunden kann nur heilen,
wer sie schlägt.
Publilius Syrus, Sentenzen

Der liebt nicht, der die Fehler
des Geliebten nicht für Tugenden hält.
Johann Wolfgang von Goethe,
Maximen und Reflexionen

Der Mann, der bangt,
langweilt sich nicht.
Die Freuden der Liebe stehen jeweils
in einem bestimmten Verhältnis
zur Furcht.
Stendhal, Über die Liebe

Der Mann erträgt die Ehe
aus Liebe zur Frau.
Die Frau erträgt den Mann
aus Liebe zur Ehe.
Gabriel Laub

Der Mann hat eine Liebe
– die Welt.
Die Frau hat eine Welt
– die Liebe.
Peter Altenberg, Schnipsel

Der Mann, Herr dieser Schöpfung,
hat noch anderes
Zu tun als Liebeständelei.
Ein Weib versteht das nicht
und ist zur Last nur.
Imre Madách, Die Tragödie des Menschen (Adam)

Der Mann, wenn er ein Weib liebt,
will von ihm eben diese Liebe,
ist folglich für seine Person am
entferntesten von der Voraussetzung
für die weibliche Liebe; gesetzt aber,
dass es auch Männer geben sollte,
denen ihrerseits das Verlangen
nach vollkommner Hingebung
nicht fremd ist, nun, so sind das eben
– keine Männer.
Friedrich Nietzsche, Die fröhliche Wissenschaft

Der Mensch gelangt von Abneigung
zur Liebe; aber wenn er mit Liebe
begonnen hat und von dieser zur
Abneigung übergeht, kehrt er niemals
zur Liebe zurück.
Honoré de Balzac, Die Physiologie der Ehe

Der moderne Mensch
»läuft« zu leicht »heiß«.
Ihm fehlt zu sehr das Öl der Liebe.
Christian Morgenstern, Stufen

Der nächste Weg zu Gott
ist durch der Liebe Tür,
Der Weg der Wissenschaft
bringt dich gar langsam für.
Angelus Silesius, Der Cherubinische Wandersmann

Der Nenner, auf den heute
fast alles gebracht wird, ist Egoismus,
noch nicht – Liebe.
Christian Morgenstern, Stufen

Der Reiz der Neuheit ist für die Liebe,
was der Schmelz für die Frucht ist:
Er gibt ihr den Glanz, der so leicht
verfliegt und niemals wiederkehrt.
François de La Rochefoucauld, Reflexionen

Der Schlüssel zum höheren Leben
ist die Liebe, denn sie bereitet vor
zur Freiheit.
Bettina von Arnim, Tagebuch

Der Umgang mit Musik und
ihren Traumgebilden macht
für Liebe empfänglich.
Stendhal, Über die Liebe

Der unterschiedliche Ursprung
der Liebe bei den beiden Geschlechtern
mag von der verschiedenartigen
Hoffnung bestimmt sein. Die eine Seite
greift an, die andere verteidigt,
die eine begehrt, die andere verweigert,
die eine ist kühn, die andere
furchtsam.
Stendhal, Über die Liebe

Der Vorzug der Liebe
vor der Ausschweifung liegt in der
Vermehrung der Freuden. Alle Leiden,
jeder Geschmack, alle Gefühle werden
gegenseitig. In der Liebe habt ihr
zwei Körper und zwei Seelen, in
der Ausschweifung habt ihr nur
eine Seele, die sogar
des eigenen Körpers überdrüssig ist.
Charles de Secondat, Baron de la Brède
et de Montesquieu, Meine Gedanken

Der wahre Reiz, welcher Liebende
verbindet, besteht darin, sich gegen
die Welt schützen und verteidigen
zu müssen.
Karl Gutzkow, Vom Baum der Erkenntnis

Der wahren Liebe geht es
wie Gespenstern:
Jeder spricht davon,
aber kaum einer hat sie gesehen.
François de La Rochefoucauld, Reflexionen

Des Himmels ewiger Beschluss
bestimmte uns füreinander; das ist
das erste Gesetz, dem man Gehör
geben muss, das die erste Sorge
des Lebens, sich mit dem Gegenstande
zu vereinigen, der uns das Leben
versüßen soll.
Jean-Jacques Rousseau,
Julie oder Die neue Héloïse (Saint-Preux)

Des Nachts auf meinem Lager
suchte ich ihn,
Den meine Seele liebt.
Ich suchte ihn und fand ihn nicht.
Aufstehen will ich,
die Stadt durchstreifen,
Die Gassen und Plätze,
Ihn suchen, den meine Seele liebt.
Altes Testament, Hohelied Salomos 3, 1–2

Det schönste an die Liebe
is die Liebe selber.
Kurt Tucholsky, Schnipsel

Deut' mir eins der Liebe Werke,
ob Verlust sie, ob Gewinn,
Gibt dem Weibe Männerstärke
und dem Manne Weibersinn.
Franz Grillparzer, Der Traum ein Leben (Zanga)

Dich liebt' ich immer,
dich lieb' ich noch heut,
Und werde dich lieben in Ewigkeit.
Ludwig Uhland, Der Wirtin Töchterlein

Die allerstillste Liebe
ist die Liebe zum Guten.
Marie von Ebner-Eschenbach, Aphorismen

Die am meisten lieben,
sprechen am wenigsten.
Sprichwort aus Schottland

Die am weitesten verbreitete
Augenkrankheit
ist die Liebe auf den ersten Blick.
Gino Cervi

Die Aphrodite ist nicht mehr
den Greisen hold.
Euripides, Fragmente

Die Augen sind der Liebe Pforten.
Deutsches Sprichwort

Die Augen sind die Lenker
in der Liebe.
Properz, Elegien

Die begründete wie die unbegründete
Eifersucht vernichtet diejenige Würde,
deren die gute Liebe bedarf.
Gottfried Keller, Der grüne Heinrich

Die Behauptung, es sei unmöglich,
immer dieselbe Frau zu lieben, ist so
abgeschmackt, wie wenn man sagen
wollte, ein berühmter Künstler brauche
mehrere Violinen, um ein Musikstück
zu spielen und eine Zaubermelodie
zu schaffen.
Honoré de Balzac, Physiologie der Ehe

Die Beständigkeit in der Liebe ist
eine dauernde Unbeständigkeit, in der
wir abwechselnd der einen und dann
der anderen Eigenschaft des geliebten
Wesens den Vorzug geben.
François de La Rochefoucauld, Reflexionen

Die Bitte ist der Imperativ der Liebe.
Und dieser Imperativ hat unendlich
mehr Macht als der despotische.
Ludwig Feuerbach, Das Wesen des Christentums

Die bloß persönliche,
aus leidlicher Begriffsverwirrung
geborene Überzeugung: »ich liebe«
ist noch lange keine Legitimation.
Theodor Fontane, Briefe

Die Dauer der Leidenschaft zweier
Menschen, die der Liebe fähig sind,
richtet sich nach der Stärke des
ersten Widerstandes der Frau oder
der Hindernisse, die die Zufälle des
gesellschaftlichen Lebens dem Glück
der Liebenden entgegenstellen.
Honoré de Balzac, Die Physiologie der Ehe

Die Demütigung der Eigenliebe
vermehrt die Betrübnis
der abgewiesenen Liebe.
Jean-Jacques Rousseau, Emile

Die echte Liebe
empfindet den Geist auch im Leib,
in der sinnlichen Schönheit.
Bettina von Arnim,
Goethes Briefwechsel mit einem Kinde

Die Ehe wird nicht glücklich
durch Liebe – oft das Gegenteil –,
sondern durch Vernunft.
Jean Paul, Aphorismen

Die Eigenliebe bringt
mehr Wüstlinge hervor als die Liebe.
Jean-Jacques Rousseau, Emile

Die Eigensucht und Eigensuche, die
des Menschen Leben und Natur sind,
die vermag nichts zu töten als allein
die Liebe, die stark ist wie der Tod.
Meister Eckhart, Merksprüche und Weisungen

Die eigentliche heitere Sonne
der Poesie ist die irdische Liebe, die
Geschlechtsliebe in ihrer tiefsten
Bedeutung.
Henrik Steffens, Die gegenwärtige Zeit

Die eigentliche Kunst also
wäre es zu lieben, ohne
den zugehörigen Hass zu speichern.
Elias Canetti, Die Provinz des Menschen.
Aufzeichnungen 1942–1972

Die Erde wird durch Liebe frei,
Durch Taten wird sie groß.
Johann Wolfgang von Goethe, Loge

Die Erinnerung ist der sicherste Grund
der Liebe.
Novalis, Heinrich von Ofterdingen

Die erste Liebe eines jungen, in
die Welt eintretenden Mannes ist
außergewöhnlich und voller Ehrbegier.
Stendhal, Über die Liebe (Fragmente)

Die erste Liebe ist ein Versprechen,
das andere halten werden.
Senta Berger

Die erste Liebe, sagt man mit Recht,
sei die einzige; denn in der zweiten
und durch die zweite geht schon
der höchste Sinn der Liebe verloren.
Johann Wolfgang von Goethe, Dichtung und Wahrheit

Die erste Regung des Willens und
jeglicher Begehrungskraft ist: Liebe.
Thomas von Aquin, Summa theologica

Die erste Tugend einer Liebenden
ist Pünktlichkeit.
Alles Übrige ist sekundärer Natur.
Henry de Montherlant, Erbarmen mit den Frauen

Die Fackel der Liebe entzündet sich
in der Küche.
Sprichwort aus Frankreich

Die Flamme der ehelichen Liebe
gibt oft nur Kohle,
einander zu schwärzen.
Jean Paul, Aphorismen

Die Frau verliert – ihrer ungeteilten,
anschauenden Natur zufolge – sich,
und was sie hat von Herz und Glück,
in den Gegenstand hinein, den sie
liebt. Für sie gibt's nur Gegenwart,
und diese Gegenwart ist wieder nur
eine bestimmte, ein und ein Mensch.
Jean Paul, Levana

Die Frau verliert in der Liebe
zu einem ausgezeichneten Mann
das Bewusstsein ihres eigenen Wertes;
der Mann kommt erst recht
zum Bewusstsein des seinen
durch die Liebe einer edlen Frau.
Marie von Ebner-Eschenbach, Aphorismen

Die Frauen behelligen einen
in einem fort, bis man ihnen etwas
geschenkt hat. Aber man kann ihnen
etwas ganz Beliebiges schenken.
Zum Beispiel ein bisschen Mitleid.
Das verschenken die Männer übrigens
tatsächlich, ohne sich dessen bewusst
zu sein. Sie nennen ihr Mitleid Liebe.
Henry de Montherlant, Erbarmen mit den Frauen

Die Frauen gehen in der Liebe weiter
als die meisten Männer;
aber die Männer sind
größer in der Freundschaft.
Jean de La Bruyère, Die Charaktere

Die Frauen vermögen
andere Menschen nur durch
das Medium der Liebe
oder das der Entfernung
zu sehen und zu begreifen.
Arthur Schnitzler,
Aphorismen und Betrachtungen aus dem Nachlass

Die Frauen warten auf Liebe,
und die Männer warten auf Frauen.
Wolf Wondratschek

Die Freude der Liebe ist das Lieben.
Man ist glücklicher durch die Leidenschaft, die man selbst empfindet,
als durch jene, die man erweckt.
François de La Rochefoucauld, Reflexionen

Die fruchtbringende Liebe verschönt,
wenn sie begonnen hat.
Das ist der Same, den sie hat und
kraft dessen sie nie vergehen wird.
Gottfried von Straßburg, Tristan

Die ganze Kunst der Liebe beruht,
wie mir scheint, darauf, dass
man ausspricht, was der Zauber des
Augenblicks erfordert, in anderen
Worten: dass man seinem Herzen folgt.
Man wähne nicht, das sei leicht.
Stendhal, Über die Liebe

Die gegenseitige Liebe gleicht
den Mangel in vielen Dingen aus;
und dann schenkt sie uns
jene Ruhe und Gelassenheit
in den Heimsuchungen, aus der
so unendlich viel Gutes kommt.
Papst Johannes XXIII., Briefe an die Familie
(Bruder Giuseppe), 22. September 1942

Die göttliche Liebe ist aber auch
entrückend und duldet nicht, dass
die Liebenden sich selbst angehören,
sondern nur den Geliebten.
Dionysios Aeropagites, Peri ton theon onomaton

Die große Liebe gleicht der
japanischen Gottheit, zu der mehr
als einmal zu beten ein Verbrechen ist
– weil sie nur ein einziges Mal erhört.
Ellen Key

Die größte Liebe ist immer die,
die unerfüllt bleibt – der Traum.
Peter Ustinov, Was ich von der Liebe weiß

Die größte Liebe ist Mutterliebe,
dann die Liebe eines Hundes, und
danach die einer Geliebten.
Sprichwort aus Polen

Die Herzen,
die für die Liebe geschaffen sind,
binden sich nicht leicht.
Charles de Secondat, Baron de la Brède
et de Montesquieu, Meine Gedanken

Die höchste und tiefste Liebe
ist die Mutterliebe.
Ludwig Feuerbach, Das Wesen des Christentums

Die Hoffnung ist es,
die die Liebe nährt.
Ovid, Metamorphosen

Die Jugend irrt, wenn sie glaubt, man
stürbe an einem gebrochenen Herzen.
Davon lebt man meist noch
im hohen Alter.
Maurice Chevalier

Die Königinnen lieben schlecht;
ein Weib,
Das lieben kann,
versteht sich schlecht auf Kronen.
Friedrich Schiller, Dom Karlos (Prinzessin)

Die Kraft verleiht Gewalt,
die Liebe leiht Macht.
Marie von Ebner-Eschenbach, Aphorismen

Die Leidenschaft flieht,
Die Liebe muss bleiben;
Die Blume verblüht,
Die Frucht muss treiben.
Friedrich Schiller, Das Lied von der Glocke

Die leidenschaftliche Liebe macht,
dass der Mensch die Natur in ihren
erhabensten Erscheinungen als etwas
ganz Neues entdeckt. Er wundert sich,
nie zuvor das einzigartige Schauspiel
genossen zu haben, das sich jetzt vor
seiner Seele abspielt.
Stendhal, Über die Liebe

Die Leute wissen nicht mehr,
was Liebe ist, und lieben nicht mehr
wie einst und wollen auch nicht mehr
davon reden hören.
Chrétien de Troyes, Yvain

Die Lieb umfasst
des Weibes volles Leben,
Sie ist ihr Kerker und ihr Himmelreich;
Die sich in Demut liebend hingegeben,
Sie dient und herrscht zugleich.
Adelbert von Chamisso, Gedichte

Die Lieb' ist unser Gott,
es lebet all's durch Liebe;
Wie selig wär ein Mensch,
der stets in ihr verbliebe.
Angelus Silesius, Der Cherubinische Wandersmann

Die Lieb' ist wie ein Wiegenlied:
Es lullt dich lieblich ein.
Doch schläfst du kaum,
so schweigt das Lied,
und du erwachst allein.
Theodor Storm

Die Liebe allein hätte vielleicht
meiner geschont;
mein Verderben war das Mitleid.
Jean-Jacques Rousseau,
Julie oder Die neue Héloïse (Julie)

Die Liebe als Geschlechtstrieb
muss sinnlich sein, wenn sie gesund
sein soll. Als eine sinnliche muss sie
den Körper lieben.
August Strindberg, Der Sohn der Magd

Die Liebe aus Eitelkeit.
Die allermeisten Männer, besonders
in Frankreich, begehren oder besitzen
eine schöne Frau als ein zum Luxus
erforderliches Ding, so wie man sich
ein schönes Pferd hält.
Stendhal, Über die Liebe

Die Liebe befiehlt nicht;
die Liebe braucht ihre Wünsche nur
leise anzudeuten, um schon
der Erfüllung derselben gewiss zu sein.
Ludwig Feuerbach, Das Wesen des Christentums

Die Liebe begehrt, die Furcht meidet.
Daran liegt es, dass man
nicht zugleich von derselben Person,
wenigstens in demselben Zeitraume,
geliebt und geehrt werden kann.
Friedrich Nietzsche, Menschliches, Allzumenschliches

Die Liebe beginnt damit,
dass man sich selbst betrügt, und sie
endet damit, dass man andere betrügt.
Oscar Wilde, Das Bildnis des Dorian Gray

Die Liebe besteht zu drei Vierteln
aus Neugier.
Giacomo Girolamo Casanova, Memoiren

Die Liebe bewährt sich durch Leiden.
Ludwig Feuerbach, Das Wesen des Christentums

Die Liebe bringt auf Ideen
und in Gefahren.
Heinrich Mann

Die Liebe bringt die hohen
und verborgnen Eigenschaften eines
Liebenden ans Licht – sein Seltnes,
Ausnahmsweises: insofern täuscht sie
leicht über das, was Regel an ihm ist.
Friedrich Nietzsche, Jenseits von Gut und Böse

Die Liebe, der man
in der oberen Gesellschaft begegnet,
ist Wettkampf, ist Spiel.
Stendhal, Über die Liebe (Fragmente)

Die Liebe, deren Gewalt die Jugend
empfindet, ziemt nicht dem Alten,
so wie alles, was Produktivität
voraussetzt. Dass diese sich mit den
Jahren erhält, ist ein seltner Fall.
Johann Wolfgang von Goethe,
Maximen und Reflexionen

Die Liebe des Mannes dressiert.
Jens Peter Jacobsen, Niels Lyhne (Frau Boye)

Die Liebe, die allmählich
und stufenweise wächst, gleicht
zu sehr der Freundschaft, als dass
sie eine heftige Leidenschaft wäre.
Jean de La Bruyère, Die Charaktere

Die Liebe, die plötzlich entsteht,
heilt am schwersten.
Jean de La Bruyère, Die Charaktere

Die Liebe dringt beim Manne
durch die Augen ein,
bei der Frau durch die Ohren.
Sprichwort aus Polen

Die Liebe einer Frau kannst du dir
durch mancherlei verscherzen: durch
Vertrauen und durch Misstrauen,
durch Nachgiebigkeit und durch
Tyrannei, durch zu viel und durch
zu wenig Zärtlichkeit, durch alles
und durch nichts.
Arthur Schnitzler, Buch der Sprüche und Bedenken

Die Liebe fordert alles,
und ganz mit Recht,
so ist es mir mit dir, dir mit mir.
Ludwig van Beethoven, An seine Unsterbliche Geliebte

Die Liebe führt zur Natur,
zur Gleichheit zurück, hier endet
der Widerspruch der Meinungen,
und Demokratie und Aristokratie
sind Wörter ohne Bedeutung.
Sophie Mereau, Betrachtungen

Die Liebe geht darauf, aus zweien eins zu machen, die Freundschaft darauf, aus jedem zwei zu machen.
Friedrich Schleiermacher, Denkmale

Die Liebe gibt dir ein:
Lieb alles, groß und klein!
Der höchsten Liebe wert
wirst du dadurch allein.
Friedrich Rückert, Gedichte

Die Liebe gibt ihren Namen
vielen Geschäften, mit denen sie
so viel zu tun hat wie der Doge
mit dem Alltagstreiben in Venedig.
François de La Rochefoucauld, Reflexionen

Die Liebe gleicht den epidemischen Krankheiten. Je mehr man sie fürchtet, desto mehr ist man ihnen ausgesetzt.
Chamfort, Maximen und Gedanken

Die Liebe gleicht einem Fieber;
sie überfällt uns und schwindet,
ohne dass der Wille
im Geringsten beteiligt ist.
Stendhal, Über die Liebe

Die Liebe hat das von Natur,
dass sie ausfließt von zweien zu
einem einzig Einen.
Als zwei besteht Liebe nicht.
Zweie als Eines,
das gibt notwendig und naturgemäß
Liebe voller Drang und Glut.
Meister Eckhart, Merksprüche und Weisungen

Die Liebe hat den Menschen erschaffen, die Demut hat ihn erlöst.
Hildegard von Bingen, Briefwechsel

Die Liebe hat eine persönliche Gewalt, die ein Recht an uns übt;
ich unterwerfe mich ihrer Rüge,
sie, und sie allein ist die Stimme
meines Gewissens.
Bettina von Arnim,
Goethes Briefwechsel mit einem Kinde

Die Liebe hat nicht nur Rechte,
sie hat auch immer Recht.
Marie von Ebner-Eschenbach, Aphorismen

Die Liebe hat überaus viel phantastische Entzückungen.
Immanuel Kant,
Versuch über die Krankheiten des Kopfes

Die Liebe herrscht nicht,
aber sie bildet, und das ist mehr.
Johann Wolfgang von Goethe,
Unterhaltungen deutscher Ausgewanderten

Die Liebe hört niemals auf.
Prophetisches Reden hat ein Ende,
Zungenrede verstummt,
Erkenntnis vergeht.
Neues Testament, Paulus (1 Korinther 13, 8)

Die Liebe in der Gesellschaft ist nur ein Austausch zweier Launen
und die Berührung zweier Körper.
Chamfort, Maximen und Gedanken

Die Liebe ist an und für sich
weiblichen Geschlechts und Wesens.
Der Glaube an die Liebes Gottes
ist der Glaube an das Weibliche
als ein göttliches Wesen.
Ludwig Feuerbach, Das Wesen des Christentums

Die Liebe ist bei ihnen heiliger
als die Ehe.
Germaine Baronin von Staël,
Über Deutschland (ihnen = die Deutschen)

Die Liebe ist das einzige Märchen,
das mit keinem »es war einmal«
beginnt - aber schließt.
Hans Lohberger

Die Liebe ist das geistige Auge,
sie erkennt das Himmlische.
Bettina von Arnim,
Goethes Briefwechsel mit einem Kinde

Die Liebe ist das Reich der Frauen.
Jean-Jacques Rousseau, Brief an d'Alembert

Die Liebe ist das Wunder unserer Zivilisation. Bei den wilden oder barbarischen Völkern begegnet man nur einer tierischen Liebe rohester Art.
Stendhal, Über die Liebe

Die Liebe ist der Dichtung Stern,
Die Liebe ist des Lebens Kern;
Und wer die Lieb' hat ausgesungen,
Der hat die Ewigkeit errungen.
Friedrich Rückert, Gedichte

Die Liebe ist
der Endzweck der Weltgeschichte,
das Amen des Universums.
Novalis, Fragmente

Die Liebe ist der Versuch der Natur,
den Verstand aus dem Weg zu räumen.
Thomas Niederreuther

Die Liebe ist der Wunsch,
geliebt zu werden.
Jean Giraudoux

Die Liebe ist die einzige Macht,
die uns ein Stück von jener Welt zeigt,
wie Gott sie meinte, als er uns erschuf.
Eugen Drewermann,
Das Markusevangelium, Zweiter Teil

Die Liebe ist die Gefahr
des Einsamsten, die Liebe zu allem,
wenn es nur lebt!
Friedrich Nietzsche, Also sprach Zarathustra

Die Liebe ist die melodiöseste aller Harmonien, und eine Ahnung davon ist uns allen angeboren.
Honoré de Balzac, Die Physiologie der Ehe

Die Liebe ist die Poesie der Sinne.
Honoré de Balzac, Die Physiologie der Ehe

Die Liebe ist die Suche nach dem, was uns fehlt. Also muss man vollkommen sein, um sie zu empfinden.
Théodore Jouffroy, Das grüne Heft

Die Liebe ist eben
die innigste Verknüpfung des Gemüts
und der Natur,
das reinste Gleichgewicht beider,
die Poesie im Leben selbst.
Henrik Steffens, Die gegenwärtige Zeit

Die Liebe ist ein Fall von Ehrgeiz;
deswegen löscht der Erfolg sie aus.
Théodore Jouffroy, Das grüne Heft

Die Liebe ist ein Gefühl, das,
um ehrlich zu erscheinen,
nur aus sich selbst zusammengesetzt
sein, nur aus sich selbst leben
und bestehen darf.
Chamfort, Maximen und Gedanken

Die Liebe ist ein inniges Ineinandersein; ich bin nicht von dir getrennt,
wenn es wahr ist, dass ich liebe.
Bettina von Arnim, Tagebuch

Die Liebe ist ein Raub der Natur
an der Gesellschaft.
Antoine Comte de Rivarol, Maximen und Reflexionen

Die Liebe ist eine angeborne,
aber verschieden ausgeteilte Kraft und
Blutwärme des Herzens; es gibt kalt-
und warmblütige Seelen, wie Tiere.
Jean Paul, Levana

Die Liebe ist eine Art Kriegsdienst.
Ovid, Liebeskunst

Die Liebe ist eine Gemütskrankheit,
die durch die Ehe oft schnell geheilt
werden kann.
Sascha Guitry

Die Liebe ist eine Glocke, welche das Entlegenste und Gleichgültigste wieder tönen lässt und in eine besondere Musik verwandelt.
Gottfried Keller, Die Leute von Seldwyla

Die Liebe ist eine große Lehrerin, aber man muss es von sich aus verstehen, um sie zu ringen. Das aber ist schwer und mühsam, denn sie ist nur teuer zu erkaufen, mit vielen Mühen und erst nach langer Zeit.
Fjodor M. Dostojewski, Die Brüder Karamasow

Die Liebe ist eine große Lehrmeisterin.
Molière, Die Schule der Frauen

Die Liebe ist eine Krise,
die Abneigung hinterlässt.
Cesare Pavese

Die Liebe ist eine köstliche Blume,
aber man muss den Mut haben,
sie vom Rande eines schauerlichen
Abgrundes zu pflücken.
Stendhal, Über die Liebe

Die Liebe ist eine Metamorphose
der Gottheit.
Bettina von Arnim,
Goethes Briefwechsel mit einem Kinde

Die Liebe ist eine von den vier
natürlichen Haltungen der Seele.
Bernhard von Clairvaux, Von der Gottesliebe

Die Liebe ist eine wache, lebendige,
freudige Erregung.
Michel Eyquem de Montaigne, Die Essais

Die Liebe ist eine Waffe,
mit der man spielt,
ohne daran zu denken,
dass sie geladen ist.
Otto Eduard Hasse

Die Liebe ist eine Wunde im Inneren
und tritt keineswegs nach außen in
Erscheinung. Sie ist eine Krankheit,
die deshalb lang anhält, weil sie
von der Natur kommt.
Marie de France, Die Lais (Guigemar)

Die Liebe ist Empfindung und
Gedanken in einem, wie die Schönheit
Form und Ausdruck in einem ist.
Sully Prudhomme, Gedanken

Die Liebe ist etwas viel Wunderbareres
als die Kunst.
Oscar Wilde, Das Bildnis des Dorian Gray

Die Liebe ist Gottes erstes Wort,
der erste Gedanke,
der durch sein Hirn glitt. Als er sagte:
Es werde Licht!, ward es Liebe.
Knut Hamsun, Victoria

Die Liebe ist ihres größten Reizes
beraubt, wenn die Ehrbarkeit
sie verlässt.
Jean-Jacques Rousseau,
Julie oder Die neue Héloïse (Saint-Preux)

Die Liebe ist im Grunde die Kraft
und die Macht, die allein das Leben
lebenswert machen kann.
Konrad Adenauer, Gespräch, Winter 1964

Die Liebe ist immer ein Wagnis.
Aber nur im Wagen wird gewonnen.
Theodor Heuss, Mut zur Liebe

Die Liebe ist in Deutschland eine
Religion, aber eine poetische Religion,
die nur zu gern alles duldet, was die
Empfindsamkeit zu entschuldigen
imstande ist.
Germaine Baronin von Staël, Über Deutschland

Die Liebe ist Instinkt
einer höheren Gemeinschaft, einer
göttlichen Natur mit dem Geliebten.
Drum schließt Liebe
alle verschiedenen Neigungen aus.
Bettina von Arnim,
Goethes Briefwechsel mit einem Kinde

Die Liebe ist kein Gefühl, sondern eine
Person. Diese Person fasst mich, mein
Ich, und meinen Nächsten an den
Händen und verbindet mich mit ihm.
Leo N. Tolstoi, Tagebücher (1889)

Die Liebe ist kein Scherz.
Wenn man sich ihretwegen erschießt,
so heißt das, man nimmt sie ernst,
und das ist wichtig.
Anton P. Tschechow, Briefe (21. Oktober 1889)

Die Liebe ist langmütig,
die Liebe ist gütig.
Sie ereifert sich nicht,
sie prahlt nicht,
sie bläht sich nicht auf.
Neues Testament, Paulus (1 Korinther 13, 4)

Die Liebe ist nicht bloß das stille
Verlangen nach dem Unendlichen,
sie ist auch der heilige Genuss
einer schönen Gegenwart. Sie ist nicht
bloß eine Mischung, ein Übergang
vom Sterblichen zum Unsterblichen,
sondern sie ist eine völlige Einheit
beider.
Friedrich Schlegel, Lucinde

Die Liebe ist nicht nur nicht käuflich,
sie wird auch
durch Geld unfehlbar getötet.
Jean-Jacques Rousseau, Emile

Die Liebe ist nicht von Wert,
wenn sie nicht ausgewogen ist
(wenn nicht beide Partner
dem gleichen Stand angehören).
Marie de France, Equitan

Die Liebe ist nichts anderes
als das Selbstgefühl der Gattung
innerhalb des Geschlechtsunterschieds.
Ludwig Feuerbach, Das Wesen des Christentums

Die Liebe ist nichts anderes
als ein Seiltanz von Amateuren
ohne Balancierstange und Netz.
Peter Altenberg

Die Liebe ist nur ein Trugbild;
sie schafft sich sozusagen eine
andere Welt; sie umgibt sich mit
Gegenständen, die nicht da sind
oder denen sie allein das Dasein
gegeben hat.
Jean-Jacques Rousseau, Julie oder Die neue Héloïse

Die Liebe ist nur für den,
der ganz in ihr ist.
Bettina von Arnim, Tagebuch

Die Liebe ist nur höchste Offenbarung
der Bedürfnisse, die wir empfinden,
uns zu vervollständigen, indem wir
uns vereinen mit dem, das besitzt, was
uns fehlt; aber sie nicht die einzige.
Théodore Jouffroy, Das grüne Heft

Die Liebe ist schon lange her!
Erich Kästner, Dr. Erich Kästners lyrische Hausapotheke

Die Liebe ist Sehnsucht,
und gestillte Sehnsucht vergeht.
Hans Christian Andersen

Die Liebe ist so unproblematisch
wie ein Fahrzeug.
Problematisch sind nur die Lenker,
die Fahrgäste und die Straße.
Franz Kafka

Die Liebe ist stumm, nur die Poesie
kann für sie sprechen.
Novalis, Heinrich von Ofterdingen

Die Liebe ist unmöglich
zwischen zwei Personen,
die die gleichen Eigenschaften
und die gleichen Fehler haben.
Théodore Jouffroy, Das grüne Heft

Die Liebe ist unsere Strafe dafür,
dass wir es nicht einfach
bei der Fortpflanzung bewenden
lassen.
Helmar Nahr

Die Liebe kann ausgleichen, wozu
die Freundschaft nicht imstande ist.
Charles de Secondat, Baron de la Brède
et de Montesquieu, Meine Gedanken

Die Liebe kann wohl viel,
allein die Pflicht noch mehr.
Johann Wolfgang von Goethe,
Die Mitschuldigen (Sophie)

Die Liebe, Königin aller Herzen,
die freie und einzigartige,
ist käuflich zu haben.
Wie haben wir sie gezwungen,
uns tributpflichtig zu sein!
Gottfried von Straßburg, Tristan

Die Liebe lebt von liebenswürdigen
Kleinigkeiten, und wer sich eines
Frauenherzens dauernd versichern
will, der muss immer neu darum
werben, der muss die Reihe der
Aufmerksamkeiten allstündlich wie
einen Rosenkranz abbeten. Und ist er
fertig damit, muss er von neuem
anfangen. Immer da sein, immer
sich betätigen, darauf kommt es an.
Theodor Fontane, Cécile

Die Liebe liebt das Wandern,
Gott hat sie so gemacht,
Von einem zu dem andern –
Fein Liebchen, Gute Nacht.
Wilhelm Müller, Gedichte (Schubert: Winterreise)

Die Liebe macht bewusstlos
im Irdischen und ist erfüllt mit
dem Himmlischen, die Liebe macht
also unschuldig.
Bettina von Arnim,
An Achim von Arnim (Dezember 1809)

Die Liebe macht blind
für den geliebten Gegenstand.
Plutarch, Moralia

Die Liebe macht,
dass man mutig sein kann.
Mutter Teresa

Die Liebe macht den Klugen dumm –
Die Liebe macht den Dummen klug.
Knut Hamsun, Segen der Erde

Die Liebe macht den Menschen
zu Gott und Gott zum Menschen.
Ludwig Feuerbach, Das Wesen des Christentums

Die Liebe macht des Menschen Herz
zu einem Pilzgarten, einem üppigen
und unverschämten Garten, in dem
geheimnisvolle und freche Pilze stehen.
Knut Hamsun, Victoria

Die Liebe macht feinfühlig den Mann,
der roh ist, sie lässt den schön reden,
der vorher stumm war, den Mann, der
ein Feigling ist, macht sie sehr mutig,
den Faulen macht sie flink und eifrig.
Juan Ruiz de Alarcón y Mendoza,
Buch von rechter Liebe

Die Liebe macht mehr Vergnügen
als die Ehe,
Romane sind auch unterhaltender
als die Geschichte.
Chamfort, Maximen und Gedanken

Die Liebe macht vieles Unmögliche
möglich.
Johann Wolfgang von Goethe,
Wilhelm Meisters Lehrjahre

Die Liebe muss sich selbst
ein ewiges zartes Geheimnis bleiben;
wo sie sich begreift, verschwindet sie.
Henrik Steffens, Die gegenwärtige Zeit

Die Liebe offenbart niemals,
was die Freundschaft
in ihrer höchsten Form sagen lässt.
Charles de Secondat, Baron de la Brède
et de Montesquieu, Meine Gedanken

Die Liebe schweift umher
und verweilt an keinem Wohnsitz.
Ovid, Liebeskunst

Die Liebe selbst
ist eine schwellende Blüte
voll unendlicher Sehnsucht,
in ihrer Befriedigung
würde sie verwelken.
Henrik Steffens, Die gegenwärtige Zeit

Die Liebe stirbt niemals an Hunger,
aber oft an Übersättigung.
Ninon de Lenclos, Memoiren

Die Liebe sucht außer sich
keinen Grund, aber auch keinen Lohn.
Ihr Genuss ist ihr Gewinn.
Bernhard von Clairvaux,
83. Ansprache über das Hohelied Salomos

Die Liebe überwindet den Tod,
aber es kommt vor, dass eine kleine
üble Gewohnheit die Liebe überwindet.
Marie von Ebner-Eschenbach, Aphorismen

Die Liebe verschönt das Gesicht.
Fjodor M. Dostojewski,
Das Dorf Stepantschikowo und seine Bewohner

Die Liebe wandelt die Seelen um
und macht sie frei.
Bernhard von Clairvaux, Briefe (an Prior Guigo)

Die Liebe, wenn sie neu,
braust wie ein junger Wein:
Je mehr sie alt und klar,
je stiller wird sie sein.
Angelus Silesius, Der Cherubinische Wandersmann

Die Liebe – wie auch immer sie sei –
hat ihre Regeln, und diese sind
bei höher gearteten Seelen
stärker als ihre Gesetze.
Charles de Secondat, Baron de la Brède
et de Montesquieu, Meine Gedanken

Die Liebe will aus sich herausgehen,
sich mit ihrem Opfer vermischen
wie der Sieger mit dem Besiegten,
und dennoch Vorrechte des Eroberers
bewahren.
Charles Baudelaire, Tagebücher

Die Liebe wird auch
im künftigen Leben bleiben;
Glaube und Hoffnung aber
werden aufhören.
Martin Luther, Tischreden

Die Liebe wird vergehen;
die Tugenden aber werden bleiben.
Jean-Jacques Rousseau,
Julie oder Die neue Héloïse (Eduard)

Die Liebe wirft den Jüngling
aus seinem Ich hinaus unter andre Ich,
das Mädchen aber aus fremden
in das ihrige hinein.
Jean Paul, Die unsichtbare Loge

Die Liebe wirkt magisch.
Novalis, Fragmente

Die Liebe zwischen zwei Liebenden
ist fast nie von gleicher Art.
Die Leidenschaft hat
ihren Pendelschlag, bei dem
abwechselnd einer von beiden
heißer liebt.
Stendhal, Über die Liebe

Die lieben,
schauen einander mit Erblassen.
Andreas Capellanus, Gebote des Minnerechts

Die Liebenden
fordern immer Glück voneinander,
die Freunde geben es sich.
Sully Prudhomme, Gedanken

Die Liebesäpfel duften;
an unsrer Tür warten alle
köstlichen Früchte,
frische und solche vom Vorjahr;
für dich hab ich sie aufgehoben,
Geliebter.
Altes Testament, Hohelied Salomos 7, 12

Die Liebesbande, die den heutigen
Menschen mit Wesen und Dingen
verbinden, sind so schlaff, so wenig
gewichtig, dass der Mensch ihre
Abwesenheit nicht mehr so spürt
wie früher (...).
Antoine de Saint-Exupéry, Brief an einen General

Die Lüge tötet die Liebe.
Aber die Aufrichtigkeit
tötet sie erst recht.
Ernest Hemingway

Die Männer laufen bei der Liebe
allenfalls Gefahr, ihr Herz heimlich
zu verwunden. Die Frauen setzen sich
der öffentlichen Schmach aus; sie sind
besorgter, ihr Ansehen bedeutet für sie
sehr viel. Darum: Handle unter allen
Umständen bedacht!
Stendhal, Über die Liebe

Die Männer lieben mehr Sachen,
z. B. Wahrheiten, Güter, Länder;
die Weiber mehr Personen;
jene machen sogar leicht Personen
zu dem, was sie lieben; so wie, was
Wissenschaft für einen Mann ist,
wieder leicht für eine Frau
ein Mann wird, der Wissenschaft hat.
Jean Paul, Levana

Die Männer sagen immer wieder
dasselbe, aber Gott sei Dank
immer wieder zu einer anderen Frau.
Jeanne Moreau

Die meisten Frauen setzen alles daran,
einen Mann zu ändern, und
wenn sie ihn dann geändert haben,
mögen sie ihn nicht mehr.
Marlene Dietrich

Die meisten Frauen verwechseln
Geliebtwerden mit selber Lieben.
Günther Anders,
Lieben gestern. Notizen zur Geschichte des Fühlens

Die meisten Menschen brauchen
mehr Liebe, als sie verdienen.
Marie von Ebner-Eschenbach, Aphorismen

Die meisten Menschen sehen das
Problem der Liebe in erster Linie als
das Problem, selbst geliebt zu werden,
statt zu lieben und lieben zu können.
Daher geht es für sie nur darum,
wie man es erreicht, geliebt zu werden,
wie man liebenswert wird.
Erich Fromm, Kunst des Liebens

Die meisten Menschen
brauchen mehr Liebe, als sie verdienen.
Marie von Ebner-Eschenbach

Die meisten Weltmänner trauen sich –
aus Eitelkeit, aus Argwohn, aus Furcht
vor einem Missgeschick – eine Frau
erst nach ihrer Hingabe zu lieben.
Stendhal, Über die Liebe (Fragmente)

Die moderne Liebe ist
schwache Melodie, überinstrumentiert.
Hugo von Hofmannsthal, Buch der Freunde

Die Musik über alles lieben,
heißt unglücklich sein.
Paul Klee, Tagebücher

Die Mutterliebe des Sohnes
ist die erste Sehnsucht, die erste
Demut des Mannes vor dem Weibe.
Ludwig Feuerbach, Das Wesen des Christentums

Die Natur des Geistes
als Liebe zu begreifen,
hat (...) eine gültige Grundlage.
Dalai Lama XIV, Logik der Liebe

Die Natur ist die Sprache der Liebe,
die Liebe spricht zur Kindheit
durch die Natur.
Bettina von Arnim, Tagebuch

Die neue Liebe
lockert stets das alte Band.
Euripides, Medea (Hofmeister)

Die physische Liebe ist ein Bedürfnis,
das dem Hunger gleicht; mit dem
Unterschied jedoch, dass der Mensch
immer isst, dass aber in der Liebe sein
Appetit nicht so ausdauernd und
so regelmäßig ist wie bei Tische.
Honoré de Balzac, Die Physiologie der Ehe

Die reine sinnliche Liebe.
Auf der Jagd nach einem hübschen
frischen Landmädchen nachstellen,
das in den Wald flüchtet. Jedermann
kennt die Lust einer solchen Liebe;
wie blöde und ungeschickt ein Mann
auch sei, mit sechzehn Jahren
fängt er damit an.
Stendhal, Über die Liebe

Die Reize der Jugend
sind das einzige Gepäck der Liebe.
Honoré de Balzac, Die Physiologie der Ehe

Die Religion hat der Liebe
einen großen Dienst erwiesen,
indem sie sie
zur Sünde gestempelt hat.
Anatole France

Die romantische Liebe bleibt ständig
abstrakt in sich selbst, und wenn sie
keine äußere Geschichte bekommen
kann, so lauert schon der Tod auf sie,
weil ihre Ewigkeit illusorisch ist.
Søren Kierkegaard, Entweder – Oder

Die romantische Liebe ist rein,
einfach und unbeschwert. Sie gleicht
der Vision des Künstlers, ehe er sie
in eine Form zwingen muss, oder
der Blüte einer Liebe, ehe sie zur
fertigen, aber schweren Frucht
der Verantwortung gereift ist.
Anne Morrow Lindbergh, Muscheln in meiner Hand

Die Saat der Liebe muss in Ewigkeit
neu gesät werden.
Anne Morrow Lindbergh,
Stunden von Gold – Stunden von Blei

Die Scham ist es,
die Gunstbeweisen ihren Wert gibt
und abschlägige Antworten mildert.
Jean-Jacques Rousseau, Brief an d'Alembert

Die Scherben einer Liebe
lassen sich nie mehr zusammensetzen.
Sully Prudhomme, Gedanken

Die schwärmerische Liebe lechzt
nach einer schnellen Heldentat, die
man in kurzer Zeit vollbringen kann,
und zwar unbedingt so,
dass alle sie beachten.
Fjodor M. Dostojewski, Die Brüder Karamasow

Die Seele kann sich nicht stark
und lange Zeit mit einer Person
beschäftigen, ohne etwas von
ihren Gesinnungen anzunehmen.
Jean-Jacques Rousseau,
Julie oder Die neue Héloïse (Eduard)

Die Sinnlichkeit übereilt oft
das Wachstum der Liebe, so dass
die Wurzel schwach bleibt
und leicht auszureißen ist.
Friedrich Nietzsche, Jenseits von Gut und Böse

Die sonderbare Lust, sich mitten
im Taumel einer großen Liebe
in die Arme einer anderen zu stürzen.
Arthur Schnitzler,
Aphorismen und Betrachtungen aus dem Nachlass

Die Strafe für den, der nicht liebt, ist,
dass er auch das Geliebtwerden nicht
genießen kann.
Sully Prudhomme, Intimes Tagebuch

Die Tat allein beweist der Liebe Kraft.
Johann Wolfgang von Goethe,
Die natürliche Tochter (Gerichtsrat)

Die Träumereien der Liebe
lassen sich nicht festhalten.
Stendhal, Über die Liebe

Die Trennung heißt
der Liebe Bund erneuern.
Johann Wolfgang von Goethe, Elpenor (Evadne)

Die Treue ist der längere oder kürzere,
mitunter fast wehmütige Nachhall
der Liebe.
Heimito von Doderer, Repertorium. Ein Begreifbuch
von höheren und niederen Lebens-Sachen

Die Tugend und die Liebe
tragen ihrer Natur nach immer nur
ein Gewand, und dürfen es
ihrer Natur nach nicht wechseln.
Heinrich von Kleist, Briefe
(an Wilhelmine von Zenge, Frühjahr 1800)

Die uns gespendete Liebe, die wir
nicht als Segen und Glück empfinden,
empfinden wir als eine Last.
Marie von Ebner-Eschenbach, Aphorismen

Die Vergeistigung der Sinnlichkeit
heißt Liebe.
Friedrich Nietzsche, Götzen-Dämmerung

Die Verschmähten lieben am meisten.
Sprichwort aus Montenegro

Die wahre echte Liebe ist meist
eine unglückliche Erscheinung,
man quält sich selbst und
wird von der Welt misshandelt.
Karoline von Günderode, Allerley Gedanken

(...) die wahre Liebe: ein Gewebe
von Bindungen, das einen werden lässt.
Antoine de Saint-Exupéry, Flug nach Arras

Die wahre Liebe geht
aus der Harmonie der Ideen oder aus
dem Gegensatz der Charaktere hervor.
Théodore Jouffroy, Das grüne Heft

Die wahre Liebe
ist keiner Untreue fähig.
Bettina von Arnim,
Goethes Briefwechsel mit einem Kinde

Die wahre Liebe ist voller Vertrauen.
Claudine Alexandrine Guérin de Tencin,
Memoiren des Comte de Comminge

Die Weiber verlangen das Größte und
das Kleinste zugleich; sie fordern Liebe
– und auch, dass man artig gegen sie
sei – eine Million in Scheidemünze.
Ludwig Börne, Aphorismen

Die Weisheiten der rechten Liebe
sind verborgene: Wo immer du
ihre Zeichen mit Gewissheit findest,
denke nach.
Juan Ruiz de Alarcón y Mendoza,
Buch von rechter Liebe

Die wirklich lieben,
stehlen keine Herzen.
Chrétien de Troyes, Yvain (Botin der Königin)

Die wirkliche Liebe beginnt, wo
keine Gegengabe mehr erwartet wird.
Antoine de Saint-Exupéry

Die Wunde schlug der Minne Hand,
und mit diesen Wunden
ist es so bewandt,
man sagt, dass sie länger schmerzten,
als die von Schwert oder Speer.
Hartmann von Aue, Iwein

Die Zivilisation hat die Liebe
von der Stufe des Instinkts
auf die der Leidenschaft gehoben.
George Moore

Diejenigen, die in der Liebe
flatterhaft sind und sich
aufs Betrügen verlegen,
die werden selbst betrogen
und hintergangen.
Marie de France, Equitan

Diejenigen gehen sorglos
mit ihrem Leben um,
die aus Liebe weder Vernunft
noch Maß kennen;
derart aber ist die Maßgabe der Liebe,
dass niemand dabei
seinen Verstand bewahren kann.
Marie de France, Equitan

Dies zärtliche Geben und Nehmen
zwischen zwei Menschen,
das wahre Liebe bewirken kann,
wie leicht versetzt das ein Herz
in den siebenten Himmel.
Ulrich von Singenberg,
Lieder (Wie hôhes muotes ist ein man)

Diese allgewaltige Flamme ist für
die Menschheit zu stark. Ewig bleibe
die Liebe die Beglückerin des Erdballs,
aber unter tausendfachen Gestalten
verbreite sich dieser beseligende Trieb,
der für ein Herz zu groß ist.
Sophie Mereau, Die Leiden der Liebe

Diese Liebe ist
unüberwindlich wie der Zauber,
der sie entstehen ließ.
Sie stützt sich auf den unerschütterlichen Grund der Verdienste
und Tugenden;
in einer unsterblichen Seele
stirbt sie niemals.
Jean-Jacques Rousseau,
Julie oder Die neue Héloïse (Saint-Preux)

Doch das verwehte Wunschbild lässt
in uns seinen Mädchenduft zurück,
und wir suchen seine Spur
auf allen Pfaden seiner Flucht.
Gustave Flaubert, November

Doch noch leuchtet uns
die Hoffnung für unsere geliebte Liebe,
lass uns sie pflegen und erhalten,
solange wir nur können.
Eine Stunde, voll Seligkeit
des Wiedersehens und Hoffnung
in der Brust, sind genug,
ihr Leben auf Monate zu erhalten.
Susette Gontard, Briefe
(an Friedrich Hölderlin, Januar 1799)

Drum liebe mäßig;
dies Lieb' ist stet:
Zu hastig und zu träge
kommt gleich spät.
William Shakespeare, Romeo und Julia (Lorenzo)

Du bist min, ich bin din,
Des solt du gewis sin.
Anonym (13. Jh., Münchner Handschrift)

Du brauchst nur zu lieben,
und alles ist Freude.
Leo N. Tolstoi, Tagebücher (1910)

Du, den meine Seele liebt,
Sag mir: Wo weidest du die Herde?
Wo lagerst du am Mittag?
Altes Testament, Hohelied Salomos 1, 7

Du hast verstanden?
Du hast verziehen?
Du hast vergessen?
Welch ein Missverständnis!
Du hast nur aufgehört zu lieben.
Arthur Schnitzler, Buch der Sprüche und Bedenken

Du kannst nur dir treu sein
in der Liebe;
was du schön findest, das musst
du lieben, oder du bist dir untreu.
Bettina von Arnim,
Goethes Briefwechsel mit einem Kinde

Du sollst nicht geliebt sein wollen,
wenn du nicht liebst.
Friedrich Schleiermacher, Idee zu einem Katechismus

Du sollst von den Heiligtümern
der Liebe auch nicht das kleinste
missbrauchen; Denn dir wird ihr
zartes Gefühl verlieren, die ihre Gunst
entweiht und sich hingibt für
Geschenke und Gaben, oder um nur in
Ruhe und Frieden Mutter zu werden.
Friedrich Schleiermacher, Idee zu einem Katechismus

Du solltest meine Königin
und ich dein Sklave sein,
aber mein Sklavenfuß müsste auf
deinem stolzen Königsnacken stehen.
Jens Peter Jacobsen, Niels Lyhne (Niels)

Du verklagest das Weib,
sie schwanke von einem zum andern!
Tadle sie nicht:
Sie sucht einen beständigen Mann.
Johann Wolfgang von Goethe,
Antiker Form sich nähernd

Durch die Frau,
und durch die Frau allein, kann
der Mann der Isolierung entgehen,
in die gerade seine Vollkommenheit
ihn einzuschließen droht.
Pierre Teilhard de Chardin,
Die Liebe baut physisch das Universum

Durch die Liebe
wächst die Fassungskraft
der geistbegabten Kreatur.
Thomas von Aquin, Summa theologica

Durch Frauenliebe wird hienieden
Dem Mann
das höchste Glück beschieden.
Doch kann sie
auch dem Mann auf Erden
Zur Quelle tiefsten Elends werden.
Bhartrihari, Lieder

Durch Liebe wird uns erst
etwas zum Besitz.
Johann Wolfgang von Goethe, überliefert von
Friedrich Wilhelm Riemer (Mittheilungen über Goethe)

Durch unsere Eigenliebe
verführt uns die Liebe.
Wie könnte man auch einem Gefühl
widerstehen, das verschönt,
was wir haben, uns wiedererstattet,
was wir verloren, und schenkt,
was wir nicht haben?
Chamfort, Maximen und Gedanken

Echt ist eine Liebe nur, wenn
ihr Gegenstand nicht anziehend ist.
Leo N. Tolstoi, Tagebücher (1895)

Eher holst du den Vogel im Flug ein
als Liebe, die flieht.
Arthur Schnitzler,
Aphorismen und Betrachtungen aus dem Nachlass

Eher will ich hundertmal sterben,
als auf die Seligkeit verzichten,
an deiner Seite zu ruhen.
Lucius Apuleius, Der goldene Esel (Psyche)

Ein betrunkener,
verlotterter Wüstling von Ehemann
liebt seine Frau und seine Kinder, aber
was hat diese Liebe für einen Sinn?
Anton P. Tschechow, Briefe (9. Dezember 1890)

Ein fröhliches Herz entsteht
normalerweise nur aus einem Herzen,
das vor Liebe brennt.
Mutter Teresa

Ein geliebter Mensch, das bedeutet
siebenmal Schmerz und einmal Freude.
Arthur Schnitzler,
Aphorismen und Betrachtungen aus dem Nachlass

Ein Herz, das einen liebt,
kann keinen Menschen hassen.
Johann Wolfgang von Goethe, Die Laune des Verliebten (Amine)

Ein Herz muss dann und wann
an einem Glück sich laben,
Es muss der Liebe viel
und etwas Frohsinn haben.
Carl Spitteler, Olympischer Frühling

Ein jeder, dem gut und bieder
das Herz ist,
Liebt sein Weib und pflegt sie
mit Zärtlichkeit.
Homer, Ilias

Ein jegliches hat seine Zeit,
Ein jegliches sein Ziel:
Wer sich der Liebe ernst geweiht,
Der treibt sie nicht als Spiel.
Friedrich von Bodenstedt, Mirza Schaffy

Ein Kennzeichen keimender Liebe ist,
dass alle Freuden und Leiden, die
anderen Leidenschaften entspringen,
und alles andere menschliche Begehren
uns von Stund an
nicht mehr kümmern.
Stendhal, Über die Liebe (Fragmente)

Ein Kind ist
eine sichtbar gewordene Liebe.
Novalis, Fragmente

Ein lang dauernde Belagerung
ist für den Mann beschämend, die
Frau dagegen sieht ihren Ruhm darin.
Stendhal, Über die Liebe

Ein leichtgläubig Ding ist die Liebe.
Ovid, Metamorphosen

Ein' Lieb und nicht mehr,
Wär' allen Frauen eine Ehr'.
Gottfried Keller, Gedichte

Ein Mädchen wird nie als Erste
der platonischen Liebe überdrüssig.
Henry de Montherlant, Erbarmen mit den Frauen

Ein Mann, den seine Frau nicht
bewundert und ein wenig fürchtet,
wird nicht wirklich von ihr geliebt.
Sully Prudhomme, Intimes Tagebuch

Ein Mann, den seine Geliebte
zu sehr liebt, scheint sie weniger
zu lieben, und umgekehrt.
Steht es mit der Liebe
wie mit den Wohltaten?
Glaubt man sie nicht mehr vergelten
zu können, so wird man undankbar.
Chamfort, Maximen und Gedanken

Ein Mann ist oft noch zu jung, um zu
heiraten, aber nie zu alt, um zu lieben.
Sprichwort aus Finnland

Ein Mann kann
mit jeder Frau glücklich sein,
solange er sie nicht liebt.
Oscar Wilde, Das Bildnis des Dorian Gray

Ein Mensch, der in der Liebe wandelt,
macht nicht müde
und wird nicht müde.
Juan de la Cruz, Merksätze von Licht und Liebe

Ein Mensch ohne Liebe
lebt und ist dennoch tot.
Chinesisches Sprichwort

Ein neues Gebot gebe ich euch:
Liebt einander!
Neues Testament, Johannes 13, 34

Ein schneller Sieg, wenn man die
Eitelkeit außer Acht lässt, ist eigentlich
für keinen Mann schmeichelhaft.
Stendhal, Vom Versagen

Ein schönes Gesicht
ist die schönste Augenweide,
und die süßeste Harmonie ist der Ton
der Stimme des Wesens, das man liebt.
Jean de La Bruyère, Die Charaktere

Ein Tröpflein Liebe ist mehr wert
als ein ganzer Sack voll Gold.
Friedrich von Bodelschwingh

Ein von Gott Geliebter ist der,
welcher gehorcht;
wen aber Gott hasst,
der gehorcht nicht.
Ptahhotep, Zit. nach Erman,
Die Literatur der Ägypter (1923)

Eine aufkeimende Leidenschaft,
die unterdrückt wird,
bricht eines Tages auf;
eine erfüllte Liebe aber
weiß sich zu verbergen.
Voltaire, Zadig

Eine Frau bringt es fertig zu lieben
und doch während eines ganzen Jahres
keine zehn oder zwölf Worte mit
dem Mann zu sprechen, den sie
erwählt hat. Ihrem Herzen prägt sich
genau ein, wie oft sie ihn gesehen hat:
Zweimal war sie zugleich mit ihm
im Schauspiel, zweimal begegnete sie
ihm an der Tafel, dreimal hat er sie
auf der Straße gegrüßt.
Stendhal, Über die Liebe

Eine Frau, die geliebt wird,
hat immer Erfolg.
Vicki Baum

Eine Frau gehört rechtens dem Mann,
der sie und den sie
mehr als das Leben liebt.
Stendhal, Über die Liebe (Fragmente)

Eine Frau ist nicht immer
glücklich mit dem, den sie liebt,
aber sie ist immer unglücklich
mit dem, den sie nicht liebt.
Claude Tillier, Mein Onkel Benjamin

Eine Frau sieht schnell
von ihrer Liebe ab, und sie hat nicht
Unrecht, wenn sie den gering achtet,
dessen Tapferkeit nur etwas nachlässt.
Chrétien de Troyes, Yvain (Gauvain)

Eine Frau weiß nicht immer,
warum sie liebt.
Dagegen kommt es selten vor,
dass ein Mann bei seiner Liebe
kein Interesse verfolgt.
Honoré de Balzac, Physiologie der Ehe

Eine Lieb' sich nimmer
des andern ersättigt.
Andreas Capellanus, Gebote des Minnerechts

Eine Liebe hatt ich,
sie war mir lieber als alles!
Aber ich hab sie nicht mehr.
Schweig und ertrag den Verlust!
Johann Wolfgang von Goethe,
Venezianische Epigramme

Eine rasende Liebe kann sicher nur
zwischen Menschen derselben Klasse
entstehen. Sogar die Liebe ist
zur Klassenangelegenheit geworden,
obwohl sie immer dasselbe Ziel hat.
August Strindberg, Der Sohn der Magd

Eine so zärtliche, so wahre Liebe
muss den Begierden gebieten können.
Jean-Jacques Rousseau,
Julie oder Die neue Héloïse (Julie)

Eine Sonne ist der Mensch, allsehend,
allverklärend, wenn er liebt,
und liebt er nicht, so ist er
eine dunkle Wohnung,
wo ein rauchend Lämpchen brennt.
Friedrich Hölderlin, Hyperion

Eine vollkommene Liebesnacht
ist meistens das Ergebnis
einer guten Mahlzeit.
François VI Duc de La Rochefoucauld

Eine Welt ohne Liebe ist naturgemäß
eine Welt ohne Hass.
Agustina Bessa-Luís, As Fúrias

Eine Welt zwar bist du, o Rom;
doch ohne die Liebe
Wäre die Welt nicht die Welt,
wäre denn Rom auch nicht Rom.
Johann Wolfgang von Goethe, Römische Elegien

Einen Menschen zu lieben
heißt einzuwilligen,
mit ihm gemeinsam alt zu werden.
Albert Camus

Einer Liebe wäre ich vielleicht untreu
geworden, aber nicht dem Freund,
während er seine helfenden Arme
über mich hält.
Franziska Gräfin zu Reventlow, Tagebücher

Einfach an und für sich
entflammt die Liebe,
alle anderen Dinge vernachlässigend,
die Seele zu leidenschaftlichem
Begehren der Schönheit,
nicht ohne Hoffnung
auf Erwiderung der Zuneigung.
Lucius Annaeus Seneca, Briefe über Ethik

Ende der Liebe: Fühlbarer Beweis, dass
der Mensch ein beschränktes Wesen ist
und das Herz seine Grenzen hat.
Jean de La Bruyère, Die Charaktere

Endlich der tiefste Reiz, so wie
der mächtigste Hunger und Durst,
die Liebe! Dass sich zwei Wesen
paaren, sich in ihrem Bedürfnis
und Verlangen eins fühlen.
Johann Gottfried Herder,
Vom Erkennen und Empfinden der menschlichen Seele

Entbehren müssen, was man liebt,
ist noch ein Glück im Vergleich
zu dem Zwang, mit dem zu leben,
was man hasst.
Jean de La Bruyère, Die Charaktere

Er liebt die Liebe mehr als die Person.
Erich Kästner, Dr. Erich Kästners lyrische Hausapotheke

Erkalten und Entfremdung in
der Freundschaft haben ihre Ursachen.
In der Liebe gibt es kaum
einen anderen Grund,
sich nicht mehr zu lieben,
als dass man sich zu sehr geliebt hat.
Jean de La Bruyère, Die Charaktere

Erkenntnis verwirklicht sich, sofern
das Erkannte im Erkennenden ist,
Liebe aber, sofern der Liebende mit
dem geliebten Wirklichen sich vereint.
Thomas von Aquin, Über die Wahrheit

Es bedarf einer beträchtlichen
Verdorbenheit oder Weite des Herzens,
um alles lieben zu können.
Gustave Flaubert, November

Es besteht heutzutage ein Missverständnis in der Lebensbetrachtung
darin, dass die Liebe für die meisten
Menschen als das Höchste von allem
gilt, während sie gleichzeitig kein
Gefühl dafür haben, dass sie gerade
hier das Äußerste leisten müssen,
was ihre Natur vermag.
Tania Blixen, Motto meines Lebens

Es geht mit der Liebe
wie der Überzeugung:
Wie viele glauben,
überzeugt zu sein, und sind es nicht.
Nur vom Wahren kann man
wahrhaft überzeugt sein – nur
das Liebe kann man wahrhaft lieben.
Novalis, Fragmente

Es genügt nicht, geliebt,
man muss gewürdigt werden, und
man wird es nur durch unseresgleichen.
Darum gibt es keine, zumindest keine
dauerhafte Liebe bei zu großer
Überlegenheit eines Teils, und das geht
nicht auf die Eitelkeit, sondern auf
die durchaus berechtigte Eigenliebe
zurück, die man sich unmöglich
aus der menschlichen Natur
wegdenken kann.
Chamfort, Maximen und Gedanken

Es gibt eine Liebe der Tat
und eine Liebe des Herzens.
Bernhard von Clairvaux,
50. Ansprache über das Hohelied Salomos

Es gibt eine reine Liebe,
ein unteilbares und einfaches Gefühl
ohne die leiseste Störung von
unruhigem Streben. Jeder gibt
dasselbe, was er nimmt, einer wie
der andere, alles ist gleich und ganz
und in sich vollendet wie der ewige
Kuss der göttlichen Kinder.
Friedrich Schlegel, Lucinde

Es gibt Frauen, die ihre Männer mit
einer ebenso blinden, schwärmerischen
und rätselhaften Liebe lieben
wie Nonnen ihr Kloster.
Marie von Ebner-Eschenbach, Aphorismen

Es gibt immer
einen Besiegten in der Liebe:
Den, der mehr liebt.
Franz Blei

Es gibt in der Schöpfung kein einziges
Gesetz, das nicht durch ein entgegengesetztes Gesetz im Gleichgewicht
gehalten würde: Das Leben als Ganzes
ist aufzufassen als der Ausgleich
zweier einander bekämpfender Kräfte.
So ist es denn auch bei der Liebe
ganz gewiss, dass du nicht
genug empfangen wirst, wenn du
zu viel gibst.
Honoré de Balzac, Die Physiologie der Ehe

Es gibt kaum Menschen, die sich nicht
schämen, einander geliebt zu haben,
wenn sie einander nicht mehr lieben.
François de La Rochefoucauld, Reflexionen

Es gibt keine vernünftigere Regung
als die Liebe.
Marlen Haushofer, Die Wand

Es gibt keine wahre Liebe
ohne Begeisterung.
Jean-Jacques Rousseau, Emile

Es gibt mehr Beispiele
von maßloser Liebe als
von vollkommener Freundschaft.
Jean de La Bruyère, Die Charaktere

Es gibt Menschen, die die Höhe ihrer
Natur in einer großen Liebe erreichen,
aber in ihrem übrigen Wesen
dahinter zurückbleiben.
Ellen Key, Über Liebe und Ehe

Es gibt Menschen, die ihr Gleiches
lieben und aufsuchen, und wieder
solche, die ihr Gegenteil lieben und
diesem nachgehen.
Johann Wolfgang von Goethe,
Maximen und Reflexionen

Es gibt Menschen, die man lieber
krank als untreu sehen möchte,
und das nennt man Liebe.
Sully Prudhomme, Gedanken

Es gibt nämlich einiges in den Höhen,
wo die Adler nicht wohnen. Freiheit.
Ein Unwesen, das die Phalanx
der Liebenden in Besitz nimmt und
verteidigt voller Verblendung.
Ingeborg Bachmann,
Der gute Gott von Manhattan (guter Gott)

Es gibt nichts so Verdrießliches, das
von denen nicht leicht ertragen würde,
die einander lieben.
Teresa von Ávila, Weg der Vollkommenheit

Es gibt noch eine größere Liebe als die
nach dem Besitz des geliebten Wesens
sich sehnende: die das geliebte Seele
erlösen wollende. Und diese Liebe
ist so göttlich schön, dass es nichts
Schöneres auf Erden gibt.
Christian Morgenstern, Stufen

Es gibt nur eine, eine einzige Liebe,
und nach der keine mehr.
Adalbert Stifter,
Briefe (an Franziska Greipl, 20. August 1835)

Es gibt viele Mittel gegen die Liebe,
aber keins ist unfehlbar.
François de La Rochefoucauld, Reflexionen

Es ist alles in der Liebe: Freundschaft,
schöner Umgang, Sinnlichkeit und
auch Leidenschaft; und es muss alles
darin sein und eins das andere verstärken und lindern, beleben und erhöhen.
Friedrich Schlegel, Lucinde

Es ist allgemein anerkannt, dass
in der Liebe alle Frauen Geist haben.
Honoré de Balzac, Die Physiologie der Ehe

Es ist doch gewiss, dass in der Welt
den Menschen nichts notwendig
macht als die Liebe.
Johann Wolfgang von Goethe,
Die Leiden des jungen Werthers

Es ist doch nichts besser, als wenn
man sich liebt und zusammen ist.
Johann Wolfgang von Goethe,
Briefe (an Christiane Vulpius, 1. April 1804)

Es ist eine nichtswürdige Liebe, die
kein Bedenken trägt, ihren Gegenstand
der Verachtung auszusetzen.
Gotthold Ephraim Lessing,
Minna von Barnhelm (Tellheim)

Es ist eine Schande, dass Liebe
so beschaffen ist und sich als schlecht
genug erweist, an der verworfensten
Stätte, die sie finden kann,
ebenso gern einzukehren
wie in der edelsten Behausung.
Chrétien de Troyes, Yvain

Es ist eine wunderbare Gabe
der Schöpfung, dass Menschen,
die man liebt, nicht altern.
Ernst Penzoldt, Die schöne Gärtnerin

Es ist eins von der Liebe
Wunderwerken, dass sie uns am Leiden
Lust finden lässt.
Jean-Jacques Rousseau,
Julie oder Die neue Héloïse (Saint-Preux)

Es ist gar zu nichts nütze, dass man
sich von denen entfernt, die man liebt,
die Zeit geht hin, und man findet
keinen Ersatz.
Johann Wolfgang von Goethe, Briefe
(an Christiane Vulpius, 9. August 1792)

Es ist kein Weib so spröd
im weiten Weltenrund,
Das nicht nach Liebe lechzt
im tiefsten Herzensgrund.
Carl Spitteler, Olympischer Frühling

Es ist kein Zweifel:
Tausende werden dich anbeten;
aber dich lieben
– das konnte allein mein Herz.
Jean-Jacques Rousseau,
Julie oder Die neue Héloïse (Saint-Preux)

Es ist langweilig
ohne eine starke Liebe.
Anton P. Tschechow, Briefe (18. Oktober 1892)

Es ist leichter, Liebe zu finden,
wenn man sie nicht hat, als sich
von ihr zu lösen, wenn man sie hat.
François de La Rochefoucauld, Unterdrückte Maximen

Es ist nicht das schöne Gesicht,
das man liebt, es ist das Gesicht,
das man zerstört hat.
Elias Canetti, Die Provinz des Menschen.
Aufzeichnungen 1942–1972

Es ist seltsam, dass einem eine
Jugendliebe so lange nachgehen kann
und sich dann und wann
immer wieder meldet.
Knut Hamsun, Mysterien

Es ist so schwer zu brechen,
wenn man einander nicht mehr liebt.
François de La Rochefoucauld, Reflexionen

Es ist unmöglich, wenn man
gesunden Menschenverstand hat,
nicht zu merken, dass die Eigenliebe
und die Liebe zur Vereinigung ein und
dasselbe sind, und ein Liebhaber,
der für seine Geliebte sterben will,
tut es nur aus Selbstliebe, weil er
sich einbildet, dass er das Vergnügen
empfinden wird, Großes für sie getan
zu haben. Nicht die Vorstellung des
Todes erfüllt ihn, sondern die Lust
an der Liebe zu seiner Geliebten.
Charles de Secondat, Baron de la Brède
et de Montesquieu, Meine Gedanken

Es ist Unsinn, sagt die Vernunft.
Es ist, was es ist, sagt die Liebe.
Erich Fried

Es ist was Schönes,
sein eigenes Bild
im liebenden Auge zu erblicken.
Johann Wolfgang von Goethe, Wilhelm Meisters
Wanderjahre

Es lieben ja auch die Kinder, aber sie
denken an das Erbe. Da sie fürchten,
es irgendwie verscherzen zu können,
zollen sie dem, von dem sie es erhoffen, mehr Ehrfurcht als Liebe.
Bernhard von Clairvaux, 83. Ansprache
über das Hohelied Salomos

Es reden so viele von Liebe,
und doch verstehen so wenige
die Kunst zu lieben.
Jean-Jacques Rousseau, Julie oder
Die neue Héloïse (Julie)

Es scheint, dass die Liebe die wirklichen Vollkommenheiten nicht sucht,
sondern eher fürchtet. Sie liebt nur
die, die sie selbst schafft oder
erdichtet, sie gleicht den Königen,
die nur die Größe gelten lassen,
die sie selbst erschaffen haben.
Chamfort, Maximen und Gedanken

Es stimmt genau, was man sagt: »Die
Liebe ist verjagt und vertrieben
an den entlegensten Ort.« Wir haben
von ihr nur noch den Begriff, nichts
als der Name ist uns geblieben.
Aber auch den haben wir so zerredet,
so abgenutzt und verbraucht, dass
die Todmüde sich ihres Namens nun
schämt und ihr das Wort zuwider ist.
Gottfried von Straßburg, Tristan

Es sucht jeder in der Liebe nur sich,
und es ist das höchste Glück,
sich in ihr zu finden.
Bettina von Arnim, Goethes Briefwechsel
mit einem Kinde

Es wäre nicht so schlimm, zu altern,
wenn alle ersten Lieben in ewiger
Jugend blühten.
Ludwig Marcuse, Argumente und Rezepte.
Ein Wörter-Buch für Zeitgenossen

Eure Liebe zum Weibe und des Weibes
Liebe zum Manne: Ach, möchte sie
doch Mitleiden sein mit leidenden
und verhüllten Göttern! Aber zumeist
erraten zwei Tiere einander.
Friedrich Nietzsche, Also sprach Zarathustra

Ewiger Wonnebrand,
Glühendes Liebesband,
Siedender Schmerz der Brust,
Schäumende Gotteslust!
Johann Wolfgang von Goethe, Faust II
(Pater ecstaticus)

Fällt von einem immer noch geliebten
Wesen der Zauber des Geschlechts
allmählich für dich ab, so erlebst du
zuweilen das neue Wunder,
dass das Kind wieder vor dir steht,
das jenes Wesen war,
bevor du es als Frau umarmtest,
und du liebst es besser als zuvor.
Arthur Schnitzler, Buch der Sprüche und Bedenken

Fasse Mut, sieh mein Bild an,
und küsse es.
Heinrich von Kleist, Briefe (an Wilhelmine von Zenge,
10. Oktober 1801)

Fast immer ist es die Schuld dessen,
der liebt, wenn er nicht merkt,
dass er nicht mehr geliebt wird.
François de La Rochefoucauld, Reflexionen

Felsen sollten nicht Felsen und
Wüsten nicht Wüsten bleiben;
Drum stieg Amor herab,
sieh, und es lebte die Welt.
Johann Wolfgang von Goethe,
Antiker Form sich nähernd

Fern sei alles Ungehörige;
damit du geliebt wirst,
sei liebenswürdig!
Ovid, Liebeskunst

Fordert das denn die Liebe,
dass man werde wie der andere?
Nein und tausendfach nein.
Paula Modersohn-Becker, Briefe (an Clara Westhoff,
undatiert, ca. Worpswede 1901)

Frau Minne behielt die Oberhand, /
dass sie ihn fing und band.
Hartmann von Aue, Iwein

Frau Minne kenntest du nicht?
Nicht ihres Zaubers Macht?
Des kühnsten Mutes
Königin?
Des Weltenwerden
Walterin?
Richard Wagner, Tristan und Isolde (Isolde)

Frau N., die mit ihrem Körper
Handel treibt, sagt zu jedem:
Ich liebe dich, denn du bist nicht so
wie die anderen.
Anton P. Tschechow, Notizbücher

Frauen binden sich durch gewährte Gunst. Wenn neunzehn Zwanzigstel ihrer gewöhnlichen Träumereien von der Liebe handeln, so drehen sich ihre Träumereien nach der Hingabe überhaupt nur um ein Einziges.
Stendhal, Über die Liebe

Frauen pflegen aber immer mehr, immer inniger zu lieben, je mehr Opfer eben ihre Liebe ihnen kostet.
Louise Otto-Peters, Die Demokratinnen

Frauen scheinen weniger der Liebe im eigentlichen Sinn zu bedürfen als der Zuneigung und der Zärtlichkeit.
Henry de Montherlant, Erbarmen mit den Frauen

Frauen sind die Chamäleons der Liebe. Wir Männer sind für sie nur die Farbe, der sie jeweils anpassen.
Albert Chevalier

Freiwillige Abhängigkeit ist der schönste Zustand, und wie wäre der möglich ohne Liebe.
Johann Wolfgang von Goethe, Die Wahlverwandtschaften

Freude und Leid waren schon immer mit dem Begriff Liebe untrennbar verbunden.
Gottfried von Straßburg, Tristan

Freunde, esst und trinkt, berauscht euch an der Liebe.
Altes Testament, Hohelied Salomos 5, 1

Freundschaft hält stand in allen Dingen, Nur in der Liebe Dienst und Werbung nicht.
William Shakespeare, Viel Lärm um nichts (Claudio)

Frisch erhält sich nur eine Liebe, der auch ein bisschen Kühle beigemischt ist.
Michèle Morgan

Fromm sind wir Liebende, still verehren wir alle Dämonen, Wünschen uns jeglichen Gott, jegliche Göttin geneigt.
Johann Wolfgang von Goethe, Römische Elegien

Früchte, die dahinschwinden, pflücket mit rascher Hand!
Ovid, Liebeskunst

Frühe Hochzeiten, lange Liebe.
Novalis, Heinrich von Ofterdingen

Fühlte ich nicht mehr, wäre die Liebe aus mir verschwunden, und was wäre mir das Leben ohne Liebe, ich würde in Nacht und Tod hinabsinken.
Susette Gontard, Briefe (an Friedrich Hölderlin, Januar 1799)

Für die Frau, die liebt, gibt es keine Männer; ihr Liebhaber ist mehr; alle anderen sind weniger; sie und er sind die Einzigen ihrer Gattung.
Jean-Jacques Rousseau, Julie oder Die neue Héloïse (Julie)

Für die Frau ist die Liebe eine totale Selbstaufgabe zugunsten eines Herrn.
Simone de Beauvoir, Das andere Geschlecht

Für die Liebe und für die Sense braucht man Kraft und geschickte Hände.
Sprichwort aus Spanien

Für jetzt bleiben Glaube, Hoffnung, Liebe, diese drei; doch am größten unter ihnen ist die Liebe.
Neues Testament, Paulus (1 Korinther 13, 13)

Für mich ist das Glück gewiss und die Liebe eins mit der Treue.
Friedrich Schlegel, Lucinde

Furcht gibt es in der Liebe nicht, sondern die vollkommene Liebe vertreibt die Furcht.
Neues Testament, 1. Johannesbrief 4, 18

Galanterie und Aufmerksamkeiten gelten bei ihnen mehr als Liebe.
Jean-Jacques Rousseau, Julie oder Die neue Héloïse (Saint-Preux)

Gar oft schon fühlt' ich's tief, des Mädchens Seele Wird nicht sich selbst, dem Liebsten nur geboren.
Joseph von Eichendorff, Gedichte

Gegen die Männer-Krankheit der Selbstverachtung hilft es am sichersten, von einem klugen Weibe geliebt zu werden.
Friedrich Nietzsche, Menschliches, Allzumenschliches

Gegen große Vorzüge eines andern gibt es kein Rettungsmittel als die Liebe.
Johann Wolfgang von Goethe, Maximen und Reflexionen

Gehasst wird langsam, aber schnell geliebt.
Lord Byron, Don Juan

Geistige Liebe, sie ist der Seelen seligste Kette, Wenn sie, merket das wohl, Schönes mit Schönem vereint.
Johann Wolfgang von Goethe/Friedrich Schiller, Xenien

Geliebt wird nur, wem die Glücksgöttin Fortuna hold ist.
Ovid, Briefe aus der Verbannung

Geliebt zu werden, ist nur gut, wenn man selbst liebt.
Sully Prudhomme, Gedanken

Geliebte Menschen haben fast immer mehr Macht über uns als wir selbst.
François de La Rochefoucauld, Nachgelassene Maximen

Gleich notwendig im Krieg und in der Liebe sind das Geheimnis, die Treue und der Mut: Gleich sind die Gefahren, und das Ende ist meistens ähnlich. Der Soldat stirbt in einem Graben, der Liebende stirbt in Verzweiflung.
Niccolò Machiavelli, Clizia

Gleichgültige Unterredungen mag man mit witzigen Einfällen beleben, die gleich Pfeilen vorüberfliegen; aber zwischen Liebenden ist eine solche Sprache fehl am Platze.
Jean-Jacques Rousseau, Julie oder Die neue Héloïse (Julie)

Gleichheit ist immer das festeste Band der Liebe.
Gotthold Ephraim Lessing, Minna von Barnhelm (Tellheim)

Glück im Spiel, Unglück in der Liebe.
Deutsches Sprichwort

Glücklich der Mensch, der fremde Größe fühlt Und sie durch Liebe macht zu seiner eignen.
Franz Grillparzer, Gedichte

Glücklich sind die, welche Liebe so zusammenfügt, wie sie Vernunft vereinigt haben würde; die kein Hindernis zu überwinden, gegen kein Vorurteil anzukämpfen haben.
Jean-Jacques Rousseau, Julie oder Die neue Héloïse (Eduard)

Glückliche Liebende! Die Reize der Tugend vermehren für euch die Reize der Liebe, und das sanfte Band, welches euch erwartet, ist nicht weniger der Lohn eurer Sittsamkeit als eurer Zuneigung.
Jean-Jacques Rousseau, Emile

Got sende si zesamene die gerne geliep wellen sin! (Gott sende sie zusammen, die gerne lieben wollen sein.)
Kürenberger, Falkenlied

Gott ist die Liebe. Die Liebe ist das höchste Reale – der Urgrund.
Novalis, Fragmente

Gott ist die Liebe, und wer in der Liebe bleibt, bleibt in Gott, und Gott bleibt in ihm.
Neues Testament, 1. Johannesbrief 4, 16b

Gott ist nahe, wo die Menschen
einander Liebe zeigen.
Johann Heinrich Pestalozzi, Lienhard und Gertrud

Gott lieben ist nicht das Letzte.
Das Letzte ist Gottseligkeit.
Walter Rathenau, Auf dem Fechtboden des Geistes.
Aphorismen aus seinen Notizbüchern

Gott schuf die Mädchen zur Liebe,
Pflanzte die seligsten Triebe
Tief in den Busen uns ein.
Siegfried August Mahlmann, Gedichte

Gute Nacht, Tag! Möge der,
den ich liebe, ruhig schlafen.
Sophie Mereau, Tagebücher (11. August 1805)

Gutes für die Menschen?
Was heißt Gutes? Nur eins: Liebe.
Leo N. Tolstoi, Tagebücher (1889)

Habt Liebe für alle,
denn keiner ist anders als ihr.
Ramakrishna, Das Antlitz des Schweigens

Halb zog sie ihn, halb sank er hin,
Und ward nicht mehr gesehen.
Johann Wolfgang von Goethe, Der Fischer

Hand in Hand!, und Lipp auf Lippe!
Liebes Mädchen, bleibe treu!
Johann Wolfgang von Goethe, An die Erwählte

Hass beruht meistens
auf Gegenseitigkeit,
Liebe nur manchmal.
Erhard Blanck

Hass weckt Streit,
Liebe deckt alle Vergehen zu.
Altes Testament, Sprüche Salomos 10, 12

Hat der Mensch die Liebe,
oder hat nicht vielmehr
die Liebe den Menschen?
Ludwig Feuerbach, Das Wesen des Christentums

Hat die Liebe überhaupt einen Plural?
Ist sie nicht überall sich selbst gleich?
Ludwig Feuerbach, Das Wesen des Christentums

Hat er dies eingesehen,
so muss er alle schönen Körper lieben,
und seine heftige Leidenschaft
für den Einzelnen wird nachlassen,
weil sie ihm für verächtlich und gering
erscheint. Dann wird er die Schönheit
der Seele höher werten als die des
Leibes, sodass ihm ein Mensch mit
recht beschaffener Seele, auch wenn er
keinen besonderen Reiz hat, genügt;
ihn wird er lieben und hegen (...).
Platon, Das Gastmahl (Diotima)

Hat man sein Herz verschenkt,
So denkt man nichts, wenn man nicht
an den Liebsten denkt.
Johann Wolfgang von Goethe,
Die Laune des Verliebten (Egle)

Hätten wir keine angeborne Liebe,
so könnten wir nicht einmal hassen.
Jean Paul, Levana

Heimliche Liebe ist süß.
Ulrich von Winterstetten, Lieder
(Verholniu minne sanfte tuot)

Heißt das nicht elend leben?
Dem Liebsten, der uns stets beleidigt,
stets verzeihn,
Um Liebe sich bemühn
und nie belohnt zu sein.
Johann Wolfgang von Goethe,
Die Laune des Verliebten (Egle)

Heut ist mir alles herrlich;
wenn's nur bliebe!
Ich sehe heut
durchs Augenglas der Liebe.
Johann Wolfgang von Goethe, West-östlicher Divan

Heute schwören wir der Hanne,
Und morgen der Susanne,
Die Lieb ist immer neu,
Das ist Soldatentreu.
Johann Wolfgang von Goethe,
Soldatenlied aus Wallensteins Lager

Heute vermag ich mir jene Liebe des
ersten Jünglingsalters nicht einmal
mehr vorzustellen, darin die Sinne
keinerlei Bedeutung haben, der einzig
das Unendliche den Inhalt gibt; sie
steht zwischen Kindheit und Jugend,
sie bildet den Übergang und schwindet
so schnell dahin, dass man sie vergisst.
Gustave Flaubert, November

Himmelhoch jauchzend,
Zum Tode betrübt –
Glücklich allein
Ist die Seele, die liebt.
Johann Wolfgang von Goethe, Egmont (Klärchen)

Hin ist hin. Bemühungen, erkaltete
Liebe aufzuwärmen, sind was
so grotesk Trauriges wie
Medizinfläschchen an einem Totenbett.
Alfred Polgar, Kleine Schriften, Band 1. Musterung

Hinausgezögerte Liebesfreude
gleicht dem grünen Holz,
das in Brand gesetzt wird und
das umso größere Hitze gibt
und umso länger seine Kraft erhält,
je länger es braucht,
um sich zu entzünden.
Chrétien de Troyes, Yvain (Gauvain)

Hinunter soll kein Mann
die Blicke wenden,
Hinauf zu höchsten Frauen
kehr er sich!
Johann Wolfgang von Goethe, Die natürliche Tochter
(Hofmeisterin)

Hoffnungslose Liebe macht den Mann
kläglich und die Frau beklagenswert.
Marie von Ebner-Eschenbach, Aphorismen

Hüte Dich, Mensch, dass sie dich nicht
lieben wie ein schönes Tier:
nicht aus Liebe, sondern aus Habsucht.
Walter Rathenau, Auf dem Fechtboden des Geistes.
Aphorismen aus seinen Notizbüchern

Ich begreife die Liebe, ich weiß,
was sie sucht, was sie soll.
Oh!, flieht sie jeder,
der noch nicht reif ist!
Ergreife, suche sie jeder,
dem der Sinn dazu erhoben ward.
Sophie Mereau, Tagebücher (29. Juli 1805)

Ich bete dich an, dich und dich allein.
Meine Liebe wird nie sterben,
nicht einmal, wenn ich tot bin.
Dumme kleine Blümchen werden
aus meinem Grabe sprießen,
und auf ihren Blütenblättern
wird dein Name geschrieben stehen.
Katherine Mansfield, Briefe

Ich bin bei dir,
du seist auch noch so ferne,
Du bist mir nah!
Die Sonne sinkt,
bald leuchten mir die Sterne.
O wärst du da!
Johann Wolfgang von Goethe, Nähe des Geliebten

Ich bin keine Phantastin,
ich suche keinen Prinzen,
ich suche keinen Telemach; ich weiß,
dass er nur eine Erdichtung ist; ich
suche jemanden, der ihm ähnlich ist,
und warum kann dieser Jemand nicht
existieren, wo doch auch ich existiere,
ich, die ich fühle, dass ich ein Herz
habe, das dem seinen so gleich ist?
Jean-Jacques Rousseau, Emile (Sophie)

Ich bitte alle und empfehle allen:
Liebe, Liebe, Liebe, im Denken,
im Urteilen und im Reden! (...)
Die Liebe ist wie die Keuschheit
eine zarte Tugend. Man kann sie rasch
verletzen. Und die Verantwortung,
die man beim Verstoss gegen sie
auf sich lädt, wiegt schwer und bringt kein Glück.
Papst Johannes XXIII., Briefe an die Familie
(Bruder Giovanni), 14. Mai 1930

Ich darf nur lieben,
aber niemals jemandem gehören.
Franziska Gräfin zu Reventlow, Tagebücher

Ich denke dein,
wenn mir der Sonne Schimmer
Vom Meere strahlt;
Ich denke dein,
wenn sich des Mondes Flimmer
In Quellen malt.
Johann Wolfgang von Goethe, Nähe des Geliebten

Ich denke immer, das beste Mittel,
Gott zu erkennen, ist, viel zu lieben.
Vincent van Gogh, Briefe

Ich falle auf die Knie vor der Liebe
und der Schönheit. Wenn ich mich
ihrer nur würdig erweisen könnte.
Katherine Mansfield, Briefe

Ich fühl es endlich,
nur in ganzer Kraft ist ganze Liebe.
Friedrich Hölderlin, Briefe (an Christian Landauer,
Februar 1801)

Ich glaube, dass die Liebe
auf der Nachtseite der Welt ist,
verderblicher als jedes Verbrechen, als
alle Ketzereien. Ich glaube, dass,
wo sie aufkommt, ein Wirbel entsteht
wie vor dem ersten Schöpfungstag.
Ich glaube, dass die Liebe unschuldig
ist und zum Untergang führt;
dass es nur weitergeht mit Schuld
und mit dem Kommen
vor alle Instanzen.
Ingeborg Bachmann, Der gute Gott von Manhattan
(guter Gott)

Ich glaube, je mehr man liebt, desto
mehr will man handeln; denn Liebe,
die nur ein Gefühl ist, würde ich
gar nicht als Liebe anerkennen.
Vincent van Gogh, Briefe

Ich glaube, nichts lehrt einen besser
Bescheidenheit, als wenn man einen
wertvollen Menschen liebt.
André Gide, Die Schule der Frauen

Ich habe genossen das irdische Glück,
Ich habe gelebt und geliebet.
Friedrich Schiller, Des Mädchens Klage

Ich habe sie lieb,
soweit ich dessen fähig bin, aber
die Liebe liegt zum Ersticken begraben
unter Angst und Selbstvorwürfen.
Franz Kafka, Tagebücher (1913)

Ich habe so viel Liebe zu geben,
warum will nur jeder sie
für sich allein haben?
Franziska Gräfin zu Reventlow, Tagebücher

Ich halte es nicht für das größte Glück,
einen Menschen ganz enträtselt zu
haben; ein größeres noch ist,
bei dem, den wir lieben,
immer neue Tiefen zu entdecken, die
uns immer mehr die Unergründlichkeit
seiner Natur nach ihrer göttlichen
Seite hin offenbaren.
Christian Morgenstern, Stufen

Ich lieb ein einzig Ding
und weiß nicht, was es ist:
Und weil ich es nicht weiß,
drum hab ich es erkiest.
Angelus Silesius, Der cherubinische Wandersmann

Ich lieb' und fürcht' ihn nicht,
das ist mein Credo.
William Shakespeare, Heinrich VIII. (Suffolk)

Ich liebe Liebe, aber ich gucke sie
mir an und prüfe sie auf ihre Echtheit;
vieles, was sich in gutem Glauben
dafür gibt, ist nicht weit her.
Theodor Fontane, Briefe

Ich liebe mein Leben, weil du
die Süßigkeit meines Lebens bist.
Nikolaus von Kues, Über die Schauung Gottes

Ich liebe sie, sie liebet mich,
Doch keiner sagt: Ich liebe dich.
Ludwig Uhland, Der Lauf der Welt

Ich meine, es müsste einmal ein sehr
großer Schmerz über die Menschen
kommen, wenn sie erkennen,
dass sie sich nicht geliebt haben,
wie sie sich hätten lieben können.
Christian Morgenstern, Stufen

Ich möchte Bündigeres, Einfacheres,
Ernsteres, ich möchte mehr Seele und
mehr Liebe und mehr Herz.
Vincent van Gogh, Briefe

Ich muss; ich liebe dich,
die Liebe lehrt mich klagen,
Liebt ich dich nicht so sehr,
ich würde dich nicht plagen.
Johann Wolfgang von Goethe,
Die Laune des Verliebten (Eridon)

Ich nenne das Weib darum
die Bewahrerin der Liebe, weil
bekanntlich beim Manne
nicht die Liebe,
sondern die Lust die Initiative hat,
welcher Lust die Liebe nur folgt.
Franz von Baader, Erotische Philosophie

Ich sehe dich,
wenn auf dem fernen Wege
Der Staub sich hebt;
In tiefer Nacht,
wenn auf dem schmalen Stege
Der Wandrer bebt.
Ich höre dich,
wenn dort mit dumpfem Rauschen
Die Welle steigt.
Im stillen Haine
geh ich oft zu lauschen,
Wenn alles schweigt.
Johann Wolfgang von Goethe, Nähe des Geliebten

Ich träumt' und liebte sonnenklar;
Dass ich lebte, ward ich gewahr.
Johann Wolfgang von Goethe, Sprüche

Ich vermag nicht einzusehen, wie man
Demut ohne Liebe oder Liebe ohne
Demut habe oder haben könne.
Teresa von Ávila, Weg der Vollkommenheit

Ich verstehe: Des Lasters Vergnügen
und zugleich die Ehre der Tugend
würden Ihnen ein angenehmes
Schicksal bereiten. Ist das Ihre Moral?
Jean-Jacques Rousseau, Julie oder
Die neue Héloïse (Julie)

Ich weiß von keiner Liebe
ohne Schamhaftigkeit.
Jean-Jacques Rousseau, Julie oder
Die neue Héloïse (Julie)

Ich will genießen, und du willst lieben.
Ich bin außer mir vor Leidenschaft;
du aber liebst.
Jean-Jacques Rousseau, Julie oder
Die neue Héloïse (Saint-Preux)

Ich würde nutzlos handeln zu lieben,
wo man mich nicht liebt;
zu antworten, wo man mich nicht ruft,
ist wahrhaft sinnlos.
Juan Ruiz de Alarcón y Mendoza,
Buch von rechter Liebe

Ih sage dir, ih sage dir,
min geselle, chum mit mir.
(Ich sage dir, ich sage dir,
mein Geselle, komm mit mir.)
Anonym, Tanzliedchen (13. Jh., Münchner Handschrift)

Ihr sollt die Dame und ich der Diener,
Ihr sollt stolz und ich unterwürfig
bittend sein.
Marie de France, Equitan (König)

Ihr sollt in der Liebe leben.
Neues Testament, 2. Johannesbrief (6)

Ihr wollt alle nur die Liebe
zur Möglichkeit haben. Ich habe
nur die Liebe zur Unmöglichkeit.
Christian Morgenstern, Stufen

Im Ausdrücken von Liebe gehören
wir zu den Entwicklungsländern.
Saul Bellow

Im eigentlichen Sinne des Worts gilt es:
Kunst ist Liebe.
Julius Hart, in: Zeitschrift Pan 1897, 3. Jg., 1. Heft

Im Erlebnis der Liebe
kommt es zu der paradoxen Situation,
dass zwei Menschen eins werden
und gleichzeitig zwei bleiben.
Erich Fromm, Wege aus einer kranken Gesellschaft

Im Herzen einer jungen Frau
herrscht keine Liebe so mächtig,
dass sich ihr nicht
Selbstsucht oder Ehrgeiz beimischte.
Jean de La Bruyère, Die Charaktere

Im Krieg, in der Liebe und beim Jagen
– für ein Vergnügen tausend Plagen.
Sprichwort aus Spanien

Im Krieg und in der Liebe
hat nur der Sieger Recht.
Sprichwort aus Spanien

Im Tode ist die Liebe am süßesten;
für den Liebenden
ist der Tod eine Brautnacht –
ein Geheimnis süßer Mysterien.
Novalis, Tagebuch

Im Traum und in der Liebe
gibt's keine Unmöglichkeiten.
János Arany

Im wunderschönen Monat Mai,
Als alle Knospen sprangen,
Da ist in meinem Herzen
Die Liebe aufgegangen.
Heinrich Heine, Buch der Lieder

Immer ist mein Herz das Gleiche,
wenn es für jemanden schlagen kann,
wenn es nur lieben kann.
Franziska Gräfin zu Reventlow, Tagebücher

Immer nur das Verlangen,
zu sterben und das Sich-noch-Halten,
das allein ist Liebe.
Franz Kafka, Tagebücher (1913)

In den Augen der Liebenden
werden Pockennarben zu Grübchen.
Sprichwort aus Japan

In der abstrakten Liebe
zur Menschheit liebt man
fast immer nur sich selbst.
Fjodor M. Dostojewski, Der Idiot

In der frühen Jugend
gleicht die Liebe einem alles mit sich
fortreißenden Strom,
und man weiß, dass sich gegen ihn
anzukämpfen nicht lohnt.
Eine feinsinnige Frau
von achtundzwanzig Jahren dagegen
kennt sich genau.
Stendhal, Über die Liebe

In der Jugend bemüht man sich,
die Liebe durch die Frauen
kennen zu lernen.
Später hofft man dann, die Frauen
durch die Liebe kennenzulernen.
Roland Dorgelès

In der Kunst wie im Leben
ist alles möglich,
wenn es auf Liebe gegründet ist.
Marc Chagall

In der leidenschaftlichen Liebe
beruht das höchste Glück
weniger in der Vereinigung
als in dem letzten Schritt dazu.
Stendhal, Über die Liebe

In der Liebe bezweifelt man oft,
woran man am meisten glaubt.
François de La Rochefoucauld, Reflexionen

In der Liebe der Frauen
ist das immer ein Element
des Blutschänderischen enthalten;
den älteren Mann lieben
sie ein wenig wie einen Vater,
den jüngeren wie einen Sohn.
Arthur Schnitzler, Aphorismen und Betrachtungen
aus dem Nachlass

In der Liebe ergeben
ein kluger Mann und eine kluge Frau
zusammen zwei Narren.
Helen Vita

In der Liebe erkennen wir meist zu
spät, ob ein Herz uns nur geliehen,
ob es uns geschenkt
oder ob es uns gar geopfert wurde.
Arthur Schnitzler, Ungedrucktes (in: Österreichische
Dichtergabe, Wien 1928)

In der Liebe fühlt sich der Mann
als Bogen, er ist aber nur der Pfeil.
Jeanne Moreau

In der Liebe, ganz abgesehen von allen
Seelenstimmungen, ist die Frau gewissermaßen eine Leier, die ihre Geheimnisse nur dem offenbart, der sie
als Meister zu spielen weiß.
Honoré de Balzac, Physiologie der Ehe

In der Liebe gibt es Honig und Galle.
Sprichwort aus Frankreich

In der Liebe gibt es kein Mittelding.
Wer die Frau
nicht stark und mächtig umfängt, wird
von ihr weder geachtet noch geliebt.
Er langweilt sie, und Langeweile
ist bei ihr nicht fern von Hass.
Jules Michelet, Die Liebe

In der Liebe gibt es zweierlei Sünden:
die lässlichen und die unerlässlichen.
Helen Vita

In der Liebe gilt die Schönheit
mehr als das Ansehen.
Publilius Syrus, Sentenzen

In der Liebe haben alle Frauen Geist.
Honoré de Balzac, Physiologie der Ehe

In der Liebe haben der Deutsche und
der Engländer einen ziemlich guten
Magen, etwas fein von Empfindung,
mehr aber von gesundem und derbem
Geschmacke. Der Italiener ist in diesem Punkte grüblerisch, der Spanier
phantastisch, der Franzose vernascht.
Immanuel Kant, Beobachtungen über das Gefühl
des Schönen und Erhabenen

In der Liebe halten die Bässe,
was die Tenöre versprechen.
Nellie Melba

In der Liebe ist alles Wagestück.
Unter der Laube oder vor dem Altar,
mit Umarmungen
oder goldenen Ringen,
beim Gesange der Heimchen
oder bei Trompeten und Pauken,
es ist alles nur ein Wagestück,
und der Zufall tut alles.
Johann Wolfgang von Goethe,
Wilhelm Meisters Lehrjahre

In der Liebe ist alles wahr, alles falsch.
Sie ist das einzige Ding, über das man
nichts Absurdes sagen kann.
Chamfort, Maximen und Gedanken

In der Liebe ist Egoismus,
in der Freundschaft nicht.
Das eine leiht, das andere gibt.
Sully Prudhomme, Gedanken

In der Liebe kann man
von keiner Undankbarkeit sprechen;
die erlebte Wonne entschädigt immer,
und weit über die denkbar höchsten
Opfer hinaus. Ich kenne kein anderes
Unrecht als Mangel an Offenheit;
man muss den Zustand seines Herzens
ohne Voreingenommenheit beurteilen.
Stendhal, Über die Liebe

In der Liebe kränkt der gar zu leichte
Sieg unseren Stolz; überhaupt schlägt
der Mensch den Preis dessen,
das sich ihm von selbst anbietet,
nicht sehr hoch an.
Stendhal, Über die Liebe

In der Liebe mag man nie
Helfer und Gesellen.
Johann Wolfgang von Goethe, West-östlicher Divan

In der Liebe nur wenig zu lieben ist
ein sicheres Mittel, geliebt zu werden.
François de La Rochefoucauld, Unterdrückte Maximen

In der Liebe sind Versicherungen wie
eine Ankündigung ihres Gegenteils.
Elias Canetti, Die Provinz des Menschen.
Aufzeichnungen 1942–1972

In der Liebe spricht das,
was man nicht sagt.
Jean Anouilh

In der Liebe überredet nichts mehr
als mutige Dummheit.
Honoré de Balzac, Die Königstreuen

In der Liebe versteht man einander
nur, wenn man nichts zueinander sagt.
Sprichwort aus Schweden

In der Liebe wie in jeder anderen
Kunst besteht das Talent darin, dass
die Gabe des Entwurfs und die Gabe
der Ausführung vereinigt sind. Die
Welt wimmelt von Leuten, die, wenn
sie singen, den Refrain weglassen.
Honoré de Balzac, Die Physiologie der Ehe

In einem Augenblick
gewährt die Liebe,
Was Mühe kaum
in langer Zeit erreicht.
Johann Wolfgang von Goethe, Torquato Tasso (Tasso)

In einem Augenblick ist die Liebe da,
ganz und ewig oder gar nicht.
Friedrich Schlegel, Lucinde

In einer hoch entwickelten Gesellschaft ist die Liebe aus Leidenschaft etwas genauso Natürliches wie die nur sinnliche Liebe bei den Wilden.
Stendhal, Über die Liebe (Fragmente)

In Hinsicht auf Liebesschulden gilt die Regel:
Lieber verfallen lassen als zu spät einkassieren.
Arthur Schnitzler, Buch der Sprüche und Bedenken

In jeder Art der weiblichen Liebe kommt auch etwas von der mütterlichen Liebe zum Vorschein.
Friedrich Nietzsche, Menschliches, Allzumenschliches

In keiner Leidenschaft ist man egoistischer als in der Liebe.
Stets stört man lieber die Ruhe des geliebten Wesens, als die eigene zu verlieren.
François de La Rochefoucauld, Reflexionen

In Liebesdingen kann eine Frau schneller zuhören als ein Mann sprechen kann.
Helen Rowland

In Liebessachen nimm die Schwüre nicht zu ernst.
Publilius Syrus, Sentenzen

In meinen Adern welches Feuer!
In meinem Herzen welche Glut!
Johann Wolfgang von Goethe, Willkommen und Abschied

Indem ich Ruhm suchte, hoffte ich immer Liebe zu gewinnen.
Germaine Baronin von Staël, Corinna

Irgendeine Zeit lang hat jeder Mensch Poesie. Eigentlich ist ein Affekt schon eine kurze; und besonders ist die Liebe, wenigstens die erste, gleich der Malerei eine stumme Dichtkunst.
Jean Paul, Kleine Nachschule zur ästhetischen Vorschule

Ist amal aner g'wesen,
Der hat nie ane g'liebt,
In die Höll ist er kömmen,
Und Schläg hat er kriegt.
Tiroler Schnaderhüpfl

Ist das Herz voll Liebe,
bleibt kein Raum mehr für Angst, Zweifel und Unentschlossenheit.
Und diese Furchtlosigkeit ist es, die gute Tänzer aus uns macht.
Anne Morrow Lindbergh, Muscheln in meiner Hand

Ist es meine Schuld,
wenn ich das liebe,
was nicht existiert?
Jean-Jacques Rousseau, Emile (Sophie)

Ist es nicht ein wahres Himmelsgebäude, unsere Liebe – aber auch so fest wie die Feste des Himmels!
Ludwig van Beethoven, An seine unsterbliche Geliebte

Ist es nicht eine harte Pein,
Wenn Liebende nicht beisammen sein;
Drück mich fest in dein Herz hinein,
Wachsen heraus Vergiss-nicht-mein.
Clemens Brentano/Achim von Arnim, Des Knaben Wunderhorn

Ist Gehorsam im Gemüte,
Wird nicht fern die Liebe sein.
Johann Wolfgang von Goethe, Der Gott und die Bajadere

Ist je ein Paar alleine,
Ist Amor niemals weit.
Johann Wolfgang von Goethe, Annette

Ist Liebe denn nicht tausendfältig?
Muss sie einem alles geben?
Und andern nehmen?
Paula Modersohn-Becker, Briefe (an Clara Westhoff, undatiert, ca. 1901)

Ja, die Liebe ist eine wahre Zauberin.
Sobald man liebt, wird das, was man liebt, schön.
Wie lässt sich nur erreichen, dass man liebt, alles liebt?
Leo N. Tolstoi, Tagebücher (1895)

Ja, du bist mir die Liebste,
sagte der Prinz,
denn du hast das beste Herz von allen. Du bist mir am meisten ergeben.
Hans Christian Andersen, Die kleine Seejungfrau

Ja, füreinander zu sterben,
sind allein die Liebenden bereit, nicht nur Männer, sogar Frauen.
Platon, Das Gastmahl

Ja, ich liebte dich einst, dich,
wie ich keine noch liebte,
Aber wir fanden uns nicht,
finden uns ewig nicht mehr.
Johann Wolfgang von Goethe/Friedrich Schiller, Xenien

Ja, in der Ferne fühlt sich die Macht,
Wenn zwei sich redlich lieben.
Johann Wolfgang von Goethe, Das Blümlein Wunderschön

Jagt der Liebe nach! Strebt aber auch nach den Geistesgaben.
Neues Testament, Paulus (1 Korinther 14, 1)

Je heller das Feuer scheint,
desto leichter ist es gelöscht.
Lucius Annaeus Seneca, Trostschrift an Marcia

Je kürzere Zeit wir uns von der Liebe beherrschen lassen,
umso besser fahren wir.
Michel Eyquem de Montaigne, Die Essais

Je mehr ein Mensch seine Kräfte der Liebe und der Vernunft entwickelt, desto stärker ist sein Identitätserleben, weil es nicht durch seine soziale Rolle vermittelt ist, sondern in der Authentizität seines Selbst wurzelt.
Erich Fromm, Entdeckung des gesellschaftlichen Unbewussten

Je mehr man eine Frau liebt,
desto eher ist man bereit,
sie zu hassen.
François de La Rochefoucauld, Reflexionen

Je mehr man liebt,
desto eher verzeiht man.
François de La Rochefoucauld, Reflexionen

Je mehr sich ein Weib dem Manne hingibt, desto enger hängt sich ihr Herz an ihn, während umgekehrt das des Mannes sich desto mehr ablöst.
Jean de La Bruyère, Die Charaktere

Je reiner seine Gefühle wurden,
umso glühender ward seine Liebe.
Voltaire, Der ehrliche Hurone

Je später die Liebe kommt,
umso heftiger.
Ovid, Heroinen

Je vollständiger man ein Individuum lieben oder bilden kann, je mehr Harmonie findet man in der Welt.
Friedrich Schlegel, Über die Philosophie

Jede enttäuschte Liebe
macht ein bisschen immun
gegen die nächste.
Ursula Andress

Jede Liebe verleiht Worte.
Ovid, Heilmittel gegen die Liebe

Jede Liebe wird von einer neuen folgenden besiegt.
Ovid, Heilmittel gegen die Liebe

Jede Nacht muss ihre besondere Speisefolge haben.
Honoré de Balzac, Die Physiologie der Ehe

Jede neue und ohne unser Zutun oder Verdienst uns entstandene Liebe (die religiöse nicht ausgenommen) ist wie ein neugebornes Kind, zart, aber gebrechlich und der sorgfältigen Pflege bedürftig.
Franz von Baader, Religiöse Erotik

Jede Unterdrückung der Liebe,
so fromm und moralisch, so rein und heilig, so sittsam und sittig sie sich auch gerieren mag, ist immer auch eine Form der Gottesverleumdung und Gottesverleugnung.
Eugen Drewermann, Dein Name ist wie der Geschmack des Lebens

Jeder, der liebt, stammt von Gott
und erkennt Gott.
Neues Testament, 1. Johannesbrief 4, 8

Jeder Jüngling sehnt sich so zu lieben,
Jedes Mädchen so geliebt zu sein;
Ach, der heiligste von unsern Trieben,
Warum quillt aus ihm die grimme Pein?
Johann Wolfgang von Goethe, Parabolisch

Jeder liebt sich selber nur
Am meisten.
Gotthold Ephraim Lessing, Nathan der Weise (Nathan)

Jeder Mann empfindet das,
was Sie Liebe nennen,
für jede hübsche Frau.
Leo N. Tolstoi, Die Kreutzersonate

Jeder Mensch begegnet einmal dem
Menschen seines Lebens, aber nur
wenige erkennen ihn rechtzeitig.
Gina Kaus

Jeder Mensch ist eine Melodie.
Lieben heißt: sie innehaben.
Ich bin für dich,
du bist für mich ein Lied.
Franz Werfel, Ehespruch

Jeder will gern lieben,
falls er nur dazu könnte und dürfte.
Wo eine Ader schlägt,
ruht ein Herz im Hintergrunde;
wo irgendein Liebetrieb,
dahinter die ganze Liebe.
Jean Paul, Levana

Jedes Übel in der Liebe ist leicht,
wenn du es ertragen willst.
Properz, Elegien

Jegliche Furcht rührt daher,
dass wir etwas lieben.
Thomas von Aquin, Summa theologica

Jegliches Wesen liebt von Natur auf
seine Weise Gott mehr als sich selbst.
Thomas von Aquin, Summa theologica

Jegliches Wirkende, was immer es sei,
wirkt jegliches Wirken aus einer
wie auch immer gearteten Liebe.
Thomas von Aquin, Summa theologica

Jemanden vergessen wollen, heißt:
an ihn denken.
Jean de La Bruyère, Die Charaktere

Jenseits der Traurigkeit und noch
unter der Verzweiflung – da ist Liebe
und dort wird es sie immer geben.
Ohne eine solche Liebe, die sich stets
selbst überschreiten will, wäre das
Leben des Menschen nicht weniger
tragisch, aber es wäre weniger erhaben
– und deshalb auch leer und sinnlos.
Elie Wiesel, Was die Tore des Himmels öffnet

Jetzt hast du Liebe genug in deinem
Herzen, aber jetzt ist es zu spät;
geh mit deinem vollen Herzen
an das kalte Grab!
Jens Peter Jacobsen, Niels Lyhne

Jugend liebt und wird geliebt,
Alter liebt und wird verlacht;
Liebe nimmt so leicht nicht Liebe,
die nicht Liebe macht.
Friedrich von Logau, Sinngedichte

Jugendliebe dauert nicht länger
als Schnee im April.
Sprichwort aus Frankreich

Junge Leute kennen eher die Liebe
als die Schönheit.
Luc de Clapiers Marquis de Vauvenargues, Reflexionen
und Maximen

Kann ein Mensch, der im Leben hockt,
wie ein Priesterschüler in seiner Zelle,
die Frau verstehen und dieses
wunderbare Noten-Abc lesen lernen?
Honoré de Balzac, Die Physiologie der Ehe

Kann eine von der Liebe bereitete
Mahlzeit jemals unschmackhaft sein?
Jean-Jacques Rousseau, Julie oder
Die neue Héloïse (Saint-Preux)

Kann es denn keine Liebe geben,
ohne dass uns der Gegenstand unsrer
Zuneigung am Ende widrig und verhasst wird, wenigstens in manchen
einzelnen abgerissenen Stunden?
Ludwig Tieck, Karl von Berneck (Leopold)

Kann Lieb' so unlieb sein,
Von mir so fern, was mein?
Kann Lust so schmerzlich sein,
Untreu so herzlich sein?
O Wonn', o Pein!
Karoline von Günderode, Ist alles stumm und leer

Kann unsere Liebe anders bestehen
als durch Aufopferungen,
durch Nicht-alles-Verlangen?
Ludwig van Beethoven, An seine unsterbliche Geliebte

Kann wohl Liebe,
so scharf sie sieht,
Gebrechen sehen?
Jean-Jacques Rousseau, Julie oder
Die neue Héloïse (Julie)

Kein Gespenst überfällt uns in vielfäl-
tigeren Verkleidungen als die Einsamkeit, und eine ihrer undurchschau-
barsten Masken heißt Liebe.
Arthur Schnitzler, Buch der Sprüche und Bedenken

Kein Lieb ohn Leid.
Deutsches Sprichwort

Kein Lieben ist vollkommen,
bis das Enkelkind erscheint.
Sprichwort aus Wales

Kein Liebender achtet darauf,
was sich ziemt.
Ovid, Heroinen

Kein Werk ist zu niedrig,
das aus Liebe getan wird.
Achim von Arnim, Die Kronenwächter

Keiner soll vergessen sein,
der groß gewesen in der Welt; aber
jeder ist groß auf seine eigene Weise,
jeder ist es nach dem Maß der Größe,
die er liebt.
Søren Kierkegaard, Furcht und Zittern

Kleine Gaben werden groß
Bergen sie viel Lieb im Schoß.
Jüdische Spruchweisheit

Kleiner Mädchen Liebe –
Wasser in einem Siebe.
Sprichwort aus Spanien

Klugheit und Liebe
sind nicht füreinander geschaffen;
wenn die eine wächst,
schwindet die andere.
François de La Rochefoucauld,
Nachgelassene Maximen

Komm, mein Geliebter,
wandern wir auf das Land,
schlafen wir in den Dörfern.
Altes Testament, Hohelied Salomos 7, 12

Komm, o meine Seele,
komm in deines Freundes Arme,
die zwei Hälften unsres Wesens
zu vereinigen!
Jean-Jacques Rousseau, Julie oder
Die neue Héloïse (Saint-Preux)

Kraft und Wert der Liebe sind in der
poetischen Darstellung lebendiger und
beseelter als in der Wirklichkeit; das
dichterische Bild sieht gewissermaßen
verliebter aus als die Liebe selbst.
Michel Eyquem de Montaigne, Die Essais

Krone des Lebens,
Glück ohne Ruh,
Liebe, bist du!
Johann Wolfgang von Goethe, Rastlose Liebe

Lächeln erzeugt Lächeln,
genauso wie Liebe Liebe erzeugt.
Mutter Teresa

Lächerlichkeit verscheucht die Liebe.
Stendhal, Über die Liebe (Fragmente)

Lass allen Tugenden
die Sterbeglocke läuten!
Ich höre ja dich, dich,
deines Herzens Lied, du Liebe!,
und finde unsterblich Leben,
indessen alles verlischt und welkt.
Friedrich Hölderlin, Hyperion

Lass die beleidigte Liebe sich rächen
und ihren Zorn stillen;
strafe mich ohne Hass; ich will ohne
Murren leiden. Sei gerecht und streng;
das muss sein, ich bin es zufrieden.
Lässest du mir aber das Leben,
so magst du mir alles nehmen,
nur dein Herz nicht.
Jean-Jacques Rousseau, Julie oder
Die neue Héloïse (Saint-Preux)

Lass die Liebe aus dem Spiel,
wenn du liebst!
Kurt Tucholsky, Schnipsel

Lass dir keine Grenzen setzen
in deiner Liebe, nicht Maß, nicht Art,
nicht Dauer! Ist sie doch dein Eigentum: Wer kann sie fordern?
Friedrich Schleiermacher, Monologen

Lass uns lieben, um zu leben!
Jean-Jacques Rousseau, Julie oder
Die neue Héloïse (Julie)

Lässigkeiten ist bei lebhaften Frauen
das Vorzeichen der Liebe.
Jean de La Bruyère, Die Charaktere

Laune löst, was Laune knüpft.
Friedrich Schiller, Die Braut von Messina (Isabella)

Leben ist Gold
und kornsüß,
Hass kurz,
Liebe grenzenlos.
Gabriela Mistral, Gedichte

Leben muss man und lieben;
es endet Leben und Liebe.
Schnittest du, Parze,
doch nur beiden die Fäden zugleich!
Johann Wolfgang von Goethe/Friedrich Schiller,
Xenien

Leben und unbeschränkte Freude
bedeuten Liebe.
Friedrich Schlegel, Vom ästhetischen Werte
der griechischen Komödie

Leg mich wie ein Siegel auf dein Herz,
wie ein Siegel an deinen Arm!
Altes Testament, Hohelied Salomos 8, 6

Leicht erlangte Liebe verliert den Wert;
Mühsal und Schwierigkeit
machen sie teuer.
Andreas Capellanus, Gebote des Minnerechts

Lieb', die nicht Wahnsinn ist,
ist keine Liebe.
Pedro Calderón de la Barca,
Das größte Scheusal der Welt

Lieb' ist der Weisen Stein:
Sie scheidet Gold aus Kot,
Sie machet Nichts zu Ichs
und wandelt mich zu Gott.
Angelus Silesius, Der cherubinische Wandersmann

Lieb' ist ein Rauch,
den Seufzerdämpf' erzeugten; /
Geschürt, ein Feu'r,
von dem die Augen leuchten,
Gequält, ein Meer
von Tränen angeschwellt;
Was ist es sonst? Verständ'ge Raserei
Und ekle Gall und süße Spezerei.
William Shakespeare, Romeo und Julia (Romeo)

Lieb ist Freud, Freud ist Liebe,
und Freud ist Leben.
Martin Luther, Tischreden

Lieb' üben, hat viel Müh';
wir sollen nicht allein
Nur lieben, sondern selbst,
wie Gott, die Liebe sein.
Angelus Silesius, Der cherubinische Wandersmann

Liebe: auch so ein Problem,
das Marx nicht gelöst hat.
Jean Anouilh

Liebe begnügt sich nicht
mit bloßer Gefälligkeit.
Jean-Jacques Rousseau, Julie oder
Die neue Héloïse (Julie)

Liebe bleibt Liebe. Eine Königin liebt
nicht edler als eine Bettlerin,
und eine Philosophin nicht edler
als eine dumme Bauersfrau.
Gotthold Ephraim Lessing, Dämon oder
Die wahre Freundschaft

Liebe bringt Unruhe.
Der Glaube dagegen verleiht Ruhe.
Leo N. Tolstoi, Tagebücher (1873)

Liebe, der Seele Leben!
Jean-Jacques Rousseau, Julie oder
Die neue Héloïse (Saint-Preux)

Liebe dich selbst,
so hast du keine Rivalen.
Sprichwort aus Estland

Liebe, die von Herzen liebt,
Ist am reichsten, wenn sie gibt.
Liebe, die von Opfern spricht,
Ist schon rechte Liebe nicht.
Emanuel Geibel, Sprüche

Liebe dreht die Welt. (Love makes
the world go round.)
Sprichwort aus den USA

Liebe, ein liebenswürdiger Wahnsinn –
Ehrgeiz, eine ernsthafte Dummheit.
Chamfort, Maximen und Gedanken

Liebe: ein privates Weltereignis.
Alfred Polgar, Kleine Schriften, Band 1. Musterung

Liebe erfüllt nur tätig ihren Sinn.
Arthur Schnitzler, Buch der Sprüche und Bedenken

Liebe erkauft alles, Liebe rettet alles.
Fjodor M. Dostojewski, Die Brüder Karamasow

Liebe ersetzt Maschinen.
Mutter Teresa

Liebe fängt mit Liebe an,
und man kann von der stärksten
Freundschaft nur zu einer
schwachen Liebe kommen.
Jean de La Bruyère, Die Charaktere

Liebe, Geld und Sorgen
bleiben nicht verborgen.
Sprichwort aus Spanien

Liebe gleicht die natürliche Feindschaft aus zwischen Mann und Weib.
Friedrich Hebbel, Tagebücher

Liebe, Glück und Wind
ziehn vorüber geschwind.
Sprichwort aus Spanien

Liebe gibt der Liebe Kraft.
Johann Wolfgang von Goethe, West-östlicher Divan

Liebe großen Stils vergibt man nicht
wie Krämerware: Was der eine erhält,
bleibt dem andern versagt.
Sondern sie ist wie Sonne und Licht,
wie viele auch davon
überflutet werden, jeder hat sie doch
ganz und ungeteilt.
Heinrich Waggerl, Aphorismen

Liebe hat ihren Sitz in den Augen.
Deutsches Sprichwort

Liebe heilt die Wunden, die sie schlägt.
Sprichwort aus Griechenland

Liebe heißt,
auch den Kummer zu teilen,
den man noch nicht hat.
Liselotte Pulver

Liebe hört auf keine Lehre,
Weiß im Leben nicht ein noch aus.
Wenn's nicht eben Liebe wäre,
Sie sperrten sie ins Irrenhaus.
Friedrich Halm, Lieder der Liebe

Liebe ist das allgemeine Band,
das alle Wesen im Universum an- und
ineinander bindet und verwebt.
Franz von Baader, Vom Wärmestoff

Liebe ist, dass du mir ein Messer bist,
mit dem ich in mir wühle.
Franz Kafka

Liebe ist das edelste Erkennen,
wie die edelste Empfindung.
Johann Gottfried Herder, Vom Erkennen
und Empfinden der menschlichen Seele

Liebe ist das Einzige,
was nicht weniger wird,
wenn wir es verschwenden.
Ricarda Huch

Liebe

Liebe ist das große Amulett, das diese
Welt in einen Garten verwandelt.
Robert Louis Stevenson, Reise mit dem Esel
durch die Cevennen

Liebe ist das,
was man mit einem anderen
durchgemacht hat.
James Thurber

Liebe ist der angenehmste Zustand
teilweiser Unzurechnungsfähigkeit.
Marcel Aymé

Liebe ist der Lebengeist ihres Geistes,
ihr Geist der Gesetze,
die Springfeder ihrer Nerven.
Jean Paul, Levana

Liebe ist der Triumph der Phantasie
über die Intelligenz.
Henry Louis Mencken

Liebe ist die Erfahrung des Teilens, der
Gemeinschaft, die die volle Entfaltung
des eigenen inneren Tätigseins erlaubt.
Erich Fromm, Wege aus einer kranken Gesellschaft

Liebe ist die Synthesis
zwischen Phantasie und Vernunft.
Friedrich Schleiermacher, Denkmale

Liebe ist die Urmutter
des Menschengeschlechts.
Luc de Clapiers Marquis de Vauvenargues,
Nachgelassene Maximen

Liebe ist die wunderbare Gabe,
einen Menschen so zu sehen,
wie er nicht ist.
Hannelore Schroth

Liebe ist ein nicht näher
definierbares Gefühl, das im Leben
unendliche Komplikationen hervorruft,
besonders im Geschlechtsleben.
Gabriel Laub

Liebe ist eine Aktivität und
kein passiver Affekt. Sie ist etwas,
das man in sich selbst entwickelt,
nicht etwas, dem man verfällt. (...)
sie ist in erster Linie
ein Geben und nicht ein Empfangen.
Erich Fromm, Kunst des Liebens

Liebe ist eine Leidenschaft, die aus
einer Mischung besteht von recht
wenig wirklicher Substanz und viel
mehr Hirngespinsten und unruhiger
Erwartung: Dementsprechend sollten
wir sie befriedigen und ihr dienen.
Michel Eyquem de Montaigne, Die Essais

Liebe ist ein Tornado,
Freundschaft ein ständig wehender
Passat.
Colette

Liebe ist Erkenntnis; ich kann dich
nur genießen im Denken,
das dich verstehen, empfinden lehrt;
wenn ich dich aber einmal ganz verstehe, gehörst du dann mein?
Bettina von Arnim, Goethes Briefwechsel
mit einem Kinde

Liebe ist Geduld, Sex Ungeduld.
Erich Segal

Liebe ist Glut, Hass ist Kälte. Sehnsucht und Angst sind Feuer und Eis.
Die ganze Welt der Gefühle
liegt dazwischen.
Oswald Spengler, Urfragen.
Fragmente aus dem Nachlass

Liebe ist heftiger als Selbstliebe,
denn man kann auch eine Frau lieben,
die einen verachtet.
Luc de Clapiers Marquis de Vauvenargues,
Nachgelassene Maximen

Liebe ist höchste Tapferkeit:
Sie ist zu jedem Opfer bereit.
Emanuel von Bodman, Tagebücher

Liebe ist immer noch
die anständigste Entschuldigung
für Dummheiten.
Horst Geißler, Frau Mette

Liebe ist immerdar erstgeboren,
sie ist ewig ein einziger Moment, Zeit
ist ihr nichts, sie ist nicht in der Zeit,
da sie ewig ist.
Bettina von Arnim, Tagebuch

Liebe ist ja selber der stärkste Zauber,
jede andere Verzauberung
muss ihr weichen.
Nur gegen eine Gewalt
ist sie ohnmächtig. Welche ist das?
Es ist nicht das Feuer,
nicht das Wasser, nicht die Luft,
nicht die Erde mit
allen ihren Metallen; es ist die Zeit.
Heinrich Heine, Elementargeister

Liebe ist jener für manche Männer
unvorstellbare Zustand,
in dem man bereit ist,
die Frau im Singular zu akzeptieren.
Georges Courteline

Liebe ist kein Solo,
Liebe ist ein Duett:
Schwindet sie bei einem,
verstummt
das Lied.
Adelbert von Chamisso

Liebe ist kein Ziel;
sie ist nur ein Reisen.
D. H. Lawrence

Liebe ist keine Entschuldigung
für schlechte Manieren.
Peter Ustinov

Liebe ist ein Konflikt
zwischen Reflexen und Reflexionen.
Magnus Hirschfeld

Liebe ist Lust, verbunden mit der Idee
einer äußeren Ursache.
Baruch de Spinoza, Ethik

Liebe ist Materialismus;
immaterielle Liebe ist ein Unding.
Ludwig Feuerbach, Das Wesen des Christentums

Liebe ist: miteinander alt werden wollen.
Martin Andersen-Nexø, Alt

Liebe ist nicht das Höchste. Über
der Liebe steht Selbstvergessenheit.
Walter Rathenau, Auf dem Fechtboden des Geistes.
Aphorismen aus seinen Notizbüchern

Liebe ist nicht so empfindlich
wie Eigenliebe.
Luc de Clapiers Marquis de Vauvenargues,
Unterdrückte Maximen

Liebe ist Qual,
Lieblosigkeit ist Tod.
Marie von Ebner-Eschenbach, Aphorismen

Liebe ist unwiderstehlicher Hang,
alle Persönlichkeit aufzuheben.
Sophie Mereau, Tagebücher (29. Juli 1805)

Liebe ist Verblendung des Sinnes,
ein Feuer des Herzens,
glühender als der Ätna.
Erasmus von Rotterdam, Gedichte

Liebe ist vollkommen
verantwortungslos.
Sie ist ein Laster.
Wolf Wondratschek

Liebe ist, wenn man Tag und Nacht
singen möchte, ohne Honorar
und Manager.
Frank Sinatra

Liebe ist, wenn sie dir die Krümel
aus dem Bett macht.
Kurt Tucholsky, Schnipsel

Liebe ist wie ein Verkehrsunfall:
Man wird angefahren und fällt um.
Entweder überlebt man oder nicht.
Juliette Greco

Liebe ist zeitweilige Blindheit
für die Reize anderer Frauen.
Marcello Mastroianni

Liebe kann durch absoluten Willen
in Religion übergehen.
Novalis, Tagebücher (1797)

Liebe kennt keine Maske.
Sie lässt sich weder lange verbergen
noch lange vortäuschen.
François de La Rochefoucauld, Reflexionen

Liebe kommt nicht immer aus dem Gefühl, sondern, öfter als der Liebende selbst ahnt, aus dem Willen, aus der Güte oder aus dem Bewusstsein einer Mission.
Arthur Schnitzler, Aphorismen und Betrachtungen aus dem Nachlass

Liebe lehrt tanzen.
Deutsches Sprichwort

Liebe macht ein gutes Auge schielen.
Sprichwort aus England

Liebe: Man nimmt einer Frau die Maske vom Gesicht und stürzt mit dieser davon, ohne zu schauen, was sie verdeckt hat.
Heimito von Doderer, Repertorium. Ein Begreifbuch von höheren und niederen Lebens-Sachen

Liebe, mein Herzensjunge, solange du lebest!
Heinrich von Kleist, Briefe (an Otto August Rühle von Lilienstern, 31. August 1806)

Liebe muss wie das Feuer immer wieder angefacht werden. Sie stirbt, wenn sie zu hoffen oder zu fürchten aufhört.
François de La Rochefoucauld, Reflexionen

Liebe muss Zank haben.
Deutsches Sprichwort

Liebe nennt man die Unzurechnungsfähigkeit der Zurechnungsfähigen.
Alfred Polgar

Liebe oder Hass – ein Drittes kennen die Frauen nicht.
Publilius Syrus, Sentenzen

Liebe ohne Leid kann es nicht geben.
Dietmar von Aist, Slâfest du, vriedel ziere?

Liebe schlägt so leicht in Verachtung um, weil der Enttäuschte glaubt, der andere Teil habe die Fehler erst angenommen, die der Verliebte bloß übersehen hat.
Heinrich Waggerl, Aphorismen

Liebe Seele. Lass doch die schöne Sitte nimmer unter uns veralten, dass wir einander nichts verschweigen.
Karoline von Günderode, Briefe (an Friedrich Creuzer, 18. Mai 1806)

Liebe stirbt am Überdruss, und Vergessen geleitet sie zu Grabe.
Jean de La Bruyère, Die Charaktere

Liebe und allenthalben Liebe, ich begreife nicht, wie ohne sie nur etwas interessant sein kann. Ist sie nicht die wichtigste Angelegenheit des Lebens?
Sophie Mereau, Betrachtungen

Liebe und Begierde können ein Übermaß haben.
Baruch de Spinoza, Ethik

Liebe und Bildung sind zwei unerlässliche Bedingungen meines künftigen Glückes.
Heinrich von Kleist, Briefe (an Wilhelmine von Zenge, 13. November 1800)

Liebe und Freundlichkeit sind die besten Gewürze zu allen Speisen.
Chinesisches Sprichwort

Liebe und Freundschaft schließen sich gegenseitig aus.
Jean de La Bruyère, Die Charaktere

Liebe und Geduld sind durch tausend Meilen getrennt.
Sprichwort aus Persien

Liebe und Hass sind nicht blind, aber geblendet vom Feuer, das sie selber mit sich tragen.
Friedrich Nietzsche, Menschliches, Allzumenschliches

Liebe und Hass verketten gleich furchtbar.
Heinrich Waggerl, Nachlass

Liebe und Husten kann man nicht verbergen.
Sprichwort aus Frankreich

Liebe und Not sind doch die besten Lehrmeister.
Johann Wolfgang von Goethe, Dichtung und Wahrheit

Liebe und Tätigkeit ist Glück.
Leo N. Tolstoi, Tagebücher (1856)

Liebe und Treue werden euer Leben zur ewigen Poesie machen.
Novalis, Heinrich von Ofterdingen

Liebe verbindet alles.
Johann Wolfgang von Goethe, Briefe (an Charlotte von Stein, 1. Mai 1780)

Liebe versagt der Liebe nichts.
Andreas Capellanus, Gebote des Minnerechts

Liebe wächst und blüht. Warum sollte sie nicht auch welken wie alles andere auf Erden?
Jeanne Moreau

Liebe weiß verborgne Wege.
Deutsches Sprichwort

Liebe wie Hass halten nicht Maß.
Jüdische Spruchweisheit

Liebe will ich liebend loben, Jede Form, sie kommt von oben.
Johann Wolfgang von Goethe, Sonette

Liebe zwischen Bruder und Schwester – die Wiederholung der Liebe zwischen Mutter und Vater.
Franz Kafka, Tagebücher (1912)

Liebe zwischen zwei Menschen ist nur dann wundervoll, wenn man zwischen die richtigen zwei Leute gerät.
Woody Allen

Lieben heißt, das Glück denen zu geben, die man liebt, und nicht sich selbst.
Alexandre Dumas d. J.

Lieben heißt einen Ausweg finden.
Walter Hasenclever

Lieben heißt, in dem andern sich selbst erobern.
Friedrich Hebbel, Tagebücher

Lieben heißt, sich mit der Wirklichkeit begnügen.
Stefan Napierski

Lieben ist die Wonne, ein liebenswertes und uns selbst liebendes Wesen mit allen Sinnen zu betrachten, zu berühren, zu fühlen.
Stendhal, Über die Liebe

Lieben ist eine Schwäche; davon genesen, ist oft auch eine Schwäche.
Jean de La Bruyère, Die Charaktere

Lieben ist Gernetun, Leiden und Entbehren für den Geliebten, und wer nichts mehr für ihn zu tun, zu entbehren und zu leiden hätte oder wüsste, der hörte auf zu lieben.
Franz von Baader, Religiöse Erotik

Lieben ist kämpfen, und wenn zwei sich küssen, verändert sich die Welt.
Octavio Paz

Lieben ist menschlich, nur müsst ihr menschlich lieben!
Johann Wolfgang von Goethe, Die Leiden des jungen Werthers

Lieben ist nicht Sünd, und küssen macht kein Kind.
Deutsches Sprichwort

Lieben ist nichts Besonderes, sich gegenseitig lieben sehr selten. Die Liebe ist ein Gesetz, die Gegenseitigkeit der Liebe ein Zufall.
Sully Prudhomme, Gedanken

Lieben kannst du, du kannst lieben, Doch verliebe dich nur nicht!
Gotthold Ephraim Lessing, Lieder

Lieben und für ein anderes Wesen
sorgen, ist ein sehr mühsames
Geschäft und viel schwerer,
als zu töten und zu zerstören.
Marlen Haushofer, Die Wand

Lieben und Singen lässt sich nicht
zwingen.
Deutsches Sprichwort

Lieben und Untergehn: das reimt sich
seit Ewigkeiten. Wille zur Liebe:
Das ist willig auch sein zum Tode.
Friedrich Nietzsche, Also sprach Zarathustra

Liebende denken sich ihre Träume
selbst aus.
Vergil, Hirtengedichte

Liebende wissen nichts
von Schamhaftigkeit.
Honoré de Balzac, Physiologie der Ehe

Liebeszorn ist neuer Liebeszunder.
Deutsches Sprichwort

Liebevolle Ehegatten werden
von ihren Kindern wiedergeliebt.
Chinesisches Sprichwort

Liebst du mich, dann liebe auch die
Krähe auf meinem Dach.
Chinesisches Sprichwort

Liebst du wohl, wenn du nicht
die Welt in dem Geliebten findest?
Friedrich Schlegel, Über die Philosophie

Liebste, tu doch etwas,
damit unser Bettchen kracht.
Wie auf einem Freudenthron
möchte ich jubeln.
Oswald von Wolkenstein, Lieder (Ain tunckle farb von occident)

Liebt eure Weiber, erzieht eure Kinder!
Martin Luther, Tischreden

Mach dich zu meiner Sklavin, leg'
selbst die Sklavenkette um deinen
Hals, aber nicht im Spiel; ich will an
der Kette ziehen, in all deinen Gliedern
soll Gehorsam, Sklavengeist
soll in deinem Blick liegen.
Jens Peter Jacobsen, Niels Lyhne (Niels)

Man braucht Jahre, um die Liebe eines
Menschen zu zerstören, aber kein
Leben ist lang genug, diesen Mord,
was ist mehr ein Mord, zu beklagen.
Elias Canetti, Die Provinz des Menschen.
Aufzeichnungen 1942–1972

Man darf die Liebe nicht durch Verführung zerstören und muss vor allem
die Liebe lieben, muss wissen,
dass nur sie Leben birgt
und ohne sie nichts als Leid bleibt.
Leo N. Tolstoi, Tagebücher (1895)

Man ist manchmal weniger
unglücklich, von dem, den man liebt,
getäuscht als enttäuscht zu werden.
François de La Rochefoucauld, Reflexionen

Man ist so wenig Herr darüber,
immer zu lieben, wie man es
in der Gewalt hatte, nicht zu lieben.
Jean de La Bruyère, Die Charaktere

Man kann Menschen auf so viele
verschiedene Arten lieben.
Anne Morrow Lindbergh, Verschlossene Räume,
offene Türen

Man kann nicht von Liebe
und Wasser leben.
Sprichwort aus Frankreich

Man kann nicht wählen,
wann man lieben wird.
Sprichwort aus Norwegen

Man kann niemand lieben,
als dessen Gegenwart man sicher ist,
wenn man sein bedarf.
Johann Wolfgang von Goethe,
Maximen und Reflexionen

Man kann noch immer aus Gewohnheit miteinander verkehren und sich
mit Worten sagen, dass man sich liebe,
wenn das Benehmen
schon längst erkennen lässt,
dass man sich nicht mehr liebt.
Jean de La Bruyère, Die Charaktere

Man kann nur von der Liebe leben.
Edith Piaf

Man kann sehr ruhig sein,
und doch sehr zärtlich lieben.
Johann Wolfgang von Goethe, Die Laune des Verliebten (Egle)

Man kehrt immer wieder zu seiner
ersten Liebe zurück.
Sprichwort aus Frankreich

Man liebt einen Menschen
nicht wegen seiner Stärken,
sondern wegen seiner Schwächen.
Tilla Durieux

Man liebt, was man hat;
man begehrt, was man nicht hat.
Denn nur das reiche Gemüt liebt,
nur das arme begehrt.
Friedrich Schiller, Liebe und Begierde

Man liebt weit mehr das Bild, das man
sich macht, als den Gegenstand,
auf den man es anwendet.
Jean Jacques Rousseau, Emile

Man mag in der Liebe empfindlich
sein, man verzeiht in ihr doch mehr
Fehler als in der Freundschaft.
Jean de La Bruyère, Die Charaktere

Man male uns die Liebe, wie man will,
sie verführt, oder sie ist es nicht.
Jean-Jacques Rousseau, Brief an d'Alembert

Man möchte dem, was man liebt,
gern das Beste oder,
falls das nicht geht,
das Schlimmste antun.
Jean de La Bruyère, Die Charaktere

Man muss aufhören, sich essen
zu lassen, wenn man am besten
schmeckt: das wissen die,
die lange geliebt werden wollen.
Friedrich Nietzsche, Also sprach Zarathustra

Man muss ganz uneigennützig lieben.
Gotthold Ephraim Lessing, Minna von Barnhelm
(Fräulein)

Man muss lieben lernen, gütig sein
lernen, und dies von Jugend auf;
wenn Erziehung und Zufall uns keine
Gelegenheit zur Übung dieser Empfindungen geben, so wird unsere Seele
trocken und selbst zu einem Verständnis jener zarten Empfindungen
liebevoller Menschen ungeeignet.
Friedrich Nietzsche, Menschliches, Allzumenschliches

Man sagt,
Liebe kenne keine Grenzen. Aber die
Grenzen
sind gerade das Interessante.
Jean-Luc Godard

Man schildert die Liebe in den großen
Städten lebhafter; empfindet man sie
aber daselbst stärker
als auf den kleinen Dörfern?
Jean-Jacques Rousseau, Julie oder Die neue Héloïse

Man sei so liebenswürdig und ehrbar,
wie man nur denken kann, liebe die
vollkommenste Frau der Welt – nichtsdestoweniger muss man ihr seinen
Vorgänger oder Nachfolger verzeihen.
Chamfort, Maximen und Gedanken

Man soll die Wahrheit mehr als sich
selbst lieben, aber seinen Nächsten
mehr als die Wahrheit.
Romain Rolland

Man soll lieben, so viel man kann,
und darin liegt die wahre Stärke, und
wer viel liebt, der tut auch viel
und vermag viel, und was in Liebe
getan wird, das wird gut getan.
Vincent van Gogh, Briefe

Man tut nicht wohl damit, Dinge,
die man liebt, frei um sich zu halten.
Sie rächen sich furchtbar
für jeden achtlosen Blick,
für jedes zerstreute Beiseiteschieben:
Sie werden langweilig.
Heinrich Waggerl, Aphorismen

Man versteht es selber nicht,
wie das möglich ist: erst geliebt,
mit allen Herzschlägen, und nun
gleichgültig wie ein alter Stuhl.
Kurt Tucholsky, Schnipsel

Man verzeiht Fehler in der Liebe
leichter als in der Freundschaft.
Jean de La Bruyère, Die Charaktere

Man weiß es ja, doch niemals glaubt's
das Herz hinlänglich,
Dass Liebe flüchtig ist
und Erdenglück vergänglich.
Carl Spitteler, Olympischer Frühling

Manche Frau hat sich für ihr Leben
unglücklich gemacht, hat sich weggeworfen und entehrt um eines
Mannes willen und dann aufgehört,
ihn zu lieben, weil er schlecht
gepudert war oder seine Nägel
schlecht geschnitten oder seine
Strümpfe verkehrt angezogen hatte.
Chamfort, Maximen und Gedanken

Manche Frauen glauben offenbar,
Liebe heiße, nie Nein
sagen zu können.
Erich Segal

Mann und Weib berichten
und ergänzen sich gegenseitig,
um so vereint erst die Gattung, den
vollkommenen Menschen darzustellen.
Ludwig Feuerbach, Das Wesen des Christentums

Mann und Weib verstehen unter Liebe
jeder etwas anderes – und es gehört
mit unter die Bedingungen der Liebe
bei beiden Geschlechtern,
dass das eine Geschlecht beim andren
Geschlecht nicht das gleiche Gefühl,
den gleichen Begriff »Liebe«
voraussetzt.
Friedrich Nietzsche, Die fröhliche Wissenschaft

Männer und Frauen,
die zu viel geliebt worden sind,
verlieren oft die Fähigkeit,
selber zu lieben.
Otto von Leixner, Aus meinem Zettelkasten

Männer und Weiber dürfen nicht
gleich sein. Denn woher sonst Liebe?
Liebe ist ein Verlangen, das, was uns
fehlt, ersetzt zu sehen –
aus beidem wird ein Mensch.
Sophie Mereau, Betrachtungen

Mäßig und geschäftig leben,
Heißt der Liebe Gift eingeben.
Friedrich von Logau, Sinngedichte

Mein Herz ruht nicht,
weil deine Liebe
es mit solcher Sehnsucht entflammt
hat, dass es nur in dir ruhen kann.
Nikolaus von Kues, Über die Schauung Gottes

Mein Lebenslauf ist Lieb' und Lust.
Siegfried August Mahlmann, Gedichte

Mein Liebster, was auch geschieht,
ich gehöre nur dir.
Oswald von Wolkenstein, Lieder (Ich spür ain lufft)

Mein und dein!
Ewig, ewig ein!
Richard Wagner, Tristan und Isolde (beide)

Mein Verstand ist sehr verständig,
Nennt mein armes Herz betört;
Doch dies Herz ist so unbändig,
Dass es gar nicht auf ihn hört.
Friedrich von Bodenstedt, Mirza Schaffy

»Meine Liebe und meinen Körper
schenke ich Euch,
macht aus mir Eure Geliebte!«
Jener dankte ihr herzlich dafür.
Marie de France, Bisclavret

Meine Liebe zu ihr ist so groß, wenn
alle Blätter an den Bäumen Zungen
wären, sie könnten's nicht aussagen;
mein Leben setze ich daran,
dass ich sie erlange.
Jacob und Wilhelm Grimm, Der treue Johannes

Meine Liebesfähigkeit kennt keine
Grenzen. Das vollkommene Glück
wäre für mich eine Nacht,
die nie endet und erhellt ist
von strahlendem Sonnenschein.
Brigitte Bardot

Mensch, wo du noch was bist,
was weißt, was liebst und hast,
So bist du, glaube mir,
nicht ledig deiner Last.
Angelus Silesius, Der cherubinische Wandersmann

Mit dem Liebsten kann man auch
in der kleinsten Hütte glücklich sein.
Leo N. Tolstoi, Tagebücher (1851)

Mit einer Kindheit voll Liebe aber
kann man ein halbes Leben hindurch
für die kalte Welt haushalten.
Jean Paul

Mit geliebten Menschen zusammen
sein: Mehr braucht es nicht; träumen,
mit ihnen sprechen, nicht sprechen,
an sie denken, an die gleichgültigsten
Dinge denken, aber in ihrer Nähe –
alles gilt gleich.
Jean de La Bruyère, Die Charaktere

Mit Küssen seines Mundes
bedecke er mich.
Süßer als Wein ist deine Liebe.
Altes Testament, Hohelied Salomos 1, 2

Mit wertvollen Menschen soll man nur
von der Liebe reden, damit das
Gespräch nicht zum Fleißknäuel wird.
Else Lasker-Schüler, Der Malik

Mögen auch die Dummköpfe noch so
oft behaupten, das Wesen der Liebe
lasse sich nicht erklären,
so lassen sich dennoch für die Liebe
ebenso unfehlbare Grundsätze
aufstellen wie für die Geometrie.
Honoré de Balzac, Die Physiologie der Ehe

Musik ist der Liebe Nahrung.
Chinesisches Sprichwort

Naturhafte Liebe
wohnt in allen Vermögen der Seele
und auch in allen Teilen des Leibes
und insgesamt in allen Dingen.
Thomas von Aquin, Summa theologica

Natürlich ist die ganz große Liebe eine
ungeheuer befreiende Kraft und wohl
die am weitesten verbreitete,
die jungen Leuten Freiheit – oder die
vermeintliche Freiheit – verschafft.
Der Geliebte ist der Befreier. Im Ideal-
fall ermöglichen beide Partner eines
Liebespaares einander die Freiheit zum
Aufbruch in neue, fremdartige Welten.
Anne Morrow Lindbergh, Stunden von Gold –
Stunden von Blei.

Neben Liebe auf den ersten Blick
gibt es Liebe auf die erste Berührung.
Die geht vielleicht noch tiefer.
Vladimir Nabokov

Nehmen Sie der Liebe die Achtung,
so ist sie nichts mehr.
Jean-Jacques Rousseau, Julie oder Die neue Héloïse
(Saint-Preux)

Nein, du bist nicht zum Himmel
zurückgekehrt, goldne Zeit!
Du umgibst noch jedes Herz,
in den Momenten,
da sich die Blüte der Liebe erschließt.
Johann Wolfgang von Goethe, Stella (Stella)

Nein, es ist mit nichts zu vergleichen
die Gewalt der Liebe! Wenn das nicht
Gottheit ist, die alles um und in uns
verändert, die dem wüsten Leben
einen Sinn gibt und die ganze Natur
im Zusammenhang hält.
Sophie Mereau, Betrachtungen

Nenne mir den weiten Mantel,
Drunter alles sich verstecket;
Liebe tut's, die alle Mängel
Gerne hüllt und fleißig decket.
Friedrich von Logau, Sinngedichte

Nicht der Hass,
wie die Weisen sagen,
sondern die Liebe trennt die Wesen
und bildet die Welt, und nur in ihrem
Licht kann man diese finden und
schauen. Nur in der Antwort seines Du
kann jedes Ich seine unendliche
Einheit ganz fühlen.
Friedrich Schlegel, Lucinde

Nicht die Vollkommenen, sondern die
Unvollkommenen bedürfen der Liebe.
Oscar Wilde, Ein idealer Gatte

Nicht eher darfst du dich
von einer Frau geliebt glauben,
ehe du nicht sicher bist, ihre ganze
erotische Sehnsucht auf dich allein
vereinigt und alle anderen
Möglichkeiten ihres Wesens,
auch die ungeahntesten,
zur Wirklichkeit erlöst zu haben.
Arthur Schnitzler, Buch der Sprüche und Bedenken

Nicht jeder Eros ist schön und wert,
gepriesen zu werden, sondern nur der,
der zum schönen Lieben führt.
Platon, Das Gastmahl

Nicht lieben, wenn man vom Himmel
ein zur Liebe geschaffenes Herz
erhalten hat, heißt sich und andere
eines großen Glücks zu berauben.
Es ist dasselbe, als ob ein Orangen-
baum nicht blühen wollte,
weil er fürchtete es sei sündig.
Stendhal, Über die Liebe

Nicht zu lieben sollte das Einzige sein,
was mit einem Tabu belegt wäre.
Anaïs Nin, Frauen verändern die Welt

Nichts als Zeitverderb ist die Liebe!
Johann Wolfgang von Goethe,
Wilhelm Meisters Lehrjahre

Nichts fördert das Kreative mehr als
die Liebe, vorausgesetzt, sie ist echt.
Erich Fromm, Pathologie der Normalität

Nichts gleicht mehr herzlicher Freund-
schaft als Verbindungen, die wir im
Interesse unserer Liebe pflegen.
Jean de La Bruyère, Die Charaktere

Nichts ist der Liebe so ähnlich
wie die Begierde und nichts ihr so
entgegengesetzt.
Blaise Pascal, Pensées

Nichts ist für aufrichtige Liebhaber
gefährlicher als die Welt der Vorurteile.
Jean-Jacques Rousseau, Julie oder
Die neue Héloïse (Julie)

Nichts ist so überzeugend
und so trügerisch wie das Gefühl,
geliebt zu werden.
François de La Rochefoucauld,
Nachgelassene Maximen

Nichts ist trauriger als eine Frau,
die sich aus anderen Gründen auszieht
als für die Liebe.
Juliette Gréco

Nichts lieben,
das ist die Hölle.
Georges Bernanos

Nichts macht uns feiger und gewissen-
loser als der Wunsch, von allen
Menschen geliebt zu werden.
Marie von Ebner-Eschenbach, Aphorismen

Nichts sein und nichts lieben,
ist identisch.
Ludwig Feuerbach, Philosophische Kritiken und
Grundsätze

Nichts verwehrt einer Frau
die Liebe zweier Männer
und dem Manne die zweier Frauen.
Andreas Capellanus, Gebote des Minnerechts

Nichts zerstört eine galante Liebe
so sicher wie Anwandlungen
von Leidenschaft beim Partner.
Stendhal, Über die Liebe (Fragmente)

Nie habe ich etwas anderes
als nichts geliebt.
Fernando Pessoa, Das Buch der Unruhe
des Hilfsbuchhalters Bernardo Soares

Nie kann eine Frau vergessen
zu lieben,
sie möge dichten oder herrschen.
Jean Paul, Levana

Niemals gibt es Liebe ohne Hochachtung in einem rechtschaffenen Herzen,
weil ein jeder an dem, was er liebt,
nur die Eigenschaften liebt,
auf die er selbst Wert legt.
Jean-Jacques Rousseau, Emile

Niemals sind wir ungeschützter
gegen das Leiden,
als wenn wir lieben.
Sigmund Freud, Das Unbehagen in der Kultur

Niemals würde der Hass die Liebe
besiegen – außer um einer
noch größeren Liebe willen.
Thomas von Aquin, Summa theologica

Nimm meine Seele und trinke sie. Trinke
sie in einem heißen Kuss der Liebe.
Paula Modersohn-Becker, Briefe (26. Dezember 1900)

Nimmersatte Habgier und blindgläubige Liebe geben oft ein Paar.
Chinesisches Sprichwort

Nur dann nämlich ist ein heftig liebender Geist zu loben, wenn das, was
er liebt, eine heftige Liebe verdient.
Augustinus, Über die Dreieinigkeit

Nur das Organische ist gut;
nur Liebe ist schön und herrlich.
Johann Wilhelm Ritter, Fragmente

Nur das Weib weiß, was Liebe ist,
in Wonne und Verzweiflung.
Bei dem Manne bleibt sie zum Teil
Phantasie, Stolz, Habsucht.
Karl Leberecht Immermann, Münchhausen

Nur dein liebendes Weib weiß,
ob dir kalt oder warm ist.
Chinesisches Sprichwort

Nur der ist etwas, der etwas liebt.
Ludwig Feuerbach, Philosophische Kritiken und
Grundsätze

Nur die Gattung ist ewig.
Darum soll der Mensch lieben.
Johann Wilhelm Ritter, Fragmente

Nur die Liebe besitzt die Kraft, die alltäglichen Begegnungen nicht alltäglich werden zu lassen, nur sie bewahrt
die vertraute Gewöhnung aneinander
davor, zu Gewohnheit und Gewöhnlichkeit abzustumpfen, und nur sie rettet die Regelmäßigkeit vor der Routine.
Eugen Drewermann, Das Eigentliche ist unsichtbar

Nur die Liebe macht die Nachtigall zur
Sängerin, nur die Liebe schmückt die
Befruchtungswerkzeuge der Pflanze
mit einer Blumenkrone.
Ludwig Feuerbach, Das Wesen des Christentums

Nur die Liebe vermag alle Knoten
zu lösen.
Leo N. Tolstoi, Tagebücher (1900)

Nur die Liebe zur Wahrheit
schafft Wunder.
Johannes Kepler, Briefe (an W. Janson, 7. Februar
1604)

Nur durch die Liebe kann der Mensch
von sich selbst befreit werden.
Friedrich Hebbel, Tagebücher

Nur durch die Liebe und durch das
Bewusstsein der Liebe
wird der Mensch zum Menschen.
Friedrich Schlegel, Ideen

Nur eine Mutter weiß allein,
Was lieben heißt und glücklich sein.
Adelbert von Chamisso, Frauen-Liebe und -Leben

Nur in Liebe,
umschattet von der Illusion der Liebe,
schafft der Mensch.
Thomas Mann, Nietzsches Philosophie im Lichte
unserer Erfahrung

Nur im Urlaub gibt es die ewige Liebe
für vierzehn Tage.
Uschi Glas

Nur Liebe überbrückt die Kluft,
Die zwischen Sein
und Nichtsein droht,
Dass, wie gepflückter Blumen Duft,
Doch etwas überlebt den Tod.
Friedrich von Bodenstedt, Mirza Schaffy

Nur wer die Liebe kennt,
der kennt die Frauen.
Leopold Schefer, Laienbrevier

Ob die Liebe ein Glück ist?
Jedenfalls ist sie das charmanteste
Unglück, das uns zustoßen kann.
Curt Goetz

O brich nicht Steg, du zitterst sehr!
O stürz nicht Fels, du dräuest schwer! /
Welt, geh nicht unter,
Himmel, fall nicht ein,
Eh ich mag bei der Liebsten sein!
Ludwig Uhland, Die Fahrt zur Geliebten

O dass sie ewig grünen bliebe,
Die schöne Zeit der jungen Liebe!
Friedrich Schiller, Das Lied von der Glocke

O Lieb, o Liebe!
So golden schön,
Wie Morgenwolken
Auf jenen Höhn!
Johann Wolfgang von Goethe, Mailied

O lieb, solang du lieben kannst! /
O lieb, solang du lieben magst!
Ferdinand Freiligrath, Der Liebe Dauer

O Lieb', wie bist du bitter,
O Lieb', wie bist du süß.
Victor von Scheffel, Der Trompeter von Säckingen

O Liebe, kann man auf deine Kosten
die Natur rächen?
Jean-Jacques Rousseau, Julie oder
Die neue Héloïse (Saint-Preux)

O Mädchen, Mädchen,
Wie lieb ich dich!
Wie blickt dein Auge!
Wie liebst du mich!
Johann Wolfgang von Goethe, Mailied

O Männer wüsstet ihr's,
ihr könntet wartend ruhn.
Uns ist's so viel um euch,
als euch um uns zu tun.
Johann Wolfgang von Goethe,
Die Laune des Verliebten (Egle)

O schaudre nicht! Lass diesen Blick,
Lass diesen Händedruck dir sagen,
Was unaussprechlich ist.
Johann Wolfgang von Goethe, Faust I (Faust)

O sink hernieder,
Nacht der Liebe,
gib Vergessen,
dass ich lebe;
nimm mich auf
in deinen Schoß,
löse von
der Welt mich los.
Richard Wagner, Tristan und Isolde (beide)

O wie liebenswürdig sind der Liebe
Verblendungen! Ihre Schmeicheleien
sind in gewissem Sinne Wahrheiten.
Der Verstand schweigt,
aber das Herz redet.
Jean-Jacques Rousseau, Julie oder
Die neue Héloïse (Julie)

O wie schlecht kennst du es,
dieses Herz, das dich anbetet!
Dieses Herz, das dir zufliegt und sich
dir, bei jedem Schritte, zu Füßen legt.
Jean-Jacques Rousseau, Julie oder
Die neue Héloïse (Saint-Preux)

O zarte Sehnsucht, süßes Hoffen,
Der ersten Liebe goldne Zeit!
Friedrich Schiller, Das Lied von der Glocke

Oh was ist in dir, was in mir,
was so schrecklich sich im Innern
widerspricht, trotz aller Liebe,
allen guten Willens!
Sophie Mereau, Tagebücher (August 1805)

Oh, wenn du an meinem Herzen
zweifeln könntest, wie verachtenswert
würde das deinige sein!
Jean-Jacques Rousseau, Julie oder
Die neue Héloïse (Julie)

Ohne diese Unersättlichkeit
gibt's keine Liebe. Wir leben
und lieben bis zur Vernichtung.
Friedrich Schlegel, Lucinde

Ohne Eifersucht keine Liebe.
Deutsches Sprichwort

Ohne gewisse Schwankungen macht
der Besitz einer geliebten Frau nicht
glücklich, ja, wird er sogar unhaltbar.
Stendhal, Über die Liebe (Fragmente)

»Ohne Grund« ist der triftigste Grund
für das Aufhören einer Liebe.
Alfred Polgar, Kleine Schriften, Band 1. Musterung

Ohne Liebe ist keine Kunst und Weisheit zu finden, nur durch die Liebe
können wir zur Seele des Menschen
sprechen und die Kunst und jede Seelensprache verstehen, sie mag in Bild,
Ton oder Wort gesprochen sein.
Philipp Otto Runge, An David Runge
(21. November 1801)

Ohne Liebe kehrt kein Frühling wieder,
Ohne Liebe preist kein Wesen Gott.
Friedrich Schiller, Phantasie an Laura

Ohne Liebe kein Sinn, der Sinn,
das Verstehen beruht auf der Liebe.
Friedrich Schlegel, Philosophische Vorlesungen

Platonische Liebe kommt mir vor
wie ein ewiges Zielen
und Niemals-Losdrücken.
Wilhelm Busch

Quelle aller Gefühle ist die Liebe
im Allgemeinen, die sich in zwei Arten
von Liebe gliedert:
Liebe zu sich selbst oder Eigenliebe
und Liebe zu allem, was uns umgibt.
Leo N. Tolstoi, Tagebücher (1847)

Raubt die Liebste denn
gleich mir einige Stunden des Tages,
Gibt sie Stunden der Nacht
mir zur Entschädigung hin.
Johann Wolfgang von Goethe, Römischen Elegien

Recht auf Liebe schmälere niemand
sonder triftigen Grund.
Andreas Capellanus, Gebote des Minnerechts

's ist eine der größten Himmelsgaben,
So ein lieb Ding im Arm zu haben.
Johann Wolfgang von Goethe, Faust I (Mephisto)

Schlaf glücklich wieder ein,
es ist noch früh. Bleib mir immer
in Liebe verbunden.
Mönch von Salzburg, Das Taghorn

Schlaf ist Liebe, Wachen Leben.
Im Leben ist man des Tages,
im Lieben der Nacht.
Johann Wilhelm Ritter, Fragmente

Schlagen Sie ihre Seele nicht
in Ketten, und wären es güldene,
die gar lieblich sängen und klängen.
Paula Modersohn-Becker, Briefe (an Clara Westhoff,
undatiert, ca. 1901)

Schließlich bewundern
und lieben nicht alle das Gleiche.
Horaz, Briefe

Schmachtende Liebe vermeidet
den Tanz.
Johann Wolfgang von Goethe, Wechsellied zum Tanze

Schmeichelnd soll reden
und Geschenke bieten,
Wer des Mädchens Liebe will,
Den Liebreiz loben
der leuchtenden Jungfrau:
Wer wirbt, der gewinnt.
Edda, Hávamál (Fragmente)

Schokolade – ebenso wie die Liebe
im Übermaß genossen, wird schal.
Peter Ustinov, Was ich von der Liebe weiß

Schon ein kleiner Hoffnungsschimmer
kann die Liebe erwecken.
Mag die Hoffnung danach auf Tage
wieder schwinden, die Liebe
wird nicht mehr davon berührt.
Stendhal, Über die Liebe

Schon fühlen die Liebenden sich
vom Mond her belauert.
Elias Canetti, Die Provinz des Menschen.
Aufzeichnungen 1942-1972

Schön ist solch ein Leben in ewiger
Schönheit, wenn man den Mantel um
sich schlägt wie ein König,
die höchsten Leidenschaften
nachempfindet und Liebe liebt.
Gustave Flaubert, November

Schöne Seelen finden sich
Zu Wasser und zu Lande.
Andreas Gryphius, Horribilicribifax. Teutsch

Schönheit ist, was wir lieben.
Leo N. Tolstoi, Tagebücher (1896)

Schwach ist die Liebe, die
mit dem Schwinden der Hoffnung
selber schwindet oder gar erlischt.
Bernhard von Clairvaux, 83. Ansprache
über das Hohelied Salomos

Schwöre mir, dass ich niemals aufhören werde, deines Herzens Vertraute
zu sein, und dass darin keine Veränderung vorgehen wird, von der ich nicht
zuerst benachrichtigt werden soll.
Wende mir nicht ein, du würdest mir
niemals eine zu entdecken haben.
Jean-Jacques Rousseau, Julie oder
Die neue Héloïse (Julie)

Sehr empfindsame Herzen bedürfen
des Entgegenkommens einer Frau,
um Mut zur Kristallisation zu fassen.
Stendhal, Über die Liebe (Fragmente)

Sei geschäftig, und du wirst sicher sein.
Ovid, Heilmittel gegen die Liebe

Sein Leben lang einen einzigen Mann
oder eine einzige Frau lieben –
das wäre etwa dasselbe wie behaupten
wollen, dass eine Kerze
das ganze Leben lang brennen werde.
Leo N. Tolstoi, Die Kreutzersonate

Seine Seufzer besiegten mein Herz.
Jean-Jacques Rousseau, Julie oder
Die neue Héloïse (Julie)

Selbst der Liebe Verblendungen
werden in keuschen Herzen gereinigt
und verderben nur Herzen,
die bereits verderbt sind.
Jean-Jacques Rousseau, Julie oder
Die neue Héloïse (Julie)

Selbst der Tod kann die Liebenden
nicht voneinander scheiden;
hingegen die Zerstörung der Liebe
wäre schlimmer als der Tod.
Eugen Drewermann, Das Eigentliche ist unsichtbar

Sich selbst zu zwingen, jemanden
nicht zu lieben, ist oft grausamer
als Abweisung durch die Geliebte.
François de La Rochefoucauld, Reflexionen

Sie ahnen nicht, wie zart und rein das
Leben eines jungen Mädchens ist
bis zur Zeit der ersten Liebe.
Jens Peter Jacobsen, Niels Lyhne (Frau Boye)

Sie hegen keine Begierden; sie lieben.
Ihr Herz folgt nicht den Sinnen;
es leitet sie.
Jean-Jacques Rousseau, Julie oder
Die neue Héloïse (Julie)

Sie sprach zu ihm, sie sang zu ihm;
Da war's um ihn geschehn.
Johann Wolfgang von Goethe, Der Fischer

Sie will lieber sich verzehren
und ohne Unterlass kämpfen, sie will
lieber unglücklich und frei sterben,
als bei einem Manne verzweifeln,
den sie nicht lieben könnte und den
sie selbst unglücklich machen würde.
Jean-Jacques Rousseau, Emile (Sophie)

Sind zwei Liebende sich doch
ein versammeltes Volk.
Johann Wolfgang von Goethe, Römische Elegien

Sinnlicher Mensch, wirst du niemals
zu lieben wissen?
Jean-Jacques Rousseau, Julie oder
Die neue Héloïse (Julie)

So eine Liebe gib mir, lieber Gott, eine
tiefe, heitre Liebe, die durch jeden Tag
und über alle kleinen Sachen geht.
Franziska Gräfin zu Reventlow, Tagebücher

So ist jeder von uns das Bruchstück
eines Menschen, zerschnitten wie
ein Butt, statt einem zwei.
Ewig sucht jeder sein Gegenstück:
Männer, die ein Teil des zwiefältigen
Wesens sind, das damals Mannweib
hieß, lieben Frauen. Die meisten Ehebrecher stammen aus diesem Geschlecht, und ebenso die Frauen, die
Männer lieben und die Ehe brechen.
Platon, Das Gastmahl

So lieben wie ich dich, wird dich
nichts mehr, so lieben wie du mich,
wirst du nichts mehr.
Susette Gontard, Briefe (an Friedrich Hölderlin,
Januar 1799)

So soll denn die Liebe darin bestehen,
dass man für einen Menschen das
anstrebt, was er für gut hält, und,
so viel man vermag, dafür tätig ist,
und zwar ihm zuliebe,
nicht uns selbst zuliebe.
Aristoteles, Psychologie

So verblasst das Abwesende,
und eine neue Liebe tritt ein.
Ovid, Liebeskunst

So viele Muscheln am Strand,
so viele Schmerzen sind in der Liebe.
Ovid, Liebeskunst

So wenig die Liebe zum Eigenen taugt,
wenn sie nicht das Verständnis
für anderes in uns aufschließt, so
wenig taugt eine Liebe zum Fremden,
wenn sie nicht auf der Liebe
zum Eigenen beruht.
Richard von Weizsäcker, Die Bindung der Sprache (...)
Ansprache des Bundespräsidenten auf dem Weltkongress der Germanisten in Göttingen 1985

So wunderglich ist die Macht der Liebe, dass ihr Strahl, wenn er bei Gefahr
und Not aus dem andern Auge bricht,
sogleich eine eherne Mauer von
Zuversicht um unser Herz erbaut,
wenn er gleich aus den Augen eines
zagen Mädchens kommt, das selber
alles Schutzes bar und bedürftig ist.
Adalbert Stifter, Der Hochwald

Sobald ich etwas Nützliches in amore
inszenieren will, kommt etwas
anderes, worin ich mich verliebe,
und die Kreise sind wieder gestört.
Franziska Gräfin zu Reventlow, Tagebücher

Soll man nicht mühen den,
den man liebt?
Soll man nicht mahnen den,
dem man treu?
Konfuzius, Gespräche

Sollte man nicht die Kunst
entdecken können, die Liebe
der eigenen Frau zu gewinnen?
Jean de La Bruyère, Die Charaktere

Spott vertreibt die Liebe nicht.
Johann Wolfgang von Goethe, Die Liebe wider Willen

Stark wie der Tod ist die Liebe.
Altes Testament, Hohelied Salomos 8, 6

Starke Seelen empfinden viel heftiger
als gewöhnliche Menschen,
wenn sie lieben.
Voltaire, Der ehrliche Hurone

Stärkt mich mit Traubenkuchen,
erquickt mich mit Äpfeln;
denn ich bin krank vor Liebe.
Altes Testament, Hohelied Salomos 2, 5

Steile Höhen besucht die ernste
forschende Weisheit,
Sanft gebahnteren Pfad
findet die Liebe im Tal.
Johann Wolfgang von Goethe, Sechzehn Epigramme

Sterben und Lieben sind Synonyme.
In beiden wird die Individualität aufgehoben, und der Tod ist die Pforte des
Lebens. Beides ist Vermählung mit der
himmlischen Jungfrau, nur dass sie
im Weibe inkognito erscheint.
Johann Wilhelm Ritter, Fragmente

Stört die Liebe nicht auf,
weckt sie nicht,
bis es ihr selbst gefällt.
Altes Testament, Hohelied Salomos 2, 7

Tauben, die gerade erst miteinander
fochten, vereinigen nun ihre Schnäbel.
Ovid, Liebeskunst

Trau keinem Freunde sonder Mängel,
Und lieb ein Mädchen, keinen Engel.
Gotthold Ephraim Lessing, Sinngedichte

Trauet nie den Rosen eurer Jugend,
Trauet, Schwestern,
Männerschwüren nie.
Friedrich Schiller, Die Kindsmörderin

Trocknet nicht, trocknet nicht,
Tränen ewiger Liebe!
Johann Wolfgang von Goethe, Wonne der Wehmut

Über die Liebe lächelt man nur so
lange, bis sie einen selber erwischt hat.
Eleonora Duse

Überall lernt man nur von dem,
den man liebt.
Johann Wolfgang von Goethe, überliefert von Johann Peter Eckermann (Gespräche mit Goethe)

Um die Liebe erleben zu können, muss man das Voneinander-getrennt-Sein erleben.
Erich Fromm, Seele des Menschen

Um Gelassenheit und Festigkeit zu erwerben, gibt es nur ein Mittel: die Liebe, die Liebe zu deinen Feinden.
Leo N. Tolstoi, Tagebücher (1897)

Um geliebt zu werden, liebe!
Martial, Epigramme

Um zu lieben, will ich die ganze Erde,
um zu sterben,
genügen mir die Flanken der Stille.
Eugenio de Andrade, Memória doutro Rio

Unauflösliches, wer löst es?
Liebende, sich wiederfindend.
Johann Wolfgang von Goethe, West-östlicher Divan

Unbedingte Vereinigung
mit der Gottheit ist der Zweck
der Sünde und Liebe.
Novalis, Fragmente

Unbefriedigte Liebe wächst,
wenn Liebende einander
fern sein müssen,
und keine Philosophie hilft dagegen.
Voltaire, Der ehrliche Hurone

Unbeständig ist eine Frau,
die zu lieben aufhört; leichtfertig,
die schon einen anderen liebt;
flatterhaft, die nicht weiß, ob sie liebt
und wen sie liebt; gleichgültig,
die nichts liebt.
Jean de La Bruyère, Die Charaktere

Und alle Kreatur lebt von der Liebe,
vom Leben selbst.
Bettina von Arnim, Die Günderode

Und an diesem Zauberfädchen,
Das sich nicht zerreißen lässt,
Hält das liebe, lose Mädchen
Mich so wider Willen fest.
Johann Wolfgang von Goethe, Neue Liebe neues Leben

Und das ist die Gewalt der Liebe,
dass alles Wirklichkeit ist,
was vorher Traum war, und dass
ein göttlicher Geist dem in der Liebe
Erwachten das Leben erleuchte.
Bettina von Arnim, Goethes Briefwechsel mit einem Kinde

Und dein Streben,
sei's in Liebe,
Und dein Leben
sei die Tat.
Johann Wolfgang von Goethe, Wanderlied

Und doch, welch Glück,
geliebt zu werden!
Und lieben, Götter, welch ein Glück!
Johann Wolfgang von Goethe, Willkommen und Abschied

Und geschieht es denn nicht stets, dass
die wahre Liebe die schlechten Sitten
anderer zur Umkehr bewegt?
Francesco Petrarca, Petrarca über sich selbst

Und gleich der Gottheit, die all ihr
Glück aus sich selbst schöpft, finden
Herzen, die ein himmlisches Feuer
erwärmt, in ihren eignen Empfindungen eine Art von reinem und
köstlichem Genuss, der von
den Zufällen des Glücks und von der
ganzen übrigen Welt unabhängig ist.
Jean-Jacques Rousseau, Julie oder
Die neue Héloïse (Saint-Preux)

Und jedes Mädchen wär gern bequem,
Wenn nur eine andre ins Kindbett käm.
Johann Wolfgang von Goethe, Epigrammatisch

Und Liebe wagt, was irgend Liebe kann.
William Shakespeare, Romeo und Julia (Romeo)

Und mag mein Strom der Liebe in
Unwegsames stürzen! Wie sollte
ein Strom nicht endlich den Weg
zum Meere finden!
Friedrich Nietzsche, Also sprach Zarathustra

Und sie allein, die wahre Liebe,
weiß den Begierden alles zu verstatten,
ohne der Schamhaftigkeit
das Geringste zu nehmen.
Jean-Jacques Rousseau, Julie oder
Die neue Héloïse (Julie)

Und steht nur erst der Glaube fest,
So hebt sich auch die Liebe wieder.
Johann Wolfgang von Goethe, Epimenides (Hoffnung)

Und trotz allem: Es ist besser,
du gehst an deiner Liebe zugrunde,
als, es wäre keine Liebe in der Welt.
Heinrich Waggerl, Aphorismen

Und was ist der Strebens wert,
wenn es die Liebe nicht ist!
Heinrich von Kleist, Briefe (an Karl Freiherr vom Stein zum Altenstein, 4. August 1806)

Und wenn du denkst:
»Mein Schätzel ist gut!«
Ist weiter ja nichts vonnöten.
Johann Wolfgang von Goethe, Vertrauen

Und wenn ich meine ganze Habe
verschenkte, und wenn ich meinen
Leib dem Feuer übergäbe, hätte aber
die Liebe nicht, nützte es mir nichts.
Neues Testament, Paulus (1 Korinther 13, 3)

Und wenn ich prophetisch reden
könnte und alle Geheimnisse wüsste
und alle Erkenntnis hätte; wenn ich
alle Glaubenskraft besäße und Berge
damit versetzen könnte, hätte aber die
Liebe nicht, wäre ich nichts.
Neues Testament, Paulus (1 Korinther 13, 2)

Und wie der Gegenstand,
so auch die Liebe.
Friedrich Hölderlin, Hyperion

Und wo zwei ineinander übergehen,
da hebt sich die Grenze des Endlichen
zwischen ihnen auf.
Aber soll ich klagen, wenn du mich
nicht wiederliebst?, – ist dies Feuer
nicht in mir und wärmt mich?, –
und ist sie nicht allumfassende
Seligkeit, diese Glut?
Bettina von Arnim, Tagebuch

Unersättliche Liebe, wozu treibst du
nicht die sterblichen Herzen!
Vergil, Aeneis

Ungeduldig ist die Liebe,
und die Tränen fließen ohne Maß,
wenn die Liebe nicht empfängt,
was sie liebt.
Aurelius Augustinus, Selbstgespräche

Unglücklich ist, wer sich nie
einen tragischen Zorn gewünscht hat,
wer kein Liebeslied auswendig weiß,
um es im Mondenschein
vor sich hin zu flüstern!
Gustave Flaubert, November

Unkeusches Leben und wahre Liebe
können sich nicht beisammen finden,
diese kann nicht einmal durch jenes
ersetzt werden. Das Herz macht
in der Liebe das wahre Glück aus;
und nichts kann den Verlust ersetzen,
sobald man sich nicht mehr liebt.
Jean-Jacques Rousseau, Julie oder
Die neue Héloïse (Julie)

Unser Leben besteht aus Liebe,
und nicht mehr zu lieben heißt,
nicht mehr zu leben.
George Sand, Briefe (an Gustave Flaubert)

Unsere Liebe ist zu heilig, als dass
ich dich täuschen könnte, ich bin dir
Rechenschaft schuldig von jeder
Empfindung in mir, du weißt, dass ich
leicht trübsinnig bin, vielleicht kommt

es noch besser, und wir wollen dem
Schicksal danken für jede Blume,
die wir miteinander finden.
Susette Gontard, Briefe (an Friedrich Hölderlin,
Januar 1799)

Unstet wendet die Liebe
dein Herz hin und her.
Ovid, Liebeskunst

Ursprünglich bietet gerade die Liebe
unserer Person Halt und Festigkeit,
verleiht gerade sie uns Mut und
Selbstvertrauen, wie wir es sonst
niemals kennen zu lernen vermöchten,
befähigt gerade sie uns zu Taten,
die wir uns normalerweise
nicht zutrauen würden.
Eugen Drewermann, Lebenskraft Angst

Verehrung ist tiefgekühlte Liebe.
Françoise Sagan

Vergaß man jemals das,
was man einmal liebte?
Jean-Jacques Rousseau, Julie oder
Die neue Héloïse (Julie)

Verlangen kann ein Menschenherz
Nichts Besseres auf Erden,
Als fühlen Liebeslust und -schmerz,
Und dann begraben werden.
Friedrich Rückert, Gedichte

Verloren ist,
wen Liebe nicht beglücket,
Und stieg er auch
hinab zur stygschen Flut,
Im Glanz der Himmel
blieb er unentzücket.
Karoline von Günderode, Melete (Überall Liebe)

Verlorene Liebe –
kann man sie wiederfinden?
Das hängt davon ab.
Es ist etwas anderes, ob eine Kerze
zu Ende gebrannt ist, oder
vom Luftzug ausgeblasen wurde.
Alfred Polgar, Kleine Schriften, Band 1. Musterung

Vermag die Liebe alles zu dulden,
so vermag sie noch vielmehr,
alles zu ersetzen.
Johann Wolfgang von Goethe,
Die Wahlverwandtschaften

Vermehrung des menschlichen Glücks
wird nur durch Vermehrung der Liebe
möglich.
Leo N. Tolstoi, Tagebücher (1903)

Versteckte Wohlgerüche und heimliche
Liebe lassen sich nicht verbergen.
Joseph Joubert, Gedanken, Versuche und Maximen

Verstehen heißt, die Liebe vergessen.
Fernando Pessoa, Das Buch der Unruhe
des Hilfsbuchhalters Bernardo Soares

Verstehen ist lieben;
was wir nicht lieben,
das verstehen wir nicht;
was wir nicht verstehen,
ist nicht für uns da.
Bettina von Arnim, Goethes Briefwechsel
mit einem Kinde

Vertrauen und Achtung, das sind die
beiden unzertrennlichen Grundpfeiler
der Liebe, ohne welche sie nicht
bestehen kann; denn ohne Achtung
hat die Liebe keinen Wert
und ohne Vertrauen keine Freude.
Heinrich von Kleist, Briefe (an Wilhelmine von Zenge,
Anfang 1800)

Verwechsle nicht die Freude
am Gefallen mit dem Glück der Liebe.
Coco Chanel

Viel besser ohne Glück,
als ohne Liebe sein.
Christian Fürchtegott Gellert, Fabeln und Erzählungen

Viele Eroberungen scheitern mehr
an der Ungeschicklichkeit der Männer
als an der Tugend der Frauen.
Ninon de Lenclos, Memoiren

Vielleicht muss man die Liebe richtig
gefühlt haben, um die Freundschaft
richtig zu erkennen.
Chamfort, Maximen und Gedanken

Vom Gram kann Liebe nie genesen,
Wenn Zweifelmut sie nicht verlässt.
Karoline von Günderode, Don Juan

Vom hohen hohen Sternenrund
Bis 'nunter in tiefen Erdengrund,
Muss nichts so schön, so Liebes sein,
Als nur mein Schätzel allein.
Johann Wolfgang von Goethe, Claudine von Villa Bella
(beide)

Von dem Augenblick an, da er liebt,
sieht auch der klügste Mann kein Ding
mehr, wie es wirklich ist.
Stendhal, Über die Liebe

Von dem Augenblick, da der Durst
zu lieben mein Herz einnahm
und ich in ihm das Bedürfnis einer
ewigen Neigung entstehen fühlte,
bat ich den Himmel nicht,
mich mit einem liebenswürdigen,
sondern mit einem Menschen
von schöner Seele zu vereinigen.
Jean-Jacques Rousseau, Julie oder
Die neue Héloïse (Julie)

Von der Liebe haben die Menschen im
Ganzen deshalb so emphatisch und
vergöttlichend gesprochen, weil sie
wenig davon gehabt haben und sich
niemals an dieser Kost satt essen durften: So wurde sie ihnen »Götterkost«.
Friedrich Nietzsche, Morgenröte

Von der Liebe kann man nicht leben.
Deutsches Sprichwort

Von der rechten Liebe aber ist die
Freundschaft ein natürliches Resultat,
daher strebt auch jede rechte Liebe
nach Ehe, welche im geistigen Sinn
die Vereinigung zwischen Liebe
und Freundschaft ist.
Friedrich Schleiermacher, Briefe

Von einem König geliebt zu werden,
heißt nicht, geliebt zu werden.
Sprichwort aus Serbien

Von Liebe sprechen heißt Liebe üben.
Honoré de Balzac, Physiologie der Ehe

Von Liebe träumen heißt von allem
träumen, sie ist das Unendliche
im Glück, das Mysterium in der Lust.
Gustave Flaubert, November

Wahre Liebe findet sich nur dort,
wo des Opferns bis zum Tod
kein Ende ist.
Leo N. Tolstoi, Tagebücher (1893)

Wahre Liebe
gibt den Geliebten sich selber.
Bettina von Arnim, Tagebuch

Wahre Liebe hat immer Recht,
selbst im Unrecht.
Bettina von Arnim, An Achim von Arnim
(Dezember 1809)

Wahre Liebe ist selbstlos
und ohne Begierde.
Chinesisches Sprichwort

Wahre Liebe ist stets sittsam.
Jean-Jacques Rousseau, Julie oder
Die neue Héloïse (Liebe)

Wahre Liebe kennt kein Maß.
Properz, Elegien

Wahre Liebe macht den Gedanken
an den Tod zu etwas Gewöhnlichem,
Erträglichem, des Schreckens Barem,
zu einem einfachen Gleichnis
oder zu einem Preis, den man
für gewisse Dinge gern bezahlt.
Stendhal, Über die Liebe (Fragmente)

Wahre Liebe schaut ihr Liebstes
Tag und Nacht.
Andreas Capellanus, Gebote des Minnerechts

Wahre Liebe sollte ihrem Ursprunge
nach zugleich ganz willkürlich und
ganz zufällig sein und zugleich notwendig und frei erscheinen;
ihrem Charakter nach aber zugleich
Bestimmung und Tugend sein, ein
Geheimnis und ein Wunder scheinen.
Friedrich Schlegel, Fragmente

Während es nur einen Tod gibt,
gibt es viele Arten von Liebe.
Der Tod spielt nie. Wenn alle Liebe
ebenso ernst wird, wird auch sie
das Recht des Todes haben,
ihre Zeit und Stunde zu wählen.
Ellen Key, Über Liebe und Ehe

Wahrer Liebe nichts gefällt,
das nicht den Liebsten ergötzt.
Andreas Capellanus, Gebote des Minnerechts

Wandeln der Liebe ist himmlischer Tanz.
Johann Wolfgang von Goethe, Wechsellied zum Tanze

»Wann magst du dich
am liebsten bücken?«
Dem Liebchen Frühlingsblume
zu pflücken.
Johann Wolfgang von Goethe, Sprichwörtlich

Wäre dein Herz fähig, diesen Sieg
in Frieden zu genießen, glaube mir:
Es hätte ihn nie erhalten.
Jean-Jacques Rousseau, Julie oder
Die neue Héloïse (Julie)

Warum ist die Liebe die erste unter
allen Leidenschaften? Weil sie ihnen
allen zusammen schmeichelt.
Honoré de Balzac, Die Physiologie der Ehe

Was aus Liebe getan wird, geschieht
immer jenseits von Gut und Böse.
Friedrich Nietzsche, Jenseits von Gut und Böse

Was das Weib unter Liebe versteht,
ist klar genug: vollkommne Hingabe
(nicht nur Hingebung) mit Seele und
Leib, ohne jede Rücksicht, jeden Vorbehalt, mit Scham und Schrecken
vielmehr vor dem Gedanken einer
verklausulierten, an Bedingungen
geknüpften Hingabe. In dieser Abwesenheit von Bedingungen ist eben
seine Liebe ein Glaube:
Das Weib hat keinen anderen.
Friedrich Nietzsche, Die fröhliche Wissenschaft

Was dem Mann fehlt, findet sich in der
Frau; was der Frau fehlt, findet sich im
Mann; es ist also ein Naturgesetz, dass
sie einander suchen und lieben.
Théodore Jouffroy, Das grüne Heft

Was der Glaube, die Konfession, der
Wahn trennt, das verbindet die Liebe.
Ludwig Feuerbach, Das Wesen des Christentums

Was der Mensch liebt, das ist der
Mensch. Das ist so zu verstehen:
Liebt er einen Stein, so ist er ein Stein.
Liebt er einen Menschen, nun,
so ist er ein Mensch. Liebt er Gott –
nun wage ich nicht weiterzusprechen,
denn sage ich:
dass der Mensch dann Gott ist,
so könntet ihr mich steinigen wollen.
Meister Eckhart, Merksprüche und Weisungen

Was die Liebe betrifft, ist es leichter,
auf ein Gefühl zu verzichten,
als eine Gewohnheit aufzugeben.
Marcel Proust

Was die Welt vorwärts treibt, ist nicht
die Liebe, sondern der Zweifel.
Peter Ustinov

Was einem angehört, wird man nicht
los, auch wenn man es wegwürfe.
Johann Wolfgang von Goethe,
Maximen und Reflexionen

Was ganz besonders an der Sache
anwidern muss, das ist, dass die Liebe
in der Theorie etwas höchst Ideales,
Erhabenes gilt, während sie doch in
Wirklichkeit etwas durchaus Hässliches, Schmutziges ist, dessen bloße
Erwähnung schon etwas Scham-
verletzendes, Ekelerregendes hat.
Leo N. Tolstoi, Die Kreutzersonate

Was in der Jugend ein Abenteuer war,
wird in späteren Jahren nur noch ein
teurer Abend.
Carl Raddatz

Was ist alles, was in Jahrtausenden
die Menschen taten und dachten,
gegen einen Augenblick der Liebe?
Friedrich Hölderlin, Hyperion

Was ist das Leben ohne Liebesglanz.
Friedrich Schiller, Wallensteins Tod (Thekla)

Was ist es denn, wenn das ganze
Wesen des Menschen nach dem
Herzen des anderen verlangt, und man
findet nur Einlass in das kalte
Vorzimmer der Phantasie!
Jens Peter Jacobsen, Niels Lyhne (Frau Boye)

Was ist es, sprich,
was bei den Menschen Liebe heißt?
O Kind, das Süßeste
und Bitterste zugleich.
Euripides, Der bekränzte Hippolytos

»Was ist Liebe? Was ist Schöpfung?
Was ist Sehnsucht? Was ist Stern?« –
so fragt der letzte Mensch und blin-
zelt. Die Erde ist dann klein geworden,
und auf ihr hüpft der letzte Mensch,
der alles klein macht.
Friedrich Nietzsche, Also sprach Zarathustra

Was ist Tugend ohne Liebe?
Ein schmuckloses, lebloses Ding.
Johann Geiler von Kaysersberg, Das Seelenparadies

Was ist unserem Herzen die Welt
ohne Liebe!
Was eine Zauberlaterne ist
ohne Licht!
Johann Wolfgang von Goethe, Die Leiden des jungen
Werthers

Was Liebe will,
das muss ich lieben.
Chrétien de Troyes, Yvain

Was man eine glückliche Ehe nennt,
verhält sich zur Liebe wie ein korrek-
tes Gedicht zu improvisiertem Gesang.
Friedrich Schlegel, Fragmente

Was man liebt, findet man überall,
und sieht überall Ähnlichkeiten.
Je größer die Liebe, desto weiter und
mannigfaltiger diese ähnliche Welt.
Novalis, Glauben und Liebe

Was man nicht liebt,
kann man nicht machen.
Johann Wolfgang von Goethe, Briefe (an Zelter,
30. Juli 1804)

Was man wirklich nicht mehr liebt,
kann man kein zweites Mal lieben.
François de La Rochefoucauld, Reflexionen

Was mir folgt, das will ich nicht,
was sich mir entzieht, das verfolge ich.
Ovid, Liebesgedichte

Was Natur und Liebe tut,
wird Selbstsucht, Ehrgeiz, angeborner
oder gewohnter Befehlshaber-Geist
nie vermögen. Diese trennen
die Gemüter, statt sie zu verbinden.
Johann Gottfried Herder, Das eigene Schicksal

Was Prügel sind, das weiß man schon:
was aber die Liebe ist,
das hat noch keiner herausgebracht.
Heinrich Heine

Was rechte Weiber sind, sollten keine
Männer lieben, wir sind nichts wert.
Johann Wolfgang von Goethe, Briefe
(an Auguste zu Stolberg, 20. Mai 1776)

Was sich liebt, das neckt sich.
Deutsches Sprichwort

Was sich liebt, gefällt sich auch.
Deutsches Sprichwort

Was sie da Liebe nennen, das ist nichts
als Sehnsucht und Leid.
Walther von der Vogelweide, Lieder
(Friuntlichen lac ein rîter)

Was tun? Wen lieben?
Von wem geliebt werden?
Gustave Flaubert, November

Was wagt der freche Amor nicht!
Ovid, Festkalender

Was wäre denn die Liebe, wenn sie
nicht ein reichliches Maß über das
Verdienst hinaus gäbe?
Dieses freie Geschenk ist es, welches
den Geber und Empfänger beseligt.
Adalbert Stifter, Die Mappe
meines Urgroßvaters (letzte Fassung)

Was wir auch in dieser Welt erlangen
mögen, ist doch die Liebe
das höchste Glück.
Philipp Otto Runge, An David Runge
(21. November 1801)

Was wir lieben, erscheint uns schöner,
als es ist.
Michel Eyquem de Montaigne, Die Essais

Weil die Natur zu gebrechlich und
schwach ist, dient der Mensch unter
ihrem gebieterischen Zwang ihr zuerst.
Das ist die Liebe des Fleisches,
in der der Mensch sich selbst
um seinetwillen liebt.
Bernhard von Clairvaux, Von der Gottesliebe

Weise sein und lieben
Vermag kein Mensch:
Nur Götter können's üben.
William Shakespeare, Troilus und Cressida (Cressida)

Weisheit der Liebe gibt alles, sie lenkt
die Phantasie im Reich der Träume
und schenkt der Lippe die süße Frucht,
die ihren Durst löscht.
Bettina von Arnim, Tagebuch

Welche Liebe kann dort herrschen, wo
die Schamhaftigkeit verlacht wird?
Jean-Jacques Rousseau, Julie oder Die neue Héloïse
(Saint-Preux)

Welche Mission hat die Frau?
Zum ersten, zu lieben,
zweitens, einen Einzigen zu lieben,
und drittens, immer zu lieben.
Jules Michelet, Die Liebe

Welcher Schmerz wäre der Rede wert,
wenn wir damit ein tieferes, heißeres
Bewusstsein unserer Liebe gewinnen?
Friedrich Schlegel, Lucinde

Wem nie durch Liebe Leid geschah,
Dem ward auch Lieb durch Lieb nie nah.
Gottfried von Straßburg

Wen die größeren Gegenstände
der Liebe verlassen haben,
oder wer sie nie gehabt habt,
und wer endlich auch gar keine
Liebhaberei besitzt, der lebt kaum und
betet auch kaum Gott an, er ist nur da.
Adalbert Stifter, Der Nachsommer

Wen Liebe heimsucht,
braucht wenig Essen und Schlaf.
Andreas Capellanus, Gebote des Minnerechts

Wen Liebe nie zu weit getrieben,
Den trieb sie auch nie weit genug.
Friedrich von Bodenstedt, Mirza Schaffy

Wen man am meisten liebt,
den kränkt man am ehesten.
Fjodor M. Dostojewski, Der Jüngling

Wenn auch der Liebe sanftes Mondlicht untergeht, die höhern Sterne
ihres Himmels leuchten noch immer.
Friedrich Hölderlin, Hyperion

Wenn das Blut einmal
von Liebe schwillt,
Reißt es gar leicht
der Ehrfurcht Grenzen nieder.
Johann Wolfgang von Goethe, Annette

Wenn der Mann die Frau nicht sehr
liebte, dann hätte die Liebe nicht so
viele Gefangene, wie sie hat;
so heilig ein Mann oder eine Frau
auch sein kann, ich wüsste nicht,
wer sich nicht Gesellschaft wünschte,
wenn er sich allein unterhält.
Juan Ruiz de Alarcón y Mendoza,
Buch von rechter Liebe

Wenn ein Zufall die Liebe erweckt,
ordnet sich im Menschen alles nach
dieser Liebe, und die Liebe bringt ihm
das Gefühl für die Weite (...).
Ich verstehe aber auch, (...) dass nichts
von dem, was den Menschen selbst
angeht, sich zählen oder messen lässt.
Die wirkliche Weite ist nicht für das
Auge, sie wird nur dem Geist gewährt.
Sie ist so viel wert wie die Sprache,
denn die Sprache verbindet die Dinge.
Antoine de Saint-Exupéry, Flug nach Arras

Wenn die Armut zur Tür eingeht,
fliegt die Liebe zum Tempel hinaus.
Deutsches Sprichwort

Wenn die Liebe ein Kind ist,
so ist die Leidenschaft ein Mann.
Honoré de Balzac, Die Physiologie der Ehe

Wenn die Liebe mit unerfahrenen
Kindern ihr Spiel zu spielen versteht,
dann können wir an diesen Kindern
Verstand und Klugheit finden.
Gottfried von Straßburg, Tristan

Wenn die Menschheit
Lust darauf haben sollte,
wenn es ihr wirklich zusagte
und sie die freie Liebe
zu ihrem höchsten Ziel erklärte,
wird sie es im Lauf der Zeit
einmal erreichen,
dass alle wahrheitsliebenden
und begabten Menschen
den Prüfstein ihres Wesens
in ihrem Liebesverhältnis
sehen werden.
Tania Blixen, Motto meines Lebens

Wenn dir's in Kopf
und Herzen schwirrt,
Was willst du Bessres haben!
Wer nicht mehr liebt
und nicht mehr irrt,
Der lasse sich begraben.
Johann Wolfgang von Goethe, Sprüche

Wenn du die Hand ausstreckst
und hast den Willen nicht, die Liebe
zu erreichen, was hast du da?
Bettina von Arnim, Goethes Briefwechsel
mit einem Kinde

Wenn du etwas hassen können wirst,
werde ich aufhören, dich zu lieben.
Jean-Jacques Rousseau, Julie oder
Die neue Héloïse (Saint-Preux)

Wenn du liebst,
dringst du ans Licht wie der Same,
der in der Erde verborgen war.
Bettina von Arnim, Goethes Briefwechsel
mit einem Kinde

Wenn eine Bindung zwischen Mann
und Frau wirklich interessant sein soll,
muss sie Genuss, Erinnerung oder
Sehnsucht miteinander verbinden.
Chamfort, Maximen und Gedanken

Wenn einem die Treue Spaß macht,
dann ist es Liebe.
Julie Andrews

Wenn es eine reine Liebe gibt,
die mit anderen Leidenschaften nicht
vermengt ist, dann ist es die,
von der wir selbst nichts wissen.
François de La Rochefoucauld, Reflexionen

Wenn ich in den Sprachen
der Menschen und Engel redete,
hätte aber die Liebe nicht,
wäre ich dröhnendes Erz
oder eine lärmende Pauke.
Neues Testament, Paulus (1 Korinther 13, 1)

Wenn ich liebe, ist es immer
ein Unglück für alle beide,
immer, immer, unweigerlich.
Franziska Gräfin zu Reventlow, Tagebücher

Wenn ich mir aus all den Menschen,
die ich habe, den zusammenschmieden
könnte, den ich nicht habe.
Franziska Gräfin zu Reventlow, Tagebücher

Wenn jeder Partner so vollkommen in
der Liebe aufgeht, dass er vergisst zu
überlegen ob er wiedergeliebt wird,
wenn er nur noch weiß, dass er liebt und
sich zur Melodie dieser Liebe bewegt –
dann, und nur dann, können sich zwei
Menschen in vollkommenem Einklang,
in gleichem Rhythmus bewegen.
Anne Morrow Lindbergh, Muscheln in meiner Hand

Wenn jemand das Glück überall,
nur nicht in der Liebe sucht,
sucht er gleichsam im Finstern
nach einem Weg.
Leo N. Tolstoi, Tagebücher (1900)

Wenn Leute sich lieben,
dann bleiben sie jung füreinander.
Paul Ernst, Liebesgeschichten

Wenn Liebe das Höchste ist,
was kann sie weiter suchen
als selber das Höchste?
Jean Paul, Levana

Wenn Liebe ist, was ich darüber
gelesen und gehört habe, dann
habe ich noch nie Liebe empfunden.
Leo N. Tolstoi, Tagebücher (1851)

Wenn Liebe sein soll, müsste es
ohne Eifersucht und Argwohn sein,
Denn sterben ist es, stets zu streiten.
Juana Inés de la Cruz, Sonette

Wenn man aufhört zu lieben, so bleibt
die Person, die man liebte, noch dieselbe, die sie vorher war, man sieht sie
aber nicht mehr so. Die Zauberhülle
fällt ab, und die Liebe verschwindet.
Jean-Jacques Rousseau, Emile

Wenn man darüber nachdenkt, dann
erkennt man, dass man herzlich wenig
Zeit im Leben mit denen verbringt,
die man liebt.
Sylvia Plath, Briefe nach Hause (22. November 1955)

Wenn man eins zu lieben versteht,
so versteht man auch alles zu lieben
am besten.
Novalis, Fragmente

Wenn man in der Liebe das Geld miteinander teilt, erhöht man die Liebe;
wenn man welches schenkt,
untergräbt man sie.
Stendhal, Über die Liebe (Fragmente)

Wenn man jemanden liebt,
so liebt man ihn nicht die ganze Zeit,
nicht Stunde um Stunde auf die ganz
gleiche Weise. Das ist unmöglich.
Anne Morrow Lindbergh, Muscheln in meiner Hand

Wenn man liebt, so urteilt das Herz.
Joseph Joubert, Gedanken, Versuche und Maximen

Wenn man liebt,
will man geliebt werden.
Jean-Jacques Rousseau, Emile

Wenn man nur einen Tag lang dich
begehren lässt, wird deine Liebe vielleicht keine drei Nächte dauern.
Honoré de Balzac, Die Physiologie der Ehe

Wenn man nur treu liebt,
was wahrhaft liebenswert ist,
und seine Liebe nicht an unbedeutende und sinnlose Dinge vergeudet,
dann wird man allmählich mehr Licht
erlangen und stärker werden.
Vincent van Gogh, Briefe

Wenn man sagen kann,
wie viel man liebt,
liebt man nur wenig.
Sprichwort aus Italien

Wenn man von der geliebten Frau
kommt, missfällt einem der Anblick
jeder anderen Frau und bereitet
den Augen geradezu Schmerzen.
Ich weiß den Grund.
Stendhal, Über die Liebe (Fragmente)

Wenn man von einer
schönen Frau geliebt wird,
kommt man auf dieser Welt
immer mit heiler Haut davon.
Voltaire, Zadig

Wenn nur einmal ein Mann von
denen, die mir ganz nahe kommen,
begreifen wollte, wie sehr ich lieben
kann und wie viel ich lieben könnte,
ohne mich zu zersplittern.
Aber sie haben immer die Tendenz,
mich durch ihre entgegengesetzten
Empfindungen zu zersplittern.
Franziska Gräfin zu Reventlow, Tagebücher

Wenn Schwächen der Liebe verziehen
werden, so hauptsächlich den Frauen,
die durch Liebe herrschen.
Luc de Clapiers Marquis de Vauvenargues,
Unterdrückte Maximen

Wenn wir allzu sehr lieben,
ist es schwer zu erkennen,
wenn wir nicht mehr geliebt werden.
François de La Rochefoucauld,
Nachgelassene Maximen

Wenn wir einen Gegenstand,
der unseresgleichen ist, lieben,
so suchen wir, so viel wir vermögen,
zu bewirken, dass er uns wiederliebt.
Baruch de Spinoza, Ethik

Wenn zwei Menschen in der Wonne
der Liebe vereint sind, schlummern
alle Formen gesellschaftlicher Etikette.
Hierin birgt sich eine Klippe, an der
schon viele Schiffe gescheitert sind.
Honoré de Balzac, Die Physiologie der Ehe

Wenn zwei Menschen zugleich anfangen, einander zu lieben, das ist ein
großes Glück. Ein noch größeres Glück
aber ist, wenn beide auch zu gleicher
Zeit aufhören, einander zu lieben.
Marie von Ebner-Eschenbach, Aphorismen

Wenn's Männer gäbe,
die ein weiblich Herz
Zu schätzen wüssten,
die erkennen möchten,
Welch einen holden Schatz
von Treu und Liebe
Der Busen einer Frau
bewahren kann.
Johann Wolfgang von Goethe, Torquato Tasso
(Prinzessin)

Wer aber geliebt ist, hat leicht regieren.
Johann Wolfgang von Goethe, überliefert von Johann
Peter Eckermann (Gespräche mit Goethe)

Wer aber hätte jemals gesehen,
dass wahre Freundschaft zuletzt
in Liebe gemündet wäre?
Jean-Jacques Rousseau, Julie oder
Die neue Héloïse (Claire)

Wer am wenigsten zur Liebe fähig ist,
weiß von ihr
die tiefsinnigsten Dinge zu sagen.
Stefan Napierski

Wer an die Freiheit
des menschlichen Willens glaubt,
hat nie geliebt und nie gehasst.
Marie von Ebner-Eschenbach, Aphorismen

Wer auch immer du bist, der liebe:
Einsame Orte sind schädlich,
hüte dich vor einsamen Orten!
Ovid, Heilmittel gegen die Liebe

Wer die Frauen im Allgemeinen liebt,
sollte aufpassen, nicht einer speziell
zu verfallen.
Stendhal

Wer die Geheimnisse des Bettes verrät,
verdient die Liebe nicht.
Ingeborg Bachmann

Wer die Liebe hat, der hat das All.
Ernst Moritz Arndt, Gedichte

Wer die Liebe hat, ist reich und weiß
es nicht. Wer die Liebe nicht hat,
hat nichts, er ist arm und weiß es
nicht. Die Liebe und die Barmherzigkeit sind die höchste Glückseligkeit.
Joseph von Copertino, Das tugend- und wundervolle
Leben des heiligen Joseph von Copertino

Wer Gott liebt und Seine Schöpfung
hasst oder verachtet, wird schließlich
auch Gott hassen.
Elie Wiesel, Chassidische Feier

Wer immer singt und immer flennt
 Von Liebesglück und -schmerz,
Dem fehlt, was er am meisten nennt,
Dem fehlt Gemüt und Herz.
Friedrich von Bodenstedt, Mirza Schaffy

Wer in sich recht ernstlich hinabsteigt,
wird sich immer nur als Hälfte finden;
er fasse nachher ein Mädchen oder
eine Welt, um sich zum Ganzen zu
konstituieren, das ist einerlei.
Johann Wolfgang von Goethe,
Maximen und Reflexionen

Wer je gelebt in Liebesarmen,
Der kann im Leben nie verarmen.
Theodor Storm, Wer je gelebt

Wer jemandem verspricht, ihn immer
zu lieben oder immer zu hassen oder
immer treu zu sein, verspricht etwas,
das nicht in seiner Macht steht.
Friedrich Nietzsche, Menschliches, Allzumenschliches

Wer keine Liebe fühlt,
muss schmeicheln lernen,
sonst kommt er nicht aus.
Johann Wolfgang von Goethe,
Maximen und Reflexionen

Wer lernt aus in der Liebe?
Johann Wolfgang von Goethe, Briefe
(an Charlotte von Stein, 23. März 1781)

Wer Liebe gibt, verliert Liebe.
Fernando Pessoa, Das Buch der Unruhe
des Hilfsbuchhalters Bernardo Soares

Wer Liebe im Herzen hat,
hat Sporen an den Hacken.
Sprichwort aus England

Wer Liebe nicht freudig aufnimmt,
sobald sie ihn in ihren Kreis zieht,
der begeht Treubruch und Verrat.
Chrétien de Troyes, Yvain

Wer liebet ohne Maß,
der handelt nicht vernünftig.
Günther von dem Forste, Lieder (Nu her, ob ieman kan verneme)

Wer liebt, herrscht ohne Gewalttat
und dient, ohne Sklave zu sein.
Zenta Maurina

Wer liebt, lernt wissen,
das Wissen lehrt Liebe.
Bettina von Arnim, Tagebuch

Wer liebte je,
war's nicht beim ersten Blick?
Christopher Marlowe, Hero und Leander

(...) wer mehr liebt,
der muss mehr leiden.
Kurt Tucholsky, Schnipsel

Wer mehr Willen hat,
der hat auch mehr Liebe.
Meister Eckhart, Merksprüche und Weisungen

Wer mich liebt,
liebt auch meinen Hund.
Sprichwort aus England

Wer nicht schön ist,
kann die Liebe nicht genießen.
Charles Baudelaire, Notizen

Wer nicht schweigen kann,
kann auch nicht lieben.
Andreas Capellanus, Gebote des Minnerechts

Wer nie um der Liebe willen
gelitten hat, der hat auch nie Glück
durch sie erfahren.
Gottfried von Straßburg, Tristan

Wer niemanden lieb hat,
der wird wohl auch
von niemandem geliebt.
Demokrit, Fragment 103

Wer ohne Leid,
der ist auch ohne Liebe.
Gottfried Keller, Sonette

Wer recht will tun,
immer und mit Lust,
Der hege wahre Lieb'
in Sinn und Brust.
Johann Wolfgang von Goethe, Sprüche

Wer sich nicht achtet,
ehrt die Frauen nicht;
Wer nicht die Frauen ehrt,
kennt er die Liebe?
Leopold Schefer, Laienbrevier

Wer sich selbst liebt, hat keinen Rivalen.
Marcus Tullius Cicero, Ad Quintum fratrem

Wer täuscht der Liebe Seherblick?
Friedrich Schiller, Nach Vergil

Wer treu ist, kennt nur die triviale
Seite der Liebe, nur die Treulosen
kennen ihre Tragödien.
Oscar Wilde, Das Bildnis des Dorian Gray

Wer über die Geliebte
im Liebesrausch sich neigt,
Gleicht einem Sterbenden,
der meist sein Grab liebkost.
Charles Baudelaire, Die Blumen des Bösen

Wer von reiner Lieb entbrannt,
Wird vom lieben Gott erkannt.
Johann Wolfgang von Goethe, West-östlicher Divan

Wer wird Liebenden Gesetze auflegen?
Ein höheres Gesetz
ist die Liebe sich selbst.
Anicius Manlius Torquatus Severinus Boethius,
Trost der Philosophie

Wessen man sich als Gatten schämt,
man auch nicht lieben soll.
Andreas Capellanus, Gebote des Minnerechts

Wider die Liebe
ist kein Kraut gewachsen.
Deutsches Sprichwort

Wie anders sollte man Liebe bezeichnen als eine Bewegung der Seele, die
alles Äußere in der Erscheinung des
anderen für uns auf seine Seele hin
transparent macht und zugleich
den Drang in uns weckt,
von dem anderen immer mehr zu
erfahren, zu erkennen und ihn
in allem immer tiefer zu verstehen?
Eugen Drewermann, Dein Name ist wie
der Geschmack des Lebens

Wie ändert sich doch die Ansicht vom
Leben, wenn man nicht für sich selbst,
sondern für andere lebt!
Das Leben ist dann nicht mehr Ziel,
es wird zum Mittel.
Leo N. Tolstoi, Tagebücher (1851)

Wie aus den Augen,
so wird auch die Liebe in der Ferne
aus dem Herzen schwinden.
Properz, Elegien

Wie bedeutend auch unsere Gedanken
sein mögen, die Abstraktion und die
Dürre unserer Arbeiten, der Traum der
Liebe fegt das alles hinweg.
Sully Prudhomme, Intimes Tagebuch

Wie!, dachte ich dann oft,
soll künftig diese geliebte, reine Liebe
wie Rauch verfliegen
und sich auflösen,
nirgends eine bleibende Spur
zurücklassen? Da kam der Wunsch
in mich, noch durch
geschriebene Worte, für dich,
ihr ein Monument zu errichten,
das unauslöschlich die Zeit
doch unverändert schonet.
Susette Gontard, Briefe (an Friedrich Hölderlin,
etwa September/Oktober 1798)

Wie das naturhafte Erkennen immer
wahr, so ist das naturhafte Lieben
immer recht. Denn die naturhafte
Liebe ist nichts anderes
als die Hinneigung der Natur,
eingepflanzt vom Urheber der Natur.
Es heißt also dem Schöpfer der Natur
Schmach antun, wenn einer sagt,
die Neigung der Natur sei nicht recht.
Thomas von Aquin, Summa theologica

Wie die Liebe herabwürdigt,
wie die Liebe herabgewürdigt wird,
wie die Liebe sich besaufen kann!
Else Lasker-Schüler, Der Malik

Wie du in die Welt liebst,
liebt sie dich zurück.
Und das Leben ist dankbar.
Emil Gött, Im Selbstgespräch

Wie einer das Leben sprengende Element, die Liebe, in sein Leben einordnet, zeigt die Art dieses Lebens an.
Ludwig Marcuse, Argumente und Rezepte.
Ein Wörter-Buch für Zeitgenossen

Wie ermüdend, geliebt zu werden,
wahrhaft geliebt zu werden!
Fernando Pessoa, Das Buch der Unruhe
des Hilfsbuchhalters Bernardo Soares

Wie gern nährt sich doch eine toll
gewordene Liebe mit Hirngespinsten!
Jean-Jacques Rousseau, Julie oder
Die neue Héloïse (Saint-Preux)

Wie habe ich früher umhergeworfen
mit denen, die mich liebten und die
ich liebte. Jetzt habe ich doch gelernt,
zu halten, was mich reich machte,
möchte es so dicht an mir,
so fest und so warm halten.
Franziska Gräfin zu Reventlow, Tagebücher

Wie hat Gott den Menschen beglückt,
dass er ihm gab, Liebe empfinden und
Liebe schenken zu können!
Aber was sage ich, dem Menschen?
Die ganze Welt ist auf Liebe gebaut,
ein Meer von Liebe ist alles.
Adalbert Stifter, Briefe (an Amalia Stifter,
19. März 1866)

Wie ich diese vergeistigte Liebe hasse.
Es sind nur Kunstblumen, die aus dem
Erdreich einer solchen Liebe aufwachsen; sie wachsen nicht einmal,
man nimmt sie aus dem Kopfe und
steckt sie ins Herz,
weil das Herz selbst keine Blumen hat.
Jens Peter Jacobsen, Niels Lyhne (Frau Boye)

Wie ist doch die Liebe so ein seltsam
Ding. Wie wohnt sie in uns und ruht
sie in uns und nimmt Besitz
von jedem Fäserlein unseres Körpers.
Und hüllt sich ein in unsere Seele
und bedeckt sie mit Küssen.
Paula Modersohn-Becker, Briefe (26. Dezember 1900)

Wie kann ein Menschenfeind
eine Frau lieben, ohne zu erröten?
Jean Paul, Vorschule der Ästhetik

Wie kann eine Frau einen Mann ehren,
der sich entehrt?
Jean-Jacques Rousseau, Julie oder
Die neue Héloïse (Saint-Preux)

Wie kann man die Liebe
einer Frau behalten? Indem man
sie nicht zurückgibt.
Sprichwort aus den USA

Wie Knaben aus der Schul',
eilt Liebe hin zum Lieben,
Wie Knaben an ihr Buch
wird sie hinweggetrieben.
William Shakespeare, Romeo und Julia (Romeo)

Wie könnt ich
an deiner Liebe zweifeln,
Da ich der meinigen
mir so innig bewusst bin!
Franz Grillparzer, Melusina (Melusina)

Wie man aus Gewohnheit nach einer
abgelaufenen Uhr hinsieht, als wenn
sie noch ginge, so blickt man auch
wohl einer Schönen ins Gesicht,
als wenn sie noch liebte.
Johann Wolfgang von Goethe,
Maximen und Reflexionen

Wie man ein Liebesabenteuer treibt:
Zufällig naht man sich,
man fühlt, man bleibt,
Und nach und nach
wird man verflochten.
Johann Wolfgang von Goethe, Faust II (lustige Person)

Wie möcht ich, mit glühenden Farben,
bis auf ihre kleinsten Schattierungen
sie malen und sie ergründen, die edle

Liebe des Herzens, könnte ich nur
Einsamkeit und Ruhe finden!
So, beständig gestört, zerrissen,
kann ich nur stückweise sie fühlen,
suche sie beständig, und doch
ist sie ganz in mir.
Susette Gontard, Briefe (an Friedrich Hölderlin,
etwa September/Oktober 1798)

Wie schön und wie fröhlich,
durch Feld und durch Tal
Sein Liebchen am Arme zu führen!
Johann Wolfgang von Goethe, Lieder für Liebende (Er)

Wie sich die Herzen
wogend erheben!
Wie alle Sinne
wonnig erbeben!
Sehnender Minne
schwellendes Blühen,
schmachtender Liebe
seliges Blühen!
Richard Wagner, Tristan und Isolde (beide)

Wie so seltsam ist der Liebe Eigensinn!
Mein Herz hat mehr,
als es hoffte,
und ist doch nicht zufrieden.
Jean-Jacques Rousseau, Julie oder
Die neue Héloïse (Saint-Preux)

Wie weit geht Liebe? Sie entfaltet ihre
Fahnen, sie erobert ihre Reiche;
im Freudejauchzen, im Siegestoben eilt
sie ihrem ewigen Erzeuger zu.
So weit geht Liebe, dass sie eingeht,
von wo sie ausgegangen ist.
Bettina von Arnim, Goethes Briefwechsel
mit einem Kinde

Willst du dich verschließen in den
Himmel deiner Liebe und die Welt,
die deiner bedürfte, verdorren
und erkalten lassen unter dir?
Friedrich Hölderlin, Hyperion

Willst du mit reinem Gefühl
der Liebe Freuden genießen,
O so lass Freiheit und Ernst
ferne vom Herzen dir sein.
Johann Wolfgang von Goethe,
Venezianische Epigramme

Wir alle benutzen einander
und nennen es Liebe, und wenn
wir einander nicht benutzen können,
nennen wir es Hass.
Tennessee Williams, Plötzlich im letzten Sommer
(Catherine)

Wir begegnen uns, drei Frühlinge
lieben wir uns, und eine Ewigkeit
fliehen wir wieder auseinander!
Heinrich von Kleist, Briefe (an Karl Freiherr vom Stein
zum Altenstein, 4. August 1806)

Wir irrten uns aneinander;
Es war eine schöne Zeit.
Johann Wolfgang von Goethe,
Parabolisch (Erinnerung/Sie)

Wir lieben niemals irgendjemanden.
Wir lieben ganz allein die Vorstellung,
die wir uns von jemandem machen.
Unsere eigene Meinung –
letztlich also uns selbst – lieben wir.
Fernando Pessoa, Das Buch der Unruhe
des Hilfsbuchhalters Bernardo Soares

Wir lieben nur einmal wahrhaft:
das erste Mal; später lieben wir
nicht mehr so willenlos.
Jean de La Bruyère, Die Charaktere

Wir machen uns über die fahrenden
Ritter lustig! Sie kannten die Liebe,
und wir kennen nur noch
die Ausschweifung.
Jean-Jacques Rousseau, Emile

Wir malen mit Augen der Liebe,
und Augen der Liebe
müssen uns auch nur beurteilen.
Gotthold Ephraim Lessing, Emilia Galotti (Conti)

Wir meinen immer, wir würden
geliebt, weil wir rechtschaffene Menschen sind. Und kommen nicht auf die
Idee, dass wir geliebt werden, weil die
rechtschaffen sind, die uns lieben.
Leo N. Tolstoi, Tagebücher (1897)

Wir sind geschaffen,
uns ewig zu lieben.
Papst Johannes XXIII., Briefe an die Familie
(Nichte Enrica), 3. Januar 1942

Wir wollen nicht mit Wort und Zunge
lieben, sondern in Tat und Wahrheit.
Neues Testament, 1. Johannesbrief 3, 18

Wird das Wort »Liebe« auf die Fortpflanzung der Rasse angewandt,
so ist es die schändlichste Lästerung,
die unser moderner Sittenbegriff
jemals ausgesprochen hat.
Honoré de Balzac, Die Physiologie der Ehe

Wird der einen anderen lieben,
der sich selber hasst?
Erasmus von Rotterdam, Das Lob der Torheit

Wird unsere Liebe geteilt,
so ist sie erhaben;
aber schlaft in Doppelbetten,
und eure Liebe wird stets grotesk sein.
Honoré de Balzac, Physiologie der Ehe

Wirkliche Natürlichkeit und Vertrautheit gibt es nur in der leidenschaftlichen Liebe; denn bei jeder anderen
bleibt die Möglichkeit eines erfolg-
reicheren Nebenbuhlers bestehen.
Stendhal, Über die Liebe (Fragmente)

Wissen wirklich nur noch
die Märchen,
dass einzig die Liebe die Kraft besitzt,
glücklich zu machen?
Eugen Drewermann, Lebenskraft Angst

Wo die Liebe auftaucht,
fängt sie alle anderen Triebe ein
und überführt sie in Liebe.
Bernhard von Clairvaux, 83. Ansprache
über das Hohelied Salomos

Wo die Liebe das höchste, ja,
das einzige Gesetz ist, ist ein Abfall
von ihr eine Aufhebung
des ganzen Verhältnisses.
Tania Blixen, Motto meines Lebens

Wo die Liebe hinfällt,
da bleibt sie liegen,
und wär es ein Misthaufen.
Deutsches Sprichwort

Wo die Liebe nicht gehen kann,
da wird sie kriechen.
Sprichwort aus England

Wo du stirbst,
da sterbe auch ich,
da will ich begraben sein.
Altes Testament, Rut 1, 17

Wo es Heirat ohne Liebe gibt,
da wird es Liebe ohne Heirat geben.
Benjamin Franklin, Des armen Richard Almanach

Wo es keine Liebe gibt,
da gibt es auch keinen Verstand.
Fjodor M. Dostojewski, Aufzeichnungen
aus dem Untergrund

Wo immer der Tag für zwei Menschen
anbricht, die die Stunde ihrer Liebe im
Verborgenen verbringen müssen,
da wird jede Zärtlichkeit unweigerlich
ein Ende haben. Noch nie konnte
der Morgen dem, der sich die Liebe
stehlen muss, die Trauer ersparen.
Konrad von Würzburg, Lieder (Swâ tac erschînen sol
zwein liuten)

Wo keine Liebe ist,
ist auch keine Wahrheit.
Ludwig Feuerbach, Philosophische Kritiken und
Grundsätze

Wo Liebe ist, da ist Frieden.
Mutter Teresa

Wo Liebe ist,
da ist Versöhnung leicht.
Sprichwort aus Wales

Wo Liebe kommt ins Haus,
Da zieht die Klugheit aus.
Friedrich von Logau, Sinngedichte

Wo still ein Herz in Liebe glüht,
O rühret, rühret nicht daran!
Den Gottesfunken löscht nicht aus!
Emanuel Geibel, Gedichte

Wo wir trinken, wo wir lieben,
Da ist reiche, freie Welt.
Johann Wolfgang von Goethe, Wanderlied

Woher sind wir geboren?
Aus Lieb.
Wie wären wir verloren?
Ohn Lieb.
Was hilft uns überwinden?
Die Lieb.
Kann man auch Liebe finden?
Durch Lieb.
Was lässt nicht lange weinen?
Die Lieb.
Was soll uns stets vereinen?
Die Lieb.
Johann Wolfgang von Goethe, An Personen
(Charlotte von Stein)

Wohin du gehst, dahin gehe auch ich,
und wo du bleibst, da bleibe auch ich.
Altes Testament, Rut 1, 16

Wohin geht die Liebe, wenn sie geht?
Brigitte Schwaiger

Wohl jedem, der nur liebt, was er darf,
und nur hasst, was er soll.
Marie von Ebner-Eschenbach, Aphorismen

Wozu zwingt nicht die Liebe?
Martial, Epigramme

Wunderlichstes Buch der Bücher
Ist das Buch der Liebe;
Aufmerksam hab ich's gelesen:
Wenig Blätter Freuden,
Ganze Hefte Leiden;
Einen Abschnitt macht die Trennung.
Wiedersehn! ein klein Kapitel,
Fragmentarisch. Bände Kummers
Mit Erklärungen verlängert,
Endlos, ohne Maß.
Johann Wolfgang von Goethe, West-östlicher Divan

Zank ist der Rauch der Liebe.
Ludwig Börne, Der Narr im Weißen Schwan

Zehn Jahre verfolgt er sie schon, und
sie hat noch keine Ahnung davon.
Sprichwort aus Spanien

Zeit stärkt die Freundschaft,
schwächt aber die Liebe.
Jean de La Bruyère, Die Charaktere

Ziel der Liebe ist nicht die Lust
durch die Frau, sondern die Lust
mit der Frau.
Günther Anders, Lieben gestern.
Notizen zur Geschichte des Fühlens

Zu den Reizen, welche die Vereinigung
der Herzen bietet,
gesellen sich noch der Unschuld Reize.
Keine Furcht, keine Schande stört
unsere Glückseligkeit.
Jean-Jacques Rousseau, Julie oder
Die neue Héloïse (Julie)

Zu lieben ist Segen,
geliebt zu werden Glück.
Leo N. Tolstoi, Tagebücher (1907)

Zu lieben und den Verstand zu bewahren, ist selbst einem Gott kaum möglich.
Publilius Syrus, Sentenzen

Zu Liebesboten taugen nur Gedanken,
Die zehnmal schneller fliehn
als Sonnenstrahlen,
Wenn sie die Nacht
von finstern Hügeln scheuchen.
William Shakespeare, Romeo und Julia (Julia)

Zur Grausamkeit
zwingt bloße Liebe mich.
William Shakespeare, Hamlet (Hamlet)

Zur Liebe will ich dich nicht zwingen,
Doch geb ich dir die Freiheit nicht.
Emanuel Schikaneder, Die Zauberflöte (Sarastro)

Zuweilen hat verschwiegne Liebe sich
mitten unter der Freuden Getümmel
und feierlicher Gastmahle Getöse
zu verbergen gewusst.
Jean-Jacques Rousseau, Julie oder Die neue Héloïse
(Julie)

Zwang und Liebe
passen schlecht zusammen,
und die Lust lässt sich
nicht befehlen.
Jean-Jacques Rousseau, Emile

Zwei Dinge bedeuten mir Leben: die
Freiheit und die Frau, die ich liebe.
Voltaire, Der ehrliche Hurone

Zweifle an der Sonne Klarheit,
Zweifle an der Sterne Licht,
Zweifl', ob lügen kann die Wahrheit,
Nur an meiner Liebe nicht.
William Shakespeare, Hamlet (Hamlet)

Zwiefacher Liebe
kann niemand huldigen.
Andreas Capellanus, Gebote des Minnerechts

Zwischen zwei Personen desselben
Alters gibt es keinen andern Verführer
als die Liebe.
Jean-Jacques Rousseau, Julie oder
Die neue Héloïse (Saint-Preux)

Liebende

Aber wer Phantasie hat, kann auch
Phantasie mitteilen, und wo die ist,
entbehren die Liebenden gern,
um zu verschwenden; ihr Weg geht
nach innen, ihr Ziel ist intensive
Unendlichkeit, Unzertrennlichkeit
ohne Zahl und Maß; und eigentlich
brauchen sie nie zu entbehren, weil
jener Zauber alles zu ersetzen vermag.
Friedrich Schlegel, Lucinde

Alles Tun und Treiben Liebender hat
sein Ziel im Gedenken des Liebsten.
Andreas Capellanus, Gebote des Minnerechts

Das Beste, was Liebende im Laufe der
Zeit einander werden können, das ist:
Surrogate ihrer Träume
oder Symbole ihrer Sehnsucht.
Arthur Schnitzler, Buch der Sprüche und Bedenken

Der beste Mensch
wird manchmal zornig,
Kein Liebespaar kann immer kosen –
Die schönsten Rosen
sind selbst dornig,
Doch schlimm sind Dornen
ohne Rosen.
Friedrich von Bodenstedt, Mirza Schaffy

Der Liebende ist sich in der Regel
seines eigenen Ruins bewusst.
Ovid, Gedichte der Trübsal

Der Liebende will des Geliebten Vollendung. Sie verlangt Freigabe, auch
vom Liebenden.
Dag Hammarskjöld, Zeichen am Weg

Der Zorn der Liebenden
ist Erneuerung der Liebe.
Terenz, Das Mädchen von Andros

Die Freundin ist des Liebenden
Lebenskraft.
Titus Maccius Plautus, Die Bacchiden

Die Liebenden sind gleich glücklich
über das Entzücken, das sie geben,
wie über die Lust, die sie empfangen.
Sully Prudhomme, Intimes Tagebuch

Ein Verzug stachelt Liebende immer
an, sofern er nur von kurzer Dauer ist.
Ovid, Liebeskunst

Eine liebende Frau verzeiht
eher die größte Indiskretion
als die kleinste Untreue.
François de La Rochefoucauld, Reflexionen

Nichts Beharrlicheres lebt auf der Welt
als ein Liebender.
Properz, Elegien

Nichts ist für einen Liebenden schwer.
Marcus Tullius Cicero, Der Redner

O Schicksal, warum schlugst du in den
Menschen den Funken einer Liebe, die
in seinem eignen Herzen verstieben
muss? Ruht nicht in uns allen das holde Bild einer Geliebten, eines Geliebten, wovor wir weinen, wonach wir
suchen, worauf wir hoffen, und ach
und so vergeblich, so vergeblich?
Sophie Mereau, Betrachtungen

Solange es Liebende
unter den Sterblichen gibt,
wird die Kunst des schönen Briefes
nicht vergehen.
Ernst Penzoldt, Epistel über das Briefeschreiben

So ungerecht der Liebende,
so lieblos der Gerechte.
Peter Benary

Überall, wo sich zwei Liebende
scheiden, sind sie von tiefem
Schmerz erfüllt.
Günther von dem Forste, Lieder
(Nu her, ob ieman kan verneme)

Überall, wo zwei Liebende sich in den
Armen liegen, sollen sie, bevor es ans
Abschiednehmen geht, immer an ihr
nächstes Zusammensein denken.
Günther von dem Forste, Lieder
(Nu her, ob ieman kan verneme)

Was ist es nun, das zwei Liebende so
unendlich aneinander zieht? Es ist nur
das: Wir fühlen immer tiefer in uns
die Notwendigkeit, das Du mit dem Ich
zu verbinden.
Philipp Otto Runge, An J. H. Besser (3. April 1803)

Welcher Dritte kann das Verhältnis
zweier Liebender zueinander
ganz genau beurteilen?
Fjodor M. Dostojewski, Der Jüngling

Wie macht das Gefühl bloßen Sichnahe-Seins Liebende schon glücklich.
Christian Morgenstern, Stufen

Liebenswürdigkeit

Bedenke dies und präge es deinem
Geiste ein, dass, wer nicht liebenswürdig ist, in Wahrheit überhaupt
niemand ist im allgemeinen geselligen
Verkehr.
Philipp Stanhope Earl of Chesterfield, Briefe über die
anstrengende Kunst, ein Gentleman zu werden

Dem wahrhaft liebenswürdigen Menschen gegenüber fühlen wir uns immer
schuldlos, auch wenn wir ein Unrecht
gegen ihn begangen haben;
dem Unliebenswürdigen gegenüber
stets von Verantwortung bedrückt,
auch wenn uns an einer Unannehmlichkeit, die ihm begegnet, nicht die
allergeringste und ihn selbst vielleicht
alle Schuld trifft.
Arthur Schnitzler, Buch der Sprüche und Bedenken

Die Liebenswürdigkeit,
wenn sie echt ist, hilft über viele
Unkorrektheiten hinweg.
Theodor Fontane, Aus den Tagen der Okkupation

Die liebenswürdigste der Frauen
wird immer auch die schönste sein.
August von Kotzebue, Die neue Frauenschule

Nicht wenn du liebenswürdig bist,
wirst du geliebt; wenn man dich liebt,
wirst du liebenswürdig gefunden.
Ludwig Börne, Über den Umgang mit Menschen

Um liebenswürdig zu sein,
ist das Hauptmittel, friedfertig zu sein.
Baltasar Gracián y Morales, Handorakel und
Kunst der Weltklugheit

Um liebenswürdig zu sein, müssen
Körper und Geist ungezwungen sein.
Philipp Stanhope Earl of Chesterfield, Briefe über die
anstrengende Kunst, ein Gentleman zu werden

Wenig Leidenschaft, große Herzenswärme, Verstand, Anmut, leichte
Umgangsformen, Respekt vor dem
Ernst, Verständnis für den Scherz –
summa summarum: Liebenswürdigkeit.
Marie von Ebner-Eschenbach, Aphorismen

Wer liebenswürdig ist,
macht sich beinahe so viele Freunde,
wie er Bekanntschaften macht.
Philipp Stanhope Earl of Chesterfield, Briefe über die
anstrengende Kunst, ein Gentleman zu werden

Liebesbeziehung

Dass wir uns gebunden fühlen mit der
steten Sehnsucht nach Freiheit – und
dass wir zu binden versuchen ohne die
Überzeugung unseres Rechts dazu,
das ist es, was jede Liebesbeziehung
so problematisch macht.
Arthur Schnitzler, Buch der Sprüche und Bedenken

Die Frauen sind zugleich naturgebundener und sozial bedingter als die
Männer; dies ist der Widerspruch,
in dem die Problematik der meisten
Liebesbeziehungen begründet ist.
Arthur Schnitzler, Buch der Sprüche und Bedenken

Eine Liebesbeziehung
kann man zerreden.
Zerschweigen kann man sie nicht.
Robert Musil

Ein tragikomisches Schicksal: sein
Leben zerstört zu wissen und niemand
haben, an dessen Brust man sich
darüber ausweinen möchte als allein
das Wesen, von dem es zerstört wurde.
Arthur Schnitzler, Buch der Sprüche und Bedenken

Jede Liebesbeziehung hat drei Stadien,
die unmerklich ineinander übergehen:
das erste, in dem man auch schweigend miteinander glücklich ist; das
zweite, in dem man sich schweigend
miteinander langweilt, und das dritte,
in dem das Schweigen, gleichsam
Gestalt geworden, zwischen den Liebenden steht wie ein boshafter Feind.
Arthur Schnitzler, Buch der Sprüche und Bedenken

Zum Liebesdienst oder zum Dienst mit
Liebe ist aber niemand zu groß
noch zu klein, denn auch Gott dient,
wie die Schrift sagt, dem ihm willig
und aufrichtig Dienenden.
Franz von Baader, Religiöse Erotik

Liebesbrief

Alle Liebesbriefe sind lächerlich.
Sie wären nicht Liebesbriefe,
wären sie nicht lächerlich.
Alvaro de Campos (Fernando Pessoa), Dichtungen

Die ersten Liebesbriefe werden mit den
Augen verschickt.
Sprichwort aus Frankreich

Liebeserklärung

Bei einem galanten Volk
wie dem unsrigen
hat eine Liebeserklärung
mit Gefühlen nichts zu tun.
Denis Diderot, Über die Frauen

Eine Liebeserklärung ist
wie die Eröffnung beim Schach:
Die Konsequenzen sind unabsehbar.
Hans Söhnker

Liebesgenuss

(...) Denn Liebesgenuss hat noch nie
genutzt, man darf zufrieden sein,
wenn er nicht schadete.
Epikur, Sprüche. In: Briefe, Sprüche, Werkfragmente

Im Altertum wünschte sich einmal
jemand, dass sein Schlund so lang
würde wie ein Kranichhals, damit er
länger schmecken könne, was er
schluckte: Dieser Wunsch ist noch
besser angebracht beim Liebesgenuss.
Michel Eyquem de Montaigne, Die Essais

Wer den Bauch zur Quelle
seiner Lüste macht und das Maß
beim Essen und Trinken
und im Liebesgenuss überschreitet –
für all solche Menschen dauern
die Freuden nur kurz:
nur das lange, wie sie essen
und trinken. Die Leiden danach aber
sind mannigfacher Art
und währen lange Zeit.
Denn diese Begierde kommt nach
demselben Ding immer wieder,
und wenn sie erlangt haben,
wonach sie begehren,
ist die Lust daran rasch verflogen.
Sie haben nichts Gutes davon als einen
kurzen Genuss. Und dann – haben sie
wieder das gleiche Verlangen.
Demokrit, Fragment 235

Wer jede Lust genießt
und auf keine verzichten kann,
wird zuchtlos,
wer aber jede meidet,
wie die Griesgrämigen,
wird stumpfsinnig.
Aristoteles, Nikomachische Ethik

Liebeskummer

Der Schmerz um Liebe,
wie die Liebe bleibt,
Unteilbar und unendlich.
Johann Wolfgang von Goethe,
Die natürliche Tochter (Herzog)

Eine Schwertwunde heilt und vernarbt
sehr bald, wenn ein Arzt sie versorgt,
aber die Liebeswunde verschlimmert
sich, wenn ihr Arzt in der Nähe ist.
Chrétien de Troyes, Yvain

Ich will entweder geheilt werden
oder sterben.
Jean-Jacques Rousseau, Julie oder Die neue Héloïse
(Saint-Preux)

Lass das Trauern und vergiss den
Gram, bete lieber fleißig zu Cupido,
dem Herrn der Götter!
Lucius Apuleius, Der goldene Esel

Liebesfreuden dauern nur
einen Augenblick,
Liebeskummer das ganze Leben.
Claris de Florian, Célestine

Liebesschmerz ist schlimmer
als Zahnweh.
Sprichwort aus Frankreich

Trifft Liebesnot auf Müßiggang,
so verschlimmert sie sich.
Gottfried von Straßburg, Tristan

Trocknet nicht, trocknet,
Tränen unglücklicher Liebe!
Johann Wolfgang von Goethe, Wonne der Wehmut

Liebesroman

Ich nenne allein das Leidenschaft,
was in langen Heimsuchungen sich
bewährt, und zwar in solchen,
die unsere Romane zu schildern
sich hüten, weil sie sie zu schildern
nicht vermögen.
Stendhal, Über die Liebe (Fragmente)

Könnt ich doch süße Liebesromane
zusammenschreiben wie andere gute
Leute! Da wär mir bald geholfen,
doch ich vermag's nicht,
es geht gegen die Natur.
Friedrich Hebbel, Briefe (an Elise Lensing,
29. November 1836, dem Verhungern nahe)

Menschen, die die Liebe nur aus
Romanen kennen gelernt haben,
werden einen natürlichen Widerwillen
empfinden, wenn sie das Lob der
Tugend in der Liebe lesen. Denn nach
den Kunstregeln des Romans ist die
Schilderung tugendhafter Liebe notwendig langweilig und uninteressant.
Stendhal, Über die Liebe

Liebeswerbung

Allein
Um unserer schönen Augen willen
seufzt kein Mann,
Und wenn er uns den Hof macht,
heischt er seinen Lohn.
Molière, Der Menschenfeind (Arsinoe)

Drei Grundhaltungen des Mannes
im Werben: der Prahler, der Versprecher, der Mutterbettler.
Elias Canetti, Die Provinz des Menschen.
Aufzeichnungen 1942–1972

Frei um die Witwe,
dieweil sie noch trauert.
Deutsches Sprichwort

Junggesellen wissen, dass man einer
Frau nicht zu lange den Hof machen
darf, weil man ihn sonst kehren muss.
Peter Weck

Liebhaber

Alle Empfindungen, die eine Frau
ihrem Liebhaber entgegenbringt, sind
nur ein Austausch; sie erhält sie stets
in verstärktem Maße zurück;
sie umschließen nicht bloß, was sie
empfangen haben, sondern auch,
was sie abgegeben haben. Bei
diesem Geschäft machen schließlich
alle Ehemänner Bankrott.
Honoré de Balzac, Physiologie der Ehe

Auf alle Mätzchen der Empfindung,
die eine Frau macht, fällt ein Liebhaber stets herein; und wo ein Ehemann
notwendigerweise die Achseln zuckt,
gerät ein Liebhaber in Verzückung.
Honoré de Balzac, Physiologie der Ehe

Bei den meisten Frauen wird der Liebhaber als ein Mensch betrachtet, der
zum Hause gehört; tut er seine Schuldigkeit nicht mehr, so schickt man ihn
weg und nimmt einen andern.
Jean-Jacques Rousseau, Julie oder
Die neue Héloïse (Saint-Preux)

Bei einem Liebhaber
kommt stets die Geliebte zuerst
und dann er selber;
beim Ehemann ist es umgekehrt.
Honoré de Balzac, Physiologie der Ehe

Das Herz einer leichtlebigen Frau
gleicht der Rose, von der
jeder Liebhaber ein Blatt abreißt.
Dem Gatten bleibt nur der Dorn.
Sophie Arnould, Arnoldiana

Dem Liebhaber glaubt ein Mädchen
immer mehr als die Mutter.
Johann Wolfgang von Goethe, Annette

Die achtenswerteste Quelle weiblichen
Stolzes ist die Furcht, sich in den
Augen des Liebhabers durch irgendwelche übereilten Schritte oder durch
irgendwelche unweiblich erscheinen-
den Handlungen herabzusetzen.
Stendhal, Über die Liebe (Fragmente)

Die Bescheidenheit ist ein Zug,
den Frauen an ihren Liebhabern
eher loben als lieben.
Richard B. Sheridan, Die Nebenbuhler

Die meisten Frauen beweinen den Tod
ihrer Liebhaber nicht,
weil sie sie geliebt haben, sondern um
neuer Liebe würdig zu erscheinen.
François de La Rochefoucauld, Reflexionen

Die meisten Männer, die Kluges
über die Frauen gesagt haben,
waren schlechte Liebhaber.
Die großen Praktiker reden nicht,
sondern handeln.
Jeanne Moreau

Ein alter Liebhaber fürchtet
oder verachtet einen neuen Rivalen
je nach dem Charakter der Person,
der er huldigt.
Jean de La Bruyère, Die Charaktere

Ein Liebhaber belebt nicht nur alles,
er lässt auch das Leben vergessen;
der Ehemann belebt nichts.
Honoré de Balzac, Physiologie der Ehe

Ein Liebhaber besitzt
alle Vorzüge und alle Mängel,
die ein Gatte nicht hat.
Honoré de Balzac, Physiologie der Ehe

Ein Liebhaber hegt stets den Wunsch,
liebenswürdig zu erscheinen;
in diesem Gefühl liegt immer eine
gewisse Übertreibung, die leicht
lächerlich wirkt; das muss man sich
zunutze zu machen wissen.
Honoré de Balzac, Physiologie der Ehe

Ein Liebhaber ist ein Herold, der entweder das Talent oder die Schönheit
oder den Geist einer Frau ausposaunt.
Was posaunt ein Gatte aus?
Honoré de Balzac, Physiologie der Ehe

Ein Liebhaber lehrt eine Frau alles,
was ihr Ehemann ihr verheimlicht hat.
Honoré de Balzac, Physiologie der Ehe

Ein Liebhaber spricht zu einer Frau
nur von dem, was sie größer machen
kann; dagegen kann ein Ehemann,
auch wenn er ein liebender Ehemann
ist, sich nicht enthalten,
ihr Ratschläge zu geben, die stets
einen Beigeschmack von Tadel haben.
Honoré de Balzac, Physiologie der Ehe

Ein Schlag vom Liebhaber
ist eine Rosine.
Sprichwort aus Arabien

Ein talentvoller Ehemann gibt niemals
öffentlich die Vermutung kund,
dass seine Frau einen Liebhaber habe.
Honoré de Balzac, Physiologie der Ehe

Eine anständige Frau muss in Ver-
mögensverhältnissen leben, die es
ihrem Liebhaber erlauben, zu denken,
dass sie ihm niemals in irgendeiner
Weise zur Last fallen werde.
Honoré de Balzac, Die Physiologie der Ehe

Eine Frau, die einen Liebhaber hat,
wird sehr nachsichtig.
Honoré de Balzac, Physiologie der Ehe

Eine geistreiche Frau sagte mir ein
Wort, das das Geheimnis ihres
Geschlechts sein könnte: dass nämlich
jede Frau, die einen Liebhaber nimmt,
mehr darüber nachdenkt, wie andere
Frauen diesen Menschen sehen,
als wie er ihr selbst erscheint.
Chamfort, Maximen und Gedanken

Eine Verheiratete ist für ihre Liebhaber
wie der Turm des Todes.
Altes Testament, Jesus Sirach 26, 22

Einem Liebhaber ist nichts zu schwer.
Deutsches Sprichwort

Es gibt Frauen, die ihr Geld
mehr lieben als ihre Freunde,
und ihre Liebhaber mehr als ihr Geld.
Jean de La Bruyère, Die Charaktere

Es gibt keine guten Liebhaber.
Es gibt höchstens Männer,
mit denen es völlig hoffnungslos ist,
und einige, mit denen es
nicht ganz so hoffnungslos ist.
Ingeborg Bachmann

Es gibt wenig geheime Liebschaften:
Sehr viele Frauen kennt man nach
dem Namen ihrer Ehegatten nicht
besser als nach dem ihrer Liebhaber.
Jean de La Bruyère, Die Charaktere

Heiraten ist eine Pflicht,
einen Liebhaber nehmen ein Luxus.
Simone de Beauvoir, Das andere Geschlecht

Junge Liebhaber sind wie der
Camembert: Wenn sie reif werden,
laufen sie einem davon.
Françoise Rosay

Man möchte oft lieber ein Gespenst
als einen alten Liebhaber zur unrechten Zeit vor den Augen sehen.
Johann Wolfgang von Goethe,
Wilhelm Meisters Lehrjahre

Man muss einen prosaischen Ehemann
haben und sich einen romantischen
Liebhaber zulegen.
Stendhal, Über die Liebe (Fragmente)

Niemals wird ein Ehemann
so gut gerächt werden
wie durch den Liebhaber seiner Frau.
Honoré de Balzac, Physiologie der Ehe

Oft fehlt einem alten Liebhaber
gegenüber einer Frau,
die ihn fesselt,
nur der Titel Ehemann;
das ist viel wert,
denn ohne diesen Umstand
wäre er längst verloren.
Jean de La Bruyère, Die Charaktere

Seine Frau mit ihrem Liebhaber überraschen und sie zu töten, während sie
einander in den Armen liegen, das ist
keine Rache, sondern der allergrößte
Dienst, den man ihnen erweisen kann.
Honoré de Balzac, Physiologie der Ehe

Warum sollte man einem Liebhaber
treuer sein als einem Ehemann?
Jean-Jacques Rousseau, Julie oder
Die neue Héloïse (Saint-Preux)

Wegen einer Frau kamen
schon viele ins Verderben,
sie versengt ihre Liebhaber wie Feuer.
Altes Testament, Jesus Sirach 9, 8

Wenige Liebhaber bedenken, dass man
nicht gerade alles wie die Bratwurst in
der Garküche vom Rost in den Mund
nehmen kann, sondern dass Vorbereitung verlangt wird sowohl unserer
als des Gegenstandes.
Johann Wolfgang von Goethe,
Notiz über den englischen Formschneider Jakson

Liebhaberei

Liebhaberei ist nicht Geschmack für
das Gute oder Schöne, sie ist eine
Sucht nach dem Seltenen, nach dem,
was einzig in seiner Art ist, ein Stolz
auf das, was man selber hat
und andere nicht besitzen.
Jean de La Bruyère, Die Charaktere

Liebhabereien bewahren vor Leiden-
schaften; eine Liebhaberei wird zur
Leidenschaft.
Marie von Ebner-Eschenbach, Aphorismen

Lieblosigkeit

Gottlos, lieblos.
Deutsches Sprichwort

Liebe ist Qual, Lieblosigkeit ist Tod.
Marie von Ebner-Eschenbach, Aphorismen

Liebschaft

Eine Liebschaft
besteht zum geringsten Teil aus Liebe.
François de La Rochefoucauld, Reflexionen

Liebschaften sind wie Pilzgerichte:
Beide sollte man nicht aufwärmen.
Claus Biederstaedt

Man mag Frauen finden, die nie eine
Liebschaft gehabt haben,
aber selten welche mit einer einzigen.
François de La Rochefoucauld, Reflexionen

Man muss mit Frauen plötzlich
brechen; nichts ist so unerträglich
wie eine matte alte Liebschaft.
Charles de Secondat, Baron de la Brède
et de Montesquieu, Meine Gedanken

Viele kleine Liebschaften
sind fortschreitende Immunisierung
gegen die große Liebe.
Jeanne Moreau

Lied

Aus meinen großen Schmerzen
Mach ich die kleinen Lieder.
Heinrich Heine, Buch der Lieder

Bilder so wie Leidenschaften
Mögen gern am Liede haften.
Johann Wolfgang von Goethe, Elegien

Böse Menschen haben keine Lieder,
aber häufig eine Stereo-Anlage.
Robert Lembke, Steinwürfe im Glashaus

Das Lied, das aus der Kehle dringt,
Ist Lohn, der reichlich lohnet.
Johann Wolfgang von Goethe, Der Sänger

Die ungesungenen Lieder
sind die schönsten.
Henrik Ibsen

Ein garstig Lied! Pfui!
Ein politisch Lied
Ein leidig Lied!
Johann Wolfgang von Goethe, Faust I (Brander)

Ein Gott hat mancherlei Lieder
Mir in die Seele gepflanzt.
Homer, Odyssee

Ein neues Lied, ein besseres Lied
O Freunde, will ich Euch dichten!
Wir wollen hier auf Erden schon,
das Himmelreich errichten.
Heinrich Heine, Deutschland. ein Wintermärchen

Ein Plagiator ist ein Mann,
dessen Lieder schon gesungen wurden,
bevor er sie komponiert hatte.
Robert Stolz

Es schwinden jedes Kummers Falten,
Solang des Liedes Zauber walten.
Friedrich Schiller, Die Macht des Gesanges

Flöte und Harfe verschönern das Lied,
doch mehr als beide eine reine Stimme.
Altes Testament, Jesus Sirach 40, 21

Freund, soll'n wir allesamt nur immer
Eines schrein,
Was wird dies für ein Lied
und für Gesinge sein?
Angelus Silesius, Der cherubinische Wandersmann

Heitere Lieder
Stärken die Brust.
Johann Wolfgang von Goethe, Zum neuen Jahr

Hört ihr Kinderslieder singen,
Gleich ist's euer eigner Scherz;
Seht ihr mich im Takte springen,
Hüpft euch elterlich das Herz.
Johann Wolfgang von Goethe, Faust II (Euphorion)

Leise flehen meine Lieder
Durch die Nacht zu dir.
Ludwig Rellstab, Ständchen (vertont von Schubert)

Lieder kenn ich,
die kann die Königin nicht
Und keines Menschen Kind.
Edda, Das Zaubergedicht

Mein Lied ertönt
der unbekannten Menge,
Ihr Beifall selbst
macht meinem Herzen bang.
Johann Wolfgang von Goethe, Faust (Zueignung)

Mit süß tönenden Liedern
erstickst du alle Sorgen im Keim.
Ecbasis captivi in belehrender Gestalt (Papagei)

Neue Lieder singt man gern.
Deutsches Sprichwort

Neuen Lebenslauf
Beginne
Mit hellem Sinne,
Und neue Lieder
Tönen darauf!
Johann Wolfgang von Goethe, Faust I (Geisterchor)

Schläft ein Lied in allen Dingen,
Die da träumen fort und fort,
Und die Welt hebt an zu singen,
Triffst du nur das Zauberwort.
Joseph von Eichendorff, Schläft ein Lied

Seid, geliebte Lieder,
Zeugen meiner Fröhlichkeit;
Ach, sie kommt gewiss nicht wieder,
Dieser Tage Frühlingszeit.
Johann Wolfgang von Goethe, Annette

Töne, Lied, aus weiter Ferne,
Säusle heimlich nächster Nähe,
So der Freude, so dem Wehe!
Johann Wolfgang von Goethe, Lyrisches (Motto)

Und soll mein Lied
die besten Männer wecken,
So muss es auch
der besten würdig sein.
Johann Wolfgang von Goethe, Torquato Tasso (Tasso)

Ziehn die Lieder in die Weite,
Muss der Spielmann hinterdrein.
Theodor Storm, Fiedellieder

Liederlichkeit

Allzu gut ist liederlich.
Deutsches Sprichwort

Der Faulenz und das Lüderli
sind zwei Zwillings-Brüderli.
Deutsches Sprichwort

Lilie

Eine Lilie unter Disteln
ist meine Freundin
unter den Mädchen.
Altes Testament, Hohelied Salomos 2, 2

Sogar eine weiße Lilie
wirft einen schwarzen Schatten.
Sprichwort aus Ungarn

Linde

Am Brunnen vor dem Tore,
Da steht ein Lindenbaum:
Ich träumt in seinem Schatten
So manchen süßen Traum.
Wilhelm Müller, Gedichte (Schubert: Winterreise)

Seh ich dich wieder,
du geliebter Baum,
In dessen junge Triebe
Ich einst in jenes Frühlings
schönstem Traum
Den Namen schnitt
von meiner ersten Liebe?
Joseph von Eichendorff, Bei einer Linde

Und eine Linde ist mein Lieblingsbaum,
und alle Sommer,
welche in ihr schweigen,
rühren sich leise
in den tausend Zweigen
und wachen wieder
zwischen Tag und Traum.
Rainer Maria Rilke, Die frühen Gedichte

Links

Die linke Hand geht von Herzen.
Deutsches Sprichwort

Ich war mit dem linken Fuß losgegangen und sah mich in meiner Hoffnung
auf ein gutes Geschäft geprellt.
Lucius Apuleius, Der goldene Esel

Wäre kein Links, so wäre kein Rechts.
Deutsches Sprichwort

List

Die List ist eine natürliche Gabe des
weiblichen Geschlechts, und da ich
überzeugt bin, dass alle natürlichen
Neigungen an sich gut und richtig
sind, bin ich der Meinung, dass man
diese wie die anderen pflegen soll.
Jean-Jacques Rousseau, Emile

Die Vorsicht stellt der List
sich klug entgegen.
Johann Wolfgang von Goethe, Iphigenie auf Tauris
(Thoas)

Du Schlange voller List und Schläue und
erfahren in der Kunst der Täuschung!
Waltharilied (Hadaward)

Entferne niemals den listigen Fuchs
aus deiner Nähe!
Ecbasis captivi in belehrender Gestalt (Löwe)

Es ist wichtig für einen jeden,
dass er sich nach eigenem Geheiß oder
Verbot der List zu bedienen vermag.
Denn sie hat Macht
über die Widrigkeiten des Lebens.
Torquato Accetto, Über die ehrenwerte Kunst
der Verstellung

Gegen die List ist die beste Vormauer
die Aufmerksamkeit.
Für feine Schliche eine feine Nase.
Baltasar Gracián y Morales, Handorakel und Kunst
der Weltklugheit

Gegen Schufte muss man mit List
agieren, sonst ist man perdu.
Heinrich Heine

Gegen unsere Leidenschaften
müssen wir List gebrauchen.
Leo N. Tolstoi, Tagebücher (1853)

Geschicklichkeit verhält sich zur List
wie Rechtlichkeit zur Spitzbüberei.
Chamfort, Maximen und Gedanken

Honig ist der Mücken Tod.
Deutsches Sprichwort

In steter Notwehr gegen arge List
Bleibt auch das redliche Gemüt
nicht wahr.
Friedrich Schiller, Die Piccolomini (Oktavio)

Krieg ist ewig
zwischen List und Argwohn.
Friedrich Schiller, Wallensteins Tod

List geht über Gewalt.
Deutsches Sprichwort

List hat in der Welt so viel erreicht.
Johann Wolfgang von Goethe, Egmont (Klärchen)

List ist nur ärmliche Klugheit.
François de La Rochefoucauld,
Nachgelassene Maximen

List tut mehr denn Stärke.
Deutsches Sprichwort

Methode ist List.
Oswald Spengler, Urfragen.
Fragmente aus dem Nachlass

Mit Sturm ist da nichts einzunehmen;
Wir müssen uns zur List bequemen.
Johann Wolfgang von Goethe, Faust I (Mephisto)

Nicht alle fliehen,
so den Rücken wenden.
Deutsches Sprichwort

Technik ist Überlistung, »Kriegslist«.
Oswald Spengler, Urfragen.
Fragmente aus dem Nachlass

Voll von Feinden ist die Welt,
Arglist hat auf allen Pfaden,
Fromme Unschuld zu verraten,
Ihr betrüglich Netz gestellt.
Friedrich Schiller, Die Braut von Messina

Wenn der Fuchs Gänse fangen will,
so wedelt er mit dem Schwanze.
Deutsches Sprichwort

Wenn die Katzen mausen,
hängen sie keine Schellen an.
Deutsches Sprichwort

Wer einen Aal fangen will,
macht erst das Wasser trüb.
Deutsches Sprichwort

Wir grollen deshalb denen so sehr,
die uns überlisten wollen, weil sie sich
für schlauer halten.
François de La Rochefoucauld, Reflexionen

Zum Leben braucht's nicht just,
dass man so tapfer ist.
Man kommt auch durch die Welt
mit Schleichen und mit List.
Johann Wolfgang von Goethe,
Die Mitschuldigen (Söller)

Literat

Der Gelehrte ist der Schatz
des Reiches, der Literat eine Perle
an der Gästetafel.
Chinesisches Sprichwort

Kein Literat, auch von den
glänzendsten Gaben, ist jemals
zum Dichter geworden.
Arthur Schnitzler, Der Geist im Wort

Manche Literaten lieben es,
sich in ihren Werken stilistisch, andere
gesellschaftlich und manche gar
ethisch aufzuspielen. Kein Wunder,
dass sie sich von solchen Mühen
in ihrem Privatleben umso gründlicher
zu erholen pflegen.
Arthur Schnitzler, Buch der Sprüche und Bedenken

Literatur

Alles, was nicht Literatur ist,
langweilt mich, und ich hasse es,
denn es stört mich oder hält mich auf,
wenn auch nur vermeintlich.
Franz Kafka, Tagebücher (1913)

Das Ideal mancher Autoren
ist offensichtlich eine Literatur
ohne Leser.
Jules Romains

Das wahre Leben, das einzige von uns
wahrhaft gelebte Leben, ist die Literatur.
Marcel Proust

Der Nationalcharakter beeinflusst
die Literatur, die Literatur
und die Philosophie der Religion,
und nur das Ganze kann einen
vollständigen Überblick über
jeden einzelnen Teil gewähren.
Germaine Baronin von Staël, Über Deutschland

Der Unterschied zwischen Literatur
und Journalismus besteht darin,
dass der Journalismus unlesbar ist
und die Literatur nicht gelesen wird.
Oscar Wilde

Die Geschichte der Literatur ist
ebenso schwierig zu beschreiben wie
die Naturgeschichte. Dort wie hier hält
man sich an die besonders
hervortretenden Erscheinungen.
Heinrich Heine, Die romantische Schule

Die Literatur der Völker beginnt
mit Sagen und endet mit Romanen.
Joseph Joubert, Gedanken, Versuche und Maximen

Die Literatur hat mehr Blüten
als Früchte.
Sully Prudhomme, Gedanken

Die Literatur verdirbt sich nur
in dem Maße, als die Menschen
verdorbener werden.
Johann Wolfgang von Goethe,
Maximen und Reflexionen

Die Literatur wird heutzutage meist als
Kunsthandwerk betrieben.
Marie von Ebner-Eschenbach, Aphorismen

Die Zukunft der Literatur
liegt im Aphorismus.
Den kann man nicht verfilmen.
Gabriel Laub

Ein feiges Publikum erzeugt endlich
notwendig eine unverschämte Literatur.
Franz Grillparzer, Selbstbiographie

Ein literarischer Dieb, der sich das
Stehlen recht sauer werden lässt,
kann sein Leben lang für einen origi-
nellen und ehrlichen Mann gelten.
Marie von Ebner-Eschenbach, Aphorismen

Eine mit Schlagworten geohrfeigte
Zeit produziert eine geschwollene
Literatur.
Alfred Polgar

Eine Zeitung ist nicht sehr viel
literarischer als ein Stammtisch.
Jules Renard, Ideen, in Tinte getaucht.
Aus dem Tagebuch von Jules Renard

Einer der Mängel der heutigen Literatur besteht darin, dass unsere Gelehrten wenig Geist haben und unsere
geistreichen Leute nicht gelehrt sind.
Joseph Joubert, Gedanken, Versuche und Maximen

Gerechterweise sollten Literaten
auch dafür honoriert werden,
was zwischen den Zeilen steht.
Hans-Horst Skupy

Hängen auch alle Schmierer
und Reimer sich an dich, sie ziehen
Dich nicht hinunter, doch du ziehst sie
auch schwerlich hinauf.
Johann Wolfgang von Goethe/Friedrich Schiller,
Xenien

In jeder Epoche bildet sich eine literarische Manier aus, mit der auch die
geringeren Talente mehr oder weniger
gewandt zu wirtschaften verstehen
und die den Stil dieser Epoche
unfreiwillig parodiert.
Arthur Schnitzler, Buch der Sprüche und Bedenken

Jetzt, da sich eine Weltliteratur einlei-
tet, hat genau besehen, der Deutsche
am meisten zu verlieren; er wird wohl
tun, dieser Warnung nachzudenken.
Johann Wolfgang von Goethe,
Maximen und Reflexionen

Keine Literatur kann in puncto Zynismus das wirkliche Leben übertreffen.
Anton P. Tschechow, Briefe (14. Januar 1887)

Klassikerausgaben
sind mehr Möbel als Literatur.
Jacques Tati

Literatur ist gedruckter Unsinn.
August Strindberg

Literatur ist Kannibalismus
mit der Schreibmaschine.
Thornton Wilder

Mein Glück, meine Fähigkeiten und
jede Möglichkeit, irgendwie zu nützen,
liegen seit jeher im Literarischen.
Franz Kafka, Tagebücher (1911)

Mein Ziel ist literarischer Ruhm.
Das Gute, das ich mit meinen Werken
tun kann.
Leo N. Tolstoi, Tagebücher (1855)

Moderne Literatur ist die Kunst,
den richtigen Interpreten zu finden.
Wolfgang Herbst

Nichts ist verächtlicher, als wenn
Literaten Literaten Literaten nennen.
Kurt Tucholsky

Nichts macht die Geister in der Literatur so unvorsichtig und verwegen
wie die Unkenntnis der Vergangenheit
und die Verachtung der alten Bücher.
Joseph Joubert, Gedanken, Versuche und Maximen

Niemals ist es das Problem,
das du gewählt, niemals der Geist,
mit dem du es behandelt, was dein
Werk in die Zukunft tragen wird;
immer sind es nur die Gestalten,
die du gebildet und die Atmosphäre,
die du rings um sie geschaffen.
Arthur Schnitzler, Buch der Sprüche und Bedenken

Nur die Literatur
kann Literaturgeschichte schreiben.
Hans Magnus Enzensberger

Sie werden für die Literatur keine bessere Polizei finden als die Kritik und
das eigene Gewissen der Autoren.
Anton P. Tschechow, Briefe (14. Januar 1887)

Unter allen Jahrhunderten
der Literatur hat es keines gegeben,
in dem man so viel gelesen hätte
wie in diesem, und keines, in dem man
weniger gelehrt gewesen wäre.
Jean-Jacques Rousseau, Emile

Von der Literatur aus gesehen,
ist mein Schicksal sehr einfach.
Der Sinn für die Darstellung meines
traumhaften innern Lebens hat alles
andere ins Nebensächliche gerückt,
und es ist in einer schrecklichen Weise
verkümmert und hört nicht auf,
zu verkümmern. Nichts anderes
kann mich jemals zufrieden stellen.
Franz Kafka, Tagebücher (1914)

Vor dem Druck darf man seine Werke
niemandem zeigen. Man bekommt
mehr schädliche Urteile als vernünftige Ratschläge zu hören.
Leo N. Tolstoi, Tagebücher (1854)

Was ist die Literatur?
Eine Aufblähung des Alphabets.
Werner Bergengruen

Welch müßige Beschäftigung ist doch
unsere ganze zensurabhängige Literatur!
Leo N. Tolstoi, Tagebücher (1904)

Wer in der Literatur etwas bedeuten
oder wenigstens eine fühlbare Umwälzung hervorrufen will, muss,
wie in der politischen Welt,
alles bereit finden
und zur rechten Zeit geboren sein.
Chamfort, Maximen und Gedanken

Wie es in der materiellen Produktion
und Konsumtion einen schädlichen
Luxus gibt, so auch in der Literatur.
Wilhelm Schulz, Die Statistik der Kultur

Zu plötzliches Auftreten in der Literatur wird nicht geschätzt.
Der strahlendste Ruhm
braucht sein Morgengrauen.
Antoine Comte de Rivarol, Maximen und Reflexionen

Lob

Allerdings geht es uns irgendwie
gut ein, wenn wir gelobt werden:
Aber darauf geben wir viel zu viel.
Michel Eyquem de Montaigne, Die Essais

Aufrichtig loben wir gewöhnlich
nur jene, die uns bewundern.
François de La Rochefoucauld, Reflexionen

Bewahre uns vor denen, die loben,
ehe sie unsern Wert erproben,
wie vor denen, die schelten,
ehe sie wissen, was wir gelten.
Friedrich Rückert

Dafür, dass uns am Lobe nichts liegt,
wollen wir besonders gelobt sein.
Marie von Ebner-Eschenbach, Aphorismen

Das Lob ist eine geschickte, versteckte
und kultivierte Schmeichelei, die
Geber und Empfänger in verschiedener
Weise befriedigt: Für den einen ist es
Belohnung seiner Leistung, für den
anderen Bestätigung seiner Objektiv-
ität und seiner Urteilskraft.
François de La Rochefoucauld, Reflexionen

Das Werk lobt den Meister.
Deutsches Sprichwort

Den Tadel der Menschen nahm ich
so lange gerne an,
bis ich einmal darauf achtete,
wen sie lobten.
Walter Rathenau, Auf dem Fechtboden des Geistes.
Aphorismen aus seinen Notizbüchern

Den Tag lob abends,
die Frau, wenn sie verbrannt ist,
Das Schwert, wenn's bewährt ist,
das Weib nach der Hochzeit,
Das Eis, wenn du drüben bist,
das Bier, wenn's getrunken ist.
Edda, Hávamál (Fragmente; verbrannt:
Leichenverbrennung)

Der Lobende stellt sich, als gebe er
zurück, in Wahrheit aber
will er mehr beschenkt sein!
Friedrich Nietzsche, Also sprach Zarathustra

Der Wunsch, ein Lob auch zu verdienen, bestärkt unsere guten Absichten.
François de La Rochefoucauld, Reflexionen

Die Anhänger eines großen Mannes
pflegen sich zu blenden, um sein Lob
besser singen zu können.
Friedrich Nietzsche, Menschliches, Allzumenschliches

Die einen werden durch großes Lob
schamhaft, die andern frech.
Friedrich Nietzsche

Die meisten sprechen,
wie sie nicht die Wahrheit, sondern ihr
Gefallen antreibt, und weder im Lob
noch im Tadel wird Maß gehalten.
Francesco Petrarca, Petrarca über sich selbst

Die schlimmste Art von Feinden
sind Lobredner.
Publius Cornelius Tacitus, Agricola

Die Welt schändet immer mehr,
was man loben soll, und lobt,
was man schänden soll.
Martin Luther, überliefert von Julius Wilhelm Zincgref
(Apophthegmata)

Edle Seelen zürnen leicht
bei ihrem Lob
Dem Lober, wenn sie dieser
überschwänglich lobt.
Euripides, Iphigenie in Aulis (Klytemnästra)

Ein Kranz
ist gar viel leichter binden,
Als ihm ein würdig Haupt
zu finden.
Johann Wolfgang von Goethe, Sprichwörtlich

Ein Narr lobt den andern.
Deutsches Sprichwort

Einen Mann, der des Lobes würdig ist,
lässt die Muse nicht sterben.
Horaz, Lieder

Empfindsame Kinder
und bedeutende Männer
ertragen Tadel nur in Lob
eingewickelt.
Walther von Hollander

Es gehört weniger Mut dazu,
der allein Tadelnde,
als der allein Lobende zu sein.
Marie von Ebner-Eschenbach, Aphorismen

Es gibt manche Menschen,
über die man besser schweigt,
als dass man sie nach Verdienst lobt.
Luc de Clapiers Marquis de Vauvenargues,
Unterdrückte Maximen

Es ist ein Zeichen von Mittelmäßigkeit,
nur mäßig zu loben.
Luc de Clapiers Marquis de Vauvenargues,
Reflexionen und Maximen

Es war ein Meisterschuss,
ich muss ihn loben.
Friedrich Schiller, Wilhelm Tell (Geßler)

Für einen Künstler ist es vor allem
gefährlich, gelobt zu werden.
Edvard Munch

Geist, Mut und Schönheit
werden durch Lob gesteigert.
François de La Rochefoucauld, Reflexionen

Gewöhnlich lobt man nur,
um gelobt zu werden.
François de La Rochefoucauld, Reflexionen

Ich glaubte mich gelobt,
dir danken wollt' ich schon;
Nun lobst du jeden Wicht,
beschämt schleich' ich davon.
Friedrich Rückert, Die Weisheit des Brahmanen

Ich preise laut, ich tadle leise.
Sprichwort aus Russland

Im Lobe ist mehr Zudringlichkeit
als im Tadel.
Friedrich Nietzsche, Jenseits von Gut und Böse

Jeder Krämer lobt seine Ware.
Deutsches Sprichwort

Lob dient nur dazu,
diejenigen zu verderben,
die daran Gefallen finden,
und stets gieren die Unwürdigsten
am meisten danach.
Jean-Jacques Rousseau, Julie oder
Die neue Héloïse (Saint-Preux)

Lob, ebenso wie Gold und Diamanten,
hat Wert nur durch seine Seltenheit.
Samuel Johnson, The Rambler

Lob ist eine Bringschuld.
Lothar Schmidt

Lob von niederen Menschen erschreckt
mich; denn ich muss dann auf ihren
Wegen gewandelt sein; von mittelmäßigen ist es mir langweilig,
von höheren entzückt es mich.
Adalbert Stifter, Briefe (an Gustav Heckenast,
29. Juli 1858)

Lob zurückzuweisen ist nur der
Wunsch, doppelt gelobt zu werden.
François de La Rochefoucauld, Reflexionen

Lobe das Wetter am Abend
und den Sohn,
wenn er graue Haare hat.
Sprichwort aus Finnland

Lobe den Narren, so schwillt er.
Deutsches Sprichwort

Lobe die Heirat nicht nach dem dritten
Tag, sondern nach dem dritten Jahr!
Sprichwort aus Russland

Man kann auch jemand damit schaden, dass man ihn für Leistungen
preist, die er nicht vollbracht hat.
Ludwig Marcuse, Argumente und Rezepte.
Ein Wörter-Buch für Zeitgenossen

Man lobt nicht gern und niemals
ohne eigenes Interesse.
François de La Rochefoucauld, Reflexionen

Man lobt nur, um selbst daraus
Gewinn zu ziehen.
François de La Rochefoucauld,
Nachgelassene Maximen

Man soll den Tag
nicht vor dem Abend loben.
Deutsches Sprichwort

Mittleren Menschen mag man den Mut
loben, Edlen die Besonnenheit.
Walter Rathenau, Auf dem Fechtboden des Geistes.
Aphorismen aus seinen Notizbüchern

Neben Lobhudeleien
gibt's Tadelhudeleien,
neben Freundeleien Feindeleien. Das
Neben ist die schlimmere Korruption.
Ludwig Marcuse, Argumente und Rezepte.
Ein Wörter-Buch für Zeitgenossen

Nicht immer groß muss die Gabe sein,
Oft erwirbt man mit wenigem Lob.
Edda, Hâvamâl (Des Hohen Lied)

Nichts spendet der Mensch
dem Menschen so gern wie Lorbeeren,
die noch nicht verdient sind.
Ludwig Marcuse, Argumente und Rezepte.
Ein Wörter-Buch für Zeitgenossen

Nur wenige sind verständig genug,
den Tadel, der ihnen nützt,
dem Lob vorzuziehen,
das ihnen schadet.
François de La Rochefoucauld, Reflexionen

Oft ist ein Vorwurf Lob,
ein Lob aber Beschimpfung.
François de La Rochefoucauld, Reflexionen

Oft vergiften wir unsere Lobreden, um
an dem Gelobten Fehler aufzuzeigen,
die wir anders nicht aufzudecken
wagen.
François de La Rochefoucauld, Reflexionen

Selig ist, der sich erwirbt
Lob und guten Leumund.
Unser Eigentum ist doch ungewiss
in des andern Brust.
Edda, Hâvamâl (Des Hohen Lied)

Solange man dich lobt,
glaube nur immer, dass du noch nicht
auf deiner eignen Bahn,
sondern auf der eines andern bist.
Friedrich Nietzsche, Menschliches, Allzumenschliches

Soll ich denn am Ende loben,
Was ich nicht begreife?
Johann Wolfgang von Goethe, Epigrammatisch

Tadeln ist leicht,
deshalb versuchen sich so viele darin.
Loben ist schwer,
darum tun es so wenige.
Anselm Feuerbach, Rom

Übermäßiges Lob blähet den Jüngling
auf und machet ihn eitel.
Plutarch, Über Kindererziehung

Von den Schlechten
verlacht zu werden, ist fast ein Lob.
Erasmus von Rotterdam, Handbüchlein
eines christlichen Streiters

Was freust du dich, dass du
von den Menschen gelobt worden bist,
die du selbst nicht loben kannst?
Lucius Annaeus Seneca, Briefe über Ethik

Wen jemand lobt,
dem stellt er sich gleich.
Johann Wolfgang von Goethe,
Maximen und Reflexionen

Wenn ein Politiker die Qualitäten
eines anderen lobt,
kann man daraus schließen,
dass er sich selbst für besser hält.
Lothar Schmidt

Wenn eine Tat aus Not geschieht,
dürfen und können ihr weder Lob
noch Tadel folgen.
Niccolò Machiavelli, Geschichte von Florenz

Wenn einer gelobt wird, glauben es
wenige, wenn er getadelt wird, alle.
Sprichwort aus Bosnien

Wenn man den Pfau lobt, breitet er
den Schwanz aus.
Deutsches Sprichwort

Wenn wir Lob bescheiden
zurückweisen, wollen wir
geschickter gelobt werden.
François de La Rochefoucauld, Unterdrückte Maximen

Wer andre loben will,
muss selbsten löblich sein,
Sonst trifft das Loben
leicht mit Schäden überein.
Friedrich von Logau, Sinngedichte

Wir lieben mitunter sogar das Lob,
das wir für nicht aufrichtig halten.
Luc de Clapiers Marquis de Vauvenargues,
Reflexionen und Maximen

Wir nehmen oft großes Lob hin,
ehe wir vernünftiges verdienen.
Luc de Clapiers Marquis de Vauvenargues,
Unterdrückte Maximen

Loch

Besser ein Loch zu sein als der Stöpsel.
Sprichwort aus Afrika

Die Maus soll das Loch suchen,
nicht das Loch die Maus.
Deutsches Sprichwort

Es ist eine schlecht Maus,
die nur ein Loch weiß.
Deutsches Sprichwort

Snobs sind Leute,
die am Käse nur die Löcher mögen,
und auch die nicht immer.
Paul Kuhn

Wenn ein Mensch ein Loch sieht,
hat er das Bestreben es auszufüllen.
Dabei fällt er meist hinein.
Kurt Tucholsky

Wo sich eine Schlange ein Loch
gebohrt hat, weiß sie auch einen Weg.
Chinesisches Sprichwort

Logik

Auch die Logik beruht aus Voraussetzungen, denen nichts in der wirklichen
Welt entspricht, zum Beispiel
auf der Voraussetzung der Gleichheit
von Dingen.
Friedrich Nietzsche, Menschliches, Allzumenschliches

Das Unlogische lockt die Frauen.
Michel Eyquem de Montaigne, Die Essais

Der Mensch hat solch eine Vorliebe für
das Systematisieren und die abstrakten
Schlussfolgerungen, dass er bereit ist,
die Wahrheit absichtlich zu entstellen,
bereit, mit den Augen nicht zu sehen,
mit den Ohren nicht zu hören, nur
damit seine Logik Recht behalte.
Fjodor M. Dostojewski, Aufzeichnungen
aus dem Untergrund

Die Eitelkeit der Logik ist ja imstande,
eines Menschen Hirn gänzlich
zu verwirren.
Edgar Allan Poe, Marginalien

Die gute Logik ist immer die nämliche,
man mag sie anwenden,
worauf man will.
Gotthold Ephraim Lessing, Anti-Goeze

Die Logik hat den Verdienst,
die Geister geschmeidig
gemacht zu haben.
André Maurois, Die Kunst zu leben

Die Logik ist
die Zwangsjacke der Phantasie.
Helmar Nahr

Die Logik ist nicht so stark,
wenn das Herz verletzt ist.
August Strindberg, Der Sohn der Magd

Die wahre Beredsamkeit
ist bewegte Logik.
Sully Prudhomme, Gedanken

Geist schlägt Brücken aus Regenbogenstoff über logische Abgründe.
Vorm Betreten wäre zu warnen.
Alfred Polgar, Kleine Schriften, Band 3. Irrlicht

In der Logik allein ist doch immer ein
Ungenüge, das schwermütig macht.
Fjodor M. Dostojewski, Der Jüngling

Logik ist die Leidenschaft,
zwei und zwei zu addieren.
Helmar Nahr

Logik ist ein Instrument
zum Aufpolstern der Vorurteile.
Elbert Hubbard

Logik ist ein Verfahren,
das uns glauben macht, dass
eine Sache, die nicht schwarz ist,
weiß sein müsse.
Richard Wiggins

Logik ist für die Grammatik,
was der Sinn für den Klang der Worte.
Joseph Joubert, Gedanken, Versuche und Maximen

Logik ist Glaubenssache.
Ernst Wilhelm Eschmann

Mit der Logik allein ist die menschliche Natur nicht zu besiegen.
Die Logik sieht drei Möglichkeiten,
dabei gibt es ihrer eine Million!
Fjodor M. Dostojewski, Raskolnikow

Moral ein Maulkorb für den Willen,
Logik ein Steigriemen für den Geist.
Franz Grillparzer, Aphorismen

Nach Karfreitag kommt Ostern.
Deutsches Sprichwort

Was wir Zufall nennen,
ist vielleicht die Logik Gottes.
Georges Bernanos

Wer sich widerlegt sieht,
erklärt gerne die Logik als Bosheit.
Lothar Schmidt

»Zerdenken« zerlegt ein Ganzes nach
Ursache und Wirkung (verknüpft)
logisch und macht das Zeithafte
raumhaft.
Oswald Spengler, Urfragen.
Fragmente aus dem Nachlass

Lohn

Amt ohne Sold macht Diebe.
Deutsches Sprichwort

Auf Angst und Schweiß
Folgt Ruh und Preis.
Abraham a Sancta Clara

Das Lied, das aus der Kehle dringt,
Ist Lohn, der reichlich lohnet.
Johann Wolfgang von Goethe, Der Sänger

Das Pferd will wohl den Hafer,
aber nicht den Sattel.
Deutsches Sprichwort

Denn wer vermöchte wohl jetzt
die Arbeitsleute zu zahlen?
Johann Wolfgang von Goethe, Hermann und Dorothea (3. Gesang)

Der Arbeitslohn ist die Summe des Geldes, die der Bourgeois für eine bestimmte Arbeitszeit oder für eine bestimmte Arbeitslieferung zahlt. Der Bourgois kauft also ihre Arbeit mit Geld. Für Geld verkaufen sie ihm ihre Arbeit.
Karl Marx, Lohnarbeit und Kapital

Der eine stets den Baum begießt
Der andere seine Frucht genießt.
Jüdische Spruchweisheit

Der erste Lohn der Gerechtigkeit
ist die Empfindung, dass man sie übt.
Jean-Jacques Rousseau, Emile

Der Lohn ist der Mühe Preis.
Martin Luther, Tischreden

Der Mühe gibt Gott Schaf und Kühe.
Deutsches Sprichwort

Die Entsagungen sind vergänglich,
ihr Lohn aber bleibt beständig.
Jean-Jacques Rousseau, Emile

Die Welt gibt bösen Lohn.
Deutsches Sprichwort

Ein Arzt, der keinen Lohn begehrt
Ist selten großen Lohnes wert.
Jüdische Spruchweisheit

Ein jeglicher, gut oder böse, nimmt
Sich seinen Lohn mit seiner Tat hinweg.
Johann Wolfgang von Goethe, Iphigenie auf Tauris (Pylades)

Eines Arbeiters Lohn
kommt zur Tür herein
und verschwindet im Kamin.
Sprichwort aus Spanien

Kühn ist das Mühen,
Herrlich der Lohn!
Johann Wolfgang von Goethe, Faust I (Soldaten)

Man muss jeden nach seinen Werken entlohnen.
Voltaire, Geschichte von Jenni

Mühe dich in regem Fleiße,
Hoffest du, o Herz, auf Lohn:
Denn es trägt, wer nicht vollbrachte,
Unverdient ihn nicht davon.
Hafis, Der Diwan

Oft ist die Ursache unserer Unzufriedenheit, dass wir statt belohnt nur entlohnt werden.
Erhard Blanck

Ohne Verdienst soll man auch nichts verdienen.
Chinesisches Sprichwort

Undank ist der Welten Lohn.
Deutsches Sprichwort

Wer arbeitet, hat ein Recht
auf seinen Lohn.
Neues Testament, Paulus (1 Timotheus 5, 18)

Wer belohnet den Meister?
Der zart antwortende Nachklang
Und der reine Reflex
aus der begegnenden Brust.
Johann Wolfgang von Goethe/Friedrich Schiller, Xenien

Wer den Lohn im Voraus erhält,
der verstaucht sich die Hände.
Sprichwort aus Spanien

Wer dient, bis dass er wird unwert,
Dem ist Undank zum Lohn beschert.
Georg Rollenhagen, Froschmeuseler

Wer im Dienst tüchtig ist,
soll auch Lohn essen,
damit nicht einer,
der seinem Herrn eifrig dient,
saumselig wird,
weil ihn der Hunger quält.
Ecbasis captivi in belehrender Gestalt (Fuchs)

Wer nicht Blut und Wasser schwitzt,
esse auch keinen Reis.
Chinesisches Sprichwort

Wer nicht über den Bergkamm steigt,
gelangt nicht in die Ebene.
Chinesisches Sprichwort

Wie man den Meister lohnt,
so wischt er das Schwert.
Deutsches Sprichwort

Zu großem Verdienst
gehört ein fetter Lohn.
Chinesisches Sprichwort

Zwei Dinge regieren die Welt:
Lohn und Strafe.
Sprichwort aus Bosnien

Lorbeer

Der Lorbeer und der Hochmut
sind gefährlich.
Adelbert von Chamisso, Gedichte

Ein Kranz ist gar viel leichter binden,
Als ihm ein würdig Haupt zu finden.
Johann Wolfgang von Goethe, Sprichwörtlich

In jedem Lorbeer
schläft ein Dornenkranz.
Ernst Ziel, Moderne Xenien

Lorbeer ist ein bittres Blatt,
Dem, der's sucht, und dem, der's hat.
Emanuel Geibel, Sprüche

Lorbeer zählt zu den seltenen Pflanzen, die man nicht säen, und doch ernten kann.
Peter Maiwald

Wer sich auf seinen Lorbeeren ausruht,
trägt sie an der falschen Stelle.
Mao Tse-Tung

Los

Den Dingen, denen du zugelost bist,
denen passe dich an;
und die Menschen, die du miterlost hast, die hab lieb, aber wahrhaft.
Mark Aurel, Selbstbetrachtungen

Es ruhen noch im Zeitenschoße
Die schwarzen und die heitern Lose.
Friedrich Schiller, Lied von der Glocke

Wie in einen Lostopf greifst du
in die dunkle Zukunft: Was du fassest,
ist noch zugerollt, dir unbewusst,
sei's Treffer oder Fehler!
Johann Wolfgang von Goethe, Egmont (Alba)

Löschen

Leicht wird ein kleines Feuer ausgetreten,
Das, erst geduldet,
Flüsse nicht mehr löschen.
William Shakespeare, Heinrich VI. (Clarence)

Wer den Funken löscht,
muss nicht sein Strohdach löschen.
Chinesisches Sprichwort

Lösung

Das Schlimme ist, dass wir die einfachsten Fragen mit Tricks zu lösen versuchen, darum machen wir sie auch so ungewöhnlich kompliziert. Man muss nach einfachen Lösungen suchen.
Anton P. Tschechow, Notizbücher

Frauen tun so, als seien sie Rätsel.
Die meisten sind aber schon die Lösung.
Jean-Luc Godard

Gott ist keine Lösung.
Das bringt nichts.
Jules Renard, Ideen, in Tinte getaucht.
Aus dem Tagebuch von Jules Renard

Man durchschneide nicht,
was man lösen kann.
Joseph Joubert, Gedanken, Versuche und Maximen

Unauflösliches, wer löst es?
Liebende, sich wiederfinden.
Johann Wolfgang von Goethe, West-östlicher Divan

Was nicht zusammen kann
Bestehen, tut am besten sich zu lösen.
Friedrich Schiller, Die Jungfrau von Orleans (Lionel)

Wer ein Problem definiert,
hat es schon halb gelöst.
Julian Huxley

Lotterie

Arbeitsamkeit ist die beste Lotterie.
Deutsches Sprichwort

Wie glücklich würde sich
der Affe schätzen,
Könnt er nur auch
ins Lotto setzen!
Johann Wolfgang von Goethe, Faust I (Mephisto)

Löwe

Besser ein toter Löwe,
als ein lebendiger Hund!
Emil Gött, Zettelsprüche. Aphorismen

Den Kopf in den Rachen des Löwen
zu stecken, ist auch nicht gefährlicher,
als ihn von einer Frau
streicheln zu lassen.
David Herbert Lawrence

Der Mensch ist wie der Löwe
in der Fabel, der seine eigenen
Reißzähne beschimpft, weil ihm das
Beutetier leid tut – nachdem es ihm
gut geschmeckt hat.
Horst Stern

Die Löwin hat nur ein Junges –
aber es ist ein Löwe.
Sprichwort aus Montenegro

Doch der Mensch weiß ihn zu zähmen,
und das grausamste der Geschöpfe hat
Ehrfurcht vor dem Ebenbilde Gottes.
Johann Wolfgang von Goethe, Novelle

Einigkeit beim Vieh macht, dass der
Löwe sich hungrig niederlegen muss.
Sprichwort aus Afrika

Löwen sind Schmetterlingen
nicht lästig.
Martial, Epigramme

Von dem Löwen berichten die Bücher
(...): Wenn er auf den Bergen oder im
Wald geht und wenn die Jäger ihn
jagen und wenn ihm dann ihr Geruch
in die Nase kommt, so verwischt er
seine Spur mit dem Schwanz,
damit man ihn nicht fangen kann.
Jüngerer deutscher Physiologus (um 1140)

Wenn der Löwe schläft,
hat er die Augen offen.
Jüngerer deutscher Physiologus (um 1140)

Lucia (13.12.)

Sankt Luzia kürzt den Tag,
so viel sie ihn kürzen mag.
Bauernregel

Luft

Die Weißen scheinen die Luft,
die sie atmen, nicht wahrzunehmen.
Wie ein Mensch,
der seit vielen Tagen im Sterben liegt,
sind sie abgestumpft gegen den Gestank.
Seattle, Die Rede des Indianerhäuptlings Seattle.
Neuere Version

Es ist gut, sich aus den Verhältnissen
herauszulösen, die einem
die Luft benehmen.
Paula Modersohn-Becker, Briefe (an die Familie,
23. Februar 1901)

In diesem entlegenen Fleckchen Erde
waren die Sitten noch so rein
wie die Luft ringsum.
Voltaire, Der Mann mit den vierzig Talern

Luft! Luft!
Mir erstickt das Herz!
Richard Wagner, Tristan und Isolde (Isolde)

Sind wir ein Spiel
von jedem Druck der Luft?
Johann Wolfgang von Goethe, Feust I (Faust)

Von der Luft kann man nicht leben.
Deutsches Sprichwort

Worte sind Luft.
Aber die Luft wird zum Wind,
und der Wind macht die Schiffe segeln.
Arthur Koestler

Luftschloss

Der Bau von Luftschlössern
kostet nichts, aber ihre Zerstörung
ist sehr teuer.
François Mauriac

Für den Bau von Luftschlössern gibt
es keine architektonischen Regeln.
Gilbert Keith Chesterton

Ich denke, wenn man etwas in die Luft
bauen will, so sind es immer besser
Schlösser als Kartenhäuser.
Georg Christoph Lichtenberg, Sudelbücher

Mein Luftschloss ist mein Haus!
Wilhelm Raabe, Alte Nester

Lüge

Alle historischen Bücher,
die keine Lügen enthalten,
sind schrecklich langweilig.
Anatole France, Die Schuld des Professors Bonnard

Alle Menschen werden aufrichtig
geboren und sterben als Lügner.
Luc de Clapiers Marquis de Vauvenargues,
Nachgelassene Maximen

Alle trügerischen Lehren, welche das
Herz Lügen straft, überzeugen nicht.
Jean-Jacques Rousseau, Emile

Alles wird geleugnet werden.
Alles wird Glaubensartikel werden.
Gilbert Keith Chesterton, Heretiker

Am feinsten lügt das Plausible.
Emil Gött, Im Selbstgespräch

Andere belügen ist bei weitem nicht so
schlimm, wie sich selbst belügen.
Leo N. Tolstoi, Tagebücher (1896)

Auch das ist Lüge und oft die kläg-
lichste von allen: sich anzustellen,
als wenn man einem Lügner
seine Lüge glaubte.
Arthur Schnitzler, Buch der Sprüche und Bedenken

Auch verlogene Menschen
lügen bisweilen –
und erfahren so, was Wahrheit ist.
Ludwig Marcuse, Argumente und Rezepte.
Ein Wörter-Buch für Zeitgenossen

Auch wenn die Menschen an dem,
was sie sagen, nicht innerlich beteiligt
sind, so darf man darauf nicht unbedingt schließen, dass sie nicht lügen;
denn es gibt Leute, welche lügen,
einfach nur um zu lügen.
Blaise Pascal, Pensées

Auf Grabschriften stehen auch
die größten Lügen.
Karl Julius Weber, Democritos

Aus der Ferne ist gut lügen.
Deutsches Sprichwort

Betrug war alles, Lug und Schein!
Johann Wolfgang von Goethe, Faust I (Siebel)

Bisweilen wird die Wahrheit als ein
Ideal hingestellt. Das ist falsch:
Wahrheit ist Fehlen von Lüge.
Leo N. Tolstoi, Tagebücher (1906)

Das Auge erkennt die Wahrheit,
das Ohr erkennt die Lüge.
Chinesisches Sprichwort

Das Finanzamt hat mehr Männer
zu Lügnern gemacht als die Ehe.
Robert Lembke, Steinwürfe im Glashaus

Das Herz lügt nicht.
Deutsches Sprichwort

Das Tüttelchen Wahrheit,
das in mancher Lüge enthalten ist,
das macht sie fruchtbar.
Marie von Ebner-Eschenbach, Aphorismen

Dem Jungen ist das Lügen schädlich,
dem Alten ist es nicht mehr nötig.
Sprichwort aus Russland

Der beste Lügner ist der,
der mit den wenigsten Lügen
am längsten auskommt.
Samuel Butler, Der Weg allen Fleisches

Der felsenfesten Wahrheit
bringt der Mensch Verehrung
nicht entgegen:
wohl aber einer schönen Lüge.
Gilbert Keith Chesterton, Heretiker

Der Lügendetektor
beruht auf dem einfachen Prinzip,
dass es anstrengender ist,
zu lügen, als die Wahrheit zu sagen.
Dagobert Lindlau

Der Mensch neigt von Natur zur Lüge;
die Wahrheit ist schlicht
und schmucklos, er aber sucht
falschen Schein und Schmuck.
Jean de La Bruyère, Die Charaktere

Die Ablehnung der Lüge ist oft nur das
versteckte Bestreben, unsere Worte
beachtenswert zu machen und ihnen
den Anschein von Offenbarungen
zu geben.
François de La Rochefoucauld, Reflexionen

Die Blattlaus frisst Pflanzen, der Rost
Metalle und die Lüge die Seele.
Anton P. Tschechow, Notizbücher

Die erste Sünde auf Erden –
zum Glücke beging sie der Teufel
auf dem Erkenntnisbaum –
war eine Lüge; und die letzte
wird auch eine sein;
und dem Wachstum an Wahrheiten
büßet die Welt durch Verarmung
an Wahrhaftigkeit.
Jean Paul, Levana

Die hinterhältigste Lüge
ist die Auslassung.
Simone de Beauvoir

Die Leute, die sich belügen lassen,
sind gefährlicher als diejenigen, die
belügen; und die Leute, die sich verderben lassen, schändlicher, als die
Verderber es sind. Denn es ist ein psy-
chologisches Gesetz, dass die Dummen
und die Schwachen, keineswegs ganz
unbewusst, nach den Leuten auf der
Suche sind, von denen sie Lüge und
Verderbnis erwarten, und nicht eher
ruhen, als bis sie sie gefunden haben.
Arthur Schnitzler, Buch der Sprüche und Bedenken

Die Lüge berührt nicht die Wirklichkeit. Die Lüge bewegt nichts. Man
kann tausend Lügen daherbringen;
es tut sich nichts, weil man etwas
Fiktives, etwas Unwirkliches berührte.
Erich Fromm, Seele und Gesellschaft

Die Lüge hat zwei Steigerungsformen:
Diplomatie und Statistik.
Marcel Achard

Die Lüge ist die Religion der Knechte
und Herren, die Wahrheit ist die Gottheit der freien Menschen.
Maxim Gorki, Nachtasyl

Die Lüge ist ein sehr trauriger Ersatz
für die Wahrheit,
aber sie ist der einzige,
den man bis heute entdeckt hat.
Elbert Hubbard

Die Lüge ist einfacher als die Wahrheit. Sie wird deshalb eher geglaubt.
Manfred Rommel, Rommel-Kalender

Die Lüge kann nie zur Wahrheit
werden dadurch, dass sie an Macht
wächst.
Ravindranath Thakur, Verirrte Vögel

Die Lüge reicht zur Wahrheit
nicht hinan
Mit allen ihren giftgetränkten Pfeilen.
Gerhart Hauptmann, Der arme Heinrich

Die Lüge tötet die Liebe.
Aber die Aufrichtigkeit
tötet sie erst recht.
Ernest Hemingway

Die Lügen der Frauen unterscheiden
sich von den Lügen der Männer,
wie sich ein Florett von einem
Kavalleriesäbel unterscheidet.
Sascha Guitry

Die meisten unserer heutigen Wahrheiten haben so kurze Beine, dass sie
gerade so gut Lügen sein könnten.
Egon Friedell, Egon Friedells Konversationslexikon

Die Traumkunst träumt,
und alle Zeichen lügen.
Friedrich Schiller, Die Braut von Messina (Isabella)

Die Treulosigkeit ist sozusagen
eine Lüge der ganzen Person.
Jean de La Bruyère, Die Charaktere

Diener lügen oft nur
aus Ehrerbietung und Furcht.
Joseph Joubert, Gedanken, Versuche und Maximen

Du bist und bleibst ein Lügner,
ein Sophiste.
Johann Wolfgang von Goethe, Faust I (Faust)

Du hast mir nicht gehorcht,
und hast noch dazu gelogen,
du bist nicht mehr würdig,
im Himmel zu sein.
Jacob und Wilhelm Grimm, Marienkind

Du musst bedenken, dass eine Lüge
dich nicht bloß eine Wahrheit kostet,
sondern die Wahrheit überhaupt.
Friedrich Hebbel, Tagebücher

Durch Lüge wird der Mensch nie auf
die Dauer etwas Gutes bewirken.
Caspar David Friedrich, Äußerung bei Betrachtung
einer Sammlung von Gemälden

Ein entscheidender Unterschied zwischen einer Katze und einer Lüge ist,
dass eine Katze nur neun Leben hat.
Mark Twain, Querkopf Wilsons Kalender

Ein halb leeres Glas Wein
ist zwar zugleich ein halb volles,
aber eine halbe Lüge mitnichten
eine halbe Wahrheit.
Jean Cocteau

Ein Kasten voll Lügen
wird nicht durchs Stadttor gelassen.
Chinesisches Sprichwort

Ein Lüg ist wie ein Schneeball; je länger man ihn wälzt, je größer er wird.
Martin Luther, Tischreden

Ein Lügner muss ein gutes
Gedächtnis haben.
Pierre Corneille, Der Lügner

Ein Mensch verbreitet eine Lüge,
und hundert andere verbreiten sie
als Wahrheit.
Chinesisches Sprichwort

Ein Schwindel wird mitunter wahr.
Chinesisches Sprichwort

Ein volles Herz hat noch nie gelogen.
Sprichwort aus Schottland

Ein wenig Wahrheit
lässt eine ganze Lüge passieren.
Sprichwort aus Italien

Eine Frau ist ehrlich, wenn sie keine
überflüssigen Lügen sagt.
Anatole France, Die rote Lilie

Eine geistreiche Lüge ist eine
geheime Huldigung an den Menschen,
den man angelogen hat.
Sascha Guitry

Eine gelungene Lüge wird die Mutter
der Lügen; und aus jedem Wind-Ei
brütet der Teufel seine Basilisken aus.
Jean Paul, Levana

Eine Lüge, die Gutes bewirkt, ist besser
als eine Wahrheit, die Unglück bringt.
Sprichwort aus Persien

Eine Lüge hat keine Beine,
aber ein Skandal hat Flügel.
Sprichwort aus England

Eine Lüge ist bereits dreimal
um die Erde gelaufen, bevor sich
die Wahrheit die Schuhe anzieht.
Mark Twain

Einem Lügner pflegen wir nicht
einmal dann zu glauben,
wenn er die Wahrheit spricht.
Marcus Tullius Cicero, Über die Wahrsagung

Er hört den Wind und sagt,
es wäre Regen.
Chinesisches Sprichwort

Es gibt einen Grad von eingefleischter
Verlogenheit, den nennt man
»das gute Gewissen«.
Friedrich Nietzsche

Es gibt keine Bedingungen,
die eine Lüge rechtfertigen.
Anton P. Tschechow, Briefe (2. Januar 1900)

Es gibt keine Notlügen; noch nie ist
eine Unwahrheit gesprochen worden,
die nicht früh oder spät nachteilige
Folgen für jedermann gehabt hätte.
Adolph Freiherr von Knigge,
Über den Umgang mit Menschen

Es ist immer die beste Politik,
die Wahrheit zu sagen,
es sei denn,
man ist ein ungewöhnlich guter Lügner.
Jerome K. Jerome

Es ist in der Tat ein wohlfeiles Mittel,
seine Gegner loszuwerden, indem man
sie durch Verdrehungen und Lügen-
gewebe lächerlich zu machen sucht.
Louise Otto-Peters, Die Demokratinnen

Es ist zu wenig, nicht direkt zu lügen,
man muss sich bemühen,
auch nicht negativ zu lügen,
indem man verschweigt.
Leo N. Tolstoi, Tagebücher (1853)

Es wird niemals so viel gelogen wie
vor der Wahl, während des Krieges
und nach der Jagd.
Otto Fürst von Bismarck

Fahret wohl, ihr feigen Lügen!
ihr wart niemals meine Wahl.
Franz Grillparzer, Die Ahnfrau (Jaromir)

Gemein Gerücht ist selten erlogen.
Deutsches Sprichwort

Gewiss, Lügner haben ein so großes
Bedürfnis zu lügen, dass man zuletzt
Mitleid hat und ihnen hilft.
Jules Renard, Ideen, in Tinte getaucht.
Aus dem Tagebuch von Jules Renard

Hast du Fleisch vom Wasserbüffel,
dann behaupte nicht, es sei vom Esel.
Chinesisches Sprichwort

Ich kenne einen Kollegen, der behauptet, es gäbe nichts Schöneres als eine
kalte Dusche gleich nach dem Aufstehen. Er lügt auch sonst.
Robert Lembke, Steinwürfe im Glashaus

In einer fremden Sprache
lügt es sich schwerer.
Robert Lembke, Steinwürfe im Glashaus

In gewissem Munde
wird auch die Wahrheit zur Lüge.
Thomas Mann, Vom zukünftigen Sieg der Demokratie

Ist die Lüge auch schnell,
die Wahrheit wird sie überholen.
Sprichwort aus Italien

Jede Lüge missfalle dir,
denn sie hat nichts Gutes zu erhoffen.
Altes Testament, Jesus Sirach 7, 13

Keine Anklageschrift
kommt ohne Lüge aus.
Chinesisches Sprichwort

Keinen Anlass zur Lüge haben,
heißt noch nicht: aufrichtig sein.
Arthur Schnitzler, Buch der Sprüche und Bedenken

Kleine Kinder lügen oft, aus mangelndem Erinnerungsvermögen.
August Strindberg, Der Sohn der Magd

Kummer des Lügners:
dass man nur von A bis Z lügen kann.
Peter Maiwald

Kunst ist eine Lüge,
die uns die Wahrheit erkennen lässt.
Pablo Picasso

Lüge ist die erste Staffel zum Galgen.
Deutsches Sprichwort

Lügen haben kurze Beine.
Deutsches Sprichwort

Lügner pflegen für ihre Missetat
Strafe zu erleiden.
Phaedrus, Fabeln

Nehmen Sie
einem Durchschnittsmenschen
die Lebenslüge,
und Sie nehmen ihm
zu gleicher Zeit das Glück.
Henrik Ibsen, Die Wildente (Relling)

Nicht aus Ehrgeiz lügen die meisten
Leute: Sie wollen durch den Erfolg
einer Geschichte die Aufmerksamkeit
auf sich lenken.
Charles de Secondat, Baron de la Brède
et de Montesquieu, Meine Gedanken

Nur Frauen und Ärzte wissen,
wie gern sich die Männer
belügen lassen!
Anatole France

Nur Narren verachten die Lüge.
William Saroyan

Sage nicht die Wahrheit – und du
wirst bald ein angesehenes Mitglied
der menschlichen Gesellschaft.
Chinesisches Sprichwort

Sagt mir keine Lügen;
das schickt sich nur für Handelsleute.
William Shakespeare, Das Wintermärchen (Atolycus)

Schmerz zwingt sogar Unschuldige
zu lügen.
Publilius Syrus, Sentenzen

Schöne Lügen sind hilfreich.
Sprichwort aus Frankreich

Schuldenmacher sind Lügner.
Samuel Smiles, Charakter

Schwächlinge müssen lügen, sie
mögen es hassen, wie sie wollen.
Ein Droh-Blick treibt sie
mitten ins Sündengarn.
Jean Paul, Levana

Sein Wams mit Lügen flicken.
Emil Gött, Zettelsprüche. Aphorismen

Sich pudern und schminken ist gewiss
ein geringeres Vergehen,
als das Gegenteil von dem sagen,
was man denkt.
Jean de La Bruyère, Die Charaktere

Spare dir deine Worte, wenn du nur so
abgeschmackte und so ungeheuerliche
Flunkereien weißt!
Lucius Apuleius, Der goldene Esel

Stil ist eine Art von Lüge.
Es ist ein Ornament,
das die Architektur versteckt.
Peter Ustinov, Peter Ustinovs geflügelte Worte

Um eine Unrichtigkeit als Lüge schmähen zu dürfen, müssen wir sie erst des bösen Willens überweisen. Und ehe wir uns vor einer Richtigkeit beugen wie vor einer Wahrheit, muss uns der Glorienschein des Muts von ihrer Stirne entgegenstrahlen.
Arthur Schnitzler, Buch der Sprüche und Bedenken

Unter den Leiden und Schrecknissen der blutigen Kriege unsres Jahrhunderts, die ganze Völker verzehren, vollzieht sich der fürchterlichste aller Kriege beinah unbeachtet: der dämonische Kampf der Lüge gegen die Wahrheit, in welchem das Individuum gegen alle kollektiven Mächte allein steht.
Emil Barth, Lemuria, Aufzeichnungen und Meditationen (1943–45), Präludien

Untergang der Lügenbrut!
Friedrich Schiller, An die Freude

Verallgemeinerungen sind Lügen.
Gerhart Hauptmann, Aufzeichnungen

Vermeiden Sie die Lüge, jede Lüge, die Lüge vor sich selbst ganz besonders.
Fjodor M. Dostojewski, Die Brüder Karamasow

Vom Hörensagen kommen die Lügen ins Land.
Deutsches Sprichwort

Was du teurer bezahlst, die Lüge oder die Wahrheit? Jene kostet dein Ich, diese doch höchstens dein Glück!
Friedrich Hebbel, Gedichte

Was wir für gewöhnlich Lüge zu nennen pflegen, ist meist nur ihre mildeste und harmloseste Form. Die echte, die wahrhaftige Lüge, wenn man so sagen darf, hört auf ganz andere, viel vornehmere Namen, und sie fühlte sich kaum betroffen, wenn man sie als Lüge bezeichnete.
Arthur Schnitzler, Buch der Sprüche und Bedenken

Wenn ich die Wahrheit sagen sollte, müsst' ich lügen.
Erich Kästner, Kurz und bündig. Epigramme

Wenn ich irre, kann es jeder bemerken, wenn ich lüge, nicht.
Johann Wolfgang von Goethe, Maximen und Reflexionen

Wenn Lügen Latein wären, gäbe es viele Gelehrte.
Sprichwort aus Dänemark

Wenn man argwöhnt, dass einer lüge, stelle man sich gläubig: Da wird er dreist, lügt stärker und ist entlarvt.
Arthur Schopenhauer, Aphorismen zur Lebensweisheit

Wenn man mit den Lügen anfängt, bekommen sie immer längere Beine und am Schlusse stolzieren sie ganz ordentlich als Wahrheiten einher, die man selbst glaubt.
Heimito von Doderer, Repertorium. Ein Begriffbuch von höheren und niederen Lebens-Sachen

Wenn nur die Lüge uns retten kann, so ist es aus, so sind wir verloren.
Jean-Jacques Rousseau, Julie oder Die neue Héloïse (Julie)

Wenn sich jemand selbst belügen will, so gelingt es ihm sehr bald.
Karl Emil Franzos, Die Juden von Barnow

Wenn wir uns bewusst würden, was für eine scheußliche und ernste Sache das Lügen ist, würden wir mit Feuer und Schwert dagegen angehen.
Michel Eyquem de Montaigne, Die Essais

Wer arm ist, der darf sich was vorlügen – das ist sein Recht. Vielleicht sein einziges Recht.
Ödön von Horváth, Ein Kind unserer Zeit

Wer die Gewalt als seine Methode proklamiert hat, muss die Lüge zu seinem Prinzip machen.
Alexander Solschenizyn

Wer eine Lüge sagt, merkt nicht, welch große Aufgabe er übernimmt; denn er wird gezwungen sein, zwanzig weitere zu finden, um diese aufrechtzuerhalten.
Alexander Pope

Wer einmal lügt, dem glaubt man nicht, und wenn er auch die Wahrheit spricht.
Deutsches Sprichwort

Wer einmal lügt, muss oft zu lügen sich gewöhnen; Denn sieben Lügen braucht's, um eine zu beschönen.
Friedrich Rückert, Die Weisheit des Brahmanen

Wer fein das Maul hält, braucht nicht en detail zu lügen.
Emil Gött, Im Selbstgespräch

Wer für dich lügt, wird auch gegen dich lügen.
Sprichwort aus Bosnien

Wer in der Wahrheit unglaubwürdig ist, der ist es auch in der Lüge.
Michel Eyquem de Montaigne, Die Essais

Wer keine Überzeugung hat, lügt immer, er mag sagen, was er will.
Ludwig Reiners, Stilkunst IV, Echtheit und Gewicht

Wer keinen Anlaß zum Lügen hat, ist stolz darauf, kein Lügner zu sein.
Friedrich Nietzsche

Wer lügen will, muss ein gutes Gedächtnis haben.
Deutsches Sprichwort

Wer lügt, der stiehlt, wer stiehlt, der lügt.
Deutsches Sprichwort

Wer Schulden hat, muss auch notwendig lügen.
Herodot, Historien

Wer sich selbst belügt und auf seine eigene Lüge hört, kommt schließlich dahin, dass er keine einzige Wahrheit mehr, weder in sich noch um sich, unterscheidet.
Fjodor M. Dostojewski, Die Brüder Karamasow

Wie nützlich ist die Kunst, zur rechten Zeit zu lügen!
Pierre Corneille, Der Lügner

Wie viel, im Sturm zu Gott gelobt, Wird Lüge, wenn er ausgetobt.
Jüdische Spruchweisheit

Wir reden uns oft unsere eigenen Lügen ein, um uns nicht Lügen strafen zu müssen, und täuschen uns selbst, um die anderen zu täuschen.
Luc de Clapiers Marquis de Vauvenargues, Unterdrückte Maximen

Zehntausend Laster will ich jedem, nur allein Die Lüge und die feige Bosheit nicht verzehn.
Carl Spitteler, Olympischer Frühling

Zu einer Lüge gehören immer sieben Lügen.
Deutsches Sprichwort

Lukas (18.10.)

Wer an Lukas Roggen streut, es im Jahr drauf nicht bereut.
Bauernregel

Lust

Alles schlechthin Lustvolle ist auch rechtschaffen, und alles schlechthin Gute auch lustvoll.
Aristoteles, Eudemische Ethik

Beeile dich, solange die Lust anhält!
Terenz, Phormio

Blicke auf mich, der ich in Zerknirschung aus der elenden Sklaverei, der schmutzigen Lust der Schweine, in der ich vor Hunger verschmachtet, jetzt zurückkehre, um in deinem Hause mich wieder zu sättigen.
Nikolaus von Kues, Über die Schauung Gottes

Lust

Das Lustgefühl ist ein seelischer Vorgang, und jeder hat Lust an dem, was er liebt.
Aristoteles, Nikomachische Ethik

Den Entdeckern folgen die Okkupanten. Ist die Lust unschuldig am Mord?
Emil Gött, Im Selbstgespräch

Der Glaube, das, was man wünscht, zu erreichen, ist immer lustvoll.
Aristoteles, Psychologie

Der Kampf um die Lust ist der Kampf um das Leben.
Friedrich Nietzsche, Menschliches, Allzumenschliches

Der Mensch ist außerstande, etwas zu unterlassen, was ihm mehr als alle anderen Dinge Lust erzeugt.
Stendhal, Über die Liebe

Der Schmerz ist Herr, und Sklavin ist die Lust.
Wilhelm Busch, Kritik des Herzens

Der Sinn aller Menschen wendet sich rasch von der Mühe zur Lust.
Terenz, Andria

Die beste Macht bei Sinnenlust
Hast du in deiner eignen Brust.
Jüdische Spruchweisheit

Die einen nämlich erklären die Lust für das höchste Gut, die andern im Gegensatz dazu für das ganz Böse.
Aristoteles, Nikomachische Ethik

Die Frau ist ein köstliches Instrument der Lust, aber man muss die erzitternden Saiten kennen,
muss lernen, wie es anzusetzen ist, wie mit wechselndem Fingersatz die Töne zu meistern sind.
Honoré de Balzac, Die Physiologie der Ehe

Die geschlechtliche Lust bei der Frau kann mit der Sonne verglichen werden, die milde und leicht und ständig die Erde mit ihrer warmen Glut durchdringt, auf dass sie Früchte hervorbringt.
Hildegard von Bingen, Heilkunde

Die Lust ist eine Art Vollendung des Wirkens.
Thomas von Aquin, Summe gegen die Heiden

Die Lust ist etwas Ganzes, und in keinem Augenblick könnte jemand ein Lustgefühl empfinden, dessen Form erst durch eine längere zeitliche Dauer zur Vollendung käme.
Aristoteles, Nikomachische Ethik

Die Menge, die eine Sklavengesinnung hat, gibt nun sichtlich dem Leben nach Art der Tiere den Vorzug, und sie kann sich mit Grund darauf berufen, dass viele Leute mit Vermögen und Stellung ein Leben der Wollust führen.
Aristoteles, Nikomachische Ethik

Die Musik gewährt die höchste Lust, sowohl als reine Instrumentalmusik wie mit begleitendem Gesang.
Aristoteles, Älteste Politik

Die wichtigste Methode bei der Befreiung der Frau ist das Ablegen von Zwanghaftigkeit und Zwängen und die Einsetzung des Lustprinzips.
Germaine Greer, Der weibliche Eunuch

Ein lustvolles Leben und wahrhafte Freude wird allein oder doch im höchsten Grade dem Philosophen zuteil.
Aristoteles, Protreptikos

Einmal hervorgerufen, ist die Lust eine autonome Empfindung.
Simone de Beauvoir, Das andere Geschlecht

Es ist die große Zahl der Menschen so, dass sie zuerst ihrer selbst gedenkt, und auch nicht recht ihrer selbst, sondern ihrer Lust.
Adalbert Stifter, Witiko

Es kann keine leibliche oder fleischliche Lust geben ohne geistigen Schaden. Denn das Fleisch begehrt wider den Geist, und der Geist begehrt wider das Fleisch.
Meister Eckhart, Traktate

Für die Liebhaber des Guten aber ist das lustvoll, was es von Natur ist. Solcher Art aber ist das rechtschaffene Handeln, und daher ist es für diese Menschen und an sich lustvoll.
Aristoteles, Nikomachische Ethik

Gesang ist der Sterblichen höchste Lust.
Musaios, überliefert von Aristoteles (Älteste Politik)

Glück, Lust, Entzücken,
wie scharf sind eure Pfeile!
Wer kann ihre Verletzung ertragen?
Jean-Jacques Rousseau, Julie oder Die neue Héloïse (Saint-Preux)

Ich aber rufe zu fortdauernden Lustempfindungen auf und nicht zu sinnlosen und nichts sagenden Tugenden, die nur verworrene Illusionen über mögliche Früchte in sich bergen.
Epikur, Briefe an Freunde und Verwandte. In: Briefe, Sprüche, Werkfragmente

Ich spucke auf die Vollkommenheit und jene, die sie sinnlos anstaunen, wenn sie keine Lust erzeugt.
Epikur, Briefe an Freunde und Verwandte. In: Briefe, Sprüche, Werkfragmente

Im Schmerz ist so viel Weisheit wie in der Lust.
Friedrich Nietzsche, Die fröhliche Wissenschaft

In die Reinheit deines Herzens lass nicht die Lust der Welt.
Otfrid von Weissenburg, Evangelienbuch

In ihrer mütterlichen Fürsorge hat die Natur die weise Regel beobachtet: Was sie zur Erhaltung unserer Existenz von uns verlangt, das bereitet uns auch Lust; sie leitet uns dazu hin, nicht nur durch die Vernunft, sondern auch durch das Gelüst – es ist Unrecht, ihr Gesetz zu verfälschen.
Michel Eyquem de Montaigne, Die Essais

In uns lebt nicht allein die Lust, die wir mit den Tieren,
sondern auch die Lust,
die wir mit den Engeln gemein haben.
Thomas von Aquin, Summa theologica

Ist die Lust gestillt, so hat weder der Mann diese Frau noch die Frau diesen Mann mehr nötig.
Jean-Jacques Rousseau, Über den Ursprung und die Grundlagen der Ungleichheit

Jegliches Ding wird zu einer Quelle der Lust, soweit es geliebt wird.
Thomas von Aquin, Summa theologica

Keine Lehre findet so viele Lehrer als die Glückseligkeit- oder Lustlehre; als ob diese nicht schon in jedem Katzen-, Geier- und anderem Tier-Herzen ihren Lehr- und Thronsitz aufgeschlagen hätte. Wollt ihr lehren, was das Vieh weiß?
Jean Paul, Levana

Keine Lust ist an sich ein Übel. Aber das, was bestimmte Lustempfindungen verschafft, führt Störungen herbei, die um vieles stärker sind als Lustempfindungen.
Epikur, Sprüche. In: Briefe, Sprüche, Werkfragmente

Keine Lust ist stärker als Eros.
Platon, Das Gastmahl (Diotima)

Kunst ist Beitrag zur Erziehung zur Lustfähigkeit und damit zur Menschlichkeit!
Kurt Lüthi, in: Zeitschrift für Evangelische Ethik 2/1975

Kurze Lust, lange Reue.
Deutsches Sprichwort

Lust ist der Übergang des Menschen von geringerer zu größerer Vollkommenheit.
Baruch de Spinoza, Ethik

Lust ist Leben.
Novalis, Fragmente

Lust ist unmittelbar nicht schlecht,
sondern gut; Unlust hingegen
ist unmittelbar schlecht.
Baruch de Spinoza, Ethik

Mein Lebenslauf ist Lieb' und Lust.
Siegfried August Mahlmann, Gedichte

Nicht jede Lust darf man wählen, sondern nur die am Guten und Schönen.
Demokrit, Fragment 207

Nur mit einem bin ich unzufrieden:
Ich vermag die Fleischeslust
nicht zu überwinden, besonders weil
diese Leidenschaft mir zur Gewohnheit
geworden ist.
Leo N. Tolstoi, Tagebücher (1850)

Ohne Lust kein Leben.
Friedrich Nietzsche, Menschliches, Allzumenschliches

Ohne Tätigkeit aber gibt es keine Lust,
und jede Tätigkeit wird von der Lust
zur Vollendung gebracht.
Aristoteles, Nikomachische Ethik

Rechtschaffenes Handeln ist an sich
lustvoll, zugleich aber auch gut
und schön, und zwar beides
im höchsten Grade.
Aristoteles, Nikomachische Ethik

Sinnliche Lust am Gesehenen
ist der Ursprung der Kunst.
Ernst Ludwig Kirchner

So wenig wie an einem Baum zwei
völlig gleiche Blätter sind, finden sich
im Menschenleben zwei völlig gleiche
Augenblicke der Liebeslust.
Honoré de Balzac, Die Physiologie der Ehe

Übermaß der Lust tut der Liebe
Abbruch.
Andreas Capellanus, Gebote des Minnerechts

Und Lust und Liebe sind die Fittiche
Zu großen Taten.
Johann Wolfgang von Goethe, Iphigenie auf Tauris
(Pylades)

Ungezügelte Lust führt zu
ungezügelter Begierde.
Marcus Tullius Cicero, Gespräche in Tusculum

Uns organische Wesen interessiert
ursprünglich nichts an jedem Dinge,
als sein Verhältnis zu uns in Bezug
auf Lust und Schmerz.
Friedrich Nietzsche, Menschliches, Allzumenschliches

Unter Lust verstehe ich ein Leiden,
durch das der Geist zu größerer Vollkommenheit übergeht; unter Unlust
dagegen ein Leiden, durch das
der Geist zu geringerer
Vollkommenheit übergeht.
Baruch de Spinoza, Ethik

Versag dir nicht das Glück
des heutigen Tages; an der Lust,
die dir zusteht, geh nicht vorbei.
Altes Testament, Jesus Sirach 14, 14

Viele Zustände, die frei von Lust und
Schmerz sind, oder die zwar Lust
gewähren, aber keine edle, sind derart,
dass es wirklich besser wäre,
nicht zu sein, als zu leben.
Aristoteles, Eudemische Ethik

Vollkommeneres Wirken verursacht
vollkommenere Lust.
Thomas von Aquin, Summa theologica

Wäre das Glück in leiblichen Lüsten,
so hätten wir das Vieh glücklich
zu nennen, wenn es Erbsen
zu fressen findet.
Heraklit, Fragmente

Was im Augenblick lustvoll erscheint,
erscheint als schlechthin lustvoll
und schlechthin gut,
weil man die Zukunft nicht sieht.
Aristoteles, Psychologie

Was ist nun aber das Leben, oder besser: Ist das überhaupt ein Leben, wenn
man sich daraus die Lust wegdenkt?
Erasmus von Rotterdam, Das Lob der Torheit

Wenn die Lust uns erschöpft hat, glauben wir, wir hätten die Lust erschöpft,
und sagen, nichts könne das Herz des
Menschen ausfüllen.
Luc de Clapiers Marquis de Vauvenargues,
Reflexionen und Maximen

Wenn etwas Menschen, die in einer
schlechten sittlichen Verfassung sind,
Lust erweckt, so darf man nicht
meinen, dass dies auch für andere als
diese lustvoll sei, sowenig als das (...),
was Augenleidenden als weiß
erscheint, auch weiß ist.
Aristoteles, Nikomachische Ethik

Wenn man die Lust zum Lebenszweck
macht, so wird dadurch die Gerechtigkeit beseitigt und mit ihr auch jede
andere Tugend.
Aristoteles, Über Gerechtigkeit

Wer sich vorstellt, dass das,
was er hasst, zerstört wird,
der wird Lust empfinden.
Baruch de Spinoza, Ethik

Wie wenig Lust genügt den meisten,
um das Leben gut zu finden,
wie bescheiden ist der Mensch!
Friedrich Nietzsche, Menschliches, Allzumenschliches

Wir haben alle schon geweint,
jeder Glückliche einmal vor Weh,
jeder Unglückliche einmal vor Lust.
Jean Paul, Dr. Kazenbergers Badereise

Wissen ist Lust und macht Lust auf
Sehen, Hören, Schmecken, Fühlen,
Riechen. Und umgekehrt machen
alle diese herrlichen Vorgänge
Lust auf Wissen.
August Everding, Vortrag an der Universität Tübingen,
5. Dezember 1995

Wo keine Freiheit ist,
wird jede Lust getötet.
Johann Wolfgang von Goethe,
Die Laune des Verliebten

Wozu der Mensch Lust hat,
dazu hat er auch Andacht.
Deutsches Sprichwort

Ziel der Liebe ist nicht die Lust
durch die Frau, sondern die Lust
mit der Frau.
Günther Anders, Lieben gestern.
Notizen zur Geschichte des Fühlens

Zwang und Liebe passen schlecht
zusammen, und die Lust lässt sich
nicht befehlen.
Jean-Jacques Rousseau, Emile

Lüsternheit

Die lüsterne Frau verrät sich durch
ihren Augenaufschlag,
an ihren Wimpern wird sie erkannt.
Altes Testament, Jesus Sirach 26, 9

Die Zeit verhüllt einen Lüstling,
die Zeit enthüllt ihn.
Publilius Syrus, Sentenzen

Lüsternheit:
Spiel mit dem zu Genießenden,
Spiel mit dem Genossenen.
Johann Wolfgang von Goethe,
Maximen und Reflexionen

Lustigkeit

Ein lustiger Gefährte ist ein Rollwagen
auf der Wanderschaft.
Johann Wolfgang von Goethe,
Maximen und Reflexionen

Es geschieht häufig, dass Leben, Tätigkeit, Worte, besonders Lustigkeit
und Scherze nur Beigaben
zu einem Wesentlichen sind,
das selbst nicht vorhanden ist.
Leo N. Tolstoi, Tagebücher (1890)

Will mit andern lustig sein,
Muss ich gleich alleine sterben.
Martin Opitz, Buch von der deutschen Poeterey

Zu des Lebens lustigem Sitze
Eignet sich ein jedes Land.
Johann Wolfgang von Goethe, Faust II (Pygmäen)

Luther, Martin

Es war eine Ratt im Kellernest,
Lebte nur von Fett und Butter,
Hatte sich ein Ränzlein angemäst't
Als wie der Doktor Luther.
Johann Wolfgang von Goethe, Faust I (Brander)

Im Menschlichen trat Luthers kräftige, urwüchsige Natur unverfälscht hervor; diese zwang ihn, rückhaltlos und treffend sein Liebes- und Genussbedürfnis auszusprechen.
August Bebel, Die Frau und der Sozialismus

Luther vervollkommnete die Sprache ungemein, indem er sich ihrer bei den theologischen Erörterungen bediente: seine Übersetzung der Psalmen und der Bibel ist noch jetzt ein gutes Muster. Die Wahrheit und die poetische Kürze seines Stils sind dem Geist der deutschen Sprache vollkommen angemessen, und im Ton der Worte selbst liegt eine gewisse energische Offenherzigkeit, auf die man sich vertrauensvoll verlässt.
Germaine Baronin von Staël, Über Deutschland

Was für eine törichte Erscheinung ist doch Luthers Reformation. Ein Triumph der Borniertheit und Dummheit.
Leo N. Tolstoi, Tagebücher (1884)

Was Luther sagte, hatte man lange gewusst; aber jetzt sagte es Luther!
Johann Gottfried Herder, Auch eine Philosophie der Geschichte zur Bildung der Menschheit

Luxus

Aller Luxus des Lebens
ist ein Bedürfnis der Frauen
und wird von ihnen gefördert.
Leo N. Tolstoi, Die Kreutzersonate

An Geld denke ich nur,
wenn ich keins mehr habe.
Zu vergessen, dass es existiert,
ist mein größter Luxus.
Peter Ustinov, Peter Ustinovs geflügelte Worte

Aus solchen Luxusarbeitern besteht ein großer Teil der Bevölkerung der Städte: für diese also und ihre Besteller muss nun der Bauer mit pflügen, säen und weiden, hat also mehr Arbeit, als die Natur ihm ursprünglich aufgelegt hatte.
Arthur Schopenhauer, Zur Rechtslehre und Politik

Das meiste von dem, was man unter dem Namen Luxus zusammenfasst, und viele der so genannten Bequemlichkeiten des Lebens sind nicht nur zu entbehren,
sondern geradezu Hindernisse für den Aufstieg des Menschengeschlechts.
Henry David Thoreau, Walden

Das reißende Untier des Luxus
kann kein Einzelner,
sondern nur eine Menge bezwingen.
Jean Paul, Friedens-Predigt an Deutschland

Demnach würde zur Milderung des menschlichen Elends das Wirksamste die Verminderung, ja Aufhebung des Luxus sein.
Arthur Schopenhauer, Zur Rechtslehre und Politik

Der Luxus der einen Klasse wird aufgewogen durch die Bedürftigkeit der anderen. Auf der einen Seite steht der Palast, auf der anderen das Armenhaus und der verschämte Arme.
Henry David Thoreau, Walden

Der Luxus ist kein Vergnügen,
aber das Vergnügen ist ein Luxus.
Francis M. de Picabia, Aphorismen

Der Luxus verdirbt alles,
sowohl den Reichen, der ihn genießt,
als den Armen, der ihn begehrt.
Jean-Jacques Rousseau, Bemerkung über die Antwort des Königs von Polen

Der Saal mit Gold und Jade vollgestopft, ist nicht vor Räubern zu bewahren.
Lao-tse, Dao-de-dsching

Die Frucht eines Luxuslebens ist Luxus.
Henry David Thoreau, Walden

Die in Luxus und Wohlleben Schwelgenden sind es, welche die Mode angeben, der die Herde so willig folgt.
Henry David Thoreau, Walden

Eine Freundschaft
zwischen zwei Männern ist ein Luxus,
zwischen zwei Frauen ein Wunder.
Jorge Luis Borges

Heutzutage muss man sehr, sehr stark sein, um sich den Luxus leisten zu können, schwach zu sein.
Peter Ustinov, Peter Ustinovs geflügelte Worte

Jeder Luxus verdirbt die Sitten
oder den Geschmack.
Joseph Joubert, Gedanken, Versuche und Maximen

Luxus und allzu verfeinerte Sitten sind ein sicheres Kennzeichen für den Niedergang eines Staates, weil sich der Einzelne viel mehr seinen eigenen Interessen widmet und das allgemeine Wohl aus dem Auge verliert.
François de La Rochefoucauld, Unterdrückte Maximen

Luxus und schlechter Geschmack sind unzertrennlich. Überall, wo der Geschmack viel Aufwand erfordert, ist er falsch.
Jean-Jacques Rousseau, Emile

Nicht viele leisten sich
den größten Luxus,
den es auf Erden gibt:
eine eigene Meinung.
Alec Guinness

Republiken enden durch Luxus,
Monarchien durch Armut.
Charles de Secondat, Baron de la Brède et de Montesquieu, Vom Geist der Gesetze

Solange daher auf der einen Seite der Luxus besteht, muss notwendig auf der andern übermäßige Arbeit und schlechtes Leben bestehn; sei es unter dem Namen der Armut oder dem der Sklaverei.
Arthur Schopenhauer, Zur Rechtslehre und Politik

Statt Hütten für sich, bauen tausende Prachtwohnungen für Wenige.
Arthur Schopenhauer, Zur Rechtslehre und Politik

Von den Dingen, die man benötigt,
kann man nicht mehr als eine
bestimmte Menge verbrauchen,
für den Luxus indessen gibt es keine Grenzen.
Leo N. Tolstoi, Tagebücher (1890)

Wer den Luxus liebt,
hat nie genug Einnahmen.
Altes Testament, Kohelet 5, 9

Lyrik

Alles Lyrische muss im Ganzen sehr vernünftig, im Einzelnen ein bisschen unvernünftig sein.
Johann Wolfgang von Goethe, Maximen und Reflexionen

Die Krise der Lyrik hängt auch damit zusammen, dass man sie nicht verfilmen kann.
Peter Rühmkorf

Es ist etwas Jämmerliches um einen Lyriker ohne Liebe. Was helfen da Mai und Nachtigallen und Mondscheinnächte. Trauriger Zustand.
Christian Morgenstern, Stufen

Ich weiß nicht, welches Bedürfnis vorlag, Sinnlichkeit ausgerechnet in der Lyrik zu suchen.
Giosuè Carducci, Mosche Cocchiere

Wer Lyrik schreibt, ist verrückt.
Peter Rühmkorf

Zu lyrischen Arbeiten gehört ein gewisser poetischer Müßiggang.
Friedrich Schiller, Briefe (an Wilhelm August von Schlegel, 14. Mai 1801)

M

Macht

Alle Macht geht vom Volke aus
– und kehrt nie wieder zurück.
Gabriel Laub

Alle Mächtigen, die ich näher
beobachtet habe, sind ungeduldig
und intolerant geworden, haben eitel
das Maß ihrer Möglichkeit überschätzt
und Prinzipien sowie Freunde
selbstherrlich aufgegeben.
Schimon Peres

Angriff ist Betätigung des Machttriebes.
Oswald Spengler, Urfragen.
Fragmente aus dem Nachlass

Arbeit und Macht
vertragen sich nicht miteinander.
Ich kenne keinen, der arbeitet
und gleichzeitig die Macht ausübt.
Richard Rogler

Auf seinem eigenen Misthaufen
ist der Hahn der Mächtigste.
Lucius Annaeus Seneca, Verkürbissung

Befehle nicht,
wo dir die Macht gebricht!
Sophokles, Ödipus auf Kolonos (Kreon)

Begehrlichkeit und Macht sind die
Quellen aller unserer Handlungen:
Die Begehrlichkeit verursacht die frei-
willigen, die Macht die unfreiwilligen.
Blaise Pascal, Pensées

Da man Macht haben muss,
um das Gute durchzusetzen,
setzt man zunächst das Schlechte
durch, um Macht zu gewinnen.
Ludwig Marcuse, Argumente und Rezepte.
Ein Wörter-Buch für Zeitgenossen

Das eine steht in unserer Macht, das
andere nicht. In unserer Macht stehen:
Annehmen und Auffassen, Handeln-
wollen, Begehren und Ablehnen –
alles, was wir selbst in Gang setzen
und zu verantworten haben.
Nicht in unserer Macht stehen:
Unser Körper, unser Besitz,
unser gesellschaftliches Ansehen,
unsere Stellung – kurz alles,
was wir selbst nicht in Gang setzen
und zu verantworten haben.
Epiktet, Handbuch der Moral

Das Geheimnis jeder Macht besteht
darin: zu wissen, dass andere
noch feiger sind als wir.
Ludwig Börne, Der Narr im Weißen Schwan

Dem Streben, Weisheit und Macht
zu vereinigen, war nur selten
und nur auf kurze Zeit Erfolg
beschieden.
Albert Einstein, Mein Weltbild

Den Mächtigsten in der Familie
erkennt man daran,
dass er bestimmt,
welches Fernsehprogramm
eingeschaltet wird.
Peter Sellers

Denn die Kunst
ist eine geistige Macht,
und wir können – als Historiker –
nie geistig genug von ihr denken.
Kurt Badt, Eine Wissenschaftslehre
der Kunstgeschichte

Der hat die Macht,
an den die Menge glaubt.
Ernst Raupach, Kaiser Friedrichs II. Tod

Der kleine Mann leidet,
wo Mächtige sich streiten.
Phaedrus, Fabeln

Der Macht muss der Mann,
wenn er klug ist,
Sich mit Bedacht bedienen;
Denn bald wird er finden,
wenn er sich Feinde macht,
Dass dem Starken ein Stärkrer lebt.
Edda, Hâvamâl (Des Hohen Lied)

Der Mächtige ist
am ohnmächtigsten allein.
Oliver Hassencamp

Der Mächtige
unterdrückt die Menschen,
der Mutige nimmt es
mit Geistern auf.
Chinesisches Sprichwort

Der Mächtigere
in einer Verbindung ist immer der,
der weniger liebt.
Eleonora Duse

Der obern Macht ist schwer
zu widerstehen.
Johann Wolfgang von Goethe,
Die natürliche Tochter (Gerichtsrat)

Der Weise kann des Mächtigen
Gunst entbehren,
Doch nicht der Mächtige
des Weisen Lehren.
Friedrich von Bodenstedt, Mirza Schaffy

Die Anbetung der Macht, dieser
moderne Götzendienst, bedeutet
Untergang der persönlichen Freiheit.
Dem Götzen der Macht wird in unserer
Zeit in vielen Ländern geopfert. Der
kollektivistische Gedanke führt immer
in seiner Steigerung zu einer Anbetung der Macht. Vom Boden unserer
christlichen Weltanschauung aus müssen wir betonen, dass das Recht vor
der Macht gilt, dass die Macht an sich
nichts Böses ist, aber dass die Macht
den Menschen sehr leicht dazu verführt, Missbrauch mit ihr zu treiben,
und dass sie dann böse wird.
Konrad Adenauer, Eröffnungsrede zum 2. Parteitag der
CDU in Recklinghausen, August 1948

Die Bescheidenheit ist eine Eigenschaft, die vom Bewusstsein
der eigenen Macht herrührt.
Paul Cézanne

Die beste Macht bei Sinnenlust
Hast du in deiner eignen Brust.
Jüdische Spruchweisheit

Die Frage, wer
an die Macht kommen soll,
ist falsch gestellt.
Es genügt, wenn
eine schlechte Regierung
abgewählt werden kann.
Karl Popper

Die Freiheit lieben heißt,
andere lieben; die Macht lieben,
sich selbst lieben.
William Hazlitt, Politische Essays

Die Gerechtigkeit ist ohnmächtig ohne
die Macht; die Macht ist tyrannisch
ohne die Gerechtigkeit.
Blaise Pascal, Pensées

Die Krankheit der Welt kann geheilt
werden, wenn man den Virus,
der sie krank macht
und der in uns allen steckt, ausrottet:
den Virus der Macht.
Carlo Schmid

Die Lüge kann nie zur Wahrheit
werden dadurch, dass sie an Macht
wächst.
Rabindranath Tagore, Verirrte Vögel

Die Macht der Könige
ist auf die Vernunft und auf
die Torheit des Volkes gegründet –
und viel mehr auf die Torheit.
Blaise Pascal, Pensées

Die Macht der Liebe und des Mitleids
ist unendlich stärker
als die Macht der Waffen.
Mohandas K. »Mahatma« Gandhi, Hind Swaraj, 1946

Die Macht der Presse ist erstaunlich.
Lido Anthony »Lee« Iacocca,
Mein amerikanischer Traum

Die Macht, die weiß, dass sie gerecht
ist, wird schon ungerecht.
Die Macht, die die gottgläubigen Völker sammeln will gegen die gottlosen,
wird schon gottlos.
Golo Mann, Vom Geist Amerikas

Die Macht einer Frau wird an dem
Maß des Unglücks gemessen, das sie
über ihren Geliebten verhängen kann.
Stendhal, Über die Liebe

Die Macht ist die organisierte Gewalt,
die Verbindung von Werkzeug und
Gewalt. Die Welt ist voll von Gewalten, die nur ein Werkzeug suchen, um
Mächte zu werden. Wind und Wasser
sind Gewalten; in Verbindung mit
einer Mühle oder Pumpe, die ihre
Werkzeuge sind, werden sie Macht.
Antoine Comte de Rivarol, Maximen und Reflexionen

Die Macht steigt auch denen zu Kopf,
die keine haben, doch verraucht sie
hier rascher.
Elias Canetti, Die Provinz des Menschen.
Aufzeichnungen 1942–1972

Die menschliche Macht
handelt durch Mittel,
die göttliche Macht
handelt durch sich selbst.
Jean-Jacques Rousseau, Emile

Die politische Macht
kommt aus den Gewehrläufen.
Mao Tse-Tung

Doch deine Macht,
o Sorge, schleichend-groß,
Ich werde sie nicht anerkennen!
Johann Wolfgang von Goethe, Faust II (Faust)

Du ersehnst Macht? Den Nachstellungen der Unterworfenen verfallen,
wirst du unter Gefahren leben.
Anicius Manlius Torquatus Severinus Boethius,
Trost der Philosophie

Du wirst mit Recht alles in deiner
Macht haben, wenn du König
über dich selbst sein kannst.
Claudius Claudianus, De quarto consulatu
honorii Augusti

Ein an die Macht gekommener Freund
ist ein verlorener Freund.
Henry Adams

Ein Drache vermag das Wasser von
tausend Flüssen aufzuhalten.
Chinesisches Sprichwort

Ein Erdgott wirkt nur in seiner Heimat
Wunder.
Chinesisches Sprichwort

Ein Mächtiger deckt den andern,
hinter beiden stehen noch Mächtigere.
Altes Testament, Kohelet 5, 7

Ein Mächtiger,
der mit dem Schwächern spricht,
Verlangt nur Beifall, Wahrheit nicht.
Karl Wilhelm Ramler, Fabellese

Es gibt kein besseres Vorzimmer
zur Macht als die Zelle
eines politischen Gefängnisses.
Lal Bahadur Schastri

Es gibt keinen Menschen, der Macht
hat über den Wind, sodass er
den Wind einschließen könnte.
Altes Testament, Kohelet 8, 8

Es ist das Wesen der Macht,
Schutz zu gewähren.
Blaise Pascal, Pensées

Es kommt darauf an, auf die Macht
einzuwirken und sie zu erziehen, auf
die Auserwählten und Überlegenen,
die Herrenmenschen, die Großen,
Kaiphas, Pilatus und den Kaiser.
Was hülfe es, auf das Pack Einfluss zu
haben, wenn ich trotzdem
dem Kreuz überantwortet würde?
Knut Hamsun, Mysterien

Es mag einer noch so mächtig sein,
er wird einen Mächtigeren finden.
Sprichwort aus Frankreich

Es stimmt schon,
dass die Macht die Menschen abnützt
– allerdings vor allem jene,
die sie nicht haben.
Giulio Andreotti

Geistige Macht haben wir nur, wenn
die Menschen uns anmerken, dass wir
nicht kalt nach ein für allemal festgelegten Prinzipien entscheiden,
sondern in jedem einzelnen Falle
um unsere Humanität kämpfen.
Albert Schweitzer, Kultur und Ethik

Geliebte Menschen haben fast immer
mehr Macht über uns als wir selbst.
François de La Rochefoucauld,
Nachgelassene Maximen

Groß sind die, die sehen, dass geistige
Macht stärker ist als materielle,
und dass Gedanken die Welt regieren.
Ralph Waldo Emerson, Essays

Große Pracht, kleine Macht.
Deutsches Sprichwort

Hast du die Macht,
du hast das Recht auf Erden.
Adelbert von Chamisso, Gedichte

Ich habe die Weltmacht gewollt,
und wer hätte sie nicht gewollt
an meiner Stelle?
Napoleon I.

Ich habe nicht Einfluss genug,
Gutes zu wirken. Meine Macht
beschränkt sich darauf,
hie und da etwas Schlechtes zu tun.
Voltaire, Der ehrliche Hurone

Ich hätte gerne ein Regierungssystem,
in dem die, die etwas tun wollen,
an der Macht sind – und die,
die gerne reden, die Opposition bilden.
Edward Heath

Ich muss bekennen, dass mich selbst
in der Form des geistvollen Schachspieles Machtringen und kompetitiver
Geist stets abgestoßen haben.
Albert Einstein, in: C. Seelig, Albert Einstein

Ihr Mächtigen der Erde!
Schaut und lernt!
Adelbert von Chamisso, Memento

In jedem Leben gibt es Augenblicke,
in welchen die Gegenwart
mächtiger wirkt als die Vergangenheit
und Zukunft.
Karoline von Günderode, Briefe (an Carl Friedrich von
Savigny, Ende Juli 1803)

Je mehr Macht die Menschen haben,
umso mehr missbrauchen sie diese
und werden übermütig.
Niccolò Machiavelli, Geschichte von Florenz

Jeder einzelnen Maschine
ist (...) »Wille zur Macht« eingeboren.
Günther Anders, Die Antiquiertheit des Menschen.
Bd. 2

Kein Abschied auf der Welt fällt schwerer als der Abschied von der Macht.
Charles Maurice de Talleyrand

Keine Machtstellung ist von Dauer.
Ovid, Metamorphosen

Keiner weiß, was in ihm steckt,
bevor er von der Macht gekostet hat.
Otto Flake

Kommt ein großer Vogel in den Wald,
haben die Kleinen
nichts zu zwitschern.
Chinesisches Sprichwort

Königs Wort
Reißt Berge fort.
Jüdische Spruchweisheit

Macht begräbt den, der sie handhabt.
Talmud

Macht besitzen und nicht ausüben
ist wahre Größe.
Friedel Beutelrock

Macht hat, wer reden kann.
Robert A. T. Salisbury

Macht hat zwei Bedeutungen. Es gibt
die Macht über etwas: die Macht über
die Natur und über andere Menschen.
Es gibt aber auch die Macht zu etwas:
die Macht, oder die Kraft zu denken,
zu lieben, tief zu fühlen, zu erschaffen.
Erich Fromm, Ethik und Politik

Macht ist die einzige Lust,
derer man nicht müde wird.
Oscar Wilde

Macht ist Pflicht,
Freiheit ist Verantwortlichkeit.
Marie von Ebner-Eschenbach, Aphorismen

Macht kommt vor Talent.
Sprichwort aus Dänemark

Macht macht schlecht. Absolute Macht
macht absolut schlecht.
John Dalberg Baron Acton, Brief an Creighton
(5. April 1887)

Macht und Will können viel.
Deutsches Sprichwort

Machthungrige können verwandt-
schaftliche Beziehungen eingehen,
Freundschaft kann sie jedoch
nicht verbinden.
Niccolò Machiavelli, Geschichte von Florenz

Mächtige darf man entweder nicht
anrühren, oder,
wenn man sie einmal angetastet hat,
muss man sie aus dem Weg räumen.
Niccolò Machiavelli, Geschichte von Florenz

Mächtige verstehen einander immer,
mögen sie noch so verfeindet sein.
Georges Clemenceau

Man sieht noch am zerhauenen Stumpf,
Wie mächtig war die Eiche.
Ludwig Uhland, Roland Schildträger

Mit Geld bist du ein Drache,
ohne Geld bist du ein Wurm.
Chinesisches Sprichwort

Nachsichtig sein
heißt einem Feind vergeben,
der seiner Macht beraubt worden ist.
Elbert Hubbard

Nicht der Beamte wird gefürchtet,
sondern seine Macht.
Chinesisches Sprichwort

Nicht in der Macht ist Gott,
sondern in der Wahrheit.
Sprichwort aus Russland

Nichts auf der Welt ist so mächtig,
wie eine Idee, deren Zeit gekommen ist.
Victor Hugo

Nur der verdient Macht,
der sie täglich rechtfertigt.
Dag Hammarskjöld, Zeichen am Weg

Nur mächtig ist,
den seine Völker lieben.
Adelbert von Chamisso, Sonette und Terzien

Nur, wo Leben ist, da ist auch Wille:
aber nicht Wille zum Leben, sondern –
so lehre ich's – Wille zur Macht!
Friedrich Nietzsche, Also sprach Zarathustra

Offizier werden, das heißt
Macht bekommen.
August Strindberg, Der Sohn der Magd

Personenkult ist Machtkult. Schwindet
die Macht, hört der Personenkult auf.
Lothar Schmidt

Politik ist der
stets neu zu schaffende Kompromiss
von Macht und Vernunft.
Carl Friedrich von Weizsäcker

Politische Macht setzt sich heute durch
vermittels ihrer Gewalt über den
maschinellen Prozess und die technische Organisation.
Herbert Marcuse, Der eindimensionale Mensch

Politische Macht zu behalten,
ist sehr viel schwerer
als eine Wahl zu gewinnen.
Nelson Mandela, Rede, 13. März 1993

Solange es noch irgendwelche Men-
schen auf der Welt gibt, die gar keine
Macht haben, kann ich nicht ganz
verzweifeln.
Elias Canetti, Die Provinz des Menschen.
Aufzeichnungen 1942–1972

Tugend und absolute Macht
passen nicht zusammen.
Lukan, Der Bürgerkrieg

Unbegrenzte Macht ist geeignet,
die Seelen derjenigen zu verderben,
die diese Macht besitzen.
William d. Ä. Pitt, Reden (1770)

Unterhaltung ist (...)
die Tendenzkunst der Macht.
Günther Anders, Die Antiquiertheit des Menschen. Bd. 2

Viele Politiker, die in der Opposition
geschmeidige Düsenjäger waren,
werden an der Macht
bedächtige Segelflieger.
Ignazio Silone

Warum folgt man der Mehrheit? Etwa
weil sie mehr Vernunft hat? Nein,
sondern weil sie mehr Macht hat.
Blaise Pascal, Pensées

Weisheit und Tapferkeit
geht vor Macht und Reichtum
Julius Wilhelm Zincgref, Apophthegmata

Welche selbstsüchtige Macht muss
nicht der Allmacht weichen,
die um sie her ist?
Johann Gottfried Herder, Das eigene Schicksal

Wenn du Macht hast,
schöpfe sie niemals aus,
wenn du Kraft hast,
verausgabe sie nicht völlig.
Chinesisches Sprichwort

Wenn ein Mächtiger teilt,
beträgt seine Hälfte
mindestens sechzig Prozent.
Georges Clemenceau

Wenn ein Mensch uns
zugleich Mitleid und Ehrfurcht einflößt,
dann ist seine Macht über uns
grenzenlos.
Marie von Ebner-Eschenbach, Aphorismen

Wer alle Macht hat,
muss auch alles fürchten.
Pierre Corneille, Cinna

Wer das Kleine nicht acht't,
hat zum Großen nicht Macht.
Deutsches Sprichwort

Wer den Daumen auf dem Beutel hat,
hat die Macht.
Otto von Bismarck, Reden (im Norddeutschen Reichstag, 16. April 1868)

Wer die Macht hat,
dem soll man sie
nicht auch noch versüßen.
William Lord Beaverbrook

Wer die Macht zu vergelten hat,
Gutes mit Gutem, Böses mit Bösem,
und auch wirklich Vergeltung übt, also
dankbar und rachsüchtig ist, der wird
gut genannt; wer unmächtig ist und
nicht vergelten kann, gilt als schlecht.
Friedrich Nietzsche, Menschliches, Allzumenschliches

Wer einem anderen zur Macht verhilft,
richtet sich selbst zugrunde,
denn er verleiht ihm die Macht entweder durch Geschick oder Gewalt,
und beides ist dem, der zur Macht
gelangt ist, verdächtig.
Niccolò Machiavelli, Der Fürst

Wer Politik treibt, erstrebt Macht.
Max Weber, Politik als Beruf

Wie es etwas im höchsten Grade Gutes
ist, wenn einer die Macht in der Herrschaft über viele gut gebraucht,
so ist es im höchsten Grade ein Übel,
wenn er sie missbraucht. Macht aber
kann sich zum Guten
und zum Bösen wenden.
Thomas von Aquin, Summa theologica

Wie groß auch der Kaiser ist,
er regiert doch nicht den Himmel.
Chinesisches Sprichwort

Wie in den Kämpfen des öffentlichen
Lebens ist auch in denen des Alltags
die Macht bei den Mittelmäßigen;

wie dort bei den Mittelmäßigen des
Geistes, so hier bei den Mittelmäßigen
des Gefühls; denn wer die Dinge
und die Menschen ernst nimmt,
ist immer der Schwächere.
Arthur Schnitzler, Aphorismen und Betrachtungen
aus dem Nachlass

Wissen ist besser als Macht,
aber das Wissen des Armen gilt nichts,
und niemand will seine Worte hören.
Altes Testament, Kohelet 9, 16

Wohl kennt die Macht die Wahrheit,
doch liebt sie es nicht,
sie auszusprechen.
Sprichwort aus Russland

Zu viel Macht in Händen zu haben,
das hält der Mensch nur schwer aus.
Konrad Adenauer, Gespräch, Herbst 1964

Machthaber

Bedenkt doch, ihr gekrönten und
besternten Machthaber aller Art:
Ihr tragt in der Zukunft entweder alle
Schuld oder allen Glanz.
Jean Paul, Politische Fastenpredigten

Ein Machthaber
darf seinen Günstlingen
nur so viel Ansehen geben,
dass zwischen diesen und ihm
immer noch ein Abstand und immer
noch etwas Begehrenswertes liegt.
Niccolò Machiavelli, Vom Staat

Ein Machthaber,
der den, der sich irrt, nicht straft,
so dass er sich nicht mehr irren kann,
wird für unfähig oder feige gehalten.
Niccolò Machiavelli, Vom Staat

Einem Machthaber darfst du
weder so nah stehen,
dass sein Sturz dich mitreißt,
noch so fern, dass du im Fall
seines Sturzes nicht bereit bist,
auf seine Trümmer zu steigen.
Niccolò Machiavelli, Vom Staat

Wer andere zum Lachen bringen kann,
muss ernst genommen werden;
das wissen alle Machthaber.
Werner Finck

Wer weise im Reden ist,
kommt voran,
ein kluger Mann
ist bei den Machthabern beliebt.
Altes Testament, Jesus Sirach 20, 27

Mädchen

Alle Mädchen erwarten wen,
wenn die Bäume in Blüten stehn.
Rainer Maria Rilke, Advent

Beurteile ein Mädchen beim Backtrog
und nicht beim Tanze.
Sprichwort aus Dänemark

Das kleine Mädchen, das den Ruf zum
Erfolg stärker hört als den Ruf seiner
künftigen Weiblichkeit und Mütterlichkeit, vernimmt damit einen Ruf
zur Konkurrenz, der keine Grenzen
gesetzt sind.
Margaret Mead, Mann und Weib

Das Mädchen muss durch Ehe versorgt
werden, so saß es auf der Stange,
hatte auf den Mann zu warten.
Oder fing mit List und sich selber als
Köder Männer ein, blieb auch dann
unmündig, ohne Jagdschein.
Ernst Bloch, Kampf ums neue Weib

Das scheuste Mädchen
ist verschwenderisch noch,
Wenn sie dem Monde
ihren Reiz enthüllt.
William Shakespeare, Hamlet (Laertes)

Denk nicht zu viel an ein Mädchen,
damit du nicht seinetwegen
der Strafe verfällst.
Altes Testament, Jesus Sirach 9, 5

Denn ein wanderndes Mädchen
ist immer von schwankendem Rufe.
Johann Wolfgang von Goethe, Hermann und Dorothea
(7. Gesang)

Die jungen Mädchen sind wie die
herrenlosen Hunde, denen man keinen
freundlichen Blick zuwerfen darf,
ohne dass sie glauben, man habe sie
gerufen, man wolle sie mitnehmen,
und dann kommen sie wedelnd an
und legen einem die Vorderpfoten
auf die Hose.
Henry de Montherlant, Die jungen Mädchen

Die kleinen Mädchen lieben fast von
Geburt an den Putz. Sie sind nicht
zufrieden damit, dass sie hübsch sind,
sie wollen auch, dass man sie so findet.
Jean-Jacques Rousseau, Emile

Die Mädchen lieben verwegene Kerle.
August Strindberg, Der Sohn der Magd

Die Mädchen-Seelen sind schneller
ausgereift als die Knabengeister.
Jean Paul, Levana

Die Sittlichkeit der Mädchen ist Sitte,
nicht Grundsatz. Den Knaben könnte
man durch das böse Beispiel
trunkener Heloten bessern,
das Mädchen nur durch ein gutes.
Jean Paul, Levana

Die Ursachen eines Mädchens, das sich
zurückzieht, scheinen immer gültig,
die des Mannes niemals.
Johann Wolfgang von Goethe, Dichtung und Wahrheit

Die Worte der Mädchen sind leichter
als herabfallende Blätter.
Ovid, Liebesgedichte

Doch für töricht muss ich halten,
Dass man wahren will ein Mädchen,
Will es selber sich nicht wahren.
Pedro Calderón de la Barca, Der Richter von Zalamea
(Inés)

Doch willst du dir
ein Mädchen kaufen,
So geh und gib dich selbst dafür.
Johann Wolfgang von Goethe, Wahrer Genuss

Ein gut Pferd sucht man im Stall,
ein brav Mädchen in seinem Haus.
Deutsches Sprichwort

Ein junges Mädchen soll nicht so wie
seine Großmutter leben; es soll lebhaft,
aufgeweckt, ausgelassen sein, singen,
tanzen, so viel ihm beliebt, und alle
unschuldigen Vergnügungen
seines Alters genießen.
Jean-Jacques Rousseau, Emile

Ein Mädchen begehrt nur einen Gatten,
und hat sie ihn, so begehrt sie alles.
Sprichwort aus Frankreich

Ein Mädchen, das lacht,
ist schon halb gewonnen.
Sprichwort aus England

Ein Mädchen fürchtet,
ohne Mann zu bleiben.
Ein Bauer fürchtet die Erntezeit.
Chinesisches Sprichwort

Ein Mädchen ohne Freund
ist wie ein Frühling ohne Rosen.
Sprichwort aus Frankreich

Ein Mädchen wird nie als Erste
der platonischen Liebe überdrüssig.
Henry de Montherlant, Erbarmen mit den Frauen

Ein untätiges Mädchen
hat Dummheiten im Sinn.
Sprichwort aus Frankreich

Ein wildes Mädchen ist eben ein
solches Unding wie eine betrunkene
Nachtigall; ein geziertes die Parodie
des misshandelten Ideals.
Christian Ernst Karl von Bentzel-Sternau, Weltansicht

Eines Mädchens Herz
ist ein dunkler Wald.
Sprichwort aus Russland

Gar oft schon fühlt' ich's tief,
des Mädchens Seele
Wird nicht sich selbst,
dem Liebsten nur geboren.
Joseph von Eichendorff, Gedichte

Gott schuf die Mädchen zur Liebe,
Pflanzte die seligsten Triebe
Tief in den Busen uns ein.
Siegfried August Mahlmann, Gedichte

Heute sehen viele Mädchen aus wie
Männer, die wie Mädchen aussehen.
John Wayne

Hin und wieder
verlieren junge Mädchen
ihren besten Freund dann,
wenn sie ihn heiraten.
Françoise Sagan

Ich habe oft den Wunsch bemerkt,
man möchte ein Mädchen,
ein schönes Mädchen sein,
aber nur zwischen dreizehn und
zweiundzwanzig Jahren;
danach aber – ein Mann werden.
Jean de La Bruyère, Die Charaktere

Ihr Mädchen seid wie die Gärten
am Abend im April:
Frühling auf vielen Fährten,
aber noch nirgends ein Ziel.
Rainer Maria Rilke, Lieder der Mädchen

Jedes Mädchen
ist eine frisierte Herausforderung.
Günther Weisenborn

Mädchen – das sind diejenigen,
die rückwärts tanzen.
Bob Hope

Mädchen sagen Nein und tun es doch.
Deutsches Sprichwort

Mädchen sind wie Rosen,
kaum entfaltet,
Ist ihre holde Blüte
schon veraltet.
William Shakespeare, Was ihr wollt (Herzog)

Mädchengesichter – noch unbewohnte
Gesichter, der Wille hat noch nicht
Zeit gehabt, sie zu verhärten
und sie zur Festung zu machen.
Henri Michaux, Gesichter junger Mädchen

Man greife nun nach Mädchen,
Kronen, Gold,
Dem Greifenden ist meist
Fortuna hold.
Johann Wolfgang von Goethe, Faust II (Greif)

Man hat das Gefühl, dass nur
ein Mädchen die häuslichen Dinge
zu schätzen weiß, da sie es ja ist,
die sie benutzt.
Sylvia Plath, Briefe nach Hause (12. März 1962)

Man sollte dem Mädchen beibringen,
sich ohne Selbstgefälligkeit
und ohne Scham zu akzeptieren.
Simone de Beauvoir, Das andere Geschlecht

Mit den Mädchen muss man schlafen,
wozu sind sie sonst da!
Kurt Tucholsky, Schnipsel

Mit der Maid red im Dunkeln:
Manch Auge hat der Tag.
Edda, Hávamál (Fragmente)

Mit einem Mädchen, wie du willst;
mit einer Witwe, wie sie will.
Sprichwort aus Polen

Playboys sind Männer,
die nicht immer an Mädchen denken.
Aber wenn sie denken,
dann an Mädchen.
Alberto Sordi

Selbst der Teufel bittet um Schutz
vor jungen Mädchen.
Sprichwort aus Indien

Sie ahnen nicht, wie zart und rein das
Leben eines jungen Mädchens ist
bis zur Zeit der ersten Liebe.
Jens Peter Jacobsen, Niels Lyhne (Frau Boye)

So viele Sterne der Himmel,
so viele Mädchen hat dein Rom.
Ovid, Liebeskunst

Stets anders reden, als man denkt;
alles, was man empfindet, verbergen;
aus Pflicht falsch sein und aus Sittsamkeit lügen: Das ist die Lage
jedes Mädchens in meinem Alter.
Jean-Jacques Rousseau, Julie oder
Die neue Héloïse (Julie)

Stünden nicht Mädchen mit feurigem
Aug' am Wege des Lebens,
Wahrlich!, es wandelte dann
ohne Gefahr sich dahin!
Bhartrihari, Sprüche

Tugenden und Mädchen
sind am schönsten, ehe sie wissen,
dass sie schön sind.
Ludwig Börne, Kritiken

Um mit jungen Mädchen reden zu
können, braucht ich das Nahesein
älterer Personen.
Franz Kafka, Tagebücher (1911)

Und hast du das Mädchen,
so hat sie dich auch.
Johann Wolfgang von Goethe, Gegenseitig

Unerfahrene Mädchen schmeicheln
sich mit der Vorstellung, dass es in
ihrer Macht stehe, einen Mann glücklich zu machen; später lernen sie, dass
es so viel heißt als: Einen Mann
geringschätzen, wenn man annimmt,
dass es nur eines Mädchens bedürfe,
um ihn glücklich zu machen.
Friedrich Nietzsche, Menschliches, Allzumenschliches

Verträge sind wie Rosen
und junge Mädchen: sie halten sich,
solange sie sich halten.
Charles de Gaulle

Von jungen Mädchen findet man's
entsetzlich, wenn sie ein Selbst sein
wollen, sie dürfen überhaupt nichts
sein, im besten Fall eine Wohnstuben-
dekoration oder ein brauchbares
Haustier, von tausend lächerlichen
Vorurteilen eingeengt.
Franziska Gräfin zu Reventlow, Tagebücher

Wein und schöne Mädchen
Sind zwei Zauberfädchen,
Die auch die erfahrnen Vögel
Gern umgarnen.
Friedrich Rückert, Gedichte

Wenn man die Mädchen nicht
verheiratet, verheiraten sie sich selber.
Voltaire, Die Prinzessin von Babylon

Wenn so das Mädgen keimt,
da liebt sie eins zum Spaß;
Es krabbelt ihr ums Herz,
doch sie versteht nicht, was?
Johann Wolfgang von Goethe,
Die Mitschuldigen (Söller)

Wie der Hopfen die Stange sucht,
so das Mädchen den Burschen.
Sprichwort aus Russland

Wie es erdrückt, ein »junges Mädchen
aus guter Familie« zu sein!
Franziska Gräfin zu Reventlow, Tagebücher

Wie Motten lockt der Glanz
die Mädchen an.
Lord Byron, Childe Harold

Wir armen, armen Mädchen,
Sind gar so übel dran.
Albert Lortzing, Der Waffenschmied

Wissen Sie, was mit sündigen
kleinen Mädchen geschieht?
Sie werden wohlhabend.
Robert Lembke, Steinwürfe im Glashaus

Zürne nicht, liebes Mädchen,
ehe du mich ganz verstehst!
Heinrich von Kleist, Briefe (an Wilhelmine von Zenge 10./11. Oktober 1800)

Magen

Brot mit Salz wird einen knurrenden
Magen gut beruhigen.
Horaz, Sermones

Das Gesicht eines Menschen verrät
vielleicht dessen Magen,
gewiss aber nicht sein Herz.
Erhard Blanck

Der leere Magen kann nicht gut springen, der volle überhaupt nicht.
Sprichwort aus Albanien

Des Magens Wut, des verderblichen,
kann man unmöglich
Bändigen, welcher so viel Unheil
den Sterblichen darbeut.
Homer, Odyssee

Eines verwöhnten Magens Art ist es,
vieles zu kosten; sobald es vielfältig
und verschieden ist, verunreinigt,
nicht nährt es.
Lucius Annaeus Seneca, Briefe an Lucilius

Ich habe eine Magenverstimmung
in der Seele.
Fernando Pessoa, Das Buch der Unruhe des Hilfsbuchhalters Bernardo Soares

Mit dem Geist ist es
wie mit dem Magen:
Man sollte ihm nur Nahrung zumuten,
die er verdauen kann.
Winston S. Churchill

Solange der Magen nicht krank ist,
wird der Patient nicht sterben.
Chinesisches Sprichwort

Magie

Denn wer den Schatz,
das Schöne heben will,
Bedarf der höchsten Kunst:
Magie der Weisen.
Johann Wolfgang von Goethe, Faust II (Mephisto)

Die Liebe wirkt magisch.
Novalis, Fragmente

Die weibliche Magie
ist in der patriarchalischen Familie
weitgehend gezähmt worden.
Simone de Beauvoir, Das andere Geschlecht

Drohen Geister, uns zu schädigen
Soll sich die Magie betätigen.
Johann Wolfgang von Goethe, Faust II (Plutus)

Drum hab ich mich der Magie ergeben,
Ob mir durch Geistes Kraft und Mund
Nicht manch Geheimnis würde kund.
Johann Wolfgang von Goethe, Faust I (Faust)

Eine unbekannte Geliebte
hat freilich einen magischen Reiz.
Novalis, Fragmente

In der Periode der Magie dient der
Körper der Seele oder der Geisterwelt.
Novalis, Fragmente

Magie ist – Kunst, die Sinnenwelt
willkürlich zu gebrauchen.
Novalis, Fragmente

Nur Künstler können Magie begreiflich
machen. Nur in der Kunst findet die
Natur ihren Ausdruck.
Und ebenso lässt sich Kunst
nur durch Kunst ausdrücken.
Leonard Bernstein, Freude an der Musik

Magnet

Der Magnet ist ein Urphänomen, das
man nur aussprechen darf, um es
erklärt zu haben; dadurch wird es
denn auch ein Symbol für alles
Übrige, wofür wir keine Worte noch
Namen zu suchen brauchen.
Johann Wolfgang von Goethe,
Maximen und Reflexionen

»Magnetes Geheimnis,
erkläre mir das!«
Kein größer Geheimnis
als Lieb' und Hass.
Johann Wolfgang von Goethe, Sprüche

Mahnung

Des Vaters Selbstbeherrschung ist
für die Kinder die stärkste Mahnung.
Demokrit, Fragment 208

Wer, einem Fürsten dienend, ständig
mahnt, der wird in Ungunst fallen.
Wer seine Freunde ständig mahnt,
entfremdet sich von allen.
Konfuzius, Gespräche

Mai

Blüh auf, gefrorner Christ,
der Mai ist vor der Tür;
Du bleibest ewig tot,
blühst du nicht jetzt und hier.
Angelus Silesius, Der cherubinische Wandersmann

Der Mai bringt Blumen dem Gesichte,
aber keine Früchte.
Bauernregel

Der Mai ist gekommen,
die Bäume schlagen aus,
Da bleibe, wer Lust hat,
mit Sorgen zu Haus.
Emanuel Geibel, Gedichte

Der Mai kommt gezogen,
wie der November verflogen.
Bauernregel

Die Liebe und der Mai
gehen selten ohne Frost vorbei.
Bauernregel

Die Natur behauptet eigensinnig ihren
Gang; was im Mai nicht blüht,
wird's im September nicht nachholen.
Friedrich Hebbel, Briefe (an Elise Lensing, Ostern 1836)

Dieser Monat ist ein Kuss,
den der Himmel gibt der Erde.
Friedrich von Logau

Ein Maitag ist ein kategorischer
Imperativ der Freude.
Friedrich Hebbel

Es lacht der Mai!
Der Wald ist frei
Von Eis und Reifgehänge!
Johann Wolfgang von Goethe,
Die erste Walpurgisnacht

Im Mai gehn Huren und Buben
zur Kirche.
Deutsches Sprichwort

Im wunderschönen Monat Mai,
Als alle Knospen sprangen,
Da ist in meinem Herzen
Die Liebe aufgegangen.
Heinrich Heine, Buch der Lieder

Ist der April schön und rein,
wird der Mai um so wilder sein.
Bauernregel

Ist's im Mai recht kalt und nass,
haben Maikäfer wenig Spaß.
Bauernregel

Kein Mai währt sieben Monate.
Deutsches Sprichwort

Knappen- und Pfaffenehen
werden im Mai gemacht.
Deutsches Sprichwort

Mai kühl und nass
füllt dem Bauern Scheuer und Fass.
Bauernregel

Maimond kühl und Brachmond nass
füllt den Boden und das Fass.
Bauernregel

Mairegen auf die Saaten
ist wie Dukaten.
Bauernregel

Monat Mai – der Monat der schwärmenden, singenden, paarenden Vögel – der
Monat der Hummeln – Fliedermonat.
Walt Whitman, Tagebuch (1876)

Nasser Mai bringt trockenen Juni herbei.
Bauernregel

Regen im Mai
bringt Wohlstand und Heu.
Bauernregel

Sehet, wie lieblich sind die Bäume,
wie lieblich grünet's,
wie ein köstlicher Mai ist's.
Martin Luther, Tischreden

Und weiterhin im Mai, wenn's glückt,
Hat dich wieder ein Mädchen berückt.
Und das beschäftigt dich so sehr,
Zählst Tage, Wochen und Monde
nicht mehr.
Johann Wolfgang von Goethe, Jahr aus, Jahr ein

Wenn's der Hornung [= Februar, Anm.
d. Red.] gnädig macht, bringt der Mai
den Frost bei Nacht.
Bauernregel

Wie herrlich leuchtet
Mir die Natur!
Wie glänzt die Sonne!
Wie lacht die Flur!
Johann Wolfgang von Goethe, Mailied

Majestät

Majestät ist das Vermögen, ohne Rücksicht auf Belohnung oder Bestrafung recht oder unrecht zu handeln.
Johann Wolfgang von Goethe,
Maximen und Reflexionen

Niemals noch ertrug die Majestät
Das finstere Trotzen einer Dienerstirn.
William Shakespeare, Heinrich IV. (Heinrich)

Maler

Aber vermag der Maler
wohl auszudrücken: Ich liebe?
Johann Wolfgang von Goethe,
Der neue Pausias und sein Blumenmädchen

Der edle Mensch (Maler)
erkennt in allem Gott,
der gemeine Mensch (auch Maler)
sieht nur die Form, nicht den Geist.
Caspar David Friedrich, Äußerung bei Betrachtung
einer Sammlung von Gemälden

Der Maler muss einsam sein und nachdenken über das, was er sieht, und mit sich selbst Zwiesprache halten, indem er die vorzüglichsten Teile aller Dinge, die er erblickt, auswählt; er soll sich verhalten gleich einem Spiegel, der sich in alle Farben verwandelt, welche die ihm gegenübergestellten Dinge aufweisen. Und wenn er so tut, wird er wie eine zweite Natur sein.
Leonardo da Vinci, Tagebücher und Aufzeichnungen

Der Maler soll ein Dichter sein, das ist keine Frage, aber nicht eben ein Dichter in Worten, sondern in Farben.
Friedrich Schlegel, Nachricht von den Gemälden

Der Maler soll nicht bloß malen, was er vor sich sieht, sondern auch, was er in sich sieht. Sieht er aber nichts in sich, so unterlasse er auch zu malen, was er vor sich sieht.
Caspar David Friedrich, Äußerung bei Betrachtung
einer Sammlung von Gemälden

Der Maler verleiht der Gestalt Seele,
der Dichter dem Gefühl
und Gedanken Gestalt.
Chamfort, Maximen und Gedanken

Der Tod ist vielleicht nicht das
Schwerste im Leben eines Malers.
Vincent van Gogh, Briefe

Des Malers beste Kunst ist Perspektive.
William Shakespeare, Sonette

Die Maler der Gegenwart tragen im Hof eines Irrenhauses einen Wettbewerb im Stabhochsprung aus – ohne Stab, ohne Latte und ohne Hoffnung.
Ephraim Kishon, Kishon für alle Fälle

Die Maler sterben oder werden
verrückt aus Verzweiflung
oder gelähmt in ihrem Schaffen,
weil niemand sie liebt.
Vincent van Gogh, Briefe

Die Menschen sind nicht so schlecht,
wie die Maler sie darstellen.
Pablo Picasso

Du wirst also einsehen, Maler, dass du nur tüchtig sein kannst, wenn du ein vielseitiger Meister bist und alle möglichen Gebilde, die die Natur hervorbringt, mit deiner Kunst nachzuahmen verstehst.
Leonardo da Vinci, Tagebücher und Aufzeichnungen

Ein Maler kann als Mensch schlecht und niederträchtig sein und doch tüchtig und fähig; allein der in den reinen Regionen der Kunst lebt, der siehet das geheime Leben, und ihn hat der Odem Gottes angehaucht, dass keine Gemeinheit an ihm haften kann.
Philipp Otto Runge, Von einer neuen religiösen Kunst

Ein Maler ist ein Mann, der das malt,
was er verkauft.
Ein Künstler dagegen ist ein Mann,
der das verkauft, was er malt.
Pablo Picasso

Ein Maler ist verloren,
wenn er sich findet.
Max Ernst

Es gibt den Maler, der aus der Sonne
einen gelben Fleck macht,
aber es gibt auch den,
der mit Überlegung und Geschick
aus einem gelben Fleck
eine Sonne macht.
Pablo Picasso

Es gibt vielleicht keine glücklichere
Manier, als alle Dinge vom Standpunkt
des Malers aus zu betrachten.
Christian Morgenstern, Stufen

Früher waren die Maler verrückt
und die Bilderkäufer clever.
Heute ist es umgekehrt.
Giorgio de Chirico

Für einen Maler gibt es nichts Schwierigeres, als eine Rose zu malen,
denn dazu muss er zuerst
alle Rosen vergessen,
die jemals gemalt worden sind.
Henri Matisse

Ich will aufhören, an Gott zu glauben,
wenn ich sehe,
dass ein Baum ein Gedicht macht
und ein Hund eine Madonna malt.
Friedrich Hebbel, Tagebücher

Maler sind Überzeugungstäter,
die keinen sehnlicheren Wunsch
haben, als gehängt zu werden.
Werner Finck

Maler – um nur von ihnen zu reden – sprechen, wenn sie tot und begraben sind, durch ihr Werk zur nächsten Generation oder zu mehreren folgenden Generationen.
Vincent van Gogh, Briefe

Malern und Dichtern war es stets
gleichermaßen erlaubt zu sagen,
was auch immer ihnen beliebt.
Horaz, Von der Dichtkunst

Mir erscheint es als eine Pflicht des
Malers, zu versuchen, eine Idee
in sein Werk zu legen.
Vincent van Gogh, Briefe

Ohne Ideal gibt es weder Maler
noch Zeichner noch Farbe.
Eugène Delacroix, Briefe (an Léon Peisse, Juli 1849)

Und wenn du, Dichter, eine Geschichte
auch gleichsam mit der Feder malst,
so stellt der Maler mit dem Pinsel
sie doch in gefälligerer und weniger
schwer verständlicher Weise dar.
Leonardo da Vinci, Tagebücher und Aufzeichnungen

Was den großen Maler ausmacht, das ist der Charakter, den er allem verleiht, was er berührt, der Geistesfunke, die Bewegung, die Leidenschaft, denn es gibt eine Klarheit auch in der Leidenschaft.
Paul Cézanne, Gespräche mit Gasquet

Wenn der Maler nichts als die tote Natur nachzuahmen versteht oder, richtiger gesagt, nichts als die Natur tot nachahmen kann, dann ist er viel mehr als ein gebildeter Affe oder steht mit einer Putzmacherin gleich; diese putzt die Frau Gräfin an, jener die Zimmer des Herrn Grafen aus, dies ist der ganze Unterschied.
Caspar David Friedrich, Äußerung bei Betrachtung
einer Sammlung von Gemälden

Malerei

An den modernen Gemälden ist nur noch eins verständlich: die Signatur.
Ephraim Kishon

Die Dichtkunst ist eine redende Malerei, die Malerei aber eine stumme Dichtkunst.
Plutarch, Wie ein Jüngling die Dichter lesen soll

Die Malerei ist stumme Poesie.
Simonides

Es ist ebenso interessant und schwer, etwas gut zu sagen, wie es gut zu malen ist.
Vincent van Gogh, Briefe

Farben waren mir ein Glück und mir war es, als ob sie meine Hände liebten.
Emil Nolde (13. Oktober 1944)

Ich mache mir immer wieder Vorwürfe, dass meine Malerei nicht wert ist, was sie kostet.
Vincent van Gogh, Briefe

(...) ich würde mich durch sämtliche Kloaken der Welt, durch sämtliche Erniedrigungen und Schändungen hindurchwinden, um zu malen.
Max Beckmann, Briefe im Kriege (21. April 1915)

Im Malen ist etwas Unendliches.
Vincent van Gogh, Briefe

Legt man eine Zitrone neben eine Orange, so hören sie auf, Zitrone und Orange zu sein. Sie werden Früchte.
Georges Braque

Malen ist die vollkommene Erholung. Ich kenne nichts, das den Geist vollständiger in Anspruch nimmt, ohne den Körper zu erschöpfen.
Winston Churchill

Malen ist nicht schwierig, solange man nichts davon versteht. Wenn man diese Kunst aber begriffen hat, dann wird man gefordert.
Edgar Degas

Malerei besteht aus klingenden, mit Leidenschaft erfüllten Formen.
Marc Chagall

Malerei: die Kunst, Flächen vor dem Wetter zu schützen und sie den Kritikern auszusetzen.
Ambrose Bierce

Meine Malereien sind dazu bestimmt, vor einem schlichten Hintergrund gesehen zu werden.
Vincent van Gogh, Briefe

Um Farbiges daraufzumalen, muss erst ein weißer Grund vorhanden sein.
Konfuzius, Gespräche

Während ich male, lasse ich meinen Körper draußen vor der Tür, wie die Moslems ihre Schuhe vor der Moschee.
Pablo Picasso

Wer Bambus malen will, muss ihn im Herzen tragen.
Chinesisches Sprichwort

Wie eitel ist doch die Malerei, welche zur Bewunderung reizt, indem sie Abbilder von dem schafft, was man nicht einmal im Original bewundert!
Blaise Pascal, Pensées

Wir malen mit Augen der Liebe, und Augen der Liebe müssen uns auch nur beurteilen.
Gotthold Ephraim Lessing, Emilia Galotti (Conti)

Mammon

Für meine Person wünsche ich mir ganz und gar keinen Mammon. Ich würde nur oberflächlich werden.
Paula Modersohn-Becker, Briefe (17. Dezember 1897)

Wir schätzen das Geld und scheinen es zu benötigen. Dem Gott Mammon wird unerbittlich geopfert; die Opfer sind die Kinder, Mütter, Bäume und die Luft, die wir atmen.
Yehudi Menuhin, Berliner Lektionen 1992

Management

Der beste Manager lehrt seine Mitarbeiter nicht, wie sie denken sollen, sondern dass sie denken sollen.
Daniel Goeudevert

Der beste Schutz gegen die Managerkrankheit ist eine gute Sekretärin.
Ferdinand Sauerbruch

Der ideale Manager ist ein Mann, der genau weiß, was er nicht kann, und sich dafür die richtigen Leute holt.
Philip Rosenthal

Die Managerkrankheit wird durch den Uhrzeiger ausgelöst und vom Terminkalender übertragen.
John Steinbeck

Ein (...) wesentlicher Teil des Managements ist der Verantwortlichkeitsstachel, wie ich es nenne, das heißt, wenn man unmittelbar Rechenschaft schuldet.
Lido Anthony »Lee« Iacocca, Mein amerikanischer Traum

Kommt die Rede aufs Management, dann scheint jedermann – und ich meine wirklich jedermann bis hin zum Pförtner – zum Mystiker zu werden.
Lido Anthony »Lee« Iacocca, Mein amerikanischer Traum

Mangel

Denen, die vieles verlangen, mangelt es an vielem.
Horaz, Lieder

Der Mangel ist ein Fluch, Er reißt, ein schlimmer Lehrer, uns zum Bösen fort.
Euripides, Elektra

Die Mängel erkennt nur der Lieblose; deshalb, um sie einzusehen, muss man auch lieblos werden, aber nicht mehr, als hierzu nötig ist.
Johann Wolfgang von Goethe, Maximen und Reflexionen

Ein einziger und einzelhafter Mangel genügt, dass etwas schlecht sei. Dass aber etwas schlechthin gut sei, dazu reicht ein einzelnes Gutes nicht hin: Dazu ist die ungeschmälerte Fülle der Gutheit gefordert.
Thomas von Aquin, Summa theologica

Ein Habgieriger leidet immer Mangel.
Horaz, Briefe

Gewisse Mängel sind notwendig zum Dasein des Einzelnen. Es würde uns unangenehm sein, wenn alte Freunde gewisse Eigenheiten ablegten.
Johann Wolfgang von Goethe, Maximen und Reflexionen

Ich bin so reich nach allen Seiten, und mir fehlt doch so viel.
Franziska Gräfin zu Reventlow, Tagebücher

Kein Mensch ist so gut, dass nichts ihm mangle, Noch so böse, dass er zu nichts nütze.
Edda, Hávamál (Loddfafnirlied)

Man lässt sich seine Mängel vorhalten, man lässt sich strafen, man leidet manches um ihrer willen mit Geduld; aber ungeduldig wird man, wenn man sie ablegen soll.
Johann Wolfgang von Goethe, Maximen und Reflexionen

Mangel und Überfluss lassen uns im Grund gleich unbefriedigt.
Michel Eyquem de Montaigne, Die Essais

Nur der Mangel erhebt über dich selbst dich hinweg.
Johann Wolfgang von Goethe, Weissagungen des Bakis

Seit ich mich auf das Nichts eingestellt
habe, fehlt mir nichts.
Juan de la Cruz, Der Berg der Vollkommenheit

Unser Wesen wird durch einen Kitt
von Mängeln zusammengehalten.
Michel Eyquem de Montaigne, Die Essais

Was für Mängel dürfen wir behalten,
ja an uns kultivieren? Solche,
die den andern eher schmeicheln
als sie verletzen.
Johann Wolfgang von Goethe,
Maximen und Reflexionen

Wenn es nicht an Kleidung und Essen
mangelt, werden auch Sitten
und Recht erblühen.
Chinesisches Sprichwort

Wenn wir uns selbst fehlen,
fehlt uns doch alles.
Johann Wolfgang von Goethe, Die Leiden des jungen
Werthers

Wie die Natur zwischen dem großen
und dem kleinen Menschen das
Gleichgewicht herstellt? Jenem gibt sie
das Bewusstsein dessen, was ihm
mangelt, diesem versagt sie sie.
Friedrich Hebbel, Tagebücher

Manieren

An edlen und großen Eigenschaften
der Menschen hat man zeitweise seine
Freude, über ihre kleinen Unarten
ärgert man sich beständig.
Marie von Ebner-Eschenbach, Aphorismen

Chefs haben immer schlechte Manieren.
Francis M. de Picabia, Aphorismen

Dass so viel Ungezogenheit gut
durch die Welt kommt,
daran ist die Wohlerzogenheit schuld.
Marie von Ebner-Eschenbach, Aphorismen

Durch das, was wir Betragen und gute
Sitten nennen, soll das erreicht werden, was außerdem nur durch Gewalt
oder auch nicht einmal durch Gewalt
zu erreichen ist.
Johann Wolfgang von Goethe,
Die Wahlverwandtschaften

Ein altes Pressegesetz warnt: Je feiner
die Manieren eines Journalisten, desto
ordinärer seine Schreibweise.
Ephraim Kishon, Kishon für alle Fälle

Es gibt Umgangsformen und Artig-
keitsgesetze. Gewiss. Aber das alles
reicht nicht weit. Was der Mensch
am ehesten durchbricht, das sind
gerade solche Formen. Und wer sie
nicht durchbricht, der kann einem
auch Leid tun.
Theodor Fontane, Der Stechlin

Feine Leute sind solche, die nur
in feiner Umgebung ordinär werden.
Wolfgang Herbst

Gute Manieren bedürfen
der Unterstützung
durch gute Manieren bei anderen.
Ralph Waldo Emerson, Essays

Ich könnte ohne Tischtuch essen,
aber ohne weiße Serviette,
nach deutscher Art, ungern.
Michel Eyquem de Montaigne, Die Essais

Jedenfalls kann man schlecht sein
und dennoch durch Geist, Gefühl
und angenehme Manieren entzücken.
Fjodor M. Dostojewski, Der Doppelgänger

Liebe ist keine Entschuldigung
für schlechte Manieren.
Peter Ustinov

Manierlichkeit ist das unwichtigste
Gesetz und wird am meisten befolgt.
François de La Rochefoucauld, Reflexionen

Nicht aufzufallen, ist das erste Gesetz
des guten Tones.
August Julius Langbehn, Rembrandt als Erzieher

Manierismus

Das so genannte Aus-sich-Schöpfen
macht gewöhnlich falsche Originale
und Manieristen.
Johann Wolfgang von Goethe,
Maximen und Reflexionen

Der Manierismus ist das zu einem
tiefsten Bewusstsein seiner selbst
und damit zu einem guten Gewissen
gelangte L'art pour l'art.
Heimito von Doderer, Repertorium. Ein Begreifbuch
von höheren und niederen Lebens-Sachen

Mann

Alle Männer haben nur zwei Dinge
im Sinn. Geld ist das andere.
Jeanne Moreau

Alle Männer sind die falschen.
Ulla Hahn

Allein
Um unserer schönen Augen willen
seufzt kein Mann,
Und wenn er uns den Hof macht,
heischt er seinen Lohn.
Molière, Der Menschenfeind (Arsinoe)

Alles Männliche zeigt mehr Selbsttätigkeit, alles Weibliche mehr
leidende Empfänglichkeit.
Wilhelm von Humboldt, Über den Geschlechtsunterschied

Alt ist ein Mann dann,
wenn er an einer Frau
vor allem ihre Tugend bewundert.
Sascha Guitry

Am liebsten erinnern sich die Frauen
an die Männer,
mit denen sie lachen konnten.
Anton Tschechow

Andrer Mann, andres Glück.
Deutsches Sprichwort

Arme Männer!
Wenn sie erst einmal geheiratet haben,
haben sie eigentlich immer nur die
Wahl, Schurken oder Trottel zu wer-
den.
Sebastian Haffner

Auch Gott lernt dazu.
Man merkt das
an den Verbesserungen
bei der Erschaffung der Frau
gegenüber der des Mannes.
Zsa Zsa Gabor

Außerhalb seiner Funktion
als Ernährer misst die Frau dem Mann
keinen Wert zu.
Esther Vilar, Der dressierte Mann

Bei den Mannsleuten ist alle Mühe ver-
loren, sie sind doch nicht zu bessern.
Johann Wolfgang von Goethe,
Die Fischerin (Dortchen)

Betrogne Mannsen!
Von Adam her verführte Hansen!
Johann Wolfgang von Goethe, Faust II (Mephisto)

Bin männlichen Geschlechts, der Geiz!
Johann Wolfgang von Goethe, Faust II
(Der Abgemagerte)

Brüllt ein Mann, ist er dynamisch.
Brüllt eine Frau, ist sie hysterisch.
Hildegard Knef

Das absolute Veto hat der Mann sich
vorbehalten. Es ist immer dieselbe
Tyrannei, wenn auch
unter verschiedenen Formen.
Louise Otto-Peters, Die Demokratinnen

Das Glück des Mannes heißt: Ich will.
Das Glück des Weibes heißt: Er will.
Friedrich Nietzsche, Also sprach Zarathustra

Das Männliche ist peripher, kämpfend,
das Weibliche ist »Dasein« in Dauer.
Oswald Spengler, Urfragen.
Fragmente aus dem Nachlass

Das Männliche stammte ursprünglich
von der Sonne,
das Weibliche von der Erde,
das Doppelgeschlecht vom Mond,
da auch der Mond an beiden teilhat.
Platon, Das Gastmahl

Das Problem mit den Männern:
Fast alle wünschen sich eine Jungfrau
mit den Erfahrungen einer Messalina.
Jeanne Moreau

Das schlimmste an manchen
Männern ist, dass sie nüchtern sind,
wenn sie nicht betrunken sind.
William Butler Yeats

Das Spiel ist das einzige,
was Männer wirklich ernst nehmen.
Deshalb sind Spielregeln älter
als alle Gesetze der Welt.
Peter Bamm

Das Weib im Mann zieht ihn
zum Weibe; der Mann im Weibe trotzt
dem Mann.
Friedrich Hebbel, Tagebücher

Das Weib ist gut;
der Mann allein
hat das Böse in sich
zu überwinden.
Johann Wilhelm Ritter, Fragmente

Das Weibliche ist das Dauernde,
das Männliche das Schöpferische.
Oswald Spengler, Urfragen.
Fragmente aus dem Nachlass

Das wird kein ganzer Kerl,
der nie ein Rüpel war.
Otto Julius Bierbaum, Irrgarten der Liebe

Dass die Männer übel sind –
Die Frauen sind schuld daran;
es ist leider so.
Walther von der Vogelweide

Dem Mann steht nichts besser an,
als dass er ein Mann scheine:
Das Weib kann das Männliche
als eine Vollkommenheit affektieren,
nicht so umgekehrt.
Baltasar Gracián y Morales, Handorakel und Kunst der Weltklugheit

Denn der Mann ist mehr zur Führung
begabt als das Weib,
wenn nicht etwa eine widernatürliche
Veranlagung vorliegt.
Aristoteles, Politik

Denn gewiss ist es, dass Männer von
Natur bloß heiß oder kalt sind:
Zur Wärme müssen sie
erst gebildet werden.
Aber die Frauen sind von Natur
sinnlich und geistig warm und
haben Sinn für Wärme jeder Art.
Friedrich Schlegel, Lucinde

Denn gleich hauen die Männer
über die Schnur, wenn man ihnen
ein bisschen Luft lässt.
Johann Wolfgang von Goethe,
Was wir bringen (Mutter)

Der einzige Unterschied
zwischen einem Mann und einem Kind
ist die Erfahrung.
Cornel Wilde

Der Entwurf des Mannes besteht nicht
darin, sich in der Zeit zu wiederholen,
sondern den Augenblick zu beherrschen und die Zukunft zu erfinden.
Simone de Beauvoir, Das andere Geschlecht

Der Mann braucht zum vollkommenen
Glück einen zuverlässigen Freund,
die Frau eine zuverlässige Feindin.
Tennessee Williams

Der Mann, der sein Pferd schlägt,
schlägt auch seine Frau.
Sprichwort aus Livland

Der Mann erträgt die Ehe
aus Liebe zur Frau.
Die Frau erträgt den Mann
aus Liebe zur Ehe.
Gabriel Laub

Der Mann hat anderes zu tun
als der Jüngling.
Francesco Petrarca, Petrarca über sich selbst

Der Mann hat auch die Rollen gehasst,
die ihm aufgedrängt worden sind, und
es ist absurd zu sagen, ein Mann darf
nicht weinen, sonst ist er kein Mann.
Männer sind genau so reglementiert,
programmiert und in einengende Rollen gedrängt worden wie die Frauen.
Anaïs Nin, Frauen verändern die Welt

Der Mann hat hauptsächlich
deshalb einen Kopf,
damit eine Frau ihn verdrehen kann.
Jacques Prévert

Der Mann hätte nichts zu verlieren,
wenn er darauf verzichtete,
die Frau als Symbol zu verkleiden,
ganz im Gegenteil.
Simone de Beauvoir, Das andere Geschlecht

Der Mann ist – im Gegensatz zur Frau
– schön, weil er – im Gegensatz zur
Frau – ein geistiges Wesen ist.
Esther Vilar, Der dressierte Mann

Der Mann ist das Fremde, die Frau das
Einheimische der Erden. Sie zu ehren,
ist sein Geschäft. Es ist daher
nichts schrecklicher als einseitige
Unterwürfigkeit des Weibes.
Johann Wilhelm Ritter, Fragmente

Der Mann ist ein wilder Fluss,
die Frau ein stiller See.
Sprichwort aus Kurdistan

Der Mann ist lyrisch, die Frau episch,
die Ehe dramatisch.
Novalis, Fragmente

Der Mann ist nur in gewissen Augenblicken Mann; die Frau ist
ihr ganzes Leben lang Frau.
Jean-Jacques Rousseau, Emile

Der Mann macht Geschichte,
das Weib ist Geschichte.
Oswald Spengler

Der Mann mag das Geliebte
laut begrüßen,
Geschäftigt für sein Wohl
lebt still das Weib.
Franz Grillparzer, Sappho (Rhamnes)

Der Mann muss hinaus
Ins feindliche Leben.
Friedrich Schiller, Das Lied von der Glocke

Der Mann sagt, was er weiß,
die Frau sagt, was gefällt.
Jean-Jacques Rousseau, Emile

Der Mann senkt seine Wurzeln in die
Natur; er wurde erzeugt wie Tiere und
Pflanzen; er weiß, dass er nur existiert,
solange er lebt.
Simone de Beauvoir, Das andere Geschlecht

Der Mann sucht immer jemand oder
etwas, dem er sich versklaven kann,
denn nur als Sklave fühlt er sich
geborgen – und seine Wahl fällt dabei
meist auf die Frau.
Esther Vilar, Der dressierte Mann

Der Name Mann soll daher rühren,
dass er, wenn sein Weib ihn mit ihrem
scharfen Mundwerk aus dem Haus
getrieben hatte, fluchend umherzugehen
und zu schwören pflegte, er sei
Mann im Haus. Noch heutigentags
fällt es manchen aus dem Geschlechte
Mann schwer, sich ihren Frauen
gegenüber zu behaupten.
Martin Andersen-Nexø, Ditte Menschenkind

Der Zorn der Männer entlädt sich in
Gewalttätigkeiten. Der Zorn der
Frauen entlädt sich in Dummheit.
Henry de Montherlant, Erbarmen mit den Frauen

Des Mannes ist hier wenig: Darum
vermännlichen sich ihre Weiber.
Denn nur wer Mannes genug ist,
wird im Weibe das Weib – erlösen.
Friedrich Nietzsche, Also sprach Zarathustra

Deut' mir eins der Liebe Werke,
ob Verlust sie, ob Gewinn,
Gibt dem Weibe Männerstärke
und dem Manne Weibersinn.
Franz Grillparzer, Der Traum ein Leben (Zanga)

Die Ahnung der Frau
ist meistens zuverlässiger
als das Wissen des Mannes.
Rudyard Kipling

Die beste und natürlichste Einrichtung sei, wenn die Männer für die Weiber arbeiten, und diese nur genießen und ihnen Vergnügen machen.
Sophie Mereau, Betrachtungen

Die eine Zeit braucht Männer, um zu entstehen, die andere, um zu bestehen; die unsrige hat sie zu beidem nötig.
Jean Paul, Levana

Die Eitelkeit des Mannes besteht nicht darin, in den Spiegel zu sehen, sondern nicht in den Spiegel zu sehen.
Erhard Blanck

Die Frau ist für einen Mann geschaffen, der Mann für das Leben und zumal für alle Frauen.
Henry de Montherlant, Die jungen Mädchen

Die Frau ist und bleibt das Ruhelager des Mannes.
Brigitte Bardot

Die Frau will, dass der Mann ein Kind bleibt, aber dass er aussieht wie ein Mann.
Henry de Montherlant, Erbarmen mit den Frauen

Die Frauen lassen die Männer für sich arbeiten, für sich denken, für sich Verantwortung tragen. Die Frauen beuten die Männer aus. Aber die Männer sind stark, intelligent, phantasievoll, die Frauen schwach, dumm und phantasielos. Warum werden trotzdem die Männer von den Frauen ausgebeutet und nicht umgekehrt?
Esther Vilar, Der dressierte Mann

Die Frauen machen sich nur deshalb so hübsch, weil das Auge des Mannes besser entwickelt ist als sein Verstand.
Doris Day

Die Frauen müssen wieder lernen, die Männer auf das neugierig zu machen, was sie schon kennen.
Coco Chanel

Die Frauen sind darauf angewiesen, dass die Männer den Verstand verlieren.
Peter Bamm

Die Jugend zeigt den Mann an, so wie der Morgen den Tag ankündigt.
John Milton, Das verlorene Paradies

Die Klugheit des Mannes ist eine Leiter, die der Frau eine Wendeltreppe.
Halldór Laxness

Die künftigen Zeiten brauchen auch Männer.
Johann Wolfgang von Goethe, Götz von Berlichingen (Götz)

Die Kunst der Frau besteht darin, den Mann zu wählen, der sie wählt.
Graham Greene

Die Last, jeden Tag stundenlang an einen Mann zu denken, ist schlimmer, als Bibelverse oder Geschichtsdaten auswendig zu lernen.
Joyce Carol Oates

Die Liebe des Mannes dressiert.
Jens Peter Jacobsen, Niels Lyhne (Frau Boye)

Die Liebe dringt beim Manne durch die Augen ein, bei der Frau durch die Ohren.
Sprichwort aus Polen

Die Männer beteuern immer, sie lieben die innere Schönheit bei der Frau – komischerweise gucken sie aber dabei ganz woanders hin.
Marlene Dietrich

Die Männer bringen die Frauen um. Die meisten Frauen lassen sich gern umbringen.
Vita Sackville-West, Erloschenes Feuer

Die Männer, die mit den Frauen am besten auskommen, sind dieselben, die auch wissen, wie man ohne Frauen auskommt.
Charles Baudelaire

Die Männer haben einen sehr sicheren Geschmack – sie wünschen sich immer eine andere Frau, als sie gerade haben.
Barbra Streisand

Die Männer haben keine Geduld. Darum haben sie auch den Reißverschluss erfunden.
Senta Berger

Die Männer haben oft Recht, aber die Frauen behalten Recht – das ist viel wichtiger.
Jeanne Moreau

Die meisten Männer heiraten aus Gedankenlosigkeit, wie sie aus Gedankenlosigkeit auch Kriege führen.
Henry de Montherlant

Die Männer müssen nicht alles wissen.
Jean-Jacques Rousseau, Emile

Die Männer sind Bestien. Darum ist es höchst wichtig, die Kerle gut zu füttern.
Oscar Wilde

Die Männer sind das nebensächliche Geschlecht. Im Tierreich braucht man sie bei vielen Arten nicht einmal zur Fortpflanzung.
Orson Welles

Die Männer sind wie Gurken: Wenn man sie reinlegt, werden sie sauer.
Trude Hesterberg

Die Männer würden mehr gestehen, wenn ihnen bekannt wäre, wie viel die Frauen schon wissen.
Peter Frankenfeld

Die Männer wissen gar viel, wenn sie etwas finden können, was uns, wenigstens dem Scheine nach, herabsetzt.
Johann Wolfgang von Goethe, Die guten Weiber (Amalia)

Die männliche Ungeschicklichkeit ist ein mannigfaltiges Wesen und reich an Blüten und Früchten jeder Art.
Friedrich Schlegel, Lucinde

Die meisten Frauen setzen alles daran, einen Mann zu ändern; und wenn sie ihn geändert haben, mögen sie ihn nicht mehr.
Marlene Dietrich

Die meisten Männer, die Kluges über die Frauen gesagt haben, waren schlechte Liebhaber. Die großen Praktiker reden nicht, sondern handeln.
Jeanne Moreau

Die Phantasie des Mannes ist die beste Waffe der Frau.
Sophia Loren

Die verbitterten Gesichtszüge eines Mannes sind oft nur die festgefrorene Verwirrung eines Knaben.
Franz Kafka

Die Weiber lieben die Stärke, ohne sie nachzuahmen; die Männer die Zartheit, ohne sie zu erwidern.
Jean Paul, Herbst-Blumine

Die Welt hat immer den Männern gehört: Keiner der Gründe, die dafür angegeben werden, erscheint ausreichend.
Simone de Beauvoir, Das andere Geschlecht

Dieselben Tröpfe, die kraft der Vorzüge ihres Geschlechts mehr als die Frauen zu verstehen meinen, hätten völlig ausgespielt, wenn die Frauen auf den Einfall kämen, irgendetwas zu lernen.
Stendhal, Über die Liebe

Drei Grundhaltungen des Mannes
im Werben: der Prahler,
der Versprecher, der Mutterbettler.
Elias Canetti, Die Provinz des Menschen.
Aufzeichnungen 1942–1972

Du musst von einem Mann
nicht alles fordern.
Johann Wolfgang von Goethe, Torquato Tasso
(Prinzessin)

Du sollst nicht falsch Zeugnis ablegen
für die Männer; du sollst ihre Barbarei
nicht beschönigen mit Worten
und Werken.
Friedrich Schleiermacher, Idee zu einem Katechismus

Dumme Frauen werden
mit gescheiten Männern fertig,
aber es bedarf einer sehr klugen Frau,
um einen Dummkopf zu lenken.
Rudyard Kipling

Ein alter Mann führt nicht unbedingt
einen alten Pinsel.
Chinesisches Sprichwort

Ein kleiner Mann ist auch ein Mann.
Johann Wolfgang von Goethe, Neueröffnetes
moralisch-politisches Puppenspiel (Prolog)

Ein Mann am Steuer eines Autos
ist ein Pfau,
der sein Rad in der Hand hält.
Anna Magnani

Ein Mann, der liebt,
vergisst sich selbst.
Eine Frau, die liebt,
vergisst die andern Frauen.
Daphne du Maurier

Ein Mann, der sich im Gespräche mit
einer Frau widerlegt fühlt, fängt
sogleich an, sie zu überschreien:
Er will und kann beweisen, dass ihm
immer, auch wenn er falsch singt,
die erste Stimme gebührt.
Marie von Ebner-Eschenbach, Aphorismen

Ein Mann fühlt sich erst dann
von einer Frau verstanden,
wenn sie ihn bewundert.
Kim Novak

Ein Mann interessiert sich
im Allgemeinen mehr für eine Frau,
die sich für ihn interessiert, als für
eine Frau mit schönen Beinen.
Marlene Dietrich

Ein Mann ist besser als ein Versprechen.
Chinesisches Sprichwort

Ein Mann ist ein Mensch, dem Gott
einen Knüppel zwischen die Beine
geworfen hat.
Hanns-Hermann Kersten

Ein Mann ist nicht immer bequem.
Johann Wolfgang von Goethe, Jery und Bätely (Bätely)

Ein Mann ist stets so jung,
wie er sich fühlt,
aber keineswegs so bedeutend.
Simone de Beauvoir

Ein Mann kann anziehen, was er will
– er bleibt doch nur
ein Accessoire der Frau.
Coco Chanel

Ein Mann kann
höchstens vollständig sein,
eine Frau aber vollkommen.
Eleonora Duse

Ein Mann kann
mit jeder Frau glücklich sein,
solange er sie nicht liebt.
Oscar Wilde

Ein Mann kann nur schwer den Wünschen hundert anderer willfahren.
Chinesisches Sprichwort

Ein Mann ohne Bart
ist wie ein Brot ohne Kruste.
Sprichwort aus Lettland

Ein Mann ohne Frau –
ein Wasser ohne Damm.
Sprichwort aus Russland

Ein Mann ohne Frau
hat ein Haus ohne Herrin,
eine Frau ohne Mann
einen Körper ohne Herrn.
Chinesisches Sprichwort

Ein Mann unter Kindern bleibt lange
ein Kind, ein Kind unter Männern
wird bald ein Mann.
Sprichwort aus England

Ein Mann wird nicht für zwei gezählt,
weil er fett, und nicht für halb,
weil er mager ist.
Sprichwort aus Afrika

Ein Mann zu sein ist der häufigste
genetische Defekt der Natur.
Jens Reich

Ein reicher Mann ist oft nur
ein armer Mann mit sehr viel Geld.
Aristoteles Onassis

Ein Weib ist ein Komma,
ein Mann ein Punkt. Hier weißt du,
woran du bist; dort lies weiter!
Theodor Gottlieb von Hippel, Über die Ehe

Ein weibischer Mann ist unendlich
viel unerträglicher als ein männliches
Weib.
Theodor Gottlieb von Hippel, Über die Ehe

Eine Dame ist eine Frau,
deren bloße Anwesenheit
zur Folge hat, dass sich Männer
wie Herren benehmen.
Henry Louis Mencken

Eine eitle Frau braucht einen Spiegel.
Ein eitler Mann
ist sein eigener Spiegel.
Françoise Sagan

Eine fast widerliche Eigenschaft des
Mannes ist, dass er mit schnellfertiger
Verachtung vom Weibe
alle die Tugenden verlangt,
die er selbst an sich ersehnt.
Emil Gött, Zettelsprüche. Aphorismen

Eine Mutter braucht zwanzig Jahre,
um aus ihrem Jungen einen Mann
zu machen, und eine andere Frau
macht aus ihm in zwanzig Minuten
einen Narren.
Robert Frost

Einem schönen Mann werfen alle
Frauen Früchte in den Wagen.
Chinesisches Sprichwort

Einen Mann der Tat erkennt man daran, dass er nie schlecht gelaunt ist.
Fernando Pessoa, Das Buch der Unruhe
des Hilfsbuchhalters Bernardo Soares

Eines Fehlers wegen
entsagt man keines Mannes.
Gotthold Ephraim Lessing, Minna von Barnhelm
(Fräulein)

Eines frommen Mannes Herkommen
und eines guten Weins Heimat muss
man nicht so gar genau nachfragen.
Kaiser Ferdinand I. von Habsburg,
nach Julius W. Zincgref, Apophthegmata

Eines Mannes Diener
mag ein Jahr leben,
der Sklave einer Frau
stirbt in sechs Monaten.
Sprichwort aus Persien

Eines Mannes Tugend
Erprobt allein die Stunde der Gefahr.
Friedrich Schiller, Maria Stuart (Maria)

Es gibt Frauen,
die Darwin falsch verstanden haben:
Sie machen aus jedem Mann
einen Affen.
Carola Höhn

Es gibt Männer, die dümmer
und wirklich auch hässlicher sind,
als Gott sie gemacht haben würde.
Honoré de Balzac, Die Physiologie der Ehe

(Es gibt Männer, für die ist) das Leben
ein Dossier, die Erinnerung ist eine
Polizeiakte, der Ehrgeiz ist eine Dienstmarke, die Liebe eine Vorschrift. (...)

Niemals gehen sie ein geistiges Risiko
ein. Sie sind tot. Sie sehen das, was sie
sehen wollen, fühlen das, was sie
fühlen wollen, und ihr Charme reicht
so tief wie ihr Eau de Cologne.
Peter Ustinov, Was ich von der Liebe weiß

Es gibt Männer mit einem Charakter
wie eine ausgehöhlte Kastanienschale.
Honoré de Balzac, Die Physiologie der Ehe

Es ist das Ziel jeder Frau,
den Mann zu dem zu machen,
was er vor der Hochzeit
zu sein behauptet hatte.
Micheline Presle

Es ist doch immer dasselbe.
Frauen brüsten sich mit Pelzen und
Juwelen und Männer
mit weisen Aussprüchen und Zitaten.
Maurice Chevalier

Es ist kein Mann so kleine,
er hat der Teufelsadern eine.
Deutsches Sprichwort

Fassen Sie Mut, seien Sie ein Mann,
und seien Sie wieder Sie selbst.
Jean-Jacques Rousseau, Julie oder Die neue Héloïse (Claire)

Ferner ist das männliche Wesen dem
schwächeren weiblichen von Natur
überlegen und daher jenes das herrschende, dieses das dienende.
Aristoteles, Politik

Feste Burg, um auszudauern,
Ist des Mannes ehrne Brust.
Johann Wolfgang von Goethe, Faust II (Euphorion)

Frau, ehre deinen Gebieter; er arbeitet
für dich, er verdient dir dein Brot, er
ernährt dich; das ist der Mann.
Jean-Jacques Rousseau, Emile

Frauen bedeuten den Triumph
der Materie über den Geist,
so wie Männer den Triumph
des Geistes über die Moral bedeuten.
Oscar Wilde, Das Bildnis des Dorian Gray

Frauen fürchten nicht das Alter.
Sie fürchten nur
die Meinung der Männer
über alte Frauen.
Jeanne Moreau

Frauen gelten vielleicht deshalb
als gefühlvoller, weil sie
mehr Dinge zu fühlen vorgeben
müssen als Männer.
Silvana Mangano

Frauen lieben die einfachen Dinge
des Lebens – zum Beispiel Männer.
Robert Lembke, Steinwürfe im Glashaus

Frauen stehen immer
vor dem Dilemma,
die Schwächen eines Mannes
zu beseitigen, oder
seine Schwäche zu sein.
Françoise Sagan

Frauen werden nie
durch Komplimente entwaffnet.
Männer immer.
Oscar Wilde

Für einen kraftvollen Mann
ist immer Platz,
und er macht Platz für viele.
Ralph Waldo Emerson, Essays

Für Männer gelten
die Gesetze der Optik nicht:
Wenn man sie unter die Lupe nimmt,
werden sie plötzlich ganz klein.
Grethe Weiser

Für mich sind die Männer
die schönsten und gefährlichsten
Raubtiere der Welt. Ich liebe sie,
wie der Dompteur seine Tiger liebt.
Eartha Kitt

Fürwahr,
es gibt eine geheimnisvolle Neigung
jüngerer Männer zu älteren Frauen.
Johann Wolfgang von Goethe, Wilhelm Meisters Wanderjahre

Gegenüber sehr attraktiven Frauen
ist meist der Mann
der Schutzbedürftige.
Oscar Wilde

Geliebte!, nicht erretten
konnt' ich dich,
So will ich dir
ein männlich Beispiel geben.
Friedrich Schiller, Maria Stuart (Mortimer)

Gott, dem die Freiheit der Wahl
gelassen, hat sich zum Mann
und nicht zum Weibe geschaffen.
Sprichwort aus Spanien

Gott will den Mann als Mann
und die Frau als Frau und will,
dass jeder von ihnen Mensch sei.
Philippus Theophrastus Paracelsus, Mensch und Schöpfung

Gute Frauen sind besser
als gute Männer.
Böse Frauen sind böser
als böse Männer.
Marcel Achard

Hinter jedem großen Mann stand
immer eine liebende Frau, und es ist
viel Wahrheit in dem Ausspruch,
dass ein Mann nicht größer sein kann,
als die Frau, die er liebt, ihn sein lässt.
Pablo Picasso

Ich habe nie verstanden,
warum Frauen an talentierten Männern zuerst deren Fehler und
an Narren deren Verdienste sehen.
Pablo Picasso

Ich kenne einen Mann, der unsere
ganze Epoche beeinflusst hat,
indem er sich versteckt hat.
Francis M. de Picabia, Aphorismen

Ich liebe die Männer nicht,
weil es Männer sind,
sondern weil es keine Frauen sind.
Christine von Schweden

Ich verkehre ja doch mit all
den Buben nicht wie mit Menschen
von wirklicher Bedeutung,
sondern weil's mir Spaß macht.
Franziska Gräfin zu Reventlow, Tagebücher

Im echten Manne ist ein Kind
versteckt: Das will spielen.
Friedrich Nietzsche, Also sprach Zarathustra

Im Gegensatz zu Männern würden
Frauen ihre Fehler sofort zugeben,
wenn sie welche hätten.
Robert Lembke, Steinwürfe im Glashaus

In dem schönsten Manne ist die Göttlichkeit und Tierheit weit abgesonderter. In der weiblichen Gestalt
ist beides ganz verschmolzen,
wie in der Menschheit selbst.
Friedrich Schlegel, Über die Philosophie

In der Liebe
fühlt sich der Mann als Bogen,
er ist aber nur der Pfeil.
Jeanne Moreau

In Gesellschaft hören Männer einander
zu, Frauen beobachten einander.
Sprichwort aus Lettland

In jedem Mann steckt ein König
Kandaules: Er stellt seine Frau zur
Schau, weil er so seine eigenen
Verdienste vorzuführen meint.
Simone de Beauvoir, Das andere Geschlecht

In moralischer Beziehung
ist der Mann öfter und länger Mann,
als die Frau Frau ist.
Honoré de Balzac, Die Physiologie der Ehe

In physischer Hinsicht
ist ein Mann länger ein Mann,
als eine Frau eine Frau ist.
Honoré de Balzac, Die Physiologie der Ehe

In vermintem Gelände
sind alle Männer Gentlemen
– nach dem Motto: Ladies first.
Barbra Streisand

Mann

Je größer der Schreibtisch,
desto kleiner der Mann,
der dahinter sitzt.
Dominik Tatarka

Jeder Mann liebt nur einmal. Und
zwar zwischen zwölf und fünfzehn.
Später bildet er es sich nur noch
hin und wieder ein.
Curt Goetz

Kein Mann der Erde, wahrlich!,
ist ein freier Mann.
Euripides, Hekabe (Hekabe)

Kein Mann ist imstande,
die weibliche Vernunft zu begreifen.
Deshalb gilt sie als Unvernunft.
Eleonora Duse

Kein Mann sollte ein Geheimnis
vor seiner Frau haben.
Sie wird es in jedem Fall herausfinden.
Oscar Wilde

Kein Mann würde eine Frau
sein wollen, aber alle wünschen,
dass es Frauen gibt.
Simone de Beauvoir, Das andere Geschlecht

Kraft erwart' ich vom Mann,
des Gesetzes Würde behaupt' er.
Friedrich Schiller, Macht des Weibes

Langjährige Ehemänner haben
im Allgemeinen ein angeborenes
Koordinationstalent.
Ephraim Kishon, Kishon für alle Fälle

Lasst mich weinen!
das ist keine Schande.
Weinende Männer sind gut.
Johann Wolfgang von Goethe, West-östlicher Divan

Lasst wohl beleibte Männer
um mich sein,
Mit glatten Köpfen
und die nachts gut schlafen.
William Shakespeare, Julius Caesar (Caesar)

Leichtgläubigkeit ist eines Mannes
Schwäche und eines Kindes Stärke.
Charles Lamb, Essays

Man sieht zeitig am Kamme,
was ein Hahn werden will.
Deutsches Sprichwort

Man soll die Männer so nehmen,
wie sie sind, und die Frauen,
wie sie sein möchten.
Frank Wedekind

Manche Männer sind,
wenn sie ohne Frauen bleiben,
ruhmlos wie ein Tag,
der keine Sonne hatte.
Hildegard von Bingen, Heilkunde

Manche Männer sind wie Teppiche:
Wenn man etwas von ihnen aufrollt,
sehen sie plötzlich betreten aus.
Kai Fischer

Männer gibt's, so richtig dafür
geschaffen, eines Tages
glückliche Witwen zu hinterlassen.
Robert Lembke, Steinwürfe im Glashaus

Männer können idealisiert werden,
Frauen nur angebetet.
Oscar Wilde, Ein idealer Gatte

Männer machen die Geschichte.
Heinrich von Treitschke, Deutsche Geschichte
im 19. Jahrhundert

Männer! Männer!
Sie machen uns glücklich und elend.
Johann Wolfgang von Goethe, Stella
(Madame Sommer und Stella)

Männer muss man nehmen,
wie sie sind, aber man darf
sie nicht so sein lassen.
Zsa Zsa Gabor

Männer sind die geborenen Sucher:
Am liebsten suchen sie das Weite.
Ursula Herking

Männer sind wie Sicherungen:
Wenn die Spannung im Hause
zu groß wird, brennen sie durch.
Helen Vita

Männer verlangen von den Frauen
immer das Gleiche.
Frauen verlangen von den Männern
etwas Besonderes.
Sarah Bernhardt

Männer verschweigen fremde,
Weiber eigne Geheimnisse.
Deutsches Sprichwort

Männer werden ohne Frauen dumm,
und Frauen welken ohne Männer.
Anton Tschechow

Männer widerstehen oft den besten
Argumenten und erliegen einem
Augenaufschlag.
Honoré de Balzac

Männer wollen alles ausprobieren,
bevor sie es haben.
Frauen wollen alles haben,
damit sie es ausprobieren können.
Harold Pinter

Mit vierzig Jahren haben Männer
fast nur noch Gewohnheiten;
eine davon ist ihre Frau.
George Meredith

Nein, lasst uns die Menschheit nicht
verunehren, lasst uns nicht denken,
ein liebenswürdiger und tugendhafter
Mann sei nur ein Hirngespinst. Er ist
da, er lebt, er sucht mich vielleicht;
er sucht eine Seele, die ihn zu lieben
weiß. Aber wer ist er? Wo ist er?
Jean-Jacques Rousseau, Emile (Sophie)

Nicht jeder ist ein Mann,
der an die Wände pissen kann.
Sprichwort aus Spanien

Niemand ist den Frauen gegenüber
aggressiver oder herablassender
als ein Mann, der seiner Männlichkeit
nicht ganz sicher ist.
Simone de Beauvoir

Nur der verdient die Gunst der Frauen,
Der kräftigst sie zu schützen weiß.
Johann Wolfgang von Goethe, Faust II (Faust)

O die wilden Männer! Das raue,
unbarmherzige Geschlecht!
Ludwig Tieck, Karl von Berneck (Mathilde)

O Männer wüsstet ihr's,
ihr könntet wartend ruhn.
Uns ist's so viel um euch,
als euch um uns zu tun.
Johann Wolfgang von Goethe,
Die Laune des Verliebten (Egle)

O trüg ich doch
ein männlich Herz in mir,
Das, wenn es einen
kühnen Vorsatz hegt,
Vor jeder andern Stimme
sich verschließt!
Johann Wolfgang von Goethe, Iphigenie auf Tauris
(Iphigenie)

Ohne die Frau könnte der Mann nicht
Mann heißen, ohne Mann könnte
die Frau nicht Frau genannt werden.
Hildegard von Bingen, Welt und Mensch

Ohne die Frau würde der Mann roh,
grob, einsam sein und die Anmut
nicht kennen.
Francois René Vicomte de Chateaubriand

Ohne Mann ist die Frau eine Waise.
Sprichwort aus Russland

Ovum ist Fortsetzung,
Sperma ist etwas Neues.
Oswald Spengler, Urfragen.
Fragmente aus dem Nachlass

Reife des Mannes: Das heißt den Ernst
wiedergefunden haben, den man als
Kind hatte, beim Spiel.
Friedrich Nietzsche, Jenseits von Gut und Böse

Schön ist die Frau mit ihrem Mann,
ohne Mann aber ist sie keine Frau.
Sprichwort aus Russland

Selbst ist der Mann.
Deutsches Sprichwort

Sich von einem Weibe beherrschen
lassen, ist für einen Mann
die ärgste Schmach.
Demokrit, Fragment 111

Sie suchte einen Mann
und fand nur Affen;
sie suchte eine Seele und fand keine.
Jean-Jacques Rousseau, Emile (Sophie)

Stark im Tun, schwach im Dulden,
ist Männerart. Schwach im Tun,
stark im Dulden, ist Frauenart.
Marie von Ebner-Eschenbach, Aphorismen

Tausend Frauen wiegt das Leben
eines einzigen Mannes auf.
Euripides, Iphigenie in Aulis (Iphigenie)

Trauet nie den Rosen eurer Jugend,
Trauet, Schwestern,
Männerschwüren nie.
Friedrich Schiller, Die Kindsmörderin

Trotz der fruchtbaren Kräfte, die die
Frau durchdringen, bleibt der Mann
ihr Herr, wie er Herr der fruchtbaren
Erde ist. Sie ist dazu bestimmt, unterworfen, besessen, ausgebeutet zu werden wie die Natur, deren magische
Fruchtbarkeit sie verkörpert.
Simone de Beauvoir, Das andere Geschlecht

Um einen Mann zu schätzen,
muss man ihn
Zu prüfen wissen.
Johann Wolfgang von Goethe,
Claudine von Villa Bella (Rugantino)

Vieles, was Männer tun,
ist von Frauen erdacht,
und das meiste, was sie nicht tun,
haben Frauen verhindert.
Ludwig Friedrich Barthel

Von Beginn der Menschheit an hat der
biologische Vorteil den Männern
erlaubt, sich allein als souveräne Subjekte zu behaupten. Sie haben nie auf
diesen Vorteil verzichtet.
Simone de Beauvoir, Das andere Geschlecht

Wahre Neigung vollendet sogleich
zum Manne den Jüngling.
Johann Wolfgang von Goethe, Hermann und Dorothea
(5. Gesang)

Warum wir meist nur Männer
beschreiben und alles von Männern
vollziehen sehen. Weil es leichter ist,
die groben äußern Räder
einer Maschine zu sehen
als das feine innere Getriebe.
Sophie Mereau, Betrachtungen

Was der Mann kann,
zeigt der Wein an.
Deutsches Sprichwort

Was ist ein Mann? Der Mann ist ein
Mensch, der arbeitet. Mit dieser Arbeit
ernährt er sich selbst, seine Frau und
die Kinder seiner Frau. Eine Frau
dagegen ist ein Mensch, der nicht
(oder nur vorübergehend) arbeitet.
Die meiste Zeit ihres Lebens ernährt
sie weder sich selbst noch ihre Kinder,
geschweige denn ihren Mann.
Esther Vilar, Der dressierte Mann

Welch Glück sondersgleichen,
Ein Mannsbild zu sein!
Johann Wolfgang von Goethe, Egmont (Klare)

Welche Frau gäbe nicht gerne zu,
dass ihr Mann bei der Partnerwahl
einen besseren Geschmack hatte
als sie selbst?
Victor de Kowa

Wenn die Männer wüssten, wie dumm
die Frauen sind, so würden sie sie
bedauern, anstatt sie zu zerfleischen.
Henry de Montherlant, Erbarmen mit den Frauen

Wenn du irgendwo bist,
wo kein Mann ist,
dann sei du der Mann!
Sprichwort aus Arabien

Wenn ein Frauenkörper spricht,
haben die Männer nicht genug Augen,
um zuzuhören.
Alexander Calder

Wenn ein Mann
der umworbenen Frau versichert,
er sei ihrer nicht würdig,
dann hat er meistens damit Recht.
Jeanne Moreau

Wenn ein Mann
eine Frau anziehend findet,
fliegen alle Regeln
aus dem Fenster.
Peter Ustinov, Peter Ustinovs geflügelte Worte

Wenn ein Mann einer Frau
höflich die Wagentüre aufreißt,
dann ist entweder der Wagen neu
oder die Frau.
Uschi Glas

Was ein Elefant ohne Führer,
ist ein Bursche ohne Ehefrau.
Vietnamesisches Sprichwort

Wenn ein Mann ein Mann ist,
kann man es nicht
aus ihm herausprügeln.
Mark Twain

Wenn ein Mann
etwas ganz Dummes tut,
geschieht es immer
aus den edelsten Motiven.
Oscar Wilde, Das Bildnis des Dorian Gray

Wenn ein Mann
keine Laster hat,
besteht die Gefahr,
dass er seine Tugenden
in Laster verwandelt.
Thornton Wilder

Wenn ein Mann
nicht gar zu viel Verdruss hat,
ist er bereits glücklich.
Henry de Montherlant

Wenn ein Mann
nur ein wenig hübscher
als der Teufel ist,
sieht er gut genug aus.
Sprichwort aus Ungarn

Wenn ein Mann sich
für unwiderstehlich hält,
liegt es oft daran,
dass er nur dort verkehrt,
wo kein Widerstand zu erwarten ist.
Françoise Sagan

Wenn ein Mann will,
dass ihm seine Frau zuhört,
braucht er nur
mit einer anderen zu reden.
Liza Minnelli

Wenn ein Mann über eine Frau
nachzudenken beginnt, gehört er ihr
schon halb.
Marcel Proust

Wenn ein Mann untreu ist,
so ist es unrecht;
wenn es aber eine Frau ist,
unnatürlich und gottlos.
Theodor Gottlieb von Hippel, Über die Ehe

Wenn eine Frau sagt »jeder«,
meint sie: jedermann.
Wenn ein Mann sagt »jeder«,
meint er: jeder Mann.
Marie von Ebner-Eschenbach, Aphorismen

Wenn man einem Mann
das Handwerk gelegt hat,
versucht er es eben mit den Füßen.
Helen Vita

Wenn man einmal das Glück hat,
einen ergriffenen Mann zu sehen
– das ist unerhört schön.
Gabriele Wohmann

Wenn Männer aufs Ganze gehen,
meinen sie meistens die untere Hälfte.
Helen Vita

Wenn Männer in hoher Stellung den
Mut zur eigenen Meinung nicht haben,
was lässt sich da von Männern
in niedriger Stellung erwarten?
Samuel Smiles

Wenn Männer Kinder bekämen,
wäre die Abtreibung
längst ein Sakrament.
Lore Lorentz

Wenn Männer wüssten,
was Frauen denken,
wären sie tausendmal kühner.
Pablo Picasso

Wenn Sie in der Politik
etwas gesagt haben wollen,
wenden Sie sich an einen Mann.
Wenn Sie etwas getan haben wollen,
wenden Sie sich an eine Frau.
Margaret Thatcher

Wenn sie in fast dreißig Jahren keinen
Mann getroffen hatte, einfach keinen,
der von einer ausschließlichen Bedeutung für sie geworden war, jemand,
der stark war und ihr das Mysterium
brachte, auf das sie gewartet hatte,
keinen, der wirklich ein Mann war
und nicht ein Sonderling, Verlorener,
ein Schwächling oder einer dieser
Hilfsbedürftigen, von denen die Welt
voll war, dann gab es den Mann eben
nicht, und solange es diesen neuen
Mann nicht gab, konnte man nur
freundlich sein und gut zueinander,
eine Weile.
Ingeborg Bachmann, Drei Wege zum See

Wenn wir Männer die Frau bekämen,
die wir verdienen, könnte uns
nichts Schlimmeres passieren.
Oscar Wilde

Wer die Frauen kennen will,
muss die Männer studieren.
Franz Molnár

Wie der Mann,
so brät man ihm die Wurst.
Deutsches Sprichwort

Wie ein Mann Auto fährt,
so möchte er sein.
Anna Magnani

Wie lächerlich gering
ist der Unterschied
zwischen Mann und Frau!
Von achtundvierzig Chromosomen
unterscheidet sich nur eines.
Germaine Greer

Wie viele Orangs (...) Männer, wollte
ich sagen, verheiraten sich,
ohne zu wissen, was eine Frau ist.
Honoré de Balzac, Die Physiologie der Ehe

Wir Frauen verlieben uns immer
in den gleichen Typ von Mann.
Das ist unsere Form von Monogamie.
Lauren Bacall

Wo Männer schweigen,
reden die Gedanken.
Carl Spitteler, Olympischer Frühling

Wo wäre die Macht der Frauen,
wenn die Eitelkeit der Männer
nicht wäre?
Marie von Ebner-Eschenbach, Aphorismen

Wollt ihr die Männer kennen,
so studiert die Frauen!
Jean-Jacques Rousseau, Brief an d'Alembert

Zuerst haben die Männer
zehn Frauen an einem Finger.
Und dann haben sie zehn Finger
an einer Frau.
Helen Vita

Zwangsläufig stecken in jedem
Künstler ein Mann und eine Frau,
und die Frau ist fast immer
unerträglich.
Jean Cocteau, Hahn und Harlekin

Zwei Männer mögen wegen einer Frau
in einen noch so erbitterten Streit
geraten sein, es kommt immer der
Augenblick, in dem sie nahe daran
sind, einander – wie über einen
Abgrund – die Hände zu reichen.
Arthur Schnitzler, Buch der Sprüche und Bedenken

Zweierlei will der echte Mann: Gefahr
und Spiel. Deshalb will er das Weib,
als das gefährlichste Spielzeug.
Friedrich Nietzsche, Also sprach Zarathustra

Zwischen Männern
ist von Natur bloß Gleichgültigkeit;
aber zwischen Weibern
ist schon von Natur Feindschaft.
Arthur Schopenhauer, Über die Weiber

Männlichkeit

Alle Eigenschaften eines Mannes,
die der Frau nützen, nennt sie männlich, und alle, die ihr nicht nützen
und auch sonst niemandem,
nennt sie weibisch.
Esther Vilar, Der dressierte Mann

Bei den Tieren gilt das männliche
Geschlecht als das schöne.
Friedrich Nietzsche, Die fröhliche Wissenschaft

Das männliche Handeln hat in der
Schaffung von Werten die Existenz
selbst als Wert konstituiert: Es hat den
Sieg über die verworrenen Kräfte
des Lebens davongetragen, es hat die
Natur und die Frau unterjocht.
Simone de Beauvoir, Das andere Geschlecht

Das Wesen des Mannes ist die Männlichkeit, das des Weibes die Weiblichkeit. Sei der Mann auch noch so
geistig und hyperphysisch – er bleibt
doch immer Mann; ebenso das Weib.
Die Persönlichkeit ist daher nichts
ohne Geschlechtsunterschied.
Ludwig Feuerbach, Das Wesen des Christentums

Nur selbstständige Weiblichkeit, nur
sanfte Männlichkeit ist gut und schön.
Friedrich Schlegel, Über die Diotima

Manöver

Die Friedensmanöver –
auch die ausgedehntesten –
geben nur ein sehr unvollkommenes
Bild des wirklichen Krieges.
Helmuth Graf von Moltke, Verordnungen
für die höheren Truppenführer (24. Juni 1869)

Die Handhabung großer Heereskörper
ist im Frieden nicht zu erlernen.
Helmuth Graf von Moltke, Verordnungen
für die höheren Truppenführer (24. Juni 1869)

Märchen

Alle Märchen sind nur Träume von
jener heimatlichen Welt, die überall
und nirgends ist.
Novalis, Fragmente

Das leerste Märchen hat für die Einbildungskraft schon einen hohen Reiz,
und der geringste Gehalt wird vom
Verstande dankbar aufgenommen.
Johann Wolfgang von Goethe, Dichtung und Wahrheit

Das Märchen ist das freiere Epos,
der Traum das freiere Märchen.
Jean Paul, Vorschule der Ästhetik

Die Liebe ist das einzige Märchen,
das mit keinem »es war einmal«
beginnt – aber schließt.
Hans Lohberger

Die Welt des Märchens
ist die durchaus entgegengesetzte Welt
der Welt der Wahrheit –
und eben darum ihr
so durchaus ähnlich wie das Chaos
der vollendeten Schöpfung.
Novalis, Fragmente

Ich weiß nicht, was soll es bedeuten,
Dass ich so traurig bin;
Ein Märchen aus uralten Zeiten,
Das kommt mir nicht aus dem Sinn.
Heinrich Heine, Buch der Lieder

In den Märchen hat sich die wahre
Geschichte der Menschen niedergeschlagen. Aus ihnen lässt sich,
wenn auch nicht vollständig,
der Sinn erahnen, enthüllen.
Ivo Andrić

In einem echten Märchen muss alles
wunderbar, geheimnisvoll und unzu-
sammenhängend sein – alles belebt.
Jedes auf eine andre Art.
Die ganze Natur muss auf eine wunderliche Art mit der ganzen Geisterwelt vermischt sein –
die Zeit der allgemeinen Anarchie –
der Gesetzlosigkeit – der Freiheit –
der Naturzustand der Natur –
die Zeit vor der Welt.
Novalis, Fragmente

Mancher will dem Kinde keine Märchen geben, weil die Märchen »lügen«,
weil sie mit der »Wirklichkeit nicht
zusammengehen«. Aber ist nicht die
nackte nützliche Wirklichkeit,
der Sinn für den lebendigen Menschen
Lüge und Schein? Was ist wahrer:
diese so vorgestellte Wirklichkeit oder
das Wunder? Die Naturwissenschaft
könnte alle sinnlich erfassbaren
Zusammenhänge kennen, und doch
würde ihr erst dann das volle Gewicht
der Tatsache bewusst werden,
dass alles Sinnliche wie ein Zauber
aus einem Unsinnlichen heraus blüht.
Christian Morgenstern, Stufen

Märchen: das uns unmögliche
Begebenheiten unter möglichen
oder unmöglichen Bedingungen
als möglich darstellt.
Johann Wolfgang von Goethe,
Maximen und Reflexionen

Mehr als zwanzig Personen
sind in dem Märchen geschäftig.
»Nun, und was machen sie denn alle?«
Das Märchen, mein Freund.
Johann Wolfgang von Goethe/Friedrich Schiller,
Xenien

Nicht die Kinder bloß speist man
Mit Märchen ab.
Gotthold Ephraim Lessing, Nathan der Weise (Nathan)

Prinzipiell ist jedes Märchen und jeder
Traum (...) so alt wie die Menschheit,
und eben die zeitlose Gültigkeit der
Märchen und Mythen versetzt sie in
den Stand, zeitlos gültige Wahrheiten
zu formulieren, die den Einsichten des
Verstandes unendlich überlegen sind.
Eugen Drewermann, Schneeweißchen und Rosenrot

Wir meinen, das Märchen und das
Spiel gehöre zur Kindheit:
wir Kurzsichtigen! Als ob wir
in irgendeinem Lebensalter ohne
Märchen und Spiel leben möchten!
Friedrich Nietzsche, Menschliches, Allzumenschliches

Margarethe (20.7.)

Die erste Birn' bringt Margareth,
drauf überall die Ernt' angeht.
Bauernregel

Sankt Margarethe pisst in die Nöte
[= Nüsse, Anm. d. Red.].
Bauernregel

Maria

Ach, neige,
Du Schmerzenreiche,
Dein Antlitz gnädig meiner Not!
Johann Wolfgang von Goethe, Faust I (Gretchen)

Die einzige Maria adelt alle Weiber
romantisch; daher eine Venus
nur schön, aber eine Madonna
romantisch sein kann.
Jean Paul, Vorschule der Ästhetik

Die Süße hast du uns gebracht,
Mutter ohne Mannes Rat,
Sancta Maria.
Marienlied, Melker Handschrift (12. Jh.)

Du bist über den Engeln all,
Du sühntest Evas Fall,
Sancta Maria.
Marienlied, Melker Handschrift (12. Jh.)

Du musst uns milde sein, Marie,
Wir blühn aus deinem Blut,
Und du allein kannst wissen, wie
So weh die Sehnsucht tut.
Rainer Maria Rilke, Gebete der Mädchen zu Maria

Gott stieg nieder aus seinem Strahle
Und du warst die schönste Schale
Seiner Sehnsucht, Madonna Marie.
Rainer Maria Rilke, Engellieder

Höchste Herrscherin der Welt,
Lasse mich im blauen,
Ausgespannten Himmelszelt
Dein Geheimnis schauen!
Billige, was des Mannes Brust
Ernst und zart beweget
Und mit heiliger Liebeslust
Dir entgegenträget!
Johann Wolfgang von Goethe, Faust II
(Doctor Marianus)

Ich sage: Hätte Maria nicht zuerst
Gottes Sohn geistlich in ihrer Seele
geboren, er wäre leiblich nie
von ihr geboren worden.
Meister Eckhart, Merksprüche und Weisungen

Ich sehe dich in tausend Bildern,
Maria, lieblich ausgedrückt,
Doch keins von allen
kann dich schildern,
Wie meine Seele dich erblickt.
Novalis, Geistliche Lieder

Ich will dich lieben, meine Stärke,
ich will dich lieben, meine Zier,
ich will dich lieben mit dem Werke
und immer währender Begier;
ich will dich lieben, schönstes Licht,
bis mir das Herz im Tode bricht.
Angelus Silesius, Kirchenlieder

In Dresden war eine Gestalt, die mich
wie ein geliebtes, angebetetes Wesen
in der Galerie fesselte – und ich kann
mir jetzt die Schwärmerei der alten
Chevalerie, Traumgestalten wie Lebende anzubeten, sehr wohl erklären.
Ich sprach von Raffaels Mutter Gottes.
Heinrich von Kleist, Briefe (an Adolphine von Werdeck),
November 1801)

Ist deine Seele Magd
und wie Maria rein,
So muss sie augenblicks
von Gotte schwanger sein.
Angelus Silesius, Der cherubinische Wandersmann

Ja, ja, liebe Mutter, die ich nie so
genannt habe, da ich noch nicht
sprechen konnte. Ja, sie, meine erhabenste Vorstellung von reiner Liebe,
aber keiner kalten, göttlichen,
sondern der irdischen, wärmenden,
mütterlichen Liebe. Zu ihr drängt
meine bessere, müde gewordene Seele.
Leo N. Tolstoi, Tagebücher (1906)

Jungfrau, rein im schönsten Sinn,
Mutter, Ehren würdig,
Uns erwählte Königin,
Göttern ebenbürtig.
Johann Wolfgang von Goethe, Faust II
(Doctor Marianus)

Madonna Maria war gleichsam die
schöne Dame du Comptoir
der katholischen Kirche, die deren
Kunden, besonders die Barbaren
des Nordens, mit ihrem himmlischen
Lächeln anzog und festhielt.
Heinrich Heine, Die romantische Schule

Maria als Vertreterin der gesamten
Kreatur vertritt gleicherweise Mann
und Frau.
Gertrud von Le Fort, Die ewige Frau

Maria,
du weinst – ich weiß.
Und da möcht ich weinen
Zu deinem Preis.
Mit der Stirne auf Steinen
weinen.
Rainer Maria Rilke, Gebete der Mädchen zu Maria

Maria ist nicht allein Gegenstand
der religiösen Verehrung, sondern
sie ist auch selbst das Religiöse,
durch das Gott verehrt wird,
die Hingebungsgewalt des Kosmos
in Gestalt der bräutlichen Frau.
Gertrud von Le Fort, Die ewige Frau

Maria trat an die Stelle der Kybele,
Mylitta, Aphrodite, Venus, Ceres etc.
der südlichen Völker,
an die Stelle der Freia, Frigga usw.
der germanischen Völker,
sie wurde nur christlich-spiritualistisch
idealisiert.
August Bebel, Die Frau und der Sozialismus

Sie ist eine herrliche Mutter
und doch in Wahrheit Jungfrau.
Otfrid von Weissenburg, Evangelienbuch

Werde jeder bessre Sinn
Dir zum Dienst erbötig!
Jungfrau, Mutter, Königin,
Göttin, bleibe gnädig!
Johann Wolfgang von Goethe, Faust II
(Doctor Marianus)

Wir verehren sie, wir lieben sie, doch glauben wir, sie mache sich wenig aus den Titeln, die man ihr hier auf Erden beilegt. Im Evangelium wird sie niemals »Mutter Gottes« genannt.
Voltaire, Geschichte von Jenni

Mariä Geburt (8.9.)

An Mariä Geburt
fliegen die Schwalben furt.
Bauernregel

Mariä Himmelfahrt (15.8.)

Mariä Himmelfahrt Sonnenschein
bringt guten Wein.
Bauernregel

Mariä Namen (12.9.)

An Mariä Namen
sagt der Sommer Amen.
Bauernregel

Markt

Auf dem Markt lernt man die Leute besser kennen als im Tempel.
Deutsches Sprichwort

Auf dem Markt werden mehr Heringe als Seezungen verkauft.
Sprichwort aus Frankreich

Der Menge gefällt,
was auf den Marktplatz taugt.
Friedrich Hölderlin, Menschenbeifall

Ja zur Machtkontrolle, zum Grundsatz gleicher Marktchancen,
ja zum Wettbewerb.
Helmut Kohl, Rede des Bundeskanzlers zur Internationalen Funkausstellung in Berlin 1985

Lieber bleib zu Hause müßig,
nur geh nicht ohne Geld zu Markte.
Chinesisches Sprichwort

Markt lehrt kramen.
Deutsches Sprichwort

Sind Rüben auf dem Markt gefragt,
muss man sie nicht waschen.
Chinesisches Sprichwort

Markus (25.4.)

Ist es vor Sankt Markus warm,
friert's hernach bis in den Darm.
Bauernregel

Solange die Frösche quaken vor Markustag, solange schweigen sie danach.
Bauernregel

Martin (11.11.)

Ist es um Martini trüb,
wird der Winter auch nicht lieb.
Bauernregel

Jede Sau hat ihren Martinstag.
Deutsches Sprichwort

Sankt Martin macht Feuer im Kamin.
Bauernregel

Sankt Martin setzt sich
schon mit Dank
zum Wärmen
auf die Ofenbank.
Bauernregel

Martina (30.1.)

Bringt Martina Sonnenschein,
hofft man auf viel Korn und Wein.
Bauernregel

Märtyrer

Alle Gerechten, alle Heiligen,
alle Märtyrer sind glücklich gewesen.
Fjodor M. Dostojewski, Die Brüder Karamasow

Der Jünger eines Märtyrers
leidet mehr als der Märtyrer.
Friedrich Nietzsche, Menschliches, Allzumenschliches

Der Märtyrer einer alten Religion
gleicht einem Starrsinnigen,
der einer neuen einem Erleuchteten.
Antoine Comte de Rivarol, Maximen und Reflexionen

Ein Same ist das Blut der Christen.
Tertullian, Apologeticum

Martyrium

Allen habt ihr die Ehre genommen,
die gegen euch zeugten;
Aber dem Märtyrer kehrt spät
sie doppelt zurück.
Johann Wolfgang von Goethe/Friedrich Schiller, Xenien

Ich bin als Mensch zu reich,
um als Märtyrer zu leben.
Sylvia Plath, Briefe nach Hause (27. August 1962)

Ich fühle wohl, Bester,
es gehört Genie zu allem,
auch zum Märtyrertum.
Johann Wolfgang von Goethe,
Die Wahlverwandtschaften

Ich möchte durch die Hand
meiner Feinde umkommen.
Mein Tod würde der Kirche
mehr nützen als mein Leben.
Martin Luther, Tischreden

Marxismus

Gott ist tot, Marx ist tot,
und ich selber fühle mich
nicht sehr gut.
Eugène Ionesco

In Osteuropa gibt es kaum noch Marxisten, nur mehr Häretiker. Marxisten gibt es nur noch im Westen.
Milovan Djilas

Selbst wenn einträte, was Marx voraussagt, bedeutete dies nur, dass sich der Despotismus verlagert. Bislang haben die Kapitalisten geherrscht, dann würden die Arbeiterfunktionäre herrschen.
Leo N. Tolstoi, Tagebücher (1898)

März

Der März soll wie ein Wolf kommen
und wie ein Lamm gehen.
Bauernregel

Donnert's im März,
so schneit's im Mai.
Bauernregel

Lässt der März sich trocken an,
bringt er Brot für jedermann.
Bauernregel

Liegt im Februar die Katz im Freien,
wird sie im März vor Kälte schreien.
Bauernregel

März: Die Sonne steigt.
Roald Amundsen, Eskimoleben (Eskimo-Monatsnamen)

März grün, Jungfrau kühn.
Deutsches Sprichwort

März ist der schlimmste Monat, wenn es schlecht ist; man hat offenbar all seine Reserven im Winter aufgebraucht und ist verletzlich geworden.
Sylvia Plath, Briefe nach Hause (27. März 1962)

März – welch ein Monat:
Der Winter ist vorüber,
aber wie lang er noch dauern kann,
das weiß man im März noch nicht.
Dazu ist der März da.
Knut Hamsun, Die letzte Freude

Märzendonner macht fruchtbar.
Bauernregel

Märzengrün ist bald wieder hin.
Bauernregel

Märzenschnee tut der Frucht weh.
Bauernregel

Märzenstaub bringt Gras und Laub.
Bauernregel

Nasser März ist Bauernschmerz.
Bauernregel

Nimmt der März den Pflug beim Sterz,
hält April ihn wieder still.
Bauernregel

Was der März nicht will,
das frisst der April.
Bauernregel

Wenn im Hornung [= Februar, Anm. d. Red.] die Mücken schwärmen,
muss man im März die Ohren wärmen.
Bauernregel

Wenn's im Märzen donnert,
o wird's im Winter schnein.
Bauernregel

Willst du den März
nicht ganz verlieren,
So lass nicht
in April dich führen.
Johann Wolfgang von Goethe, Jahr aus, Jahr ein

Maschine

Das Haus ist eine Maschine
zum Wohnen. Ein Sessel ist
eine Maschine zum Sitzen.
Le Corbusier

Der Staat ist eine Maschine
zur Aufrechterhaltung der Herrschaft
einer Klasse über eine andere.
Wladimir Iljitsch Lenin, Über den Staat

Die Einführung der neuen Maschinerie
ist es, die die menschliche Arbeit, die
Quelle des Reichtums der Völker, entwertet
und zum großen Teil verdrängt.
Die Arbeiter sind nicht imstande, die
Konkurrenz der Maschine auszuhalten.
Robert Owen, Report an das parlamentarische Komitee
für Armengesetzgebung (1817)

Die Maschine als das Werkzeug der
in ihr arbeitenden Naturkraft kann nur
durch ein bedeutendes Kapital gebaut
und im Gange gehalten werden.
Lorenz von Stein,
Die socialen Bewegungen der Gegenwart

Die Maschine ist unpersönlich, sie entzieht
dem Stück Arbeit seinen Stolz,
sein individuell Gutes und Fehlerhaftes, was an jeder Nicht-Maschinenarbeit
klebt – also sein bisschen
Humanität. Früher war alles Kaufen
von Handwerkern ein Auszeichnen
von Personen, mit deren Abzeichen
man sich umgab.
Friedrich Nietzsche, Menschliches, Allzumenschliches

Die Maschine, selber ein Erzeugnis
der höchsten Denkkräfte, setzt
bei den Personen, welche sie bedienen,
fast nur die niederen, gedankenlosen
Kräfte in Bewegung.
Friedrich Nietzsche, Menschliches, Allzumenschliches

Die Maschinen werden
zu einer einzigen Maschine.
Günther Anders, Die Antiquiertheit des Menschen.
Bd. 2

Eines Tages werden Maschinen
vielleicht nicht nur rechnen,
sondern auch denken.
Mit Sicherheit aber werden sie
niemals Phantasie haben.
Theodor Heuß

Es gibt Maschinenmenschen,
die arbeiten ausgezeichnet,
wenn man sie in Bewegung setzt,
sie können sich aber nicht
von selbst bewegen.
Leo N. Tolstoi, Tagebücher (1903)

Es mag Maschinen geben, die denken;
niemals aber wird es Maschinen
geben, die sich etwas denken.
Peter Benary

Für jede rein gleichförmig sich wiederholende
Bewegung, welche keine
geistige Tätigkeit erfordert, wird mit
der Zeit eine Maschine erfunden;
dem Menschen bleibt mehr und mehr
die rein geistig leitende
und künstlerische Tätigkeit.
Gustav Schmoller, Die Arbeiterfrage

Gegenwärtig konkurriert die Maschine
mit dem Menschen. Unter richtigen
Verhältnissen wird sie dem Menschen
dienen.
Oscar Wilde, Die Seele des Menschen
unter dem Sozialismus

Jeder einzelnen Maschine
ist »Wille zur Macht« eingeboren.
Günther Anders, Die Antiquiertheit des Menschen.
Bd. 2

Liebe ersetzt Maschinen.
Mutter Teresa

Nicht bloß die Proletarier bilden den
vierten Stand, die Besitzlosen, die von
der Hand zum Mund leben, die Heloten
des Kapitals, die beseelten Werkzeuge,
welche als Rad, Walze, Kurbel
von Fleisch und Blut neben den eisernen
Rädern, Walzen und Kurbeln
unlösbar und unerlösbar in den
Mechanismus unserer märchenhaften
Maschinenwelt eingekeilt sind: Sie alle
machen nur ein Glied und gerade das
bewusstlosere des vierten Standes aus.
Wilhelm Heinrich von Riehl, Der vierte Stand

Verboten ist immer bereits der bloße
Gedanke, dass es Maschinen-Ressentiment
überhaupt geben könnte.
Günther Anders, Die Antiquiertheit des Menschen.
Bd. 2

Wäre die Maschine das Eigentum aller,
so wäre der durch die Maschine
geschaffene Nutzen ein allgemeiner.
Dies wäre für die Gemeinschaft
von unabsehbarem Vorteil.
Oscar Wilde, Die Seele des Menschen
unter dem Sozialismus

Wenn die Arbeiter wie Maschinen
behandelt werden, dann werden
die Alten zu Schrott.
Norbert Blüm, Unverblümtes von Norbert Blüm

Wenn die Maschine billiger ist als die
Arbeitskraft, hat die Maschine mehr
Chancen, Menschen zu ersetzen.
Norbert Blüm, Unverblümtes von Norbert Blüm

Zuerst müssen die Menschen
aus der Sklaverei befreit werden,
danach erst kommt die Erleichterung
der Arbeit durch Maschinen.
Und nicht so wie jetzt,
da die Erfindung von Maschinen
die Sklaverei nur noch verschlimmert.
Leo N. Tolstoi, Tagebücher (1907)

Maske

Beim Anblick eines Chinesen fragt
man sich, wie wohl die Maske
eines Chinesen aussehen mag.
Jules Renard, Ideen, in Tinte getaucht.
Aus dem Tagebuch von Jules Renard

Bisher habe ich viele Masken gesehen;
wann werde ich menschliche Gesichter
erblicken?
Jean-Jacques Rousseau, Julie oder
Die neue Héloïse (Saint-Preux)

Die Maske verrät mehr
über den Menschen als sein Gesicht.
Jean-Louis Barrault

Die Maske wird abgerissen,
die Sache selbst bleibt.
Lukrez, Über die Natur der Dinge

Ein Mensch, der sich mit einem
fremden Charakter bekleidet,
verhält sich zu sich selbst, wenn er
sein wahres Wesen wieder annimmt,
wie Maske und Gesicht.
Jean de La Bruyère, Die Charaktere

Entrüstung ist oft nur eine Maske
des Neiders.
Lothar Schmidt

Es findet sich zuweilen etwas in den
Augen der Leute, das sie aussehen
macht, als wenn sie aus einer Maske
hervorsähen.
Georg Christoph Lichtenberg, Sudelbücher

Gott hat euch ein Gesicht gegeben,
und ihr macht euch ein anderes.
William Shakespeare, Hamlet (Hamlet)

Gott ist die gewinnendste Maske
des Teufels.
Ernst Wilhelm Eschmann

Hinter der Maske ist immer
ein lebendiges Gesicht.
William Butler Yeats, Synges Tod

In der Katastrophe nimmt sich
das Unheil nur selten die Zeit,
um für unser Gesicht
die rechte Maske zu liefern.
Jean Giraudoux, Um Lukrezia

Ist doch unsere zivilisierte Welt
nur eine große Maskerade.
Arthur Schopenhauer, Zur Ethik

Klugheit und Güte ziehen es vor,
ohne Maske aufzutreten.
Arthur Schnitzler, Aphorismen und Betrachtungen
aus dem Nachlass

Maske: der einzige Teil des Gesichts,
den sich der Mensch selber aussucht.
Gabriel Laub

Niemand nämlich kann auf Dauer
eine Maske tragen.
Lucius Annaeus Seneca, Über die Milde

Sieh nicht auf die goldene Maske,
sondern auf das Gesicht des Buddha
dahinter.
Chinesisches Sprichwort

Wahrlich, ihr könntet gar keine bessere
Maske tragen, ihr Gegenwärtigen,
als euer eignes Gesicht ist!
Wer könnte euch – erkennen!
Friedrich Nietzsche, Also sprach Zarathustra

Wir sind zu unaufmerksam oder zu
sehr mit uns selbst beschäftigt,
um uns gegenseitig zu ergründen. Wer
auf einem Ball die Masken gesehen,
wie sie freundschaftlich miteinander
tanzten, sich bei der Hand hielten,
ohne sich zu kennen, und sich im
Augenblick darauf verließen,
um sich nie wieder zu sehen –
der kann sich eine Vorstellung
vom Wesen der Welt machen.
Luc de Clapiers Marquis de Vauvenargues,
Reflexionen und Maximen

Masochismus

Das masochistische Opfer sieht die
Erfüllung des Lebens in dessen Negie-
rung, in der Auslöschung des Selbst.
Erich Fromm, Furcht vor der Freiheit

Es ist eins von der Liebe Wunder-
werken, dass sie uns am Leiden
Lust finden lässt.
Jean-Jacques Rousseau, Julie oder
Die neue Héloïse (Saint-Preux)

Maß

Alle Dinge, die über Maß und Ziel
gehen, sind von kurzer Dauer.
Giovanni Boccaccio, Das Dekameron

Alles Heil liegt mitteninne,
Und das Höchste bleibt das Maß.
Emanuel Geibel, Sprüche

Auch im Guten wird der Weise
das Maß wahren.
Juvenal, Satiren

Das Maß ist die Tugend des Menschen,
das Unmaß sein Laster.
Hermann Kesten

Denn wenn du erst einmal
das Maß überschritten hast,
dann gibt es keine Grenze mehr.
Epiktet, Handbuch der Moral

Der leere Magen kann nicht gut
springen, der volle überhaupt nicht.
Sprichwort aus Albanien

Der Mensch ist das Maß aller Dinge.
Protagoras, Über die Wahrheit oder
Niederringende Reden (Vorwort)

Des Teufels Maß ist immer
zu kurz oder zu lang.
Deutsches Sprichwort

Die Mittelmäßigkeit wägt immer richtig,
nur ihre Maße sind falsch.
Moritz Heimann

Die Wirkkraft des rechten Maßes ist
wahrlich gewaltig. Doch längst ist selten sie nur mehr im Volk zu finden.
Konfuzius, Gespräche

Eines großen Geistes Art ist es,
Großes gering zu achten
und Maßvolles vorzuziehen
dem Übermäßigen.
Lucius Annaeus Seneca, Briefe über Ethik

Erfahrungen sind Maßarbeit.
Sie passen nur dem, der sie macht.
Carlo Levi

Es ist leichter,
einer Begierde ganz zu entsagen,
als in ihr Maß zu halten.
Friedrich Nietzsche

Gibt es denn kein Maß?
Maßvolles wird zu Maßlosem,
Gutes wird zu Bösem, seit langem
schon gehn die Menschen irre.
Lao-tse, Dao-de-dsching

Immer maßvoll und besorgt –
das ist die rechte Frau.
Chinesisches Sprichwort

Man muss nicht mehr schlachten,
als man salzen kann.
Deutsches Sprichwort

Man soll nicht mehr Teufel rufen,
als man bannen kann.
Deutsches Sprichwort

Maß ist zu allen Dingen gut.
(Mâze ist zallen dingen guot.)
Otto von Botenlauben, Lieder (Wie sol ich den ritter)

Maß trägt aller Tugend Krone.
Deutsches Sprichwort

Maß und Ziel ist das beste Spiel.
Deutsches Sprichwort

Maß ziemt überall.
Sophokles, Aias (Aias)

Melke die Kuh,
aber reiß nicht den Euter ab.
Sprichwort aus Holland

Schön ist es, weise Maß zu halten.
Sophokles

Sein Maß ist voll, er ist zur Ernte reif.
Friedrich Schiller, Die Jungfrau von Orleans (Johanna)

Was auch immer das Maß überschreitet, hängt an einem unsicheren Ort.
Lucius Annaeus Seneca, Ödipus

Wenn das Maß voll ist, so läuft's über.
Deutsches Sprichwort

Wenn die Blase zu voll ist,
zerplatzt sie.
Deutsches Sprichwort

Wenn man die Armbrust überspannt,
so zerspringt sie.
Deutsches Sprichwort

Wer das Maß kennt,
wird sich nie blamieren.
Chinesisches Sprichwort

Wer liebet ohne Maß,
der handelt nicht vernünftig.
Günther von dem Forste, Lieder (Nu her, ob ieman kan
verneme)

Wo der Löffel ausreicht,
da bedarf es der Kelle nicht.
Deutsches Sprichwort

Zu viel ist ungesund.
Deutsches Sprichwort

Zu wenig und zu viel
ist aller Narren Ziel.
Deutsches Sprichwort

Zwischen zu viel und zu wenig
liegt das richtige Maß.
Sprichwort aus Frankreich

Masse

Auf die Masse soll und muss jeder
Dichter wirken, mit der Masse nicht.
Franz Grillparzer, Historische und politische Studien

Auf längere Sicht betrachtet
ist die Zukunft der abendländischen
Menschheit durch nichts,
aber auch durch gar nichts,
durch keine politische Spannung so
sehr gefährdet wie durch die Gefahr
der Vermassung, der Uniformierung
des Denkens und Fühlens, kurz,
der gesamten Lebensauffassung
und durch die Flucht aus der Verantwortung, aus der Sorge für sich selbst.
Diese Vermassung, die Gefahr,
die zum Teil durch die technische
Entwicklung hervorgerufen
und gefördert wird, kann zu einer
wahrhaft tödlichen Gefahr
für jeden wirklich kulturellen
Fortschritt werden.
Konrad Adenauer, Deutscher Handwerkstag
in Düsseldorf, 27. April 1952

Bisweilen sieht die breite Masse
das Wichtige,
bisweilen macht sie Fehler.
Horaz, Briefe

Demagogie ist die Fähigkeit,
Massen in Bewegung zu setzen,
und die Unfähigkeit,
sie wieder zu bremsen.
Wolfgang Herbst

Der hat die Macht,
an den die Menge glaubt.
Ernst Raupach, Kaiser Friedrichs II. Tod

Die furchtbarste Masse,
die sich denken ließe,
wäre eine aus lauter Bekannten.
Elias Canetti, Die Provinz des Menschen.
Aufzeichnungen 1942–1972

Die Masse erhebt sich nie zur Höhe
ihres besten Mitgliedes,
im Gegenteil, sie erniedrigt sich
zum Niveau ihres schlechtesten.
Henry David Thoreau, Journal

Die Masse ist rund. Man kann
in jeder Richtung aus ihr herausragen.
Thornton Wilder

Die Masse könnt ihr nur durch Masse
zwingen.
Johann Wolfgang von Goethe, Faust
(Vorspiel auf dem Theater: Direktor)

Die Masse will sklavisch sein,
das ist ihr leidenschaftlicher Trieb.
Sie verlangt aber, dass auch alle
andern Menschen sklavisch sind.
Wenn sie Einfluss auf das geistige
Leben hat, so setzt sie diese
allgemeine Sklaverei durch.
Paul Ernst, Jugenderinnerungen

Die wichtigste Eigenschaft
der Masse ist ihr Drang zu wachsen.
Elias Canetti

Ein rollender Stein
gewinnt nicht an Masse,
aber an Politur.
Oliver Herford

Erträglich ist der Mensch als Einzelner,
Im Haufen steht die Tierwelt
gar zu nah.
Franz Grillparzer, Ein Bruderzwist in Habsburg (Kaiser Rudolf)

Es gibt eine Tyrannei ganzer Massen,
die höchst gewaltsam
und widerwärtig ist.
Johann Wolfgang von Goethe,
Geschichte der Farbenlehre

Es ist eine falsche Nachgiebigkeit
gegen die Menge, wenn man ihnen
die Empfindungen erregt,
die sie haben wollen, und nicht die,
die sie haben sollen.
Johann Wolfgang von Goethe,
Wilhelm Meisters Lehrjahre

Es ist nicht jedem gegeben, sich in der
großen Masse zu baden: Es ist eine
Kunst, die Menge zu genießen.
Charles Baudelaire, Kleine Gedichte in Prosa

Jede in sich geschlossene Menschengruppe stellt eine dumpfe, doch jedem
Einfluss zugängliche Masse dar,
aus der unter der Einwirkung nicht
nur von Ereignissen, sondern auch
von Schlagworten das Verschiedenartigste zu machen ist, zum Mindesten
das scheinbar Verschiedenartigste:
Heldenscharen und Horden blutrünstiger Bestien; Patrioten oder
Hochverräter; und ganz die gleichen
Individuen können es sein, und sind
es manchmal, die gestern
ihrem Monarchen zugejubelt haben
und heute dem Henker zujauchzen,
der ihnen das abgeschlagene Haupt
ihres gerichteten Fürsten entgegenhält.
Arthur Schnitzler, Buch der Sprüche und Bedenken

Keine Wissenschaft imponiert der
Menge so sehr wie die Astronomie.
Arthur Schopenhauer, Zur Philosophie und Wissenschaft der Natur

Man muss wirklich die Menschheit
als Masse hassen, sie so leidenschaftlich hassen, wie man die Wenigen,
die ganz Wenigen liebt.
Katherine Mansfield, Briefe

Massenerlebnisse geben keinerlei Aufschluss über das Wesen der Einzelseelen.
Arthur Schnitzler, Buch der Sprüche und Bedenken

Meidet, was immer der Masse gefällt,
was der Zufall euch zuweist:
Bei jedem Glücksfall haltet
argwöhnisch und vorsichtig inne.
Lucius Annaeus Seneca, Briefe an Lucilius

Viel Streich', obwohl von kleiner Axt,
Haun um und fällen selbst
die härtste Eiche.
William Shakespeare, Heinrich VI. (Warwick)

Wenn die Schafe rasend werden,
sind sie schlimmer als Wölfe.
Sprichwort aus Frankreich

Wenn man statt des Problems
ein anderes hinsetzt, so denkt
die gleichgültige Menge schon,
es wäre ihr geholfen.
Johann Wolfgang von Goethe, Tagebuch (1831)

Wer aber die große Masse zum Feind
hat, ist niemals sicher, und je mehr
Grausamkeiten er begeht,
desto schwächer wird sein Regiment.
Niccolò Machiavelli, Vom Staat

Wer von der Volksmasse redet,
spricht von einem Toren. Sie ist ein
Ungeheuer voller Verworrenheit und
Widersprüche, und alle ihre Überzeugungen sind so fern der Wahrheit wie,
nach Ptolemaios, Spanien von Indien.
Francesco Guicciardini, Ricordi

Zur Weltstadt gehört nicht ein Volk,
sondern eine Masse.
Oswald Spengler

Massenproduktion

Das grundlegende Kulturproblem
unserer Tage ist die rasche und
plötzliche physische und intellektuelle
Emanzipation ständig wachsender,
überwältigender Mehrheiten:
eine wahrhafte Massenproduktion
nicht nur von Autos und Flaschen,
sondern ebenso von Menschen –
ein quantitativer Prozess mit starker
Tendenz zur Uniformität.
Yehudi Menuhin, Variationen

Serienwaren sind
»zum Sterben geboren«.
Günther Anders, Die Antiquiertheit des Menschen.
Bd. 2

Maßhalten

Glückseligkeit ist vor allem Maßhalten.
Yehudi Menuhin, Kunst als Hoffnung
für die Menschheit

Mangel an jedwedem Gleichmaß
und Maßhalten ist die Krankheit
unserer Zeit.
Yehudi Menuhin, Kunst als Hoffnung
für die Menschheit

Wohlgemutheit erlangen die Menschen
durch Maßhalten in der Lust und Harmonie ihres Lebens. Denn Mangel
und Überfluss pflegen umzuschlagen
und große Erschütterungen
in der Seele zu verursachen.
Die Seelen aber, die infolge schroffer
Gegensätze erschüttert werden, sind
weder fest gegründet noch wohlgemut.
Demokrit, Fragment 191

Mäßigung

Abstinenz ist leichter als Mäßigung.
Ewald Balser

Die Mäßigung der großen Menschen
ist eine Schranke nur für ihre Laster.
Luc de Clapiers Marquis de Vauvenargues,
Reflexionen und Maximen

Die Mäßigung der Schwachen
ist Mittelmäßigkeit.
Luc de Clapiers Marquis de Vauvenargues,
Reflexionen und Maximen

Die Mäßigung glücklicher Menschen
kommt von der Ruhe, die vollbrachte
Leistungen ihrem Gemüt
geschenkt haben.
François de La Rochefoucauld, Reflexionen

Drum liebe mäßig; dies Lieb' ist stet:
Zu hastig und zu träge
kommt gleich spät.
William Shakespeare, Romeo und Julia (Lorenzo)

Einen üppigen Tisch stellt
das Glück hin, einen ausreichenden
die Mäßigkeit.
Demokrit, Fragment 210

Es ist gefährlich, wenn man allzu lang
Sich klug und mäßig zeigen muss.
Johann Wolfgang von Goethe, Torquato Tasso
(Antonio)

Gelegentliche Ausschweifungen
wirken anregend. Sie verhüten, dass
Mäßigkeit zur Gewohnheit abstumpft.
William Sommerset Maugham

Jede Unmäßigkeit ist ein Laster,
und vor allem diejenige, welche uns
unserer edelsten Fähigkeiten beraubt.
Jean-Jacques Rousseau, Brief an d'Alembert

Mäßigung ist eine verhängnisvolle
Sache, denn nichts ist so erfolgreich
wie der Exzess.
Oscar Wilde

Mäßigung ist wie Mäßigkeit:
Man würde ja gern mehr essen,
fürchtet aber, sich zu schaden.
François de La Rochefoucauld, Unterdrückte Maximen

Mäßigung übe nur stets;
denn Maß ist von allem das Beste.
Hesiod, Werke und Tage

Personen, welche aus angeborener
Mäßigkeit jedes Glas halb ausgetrunken stehen lassen, wollen nicht
zugeben, dass jedes Ding in der Welt
seine Neige und Hefe habe.
Friedrich Nietzsche, Menschliches, Allzumenschliches

Schön ist bei allem die rechte Mitte.
Übermaß und Untermaß mag ich nicht.
Demokrit, Fragment 102

Wer Herr über seinen Durst ist,
ist auch Herr über seine Gesundheit.
Sprichwort aus Frankreich

Maßlosigkeit

Gewöhnt sich
Ungenügsam das Herz,
so muss es vieles vermissen.
Johann Wolfgang von Goethe, Reineke Fuchs

Liebe wie Hass halten nicht Maß.
Jüdische Spruchweisheit

Man schreitet von Großem zu Größerem,
und überaus maßlose Hoffnungen
macht sich, wer unverhofft Erfolg hat.
Lucius Annaeus Seneca, Über die Milde

Wenn ich nicht weiß, wie weit mein
Maß geht oder wo meine Maßlosigkeit
beginnt, kann ich nicht anfangen,
anderen Maßstäbe zu setzen.
August Everding, Vortrag auf der Schlussveranstaltung
des 111. Chirurgen-Kongresses in München, 1994

Maßstab

Dem einen scheint's berghoch
Dem andern kaum zwerghoch.
Jüdische Spruchweisheit

Der Maßstab, den wir an die Dinge
legen, ist das Maß unseres
eigenen Geistes.
Marie von Ebner-Eschenbach, Aphorismen

Keiner ist Maßstab für alle,
jeder nur Maßstab für sich
und für die mehr oder weniger
ihm verwandten Gemüter.
Caspar David Friedrich, Über Kunst und Kunstgeist

Überall wird mit mehr
als zweierlei Maß gemessen.
Maßstäbe sind so wechselhaft
wie das Wetter und
erfordern eine eigene Messlatte,
die örtliche Gegebenheiten,
herrschende Vorurteile, klimatische
Bedingungen sowie Präzedenzfälle
mit berücksichtigen.
Peter Ustinov, Peter Ustinovs geflügelte Worte

Materialismus

Dass die Welt bloß eine physische,
keine moralische Bedeutung habe,
der verderblichste, der fundamentale
Irrtum, die eigentliche PERVERSITÄT
der Gesinnung.
Arthur Schopenhauer, Zur Ethik

Dass unsere modernen Staatsmänner
Materialisten sind, hindert sie nicht
daran, morbid zu sein.
Gilbert Keith Chesterton, Heretiker

Dem Menschen die materialistische
Richtung zu verbieten
ist gleichbedeutend mit dem Verbot,
die Wahrheit zu suchen.
Außerhalb der Materie gibt es
weder Erfahrung noch Wissen,
gibt es also auch keine Wahrheit.
Anton P. Tschechow, Briefe (7. Mai 1889)

Die heutige Welt wird zusehends
materialistischer. Die Menschheit
nähert sich, getrieben von dem
unersättlichen Verlangen nach Macht
und ausgedehntem Besitz, dem Zenith
äußerer Entwicklungsmöglichkeiten.
In diesem vergeblichen Streben nach
äußerer Vervollkommnung der Welt
mit ihren relativen Werten entfernt
man sich jedoch immer weiter von
innerem Frieden und geistigem Glück.
Dalai Lama XIV, Yoga des Geistes

Es geht nichts über Materialisten,
die von der Seele reden.
Jean Dutourd

Liebe ist Materialismus;
immaterielle Liebe ist ein Unding.
Ludwig Feuerbach, Das Wesen des Christentums

Wer die materiellen Genüsse des
Lebens seinen idealen Gütern vorzieht,
gleicht dem Besitzer eines Palastes,
der sich in den Gesindestuben
einrichtet und die Prachtsäle leer
stehen lässt.
Marie von Ebner-Eschenbach, Aphorismen

Materie

Der Geist bewegt die Materie.
Vergil, Aeneis

Der Geist wird wohl die Materie los,
aber nie die Materie den Geist.
Friedrich Hebbel, Tagebücher

Es ist das, was ihr Materie nennt,
nicht minder göttlich,
denn was ihr Geist nennet.
Gotthilf Heinrich Schubert, Ahndungen
einer allgemeinen Geschichte des Lebens

In Wahrheit aber gibt es weder Geist
noch Materie, wohl aber viel Unsinn
und Hirngespinste in der Welt.
Das Streben der Schwere im Steine
ist gerade so unerklärlich wie das
Denken im menschlichen Gehirne.
Arthur Schopenhauer, Zur Philosophie und
Wissenschaft der Natur

Wenn alles Materie ist
und wenn das Denken in mir,
wie in allen übrigen Menschen,
nur eine Wirkung der Anordnung
der Materieteilchen ist,
wer hat dann andere Vorstellungen
als die von stofflichen Dingen
in die Welt gebracht?
Jean de La Bruyère, Die Charaktere

Wer Materie sagt, sagt Geist,
ob er es will oder nicht.
Denn sie wäre überhaupt nicht
vorstellbar ohne Geist.
Und wer Geist sagt, sagt Materie,
denn ohne Materie könnte er es
nicht sagen, nicht einmal denken.
Arthur Schnitzler, Aphorismen und Betrachtungen
aus dem Nachlass

Mathematik

Die Arznei macht kranke,
die Mathematik traurige und
die Theologie sündhafte Menschen.
Martin Luther, überliefert von Julius Wilhelm Zincgref
(Apophthegmata)

Die Mathematik
vermag kein Vorurteil wegzuheben,
sie kann den Eigensinn nicht lindern,
den Parteigeist nicht beschwichtigen,
nichts von allem Sittlichen
vermag sie.
Johann Wolfgang von Goethe,
Maximen und Reflexionen

Die Mathematiker sind eine Art
Franzosen; redet man zu ihnen,
so übersetzen sie es in ihre Sprache,
und dann ist es alsobald
ganz etwas anderes.
Johann Wolfgang von Goethe,
Maximen und Reflexionen

In der Politik ist es
wie in der Mathematik:
alles, was nicht ganz richtig ist,
ist falsch.
Edward Kennedy

Ist jemand ein guter Mathematiker
und als solcher anerkannt,
so muss er noch beweisen,
dass er Geist hat.
Charles de Secondat, Baron de la Brède
et de Montesquieu, Meine Gedanken

Man hört, nur die Mathematik sei
gewiss; sie ist es nicht mehr als jedes
andere Wissen und Tun. Sie ist gewiss,
wenn sie sich klüglich nur mit Dingen
abgibt, über die man gewiss werden
und insofern man darüber gewiss
werden kann.
Johann Wolfgang von Goethe,
Maximen und Reflexionen

Mathematik ist die Geschichte
des Positiven und Negativen.
Adam Heinrich Müller, Die Lehre vom Gegensatze

Mathematik ist eine Bedingung
aller exakten Erkenntnis.
Immanuel Kant

Nur selten treffen mathematisches
Können und leicht fassliche Dar-
stellung zusammen.
Egmont Colerus, Vom Einmaleins zum Integral,
Vorwort

Während die Mathematik die Proportionen von Strecken und Winkeln
misst, die unsere Existenz umgrenzen,
ist die Musik eine Kunst, die diese
Maße in ihren Rhythmen, Proportionen und Metren nutzt, benutzt,
und man möchte fast sagen: lebt.
Yehudi Menuhin, Kunst als Hoffnung
für die Menschheit

Mätresse

Aus der Mätresse eines Mannes lässt
sich viel auf den Mann schließen,
man sieht in ihr seine Schwachheiten
und seine Träume.
Georg Christoph Lichtenberg, Sudelbücher

Das Callgirl hat die Maitresse ersetzt,
weil die Männer,
die für ihre Frauen keine Zeit haben,
nun auch für ihre Geliebten
keine Zeit mehr haben.
Hans Habe

Matthias (24.2.)

Mattheis bricht's Eis, find't er keins,
so macht er eins.
Bauernregel

Nach Mattheis geht kein Fuchs
mehr übers Eis.
Bauernregel

Mauer

An solche Mauern halte dich,
Nichts ist so fest
Als Treue,
die nicht von dir lässt.
Karl Simrock, Habsburgs Mauern

Der Idealist geht glatt durch Mauern
und stößt sich wund an der Luft.
Alfred Polgar

Die Mauer ist die abscheulichste und
stärkste Demonstration für das Versagen des kommunistischen Systems.
John F. Kennedy, in Berlin (West) 1963

Freunde sollten zwischen sich
eine hohe Mauer ziehen.
Chinesisches Sprichwort

Wenn eine Familie eine Mauer baut,
ziehen zwei Familien einen Nutzen
daraus.
Chinesisches Sprichwort

Ziehst du eine Mauer hoch, so sage
nicht, sie soll dich vor Regen schützen.
Chinesisches Sprichwort

Maus

Die Maus soll das Loch suchen,
nicht das Loch die Maus.
Deutsches Sprichwort

Die Wahrheit über die Katze
erfährt man von den Mäusen.
Henry Ford

Erst im Maul der Katze
beginnt die Maus zu bereuen.
Sprichwort aus Spanien

Es ist eine schlecht Maus,
die nur ein Loch weiß.
Deutsches Sprichwort

Es ist kein Haus ohn eine Maus.
Deutsches Sprichwort

In der Weltpolitik tappen
Elefanten manchmal in eine Falle,
die jeder Maus auffiele.
David Frost

Maxime

Den bedeutenden Maximen bleibt es
nicht erspart, trivial zu werden.
Luc de Clapiers Marquis de Vauvenargues,
Nachgelassene Maximen

Der isoliert geäußerte Gedanke
hat seinen Mittelpunkt in sich
und kann sich gleichmäßig
nach allen Seiten hin entfalten.
Leo N. Tolstoi, Tagebücher (1891)

Der Mensch, wenn er sich getreu
bleibt, findet zu jedem Zustande
eine hülfreiche Maxime.
Johann Wolfgang von Goethe,
Kampagne in Frankreich

Die Dunkelheit gewisser Maximen ist
nur relativ: Nicht alles ist dem Hören-
den deutlich zu machen, was dem
Ausübenden einleuchtet.
Johann Wolfgang von Goethe,
Maximen und Reflexionen

Die Maximen bedeuten für die Lebensführung so viel wie die Meisterregeln
für die Kunst.
Chamfort, Maximen und Gedanken

Eine Maxime ist nur der genaue und
edle Ausdruck einer wichtigen und
unbestreitbaren Wahrheit. Gute Maximen sind der Keim zu allem Guten;
prägen sie sich stark ins Gedächtnis
ein, so nähren sie den Willen.
Joseph Joubert, Gedanken, Versuche und Maximen

Geben ist seliger denn nehmen –
das Motto der Barmherzigen
und der Boxer.
Harold Pinter

Handle so, als ob die Maxime deiner
Handlung durch deinen Willen
zum allgemeinen Naturgesetze
werden sollte.
Immanuel Kant, Grundlegung zur Metaphysik
der Sitten

Handle so, als wärest du nicht da!
Günther Anders, Die Antiquiertheit des Menschen.
Bd. 2

Wenige Maximen sind wahr
in jeder Hinsicht.
Luc de Clapiers Marquis de Vauvenargues, Reflexionen
und Maximen

Mäzen

Ein Mäzen ist ein Mensch, der herausfindet, dass er ungerechtfertigterweise
zu viel Geld hat und das Zuviel
zurückführt. Wir müssen ihn moti-
vieren, wohin er es zurückführt.
August Everding, Vortrag vor dem Verein Deutscher
Eisenhüttenleute, 15. November 1991

Wenn es Leute wie Maecenas gibt,
dann, Flaccus, werden auch Leute
wie der Dichter Maro nicht fehlen.
Martial, Epigramme

Medardus (8.6.)

Medardus bringt keinen Frost mehr,
der dem Wein gefährlich wär.
Bauernregel

Medardus keinen Regen trag,
es regnet sonst wohl vierzig Tag.
Bauernregel

Medien

Die Massenmedien fabrizieren Persönlichkeiten und bieten uns ein Bild von
der Welt, das so falsch ist, wie es nur
sein kann. Wenn es uns auch manchmal dienlich ist, so führt es uns doch
die meiste Zeit hinters Licht.
Anaïs Nin, Absage an die Verzweiflung

Die Medien überschwemmen uns täglich mit Inkarnationen aller nur denkbaren hassenswerten Menschentypen:
Diktatoren, Folterknechte, Playboys,
Bandenchefs, Banditen, Diebe. Sie
haben unverantwortlicherweise die
Sicherheitszone zwischen Phantasie,
Schein und Wirklichkeit eingerissen,
und wir benehmen uns nur noch
wie Affen, die alles nachahmen.
Yehudi Menuhin, Kunst als Hoffnung für die Menschheit

Die Verschleimung unserer Medien
nimmt täglich zu.
Heinrich Böll, Worte töten Worte heilen (1983)

Man kann heute nicht mehr unpolitisch sein. Die Politik wird einem
ins Haus getragen.
Heinz Rühmann

Medien müssen leben,
und wenn ich heiß,
also im Gespräch bin,
müssen sie über mich schreiben,
ob es stimmt oder nicht.
Boris Becker, Ich bin das Vorbild der neuen Deutschen,
DER SPIEGEL, Nr. 38/1986

Medien müssen Zwecke verfolgen,
die außerhalb ihrer selbst liegen.
Sie dürfen sich nicht selbst zum Zweck
machen. Sie sind nicht
zum Herrschen da, sondern
sie dienen dem Menschen.
Helmut Kohl, Rede des Bundeskanzlers
zur Internationalen Funkausstellung in Berlin 1985

Wir sprechen über die Massenmedien
und über neue empfindliche Tonbänder,
und wir machen uns Gedanken
über alle möglichen Arten von Aufnahmen, aber wir denken nie
an unseren Körper, unseren Geist
und unsere Seele als den eigentlichen
Empfänger.
Anaïs Nin, Absage an die Verzweiflung

Wir werden der Erfahrung und der
Fähigkeit zur Stellungnahme beraubt.
Günther Anders, Die Antiquiertheit des Menschen.
Bd. 2

Meditation

Dass man wertvolle eigene Meditationen möglichst bald niederschreiben
soll, versteht sich von selbst: Vergessen wir doch bisweilen, was wir erlebt,
wie viel mehr, was wir gedacht haben.
Arthur Schopenhauer, Den Intellekt überhaupt und
in jeder Beziehung betreffende Gedanken

Den Blick läuternd zur Schau
des Tiefen, kann man nicht frei werden
von Unreinheit?
Lao-tse, Dao-de-dsching

Den Grad der Versunkenheit eines
Meditierenden können wir ermessen
an der Art, wie er auf eine Störung
reagiert. Je tiefer sein Erschrecken,
desto seichter sein Nachdenken
und umgekehrt.
Edgar Allan Poe, Marginalien

Drei Dinge machen einen Theologen:
die Meditation oder Nachsinnung,
das Gebet und die Anfechtung.
Martin Luther, überliefert von Julius Wilhelm Zincgref
(Apophthegmata)

Nie meditiere oder träume ich anmuti-
ger, als wenn ich mich ganz vergesse.
Ich werde unaussprechlich entzückt,
verliere mich ganz in Wonne, wenn
ich mit dem System der Wesen
sozusagen verschmelze,
mit der ganzen Natur eins werde.
Jean-Jacques Rousseau, Träumereien eines einsamen
Spaziergängers

Um die Meditationserfahrung mit altmodischen Worten auszudrücken: Sie
ist in Wahrheit »ein Geheimnis mit
Gott teilen«, ohne das Geheimnis »zu
verstehen«, und doch sich einer lebendigen Gemeinschaft mit dem größeren
Unkennbaren zu erfreuen.
Yehudi Menuhin, Kunst als Hoffnung
für die Menschheit

Wann du dich willst
in Gott und seinen Abgrund senken,
So musst du nicht an Ihn,
auch nicht an dich gedenken.
Daniel Czepko von Reigersfeld,
Monodisticha Sapientium

Wenn du zur heiligen Sammlung
gelangen willst, sollst du nicht alles
aufnehmen wollen, sondern dich
zurücknehmen.
Juan de la Cruz, Merksätze von Licht und Liebe

Wer es versteht, sich zu befühlen
und sich energisch mit sich selbst
zu beschäftigen, für den ist Meditieren

eine gewaltige, gehaltvolle Arbeit.
Ich will lieber meine Seele
aus eigenem Wachs formen, als sie
mit geborgten Gedanken füllen.
Michel Eyquem de Montaigne, Die Essais

Wer in sich schaut, der schaut,
was Sonn und Erde trägt,
Es regt sich alles zwar,
doch er bleibt unbewegt.
Daniel Czepko von Reigersfeld,
Monodisticha Sapientium

Wir brauchen einen Zufluchtsort. Wir
brauchen einen Ort zur Meditation,
eine innere Kraft, mit der wir die
Geschehnisse wahrnehmen,
verstehen, neu erleben.
Anaïs Nin, Ein neuer innerer Schwerpunkt

Medium

In den Medien wird Vielfalt
mehr und mehr durch Einfalt ersetzt.
Dieter Stolte

Die Menschen werden
von keinem Medium verdummt.
Sie werden nur
in ihrer Dummheit bestätigt.
Gabriel Laub

Die Medien würden sofort einen
großen Teil ihrer Bedeutung verlieren,
wenn Seitensprünge von Politikern
nicht mehr ehrenrührig wären.
John Osborne

Medizin

Auch Medizin kann uns nicht frommen, voreingenommen eingenommen.
Eugen Roth

Ben zi bena, bluot zi bluoda, / lid zi
geliden, sose gelimida sin. (Knochen
zu Knochen, Blut zu Blut, Glied zu
Gliedern, wie geleimt sollen sie sein.)
Zweiter Merseburger Zauberspruch (um 940)

Bittere Pillen vergoldet man.
Deutsches Sprichwort

Das Bett ist Medizin.
Sprichwort aus Italien

Der Geist der Medizin
ist leicht zu fassen!
Ihr durchstudiert die große
und kleine Welt,
Um es am Ende gehn zu lassen,
Wie's Gott gefällt.
Johann Wolfgang von Goethe, Faust I (Mephisto)

Der Mensch ist
die Medizin des Menschen.
Sprichwort aus Afrika

Die Heilkunde bleibt Torso, minderwertiges Stückwerk, wenn sie die Seele nicht berücksichtigt.
Albert Ehrenstein, Seele

Die medizinische Forschung hat so
enorme Fortschritte gemacht, dass es
praktisch überhaupt keinen gesunden
Menschen mehr gibt.
Aldous Huxley

Die Praxis manches Arztes
sollte man lieber Theorie nennen.
Erhard Blanck

Die Schädlichkeit der Medizin
besteht darin, dass sich die Menschen
mehr mit ihrem Leib
als mit ihrem Geist befassen.
Leo N. Tolstoi, Tagebücher (1907)

Ein marktschreierischer Doktor
verschreibt keine gute Medizin.
Chinesisches Sprichwort

Er reicht einen tödlichen Trank,
während er vorgibt,
Medizin zu bringen.
Ecbasis captivi in belehrender Gestalt
(Menge tapferer Streiter)

Es gibt vorzügliche Medikamente,
für die man noch keine passende
Krankheit gefunden hat.
Ephraim Kishon, Kishon für alle Fälle

Medizin ein Viertel, gesunder Menschenverstand drei Viertel!
Sprichwort aus Indien

Pillen muss man schlucken,
nicht im Maul zerdrucken.
Deutsches Sprichwort

Pillen und Pulver
haben sich zu einer Art
von psychischem Konfekt entwickelt.
Ernst Jünger

Ratschläge sind wie Medizin:
Je besser sie sind,
umso schlechter schmecken sie.
Sprichwort aus Montenegro

Resignation ist Medizin
gegen das Unglück.
Lothar Schmidt

Veterinärmedizin ist das einzige Gebiet
in der Medizin, das dem Arzt erlaubt,
seine Patienten zu verspeisen.
Ephraim Kishon, Kishon für alle Fälle

Wenn man sieht, was die heutige
Medizin fertigbringt, fragt man sich
unwillkürlich: Wie viele Etagen
hat der Tod?
Jean-Paul Sartre

Zwei Dinge pflegen den Fortschritt
der Medizin aufzuhalten:
Autoritäten und Systeme.
Rudolf Virchow

Meer

Auf den Wellen ist alles Welle.
Auf dem Meer ist kein Eigentum.
Friedrich Schiller, Die Braut von Messina (Chor)

Bis zum Meer für einen Bruder,
durch das Meer für eine Geliebte.
Sprichwort aus Bulgarien

Das freie Meer befreit den Geist.
Johann Wolfgang von Goethe, Faust II (Mephisto)

Das ganze Meer verändert sich,
wenn ein Stein hineingeworfen wird.
Blaise Pascal, Pensées

Das Meer ist keine Landschaft,
es ist das Erlebnis der Ewigkeit,
des Nichts und des Todes,
ein metaphysischer Traum.
Thomas Mann, Lübeck als geistige Lebensform

Das Meer ist nie einsam.
Elias Canetti, Die Provinz des Menschen.
Aufzeichnungen 1942-1972

Das Meer jedoch gehört sicher
allen gemeinsam.
Titus Maccius Plautus, Das Tau

Dem Einflusse des Meers und der Luft
widerstrebt der finstere Sinn umsonst.
Friedrich Hölderlin, Hyperion

Denn nichts vermag den Glanz der
Sonne und ihren Widerschein im Meer
zu überstrahlen.
Johann Wolfgang von Goethe, Italienische Reise

Du mochtest im Sumpfe
nicht schwimmen. Komm nun, komm,
und lass uns baden in offener See!
Friedrich Hölderlin, Hyperion

Ein Buch muss die Axt sein
für das gefrorene Meer in uns.
Franz Kafka

Es gibt auch im Meere des Lebens
keine ewigen Felsen.
Ricarda Huch, Ludolf Urslau

Ich habe die See zu lange gekannt,
um an ihren Respekt
für Anständigkeit zu glauben.
Joseph Conrad, Taifun

Ich möchte da sein, wo nichts mich an
die Vergangenheit erinnert, am Meer,
das für mich die große Heilende ist.
Sylvia Plath, Briefe nach Hause (23. September 1962)

In dem tobenden und schäumenden
Meere spiegelt sich der Himmel nicht;
der klare Fluss ist es, worin Bäume
und Felsen und die ziehenden Wolken
und alle Gestirne des Firmamentes
sich wohlgefällig beschauen.
Wilhelm Heinrich Wackenroder, Herzensergießungen
eines kunstliebenden Klosterbruders

Je tiefer das Meer,
desto sicherer für das Schiff.
Sprichwort aus Wales

Mit vollen Segeln lief ich in das Meer
Des Lebens.
Friedrich Schiller, Demetrius (Demetrius)

Niemand hätte jemals
den Ozean überquert,
wenn er die Möglichkeit gehabt hätte,
bei Sturm das Schiff zu verlassen.
Charles F. Kettering

O glücklich, wer noch hoffen kann,
Aus diesem Meer des Irrtums
aufzutauchen!
Johann Wolfgang von Goethe, Faust I (Faust)

Tiefe Stille herrscht im Wasser,
Ohne Regung ruht das Meer,
Und bekümmert sieht der Schiffer
Glatte Fläche ringsumher.
Johann Wolfgang von Goethe, Meeres Stille

Unser Leben ist der Fluss,
der sich ins Meer ergießt,
das Sterben heißt.
Federico García Lorca

Warum gewährt der Anblick
des Meeres ein so unendliches und
ewiges Entzücken? Weil das Meer
gleichzeitig die Vorstellung
der Unermesslichkeit
und der Bewegung erweckt.
Charles Baudelaire, Tagebücher

Was ist majestätisch?
Ein Sonnenaufgang über dem Meere.
Heinrich von Kleist, Briefe (an Wilhelmine von Zenge,
29./30. November 1800)

Weit draußen im Meere
ist das Wasser so blau wie die Blätter
der schönsten Kornblume
und so klar wie das reinste Glas.
Hans Christian Andersen, Die kleine Seejungfrau

Wenn deine Absicht rein ist,
kannst du auf dem Meer laufen.
Sprichwort aus Afrika

Wer den Weg ans Meer nicht weiß,
gehe nur dem Flusse nach.
Deutsches Sprichwort

Wer wohl ruhete gern
beim Ungeheuer des Meeres.
Homer, Odyssee

Wie anziehend, wie fesselnd
sind doch Meer und Strand! Wie verliert man sich in ihrer Einfachheit,
ja, in ihrer Leere!
Walt Whitman, Tagebuch (1876)

Wir alle sehen es gern,
wenn andere seekrank sind,
solange wir es nicht selber sind.
Mark Twain, Die Arglosen im Ausland

Wirf dich ins Meer,
wo es am wildsten tobt.
Johann Wolfgang von Goethe, Faust II (Mephisto)

Zehntausend Flüsse fließen ins Meer,
allein das Meer läuft nie über.
Chinesisches Sprichwort

Mehrheit

Der Adel kann uns in allem übertreffen, nur nicht in der Mehrheit.
Jean Paul, Dämmerungen für Deutschland

Der gefährlichste Feind der Wahrheit
ist die kompakte Majorität.
Henrik Ibsen

Der Staat muss untergehen,
früh oder spät,
Wo Mehrheit siegt
und Unverstand entscheidet.
Friedrich Schiller, Demetrius (Sapieha)

Die gewaltige Mehrheit lebt nur ein
animalisches Leben; in den eigentlichen Menschheitsfragen unterwirft sie
sich blind der öffentlichen Meinung.
Leo N. Tolstoi, Tagebücher (1910)

Die Majorität glaubt aufgrund ihrer
(nicht gespürten) Ketten,
alles zu besitzen.
Günther Anders, Die Antiquiertheit des Menschen.
Bd. 2

Die Majorität hat viele Herzen,
aber ein Herz hat sie nicht.
Otto von Bismarck, Reden (im Deutschen Reichstag,
12. Juni 1882)

Die Laster der Mehrheit
nennt man Tugenden.
Jean Genet

Die proletarische Bewegung ist die
selbstständige Bewegung
der ungeheuren Mehrzahl im Interesse
der ungeheuren Mehrzahl.
Karl Marx/Friedrich Engels,
Das Kommunistische Manifest

Entscheidung durch Majorität
ist ein Notbehelf,
ebenso wie Beleuchtung durch Gas.
William Gladstone, Reden (1858)

Entziehen muss man der Masse die
zarte und zu wenig am Sittlichen
festhaltende Seele: Leicht läuft man
zur Mehrheit über.
Lucius Annaeus Seneca, Briefe an Lucilius

Es gibt Menschen, die
sich nicht vorstellen können, dass
auch die Mehrheit einmal Recht hat.
John Edgar Hoover

Große Mehrheiten verleiten
zu großen Dummheiten.
Wolfgang Mischnick

Man darf die Wahrheit
nicht mit Mehrheit verwechseln.
Jean Cocteau

Man muss deutlich zwischen
der arithmetischen und der politischen
Mehrheit eines Staates unterscheiden.
Antoine Comte de Rivarol, Maximen und Reflexionen

Mehrheiten können sich, wie die
Geschichte lehrt, sehr wohl irren.
Helmut Kohl, Verantwortung für die Jugend –
Erziehung im demokratischen Staat. Rede
des Bundeskanzlers in Bonn 1985

Minderheiten sind die Mehrheiten
der nächsten Generation.
Jean-Paul Sartre

Moral
ist der instinktive Widerwille
einer Mehrheit.
David Herbert Lawrence

Nichts ist widerwärtiger als die Majorität; denn sie besteht aus wenigen
kräftigen Vorgängern,
aus Schelmen, die sich akkomodieren,
aus Schwachen, die sich assimilieren,
und der Masse, die nachtrollt,
ohne nur im Mindesten zu wissen,
was sie will.
Johann Wolfgang von Goethe,
Maximen und Reflexionen

Warum folgt man der Mehrheit?
Etwa weil sie mehr Vernunft hat?
Nein, sondern weil sie mehr Macht hat.
Blaise Pascal, Pensées

Was ist die Mehrheit?
Mehrheit ist der Unsinn;
Verstand ist stets
bei wen'gen nur gewesen.
Friedrich Schiller, Demetrius (Sapieha)

Wegen der Majorität haben wir ganz
eigene Gedanken; wir lassen sie freilich gelten im notwendigen Weltlauf,
im höhern Sinne haben wir aber nicht
viel Zutrauen auf sie.
Johann Wolfgang von Goethe,
Wilhelm Meisters Wanderjahre

Wo die Majorität entscheidet, herrscht
die Kraft über die Form, umgekehrt,
wo die Minorität die Oberhand hat.
Novalis, Fragmente

Meineid

Besser geschworen
Als verloren.
Johann Wolfgang von Goethe, Reineke Fuchs

Dem, der einmal einen Meineid
geleistet hat, darf man,
auch wenn er bei mehreren Göttern
schwört, nicht glauben.
Marcus Tullius Cicero, Rede für Rabirio

Noch leben Götter,
die den Meineid rächen.
Friedrich Schiller, Dido

Was Feuer und Wasser nicht zerstören
können, das zerstört der Meineid.
Talmud

Meinung

Alle Ketten der Meinung sind für mich
zerbrochen; ich kenne nur die Ketten
der Notwendigkeit.
Jean-Jacques Rousseau, Emile

Am schwierigsten ist es,
die Meinung geheim zu halten,
die man von sich selber hat.
Marcel Pagnol

Aus den Leidenschaften wachsen die
Meinungen; die Trägheit des Geistes
lässt sie zu Überzeugungen erstarren.
Friedrich Nietzsche, Menschliches, Allzumenschliches

Beschäftige dich mehr mit dir selbst
als mit der Meinung der anderen.
Leo N. Tolstoi, Tagebücher (1847)

Das Erfahren vieler Meinungen verleiht dem Geist viel Geschmeidigkeit
und bestärkt ihn in denen,
die er für die Besten hält.
Joseph Joubert, Gedanken, Versuche und Maximen

Das ist eine Frage der Sauberkeit:
Man soll die Meinung wechseln
wie das Hemd.
Jules Renard, Ideen, in Tinte getaucht.
Aus dem Tagebuch von Jules Renard

Denke daran, dass deine Meinung zu
ändern und dem, der sich berichtigt,
zu folgen, ebenfalls ein Zeichen
von Freiheit ist.
Mark Aurel, Selbstbetrachtungen

Denn unter vielen
ist zu vielerlei Meinung.
Johann Wolfgang von Goethe, überliefert von Johann
Peter Eckermann (Gespräche mit Goethe)

Der eine hält eine Meinung fest,
weil er sich etwas darauf einbildet,
von selbst auf sie gekommen zu sein,
der andere, weil er sie mit Mühe
gelernt hat und stolz darauf ist,
sie begriffen zu haben:
beide also aus Eitelkeit.
Friedrich Nietzsche, Menschliches, Allzumenschliches

Der Schmeichler hat keine sehr hohe
Meinung von sich und den anderen.
Jean de La Bruyère, Die Charaktere

Die Dinge scheinen,
die Menschen meinen.
Deutsches Sprichwort

Die Grenze zwischen
Meinungsforschern
und Meinungsmachern
ist ziemlich fließend geworden.
Malcolm Muggeridge

Die im Bett behält immer Recht.
Kurt Tucholsky, Schnipsel

Die Lenkung der Meinung ist ein
tausendköpfiges Wesen, mit Händen
greifbar, doch kaum verwundbar.
Hans Henny Jahnn, Der Mensch im Atomzeitalter

Die Meinung eines anderen
ist nicht das Opfer eines einzigen
unserer Wünsche wert.
Anatole France

Die meisten Meinungen
kommen zustande, indem man vergisst,
wo man sie gehört oder gelesen hat.
Moritz Heimann

Die meisten Menschen
haben überhaupt gar keine Meinung,
viel weniger eine eigene,
viel weniger eine geprüfte,
viel weniger vernünftige Grundsätze.
Johann Gottfried Seume, Apokryphen

Die Menschen können nicht sagen,
wie sich eine Sache zugetragen,
sondern nur wie sie meinen,
dass sie sich zugetragen hätte.
Georg Christoph Lichtenberg, Sudelbücher

Die Menschen sind erstaunlich:
Sie schätzen ihre Meinungen
höher ein als die Sachen.
Charles de Secondat, Baron de la Brède
et de Montesquieu, Meine Gedanken

Die öffentliche Meinung ist die Dirne
unter den Meinungen.
Marie von Ebner-Eschenbach, Aphorismen

Die öffentliche Meinung ist für viele
bloß eine Entschuldigung dafür,
dass sie keine eigene haben.
Thornton Wilder

Die Pressefreiheit ist die Freiheit
von 200 reichen Leuten,
ihre Meinung zu verbreiten.
Paul Sethe

Die Wahrheit ist die Meinung,
die überlebt.
Elbert Hubbard

Du bist weder deines Herzens noch
deiner Meinungen sicher,
und was dir heute ein Nichts bedeutet,
kann dir morgen eine Welt bedeuten.
Theodor Fontane, Graf Petöfy

Ein Gramm Information wiegt schwerer als tausend Tonnen Meinung.
Gerd Bacher

Ein Narr, der gut über sich denkt,
ist glücklicher als ein Weiser,
über den andere gut denken.
Sprichwort aus Schottland

Ein Politiker sollte wenigstens
alle zwölf Jahre
seine Meinung ändern dürfen.
Aristide Briand

Ein Professor ist ein Mann,
der anderer Meinung ist.
Eduard von Hartmann

Eine als Irrtum erkannte Meinung
ohne falsche Scham aufzugeben, das
ist vielleicht die wunderbarste Krafter-
sparnis, die unserm Geist gegönnt ist;
und zugleich die, von der wir
am seltensten Gebrauch machen.
Arthur Schnitzler, Buch der Sprüche und Bedenken

Eine gesunde Meinung wird immer für
eine literarische Meinung gehalten.
Jean Cocteau, Hahn und Harlekin

Eine goldne Regel:
Man muss die Menschen
nicht nach ihren Meinungen beurteilen,
sondern nach dem,
was diese Meinungen
aus ihnen machen.
Georg Christoph Lichtenberg, Sudelbücher

Es gibt Meinungen, die aus dem Herzen kommen, und wer keine
festen Meinungen hat,
hat auch keine beständigen Gefühle.
Joseph Joubert, Gedanken, Versuche und Maximen

Es gibt Leute, die als charaktervoll
gelten, nur weil sie zu bequem sind,
ihre Ansichten zu ändern.
Robert Lembke, Das Beste aus meinem Glashaus.
Humoristisches und Satirisches

Es gibt Menschen,
die sich immer angegriffen fühlen,
wenn jemand eine Meinung ausspricht.
Christian Morgenstern, Stufen

Es gibt Zeiten,
wo die öffentliche Meinung
die schlechteste aller Meinungen ist.
Chamfort, Maximen und Gedanken

Es ist mit Meinungen, die man wagt,
wie mit Steinen, die man voran im
Brette bewegt: Sie können geschlagen
werden, aber sie haben ein Spiel
eingeleitet, das gewonnen wird.
Johann Wolfgang von Goethe,
Maximen und Reflexionen

Es ist schwieriger,
eine vorgefasste Meinung
zu zertrümmern als ein Atom.
Albert Einstein

Freie Meinungen in freien Worten.
Torquato Tasso, Das befreyte Jerusalem

Gegner glauben, uns zu widerlegen,
wenn sie ihre Meinung wiederholen
und auf die unsrige nicht achten.
Johann Wolfgang von Goethe,
Maximen und Reflexionen

Hüte dich sorgfältig vor dem Hang,
zu räsonnieren und zu disputieren,
den allzu viele Leute in Gesellschaft
haben und auf den sich mancher gar
etwas zugute hält; und wenn deine
Meinung von anderen abweicht,
behaupte sie nur mit Bescheidenheit,
Ruhe und Freundlichkeit.
Philipp Stanhope Earl of Chesterfield, Briefe über die anstrengende Kunst, ein Gentleman zu werden

Ich halte meine Meinungen nicht für
besser als die anderer Leute.
Aber mehr und mehr glaube ich, dass
es etwas gibt, neben dem
alle Meinungen, meine eingeschlossen,
zu nichts werden.
Vincent van Gogh, Briefe

Im Übrigen sage ich, was ich denke,
und schere mich keinen Deut darum,
ob die anderen ebenso denken wie ich.
Voltaire, Candide oder Die beste der Welten

Im Zweifel, welche Meinung die
wahrste sei, wähle man die ehrlichste.
Joseph Joubert, Gedanken, Versuche und Maximen

Je mehr man uns ermutigt, Meinungen
zu äußern, desto weniger Meinungen
finden wir, die wir äußern wollen.
Es ist bezeichnend, dass es die größte
Wahlbeteiligung immer da gibt,
wo nur ein Kandidat antritt.
Peter Ustinov, Peter Ustinovs geflügelte Worte

Jede auf Tatsachen
sich gründende Meinung
ist notwendig ein Irrtum,
denn die Tatsachen
können nie vollständig sein.
Henry Brooks Adams

Jede Frau hat ein Vorrecht,
ihre Meinung zu ändern.
Sprichwort aus den USA

Jeder hat das Recht
auf seine eigene Meinung,
aber er hat keinen Anspruch darauf,
dass andere sie teilen.
Manfred Rommel

Jeder hat eine hohe Meinung von sich,
am meisten aber die, welche
am wenigsten Ursache haben.
Baltasar Gracián y Morales, Handorakel und Kunst der Weltklugheit

Jedermann spricht
von der öffentlichen Meinung
und meint damit die öffentliche
Meinung minus der seinigen.
Gilbert Keith Chesterton, Heretiker

Lerne Widerspruch ertragen.
Sei nicht kindisch eingenommen
von deinen Meinungen.
Adolph Freiherr von Knigge, Über den Umgang mit Menschen

Man bestreite
keines Menschen Meinung:
Sondern bedenke, dass wenn man
alle Absurditäten, die er glaubt,
ihm ausreden wollte,
man Methusalems Alter
erreichen könnte,
ohne damit fertig zu werden.
Arthur Schopenhauer, Aphorismen zur Lebensweisheit

Man führt nicht mehr
genug Selbstgespräche heutzutage.
Man hat wohl Angst, sich selbst
die Meinung zu sagen.
Jean Giraudoux

Man kann überhaupt nichts
mehr sagen, ohne Gefahr zu laufen,
dass irgendein Idiot
der gleichen Meinung ist.
Gabriel Laub

Man lasse jedem die Freiheit
in Meinungen,
die wir selbst verlangen.
Adolph Freiherr von Knigge,
Über den Umgang mit Menschen

Man lebt in der naiven Vorstellung,
dass später mehr Platz ist
als in der ganzen Vergangenheit.
Elias Canetti, Die Provinz des Menschen. Aufzeichnungen 1942–1972

Man sagt, zwischen zwei entgegengesetzten Meinungen liege die Wahrheit
mitteninne. Keineswegs! Das Problem
liegt dazwischen, das Unschaubare,
das ewig tätige Leben,
in Ruhe gedacht.
Johann Wolfgang von Goethe,
Maximen und Reflexionen

Man sollte sich nicht durch Tatsachen
beirren lassen, wenn man sich einmal
eine »Meinung« gebildet hat.
Robert Lembke, Steinwürfe im Glashaus

Man sorge dafür, dass jeder Mensch
seine eigene Meinung hat; dann wird
das, was an sich am angenehmsten ist,
auch stets die meisten Stimmen haben.
Jean-Jacques Rousseau, Emile

Männer nehmen eine Meinung leicht
und fallen leicht von ihr ab, und wenn
sie ihr treu bleiben, behalten sie
die Gewohnheit vieler Interessen.
Wir betrachten die Welt, wenn Geist
und Körper rüstig sind, immer noch
mit Besonnenheit, aber für Frauen
werden Meinungen zu Kindern oder
Geliebten, und je tiefer ihr Gemüt,
desto mehr vergessen sie alles andere.
William Butler Yeats, Synges Tod

Meinen eigenen Meinungen lege ich
keinen hohen Wert bei; aber den Meinungen der anderen ebenso wenig.
Michel Eyquem de Montaigne, Die Essais

Meinungen durch Gesetze ändern zu
wollen, ist schlimmer als nutzlos;
es schlägt nicht nur fehl, sondern verursacht eine Reaktion, welche die
Meinungen stärker als je zurücklässt.
Henry Thomas Buckle,
Geschichte der Civilisation in England

Meinungen können an gewissen
Grundwahrheiten so wenig ändern,
wie die Wetterfahnen die Richtung
des Windes ändern können.
Vincent van Gogh, Briefe

Meinungen sind so etwas Ähnliches
wie Hämorrhoiden des Geists.
Heimito von Doderer, Repertorium. Ein Begreifbuch von höheren und niederen Lebens-Sachen

Nicht die Dinge selbst beunruhigen
die Menschen, sondern ihre Urteile
und Meinungen über sie.
Epiktet, Handbuch der Moral

Nicht viele leisten sich
den größten Luxus,
den es auf Erden gibt:
eine eigene Meinung.
Alec Guinness

Nichts kann mehr zu einer Seelenruhe
beitragen, als wenn man gar keine
Meinung hat.
Georg Christoph Lichtenberg, Sudelbücher

Niemals missfällt uns die Meinung
anderer, sondern ihr Wille, uns
der ihren zu unterwerfen,
während wir es nicht wollen.
Joseph Joubert, Gedanken, Versuche und Maximen

Nur die Narren und die Toten
ändern niemals ihre Meinung.
James Russell Lowell

Nur weil es verschiedene Meinungen
gibt, haben wir Pferderennen.
Mark Twain, Querkopf Wilsons Kalender

Oft wunderte ich mich, wie ein Jeder
sich selbst am meisten von allen liebt,
aber seine eigene Meinung
über sich selbst geringer einschätzt
als die der anderen.
Mark Aurel, Selbstbetrachtungen

Pressefreiheit ist die Freiheit von zweihundert reichen Leuten, ihre Meinung
zu verbreiten.
Paul Sethe

Sei nicht zu sehr ein Sklave der Meinungen andrer von dir!
Sei selbstständig! Was kümmert dich
am Ende das Urteil der ganzen Welt,
wenn du tust, was du sollst?
Adolph Freiherr von Knigge,
Über den Umgang mit Menschen

So viele Menschen,
so viele Meinungen.
Terenz, Phormio

Unsre Meinungen sind nur Supple-
mente unsrer Existenz. Wie einer
denkt, daran kann man sehn, was ihm
fehlt. Die leersten Menschen halten
sehr viel auf sich, trefflichste sind
misstrauisch, der Lasterhafte ist frech,
und der Gute ist ängstlich. So setzt
sich alles ins Gleichgewicht; jeder will
ganz sein oder es vor sich scheinen.
Johann Wolfgang von Goethe,
Maximen und Reflexionen

Verzichte auf die Meinung
der Menschen: Schwankend ist sie
und orientiert sich nach beiden Seiten.
Lucius Annaeus Seneca, Briefe über Ethik

Viele ereifern sich
über Anschauungen, die sie
in zwanzig Jahren haben werden.
Jean-Paul Sartre

Viele Köpfe gehen schwer
unter einen Hut.
Deutsches Sprichwort

Wähnen ist wie Fallsucht,
und das Auge trügt.
Heraklit, Fragmente

Was man tun soll, hängt sehr
von dem ab, was man glauben muss,
und in allem, was nicht die ersten
Bedürfnisse unserer Natur betrifft,
sind unsere Meinungen die Richtschnur unserer Handlungen.
Jean-Jacques Rousseau,
Träumereien eines einsamen Spaziergängers

Wenige kennen die Welt und wissen,
dass, wer die Meinung anderer
befolgen will, nie zu etwas kommt;
denn wo findet man je zwei
gleich gesinnte Menschen?
Niccolò Machiavelli, Briefe (an Francesco Vettori,
5. Januar 1514)

Wenige sind imstande, von den Vorurteilen der Umgebung abweichende
Meinung gelassen auszusprechen; die
meisten sind sogar unfähig, überhaupt
zu solchen Meinungen zu gelangen.
Albert Einstein, Mein Weltbild

Wenn die Meinungen aufeinander
stoßen, so fühle ich mich keineswegs
beleidigt oder verärgert; ich werde
dadurch nur munter und aufmerksam.
Michel Eyquem de Montaigne, Die Essais

Wenn ich die Meinung eines andern
anhören soll, so muss sie positiv
ausgesprochen werden; Problemati-
sches hab' ich in mir selbst genug.
Johann Wolfgang von Goethe,
Maximen und Reflexionen

Wenn Sie mit einem Gesprächspartner
weder politisch noch kulturell
übereinstimmen, besagt das nicht, dass
der Betreffende anderer Meinung ist.
Er liest vielleicht nur
eine andere Zeitung.
Oliver Hassencamp

Wenn zwei Menschen
immer die gleiche Meinung haben,
taugen beide nichts.
Konrad Adenauer

Wie es flüchtige Seelen gibt,
die abwechselnd von allen Leidenschaften beherrscht werden, so gibt es
lebhafte und schwankende Geister, die
von allen Meinungen fortgerissen,
die entgegengesetzten annehmen,
ohne eine Entscheidung zu wagen.
Luc de Clapiers Marquis de Vauvenargues,
Unterdrückte Maximen

Wir sind so eitel, dass uns sogar
an der Meinung von Leuten,
an denen uns nichts liegt,
etwas gelegen ist.
Marie von Ebner-Eschenbach

Wo nur die Vernunft herrschend ist, da
vertragen sich die Meinungen leicht.
Heinrich von Kleist, Briefe (an Wilhelmine von Zenge,
13.-18. September 1800)

Wozu sollen wir unser Glück in der
Meinung eines anderen suchen, wenn
wir es in uns selbst finden können?
Jean-Jacques Rousseau, Abhandlung über die Wissenschaften und Künste

Zwei Meinungen sind besser als eine.
Sprichwort aus Frankreich

Meisterschaft

Am besten ist's auch hier,
wenn ihr nur einen hört
Und auf des Meisters Worte schwört.
Johann Wolfgang von Goethe, Faust I (Mephisto)

Am Werke erkennt man den Meister.
Jean de La Fontaine, Fabeln

Beim Schreiben und Lesen
wirst du nicht vorher Meister sein,
bevor du Lehrling warst.
Dies noch viel mehr im Leben.
Mark Aurel, Selbstbetrachtungen

Das wahre Meisterstück, dünkt mich,
erfüllt uns so ganz mit sich selbst, dass
wir des Urhebers darüber vergessen,
dass wir es nicht als das Produkt
eines einzelnen Wesens, sondern
der allgemeinen Natur betrachten.
Gotthold Ephraim Lessing, Hamburgische Dramaturgie

Das Werk schlägt dem Meister nach.
Deutsches Sprichwort

Der Dilettantismus negiert den Meister.
Die Meisterschaft gilt für Egoismus.
Johann Wolfgang von Goethe, überliefert von Fried-
rich Wilhelm Riemer (Mittheilungen über Goethe)

Die Meisterschaft gilt oft für Egoismus.
Johann Wolfgang von Goethe,
Maximen und Reflexionen

Die Zeit ist eine große Meisterin,
sie ordnet viele Dinge.
Pierre Corneille, Sertorius

Der nur die Meisterschaft erringt,
der in die Tiefen
von Kunst und Leben dringt.
Michelangelo

Drei Dinge machen einen Meister:
Wissen, Können und Wollen.
Deutsches Sprichwort

Ein Geiger zerreißt viele Saiten,
ehe er Meister ist.
Deutsches Sprichwort

Ein Meisterwerk ist eine Schach
und Matt gewonnene Partie.
Jean Cocteau, Hahn und Harlekin

Erbärmlich ist jener Schüler,
der seinen Meister nicht übertrifft.
Leonardo da Vinci, Tagebücher und Aufzeichnungen

Es gibt keine schüchternen Lehrlinge
mehr, es gibt nur noch
schüchterne Meister.
Marie von Ebner-Eschenbach, Aphorismen

Es ist eine feine und nie versagende
Bosheit, das Werk
statt den Meister zu loben.
Heinrich Waggerl, Aphorismen

Es ist kein Meister geboren,
er muss gemacht werden.
Deutsches Sprichwort

Es ist kein Meister so gut,
er findet einen über sich.
Deutsches Sprichwort

Es ist kein Meister
vom Himmel gefallen.
Deutsches Sprichwort

Früh übt sich,
was ein Meister werden will.
Friedrich Schiller, Wilhelm Tell (Tell)

Guter Lehrling, guter Meister.
Deutsches Sprichwort

Guter Meister macht gute Jünger.
Deutsches Sprichwort

In der Beschränkung
zeigt sich erst der Meister.
Johann Wolfgang von Goethe,
Was wir bringen (Nymphe)

Ist man in einer Sache Meister geworden, so ist man gewöhnlich eben dadurch in den meisten anderen Sachen ein völliger Stümper geblieben.
Friedrich Nietzsche, Menschliches, Allzumenschliches

Jahrelang bildet der Meister
und kann sich nimmer genug tun;
Dem genialen Geschlecht
wird es im Traume beschert.
Friedrich Schiller, Die Sonntagskinder

Jedes Gewerbe hat seinen Meister.
Chinesisches Sprichwort

Jedes Werk fürchtet seinen Meister.
Sprichwort aus Serbien

Kein Meister so gut,
der nicht noch zu lernen hätte.
Deutsches Sprichwort

Lehrjahre sind keine Meisterjahre.
Deutsches Sprichwort

Meisterschaft ist ein Irrweg,
aber was soll man machen,
wenn man nichts anderes gelernt hat.
Peter Rühmkorf

Ohne etwas zu verderben,
kannst du nicht Meister werden.
Sprichwort aus Russland

Sobald jemand in einer Sache
Meister geworden ist,
sollte er in einer neuen Sache
Schüler werden.
Gerhart Hauptmann

Übung macht den Meister.
Deutsches Sprichwort

Unsere Meister nennen wir billig die,
von denen wir immer lernen.
Nicht ein jeder, von dem wir lernen,
verdient diesen Titel.
Johann Wolfgang von Goethe,
Maximen und Reflexionen

Wer als Meister ward geboren, der hat
unter Meistern den schlimmsten Stand.
Richard Wagner

Wer immer sich zum Schüler macht,
wird immer einen Meister finden.
Friedrich von Hagedorn, Gedichte

Wissen macht den Schüler,
die freie Entwicklung den Meister.
Werner Kollath, Aus- und Einfälle

Melancholie

Der Mensch von melancholischer Gemütsverfassung bekümmert sich wenig darum, was andere urteilen, was sie für gut oder für wahr halten, er stützet sich desfalls bloß auf seine eigene Einsicht.
Immanuel Kant, Beobachtungen über das Gefühl des Schönen und Erhabenen

Die Melancholie ist eine Gewohnheit
an gequälte Gefühle,
die zum Bedürfnis geworden sind.
Théodore Jouffroy, Das grüne Heft

Heiterkeit kann kein Übermaß haben,
sondern ist immer gut; Melancholie
dagegen ist immer schlecht.
Baruch de Spinoza, Ethik

Melancholie ist das Vergnügen,
traurig zu sein.
Victor Hugo

Melancholie ist Stimmung
mit Trauerrand.
Heimito von Doderer

Wie die Gefahr des Tauchers
der Tintenfisch,
so des Grüblers die Melancholie.
Christian Morgenstern, Stufen

Melodie

Anmutig werden selbst
alltägliche Sentenzen
Im Silbenwasserfall
melodischer Kadenzen.
Friedrich Rückert, Die Weisheit des Brahmanen

Das Erste und Vorzüglichste in der Musik, welches mit wunderbarer Zauberkraft das menschliche Gemüt ergreift, ist die Melodie.
E. T. A. Hoffmann, Kreisleriana

Die einzige Form der Musik
ist die Melodie.
Richard Wagner

Nur aus der Melodie entspringt jene
unwiderstehliche Gewalt
der gemütsbewegenden Töne;
von ihr nur kommt alle Kraft,
womit die Musik auf die Seele wirkt.
Jean-Jacques Rousseau, Julie oder
Die neue Héloïse (Saint-Preux)

Memme

Der Überfluss
Und Friede zeugen Memmen.
Drangsal ist
Der Keckheit Mutter.
William Shakespeare, Cymbeline (Imogen)

Ich war eine Memme aus Instinkt.
William Shakespeare, Heinrich IV. (Falstaff)

Wer nicht so weit geht,
als sein Herz ihn drängt
und die Vernunft ihm erlaubt,
ist eine Memme,
wer weiter geht, ist ein Sklave.
Heinrich Heine, Gemäldeausstellung in Paris 1833

Memoiren

Die meisten Memoiren
sind ein Make-up aus Worten.
Norman Mailer

Memoiren sind eine Verleitung,
die eigene Nase schöner zu machen,
als sie ist.
Helmut Schmidt

Liest man die Memoiren und Dokumente aus dem Zeitalter Ludwigs XVI., so findet man selbst bei der schlechten Gesellschaft von damals etwas, das der guten von heute fehlt.
Chamfort, Maximen und Gedanken

Memoiren von oben herunter
oder von unten hinauf:
Sie müssen sich immer begegnen.
Johann Wolfgang von Goethe,
Maximen und Reflexionen

Viele Memoirenschreiber
beweisen nur, dass sie
den Respekt vor dem eigenen Leben
verloren haben.
Anthony Eden

Menge

Die Menge auf etwas aufmerksam machen heißt: dem gesunden Menschenverstand auf die Spur helfen.
Gotthold Ephraim Lessing,
Beweis des Geistes und der Kraft

Die Menge
Geht nach dem Glück.
Friedrich Schiller, Wallensteins Tod (Wallenstein)

Die Menge meint,
alles zu wissen und alles zu begreifen,
und je dümmer sie ist, desto weiter
erscheint ihr ihr Horizont.
Anton P. Tschechow, Briefe (30. Mai 1888)

Die Menge schätzt nur den Widerschein des Verdienstes.
Johann Wolfgang von Goethe,
Götz von Berlichingen (Adelheid)

Die Menge schwankt
in ungewissem Geist;
Dann strömt sie nach,
wohin der Strom sie reißt.
Johann Wolfgang von Goethe, Faust II (Kaiser)

Die müßige Menge ist gewöhnlich
das Werkzeug in den Händen
der Neuerungssüchtigen.
Niccolò Machiavelli, Geschichte von Florenz

Die Überlegenheit einer einzelnen
Blume vor einem ganzen Strauß.
Jules Renard, Ideen, in Tinte getaucht.
Aus dem Tagebuch von Jules Renard

Die wankelmütige Menge,
Die jeder Wind herumtreibt!
Wehe dem,
Der auf dies Rohr sich lehnt!
Friedrich Schiller, Maria Stuart (Elisabeth)

Eine führerlose Menge
ist zu nichts nütze.
Niccolò Machiavelli, Vom Staat

Eine viertel Apfelsine schmeckt
genauso gut wie eine ganze.
Chinesisches Sprichwort

Feindlich ist der Umgang
mit der Menge: Keiner, der uns nicht
eine Fehlhaltung empfiehlt
oder aufdrängt
oder uns nichts ahnend anhängt.
Lucius Annaeus Seneca, Briefe an Lucilius

Ich wünsche sehr,
der Menge zu behagen,
Besonders weil sie lebt und leben lässt.
Johann Wolfgang von Goethe, Faust (Vorspiel auf dem Theater: Direktor)

Kleinvieh macht auch Mist.
Deutsches Sprichwort

Macht euch keine vorwitzigen Hoffnungen, dass die große Menge euch
Gefolgschaft leistet – ihr baut sonst
auf einen Trug. Denn der Menge ist es
nicht gegeben, stetig zu sein, und nur
zu häufig hat sie andere Launen,
als man sich zunächst vorstellt.
Francesco Guicciardini, Ricordi

Minder ist oft mehr.
Christoph Martin Wieland

O sprich mir nicht
von jener bunten Menge,
Bei deren Anblick
uns der Geist entflieht!
Verhüllt mir das
wogende Gedränge,
Das wider Willen
uns zum Strudel zieht!
Johann Wolfgang von Goethe, Faust
(Vorspiel auf dem Theater: Dichter)

Trachte nicht, satt zu sein. In kleinen
Mengen schmeckt's am besten.
Chinesisches Sprichwort

Viele Federn machen ein Bett.
Deutsches Sprichwort

Viele Körnlein machen einen Haufen.
Deutsches Sprichwort

Viele Reiser machen einen Besen.
Deutsches Sprichwort

Viele Streiche fällen die Eiche.
Deutsches Sprichwort

Was die Menge hasst,
musst du prüfen; was die Menge liebt,
musst du prüfen.
Konfuzius, Gespräche

Wenig zu wenig macht zuletzt viel.
Deutsches Sprichwort

Wenn es auf der einen Seite nichts
Schrecklicheres gibt als eine entfesselte, führerlose Menge, so gibt es auf der
anderen Seite auch nichts Schwächeres. Mag sie auch bewaffnet sein, so
wirst du sie leicht zur Ordnung bringen, wenn du einen Zufluchtsort hast,
um ihrem ersten Ansturm auszuweichen. Denn wenn die Gemüter ein
wenig abgekühlt sind und ein jeder
wieder nach Hause zurückkehren
muss, so fangen sie an, an sich selbst
zu zweifeln und an die eigene Sicherheit zu denken, indem sie entweder
fliehen oder sich unterwerfen.
Niccolò Machiavelli, Vom Staat

Mensch

Adam war ein Mensch: er wollte
den Apfel nicht um des Apfels willen,
sondern weil er verboten war.
Mark Twain

Alle Lebewesen
außer dem Menschen wissen,
dass der Hauptzweck des Lebens
darin besteht, es zu genießen.
Samuel Butler

Alle Menschen sind ebenso viele
Kraftäußerungen der Erde zu einem
und demselben Ziel:
der Wiederherstellung der Freiheit,
der Rückkehr in das höhere Element.
Friedrich Schlegel, Philosophische Vorlesungen

Alle Menschen sind hochgeboren;
denn alle sind gottverwandt,
alle tragen in sich schöpferische Kraft.
Jeremias Gotthelf, Die Armennot

Alle Menschen sind Rätsel, bis wir in
einem Wort oder einer Tat den Schlüssel zu dem Mann, der Frau finden:
Dann liegen alle ihre früheren Worte
und Taten plötzlich im Lichte vor uns.
Ralph Waldo Emerson, Tagebücher

Alle sind wir nur bis zum Gürtel
Menschen.
Sprichwort aus Russland

Alle weltlichen Wesen
führen sich auf drei Dinge zurück:
Ehre, Reichtum, Vergnügen.
Thomas von Aquin, Summa theologica

Alles verschlimmert sich
unter den Händen der Menschen!
Johann Wolfgang von Goethe, Dichtung und Wahrheit

Alles, was der Mensch erfährt, ist nur
die Anschauung seines Wachstums.
Johann Wilhelm Ritter, Fragmente

Alles, was die Bande vermehrt, die den
Menschen an den Menschen knüpfen,
macht ihn besser und glücklicher.
Joseph Joubert, Gedanken, Versuche und Maximen

Alles, was wir hinterlassen, sind nur
Überbleibsel einer Geschichte, ein Bleistiftstummel und ein Radiergummi.
Lars Saabye Christensen, Der Alleinunterhalter

Als Gott den Menschen erschuf,
war er bereits müde;
das erklärt manches.
Mark Twain

Als Mensch muss man lebendig sein,
als Künstler postum.
Jean Cocteau

Als Naturwesen ist der Mensch
umso vollkommener, je selbstständiger
und individueller er ist.
Friedrich Schlegel, Philosophische Vorlesungen

Am banalsten ist der Mensch,
der nicht banal sein will.
Sigismund von Radecki

Am Ende existiert der Mensch
nur durch seine Bedürfnisse.
Friedrich Hebbel, Tagebücher

An Kindern, Weibern und Familie hängen alle Menschen; sie gehen unter in dem schlammigen Meere der Sorgen wie alte Waldelefanten im Schlamm.
Mahabharata, Buch 12

Auch der armseligste Mensch,
mag er noch so eingeschüchtert und heruntergekommen sein,
ist ein Mensch und unser Bruder.
Fjodor M. Dostojewski, Erniedrigte und Beleidigte

Auch wenn wir Menschen das so bestimmen: Der Mensch ist eine aus Leib und Seele bestehende, verstandesbegabte Substanz, so ist es doch nicht zweifelhaft, dass der Mensch eine Seele hat, die nicht der Leib ist, dass er einen Leib hat, der nicht die Seele ist.
Augustinus, Über die Dreieinigkeit

Aus keiner andern Ursache ist der Mensch das vollkommenste Wesen der Erdeschöpfung, als weil die feinsten organischen Kräfte, die wir kennen, bei ihm in den feinsten Werkzeugen der Organisation einwohnend wirken. Er ist die vollkommenste animalische Pflanze, ein eingeborner Genius in einer menschlichen Bildung.
Johann Gottfried Herder, Ideen zur Philosophie der Geschichte der Menschheit

Begnügt euch doch,
ein Mensch zu sein!
Gotthold Ephraim Lessing, Nathan der Weise (Tempelherr)

Begrenzt in seinem Wesen,
unbegrenzt in seinen Wünschen,
ist der Mensch ein gefallener Gott,
der sich an den Himmel erinnert.
Alphonse de Lamartine, Poetische Meditationen

Beim Geben, Trinken und im Zwist
Zeigt jeder Mensch sich, wie er ist.
Jüdische Spruchweisheit

Betet Gott an, seid gerecht und wohltätig; das heißt Mensch sein.
Voltaire, Geschichte von Jenni

Bevor man das Erb- und Erzübel,
die Eitelkeit, nicht totgelacht hat,
kann man nicht beginnen, das
zu werden, was man ist: ein Mensch.
Erich Kästner

Bist du ein Wolf, dann friss! Bist du ein Lamm, dann lass dich fressen.
Nikos Kasantzakis

Bist du selbst beglückt,
So wirst du leicht beglücken,
Und bist du selbst zerpflückt,
Dann wirst auch du zerpflücken,
Und nur wenn du verrückt,
Wirst du die Welt verrücken.
Emil Gött, Gedichte, Sprüche und Aphorismen

Da die Menschen schlecht sind,
ist das Gesetz notwendig, um sie für besser anzusehen, als sie sind.
Charles de Secondat, Baron de la Brède et de Montesquieu, Vom Geist der Gesetze

Da die Natur den menschlichen Dingen keinen Stillstand gestattet, so müssen sie notwendigerweise sinken, nachdem sie ihre höchste Vollkommenheit erreicht haben und nicht mehr aufwärts zu steigen vermögen. Wenn sie durch Zerrüttung aufs Tiefste gesunken sind, so müssen sie, da sie nicht mehr sinken können, aufwärts steigen. So sinkt man stets vom Guten zum Bösen und steigt vom Bösen zum Guten.
Niccolò Machiavelli, Geschichte von Florenz

Der Mensch wird vom Geist geleitet.
In der Wüste bin ich das wert,
was meine Gottheiten wert sind.
Antoine de Saint-Exupéry, Brief an einen Ausgelieferten

Da nützt auch Politik nichts mehr:
Die Menschen sind wie Steine –
nach oben fallen sie nur schwer,
nach unten von alleine.
Karl-Heinz Söhlker, Es schadet nichts, vergnügt zu sein

Da redet man vom Göttlichen im Menschen! Betrachtet doch den Fuhrmann, der zu Markt fährt bei Tag oder bei Nacht. Wo rührt sich in ihm die Gottheit?
Henry David Thoreau, Walden

Das absolute Wesen, der Gott des Menschen, ist sein eignes Wesen.
Ludwig Feuerbach, Das Wesen des Christentums

Das Bedürfnis und das Unvermögen liegen irgendwo tief in der menschlichen Natur begründet. Unter der Ebene des Bewusstseins sind Strömungen wie Eifersucht, Ehrgeiz, Beschützerinstinkt oder Autorität am Werk, ganz gleich wie gut sie durch Erziehung und Gewohnheit im Zaum gehalten werden.
Peter Ustinov, Was ich von der Liebe weiß

Das besondere Vorrecht des Menschen ist es, aufrecht auf zwei Beinen zu gehen (und nicht auf allen vieren) – und dadurch genötigt zu sein, die Hände zum Himmel zu erheben.
Yehudi Menuhin, Variationen

Das Beste aber, was der Mensch für einen anderen tun kann, ist doch immer das, was er für ihn ist.
Adalbert Stifter, Der Nachsommer

Das beste Monument des Menschen aber ist der Mensch.
Johann Wolfgang von Goethe, Denkmale

Das Bestreben, sich zu erhalten, ist das eigentliche Wesen des Menschen.
Baruch de Spinoza, Ethik

Das eigentliche Kriterium des Lebendigen (...) ist (...) die Fähigkeit, eine Wahl zu treffen, Entscheidungen zu fällen. Und das setzt Erinnerung voraus, die stete Ansammlung gemachter Erfahrungen.
Yehudi Menuhin, Kunst als Hoffnung für die Menschheit

Das Elend des Menschen ist,
die Wahrheit zu lieben
und doch auf sie warten zu müssen.
Sully Prudhomme, Gedanken

Das endliche Vernunftwesen
hat nichts außer der Erfahrung;
diese ist es, die den ganzen Stoff seines Denkens enthält.
Johann Gottlieb Fichte, Wissenschaftslehre

Das Etikett »Homo sapiens«
ist die groteskeste Form der Hybris,
die sich denken lässt.
Hoimar von Ditfurth

Das Feld ist der Herr,
und der Mensch ist der Gast.
Chinesisches Sprichwort

Das ganze elende Menschlein
ist ein Nichts.
Gaius Petronius, Schelmengeschichten

Das ganze Streben eines typischen modernen Menschen besteht darin, der Straße und Umgebung, in welcher er lebt, zu entfliehen.
Gilbert Keith Chesterton, Heretiker

Das Gesetz macht den Menschen,
Nicht der Mensch das Gesetz.
Johann Wolfgang von Goethe, Tagebuch (1797)

Das größte Wunderding
ist doch der Mensch allein,
Er kann, nachdem er's macht,
Gott oder Teufel sein.
Angelus Silesius, Der Cherubinische Wandersmann

Das Lämmergeschlecht zeugt und gebiert sich wenigstens nicht selbst den Wolf zum Wächter. Auch darin kann sich der Mensch des Vorzuges über die Tiere der Erde rühmen.
Friedrich Maximilian Klinger

Das Leben ist unser Bildhauer, und wir werden – ob zum Guten oder Schlimmen – von ihm in eine bestimmte Form geschlagen und gemeißelt. Anderenfalls bleiben wir nur Klötze, Barren, Säulen, ohne Kannelierung, ohne Basis und Kapitell.
Yehudi Menuhin, Kunst und Wissenschaft als verwandte Begriffe

Das Menschengeschlecht als Ganzes ist
etwas Bewegliches, das sich
ins Gleichgewicht zu setzen sucht.
Joseph Joubert, Gedanken, Versuche und Maximen

Das Neugeborene ist ein kleines
runzliges, miauendes Tier,
das sich erst langsam
in einen Menschen verwandelt...
Oswald Spengler, Urfragen.
Fragmente aus dem Nachlass

Das sozialistische Problem
ist freilich kein deutsches;
es ist ein menschliches.
Moses Hess, Über die Not in unserer Gesellschaft
und deren Abhülfe

Das Tier weiß, wie viel es bedarf,
der Mensch nicht.
Demokrit, Fragment 198

Das Wesen des Menschen besteht
darin, dass er kein Wesen hat.
Günther Anders, Die Antiquiertheit des Menschen.
Bd. 2

Dass der Mensch das edelste Geschöpf
sei, lässt sich auch schon daraus
abnehmen, dass ihm noch kein anderes Geschöpf widersprochen hat.
Georg Christoph Lichtenberg, Sudelbücher

Dem Leibe nach übertreffen wir
das Geschlecht der Tiere keineswegs,
wir sind ihm vielmehr an allen seinen
Gaben unterlegen.
Erasmus von Rotterdam, Handbüchlein
eines christlichen Streiters

Dem Menschen ist
Ein Mensch noch immer lieber
als ein Engel.
Gotthold Ephraim Lessing, Nathan der Weise (Nathan)

Den Menschen allein ist zuteil,
sich selbst zu erkennen
und verständig zu denken.
Heraklit, Fragmente

Den Menschen machte Gott
zu einem Gott auf Erden,
er legte das Prinzipium
eigner Wirksamkeit in ihn
und setzte solches durch innere
und äußere Bedürfnisse
seiner Natur von Anfange an
in Bewegung.
Johann Gottfried Herder, Ideen zur Philosophie
der Geschichte der Menschheit

Den Menschen verneinen, heißt:
die Religion verneinen.
Ludwig Feuerbach, Das Wesen des Christentums

Denn aus Gemeinem
ist der Mensch gemacht,
Und die Gewohnheit
nennt er seine Amme.
Friedrich Schiller, Wallensteins Tod (Wallenstein)

Denn das Buch, da alle Heimlichkeit
innen lieget, ist der Mensch selber:
Er ist selber das Buch des Wesens
aller Wesen, dieweilen er
die Gleichheit der Gottheit ist.
Jakob Böhme, Theosophische Send-Briefe

Denn mit Göttern
Soll sich nicht messen
Irgend ein Mensch.
Johann Wolfgang von Goethe,
Grenzen der Menschheit

Der Atem des Menschen
ist für seinesgleichen tödlich.
Jean-Jacques Rousseau, Emile

Der Berg bedarf nicht des Berges,
aber der Mensch des Menschen.
Sprichwort aus dem Baskenland

Der Durchschnittsmensch glaubt,
dass er keiner sei.
Lothar Schmidt

Der edle Mensch ist frei von Betrübnis
und frei von Furcht.
Konfuzius, Gespräche

Der edle Mensch ist kein Gerät,
das nur einer Verrichtung dient.
Konfuzius, Gespräche

Der eigentliche Mensch sieht wie eine
Zwiebel mit vielen tausend Wurzeln
aus, die Nerven empfinden allein
in ihm, das andere dient,
diese Wurzeln zu halten und bequemer
fortzuschaffen; was wir sehen,
ist also nur der Topf,
 in welchen der Mensch gepflanzt ist.
Georg Christoph Lichtenberg, Sudelbücher

Der einfachste Mensch ist immer noch
ein sehr kompliziertes Wesen.
Marie von Ebner-Eschenbach, Aphorismen

Der erste Gegenstand des Menschen
ist der Mensch.
Ludwig Feuerbach, Das Wesen des Christentums

Der erste Mensch stammt von der Erde
und ist Erde; der zweite Mensch
stammt vom Himmel.
Neues Testament, Paulus (1 Korinther 15, 47)

Der freie Mensch, der unter Unwissenden lebt, sucht, so viel als möglich,
ihren Wohltaten auszuweichen.
Baruch de Spinoza, Ethik

Der freie Mensch handelt niemals
arglistig, sondern stets aufrichtig.
Baruch de Spinoza, Ethik

Der gedächtnisfreie Mensch
ist der glückliche Mensch.
Niklaus Meienberg

Der geringste Mensch kann komplett
sein, wenn er sich innerhalb der Grenzen seiner Fähigkeiten und Fertigkeiten bewegt; aber selbst schöne Vorzüge werden verdunkelt, aufgehoben
und vernichtet, wenn jenes unerlässlich geforderte Ebenmaß abgeht.
Johann Wolfgang von Goethe,
Maximen und Reflexionen

Der Hauptgrundsatz aller Moral,
den ich in meinen Schriften befolgt
habe, lautet, dass der Mensch
von Natur gut ist und
die Gerechtigkeit und die Ordnung
liebt, dass das menschliche Herz
von Natur nicht verdorben ist
und dass die ersten Regungen der
Natur immer gut sind.
Jean-Jacques Rousseau, Brief an Erzbischof
de Beaumont (18. November 1762)

Der Hauptunterschied zwischen
Mensch und Tier ist die Fähigkeit
des Menschen zu lachen.
Peter Ustinov, Peter Ustinovs geflügelte Worte

Der Himmel gleicht einem großen
Menschen und der Mensch
einem kleinen Himmel.
Chinesisches Sprichwort

Der Irrtum hat aus Menschen Tiere
gemacht; sollte die Wahrheit imstande
sein, aus dem Menschen wieder
ein Tier zu machen?
Friedrich Nietzsche, Menschliches, Allzumenschliches

Der kleine Gott der Welt
bleibt stets vom gleichen Schlag
Und ist so wunderlich
als wie am ersten Tag.
Johann Wolfgang von Goethe, Faust
(Prolog im Himmel: Mephisto)

Der kultivierte Mensch
hat seine Energie nach innen,
der zivilisierte nach außen.
Oswald Spengler

Der Mensch allein
glaubt außerhalb der Natur zu stehen
und den Naturgesetzen,
die für alle anderen Lebewesen gelten,
nicht unterworfen zu sein,
ja er betrachtet sich kaum noch
als ein Glied der Natur –
dabei bringt er sich selbst um.
Giacomo Leopardi, Gedanken aus dem Zibaldone

Der Mensch ändert leichter
seine Überzeugungen
als seine Gewohnheiten.
Paul Wegener

Der Mensch bedarf des Menschen sehr,
zu seinem großen Ziele.
Friedrich Schiller, Die Weltweisen

Der Mensch beherrscht die Natur,
bevor er gelernt hat,
sich selbst zu beherrschen.
Albert Schweitzer

Der Mensch besteht aus Knochen,
Fleisch, Blut, Speichel,
Zellen und Eitelkeit.
Kurt Tucholsky, Schnipsel

Der Mensch brauchte Milliarden
von Jahren, um Mensch zu werden.
Wie lange wird er noch brauchen,
um Mensch zu sein.
Hans-Horst Skupy

Der Mensch denkt, Gott lenkt.
Deutsches Sprichwort

Der Mensch, ein Augenwesen,
braucht das Bild.
Leonardo da Vinci

Der Mensch:
ein durch die Zensur gerutschter Affe.
Gabriel Laub

Der Mensch ein Kosmos im kleinen.
Demokrit, Fragment 34

Der Mensch – eine mobile Durchgangsstation für mediale Reize.
John Updike

Der Mensch existiert nur als Mann
und Weib. Die Tüchtigkeit,
die Gesundheit des Menschen
besteht demnach nur darin,
dass er als Weib so ist,
wie er als Weib sein soll,
als Mann so, wie er als Mann sein soll.
Ludwig Feuerbach, Das Wesen des Christentums

Der Mensch, frei geboren,
wurde Sklave der Gesetzgebung.
Frans Hemsterhuis, Über den Menschen und die Beziehungen desselben

Der Mensch handelt nicht
nach der Vernunft,
die sein Wesen ausmacht.
Blaise Pascal, Pensées

Der Mensch hängt an dem Seinen,
an sich selbst und dem Seinen
bis über den Tod hinaus und bangt
davor, das Leben aus den Händen
zu verlieren – dies Wirklichste von
allem Wirklichen, dies Erbärmlichste
von allem Erbärmlichen, dies
Unendlichste von allem Unendlichen.
Gunnar Gunnarsson, Advent im Hochgebirge

Der Mensch hat anstelle der Vorderbeine und Vorderfüße Arme und die so
genannten Hände. Denn er allein unter
den lebenden Wesen hat eine aufrechte
Haltung, weil seine Natur und sein
Wesen göttlich sind.
Aristoteles, Psychologie

Der Mensch hat ein hartes Herz
und gefühlvolle Eingeweide.
Georges Bernanos

Der Mensch hat ja Himmel und Erde
und die ganze übrige Kreatur schon in
sich selber und ist doch eine ganze
Gestalt, und in ihm ist alles schon
verborgen vorhanden.
Hildegard von Bingen, Heilkunde

Der Mensch hat, neben dem Trieb
der Fortpflanzung und dem zu essen
und zu trinken, zwei Leidenschaften:
Krach zu machen und nicht zuzuhören.
Kurt Tucholsky

Der Mensch hat nicht das Gewebe des
Lebens geschaffen,
er ist in ihm lediglich eine Faser.
Was immer er diesem Gewebe antut,
tut er sich selbst an.
Seattle, Die Rede des Indianerhäuptlings Seattle. Neuere Version

Der Mensch hat nur allzu sehr
Ursache, sich vor dem Menschen
zu schützen.
Johann Wolfgang von Goethe,
Wilhelm Meisters Wanderjahre

Der Mensch hat viel in seiner Gewalt,
genug, um der Held eines Romanes zu
werden. Wenn er jedoch über alles
Gewalt hätte, so gäbe es bald so viele
Helden, dass wir keine Romane mehr
zustande brächten.
Gilbert Keith Chesterton, Heretiker

Der Mensch hat viele Bedürfnisse.
Geltungsbedürfnis steht obenan.
Lothar Schmidt

Der Mensch hat zwei Beine
und zwei Überzeugungen:
eine, wenn's ihm gut geht,
und eine, wenn's ihm schlecht geht.
Die letztere heißt Religion.
Kurt Tucholsky

Der Mensch hilft sich selbst am besten.
Johann Wolfgang von Goethe, Lila (Almaide)

Der Mensch ist auch ein Naturprodukt.
Christian Garve, Über Gesellschaft und Einsamkeit

Der Mensch ist auch nur ein Mensch.
Robert Penn Warren

Der Mensch ist das denkende Tier.
Ludwig Klages

Der Mensch ist das einzige Lebewesen,
das Feuer machen kann;
und das hat ihm die Herrschaft
über die Welt gegeben.
Antoine Comte de Rivarol, Maximen und Reflexionen

Der Mensch ist das einzige Lebewesen,
das seine Nahrung zerstört,
bevor es sie isst.
Werner Kollath

Der Mensch ist das einzige Tier,
das rot wird – oder erröten sollte.
Mark Twain, Querkopf Wilsons neuer Kalender

Der Mensch ist das einzige Tier, das
so lange freundlich mit seinen Opfern
sein kann, bis es sie frisst.
Samuel Butler

Der Mensch ist
das gefährlichste Ungeziefer,
das die Welt je bevölkert hat.
Friedensreich Hundertwasser

Der Mensch ist das Maß aller Dinge.
Protagoras, Über die Wahrheit oder
Niederringende Reden (Vorwort)

Der Mensch ist das Maß
aller Schneider.
Hans Arp

Der Mensch ist das Raubtier
mit den Händen.
Oswald Spengler, Urfragen.
Fragmente aus dem Nachlass

Der Mensch ist das Tier,
das Geschichte hat.
Carl Friedrich von Weizsäcker

Der Mensch ist dem Menschen
ein Wolf (Homo homini lupus).
Titus Maccius Plautus, Eselskomödie

Der Mensch ist
die ideale Gottvorstellung des Hundes.
Holbrook Jackson

Der Mensch ist die Kontinuation des
Schöpfungsakts, eine ewig werdende,
nie fertige Schöpfung, die den
Abschluss der Welt, ihre Erstarrung
und Verstockung, verhindert.
Friedrich Hebbel, Tagebücher

Der Mensch ist
die Medizin des Menschen.
Sprichwort aus Afrika

Der Mensch ist die Regel,
die Natur die Regellosigkeit.
Friedrich Nietzsche, Menschliches, Allzumenschliches

Der Mensch ist
die Summe seiner Erlebnisse.
Henry Jaeger

Der Mensch ist ein anbetendes Tier.
Charles Baudelaire, Tagebücher

Der Mensch ist ein Bild Gottes.
Er tut alle Augenblicke Wunder
und weiß es nicht.
Karl Philipp Moritz

Der Mensch ist ein Blinder,
der vom Sehen träumt.
Friedrich Hebbel, Tagebücher

Der Mensch ist ein Bündel von Beziehungen, ein Knäuel von Wurzeln,
dessen Blume und Frucht die Welt ist.
Ralph Waldo Emerson, Essays

Der Mensch ist ein fernes Ziel der Natur. Er wird erst da sein,
wenn er so zu leben weiß,
dass nichts Lebendes darunter leidet.
Heinrich Waggerl, Nachlass

Der Mensch ist ein Geheimnis. Man muss es enträtseln, und wenn du es ein ganzes Leben lang enträtseln wirst, so sage nicht, du hättest die Zeit verloren. Ich beschäftige mich
mit diesem Geheimnis,
denn ich will ein Mensch sein.
Fjodor M. Dostojewski, Briefe

Der Mensch ist ein Geschöpf, das bestimmt ist, in Katastrophen zu leben.
Graham Greene

Der Mensch ist ein in einem Spiegelkerker Gefangener.
Christian Morgenstern, Stufen

Der Mensch ist ein
lachendes Lebewesen.
Baruch de Spinoza, Ethik

Der Mensch ist ein Lebewesen,
das klopft, schlechte Musik macht und seinen Hund bellen läßt.
Manchmal gibt er auch Ruhe,
aber dann ist er tot.
Kurt Tucholsky

Der Mensch ist ein Seil, geknüpft zwischen Tier und Übermensch –
ein Seil über einem Abgrunde.
Friedrich Nietzsche, Also sprach Zarathustra

Der Mensch ist ein wildes Tier,
das sich selbst gezähmt hat.
Thomas Niederreuther

Der Mensch ist ein wunderliches Tier.
August Strindberg, Der Sohn der Magd

Der Mensch ist eine Episode,
ein Augenblick im Weltschicksal.
Oswald Spengler, Urfragen.
Fragmente aus dem Nachlass

Der Mensch ist eine
in der Knechtschaft seiner Organe lebende Intelligenz.
Aldous Huxley

Der Mensch ist gemeine Prosa -
er soll höhere Prosa,
allumfassende Prosa werden.
Novalis, Fragmente

Der Mensch ist Gottes Ebenbild,
und darum ist er auch niemalen ganz in seiner Herrlichkeit zu verstehen, so wie es Gott nicht ist.
Bettina von Arnim, An Achim von Arnim (Juli 1810)

Der Mensch ist gut,
nur seine Nerven sind schlecht.
Moscheh Ya'akov Ben-gavriël

Der Mensch ist immer gefährlich.
Wenn nicht durch seine Bosheit,
dann durch seine Dummheit.
Wenn nicht durch seine Dummheit,
dann durch seinen Verstand.
Henry de Montherlant

Der Mensch ist immer im Fluss und birgt in sich alle Möglichkeiten:
Er war dumm und wurde gescheit,
er war böse und wurde gut,
und umgekehrt.
Hierin liegt die Größe des Menschen.
Leo N. Tolstoi, Tagebücher (1898)

Der Mensch ist immer mehr,
als er von sich weiß.
Er ist nicht, was er ein für allemal ist, sondern er ist Weg.
Karl Jaspers, Die geistige Situation der Zeit

Der Mensch ist in seinen Handlungen frei und als freies Wesen von einer immateriellen Substanz beseelt.
Jean-Jacques Rousseau, Emile

Der Mensch ist nicht allein ein Werk der Umstände, sondern die Umstände sind ein Werk der Menschen.
Benjamin Disraeli, Vivien Grey

Der Mensch ist nicht zu denken außerhalb des Staates.
Adam Heinrich Müller, Von der Idee des Staates

Der Mensch ist nur da ganz Mensch,
wo er spielt.
Friedrich Schiller

Der Mensch ist nur ein kleines,
im Grunde uninteressantes
Materieteilchen.
Roger Martin du Gard

Der Mensch ist nur ein Schilfrohr,
das schwächste der Natur;
aber er ist ein denkendes Schilfrohr.
Blaise Pascal, Pensées

Der Mensch ist, profan gesehen,
ein Überbegriff.
Franz Werfel, Zwischen Oben und Unten

Der Mensch ist schwer zu entdecken und sich selber noch am schwersten:
Oft lügt der Geist über die Seele.
Friedrich Nietzsche, Also sprach Zarathustra

Der Mensch ist verarmt, denn
er hat verlernt, sich zu wundern.
Evelyn Waugh

Der Mensch ist vergänglich, wenn wir den einen Teil seines Wesens betrachten, nämlich seinen Leib;
er ist unvergänglich in seinem
anderen Wesensteil, der Seele.
Dante Alighieri, Über die Monarchie

Der Mensch ist vielerlei,
aber vernünftig ist er nicht.
Oscar Wilde, Das Bildnis des Dorian Gray

Der Mensch ist vielleicht halb Geist und halb Materie so wie der Polype halb Pflanze und halb Tier.
Auf der Grenze liegen immer
die seltsamsten Geschöpfe.
Georg Christoph Lichtenberg, Sudelbücher

Der Mensch ist von Natur aus
ehrgeizig und misstrauisch und
weiß sich im Glück nicht zu mäßigen.
Niccolò Machiavelli, Vom Staat

Der Mensch ist von Natur aus ein Spieler, versessen auf Spielzeug und Werkzeug, der dem Vergnügen und dem Recht ohne Verantwortung
und Rechtfertigung nachjagt.
Yehudi Menuhin, Kunst als Hoffnung
für die Menschheit

Der Mensch ist von Natur
ein Gemeinschaft bildendes Wesen.
Aristoteles, Nikomachische Ethik

Der Mensch ist von Natur gläubig, ungläubig, furchtsam, verwegen.
Blaise Pascal, Pensées

Der Mensch ist, was er liest.
Joseph Brodsky

Der Mensch ist weder Engel noch Tier, und das Unglück will es, dass,
wer einen Engel aus ihm machen will, ein Tier aus ihm macht.
Blaise Pascal, Pensées

Der Mensch ist wie der Käse:
er muss eine Rinde haben,
sonst geht er kaputt.
Brendan Behan

Der Mensch ist wichtiger als die Sache.
Norbert Blüm, Unverblümtes von Norbert Blüm

Der Mensch ist wie eine Spieluhr.
Ein unmerklicher Ruck –
und er gibt eine andere Melodie an.
Ludwig Börne, Aphorismen

Der Mensch ist zur Arbeit
wie der Vogel zum Fliegen gemacht.
Deutsches Sprichwort

Der Mensch ist zur Freiheit verurteilt.
Jean-Paul Sartre

Der Mensch kann arzneien,
Gott gibt das Gedeihen.
Deutsches Sprichwort

Der Mensch kann nicht anders
als menschlich urteilen.
Nikolaus von Kues, Über die Schauung Gottes

Der Mensch kann nur mit seinesgleichen leben und auch mit denen nicht; denn er kann auf die Länge nicht leiden, dass ihm jemand gleich sei.
Johann Wolfgang von Goethe,
Maximen und Reflexionen

Der Mensch kann sein Schicksal,
das auf ihn zukommt, nicht ändern,
wenn er sich nicht selbst ändert.
Aurelio Peccei

Der Mensch kann sich Fertigkeiten
erwerben und kann ein Tier werden,
wo er will. Gott macht die Tiere,
der Mensch macht sich selber.
Georg Christoph Lichtenberg, Sudelbücher

Der Mensch kennt alle Dinge auf
Erden, aber den Menschen
kennt er nicht.
Jeremias Gotthelf, Der Bauernspiegel

Der Mensch lebt meistens allein
und sollte deshalb Wert
auf gute Gesellschaft legen.
Roberto Rossellini

Der Mensch lebt nur eine Generation,
die Blume nur einen Frühling.
Chinesisches Sprichwort

Der Mensch liebt seine eigenen Fehler.
Sprichwort aus Indien

Der Mensch nimmt eben als Ganzes
erst zu und dann ab.
Michel Eyquem de Montaigne, Die Essais

Der Mensch schlägt vor,
aber Gott ordnet an.
Thomas von Kempen, Nachfolge Christi

Der Mensch soll sich selbst immer als
ein Experiment der Natur betrachten.
Friedrich Hebbel, Tagebücher

Der Mensch spielt nur, wo er in voller
Bedeutung des Wortes Mensch ist,
und er ist nur da ganz Mensch,
wo er spielt.
Friedrich Schiller, Über die ästhetische Erziehung
des Menschen

Der Mensch steht heute vor der Alternative: Untergang des Menschen
oder Wandlung des Menschen.
Karl Jaspers, Philosophie und Welt

Der Mensch von heute muss Mut
zu sich selbst haben.
Erich Fromm, Interview 1980

Der Mensch war eine Synthese von
Seele und Leib, aber er ist zugleich
eine Synthese des Zeitlichen
und des Ewigen.
Sören Kierkegaard, Der Begriff Angst

Der Mensch wäre nicht
der Vornehmste auf der Erde,
wenn er nicht
zu vornehm für sie wäre.
Johann Wolfgang von Goethe,
Maximen und Reflexionen

Der Mensch wird abgerichtet,
oder er wird hingerichtet.
Frank Wedekind

Der Mensch wird schneller tierisch
als ein Tier menschlich.
Jean Paul, Dämmerungen für Deutschland

Der Mensch wird, was er ist.
Ernst Toller

Der Mensch? Wo ist er her?
Zu schlecht für einen Gott,
zu gut fürs Ungefähr.
Gotthold Ephraim Lessing, Die Religion

Der Mitteilungsdrang ist,
nach dem analogen Drang zum Coit,
die stärkste aller zentrifugalen Kräfte
des Menschen.
Heimito von Doderer, Repertorium. Ein Begreifbuch
von höheren und niederen Lebens-Sachen

Der moderne Mensch hat viele Dinge
und gebraucht viele Gegenstände,
aber er ist sehr wenig. Seine Gefühle,
seine Denkvorgänge sind zurückgebildet wie untrainierte Muskeln.
Erich Fromm, Vom Haben zum Sein

Der Mutmensch kennt den Zorn, der
Furchtmensch die Wut und den Ärger.
Walter Rathenau, Auf dem Fechtboden des Geistes.
Aphorismen aus seinen Notizbüchern

Der rechtliche Mensch denkt immer,
er sei vornehmer und mächtiger,
als er ist.
Johann Wolfgang von Goethe,
Maximen und Reflexionen

Der sei ein Mensch,
der menschlich Ansehn trägt.
Johann Wolfgang von Goethe, Torquato Tasso (Tasso)

Der Staat ist von Natur
und der Mensch von Natur
ein staatsbildendes Wesen.
Aristoteles, Politik

Der Übergang
vom Affen zum Menschen sind wir.
Konrad Lorenz

»Der Übermensch« ist ein
von Untermenschen beflecktes Wort.
Ludwig Marcuse, Argumente und Rezepte.
Ein Wörter-Buch für Zeitgenossen

Der Ungläubige an die Menschheit
wird ebenso oft betrogen
als der Gläubige an die Menschen.
Jean Paul, Levana

Der Wert eines Menschen hängt nicht
von seinem Soldbuch ab.
Kurt Tucholsky, Schnipsel

Des Menschen grausamster Feind
ist der Mensch.
Johann Gottlieb Fichte, Die Bestimmung des Menschen

Die Absicht, dass der Mensch
glücklich sei, ist im Plan der Schöpfung nicht enthalten.
Sigmund Freud

Die Antwort auf die Kongressfrage
»Ist der Mensch messbar?« lautet:
Ein bisschen, mit vielen Maßen.
Ludwig Marcuse, Argumente und Rezepte.
Ein Wörter-Buch für Zeitgenossen

Die beste Definition für Mensch lautet:
undankbarer Zweibeiner.
Fjodor M. Dostojewski

Die Bestimmung des Menschen
ist das Glück.
Leo N. Tolstoi, Tagebücher (1905)

Die eigene Art ist des Menschen Dämon.
Heraklit, Fragmente

Die einen geben es den Menschen,
die anderen einer Idee. Ist darüber
dieser zu loben und jener zu tadeln?
Paula Modersohn-Becker, Briefe (10. September 1899)

Die Empfänglichkeit des Menschen für
die kleinen Dinge und die Unempfänglichkeit für die großen Dinge:
Zeichen einer seltsamen Umkehrung.
Blaise Pascal, Pensées

Die Erde gehört nicht dem Menschen;
der Mensch gehört der Erde.
Seattle, Die Rede des Indianerhäuptlings Seattle.
Neuere Version

Die Esel, wenn sie unter sich sind
und sich ausschimpfen wollen,
so schimpfen sie sich Mensch.
Heinrich Heine

Die Ewigkeit
gehet in keines Menschen Herz.
Martin Luther, Tischreden

Die furchtbarsten Menschen:
die alles wissen und es glauben.
Elias Canetti, Die Provinz des Menschen.
Aufzeichnungen 1942–1972

Die Götter handhaben uns Menschen
gleichsam wie Wurfgeschosse.
Titus Maccius Plautus, Die Gefangenen

Die Hand ist der Mittelpunkt
des menschlichen Tuns,
der Praxis, das Auge der Theorie.
Oswald Spengler, Urfragen.
Fragmente aus dem Nachlass

Die Krone der Schöpfung,
das Schwein, der Mensch.
Gottfried Benn

Die Kunst ist fast so alt
wie der Mensch.
Ernst Fischer, Von der Notwendigkeit der Kunst

Die Kunst, o Mensch, hast du allein.
Friedrich Schiller, Die Künstler

Die lebendige Einheit des Menschen
kann keine starre Unveränderlichkeit
sein, sie besteht im freundschaftlichen
Wechsel.
Friedrich Schlegel, Über die Philosophie

Die meisten Menschen denken desto
mehr an sich, je weniger sie von sich
sprechen.
Ricarda Huch, Quellen des Lebens

Die meisten Menschen gewinnt man
nur auf Kosten der Scham, der Ehrlichkeit und der Reinheit des Herzens.
Die größten Schufte haben
die wenigsten Feinde.
Heinrich Waggerl, Aphorismen

Die meisten Menschen
haben ihre Achillesferse woanders.
Heinrich Nüsse

Die meisten Menschen vermieten sich;
sie verwenden ihre Kräfte nicht für
sich, sondern für die, von denen sie
sich beherrschen lassen:
Nicht sie selber sind bei sich zu Hause,
sondern ihre Mieter.
Michel Eyquem de Montaigne, Die Essais

Die Menschen brauchen ein wenig
Logik und ein wenig Moral.
Charles de Secondat, Baron de la Brède
et de Montesquieu, Meine Gedanken

Die Menschen eines Hauses finden
kaum Zeit, hastig und abgehetzt miteinander zu essen, aber sie leben nicht
mehr miteinander, sie kennen keine
ruhigen, beschaulichen Feierstunden
mehr, wo ihr Geist ausruht, oder sich
in Zwiesprache mit dem andern oder
einem zum Nachdenken anregenden
Buche erholt; sondern es gibt nur noch
angestrengteste Arbeit und geistlose
Zerstreuung, die über die Müdigkeit
hinwegtäuschen soll.
Albert Schweitzer, Predigt, 8. Dezember 1918

Die Menschen glauben, dass man sich
mit ihnen abgeben müsse, da man sich
mit sich selbst nicht abgibt.
Johann Wolfgang von Goethe,
Maximen und Reflexionen

Die Menschen haben die höchste
aller Pflichten vergessen,
nämlich die Pflicht gegen sich selbst.
Oscar Wilde, Das Bildnis des Dorian Gray

Die Menschen haben vor dem Tod
zu viel Achtung,
gemessen an der geringen Achtung,
die sie vor dem Leben haben.
Henry de Montherlant

Die Menschen können
sehr verschieden sein,
aber ihre Träume sind es nicht.
Jens Peter Jacobsen, Niels Lyhne

Die Menschen lernen von Tag zu Tag,
das Menschengeschlecht aber vergisst.
Giacomo Leopardi, Gedanken aus dem Zibaldone

Die Menschen mussten sich einander
kennen lernen: denn sie sind allesamt
nur ein Geschlecht auf einem nicht
großen Planeten. Traurig genug, dass
sie einander fast allenthalben zuerst
als Feinde lernten
und einander wie Wölfe anstaunten;
aber auch dies war Naturordnung.
Johann Gottfried Herder, Ideen zur Philosophie
der Geschichte der Menschheit

Die Menschen! Oje!
Da muss ich pinkeln.
Jules Renard, Ideen, in Tinte getaucht.
Aus dem Tagebuch von Jules Renard

Die Menschen sind besser
als ihre Theologie. Ihr tägliches Leben
straft diese Lügen.
Ralph Waldo Emerson, Essays

Die Menschen sind böse. Eine traurige
und stete Erfahrung enthebt uns der
Mühe, einen Beweis hierfür anzuführen. Ich habe aber, wie ich glaube,
erwiesen, dass der Mensch von Natur
gut ist. Was hat ihn so sehr verderben
können, wenn es nicht die Veränderungen, die zu seiner ursprünglichen
Beschaffenheit hinzugekommen sind,
die Fortschritte, die er gemacht hat,
und die Einsichten, die er erlangt hat,
getan haben sollen?
Jean-Jacques Rousseau, Über den Ursprung und die
Grundlagen der Ungleichheit

Die Menschen sind gut,
bloß die Leute sind schlecht.
Erich Kästner

Die Menschen sind immer schlecht,
wenn die Notwendigkeit
sie nicht gut macht.
Niccolò Machiavelli, Der Fürst

Die Menschen sind nicht dazu fähig,
nichts zu tun, nichts zu sagen,
auf Unrecht nicht zu reagieren, gegen
Unterdrückung nicht zu protestieren,
nicht für eine bessere Gesellschaft
und für ihre Vorstellungen von
einem anständigen Leben zu kämpfen.
Nelson Mandela, Verteidigungsrede vor Gericht 1962

Die Menschen sind nicht so schlecht,
wie die Maler sie darstellen.
Pablo Picasso

Die Menschen sind wegen einander
geboren. Belehre sie also, oder ertrag sie.
Mark Aurel, Selbstbetrachtungen

Die Menschen sind wie das Rote Meer:
Der Stab hat sie kaum auseinander
gehalten, gleich hinterdrein
fließen sie wieder zusammen.
Johann Wolfgang von Goethe,
Maximen und Reflexionen

Die Menschen sind zu sehr mit sich
selbst beschäftigt, als dass sie Muße
hätten, die anderen zu ergründen
und ihr Wesen zu erkennen.
Jean de La Bruyère, Die Charaktere

Die Menschen stellen sich sowohl
die Gestalt als auch die Lebensweise
der Götter ähnlich ihrer eigenen vor.
Aristoteles, Politik

Die Menschen trinken den Wein,
die Schweine fressen den Treber.
Chinesisches Sprichwort

Die Menschen und die Pyramiden
Sind nicht gemacht,
um auf dem Kopf zu stehn.
Gottlieb Konrad Pfeffel, Fabeln und
poetische Erzählungen

Die Menschen vergehen,
das Wort besteht.
Ludwig Feuerbach, Das Wesen des Christentums

Die Menschen verlieren zuerst ihre
Illusionen, dann ihre Zähne
und ganz zuletzt ihre Laster.
Hans Moser

Die Menschen vermögen nur in seltenen Fällen sich etwas zu sein, sie
strecken immer gleich die Hände
nacheinander aus, um sich zu haben,
wie sie überhaupt ihr Zeitwort zum
größten Teil mit haben konjugieren.
Emil Gött, Zettelsprüche. Aphorismen

Die Menschen werden von Pferden
getragen, vom Vieh ernährt, von Schafen gekleidet, von Hunden verteidigt,
von Affen nachgeahmt
und von Würmern gefressen.
Sprichwort aus Ungarn

Menschheit, die die Welt als »Wegwerf-Welt« behandelt, behandelt auch
sich selbst als »Wegwerf-Menschheit«.
Günther Anders, Die Antiquiertheit des Menschen.
Bd.2

Die Menschheit ist fortgeschritten –
der Mensch ist dahin.
Kurt Tucholsky, Schnipsel

Die Menschheit ist groß,
der Mensch ist klein.
Emil Frommel, Daheimkalender

Die menschliche Natur kann
einfach ohn irgend Hoffnung und Ziel
nicht bestehen.
Gilbert Keith Chesterton, Heretiker

Die Natur des Menschen ist biegsam
und fügt sich in allem.
Joseph Joubert, Gedanken, Versuche und Maximen

Die Reihenfolge,
in der man die Dinge erlernt, ist,
was schließlich die Individualität
des Menschen ausmacht.
Elias Canetti

Die schlechteste Gesellschaft
lässt dich fühlen,
Dass du ein Mensch
mit Menschen bist.
Johann Wolfgang von Goethe, Faust I (Mephisto)

Die Sterne lauter ganze Noten.
Der Himmel die Partitur.
Der Mensch das Instrument.
Christian Morgenstern, Stufen

Die Tätigkeit des faulsten Menschen
ist intensiver
als die des tätigsten Tieres.
Giacomo Leopardi, Gedanken aus dem Zibaldone

Die Tragik des modernen Menschen
liegt darin: Er hat für sich selber
Daseinsbedingungen geschaffen, denen
er aufgrund seiner phylogenetischen
Entwicklung nicht gewachsen ist.
Albert Einstein, Über den Frieden

Die trüben Aspekte des Menschen
nicht nur kennen,
sondern mit ihnen protzen.
Ludwig Marcuse, Argumente und Rezepte.
Ein Wörter-Buch für Zeitgenossen

Die Welt achtet nicht die Menschheit
im Menschen, sondern nur seinen
höheren oder niedrigeren Wert an Geld
und Besitz, den er mit sich führt,
solange er diesseits des Grabes ist.
Vincent van Gogh, Briefe

Die Welt hat so viele Mittelpunkte,
als es Menschen gibt.
Gerhard Szczesny, Das so genannte Gute

Die wenigsten Menschen
leben ihre eigene Biographie.
Egon Friedell, Egon Friedells Konversationslexikon

Die wesentliche Vorbedingung,
um ein praktischer Mensch zu sein,
ist ein Mangel an Sensibilität.
Fernando Pessoa, Das Buch der Unruhe
des Hilfsbuchhalters Bernardo Soares

Die Würde des Individuums verlangt,
dass es durch die Freigebigkeiten
eines andern nicht geknechtet wird.
Es wäre sinnwidrig, wenn man erlebte,
dass die Besitzenden, abgesehen
vom Besitzer ihrer Güter, den Dank
der Nichtbesitzenden beanspruchen.
Antoine de Saint-Exupéry, Flug nach Arras

Die Zeiten ketten sich kraft ihrer Natur
aneinander; mithin auch das Kind der
Zeiten, die Menschenreihe, mit allen
ihren Wirkungen und Produktionen.
Johann Gottfried Herder, Ideen zur Philosophie der
Geschichte der Menschheit

Dies ist freilich auch wahr:
Ein vollkommen guter Mensch
wäre für nichts zu gebrauchen.
Heinrich Waggerl, Aphorismen

Doch einer, der ein Mensch ist,
kann er nicht mehr denn Hunderte,
die nur Teile sind des Menschen?
Friedrich Hölderlin, Hyperion

Ein dürrer Baum schlägt
im Frühling wieder aus,
nur der Mensch ist zweimal jung.
Chinesisches Sprichwort

Ein Gott ist der Mensch,
wenn er träumt, ein Bettler,
wenn er nachdenkt.
Friedrich Hölderlin

Ein guter Mensch zu sein,
gilt hierzulande als Dummheit,
wenn nicht gar als Schande.
Erich Kästner, Kurz und bündig. Epigramme

Ein Humanist liebt alle Menschen
– mit Ausnahme derjenigen,
die ihm begegnet sind.
Wiesław Brudziński

Ein junger Mensch
darf keine sicheren Werte erwerben.
Jean Cocteau, Hahn und Harlekin

Ein kluger Mensch sollte nur eine Spezialität haben – und zwar klug zu sein.
Francis M. de Picabia, Aphorismen

Ein loser Faden
knüpft das Geschlecht der Menschen,
der jeden Augenblick reißt,
um von neuem geknüpft zu werden.
Johann Gottfried Herder, Ideen zur Philosophie
der Geschichte der Menschheit

Ein Mensch allein ist noch kein Mensch.
Chinesisches Sprichwort

Ein Mensch, der keine Fehler macht,
macht im Allgemeinen nichts.
Edward John Phelps

Ein Mensch ist des andern Teufel.
Deutsches Sprichwort

Ein Mensch ist nicht immer der,
den sein Ruf behauptet, ja,
eine ganze öffentliche Meinung
kann falsch sein.
August Strindberg, Der Sohn der Magd

Ein Mensch kann keinen Tag
ohne Arbeit sein.
Chinesisches Sprichwort

Ein Mensch ohne Fehler
ist kein vollkommener Mensch.
Alfred Polgar

Ein Mensch wird keine
hundert Jahre alt und nährt doch
für tausend Jahre Sorgen.
Chinesisches Sprichwort

Eine der niedrigsten Tendenzen
des Menschen ist:
irgendwo dazugehören zu wollen.
Heimito von Doderer, Repertorium. Ein Begreifbuch
von höheren und niederen Lebens-Sachen

Einem Affen fehlen nur drei Haare,
und er wäre ein Mensch.
Sprichwort aus Japan

Einem Menschen, den Kinder und
Tiere nicht leiden können,
ist nicht zu trauen.
Carl Hilty

Einem Menschen geht es
nicht tausend Tage gut, eine Blume
bleibt nicht hundert Tage rot.
Chinesisches Sprichwort

Einen Menschen erkennt man daran,
wie er sich rächt.
Ernest Hemingway

Einen interessenlosen Gegenstand
gibt es nicht auf dieser Welt,
wohl aber Menschen,
die sich für nichts interessieren.
Gilbert Keith Chesterton, Heretiker

Einen Titel muss der Mensch haben.
Ohne Titel ist er nackt
und ein gar grauslicher Anblick.
Kurt Tucholsky, Schnipsel

Einzig der Mensch geht aufrecht
einher und blickt mit seinem Antlitz
empor zum Himmel, während die übrigen Lebewesen zur Erde geneigt
und dem Menschen unterworfen sind.
Hildegard von Bingen, Welt und Mensch

Endlich weiß ich, was den Menschen
vom Tier unterscheidet: Geldsorgen.
Jules Renard, Ideen, in Tinte getaucht.
Aus dem Tagebuch von Jules Renard

Ereifern wir uns nicht gegen die Menschen, wenn wir ihre Gefühllosigkeit,
ihre Undankbarkeit, ihre Ungerechtigkeit, ihren Hochmut, ihre Eigenliebe
und ihre Gleichgültigkeit gegen andere
sehen: Sie sind einmal so geartet,
das ist ihre Natur. Ebenso gut könnte
man sich dagegen auflehnen, dass der
Stein fällt und das Feuer emporsteigt.
Jean de La Bruyère, Die Charaktere

Erschiene jetzt der Vater der Menschen
und sähe sein Geschlecht;
wie würde er staunen!
Johann Gottfried Herder, Ideen zur Philosophie
der Geschichte der Menschheit

Erst durch das Leiden
erfährt der Mensch,
dass er göttlichen Ursprungs ist
und nicht ein Tier.
Paul Ernst, Saat auf Hoffnung

Erst wenn die Sehnsucht,
wieder wahrhaft Mensch zu werden,
in dem modernen Menschen entzündet
wird, kann er sich aus der Verirrung
heimfinden, in der er jetzt,
von Wissensdünkel und Könnensstolz
geblendet, herumwandelt.
Albert Schweitzer, Kultur und Ethik

Erträglich ist der Mensch
als Einzelner, Im Haufen steht
die Tierwelt gar zu nah.
Franz Grillparzer, Ein Bruderzwist in Habsburg
(Kaiser Rudolf)

Es dauert zehn Jahre, einen Baum,
aber hundert Jahre, einen Menschen
großzuziehen.
Chinesisches Sprichwort

Es gehört zur Natur des Menschen,
dass sie nicht immer voranschreitet,
sie hat ihr Gehen und Kommen.
Blaise Pascal, Pensées

Es gibt auch andre,
die wie ich empfinden.
Erich Kästner, Dr. Erich Kästners lyrische Hausapotheke

Es gibt keine größere Illusion
als die Meinung, Sprache sei
ein Mittel der Kommunikation
zwischen Menschen.
Elias Canetti

Es gibt Menschen, die sich im Staub
wälzen, wie sich die Tiere darin wälzen, und andere, die fliegen
wie die Vögel, die sich in der Luft
putzen und sauber machen.
Juan de la Cruz, Merksätze von Licht und Liebe

Es gibt nur zwei Arten von Menschen,
die wirklich fesseln –
Leute, die alles wissen,
und Leute, die überhaupt nichts wissen.
Oscar Wilde

Es gibt nur zwei oder drei Menschengeschichten, aber die wiederholen sich
immer wieder, so heftig,
als wären sie nie zuvor geschehen.
Willa Cather

Es gibt überall Leute, die als bloße
Form eines Menschen herumlaufen,
und selbst nichts haben,
um sich auszufüllen –
rechte Keimträger fremder Bosheit.
Heinrich Waggerl, Aphorismen

Es gibt zu viele Sorten von Menschen,
als dass man für alle fertige Antworten
bereithalten könnte.
Erasmus von Rotterdam, Brief an Paul Volz

Es gibt zwei gute Menschen:
Der eine ist tot,
der andere noch nicht geboren.
Sprichwort aus Estland

Es ist absurd, die Menschen in gute
und schlechte einzuteilen. Sie sind
entweder fesselnd oder langweilig.
Oscar Wilde, Lady Windermere's Fächer

Es ist das Wichtigste,
was wir im Leben lernen können:
das eigene Wesen zu finden
und ihm treu zu bleiben.
Eugen Drewermann, Das Markusevangelium,
Zweiter Teil

Es ist der wissende Mensch ein Erlöser
der Kreatur; so weit seine Macht und
Kraft reicht, kann er die Qual von der
Kreatur nehmen. Wie furchtbar,
wenn der Mensch, statt zu erlösen,
schuldig wird und quält!
Albert Schweitzer, Predigt, 13. Dezember 1908

Es ist ein großes und würdiges Schauspiel, den Menschen zu sehen,
wie er durch eigene Kräfte gewissermaßen aus dem Nichts hervorgeht;
wie er die Finsternisse, mit welchen er
von Natur umgeben, durch das Licht
seiner Vernunft zerteilt; wie er sich
über sich selbst erhebt; sich mit dem
Geiste bis in die Himmelsgegenden
schwingt und gleich der Sonne mit
Riesenschritten den unermesslichen
Raum des Weltalls durchwandert und,
was noch größer und schwerer ist,
in sich zurückkehrt, um daselbst
den Menschen kennen zu lernen
und seine Natur, seine Pflichten und
seine Bestimmung zu untersuchen.
Jean-Jacques Rousseau, Abhandlung
über die Wissenschaften und Künste

Es ist ganz einerlei,
vornehm oder gering sein:
Das Menschliche
muss man immer ausbaden.
Johann Wolfgang von Goethe,
Maximen und Reflexionen

Es ist kein Fisch ohne Gräten
und kein Mensch ohne Mängel.
Julius Wilhelm Zincgref, Apophthegmata

Es ist mit den Menschen
wie mit den niedrigsten Tieren:
Alle können Schaden stiften.
Voltaire, Der ehrliche Hurone

Es ist schmerzlich,
einem Menschen seine Grenze
anzusehen.
Christian Morgenstern, Stufen

Es ist sonderbar, dass der Mensch
sich nicht vor sich selbst fürchtet.
Friedrich Schlegel, Lucinde

Es ist unfair,
den Menschen nach seinem Beruf
abzustempeln,
der ihn nicht abstempelt.
Ludwig Marcuse, Argumente und Rezepte.
Ein Wörter-Buch für Zeitgenossen

Es kann nichts wachsen
und nichts so tief vergehen,
wie der Mensch.
Friedrich Hölderlin, Hyperion

Es liegt in der Natur des Menschen,
vernünftig zu denken
und unvernünftig zu handeln.
Anatole France

Es löst der Mensch nicht,
was der Himmel bindet.
Friedrich Schiller, Die Braut von Messina (Manuel)

Es scheint mir immer mehr,
dass die Menschen
die Wurzel von allem sind.
Vincent van Gogh, Briefe

Es wäre hübsch zu erfahren,
wie die ersten zwei Menschen
erschaffen wurden,
aber es ist hübsch zu wissen,
wie der dritte entstanden ist.
Peter Sellers

Eure ersten wichtigsten Pflichten
sind der Menschheit gegenüber.
Ihr seid Menschen,
ehe ihr Staatsbürger oder Väter seid.
Giuseppe Mazzini, Über die Pflichten des Menschen

Freunde, nur Mut!
Lächelt und sprecht:
Die Menschen sind gut,
bloß die Leute sind schlecht.
Erich Kästner, Kurz und bündig. Epigramme

Früher war der Mensch
Herr seines Wissens.
Jetzt ist das Wissen sein Gebieter.
John Steinbeck

Für die meisten Menschen hat der
Nebenmensch nur dann Wert, wenn
er als Vergrößerungsspiegel fungiert.
Der größte Teil unserer Gesellschafts-
formen ist hierauf zurückzuführen.
Egon Friedell, Egon Friedells Konversationslexikon

Für nichts ist der Mensch so wenig
geschaffen wie für das Glück,
und von nichts hat er schneller genug.
Paul Claudel, Der seidene Schuh

Fußnoten sind viele geworden,
die ehemals Schlagzeilen bewirkten.
August Everding, Kolumne aus der »Welt am Sonntag«
vom 22. Oktober 1995

Gegen Menschen,
hilft der Mensch nicht.
Gegen Männer helfen Frauen.
Wolf Biermann, Romanze von Rita

Geist ist nicht eine späte Blüte am
Baume Mensch, sondern er ist das,
was den Menschen
als solchen konstituiert.
Martin Buber

Gelassen und weitherzig ist der edle
Mensch, ruhlos und stets gequält von
Kümmernissen der Niedriggesinnte.
Konfuzius, Gespräche

Gerade Bäume wachsen in den Bergen,
aufrechte Menschen gibt es
nirgends auf der Welt.
Chinesisches Sprichwort

Gerade die Individualität
ist das Ursprüngliche und Ewige
im Menschen.
Friedrich Schlegel, Ideen

Glaube immer, dass die meisten
Menschen nicht halb so gut sind,
wie ihre Freunde sie schildern,
und nicht halb so böse,
wie ihre Feinde sie ausschreien.
Adolph Freiherr von Knigge,
Über den Umgang mit Menschen

Gott hat die Welt erschaffen,
aber der Mensch hat sich
eine zweite Welt erschaffen, die Kunst.
Max Reinhardt, Briefe, Reden, Schriften und Szenen

Gott hat Menschengestalt angenommen, um diese ad absurdum zu führen,
indem er sie zur Glorie erhebt.
Franz Werfel, Zwischen Oben und Unten

Gott ist der Spiegel des Menschen.
Ludwig Feuerbach, Das Wesen des Christentums

Gott ist überall, der Mensch jedoch
nicht. Der Mensch ist sogar dort nicht,
wo er zu sein glaubt.
Elie Wiesel, Geschichten gegen die Melancholie

Gott schuf den Menschen nach
seinem Bilde, das heißt vermutlich:
Der Mensch schuf Gott
nach dem seinigen.
Georg Christoph Lichtenberg, Sudelbücher

Gott will den Mann als Mann
und die Frau als Frau und will,
dass jeder von ihnen Mensch sei.
Philippus Theophrastus Paracelsus,
Mensch und Schöpfung

Habe keine zu künstliche Idee
vom Menschen, sondern
urteile natürlich von ihm, halte ihn
weder für zu gut noch zu böse.
Georg Christoph Lichtenberg, Sudelbücher

Habgieriger kehre ich zurück,
ehrgeiziger, genusssüchtiger, nein –
grausamer und unmenschlicher,
weil ich unter Menschen gewesen bin.
Lucius Annaeus Seneca, Briefe an Lucilius

Halte dich nur im Stillen rein
Und lass es um dich wettern;
Je mehr du fühlst ein Mensch zu sein,
Desto ähnlicher bist du den Göttern.
Johann Wolfgang von Goethe, Sprüche

Hätte auch nur ein einziger Mensch
die Erde betreten: so wäre an ihm
der Zweck des menschlichen Daseins
erfüllt gewesen.
Johann Gottfried Herder, Ideen zur Philosophie der
Geschichte der Menschheit

Hätte der Mensch die Macht,
die Natur zu vervollkommnen,
er würde die Schlange
mit Dornen ausstatten.
Jules Renard, Ideen, in Tinte getaucht.
Aus dem Tagebuch von Jules Renard

Hätten sie keine Laster,
so wären sie keine Menschen.
Jean-Jacques Rousseau, Julie oder
Die neue Heloïse (Saint-Preux)

Heute leiden viele Menschen
an sich selbst. Bei ihnen ist äußerlich
alles in Ordnung: Sie haben alles,
aber sie leiden an sich selbst.
Sie wissen nicht,
was sie mit sich anfangen sollen.
Erich Fromm, Von der Kunst des Zuhörens

Heute Philosoph, morgen Zöllner,
dann Redner, dann Beamter des Kaisers. Das passt nicht zusammen.
Du kannst nur eines sein:
ein guter oder ein schlechter Mensch.
Epiktet, Handbuch der Moral

Hier in der Einsamkeit reduziert
der Mensch sich auf sich selber.
Paula Modersohn-Becker, Tagebuchblätter

Hinter die Oberfläche des Menschen
sehen, hinter das »Persönliche«,
das Leben selbst in ihnen lieben.
Christian Morgenstern, Stufen

Höchst merkwürdig ist, dass von dem
menschlichen Wesen das Entgegengesetzte übrig bleibt: Gehäus und Gerüst,
worin und womit sich der Geist
hienieden genügte, sodann
aber die idealen Wirkungen, die
in Wort und Tat von ihm ausgingen.
Johann Wolfgang von Goethe,
Maximen und Reflexionen

Homo ist ein Name,
der allen Menschen gemein ist.
William Shakespeare, Heinrich IV. (Gadshill)

Humanität besteht darin, dass niemals
ein Mensch einem Zweck geopfert
wird.
Albert Schweitzer

Hüte dich, o Mensch,
höher emporzusteigen, als deine Kraft
dich zu tragen vermag.
Hildegard von Bingen, Briefwechsel

Ich bin die Fleisch gewordene
Verträglichkeit.
Fernando Pessoa, Das Buch der Unruhe
des Hilfsbuchhalters Bernardo Soares

Ich bin die lebendige Bühne, auf der
verschiedene Schauspieler auftreten,
die verschiedene Stücke aufführen.
Fernando Pessoa, Das Buch der Unruhe
des Hilfsbuchhalters Bernardo Soares

Ich bin kein ausgeklügelt Buch,
Ich bin ein Mensch
mit seinem Widerspruch.
Conrad Ferdinand Meyer, Huttens letzte Tage

Ich bin nicht übergangen,
niemand vorgezogen;
Fühlbarkeit, Tätigkeit und Tüchtigkeit
des Menschengeschlechts
ist verteilt. Hier reißt der Strom ab,
dort setzt er an.
Johann Gottfried Herder, Auch eine Philosophie
der Geschichte zur Bildung der Menschheit

Ich bin überzeugt, dass die Menschen
von den Ergebnissen ihrer Leistungsfähigkeit überfordert werden.
Günter Grass

Ich finde schon Gehen eine unnatürliche Bewegungsart, Tiere laufen, aber
der Mensch sollte reiten oder fahren.
Gottfried Benn (an Nele Poul Soerensen,
13. März 1953)

Ich hange nicht mehr so warm am einzelnen Menschen. Meine Liebe ist das Menschengeschlecht, freilich nicht das verdorbene, knechtische, träge, wie wir es nur zu oft finden, auch in der eingeschränktesten Erfahrung. Aber ich liebe die große, schöne Anlage auch in verdorbenen Menschen.
Friedrich Hölderlin, Briefe (an den Bruder, September 1793)

Ich höre schon des Dorfs Getümmel,
Hier ist des Volkes wahrer Himmel,
Zufrieden jauchzet groß und klein:
»Hier bin ich Mensch,
hier darf ich's sein!«
Johann Wolfgang von Goethe, Faust I (Faust)

Ich kümmere mich nicht so sehr darum, was für ein Mensch ich im Geist anderer bin, als darum, was für ein Mensch ich vor mir selbst bin: Ich will mir reich vorkommen durch meinen eigenen, nicht durch geborgten Reichtum.
Michel Eyquem de Montaigne, Die Essais

Ich meine, wir sind Klimazonen, über denen Gewitterdrohungen schweben, die anderswo Wirklichkeit werden.
Fernando Pessoa, Das Buch der Unruhe des Hilfsbuchhalters Bernardo Soares

Ich möchte Mensch bleiben –
in die Natur hineingehen.
Vincent van Gogh, Briefe

Ich weiß nur das eine, (...) dass ich alle Menschen, die eine Welle dieses Meeres an mein Herz trägt, für dieses kurze Dasein lieben und schonen will, so sehr es nur ein Mensch vermag – ich muss es tun, dass nur etwas, etwas von dem Ungeheuren geschehe, wozu mich dieses Herz treibt.
Adalbert Stifter, Feldblumen

Ich wüsste nicht, wer den Menschen besser über den Menschen belehren sollte als der Schauspieler.
Laurence Olivier

Idealismus ist die Fähigkeit,
die Menschen so zu sehen,
wie sie sein könnten,
wenn sie nicht so wären, wie sie sind.
Curt Goetz

Ihr braucht euch nur eine Wetterfahne anzuschauen; mal dreht sie sich im sanften Wehen des Südwindes, mal im heftigen Nordwind: Das ist der Mensch!
Voltaire, Potpourri

Ihr unbegreiflichen Menschenkinder, wie könnt ihr in euch so viel Niedertracht und Größe, so viel Tugend und Laster zugleich vereinen?
Voltaire, Der Lauf der Welt

Im Anfang ist der Mensch allein.
Wie Gott. Als er die Augen öffnet,
fragt er nicht, wer bin ich?
Sondern, wer bist du?
Elie Wiesel, Adam oder das Geheimnis des Anfangs

Im Grunde haben die Menschen
nur zwei Wünsche:
Alt zu werden und dabei
jung zu bleiben.
Peter Bamm

Im lauten Jubel und in der stillen Freude, immer können wir einen Ton hören, der uns mahnt, was der Mensch ist.
Michel Eyquem de Montaigne, Die Essais

Im Menschen vollendet sich
und endet offenbar die Erde.
Der Mensch – ein Exempel
der beispiellosen Geduld der Natur.
Christian Morgenstern, Stufen

Im Menschenleben erhält sich nichts
Ganz außerhalb des Verderbens.
Sophokles, Antigone (Chor)

Im Walde verwaldern die Menschen,
unter Menschen vermenschlichen sie.
Sprichwort aus Russland

Immer weniger Menschen
glauben an Gott. Was vermutlich
auf Gegenseitigkeit beruht.
Michael Augustin

In allen Einrichtungen der Völker von Sina bis Rom, in allen Mannigfaltigkeiten ihrer Verfassung sowie in jeder ihrer Erfindungen des Krieges und Friedens, selbst bei allen Gräueln und Fehlern der Nationen blieb das Hauptgesetz der Natur kenntlich: Der Mensch sei Mensch! Er bilde sich seinen Zustand nach dem, was er für das Beste erkenne!
Johann Gottfried Herder, Ideen zur Philosophie der Geschichte der Menschheit

In bestimmtem Sinn hängt von der Vollendung des Menschen die Vollendung der ganzen körperhaften Natur ab.
Thomas von Aquin, Compendium theologiae

In der Sonne sehen die Menschen aus, als verdienten sie es, zu leben.
Im Regen sehen die Menschen aus, als hätten sie sehr viel vor.
Elias Canetti, Die Provinz des Menschen. Aufzeichnungen 1942–1972

In der Stille der Nacht,
wenn alle schlafen, die er gut kennt,
wird er ein besserer Mensch.
Elias Canetti, Die Provinz des Menschen. Aufzeichnungen 1942–1972

In einem jeden Menschen
sind zweierlei Menschen.
Der eine heißt der äußere Mensch,
das ist des Menschen Sinnlichkeit.
Diesem Menschen dienen fünf Sinne;
doch wirken diese Sinne durch die
Kraft der Seele. Der andere Mensch
heißt der innere Mensch. Das ist des
Menschen Innerlichkeit.
Meister Eckhart, Traktate

In jedem Menschen ist etwas
von allen Menschen.
Georg Christoph Lichtenberg, Sudelbücher

In jedem Menschen
kann mir Gott erscheinen.
Novalis, Fragmente

In nahen Bahnen wandeln oft die Menschen, und kommen doch nicht einer in des andern Nähe.
Friedrich Schleiermacher, Monologen

Ist der Mensch nicht eine Plage?
Erich Kästner, Kurz und bündig. Epigramme

Ist der Mensch nicht veraltert, verwelkt, ist er nicht wie ein abgefallen Blatt, das seinen Stamm nicht wiederfindet und nun umhergescheucht wird von den Winden, bis es der Sand begräbt? Und dennoch kehrt sein Frühling wieder!
Friedrich Hölderlin, Hyperion

Ist der Mensch,
wenn man es sich genau überlegt,
nicht ein bedauernswertes Tier?
Michel Eyquem de Montaigne, Die Essais

Ist es denn so unrecht, dass der Mensch wieder durch die nämliche Pforte zur Welt hinausgeht, durch die er hineingekommen ist?
Georg Christoph Lichtenberg, Sudelbücher

Ist nicht Kriegsdienst des Menschen
Leben auf der Erde?
Sind nicht seine Tage
die eines Tagelöhners?
Altes Testament, Hiob 7, 1

Ja, es ist schwer, einen Menschen von Grund auf kennen zu lernen; selbst lange Jahre beständigen Zusammenseins genügen nicht einmal dazu!
Fjodor M. Dostojewski, Tagebuch eines Schriftstellers

Je fleißiger wir den Menschen studieren, desto weniger können wir ihn erkennen.
Jean-Jacques Rousseau, Über den Ursprung und die Grundlagen der Ungleichheit

Je größer aber ein Mensch ist,
desto mehr neigt er dazu,
vor einer Blume niederzuknien.
Gilbert Keith Chesterton, Heretiker

Je mehr ich die Menschen verstehen
und dulden und lieben lerne,
in ihren leidenden Gestalten,
umso tiefer und unvergesslicher
sind mir die vortrefflichen unter ihnen
im Sinne.
Friedrich Hölderlin, Briefe (Entwurf an Neuffer,
Ende 1799)

Jede Sünde, auch die brutalste,
ist eine geistige Sünde.
Daher können Tiere nicht sündigen.
Franz Werfel, Zwischen Oben und Unten

Jeder echte Mensch ist Künstler,
er sucht die Schönheit
und sucht sie wiederzugeben,
soweit er sie zu fassen vermag.
Bettina von Arnim, Goethes Briefwechsel
mit einem Kinde

Jeder Mensch bemüht sich mehr
oder weniger, sich ein Mäntelchen
umzuhängen, in dem er vor allem
vor anderen und dann auch
vor sich selbst, sich wichtig
und erstrebenswert vorkommt.
Max Beckmann, Tagebücher 1940-1950
(30. Dezember 1942)

Jeder Mensch braucht einen Freund
oder einen Feind, einen Sklaven
oder einen Herrn, er braucht Anhang
oder lebendigen Widerspruch,
er kann nicht für sich allein denken.
Sully Prudhomme, Intimes Tagebuch

Jeder Mensch, der nur seinen
Charakter realisiert, ist dämonisch.
Heimito von Doderer, Repertorium. Ein Begreifbuch
von höheren und niederen Lebens-Sachen

Jeder Mensch, der sich für Gott hält,
tötet am Ende Menschen.
Elie Wiesel, Adam oder das Geheimnis des Anfangs

Jeder Mensch gilt in dieser Welt
nur so viel,
als wozu er sich selbst macht.
Adolph Freiherr von Knigge,
Über den Umgang mit Menschen

Jeder Mensch hat die Anlage,
schöpferisch zu arbeiten.
Die meisten merken es nur nicht.
Truman Capote

Jeder Mensch ist ein Mond
und hat eine dunkle Seite,
die er niemandem zeigt.
Mark Twain, Querkopf Wilsons neuer Kalender

Jeder Mensch
ist eine Geschichte für sich,
die mit keiner anderen übereinstimmt.
Alexis Carrel

Jeder Mensch ist eine Insel,
die sich nach Vereinigung
mit dem Festland sehnt.
Arthur Koestler

Jeder Mensch ist eine kleine
Gesellschaft.
Novalis, Blütenstaub

Jeder Mensch ist eine Unmöglichkeit,
bis er geboren ist.
Ralph Waldo Emerson, Essays

Jeder Mensch ist seiner Natur nach
auf bestimmte, mitunter sehr, sehr
kleine Dinge gestellt, Dinge, die,
trotzdem sie klein sind, für ihn das Leben
oder doch des Lebens Bestes bedeuten.
Und dies Beste heißt mir Einfachheit,
Wahrheit, Natürlichkeit.
Theodor Fontane

Jeder Mensch ist, was er ist, nicht bloß
durch seine einfache Persönlichkeit,
sondern auch vorzüglich durch den
Besitz und Genuss der an sich
allgemein menschlichen Güter,
des Vermögens, der Bildung, der
geistigen und materiellen Arbeitskraft.
Lorenz von Stein, Die socialen Bewegungen
der Gegenwart

Jeder Mensch kann der Zufall
des andern sein (...).
Oswald Spengler, Urfragen.
Fragmente aus dem Nachlass

Jeder Mensch kann, wenn er will, ein
paradigmatischer Mensch werden:
Nicht dadurch, dass er seine Zufälligkeit abstreift, sondern dadurch, dass er
in ihr bleibt und sie veredelt.
Sören Kierkegaard, Entweder – Oder

Jeder Mensch trägt in sich
die Gesamtform des Menschseins.
Michel Eyquem de Montaigne, Die Essais

Jeder Mensch verrät sich vollkommen
in seinen Einteilungen.
Elias Canetti, Die Provinz des Menschen.
Aufzeichnungen 1942-1972

Jeder Mensch wird mit einem sehr
stattlichen Scheck auf die Zukunft
geboren; aber dieser Scheck ist für die
meisten Menschen wertlos, denn sie
sind nicht imstande, ihn zu lesen.
Egon Friedell, Egon Friedells Konversationslexikon

Jeder von uns ist eine ganze
Gesellschaft (...).
Fernando Pessoa, Das Buch der Unruhe
des Hilfsbuchhalters Bernardo Soares

Jeder von uns ist mehrere, ist viele,
ist ein Übermaß an Selbsten.
Fernando Pessoa, Das Buch der Unruhe
des Hilfsbuchhalters Bernardo Soares

Jeder von uns wird an seiner Seite
solche Menschen brauchen, die ihn
lehren, sich selber mit den Augen der
ewigen Güte zu betrachten.
Eugen Drewermann, Das Markusevangelium,
Zweiter Teil

Jedes Kreuz hat seine eigene Inschrift.
Sprichwort aus England

Jedes menschliche Werk
ist zugleich Sache und Symbol.
Paul Tillich, Die technische Stadt als Symbol (1928)

Jedes menschliche Wesen
hat eine kompliziertere Struktur
als die Gesellschaft, der es angehört.
Alfred North Whitehead

Jedoch der schrecklichste
der Schrecken,
Das ist der Mensch
in seinem Wahn.
Friedrich Schiller, Das Lied von der Glocke

Kann Gott von solchen Wesen
Verantwortlichkeit fordern?
Heinrich von Kleist, Briefe (an Wilhelmine von Zenge,
15. August 1801)

Kein Mensch ist schlechter als ein
anderer, wie auch keine Stelle eines
Flusses tiefer oder klarer ist als die
Stelle eines anderen Flusses. Der
Mensch fließt dahin wie ein Strom.
Leo N. Tolstoi, Tagebücher (1889)

Kein Mensch ist so gut,
dass nichts ihm mangle,
Noch so böse,
dass er zu nichts nütze.
Edda, Hávamál (Loddfafnirlied)

Kein Mensch kann gegen sein eigenes
Wunschleben klug sein.
Er kann nur so tun, als sei er's.
Franz Werfel, Zwischen Oben und Unten

Kein Mensch muss müssen.
Gotthold Ephraim Lessing, Nathan der Weise (Nathan),
auch deutsches Sprichwort

Keines der Wesenselemente
des Menschen fällt durch den Tod
ganz und gar ins Nichts.
Thomas von Aquin, Summe gegen die Heiden

Kunst wird vom Menschen für Menschen gemacht, ist also ein gesellschaftliches Phänomen.
Ernst Fischer, Von der Notwendigkeit der Kunst

Lasst den Menschen spät erst wissen,
dass es Menschen,
dass es irgendetwas außer ihm gibt,
denn so nur wird er Mensch.
Friedrich Hölderlin, Hyperion

Lehre mich die Menschen kennen.
Solange man sie nicht braucht, sind
sie gut; wenn man sie aber braucht,
so nimmt man mit Schrecken wahr,
dass sie das Schlechteste
gerade gut genug für einen halten.
Theodor Fontane, Briefe

Letztlich sind wir Fremde
auf dieser Erde, und es liegt an uns,
den Versuch zu wagen,
es nicht zu sein.
Elie Wiesel, Macht Gebete aus meinen Geschichten

Man begegnet selten völlig stumpfen
und beschränkten Geistern,
noch seltener überragenden und
außergewöhnlichen.
Die Mehrheit der Menschen schwebt
zwischen diesen beiden Extremen.
Jean de La Bruyère, Die Charaktere

Man benötigt schrecklich viel Menschen, um ein Fernsehprogramm zu
machen, viele schreckliche Menschen.
Robert Lembke, Steinwürfe im Glashaus

Man formt die Pflanzen
durch die Pflege und die Menschen
durch die Erziehung.
Jean-Jacques Rousseau, Emile

Man hält die Menschen gewöhnlich
für gefährlicher, als sie sind.
Johann Wolfgang von Goethe,
Die Wahlverwandtschaften

Man kann den Menschen als ein Tier
definieren, das Dogmen aufstellt (...).
Bäume haben keine Dogmen.
Rüben sind ungewöhnlich tolerant
und weit denkend.
Gilbert Keith Chesterton, Heretiker

Man kann die Menschen
in drei Klassen einteilen: Solche,
die sich zu Tode arbeiten, solche,
die sich zu Tode sorgen, und solche,
die sich zu Tode langweilen.
Winston Churchill

Man kann einem Menschen nichts
Böseres tun, als sich ausschließlich
mit ihm zu beschäftigen.
Elias Canetti, Die Provinz des Menschen.
Aufzeichnungen 1942–1972

Man kann es auf weiten Reisen
erleben, wie vertraut und lieb
der Mensch dem Menschen ist.
Aristoteles, Nikomachische Ethik

Man lernt die Menschheit lieben.
In den großen Gesellschaften lernt
man die Menschen nur hassen.
Jean-Jacques Rousseau, Julie oder Die neue Héloïse

Man mag drei- oder viertausend
Menschen gekannt haben, man spricht
immer nur von sechs oder sieben.
Elias Canetti, Die Provinz des Menschen.
Aufzeichnungen 1942–1972

Man merkt leider immer zu spät,
dass die Menschen nicht belehrt,
sondern unterhalten sein wollen.
Emil Gött, Zettelsprüche. Aphorismen

Man muss aus dem Menschen
etwas herausbringen,
und nicht in ihn hinein.
Friedrich Fröbel, Menschenerziehung

Man muss das Beste und das Schlechteste kennen, dessen ein Mensch
fähig ist im Vorstellen und Ausführen,
um zu beurteilen,
wie stark seine sittliche Natur wurde.
Aber jenes zu erfahren, ist unmöglich.
Friedrich Nietzsche, Menschliches, Allzumenschliches

Man muss die Menschen bei ihrer
Geburt beweinen, nicht bei ihrem Tode.
Charles de Secondat, Baron de la Brède
et de Montesquieu, Persianische Briefe

Man muss ein lebendiger Mensch sein
und ein postumer Künstler.
Jean Cocteau, Hahn und Harlekin

Man muss Mensch sein,
sich dessen bewusst werden
und daran festhalten.
Sully Prudhomme, Gedanken

Man muss sich stets
die gleichen Hände waschen.
Erich Kästner, Dr. Erich Kästners lyrische Hausapotheke

Man soll nie einen Menschen aufgeben, bevor er in einer Aufgabe versagt
hat, die ihm Freude bereitet.
Lewis E. Lawes

Man verlernt die Menschen,
wenn man unter Menschen lebt:
Zu viel Vordergrund ist an allen Menschen – was sollen da weitsichtige,
weitsüchtige Augen!
Friedrich Nietzsche, Also sprach Zarathustra

Man weiß von der Natur des Menschen nur das Eine mit Sicherheit,
dass sie sich verändert.
Oscar Wilde, Die Seele des Menschen
unter dem Sozialismus

Man wird nämlich finden, dass alles
das, was den Menschen als groß
erscheint, nichts ist als Schattenrisse.
Deshalb ist auch das Wort durchaus
richtig, der Mensch sei ein Nichts,
und nichts Menschliches sei beständig.
Aristoteles, Protreptikos

Manche Menschen gleichen Modeliedern, die man nur eine Zeit lang singt.
François de La Rochefoucauld, Reflexionen

Manche sagen, Computer seien besser
als Menschen – aber viel Spaß
im Leben haben sie nicht.
Peter Ustinov, Peter Ustinovs geflügelte Worte

Mehr kann der Mensch, als er meint;
aber auch dem Höchsten entgegenstrebend, erreicht er nur einiges.
Friedrich Schleiermacher, Monologen

Mensch, bleib doch nicht ein Mensch!
Man muss aufs Höchste kommen,
Bei Gott
werden nur die Götter angenommen.
Angelus Silesius, Der cherubinische Wandersmann

Mensch, dein Name ist Esel!
Man kann dich an der Nase herumführen, wie es einem einfällt.
Knut Hamsun, Mysterien

Mensch und Tier sind alle gleich.
Chinesisches Sprichwort

Mensch werden ist eine Kunst.
Novalis, Fragmente

Menschen, die sich nicht haben können, dürfen sich in unserer Gesellschaftsordnung nichts sein.
Das Zeitwort Mensch wird also
mit haben konjugiert.
Emil Gött, Zettelsprüche. Aphorismen

Menschen, die zueinander gehören,
finden auf wundersame Weise
immer wieder zusammen.
Heinz Rühmann

Menschen im Allgemeinen
werden mir immer unerträglicher.
Franziska Gräfin zu Reventlow, Tagebücher

Menschen kommen und gehen
wie die Wellen des Meers.
Seattle, Die Rede des Indianerhäuptlings Seattle.
Neuere Version

Menschen lassen sich, wie Metalle,
zwar formen, solange sie warm sind;
aber jede Berührung wirkt wieder
anders auf sie ein, und nur wenn sie
erkalten, wird ihre Gestalt bleibend.
Heinrich von Kleist, Briefe (an Adolphine von Werdeck,
28./29. Juli 1801)

Menschen ohne Utopien,
wenn es die überhaupt gibt,
sind reine Gegenwartsmenschen.
Sie sind der Gegenwart verfallen und
projizieren keine Zukunft,
keine Kunst und keine Hoffnung.
August Everding, Vortrag vor dem Verein Deutscher
Eisenhüttenleute, 15. November 1991

Menschen rechnen
zu den Herdentieren: Leithammel,
gefolgt von Neidhammeln.
Lothar Schmidt

Mensch sein bedeutet,
unter Menschen allein sein.
Karol Irzykowski

Mensch sein genügt nicht,
Mensch bist du ja sowieso.
Klaus Maria Brandauer

Mensch sein heißt Utopien haben.
Paul Tillich

Menschen denken zu historisch.
Sie leben immer zur Hälfte
auf dem Friedhof.
Aristide Briand

Menschen sind schwimmende Töpfe,
die sich aneinander stoßen.
Johann Wolfgang von Goethe, überliefert
von Johann Peter Eckermann (Gespräche mit Goethe)

Menschen sind wie Autos:
Man sollte den
unerlässlichen Sicherheitsabstand
voneinander einhalten.
Martin Held

Menschen sind wie Berge:
die großen scheinen aus der Nähe
kleiner, die kleinen größer.
Aleksander Swietochowski

Menschen soll man nur
in kleinen Dosen einnehmen.
Ralph Waldo Emerson, Essays

Menschen und Wind
ändern geschwind.
Deutsches Sprichwort

Menschen, welche rasch Feuer fangen,
werden schnell kalt und sind daher
im Ganzen unzuverlässig.
Friedrich Nietzsche, Menschliches, Allzumenschliches

Menschen werden
niemals Schmetterlinge.
Erich Kästner, Dr. Erich Kästners lyrische Hausapotheke

Menschen, werdet groß,
denn ihr könnet es!
Johann Michael Sailer, Glückseligkeitslehre

Menschenkraft verträgt nicht viel
Wirklichkeit.
T. S. Eliot, Mord im Dom

Menschlichkeit kennest du nicht,
nur Menschlichkeiten; der Dämon
Wechselt bei dir mit dem Schwein ab,
und das nennest du Mensch.
Johann Wolfgang von Goethe/Friedrich Schiller,
Xenien

Mit einmal bin ich es müde,
ein Mensch zu sein.
Pablo Neruda

Mit jedem Menschen
sterben auch die Toten,
die nur in ihm noch gelebt hatten.
Richard von Schaukal, Gedanken

Mit jedem Menschen, der geboren
wird, erscheint die menschliche Natur
immer wieder in einer etwas
veränderten Gestalt.
Christian Garve, Über Gesellschaft und Einsamkeit

Mit jedem Menschen verschwindet
(er sei auch, wer er sei) ein Geheimnis
aus der Welt, das vermöge seiner
besonderen Konstruktion nur
er entdecken konnte, und das nach
ihm niemand wieder entdecken wird.
Friedrich Hebbel, Tagebücher

Mitten im Weltenbau
steht der Mensch.
Denn er ist bedeutender
als die übrigen Geschöpfe,
die abhängig von
jener Weltstruktur bleiben.
An Statur ist er zwar klein,
an Kraft seiner Seele jedoch gewaltig.
Hildegard von Bingen, Welt und Mensch

Nach meiner Auffassung muss
die Person dem Dasein und dem Rang
nach vor dem Staate stehen. An ihrer
Würde, Freiheit und Selbstständigkeit
findet die Macht des Staates sowohl
ihre Grenze wie ihre Orientierung.
Freiheit der Person bedeutet jedoch
nicht Schrankenlosigkeit und Willkür.
Sie verpflichtet jeden, beim Gebrauch
seiner Freiheit immer der Verantwortung eingedenk zu sein, die jeder
Einzelne für seine Mitmenschen
und für das ganze Volk trägt.
Konrad Adenauer, Erinnerungen

Nachts sind die Straßen so leer.
Die Menschen legten sich nieder.
Nun schlafen sie treu und bieder.
Und morgen fallen sie
wieder übereinander her.
Erich Kästner, Dr. Erich Kästners lyrische Hausapotheke

Nah verwandt
schienen sich die ersten Menschen,
aber ihre Beschäftigungen
trennten sie bald.
Johann Wolfgang von Goethe, Dichtung und Wahrheit

Nehmen Sie die Menschen, wie sie
sind; andere gibt's nicht.
Konrad Adenauer

Nicht allein das Angeborene,
auch das Erworbene ist der Mensch.
Johann Wolfgang von Goethe,
Maximen und Reflexionen

Nicht im lärmenden Kampf der Tage,
auch nicht im Sturm einer großen Zeit,
aber nach Jahrtausenden stiller Arbeit,
nach Äonen fortwirkenden Webens –
dann werden die Menschen
gut werden.
Christian Morgenstern, Stufen

Nichts setzt den Menschen mehr herab, als wenn er sehen lässt, dass er
ein Mensch sei.
Baltasar Gracián y Morales, Handorakel und Kunst
der Weltklugheit

Nichts zeichnet den Umriss
eines Menschen kräftiger als das,
was er nicht sieht.
Ludwig Marcuse, Argumente und Rezepte.
Ein Wörter-Buch für Zeitgenossen

Nie hielten Menschenkinder
Sich selbst für arge Sünder.
Jüdische Spruchweisheit

Niemals darf ein Mensch, niemals ein
Volk wähnen, das Ende sei gekommen.
Johann Wolfgang von Goethe, La Gloire de Frédéric

Niemand ist so uninteressant
wie ein Mensch ohne Interesse.
John Mason Brown

Nimmst du die Menschen für schlecht,
du kannst dich verrechnen,
o Weltmann!
Schwärmer, wie bist du getäuscht,
nimmst du die Menschen für gut!
Johann Wolfgang von Goethe/Friedrich Schiller,
Xenien

Noch ein Mensch und noch einer und
wieder einer. Und alle sind neu,
sind anders, immer glaubt man,
dieser da wird der neue und besondere
Mensch sein, der weiß, wie die anderen nicht wissen, welche ein besseres
Leben führen als die anderen.
Und immer wieder ist es dasselbe,
immer die gleichen Schwächen, immer
die gleiche Seichtheit des Denkens.
Leo N. Tolstoi, Tagebücher (1891)

Nur allein der Mensch
Vermag das Unmögliche:
Er unterscheidet, wählet und richtet;
Er kann dem Augenblick
Dauer verleihen.
Johann Wolfgang von Goethe, Das Göttliche

Nur beim Dilettanten
decken sich Mensch und Beruf.
Egon Friedell, Egon Friedells Konversationslexikon

Nur der, den auch die Menschen lieben
Ist auch bei Gott gut angeschrieben.
Jüdische Spruchweisheit

Nur der kranke Mensch ist ein Mensch,
seine Glieder haben eine Leidensgeschichte, sind durchgeistet.
Heinrich Heine

Nur die freien Menschen
sind gegeneinander höchst dankbar.
Baruch de Spinoza, Ethik

Nur durch die Liebe
und durch das Bewusstsein der Liebe
wird der Mensch zum Menschen.
Friedrich Schlegel, Ideen

Nur durch sich selber wird der Mensch
erlöst, durch sich und in sich.
Karl Emil Franzos, Die Juden von Barnow

Nur ein Bild kann einem ganz
gefallen, aber nie ein Mensch.
Der Ursprung der Engel.
Elias Canetti, Die Provinz des Menschen.
Aufzeichnungen 1942–1972

Nur in einem Punkt
sind alle Menschen zufrieden:
Ihr Verstand genügt ihnen,
egal, wieviel sie davon haben.
Harold Pinter

Ob die Menschen im Ganzen sich
bessern? Ich glaub' es, denn einzeln,
Suche man, wie man auch will,
sieht man doch gar nichts davon.
Johann Wolfgang von Goethe/Friedrich Schiller,
Xenien

Offenbar ist der Mensch nicht einzig
die Seele, sondern die Seinseinheit
aus Seele und Leib.
Thomas von Aquin, Summa theologica

Phänomen der menschlichen Beziehungen, wenn sie lange genug dauern:
Das Unerträgliche wird
das Unentbehrliche.
Alfred Polgar, Kleine Schriften, Band 3. Irrlicht

Predigen ist die Kunst,
die Menschen zum Guten
zu verführen.
Billy Graham

Schließlich erreicht jeder Mensch
jedes Ziel. Er muss es nur
genügend weit zurückstecken.
Hans Söhnker

Schmeichler, weißt du,
sind gerne Lügner,
und der größte Schmeichler
ist immer der Mensch sich selbst.
Johann Jakob Engel, Fürstenspiegel

Seeleute und Naturmenschen sehen
besser als der Städter mit Fernrohr.
Oswald Spengler, Urfragen.
Fragmente aus dem Nachlass

Selbst höchst bedeutende Menschen
werden auf ihr Normalmaß gestutzt,
wenn sie sich über das Wetter
unterhalten.
Peter Ustinov, Peter Ustinovs geflügelte Worte

Selten freilich sind gute Menschen.
Juvenal, Satiren

Sieh nieder, Zeus,
Auf meine Welt, sie lebt.
Ich habe sie geformt nach meinem Bilde,
Ein Geschlecht, das mir gleich sei.
Zu leiden, weinen, zu genießen
und zu freuen sich,
Und dein nicht zu achten, wie ich.
Johann Wolfgang von Goethe, Prometheus

Sind denn die Menschen wie die Blüten eines großen Baums? Viele blühen,
wenige reifen zu Früchten. Aufgelöst,
vernichtet ihre Eigenheit, fallen die
meisten dem Element wieder anheim,
nur wenige erhalten sich
und gebären neue Geschlechter.
Sophie Mereau, Tagebücher (26. Juli 1805)

Sind doch Tiere
nur Zerrbilder des Menschen.
Johann Wolfgang von Goethe,
Die guten Weiber (Amalia)

Sind in der Natur keine zwei Blätter
eines Baums einander gleich, so sind's
noch weniger zwei Menschengesichter
und zwei menschliche Organisationen.
Johann Gottfried Herder, Ideen zur Philosophie
der Geschichte der Menschheit

So ist des Menschen Geschlecht;
dies wächst, und jenes verschwindet.
Homer, Ilias

Solange der Mensch spielt, ist er frei.
Friedrich Sieburg, Die Lust am Untergang (1954)

Sprichwörtlich heißt es: Kein Mensch
ist unersetzlich. Aber die wenigen,
die es eben doch sind, sind groß.
Jacob Burckhardt, Weltgeschichtliche Betrachtungen

Tausende Pfade gibt es, die noch nie
gegangen sind, tausend Gesundheiten
und verborgene Eilande des Lebens.
Unerschöpft und unentdeckt ist immer
noch Mensch und Menschen-Erde.
Friedrich Nietzsche, Also sprach Zarathustra

Trägt ja ein jeder Mensch sein Joch.
Johann Wolfgang von Goethe, Künstlers Erdewallen
(Muse)

Trauriges Schicksal des Menschengeschlechts, das mit allen seinen
Bemühungen an Ixions Rad,
an Sisyphus' Stein und zu einem
tantalischen Sehnen verdammt ist.
Johann Gottfried Herder, Ideen zur Philosophie
der Geschichte der Menschheit

Überall, wo Menschen sind,
bin ich bei meinen Brüdern; überall,
wo keine sind, bin ich zu Hause.
Jean-Jacques Rousseau, Emile

Überhaupt ist der Mensch
nur ein Mittelglied zwischen einer
höhern Potenz (selige Geister) und
einer tiefern Potenz (unselige Geister)
oder zwischen Engeln und Dämonen.
Justinus Kerner, Die Seherin von Prevorst

Um einem Mikroben gerecht
zu werden, muss man aufhören,
ein Mensch zu sein;
um dem Menschen gerecht zu werden,
ist das nicht vonnöten.
Gilbert Keith Chesterton, Heretiker

Und das ist des Lebens Wundertiefe,
dass ein jeder Mensch,
der auf sich selbst aufmerkt,
weiß, was keine Wissenschaft weiß,
da er weiß, wer er selbst ist.
Søren Kierkegaard, Der Begriff Angst

Und glaub nur nicht,
dass alle Menschen leben,
die sind zwar lebendig,
aber sie leben nicht.
Bettina von Arnim, Die Günderode

Und ich behaupte, dass ein Mensch,
der nicht unter der einen oder anderen
Form gewohnt ist, aufrührerischen
Gedanken nachzugehen,
vom rein menschlichen Standpunkt
aus betrachtet, eine defekte Geistesverfassung besitzt.
Gilbert Keith Chesterton, Heretiker

Unsere Gefühle für die Menschen
geben ihnen allen den gleichen
Anstrich: Sie scheinen uns alle weiß,
wenn wir sie lieben, und schwarz,
wenn wir sie nicht lieben. Alle aber
enthalten Schwarzes und Weißes.
Suche in denen, die du liebst,
das Schwarze, und vor allem in denen,
die du nicht liebst, das Weiße.
Leo N. Tolstoi, Tagebücher (1900)

Unter den Menschen gibt es viel mehr
Kopien als Originale.
Pablo Picasso

Unter Menschen muss man Gott
suchen. In den menschlichen Begebenheiten, in menschlichen Gedanken und
Empfindungen offenbart sich der Geist
des Himmels am besten.
Novalis, Fragmente

Unverzeihlich find ich den Leichtsinn;
doch liegt er im Menschen.
Johann Wolfgang von Goethe, Hermann und Dorothea
(1. Gesang)

Vieles Gewaltige lebt, und nichts
Ist gewaltiger als der Mensch.
Sophokles, Antigone (Chor)

Vieles kann der Mensch entbehren,
nur den Menschen nicht.
Ludwig Börne, Über den Umgang mit Menschen

Vielleicht sind wir letztlich doch
Brüder und Schwestern;
wir werden sehen.
Seattle, Die Rede des Indianerhäuptlings Seattle.
Neuere Version

Vollkommen liebenswert
und vollkommen hassenswert
sind nur die Menschen,
die man nicht kennt.
Evelyn Waugh

Vom Leben muss man ausgehen,
nicht vom Menschen.
Oswald Spengler, Urfragen.
Fragmente aus dem Nachlass

Von allen Definitionen über den Menschen ist die am schlechtesten, die ihn als vernunftbegabtes Tier bezeichnet.
Anatole France

Von der Zeit und von den Menschen
muss man alles erwarten
und alles befürchten.
Luc de Clapiers Marquis de Vauvenargues,
Reflexionen und Maximen

Von vier Dingen
hat der Mensch mehr, als er weiß:
von Sünden, Schulden,
Jahren und Gegnern.
Sprichwort aus Persien

Wäre seine Milch danach
oder die Trangewinnung – der Mensch
würde auch den Walfisch melken;
denn der Mensch ist danach.
Emil Gött, Zettelsprüche. Aphorismen

Was bedeutet es, dass aus der Allheit
der Natur ein Wesen sich mit solchem
Bewusstsein von der Natur losscheidet,
und sich abgerissen von ihr fühlt?
Karoline von Günderode, Melete

Was im Menschen rein und herrlich ist,
bleibt unverwüstlich und
ist ein Kleinod in allen Zeiten.
Adalbert Stifter, Der Nachsommer

Was immer der Erde widerfährt, widerfährt auch den Kindern dieser Erde.
Seattle, Die Rede des Indianerhäuptlings Seattle.
Neuere Version

Was ist der Mensch?
Die Tragödie Gottes.
Christian Morgenstern

Was ist der Mensch? Ein armes Wesen,
auf diese Welt gekommen,
um die anderen Menschen zu ärgern.
Erik Satie

Was ist der Mensch?,
konnt ich beginnen; wie kommt es,
dass so etwas in der Welt ist, das,
wie ein Chaos, gärt oder modert
wie ein fauler Baum
und nie zu einer Reife gelangt?
Wie duldet diesen Herling
die Natur bei ihren süßen Trauben?
Friedrich Hölderlin, Hyperion

Was man an Zeitaltern und Völkern
rühmt, löset sich immer bei näherer
Betrachtung in die Eigenschaften und
Handlungen einzelner Menschen auf.
August Wilhelm Schlegel, Rezension
der Altdeutschen Blätter

Was trägst du denn,
was mehr als menschlich wäre?
Sophokles, Ödipus auf Kolonos (Theseus)

Was zählt, ist das, was die Menschen
miteinander gemeinsam haben,
nicht das, was sie
voneinander unterscheidet.
Erich Fromm, Vom Haben zum Sein

Weder die Künstler noch die Dichter
haben den Mut,
den Menschen zu kennen, wie er ist.
Jens Peter Jacobsen, Niels Lyhne

Wehe! Es kommt die Zeit, wo der
Mensch keinen Stern mehr gebären
wird. Wehe! Es kommt die Zeit des
verächtlichsten Menschen, der sich
selber nicht mehr verachten kann.
Friedrich Nietzsche, Also sprach Zarathustra

Welch ein Meisterwerk ist der
Mensch!, wie edel durch Vernunft!,
wie unbegrenzt an Fähigkeiten!,
 in Gestalt und Bewegungen wie
bedeutend und wunderwürdig!,
im Handeln wie ähnlich einem Engel!,
im Begreifen wie ähnlich einem Gott!,
die Zierde der Welt!,
das Vorbild der Lebendigen!
Und doch, was ist mir
diese Quintessenz von Staube?
William Shakespeare, Hamlet (Hamlet)

Wenn dem Menschen
am Ende seines Lebens
ein Lächeln übrig bleibt,
so ist das ein sehr
anständiger Reingewinn.
Horst Wolfram Geißler

Wenn der Mensch verliebt ist,
zeigt er sich so,
wie er immer sein sollte.
Simone de Beauvoir

Wenn der Mensch zuviel weiß,
wird das lebensgefährlich.
Das haben nicht erst die Kernphysiker
erkannt, das wusste schon die Mafia.
Norman Mailer

Wenn die Kulturmenschen
ehrlich wären (...) Aber dann wären sie
keine Kulturmenschen.
Alfred Polgar, Kleine Schriften, Band 3. Irrlicht

Wenn die Maschine billiger ist
als die Arbeitskraft,
hat die Maschine mehr Chancen,
Menschen zu ersetzen.
Norbert Blüm, Unverblümtes von Norbert Blüm

Wenn du einen verhungernden Hund
aufliest und ihn satt machst,
dann wird er dich nicht beißen.
Das ist der grundlegende Unterschied
zwischen Hund und Mensch.
Mark Twain

Wenn ein Mensch unsterblich wird,
kommen selbst seine Hühner
und seine Hunde in den Himmel.
Chinesisches Sprichwort

Wenn ich mir aus all den Menschen,
die ich habe, den zusammenschmieden
könnte, den ich nicht habe.
Franziska Gräfin zu Reventlow, Tagebücher

Wenn jemand ein Mensch sein soll,
so muss ihm Vernunft innewohnen
und etwas, das herrscht,
und etwas, das handelt.
Aristoteles, Eudemische Ethik

Wenn Menschen auf die Erde spucken,
bespucken sie sich selbst.
Seattle, Die Rede des Indianerhäuptlings Seattle.
Neuere Version

Wenn sich der Mensch
nicht auf sich selbst besinnt,
werden ihn
Himmel und Erde vernichten.
Chinesisches Sprichwort

Wenn wir immer nur vorsichtig sind,
sind wir dann noch Menschen?
Alexander Solschenizyn

Wer am Menschen nicht scheitern will,
trage den unerschütterlichen Entschluss des Durch-ihn-lernen-Wollens
wie einen Schild vor sich her.
Christian Morgenstern, Stufen

Wer das Leben noch als schön preist
und die Menschen als gut,
ist entweder ein Schwachkopf
oder einer, vor dem man
auf der Hut sein muss.
Walter Serner

Wer den höchsten Rang
in einer Gruppe von Tieren
oder Menschen hat,
ist leicht zu erkennen.
Es ist immer derjenige,
der am meisten angeschaut wird.
Davon kommt auch das Wort Ansehen.
Irenäus Eibl-Eibesfeldt

Wer den Menschen gering schätzt,
hält sich selbst für einen
bedeutenden Menschen.
Luc de Clapiers Marquis de Vauvenargues,
Unterdrückte Maximen

Wer den Menschen studieren
und erkennen will, der unternimmt
ein so schwieriger Werk wie einer,
der Tinte anfassen möchte,
ohne sich zu beschmutzen.
Ulrich Zwingli, Von der wahren und falschen Religion

Wer die Kehrseite der Menschen gesehen hat, wie kann der noch stolz sein?
Walter Rathenau, Auf dem Fechtboden des Geistes.
Aphorismen aus seinen Notizbüchern

Wer die Menschen gern hat,
verbietet ihnen etwas,
damit sie an der Übertretung
Spaß haben.
Norman Mailer

Wer die Menschen liebt,
darf sie nur aus nächster Nähe
betrachten oder ganz aus der Ferne.
Thomas Niederreuther

Wer ein ganzer Mensch ist,
ein Mensch par excellence, der stellt
eine Einheit und keinen Bruch dar,
hat daher an sich selbst genug.
Arthur Schopenhauer, Aphorismen zur Lebensweisheit

Wer einen Menschen bessern will,
muss ihn erst einmal respektieren.
Romano Guardini

Wer Menschen studieren will,
der versäume nicht,
sich unter Kinder zu mischen.
Adolph Freiherr von Knigge,
Über den Umgang mit Menschen

Wer zu den Menschen gehen will, muss
erst sich in den Menschen finden.
Ernst Toller

Widersprüche sind kein Einwand
gegen einen Menschen.
Ludwig Marcuse, Argumente und Rezepte.
Ein Wörter-Buch für Zeitgenossen

Wie der Tag,
so sinkt und steigt auch wieder
Des Menschen Los.
Sophokles, Aias (Athene)

Wie könnte man als Mensch leben,
wenn man nicht zuweilen
ein Gott wäre?
Arthur Schnitzler, Zurückgelegte Sprüche

Wie nun mal die Dinge liegen,
und auch wenn es uns missfällt:
Menschen sind wie Eintagsfliegen
an den Fenstern dieser Welt.
Erich Kästner, Dr. Erich Kästners lyrische Hausapotheke

Wie schnell der Mensch
das Müdesein vergisst.
Erich Kästner, Dr. Erich Kästners lyrische Hausapotheke

Wie sich ein Mensch gibt,
das ist nicht ein Zufall, auch meistens
nicht ein Erziehungsfehler,
sondern der Ausdruck seiner Natur.
Theodor Fontane, Der Stechlin

Wie sind alle mehr oder minder Echo
und wiederholen wider Willen
die Tugenden, Fehler, Bewegungen
und den Charakter der Menschen,
mit denen wir leben.
Joseph Joubert, Gedanken, Versuche und Maximen

(...) wie sprechen Menschen
mit Menschen? Aneinander vorbei.
Kurt Tucholsky, Schnipsel

Wie unglücklich ist die Natur
des Menschen! Kaum ist der Geist
zur Reife gelangt, so beginnt
der Körper schwächer zu werden.
Charles de Secondat, Baron de la Brède
et de Montesquieu, Meine Gedanken

Wie viele Leute bin ich? Wer ist ich?
Was ist dieser Zwischenraum,
der zwischen mir und mir steht?
Fernando Pessoa, Das Buch der Unruhe
des Hilfsbuchhalters Bernardo Soares

Wie von selbst steigt der Mensch
zum Himmel auf,
wenn ihn nichts mehr bindet.
Novalis, Die Christenheit oder Europa

Willst du den neuen Menschen kennen,
So frage Gott zuvor,
wie er pfleget sich zu nennen.
Angelus Silesius, Der cherubinische Wandersmann

Wir alle haben männliche und weibliche Eigenschaften; aber wir haben sie
in unterschiedlicher Größenordnung.
Anaïs Nin, Frauen verändern die Welt

Wir alle sind Sklaven
äußerer Umstände (...).
Fernando Pessoa, Das Buch der Unruhe
des Hilfsbuchhalters Bernardo Soares

Wir besitzen nichts,
weil wir nicht einmal uns besitzen.
Fernando Pessoa, Das Buch der Unruhe
des Hilfsbuchhalters Bernardo Soares

Wir bestehen alle aus Stücken, und
diese sind so uneinheitlich zusammengefügt, dass jeder einzelne Bestandteil,
zu jeder Zeit wieder anders,
seine Rolle für sich spielt.
Michel Eyquem de Montaigne, Die Essais

Wir können als Menschen
allenfalls die vorletzten Dinge regeln,
niemals die letzten.
Helmut Kohl, Mut zur Forschung und Verantwortung
für die Zukunft. Rede des Bundeskanzlers vor der DFG
in Bonn 1986

Wir können Menschen sein,
ohne gelehrt zu sein.
Jean-Jacques Rousseau, Emile

Wir müssen damit aufhören,
über die Menschen zu sprechen,
als wären sie die Krone der Schöpfung.
Günter Grass

Wir Menschen sind diejenigen
Punkte der Natur,
worin sie sich zusammenfasst.
Friedrich Hebbel, Tagebücher

Wir Menschen sind Nachtwandler mitten am Tage, nur ein kleiner Kreis
unsers Lebens ist zu unserer Prüfung
der freien Wahl überlassen, öfter ist es
unsre höchste Tugend, dem Gesetze
und dem Triebe unsres Herzens
uns mutig zu überlassen, wo der Geist
nicht widerspricht.
Achim von Arnim, Die Kronenwächter

Wir müssen damit aufhören,
über die Menschen zu sprechen,
als wären sie die Krone der Schöpfung.
Günter Grass

Wir sind doch göttlich genug,
wie wir sind.
Jens Peter Jacobsen, Niels Lyhne (Frau Boye)

Wir sind ein Teil der Erde,
und sie ist ein Teil von uns.
Die duftenden Blumen
sind unsere Schwestern;
der Hirsch, das Pferd, der große Adler:
Sie alle sind unsere Brüder.
Seattle, Die Rede des Indianerhäuptlings Seattle.
Neuere Version

Wir sind Menschen, die im Feuer
des Lebens geprüft werden müssen,
um innerlich gestärkt und gefestigt
zu werden und das zu werden,
was sie durch die Gnade Gottes
von Natur aus sind.
Vincent van Gogh, Briefe

Wir sind unfähig, die Wahrheit
und das Glück nicht zu wünschen,
und sind weder der Gewissheit
noch des Glückes fähig.
Blaise Pascal, Pensées

Wir sind weniger als Atome, sage ich,
denn das Atom gehorcht dem Gesetz
seines Seins, wir aber verleugnen
im Übermut unserer Unwissenheit
das Gesetz der Natur.
Mohandas K. »Mahatma« Gandhi, The Nation's Voice

Wir sind wie elektrische Drähte, in
denen die Impulse zwischen dem Ewigen und dem Jetzt hin- und herlaufen.
Yehudi Menuhin, Kunst als Hoffnung
für die Menschheit

Wir sollen nicht bloß Menschen, wir
sollen auch mehr als Menschen sein.
Novalis, Fragmente

Wir Sterblichen sind,
so wie wir hier sind,
nur die edelsten Gewächse
dieser schönen Erde.
Die Menschen vergessen das so leicht,
höchlich missbilligen sie
die ewigen Gesetze der Welt
und wollen die geliebte Oberfläche
durchaus im Mittelpunkte
wiederfinden.
Friedrich Schlegel, Lucinde

Wir werden alle
»vom selben Sommer gewärmt«
und »im selben Winter frieren wir«,
und es ist die Anerkennung dieses
gemeinsamen Menschseins,
die uns zusammenleben lassen wird.
Nelson Mandela, Rede vor dem Johannesburger Presseklub, 22. Februar 1991

Wir werden maschinell »infantilisiert«.
Günther Anders, Die Antiquiertheit des Menschen. Bd. 2

Wir wünschen die Wahrheit
und finden in uns nur Ungewissheit.
Wir suchen das Glück
und finden nur Unglück und Tod.
Blaise Pascal, Pensées

Wir zielen nur, das Schicksal feuert.
Deutsches Sprichwort

Wo Menschen angebetet werden,
ist es gut, sich zu entfernen.
Günther Weisenborn

Woher sollen die Menschen,
denen gesagt wurde,
sie seien Ebenbilder Gottes,
ihre Demut nehmen?
Erhard Blanck

Zerstören Sie einem Menschen
seinen Schein, und Sie werden sehen,
wie schnell auch das Sein zu Ende ist.
Georg Kreisler

Zieh von einem Menschen
seine Humorlosigkeit ab,
und rechne mit dem Rest.
Curt Goetz

Zu einem vollkommenen Menschen
gehört die Kraft des Denkens, die Kraft
des Willens, die Kraft des Herzens.
Ludwig Feuerbach, Das Wesen des Christentums

Zufälle sind die Menschen,
Stimmen, Stücke, Alltage, Ängste,
viele kleine Glücke,
Verkleidet schon als Kinder,
eingemummt,
Als Masken mündig,
als Gesicht – verstummt.
Rainer Maria Rilke, Das Stundenbuch

Zum Empfangen und Geben ist der
Mensch geschaffen, zu Würksamkeit
und Freude, zum Tun und Leiden.
Johann Gottfried Herder, Vom Erkennen und Empfinden der menschlichen Seele

Zur Welt suchen wir den Entwurf –
dieser Entwurf sind wir selbst.
Novalis, Fragmente

Zwei Dinge belehren
den Menschen über seine Natur:
der Instinkt und die Erfahrung.
Blaise Pascal, Pensées

Zwei Hauptmotive
leiten die Menschen: Furcht vor Strafe
und Hoffnung auf Belohnung.
König Friedrich der Große, Politisches Testament (1752)

Zwei Jahre braucht der Mensch,
um das Sprechen,
ein Leben lang,
um das Schweigen zu lernen.
Ernest Hemingway

Zwischen einem Idealmenschen
und einem gewöhnlichen Menschen
ist der Unterschied größer
als der zwischen manchen Menschen
und manchem Tier.
Michel Eyquem de Montaigne, Die Essais

Menschenführung

Das rechte Wort, am rechten Platz
vom rechten Mann gesprochen, erspart
fast immer den Einsatz der Polizei.
Carlo Schmid

Führen heißt wissen, was man will.
Thomas Ellwein

Wer Menschen führen will, muss ein
Praktiker und ein Realist sein.
Aber er muss die Sprache sprechen
des Idealisten und Sehers.
Eric Hoffer

Menschenhass

Bisweilen fasst mir jäh
ein Trieb den Sinn,
Vorm Nahn der Menschen
in die Wüst' zu fliehn.
Molière, Der Menschenfeind (Alceste)

Der Misanthrop behauptet, die
Menschheit wegen ihrer Schwäche zu
verachten. Die Wahrheit ist,
dass er sie wegen ihrer Stärke hasst.
Gilbert Keith Chesterton, Aphorismen und Paradoxa

In der Leutseligkeit ist nichts
von Menschenhass, aber eben darum
allzu viel von Menschenverachtung.
Friedrich Nietzsche

Nichts bist du, nichts ohne die andern.
Der verbissenste Misanthrop
braucht die Menschen doch,
wenn auch nur, um sie zu verachten.
Marie von Ebner-Eschenbach, Aphorismen

Menschenkenntnis

Auf dem Markt lernt man die Leute
besser kennen als im Tempel.
Deutsches Sprichwort

Die Kenntnis des Menschen hat unter
allen seinen Wissenschaften
den größten Nutzen und scheint mir
noch am wenigsten ausgearbeitet.
Jean-Jacques Rousseau, Über den Ursprung und die Grundlagen der Ungleichheit

Die Menschen kennen einander nicht
leicht, selbst mit dem besten Willen
und Vorsatz; nun tritt noch der böse
Wille hinzu, der alles entstellt.
Johann Wolfgang von Goethe, Maximen und Reflexionen

Du willst einen Menschen besitzen? –
Kenne ihn.
Arthur Schnitzler, Aphorismen und Betrachtungen aus dem Nachlass

Frauen sind nie, wie sie sind;
sie sind immer nur, wie man sie sieht.
Und man sieht sie stets nur so,
dass man sich selber dabei gefällt.
Alexander Lernet-Holenia

Ich habe es satt,
die Menschen zu durchschauen;
es ist so leicht und es führt zu nichts.
Elias Canetti, Die Provinz des Menschen. Aufzeichnungen 1942–1972

In der Welt kommt's nicht drauf an,
dass man die Menschen kenne,
sondern dass man im Augenblick
klüger sei als der vor uns Stehende.
Alle Jahrmärkte und Marktschreier
geben Zeugnis.
Johann Wolfgang von Goethe, Maximen und Reflexionen

Keiner blickt dir hinter das Gesicht.
Erich Kästner, Dr. Erich Kästners lyrische Hausapotheke

Leute, die nichts von sich halten,
sind auch schlechte Menschenkenner.
Heinrich Waggerl, Aphorismen

Man kennt nur diejenigen,
von denen man leidet.
Johann Wolfgang von Goethe, Maximen und Reflexionen

Man möchte jeden Mensch in seine
Tiere auseinander nehmen und sich
mit diesen dann gründlich und
begütigend ins Einvernehmen setzen.
Elias Canetti, Die Provinz des Menschen. Aufzeichnungen 1942–1972

Man würde einander besser kennen,
wenn sich nicht immer einer
dem anderen gleichstellen wollte.
Johann Wolfgang von Goethe, Maximen und Reflexionen

Menschen kennen bedeutet noch
wenig, das Wesentliche ist, in menschliche Beziehungen hineinzuschauen.
Auch diese heucheln, verstellen, verschließen sich bis zur Undurchdring-
lichkeit. Und du kennst auch

den Einzelnen erst ganz,
wenn du ihn in seinen vielfältigen
Beziehungen zu sehen vermagst.
Arthur Schnitzler, Aphorismen und Betrachtungen
aus dem Nachlass

Menschenkenntnis nennt man gern
den Unglauben an Tugend
und Rechtschaffenheit.
Johann Jakob Engel, Fürstenspiegel

Sage mir, mit wem du umgehst,
und ich werde dir sagen, wer er ist.
Ludwig Marcuse, Argumente und Rezepte.
Ein Wörter-Buch für Zeitgenossen

Sehen, wie ein Mensch handelt,
betrachten, warum er so handelt;
untersuchen, worin er Genugtuung
findet – wie könnte da eines Menschen
Sinnesart verborgen bleiben?
Konfuzius, Gespräche

Sittenlehre gibt keine
Menschenkenntnis.
Luc de Clapiers Marquis de Vauvenargues,
Nachgelassene Maximen

Sobald man sich
in einer Frau auszukennen glaubt,
fängt man an, sich zu verirren.
Maurice Chevalier

Studiere die Menschen, nicht um sie
zu überlisten und auszubeuten,
sondern um das Gute
in ihnen aufzuwecken
und in Bewegung zu setzen.
Gottfried Keller, Zürcher Novellen

Vollkommen liebenswert
und vollkommen hassenswert sind nur
die Menschen, die man nicht kennt.
Evelyn Waugh

Wir lernen die Menschen nicht
kennen, wenn sie zu uns kommen;
wir müssen zu ihnen gehen, um
zu erfahren, wie es mit ihnen steht.
Johann Wolfgang von Goethe,
Die Wahlverwandtschaften

Wir müssen lernen, den Menschen
weniger auf das, was er tut oder lässt,
als auf das, was er leidet, anzusehen.
Dietrich Bonhoeffer

Wir sehen die feinsten theoretischen
Menschenkenner
das Opfer des gröbsten Betrugs werden.
Adolph Freiherr von Knigge,
Über den Umgang mit Menschen

Menschenliebe

Ein Humanist liebt alle Menschen –
mit Ausnahme derjenigen,
die ihm begegnet sind.
Wiesław Brudziński

Es gäbe keine soziale Frage,
wenn die Reichen von jeher
Menschenfreunde gewesen wären.
Marie von Ebner-Eschenbach, Aphorismen

Man sollte annehmen, Menschenliebe,
die das Fundament von allem ist,
sollte in jedem Menschen sein.
Aber manche behaupten,
es gebe bessere Fundamente.
Auf die bin ich nicht sehr neugierig.
Vincent van Gogh, Briefe

Menschenliebe als politische Idee
ist eine Phrase,
als religiöse Idee ein Missverständnis,
als ethische Idee ein Wahn.
Arthur Schnitzler, Ungedrucktes (in: Österreichische
Dichtergabe, Wien 1928)

Menschenliebe predigen – keineswegs
immer ein Beweis von Güte oder Weisheit, sondern öfter von Rührseligkeit,
wenn nicht gar Geistesschwäche.
Arthur Schnitzler, Buch der Sprüche und Bedenken

Philantropie ist die Zuflucht derer,
die ihre Mitmenschen ärgern wollen.
Oscar Wilde

Wer das Weib nicht liebt,
liebt den Menschen nicht.
Ludwig Feuerbach, Das Wesen des Christentums

Wir alle hungern nach Menschenliebe,
und wenn man hungert, schmeckt auch
schlecht gebackenes Brot.
Maxim Gorki

Menschenrecht

Das Leben ist weder Zweck
noch Mittel, das Leben ist ein Recht.
Heinrich Heine, Verschiedenartige Geschichtsauffassung

Einem Menschen seine Menschenrechte verweigern bedeutet, ihn in
seiner Menschlichkeit zu missachten.
Nelson Mandela, Rede vor dem US-Kongress,
26. Juni 1990

Menschenrechte beruhen auf der Tatsache, dass unserem Bewusstsein eine
Vorstellung vom Ich innewohnt;
dieses Ich wünscht Glück
und möchte dem Leid entgehen.
Dalai Lama XIV, Logik der Liebe

Seid Menschen, so werden euch die
Menschenrechte von selbst zufallen.
Novalis, Fragmente

Vor uns liegt die Aufgabe, die Menschenrechte nicht nur zu formulieren,
sondern sie durchzusetzen.
Hans-Dietrich Genscher, Rede des Bundesaußenministers vor den Vereinten Nationen 1985

Menschenverachtung

Anmerkung: Man sollte die meisten
Menschen mit einer Substanz bestreichen dürfen, die unsichtbar macht.
Erich Kästner, Misanthropologie. In: Ein Mann
gibt Auskunft

Die Menschenverachtung
ist für den nachdenkenden Geist
nur die erste Stufe zur Menschenliebe.
Christian Morgenstern, Stufen

Die Menschheit ist nichts weiter
als eine Hautkrankheit des Erdenballs.
Erich Kästner, Misanthropologie. In: Ein Mann
gibt Auskunft

Menschenverstand

Der gesunde Menschenverstand
ist der größte Feind der Phantasie
und doch ihr bester Berater.
Marie von Ebner-Eschenbach, Aphorismen

Der gesunde Menschenverstand ist
nur eine Anhäufung von Vorurteilen,
die man bis zum 18. Lebensjahr
erworben hat.
Albert Einstein

Die Menge auf etwas aufmerksam
machen heißt: dem gesunden Menschenverstand auf die Spur helfen.
Gotthold Ephraim Lessing, Beweis des Geistes
und der Kraft

Ein schonungsloser gesunder Menschenverstand macht die mitfühlenden
Seelen scheu. Eine höhere,
stets von einer gewissen Nachsicht
geprägte Gesinnung, das ist es,
was Herzen gewinnt.
Sully Prudhomme, Gedanken

Es gibt vierzig Arten von Verrücktheit,
aber nur eine Art von gesundem
Menschenverstand.
Sprichwort aus Afrika

Philosophisch bringt man die Menschen in die erbärmlichste Mystik
und politisch in die eiserne Despotie
oder anarchischen Fanatism, wenn
man sich über den gesunden
Menschenverstand hinauswagt.
Johann Gottfried Seume, Apokryphen

Sachen, die man mit dem Zirkel geteilt
hat, unterwirft man doch auch dem
Augenmaß, um zu sehen, ob man
nicht grobe Fehler gemacht hat. So
muss man das Resultat seiner Schlüsse
der Probe des gesunden Menschenverstandes aussetzen, um zu sehen,
ob alles richtig zusammenhängt.
Georg Christoph Lichtenberg, Sudelbücher

Was auch die Spaßvögel dazu sagen,
so ist doch der gesunde Menschenverstand bei beiden Geschlechtern gleich.
Jean-Jacques Rousseau, Emile

Wenn ein Mann erkennen muss,
dass er weniger Geist besitzt als ein
anderer, entschädigt er sich dadurch,
dass er sich mehr gesunden Menschenverstand zumisst.
Sully Prudhomme, Intimes Tagebuch

Wenn sich jemand über den gesunden
Menschenverstand versteigt, so ist er
immer in Gefahr, darunter zu sinken.
Johann Gottfried Seume, Apokryphen

Wir kriegen dieses Land nur wieder ins
Lot, wenn wir uns auf den guten, einfachen Menschenverstand besinnen.
Lido Anthony »Lee« Iacocca,
Mein amerikanischer Traum

Menschheit

Armes Menschengeschlecht!
Aus welchen Abgründen
hast du dich noch emporzuarbeiten!
Georg Forster, Über die Beziehung der Staatskunst
auf das Glück der Menschheit

Die Geschichte der Menschheit besteht
in nichts anderm als einer fortgehenden Überwindung von Schranken,
die zu einer bestimmten Zeit
für Schranken der Menschheit
und darum für absolute, unüberwindbare Schranken gelten.
Ludwig Feuerbach, Das Wesen des Christentums

Die heutige Auflösung der Menschheit
muss man verstehen
als ein Abwenden von Gott.
Paul Ernst, Der schmale Weg zum Glück

Die Idee der Menschheit,
Gott gab ihr Ausdruck
in den verschiedenen Völkern.
Leopold von Ranke, Frankreich und Deutschland

Die Menschheit?
Ein Magma von Wesen,
die nicht wissen, was sie tun.
Henry de Montherlant

Die Menschheit als Ganzes
wird sich nie wieder bescheiden
können.
Elias Canetti, Die Provinz des Menschen.
Aufzeichnungen 1942-1972

Die Menschheit hat längst alles
empfangen, was zu empfangen war.
Aber sie muss es immer wieder
von neuem und in immer wieder neuer
Form empfangen und verarbeiten.
Christian Morgenstern, Stufen

Die Menschheit ist die Unsterblichkeit
der sterblichen Menschen.
Ludwig Börne, Kritiken

Die Menschheit ist groß,
der Mensch ist klein.
Emil Frommel, Daheimkalender

Die Menschheit ist keine Tierart:
Sie ist eine historische Realität.
Simone de Beauvoir, Das andere Geschlecht

Die Menschheit ist's,
die man im Menschen lieben soll.
Angelus Silesius, Der Cherubinische Wandersmann

Die Menschheit
muss dem Krieg ein Ende setzen,
oder der Krieg
setzt der Menschheit ein Ende.
John F. Kennedy

Die Menschheit will nicht mehr leben,
aber der Mensch will es.
Friedrich Sieburg, Die Lust am Untergang (1954)

Die Zeiten rollen fort und mit ihnen
das Kind der Zeiten, die vielgestaltige
Menschheit.
Johann Gottfried Herder, Ideen zur Philosophie
der Geschichte der Menschheit

Eine höhere Weisheit lehrt uns,
die Menschheit habe durch eine große
Verirrung die ihr ursprünglich
bestimmte Stelle eingebüßt, und die
ganze Bestimmung ihres irdischen
Daseins sei, dahin zurückzustreben,
welches sie jedoch,
sich selbst überlassen, nicht vermöge.
August Wilhelm Schlegel,
Über dramatische Kunst und Literatur

Es gibt keine Befreiung der Menschheit
ohne die soziale Unabhängigkeit
und Gleichstellung der Geschlechter.
August Bebel, Die Frau und der Sozialismus

Es ist leichter, die Menschheit
als einen Menschen zu kennen.
François de La Rochefoucauld, Reflexionen

Es liegen viele Keime in der Menschheit, und nun ist es unsere Sache,
die Naturanlagen proportionierlich
zu entwickeln und die Menschheit aus
ihren Keimen zu entfalten
und zu machen, dass der Mensch
seine Bestimmung erreiche.
Immanuel Kant, Über Pädagogik

Es muss eine Menschheit kommen,
in der die Völker durch geistige Ziele
miteinander geeint sind
und das Höchste erstreben,
was es hiernieden geben kann.
Albert Schweitzer, Straßburger Predigten 1900-1919,
13. Oktober 1918

Historisch gesehen, ist die Kunst
kaum mehr als ein Pubertätsphänomen
der Menschheit.
Ralph-Rainer Wuthenow, Muse, Maske, Meduse

Ich glaube an die unendliche Menschheit, die da war, ehe sie die Hülle
der Männlichkeit und der Weiblichkeit
annahm.
Friedrich Schleiermacher, Idee zu einem Katechismus

Ich glaube, dass die Menschheit
nur ein Ziel hat: das Leid.
Gustave Flaubert, Erinnerungen, Aufzeichnungen
und geheime Gedanken

Ich habe Angst vor Leuten,
die immer nur die Menschheit lieben
und niemals einzelne Menschen.
Wolf Biermann

In der abstrakten Liebe zur Menschheit
liebt man fast immer nur sich selbst.
Fjodor M. Dostojewski, Der Idiot

In so verschiedenen Formen
das Menschengeschlecht auf der Erde
erscheint: So ist's doch überall ein
und dieselbe Menschengattung.
Johann Gottfried Herder, Ideen zur Philosophie der
Geschichte der Menschheit

Lassen wir doch die Schwätzer davon
reden, die Menschheit werde ihr Glück
durch Wissenschaft, Arbeit und Verkehr erringen und das goldene Zeitalter werde anbrechen, das übrigens,
bräche es an, zum Speien wäre.
Leo N. Tolstoi, Tagebücher (1889)

Man weiß, wie wichtig es ist, Schwangeren harmonische Verhältnisse zu
schaffen. Sollte es anders sein mit der
Menschheit, die sich fortwährend im
Zustande der Mutterschaft befindet?
Christian Morgenstern, Stufen

Manchmal ist die Menschheit einem
kleinen Mädchen zu vergleichen. Tritt
ein großer Mann an sie heran, so wird
sie verlegen, läuft in die Kinderstube
und spielt mit ihren Puppen weiter.
Arthur Schnitzler, Buch der Sprüche und Bedenken

Müssten wir nicht enger zusammenhalten in der Solidarität dieser vier
Milliarden Menschen, die einen Winkel
der riesigen Welt bewohnen dürfen
und nicht wissen, ob doch vielleicht
dieses ganze Universum eine Wüste
ist, in der uns die einzige Oase
geschenkt wurde?
Joachim Illies

Natur?
Ich weiß von keiner.
Mord ist jetzt die Losung,
Der Menschheit Bande sind entzwei.
Friedrich Schiller, Dom Karlos (Karlos)

Nur alle Menschen machen
die Menschheit aus, nur alle Kräfte
zusammengenommen die Welt.
Johann Wolfgang von Goethe,
Wilhelm Meisters Lehrjahre

Seid umschlungen, Millionen!
Diesen Kuss der ganzen Welt.
Friedrich Schiller, An die Freude

Sie lieben die Menschheit und verachten den einzelnen Unglücklichen.
Fjodor M. Dostojewski, Briefe

So viele Menschen sind,
so viele Kräfte,
so viele Eigenschaften
hat die Menschheit.
Ludwig Feuerbach, Das Wesen des Christentums

Tollkühn alles zu ertragen,
stürzt sich das Menschengeschlecht
auf verbotene Taten.
Horaz, Lieder

Totaler als total kann
die Menschheit sich nicht ausrotten –
und das kann sie bekanntlich
bereits seit Jahrzehnten.
Günther Anders, Die Antiquiertheit des Menschen.
Bd. 2

Und das war, was man die Menschheit
zu nennen pflegt: ein oberflächliches
Gewimmel von Schurken, Feiglingen,
Idioten und Krüppeln.
Gustave Flaubert, November

Uns wird immer stärker bewusst,
dass die Menschheit, unabhängig
von den politischen Systemen,
sich zu einer Überlebensgemeinschaft
hinentwickelt hat.
Hans-Dietrich Genscher, Konzeptionen und Perspektiven der Ost-West-Beziehungen, 1986

Menschlichkeit

Alle Menschlichkeit ist in ihrem Wesen
sich gleich und hat zu ihrer Befriedigung nur eine Bahn. Darum wird die
Wahrheit, die rein aus dem Innersten
unsers Wesens geschöpft ist,
allgemeine Menschenwahrheit sein.
Johann Heinrich Pestalozzi, Die Abendstunde
eines Einsiedlers

Das Maß unserer Menschlichkeit
bestimmt sich wesentlich danach,
inwieweit wir über Worte verfügen, die
das Erleben und die Gefühlswelt von
Menschen auszudrücken vermögen.
Eugen Drewermann, An ihren Früchten
sollt ihr sie erkennen

Der Mensch kann nur das
an den Dingen erkennen,
was an ihnen menschlich ist.
Sully Prudhomme, Gedanken

Der Segen der Welt ist gebildete
Menschlichkeit, und nur durch sie
wirkt die Kraft der Erleuchtung und
der Weisheit und der innere Segen
aller Gesetze.
Johann Heinrich Pestalozzi, Die Abendstunde
eines Einsiedlers

Der wahrhaft Menschliche
ist schwerfällig in seiner Rede.
Konfuzius, Gespräche

Die Humanität ist streitbar von Beruf,
was nicht hindert, dass Friedlichkeit
ihr Wesen selbst ist.
Heinrich Mann

Die menschliche Natur ist unvollkommen, und darum wäre es merkwürdig,
würde man auf der Erde
einzig und allein Gerechte sehen.
Anton P. Tschechow, Briefe (14. Januar 1887)

Die Weiblichkeit soll
wie die Männlichkeit zur höhern
Menschlichkeit gereinigt werden.
Friedrich Schlegel, Über die Diotima

Ein Mensch bist du;
sei menschlich drum gesinnt.
Menandros, Monostichoi

Ein Mensch von hoher Gesinnung
und wahrer Güte wird nicht die Gesetze der Menschlichkeit verletzen,
um sein Leben zu retten;
er wird vielmehr sich selbst opfern,
um die Menschlichkeit zu wahren.
Konfuzius, Gespräche

Einem Menschen seine Menschenrechte verweigern bedeutet, ihn in
seiner Menschlichkeit zu missachten.
Nelson Mandela, Rede vor dem US-Kongress,
26. Juni 1990

Es kommt nicht nur darauf an,
was wir äußerlich in der Welt leisten,
sondern was wir menschlich geben,
in allen Lagen.
Albert Schweitzer, Was sollen wir tun? (Predigt,
3. Mai 1919)

Fein gedrechselte Worte
und ein wohlgefälliges Gebahren sind
selten Zeichen wahrer Menschlichkeit.
Konfuzius, Gespräche

Fest, entschlossen, schlicht und wortkarg – so kommt man nah der wahren
Menschlichkeit.
Konfuzius, Gespräche

Fünf Dinge muss man überall
unter dem Himmel üben,
um wahrhaft menschlich zu sein –
Höflichkeit, Großzügigkeit,
Verlässlichkeit, Beflissenheit, Milde.
Konfuzius, Gespräche

Höflichkeit
ist die Blüte der Menschlichkeit.
Wer nicht höflich genug,
ist auch nicht menschlich genug.
Joseph Joubert, Gedanken, Versuche und Maximen

Humanität besteht darin,
dass niemals ein Mensch
einem Zweck geopfert wird.
Albert Schweitzer

Humanität ist der Zweck
der Menschennatur, und Gott
hat unserm Geschlecht mit diesem
Zweck sein eigenes Schicksal
in die Hände gegeben.
Johann Gottfried Herder, Ideen zur Philosophie
der Geschichte der Menschheit

Ich bin ein Mensch,
nichts Menschliches ist mir fremd.
Terenz, Der Selbstquäler

Ich habe zu teuer dafür bezahlt,
dass ich ein Herz habe; es ist besser,
wenn man der Menschlichkeit entsagt.
Jean-Jacques Rousseau, Julie oder
Die neue Héloïse (Saint-Preux)

In menschlichen Angelegenheiten
spielt eine göttliche Macht mit.
Ovid, Briefe aus der Verbannung

Man muss sich besiegen lassen
und Menschlichkeit haben.
Molière, Scapins Schelmenstreiche (Scapin)

Meinen Erfahrungen nach
ist es immer am besten,
menschlich zu verfahren.
Harriet Beecher Stowe, Onkel Toms Hütte

Nur durch die Bildung
wird der Mensch, der es ganz ist,
überall menschlich und
von der Menschheit durchdrungen.
Friedrich Schlegel, Ideen

Tapferkeit
ist stets mit Menschlichkeit gepaart,
während der Feige
zur Grausamkeit neigt.
Karl Peltzer, An den Rand geschrieben

Wenn die Edlen im Lande mit
respektvoller Liebe ihre Verwandten
behandeln, wird sich im Volk
die Menschlichkeit entfalten.
Wenn sie ihre alten Freunde nicht vernachlässigen, wird das Volk auch nicht
mehr kaltherzig sein.
Konfuzius, Gespräche

Wo Menschlichkeit geboten ist,
steh nicht zurück –
selbst hinter deinem Lehrer.
Konfuzius, Gespräche

Messe

Das ehrwürdige Wort Messe,
in seinem deutschen Doppelsinn,
deutet auf den uralten Bund des Handels und der Kirche,
auf die noch ältere, auf die ewige Einheit des äußeren und inneren Daseins.
Adam Heinrich Müller, Vorlesungen

Ich sehe gern die Dorfbewohner
am Sonntag in der Messe schlafen.
Welch schönere Ehrung für Gott, als
nach den Mühen der Woche am Ruhetag einzuschlafen in seinem Schoß!
Théodore Jouffroy, Das grüne Heft

Paris ist eine Messe wert.
Heinrich IV., König von Frankreich, anlässlich seiner Konversion zum katholischen Glauben

Messen

Die Antwort auf die Kongressfrage
»Ist der Mensch messbar?« lautet:
ein bisschen, mit vielen Maßen.
Ludwig Marcuse, Argumente und Rezepte. Ein Wörter-Buch für Zeitgenossen

Miss zweimal, schneide einmal.
Sprichwort aus Tschechien

Wer andere mit sich selber misst,
hat ein Herz wie Buddha.
Chinesisches Sprichwort

Messer

Der Teufel weiß alles außer dem Platz,
wo Frauen ihre Messer schärfen.
Sprichwort aus Bulgarien

Die allzu scharfe Klinge wird schartig.
Sprichwort aus Frankreich

Ein Messer hält das andere
in der Scheide.
Sprichwort aus Italien

Ein Messer wetzt das andere.
Deutsches Sprichwort

Ein Prediger soll sich nicht wehren.
Darum nehm ich kein Messer
mit auf die Kanzel,
sondern allein auf den Weg.
Martin Luther, Tischreden

Liebe ist, dass du mir ein Messer bist,
mit dem ich in mir wühle.
Franz Kafka

Man muss über Nacht kein Messer
auf dem Tisch liegen lassen,
sonst kann man nicht schlafen.
Deutsches Sprichwort

Messias

Denn es wird mancher falsche Messias
und mancher falsche Prophet auftreten,
und sie werden große Zeichen
und Wunder tun, um, wenn möglich,
auch die Auserwählten irrezuführen.
Neues Testament, Matthäus 24, 24 (Jesus)

Der Messias wird erst kommen,
wenn es nicht mehr nötig sein wird.
Franz Kafka

Jeder Jüngling mag von sich denken,
er sei der Messias, aber er muss nicht
Messias sagen, sondern Messias tun.
Christian Morgenstern, Stufen

Metaphysik

Die allgemeinen und abstrakten Ideen
sind die Quellen der größten Irrtümer
der Menschen. Niemals hat das
Kauderwelsch der Metaphysik eine
einzige Wahrheit entdecken lassen.
Jean-Jacques Rousseau, Emile (Glaubensbekenntnis)

Die Beschäftigung mit metaphysischen
Problemen, deren eigentliches Wesen
gerade durch ihre Unlösbarkeit gegeben ist, gehört zu den Zwangsvorstellungen der Menschheit.
Eine Heilung ist umso schwieriger,
als Menschen im Allgemeinen kein
Bedürfnis nach Heilung haben.
Arthur Schnitzler, Buch der Sprüche und Bedenken

Die Metaphysik löst bestimmte
Schwierigkeiten nicht,
aber sie legt sie besser dar, indem sie
sie in ein helleres Licht rückt.
Die meisten Menschen sehen Flecken
im Mond; ein Teleskop lehrt,
sie zu zählen und zu zeichnen, ohne
uns Aufschluss über ihr Wesen geben
zu können. Die Metaphysik lehrt uns
also deutlicher sehen, das ist alles.
Antoine Comte de Rivarol, Maximen und Reflexionen

Dieser Endzweck, auf den die ganze
Metaphysik angelegt ist,
ist leicht zu entdecken und kann
in dieser Rücksicht eine Definition
derselben begründen:
»Sie ist die Wissenschaft, von der
Erkenntnis des Sinnlichen
zu der des Übersinnlichen
durch die Vernunft fortzuschreiten.«
Immanuel Kant, Welches sind die wirklichen Fortschritte?

Dispute über Metaphysik gleichen
luftgefüllten Ballons, die sich die
Streitenden gegenseitig zuwerfen.
Die Blasen platzen, die Luft entweicht,
und es bleibt nichts übrig.
Voltaire, Geschichte von Jenni

Es besteht kein Zweifel, dass das,
was wir Musik nennen,
teilhat am Metaphysischen.
Yehudi Menuhin, Kunst als Hoffnung für die Menschheit

Es wäre traurig, wenn man ein grundgelehrter Metaphysiker sein müsste,
um mit Sicherheit zu wissen,
dass Gott existiert.
Voltaire, Geschichte von Jenni

Gott, Freiheit und Seelenunsterblichkeit sind diejenigen Aufgaben,
zu deren Auflösung alle Zurüstungen
der Metaphysik, als ihrem letzten und
alleinigen Zwecke, abzielen.
Immanuel Kant, Kritik der Urteilskraft

Im Traum glaubte der Mensch
in den Zeitaltern roher uranfänglicher
Kultur eine zweite reale Welt kennen
zu lernen; hier ist der Ursprung aller
Metaphysik. Ohne den Traum hätte
man keinen Anlass zu einer Scheidung
der Welt gefunden.
Friedrich Nietzsche, Menschliches, Allzumenschliches

Konnte denn die Nadel dich nicht,
nicht der Hobel ernähren,
Dass mit Metaphysik stiehlst
ein abscheuliches Brot?
Johann Wolfgang von Goethe/Friedrich Schiller, Xenien

Methode

Gehalt ohne Methode
führt zur Schwärmerei;
Methode ohne Gehalt
zum leeren Klügeln;
Stoff ohne Form
zum beschwerlichen Wissen,
Form ohne Stoff
zu einem hohlen Wähnen.
Johann Wolfgang von Goethe, Maximen und Reflexionen

Immer dasselbe tun,
wenn auch noch so gedankenlos –
endlich wird's eine Methode.
Marie von Ebner-Eschenbach, Aphorismen

Ist dies schon Tollheit,
so hat es doch Methode!
William Shakespeare, Hamlet (Polonius)

Jeder, der eine Zeit lang auf dem
redlichen Forschen verharrt, muss seine Methode irgendeinmal umändern.
Johann Wolfgang von Goethe, Maximen und Reflexionen

Methode ist List.
Oswald Spengler, Urfragen. Fragmente aus dem Nachlass

Zur Erforschung der Wahrheit
bedarf es notwendig der Methode.
René Descartes, Regeln zur Leitung des Geistes

Zur Methode wird nur der getrieben,
dem die Empirie lästig wird.
Johann Wolfgang von Goethe,
Maximen und Reflexionen

Michelangelo

Ich konnte nur sehen und anstaunen.
Die innere Sicherheit und Männlichkeit des Meisters, seine Großheit
geht über allen Ausdruck.
Johann Wolfgang von Goethe, Italienische Reise

Kennst du die Liebessonette von
Michelangelo? Da ist dieser harte,
riesenstarke Mann kinderweich.
Und er war ein Gefäß, das die Liebe
wohl fast sprengen konnte.
Paula Modersohn-Becker, Briefe (26. Januar 1901)

Miene

Deine Miene spricht aus,
was auch immer du verheimlichst.
Lucius Annaeus Seneca, Herkules auf dem Oeta

Die Miene zeigt den Charakter an.
Marcus Tullius Cicero, Über die Gesetze

Geistreiche Miene bei Männern entspricht ebenmäßigen Zügen bei Frauen: ein Grad von Vollkommenheit, den
die Nichtssagendsten erstreben dürfen.
Jean de La Bruyère, Die Charaktere

Migräne

Das Leiden, in dem die Frauen unzählige Hilfsmittel finden, ist die Migräne.
Diese Krankheit ist am leichtesten
von allen zu spielen; bei ihr
gibt es keine äußeren Symptome,
und deine Frau braucht nur zu sagen:
Ich habe Migräne.
Honoré de Balzac, Physiologie der Ehe

Die Migräne allein genügt einer Frau,
um ihren Gatten zur Verzweiflung
zu treiben. Die Migräne befällt
eine Frau, wann sie will, wo sie will,
solange sie will.
Honoré de Balzac, Physiologie der Ehe

O Migräne, Meisterin der Gaukelei!
O Migräne, Meisterin der Verstellung!
Gebenedeit sei das Hirn, das dich
zuerst ersann! Schande dem Arzt, der
ein Mittel gegen dich erfinden würde!
Honoré de Balzac, Physiologie der Ehe

Mikroskop

Mikroskope und Fernrohre verwirren
eigentlich den Menschensinn.
Johann Wolfgang von Goethe,
Maximen und Reflexionen

Nachdem man in der zweiten Hälfte
des siebzehnten Jahrhunderts
dem Mikroskop so unendlich viel
schuldig geworden war,
so suchte man zu Anfang
des achtzehnten Jahrhunderts
dasselbe geringschätzig zu behandeln.
Johann Wolfgang von Goethe,
Maximen und Reflexionen

Milch

Nichts wird saurer wie Milch.
Sprichwort aus England

Süße Milch soll man vor Katzen hüten.
Deutsches Sprichwort

Milde

Allzu mild hilft zur Armut.
Deutsches Sprichwort

Des Königs Milde zeugt Verwegenheit.
Johann Wolfgang von Goethe, Die natürliche Tochter (Herzog)

Die Gewalt besitzt nicht halb so viel
Macht wie die Milde.
Samuel Smiles, Charakter

Die Milde ziemt dem Weibe,
dem Manne ziemt die Rache.
Friedrich von Bodenstedt, Mirza Schaffy

Du musst streng sein gegen dich selber,
um das Recht auf Milde
gegen andere zu haben.
Dag Hammarskjöld, Zeichen am Weg

Kein Starker zieht gegen
weibliche Milde in den Krieg;
so wie der sanfte Mondschein
nach der Regel keine Gewitter zulässt,
wohl aber der glühende Sonnenschein.
Jean Paul, Levana

Man muss zugeben, dass Gott
die Frauen nur erschaffen hat,
um die Männer milde
und zugänglich zu stimmen.
Voltaire, Der ehrliche Hurone

Mehr wirket Mild' als Ungestüm.
Jean de La Fontaine, Fabeln

Milde, die auf die Stärke folgt,
ist eine Milde, die sich
ihrer vergangenen Stärke bewusst ist.
Joseph Joubert, Gedanken, Versuche und Maximen

Milde ist besser als Gerechtigkeit.
Luc de Clapiers Marquis de Vauvenargues,
Reflexionen und Maximen

Mut des Schwachen, Milde des Starken
– beide anbetungswürdig!
Marie von Ebner-Eschenbach, Aphorismen

Nichts steht dem Menschen besser
als Leutseligkeit und Milde.
Terenz, Die Brüder

Nur Milde macht uns den Göttern
ebenbürtig.
Claudius Claudianus, De quarto consulatu
honorii Augusti

Solange es geht, muss man Milde
walten lassen, denn jeder
kann sie brauchen.
Theodor Fontane, Frau Jenny Treibel

Und doch gibt es auch ein Übermaß
der Milde und Versöhnlichkeit:
wenn man zum Beispiel nicht zürnt,
wenn man geschlagen wird.
Aristoteles, Eudemische Ethik (vgl. Neues Testament:
Matthäus 5, 39)

Milieu

Das Leben hat mich gelehrt, dass alles
auf die Menschen ankommt, nicht
auf die so genannten Verhältnisse.
Theodor Fontane, Briefe

Es ist doch so, dass wir,
indem wir selbst besser werden,
auch das Milieu verbessern.
Fjodor M. Dostojewski, Tagebuch eines Schriftstellers

Es wäre wirklich Zeit, endlich aufzuhören, die Schuld apathisch auf das
»Milieu« abzuwälzen. Es ist allerdings
wahr, dass es vieles erstickt, alles aber
kann es uns doch niemals nehmen.
Und wie oft hat ein geriebener und
sachverständiger Schurke nicht nur
seine Schwächen, sondern selbst
seine größten Gemeinheiten mit dem
Einfluss des »Milieus« äußerst
gewandt zu verdecken und sogar zu
rechtfertigen gewusst.
Fjodor M. Dostojewski,
Aufzeichnungen aus einem Totenhaus

Militär

Das Militär ist eine Pflanze,
die man sorgfältig pflegen muss,
damit sie keine Früchte trägt.
Jacques Tati

Die Übung im Kriegswesen darf nicht
in der Absicht betrieben werden,
unschuldige Völker zu unterwerfen,
sondern in erster Linie, um selbst
nicht anderen dienen zu müssen.
Aristoteles, Älteste Politik

Die Vorbereitung zur Schlacht
ist Hauptaufgabe
der militärischen Ausbildung.
Helmuth Graf von Moltke, Verordnungen
für die höheren Truppenführer (24. Juni 1869)

Eine Armee ist bestimmt dann ganz
demokratisch, wenn ein Oberleutnant
damit rechnen muss,
dass sein Rekrut von heute
sein Bürovorsteher von morgen ist.
Dwight David Eisenhower

Eine Armee ohne Kultur
ist eine unwissende Armee,
und eine unwissende Armee
kann vom Feind besiegt werden.
Mao Tse-Tung

Große Männer haben sich meistens auf
dem Freiheits-Forum, in Kreuzschulen,
in wissenschaftlichen Friedens-,
nicht in Kriegsschulen entfaltet.
Jean Paul, Dämmerungen für Deutschland

Militaristen sind Leute,
die gerne schießen,
vor allem ins Kraut.
Joachim Ringelnatz

Wer einen Staat verteidigen will, muss
ihn verteidigungswürdig machen.
Jean Monnet

Minderheit

Alles Große und Gescheite
existiert in der Minorität.
Johann Wolfgang von Goethe, überliefert von Johann
Peter Eckermann (Gespräche mit Goethe)

Die besten und dauerhaftesten Werke
wurden in der Öde
der Minorität vollbracht.
Mahatma Gandhi

Die Minorität hat immer Recht.
Henrik Ibsen, Ein Volksfeind

Minderheiten sind die Mehrheiten
der nächsten Generation.
Jean-Paul Sartre

Minderheiten sind die Sterne
des Firmaments; Mehrheiten sind
das Dunkel, in dem sie fließen.
Martin Henry Fischer

Wer sich im kleinsten Lager befindet,
der ist in der stärksten Schule.
Gilbert Keith Chesterton, Aphorismen und Paradoxa

Wo die Majorität entscheidet, herrscht
die Kraft über die Form, umgekehrt,
wo die Minorität die Oberhand hat.
Novalis, Fragmente

Minderwertigkeit

Das Schlechte an
den Minderwertigkeitskomplexen ist,
dass die falschen Leute sie haben.
Jacques Tati

Eitelkeit ist die bekannteste Kulisse vor
dem Leid der Minderwertigkeit.
Ludwig Marcuse, Argumente und Rezepte.
Ein Wörter-Buch für Zeitgenossen

Mindestens die Hälfte der Leute,
die wegen eines Minderwertigkeitskomplexes behandelt werden, könnten
sich das Geld für den Psychiater
sparen. Sie haben keinen Komplex –
sie sind minderwertig.
Robert Lembke, Steinwürfe im Glashaus

Minister

Das »Frühlingslied« von Uhland oder
eine Strophe von Paul Gerhardt
ist mehr wert als tausend
Ministerialreskripte.
Theodor Fontane, Briefe

Der Minister des Äußern
Kann sich nicht äußern;
Der Minister des Innern
Kann sich nicht erinnern;
Der Minister des Krieges
Ist nicht der des Sieges;
Nach dem Minister der Finanzen
Muss alles tanzen!
Franz Grillparzer, Sprüche und Epigramme

Die größten Minister
sind oft die gewesen, die am weitesten
vom Ministerium geboren waren.
Luc de Clapiers Marquis de Vauvenargues,
Unterdrückte Maximen

Erst das Alter verhärtet gewöhnlich
das Herz der Minister.
Voltaire, Der ehrliche Hurone

Es hat Minister gegeben, die Volk und
König gegen sich hatten und die ihre
großen Pläne einsam durchführten.
Johann Wolfgang von Goethe, überliefert von Johann
Peter Eckermann (Gespräche mit Goethe)

Minister fallen wie Butterbrote:
gewöhnlich auf die gute Seite.
Ludwig Börne, Aphorismen

Nur der Minister
ermahnt den Herrscher,
nicht der Herrscher den Minister.
Chinesisches Sprichwort

Was für ein Schauspiel für einen
Kariben, wenn er die mühsame und
von anderen beneidete Arbeit eines
europäischen Staatsministers sehen
könnte. Wie viel Mal lieber wird dieser
träge Wilde nicht eines grausamen
Todes sterben, als ein so gräuliches
Leben führen wollen, das oft nicht
einmal durch das Vergnügen,
wohl zu tun, versüßt wird?
Jean-Jacques Rousseau, Über den Ursprung
und die Grundlagen der Ungleichheit

Was ist ein Minister anders,
als das Haupt einer Partei,
die er zu beschützen hat
und von der er abhängt?
Johann Wolfgang von Goethe, Briefe (an Zelter,
3. Februar 1832)

Wenn die Dummköpfe aus ihren
Ämtern ausscheiden, so bewahren sie,
ob Minister oder Kommis,
eine lächerliche Dünkelhaftigkeit
und Wichtigkeit.
Chamfort, Maximen und Gedanken

Wer die Gunst eines Ministers erlangen will, muss ihn lieber mit einem
traurigen als mit einem heiteren
Gesicht ansprechen. Man sieht ungern
andere glücklicher, als man selber ist.
Chamfort, Maximen und Gedanken

Wie mancher König
wird durch seinen Minister,
wie mancher Minister
durch seinen Sekretär regiert!
Johann Wolfgang von Goethe,
Die Leiden des jungen Werthers

Wie viele Freunde,
wie viele Verwandte erstehen
dem neuen Minister über Nacht!
Jean de La Bruyère, Die Charaktere

Missbrauch

Der erste geduldete Missbrauch
führt einen andern herbei,
und diese Kette endet erst
mit der Umkehrung aller Ordnung
und der Verachtung aller Gesetze.
Jean-Jacques Rousseau, Emile

Der Missbrauch unserer Fähigkeiten
macht uns unglücklich und böse.
Jean-Jacques Rousseau, Emile

Die Kraft missbrauchen bringt Verfall.
Lao-tse, Dao-de-dsching

Ehe man einen Missbrauch angreift,
muss man überlegen, ob man
seine Grundlagen zerstören kann.
Luc de Clapiers Marquis de Vauvenargues, Reflexionen
und Maximen

Fast alles, was wir Missbrauch nennen,
war ein Heilmittel
in politischen Einrichtungen.
Joseph Joubert, Gedanken, Versuche und Maximen

Gerade zum Aufseher des Korn-
speichers ernannt, kocht er nun
die ganze Nacht im Kessel Reis.
Chinesisches Sprichwort

Missbrauch gibt es nicht nur
bei den Leistungen für Arbeitnehmer.
Norbert Blüm, Unverblümtes von Norbert Blüm

Missbrauch lehrt den rechten Brauch.
Deutsches Sprichwort

Missbrauch treiben
kann man nur mit dem, was gut ist.
Michel Eyquem de Montaigne, Die Essais

Unvermeidliche Missbräuche
sind Naturgesetze.
Luc de Clapiers Marquis de Vauvenargues,
Reflexionen und Maximen

Vom Weibe denkt gemein
und urteilt streng
Ein jeder, der es viel missbraucht hat.
Robert Hamerling, Ahasverus in Rom

Wir sollen nicht verwerfen der Alten
Ordnungen, sondern ihre Missbräuche.
Johannes Aventinus, überliefert bei Julius Wilhelm
Zincgref (Apophthegmata)

Misserfolg

Alle, die im Leben nichts erreicht
haben, sind ins Hintertreffen geraten,
weil sie moralisch gewesen sind.
August Strindberg, Der Sohn der Magd

Der Lauf der Welt
ist die Entschuldigung für alle,
die selber nicht weiterkommen.
Heinrich Waggerl, Nachlass

Die Menschen erwerben sich ihre
besten Erfahrungen durch Erinnerung
an die Misserfolge, die sie im Verkehr
mit anderen und sonst im Leben
erlitten haben.
Samuel Smiles, Charakter

Ein Satz mit X: Das war wohl nix!
Sprichwort aus dem Ruhrgebiet

Es gerät nicht alles
und missrät nicht alles.
Deutsches Sprichwort

Misserfolg ist eine Chance, es
beim nächsten Mal besser zu machen.
Henry Ford, Mein Leben und Werk

Um uns für unsere Faulheit zu bestrafen, gibt es außer unserem Misserfolg
immer noch die Erfolge der anderen.
Jules Renard, Ideen, in Tinte getaucht.
Aus dem Tagebuch von Jules Renard

Wer auf zwei Stühlen sitzen will,
fällt oft mitten durch.
Deutsches Sprichwort

Missfallen

Die Zuversicht zu gefallen,
ist oft ein Mittel,
unfehlbar zu missfallen.
François de La Rochefoucauld, Unterdrückte Maximen

Wenn mir eine Sache missfällt, so lass
ich sie liegen oder mache sie besser.
Johann Wolfgang von Goethe,
Maximen und Reflexionen

Missgeschick

Denn offenbar ertragen
die meisten Menschen ein großes Maß
an Missgeschick aus Lust am Leben,
als ob diesem selbst ein natürliches
süßes Glück innewohnte.
Aristoteles, Älteste Politik

Denn still zu dulden
lehrt mich mein Missgeschick,
Des Lebens lange Dauer
und ein edler Sinn.
Sophokles, Ödipus auf Kolonos (Ödipus)

Der Gedanke, dass jedes Missgeschick
außerordentlich häufig vorkommt,
nimmt ihm die Bedenklichkeit.
Stendhal, Vom Versagen

Wenn einer, was das Leben mit sich
bringt, nicht zu tragen weiß,
nennt er es Missgeschick, was doch
sein Charakter verschuldet hat.
Menandros, Fragmente

Wenn große Menschen
unter der Dauer ihres Missgeschicks
zusammenbrechen, so zeigt dies, dass
sie es bisher nicht durch ihre Seelenstärke, sondern bloß durch ihren Ehrgeiz ertragen haben, und dass sich
Helden von den anderen Menschen
nur durch ihre Eitelkeit unterscheiden.
François de La Rochefoucauld, Reflexionen

Missgunst

Der Wohlwollende
fürchtet Missgunst nicht.
Marie von Ebner-Eschenbach, Aphorismen

Die Missgunst der Schwiegereltern
kann eine Frau noch ertragen,
nicht aber die Missgunst des Mannes.
Chinesisches Sprichwort

Missgunst ist Hass, insofern er
den Menschen so affiziert, dass er sich
über das Glück eines anderen betrübt
und sich dagegen über das Unglück
eines anderen freut.
Baruch de Spinoza, Ethik

Missgunst und Neid
hat Engel zum Fall gebracht.
Heinrich Heine

Wenn die Missgunst aufhören muss,
fremdes Verdienst zu leugnen,
fängt sie an, es zu ignorieren.
Marie von Ebner-Eschenbach, Aphorismen

Mission

Was predigt ihr den Wilden?
Tut Not, erst die Gebildeten zu bilden.
Eduard von Bauernfeld, Poetisches Tagebuch

Wie erstaunlich ist der Wahnwitz
jener Missionare, die, um »Wilden«
Zivilisation und Bildung zu bringen,
sie ihren Kirchenglauben lehren.
Leo N. Tolstoi, Tagebücher (1910)

Wir sind auf einer Mission. Zur
Bildung der Erde sind wir berufen.
Novalis, Blütenstaub

Misstrauen

Äußerstes Misstrauen ist so schädlich
wie das Gegenteil. Die meisten Menschen werden nutzlos für den, der das
Risiko, hintergangen zu werden,
nicht mehr auf sich nehmen will.
Luc de Clapiers Marquis de Vauvenargues,
Reflexionen und Maximen

Besser sterben als leben,
wenn man nicht bloß vor den Feinden,
sondern auch vor den Freunden
in stetem Misstrauen leben muss.
Dion von Syrakus, überliefert bei Plutarch
(König- und Feldherrnsprüche)

Das Misstrauen gegen den Geist
ist Misstrauen gegen den Menschen
selbst, ist Mangel an Selbstvertrauen.
Heinrich Mann, Geist und Tat

Das Misstrauen ist eine Harpyie,
die sich gierig über das Göttermahl
der Begeisterung wirft und es besudelt
mit unreiner Erfahrung und gemeiner
Klugheit.
Karoline von Günderode, Briefe (an Clemens Brentano,
10. Juni 1804)

Das Misstraun ist
die schwarze Sucht der Seele,
Und alles,
auch das Schuldlosreine, zieht
Fürs kranke Aug' die Pracht
der Hölle an.
Heinrich von Kleist, Die Familie Schroffenstein
(Sylvester)

Dem Stammelnden ist nicht zu trauen.
Deutsches Sprichwort

Der am unrechten Ort vertraute, wird
dafür am unrechten Ort misstrauen.
Marie von Ebner-Eschenbach, Aphorismen

Einem Schmeichler und einem Wolf
ist nicht zu trauen.
Deutsches Sprichwort

Es nimmt kein Schlachter
dem andern eine Wurst ab.
Deutsches Sprichwort

Frauen misstrauen Männern im Allgemeinen zu sehr und im Besonderen zu wenig.
Gustave Flaubert, Briefe (an Louise Colet, 8. Oktober 1852)

Glaube weder dem Schwein im Garten noch dem Wolf im Schafstall!
Chinesisches Sprichwort

Heftigen Ehrgeiz und Misstrauen habe ich noch allemal beisammen gesehen.
Georg Christoph Lichtenberg, Sudelbücher

Immer zu misstrauen, ist ein Irrtum, wie immer zu trauen.
Johann Wolfgang von Goethe, Lila (Magus)

Jedem will ich Misstrauen verzeihen, nur dir nicht; denn für dich tat ich alles, um es dir zu benehmen.
Heinrich von Kleist, Briefe (an Wilhelmine von Zenge, 13.–18. September 1800)

Man sollte sehr misstrauisch gegen Bücher sein.
Voltaire, Der Mann mit den vierzig Talern

Misstrau dem Menschen, der den Geschmack von Quark, den Geruch von Klee und den Gesang der Vögel nicht liebt.
Sprichwort aus Indien

Misstraue dem Mann, der will, dass man ihm applaudiert, und misstraue dem Mann, der wünscht, dass man ihn auspfeift.
Jean Cocteau, Hahn und Harlekin

Misstraue den Ersten.
Günther Anders, Die Antiquiertheit des Menschen. Bd. 2

Misstrauen bringt weiter als Zutrauen.
Deutsches Sprichwort

Misstrauen kommt nie zu früh, aber oft zu spät.
Johann Gottfried Seume, Apokryphen

Misstrauen rechtfertigt den Betrug.
François de La Rochefoucauld, Reflexionen

Misstrauen reißt Abgründe auf, die vielleicht überbrückt, aber nie wieder zugeworfen werden können.
Heinrich Waggerl, Aphorismen

Misstrauische Leute sind nicht redlich.
Niccolò Machiavelli, Clizia

Nur den aufrichtigen Leuten misstraue ich.
Francis M. de Picabia, Aphorismen

Schönem Wetter und Fürstenlächeln ist nicht zu trauen.
Deutsches Sprichwort

Sehr klugen Personen fängt man an zu misstrauen, wenn sie verlegen werden.
Friedrich Nietzsche, Jenseits von Gut und Böse

Seinen Freunden zu misstrauen, ist schimpflicher, als von ihnen betrogen zu werden.
François de La Rochefoucauld, Reflexionen

Stelle niemanden ein, dem du misstraust, aber wen du eingestellt, dem misstraue nicht.
Chinesisches Sprichwort

Über Misstrauen hingegen sollten wir uns nicht erzürnen: Denn in demselben liegt ein Kompliment für die Redlichkeit, nämlich das aufrichtige Bekenntnis ihrer großen Seltenheit.
Arthur Schopenhauer, Aphorismen zur Lebensweisheit

Vorsicht und Misstrauen sind gute Dinge, nur sind auch ihnen gegenüber Vorsicht und Misstrauen nötig.
Christian Morgenstern, Stufen

Wenn einem Vermittler beide Parteien misstrauen, ist das nicht schlecht. Wenn ihm beide vertrauen, ist das noch besser.
Gunnar Harring

Wer selbst misstrauisch ist, verdient der viel Vertrauen?
Johann Wolfgang von Goethe, Die Mitschuldigen (Alcest)

Wer vertraut, wird nur manchmal betrogen; wer misstraut, in beiden Falle: Wenn man ihn betrügt, und er es weiß – so gut wie wenn man ihn nicht betrügt, und er sich betrogen glaubt.
Arthur Schnitzler, Aphorismen und Betrachtungen aus dem Nachlass

Missverständnis

Das Missverständnis ist die diplomatische Form der Ausrede.
Lothar Schmidt

Der große Erfolg ist oft nur ein glückliches Missverständnis.
Darius Milhaud

Die meisten Missverständnisse auf Erden beruhen auf sprachlichen Missverständnissen.
Michel Eyquem de Montaigne, Die Essais

Die Sprache ist die Quelle aller Missverständnisse.
Antoine de Saint-Exupery

Glück ist meistens ein beseligendes Missverständnis.
Hannelore Schroth

Niemand würde gern in Gesellschaften sprechen, wenn er sich bewusst wäre, wie oft er die andern missversteht.
Johann Wolfgang von Goethe, Die Wahlverwandtschaften

Ruhm ist nichts weiter als die Summe der Missverständnisse, die sich um einen Namen sammeln.
Rainer Maria Rilke

Verwirrungen und Missverständnisse sind die Quellen des tätigen Lebens und der Unterhaltung.
Johann Wolfgang von Goethe, Unterhaltungen deutscher Ausgewanderten

Wie viel Missverständnisse können die Welt verwirren, wie viel Umstände können dem größten Fehler Vergebung erflehen?
Johann Wolfgang von Goethe, Wilhelm Meisters Lehrjahre

Mist

Auf seinem eigenen Misthaufen ist der Hahn der Mächtigste.
Lucius Annaeus Seneca, Verkürbissung

Das ist nicht auf seinem Mist gewachsen.
Deutsches Sprichwort

Der einzige Mist, auf dem nichts wächst, ist der Pessimist.
Theodor Heuss

Der Optimist und der Pessimist haben einen gemeinsamen Nenner: Den Mist.
Carl Fürstenberg

Jeder Misthaufen ist das Zentrum der Welt, wenn der richtige Hahn drauf kräht.
Wolf Biermann

Kräht der Hahn auf dem Mist, ändert sich das Wetter, oder es bleibt wie es ist.
Deutsches Sprichwort

Mist auf dem Rock ist Schmutz, Mist auf dem Feld ist Dung.
Chinesisches Sprichwort

Mitarbeiter

Ein gescheiter Mann muss so gescheit sein, Leute anzustellen, die viel gescheiter sind als er.
John F. Kennedy

Es gibt zwei Arten von Mitarbeitern,
aus denen nie etwas Richtiges wird:
Diejenigen, die nie tun, was man ihnen
sagt, und diejenigen, die nur tun,
was man ihnen sagt.
Christopher Morley

Geselligkeit lag in meiner Natur;
deswegen ich bei vielfachem Unternehmen mir Mitarbeiter gewann
und mich ihnen zum Mitarbeiter bildete und so das Glück erreichte,
mich in ihnen und sie in mir
fortleben zu lassen.
Johann Wolfgang von Goethe,
Maximen und Reflexionen

Man ist schlecht beraten, wenn man
nur mit Leuten zusammenarbeitet,
die nie widersprechen.
Ludwig Rosenberg

Man soll sich nur auf etwas stützen,
was Widerstand leistet.
Lothar Schmidt

Mitgefühl

Im Grad der Tiefe unsres Selbstgefühls
liegt auch der Grad des Mitgefühls mit
andern: Denn nur uns selbst können
wir in andre gleichsam hineinfühlen.
Johann Gottfried Herder, Vom Erkennen und Empfinden der menschlichen Seele

In dem modernen Mitgefühl mit dem
Schmerz liegt etwas furchtbar Krankhaftes. Man sollte mit der Farbe,
mit der Schönheit, mit der Freude
am Leben Mitgefühl haben.
Oscar Wilde, Das Bildnis des Dorian Gray

Mitfühlen wollen wir
mit unseren Freunden, nicht indem
wir jammern, sondern indem wir uns
um sie kümmern!
Epikur, Sprüche. In: Briefe, Sprüche, Werkfragmente

Tier fühlt mit Tier, warum sollte nicht
Mensch mit Menschen fühlen?
Johann Gottfried Herder, Vom Erkennen und
Empfinden der menschlichen Seele

Warum raubt uns der Drang nach
Wahrheit unser Mitgefühl, und warum
gibt der Drang nach Überwindung der
Leidenschaften es uns wieder?
William Butler Yeats, Synges Tod

Mitgift

Des Weibes große Gift
ist recht des Mannes Gift,
Das nicht den Leib so sehr
als seine Freiheit trifft.
Friedrich von Logau, Sinngedichte

Ein guter Name, die schönste Mitgift.
Deutsches Sprichwort

Eine große Mitgift
ist die Tugend der Eltern.
Horaz, Lieder

Eine sparsame und fleißige Frau wird
einem Haushalt von größerem Nutzen
sein als die Tochter eines Geldmannes,
die für überflüssige Dinge
mehr ausgibt, als sie ihrem Mann
eingebracht hat.
Voltaire, Der Mann mit den vierzig Talern

Für die Mitgift habe ich meine Eigenmächtigkeit verkauft.
Titus Maccius Plautus, Eselskomödie

Heirate nicht die Mitgift,
sondern die Frau.
Menandros, Monostichoi

Mit gift'gem Weib
ist lebenslang gequält,
Wer sich ein Weib
der Mitgift wegen wählt;
Denn Gift bleibt Gift,
von welcher Art es sei,
Und solche Hochzeit ist Giftmischerei.
August Heinrich Hoffmann von Fallersleben, Mitgift

Niemand arbeitet so hart für sein Geld,
wie der, der es geheiratet hat.
Kin Hubbard

Oft wird in der Ehe
eine allzu große Mitgift zum Unheil.
Decimus Magnus Ausonius, Technopaegnion

Welch nützliche, löbliche Sitte,
ein Drittel der Mitgift, die eine Frau
zubringt, für den Hochzeitsaufwand
zu verschwenden!
Jean de La Bruyère, Die Charaktere

Mitgliedschaft

Die Mitgliedschaft in einem angesehenen Club ist begehrt, denn sie bietet
die Möglichkeit, sich mit anderen
Menschen zu schmücken.
Lothar Schmidt

Ein einziges Glied, das in einer großen
Kette bricht, vernichtet das Ganze.
Johann Wolfgang von Goethe,
Wilhelm Meisters Wanderjahre

Ich würde niemals
einem Verein beitreten,
der mich als Mitglied aufnähme.
Groucho Marx

Vereine fördern
die Bestrebungen ihrer Mitglieder
und stören die der anderen.
Robert Musil

Mitläufertum

Man kann eine Aktion
nicht erfolgreicher bekämpfen
als durch Eintreten für die Mitläufer,
die sie kompromittieren.
Ludwig Marcuse, Argumente und Rezepte.
Ein Wörter-Buch für Zeitgenossen

Mitgegangen, mitgefangen,
mitgehangen.
Deutsches Sprichwort

Mitleid

Aus dem Mitleid mit anderen erwächst
die feurige, die mutige Barmherzigkeit;
aus dem Mitleid mit uns selbst
die weichliche, feige Sentimentalität.
Marie von Ebner-Eschenbach, Aphorismen

Aus Mitleid wird die Liebe oft geboren,
Folgt Mitleid, ist die Liebe bald verloren.
Detlev von Liliencron, Poggfred

Beim Anblick des Leidens eines Mitmenschen gerührt zu sein,
gilt als schön und verdienstvoll,
doch die Rührung scheint nur ein
Reflex zu sein. Man verlegt das Leiden
des anderen in sich selbst, und wofür
man leidet, ist das eigene Ich.
August Strindberg, Der Sohn der Magd

Das Mitleid des Henkers
liegt im sicheren Hieb.
Ernst Jünger

Das Mitleid des Schwächlings ist ein
Licht, das nicht wärmt.
Marie von Ebner-Eschenbach, Aphorismen

Das Mitleid ist die natürliche Grundlage für die soziale Tugend des tätigen
Wohlwollens, aber keineswegs ist es
selber eine Tugend.
Friedrich Paulsen, System der Ethik

Die Leute haben Mitleid mit anderen
nur in dem Maße, wie sie Mitleid
mit sich selbst hätten.
Jean Giraudoux, Der Trojanische Krieg
findet nicht statt

Die Liebe allein
hätte vielleicht meiner geschont;
mein Verderben war das Mitleid.
Jean-Jacques Rousseau, Julie oder
Die neue Héloïse (Julie)

Dies ist die zweite Stufe der Wahrheit:
Man erforscht die Nöte der anderen
aus den eigenen und versteht es,
infolge der eigenen Leiden,
mit dem Leidenden Mitleid zu fühlen.
Bernhard von Clairvaux, Die Stufen der Demut
und des Stolzes

Einen Gegenstand, den wir bemitleiden,
werden wir, so viel wir können,
von seinem Elend zu befreien versuchen.
Baruch de Spinoza, Ethik

Es gibt Fälle, wo das Mitleiden stärker
ist als das Leiden.
Friedrich Nietzsche, Menschliches, Allzumenschliches

Es müsste doch so sein, dass jeder
Mensch wenigstens eine Stelle hätte,
wo man auch mit ihm Mitleid hätte.
Fjodor M. Dostojewski, Schuld und Sühne

Gesundheit und Reichtum bringen den
Menschen um die Erfahrung des Leids
und machen sie hart gegen ihresgleichen; wer selbst schon mit Elend
beladen ist, nimmt aus Mitleid
tieferen Anteil am fremden Unglück.
Jean de La Bruyère, Die Charaktere

Gewiss, Lügner haben ein so großes
Bedürfnis zu lügen, dass man zuletzt
Mitleid hat und ihnen hilft.
Jules Renard, Ideen, in Tinte getaucht.
Aus dem Tagebuch von Jules Renard

Ich wollte, man würde einsehen,
dass die Grenzen des Mitleids nicht
dort liegen, wo die Welt sie zieht.
Vincent van Gogh, Briefe

In der vergoldeten Scheide
des Mitleids steckt mitunter
der Dolch des Neides.
Friedrich Nietzsche, Menschliches, Allzumenschliches

Lieber beneidet als bemitleidet werden.
Sprichwort aus Frankreich

Man muss eine starke Kraft
der Einbildung haben,
um Mitleid haben zu können.
Friedrich Nietzsche, Menschliches, Allzumenschliches

Man muss sich dazu erziehen,
an sich selbst wie an einen Fremden
zu denken; und mit anderen Mitleid
zu haben wie mit sich selbst.
Leo N. Tolstoi, Tagebücher (1909)

Man sollte lieber Neid
als Mitleid erregen.
Jacques Prevert

Man sollte Mitleid haben
mit denjenigen,
die sich alles erlauben können.
Jean Anouilh

Mitleid ist bei einem Menschen,
der nach der Leitung der Vernunft lebt,
an und für sich schlecht und unnütz.
Baruch de Spinoza, Ethik

Mitleid ist benachbart dem Leiden,
denn es hat etwas von ihm und zieht
etwas aus ihm.
Lucius Annaeus Seneca, Über die Milde

Mitleid ist die geringste sittliche Kraft,
weil Leiden das einzige Besitztum ist,
nach dem der Neid nicht trachtet.
Heinrich Waggerl, Wagrainer Bilderbuch

Mitleid ist legale Schadenfreude.
Hans Lohberger

Mitleid ist Liebe im Negligé.
Marie von Ebner-Eschenbach, Aphorismen

Mitleid ist nicht so zärtlich wie Liebe.
Luc de Clapiers Marquis de Vauvenargues,
Unterdrückte Maximen

Mitleid ist vielleicht nicht Liebe,
aber es kann dennoch sehr tief gehen.
Vincent van Gogh, Briefe

Mitleid mit anderen ist geschickte Voraussicht jener Übel, die auch uns
zustoßen könnten, also nur Mitleid
mit uns selbst.
François de La Rochefoucauld, Reflexionen

Mitleid ohne Hilfe
ist wie Senf ohne Rindfleisch.
Sprichwort aus England

Mitleiden aber ist der tiefste Abgrund:
so tief der Mensch in das Leben sieht,
so tief sieht er auch in das Leiden.
Friedrich Nietzsche, Also sprach Zarathustra

Mitleidig ist die ganze Welt,
Sobald nicht Eigennutz das Urteil fällt.
Karl Wilhelm Ramler, Fabellese

Nicht mitzuhassen,
mitzuleiden bin ich da.
Sophokles, Antigone (Antigone)

Nur das Tatenlose ist mitleidig.
Oswald Spengler, Urfragen.
Fragmente aus dem Nachlass

Oft beklagen wir das Unglück eines
Feindes mehr aus Hochmut
als aus Güte, denn wir lassen ihn
mit unserem Mitleid
nur unsere Überlegenheit fühlen.
François de La Rochefoucauld, Reflexionen

Ohne Mitleiden ist kein Mitfreuen.
Franz von Baader, Religiöse Erotik

Qualen jeglichem Geschöpfe
schenkt die gütige Natur,
Aber Mitleid und Erbarmen
blüht im Menschenherzen nur.
Carl Spitteler, Olympischer Frühling

Schließlich werde ich dir empfehlen,
niemals mit einem charaktervollen
Mann Mitleid zu haben:
Er kann nämlich unglücklich genannt
werden, nicht sein.
Lucius Annaeus Seneca, Über die Vorsehung

Von deinem eignen Schmerze
lern das Mitleid,
Denn so erwirbst du dir
der andern Mitleid.
Menandros, Fragmente

Von großer Macht ist Mitleid,
im Kampf verleiht es Sieg,
im Widerstand Festigkeit,
und wen der Himmel schützen will,
den schützt er
mit der Macht des Mitleids.
Lao-tse, Dao-de-dsching

Wenn man Mitleid fühlt,
so fragt man nicht erst andere Leute,
ob man es fühlen soll.
Georg Christoph Lichtenberg, Sudelbücher

Wie süß ist es, den Feind zu bemitleiden, den wir nicht mehr fürchten.
Pierre Corneille, Der Tod des Pompejus

Mitte

Alles Heil liegt mitteninne,
Und das Höchste bleibt das Maß.
Emanuel Geibel, Sprüche

Das Beste und Edelste ist
nach der richtigen Auffassung das,
was zwischen dem Übermaß
und dem Abmangel in der Mitte liegt,
und zwar bezogen auf uns selbst.
Aristoteles, Eudemische Ethik

Die Mitte der Nacht ist auch schon
der Anfang eines neuen Tages.
Papst Johannes Paul II.

Die Mittelstraß'n ist ein breiter Raum,
Die führt kommod talab,
Es wachst zwar drauf
kein Lorbeerbaum,
Doch auch kein Bettelstab.
Johann Nepomuk Nestroy, Weder Lorbeerbaum
noch Bettelstab

Die Tugend ist ein mittleres Verhalten,
darauf bedacht, die rechte Mitte
zu treffen.
Aristoteles, Nikomachische Ethik

Die wahre Mitte ist nur die, zu der
man immer wieder zurückkehrt von
den exzentrischen Bahnen der
Begeisterung und der Energie,
nicht die, welche man nie verlässt.
Friedrich Schlegel, Über die Philosophie

Die Wahrheit liegt
zwischen zwei Extremen,
aber nicht in der Mitte.
Moritz Heimann

In allen Dingen auf das Genaueste
die Mittelstraße zu halten,
zeugt von Geschicklichkeit.
Plutarch, Moralia

In der Mitte wirst du
am sichersten gehen.
Ovid, Metamorphosen

Mitteilung

Ein Vorsatz, mitgeteilt,
ist nicht mehr dein.
Johann Wolfgang von Goethe, Die natürliche Tochter
(König)

Man zeige keinerlei Wärme, die nicht
geteilt werden kann, nichts ist kälter,
als was sich nicht mitteilen lässt.
Joseph Joubert, Gedanken, Versuche und Maximen

Nicht selten findet man die Wahrheit
einer Mitteilung dort,
wo sie wie Klatsch aussieht.
Ludwig Marcuse, Argumente und Rezepte.
Ein Wörter-Buch für Zeitgenossen

Sich mitzuteilen ist Natur; Mitgeteiltes
aufzunehmen, wie es gegeben wird,
ist Bildung.
Johann Wolfgang von Goethe,
Maximen und Reflexionen

Wer aus einem inneren Triebe treulich-
liebevoll arbeitet und mitteilt, darf
an reiner Aufnahme nicht zweifeln.
Johann Wolfgang von Goethe, Briefe (an Rochlitz,
22. April 1822)

Mittel

Abscheuliche Mittel,
für gute Zwecke eingesetzt,
machen auch den Zweck abscheulich.
Anton P. Tschechow, Briefe (1. August 1892)

Allein kein Ding im ganzen Reiche
Gottes, kann ich mich doch
überreden!, ist allein Mittel –
alles Mittel und Zweck zugleich.
Johann Gottfried Herder, Auch eine Philosophie
der Geschichte zur Bildung der Menschheit

Bei einem Silberschmied lässt er sich
eine Hacke machen.
Chinesisches Sprichwort

Das Mittel kann den Zweck entheiligen.
Emil Gött, Zettelsprüche. Aphorismen

Der gemeine Mann hält bei seinem
Kirchengehen und Bibellesen
die Mittel für Zweck.
Georg Christoph Lichtenberg, Sudelbücher

Der Grund aller Verkehrtheit
in Gesinnungen und Meinungen ist –
Verwechslung des Zwecks
mit dem Mittel.
Novalis, Politische Aphorismen

Der Zweck heiligt das Mittel nicht.
Deutsches Sprichwort

Der Zweck heiligt die Mittel.
Deutsches Sprichwort

Die Mittel entheiligen den Zweck.
Erich Kästner, Kurz und bündig. Epigramme

Ich lebe; die Kunst ist ein Mittel,
sich zu erfreuen oder zu leben,
und das ist alles.
Robert Delaunay, in: (Katalog) Robert Delaunay
(Kunsthalle Baden-Baden 1976)

In weltlichen Dingen sind nur
zu betrachten die Mittel
und der Gebrauch.
Johann Wolfgang von Goethe,
Maximen und Reflexionen

Man wende die menschlichen Mittel
an, als ob es keine göttlichen,
und die göttlichen, als ob es keine
menschlichen gäbe.
Baltasar Gracián y Morales, Handorakel und Kunst
der Weltklugheit

Niemals heiligt der Zweck die Mittel,
wohl aber können die Mittel
den Zweck zu Schanden machen.
Martin Buber

Organisation ist kein Selbstzweck,
sondern nur Mittel zum Zweck. Sie ist
so sparsam wie möglich einzusetzen.
Helmut Kohl, Neue Chancen für Kreativität und Leistungsbereitschaft. In: Mitteilungen des Hochschulverbandes, 3. Juni 1986

Seit wann locken Mittel?
Löffel oder Gabel? Ziele locken.
Günther Anders, Lieben gestern.
Notizen zur Geschichte des Fühlens

Viele verwechseln
gar die Mittel und den Zweck,
erfreuen sich an jenem,
ohne diesen im Auge zu behalten.
Johann Wolfgang von Goethe, Zweck

Warum ein Ochsenmesser nehmen,
um ein Huhn zu schlachten.
Chinesisches Sprichwort

Wie schwer, den Zweck zu wollen
und die Mittel nicht zu verschmähen!
Johann Wolfgang von Goethe,
Die Wahlverwandtschaften

Zuweilen wird ein Baum gefällt,
um einen Spatz zu fangen.
Chinesisches Sprichwort

Mittelalter

Das Mittelalter
ist die Zeit der größten Leidenschaften.
Weder das Altertum noch unsere Zeit
hat diese Ausweitung der Seele.
Friedrich Nietzsche, Menschliches, Allzumenschliches

In der langen Nacht des Mittelalters
war Glaube der Nordschein.
Ludwig Börne, Der Narr im Weißen Schwan

Lasset Pfaffen, Weichlinge, Schwärmer
und Tyrannen aufstehen,
so viel da wollen:
Die Nacht der mittleren Jahrhunderte
bringen sie nicht mehr wieder.
Johann Gottfried Herder, Ideen zur Philosophie
der Geschichte der Menschheit

Wie viele Mängel das Mittelalter hatte,
es besaß eine gesunde Sinnlichkeit,
die einer kernhaften, lebensfrohen
Volksnatur entsprang.
August Bebel, Die Frau und der Sozialismus

Mittellosigkeit

Der wahre Märtyrer unserer Kultur
ist der gebildete Mensch,
der keine Mittel hat.
Isolde Kurz, Im Zeichen des Steinbocks

Nichts bringt größere Verlegenheit,
als stolz und mittellos geboren zu sein.
Luc de Clapiers Marquis de Vauvenargues,
Nachgelassene Maximen

Singen wird der mittellose Wanderer,
wenn er vor einem Räuber steht.
Juvenal, Satiren

Wer in seinen Mitteln
nicht wählerisch ist,
sollte es wenigstens
in seinen Zielen sein.
Gerd Gaiser

Mittelmäßigkeit

Ausdauer: eine niedere Tugend,
die der Mittelmäßigkeit
zu unrühmlichem Erfolg verhilft.
Ambrose Bierce

Das Merkmal geistiger Mittelmäßigkeit
ist die Sucht,
immer etwas zu erzählen.
Jean de La Bruyère, Die Charaktere

Das Mittelmäßige ist vortrefflich
für die Mittelmäßigen.
Joseph Joubert, Gedanken, Versuche und Maximen

Das Publikum fühlt sich am wohlsten,
wenn eine Mittelmäßigkeit zu ihm
redet.
Oscar Wilde

Dass du der Fehler schlimmsten,
die Mittelmäßigkeit, meidest,
Jüngling, so meide doch ja keinen
der andern zu früh!
Johann Wolfgang von Goethe/Friedrich Schiller,
Xenien

Der Unglücklichste muss derjenige sein,
der seine Mittelmäßigkeit erkennt; aber
dieser Zustand hat seine eigene Gnade:
Es gibt den nicht,
der seine Mittelmäßigkeit kennt.
Sully Prudhomme, Intimes Tagebuch

Die Aufgabe, ihr Volk zu vertreten,
fällt den Mittelmäßigen zu,
nicht den Genies.
Curzio Malaparte

Die Mittelmäßigkeit wägt immer richtig, nur ihre Maße sind falsch.
Moritz Heimann

Die Mittelmäßigkeit wiegt immer
richtig, nur ist ihre Waage falsch.
Anselm Feuerbach, Rom

Ein Mensch von mittelmäßigem Geist
ist ernst und steif; er lacht nicht, er
scherzt nie, er findet keinen
Geschmack an tändlerischem
Gespräch; gleich unfähig,
sich zu Großem zu erheben und, auch
nur zur Zerstreuung, mit Unbedeutendem vorlieb zu nehmen, versteht er
kaum, mit seinen Kindern zu spielen.
Jean de La Bruyère, Die Charaktere

Einige Dinge sind unerträglich,
wenn sie mittelmäßig sind:
Poesie, Musik, Malerei
und öffentliche Reden.
Jean de La Bruyère, Die Charaktere

Es gibt keinen größeren Trost
für die Mittelmäßigkeit, als dass
das Genie nicht unsterblich sei.
Johann Wolfgang von Goethe,
Maximen und Reflexionen

Gleichgültigkeit ist die Vergeltung
der Welt für Mittelmäßigkeit.
Oscar Wilde

Große Geister haben stets heftige
Gegnerschaft in den Mittelmäßigen
gefunden. Diese Letzteren nämlich
können es nicht verstehen, wenn ein
Mensch sich nicht gedankenlos den
ererbten Vorurteilen unterwirft,
sondern ehrlich und mutig seine
Intelligenz gebraucht und die Pflicht
erfüllt, die Ergebnisse seines Denkens
in klarer Form auszusprechen.
Albert Einstein, Über den Frieden

Höchstes Glück und tiefstes Unglück
vermag die Mittelmäßigkeit nicht
zu fühlen.
Luc de Clapiers Marquis de Vauvenargues,
Reflexionen und Maximen

Jeder Mensch, so weise er sich dünkt,
der mit der Anbetung des Erfolgs
beginnt, endet in der Mittelmäßigkeit.
Gilbert Keith Chesterton, Heretiker

Kein Wunder, dass wir uns alle mehr
oder weniger im Mittelmäßigen
gefallen, weil es uns in Ruhe lässt; es
gibt das behagliche Gefühl, als wenn
man mit seinesgleichen umginge.
Johann Wolfgang von Goethe,
Maximen und Reflexionen

Man behandelt das Mittelmäßige
mit Neigung, weil es das Niveau ist,
auf dem man steht.
Johann Wolfgang von Goethe, überliefert von Johann
Peter Eckermann (Gespräche mit Goethe)

Manchen Menschen
verhilft die Mittelmäßigkeit
ihres Geistes zur Weisheit.
Jean de La Bruyère, Die Charaktere

Mit viel praktischem Verstand
und wahren Gefühlen ist man
niemals mittelmäßig.
Joseph Joubert, Gedanken, Versuche und Maximen

Mittelmäßig und kriechend,
das ist der Weg zum Erfolg.
Pierre Augustin Caron de Beaumarchais,
Die Hochzeit des Figaro (Figaro)

Mittelmäßigkeit ist
von allen Gegnern der schlimmste,
Deine Verirrung, Genie,
schreibt sie als Tugend sich an.
Johann Wolfgang von Goethe/Friedrich Schiller,
Xenien

Nicht das Genie ist 100 Jahre seiner
Zeit voraus, sondern der Durchschnittsmensch ist um 100 Jahre
hinter ihr zurück.
Robert Musil

Nimm einem Durchschnittsmenschen
seine Lebenslüge, und du nimmst ihm
zugleich sein Glück.
Henrik Ibsen

Nur ein mittelmäßiger Mensch
ist immer in Hochform.
William Sommerset Maugham

Was eine Nation groß macht,
sind nicht in erster Linie
die großen Männer – es ist das Format
der Mittelmäßigen.
José Ortega y Gasset

Weder eine mittelmäßige Frau noch
einen mittelmäßigen Schriftsteller
kann man so loben,
wie sie es selbst tun.
Luc de Clapiers Marquis de Vauvenargues, Unterdrückte Maximen

Wir sind weniger gekränkt,
von Dummköpfen verachtet,
als von bedeutenden Menschen
auf Mittelmaß eingeschätzt zu werden.
Luc de Clapiers Marquis de Vauvenargues,
Reflexionen und Maximen

Mittelstand

Der Mittelstand ist eigentlich das
Gesundeste in einem Staatskörper. Aus
ihm müssen die Leute hervorgehen,
die den Staat um einer Idee willen
stützen und tragen.
Konrad Adenauer, auf dem CDU-Bundesparteitag
in Stuttgart, 1956

Dieser Mittelstand ist der eigentliche
Kern jedes Volkes.
Heinrich Zschokke, Ährenlese

Flexibilität und Anpassungsfähigkeit
–– sie sind nicht gerade das Merkmal
von Großunternehmen,
sie sind das Markenzeichen
von Handwerk und Mittelstand.
Helmut Kohl, Rede des Bundeskanzlers bei der
Meisterfeier der Handwerkskammer Düsseldorf, 1986

Im Mittelstand erkenne ich das
stärkste Bollwerk gegen den verderblichen Geist des Kollektivismus
und der Vermassung.
Konrad Adenauer, Interview mit dem Pressedienst
des Einzelhandels, 31. Oktober 1952

Leute in Dreizimmerwohnungen
erhalten den Staat. Die drunter
und drüber nutzen ihn aus.
Gottfried Benn, Brief an Oelze Nr. 151

Mancherlei Vorteile hat der Mittelstand, dort ist es wohl mir.
Phokylides, Fragmente

Mittelweg

Der Mittelweg ist oft
doppelt gefährlich.
Christian Dietrich Grabbe,
Napoleon oder die hundert Tage (Blacas)

In den meisten Dingen
ist der Mittelweg am besten.
Marcus Tullius Cicero, Von den Pflichten

In Gefahr und großer Not
Bringt der Mittelweg den Tod.
Friedrich von Logau, Sinngedichte

Mitternacht

Eine Stunde Schlaf vor Mitternacht
ist besser als zwei danach.
Deutsches Sprichwort

Um Mitternacht, wenn die Menschen
erst schlafen,
Auf Wiesen an den Erlen
Wir suchen unsern Raum
Und wandeln und singen
Und tanzen einen Traum.
Johann Wolfgang von Goethe, Gesang der Elfen

Mode

Alle, auch die Gescheiten, lassen sich
von der Mode beschwatzen und sich
innerlich und äußerlich blenden.
Michel Eyquem de Montaigne, Die Essais

Alles im Leben ist eine Modesache:
Gottesfurcht ist eine Modesache
und die Liebe und die Krinoline
und ein Ring in der Nase.
Søren Kierkegaard, Stadien auf dem Lebensweg

Bis in die Heilkunde hinein
herrscht die Mode!
Voltaire, Der ehrliche Hurone

Bringe der Mode, oder vielmehr
dem Geschmack die kleinen Opfer, die
er nicht ganz mit Unrecht von jungen
Mädchen fordert, arbeite an deinem
Putze, frage den Spiegel, ob dir die
Arbeit gelungen ist – aber eile mit dem
allen, und kehre so schnell als möglich
zu deinem höchsten Zwecke zurück.
Heinrich von Kleist, Briefe (an Wilhelmine von Zenge, 10./11. Oktober 1800)

Das Wilde ist so in Mode,
dass es schon wieder fade wirkt.
Jules Renard, Ideen, in Tinte getaucht.
Aus dem Tagebuch von Jules Renard

Denn an der Farbe lässt sich die
Sinnesweise, an dem Schnitt die
Lebensweise des Menschen erkennen.
Johann Wolfgang von Goethe,
Wilhelm Meisters Lehrjahre

Der gewöhnliche Kopf ist immer
der herrschenden Meinung und
der herrschenden Mode konform.
Georg Christoph Lichtenberg, Sudelbücher

Der Natur ist's nicht gewöhnlich,
Doch die Mode bringt's hervor.
Johann Wolfgang von Goethe, Faust II
(Phantasiekranz)

Der schlechte Geschmack gefällt,
sobald er Mode wird.
Félicien Marceau

Der Wechsel der Moden ist die Steuer,
die der Fleiß der Armen
der Eitelkeit der Reichen auferlegt.
Chamfort, Maximen und Gedanken

Die große Mode ist jetzt pessimistischer Optimismus: Es ist zwar
alles heilbar, aber nichts heil.
Ludwig Marcuse, Argumente und Rezepte.
Ein Wörter-Buch für Zeitgenossen

Die in Luxus und Wohlleben
Schwelgenden sind es,
welche die Mode angeben,
der die Herde so willig folgt.
Henry David Thoreau, Walden

Die lächerlichsten Moden können ein
Übergang zu etwas sein, was wir auf
keinem andern Wege gefunden hätten.
Georg Christoph Lichtenberg, Sudelbücher

Die Liebe zu den Moden zeugt von
schlechtem Geschmack, weil sich
die Gesichter nicht mit ihnen ändern.
Jean-Jacques Rousseau, Emile

Die Menschen sind so abhängig
geboren, dass selbst die Gesetze,
die ihre Schwachheit regieren, ihnen
nicht genügen. Das Schicksal
hat ihnen noch nicht genug Herren
gegeben, sie bedürfen noch der Mode,
die alles, selbst die Form der Schuhe,
vorschreibt.
Luc de Clapiers Marquis de Vauvenargues,
Nachgelassene Maximen

Die Mode beherrscht die Weiber in der
Provinz; die Pariserinnen aber
beherrschen die Mode, und jede weiß
sie zu ihrem Vorteile zu formen.
Jean-Jacques Rousseau, Julie oder Die neue Héloïse
(Saint-Preux)

Die Mode entstand, als Eva beschloss,
ihr Feigenblatt zu verkleinern.
Victorien Sardou

Die Mode ist das wichtigste Mittel
der Textilindustrie im Kampf gegen
die zunehmende Haltbarkeit der Stoffe.
Emilio Schuberth

Die Mode ist die älteste
Vergnügungssteuer der Welt.
Hans Kasper

Die Mode ist die Maßnahme, die die
Industrie verwendet, um ihre eigenen
Produkte ersatzbedürftig zu machen.
Günther Anders, Die Antiquiertheit des Menschen.
Bd. 2

Die Mode ist ein Befehl,
den sich die Frauen wünschen.
Senta Berger

Die Mode ist eine charmante Tyrannei
von kurzer Dauer.
Marcel Achard

Die Mode ist eine so unerträgliche
Form der Hässlichkeit, dass wir sie
alle sechs Monate ändern müssen.
Oscar Wilde

Die Mode ist nicht die offenbare Wollust, nicht die tolerierte Ausschweifung, sondern ein Schleichhandel
der Unanständigkeit, der als
Wohlanständigkeit autorisiert ist.
Søren Kierkegaard, Stadien auf dem Lebensweg

Die Mode ist weiblichen Geschlechts,
hat folglich ihre Launen.
Karl Julius Weber, Democritos

Die Mode zu meiden, ist ebenso falsch,
wie sie zu übertreiben.
Jean de La Bruyère, Die Charaktere

Ein Ding mag noch so närrisch sein,
Es sei nur neu,
so nimmt's den Pöbel ein.
Christian Fürchtegott Gellert, Fabeln und Erzählungen

Ein Kleid, das sie heute einen Schlafrock nennen, tragen sie morgen
zum Tanze, und umgekehrt.
Heinrich von Kleist, Briefe (an Luise von Zenge,
16. August 1801)

Ein Mensch, der in Mode ist,
hat kurzen Bestand,
denn die Moden wechseln.
Jean de La Bruyère, Die Charaktere

Eine Mode schließt die andere aus;
die Menschen sind zu engherzig, um
mehrere Dinge zugleich zu schätzen.
Luc de Clapiers Marquis de Vauvenargues,
Nachgelassene Maximen

Eine unsinnige Sache, die trefflich enthüllt, wie unbedeutend wir sind, ist
unsere Unterwerfung unter die Mode,
soweit man sie auf Dinge ausdehnt,
die den Geschmack, die Lebensführung, die Gesundheit und das
Gewissen betreffen.
Jean de La Bruyère, Die Charaktere

Es gibt eine tiefgründige Mode, wie es
eine oberflächliche gibt. Ein Musiker
muss diese Mode über sich ergehen
lassen oder sie nach seinem Bilde
schaffen. Jedes modische Meisterwerk
wird einmal altmodisch und findet
erst dann zu ewiger Ausgeglichenheit.
Im Allgemeinen rührt das Meisterwerk
das Publikum erst in seiner altmodischen Phase.
Jean Cocteau, Hahn und Harlekin

Es gibt Menschen, die sich auch innerlich kleiden, wie es die Mode heischt.
Berthold Auerbach, Drei einzige Töchter

Es ziemt sich dem Bejahrten, weder
in der Denkweise noch in der Art
sich kleiden der Mode nachzugehen.
Johann Wolfgang von Goethe,
Maximen und Reflexionen

Frauen, die jede Modeschöpfung
zuerst tragen wollen,
sind meistens jene,
die es bleiben lassen sollten.
Yves Saint-Laurent

Frauen unterwerfen sich willig
der Mode, denn sie wissen,
dass die Verpackung wechseln muss,
wenn der Inhalt
interessant bleiben soll.
Noël Coward

Für wen putzt sich die Frau des Blinden?
Sprichwort aus Spanien

Glück hat darum der Mann,
der sich nicht mit einem Weib einlässt,
sie gehört ihm doch nicht; auch wenn
sie nicht einem anderen Manne gehört,
denn sie gehört jenem Phantom,
das in dem unnatürlichen Umgang
weiblicher Reflexion mit weiblicher
Reflexion gezeugt ist: der Mode.
Søren Kierkegaard, Stadien auf dem Lebensweg

Heutzutage ändert sich
die Mode so rasch, dass man »Vogue«
und »Harper's Bazaar« eigentlich
als Tageszeitungen drucken müsste.
Peter Ustinov

Ich beherrsche nur drei Wörter
Französisch: Yves, Saint, Laurent.
Prinzessin Diana

Ich liebe so viele Dinge die nicht
»in Mode« sind – und auch Menschen!
Katherine Mansfield, Briefe

Ihr glaubt vielleicht, dass es nur
vornehme Damen seien, die der Mode
huldigen. Weit entfernt, seht nur
mein Nähmädchen an.
Søren Kierkegaard, Stadien auf dem Lebensweg

Ihr meint vielleicht, das Weib wolle
bloß bei besonderen Gelegenheiten
à la mode sein. Weit entfernt,
sie will das immer, und das ist ihr
einziger Gedanke.
Søren Kierkegaard, Stadien auf dem Lebensweg

In London ist die Mode eine Pflicht,
in Paris ein Vergnügen.
Maurice Chevalier

Jede Generation lacht
über die alte Mode
und folgt andachtsvoll der neuen.
Henry David Thoreau, Walden

Jede neue Mode ist ein Abenteuer.
Pierre Cardin

Käme es auf den Bart an,
so könnte die Ziege predigen.
Sprichwort aus Dänemark

Kaum hat eine Mode
eine frühere verdrängt, so wird
sie selber von einer neueren abgelöst,
die wieder der folgenden weicht,
die auch nicht die letzte sein wird: So
flatterhaft und unbeständig sind wir.
Jean de La Bruyère, Die Charaktere

Kein Couturier kann ein Kleid
so exakt beschreiben wie eine Frau,
die die Robe einer Rivalin
demonstrativ ignoriert.
Hubert de Givenchy

Kleid eine Säule,
Sie sieht wie ein Fräule.
Johann Wolfgang von Goethe, Sprichwörtlich

Man irrt sich, wenn man glaubt, dass
alles unser Neues bloß der Mode
zugehörte, es ist etwas Festes darunter.
Fortgang der Menschheit
muss nicht verkannt werden.
Georg Christoph Lichtenberg, Sudelbücher

Man kann alles verkaufen, wenn es
gerade in Mode ist. Das Problem
besteht darin, es in Mode zu bringen.
Ernest Dichter

Man kann mit der Mode gehen
oder mit der Mode laufen.
Letzteres sollte man aber nur dann,
wenn man noch jung genug dazu ist.
Jeanne Moreau

Manchmal habe ich den Verdacht,
Modeschöpfer seien
verkappte Karikaturisten.
Lil Dagover

Meist lobt und tadelt man nur
nach der Mode.
François de La Rochefoucauld,
Nachgelassene Maximen

Mit der Mode kann man
keine Weltanschauung demonstrieren,
denn so rasch ändert niemand
seine Prinzipien.
Hubert de Givenchy

Mode, das heißt: Zivil als Uniform.
Hans Lohberger

Mode ist käufliche Schönheit
für sechs Monate.
Catherine Spaak

Mode muss ein Aufschrei sein.
Wolfgang Joop

Mode muss nicht schön sein.
Es genügt, dass sie neu ist.
Uschi Glas

Nein, die Mode ist kein Weib,
denn die Mode ist die Unbeständigkeit
im Unsinn, die nur eine Konsequenz
kennt, dass sie immer verrückter wird.
Søren Kierkegaard, Stadien auf dem Lebensweg

Nichts ist so gefährlich wie das Allzu-
modern-Sein. Man gerät in Gefahr,
plötzlich aus der Mode zu kommen.
Marie von Ebner-Eschenbach, Aphorismen

Sei nicht der Erste,
Neues zu erfassen,
der Letzte nicht,
das Alte gehn zu lassen.
Alexander Pope, Versuch über die Kritik

Sei niemals der Erste oder der Letzte
in der Mode.
Philipp Stanhope Earl of Chesterfield, Briefe über die
anstrengende Kunst, ein Gentleman zu werden

Sobald eine Mode allgemein geworden
ist, hat sie sich überlebt.
Marie von Ebner-Eschenbach, Aphorismen

Sobald etwas Neues Mode wird,
wird das Alte abgelehnt, und zwar
so unbedingt und so allgemein, dass
man darin eine Art Wahn sehen muss.
Michel Eyquem de Montaigne, Die Essais

Sogar das Wissen muss nach der Mode
sein, und da, wo es nicht Mode ist,
besteht es gerade darin, dass man den
Unwissenden spielt.
Baltasar Gracián y Morales, Handorakel und Kunst
der Weltklugheit

Über die Mode von gestern lächelt
man, aber für die Mode
von vorgestern begeistern wir uns,
wenn sie die Mode von morgen
zu werden verspricht.
Marlene Dietrich

Warum hat man die Sitte erfunden, die
schönen Dinge, die jede Frau zeigen
und die jeder Mann sehen möchte, bis
hinunter zu den Fersen zu verhüllen?
Michel Eyquem de Montaigne, Die Essais

Warum ist das Hasardspiel verboten,
das Auftreten von Frauen jedoch,
die gleich den Prostituierten
durch ihre Tracht auf die Erregung
der Sinnlichkeit hinwirken,
noch immer erlaubt?
Sie sind tausendmal gefährlicher
als das Hasardspiel!
Leo N. Tolstoi, Die Kreutzersonate

Wenn ein Weib immer bei der Mode
schwören würde, so wäre ein Nachdruck in ihrem Eid, denn die Mode ist
das Einzige, an was sie immer denkt,
das Einzige, das sie mit allem
zusammen denken und in alles hineindenken kann.
Søren Kierkegaard, Stadien auf dem Lebensweg

Wenn man bedenkt, dass die Mode
mit einem Feigenblatt begonnen hat,
sind wir schon fast wieder am Anfang.
Claudia Cardinale

Wir beten nicht die Grazien und nicht
die Parzen, sondern nur die Mode an.
Sie spinnt und webt und schneidet ab
mit voller Autorität.
Henry David Thoreau, Walden

Wo's Mode ist, trägt man
den Kuhschwanz als Halsband.
Deutsches Sprichwort

Modern

Das Unerwartete zu erwarten,
verrät einen durchaus modernen Geist.
Oscar Wilde, Sätze und Lehren zum Gebrauch für die Jugend

Ihr verliert nicht den Kopf, ihr werdet
nicht rot vor Ärger oder Scham,
ihr tretet in die Veränderung ein, seht
euch an und kommt nach und nach
darin zur Ruhe. Und nach und nach
legt ihr euch dann eine neue
Überzeugung zu, die ebenso aufrichtig
ist – und ebenso dauerhaft – wie
die erste. Das heißt man modern sein.
Knut Hamsun, Redakteur Lynge

Modern sein heißt, auf dem Wege sein,
unmodern zu werden.
Marie von Ebner-Eschenbach, Aphorismen

Schlecht und modern!
Johann Wolfgang von Goethe, Faust II (Faust)

Möglichkeit

Alles ist möglich,
aber es regnet kein Geld.
Deutsches Sprichwort

Alles könnte geschehen.
Aber nur manches geschieht.
Erich Kästner, Kurz und bündig. Epigramme

Das Mögliche ist für die Freiheit
das Zukünftige, und das Zukünftige
ist für die Zeit das Mögliche.
Søren Kierkegaard, Der Begriff Angst

Dem Klugen, Weitumsichtigen
zeigt fürwahr sich oft
Unmögliches noch als möglich.
Johann Wolfgang von Goethe, Faust II (Helena)

Dir scheint es möglich,
weil der Wunsch dich trügt.
Johann Wolfgang von Goethe,
Iphigenie auf Tauris (Iphigenie)

Es gibt Möglichkeiten für mich,
gewiss, aber unter welchem Stein
liegen sie?
Franz Kafka, Tagebücher (1914)

Geist gesprochen, ist alles möglich,
aber in der Welt der Endlichkeit ist
vieles, das nicht möglich ist.
Søren Kierkegaard, Furcht und Zittern

Nur mit dem Unmöglichen als Ziel,
kommt man zum Möglichen.
Miguel de Unamuno y Jugo, Briefe (an Ilundain 1898)

Politik ist die Kunst des Möglichen,
aber auch die Wissenschaft
vom Unmöglichen.
Harold Macmillan

Toren und Jünglinge ergehen sich
darüber, dass dem Menschen
alles möglich sei. Das ist indessen
ein großer Irrtum.
Søren Kierkegaard, Furcht und Zittern

Was unmöglich scheint, muss man
versuchen, möglich zu machen.
Konrad Adenauer, Februar 1965

Wer will, ist dem nicht alles möglich?
Johann Wolfgang von Goethe, Die Mitschuldigen (Alcest)

Wie sonderbar ist es,
dass den Menschen nicht allein
so manches Unmögliche, sondern auch
so manches Mögliche versagt ist!
Johann Wolfgang von Goethe,
Wilhelm Meisters theatralische Sendung

Molière

Ich kenne und liebe Molière seit meiner Jugend und habe während meines ganzen Lebens von ihm gelernt.
Johann Wolfgang von Goethe, überliefert von Johann Peter Eckermann (Gespräche mit Goethe)

Molière ist so groß,
dass man immer von Neuem erstaunt,
wenn man ihn wieder liest.
Johann Wolfgang von Goethe, überliefert von Johann Peter Eckermann (Gespräche mit Goethe)

Monarchie

Der König und die Königin
beschützen die Monarchie mehr
als 200 000 Mann.
Novalis, Glauben und Liebe

Die herrschen wollen, lieben die Republik, die gut beherrscht sein wollen,
lieben nur die Monarchie.
Joseph Joubert, Gedanken, Versuche und Maximen

Die Monarchie einigt uns,
die Republik würde uns teilen.
Francesco Crispi, Reden (im italienschen Parlament, 1. Mai 1864)

Dort gibt es keine Monarchie mehr,
wo der König und die Intelligenz
des Staats nicht mehr identisch sind.
Novalis, Glauben und Liebe

Ein absoluter Monarch muss
ein Spieler sein, ein konstitutioneller
ein Intrigant. Das ist ein Naturgesetz.
Friedrich Hebbel, Tagebücher

Ein Staat kann nur als wahre Republik
oder als wahre Monarchie bestehen;
beide Formen miteinander
zu vermischen, ist schlecht.
Niccolò Machiavelli, Discorsi

Es ist auch gut und sogar die erste
Bedingung alles Lebens und aller
Organisation, dass keine Kraft monarchisch ist im Himmel und auf Erden.
Die absolute Monarchie hebt sich
überall selbst auf, denn sie ist
objektlos; es hat auch im strengen
Sinne niemals eine gegeben.
Alles greift ineinander und leidet,
so wie es tätig ist.
Friedrich Hölderlin, Briefe (an Isaak von Sinclair, 24. Dezember 1798)

Für die Monarchie ist die Liebe
zu dem angestammten Herrscher und
Regentenstamm die erste Grundlage
und festeste Stütze; es können viele
Provinzen und große Schlachten verloren werden, wenn aber jenes Fundament der Liebe noch unerschüttert
geblieben ist und lebendig wirksam,
dann steht das Gebäude noch fest.
Friedrich Schlegel, Philosophische Vorlesungen

Fürst, ewige königliche Stütze deines
Volkes, lange sollst du leben,
blühen und voller Freude sein, du,
des Preises würdig vor allen!
Ruodlieb

Im Allgemeinen lieben es
die Oberhäupter der Republiken
außerordentlich, die Sprache
der Monarchien zu führen.
Jean-Jacques Rousseau, Fünfter Brief vom Berge

In der Republik zielt alles darauf ab,
die Tapferkeit zu nähren,
in den Monarchien, sie zu ersticken.
Niccolò Machiavelli, Kriegskunst

Mir ist das geistige Reich das liebste
und die oberste aller geistigen und
weltlichen Monarchien.
Ludwig van Beethoven, Briefe

Überhaupt aber ist die monarchische
Regierungsform die dem Menschen
natürliche.
Arthur Schopenhauer, Zur Rechtslehre und Politik

Welchem Fürsten könnte es je
einfallen, dem Zepter zu entsagen
und das Volk seiner eignen Tugend
und Weisheit zu überlassen?
Georg Forster, Über die Beziehung der Staatskunst auf das Glück der Menschheit

Monat

Für Börsenspekulationen
ist der Februar
einer der gefährlichsten Monate.
Die anderen sind Juli, Januar,
September, April, November, Mai,
März, Juni, Dezember, August
und Oktober.
Mark Twain

Jeder Monat des Jahres hat einen eigentümlichen und unmittelbaren, d. h. vom Wetter unabhängigen Einfluss auf unsere Gesundheit, unsere körperlichen Zustände überhaupt, ja, auch auf die geistigen.
Arthur Schopenhauer, Aphorismen zur Lebensweisheit

Welch schrecklicher Gedanke: Ein Monat ist vergangen.
Leo N. Tolstoi, Tagebücher (1892)

Mönch

Ade Mönche und Einsiedler! Das sind Erfindungen Satans, weil sie außer allen frommen Ordnungen und Verordnungen Gottes sind.
Martin Luther, Tischreden

Alle Mönche stehen vor dieser Wahl: entweder der Unglaube macht ihnen ihren Beruf verhasst, oder der Stumpfsinn lässt ihn erträglich werden.
Voltaire, Die Briefe Amabeds (Pater Fa molto)

Auf der Kanzel ist der Mönch keusch.
Deutsches Sprichwort

Bettelorden und Mönche hat der Teufel erdacht und erfunden.
Jan Hus, Glaubensartikel, überliefert von Siegmund Meisterlin (Chronik Nürnbergs)

Der Mönch denkt an Heirat und die Nonne an den Lenz.
Chinesisches Sprichwort

Die Jesuiten, die gefährlichste Gattung unter allen Mönchen.
König Friedrich der Große, Politisches Testament (1752)

Die Verteidigung des Mönchswesens gründet sich gewöhnlich auf einen ganz irrigen Begriff von Tugend.
Georg Christoph Lichtenberg, Sudelbücher

Ein Mandarin kommt nie zur Ruhe, ein Buddhamönch hat immer Muße.
Chinesisches Sprichwort

Ein Mönch als Mönch taugt nur dazu, den Lebensunterhalt seiner Landsleute zu verzehren.
Voltaire, Der Mann mit den vierzig Talern

Ein Mönch gehört in den Tempel, ein Händler in den Laden.
Chinesisches Sprichwort

Ein Mönch läuft wohl davon, ein Tempel kann es nicht.
Chinesisches Sprichwort

Ein Mönch stirbt nicht an Hunger.
Chinesisches Sprichwort

Einen armen Mönch kennen tausend Spender.
Chinesisches Sprichwort

Es gab eine Zeit, wo ich jedem Kapuziner, dem ich auf der Straße begegnete, gläubig die Hand küsste.
Heinrich Heine, Elementargeister

Ja, das Mönchsleben birgt viel Gutes in sich: Vor allem sind Verlockungen beseitigt und ist die Zeit mit unschädlichen Gebeten ausgefüllt. Das ist vortrefflich, aber warum sollte man seine Zeit nicht mit Arbeit ausfüllen, die dem Menschen ansteht – mit Arbeit zur eigenen und der Ernährung anderer?
Leo N. Tolstoi, Tagebücher (1889)

Jeden berühmten Berg halten die Buddhamönche besetzt.
Chinesisches Sprichwort

Krieg, Gefangenschaft, Überleben zwingen dem Menschen Einfachheit auf. Der Mönch und die Nonne wählen sie freiwillig.
Anne Morrow Lindbergh, Muscheln in meiner Hand

Mönche sind Menschen, die sich zum Einzeller zurückentwickelt haben.
Hanns-Hermann Kersten

Statt dass man uns geloben lässt, keusch zu bleiben, sollte man uns lieber zwingen, es zu sein, und alle Mönche zu Eunuchen machen. Solange ein Vogel seine Federn hat, fliegt er.
Voltaire, Die Briefe Amabeds (Pater Fa molto)

Über dem Geschwätz eines Buddhamönchs von Heirat vergeht die Zeit.
Chinesisches Sprichwort

Weder Krieger noch Mönche nähren ein Land.
Johann Gottfried Herder, Ideen zur Philosophie der Geschichte der Menschheit

Mond

Aber weder zu erzählen noch zu beschreiben ist die Herrlichkeit einer Vollmondnacht (...). Es übernimmt einen wirklich das Gefühl von Unendlichkeit des Raums. So zu träumen, ist denn doch der Mühe wert.
Johann Wolfgang von Goethe, Italienische Reise

Ach! Könnten wir doch auf einen Stuhl steigen und unser Ohr fest an den Mond pressen! Was er uns nicht alles sagen würde!
Jules Renard, Ideen, in Tinte getaucht. Aus dem Tagebuch von Jules Renard

Auf dem Mond ist für den Menschen eigentlich nichts zu holen.
Wernher von Braun

Das hat wahrhaftig nur der Mond verschuldet, Er kommt der Erde näher, als er pflegt, Und macht die Menschen rasend.
William Shakespeare, Othello (Othello)

Die guten Menschen kommen auf den Mond, die bösen in die Erde hinab.
Roald Amundsen, Eskimoleben

Die Sterne können den Glanz des Mondes nicht vermehren.
Chinesisches Sprichwort

Diebe fürchten Mondschein.
Chinesisches Sprichwort

Errät man wohl, wonach du strebtest? Es war gewiss erhaben-kühn! Der du dem Mond um so viel näher schwebtest, Dich zog wohl deine Sucht dahin?
Johann Wolfgang von Goethe, Faust II (Mephisto)

Es ist, als wenn der Mond mit den Sternen zusammenklingt, als wenn Melodien durch den Flimmerschein wehen.
Ludwig Tieck, Karl von Berneck (Karl)

Es war eine Zeit, wo man den Mond nur empfinden wollte, jetzt will man ihn sehn.
Johann Wolfgang von Goethe, Briefe (an Schiller, 10. April 1800)

Ich möchte gerne auf den Mond. Dort soll es einen Mann geben.
Jeanne Moreau

Ich sehe nach dem Halbmond, er steht wie eine weiße Muschel am Himmel, und ich habe ein Gefühl von Liebe zu ihm, ich fühle, dass ich erröte. Es ist der Mond, sage ich leise und leidenschaftlich, es ist der Mond! Und mein Herz schlägt ihm in sanftem Klopfen entgegen.
Knut Hamsun, Pan

Jeder Mensch ist ein Mond und hat eine dunkle Seite, die er niemandem zeigt.
Mark Twain, Querkopf Wilsons neuer Kalender

Kein Dichter wird jemals mehr vom Mond sprechen.
Alberto Moravia

Neumond und geküsster Mund Sind gleich wieder hell und frisch und gesund.
Johann Wolfgang von Goethe, Sprichwörtlich

Nordwärts die Röte des verschwindenden Tages, hinter uns der Mond groß und rund über den Bergen.
Fridtjof Nansen, In Nacht und Eis

O sähst du, voller Mondenschein, Zum letzten Mal auf meine Pein.
Johann Wolfgang von Goethe, Faust I (Faust)

Schon fühlen die Liebenden sich vom Mond her belauert.
Elias Canetti, Die Provinz des Menschen. Aufzeichnungen 1942–1972

So ist des Weisen Seele beschaffen wie die Welt oberhalb des Mondes: Stets ist es dort heiter.
Lucius Annaeus Seneca, Moralische Briefe

Und das Laub wird noch gelber, es geht dem Herbst zu, es sind noch mehr Sterne am Himmel hervorgekommen, und der Mond sieht von nun an aus wie ein Schatten von Silber, der in Gold getaucht ist.
Knut Hamsun, Pan

Und mir leuchtet der Mond heller als nordischer Tag.
Johann Wolfgang von Goethe, Römische Elegien

Was kümmert's den Mond, wenn ihn die Hunde anbellen?
Deutsches Sprichwort

Welch ein Narr ist der Mensch! In allem muss er sich spiegeln! Selbst in Sonne und Mond hat er sein Antlitz entdeckt.
Friedrich Hebbel, Gedichte

Wenn die Menschen der Sonne entbehrten und mit Mondlicht und Öl den Kampf gegen die Nacht führten, welche Philosophie würde um sie ihren Schleier hüllen!
Friedrich Nietzsche, Menschliches, Allzumenschliches

Wie der Mond zeigt der Weise der Welt nur seine leuchtende Seite.
John Churton Collins

Wie traurig steigt die unvollkommne Scheibe Des roten Monds mit später Glut heran.
Johann Wolfgang von Goethe, Faust I (Walpurgisnacht: Mephisto)

Monogamie

Die Menschheit hat sich selbst in den Untergrund der Ehebrüche verdammt: durch die Anerkennung der Monogamie als allein selig machende Lebensform.
Ephraim Kishon, Kishon für alle Fälle

Selbst la grande passion macht mich nicht monogam.
Franziska Gräfin zu Reventlow, Tagebücher

Montag

Blauer Montag, volle Kröpfe, leere Beutel, tolle Köpfe.
Deutsches Sprichwort

Es gibt den Montag nicht, der seinen Platz nicht dem Dienstag abträte.
Anton P. Tschechow, Notizbücher

Montagswetter wird nicht Wochen alt.
Bauernregel

Rauer Montag, glatte Woche.
Deutsches Sprichwort

Wer in jeder Woche einen blauen Montag und einen grünen Donnerstag macht, bescheidet seinen Kindern den Bettelstab und den Gemeinkasten.
Sebastian Sailer, Die Weisheit auf der Gasse

Moral

Aber es ist ein Vorzug moralischer Materien, dass sie niemals ganz neu sind und niemals ganz erschöpft werden.
Christian Garve, Über Gesellschaft und Einsamkeit

Alle, die im Leben nichts erreicht haben, sind ins Hintertreffen geraten, weil sie moralisch gewesen sind.
August Strindberg, Der Sohn der Magd

Alle moralischen Verhältnisse vernünftiger Wesen, welche ein Prinzip der Übereinstimmung des Willens des einen mit dem des anderen enthalten, lassen sich auf Liebe und Achtung zurückführen.
Immanuel Kant, Die Metaphysik der Sitten

Das Fundament aller menschlichen Werte ist (...) das Moralische. Das in primitiver Zeit klar gesehen zu haben, ist die einzigartige Größe unseres Moses. Schau dir die Heutigen dagegen an!
Albert Einstein, Briefe

Das Gefühl der Leere, das aus den meisten Büchern über Moral aufsteigt, kommt daher, dass ihre Verfasser so unaufrichtig sind.
Luc de Clapiers Marquis de Vauvenargues, Reflexionen und Maximen

Das glänzendste Geschäft in dieser Welt ist die Moral.
Frank Wedekind, Marquis von Keith

Das Gute ist dem Göttlichen ebenso fremd wie das Böse. Gott hat mit moralischen Werten nichts zu schaffen.
Jakob Boßhart, Bausteine zu Leben und Zeit

Das Moralische hat seinen Lohn in sich, es kann auf Leitung, auf Worte, auf Wirkung verzichten.
Michel Eyquem de Montaigne, Die Essais

Das Moralische versteht sich immer von selbst.
Friedrich Theodor von Vischer, Auch Einer

Der größte intellektuelle Reichtum kann neben der größten moralischen Armut bestehen
Justinus Kerner, Die Seherin von Prevorst

Der Moral Gesetze hängen nicht von den Gebräuchen der Völker ab.
Jean-Jacques Rousseau, Julie oder Die neue Héloïse (Saint-Preux)

Der Schritt von der absoluten Moral bis zum blutigen Massaker ist kurz.
Karl Schlechta

Die Bestie in uns will belogen werden; Moral ist Notlüge, damit wir von ihr nicht zerrissen werden.
Friedrich Nietzsche, Menschliches, Allzumenschliches

Die ganze Moral ist ein ganzes Register feinster abstrakter Begriffe; alle Tugenden und Laster das Resultat vieler feiner Bemerkungen, feiner Situationen, feiner Fälle! Jahrhunderte, Gesellschaften, Konvenanzen, Religionen haben dazu beigetragen! Welche kindische Seele kann sie alle, wenn sie das Wort hört und lernt, entziffern!
Johann Gottfried Herder, Journal meiner Reise im Jahr 1769

Die materielle Gewichtigkeit macht das Gold, die moralische den Mann wertvoll.
Baltasar Gracián y Morales, Handorakel und Kunst der Weltklugheit

Die Menschen brauchen ein wenig Logik und ein wenig Moral.
Charles de Secondat, Baron de la Brède et de Montesquieu, Meine Gedanken

Die Menschheit hat allen Grund dazu, die Verkünder hoher moralischer Normen und Werte höher zu stellen als die Entdecker objektiver Wahrheit. Was die Menschheit Persönlichkeiten wie Buddha, Moses und Jesus verdankt, steht mir höher als alle Leistungen des forschenden und konstruktiven Geistes.
Albert Einstein, Briefe

Die Moral, die gut genug war
für unsere Väter, ist nicht gut genug
für unsere Kinder.
Marie von Ebner-Eschenbach, Aphorismen

Die Moral ist das Rückgrat
der Schwachsinnigen.
Francis M. de Picabia, Aphorismen

Die Moral ist die Kunst des Handelns,
sie ist eine Ästhetik, deren Thema
das praktische Leben liefert:
Sie besteht darin, dem eigenen Leben
schöne Formen zu geben.
Sully Prudhomme, Intimes Tagebuch

Die Moral ist immer die letzte Zuflucht
der Leute, die die Schönheit
nicht begreifen.
Oscar Wilde

Die Moral sagt nichts Bestimmtes –
sie ist das Gewissen –
eine Richterin ohne Gesetz.
Novalis, Fragmente

Die Moral verkürzt den Menschen,
der Mensch verkürzt das Leben (...)
Francis M. de Picabia, Aphorismen

Die wahren Meister in Politik und
Moral streben das Gute an,
das man erreichen kann,
und nichts darüber hinaus.
Luc de Clapiers Marquis de Vauvenargues,
Nachgelassene Maximen

Ein echtes Moralsystem ist von
Anfang an eine Waffe
in den Händen der Hervorragenden.
William Butler Yeats, Entfremdung

Einfachheit ist die Hauptbedingung
für moralische Schönheit.
Leo N. Tolstoi, Tagebücher (1852)

Eitelkeit entsteht und verstärkt sich als
Folge moralischer Unordnung
in der Seele des Menschen.
Leo N. Tolstoi, Tagebücher (1853)

Es gibt gar keine moralischen
Phänomene, sondern nur eine mora-
lische Ausdeutung von Phänomenen.
Friedrich Nietzsche, Jenseits von Gut und Böse

Es gibt Herren-Moral
und Sklaven-Moral.
Friedrich Nietzsche, Jenseits von Gut und Böse

Es gibt nur eine Moral, wie es nur eine
Mathematik gibt; diese beiden Worte
haben keine Mehrzahl. Die Moral ist
die Tochter der Gerechtigkeit und des
Gewissens – eine universale Religion.
Antoine Comte de Rivarol, Maximen und Reflexionen

Es ist nicht gut, den Kindern die Moral
scherzend beibringen zu wollen.
Joseph Joubert, Gedanken, Versuche und Maximen

Es muss einer etwas Moralist sein,
um zu lehren, und wäre es nur,
um Unmoralität zu lehren.
Gilbert Keith Chesterton, Heretiker

Es stünde besser um die Welt,
wenn die Mühe, die man sich gibt,
die subtilsten Moralgesetze auszuklü-
geln, zur Ausübung der einfachsten
angewendet würde.
Marie von Ebner-Eschenbach, Aphorismen

Genießen und genießen lassen, ohne
sich noch sonst jemandem zu schaden
– das ist die ganze Moral.
Chamfort, Maximen und Gedanken

Heutzutage darf man niemandem
mehr sagen: »Hör mal, du führst ein
schlechtes Leben, bessere dich!« -
weder sich selbst noch einem anderen
darf man das sagen. Führt man ein
schlechtes Leben, so beruht dies
angeblich auf einer anomalen
Funktion der Nerven oder
einer ähnlichen Ursache. Man geht
dann zu »ihnen«, sie verschreiben ein
Mittel für 35 Kopeken, das man sich in
der Apotheke besorgt und einnimmt.
Wird's schlimmer danach, so versucht
man es mit einem anderen Mittel und
einem anderen Arzt. Eine ausgezeichnete Sache!
Leo N. Tolstoi, Die Kreutzersonate

Ich brauche meine Moralität
so notwendig wie mein Skelett.
Jules Renard, Ideen, in Tinte getaucht.
Aus dem Tagebuch von Jules Renard

Im Übrigen hat man stets darauf
geachtet, die Moralgesetze so unbestimmt wie möglich zu halten.
Warum werden sie nicht in Schrift und
Druck bewahrt wie die göttlichen und
die bürgerlichen Gesetze.
August Strindberg, Der Sohn der Magd

In der Heuchelei huldigt das Laster
der Moral.
François de La Rochefoucauld, Reflexionen

In der Moral, wie in der Kunst,
bedeutet Reden nichts, die Tat alles.
Ernest Renan, Das Leben Jesu

In der Moral zählt nur die Absicht,
in der Kunst nur das Ergebnis.
Henry de Montherlant

In einer Hose ist die Moral schlecht
aufgehoben.
Francis M. de Picabia, Aphorismen

In jeder asketischen Moral betet der
Mensch einen Teil von sich als Gott an
und hat dazu nötig, den übrigen Teil
zu diabolisieren.
Friedrich Nietzsche, Menschliches, Allzumenschliches

In moralischen Dingen gibt es keine
Organisation und kann es keine geben.
Deshalb haben Buddha und Christus
auch keine Vereine gegründet.
Albert Einstein, Über den Frieden

Man darf nicht sagen: Kunst ist Moral.
Robert Musil, Gesammelte Werke. Bd. 2

Man muss gegen die liberalen Ideen
der Zeit die moralischen aller Zeiten
halten.
Joseph Joubert, Gedanken, Versuche und Maximen

Moral ein Maulkorb für den Willen,
Logik ein Steigriemen für den Geist.
Franz Grillparzer, Aphorismen

Moral. Es gibt nichts Gutes außer:
Man tut es.
Erich Kästner, Dr. Erich Kästners lyrische Hausapotheke

Moral ist der instinktive Widerwille
einer Mehrheit.
David Herbert Lawrence

Moral ist die Grammatik der Religion;
es ist leichter, gerecht als schön
zu handeln.
Ludwig Börne, Aphorismen

Moral ist ein steter Angriff
auf das Recht des Stärkeren.
Thomas Niederreuther

Moral ist einfach die Haltung, die wir
Leuten gegenüber annehmen, die wir
persönlich nicht leiden können.
Oscar Wilde, Ein idealer Gatte

Moral ist jenes Maß von Anständigkeit, das gerade modern ist.
Federico Fellini

Moral ist, was uns erlaubt,
uns selbst treu zu sein.
Jeanne Moreau

Moral ist, wenn man so lebt,
dass es gar keinen Spaß macht,
so zu leben.
Edith Piaf

Moralische Entrüstung ist der
Heiligenschein der Scheinheiligen.
Helmut Qualtinger

Moralische Entrüstung ist Eifersucht
mit einem Heiligenschein.
H. G. Wells

Nicht teilnehmen an dem geistigen
Fortschreiten seiner Zeit,
heißt moralisch im Rückschritt sein.
Marie von Ebner-Eschenbach, Aphorismen

Nichts ärgert mich so wie die gesellschaftlichen Moralbegriffe.
Fernando Pessoa, Das Buch der Unruhe
des Hilfsbuchhalters Bernardo Soares

Ohne die Irrtümer, welche in den
Annahmen der Moral liegen,
wäre der Mensch Tier geblieben.
Friedrich Nietzsche, Menschliches, Allzumenschliches

Ohne Dogma ist die Moral nur Maxime oder Sentenz; mit dem Dogma
ist sie Vorschrift, Verpflichtung,
Notwendigkeit.
Joseph Joubert, Gedanken, Versuche und Maximen

Schonungslosigkeit ist für uns zum
moralischen Gebot geworden.
Günther Anders, Die Antiquiertheit des Menschen.
Bd. 2

Unaufhörlicher verfeinert sich die Lehre,
und die Moral sinkt immer mehr.
Jean-Jacques Rousseau, Brief an Erzbischof Beaumont
(18. November 1762)

Unser seitheriges Recht ist weitgehend
Theologie und Moral, deren Magd
es auch im Mittelalter gewesen ist.
Fritz Bauer

Unsere Uneinigkeiten und Irrtümer in
der Moral kommen oft daher, dass wir
postulieren, die Menschen könnten
völlig gut oder völlig lasterhaft sein.
Luc de Clapiers Marquis de Vauvenargues,
Reflexionen und Maximen

Von allen Posen ist die moralische
die unanständigste.
Oscar Wilde

Wenn der Mensch über sein Physisches oder Moralisches nachdenkt,
findet er sich gewöhnlich krank.
Johann Wolfgang von Goethe,
Maximen und Reflexionen

Wie die Moral des Himmels bedarf,
so das Bild des Lichts.
Joseph Joubert, Gedanken, Versuche und Maximen

Wir brauchen eine neue Verkündigung
der moralischen Doktrin, die vom
Durchschnittsmenschen anerkannt
wird, in der Praxis aber gleichzeitig
über seine Kräfte geht.
William Butler Yeats, Entfremdung

Wir sind nicht in die Welt geschickt
worden, um unsere moralischen
Vorurteile spazieren zu führen.
Oscar Wilde, Das Bildnis des Dorian Gray

Wo immer man einen Verstoß
gegen die Moral zu sehen glaubte,
ist es einer gegen den Geschmack,
gegen die Logik oder
gegen die Wahrhaftigkeit gewesen.
Arthur Schnitzler, in: Rikola-Almanach (1923)

Zynismus kann ein Präludium
echter Moral sein.
Ludwig Marcuse, Argumente und Rezepte. Ein Wörter-Buch für Zeitgenossen

Mord

Auch der Beste unter uns hat sich
kleinere Mordtaten vorzuwerfen.
Jules Renard, Ideen, in Tinte getaucht.
Aus dem Tagebuch von Jules Renard

Den Entdeckern folgen die Okkupanten. Ist die Lust unschuldig am Mord?
Emil Gött, Im Selbstgespräch

Der Knecht hat erstochen
den edlen Herrn,
Der Knecht wär' selber
ein Ritter gern.
Ludwig Uhland, Die Rache

Der offene Krieg – erschreckend ist es,
dass Menschen je solches Morden
beginnen.
Heliand (um 850), Ankündigung des Jüngsten Gerichts

Die Bestrafung des mittelbaren und
noch mehr des fakultatives Mordes
müsste die Forderung eines ethischen
Zeitalters sein.
Arthur Schnitzler, Aphorismen und Betrachtungen
aus dem Nachlass

Die Gehässigkeit unsrer Natur
würde vielleicht jeden einmal
zum Mörder machen, wenn ihr
nicht eine gehörige Dosis Furcht
beigegeben wäre,
um sie in Schranken zu halten.
Arthur Schopenhauer, Zur Ethik

Die Hand wird sprechen,
das Haupt wird sagen
und jedes der Glieder
bis zum kleinsten Finger,
was er unter den Menschen
an Mordtat getan hat.
Das Muspilli (um 860)

Die kleinste Störung bringt mich um,
und ich kann nichts mehr machen.
Franziska Gräfin zu Reventlow, Tagebücher

Du sollst nicht morden.
Altes Testament, Exodus 20, 13 (Zehn Gebote)

Ein Gedanke
kann einen Menschen töten.
Honoré de Balzac, Physiologie der Ehe

Ein Mord will ans Licht kommen.
Sprichwort aus England

Erst wenn einmal jeder,
der nur eine Ameise tötet, des Mordes
angeklagt wird, kann man anfangen,
der Zivilisation zu trauen.
Heinrich Waggerl, Aphorismen

Etwas muss er sein Eigen nennen, oder
der Mensch wird morden und brennen.
Friedrich Schiller, Wallensteins Lager (1. Kürassier)

Für mich ist jede Tötung
von Menschen gemeiner Mord, auch
wenn es der Staat im Großen tut.
Albert Einstein, Über den Frieden

Gefährlich ist's,
ein Mordgewehr zu tragen.
Friedrich Schiller, Wilhelm Tell (Geßler)

Gott hat uns nicht nur das Recht
auf das fremde, sondern sogar
auf das eigene Leben genommen.
Thomas More, Utopia

Ich habe im Aufruhr alle Bauern
erschlagen; denn ich hab sie heißen
totschlagen; all ihr Blut ist
auf meinem Hals. Aber ich weise es
auf unsern Herrn Gott; der hat mir
solches befohlen zu reden.
Martin Luther, Tischreden

Jeder Abel hat seinen Kain.
Martin Luther, Tischreden

Kein Mord ist verderblicher,
als an den drei edlen Gaben Gottes,
Vernunft, Empfindung, Sprache.
Johann Gottfried Herder, Vom Erkennen
und Empfinden der menschlichen Seele

Kein Mörder hat ewiges Leben,
das in ihm bleibt.
Neues Testament, 1. Johannesbrief 3, 15

Keine Tat, die misslungene ebenso
wenig wie die geglückte, ist aus der
Welt zu schaffen. Auch das Beil, das
geschwungen wurde und nicht traf,
wirkt unaufhaltsam weiter, wenn auch
in anderer Weise und manchmal selbst
in anderer Richtung als des Beilschwingers Absicht war – und es kann
ein schlimmeres Mordwerkzeug gewesen sein, als wenn es getroffen hätte.
Arthur Schnitzler, Buch der Sprüche und Bedenken

Lynchmorde und Pogrome
sind für das Regime die letzte Rettung,
je stärker die Befreiungsbewegung
voranschreitet.
Nelson Mandela, Zeitungsartikel, Oktober 1955

Man soll Massenmördern glauben,
wenn sie ihre Massenmorde
ankündigen.
Hermann Kesten

Natur?
Ich weiß von keiner.
Mord ist jetzt die Losung,
Der Menschheit Bande sind entzwei.
Friedrich Schiller, Dom Karlos (Karlos)

Man soll die Kritiker
nicht für Mörder halten.
Sie stellen nur den Totenschein aus.
Marcel Reich-Ranicki

Nicht nur die Absicht des Tötens, auch
das bewusste Außerachtlassen der Vorsicht, der pflichtigen Rücksicht gehört
zum Wesen des Mordes.
Arthur Schnitzler, Aphorismen und Betrachtungen
aus dem Nachlass

Oh, mordet nicht den heiligen Schlaf!
Friedrich Schiller, Wallensteins Tod (Gordon)

Schlage deinen Nächsten tot! So lehrt
uns das Naturrecht, und so macht
man's auch, so weit die Erde reicht.
Voltaire, Candide oder Die beste der Welten

Stete Nähe reizt zum Mord.
Sybil Gräfin Schönfeldt

Totschweigen ist Mord
ohne Blutvergießen.
Stephen Spender

Über des Erschlagenen Stätte
schweben rächende Geister und lauern
auf den wiederkehrenden Mörder.
Johann Wolfgang von Goethe, Faust I (Mephisto)

Verrat und Mord,
sie hielten stets zusammen,
Wie ein Gespann
von einverstandnen Teufeln.
William Shakespeare, Heinrich V. (König Heinrich)

Vor deinen Augen wird einer
abgemurkst und du schweigst?
Lucius Apuleius, Der goldene Esel

Was blutig anfing
mit Verrat und Mord,
Das setzt sich auch
durch blutige Taten fort.
Friedrich Schiller, Macbeth (Bearbeitung
des Shakespeare-Dramas)

Was kann aus blut'ger Tat
euch Glückliches gedeihen?
Oh, aus Blut entspringt nichts Gutes.
Friedrich Schiller, Wallensteins Tod (Gordon)

Wenn jemand
einen anderen erschlagen hat
und dieser wird
an ihm vorbeigetragen,
so beginnt er wieder zu bluten,
und sei er auch noch so lange vorher
schon verwundet worden.
Hartmann von Aue, Iwein

Wenn man die Natter töten will, so
nimmt sie ihren Schwanz und legt ihn
um den Kopf und lässt sich so töten.
Jüngerer deutscher Physiologus (um 1140)

Wer verschont wurde, während
man die Seinigen gemordet hat,
kann mit sich und der Welt
keinen Frieden machen.
Marcel Reich-Ranicki

Zweifellos hat es
perfekte Morde gegeben,
sonst wüsste man ja etwas von ihnen.
Alfred Hitchcock

Morgen

Alle Stunden umfasse mit beiden
Armen. So wirst du weniger
vom Morgen abhängen,
wenn auf das Heute du die Hand legst.
Lucius Annaeus Seneca, Briefe an Lucilius

Auf gut Wetter vertrau,
beginnt der Tag nebelgrau.
Bauernregel

Der letzte Trunk sei nun
mit ganzer Seele
Als festlich-hoher Gruß
dem Morgen zugebracht!
Johann Wolfgang von Goethe, Faust I (Faust)

Der Morgen grau, der Abend rot,
ist ein gut Wetterbot.
Bauernregel

Der Morgen ist die Jugend des Tages:
Alles ist heiter, frisch und leicht.
Arthur Schopenhauer, Aphorismen zur Lebensweisheit

Der Morgen ist die schönste Zeit
auf dem Land. In der Stadt
gibt es keinen Morgen.
Danielle Darrieux

Der siebente Tag hat einen Morgen,
aber keinen Abend.
Thomas von Aquin, Kommentar zum Sentenzenbuch
des Petrus Lombardus

Grauer Morgen, schöner Tag.
Bauernregel

Ist Sankt Anna erst einmal vorbei,
kommt der Morgen kühl herbei.
Bauernregel

Jeden Morgen soll die Schale
unseres Lebens hingehalten werden,
um aufzunehmen, zu tragen
und zurückzugeben.
Dag Hammarskjöld, Zeichen am Weg

Jener ist am glücklichsten und ein
ungefährdeter Besitzer seiner selbst,
der das Morgen ohne Beunruhigung
erwartet.
Lucius Annaeus Seneca, Briefe über Ethik

Lege jeden Morgen fest, was du im
Laufe des ganzen Tages tun musst,
und führe das Festgelegte selbst dann
aus, wenn dies einen Schaden nach
sich ziehen sollte.
Leo N. Tolstoi, Tagebücher (1847)

Mit dem Morgen naht das namenlose
Atmen der Welt.
Eugenio de Andrade, Memória doutro Rio

Morgenregen und Alteweibertänze
dauern nicht lang.
Bauernregel

Morgenstund hat Gold im Mund.
Deutsches Sprichwort

Morgenregen und Weiberweh
Sind um Zehne nimmermeh.
Bauernregel

Muss immer der Morgen wiederkommen? Endet nie des Irdischen Gewalt?
Novalis, Hymnen an die Nacht

Oft verpassen wir die Blüte,
die auf den Nachmittag wartet,
im atemlosen Kampf
um das Morgen.
Anne Morrow Lindbergh, Muscheln in meiner Hand

Wir lieben immer mehr das Halbe
als das Ganze, den versprechenden
Morgen als den Mittag in höchster
Sonnenhöhe.
Johann Gottfried Herder, Vom Erkennen und
Empfinden der menschlichen Seele

Zur Arbeit
heißt der Morgen rege sein.
Johann Wolfgang von Goethe, Elpenor (Evadne)

Morgenrot

Auf!, bade, Schüler, unverdrossen
Die ird'sche Brust im Morgenrot!
Johann Wolfgang von Goethe, Faust I (Faust)

Dem Morgenrot und dem Frauenrat
ist nicht zu trauen.
Sprichwort aus Frankreich

Es gibt so viele Morgenröten,
die noch nicht geleuchtet haben.
Rigveda

Meine Mutter. Es wird in mir Morgenröte, und ich fühle den nahenden Tag.
Paula Modersohn-Becker, Briefe (an die Mutter, 6. Juli
1902)

Morgenrot mit Regen droht.
Bauernregel

Novembers Morgenrot
mit langem Regen droht.
Bauernregel

Stumm war alles, still und öde,
Einsam Gott zum ersten Mal!
Da erschuf er Morgenröte,
Die erbarmte sich der Qual.
Johann Wolfgang von Goethe, West-östlicher Divan

Most

Denn um neuen Most zu bergen,
leert man rasch den alten Schlauch!
Johann Wolfgang von Goethe, Faust II (Chor)

Der Most, der gärend sich
vom Schaum geläutert,
Er wird zum Trank,
der Geist und Sinn erheitert.
Johann Wolfgang von Goethe,
Was wir bringen (Lachesis)

Ein junger Mensch ist ein junger Most;
der lässt sich nicht halten;
er muss gären.
Martin Luther, Tischreden

Korn gibt den jungen Männern Kraft
und Most den Mädchen.
Altes Testament, Sacharja 9, 17

Motiv

Das Motiv einer guten Handlung ist
manchmal nichts anderes als zur rechten Zeit eingetretene Reue.
Marie von Ebner-Eschenbach, Aphorismen

Es gibt so viele Philosophen, wie es
Motive gibt, aus denen sie wuchsen.
Ludwig Marcuse, Argumente und Rezepte.
Ein Wörter-Buch für Zeitgenossen

Es ist wichtiger, die eigenen Beweggründe zu erkennen, als die Motive
des anderen zu verstehen.
Dag Hammarskjöld, Zeichen am Weg

Man traue keinem erhabenen Motiv
für eine Handlung, wenn sich auch
ein niedriges finden läßt.
Edward Gibbon

Wer wird schon ohne Aussicht
auf Gewinn früh aufstehen wollen.
Chinesisches Sprichwort

Zwei Hauptmotive leiten die Menschen: Furcht vor Strafe
und Hoffnung auf Belohnung.
König Friedrich der Große, Politisches Testament
(1752)

Mozart

Aber freilich, eine Erscheinung wie
Mozart bleibt immer ein Wunder,
das nicht weiter zu erklären ist.
Johann Wolfgang von Goethe, überliefert von Johann
Peter Eckermann (Gespräche mit Goethe)

Allzeit habe ich mich zu den
größten Verehrern Mozarts gerechnet
und werde es bis zum letzten Lebenshauch bleiben.
Ludwig van Beethoven, Briefe

Bei den Damen kommt man
mit Chopin viel weiter als mit Mozart.
Artur Rubinstein

In meinen Augen ist Mozart
der einzige Künstler, der niemals der
Versuchung erlag, mit bloßem Können
zu glänzen.
Heinrich Waggerl, Nach-Lese-Buch

Mozart ist der göttliche Mozart und
wird es immer sein. Nicht nur ein
Name, sondern ein himmlisches Genie,
das auf diese Erde kam, dreißig und
einige Jahre blieb, und als er die Welt
verließ, war sie neu, bereichert und
durch seinen Besuch gesegnet (...).
Leonard Bernstein, Von der unendlichen Vielfalt
der Musik

Mücke

Hungrige Mücken beißen schlimm.
Deutsches Sprichwort

Man muss nicht
nach jeder Mücke schlagen.
Deutsches Sprichwort

Spielen die Mücken im Februar,
friert die Biene das ganze Jahr.
Bauernregel

Wenn die Mücken im Schatten spielen,
werden wir bald Regen kriegen.
Bauernregel

Wenn die Mücken tanzen und spielen,
sie morgiges gutes Wetter fühlen.
Bauernregel

Müdigkeit

Alles, was wir treiben und tun,
ist ein Abmüden; wohl dem,
der nicht müde wird!
Johann Wolfgang von Goethe,
Maximen und Reflexionen

Arbeit ist das einzige,
was mich nicht müde macht.
Paul Reynaud

Auch der müde Arbeiter ist nicht
immer zum Denken zu stumpf;
die Freude des Erringens öffnet auch
bei ihm die Tore der Empfänglichkeit.
Georg Forster, Über die Beziehung der Staatskunst
auf das Glück der Menschheit

Drei Dinge sind nicht zu ermüden:
ein Knabe auf der Gasse,
ein Mägdlein am Tanz,
ein Priester im Opfer.
Johann Geiler von Kaysersberg, überliefert
bei Julius Wilhelm Zincgref (Apophthegmata)

Erholung reichet Müden
jede Nacht genug.
Johann Wolfgang von Goethe, Pandora (Prometheus)

Wenn einer gähnt,
so gähnen sie alle.
Deutsches Sprichwort

Wie also Hunger
das beste Gewürz bleibt,
so wird Müdigkeit
der herrlichste Schlaftrunk sein.
Johann Wolfgang von Goethe,
Kampagne in Frankreich

Mühe

Das Zeichen der großen Kunst
ist Mühelosigkeit.
Alberto Moravia

Der Lohn ist der Mühe Preis.
Martin Luther, Tischreden

Der Mühe gibt Gott Schaf und Kühe.
Deutsches Sprichwort

Des Lebens Mühe
lehrt uns allein
des Lebens Güter schätzen.
Johann Wolfgang von Goethe, Torquato Tasso
(Antonio)

Die Müh ist klein, der Spaß ist groß.
Johann Wolfgang von Goethe, Faust I (Walpurgisnacht: Mephisto)

Die Mühen müssen wir an uns messen
und nicht uns an den Mühen.
Juan de la Cruz, Merksätze von Licht und Liebe

Einem Liebhaber ist nichts zu schwer.
Deutsches Sprichwort

In der Mühelosigkeit liegt keine
Tugend. Drohendes Versagen
ist die Würze, die die Früchte
des Sieges begehrenswert machen.
Peter Ustinov, Was ich von der Liebe weiß

Je mehr Mühen, desto besser!
Juan de la Cruz, Merksätze von Licht und Liebe

Kühn ist das Mühen,
Herrlich der Lohn!
Johann Wolfgang von Goethe, Faust I (Soldaten)

Müh und Fleiß
Bricht alles Eis.
Deutsches Sprichwort

Nichts ist auf der Erde
ohne Beschwerlichkeit.
Johann Wolfgang von Goethe,
Wilhelm Meisters Lehrjahre

Nichts ist mühsam, was man willig tut.
Thomas Jefferson, Lebensregeln

Ohne Mühe bringt man es
in keiner Sache weit.
Deutsches Sprichwort

Säen ist nicht so beschwerlich
als ernten.
Johann Wolfgang von Goethe,
Maximen und Reflexionen

Selten ernten wir die Früchte
unsrer Mühe in dem Grad,
wie wir es erwarten durften.
Sophie Mereau, Betrachtungen

Sich zu mühen
und mit dem Widerstande zu kämpfen,
ist dem Menschen Bedürfnis
wie dem Maulwurf das Graben.
Arthur Schopenhauer, Aphorismen zur Lebensweisheit

Wenn man sich um der Kinder willen
keine Mühe gäbe,
wie wärt ihr groß geworden?
Johann Wolfgang von Goethe,
Wilhelm Meisters Lehrjahre

Wie gerungen, so gelungen.
Deutsches Sprichwort

Wir hätten wenig Mühe,
wenn wir niemals
unnötige Mühe hätten.
Marie von Ebner-Eschenbach, Aphorismen

Zu lernen ist eine Mühe,
wieder zu verlernen, zwei.
Sprichwort aus Montenegro

Mühle

Der Müller denkt,
es wachse kein Weizen,
als damit seine Mühle gehe.
Johann Wolfgang von Goethe,
Maximen und Reflexionen

Die beste Mühle
ist zwischen Wasser und Wind.
Deutsches Sprichwort

Gott liebt es,
wenn seine Quellen rauschen.
Aber niemand weiß,
welche Art Mühlen er damit antreibt.
Karl Heinrich Waggerl

Spät erst mahlen die Mühlen
der Götter, doch mahlen sie Feinmehl.
Sextus Empiricus, Wider die Gelehrten

Wie's auf die Mühle kommt,
so wird's gemahlen.
Deutsches Sprichwort

Windmühlen kann man nicht
mit Blasebälgen treiben.
Deutsches Sprichwort

Mühsal

Die Ernte eines Jahres
besteht aus zwei Jahren Mühsal.
Chinesisches Sprichwort

Nicht ist Mühsal für die Hand und für
den Fuß widernatürlich, solange
der Fuß die Aufgabe des Fußes
und die Hand die der Hand erfüllt.
Mark Aurel, Selbstbetrachtungen

Pfade der Mühsal wandelt die Tugend.
Euripides, Die Herakliden

Überwinde jede Mühsal durch deine
Tugend! (Mahnung an seine Soldaten)
Hannibal, überliefert von Silius Italicus (Punica)

Wer nicht auf dem Lande lebt, weiß
nicht, was Mühsal und Bitternis sind.
Chinesisches Sprichwort

Wer zu Pferde reitet, weiß nicht,
wie mühsam eine Fußreise ist.
Chinesisches Sprichwort

Mund

Als könnte mündig sein,
wer keinen Mund hat!
Max Stirner, Der Einzige und sein Eigentum

Bläst du den Funken an,
flammt er auf, spuckst du darauf,
so erlischt er:
Beides kommt aus deinem Mund.
Altes Testament, Jesus Sirach 28, 12

Das Mundwerk einer Frau
macht nie Ferien.
Sprichwort aus den USA

Der Mund ist des Bauches
Henker und Arzt.
Deutsches Sprichwort

Der Mund ist weich wie Bohnenkäse,
das Herz ist wie ein Messer scharf.
Chinesisches Sprichwort

Der Pförtner achte auf die Pforte
seines Mundes!
Ecbasis captivi in belehrender Gestalt (Fuchs)

Eine Gelegenheit, den Mund zu halten,
sollte man nicht vorübergehen lassen.
Curt Goetz

Es ist leichter, den Mund zu halten
als ein Versprechen.
Gustav Knuth

Flinke Arme und Beine bringen nicht
so viel ein wie ein flinker Mund.
Chinesisches Sprichwort

Frage dich einmal selbst,
worauf das hindeutet,
dass du mehr Ohren hast als Münder?
Heinrich von Kleist, Briefe (an Wilhelmine von Zenge,
16.–18. November 1800)

Gott gab den Toren Münder nicht,
damit sie reden,
sondern damit sie essen.
Sprichwort aus der Türkei

In einem großen Mund
steckt eine lange Zunge.
Chinesisches Sprichwort

Man kann der Wahrheit
den Mund verbinden,
aber dann macht sie sich immer noch
durch Stöhnen bemerkbar.
Arnold J. Toynbee

Manch einem geht der Mund über,
bevor das Herz voll ist.
Stella Kadmon

Nichts auf Erden
ist so schwer zu halten wie der Mund.
Ewald Balser

Nun kommt es im Leben darauf an,
wer eine Wahrheit ausspricht.
In gewissem Munde wird auch
die Wahrheit zur Lüge.
Thomas Mann

Süßer rosenfarbner Mund,
Komm und mache mich gesund.
Komm und mache mich gesund,
Süßer rosenfarbner Mund.
Anonym, Tanzliedchen (13. Jh., Münchner Handschrift)

Viele Menschen sind zu gut erzogen,
um mit vollem Mund zu sprechen,
aber sie haben keine Bedenken,
dies mit leerem Kopf zu tun.
Orson Welles

Was aus einem reinen Munde kommt
und in ein reines Herz geht,
das kann keinen Schaden tun.
Paul Ernst, Der schmale Weg zum Glück

Was kommt in den dritten Mund,
wird aller Welt kund.
Deutsches Sprichwort

Muse

Den Musen gefällt der Wald,
verhasst sind dem Dichter die Städte.
Francesco Petrarca, Gespräche
über die Weltverachtung (Augustinus)

Der allein besitzt die Musen,
Der sie trägt im warmen Busen;
Dem Vandalen sind sie Stein.
Friedrich Schiller, Die Antiken zu Paris

Die erste Pflicht der Musensöhne
Ist, dass man sich ans Bier gewöhne.
Karl Arnold Kortum, Die Jobsiade

Die Frau hat immer als Muse gedient
(und manchmal bezeichnete dieses
schöne Wort auch die Assistentin des
Künstlers), aber jetzt trägt sie
die Verantwortung dafür,
selbst Künstler zu sein.
Anaïs Nin, Die Frau legt den Schleier ab

Die Gunst der Musen,
wie die der Dämonen, besucht uns
nicht immer zur rechten Zeit.
Johann Wolfgang von Goethe, Italienische Reise

Die Muse ist eine sehr spröde Dame,
und es kostet viel Anstrengung,
ihr auf den Leib zu rücken; den Saum
ihres Kleides streifen kann jeder.
Theodor Fontane, Briefe

Die Rolle der Muse im Mythos
war immer die der Inspiration.
Anaïs Nin, Die Frau legt den Schleier ab

Eine der verlässlichsten Musen
ist der Whisky.
Brendan Behan

Eines verzeih' ich mir nicht,
ich verzeihe mir nicht, dass ich etwas
Höheres über euch,
göttliche Musen, gesucht.
Johann Wolfgang von Goethe/Friedrich Schiller,
Xenien

Jede Muse sucht und findet die andre,
und alle Ströme der Poesie
fließen zusammen in das allgemeine
große Meer.
Friedrich Schlegel, Gespräch über die Poesie

Jüngling, merke dir, in Zeiten
Wo sich Geist und Sinn erhöht:
Dass die Muse zu begleiten,
Doch zu leiten nicht versteht.
Johann Wolfgang von Goethe, Sprüche

Man weiß es aus der Dichtung der
Alten, dass die Musen durch Felder,
Wälder und Auen streifen; man weiß,
mit welchen Schritten sie im Tanze
dahinfliegen und welche Lieder sie
ersinnen. Ihr Vorwärts- und Rück-
wärtsschreiten geschieht höchst
bedacht und mahnt den Unerfahrenen,
Gold nicht mit Mist zu besudeln.
Ecbasis captivi in belehrender Gestalt (vor 1030)

Mancher, der sich von der Muse
geküsst wähnte, hat sie vergewaltigt.
Hanns-Hermann Kersten

Nur durch die Musen erwächst den
Menschen der herrliche Nachruhm.
Aber die Schätze der Toten
verprassen die lebenden Erben.
Theokrit, Ruhm, Erbe

Von wem die Musen berichten werden,
der wird leben.
Tibull, Elegien

Museum

Bildersäle werden betrachtet als Jahrmärkte, wo man neue Waren im Vorübergehen beurteilt, lobt und verachtet; und es sollten Tempel sein,
wo man in stiller und schweigender
Demut und in herzerhebender
Einsamkeit die großen Künstler als die
höchsten unter den Irdischen
bewundern und mit der langen,
unverwandten Betrachtung ihrer
Werke in dem Sonnenglanze der
entzückendsten Gedanken und Empfindungen sich erwärmen möchte.
Wilhelm Heinrich Wackenroder, Herzensergießungen
eines kunstliebenden Klosterbruders

Es ist gut, dass die Bilder nicht hören
können, sie hätten sich schon längst
verschleiert.
Achim von Arnim/Clemens Brentano, Empfindungen
vor einer Seelandschaft von Friedrich

Heute ist Kunst noch eine Sache der
Privat- und Museumsräume.
Winfred Gaul, in: R.-G. Dienst, Deutsche Kunst:
eine neue Generation

Mir gefallen auch unter Menschen
die Ruinen besser als die Museen.
Heinrich Waggerl, Aphorismen

Niemand in der Welt bekommt
so viel dummes Zeug zu hören
wie die Bilder in einem Museum.
Jules de Goncourt, Idées et sensations

Musik

Beim Essen ist Musik
ein guter Prüfstein,
Denn ist das Essen gut,
so hört man
Die Musik nicht.
Christian Dietrich Grabbe, Don Juan und Faust
(Don Juan)

Bezahlen wir die Musik,
so wollen wir auch tanzen.
Deutsches Sprichwort

Da schwebt hervor
Musik mit Engelsschwingen,
Verflicht zu Millionen Tön' um Töne,
Des Menschen Wesen
durch und durch zu dringen,
Zu überfüllen mit ihm ew'ger Schöne.
Johann Wolfgang von Goethe,
Trilogie der Leidenschaft

Das Beste der Musik
steht nicht in den Noten.
Gustav Mahler, Im eigenen Wort

Das ist mein größter Einwand
gegen Musik: dass Österreicher
darin exzelliert haben.
Arno Schmidt

Das Notwendigste und das Härteste
und die Hauptsache in der Musik
ist das Tempo.
Wolfgang Amadeus Mozart, Briefe (an den Vater,
1777)

Das Orchester
versetzt die Damen in Trance,
aber schreiben tun's dann dem Tenor.
Arthur Schnitzler

Das Phantastische an der Musik
ist ihre Fähigkeit, jedes nur denkbare
Vorkommnis, jede Situation widerzuspiegeln, ob belebt oder unbelebt.
Yehudi Menuhin, Variationen

Das Unendliche im Endlichen,
das Genie in jeder Kunst ist Musik.
Bettina von Arnim, Goethes Briefwechsel
mit einem Kinde

Dem Genie in der Musik
steht der Gelehrte in der Musik allemal
als ein Holzblock gegenüber.
Bettina von Arnim, Goethes
Briefwechsel mit einem Kinde

Denn so ist es mit der Musik:
Im Gegensatz zur gewöhnlichen Hitze,
der Kollision der Moleküle, sucht die
Musik die kälteren Temperaturen,
um die Eiszapfen in unseren Augen zu
schmelzen, Feuer in unsere Ohren zu
legen, die Herzen aufzutauen und den
Dauerfrost aus der Erde zu verbannen.
Lars Saabye Christensen, Der Alleinunterhalter

Der Grad der Spannung, mit der die
Gehörnerven auf jeden Ton horchen,
erklärt hinreichend die sinnliche Seite
des Genusses an der Musik.
Stendhal, Über die Liebe (Fragmente)

Der Mensch ist ein Lebewesen,
das klopft, schlechte Musik macht
und seinen Hund bellen lässt.
Manchmal gibt er auch Ruhe,
aber dann ist er tot.
Kurt Tucholsky

Der Musiker öffnet Zahlen den Käfig,
der Zeichner befreit die Geometrie.
Jean Cocteau, Hahn und Harlekin

Der Umgang mit Musik
und ihren Traumgebilden
macht für Liebe empfänglich.
Stendhal, Über die Liebe

Die Berührung zwischen Gott
und der Seele ist Musik.
Bettina von Arnim, Die Günderode

Die Erziehung zur Musik
ist von höchster Wichtigkeit,
weil Rhythmus und Harmonie macht-
voll in das Innerste der Seele dringen.
Platon, Der Staat

Die Komponisten
sollten nur Musik schreiben,
in der man wohnen kann.
Darius Milhaud

Die Jugend kann nicht mehr
auf die Erwachsenen hören.
Dazu ist ihre Musik zu laut.
Oliver Hassencamp

Die leichte Musik, von der es nie
genug geben kann, ist raschlebig.
Wie die Waren, an denen großer
Bedarf ist, wird sie jedes Jahr
in neuen Verpackungen
und mit kleinen Änderungen geliefert.
Ingeborg Bachmann, Die wunderliche Musik

Die Musik, an die niemand sich
gewöhnen kann, wird vergessen.
Denn ein Maß der von Menschen
für Menschen gemachten Musik ist die
Möglichkeit, erinnert zu werden.
Ingeborg Bachmann, Die wunderliche Musik

Die Musik bei einem Hochzeitszug
erinnert mich immer an die Musik
von Soldaten, die in den Krieg ziehen.
Heinrich Heine

Die Musik, die man heutzutage macht,
ist nur noch die Kunst,
schwierige Tonsätze auszuführen,
und was nur noch schwierig ist,
kann auf die Dauer nicht gefallen.
Voltaire, Candide oder Die beste der Welten

Die Musik drückt das aus,
was nicht gesagt werden kann und
worüber zu schweigen unmöglich ist.
Victor Hugo

Die Musik gewährt die höchste Lust,
sowohl als reine Instrumentalmusik
wie mit begleitendem Gesang.
Aristoteles, Älteste Politik

Die Musik ist das vom Herzen
in Musik gesetzte Universum.
Sully Prudhomme, Gedanken

Die Musik ist der Geist der Geometrie.
Paul Claudel

Die Musik ist die beste Gottesgabe –
und dem Satan sehr verhasst.
Martin Luther, Tischreden

Die Musik ist die erhabenste der
Künste; sie spricht keine Gedanken
aus, sie ist ihre Grundsubstanz.
Durch sie nähern wir uns Gott.
Sully Prudhomme, Intimes Tagebuch

Die Musik ist die Sprache
der Leidenschaft.
Richard Wagner

Die Musik ist die Sprache des Gefühls
– der Ton das laute Gefühl,
das Gefühl, das sich mitteilt.
Ludwig Feuerbach, Das Wesen des Christentums

Die Musik ist für den Schwermütigen
gut, für den Trauernden schlecht, für
den Tauben weder gut noch schlecht.
Baruch de Spinoza, Ethik

Die Musik ist heilig oder profan. Das
Heilige ist ihrer Würde ganz gemäß,
und hier hat sie die größte Wirkung
aufs Leben, welche sich durch
alle Zeiten und Epochen gleich bleibt.
Die profane sollte durchaus heiter sein.
Johann Wolfgang von Goethe,
Maximen und Reflexionen

Die Musik ist imstande, die seelische
Haltung des Menschen irgendwie zu
beeinflussen; vermag sie aber dies,
so muss die Jugend ihr offenbar zugeführt und in ihr unterrichtet werden.
Aristoteles, Älteste Politik

Die Musik richtet sich an die Fähig-
keit, Gefühle nachzuerleben. Und ihr
Bereich ist die Harmonie und die Zeit.
Leo N. Tolstoi, Tagebücher (1851)

Die Musik schließt dem Menschen ein
unbekanntes Reich auf, eine Welt,
die nichts gemein hat mit der äußern
Sinnenwelt, die ihn umgibt und in der
er alle durch Begriffe bestimmbaren
Gefühle zurücklässt, um sich dem
Unaussprechlichen hinzugeben.
E. T. A. Hoffmann, Phantasiestücke in Callots Manier

Die Musik soll auch in der schauder-
haftesten Lage niemals das Ohr beleidigen, sondern doch dabei vergnügen,
folglich allezeit Musik bleiben.
Wolfgang Amadeus Mozart, Briefe (an den Vater 1781)

Die Musik spricht für sich allein.
Vorausgesetzt,
wir geben ihr eine Chance.
Yehudi Menuhin

Die Musik wirkt nicht
auf die Forschungsarbeit,
sondern beide werden aus derselben
Sehnsuchtsquelle gespeist
und ergänzen sich bezüglich der
durch sie gewährten Auslösung.
Albert Einstein, Briefe

Die Musik, wo sie mit Würde getrieben
wird, hat einzig zum Zweck,
die Erinnerung
an die unendliche Einheit zu erregen.
Friedrich Schlegel, Philosophische Vorlesungen

Die neue Musik altert,
wenn man sich an sie gewöhnt.
Ingeborg Bachmann, Die wunderliche Musik

Die Tonkunst, mehr Tochter als Nach-
ahmerin der Natur, in ihrer feierlich
geheimnisreichen Sprache Andacht
gebend und erzeugend, wirkt unmittelbar auf das Gemüt und ist tiefer
Rührung Herrscherin.
Carl Maria von Weber, Literarische Arbeiten

Die Troubadoure von heute
benützen keine Mandolinen mehr,
sondern Autohupen.
Igor Strawinsky

Die Verwirrung, die das Magische
in jeder Kunst bei den Philistern
veranlasst, ist bei der Musik
auf den höchsten Grad gestiegen.
Bettina von Arnim, Goethes Briefwechsel
mit einem Kinde

Die Welt ist eine optimistische
Schöpfung. Beweis:
Alle Vögel singen in Dur.
Jean Giono

Die Würde der Kunst erscheint bei der
Musik vielleicht am eminentesten,
weil sie keinen Stoff hat, der abge-
rechnet werden müsste. Sie ist ganz
Form und Gehalt und erhöht
und veredelt alles, was sie ausdrückt.
Johann Wolfgang von Goethe,
Maximen und Reflexionen

Dissonanzen geben der Musik
den schönsten Reiz,
wie Schmerzen dem Leben.
Aber wir verlangen nach Auflösung.
Robert Schumann, Polyrhythmen

Du klirrst mit deinen Ketten
Und überredest dich, es sei Musik.
Johann Wolfgang von Goethe,
Die Laune des Verliebten (Egle)

Durch den wahren Vortrag muss der
Meister sein Recht behaupten.
Joseph Haydn, Briefe (an Artaria, 1781)

Ein einziger schöner Klang
ist schöner als langes Gerede.
Joseph Joubert, Gedanken, Versuche und Maximen

Ein jeder hat in seinem Herzen
einen Leierkasten,
der nicht verstummen will.
Jules Renard, Ideen, in Tinte getaucht.
Aus dem Tagebuch von Jules Renard

Ein Musical ist ein Sprechstück
für Leute, die nicht singen können,
und ein Singstück für Leute,
die nicht sprechen können.
Charles Aznavour

Einen guten Musiker erkennt man
an dem, was er stiehlt.
Friedrich Gulda

Es ist mit dem Witz wie mit der Musik,
je mehr man hört, desto feinere Verhältnisse will man.
Georg Christoph Lichtenberg, Sudelbücher

Es ist nicht erforderlich,
Musik zu verstehen.
Man braucht sie nur zu genießen.
Leopold Stokowski

Es kann sein, dass die Engländer
die Musik lieben;
aber vor allem lieben sie den Lärm,
den sie macht.
Thomas Beecham

Es kommt immer nur darauf an, dass,
wie und wo man auch marschiert, man
allerorten die Musik des Lebens hört.
Die meisten hören nur Dissonanzen.
Theodor Fontane, Briefe

Früher gingen die Leute ins Konzert,
um Musik zu hören.
Heute gehen sie hinein,
um Dirigenten zu sehen.
Paul Hörbiger

Für den überwiegenden Teil der Menschen ist die Musik ein angenehmes
Mittel, ihre eigene Plattheit
zu pathetisieren.
Heimito von Doderer, Repertorium. Ein Begreifbuch
von höheren und niederen Lebens-Sachen

Gesang und Saitenspiel,
die größten Freunde
des Menschenlebens.
Johann Wolfgang von Goethe,
Claudine von Villabella (Rugantino)

Heute abend spürte ich, dass vollendet
gespielte Musik das Herz in denselben
Zustand versetzt, in den es durch die
Gegenwart der Geliebten versetzt wird;
das heißt, sie gewährt gewisslich
das höchste Glück auf Erden.
Stendhal, Über die Liebe

Hütet euch vor der Malerei,
heißt es auf gewissen Anschlägen.
Ich füge hinzu:
Hütet euch vor der Musik.
Jean Cocteau, Hahn und Harlekin

Ich habe meine Aufgabe immer
darin gesehen,
die Musik vor dem Lärm zu schützen.
Andrés Segovia

Im Wachsen einer Symphonie
liegt etwas Göttliches,
etwas der Schöpfung selbst Ähnliches.
Leonard Bernstein, Von der unendlichen Vielfalt
der Musik

Im Wesen der Musik liegt es,
Freude zu machen.
Aristoteles, Älteste Politik

In der Musik
gibt es ein Element des Lärms,
des Kontrasts, der Schnelligkeit,
das unmittelbar auf die Nerven wirkt
und nicht aufs Gefühl.
Je stärker dieses Element ist,
umso schlechter ist die Musik.
Leo N. Tolstoi, Tagebücher (1902)

In der Musik zieht die Freude
des Daseins bei einem Ohr hinein
und beim andern Ohr hinaus.
Otto Stoessel

In Gefahren steigert die Musik
die Gedanken.
Joseph Joubert, Gedanken, Versuche und Maximen

In jeder Aufführung muss das Werk
neu geboren werden.
Gustav Mahler, Im eigenen Wort

In Musikdingen wird sogar der vernünftigste Mann zum Schwärmer,
weil er über das Warum der Gefühle
keine Rechenschaft ablegen kann.
Stendhal, Über die Liebe

Ja, Musik – sie schrotet Gold und
Stahl, kein Helm sitzt so fest auf dem
Haupt und kein Harnisch auf der
Brust, sie dringt durch, und es gelobet
sich ihr der König wie der Vasall.
Bettina von Arnim, Goethes Briefwechsel
mit einem Kinde

Jede gute Musik ist ähnlich.
Gute Musik ergreift durch jene
geheimnisvolle Ähnlichkeit
mit den Gegenständen und Gefühlen,
die sie verursacht haben.
Jean Cocteau, Hahn und Harlekin

Jeder Esel kann den Takt schlagen,
aber Musik machen – das ist schwierig.
Arturo Toscanini

Kampf schadet,
Zitherspiel, Nacht und Liebe erfreun.
Ovid, Heroinen

Keine andere Tätigkeit kann so viel
Spannung und Aggressivität abbauen
wie die in Körperbewegung
umgesetzte Musik.
Gerhard Szczesny, Das so genannte Gute

Keine Kunst geht so rein aus der
innern Vergeistigung des Menschen
hervor, keine Kunst bedarf so
nur einzig rein geistiger, ätherischer
Mittel als die Musik.
E. T. A. Hoffmann, Alte und neue Kirchenmusik

Man fragte einen Leierkastenmann,
was denn das Wesen der guten Musik
sei. »Gleichmäßig die Kurbel drehen«.
Wiesław Brudziński

Man kann auch Musik
mit Lippenstift beschmieren
und mit Puder ersticken.
Igor Strawinsky

Meine Musik wird am besten
von Kindern und Tieren verstanden.
Igor Strawinsky

Meine Sprache versteht
man in der ganzen Welt.
Joseph Haydn

Moderne Musik
ist Instrumentenstimmen nach Noten.
Igor Strawinsky

Moderne Musik ist für mich
nichts anderes als
Instrumentenstimmen nach Noten.
Peter Sellers

Musik – die singende und die
spielende – gehört der weiblichen
Seele zu und ist der Orpheusklang,
der sie vor manchen Sirenentönen
unbezwungen vorbeigeleitet,
und der sie mit einem Jugend-Echo
tief in den Ehe-Herbst hinein begleitet.
Jean Paul, Levana

Musik heilt, Musik bringt Freude,
Musik tröstet. Jeder von uns,
sei er nun ein ausübender Musiker
oder ein Zuhörer,
hat das schon viele Male erlebt.
Yehudi Menuhin, Berliner Lektionen 1992

Musik im besten Sinne
bedarf weniger der Neuheit,
ja vielmehr je älter sie ist,
je gewohnter man ist,
desto mehr wirkt sie.
Johann Wolfgang von Goethe,
Maximen und Reflexionen

Musik ist allein die Weltsprache und
braucht nicht übersetzt zu werden.
Berthold Auerbach

Musik ist das Medium des Geistes,
wodurch das Sinnliche geistig wird.
Bettina von Arnim, Goethes Briefwechsel
mit einem Kinde

Musik ist der Liebe Nahrung.
Chinesisches Sprichwort

Musik ist der Schlüssel
vom weiblichen Herzen.
Johann Gottfried Seume, Der Vorteil

Musik ist die wahre allgemeine
Menschensprache.
Karl Julius Weber, Democritos

Musik ist höhere Offenbarung
als alle Weisheit und Philosophie.
Ludwig van Beethoven

Musik ist Leben. Sie ist Schwingung,
sie hält uns als Teil eines schwingen-
den Kosmos in Verbindung
mit der Gesamtheit des Alls.
Yehudi Menuhin, Kunst als Hoffnung
für die Menschheit

Musik ist Stenographie der Gefühle.
Leo N. Tolstoi, Tagebücher (1905)

Musik wird oft nicht schön gefunden,
Weil stets sie mit Geräusch verbunden.
Wilhelm Busch, Dideldum

Nichts kann zum Verständnis von
Musik mehr beitragen, als sich hinzu-
setzen und selbst Musik zu machen.
Leonard Bernstein, Von der unendlichen Vielfalt
der Musik

Nirgends kann das Leben so roh wirken, wie konfrontiert mit edler Musik.
Christian Morgenstern, Stufen

Ohne Musik wäre das Leben ein Irrtum.
Friedrich Nietzsche, Götzen-Dämmerung

Schlechte, von Schöngeistern verachtete Musik ist recht angenehm. Unangenehm dagegen
ist ihre gute Musik.
Jean Cocteau, Hahn und Harlekin

Seit jeher haben sich die großen
Denker gern in ein mystisches Dunkel
gehüllt, wenn sie von der Musik sprachen. Sie wussten, dass ihre Schönheit
und Vollkommenheit aus der Verschmelzung von Mathematik und
Magie geboren wird.
Leonard Bernstein, Freude an der Musik

Sobald Musik uns scheinbar grundlos
zu Tränen rührt, weinen wir aus einem
Übermaß aus kummervoller Ungeduld
angesichts des Umstands, dass wir, als
bloß Sterbliche, noch immer nicht in
den Stand gesetzt sind, in jenen überirdischen Ekstasen zu schwelgen, von
denen die Musik uns nur einen andeu-
tenden, vagen Schimmer vermittelt.
Edgar Allan Poe, Marginalien

Spiele dein Instrument so gut du
kannst, von ganzem Herzen und mit
ganzer Liebe. Für die Komposition
sorgt ein anderer.
Walter Rathenau, Auf dem Fechtboden des Geistes.
Aphorismen aus seinen Notizbüchern

Tatsache ist, dass alle Musik ihrem
Ursprung nach primitiv ist, denn sie
ging aus der Volksmusik hervor, die ja
notwendig einfach und naturhaft ist.
Leonard Bernstein, Freude an der Musik

Und so ist Musik auch die Seele
der Liebe, die auch in ihrem Wirken
keine Rechenschaft gibt, denn sie ist
das Berühren des Göttlichen mit dem
Menschlichen, und auf jeden Fall ist
das Göttliche die Leidenschaft,
die das Menschliche verzehrt.
Bettina von Arnim

Unser Gefühl selbst ist nichts anderes
als eine innere Musik immer währender Schwingung der Lebensnerven.
Wilhelm Heinse, Hildegard von Hohenthal

Verkehr nicht mit einer Saitenspielerin,
damit du nicht durch ihre Töne
gefangen wirst.
Altes Testament, Jesus Sirach 9, 4

Vermeide, in Konzerten zu plaudern.
Adolph Freiherr von Knigge,
Über den Umgang mit Menschen

Vermöge der Musik genießen sich
die Leidenschaften selbst.
Friedrich Nietzsche, Jenseits von Gut und Böse

Versuchung im vorgerückten Alter
ist wie ein Dudelsack ohne Luft.
John Barrymore

Von Sängern kann man viel lernen –
zum Beispiel auch,
wie man auf dem Klavier singt.
Wladimir Horowitz

Warum geht man,
wenn man erkältet ist,
lieber ins Konzert oder ins Theater
statt zum Arzt?
Hermann Prey

Was aber ist Musik? Was ist dieser
Klang, der dir Heimweh macht?
Ingeborg Bachmann, Die wunderliche Musik

Was ein richtiger Musiker sein will,
der muss auch eine Speisekarte
komponieren können.
Richard Strauß

Was gibt mir die Musik?
Sie stellt mir eine Sprache
zur Verfügung, die in mancher Hinsicht
genauer, im Gefühlsbereich eindeutiger
und offenbarender ist,
als Worte je sein können,
wenn es nicht die Worte
eines großen Dichters sind.
Yehudi Menuhin, Lebensschule

Was ich zu Bachs Lebenswerk
zu sagen habe: Hören, spielen, lieben,
verehren und – das Maul halten.
Zu Schubert habe ich
nur zu bemerken: Musizieren, lieben –
und Maul halten!
Albert Einstein, Briefe

Was wäre der Mensch ohne
Empfindung? Sie ist die musikalische
Macht im Menschen.
Ludwig Feuerbach, Das Wesen des Christentums

Welche Zaubertöne! Was für eine
Musik! Welche unerschöpfliche Quelle
von Vergnügen und Empfindung!
Jean-Jacques Rousseau, Julie oder
Die neue Héloïse (Saint-Preux)

Wie eine Musik aus der Luft überrascht uns das hohe Glück,
erscheint und verschwindet.
Friedrich Schlegel, Lucinde

Wo die Sprache aufhört,
fängt die Musik an.
E. T. A. Hoffmann

Wo Musik ist, geschieht kein Unheil.
Sprichwort aus Spanien

Wovon glänzt dein Wesen, wenn die
Musik zu Ende geht, und warum
rührst du dich nicht? Was hat dich so
gebeugt, und was hat dich so erhoben?
Ingeborg Bachmann, Die wunderliche Musik

Zeitgenössische Musik
ist eine Wüste mit ein paar
ausgespuckten Dattelkernen
hier und da.
Pablo Casals

Muskeln

Der Muskel wird durch starken
Gebrauch gestärkt, der Nerv hingegen
dadurch geschwächt. Also übe man
seine Muskeln durch jede angemessene
Anstrengung, hüte hingegen
die Nerven vor jeder.
Arthur Schopenhauer, Aphorismen zur Lebensweisheit

Es genügt nicht, einem Jungen die
Seele zu stählen; man muss ihm auch
die Muskeln stählen: Es wird zu viel
von der Seele verlangt, wenn sie keine
Unterstützung erhält; allein ist sie der
doppelten Belastung nicht gewachsen.
Michel Eyquem de Montaigne, Die Essais

Man sollte lieber
zwei Muskeln bewegen,
um zu lachen,
statt dreizehn Muskeln,
um die Stirn zu runzeln
und die Zähne zu fletschen.
Jacques Tati

Was die Muskulatur betrifft,
so deutet sie, wenn sie von Natur fest
und kräftig ist, auf Gefühllosigkeit;
ist sie dagegen zart, auf geistige
Begabung und Unbeständigkeit.
Aristoteles, Psychologie

Muße

Auch die Tätigkeit des Politikers kennt keine Muße.
Aristoteles, Nikomachische Ethik

Die Zeit kenne keine Muße.
Sprichwort aus Frankreich

Es ist die größte Versuchung, dass niemand seinen Beruf treulich erfüllt, sondern alle sich der Muße ergeben wollen.
Martin Luther, Tischreden

Gute Muße ist besser als gute Geschäfte. Nichts gehört unser als nur die Zeit, in welcher selbst der lebt, der keine Wohnung hat.
Baltasar Gracián y Morales, Handorakel und Kunst der Weltklugheit

Ich verstehe nicht, wie man Muße und Müßiggang voneinander unterscheiden kann. So viel aber ist gewiss, dass kein rechtschaffener Mann Muße hat, solange er noch Gutes tun kann, solange er noch ein Vaterland hat, und solange es noch Unglückliche auf der Welt gibt.
Jean-Jacques Rousseau, Letzte Antwort

In der Stille scheinen Himmel und Erde groß. In der Muße dehnen sich Tage und Monde lang.
Chinesisches Sprichwort

In müß'ger Weile schafft der böse Geist.
Friedrich Schiller, Maria Stuart (Pauler)

Muße ist das Kunststück, sich selbst ein angenehmer Gesellschafter zu sein.
Karl Heinrich Waggerl

Muße ist dem Geist so notwendig wie Arbeit. Man ruiniert sich den Geist, wenn man zu viel schreibt, man verrostet, wenn man nichts schreibt.
Joseph Joubert, Gedanken, Versuche und Maximen

Muße, nicht Arbeit, ist das Ziel des Menschen.
Oscar Wilde, Die Seele des Menschen unter dem Sozialismus

Müßiggang ist aller Laster Anfang und aller entscheidenden Fähigkeiten Ursprung, Prüfung und Lohn.
Heimito von Doderer, Repertorium. Ein Begreifbuch von höheren und niederen Lebens-Sachen

Ruhe und Muße sind für Geld nicht zu kaufen.
Chinesisches Sprichwort

Welchem tätigen Mann ist nicht Muße eine Strafe?
Lucius Annaeus Seneca, Über die Vorsehung

Wir sollten wieder lernen, aus der Freizeit Muße zu machen.
Otto Flake

Müssen

Der Tücht'ge sieht in jedem Soll ein Muss.
Franz Grillparzer, Des Meeres und der Liebe Wellen

Es muss sein! – grausamster Zwang. Es hat sein müssen! – bester Trost.
Marie von Ebner-Eschenbach, Aphorismen

Kein Mensch muss müssen.
Gotthold Ephraim Lessing, Nathan der Weise (Nathan)

Müssen? Spricht man so zu Fürsten?
Königin Elizabeth I., angebliche Worte auf dem Sterbebett

Über ein Ding wird viel geplaudert,
Viel beraten und lange gezaudert,
Und endlich gibt ein böses Muss
Der Sache widrig den Beschluss.
Johann Wolfgang von Goethe, Sprichwörtlich

Wie viel Menschen mögen denn das freiwillig zugestehen, was sie am Ende doch müssen?
Johann Wolfgang von Goethe, Die Wahlverwandtschaften

Müßiggang

Als ich mich in das Leben eines Müßiggängers stürzte, bemerkte ich, Leute, die in jeder Hinsicht unter mir standen, waren mir in dieser Sphäre weit überlegen; das schmerzte mich, und ich gelangte zu der Überzeugung, hier läge nicht meine Bestimmung.
Leo N. Tolstoi, Tagebücher (1850)

Der Teufel führt jeden in Versuchung außer den Müßigen, und der führt den Teufel in Versuchung.
Sprichwort aus Ungarn

Ein gelehrter Müßiggänger gleicht einer Wolke ohne Regen.
Chinesisches Sprichwort

Ein Volk von lauter Bauern würde wenig entdecken und erfinden: Aber müßige Hände geben tätige Köpfe.
Arthur Schopenhauer, Zur Rechtslehre und Politik

Glück ist das Idol der Müßigen.
Sprichwort aus England

In der Tat, man sollte das Studium des Müßiggangs nicht so sträflich vernachlässigen, sondern es zur Kunst und Wissenschaft, ja zur Religion bilden!
Friedrich Schlegel, Lucinde

Langweiliger Besuch macht Zeit und Zimmer enger:
O Himmel, schütze mich vor jedem Müßiggänger!
Friedrich von Hagedorn, Gedichte

Menschen, die nicht arbeiten, das heißt eines der Gesetze ihres Lebens nicht befolgen, müssen einfach überschnappen.
Leo N. Tolstoi, Tagebücher (1905)

Müßig gehn, wenn man's nicht recht versteht, Ist schwerer, als man denken sollte.
Christian Fürchtegott Gellert, Fabeln und Erzählungen

Müßige Leute haben seltsame Gedanken.
Deutsches Sprichwort

Müßiggang an sich ist keineswegs eine Wurzel alles Übels, sondern im Gegenteil ein wahrhaft göttliches Leben, wenn man sich nicht langweilt.
Søren Kierkegaard, Entweder – Oder

Müßiggang ist aller Laster Anfang.
Deutsches Sprichwort

Müßiggang ist aller Psychologie Anfang.
Friedrich Nietzsche, Götzen-Dämmerung

Müßiggang ist der Tugend Untergang.
Deutsches Sprichwort

Müßiggang ist eine schwere Arbeit.
Deutsches Sprichwort

Nichts tun lehrt übel tun.
Deutsches Sprichwort

O Müßiggang, Müßiggang! Du bist die Lebenslust der Unschuld und der Begeisterung; dich atmen die Seligen, und selig ist, wer dich hat und hegt, du heiliges Kleinod! Einziges Fragment von Gottähnlichkeit, das uns noch aus dem Paradies blieb.
Friedrich Schlegel, Lucinde

Schreiben ist geschäftiger Müßiggang, es kommt mir sauer an.
Johann Wolfgang von Goethe, Götz von Berlichingen (Götz)

Sorgt, dass nicht so viele vom Müßiggang leben!
Thomas More, Utopia

Trifft Liebesnot auf Müßiggang, so verschlimmert sie sich.
Gottfried von Straßburg, Tristan

Wer arbeitet, wird von einem Teufel versucht, wer müßig geht, von tausend.
Sprichwort aus England

Zu lyrischen Arbeiten gehört ein
gewisser poetischer Müßiggang.
Friedrich Schiller, Briefe (an Wilhelm August von
Schlegel, 14. Mai 1801)

Muster

Es ist so schwer, etwas von Mustern zu
lernen, als von der Natur.
Johann Wolfgang von Goethe,
Maximen und Reflexionen

Für sein Tun und Lassen darf man
keinen anderen zum Muster nehmen.
Arthur Schopenhauer, Aphorismen zur Lebensweisheit

Geschichte ist das Muster,
das man hinterher in das Chaos webt.
Carlo Levi

Mut

Aber es gibt etwas in mir, das ich Mut
heiße: Das schlug bisher mir
jeden Unmut tot.
Friedrich Nietzsche, Also sprach Zarathustra

Allein derjenige ist mutig,
der auch die Furcht kennt;
der andere ist nur tollkühn.
Willy Brandt

Armut gibt Verwegenheit.
Johann Wolfgang von Goethe, West-östlicher Divan

Auch der Mutigste von uns
hat nur selten den Mut zu dem,
was er eigentlich weiß.
Friedrich Nietzsche, Götzen-Dämmerung

Begeisterung trug sie wie auf
Adlerflügeln, und tausendfacher Mut
schwellte ihnen das Herz.
Jens Peter Jacobsen, Niels Lyhne

Das Dasein ist köstlich.
Man muss nur den Mut haben,
sein eigenes Leben zu führen.
Peter Rosegger

Das Recht will ja wahrgenommen wer-
den, es fällt einem nicht in den Schoß.
Und das erfordert Mut (...).
Heinrich Böll, Worte töten Worte heilen

Dem Mut gesellt sich eine Art Vergnügen, über dem Schicksal zu stehen.
Chamfort, Maximen und Gedanken

Dem Mutigen hilft Gott.
Friedrich Schiller, Wilhelm Tell (Gertrud)

Der geistige Mut übertrifft die körperliche Kraft: Er sei ein Schwert, das
stets in der Scheide der Klugheit ruht,
für die Gelegenheit bereit.
Baltasar Gracián y Morales, Handorakel und Kunst
der Weltklugheit

Der gute Mut gilt mehr
als der gute Rat,
Was viele Feldherrn schon
zugrund gerichtet hat.
Euripides, Die Schutzflehenden (Theseus)

Der höchste Mut ist Unerschrockenheit
angesichts des sicheren Todes.
Luc de Clapiers Marquis de Vauvenargues,
Unterdrückte Maximen

Der Mächtige unterdrückt
die Menschen, der Mutige nimmt es
mit Geistern auf.
Chinesisches Sprichwort

Der Mensch aber ist das mutigste Tier:
Damit überwand er jedes Tier.
Friedrich Nietzsche, Also sprach Zarathustra

Der Mensch von heute muss Mut
zu sich selbst haben.
Erich Fromm, Interview 1980

Der Mut, den wir einzig und allein
brauchen können, ist das Resultat der
Liebe, der Pflicht, des Rechtsgefühls,
der Begeisterung und der Ehre. Er ist
nicht angeboren, sondern er wird, er
wächst.
Theodor Fontane, Briefe

Der Mut des Italieners ist
ein Wutanfall, der Mut des Deutschen
ein Rausch, der Mut des Spaniers
das Kind seines Stolzes.
Stendhal, Über die Liebe

Der Mut stellt sich die Wege kürzer vor.
Johann Wolfgang von Goethe, Torquato Tasso
(Antonio)

Der Mut verlernt sich nicht,
wie er sich nicht lernt.
Johann Wolfgang von Goethe, Götz von Berlichingen
(Sickingen)

Der Mutmensch kennt den Zorn, der
Furchtmensch die Wut und den Ärger.
Walter Rathenau, Auf dem Fechtboden des Geistes.
Aphorismen aus seinen Notizbüchern

Der Politiker will, dass der Mensch
mutig sterbe, der Dichter dagegen,
dass er mutig lebe.
Salvatore Quasimodo

Der rechte Mut ist nicht der
an schlechte und gute Völker,
an Rekruten und sogar Tiere ver-
schwendete Kriegs-Mut und Wunden-
Trotz, sondern der Mut im Frieden, im
Hause, vor dem Throne, vor dem
langen Unglück.
Jean Paul, Dämmerungen für Deutschland

Der Sieger wird genannt,
aber selten die Sieger, mehr der
befehlende Mut als der gehorchende.
Jean Paul, Dämmerungen für Deutschland

Der Starke ist nicht mutig, der Schwa-
che ist es, und wiederum ist es nur der
Mutige, dem man in schlimmen Tagen
Stärke zutrauen kann.
Gilbert Keith Chesterton, Heretiker

Der Unwissende hat Mut,
der Wissende hat Angst.
Alberto Moravia

Der Wein gab Mut.
Ovid, Metamorphosen

Die Angst ist
die andere Hälfte von Mut.
Reinhold Messner

Die Gefahr will keine Wechsel,
sie will in barem Mut bezahlt werden.
Emil Gött, Im Selbstgespräch

Die Liebe macht, dass man mutig
sein kann.
Mutter Teresa

Die Natur erzeugt wenige mutige Männer, Kunst und Übung bilden viele.
Niccolò Machiavelli, Kriegskunst

Die starken und mutigen Männer
sind es, die die Welt leiten, führen
und beherrschen.
Samuel Smiles, Charakter

Duldet mutig, Millionen!
Duldet für die bessre Welt!
Friedrich Schiller, An die Freude

Ein Pfund Mut ist mehr wert
als eine Tonne Glück.
James Garfield

Erduldenden Mut verlieh
den Menschen das Schicksal.
Homer, Ilias

Es ereignet sich oft,
dass ein mutiger Mann
ein furchtsames Pferd hat
oder dass ein furchtsamer Mann
ein mutiges Pferd hat,
und diese Ungleichheit
führt Unordnung herbei.
Niccolò Machiavelli, Kriegskunst

Es gibt kein Glück ohne Mut
und keine Tugend ohne Kampf.
Jean-Jacques Rousseau, Emile

Es gibt nur ein Gebet. Das lautet:
Hinan!
Walter Rathenau, Auf dem Fechtboden des Geistes.
Aphorismen aus seinen Notizbüchern

Fasse deinen Mut zusammen!
Es ist kein Elend in der Welt
von beständiger Dauer.
Adolph Freiherr von Knigge, Über den Umgang
mit Menschen

Fasst frischen Mut! So lang
ist keine Nacht,
Dass endlich nicht
der helle Morgen lacht!
William Shakespeare, Macbeth (Malcolm)

Fasst Mut, ihr Freunde,
Gefährten im Kampf!
Das Ludwigslied (882)

Furcht und Mut stecken an.
Jean Paul, Dämmerungen für Deutschland

Geduld und langer Mut
Richten mehr als Gewalt und Wut.
Jean de La Fontaine, Fabeln

Geld regiert die Welt, Gut macht Mut,
oft Übermut und Armut ist arm an Mut.
Karl Julius Weber, Democritos

Glück macht Mut.
Johann Wolfgang von Goethe, Götz von Berlichingen (Sickingen)

Gott verlässt den Mutigen nimmer.
Theodor Körner, Harras, der kühne Springer

Hab Mut!
Jedoch nicht, um ihn zu beweisen.
Joachim Ringelnatz

Ich erwarte, dass die Unternehmer wie
alle anderen die Ärmel hochkrempeln
und endlich mehr Mut zeigen.
Norbert Blüm, Unverblümtes von Norbert Blüm

Ihr Mut wächst; die Tugend
wird gestärkt durch die Wunde.
Aulus Gellius, Attische Nächte

In großen Gefahren gibt es keinen besseren Gefährten als ein wackeres Herz:
Und sollte es schwach werden,
so müssen die benachbarten Teile
ihm aushelfen.
Baltasar Gracián y Morales, Handorakel und Kunst
der Weltklugheit

In nichts, kaum die Furcht ausgenommen, wächset ein Mensch so schnell
als im Mute.
Jean Paul, Levana

In üblen Umständen hilft es,
guten Mut zu bewahren.
Titus Maccius Plautus, Die Gefangenen

Ist die Gesundheit die erste Stufe zum
Mut, so ist die körperliche Übung
gegen Schmerzen die zweite.
Jean Paul, Levana

Jene Mannhaftigkeit ist am sichersten,
die sich lange und vielmals umblickt,
sich beherrscht und langsam und
bedächtig vorrückt.
Lucius Annaeus Seneca, Über den Zorn

Jung bin ich, es ist wahr, doch
wohlgeborenen Seelen
Pflegt mit der Zahl der Jahre
nicht auch der Mut zu fehlen.
Pierre Corneille, Der Cid

Keine Probe ist gefährlich,
zu der man Mut hat.
Johann Wolfgang von Goethe, Egmont (Egmont)

Lass das Leben wanken,
Lass es ganz vergehn,
Über seine stillen Schranken
Will ich ernst und mutig sehn.
Annette von Droste-Hülshoff, Geistliche Lieder

Lasset uns deklinieren:
Der Mut – des Mutes – Demut.
Werner Finck

Laster sind die Vergnügungen,
zu denen es uns
an dem nötigen Mut fehlt.
Graham Greene

Lustig in die Welt hinein,
Gegen Wind und Wetter!
Will kein Gott auf Erden sein,
Sind wir selber Götter!
Wilhelm Müller, Gedichte (Schubert: Winterreise)

Man kann nicht für seinen Mut
einstehen, wenn man nie
in Gefahr gewesen ist.
François de La Rochefoucauld, Unterdrückte Maximen

Mancher tut ein Äußerstes und zeigt
sich einmal mutig, damit er das Recht
erlange, zeit seines übrigen Lebens
sich zu verstecken.
Jean-Jacques Rousseau, Julie oder
Die neue Héloïse (Julie)

Mittleren Menschen mag man den Mut
loben, Edlen die Besonnenheit.
Walter Rathenau, Auf dem Fechtboden des Geistes.
Aphorismen aus seinen Notizbüchern

Mut beruht vor allem auf dem Willen,
ihn zu haben.
Ellen Key

Mut besteht nicht darin, dass man
die Gefahr blind übersieht, sondern
dass man sie sehend überwindet.
Jean Paul, Levana

Mut des Schwachen, Milde des Starken
– beide anbetungswürdig!
Marie von Ebner-Eschenbach, Aphorismen

Mut hat auch der Mameluck,
Gehorsam ist des Christen Schmuck.
Friedrich Schiller, Der Kampf mit dem Drachen

Mut hat mehr Mittel gegen
das Unglück als die Vernunft.
Luc de Clapiers Marquis de Vauvenargues,
Reflexionen und Maximen

Mut ist das Wagnis,
mehr zu können, als man kann.
Heinrich Wiesner

Mut ist keine Vorbedingung
für den Verlust des Lebens.
Peter Ustinov, Peter Ustinovs geflügelte Worte

Mut ist nichts anderes als Angst,
die man nicht zeigt.
Sergio Leone

Mut ist nur daran zu messen,
wen man und wen man nicht
auf seiner Seite hat.
Ludwig Marcuse, Argumente und Rezepte.
Ein Wörter-Buch für Zeitgenossen

Mut ist oft Mangel an Einsicht,
Feigheit dagegen beruht nicht selten
auf guten Informationen.
Peter Ustinov

Mut kann nur der haben,
der auch die Furcht kennt;
der andere ist nur tollkühn.
Willy Brandt

Mutige Leute überredet man dadurch
zu einer Handlung, dass man dieselbe
gefährlicher darstellt, als sie ist.
Friedrich Nietzsche, Menschliches, Allzumenschliches

Not macht den Menschen mutig.
Sprichwort aus Frankreich

Nur durch Mut kann man sein Leben
in Ordnung bringen.
Luc de Clapiers Marquis de Vauvenargues,
Nachgelassene Maximen

Und ich habe nicht Arme, nicht Mark
wie ihr; doch hab ich,
was euch allen eben fehlt,
Mut und Verachtung der Gefahr.
Johann Wolfgang von Goethe, Egmont (Klärchen)

Unerschrockenheit ist die außerordentliche Kraft der Seele, welche sie über
die Unruhe, Verwirrung und Erregung
hinweghebt, die der Augenblick großer
Gefahren in ihr hervorrufen könnte.
François de La Rochefoucauld, Reflexionen

Viele hatten außerordentliche Fähigkeiten, aber weil es ihnen an Herz
fehlte, lebten sie wie Tote und endigten begraben in ihrer Untätigkeit.
Baltasar Gracián y Morales, Handorakel und Kunst
der Weltklugheit

Wahrer Mut hat mehr Standhaftigkeit
und weniger Eile; er ist allzeit, was er
sein soll, man muss ihn weder aufmuntern noch zurückhalten;
der rechtschaffne Mann trägt ihn
überall in sich; im Kampfe wider
den Feind; in Gesellschaft zum Schutze der Abwesenden und der Wahrheit.
Jean-Jacques Rousseau, Julie oder
Die neue Héloïse (Julie)

Wahrheit ist die Quelle des Mutes.
Chinesisches Sprichwort

Wenn alle mutig sind,
ist das Grund genug, Angst zu haben.
Gabriel Laub

Wenn das Orchester
seine Instrumente stimmt,
fängt das Publikum an,
seine Katarrhe zu stimmen.
Hermann Prey

Wenn man sich zum Mut zwingt,
kommt er schließlich doch
von selbst wieder.
Franziska Gräfin zu Reventlow, Tagebücher

Wenn wir die Herausforderung des
Informationszeitalters bestehen wollen, dann muss die erste Forderung
sein: zur Tugend des Mutes zurückzukehren, zum Mut, unsere Vernunft
zu gebrauchen, zum Mut, uns der
Zukunft zu stellen.
Hans-Dietrich Genscher, Die technologische Herausforderung (1983)

Wer alle Hecken scheuen will, wird
nimmer zu einem Wald kommen.
Julius Wilhelm Zincgref, Apophthegmata

Wer den Mut hat zu verzweifeltem
Wagnis, stirbt;
wer den Mut hat, nichts aus Verzweiflung zu wagen, lebt;
Mut in beiden Fällen, doch nützt
der eine, der andere schadet.
Lao-tse, Dao-de-dsching

Weshalb können wir denn nicht
natürlich sein? Oh, ich weiß sehr wohl,
uns fehlt nur der Mut.
Jens Peter Jacobsen, Niels Lyhne

Wie mutig man ist, weiß man immer
erst nachher.
Ludwig Marcuse, Argumente und Rezepte.
Ein Wörter-Buch für Zeitgenossen

Wie nahe Furcht und Mut zusammenwohnen, das weiß vielleicht
am besten, wer sich dem Feind
entgegenwirft.
Christian Morgenstern, Stufen

Wir bekommen Musik von allen Seiten, Musik, der wir nicht lauschen
können, sondern die wir bloß hören
(...). Wir gelangen zu einer Übersättigung, unsere Konzentrationsfähigkeit
wird vermindert, unsere Ohren sind zu
müde, um wirklich zuzuhören (...).
Leonard Bernstein, Von der unendlichen Vielfalt der Musik

Wir wollen den Mut nicht sinken
lassen. Vielleicht geht auch das
bald vorüber.
Voltaire, Zadig

Zwar beseelt sie alle der gleiche
Kampfesmut, aber sie haben nicht alle
dieselben Fähigkeiten.
Ecbasis captivi in belehrender Gestalt (Wolf)

Zwei Drittel der Hilfe ist,
Mut einzuflößen.
Sprichwort aus Irland

Zwischen Hochmut und Demut steht
ein Drittes, dem das Leben gehört,
und das ist einfach der Mut.
Theodor Fontane, Cécile

Mutmaßung

Ach, was ist an den eitlen Reden
der Menschen und an ihren Mutmaßungen gelegen?
Jean-Jacques Rousseau, Emile

In der Welt Augen ist eine gemutmaßte
Wahrheit beinahe so viel als Gewissheit.
Jean-Jacques Rousseau, Julie oder
Die neue Héloïse (Claire)

Mutter

Adam nannte seine Frau Eva (Leben),
denn sie wurde die Mutter
aller Lebendigen.
Altes Testament, Genesis 3, 20

Alle Mütter sind ihren Söhnen
Helferinnen bei Verfehlungen.
Terenz, Der Selbstquäler

Allein, bevor und nachdem man
Mutter ist, ist man Mensch;
die mütterliche Bestimmung aber oder
gar die eheliche kann nicht die
menschliche überwiegen oder ersetzen,
sondern sie muss das Mittel,
nicht der Zweck derselben sein.
Jean Paul, Levana

Alles, was schön ist, alles, was heilig,
Nennet das Wort dir: eine Mutter!
Ricarda Huch, Gedichte

Als Mutter war die Frau
Furcht erregend, deshalb musste sie
in der Mutterschaft verklärt
und unterworfen werden.
Simone de Beauvoir, Das andere Geschlecht

Barmherzige Mütter ziehn grindige
Töchter.
Deutsches Sprichwort

Beim Hauskauf sieh aufs Dachgebälk,
bei der Brautschau sieh die Mutter an.
Chinesisches Sprichwort

Das Kalb folgt der Kuh.
Deutsches Sprichwort

Das Kind
ist mein unermesslicher Reichtum.
Franziska Gräfin zu Reventlow, Tagebücher

Das Mädchen wird unter Tränen zur
Frau und unter Stöhnen zur Mutter.
Henry de Montherlant, Die jungen Mädchen

Das Mutterband ist nicht so rasch
geknüpft, dies geschieht nur durch
eine lange persönliche Bekanntschaft.
August Strindberg, Der Sohn der Magd

Das Mutterherz ist der schönste und
unverlierbarste Platz des Sohnes,
selbst wenn er schon graue Haare trägt
– und jeder hat im ganzen Weltall nur
ein einziges solches Herz.
Adalbert Stifter, Das Heidedorf

Das Weib, sobald es ein Kind hat,
liebt den Mann nur noch so,
wie er selbst das Kind liebt.
Friedrich Hebbel, Tagebücher

Deine Bestimmung, liebe Freundin,
oder überhaupt die Bestimmung
des Weibes ist wohl unzweifelhaft
und unverkennbar; denn welche
andere kann es sein als diese,
Mutter zu werden und die Erde
tugendhafte Menschen zu erziehen?
Heinrich von Kleist, Briefe (an Wilhelmine von Zenge,
13.–18. September 1800)

Deine Mutter kennt dich,
aber du kennst nicht sie.
Paul Ernst, Erdachte Gespräche

Dem Liebhaber glaubt ein Mädchen
immer mehr als der Mutter.
Johann Wolfgang von Goethe, Annette

Der gemeine Mann nennt sein Weib,
sobald sie ihm mehr als ein Kind
geschenkt hat, »Mutter«.
Dieser Titel gilt ihm mehr als Weib.
Theodor Gottlieb von Hippel, Über die Ehe

Der Himmel ist zu den Füßen der Mutter.
Sprichwort aus Persien

Der Mann macht nur Punkte
im Kindesleben, die Frau Kommata
und Duopunkta und alles Öftere.
Mütter, seid Väter!,
möchte man zurufen,
und: Väter, seid Mütter!
Jean Paul, Levana

Der Mutter kommt kein kühlender
Schatten gleich, der Mutter kommt
keine Zuflucht gleich, der Mutter
kommt kein Schutz gleich, der Mutter
kommt keine an Liebe gleich.
Mahabharata, Buch 12

Der Mutter schenk ich,
Der Tochter denk ich.
Johann Wolfgang von Goethe, Sprichwörtlich

Der mütterlichen Liebe hat die Natur
die Erhaltung aller Lebewesen anvertraut, und in den Freuden und
selbst in den Leiden, die mit diesem
köstlichen Gefühl verbunden sind,
belohnt sie die Mütter.
Chamfort, Maximen und Gedanken

Der Tod einer Mutter ist der erste
Kummer, den man ohne sie beweint.
Jean Antoine Petit-Senn, Geistesfunken und Gedankensplitter

Die beste Erziehungsmethode
für ein Kind ist, ihm
eine gute Mutter zu verschaffen.
Christian Morgenstern, Stufen

Die Ehrsucht, der Geiz, die falsche
Vorsicht der Väter, ihre Nachlässigkeit,
ihre harte Unempfindlichkeit sind
den Kindern hundertmal schädlicher
als die blinde Zärtlichkeit der Mütter.
Jean-Jacques Rousseau, Emile

Die erste Erziehung ist am wichtigsten,
und diese erste Erziehung kommt
unzweifelhaft den Frauen zu.
Jean-Jacques Rousseau, Emile

Die größte Liebe ist Mutterliebe,
dann die Liebe eines Hundes,
und danach die einer Geliebten.
Sprichwort aus Polen

Die höchste und tiefste Liebe
ist die Mutterliebe.
Ludwig Feuerbach, Das Wesen des Christentums

Die Liebe des Sohnes zur Mutter
ist die erste Liebe des männlichen
Wesens zum weiblichen.
Ludwig Feuerbach, Das Wesen des Christentums

Die Liebe einer Mutter ist immer
in ihrem Frühling.
Sprichwort aus Frankreich

Die Mutter, die Kinder erzieht,
ist genauso arbeitstüchtig wie die
Mutter, die am Fließband steht.
Norbert Blüm, Unverblümtes von Norbert Blüm

Die Mutter eine Hexe,
die Tochter auch eine Hexe.
Deutsches Sprichwort

Die Mutter eines Ängstlichen
pflegt nicht zu weinen.
Cornelius Nepos, Thrasyllus

Die Mutter erfüllt nur ihre Aufgabe,
wenn sie das Kind lieben lehrt.
Karin Struck, Die Mutter

Die Mütter geben unserem Geiste
Wärme, und die Väter Licht.
Jean Paul, Der Jubelsenior

Die Mütter
haben Augen wie ihre Töchter
und überdies Erfahrung.
Jean-Jacques Rousseau, Emile

Die Mütter sind durch ihre Kinder
auf die Zukunft angewiesen –
sie leben instinktartig für die Zukunft –
sie wissen, dass sie ihre Kinder nicht
für sich, sondern für die Welt erziehen,
dass sie dieser Welt, dieser Zukunft
also schon ein Opfer bringen,
indem sie ihr ihre Kinder widmen
und nicht an das eigene,
sondern an das Glück
dieser Kinder denken.
Louise Otto-Peters, Die Demokratinnen

Die Mutter soll im Lärm der Gassen
Ihr Kind nicht aus den Augen lassen.
Jüdische Spruchweisheit

Die Mutter trägt im Leibe
Das Kind dreiviertel Jahr;
Die Mutter trägt auf Armen
Das Kind, weil's schwach noch war;
Die Mutter trägt im Herzen
Die Kinder immerdar.
Friedrich von Logau, Sinngedichte

Die mütterliche Frau ist die zeitlose
Frau, die in allen Epochen
und in allen Völkern die Gleiche.
Gertrud von Le Fort, Die zeitlose Frau

Die Mutterliebe des Sohnes
ist die erste Sehnsucht, die erste
Demut des Mannes vor dem Weibe.
Ludwig Feuerbach, Das Wesen des Christentums

Die Natur bestimmt euch,
Mütter zu werden; ihr sollt
mit eurem Leibe die Natur preisen
und den Staat bereichern.
Theodor Gottlieb von Hippel, Über die Ehe

Die Natur hat das Weib unmittelbar
zur Mutter bestimmt;
zur Gattin bloß mittelbar;
so ist der Mann umgekehrt mehr
zum Gatten als zum Vater gemacht.
Jean Paul, Levana

Die Rolle der mütterlichen Frau
als Bewahrerin der Kultur
vollendet sich erst in ihrer Rolle
als Bewahrerin der religiösen Güter.
Gertrud von Le Fort, Die zeitlose Frau

Die Süße hast du uns gebracht,
Mutter ohne Mannes Rat,
Sancta Maria.
Marienlied, Melker Handschrift (12. Jh.)

Die Tochter einer guten Mutter
wird die Mutter einer guten Tochter.
Sprichwort aus den USA

Die Welt bedarf der mütterlichen Frau,
denn sie ist weithin ein armes,
hilfloses Kind.
Gertrud von Le Fort, Die ewige Frau

Du bist unsere Mutter nicht, die hat
eine feine und liebliche Stimme, aber
deine Stimme ist rau; du bist der Wolf.
Jacob und Wilhelm Grimm, Der Wolf
und die sieben jungen Geißlein

Durch die Mutterschaft findet die Frau
zur vollständigen Erfüllung ihres
physiologischen Schicksals.
Darin liegt ihre »natürliche« Berufung,
da ihr ganzer Organismus
auf Arterhaltung ausgerichtet ist.
Simone de Beauvoir, Das andere Geschlecht

Durch dieses Fenster hineinschauen,
wo mein Kind im Bett liegt und auf
mich wartet. Da liegt mein Kaiserreich!
Franziska Gräfin zu Reventlow, Tagebücher

Ein braves Schaf
muss viele Lämmer säugen.
Sprichwort aus Frankreich

Ein Mädchen, das allein mit seiner
Mutter lebt, kommt beinahe todsicher
zu Fall. Ein Junge desgleichen.
So machtlos sind die Mütter.
Henry de Montherlant, Erbarmen mit den Frauen

Ein Schatz ist da,
der jede Zeit rettet und reinigt;
es ist der, den die Natur
durch Mütter schickt.
Jean Paul, Dämmerungen für Deutschland

Eine Frau, die den Verlust
eines Kindes durchgemacht hat,
erschrickt nicht mehr.
Talmud

Eine Mutter, die ihr Kind schlägt,
schlägt nicht nur das Kind,
und in gewissem Sinne schlägt sie es
überhaupt nicht: Sie rächt sich
an einem Mann, an der Welt
oder an sich selbst.
Simone de Beauvoir, Das andere Geschlecht

Eine Mutter hat immer Recht.
Sie hat zu viel gelitten und geliebt,
als dass es anders sein könnte.
Hermann Sudermann, Die Ehre (Trast)

Es ist besser, das Kind schreit,
als dass die Mutter seufzt.
Sprichwort aus Dänemark

Es ist ein Rausch, Mutter zu sein,
und eine Würde, Vater zu sein.
Sully Prudhomme, Gedanken

Es meint jede Frau,
ihr Kind sei ein Pfau.
Deutsches Sprichwort

Es war ein Anfang des Alls,
benannt Urmutter des Alls,
wer die Urmutter erschaut hat,
erkennt durch sie ihre Kinder,
wer ihre Kinder erkannt hat,
kehre zurück zur Urmutter;
sich eng an sie haltend,
ist er gefeit bis an sein Ende.
Lao-tse, Dao-de-dsching

Fest in der Familie und in der Gesellschaft ruhend, in Übereinstimmung mit den Sitten und Gesetzen, ist die Mutter die Inkarnation des Guten: Die Natur, an der sie teilhat, wird gut und ist kein Feind des Geistes mehr.
Simone de Beauvoir, Das andere Geschlecht

Fleißige Mutter hat faule Töchter.
Deutsches Sprichwort

Gäb' es nur einen Vater auf Erden, wir beteten ihn an; gäb' es aber nur eine Mutter, wir würden sie verehren und lieben und auch anbeten.
Jean Paul, Levana

Gibt es auf der Welt ein so rührendes und Achtung gebietendes Schauspiel wie das einer Familienmutter im Kreise ihrer Kinder, wie sie die Arbeiten der Dienerschaft regelt, wie sie für ein glückliches Leben ihres Gatten sorgt und das Haus klug regiert?
Jean-Jacques Rousseau, Brief an d'Alembert

Großmutter heißen
ist kaum minder lieb
Als einer Mutter innig süßer Name.
William Shakespeare, Richard II. (Richard)

Gute Nacht, Wilhelmine, meine Braut, einst meine Gattin, einst die Mutter meiner Kinder!
Heinrich von Kleist, Briefe (an Wilhelmine von Zenge, 10./11. Oktober 1800)

Ich lege meinen Kopf in deinen Schoß, aus welchem ich hervorgegangen bin, und danke dir für mein Leben.
Dein Kind.
Paula Modersohn-Becker, Briefe (an die Mutter, 19. Januar 1906)

Ich sehne oft nach einer Mutter mich, Nach einer stillen Frau
mit weißen Scheiteln.
In ihrer Liebe blühte erst mein Ich.
Rainer Maria Rilke, Advent

Im Sohn will die Mutter Mann werden.
Christian Morgenstern, Stufen

Immer liebt eine Mutter die Kinder mehr als der Vater. Denn sie weiß, dass es ihre Kinder sind, für die Vaterschaft gibt es keine Gewissheit.
Euripides, Fragmente

Indem die Frau selbst Mutter wird, nimmt sie gewissermaßen den Platz derer ein, die sie geboren hat: Darin liegt für sie eine totale Emanzipation.
Simone de Beauvoir, Das andere Geschlecht

Ist eine Mutter noch so arm,
gibt sie doch ihrem Kinde warm.
Deutsches Sprichwort

Jede Mutter hat die Vorstellung, dass ihr Kind ein Held sein wird.
Simone de Beauvoir, Das andere Geschlecht

Jede Mutter hofft, dass ihre Tochter einen besseren Mann bekommt, als sie selber, und ist überzeugt, dass ihr Sohn niemals
eine so gute Frau bekommen wird wie sein Vater.
Martin Andersen-Nexø

Jedermann trägt ein Bild des Weibes von der Mutter her in sich:
Davon wird er bestimmt, die Weiber überhaupt zu verehren oder sie gering zu schätzen oder gegen sie
im Allgemeinen gleichgültig zu sein.
Friedrich Nietzsche, Menschliches, Allzumenschliches

Man hat kein Recht, große Charaktere und Vaterlandsliebe, hohe Gesinnung und Mannesmut von einem Geschlechte zu verlangen,
das zum großen Teil von kindischen Frauen, von unreifen Müttern erzogen worden ist.
Fanny Lewald, Meine Lebensgeschichte

Man kann einen Vater verlassen, der ein Amt bekleidet,
doch keine Mutter, die betteln geht.
Chinesisches Sprichwort

Man küsst das Kind oft
um der Mutter willen.
Deutsches Sprichwort

Manche Mutter braucht glückliche, geehrte Kinder, manche unglückliche: Sonst kann sich ihre Güte als Mutter nicht zeigen.
Friedrich Nietzsche, Menschliches, Allzumenschliches

Mein Kind soll keinen Vater haben, nur mich. Und mich ganz.
Oh, das geliebte!
Franziska Gräfin zu Reventlow, Tagebücher

Meine Mutter hatte einen Haufen Ärger mit mir, aber ich glaube, sie hat es genossen.
Mark Twain

Müsste ich nicht arbeiten,
das heißt mit dem Kopf arbeiten, so wäre ich eine vollkommene Mutter.
Franziska Gräfin zu Reventlow, Tagebücher

Mutter ist das Wort für Gott
auf den Lippen und in den Herzen von kleinen Kindern.
William Makepeace Thackeray, Jahrmarkt der Eitelkeit

Mütter sind leicht eifersüchtig
auf die Freunde ihrer Söhne,
wenn diese besondere Erfolge haben. Gewöhnlich liebt eine Mutter
sich mehr in ihrem Sohne
als den Sohn selbst.
Friedrich Nietzsche, Menschliches, Allzumenschliches

Mutterangst und Mutterweh
bricht die Pforten der Hölle.
Bogumil Goltz, Zur Charakteristik und Naturgeschichte der Frauen

Mütterliche Güte – ein uferloses Meer, unendliche Tiefe.
Sprichwort aus Russland

Mutterliebe ist ein ehern Band,
das ewig schmerzend bindet.
Felix Dahn, Ein Kampf um Rom

Mutterschaft ist für die Frau
nicht die höchste Berufung.
Leo N. Tolstoi, Tagebücher (1910)

Muttertreu ist täglich neu.
Deutsches Sprichwort

Nicht ist die Mutter
ihres Kindes Zeugerin,
Sie hegt und trägt
das aufgeweckte Leben nur;
Es zeugt der Vater,
aber sie bewahrt das Pfand
Dem Freund die Freundin,
wenn ein Gott es nicht verletzt.
Aischylos, Eumeniden (Orest)

Nur eine Mutter weiß allein,
Was lieben heißt und glücklich sein.
Adelbert von Chamisso, Frauen-Liebe und -Leben

O lege den Gedanken wie einen diamantenen Schild um deine Brust:
Ich bin zu einer Mutter geboren!
Jeder andere Gedanke, jeder andere Wunsch fahre zurück von diesem undurchdringlichen Harnisch.
Heinrich von Kleist, Briefe (an Wilhelmine von Zenge, 10./11. Oktober 1800)

O schöner Mutter schönere Tochter!
Horaz, Lieder

Selbstaufopferung der Mutter ist weder gut noch schlecht, genau wie Arbeit. Beides ist nur dann gut, wenn es sich um vernünftige Liebe handelt.
Leo N. Tolstoi, Tagebücher (1889)

Siehe! Von all den Liedern
nicht eines gilt dir, o Mutter!
Dich zu preisen, o glaub's,
bin ich zu arm und zu reich.
Eduard Mörike, Gedichte

So ganz unselig kann ich nie mehr
werden, denn der tiefste Grund meines
Lebens ist doch das Muttersein.
Franziska Gräfin zu Reventlow, Tagebücher

Sobald die Mutterschaft eine Last ist,
findet man bald ein Mittel,
sich ganz und gar davon zu befreien.
Jean-Jacques Rousseau, Emile

Spiele, Kind, in der Mutter Schoß!
Auf der heiligen Insel
Findet der trübe Gram,
findet die Sorge dich nicht.
Friedrich Schiller, Der spielende Knabe

Unsrer Väter Geist ist tot
Und das Gemüt der Mütter lenket uns,
Denn unser Joch und Dulden
zeigt uns weibisch.
William Shakespeare, Julius Caesar (Caesar)

Viele Kinder sind das Leid der Mutter.
Chinesisches Sprichwort

Vielleicht ist keine Freude auf Erden
mit der einer Mutter zu vergleichen,
die ihr Erstgeborenes erblickt;
aber dieser Augenblick des Glücks
wird teuer erkauft.
Denis Diderot, Über die Frauen

Von Natur wird es kein Volk geben,
in dem die Kriegslust schreit,
solange es eine Mutter gibt.
Karl Joël, Wandlungen der Weltanschauung

Vor allem will ich eine gute,
glückliche Mutter sein
und mein Kind gut
und glücklich machen.
Das ist wohl das Einzige,
das fest in mir steht.
Franziska Gräfin zu Reventlow, Tagebücher

Was der Mutter ans Herz geht,
das geht dem Vater nur an die Knie.
Deutsches Sprichwort

Was die Mütter gebären,
sollen sie ernähren.
Deutsches Sprichwort

Was die Mutter spinnt,
das webt die Tochter.
Sprichwort aus Bulgarien

Was ihr euch, Gelehrte,
für Geld nicht erwerbt,
Das hab ich von meiner
Frau Mutter geerbt.
Gottfried August Bürger, Der Kaiser und der Abt

Was ist denn alle Mutter- und
Vaterschaft anders als ein – Helfen!
Als wunderreichste, geheimnisvollste
Hilfe!
Christian Morgenstern, Stufen

Was man mit der Muttermilch trinkt,
bleibt noch am Leichtuch hängen.
Sprichwort aus Spanien

Was man von der Mutter hat, das sitzt
fest und lässt sich nicht ausreden,
das behält man, und es ist auch gut so,
denn jeder Keim der sittlichen Fortent-
wicklung des Menschengeschlechts
liegt darin verborgen.
Wilhelm Raabe, Nach dem großen Kriege

Was sind es für Geheimnisse,
die eine Mutter nicht wissen darf?
Jean-Jacques Rousseau, Emile

Wenn Sie wüssten, mein Guter, was es
heißt, einen Sohn zu verheiraten!
Marie de Rabuthin-Chantal Marquise de Sévigné, Briefe
(an den Grafen von Bussy-Rabutin, 4. Dezember 1683)

Wer seine Mutter achtet, gleicht einem
Menschen, der Schätze sammelt.
Altes Testament, Jesus Sirach 3, 5

Wie der Baum, so die Birne;
wie die Mutter, so die Dirne.
Deutsches Sprichwort

Wie die Mutter, so die Tochter.
Altes Testament, Ezechiel 16, 44

Wie viel Egoismus steckt gerade in der
Mutterliebe, mehr wie in allem andern.
Franziska Gräfin zu Reventlow, Tagebücher

Willst du gern die Tochter han,
sieh zuerst die Mutter an.
Deutsches Sprichwort

Wohl den Frauen, die unfruchtbar
sind, die nicht geboren
und nicht gestillt haben.
Neues Testament, Lukas 23, 29 (Jesus)

Würden die Frauen nur einmal wieder
Mütter; die Männer würden bald
wieder Väter und Ehemänner werden.
Jean-Jacques Rousseau, Emile

Zahnarzt, Schmerzen. Bubi zahnt auch
und schreit. Nerven rasen, Knie zittern,
Misere auf der ganzen Linie.
Franziska Gräfin zu Reventlow, Tagebücher

Mutter Gottes

Der älteste Gegenstand der christlichen
Malerei mag wohl derjenige sein, der
niemals ganz erschöpft werden wird,
noch auch jemals ganz erreicht
werden kann: die Mutter Gottes
mit dem Kinde.
Friedrich Schlegel, Nachricht von den Gemälden

Du weißt, geliebte Königin,
Wie ich so ganz dein eigen bin.
Hab' ich nicht schon
seit langen Jahren
Im Stillen deine Huld erfahren?
Als ich kaum meiner noch bewusst,
Sog ich schon Milch
aus deiner sel'gen Brust.
Novalis, Geistliche Lieder

Sie ist eine herrliche Mutter und
doch in Wahrheit Jungfrau.
Otfrid von Weissenburg, Evangelienbuch

Wo der Glaube an die Mutter Gottes
sinkt, da sinkt auch der Glaube an den
Sohn Gottes und den Gott Vater.
Ludwig Feuerbach, Das Wesen des Christentums

Muttergottheit

Die Völker, die unter dem Einfluss der
Muttergottheit geblieben sind, bei
denen das matrilineare System weiter-
bestanden hat, sind auch auf einer
primitiven Zivilisationsstufe stehen
geblieben. Das liegt daran, dass die
Frau nur so lange verehrt wurde,
wie der Mann sich zum Sklaven seiner
eigenen Ängste, zum Komplizen seiner
eigenen Ohnmacht machte.
Simone de Beauvoir, Das andere Geschlecht

Mutterliebe

An verblendeter Mutterliebe sind mehr
Menschen zugrunde gegangen als an
der gefährlichsten Kinderkrankheit.
Otto von Leixner, Aus meinem Zettelkasten

Der Mutter Lieb' ist mächtig;
wenn ihr Böses auch
Geschah, sie kann nicht hassen,
denn ihr Schoß gebar.
Sophokles, Elektra (Klytemnästra)

In jeder Art der weiblichen Liebe
kommt auch etwas von der
mütterlichen Liebe zum Vorschein.
Friedrich Nietzsche, Menschliches, Allzumenschliches

Mutterliebe! Man nennt dich des
Lebens Höchstes!
So wird denn jedem,
wie schnell er auch stirbt,
sein Höchstes zuteil.
Friedrich Hebbel, Gedichte

Mutterrecht

Die Geltung des Mutterrechts bedeutete
Kommunismus, Gleichheit aller;
das Aufkommen des Vaterrechts
bedeutete Herrschaft des Privateigentums, und zugleich
bedeutete es Unterdrückung
und Knechtung der Frau.
August Bebel, Die Frau und der Sozialismus

Die Männer lenken das Land,
doch die Frauen lenken die Männer.
In Italien herrscht
das geheime Mutterrecht.
Luigi Barzini

Muttersprache

Ihr böse Teutschen,
Man solt euch peütschen,
Dass ihr die Muttersprach
So wenig acht'.
Johann Michael Moscherosch, Philander von Sittewald

Muttersprache, Mutterlaut!
Wie so wonnesam, so traut!
Max von Schenkendorf, Gedichte

O süße Stimme! Viel willkommner Ton
Der Muttersprach in einem fremden
Lande!
Johann Wolfgang von Goethe, Iphigenie auf Tauris (Iphigenie)

Mysterium

Am Tag erkennen, das sind Possen,
Im Finstern sind Mysterien zu Haus.
Johann Wolfgang von Goethe, Faust II (Mephisto)

Das Glück ist ein Mysterium
wie die Religion
und duldet kein Rationalisieren.
Gilbert Keith Chesterton, Heretiker

Das Mysterium ist ständige Wirklichkeit bei dem, der inmitten der Welt
frei von sich selbst ist.
Dag Hammarskjöld, Zeichen am Weg

Das wahre Mysterium der Welt liegt
im Sichtbaren, nicht im Unsichtbaren.
Oscar Wilde, Das Bildnis des Dorian Gray

Der Tod – ein unerklärliches
Mysterium, dessen tägliches
Vorkommen die Menschen noch nicht
überzeugt zu haben scheint.
Benjamin Constant de Rebecque, Adolphe

Die Scham existiert überall,
wo es ein »Mysterium« gibt.
Friedrich Nietzsche, Menschliches, Allzumenschliches

Ein jedes Mädchen ist die Verwalterin
der weiblichen Mysterien.
Es gibt Stellen, wo Bauernmädchen
aussehen wie die Königinnen,
das gilt von Leib und Seele.
Georg Christoph Lichtenberg, Sudelbücher

Es schmeichelt uns,
wenn man uns als Mysterium eröffnet,
was wir ganz natürlich gedacht haben.
Luc de Clapiers Marquis de Vauvenargues, Unterdrückte Maximen

Ich komme zu dem Schluss, dass ich
nichts weiß,
aber gleichzeitig ist unser Leben ein
solches Mysterium,
dass das System des »Konventionellen«
sicherlich zu eng ist.
Vincent van Gogh, Briefe

Im Zentrum unseres Wesens ruhend,
begegnen wir einer Welt, in der alles
auf gleiche Art in sich ruht. Dadurch
wird der Baum zu einem Mysterium,
die Wolke zu einer Offenbarung
und der Mensch zu einem Kosmos,
dessen Reichtum wir
nur in Bruchteilen erfassen.
Dag Hammarskjöld, Zeichen am Weg

Jeder hat seine Mysterien.
Friedrich Hölderlin, Hyperion

Mysterien sind weiblich.
Friedrich Schlegel, Ideen

Wer nicht so in das Innere der Gottheit
und der Menschen hineinschauen
und die Mysterien dieser Religion
nicht fassen kann, der ist nicht würdig, ein Bürger der neuen Welt zu sein.
Friedrich Schleiermacher, Vertraute Briefe

Wer sich
in die Mysterien einweihen lässt,
soll nicht etwas lernen,
sondern etwas erleben und sich
in eine Stimmung versetzen lassen,
die ihn empfänglich macht.
Aristoteles, Über Philosophie

Mystik

Alle Mystik ist ein Transzendieren und
ein Ablösen von irgendeinem Gegenstande, den man hinter sich zu lassen
glaubt. Je größer und bedeutender
dasjenige war, dem man absagt,
desto reicher sind die Produktionen
des Mystikers.
Johann Wolfgang von Goethe,
Maximen und Reflexionen

Alles Denken, das in die Tiefe geht,
endet in ethischer Mystik.
Albert Schweitzer, Aus meinem Leben und Denken

Alles Mystische ist personell –
und mithin eine Elementarvariation
des Weltalls.
Novalis, Fragmente

Aus dem heiligen Dunkel
der religiösen und despotischen Mystik
sieht man ebenso wenig richtig
in die Welt hinaus, als man aus der
Welt mit offener Geradheit
in das Heiligtum hineinsieht.
Johann Gottfried Seume, Apokryphen

Das mystische Erlebnis ist jederzeit: hier
und jetzt. In Freiheit, die Distanz ist,
in Schweigen, das aus Stille kommt.
Dag Hammarskjöld, Zeichen am Weg

Der Mystizismus ist die Scholastik
des Herzens, die Dialektik des Gefühls.
Johann Wolfgang von Goethe,
Maximen und Reflexionen

Die mystischen Erklärungen gelten für
tief; die Wahrheit ist, dass sie noch
nicht einmal oberflächlich sind.
Friedrich Nietzsche, Die fröhliche Wissenschaft

Die Weiber lieben, und unendlich,
und recht; die feurigsten Mystiker
waren Weiber; noch kein Mann,
aber eine Nonne starb
aus sehnsüchtiger Liebe gegen Jesus.
Jean Paul, Levana

Dreimal trinke oder ebenso oft je drei
– so lautet das mystische Gesetz.
Decimus Magnus Ausonius, Griphus ternarii numeri

Man soll auch seine Liebe und Leidenschaft noch mit kühlen Blicken unter
sich sehen lernen. Man sei stolz
darauf, wenn man die Welt nicht mit
jener brünstigen Liebe mancher
Mystiker liebt, die nichts ist
als versetzte Erotik. Man gebe
dem Weibe, was des Weibes,
und Gott, was Gottes ist.
Christian Morgenstern, Stufen

Mystik deutet auf die Geheimnisse
der Natur und Vernunft und sucht sie
durch Wort und Bild zu lösen.
Johann Wolfgang von Goethe,
Maximen und Reflexionen

Mystik ist die Urmutter der Religion,
die Urmutter der Kultur.
Othmar Spann, Religionsphilosophie

Mystik ist unmittelbares
geistiges Erleben.
Othmar Spann, Religionsphilosophie

Welchen Gewinn bringt es uns,
aller Poesie, allen Träumen, aller schönen Mystik, allen Lügen das Leben zu
rauben? Was ist die Wahrheit,
wissen Sie das? Wir bewegen uns doch
nur durch Symbole vorwärts,
je nachdem wir vorwärts schreiten.
Knut Hamsun, Mysterien

Wenn ich sage, halte deine Zähne rein
und spüle den Mund alle Morgen aus,
das wird nicht so leicht gehalten,
als wenn ich sage, nehme die beiden
Mittelfinger dazu, und zwar über
Kreuz. Des Menschen Hang zum
Mystischen. Man nütze ihn.
Georg Christoph Lichtenberg, Sudelbücher

Mythologie

Der Kern, das Zentrum der Poesie
ist in der Mythologie zu finden und in
den Mysterien der Alten.
Friedrich Schlegel, Fragmente

Der Überdruss (...) Wer Götter hat,
erlebt niemals den Überdruss.
Der Überdruss ist der Mangel
einer Mythologie.
Fernando Pessoa, Das Buch der Unruhe
des Hilfsbuchhalters Bernardo Soares

Mythos

Aller Sage Grund ist Mythos, d.h.
Götterglaube, wie er von Volk zu Volk
in unendlicher Abstufung wurzelt.
Jacob Grimm, Deutsche Mythologie

Das Verhältnis des Mythos zur
Geschichte ist mit andern Worten
das des Schicksals zur Freiheit.
Jacob Grimm, Gedanken über Mythos, Epos
und Geschichte

Der Mythos lässt im Äußerlichen
geschehen, was innerlich ist.
Søren Kierkegaard, Der Begriff Angst

Die Quelle des Mythos ist nicht
das Glück, sondern das Unglück.
Franz Herre

Im Mythos äußert die erfüllte Seele
ihr Ahnen oder Wissen
in einem lebendigen Wort.
Georg Friedrich Creuzer, Symbolik und Mythologie
der alten Völker

Jeder Mythos impliziert ein Subjekt,
das seine Hoffnungen und Ängste
auf einen transzendenten Himmel hin
projiziert.
Simone de Beauvoir, Das andere Geschlecht

Mythen sind oft wahrhaftigere Ausdrucksformen des Wirklichen
als wissenschaftliche Fassungen.
Hermann Graf Keyserling, Reisetagebuch
eines Philosophen

Wenige Mythen sind für die herrschende Kaste vorteilhafter gewesen
als der Mythos Frau: Er rechtfertigt
alle ihre Privilegien und begünstigt
sogar deren Missbrauch.
Simone de Beauvoir, Das andere Geschlecht

Wer sich aber etwas nicht erklären
kann und sich verwundert, der glaubt
es nicht zu verstehen: Insofern ist
auch der Freund der Mythen
ein Philosoph; denn der Mythos
besteht aus wunderbaren Vorgängen.
Aristoteles, Älteste Metaphysik

N

Nachahmung

Ahme den Gang der Natur nach.
Ihr Geheimnis ist Geduld.
Ralph Waldo Emerson

Das Schlechte gewinnt
durch die Nachahmung an Ansehen,
das Gute verliert dabei –
namentlich in der Kunst.
Friedrich Nietzsche, Menschliches, Allzumenschliches

Das Schöne nachahmen
und etwas schön nachahmen,
ist nicht dasselbe.
Plutarch, Wie ein Jüngling die Dichter lesen soll

Der Mensch
ist nachahmendes Geschöpf,
Und wer der Vorderste ist,
führt die Herde.
Friedrich Schiller, Wallensteins Tod (Wallenstein)

Der nachahmende Mensch
ist weniger als ein Mensch,
und darum gibt es kein
zur Besserung dienendes Beispiel.
Sophie Bernhardi, Lebensansicht

Der Nachahmer
verdoppelt nur das Nachgeahmte,
ohne etwas hinzuzutun
oder uns weiterzubringen.
Johann Wolfgang von Goethe,
Der Sammler und die Seinigen

Der Nachahmungstrieb
ist dem Menschen
von Kindheit angeboren,
und dadurch unterscheidet er sich
von den übrigen lebenden Wesen,
dass er am meisten
Lust zur Nachahmung hat
und dass er seine ersten Fähigkeiten
durch Nachahmung erwirbt.
Aristoteles, Poetik

Die meisten Nachahmer
lockt das Unnachahmliche.
Marie von Ebner-Eschenbach, Aphorismen

Die Parodie ist die aggressivste Form
der Nachahmung.
Arthur Koestler

Dieweil nun Affe, Mensch und Kind
Zur Nachahmung geboren sind.
Johann Wolfgang von Goethe, Parabel

Ein Entlein lernt
von allein schwimmen,
ein Tischlersohn lernt
von selbst die Säge führen.
Chinesisches Sprichwort

Eine nachgemachte Kultur gedeiht nie.
Germaine Baronin von Staël, Über Deutschland

Es gibt Ochsen, die den Mauleseln
ihren schnellen Gang nachtun wollen.
Chinesisches Sprichwort

1. Kunst ist Nachahmung;
2. sie ist Nachahmung der sinnlichen
wie der geistigen Objekte.
Ernesto Grassi, Die Theorie des Schönen in der Antike

Freiwillige Nachahmung
ist die erste Knechtschaft.
Honoré Gabriel du Riqueti Mirabeau

Gerade das Gegenteil tun
heißt auch nachahmen,
es heißt nämlich
das Gegenteil nachahmen.
Georg Christoph Lichtenberg, Sudelbücher

Jede Nachahmung
ist unglücklich und missfällt
wegen derselben Eigenschaften,
die am Original entzücken.
François de La Rochefoucauld, Unterdrückte Maximen

Kunst ist Nachahmen
mit Geist (Phantasie, Vorstellungskraft)
und durch das Innehaben
einer Technik.
Ernesto Grassi, Die Theorie des Schönen in der Antike

Kunst ist nie Nachahmung der Natur,
sondern aus ebenso strengen Gesetzen
gewachsen wie die Natur.
Kurt Schwitters, Das literarische Werk. Bd. 5

Nachäffen kann gefährlich werden.
Jean de La Bruyère, Die Charaktere

Nachahmen und Nacheifern
ist zweierlei.
August Julius Langbehn, Rembrandt als Erzieher

Nachahmung führt leicht
zu Selbsttäuschung.
Henry Ford

Nachahmung
ist bei jeder menschlichen Tätigkeit
bedenklich und hemmend;
in Staatseinrichtungen aber ist sie –
es kann nicht anders sein –
höchst gefährlich.
Leopold von Ranke, Frankreich und Deutschland

Nachahmung
ist nur dann berechtigt,
wenn sie das Lächerliche
an ihrem Vorbild
erkennbar macht.
François de La Rochefoucauld, Reflexionen

Nachzuahmen
Erniedrigt einen Mann von Kopf.
Friedrich Schiller, Dom Karlos (Karlos)

O Nachahmer, Sklavenherde!
Horaz, Briefe

So nah verwandt
Eifersucht und Nacheiferung scheinen,
sie stehen doch in einem Abstand
wie Laster und Tugend.
Jean de La Bruyère, Die Charaktere

Wenn Kinder
kacken wollen wie große Leute,
so knacken ihnen die Ärsche.
Deutsches Sprichwort

Wer Beamten folgt, isst ihren Reis.
Chinesisches Sprichwort

Wie die Alten sungen,
So zwitschern die Jungen.
Deutsches Sprichwort

Wie er räuspert und wie er spuckt,
Das habt ihr ihm glücklich abgeguckt.
Friedrich Schiller, Wallensteins Lager (1. Jäger)

Wie es die Oberen machen,
so wird es im Volke nachgeahmt.
Chinesisches Sprichwort

Nachbarschaft

Auf Reisen brauchst du
einen guten Weggenossen,
zu Hause einen guten Nachbarn.
Chinesisches Sprichwort

Böser Nachbar, ewiger Krieg.
Deutsches Sprichwort

Denn ein schlechter Nachbar
ist eine so große Plage,
wie ein guter ein Segen ist.
Hesiod, Werke und Tage

Der beste Advokat,
der schlimmste Nachbar.
Deutsches Sprichwort

Der ehrliche Mann
aus dem einen Hause
gilt als Schelm
im Nachbarhause.
Jean-Jacques Rousseau, Julie oder
Die neue Héloïse (Saint-Preux)

Der Zahn beißt oft die Zunge,
und doch bleiben sie gute Nachbarn.
Deutsches Sprichwort

Die Wahrheit
über einen Menschen
erfährt man am besten
von den Nachbarn.
Chinesisches Sprichwort

Ein Mann mit großen Ideen
ist ein unbequemer Nachbar.
Marie von Ebner-Eschenbach, Aphorismen

Eintracht mit den Nachbarn
ist ein Vermögen wert.
Chinesisches Sprichwort

Es geht dich auch an,
wenn des Nachbarn Haus brennt.
Deutsches Sprichwort

Es ist nicht schlecht,
seinem Nachbarn
Gefälligkeiten zu erweisen,
aber töricht,
selber solche zu erheischen.
Emil Gött, Zettelsprüche. Aphorismen

Es ist sehr angenehm,
sowohl in der Stadt als auf dem Lande,
wenn man mit lieben Nachbarn einen
zwanglosen, freundschaftlichen und
vertraulichen Umgang pflegen darf.
Adolph Freiherr von Knigge,
Über den Umgang mit Menschen

Es kann der Frömmste
nicht in Frieden bleiben,
Wenn es dem bösen Nachbarn
nicht gefällt.
Friedrich Schiller, Wilhelm Tell (Tell)

Freunde erwählt man,
nahe Verwandte kann man entfernen,
aber Nachbarn bleiben Nachbarn.
Ephraim Kishon, Kishon für alle Fälle

In Städten glaubt man,
es gehöre zum guten Tone,
nicht einmal zu wissen,
wer in demselben Hause wohnt.
Adolph Freiherr von Knigge,
Über den Umgang mit Menschen

Kaufe deines Nachbarn Rind
und freie deines Nachbarn Kind.
Deutsches Sprichwort

Liebe deinen Nachbarn,
aber schneide die Hecke nicht ab.
Sprichwort aus Frankreich

Liebe deinen Nachbarn,
reiß aber den Zaun nicht ein.
Deutsches Sprichwort

Man kann nicht länger Frieden halten,
als der Nachbar will.
Deutsches Sprichwort

Mit guten Nachbarn
hebt man den Zaun auf.
Deutsches Sprichwort

Nachbarin! Euer Fläschchen!
Johann Wolfgang von Goethe, Faust I (Gretchen)

Nächst den Personen deiner Familie
bist du am ehesten
deinen Nachbarn und Hausgenossen
Rat, Tat und Hilfe schuldig.
Adolph Freiherr von Knigge,
Über den Umgang mit Menschen

Ohne unsere Freunde können wir leben,
aber nicht ohne unsere Nachbarn.
Sprichwort aus England

Rechtschaffene
sind des Nächsten Segen.
Euripides, Die Herakliden (Jolaos)

Urlaub ist der Versuch,
dem Nachbarn zu entgehen,
obwohl man ziemlich sicher sein kann,
dass man ihn im Strandkorb
nebenan trifft.
Jacques Tati

Was in des Nachbarn Garten fällt,
ist sein.
Deutsches Sprichwort

Wenn ein Nachbar ein Amt antritt,
haben alle Grund zur Freude.
Chinesisches Sprichwort

Wer einen guten Nachbarn hat,
hat auch einen guten Tag.
Sprichwort aus Frankreich

Wer jetzt will seinem Nachbarn helfen?
Ein jeder hat für sich zu tun.
Johann Wolfgang von Goethe, Faust II (Schatzmeister)

Wer seinen Nachbarn verleumdet,
begeht eine Sünde so groß wie
Götzenanbetung, Ehebruch oder Mord.
Talmud

Wer sich freit ein Nachbarskind,
der weiß auch, was er find't.
Deutsches Sprichwort

Willst du nicht unterjocht werden,
so unterjoche beizeiten den Nachbarn.
Arthur Schopenhauer, Zur Rechtslehre und Politik

Wir machen uns Freunde.
Wir machen uns Feinde.
Aber Gott macht uns
den Nachbarn nebenan.
Gilbert Keith Chesterton

Wir wählen uns unsere Freunde,
wir machen uns unsere Feinde,
Gott aber schuf uns den Nachbarn.
Gilbert Keith Chesterton, Heretiker

Wissen wir, dass unser Nachbar
unsere Liebe braucht? Wissen wir es?
Mutter Teresa

Zwischen Nachbars Garten
ist ein Zaun gut.
Deutsches Sprichwort

Nachdenken

Allein ist der Zustand, in dem sich
jeder Nachdenkliche befindet.
Helmar Nahr

Bedenke man, eh noch die Tat beginnt.
Johann Wolfgang von Goethe, Die natürliche Tochter
(Weltgeistlicher)

Das kontemplative Leben ist oft elend.
Man muss mehr handeln,
weniger denken und
sich nicht leben sehen.
Chamfort, Maximen und Gedanken

Das Wichtige bedenkt man nie genug.
Johann Wolfgang von Goethe, Die natürliche Tochter
(Sekretär)

Denn wer lange bedenkt,
der wählt nicht immer das Beste.
Johann Wolfgang von Goethe, Hermann und Dorothea
(4. Gesang)

Man ist meistens
nur durch Nachdenken unglücklich.
Joseph Joubert, Gedanken, Versuche und Maximen

Wenn arme Leute nachdenken,
soll man sie nicht stören.
Rainer Maria Rilke,
Die Aufzeichnungen des Malte Laurids Brigge

Wenn die Leute mir vorwerfen,
dass ich zu viel von mir spreche,
so werfe ich ihnen vor,
dass sie überhaupt nicht mehr
über sich selber nachdenken.
Michel Eyquem de Montaigne, Die Essais

Wer so tut,
als bringe er die Menschen
zum Nachdenken,
den lieben sie.
Wer sie wirklich
zum Nachdenken bringt,
den hassen sie.
Aldous Huxley

Nachfolge

Besser kommt selten nach.
Deutsches Sprichwort

Des Königs Sohn
muss König oder ein Narr sein.
Deutsches Sprichwort

Es gibt Menschen,
deren Berufung in ein Amt
eine Beleidigung ihres Vorgängers ist.
Robert Lembke, Das Beste aus meinem Glashaus.
Humoristisches und Satirisches

Man hüte sich einzutreten,
wo eine große Lücke auszufüllen ist;
tut man es jedoch, so sei man sicher,
den Vorgänger zu übertreffen:
Ihm nur gleich zu kommen,
erfordert schon doppelten Wert.
Baltasar Gracián y Morales,
Handorakel und Kunst der Weltklugheit

Neue Besen kehren gut.
Deutsches Sprichwort

Selten verstehen
die Nachfolger eines Genius,
das bis in den Leuchter herab-
gebrannte Licht hinaufzuschieben;
daher schmilzt Licht und Leuchter.
Jean Paul, Friedens-Predigt an Deutschland

Setze den Gott, mit dem du
unzufrieden bist, immerhin ab,
sorg aber für einen
würdigeren Thronfolger.
Emil Gött, Zettelsprüche. Aphorismen

Wenn die, die uns nachfolgten,
uns nicht mehr erreichen können,
schwören sie darauf,
dass wir uns verirrt haben.
Marie von Ebner-Eschenbach, Aphorismen

Wie schnell endlich stürzt
unter einem Nachfolger
das bodenlose Gebäude zusammen,
welches sein größerer Vorgänger
zu rasch und prunkend,
mehr zu den Zwecken
seiner eigenen Phantasie
als für die Dauer aufgetürmt hatte!
Georg Forster, Über die Beziehung der Staatskunst
auf das Glück der Menschheit

Nachgeben

Besser nachgeben,
als zu Schaden kommen.
Deutsches Sprichwort

Ein Mann
kann nur schwer
den Wünschen hundert anderer
willfahren.
Chinesisches Sprichwort

Es ist immer der Schwächere,
der sich nach dem Nachgeben
als der Klügere ausgibt.
Georg Leber

Man gibt nicht aus Schwäche nach,
denn nur ein Narr nimmt den Kerker
auf die leichte Schulter.
Chinesisches Sprichwort

Wer Gründe anhört, kommt in Gefahr,
nachzugeben.
Johann Wolfgang von Goethe,
Die Vögel (dritter Vogel)

Nachkommen

Wehe der Nachkommenschaft,
die dich verkennt.
Johann Wolfgang von Goethe,
Götz von Berlichingen (Lerse)

Wir sind sehr loyal
zu unseren Nachkommen.
Wir übergeben ihnen zwar
eine erbärmlich eingerichtete Welt
– aber auch die Mittel,
sie zu vernichten.
Gabriel Laub

Nachlässigkeit

Auf einem sauberen Kleid
stört der kleinste Fleck.
In großer Höhe kann
ein Augenblick der Nachlässigkeit
den Tod bedeuten.
Dag Hammarskjöld, Zeichen am Weg

Aus einer kleinen Nachlässigkeit
entsteht ein großes Übel.
Sprichwort aus Frankreich

Es gibt keinen Besitz,
der Nachlässigkeit vertrüge.
Thomas Mann, Vom zukünftigen Sieg der Demokratie

Lässigkeiten ist bei lebhaften Frauen
das Vorzeichen der Liebe.
Jean de La Bruyère, Die Charaktere

Nachlässige Eltern
ziehen keine guten Kinder.
Deutsches Sprichwort

Nachlässigkeit richtet selbst vorzügliche Anlagen der Natur zugrunde,
Belehrung aber
verbessert eine schlechte Anlage.
Plutarch, Über Kindererziehung

Sich über etwas
den Kopf nicht zerbrechen,
ist weder Freiheit noch Unfreiheit,
sondern Nachlässigkeit.
Günther Anders, Lieben gestern.
Notizen zur Geschichte des Fühlens

Nachrede

Afterreden
erschüttern einen Weisen nicht.
Chinesisches Sprichwort

Bewahre dich davor,
schlechte Worte zu machen,
die einen Großen dem anderen
verächtlich machen würden.
Ptahhotep, zitiert nach Erman, Die Literatur
der Ägypter (1923)

Der Abwesende muss Haare lassen.
Deutsches Sprichwort

Die üble Nachrede
trägt den Ruf der Schlechten weiter
als der erlangte Beifall den der Guten.
Baltasar Gracián y Morales, Handorakel und
Kunst der Weltklugheit

Ein Mensch kann nicht
hundert Nachreden,
ein Baum nicht
hundert Axthieben widerstehen.
Chinesisches Sprichwort

Hat nicht jede üble Nachrede, wenn
sie über einen Abwesenden hergeht,
etwas unglaublich Reizendes?
Johann Wolfgang von Goethe, Die guten Weiber
(Amalia)

Man redet niemand lieber Übles nach
als einem, dem man
vergeblich geschmeichelt hat.
Heinrich Waggerl, Aphorismen

Nachrede schläft nicht.
Deutsches Sprichwort

Niemals sage ich etwas
über einen Dritten,
das ich nicht bereit wäre,
ihm ins Angesicht zu sagen.
Jean-Jacques Rousseau, Julie oder
Die neue Héloïse (Saint-Preux)

Überlege oft,
was du über jemanden sagst
und wem du es sagst.
Horaz, Briefe

Üble Nachrede
ist die Erleichterung der Bösartigkeit.
Joseph Joubert, Gedanken, Versuche und Maximen

Um Schlechtes
von einem berühmten Mann zu sagen,
muss man warten, bis er es getan hat.
Joseph Joubert, Gedanken, Versuche und Maximen

Unter zehn Personen,
die über uns sprechen,
sagen uns neun Böses nach,
und die einzige, die Gutes sagt,
sagt es schlecht.
Antoine Comte de Rivarol, Maximen und Reflexionen

Vor bösen Zungen fürchte dich.
Chinesisches Sprichwort

Wenn dir jemand mitteilt,
dir sage jemand Böses nach,
dann rechtfertige dich nicht,
sondern antworte: »Er kannte wohl
meine anderen Fehler nicht;
denn sonst würde er nicht nur diese
hier erwähnen.«
Epiktet, Handbuch der Moral

Wenn zwei Frauen zusammenkommen,
wird die dritte in die Hechel genommen.
Deutsches Sprichwort

Wer in deiner Gegenwart
über andere schlecht redet,
wird auch über dich schlecht reden.
Sprichwort aus Frankreich

Wer seinen Hund ertränken will,
klagt ihn der Tollheit an.
Sprichwort aus Frankreich

Nachrichten

Du warst stets der Vater guter Zeitung.
William Shakespeare, Hamlet (König)

Eine Kleinstadt ist eine Stadt, in der
die wichtigsten Lokalnachrichten
nicht gedruckt, sondern gesprochen
werden.
Jacques Tati

Es ist angenehm, vom Land aus
bei stürmischer See und wilden Winden
die große Bedrängnis anderer zu sehen.
Lukrez, Von der Natur

Keine Nachrichten, gute Nachrichten.
Sprichwort aus England

Namen machen Nachrichten.
Sprichwort aus den USA

Niemand ja liebt
den Boten unwillkommener Mär.
Sophokles, Antigone (Wächter)

Niemand weiß, welche Nachricht
von Bedeutung ist,
bevor hundert Jahre vergangen sind.
Friedrich Nietzsche

Schlechte Nachrichten haben Flügel.
Sprichwort aus Frankreich

Unangenehme Nachrichten,
die stimmen,
sind immer noch wertvoller
als angenehme Nachrichten,
die nicht zutreffen.
Manfred Rommel, Rommel-Kalender

Wer gute Nachricht bringt, klopft laut.
Sprichwort aus Italien

Wo Nachrichten fehlen,
wachsen die Gerüchte.
Alberto Moravia

Nachsicht

Am wenigsten Nachsicht übt der,
der die meiste braucht.
Lothar Schmidt

Die größte Nachsicht
mit einem Menschen
entspringt aus der Verzweiflung an ihm.
Marie von Ebner-Eschenbach, Aphorismen

Die meiste Nachsicht übt der,
der die wenigste braucht.
Marie von Ebner-Eschenbach, Aphorismen

Ein Mensch, in Arbeit und Mühe
hart geworden und unerbittlich
gegen sich selber,
wird nur bei überragender Vernunft
gegen andere nachsichtig sein.
Jean de La Bruyère, Die Charaktere

Es ist billig,
dass, wer um Nachsicht
seiner Verfehlungen bittet,
sie seinerseits gewährt.
Horaz, Sermones

Man muss nachsichtig sein, und vieles,
vieles kann man dann verzeihen.
Fjodor M. Dostojewski, Schuld und Sühne

Man sei milde und nachsichtig allen,
doch nicht sich selbst gegenüber.
Joseph Joubert, Gedanken, Versuche und Maximen

Nachsicht ist die höflichste Form
der Gleichgültigkeit.
Abel Bonnard

Nachsicht
ist ein Teil der Gerechtigkeit.
Joseph Joubert, Gedanken, Versuche und Maximen

Nachsicht mit denen, die man kennt,
ist im Allgemeinen seltener als
Mitleid mit denen, die man nicht kennt.
Antoine Comte de Rivarol, Maximen und Reflexionen

Nachsicht möge
nicht zu laut sprechen, aus Furcht,
die Gerechtigkeit aufzuwecken.
Joseph Joubert, Gedanken, Versuche und Maximen

Nachsicht zählt
zur Pflicht des Menschen,
Gewinn rechnet er sich als Schläue an.
Chinesisches Sprichwort

Nichts ist nachsichtiger,
weil auch nichts glücklicher macht
als Aufrichtigkeit.
Stendhal, Über die Liebe (Fragmente)

Wer der Nachsicht selbst bedarf
Richte andre nicht zu scharf.
Jüdische Spruchweisheit

Zuviel Nachsicht,
und wir haben das Nachsehen.
Bert Berkensträter

Nächstenliebe

Auch du bist ein Mensch.
Soll also eine Menschenliebe
vollkommen und umfassend sein,
so muss ihr Busen,
der alle Menschen in sich aufnimmt,
auch dich in sich sammeln.
Bernhard von Clairvaux, Über die Selbstbesinnung

Das Schlimme ist nicht,
dass wir unsere Feinde hassen,
von denen wir nur ganz wenige haben,
sondern dass wir unsere Nächsten
nicht genügend lieben, von denen wir
so viele haben wie Sand am Meer.
Anton P. Tschechow, Briefe (18. Oktober 1888)

Der Eifer der Nächstenliebe ist doch
wohl so viel wert wie die Sittsamkeit.
Jean-Jacques Rousseau, Emile

Die Liebe zu Gott muss sich umsetzen
in die Tat für den Nächsten.
Mutter Teresa

Es ist leicht,
weit entfernte Menschen zu lieben.
Es ist aber nicht immer leicht,
diejenigen zu lieben,
die gleich neben uns wohnen.
Mutter Teresa

Falsche Nächstenliebe
lenkt ab vom wahren Ziele.
Paula Modersohn-Becker, Tagebuchblätter

Frei sein von Vorurteilen –
erste Bedingung der Nächstenliebe.
Marie von Ebner-Eschenbach, Aphorismen

Hilf dir selber:
Dann hilft dir noch jedermann.
Prinzip der Nächstenliebe.
Friedrich Nietzsche, Götzen-Dämmerung

Ich bin mir selbst der Nächste.
Terenz, Das Mädchen von Andros

Jene Liebe ist wahr und lauter
und kommt aus einem reinen Herzen
und einem guten Gewissen
und ungeheuchelten Glauben,
mit der wir das Wohl des Nächsten
lieben wie unser eigenes.
Bernhard von Clairvaux, Briefe (an Prior Guigo)

Liebe dich
im gleichen Maße wie die anderen
und hilf vor allem denen,
die besonders unglücklich sind
und denen du am leichtesten
helfen kannst.
Leo N. Tolstoi, Tagebücher (1847)

Man will ja gern
seinen Nächsten lieben,
aber doch nicht den Nächstbesten.
Karl Heinrich Waggerl

Nächstenliebe ist Drang
nach neuem Eigentum.
Friedrich Nietzsche

Nächstenliebe lebt mit tausend Seelen,
Egoismus mit einer einzigen,
und die ist erbärmlich.
Marie von Ebner-Eschenbach, Aphorismen

Schone deinen Nächsten nicht!
Der Mensch ist etwas,
das überwunden werden muss.
Friedrich Nietzsche, Also sprach Zarathustra

Siehst du endlich ein,
Dass jeder mehr sich selber
als den Nächsten liebt?
Euripides, Medea (Hofmeister)

Wo die Nächstenliebe
nur darin besteht,
nichts Böses zu tun,
ist sie von der Faulheit
kaum zu unterscheiden.
Emil Gött, Im Selbstgespräch

Wohl bedachte Nächstenliebe
beginnt bei einem selbst.
Sprichwort aus Frankreich

Nacht

Am Tage sehn wir
wohl die schöne Erde,
doch wenn es Nacht ist,
sehn wir in die Sterne.
Heinrich von Kleist, Briefe (an Wilhelmine von Zenge, 16.–18. November 1800)

Aus dem Walde tritt die Nacht,
Aus den Bäumen schleicht sie leise,
Schaut sich um im weiten Kreise –
Nun gib Acht!
Hermann von Gilm zu Rosenegg, Gedichte

Bei Nacht sind alle Katzen grau.
Deutsches Sprichwort

Bei Nacht sind alle Kühe schwarz.
Deutsches Sprichwort

Das Licht, das ist das Gute;
die Finsternis, die Nacht,
Das ist das Reich der Sünde
und ist des Bösen Macht.
Adelbert von Chamisso, Gedichte

Das Licht der Herrlichkeit
scheint mitten in der Nacht.
Wer kann es sehn?
Der Augen hat und wacht.
Angelus Silesius, Der cherubinische Wandersmann

Das Nachthorn, es ist gut zu blasen.
Mönch von Salzburg, Das Nachthorn

Die Antwort auf eine Frage
bei Tag oder bei Nacht
– das sind zwei Antworten.
Erhard Blanck

Die frühe Nacht
und die allgemeine Stille
ist das Element,
worin das Schreiben recht gut gedeiht.
Johann Wolfgang von Goethe, Briefe aus der Schweiz

Die Mitte der Nacht ist auch schon
der Anfang eines neuen Tages.
Papst Johannes Paul II.

Die Nacht ist erhaben,
der Tag ist schön.
Immanuel Kant, Beobachtungen über das Gefühl des Schönen und Erhabenen

Die Nacht ist keines Menschen Freund.
Christian Fürchtegott Gellert, Fabeln und Erzählungen

Dunkel ist die Nacht,
bei Gott ist Licht.
Warum hat er uns
nicht auch so zugericht'?
Johann Wolfgang von Goethe, West-östlicher Divan

Es gibt ein Verstummen,
ein Vergessen alles Daseins,
wo uns ist, als hätten wir alles verloren,
eine Nacht unsrer Seele,
wo kein Schimmer eines Sterns,
wo nicht einmal ein faules Holz
uns leuchtet.
Friedrich Hölderlin, Hyperion

Es kommt die Nacht,
reich mit Geschmeiden
Geschmückt des blauen Kleides Saum;
Sie reicht mir mild mit ihren beiden
Madonnenhänden einen Traum.
Rainer Maria Rilke, Larenopfer

Es sagt die Nacht:
Durchschwinge mich, ersinge mich,
Du hast mich nie genug genossen.
Theodor Däubler, Gedichte

Fasst frischen Mut!
So lang ist keine Nacht,
Dass endlich nicht
der helle Morgen lacht!
William Shakespeare, Macbeth (Malcolm)

Gut ist's, auch der Nacht zu gehorchen.
Homer, Ilias

Ich finde bei Nacht
das Reisen gefährlich.
Johann Wolfgang von Goethe, Reineke Fuchs

Ich habe dreißig Jahre gebraucht,
um über Nacht berühmt zu werden.
Harry Belafonte

Ich wollte dir manches vorräsonnieren.
Aber die Nacht ist wunderschön.
Der Himmel und die Luft
umgibt mich, wie ein Wiegenlied,
und da schweigt man lieber.
Friedrich Hölderlin, Briefe (an den Bruder, 1797)

In der Nacht hat der Mensch
nur ein Nachthemd an,
und darunter kommt gleich
der Charakter.
Robert Musil

In der Stille der Nacht,
wenn alle schlafen, die er gut kennt,
wird er ein besserer Mensch.
Elias Canetti, Die Provinz des Menschen.
Aufzeichnungen 1942–1972

Je schwärzer die Nacht,
je schöner der Tag.
Deutsches Sprichwort

Jede Nacht
muss ihre besondere Speisefolge haben.
Honoré de Balzac, Die Physiologie der Ehe

Komm, Trost der Nacht, o Nachtigall,
Lass deine Stimm' mit Freudenschall
Aufs Lieblichste erklingen.
Johann Jakob Christoffel von Grimmelshausen,
Der abentheurliche Simplicissimus Teutsch

Nachts erst ist's schön,
ans Licht zu glauben.
Edmond de Rostand, Chantecler

Nachts, wann gute Geister schweifen,
Schlaf dir von der Stirne streifen,
Mondenlicht und Sternenflimmern
Dich mit ewigem All umschimmern,
Scheinst du dir entkörpert schon,
Wagest dich an Gottes Thron.
Johann Wolfgang von Goethe, Zahme Xenien

Nur dem Feigen ist es Nacht.
Johann Wolfgang von Goethe, An die Erwählte

Raubt die Liebste denn gleich
mir einige Stunden des Tages,
Gibt sie Stunden der Nacht
mir zur Entschädigung hin.
Johann Wolfgang von Goethe, Römischen Elegien

Singet nicht in Trauertönen
Von der Einsamkeit der Nacht;
Nein, sie ist, o holde Schönen,
Zur Geselligkeit gemacht.
Johann Wolfgang von Goethe,
Wilhelm Meisters Lehrjahre

Sobald die Nacht hereinbricht,
verändert sich unsere Empfindung
über die nächsten Dinge.
Friedrich Nietzsche, Menschliches, Allzumenschliches

Tage von verschiedener Helle,
Nächte von verschiedenen Tiefen.
Arthur Schnitzler, Aphorismen und Betrachtungen
aus dem Nachlass

Trägt nicht alles,
was uns begeistert,
die Farbe der Nacht?
Sie trägt dich mütterlich,
und ihr verdankst du
all deine Herrlichkeit.
Novalis, Hymnen an die Nacht

Über Nacht
wird man nur dann berühmt,
wenn man tagsüber
hart gearbeitet hat.
Howard Carpendale

Und so, mein Gott, ist jede Nacht;
Immer sind welche aufgewacht,
Die gehn und gehn
und dich nicht finden.
Rainer Maria Rilke, Das Stundenbuch

Uralter Worte kundig
kommt die Nacht:
Sie löst den Dingen
Rüstung ab und Bande.
Ricarda Huch, Gedichte

Während der Nacht
kehrt die Sorge zurück.
Vergil, Aeneis

Wenn auch ein Tag
uns klar-vernünftig lacht,
In Traumgespinst
verwickelt uns die Nacht.
Johann Wolfgang von Goethe, Faust II (Faust)

Wenn die Felder sich verdunkeln,
Fühl ich, wird mein Auge heller;
Schon versucht ein Stern zu funkeln,
Und die Grillen wispern schneller.
Richard Dehmel, Gedichte

Wenn ich aufwache,
so kommt der Teufel bald
und disputiert mit mir,
so lang, bis ich sage: Leck mich.
Martin Luther, Tischreden

Wenn nicht die Sonne wäre,
trotz der übrigen Sterne wäre Nacht.
Heraklit, Fragmente

Wer fröhliche Nacht sucht,
verliert guten Tag.
Deutsches Sprichwort

Wer kann die Wendungen
des Schicksals erraten?
Gibt es eine Nacht,
die ewig dauert?
Heinrich von Kleist, Briefe (an Wilhelmine von Zenge,
21. Juli 1801)

Wer nicht bei Tage gehen darf,
schleicht bei Nacht.
William Shakespeare, Johann I. (Bastard)

Wie das Weib dem Mann gegeben
Als die schönste Hälfte zwar,
Ist die Nacht das halbe Leben,
Und die schönste Hälfte zwar.
Johann Wolfgang von Goethe,
Wilhelm Meisters Lehrjahre

Zur Nachtzeit
glaubt ein Atheist halb an Gott.
Edward Young, Nachtgedanken

Nachtigall

Die Nachtigall mag mühen sich sehr,
Brüllt ein Ochse oder ein Esel daher.
Freidank, Bescheidenheit

Die Nachtigall, sie war entfernt,
Der Frühling lockt sie wieder;
Was Neues hat sie nicht gelernt,
Singt alte liebe Lieder.
Johann Wolfgang von Goethe, Ländlich

Es war die Nachtigall
und nicht die Lerche.
William Shakespeare, Romeo und Julia (Julia)

Schwing dich auf,
Frau Nachtigall,
Grüß mir mein Liebchen
zehntausendmal!
Johann Wolfgang von Goethe, Faust I (Frosch)

Wenn die Nachtigallen
aufhören zu schlagen,
fangen die Grillen an zu zirpen.
Marie von Ebner-Eschenbach, Aphorismen

Nachwelt

Allen Menschen,
denen eine höhere Natur
Liebe zur Wahrheit eingepflanzt hat,
scheint hauptsächlich daran gelegen
zu sein, dass sie in gleicher Weise,
wie sie durch die Arbeit der Vorfahren
bereichert worden sind,
auch für ihre Nachkommen vorarbeiten,
damit auch von ihnen
die Nachwelt Bereicherung empfange.
Dante Alighieri, Über die Monarchie

Das Echte
bleibt der Nachwelt unverloren.
Johann Wolfgang von Goethe, Faust I
(Vorspiel auf dem Theater: Dichter)

Der Appell an die Nachwelt entspringt
aus dem reinen lebendigen Gefühl,
dass es ein Unvergängliches gebe und,
wenn auch nicht gleich anerkannt,
doch zuletzt aus der Minorität sich der
Majorität werde zu erfreuen haben.
Johann Wolfgang von Goethe,
Maximen und Reflexionen

Der Nachruhm ist das Dessert
der Geschichte.
Harold Macmillan

Mag doch mein Name
in nichts verklingen!
Wenn sie nur meine Lieder singen!
Arthur Schnitzler, Buch der Sprüche und Bedenken

Menschen, die nicht
auf ihre Vorfahren zurückblicken,
werden auch nicht
an ihre Nachwelt denken.
Edmund Burke, Betrachtungen über die
Französische Revolution

Nachruhm! Was ist das für ein seltsames Ding, das man erst genießen
kann, wenn man nicht mehr ist?
Heinrich von Kleist, Briefe (an Wilhelmine von Zenge,
15. August 1800)

Soll einst die Nachwelt
dich mit Segen nennen,
Musst du den Fluch
der Mitwelt tragen können.
Ernst Raupach, Kaiser Friedrichs II. Tod

Wer ein Genie ist,
bestimmt die Nachwelt.
Wer ein Star ist,
entscheidet die Mitwelt.
Werner Höfer

Nacktheit

Als unser Vater Adam
nackt im Paradies war,
da konnte ihm der Teufel nicht schaden.
Jüngerer deutscher Physiologus (um 1140)

Der Wahrheit bester Schmuck
ist Nacktheit.
Sprichwort aus England

Die Entblößung der Gefühle
ist viel anstößiger als die des Körpers.
Arthur Schnitzler

Die Nacktheit der Frau ist weiser
als die Lehren der Philosophie.
Max Ernst

Die Schönheit eines nackten Körpers
können nur die bekleideten Rassen
würdigen. Das Schamgefühl
wirkt auf die Sinnlichkeit
wie ein Hindernis auf die Energie.
Fernando Pessoa, Das Buch der Unruhe des Hilfsbuchhalters Bernardo Soares

Ganz nackt, ganz nackt.
Deine Brüste sind zarter noch
als jeder Duft betauten Grases,
und tragen deine Schultern doch.
Paul Eluard

Glaubt man denn,
dass der raffinierte Putz unserer Frauen
im Grunde weniger gefährlich ist
als die vollständige Nacktheit,
deren erste Wirkungen
durch die Gewohnheit
bald in Gleichgültigkeit,
vielleicht sogar in Widerwillen
verwandelt würden?
Jean-Jacques Rousseau, Brief an d'Alembert

Ich habe keine Bedenken
gegen frauliche Entblößung,
wenn es um die Ellbogen geht.
Alice Schwarzer

Köstliche, gesunde, stille Nacktheit
in der Natur! O könnte
die arme, kranke, geile Stadtmenschheit
dich nur einmal wieder wirklich
kennen lernen.
Walt Whitman, Tagebuch (1877)

Nackt kommen wir,
und nackt gehen wir.
Chinesisches Sprichwort

Seide wurde erfunden,
damit die Frauen
nackt in Kleidern gehen können.
Sprichwort aus Arabien

Vielleicht hat der Mann oder die Frau,
die das freie heitere Hochgefühl
der Nacktheit in der Natur
nie kennen lernen durften,
nie wirklich gewusst, was Reinheit ist.
Walt Whitman, Tagebuch (1877)

Wenn ihr nackt gegeneinander
antreten müsstet, würde euch
das Schlachten schwerer fallen.
– Die mörderischen Uniformen.
Elias Canetti, Die Provinz des Menschen. Aufzeichnungen 1942–1972

Wenn wir es recht überdenken,
so stecken wir doch alle
nackt in unseren Kleidern.
Heinrich Heine, Reisebilder (Norderney)

(...) wer professionell entblößt,
den macht Nacktheit arbeitslos.
Günther Anders, Lieben gestern. Notizen zur Geschichte des Fühlens

Wir werfen alle Kleider ab
und feiern also ganz splitternackt
ein Venus-Bacchanal.
Lucius Apuleius, Der goldene Esel

Nähe

Auf die Zehen treten können uns nur
Menschen, die uns nahe genug stehen.
Robert Lembke, Das Beste aus meinem Glashaus. Humoristisches und Satirisches

Ein Volk versteht man am besten
ganz aus der Nähe
oder aus größerer Entfernung.
John Steinbeck

Ich kann dieses
mich Umgeben nicht vertragen –
es ist, als ob fortwährend
in die Sphäre eingedrungen wird,
in die ich mich entwickle.
Wer versteht wohl
das Fernbleiben bei aller Nähe?
Franziska Gräfin zu Reventlow, Tagebücher

In nahen Bahnen wandeln oft
die Menschen, und kommen doch nicht
einer in des andern Nähe.
Friedrich Schleiermacher, Monologen

Man ist mit der Nähe verheiratet,
aber man liebt die Ferne.
Friedrich Sieburg

Nah ist der Ellenbogen,
doch kann man ihn nicht beißen.
Sprichwort aus Russland

Sich nicht nähern –
das ist adlige Gesinnung.
Fernando Pessoa, Das Buch der Unruhe des Hilfsbuchhalters Bernardo Soares

Stete Nähe reizt zum Mord.
Sybil Gräfin Schönfeldt

Und doch ist oft nichts natürlicher,
als dass man nicht zusammenkommt,
wenn man so nahe beisammen ist.
Johann Wolfgang von Goethe, Italienische Reise

Von weitem ist es was,
und in der Näh' ist's nichts.
Jean de La Fontaine, Fabeln

Warum in die Ferne schweifen,
sieh, das Böse liegt so nah.
Ludwig Marcuse, Argumente und Rezepte. Ein Wörter-Buch für Zeitgenossen

Wer die Menschen liebt,
darf sie nur aus nächster Nähe
betrachten oder ganz aus der Ferne.
Thomas Niedereuther

Nähen

Der Faden verdankt seinen Ruhm
der Nadel.
Sprichwort aus Afrika

Doppelt genäht, hält gut.
Deutsches Sprichwort

Grobe Säcke näht man nicht mit Seide.
Deutsches Sprichwort

Hütet euch vor den Technikern!
Mit der Nähmaschine fangen sie an,
und mit der Atombombe hören sie auf.
Marcel Pagnol

Was man
mit einer Nadel nicht nähen kann,
ist auch mit zehn Nadeln
nicht zu nähen.
Chinesisches Sprichwort

Nahrung

Der Mensch ist das einzige Lebewesen,
das seine Nahrung zerstört,
bevor es sie isst.
Werner Kollath

Ein Bissen Nahrung entscheidet oft,
ob wir mit hohlem Auge
oder hoffnungsreich
in die Zukunft schauen.
Friedrich Nietzsche, Menschliches, Allzumenschliches

Für mich ist der Krieg ein Wunder,
wenn auch ein ziemlich unbequemes.
Meine Kunst kriegt hier zu fressen.
Max Beckmann, Briefe im Kriege (18. April 1915)

Mit dem Geist ist es
wie mit dem Magen:
Man sollte ihm nur Nahrung zumuten,
die er verdauen kann.
Winston S. Churchill

Sobald eine Regierung einen Menschen
in ihre Verantwortung nimmt,
sorgt sie für seine Nahrung.
Leo N. Tolstoi, Tagebücher (1893)

Naivität

Das Naive als natürlich
ist mit dem Wirklichen verschwistert.
Das Wirkliche ohne sittlichen Bezug
nennen wir gemein.
Johann Wolfgang von Goethe,
Maximen und Reflexionen

Die Naivität,
mit der manche Menschen
in diesem Lande Politik machen,
wird nur noch übertroffen
von der Naivität,
mit der manche Menschen
dann darüber schreiben.
Robert Lembke, Steinwürfe im Glashaus

Es gehört Naivität dazu,
an das zu glauben, was man sagt,
und gar, es für wichtig zu halten.
Julien Green

Es gibt mehr naive Männer
als naive Frauen.
Marie von Ebner-Eschenbach, Aphorismen

Es gibt naive Menschen,
die sich erkennen
und ihre Naivität geschickt
zu benutzen verstehen.
François de La Rochefoucauld, Reflexionen

In einer völlig unberührten Seele
– etwa einem jungen Mädchen,
das in einem einsamen Schlosse
auf dem Lande lebt –
vermag schon ein geringer Eindruck
in eine leichte Bewunderung
überzugehen und, sobald
die leiseste Hoffnung hinzukommt,
Liebe und Kristallisation zu erzeugen.
Stendhal, Über die Liebe

Jede Naivität läuft Gefahr,
lächerlich zu werden,
verdient es aber nicht,
denn es liegt in jeder Naivität
ein unreflektiertes Vertrauen
und ein Zeichen von Unschuld.
Joseph Joubert, Gedanken, Versuche und Maximen

Man lebt in der naiven Vorstellung,
dass später mehr Platz ist
als in der ganzen Vergangenheit.
Elias Canetti, Die Provinz des Menschen.
Aufzeichnungen 1942-1972

Nichts ist gefährlicher
als die Ahnungslosigkeit
eines unverdorbenen Herzens.
Heinrich Waggerl, Aphorismen

Name

Ach wie gut, dass niemand weiß,
Dass ich Rumpelstilzchen heiß!
Jacob und Wilhelm Grimm, Kinder- und Hausmärchen
(Rumpelstilzchen)

Alles, was existiert,
muss einen Namen tragen.
Was nicht benannt ist,
existiert nicht für den Menschen.
Oswald Spengler, Urfragen. Fragmente
aus dem Nachlass

Bei vielen Leuten ist nur
der Name etwas wert. Wenn man sie
recht aus der Nähe besieht,
taugen sie weniger als nichts;
nur aus der Ferne machen sie Eindruck.
Jean de La Bruyère, Die Charaktere

Beim Namen rufen ist ein Zaubermittel,
den Entfernten zur Erinnerung
aufzuregen.
Bettina von Arnim, Tagebuch

Das Gut des Lebens
währt zählbare Tage,
das Gut des Namens
unzählige Tage.
Altes Testament, Jesus Sirach 41, 13

Der einzige Name,
der den Menschen
wirklich charakterisiert,
ist sein Spitzname.
Boleslaw Barlog

Der Name tut nichts zur Sache.
Deutsches Sprichwort

Die Gedankenlosigkeit hat mehr
ehrliche Namen zugrunde gerichtet
als die Bosheit.
Marie von Ebner-Eschenbach, Aphorismen

Ehrlicher Name!
Wahrhaftig eine reichhaltige Münze,
mit der sich meisterlich schachern lässt,
wer's versteht, sie gut auszugeben.
Friedrich Schiller, Die Räuber (Franz)

Ein guter Name, die schönste Mitgift.
Deutsches Sprichwort

Ein hohes Kleinod ist der gute Name.
Friedrich Schiller, Maria Stuart (Paulet)

Man muss dem Kind
den rechten Namen geben.
Deutsches Sprichwort

Manche Leute tragen drei Namen,
als fürchteten sie sich,
keinen zu besitzen.
Jean de La Bruyère, Die Charaktere

Meistens ist die Sache poetisch,
aber der Name nicht.
Gilbert Keith Chesterton, Heretiker

Namen machen Nachrichten.
Sprichwort aus den USA

Niemand ist mein Name,
Denn Niemand nennen mich alle,
Mutter sowohl wie Vater
und andere meiner Genossen.
Homer, Odyssee (Odysseus)

Regel: die Dinge beim Namen nennen.
Leo N. Tolstoi, Tagebücher (1851)

Sei besorgt um deinen Namen,
denn er begleitet dich treuer
als tausend kostbare Schätze.
Altes Testament, Jesus Sirach 41, 12

Wenn die Namen nicht stimmen,
sind die Worte nicht wahr.
Chinesisches Sprichwort (nach Konfuzius)

Wenn man sich manchmal stellt,
als erinnere man sich gewisser Namen
nicht, die man für zu gewöhnlich hält,
und wenn man sie beim Aussprechen
bewusst verstümmelt, so ist
die hohe Meinung daran schuld,
die man vom eigenen Namen hat.
Jean de La Bruyère, Die Charaktere

Wer darf das Kind
beim rechten Namen nennen?
Johann Wolfgang von Goethe, Faust I (Faust)

Wie oft wird ein großer Name nur
auf Kosten des guten Namens errungen!
Marie von Ebner-Eschenbach, Aphorismen

Narbe

Auch geheilte Wunden
lassen Narben zurück.
Deutsches Sprichwort

Der Narben lacht,
wer Wunden nie gefühlt.
William Shakespeare, Romeo und Julia (Romeo)

Der Optimist sieht bereits
die Narbe über der Wunde,
der Pessimist immer noch
die Wunde unter der Narbe.
Ernst Schröder

Erfahrungen –
das sind die vernarbten Wunden
unserer Dummheit.
John Osborne

Keine Wunde ist in mir so vernarbt,
dass ich sie ganz vergessen könnte.
Francesco Petrarca, Gespräche über
die Weltverachtung (Franciscus)

Narr

Denn wer öffentlich
für einen Narren gilt,
wird nicht im Stillen
für gescheit gehalten werden.
An einem Tag der Lustigkeit
kann man mehr verlieren,
als man an allen Tagen der Ehrbarkeit
gewonnen hat.
Baltasar Gracián y Morales, Handorakel und Kunst
der Weltklugheit

Denn wer sich für einen Narren acht,
Der ist bald zu eym Wisen gemacht.
Sebastian Brant, Das Narren Schyff

Der Stein der Weisen
sieht dem Stein der Narren
zum Verwechseln ähnlich.
Joachim Ringelnatz

Die dümmste Frau ist in der Lage,
einen klugen Mann
um den Finger zu wickeln.
Um aber einen Narren
richtig zu behandeln,
bedarf es einer sehr klugen Frau.
André Maurois

Die eine Hälfte der Welt
lacht über die andere,
und Narren sind sie alle.
Baltasar Gracián y Morales, Handorakel und Kunst
der Weltklugheit

Die große Stärke der Narren ist es,
dass sie keine Angst haben,
Dummheiten zu sagen.
Jean Cocteau

Die Menschen verstehen
einander nicht.
Es gibt weniger Narren,
als man glaubt.
Luc de Clapiers Marquis de Vauvenargues,
Unterdrückte Maximen

Die Narrheit hat gewiss
mehr Genossen und Schmarotzer
als die Gescheitheit.
Miguel de Cervantes Saavedra, Don Quijote

Drei Klassen von Narren:
die Männer aus Hochmut,
die Mädchen aus Liebe,
die Frauen aus Eifersucht.
Johann Wolfgang von Goethe,
Maximen und Reflexionen

Ein bisschen Narrheit, das versteht sich,
gehört immer zur Poesie.
Heinrich Heine, Die Bäder von Lucca

Ein großer Weiser
erscheint oft wie ein Narr.
Chinesisches Sprichwort

Ein junger Mensch, der niemals weint,
ist ein Ungeheuer.
Ein alter Mensch, der niemals lacht,
ist ein Narr.
George de Santayana

Ein Narr, der in der Luft Krebse fischt.
Emil Gött, Zettelsprüche. Aphorismen

Ein Narr ist wie andere Leute,
solange er schweigt.
Sprichwort aus Dänemark

Ein Narr kann mehr fragen,
als sieben Weise sagen.
Deutsches Sprichwort

Ein Narr lobt den andern.
Deutsches Sprichwort

Ein Narr springt ins Wasser,
um eine Blase zu erhaschen.
Chinesisches Sprichwort

Ein Narr trifft allemal
noch einen größeren an,
Der ihn nicht genug
bewundern kann.
Magnus Gottfried Lichtwer, Fabeln

Ein Narr und ein Weiser im Verein,
Die wissen mehr als ein Weiser allein.
Wilhelm Müller, Epigramme

Ein Reis vom Narrenbaum
trägt jeder, wer es sei,
Der eine deckt es zu,
der andre trägt es frei.
Friedrich von Logau, Sinngedichte

Ein Weiser entscheidet für sich selber,
ein Narr richtet sich nach den Leuten.
Chinesisches Sprichwort

Eine selbstbewusste Gesellschaft
kann viele Narren ertragen.
John Steinbeck

Es gibt mehr Narren als Weise,
und im Weisen selbst
steckt mehr Narrheit als Weisheit.
Chamfort, Maximen und Gedanken

Es gibt viele Narren,
die so tun,
als wären sie gescheit.
Warum sollte ein Gescheiter
nicht so tun dürfen,
als wäre er ein Narr?
Salvador Dalí

Es gibt keine großen Geister
ohne ein bisschen Narrheit.
Sprichwort aus Frankreich

Es gibt zwei Arten von Narren.
Die einen sagen:
»Das war schon immer so,
und deshalb ist es gut!«
Und die anderen sagen:
»Das ist neu,
und deshalb ist es besser.«
Dean William Inge

Es ist kein Wunder,
dass in einer Narrenzeit
die Narren zum Zuge kommen.
Niccolò Machiavelli, Briefe (an Francesco Guicciardini,
5. November 1526)

Gäb es keine Narren,
so gäb es keine Weisen.
Deutsches Sprichwort

Glocken und Narren läuten gern.
Deutsches Sprichwort

Hat man vierundzwanzig Stunden
früher als die übrigen Menschen Recht,
so gilt man vierundzwanzig Stunden
lang als närrisch.
Antoine Comte de Rivarol, Maximen und Reflexionen

Ich habe stets beobachtet, dass man,
um Erfolg in der Welt zu haben,
närrisch scheinen und weise sein muss.
Charles de Secondat, Baron de la Brède et
de Montesquieu, Meine Gedanken

In Prüfungen stellen Narren Fragen,
die Weise nicht beantworten können.
Oscar Wilde

Je mehr Narren, desto mehr Gelächter.
Sprichwort aus Frankreich

Jedem Narren gefällt seine Kappe.
Deutsches Sprichwort

Jeder Narr kann die Wahrheit sagen,
aber nur ein verhältnismäßig
Intelligenter kann gut lügen.
Samuel Butler

Jeder Narr kann über andere lachen,
nur ein Weiser über sich selbst.
Chinesisches Sprichwort

Kein Narr war so dumm,
er fand einen, der ihn für klug hielt.
Deutsches Sprichwort

Kluge dienen oft einem Narren.
Chinesisches Sprichwort

Lasst uns dankbar sein,
dass es Narren gibt.
Ohne sie könnten wir anderen
keinen Erfolg haben.
Mark Twain, Querkopf Wilsons neuer Kalender

Lobe den Narren, so schwillt er.
Deutsches Sprichwort

Man kann viele Leute einige Zeit
und einige Leute lange Zeit betrügen,
aber alle lassen sich ewig
zum Narren halten.
Ephraim Kishon, Kishon für alle Fälle

Man lebt nur einmal –
sagen die Narren.
Man lebt nur einmal –
sagen die Weisen.
Armando Palacio Valdes

Mit Narren sich beladen,
Das kommt zuletzt dem Teufel selbst
zu Schaden.
Johann Wolfgang von Goethe, Faust II (Mephisto)

Narren bauen Häuser,
und Weise kaufen sie.
Sprichwort aus Holland

Narren sind alle,
die es scheinen,
und die Hälfte derer,
die es nicht scheinen.
Baltasar Gracián y Morales, Handorakel und
Kunst der Weltklugheit

Narren wachsen ohne Bewässerung.
Sprichwort aus Italien

Narren wirft man bald aus der Wiege.
Deutsches Sprichwort

Narrenhände beschmieren
Tisch und Wände.
Deutsches Sprichwort

Nur die größten Weisen
und die dümmsten Narren
bleiben immer gleich.
Chinesisches Sprichwort

Nur ein Narr hört alles,
was ihm zu Ohren kommt.
Austin O'Malley

Sich keinen Narren auf den Hals laden:
Wer sie nicht kennt, ist selbst einer,
noch mehr der, welcher sie kennt
und nicht von sich abhält.
Für den oberflächlichen Umgang
sind sie gefährlich, für den Vertrauten
verderblich.
Baltasar Gracián y Morales, Handorakel und Kunst
der Weltklugheit

Über das Selbstverständliche
staunen nur die Narren
und die Weisen.
Jean Giono

Vermeide den Narren
und vermeide den Heiligen!
Sprichwort aus Serbien

Verzeihen ist keine Narrheit,
nur ein Narr kann nicht verzeihen.
Chinesisches Sprichwort

Was liegt dem Narren
an einem vernünftigen Menschen?
Die wichtige Person für ihn
ist der andere Narr, der ihn gelten lässt.
Marie von Ebner-Eschenbach, Aphorismen

Was sich ein Narr in den Kopf gesetzt,
Das hält wie eine Schrift,
die man in Marmor ätzt.
Magnus Gottfried Lichtwer, Fabeln

Wenn ich mich einmal
an einem Narren erheitern will,
brauche ich nicht lange zu suchen:
Über mich lache ich.
Lucius Annaeus Seneca, Briefe über Ethik

Wer erwartet, dass in der Welt
die Teufel mit Hörnern und
die Narren mit Schellen einhergehen,
wird stets ihre Beute oder ihr Spiel sein.
Arthur Schopenhauer, Aphorismen zur Lebensweisheit

Wer sich für einen Narren acht't,
Der ist bald zu ei'm Weisen g'macht.
Sebastian Brant, Das Narren Schyff

Zu wenig und zu viel
ist aller Narren Ziel.
Deutsches Sprichwort

Narzissmus

Aber der Mensch ist ein wahrer Narziss;
er bespiegelt sich überall gern selbst;
er legt sich als Folie
der ganzen Welt unter.
Johann Wolfgang von Goethe,
Die Wahlverwandtschaften

Der narzisstische Mensch
ist außerstande, sich in einen
anderen Menschen hineinzuversetzen,
der anders ist als er.
Erich Fromm, Seele des Menschen

Der sehr narzisstische Mensch hat
eine unsichtbare Mauer um sich erstellt;
er ist alles, die Welt ist nichts –
oder vielmehr: Er ist die Welt.
Erich Fromm, Vom Haben zum Sein

Man kann einen narzisstischen Menschen daran erkennen, dass er äußerst empfindlich auf jede Kritik reagiert.
Erich Fromm, Seele des Menschen

Naschen

Naschen macht leere Taschen.
Deutsches Sprichwort

Tee, Kaffee und Leckerli
Bringen den Bürger ums Äckerli.
Sprichwort aus der Schweiz

Wenn's was zu naschen gibt,
so sind wir all beim Schmause,
Doch macht ein Mädgen ernst,
da ist kein Mensch zu Hause.
Johann Wolfgang von Goethe, Die Mitschuldigen
(Sophie)

Wo Zucker ist, ist die Karies nicht fern.
Rüdiger Nehberg

Nase

An seiner Rübe
erkennt man den Trunkenbold.
Sprichwort aus Frankreich

Die Nase der Kleopatra:
Wäre sie kürzer gewesen,
wäre das ganze Antlitz der Erde
anders geworden.
Blaise Pascal, Pensées

Es gibt Leute, die die Nase
nur deshalb so hoch tragen,
weil ihnen das Wasser bis dorthin
steht.
Horst Wolfram Geißler

Frauen benützen Parfüm, weil die Nase
leichter zu verführen ist als das Auge.
Jeanne Moreau

Man hat beobachtet,
dass die Nase niemals glücklicher ist,
als wenn sie in anderer Leute
Angelegenheiten steckt – daraus
haben einige Physiologen geschlossen,
dass ihr der Geruchsinn fehle.
Ambrose Bierce

Man muss weiter sehen,
als die Nase reicht.
Deutsches Sprichwort

Man sieht es an der Nase bald,
ob Weiber warm sind oder kalt.
Deutsches Sprichwort

Nicht jede Nase riecht den Braten.
Deutsches Sprichwort

Wer da rotzig ist, mag sich schneuzen.
Molière, Der Geizige (La Flèche)

Wer seiner Nase nicht traut,
fällt auf sie.
Heinrich Nüsse

Nation

Aber eine ganze Nation errötet niemals.
Heinrich von Kleist, Briefe (an Adolphine von Werdeck,
28./29. Juli 1801)

An Glück und Leid,
an Ruhm und Unheil
empfängt stets eine jede Nation genau,
was sie verdient.
Heinrich von Sybel, Kleine historische Schriften
(1863–1881)

Das Einmaleins der Vernunft
folgt unter allen Nationen der Erde
denselben Gesetzen.
Wilhelm Heinrich Wackenroder, Herzensergießungen
eines kunstliebenden Klosterbruders

Das Gedächtnis einer kleinen Nation
ist nicht kleiner als das Gedächtnis
einer großen, es verarbeitet daher
den vorhandenen Stoff gründlicher.
Franz Kafka, Tagebücher (1911)

Der Begriff der Nation bezeichnet,
dass alle Mitglieder gleichsam nur
ein Individuum bilden sollen.
Friedrich Schlegel, Philosophische Vorlesungen

Der König
ist nicht der Vertreter der Nation,
sondern ihr Schreiber.
Maximilien de Robespierre, Rede in der
französischen Nationalversammlung (1792)

Die Demokratie ist die edelste Form,
in der eine Nation
zugrunde gehen kann (...).
Heimito von Doderer, Repertorium. Ein Begriffbuch
von höheren und niederen Lebens-Sachen

Die größte Partei
ist immer eine Art Verschwörung
gegen den Rest der Nation.
Edward Frederick Halifax

Die Einheit der Sprache
ist von der größten Wichtigkeit,
sie ist das unverwerfliche Zeugnis
der gemeinschaftlichen Abstammung,
das innigste und natürlichste
Verbindungsmittel und wird,
zusammengenommen mit
der Gleichheit der Sitten,
das festeste, dauerhafteste Band sein,
das die Nation für viele Jahrhunderte
in unauflöslicher Einheit zusammenhält.
Friedrich Schlegel, Philosophische Vorlesungen

Ein geklärtes, ruhiges
nationales Selbstbewusstsein
bleibt für uns selbst
und für unsere Nachbarn
von großer Bedeutung.
Richard von Weizsäcker, Geschichte, Politik und Nation. Ansprache des Bundespräsidenten auf dem Weltkongress der Historiker in Stuttgart 1985

Eine freie Nation
kann einen Befreier haben,
eine unterjochte bekommt
nur einen anderen Unterdrücker.
Ernst Moritz Arndt, Meine Wanderungen und
Wandelungen mit dem Reichsfreiherrn vom Stein

Eine Nation,
die nicht den Mut und die Kraft hat,
sich zur allgemeinen Gerechtigkeit
und Freiheit zu erheben,
ist der Raub der Nachbarn, die das,
wenngleich es ursprünglich rein,
doch in einem höhern Grade vermögen.
Johann Gottfried Seume, Apokryphen

Eine Nation ist gleichsam
eine große allumfassende Familie,
wo mehrere Familien und Stämme
durch Einheit der Verfassung,
Sitten, Gebräuche, der Sprache,
des allgemeinen Interesses
zu einem gemeinschaftlichen Ganzen
verbunden sind,
nur dass diese Verbindung
des größern Umfangs wegen
nicht von der intensiven Stärke und
Innigkeit sein kann wie in der Familie.
Friedrich Schlegel, Philosophische Vorlesungen

Eine Nation
kann nur stolz auf die Masse,
nicht auf die Genies, d. h.
auf die Ausnahmen sein.
Jean Paul, Friedens-Predigt an Deutschland

Eine Nation muss scheitern,
wenn sie ihre Zukunft
in der Vergangenheit sieht.
Walther Leisler Kiep

Es dringt kein Laut bis her zu mir
Von der Nationen wildem Streite,
Ich stehe ja auf keiner Seite;
Denn Recht ist weder dort noch hier.
Rainer Maria Rilke, Larenopfer

Es gibt keine Nation,
selbst nicht unter den gebildetsten,
welche davon frei wäre, irgendeinen
ihr eigentümlichen Fehler zu haben,
welche die benachbarten
zu tadeln nicht ermangeln,
entweder um sich davor zu hüten
oder sich damit zu trösten.
Baltasar Gracián y Morales, Handorakel und Kunst
der Weltklugheit

Ich kenne keine Methode,
nach der man eine ganze Nation
unter Anklage stellen kann.
Edmund Burke, Reden (1775)

Keine Nation der Erde wird geliebt.
Man liebt Individuen.
Man liebt eine Landschaft.
Man liebt Musik.
Aber man liebt nicht Kollektive.
William S. Schlamm

Keine Nation
hat ein Urteil als über das,
was bei ihr getan und geschrieben ist.
Johann Wolfgang von Goethe,
Maximen und Reflexionen

Man kann die Idee einer Nation
nicht am Leben erhalten,
wenn es keine nationalen Einrichtungen
gibt, die man verehren,
keinen nationalen Erfolg,
den man bewundern kann,
wenn in der Vorstellung des Volkes
kein Modell dafür existiert.
William Butler Yeats, Entfremdung

Nationalität ist das einzige Hindernis
für die Entfaltung der Freiheit.
Leo N. Tolstoi, Tagebücher (1857)

Nichts mehr bedarf eine Nation
als einen Überfluss an edlen Männern,
die sich dem Allgemeinen widmen.
Leopold von Ranke, Die Osmanen und
die spanische Monarchie

Nichtswürdig ist die Nation,
die nicht Ihr Alles setzt an ihre Ehre.
Friedrich Schiller, Die Jungfrau von Orleans (Dunois)

Nun macht aber eigentlich
das Land ein Land aus,
und das Landvolk macht die Nation aus.
Jean-Jacques Rousseau, Emile

Persönlichkeiten
mögen eine Gemeinde bilden,
aber nur Institutionen
schaffen eine Nation.
Benjamin Disraeli, Reden (1866)

Rom ging unter an dem Tag, an dem
es nicht mehr Herr über sich selbst war;
die Nationen sind stark
unter denselben Bedingungen
wie die Individuen.
Théodore Jouffroy, Das grüne Heft

Was eine Nation groß macht,
sind nicht in erster Linie
die großen Männer
– es ist das Format der Mittelmäßigen.
José Ortega y Gasset

Wer eine Fremdsprache lernt,
zieht den Hut vor einer anderen Nation.
Thornton Wilder

Nationalismus

Der jüngste Nationalismus: Europa.
Vor einem europäischen Chauvinismus
wird gewarnt.
Ludwig Marcuse, Argumente und Rezepte.
Ein Wörter-Buch für Zeitgenossen

Der Nationalist glaubt gerne,
dass Christus Katholik war.
André Gide

Gegen Nationalitätsbestrebungen
kleiner Völker gibt es nur ein Mittel:
Demokratie.
Walter Rathenau, Auf dem Fechtboden des Geistes.
Aphorismen aus seinen Notizbüchern

Ich betrachte den Nationalismus
als eine ideologische Analogie des
unausrottbaren Verbrennungsmotors:
längst verdammt, allgemein als primitiv,
ungenügend, schädlich erkannt,
doch nach wie vor
in unverminderten Quantitäten
von den Fließbändern rollend.
Yehudi Menuhin, Unvollendete Reise

Jede Nation
hat ihre geistigen Altarbilder.
Diese sind die tief sitzenden Ursachen
für menschliche Konflikte und
unsinnige Kampfeslust.
Peter Ustinov, Peter Ustinovs geflügelte Worte

(Nationalismus:) Absolut prähistorisch.
Peter Ustinov, Peter Ustinovs geflügelte Worte

Nationalität

Der sogenannte typische Vertreter
einer Nation ist immer bereits
eine halbe Karikatur.
Saul Steinberg

Der typische Vertreter jeder Nation
ist eine Ausnahme.
Holbrook Jackson

Jede Nation
ist im Ausland hauptsächlich
durch ihre Untugenden bekannt.
Joseph Conrad

Man sollte so wenig
von dem Engländer Shakespeare
sprechen, als man
von dem Juden Christus spricht.
Friedrich Hebbel, Tagebücher

Wenn wir einen nationalen Baustil
haben wollten, müssten wir eine
einheitliche Weltanschauung haben.
Christian Morgenstern, Stufen

Wir haben nicht nur in der Sprache,
sondern auch im Denken und Fühlen
den Akzent unseres Landes.
François de La Rochefoucauld, Reflexionen

Wir sind in Todesangst,
dass die Nächstenliebe
sich zu weit ausbreiten könnte,
und richten Schranken gegen sie auf –
die Nationalitäten.
Marie von Ebner-Eschenbach, Aphorismen

Natur

Ach Natur! Natur!
Wie schön bist du!
Wie schön in unschuldiger Schönheit,
wo dich die Kunst
unzufriedener Menschen
nicht verunstaltet!
Salomon Gessner, Daphnis

Alle Auflehnung gegen die Natur,
gegen die Seinsbedingungen
ist unfruchtbar und krankhaft.
Sully Prudhomme, Intimes Tagebuch

Alle falschen Religionen
widerstreiten der Natur.
Jean-Jacques Rousseau, Brief an d'Alembert

Alle Natur ist für uns belebt,
ist von göttlichem Geist, von Gesetz,
von Notwendigkeit durchdrungen.
Wir kennen keine Materie
ohne diesen göttlichen Geist,
keinen Geist ohne Materie.
Ernst Haeckel, Natürliche Schöpfungsgeschichte

Alle sind, wozu sie die Natur,
ihr Schicksal geordnet.
Keine Nachtigall schlägt im Winter,
und kein Palmbaum hat eine Zypresse
zu sein begehret.
Johann Gottfried Herder, Das eigene Schicksal

Alle wahren Muster des Geschmacks
sind in der Natur.
Jean-Jacques Rousseau, Emile

Alles, alles, was die Menschen tun,
tun sie nach den Forderungen
der gesamten Natur. Der Verstand
erfindet nur zu jeder Handlung
seine Scheinursachen.
Leo N. Tolstoi, Tagebücher (1863)

Alles altert und verjüngt sich wieder.
Warum sind wir ausgenommen
vom schönen Kreislauf der Natur?
Oder gilt er auch für uns?
Friedrich Hölderlin, Hyperion

Alles ist gut, wie es
aus den Händen der Natur kommt.
Johann Wolfgang von Goethe, Dichtung und Wahrheit

Alles ist Mitteilung in der Natur,
alles hat Flammenzungen,
selbst der kalte Quell,
in dem du dein Antlitz badest.
Bettina von Arnim, Clemens Brentanos Frühlingskranz

Alles Natürliche
geht entweder immer so vor sich
oder doch größtenteils;
Zufällig und von selbst aber
geschieht nichts.
Aristoteles, Physik

Alles Selbstdenken
kommt mir wie Sünde vor,
wenn ich in der Natur bin;
könnt man ihr nicht lieber zuhören?
Bettina von Arnim, Die Günderode

Alles, was einer naturhaften
Hinneigung widerspricht, ist Sünde,
weil es dem Gesetz der Natur
widerspricht.
Thomas von Aquin, Summa theologica

Alles, was wir unter Natur verstehen,
ist die Großaufnahme eines Gänseblümchens.
Frank Thiess

Allgegenwärtiger Balsam
Allheilender Natur.
Johann Wolfgang von Goethe, Adler und Taube

Als ob es uns zustände,
die Anlagen der Natur
willkürlich und ungestraft
zu zerstören!
Georg Forster, Über die Beziehung der Staatskunst auf das Glück der Menschheit

Arbeit um der Arbeit willen
ist gegen die menschliche Natur.
John Locke, Über den menschlichen Verstand

Auch der vernünftigste Mensch
bedarf von Zeit zu Zeit
wieder der Natur,
das heißt
seiner unlogischen Grundeinstellung
zu allen Dingen.
Friedrich Nietzsche, Menschliches, Allzumenschliches

Auch in der intelligenten Welt
bildet eine schaffende Natur Stufen,
die einem jeden seine Grenzen anweist.
Henrik Steffens, Beiträge zur inneren Naturgeschichte der Erde

Auch wenn du die Natur
mit der Gabel austreiben wirst,
wird sie dennoch
zurückgelaufen kommen.
Horaz, Briefe

Aus der Natur,
nach welcher Seite hin man schaue,
entspringt Unendliches.
Johann Wolfgang von Goethe,
Maximen und Reflexionen

Beachte, was deine Natur verlangt,
insofern du nur ein von Pflanzenkraft
durchwaltetes Wesen bist;
dann tu es und nimm es an,
wenn nicht deine Natur,
insofern du ein Lebewesen bist,
leiden soll.
Mark Aurel, Selbstbetrachtungen

Bemerke,
wie die Tiere das Gras abrupfen.
So groß ihre Mäuler auch sein mögen,
sie tun der Pflanze selbst
nie etwas zuleide,
entwurzeln sie niemals.
So handle auch der starke Mensch
gegen alles, was Natur heißt,
sein eigenes Geschlecht voran.
Er verstehe die Kunst:
vom Leben zu nehmen,
ohne ihm zu schaden.
Christian Morgenstern, Stufen

Betrachtet, forscht,
die Einzelheiten sammelt,
Naturgeheimnis werde nachgestammelt.
Johann Wolfgang von Goethe,
Trilogie der Leidenschaft

Daher lässt sich auch die Naturhistorie
nicht aus Büchern allein lernen,
Sondern man muss
aufs Feld hinausgehn,
die Wälder durchstreichen,
in die Klüfte der Erde hinabsteigen.
Christian Garve, Über Gesellschaft und Einsamkeit

Darum ist die Natur so tief tröstlich,
weil sie schlafende Welt,
traumlos schlafende Welt ist.
Sie fühlt nicht Freude, nicht Schmerz,
und doch lebt sie vor uns
und für uns ein Leben voll Weisheit,
Schönheit und Güte.
So schliefen auch wir einst,
und solchem Zustand
kehren auch wir einst wieder zurück,
nur mit dem Unterschiede,
dass dann dies ganze Über-Glück,
Über-Leid uns bewusst sein wird,
und dass wir dann
auch keine Träume mehr brauchen,
weil wir die Himmel selbst offen sehen.
Christian Morgenstern, Stufen

Das Bergvolk denkt und simuliert,
Ist in Natur- und Felsenschrift studiert.
Johann Wolfgang von Goethe, Faust II (Faust)

Das Leben in der Natur gibt
die Wahrheit der Dinge zu erkennen.
Albrecht Dürer, Proportionslehre

Das Naturhafte verlernen wir nicht,
noch erlernen wir es.
Thomas von Aquin, De virtutibus in communi

Dass alles in sich wirkt und sucht,
kommt von Natur,
Siehst du sie nicht in dir,
ein Kraut zeigt die dir Spur.
Daniel Czepko von Reigersfeld,
Monodisticha Sapientium

Dem eignen Schicksal
entgehet niemand;
oder die Kette der Natur
müsste brechen.
Johann Gottfried Herder, Das eigene Schicksal

Denn die Natur tut, wie wir behaupten,
nichts planlos.
Aristoteles, Politik

Denn es führt zu nichts,
der Natur zu widerstreiten,
noch einer Sache nachzugehen,
die du nicht erreichen kannst.
Marcus Tullius Cicero, Vom rechten Handeln

Denn nicht das Geistige kommt zuerst,
sondern das Natürliche.
Bernhard von Clairvaux, Briefe (an Prior Giugo)

Denn seht!,
wir empfangen Freude und Leid,
unsere wahren Erzieher,
aus der Mutterhand der Natur.
Georg Forster, Über die Beziehung der Staatskunst auf
das Glück der Menschheit

Denn unfühlend
Ist die Natur:
Es leuchtet die Sonne
Über Bös' und Gute,
Und dem Verbrecher
Glänzen wie dem Besten
Der Mond und die Sterne.
Johann Wolfgang von Goethe, Das Göttliche

Der große Geist hat mich verschmäht,
Vor mir verschließt sich die Natur.
Johann Wolfgang von Goethe, Faust I (Faust)

Der Mensch braucht wenig,
und an Leben reich
Ist die Natur.
Friedrich Schiller, Die Jungfrau von Orleans (Johanna)

Der Mensch ist auch ein Naturprodukt.
Christian Garve, Über Gesellschaft und Einsamkeit

Der Mensch ist die Regel,
die Natur die Regellosigkeit.
Friedrich Nietzsche, Menschliches, Allzumenschliches

Der Mensch ist inmitten der Natur
immer das Kind an sich.
Dies Kind träumt wohl einmal
einen schweren beängstigenden Traum,
wenn es aber die Augen aufschlägt,
so sieht es sich immer wieder
im Paradies.
Friedrich Nietzsche, Menschliches, Allzumenschliches

Der Mensch soll sich selbst immer als
ein Experiment der Natur betrachten.
Friedrich Hebbel, Tagebücher

Der Mensch zieht all seine Kraft
aus der Natur und aus den Illusionen,
während Zivilisation, Wissenschaft
und anderes untrennbar mit
Schwäche und Unvermögen
verbunden sind.
Giacomo Leopardi, Gedanken aus dem Zibaldone

Der Natur aber
passt sich der Weise an.
Lucius Annaeus Seneca, Briefe über Ethik

Der Natur ist's nicht gewöhnlich,
Doch die Mode bringt's hervor.
Johann Wolfgang von Goethe, Faust II
(Phantasiekranz)

Der Naturmensch
ist der gebundenste aller Sklaven.
Friedrich Gentz, Politische Freiheit

Der Poet versteht die Natur besser
als der wissenschaftliche Kopf.
Novalis

Der Sonne herrlich Licht,
des Äthers freier Raum,
Dort wohnt das Ewige, das Wahre.
Johann Wolfgang von Goethe, Requiem dem frohsten
Manne des Jahrhunderts

Der Wille ist seiner Natur nach gut,
weswegen auch sein naturhaftes Wirken
immer gut ist.
Thomas von Aquin, Über das Böse

Die Beschäftigung mit der Natur
ist die unschuldigste.
Johann Wolfgang von Goethe, überliefert von
Johann Peter Eckermann (Gespräche mit Goethe)

Die eine der Sprachen,
welche der Höchste selber
von Ewigkeit zu Ewigkeit fortredet,
die ewige lebendige, unendliche Natur,
zieht uns durch die weiten Räume
der Lüfte unmittelbar
zu der Gottheit hinauf.
Wilhelm Heinrich Wackenroder, Herzensergießungen
eines kunstliebenden Klosterbruders

Die Einfachheit und Nacktheit
im Leben des Menschen in der Urzeit
hatte wenigstens den einen Vorteil,
dass sie ihn veranlasste, sich immer
in der Natur aufzuhalten.
Henry David Thoreau, Walden

Die Flüsse sind unsere Brüder,
sie löschen unseren Durst.
Seattle, Die Rede des Indianerhäuptlings Seattle.
Neuere Version

Die frische Luft des freien Feldes
ist der eigentliche Ort,
wo wir hingehören;
es ist, als ob der Geist Gottes dort
den Menschen unmittelbar anwehte
und eine göttliche Kraft
ihren Einfluss ausübte.
Johann Wolfgang von Goethe, überliefert von
Johann Peter Eckermann (Gespräche mit Goethe)

Die ganze Natur ist durch die Sünde
verderbt und verdammt
und kann sich nicht
durch eigene Kraft und Bestreben
aus diesem Unheil und Tode erheben.
Martin Luther, Tischreden

Die ganze Natur ist Harmonie,
und wir sind geschaffen,
mit ihr zu harmonieren.
Bengt Berg

Die ganze Natur
ist nur Symbol des Geistes;
sie ist heilig, weil sie ihn ausspricht.
Bettina von Arnim, Tagebuch

Die ganze Natur ist Sprache,
die Blume ist ein Wort, ein Ausdruck,
ein Seufzer ihrer vollen Brust!
Bettina von Arnim, Clemens Brentanos Frühlingskranz

Die Gnade wird immer in der Welt sein
und die Natur auch,
und so wird die Gnade
in gewisser Hinsicht natürlich sein.
Blaise Pascal, Pensées

Die Gnade zerstört nicht die Natur,
sondern setzt sie voraus
und vollendet sie.
Thomas von Aquin, Über die Wahrheit

Die heimatliche Natur
ergreift mich auch umso mächtiger,
je mehr ich sie studiere.
Friedrich Hölderlin, Briefe (an Casimir Ulrich
Böhlendorff, Entwurf Herbst 1802)

Die Hochzeit der Seele mit der Natur
macht den Verstand fruchtbar
und erzeugt die Phantasie.
Henry David Thoreau, Journal

Die höhere Welt ist uns näher,
als wir gewöhnlich denken.
Schon hier leben wir in ihr,
und wir erblicken sie auf das Innigste
mit der irdischen Natur verwebt.
Novalis, Heinrich von Ofterdingen

Die kleinste Bewegung
ist für die ganze Natur von Bedeutung.
Blaise Pascal, Pensées

Die Kosmopoliten haben und erkennen
als solche keine andern Obern als die
Notwendigkeit und das Naturgesetz.
Christoph Martin Wieland, Das Geheimnis
des Kosmopolitenordens

Die Kunst ist
eine zusammengepresste Natur,
und die Natur
eine zusammengepresste Kunst.
Friedrich Hebbel, Tagebücher

Die Kunst kann nur durch die Natur,
mit der Natur wuchern,
ohne sie kann sie nichts.
Karoline von Günderode, Briefe (an Gunda Brentano,
24. November 1801)

Die Kunst steckt in der Natur;
wer sie herausreißen kann, der hat sie.
Albrecht Dürer, Proportionslehre

Die Kunst zeigt sich eben doch unserer
großen und mächtigen Mutter Natur
nicht überlegen. Wir haben den
Reichtum und die Schönheit ihrer
Werke durch unsere Erfindungen so
überdeckt, dass wir sie vollständig
erstickt haben: Und doch beschämt sie,
wo sie in ihrer Reinheit hervorleuchtet,
alles menschliche Tun.
Michel Eyquem de Montaigne, Die Essais

Die Liebe ist der Versuch der Natur,
den Verstand aus dem Weg zu räumen.
Thomas Niederreuther

Die Möglichkeit, die Natur selbst
zu beeinflussen und zu verändern,
ist Bestandteil unseres wissenschaftlichen und technischen Tuns.
Richard von Weizsäcker, Wissenschaft und Phantasie
– Herausforderungen unserer Zeit (Interview 1985)

Die Natur allein
ist die wahre Priesterin der Freude;
nur sie versteht es,
ein hochzeitliches Band zu knüpfen.
Nicht durch eitle Worte ohne Segen,
sondern durch frische Blüten
und lebendige Früchte
aus der Fülle ihrer Kraft.
Friedrich Schlegel, Lucinde

Die Natur auffassen
und sie unmittelbar benutzen,
ist wenig Menschen gegeben;
zwischen Erkenntnis und Gebrauch
erfinden sie sich gern ein Luftgespinst,
das sie sorgfältig ausbilden
und darüber den Gegenstand
zugleich mit der Benutzung vergessen.
Johann Wolfgang von Goethe,
Maximen und Reflexionen

Die Natur beginnt
immer von neuem
mit den gleichen Dingen:
den Jahren, den Tagen, den Stunden.
Blaise Pascal, Pensées

Die Natur bekümmert sich nicht
um irgendeinen Irrtum;
sie selbst kann nicht anders
als ewig recht handeln, unbekümmert,
was daraus erfolgen möge.
Johann Wolfgang von Goethe,
Maximen und Reflexionen

Die Natur, die Materie
kann nicht aus der Intelligenz
erklärt und abgeleitet werden;
sie ist vielmehr der Grund
der Intelligenz (...).
Der Geist ohne Natur
ist ein bloßes Gedankenwesen;
das Bewusstsein
entwickelt sich nur aus der Natur.
Ludwig Feuerbach, Das Wesen des Christentums

Die Natur
erhört nicht die Klagen des Menschen
– sie ist gefühllos gegen seine Leiden.
Ludwig Feuerbach, Das Wesen des Christentums

Die Natur gefällt, reißt an sich,
begeistert, nur weil sie Natur ist.
Wilhelm von Humboldt, Briefe an eine Freundin

Die Natur handelt schrittweise.
Blaise Pascal, Pensées

Die Natur hat leicht verschwenden;
auch das scheinbar
ganz nutzlos Verstreute
fällt zuletzt doch in ihren Schoß.
Marie von Ebner-Eschenbach, Aphorismen

Die Natur hat sich
so viel Freiheit vorbehalten,
dass wir mit Wissen und Wissenschaft
ihr nicht durchgängig beikommen
oder sie in die Enge treiben können.
Johann Wolfgang von Goethe,
Maximen und Reflexionen

Die Natur hat uns frei und beweglich
in die Welt gesetzt;
wir sperren uns selbst
in bestimmte Beschränkungen ein.
Michel Eyquem de Montaigne, Die Essais

Die Natur hat Vollkommenheiten,
um zu zeigen,
dass sie das Abbild Gottes ist,
und Mängel, um zu zeigen,
dass sie nur das Abbild ist.
Blaise Pascal, Pensées

Die Natur
ist das Antlitz und der Akt Gottes.
Es ist Gott, der in der Weide weint,
der seufzt im Abendwind,
der im Gewitter fliegt und triumphiert.
Théodore Jouffroy, Das grüne Heft

Die Natur ist das einzige Buch, das
auf allen Blättern großen Gehalt bietet.
Johann Wolfgang von Goethe

Die Natur ist der Wille, sofern
er sich selbst außer sich erblickt.
Arthur Schopenhauer, Zur Philosophie und
Wissenschaft der Natur

Die Natur ist die große Ruhe
gegenüber unserer Beweglichkeit.
Darum wird sie der Mensch
immer mehr lieben,
je feiner und beweglicher
er werden wird.
Sie gibt ihm die großen Züge,
die weiten Perspektiven
und zugleich das Bild einer
bei aller unermüdlichen Entwickelung
erhabenen Gelassenheit.
Christian Morgenstern, Stufen

Die Natur ist die Sprache der Liebe,
die Liebe spricht zur Kindheit
durch die Natur.
Bettina von Arnim, Tagebuch

Die Natur
ist ein sehr gutes Beruhigungsmittel.
Anton P. Tschechow, Briefe (4. Mai 1889)

Die Natur ist ein Symbol,
das unsere Seele uns erklärt;
wir lesen es besser in dem Maße,
als wir uns näher kennen.
Théodore Jouffroy, Das grüne Heft

Die Natur
ist eine versteinerte Zauberstadt.
Novalis

Die Natur
ist Feindin ewiger Besitzungen.
Sie zerstört nach festen Gesetzen
alle Zeichen des Eigentums,
vertilgt alle Merkmale der Formation.
Allen Geschlechtern gehört die Erde;
jeder hat Anspruch auf alles.
Novalis, Blütenstaub

Die Natur ist kindlich,
sie will verstanden sein,
und das ist ihre Weisheit,
dass sie solche Bilder malt,
die der Spiegel unserer
inneren Welt sind.
Bettina von Arnim, Tagebuch

Die Natur
ist unendlicher geteilter Gott.
Friedrich Schiller, Philosophische Briefe

Die Natur ist wie die Natur.
Wozu nach Vergleichen für sie suchen?
Voltaire, Micromégas

Die Natur kann kultiviert
und vervollkommnet werden,
am Körper ebenso wie am Geiste;
aber sie kann durch keine Kunst
ausgetilgt werden.
Philipp Stanhope Earl of Chesterfield, Briefe über
die anstrengende Kunst, ein Gentleman zu werden

Die Natur kennt keinen Geiz,
weder mit Kraft, noch Zeit,
noch Verstand, noch Leben,
so wie keine Unbestimmtheit;
auch keine Vorliebe
für irgendein äußeres Leben;
sie wirft in den Spinnen-Kopf
eine unbewusste Messkunst,
wie in den Newtons eine bewusste.
Jean Paul, Dämmerungen für Deutschland

Die Natur läßt sich nicht zwingen.
Christian Fürchtegott Gellert

Die Natur macht keine Sprünge.
Gottfried Wilhelm Leibniz, Nouveaux essais
sur l'entendement humain (Vorwort)

Die Natur muss gefühlt werden.
Alexander von Humboldt, Briefe (an Goethe,
3. Januar 1810)

Die Natur neigt zum Tode,
die Kunst kaum zum Leben.
Emil Gött, Im Selbstgespräch

Die Natur passt sich
ebenso gut unserer Schwäche
wie unserer Stärke an.
Henry David Thoreau, Walden

Die Natur, so viel davon
ein sterbliches Auge sieht,
gleicht abgebrochenen Orakelsprüchen
aus dem Munde der Gottheit.
Wilhelm Heinrich Wackenroder, Herzensergießungen
eines kunstliebenden Klosterbruders

Die Natur sprach mit mir,
und ich lauschte ihr zitternd selig.
Leben.
Paula Modersohn-Becker, Tagebuchblätter

Die Natur spricht gleichzeitig
fünf oder sechs Sprachen:
die der Farben, die der Töne,
die der Formen, die der Bewegungen,
die der Größen und der Entfernungen.
Jede dieser Sprachen hat ihr Alphabet,
ihr Wörterbuch, ihre Prosodie,
ihren Geist; sie vermählen sich,
ohne sich zu vermischen,
und ergänzen einander ohne Missklang;
wir verstehen sie,
ohne sie gelernt zu haben;
in der Natur bilden sie nur eine einzige;
die Künste teilen sie sich
und vervollkommnen sie.
Théodore Jouffroy, Das grüne Heft

Die Natur steht
in der organischen Welt
wieder aus einem Grabe
und einem der Verwesung
ähnlichen Zustande auf,
und der Grund ihres Entstehens
ist zugleich der des Unterganges
der anorganischen Welt gewesen.
So bauet sich fröhlich
eine neue Zeit aus den Trümmern
der versunkenen alten auf.
Gotthilf Heinrich Schubert, Ansichten
von der Nachtseite

Die Natur umfasst mich,
enthüllt mich vor mir selbst.
Das ist die süße, reine Gegenwart,
das ist das reine Leben, das nichts will
und alles in sich trägt,
das ich nicht beschreiben will,
denn wer es besaß, der kennt es
und würde es nicht kennen,
wenn ich es beschriebe.
Sophie Mereau, Betrachtungen

»Die Natur verbirgt Gott.«
Aber nicht jedem!
Johann Wolfgang von Goethe,
Maximen und Reflexionen

Die Natur vermeidet das Vakuum.
François Rabelais, Gargantua und Pantagruel

Die Natur war Priesterin
und der Mensch ihr Gott,
und alles Leben in ihr
und jede Gestalt
und jeder Ton von ihr
nur ein begeistertes Echo
des Herrlichen, dem sie gehörte.
Friedrich Hölderlin, Hyperion

Die Natur,
wenn sie sich selbst überlassen ist,
kommt mit allen ihren Prozessen
zu einem ewigen Tode.
Franz Brentano, Vom Dasein Gottes

Die Natur will nicht
der ausschließliche Besitz
eines Einzigen sein.
Novalis, Heinrich von Ofterdingen

Die Naturphilosophie
ist die Wissenschaft
von der ewigen Verwandlung Gottes
in die Welt.
Lorenz Oken, Lehrbuch der Naturphilosophie

Die Pracht der Gärten aber hat stets
die Liebe zur Natur zur Voraussetzung.
Germaine Baronin von Staël, Über Deutschland

Die Rührung und Begeisterung,
die wir beim Betrachten der Natur
empfinden, ist eine Erinnerung
an die Zeit, da wir Tiere, Bäume,
Blumen und Erde waren. Genauer:
das Wissen um unser Einssein
mit allem, was die Zeit
vor uns verborgen hält.
Leo N. Tolstoi, Tagebücher (1906)

Die Seele muss tätig sein,
sonst sind doch
alle Erscheinungen der Natur verloren,
wenn sie auch auf alle Sinne wirken.
Heinrich von Kleist, Briefe (an Wilhelmine von Zenge,
29./30. November 1800)

Die Sprache der Natur,
die in den Geschöpfen Gottes redet,
nebst Vernunft und Gewissen
ist allein die allgemeine Sprache,
dadurch sich Gott allen Menschen
und Völkern offenbaren kann.
Gotthold Ephraim Lessing,
Fragmente eines Ungenannten

Die ständige Erneuerung der Natur
hilft uns ein wenig über die Schrecken
des eigenen Verfalls hinweg.
Harold Nicolson

Die unveränderliche Ordnung der Natur
zeigt das höchste Wesen am besten.
Jean-Jacques Rousseau, Emile (Glaubensbekenntnis)

Die Verachtung unserer Natur
ist ein Irrtum unserer Vernunft.
Luc de Clapiers Marquis de Vauvenargues,
Unterdrückte Maximen

Die Vernunft ist dem Menschen Natur.
Was immer also wider die Vernunft ist,
das ist wider des Menschen Natur.
Thomas von Aquin, Über das Böse

Die Vernunft ist ein Licht. Davon
will und soll die Natur erleuchtet,
jedoch nicht in Brand gesteckt werden.
Giacomo Leopardi, Gedanken aus dem Zibaldone

Die Vernunft
ist eine Widersacherin der Natur.
Diese ist groß, die Vernunft ist klein.
Giacomo Leopardi, Gedanken aus dem Zibaldone

Die Wahrheit und Einfachheit der Natur
sind immer die letzten Grundlagen
einer bedeutenden Kunst.
Paul Ernst, Der Weg zur Form

Die Wollust ist die Prämie
der Natur für die Mühen von
Zeugung und Geburt.
Sigmund Freud

Doch was weiß unsereins von der Natur.
Erich Kästner, Dr. Erich Kästners lyrische Hausapotheke

Du erhebest uns erst zu Idealen
und stürzest
Gleich zur Natur uns zurück;
glaubst du, wir danken dir das?
Johann Wolfgang von Goethe/Friedrich Schiller, Xenien

Dummheit ist ein
menschliches Privileg.
In der Natur gibt's keine Dummheit.
Sigismund von Radecki

Ein großer göttlicher Gedanke
beherrscht und regelt
alle die kleinen Vergötterungen,
welche der Mensch
mit der umgebenden Natur
vorzunehmen liebt.
Adam Heinrich Müller, Etwas über Landschaftsmalerei

Ein Mann zu sein
ist der häufigste genetische Defekt
der Natur.
Jens Reich

Ein Paradies
könnte nur außerhalb der Natur liegen,
und ein derartiges Paradies
kann ich mir nicht vorstellen.
Marlen Haushofer, Die Wand

Einem Maler sagen,
er solle die Natur wiedergeben,
wie sie ist,
hieße einem Pianisten sagen,
er solle sich
auf die Klaviertasten setzen.
James Abbott McNeill Whistler

Einen Lehrer gibt es,
der ist vortrefflich,
wenn wir ihn verstehen;
es ist die Natur.
Heinrich von Kleist, Briefe (an Wilhelmine von Zenge, 16.–18. November 1800)

Einsamkeit
in der offnen Natur,
das ist der Prüfstein
des Gewissens.
Heinrich von Kleist, Briefe (an Wilhelmine von Zenge 4./5. September 1800)

Er geht in die Natur,
in die Landschaft hinaus.
Dort fühlt er sich in seinem Milieu,
als Tier, fühlt sich dem Gemälde
als Staffage hinzugefügt,
sieht seinen Ursprung,
die Erde, die Wiese;
sieht den Zusammenhang
der gesamten Schöpfung
in einer lebendigen Zusammenfassung
(...). Er ist bei sich zu Hause.
August Strindberg, Der Sohn der Magd

Er hatte die Kulturfeindlichkeit im Blut,
konnte nie aufhören, sich als
ein Naturprodukt zu fühlen, das sich
aus der organischen Verbindung
mit der Erde nicht lösen wollte.
August Strindberg, Der Sohn der Magd

Erhaben ist die Natur
in denjenigen ihrer Erscheinungen,
deren Anschauung die Idee
ihrer Unendlichkeit bei sich führt.
Immanuel Kant, Kritik der Urteilskraft

Es gibt drei Welten:
die natürliche, die geistige
und die göttliche.
Honoré de Balzac, Louis Lambert

Es gibt keinen Widerspruch
in der Natur.
Luc de Clapiers Marquis de Vauvenargues, Reflexionen und Maximen

Es ist also klar,
dass die Natur Ursache ist,
und zwar im Sinne der Zweckmäßigkeit.
Aristoteles, Physik

Es ist eine Frage der Zeit,
wann das Ideal den Namen wechseln
und sich Natur nennen wird.
Tania Blixen, Motto meines Lebens

Es ist erstaunlich,
dass noch nie ein kanonischer Autor
sich der Natur bedient hat,
um Gott zu beweisen.
Blaise Pascal, Pensées

Es ist ganz nah von der Naturliebe
zur Erkenntnis Gottes;
deswegen sind die Dörfer frömmer
als die Städte.
Théodore Jouffroy, Das grüne Heft

Es ist in der Tat nicht zu verwundern,
wenn Leute, welche von
den merkwürdigsten Erscheinungen
und von den reizendsten Ansichten
der Natur allenthalben umgeben sind,
mehr Begriffe von dem, was schön
und erhaben ist, und überhaupt
einen reicheren Vorrat von Ideen und
mehr Anlass zum Nachdenken erhalten
als die Einwohner unfruchtbarer
oder doch einförmiger Ebnen,
welche an keinem Gegenstande
ihre Augen weiden, durch keinen
ihre Einbildungskraft begeistern können.
Christian Garve, Über Gesellschaft und Einsamkeit

Es ist schon viel gewonnen,
wenn das Streben,
die Natur vollständig zu begreifen,
zur Sehnsucht sich veredelt.
Novalis, Die Lehrlinge zu Sais

Es ist süß, ganz aufzugehen
in das große Schweigen
und eins zu werden
ganz mit der Natur.
Hermann Allmers

Es ist unmöglich,
dass die Kunst mehr vermöge
als die Natur.
Niccolò Machiavelli, Dialog über die Sprache

Es kommt nur immer darauf an,
dass derjenige, von dem wir
lernen wollen, unserer Natur gemäß sei.
Johann Wolfgang von Goethe, überliefert von Johann Peter Eckermann (Gespräche mit Goethe)

Es liegt auch wirklich
etwas Schauderndes
in der gelassenen Unschuld,
womit die Naturgesetze wirken,
dass uns ist, als lange
ein unsichtbarer Arm aus der Wolke
und tue vor unsern Augen
das Unbegreifliche.
Denn heute kommt
mit derselben holden Miene Segen,
und morgen geschieht das Entsetzliche.
Und ist beides aus,
dann ist in der Natur
die Unbefangenheit wie früher.
Adalbert Stifter, Abdias

Es liegt ein Anstand,
ich möchte sagen
ein Ausdruck von Tugend,
in dem von Menschenhänden
unberührten Antlitze der Natur,
dem sich die Seele beugen muss,
als etwas Keuschem und Göttlichem –
und doch ist es zuletzt wieder
die Seele allein,
die all ihre innere Größe
hinaus in das Gleichnis der Natur legt.
Adalbert Stifter, Der Hochwald

Freude am Schauen und Begreifen
ist die schönste Gabe der Natur.
Albert Einstein, Mein Weltbild

Freude
heißt die starke Feder
In der ewigen Natur.
Freude, Freude treibt die Räder
In der großen Weltenuhr.
Friedrich Schiller, An die Freude

Freue dich an mir!,
sagten die Luft und das Sonnenlicht;
freue dich deiner frischen Jugend
draußen im Freien!
Hans Christian Andersen, Der Tannenbaum

Geht zurück den Weg,
den die Menschen gingen,
um den Dingen zurückzuhelfen
zu ihrer Natur,
und wagt nur eines nicht:
wider die Natur zu handeln.
Lao-tse, Dao-de-dsching

Gerad in einem Strich
eilt die Natur zu Gott.
Folg ihr. Dein Weg ist Gnad,
ihr Weg ist Not.
Daniel Czepko von Reigersfeld,
Monodisticha Sapientium

Gott und Natur sind zwei Größen,
die sich vollkommen gleich sind.
Friedrich Schiller, Philosophische Briefe

Handle – doch nie der Natur zuwider.
Lao-tse, Dao-de-dsching

Hast du noch nie empfunden:
Es muss anders werden!
Wenn du z. B. im Wald saßest
und die lieben Bäume und Gräser
um dich herum sahest, von denen
dich doch so ein Weltabgrund der
Nichterkenntnis schied!
Christian Morgenstern, Stufen

Hätte der Mensch die Macht,
die Natur zu vervollkommnen,
er würde die Schlange
mit Dornen ausstatten.
Jules Renard, Ideen, in Tinte getaucht.
Aus dem Tagebuch von Jules Renard

Heilige Natur!,
du bist dieselbe in und außer mir.
Es muss so schwer nicht sein,
was außer mir ist zu vereinen
mit dem Göttlichen in mir.
Friedrich Hölderlin, Hyperion

Heimatliche Natur!,
wie bist du treu mir geblieben!
Zärtlich pflegend, wie einst,
nimmst du den Flüchtling noch auf.
Friedrich Hölderlin, Der Wanderer

Hinweg, du Seele,
kehre zumindest einen Tag
und eine Nacht zurück
zu unser aller nackter Lebensquelle,
an die Brust der großen, schweigenden,
ungezähmten, allempfangenden Mutter!
Ach!, wie viele von uns
sind so verhärtet, wie viele
so weit hinweggewandert –
dass eine Umkehr fast unmöglich ist.
Walt Whitman, Tagebuch (1876)

Ich bin ein Wilder,
und ich verstehe nicht,
wie das rauchende Eisenpferd
wichtiger sein kann als der Büffel,
den wir nur töten,
um selbst leben zu können.
Seattle, Die Rede des Indianerhäuptlings Seattle.
Neuere Version

Ich entziehe mich keiner Regel,
welche aus der Beobachtung der Natur
und aus der Eigenschaft eines Dinges
genommen ist.
Johann Wolfgang von Goethe, Wilhelm Meisters
theatralische Sendung

Ich hielt mich so lange
auf dem Weg zur Natur,
bis sie mir den Weg zum Glück zeigte.
Es hat sich erwiesen,
dass er ein und derselbe war.
Jean-Jacques Rousseau, Emile

Ich kann mir
kein Blatt am Baum anschauen,
ohne vom Universum
fast erdrückt zu werden.
Jules Renard, Ideen, in Tinte getaucht.
Aus dem Tagebuch von Jules Renard

Ich möchte Mensch bleiben –
in die Natur hineingehen.
Vincent van Gogh, Briefe

Ihr entwürdigt, ihr zerreißt,
wo sie euch duldet,
die geduldige Natur,
doch lebt sie fort in unendlicher Jugend,
und ihren Herbst und ihren Frühling
könnt ihr nicht vertreiben,
ihren Äther, den verderbt ihr nicht.
Friedrich Hölderlin, Hyperion

Im Freien
werde ich freier denken können.
Heinrich von Kleist, Briefe (an Wilhelmine von Zenge,
28. März 1801)

In alten Zeiten muss die ganze Natur
lebendiger und sinnvoller gewesen sein
als heutzutage.
Novalis, Heinrich von Ofterdingen

In den Handlungen der Natur
gibt es keine Ironie.
Sully Prudhomme, Intimes Tagebuch

In der Natur fühlen wir uns wohl,
weil sie kein Urteil über uns hat.
Friedrich Nietzsche

In der Tat lässt sich
ein Gefühl für das Erhabene der Natur
nicht wohl denken,
ohne eine Stimmung des Gemüts,
die der zum Moralischen ähnlich ist,
damit zu verbinden.
Immanuel Kant, Kritik der Urteilskraft

In unserer Zeit mit ihrer naturwissenschaftlichen Weltanschauung sollte
ein einsamer Augenblick in der Natur,
wo die gesamte Evolutionsgeschichte
in lebenden Bildern dargestellt ist,
das einzige Surrogat
für einen Gottesdienst sein.
August Strindberg, Der Sohn der Magd

In was für einem Jahrhundert
es auch sein mag,
die natürlichen Verhältnisse
ändern sich nicht.
Jean-Jacques Rousseau, Emile

Indem wir die Natur betrachten,
wird sie unmittelbar
durch unsre Betrachtung
zum Kunstwerk.
Adam Heinrich Müller, Die Lehre vom Gegensatze

Ins Innre der Natur
Dringt kein erschaffner Geist.
Glückselig, wem sie nur
Die äußre Schale weist.
Albrecht von Haller, Gedichte

»Ins Innre der Natur«
O du Philister!
»Dringt kein erschaffner Geist.«
Johann Wolfgang von Goethe, Allerdings

Ist es zu verwundern,
dass ich die Einsamkeit liebe?
Ich sehe nichts als Feindseligkeit
auf den Gesichtern der Menschen,
die Natur hingegen
lächelt mir beständig.
Jean-Jacques Rousseau, Träumereien
eines einsamen Spaziergängers

Ja, vergiss nur, dass es Menschen gibt,
darbendes, angefochtenes,
tausendfach geärgertes Herz!
und kehre wieder dahin,
wo du ausgingst, in die Arme der Natur,
der wandellosen, stillen und schönen.
Friedrich Hölderlin, Hyperion

Je mehr sich der Mensch
von der Natur entfremdet,
je subjektiver,
das ist über- oder widernatürlicher,
seine Anschauung wird,
desto größere Scheu bekommt
er vor der Natur oder wenigstens
vor den natürlichen Dingen und Prozessen, die seiner Phantasie missfallen.
Ludwig Feuerbach, Das Wesen des Christentums

Je näher wir der Natur sind,
desto näher fühlen wir uns der Gottheit.
Johann Wolfgang von Goethe

Jedes Gewaltsame, jedes Sprunghafte,
ist mir in der Seele zuwider,
denn es ist nicht naturgemäß.
Johann Wolfgang von Goethe, überliefert von
Johann Peter Eckermann (Gespräche mit Goethe)

Jedes Kind fängt in gewissem Sinne
die Welt wieder von vorn an
und ist am liebsten im Freien,
selbst bei Nässe und Kälte.
Henry David Thoreau, Walden

Kehre wieder,
Holdes Blütenalter der Natur.
Friedrich Schiller, Die Götter Griechenlands

Kultur ist Natur.
Ja, aber schlechte Natur,
Natur auf Abwegen,
weil sie ihrem Ziel entgegenwirkt:
dem Glück.
August Strindberg, Der Sohn der Magd

Kulturgefühle sollte man nicht
in das Bild der Natur hineintragen.
Oswald Spengler, Urfragen. Fragmente
aus dem Nachlass

Kunst ist das Blühen der Natur
im Menschen.
Kunst ist die Sprache der Seele
durch den Menschen.
Eberhard Freiherr von Bodenhausen, in: Zeitschrift Pan
1899/1900, 5. Jg., 4. Heft

Kunst ist die rechte Hand der Natur.
Diese hat nur Geschöpfe,
jene hat Menschen gemacht.
Friedrich Schiller, Die Verschwörung des Fiesco
zu Genua (Fiesco)

Kunst
ist zunächst Gegensatz von Natur.
Richard Hamann, Theorie der bildenden Künste

Macht euch vertraut mit der Natur,
erkennt sie als eure Mutter.
Ludwig Feuerbach

Man erholt sich in seiner wilden Natur
am besten von seiner Unnatur,
von seiner Geistigkeit.
Friedrich Nietzsche, Götzen-Dämmerung

Man mag über Naturschönheiten
die Achseln zucken,
es ist doch herrlich für ein Volk,
ein schönes Land zu besitzen,
wenn es auch arm ist.
Fridtjof Nansen, In Nacht und Eis

Man muss nämlich
die Natur als Führerin wählen.
Lucius Annaeus Seneca, Vom glückseligen Leben

Man soll der Natur folgen;
je einfacher ich mich ihr anvertraue,
umso weiser handle ich.
Michel Eyquem de Montaigne, Die Essais

Man steht mit der Natur
gerade in so unbegreiflich
verschiedenen Verhältnissen
wie mit den Menschen.
Novalis, Die Lehrlinge zu Sais

Mir ist innerlich so grau
und steinern zumut
zwischen all den Häusern,
ich habe so brennendes Heimweh
nach draußen.
Franziska Gräfin zu Reventlow, Tagebücher

Mit dem Genius steht die Natur
im ewigen Bunde.
Friedrich Schiller, Kolumbus

Mit der Natur als Führerin
kann man auf keine Weise irren.
Marcus Tullius Cicero, Über die Gesetze

Mit der Natur berate dich:
Sie wird dir sagen,
sie habe den Tag geschaffen
und die Nacht.
Lucius Annaeus Seneca, Briefe an Lucilius

Nach der Bestimmung deiner Natur
zu leben, wird dich niemand hindern.
Gegen die Bestimmung
der allgemeinen Natur
wird dir nichts begegnen.
Mark Aurel, Selbstbetrachtungen

Natur! Du ewig keimende,
Schaffst jeden zum Genuss des Lebens.
Johann Wolfgang von Goethe, Der Wandrer

Natur, ein Buch lebendig, Unverstanden,
doch nicht unverständlich.
Johann Wolfgang von Goethe, Sendschreiben

Natur hat weder Kern noch Schale,
Alles ist sie mit einem Male.
Albrecht von Haller

Natur
hat zu nichts gesetzmäßige Fähigkeit,
was sie nicht gelegentlich ausführte
und zutage brächte.
Johann Wolfgang von Goethe,
Maximen und Reflexionen

Natur ist Sünde, Geist ist Teufel,
Sie hegen zwischen sich den Zweifel,
Ihr missgestaltet Zwitterkind.
Johann Wolfgang von Goethe, Faust II (Kanzler)

Natur ist Wahrheit;
Kunst ist die höchste Wahrheit.
Marie von Ebner-Eschenbach, Aphorismen

Natur und Idee
lässt sich nicht trennen,
ohne dass die Kunst sowie das Leben
zerstört werde.
Johann Wolfgang von Goethe,
Maximen und Reflexionen

Natur und Kunst,
sie scheinen sich zu fliehen
Und haben sich, eh man es denkt,
gefunden.
Johann Wolfgang von Goethe,
Was wir bringen (Nymphe)

Natur und Lebensart
sind mehr als zweierlei.
Georg Christoph Lichtenberg, Sudelbücher

Nicht der Mensch,
keine Klasse von Menschen
hat die Gesetze der Natur gestellt,
unter ihnen ist er da,
und er muss ihnen gemäß leben.
Johann Gottfried Herder, Das eigene Schicksal

Nicht durch Reichtum,
nicht durch Herrschaft,
nicht durch furchtbare Askese
können die Menschen
ihrer Natur entfliehen,
an die sie gebunden sind.
Mahabharata, Buch 12

Nicht Genuss empfindet meine Seele
von der Schönheit der Natur,
sondern eine Art süßen Schmerz.
Leo N. Tolstoi, Tagebücher (1857)

Nicht wider die Natur handeln
fördert der Dinge gedeihen.
Lao-tse, Dao-de-dsching

Nichts entspannt so
wie die Unentrinnbarkeit.
Deswegen beruhigt uns die Natur,
und erregt uns die Welt.
Théodore Jouffroy, Das grüne Heft

Nie hat ein Dichter die Natur
so frei ausgelegt
wie ein Jurist die Wirklichkeit.
Jean Giraudoux

Niemals sagt die Natur das Eine,
die Weisheit das Andere.
Juvenal, Satiren

Nur das Organische ist gut;
nur Liebe ist schön und herrlich.
Johann Wilhelm Ritter, Fragmente

Nur wer die Natur sieht,
weiß die Kunst zu fühlen und zu bilden;
nur der sieht die Kunst,
ihre größten und kleinsten Werke,
der die Natur in ihren unbedeutendsten
wie in ihren Welterscheinungen
zusammenhängend empfindet.
Adam Heinrich Müller, Die Lehre vom Gegensatze

O heilige Natur!
Wie oft musst du der Mode weichen
und Menschensatzungen Platz machen.
Caspar David Friedrich, Äußerung bei Betrachtung
einer Sammlung von Gemälden

O Liebe, kann man auf deine Kosten
die Natur rächen?
Jean-Jacques Rousseau, Julie oder Die neue Héloïse
(Saint-Preux)

O Natur, ewige, gute, herrliche Mutter,
für vieles hat das Kind, das dich
Mutter nennen darf, zu danken,
am meisten aber dafür, dass du
ihm nicht den Spiegel verweigerst,
in dem es sich selbst erkennt;
und dein Gesicht ist dieser Spiegel!
Friedrich Hebbel, Briefe (an Elise Lensing,
14. Dezember 1836)

O Retterin!, o Natur!,
du gute, alles heilende!
Friedrich Hölderlin, Hyperion

O selige Natur,
ich weiß nicht, wie mir geschiehet,
wenn ich mein Auge erhebe
vor deiner Schöne,
aber alle Lust des Himmels
ist in den Tränen, die ich weine vor dir,
der Geliebte vor der Geliebten.
Friedrich Hölderlin, Hyperion

O stört sie nicht, die Feier der Natur!
Friedrich Hebbel

Organische Natur: ins Kleinste lebendig;
Kunst: ins Kleinste empfunden.
Johann Wolfgang von Goethe,
Maximen und Reflexionen

Organisches Leben ist eine Zufallsform
des unendlichen Sichwandelns.
Oswald Spengler, Urfragen. Fragmente
aus dem Nachlass

Schweigt der Menschen laute Lust:
Rauscht die Erde wie in Träumen
Wunderbar mit allen Bäumen,
Was dem Herzen kaum bewusst.
Joseph von Eichendorff,
Aus dem Leben eines Taugenichts

Sehn Sie sich um
In seiner herrlichen Natur!
Auf Freiheit
Ist sie gegründet,
und wie reich ist sie
Durch Freiheit.
Friedrich Schiller, Dom Karlos (Karlos)

Seid vertraut mit der reinen Natur,
und ihr werdet bald vertraut
mit der Tugend. Durch ihren Umgang
gewinnt ihr Licht,
so viel euch frommt,
und Mut und Kraft,
so viel ihr braucht.
Johann Gottfried Seume, Apokryphen

Seine Natur vollkommen auszuwirken,
das ist die Aufgabe,
die einem jeden von uns
hier gestellt ist.
Oscar Wilde, Das Bildnis des Dorian Gray

Selig muss ich ihn preisen,
Der in der Stille der ländlichen Flur,
Fern von des Lebens
verworrenen Kreisen,
Kindlich liegt an der Brust der Natur.
Friedrich Schiller, Die Braut von Messina

So am Grünen, so am Bunten
Kräftigt sich ein reiner Sinn.
Johann Wolfgang von Goethe, Schwebender Genius

So blickt man klar, wie selten nur,
Ins innere Walten der Natur.
Wilhelm Busch

Solange die Menschen nicht
die törichte Vermessenheit aufgeben,
sie können dem Gange der Natur
Trotz bieten und als überirdische Wesen
die Gesetze derselben ändern,
solange verfolgt und ereilt sie
billig ihr Schicksal.
Johann Gottfried Herder, Das eigene Schicksal

Sobald das Studium der Natur
noch nicht allseitig ist,
so wird man von den einzelnen Teilen
einseitig beherrscht.
Jean Paul, Vorschule der Ästhetik

Staaten sind geschichtliche Gebilde,
die mit dem Willen der Natur
so gut wie gar nichts gemein haben.
Golo Mann, Deutsche Geschichte des 19. und
20. Jahrhunderts

Sterbliche, werdet ihr niemals aufhören,
die Natur zu verleumden?
Jean-Jacques Rousseau, Emile

Süße, heilige Natur,
Lass mich gehn auf deiner Spur.
Friedrich Leopold Graf zu Stolberg-Stolberg,
Gedichte (An die Natur)

Tu deiner Natur niemals Gewalt an;
es ist aber nicht im Mindesten
erforderlich, sie ganz zu zeigen.
Philipp Stanhope Earl of Chesterfield, Briefe über
die anstrengende Kunst, ein Gentleman zu werden

Überhaupt ist in der Natur
nichts geschieden, alles fließt
durch unmerkliche Übergänge
auf- und ineinander; und gewiss,
was Leben in der Schöpfung ist,
ist in allen Gestalten, Formen und
Kanälen nur ein Geist, eine Flamme.
Johann Gottfried Herder, Vom Erkennen und
Empfinden der menschlichen Seele

Umsonst
spricht die Weisheit aus Ihrem Munde;
der Natur Stimme spricht stärker.
Jean-Jacques Rousseau, Julie oder Die neue Héloïse
(Saint-Preux)

Unendlich ist das Rätsel der Natur.
Theodor Körner

Unhörbar ist die Sprache der Natur.
Lao-tse, Dao-de-dsching

Unzählige Tiere und Pflanzen
werden täglich zerstört
und sind ein Opfer der Vergänglichkeit;
aber nicht weniger bringet die Natur,
durch ein unerschöpftes Zeugungs-
vermögen, an andern Orten
wiederum hervor und
füllet das Leere aus.
Immanuel Kant, Allgemeine Naturgeschichte und
Theorie des Himmels

Verloren ins weite Blau,
blick ich oft hinauf an den Äther
und hinein ins heilige Meer,
und mir wird,
als schlösse sich die Pforte
des Unsichtbaren in mir auf
und ich verginge mit allem,
was um mich ist,
bis ein Rauschen im Gesträuche
mich aufweckt aus dem seligen Tode
und mich wider Willen
wieder zurückruft auf die Stelle,
wovon ich ausging.
Friedrich Hölderlin, Fragment von Hyperion

Vermessene Willkür
Hat der getreuen Natur
göttlichen Frieden gestört.
Friedrich Schiller, Der Genius

Vertreibt die Natur:
Sie kehrt im Galopp zurück.
Philipp Destouches, Der Ruhmredige

Viele Schwachheiten,
die wir begehen,
sind Schulden,
die wir der Natur bezahlen.
Georg Christoph Lichtenberg, Sudelbücher

Vielen wurde wenig,
wenigen viel zuteil:
Jedem offenbart sich
der Geist der Natur anders;
darum darf auch keiner dem andern
seine Lehren und Regeln
als untrügliches Gesetz aufbürden.
Caspar David Friedrich, Über Kunst und Kunstgeist

Von Natur aus denkt der Mensch
kaum. Denken ist eine Kunst, die er,
wie alle anderen, und sogar
noch schwerer, lernt.
Jean-Jacques Rousseau, Emile

Wärt ihr, Schwärmer, imstande,
die Ideale zu fassen,
Oh, so verehrtet ihr auch,
wie sich's gebührt, die Natur.
Johann Wolfgang von Goethe/Friedrich Schiller,
Xenien

Warum erfüllen uns
Gräser, eine Wiese, eine Tanne,
mit so reiner Lust?
Weil wir da Lebendiges vor uns sehen,
das nur von außen her
zerstört werden kann,
nicht durch sich selbst.
Der Baum wird
nie an gebrochenem Herzen sterben,
und das Gras
nie seinen Verstand verlieren.
Christian Morgenstern, Stufen

Warum –
wenn wir im Herzen der Natur leben,
das Herz der Natur sind –
dieses Mehr in uns?
Christian Morgenstern, Stufen

Was in der Natur liegt,
gilt nicht als Verdienst.
Erasmus von Rotterdam, Handbüchlein eines
christlichen Streiters

Was ist alle gemachte Poesie
in einer großen Stadt
gegen die Schönheit
eines Kornfeldes.
Peter Rosegger, Erdsegen

Was ist alle Politik
gegen den Silberblick der Natur!
Bettina von Arnim, Die Günderode

Was ist das Göttliche in der Natur?
Nicht das Leben und die Kraft allein,
sondern das Eine und Unbegreifliche,
der Geist, das Bedeutende,
die Eigentümlichkeit.
Friedrich Schlegel, Nachricht von den Gemälden

Was ist die Schönheit der Natur
ohne das fühlende Herz,
das sie zu empfinden vermag?
Sophie Mereau, Betrachtungen

Was ist diese Liebe zur Natur,
die in unserer Zeit
als so kulturfeindlich gilt?
Ein Rückfall in die Barbarei,
sagen einige; eine gesunde Abkehr
von der Überkultur, sagen andere.
August Strindberg, Der Sohn der Magd

Was sich regt auf diesem großen Balle,
Diese Bäume, dieser Schmuck der Flur,
Einer Mutter Kinder sind wir alle,
Kinder einer ewigen Natur.
Sophie Mereau, Gedichte

Weder die Gaben
noch die Schläge des Schicksals
kommen denen der Natur gleich,
sie übertrifft sie an Härte wie an Güte.
Luc de Clapiers Marquis de Vauvenargues,
Reflexionen und Maximen

Wem Gott will rechte Gunst erweisen,
Den schickt er in die weite Welt,
Dem will er seine Wunder weisen
In Berg und Wald und Strom und Feld.
Joseph von Eichendorff,
Aus dem Leben eines Taugenichts

Wen die Schönheit der Natur
unmittelbar interessiert,
bei dem hat man Ursache,
wenigstens eine Anlage
guter moralischer Gesinnung
zu vermuten.
Immanuel Kant, Kritik der Urteilskraft

Wenn die Sorgfalt, mit der wir
der Natur entgegenarbeiten,
dem Körper schadet,
so schadet sie dem Geist noch mehr.
Jean-Jacques Rousseau, Brief an d'Alembert

Wenn du ausgekostet hast,
was auszukosten war
in Geschäft, Politik, Geselligkeit,
Liebe und so fort –
und fandest, dass keines von diesen
restlos befriedigt
oder auf die Dauer taugt,
was bleibt dann?
Die Natur bleibt und ihre Kraft,
aus dumpfer Verborgenheit
hervorzulocken, was in Mann oder Weib
an Verwandtem steckt
mit freier Luft, mit Baum und Feld,
mit dem Wechsel der Jahreszeiten –
dem Sonnenschein bei Tage –
dem Sternenhimmel bei Nacht.
Walt Whitman, Tagebuch (1876)

Wenn es uns nicht gelingt,
durch Abtötung und strenge Wahl
das wahre Gute zu erlangen,
und wenn wir darauf zurückkommen
müssen, der Natur zu folgen,
dann wird die Natur
durch diese Rückkehr stolz.
Blaise Pascal, Pensées

Wenn wir eine Wirkung
immer wiederkehren sehen,
so erschließen wir daraus
eine natürliche Notwendigkeit, z. B.
dass es morgen wieder Tag sein usw.
Aber oft verleugnet uns die Natur und
hält sich nicht an ihre eigenen Regeln.
Blaise Pascal, Pensées

Wer einen Gedanken findet,
der uns auch nur ein wenig tiefer
in das ewige Geheimnis der Natur
blicken läßt, dem ist eine große Gnade
zuteil geworden.
Albert Einstein, in: C. Seelig, Albert Einstein

Wer in der unendlichen Natur
nichts als ein Ganzes nur,
ein vollendetes Gedicht, findet,
wo in jedem Wort, in jeder Silbe,
die Harmonie des Ganzen wiedertönt,
und nichts sie stört,
der hat den Preis errungen,
der unter allen der höchste
und das ausschließliche Geschenk
der Liebe ist.
Johann Wilhelm Ritter, Fragmente

Wer kann wider die Natur der Dinge?
Johann Gottfried Herder, Journal meiner Reise im Jahr 1769

Wer mit dem Himmel und der Erde
nicht in gleicher Lieb
und Gegenliebe lebt,
wer nicht in diesem Sinne einig lebt
mit den Elementen,
worin er sich regt,
ist von Natur auch in sich selbst
so einig nicht.
Friedrich Hölderlin, Hyperion

Wer seinem Gott vertraut,
wird auch den Bestand der Welt ehren,
den Lauf von Sonne und Mond,
Wind und Luft, Erde und Wasser,
alles, was Gott um der Ehre
des Menschen willen geschaffen hat
und zu seinem Schutz.
Einen anderen Halt hat der Mensch
nicht; gibt er diese Welt auf,
dann wird er von den Dämonen
vernichtet und aus dem
Schutze der Engel entlassen.
Hildegard von Bingen, Welt und Mensch

Wie alle klugen Ärzte
und auch die meisten Turnlehrer
zugestehen, dass,
wer ein tüchtiger Arzt
oder Turnlehrer werden will,
etwas von der Natur verstehen muss,
so müssen auch die guten Gesetzgeber
sich auf die Natur verstehen,
ja sogar noch viel mehr als jene.
Aristoteles, Protreptikos

Wie der Geist in den Blumen ist,
so ist er auch in den Bäumen.
Philipp Otto Runge, An Ludwig Tieck

Wie herrlich leuchtet
Mir die Natur!
Wie glänzt die Sonne!
Wie lacht die Flur!
Johann Wolfgang von Goethe, Mailied

Wie können wir uns getrauen,
in den Plan einzugreifen,
den die Natur
für die Ewigkeit entworfen hat,
da wir nur ein so
unendlich kleines Stück von ihm,
unser Erdenleben, überblicken?
Heinrich von Kleist, Briefe (an Wilhelmine von Zenge, 13.–18. September 1800)

Wie unklar doch die Menschen
oft über sich selber sind.
Einer liebt den Duft der Blumen
und hält sich für einen Botaniker,
ein anderer zählt Staubfäden
und hält sich für einen Naturschwärmer.
Arthur Schnitzler, Buch der Sprüche und Bedenken

Wir gebrauchen
die gute Zeit in freier Luft,
die böse im Zimmer,
überall findet sich etwas
zum Freuen, Lernen und Tun.
Johann Wolfgang von Goethe, Italienische Reise

Wir glauben, dass wir ewig sind,
denn unsere Seele fühlt
die Schönheit der Natur.
Friedrich Hölderlin, Hyperion

Wir können die Natur
nur dadurch beherrschen,
dass wir uns ihren Gesetzen
unterwerfen.
Francis Bacon

Wir meinen die Natur zu beherrschen,
aber wahrscheinlich hat sie sich nur
an uns gewöhnt.
Karl Heinrich Waggerl

Wir Menschen
sind diejenigen Punkte der Natur,
worin sie sich zusammenfasst.
Friedrich Hebbel, Tagebücher

Wir müssen eben der Natur
etwas nachgeben:
Sie versteht ihr Geschäft
besser als wir.
Michel Eyquem de Montaigne, Die Essais

Wir müssen von der Natur abweichen,
um mit Bewusstsein und Überzeugung
wieder zu ihr zurückzukehren.
Durch die ganze Reihe
von Formen und Empfindungen
hindurch getrieben, muss der Mensch
wie das Menschengeschlecht
wieder die schöne Einfachheit umfassen,
von der seine Kindheit
so lieblich träumte.
Sophie Mereau, Betrachtungen

Wir sehen an den Werken der Natur,
die wir beurteilen können,
so ausgebreitete und tiefe Weisheit,
die wir uns nicht anders
als durch eine unaussprechlich
große Kunst eines Weltschöpfers
erklären können.
Immanuel Kant, Die Metaphysik der Sitten

Wir sind so gerne in der freien Natur,
weil diese keine Meinung über uns hat.
Friedrich Nietzsche, Menschliches, Allzumenschliches

Wir sollten mit mehr Ehrfurcht
vor der unendlichen Macht der Natur
vorgehen, wenn es gilt,
ihre Grenzen zu bestimmen,
und mit mehr Verständnis
für die Beschränkung
und die Schwäche unseres Urteils.
Michel Eyquem de Montaigne, Die Essais

Zivilisation ist einfach
eine Reihe von Siegen über die Natur.
William Harvey

Naturell

Die Änderung, die unser Naturell
im Laufe des Lebens erfährt,
sieht manchmal aus
wie eine Änderung unseres Charakters.
Marie von Ebner-Eschenbach, Aphorismen

Man nennt Sichvergessen,
wenn jemand zu seinem Naturell
zurückkehrt.
Sully Prudhomme, Gedanken

Naturgemäß

Alles, was naturgemäß entsteht,
hat einen Zweck.
Aristoteles, Protreptikos

Für den Vernünftigen ist dieselbe Tat
naturgemäß und vernunftgemäß.
Mark Aurel, Selbstbetrachtungen

Was naturgemäß entsteht
oder entstanden ist, das alles entsteht
oder ist entstanden in schöner Weise,
wenn anders das Naturwidrige schlecht
und dem Naturgemäßen
entgegengesetzt ist.
Aristoteles, Protreptikos

Naturgesetz

Die Naturgesetze lehren uns,
was wir eigentlich brauchen.
Michel Eyquem de Montaigne, Die Essais

Ein scheinbarer Widerspruch
gegen ein Naturgesetz ist nur
die selten vorkommende Betätigung
eines andern Naturgesetzes.
Marie von Ebner-Eschenbach, Aphorismen

Keine Gesetze sind unabänderlich
als die Gesetze der ewigen Natur;
und dieser sind wenige,
und sie sind deutlich.
Johann Gottfried Seume, Apokryphen

Natürlichkeit

Alle die stolzen Lehren,
die über das Natürliche hinausgehen,
sind vergeblich und überflüssig;
es ist schon viel, wenn sie uns
nicht mehr belasten und verwirren,
als dass sie uns helfen.
Michel Eyquem de Montaigne, Die Essais

Aller Zustand ist gut,
der natürlich ist und vernünftig.
Johann Wolfgang von Goethe, Hermann und Dorothea
(5. Gesang)

Das Natürliche
und der Sieg des Natürlichen
erfüllt mich immer mit Behagen.
Das bloß Verstandesmäßige,
das Berechnete, das Konventionelle
widerstreitet meiner Natur.
Theodor Fontane, Briefe

Das Sittliche
setzt das Natürliche voraus.
Thomas von Aquin, De correctione fraterna

Denn in Wirklichkeit
ist doch alles Natürliche Gottes Werk
und besteht und wirkt
allein durch die göttliche Macht.
Baruch de Spinoza, Tractatus theologico-politicus

Der Mensch soll nicht tugendhaft,
nur natürlich sein,
so wird die Tugend von selbst kommen.
Gottfried Keller, Briefe

Die am wenigsten gespannte
und natürlichste seelische Haltung
ist die schönste;
das beste Tun ist das,
welches am wenigsten
krampfhafte Anstrengung verlangt.
Michel Eyquem de Montaigne, Die Essais

Die meisten jungen Menschen
glauben, natürlich zu sein,
wenn sie bloß grob und unhöflich sind.
François de La Rochefoucauld, Reflexionen

Die Natürlichkeit ist nicht nur das Beste,
sondern auch das Vornehmste.
Theodor Fontane, Frau Jenny Treibel

Ein ewig Gesetzliches vollzieht sich,
weiter nichts, und dieser Vollzug,
auch wenn er Tod heißt,
darf uns nicht erschrecken.
Theodor Fontane, Der Stechlin

Es gibt wenige Geister,
die den Wert der Natürlichkeit kennen
und die Natur ungeschminkt lassen.
Die Kinder frisieren ihre Kätzchen,
ziehen den kleinen Hunden
Handschuhe an,
und als Männer studieren sie sich
eine besondere Haltung ein
und werden gekünstelt
in Stil und Sprache.
Luc de Clapiers Marquis de Vauvenargues,
Nachgelassene Maximen

Es läutert sich alles Natürliche,
und überall windet die Blüte
des Lebens freier und freier
vom gröbern Stoffe sich los.
Friedrich Hölderlin, Hyperion

Ich kenne Menschen,
die die Natürlichkeit abstößt,
so wie manche zarten Seelen
durch den Anblick einer nackten Frau
verletzt wären;
sie wollen den Geist
in Kleider stecken wie den Körper.
Luc de Clapiers Marquis de Vauvenargues,
Nachgelassene Maximen

Je mehr man sich von der Gleichheit
entfernt, desto mehr verändern sich
die natürlichen Empfindungen.
Jean-Jacques Rousseau, Emile

Lichtvolle Natürlichkeit deckt den
inneren Sinn der Dinge auch denen
auf, die ihn selber nie finden können.
Luc de Clapiers Marquis de Vauvenargues,
Nachgelassene Maximen

Natürlichkeit ist leichter verständlich
als die Begriffsschärfe: Sie ist die
Sprache des Gefühls und besser als
die der Phantasie und der Vernunft,
weil sie schön und volkstümlich ist.
Luc de Clapiers Marquis de Vauvenargues, Nachgelassene Maximen

Natürlichkeit! Kunst muss sie ins
Werk setzen und diese Seide spinnen
und glätten.
Joseph Joubert, Gedanken, Versuche und Maximen

Natürlichkeit, Schwester der Freiheit
(und Einfalt).
Christian Morgenstern, Stufen

Natürlichkeit und reine Wahrheit stellen sich immer noch, wie der Zeitgeist
auch ist, als vorteilhaft
und anwendbar heraus.
Michel Eyquem de Montaigne, Die Essais

Natürlichsein ist eine Pose,
die sich sehr schwer durchhalten lässt.
Oscar Wilde

Nichts hindert so sehr, natürlich zu
sein, wie der Wunsch, es zu scheinen.
François de La Rochefoucauld, Reflexionen

Nichts hindert uns mehr,
natürlich zu sein, als das Bestreben,
so zu erscheinen.
Samuel Smiles, Charakter

Welch großer Kunst bedarf es,
natürlich zu wirken!
Jean de La Bruyère, Die Charaktere

Wenn ich dumm bin, dann ist das ein
natürlicher Mangel, den niemand das
Recht hat mir vorzuwerfen.
August Strindberg, Der Sohn der Magd

Weshalb können wir denn nicht natürlich sein? Oh, ich weiß sehr
wohl, uns fehlt nur der Mut.
Jens Peter Jacobsen, Niels Lyhne

Wie viele Jahrhunderte sind
verflossen, ehe die Menschen
den Wissenschaften und in den
Künsten zum Geschmack der Alten
zurückkehrten und endlich das Einfache und Natürliche wieder zur
Richtschnur nahmen.
Jean de La Bruyère, Die Charaktere

Wir beginnen allmählich einzusehen,
dass nichts Natürliches uns, den
Naturgeborenen, fremd sein kann.
Leslie Stephen, The Playground of Europe

Wir empfinden tief das Unausreichende
des bloß Angelernten.
Eine Sehnsucht nach dem Einfachen,
Natürlicheren regt sich beständig
in uns, und diese Sehnsucht
ist vielleicht das Beste.
Theodor Fontane, Graf Petöfy

Naturrecht

Soll ich die Rechte studieren? Ach,
Wilhelmine, ich hörte letzthin in dem
Naturrechte die Frage aufwerfen, ob
die Verträge der Liebenden gelten
könnten, weil sie in der Leidenschaft
geschehen – und was soll ich von
einer Wissenschaft halten, die sich den
Kopf darüber zerbricht, ob es ein
Eigentum in der Welt gibt?
Heinrich von Kleist, Briefe (an Wilhelmine von Zenge,
Anfang 1800)

Naturwissenschaft

Aufgabe der Naturwissenschaft
ist es nicht nur,
die Erfahrung zu erweitern,
sondern in diese Erfahrung
eine Ordnung zu bringen.
Niels Bohr

Die Antworten
auf die letzten Fragen
der naturwissenschaftlichen Forschung
werden wahrscheinlich
sehr einfach sein;
denn die Natur ist immer einfach
in der Anlage.
Werner Heisenberg

Die Naturwissenschaften
braucht der Mensch zum Erkennen,
den Glauben zum Handeln.
Max Planck

Eine ganz eigne Liebe
und Kindlichkeit gehört,
nebst dem deutlichsten Verstande
und dem ruhigsten Sinn,
zum Studium der Natur.
Novalis, Fragmente

Ich glaube, dass Newton an dem Busen
eines Mädchens nichts anderes sah
als eine krumme Linie,
und dass ihm an ihrem Herzen
nichts merkwürdig war
als sein Kubikinhalt.
Heinrich von Kleist, Briefe (an Adolphine von Werdeck,
28./29. Juli 1801)

Naturforscher und Dichter haben
durch eine Sprache sich immer wie ein
Volk gezeigt.
Novalis, Die Lehrlinge zu Sais

Naturwissenschaft ohne Religion
ist lahm,
Religion ohne Naturwissenschaft
ist blind.
Albert Einstein

Wenn der Naturforscher
in Betrachtung der Dinge
versunken steht, ist's nicht die
höchste Andacht in seinem Treiben,
wenn er ihren Zusammenhang
mit Gott in reinem Sinne
immer vor Augen hält?
Joseph von Görres, Fall der Religion
und ihre Wiedergeburt

Naturzerstörung

Ihr jauchzet, entzückt von dem teuflischen Schein, / Verprasset, was blieb
von den früheren Sein / Und fühlt erst
die Not vor dem Ende.
Stefan George, Schein, Not, Untergang

Wenn die Gesellschaft so fortfährt,
wird in zweitausend Jahren nichts
mehr da sein, kein Grashalm, kein
Baum; sie wird die Natur aufgefressen haben.
Gustave Flaubert, Erinnerungen, Aufzeichnungen und
geheime Gedanken

Wir zerstören Millionen Blüten, um
Schlösser und elektrisch beleuchtete
Theater zu errichten, dabei ist eine
einzige Distelblüte wertvoller als tausend Schlösser.
Leo N. Tolstoi, Tagebücher (1900)

Nebel

Auf gut Wetter vertrau,
beginnt der Tag nebelgrau.
Bauernregel

Denn mir bleiben weit mehr die
Nebel des traurigen Nordens
Als ein geschäftiges Volk südlicher
Flöhe verhasst.
Johann Wolfgang von Goethe, Römische Elegien

Dieser unendlich zähe Eismeernebel!
Wenn er seine Decke senkt und das
Blaue über dir und das Blaue um dich
verhüllt, wenn alles tagaus, tagein
zu grauem, nassem Nebel wird:
Da bedarf es der ganzen Spannkraft
der Seele, um nicht von der nasskalten
Umarmung erdrückt zu werden.
Fridtjof Nansen, In Nacht und Eis

Einmal Nebel wirkt so viel
wie dreimal Regen.
Chinesisches Sprichwort

Nebel im Januar macht
ein nasses Frühjahr.
Bauernregel

Nebelt's an Sankt Kleophas,
wird der ganze Winter nass.
Bauernregel

Nur die Tiefe nebelt, nicht der Berg.
Jean Paul, Politische Fastenpredigten

Steigt der Nebel empor,
steht Regen bevor.
Bauernregel

Wahrheit ist eine Fackel, die durch den
Nebel leuchtet, ohne ihn zu vertreiben.
Claude Adrien Helvétius, Über den Geist

Nebenbuhler

Einem Nebenbuhler gegenüber gibt es keinen Mittelweg; entweder muss man ganz zwanglos mit ihm scherzen, oder man muss ihm Angst einjagen.
Stendhal, Über die Liebe

Einen Nebenbuhler
kann ich nicht dulden,
und sei es Jupiter selbst.
Properz, Elegien

Ich habe erlebt, wie ein Mann merkt, dass sein Nebenbuhler geliebt wird, indes dieser es vor lauter Leidenschaft gar nicht gewahr wird.
Stendhal, Über die Liebe (Fragmente)

Nebensächlichkeit

Es ist erstaunlich, wie viele nebensächliche Gedanken in einem auftauchen können, gerade wenn man durch irgendeine furchtbare Nachricht ganz erschüttert ist, die, wie man eigentlich meinen sollte, alle anderen Gefühle ersticken und alle nebensächlichen Gedanken verscheuchen müsste, besonders die kleinlichen – aber gerade diese sind dann die zudringlichsten.
Fjodor M. Dostojewski, Der Jüngling

Mehr und mehr werden
Nebensächlichkeiten in Kunst,
Politik und Literatur
besprochen und erörtert.
Was einer über Trambahnen,
über Botticelli denkt, interessiert – nicht aber, was er überhaupt denkt.
Gilbert Keith Chesterton, Heretiker

Necken

Die kühne Neckerei ist ergötzlich: Sie ertragen zu können, beweist, dass man Kopf hat.
Baltasar Gracián y Morales, Handorakel und Kunst der Weltklugheit

Lange neckt ihr uns schon, doch immer heimlich und tückisch;
Krieg verlangtet ihr ja,
führt ihn nun offen, den Krieg!
Johann Wolfgang von Goethe/Friedrich Schiller, Xenien

Was sich liebt, das neckt sich.
Deutsches Sprichwort

Nehmen

Darf Liebe nehmen?
Paula Modersohn-Becker, Briefe (an Clara Westhoff, undatiert, ca. 1901)

Im Nehmen sei nur unverdrossen,
Nach allem andern frag hernach!
Johann Wolfgang von Goethe, Faust II (Habebald)

Wer nimmt, muss geben.
Juan Ruiz de Alarcón y Mendoza,
Buch von rechter Liebe

Wo man nehmen will,
muss man geben.
Lao-tse, Dao-de-dsching

Zwar Nehmen ist recht gut,
doch besser ist's: Behalten!
Johann Wolfgang von Goethe, Faust II (Haltefest)

Neid

Alles auf der Welt ist zu kaufen
außer Liebe. Und außer Neid.
Ephraim Kishon, Kishon für alle Fälle

Andere neidlos Erfolge erringen sehen, nach denen man selbst strebt, ist Größe.
Marie von Ebner-Eschenbach, Aphorismen

Auf das, was die Oberen lieben, sind die Unteren versessen.
Chinesisches Sprichwort

Besser Neider als Mitleider.
Deutsches Sprichwort

Bewunderung ist glückliche Selbstverlorenheit, Neid unglückliche Selbstbehauptung.
Søren Kierkegaard, Die Krankheit zum Tode

Das Altertum setzen wir gern über uns, aber die Nachwelt nicht.
Nur ein Vater neidet seinem Sohn nicht das Talent.
Johann Wolfgang von Goethe,
Maximen und Reflexionen

Das beste Kennzeichen angeborener Vorzüge ist angeborene Neidlosigkeit.
François de La Rochefoucauld, Reflexionen

Der gewöhnliche Neid pflegt zu gackern, sobald das beneidete Huhn ein Ei gelegt hat, er erleichtert sich dabei und wird milder.
Friedrich Nietzsche, Menschliches, Allzumenschliches

Der Hass ist ein fruchtbares,
der Neid ein steriles Laster.
Marie von Ebner-Eschenbach, Aphorismen

Der Neid betritt kein leeres Haus.
Sprichwort aus Dänemark

Der Neid ist die Betrübnis über das Wohlergehen des Nächsten, daher verlassen weder Kummer noch Missmut den Neidischen.
Basilius der Große, Reden

Der Neid ist eine sehr positive Eigenschaft. Er treibt viele Menschen zu Leistungen, die sie sonst nie vollbringen würden.
Tennessee Williams

Der Neid unserer Mitmenschen treibt uns mitunter zu Leistungen hinauf, die wir mit ihrem Wohlwollen niemals erreicht hätten.
Heinrich Waggerl, Aphorismen

Der Neider kränkt sich selber
wie einen persönlichen Feind.
Demokrit, Fragment 88

Der Neider magert ab,
wenn sein Nächster im Fett sitzt.
Horaz, Briefe

Der Neider steht als Folie des Glücks,
Der Hasser lehrt uns
immer wehrhaft bleiben.
Johann Wolfgang von Goethe, Die natürliche Tochter (Eugenie)

Die Ehrgeizigen haben
mehr Neigung zum Neid als die, welche vom Ehrgeiz frei sind.
Aristoteles, Psychologie

Die Ehrgeizigen sind leichter neidisch. Ähnlich sind auch die Kleinmütigen neidisch, da sie alles für wichtig halten; und was immer einem anderen an Gutem widerfährt, sie glauben sich gewaltig übervorteilt.
Thomas von Aquin, Summa theologica

Die empirisch-sittliche Welt
besteht größtenteils nur aus
bösem Willen und Neid.
Johann Wolfgang von Goethe,
Maximen und Reflexionen

Die Gesetze würden nicht den Einzelnen hindern, nach seinem eigenen Belieben zu leben, wenn nicht der eine dem anderen zu schaden suchte. Erzeugt doch der Neid den Ursprung des Bürgerzwistes.
Demokrit, Fragment 245

Die größte Genossenschaft auf Erden ist die Neidgenossenschaft.
Helmut Qualtinger

Die Menschen könnten sich eine Menge Neid sparen, wenn sie wüssten, wie's dem anderen wirklich geht.
Robert Lembke, Das Beste aus meinem Glashaus. Humoristisches und Satirisches

Die neiden, leiden Mangel.
Titus Maccius Plautus, Truculentus

Die Neider sterben,
nimmer stirbt der Neid.
Molière, Tartuffe (Pernelle)

Die Neider werden sterben,
aber niemals der Neid.
Sprichwort aus Frankreich

Die neidischen Menschen sind doppelt
schlimm dran, sie ärgern sich nicht
nur über das eigene Unglück, sondern
auch über das Glück der anderen.
Hippias, Fragmente

Die Regungen des Neides liegen
in der Natur des Menschen,
und nur der Ausbruch derselben
macht sie zu dem scheußlichen Laster
einer grämischen, sich selbst folternden
und auf Zerstörung des Glücks
anderer, wenigstens dem Wunsche nach,
gerichteten Leidenschaft,
ist mithin der Pflicht des Menschen
gegen sich selbst sowohl
als gegen andere entgegengesetzt.
Immanuel Kant, Die Metaphysik der Sitten

Die Tochter des Neides
ist die Verleumdung.
Giacomo Girolamo Casanova, Memoiren

Ein Bettler
neidet den andern.
Deutsches Sprichwort

Es gibt immer noch mehr uneigennützige als neidlose Menschen.
François de La Rochefoucauld, Reflexionen

Gerechtigkeit entspringt dem Neide,
denn ihr oberster Satz ist:
Allen das Gleiche.
Walter Rathenau, Auf dem Fechtboden des Geistes.
Aphorismen aus seinen Notizbüchern

Glück bringt Neider.
Deutsches Sprichwort

Gratulation:
die Höflichkeit des Neides.
Ambrose Bierce

Ich beneide alle Leute darum,
nicht ich zu sein.
Fernando Pessoa, Das Buch der Unruhe
des Hilfsbuchhalters Bernardo Soares

Ich entdecke in mir nichts als
Kleinlichkeit, Entschlussunfähigkeit,
Neid und Hass
gegen die Kämpfenden,
denen ich mit Leidenschaft
alles Böse wünsche.
Franz Kafka, Tagebücher (1914)

In der vergoldeten Scheide
des Mitleids steckt mitunter
der Dolch des Neides.
Friedrich Nietzsche, Menschliches, Allzumenschliches

Keine Leidenschaft ist für die Seele
des Menschen verderblicher als der
Neid, der zwar andere sehr wenig betrübt, aber für den, der damit behaftet
ist, das größte, eigentlich das Grundübel ist. Denn wie der Rost das Eisen,
so verzehrt der Neid die Seele,
die mit ihm behaftet ist.
Basilius der Große, Reden

Leid ist ohne Neid.
Deutsches Sprichwort

Man beneidet diejenigen,
die einem gleich stehen
oder gleich zu stehen scheinen.
Aristoteles, Psychologie

Man soll sich nicht anstrengen,
Neidische zufrieden zu stellen.
Luc de Clapiers Marquis de Vauvenargues,
Unterdrückte Maximen

Man sollte lieber Neid
als Mitleid erregen.
Jacques Prevert

Neid, der spricht und lärmt,
ist immer ungeschickt; fürchten
muss man den verschwiegenen Neid.
Antoine Comte de Rivarol, Maximen und Reflexionen

Neid erlischt in wahrer Freundschaft, Koketterie in wahrer Liebe.
François de La Rochefoucauld, Reflexionen

Neid ist dem Menschen natürlich:
Dennoch ist er ein Laster und ein
Unglück zugleich.
Arthur Schopenhauer, Aphorismen zur Lebensweisheit

Neid ist des Narren Leid.
Deutsches Sprichwort

Neid ist des Teufels Kleid.
Deutsches Sprichwort

Neid ist die Mutter der Demokratie.
Miguel de Unamuno

Neid ist unversöhnlicher als Hass.
François de La Rochefoucauld, Reflexionen

Neid und Hass sind stets beisammen
und steigern sich gegenseitig;
sie sind nur dadurch zu unterscheiden,
dass dieser sich auf die Person,
jener auf Stand und Stellung richtet.
Jean de La Bruyère, Die Charaktere

Niemanden soll man beneiden. Denn
die Guten verdienen den Neid nicht,
die Schlechten ruinieren sich selbst
umso mehr, je mehr Glück sie haben.
Epikur, Sprüche. In: Briefe, Sprüche, Werkfragmente.

Nur Stolz schützt vor Neid.
Hans Habe

O glaube mir, ein selbstisches Gemüt
Kann nicht der Qual des engen Neids
entfliehen.
Johann Wolfgang von Goethe, Torquato Tasso (Tasso)

Oft prahlt man mit verbrecherischen
Leidenschaften. Der Neid aber ist
scheu und verschämt.
Ihn zu zeigen, wagt niemand.
François de La Rochefoucauld, Reflexionen

Unser Neid überlebt stets
das Glück der Beneideten.
François de La Rochefoucauld, Reflexionen

Wenn du aber die menschlichen Dinge
mit Vernunft betrachtest und auf das
wirklich Gute, Lobenswerte und Bleibende siehst, dann wirst du weit
davon entfernt sein, auch nur etwas
von den begehrenswerten und
irdischen Dingen für glückselig
und beneidenswert zu halten.
Basilius der Große, Reden

Wenn ein Mann Erfolg hat, sind
es die Neider, die ihm am eifrigsten
gratulieren.
Sully Prudhomme, Intimes Tagebuch

Wenn Neid erzeugt
gehässige Irrungen,
Da kommt der Umsturz,
da beginnt Verwirrung.
William Shakespeare, Heinrich VI. (Exeter)

Wer neidet, der leidet.
Deutsches Sprichwort

Wer nie beneidet wird,
ist zu bemitleiden.
Sprichwort aus Island

Wer unbeneidet wandelt,
ist nicht beneidenswert.
Aischylos, Agamemnon

Wer von niemandem beneidet wird,
der ist nichts wert.
Epicharmos, Fragmente

Neigung

Aber Schöneres ist nicht auf der
Welt als Neigung durch Vernunft
und Gewissen geleitet.
Johann Wolfgang von Goethe, Unterhaltungen deutscher Ausgewanderten

Auf Erden ist alles in einem beständigen Fluss. Es kann nichts eine
bestimmte und festgesetzte Gestalt behalten, also müssen auch unsere
Neigungen, die an äußeren Dingen
haften, mit diesen vorübergehen
und wechseln.
Jean-Jacques Rousseau,
Träumereien eines einsamen Spaziergängers

Dadurch gibt Neigung
sich ja kund, dass sie bewilligt
Aus freier Gunst,
was sie auch nicht gebilligt.
Friedrich Schiller, Maria Stuart (Elisabeth)

Denn es ist den Frauen angeboren,
die Neigungen der Männer genau zu
kennen.
Johann Wolfgang von Goethe,
Der Sammler und die Seinigen

Die Jugend wechselt ihre Neigungen
aus Lebenslust, das Alter bewahrt sie
aus Gewohnheit.
François de La Rochefoucauld, Reflexionen

Die Menschen
verbergen aus Schwäche
und aus Furcht vor Verachtung
ihre liebsten, beständigsten
und mitunter tugendhaftesten
Neigungen.
Luc de Clapiers Marquis de Vauvenargues,
Reflexionen und Maximen

Die naturhafte Neigung
ist der Anfang der Tugend.
Thomas von Aquin, Summa theologica

Die Tugenden vollenden uns dazu,
auf gebührende Weise unseren naturhaften Neigungen zu folgen.
Thomas von Aquin, Summa theologica

Die Vernunft
errötet über die Neigungen,
über die sie nicht Rechenschaft
ablegen kann.
Luc de Clapiers Marquis de Vauvenargues, Reflexionen
und Maximen

Einen hohen Geist erkennt man an
der Erhabenheit seiner Neigung: Ein
großer Gegenstand muss es sein,
der eine große Fähigkeit befriedigt.
Baltasar Gracián y Morales, Handorakel und Kunst
der Weltklugheit

Ich stehe nicht dafür ein,
eine bestimmte Neigung zu haben,
aber ich habe sehr sichere
Abneigungen.
Jules Renard, Ideen, in Tinte getaucht.
Aus dem Tagebuch von Jules Renard

Keine Neigung ist an sich gut, sondern
nur insofern sie etwas Gutes wirkt.
Johann Wolfgang von Goethe,
Unterhaltungen deutscher Ausgewanderten

Man behandelt das Mittelmäßige
mit Neigung, weil es das Niveau ist,
auf dem man steht.
Johann Wolfgang von Goethe, überliefert von
Johann Peter Eckermann (Gespräche mit Goethe)

Man entsagt leichter einem Vorteil
als einer Neigung.
François de La Rochefoucauld, Reflexionen

Neigung und Schicksal weisen
den Weg, den wir wählen sollen,
aber wir müssen uns immer
mit guter Absicht bemühen.
Leo N. Tolstoi, Tagebücher (1852)

Neigungen besiegen ist schwer;
gesellet sich aber Gewohnheit,
Wurzelnd, allmählich zu ihr,
unüberwindlich ist sie.
Johann Wolfgang von Goethe/Friedrich Schiller,
Xenien

Soll er zur Meisterschaft einst reifen,
Lass ihn, wozu's ihn drängt, ergreifen.
Jüdische Spruchweisheit

Wer seine Neigungen stutzt,
schafft Triebe.
Charles Regnier

Wohin wir naturhaft hinneigen,
das unterliegt nicht
der freien Entscheidung.
Thomas von Aquin, Summa theologica

Nein

Das Nein des einen wird höher geschätzt als das Ja mancher andern:
Denn ein vergoldetes Nein befriedigt
mehr als ein trockenes Ja.
Baltasar Gracián y Morales, Handorakel und Kunst
der Weltklugheit

Ein Nein, das einer Begründung
bedarf, wird zum Vielleicht.
Malcolm Forbes

Ein Nein ist nicht immer ein Nein
aus dem Mund einer Jungfrau.
Sprichwort aus Schweden

Eine Junggesellin ist eine Frau,
die einmal zu oft Nein gesagt hat.
Inge Meysel

Fast alle Menschen sind Sklaven aus
demselben Grund, den die Spartaner
für die Sklaverei der Perser angaben:
dass sie nicht nein sagen konnten.
Dieses Wort aussprechen wissen und
allein leben können – das sind die einzigen Mittel, Freiheit und Charakter zu
bewahren.
Chamfort, Maximen und Gedanken

Ich kann in zwölf Sprachen Nein
sagen – das ist unerlässlich
für eine Frau, die weit herumkommt.
Sophia Loren

Ja und nein sind schnell gesagt,
erfordern aber langes Nachdenken.
Baltasar Gracián y Morales, Handorakel und Kunst
der Weltklugheit

Nerven

Bei den Männern wird die Nervenkraft
mit dem Gehirn verbraucht, bei den
Frauen mit dem Herzen; deshalb sind
sie auch viel empfindsamer.
Stendhal, Über die Liebe

Den Anfällen der klassischen Nervosität ist etwas Kriegerisches und Lebhaftes eigen. Die Frauen, bei denen
diese klassischen Anfälle auftreten,
sind heftig wie Wahrsagerinnen,
zügellos wie Mänaden,
aufgeregt wie Bacchantinnen;
es ist reines klassisches Altertum.
Honoré de Balzac, Physiologie der Ehe

Der Mensch ist gut,
nur seine Nerven sind schlecht.
Moscheh Ya'akov Ben-gavriël

Es gibt eine Macht, die sogar
der Migräne noch überlegen ist:
1. die klassische Nervosität,
2. die romantische Nervosität.
Honoré de Balzac, Physiologie der Ehe

Gestiegen ist nicht die Zahl der Ner-
venkrankheiten und Nervenkranken,
sondern die Zahl der Ärzte,
die imstande sind, diese Krankheiten
zu beobachten.
Anton P. Tschechow, Notizbücher

So mancher meint, ein gutes Herz zu
haben, und hat nur schwache Nerven.
Marie von Ebner-Eschenbach, Aphorismen

Nest

In einem heruntergefallenen Nest
gibt es keine heilen Eier.
Chinesisches Sprichwort

Nach und nach baut
der Vogel sein Nest.
Sprichwort aus Frankreich

Nestbeschmutzung ist die einzige
heute noch vertretbare Form
von Vaterlandsliebe.
Herbert Rosendorfer

Wer sein Nest beschmutzt,
ist ein schlechter Vogel.
Sprichwort aus Frankreich

Neuerung

An Neuerungen ist nur gut, was Entwicklung, Wachstum, Vollendung ist.
Joseph Joubert, Gedanken, Versuche und Maximen

Die Menge fragt bei einer jeden bedeutenden Erscheinung, was sie nutze,
und sie hat nicht Unrecht; denn sie
kann bloß durch den Nutzen den Wert
einer Sache gewahr werden.
Johann Wolfgang von Goethe,
Maximen und Reflexionen

Die müßige Menge ist gewöhnlich
das Werkzeug in den Händen
der Neuerungssüchtigen.
Niccolò Machiavelli, Geschichte von Florenz

Fortschritt kann auch darin bestehen,
auf wissenschaftliche Neuerungen
zu verzichten.
Aurelio Peccei

Neue Leute dürfen nicht Bäume
ausreißen, nur um zu sehen,
ob noch Wurzeln dran sind.
Henry Kissinger

Selten kommt was Besseres.
William Shakespeare, König Richard (1. Bürger)

Wenn die Einführung einer Neuerung
auf zu große Schwierigkeiten stößt,
beweist das, dass sie unnötig ist.
Luc de Clapiers Marquis de Vauvenargues,
Nachgelassene Maximen

Wer in einer Stadt eine Neuerung veranlasst, der glaube bloß nicht, dass es
in seiner Macht stehe, der Bewegung
ein Ziel zu setzen oder ihr die von ihm
gewünschte Richtung zu geben.
Niccolò Machiavelli, Geschichte von Florenz

Neues

Alles Alte, soweit es Anspruch darauf
hat, sollen wir lieben, aber für das
Neue sollen wir recht eigentlich leben.
Theodor Fontane, Der Stechlin

Da ist für mich
nichts Neues zu erfahren;
Das kenn ich schon
seit hunderttausend Jahren.
Johann Wolfgang von Goethe, Faust II (Mephisto)

Das Neue dringt herein mit Macht.
Friedrich Schiller, Wilhelm Tell (Attinghausen)

Das Neue gefällt, der Abwechslung
wegen, allgemein, der Geschmack
erfrischt sich daran, und eine funkelnagelneue Mittelmäßigkeit wird höher
geschätzt als ein schon gewohntes
Vortreffliches. Das Ausgezeichnete
nutzt sich ab und wird allmählich alt.
Jedoch soll man wissen, dass jene
Glorie der Neuheit von kurzer Dauer
sein wird: Nach vier Tagen wird die
Hochachtung sich schon verlieren.
Baltasar Gracián y Morales,
Handorakel und Kunst der Weltklugheit

Denn es ist nun einmal nicht anders,
dass man, sobald man fertig ist,
gleich wieder was Neues im Sinne
haben müsse.
Johann Wolfgang von Goethe, Briefe
(an Christiane Vulpius, 24. März 1797)

Die Verwunderung über das Neue
ist schon eine Wertschätzung seines
Gelingens.
Baltasar Gracián y Morales, Handorakel und Kunst
der Weltklugheit

Dir ist weiß Gott noch nicht aufgegangen, dass es ganz verkehrt ist,
das für Schwindel zu halten, was den
Ohren neu oder den Augen ungewohnt
zu sein oder doch die Fassungskraft
des Denkens zu übersteigen scheint.
Lucius Apuleius, Der goldene Esel

Ein Ding mag noch so närrisch sein,
Es sei nur neu,
so nimmt's den Pöbel ein.
Christian Fürchtegott Gellert, Fabeln und Erzählungen

Ich lebe darin und empfinde es als
eine Gnade, da, wo das Alte versagt,
ganz in einem Neuen aufzugehen.
Theodor Fontane, Der Stechlin

Jedes Neue, auch das Glück, erschreckt.
Friedrich Schiller, Die Braut von Messina (Carlos)

Man muss etwas Neues machen,
um etwas Neues zu sehen.
Georg Christoph Lichtenberg, Sudelbücher

Neu – das ist in der Regel nur,
was einer Generation neu vorkommt.
Ludwig Marcuse, Argumente und Rezepte.
Ein Wörter-Buch für Zeitgenossen

Neue Gedanken werden von unseren
automatischen Gehirnen nicht gerne
aufgenommen.
August Strindberg, Der Sohn der Magd

Niemand ist so beflissen,
immer neue Eindrücke zu sammeln,
wie der, der die alten
nicht zu verarbeiten versteht.
Marie von Ebner-Eschenbach, Aphorismen

Sei nicht der Erste, Neues zu erfassen,
der Letzte nicht,
das Alte gehn zu lassen.
Alexander Pope, Versuch über die Kritik

Verleg sie sich auf Neuigkeiten!
Nur Neuigkeiten ziehn uns an!
Johann Wolfgang von Goethe, Faust I (Mephisto)

Was der Bauer nicht kennt,
das frisst er nicht.
Deutsches Sprichwort

Was geschehen ist, wird wieder geschehen, was man getan hat, wird
man wieder tun: Es gibt nichts Neues
unter der Sonne.
Altes Testament, Kohelet 1, 9

Wenn die Neugier sich
auf ernsthafte Dinge richtet,
nennt man sie Wissensdrang.
Marie von Ebner-Eschenbach

Wir leben in einer so sonderbaren
Lage, dass die Greise nicht mehr Erfahrung haben als die Jünglinge. Wir
alle sind Neulinge, weil alles neu ist.
Joseph Joubert, Gedanken, Versuche und Maximen

Wo es etwas Neues gibt, treibt es
die Leute gleich zur Besichtigung.
Lucius Apuleius, Der goldene Esel

Zwei ganz verschiedene Dinge
behagen uns gleichermaßen:
die Gewohnheit und das Neue.
Jean de La Bruyère, Die Charaktere

Zwei völlig gegensätzliche Dinge
machen uns voreingenommen:
Gewohnheit und Neuheit.
Jean de La Bruyère, Die Charaktere

Neugier

Blicke nicht in fremde Papiere.
Adolph Freiherr von Knigge,
Über den Umgang mit Menschen

Das Begehren nach Kenntnissen, wenn
auf das Allgemeine gerichtet, heißt
Wissbegier; wenn auf das Einzelne,
Neugier. Knaben zeigen meistens
Wissbegier, kleine Mädchen bloß Neugier, diese aber in stupendem Grade.
Arthur Schopenhauer, Den Intellekt überhaupt und
in jeder Beziehung betreffende Gedanken

Das Beste am Journalismus ist,
dass er die Neugier tötet.
Walter Rathenau, Auf dem Fechtboden des Geistes.
Aphorismen aus seinen Notizbüchern

Der Horcher an der Wand
hört seine eigne Schand.
Deutsches Sprichwort

Der Neugier dienen der schweifende
Fuß und das zügellose Auge. Der Eitelkeit aber dienen Auge und Ohr.
Bernhard von Clairvaux, Über die Bekehrung

Die Liebe besteht zu drei viertel
aus Neugier.
Giacomo Girolamo Casanova, Memoiren

Die Öffentlichkeit hat
eine unersättliche Neugier,
alles zu wissen,
nur nicht das Wissenswerte.
Oscar Wilde

Die Sterblichen sind von so blinder
Neugierde erfüllt, dass sie häufig
ihren Geist auf unbekannten Wegen
schweifen lassen, ohne irgendeine
gegründete Hoffnung auf Erfolg, bloß
um die Probe zu machen, ob dort das,
was sie suchen, etwa vorhanden ist.
René Descartes, Regeln zur Leitung des Geistes

Die Touristen sind
eine Internationale der Neugier.
Alberto Moravia

Er ist neugierig wie ein Fisch.
Johann Wolfgang von Goethe, Faust II (Thales)

Es gibt verschiedene Arten der Neugier: eine aus Eigennutz, um zu erfahren, was uns nützen könnte, und eine aus Hochmut, um mehr zu wissen als andere.
François de La Rochefoucauld, Reflexionen

Es ist dir möglich, wieder aufzuleben: Sieh die Dinge von neuem an, wie du sie ansahst; darin liegt das Wiederaufleben.
Mark Aurel, Selbstbetrachtungen

In ihrer angeborenen Neugierde wollen sie alles wissen, sei es, um Gebrauch davon zu machen, sei's, um Schindluder damit zu treiben. In Zeiten der Revolution geben sie sich aus Neugier den Parteiführern hin.
Denis Diderot, Über die Frauen

Man wird alt, wenn man spürt, dass die Neugierde nachlässt.
André Siegfried

Neugier ist eine der festen und ständigen Eigenschaften eines energischen Geistes.
Samuel Johnson, The Rambler

Neugierde ist nur Eitelkeit. Meistens will man nur etwas erfahren, um darüber zu sprechen.
Blaise Pascal, Pensées

Und Neugier nur beflügelt jeden Schritt.
Johann Wolfgang von Goethe, Faust (Vorspiel auf dem Theater: Direktor)

Wenn die Neugierde nicht wäre, würde wenig für das Wohl des Nächsten getan werden.
Friedrich Nietzsche, Menschliches, Allzumenschliches

Wer immer neugierig ist, führt ein gefährliches Leben.
Sprichwort aus Spanien

Wer seine Finger in alle Löcher steckt, der zieht sie oft übel heraus.
Deutsches Sprichwort

Neujahr

Erhabne Großmama!
Des Jahres erster Tag
Erweckt in meiner Brust
ein zärtliches Empfinden
Und heißt mich ebenfalls
Sie jetzo anzubinden
Mit Versen, die vielleicht
kein Kenner lesen mag.
Johann Wolfgang von Goethe, Erhabne Großmama (Gedicht des siebenjährigen Knaben Goethe)

Erhabner Großpapa,
ein neues Jahr erscheint,
Drum muss ich meine Pflicht und Schuldigkeit entrichten,
Die Ehrfurcht heißt mich,
hier aus reinem Herzen dichten,
So schlecht es aber ist,
so gut ist es gemeint.
Johann Wolfgang von Goethe, Erhabner Großpapa (Gedicht des siebenjährigen Knaben Goethe)

Fahr wohl, du altes Jahr
mit Freud und Leiden!
Der Himmel schenkt
ein neues, wenn er will.
Annette von Droste-Hülshoff, Das geistliche Jahr 1820

Gegrüßt, du neues Jahr
mit deinen Freuden,
Das Leben ist so süß,
und wären's Leiden,
Ach, alles nimmt
man mit dem Leben gern.
Annette von Droste-Hülshoff, Das geistliche Jahr 1820

Im neuen Jahr Glück und Heil,
Auf Weh und Wunden gute Salbe!
Auf groben Klotz ein grober Keil!
Auf einen Schelmen anderthalbe!
Johann Wolfgang von Goethe, Sprichwörtlich

Jeder hat Grund,
den Beginn des neuen Jahres zu feiern:
Er hat ja das alte überlebt.
Lothar Schmidt

O neues Jahr,
du musst noch viel erfahren;
Kennst du nicht Krieg
und Seuchen und Gefahren?
Und meine liebsten Sorgen
wohnen fern.
Annette von Droste-Hülshoff, Das geistliche Jahr 1820

Trüber Blick ins Leben.
Ewiges Entbehren harmonischer Freuden.
Schwanken zwischen
Ergebung und Mut.
Sophie Mereau, Tagebücher (1. Januar 1799)

Verkatert und verstimmt.
Muss denn jeder Neujahrsmorgen
mit Katerstimmung beginnen?
Franziska Gräfin zu Reventlow, Tagebücher (1. Januar 1910)

Viel Glück zum neuen Jahre.
Lassen Sie uns dieses zubringen, wie wir das vorige geendigt haben, mit wechselseitiger Teilnahme an dem, was wir lieben und treiben.
Johann Wolfgang von Goethe, Briefe (an Schiller, 3. Januar 1795)

Neurose

Die Lösung für die Menschheit liegt in der richtigen Erziehung der Jugend, nicht in der Heilung von Neurotikern.
Alexander S. Neill, Theorie und Praxis der antiautoritären Erziehung

Ich kenne eine Kollegin, die immer einen Strauß von Neurosen parat hat.
Robert Lembke, Steinwürfe im Glashaus

Wir hängen an unseren Neurosen, sonst hätten wir gar nichts mehr.
Gottfried Benn

Neutralität

Neutralität ist:
es mit den Siegenden zu halten.
Piet Hein

Wer neutral bleibt, muss sich den Hass des Unterliegenden und die Geringschätzung des Siegers zuziehen.
Niccolò Machiavelli, Briefe (an Francesco Vettori, 10. Dezember 1514)

Zum Hassen oder Lieben
Ist alle Welt getrieben,
Es bleibet keine Wahl,
Der Teufel ist neutral.
Clemens Brentano, Viktoria und ihre Geschwister

Nichts

Alles kann man sich denken,
Gott, den Tod, nur nicht das Nichts.
Friedrich Hebbel, Tagebücher

Aus dem Nichts alles herausholen –
was nicht darinnen war,
ein wunderbares Glück
göttlicher Schöpfungskraft.
Emil Nolde (4. August 1941)

Aus Nichts wird nichts.
Deutsches Sprichwort

Das Ewige regt sich fort in allen:
Denn alles muss in Nichts zerfallen,
Wenn es im Sein beharren will.
Johann Wolfgang von Goethe, Gott und Welt

Das ganze elende Menschlein
ist ein Nichts.
Gaius Petronius, Schelmengeschichten

Das Leben ist die Suche des Nichts nach dem Etwas.
Christian Morgenstern

Das Nichts hat keine Mitte,
und seine Grenzen sind das Nichts.
Leonardo da Vinci, Tagebücher und Aufzeichnungen

Das reine Sein und das reine Nichts ist also dasselbe.
Georg Wilhelm Friedrich Hegel, Wissenschaft der Logik

Die Kunst ist »zu Ende gedacht«,
in Nichts aufgelöst.
Das Nihil ist alles, was übrig bleibt.
Hans Richter, DADA – Kunst und Antikunst

Nichts ist gut für die Augen,
aber nicht für den Magen.
Deutsches Sprichwort

Nie habe ich etwas anderes
als nichts geliebt.
Fernando Pessoa, Das Buch der Unruhe
des Hilfsbuchhalters Bernardo Soares

Seit ich mich auf das Nichts
eingestellt habe, fehlt mir nichts.
Juan de la Cruz, Der Berg der Vollkommenheit

Unter den großen Dingen,
die unter uns zu finden sind,
ist das Sein des Nichts das größte.
Leonardo da Vinci, Tagebücher und Aufzeichnungen

Wenn Gott ein Wesen in das Nichts
zurückführte, so geschähe dies nicht
durch ein Wirken, sondern dadurch,
dass er aufhörte zu wirken.
Thomas von Aquin, Summa theologica

Zum Nichts zu streben, ist nicht die
wesenseigene Bewegung der Kreatur;
diese Bewegung zielt vielmehr ständig
auf das Gute, und das Streben ins
Nichts ist nur ihr Versagen.
Thomas von Aquin, Über die Macht Gottes

Nichtstun

Die nichts zu tun scheinen,
tun Wichtigeres,
beschäftigen sich mit Menschlichem
und Göttlichem zugleich.
Lucius Annaeus Seneca, Briefe über Ethik

Faulpelz: ein Mensch,
der sich keine Arbeit damit macht,
sein Nichtstun zu begründen.
Gabriel Laub

Je weniger eine Hand verrichtet,
desto zarter ist ihr Gefühl.
William Shakespeare, Hamlet (Hamlet)

Mir scheint nämlich nicht frei zu sein,
wer nicht auch bisweilen nichts tut.
Marcus Tullius Cicero, Über den Redner

Nichts erfordert mehr Geist,
als nichts zu tun zu haben
und trotzdem nichts zu tun.
Heinrich Waggerl, Aphorismen

Nichtstun ist besser,
als mit viel Mühe nichts schaffen.
Lao-tse

Nichtstun ist die schwierigste Beschäftigung und zugleich diejenige,
die am meisten Geist voraussetzt.
Oscar Wilde

Nichtstun macht eigentlich nur Spaß,
wenn man viel zu tun hätte.
George Mikes

Warum sind denn die Götter Götter,
als weil sie mit Bewusstsein
und Absicht nichts tun, weil sie das
verstehen und Meister darin sind?
Und wie streben die Dichter, die Weisen und die Heiligen auch darin,
den Göttern ähnlich zu werden!
Friedrich Schlegel, Lucinde

Niedergang

Der Mensch, das heißt jedermann,
ist seiner Natur nach so verkommen,
dass er weniger unter dem allgemeinen Niedergang leidet als unter
der Aufrichtung einer vernünftigen
Hierarchie.
Charles Baudelaire, Tagebücher

O diese Zeit hat fürchterliche Zeichen:
Das Niedre schwillt,
das Hohe senkt sich nieder.
Johann Wolfgang von Goethe,
Die natürliche Tochter (König)

Wo Degeneration und Apathie herrschen, da herrschen auch sexuelle
Perversion, Unzucht, Abtreibungen,
frühes Altern, nörglerische Jugend,
da herrschen Niedergang der Kunst,
Gleichgültigkeit gegenüber der
Wissenschaft, da herrscht Ungerechtigkeit in jeder Form.
Anton P. Tschechow, Briefe (27. Dezember 1889)

Niedergeschlagenheit

Niedergeschlagenheit ist keine Tugend
und entspringt nicht der Vernunft.
Baruch de Spinoza, Ethik

Niedergeschlagenheit ist Unlust,
die daraus entspringt,
dass der Mensch sein Unvermögen
oder seine Schwäche betrachtet.
Baruch de Spinoza, Ethik

Niederlage

Auch wenn man unterliegt,
soll man es in Ehren tun.
Niccolò Machiavelli, Vom Staat

Auf dem, der unterliegt,
soll man nicht sitzen.
Deutsches Sprichwort

Der Vietnamkrieg ist für viele
Amerikaner erst dadurch unmoralisch
geworden, dass er verloren ging.
Edward Albee

Deutsches Volk, wie viel mehr hast du
den Sieg deiner Führer zu fürchten
als ihre Niederlage!
Thomas Mann, Radioansprache 1941

Die einzige Rettung der Besiegten ist,
auf keine Rettung zu hoffen.
Vergil, Aeneis

Ein Mensch lernt wenig von seinem
Siege, aber viel von seiner Niederlage.
Sprichwort aus Japan

Ein Politiker ruiniert sich nicht
durch seine Niederlagen,
sondern durch seine Pyrrhussiege.
Harold Macmillan

Eine stolz getragene Niederlage
ist auch ein Sieg.
Marie von Ebner-Eschenbach, Aphorismen

Früher haben die Frauen
auf ihrem eigenen Boden gekämpft.
Da war jede Niederlage ein Sieg.
Heute kämpfen sie
auf dem Boden der Männer.
Da ist jeder Sieg eine Niederlage.
Coco Chanel

Große Männer nennen Schande
das Verlieren, nicht aber
den Gewinn durch Trug.
Niccolò Machiavelli, Geschichte von Florenz

Ich hasse es,
zweimal hintereinander gegen
den gleichen Gegner zu verlieren.
Boris Becker, Kölner Stadt-Anzeiger Nr. 126/1986

Jede Niederlage beginnt damit,
dass man den Standpunkt
des Gegners anerkennt.
Winston Churchill

Jedem Besiegten wird es schwer,
den Grund seiner Niederlagen an der
einzig richtigen Stelle,
nämlich in sich selbst zu suchen.
Theodor Fontane, Schach von Wuthenow

Man muss verstehen, die Früchte
seiner Niederlagen zu ernten.
Otto Stoessel

Oft unterliegt der Bessere,
wenn der Schlechtere schlägt.
Edda, Hávamál (Loddfafnirlied)

Quintilius Varus,
gib mir meine Legionen zurück!
Kaiser Augustus, (nach der Schlacht im Teutoburger
Wald) überliefert bei Sueton

Warum verwundern Männer und Weiber sich über eine weibliche Niederlage, aber nicht über eine männliche?
Der Letzten scheint demnach der Reiz
der Überraschung abzugehen?
Jean Paul, Levana

Wenn sie vom Siege nichts wissen,
bleibt ihnen wenigstens erspart,
die Niederlage kennen zu lernen.
Oscar Wilde, Das Bildnis des Dorian Gray

Niesen

Das Niesen absorbiert alle Funktionen der Seele, ebenso sehr wie die Arbeit.
Blaise Pascal, Pensées

Wenn die Ziege niest,
schlägt das Wetter um.
Sprichwort aus Spanien

Nihilismus

Die Vorstellung, dass der Nihilist passiv sein muss oder destruktiv, weil er nicht weiß: wohin?, kennt nicht den Ursprung des Handelns.
Ludwig Marcuse, Argumente und Rezepte. Ein Wörter-Buch für Zeitgenossen

Ein Nihilist ist ein Mensch, der sich vor keiner Autorität beugt, keinen Grundsatz anerkennt, und sollte derselbe auch noch so verbreitet sein.
Iwan S. Turgenjew, Väter und Söhne

Nonne

Der Mönch denkt an Heirat
und die Nonne an den Lenz.
Chinesisches Sprichwort

Es macht nicht viel Unterschied,
ob man Christus zu seinem Bräutigam macht oder den Bräutigam
zu seinem Christus.
Ludwig Marcuse, Argumente und Rezepte

Krieg, Gefangenschaft, Überleben zwingen dem Menschen Einfachheit auf. Der Mönch und die Nonne wählen sie freiwillig.
Anne Morrow Lindbergh, Muscheln in meiner Hand

Norden

Denn mir bleiben weit mehr
die Nebel des traurigen Nordens
Als ein geschäftiges Volk
südlicher Flöhe verhasst.
Johann Wolfgang von Goethe, Römische Elegien

Ein Glück, dass wir in der unbeweglichen nordischen Masse stecken, gegen die man sich so leicht nicht wenden wird.
Johann Wolfgang von Goethe, Briefe (an Schiller, 17. März 1798)

Im Norden sind die Völker ja nicht so heißblütig; auch sind sie nicht so hitzig auf Weiber versessen.
Voltaire, Candide oder Die beste der Welten

O wie fühl ich in Rom mich so froh!
Gedenk ich der Zeiten,
Da mich ein graulicher Tag
hinten im Norden umfing.
Johann Wolfgang von Goethe, Römische Elegien

Schar auf Schar stürmte gen Norden, aber nur um Niederlage auf Niederlage zu erleiden. Neue Reihen standen bereit, um über ihre gefallenen Vorgänger hinweg vorzurücken.
Fridtjof Nansen, In Nacht und Eis

Und mir leuchtet der Mond
heller als nordischer Tag.
Johann Wolfgang von Goethe, Römische Elegien

Von Norden her ergießt sich das Unheil.
Altes Testament, Jeremia 1, 14

Wie man nach Norden weiterkommt,
Da nehmen Ruß und Hexen zu.
Johann Wolfgang von Goethe, Faust I (Paralipomena)

Nörgelei

Den Fortschritt
verdanken wir den Nörglern.
Zufriedene Menschen
wünschen keine Veränderung.
Herbert George Wells

Nörgler: ein Mensch, der –
wenn er kein Haar in der Suppe findet
– so lange den Kopf schüttelt,
bis eines hineinfällt.
Lothar Schmidt

Norm

Der Nichtgenormte wird
als Verrückter genormt.
Ludwig Marcuse, Argumente und Rezepte. Ein Wörter-Buch für Zeitgenossen

Schönheit ist das,
was von der Norm abweicht.
Hans Werner Henze

Wo die Narrheit Norm,
ist die Vernunft Verrücktheit.
Emil Gött, Im Selbstgespräch

Normalität

Nichts ist so banal
wie ein normaler Zustand.
Jules Renard, Ideen, in Tinte getaucht. Aus dem Tagebuch von Jules Renard

Selbst höchst bedeutende Menschen werden auf ihr Normalmaß gestutzt, wenn sie sich
über das Wetter unterhalten.
Peter Ustinov, Peter Ustinovs geflügelte Worte

Not

Allgewaltig Not,
sie kennet kein Gesetze.
Johann Wolfgang von Goethe, Reineke Fuchs

Bei den mancherlei wiederkehrenden Nöten geht der Mensch
immer wieder zu seinem Gott.
Da lernt er ihn kennen.
Bernhard von Clairvaux, Von der Gottesliebe

Beten lernt man in Nöten.
Deutsches Sprichwort

Bist du ein Mensch,
so fühle meine Not!
Johann Wolfgang von Goethe, Faust I (Margarete)

Denn zu Zeiten der Not
bedarf man seiner Verwandten.
Johann Wolfgang von Goethe, Reineke Fuchs

Der Freund in der Not
ist der wahre Freund.
Sprichwort aus England

Der Not anderer kann man nur durch Opfer abhelfen, Opfer sind immer leise, leicht und freudig.
Leo N. Tolstoi, Tagebücher (1901)

Der Not gehorchend,
lass ich ab vom eitlen Kampf.
Sophokles, Antigone (Kreon)

Der Not mich fügen
lehrte mich die strenge Not.
Sophokles, Philoktet

Die Augenblicke, wo wirkliche Not sich fühlbar macht, sind immer selten. Der Blick in die Zukunft und die Einbildungskraft vermehren sie.
Jean-Jacques Rousseau,
Träumereien eines einsamen Spaziergängers

Die äußerste Not ruft alle.
Vergil, Aeneis

Die Hälfte des Überflusses – es gäbe keine Not mehr auf Erden!
Eugen Drewermann, Dein Name ist wie der Geschmack des Lebens

Die Menschen gehen langsam zu Werke, wenn sie Zeit zu haben glauben, und rasch, wenn die Not sie treibt.
Niccolò Machiavelli, Vom Staat

Die Not bringt einen zu seltsamen Schlafgesellen.
William Shakespeare, Der Sturm (Trinculo)

Die Not ist die Mutter der Künste, aber auch die Großmutter der Laster.
Jean Paul

Die Not ist die Mutter des Könnens.
Shuichiro Yamanouchi

Die Not ist gewissermaßen die Sprache des Fleisches und verlangt immer wieder die Wohltaten, die sie aus eigener Erfahrung kennen gelernt hat.
Bernhard von Clairvaux, Von der Gottesliebe

Die Not kann den Schmied lehren,
Stiefel zu nähen.
Sprichwort aus Russland

Die Not kennt kein Gesetz außer sich;
die Not bricht Eisen.
Ludwig Feuerbach, Das Wesen des Christentums

Durch Wechselbeistand
kann auch Not die Not vertreiben,
Als wie einander warm
zwei kalte Hände reiben.
Friedrich Rückert, Die Weisheit des Brahmanen

Ein enges Flussbett
macht die Strömung reißend,
Not macht die Menschen erfinderisch.
Chinesisches Sprichwort

Ein Tag Krieg heißt zehn Jahre Not.
Chinesisches Sprichwort

Fremde Not macht dich nicht satt.
Sprichwort aus Russland

Früher hat man aus der Not
eine Tugend gemacht. Heute macht
man aus der Tugend eine Not.
Joana Maria Gorvin

Ganz nah an der Ferse begleitet die Not.
Johann Wolfgang von Goethe, Faust II (Not)

Genieße, was der Schmerz
dir hinterließ!
Ist Not vorüber,
sind die Nöte süß.
Johann Wolfgang von Goethe, Sprichwörtlich

Gesetz ist mächtig,
mächtiger ist die Not.
Johann Wolfgang von Goethe, Faust II (Plutus)

Gibt es doch für Sterbliche
Niemals Erlösung
aus der vorbestimmten Not.
Sophokles, Antigone (Chor)

Glück macht Freunde,
aber Not bewährt sie.
Deutsches Sprichwort

Herr, die Not ist groß!
Johann Wolfgang von Goethe, Der Zauberlehrling

Hilf mir nur erst aus meinen Nöten,
Freund, die Rede kannst du nachher
halten.
Jean de La Fontaine, Fabeln

Ich helfe mir zuletzt mit Wahrheit aus:
Der schlechteste Behelf!
Die Not ist groß.
Johann Wolfgang von Goethe, Faust II (Mephisto)

Im Notfall bindet der Bauer
den Schuh mit Seide.
Gottfried Keller, Der grüne Heinrich

In der Not allein
Bewährt sich der Adel großer Seelen.
Friedrich Schiller, Turandot

In der Not liegt vor dir kein Dorf
und hinter dir keine Schenke.
Chinesisches Sprichwort

In großer Not zeigt sich der große Mut.
Jean-François Régnard, Eraste

In Nöten sieht man den Mann.
Deutsches Sprichwort

Ironie heißt fast immer, aus einer Not
eine Überlegenheit machen.
Thomas Mann

Liebe und Not sind doch die besten
Lehrmeister.
Johann Wolfgang von Goethe, Dichtung und Wahrheit

Mach End', o Herr, mach Ende
Mit aller unsrer Not.
Paul Gerhardt, Geistliche Lieder

Man muss schon jeglichen Geistes bar
sein, wenn Liebe, Bosheit und Not
ihn nicht wecken.
Jean de La Bruyère, Die Charaktere

Mensch, bist du Gott getreu
und meinest ihn allein,
So wird die größte Not
ein Paradeis dir sein.
Angelus Silesius, Der cherubinische Wandersmann

Nicht nur lernt man in der Not den
Freund und Geliebten kennen,
sondern Freundschaft und Liebe wurzeln erst in Widerwärtigkeit und Not.
Franz von Baader, Religiöse Erotik

Nichts übt größere Macht
aus als der Drang der Not.
Euripides, Helena

Not bricht Eisen.
Deutsches Sprichwort

Not hat keinen Feierabend.
Deutsches Sprichwort

Not ist unser sechster Sinn,
hat im Augenblick erfunden,
Wo zuvor die andren fünf
in Gedanken stille stunden.
Friedrich von Logau, Sinngedichte

Not lehrt alte Weiber springen.
Deutsches Sprichwort

Not lehrt auch den Lahmen tanzen.
Deutsches Sprichwort

Not lehrt beten! Arbeit lehrt,
Wie man gegen Not sich wehrt.
Johann Wilhelm Ludwig Gleim,
Die goldnen Sprüche des Pythagoras

Not lehrt planen, und
der Rest ist Hoffnung.
Hans Freyer

Not macht den Menschen mutig.
Sprichwort aus Frankreich

Not und Angst und Nacht sind eure
Herren. Die sondern euch, die treiben
euch mit Schlägen aneinander.
Friedrich Hölderlin, Hyperion

Nun Mut, Verfemte dieser Erde!
Empor, du Volk von Joch und Not!
Eugène Pottier, Die Internationale

Oft weckt Not Talent.
Ovid, Liebeskunst

Schlucken ist nicht Schlingen,
verschluckte Not ist nicht verschlungene Not. An verschluckten Nöten
wird der Mensch zum Wiederkäuer.
Emil Gött, Zettelsprüche. Aphorismen

Sollt ich aus der Ferne schauen?
Nein, ich teile Sorg und Not!
Johann Wolfgang von Goethe, Faust II (Euphorion)

Tatsächlich gehört die Herstellung
dauernden Notstandes zu den Haupttätigkeiten aller Produktionen.
Günther Anders, Die Antiquiertheit des Menschen.

Und wenn die Not nicht Eisen bricht,
Das Eisen bricht die Not.
Emanuel Geibel, Gedichte

Was aber ist die Ursache dieser
großen Not mitten im Überflusse?
Moses Hess, Über die Not in unserer Gesellschaft
und deren Abhülfe

Weh der Frau, die nicht im Falle der
Not ihren Mann zu stellen vermag.
Marie von Ebner-Eschenbach, Aphorismen

Welcher rechtschaffne Mann
besitzt wohl Überfluss,
solange es noch andre gibt,
denen es am Notwendigen gebricht?
Jean-Jacques Rousseau, Julie oder
Die neue Héloïse (Saint-Preux)

Wenn eine Tat aus Not geschieht,
dürfen und können ihr weder Lob
noch Tadel folgen.
Niccolò Machiavelli, Geschichte von Florenz

Wenn mich alle lassen:
Meine Hoffnung bleibt,
Wird mich rettend dann umfassen,
Wenn mich Not und Sünde treibt.
Annette von Droste-Hülshoff, Geistliche Lieder

Wer dir geholfen hat,
als du in der Not warst,
den sollst du hernach nicht verachten.
Jacob und Wilhelm Grimm, Der Froschkönig oder
Der eiserne Heinrich

Wer eine Not erfahren, weiß,
wie hundert Nöte sind.
Chinesisches Sprichwort

Wie die meisten Menschen einerseits
keinen Überfluss am Gelde haben,
sondern knapp das Notdürftige; so
auch andrerseits nicht am Verstand.
Arthur Schopenhauer, Den Intellekt überhaupt und
in jeder Beziehung betreffende Gedanken

Wir wollen sein
ein einzig Volk von Brüdern,
In keiner Not
uns trennen und Gefahr.
Friedrich Schiller, Wilhelm Tell (Rösselmann)

Notwehr

Auch kann ich nicht finden, warum
ich mir wegen ordentlicher Notwehr,
mit der ich gegen Räuber
übelster Sorte eingeschritten bin, jetzt
diese Anklage gefallen lassen muss.
Lucius Apuleius, Der goldene Esel

Das Recht lässt zu, Waffen
gegen Bewaffnete zu ergreifen.
Ovid, Liebeskunst

In steter Notwehr gegen arge List
Bleibt auch das redliche Gemüt
nicht wahr.
Friedrich Schiller, Die Piccolomini (Oktavio)

Jedem Wesen ward
Ein Notgewehr
in der Verzweiflungsangst.
Friedrich Schiller, Wilhelm Tell (Melchthal)

Notwehr ist nicht verboten.
Deutsches Sprichwort

Notwendigkeit

Alle Ketten der Meinung sind für mich
zerbrochen; ich kenne nur die Ketten
der Notwendigkeit.
Jean-Jacques Rousseau, Emile

Das Notwendige bemisst der Nutzen;
Überflüssiges – wie begrenzt du es?
Lucius Annaeus Seneca, Briefe über Ethik

Der Zufall ist die in Schleier
gehüllte Notwendigkeit.
Marie von Ebner-Eschenbach, Aphorismen

Die eherne Notwendigkeit ist ein Ding,
von dem die Menschen im Verlauf der
Geschichte einsehen, dass es weder
ehern noch notwendig ist.
Friedrich Nietzsche, Menschliches, Allzumenschliches

Die Kosmopoliten haben und erkennen
als solche keine andern Obern als die
Notwendigkeit und das Naturgesetz.
Christoph Martin Wieland, Das Geheimnis
des Kosmopolitenordens

Die Menschen sind immer schlecht,
wenn die Notwendigkeit
sie nicht gut macht.
Niccolò Machiavelli, Der Fürst

Die Notwendigkeit aber
ist der beste Ratgeber.
Johann Wolfgang von Goethe, Tag- und Jahreshefte

Die Notwendigkeit schafft die Form.
Wassily Kandinsky

Eine ewige kalte Notwendigkeit
regiert die Welt,
kein freundlich liebend Wesen.
Karoline von Günderode, Träume

Es beugen alle sich dem Zepter der
Notwendigkeit und seufzen unter dem
Fluch der Zeit, die nichts bestehn lässt.
Friedrich Schleiermacher, Monologen

Es liegt in der Natur der Vernunft,
die Dinge nicht als zufällig,
sondern als notwendig zu betrachten.
Baruch de Spinoza, Ethik

Es ziemt sich,
die Notwendigkeit zu ertragen,
nicht sie zu beweinen.
Publilius Syrus, Sentenzen

Gegen den Zwang
der Notwendigkeit leisten nicht
einmal die Götter Widerstand.
Titus Livius, Römische Geschichte

Ich brauche meine Moralität
so notwendig wie mein Skelett.
Jules Renard, Ideen, in Tinte getaucht.
Aus dem Tagebuch von Jules Renard

Ich frage mich schon seit längerem, ob
das schöne deutsche Wort »notwendig«
bedeutet, dass immer erst die Not
etwas wendet.
Otto Graf Lambsdorff

Ich sehe, was notwendig ist, und weil
ich es sehe, so soll es auch werden.
Friedrich Hölderlin, Hyperion

Je mehr etwas notwendig ist,
desto mehr ist es vonnöten,
dass die Ordnung der Vernunft
darin gewahrt werde.
Thomas von Aquin, Summa theologica

Lebenskünstler sind Menschen,
die nicht nur Zeit für das Notwendige,
sondern auch
für das scheinbar Überflüssige haben.
Friedel Beutelrock

Man schuftet, liebt und lebt und frisst
und kann sich nicht erklären,
wozu das alles nötig ist.
Erich Kästner, Dr. Erich Kästners lyrische Hausapotheke

Muss es sein, so schick dich drein.
Deutsches Sprichwort

Naturnotwendig will
der Mensch das Gute.
Thomas von Aquin, Über die Wahrheit

Nichts ist schrecklich,
was notwendig ist.
Euripides, Fragmente

Notwendigkeit befreit
von der Qual der Wahl.
Luc de Clapiers Marquis de Vauvenargues,
Nachgelassene Maximen

Notwendigkeit ist eine harte Waffe.
Titus Livius, Römische Geschichte

Notwendigkeit. Was sein muss,
muss sein. Und was nicht sein muss?
Erst recht.
Heimito von Doderer, Repertorium. Ein Begriffbuch
von höheren und niederen Lebens-Sachen

Politik ist die Kunst,
das Notwendige möglich zu machen.
Herbert Wehner

Seefahrt tut Not, Leben tut nicht Not.
Fernando Pessoa, Das Buch der Unruhe
des Hilfsbuchhalters Bernardo Soares

Sehr viele Leute betrachten nur das
als notwendig, was überflüssig ist.
Charles de Secondat, Baron de la Brède
et de Montesquieu, Meine Gedanken

Vor dir läuft immer
die Notwendigkeit her.
Horaz, Lieder

Was die Sonne für die Erde ist,
ist die Religion für den Menschen.
August Strindberg, Der Sohn der Magd

Was hilft der Kampf
mit der Notwendigkeit?
Sophokles, Antigone (Kreon)

Was man nicht braucht, ist zu teuer,
wenn es nur einen Heller kostet.
Deutsches Sprichwort

Wenn man nun einmal in der Welt
anfangen wollte, das bloß Nötige zu
tun, so müssten Millionen hungers
sterben.
Georg Christoph Lichtenberg, Sudelbücher

Wer schon der Wahrheit
milde Herrschaft scheut,
Wie trägt er die Notwendigkeit?
Friedrich Schiller, Poesie des Lebens

Wo's Not tut, Fährmann,
lässt sich alles wagen.
Friedrich Schiller, Wilhelm Tell (Tell)

Zivilisation ist die unablässige
Vermehrung unnötiger Notwendigkeiten.
Mark Twain

November

Der Mai kommt gezogen,
wie der November verflogen.
Bauernregel

Hängt das Laub bis November hinein,
wird der Winter lange sein.
Bauernregel

November im Schnee
bringt viel Korn und Klee.
Bauernregel

Novembers Morgenrot
mit langem Regen droht.
Bauernregel

Sie ist traurig, die Jahreszeit, darin wir
stehen; man möchte glauben, dass das
Leben mit der Sonne dahinschwinden
wolle; ein Frösteln rinnt über die Haut
und ins Herz; alle Laute verstummen;
der Himmelssaum verblasst; alles
sinkt, zum Schlafen oder zum Sterben.
Gustave Flaubert, November

Wenn die Bäume kahl sind,
wenn am Himmel die tiefroten Farben
des Sonnenuntergangs schwimmen
und das vergilbte Gras übergolden,
dann gewahrst du mit Entzücken,
wie alles verlischt,
was jüngst noch in dir brannte.
Gustave Flaubert, November

Nüchternheit

Dem einen hilft Nüchternheit,
dem andern ein guter Trunk.
Martin Luther, Tischreden

Lass alle frommen Toren
In Nüchternheit versinken;
Kein Tropfen geht verloren,
Von dem, was Weise trinken.
Friedrich von Bodenstedt, Mirza Schaffy

Mit nüchternem Magen
schreibt es sich besser.
Leo N. Tolstoi, Tagebücher (1853)

Schämt euch, ihr Nüchternen!
Schämt euch, ihr Weisen!
Johann Wolfgang von Goethe,
Die Leiden des jungen Werthers

Wie viele scheinbare Tugenden
verbergen oft die wirklichen Laster!
Der Weise ist nüchtern aus Mäßigkeit,
der Halunke aus Falschheit.
Jean-Jacques Rousseau, Brief an d'Alembert

Nutzen

Alles, was uns wirklich nützt,
ist für wenig Geld zu haben.
Nur das Überflüssige kostet viel.
Axel Munthe

Auch das Unglück ist zu etwas nütze.
Voltaire, Der ehrliche Hurone

Auf meinem Lebenswege werden mir
Menschen aller Art begegnen, und
jeden muss ich zu nutzen verstehen.
Heinrich von Kleist, Briefe (an Ulrike von Kleist,
12. November 1799)

Bisweilen ist Unrecht selbst für
die nützlich, die es erlitten haben.
Ovid, Heroinen

Da ich das Dasein nicht nutzte,
nutzte das Dasein mich ab.
Gustave Flaubert, November

Das Dao des Himmels:
nutzen ohne schaden.
Das Dao des Weisen:
handeln ohne Streit.
Lao-tse, Dao-de-dsching

Denn eine große Reise zu tun, ist für
einen jungen Mann äußerst nützlich.
Johann Wolfgang von Goethe,
Wilhelm Meisters Lehrjahre

Der Nutzen ist nichts Dauerndes, sondern bietet sich bald hier, bald dort.
Aristoteles, Nikomachische Ethik

Des einen Schaden
ist des andern Nutzen.
Deutsches Sprichwort

Die breite Menge misst Freundschaften
an ihrem Nutzen.
Ovid, Briefe aus der Verbannung

Die tägliche Kraft, die man nicht nutzt.
Jules Renard, Ideen, in Tinte getaucht.
Aus dem Tagebuch von Jules Renard

Dieser jagt das Wild,
jener isst den Braten.
Deutsches Sprichwort

Ehre und Nutzen liegen nicht immer
in demselben Sack.
Samuel Smiles, Charakter

Ein guter Kopf weiß alles zu benutzen.
William Shakespeare, Heinrich IV. (Falstaff)

Ein jeder preist nur, was ihm nützt.
Karl Wilhelm Ramler, Fabellese

Ein schlecht genutzter
Tag ist für immer verloren.
August Strindberg, Der Sohn der Magd

Eine Arzneiflasche ohne Etikett ist –
auch das darf nicht unerwähnt bleiben
– ebenso unnütz wie ein Etikett
ohne Arzneiflasche.
Erich Kästner, Dr. Erich Kästners lyrische Hausapotheke

Es ist selten ein Schaden,
es ist ein Nutzen dabei.
Deutsches Sprichwort

Ich entdecke auch in manchen alter-
nativ aufgeputzten Selbsthilfegruppen
eine Aktiengesellschaft zur Maxi-
mierung des eigenen Nutzens.
Norbert Blüm, Unverblümtes von Norbert Blüm

Ich muss mich nützlich machen,
um wieder an das Leben glauben
zu können.
Katherine Mansfield, Tagebücher

Ist nicht oft ein Mann, der
einem Volke nützlich ist,
verderblich für zehn andere?
Heinrich von Kleist, Briefe (an Wilhelmine von Zenge,
10. Oktober 1801)

Jede Freundschaft ist um ihrer selbst
willen zu wählen. Ihren Anfang jedoch
nimmt sie beim Nutzen.
Epikur, Sprüche. In: Briefe, Sprüche, Werkfragmente

Jede Minute, jeder Mensch,
jeder Gegenstand kann dir eine
nützliche Lehre, wenn du sie nur
zu entwickeln verstehst.
Heinrich von Kleist, Briefe (an Wilhelmine von Zenge,
10./11. Oktober 1800)

Jeden Befehl hinsichtlich seines
Nutzens und Schadens bedenken.
Leo N. Tolstoi, Tagebücher (1850)

Man muss alle Sachen anzufassen
verstehen, nicht bei der Schneide,
wo sie verletzen, sondern beim Griff,
wo sie beschützen.
Baltasar Gracián y Morales, Handorakel und Kunst
der Weltklugheit

Man muss die Welt nehmen und sie
nutzen, wie man sie eben findet.
Michel Eyquem de Montaigne, Die Essais

Nichts ist so schlimm,
es ist zu etwas gut.
Deutsches Sprichwort

Niemand ist überdrüssig des Nutzens,
dessen er teilhaftig wird. Nutzen ist
eine Handlung nach der Natur;
so werde nicht überdrüssig
des Nutzens, dessen du teilhaftig wirst,
dadurch dass du nützest.
Mark Aurel, Selbstbetrachtungen

Nutze deine Reue aus! Tief zu
bereuen heißt von neuem leben.
Henry David Thoreau, Journal

Suchet überall zu nützen,
überall seid ihr zu Hause.
Johann Wolfgang von Goethe,
Wilhelm Meisters Wanderjahre

Unnütz ist schädlich.
Deutsches Sprichwort

Was nicht nutzt, ist unwahr.
Günther Anders,
Die Antiquiertheit des Menschen. Bd. 2

Was nützen dem, dessen Ehe zerbricht,
lauwarme Umschläge? Was soll er mit
warmen Umschlägen anfangen?
Erich Kästner, Dr. Erich Kästners lyrische Hausapotheke

Was nutzt's, wenn sich
der Kahlkopf kämmt?
Deutsches Sprichwort

Was viel nützt,
kann auch viel schaden.
Chinesisches Sprichwort

Weil der Maulesel weder Pferd
noch Esel ist, ist er darum weniger
eines von den nutzbarsten Lasten
tragenden Tieren?
Gotthold Ephraim Lessing, Hamburgische Dramaturgie

Wer auch immer gewinnt, der Bankhalter zieht allemal den Nutzen.
Chinesisches Sprichwort

Willst du nichts Unnützes kaufen,
Musst nicht auf den Jahrmarkt laufen.
Deutsches Sprichwort

Wir müssen lernen,
individuelle Fähigkeiten und
Interessen besser zu nutzen.
Helmut Kohl, Rede des Bundeskanzlers bei der
Meisterfeier der Handwerkskammer Düsseldorf 1986

Wir sollen jeden Tag, jede Stunde
zu einem nützlichen Zweck nutzen,
sowohl für den Körper als auch
für die Seele, und ihn nicht
auf unnütze Art vergeuden.
August Strindberg, Der Sohn der Magd

Wo ich nütze, ist mein Vaterland.
Johann Wolfgang von Goethe,
Wilhelm Meisters Wanderjahre

Nützlichkeit

Das Nützliche zu finden, und das
Nützliche recht anzuwenden –
zwei sehr verschiedene Fähigkeiten,
die selten im selben Kopf Platz haben.
Heinrich Waggerl, Aphorismen

Das unfehlbarste Mittel, Autorität
über die Menschen zu gewinnen,
ist, sich ihnen nützlich zu machen.
Marie von Ebner-Eschenbach, Aphorismen

Doch nicht durch Worte nur allein
Soll man den andern nützlich sein.
Wilhelm Busch, Die fromme Helene

Einen Beruf haben wir,
um nützlich zu scheinen.
Erhard Blanck

Man kann die Nützlichkeit einer Idee
anerkennen und doch nicht recht
verstehen, sie vollkommen zu nutzen.
Johann Wolfgang von Goethe,
Maximen und Reflexionen

Meine einzige bange Sorge ist:
Wie kann ich nützlich sein in der Welt?
Kann ich nicht irgendeinem Zweck
dienen und zu etwas gut sein?
Vincent van Gogh, Briefe

Nichts ist nützlich, was nicht
auch ebenso schaden könnte.
Ovid, Gedichte der Trübsal

Nichts ist so nützlich,
dass es im Vorübergehen nützt.
Lucius Annaeus Seneca, Briefe an Lucilius

Nützlich ist und oft ein Feind:
Er dient, wenn er zu schaden meint.
Magnus Gottfried Lichtwer, Fabeln

Suche immer zu nützen!
Suche nie,
dich unentbehrlich zu machen.
Marie von Ebner-Eschenbach, Aphorismen

Wenn etwas nützlich wird,
hört es auf, schön zu sein.
Théophile Gautier, Vorwort zu den Poésies complètes

Wozu kann ich nützlich sein,
wozu kann ich dienen?
Da ist etwas in mir,
was mag es sein?
Vincent van Gogh, Briefe

Nutzlosigkeit

Die schönsten Dinge auf der Welt
sind die nutzlosesten; zum Beispiel
Pfauen und Lilien.
John Ruskin, Die Steine von Venedig

Nutzlose Gesetze entkräften nur
die notwendigen.
Charles de Secondat, Baron de la Brède
et de Montesquieu, Vom Geist der Gesetze

Unnütz sein ist tot sein.
Johann Wolfgang von Goethe, Iphigenie auf Tauris
(Iphigenie)

Zu Hause kann einer unnütz sein,
ohne dass es gleich bemerkt wird;
außen in der Welt ist der Unnütze
gar bald offenbar.
Johann Wolfgang von Goethe,
Wilhelm Meisters Wanderjahre

Oberfläche

Ist es möglich, dass man
trotz Erfindungen und Fortschritten,
trotz Kultur, Religion und Weltweisheit
an der Oberfläche des Lebens
geblieben ist? Ist es möglich, dass man
sogar diese Oberfläche, die doch
immerhin etwas gewesen wäre, mit
einem unglaublich langweiligen Stoff
überzogen hat, sodass sie aussieht wie
die Salonmöbel in den Sommerferien?
Ja, es ist möglich.
Rainer Maria Rilke,
Die Aufzeichnungen des Malte Laurids Brigge

Wenn man ständig
mit einem Menschen zusammenlebt,
sieht man nur noch die Oberfläche,
die aus lauter kleinen
Reibungsflächen besteht.
Brigitte Schwaiger

Wie wir von der Erdkugel
bloß die Oberfläche, nicht aber
die große, solide Masse des Innern
kennen; so erkennen wir empirisch
von den Dingen und der Welt
überhaupt nichts als nur
ihre Erscheinung, das ist die Oberfläche.
Arthur Schopenhauer, Betrachtungen über
den Gegensatz des Dinges an sich und der Erscheinung

Wir sind allzu oft geneigt,
unter einer trübe schillernden
Oberfläche Tiefe zu vermuten;
und wenn wir uns entschließen
nachzuprüfen, reicht sicher unser
kleiner Finger bis auf den Grund
hinab. Eine klare Oberfläche aber
täuscht uns immer wieder Seichtigkeit
vor, indem sie unserem ahnenden
Blick gestattet, bis in eine Tiefe
hinabzuschauen, die wir mit dem
Senklot des Verstandes niemals zu
erreichen vermögen.
Arthur Schnitzler, Buch der Sprüche und Bedenken

Oberflächlichkeit

Als ärgerlich oder langweilig ist
alles oberflächliche Denken anzusehen.
Michel Eyquem de Montaigne, Die Essais

Es gibt vielleicht
mehr oberflächliche Geister
in der großen Welt als in
den unteren Gesellschaftsschichten.
Luc de Clapiers Marquis de Vauvenargues,
Reflexionen und Maximen

Für meine Person wünsche ich mir
ganz und gar keinen Mammon.
Ich würde nur oberflächlich werden.
Paula Modersohn-Becker, Briefe (17. Dezember 1897)

Ich bin ein
zutiefst oberflächlicher Mensch.
Andy Warhol

Manche Menschen
sind so leer und oberflächlich,
dass sie wirklicher Fehler
so wenig fähig sind
wie wirklicher Vorzüge.
François de La Rochefoucauld, Reflexionen

Nur die oberflächlichen Eigenschaften
dauern; des Menschen tieferes Wesen
ist bald entlarvt.
Oscar Wilde,
Sätze und Lehren zum Gebrauch für die Jugend

Nur die Oberflächlichen
kennen sich selbst.
Oscar Wilde,
Sätze und Lehren zum Gebrauch für die Jugend

Schlagfertige Menschen
sind meistens oberflächlich,
oder sie werden es
infolge ihrer Begabung,
die ihnen der äußere Erfolg
mühelos erwirbt.
Jakob Boßhart, Bausteine zu Leben und Zeit

Was dem einen
wie Geistesfülle erscheint,
ist für den anderen nur
Gedächtnis und Oberflächlichkeit.
Luc de Clapiers Marquis de Vauvenargues,
Reflexionen und Maximen

Wenn man den Lauf des menschlichen
Schicksals genau beobachtet,
so wird man sehen, dass die Oberflächlichkeit zu allem führen kann,
was es nur Schlimmes und Schlechtes
in der Welt gibt.
Germaine Baronin von Staël, Über Deutschland

Wie könnte man auf der Stelle
jemandes Freund sein,
den man noch nie gesehen hat?
Jean-Jacques Rousseau,
Julie oder Die neue Héloïse (Saint-Preux)

Wie leicht ist es,
heftigste Begierden durch
die oberflächlichsten Gegenstände
in die Irre zu führen!
Jean-Jacques Rousseau,
Julie oder Die neue Héloïse (Saint-Preux)

Obst

Auch ein guter Baum
bringt ungleiches Obst.
Deutsches Sprichwort

Früh Obst verwelkt bald.
Deutsches Sprichwort

Spät Obst liegt lange.
Deutsches Sprichwort

Witze sind wie Obst:
Druck vertragen die wenigsten.
Helmut Qualtinger

Obszönes

In der Bekämpfung des Obszönen
ist nicht nur der Widerwille
gegen die Erweckung der Lust,
auch die Feindseligkeit
gegen die Erweckung der Unlust,
die durch einen
unerbittlichen Realismus erregt wird.
Ludwig Marcuse, Argumente und Rezepte.
Ein Wörter-Buch für Zeitgenossen

Sie nennen kühn,
was einfach obszön heißen müsste.
Jules Renard, Ideen, in Tinte getaucht.
Aus dem Tagebuch von Jules Renard

Ofen

Heizt nicht den Ofen
eurem Feind so glühend,
Dass er euch selbst versengt.
William Shakespeare, Heinrich VIII. (Norfolk)

In den kalten Ofen ist übel blasen.
Deutsches Sprichwort

Offenbarung

Der Sinn ist da
im menschlichen Leben,
was wir brauchen,
ist die Offenbarung dieses Sinns.
Anaïs Nin, Der Künstler als Magier

Die Offenbarung des Unerkannten und
Verborgenen der göttlichen Weisheit
kommt von selbst. Die Wahrheitsliebe
gleicht einer immer währenden,
ungetrübten und kostbaren Kindheit.
Die größten Geheimnisse offenbart
der Herr den Kindern und hält sie
den Klugen und den so genannten
Weisen unserer Zeit verborgen.
Papst Johannes XXIII., Geistliches Tagebuch
(Geistliche Notizen), 27. November 1940

Eine Idee, die anregen soll,
muss zu dem Einzelnen kommen
mit der Wucht einer Offenbarung.
William James,
Die religiöse Erfahrung in ihrer Mannigfaltigkeit

Hier habe ich die Stelle gefunden,
wo du geoffenbart gefunden wirst;
sie ist umzäunt mit der Koinzidenz
der Gegensätze. Das ist die Mauer
des Paradieses, in dem du wohnst.
Seine Pforte bewacht der stolze
Verstand. Wird dieser nicht besiegt,
so öffnet sich das Tor nicht zum
Eingange.
Nikolaus von Kues, Über die Schauung Gottes

Jedem aber wird die Offenbarung
des Geistes geschenkt,
damit sie anderen nützt.
Neues Testament, Paulus (1 Korinther 12, 7)

Lasst euch nur einmal
eine Offenbarung aufbürden,
und man wird euch bald
so viel Unsinn offenbaren,
dass ihr vor Angst in der Nacht
den Großen Bär und am Tage
die Sonne nicht finden könnt.
Johann Gottfried Seume, Apokryphen

Musik kann eine unmittelbare Offenbarung sein und ist es beinahe auch,
da sie nur wenig Deutungsarbeit vom
verständigen, willigen Hörer verlangt.
Yehudi Menuhin, Variationen

Offenbarung ist
das einzige Bedürfnis des Geistes,
denn das Höchste ist allemal
das einzige Bedürfnis.
Bettina von Arnim, Tagebuch

Prophetie oder Offenbarung ist die
von Gott den Menschen offenbarte
sichere Erkenntnis einer Sache.
Baruch de Spinoza, Tractatus theologico-politicus

So ist das anscheinend im Leben.
Für Offenbarungen ist weder Zeit
noch Raum vorhanden.
Anne Morrow Lindbergh, Blume und Nessel

Wenn aber noch
einem anderen Anwesenden
eine Offenbarung zuteil wird,
soll der Erste schweigen;
einer nach dem anderen
könnt ihr alle prophetisch reden.
So lernen alle etwas,
und alle werden ermutigt.
Neues Testament, Paulus (1 Korinther 14, 30–31)

Wenn nun Gott
den Menschen eine Offenbarung gibt,
welche alle zu glauben verbunden sind,
so muss sie auf Beweisen beruhen,
die für alle gültig sind,
also auch ebenso verschieden sind
wie die Fassungsart derer,
die sie annehmen sollen.
Jean-Jacques Rousseau, Dritter Brief vom Berge

Zu geistiger Offenbarung
gehört der Wille, den Geist zu entfalten.
Bettina von Arnim,
Clemens Brentanos Frühlingskranz

Offenheit

Am weitesten kommt man,
wenn man mit jedem ganz offen redet,
wie ihm der Schnabel gewachsen ist.
Robert Lembke, Das Beste aus meinem Glashaus.
Humoristisches und Satirisches

An manchem Ort
wär' volle Offenheit
Nur lächerlich
und schwerlich an der Zeit.
Molière, Der Menschenfeind (Philinte)

Dein Gesicht sei offen,
deine Gedanken verschlossen.
Philipp Stanhope Earl of Chesterfield, Briefe über
die anstrengende Kunst, ein Gentleman zu werden

Den Menschen und den Sachen
gerade in die Augen zu sehen
und sich dabei auszusprechen,
wie einem eben zumute ist,
dieses bleibt das Rechte,
mehr soll und kann man nicht tun.
Johann Wolfgang von Goethe, Briefe
(an August von Goethe, 25. Juni 1830)

Die Furcht entschuldige
mit keinem Zwange ihr Schweigen.
Wer nichts anderes aussprechen will
als das Gute – aber nicht sich oder
schlechtes Hassen und Schmeicheln –,
kann stets unangefochten reden.
Jean Paul, Dämmerungen für Deutschland

Die unverblümte Offenheit
verblüfft mehr,
als dass sie sich beliebt macht.
Sully Prudhomme, Gedanken

Es ist mit den menschlichen Dingen so,
dass, je mehr man sie besitzt und hält,
desto weniger hält man von ihnen,
denn die offene Mitteilung
legt die Unvollkommenheit offen dar,
welche die Behutsamkeit bedeckte.
Baltasar Gracián y Morales,
Handorakel und Kunst der Weltklugheit

Frei und offen
kann man sich nur aussprechen
in der Hoffnung auf Einvernehmen,
und man kann nur auf Einvernehmen
mit solchen hoffen, die schon halb
unserer Ansicht sind.
Joseph Joubert, Gedanken, Versuche und Maximen

Man sollte für gewöhnlich
offen sein, ohne die Verstellung
doch ganz zu verschmähen.
Francesco Guicciardini, Ricordi

Man sollte immer anständig spielen,
wenn man die Trümpfe
in der Hand hat.
Oscar Wilde

Offenheit verdient
immer Anerkennung.
Otto von Bismarck, Reden (in der preußischen
Zweiten Kammer, 24. November 1849)

Regel: die Dinge beim Namen nennen.
Leo N. Tolstoi, Tagebücher (1851)

Verstellung ist der offnen Seele fremd.
Friedrich Schiller, Die Piccolomini (Oktavio)

Vielleicht hätte man
viel mehr Dank und Vorteil vom
Leben, wenn man sich wechselweise
gerade heraus ausspräche,
was man voneinander erwartet.
Johann Wolfgang von Goethe, Italienische Reise

Wer aus sich herauslebt,
tut immer besser,
als wer in sich hineinlebt.
Johann Gottfried Seume, Apokryphen

Wer nicht wagt,
offen von sich zu sprechen,
dem fehlt es irgendwie an Mut.
Michel Eyquem de Montaigne, Die Essais

Wer verlangt,
dass mit offenen Karten gespielt wird,
hat gewöhnlich
alle Trümpfe in der Hand.
Graham Greene

Offenherzigkeit

Die einzige Art zu betrügen,
die zuweilen noch Erfolg hat,
ist – offenherzig zu sein.
Ludwig Börne, Aphorismen

Die Offenherzigen werden geliebt,
aber betrogen.
Baltasar Gracián y Morales,
Handorakel und Kunst der Weltklugheit

Öffentliche Meinung

Die Meinung
ist die Königin der Welt,
weil die Dummheit
die Königin der Schwachköpfe ist.
Chamfort, Maximen und Gedanken

Die meisten Menschen
sind nichts und gelten nichts,
bis sie sich in
allgemeine Überzeugungen
und öffentliche Meinungen
eingekleidet haben
– nach der Schneider-Philosophie:
Kleider machen Leute.
Friedrich Nietzsche, Menschliches, Allzumenschliches

Die öffentliche Meinung
bildet eine Volksbewaffnung,
die unbesiegbar ist,
und welcher das stehende Heer
der Regierungsgedanken
früher oder später unterliegen muss.
Ludwig Börne, Die Freiheit der Presse in Bayern

Die öffentliche Meinung ist das Echo
der veröffentlichten Meinung.
Lothar Schmidt

Die öffentliche Meinung
ist die Dirne unter den Meinungen.
Marie von Ebner-Eschenbach, Aphorismen

Die öffentliche Meinung
ist jene politische Macht,
die in der Demokratie sicherlich
das Schlimmste verhindert.
Mit derselben Sicherheit
verhindert sie das Beste.
Helmar Nahr

Die öffentliche Meinung muss man
mit ihren eigenen Waffen angreifen;
man schießt nicht
mit Gewehren auf Ideen.
Antoine Comte de Rivarol, Maximen und Reflexionen

Die öffentliche Meinung
wird verachtet von
den erhabensten und von den
am tiefsten gesunkenen Menschen.
Marie von Ebner-Eschenbach, Aphorismen

Die öffentlichen Institutionen
befinden sich in der Hand der Männer,
die öffentliche Meinung
in der Hand der Frauen.
Und die öffentliche Meinung
ist millionenfach stärker
als alle Gesetze und Armeen.
Leo N. Tolstoi, Tagebücher (1897)

Eine Frau glaubt
aus dem ersten besten Dummkopf
die Stimme der Öffentlichkeit
zu vernehmen oder aus der nächsten
falschen Freundin, die sich als deren
echte Vertreterin aufspielt.
Stendhal, Über die Liebe (Fragmente)

Es gibt Zeiten,
wo die öffentliche Meinung
die schlechteste aller Meinungen ist.
Chamfort, Maximen und Gedanken

Es ist gleich schwach und gefährlich,
die öffentliche Stimme
zu viel und zu wenig zu achten.
Johann Gottfried Seume, Apokryphen

Je höher
ich in der öffentlichen Meinung steige,
um so tiefer
sinke ich in meiner eigenen.
Leo N. Tolstoi, Tagebücher (1854)

Jedermann spricht
von der öffentlichen Meinung und
meint damit die öffentliche Meinung
minus der seinigen.
Gilbert Keith Chesterton, Heretiker

Man kann wetten,
dass jede öffentliche Meinung,
jede allgemeine Konvention
eine Dummheit ist,
denn sie hat der großen Menge gefallen.
Chamfort, Maximen und Gedanken

Öffentliche Meinungen über Themen,
die dem Verstand schwer zugänglich
sind, sind oft richtig, aber selten
oder nie die ganze Wahrheit.
John Stuart Mill, Die Freiheit

Was die Gesellschaft
öffentliche Meinung nennt,
heißt beim einzelnen Menschen
Vorurteil.
Heinrich Waggerl, Nachlass

Was man über einen Menschen sagt,
ändert ihn nicht. Er ist, was er ist.
Die öffentliche Meinung ist
von keinerlei Wert.
Oscar Wilde,
Die Seele des Menschen unter dem Sozialismus

Was manche sagen,
mag wahr sein;
was alle sagen,
muss wahr sein.
Sprichwort aus Schottland

Weder Vernunft
noch Tugend noch Gesetze werden
die öffentliche Meinung überwinden,
solange man die Kunst,
sie zu ändern, nicht kennt.
Jean-Jacques Rousseau, Brief an d'Alembert

Wer in der Gesellschaft lebt,
ist von Geburt an
Sklave der öffentlichen Meinung.
Honoré de Balzac, Physiologie der Ehe

Wir betrügen uns um das,
was wir wirklich brauchen können,
weil wir uns äußerlich auf
die öffentliche Meinung einstellen:
Es liegt uns nicht so viel daran,
wie unser Wesen innerlich und
in Wirklichkeit beschaffen ist,
als daran, wie es sich vor
der Öffentlichkeit ausnimmt.
Michel Eyquem de Montaigne, Die Essais

Öffentlichkeit

Die Kunst ist eine sehr
öffentliche Angelegenheit
und Gegenstand eines sehr
allgemeinen Interesses.
Konrad Fiedler, Schriften zur Kunst. Bd. 1

Die Öffentlichkeit
hat eine unersättliche Neugier,
alles zu wissen,
nur nicht das Wissenswerte.
Oscar Wilde

Die Öffentlichkeit
ist der Gestank einer Senkgrube und
die Politik das Gebiet von Reduzierten.
Gottfried Benn, an Thilo Koch, 12. Oktober 1950

Diplomatie und Öffentlichkeit
gehen eine Verbindung ein
wie Feuer und Wasser:
Die Diplomatie zischt
und wird zu Wasser.
Ludwig Marcuse, Argumente und Rezepte.
Ein Wörter-Buch für Zeitgenossen

Manche Leute
müssen über ihre Dummheit
durchaus öffentlich quittieren.
Christian Morgenstern, Stufen

Wer in der Öffentlichkeit
Kegel schiebt, muss sich gefallen lassen,
dass nachgezählt wird,
wie viel er getroffen hat.
Kurt Tucholsky

Wer in die Öffentlichkeit tritt,
hat keine Nachsicht zu erwarten
und keine zu fordern.
Marie von Ebner-Eschenbach, Aphorismen

Offizier

Eine friedliche und einträchtige Welt
ist der geheime Alptraum
der Offiziere und Advokaten.
Norman Mailer

Gesteigerte Anforderungen
stellt der Krieg an den Offizier,
welcher das Vertrauen der Soldaten
durch sein persönliches Verhalten
zu erwerben hat.
Helmuth Graf von Moltke, Verordnungen
für die höheren Truppenführer (24. Juni 1869)

Offizier werden,
das heißt Macht bekommen.
August Strindberg, Der Sohn der Magd

Ohnmacht

Die Ohnmächtigen
verbeugen sich immer
vor der Vergangenheit.
Francis M. de Picabia, Aphorismen

Es sind nicht alle krank,
die in Ohnmacht fallen.
Deutsches Sprichwort

Haß ist stets Selbsthaß:
Man haßt seine Ohnmacht.
Walter Hilsbecher

Ironie ist keine Waffe,
sondern eher ein Trost
der Ohnmächtigen.
Ludwig Marcuse

Ohr

Das Auge bevorteilt
gar leicht das Ohr
und lockt den Geist
von innen nach außen.
Johann Wolfgang von Goethe,
Wilhelm Meisters Wanderjahre

Das Ohr ist der Weg zum Herzen.
Sprichwort aus Frankreich

Des Menschen Geist
wohnt in den Ohren:
Wenn er etwas Gutes höret,
so erfüllet er den Leib
mit Wohlgefallen;
höret er aber das Gegenteil,
so brauset er auf.
König Xerxes I., überliefert von Herodot (Historien)

Die Metapher: »Zum einen Ohr rein
und zum anderen raus« hat
das wichtigste Ergebnis verdrängt:
dass es gar nicht erst
ins eine Ohr reingeht.
Ludwig Marcuse, Argumente und Rezepte.
Ein Wörter-Buch für Zeitgenossen

Die Ohren sind Straße und Kanal,
durch die die Stimme
zum Herzen kommt.
Chrétien de Troyes, Yvain

Du hast zwei Ohren und einen Mund;
Willst du's beklagen?
Gar vieles sollst du hören und
Wenig drauf sagen.
Friedrich Rückert, Gedichte

Ein Ohr hört dir geduldig zu,
und tiefen Dank empfindest du.
Doch manchmal merkst du hinterher:
Das Ohr war offen – aber leer.
Karl-Heinz Söhlker, Es schadet nichts, vergnügt zu sein

Es krabbelt wohl mir um die Ohren,
Allein zum Herzen dringt es nicht.
Johann Wolfgang von Goethe, Faust II (Mephisto)

Frage dich einmal selbst,
worauf das hindeutet,
dass du mehr Ohren hast
als Münder?
Heinrich von Kleist, Briefe
(an Wilhelmine von Zenge, 16.–18. November 1800)

Lärm: Gestank im Ohr.
Ambrose Bierce

Manch einer macht die Ohren auf,
wenn er es aber nicht
mit dem Herzen aufnimmt,
dann hat er nichts als leeren Schall.
Hartmann von Aue, Iwein

Manche Ohren haben Wände.
Robert Lembke, Steinwürfe im Glashaus

Mauern haben Löcher,
Wände haben Ohren.
Chinesisches Sprichwort

Mit dem Ohr der Menschheit
ist es so beschaffen, dass es
den Schall zu verschlafen und erst
durch das Echo zu erwachen pflegt.
Arthur Schnitzler, Buch der Sprüche und Bedenken

Nie wird ein Auge satt,
wenn es beobachtet,
nie wird ein Ohr vom Hören voll.
Altes Testament, Kohelet 1, 8

Nur ein Narr hört alles,
was ihm zu Ohren kommt.
Austin O'Malley

Was das Ohr nicht hört,
belastet nicht das Herz.
Chinesisches Sprichwort

Weit ist der Weg
vom Ohr zum Herzen,
aber noch weiter ist der Weg
zu den helfenden Händen.
Josephine Baker

Wer Ohren hat, der höre!
Neues Testament, Matthäus 13, 43 (Jesus)

Zum einen Ohr hinein,
zum andern wieder hinaus.
Deutsches Sprichwort

Oktober

Der Nebel steigt, es fällt das Laub;
Schenk ein den Wein, den holden!
Theodor Storm, Oktoberlied

Es ist kalt, eisig kalt.
Ich sehe die Sonne am Himmel flattern
wie ein fadenscheiniges Banner
in der Ferne.
Katherine Mansfield, Briefe (11. Oktober 1917)

Hält der Oktober das Laub,
wirbelt zu Weihnachten Staub.
Bauernregel

Ist der Oktober kalt,
macht er dem Raupenfraß Halt.
Bauernregel

Ist der Oktober warm und fein,
kommt scharfer Winter hinterdrein.
Ist er aber nass und kühl,
mild der Winter werden will.
Bauernregel

Oktobergewitter sagen beständig:
Der kommende Winter
wird wetterwendig!
Bauernregel

Oktobersonnenschein
schüttet Zucker in den Wein.
Bauernregel

Ölung

Die Letzte Ölung aber
ist eine Salbung zur Heilung.
Thomas von Aquin,
Kommentar zum Sentenzenbuch des Petrus Lombardus

In der Letzten Ölung
wird der Mensch dazu bereitet,
unvermittelt die Herrlichkeit
zu empfangen.
Thomas von Aquin, Summa theologica

Olympia

Denn wie wir nach Olympia reisen,
um des Zuschauens selbst willen,
auch wenn nichts Weiteres dabei
herauskommt (denn die Anschauung
selbst ist mehr wert als viel Geld) (...),
so ist die Anschauung des Weltalls
dem vorzuziehen, was nützlich scheint.
Aristoteles, Protreptikos

Für die Olympischen Spiele
stellten alle griechischen
Völkerschaften ihre Kriege ein
und fanden sich froh und friedlich
bei den schönern Kämpfen der Musen
und unblutiger Kräfte zusammen.
Jean Paul, Dämmerungen für Deutschland

Wie in Olympia nicht die schönsten und
stärksten Männer den Kranz erhalten,
sondern nur die Kämpfer – denn nur
aus ihnen gehen die Sieger hervor –,
so wird auch nur denen, die recht
handeln, das, was im Leben schön
und gut ist, zuteil.
Aristoteles, Nikomachische Ethik

Oper

Das Zubehör eines Sängers:
ein großer Brustkorb,
ein großer Mund,
neunzig Prozent Gedächtnis,
zehn Prozent Intelligenz,
sehr viel schwere Arbeit
und ein gewisses Etwas im Herzen.
Enrico Caruso

Der Opernsänger
lebt wie ein Spitzensportler.
Mit dem Unterschied,
dass er keinen Start absagen darf.
Hans Beirer

Immer, wenn es in der Oper
erotisch wird, muss das Cello her.
Deshalb ist »Tristan« die Cello-Oper
par excellence.
Siegfried Palm

In der Liebe halten die Bässe,
was die Tenöre versprechen.
Nellie Melba

In der Oper wird durch Musik hörbar,
was Menschen gegeneinander treibt
und miteinander versöhnt,
was sie entzweit und verbindet.
Oper ist, wie alles Theater, bewegte
Handlung, und sie ist bewegend –
hoffentlich. Die Musik macht hörbar,
was die handelnden Menschen bewegt.
Bewegung und Bewegtheit,
im kinetischen und im seelischen Sinn.
August Everding,
Rede am 9. April 1992 im Stadttheater Bremerhaven

Intellektuell lässt sich kein Unterschied
zwischen Tenören und Bässen ausmachen. Wenn Tenöre Unsinn reden, tun
sie's eben um eine Oktave höher.
Thomas Beecham

Nicht immer sind an einem Misserfolg
die Sänger Schuld.
Es gibt auch indisponiertes Publikum.
Leonie Rysanek

Über die Musik will ich Ihnen
nichts sagen; Sie kennen sie.
Wovon Sie aber keine Vorstellung
haben können, das ist das schreckliche
Geschrei, das anhaltende Brüllen,
welches das ganze Stück hindurch
von der Bühne schallt.
Jean-Jacques Rousseau,
Julie oder Die neue Héloïse (Saint-Preux)

Opfer

Beglückt,
wer Treue rein im Busen trägt,
Kein Opfer wird ihn je gereuen!
Johann Wolfgang von Goethe, Faust I (Faust)

Das allergeringste Opfer
kann so viel verändern.
Mutter Teresa

Das Ideal läßt sich am besten
an den Opfern messen,
die es verlangt.
Carl Friedrich von Weizsäcker

Das Opfer liegt
– die Raben steigen nieder.
Friedrich Schiller, Wilhelm Tell (Stüßi)

Das scheinbar am unnötigsten
gebrachte, törichtste Opfer
steht der absoluten Weisheit
immer noch näher
als die klügste Tat der so genannten
berechtigten Selbstsucht.
Marie von Ebner-Eschenbach, Aphorismen

Dass man überhaupt so was kann,
sich opfern, das ist das Große.
Theodor Fontane, Der Stechlin

Dem Teufel opfert man am meisten.
Deutsches Sprichwort

Denn Opfer, wie sie Liebe bringt,
Das sind die schmerzlichsten von allen.
Johann Wolfgang von Goethe, Ich bliebe gern

Der Geist ist stets bereit,
tausend Seelen aufzuopfern
auch zugunsten eines fernsten Ziels;
das Herz, je größer es ist, opfert
immer nur sich selbst, auch wenn
das Ziel sich schon ganz nahe zeigt.
Arthur Schnitzler,
Aphorismen und Betrachtungen aus dem Nachlass

Der Not anderer
kann man nur durch Opfer abhelfen,
Opfer sind immer leise,
leicht und freudig.
Leo N. Tolstoi, Tagebücher (1901)

Der Rhein will alle Jahr
sein Opfer haben.
Deutsches Sprichwort

Doch wenn das Mächtige,
das uns regiert,
Ein großes Opfer heischt,
wir bringen's doch,
Mit blutendem Gefühl,
der Not zuletzt.
Johann Wolfgang von Goethe,
Die natürliche Tochter (Sekretär)

Einige von den Gläubigen
verkaufen ihre Sklaven
den Heiden zur Opferung.
Wir ersuchen dich,
diese eindringlich zurechtzuweisen
und es nicht weiter
geschehen zu lassen;
denn es ist Verbrechen
und Gottlosigkeit.
Papst Gregor III., Briefe (an Bonifatius, 732)

Entweder ist Tugend ein leerer Name,
oder sie fordert von uns Opfer.
Jean-Jacques Rousseau,
Julie oder Die neue Héloïse (Julie)

Große Opfer sind Kleinigkeiten,
die kleinen sind es, die schwer sind.
Heinrich von Kleist, Briefe (an Wilhelmine von Zenge,
31. Januar 1801)

Ich gebe zu,
dass der sich nicht Verteidigende
zunächst ein schweres Opfer
auf sich nimmt, aber ein Opfer
im Dienst der weiteren Gemeinschaft
und der höheren Entwicklung.
Aber: Ohne Opfer ist kein
wirklicher Fortschritt zu erzielen.
Albert Einstein, Über den Frieden

Ich habe nun ein Ziel:
Mein Glück für das eines anderen
zu opfern,
und vielleicht dadurch
selber glücklich zu werden.
Alma Mahler-Werfel, Mein Leben

Im Ganzen können wir
vieles aufopfern,
aber uns im Einzelnen herzugeben,
ist eine Forderung,
der wir selten gewachsen sind.
Johann Wolfgang von Goethe,
Die Wahlverwandtschaften

Indem ich mich aufopfere,
kann ich fordern.
Johann Wolfgang von Goethe,
Die Wahlverwandtschaften

Jedes Mal, wenn man eine Wahl trifft,
muss man ein Opfer bringen.
Sylvia Plath, Briefe nach Hause (5. November 1957)

Kein Opfer ohne Salz.
Deutsches Sprichwort

Keine Opfer, bitte.
Katherine Mansfield, Tagebücher

Lasst Opferer uns sein,
nicht Schlächter.
William Shakespeare, Julius Caesar (Brutus)

Nichts kann so sehr sichtbar werden
wie das, was wir ohne Rest geopfert
haben. Opfern als Optik.
Heimito von Doderer, Repertorium. Ein Begriffbuch
von höheren und niederen Lebens-Sachen

Nur wenige Träumer opfern
heute noch ihr Leben,
um nach dem rechten Weg zu suchen.
Hans Arp, Unsern täglichen Traum... (1914–1954)

Nur wer sich selbst verbrennt,
wird den Menschen
ewig wandernde Flamme.
Christian Morgenstern, Stufen

Ohne Aufopferung
lässt sich keine Freundschaft denken.
Johann Wolfgang von Goethe,
Wilhelm Meisters Lehrjahre

Opfer fallen hier,
Weder Lamm noch Stier,
Aber Menschenopfer unerhört.
Johann Wolfgang von Goethe, Die Braut von Korinth

Opfer kehren oft
zum Ort der Tat zurück,
um sich der guten alten Zeiten
zu erinnern.
Wieslaw Brudziński

Opfere den zehnten Teil
von allem, worüber du verfügst,
für das Wohl anderer.
Leo N. Tolstoi, Tagebücher (1847)

Selbstaufopferung ist eine Sache,
welche die Menschen demoralisiert,
für die wir uns aufopfern.
Oscar Wilde

Selten sind unsere Aufopferungen tätig,
wir tun gleich Verzicht auf das,
was wir weggeben.
Johann Wolfgang von Goethe,
Wilhelm Meisters Lehrjahre

Über Opfer und Aufopferung
denken die Opfertiere anders
als die Zuschauer:
Aber man hat sie von jeher
nicht zu Worte kommen lassen.
Friedrich Nietzsche, Die fröhliche Wissenschaft

Um manche Delikte zu begreifen,
genügt es, wenn man die Opfer kennt.
Oscar Wilde

Um sich zu retten,
gibt es nur ein Mittel
– seinen Ruf opfern.
Francis M. de Picabia, Aphorismen

Wem ein Opfer zu weit geht,
der darf sich nicht wundern,
wenn er nicht weit kommt.
Heimito von Doderer, Repertorium. Ein Begriffbuch
von höheren und niederen Lebens-Sachen

Wer den Kampf (auch als so genannten friedlichen Wettbewerb) verklärt,
kennt ihn nicht, er ist immer ein Opfer.
Ludwig Marcuse, Argumente und Rezepte.
Ein Wörter-Buch für Zeitgenossen

Wer in einer Gesellschaft,
die gewohnt ist, dass viele
sehr laut alles Mögliche versprechen,
Opfer verlangt, der kann nicht sofort
und überall Zustimmung erwarten.
Helmut Kohl,
Notwendiger Dialog zwischen Politik und Wirtschaft.
Rede des Bundeskanzlers vor dem BDI in Bonn 1986

Wie schwer ist es,
dass der Mensch recht abwäge,
was man aufopfern muss gegen das,
was zu gewinnen ist!
Johann Wolfgang von Goethe,
Die Wahlverwandtschaften

Opium

Die Religion ist der Seufzer
der bedrängten Kreatur, das Gemüt
einer herzlosen Welt, wie sie der Geist
geistloser Zustände ist.
Sie ist das Opium des Volkes.
Karl Marx, Zur Kritik der Hegelschen Rechtsphilosophie

Kunst ist Opium fürs Volk.
Alexei Gan, in: H. Gassner/E. Gillen, Zwischen
Revolutionskunst und sozialistischem Realismus

Opportunismus

Opportunist – ein Jenachdemer.
Wilhelm Busch

Opportunisten sind Leute,
die den Bleistift
an beiden Enden spitzen.
Peter Wehle

Opportunisten sind Leute,
die schon heute die Windrichtung
von übermorgen kennen.
Alec Guinness

Opportunisten sind Prinzipienreiter,
die leicht umsatteln.
Lothar Schmidt

Opportunisten sind Raubvögel,
die kriechen.
Rudolf Rolfs

Weil ich gelernt,
wie ich mit Wölfen belle,
bin ich noch lange nicht
ihr Spielgeselle.
Gerhard Schumann, Stachelbeeren-Auslese, Abstand

Opposition

Das Gefühl braucht Opposition.
Wenn man schon aus Liebe heiratet,
sollten wenigstens die Eltern
dagegen sein.
Hermann Bahr

Dass sie alltäglich ist, macht
die alltägliche Opposition verdächtig.
Théodore Jouffroy, Das grüne Heft

Es ist die Aufgabe der Opposition,
die Regierung abzuschminken,
während die Vorstellung läuft.
Jacques Chirac

Gewaltanwendung ist unmöglich –
man erhöht die Gegenwirkung;
sich an den Regierungen zu beteiligen,
ist ebenfalls unmöglich, man würde
zum Werkzeug der Regierung.
Nur eines bleibt: Die Regierung mit
der Waffe des Gedankens, des Wortes,
der Lebensweise zu bekämpfen,
ihr keine Zugeständnisse zu machen,
sich nicht an ihr zu beteiligen,
um ihre Macht dadurch nicht noch
zu verstärken.
Leo N. Tolstoi, Tagebücher (1895)

Ich hätte gerne ein Regierungssystem,
in dem die, die etwas tun wollen,
an der Macht sind
– und die, die gerne reden,
die Opposition bilden.
Edward Heath

Opposition ist die Kunst,
etwas zu versprechen,
was die Regierung nicht halten kann.
Harold George Nicolson

Viele Politiker, die in der Opposition
geschmeidige Düsenjäger waren,
werden an der Macht
bedächtige Segelflieger.
Ignazio Silone

Optimismus

Der Optimist erklärt,
dass wir in der besten
aller möglichen Welten leben,
und der Pessimist fürchtet,
dass dies wahr ist.
James B. Cabell

Der Optimist
sieht bereits die Narbe über der
Wunde, der Pessimist
immer noch die Wunde unter der
Narbe.
Ernst Schröder

Der Optimist und der Pessimist
haben einen gemeinsamen Nenner:
Den Mist.
Carl Fürstenberg

Die Basis des Optimismus
ist schiere Furcht.
Oscar Wilde, Das Bildnis des Dorian Gray

Die große Mode ist jetzt
pessimistischer Optimismus:
Es ist zwar alles heilbar,
aber nichts heil.
Ludwig Marcuse, Argumente und Rezepte.
Ein Wörter-Buch für Zeitgenossen

Die Sonne geht unter,
damit Nacht werde
und Menschen sich über
eine neue Morgenröte freuen mögen.
Johann Gottfried Herder,
Ideen zur Philosophie der Geschichte der Menschheit

Die Welt ist rund, so rund,
dass Optimisten und Pessimisten
von Anfang an sich stritten,
ob sie denn richtig stünde.
Gilbert Keith Chesterton, Heretiker

Ein Optimist ist ein Mensch,
der von den Ereignissen
laufend dementiert wird.
Marcel Achard

Ein Optimist ist einer,
der Kreuzworträtsel mit Tinte löst.
Marcel Achard

Ein Optimist
ist in der Regel ein Zeitgenosse,
der ungenügend informiert ist.
John B. Priestley

Ein Optimist ist jemand,
der genau weiß,
wie traurig die Welt sein kann,
während ein Pessimist täglich neu
zu dieser Erkenntnis gelangt.
Peter Ustinov

Ein Optimist weiß genau,
wie traurig die Welt sein kann,
während es ein Pessimist
allmorgendlich neu herausfindet.
Peter Ustinov, Peter Ustinovs geflügelte Worte

Ein Pessimist ist ein bekehrter Optimist.
Jean Genet

Eine Optimistin ist eine Frau,
die Fettpölsterchen für Kurven hält.
Françoise Hardy

Er ist ein Optimist.
Er glaubt, dass es von ihm abhängt,
wann er Selbstmord begehen will.
Gabriel Laub

Es ist noch nicht aller Tage Abend.
Deutsches Sprichwort

Ich bin mein ganzes Leben Optimist
gewesen und habe an die Vernunft,
die Intelligenz des Menschen und
sein Gewissen geglaubt.
Julian Huxley

Ich bin nicht Optimist,
ich will Optimist sein.
Émile Zola

In jedem Falle
ist Hoffen besser als Fürchten;
wer nach Osten um die Erde schifft,
gewinnt einen Tag; wer nach Westen,
verliert einen; und obgleich beide
Schiffer dasselbe Alter behalten,
so will ich doch lieber der erste sein.
Jean Paul, Friedens-Predigt an Deutschland

Meine Mutter.
Es wird in mir Morgenröte,
und ich fühle den nahenden Tag.
Paula Modersohn-Becker, Briefe
(an die Mutter, 6. Juli 1902)

Nach den Wolken kommt die Sonne.
Alanus ab Insulis, Doctrinale minus

Optimist: ein Mensch,
der die Dinge nicht so tragisch nimmt,
wie sie sind.
Karl Valentin

Optimismus ist die extremste Form
der Verwegenheit.
AnatoleFrance

Optimismus ist eine Geistesstörung,
die sich in der Überzeugung
des Patienten äußert, es werde
in zehn Jahren nicht nur Comics,
sondern auch noch Bücher geben.
Hans Weigel

Optimisten haben ja keine Ahnung
von den freudigen Überraschungen,
die Pessimisten erleben.
Peter Bamm

Pessimismus wird nur
von den Optimisten verbreitet.
Die Pessimisten sparen ihn
für schlechtere Zeiten auf.
Gabriel Laub

Statt mich zu beklagen,
dass die Rose Dornen hat,
freue ich mich darüber,
dass die Dornen Rosen tragen,
dass auf der Hecke Blumen wachsen.
Joseph Joubert, Gedanken, Versuche und Maximen

Wenn man sich erst
an den Pessimismus gewöhnt hat,
dann ist er genauso angenehm
wie der Optimismus.
Arnold Bennett

Wer scharf denkt, wird Pessimist.
Wer tief denkt, wird Optimist.
Henri Bergson

Orakel

Das Tragische liegt nicht darin,
dass die Aussage des Orakels
zweideutig ist, sondern darin,
dass der Heide es nicht
zu unterlassen wagt,
sich bei ihm Rat zu holen.
Søren Kierkegaard, Der Begriff Angst

Die Natur,
so viel davon ein sterbliches Auge sieht,
gleicht abgebrochenen Orakelsprüchen
aus dem Munde der Gottheit.
Wilhelm Heinrich Wackenroder,
Herzensergießungen eines kunstliebenden Klosterbruders

Die Orakel haben
nicht sowohl aufgehört zu reden
als vielmehr die Menschen
ihnen zuzuhören.
Georg Christoph Lichtenberg, Sudelbücher

Die Orakel sehen und treffen ein,
Der Ausgang wird die Wahrhaftigen
loben.
Friedrich Schiller, Die Braut von Messina (Chor)

Nie hat ein Mann
sich auf den geheiligten Dreifuß
des delphischen Orakels gesetzt.
Die Rolle der Pythia steht nur
einer Frau an. Nur ein Weiberkopf
kann derart außer sich geraten,
dass er wahrhaftig das Nahen
eines Gottes ahnt; nur eine Frau
kann sich erregen, die Haare raufen,
schäumen, rufen: Ich fühle ihn,
ja, er ist es, der Gott ist da!
Denis Diderot, Über die Frauen

Orden

Einzuwilligen,
dass man einen Orden erhält, heißt,
dem Staat oder dem Fürsten das Recht
zuerkennen, einen zu beurteilen,
einem Ansehen zu verleihen.
Charles Baudelaire, Tagebücher

Es gibt auch Eitelkeit
mit umgekehrtem Vorzeichen.
Der wahre Snob
bemüht sich um Orden nur,
um sie nicht zu tragen.
Daniele Varè

Es gibt eine Logik
der Ordensverleihungen:
den ersten bekommt man,
weil man noch keinen hat;
den zweiten,
weil man schon einen hat;
den dritten,
weil ein anderer schon einen hat.
Alberto Sordi

»Ich diene, du dienst, wir dienen«
– so betet alle anstellige Tugend
hinauf zum Fürsten: dass der verdiente
Stern sich endlich an den schmalen
Busen hefte!
Friedrich Nietzsche, Also sprach Zarathustra

Mir tun alle leid,
die sich ohne Orden an der Brust
halb nackt fühlen.
Gustav Heinemann

Orden sind mir wurscht,
aber haben will ich sie.
Johannes Brahms

Was sind Orden?
Irrwische oder Sternschnuppen.
Novalis, Glauben und Liebe

Wer sich um das Kreuz der Ehrenlegion bewirbt, scheint zu sagen:
Wenn man mir für meine Pflichterfüllung keinen Orden verleiht,
werde ich es in Zukunft bleiben lassen.
Charles Baudelaire, Tagebücher

Zwar bin ich sehr gewohnt,
inkognito zu gehn;
Doch lässt am Galatag
man seine Orden sehn.
Johann Wolfgang von Goethe, Faust I (Mephisto)

Ordnung

Aufgabe der Naturwissenschaft
ist es nicht nur,
die Erfahrung zu erweitern,
sondern in diese Erfahrung
eine Ordnung zu bringen.
Niels Bohr

Bewahre deine Papiere,
deine Schlüssel und alles so,
dass du jedes einzelne Stück
auch im Dunkeln finden kannst.
Verfahre noch ordentlicher
mit fremden Sachen.
Adolph Freiherr von Knigge,
Über den Umgang mit Menschen

Das Leben kann sich nicht
ausdehnen, vervielfältigen, bereichern,
ohne sich zu ordnen.
Adam Heinrich Müller, Die Lehre vom Gegensatze

Die Basis einer gesunden Ordnung
ist ein großer Papierkorb.
Kurt Tucholsky

Die Freiheit ohne soziale
und wirtschaftliche Ordnung
lässt sich nicht denken.
Benedetto Croce,
Die Geschichte als Gedanke und als Tat

Die Gerechtigkeit bringt reine Ordnung,
aber man möchte uns gar zu gern
jede dumme Ordnung für Gerechtigkeit
verkaufen.
Johann Gottfried Seume, Apokryphen

Die Ordnung der Ideen
muss fortschreiten
nach der Ordnung der Gegenstände.
Giambattista Vico, Neue Wissenschaft

Die Ordnung
ist die Lust der Vernunft,
aber die Unordnung
ist die Wonne der Phantasie.
Paul Claudel

Die Ordnung
und Verknüpfung der Ideen ist dieselbe
wie die Ordnung
und Verknüpfung der Dinge.
Baruch de Spinoza, Ethik

Die perfekte Ordnung
verbirgt Unordnung.
Heinrich Nüsse

Die Trägheit ist der beste Kitt
der so genannten Ordnung.
Chinesisches Sprichwort

Du sollst dich nicht fürchten,
zu erfahren,
was deine bisherige Ordnung sprengt.
Ludwig Marcuse, Argumente und Rezepte.
Ein Wörter-Buch für Zeitgenossen

Durch Ruhe und Ordnung
kann die Demokratie
ebenso gefährdet werden
wie durch Unruhe und Unordnung.
Hildegard Hamm-Brücher

Es ist gewiss kein geringes Wagnis,
von zweifelhaftem Erfolg
und äußerst gefährlich,
eine neue Ordnung einzuführen.
Niccolò Machiavelli, Der Fürst

Gebraucht der Zeit,
sie geht so schnell von hinnen!
Doch Ordnung lehrt euch
Zeit gewinnen.
Johann Wolfgang von Goethe, Faust I (Mephisto)

Gut bei allem ist Ordnung.
Homer, Odyssee

Herrscht Ordnung
innerhalb der Menschheit,
so ist es ein Beweis,
dass Vernunft und Tugend
die Oberhand haben.
Luc de Clapiers Marquis de Vauvenargues,
Reflexionen und Maximen

Ihr Ordnungstrieb, nicht Kriegslust
hat die Preußen in Verruf gebracht.
Ernst Jünger

In einem aufgeräumten Zimmer
ist auch die Seele aufgeräumt.
Ernst von Feuchtersleben, Zur Diätetik der Seele

Jeder will Ordnung und Glück,
trotzdem liegen sich
alle in den Haaren.
Thornton Wilder

Keine Freiheit, wenn nicht
ein starker und mächtiger Wille
die gesetzte Ordnung sichert.
Joseph Joubert, Gedanken, Versuche und Maximen

Keine sittliche Ordnung
kann durch Gewalt erzwungen werden.
Stefan Zweig

Kunst ist Gewissheit vom Leben und
liegt jenseits von Zufall und Chaos –
Kunst ist Ordnung, wenn sie Kunst ist.
Conrad Felixmüller, Von ihm – über ihn

Mit den Worten Ordnung und Freiheit
wird man das Menschengeschlecht
immer wieder von der Despotie
zur Anarchie und von der Anarchie
zur Despotie führen.
Antoine Comte de Rivarol, Maximen und Reflexionen

Musik schafft Ordnung
aus dem Chaos: Denn der Rhythmus
bringt das Auseinanderstrebende
zur Einmütigkeit, die Melodie setzt
das Zusammenhanglose in Zusammenhang, und die Harmonie macht
das Unverträgliche verträglich.
Yehudi Menuhin, Variationen

Nur auf dem Begriff der Ordnung
kann jener der Freiheit ruhen.
Klemens Wenzel Fürst von Metternich,
Denkwürdigkeiten

Ordnung erhält die Welt.
Deutsches Sprichwort

Ordnung halten ist
eine glanz- und lichtlose Tugend.
Michel Eyquem de Montaigne, Die Essais

Ordnung hilft Haushalten.
Deutsches Sprichwort

Ordnung ist etwas Künstliches.
Das Natürliche ist das Chaos.
Arthur Schnitzler

Ordnung um der Ordnung willen
beschneidet den Menschen
seiner wesentlichen Kraft, der nämlich,
die Welt und sich selber umzuformen.
Das Leben schafft Ordnung, aber
die Ordnung bringt kein Leben hervor.
Antoine de Saint-Exupéry,
Brief an einen Ausgelieferten

Ordnung und Klarheit vermehrt
die Lust zu sparen und zu erwerben.
Johann Wolfgang von Goethe,
Wilhelm Meisters Lehrjahre

Ordnung und Ordnung allein
führen endgültig zur Freiheit.
Unordnung schafft Knechtschaft.
Charles Péguy, Cahiers de la Quinzaine (1905)

Ordnung zu stiften,
ist des Weisen Amt.
Thomas von Aquin, Summe gegen die Heiden

Und dann
gewöhne dich an absolute Ordnung;
nie zuletzt, sondern immer zuerst
zu deinen Pflichten kommen;
eines nach dem andern tun, aber gut,
mit Aufmerksamkeit, vor allem
mit großer Ruhe. Wenn du siehst,
dass die Ruhe in Gefahr gerät,
halte einen Augenblick still.
Papst Johannes XXIII., Briefe an die Familie
(Nichte Giuseppina R.), 20. Mai 1946

Ungeordnete Leute
fürchten sich immer vor geordneten.
Niccolò Machiavelli, Kriegskunst

Unordnung ist die Wonne
der Phantasie.
Paul Claudel

Vom höchsten Ordnungssinn
ist nur ein Schritt zur Pedanterie.
Christian Morgenstern, Stufen

Welchen Überblick
verschafft uns nicht die Ordnung,
in der wir unsere Geschäfte führen!
Johann Wolfgang von Goethe,
Wilhelm Meisters Lehrjahre

Wir sollen nicht verwerfen
der Alten Ordnungen,
sondern ihre Missbräuche.
Johannes Aventinus, überliefert bei
Julius Wilhelm Zincgref (Apophthegmata)

Zeiten der Ordnung
sind die Atempausen des Chaos.
Walter Hilsbecher

Zufriedene Menschen
sind die ordentlichsten.
Jean Paul, Leben des vergnügten
Schulmeisterlein Maria Wuz

Organ

Alle menschlichen Organe
werden irgendwann einmal müde,
nur die Zunge nicht.
Konrad Adenauer

Der Mensch ist eine
in der Knechtschaft seiner Organe
lebende Intelligenz.
Aldous Huxley

Jedes Organ wird durch seine Funktion
und seine Leistung bestimmt;
hat diese aufgehört, so kann man es
auch nicht mehr als dasselbe bezeichnen, außer eben dem Namen nach.
Aristoteles, Politik

Sich eines integrierenden Teils
als Organs berauben (verstümmeln),
z. B. einen Zahn zu verschenken
oder zu verkaufen, um ihn in
die Kinnlade eines andern zu pflanzen,
oder die Kastration mit sich vornehmen
zu lassen, um als Sänger bequemer
leben zu können, und dergleichen
gehört zum partialen Selbstmorde.
Immanuel Kant, Die Metaphysik der Sitten

Organisation

Organisation ist kein Selbstzweck,
sondern nur Mittel zum Zweck. Sie ist
so sparsam wie möglich einzusetzen.
Helmut Kohl, Neue Chancen für Kreativität
und Leistungsbereitschaft. In: Mitteilungen
des Hochschulverbandes, 3. Juni 1986

Organisieren heißt befehlen
– Geist und Hand trennen sich.
Oswald Spengler,
Urfragen. Fragmente aus dem Nachlass

Wo immer eine Organisation
(ein Orden, eine Partei) die Macht über
allen Mächten ist, sind am stärksten
unterdrückt: die Sinnlichkeiten.
Sie stören jede Geschäftsordnung.
Ludwig Marcuse, Argumente und Rezepte.
Ein Wörter-Buch für Zeitgenossen

Orgasmus

Augenblick: der Orgasmus der Zeit.
Walter Hilsbecher

Eine Liebende kann auch
im männlichen Orgasmus
einen Abschluss finden,
der sie befriedigt und entspannt.
Simone de Beauvoir, Das andere Geschlecht

Manch eine Frau stirbt, ohne je
den höchsten Genuss der Wollust
gekannt zu haben. Dieses Gefühl,
das ich mit einer flüchtigen Epilepsie
vergleichen möchte, empfinden sie
selten, während es uns entgegenkommt, sobald wir es herbeirufen.
Denis Diderot, Über die Frauen

Orientierung

Allzu viele Fragen,
allzu große Hoffnungen auf Rezepte
für eine Orientierung in unserer Zeit
bewegen die Gemüter.
Richard von Weizsäcker, Die Bedeutung des Gesprächs
zwischen Politik und Literatur (1986)

Es ist schwer,
sich nach Sternen zu orientieren,
die erloschen sind!
Alfred Polgar, Kleine Schriften, Band 3. Irrlicht

Original

Das so genannte Aus-sich-Schöpfen
macht gewöhnlich falsche Originale
und Manieristen.
Johann Wolfgang von Goethe,
Maximen und Reflexionen

Die Fälschung
unterscheidet sich vom Original
dadurch, dass sie echter aussieht.
Ernst Bloch

Es gibt keine Originale mehr,
sondern nur noch Kopien.
Günther Anders,
Die Antiquiertheit des Menschen. Bd. 2

Original, fahr hin in deiner Pracht!
Johann Wolfgang von Goethe, Faust II (Mephisto)

Snobismus ist die Fähigkeit,
sich als Original zu fühlen,
auch wenn man nur
eine Kopie ist.
Victor de Kowa

Originalität

Alles Gute, das besteht,
ist eine Frucht der Originalität.
John Stuart Mill, Die Freiheit

Also auch im Praktischen
ist Originalität unerlässlich:
Sonst passt, was man tut,
nicht zu dem, was man ist.
Arthur Schopenhauer, Aphorismen zur Lebensweisheit

Jeder Mensch trägt stets
einen Keim in sich,
der seine Originalität ausmacht,
jedes Individuum hat seine Geschichte.
August Strindberg, Der Sohn der Magd

Man sagt wenig Gründliches,
wenn man stets nach Originalität strebt.
Luc de Clapiers Marquis de Vauvenargues,
Reflexionen und Maximen

Nach meiner Erfahrung
sind die mächtigsten schöpferischen
Antriebe der Menschheit die, Recht
haben und originell sein zu wollen.
Yehudi Menuhin,
Kunst als Hoffnung für die Menschheit

Originalität ist die Kunst,
sich Bonmots zu merken
und zu vergessen,
von wem sie stammen.
Danny Kaye

Originelle Formulierungen
sind noch nicht originelle Einsichten.
Ludwig Marcuse, Argumente und Rezepte.
Ein Wörter-Buch für Zeitgenossen

Was nicht originell ist,
daran ist nichts gelegen,
und was originell ist,
trägt immer die Gebrechen
des Individuums an sich.
Johann Wolfgang von Goethe,
Maximen und Reflexionen

Ort

Bisweilen glauben wir, uns nach
einem fernen Orte zurückzusehnen,
während wir eigentlich uns nur
nach der Zeit zurücksehnen, die wir
dort verlebt haben, da wir jünger
und frischer waren.
Arthur Schopenhauer, Aphorismen zur Lebensweisheit

Den Ort verändern,
heißt nur ein Elend
mit dem andern vertauschen.
William Shakespeare, Die Tragödie von Cymbaline

Glaubst du, dass das Land
so leicht zu finden ist,
wo es allezeit erlaubt ist,
ein ehrlicher Mann zu sein?
Jean-Jacques Rousseau, Emile

Hüte dich vor Orten,
die dir allzu lieb waren!
Ovid, Heilmittel gegen die Liebe

Jeder Mensch hat in der Nähe
und in der Ferne gewisse örtliche
Einzelheiten, die ihn anziehen,
die ihm, seinem Charakter nach,
um des ersten Eindrucks, gewisser
Umstände, der Gewohnheit willen,
besonders lieb und aufregend sind.
Johann Wolfgang von Goethe,
Die Wahlverwandtschaften

Nicht du bist in dem Ort,
der Ort, der ist in dir;
Wirfst du ihn aus,
so steht die Ewigkeit schon hier.
Angelus Silesius, Der cherubinische Wandersmann

Verbrecher kehren manchmal
an den Ort ihres Verbrechens zurück.
Politiker werden wiedergewählt.
Karel Trinkewitz

Osten

Ost ist Ost, und West ist West,
und niemals treffen sich die beiden.
Rudyard Kipling, Balladen aus dem Biwak

Wenn dir's bei uns nun nicht gefällt,
So geh in deine östliche Welt.
Johann Wolfgang von Goethe, Zahme Xenien

Ostern

Das lang ersehnte Osterfest
ist schnell an einem Tag vorbei.
Sprichwort aus Frankreich

Die Marterwoch lass still vergehn,
dein Heiland wird schon auferstehn.
Deutsches Sprichwort

Dieses himmlische Fleisch wird mir
ein wonnevolles Ostermahl sein.
Bedecke es mit duftenden Gewürzen
und ein wenig Salz.
Ecbasis captivi in belehrender Gestalt (Wolf)

Grüne Fastnacht, weiße Ostern.
Bauernregel

Grüne Weihnachten, weiße Ostern.
Bauernregel

Grüner Christtag, weiße Ostern.
Bauernregel

Lichtmess im Klee, Ostern im Schnee.
Bauernregel

Nach der Marterwoche
kommt Ostertag.
Deutsches Sprichwort

Ostern ist die Zukunft des Menschen.
Hier wird er wieder der Mensch,
wie er geplant war.
August Everding,
Vortrag im Kloster Andechs, 29. Mai 1988

Ostern, wenn die Böcke lammen.
Deutsches Sprichwort

Regnet's am Ostertag,
so regnet's alle Sonntag.
Deutsches Sprichwort

Sie feiern
die Auferstehung des Herrn;
Denn sie sind selber auferstanden:
Aus niedriger Häuser
dumpfen Gemächern.
Johann Wolfgang von Goethe, Faust I (Faust)

Weihnachten im Klee,
Ostern im Schnee.
Deutsches Sprichwort

Österreich

Das ist mein größter Einwand
gegen Musik: dass Österreicher
darin exzelliert haben.
Arno Schmidt

Der Österreicher hat ein Vaterland
und liebt's und hat auch Ursach',
es zu lieben.
Friedrich Schiller, Wallensteins Tod (Wallenstein)

Der österreichische Dialekt
ist darum so hübsch, weil die Rede
beständig zwischen Sich-gehen-Lassen
und Sichzusammennehmen
hin und her spielt. Er gestattet damit
einen durch nichts anderes ersetzbaren
Reichtum der Stimmungswiedergabe.
Christian Morgenstern, Stufen

Die Parzen weben anderswo.
Du, Österreich, hast Grillen.
Friedrich Torberg

In der Welt geht's drunter und drüber;
aber Österreich geht nicht unter.
Egon Friedell

In Österreich wird jeder das,
was er nicht ist.
Gustav Mahler

In Österreich
wird man nur zum großen Mann,
wenn man etwas auffällig nicht tut.
Egon Friedell

Kriege mögen die anderen führen,
du, glückliches Österreich, heirate!
Denn die Königreiche,
die der Kriegsgott Mars
den anderen gibt,
gibt dir die Liebesgöttin Venus!
Herzog Rudolf IV. von Österreich, Siegel

Österreich ist ein Labyrinth,
in dem sich jeder auskennt.
Helmut Qualtinger

Österreich ist ein so stilles Land,
ein Land, in dem die Wohlfahrt
aller Klassen der Staatsbürger so
in Ruhe und Frieden gesichert ist,
dass man nicht viel
an geistige Genüsse denkt.
Germaine Baronin von Staël, Über Deutschland

Österreicher ist, wer es trotzdem ist.
Alexander Lernet-Holenia

Sei mir gegrüßt, mein Österreich,
Du herrlich blühender Gottesgarten,
Mit deinen Fluren Eden gleich,
Mit deiner Berge edlen Warten.
Franz Grillparzer, Gedichte

Wenn Lügen wirklich
kurze Beine hätten,
gäbe es in Österreich
ausschließlich Liliputaner.
André Heller

Zittre, du großes Österreich,
Vor deinen kleinen Beamten.
Eduard von Bauernfeld, Rheime und Rhythmen

P

Paar

Das Paar ist eine Gemeinschaft,
deren Mitglieder
ihre Autonomie verloren haben,
ohne sich gegenseitig
aus ihrer Einsamkeit zu erlösen.
Simone de Beauvoir, Das andere Geschlecht

Denn wo das Strenge mit dem Zarten,
Wo Starkes sich und Mildes paarten,
Da gibt es einen guten Klang.
Friedrich Schiller, Das Lied von der Glocke

Die menschlichen Seelen
wollen gepaart sein,
um ihren ganzen Wert zu erhalten.
Jean-Jacques Rousseau,
Julie oder Die neue Héloïse (Saint-Preux)

Einem Paar,
das füreinander geschaffen ist,
vermittle getrost die Heirat.
Chinesisches Sprichwort

Eis und Feuer
taugen nicht zu einem Paar.
Chinesisches Sprichwort

Ist je ein Paar alleine,
Ist Amor niemals weit.
Johann Wolfgang von Goethe, Annette

Vieles auf der Welt kommt zusammen,
aber selten die richtigen Paare.
August Strindberg

Wer in einem Restaurant
die Paare beobachtet, kann
aus der Länge der Gesprächspausen
Schlüsse auf die Dauer
der gemeinsam verlebten Zeit ziehen.
André Maurois, Die Kunst zu leben

Pack

Das Teufelspack,
es fragt nach keiner Regel.
Johann Wolfgang von Goethe, Faust I
(Proktophantasmist)

Pack schlägt sich,
Pack verträgt sich.
Deutsches Sprichwort

Palmsonntag

Ist Palmsonntag hell und klar,
so gibt's ein gut und fruchtbar Jahr.
Bauernregel

Ist Palmsonntag klar und rein,
sollt's ein gutes Zeichen sein.
Bauernregel

Wenn's am Palmsonntag regnet,
so hält die Erde keine Feuchtigkeit.
Bauernregel

Pankratius (12.5.)

Pankratius holt
seine Tuffeln (= Pantoffeln) wieder.
Bauernregel

Papier

Bei der nächsten Sintflut wird Gott
nicht Wasser, sondern Papier
verwenden.
Romain Gary

Blicke nicht in fremde Papiere.
Adolph Freiherr von Knigge,
Über den Umgang mit Menschen

Die Basis einer gesunden Ordnung
ist ein großer Papierkorb.
Kurt Tucholsky

Papier, das seine Jungfernschaft
noch nicht verloren hat
und noch mit der Farbe
der Unschuld prangt,
ist immer besser als gebrauchtes.
Georg Christoph Lichtenberg, Sudelbücher

Töte keinen Ackerbüffel,
wirf beschriebenes Papier nicht weg.
Chinesisches Sprichwort

Papst

Denn welcher Kluge fänd im Vatikan
Nicht seinen Meister?
Johann Wolfgang von Goethe,
Torquato Tasso (Antonio)

Der Papst hat das Wort aufgehoben
und ein anderes Wort hervorgebracht.
Martin Luther, Tischreden

Der Papst ist ein Bischof
wie ein anderer Bischof
über sein Bistum
und nichts weiter.
Jan Hus, Glaubensartikel, überliefert von
Siegmund Meisterlin (Chronik Nürnbergs)

Der Papst ist heute vermögender
als der reichste Crassus.
Martin Luther, Thesen über den Ablass

Der Papst stirbt,
das Papsttum aber ist unsterblich.
Voltaire, Die Briefe Amabeds

Der Schlechtigkeit der Päpste
verdankt die Menschheit vieles.
Oscar Wilde,
Die Seele des Menschen unter dem Sozialismus

Der Staat des Papstes hingegen
scheint sich nur zu erhalten,
weil ihn die Erde
nicht verschlingen will.
Johann Wolfgang von Goethe, Italienische Reise

Die schlechten Päpste liebten
die Schönheit fast so leidenschaftlich,
ja mit ebenso viel Leidenschaft,
wie die guten Päpste
das Denken hassten.
Oscar Wilde,
Die Seele des Menschen unter dem Sozialismus

Es gibt keinen Papst in der Politik.
Norbert Blüm, Unverblümtes von Norbert Blüm

Es kann nur einer Papst sein.
Deutsches Sprichwort

Es war im ersten Jahrtausend nicht so,
dass der Papst absolutistisch regierte,
und es braucht auch im dritten Jahrtausend nicht der Fall zu sein.
Hans Küng

Gott ist überall,
außer wo er seinen Stellvertreter hat.
Sprichwort aus Italien

Ich befürchte, die Stellvertreter Gottes
werden die Willfährigkeit der Menschen
so lange missbrauchen,
bis diese zuletzt
doch noch klug werden.
Voltaire, Die Briefe Amabeds

Ich bin der Papst,
der auf das Gaspedal drückt.
Papst Johannes XXIII.

Ich bin gewissermaßen
der Papst der Lutheraner
und das kirchliche Haupt
der Reformierten.
König Friedrich der Große,
Politisches Testament (1752)

Je näher dem Papst,
je schlimmerer Christ.
Deutsches Sprichwort

Keine zwei Dinge
konnten einander an sich fremder sein,
als das römische Papsttum
und der Geist deutscher Sitten.
Johann Gottfried Herder,
Ideen zur Philosophie der Geschichte der Menschheit

Man muss
Lehre und Leben unterscheiden.
Das Leben ist bei uns ebenso schlimm
wie bei den Päpstlichen.
Martin Luther, Tischreden

Rom hat gesprochen,
der Fall ist beendet.
Aurelius Augustinus, Sermones

Schrei flugs und wehre dich!
Der Papst hatte mich auch gebunden,
aber ich bin
meine Bande losgeworden.
Martin Luther, Tischreden

Unter dem Papsttum sind wir
allen Irrlehren ausgesetzt gewesen.
Der Grund ist:
Weil wir ohne den Glauben waren.
Der Glaube aber ist
wie der Mittelpunkt des Kreises.
Martin Luther, Tischreden

Wer den Papst zum Vetter hat,
braucht das Feuer der Hölle
nicht fürchten.
Sprichwort aus Spanien

Wer den Papst zum Vetter hat,
ist bald Kardinal.
Deutsches Sprichwort

Werden wir das Schwert
über dem Papst zücken,
so werden wir uns selber treffen.
Martin Luther, Tischreden

Wo der Papst ist,
da ist Rom.
Deutsches Sprichwort

Paradies

Das Fatale am Paradies ist, dass man
es nur im Leichenwagen erreichen kann.
Sascha Guitry

Das Leben ist
eine Quarantäne für das Paradies.
Karl Julius Weber, Democritos

Das Paradies der Erde
Liegt auf dem Rücken der Pferde,
In der Gesundheit des Leibes
Und am Herzen des Weibes.
Friedrich von Bodenstedt, Mirza Schaffy

Das Paradies habe ich mir immer
wie eine Art Bibliothek vorgestellt.
Jorge Luis Borges

Das Paradies kann man nur finden
auf dem Rücken eines Pferdes
und in den Armen seiner Geliebten.
Sprichwort aus Arabien

Das Paradies liegt allemal in uns,
nicht draußen in dem Bau der Welt,
der nur durch unser Auge schön wird,
und nicht in dem Tun der Menschen,
das nur durch unser sittliches Urteil
Bedeutung erhält.
Adalbert Stifter,
Briefe (an Amalia Stifter, 10. August 1866)

Der Erde Paradies und Hölle
Liegt in dem Worte Weib.
Johann Gottfried Seume, Der Mut

Der Gehorsam des Fleisches
gegen den Geist,
das heißt recht eigentlich Paradies.
Martin Luther, Tischreden

Der Leichenwäscher gibt
keine Gewähr für das Paradies.
Sprichwort aus Afrika

Die Erinnerung ist das einzige Paradies,
woraus wir nicht
vertrieben werden können.
Jean Paul, Die unsichtbare Loge

Die menschlichen Paradiese
halten nur so lange, wie man
sich nicht in ihnen niederlässt.
Werner Roß

Ein Augenblick, gelebt im Paradiese,
Wird nicht zu teuer
mit dem Tod gebüßt.
Friedrich Schiller, Dom Karlos (Karlos)

Ein Paradies könnte nur
außerhalb der Natur liegen,
und ein derartiges Paradies
kann ich mir nicht vorstellen.
Marlen Haushofer, Die Wand

Es ist besser, in einer Wüste wach zu
sein, als in einem Paradies zu schlafen.
Waldemar Bonsels

Es ist stets die Idee des Paradieses,
auf die es ankommt, und wenn
eine hinreichend ansprechende Illusion
erschaffen werden kann,
folgt die Wirklichkeit von selbst.
Tania Blixen, Motto meines Lebens

Gibt's kein Paradies,
Gibt's doch Paradiese!
Friedrich von Bodenstedt, Mirza Schaffy

Halte aber
das Paradies der inneren Wonne
nicht für einen körperlichen Ort.
Diesen Garten betritt man nicht
mit Füßen, sondern mit dem Herzen.
Bernhard von Clairvaux, Über die Bekehrung

Ich glaube, dass der rechte Weg,
ins Paradies einzugehen,
der sein würde,
den Weg zur Hölle kennen zu lernen,
um ihn zu meiden.
Niccolò Machiavelli,
Briefe (an Francesco Guicciardini, 17. Mai 1521)

Im Paradiese selber
träfe man wohl einen an,
den man nicht leiden kann.
Conrad Ferdinand Meyer

Jeder geliebte Gegenstand
ist der Mittelpunkt eines Paradieses.
Novalis, Blütenstaub

Küsse sind das, was von der Sprache
des Paradieses übrig geblieben ist.
Joseph Conrad

Mir gäb' es keine größre Pein,
Wär' ich im Paradies allein.
Johann Wolfgang von Goethe, Sprüche

Wenn auch auf Erden die goldne Zeit,
die Zeit des Paradieses längst vergangen
und der Mensch hinausgetrieben worden
in die letzten Kämpfe der Geschichte,
so erfreut sich vielleicht selbst noch
auf Planeten unsers Systems
die Natur ihrer ersten, noch nicht
aus dem ewigen Ursprung
abgewichenen Bewohner,
während vielleicht auf andern
der Kampf der Geschichte
schon geendet und der Mensch schon
zur letzten, höchsten Klarheit des Lebens
durchgedrungen ist.
Gotthilf Heinrich Schubert,
Ansichten von der Nachtseite

Wir sind nie wirklich
aus dem Paradiese vertrieben worden.
Wir leben und weben
mitten im Paradiese wie je,
wir sind selbst Paradies
– nur seiner unbewusst
und damit mitten im – Inferno.
Christian Morgenstern, Stufen

Wir sind unsere eigenen Teufel,
wir vertreiben uns
aus unserem Paradies.
Johann Wolfgang von Goethe,
Briefe (an E. W. Behrisch, 10. November 1767)

Paradox

Der Geist des Widerspruchs
und die Lust zum Paradoxen
steckt in uns allen.
Johann Wolfgang von Goethe, Dichtung und Wahrheit

Der Weg des Paradoxen
ist der Weg der Wahrheit.
Um die Wirklichkeit zu erkennen,
müssen wir sie
auf dem Seile tanzen sehen.
Oscar Wilde, Das Bildnis des Dorian Gray

Es mag ein Paradox sein,
aber in den Paradoxen liegt Wahrheit.
Gilbert Keith Chesterton, Heretiker

Paradox ist,
wenn bei einer Premiere alles,
was Rang hat,
im Parkett sitzt.
Willy Millowitsch

Parasit

Der Blutegel lässt nicht von der Haut,
bevor er sich nicht
mit Blut vollgesogen hat.
Ecbasis captivi in belehrender Gestalt (Löwe)

Der wahre Schmecker,
Der Tellerlecker,
Er riecht den Braten,
Er ahnet Fische;
Das regt zu Taten
An Gönners Tische.
Johann Wolfgang von Goethe, Faust II (Parasiten)

Man hat der Frau
die Rolle eines Parasiten zugewiesen:
Jeder Parasit
ist notwendigerweise ein Ausbeuter.
Simone de Beauvoir, Das andere Geschlecht

Wenn die Laus einmal im Pelze sitzt,
so ist sie schwer
wieder herauszubringen.
Deutsches Sprichwort

Parfüm

Frauen benutzen Parfüm,
weil die Nase leichter zu verführen ist
als das Auge.
Jeanne Moreau

Ich will lieber nach nichts riechen,
als lieblich zu riechen.
Martial, Epigramme

Wo die Beize der Vitalität nachlässt,
wird Herrenparfüm ruchbar.
Oliber Hassencamp

Paris

Gewiss kenne ich Paris.
Es ist ein wahres Chaos,
ein ewiges Gehaste und Gedränge,
wo jedermann Vergnügen sucht
und niemand es findet.
Voltaire, Candide oder Die beste der Welten

Man darf nur
das Wörtlein Paris sagen,
so ist es gerade,
als wenn man Welt sagt,
ja viel mehr.
Ernst Moritz Arndt

Mein Leipzig lob ich mir!
Es ist ein klein Paris
und bildet seine Leute.
Johann Wolfgang von Goethe, Faust I (Frosch)

Paris, das die Elite des Landes
in sich vereinigt,
nimmt dem Rest alles Interessante.
Germaine Baronin von Staël, Über Deutschland

Paris, die Stadt
der Freuden und Lustbarkeiten usw.,
in der vier Fünftel der Einwohner
an Kummer sterben!
Chamfort, Maximen und Gedanken

Paris ist eine Messe wert.
Heinrich IV., König von Frankreich, anlässlich seiner
Konversion zum katholischen Glauben

Paris ist Frankreich.
Johann Wolfgang von Goethe, überliefert von
Johann Peter Eckermann (Gespräche mit Goethe)

Paris ist seinen Bewohnern gleich.
Neben maßloser Verdorbenheit
eine kindliche Freude am Leben,
ein Sich-gehen-Lassen,
wie es die Natur am liebsten hat,
ohne viel zu fragen,
ob es gut oder schlecht geht.
Paula Modersohn-Becker, Briefe (29. Januar 1900)

Pariserinnen sind wahrhaft elegant.
Sie bekommen keinen Schreck,
wenn sie dreißig werden.
Peter Ustinov, Peter Ustinovs geflügelte Worte

Um echte Liebe in Paris zu finden,
muss man schon
zu den Klassen hinabsteigen, bei denen
anstelle der Erziehung und Eitelkeit
der Kampf ums tägliche Brot
besser für die Erhaltung der Kräfte sorgt.
Stendhal, Über die Liebe

Verrat, Mord und Diebstahl sind
hier ganz unbedeutende Dinge,
deren Nachricht niemand affiziert.
Heinrich von Kleist,
Briefe (an Luise von Zenge, 16. August 1801)

Wenn man in Paris Frau gewesen ist,
kann man es nirgendwo anders sein.
Charles de Secondat, Baron de la Brède et de Montesquieu, Meine Gedanken

Parlament

Am faulsten sind die Parlamente,
die am stärksten besetzt sind.
Winston Churchill

Der Deutsche Bundestag
ist mal voller und mal leerer,
aber immer voller Lehrer.
Otto Graf Lambsdorff

Die große Koalition ist die formierte
Gesellschaft des Parlaments zur Abwehr missgünstiger Wählereinflüsse.
Helmar Nahr

Eroberer, Mörder und Räuber haben
die arbeitenden Menschen unterworfen.
Nun, im Besitz der Macht,
ihre Arbeitsprodukte zu verteilen,
berufen sie zur Ausweitung,
Bewahrung und Festigung ihrer Macht

einige der Unterworfenen als Helfer
und gewähren ihnen dafür
einen Anteil an der Beute.
Leo N. Tolstoi, Tagebücher (1910)

Es ist mir vollständig gleichgültig,
ob in dem Reichstagskäfig
rote, schwarze oder gelbe Affen
herumspringen.
Kaiser Wilhelm II.

Heilig war mir und bleibe uns
das Recht und die Gewalt
unseres Königs.
Aber damit dieses Recht
und diese unumschränkte Gewalt
das Gute wirken kann, was in ihr liegt,
schien es mir notwendig,
der höchsten Gewalt
ein Mittel zu geben,
wodurch sie die Wünsche des Volkes
kennen lernen
und ihren Bestimmungen
Leben geben kann.
Heinrich Friedrich Karl Reichsfreiherr vom
und zum Stein, Politisches Testament (1808)

Körperschaften (Parlamente, Akademien, Versammlungen) können sich
noch so sehr erniedrigen – sie halten
sich durch ihre Masse,
und man vermag nichts gegen sie.
Ehrlosigkeit, Lächerlichkeit prallen
an ihnen ab
wie Flintenkugeln an einem Eber
oder einem Krokodil.
Chamfort, Maximen und Gedanken

Parodie

Die Parodie ist die aggressivste Form
der Nachahmung.
Arthur Koestler

Eine Parodie trifft, um zu töten.
Wenn sie nicht tötet,
ist sie misslungen.
Robert Nellmann

Unsere Zeit ist
eine Parodie aller vorhergehenden.
Friedrich Hebbel, Tagebücher

Wer Stil hat, ist parodierbar.
Joachim Kaiser, Was ist Parodie?

Partei

Allein kann der Mensch
nicht wohl bestehen,
daher schlägt er sich gern
zu einer Partei, weil er da,
wenn auch nicht Ruhe,
doch Beruhigung und Sicherheit findet.
Johann Wolfgang von Goethe,
Maximen und Reflexionen

Auch auf Parteien, wie sie heißen,
Ist heutzutage kein Verlass;
Sie mögen schelten oder preisen,
Gleichgültig wurden Lieb und Hass.
Johann Wolfgang von Goethe, Faust II (Schatzmeister)

Damit man etwas sei, um man selbst
und stets derselbe zu sein,
muss man so handeln, wie man redet;
muss man stets wissen,
welche Partei man ergreifen soll;
man muss sie öffentlich ergreifen
und ihr stets folgen.
Jean-Jacques Rousseau, Emile

Darf man Redlichkeit
von den Häuptern einer Partei erwarten?
Ihre Philosophie ist für die anderen;
ich brauche eine für mich.
Nun denn, so will ich sie,
solange noch Zeit ist,
sie mit allen Kräften suchen.
Jean-Jacques Rousseau,
Träumereien eines einsamen Spaziergängers

Das Los der Parteien wird
von den Parteilosen bestimmt.
Lothar Schmidt

Dem Menschen ist verhasst,
was er nicht glaubt
selbst getan zu haben;
deswegen der Parteigeist so eifrig ist.
Jeder Alberne glaubt,
ins Beste einzugreifen,
und alle Welt, die nichts ist,
wird zu was.
Johann Wolfgang von Goethe,
Maximen und Reflexionen

Denn leben und wirken heißt
ebenso viel als Partei machen
und ergreifen.
Johann Wolfgang von Goethe, German Romance

Der demagogische Charakter und die
Absicht, auf die Massen zu wirken,
ist gegenwärtig allen politischen
Parteien gemeinsam:
Sie alle sind genötigt,
der genannten Absicht wegen,
ihre Prinzipien zu großen Al-fresco-
Dummheiten umzuwandeln
und sie so an die Wand zu malen.
Friedrich Nietzsche, Menschliches, Allzumenschliches

Der Hass ich parteiisch,
aber die Liebe ist es noch mehr.
Johann Wolfgang von Goethe,
Die Wahlverwandtschaften

Der Ignorant weiß nichts,
der Parteimann will nichts wissen.
Marie von Ebner-Eschenbach, Aphorismen

Des tätgen Manns Behagen
sei Parteilichkeit!
Johann Wolfgang von Goethe, Pandora (Prometheus)

Die Fratze des Parteigeists
ist mir mehr zuwider
als irgendeine andere Karikatur.
Johann Wolfgang von Goethe,
Briefe (an Schiller, 17. Mai 1797)

Die größte Partei
ist immer eine Art Verschwörung
gegen den Rest der Nation.
Edward Wood Lord Halifax

Die Partei ist die Kampfgemeinschaft
von Intimfeinden.
Helmar Nahr

Die Partei wird immer
den Männern der Partei
die große Schüssel vorsetzen.
Heinrich Heine

Die Selbstständigkeit der Partei
bedingt die Unselbstständigkeit
der Parteiglieder.
Max Stirner, Der Einzige und sein Eigentum

Ein großer Staat regiert sich nicht
nach Parteiansichten.
Otto von Bismarck,
Reden (im preußischen Herrenhaus, 15. Januar 1867)

Eine jede Partei versucht,
das Bedeutende, das außer ihr
gewachsen ist,
als unbedeutend darzustellen;
gelingt es ihr aber nicht,
so feindet sie es um so bitterer an,
je vortrefflicher es ist.
Friedrich Nietzsche, Menschliches, Allzumenschliches

Eine Partei kann nicht nur
aus Flügeln bestehen,
sie muss auch einen Rumpf haben.
Amintore Fanfani

Eitelkeit ist eines der häufigsten
Motive der Parteinahme.
Carl Spitteler, Politische Sympathien und Antipathien

Es gibt keine Art von politischer
Überzeugung im parteimäßigen Sinne
– auch nicht von der ehrlichsten –,
die nicht mindestens mit einer Wurzel
in das durstige Erdreich
der Beschränktheit hinabreichte.
Arthur Schnitzler, Buch der Sprüche und Bedenken

Es ist in der Regel das Schicksal
der zum Siege gelangten Parteien,
über dem Sieg zu zerfallen.
Leopold von Ranke,
Zur Geschichte Deutschlands und Frankreichs

Es liegt im Wesen der Parteiflügel,
dass sie mehr Luftzug
als Bewegung erzeugen.
Alberto Sordi

Ich will der richtigen Partei
bis ans Feuer treu bleiben,
aber, wenn ich kann, nicht bis hinein.
Michel Eyquem de Montaigne, Die Essais

In jeder Partei ist einer,
der durch sein gar zu gläubiges
Aussprechen der Parteigrundsätze
die Übrigen zum Abfall reizt.
Friedrich Nietzsche, Menschliches, Allzumenschliches

Je entschiedener eine politische Partei
zur Macht gelangt, umso kläglicher
verflüchtigt sich die Idee,
in deren Zeichen sie den Sieg errang,
und als legitime Erben gebärden sich
die entarteten Bastarde der Idee:
die Dogmen.
Arthur Schnitzler, Buch der Sprüche und Bedenken

Je mehr in einer Partei
von Solidarität geredet wird,
desto weniger praktiziert man sie.
Mario Scelba

Jene machen Partei; welch unerlaubtes
Beginnen!
Aber unsre Partei, freilich, versteht
sich von selbst.
Johann Wolfgang von Goethe, Vier Jahreszeiten

Kein Name wird so sehr verehrt
und mit solcher Begeisterung verteidigt
als einer, der eine Patei ehrt.
Luc de Clapiers Marquis de Vauvenargues,
Nachgelassene Maximen

Keine Partei ist die deine.
Lucius Annaeus Seneca, Briefe über Ethik

Lasst mich euch nochmals
auf das Eindringlichste
vor den verderblichen Wirkungen
der Parteien warnen.
George Washington, Abschiedsbotschaft (1796)

Letzte Worte eines Intendanten:
Die Partei ist mir wurscht.
Robert Lembke, Steinwürfe im Glashaus

Man kann nicht zugleich
Richter und Partei sein.
Sprichwort aus Frankreich

Man muss Partei ergreifen.
Neutralität
nutzt nur dem Unterdrücker,
niemals dem Opfer.
Elie Wiesel

Manche Parteigänger
halten die Fahne ihrer Partei so hoch,
dass sie einen Wechsel der Farbe
nicht mehr bemerken.
Lothar Schmidt

Nichts ähnelt echter Überzeugung
mehr als beschränkter Starrsinn:
Darum gibt es Parteien, Cliquenwesen,
Ketzerei.
Jean de La Bruyère, Die Charaktere

Nichts hört man jetzt häufiger
als die Ermahnung,
seiner Partei treu zu bleiben,

nichts verachten Parteimenschen
so sehr als einen Parteigänger.
Man muss mit seiner Partei
durch dick und dünn laufen
und ihre Hauptgrundsätze
unbedingt gut heißen und vertreten.
Max Stirner, Der Einzige und sein Eigentum

Nichts verändert die Linie einer politischen Partei so sehr wie der Übergang
von der Opposition in die Regierung.
Carlo Manzoni

Oft ist es leichter,
eine Partei zu bilden,
als sich schrittweise
an die Spitze einer schon bestehenden
emporzuarbeiten.
Luc de Clapiers Marquis de Vauvenargues, Reflexionen
und Maximen

Partei ist der Wahnsinn der Vielen
zum Vorteil von Wenigen.
Alexander Pope, Vermische Gedanken

Partei wird alles,
wenn das blut'ge Zeichen
Des Bürgerkrieges ausgehangen ist.
Friedrich Schiller, Die Jungfrau von Orleans (Dunois)

Parteigeist
erniedrigt die größten Menschen
auf die Stufe des Volkes.
Jean de La Bruyère, Die Charaktere

Selbst bei einer absoluten Mehrheit
ist es Aufgabe der Partei,
weiterzudenken, als die Regierung
handeln kann.
Ist die Regierung
zufrieden mit der Partei,
dann hat die Partei
nicht weit genug gedacht.
Egon Bahr

Solche Männer sind die besten,
die nicht blindlings zulaufen,
sondern Partei ergreifen,
nachdem sie beide Seiten geprüft haben.
Martin Luther, Tischreden

Um einer Partei anzugehören,
ist eine gewisse Portion Einfalt
unerlässlich.
Arthur Schnitzler, Buch der Sprüche und Bedenken

Vernünftige Leute,
die den Standpunkt ihrer Partei
bis in die letzten Konsequenzen
zu vertreten versuchen,
erwecken immer den Eindruck,
als seien sie konfus
oder unehrlich geworden.
Arthur Schnitzler, Buch der Sprüche und Bedenken

Wählt eine bessere Partei,
Ihr habt die gute nicht ergriffen.
Friedrich Schiller, Wallensteins Tod (Oktavio)

Was ist ein Minister anders
als das Haupt einer Partei,
die er zu beschützen hat
und von der er abhängt?
Johann Wolfgang von Goethe,
Briefe (an Zelter, 3. Februar 1832)

Wenn man mit einem Politiker von
guten Manieren und einiger Klugheit
in eine Unterhaltung gerät,
macht man meistens die überraschende,
aber sympathische Entdeckung,
dass er eigentlich gar nicht
zu seiner Partei gehört.
Arthur Schnitzler, Buch der Sprüche und Bedenken

Wer viel denkt,
eignet sich nicht zum Parteimann:
Er denkt sich zu bald
durch die Partei hindurch.
Friedrich Nietzsche, Menschliches, Allzumenschliches

Parteilichkeit

Alle Unparteilichkeit ist artifiziell.
Der Mensch ist immer parteiisch
und tut sehr recht daran.
Georg Christoph Lichtenberg, Sudelbücher

Sei nicht parteiisch,
dir selbst zum Schaden,
strauchle nicht,
dir selbst zum Fall.
Altes Testament, Jesus Sirach 4, 22

Sei nicht zu parteiisch für Menschen,
die dir freundlicher begegnen
als andere.
Adolph Freiherr von Knigge,
Über den Umgang mit Menschen

Der edle Mensch
nimmt weitherzig Partei,
aber er ist nicht parteiisch;
der niedrig Gesinnte ist parteiisch,
aber er nimmt nicht weitherzig Partei.
Konfuzius, Gespräche

Partnerschaft

Den richtigen Partner fürs Leben
findet man nur aus Versehen,
und wenn er einem zu früh begegnet,
dann lernt man nie wieder was dazu.
Peter Ustinov, Was ich von der Liebe weiß

Die wahren menschlichen Fragen
stellen sich nicht
auf dem Gipfel heiliger Berge,
sondern in jeder Behausung,
in der ein Mann und eine Frau
eigenhändig den kommenden Tag
formen, im Anblick des Schicksals,
mit Liebe und Hingabe.
Elie Wiesel, Die Pforten des Waldes

Interessante Selbstgespräche
setzen einen klugen Partner voraus.
Herbert George Wells

Trotz aller Widerstände:
Partnerschaft ist besser
als Klassenkampf.
Norbert Blüm, Erklärung der Bundesregierung
zur Klarstellung der Neutralitätspflicht der BA
im Arbeitskampf, 1985

Party

Man ärgert sich, wenn man nicht
zu einer Party eingeladen wird,
die man ohnehin nicht besucht hätte.
Das Fernbleiben ist dann
nur halb so schön.
Liselotte Pulver

Niemand trägt auf einer Party
so viel zur Unterhaltung bei
wie diejenigen, die gar nicht da sind.
Audrey Hepburn

Passen

Das passt wie die Faust aufs Auge.
Deutsches Sprichwort

Jeder Degen hat seine Scheide.
Deutsches Sprichwort

Uns passt an den anderen nicht,
was den anderen an uns nicht passt.
François de La Rochefoucauld, Unterdrückte Maximen

Wenn ich Leute
bei einer Cocktail-Party langweile,
glauben die, es sei ihr Fehler.
Henry Kissinger

Passivität

Die Passivität, das wesentliche Charakteristikum der »weiblichen« Frau,
ist ein Zug, der sich von den ersten
Jahren an in ihr entwickelt.
Doch die Behauptung, es handele sich
hier um eine biologische Gegebenheit,
ist falsch.
In Wirklichkeit handelt es sich um ein
von den Erziehern und von der Gesellschaft auferlegtes Schicksal.
Simone de Beauvoir, Das andere Geschlecht

Wir werden »passiviert«.
Günther Anders,
Die Antiquiertheit des Menschen. Bd. 2

Pastor

Der Pastor singt
keine zwei Messen für ein Geld.
Deutsches Sprichwort

Was der Pastor nicht will,
nimmt der Küster gerne.
Deutsches Sprichwort

Patriotismus

Der Patriotismus
verdirbt die Geschichte.
Johann Wolfgang von Goethe, überliefert von
Friedrich Wilhelm Riemer (Mittheilungen über Goethe)

Diejenigen Tugenden
werden am lautesten gepriesen,
zu deren Ausübung weder Gedankenarbeit noch Energieentfaltung, noch
Selbstüberwindung gehört, vor allem
also diese beiden: Patriotismus und
Gottesfurcht.
Arthur Schnitzler, Buch der Sprüche und Bedenken

Es gibt keine patriotische Kunst
und keine patriotische Wissenschaft.
Beide gehören wie alles hohe Gute
der ganzen Welt an und können nur
durch allgemeine freie Wechselwirkung
aller zugleich Lebenden in steter Rücksicht auf das, was uns vom Vergangenen übrig und bekannt ist, gefördert
werden.
Johann Wolfgang von Goethe,
Maximen und Reflexionen

Es ist merkwürdig,
dass durch die patriotische Leidenschaft
die Intelligenz den Kopf verliert,
aber niemals den Eigennutz.
Romain Rolland, Das Gewissen Europas

Ich war immer schon der Überzeugung
und bleibe dabei,
dass ein guter Europäer
kein schlechter Patriot sein muss.
Richard von Weizsäcker,
Ansprache d. Bundespräsidenten vor beiden Häusern
des Parlaments in London 1986

Je schlechter das Land,
desto bessere Patrioten.
Johann Wolfgang von Goethe, überliefert von
Friedrich Wilhelm Riemer (Mittheilungen über Goethe)

Selbsthaß ist
der Patriotismus der Juden.
Arthur Koestler

Zuletzt steckt in jedem Patriotismus
der Krieg,
und deshalb bin ich kein Patriot.
Jules Renard, Ideen, in Tinte getaucht.
Aus dem Tagebuch von Jules Renard

Pauli Bekehrung (25.1.)

Ist der Paulustag gelinde,
folgen im Frühjahr raue Winde.
Bauernregel

Pauli Bekehr: Gans, gib dein Ei her!
Bauernregel

Sankt Paul klar bringt ein gutes Jahr.
Bauernregel

Zu Pauli Bekehr kommt
der Storch wieder her.
Bauernregel

Pause

Ein fauler Büffel muss
oft Wasser lassen.
Chinesisches Sprichwort

Was keine zeitweilige Pause kennt,
ist nicht dauerhaft.
Ovid, Heroinen

Pazifismus

Der Krieg kann nur auf eine einzige
Weise verhindert werden:
durch die Weigerung der Menschen,
in den Krieg zu gehen.
Albert Einstein, Warum Krieg?

Ein Friedlicher ist einer,
der sich totschießen lässt,
um zu beweisen, dass der andere
der Aggressor gewesen ist.
Ludwig Marcuse, Argumente und Rezepte.
Ein Wörter-Buch für Zeitgenossen

Ich habe etwas gegen Pazifisten,
die auf die Jagd gehen.
Aristide Briand

Im Übrigen bin ich der Meinung, dass
die Verwirklichung des pazifistischen
Ziels nur durch eine übernationale
Organisation erfolgen kann.
Daran bedingungslos festzuhalten,
erscheint mir als das Kriterium
des wahren Pazifismus.
Albert Einstein, Über den Frieden

Nicht Pazifismus,
sondern Weltorganismus.
Walter Rathenau, Auf dem Fechtboden des Geistes.
Aphorismen aus seinen Notizbüchern

Pazifisten sind wie Schafe;
sie glauben, der Wolf sei Vegetarier.
Yves Montand

Von den Pazifisten
geht viel Unfrieden aus.
Ludwig Marcuse, Argumente und Rezepte.
Ein Wörter-Buch für Zeitgenossen

Pech

Beim Geldspiel
verliert stets der arme Teufel,
die Hunde beißen immer den,
der in Lumpen geht.
Chinesisches Sprichwort

Der Galgen ist nur
für die Pechvögel da.
Sprichwort aus Frankreich

Er mied die Fallgrube
und fiel doch in den Brunnen.
Chinesisches Sprichwort

Glück ist das Pech, das man nicht hat.
Jacques Anquetil

Neunmal Pech mag neunmal Pech sein,
aber zehnmal Pech ist Schuld.
Alfred Kerr

Schlecht gelaunte Menschen
haben Pech.
Horst Geißler, Die Glasharmonika

Wer in einen Brunnen stürzt,
auf den wird sicher noch
ein großer Stein herniederfallen.
Chinesisches Sprichwort

Wer Pech anrührt,
dem klebt es an der Hand,
wer mit einem Zuchtlosen umgeht,
nimmt seine Art an.
Altes Testament, Jesus Sirach 13, 1

Wer Pech knetet,
klebt seine eigenen Hände zusammen.
Johann Wolfgang von Goethe,
Briefe (an Schiller, 6. März 1799)

Pedanterie

Ein Pedant ist ein Mensch,
der geistig schlecht verdaut.
Jules Renard, Ideen, in Tinte getaucht.
Aus dem Tagebuch von Jules Renard

Es gibt Pedanten,
die zugleich Schelme sind,
und das sind die allerschlimmsten.
Johann Wolfgang von Goethe,
Maximen und Reflexionen

Reine mittlere Wirkung
zur Vollendung des Guten und Rechten
ist sehr selten;
gewöhnlich sehen wir Pedanterie,
welche zu retardieren,
und Frechheit,
die zu übereilen strebt.
Johann Wolfgang von Goethe,
Maximen und Reflexionen

Vom höchsten Ordnungssinn
ist nur ein Schritt zur Pedanterie.
Christian Morgenstern, Stufen

Was das Entsetzlichste sei
von allen entsetzlichen Dingen?
Ein Pedant, den es jückt,
locker und lose zu sein.
Johann Wolfgang von Goethe/Friedrich Schiller,
Xenien

Wer bloß mit Zeichen wirkt,
ist ein Pedant, ein Heuchler
oder ein Pfuscher.
Johann Wolfgang von Goethe,
Wilhelm Meisters Lehrjahre

Peitsche

Ich trage nie eine Uhr. Uhrzeiger
sind Peitschen für all jene, die sich
als Rennpferde missbrauchen lassen.
François Mitterrand

Kein Genusssüchtiger
schreit so wild nach Freuden,
wie ein Flagellant
nach seiner Geißel schreit.
Marie von Ebner-Eschenbach, Aphorismen

Und also sprach das alte Weiblein:
»Du gehst zu Frauen?
Vergiss die Peitsche nicht!«
Friedrich Nietzsche, Also sprach Zarathustra

Wer recht uns peitscht,
den lernen wir verehren.
Adelbert von Chamisso, Gedichte

Pelz

Der Einzige,
der einen Ozelotpelz
wirklich braucht,
ist der Ozelot.
Bernhard Grzimek

Durch zerlumpte Kleider
sieht man die kleinsten Laster;
lange Röcke und Pelzmäntel
verbergen alles.
William Shakespeare, King Lear (Lear)

Perfektionismus

Die Krankheit unserer Zeit
ist der Perfektionismus.
Konrad Adenauer, in Brüssel 1956

Perfektion an einem Mann
kann man bewundern,
lieben kann man sie nicht.
Jeanne Moreau

Perle

Am reinen Glanz will ich die Perle
kennen,
Doch ihren Namen kann ich dir nicht
nennen.
Friedrich Schiller, Die Braut von Messina (Cesar)

Perlen bedeuten Tränen.
Gotthold Ephraim Lessing, Emilia Galotti
(Emilia und Appiani)

So sucht man in dem weiten Sand
des Meers
Vergebens eine Perle, die verborgen
In stillen Schalen eingeschlossen ruht.
Johann Wolfgang von Goethe, Torquato Tasso (Tasso)

Wer die Perle in Händen hält,
fragt nicht nach der Muschel.
Peter Benary

Persönliches

Unsere sämtlichen persönlichen
Angelegenheiten haben wir
als Geheimnisse zu betrachten,
und unseren guten Bekannten
müssen wir über das hinaus,
was sie mit eigenen Augen sehen,
völlig fremd bleiben.
Denn ihr Wissen
um die unschuldigsten Dinge kann,
durch Zeit und Umstände,
uns Nachteil bringen.
Arthur Schopenhauer, Aphorismen zur Lebensweisheit

Wenn du dich auf den persönlichen
Bereich zurückziehst,
wird kleiner alles sein,
aber dich mehr als genug erfüllen.
Lucius Annaeus Seneca, Briefe über Ethik

Persönlichkeit

An der Aufgabe, Persönlichkeit zu
sein, kann man sich verheben.
Arnold Gehlen

Die Persönlichkeit
ist das ewige Wunder,
denn nur sie ist das Unberechenbare,
und dennoch ist es ihr Wesen,
dass ihr Auftreten,
wie und wann immer es erfolgt,
als ein absolut notwendiges,
ja längst erwartetes wirkt.
Arthur Schnitzler,
Aphorismen und Betrachtungen aus dem Nachlass

Die Persönlichkeit ist
der Gebrauch der Vernunft.
Francis M. de Picabia, Aphorismen

Die Vorstellung
einer ewigen Dauer der Persönlichkeit
ist eine metaphysische Überschätzung
der Habgier.
Walter Rathenau, Auf dem Fechtboden des Geistes.
Aphorismen aus seinen Notizbüchern

Durch größere Empfänglichkeit
und Ehrfurcht vor
der Persönlichkeit des anderen
entdeckt man in ihm oft mehr,
als man erwartet hat.
Ellen Key, Über Liebe und Ehe

Gib endlich deiner Persönlichkeit
ein dauerhaftes Gepräge,
das du bewahrst,
ob du nun für dich allein
oder mit anderen zusammen bist.
Epiktet, Handbuch der Moral

Ja! Ja! Mal bin ich dies,
mal bin ich das:
Man muss seine Erfahrungen machen.
Jules Renard, Ideen, in Tinte getaucht. Aus dem Tagebuch von Jules Renard

Jede Beschäftigung mit geistigen
Dingen trägt bei zur Ausbildung
der Persönlichkeit, aber vor allem
gilt das von der Beschäftigung mit
metaphysischen Dingen, mit metaphysischen Fragen. Hier liegt die
Wurzel der Persönlichkeitsbildung,
und hier liegen in Wahrheit die
unerschütterlichen Fundamente
der Persönlichkeit.
Konrad Adenauer, in Bad Ems, September 1951

Man nimmt in der Welt jeden,
wofür er sich gibt; aber er muss
sich auch für etwas geben.
Man erträgt die Unbequemen lieber,
als man die Unbedeutenden duldet.
Johann Wolfgang von Goethe, Die Wahlverwandtschaften

Männer von hoher Bedeutung
können überhaupt nie ersetzt werden,
denn die Bedingungen müssten
sich wiederholen, aus denen
ihre individuelle Stellung erwachsen ist.
Leopold von Ranke, Weltgeschichte

Nur das Beispiel großer und reiner
Persönlichkeiten kann zu edlen
Auffassungen und Taten führen.
Das Geld zieht nur den Eigennutz an
und verführt stets unwiderstehlich
zum Missbrauch. Kann sich jemand
Moses, Jesus oder Gandhi bewaffnet
mit Carnegies Geldsack vorstellen?
Albert Einstein, Mein Weltbild

Persönlichkeit ist, was übrig bleibt,
wenn man Ämter, Orden und Titel
von einer Person abzieht.
Wolfgang Herbst

Persönlichkeiten, nicht Prinzipien,
bringen die Zeit in Bewegung.
Oscar Wilde

Was als Persönlichkeit auf uns wirkt,
das ist gleichsam ein dunkles Gewölk
von Möglichkeiten, die sich um eine
Stirn so mächtig ballt, als könnte in
jedem Augenblick ein flammender
Blitz von Wirklichkeit daraus nieder-
fahren, um zu leuchten oder um zu
vernichten.
Arthur Schnitzler, Buch der Sprüche und Bedenken

Was als Persönlichkeit wirkt, ist das
Leuchten aller Möglichkeiten eines
Charakters hinter seinen wirklichen
und zufälligen Lebensäußerungen.
Arthur Schnitzler, Buch der Sprüche und Bedenken

Was der Deutsche Persönlichkeit nennt,
ist nicht weit ab von dem, was man
in einer etwas vulgären Sprache
als Dicknäsigkeit oder Pampigkeit
bezeichnet: Immer gleich dem andern
die Faust unter die Nase halten,
bedrohlich werden, knotig.
Gottfried Benn, Persönlichkeit

Perspektive

Alle Menschen und Dinge
haben ihre besondere Perspektive.
Manche muss man aus der Nähe sehen,
um sie beurteilen zu können,
andere aus der Ferne.
François de La Rochefoucauld, Reflexionen

Das Schaf denkt nur an das Messer,
der Schlächter nur an das Fleisch.
Sprichwort aus Kurdistan

Des Malers beste Kunst
ist Perspektive.
William Shakespeare, Sonette

Pessimismus

Der einzige Mist,
auf dem nichts wächst,
ist der Pessimist.
Theodor Heuss

Der Optimist sieht bereits
die Narbe über der Wunde,
der Pessimist immer noch
die Wunde unter der Narbe.
Ernst Schröder

Der Optimist und der Pessimist
haben einen gemeinsamen Nenner:
Den Mist.
Carl Fürstenberg

Die glücklichen Pessimisten!
Welche Freude empfinden sie,
so oft sie bewiesen haben,
dass es keine Freude gibt.
Marie von Ebner-Eschenbach, Aphorismen

Die großen Pessimisten haben
ihr Glück ebenso großartig manifestiert
wie ihr Unglück – nur versteckter.
Ludwig Marcuse, Argumente und Rezepte. Ein Wörter-Buch für Zeitgenossen

Echter Pessimismus wäre,
nicht mehr zu schreiben und damit
der Lüge freien Lauf zu lassen.
Leonardo Sciascia

Ein echter Pessimist kommt
dem Pech immer ein wenig entgegen.
Robert Lembke, Das Beste aus meinem Glashaus. Humoristisches und Satirisches

Ein Optimist weiß genau,
wie traurig die Welt sein kann,
während es ein Pessimist
allmorgendlich neu herausfindet.
Peter Ustinov, Peter Ustinovs geflügelte Worte

Ein Pessimist ist
ein bekehrter Optimist.
Jean Genet

Ein Pessimist ist ein Mensch,
der das Schlimmste erhofft
und auf das Beste gefasst ist.
Werner Krauß

Ein Pessimist ist ein Mensch,
der sich den Kuss
vom Bakteriologen erklären lässt.
Paul Hubschmid

Ein Pessimist ist ein Mensch, der
sich über schlechte Erfahrungen freut,
weil sie ihm Recht geben.
Heinz Rühmann

Ein Pessimist ist ein Mensch, der
sofort nach dem Sarg Ausschau hält,
wenn er Blumen gerochen hat.
Henry Louis Mencken

Ein Pessimist ist, knapp ausgedrückt,
ein Mann, dem nichts recht ist.
Erich Kästner, Dr. Erich Kästners lyrische Hausapotheke

Ein Pessimist lacht höchstens so,
dass es keiner merkt.
Peter Ustinov

Man soll den Teufel
nicht an die Wand malen.
Deutsches Sprichwort

Mit Pessimismus ist kein Hund
hinter dem Ofen hervorzulocken.
Norbert Blüm, Unverblümtes von Norbert Blüm

Pessimismus darf heute nicht
die einzige »Wachstumsbranche« sein.
Norbert Blüm, Unverblümtes von Norbert Blüm

Pessimismus ist eine Katastrophe,
wenn er nur verstärkt,
was uns das Leben
ohnehin schon antut.
Ludwig Marcuse, Argumente und Rezepte. Ein Wörter-Buch für Zeitgenossen

Pessimisten sind Leute,
die nur ein einziges Instrument blasen:
Trübsal.
Wim Thoelke

Wenn man sich erst
an den Pessimismus gewöhnt hat,
dann ist er genauso angenehm
wie der Optimismus.
Arnold Bennett

Wer in Gefahr ist, Pessimist zu werden,
soll eine Rose betrachten.
Jean Rostand

Wer nichts zu verlieren hat,
hat keinen Grund zu Pessimismus.
Gabriel Laub

Wer scharf denkt, wird Pessimist.
Wer tief denkt, wird Optimist.
Henri Bergson

Pest

Ich glaube,
dass wir in einem Zeitalter leben,
das in mehrfacher Hinsicht
dem der Pest ähnelt.
Anaïs Nin, Absage an die Verzweiflung

Man könnt einen
nicht höher schelten als einen Heuchler;
dieser ist die schlimmste Pest.
Martin Luther, Tischreden

Peter und Paul (29.6.)

Peter und Paul hell und klar
bringt ein gutes Jahr.
Bauernregel

Regnet's an Peter und Paul,
wird des Winzers Ernte faul.
Bauernregel

Petri Stuhlfeier (22.2.)

Friert's auf Petri Stuhlfeier,
friert's noch vierzehnmal heuer.
Bauernregel

Um Petri Stuhlfeier
sucht der Storch sein Nest,
kommt von Schwalben der Rest.
Bauernregel

Pfad

Auf allen Pfaden des Lebens
Führen die Horen dich streng,
wie es das Schicksal gebeut.
Johann Wolfgang von Goethe,
Venezianische Epigramme

Die Pforte ist sehr eng,
und der Pfad ist sehr schmal,
der zum ewigen Leben führt.
Jüngerer deutscher Physiologus (um 1140)

Jeder Pfad hat seine Pfütze.
Sprichwort aus England

Weiche hundert Schritte ab
vom gebahnten Pfad,
und du findest dich allein.
Und wenn du einem begegnest,
weißt du nicht,
ob er die Einsamkeit sucht wie du
oder auf Raub ausgeht.
Arthur Schnitzler,
Aphorismen und Betrachtungen aus dem Nachlass

Pfaffe

Diese dumpfen Pfaffenchristen,
Lasst uns keck sie überlisten!
Mit dem Teufel, den sie fabeln,
Wollen wir sie selbst erschrecken.
Johann Wolfgang von Goethe,
Die erste Walpurgisnacht (ein Wächter)

Es ist nicht Not,
dass die Pfaffen heiraten,
solange die Bauern Weiber haben.
Deutsches Sprichwort

In jedem Pfäfflein steckt ein Päpstlein.
Deutsches Sprichwort

Man muss die Pfaffen kurz halten
und in ihre Schranken weisen.
Voltaire, Der ehrliche Hurone

Mit drei Ständen
hab ich nichts zu schaffen:
Mit Beamten, Gelehrten und Pfaffen.
Franz Grillparzer, Gedichte

Pfaffen segnen sich zuerst.
Deutsches Sprichwort

Pfaffen zahlen einander
keine Zehnten.
Deutsches Sprichwort

Sie stellen
wie vom Himmel sich gesandt
Und lispeln englisch, wenn sie lügen.
Johann Wolfgang von Goethe, Faust I (Wagner)

Wenn es wahr wäre,
was der Pfaff redet,
lebte er nicht so üppig.
Deutsches Sprichwort

Wie sie klingeln, die Pfaffen!
Wie angelegen sie's machen,
Dass man komme, nur ja plappre,
wie gestern so heut!
Johann Wolfgang von Goethe,
Venezianische Epigramme

Pfand

Das Leben ist des Lebens Pfand.
Johann Wolfgang von Goethe, Die natürliche Tochter
(Herzog)

Die Schweine kommen nicht zu Fette,
Verpfändet ist der Pfühl im Bette,
Und auf den Tisch kommt
vorgegessen Brot.
Johann Wolfgang von Goethe, Faust II (Marschalk)

Pfarrer

Die Pfarrer bauen den Acker Gottes
und die Ärzte den Gottesacker.
Deutsches Sprichwort

Ein katholischer Pfaffe wandelt einher,
als wenn ihm der Himmel gehöre;
ein protestantischer Pfarrer
hingegen geht herum, als wenn er
den Himmel gepachtet habe.
Heinrich Heine, Die Stadt Lucca

Wir Pfarrer sollen wachen,
dass also Zeremonien gemacht
und gehalten werden,
dass das Volk nicht gar zu wild,
noch zu gar heilig werde.
Martin Luther, Tischreden

Pfeil

Der Pfeil flieht den Bogen,
der ihm Kraft verleiht.
Friedrich Hebbel, Tagebücher

Der übernächste Krieg wird nur noch
mit Pfeil und Bogen entschieden.
Albert Einstein

Wohl lässt der Pfeil sich
aus dem Herzen ziehn,
Doch nie wird das Verletzte
mehr gesunden.
Friedrich Schiller, Die Braut von Messina (Cesar)

Pferd

Aufs hohe Ross
setzen sich meistens diejenigen,
die nicht reiten können.
Friedel Beutelrock

Das Auto hat das Pferd
noch lange nicht verdrängt –
oder kennen Sie ein Denkmal,
auf dem ein Mann am Steuer sitzt?
Hans Günter Winkler

Das Paradies kann man nur finden
auf dem Rücken eines Pferdes
und in den Armen seiner Geliebten.
Sprichwort aus Arabien

Das Pferd ist oft klüger als sein Reiter.
Deutsches Sprichwort

Das Pferd will wohl den Hafer,
aber nicht den Sattel.
Deutsches Sprichwort

Der Kluge versetzt sein Rennpferd
beizeiten in den Ruhestand
und wartet nicht ab,
dass es mitten auf der Rennbahn
niederstürzend Gelächer errege.
Baltasar Gracián y Morales, Handorakel und Kunst
der Weltklugheit

Die Karriere ist ein Pferd, das bisweilen auch gute Reiter abwirft.
James Baldwin

Die schwarzen Pferde
gehen in das Land des Nordens,
die weißen gehen nach Westen,
die gescheckten gehen
in das Land des Südens.
Altes Testament, Sacharja 6, 6

Der Stil eines Autors ist ein Pferd,
das nur einen einzigen Reiter trägt.
John Steinbeck

Ein gutes Pferd gleicht einem Edlen.
Chinesisches Sprichwort

Ein Pferd hat vier Beine
und stolpert doch.
Sprichwort aus Frankreich

Ein Pferd ist nur
vorgetäuschter Reichtum,
eine Muttersau dagegen
ist ein Schatz von Gold.
Chinesisches Sprichwort

Eine Stute
taugt nicht für den Krieg.
Chinesisches Sprichwort

Es schlug mein Herz,
geschwind zu Pferde!
Johann Wolfgang von Goethe,
Willkommen und Abschied

Gar hübsch ist's, auf seinem Pferde
mit dem Mantelsäckchen wie auf
einem Schiffe herumzukreuzen.
Johann Wolfgang von Goethe, Briefe
(an Charlotte von Stein)

Gute Pflege, nicht ein schöner
Stall macht ein gutes Pferd.
Sprichwort aus Dänemark

Lieber noch unter dem Huf eines Pferdes als unter dem Absatz einer Frau.
Sprichwort aus Russland

Niemand wird ein hinkendes Pferd
gern reiten, denn es strengt zu sehr
den Reiter an.
Niccolò Machiavelli, Briefe (an die Zehn, 11. April 1505)

Nur weil es verschiedene Meinungen
gibt, haben wir Pferderennen.
Mark Twain, Querkopf Wilsons Kalender

Pferdeverstand ist das, was Pferde
davon abhält, auf künftiges Verhalten
der Menschen zu wetten.
Oscar Wilde

Solang ein altes Pferd noch lebt,
bleibt es seinem Charakter treu.
Chinesisches Sprichwort

Steckenpferde sind
schlechte Kutschpferde.
Georg Christoph Lichtenberg, Sudelbücher

Wenn das Pferd zu alt ist,
spannt man's in den Karren.
Deutsches Sprichwort

Wenn zwei auf einem Pferd reiten,
muss einer hinten sitzen.
Sprichwort aus England

Wer dem Pferde seinen Willen lässt,
den wirft es aus dem Sattel.
Deutsches Sprichwort

Wer im Galopp lebt,
fährt im Trab zum Teufel.
Deutsches Sprichwort

Zwischen sämtlichen Stühlen auf
hohem Ross – das nenne ich Charakter.
Hanns-Hermann Kersten

Pfingsten

Nasse Pfingsten, fette Weihnachten.
Bauernregel

Pfingsten, das liebliche Fest,
war gekommen; es grünten und blühten
Feld und Wald; auf Hügeln und Höhn,
in Büschen und Hecken
Übten ein fröhliches Lied
die neu ermunterten Vögel.
Johann Wolfgang von Goethe, Reineke Fuchs

Pfingstenregen Weinsegen.
Bauernregel

Pflanze

Alle Wesen leben
Vom Lichte, jedes glückliche Geschöpf,
die Pflanze selbst,
kehrt freudig sich zum Licht.
Friedrich Schiller, Wilhelm Tell (Melchthal)

Das Militär ist eine Pflanze,
die man sorgfältig pflegen muss,
damit sie keine Früchte trägt.
Jacques Tati

Die Pflanze gleicht
den eigensinnigen Menschen,
von denen man alles erhalten kann,
wenn man sie
nach ihrer Art behandelt.
Johann Wolfgang von Goethe,
Die Wahlverwandtschaften

Je göttlicher ein Mensch
oder ein Werk des Menschen ist,
je ähnlicher werden sie der Pflanze;
diese ist unter allen Formen der Natur
die sittlichste und die schönste.
Friedrich Schlegel, Lucinde

Nicht kommt zu Kräften eine Pflanze,
die oft versetzt wird.
Lucius Annaeus Seneca, Briefe an Lucilius

O heilige Pflanzenwelt!, rief ich,
wir streben und sinnen
und haben dich doch!
Wir ringen mit sterblichen Kräften,
Schönes zu baun,
und es wächst doch sorglos
neben uns auf!
Friedrich Hölderlin, Hyperion

Pflanze, oft versetzt,
gedeiht nicht.
Deutsches Sprichwort

Suchst du das Höchste, das Größte?
Die Pflanze kann es dich lehren.
Was sie willenlos ist,
sei du es wollend.
Friedrich Schiller, Das Höchste

Vor tausend Jahren
hatten die Pflanzen dieselben Formen
und Farben wie heute.
Aber die Menschen der damaligen Zeit
– wie erstaunlich sind sie
von den unsrigen verschieden!
Christian Garve, Über Gesellschaft und Einsamkeit

Was bringt uns dazu,
eine Seele anzunehmen?
Warum nennen wir ein Tier beseelt,
die Pflanze nicht?
Henrik Steffens, Über die wissenschaftliche
Behandlung der Psychologie

Pflaster

Je gesunder das Pflaster,
je größer der Schmerz.
Deutsches Sprichwort

Man kann nicht alle Schäden
mit einem Pflaster heilen.
Deutsches Sprichwort

Pflege

Alte Stiefel bedürfen viel Schmierens.
Deutsches Sprichwort

Gute Pflege,
nicht ein schöner Stall
macht ein gutes Pferd.
Sprichwort aus Dänemark

Soll die Ampel brennen,
so muss man Öl zugießen.
Deutsches Sprichwort

Unkraut, auch ungepflegt, gedeiht
Doch Frucht will Pflege,
Schutz und Zeit.
Jüdische Spruchweisheit

Viel pflanzen bringt nicht so viel ein
wie das Feld sorgsam pflegen.
Chinesisches Sprichwort

Wer den Acker pflegt,
den pflegt der Acker.
Bauernregel

Wer die Gräben nicht in Ordnung hält,
verliert am Ende sein Feld.
Chinesisches Sprichwort

Wie man den Acker bestellt,
so trägt er.
Deutsches Sprichwort

Pflicht

Aus Eitelkeit oder Rücksicht
auf den Anstand tun wir oft,
was wir aus Neigung
oder Pflicht tun sollten,
und tragen nach außen
das gleiche Benehmen zur Schau.
Jean de La Bruyère, Die Charaktere

Da du nach dem Stande eines
Ehemannes und Vaters trachtest –
hast du auch dessen Pflichten
recht erwogen?
Jean-Jacques Rousseau, Emile

Da ist kein anderer Rat,
du musst suchen, sie zu verachten,
Und mit Abscheu alsdann tun,
wie die Pflicht dir gebeut.
Johann Wolfgang von Goethe/Friedrich Schiller,
Xenien

Das wahre ethische Individuum ruht
mit Sicherheit in sich selbst,
weil es die Pflicht nicht außer sich,
sondern in sich hat.
Søren Kierkegaard, Entweder – Oder

Dasein ist Pflicht,
und wär's ein Augenblick.
Johann Wolfgang von Goethe, Faust II (Faust)

Dass man zuweilen mehr,
zuweilen weniger tun muss als seine
Pflicht und eben durch dieses Mehr
oder Weniger sie erst zu erfüllen
vermag: Das ist das Problem,
dem wir in jeder schweren Lebenslage
immer wieder gegenüberstehen.
Arthur Schnitzler, Buch der Sprüche und Bedenken

Deine erste Pflicht ist,
dich selbst glücklich zu machen.
Bist du glücklich,
so machst du auch andere glücklich.
Ludwig Feuerbach, Philosophische Kritiken und
Grundsätze

Denn es ist Drang,
und so ist's Pflicht.
Johann Wolfgang von Goethe, Der ewige Jude

Der Beherzte ist auf die Erfüllung
seiner Pflichten ähnlich bedacht,
wie der Dachdecker sich vornimmt,
ein Dach zu decken:

Beide trachten nicht danach,
ihr Leben aufs Spiel zu setzen,
und lassen sich doch durch die Gefahr
nicht abschrecken.
Jean de La Bruyère, Die Charaktere

Der brave Mann tut seine Pflicht
Und tat sie (ich verhehl es nicht),
Eh' noch Weltweise waren.
Friedrich Schiller, Die Weltweisen

Der Bürokrat tut seine Pflicht
von neun bis eins,
Mehr tut er nicht.
Carl Zeller, Der Obersteiger

Die bedauernswertesten Menschen
sind diejenigen,
welche Pflichtgefühl besitzen,
aber nicht die Kraft,
ihm zu genügen.
Marie von Ebner-Eschenbach, Aphorismen

Die erste Pflicht im Leben ist,
so künstlich wie möglich zu sein.
Die zweite Pflicht hat bisher
noch niemand entdeckt.
Oscar Wilde,
Sätze und Lehren zum Gebrauch für die Jugend

Die Gewöhnung,
seine Pflicht zu erfüllen,
verjagt die Furcht.
Charles Baudelaire, Tagebücher

Die größte moralische Vollkommenheit
des Menschen ist:
seine Pflicht zu tun,
und zwar aus Pflicht.
Immanuel Kant, Die Metaphysik der Sitten

Die Liebe kann wohl viel,
allein die Pflicht noch mehr.
Johann Wolfgang von Goethe, Die Mitschuldigen
(Sophie)

Die Menschen haben die höchste
aller Pflichten vergessen,
nämlich die Pflicht gegen sich selbst.
Oscar Wilde, Das Bildnis des Dorian Gray

Die Pflicht ruft,
die Versuchung wispert.
Lothar Schmidt

Die Pflichten gegen uns selbst
sind die wichtigsten und ersten.
Adolph Freiherr von Knigge,
Über den Umgang mit Menschen

Doch sicher ist der
schmale Weg der Pflicht.
Friedrich Schiller, Wallensteins Tod (Buttler)

Du sollst nicht zu sein begehren,
was du nicht bist, sondern nur
einfach etwas von deiner Pflicht zu tun
versuchen, Tag um Tag.
Denn es ist viel schwerer,
einen Tag in wahrhafter Aufmerksam-

keit und Wachsamkeit von Anfang
bis Ende zu verleben, als ein Jahr
in großen Absichten und hochfliegen-
den Plänen.
Christian Morgenstern, Stufen

Ein jeder Stand, ein jedes
Alter hat seine Pflichten.
Jean-Jacques Rousseau, Emile

Ein Mensch sagt –
und ist stolz darauf –
Er geh in seinen Pflichten auf.
Bald aber, nicht mehr ganz so munter,
Geht er in seinen Pflichten unter.
Eugen Roth

Eingeräumte Rechte
sind auferlegte Pflichten.
Hans Lohberger

Einzig unsere Pflichten
fallen uns schwer:
Denn ihre Erfüllung betrifft nur,
was uns zu tun auferlegt ist
und trägt uns kein besonderes Lob ein;
Lob aber ist die einzige Kraft,
die uns zu edlen Handlungen antreibt
und Ausdauer dafür verleiht.
Jean de La Bruyère, Die Charaktere

England erwartet,
dass jedermann seine Pflicht tut.
Horatio Viscount Nelson, Tagesbefehl vor der Schlacht
bei Trafalgar (25. Oktober 1805)

Erfülle deine Pflicht; und dieser Satz
enthält die Lehren aller Religionen.
Heinrich von Kleist, Briefe (an Wilhelmine von Zenge,
13.–18. September 1800)

Erfüllte Pflicht
empfindet sich immer noch als Schuld,
weil man sich nie ganz genug getan.
Johann Wolfgang von Goethe,
Maximen und Reflexionen

Erst erfülle der Mensch seine Pflicht,
dann mag er auf das Schicksal hören.
Chinesisches Sprichwort

Es ist Sohnespflicht,
im Winter für Wärme
und im Sommer für Kühle zu sorgen.
Chinesisches Sprichwort

Ich tue meine Pflicht;
das Übrige lenkt mich nicht ab.
Denn entweder ist es ohne Seele
oder ohne Vernunft oder verirrt
und ohne Kenntnis des Weges.
Mark Aurel, Selbstbetrachtungen

Je größer und beschwerlicher
die Pflichten sind,
desto greifbarer und stärker
müssen die Gründe sein,
worauf man sie stützt.
Jean-Jacques Rousseau, Emile

Kann man einer entfalteten Seele
Pflichten vorschreiben?
William Butler Yeats, Entfremdung

Kunst ist keine Spielerei,
sondern Pflicht dem Volke gegenüber.
Sie ist eine öffentliche Angelegenheit.
Max Pechstein, in: D. Schmidt, Was wir wollen, aus:
An alle Künstler, Flugschrift 1919

Man muss die Pfründe
mit den Pflichten nehmen.
Sprichwort aus Frankreich

Misstraut jenen Weltbürgern,
die fern in ihren Büchern Pflichten
suchen wollen, welche sie rund um
sich her nicht zu erfüllen belieben.
Ein solcher Weltweiser liebt
die Tataren, damit er davon befreit
sein möge, seine Nachbarn zu lieben.
Jean-Jacques Rousseau, Emile

Ohne die Pflicht
ist das Leben weichlich
und knochenlos,
es kann sich nicht mehr halten.
Joseph Joubert, Gedanken, Versuche und Maximen

Pflicht ist die Notwendigkeit einer
Handlung aus Achtung fürs Gesetz.
Immanuel Kant, Grundlegung zur Metaphysik
der Sitten

Pflicht ist,
was man von anderen erwartet.
Oscar Wilde, Eine Frau ohne Bedeutung

Pflicht: Wo man liebt,
was man sich selbst befiehlt.
Johann Wolfgang von Goethe,
Maximen und Reflexionen

Pflichten entstehen daraus,
dass man nicht beizeiten Nein sagt.
Wolfgang Herbst

Pflichterfüllung ist tägliches Heldentum ohne Ordensverleihung.
Werner Krauß

Seine Bürde mag jeglicher tragen,
und jeglicher gebe
Red und Antwort,
wie er in seinem Stande die Pflichten
Zu erfüllen strebt.
Johann Wolfgang von Goethe, Reineke Fuchs

Stetes Pflichtbewusstsein
ist die wahre Krone des Charakters.
Samuel Smiles, Charakter

Suche nicht nach Größe,
sondern nach dem,
was zu tun deine Pflicht ist.
Leo N. Tolstoi, Tagebücher (1904)

Tu deine Pflicht, komme, was da mag.
Sprichwort aus Frankreich

Tue alle Tage,
was Pflicht und Klugheit erfordern.
Charles Baudelaire, Tagebücher

Tue deine Pflicht so lange,
bis sie deine Freude wird.
Marie von Ebner-Eschenbach, Aphorismen

Um den Gedanken an Pflicht kräftig
zu erhalten, sorge dafür,
dass er eines sei oder
werde mit dem Gedanken an Gott.
Johann Michael Sailer, Glückseligkeitslehre

Unruhe ist die erste Menschenpflicht.
Miguel de Unamuno

Von drückenden Pflichten
kann uns nur die gewissenhafteste
Ausübung befreien.
Johann Wolfgang von Goethe,
Wilhelm Meisters Wanderjahre

Vor der Festigkeit der Pflicht,
wie sinkt jedes andere Ding
der Erde zu Schanden nieder!
Adalbert Stifter, Die Mappe meines Urgroßvaters

Was aber ist deine Pflicht?
Die Forderung des Tages.
Johann Wolfgang von Goethe,
Maximen und Reflexionen

Was unerreichbar ist,
das rührt uns nicht!
Doch was erreichbar,
sei uns goldne Pflicht!
Gottfried Keller, Gedicht

Wenn auch die Hülle des Menschen
mit jedem Monde wechselt,
so bleibt doch eines in ihm
unwandelbar und ewig:
das Gefühl seiner Pflicht.
Heinrich von Kleist, Briefe (an Ulrike von Kleist,
14. August 1800)

Wenn die Frauen
ihre Pflicht tun werden,
so seien Sie versichert,
dass ihre Töchter
ihre nicht versäumen werden.
Jean-Jacques Rousseau, Julie oder Die neue Héloïse

Wenn du sicher wählen willst
im Konflikt zweier Pflichten,
wähle diejenige,
die zu erfüllen dir schwerer fällt.
Marie von Ebner-Eschenbach, Aphorismen

Wenn unsere Leidenschaft uns treibt,
etwas zu tun,
vergessen wir unsere Pflicht.
Blaise Pascal, Pensées

Wer die Pflichten
eines Vaters nicht erfüllen kann,
hat kein Recht, es zu werden.
Jean-Jacques Rousseau, Emile

Wer sich aber eine Pflicht auferlegt,
die ihm die Natur nicht auferlegt hat,
muss sich vorher der Mittel versichern,
sie zu erfüllen; sonst würde er selbst
für das einstehen müssen,
was er nicht wird tun können.
Jean-Jacques Rousseau, Emile

Wie schwach wir auch sein mögen,
so haben wir doch die Pflicht,
das Unsere zu tun, denn es hat
seinen Platz im Plan der Dinge.
Wir müssen ergründen,
zu was wir fähig sind,
danach handeln und uns aufopfern.
Katherine Mansfield, Briefe

Wie viel Menschen
mögen denn das freiwillig zugestehen,
was sie am Ende doch müssen?
Johann Wolfgang von Goethe,
Die Wahlverwandtschaften

Wir haben die Pflicht,
stets die Folgen unserer Handlungen
zu bedenken.
Mohandas K. »Mahatma« Gandhi, Navajivan
(Zeitschrift), 5. Juni 1924

Pflug

Was der Pflug nicht schafft,
erreicht die Egge.
Chinesisches Sprichwort

Wir haben zwar die Hand
an den Pflug gelegt, schauen aber,
lau nur und fleischlich, nach rückwärts.
Bernhard von Clairvaux, Dritte Ansprache auf das Fest
Peter und Paul

Pfuscherei

Du Narr! Begünstige die Pfuscherei,
So bist du überall zu Hause.
Johann Wolfgang von Goethe, Zahme Xenien

Wie der Mensch das Pfuschen so liebt!
Johann Wolfgang von Goethe, Epigrammatisch

Phänomen

Die Konstanz der Phänomene
ist allein bedeutend;
was wir dabei denken,
ist ganz einerlei.
Johann Wolfgang von Goethe,
Maximen und Reflexionen

Die Phänomene sind nichts wert,
als wenn sie uns eine tiefere reichere
Einsicht in die Natur gewähren,
oder wenn sie uns zum Nutzen
anzuwenden sind.
Johann Wolfgang von Goethe,
Maximen und Reflexionen

Kein Phänomen erklärt sich
an und aus sich selbst; nur viele,
zusammen überschaut,
methodisch geordnet,
geben zuletzt etwas,
das für Theorie gelten könnte.
Johann Wolfgang von Goethe,
Maximen und Reflexionen

Man sagt gar gehörig: Das Phänomen
ist eine Folge ohne Grund,
eine Wirkung ohne Ursache.
Es fällt dem Menschen so schwer,
Grund und Ursache zu finden,
weil sie so einfach sind,
dass sie sich dem Blick verbergen.
Johann Wolfgang von Goethe,
Maximen und Reflexionen

Phantasie

Alle Macht der Phantasie
über die Vernunft
ist eine Art Wahnsinn.
Samuel Johnson, Rasselas Prinz von Abyssinien

Alles wiederholt sich nur im Leben.
Ewig jung ist nur die Phantasie.
Friedrich Schiller, An die Freude

Aufrichtigkeit ist die Zuflucht derer,
die weder Phantasie noch Taktgefühl
haben.
Henry de Montherlant

Beständigkeit ist
die letzte Zuflucht der Phantasielosen.
Oscar Wilde

Der gesunde Menschenverstand
ist der größte Feind der Phantasie
und doch ihr bester Berater.
Marie von Ebner-Eschenbach, Aphorismen

Der Phantasie sind die Schwingen
des Heiligen Geistes und
der Flügelschlag des Untergangs eigen.
August Everding, Vortrag auf der Schlussveranstaltung
des 111. Chirurgen-Kongresses in München, 1994

Die Erinnerung begnügt sich
mit Teppichen, aber die Phantasie
umgibt sich mit Gobelinbehängen.
Antoine Comte de Rivarol, Maximen und Reflexionen

Die Logik
ist die Zwangsjacke der Phantasie.
Helmar Nahr

Die Phantasie aber ist
das eigentlich Individuelle
und Besondere eines jeden.
Friedrich Schleiermacher, Grundlinien

Die Phantasie besieht den Schmerz
durch ein konvexes,
der Stoizismus
durch ein konkaves Glas.
Jean Paul, Aphorismen

Die Phantasie des Mannes
ist die beste Waffe der Frau.
Sophia Loren

Die Phantasie hat kein Verbot,
keine Grenzen. Sie ist laut Einstein
wichtiger als Wissen.
Sie ist das Pneuma, der Hauch,
die Seele, die uns über das Existieren
zur Existenz führt.
August Everding, Vortrag auf der Schlussveranstaltung
des 111. Chirurgen-Kongresses in München, 1994

Die Phantasie ist
der mächtigste Despot.
Berthold Auerbach,
Tausend Gedanken des Collaborators

Die Phantastik der
Phantasielosen ist Ethik.
Walter Rathenau, Auf dem Fechtboden des Geistes.
Aphorismen aus seinen Notizbüchern

Die Rebellion vieler Romantiker lag
in ihrer Phantasie, die das Gewohnte
durch Möglichkeiten erschütterte.
Ludwig Marcuse, Argumente und Rezepte. Ein Wörter-
Buch für Zeitgenossen

Die Schrift ist ein toter Buchstabe,
den nur die Einbildungskraft und der
Verstand des Lesens beleben kann.
Christian Garve, Über Gesellschaft und Einsamkeit

Die Vernunft geht immer den rechten
Weg, Trieb und Phantasie aber bald
den rechten, bald den falschen.
Aristoteles, Psychologie

Eines Tages werden Maschinen
vielleicht nicht nur rechnen,
sondern auch denken.
Mit Sicherheit aber werden sie
niemals Phantasie haben.
Theodor Heuß

Einsamkeit und Faulheit
liebkosen die Phantasie.
Fjodor M. Dostojewski, Helle Nächte

Fernsehen ist die Phantasie der Armen.
Wieslaw Brudziński

Gegenstand der Erinnerung
ist eigentlich alles, wovon man sich
ein Phantasiebild machen kann.
Aristoteles, Psychologie

Ich glaube, dass die menschliche
Phantasie nichts erfunden hat,
in dieser Welt oder in der andern.
Gérard de Nerval,
Aurelia oder Der Traum und das Leben

In der Phantasie scheint uns vieles
viel größer als in der Wirklichkeit.
Michel Eyquem de Montaigne, Die Essais

In phantasiereichen Menschen liegen,
wie in heißen Ländern oder auf Bergen,
alle Extreme eng beieinander.
Jean Paul, Die unsichtbare Loge

Kein Primus hat Phantasie.
Kurt Tucholsky, Schnipsel

Liebe ist der Triumph der Phantasie
über die Intelligenz.
Henry Louis Mencken

Man braucht nur ein wenig Phantasie,
und alle Schlösser öffnen sich.
Karl Friedrich H. Freiherr von Münchhausen

Man darf die Phantasie verführen,
aber Gewalt darf man
ihr nicht antun wollen.
Marie von Ebner-Eschenbach, Aphorismen

Meine Phantasie,
das ist mein Gedächtnis.
Jules Renard, Ideen, in Tinte getaucht.
Aus dem Tagebuch von Jules Renard

Mitten unter den Phantasiegebilden,
die ich rings um mich versammle,
finde ich besser meine Rechnung
als mit den Wesen,
die ich in der Welt sehe,
und die Gesellschaft,
die meine Einbildungskraft
n meinem Zufluchtsort unterhält,
macht mir vollends alle Gesellschaften,
die ich verlassen habe, zum Ekel.
Jean-Jacques Rousseau, Erster Brief an Malesherbes
(4. Januar 1762)

Nichts ist einförmiger als Phantasterei,
denn in den scheinbar unendlichen,
ewig wechselnden Traumlandschaften
gibt es in Wirklichkeit doch nur kurze
Landstraßen, auf denen alle gehen und
über die sie niemals hinauskommen.
Jens Peter Jacobsen, Niels Lyhne

O süße Trugbilder!
O Hirngespinste,
ihr letzte Zuflucht der Unglücklichen!
Ach, ersetzt uns,
wenn es möglich ist, die Wirklichkeit!
Jean-Jacques Rousseau,
Julie oder Die neue Héloïse (Julie)

O wüssten doch die Menschen diese
Götterkraft der Phantasie zu brauchen,
die allein den Geist ins Freie stellt,
ihn über jede Gewalt und
jede Beschränkung weit hinausträgt,
und ohne die des Menschen Kreis
so eng und ängstlich ist.
Friedrich Schleiermacher, Monologen

Ohne Innerlichkeit
gibt es keine äußere Welt,
ohne Phantasie keine Realität.
Franz Werfel, Realismus und Innerlichkeit

Ohne Phantasie gibt es
keine Verbrecher und keine Dichter.
Curt Goetz, Ingeborg

Ohne Phantasie keine Güte,
keine Weisheit.
Marie von Ebner-Eschenbach, Aphorismen

Phantasie ist ein Göttergeschenk,
aber Mangel an Phantasie auch.
Ich behaupte, ohne diesen Mangel
würde die Menschheit den Mut
zum Weiterexistieren
längst verloren haben.
Christian Morgenstern, Stufen

Phantasie ist etwas,
was sich manche Leute
gar nicht vorstellen können.
Gabriel Laub

Phantasie ist nicht Ausflucht.
Sich etwas vorstellen heißt,
eine Welt bauen,
eine Welt erschaffen.
Eugène Ionesco, Bekenntnisse

Phantasie ist nur in der Gesellschaft
des Verstandes erträglich.
Friedrich Hebbel, Tagebücher

Phantasie ist wichtiger als Wissen.
Albert Einstein

Phantasie macht den Menschen
überempfindlich, verletzbar
und ausgeliefert.
Marlen Haushofer, Die Wand

Überfluss ist die Mutter
der Phantasielosigkeit.
Günther Anders, Die Antiquiertheit des Menschen. Bd. 2

Unordnung
ist die Wonne der Phantasie.
Paul Claudel

Vor der Phantasie stehen
nie bleibende, nur werdende Gestalten;
sie schauet ein ewiges Entstehen,
folglich ein ewiges Vergehen an.
Jean Paul, Vorschule der Ästhetik

Was ist unsere Phantasie
schon im Vergleich zu der eines Kindes,
das aus Spargeln
eine Eisenbahn bauen möchte?
Jules Renard, Ideen, in Tinte getaucht.
Aus dem Tagebuch von Jules Renard

Welcher Unsterblichen
Soll der höchste Preis sein?
Mit niemand streit ich,
Aber ich geb ihn
Der ewig beweglichen,
Immer neuen,
Seltsamen Tochter Jovis,
Seinem Schoßkinde,
Der Phantasie.
Johann Wolfgang von Goethe, Meine Göttin

Wenn der menschliche Geist
sich nicht auf ein bestimmtes Thema
konzentriert, durch das er in Zucht
gehalten wird, schweift er ordnungslos
nach allen Richtungen in dem unbegrenzten Reich der Phantasie umher.
Michel Eyquem de Montaigne, Die Essais

Wenn ein Mensch einmal dahin
gelangt sein wird, ein Ergebnis seiner
Phantasie als Ergebnis seines
Verstandes zu erkennen,
so werden meiner Voraussicht
nach alle Menschen schließlich ihr
Leben auf dieser Basis aufbauen.
Henry David Thoreau, Walden

Wenn einer keine Angst hat,
hat er keine Phantasie.
Erich Kästner

Wenn Phantasie
sich sonst mit kühnem Flug
Und hoffnungsvoll
zum Ewigen erweitert,
So ist ein kleiner Raum ihr nun genug,
Wenn Glück auf Glück
im Zeitenstrudel scheitert.
Johann Wolfgang von Goethe, Faust I (Faust)

Wenn phantasievolle Menschen oft
durch den Anschein getäuscht werden,
so kalte Geister durch ihre Berechnung.
Joseph Joubert, Gedanken, Versuche und Maximen

Wer Phantasie ohne Kenntnisse besitzt,
hat Flügel, aber keine Füße.
Joseph Joubert, Gedanken, Versuche und Maximen

Wie die Schwalbe
nistet die Phantasie an alten Mauern.
Johann Jakob Mohr

Wie sehr ein Weib behütet sei,
Ihr sind doch die Gedanken frei.
Freidank, Bescheidenheit

Zum Leitstern seiner Bestrebungen
soll man nicht Bilder
der Phantasie nehmen,
sondern deutlich gedachte Begriffe.
Arthur Schopenhauer, Aphorismen zur Lebensweisheit

Phantasterei

Das Fürchterlichste ist,
wenn platte unfähige Menschen
zu Phantasten sich gesellen.
Johann Wolfgang von Goethe,
Maximen und Reflexionen

Der Phantast verleugnet die Wahrheit
vor sich, der Lügner nur vor andern.
Friedrich Nietzsche, Menschliches, Allzumenschliches

Phantasten sind Leute,
die tun, was sie nicht lassen können.
Realisten sind Leute,
die lassen, was sie nicht tun können.
Axel von Ambesser

Philosophie

Ach, es ist doch ein saures Stück Brot,
das Philosophieprofessorenbrot!
Arthur Schopenhauer,
Einige Worte über den Pantheismus

Alle Philosophie ist wahr,
wenn sie zum Heiligen aufstrebt.
Justinus Kerner, Die Seherin von Prevorst

Alle Spekulation,
vielleicht alles Philosophieren ist nur
ein Denken in Spiralen;
wir kommen wohl höher,
aber nicht eigentlich weiter.
Und dem Zentrum der Welt
bleiben wir immer gleich fern.
Arthur Schnitzler, Buch der Sprüche und Bedenken

Angeln ist die einzige Philosophie,
von der man satt wird.
Peter Bamm

Auch der ehrlichste Denker
wird es ohne Humor niemals
zum Philosophen, sondern immer nur
zum Pedanten bringen.
Arthur Schnitzler, Ungedrucktes
(in: Österreichische Dichtergabe, Wien 1928)

Aus bloßem Verstande
kommt keine Philosophie,
denn Philosophie ist mehr denn
nur die beschränkte Erkenntnis
des Vorhandenen.
Friedrich Hölderlin, Hyperion

Bloße Schlauheit befähigt
wohl zum Skeptikus,
aber nicht zum Philosophen.
Arthur Schopenhauer,
Über Philosophie und ihre Methode

Da die Philosophie die Frucht
langer Überlegung und das Resultat
eines ganzen Lebens ist,
so kann und soll sie niemals dem Volk
geboten werden, das immer am
Anfang des Lebens steht.
Antoine Comte de Rivarol, Maximen und Reflexionen

Das beste Philosophieren
ist und bleibt das gesellige.
Es ist das eigentlich wirkliche,
es lebt unmittelbar;
es kommt aus dem Herzen
und geht zu Herzen.
Karl Solger, Erwin

Das Feld der Philosophie in dieser
weltbürgerlichen Bedeutung lässt
sich auf folgende Fragen bringen:
1. Was kann ich wissen? –
2. Was soll ich tun? –
3. Was darf ich hoffen? –
4. Was ist der Mensch?
Immanuel Kant, Logik

Das Gewissen ist der
erleuchtetste Philosoph.
Jean-Jacques Rousseau, Emile

Das letzte Glück ist, zu philosophieren.
Baltasar Gracián y Morales,
Handorakel und Kunst
der Weltklugheit

Das Sichverwundern ist es,
was die Menschen am Anfang,
wie auch jetzt noch,
zum Philosophieren veranlasst hat.
Aristoteles, Älteste Metaphysik (ähnlich bei Platon)

Das Träumen und Philosophieren
hat seine Schattenseiten;
wer das zweite Gesicht hat,
dem fehlt mitunter das erste.
August Julius Langbehn, Rembrandt als Erzieher

Denn noch bis jetzt
gab's keinen Philosophen,
Der mit Geduld
das Zahnweh konnt' ertragen.
William Shakespeare, Viel Lärm um nichts (Benedikt)

Denn wo Gespenster Platz genommen,
Ist auch der Philosoph willkommen.
Damit man seiner
Kunst und Gunst sich freue,
Erschafft er gleich ein Dutzend neue.
Johann Wolfgang von Goethe, Faust II (Mephisto)

Der Dichter ist der einzige wahre
Mensch, und der beste Philosoph
ist nur eine Karikatur gegen ihn.
Friedrich Schiller, Briefe (an Goethe, 17. Januar 1795)

Der Glaube schwindet,
und es entsteht die Philosophie.
Francesco De Sanctis,
Über die Wissenschaft und das Leben

Der Mut der Wahrheit,
der Glaube an die Macht des Geistes
ist die erste Bedingung der Philosophie.
Georg Wilhelm Friedrich Hegel, Vorlesungen über
die Geschichte der Philosophie

Der Philosoph,
der seine Leidenschaften ausrotten will,
gleicht dem Chemiker,
der sein Feuer löscht.
Chamfort, Maximen und Gedanken

Der Philosoph, der tritt herein
Und beweist euch, es müsst so sein:
Das Erst wär so, das Zweite so
Und drum das Dritt und Vierte so,
Und wenn das Erst und Zweit nicht wär,
Das Dritt und Viert wär nimmermehr.
Johann Wolfgang von Goethe, Faust I (Mephisto)

Der Philosoph soll sich
nicht Vorschriften geben lassen,
sondern selbst solche erteilen,
und er soll sich nicht einem
anderen unterordnen,
sondern der weniger Einsichtige ihm.
Aristoteles, Älteste Metaphysik

Der Philosophie kann man
keine würdigeren Dienste leisten
als nur mit demselben Feuer,
das eine Geliebte in uns entzündet.
Jean-Jacques Rousseau, Julie oder Die neue Héloïse
(Eduard)

Der philosophische Schriftsteller ist
der Führer und sein Leser der Wanderer.
Sollen sie zusammen ankommen,
so müssen sie, vor allen Dingen,
zusammen ausgehn.
Arthur Schopenhauer,
Über Philosophie und ihre Methode

Der wahre Philosoph muss also als
Selbstdenker einen freien und
selbsteigenen, keinen sklavisch
nachahmenden Gebrauch von
seiner Vernunft machen.
Immanuel Kant, Logik

Des Unglücks süße Milch, Philosophie.
William Shakespeare, Romeo und Julia (Romeo)

Die Geschichte der Philosophie
ist am nützlichsten im Nachweis
dessen, was man endlich nicht
mehr fragen sollte.
Ludwig Marcuse, Argumente und Rezepte.
Ein Wörter-Buch für Zeitgenossen

Die großen Philosophen
sind Genien der Vernunft.
Luc de Clapiers Marquis de Vauvenargues,
Unterdrückte Maximen

Die jungen Pythagoräer
mussten fünf Jahre schweigen
als Diener einer rechten Philosophie.
Christian Morgenstern, Stufen

Die jüngste unter den menschlichen
Beschäftigungen ist die genaue
Erforschung der Wahrheit.
Denn nach den Verheerungen der
Sintflut sahen sich die Menschen
genötigt, zuerst über ihren Lebens-
unterhalt nachzudenken; dann, als sie
über reichere Mittel verfügten,
bildeten sie die Künste der
Unterhaltung aus wie die Musik und
Ähnliche, und erst, als sie mehr als das
Notwendige besaßen, versuchten sie,
in dieser Weise zu philosophieren.
Aristoteles, Protreptikos

Die Philosophen haben die Welt nur
verschieden interpretiert, es kommt
aber darauf an, sie zu verändern.
Karl Marx, Elf Thesen über Ludwig Feuerbach

Die Philosophen
sind eher Anatomen als Ärzte;
sie zerlegen und heilen nicht.
Antoine Comte de Rivarol,
Maximen und Reflexionen

Die Philosophen,
vor allem aber Seneca,
haben mit ihren Lehren
keineswegs das Verbrechen beseitigt,
sondern sie bloß benutzt,
um damit am Palast
der Selbstgefälligkeit weiterzubauen.
François de La Rochefoucauld,
Unterdrückte Maximen

Die Philosophie bemüht sich immer
und ewig um das Absolute,
und das ist doch eigentlich
die Aufgabe der Poesie.
Friedrich Hebbel, Tagebücher

Die Philosophie des Lebens
führt zum wahren Ruhm, allein,
diese lernt man nicht aus Büchern.
Jean-Jacques Rousseau, Letzte Antwort

Die Philosophie endet
wie eine Flamme
mit einer himmlischen Spitze
nach oben.
Jean Paul, Aphorismen

Die Philosophie entdeckt die Tugen-
den, die der Moral und Politik nützen.
Beredsamkeit macht sie populär,
Poesie sprichwörtlich.
Chamfort, Maximen und Gedanken

Die Philosophie hat den Menschen
immer etwas zu bieten – wenn sie
kaum geboren sind und auch noch,
wenn sie im Alter wieder kindisch
werden.
Michel Eyquem de Montaigne, Die Essais

Die Philosophie ist die
Lehrmeisterin des Lebens.
Marcus Tullius Cicero, Gespräche in Tusculum

Die Philosophie ist ein Frauenzimmer;
wenn sie keinen Grund mehr anzugeben weiß, fällt sie in Ohnmacht.
Moritz Saphir, Humoristische Abende

Die Philosophie ist ein guter Rat:
Einen guten Rat gibt niemand
mit lauter Stimme.
Lucius Annaeus Seneca, Briefe über Ethik

Die Philosophie ist,
und zwar auch bei gescheiten Leuten,
nur ein leeres Wort,
das keine Beziehung
zur Wirklichkeit hat.
Michel Eyquem de Montaigne, Die Essais

Die Philosophie muss ebenso wohl als
die Poesie ein Resultat des Lebens sein
und den Geist ihres Volkes ergreifen;
dann wird sie, wie sie auch aufwächst,
über allem Tadel sein.
Wilhelm Grimm, an Achim von Arnim (26. März 1811)

Die Philosophie sucht nur
das Allgemeine,
das Weib stets das Persönliche.
Karl Joël, Die Frauen in der Philosophie

Die Philosophie triumphiert mühelos
über vergangene und zukünftige Übel,
aber die gegenwärtigen triumphieren
über sie.
François de La Rochefoucauld, Reflexionen

Die Umwandlung der Philosophie in die Geschichte der Philosophie oder in Erkenntnistheorie oder Soziologie ist nichts als ein Zeichen für die Abwesenheit von Philosophie.
Ludwig Marcuse, Argumente und Rezepte. Ein Wörter-Buch für Zeitgenossen

Die wahre Philosophie ist der freie Geist des Lebens, entbunden aller Systematik, allem Formalismus, die Schulphilosophie dagegen ist Scheinphilosophie.
Friedrich Ast, Das Wesen der Philosophie

Die, welche durch das Studium der Geschichte der Philosophie Philosophen zu werden hoffen, sollten aus derselben vielmehr entnehmen, dass Philosophen ebenso sehr wie Dichter nur geboren werden, und zwar viel seltener.
Arthur Schopenhauer, Über Philosophie und ihre Methode

Die Witze der Philosophen sind so maßvoll, dass man sie von der Vernunft nicht unterscheiden kann.
Luc de Clapiers Marquis de Vauvenargues, Nachgelassene Maximen

Diese eitlen und törichten Schwätzer gehen mit ihren unseligen Paradoxen allenthalben umher und untergraben die Grundfesten des Glaubens und vernichten die Tugend.
Jean-Jacques Rousseau, Abhandlung über die Wissenschaften und Künste

Dieser Glaube an uns selbst und der Zweifel am Ding sind die beiden ersten Grundfäden der Philosophie.
Friedrich Schlegel, Philosophische Vorlesungen

Du fragst, wie auf den Baum der Apfel sein gekommen? Ein andrer hat indes ihn schweigend abgenommen.
Friedrich Rückert, Die Weisheit des Brahmanen

Du kannst, Sokrates unsrer Zeit!, nicht mehr wie Sokrates würken: Denn dir fehlt der kleine, enge, stark regsame, zusammengedrängte Schauplatz!, die Einfalt der Zeiten, Sitten und des Nationalcharakters!, die Bestimmtheit deiner Sphäre!
Johann Gottfried Herder, Auch eine Philosophie der Geschichte zur Bildung der Menschheit

Durch jede philosophische Schrift geht, und wenn es auch noch so wenig sichtbar würde, ein gewisser polemischer Faden.
Johann Wolfgang von Goethe, Plato als Mitgenosse einer christlichen Offenbarung

Ein Bart macht noch lange keinen Philosophen.
Aulus Gellius, Attische Nächte

Ein deutsches philosophisches System kommt mir vor wie ein Getreidefeld, zu dem man uns hinführt und uns freundlich einladet, uns satt zu essen.
Ludwig Börne, Aphorismen

Ein Geschäft auf der Welt, wollt ihr's übel besorgt haben, so gebt's dem Philosophen!
Johann Gottfried Herder, Auch eine Philosophie der Geschichte zur Bildung der Menschheit

Ein lustvolles Leben und wahrhafte Freude wird allein oder doch im höchsten Grade dem Philosophen zuteil.
Aristoteles, Protreptikos

Ein Philosoph ist ein Mann, der in Ermangelung einer Frau die ganze Welt umarmt.
Peter Ustinov

Ein Philosoph ist ein Mann, der nie um Argumente verlegen ist.
Ludwig Marcuse

Ein Philosoph ist ein Mensch, der ungelöste Probleme in gelöster Stimmung betrachten kann.
Axel von Ambesser

Ein Philosoph ist, unter anderem, auch ein Mann, der nie um Argumente verlegen ist.
Ludwig Marcuse, Argumente und Rezepte. Ein Wörter-Buch für Zeitgenossen

Ein Philosoph ist, wer sich keine Lust versagt.
Giacomo Casanova

Ein System, ein philosophisches System, trägt außer Denkfehlern auch Fehler des Systems in sich.
Leo N. Tolstoi, Tagebücher (1870)

Ein wahrer Philosoph erreicht allein durch die Vernunft, was dem Durchschnitt der Menschen erst durch die Wohltat der Zeit zuteil wird.
Antoine Comte de Rivarol, Maximen und Reflexionen

Ein wenig Philosophie führt zu Atheismus, aber tiefe Philosophie bringt den Menschen wieder zur Religion.
Francis Bacon, Die Essays

Eine eklektische Philosophie kann es nicht geben, wohl aber eklektische Philosophen.
Johann Wolfgang von Goethe, Maximen und Reflexionen

Eine große Philosophie ist nicht eine fehlerlose, sondern eine furchtlose.
Charles Péguy, Cahiers de la Quinzaine (1914)

Eine jeder Gelehrte verachtet die allgemeine Meinung, ein jeder will eine für sich haben. Die aufgeblasene Philosophie führt zur Freigeisterei, wie blinde Frömmigkeit zum Fanatismus führt.
Jean-Jacques Rousseau, Emile (Glaubensbekenntnis)

Einen Menschen, der sich fragt: Lebe ich?, hält man für verrückt, wer aber fragt: Bin ich?, heißt Philosoph.
Sully Prudhomme, Gedanken

Es geht uns schlecht und wird erst besser werden, wenn unsere Philosophen mehr von der Welt und unsere Welt mehr von den Philosophen wissen wird.
Marie von Ebner-Eschenbach, Aphorismen

Es gibt so viele Philosophen, wie es Motive gibt, aus denen sie wuchsen.
Ludwig Marcuse, Argumente und Rezepte. Ein Wörter-Buch für Zeitgenossen

Es ist gut, ein Philosoph zu sein; es bringt wenig Vorteil, dafür gehalten zu werden.
Jean de La Bruyère, Die Charaktere

Es ist oft nichts unphilosophischer als die Philosophen und nichts dümmer als die Gelehrten. Dass man sich dumm lernt und närrisch philosophiert, sind ziemlich gewöhnliche Erscheinungen.
Johann Gottfried Seume, Apokryphen

Fang an zu philosophieren, und dir wird schwindlig.
Anton P. Tschechow, Briefe (27. März 1894)

Ferner halten wir denjenigen für einen Philosophen, der imstande ist, das Schwierige und für den Menschen nicht leicht Erkennbare zu erkennen; denn die bloße sinnliche Wahrnehmung ist eine allgemeine Fähigkeit, daher leicht, und hat nichts mit Philosophie zu tun.
Aristoteles, Älteste Metaphysik

Fröhlich sein, Gutes tun und die Spatzen pfeifen lassen. Das ist die beste Philosophie.
Papst Johannes XXIII., Briefe an die Familie (Bruder Giovanni), 5. September 1940

Gemeiniglich ist der Philosoph alsdenn am meisten Tier, wenn er am zuverlässigsten Gott sein wollte, so auch bei der zuversichtlichen Berechnung der Vervollkommnung der Welt.
Johann Gottfried Herder, Auch eine Philosophie der Geschichte zur Bildung der Menschheit

Gern geben die Menschen ihre Leiden
der Philosophie zur Betrachtung,
aber nicht zur Heilung.
Bernhard Le Bovier de Fontenelle,
Gespräche im Elysium

Handeln lehrt die Philosophie,
nicht reden, darauf dringt sie,
dass nach seinem eigenen Gesetz
ein jeder lebe, damit nicht zur Rede
das Leben in Widerspruch stehe.
Lucius Annaeus Seneca, Briefe über Ethik

Hat nicht die Macht unserer Männer-
welt, die in vielen Sprachen den
»Menschen« zur bloßen Variante des
Worts »Mann« gemacht hat, auch die
Philosophie mitgeliefert? Sind nicht
»Ich« und »Bewusstsein« Männer?
Günther Anders, Lieben gestern.
Notizen zur Geschichte des Fühlens

Hättest du geschwiegen,
wärest du ein Philosoph geblieben.
Anicius Manlius Torquatus Severinus Boethius,
Trost der Philosophie

Heutzutage gibt es Professoren der
Philosophie, aber keine Philosophen.
Henry David Thoreau, Walden

Ich brauche keinen anderen, um in
meiner Unwissenheit zu verharren.
Voltaire, Candide oder Die beste der Welten

Ich rechne es mir zur Ehre an und lobe
mich selbst darin, ohne zu erröten,
dass ich niemals aus einer anderen
Ursache philosophiert habe, als damit
philosophiert werde. Noch habe ich
aus meinen Studien und aus meinen
wissenschaftlichen Arbeiten jemals
einen anderen Lohn oder eine andere
Frucht gesucht als die Bildung meines
Geistes und die Erkenntnis der von mir
über alles ersehnten Wahrheit.
Giovanni Pico della Mirandola, Über die Würde des
Menschen

Ich will von der Philosophie nichts
weiter sagen, als dass ich sah,
sie sei von den vorzüglichsten Geistern
einer Reihe von Jahrhunderten
gepflegt worden, und dennoch
gebe es in ihr nicht eine Sache,
die nicht strittig und mithin zweifelhaft ist; und dass ich demnach nicht
eingebildet genug war, um zu hoffen,
es werde mir damit besser gehen
als den anderen.
René Descartes, Diskurs über die Methode

Je borniter ein System ist, desto mehr
wird es den Weltklugen gefallen.
So hat das System der Materialisten,
die Lehre des Helvetius und auch Locke
den meisten Beifall unter dieser Klasse
erhalten. So wird Kant jetzt noch immer
mehr Anhänger als Fichte finden.
Novalis, Blütenstaub

Jedem Alter des Menschen
antwortet eine gewisse Philosophie.
Johann Wolfgang von Goethe,
Maximen und Reflexionen

Jeder Philosoph ist
Herr in seinem Irrenhaus.
Jean Paul, Kleine Nachschule zur ästhetischen
Vorschule (Zitat gekürzt)

Jedes angeblich voraussetzungs-
lose Verfahren in der Philosophie ist
Windbeutelei: Denn immer muss man
irgendetwas als gegeben ansehen, um
davon auszugehen.
Arthur Schopenhauer, Den Intellekt überhaupt und
in jeder Beziehung betreffende Gedanken

Kein Philosoph weiß,
was das Gewöhnliche ist;
er ist nie tief genug hineingestürzt.
Saul Bellow, Herzog (1964)

Klarheit ist die Ehrlichkeit
der Philosophen.
Luc de Clapiers Marquis de Vauvenargues,
Unterdrückte Maximen

Konsequent zu sein, ist die größte
Obliegenheit eines Philosophen und
wird doch am seltensten angetroffen.
Immanuel Kant, Kritik der praktischen Vernunft

Lachen soll man und
zugleich philosophieren,
seinen Haushalt führen,
seine übrigen Fähigkeiten anwenden
und niemals aufhören,
die aus der richtigen Philosophie
stammenden Lehrsätze zu verkünden.
Epikur, Sprüche. In: Briefe, Sprüche, Werkfragmente

Lass dich doch, o Mensch, vom Worte
des Fachphilosophen nicht irren!
Johann Gottfried Herder, Auch eine Philosophie der
Geschichte zur Bildung der Menschheit

Mache zu jedem philosophischen
Werk, das du liest,
kritische Anmerkungen.
Leo N. Tolstoi, Tagebücher (1847)

Man schätzt die Philosophen nur mäßig,
weil sie uns zu wenig
von dem sprechen, was wir wissen.
Luc de Clapiers Marquis de Vauvenargues,
Unterdrückte Maximen

Man schätzte die philosophischen
Bücher wesentlich mehr, wenn man
sich träumen ließe, dass mindestens
auf jeder Seite ein Gedanke vorkommt.
Sully Prudhomme, Gedanken

Man soll nicht vorgeben
zu philosophieren, sondern tatsächlich
philosophieren. Denn wir bedürfen
nicht des Gesundscheinens, sondern
des wahrhaften Gesund-Seins.
Epikur, Sprüche. In: Briefe, Sprüche, Werkfragmente

Mancher Zeitgenosse:
Zuerst philosophiert er, dann versucht
er, die Menschen zu ändern (...) und,
wenn es sich dem Ende zuneigt,
philosphiert er wieder.
Ludwig Marcuse, Argumente und Rezepte.
Ein Wörter-Buch für Zeitgenossen

Mangel an historischem Sinn ist
der Erbfehler aller Philosophen.
Friedrich Nietzsche, Menschliches, Allzumenschliches

Nenne dich niemals einen Philosophen
und sprich mit den Leuten auch möglichst nicht über philosophische Überzeugungen, sondern handle danach.
Epiktet, Handbuch der Moral

Nicht der Philosoph macht die Zeit,
sondern die Zeit macht ihn.
August Strindberg, Der Sohn der Magd

Nicht ist die Philosophie
ein volkstümliches Handwerk
noch zur Schaustellung geschaffen:
Nicht in Worten,
sondern in Taten besteht sie.
Lucius Annaeus Seneca, Briefe über Ethik

Nicht Philosophen
stellen die radikalsten Fragen,
sondern Kinder.
Hellmut Walters

(...) nichts ist gefährlicher, als unsere
soziale Philosophie auf eine Theorie
aufzubauen, die bestreitbar ist,
jedoch nicht bestritten wird.
Gilbert Keith Chesterton, Heretiker

Niemals wird so sehr die Schlechtigkeit erstarken, niemals wird sie sich
gegen sittliche Vollendung ver-
schwören, dass nicht der Name der
Philosophie verehrungswürdig und
unantastbar bleibe.
Lucius Annaeus Seneca, Briefe über Ethik

Niemand ist so glücklich
wie der Philosoph, der in dem großen
Buch zu lesen versteht, das Gott
vor unseren Augen aufgeschlagen hat.
Die Wahrheiten, die er dort entdeckt,
sind sein Eigen.
Voltaire, Zadig

Nur dem luchsäugigen Blick
des Philosophen ist es heutzutage
noch möglich, alle Nebelschwaden
menschlicher Unwürdigkeiten zu
durchdringen und dahinter noch
immer des Menschen Würde zu
erkennen.
Edgar Allan Poe, Marginalien

O Philosophie,
wie viel Mühe gibst du dir,
die Herzen eng und
die Menschen klein zu machen!
Jean-Jacques Rousseau, Julie oder Die neue Héloïse

Ob die Philosophen
am Leben hingen oder nicht,
war immer nur Geschmacksache
ihrer Eigenliebe. Über Geschmack
aber lässt sich nicht streiten.
François de La Rochefoucauld, Reflexionen

Philosoph der Natur, das sollte dein
Standpunkt sein mit dem Jünglinge,
den du unterrichtest: Stelle dich mit
ihm aufs weite Meer und zeige ihm
Fakta und Realitäten und
erkläre sie ihm nicht mit Worten,
sondern lass ihn sich alles
selbst erklären.
Johann Gottfried Herder,
Journal meiner Reise im
Jahr 1769

Philosoph, willst du den Stand deines
Jahrhunderts ehren und nutzen: Das
Buch der Vorgeschichte liegt vor dir!,
mit sieben Siegeln verschlossen;
ein Wunderbuch voll Weissagung:
auf dich ist das Ende der Tage kommen!,
lies!
Johann Gottfried Herder, Auch eine Philosophie
der Geschichte zur Bildung der Menschheit

Philosophen interessieren
sich mehr für Geld als Finanziers,
aus dem höchst stichhaltigen Grund,
dass sie weniger Geld haben.
Peter Ustinov, Peter Ustinovs geflügelte Worte

Philosophen sind erwachsene Kinder,
die sich mit ihrem eigenen »Warum«
auf die Nerven fallen.
Wolfgang Herbst

Philosophen sind Gewalttäter,
die keine Armee zur Verfügung haben
und sich deshalb die Welt
in der Weise unterwerfen,
dass sie sie in ein System sperren.
Robert (Edler von) Musil,
Der Mann ohne Eigenschaften (1930–1943)

Philosophen, Theologen und alle anderen Erforscher übernatürlicher oder
sonst unsichtbarer Dinge lehren uns
tausend Torheiten. Denn im Grunde
tasten sie völlig im Dunkeln, und alle
ihre Untersuchungen dienten und
dienen eher dazu, ihren Geist zu üben,
als die Wahrheit zu finden.
Francesco Guicciardini, Ricordi

Philosophie deutet
auf die Geheimnisse der Vernunft
und sucht sie durchs Wort zu lösen.
Johann Wolfgang von Goethe,
Maximen und Reflexionen

Philosophie ist
ein liebevoller Umgang
mit der Weisheit.
Dante Alighieri, Das Gastmahl

Philosophie ist kein Algebra-Exempel.
Arthur Schopenhauer,
Über Philosophie und ihre
Methode

Philosophie, Religion, zwei Formen
einer gleichen Sache. Die Philosophie
wird die Religion der gealterten Welt
sein, so wie die Religion die
Philosophie der Welt im Stadium
der Kindheit war.
Théodore Jouffroy, Das grüne Heft

Philosophie, wenn sie an der Religion
Geheimnis rührt,
zergeht es oder sie davon.
Friedrich Rückert, Die Weisheit des Brahmanen

Philosophie zu treiben ist für einen
König nicht nur nicht notwendig,
sondern sogar hinderlich;
dagegen soll er auf wirkliche
Philosophen hören und ihnen folgen.
Aristoteles, Über das Königtum

Philosophieren heißt sterben lernen.
Michel Eyquem de Montaigne, Die Essais

Poesie drückt die ganze Wahrheit,
Philosophie nur einen Teil davon aus.
Henry David Thoreau, Journal

Sich über die Philosophie
lustig machen, das heißt
in Wahrheit philosophieren.
Blaise Pascal, Pensées

Sokrates hat es mit Xanthippe
nicht ausgehalten,
weil er Philosoph war;
er wurde Philosoph, weil er
mit Xanthippe verheiratet war.
Walther Kiaulehn

Um ein Philosoph zu sein, ist es nicht
genug, geistreiche Gedanken zu haben
oder eine Schule zu gründen,
sondern man muss die Weisheit
so lieben, dass man nach ihr lebt,
ein Leben der Einfachheit,
der Unabhängigkeit, der Großmut
und des Vertrauens.
Henry David Thoreau, Walden

Verallgemeinerung ist
die Philosophie der Primitiven.
Moscheh Ya'akov Ben-gavriël

Viele kennen zu viel,
um dichten zu können,
und verzehren zu viel Erdachtes,
um philosophieren zu können.
Ludwig Marcuse, Argumente und Rezepte.
Ein Wörter-Buch für Zeitgenossen

Von Natur hasset der talentvolle
Philosoph, sobald er seine Philosophie
hat, alles Philosophieren;
denn nur der Freie liebt Freie.
Jean Paul, Vorschule der Ästhetik

Was alles
den Namen der Philosophie trägt,
sollte nicht mit der Philosophie selbst
verwechselt werden.
Karl Jaspers

Was bin ich? Was soll ich tun?
Was kann ich glauben und hoffen?
Hierauf reduziert sich alles
in der Philosophie.
Georg Christoph Lichtenberg, Sudelbücher

Was den Philosophen betrifft,
so kann man ihn gar nicht als Arbeiter
am Gebäude der Wissenschaften,
d.i. nicht als Gelehrten, sondern muss
ihn als Weisheitsforscher betrachten.
Immanuel Kant,
Anthropologie in pragmatischer Hinsicht

Was ist ein Philosoph? Ein Mensch,
der dem Gesetz die Natur,
dem Brauch die Vernunft,
sein Gewissen der öffentlichen Meinung
und sein Urteil
dem Irrtum gegenüberstellt.
Chamfort, Maximen und Gedanken

Was sollen erst die Engländer und
Franzosen von der Sprache unserer
Philosophen denken, wenn wir
Deutschen sie selber nicht verstehen.
Johann Wolfgang von Goethe, überliefert von
Johann Peter Eckermann (Gespräche mit Goethe)

Wem gefiele nicht eine Philosophie,
deren Keim ein erster Kuss ist?
Novalis, Fragmente

Wenn die Pfennige klingeln,
sind die Philosophen still.
Sprichwort aus Serbien

Wenn die Philosophen imstande
wären, die Wahrheit zu entdecken,
welcher von ihnen
würde sich für sie interessieren?
Jean-Jacques Rousseau, Emile (Glaubensbekenntnis)

Wenn ein Philosoph einem antwortet,
versteht man überhaupt nicht mehr,
was man ihn gefragt hat.
André Gide

Wenn zwei Philosophen zusammentreffen, ist es am vernünftigsten,
wenn sie zueinander bloß
»Guten Morgen« sagen.
Jean-Paul Sartre

Wer in einem blühenden Frauenkörper
das Skelett zu sehen vermag,
ist ein Philosoph.
Kurt Tucholsky

Wer keine Geduld hat,
hat auch keine Philosophie.
Sprichwort aus Persien

Wer Philosoph werden will, darf
sich nicht von den ersten traurigen
Entdeckungen abschrecken lassen,
die man bei der Erkenntnis der
Menschen macht. Will man sie
erkennen, so muss man den Ärger
überwinden, den sie erregen.
Auch der Anatom überwindet ja die
Natur seine Reizbarkeit und seinen
Ekel, um in seiner Kunst geschickt
zu werden.
Chamfort, Maximen und Gedanken

Wie schlecht stimmen Geist und Herz
zusammen! Der Philosoph lebt ohne
Selbstbeherrschung trotz all seiner
Grundsätze; und der Staatsmann,
voll von Plänen und Überlegungen,
weiß sich selbst nicht zu lenken.
Jean de La Bruyère, Die Charaktere

Wie sollte es nur möglich sein, dass
ein Philosoph den anderen anerkennt.
In dem Augenblick, wo er das aus
vollem Herzen täte, müsste er ja seine
eigene Überflüssigkeit einsehen.
Arthur Schnitzler, Aphorismen und
Betrachtungen aus dem Nachlass

Wird der Poet nur geboren?
Der Philosoph wird's nicht minder;
Alle Wahrheit zuletzt wird
nur gebildet, geschaut.
Johann Wolfgang von Goethe/Friedrich Schiller,
Xenien

Wollen wir auf die
deutschen Philosophien hinschauen!
Jetzt haben wir deren so viele,
dass nicht einmal
der hungrigste Eklektiker noch
eine neue mehr verlangt.
Jean Paul, Politische Fastenpredigten

Zum Philosophieren sind die zwei
ersten Erfordernisse diese: erstlich,
dass man den Mut habe, keine Frage
auf dem Herzen zu behalten;
und zweitens, dass man das,
was sich von selbst versteht,
sich zum deutlichen Bewusstsein bringe,
um es als Problem aufzufassen.
Arthur Schopenhauer,
Über Philosophie und ihre
Methode

Phönix

Ich kann nicht brechen –
das ist eben das Schlimme.
Ich zerbreche nie,
bin der prädestinierte Phönix.
Franziska Gräfin zu Reventlow, Tagebücher

Ich will ein Phönix sein
und mich in Gott verbrennen,
Damit mich nur nichts mehr
von ihme könne trennen.
Angelus Silesius, Der cherubinische Wandersmann

Wenn er fünfhundert Jahre alt geworden ist, so fliegt er in einen Wald,
der heißt Libanon, und da füllt er
seine Fittiche mit den Dufthölzern,
die es in dem Wald gibt. Er macht sich
von den Dufthölzern ein Nest und
sammelt eine größere Menge dürres
Holz, legt das darunter und fliegt hinauf zur Sonne, holt da Feuer und setzt
das Holz in Brand. Das macht er alles
im März. So wird er zu Asche, doch
wird am ersten Tag daraus ein Wurm.
Am zweiten Tag wird daraus ein
Vogel. Am dritten Tag wird er wieder
so, wie er zuvor gewesen war.
Jüngerer deutscher Physiologus (um 1140)

Phrase

Das Schlagwort ist
eine Idee auf dem Weg zur Phrase.
Rolf Haller

Die gängigsten priesterlichen Phrasen
entstammen nicht der soziologisch
verkündeten »Entfremdung«, sondern
gerade der Taktik, durch weite Wörter
unter möglichst vielen Gegnern einen
Scheinfrieden zu stiften.
Ludwig Marcuse, Argumente und Rezepte.
Ein Wörter-Buch für Zeitgenossen

Ihr seht uns an mit scheelem Blick,
Ihr schwanket vor,
ihr schwankt zurück
Und häufet Zeil auf Zeile.
So zerret Lesers dürftig Ohr
Mit viel gequirltem Phrasenflor;
Uns habt ihr nicht am Seile!
Johann Wolfgang von Goethe, Zahme Xenien

Physik

Ein physikalischer Versuch, der knallt,
ist allemal mehr wert als ein stiller.
Georg Christoph Lichtenberg, Sudelbücher

Man hat den Eindruck,
dass die moderne Physik
auf Annahmen beruht, die irgendwie
dem Lächeln einer Katze gleichen,
die gar nicht da ist.
Albert Einstein

Man sehe die Physik genau durch,
und man wird finden,
dass die Phänomene sowie die Versuche,
worauf sie gebaut ist,
verschiedenen Wert haben.
Johann Wolfgang von Goethe,
Maximen und Reflexionen

Pilgerschaft

Nachdem sie neunhundert Ratten
gefressen hatte, ging die Katze auf
eine Pilgerreise.
Sprichwort aus Indien

Seh ich den Pilgrim, so kann
ich mich nie der Tränen enthalten.
O wie beseligt uns Menschen ein
falscher Begriff!
Johann Wolfgang von Goethe,
Venezianische Epigramme

Plage

Der Krieg ist schrecklich
wie des Himmels Plagen.
Friedrich Schiller, Wallensteins Tod (Max)

Ist der Mensch nicht eine Plage?
Erich Kästner, Kurz und bündig. Epigramme

Plagiat

Das Plagiat ist vielleicht
die aufrichtigste Form der Verehrung.
Alfred Polgar

Ein Plagiat ist ein Zitat
unter Weglassung der Gänsefüßchen.
Victor de Kowa

Ein Plagiator ist ein Mann,
dessen Lieder schon gesungen wurden,
bevor er sie komponiert hatte.
Robert Stolz

Wir sind schließlich alle
nur Plagiatoren des Weltgeistes,
Sekretäre, die sein Diktat
niederschreiben; die einen passen
besser auf, die anderen schlechter:
Das ist vielleicht der ganze Unterschied.
Egon Friedell, Egon Friedells Konversationslexikon

Plan

Ändere deine Pläne,
sobald der Feind sie durchschaut hat.
Niccolò Machiavelli, Kriegskunst

Besser als der Plan eines Einzelnen
ist der Plan von zweien.
Chinesisches Sprichwort

Denn die Natur tut,
wie wir behaupten, nichts planlos.
Aristoteles, Politik

Der zur Tätigkeit geborne Mensch
übernimmt sich in Planen
und überladet sich mit Arbeiten.
Johann Wolfgang von Goethe, Dichtung und Wahrheit

Die ganze Welt besteht
aus Machenschaften und Plänen,
die einander entgegengesetzt sind.
Miguel de Cervantes Saavedra, Don Quijote

Durch das planlose Umherstreifen,
durch die planlosen Streifzüge
der Phantasie wird nicht selten

das Wild aufgejagt, das die planvolle
Philosophie in ihrer wohl geordneten
Haushaltung gebrauchen kann.
Georg Christoph Lichtenberg, Sudelbücher

Je üppiger die Pläne blühen,
umso verzwickter wird die Tat.
Man nimmt sich vor, sich zu bemühen,
und schließlich hat man den Salat.
Erich Kästner, Dr. Erich Kästners lyrische Hausapotheke

Kein Plan ist besser als der,
der dem Feind verborgen bleibt,
bis du ihn ausgeführt hast.
Niccolò Machiavelli, Kriegskunst

Man verachtet kühne Pläne, wenn
man sich große Erfolge nicht zutraut.
Luc de Clapiers Marquis de Vauvenargues,
Reflexionen und Maximen

Mit Menschen, die nach
andren Zielen streben,
kann man auch nicht
gemeinsam Pläne machen.
Konfuzius, Gespräche

Pläne sind
die Träume der Verständigen.
Ernst von Feuchtersleben, Aphorismen

Schlaue oder
tollkühne Pläne erscheinen anfangs
gut, während man sie bei der
Ausführung schwierig,
beim Ausgang nachteilig findet.
Niccolò Machiavelli, Geschichte von Florenz

Wozu Pläne verwirklichen,
wenn schon das Plänemachen
solche Befriedigung gewährt?
Charles Baudelaire, Kleine Gedichte in Prosa

Planet

Es gibt nichts Wunderbareres, nichts,
was die Weisheit des Schöpfers
bei den Verständigen heller bezeugt,
als die Bewegung der fünf Planeten.
Johannes Kepler, Neue Astronomie

Ich bin der Meinung,
dass es eben nicht notwendig sei,
zu behaupten, alle Planeten müssten
bewohnt sein, ob es gleich eine
Ungereimtheit wäre,
dieses in Ansehung aller,
oder auch nur der meisten, zu leugnen.
Immanuel Kant, Allgemeine Naturgeschichte und
Theorie des Himmels

Planung

Die Wissenschaft der Planung
besteht darin, den Schwierigkeiten
der Ausführung zuvorzukommen.
Luc de Clapiers Marquis de Vauvenargues,
Unterdrückte Maximen

Eine der Hauptaufgaben aller Planungen (...) wird künftig in der Dosierung
der Größe von Großmaschinen bestehen.
Günther Anders, Die Antiquiertheit des Menschen

Im Frühling plane für das Jahr,
am Morgen plane für den Tag.
Chinesisches Sprichwort

Neben der erfolgreichen Geschichte
des Planens gibt es noch
die traurige Geschichte des Geplanten.
Ludwig Marcuse, Argumente und Rezepte.
Ein Wörter-Buch für Zeitgenossen

Pläne schmieden
ist keine Kunst des Alters.
Chinesisches Sprichwort

Sorgsam durchdacht, wird alles leicht.
Wankelmut macht alles schwer.
Chinesisches Sprichwort

Was hilft gut bedacht,
wird's nicht gut gemacht?
Deutsches Sprichwort

Platon

Den Platon hat die Philosophie
nicht als Adligen aufgenommen,
sondern dazu gemacht.
Lucius Annaeus Seneca, Briefe über Ethik

Die stoische Lehre ist ein Spiel
mit Worten und ein Gebilde der
Phantasie wie der platonische Staat.
Jean de La Bruyère, Die Charaktere

Platon träumte viel –
und seither haben die Menschen
nicht weniger geträumt.
Voltaire, Platons Traum

Plünderung

Der General, welcher seinen
Leuten die Plünderung verspricht,
stempelt sich dadurch
faktisch zum Räuberhauptmann.
Johann Gottfried Seume, Apokryphen

Fragt der Soldat doch nicht,
woher es kommt!
Johann Wolfgang von Goethe, Faust II (Heermeister)

Plündern macht nicht reich.
Deutsches Sprichwort

Pöbel

Der Pöbel hört nie auf,
Pöbel zu sein, und wenn Sonne
und Mond sich wandeln.
Friedrich Schiller, Die Räuber (Vorrede)

Ein Weiser prüft und achtet nicht,
Was der gemeine Pöbel spricht.
Emanuel Schikaneder, Die Zauberflöte (Tamino)

Es gibt kein Jahrhundert der Aufklärung für den Pöbel: Er ist weder
französisch noch englisch,
noch spanisch. Der Pöbel ist immer
und überall der Gleiche:
Immer kannibalisch, immer Menschen
fressend, und rächt er sich an den
Behörden, so straft er Verbrechen,
die nicht immer erwiesen sind,
mit solchen, die immer sicher sind.
Antoine Comte de Rivarol, Maximen und Reflexionen

Man finde kein Genügen
an den Wundern des Pöbels,
dessen Unwissenheit ihn nicht über
das Erstaunen hinauskommen lässt:
Während die allgemeine Dummheit
bewundert, deckt der Verstand des
Einzelnen den Betrug auf.
Baltasar Gracián y Morales,
Handorakel und Kunst der Weltklugheit

Man soll wissen,
dass es Pöbel überall gibt,
selbst im schönen Korinth,
in der auserlesensten Familie:
Jeder macht ja die Erfahrung
in seinem eigenen Hause.
Baltasar Gracián y Morales,
Handorakel und Kunst der Weltklugheit

Poesie

Alle Dinge haben ihr Geheimnis,
und die Poesie ist das Geheimnis,
das alle Dinge haben.
Federico Garcia Lorca, Über Dichtung und Theater

Alle Gemüter, die sie lieben,
befreundet und bindet die Poesie
mit unauflöslichen Banden.
Mögen sie sonst im eignen Leben
das Verschiedenste suchen,
einer gänzlich verachten,
was der andre am Heiligsten hält,
sich verkennen, nicht vernehmen,
ewig fremd bleiben; in dieser Region
sind sie dennoch durch höhere
Zauberkraft einig und in Frieden.
Friedrich Schlegel, Fragmente

Alle Poesie beruht auf einem Zusammenwirken der Natur und Kunst.
Ohne Kunst kann sie keine
dauernde Gestalt gewinnen,
ohne Natur erlischt ihr inneres Leben.
August Wilhelm Schlegel,
Rezension der Altdeutschen Blätter

Alles geschieht in der Welt
der Poesie wegen, die Geschichte ist
der allgemeinste Ausdruck dafür,
das Schicksal führt
das große Schauspiel auf.
Achim von Arnim, An Clemens Brentano (9. Juli 1802)

Alles Poetische
muss märchenhaft sein.
Novalis, Fragmente

Alles Poetische
sollte rhythmisch behandelt werden!
Das ist meine Überzeugung.
Johann Wolfgang von Goethe, Briefe (an Schiller,
25. November 1797)

Alles wahre Wunderbare
ist für sich poetisch.
Jean Paul, Vorschule der Ästhetik

Bei wissenschaftlichen Werken muss
man nach den neuesten greifen,
bei poetischen nach den ältesten.
Samuel Smiles, Charakter

Bin die Verschwendung, bin die Poesie,
Bin der Poet, der sich vollendet,
Wenn er sein eigenst Gut verschwendet.
Johann Wolfgang von Goethe, Faust II (Knabe Lenker)

Das Poetische hat immer Recht;
es wächst weit
über das Historische hinaus.
Theodor Fontane, Frau Jenny Treibel

Das poetische Talent ist dem Bauer
so gut gegeben wie dem Ritter;
es kommt nur darauf an,
dass jeder seinen Zustand ergreife
und ihn nach Würden behandle.
Johann Wolfgang von Goethe,
Maximen und Reflexionen

Das Reich der Poesie blüht auf,
und nur der ist Poet,
der den Volksglauben besitzt
oder sich ihn anzueignen weiß.
Johann Wolfgang von Goethe, Geistesepochen

Das Spiel ist
die erste Poesie des Menschen.
Jean Paul, Levana

Das Wesen der Poesie ist
erhabene Klarheit.
Joseph Joubert, Gedanken, Versuche und Maximen

Dass in jedem Ding Poesie liegt,
ist keine bloße Redensart oder Phrase,
sondern eine ganz
begründete Behauptung.
Gilbert Keith Chesterton, Heretiker

Den Gärten der heutigen Poesie merkt
man es an, dass die großstädtischen
Kloaken zu nahe dabei sind:
Mitten in den Blütengeruch mischt
sich etwas, das Ekel und Fäulnis
verrät. Mit Schmerz frage ich:
Habt ihr es so nötig, ihr Dichter,
den Witz und den Schmutz immer zu
Gevatter zu bitten, wenn irgendeine
unschuldige und schöne Empfindung
von euch getauft werden soll?
Müsst ihr durchaus eurer edlen Göttin
eine Fratzen- und Teufelskappe
aufsetzen? Woher aber diese Not,
dieses Müssen? Eben daher, dass ihr
den Kloaken zu nahe wohnt.
Friedrich Nietzsche, Menschliches, Allzumenschliches

Der Kern, das Zentrum der Poesie
ist in der Mythologie zu finden
und in den Mysterien der Alten.
Friedrich Schlegel, Fragmente

Der Philosoph zieht seine Schlüsse, der
Poet muss die seinen entstehen lassen.
Marie von Ebner-Eschenbach, Aphorismen

Der Poet versteht die Natur besser
als der wissenschaftliche Kopf.
Novalis, Fragmente

Der Sinn für Poesie hat viel
mit dem Sinn für Mystizism gemein.
Er ist der Sinn für das Eigentümliche,
Personelle, Unbekannte,
Geheimnisvolle, zu Offenbarende,
das Notwendig-Zufällige.
Er stellt das Undarstellbare dar.
Er sieht das Unsichtbare,
fühlt das Unfühlbare.
Novalis, Fragmente

Die beste Poesie liegt uns ganz nah,
und ein gewöhnlicher Gegenstand
ist nicht selten ihr liebster Stoff.
Novalis, Heinrich von Ofterdingen

Die eigentliche heitere Sonne
der Poesie ist die irdische Liebe,
die Geschlechtsliebe
in ihrer tiefsten Bedeutung.
Henrik Steffens, Die gegenwärtige Zeit

Die Frau, die man mit Poesie gewann,
Ist nur ein Tisch,
worauf man schreiben kann.
Samuel Butler, Hudibras

Die Frauen werden in der Poesie ebenso ungerecht behandelt wie im Leben.
Friedrich Schlegel, Fragmente

Die Liebe ist stumm,
nur die Poesie kann für sie sprechen.
Novalis, Heinrich von Ofterdingen

Die lyrische Poesie hat etwas Kindliches,
die dramatische etwas Männliches,
die epische etwas Greisenhaftes.
Friedrich Hebbel, Tagebücher

Die Poesie der Alten
war die des Besitzes,
die unsrige ist die der Sehnsucht.
August Wilhelm Schlegel,
Über dramatische Kunst und Literatur

Die Poesie geht mehr
auf das Allgemeine und
die Geschichte auf das Besondere.
Gotthold Ephraim Lessing, Hamburgische Dramaturgie

Die Poesie ist das,
was rein aus dem Gemüt
ins Wort kommt.
Jacob Grimm, an Achim von Arnim (20. Mai 1811)

Die Poesie ist der Seufzer
eines überströmenden Herzens.
Sully Prudhomme, Gedanken

Die Poesie ist die Schatzkammer
des menschlichen Geistes,
in welche er niederlegt,
was er im Leben gewonnen hat.
Wilhelm Grimm, Einleitung zur Vorlesung über Gudrun

Die Poesie
ist nicht das ausschließliche Eigentum
einiger Individuen,
kein Zunftgeheimnis,
sie gehört allen Menschen an,
oder vielmehr sie will und kann
allen Menschen angehören,
welche nur wahrhaftig
und vollständig wollen;
sie soll die reine Luft sein,
in der wir atmen,
der Kern des Lebens,
ja das Leben selbst.
Franz Horn,
Die Poesie und Beredsamkeit der Deutschen

Die Poesie ist nur
den Freuden unserer Seele nützlich.
Nichts ist Poesie, was nicht begeistert.
Joseph Joubert, Gedanken, Versuche und Maximen

Die Poesie
ist oft nur die Kunst,
die Gedanken nach
den Worten auszurichten.
Sully Prudhomme, Gedanken

Die Poesie
sollte ebenso wie die schönen Künste
ein Spiel sein.
August Strindberg, Der Sohn der Magd

Die romantische Poesie
ist eine progressive Universalpoesie.
Friedrich Schlegel, Fragmente

Die Sprachfähigkeit ist ein poetisches
Talent; die Tiere sprechen nicht,
weil es ihnen an Poesie fehlt.
Ludwig Feuerbach, Das Wesen des Christentums

Die Vernunft ist nur eine
und in allen dieselbe:
Wie aber jeder Mensch seine
eigne Natur hat und seine eigne Liebe,
so trägt auch jeder seine
eigne Poesie in sich.
Friedrich Schlegel, Gespräch über die Poesie

Die Volkspoesie lebt gleichsam
in dem Stand der Unschuld,
sie ist nackt, ohne Schmuck,
das Abbild Gottes an sich tragend.
Wilhelm Grimm, Altdänische Heldenlieder

Die wahre Poesie kündet sich
dadurch an, dass sie, als ein weltliches
Evangelium, durch innere Heiterkeit,
durch äußeres Behagen, uns von
den irdischen Lasten zu befreien weiß,
die auf uns drücken.
Johann Wolfgang von Goethe, Dichtung und Wahrheit

Dies ist auch die höchste Poesie,
in der auch das Unpoetische,
weil es zur rechten Zeit und
am rechten Orte im Ganzen
des Kunstwerks gesagt ist,
poetisch wird.
Friedrich Hölderlin, Reflexion

Durch Vernünfteln
wird Poesie vertrieben,
Aber sie mag das Vernünftige lieben.
Johann Wolfgang von Goethe, Sprüche

Eigenlich sollte man
mit uns Poeten verfahren wie die
Herzöge von Sachsen mit Luthern,
uns auf der Straße wegnehmen und
auf ein Bergschloss sperren.
Johann Wolfgang von Goethe, Briefe (an Schiller,
21. Juli 1798)

Ein bisschen Narrheit,
das versteht sich,
gehört immer zur Poesie.
Heinrich Heine, Die Bäder von Lucca

Ein Poet ist nichts,
wenn er es nicht mit Ernst
und Kunstmäßigkeit ist.
Johann Wolfgang von Goethe,
Über den Dilettantismus

Ein Roman muss durch
und durch Poesie sein.
Novalis, Fragmente

Freilich ist die Poesie
nicht fürs Auge gemacht.
Johann Wolfgang von Goethe, Italienische Reise

Gib Antwort mir, weshalb ein Poet es
verdient, dass die Welt ihn bewundert?
Ob klugen Verstandes und
belehrenden Winks, und dieweil
wir verbessern die Menschheit
Aristophanes, Die Frösche (Aischylos)

Ich ehre den Rhythmus wie den Reim,
wodurch Poesie erst zur Poesie wird.
Johann Wolfgang von Goethe, Dichtung und Wahrheit

Ihr kennt Avalun,
aber der Perser kennt es auch,
er nennt es Ginnistan.
Es ist das Land der Poesie.
Heinrich Heine, Elementargeister

Im Positiven die Poesie festzuhalten,
scheint mir die Aufgabe
des Künstlers zu sein.
Anselm Feuerbach, Rom

In jedem tüchtigen Menschen
steckt ein Poet und kommt beim
Schreiben zum Vorschein, beim Lesen,
beim Sprechen oder beim Zuhören.
Marie von Ebner-Eschenbach, Aphorismen

Jede andere Kunst hat eine Seite,
wo sie ans Handwerk grenzt,
nur die Poesie nicht.
Das stellt sie in der wirklichen Welt
so schlimm.
Friedrich Hebbel, Tagebücher

Jede Muse sucht und findet die andre,
und alle Ströme der Poesie
fließen zusammen in das
allgemeine große Meer.
Friedrich Schlegel, Gespräch über die Poesie

Man kann die Poesie nirgends finden,
wenn man sie nicht in sich trägt.
Joseph Joubert, Gedanken, Versuche und Maximen

Meistens ist die Sache poetisch,
aber der Name nicht.
Gilbert Keith Chesterton, Heretiker

Poesie besteht nicht darin,
alles zu sagen, sondern
über alles träumen zu machen.
Charles-Augustin Sainte-Beuve, Montagsgespräche

Poesie deutet auf die Geheimnisse
der Natur und sucht sie durchs Bild
zu lösen.
Johann Wolfgang von Goethe,
Maximen und Reflexionen

Poesie ist Darstellung des Gemüts –
der inneren Welt in ihrer Gesamtheit.
Novalis, Fragmente

Poesie ist die Muttersprache
des Menschengeschlechtes.
Johann Gottfried Herder

Poesie ist geschlossene Kunstdarstel-
lung des Lebens durch das Wort.
Adam Heinrich Müller, Von der Idee der Schönheit

Poesie wie Brot? Dieses Brot müsste
zwischen den Zähnen knirschen und
den Hunger wieder erwecken,
ehe es ihn stillt. Und diese Poesie
wird scharf von Erkenntnis und
bitter von Sehnsucht sein müssen,
um an den Schlaf der Menschen
rühren zu können.
Ingeborg Bachmann, Frankfurter Vorlesungen

Religion ist die Poesie
der unpoetischen Menschen.
Franz Grillparzer, Studien zur Philosophie und Religion

Sind meine Reime
gleich nicht alle gut und richtig,
So sind die Leser auch nicht
alle gleich und tüchtig.
Friedrich von Logau, Sinngedichte

So ist denn also die Geschichte der
Poesie eines Volkes die Geschichte
seines innern Lebens.
Franz Horn, Die Poesie und Beredsamkeit
der Deutschen

So wie keine Blume
ohne Farbe gedacht werden kann,
so ist kein Mensch ohne Poesie.
Sophie Bernhardi, Lebensansicht

Überall bist du Poet, im Gespräch,
in Geschäften, am Spieltisch,
Nur in der Poesie
bist du nicht immer Poet.
Johann Wolfgang von Goethe/Friedrich Schiller,
Xenien

Überall wo wir zurückgehn
auf die frühesten Zeiten eines Volks,
ist es leicht zu bemerken,
wie Poesie und Historie ungetrennt
von einem Gemüt aufbewahrt
und von einem begeisterten Munde
verkündet wurde.
Wilhelm Grimm,
Über die Entstehung der altdeutschen Poesie

Ungleich der Wirklichkeit,
die ihre prosaische Gerechtigkeit und
ihre Blumen in unendlichen Räumen
und Zeiten austeilet, muss eben
die Poesie in geschlossenen beglücken;
sie ist die einzige Friedensgöttin der
Erde und der Engel, der uns,
und wär' es nur auf Stunden,
aus Kerkern auf Sterne führt.
Jean Paul, Vorschule der Ästhetik

Wenn jemand ständig
über Poesie redet, so wisset,
er hat kein poetisches Empfinden.
Leo N. Tolstoi, Tagebücher (1900)

Wie über einer großen Bergkette,
aus dem Schoße derselben und
ihrem Zuge folgend, nur mit kühneren
Zacken und Zinnen, ein leuchtendes
Wolkengebirg emporsteigt,
so über und aus dem Leben
der Völker ihre Poesie.
Ludwig Uhland, Geschichte der altdeutschen Poesie

Pol

Aber vor dem stets wachsenden
Drange des menschlichen Geistes nach
Licht und Wissen mussten die Grenzen
des Unbekannten
Schritt für Schritt zurückweichen,
bis sie im Norden an der Schwelle
des großen Eiskirchhofs der Natur,
der endlosen Stille der Polargegenden,
stehen blieben.
Fridtjof Nansen, In Nacht und Eis

Die beiden festesten Punkte
unsrer Kugel sind die Pole;
ohne sie war kein Umschwung,

ja wahrscheinlich keine Kugel
selbst möglich.
Johann Gottfried Herder, Ideen zur Philosophie der Geschichte der Menschheit

Die endliche Ruhe wird nur verspürt,
Sobald der Pol den Pol berührt.
Drum danket Gott, ihr Söhne der Zeit,
Dass er die Pole für ewig entzweit.
Johann Wolfgang von Goethe, Gott, Gemüt und Welt

Ich glaube, dass,
wenn wir auf die sich in der Natur
selbst vorfindenden Kräfte Acht
geben und versuchen,
mit denselben und nicht gegen
sie zu arbeiten, wir den sichersten
und leichtesten Weg
zum Pol finden werden.
Fridtjof Nansen, In Nacht und Eis

Polemik

Alle Polemik ist unkünstlerisch.
Jakob Boßhart, Bausteine zu Leben und Zeit

Durch jede philosophische Schrift geht,
und wenn es auch noch so wenig
sichtbar würde, ein gewisser
polemischer Faden.
Johann Wolfgang von Goethe, Plato als Mitgenosse einer christlichen Offenbarung

Politik

Alles Politisieren,
auch bei den größten Staatsmännern,
ist Improvisieren auf gut Glück.
Friedrich Nietzsche

Alles, was moralisch böse ist,
ist auch politisch böse.
Jean-Jacques Rousseau, Brief an d'Alembert

Als Beruf ist Politik für Herzlose
und Unverantwortliche,
Religion für Arme im Geiste
und Heuchler wie geschaffen.
Arthur Schnitzler, Buch der Sprüche und Bedenken

Als ich jung war,
glaubte ich, ein Politiker
müsse intelligent sein.
Jetzt weiß ich, dass Intelligenz
wenigstens nicht schadet.
Carlo Schmid

Befreien muss man sich
aus dem Gefängnis
der Alltagsgeschäfte und der Politik.
Epikur, Sprüche. In: Briefe, Sprüche, Werkfragmente

Beim Kartenspiel
und in der Weltpolitik
hört die Freundschaft auf.
Finley Peter Dunne

Beliebtheit und Erfolg
eines Politikers beruhen nicht selten
auf den Schwächen seiner Gegner.
Lothar Schmidt

Besser mit allen ein Narr
als allein gescheit,
sagen politische Köpfe.
Denn, wenn alle es sind,
steht man hinter keinem zurück:
Und ist der Gescheite allein,
wird er für den Narren gelten.
Baltasar Gracián y Morales, Handorakel und Kunst der Weltklugheit

Darf man sich über die Politik freuen,
wenn ihr höchster Zweck ist,
einige Menschen auf Kosten der Ruhe
so vieler anderer glücklich zu machen?
Und worin besteht die viel gerühmte
Weisheit der Gesetze, die so viele
Übelstände nicht beseitigen und
so wenig Glück bringen können?
Luc de Clapiers Marquis de Vauvenargues, Nachgelassene Maximen

Das diplomatische Protokoll ist der
Stoßdämpfer der Weltpolitik.
Hervé Alphand

Das Geheimnis aller Staatsklugheit ist
Vergrößerung; das Geheimnis aller
Politik List und Menschenverachtung.
Doch, was sag' ich Geheimnis!
Georg Forster, Über die Beziehung der Staatskunst auf das Glück der Menschheit

Das Recht muss nie der Politik,
wohl aber die Politik jederzeit dem
Recht angepasst werden.
Immanuel Kant, Über ein vermeintes Recht aus Menschenliebe zu lügen

Dass er dies all aus Überzeugung
spricht, die Meinung lass' ich mir
nicht rauben: Wer eine Lüge
Tag für Tag verficht, der muss sie
schließlich selber glauben.
Ludwig Fulda, Auf einen Agitator

Dass unsere modernen Staatsmänner
Materialisten sind, hindert sie nicht
daran, morbid zu sein.
Gilbert Keith Chesterton, Heretiker

Der Krieg hat zum Zweck,
die Politik der Regierung
mit den Waffen durchzuführen.
Helmuth Graf von Moltke, Verordnungen für die höheren Truppenführer (24. Juni 1869)

Der Krieg ist eine bloße Fortsetzung
der Politik mit anderen Mitteln.
Carl von Clausewitz, Vom Kriege

Der Politiker denkt
an die nächsten Wahlen,
der Staatsmann
an die nächste Generation.
William Gladstone

Der Politiker hat nicht
mit der Ewigkeit zu rechnen.
In einer menschlichen Angelegenheit
kommt es nie auf ein Definitives an.
Arthur Schnitzler, in: Jüdischer Almanach 5670 (Wien 1910)

Der Politiker muss
seinen Blick von der schimmernden
Oberfläche der Dinge
in ihre dunkleren Tiefen lenken.
Richard von Weizsäcker, Die Bedeutung des Gesprächs zwischen Politik und Literatur (1986)

Der Priester will Andacht,
der Pfaffe Unterwerfung,
der Staatsmann Entwicklung,
der Politiker Parteisieg.
Arthur Schnitzler, Der Geist im Wort

Der Staat kann viele Dinge besorgen,
außer Liebe und zärtlicher Fürsorge.
Mutter Teresa

Die Arbeit als Außenminister
wäre sehr schön,
wenn es das Inland nicht gäbe.
Joseph Luns

Die Einschaltquoten für Wahlsondersendungen sinken. Die Stars ziehen
nicht mehr. Vielleicht sind sie keine.
Dieter Hildebrandt

Die Gewerkschaften sind nicht
die Regierung. Sie sind aber auch
nicht die Opposition.
Richard von Weizsäcker, Ansprache auf dem DGB-Bundeskongress in Hamburg, 1986

Die größte Kunst des Politikers
besteht darin, seine Anhänger
zufrieden zu stellen, ohne ihnen
zu geben, was sie wollen.
Lothar Schmidt

Die größte Strafe für alle, die sich
nicht für Politik interessieren, ist,
dass sie von Leuten regiert werden,
die sich für Politik interessieren.
Arnold Toynbee

Die heutigen politischen und sozialen
Zustände sind im höchsten Maße
ungerecht und daher mit der größten
Energie zu bekämpfen.
Eisenacher Programm der Sozialdemokratischen Arbeiterpartei (1869)

Die meisten Politiker verdienen
freilich diese Bezeichnung nicht.
Denn sie sind gar keine wirklichen
Politiker; denn der Politiker bevorzugt
eine ehrenvolle Tätigkeit um ihrer
selbst willen; die meisten aber
wenden sich dieser Form des Lebens
nur aus Geldgier und Habsucht zu.
Aristoteles, Eudemische Ethik

Die Nachrichtendienste aller Länder
würden sofort einen großen Teil
ihres Einflusses und ihrer Macht
verlieren, wenn Seitensprünge
von Politikern nicht mehr
als unanständig gelten würden.
John Osborne

Die Öffentlichkeit ist
der Gestank einer Senkgrube
und die Politik
das Gebiet von Reduzierten.
Gottfried Benn, an Thilo Koch, 12. Oktober 1950

Die Politik bedient sich des Kriegs
für Erreichung ihrer Zwecke.
Helmuth Graf von Moltke, Über Strategie

Die Politik gleicht
der Sphinx der Fabel:
Sie verschlingt alle,
die ihre Rätsel nicht lösen.
Antoine Comte de Rivarol,
Maximen und Reflexionen

Die Politik ist die Bühne,
auf der die Souffleure
manchmal deutlicher zu hören sind
als die Akteure.
Ignazio Silone

Die Politik ist
die größte aller Wissenschaften.
Luc de Clapiers Marquis de Vauvenargues,
Nachgelassene Maximen

Die Politik ist
keine Wissenschaft,
wie viele der Herren Professoren
sich einbilden,
sondern eine Kunst.
Otto von Bismarck, Reden (im Deutschen Reichstag,
15. März 1884)

Die Politik sollte
das Schönste auf der Welt sein:
Ein Bürger im Dienste seines Landes.
Sie ist jedoch das Gemeinste,
was man sich denken kann.
Jules Renard, Ideen, in Tinte getaucht.
Aus dem Tagebuch von Jules Renard

Die politischen Institutionen
allein können den Charakter einer
Nation zur Entwicklung bringen.
Germaine Baronin von Staël, Über Deutschland

Die Teilnahme der Bürger an der Politik reduziert sich allmählich
aufs Zuschauen am Bildschirm.
Rudolf Wassermann

Die Vergesslichkeit des Menschen
ist etwas anderes
als die Neigung mancher Politiker,
sich nicht erinnern zu können.
Lothar Schmidt

Die vollendete Form
der Neuigkeitskrämerei ist
das hohle Geschwätz über Politik.
Jean de La Bruyère, Die Charaktere

Die wahre Politik
kann keinen Schritt tun,
ohne vorher der Moral
gehuldigt zu haben.
Immanuel Kant, Zum ewigen Frieden

Die wahren Meister in Politik und
Moral streben das Gute an,
das man erreichen kann,
und nichts darüber hinaus.
Luc de Clapiers Marquis de Vauvenargues,
Nachgelassene Maximen

Die Weltpolitik ist kein Klub,
aus dem man nach Belieben
austreten kann.
Edgar Faure

Die Wirkung einer Bewegung wird
nicht entschieden von dem Niveau
ihres Geistes, sondern von der
Ungebrochenheit ihres Willens.
Ludwig Marcuse, Argumente und Rezepte.
Ein Wörter-Buch für Zeitgenossen

Diejenigen, die zu klug sind,
um sich in der Politik zu engagieren,
werden dadurch bestraft,
dass sie von Leuten regiert werden,
die dümmer sind als sie selbst.
Platon

Ein Ausschuss ist
eine Gruppe Unvorbereiteter,
die von den Unwilligen ernannt werden,
damit sie das Unnötige tun.
Frederick L. Allen

Ein Fauxpas in der Politik
entsteht meistens dadurch,
dass ein Bein nicht weiß,
was das andere vorhat.
Maurice Faure

Ein Finanzminister ist ein
gesetzlich autorisierter Taschendieb.
Paul Ramadier

Ein garstig Lied! Pfui!
Ein politisch Lied
Ein leidig Lied!
Johann Wolfgang von Goethe, Faust I (Brander)

Ein Mann ohne Urteilskraft
mag bis zur Spitze aufsteigen,
aber er wird sich dort
nicht sehr lange halten.
Clement Attlee

Ein Nachteil der Politik liegt darin,
dass manche vernünftige Maßnahme
bloß deswegen unterbleibt,
weil der Gegner sie vorgeschlagen hat.
Romain Gary

Ein Politiker,
der sich keine Blöße geben will,
bedient sich gerne
eines Deckmantels.
Lothar Schmidt

Ein Politiker,
der viel unter den Teppich kehrt,
darf sich nicht wundern,
wenn er stolpert.
Lothar Schmidt

Es bleibt mir nichts anderes übrig,
als meine Zeit zwischen Politik
und den Gleichungen zu teilen.
Im Grunde genommen
sind mir die Gleichungen
jedoch viel wichtiger.
Denn Politik ist für die Gegenwart da.
Die Gleichungen aber sind gemacht
für die Ewigkeit.
Albert Einstein, in: C. Seelig, Albert Einstein

Es gibt keinen Papst
in der Politik.
Norbert Blüm, Unverblümtes von Norbert Blüm

Es gibt Leute in Amerika,
die Wichtigeres zu tun haben,
als Präsident zu sein.
Peter Ustinov

Es gibt politische Notwendigkeiten,
die so zwingend sind,
dass sie sich auf lange Sicht
durchsetzen müssen.
Konrad Adenauer, Erinnerungen

Es gibt zwei Arten,
aus der Politik
einen Beruf zu machen.
Entweder: Man lebt für die Politik –
oder aber: von der Politik.
Max Weber, Politik als Beruf

Es ist amüsant, zu sehen,
was für verzweifelte Anstrengungen
gemacht werden, um zu beweisen,
dass im House of Lords
kluge geistvolle Männer sitzen.
Gilbert Keith Chesterton, Heretiker

Es ist ein Grundsatz,
dass Ehrenhaftigkeit immer
die beste Politik ist, und zwar
bei öffentlichen ebenso wie
bei privaten Angelegenheiten.
George Washington, Abschiedsbotschaft (1796)

Es ist entscheidend in der Politik,
dass man nicht Phantasien
oder Utopien nachläuft, sondern –
genauso, wie es der Handwerker,
der Kaufmann, der Landwirt in
seinem Beruf tun muss –
klar den Realitäten Rechnung trägt.
Konrad Adenauer,
im Bundestagswahlkampf 1953

Es ist gut, dass es Radikale gibt,
auch wenn sie nur selten in der Lage
sind, etwas aufzubauen.
Carlo Schmid

Es ist ja nicht alles,
was ich den Bürgern sage, gelogen.
Konrad Adenauer, 1962

Es ist ja nicht so,
dass die ganze Vernunft
bei den Politikern sitzt und
die Verantwortungslosigkeit
bei den Wissenschaftlern.
Richard von Weizsäcker, Wissenschaft und Phantasie –
Herausforderungen unserer Zeit (Interview 1985)

Es ist schwer,
in großen Weltgeschäften
ein ruhiges Gewissen zu behalten.
Liselotte von der Pfalz

Es ist schwer zu entscheiden,
wann sich die Dummheit in Schurkerei
und wann sich die Schurkerei
in Dummheit verkleidet hat.
Darum wird es immer schwer sein,
die Politiker gerecht zu beurteilen.
Arthur Schnitzler, Aphorismen und Betrachtungen
aus dem Nachlass

Es liegt im Wesen der Politik,
dass sie durchaus zweckhaft gerichtet
sein muss, dass also ethische Motive,
so häufig solche auch vorgeschützt
werden, überhaupt nicht infrage
kommen dürfen.
Arthur Schnitzler, Buch der Sprüche und Bedenken

Es steht doch im Grundgesetz:
Die Richtlinien der Politik bestimme
ich. Und auch, was Richtlinien
der Politik sind, bestimme ich.
Konrad Adenauer, 1958

Fortschritt in der Politik
ist manchmal nur das Gefühl, das man
in einem stehenden Eisenbahnzug hat,
wenn nebenan ein anderer fährt.
George Brown

Für die Politik
ist es völlig belanglos,
ob ein Herrscher religiös ist
oder nicht.
König Friedrich der Große, Politisches Testament
(1752)

Für verlorene Gelegenheiten
in der Politik gibt es kein Fundbüro.
Paul Henri Spaak

Geizige, Politiker und Bienen arbeiten,
als ob sie ewig leben würden.
Lothar Schmidt

Gegen politische Feinde ist es Pflicht,
politisch zu handeln.
Heinrich Heine

Geschichtliche »Beweise«
für politische Thesen beweisen
heute genauso viel,
wie einst die Gottesgerichte
bewiesen haben.
Ludwig Marcuse, Argumente und Rezepte.
Ein Wörter-Buch für Zeitgenossen

Halten die Frauen fest zur Politik,
so halte ich die Politik für gesichert,
nicht bloß für den Augenblick,
sondern auch für die Kinder,
die von den Frauen erzogen werden.
Otto von Bismarck, Reden (an Damen in Friedrichsruh,
13. Mai 1895)

Ich erkenne nur ein höchstes Gesetz an,
die Rechtschaffenheit,
und die Politik kennt nur ihren Vorteil.
Heinrich von Kleist, Briefe (an Wilhelmine von Zenge,
Anfang 1800)

Ich glaube, Politik,
die sich der Kunst verweigert,
verfehlt letztlich die Freiheit.
August Everding, Festrede zur Eröffnung des Berliner
Abgeordnetenhauses am 28. April 1993

Ich weiß wohl, dass Politik selten
Treu und Glauben halten kann,
dass sie Offenheit, Gutherzigkeit,
Nachgiebigkeit aus unsern Herzen
ausschließt; in weltlichen Geschäften
ist das leider nur zu wahr.
Johann Wolfgang von Goethe, Egmont (Regentin)

In den Schlafzimmern
hat die Politik nichts zu suchen.
Norbert Blüm, Unverblümtes von Norbert Blüm

In der Kunst und in der Politik
ist gut gemeint das Gegenteil von gut.
André Malraux

In der Politik bleibt nichts geheim –
mit Ausnahme dessen,
was öffentlich gesagt wird.
Dean Rusk

In der Politik darf man nicht versuchen,
mit dem Kinn eine Faust
k. o. zu schlagen.
Olof Palme

In der Politik
handelt es sich gar nicht darum,
Recht zu haben,
sondern Recht zu behalten.
Konrad Adenauer

In der Politik ist ein
Argument nur so lange gut,
bis man weiß, vom wem es ist.
Lothar Schmidt

In der Politik ist es manchmal
wie bei der Grammatik:
Ein Fehler, den alle begehen,
wird schließlich als Regel anerkannt.
André Malraux

In der Politik ist es
wie beim Pferderennen.
Ein guter Jockey weiß sich beim Fallen
so wenig wie möglich zu verletzen.
Edouard Herriot

In der Politik ist es wie beim Schach:
Ein einziger falscher Zug
kann alles verderben.
Maurice Couve de Murville

In der Politik ist es wie in der Elektrizität: Wo es Kontakte gibt, gibt es
auch Spannungen.
Pierre Mendès-France

In der Politik mischt man immer nur
die Karten, anstatt zu spielen.
Karol Irzykowski

In der Politik
muss man immer den Tadlern
einen Knochen zum Benagen lassen.
Joseph Joubert, Gedanken, Versuche und Maximen

In der Politik
spielt sich der geistige Verkehr
vorwiegend auf Gemeinplätzen ab.
Lothar Schmidt

In der Wahl seiner Lieblingsworte
verrät der Politiker,
was er verschweigen will.
Lothar Schmidt

In der Weltpolitik
herrscht Konjunktur für Kosmetik.
Jeder will sein Gesicht wahren.
Joseph Alsop

In der Weltpolitik spritzt mancher,
der sich als Feuerwehrmann ausgibt,
mit Benzin.
Bertrand Russell

In der Weltpolitik tappen Elefanten
manchmal in eine Falle, die jeder
Maus auffiele.
David Frost

In jedem politischen System
gibt es notwendig Dienste,
die an sich nicht nur verächtlich,
sondern geradezu lasterhaft sind.
Michel Eyquem de Montaigne, Die Essais

Ja, wenn die reichen Leute
Vergnügen am Geldausgeben hätten:
dann müsste man freilich Sozialist
werden. Aber so (...).
Egon Friedell, Egon Friedells Konversationslexikon

Kalkulierter Gedächtnisverlust
ist in der Politik ein Überlebensmittel.
Hans Maier

Keine Politik ist besser als die Ziele,
die sie sich setzt.
Henry Kissinger

Keiner will das allgemeine Beste,
außer wenn es mit dem
seinigen übereinstimmt, und diese
Übereinstimmung ist auch das Ziel
des wahren Politikers, welcher das
Volk gut und glücklich zu machen
versucht.
Jean-Jacques Rousseau, Brief an Erzbischof Beaumont
(18. November 1762)

Koalition ist das Kunststück,
den rechten Schuh
auf dem linken Fuß zu tragen,
ohne Hühneraugen zu bekommen.
Guy Mollet

Kratze am Politischen und das Wirtschaftliche kommt zum Vorschein.
Lothar Schmidt

Krieg ist das Ergebnis von Politik,
und deswegen mische ich mich da
nicht ein, das ist alles.
Mutter Teresa

Kunst ist eine politische Waffe.
Carl André, in: L. Glozer, (Katalog) Westkunst

Kunst kommt im politischen Alltag
gewiss oft zu kurz.
Helmut Kohl, Ausstellung der Nationalgalerie Berlin im Bundeskanzleramt. Ansprache des Bundeskanzlers 1985

Leute, die am höchsten stehn,
Müssten auch am weitesten sehn.
Wenn's in solcher Wolkensphäre
Nur nicht oft so neblig wäre!
Ludwig Fulda, Sinngedichte

Links oder rechts?
Von wo aus?
Ludwig Marcuse, Argumente und Rezepte.
Ein Wörter-Buch für Zeitgenossen

Man kann heute
nicht mehr unpolitisch sein.
Die Politik wird
einem ins Haus getragen.
Heinz Rühmann

Man muss sich
von einem politischen Gegner nicht
unbedingt mit einem Fußtritt
verabschieden, wenn man es mit
einem Händedruck tun kann.
Edgar Faure

Mit Churchill habe ich mich viel
und bitter gestritten, aber wir sind
immer miteinander ausgekommen.
Mit Roosevelt habe ich mich niemals
gestritten, aber ich bin niemals mit
ihm ausgekommen.
Charles de Gaulle

Mit der Politik des kleineren Übels
sind 6000 Jahre lang
die großen Übel gemacht worden.
Lore Lorentz

Mit Politik kann man
keine Kultur machen,
aber vielleicht kann man
mit Kultur Politik machen.
Theodor Heuß

Nicht Politik, dass heißt
nicht die Sorge um das Gemeinwohl
verdirbt den Charakter, sondern ein
verdorbener Charakter
verdirbt die Politik.
Julius Raab, Im Schulfunk (10. September 1956)

Noch nie waren so viele
so sehr wenigen ausgeliefert.
Aldous Huxley

Politik, das ist die Freistatt,
wo Verbrechen, die sonst Gefängnis
oder Tod zur unvermeidlichen Folge
hätten, wo Verrätereien,
die sonst zu flammender Empörung
aufriefen, wo Lügen,
die sonst im allgemeinen
Hohngelächter untergingen,
nicht nur von diesen sonst natürlichen
Konsequenzen bewahrt zu bleiben
pflegen, sondern wo all diese
Verbrechen, Verrätereien und Lügen
als durchaus natürliche, wenn nicht
gar rühmenswerte Bestätigungen
der menschlichen Natur angesehen
werden.
Arthur Schnitzler, Buch der Sprüche und Bedenken

Politik der Christen ist
nicht immer christliche Politik.
Norbert Blüm, Unverblümtes von Norbert Blüm

Politik der Unterdrückung
ist das Ergebnis der Weigerung,
der Wahrheit ins Gesicht zu sehen.
Norman Lane Angell

Politik: die Kunst, sich von den
jeweiligen Umständen so ändern zu
lassen, dass es aussieht, als ob man
die Umstände geändert habe.
Wolfgang Herbst

Politik – ein faules Ei;
wenn man es öffnet, so stinkt es.
Sprichwort aus Russland

Politik: ein Streit der Interessen,
der sich als Wettstreit der Prinzipien
maskiert.
Ambrose Bierce

Politik, ein Wort
vieldeutig wie Religion.
Arthur Schnitzler, Aphorismen und
Betrachtungen aus dem Nachlass

Politik gehört eher der Klugheit an
als der Weisheit, ihr Bereich ist eher
die Wahl als die Überlegung,
eher das Urteil als der Beweis.
Joseph Joubert, Gedanken, Versuche und Maximen

Politik ist das gegebene Thema für
Ungebildete und Schwätzer, Religion
das gegebene Thema für Gedankenlose
und Schwächlinge.
Arthur Schnitzler, Buch der Sprüche und Bedenken

Politik ist der stets neu zu schaffende
Kompromiss von Macht und Vernunft.
Carl Friedrich von Weizsäcker

Politik ist der Versuch,
einem Esel klarzumachen,
dass er keiner ist.
Thomas Niederreuther

Politik ist die Kunst,
das auf ethischer Grundlage als richtig
Erkannte zu verwirklichen.
Konrad Adenauer, Erinnerungen

Politik ist die Kunst des Möglichen,
aber auch die Wissenschaft
vom Unmöglichen.
Harold Macmillan

Politik ist die Kunst,
die Menge oder die Mehrheit
zu kennen und zu leiten;
ihr Ruhm ist nicht, sie dahin zu leiten,
wohin sie will,
sondern wohin sie muss.
Joseph Joubert, Gedanken, Versuche und Maximen

Politik ist die Wahl zwischen
dem Unheilvollen
und dem Ungenießbaren.
John Kenneth Galbraith

Politik ist ein Kompromiss
oder eine Schriftstellerei.
Ludwig Marcuse, Argumente und Rezepte.
Ein Wörter-Buch für Zeitgenossen

Politik ist ein schwieriges Geschäft,
und es soll sich niemand beklagen,
der es freiwillig beginnt.
Günter Grass

Politik ist nur selten eine Schussfahrt,
meistens ist sie ein Slalom.
Edgar Faure

Politik ist so schmutzig
wie die Menschen sind,
die Politik machen.
Björn Engholm

Politik machen bedeutet,
einen simplen Tatbestand
so zu komplizieren, dass alle
nach einem neuen Vereinfacher rufen.
Giovanni Guareschi

Politik wird mit Kopf,
Ellenbogen und Fäusten gemacht.
Antonio Carmona

Politik wird mit dem Kopf,
nicht mit dem Kehlkopf gemacht.
Franz Josef Strauß

Politiker benutzen die Zukunft
als Sprungbrett für die Gegenwart.
Zarko Petan

Politiker sollten auch
einmal Betroffenheit zeigen
und nicht immer
so verdammt siegessicher sein.
Günter Grass

Politiker sparen,
indem sie den Gürtel der Bürger
enger schnallen.
Lothar Schmidt

Politisch ist englisch
[d. h. wie ein Engel, Anm. d. Red.]
reden und teuflisch meinen.
Deutsches Sprichwort

Politische Führung bedeutet gerade in
Zeiten des Umbruchs geistige Führung.
Hans-Dietrich Genscher, Chancen des technischen
Fortschritts für die Zukunft Europas. Rede des Bundesministers des Auswärtigen in Berlin 1986

Politische Überzeugung?
Das ist oft nichts anderes als die
bequeme Larve, hinter der ein Lump
seine widerliche Fratze verstecken
möchte, um unter dem Schutz der
Maskenfreiheit auf dem politischen
Faschingsrummel, den wir am Aschermittwoch Weltgeschichte zu nennen
lieben, ungestraft oder gar bejubelt
sein feiges Unwesen zu treiben.
Arthur Schnitzler, Buch der Sprüche und Bedenken

Schuldenmachen ist die asozialste
Politik, die es gibt, die Politik auf den
Knochen der kleinen Leute.
Norbert Blüm, Unverblümtes von Norbert Blüm

Sie machen aus Gott
einen Wahlkämpfer.
Jules Renard, Ideen, in Tinte getaucht.
Aus dem Tagebuch von Jules Renard

Solange die Atombombe sich nur in
Händen der beiden Großmächte
befindet, gibt es keinen Krieg.
Gefährlich wird es erst, wenn sich
jeder das dazu notwendige Plutonium
aus der Drogerie holen kann.
Otto Hahn

Unausrottbar scheint
das Bedürfnis der Politiker zu sein,
Geschichte für Zwecke der Gegenwart
zu mobilisieren und zu ideologisieren.
Richard von Weizsäcker, Geschichte, Politik und
Nation. Ansprache des Bundespräsidenten auf dem
Weltkongress der Historiker in Stuttgart 1985

Unendlich wichtig für eine
erfolgreiche Politik ist es, niemals das
Vertrauen seiner Freunde zu verlieren.
Die Methoden der Politik können
sich schon einmal ändern, aber das
Vertrauen ist die Basis des politischen
Zusammenwirkens. Es darf nicht
angetastet werden. Vertrauen ist
einfach entscheidend.
Konrad Adenauer, Gespräch in Loveno, 1963

Unsere Politiker machen,
so weit ihr Einfluss reicht,
es ebenso und sind auch
im Wahrsagen ebenso glücklich.
Immanuel Kant, Ob das menschliche Geschlecht
im beständigen Fortschreiten zum Besseren

Unter Politik verstehen
manche Leute die Kunst,
Brände zu löschen,
die sie selbst gelegt haben.
Lawrence Durrell

Verdienst erhöht die Politiker.
Es macht sie weithin sichtbar –
wie Zielscheiben.
Christian Bovee

Verfilzung ist kein Monopol
der Arbeitnehmerorganisation.
Norbert Blüm, Unverblümtes von Norbert Blüm

Vergleichende Werbung
ist in der Wirtschaft verboten;
in der Politik ist sie die Regel.
Lothar Schmidt

Vor uns liegt die Aufgabe,
die Menschenrechte nicht nur
zu formulieren, sondern sie
durchzusetzen.
Hans-Dietrich Genscher, Rede des Bundesaußenministers vor den Vereinten Nationen 1985

Was die Politik anbelangt,
so glaube ich nicht an
die Pronunziamentos, sondern ans
Beispiel. Offizielle Pazifisten,
die private Wutpinkel sind,
arbeiten am Krieg.
Ludwig Marcuse, Argumente und Rezepte.
Ein Wörter-Buch für Zeitgenossen

Was in der Politik noch fehlt,
ist ein Machthungerstreik.
Werner Finck

Was ist alle Politik
gegen den Silberblick der Natur!
Bettina von Arnim, Die Günderode

Was kümmert mich die Politik?
Sie könnten ebenso gut sagen:
Was kümmert mich das Leben.
Jules Renard, Ideen, in Tinte getaucht.
Aus dem Tagebuch von Jules Renard

Was mich an unserem politischen
Betrieb in der Bundesrepublik
am meisten niederdrückt,
ist die Verarmung der Sprache.
Rudolf Augstein

Was moralisch falsch ist,
kann nicht politisch richtig sein.
William Gladstone

Wenn die Untertanen aus Prinzip
rebellieren, wird die Politik
der Könige tyrannisch.
Edmund Burke, Betrachtungen über die
Französische Revolution

Wenn ein Politiker die Qualitäten
eines anderen lobt, kann man daraus
schließen, dass er sich selbst
für besser hält.
Lothar Schmidt

Wenn ich etwas in der Politik
verabscheue, dann den Typ des Aals,
der sich vor lauter Geschmeidigkeit
am liebsten selbst in sein Hinterteil
beißen würde.
Margaret Thatcher

Wenn Maus und Katze sich verbünden,
Geschieht's gewiss aus guten Gründen.
Jüdische Spruchweisheit

Wenn Politiker anfangen,
die Farbe des Windes zu beschreiben,
stehen bald Wahlen ins Haus.
Robert Lembke, Steinwürfe im Glashaus

Wenn Verhandlungen das Wohl des
Landes im Auge haben, dann setze
ich mich auch mit dem Teufel an
einen Tisch!
Konrad Adenauer, Gespräch mit Journalisten nach den
Saar-Abmachungen, 1954

Wer den Dammbruch verursacht hat,
soll sich nicht anschließend als
Schleusenwärter bewerben.
Norbert Blüm, Unverblümtes von Norbert Blüm

Wer in die Politik geht,
um beliebt zu sein,
der hat den Beruf verfehlt.
Norbert Blüm, Ein ZEIT-Interview mit Norbert Blüm. In:
DIE ZEIT, Nr. 10/1989

Wie links muss einer sein,
um die reaktionäre Funktion zu erfüllen,
die rechts so sichtbar ist.
Ludwig Marcuse, Argumente und Rezepte.
Ein Wörter-Buch für Zeitgenossen

Wir werden umbauen müssen.
Umbauen heißt, zurücknehmen,
um ausdehnen zu können.
Die Ausdehnung wird für selbstverständlich gehalten, die Zurücknahme
trifft immer auf Widerstand.
Norbert Blüm, Ein ZEIT-Interview mit Norbert Blüm.
In: DIE ZEIT, Nr. 10/1989

Zur Politik gehört auch die Gabe,
selbst zu jammern,
wenn man anderen auf die Füße tritt.
Henri Tisot

Zweifellos vermag die Politik
Großartiges zu schaffen,
aber nur das Herz
vollbringt Wunder.
George Sand, Briefe

Zwischen Staaten gibt es keine
Freundschaft, sondern nur Allianzen.
Charles de Gaulle

Politiker

Als ich jung war, glaubte ich,
ein Politiker müsse intelligent sein.
Heute weiß ich, dass Intelligenz
wenigstens nicht schadet.
Carlo Schmid

Angeschlagene Politiker
sind wie angeschlagene Boxer:
doppelt gefährlich.
Edward Heath

Aufgrund ihrer bloßen Existenz
sind Politiker weltweit unbeliebt.
Sie gelten als hinterhältig,
weil sie vielen verpflichtet sind,
und als langweilig, weil sie wenig
zu sagen haben und es nicht gut
formulieren. Ihre einzige Freiheit
besteht darin, ihre Gegner zu kritisieren,
und die Öffentlichkeit gähnt dazu.
Peter Ustinov, Peter Ustinovs geflügelte Worte

Aus dem Lexikon
jedes ernst zu nehmenden Politikers
sollten die Wörter
»immer« und »niemals«
gestrichen werden.
George F. Kennan

Die äußere Politik hat ihre Dogmen,
wie die Religion; sie heißen Macht,
Grenzerweiterung und Prestige.
Aber so wie die wahrhaft Frommen
nicht eben unter den Buchstabengläubigen, so werden die besten
Patrioten kaum je unter den
Politikern zu finden sein.
Arthur Schnitzler, Buch der Sprüche und Bedenken

Die Einsichten des Wissenschaftlers
sind in der Regel größer
als seine Wirkungsmöglichkeiten.
Beim Politiker ist es meistens umgekehrt.
Wolfgang Engelhardt

Die Politik zwingt in das Mitdenken
dessen, was der andere denkt.
Karl Jaspers,
Die Atombombe und die Zukunft des Menschen

Die Politiker der Alten redeten
immerfort von Sitten und Tugend,
die unsrigen reden von nichts
als vom Handel und vom Gelde.
Jean-Jacques Rousseau,
Abhandlung über die Wissenschaften und Künste

Die Politiker rühmen sich
ihrer großen Taten,
diese Taten aber sind selten Ergebnisse
eines Planes, sondern meist nur Zufall.
François de La Rochefoucauld, Reflexionen

Die Überzeugung, dass er es
draußen im Lande mit Millionen
von Idioten zu tun hat, gehört
zur psychischen Grundausstattung
des Politikers.
Hans Magnus Enzensberger

Die wahren Politiker
kennen die Menschen besser als die
Berufsphilosophen; ich möchte sagen,
sie seien wahrere Philosophen.
Luc de Clapiers Marquis de Vauvenargues,
Nachgelassene Maximen

Ein Politiker, der schon
in die Geschichte eingegangen ist,
kann schwerlich daraus zurückkehren.
Henri Troyat

Ein Politiker, der seine Zeit
damit vergeudet, auszukundschaften,
wie er ankommt, verliert Zeit
und Kraft, Probleme zu lösen.
Norbert Blüm, Ein ZEIT-Interview mit Norbert Blüm.
In: DIE ZEIT, Nr. 10/1989

Ein Politiker ist wie Quecksilber: Wenn
du deinen Finger auf ihn legen willst,
so findest du nichts darunter.
Austin O'Malley

Ein Politiker ruiniert sich
nicht durch seine Niederlagen,
sondern durch seine Pyrrhussiege.
Harold Macmillan

Ein Politiker sollte wenigstens
alle zwölf Jahre seine Meinung
ändern dürfen.
Aristide Briand

Ein Politiker teilt die Menschheit
in zwei Klassen ein:
Werkzeuge und Feinde.
Friedrich Nietzsche

Einen Politiker, der immer
die Wahrheit sagt, gibt es nicht,
sonst wäre er nicht Politiker geworden.
Mark Twain

Erstaunlich viele Politiker
suchen den besten Kopf ihres Landes
vor dem Spiegel.
Saul Steinberg

Es gibt Politiker, die sind zu nichts fähig.
Es gibt andere, die sind zu allem fähig.
Werner Grunert

Es gibt redliche und
unredliche Politiker.
Die unredlichen täuschen das Volk
über ihre wahren Absichten.
Die redlichen täuschen sich selbst.
Heinrich Waggerl, Wagrainer Bilderbuch

Es gibt viel Gemeinsames zwischen
Bühnenschauspielern und ihren
Kollegen in der Politik: Beide
deklamieren Texte, die jemand anderer
geschrieben hat, beide können ohne
Applaus nicht leben und beide opfern
ihre gesamte Freizeit den Intrigen.
Der Unterschied: Politiker treiben ihr
Spiel hinter geschlossenem Vorhang.
Ephraim Kishon, Kishon für alle Fälle

Es gibt viele Leute,
die die großen Dinge tun können.
Aber es gibt sehr wenig Leute,
die die kleinen Dinge tun wollen.
Mutter Teresa

Es ist schwer, eine Person des
öffentlichen Lebens zu bewundern,
deren Berufsausbildung sich
auf zwanzigtausend Schlafstunden
bei Sitzungen, Versammlungen und
Parteitagen beschränkt und deren
besondere Fähigkeit das Schlafen
mit offenen Augen und das Gähnen
bei geschlossenem Mund ist.
Ephraim Kishon, Kishon für alle Fälle

Es muss heutzutage zu
den Haupteigenschaften
eines Politikers gehören,
seine Nerven zu beherrschen.
Konrad Adenauer, Tischgespräch mit dem französischen Außenminister Schuman, 14. Januar 1950

Frustrierte Politiker
erkennt man daran,
dass sie brüten,
bevor das Ei gelegt ist.
Gino Cervi

Gelehrten, welche Politiker werden,
wird gewöhnlich die komische Rolle
zuteil, das gute Gewissen einer
Politik sein zu müssen.
Friedrich Nietzsche, Menschliches, Allzumenschliches

Hütet euch vor den Politikern,
die auf jede Frage eine Antwort wissen.
Norbert Blüm

Jeder Politiker
sieht auf die Dauer so aus,
wie er ist.
Helmut Schmidt

Jene großen und glänzenden Taten,
die unser Auge blenden, werden von
den Politikern als Auswirkung großer
Pläne dargestellt, sind aber meist nur
Auswirkungen von Stimmungen und
Leidenschaften. So führt man den
Krieg zwischen Antonius und
Augustus auf ihren Ehrgeiz zurück,
der sie trieb, die Welt zu erobern.
Vielleicht war er nichts als
Auswirkung der Eifersucht.
François de La Rochefoucauld, Reflexionen

Journalisten sind wie Politiker –
sie reichen vom Verbrecher
bis zum Staatsmann.
Helmut Schmidt

Kein Politiker ist denkbar ohne
gutes Gedächtnis für Dinge,
die er vergessen muss.
Alberto Sordi

Manche Politiker sterben
auf Barrikaden, auf denen
sie gar nie gestanden haben.
François Mitterand

Mancher Politiker
hat keinen schlimmeren Feind
als sich selbst.
John B. Priestley

Man soll auf Politiker nicht hören,
sondern auf sie achten.
Sie sind immer vorbereitet auf das,
was sie anrichten werden.
Auf das Schlimmste. Das verhindern
sie dann und lassen sich feiern.
Dieter Hildebrandt

Maximale Lebenserwartung
hat ein Politiker, wenn er sich
aggressiv in der Politik und
defensiv im Straßenverkehr verhält.
Franz Josef Strauß

Politiker sagen nur das,
was sie sagen wollen;
Diplomaten verschweigen sogar,
was sie ohnehin nicht wissen.
Werner Höfer

Politiker sind wie Generäle:
Beide möchten verlorene Schlachten
nachträglich noch gewinnen.
Arnold Wesker

Politiker sind wie Meteorologen,
die (...) während eines Tages,
an dem es pausenlos regnet,
Aufheiterungen (...) vorhersagen.
Peter Ustinov, Peter Ustinovs geflügelte Worte

Politiker sollten auch einmal
Betroffenheit zeigen und nicht
immer so verdammt siegessicher sein.
Günter Grass

Politiker und Journalisten
teilen das traurige Schicksal, dass sie
oft heute schon über Dinge reden,
die sie erst morgen ganz verstehen.
Helmut Schmidt

Schriftsteller müssen
das schlechte Gewissen
ihrer Nation artikulieren,
weil die Politiker ein so gutes haben.
Rolf Hochhuth

Sie sind ein guter Mann,
aber Sie werden nie ein
großer Staatsmann;
Sie verachten die Menschen
nicht genug.
Etienne François Herzog von Choiseul, Memoiren

Verbrecher kehren manchmal
an den Ort ihres Verbrechens zurück.
Politiker werden wiedergewählt.
Karel Trinkewitz

Verständliche Sprache
bei einem Politiker
zeugt von gutem Gewissen.
André Malraux

Viele Dinge sehen, miteinander
erwägen, gegeneinander abrechnen
und aus ihnen einen schnellen
Schluss, eine ziemlich sichere Summe
bilden – das macht den großen
Politiker, Feldherrn, Kaufmann:
also die Geschwindigkeit in einer Art
von Kopfrechnen.
Friedrich Nietzsche, Menschliches, Allzumenschliches

Viele Politiker,
die in der Opposition
geschmeidige Düsenjäger waren,
werden an der Macht
bedächtige Segelflieger.
Ignazio Silone

Von dem, der sich den Ereignissen
hingibt, bleibt immer weniger übrig.
Große Politiker können deshalb ganz
leere Menschen werden und doch
einmal voll und reich gewesen sein.
Friedrich Nietzsche, Menschliches, Allzumenschliches

Wäre Politik unter Voraussetzung
vollkommener Wahrheit,
wäre Rechtsprechung auf
der Grundlage vollkommener Gerechtigkeit überhaupt nur möglich,
dann brauchten wir weder Politiker
noch Juristen auf der Welt.
Arthur Schnitzler, Buch der Sprüche und Bedenken

Was den allergrößten Schaden bringt,
sind die unreifen Politiker,
die in Träumen, Deklamationen und
Phantasien herumirren und doch so
drängen, dass nur das Ihrige geschehe.
Adalbert Stifter, Briefe (an Joseph Türck, 28. Juni 1848)

Wenn aber jemand das Unglück hat,
Politiker sein zu müssen,
dann sollte er sich wenigstens
dreierlei zur Pflicht machen:
Einmal des Tags durch ein Mikroskop
zu schauen, einmal nachts durch ein
Fernrohr den gestirnten Himmel zu
betrachten und jeden Morgen jene
Seite der Schrift zu lesen, auf der
geschrieben steht: Richtet nicht,
auf dass ihr nicht gerichtet werdet.
Heinrich Waggerl, Wagrainer Bilderbuch

Wenn Berufspolitiker einen Auftrag
übernehmen, so verdecken sie
gewöhnlich ihre wirklichen Absichten.
Michel Eyquem de Montaigne, Die Essais

Wissenschaftler ist jemand,
dessen Einsichten größer sind
als seine Wirkungsmöglichkeiten.
Gegenteil: Politiker.
Helmar Nahr

Wo Freiheit ist,
kann man seine Meinung
über einen öffentlichen Mann
nie zu früh äußern;
man läuft leicht Gefahr,
zu spät zu kommen.
Tut man ihm durch
falschen Argwohn Unrecht,
desto besser für ihn
und das Vaterland!
Wenn er sich für beleidigt hält,
hat man ihm nicht ganz
Unrecht getan.
Johann Gottfried Seume, Apokryphen

Zurückdenkend an all die Jahre,
in denen Politiker uns
ihrer Sympathie versichert haben,
fühle ich mich abgeliebt,
übertölpelt, reingelegt.
Dieter Hildebrandt

Polizei

Die Polizei will alles, alles wissen.
Gotthold Ephraim Lessing, Minna von Barnhelm (Wirt)

Es darf kein Bube mit der Peitsche
knallen oder singen oder rufen,
sogleich ist die Polizei da, es ihm zu
verbieten. Es geht bei uns alles dahin,
die liebe Jugend frühzeitig zahm zu
machen und alle Natur,
alle Originalität und alle Wildheit
auszutreiben, sodass am Ende
nichts übrig bleibt als der Philister.
Johann Wolfgang von Goethe, überliefert von Johann Peter Eckermann (Gespräche mit Goethe)

Polizei: Eine bewaffnete Truppe
zum Schutz und zum Mitmachen.
Ambrose Bierce

Regierungen kommen und gehen
– die Polizei bleibt.
François Mauriac

Polygamie

Die Franken haben die germanische
Keuschheit aufgegeben: Unter den
Merowingern und Karolingern
herrscht Polygamie.
Simone de Beauvoir, Das andere Geschlecht

Die Polygamie ist nicht
der Ausdruck einer höchsten Liebe,
sondern eine außerordentliche
Verachtung der Frauen.
Théodore Jouffroy, Das grüne Heft

Popularität

Die Popularität ist eine Krankheit,
die um so chronischer zu werden
droht, je später im Leben sie
den Patienten befällt.
Ernst Jünger

Es wäre furchtbar,
in dieser Welt populär zu werden,
in der so viele menschliche
Rindviecher herumtrampeln.
Patrick White

Film multipliziert die Popularität,
Fernsehen potenziert sie.
Gustav Knuth

Für einen Prominenten gibt es
nur eines, was schlimmer ist,
als auf der Straße erkannt zu werden –
nämlich nicht erkannt zu werden.
Wim Thoelke

Je höher ich in der
öffentlichen Meinung steige,
um so tiefer
sinke ich in meiner eigenen.
Leo N. Tolstoi, Tagebücher (1854)

Man wird des Besten überdrüssig,
wenn es populär geworden ist.
Luc de Clapiers Marquis de Vauvenargues,
Nachgelassene Maximen

Nicht alles, was populär ist, ist richtig.
Norbert Blüm, Ein ZEIT-Interview mit Norbert Blüm.
In: DIE ZEIT, Nr. 10/1989

Populär kann der nur heißen,
Der zu seinen Höh'n kann reißen.
Gottfried Kinkel, Gedichte

Popularität ist
das Kleingeld des Ruhms.
Victor Hugo

Prominenz ist eine Eigenschaft,
die nicht durch Auslese, sondern
durch Beifall zustande kommt.
Friedrich Sieburg

Pornographie

Alles hat sein Recht,
selbst Pornographie, die in etwa so
erregend ist wie das Wartungsheft
eines neuen Autos. Sie sagt,
wie man es macht,
ohne ihrem Thema auch nur einen
Hauch von Begeisterung zu geben.
Peter Ustinov, Was ich von der Liebe weiß

Bei Pornographie handelt es sich
eher um Befreiung als um Ansporn.
Mangelnde Phantasie ist der Grund
dafür, dass Menschen Vergnügen an
Pornographie finden.
Peter Ustinov, Peter Ustinovs geflügelte Worte

Nichts ist schändlicher als unkeusches
Leben und dessen grobe Sprache.
Jean-Jacques Rousseau,
Julie oder Die neue Héloïse (Julie)

Unzüchtige Dichter aber sollst du
überhaupt nicht anrühren und
dich keinesfalls damit näher befassen,
außer es gelingt dir etwa,
die beschriebenen Laster mehr zu
scheuen und, in Enthaltsamkeit von
allem Hässlichen, leidenschaftlicher
das Ehrliche zu lieben.
Erasmus von Rotterdam, Handbüchlein eines
christlichen Streiters

Was wäre die Pornographie
ohne die Zensur?
Roger Vadim

Porträt

Ein großer Maler,
der in einem Porträt den vollsten
Ausdruck und Augenblick,
dessen ein Mensch fähig ist,
enthüllt und niedergelegt hat,
wird von diesem Menschen,
wenn er ihn später im wirklichen
Leben wieder sieht, fast immer nur
eine Karikatur zu sehen glauben.
Friedrich Nietzsche, Menschliches, Allzumenschliches

Jedes Porträt, das mit Gefühl gemalt
ist, ist ein Porträt des Künstlers,
nicht des Modells.
Oscar Wilde, Das Bildnis des Dorian Gray

Man ist niemals von
einem Porträt zufrieden von Personen,
die man kennt.
Johann Wolfgang von Goethe,
Die Wahlverwandtschaften

Modelle sollten sich bemühen,
dem Porträt ähnlich zu sehen.
Salvador Dalí

Wer Porträtisten verärgert,
muss damit rechnen,
ähnlich gemalt zu werden.
Winston S. Churchill

Position

Es kommt selten
oder überhaupt
nicht vor, dass Menschen
aus kleinen Verhältnissen
ohne Gewalt und ohne Betrug
in eine hohe Position gelangen.
Niccolò Machiavelli, Vom Staat

Wer auf einer glatten Stelle steht,
Verschmäht den schnödsten Halt
zur Stütze nicht.
William Shakespeare, König Johann (Pandulpho)

Posten

Alle Menschen glauben,
die höchsten Posten zu verdienen,
aber die Natur, die ihnen die
Fähigkeiten dazu nicht mitgegeben
hat, stellt sie zufrieden auch
mit den niedersten.
Luc de Clapiers Marquis de Vauvenargues,
Reflexionen und Maximen

Aller Gewinn, den man durch
Verleihung hoher Posten an manche
Leute erzielt, beschränkt sich darauf,
festzustellen, ob sie geschickt sind.
Luc de Clapiers Marquis de Vauvenargues,
Unterdrückte Maximen

Nichts ist für Menschen
auf hohen Posten leichter,
als sich das Wissen anderer
anzueignen.
Luc de Clapiers Marquis de Vauvenargues,
Unterdrückte Maximen

Wie groß auch das Verdienst sein mag,
sich um hohe Posten nicht zu
kümmern, ein größeres liegt vielleicht
darin, sie gut auszufüllen.
Luc de Clapiers Marquis de Vauvenargues,
Unterdrückte Maximen

Prahlerei

Die Kühe, die am meisten brüllen,
geben am wenigsten Milch.
Deutsches Sprichwort

Die trüben Aspekte
des Menschen nicht nur kennen,
sondern mit ihnen protzen.
Ludwig Marcuse, Argumente und Rezepte.
Ein Wörter-Buch für Zeitgenossen

Groß tun über seinen Stand
Führt weh tun an der Hand.
Friedrich von Logau, Sinngedichte

Hennen, die viel gackern,
legen wenig Eier.
Deutsches Sprichwort

Ich erhalte bisweilen Pakete
mit dem Aufdruck: Vorsicht! Bücher.
Was für eine Prahlerei.
Ludwig Marcuse, Argumente und Rezepte.
Ein Wörter-Buch für Zeitgenossen

Prahl nicht heute: Morgen will
Dieses oder das ich tun.
Schweige doch bis morgen still,
Sage dann: Das tat ich nun.
Friedrich Rückert, Gedichte

Sei nicht prahlerisch
mit deinen Worten und
schlaff und matt in deinem Tun.
Altes Testament, Jesus Sirach 4, 29

Wenn du deinen Körper
an ein einfaches Leben gewöhnt hast,
dann prahle nicht damit.
Und wenn du nur Wasser trinkst,
dann sage nicht bei jeder Gelegenheit,
dass du nur Wasser trinkst.
Epiktet, Handbuch der Moral

Praxis

Alle praktischen Menschen suchen
sich die Welt handrecht zu machen;
alle Denker wollen sie kopfrecht
haben. Wie weit es jedem gelingt,
mögen sie zusehen.
Johann Wolfgang von Goethe,
Maximen und Reflexionen

Auch in Wissenschaften kann
man eigentlich nichts wissen,
es will immer getan sein.
Johann Wolfgang von Goethe,
Maximen und Reflexionen

Dass man junge Männer
praktisch bilde, fordert die neuste Zeit.
Johann Wolfgang von Goethe,
Am Rhein, Main und Neckar

Denn wir behalten von
unsern Studien am Ende doch nur das,
was wir praktisch anwenden.
Johann Wolfgang von Goethe, überliefert von Johann
Peter Eckermann (Gespräche mit Goethe)

Der lebendige begabte Geist,
sich in praktischer Absicht
ans Allernächste haltend,
ist das Vorzüglichste auf Erden.
Johann Wolfgang von Goethe,
Maximen und Reflexionen

Der Praktiker argumentiert so:
Ich begnüge mich mit Halbheiten
und komme zu etwas;
der Idealist strebt nach dem
Vollkommenen und bleibt in
Lumpereien stecken.
Jakob Boßhart, Bausteine zu Leben und Zeit

Die Praxis manches Arztes
sollte man lieber Theorie nennen.
Erhard Blanck

Die wahre Theologie ist eine Praxis,
und ihr Grund ist Christus, dessen
Tod wir im Glauben uns aneignen.
Martin Luther, Tischreden

Die Wissenschaft ist der Kapitän,
und die Praxis, das sind die Soldaten.
Leonardo da Vinci, Tagebücher und Aufzeichnungen

Theorie und Praxis sind eins
wie Seele und Leib,
und wie Seele und Leib liegen sie
größtenteils miteinander in Streit.
Marie von Ebner-Eschenbach, Aphorismen

Werden wir durchs Praktische
doch unseres eigenen Daseins
selbst erst recht bewusst.
Johann Wolfgang von Goethe, Wilhelm Meisters
Lehrjahre

Predigt

Bevor ihr den Menschen predigt,
wie sie sein sollen,
zeigt es ihnen an euch selbst.
Fjodor M. Dostojewski, Tagebuch eines Schriftstellers

Churzi Predigt, langi Brootwürst.
Sprichwort aus der Schweiz

Die christliche Predigt ist
zu einem Schauspiel geworden;
der getragene Ernst, der ihr Wesen
ausmacht, ist daraus verschwunden
und hat gewinnendem Mienenspiel,
beweglichem Abtönen der Stimme,
abgemessenen Gebärden,
wohl gesetzten Worten und
langen Aufzählungen Platz gemacht.
Man hört das Wort Gottes nicht
mehr mit Andacht an, es ist eine
Unterhaltung unter vielen anderen.
Jean de La Bruyère, Die Charaktere

Die Herzogin von Brissac sagte
während der Predigt zu ihrer
Begleitung: Wenn über
Maria Magdalena gepredigt wird,
so wecken Sie mich bitte;
wenn über die Heilsnotwendigkeit
gepredigt wird, so lassen Sie mich
schlafen.
Charles de Secondat, Baron de la Brède et de
Montesquieu, Meine Gedanken

Die Predigten sind Kehrbesen,
die den Unrat von acht Tagen aus
den Herzen der Zuhörer herausfegen.
Jean Paul, Aphorismen

Die Prediger wissen, dass die
Erregung, die sie beim Sprechen
ergreift, sie im Glauben stärkt.
Michel Eyquem de Montaigne, Die Essais

Die Sittlichkeit nimmt ab, und die
Sittenlehrer fangen an zu predigen.
Francesco De Sanctis,
Über die Wissenschaft und das Leben

Ein Prediger soll sich nicht wehren.
Darum nehm ich kein Messer
mit auf die Kanzel, sondern allein
auf den Weg.
Martin Luther, Tischreden

Es gibt Prediger des Todes:
Und die Erde ist voll von solchen,
denen Abkehr gepredigt werden
muss vom Leben.
Friedrich Nietzsche, Also sprach Zarathustra

Falsche Prediger sind ärger
als Jungfrauenschänder.
Martin Luther, Tischreden

Fleißige Zuhörer
machen fleißige Prediger.
Deutsches Sprichwort

Ich habe mein Predigt gesetzt
aufs lebendige Wort; wer da will,
möge mir folgen;
wer nicht, der lasse es.
Martin Luther, Tischreden

Ihr müsst aber für Gott predigen und
nicht aufs Urteil der Menschen sehen.
Martin Luther, Tischreden

In der prachtvollen Domkirche tritt der
hochwohlgeborene, hocherwürdige
Geheime General-Ober-Hof-Prädikant
auf, der vornehmen Welt auserwählter
Liebling, er tritt auf vor einem auserwählten Kreis von Auserwählten und
predigt gerührt über den von ihm
selbst auserwählten Text
»Gott hat das in der Welt Geringe
und Verachtete auserwählt« –
und da ist keiner, der lacht.
Søren Kierkegaard, Der Augenblick

Je mehr man predigt,
je toller wird die Welt.
Ja ich wollte, dass ich durch irgendein
Schicksal gezwungen würde,
das Predigen aufzugeben, damit Satan,
so wie es die Welt wert ist, größere
Freiheit hätte, seine Lehre zu predigen.
Martin Luther, Tischreden

Predigen ist die Kunst,
die Menschen zum Guten zu verführen.
Billy Graham

Predigten könnten bestimmt besser sein,
wenn nicht so viele gehalten würden.
Arthur Michael Ramsey

Reden ist nicht dasselbe wie Handeln,
man muss bei der Beurteilung
die Predigt vom Prediger trennen.
Michel Eyquem de Montaigne, Die Essais

Selbst Engelszungen haben nur Erfolg,
wenn der Resonanzboden für das,
was sie predigen, vorhanden ist.
August Bebel, Die Frau und der Sozialismus
(Vorrede zur 50. Auflage)

Wehe jedem, der eine Sittenlehre
predigt, die er nicht ausüben will!
Jean-Jacques Rousseau, Julie oder Die neue Héloïse
(Saint-Preux)

Wenn der Fuchs
anfängt zu predigen,
dann sieh nach deinen Hühnern.
Sprichwort aus dem Baskenland

Wenn ich nicht predigen müsste,
würde ich mich nicht kasteien,
sagte ein wahrheitsliebender Priester.
Marie von Ebner-Eschenbach, Aphorismen

Wer nicht in den Himmel will,
braucht keine Predigt.
Deutsches Sprichwort

Wer predigen will, dem sei es erlaubt,
er sei Laie oder Priester.
Jan Hus, Glaubensartikel, überliefert von Siegmund Meisterlin (Chronik Nürnbergs)

Preis

Angesichts der heute üblichen
Honorare muss ein Humorist um jeden
Preis witzig sein.
Gabriel Laub

Da treibt's ihn,
den köstlichen Preis zu erwerben,
Und stürzt hinunter
auf Leben und Sterben.
Friedrich Schiller, Der Taucher

Dadurch, dass man einen Preis
ablehnt, wird man noch nicht Sartre.
Ludwig Marcuse, Argumente und Rezepte.
Ein Wörter-Buch für Zeitgenossen

Die Schweiz ist das einzige Land,
in dem die Ladenbesitzer einander
im Preis überbieten.
Peter Ustinov, Peter Ustinovs geflügelte Worte

Es ist nicht gut,
dass die Tiere so billig sind.
Elias Canetti, Die Provinz des Menschen.
Aufzeichnungen 1942–1972

Frage nicht nach dem Preis einer
Ware, wenn du sie
gar nicht kaufen willst.
Talmud

Gibt es im Fluss keine Fische,
sind selbst die Krebse teuer.
Chinesisches Sprichwort

Ist der Preis zu billig,
wirst du leicht betrogen.
Chinesisches Sprichwort

Mitunter kostet der Sattel
mehr als das Pferd.
Chinesisches Sprichwort

Nach einem großen Schneefall
steigt der Preis von Brennholz,
Salz, Öl und Reis.
Chinesisches Sprichwort

Sklaven: Das waren Menschen,
die einen bestimmten Preis hatten.
Gabriel Laub

Wenn die Korndschunken
nicht nach Norden kommen,
wird Reis wie Perlen teuer.
Chinesisches Sprichwort

Presse

Das Problem der Zeitungsbericht-
erstattung besteht darin,
dass das Normale uninteressant ist.
Paul Bellow

Die Presse hat auch die Aufgabe,
das Gras zu mähen,
das über etwas zu wachsen droht.
Alfred Polgar

Die Presse hat die Aufgabe,
das Gras zu mähen,
das über etwas zu wachsen droht.
Alfred Polgar

Die Presse ist für
mich Druckerschwärze auf Papier.
Otto von Bismarck, Reden
(im Deutschen Reichstag, 6. Februar 1888)

Die Presse ist kein Ersatz
für öffentliche Institutionen.
Walter Lippmann, Die öffentliche Meinung

(...) ich habe sogar für den Reporter
was übrig (na bitte!).
Lido Anthony »Lee« Iacocca,
Mein amerikanischer Traum

Ihr jubelt über die Macht der Presse –
graut euch nie vor ihrer Tyrannei?
Marie von Ebner-Eschenbach, Aphorismen

In früheren Jahren bediente man
sich der Folter, jetzt bedient man sich
der Presse. Das ist sicherlich ein
Fortschritt.
Oscar Wilde, Die Seele des Menschen
unter dem Sozialismus

Presse, du bist wieder frei.
Jeder wünscht die Freiheit sich,
Andre brav zu pressen.
Johann Wolfgang von Goethe, Zahme Xenien

Überschrift eines
demokratischen Leitartikels: Jein! – !
Kurt Tucholsky, Schnipsel

Pressefreiheit

Andrerseits jedoch ist die Pressefreiheit
anzusehn als die Erlaubnis,
Gift zu verkaufen:
Gift für Geist und Gemüt.
Denn was lässt sich nicht
dem kenntnis- und urteilslosen
Haufen in den Kopf setzen?
Arthur Schopenhauer, Zur Rechtslehre und Politik

Die Deutschen der neueren Zeit
haben nichts anderes für
Denk- und Pressfreiheit gehalten,
als dass sie sich einander
öffentlich missachten dürfen.
Johann Wolfgang von Goethe,
Maximen und Reflexionen

Nach Pressfreiheit schreit niemand,
als wer sie missbrauchen will.
Johann Wolfgang von Goethe,
Maximen und Reflexionen

Pressefreiheit ist die
Freiheit von zweihundert reichen Leuten,
ihre Meinung zu verbreiten.
Paul Sethe

Unter Pressefreiheit
verstehen manche Journalisten
das Recht, ihren Wagen
im Parkverbot zu stationieren.
Franz Böhm

Zur politischen Freiheit
gehört die Press-Freiheit.
Jean Paul, Friedens-Predigt an Deutschland

Preußen

Die Staaten des Königs von Preußen
werden nicht glücklich sein,
bis sie in der Verbrüderung
zerteilt werden.
Johann Gottfried Herder,
Journal meiner Reise im Jahr 1769

Es gibt drei Gemeinsamkeiten
zwischen einem Storch
und einem Preußen:
großer Schnabel, kleines Hirn
und der Drang nach Süden.
Günther Beckstein, bayerischer Innenminister, zu
norddeutschen Kritikern seiner Innenpolitik (1997)

Ich traute nicht diesem Preußen,
diesem langen frömmelnden
Kamaschenheld mit dem weiten
Magen und mit dem großen Maule
und mit dem Korporalstock,
den er erst in Weihwasser taucht,
ehe er damit zuschlägt.
Mir missfiel dieses philosophisch
christliche Soldatentum,
dieses Gemengsel von Weißbier,
Lüge und Sand.
Heinrich Heine, Französische Zustände

Jeder hat das Recht,
seine Eigentümlichkeiten
hoch zu stellen;
lassen Sie uns auch die unsrigen.
Helmuth Graf von Moltke, Redeentwurf 1868/1

Mögen immerhin die
gelehrten Knechte an der Spree
von einem großen Imperator
des Borussenreichs träumen und
die Hegemonie und Schirmherrlichkeit
Preußens proklamieren.

Aber bis jetzt ist es den
langen Fingern von Hohenzollern
noch nicht gelungen,
die Krone Karls des Großen zu erfassen
und zu dem Raub so vieler
polnischer und sächsischer Kleinodien
in den Sack zu stecken.
Heinrich Heine, Französische Zustände

Preußen sind wir,
Preußen wollen wir bleiben.
Otto von Bismarck

Über allen deutschen und namentlich
über allen preußischen Büchern,
auch wenn sie sich von aller Politik
fern halten, weht ein königlich
preußischer Geist, eine königlich
preußische privilegierte Luft;
etwas Mittelalterliches spukt auch
in den Besten und Freiesten noch,
und von der Gleichheit der Menschen
oder auch nur von der Erziehung
des Menschen zum Freiheitsideal
statt zum Untertan ist wenig die Rede.
Theodor Fontane, Quitt

Wer Preußen kennen lernen will,
muss den Charakter Friedrichs II.
studieren. Ein einziger Mann hat
dieses Reich geschaffen (...).
Er war Deutscher seiner Natur,
Franzose seiner Erziehung nach.
Germaine Baronin von Staël, Über Deutschland

Widerwärtig, tief widerwärtig
war mir dieses Preußen,
dieses steife, heuchlerische,
scheinheilige Preußen,
dieser Tartüff unter den Staaten.
Heinrich Heine, Französische Zustände

Priester

Alle Priester sollen arm sein und
nichts haben als das Almosen.
Jan Hus, Glaubensartikel, überliefert von Siegmund
Meisterlin (Chronik Nürnbergs)

Aufopferung eigener Interessen
ist ein Talent, das den Priestern
der Liebe ebenso abgeht
wie den sündigen Laien.
Heinrich Heine, Englische Fragmente

Das Fehlen einer spontanen und
versöhnlichen Religion schafft die
Notwendigkeit des Priesters und
gibt ihm seine Macht.
Alexandre Vinet, Erziehung, Familie und Gesellschaft

Der katholische Priester
ist von dem Augenblick,
wo er Priester ist,
ein einregimentierter Offizier
des Papstes.
Otto von Bismarck, Reden (im preußischen Herrenhaus,
12. April 1886)

Der Priester ist ungeheuer,
weil er eine Unzahl
erstaunlicher Dinge glauben macht.
Charles Baudelaire, Tagebücher

Der Priester wird sich oft genug
wie ein Pfaffe äußern und
gebärden müssen, um von der
Gemeinde seiner Gläubigen
auch nur verstanden zu werden.
Arthur Schnitzler, Der Geist im Wort

Die Priester sind die
Diener und Sektierer
der Einbildungskraft.
Charles Baudelaire, Tagebücher

Die Priester sind
die wahren Philosophen,
obgleich sie diesen Namen verwerfen,
denn sie sind die wahren Freunde
der Weisheit, der öffentlichen
wie der geheimen Ordnung.
Joseph Joubert, Gedanken, Versuche und Maximen

Die Priesterweihe wird
nicht gespendet als Heilmittel für
einen einzelnen Menschen,
sondern für die ganze Kirche.
Thomas von Aquin, Kommentar zum Sentenzenbuch
des Petrus Lombardus

Die wesentlichste Aufgabe des
wahren Priesters wird es immer sein,
Gott zu verteidigen
gegen die Missverständnisse,
Überheblichkeiten und Zudringlichkeiten, die der Fromme für Glauben
zu halten pflegt.
Arthur Schnitzler, Ungedrucktes

Erbarme dich, Priester, erbarme dich
bei den Gestirnen des Himmels,
bei den Geistern der Hölle,
bei den Elementen der Natur,
beim Schweigen der Nacht und
bei den koptischen Krypten,
bei den Nilschwellen,
den Geheimnissen von Memphis
und den Klappern von Pharos!
Lucius Apuleius, Der goldene Esel

Heirate, und du bist
wohlauf für eine Woche!
Schlacht ein Schwein,
und du bist wohlauf für einen Monat!
Werde Priester,
und du bist versorgt fürs ganze Leben!
Sprichwort aus Polen

Ich bete die höchste Macht an,
und ich werde von ihren Wohltaten
gerührt. Ich habe es nicht nötig,
dass man mich diesen Dienst lehrt;
er ist mir von der Natur
selbst eingegeben.
Jean-Jacques Rousseau, Emile (Glaubensbekenntnis)

Künstler – ein Priester.
Marie von Ebner-Eschenbach, Aphorismen

Nicht der Priester,
die Anbetung schafft den Götzen.
Ludwig Börne, Kritiken

Priester haben den großen Vorzug,
dass sie sich die Sprechstunde
nicht bezahlen lassen.
Simone de Beauvoir, Das andere Geschlecht

Priester – übrigens auch Politiker –
sollten sich zumindest insofern als
Entertainer betrachten,
als die Hauptaufgabe
eines Entertainers darin besteht,
das Publikum wach zu halten.
Peter Ustinov, Peter Ustinovs geflügelte Worte

Welcher Priester besser ist
als der andere, das liegt nicht an der
Prälatur, sondern an der Heiligkeit
der Lebensführung.
Jan Hus, Glaubensartikel, überliefert von Siegmund
Meisterlin (Chronik Nürnbergs)

Wenn der Priester dich besucht,
freu dich nicht;
bald wird er anfangen zu betteln.
Sprichwort aus Russland

Wenn ich nicht predigen müsste,
würde ich mich nicht kasteien,
sagte ein wahrheitsliebender Priester.
Marie von Ebner-Eschenbach, Aphorismen

Wenn nämlich das, was wir
Priester nennen, Priester sein ist –
ja, dann sind wir alle Priester.
Søren Kierkegaard, Der Augenblick

Wer ein Priester sein will unter den
Menschen, darf nicht heucheln;
drum kann ich nicht umgehen
mit den Pharisäern, drum kann ich
die Wahrheit nicht verschweigen.
Karoline von Günderode, Allerley Gedanken

Wer predigen will, dem sei es erlaubt,
er sei Laie oder Priester.
Jan Hus, Glaubensartikel, überliefert von Siegmund
Meisterlin (Chronik Nürnbergs)

Wir sollen uns vor Gott beugen?
So geht doch erst aus dem Weg,
ihr Pfaffen, damit wir besser sehen
können, wovor wir uns beugen sollen!
Arthur Schnitzler, Aphorismen und
Betrachtungen aus dem Nachlass

Wohl sind Philosoph und Historiker,
niemals aber Priester und Staatsmann
ohne mystischen Einschlag zu denken,
doch fehlt es nicht an Priestern
und Staatsmännern, die zweiflerisch
oder skeptisch angelegt sind,
ebenso wenig an gläubig angelegten
Philosophen und Historikern.
Arthur Schnitzler, Der Geist im Wort

Priesterin

Die Priesterin darf
aus dem Tempel nicht gehen.
Du bewahrst die heilige Flamme,
du bewahrst im Stillen das Schöne,
dass ich es wiederfinde bei dir.
Friedrich Hölderlin, Hyperion

(Germanische) Frauen waren
Priesterinnen und Prophetinnen,
was vermuten lässt,
dass sie eine höhere Bildung
als die Männer hatten.
Simone de Beauvoir, Das andere Geschlecht

Schon bei den Germanen
stand das Amt der Prophetin
und Priesterin den Frauen zu.
Simone de Beauvoir, Das andere Geschlecht

Prinzessin

Die Katze lässt das Mausen nicht,
auch wenn sie eine
schöne Prinzessin geworden.
Ludwig Börne, Aphorismen

Nun sahen sie ein,
dass es eine wirkliche Prinzessin war,
da sie durch die zwanzig Matratzen
und durch die zwanzig Eiderdaunen-
Betten hindurch die Erbse verspürt
hatte. So empfindlich konnte niemand
sein als eine wirkliche Prinzessin.
Hans Christian Andersen, Die Prinzessin auf der Erbse

Prinzessinnen reden viel,
weil man sie seit der Kindheit
daran gewöhnt hat.
Charles de Secondat, Baron de la Brède et
de Montesquieu, Meine Gedanken

Prinzip

Ein Mensch ohne Prinzipien
ist gewöhnlich auch ein Mensch
ohne Charakter.
Denn wäre er mit Charakter
auf die Welt gekommen,
so hätte er das Bedürfnis
nach Prinzipien empfunden.
Chamfort, Maximen und Gedanken

Ein schönes Kennzeichen
eines solchen Menschen,
der nach sichern Prinzipien handelt,
ist Konsequenz, Zusammenhang
und Einheit in seinem Betragen.
Heinrich von Kleist, Briefe (an Ulrike von Kleist,
Mai 1799)

Es ist immer
ein heiter stimmender Anblick,
wenn Prinzipienreiter
abgeworfen werden.
Werner Finck

Es ist leichter,
für seine Prinzipien zu sterben,
als für sie zu leben.
Alfred Adler

Es versteht sich von selbst, dass man
nicht zugleich hohe Prinzipien
und hohe Profite haben kann.
Howard Hughes

Man muss, wie auch auf
anderen Gebieten, im Blick auf
ein herrschendes Prinzip leben und
sein Verhalten nach der Energie
dieses Prinzips richten.
Aristoteles, Eudemische Ethik

Persönlichkeiten, nicht Prinzipien
bringen die Zeit in Bewegung.
Oscar Wilde

Prinzipien haben ist gut,
Prinzipien beachten ist besser.
Manfred Rommel, Rommel-Kalender

Prinzipien reitet man mit dem Kopf.
Heinz Rühmann

Prinzipienfragen sind
unter Experten unbeliebt.
Volkmar Muthesius, Augenzeuge von drei Inflationen

Schädlicher als Beispiele
sind dem Genius Prinzipien.
Johann Wolfgang von Goethe,
Von deutscher Baukunst

Wer einen Charakter hat,
braucht keine Prinzipien.
Julius Wagner von Jauregg

Wer den Prinzipien nicht getreu zu
leben versteht, die er verkündigt,
ist ein Hochstapler,
und ein umso schlimmerer,
je ernsthafter er selbst
an diese Prinzipien glaubt.
Arthur Schnitzler,
Aphorismen und Betrachtungen aus dem Nachlass

Privileg

Die gefährlichsten Feinde des Staates
sind immer nur die Inhaber
der Privilegien.
Johann Gottfried Seume, Apokryphen

Wer das erste Privilegium erfunden
hat, verdient vorzugsweise so lange
im Fegefeuer mit Öl gesotten oder mit
Nesseln gepeitscht zu werden,
bis das letzte Privilegium vertilgt ist.
Johann Gottfried Seume, Apokryphen

Wo Freiheit ist,
sind keine Privilegien.
Johann Gottfried Seume, Apokryphen

Probe

Die Probe für den Pudding
kommt beim Essen.
Sprichwort aus England

Keine Probe ist gefährlich,
zu der man Mut hat.
Johann Wolfgang von Goethe, Egmont (Egmont)

Lieber probieren und schlecht machen,
als gar nichts tun.
Leo N. Tolstoi, Tagebücher (1851)

Was einer nicht gegessen hat,
das kann er nicht speien.
Deutsches Sprichwort

Problem

Der denkende Mensch
hat die wunderliche Eigenschaft,
dass er an die Stelle,
wo das unaufgelöste Problem liegt,
gerne ein Phantasiebild hinfabelt,
das er nicht loswerden kann,
wenn das Problem auch aufgelöst
und die Wahrheit am Tage ist.
Johann Wolfgang von Goethe,
Maximen und Reflexionen

Die Erfindung eines Problems
ist oft wichtiger als die Erfindung
der Lösung. In der Frage liegt
oft mehr als in der Antwort.
Walter Rathenau

Die meisten Menschen wenden mehr
Zeit und Kraft daran, um die Probleme
herumzureden, als sie anzupacken.
Henry Ford, Mein Leben und Werk

(...) Die Weltprobleme kann man
nicht mit Zorn oder Hass angehen.
Man muss ihnen mit Mitgefühl,
Liebe und wahrer Güte gegenübertreten.
Dalai Lama XIV, Eine Politik der Güte

Je einfacher das Problem,
desto tiefer muss es gefasst werden.
Marie von Ebner-Eschenbach, Aphorismen

Jedes Problem
erlaubt zwei Standpunkte:
unseren eigenen
und den falschen.
Channing Pollock

Menschen, die keine Probleme kennen,
sind meistens beredt.
Jakob Boßhart, Bausteine zu Leben und Zeit

Mit Heiapopeia werden
kleine Kinder in den Schlaf gesungen,
aber keine Probleme gelöst.
Norbert Blüm, Die Kollegen stehen am Abgrund. In:
Der Spiegel. Nr. 28/1986

Nicht jedes neue Problem muss mit
neuen Paragraphen beantwortet werden.
Ich bin gegen zu viel Staat.
Norbert Blüm, Unverblümtes von Norbert Blüm

Probleme mit Geld
sind besser als Probleme ohne Geld.
Malcolm Forbes

Probleme muss man kondensieren,
wenn man sie lösen will.
Erst der Extrakt ist überschaubar.
Henry Kissinger

Wenn man statt des Problems
ein anderes hinsetzt,
so denkt die gleichgültige Menge schon,
es wäre ihr geholfen.
Johann Wolfgang von Goethe, Tagebuch (1831)

Wer ein Problem definiert,
hat es schon halb gelöst.
Julian Huxley

Wir haben immer geglaubt,
dass wir die größeren Probleme
direkt angehen müssten;
wir haben nie daran gedacht,
dass wir die größeren Probleme
umformen könnten,
indem wir uns selbst umformen.
Anaïs Nin, Absage an die Verzweiflung

Produktion

Ein großer Teil der
Kräfte des Menschengeschlechts
wird der Hervorbringung
des allen Notwendigen entzogen,
um das ganz Überflüssige und
Entbehrliche für wenige zu schaffen.
Arthur Schopenhauer, Zur Rechtslehre und Politik

Körper, die bei Leibesleben verfaulen
und sich in detaillierter Betrachtung
ihres Verwesens erbauen,
Tote, die zum Verderben anderer
am Leben bleiben und ihren Tod am
Lebendigen ernähren:
Dahin sind unsre Produzenten gelangt!
Johann Wolfgang von Goethe,
Maximen und Reflexionen

Tatsächlich gehört die Herstellung
dauernden Notstandes zu den Haupttätigkeiten aller Produktionen.
Günther Anders,
Die Antiquiertheit des Menschen. Bd.2

Proletariat

Alle bisherigen Bewegungen waren
Bewegungen von Minoritäten
oder im Interesse von Minoritäten.
Die proletarische Bewegung ist
die selbstständige Bewegung
der ungeheuren Mehrzahl.
Karl Marx, Die deutsche Ideologie

Das eigentliche, heutige Proletariat
tritt erst auf mit dem Entstehen
der Industrie, und der in ihm ausgedrückte Gegensatz ist viel allgemeiner.
Es ist der Gegensatz von Arbeit und
Kapital; erst diesem Gegensatze
gehört die Idee des Proletariats mit
seinen beiden Foderungen,
der Foderung auf Teilnahme am
Staatswillen und auf einen
angemessenen und gesicherten
Arbeitslohn an.
Lorenz von Stein,
Die socialen Bewegungen der Gegenwart

Der Name des Proletariats stammt
aus der ältesten römischen Zeit;
wörtlich bezeichnet er diejenigen,
die dem Staate nicht mehr zu bieten
haben als ihre Kinder (proles).
Schon damals setzte man diese Klasse
der Staatsbürger den Reichern und
Mächtigern gegenüber.
Lorenz von Stein,
Die socialen Bewegungen der Gegenwart

Der Proletarier ist eigentumslos.
Sein Verhältnis zu Weib und Kindern
hat nichts mehr gemein mit dem
bürgerlichen Familienverhältnis.
Karl Marx/Friedrich Engels,
Das Kommunistische Manifest

Die proletarische Bewegung ist
die selbstständige Bewegung
der ungeheuren Mehrzahl
im Interesse der ungeheuren Mehrzahl.
Karl Marx/Friedrich Engels,
Das Kommunistische Manifest

Es ist seltsam,
wie die Arbeiter ihren Stolz darein-
setzen, Proletarier zu sein.
Nicht die Proletarisierung,
sondern die Entproletarisierung
sollte das Ziel sein.
Jakob Boßhart, Bausteine zu Leben und Zeit

Proletarier aller Länder,
vereinigt euch!
Karl Marx/Friedrich Engels,
Das Kommunistische Manifest

Wo nichts ist,
da hat nicht nur der Kaiser,
sondern auch der Proletarier
sein Recht verloren.
Max Weber, Politik als Beruf

Propaganda

Am Anfang war das Wort
und nicht das Geschwätz, und am Ende
wird nicht die Propaganda sein,
sondern wieder das Wort.
Gottfried Benn

Die Massen sind niemals kriegslüstern,
solange sie nicht durch Propaganda
vergiftet werden. Wir müssen sie
gegen Propaganda immunisieren.
Wir müssen unsere Kinder gegen
Militarismus impfen, indem wir sie im
Geiste des Pazifismus erziehen (...).
Albert Einstein, Warum Krieg?

Große Worte sind Waffen,
die in keinem Kriege fehlen.
Lothar Schmidt

Prophet

Alle bewaffneten Propheten
haben den Sieg davongetragen,
die unbewaffneten aber
sind zugrunde gegangen.
Niccolò Machiavelli, Der Fürst

Aus Spöttern werden oft Propheten.
William Shakespeare, King Lear (Regan)

Bei Prophezeiungen ist der Ausleger
oft ein wichtigerer Mann
als der Prophet.
Georg Christoph Lichtenberg, Sudelbücher

Das Weib will Propheten,
weil es auch im Denken sich hingeben,
das heißt glauben will.
Karl Joël, Die Frauen in der Philosophie

Denn viele falsche Propheten
sind in die Welt hinausgezogen.
Neues Testament, 1. Johannesbrief 4, 1

Der Historiker ist
ein rückwärts gekehrter Prophet.
Friedrich Schlegel, Athenäumsfragmente

Echt historischer Sinn
ist der prophetische Visionssinn –
erklärbar aus dem tiefen
unendlichen Zusammenhange
der ganzen Welt.
Novalis, Fragmente

Echte Propheten haben manchmal,
falsche Propheten haben immer
fanatische Anhänger.
Marie von Ebner-Eschenbach, Aphorismen

Ein Prophet, ein wirklicher Prophet,
oder noch besser ein Poet,
ein poietes, ist ein Mensch,
der im Voraus denkt und versteht,
was die Menschen und er selbst
später fühlen werden.
Leo N. Tolstoi, Tagebücher (1890)

Es gibt keinen Gott,
und der Mensch ist sein Prophet.
Jens Peter Jacobsen, Niels Lyhne

Es gibt Leute, die sich über den Weltuntergang trösten würden,
wenn sie ihn nur vorhergesagt hätten.
Friedrich Hebbel, Tagebücher

Es ist das traurige Schicksal
eines Propheten, dass er,
wenn er nach zwanzigjähriger Arbeit
seine Zeitgenossen überzeugt hat,
selbst nicht mehr überzeugt ist.
Friedrich Nietzsche

Es steht nämlich fest, dass auch den
Propheten zuweilen die Gnadengabe
der Prophetie gefehlt hat und
dass sie dann aufgrund der Gewohnheit zu prophezeien, indem sie noch
glaubten, den Geist der Prophetie
zu haben, aus ihrem eigenen Geist
manches falsch prophezeiten.
Pierre Abélard, Sic et non

Hütet euch
vor den falschen Propheten;
sie kommen zu euch wie Schafe,
in Wirklichkeit aber sind
sie reißende Wölfe.
Neues Testament, Matthäus 7, 7–15
(Jesus: Bergpredigt)

Jede Zeit hat ihre Propheten
und ihre Gottbegeisterten.
Joseph von Görres, Mythengeschichte

Kometen – böse Propheten.
Deutsches Sprichwort

Mit Propheten unterhält man sich
am besten drei Jahre später.
Peter Ustinov

Nirgends hat ein Prophet so wenig
Ansehen wie in seiner Heimat
und in seiner Familie.
Neues Testament, Matthäus 13, 57 (Jesus)

Prophet aber ist derjenige,
der das von Gott Offenbarte
denen verdolmetscht, die eine
sichere Erkenntnis des von Gott
Offenbarten nicht haben und
es daher bloß durch den Glauben
annehmen können.
Baruch de Spinoza, Tractatus theologico-politicus

Prophete rechte, Prophete links,
Das Weltkind in der Mitten.
Johann Wolfgang von Goethe,
Zwischen Lavater und Basedow

Propheten müssen eine starke Stimme
und ein schwaches Gedächtnis haben.
John Osborne

Propheten sind wie Sterne: Wenn
ihre Botschaft die Menschen erreicht,
gibt es sie selbst vielleicht nicht mehr.
Tennessee Williams

Propheten werden zweimal gesteinigt:
zum ersten Mal bei Lebzeiten, danach
durch Errichtung eines Denkmals.
Christopher Morley

Viele, die richtig prophezeit
zu haben scheinen, haben nur
aufs richtige Pferd gesetzt.
Ludwig Marcuse, Argumente und Rezepte.
Ein Wörter-Buch für Zeitgenossen

Wenn der Berg
nicht zum Propheten kommt,
muss der Prophet zum Berge gehen.
Mohammed

Wenn es besser kommt,
als vorausgesagt,
verzeiht man auch
falschen Propheten.
Ludwig Erhard

Wer aber prophetisch redet,
redet zu Menschen: Er baut auf,
ermutigt, spendet Trost.
Neues Testament, Paulus (1 Korinther 14, 3)

Wer dreimal mit Dreistigkeit
das Wetter prophezeit hat
und Erfolg hatte,
der glaubt im Grunde seiner Seele
ein wenig an seine Prophetengabe.
Friedrich Nietzsche, Menschliches, Allzumenschliches

Wie vieles wurde schon ruiniert,
um eine Handvoll Propheten
zufrieden zu stellen.
Peter Härtling

Wie wird man aufs Einfachste Prophet?
Wenn man eine Dummheit ausspricht
und andere sie nachahmen.
Robert (Edler von) Musil, Aphorismen

Prosa

Ein anderer Fehler
schlechter Poesie besteht darin,
die Prosa in die Länge zu ziehen,
während es das Wesen der
guten ausmacht, sie abzukürzen.
Luc de Clapiers Marquis de Vauvenargues,
Unterdrückte Maximen

Prosa kann Abend und Mondlicht
malen, aber die Morgendämmerung
zu besingen, bedarf es der Dichter.
George Meredith, Diana vom Kreuzweg

Prostitution

Als pervers und liederlich gelten
die Mädchen, die von ihrem Körper
leben, nicht aber die Männer,
die sich ihrer bedienen.
Simone de Beauvoir, Das andere Geschlecht

Die Prostitution ist nur
eine Fata Morgana des Sexuellen
für Wanderer in der Wüste
der Entbehrung.
Heimito von Doderer, Repertorium. Ein Begreifbuch
von höheren und niederen Lebens-Sachen

Eine käufliche Frau
ist dem Auswurf gleich zu achten.
Altes Testament, Jesus Sirach 26, 22

Frau N., die mit ihrem Körper
Handel treibt, sagt zu jedem:
Ich liebe dich, denn du bist nicht so
wie die anderen.
Anton P. Tschechow, Notizbücher

Heuchlerisch aus der Gesellschaft ausgeschlossen, erfüllen die Prostituierten
in ihr doch eine bedeutsame Rolle.
Simone de Beauvoir, Das andere Geschlecht

Ich habe es stets abgelehnt,
verstanden zu werden.
Verstanden werden heißt
sich prostituieren.
Fernando Pessoa, Das Buch der Unruhe des
Hilfsbuchhalters Bernardo Soares

Im frühen Mittelalter herrschte
eine so große Sittenlosigkeit,
dass die Freudenmädchen
kaum nötig waren,
doch als die bürgerliche Familie
aufkam und die Monogamie
zwingend wurde, musste der Mann
die Befriedigung seiner Lust außerhalb
des Heimes suchen.
Simone de Beauvoir, Das andere Geschlecht

Man soll keine Sach' leiden in der
Christenheit, ob Frauenhäuser, Spiel,
Wucher oder was auch immer, darum,
dass größeres Übel vermieden bleibe.
Jan Hus, Glaubensartikel, überliefert von Siegmund
Meisterlin (Chronik Nürnbergs)

Nur dass die Prostituierten
»für kurze Frist« in der Regel
mit Verachtung behandelt werden,
während die Prostituierten
»für lange Frist« volle Hochachtung
genießen.
Leo N. Tolstoi, Die Kreutzersonate

Wer einen Fuß im Hurenhaus hat,
der hat den andern im Spital.
Deutsches Sprichwort

Wie kann es doch in der Welt so
niederträchtige Mannsbilder geben,
die eine Kostbarkeit, die nur unser
Herz bezahlen sollte, dem Elende
abkaufen und von einem
ausgehungerte Munde zärtliche Küsse
der Liebe annehmen!
Jean-Jacques Rousseau, Julie oder Die neue Héloïse
(Julie)

Protest

Genau besehen, haben wir uns
noch alle Tage zu reformieren und
gegen andere zu protestieren,
wenn auch nicht in religiösem Sinne.
Johann Wolfgang von Goethe,
Maximen und Reflexionen

Protest ist heute eine der bemerkenswertesten Formen der Anpassung.
Johannes Groß

Wenn die Untertanen bellen,
soll der Fürst die Ohren spitzen.
Deutsches Sprichwort

Protestantismus

Die katholische Moral
ist christlich, mystisch,
die protestantische Moral war
schon von Anfang an rationalistisch.
Ludwig Feuerbach, Das Wesen des Christentums

In protestantischen Ländern
fehlt es an zwei Dingen,
die zum Glück eines wohlerzogenen
Mannes unerlässlich sind:
Galanterie und Frömmigkeit.
Charles Baudelaire, Tagebücher

Sie haben ein Heiligenbild zerrissen
und mögen deshalb nicht beten,
so ist ihr Zustand.
Sie verweilen bei der Betrachtung
ihrer Fehler und versäumen das Höchste.
Karoline von Günderode, Allerley Gedanken

Provinz

Die Provinz – das sind die anderen.
Martin Gregor-Dellin

Weltstadt:
eine Hochburg des Provinzialismus.
Ambrose Bierce

Provokation

Der Provokateur ist der
große Geburtshelfer der Weltgeschichte.
Er bekämpft die Kultur mit den
von ihr selbst gelieferten Waffen.
Ilja Ehrenburg

Ich glaube, dass es in der
Geschichte der Menschheit
noch keine Generation gegeben hat,
die die vorherige nicht
durch grundlegende Änderungen bei
der Haar- und Barttracht provozierte.
Roman Herzog

Wer dem andern den Finger ins Maul
steckt, der will gebissen sein.
Deutsches Sprichwort

Wer interessieren will,
muss provozieren.
Salvadore Dali

Wer sich zum Lamm macht,
den fressen die Wölfe.
Deutsches Sprichwort

Prozess

Das Streiten lehrt uns die Natur,
Drum, Bruder, recht' und streite nur.
Christian Fürchtegott Gellert, Fabeln und Erzählungen

Der einzige gewonnene Prozess ist der,
den man nicht geführt hat.
Hans Habe

Ein magerer Vergleich
ist besser als ein fetter Prozess.
Deutsches Sprichwort

Einen Prozess führen zu müssen, heißt,
schon auf dieser Welt verdammt sein.
Molière, Scapins Schelmenstreiche (Scapin)

Es gibt in der Regel keinen Prozess,
in dem nicht eine Frau
den Streit verursacht hätte.
Juvenal, Satiren

Gewinne einen Prozess
und du verlierst dein Geld.
Chinesisches Sprichwort

Nach einem Gerichtsprozess
ist die eine Partei nackt,
und die andere steht im Hemde.
Sprichwort aus Serbien

Prozess: Eine Maschine,
in die man als Schwein eingeht
und die man als Wurst verlässt.
Ambrose Bierce

Wenn man einen Streit mit Wein
begießt, richtet man mehr aus
als mit einem Prozess.
Deutsches Sprichwort

Prüderie

Die Prüderie ist Scham ohne Unschuld,
und die Keuschheit ist Scham ohne
Unwissenheit.
Sully Prudhomme, Gedanken

Eine prüde Frau
entgilt mit Haltung und Worten,
eine sittsame Frau mit ihrem Wandel.
Jean de La Bruyère, Die Charaktere

Prüderie ist
eine besondere Art von Geiz,
und zwar die schlimmste,
die es geben kann.
Stendhal, Über die Liebe (Fragmente)

Prüfung

Ach!, prüft man denn,
was man sich wünscht?
Voltaire, Die Prinzessin von Babylon

Drum prüfe, wer sich ewig bindet,
Ob sich das Herz zum Herzen findet.
Friedrich Schiller, Das Lied von der Glocke

In Prüfungen stellen Narren Fragen,
die Weise nicht beantworten können.
Oscar Wilde

Mit den Jahren
steigern sich die Prüfungen.
Johann Wolfgang von Goethe,
Maximen und Reflexionen

Um einen Mann zu schätzen,
muss man ihn
Zu prüfen wissen.
Johann Wolfgang von Goethe,
Claudine von Villa Bella (Rugantino)

Warte, junger Mensch;
prüfe, beobachte!
Jean-Jacques Rousseau, Emile

Was alle hassen und was alle lieben,
muss man prüfen. (Konfuzius)
Chinesisches Sprichwort

Prügel

Der Stock überwindet
entweder den Menschen,
oder der Mensch
überwindet den Stock.
Max Stirner, Der Einzige und sein Eigentum

Die Menschen
halten Körperstrafen
für etwas Grausames, erklären aber:
Sie sind notwendig
zur Aufrechterhaltung
der bestehenden Ordnung.
Aber ist denn
die bestehende Ordnung gut?
Nein, sie ist schlecht.
Leo N. Tolstoi, Tagebücher (1893)

Ein braver Mann,
ich kenn ihn ganz genau:
Erst prügelt er,
dann kämmt er seine Frau.
Johann Wolfgang von Goethe, Sprichwörtlich

Meine Erfahrung lehrt mich,
dass man mit Prügeln
nichts weiter erreicht,
als die Menschen feig,
böse und bockig werden zu lassen.
Michel Eyquem de Montaigne, Die Essais

Wir bekamen unsere Prügel
von den Eltern.
Die Jungen beziehen sie
direkt vom Leben.
Waldemar Bonsels

Wer die Prügel bekommen hat,
der behält sie.
Heinrich Heine, Elementargeister

Psychologie

Die so genannte Psychologie
gehört auch zu den Larven,
die die Stellen im Heiligtume
übernommen haben,
wo echte Götterbilder stehn sollten.
Novalis, Fragmente

Müßiggang ist
aller Psychologie Anfang.
Friedrich Nietzsche, Götzen-Dämmerung

Psychologie ist nicht Freud.
Anaïs Nin, Sich vom Traum führen lassen

Pubertät

Bis zur Pubertät bewegen sie (die Germanen) sich nackt, und das Knabenalter dauert bei ihnen sehr lange.
Pomponius Mela, Geographie des Erdkreises

Der Augenblick der Pubertät ist
für beide Geschlechter der Augenblick,
in welchem die Gestalt der höchsten
Schönheit fähig ist; aber man darf
wohl sagen: Es ist nur ein Augenblick.
Johann Wolfgang von Goethe,
Diderots Versuch über die Malerei

Wenn so das Mädgen keimt,
da liebt sie eins zum Spaß;
Es krabbelt ihr ums Herz,
doch sie versteht nicht, was?
Johann Wolfgang von Goethe,
Die Mitschuldigen
(Söller)

Wie im Anfange des Frühlings
alles Laub die gleiche Farbe und
fast die gleiche Gestalt hat,
so sind auch wir in früher Kindheit
alle einander ähnlich,
harmonieren daher vortrefflich.
Aber mit der Pubertät fängt
die Divergenz an und wird,
wie die der Radien eines Zirkels,
immer größer.
Arthur Schopenhauer,
Aphorismen zur Lebensweisheit

Publikum

Das Publikum beklagt
sich lieber unaufhörlich,
übel bedient worden zu sein,
als dass es sich bemühte,
besser bedient zu werden.
Johann Wolfgang von Goethe,
Maximen und Reflexionen

Das Publikum: Das ist das
allgemeine Stimmrecht in der Kunst.
War es denn nicht genug,
es in Sachen Politik
zum Herrn zu machen?
Jules Renard, Ideen, in Tinte getaucht.
Aus dem Tagebuch von Jules Renard

Das Publikum,
durch Opulenz verdorben,
verkennt schmucklose Werke.
Jean Cocteau, Hahn und Harlekin

Das Publikum fühlt sich am wohlsten,
wenn eine Mittelmäßigkeit zu ihm
redet.
Oscar Wilde

Das Publikum gebraucht das Gestern
nur als Waffe gegen das Heute.
Jean Cocteau, Hahn und Harlekin

Das Publikum glaubt nicht
an die Reinheit bestimmter
Gesinnungen und Gefühle und
kann sich im Allgemeinen
nur zu niedrigen Ideen erheben.
Chamfort, Maximen und Gedanken

Das Publikum ist bereit,
irgendein neues Spiel hinzunehmen,
vorausgesetzt, man verändert
nicht die bekannten Spielregeln.
Der Hass gegen den Kreativen
ist der Hass gegen den,
der die Spielregeln ändert.
Jean Cocteau, Hahn und Harlekin

Das Publikum ist immer und überall
das Gleiche: Es ist klug und dumm,
herzlich und erbarmungslos –
je nach Laune. Es ist immer eine
Herde gewesen, die gute Hirten
und Hunde brauchte, und es ist
immer dort hingelaufen, wohin die
Hirten und Hunde es geführt haben.
Anton P. Tschechow, Briefe (7. November 1888)

Das Publikum ist viel gescheiter,
als es selber glaubt, aber man darf
es ihm nicht zugestehen,
sonst wird es noch anmaßender,
als es ohnedies zu sein pflegt.
Arthur Schnitzler, Buch der Sprüche und Bedenken

Das Publikum ist wunderbar nachsichtig. Es verzeiht alles – außer Genie.
Oscar Wilde

Das Publikum
liebt die gefährlichen Tiefen nicht;
eher mag es die Oberflächen.
Deshalb fällt es bei einem
künstlerischen Ausdruck,
der ihm suspekt ist,
noch immer auf Täuschungen herein.
Jean Cocteau, Hahn und Harlekin

Das Publikum liebt verlogene Romane.
Edmond de Goncourt

Das Publikum sieht sich
nach Autoritäten um,
und es hat Recht.
Johann Wolfgang von Goethe,
Tiecks Dramaturgische Blätter

Das Publikum stellt Fragen.
Man muss mit Werken antworten,
nicht mit Manifesten.
Jean Cocteau, Hahn und Harlekin

Das Publikum verwechselt leicht den,
welcher im Trüben fischt, mit dem,
welcher aus der Tiefe schöpft.
Friedrich Nietzsche, Menschliches, Allzumenschliches

Das Publikum will erst verstehen,
dann fühlen.
Jean Cocteau, Hahn und Harlekin

Das Publikum will
wie Frauenzimmer behandelt sein:
Man soll ihnen durchaus nichts sagen,
als was sie hören möchten.
Johann Wolfgang von Goethe,
Maximen und Reflexionen

Das Schöne, das leicht erscheint,
das ist es, was das Publikum verachtet.
Jean Cocteau, Hahn und Harlekin

Der Künstler kann nur eines nicht
sehen: das Offensichtliche.
Das Publikum kann nur eines sehen:
das Offensichtliche.
Resultat: die Zeitungskritik.
Oscar Wilde

Der Schauspieler
muss stets bedenken, dass er
um des Publikums willen da ist.
Johann Wolfgang von Goethe, Regeln für Schauspieler

Dichter lieben nicht zu schweigen,
Wollen sich der Menge zeigen.
Lob und Tadel muss ja sein!
Johann Wolfgang von Goethe, An die Günstigen

Die Erfahrung hat gelehrt,
dass die Gesamtstimme
des Publikums beinahe
immer gerecht sei.
Carl Maria von Weber, Literarische Arbeiten

Die Kunst darf nie populär sein wollen. Das Publikum muss künstlerisch
werden.
Oscar Wilde

Die Zuschauer sind oft
ärger als der Tänzer.
Deutsches Sprichwort

Ein Dramatiker muss Seiten liefern,
die Löcher haben wie
ein Emmentaler Käse.
Das Publikum denkt diese Löcher
schon zu.
Walter Muschg

Ein feiges Publikum erzeugt
endlich notwendig eine
unverschämte Literatur.
Franz Grillparzer, Selbstbiographie

Ein wahrer Künstler
nimmt vom Publikum keine Notiz.
Das Publikum existiert nicht für ihn.
Oscar Wilde,
Die Seele des Menschen unter dem Sozialismus

Einige wandeln zu ernst,
die andern schreiten verwegen,
Wenige gehen den Schritt,
wie ihn das Publikum hält.
Johann Wolfgang von Goethe/Friedrich Schiller,
Xenien

Für mich existiert das Volk erst
in dem Moment, wo es Publikum wird.
Richard Strauss, Briefe (an Stefan Zweig, 1935)

Ich bin von den Kritikern
oft zerrissen worden,
aber das Publikum hat mich
immer wieder zusammengeflickt.
Jacques Tati

Ich glaube, das Theater ist ein Ort,
wo alles erlaubt ist,
solange das Publikum
– im Großen und Ganzen –
wach bleibt.
Peter Ustinov, Peter Ustinovs geflügelte Worte

Ich habe immer die Erfahrung gemacht,
dass ein Publikum in Meeresnähe
besser ist
als ein Publikum im Landesinneren.
Peter Ustinov, Peter Ustinovs geflügelte Worte

Ist es nicht sonderbar,
dass man das Publikum, das uns lobt,
immer für einen kompetenten Richter
hält; aber sobald es uns tadelt,
es für unfähig erklärt,
über Werke des Geistes zu urteilen?
Georg Christoph Lichtenberg, Sudelbücher

Jedes Publikum kriegt die Vorstellung,
die es verdient.
Curt Goetz, Dreimal täglich

Kein Mensch kann als Einzelner so
verächtlich sein wie eine Körperschaft.
Keine Körperschaft kann so
verächtlich sein wie das Publikum.
Chamfort, Maximen und Gedanken

Kürzlich ist ein Stück
vom Publikum verboten worden.
Jules Renard, Ideen, in Tinte getaucht.
Aus dem Tagebuch von Jules Renard

Man muss das Publikum
zu sich heraufholen;
man darf nicht zu ihm hinuntersteigen.
Gustaf Gründgens

Nicht immer sind an einem Misserfolg
die Sänger schuld. Es gibt auch
indisponiertes Publikum.
Leonie Rysanek

Nur das tugendhafte und
einsichtsvolle Publikum ist das wahre,
das einzige, dessen Stimmen zählen
und dessen Urteile
maßgebend sein können.
Joseph Joubert, Gedanken, Versuche und Maximen

Warum wird das Publikum
nicht kultivierter?
Die Fähigkeit ist vorhanden.
Was hindert die Leute daran?
Oscar Wilde, Die Seele des Menschen
unter dem Sozialismus

Wenn das Orchester
seine Instrumente stimmt,
fängt das Publikum an,
seine Katarrhe zu stimmen.
Hermann Prey

Pulver

Die Erfindung des Pulvers,
die immer weitergehende Ausbildung
des Feuergewehrs,
zeigen schon hinreichend,
dass die in dem Begriff des Krieges
liegende Tendenz zur Vernichtung
des Gegners auch faktisch,
durch die zunehmende Bildung,
keineswegs gestört oder abgelenkt
worden ist.
Carl von Clausewitz, Vom Kriege

Diejenigen fürchten
das Pulver am meisten,
die es nicht erfunden haben.
Heinrich Heine, Englische Fragmente

Menschen,
die keinen Schuss Pulver wert sind,
werden auch nicht abgeschossen.
Oliver Hassencamp

Pünktlichkeit

Die erste Tugend einer Liebenden
ist Pünktlichkeit. Alles Übrige ist
sekundärer Natur.
Henry de Montherlant, Erbarmen mit den Frauen

Fanatiker der Pünktlichkeit
sind meistens allein.
Peter Lühr

Ich bin unpünktlich,
weil ich die Schmerzen des Wartens
nicht fühle. Ich warte wie ein Rind.
Franz Kafka, Tagebücher (1911)

Jedermann geht gern
mit einem Menschen um,
wenn man sich auf seine Pünktlichkeit
in Wort und Tat verlassen kann.
Adolph Freiherr von Knigge,
Über den Umgang mit Menschen

Pünktlichkeit ist die Kunst,
richtig abzuschätzen, um wie viel
sich der andere verspäten wird.
Bob Hope

Pünktlichkeit
stiehlt uns die beste Zeit.
Oscar Wilde

Sei pünktlich, ordentlich,
arbeitsam, fleißig
in deinem Beruf!
Adolph Freiherr von Knigge,
Über den Umgang mit Menschen

Wer zuerst kommt, mahlt zuerst.
Sachsenspiegel (13. Jh.)

Puppe

Die Puppe
ist der besondere Zeitvertreib
dieses Geschlechts.
Jean-Jacques Rousseau, Emile
(gemeint sind die Mädchen)

Kinder
müssen Komödien haben
und Puppen.
Johann Wolfgang von Goethe,
Wilhelm Meisters theatralische Sendung

Puppen sind wir,
von unbekannten Gewalten
am Draht gezogen;
nichts, nichts wir selbst!
Georg Büchner, Dantons Tod

Qual

Am schmerzlichsten sind jene Qualen,
die man frei sich selbst erschuf.
Sophokles, König Ödipus (Diener)

Die wahre echte Liebe ist meist
eine unglückliche Erscheinung,
man quält sich selbst und wird
von der Welt misshandelt.
Karoline von Günderode, Allerley Gedanken

Es ist der Wille zum Leben, der,
durch das stete Leiden des Daseins
mehr und mehr erbittert,
seine eigene Qual durch das
Verursachen der fremden
zu erleichtern sucht.
Arthur Schopenhauer, Zur Ethik

Glücklich, dass das Schicksal,
das uns quälet
Uns doch nicht verändern mag!
Johann Wolfgang von Goethe, Warum gabst du uns

Ich denke,
einen langen Schlaf zu tun,
Denn dieser letzten Tage Qual
war groß.
Friedrich Schiller, Wallensteins Tod (Wallenstein)

Liebe ist Qual,
Lieblosigkeit ist Tod.
Marie von Ebner-Eschenbach

Nimm es als Vergnügen,
und es ist Vergnügen!
Nimm es als Qual,
und es ist Qual!
Sprichwort aus Indien

Qualen jeglichem Geschöpfe
schenkt die gütige Natur,
Aber Mitleid und Erbarmen
blüht im Menschenherzen nur.
Carl Spitteler, Olympischer Frühling

So sind am härtesten wir gequält:
Im Reichtum fühlend, was uns fehlt!
Johann Wolfgang von Goethe, Faust II (Faust)

Soll ich vielleicht
in tausend Büchern lesen,
Dass überall
die Menschen sich gequält,
Dass hie und da
ein Glücklicher gewesen?
Johann Wolfgang von Goethe, Faust I (Faust)

Und wenn der Mensch
in seiner Qual verstummt,
Gab mir ein Gott zu sagen,
was ich leide.
Johann Wolfgang von Goethe, Elegie (Motto)

Wer die Wahl hat,
hat die Qual.
Deutsches Sprichwort

Qualität

Die Vollkommenheit besteht nicht
in der Quantität,
sondern in der Qualität.
Alles Vortreffliche ist stets
wenig und selten:
Die Menge und Masse einer Sache
macht sie gering geschätzt.
Baltasar Gracián y Morales,
Handorakel und Kunst der Weltklugheit

Die wichtigste Loyalität des Künstlers
ist jene gegenüber der Qualität.
Jean-Louis Barrault

Gute Ware lobt sich selbst.
Deutsches Sprichwort

Mit Qualität hat man immer Erfolg;
leider funktioniert es manchmal
auch ohne Qualität.
Hanns Joachim Friedrichs

Nicht alle Blumen
taugen zum Sträußchen.
Deutsches Sprichwort

Nicht aus jedem Holz
kann man einen Pfeil machen.
Sprichwort aus Frankreich

Veränderte Quantität
ist veränderte Qualität.
Alfred Döblin

Was wenig kostet,
taugt nicht viel.
Deutsches Sprichwort

Wie das Garn, so das Tuch.
Deutsches Sprichwort

Wie das Korn, so gibt es Mehl.
Deutsches Sprichwort

Quark

Getretner Quark
Wird breit, nicht stark.
Schlägst du ihn aber mit Gewalt
In feste Form, er nimmt Gestalt.
Johann Wolfgang von Goethe, West-östlicher Divan

In jeden Quark begräbt er seine Nase.
Johann Wolfgang von Goethe, Faust
(Prolog im Himmel: Mephisto)

Sie peitschen den Quark,
ob nicht etwa Creme
daraus werden wolle.
Johann Wolfgang von Goethe,
Maximen und Reflexionen

Quelle

Bedeutender Flüsse Quellen verehren
wir; das unvermittelte Hervorbrechen
eines starken Stromes aus dem
Verborgenen besitzt Altäre.
Lucius Annaeus Seneca, Briefe über Ethik

Bestimmte Quellen
können wir nur erschließen,
wenn wir allein sind.
Anne Morrow Lindbergh, Muscheln in meiner Hand

Das Wasser ist am besten
an der Quelle.
Deutsches Sprichwort

Die meisten Quellen sind mit dem
Flusslauf nicht einverstanden.
Jean Cocteau

Es gibt keinen Zufall;
Und was uns blindes Ohngefähr
nur dünkt, / Gerade das
steigt aus den tiefsten Quellen.
Friedrich Schiller, Wallensteins Tod (Wallenstein)

Gott liebt es, wenn seine Quellen
rauschen. Aber niemand weiß,
welche Art Mühlen er damit antreibt.
Karl Heinrich Waggerl

Grabe innen.
Innen ist die Quelle des Guten,
und sie kann immer aufsprudeln,
wenn du immer gräbst.
Mark Aurel, Selbstbetrachtungen

Kein Schmutz
fließt aus der Quellöffnung,
noch tritt das Wasser trübe hervor,
noch wird es zu Beginn seines Laufes
verunreinigt.
Ecbasis captivi in belehrender Gestalt (Fuchs)

Mensch, in dem Ursprung ist
das Wasser rein und klar,
Trinkst du nicht aus dem Quell,
so stehst du in Gefahr.
Angelus Silesius, Der cherubinische Wandersmann

Trink dich satt
am Wasser der hellen Quelle!
Lucius Apuleius, Der goldene Esel

Wie schwer sind nicht die Mittel
zu erwerben, / Durch die man zu den
Quellen steigt! Und eh man wohl
den halben Weg erreicht, Muss wohl
ein armer Teufel sterben.
Johann Wolfgang von Goethe, Faust I (Wagner)

Wo du stehst, grab tief hinein!
Drunten ist die Quelle!
Lass die dunklen Männer schrein:
»Stets ist drunten – Hölle!«
Friedrich Nietzsche, Die fröhliche Wissenschaft

R

Rabe

Alle Raben sind schwarz
und alle Gutsherren böse.
Chinesisches Sprichwort

Sprach der Rabe: Nimmermehr
(Quoth the raven: Nevermore)!
Edgar Allan Poe, The Raven

Rache

Aber Rache ist ein ergötzlicheres Gut
als das Leben selbst.
Juvenal, Satiren

An jedem, der stiehlt,
wird Rache genommen,
dem Fluch entsprechend.
Altes Testament, Sacharja (5, 3)

Auf Rach folgt Ach!
Deutsches Sprichwort

Aus Schwachheit hasst man einen
Feind und möchte sich an ihm rächen;
und aus Faulheit besänftigt man sich
und rächt man sich nicht.
Jean de La Bruyère, Die Charaktere

Böses mit Gutem zu vergelten,
ist eine überaus großmütige Rache.
Ruodlieb

Das Problem bei den Menschen,
die auf Rache setzen, besteht darin,
dass sie nie so genau wissen,
wann sie sich gerächt haben –
und um ganz sicher zu gehen,
machen sie weiter und weiter, endlos.
Peter Ustinov, Peter Ustinovs geflügelte Worte

Deine Rache wird
den Schmerz verringern.
Ovid, Liebesgedichte

Der Hölle Rache
kocht in meinem Herzen.
Emanuel Schikaneder,
Die Zauberflöte (Königin der Nacht)

Der Tugend Übung
Ist höher als die Rache.
William Shakespeare, Der Sturm (Prospero)

Die Götter rächen
Der Väter Missetat nicht an dem Sohn.
Johann Wolfgang von Goethe,
Iphigenie auf Tauris (Pylades)

Die Menschen sind von Natur mehr
darauf bedacht, Unrecht zu rächen,
als sich für Wohltaten dankbar zu
erweisen, da sie glauben,
Dankbarkeit könne ihnen Schaden
bringen, während Rache ihnen Nutzen
und Vergnügen zu gewähren scheint.
Niccolò Machiavelli, Geschichte von Florenz

Die Milde ziemt dem Weibe,
dem Manne ziemt die Rache.
Friedrich von Bodenstedt, Mirza Schaffy

Die Rachgötter schaffen im Stillen.
Friedrich Schiller, Die Braut von Messina (Chor)

Die wunderbarste Medizin
kann Rachsucht nicht kurieren.
Chinesisches Sprichwort

Eine erhabene Art von Rache ist es,
den Zorn zu bezähmen.
Ruodlieb

Eine kleine Rache ist menschlicher
als gar keine Rache.
Friedrich Nietzsche, Also sprach Zarathustra

Einen Racheakt
vergelte man mit Geradheit,
eine Wohltat mit einer Wohltat.
Konfuzius, Gespräche

Es gibt keine Beschimpfung,
die man nicht verzeiht,
wenn man sich gerächt hat.
Luc de Clapiers Marquis de Vauvenargues,
Unterdrückte Maximen

Es ist stets Zeichen eines
kleinlichen und schwächlichen
und beschränkten Geistes,
an Rache Vergnügen zu finden.
Juvenal, Satiren

Es sind aber auch gewisse Pflichten
gegen die zu wahren,
von denen Unrecht zugefügt wurde.
Es gibt nämlich ein Maß im
Sichrächen und Strafen.
Marcus Tullius Cicero, Vom rechten Handeln

Frechheit empört, Schwäche rührt;
nur feige Seelen rächen sich
an überwundenen Feinden,
und ich gehöre nicht dazu.
König Friedrich der Große, Briefe
(an d'Alembert, 23. Januar 1782)

Ich möchte lieber gerächt
als gelobt werden.
Dieses ist das Vergnügen der Lebenden,
jenes der Trost der Toten.
Ferdinando Galiani, Gedanken und Beobachtungen

Man soll erwiesene Güte mit noch
größerer Güte zurückzahlen,
das Böse aber soll man rächen.
Knut Hamsun, Neue Erde

Mancher vergrößert seine Schande,
wenn er sie zu rächen glaubt.
Sprichwort aus Frankreich

Nichts ist süßer als Rache.
Quintilian, Declamationes

Noch leben Götter,
die den Meineid rächen.
Friedrich Schiller, Dido

Oft hat Rache geschadet.
Lucius Annaeus Seneca, Der rasende Herkules

Rache folgt der Freveltat.
Friedrich Schiller, Das Siegesfest

Rache ist mein Gewerbe.
Friedrich Schiller, Die Räuber (Karl)

Rache ist nur für einen
schwächlichen und kleinen Geist
ein Vergnügen.
Juvenal, Satiren

Rache mit Geduld wird Wein.
Sprichwort aus der Türkei

Sei ein Löwe im Kampf,
in der Rache jedoch ein Lamm!
Ruodlieb

Süße Rache ist
von keiner Seite zu verachten.
Lucius Apuleius, Der goldene Esel

Über des Erschlagenen Stätte
schweben rächende Geister und
lauern auf den wiederkehrenden Mörder.
Johann Wolfgang von Goethe, Faust I (Mephisto)

Von dem Fanatismus,
der Rachgier ist alles zu erwarten.
Louise Otto-Peters, Die Demokratinnen

Wenn es in meine Hände gelegt wäre,
würde ich an meinen Feinden tüchtig
Rache nehmen.
Katharina von Bora, überliefert in den
Tischgesprächen von Martin Luther

Wenn sich die höchste Gerechtigkeit
rächt, so rächt sie sich bereits in
diesem Leben.
Jean-Jacques Rousseau, Emile

Wer Beleidigungen mit Hass
erwidert und sich an dem Beleidiger
rächen will, verbittert sicherlich
sein eigenes Leben.
Baruch de Spinoza, Ethik

Wer halb sich rächt,
der bringt sich in Gefahr.
Pierre Corneille, Rodogune

Rad

Das fünfte Rad am Wagen stört mehr,
als dass es hilft.
Sprichwort aus Frankreich

Das schlimmste Rad am Wagen
knarrt am ärgsten.
Deutsches Sprichwort

Die Räder drehen sich,
das ist der Unterschied.
Der steigt, der fällt,
und was geschehen muss, geschieht.
Carl Spitteler, Olympischer Frühling

Ein Chefredakteur muss an das Blatt
geflochten werden wie an ein Rad.
Liegt er unten, blutet er.
Ist er oben, ist es sein Sieg.
Henri Nannen

Kleine Räder müssen
auf weichem Gras rollen.
Properz, Elegien

Radfahrer sind die einzigen
sympathischen Leisetreter.
Ernst Schröder

Rappelige Räder laufen am längsten.
Deutsches Sprichwort

Radikalität

Ein Radikaler ist ein Mann,
der mit beiden Beinen
fest in der Luft steht.
Franklin D. Roosevelt

Es ist gut, dass es Radikale gibt,
auch wenn sie nur selten in der Lage
sind, etwas aufzubauen.
Carlo Schmid

Immer wieder findet man in
den intelligentesten Menschen
zugleich die liberalsten und in den
Ungebildetsten die radikalsten.
Sully Prudhomme, Intimes Tagebuch

Radikalismus ist eine Rasur,
bei der man zugleich mit dem Bart
auch die Haut entfernt.
Romain Gary

Radikalismus:
Der Konservativismus von morgen,
injiziert in die Angelegenheiten
von heute.
Ambrose Bierce

Radikalismus und Apathie
liegen nahe beieinander.
Theodor Eschenburg

Rahmen

Ein Gentleman ist ein Mann,
der einer Frau gegenüber
nicht aus dem Rahmen fällt,
auch wenn er über sie im Bilde ist.
Werner Finck

Erinnerungen sind
ein goldener Rahmen,
der jedes Bild freundlicher macht.
Carl Zuckmayer

Rang

Auf einen Menschen,
der sich erst emporarbeiten musste,
macht der Rang eines anderen
immer ein großen Eindruck.
Stendhal, Über die Liebe (Fragmente)

Die Bande,
die gemeinhin die Menschen
in Achtung miteinander verbinden,
sind Bande der Notwendigkeit;
denn es muss verschiedene
Rangstufen geben, da alle Menschen
herrschen wollen und
nicht alle es können,
sondern nur einige es können.
Blaise Pascal, Pensées

Es ist eine interessante Frage,
bis zu welchem Grad die Menschen
ihren relativen Rang behaupten
würden, wenn sie ihrer Kleider
entledigt wären.
Henry David Thoreau, Walden

Männer von Rang können kein
geruhsames Leben führen,
selbst wenn sie es wirklich wollten
und kein ehrgeizigen Pläne hegten,
denn man würde es ihnen nicht glauben.
Niccolò Machiavelli, Vom Staat

Niemand ist zu verdenken,
wenn er um Platz und Rang kämpft,
der ihm seine Existenz sichert
und einen Einfluss verschafft,
der auf eine glückliche weitere
Folge deutet.
Johann Wolfgang von Goethe, German Romance

Wenn zwei auf einem Pferd reiten,
muss einer hinten sitzen.
Sprichwort aus England

Wer den höchsten Rang
in einer Gruppe von Tieren
oder Menschen hat, ist
eicht zu erkennen.
Es ist immer derjenige,
er am meisten angeschaut wird.
Davon kommt auch das Wort
Ansehen.
Irenäus Eibl-Eibesfeldt

Zuletzt ist jede Stelle gut,
wenn man sie gut und treu ausfüllt.
Ganz dumm ist die Neiderei,
das Streiten um Rang und Wert;
jeder ist alles,
und jeder ist nichts.
Theodor Fontane, Briefe

Raserei

Das hat wahrhaftig
nur der Mond verschuldet,
Er kommt der Erde näher, als er pflegt,
Und macht die Menschen rasend.
William Shakespeare, Othello (Othello)

Die Frauen sind einer Raserei
ausgesetzt, die epidemisch wirkt.
Das Beispiel einer einzigen reißt
eine Menge anderer mit sich fort.
Nur die erste ist strafwürdig;
die übrigen sind krank. O Frauen,
was seid ihr für sonderbare Geschöpfe!
Denis Diderot, Über die Frauen

Es ist aber doch immer besser,
ein für allemal zu entsagen,
als immer einmal einen um den
andern Tag rasend zu werden.
Johann Wolfgang von Goethe, Reise in die Schweiz

Welche Hilfe gewährt ihr mir,
damit ich dem rasenden Volk
widerstehen kann?
Ecbasis captivi in belehrender Gestalt (Wolf)

Wer ins Tollhaus gehet, findet alle
Narren auf verschiedne Art,
jeden in seiner Welt, rasen:
So rasen wir alle sehr vernünftig,
jeder nach seinen Säften und Launen.
Johann Gottfried Herder, Vom Erkennen und
Empfinden der menschlichen Seele

Wer unter Rasenden
sich noch mäßigen will,
setzt sich selbst ihrer Raserei aus.
Jean-Jacques Rousseau, Brief an Erzbischof
de Beaumont (18. November 1762)

Rasse

Die Hauptsache ist immer, dass die
Rasse rein und der Mensch nicht seine
verstümmelnde Hand angelegt hat.
Johann Wolfgang von Goethe, überliefert von
Johann Peter Eckermann (Gespräche mit Goethe)

Es gibt nur zwei Rassen,
die geistige und die ungeistige.
Ernst Barlach, Kurz nach Hitlers Machtergreifung

Indem wir die Einheit
des Menschengeschlechts behaupten,
widerstreben wir auch jeder
unerfreulichen Annahme von
höheren und niederen Rassen.
Alexander von Humboldt, Kosmos

Sprache verbindet
und trennt stärker als Rasse.
Jakob Boßhart, Bausteine zu Leben und Zeit

Starke Rasse bedeutet starken Widerstand gegen die Seele der Landschaft
und starke Verbundenheit mit ihr.
Großstädter haben schwache Rasse

und schwache Verbundenheit
(mit der Landschaft).
Oswald Spengler, Urfragen.
Fragmente aus dem Nachlass

Rassismus

Aber die Afrikaner
haben etwas dagegen,
sich nur deshalb ausrotten zu lassen,
weil sie keine weiße Hautfarbe
besitzen (...).
Nelson Mandela, ANC-Jugendliga, Manifest von 1944

Das Lachen ist die Endlösung
des Rassenhasses.
Ephraim Kishon, Kishon für alle Fälle

Ich verabscheue die Rassendiskriminierung von ganzem Herzen
und in allen ihren Erscheinungsformen.
Ich habe sie mein ganzes Leben lang
bekämpft; ich bekämpfe sie jetzt
und werde es bis zum Ende
meiner Tage tun.
Nelson Mandela, Verteidigungsrede vor Gericht 1962

Vom Ahnenstolz ist es
nur ein Schritt zum Rassenwahn.
Peter Benary

Wir alle (...) wissen sehr genau,
dass der Rassismus
die Opfer entwürdigt
und die Täter entmenschlicht.
Nelson Mandela, Rede in Harlem, New York,
21. Juli 1990

Rastlosigkeit

Alle Dinge sind rastlos tätig,
kein Mensch kann alles ausdrücken,
nie wird ein Auge satt,
wenn es beobachtet,
nie wird ein Ohr vom Hören voll.
Altes Testament, Kohelet 1, 8

Mein höchster Begriff vom Drama
ist rastlose Handlung.
Johann Wolfgang von Goethe, Briefe
(an Ph. Ch. Kayser, 23. Januar 1786)

Nur rastlos betätigt sich der Mann.
Johann Wolfgang von Goethe, Faust I (Faust)

Und so fliehen meine Tage
Wie die Quelle rastlos hin!
Friedrich Schiller, Der Jüngling am Bache

Rat

Am nützlichsten sind
die Ratschläge,
die am leichtesten zu befolgen sind.
Luc de Clapiers Marquis de Vauvenargues,
Unterdrückte Maximen

Am vorsichtigsten sei man beim
Ratgeben in Heiratsangelegenheiten!
Adolph Freiherr von Knigge,
Über den Umgang mit Menschen

Angst ist der einzige sichere Ratgeber,
den das Leben überhaupt hat.
Oskar Lafontaine

Auch vom Feind kommt häufig uns
ein guter Rat.
Aristophanes, Die Vögel (Chor)

Aus dem Mund Unedler auch
Fällt oft ein Rat zum Guten.
Sophokles, Die Trachinierinnen (Deianeira)

Beim Ratgeben sind wir alle weise,
aber blind bei eignen Fehlern.
Euripides, Fragmente

Denn wohl erkenn ich,
dass des Vielerfahrenen
Ratschlüsse stets
ein segensvolles Ende krönt.
Sophokles, König Ödipus (Oberpriester)

Der beste Rat ist: folge gutem Rat,
Und lass das Alter dir ehrwürdig sein.
Johann Wolfgang von Goethe, Elpenor (Evadne)

Der Bauch ist ein böser Ratgeber.
Deutsches Sprichwort

Der Weise findet sogar
bei Narren Rat.
Sprichwort aus Frankreich

Die besten Ratschläge enthalten
etwas, was uns missfällt;
sie sind nicht unseres Geistes Kinder,
mehr braucht es nicht, sie zunächst
einmal aus Eigendünkel und Laune
zu verwerfen, und sie danach
nur aus Not oder nach reiflicher
Überlegung zu befolgen.
Jean de La Bruyère, Die Charaktere

Die Notwendigkeit aber ist
der beste Ratgeber.
Johann Wolfgang von Goethe, Tag- und Jahreshefte

Die Ratschläge der Alten spenden
Licht, ohne zu wärmen,
wie die Wintersonne.
Luc de Clapiers Marquis de Vauvenargues, Reflexionen
und Maximen

Die Ratschläge,
die man für die weisesten hält,
sind unserer Lage
am wenigsten angemessen.
Luc de Clapiers Marquis de Vauvenargues,
Unterdrückte Maximen

Die Ratschläge geben,
bezahlen ihn nicht.
Sprichwort aus Flandern

Die schlechteste Münze,
mit der man seine Freunde bezahlen
kann, sind die Ratschläge.
Nur die Hilfe ist die einzig gute.
Ferdinando Galiani, Gedanken und Beobachtungen

Die wichtigste Obsorg eines Regenten
ist die Auswahl seiner Ratgeber.
Kaiserin Maria Theresia, Politisches Testament (1780)

Die Zeit bringt Rat,
sie wird die Sache reifen.
Adelbert von Chamisso, Gedichte

Ein guter Rat ist
auch nicht zu verschmähen.
Johann Wolfgang von Goethe, Faust II (Homunculus)

Ein jeder übe sein' Lektion,
So wird es gut im Rate stohn.
Johann Wolfgang von Goethe, Sprüche

Ein Löffel voll Tat ist besser
als ein Scheffel voll Rat.
Deutsches Sprichwort

Ein Ratgeber, der sucht,
uns zu dem zu verhelfen,
was er ist, statt in uns zu entwickeln,
was wir sind,
kann unser Verderben sein.
Sully Prudhomme, Gedanken

Eine Frau holt gerne den Rat
ihres Mannes ein, schon deshalb,
um ihn nicht zu befolgen.
Arthur Schnitzler

Einen, der kommt, deinen Rat
einzuholen, lass vor allem sich
aussprechen. In den allermeisten
Fällen handelt es sich um gar nichts
anderes.
Heinrich Waggerl, Aphorismen

Einen Rat befolgen heißt
die Verantwortung verschieben.
Johannes Urzidil

Eins ergibt das Andere,
und Zeit bringt Rat.
Niccolò Machiavelli, Mandragola

Er versetzte mir
einen tiefen Ratschlag.
Ludwig Fienhold

Frag deinen Feind um Rat –
und tu das Gegenteil.
Jüdisches Sprichwort

Geflüsterter Rat ist keine Erbse wert.
Sprichwort aus Spanien

Gold und Silber stützen den Fuß,
doch mehr als beide ein guter Rat.
Altes Testament, Jesus Sirach 40, 25

Grauhaarigen Redner verhöhne nicht:
Oft ist gut, was Greise sprechen,
Aus welker Haut kommt oft guter Rat.
Edda, Hávamál (Loddfafnirlied)

Greise geben gern gute Ratschläge,
um sich damit zu trösten,
dass sie kein böses Beispiel
mehr geben können.
François de La Rochefoucauld, Reflexionen

Guter Rat ist teuer.
Deutsches Sprichwort

Guter Rat kommt über Nacht.
Deutsches Sprichwort

Guter Rat nach dem Schaden ist
wie Medizin nach dem Tode.
Sprichwort aus Dänemark

Hast du keinen Begleiter,
so besprich dich
mit deinem Spazierstock.
Sprichwort aus Albanien

Hat Rat bei Menschen je gegolten?
Ein kluges Wort erstarrt im harten Ohr.
Johann Wolfgang von Goethe, Faust II (Nereus)

Hole dir Rat bei dem Unwissenden
so wie bei dem Wissenden.
Ptahhotep, zitiert nach Erman,
Die Literatur der Ägypter (1923)

Höret den Rat verständiger Freunde,
das hilft euch am besten.
Johann Wolfgang von Goethe, Reineke Fuchs

Hüte dich vor dem, der Vorteil hat von
dem Rat, den er dir gibt.
Talmud

Ich brauche keinen klugen Rat,
sondern einen von Herzen kommenden,
einen aufrichtig brüderlichen, einen,
der so ist, wissen Sie, als hätten Sie
mich schon ein Leben lang lieb.
Fjodor M. Dostojewski, Helle Nächte

Jähem Rat folgt Reu und Leid.
Deutsches Sprichwort

Jeder Ratgeber weist mit der Hand
die Richtung, doch mancher rät
einen Weg zum eigenen Vorteil.
Altes Testament, Jesus Sirach 37, 7

Kein Rat ist gut, man folge ihm denn.
Deutsches Sprichwort

Kommt Zeit, kommt Rat.
Deutsches Sprichwort

Langsam erteilter Rat
ist bei weitem der beste,
Denn wo schnell er gegeben,
folgt die Reu' auf dem Fuß.
Lukian, Epigramme

Man kann Ratschläge geben,
aber nicht den Verstand,
sie zu befolgen.
François de La Rochefoucauld, Reflexionen

Man muss immer die klugen Leute
um Rat fragen und das Gegenteil
von dem tun, was sie raten,
dann kann man es weit
in der Welt bringen.
Heinrich Heine

Meist ist mehr Lebenskunst erforderlich, einen guten Rat zu befolgen,
als sich selbst gut zu raten.
François de La Rochefoucauld, Reflexionen

Mit einem guten Rat lässt sich nichts
anderes tun, als ihn weiterzugeben.
Selber gebrauchen
kann man ihn nicht.
Oscar Wilde

Mit nichts ist man so freigebig
wie mit Ratschlägen.
François de La Rochefoucauld, Reflexionen

Nichts ist so gut wie guter Rat;
Der Mensch ist glücklich, der ihn hat.
Ulrich Boner, Der Edelstein

Rat erbitten: sich den
eingeschlagenen Weg von
einem anderen bestätigen lassen.
Ambrose Bierce

Rat geben, mein Freund,
ist ein wenig lohnendes Geschäft.
Gerät die Sache schlecht,
so schreib der Beratene das dir,
und gerät sie gut, sich selber zu.
Heinrich Waggerl, Aphorismen

Rat nach der Tat kommt zu spat.
Deutsches Sprichwort

Rate niemand ungebeten.
Deutsches Sprichwort

Rate sich jeder selber und tue,
was er nicht lassen kann.
Johann Wolfgang von Goethe,
Die Wahlverwandtschaften

Ratgeber bezahlen nicht.
Deutsches Sprichwort

Ratschläge sind viel leichter
als Geduld im Leid.
Euripides, Alkestis

Ratschläge sind wie
abgetragene Kleider: Man benützt
sie ungern, auch wenn sie passen.
Thornton Wilder

Ratschläge sind wie Medizin:
Je besser sie sind,
um so schlechter schmecken sie.
Sprichwort aus Montenegro

Selig ist, wer selbst sich mag
Im Leben löblich raten,
Denn übler Rat wird oft dem Mann
In des andern Brust.
Edda, Hávamál (Des Hohen Lied)

Soll eine Sache recht gelingen,
lass dir Rat von drei Alten bringen.
Chinesisches Sprichwort

Unverfrorenheit des Reichen,
der Arme berät.
Elias Canetti, Die Provinz des Menschen.
Aufzeichnungen 1942–1972

Verlang ich Rat
von einem alten Weibe?
Johann Wolfgang von Goethe, Faust I
(Hexenküche: Faust)

Viel Rat ist Unrat.
Deutsches Sprichwort

Welchen ausgezeichneten Ratgeber
findet der Mann in seiner Frau,
wenn diese zu denken vermag!
Stendhal, Über die Liebe

Wem nicht zu raten ist,
dem ist nicht zu helfen.
Deutsches Sprichwort

Wenig wert sind nämlich draußen
die Waffen, wenn daheim nicht
weiser Rat herrscht.
Marcus Tullius Cicero, Vom rechten Handeln

Wenn der Rat eines Toren
einmal gut ist,
so muss ihn ein gescheiter Mann
ausführen.
Gotthold Ephraim Lessing, Emilia Galotti (Prinz)

Wenn die Leidenschaft oft kühner rät
als die Reflexion, so verleiht sie auch
mehr Kraft zur Ausführung.
Luc de Clapiers Marquis de Vauvenargues,
Reflexionen und Maximen

Wenn Diener löblich raten,
So sind's der Herren Taten;
Wenn Herren grässlich fehlen,
Ist's Dienern zuzuzählen.
Friedrich von Logau, Sinngedichte

Wer bei guter Gesundheit ist,
dem fällt es leicht,
Kranken Ratschläge zu geben.
Sprichwort aus Frankreich

Wer jeder Tat sich unterfängt,
der kommt zu keinem Rat.
Der jeden Rat beraten will,
der kommt zu keiner Tat.
Wilhelm Müller

Wer nicht auf das Wort der Alten hört,
wird es später bereuen.
Chinesisches Sprichwort

Wer nicht im Augenblick hilft,
scheint mir nie zu helfen;
wer nicht im Augenblicke Rat gibt,
nie zu raten.
Johann Wolfgang von Goethe,
Wilhelm Meisters Lehrjahre

Wie wenig können doch
die besten Ratschläge helfen,
wenn unsere eigenen Erfahrungen
uns so wenig belehren.
Luc de Clapiers Marquis de Vauvenargues,
Unterdrückte Maximen

Wie Wind im Käfige,
wie Wasser in dem Siebe,
Ist guter Rat im Ohr der Torheit
und der Diebe.
Friedrich Rückert, Die Weisheit des Brahmanen

Zieh viele darüber zu Rate, was du tun
sollst, aber teile nur wenigen mit,
was du ausführen wirst.
Niccolò Machiavelli, Kriegskunst

Rätsel

Das Weltgetriebe muss jede tiefer
angelegte Natur von dem Augenblick
an, da sie das Rätsel sieht,
bis zum Ende in beständiger
Ergriffenheit erhalten.
Jakob Boßhart, Bausteine zu Leben und Zeit

Der Mensch jagt nach Rätseln,
und kaum hat er die Auflösung entdeckt,
so ärgert er sich über sich selbst.
Ludwig Tieck, Karl von Berneck (Leopold)

Dort strömt die Menge zu dem Bösen;
Da muss sich manches Rätsel lösen.
Johann Wolfgang von Goethe, Faust I (Faust)

Dunkel ist
des Glückes launenhafter Gang,
Ein unbegreifbar,
unergründlich Rätselspiel.
Euripides, Alkestis (Herakles)

Für den Mann ist
jede Frau ein Rätsel,
dessen Lösung er
bei der nächsten sucht.
Jeanne Moreau

Für diesmal spare deine Worte!
Hier sind die Rätsel nicht am Orte.
Johann Wolfgang von Goethe, Faust II (Kaiser)

Ich bin mir selbst das größte Rätsel.
Paula Modersohn-Becker, Briefe (5. Mai 1893)

Ist denn die Welt nicht schon
voller Rätsel genug, dass man die
einfachsten Erscheinungen auch
noch zu Rätseln machen soll?
Johann Wolfgang von Goethe,
Maximen und Reflexionen

Nicht das Welträtsel lässt sich
entziffern, aber es lässt sich vielleicht
noch beweisen, warum dies nicht
möglich ist.
Friedrich Hebbel, Tagebücher

Wer Rätsel beichtet, wird
In Rätseln losgesprochen.
William Shakespeare, Romeo und Julia (Romeo)

Ratte

Es gibt zwei Sorten Ratten:
Die hungrigen und die satten.
Heinrich Heine, Zeitgedichte

Es kommt einer Ratte teuer zu stehen,
einer Katze am Schwanz zu nagen.
Chinesisches Sprichwort

Ich bin der wohl bekannte Sänger,
Der viel gereiste Rattenfänger,
Den diese altberühmte Stadt
Gewiss besonders nötig hat.
Johann Wolfgang von Goethe, Faust I (Brander)

Manchmal muss man das Schiff versenken, um die Ratten loszuwerden.
Alfred Polgar

Warum nimmt man den Ratten übel,
dass sie das sinkende Schiff verlassen?
Wozu braucht man auf einem sinkenden Schiff auch noch Ratten?
Gabriel Laub

Raub

Auch des Räubers letzte Zwecke
sind ruhiger Besitz und Genuss.
Georg Forster, Über die Beziehung der Staatskunst auf
das Glück der Menschheit

Auf Spielsucht folgt Raub,
auf Ehebruch folgt Mord.
Chinesisches Sprichwort

Aus Furcht vor Räubern dürfen wir
uns keine Sitzgelegenheiten und
überhaupt keine komplette Einrichtung
anschaffen.
Lucius Apuleius, Der goldene Esel

Besser auf Raub gehen
mit guten Menschen,
als beten mit schlechten.
Sprichwort aus Portugal

Denn Raub begeht
am allgemeinen Gut,
Wer selbst sich hilft
in seiner eignen Sache.
Friedrich Schiller, Wilhelm Tell (Stauffacher)

Der Räuber und der Mächtige,
welcher einer Gemeinde verspricht,
sie gegen den Räuber zu schützen,
sind wahrscheinlich im Grunde
ganz ähnliche Wesen,
nur dass der zweite seinen Vorteil
anders als der erste erreicht:
nämlich durch regelmäßige Abgaben
und nicht mehr durch
Brandschatzungen.
Friedrich Nietzsche, Menschliches, Allzumenschliches

Die Frau ist grimmig, wenn sie greift,
Ist ohne Schonung, wenn sie raubt.
Johann Wolfgang von Goethe, Faust II (Eilebeute)

Einen Nackten lässt der Straßenräuber
vorbei, auch auf einer belauerten
Straße hat der Arme Frieden.
Lucius Annaeus Seneca, Briefe über Ethik

Raubvögel fliegen nicht in Scharen.
Sprichwort aus Portugal

Sind nicht fast alle Kriege
im Grunde Raubzüge?
Arthur Schopenhauer, Aphorismen zur Lebensweisheit

Singen wird der mittellose Wanderer,
wenn er vor einem Räuber steht.
Juvenal, Satiren

Wäret ihr selber ohne Begehr,
würde niemand mehr rauben,
auch wenn man ihn dafür belohnte.
Konfuzius, Gespräche

Was können denn Räuber einem Wanderer wegnehmen, wo die Taschen
vollkommen leer sind?
Lucius Apuleius, Der goldene Esel

Weh dir, Räuber, du wirst selbst
beraubt werden!
Ecbasis captivi in belehrender Gestalt (Fuchs)

Weißt du Dummkopf nicht,
dass auch zehn Athleten
einen Nackten nicht plündern können?
Lucius Apuleius, Der goldene Esel

Wenn ich auch anderer Dinge
beraubt bin, meiner Künste
konnte mich niemand berauben.
Notker III. Labeo, Kommentierte Boethius-Übersetzung

Wir alle wachsen auf und werden
erzogen in einem Räubernest, und erst
wenn wir erwachsen sind und uns
umblicken, begreifen wir, wo wir uns
befinden und wovon wir leben. Und
genau hier beginnt die unterschiedliche Einstellung zu dieser Situation.
Leo N. Tolstoi, Tagebücher (1901)

Raubvogel

Je leiser der Flug,
desto gefährlicher der Raubvogel.
Graham Greene

Opportunisten sind Raubvögel,
die kriechen.
Rudolf Rolfs

Raubvögel singen nicht.
Deutsches Sprichwort

Rauch

Entzünde an sieben Stellen Feuer
und es wird an acht Stellen rauchen.
Chinesisches Sprichwort

Je mehr der Rauch aufsteigt,
je mehr verfliegt er.
Deutsches Sprichwort

Kein Rauch ohne Feuer.
Deutsches Sprichwort

Wenn Rauch nicht aus dem Hause
will, so ist vorhanden Regens viel.
Bauernregel

Rauchen

Auch Nichtraucher müssen sterben.
Friedrich Torberg

Die Raucher vernebeln nicht nur die
Luft, sondern meist auch ihren Geist,
und so kann man dann leichter mit
ihnen fertig werden.
Konrad Adenauer

Die Zigarette ist der vollendete Ausdruck eines vollkommenen Genusses:
Sie ist exquisit und
lässt uns unbefriedigt.
Oscar Wilde, Das Bildnis des Dorian Gray

Die Zigarre ist ein
willkommener Beleber.
Werner Sombart, Das Proletariat

Drei Jahre rauche nicht,
und du kommst zu einem Büffel.
Chinesisches Sprichwort

Drei Wochen war der Frosch so krank!
Jetzt raucht er wieder, Gott sei Dank!
Wilhelm Busch, Die beiden Enten und der Frosch

Man liest so viel über die Gefahren
des Rauchens. Ich glaube, ich gebe
jetzt das Lesen auf.
Robert Lembke, Das Beste aus meinem Glashaus.
Humoristisches und Satirisches

Toleranz kann man von Rauchern
lernen: Noch nie hat sich ein Raucher
über einen Nichtraucher beschwert.
Alessandro Pertini

Vom Rauch anderer krank werden oder
vom Zug der Klimaanlage – das sind
Alternativen der Hochzivilisation.
Oliver Hassencamp

Wer nicht raucht und nicht trinkt,
hat sich schon einem
anderen Laster verdingt.
Sprichwort aus Spanien

Wie man sich das Rauchen und
Unsitten abgewöhnen kann,
so kann man sich auch
den Egoismus abgewöhnen.
Leo N. Tolstoi, Tagebücher (1898)

Raum

Der Raum ist dem Ort,
was die Ewigkeit der Zeit ist.
Joseph Joubert, Gedanken, Versuche und Maximen

Die Zeit ist Bewegung im Raum.
Joseph Joubert, Gedanken, Versuche und Maximen

Ein Haus, in dem man alle Räume
kennt, ist nicht wert,
bewohnt zu werden.
Giuseppe Tomasi di Lampedusa

Freut euch in dem engsten Raum.
Was beglückt, ist kein Traum.
Johann Wolfgang von Goethe,
Inschriften, Denk- und Sendeblätter

Laß Raum sein
in unserem Zusammensein.
Kahlil Gibran

Raum für alle hat die Erde.
Friedrich Schiller, Der Alpenjäger

Sofern der Raum existiert,
verleihen gewisse Fähigkeiten die
Macht, ihn mit einer solchen
Geschwindigkeit zu durchmessen,
dass deren Effekte seiner Aufhebung
gleichkommen. Von deinem Bett
bis zu den Grenzen der Welt
sind es nur zwei Schritte:
der Wille – der Glaube
Honoré de Balzac, Louis Lambert

Raupe

Das Blatt, auf dem die Raupe lebt,
ist für sie eine Welt,
ein unendlicher Raum.
Ludwig Feuerbach, Das Wesen des Christentums

Die Raupe schon,
die Chrysalide deutet
Den künftigen bunten Schmetterling.
Johann Wolfgang von Goethe, Faust II (Mephisto)

Ist der Oktober kalt,
macht er dem Raupenfraß halt.
Bauernregel

Mach die Augen zu,
wenn im Essen Raupen sind.
Chinesisches Sprichwort

Rausch

Besser ein Rausch denn ein Fieber.
Deutsches Sprichwort

Die Wonne, die ein Rausch uns gibt,
Wer mag uns Bessres geben?
Friedrich von Bodenstedt, Mirza Schaffy

Ein Betrunkener ist manchmal
witziger als die besten Witzbolde.
Luc de Clapiers Marquis de Vauvenargues,
Nachgelassene Maximen

Ein Rausch ist zu ertragen,
die Trunksucht aber nicht.
Martin Luther, Tischreden

Freunde, esst und trinkt,
berauscht euch an der Liebe.
Altes Testament, Hohelied Salomos (5, 1)

Gelegenheit macht – Räusche.
Emil Gött, Zettelsprüche. Aphorismen

Kleine Kinder, Narren, Bezechte –
sie alle liebt Gott, der Gerechte.
Sprichwort aus Spanien

Man muss immer trunken sein.
Das ist alles:
das einzige Geheimnis.
Um die schreckliche Last der Zeit
nicht zu spüren,
die deine Schultern zerbricht
und dich zu Boden drückt,
musst du dich unendlich berauschen.
Doch womit? An Wein,
an Versen oder an Tugend,
wie du willst.
Aber berausche dich.
Charles Baudelaire, Kleine Gedichte in Prosa

Warum nur jeder Lebensrausch
so viel Schmerz und Sehnsucht
und Wollust in einem zurücklässt.
Franziska Gräfin zu Reventlow, Tagebücher

Wenn wir schon vor dem Rausch
Kopfschmerzen bekämen,
würden wir uns hüten, zu viel zu trinken.
Aber erst kommt die Lust, die uns
täuscht und nicht daran denken lässt,
was dann kommt.
Michel Eyquem de Montaigne, Die Essais

Wer niemals einen Rausch gehabt,
Der ist kein braver Mann;
Wer seinen Durst mit Achteln labt,
Fang lieber gar nicht an.
Joachim Perrinet, Neu-Sonntagskind

Zwischen der Nüchternheit und
dem Rausch liegt ein mittlerer
Zustand von Zufriedenheit, mit dem
sich nur mittelmäßige Seelen abgeben.
Sully Prudhomme, Gedanken

Reaktion

Auf eine Revolution ist
stets eine Reaktion gefolgt.
Thomas Woodrow Wilson

Bei allem, was dir passiert,
denke daran, in dich zu gehen und
dich zu fragen: »Welche Kraft hast du,
um richtig darauf zu reagieren?«
Wenn du einen schönen Knaben
oder ein schönes Mädchen siehst,
so wirst du als Gegenkraft
Selbstbeherrschung haben; erwartet
dich eine schwere Anstrengung,
so wird dein Gegenmittel Ausdauer
sein; wird dir eine Beleidigung zuteil,
so wirst du mit Duldsamkeit reagieren.
Wenn du dich daran gewöhnt hast,
werden dich die Vorstellungen und
Eindrücke nicht mehr beherrschen.
Epiktet, Handbuch der Moral

Ein Reaktionär ist ein Schlafwandler,
der rückwärts geht.
Franklin D. Roosevelt

Handeln heißt
gegen sich selbst reagieren.
Fernando Pessoa, Das Buch der Unruhe des
Hilfsbuchhalters Bernardo Soares

Reaktion ist Fortschritt nach hinten.
Yves Montand

So freundlich, wie du vom Berge rufst,
wird dir aus dem Tal Antwort gegeben.
Chinesisches Sprichwort

Realismus

Alle großen Realisten
waren große Romantiker.
Emil Gött, Im Selbstgespräch

Da nun nicht geschehen kann, was du
willst, wolle, was geschehen kann.
Terenz, Das Mädchen von Andros

Der einzige wahre Realist
ist der Visionär.
Federico Fellini

Der primitive Realist ist von allen
Träumern derjenige, welcher am
tiefsten träumt, denn er ist so
rettungslos in den Traum seiner
vermeintlichen Wirklichkeit verwickelt, dass er gar nicht auf den
Gedanken kommt, er träume.
Franz Werfel, Zwischen Oben und Unten

Die Leute, welche die Realität der
ältesten und stärksten Sehnsüchte
(etwa der Sehnsucht nach Frieden)
übersehen, nennen sich stolz:
Realisten.
Ludwig Marcuse, Argumente und Rezepte.
Ein Wörter-Buch für Zeitgenossen

Ein Blick in die Welt beweist,
dass Horror nichts anderes ist
als Realismus.
Alfred Hitchcock

Für einen Reisenden geziemt sich
ein skeptischer Realismus.
Johann Wolfgang von Goethe, Briefe
(an Schiller, 12. August 1797)

Nimm die Welt, wie sie ist,
nicht wie sie sein sollte.
Deutsches Sprichwort

Phantasten sind Leute, die tun,
was sie nicht lassen können.
Realisten sind Leute, die lassen,
was sie nicht tun können.
Axel von Ambesser

Wenn sich ein Mensch »Realist« zu
nennen beginnt, kann man sicher sein,
dass er etwas vorhat,
dessen er sich insgeheim schämt.
Sidney J. Harris

Realität

Allein die Realität
führt zu dem bedeutenden Kunstwerk.
Jean Cocteau, Hahn und Harlekin

Auch die absurdeste Satire
ist nur dann komisch,
wenn hinter der Absurdität
die ungroteske Realität
zu spüren ist.
Ephraim Kishon, Kishon für alle Fälle

Denn allein die Realität,
selbst wenn sie gut verborgen ist,
besitzt die Kraft zu erregen.
Jean Cocteau, Hahn und Harlekin

Es gibt viel mehr Realitäten
als die Realisten ahnen.
Ludwig Marcuse, Argumente und Rezepte.
Ein Wörter-Buch für Zeitgenossen

In Zukunft wird sich die Utopie
beeilen müssen, wenn sie
die Realität einholen will.
Wernher von Braun

Je mehr Realität oder Sein
jedes Ding hat,
desto mehr Attribute
kommen ihm zu.
Baruch de Spinoza, Ethik

Nach den Sternen schaue unbesorgt,
aber achte auf den Rinnstein.
Heinrich Waggerl, Nachlass

Realität: der Unterschied zwischen
dem, was uns freut,
und dem, womit wir uns trösten.
Gabriel Laub

Rebe

Den Reben und der Geiß
wird es nie zu heiß.
Deutsches Sprichwort

Wenn die Reben wieder blühen,
Rühret sich der Wein im Fasse.
Johann Wolfgang von Goethe, Nachgefühl

Zu Johannis aus den Reben gahn
Und die Reben blühen lahn.
Bauernregel

Rebellion

Allein durch Rat und Geld
nährt sich Rebellion:
Vereint bestürmen sie,
es wankt zuletzt der Thron.
Johann Wolfgang von Goethe, Jahrmarksfest
zu Plundersweilern (Hamann)

Die Rebellen von heute
sind die Despoten von morgen.
Johannes Scherr

Es ist schwer, einen Aufrührer
zu packen, der seine rebellischen
Handlungen ausdrücklich
unter den Schutz der Autorität
anerkannter Ideen stellt.
Ludwig Marcuse, Argumente und Rezepte.
Ein Wörter-Buch für Zeitgenossen

Rebellentreue ist wankend.
Friedrich Schiller, Der Verschwörung des
Fiesco zu Genua (Leonore)

Rebellion heißt Widerstand,
und Empörung heißt Kraft und Mut,
gerade zu gehen;
beides können also schöne,
männliche Tugenden sein.
Nur die Umstände stempeln sie
mit Schande.
Johann Gottfried Seume, Apokryphen

So fand Rebellion stets ihre Strafe.
William Shakespeare, Heinrich IV. (Heinrich)

Wenn die Untertanen
aus Prinzip rebellieren,
wird die Politik der Könige
tyrannisch.
Edmund Burke, Betrachtungen über die
Französische Revolution

Rechenschaft

Der Mensch wird Rechenschaft
ablegen müssen über jeden Augenblick
und jeden Groschen, für Speise
und Trank und für alle Gedanken
und Worte, sofern sie nicht
durch Reue und Beichte
ausgelöscht sind.
Birgitta von Schweden, Offenbarungen

Nie dem Rechenschaft geben,
der sie nicht gefordert hat,
und selbst, wenn sie gefordert wird,
ist es eine Art Vergehen,
darin mehr als nötig zu tun.
Baltasar Gracián y Morales, Handorakel und Kunst der Weltklugheit

Rechnung

Gott rechnet anders
als der Mensch.
Deutsches Sprichwort

Gut rechnet,
wer ohne Stäbchen rechnet.
Lao-tse, Dao-de-dsching

Je schöner die Wirtin,
je schwerer die Zeche.
Deutsches Sprichwort

Mach deine Rechnung
mit dem Himmel, Vogt!
Friedrich Schiller, Wilhelm Tell (Tell)

Man soll die Rechnung
nicht ohne den Wirt machen.
Deutsches Sprichwort

Nur Leute,
die ihre Rechnungen bezahlen,
brauchen Geld,
und ich bezahle meine nie.
Oscar Wilde, Das Bildnis des Dorian Gray

Nur wer seine Rechnungen nicht
bezahlt, darf hoffen, im Gedächtnis
der Kaufleute weiterzuleben.
Oscar Wilde, Sätze und Lehren zum Gebrauch für die Jugend

Rechnung für Rechnung ist berichtigt,
Die Wucherklauen sind beschwichtigt,
Los bin ich solcher Höllenpein;
Im Himmel kann's
nicht heitrer sein.
Johann Wolfgang von Goethe, Faust I (Marschalk)

Richtige Rechnungen
erzeugen gute Freunde.
Sprichwort aus Frankreich

Sieh du nach deinen Rechnungen –
ich fürchte, sie stehen übel.
Friedrich Schiller, Kabale und Liebe (Ferdinand)

Verrechnet ist nicht betrogen.
Deutsches Sprichwort

Wer akzeptiert,
muss bezahlen.
Deutsches Sprichwort

Wer ausgibt,
muss auch einnehmen.
Deutsches Sprichwort

Recht

Ach, verkehrtes Recht gewinnt die
Oberhand, das wahre Recht vermag
sich nicht durchzusetzen.
Ecbasis captivi in belehrender Gestalt (Otter)

Alle historischen Rechte veralten.
Marie von Ebner-Eschenbach, Aphorismen

Alles bestehende Recht ist –
fremdes Recht, ist Recht, welches man
mir »gibt«, mir »widerfahren lässt«.
Max Stirner, Der Einzige und sein Eigentum

Außer dem Licht wird nichts auf Erden
so oft gebrochen wie das Recht.
Alfred Polgar

Das gesellschaftliche Recht ist ganz
und gar kein sittliches Recht, sondern
eine bloße Modifikation des tierischen.
Johann Heinrich Pestalozzi,
Meine Nachforschungen über den Gang der Natur

Das höchste Recht
ist das höchste Unrecht.
Marcus Tullius Cicero, Vom rechten Handeln

Das Recht aller (z. B. zu essen) ist
ein Recht jedes einzelnen. Halte sich
jeder dieses Recht unverkümmert,
so üben es von selbst alle.
Max Stirner, Der Einzige und sein Eigentum

Das Recht des Stärkeren
ist das stärkste Unrecht.
Marie von Ebner-Eschenbach

Das Recht hat die merkwürdige
Eigenschaft, dass man es behalten
kann, ohne es zu haben.
Joseph Unger, Mosaik

Das Recht ist der Geist der Gesellschaft. Hat die Gesellschaft
einen Willen, so ist dieser Wille
eben das Recht: sie besteht nur
durch das Recht.
Max Stirner, Der Einzige und sein Eigentum

Das Recht ist die Ordnung der
staatlichen Gemeinschaft, und es
entscheidet über das, was gerecht ist.
Aristoteles, Politik

Das Recht ist, wo das meiste Geld ist.
Lucan

Das Recht liegt in den Waffen,
Furcht unterdrückt die Gesetze.
Lucius Annaeus Seneca, Der rasende Herkules

Das Recht muss nie der Politik,
wohl aber die Politik jederzeit
dem Recht angepasst werden.
Immanuel Kant, Über ein vermeintes Recht aus Menschenliebe zu lügen

Das Recht will ja
wahrgenommen werden,
es fällt einem nicht in den Schoß.
Und das erfordert Mut.
Heinrich Böll, Worte töten Worte heilen

Das strengste Recht
ist oft die größte Schikane.
Terenz, Der Selbstquäler

Das Unglück verleiht gewisse Rechte.
Voltaire, Candide oder Die beste der Welten

Das Ziel des Rechts ist der Friede,
das Mittel dazu der Kampf.
Rudolf von Ihering, Der Kampf um's Recht

Dem Recht will nachgeholfen sein.
Deutsches Sprichwort

Denn so ist die Liebe beschaffen,
dass sie allein Recht zu haben glaubt
und alle anderen Rechte vor ihr
verschwinden.
Johann Wolfgang von Goethe,
Die Wahlverwandtschaften

Denn was ist Recht?
Es schwankt eigentlich immer.
Aber Nachgiebigkeit einem guten
Menschen gegenüber ist immer recht.
Theodor Fontane, Unwiederbringlich

Der Einzelne kann sich der Welt gar
nicht gegenüberstellen,
ohne sein kleines Recht in ein
großes Unrecht zu verwandeln.
Friedrich Hebbel, Tagebücher

Der größte Feind des Rechtes
ist das Vorrecht.
Marie von Ebner-Eschenbach, Aphorismen

Der Schwache schlägt den Starken
auch, hilft ihm das Recht.
Sophokles, Ödipus auf Kolonos

Die Barmherzigkeit ist das
Rechtsgefühl der Sinnlichkeit.
Ludwig Feuerbach, Das Wesen des Christentums

Die Frauen haben heute sicher
mehr Rechte. Aber mehr Macht
hatten sie früher.
Charles Aznavour

Die Hölle selbst hat ihre Rechte?
Johann Wolfgang von Goethe, Faust I (Faust)

Die Juden verschwenden ihr Geld
mit Festmahlen, die Mohren mit Hochzeiten und die Christen mit Rechten.
Julius Wilhelm Zincgref, Apophthegmata

Die Natur will unwiderstehlich,
dass das Recht zuletzt
die Obergewalt behalte.
Immanuel Kant, Zum ewigen Frieden

Die unfruchtbarsten Debatten sind
jene, in denen beide Seiten Recht
haben – nur nicht gegeneinander.
Ludwig Marcuse, Argumente und Rezepte.
Ein Wörter-Buch für Zeitgenossen

Dieser erhielt als Lohn für seine Verbrechen das Kreuz, jener eine Krone.
Juvenal, Satiren

Durch Unrecht – niemals Recht.
Durch Recht – niemals Unrecht.
Dag Hammarskjöld, Zeichen am Weg

Ein Distriktvorsteher darf Brände
legen, aber dem Volk ist es nicht
erlaubt, eine Kerze anzuzünden.
Chinesisches Sprichwort

Ein Kompromiss ist eine Abmachung,
bei der man großzügig auf die Rechte
des anderen verzichtet.
Tage Erlander

Eine Mutter hat immer Recht.
Sie hat zu viel gelitten und geliebt,
als dass es anders sein könnte.
Hermann Sudermann, Die Ehre (Trast)

Eingeräumte Rechte
sind auferlegte Pflichten.
Hans Lohberger

Erfahrene Juristen bezeugen,
dass es vor Gericht von Vorteil sein
kann, wenn man im Recht ist.
Graham Chapman

Ernsthaft von Recht zu sprechen,
solange es das Recht auf Grundbesitz
gibt, ist dasselbe, wie vom Recht
auf Sklavenbesitz und von den Vorschriften für den Sklavenverkauf
zu sprechen.
Leo N. Tolstoi, Tagebücher (1909)

Es gibt wohl ein Recht des Weiseren,
nicht aber ein Recht des Stärkeren.
Joseph Joubert, Gedanken, Versuche und Maximen

Es gibt zwei friedliche Gewalten:
das Recht und die Schicklichkeit.
Johann Wolfgang von Goethe,
Maximen und Reflexionen

Es hilft nicht immer
Recht zu haben.
Johann Wolfgang von Goethe, Reineke Fuchs

Es recht zu machen jedermann,
Ist eine Kunst, die niemand kann.
Deutsches Sprichwort

Gewalt ging jederzeit vor Recht.
Georg Rollenhagen, Froschmeuseler

Gewalt ist nicht Recht.
Sprichwort aus Frankreich

Gewalt und Recht sind es,
die alles in der Welt regeln,
Gewalt in Ermangelung des Rechts.
Joseph Joubert, Gedanken, Versuche und Maximen

Gib dem Recht, der Recht hat,
und er findet dich liebenswürdig;
gib dem Recht, der Unrecht hat,
und er betet dich an.
Marie von Ebner-Eschenbach, Aphorismen

Glück fragt nicht nach Recht.
Deutsches Sprichwort

Gott ist auf der Seite des Rechts,
und Gott und Recht sind nur mit einem.
Chrétien de Troyes, Yvain (Yvain)

Gott lässt dem Recht widerfahren,
der schweigt.
Sprichwort aus Persien

Groß darf ja denken,
dem das Recht zur Seite steht.
Sophokles, Aias (Teukros)

Gut Recht bedarf oft guter Hilfe.
Deutsches Sprichwort

Hab' ich das Recht zur Seite,
schreckt dein Droh'n mich nicht.
Sophokles, Philoktet

Hast du darum Recht,
weil dir der Ausgang Recht gibt?
Gotthold Ephraim Lessing, Emilia Galotti (Odoardo)

Hast du die Macht,
du hast das Recht auf Erden.
Adelbert von Chamisso, Gedichte

Herkömmliche Gewohnheit, altes
Recht, Man kann auf gar nichts
mehr vertrauen.
Johann Wolfgang von Goethe, Faust II (Mephisto)

Hundert Jahre Unrecht
ist noch keine Stunde Recht.
Deutsches Sprichwort

Ich bin fest davon überzeugt,
dass leidenschaftlicher Wille zum
Recht und zur Wahrheit für die
Verbesserung der menschlichen
Verhältnisse weit mehr geleistet hat
als berechnende politische Klugheit,
die auf die Dauer doch nichts anderes
erzeugt als Misstrauen aller gegen alle.
Kann man daran zweifeln,
dass Moses ein besserer Führer
gewesen ist als Machiavelli?
Albert Einstein, Über den Frieden

Ich kann mich nicht überreden,
dass man, um Recht zu haben,
unbedingt verpflichtet ist,
jedes Mal das letzte Wort zu behalten.
Jean-Jacques Rousseau, Brief an Melchior Grimm
(1. November 1751)

Ich tue recht und scheue keinen Feind.
Friedrich Schiller, Wilhelm Tell (Tell)

Im Kriege schweigt das Recht.
Deutsches Sprichwort

In den Abgründen des Unrechts
findest du immer die größte Sorgfalt
für den Schein des Rechts.
Johann Heinrich Pestalozzi,
Kinderlehre der Wohnstube

In den Augen der Frau
schafft Stärke Recht, denn die Rechte,
die sie dem Mann zuerkennt,
beruhen auf seiner Stärke.
Simone de Beauvoir, Das andere Geschlecht

In einem wohl eingerichteten Staate
soll das Recht selbst nicht auf
unrechte Weise geschehen.
Johann Wolfgang von Goethe, Dichtung und Wahrheit

In Zeiten des Umschwungs,
wenn ein neuer Geist umgeht,
hat die alte Schale des gewohnten
Rechts keinen Wert mehr,
da der Kern heraus ist,
und ein neues Rechtsbewusstsein muss
erst erlernt und angewöhnt werden.
Gottfried Keller, Die Leute von Seldwyla

Ist man im Recht,
so kann man nicht radikal genug sein;
ist man im Unrecht,
nicht konservativ genug.
Sprichwort aus den USA

Jeder hat das Recht
auf seine eigene Meinung,
aber er hat keinen Anspruch darauf,
dass andere sie teilen.
Manfred Rommel

Jeder hat so viel Recht,
wie er Macht hat.
Baruch Spinoza

Jeder trägt das Gesetz
von Recht und Unrecht in sich.
Sein Gewissen sagt ihm:
dieses zu tun,
jenes zu lassen.
Caspar David Friedrich, Über Kunst und Kunstgeist

Juristen sind Leute,
die die Gerechtigkeit
mit dem Recht betrügen.
Harold Pinter

Jurisprudenz ist die Fähigkeit,
Recht zu behalten,
obwohl man es nicht hat.
Graham Chapman

Lautes Geschrei
schafft noch kein Recht.
Chinesisches Sprichwort

Macht ausüben kostet Mühe und erfordert Mut. Deshalb machen so viele ihr gutes, allerbestes Recht nicht geltend, weil dies Recht eine Art Macht ist, sie aber zu faul oder zu feige sind, es auszuüben. Nachsicht und Geduld heißen die Deckmantel-Tugenden dieser Fehler.
Friedrich Nietzsche, Menschliches, Allzumenschliches

Man kann nicht jedes Unrecht gut-, wohl aber jedes Recht schlechtmachen.
Marie von Ebner-Eschenbach, Aphorismen

Man soll niemals als Recht verlangen, was man als Vergünstigung bekommen kann.
John Churton Collins

Mit dem bloßen Recht haben ist gar nichts gewonnen – man muss auch heiter und liebenswürdig bleiben können, wenn der Mensch, mit dem man zusammenlebt, allerhand Dummes und Fehlerhaftes tut.
Theodor Fontane, Briefe

Mit der Rechtswissenschaft ist es jetzt dahin gekommen, dass man bei der Entscheidung von Fällen mehr auf die Äußerungen irgendeines alten Gelehrten hört als auf gute Gründe und Überlegungen, so dass auch Praktiker heute gezwungen werde, alles nachzulesen, was einmal geschrieben worden ist.
Francesco Guicciardini, Ricordi

Natürlich achte ich das Recht; aber auch mit dem Recht darf man nicht so pingelig sein.
Konrad Adenauer, 1960

Nicht das Recht des Stärkeren, sondern die Stärkung des Rechts schützt die Interessen aller Staaten am besten.
Hans-Dietrich Genscher, Deutscher Kommentar zur Charta der Vereinten Nationen. Rede des Bundesministers des Auswärtigen 1986

Niemand spricht leidenschaftlicher von seinem Rechte als der, welcher im Grund seiner Seele einen Zweifel an seinem Rechte hat. Indem er die Leidenschaft auf seine Seite zieht, will er den Verstand und dessen Zweifel betäuben: So gewinnt er das gute Gewissen und mit ihm den Erfolg bei den Mitmenschen.
Friedrich Nietzsche, Menschliches, Allzumenschliches

Nun, ich lege Wert darauf, in meinem Leben das zu tun, worauf ich ein Recht habe und was ich durchsetzen kann, nicht, was ich als Belohnung oder Gnade entgegennehmen muss.
Michel Eyquem de Montaigne, Die Essais

Nun rollen der heiligen Ströme Gluten rückwärts, Samt dem Recht sind jegliche Dinge verkehrt.
Euripides, Medea (Chor)

Ob ich Recht habe oder nicht, darüber gibt es keinen anderen Richter als mich selbst. Darüber nur können andere urteilen und richten, ob sie meinem Recht beistimmen und ob auch für sie es als Recht bestehe.
Max Stirner, Der Einzige und sein Eigentum

Obgleich die Kräfte der Menschen ungleich sind, so sind doch ihre Rechte gleich.
Arthur Schopenhauer, Zur Rechtslehre und Politik

Recht bleibt Recht, aber man verdreht's gern.
Deutsches Sprichwort

Recht bleibt Recht, und wer es auch hat, es zeigt sich am Ende.
Johann Wolfgang von Goethe, Reineke Fuchs

Recht braucht Hilfe.
Sprichwort aus Frankreich

Recht hat jeder eigene Charakter, Der übereinstimmt mit sich selbst.
Friedrich Schiller, Wallensteins Tod (Gräfin Terzky)

Recht ist Eigentum, das sich auf die Macht stützt. Mit der Macht wird auch das Recht hinfällig.
Antoine Comte de Rivarol, Maximen und Reflexionen

Recht und Gewalt haben ihrer Natur nach nichts miteinander gemein. In der Tat muss man das Recht dorthin setzen, wo die Gewalt nicht ist, denn die Gewalt ist durch sich selbst eine Macht.
Joseph Joubert, Gedanken, Versuche und Maximen

Recht und Unrecht lassen sich nie mit einem so sauberen Schnitt trennen, dass jeder Teil nur von einem etwas habe.
Alessandro Manzoni, Die Verlobten

Recht zu haben, ist nur halb so schön, wenn kein anderer Unrecht hat.
Orson Welles

Rechtsbewußtsein entsteht durch ein Unrechtserlebnis.
Manes Sperber

Seine Rechte zu kennen ist die eine Sache. Sie auszuüben, eine andere.
Peter Ustinov, Peter Ustinovs geflügelte Worte

Seit mehr als tausend Jahren haben die Frauen das Recht, sich verbrennen zu lassen. Wer von uns könnte es wagen, ein solches Gesetz zu ändern, das die Zeit schon geheiligt hat? Gibt es denn etwas Ehrwürdigeres als einen alten Missbrauch?
Voltaire, Zadig

Tue recht und scheue niemand.
Heinrich von Kleist, Briefe (an Henriette von Schlieben, 17. Mai 1801)

Um sich der Gewalt zu entziehen, war man gezwungen, sich dem Recht zu unterwerfen: Recht oder Gewalt, zwischen diesen beiden Herren hat man wählen müssen, so wenig waren wir geschaffen, frei zu sein.
Luc de Clapiers Marquis de Vauvenargues, Reflexionen und Maximen

Unser seitheriges Recht ist weitgehend Theologie und Moral, deren Magd es auch im Mittelalter gewesen ist.
Fritz Bauer

Verletzt der Himmelssohn das Recht, erhält er wie jeder andere eine Strafe.
Chinesisches Sprichwort

Vermutlich steht Kultur der Sinnlichkeit im umgekehrten Verhältnis zu den Rechten der Frau. Rechte ruinieren Charme.
Günther Anders, Lieben gestern. Notizen zur Geschichte des Fühlens

Wenn das Recht ruht, so heißt das nicht, dass es tot ist.
Sprichwort aus Frankreich

Wenn du im Recht bist, kannst du es dir leisten, die Ruhe zu bewahren, und wenn du im Unrecht bist, kannst du es dir nicht leisten, sie zu verlieren.
Mahatma Gandhi

Wer das Falsche verteidigen will, hat alle Ursache, leise aufzutreten und sich zu einer feinen Lebensart zu bekennen. Wer das Recht auf seiner Seite fühlt, muss derb auftreten: Ein höfliches Recht will gar nichts heißen.
Johann Wolfgang von Goethe, Maximen und Reflexionen

Wer das Recht des Fremden verletzt, der verletzt das Recht Gottes.
Talmud

Wer die Regel des Rechts nicht in sich trägt, findet von außen wenig Leitung.
Johann Gottfried Seume, Apokryphen

Wer es allen recht machen will,
muss früh aufstehen.
Deutsches Sprichwort

Wer immer auf sein Recht pocht,
bekommt wunde Finger.
Volker Schlöndorff

Wer nur recht tut,
weil andere es erfahren können und
weil er dann in der Schätzung
der Mitmenschen steigt;
wer nur unter der Voraussetzung,
dass seine Tugend
den Mitmenschen bekannt wird,
anständig handeln will,
aus dem wird keine Persönlichkeit,
auf die man sich verlassen kann.
Michel Eyquem de Montaigne, Die Essais

Wer Recht behalten will
und hat nur eine Zunge,
Behält's gewiss.
Johann Wolfgang von Goethe, Faust I (Faust)

Wer's Recht hat und Geduld,
für den kommt auch die Zeit.
Johann Wolfgang von Goethe, Faut II (Erzbischof)

Wie könnte der Mensch
irgendwann und irgendwo
wirklich Recht haben?
Da er sich doch zeitlebens
in dem verzweifeltem Stande
der Rechtfertigung befindet
und in seinen wahrhaft geistigen
Augenblicken dies sogar weiß.
Franz Werfel, Zwischen Oben und Unten

Wir haben so viel Rechte hingegeben,
Dass uns auf nichts ein Recht mehr
übrig bleibt.
Johann Wolfgang von Goethe, Faust II (Schatzmeister)

Wir haben uns in vielen Punkten
vom Rechtsstaat
zum Rechtsmittelstaat entwickelt.
Helmut Kohl, Verantwortung für die Jugend – Erziehung im demokratischen Staat. Rede des Bundeskanzlers in Bonn 1985

Wo der Kaiser hinkommt,
da steht ihm das Recht offen.
Deutsches Sprichwort

Wo Gesetze
schriftlich aufgezeichnet sind,
Genießt der Schwache
mit dem Reichen gleiches Recht.
Euripides, Die Schutzflehenden (Theseus)

Wo Gewalt Recht hat,
hat das Recht keine Gewalt.
Deutsches Sprichwort

Wo nichts ist,
verliert der König sein Recht.
Sprichwort aus Frankreich

Rechtfertigung

Der Mensch kann nicht ohne Rechtfertigung leben, und er findet in
seinem Bewußtsein immer Mittel und
Möglichkeiten, sich vor sich selbst
zu rechtfertigen.
Jean Genet

Die Menschen müssen sich so
verhalten, dass sie sich nicht zu rechtfertigen brauchen, denn eine Rechtfertigung setzt immer einen Fehler
oder die Vermutung eines Fehlers
voraus.
Niccolò Machiavelli, Briefe
(an die Zehn, 11. April 1505)

Rechthaberei

Grässlich ist der Typ von Menschen,
die immer Recht behalten wollen.
Sie sind bereit, Unschuldige zu
verurteilen, Heilige, Gott selbst,
nur um Recht zu behalten.
Leo N. Tolstoi, Tagebücher (1901)

Wer gern Recht behält,
den überhört man.
Lao-tse, Dao-de-dsching

Rechtschaffenheit

Allein bei der Rechtschaffenheit ist
es nicht das Wertvollste,
zu wissen, worin sie besteht,
sondern zu erkennen,
woraus sie erwächst.
Denn wir wollen nicht wissen,
was Tapferkeit ist,
sondern tapfer sein,
und nicht, was Gerechtigkeit ist,
sondern gerecht sein,
ebenso wie wir auch lieber
gesund sein wollen
als erkennen, was die Gesundheit ist,
und lieber uns wohl befinden
als erkennen, was Wohlbefinden ist.
Aristoteles, Eudemische Ethik

Auf Rechtschaffenheit
versteht der Edle sich,
auf Gewinn der Niedriggesinnte.
Konfuzius, Gespräche

Der edle Mensch verhält sich so
zu allem, was unter dem Himmel
geschieht: Nichts, das er unbedingt
gut heißt, nichts, das er unbedingt
ablehnt; dem Gebot der Rechtschaffenheit folgt er.
Konfuzius, Gespräche

Der Mensch ist der Bogen,
der Gedanke – der Pfeil und
Rechtschaffenheit – das Ziel.
Chinesisches Sprichwort

Ehre ist der Preis der Rechtschaffenheit und wird nur sittlich guten
Menschen erwiesen.
Aristoteles, Nikomachische Ethik

Eine vollkommene Freundschaft
gibt es nur zwischen guten und
an Rechtschaffenheit sich gleichstehenden Menschen.
Aristoteles, Nikomachische Ethik

Es gibt aber zwei Arten
von Rechtschaffenheit:
die ethische und die dianoetische
(verstandesmäßige).
Denn wir loben nicht nur die
gerechten, sondern auch die
gescheiten und klugen Menschen.
Aristoteles, Eudemische Ethik

Halte dein moralisches Erscheinungsbild der Rechtschaffenheit und der
Ehre frei von jedem Makel, ja,
jedem Verdacht.
Philipp Stanhope Earl of Chesterfield, Briefe über die anstrengende Kunst, ein Gentleman zu werden

Ist ein Niedriggesinnter tapfer,
ohne auf Rechtschaffenheit zu achten,
so wird er unter die Räuber gehen.
Konfuzius, Gespräche

Man beteuere einem Schuft
täglich zu mehreren Malen,
er sei die Rechtschaffenheit in Person,
und er wird sich in allem Ernst
zumindest den Anschein einer
perfekten »Respektabilität« geben.
Edgar Allan Poe, Marginalien

Ohne Rechtschaffenheit ist es
nicht leicht, in äußerem Glück
die Bescheidenheit zu wahren.
Aristoteles, Nikomachische Ethik

Rechtschaffenes Handeln ist an
sich lustvoll, zugleich aber auch
gut und schön, und zwar beides
im höchsten Grade.
Aristoteles, Nikomachische Ethik

Rechtschaffenheit ist
eine sehr seltene Tugend,
und der Mensch, der sie im höchsten
Grade zu besitzen glaubt,
hat sie oft am wenigsten.
Honoré de Balzac, Physiologie der Ehe

Schafft ab die Güte,
verwerft die Rechtschaffenheit –
die Menschen werden wieder
einander lieben.
Lao-tse, Dao-de-dsching

Wenn es auf der Erde nur ein
einziges Beispiel des Glücks gibt,
so findet es sich in einem rechtschaffenen Menschen.
Jean-Jacques Rousseau, Julie oder Die neue Héloïse (Julie)

Wohl wenige echte Anhänger hat die Rechtschaffenheit. Zwar rühmen sie viele, jedoch nicht für ihr Haus. Andere folgen ihr bis zum Punkt der Gefahr: Dann aber verleugnen sie die falschen, verhehlen sie die politischen.
Baltasar Gracián y Morales, Handorakel und Kunst der Weltklugheit

Rechtzeitigkeit

Besser heute als morgen.
Deutsches Sprichwort

Den rechten Augenblick versäumt
Wird selten noch ein Werk geraten
rum loht die Flamme, nicht geträumt
Und rasch den Kürbis dran gebraten.
Jüdische Spruchweisheit

Die Kohle, die zurzeit nicht hitzt
Dir schwerlich nach der Zeit
noch nützt.
Jüdische Spruchweisheit

Eilen hilft nicht;
zur rechten Zeit fortgehen, das ist's.
Jean de La Fontaine, Fabeln

Eine jede Art von Unterricht hat ihre eigene Zeit, die man kennen muss, und ihre Gefahren,
die man vermeiden muss.
Jean-Jacques Rousseau, Emile

Hast deine Kastanien zu lange gebraten;
Sie sind dir alle zu Kohlen geraten.
Johann Wolfgang von Goethe, Sprichwörtlich

Kauf in der Zeit, so hast du in der Not.
Deutsches Sprichwort

Mach Heu, solange die Sonne scheint.
Sprichwort aus England

Man muss sich früh
auf den Weg machen,
wenn man früh ankommen will.
Deutsches Sprichwort

Tätst du zur rechten Zeit dich regen,
Hättst du's bequemer haben mögen.
Johann Wolfgang von Goethe, Legende

Wenn das Eisen glüht,
soll man es schmieden.
Deutsches Sprichwort

Wer den Funken löscht,
muss nicht sein Strohdach löschen.
Chinesisches Sprichwort

Wer zu spät kommt,
den bestraft das Leben.
Michail S. Gorbatschow

Wer zuerst kommt, mahlt zuerst.
Deutsches Sprichwort

Wie nützlich ist die Kunst,
zur rechten Zeit zu lügen!
Pierre Corneille, Der Lügner

Rede

Ach, was ist an den eitlen Reden der Menschen und an ihren Mutmaßungen gelegen?
Jean-Jacques Rousseau, Emile

Allein der Vortrag
macht des Redners Glück.
Johann Wolfgang von Goethe, Faust I (Wagner)

Am Klange kennt man die Metalle,
an der Rede die Menschen.
Baltasar Gracián y Morales, Handorakel und Kunst der Weltklugheit

Bedächtige Reden
führen stets zum klügsten Ziel.
Euripides, Die Phönikierinnen (Jokaste)

Das große Geheimnis besteht darin,
die Dinge mit Beredsamkeit darzulegen.
Voltaire, Geschichte von Jenni

Das Rednerhandwerk gleicht in einer Hinsicht dem Kriegshandwerk:
Das Wagnis ist größer
als in anderen Berufen, doch man macht auch rascher sein Glück.
Jean de La Bruyère, Die Charaktere

Das Wichtigste am Redner ist Redlichkeit; ohne sie ist er ein hohler Wortemacher.
Jean de La Bruyère, Die Charaktere

Der Betrug,
Der hüllt sich täuschend
ein in große Worte
Und in der Sprache
rednerischen Schmuck.
Friedrich Schiller, Demetrius (Erzbischof von Gnesen)

Der Schlüssel zu einer
guten Rede lautet: Man braucht
einen genialen Anfang,
einen genialen Schluss und
möglichst wenig dazwischen.
Peter Ustinov, Peter Ustinovs geflügelte Worte

Der Tor bläst ein – der Weise spricht.
Johann Wolfgang von Goethe, Faust II (Gemurmel)

Die Red' ist uns gegeben,
Damit wir nicht allein
Vor uns nur sollen leben
Und fern von Leuten sein.
Simon Dach, Gedichte

Die Rede der Nacht ist mit Butter getränkt: Wenn der Tag darauf scheint, zerfließt sie.
Sprichwort aus Ägypten

Die Taten sind die Substanz des Lebens, die Reden sein Schmuck.
Baltasar Gracián y Morales, Handorakel und Kunst der Weltklugheit

Ein weises Wort ist jenes,
das die Menschen lehrt
Die Reden anzuhören
auch des andern Teils.
Euripides, Andromache

Einbläsereien sind
des Teufels Redekunst.
Johann Wolfgang von Goethe, Faust II (Mephisto)

Eine dreimal wiederholte Rede wird
von allein zu müßigem Geschwätz.
Chinesisches Sprichwort

Eine gute Rede
gleicht einer Perlenschnur.
Chinesisches Sprichwort

Eine gute Rede ist versteckter als der grüne Edelstein, und doch findet man sie bei den Sklavinnen über den Mühlsteinen (d.h. den Allerärmsten).
Ptahhotep, Zit. nach Erman, Die Literatur der Ägypter (1923)

Eine gute Rede soll das Thema erschöpfen, nicht die Zuhörer.
Winston S. Churchill

Einen guten Redner
erkennt man daran, dass er
das Pedal sparsam gebraucht.
Edward Heath

Einige Dinge sind unerträglich,
wenn sie mittelmäßig sind: Poesie,
Musik, Malerei und öffentliche Reden.
Jean de La Bruyère, Die Charaktere

Einzig ziert die freie Rede
Männer, die nicht unverständig.
Andrer Schmuck ist all vergänglich,
Dieser Schmuck allein beständig.
Bhartrihari, Lieder

Fern bleibe also die Rhetorik der Welt;
fern mögen bleiben die Schwätzereien und die trockene Beredsamkeit der menschlichen Weisheit, die dürftig und spitzfindig und niemals nach deinem Geschmack ist; lasst uns zum Herzen sprechen mit Worten, die von Süße und Liebe durchtränkt und ganz nach deinem Geschmack sind.
Juan de la Cruz, Merksätze von Licht und Liebe

Gut gebrüllt, Löwe!
William Shakespeare,
Ein Sommernachtstraum (Demetrius)

Hilf mir nur erst aus
meinen Nöten, Freund,
die Rede kannst du nachher halten.
Jean de La Fontaine, Fabeln

Ja, eure Reden, die so blinkend sind,
In denen ihr der Menschheit
Schnitzel kräuselt,
Sind unerquicklich wie der Nebelwind,
Der herbstlich durch
die dürren Blätter säuselt!
Johann Wolfgang von Goethe, Faust I (Faust)

Je klangvoller Rang und Namen
von Rednern sind,
desto sicherer kann man sein,
dass ihre Reden von Männern
ohne Rang und Namen
gemacht werden.
Arno Sölter

Klingt eines Mannes Rede ernsthaft,
genügt das schon, ihm zu glauben?
Ist er tatsächlich ein edler Mensch?
Oder gibt es sich nur den Anschein
der Gewichtigkeit?
Konfuzius, Gespräche

Kürze die lange Rede,
damit sie nicht verdächtig wirke!
Lucius Annaeus Seneca, Medea

Man verändert fremde Reden beim
Wiederholen wohl nur darum so sehr,
weil man sie nicht verstanden hat.
Johann Wolfgang von Goethe,
Maximen und Reflexionen

Menschen, die etwas zu sagen haben,
werden keine Redner.
Finley Peter Dunne

Sag's verständlich
und mach's kurz.
Lido Anthony »Lee« Iacocca,
Mein amerikanischer Traum

Schweigen ist tief wie die Ewigkeit,
Rede so flach wie die Zeit.
Thomas Carlyle, Über Walter Scott

So ist es auch mit der Rede:
Was gemacht wird und nicht fließt,
das hat weder Händ noch Füß.
Martin Luther, Tischreden

Um eine gut improvisierte Rede
halten zu können, braucht man
mindestens drei Wochen.
Mark Twain

Unsere Beredsamkeit hat sich gewöhnt,
in den Wind zu reden. Man vernimmt
in unseren Reden eine Stimme, die
sich aufbläht und sich verliert.
Joseph Joubert, Gedanken, Versuche und Maximen

Was der Mann kann,
das zeigt seine Red an.
Deutsches Sprichwort

Was ist der langen Rede kurzer Sinn?
Friedrich Schiller, Die Piccolomini (Questenberg)

Wenn gute Reden sie begleiten, dann
fließt die Arbeit munter fort.
Friedrich Schiller, Das Lied von der Glocke

Wie schade,
echt zu reden und doch fehl zu gehn.
Sophokles, Elektra (Chrysothemis)

Wo es drei Heller tun,
da wende vier nicht an,
Und nicht zwei Worte,
wo's mit einem ist getan.
Friedrich Rückert, Die Weisheit des Brahmanen

Zwei große Redner werden
nicht weit zusammen reisen.
Sprichwort aus Spanien

Redefreiheit

Die Regierungen, welche die Freiheit
der Rede unterdrücken,
weil die Wahrheiten, die sie verbreitet,
ihnen lästig sind,
machen es wie die Kinder,
welche die Augen zuschließen,
um nicht gesehen zu werden.
Ludwig Börne, Die Freiheit der Presse in Bayern

Man kann jemandem den Kopf
abschlagen, doch ihm nicht
den Mund verbieten.
Chinesisches Sprichwort

Reden

Abendrede und Morgenrede
kommen selten überein.
Deutsches Sprichwort

Am rechten Ort das rechte Wort
Hilft wohl in allen Lagen fort
Und doch gebühret dem der Preis
Der, wenn es gilt, zu schweigen weiß.
Jüdische Spruchweisheit

Am wenigsten sind viele Worte
Im Trauerhaus am rechten Orte.
Jüdische Spruchweisheit

Auch mit der Zunge
kann man Kleider weben und
mit dem Pinsel Felder pflügen.
Chinesisches Sprichwort

Besser kurz und bündig
Als Geschwätz vielstündig.
Jüdische Spruchweisheit

Dem nur steh'n schöne Reden gut
Der, was er predigt, selber tut.
Jüdische Spruchweisheit

Der Edle schämt sich großer Worte;
so tut er mehr, als er zu sagen pflegt.
Konfuzius, Gespräche

Der Edle wählt nur langsam
seine Worte, doch schnell ist er,
wenn es zum Handeln kommt.
Konfuzius, Gespräche

Der Ehrenmann hierzulande
ist nicht der,
welcher rechtschaffen handelt,
sondern der,
welcher schöne Dinge sagt.
Jean-Jacques Rousseau,
Julie oder Die neue Héloïse (Saint-Preux)

Der Kuss ist ein schlau erfundenes
Verfahren, welches das Reden stoppt,
wenn Worte überflüssig sind.
Oliver Herford

Der Mund einer Kupplerin
kennt kein Maß.
Chinesisches Sprichwort

Der Redner will durch
die Länge des Vortrages wettmachen,
was ihm an Tiefe fehlt.
Lothar Schmidt

Der wahrhaft Menschliche
ist schwerfällig in seiner Rede.
Konfuzius, Gespräche

Die Leidenschaften sind die Redner
der Volksversammlungen.
Antoine Comte de Rivarol, Maximen und Reflexionen

Die Schrift hat das Geheimnisvolle,
dass sie redet.
Paul Claudel, Erkenntnis des Ostens

Die zappelnde Zunge
die kein Zaum verhält,
Ergellt sich selten Gutes.
Edda, Hávamál (Des Hohen Lied)

Dilemma zwischen
Reden und Schweigen:
das Mitteilenswerte für nicht sagbar
und das Sagbare für nicht
mitteilenswert zu halten.
Peter Benary

Du bist ein Held in Worten,
aber redlich fand
Ich keinen noch,
der blendend über alles sprach.
Sophokles, Ödipus auf Kolonos (Ödipus)

Ein andres,
treffend reden,
ein andres, viel.
Sophokles, Ödipus auf Kolonos (Kreon)

Ein böses Wort oft weher tut
Als Schädigung an Geld und Gut.
Jüdische Spruchweisheit

Ein Egoist ist ein Mensch,
der nur zuhört, wenn er selbst redet.
Arno Sölter

Ein Franzose weiß immer noch zu
reden, selbst wenn er keine Gedanken
hat; ein Deutscher dagegen hat
immer etwas mehr Gedanken im Kopf,
als er aussprechen kann.
Germaine Baronin von Staël, Über Deutschland

Ein Strom fließt still,
ein Weiser hebt nicht die Stimme.
Chinesisches Sprichwort

Er legt Sätze wie Eier,
aber er vergisst, sie zu bebrüten.
Elias Canetti, Die Provinz des Menschen.
Aufzeichnungen 1942–1972

Es ist besser zu tun, als zu reden.
Johann Wolfgang von Goethe, Italienische Reise

(...) es ist ein wesentlicher
Bestandteil unserer Demokratie,
dass man mehr miteinander
und weniger übereinander spricht.
Helmut Kohl, Notwendiger Dialog zwischen Politik
und Wirtschaft. Rede des Bundeskanzlers vor
dem BDI in Bonn 1986

Feige Hunde sind
mit dem Maul am freisten.
William Shakespeare, Heinrich V. (Dauphin)

Höre viel und rede wenig.
Deutsches Sprichwort

Ich kann doch nicht
den Mund auftun und reden,
wo keiner von allen
mich verstehen würde.
Franziska Gräfin zu Reventlow, Tagebücher

Ich weiß wohl, dass viele unter dem
Schein von Anteilnahme uns zum
Reden bringen und uns hinterher
verhöhnen.
Niccolò Machiavelli, Clizia

Im Fegefeuer sprechen Menschen viel.
Sie schweigen in der Hölle.
Elias Canetti, Die Provinz des Menschen.
Aufzeichnungen 1942–1972

Im übrigen sage ich, was ich denke,
und schere mich keinen Deut darum,
ob die anderen ebenso denken wie ich.
Voltaire, Candide oder Die beste der Welten

In Worten sei wahrhaft
und zuverlässig,
im Handeln gewissenhaft
und rücksichtsvoll.
Konfuzius, Gespräche

Kein kluger Arzt
Bespricht das Übel klagend,
Das den Schnitt verlangt.
Sophokles, Aias

Könntest du mit einem Menschen
reden und redest nicht mit ihm,
hast du vertan einen Menschen.

Kannst du mit einem nicht reden
und du redest doch mit ihm,
so hast du vertan deine Worte.
Der Wissende vertut nicht Menschen,
und er vertut auch nicht Worte.
Konfuzius, Gespräche

Lieber mit den Füßen gestrauchelt
als mit der Zunge.
Deutsches Sprichwort

Man nimmt den Mund nicht voll,
wenn man die Schnauze voll hat.
Erich Kästner, Kurz und bündig. Epigramme

Man rede wie im Testament: je
weniger Worte, desto weniger Streit.
Baltasar Gracián y Morales,
Handorakel und Kunst der Weltklugheit

Man redet viel,
wenn der Tag lang ist.
Deutsches Sprichwort

Man soll nur reden,
wo man nicht schweigen darf;
und nur von dem reden,
was man überwunden hat –
alles andere ist Geschwätz,
»Literatur«, Mangel an Zucht.
Friedrich Nietzsche,
Menschliches, Allzumenschliches

Man spricht durch Schweigen.
Und man schweigt mit Worten.
Erich Kästner, Dr. Erich Kästners lyrische Hausapotheke

Manches wird besser gepfiffen,
als gesagt.
Deutsches Sprichwort

Männer reden, Frauen lächeln sich
die Seele aus dem Leibe.
Karin Michaelis

Ob du ein Redner bist,
wird sich erst zeigen,
wenn man dir widerspricht.
Karl Gutzkow, Vom Baum der Erkenntnis

Rede nicht von Dingen,
die außer dir schwerlich
jemand interessieren können!
Adolph Freiherr von Knigge, Über den Umgang
mit Menschen

Reden heißt zu viel Hochachtung
vor den Mitmenschen haben.
Durch ihr Maul sterben
die Fische und Oscar Wilde.
Fernando Pessoa, Das Buch der Unruhe
des Hilfsbuchhalters Bernardo Soares

Reden ist Silber,
Schweigen ist Gold.
Deutsches Sprichwort

Reden können ist nicht so viel wert,
wie zuhören können.
Chinesisches Sprichwort

Reden ohne Schweigen
wird Geschwätz.
Romano Guardini

Reden soll man möglichst wenig,
besonders mit Menschen,
mit denen man
in guten Beziehungen leben möchte.
Leo N. Tolstoi, Tagebücher (1899)

Redet ein Mensch, so ist es sozusagen
sein Kleid, nicht er selbst, dessen
Meinung man vernimmt; und er wird
sie ohne Umschweife ebenso oft als
seinen Stand verändern. Gebt ihm
abwechselnd eine lange Perücke, eine
Uniform und ein Kreuz auf die Brust,
so werdet ihr ihn der Reihe nach mit
gleichem Eifer die Gesetze,
die despotische Gewalt und die
Inquisition predigen hören.
Jean-Jacques Rousseau, Julie oder
Die neue Héloïse (Saint-Preux)

Redet wahr und lacht des Teufels!
William Shakespeare, Heinrich IV. (Percy)

Sanftes Reden schadet nicht.
Jean de La Fontaine, Fabeln

Sehr schwer ist es,
nicht mehr zu sagen,
als man sagen will.
Elias Canetti, Die Provinz des Menschen.
Aufzeichnungen 1942–1972

So mancher spricht
Wie der Blinde vom Licht.
Jüdische Spruchweisheit

Sprich nicht die Unwahrheit,
sondern sperre deine Ohren
weit auf und achte auch stets darauf,
was du über jemanden sagst
und zu wem!
Ecbasis captivi in belehrender Gestalt (Fuchs)

Tanzen macht schon Spaß,
wenn man nur nicht reden müsste.
August Strindberg, Der Sohn der Magd

Tiefe Wasser fließen langsam,
würdige Menschen reden mit Bedacht.
Chinesisches Sprichwort

Überhaupt reden die Leute viel,
die wenig wissen, und die Leute,
welche viel wissen, reden wenig.
Jean-Jacques Rousseau, Emile

Viel reden heißt,
alles zerreden.
Leo N. Tolstoi, Tagebücher (1898)

»Vom Herzen geredet.«
Kommentar:
Das Gehirn war nicht beteiligt.
Ludwig Marcuse, Argumente und Rezepte.
Ein Wörter-Buch für Zeitgenossen

Vorlust, Nachlust und
nächtliches Zaudern –
es macht so viel Spaß,
darüber zu plaudern.
Kurt Tucholsky, Schnipsel

Was man beim Wein geredet,
bleibt nicht im Herzen.
Chinesisches Sprichwort

Wenig reden ist wirklich eine Tugend.
Chinesisches Sprichwort

Wenn Feinde gute Worte geben,
haben sie Böses im Sinn.
Deutsches Sprichwort

Wenn man ein Jahr lang schweigt,
so verlernt man das Schwätzen
und lernt das Reden.
Friedrich Nietzsche, Morgenröte

Wer das Buch Zengguang gelesen hat,
beherrscht die Kunst der Rede.
Chinesisches Sprichwort

Wer dauernd redet,
gerade wie es ihm gefällt,
muss dann auch Dinge hören,
die ihm nicht gefallen.
Ecbasis captivi in belehrender Gestalt (Fuchs)

Wer die Dinge gut genug kennt,
dass er allen ihren wahren Wert
geben kann, redet niemals zu viel.
Jean-Jacques Rousseau, Emile

Wer Herzensenge
Hat Worte die Menge.
Jüdische Spruchweisheit

Wer nichts weiß, der weiß auch nicht,
Dass er reichlich viel redet.
Edda, Hávamál (Des Hohen Lied)

Wer reden und auch schweigen kann
Zur Zeit, der ist ein weiser Mann.
Hugo von Trimberg, Der Renner

Wer viel von sich redet,
ist ein Langweiler.
Wer viel von anderen redet,
ein Klatschmaul.
Lothar Schmidt

Wie oft muss man sagen,
was man ist,
bis man es wirklich wird?
Elias Canetti, Die Provinz des Menschen.
Aufzeichnungen 1942–1972

Wieviel man sagen muss,
um dann gehört zu werden,
wenn man endlich schweigt.
Elias Canetti, Die Provinz des Menschen.
Aufzeichnungen 1942–1972

Zorn und Groll reden närrisch.
Chinesisches Sprichwort

Zunächst ist man erstaunt,
warum dumme Menschen
die Gewohnheit haben,
im Brustton der Überzeugung zu
reden. Aber das muss ja so sein.
Andernfalls würde ihnen
keiner zuhören.
Leo N. Tolstoi, Tagebücher (1896)

Zwei Dinge sind schädlich für jeden,
Der die Stufen des Glücks will ersteigen:
Schweigen, wenn Zeit ist zu reden,
Und reden, wenn Zeit ist zu schweigen.
Friedrich von Bodenstedt, Mirza Schaffy

Redensart

Es gibt nichts Hemmenderes als
Gemeinplätze und Redensarten.
Jede Redensart ist die Fratze eigener
Gedanken, ein »Mitesser« im Zellen-
gewebe des Denkers.
Christian Morgenstern, Stufen

Nichts ist schwerer,
als eine triviale Ansicht oder
eine eingebürgerte Redensart
zu Fall zu bringen.
Chamfort, Maximen und Gedanken

Redensarten sind gleichsam
das Kleid der Gedanken.
Johann Jakob Engel, Fürstenspiegel

Redlichkeit

Das beste Einkommen ist Redlichkeit.
Deutsches Sprichwort

Das Wichtigste am Redner
ist Redlichkeit; ohne sie ist er
ein hohler Wortemacher.
Jean de La Bruyère, Die Charaktere

Der erhabene Himmel lässt einen
Mann mit einem rechten Herzen
nicht im Stich.
Chinesisches Sprichwort

Der Weg des Faulen ist
wie ein Dornengestrüpp,
der Pfad der Redlichen aber
ist gebahnt.
Altes Testament, Sprüche Salomos 15, 19

Die Redlichkeit,
die mittelmäßige Geister hindert,
ans Ziel zu kommen,
ist ein Mittel mehr zum Erfolg
der geschickten.
Luc de Clapiers Marquis de Vauvenargues,
Reflexionen und Maximen

Die Redlichkeit ist dem
rechtschaffenen Mann noch lieber
als den Gelehrten die Gelehrsamkeit.
Jean-Jacques Rousseau, Abhandlung über die
Wissenschaften und Künste

Die Unwissenheit schadet weder
der Redlichkeit noch den Sitten;
sie fördert sie oft sogar.
Jean-Jacques Rousseau, Emile

Du bist ein Held in Worten,
aber redlich fand / Ich keinen noch,
der blendend über alles sprach.
Sophokles, Ödipus auf Kolonos (Ödipus)

Ein redlich Wort macht Eindruck,
schlicht gesagt.
William Shakespeare, Richard III. (Elisabeth)

Geduld, Sanftmut, Ergebung,
Redlichkeit, unparteiische Gerechtigkeit sind Güter, die wir mit uns führen,
die uns unaufhörlich bereichern,
ohne fürchten zu müssen,
dass der Tod uns
ihres Lohnes beraubt.
Jean-Jacques Rousseau, Träumereien eines
einsamen Spaziergängers

Nicht so redlich wäre redlicher.
Gotthold Ephraim Lessing, Emilia Galotti (Prinz)

Redlichkeit ermöglicht
einem Treulosen Zugang
zu schädlichem Handeln.
Lucius Annaeus Seneca, Ödipus

Redlichkeit gedeiht in jedem Stande.
Friedrich Schiller, Wilhelm Tell (Stauffacher)

Tue nichts, das du anderen nicht
erzählen könntest.
Chinesisches Sprichwort

Üb immer Treu und Redlichkeit
Bis an dein kühles Grab.
Ludwig Christoph Heinrich Hölty, Gedichte

Um es im Leben zu etwas zu bringen,
braucht man Redlichkeit und Klugheit.
Die Redlichkeit besteht darin,
zu halten, was man versprochen hat,
die Klugheit darin,
nichts zu versprechen.
Oliver Herford

Verharren wir aber in dem Bestreben,
das Falsche, Ungehörige, Unzulängliche, was sich in uns und andern
entwickeln oder einschleichen könnte,
durch Klarheit und Redlichkeit
auf das Möglichste zu beseitigen.
Johann Wolfgang von Goethe,
Maximen und Reflexionen

Wenn ein Mensch im Ruf der Redlichkeit und Menschlichkeit steht,
so kommt es vor,
dass man ihn ausnutzen möchte;
man kommt ihm mit Vorschlägen,
die man keinem anderen machen würde.
Man zählt auf seine Großmut.
Charles de Secondat, Baron de la Brède et de
Montesquieu, Meine Gedanken

Reform

Die eifrigsten Reformer haben lernen müssen, dass sie sich jeglicher Macht berauben, wenn sie den schwerfälligen Massen zu weit voraneilen.
Thomas Woodrow Wilson

Ein Reformer ist ein Mensch, der die oberflächlichen Übelstände der Welt erkennt und sich vornimmt, sie zu heilen, indem er sie fundamental verschlimmert.
Fernando Pessoa, Das Buch der Unruhe des Hilfsbuchhalters Bernardo Soares

Je weniger vom Alten übrig bleibt da, wo die Dinge nicht gut angeordnet sind, desto weniger bleibt vom Schlechten übrig.
Niccolò Machiavelli, Über die Reform des Staates Florenz

Jede große Reform hat nicht darin bestanden, etwas Neues zu tun, sondern etwas Altes abzuschaffen.
Henry Thomas Buckle, Geschichte der Civilisation in England

Nichts bedarf so sehr der Reform wie die Gewohnheit der Mitmenschen.
Mark Twain, Querkopf Wilsons Kalender

Reformen kommen immer von den Benachteiligten. Wer vier Asse in der Hand hat, verlangt nicht, dass neu gegeben wird.
Wilhelm Hennis

Von oben herab muss reformiert werden, wenn nicht von unten hinauf revolutioniert werden soll.
Karl Julius Weber, Democritos

Wenn Reformen dauerhaft sein sollen, so müssen sie langsam durchgeführt werden.
Niccolò Machiavelli, Über die Reform des Staates von Florenz

Wer in einem Staat Neuerungen vornehmen will, hat den Zeitpunkt weit mehr zu bedenken als den Inhalt der Veränderungen.
Jean de La Bruyère, Die Charaktere

Wir sehen, dass bei der Unvollkommenheit aller menschlichen Dinge die besten Einrichtungen entarten. Deher muss von Zeit zu Zeit, wo es nötig ist, reformiert werden und die Einrichtungen ihrem ursprünglichen Zweck wieder zugeführt werden.
König Friedrich der Große, Politisches Testament (1752)

Reformation

Die Reformation war eine Bewegung, die so tief in der Zeit gegründet war, so notwendig aus den kirchlichen Zuständen der nächst vorausgegangenen Jahrhunderte sich entwickelte, dass alle christlichen Völker des Abendlandes von ihr ergriffen wurden.
Ignaz von Döllinger, Die Reformation

Dies sind die beiden Hauptsätze der Reformation: die Bibel als die Richtschnur des Glaubens anzuerkennen und keine andere Auslegung des Sinns der Bibel als seine eigene anzunehmen.
Jean-Jacques Rousseau, Briefe vom Berge

In den Chroniken liest man, dass ein Herzog der Cherusker, ein Harzer oder Harzländer, namens Hermannus, den Römern eine schwere Niederlage beigebracht und aus ihrem Heere 21000 getötet habe. So verwüstet jetzt Luther, auch ein Cherusker, ein Harzländer, Rom.
Martin Luther, Tischreden

Mit der Reformation war's um die Christenheit getan.
Novalis, Die Christenheit oder Europa

Reformation hätt ihren Schmaus
Und nahm den Pfaffen Hof und Haus,
Um wieder Pfaffen 'nein zu pflanzen,
Die nur in allem Grund der Sachen
Mehr schwätzen,
wen'ger Grimassen machen.
Johann Wolfgang von Goethe, Der ewige Jude

Warum sollte ich leugnen, dass der Anfang der Reformation eine Mönchszänkerei war und dass es Luthers Intention im Anfang gar nicht war, das auszurichten, was er ausrichtete.
Johann Wolfgang von Goethe, Der Brief des Pastors

Regel

Alles regelt sich in Raten – nur das Plötzliche nicht.
Emil Gött, Im Selbstgespräch

Alles, was aus Vernunft geschieht, muss seine Regeln haben.
Jean-Jacques Rousseau, Emile

Ausnahmen sind nicht immer Bestätigungen der alten Regel; sie können auch die Vorboten einer neuen Regel sein.
Marie von Ebner-Eschenbach, Aphorismen

Bevor man beobachtet, muss man sich Regeln für seine Beobachtungen machen.
Jean-Jacques Rousseau, Emile

Das Leben der meisten Menschen besteht schließlich nur noch aus Anweisungen, die sie sich oder anderen sinnlos geben.
Elias Canetti, Die Provinz des Menschen. Aufzeichnungen 1942–1972

Das Leben ist wie die Grammatik: Die Ausnahmen sind häufiger als die Regeln.
Rémy de Gourmont

Das Teufelspack, es fragt nach keiner Regel.
Johann Wolfgang von Goethe, Faust I (Proktophantasmist)

Die Regel verstehn ist das Erste, sie ausüben lernen ist das Zweite. Jenes wird durch Vernunft auf einmal, dieses durch Übung allmählich gewonnen.
Arthur Schopenhauer, Aphorismen zur Lebensweisheit

Es gibt keine Regel, die nicht irrt.
Sprichwort aus Frankreich

Es ist eine allgemeine Klage des jetzigen Jahrhunderts, dass zu viel General-Verordnungen gemacht und zu wenige befolget werden. Die Ursache liegt aber aller Wahrscheinlichkeit darin, dass wir zu viel Dinge unter eine Regel bringen und lieber der Natur ihren Reichtum benehmen, als unser System ändern wollen.
Justus Möser, Der jetzige Hang zu allgemeinen Gesetzen und Verordnungen

Ich entziehe mich keiner Regel, welche aus der Beobachtung der Natur und aus der Eigenschaft eines Dinges genommen ist.
Johann Wolfgang von Goethe, Wilhelm Meisters theatralische Sendung

In der Politik ist es manchmal wie in der Grammatik: Ein Fehler, den alle begehen, wird schließlich als Regel anerkannt.
André Malraux

In welche Wirrnis geraten wir, wenn wir die Straße des Hergebrachten verlassen und abweichen von Regeln und Gesetz. Es nutzt uns nichts, dass wir uns selber freisprechen. Die Welt ist doch stärker als wir und besiegt uns schließlich in unserem eigenen Herzen.
Theodor Fontane, L'Adultera

Keine Regel ohne Ausnahme.
Deutsches Sprichwort

Regen

An Sankt Afra Regen
kommt dem Bauer ungelegen.
Bauernregel

An Sankt Wolfgang Regen,
nächstes Jahr voll Segen.
Bauernregel

Auf Donner folgt gern Regen.
Deutsches Sprichwort

Das war alles damals!
Damals schien die Sonne
in der rechten Weise, damals machte
der Regen auf die rechte Art nass.
Wilhelm Raabe, Der Schüdderump

Der Regen regnet sich nicht satt.
Erich Kästner, Dr. Erich Kästners lyrische Hausapotheke

Ein heftiger Regen ist bald vorüber.
Sprichwort aus Italien

Ein kalter Frühling bringt viel Regen.
Chinesisches Sprichwort

Ein kleiner Regen macht nicht nass.
Deutsches Sprichwort

Ein Sommerregen ist erfreulich,
Ein Regensommer ganz abscheulich.
Eugen Roth

Ein Weiser ohne Taten
ist eine Wolke ohne Regen.
John Steinbeck

Einmal Nebel wirkt soviel
wie dreimal Regen.
Chinesisches Sprichwort

Fällt viel Regen
im sechsten Mond,
wird überall Gold
aus der Erde wachsen.
Chinesisches Sprichwort

Gewitter in der Vollmondzeit
verkünden Regen lang und breit.
Bauernregel

Großer Wind bringt oft
nur kleinen Regen.
Deutsches Sprichwort

Hoffnung: Man geht hinaus
bei schönem Wetter und
kehrt im Regen zurück.
Jules Renard

Ist das Salz feucht geworden,
gibt es Regen.
Chinesisches Sprichwort

Juniregen und Brauttränen
dauern so lange wie's Gähnen.
Bauernregel

Mairegen auf die Saaten
ist wie Dukaten.
Bauernregel

Medardus keinen Regen trag,
es regnet sonst wohl vierzig Tag.
Bauernregel

Morgenregen und Alteweibertänze
dauern nicht lang.
Bauernregel

Morgenregen und Weiberweh
Sind um Zehne nimmermeh.
Bauernregel

Morgenrot mit Regen droht.
Bauernregel

Nach Regen kommt Sonnenschein.
Deutsches Sprichwort

Nasser März ist Bauernschmerz.
Bauernregel

Pfingstenregen Weinsegen.
Bauernregel

Regen am Morgen
hält den Wanderer nicht auf.
Sprichwort aus Frankreich

Regen an Sankt Ulrichs Tag
macht die Birnen stichig-mad.
Bauernregel

Regen auf Walpurgisnacht
hat stets ein gutes Jahr gebracht.
Bauernregel

Regen im Frühling ist teuer wie Öl.
Chinesisches Sprichwort

Regen im Mai
bringt Wohlstand und Heu.
Bauernregel

Regnet's am Ostertag,
so regnet's alle Sonntag.
Deutsches Sprichwort

Regnet's am Siebenschläfertag, so
regnet's noch sieben Wochen danach.
Bauernregel

Regnet's an Sankt Dionys,
wird der Winter nass gewiss.
Bauernregel

Sommerregen verheißt Korn.
Chinesisches Sprichwort

Steigt der Nebel empor,
steht Regen bevor.
Bauernregel

Stelle dich dem Regen entgegen,
lass die eisernen Strahlen
dich durchdringen, gleite in
dem Wasser, das dich fortschwemmen
will, aber bleibe doch, erwarte so
aufrecht die plötzlich und endlos
einströmende Sonne.
Franz Kafka, Tagebücher (1914)

Walle, Regen, walle nieder,
Wecke mir die Träume wieder.
Klaus Groth, Gedichte (Regenlied)

Wenn die Ameisen sich verkriechen,
wird bald Regen vom Himmel gießen.
Bauernregel

Wenn die Hühner abends picken,
wird es Regen geben.
Chinesisches Sprichwort

Wenn die Mücken im Schatten spielen,
werden wir bald Regen kriegen.
Bauernregel

Wenn es regnen wird,
fängt es mit ein paar Tropfen an.
Sprichwort aus Serbien

Wenn es viel donnert,
fällt wenig Regen.
Chinesisches Sprichwort

Wenn kein Regen fällt,
säe keinen Weizen aus.
Chinesisches Sprichwort

Wenn's am Palmsonntag regnet,
so hält die Erde keine Feuchtigkeit.
Bauernregel

Wenn's regnet auf Sankt Gervasius,
es vierzig Tage regnen muss.
Bauernregel

Regenbogen

Einen Regenbogen,
der eine Viertelstunde steht,
sieht man nicht mehr an.
Johann Wolfgang von Goethe,
Maximen und Reflexionen

Frohe Zeichen zu gewahren,
Wird der Erdkreis nimmer müde;
Schon seit vielen tausend Jahren
Spricht der Himmelsbogen: Friede!
Johann Wolfgang von Goethe, Regenbogen

Regierung

Alle Religionen, die sich mit der
Regierung verbunden haben,
stehen der Freiheit mehr oder
weniger feindlich gegenüber.
Henry Clay, Reden (1818)

Als wir an die Regierung kamen,
war das, was mich am meisten
gewundert hat, die Tatsache,
dass alles genauso schlimm war,
wie wir vorher gesagt hatten.
John F. Kennedy

Auch ist es klar, dass Weisheit und
Staatskunst nicht dasselbe ist.
Denn wollte man unter Weisheit
das verstehen, was dem Einzelnen
nützlich ist, so gäbe es eine
vielfache Weisheit.
Aristoteles, Nikomachische Ethik

Betrachtet man die Völker,
denen man heutzutage Räuberei
und ähnliche Schlechtigkeiten
vorwirft, so wird man finden,
dass sie nur durch ihre Regenten,
die ähnliche Eigenschaften haben,
so geworden sind.
Niccolò Machiavelli, Vom Staat

Das Glück der Menschheit ist,
laut den Beteuerungen der Regenten,
das stete Ziel ihrer
landesväterlichen Sorgen.
Georg Forster, Über die Beziehung der
Staatskunst auf das Glück der Menschheit

Das Regieren beruht auf zwei Dingen:
zügeln und betrügen.
Fernando Pessoa, Das Buch der Unruhe
des Hilfsbuchhalters Bernardo Soares

Das Regieren in einer Demokratie
wäre wesentlich einfacher,
wenn man nicht immer
wieder Wahlen gewinnen müßte.
Georges Clemenceau

Das Schlimmste ist ein Kompromiss,
der als Prinzip angesehen wird.
Und gerade das ist in Regierungs-
geschäften immer der Fall.
Leo N. Tolstoi, Tagebücher (1889)

Dass die Autorität der Regierung
auf dem Willen des Volkes beruht,
wird von der ganzen zivilisierten Welt
als unantastbares Prinzip anerkannt
und bildet die Grundlage für
Freiheit und Gerechtigkeit.
Nelson Mandela, Verteidigungsrede vor Gericht 1962

Dass die Regierung das Volk vertrete,
ist eine Fiktion, eine Lüge.
Leo N. Tolstoi, Tagebücher (1898)

Demokratie heißt zwar Regierung
durch Diskussion; aber sie ist nur
wirksam, wenn man die Leute dazu
bringt, dass sie aufhören zu reden.
Clement Richard Attlee

Denn es ist ja unmöglich,
dass alle zugleich regieren,
sondern es muss jährlich oder
nach einer sonstigen zeitlichen
Regelung ein Wechsel eintreten.
Auf diese Weise ergibt es sich dann,
dass alle an die Herrschaft gelangen,
wie wenn z.B. die Schuster und
die Zimmerleute ihre Rollen
tauschten und nicht immer
dieselben Menschen Schuster
und Zimmerleute wären.
Aristoteles, Älteste Politik

Denn jeder, der sein inn'res Selbst
Nicht zu regieren weiß, regierte
gar zu gern
Des Nachbars Willen,
eignem stolzen Sinn gemäß.
Johann Wolfgang von Goethe, Faust II (Erichtho)

Der deutsche Philister,
das bleibet der Mann,
Auf den die Regierung
vertrauen noch kann.
August Heinrich Hoffmann von Fallersleben,
Lied vom deutschen Philister

Der Fürst, der sein Land regiert mit
Tugend, gleicht dem Polarstern.
Selbst ruhend, wird von allen Sternen
er umkreist.
Konfuzius, Gespräche

Der Schein regiert die Welt,
und die Gerechtigkeit ist nur
auf der Bühne.
Friedrich Schiller, Der Parasit

Der Wahn aller Regierenden,
vom Minister bis zum Pedell herab,
ist, dass das Regieren ein großes
Geheimnis sei, welches dem Volke
zu seinem Besten verschwiegen
werden müsse.
Ludwig Börne, Kritiken

Die allerschwerste Kunst ist aber
die Regierungskunst.
Karl Julius Weber, Democritos

Die Dummheit von Regierungen
sollte niemals unterschätzt werden.
Helmut Schmidt

Die Frage, wer an die Macht kommen
soll, ist falsch gestellt. Es genügt,
wenn eine schlechte Regierung
abgewählt werden kann.
Karl Popper

Die Gesetze der Natur sind wunderbar,
aber ihr Räderwerk zermalmt
viele Insekten wie die Regierungen
viele Menschen.
Antoine Comte de Rivarol,
Maximen und Reflexionen

Die Herrscher dürfen niemals vergessen, dass die Regierung immer Vater
sein muss, da das Volk immer Kind ist.
Antoine Comte de Rivarol, Maximen und Reflexionen

Die Korruption jeder Regierung
beginnt fast immer mit der
ihrer Prinzipien.
Charles de Secondat, Baron de la Brède et
de Montesquieu, Vom Geist der Gesetze

Die materielle Sicherheit allein wird
nie genügen, uns glücklich zu machen.
Wir sind doch Menschen, die ihre freie
Meinung, ihren Glauben haben.
Eine Regierung, die an diese Dinge
rührt, hat keinen Funken Ehrfurcht
mehr vor den Menschen.
Inge Scholl, Die weiße Rose

Die Pflicht des Regierenden ist es,
sein Land nicht größer,
sondern stärker zu machen.
Ludvig von Holberg

Die Regierung beruht auf vier Haupt-
pfeilern: auf der Rechtspflege,
weiser Finanzwirtschaft, straffer
Einhaltung der militärischen Disziplin
und endlich in der Kunst,
die richtigen Maßnahmen
zur Wahrung der Staatsinteressen
zu ergreifen, was man Politik nennt.
König Friedrich der Große,
Politisches Testament (1752)

Die Regierungen irren immer und in
allem unendlich mehr als der Mensch.
Johann Heinrich Pestalozzi,
Wie Gertrud ihre Kinder lehrt

Die Regierungen sind
die wahren Erzieherinnen der Völker.
Germaine Baronin von Staël, Über Deutschland

Die Regierungen sind im Allgemeinen
nicht besser als die Regierten.
Samuel Smiles, Charakter

Die Regierungen tun öfters Böses
aus Feigheit als aus Übermut.
Ludwig Börne, Aphorismen

Die Republik ist die Regierungsform,
die uns am wenigsten entzweit.
Adolphe Thiers, Reden (1850)

Die schnellen Herrscher sind's,
die kurz regieren.
Friedrich Schiller, Wilhelm Tell (Tell)

Die wankelmütige Menge,
Die jeder Wind herumtreibt!
Wehe dem,
Der auf dies Rohr sich lehnt!
Friedrich Schiller, Maria Stuart (Elisabeth)

Die Welt wird nur
mit lauterem Wahn regiert.
Martin Luther, überliefert von
Julius Wilhelm Zincgref (Apophthegmata)

Die wichtigste Obsorg eines Regenten
ist die Auswahl seiner Ratgeber.
Kaiserin Maria Theresia, Politisches Testament (1780)

Diejenige Regierung ist die beste,
die sich überflüssig macht.
Wilhelm von Humboldt

Ein Fürst soll nicht darauf sehen,
wie weit, sondern wie wohl er regiere.
König Rudolf I., überliefert von Julius Wilhelm Zincgref
(Apophthegmata)

Ein guter Nachrichtendienst ist der
Scheibenwischer der Regierung.
George F. Kennan

Ein gutes Kabarett sorgt dafür,
dass die Menschen etwas zu lachen
haben. Eine Regierung sorgt auch
für das Gegenteil.
Gabriel Laub

Eine ewige kalte Notwendigkeit
regiert die Welt, kein freundlich
liebend Wesen.
Karoline von Günderode, Träume

Eine grausame Regierung
ist schlimmer als ein Tiger.
Chinesisches Sprichwort

Eine gute Regierung
ist wie eine geregelte Verdauung.
Solange sie funktioniert,
merkt man kaum etwas von ihr.
Erskine Caldwell

Eine Regierung, die nichts wert ist,
kostet am meisten.
Lothar Schmidt

Eine Regierung ist so schlecht,
wie die Bürger es zulassen,
und so gut,
wie die Bürger es erzwingen.
Pierre Salinger

Eine Regierung löst keine
Probleme, sie läßt sie abklingen.
Ronald Reagan

Eine Regierung wäre vollkommen,
die der Vernunft so viel Macht verleihen könnte wie der Macht Vernunft.
Antoine Comte de Rivarol, Maximen und Reflexionen

Eine weise Regierung nimmt auf das
Niveau der Untertanen Rücksicht.
Luc de Clapiers Marquis de Vauvenargues,
Nachgelassene Maximen

Entzwei' und gebiete! tüchtig Wort;
Verein' und leite! Bessrer Hort.
Johann Wolfgang von Goethe, Sprüche

Es besteht kein Zweifel daran,
dass ausnahmslos jedes Regime,
auch das abscheulichste
und verhassteste, immer so viele
dienstfertige Intellektuelle finden
konnte, als es zu brauchen glaubte.
Manès Sperber, Zur täglichen Weltgeschichte

Es gibt keine Regierungsweise,
bei der nicht etwas von falschem
Pomp und von Aberglauben dabei ist;
solche Mittel dienen als Zügel,
um damit das Volk bei der Stange
zu halten.
Michel Eyquem de Montaigne, Die Essais

Es gibt wenig allgemeine Regeln und
kaum einen sicheren Maßstab,
gut zu regieren; man muss sich nach
Zeit und Umständen richten,
und dabei kommt es
auf die Klugheit und den Weitblick
der Herrschenden an.
Jean de La Bruyère, Die Charaktere

Es gibt Zeiten,
wo man liberal regieren muss,
und Zeiten, wo man diktatorisch
regieren muss; es wechselt alles,
hier gibt es keine Ewigkeit.
Otto von Bismarck, Reden (im Deutschen Reichstag,
24. Februar 1881)

Es ist die Aufgabe der Opposition,
die Regierung abzuschminken,
während die Vorstellung läuft.
Jacques Chirac

Es ist eine mühsame Beschäftigung,
Menschen zu regieren, und vollends
Narren oder Dummköpfe.
Baltasar Gracián y Morales,
Handorakel und Kunst der Weltklugheit

Es ist mir in meinem ganzen Leben
nichts Unglückseligeres widerfahren,
als dass ich habe regieren müssen.
Papst Hadrian VI., überliefert bei
Julius Wilhelm Zincgref (Apophthegmata)

Es scheint indes nicht,
dass die Vorgesetzten des Menschengeschlechts sein Glück definieren.
Georg Forster, Über die Beziehung der Staatskunst
auf das Glück der Menschheit

Es wird zu viel regiert –
hier ist das Übel.
Ludwig Börne, Kritiken

Es wirkt normaler,
in eine Ministerrunde zu blicken,
in der auf jedem zweiten Stuhl
eine Frau sitzt.
Gro Harlem Brundtland

Freiheit gibt es in keiner
Regierungsform; sie lebt nur
im Herzen des freien Menschen;
er trägt sie überall mit sich.
Jean-Jacques Rousseau, Emile

Für einen Künstler gibt es nur
eine passende Regierungsform,
nämlich gar keine Regierung.
Oscar Wilde, Die Seele des Menschen
unter dem Sozialismus

Gegen die Hirten ist mein Zorn
entbrannt, die Leithammel
ziehe ich zur Rechenschaft.
Altes Testament, Sacharja (10, 3)

Gegen die Regierung mit allen Mitteln
zu kämpfen, ist ja ein Grundrecht
und Sport eines jeden Deutschen.
Otto von Bismarck, Reden (im Deutschen Reichstag,
8. Mai 1880)

Geister, die imstande wären,
die großen Staaten oder auch nur ihr
eigenes Haus zu regieren,
findet man kaum noch.
Sie waren in keiner Zeit
so selten als heute.
Joseph Joubert, Gedanken,
Versuche und Maximen

Geld regiert die Welt.
Deutsches Sprichwort

Herrschen lernt sich leicht,
Regieren schwer.
Johann Wolfgang von Goethe,
Maximen und Reflexionen

Ich bin ernsthaft davon überzeugt,
dass die Welt – sowohl die Staaten
wie auch die Güter und Häuser –
von völlig Verrückten regiert wird.
Die Nichtverrückten halten sich zurück
oder können daran nicht teilhaben.
Leo N. Tolstoi, Tagebücher (1900)

Ich würde dir die Hälfte
meines Reiches geben,
damit du mich lehren würdest,
die andere Hälfte zu regieren!
Zar Peter I. der Große von Russland,
Am Grabmal Kardinal Richelieus

Indes, jede Regierung
sage daher an ihrem ersten Tage,
wie Gott am ersten Schöpfungstage:
Es werde Licht!
Jean Paul, Politische Fastenpredigten

Ist die Regierung schwerfällig,
so ist das Volk einfältig;
ist die Regierung scharfäugig,
so ist das Volk arglistig.
Lao-tse, Dao-de-dsching

Je weniger Regierung wir haben,
um so besser – je weniger Gesetz
und anvertraute Macht.
Ralph Waldo Emerson, Essays

Jedem Besitzer das Seine,
und jedem Regierer den Rechtsinn!
Das ist zu wünschen, doch ihr –
beides verschafft ihr uns nicht.
Johann Wolfgang von Goethe/Friedrich Schiller,
Xenien

Jedes Volk hat die Regierung,
die es verdient.
Joseph Marie de Maistre, Briefe (1811)

Junge Regenten meinen,
sie wollen einen Wacken heben
wie einen Kiesel.
Martin Luther, Tischreden

Keine Regierung und
keine Bataillone vermögen
Recht und Freiheit zu schützen,
wo der Bürger nicht imstande ist,
selber vor die Haustüre zu treten
und nachzusehen, was es gibt.
Gottfried Keller, Zürcher Novellen

Keiner sollte ein Land
zu regieren wagen,
der es nicht für einige Zeit
von außen gesehen hat.
Hermann Josef Abs

Mächtige Regierungen haben
einen Widerwillen gegen das Geniale.
Jacob Burckhardt, Weltgeschichtliche Betrachtungen

Man sehe die Geschichte,
und man wird finden, dass,
wenn gleich die Weiber nicht regierten,
alles doch durch sie regiert ward.
Theodor Gottlieb von Hippel, Über die Ehe

Mit wenigen Gesetzen
regiert man wohl.
Deutsches Sprichwort

Neu Regiment bringt neue Menschen
auf, / Und früheres Verdienst
veraltet schnell.
Friedrich Schiller, Die Piccolomini (Wallenstein)

Niemand ist gut genug,
einen anderen ohne
dessen Zustimmung zu regieren.
Abraham Lincoln, Reden (1854)

Nur an sich und
die Gegenwart denken:
ein Quell des Irrtums in
der Staatskunst.
Jean de La Bruyère, Die Charaktere

Nur der ist ein guter Regent,
dem Verfassung, Gesetz und
Menschlichkeit heilig sind.
Karl Julius Weber, Democritos

Opposition ist die Kunst,
etwas zu versprechen,
was die Regierung nicht halten kann.
Harold George Nicolson

Regieren besteht im Festsetzen
von Prioritäten.
Harold Wilson

Regieren heißt regeln.
Wenn ihr das Volk
mittels richtiger Regeln anleitet,
wer würde dann noch wagen,
regelwidrig zu handeln?
Konfuzius, Gespräche

Regieren heißt voraussehen.
Robert Jungk

Regieren ist nichts anderes,
als die Untertanen so halten,
dass sie einem weder etwas anhaben
können noch anhaben wollen.
Niccolò Machiavelli, Vom Staat

Regierung kann nur
von der höchsten Gewalt ausgehen.
Heinrich Friedrich Karl Reichsfreiherr vom und
zum Stein, Politisches Testament (1808)

Regierungen kommen und gehen –
die Polizei bleibt.
Francois Mauriac

Regierungen sind Segel,
das Volk ist Wind,
der Staat ist Schiff,
die Zeit ist See.
Ludwig Börne, Aphorismen

Regierungskunst ist die Fähigkeit,
die größere Hälfte der Nation
zufriedenzustellen, ohne die
kleinere Hälfte zu vergrämen.
Edgar Faure

Republiken hab' ich gesehn,
und das ist die beste,
Die dem regierenden Teil Lasten,
nicht Vorteil gewährt.
Johann Wolfgang von Goethe/Friedrich Schiller,
Xenien

Starke Regierungen sind
eine Bürgschaft für den Frieden.
Helmuth Graf von Moltke, Reden (im Deutschen
Reichstag, 11. Januar 1887)

Über einen Regenten muss man
kein Urteil haben, als bis er
zwanzig Jahre regiert hat.
Johann Gottfried Seume, Apokryphen

Überhaupt aber ist die
monarchische Regierungsform
die dem Menschen natürliche.
Arthur Schopenhauer, Zur Rechtslehre und Politik

Und ist der gute Wille eines Volks
nicht das sicherste, das edelste Pfand?
Johann Wolfgang von Goethe, Egmont (Egmont)

Unter einer wirklich guten
demokratischen Regierung stelle
ich mir eine Regierung vor, die dem
Menschen genügend Freiheiten lässt,
die ihm aber auch gleichzeitig
genügend Sicherheit gegen den
Missbrauch der Freiheiten garantiert.
Albert Einstein, in: C. Seelig, Albert Einstein

Vergesst nicht,
dass ein jedes Volk
diejenige Regierung verdient,
die es erträgt.
Hans Scholl, Flugblätter der Weißen Rose

Völker sind wie große Kinder, und
die Staatskunst sollte ihre Mutter sein.
Honoré de Balzac, Physiologie des Alltagslebens

Vor allem muss man sich bemühen,
die von der Regierung ständig aufrecht
erhaltene Täuschung zu zerstören,
alles, was sie tue, geschähe im
Interesse der Ordnung,
zum Wohle der Untertanen.
Leo N. Tolstoi, Tagebücher (1901)

Was Gut und Böse anbelangt,
sind alle Regierungen gleich.
Das beste Ideal ist die Anarchie.
Leo N. Tolstoi, Tagebücher (1857)

Wehe einem Lande,
das ein Kind regiert!
William Shakespeare, Richard III. (3. Bürger)

Weißt du etwa nicht, mein Sohn,
mit wie geringem Verstand
die Welt regiert wird?
Axel Oxenstierna

Welche Regierung die beste sei?
Diejenige, die uns lehrt,
uns selbst zu regieren.
Johann Wolfgang von Goethe,
Maximen und Reflexionen

Wenn die Menschen den Demokra-
tismus des Regierens einmal so weit
entwickelt haben, dass alle Menschen
mitregieren und es gar kein Regieren
mehr geben – jeder ist dann
sein eigener Regent.
Leo N. Tolstoi, Tagebücher (1906)

Wenn eine Regierung das Trinken
von Wasser verbieten würde,
wäre das Wasser beliebter als Whisky.
Oscar Wilde

Wenn ein Volk von
unbeschränkter Gewalt regiert wird,
wird es sehr schnell verderben.
Niccolò Machiavelli, Discorsi

Wenn es eine Ordnung gäbe,
bei welcher die Regierung tatsächlich
den Willen des Volkes verkörperte,
dann bedürfte es in einer solchen
Regierung keiner Gewalt,
bedürfte es keiner Regierung
im Sinne der Staatsmacht.
Leo N. Tolstoi, Tagebücher (1897)

Wenn man das Volk mit Dekreten
lenkt und durch Strafmaßnahmen
in Bann hält, so wird es den Strafen zu
entgehen suchen und doch keine
Scham kennen. Lenkt man es aber
mit Tugend, so wird es nicht nur
Scham kennen, sondern auch
Charakter haben.
Konfuzius, Gespräche

Wer aber geliebt ist,
hat leicht regieren.
Johann Wolfgang von Goethe, überliefert von
Johann Peter Eckermann (Gespräche mit Goethe)

Wer an der Regierung ist,
muss Brände sofort löschen.
Die Opposition kann
über die Verbesserung der Feuerwehr
in Ruhe nachdenken.
Norbert Blüm

Wer für den Krieg nicht tauglich ist,
muss die Kunst des Friedens
anwenden, wenn er regieren will.
Niccolò Machiavelli, Das Leben des
Castruccio Castracani

Wer geliebt werden will,
regiert mit nachsichtiger Hand.
Lucius Annaeus Seneca, Die Phönissen

Wer nicht heucheln kann,
kann nicht regieren.
Michel Eyquem de Montaigne, Die Essais

Wer nicht übersehen
und überhören kann,
taugt nicht zum Regieren.
Kaiser Siegmund, überliefert von Julius Wilhelm
Zincgref (Apophthegmata)

Wer sich nicht verstellen kann,
taugt nicht zum Regieren.
Deutsches Sprichwort

Wie aber war es möglich,
dass in unserem Volke so etwas
an die Regierung kommen konnte?
Inge Scholl, Die weiße Rose

Wie mancher König wird
durch seinen Minister,
wie mancher Minister
durch seinen Sekretär regiert!
Johann Wolfgang von Goethe, Die Leiden des jungen
Werthers

Wir stehen hinter jeder Regierung,
bei der wir nicht sitzen müssen,
wenn wir nicht hinter ihr stehen.
Werner Finck

Wird nach dem rechten Weg regiert,
sei kühn die Tat und kühn das Wort;
wird nicht nach dem rechten Weg
regiert, sei kühn die Tat,
doch achte auf das Wort.
Konfuzius, Gespräche

Wo der Wolf weidet die Herd,
sind die Schäflein bald verzehrt.
Deutsches Sprichwort

Wo man wohl, das ist vernünftig
regieret, da findet ein jeder sein
Vergnügen, wo er nicht durch
eigene Schuld dasselbe stöhret und
sein Gemüte in Unruhe setzet.
Christian Freiherr von Wolf, Vernünfftige Gedancken
von dem gesellschafftlichen Leben der Menschen

Wo unvernünftig regieret wird,
da hat jedermann viel Missvergnügen
und muss ohne seine Schuld
sein Gemüte in Unruhe setzen lassen.
Christian Freiherr von Wolf, Vernünfftige Gedancken
von dem gesellschafftlichen Leben der Menschen

Zu nah am Feuer brennt,
zu fern vom Feuer friert;
Zu nah nicht noch zu fern
lieb' ich den, der regiert.
Friedrich Rückert, Die Weisheit des Brahmanen

Regisseur

Die Karriere mancher Schauspielerin
hat mit der bedeutenden Rolle
begonnen, die sie im Leben
des Regisseurs spielte.
Gabriel Laub

Eine Diskussion mit dem Regisseur
beginnen Schauspieler immer dann,
wenn sie den Text nicht kennen.
Otto Schenk

Niemand auf der Welt ist so wehrlos
wie ein toter Autor
gegen einen lebenden Regisseur.
Laurence Olivier

Viele Regisseure erfüllen heute
den Tatbestand der Verunglimpfung
des Andenkens Verstorbener.
Jean-Louis Barrault

Reichtum

Alle Reichen stellen das Gold
über die Verdienste.
Jean-Jacques Rousseau, Emile

Almosen ist des Reichen
bester Schatz.
Deutsches Sprichwort

Almosengeben macht nicht arm,
Stehlen nicht reich,
und Reichtum nicht weise.
Sprichwort aus England

Als hätten die Reichen die Armut
verschuldet und verschuldeten nicht
gleicherweise die Armen
den Reichtum!
Max Stirner, Der Einzige und sein Eigentum

Am reichsten sind die Menschen,
die auf das meiste
verzichten können.
Rabindranath Tagore

Ändere deine Lebensweise nicht,
selbst wenn du zehnmal reicher
geworden sein solltest.
Leo N. Tolstoi, Tagebücher (1847)

Arm sein macht dich schon
zu drei Zehnteln schlecht,
reich sein deckt hundert Fehler zu.
Chinesisches Sprichwort

Arm und Reich müssen nicht ewig
so bleiben.
Chinesisches Sprichwort

Arme haben die Kinder,
Reiche die Rinder.
Deutsches Sprichwort

Armut ist die größte Plage,
Reichtum ist das höchste Gut.
Johann Wolfgang von Goethe, Der Schatzgräber

Armut und Reichtum
lassen sich nicht verbergen.
Chinesisches Sprichwort

Auch darum würde ich ein Glück
noch finden, wenn ich nur groben
Reis als Kost, Wasser als Trunk und
den gekrümmten Arm als Kissen
hätte. Ehren und Reichtum ungerecht
erworben – für mich sind sie
wie Wolken nur im Wind.
Konfuzius, Gespräche

Auch der Reichste kann nur
sein Leichentuch mitnehmen.
Sprichwort aus Frankreich

Bei der Rechtschaffenheit
glauben die Leute, es genüge,
sie in beliebigem Maße zu besitzen;
dagegen nach Reichtum, Geld, Macht,
Ehre und allen solchen äußeren Gütern
jagen sie endlos und im Übermaß.
Aristoteles, Älteste Politik

Besitzt eine Familie Gold,
dann gibt es auch Leute,
die es wiegen wollen.
Chinesisches Sprichwort

Besser arm in Ehren
als reich mit Schanden.
Deutsches Sprichwort

Besser ein Armer,
der schuldlos seinen Weg geht, als
ein Reicher, der krumme Wege geht.
Altes Testament, Sprüche Salomos 28, 6

Besser ein reicher Bauer
denn ein armer Edelmann.
Deutsches Sprichwort

Bist du arm, so zeichne dich
durch Tugenden aus, bist du reich,
so tu es durch Wohltaten.
Joseph Joubert, Gedanken, Versuche und Maximen

Brennholz, Reis, Öl, Salz,
Soja, Essig und Tee – diese sieben
machen eine Familie reich.
Chinesisches Sprichwort

Das Gemüt macht reich;
es ist besser ein Mann ohne Geld
als Geld ohne einen Mann.
Adolf von Nassau, Nach Julius W. Zincgref, Apophthegmata

Das ist nun durchaus klar, dass niemand ein Leben wählen würde,
in dem er zwar das größte Vermögen
und die größte Macht seit Menschengedenken besäße, dabei aber
des vernünftigen Denkens
verlustig ginge und verrückt wäre.
Aristoteles, Protreptikos

Das Leben des Gelderwerbs aber
ist kein lebenswertes Leben,
und der Reichtum kann das gesuchte
Gut offenbar nicht sein,
denn er ist ja nur Mittel zum Zweck.
Aristoteles, Nikomachische Ethik

Deines Reichtums wird sich
ein Erbe bemächtigen.
Horaz, Lieder

Dem Geld darf man nicht nachlaufen.
Man muss ihm entgegengehen.
Aristoteles Onassis

Denn alle, die auf Gelderwerb
ausgehen, suchen ihr Geld
ins Endlose zu vermehren.
Aristoteles, Politik

Denn der ist gar nicht glücklich,
dessen Reichtum niemand kennt.
Lucius Apuleius, Der goldene Esel

Der Gesunde weiß nicht,
wie reich er ist.
Deutsches Sprichwort

Der Mensch ist alle Ding'; ist's,
dass ihm eins gebricht,
So kennet er fürwahr
sein' Reichtum selber nicht.
Angelus Silesius, Der cherubinische Wandersmann

Der Reiche denkt an kommende Jahre,
der Arme an das,
was er vor Augen hat.
Chinesisches Sprichwort

Der Reiche hält sich selbst für klug,
doch ein verständiger Armer
durchschaut ihn.
Altes Testament, Sprüche Salomos 28, 11

Der Reiche ist entweder ein Schelm
oder eines Schelmen Erbe.
Hieronymus, Briefe

Der reiche Mann muss schenken,
sonst bleibt sein nutzloser
Reichtum abstrakt:
Er braucht ein Gegenüber,
das er beschenkt.
Simone de Beauvoir, Das andere Geschlecht

Der Reiche setzt eher sein Leben für
seinen Reichtum als seinen Reichtum
für sein Leben aufs Spiel.
Frank Wedekind

Der reichen Witwe Tränen
trocknen bald.
Sprichwort aus Dänemark

Der Reichtum unseres Landes
sind der Fleiss, der Ideenreichtum
und die Kreativität seiner Bürger.
Helmut Kohl, Mut zur Forschung und Verantwortung für die Zukunft. Rede des Bundeskanzlers vor der DFG in Bonn 1986

Der sicherste Reichtum ist die Armut
an Bedürfnissen.
Franz Werfel, Zwischen Oben und Unten

Der Staat sollte die Wohlhabenheit
aller zu befördern suchen, befördert
aber nur den Reichtum der Einzelnen.
Johann Gottfried Seume, Apokryphen

Der Teufel ist jetzt weiser als vordem,
er macht uns reich, nicht arm,
uns zu versuchen.
Alexander Pope, Essays

Der unserer Anlage entsprechende
Reichtum ist begrenzt und leicht zu
beschaffen, der ziellosen Erwartungen
entsprechende artet jedoch
ins Grenzenlose aus.
Epikur, Sprüche. In: Briefe, Sprüche, Werkfragmente.

Der Weg zum Reichtum
hängt hauptsächlich an zwei Wörtern:
Arbeit und Sparsamkeit.
Benjamin Franklin, Des armen Richard Almanach

Der Weise allein ist reich.
Deutsches Sprichwort

Die Armen helfen alle,
dass kein Reicher falle.
Deutsches Sprichwort

Die Armen müssen tanzen,
wie die Reichen pfeifen.
Deutsches Sprichwort

Die Philosophen verdammen
den Reichtum nur,
weil wir ihn schlecht gebrauchen.
François de La Rochefoucauld, Nachgelassene Maximen

Die reiche Frau bezahlt ihren Müßiggang mit ihrer Unterwerfung.
Simone de Beauvoir, Das andere Geschlecht

Die vornehmen Leute, und damit
meine ich solche, die sehr reich sind,
wissen alles, ohne irgendetwas gelernt
zu haben, weil sie mit der Zeit über
alle Dinge urteilen können, die sie
in Auftrag geben und bezahlen.
Voltaire, Jeannot und Colin

Die wirklich Reichen
achten nicht auf ihre Kleidung.
Chinesisches Sprichwort

Die Wut des Armen
und die Augen des Reichen sind groß.
Chinesisches Sprichwort

Du erachtest Gold und Silber
für hohe Güter und weltlichen Reichtum für hohen Gewinn?
Dann ist der Mammon dein Gott.
Origenes, Jeremias-Homilie

Edle Menschen sehen ihren geistigen
wie ihren materiellen Reichtum
als anvertrautes Gut an.
Marie von Ebner-Eschenbach, Aphorismen

Eher geht ein Kamel durch ein
Nadelöhr, als dass ein Reicher
in das Reich Gottes gelangt.
Neues Testament, Matthäus 19, 24 (Jesus)

Ehrlich macht reich,
aber langsam geht's her.
Deutsches Sprichwort

Ein Armer gilt für dumm,
ein Reicher gilt für klug.
Chinesisches Sprichwort

Ein Dieb stiehlt sich selten reich.
Deutsches Sprichwort

Ein Fest des Reichen genügt dem
Armen ein halbes Jahr zum Leben.
Chinesisches Sprichwort

Ein Mann mit tausend Batzen
wird nicht auf dem Richtplatz enden.
Chinesisches Sprichwort

Ein mürrischer, unzufriedener,
zerfahrener Reicher erscheint mir
unglücklicher als ein Armer,
der weiter nichts als arm ist.
Michel Eyquem de Montaigne, Die Essais

Ein Pferd ist nur vorgetäuschter
Reichtum, eine Muttersau dagegen
ist ein Schatz von Gold.
Chinesisches Sprichwort

Ein reich gewordener Habenichts
kennt weder Verwandte noch Freunde.
Sprichwort aus Frankreich

Ein Reicher in der Fremd' ist
überall zu Haus,
Und fremd ein armer Mann
in seinem eignen Haus.
Friedrich Rückert, Die Weisheit des Brahmanen

Ein reicher Mann
ist oft nur ein armer Mann
mit sehr viel Geld.
Aristoteles Onassis

Ein reicher Mann kennt nicht
seine Freunde.
Sprichwort aus den USA

Ein Reicher wird geachtet,
ein Zerlumpter von Hunden gebissen.
Chinesisches Sprichwort

Ein Reicher wird nur schwer
in das Himmelreich kommen.
Neues Testament, Matthäus 19, 23 (Jesus)

Ein solcher Reichtum ist aber doch
sinnwidrig, in dessen Besitz
man Hungers sterben kann.
Aristoteles, Politik

Ein wohl gepflegtes Haus,
ein wohl gepflügtes Feld und
eine kleine Frau voll guten Willens,
das sind große Reichtümer.
Benjamin Franklin, Des armen Richard Almanach

Eine Merkmal für die Entartung
unserer Welt ist, dass sich
die Menschen ihres Reichtums
nicht schämen, sondern rühmen.
Leo N. Tolstoi, Tagebücher (1900)

Eitelkeit ist das größte Interesse und
die höchste Freude der Reichen.
Luc de Clapiers Marquis de Vauvenargues, Nachgelassene Maximen

Eitles Beginnen, einen sehr dummen,
aber sehr reichen Menschen lächerlich
machen zu wollen: Er hat die Lacher
immer auf seiner Seite.
Jean de La Bruyère, Die Charaktere

Er sitzt im Loch der Münze und
befühlt ihren Rand.
Chinesisches Sprichwort

Es gäbe keine soziale Frage,
wenn die Reichen von jeher
Menschenfreunde gewesen wären.
Marie von Ebner-Eschenbach, Aphorismen

Es ist die Freude der Großen,
Menschen glücklich machen zu können. Es ist der eigentliche Sinn
des Reichtums, dass er freigebig
gespendet werde.
Blaise Pascal, Pensées

Es ist die Natur des Reichtums,
dass mit seinem Wachsen
auch der Durst nach ihm,
die Armut, wächst.
Francesco Petrarca, Petrarca über sich selbst

Es ist ein Elend reicher Leute,
dass sie in allem hintergangen werden.
Wenn sie falsch
über die Menschen urteilen,
muss man sich darüber wundern?
Der Reichtum verdirbt sie.
Jean-Jacques Rousseau, Emile

Es ist kein Mensch so reich, dass er
nicht zuweilen etwas schuldig bliebe
und kein Mensch so arm, dass er nicht
zuweilen etwas leihen würde.
Francois Rabelais

Es ist leicht, zu Fuß zu gehen,
wenn man sein Pferd am Zügel hat.
Sprichwort aus Frankreich

Fort mit der Bewunderung
des Reichtums, wo es sich um Diebe,
Veruntreuer, Frevler und
Räuber handelt!
Erasmus von Rotterdam, Handbüchlein
eines christlichen Streiters

Freiheit geht über Silber und Gold.
Deutsches Sprichwort

Froh zu genießen ist nicht
ausschließlich Vorrecht der Reichen.
Ecbasis captivi in belehrender Gestalt (Papagei)

Füllen Gold und Jade eine Halle,
kann keiner sie behüten.
Chinesisches Sprichwort

Für die Reichen ist die Langeweile
die große Geißel.
Jean-Jacques Rousseau, Emile

Für Reichtum wagt der Mensch sein
Leben, für Futter wagt es der Vogel.
Chinesisches Sprichwort

Gegenseitige Hilfe macht selbst
arme Leute reich.
Chinesisches Sprichwort

Gering achten kann einer alles,
alles besitzen niemand: Am kürzesten
geht der Weg zum Reichtum
durch die Verachtung des Reichtums.
Lucius Annaeus Seneca, Moralische Briefe

Gesundheit ist der größte Reichtum.
Deutsches Sprichwort

Glaubt nicht an die aufgehäuften
Reichtümer der Ausbeuter,
die nicht nur ihre Ehre verlieren
und das Zeugnis des guten Gewissens
preisgeben, sondern schließlich
vor Gott, vor den Menschen,
für jetzt und für die Zukunft
alles kompromittieren.
Papst Johannes XXIII., Briefe an die Familie
(Schwestern Ancilla und Maria), 25. Juni 1942

Große Reichtümer werden
weder ohne Sünde erworben
noch ohne Sünde bewahrt.
Erasmus von Rotterdam, Handbüchlein
eines christlichen Streiters

Güte und Reichtum
sind selten gepaart.
Chinesisches Sprichwort

Hat dein Haus auch tausend Zimmer,
zum Schlafen brauchst Du nur eines.
Chinesisches Sprichwort

Heute im Putz,
morgen im Schmutz.
Deutsches Sprichwort

Ich bin als Mensch zu reich,
um als Märtyrer zu leben.
Sylvia Plath, Briefe nach Hause (27. August 1962)

Ich bin so reich nach allen Seiten,
und mir fehlt doch so viel.
Franziska Gräfin zu Reventlow, Tagebücher

Ich finde, dass die meisten daran
arbeiten, zu großen Reichtümern
zu kommen, um, wenn sie so weit
sind, verzweifelt zu sein,
dass sie nicht berühmter Abkunft sind.
Charles de Secondat, Baron de la Brède et de
Montesquieu, Meine Gedanken

Ich möchte lieber gesund
als reich sein.
Marcus Tullius Cicero, Briefe ad familiares

Immer wirst du arm sein,
wenn du arm bist, Aemilianus;
heutzutage werden Reichtümer
nur den Reichen gegeben.
Martial, Epigramme

In den Händen von Menschen mit
schwachen Grundsätzen oder geringer
Selbstbeherrschung oder schlecht
gezügelten Leidenschaften ist der
Reichtum bloß eine Versuchung, eine
Schlinge und vielleicht eine Quelle
unendlichen Unglücks für sie selbst,
oft auch für andere.
Samuel Smiles, Charakter

In einer Monarchie kann Reichtum
den Einzelnen niemals über den
Fürsten stellen, aber in einer Republik
stellt er ihn leicht über die Gesetze.
Dann aber hat die Regierung keine
Kraft mehr, und der Reiche ist
der wahre Souverän.
Jean-Jacques Rousseau, Brief an d'Alembert

In jedem Land ernährt der Reiche
den Armen, und das allein
ist wiederum die Voraussetzung
für jede Handelstätigkeit.
Voltaire, Der Mann mit den vierzig Talern

Inmitten großer Reichtümer arm.
Horaz, Lieder

Ja, so geht's, Reichtum bringt Sorgen.
Paula Modersohn-Becker, Briefe (30. Januar 1898)

Ja, wenn die reichen Leute
Vergnügen am Geldausgeben hätten:
Dann müsste man freilich
Sozialist werden. Aber so ...
Egon Friedell, Egon Friedells Konversationslexikon

Je reicher einer ist,
desto leichter ist es für ihn,
ein Lump zu sein.
Gilbert Keith Chesterton, Heretiker

Je reicher einer ist,
desto leichter wird es ihm,
populär und hochgeehrt
bei den Kannibalen zu werden.
Gilbert Keith Chesterton, Heretiker

Jeder Reiche, der dem Armen
den Mund stopfen will,
redet von Sachlichkeit.
Gilbert Keith Chesterton, Heretiker

Kämpf nicht gegen einen Reichen an,
sonst wirft er zu deinem Verderben
sein Geld ins Gewicht.
Altes Testament, Jesus Sirach 8, 2

Lebe immer schlechter,
als du leben könntest.
Leo N. Tolstoi, Tagebücher (1847)

Man braucht den Appetit des Armen,
um das Vermögen des Reichen
zu genießen, den Geist eines Privatmanns, um wie ein König zu leben.
Antoine Comte de Rivarol, Maximen und Reflexionen

Man muss nicht
reicher scheinen wollen, als man ist.
Gotthold Ephraim Lessing, Minna von Barnhelm
(Tellheim)

Man muss reich sein,
um wie ein Armer zu leben.
Sprichwort aus Frankreich

Mancher stellt sich reich und hat doch
nichts, ein anderer stellt sich arm
und hat großen Besitz.
Altes Testament, Sprüche Salomos 13,7

Mancher weiß nicht, wie reich er ist,
bis er erfährt, was für reiche Menschen
an ihm noch zu Dieben werden.
Friedrich Nietzsche, Die fröhliche Wissenschaft

Menschen, die nach immer größerem
Reichtum jagen, ohne sich jemals Zeit
zu gönnen, ihn zu genießen, sind
wie Hungrige, die immerfort kochen,
sich aber nie zu Tische setzen.
Marie von Ebner-Eschenbach, Aphorismen

Menschen werden nicht plötzlich reich
und nicht plötzlich gut.
Sprichwort aus Griechenland

Mit dem Reichtum fertig zu werden,
ist auch ein Problem.
Ludwig Erhard

Neiden wir gewissen Leuten ihren
Reichtum nicht; sie haben ihn unter
schweren Bedingungen, denen wir
uns nie bequemen würden, erkauft:
Sie haben Ruhe, Gesundheit, Ehre und
Gewissen dafür geopfert; das ist zu
teuer bezahlt, bei einem solchen Handel ist nichts zu gewinnen.
Jean de La Bruyère, Die Charaktere

Nicht daran kannst du erkennen
Ob der Reiche reich zu nennen
Dass viel Reichtum er besitzt
Sondern wie er ihn benützt.
Jüdische Spruchweisheit

Nicht nur die Schönheit,
auch Reichtum kann
einen Menschen betören.
Chinesisches Sprichwort

Nichts ist so abscheulich wie Reichtum
ohne Tugend.
Antoine Comte de Rivarol, Maximen und Reflexionen

Nichts ist unnötiger,
als sich Reichtümer zu erwerben,
sie zu bewahren oder
sie zu vermehren.
Leo N. Tolstoi, Tagebücher (1901)

Nichts zeigt besser, wie wenig
in Gottes Augen Reichtum, Geld,
große Besitzungen und andere Güter
bedeuten, die er den Menschen
gewährt, als die Art, wie er sie verteilt,
und die Gattung Menschen,
die am besten damit versehen ist.
Jean de La Bruyère, Die Charaktere

Niemals wird einer reich,
der nicht sein Eigentum
mit fremdem vermehrte.
Sprichwort aus Spanien

Niemand war ärmer an äußeren Reichtümern als die alten chinesischen,
indischen, persischen und griechischen
Philosophen, niemand aber auch
so reich an inneren.
Henry David Thoreau, Walden

O mitten im Reichtum
beklagenswerte Armut!
Friedrich Schleiermacher, Monologen

Oft wechseln zehn Jahre
im reichen Hedong mit zehn Jahren
im armen Hexi.
Chinesisches Sprichwort

Ohne frisches Heu werden die Pferde
nicht satt, ohne Beziehungen
die Menschen nicht reich.
Chinesisches Sprichwort

Plündern macht nicht reich.
Deutsches Sprichwort

Redet ein Reicher,
dann schweigen alle, sie erheben
seine Klugheit bis zu den Wolken.
Altes Testament, Jesus Sirach 13, 23

Reich ist man erst dann,
wenn man sich bei der Bilanz
um einige Millionen Dollar irren kann,
ohne dass es auffällt.
Paul Getty

Reich ist, wer sich bescheidet mit dem,
was er hat.
Chinesisches Sprichwort

Reich ist, wer solch großen Besitz hat,
dass er nichts weiter wünscht.
Marcus Tullius Cicero, Paradoxa stoicorum

Reich ist, wer weise ist.
Horaz, Sermones

Reich sein wird die, die als Dritte
im großen Bett schläft.
Juvenal, Satiren

Reich wird man erst durch
Dinge, die man nicht begehrt.
Mohandas K. »Mahatma« Gandhi

Reich zu sein hat seine Vorteile.
Man hat zwar oft genug versucht,
das Gegenteil zu beweisen,
doch so recht gelungen ist dies nie.
John Kenneth Galbraith

Reich zu werden,
traue ich mir nicht zu,
aber reich zu bleiben.
Heinrich Waggerl, Nachlass

Reiche Leute haben fette Katzen.
Deutsches Sprichwort

Reichtum besteht nicht im Besitz
von Schätzen, sondern in der
Anwendung, die man von ihnen
zu machen versteht.
Napoleon I.

Reichtum eroberte Rom, als Rom
die Welt erobert hatte.
Sprichwort aus Italien

Reichtum erzeugt Luxus, Müßiggang
und Aufruhr, Armut ebenfalls Aufruhr,
außerdem Bosheit und Schlechtigkeit.
Platon, Der Staat

Reichtum ist das allergeringste Ding
auf Erden, das kleinste Geschenk,
das Gott einem Menschen geben kann.
Martin Luther, Tischreden

Reichtum ist ein Unrecht,
das man gutzumachen hat.
Man könnte sagen:
Entschuldigen Sie, dass ich
so reich bin.
Charles de Secondat, Baron de la Brède et
de Montesquieu, Meine Gedanken

Reichtum kann Dummheit erdulden.
Horaz, Briefe

Reichtum kann man verstecken,
aber nicht Armut.
Sprichwort aus Finnland

Reichtum macht das Herz schneller
hart als kochendes Wasser ein Ei.
Ludwig Börne, Aphorismen

Reichtum macht dreist.
Sprichwort aus Frankreich

Reichtum macht selbst Brüder uneins,
Arbeit führt das ganze Dorf zusammen.
Chinesisches Sprichwort

Reichtum – Sünde vor Gott,
Armut – Sünde vor den Menschen.
Sprichwort aus Russland

Reichtum und Ehren sind es,
was der Mensch begehrt. Erlangt er sie
nicht auf dem rechten Weg,
soll er nicht ruhn darin.
Konfuzius, Gespräche

Reichtum und Einfluss erhalten sich
gegenseitig; das eine hat ohne
das andere kaum Bestand.
Jean-Jacques Rousseau, Emile

Reichtum und Geld sind
ebenso Gewalt wie die direkte.
Leo N. Tolstoi, Tagebücher (1906)

Reichtum und Macht und deren
Würden sind Güter dieser Welt,
unzuverlässig, hinfällig, veränderlich:
Da- und dorthin verteilt sie das Glück.
Papst Pius II., Briefe (an Herzog Sigismund von Österreich, 1443)

Reichtümer haben Flügel
Sprichwort aus den USA

Ruhm und Reichtum ohne Verstand
sind ein unsicherer Besitz.
Demokrit, Fragment 77

Sammelt euch nicht Schätze hier
auf der Erde, wo Motte und Wurm
sie zerstören und wo Diebe einbrechen
und sie stehlen, sondern sammelt euch
Schätze im Himmel, wo weder Motte
noch Wurm die zerstören und keine
Diebe einbrechen und sie stehlen.
Neues Testament, Matthäus
6, 19–20 (Jesus: Bergpredigt)

Schnell errafftes Gut
schwindet schnell, wer Stück
für Stück sammelt, wird reich.
Altes Testament, Sprüche Salomos 13, 11

Schöne Sünden,
wie alle schönen Dinge,
sind das Vorrecht der Reichen.
Oscar Wilde, Das Bildnis des Dorian Gray

Schwer ist es, arm zu sein
ohne Groll; leicht, reich zu sein
ohne Dünkelhaftigkeit.
Konfuzius, Gespräche

Schwielen an den Händen
hat mehr Ehre
als ein goldener Ring am Finger.
Deutsches Sprichwort

Sie brauchen nichts zu wissen,
Sie sind ein reicher Mann,
Aber ich bin ein armer Teufel,
mir muss was einfallen.
Johann Nepomuk Nestroy, Eulenspiegel

Sind denn Reichtümer
und Vergnügen der Sinne
die einzigen wünschenswerten Güter?
Karoline von Günderode, Geschichte eines Braminen

So sind am härtesten wir gequält:
Im Reichtum fühlend, was uns fehlt!
Johann Wolfgang von Goethe, Faust II (Faust)

Sonst waren die reichsten Länder,
wo die Natur am günstigsten war,
jetzt sind es die, wo der Mensch
am tätigsten ist.
Henry Thomas Buckle, Geschichte der Civilisation in England

Sorgenfreier werden wir
im Reichtum leben, wenn wir
die Erfahrung gemacht haben,
wie wenig es schwer ist, arm zu sein.
Lucius Annaeus Seneca, Briefe über Ethik

Spenden, Genießen, Verlieren,
das sind die drei Wege des Reichtums;
wer nicht gibt noch genießt,
dem ist der dritte gewiss.
Bhartrihari, Sprüche

Still schleicht das Schicksal
Herum auf dieser Welt,
Der eine hat den Beutel,
Der andre, der hat's Geld.
Johann Nepomuk Nestroy, Die Verbannung aus dem Zauberreiche

Über-, doppelt und mehrfach
glücklich, wer auf Gold
und Kleinodien tritt!
Lucius Apuleius, Der goldene Esel

Vergnügt sein geht über reich sein.
Deutsches Sprichwort

Verstand nützt nur einem einzelnen,
Reichtum und Würden
einer ganzen Familie.
Chinesisches Sprichwort

Vielleicht müssten wir alle
ein wenig ärmer werden,
damit wir reicher werden.
Heinrich Waggerl, Das ist die stillste Zeit im Jahr

Wag es, Gast, gering zu schätzen
Reichtum, und bilde auch dich
würdig des Gottes.
Vergil, Aeneis

Warum lebt in einer so reichen Stadt
das gemeine Volk so elend?
Jean-Jacques Rousseau, Julie oder Die neue Héloïse (Julie)

Was ist des Reichtums Maß, fragst du?
Zuerst: haben, was nötig ist,
sodann, was genug ist. Leb wohl.
Lucius Annaeus Seneca, Briefe an Lucilius

Weisheit und Gold
Sind selten einem hold.
Jüdische Spruchweisheit

Wenn das uns reich macht,
dessen wir nicht bedürfen, dann ist
der Weise ein sehr reicher Mann.
Und wenn uns all das,
was wir wünschen, arm macht,
so schmachten der Ehrgeizige und
der Habsüchtige in äußerster Armut.
Jean de La Bruyère, Die Charaktere

Wenn der Arme sich
dem Reichen beigesellt,
trägt er bald keine Hosen mehr.
Chinesisches Sprichwort

Wenn ein Niedriggeborener Reichtum
erlangt, trägt er einen Sonnenschirm
um Mitternacht.
Sprichwort aus Indien

Wenn eine Frau die Wahl hat
zwischen Liebe und Reichtum,
versucht sie immer, beides zu wählen.
Marcel Achard

Wenn er nur reich ist,
gefällt selbst ein Barbar.
Ovid, Liebeskunst

Wenn man das Geld richtig behandelt,
ist es wie ein folgsamer Hund,
der einem nachläuft.
Howard Hughes

Wenn Reichtum rechtens
zu erlangen wäre,
ich würde mich darum bemühen,
selbst wenn als Stallbursch ich
die Peitsche schwingen müsste.
Doch da er so nicht zu erlangen ist,
folge ich lieber dem, was mir behagt.
Konfuzius, Gespräche

Wer aber reich werden will,
gerät in Versuchungen und Schlingen,
er verfällt vielen sinnlosen
und schädlichen Begierden,
die den Menschen ins Verderben
und in den Untergang stürzen.
Neues Testament, Paulus (1 Timotheus 6, 9)

Wer alles vorher wüsste,
würde bald reich.
Deutsches Sprichwort

Wer Armut erträgt,
kann auch Reichtum bewahren.
Chinesisches Sprichwort

Wer auf einem Bett von Silber schläft,
träumt von Gold.
Sprichwort aus Livland

Wer die Reichtümer gut anwendet,
ist ihr Herr, wer sie aufbewahrt,
ihr Wächter, wer sie liebt, ein Tor,
wer sie fürchtet, ein Sklave,
wer sie anbetet, ein Götzendiener.
Der wahre Weise verachtet sie.
Francesco Petrarca, Petrarca über sich selbst

Wer gesund ist und alles Notwendige
hat, ist reich genug, wenn er
aus einem Herzen
die eingebildeten Güter verbannt.
Jean-Jacques Rousseau, Emile

Wer reich werden will, will es
auch schnell werden.
Juvenal, Satiren

Wer sich mit der Armut einrichtet,
ist reich.
Lucius Annaeus Seneca, Briefe an Lucilius

Wer sich mit Wein betrinkt,
wird wieder nüchtern, wer sich
mit Reichtum betrinkt, niemals.
Sprichwort aus Afrika

Wer viel hat, verbraucht auch viel.
Sprichwort aus Frankreich

Werden denn diejenigen, die anderen
auf dem Buckel hocken, nie von selbst
begreifen, dass dies nicht sein darf,
und freiwillig herunterklettern, statt zu
warten, bis sie heruntergeworfen
und zertreten werden?
Leo N. Tolstoi, Tagebücher (1891)

Weshalb sich um Brennholz sorgen,
wenn man einen großen Baum besitzt.
Chinesisches Sprichwort

Wie erlöst man einen Menschen
davon, sich an seine Habseligkeiten zu
klammern, als wenn sie seine Seligkeit
wären? Wie ist es möglich, ihm zu
zeigen, dass weniger mehr ist?
Eugen Drewermann, Kleriker

Wie viele sah man
in den letzten Zeiten,
Die wollten allzu schnellen Reichtum
sich bereiten
Und wurden arm
vom Abend bis zum Morgen.
Jean de La Fontaine, Fabeln

Willst du reich werden,
dann sammle Mist.
Chinesisches Sprichwort

Wir haben Reichtum in den Träumen.
Beim Erwachen machen wir bankrott,
nehmen dann ganz geduldig das
Leben eines armen Teufels auf uns
und vergessen, dass wir einst bessere
Nächte gesehen.
Heimito von Doderer, Repertorium. Ein Begreifbuch
von höheren und niederen Lebens-Sachen

Wir sind alle reicher, als wir denken;
aber wir sind zum Borgen und Betteln
erzogen.
Michel Eyquem de Montaigne, Die Essais

Zufriedenheit ist der größte Reichtum.
Deutsches Sprichwort

Zuviel Reichtum
belastet den Menschen,
zuviel Essen schadet dem Magen.
Chinesisches Sprichwort

Reife

Bereit zum Untergang
ist reif zum Aufgang.
Emil Gött, Zettelsprüche. Aphorismen

Das Reifen des Herzens
geht dem des Körpers voraus.
Gustave Flaubert, November

Der Reifegrad einer Gemeinschaft zeigt
sich darin, wie sie mit Fehltritten in
den eigenen Reihen fertig wird.
Gottfried Edel

Die Gerste wird vor dem Hafer reif.
Deutsches Sprichwort

Die Kunst ist die höchste Kraft,
sie ist erhaben, heilsam und geheiligt;
sie führt zur Reife.
Odilon Redon, Selbstgespräche

Die Mädchen-Seelen sind schneller
ausgereift als die Knabengeister.
Jean Paul, Levana

Die Menschen und die Gurken
taugen nichts, sobald sie reif sind.
Jean Paul, Flegeljahre

Die Menschen werden alt,
aber selten reif.
Alphonse Daudet

Die Zeit der Reife ist sicherlich das
herrlichste Lebensalter, aber nicht ein
Anfang, sondern ein Ergebnis und viel
eher würdige Krönung der Geschichte
denn Antritt und Beginn einer neuen.
Francesco De Sanctis,
Über die Wissenschaft und das Leben

Du sagst, du seist nicht reif genug.
Ja, willst du denn warten,
bis du verfaulst?
Jules Renard, Ideen, in Tinte getaucht.
Aus dem Tagebuch von Jules Renard

Es dauert lange, bis man wahrhaft
reift zur Lebensfreude.
Man wird es etwa an jenem Tag,
an dem die Todesangst beginnt.
Alfred Polgar, Kleine Schriften, Band 3. Irrlicht

Es geschieht, dass Keime nicht
zum Blühen kommen.
Chinesisches Sprichwort

Ist die Gurke reif,
löst sie sich von ganz allein.
Chinesisches Sprichwort

Je edeler und vollkommener eine
Sache ist, desto später und langsamer
gelangt sie zur Reife.
Der Mann erlangt die Reife
seiner Vernunft und Geisteskräfte
kaum vor dem achtundzwanzigsten
Jahre; das Weib mit dem achtzehnten.
Arthur Schopenhauer, Über die Weiber

Je früher reif, je früher faul.
Deutsches Sprichwort

Menschen, die viel von sich sprechen,
machen – so ausgezeichnet sie
übrigens sein mögen – den Eindruck
der Unreife.
Marie von Ebner-Eschenbach, Aphorismen

Ohne Kälte und Hitze können
die fünf Feldfrüchte nicht reifen.
Chinesisches Sprichwort

Reif sein ist alles!
William Shakespeare, King Lear (Edgar)

Reife bedeutet, in einer Isolierung
zu leben, die sich selbst genügt.
Cesare Pavese

Reife des Mannes: Das heißt
den Ernst wiedergefunden haben,
den man als Kind hatte, beim Spiel.
Friedrich Nietzsche, Jenseits von Gut und Böse

Reife hat erreicht, wer auf sich selbst
nicht mehr hereinfällt.
Heimito von Doderer

Reife ist, wer auf sich selbst nicht
mehr hereinfällt. Genauer: Reif ist, wer
die phantasmagorischen Prämissen
seines Handelns oder Verhaltens ein
ganzes Leben entlang erkannt hat.
Heimito von Doderer, Repertorium. Ein Begreifbuch
von höheren und niederen Lebens-Sachen

Reife Leistungen des Menschen haben
wie die Reife der Frucht ihre Zeit.
François de La Rochefoucauld, Reflexionen

Schlecht ist die Frucht,
die nicht reif wird.
Sprichwort aus Frankreich

Sein Maß ist voll,
er ist zur Ernte reif.
Friedrich Schiller, Die Jungfrau von Orleans (Johanna)

Was bald reif wird,
wird bald faul.
Deutsches Sprichwort

Wenn die Birne reif ist,
fällt sie vom Baum.
Deutsches Sprichwort

Werde jung alt, so bleibst du lang alt.
Deutsches Sprichwort

Reihenfolge

Denn wie gäbe es einen Ersten,
wenn ihm nicht ein Zweiter folgte?
Francesco Petrarca, Gespräche über
die Weltverachtung (Augustinus)

Die Reihenfolge,
in der man die Dinge erlernt, ist,
was schließlich die Individualität
des Menschen ausmacht.
Elias Canetti

Erst kneten, dann backen.
Deutsches Sprichwort

Reim

Gar mancher reimt ganz gut,
doch ist sein Urteil töricht.
Nicolas Boileau-Despréaux, Die Dichtkunst

Sind meine Reime gleich nicht
alle gut und richtig,
So sind die Leser auch nicht
alle gleich und tüchtig.
Friedrich von Logau, Sinngedichte

Reinheit

Alles Gebet macht rein;
es ist eine Selbstpredigt.
Jean Paul, Dr. Kazenbergers Badereise

Am reinen Glanz will ich die Perle
kennen, / Doch ihren Namen
kann ich dir nicht nennen.
Friedrich Schiller, Die Braut von Messina (Cesar)

Bewahre dich rein!
Neues Testament, Paulus (1 Timotheus 5, 22)

Die Hauptsache ist immer, dass die
Rasse rein und der Mensch nicht seine
verstümmelnde Hand angelegt hat.
Johann Wolfgang von Goethe, überliefert von
Johann Peter Eckermann (Gespräche mit Goethe)

Ein reines Herz hat dir Natur gegeben,
O bring es rein zurück.
Friedrich Schiller, Dem Erbprinzen von Weimar

Es gibt mehr Männer,
die von »reinen«, als von »unreinen«
Frauen verführt sind.
Ellen Key, Über Liebe und Ehe

Es ist etwas Schönes um die Herzenseinfalt beim Genie und die Seelenreinheit beim Starken.
Germaine Baronin von Staël, Über Deutschland

Für den Chemiker gibt es auf der Erde
nichts Unreines.
Anton P. Tschechow, Briefe (14. Januar 1887)

Halte dein Herz rein, dann wird auch
dein Körper rein sein.
Epicharmos, Fragmente

Ich erkannte das Licht in seiner Reinheit und Wahrheit, und ich hielt
es meines Amtes, dafür zu streiten.
Johann Wolfgang von Goethe, überliefert von
Johann Peter Eckermann (Gespräche mit Goethe)

In die Reinheit deines Herzens
lass nicht die Lust der Welt.
Otfrid von Weissenburg, Evangelienbuch

In diesem entlegenen Fleckchen Erde
waren die Sitten noch so rein
wie die Luft ringsum.
Voltaire, Der Mann mit den vierzig Talern

Je reiner seine Gefühle wurden,
um so glühender ward seine Liebe.
Voltaire, Der ehrliche Hurone

Kann denn ein Reiner von Unreinem
kommen? Nicht ein einziger.
Altes Testament, Hiob 7, 1

Mädchen und Gold sind desto weicher,
je reiner sie sind.
Jean Paul, Siebenkäs

Reines Herz und reiner Mut
Sind in jedem Kleide gut.
Freidank, Bescheidenheit

Selig, die ein reines Herz haben,
denn sie werden Gott schauen.
Neues Testament, Matthäus 5, 8 (Jesus: Bergpredigt)

Sieh, auf dem Pfuhl
wie schwimmt das zarte Lotosblatt!
So bleibt der Reine rein auch
an unreiner Statt.
Friedrich Rückert, Die Weisheit des Brahmanen

Vom Reinen
lässt das Schicksal sich versöhnen,
Und alles löst sich auf
im Guten und im Schönen.
Johann Wolfgang von Goethe, Was wir bringen
(Pathos)

Was euch unrein dünkt,
es sei bedecket.
Johann Wolfgang von Goethe, West-östlicher Divan

Wer rein sein will,
muss sich schon selber waschen.
Chinesisches Sprichwort

Reinlichkeit

Eine reinliche und vollends schöne
Umgebung wirkt immer wohltätig
auf die Gesellschaft.
Johann Wolfgang von Goethe,
Über den Dilettantismus

Reinlichkeit ist keine Hoffart.
Deutsches Sprichwort

Was am tiefsten
zwei Menschen trennt,
das ist ein verschiedener Sinn
und Grad der Reinlichkeit.
Friedrich Nietzsche, Jenseits von Gut und Böse

Reis

Der Reis braucht Wasser und
das Wasser Dämme.
Chinesisches Sprichwort

Selbst die geschickteste Hausfrau kann
ohne Reis kein Essen kochen.
Chinesisches Sprichwort

Reisen

Aber wenn man zu viel Zeit auf Reisen
verwendet, so wird man zuletzt
fremd im eigenen Lande.
René Descartes, Diskurs über die Methode

Alle Reisen haben
eine heimliche Bestimmung,
die der Reisende nicht ahnt.
Martin Buber

Alle Welt reist. So gewiss in alten
Tagen eine Wetterunterhaltung war, so
gewiss ist jetzt eine Reiseunterhaltung.
»Wo waren Sie in diesem Sommer?«
Theodor Fontane, Von vor und nach der Reise

Als deutscher Tourist im Ausland
steht man vor der Frage, ob man
sich anständig benehmen muss
oder ob schon deutsche Touristen
dagewesen sind.
Kurt Tucholsky

Am liebsten ist mir denn aber doch,
was ich in der Seele mitnehme
und was, immer wachsend,
sich immer vermehren kann.
Johann Wolfgang von Goethe, Italienische Reise

Auf der Reise rafft man auf,
was man kann,
jeder Tag bringt etwas,
und man eilt auch,
darüber zu denken und zu urteilen.
Johann Wolfgang von Goethe, Briefe
(an Charlotte von Stein, 7. November 1786)

Auf einer Reise ersetzt ein beredter
Begleiter den Reisewagen.
Publilius Syrus, Sentenzen

Bei Auslandsreisen sollte man sich
weniger nach dem Instinkt richten
als nach den Preisen der am Eingang
ausgehängten Speisekarten.
Die Preise trügen nur selten,
der Instinkt fast immer.
Ephraim Kishon, Kishon für alle Fälle

Bei einer Reise von hundert Li
sind neunzig erst die Hälfte.
Chinesisches Sprichwort

Das Beste, was man vom Reisen
mit nach Hause bringt,
ist die heile Haut.
Persisches Sprichwort

Das Fortreisen ist eine gute Sache,
wenn nur das Wiederkommen
nicht wäre.
Johann Wolfgang von Goethe, überliefert von
Johann Peter Eckermann (Gespräche mit Goethe)

Das gelobte Land ist das Land,
wo man nicht ist.
Sprichwort aus England

Das ist das Angenehme auf Reisen,
dass auch das Gewöhnliche durch
Neuheit und Überraschung das
Ansehen eines Abenteuers gewinnt.
Johann Wolfgang von Goethe, Italienische Reise

Das Klima,
nicht die Gesinnung ändern die,
die übers Meer fahren.
Horaz, Briefe

Das Reisen begünstigt jedes Naturell
nach seinem Hange und macht den
Menschen vollends gut oder böse.
Wer zurückkommt,
nachdem er die Welt bereist hat,
ist bei seiner Heimkehr das, was er
sein ganzes Leben lang sein wird.
Jean-Jacques Rousseau, Emile

Das Reisen hat seine Gefahren
wie alles andere; wer sie nicht in Kauf
nehmen will, muss zu Hause bleiben
oder die große Linie halten.
Theodor Fontane, Aus den Tagen der Okkupation

Das Reisen ist eine, für die meisten
noch unbekannte Mode.
Gustav Schmoller, Die Arbeiterfrage

Den Himmel, nicht die seelische
Einstellung wechseln die,
die über das Meer fahren.
Horaz, Briefe

Denn eine große Reise zu tun, ist für
einen jungen Mann äußerst nützlich.
Johann Wolfgang von Goethe, Wilhelm Meisters
Lehrjahre

Denn ob ich gleich das
halbe Deutschland durchreiset bin,
so habe ich doch im eigentlichsten
Sinne nichts gesehen.
Heinrich von Kleist, Briefe (an Ulrike von Kleist,
27. Oktober 1800)

Der fremde Zauber
reißt die Jugend fort,
Gewaltsam strebend über unsre Berge.
Friedrich Schiller, Wilhelm Tell (Attinghausen)

Der Frosch im Brunnen weiß nichts
vom großen Ozean.
Sprichwort aus Japan

Der Mensch geht durchs Leben,
wie ein Reisender über die Meere fährt.
Chinesisches Sprichwort

Der Reisende bricht unterwegs zu seinem höchsten Verdruss ein Rad und
gelangt durch diesen unangenehmen
Zufall zu den erfreulichsten Bekanntschaften und Verbindungen, die auf
sein ganzes Leben Einfluss haben.
Johann Wolfgang von Goethe,
Die Wahlverwandtschaften

Der Sinn des Reisens ist,
an ein Ziel zu kommen,
der Sinn des Wanderns,
unterwegs zu sein.
Theodor Heuß

Der Tourismus ist
die Völkerwanderung der Neuzeit.
Halldór Laxness

Der Tourist.
In einem Gespräch von nur
einer Viertelstunde verleidet er mir
die halbe Welt.
Jules Renard, Ideen, in Tinte getaucht.
Aus dem Tagebuch von Jules Renard

Die beste Bildung findet
ein gescheiter Mensch auf Reisen.
Johann Wolfgang von Goethe,
Wilhelm Meisters Lehrjahre

Die das Leben auf Reisen verbringen,
erleben, dass sie viele Reisebekanntschaften haben, aber keine Freunde.
Lucius Annaeus Seneca, Briefe an Lucilius

Die kommen eben von der Reise:
Man sieht's an ihrer
wunderlichen Weise.
Johann Wolfgang von Goethe, Faust I (Brander)

Die meisten reisen nur,
um wieder heimzukehren.
Michel Equem de Montaigne

Die Reise mahnt uns,
stets im Sinn zu halten
und darauf bedacht zu sein,
das eigene Land zu suchen.
Du weißt es, glaub ich, nicht:
dies Land heißt Paradies.
Otfrid von Weissenburg, Evangelienbuch

Die schlecht erzogenen und schlecht
geführten jungen Leute nehmen auf
ihren Reisen alle Laster der Völker an,
die sie besuchen, und nicht eine
der Tugenden, die diesen Lastern
beigemischt sind.
Jean-Jacques Rousseau, Emile

Die Touristen sind
eine Internationale der Neugier.
Alberto Moravia

Du reisest,
ein Geschick bestimmt den Raum.
Johann Wolfgang von Goethe

»D'Fremde macht Leut«, hot's Mädle
gsait und isch mit am Schubkarre voll
Kind hoimkomme.
Spruch aus dem Allgäu

Folgte man aber dem Drängen,
es zöge einen immer weiter in die Ferne.
Leo N. Tolstoi, Tagebücher (1857)

Fühle dich unterwegs nie sicher vor
Räubern, und sei vorsichtig
auf deinen Pfaden.
Altes Testament, Jesus Sirach 32, 21

Für einen Reisenden geziemt sich
ein skeptischer Realism.
Johann Wolfgang von Goethe, Briefe (an Schiller,
12. August 1797)

Ich finde bei Nacht
das Reisen gefährlich.
Johann Wolfgang von Goethe, Reineke Fuchs

Ich habe mein Leben mit der Lektüre
von Reisebeschreibungen zugebracht,
und ich habe niemals
ihrer zwei gefunden,
die mir vom selben Volk dieselbe
Vorstellungen vermittelt hätten.
Jean-Jacques Rousseau, Emile

Ich kann zu meiner Reisen
Nicht wählen mit der Zeit:
Muss selbst den Weg mir weisen
In dieser Dunkelheit.
Wilhelm Müller, Gedichte (Schubert: Winterreise)

Immer krieg ich Heimweh,
bevor ich irgendwohin reise.
Sylvia Plath, Briefe nach Hause (28. Juli 1955)

Ist es auf Reisen, dass man
Geliebte suchet und findet?
Heinrich von Kleist, Briefe (an Ulrike von Kleist, Mai 1799)

Je öfter du fragst,
wie weit du zu gehen hast,
desto länger scheint die Reise.
Sprichwort aus Australien

Jeden Tag lernen wir Dinge,
von denen wir keine Ahnung hatten.
Reisen bilden wirklich sehr.
Voltaire, Die Briefe Amabeds

Keiner kommt von einer Reise
so zurück, wie er weggefahren ist.
Graham Greene

Man kann es auf weiten Reisen erleben, wie vertraut und lieb der Mensch dem Menschen ist.
Aristoteles, Nikomachische Ethik

Man reist nicht billiger und schneller
als in Gedanken.
Georg Weerth, Leben und Thaten des berühmten Ritters Schnapphahnski

Man reist, weil es auch in der Schule
des Lebens schwer ist, immer still
auf einem Platz zu sitzen.
Sigismund von Radecki

Man verreist ja doch nur,
um es daheim wieder schön zu finden.
Das ist der Sinn des Tourismus.
Manfred Schmidt

Manche Leute gehen nur auf Reisen,
um ihre Vorurteile
bestätigt zu bekommen.
Josef Pieper

Manche Leute kommen
von einer Reise dümmer zurück
als sie hingefahren sind.
Wolf Biermann

Manchen bringen lange Reisen
vollends ins Verderben und
um die letzte Spur von Religion.
Jean de La Bruyère, Die Charaktere

Meist finde ich
auf Reisen nur Plätze,
an denen ich begraben sein möchte.
Christine Brückner, Erfahren und erwandert

Mit offenen Augen vom Coupé,
vom Wagen, vom Boot,
vom Fiaker aus die Dinge
an sich vorüberziehen lassen,
das ist das A und O des Reisens.
Theodor Fontane, Briefe

Nur aufs Ziel zu sehen,
verdirbt die Lust am Reisen.
Friedrich Rückert, Gedichte

Nur Reisen ist Leben,
wie umgekehrt das Leben Reisen ist.
Jean Paul

Nur wenige sind sich bewusst,
dass sie nicht nur reisen, um fremde
Länder kennenzulernen, sondern auch,
um fremden Ländern die Kenntnis
des eigenen zu vermitteln.
William Sommerset Maugham

Ob du eine Dschunke oder
einen Rappen nimmst, immer warten
drei zehntel Gefahr auf dich.
Chinesisches Sprichwort

Ohne Reiseplan sich auf die Reise
begeben, heißt erwarten, dass der
Zufall uns an das Ziel führe, das wir
selbst nicht kennen. Ohne Lebensplan
leben, heißt vom Zufall erwarten,
ob er uns so glücklich machen werde,
wie wir es selbst nicht begreifen.
Heinrich von Kleist, Briefe (an Ulrike von Kleist, Mai 1799)

Reiseerfahrung: Jede Reise ist
um die letzte Stunde zu lang.
Alfred Polgar, Kleine Schriften, Band 3. Irrlicht

Reisen bildet –
vor allem Staus auf Autobahnen.
Michael Schiff

Reisen lern ich wohl auf dieser Reise,
ob ich leben lerne, weiß ich nicht.
Johann Wolfgang von Goethe, Leben, Lernen

Reisen macht einen jungen Mann
an Erfahrung alt.
Chinesisches Sprichwort

Reisen, reisen, niemals innehalten,
und in unermesslichem Reigen alles
auftauchen und schwinden sehen!
Gustave Flaubert, November

Reisen, um zu reisen,
heißt umherschweifen,
ein Vagabund sein.
Jean-Jacques Rousseau, Emile

Reisen veredelt den Geist und
räumt mit unseren Vorurteilen auf.
Oscar Wilde

Schenkte mir der Himmel
ein grünes Haus,
ich gäbe alle Reisen
und alle Wissenschaft
und allen Ehrgeiz auf immer auf.
Heinrich von Kleist, Briefe (an Wilhelmine von Zenge, 9. April 1801)

Schicke den Sohn,
den du am liebsten hast,
auf Reisen.
Sprichwort aus Indien

So viel ist sicher:
Reisen tut immer gut.
Voltaire, Candide oder Die beste der Welten

Solange es eine Straße gibt,
besteige nicht ein Schiff.
Chinesisches Sprichwort

Soll ich dir die Gegend zeigen,
Musst du erst das Dach besteigen.
Johann Wolfgang von Goethe, West-östlicher Divan

Störend sind beim Reisen
nur die Kosten.
Michel Eyquem de Montaigne, Die Essais

Überschlage ich meine eigene Reiserei,
so komme ich zu dem Resultat,
dass ich von solchen Spritzfahrten in
die Nähe viel, viel mehr Anregungen,
Vergnügen und Gesundheit gehabt
habe als von solchen Reisen,
die sehr anstrengend, sehr kostspielig
und meist demütigend sind.
Theodor Fontane, Briefe

Um sich zu unterrichten, genügt
es nicht, dass man nur die Länder
durcheilt; man muss zu reisen wissen.
Um zu beobachten, muss man Augen
haben und sie auf den Gegenstand
richten, den man kennen lernen will.
Jean-Jacques Rousseau, Emile

Um zu begreifen, dass der Himmel
überall blau ist, braucht man nicht
um die Welt zu reisen.
Johann Wolfgang von Goethe, Maximen und Reflexionen

Und wer, wie der Zugvogel, Rettung
sucht durch Wechsel des Ortes,
der findet sie nicht, denn für ihn
ist die Welt überall gleich.
Anton P. Tschechow, Das Duell

Und willst du den menschlichen
Geist in seinem edelsten Kampfe
gegen Aberglauben und Finsternis
sehen, so lies die Geschichte der arktischen Reisen, lies die Geschichte von
Männern, die zu Zeiten, da ein Überwintern in der Polarnacht den
Tod sicherer erscheinen ließ als die
Fortdauer des Lebens, dennoch mit
fliegenden Fahnen hinauszogen nach
dem Unbekannten.
Fridtjof Nansen, In Nacht und Eis

Viele Fächer werden an unseren Schulen gelehrt, aber eines der wichtigsten
fehlt: Reisekunde. Denn das intelligente Reisen, das Verständnis für fremde
Länder und Völker, will gelernt sein.
John Steinbeck

Vierzehn Tage Reiselust sind besser
als vier Wochen Reiseluft.
Theodor Fontane, Briefe

Was für merkwürdige Dinge erlebt
man doch auf Reisen, und wie viel
gescheiter wäre es,
man bliebe daheim!
Voltaire, Die Briefe Amabeds

Wenn einer eine Reise tut, glaubt er
davon erzählen zu dürfen.
Richard von Schaukal

Wenn ich in fremden Ländern reiste,
habe ich mich ihnen verbunden
gefühlt, ich nahm Teil an ihrem Glück
und hätte gewünscht, dass sie in
einem blühenden Zustand lebten.
Charles de Secondat, Baron de la Brède et
de Montesquieu, Meine Gedanken

Wenn man die Erde und ihre Länder
durcheilt, sieht man, wie klein sie ist
und wie sie unaufhörlich immer nur
dasselbe bietet.
Guy de Maupassant

Wenn man nicht weiß,
wohin man will,
so kommt man am weitesten.
William Shakespeare, Was ihr wollt (Narr)

Wenn man nur ankommen will,
kann man mit der Post fahren;
wenn man aber reisen will,
muss man zu Fuß gehen.
Jean-Jacques Rousseau, Emile

Wer auf Reisen geht, lasse nicht
sein Silber sehen.
Chinesisches Sprichwort

Wer die Enge seiner Heimat ermessen
will, reise. Wer die Enge seiner Zeit
ermessen will, studiere Geschichte.
Kurt Tucholsky, Schnipsel

Wer eine große Reise gemacht,
hat große Lügen mitgebracht.
Sprichwort aus Spanien

Wer in ein Land reist, ehe er einiges
von dessen Sprache erlernt hat, geht
in die Schule, aber nicht auf Reisen.
Francis Bacon, Die Essays

Wer sein Vaterland nicht kennt,
hat keinen Maßstab für fremde Länder.
Johann Wolfgang von Goethe, Wilhelm Meisters
Wanderjahre

Wer sich behaglich fühlt zu Haus,
Der rennt nicht in die Welt hinaus:
Weltunzufriedenheit beweisen
Die vielen Weltentdeckungsreisen.
Friedrich Rückert, Gedichte

Wer viel gereist ist,
hat reiches Wissen,
und der Erfahrene redet verständig.
Altes Testament, Jesus Sirach 34, 9

Wer viel gereist,
hat viel Bitternis geschluckt.
Chinesisches Sprichwort

Wer von weither kommt,
kann schön lügen.
Sprichwort aus Frankreich

Wer weit reisen will,
schone sein Reittier.
Sprichwort aus Frankreich

Wer zu Hause nie einen Wanderer aufgenommen, merkt erst in der Fremde,
wie rar Gastgeber sind.
Chinesisches Sprichwort

Wer zu Pferde reitet, weiß nicht,
wie mühsam eine Fußreise ist.
Chinesisches Sprichwort

Wie die am wenigsten kultivierten
Völker die weisesten sind,
so reisen auch diejenigen am besten,
die am wenigsten reisen.
Jean-Jacques Rousseau, Emile

Wie hart und erstarrt die Denkungsart
des großen Haufens sei und wie
schwer ihr beizukommen, kann man
besonders auf Reisen beobachten.
Arthur Schopenhauer, Den Intellekt überhaupt und
in jeder Beziehung betreffende Gedanken

Wie heut bequem, das Reisen geht:
Du wirst verschickt wie ein Paket
Und brauchst nur, statt was zu erleben,
Ganz einfach – selbst Dich
aufzugeben!
Eugen Roth

Wie sich die Menschen trotz allem,
was sich gegen die Liebe sagen lässt,
immer weiter verlieben,
so reisen sie auch weiter, und ich
mache keine Ausnahme.
Theodor Fontane, Briefe

Wie tröstlich ist es,
einem Freunde, der
Auf eine kurze Zeit verreisen will,
in klein Geschenk zu geben.
Johann Wolfgang von Goethe, Torquato Tasso
(Prinzessin)

Wir mögen die Welt durchreisen,
um das Schöne zu finden,
aber wir müssen es in uns tragen,
sonst finden wir es nicht.
Ralph Waldo Emerson, Essays

Wir reisen nicht nur an andere Orte,
sondern vor allem reisen wir in andere
Verfassungen der eigenen Seele.
Werner Bergengruen, Badekur des Herzens

Witz bedarf man auf weiter Reise;
daheim hat man Nachsicht.
Edda, Hávamál (Des Hohen Lied)

Zu Hause darfst du arm,
doch auf Reisen musst du reich sein.
Chinesisches Sprichwort

Zum Reisen gehört Geduld, Mut,
Humor, Vergessen aller häuslichen
Sorgen und dass man sich durch klei-
ne widrige Zufälle, Schwierigkeiten,
böses Wetter, schlechte Kost und
dergleichen nicht entmutigen lasse.
Adolph Freiherr von Knigge,
Über den Umgang mit Menschen

Zwei große Redner werden
nicht weit zusammen reisen.
Sprichwort aus Spanien

Reiten

Der Stil eines Autors ist ein Pferd,
das nur einen einzigen Reiter trägt.
John Steinbeck

Die Karriere ist ein Pferd,
das bisweilen auch gute Reiter abwirft.
James Baldwin

Gar hübsch ist's, auf seinem Pferde
mit dem Mantelsäckchen wie auf
einem Schiffe herumzukreuzen.
Johann Wolfgang von Goethe, Briefe
(an Charlotte von Stein)

Hobbies sind Steckenpferde,
die den Reitern die Sporen geben.
Heinz Rühmann

In der Politik ist es
wie beim Pferderennen.
Ein guter Jockey weiß sich
beim Fallen so wenig wie möglich
zu verletzen.
Edouard Herriot

Jockeis sind Reiter,
die manchmal früher
über ein Hindernis kommen
als das Pferd.
Danny Kaye

Keine Stunde im Leben,
die man im Sattel verbringt,
ist verloren.
Winston Churchill

Niemand wird ein hinkendes Pferd
gern reiten, denn es strengt
zu sehr den Reiter an.
Niccolò Machiavelli, Briefe (an die Zehn, 11. April
1505)

Zum Reiten gehört mehr,
als ein Paar Schenkel
über ein Pferd hängen.
Deutsches Sprichwort

Zum Reiten gehört mehr
als ein Paar Stiefel.
Deutsches Sprichwort

Reiz

Das reizt nicht mehr,
und was nicht reizt, ist tot.
Johann Wolfgang von Goethe, Torquato Tasso (Prinzessin)

Das scheuste Mädchen ist verschwenderisch noch, / Wenn sie dem Monde ihren Reiz enthüllt.
William Shakespeare, Hamlet (Laertes)

Die Schlange sticht nicht ungereizt.
Friedrich Schiller, Wilhelm Tell (Tell)

Ein Dekolletee sollte kein optischer Selbstbedienungsladen sein.
Ruth Leuwerik

Es ist absolut sinnlos,
die Frauen verstehen zu wollen,
wo doch ihr größter Reiz
in der Unergründlichkeit liegt.
Alfred Hitchcock

Ich bin gegen funktionelle Unterwäsche. Ein Dessous muss nicht praktisch sein, sondern reizvoll.
Catherine Deneuve

Ich liebe dich,
mich reizt deine schöne Gestalt;
Und bist du nicht willig,
so brauch ich Gewalt.
Johann Wolfgang von Goethe, Erlkönig

Man nehme unserem Leben diese Liebe zum Schönen, und man nimmt dem Leben allen Reiz.
Jean-Jacques Rousseau, Emile

Oh! Das Leben, Vater,
Hat Reize, die wir nie gekannt.
Friedrich Schiller, Die Piccolomini (Max)

Reiz des Herzens und seiner Diener macht Helden oder Feige,
Helden in der Liebe oder im Zorne.
Johann Gottfried Herder, Vom Erkennen und Empfinden der menschlichen Seele

Reiz ist die Triebfeder unsres Daseins.
Johann Gottfried Herder, Vom Erkennen und Empfinden der menschlichen Seele

Reiz ist
Schönheit in Bewegung.
Gotthold Ephraim Lessing, Laokoon

Reizende Fülle schwellt der Jungfrau schwellende Glieder;
Aber der Stolz bewacht streng wie der Gürtel den Reiz.
Friedrich Schiller, Die Geschlechter

Sie wollen immer reizen,
um niemals zu befriedigen.
Johann Wolfgang von Goethe, Wilhelm Meisters Lehrjahre

Staub lieber als ein Weib sein,
das nicht reizt!
Heinrich von Kleist, Penthesilea (Penthesilea)

Um alle deine Reize auszudrücken, müsste man dich in jedem Augenblick deines Lebens malen.
Jean-Jacques Rousseau, Julie oder Die neue Héloïse (Saint-Preux)

Reklame

Der Bekämpfung der Schundliteratur sollte die von fratzenhaften Reklamebildern zur Seite treten. Nur die große Trägheit in solchen Dingen nimmt hin, was hier täglich auf Plakaten und in der Presse vor Augen zu rücken gewagt wird, und achtet nicht der unausbleiblichen schädlichen Wirkung solcher Zerrbilder auf jede, besonders auf jede jugendliche Seele.
Christian Morgenstern, Stufen

Jubel über militärische Schauspiele ist eine Reklame
für den nächsten Krieg.
Kurt Tucholsky

Sterne machen Lichtreklame.
Leider weiß man nicht genau
für wen.
Erich Kästner, Dr. Erich Kästners lyrische Hausapotheke

Wenn die Reklame keinen Erfolg hat, muss man die Ware ändern.
Edgar Faure

Religion

Alle, die keine Religion haben, ermangeln einer Tugend,
und hätten sie auch alle anderen, so könnten sie dennoch
nie vollkommen werden.
Joseph Joubert, Gedanken, Versuche und Maximen

Alle Religion ist Feuerkult.
Oswald Spengler, Urfragen. Fragmente aus dem Nachlass

Alle Religionen betonen die Tatsache, dass ein wirklicher Anhänger seiner Religion ehrlich und aufrecht sein sollte, mit anderen Worten, ein wirklich religiöser Mensch sollte immer danach streben, in besserer Mensch zu werden.
Dalai Lama XIV, Die Gespräche in Bodhgaya

Alle Religionen und Sittenlehren der Welt lassen sich schließlich in den einen Satz zusammenfassen: »Liebe die Tugend und fliehe das Laster!« Was könnte anscheinend einfacher sein? Nun, dann führen Sie doch etwas Tugendhaftes aus und überwinden Sie wenigstens ein einziges Ihrer Laster, versuchen Sie es doch einmal! – nur wie?
Fjodor M. Dostojewski, Der Jüngling

Alle Religionen, die sich
mit der Regierung verbunden haben, stehen der Freiheit mehr oder weniger feindlich gegenüber.
Henry Clay, Reden (1818)

Allen Frauen, denen die Sitte und die Scham die Befriedigung des Geschlechtstriebes untersagt,
ist die Religion als eine geistigere Auflösung erotischer Bedürfnisse etwas Unersetzbares.
Friedrich Nietzsche, Unschuld des Werdens

Auch bei der Religion muss man auf den Urgrund zurückgehn. Dieser ist ewig, aber er tritt nur in vergänglicher Erscheinung hervor, und darin, dass diese sich zu lange behaupten will, liegt hier, wie überall, der tragische Fluch.
Friedrich Hebbel, Tagebücher

Besteht nun die heutige Religion in der Geldwerdung Gottes oder in der Gottwerdung des Geldes? Genug, die Leute glauben nur an Geld.
Heinrich Heine, Die romantische Schule

Das einzige Interessante auf Erden sind die Religionen.
Charles Baudelaire, Tagebücher

Das Fehlen einer spontanen und versöhnlichen Religion schafft die Notwendigkeit des Priesters und gibt ihm seine Macht.
Alexandre Vinet, Erziehung, Familie und Gesellschaft

Das ist das Wesen der Religion:
Sie ist nicht ein Beschauen, nicht ein Begreifen, nicht ein Verstehen, sondern eine Tat des Menschenwillens, der sich aus der Endlichkeit gleichsam in die Unendlichkeit hinausdehnt und dort Gottes Willen sucht, um sich von ihm durchdringen zu lassen.
Albert Schweitzer, Predigt, 13. Februar 1904

Das protestantische Kind halte das katholische Heiligenbild am Wege für so ehrwürdig wie einen alten Eichenhain seiner Voreltern, so nehme die verschiedenen Religionen so liebend wie die verschiedenen Sprachen auf, worin doch nur ein Menschen-Gemüt sich ausdrückt.
Jean Paul, Levana

Das Wissen kann seine Tödlichkeit erst durch eine neue Religion verlieren, die den Tod nicht anerkennt.
Elias Canetti, Die Provinz des Menschen. Aufzeichnungen 1942–1972

Dass Religion und Liebe
eine und dieselbe Wurzel haben,
ist von Weisen und Toren aller Zeiten
anerkannt worden, aber weder Theologen noch frömmelnde Mystiker haben
uns das Verständnis hierüber eröffnet.
Franz von Baader, Über die Analogie

Den Menschen verneinen, heißt:
die Religion verneinen.
Ludwig Feuerbach, Das Wesen des Christentums

Der Bayer hat ein irdisches Verhältnis
zur Religion und ein mystisches
zum Bier.
Johann-Baptist Metz

Der Drang, die göttliche Religion
auszubreiten, sank zur schmutzigen
Habgier und Ehrsucht und das
Gotteshaus selbst zum Theater herab,
in dem sich nicht mehr Kirchenlehrer,
sondern Redner hören ließen,
denen es nicht darauf ankam,
das Volk zu belehren, sondern bloß
es zur Bewunderung hinzureißen und
die Andersdenkenden öffentlich anzugreifen und nur das Neue und
Ungewohnte zu lehren, wie es eben
das Volk am meisten bewunderte.
Baruch de Spinoza, Tractatus theologico-politicus

Der Geist sucht das Geistige,
sein Durst forscht nach der Quelle des
Lebens, er sucht für seine Kräfte,
die auf Erden kein Verhältnis finden,
ein Überirdisches, für sein geistiges
Auge einen unendlichen Gegenstand
der Betrachtung, und er findet dies
alles in der Religion; sie ist ihm
das Höchste, und sein Leben in ihr
ist ein rein geistiges.
Karoline von Günderode, Geschichte eines Braminen

Der Glaube wird durch den Verstand
gesichert und gefestigt. Die beste
von allen Religionen ist unfehlbar
die klarste.
Jean-Jacques Rousseau, Emile (Glaubensbekenntnis)

Der hauptsächliche Wert der gemeinen
Religion besteht heutzutage darin,
dem Menschen die schreckliche
Erkenntnis seiner vollkommenen
Bedeutungslosigkeit zu ersparen.
Heinrich Waggerl, Aphorismen

Der Katholizismus trägt noch Züge
einer Religion, Protestantismus
und Judentum sind Lehren.
Walter Rathenau, Auf dem Fechtboden des Geistes.
Aphorismen aus seinen Notizbüchern

Der Mensch hat zwei Beine
und zwei Überzeugungen:
eine, wenn's ihm gut geht,
und eine, wenn's ihm schlecht geht.
Die letztere heißt Religion.
Kurt Tucholsky

Der Mensch ist seiner Beschaffenheit
nach ein religiöses Tier.
Edmund Burke, Betrachtungen über
die Französische Revolution

Der Mensch will in der Religion
sich befriedigen;
die Religion ist sein höchstes Gut.
Ludwig Feuerbach, Das Wesen des Christentums

Der missversteht die Himmlischen,
der sie / Blutgierig wähnt:
er dichtet ihnen nur / Die eignen
grausamen Begierden an.
Johann Wolfgang von Goethe, Iphigenie auf Tauris
(Iphigenie)

Der Pantheismus ist die
verborgene Religion Deutschlands.
Heinrich Heine, Zur Geschichte der Religion und
Philosophie in Deutschland

Der Quietismus ist
die Heuchelei des verderbten Mannes
und die wahre Religion
der empfindsamen Frau.
Denis Diderot, Über die Frauen

Der Schein einer Religion
überhebt sie der Mühe,
wirklich eine zu besitzen.
Jean-Jacques Rousseau, Brief an Erzbischof Beaumont
(18. November 1762)

Der zum Strome angewachsene
Reichtum des religiösen Gefühls
bricht immer wieder aus und will
sich neue Reiche erobern: aber die
wachsende Aufklärung hat die
Dogmen der Religion erschüttert und
ein gründliches Misstrauen eingeflößt:
So wirft sich das Gefühl, durch die
Aufklärung aus der religiösen Sphäre
hinausgedrängt, in die Kunst.
Friedrich Nietzsche, Menschliches, Allzumenschliches

Die Ahnung ist
die Quelle der Religion.
Jakob Boßhart, Bausteine zu Leben und Zeit

Die anderen Religionen, wie die heidnischen, sind volkstümlicher,
denn ihr Schwerpunkt liegt
im Äußeren; aber sie sind nicht
für die gebildeten Leute.
Blaise Pascal, Pensées

Die echteste Philosophie des Weibes
wird immer Religion bleiben.
Karl Joël, Die Frauen in der Philosophie

Die entscheidende Ursache
für religiösen Konservatismus ist,
es lebt sich so schön – Egoismus.
Leo N. Tolstoi, Tagebücher (1901)

Die erste Religion war jene, die das
erstgeborne Volk der Sterne übte.
Joseph von Görres, Mythengeschichte

Die Freiheit ist eine neue Religion,
die Religion unserer Zeit.
Heinrich Heine, Englische Fragmente

Die Gewissen aber sind so zahlreich
wie die Religionen und die Völker.
August Strindberg, Der Sohn der Magd

Die Irreligiösen sind religiöser,
als sie selbst wissen,
und die Religiösen sind's weniger,
als sie meinen.
Franz Grillparzer, Studien zur Philosophie und Religion

Die meisten Religionen machen
die Menschen nicht besser,
aber vorsichtiger. Wieviel ist das wert?
Elias Canetti, Die Provinz des Menschen.
Aufzeichnungen 1942–1972

Die menschlichen Religionen haben
ein Bedürfnis unserer Natur erkannt;
sie haben es geübt und unterhalten,
aber sie haben es enttäuscht.
Alexandre Vinet, Der Glaube

Die Religion beruht auf
dem wesentlichen Unterschiede
des Menschen vom Tiere –
die Tiere haben keine Religion.
Ludwig Feuerbach, Das Wesen des Christentums

Die Religion der Frau war an das Reich
des Ackerbaus gebunden, ein Reich
der unreduzierbaren Dauer, der Kontingenz, des Zufalls, des Wartens,
des Geheimnisses.
Simone de Beauvoir, Das andere Geschlecht

Die Religion, die sich
vor der Wissenschaft fürchtet,
entehrt Gott und begeht Selbstmord.
Ralph Waldo Emerson, Tagebücher

Die Religion gestattet der Frau, ihrer
Selbstgefälligkeit zu huldigen. Sie
gibt ihr den Führer, den Vater, den
Liebhaber, die göttliche Schutzmacht,
nach der sie so sehnlich verlangt.
Simone de Beauvoir, Das andere Geschlecht

Die Religion hat der Liebe einen
großen Dienst erwiesen, indem sie
sie zur Sünde gestempelt hat.
Anatole France

Die Religion ist
das Krankenhaus der Seele,
welche die Welt verwundet hat.
Jean Antoine Petit-Senn,
Geistesfunken und Gedankensplitter

Die Religion ist der Seufzer der
bedrängten Kreatur,
das Gemüt einer herzlosen Welt, wie
sie der Geist geistloser Zustände ist.
Sie ist das Opium des Volkes.
Karl Marx, Zur Kritik der Hegelschen Rechtsphilosophie

Die Religion ist die Entzweiung
des Menschen mit sich selbst:
Er setzt sich Gott als ein ihm
entgegengesetztes Wesen gegenüber.
Ludwig Feuerbach, Das Wesen des Christentums

Die Religion ist die Philosophie,
die sich herabbeugt,
um die Kinder zu sich zu nehmen.
Théodore Jouffroy, Das grüne Heft

Die Religion ist die Wurzel
des menschlichen Daseins.
August Wilhelm Schlegel, Über dramatische Kunst und Literatur

Die Religion ist eine Art geistiger
Fusel, in dem die Sklaven des Kapitals
ihre Menschenwürde und ihren
Anspruch auf eine halbwegs menschenwürdige Existenz ersäufen.
Wladimir Iljitsch Lenin, Sozialismus und Religion

Die Religion ist jetzo keine Nationalgöttin mehr, sondern eine Hausgöttin.
Unsere kleine Zeit ist ein Vergrößerglas, durch welches, wie bekannt, alles
Erhabne als flach und platt erscheint.
Jean Paul, Levana

Die Religion ist nützlich,
ja den Völkern sogar notwendig.
Jean-Jacques Rousseau, Briefe vom Berge

Die Religion muss froh machen.
Jakob Boßhart, Bausteine zu Leben und Zeit

Die Religion verbietet,
mehr zu glauben, als sie lehrt.
Joseph Joubert, Gedanken, Versuche und Maximen

Die Sünde ist
eine religiöse Vorstellung,
die Schuld eine moralische.
Hermann Kesten

Die Sünden
sind die Pfeiler der Religion.
Hans Lohberger

Die »Träume« der Religion sind keine
Abstraktionen von der Wirklichkeit,
sondern die Verdichtungen dessen,
was die Wirklichkeit Menschen bedeutet, wenn sie die Welt erfahren im
Bannkreis der Liebe jenseits der Angst.
Eugen Drewermann, An ihren Früchten sollt ihr sie erkennen

Die Tugend ist nicht leicht lehrbar –
warum sollte die Religion es sein?
Joseph Joubert, Gedanken, Versuche und Maximen

Die Vielzahl der Religionen, welche
alle der Menschheit Glück bringen
können, ist vergleichbar mit den
verschiedenen Behandlungsmethoden
einer speziellen Krankheit.
Dalai Lama XIV., Yoga des Geistes

Die Weltanschauung eines Menschen
hält sich oft noch – wenn er schon
gar keinen Grund mehr für sie hat.
Ludwig Marcuse, Argumente und Rezepte. Ein Wörter-Buch für Zeitgenossen

Die Weltreligionen sind es,
welche die größten historischen Krisen
herbeiführen. Sie wissen von Anfang
an, dass sie Weltreligionen sind,
und wollen es sein.
Jacob Burckhardt, Weltgeschichtliche Betrachtungen

Die zeitgenössischen Religionen opfern
dem Zeitgeist mehr als irgendeinem
anderen Gott.
Ludwig Marcuse, Argumente und Rezepte. Ein Wörter-Buch für Zeitgenossen

Diese Anschauung der Dinge,
die Anschauung ihres Urgrundes,
ist die innerste Seele der Religionen,
verschieden individualisiert in jedem
Individuum; aber durchgehe sie selbst,
die Religionssysteme alle, in allen
wirst du finden ein Unendliches,
Unsichtbares, aus dem das Endliche
und Sichtbare hervorging,
ein Göttliches, das Mensch wurde,
ein Übergehen aus dem
zeitlichen Leben in das Ewige.
Karoline von Günderode, Geschichte eines Braminen

Du willst mit nüchternem Verstand
das Göttliche beweisen?
Das heißt, nach einem Fabelland
auf Eisenbahnen reisen.
Otto von Leixner, Aus der Vogelschau

Ein Götzenbildner
betet Buddha nicht an,
denn er weiß, woraus er ihn gemacht ist.
Chinesisches Sprichwort

Ein König ohne Religion
scheint immer ein Tyrann.
Joseph Joubert, Gedanken, Versuche und Maximen

Ein Weiser ist in Religionsfragen
weder abergläubisch noch gottlos.
Antoine Comte de Rivarol, Maximen und Reflexionen

Ein wenig Wissen entfremdet
Menschen oft von der Religion,
tieferes Wissen bringt sie
zu ihr zurück.
Dean William Ralph Inge

Eine Person, die ihre Religion kennt,
hat immer zwei Führer:
Rat und Gehorsam.
Jean-Baptiste Vianney, überliefert von Wildlöcher (Der Pfarrer von Ars)

Eine Religion, die den Menschen
finster macht, ist falsch;
denn er muss Gott mit frohem Herzen
und nicht aus Zwang dienen.
Immanuel Kant, Über Pädagogik

Eine Religion, die der Vernunft
unbedenklich den Krieg ankündigt,
wird es auf die Dauer gegen sie
nicht aushalten.
Immanuel Kant, Die Religion innerhalb der Grenzen der bloßen Vernunft

Eine Religion nach der andern
lischt aus, aber der religiöse Sinn,
der sie alle erschuf, kann der Menschheit nie getötet werden.
Jean Paul, Levana

Erfülle deine Pflicht;
und dieser Satz enthält die Lehren
aller Religionen.
Heinrich von Kleist, Briefe (an Wilhelmine von Zenge, 13.–18. September 1800)

Es gibt nüchterne und gewerbstüchtige
Leute, denen die Religion wie ein
Saum höheren Menschentums angestickt ist: diese tun sehr wohl, religiös
zu bleiben, es verschönert sie.
Friedrich Nietzsche, Menschliches, Allzumenschliches

Es gibt nur eine (wahre) Religion;
aber es kann vielerlei Arten
des Glaubens geben.
Immanuel Kant, Die Religion innerhalb der Grenzen der bloßen Vernunft

Es gibt nur einen einzigen,
mächtigen Hebel aller Zivilisation:
die Religion.
Johann Jakob Bachofen, Urreligion und antike Symbole

Es gibt nur zwei wahre Religionen,
die eine, die das Heilige, das in und
um uns wohnt, ganz formlos, die
andere, die es in der schönsten Form
anerkennt und anbetet. Alles, was
dazwischen liegt, ist Götzendienst.
Johann Wolfgang von Goethe, Maximen und Reflexionen

Es ist unmöglich, dass ein Mensch in
wiederkehrenden bestimmten Stunden
echte Religionsvorträge halten kann,
daher der Vorzug der Quäkersitte –
dass jeder aufsteht und spricht,
wenn er begeistert ist.
Novalis, Fragmente

Es kommt fast für jeden Menschen
der Augenblick, wo die überkommene
und angelernte Religion von ihm
abfällt wie der Mörtel von der Wand.
Erziehung, Haus und Familie,
religiöses Milieu, alles kann nichts
helfen, denn es muß so kommen,
damit der Mensch er selbst wird.
Albert Schweitzer, Unsere Zeit und die Religion (Vortrag, 15. Januar 1906)

Eure Religion wurde von eurem Gott
mit eisernem Finger auf Steintafeln
geschrieben, denn sonst hättet ihr
seine Gesetze vergessen.
Seattle

Für den einen ist Religion
seine Lektüre und seine Wissenschaft,
für den andere sein Entzücken
und seine Pflicht.
Joseph Joubert, Gedanken, Versuche und Maximen

Geht man allen Religionen auf den
Grund, so beruhen sie auf einem mehr
oder minder widersinnigen System
von Fabeln. Es ist unmöglich, dass ein
Mensch von gesundem Verstand, der
diese Dinge kritisch untersucht, nicht
ihre Verkehrtheit erkennt.
König Friedrich der Große, Politisches Testament (1752)

Gott ist das offenbare Innere, das
ausgesprochne Selbst des Menschen;
die Religion die feierliche Enthüllung
der verborgnen Schätze des Menschen,
das Eingeständnis seiner innersten
Gedanken, das öffentliche Bekenntnis
seiner Liebesgeheimnisse.
Ludwig Feuerbach, Das Wesen des Christentums

Horoskope sind Religionsersatz,
denn wer Religion hat,
dem sind die Sterne schnuppe.
Sigismund von Radecki

Ich betrachte Religion nicht
als Aberglauben, sondern bin ganz
im Gegenteil der Ansicht,
die religiöse Wahrheit ist die einzige
dem Menschen zugängliche Wahrheit.
Leo N. Tolstoi, Tagebücher (1881, Aufzeichnungen)

Ich hätte viel eher Angst davor,
mich zu irren und zu entdecken,
dass die christliche Religion wahr ist,
als mich nicht zu irren,
indem ich sie für wahr halte.
Blaise Pascal, Pensées

Ich sage, dass der Anfang der Religion
und des wahren Denkens gleich sind,
weil sie aus demselben elementaren
Probleme hervorgehen:
dem Leben einen Wert zu geben
von innen heraus, zu einem Wissen
vom Leben zu kommen und den Weg
des Lebens zu betreten.
Albert Schweitzer, Unsere Zeit und die Religion (Vortrag, 15. Januar 1906)

Ich sage und denke nicht, dass es
keine gute Religion auf Erden gebe,
allein ich sage, und dies ist nur
zu wahr, dass keine unter den jetzt
herrschenden Religionen ist,
welche der Menschheit nicht
grausame Wunden geschlagen hat.
Jean-Jacques Rousseau, Brief an Erzbischof Beaumont (18. November 1762)

Ich werde meine Religion bekennen,
weil ich eine habe, und ich werde sie
öffentlich bekennen, weil ich
das Herz habe, es zu tun.
Jean-Jacques Rousseau, Brief an Erzbischof Beaumont (18. November 1762)

Im Allgemeinen aber bin ich ein
Freund jeder friedlichen Religion,
in der man dem Ewigen dient gemäß
der Vernunft, die er uns verliehen hat.
Jean-Jacques Rousseau, Brief an d'Alembert

In einer Religion, die das Fleisch
verflucht, erscheint die Frau als die
furchtbarste Versuchung des Teufels.
Simone de Beauvoir, Das andere Geschlecht

In seiner Religion
muss man aufrichtig sein:
wahre Heiden,
wahre Juden,
wahre Christen.
Blaise Pascal, Pensées

Jede Religion bindet nicht nur Angst,
sie erzeugt auch Angst,
und es ist nicht zu erkennen,
dass das Christentum a priori
dagegen gefeit wäre, genauso
menschenfeindlich sein zu können
wie jede andere in Loyalismus und
Moralismus erstarrte Religion.
Eugen Drewermann, Das Markusevangelium, Zweiter Teil

Jede Religion reflektiert weitgehend
eine Kultur und eine Lebensart.
In einigen Fällen, wie bei den
Fundamentalisten, gibt sie vor,
eine umfassende Lebensart zu sein,
doch in vernünftigeren Gesellschaften
gibt sie sich mit der Rolle einer Würze
zufrieden, die der Existenz ihren
besonderen Geschmack verleiht.
Peter Ustinov, Peter Ustinovs geflügelte Worte

Jeder, der einen Zweifel laut werden
läßt, definiert seine Religion.
Gilbert Keith Chesterton, Heretiker

Jedes Genie aber ist in seiner Sprache,
jedes Herz in seiner Religion
allmächtig.
Jean Paul, Levana

Kämpfe niemals gegen die Religion
oder gegen anderes, was von Gott
abzuhängen scheint, dann all dies hat
zu viel Gewalt über törichte Geister.
Francesco Guicciardini, Ricordi

Kann es denn
zweierlei Religionen geben?
Voltaire, Candide oder Die beste der Welten

Keine Religion, sagten sie,
die sich auf Furcht gründet,
wird unter den Guten geachtet.
Johann Wolfgang von Goethe, Wilhelm Meisters Wanderjahre

Kraft und Liebe sind zwei Gegensätze
des innern Menschen; aber Religion ist
die göttliche Gleichsetzung beider
und der Mensch im Menschen.
Jean Paul, Levana

Lasst die Religion frei, und es wird
eine neue Menschheit beginnen.
Friedrich Schlegel, Ideen

Liebe kann durch absoluten Willen
in Religion übergehen.
Novalis, Tagebücher (1797)

Man muss Religion und Kunst wie
Mutter und Amme geliebt haben –
sonst kann man nicht weise werden.
Aber man muss über sie hinaussehen,
ihnen entwachsen können;
bleibt man in ihrem Banne,
so versteht man sie nicht.
Friedrich Nietzsche, Menschliches, Allzumenschliches

Manchen bringen lange Reisen
vollends ins Verderben und
um die letzte Spur von Religion.
Jean de La Bruyère, Die Charaktere

Mystik ist die Urmutter der Religion,
die Urmutter der Kultur.
Othmar Spann, Religionsphilosophie

Nachdem ich die wichtigsten Religionen, soweit es mir möglich war,
studiert hatte, kam mir der Gedanke,
es müsse einen Hauptschlüssel geben,
der die allen Religionen zugrunde
liegende Einheit erschließen könnte,
sofern es sinnvoll und notwendig ist,
eine Gemeinsamkeit zu entdecken.
Dieser Schlüssel ist Wahrheit und
Gewaltlosigkeit (...).
Mohandas K. »Mahatma« Gandhi, Harijan (engl. Wochenzeitung 1933–1956), 13. Juli 1940

Nicht eine Einheitsreligion ist
vonnöten, sondern gegenseitige
Achtung und Toleranz der Gläubigen
unterschiedlicher Religionen.
Was wir erstreben, ist nicht öde
Gleichschaltung, sondern Einheit
in Verschiedenheit.
Mohandas K. »Mahatma« Gandhi, Young India (engl. Wochenzeitung 1919–1931), 25. September 1924

Nun sag: Wie hast du's
mit der Religion?
Johann Wolfgang von Goethe, Faust I (Margarete)

Obrigkeiten und Könige haben
kein Recht über die Seelen, und vorausgesetzt, dass man den Gesetzen der
Gesellschaft und dieser Welt gehorcht,
kommt es ihnen gar nicht
zu danach zu fragen, was man
in der anderen werden will,
über die sie keine Macht haben.
Jean-Jacques Rousseau, Briefe vom Berge

Ohne Willkür gibt es keine Religion,
weil sonst das höchste Opfer,
das Opfer des Geistes,
nicht stattfinden kann.
William Butler Yeats, Entfremdung

Philosophie, wenn sie an der Religion
Geheimnis rührt,
zergeht es oder sie davon.
Friedrich Rückert, Die Weisheit des Brahmanen

Religion ist Aberglaube. Das macht
einem Menschen die Alternativen
bewusst.
Peter Ustinov, Peter Ustinovs geflügelte Worte

Religion ist ausgestorben
in einem Kreise, wo sie nicht
in Vorbildern lebt: totes Bekenntnis,
Gebräuche, Formelngelehrsamkeit
und Silbenstecherei.
Johann Gottfried Herder, Vom Erkennen
und Empfinden der menschlichen Seele

Religion ist Bewusstsein
der Rückverbundenheit
des Menschen in Gott.
Othmar Spann, Religionsphilosophie

Religion ist das Gesetz in uns,
insoferne es durch einen Gesetzgeber
und Richter über uns Nachdruck
erhält; sie ist eine auf die Erkenntnis
Gottes angewandte Moral.
Immanuel Kant, Über Pädagogik

Religion ist das Produkt
höchster Ohnmacht und
höchster Eitelkeit,
beide miteinander multipliziert.
Friedrich Hebbel, Briefe (an Elise Lensing, 11. April
1837)

Religion ist
das unaufhörliche Zwiegespräch der
Menschheit mit Gott.
Kunst ist ihr Selbstgespräch.
Franz Werfel, Zwischen Oben und Unten

Religion ist der beste Panzer,
aber der schlechteste Mantel.
Sprichwort aus den USA

Religion ist
die fortgeschrittenste Weltanschauung.
Leo N. Tolstoi, Tagebücher (1897)

Religion ist die Poesie
der unpoetischen Menschen.
Franz Grillparzer, Studien zur Philosophie und Religion

Religion ist die Poesie des Herzens,
eine nützliche Verzauberung der
Sitten, sie gibt uns Glück und Tugend.
Joseph Joubert, Gedanken, Versuche und Maximen

Religion ist die Tochter von Hoffnung
und Furcht, die der Unwissenheit
das Unerkennbare erklärt.
Ambrose Bierce, Aus dem Wörterbuch des Teufels

Religion ist Ehrfurcht – die Ehrfurcht
zuerst vor dem Geheimnis,
dass der Mensch ist.
Thomas Mann, Nietzsches Philosophie im Lichte
unserer Erfahrung

Religion ist Erpressung.
Sie erpresst einen mit der Meinung,
die man von sich selbst hat.
Peter Ustinov, Peter Ustinovs geflügelte Worte

Religion ist Gottes Werk,
vom Teufel perfektioniert.
Peter Ustinov, Peter Ustinovs geflügelte Worte

Religion ist kein populärer Irrtum;
sie ist eine große Wahrheit
des Instinktes,
von Menschen geahnt,
von Menschen
zum Ausdruck gebracht.
Ernest Renan, Die Apostel

Religion ist Liebe der Schönheit.
Friedrich Hölderlin, Hyperion

Religion kann nur durch
die Reinheit ihrer Anhänger
und durch ihre guten Taten
verteidigt werden, keinesfalls durch
Kampf mit den Anhängern
anderer Glaubensbekenntnisse.
Mohandas K. »Mahatma« Gandhi, Harijan
(engl. Wochenzeitung 1933–1956), 13. Juli 1940

Religion schafft Gottheiten, Heroen,
Mysterien, Priester und Mythen.
Ethik schafft Heilige, Gesetze, Lehren,
Dogmen, Prediger und Pfaffen.
Walter Rathenau, Auf dem Fechtboden des Geistes.
Aphorismen aus seinen Notizbüchern

Religion, Sitte, Gesetz,
Stand, Verhältnisse, Gewohnheit,
alles beherrscht nur die Oberfläche
des städtischen Daseins.
Johann Wolfgang von Goethe, Dichtung und Wahrheit

Religion und Heuchelei
sind Zwiegesschwestern,
und beide sehen sich so ähnlich,
dass sie zuweilen nicht
voneinander zu unterscheiden sind.
Heinrich Heine

Religion und Liebe, wie sie unter sich
enge verwandt sind, sind unleugbar
die höchsten Gaben des Lebens, welche bei einem vernünftigen Gebrauch
das Glück desselben, bei einem unvernünftigen Missbrauch dessen Unglück
sowohl dem Individuum als der
Sozietät bringen.
Franz von Baader, Erotische Philosophie

Religion zu haben,
ist Pflicht des Menschen
gegen sich selbst.
Immanuel Kant, Anthropologie in pragmatischer
Hinsicht

Religionen sterben,
wenn ihre Wahrheit erwiesen ist.
Oscar Wilde, Sätze und Lehren zum
Gebrauch für die Jugend

Selbst heute gestehen unsere Religionen den Tieren keine Brüderlichkeit
zu, sprechen ihnen eine Seele ab,
ebenso, wie jede einzelne Religion es
jeweils mit den Abweichlern oder
Nichtgläubigen, mit den Anhängern
anderer Religionen oder Sekten tut.
Nur diese Geisteshaltung hat den
institutionalisierten, organisierten
Massenmord an Völkern und Tieren
möglich gemacht.
Yehudi Menuhin, Variationen

Selbst wenn es keinen Gott gäbe,
die Religion wäre dennoch
heilig und göttlich.
Charles Baudelaire, Tagebücher

So bleibt die eigentliche Religion
ein Inneres, ja Individuelles,
denn sie hat ganz allein mit dem
Gewissen zu tun, dieses soll erregt,
soll beschwichtigt werden.
Johann Wolfgang von Goethe,
Wilhelm Meisters Wanderjahre

Sobald eine Religion herrscht, hat sie
alle die zu ihren Gegnern, welche
ihre ersten Jünger gewesen wären.
Friedrich Nietzsche, Menschliches, Allzumenschliches

Und es tut mir gut, etwas Schweres zu
machen. Das hindert nichts daran,
dass ich ein schreckliches Bedürfnis –
soll ich das Wort sagen? – nach Religion habe. Dann gehe ich in die Nacht
hinaus und male die Sterne.
Vincent van Gogh, Briefe

Unsere Gedanken winden sich
in Girlanden um den Gedanken
einer neuen Religion.
Christian Morgenstern, Stufen

Unsere Religionen und Ideologien
werden immer unfruchtbarer,
unsere Tempel immer klinischer,
unsere Rituale immer hohler.
Yehudi Menuhin, Kunst als Hoffnung für
die Menschheit

Von dem Augenblick an,
wo eine Religion bei der Philosophie
Hilfe begehrt, ist ihr Untergang
unabwendbar.
Heinrich Heine, Zur Geschichte der Religion und
Philosophie in Deutschland

Von der Religion haben wir
gerade genug, einander zu hassen,
aber nicht genug, einander zu lieben.
Jonathan Swift, Gedanken über verschiedne Dinge

Wäre es dem Menschen möglich,
alle Religion, auch die unbewusste
und unwillkürliche, zu verleugnen,
so würde er ganz Oberfläche werden
und kein Inneres mehr haben.
August Wilhelm Schlegel, Über dramatische Kunst
und Literatur

Was die Sonne für die Erde ist,
ist die Religion für den Menschen.
August Strindberg, Der Sohn der Magd

Was ist die Religion,
als ein unendliches Einverständnis,
eine ewige Vereinigung
liebender Herzen?
Novalis, Heinrich von Ofterdingen

Was ist nun Religion? –
Sprecht die Antwort betend aus:
der Glaube an Gott;
denn sie ist nicht nur der Sinn für
das Überirdische und das Heilige und
der Glaube ans Unsichtbare,
sondern die Ahnung dessen,
ohne welchen kein Reich des Unfass-
lichen und Überirdischen, kurz
kein zweites All nur denkbar wäre.
Jean Paul, Levana

Was ist Religion?
Sich in alle Ewigkeit
weiter und höher entwickeln wollen.
Christian Morgenstern, Stufen

Was tun die Menschen nicht alles
um der Religion willen, von der sie
so wenig überzeugt sind und deren
Vorschriften sie so schlecht befolgen.
Jean de La Bruyère, Die Charaktere

Weltanschauung ist nicht selten
Mangel an Anschauung.
Ludwig Marcuse, Argumente und Rezepte. Ein Wörter-Buch für Zeitgenossen

Wenn die Bekenner der gegenwärtigen
Religionen sich ernstlich bemühen
würden, im Geiste der Begründer dieser Religionen zu denken, zu urteilen
und zu handeln, dann würde keine auf
den Glauben gegründete Feindschaft
zwischen den Bekennern verschiedener
Religionen existieren. Noch mehr, sogar die Gegensätze im Glauben würden sich als unwesentlich herausstel-
len.
Albert Einstein, Briefe

Wenn man nur dem Gehör geschenkt
hätte, was Gott zum Herzen der
Menschen gesagt hat, so hätte es
niemals mehr als eine Religion
auf der Erde gegeben.
Jean-Jacques Rousseau, Emile

Wenn wir die Weltreligionen von
einem ganz allgemeinen Standpunkt
aus betrachten und ihre höchsten Ziele
untersuchen, so werden wir feststellen,
dass alle größeren Weltreligionen,
egal ob Christentum oder Islam,
Hinduismus oder Buddhismus,
einen dauerhaften Zustand
des Glücks anstreben.
Dalai Lama XIV., Die Gespräche in Bodhgaya

Wer die Religionsquellen studieren
will, reise nicht nach den Sandwich-
inseln, sondern gehe in seine Kirche.
Gilbert Keith Chesterton, Heretiker

Wer etwas Höheres im Wesen,
nicht bloß im Grade sucht, als
das Leben geben oder nehmen kann,
der hat Religion.
Jean Paul, Levana

Wer irgendeine Art von Religion
zur Stütze seiner Sittlichkeit bedarf,
dessen Moralität ist nicht rein,
denn diese muss ihrer Natur nach
in sich selbst bestehen.
Karoline von Günderode, Geschichte eines Braminen

Wir brauchen eine neue Art
von Religion ohne Dogma, eine neue
Art von Nationalgefühl ohne Fanatismus, eine neue Charakterstruktur.
Anaïs Nin, Ein neuer innerer Schwerpunkt

Wissenschaft ohne Religion
ist lahm,
Religion ohne Wissenschaft
ist blind.
Albert Einstein, Aus meinen späten Jahren

Religiosität

Das religiöse Gefühl sagt uns,
dass der Weltlauf nicht ohne höhere
Leitung und einen Zusammenhang
sein könne, der Verstand aber sieht
überall nur scheinbaren Zufall.
Carl Schnaase, Geschichte der bildenden Künste bei den Alten

Das Wesen des religiösen Gefühls
ist durch keinerlei vernunftmäßige
Überlegungen zu erfassen.
Fjodor M. Dostojewski, Der Idiot

Es wird darum gehen, eine Religiosität
zu pflegen, welche die uralten
Ausspaltungen überwindet,
die heute noch die Seele vom Körper,
das Fühlen vom Empfinden (...)
und letztlich Gott von der Welt trennt.
Eugen Drewermann, Kleriker

Gefühl, selbst feines Gefühl für
die Schönheiten der Natur ist nicht
dasselbe wie religiöses Gefühl,
obwohl ich glaube, dass diese beiden
in enger Verbindung stehen.
Vincent van Gogh, Briefe

In jeder Religion ist
der religiöse Mensch eine Ausnahme.
Friedrich Nietzsche, Die fröhliche Wissenschaft

Je weiter die geistige Entwicklung
des Menschen vorschreitet, in desto
höherem Grade scheint es mir zu-
zutreffen, dass der Weg zur wahren
Religiosität nicht über Daseinsfurcht,
Todesfurcht und blinden Glauben,
sondern über das Streben nach
vernünftiger Erkenntnis führt.
Albert Einstein, Aus meinen späten Jahren

Man braucht der Form nach
mit dem religiösen Gefühl nicht
genau übereinzustimmen,
aber wenn es aufrichtig ist,
muss man Respekt davor haben.
Vincent van Gogh, Briefe

Meine Religiosität besteht
in einer demütigen Bewunderung
des unendlich überlegenen Geistes,
der sich in dem wenigen offenbart,
was wir mit unserer schwachen
und hinfälligen Vernunft von der
Wirklichkeit zu erkennen vermögen.
Albert Einstein, Briefe

Mit Religiös-Leben meine ich dasselbe,
was die Propheten und was Jesus
damit gemeint haben:
Gerechtigkeit tun, die Wahrheit sagen,
den Mitmenschen lieben.
Erich Fromm, Interview 1980

Nichts ist zur wahren Religiosität
unentbehrlicher als ein Mittelglied,
das uns mit der Gottheit verbindet.
Novalis, Blütenstaub

Niemand ist weiter
von der wahren Religion entfernt,
als wer sich selbst
für sehr religiös hält.
Erasmus von Rotterdam, Brief an Paul Volz

Was aber ist denn das Religiöse?
Der Gedanke an den Tod.
Thomas Mann

Rennen

Denn ein Gott hat
Jedem seine Bahn
Vorgezeichnet,
Die der Glückliche
Rasch zum freudigen
Ziele rennt.
Johann Wolfgang von Goethe, Harzreise im Winter

Ein guter Vorsatz ist ein Startschuss,
dem kein Rennen folgt.
Siegfried Lowitz

Ein jeglicher versucht sein Glück,
Doch schmal ist nur die Bahn
zum Rennen.
Friedrich Schiller, Das Spiel des Lebens

Was rennt das Volk,
was wälzt sich dort
Die langen Gassen brausend fort?
Friedrich Schiller, Der Kampf mit dem Drachen

Republik

Die bürgerliche Verfassung in jedem
Staate soll republikanisch sein.
Immanuel Kant, Zum ewigen Frieden

Die herrschen wollen,
lieben die Republik,
die gut beherrscht sein wollen,
lieben nur die Monarchie.
Joseph Joubert, Gedanken, Versuche und Maximen

Die Monarchie einigt uns,
die Republik würde uns teilen.
Francesco Crispi, Reden (im italienischen Parlament,
1. Mai 1864)

Die Republik ist die Regierungsform,
die uns am wenigsten entzweit.
Adolphe Thiers, Reden (1850)

Die Republik ist gar nichts anderes
als die – absolute Monarchie:
Denn es verschlägt nichts,
ob der Monarch Fürst oder Volk heiße,
da beide eine »Majestät« sind.
Max Stirner, Der Einzige und sein Eigentum

Die Vernunft ist immer republikanisch,
aber die Menschen scheinen,
wenn man die Synopse ihrer
Geschichte nimmt, doch durchaus
zum Despotismus geboren zu sein.
Johann Gottfried Seume, Apokryphen

Die vollkommene Republik
müsste nicht bloß demokratisch,
sondern zugleich auch aristokratisch
und monarchisch sein;
innerhalb der Gesetzgebung
der Freiheit und Gleichheit müsste das
Gebildete das Ungebildete überwiegen
und alles sich zu einem absoluten
Ganzen organisieren.
Friedrich Schlegel, Athenäumsfragmente

Eine Republik oder ein Alleinherrscher
müssen sich den Anschein geben,
als täten sie aus Großmut,
wozu sie die Notwendigkeit zwingt.
Niccolò Machiavelli, Vom Staat

Eine Republik zählt mehr
große Männer als eine Monarchie;
in jener wird die Tapferkeit fast immer
geehrt, in dieser fürchtet man sie sehr.
Niccolò Machiavelli, Kriegskunst

Ich habe Geschmack gefunden
an der Republik,
Seit ich so viele Könige gesehen.
Pierre Jean de Béranger, Lieder

Im Allgemeinen lieben es
die Oberhäupter der Republiken
außerordentlich, die Sprache
der Monarchien zu führen.
Jean-Jacques Rousseau, Fünfter Brief vom Berge

In der Republik zielt alles darauf ab,
die Tapferkeit zu nähren,
in den Monarchien, sie zu ersticken.
Niccolò Machiavelli, Kriegskunst

Republik ist das fluidum deferens
der Jugend. Wo junge Leute sind,
ist Republik.
Novalis, Politische Aphorismen

Republiken enden durch Luxus,
Monarchien durch Armut.
Charles de Secondat, Baron de la Brède et
de Montesquieu, Vom Geist der Gesetze

Republiken hab' ich gesehn,
und das ist die beste,
Die dem regierenden Teil Lasten,
nicht Vorteil gewährt.
Johann Wolfgang von Goethe/Friedrich Schiller,
Xenien

Schwache Republiken
sind unentschlossen und
fassen nur im Zwang der Not
vorteilhafte Entschlüsse;
denn ihre Schwäche lässt sie nie
einen Entschluss fassen,
wenn irgendein Zweifel
noch möglich ist.
Niccolò Machiavelli, Vom Staat

Reserve

Bei allen Dingen
stets etwas in Reserve haben.
Dadurch sichert man
seine Bedeutsamkeit.
Baltasar Gracián y Morales, Handorakel und Kunst
der Weltklugheit

Dagegen darf eine Reserve im Gefecht
niemals fehlen.
Helmuth Graf von Moltke, Verordnungen für die
höheren Truppenführer (24. Juni 1869)

Man muss immer eine Birne
für den Durst zurückbehalten.
Sprichwort aus Frankreich

Man muss nicht alle Pfeile
zumal verschießen.
Deutsches Sprichwort

Man soll seinen ganzen Braten nicht
auf ein und denselben Spieß stecken.
Sprichwort aus Frankreich

Mehr ist die Hälfte,
als das Ganze.
Hesiod, Werke und Tage

Wer alles tut, was er kann,
setzt sich der Gefahr aus,
seine Grenzen zu zeigen. Man soll sein
Talent, seine Kraft, seine Ausgaben
nicht aufs Äußerste treiben.
Joseph Joubert, Gedanken, Versuche und Maximen

Resignation

Das Resignieren der heutigen
Menschen ist bereits eine Gewohnheit geworden wie Essen, Trinken
und Schlafen; und deshalb ist es so
gemein. Was für ein träges, ungeistiges
Tier ist doch noch der Mensch, und
wie sehr bedarf es großer und größter
Schrecken und Trübsale, damit er
nicht immer wieder in Schlaf versinke!
Christian Morgenstern, Stufen

Denn wer unendlich resigniert hat,
ist sich selber genug.
Søren Kierkegaard, Furcht und Zittern

Fallen ist keine Schande,
aber liegen bleiben.
Deutsches Sprichwort

Heitere Resignation – es gibt
nichts Schöneres.
Marie von Ebner-Eschenbach, Aphorismen

Nichts ist erbärmlicher als die
Resignation, die zu früh kommt.
Marie von Ebner-Eschenbach, Aphorismen

Resignation ist Medizin
gegen das Unglück.
Lothar Schmidt

Respekt

Als erstes im Bankgeschäft lernt man
den Respekt vor Nullen.
Carl Fürstenberg

Die junge Generation hat auch heute
noch Respekt vor dem Alter.
Allerdings nur beim Wein,
beim Whisky und bei den Möbeln.
Truman Capote

Doch ehe man Respekt genießt,
muss man sich ihn verdienen.
Und um ihn zu verdienen,
darf man sich ihn nicht wünschen.
Leo N. Tolstoi, Tagebücher (1884)

Ein Gentleman ist ein Mensch,
der selbst jenen Leuten Respekt
entgegenbringt, die für ihn
keinerlei Nutzen haben.
William Lyon Phelps

Man kann den Leuten aus dem Weg
gehen vor lauter Verachtung oder
– vor lauter Respekt.
Marie von Ebner-Eschenbach, Aphorismen

Respekt, den sie Vorgesetzten
entgegenbringen, übertreiben manche
Leute so weit, dass sie keinen mehr
vor sich selber haben.
Lothar Schmidt

Sich im Respekt zu erhalten,
Muss man recht borstig sein.
Alles jagt man mit Falken,
Nur nicht das wilde Schwein.
Johann Wolfgang von Goethe, West-östlicher Divan

Was die Kinder an die Eltern bindet,
ist eher der Respekt.
Michel Eyquem de Montaigne, Die Essais

Wer mehr als gewöhnlichen Respekt
verlangt, verdient auch
den gewöhnlichen nicht.
Johann Gottfried Seume, Apokryphen

Wer Respekt vor seinem Herrn hat,
soll auch in allem seinen Diener
respektieren.
Ecbasis captivi in belehrender Gestalt (Löwe)

Wer sich Respekt verschaffen will,
darf sich nur von seiner hässlichsten
Seite zeigen.
Gustave Flaubert, November

Wo Üppigkeit herrscht,
stellt sich Respektlosigkeit ein;
Kargheit wiederum führt zu Derbheit.
Doch ist mir Derbheit immer noch
lieber als Respektlosigkeit.
Konfuzius, Gespräche

Rettung

Alles rennet, rettet, flüchtet.
Friedrich Schiller, Das Lied von der Glocke

Der brave Mann
denkt an sich selbst zuletzt,
Vertrau auf Gott
und rette den Bedrängten.
Friedrich Schiller, Wilhelm Tell (Tell)

Der Rettende fasst an
und klügelt nicht.
Johann Wolfgang von Goethe, Die natürliche Tochter
(Hofmeisterin)

Die einzige Rettung der Besiegten ist,
auf keine Rettung zu hoffen.
Vergil, Aeneis

Einem Menschen die Hand
hinstrecken, heißt, ihn retten.
Honoré de Balzac, Physiologie der Ehe

Einen Nachen seh ich schwanken,
Aber ach! der Fährmann fehlt.
Friedrich Schiller, Sehnsucht

Es ist nötig, dass alle Rettungsringe
um den Menschen her versagen,
dass er nichts findet, woran er sich
klammern kann. Dann werden seine
Arme sich wieder rettend regen.
José Ortega y Gasset,
Um einen Goethe von innen bittend

Gegen den Kulturstrom
kann man nicht schwimmen,
doch man kann
sich an Land retten.
August Strindberg, Der Sohn der Magd

Kann doch ein Gott, wenn er will,
auch fernher Männer erretten.
Homer, Odyssee

Man soll tun, was man kann,
einzelne Menschen
vom Untergang zu retten.
Johann Wolfgang von Goethe, Briefe
(an Charlotte von Stein, 12. September 1780)

Oft ist's der eigne Geist,
der Rettung schafft,
Die wir beim Himmel suchen.
William Shakespeare, Ende gut, alles gut (Helena)

Solange ein Mensch
nicht zum Tode bestimmt ist,
kann ihn schon
ein kleiner Kunstgriff retten.
Hartmann von Aue, Iwein

Such tollkühn nicht Gefahresstätten
Und denk', ein Wunder
werd' dich retten.
Jüdische Spruchweisheit

Um sich zu retten,
gibt es nur ein Mittel –
seinen Ruf opfern.
Francis M. de Picabia, Aphorismen

Was wird uns retten?
Der Glaube?
Ich will keinen Glauben haben
und lege auch keinen Wert darauf,
gerettet zu werden.
Jules Renard, Ideen, in Tinte getaucht. Aus dem
Tagebuch von Jules Renard

Wenn nur die Lüge uns retten kann,
so ist es aus, so sind wir verloren.
Jean-Jacques Rousseau, Julie oder Die neue Héloïse
(Julie)

Wo aber Gefahr ist,
da wächst das Rettende auch.
Friedrich Hölderlin

Zurück!
Du rettest den Freund nicht mehr,
So rette das eigene Leben!
Friedrich Schiller, Die Bürgschaft

Reue

Am bittersten bereuen wir die Fehler,
die wir am leichtesten
vermieden hätten.
Marie von Ebner-Eschenbach, Aphorismen

Bedauernswert die Frau,
die nichts zu bereuen hat.
Jeanne Moreau

Der Fehler eines Augenblicks
bedeutet manchmal lebenslange Reue.
Chinesisches Sprichwort

Der Wahn ist kurz,
die Reu ist lang.
Friedrich Schiller, Das Lied von der Glocke

Die Gesellschaft hat die Strafe
erfunden, die Theologie die Hölle,
und für die Fälle, in denen die irdische
Sühne ausbleibt und der Glaube ans
Jenseits versagt, hat unsere Feigheit
die Reue erfunden.
Arthur Schnitzler, in: Jüdischer Almanach 5670
(Wien 1910)

Die Leidenschaften sind nur Natur,
aber Nicht-Bereuen ist Verdorbenheit.
Joseph Joubert, Gedanken, Versuche und Maximen

Die Reue ist das Bedauern darüber,
dass man so lange gewartet hat,
es zu tun.
Henry Louis Mencken

Die Reue ist eine Art Selbstvorwurf,
dass man etwas Nützliches vorbeigehen ließ. Das Nützliche aber muss
etwas Gutes sein, und der sittlich gute
Mensch muss sich darum bemühen.
Mark Aurel, Selbstbetrachtungen

Die Reue spricht sich aus,
und du wirst Gnade finden.
Johann Wolfgang von Goethe, Faust II (Erzbischof)

Die Reue treibt den Schwachen
zur Verzweiflung und macht
den Starken zum Heiligen.
Marie von Ebner-Eschenbach, Aphorismen

Ein jeder seufze, reinige sich
von den Todsünden und zerfließe
in Tränen, wenn er
den Höllenstrafen entgehen will!
Ecbasis captivi in belehrender Gestalt (Nachtigall)

Ein weiser Mann scheut das Bereuen,
er überlegt seine Handlung vorher.
Epicharmos, Fragmente

Erst im Maul der Katze
beginnt die Maus zu bereuen.
Sprichwort aus Spanien

Es freut sich die Gottheit
der reuigen Sünder.
Johann Wolfgang von Goethe,
Der Gott und die Bajadere

Hast und Reue
sind Bruder und Schwester.
Sprichwort aus Bosnien

Ich bereue nichts.
Damit verschwendet man nur Zeit,
die immer wertvoller wird.
Peter Ustinov, Peter Ustinovs geflügelte Worte

Ich bereue nichts im Leben –
außer dem, was ich nicht getan habe.
Coco Chanel

Ich bereue nichts, sagt der Übermut,
ich werde nichts bereuen,
die Unerfahrenheit.
Marie von Ebner-Eschenbach, Aphorismen

Ich glaube, wir verschwenden viel
zu viel Zeit mit Reue.
Elizabeth von Arnim, Elizabeth auf Rügen

Ich kenne keine oberflächliche, keine
halbe und keine in äußerem Getu sich
erschöpfende Reue: Reue, die diesen
Namen verdient, muss mich von allen
Seiten packen, sie muss mich innerlich
ergreifen und traurig machen,
so in der Tiefe, wie Gott mich sieht,
ganz und gar.
Michel Eyquem de Montaigne, Die Essais

Ich liebe mein Leben.
Und ich kann nichts bereuen.
Alma Mahler-Werfel, Mein Leben

In der Reue bedauern wir weniger
die böse Tat, sondern fürchten
ie bösen Folgen.
François de La Rochefoucauld, Reflexionen

Ja, ebenfalls eine wichtige und
die wesentlichste Unterteilung
der Menschen:
Menschen mit
und Menschen ohne Reue.
Leo N. Tolstoi, Tagebücher (1890)

Jung gefreit hat niemand gereut.
Deutsches Sprichwort

Kurze Lust, lange Reue.
Deutsches Sprichwort

Langsam erteilter Rat ist bei weitem
der beste, / Denn wo schnell er
gegeben, folgt die Reu' auf dem Fuß.
Lukian, Epigramme

Mancher sündigt bloß
um des Genusses der Reue willen.
Sascha Guitry

Mich reuen die Sünden,
die ich nicht beging.
Franziska Gräfin zu Reventlow, Tagebücher

Nichts taugt Ungeduld,
Noch weniger Reue;
Jene vermehrt die Schuld,
Diese schafft neue.
Johann Wolfgang von Goethe, Sprüche

Nie hat man den gesehen,
den eine gute Tat gereut hätte.
Jean-Jacques Rousseau, Julie oder Die neue Héloïse
(Julie)

Nie zu bereuen und nie anderen
Vorwürfe zu machen, das sind
die ersten Schritte zur Weisheit.
Denis Diderot, Philosophische Gedanken

Niemals der Reue Raum geben,
sondern sich sofort sagen: das hieße ja
der ersten Dummheit eine zweite
zugesellen.
Friedrich Nietzsche, Menschliches, Allzumenschliches

Nur dem, der bereut, wird verziehen
im Leben.
Dante Alighieri, Die Göttliche Komödie

Nutze deine Reue aus! Tief zu bereuen
heißt von neuem leben.
Henry David Thoreau, Journal

Reu ist aller Sünden Tod.
Sie hilft dem Sünder aus der Not.
Freidank, Bescheidenheit

Reu' um Geschehnes ist
Verlorne Arbeit.
Christian Dietrich Grabbe,
Herzog Theodor von Gothland (Gothland)

Reue ist der feste Vorsatz,
beim nächsten Mal
keine Fingerabdrücke zu hinterlassen.
Marcel Achard

Reue ist eine Bemühung der Natur,
die aus der Seele die Prinzipien der
Verdorbenheit verscheucht.
Joseph Joubert, Gedanken, Versuche und Maximen

Reue ist keine Tugend oder entspringt
nicht aus der Vernunft; viel mehr
ist der, welcher eine Tat bereut,
doppelt elend oder unvermögend.
Baruch de Spinoza, Ethik

Reue ist mehr als Bedauern.
Reue ist ein starker Affekt:
Der reuige Mensch empfindet Ekel
vor sich selbst und seinen Taten.
Erich Fromm, Liebe zum Leben

Reue ist selten mehr
als die Einsicht, dass irgendein Gewinn
den Preis nicht wert war,
den man dafür bezahlen musste.
Arthur Schnitzler, Buch der Sprüche und Bedenken

Reue ist Verstand,
der zu spät kommt.
Ernst von Feuchtersleben, Aphorismen

Reue nämlich ist Unlust,
verbunden mit der Idee
seiner selbst als Ursache.
Baruch de Spinoza, Ethik

Vergangne Torheit zu bereuen,
Hilft nur, wenn wir sie nicht erneuen.
Friedrich von Bodenstedt, Mirza Schaffy

Was hilft es, dass ich jetzt bereue?
Nur die Taten zählen.
Petter Moen, Petter Moens Tagebuch

Was ist Reue?
Eine große Trauer darüber,
dass wir sind, wie wir sind.
Marie von Ebner-Eschenbach, Aphorismen

Wen es reut, gefehlt zu haben,
der ist fast unschuldig.
Lucius Annaeus Seneca, Agamemnon

Wer bereut, hat die Chance,
dass er eine Gegenwart haben wird,
deren er sich in Zukunft
nicht zu schämen braucht.
Ludwig Marcuse, Argumente und Rezepte.
Ein Wörter-Buch für Zeitgenossen

Wer seine Sünde bereut und
sie eingesteht, dem ist sie vergeben.
Jacob und Wilhelm Grimm, Marienkind

Wie die Zeit die Betrübnis mildert,
so mildert sie auch die Reue.
Johann Wolfgang von Goethe, Ephemerides

Zorn beginnt mit Torheit und
endet mit Reue.
Deutsches Sprichwort

Zu früh gefreit hat manchen gereut.
Deutsches Sprichwort

Revolution

Auch die Kunst ist revolutionäres Tun.
Renato Guttuso, Das Handwerk der Maler

Bei keiner Revolution
sind die Extreme zu vermeiden.
Bei der politischen will man anfänglich nichts weiter als die Abstellung
von allerlei Missbräuchen; aber ehe
man es sich versieht, steckt man tief
in Blutvergießen und Greueln.,
Johann Wolfgang von Goethe überliefert von
Johann Peter Eckermann (Gespräche mit Goethe)

Der Gedanke an den Tod, verbunden
mit dem Gedanken an das Glück,
ist das stärkste Dynamit des Daseins,
die tiefste Wurzel aller Revolutionen.
Ludwig Marcuse, Argumente und Rezepte.
Ein Wörter-Buch für Zeitgenossen

Die großen Führer aller Zeiten,
die der Revolution hauptsächlich,
waren sehr beschränkt und haben
deshalb den größten Einfluss ausgeübt.
Gustave Le Bon, Psychologie der Massen

Die großen Revolutionen
vollziehen sich mehr durch Prinzipien
als durch Bajonette;
zuerst in den sittlichen Werten,
dann in den wirtschaftlichen.
Giuseppe Mazzini, Manifest des Jungen Italien

Die gründlichsten Revolutionäre
sind die Menschenfresser.
Sie sind nicht nur theoretisch
intolerant und nur teilweise,
sondern in praxi und radikal.
Ludwig Marcuse, Argumente und Rezepte.
Ein Wörter-Buch für Zeitgenossen

Die künftige Revolution wird
eine Revolution gegen die Gesetze der
Vernunft und der Gesellschaft sein.
Leo N. Tolstoi, Tagebücher (1858)

Die Minderberechtigten erheben sich,
um Gleichheit zu erlangen, und die
Gleichgestellten, um größere Rechte
zu bekommen. Das also sind die
Stimmungen, die den Revolutionen
den Boden bereiten.
Aristoteles, Politik

Die Revolution
ist die erfolgreiche Anstrengung,
eine schlechte Regierung loszuwerden
und eine schlechtere zu errichten.
Oscar Wilde

Die Revolution ist wie Saturn,
sie frisst ihre eigenen Kinder.
Georg Büchner, Danton's Tod

Die Revolution kennt keine Triebe;
denn die Revolution ist Trieb.
Fidel Castro

Die Revolutionen und die Schritte
der Menschheit auf dem Weg
zu ihrer Bestimmung, all diese Schritte
erfolgen nicht auf dieselbe Art,
und wer eine Revolution kennt,
kennt sie alle, aber wohin
die Serie dieser Revolutionen führt,
das weiß man nicht.
Théodore Jouffroy, Das grüne Heft

Die Sauberkeit einer Revolution
dauert höchstens vierzehn Tage.
Jean Cocteau

Die Schemel wollen
auf die Bänke steigen.
Deutsches Sprichwort

Die Schläge der königlichen Autorität
sind wie Blitzschläge,
die nur einen Augenblick dauern;
aber die Revolutionen der Völker sind
wie Erdbeben, deren Erschütterungen
auf unermessliche Entfernungen hin
wirken.
Antoine Comte de Rivarol, Maximen und Reflexionen

Durch das Opfer bestätigt
die Revolution den Aberglauben.
Charles Baudelaire, Tagebücher

Durch eine Revolution wird vielleicht
wohl ein Abfall von persönlichem
Despotism und gewinnsüchtiger oder
herrschsüchtiger Bedrückung, aber

niemals wahre Reform der Denkungsart zustande kommen; sondern neue
Vorurteile werden, eben sowohl als die
alten, zum Leitbande des gedankenlosen großen Haufens dienen.
Immanuel Kant, Beantwortung der Frage:
Was ist Aufklärung?

Ein großes Volk im Aufruhr kann
nichts als Hinrichtungen vollziehen.
Antoine Comte de Rivarol, Maximen und Reflexionen

Ein Hauptbeweggrund der Revolution
ist das gleiche Gefühl, das Kinder ihr
Spielzeug kaputt machen lässt:
die Freude am Zerstören.
Leo N. Tolstoi, Tagebücher (1905)

Ein Revolutionär ist ein Mann,
der das Feuer der Unzufriedenheit
mit Benzin löscht.
Henry de Montherlant

Eine neue Staatsform wird stets
durch gewaltsame Mittel geschaffen.
Auch dann, und dann vielleicht
ganz besonders, wenn sie unter dem
Schlagwort von der Abschaffung
der Gewalt eingeführt wurde.
Nur dass die Gewaltsamkeit in solchen
Fällen sich in hinterhältigeren
Methoden auszuwirken pflegt
als in ehrlichen Revolutionen.
Arthur Schnitzler, Buch der Sprüche und Bedenken

Eine Revolution kann ihr Ziel nur
erreichen, indem sie es überschreitet.
Es bedarf eines Sprunges von zehn
Fuß, um über einen nur neun Fuß
breiten Graben zu setzen.
Théodore Jouffroy, Das grüne Heft

Es gibt eine totale Revolution, die
unsere Denkweise ebenso verändert
wie die Verteilung der Glücksgüter.
François de La Rochefoucauld, Unterdrückte Maximen

Es liegt im Wesen der Revolutionen,
dass sie von Pedanten missverstanden,
von Bösewichtern missbraucht
und von der Masse als Schicksal
hingenommen werden.
Arthur Schnitzler, Aphorismen und Betrachtungen
aus dem Nachlass

Furchtbar ist eine Revolution nur,
wenn ihr nicht Einhalt geboten
werden kann.
Leo N. Tolstoi, Tagebücher (1905)

Fürchterlich / ist einer,
der nichts zu verlieren hat.
Johann Wolfgang von Goethe, Die natürliche Tochter
(König)

Genau haben die meisten
Revolutionisten gewiss nicht gewusst,
was sie wollten – Form oder Unform.
Novalis, Politische Aphorismen

Ich glaube an eine künftige Revolution
der Gesinnungen und Vorstellungsarten, die alles bisherige schamrot
machen wird.
Friedrich Hölderlin, Briefe (an Johann Gottfried Eben,
10. Januar 1797)

»Ich habe immer Revolutionen gehasst
(...) wegen der Reaktionäre, die folgten« (Henry Adams).
Kommentar: Ist dieser Satz
revolutionär oder reaktionär?
Ludwig Marcuse, Argumente und Rezepte. Ein Wörter-Buch für Zeitgenossen

Ich schrieb und sprach im Namen
der Menschheit und der Erfahrung
aller Zeiten zwecklos zugunsten der
Religion, der Moral und der Politik.
Meine Stimme verlor sich in der allgemeinen Zerstörung, und ich schwieg.
Antoine Comte de Rivarol, Maximen und Reflexionen

Ich schwöre es bei allen Göttern
des Himmels und der Erde, der
zehnte Teil von dem, was jene Leute
in Deutschland erduldet haben,
hätte in Frankreich sechsunddreißig
Revolutionen hervorgebracht und
sechsunddreißig Königen die Krone
mitsamt dem Kopf gekostet.
Heinrich Heine, Vorrede zu Salon I

In allen Revolutionen war die Utopie,
die Phantasie von einer glücklichen
Gesellschaft, immer die stärkste Kraft.
Ludwig Marcuse, Argumente und Rezepte.
Ein Wörter-Buch für Zeitgenossen

In den ruhigen Zeiten hängt der
Ruhm von den höheren Klassen ab,
in revolutionären von den niederen,
und das ist die Zeit der falschen
Berühmtheiten.
Antoine Comte de Rivarol, Maximen und Reflexionen

In Deutschland kann es keine
Revolution geben, weil man dazu
den Rasen betreten müßte.
Josef W. Stalin

In jeder militanten Bewegung,
die den Umsturz der bestehenden
Verhältnisse anstrebt, werden in
letzter Instanz immer die Extremisten
an die Spitze gelangen.
Cyrus Leo Sulzberger

Ist das Volk aufgeklärter als der Thron,
so ist es der Revolution sehr nahe.
Dies geschah 1789, als die Finsternis
über den Thron hereinbrach inmitten
der Aufklärung.
Antoine Comte de Rivarol, Maximen und Reflexionen

Jede Revolution geht
auf Naturzustand hinaus,
Gesetz- und Schamlosigkeit.
Johann Wolfgang von Goethe, Maximen und
Reflexionen

Jede Revolution ist viel weniger
Bauplatz der Zukunft als Auktion
der Vergangenheit.
Heimito von Doderer, Repertorium. Ein Begreifbuch
von höheren und niederen Lebens-Sachen

Konservativismus:
die Verehrung toter Revolutionäre.
Clinton Rossiter

Meine Herren Revolutionäre,
eure Vorstellungen sind so eng wie die
eines Kleinbürgers aus Besançon.
Francis M. de Picabia, Aphorismen

Mit Revolution oder Umwälzung
heilet ihr nicht gerade ein Volk;
ihr stürzt und stellt es ja bloß wie
einen Ertrunkenen auf den Kopf,
oder ihr tragt ein erfrornes Volk
schnell in ein heißes Zimmer;
die Scheinleiche stirbt daran.
Jean Paul, Dämmerungen für Deutschland

Nicht allen Revolutionen gehen
Zeichen und Warnungen vorher;
es gibt auch eine politische Apoplexie.
Ludwig Börne, Aphorismen

Nur als der Einzelne ist der Mensch
das Absolute, und dieses Bewusstsein
wird ihn vor allem revolutionären
Radikalismus retten.
Søren Kierkegaard, Entweder – Oder

Nur die Revolution ist segensreich,
die Altes allein dadurch zerstört,
dass sie bereits Neues errichtet hat.
Leo N. Tolstoi, Tagebücher (1905)

Oft klammert sich ein Erschreckter
wie ein Kind in seiner Angst an den,
vor dem er erschrocken ist.
So machen Nationen die Führer
der Revolution zu ihren Fürsten.
Arthur Schnitzler, Buch der Sprüche und Bedenken

Revolution,
das ist eine Unternehmung,
in der einige hundert oder tausend
Unschuldige oder wenigstens
Unrichtige umgebracht werden,
damit irgendein Schuldiger oder
wenigstens ein Unrichtiger
zur Macht gelangt.
Arthur Schnitzler, Aphorismen und Betrachtungen
aus dem Nachlass

Revolution?
Der Besitz wechselt die Taschen.
Georg Kaiser

Revolution ist Lebensmüdigkeit.
Heimito von Doderer

Revolution ist nicht Barrikade;
Revolution ist ein Geisteszustand.
José Ortega y Gasset

Revolutionen gelingen, wenn sie
dem Volk aufs Maul schauen.
Heinrich Nüsse

Revolutionen sind Zeiten,
in denen der Arme
seiner Rechtschaffenheit,
der Reiche seines Vermögens
und der Unschuldige seines Lebens
nicht mehr sicher ist.
Joseph Joubert, Gedanken, Versuche und Maximen

Selbst im Falle einer Revolution
würden die Deutschen sich nur
Steuerfreiheit, nie Gedankenfreiheit
zu erkämpfen suchen.
Friedrich Hebbel, Tagebücher

Sobald man die Völker
zu sehr drangsaliert,
werden sie ihre Ketten zerbrechen.
Voltaire, Die Briefe Amabeds

Übrigens, wenn eine Revolution
einmal gelungen und eine neue
Verfassung gegründet ist, so kann die
Unrechtmäßigkeit des Beginnens und
der Vollführung derselben die Untertanen von der Verbindlichkeit, der neuen
Ordnung der Dinge sich, als gute
Staatsbürger, zu fügen, nicht befreien,
und sie können sich nicht weigern,
derjenigen Obrigkeit zu gehorchen,
die jetzt die Gewalt hat.
Immanuel Kant, Die Metaphysik der Sitten

Von oben herab muss reformiert
werden, wenn nicht von unten
hinauf revolutioniert werden soll.
Karl Julius Weber, Democritos

Vor der Revolution
war alles Bestreben; nachher
verwandelte sich alles in Forderung.
Johann Wolfgang von Goethe,
Maximen und Reflexionen

Wenn sich die Völker selbst befreien,
Da kann die Wohlfahrt nicht gedeihn.
Friedrich Schiller, Das Lied von der Glocke

Wer eine friedliche Revolution
unmöglich macht,
macht eine gewaltsame unvermeidbar.
John Fitzgerald Kennedy

Wer heute versucht, etwas Bewahrenswertes zu bewahren, der muss schon
fast ein Revolutionär sein.
Erhard Eppler

Wer vor einem blutroten Gemeinderate
der Revolution steht, und, nachdem
er das Wort gehört: Du verlierst deinen
Kopf, dennoch seinen zeigt oder auf-
setzt: Der hat eine Schlacht gewonnen
schon vor Tod und Fallen.
Jean Paul, Dämmerungen für Deutschland

Wir brauchen keine Revolutionen, vorausgesetzt, dass wir uns entwickeln,
dass wir immer offen sind für neue
Erfahrungen, dass wir aufgeschlossen
sind für andere Menschen und das,
was sie uns zu geben haben.
Anaïs Nin, Absage an die Verzweiflung

Worte besitzen Revolutionscharakter,
Worte beherrschen die Menschheit.
Ludwig Feuerbach, Das Wesen des Christentums

Zu Beginn der Revolution sagte
die Minderheit zur Mehrheit:
Ordne dich unter!,
und dann die Mehrheit zur Minderheit:
Seien wir gleich!
Das hat sich inzwischen
furchtbar gerächt.
Antoine Comte de Rivarol, Maximen und Reflexionen

Rezension

Das ist ein lebendes Laster,
ein Kerl, der sein Leben damit fristet,
dass er alle Stücke und Bücher
mit seiner giftigen Jauche bekleckert.
Er hasst alle Leute, die Erfolg haben,
wie den Eunuchen alle Männer
verhasst sind, die an einem Weib
ihre Lust haben können. Er ist
eine jener kriechenden Schlangen
in der Literatur, die sich von Schlamm
und Gift nähren, ein Schmierfink
und Zeilenschinder.
Voltaire, Candide oder Die beste der Welten

Es ist fast die Regel,
dass alte Rezensenten unzufrieden
und quengelig sind.
Sie haben die Illusion verloren.
August Strindberg, Der Sohn der Magd

Es ist immer besser, einem schlechten
Schriftsteller gleich den Gnadenstoß
zu geben, als ihn wenig lebendig
von unten herauf zu rezensieren.
Georg Christoph Lichtenberg, Sudelbücher

Ich sehe die Rezensionen
als eine Art von Kinderkrankheit an,
die die neugeborenen Bücher mehr
oder weniger befällt.
Georg Christoph Lichtenberg, Sudelbücher

Je eingeschränkter der Mensch,
desto mehr glaubt er Rezensionen.
Jean Paul, Vorschule der Ästhetik

Rezensenten gleichen den Torschrei-
bern, die arme Teufel streng visitieren,
große Herren aber passieren lassen
unter tiefen Bücklingen.
Karl Julius Weber, Democritos

Rezensenten sind
literarische Polizeibeamten.
Novalis, Vermischte Bemerkungen

Viele Rezensenten können schreiben,
aber nicht lesen.
Ludwig Marcuse, Argumente und Rezepte.
Ein Wörter-Buch für Zeitgenossen

Rezept

Das Rezept war ausgezeichnet,
nur die Arznei taugte nichts.
Chinesisches Sprichwort

Es ist leicht, tausend Rezepte
zu bekommen, doch schwer,
wirklich Heilung zu erlangen.
Chinesisches Sprichwort

Rhein

Aber jetzt kehr ich zurück an den
Rhein, in die glückliche Heimat,
Und es wehen, wie einst,
zärtliche Lüfte mich an.
Friedrich Hölderlin, Der Wanderer

Der Rhein will alle Jahr
sein Opfer haben.
Deutsches Sprichwort

Man könnte diesen Fluss geradezu für
den Schutzgeist Deutschlands halten.
Seine Flut ist klar, reißend, majestätisch wie das Leben eines Heroen
der Vorzeit.
Germaine Baronin von Staël, Über Deutschland

Wie begrüßt ich so oft mit Staunen
die Fluten des Rheinstroms,
Wenn ich, reisend nach meinem
Geschäft, ihm wieder mich nahte!
Immer schien er mir groß,
und erhob mir Sinn und Gemüte.
Johann Wolfgang von Goethe, Hermann und Dorothea
(1. Gesang)

Rhythmus

Alles Poetische sollte
rhythmisch behandelt werden!
Das ist meine Überzeugung.
Johann Wolfgang von Goethe, Briefe (an Schiller,
25. November 1797)

Der Rhythmus
hat etwas Zauberisches,
sogar macht er uns glauben,
das Erhabene gehöre uns an.
Johann Wolfgang von Goethe,
Maximen und Reflexionen

Ich ehre den Rhythmus
wie den Reim,
wodurch Poesie erst
zur Poesie wird.
Johann Wolfgang von Goethe, Dichtung und Wahrheit

Im Anfang war der Rhythmus.
Hans von Bülow

Was Kunst ist,
wissen Sie ebensogut wie ich,
es ist nichts weiter als Rhythmus.
Kurt Schwitters, Das literarische Werk Bd. 5

Richten

Aber man soll den Gegenteil hören,
ehe man richtet.
Johann Wolfgang von Goethe, Reineke Fuchs

Auch sind wir nicht bestellt,
uns selbst zu richten.
Johann Wolfgang von Goethe, Iphigenie auf Tauris
(Pylades)

Der Schein ist gegen mich,
doch darf ich hoffen, / Dass ich nicht
nach dem Schein gerichtet werde.
Friedrich Schiller, Maria Stuart (Leicester)

Richtet nicht,
damit ihr nicht gerichtet werdet!
Denn wie ihr richtet,
so werdet ihr gerichtet werden,
und nach dem Maß, mit dem ihr messt,
wird euch zugeteilt werden.
Neues Testament, Matthäus 7, 1–2 (Jesus: Bergpredigt)

Um gut zu richten,
muss man gut hören.
Sprichwort aus Italien

Wenn man schon einmal
einen Menschen richtet,
dann muss man es mit Kenntnis
aller Umstände tun.
Fjodor M. Dostojewski, Die Sanfte

Wer alles will verfechten,
Der hat gar viel zu rechten.
Deutsches Sprichwort

Wer andre richtet,
verurteilt sich selbst.
Martin Luther, Tischreden

Richter

Der eitle, schwache Mensch
sieht in jedem einen Richter,
der stolze, starke hat keinen Richter
als sich selbst.
Marie von Ebner-Eschenbach, Aphorismen

Der Gerechtigkeitssinn milder Richter
ist nur Liebe zu ihrer Würde.
François de La Rochefoucauld, Unterdrückte Maximen

Der gnädigste von allen Richtern
ist der Kenner.
Friedrich Schiller, Kleine Schriften
vermischten Inhaltes (Einleitung)

Der Richter wird verurteilt,
wenn ein Schuldiger
freigesprochen wird.
Publilius Syrus, Sentenzen

Deutsche Richter sind unbestechlich
und regimeübergreifend, werden
bereits als Richter geboren und streben
dann zielsicher der Unsterblichkeit zu.
Vermutlich werden sie auch unbefleckt
empfangen, sterben hie und da auch
einmal, stehen aber wieder auf und
fahren dann wie Flammenschwerter
unter das gemeine Volk.
Dieter Hildebrandt

Ein eiliger Richter ist gefährlich.
Sprichwort aus Frankreich

Ein Richter, der nicht strafen kann,
Gesellt sich endlich zum Verbrecher.
Johann Wolfgang von Goethe, Faust II (Kanzler)

Ein Richter ist erst, wer nachts
verfassungsrechtlich träumt.
Ernst Benda

Erste Frage an einen rigorosen Richter:
Was haben Sie auf dem Kerbholz?
Ludwig Marcuse, Argumente und Rezepte.
Ein Wörter-Buch für Zeitgenossen

Ich glaube an keine Unfehlbarkeit
des Richters.
Heinrich Zschokke, Ährenlese

Man kann nicht zugleich Richter
und Partei sein.
Sprichwort aus Frankreich

Man sucht im Richter den Mann
der rechten Mitte, weshalb man
die Richter an manchen Orten auch
»Vermittler« nennt in dem Sinne,
dass man sein Recht erhält,
wenn man das Mittlere erlangt.
Aristoteles, Nikomachische Ethik

Manche Richter sind so stolz
auf ihre Unbestechlichkeit, dass sie
darüber die Gerechtigkeit vergessen.
Oscar Wilde

Niemand ist dem Verurteilten näher
als sein Richter.
Siegfried Lenz, Zeit der Schuldlosen (1962)

O könnten unsre Kerker sprechen,
Ihr Herrn von der Gerechtigkeit!
Da würden Euere Verbrechen
Uns zeigen, wie gerecht Ihr seid.
August Heinrich Hoffmann von Fallersleben,
Die ungerechten Richter

Pflicht der Richter ist es,
Recht zu sprechen; ihr Handwerk,
die Rechtsprechung aufzuschieben.
Manche kennen ihre Pflicht
und üben ihr Handwerk.
Jean de La Bruyère, Die Charaktere

Rechte nicht mit einem Richter,
denn er spricht Recht,
wie es ihm beliebt.
Altes Testament, Jesus Sirach 8, 14

Richter sollen
zwei gleiche Ohren haben.
Deutsches Sprichwort

Vor den Richter gehen heißt aber,
auf Gerechtigkeit ausgehen;
denn der Richter soll gewissermaßen
die lebendige Gerechtigkeit sein.
Aristoteles, Nikomachische Ethik

Wir können unsere eigenen Fehler
nicht sehen, sobald aber andere
sich verfehlen, sind wir Richter.
Phaedrus, Fabeln

Richtig

Es kommt nicht darauf an,
Recht zu behalten,
sondern das Richtige zu tun.
Norbert Blüm

Halb richtig ist meistens ganz falsch.
Manfred Rommel, Rommel-Kalender

Ich halte es für unsere Pflicht,
das Richtige zu tun,
auch wenn wir wissen, dass wir
nicht durchs Leben gehen können,
ohne Fehler zu machen.
Vincent van Gogh, Briefe

Nicht alles, was populär ist,
ist richtig.
Norbert Blüm, Ein ZEIT-Interview mit Norbert Blüm.
In: DIE ZEIT, Nr. 10/1989

Richtschnur

Manche haben eine lange Leitung
aus lauter Richtschnüren.
Peter Maiwald

Setze den Stein nach der Richtschnur,
nicht die Richtschnur nach dem Stein.
Johann Wolfgang von Goethe, Maximen und
Reflexionen

Richtung

Es gab kein Ziel.
Er fand die Richtung.
Erich Kästner, Dr. Erich Kästners lyrische Hausapotheke

Gib der Welt, auf der du wirkst,
die Richtung zum Guten, so wird
der ruhige Rhythmus der Zeit
die Entwicklung bringen.
Friedrich Schiller, Über die ästhetische Erziehung
des Menschen

Kurzum, der Lauf der Dinge mag so
veränderlich sein wie eine dahin-
eilende Wolke, aber die Richtung
muss so starr sein wie eine Landstraße
in Frankreich.
Gilbert Keith Chesterton, Heretiker

Links oder rechts?
Von wo aus?
Ludwig Marcuse, Argumente und Rezepte.
Ein Wörter-Buch für Zeitgenossen

Ob du wenig tust oder viel,
Drauf kommt's nicht an!
Ich seh nur auf das Ziel –
Die Richtung macht den Mann.
Eduard von Bauernfeld, Poetisches Tagebuch

Unser Kopf ist rund,
damit die Gedanken
die Richtung ändern können.
Francis Picabia

Wer den Zug der Zeit nicht besteigt,
kann auch nicht
die Richtung bestimmen.
Norbert Blüm, Unverblümtes von Norbert Blüm

Wer die Zukunft
als Gegenwind empfindet,
geht in die falsche Richtung.
Martin Held

Wenn ein Zug
in die falsche Richtung fährt,
sind alle Stationen falsch.
Franz Josef Strauß

Wenn man in die falsche Richtung
läuft, hat es keinen Zweck,
das Tempo zu erhöhen.
Birgit Breuel

Riese

Der Riese liebt den Zwerg.
Sprichwort aus England

O herrlich ist's,
Zu haben eines
Riesen Kraft; doch grausam,
Sie wie ein Riese zu gebrauchen.
William Shakespeare, Ende gut, alles gut (Isabelle)

Riesen sind gewöhnlich
so schwachköpfig als Zwerge.
Jean Paul, Dämmerungen für Deutschland

Wenn Riese sich mit Riesin paart
Was anders gibt's als Riesenart?
Jüdische Spruchweisheit

Ring

Der Ehering ist
eine Tapferkeitsauszeichnung,
die man am Finger trägt.
Noël Coward

Der Ring macht Ehen
Und Ringe sind's,
die eine Kette machen.
Friedrich Schiller, Maria Stuart (Elisabeth)

Die Dame, schön von Wuchs
und edlem Antlitz,
Braucht Ringe nicht
und Schminke schwarz und rot.
Mosleh od-Din Saadi, Der Rosengarten

Ringen

Die Lebenskunst ist der Ringkunst
ähnlicher als der Tanzkunst.
Mark Aurel, Selbstbetrachtungen

Die Ringenden sind die Lebendigen.
Gerhart Hauptmann, Der arme Heinrich

Jeder muss sich ein Ziel setzen,
das er nicht erreichen kann,
damit er stets zu ringen
und zu streben habe.
Johann Heinrich Pestalozzi, Der natürliche
Schulmeister

Risiko

Aufrichtige, ehrliche Menschen
sind schwache, phantasielose Tölpel,
die kein Risiko im Leben eingehen
wollen.
Ephraim Kishon, Kishon für alle Fälle

Jede Förderung der Wirtschaft
hat dort eine Grenze,
wo versucht wird,
ihr Risiko auf den Staat zu verlagern.
Wilhelm Kaisen

Ohne Risiko geschieht keine große
und denkwürdige Tat.
Terenz, Der Selbstquäler

Wer möcht' den Einsatz wohl riskieren
Wo man nur Ruß gewinnt und
Perlen kann verlieren.
Jüdische Spruchweisheit

Ritter

Das Rittertum ist für die Neuern,
was die Zeit der Heroen
für die Alten war.
Germaine Baronin von Staël, Über Deutschland

Das Rittertum ist
im Norden entstanden,
aber nur im Süden Frankreichs ist es
durch den Zauber der Poesie
und der Liebe verschönt worden.
Germaine Baronin von Staël, Über Deutschland

Die Ritterbücher zeigen uns die Welt
nach einem ganz falschen Ideal,
in einer Art von Kavalierperspektive,
aus einem Augenpunkt,
wo wir nie hinkommen.
Georg Christoph Lichtenberg, Sudelbücher

Einen guten Ritter soll man
wert halten und lieben,
wenn man ihn findet.
Chrétien de Troyes, Yvain

Es sind nicht alles Ritter,
die zu Pferde reiten.
Sprichwort aus Frankreich

Wenn der Ritter seine Schöne nicht
für die schönste und einzige hielte,
würde er Drachen und Ungeheuer
um ihretwillen bekämpfen?
Johann Wolfgang von Goethe, Briefe
(an K.F. von Reinhard, 22. Juli 1810)

Widersacher, Weiber, Schulden,
Ach! kein Ritter wird sie los.
Johann Wolfgang von Goethe, Ritter Kurts Brautfahrt

Wir machen uns über die fahrenden
Ritter lustig! Sie kannten die Liebe,
und wir kennen nur noch
die Ausschweifung.
Jean-Jacques Rousseau, Emile

Ritterlichkeit

Bequemlichkeit und ritterliches
Ansehen widersprechen sich völlig.
Gottfried von Straßburg, Tristan

Wo Tapferkeit ist,
da ist auch Ritterlichkeit.
Sprichwort aus Frankreich

Ritus

Der Ritus ist älter als die Idee;
er ist viel primitiver
und wilder als die Idee.
Gilbert Keith Chesterton, Heretiker

Die Riten gelten für die Edlen,
die Strafgesetze für den Pöbel.
Chinesisches Sprichwort

Rivalität

Der Ehrsüchtige bedauert es,
wenn sein Rivale aus dem Wettbewerb
ausscheidet, denn dieser Mann könnte
die Unverschämtheit haben,
in seinem Herzen zu denken:
Ich hätte ihn doch besiegt, wenn ich
mich länger darum bemüht hätte.
Stendhal, Über die Liebe

Ein alter Liebhaber fürchtet
oder verachtet einen neuen Rivalen
je nach dem Charakter der Person,
der er huldigt.
Jean de La Bruyère, Die Charaktere

Ich will den anerkennen können,
der in irgendetwas mit mir rivalisiert.
Franziska Gräfin zu Reventlow, Tagebücher

Kein Couturier kann ein Kleid
so exakt beschreiben wie eine Frau,
die die Robe einer Rivalin
demonstrativ ignoriert.
Hubert de Givenchy

Meistens fährt man besser, wenn
man, ohne mit der Wimper zu zucken,
abwartet, bis der Rivale durch seine
eigene Dummheit bei der Geliebten
verspielt. Denn eine Frau von Geist
wird, wenn es sich nicht etwa um
eine große, aus einer Jugendliebe
erwachsene Leidenschaft handelt,
einen durchschnittlichen Menschen
nicht lange lieben.
Stendhal, Über die Liebe

Neidische Menschen mit feiner
Witterung suchen ihren Rivalen
nicht genauer kennen zu lernen, um
sich ihm überlegen fühlen zu können.
Friedrich Nietzsche, Morgenröte

Zwei Hahnen auf einem Mist
vertragen sich nicht.
Deutsches Sprichwort

Rohheit

Ein Mensch, der eitel ist,
kann sie ganz roh sein;
denn er wünscht zu gefallen,
und so akkomodiert er sich andern.
Johann Wolfgang von Goethe, überliefert von
Friedrich Wilhelm Riemer (Mittheilungen über Goethe)

Eine Rohheit kann nur durch
eine andere ausgetrieben werden,
die noch gewaltiger ist.
Johann Wolfgang von Goethe, überliefert von
Johann Peter Eckermann (Gespräche mit Goethe)

Es ist der Krieg
ein roh gewaltsam Handwerk.
Friedrich Schiller, Die Piccolomini (Illo)

Rohheit führt zu Hass
und grausamem Krieg.
Ovid, Liebeskunst

Wo Geschmacklosigkeit daheim ist,
wird auch immer
etwas Rohheit wohnen.
Marie von Ebner-Eschenbach, Aphorismen

Wo rohe Kräfte sinnlos walten,
Da kann sich kein Gebild gestalten.
Friedrich Schiller, Das Lied von der Glocke

Rolle

Beim Theater ist jede Rolle wichtig.
Ich werde nicht dadurch zum König,
dass ich mich königlich gebärde,
sondern dadurch, dass der Diener sich
vor mir verneigt.
Will Quadflieg

Der Herrscher muss ein Herrscher,
der Minister ein Minister, der Vater
ein Vater, und der Sohn ein Sohn sein.
Konfuzius, Gespräche

Die entscheidende Fähigkeit
der Frauen ist, zu ahnen,
welche Rolle wem gefällt,
und diese Rolle dann zu spielen.
Leo N. Tolstoi, Tagebücher (1901)

Die Frage ist nicht, ob eine schöne
Frau schön genug für die Rolle ist.
Die Frage ist, ob die Rolle schön genug
für eine schöne Frau ist.
Otto Preminger

Die Karriere mancher Schauspielerin
hat mit der bedeutenden Rolle
begonnen, die sie im Leben
des Regisseurs spielte.
Gabriel Laub

Die Welt ist eine Bühne,
aber die Rollen sind schlecht verteilt.
Oscar Wilde

Erinnere dich, dass du ein Schauspieler
in einem Drama bist; deine Rolle verdankst du dem Schauspieldirektor.
Spiele sie, ob sie nun kurz oder lang
ist. Wenn er verlangt, dass du einen
Bettler darstellst, so spiele auch diesen
angemessen; ein Gleiches gilt für
einen Krüppel, einen Herrscher oder
einen Durchschnittsmenschen. Denn
das allein ist deine Aufgabe: Die dir
zugeteilte Rolle gut zu spielen; sie aus-
zuwählen, ist Sache eines anderen.
Epiktet, Handbuch der Moral

In einer kleinen Rolle
muss man ein großer Künstler sein,
um gesehen zu werden.
August Strindberg, Der Sohn der Magd

Was wir zu erkennen haben und
was wir zu vermeiden suchen,
das ist der Zwang,
eine falsche Rolle zu spielen.
Anaïs Nin, Die Frau legt den Schleier ab

Zunächst einmal ist der Stoff wichtig.
Es hat wenig Sinn,
eine sehr gute Rolle in einem
schlechten Stoff zu spielen.
Heinz Rühmann

Rom

Ein Römer empfindet die Schönheiten
in der Natur und in den Künsten mit
einer erstaunlichen Kraft, Tiefe und
Sicherheit; wenn er aber darzulegen
versucht, was er so entschieden fühlt,
muss man lächeln.
Stendhal, Über die Liebe (Fragmente)

Eine Welt zwar bist du, o Rom;
doch ohne die Liebe / Wäre die Welt
nicht die Welt, wäre denn Rom
auch nicht Rom.
Johann Wolfgang von Goethe, Römische Elegien

Es ist eine angenehme Übung
der Gedanken, sich hie und da zu
fragen, was aus Rom bei veränderten
Umständen geworden wäre?
Johann Gottfried Herder, Ideen zur Philosophie
der Geschichte der Menschheit

Hohe Sonne, du weilst,
und du beschauest dein Rom!
Größeres sahest du nichts
und wirst nichts Größeres sehen,
Wie es dein Priester Horaz
in der Entzückung versprach.
Johann Wolfgang von Goethe, Römische Elegien

In Rom muss man
wie die Römer leben.
Sprichwort aus Frankreich

In Rom strömt alles Schreckliche
und Schändliche zusammen
und wird auch noch gefeiert.
Publius Cornelius Tacitus, Annalen

Ja, ich bin endlich
in dieser Hauptstadt der Welt
angelangt!
Johann Wolfgang von Goethe, Italienische Reise

O wie fühl ich in Rom mich so froh!
Gedenk ich der Zeiten,
Da mich ein graulicher Tag
hinten im Norden umfing.
Johann Wolfgang von Goethe, Römische Elegien

Reichtum eroberte Rom,
als Rom die Welt erobert hatte.
Sprichwort aus Italien

Rom hat gesprochen,
der Fall ist beendet
(Roma locuta, causa finita).
Aurelius Augustinus, Sermones

Rom ist ein riesiger Friedhof,
der von Leben strotzt.
Federico Fellini

Rom lässt sich nicht
aus den Angeln heben.
Jean Daniélou

Rom von seinem höchsten bis
im Notfall zum niedrigsten Gliede
war ein Kriegsstaat.
Johann Gottfried Herder, Ideen zur Philosophie
der Geschichte der Menschheit

Rom wollte herrschen;
als seine Legionen gefallen waren,
schickte es Dogmen in die Provinzen.
Heinrich Heine, Zur Geschichte der Religion und
Philosophie in Deutschland

Saget, Steine, mir an, o sprecht,
ihr hohen Paläste!
Straßen, redet ein Wort!
Genius, regst du dich nicht?
Ja, es ist alles beseelt in deinen
heiligen Mauern,
Ewige Roma; nur mir schweiget noch
alles so still.
Johann Wolfgang von Goethe, Römische Elegien

Seit Roms Untergange
ist in Europa kein kultiviertes Reich
mehr entstanden, das seine ganze
Einrichtung auf Kriege und
Eroberungen gebauet hätte.
Johann Gottfried Herder, Ideen zur Philosophie
der Geschichte der Menschheit

So viele Sterne der Himmel,
so viele Mädchen hat dein Rom.
Ovid, Liebeskunst

Wir betreten Rom in einer erhöhten
Verfassung des Gemüts, wie keine
andere Stadt des Erdkreises sie unserer
Natur abzunötigen vermöchte.
Und etwas von dieser Verfassung
wird für immer zurückbleiben.
Werner Bergengruen

Roman

Alle Romane,
wo wahre Liebe vorkommt,
sind Märchen
– magische Begebenheiten.
Novalis, Fragmente

Das Leben soll kein uns gegebener,
sondern von uns gemachter
Roman sein.
Novalis, Fragmente

Das Unentbehrlichste am Roman ist
das Romantische, in welche Form er
auch sonst geschlagen oder
gegossen werde.
Jean Paul, Vorschule der Ästhetik

Der mittelmäßigste Roman ist immer
noch besser als die mittelmäßigen
Leser, ja der schlechteste partizipiert
etwas von der Vortrefflichkeit
des ganzen Genres.
Johann Wolfgang von Goethe, Maximen und Reflexionen

Der Roman soll eigentlich
das wahre Leben sein, nur folgerecht,
was dem Leben abgeht.
Johann Wolfgang von Goethe (über »Gabriele«
von Johanna Schopenhauer,)

Der schönste, reichste,
beste und wahrste Roman,
den ich je gelesen habe,
ist die Geschichte.
Jean Paul, Aphorismen

Der Zufall ist
der größte Romanschreiber der Welt:
Um fruchtbar zu sein,
muss man ihn studieren.
Honoré de Balzac, Die menschliche Komödie (Vorwort)

Die Bourgeoisie hat die sogenannten
»positiven« Typen und Romane mit
glücklichem Ausgang sehr gern,
denn die beruhigen sie in ihrem
Glauben, das man sowohl Kapital
zusammenscharren als auch
die Unschuld bewahren, ein Tier sein
und gleichzeitig glücklich sein könne.
Anton P. Tschechow, Briefe (13. April 1895)

Die Romane haben unsern Sinn
verdorben. Denn durch die hat
das Heilige aufgehört, heilig zu sein,
und das reinste, menschlichste,
einfältigste Glück ist zu einer bloßen
Träumerei herabgewürdigt worden.
Heinrich von Kleist, Briefe (an Wihelmine von Zenge,
10. Oktober 1801)

Die Romane sind die sokratischen
Dialoge unserer Zeit. In diese liberale
Form hat sich die Lebensweisheit
vor der Schulweisheit geflüchtet.
Friedrich Schlegel, Kritische Fragmente

Eigentlich begehrt und braucht
jeder Mensch
seinen besonderen Roman.
Jean Paul, Kleine Nachschule zur
ästhetischen Vorschule

Ein ehrbares Mädchen
liest keine Liebesgeschichten.
Jean-Jacques Rousseau, Julie oder Die neue Héloïse

Ein Playboy ist ein Mann,
der keinen Roman, sondern immer nur
Kurzgeschichten erlebt.
Erika Pluhar

Ein Roman ist ein Spiegel, der auf
einer großen Straße spazieren geht.
Einmal spiegelt er die Bläue des Himmels wieder und einmal den Schmutz
unter ihm.
Stendhal, Rot und Schwarz

Eine große Stadt
bedarf der Schauspiele und
ein verderbtes Volk der Romane.
Jean-Jacques Rousseau, Julie oder Die neue Héloïse

Einen Roman schreiben,
in dem man vorzeitig
einen Zeitgenossen sterben ließe.
Jules Renard, Ideen, in Tinte getaucht.
Aus dem Tagebuch von Jules Renard

Es ist idiotisch, sieben oder acht
Monate an einem Roman zu schreiben,
wenn man in jedem Buchladen
für zwei Dollar einen kaufen kann.
Mark Twain

Es wächst das Glück, dann wird es
angefochten, / Man ist entzückt,
nun kommt der Schmerz heran,
Und eh man sich's versieht, ist's eben
ein Roman.
Johann Wolfgang von Goethe, Faust (Vorspiel auf dem
Theater: Lustige Person)

Jeder Roman muss einen allgemeinen
Geist beherbergen, der das histo-
rische Ganze ohne Abbruch der freien
Bewegung, wie ein Gott die freie
Menschheit, heimlich zu einem Ziele
verknüpfe und ziehe.
Jean Paul, Vorschule der Ästhetik

Man kann in diesem Zeitalter
Romane nicht mehr lesen
– höchstens noch schreiben.
Robert Neumann

Mit den Romanen ist es
wie mit den Mahlzeiten:
Wenn man sieht,
wie sie zubereitet werden,
kann einem der Appetit vergehen.
Annette Kolb

Niemals hat ein keusches Mädchen
Romane gelesen.
Jean-Jacques Rousseau, Julie oder Die neue Héloïse

Romane sind vielleicht
das letzte Mittel zur Erziehung,
das man einem Volk geben kann,
das so verdorben ist, dass sonst nichts
mehr fruchtet.
Jean-Jacques Rousseau, Julie oder Die neue Héloïse
(Saint-Preux)

Sollte es nicht überflüssig sein,
mehr als einen Roman zu schreiben,
wenn der Künstler nicht etwa
ein neuer Mensch geworden ist?
Friedrich Schlegel, Kritische Fragmente

Wenn man aus einem Roman
eine Kurzgeschichte machen könnte,
ist er überflüssig.
Ernest Hemingway

Wer heute einen utopischen Roman zu
schreiben beginnt, weiß nie, ob er ihn
morgen nicht als Tatsachenbericht
weiterschreiben muss.
Arthur Miller

Wir sind alle potentielle Romanfiguren
– mit dem Unterschied, dass sich
Romanfiguren wirklich ausleben.
Georges Simenon

Romantik

Alle großen Realisten
waren große Romantiker.
Emil Gött, Im Selbstgespräch

Bedeutende Charaktere haben
meist etwas Romantik im Kopf oder
im Herzen. Ein Mensch ohne alle
Romantik kann noch so ehrlich und
geistreich sein, er verhält sich zu
bedeutenden Charakteren wie ein sehr
gescheiter Künstler, dem die ideale
Schönheit fremd ist, zum genialen
Künstler, dem sie vertraut ist.
Chamfort, Maximen und Gedanken

Das Reich des Romantischen teilt
sich eigentlich in das Morgenreich
des Auges und in das Abendreich
des Ohrs und gleicht darin
seinem Verwandten,
dem Traum.
Jean Paul, Kleine Nachschule zur
ästhetischen Vorschule

Das Romantische ist
das Schöne ohne Begrenzung,
oder das schöne Unendliche,
so wie es ein erhabenes gibt.
Jean Paul, Vorschule der Ästhetik

Das Romantische ist schon
in seinen Abgrund verlaufen;
das Grässlichste der neuern
Produktionen ist kaum noch
gesunkener zu denken.
Johann Wolfgang von Goethe,
Maximen und Reflexionen

Das sogenannte Romantische
einer Gegend ist ein stilles Gefühl
des Erhabenen unter der Form der
Vergangenheit oder, was gleich lautet,
der Einsamkeit, Abwesenheit,
Abgeschiedenheit.
Johann Wolfgang von Goethe,
Maximen und Reflexionen

Das Wesen der Romantik
ist die Ungewissheit.
Oscar Wilde

Die Frauen mit romantischen Anfällen
sind sanft und klagend wie Balladen,
die in schottischen Nebeln gesungen
werden. Sie sind bleich wie junge
Mädchen, die durch den Tanz oder
durch die Liebe ins Grab gebracht
werden. Sie sind im reinsten Sinne
des Wortes elegisch; in ihnen
erkörpert sich die ganze Schwermut
des Nordens.
Honoré de Balzac, Physiologie der Ehe

Die Rebellion vieler Romantiker
lag in ihrer Phantasie,
die das Gewohnte
durch Möglichkeiten erschütterte.
Ludwig Marcuse, Argumente und Rezepte.
Ein Wörter-Buch für Zeitgenossen

Die romantische Poesie ist
eine progressive Universalpoesie.
Friedrich Schlegel, Fragmente

Die Welt muss romantisiert werden.
So findet man den ursprünglichen
Sinn wieder.
Novalis, Fragmente

Heutzutage
wird romantisch gescholten,
wer die Natur liebt.
Chamfort, Maximen und Gedanken

Im Herzen sind wir alle
noch Romantiker.
Leonard Bernstein, Von der unendlichen
Vielfalt der Musik

Ist Dichten Weissagen,
so ist romantisches das Ahnen
einer größern Zukunft,
als hienieden Raum hat.
Jean Paul, Vorschule der Ästhetik

Klassisch ist das Gesunde,
romantisch das Kranke.
Johann Wolfgang von Goethe,
Maximen und Reflexionen

Nichts ist seltener als
die romantische Blume.
Jean Paul, Vorschule der Ästhetik

Romantik ist ein Fliehen
vor sich selbst,
das größte Misstrauen,
das man sich selbst ausstellen kann.
So ist es eigentlich ein wenig
mit allem Idealismus.
Jakob Boßhart, Bausteine zu Leben und Zeit

Romantisch ist im tiefsten Grunde
das Beieinandersein von Gegenpolen,
und zwar so, dass der Gegensatz
noch als solcher spürbar bleibt,
während er im Klassischen zu einer
neuen Einheit verschmolzen wird.
Ricarda Huch, Romantischer Sozialismus

Rosamunde (2.4.)

Sturm und Wind an Rosamunde
bringt eine gute Kunde.
Bauernregel

Rose

Dass man der Dornen acht,
haben die Rosen gemacht.
Deutsches Sprichwort

Denn wer sich die Rosen,
die blühenden, bricht,
Den kitzeln fürwahr nur die Dornen.
Johann Wolfgang von Goethe, Gewohnt, getan

Der Brennnessel ganz nah
ist oft die Rose.
Ovid, Heilmittel gegen die Liebe

Der Rose süßer Duft genug,
Man braucht sie nicht zu brechen!
Und wer sich mit dem Duft begnügt,
Den wird ihr Dorn nicht stechen.
Friedrich von Bodenstedt, Mirza Schaffy

Die Nase rümpft oft
vor verblühten Rosen,
Wer vor der Knospe kniete.
William Shakespeare, Antonius und Kleopatra

Die Ros' ist ohn' Warum;
sie blühet, weil sie blühet,
Sie acht't nicht ihrer selbst,
fragt nicht, ob man sie siehet.
Angelus Silesius, Der Cherubinische Wandersmann

Ein Idealist ist ein Mann,
der aus der Tatsache, dass die Rose
besser riecht als der Kohl,
darauf schließt, eine Suppe aus Rosen
müsse auch besser schmecken.
Ernest Hemingway

Es gibt keine noch so schöne Rose,
die nicht zur Hagebutte wird.
Sprichwort aus Frankreich

Für einen Maler gibt es
nichts Schwierigeres,
als eine Rose zu malen,
denn dazu muss er zuerst
alle Rosen vergessen,
die jemals gemalt worden sind.
Henri Matisse

Gibt es ein Ohr so fein,
dass es die Seufzer der welkenden
Rose zu hören vermöchte?
Arthur Schnitzler, Buch der Sprüche und Bedenken

Grün ist die Heide, die Heide ist grün,
Aber rot sind die Rosen,
eh' sie verblühn.
Hermann Löns, Der kleine Rosengarten

Mädchen sind wie Rosen,
kaum entfaltet,
Ist ihre holde Blüte schon veraltet.
William Shakespeare, Was ihr wollt (Herzog)

Rosen, ihr blendenden,
Balsam versendenden!
Flatternde, schwebende,
Heimlich belebende,
Zweigleinbeflügelte,
Knospenentsiegelte,
Eilet zu blühn!
Johann Wolfgang von Goethe, Faust II
(Chor der Engel)

Späte Rosen im Garten
lassen den Winter noch warten.
Bauernregel

Über Rosen lässt sich dichten,
In die Äpfel muss man beißen.
Johann Wolfgang von Goethe, Faust II (Gärtner)

Und der wilde Knabe brach / 's Röslein
auf der Heiden; / Röslein wehrte sich
und stach, / Half ihr doch kein Weh
und Ach, / Musst es eben leiden.
Röslein, Röslein, Röslein rot,
Röslein auf der Heiden.
Johann Wolfgang von Goethe, Heidenröslein

Unter Dornen wachsen Rosen.
Deutsches Sprichwort

Wenn der Sommer sich verkündet,
Rosenknospe sich entzündet,
Wer mag solches Glück entbehren?
Johann Wolfgang von Goethe, Faust II (Rosenknospen)

Wer in Gefahr ist,
Pessimist zu werden,
soll eine Rose betrachten.
Jean Rostand

Wie aller Welt bringt uns die Zeit
den Sommer, / Dann trägt die Rose
Blüten sowie Dornen.
William Shakespeare, Ende gut, alles gut

Zeit bringt Rosen, aber auch Dornen.
Deutsches Sprichwort

Rost

Der Rost macht erst die Münze wert.
Johann Wolfgang von Goethe, Faust II (Thales)

Rost zerfrisst mehr als Arbeit.
Sprichwort aus Frankreich

Rousseau, Jean-Jacques

Auch verkannten wir nicht,
dass die große und herrliche
französische Welt uns
manchen Vorteil und Gewinn
darbiete: denn Rousseau hatte uns
wahrhaft zugesagt.
Johann Wolfgang von Goethe, Dichtung und Wahrheit

Der Naturzustand, wie ihn uns
der Philosoph aus Genf
geschildert hat, war bekanntlich nur
in seiner Einbildungskraft zu Hause.
Georg Forster, Über die Beziehung der Staatskunst auf
das Glück der Menschheit

Es ist durchaus notwendig, Rousseaus
Gedankengang klar vor Augen zu
haben, denn von diesem mächtigen
Menschen wird bis auf die heutige
Stunde alles beherrscht, was für die
Entwickelung des Volkes kämpft.
Lorenz von Stein, Die socialen Bewegungen
der Gegenwart

Es ist schade, dass man keinen Pro-
phetenglauben mehr hat, sonst könnte
Rousseau der Begründer eines sehr
schönen Systems werden. Wenn
er nur nicht zu viel geschrieben hätte!

Seine Schwärmerei geht doch zuweilen
mit seiner Vernunft durch.
Johann Gottfried Seume, Apokryphen

Gewinne deinen Rousseau so lieb, wie
es dir immer möglich ist; auf diesen
Nebenbuhler werde ich nie zürnen.
Heinrich von Kleist, Briefe (an Wilhelmine von Zenge,
14. April 1801)

Ich weiß nicht, was man für eine
heimliche Ehrfurcht für einen Mann
empfindet, welcher der Tugend gegen
alle gebilligten Vorurteile das Wort
redet; auch sogar alsdann,
wann er zu weit geht.
Gotthold Ephraim Lessing, Das Neueste
aus dem Reiche des Witzes

Man vergleicht mich mit Rousseau.
Ich bin Rousseau sehr verpflichtet und
liebe ihn, zwischen uns besteht aber
ein großer Unterschied. der Unterschied nämlich, dass Rousseau jegliche
Zivilisation ablehnt, ich aber nur die
pseudochristliche.
Leo N. Tolstoi, Tagebücher (1905)

Über Rousseaus Hang zur Einsamkeit
darf man sich nicht verwundern.
Solche Seelen müssen sich allein
finden und einsam leben wie der
Adler; aber wie er finden sie in der
Höhe ihre Flugs und der Weite des
Blicks den Reiz ihrer Einsamkeit.
Chamfort, Maximen und Gedanken

Wer wollte nicht dem
im höchsten Sinne verehrten
Johann Jakob Rousseau auf seinen
einsamen Wanderungen folgen.
Johann Wolfgang von Goethe, Geschichte meines
botanischen Studiums

Rückkehr

Ich kehre in mich selbst zurück
und finde eine Welt!
Johann Wolfgang von Goethe,
Die Leiden des jungen Werthers

Nur die Toten kehren nicht zurück
(Il n'y a que les morts
qui ne reviennent pas).
Bertrand Barère, Im französischen Konvent (1794)

Rückschritt

Alles, was menschlich ist,
muss rückwärts gehen,
wenn es nicht vorwärts geht.
Edward Gibbon, Geschichte des Verfalls
und Untergangs des Römischen Reiches

Darum ist Kultur:
in einer ewigen Spannung,
in einem ewigen Kampf
gegen den Rückschritt leben.
August Strindberg, Der Sohn der Magd

Nicht teilnehmen an dem geistigen
Fortschreiten seiner Zeit,
heißt moralisch im Rückschritt sein.
Marie von Ebner-Eschenbach, Aphorismen

Und was nicht vorwärts gehen kann,
schreitet zurück.
Johann Wolfgang von Goethe, Winckelmann und sein Jahrhundert

Rücksicht

Am weitesten in der Rücksichtslosigkeit bringen es die Menschen,
die vom Leben nichts verlangen
als ihr Behagen.
Marie von Ebner-Eschenbach, Aphorismen

An dem Tag, da eine Frau gegen ihren
Mann rücksichtsvoll wird –
ist alles gesagt.
Honoré de Balzac, Physiologie der Ehe

Bei allem, was sie tun,
besonders aber, wenn sie
twas Großes vorhaben,
müssen die Menschen die Zeitverhältnisse berücksichtigen
und sich danach richten.
Niccolò Machiavelli, Vom Staat

Das ist die Rücksicht, / Die Elend lässt
zu hohen Jahren kommen.
William Shakespeare, Hamlet (Hamlet)

Die Rücksichten,
die uns in der Welt erwiesen werden,
stehen meistens in näherer Beziehung
zu unseren Ansprüchen
als zu unseren Verdiensten.
Marie von Ebner-Eschenbach, Aphorismen

Es gibt eine Menge kleiner Unarten
und Rücksichtslosigkeiten,
die an und für sich nichts bedeuten,
aber furchtbar sind als Kennzeichen
der Beschaffenheit einer Seele.
Marie von Ebner-Eschenbach, Aphorismen

Rücksichtslosigkeiten,
die edle Menschen erfahren haben,
verwandeln sich in Rücksichten,
die sie erweisen.
Marie von Ebner-Eschenbach, Aphorismen

Überall bedarf der Mensch Geduld,
überall muss er Rücksicht nehmen.
Johann Wolfgang von Goethe, Wilhelm Meisters Wanderjahre

Rückzug

Ein schöner Rückzug
ist ebenso viel wert
als ein kühner Angriff.
Baltasar Gracián y Morales, Handorakel und Kunst der Weltklugheit

Eine Rückzugslinie ist gefährlich
für Leute, die ihr Ziel erreichen wollen,
denn ohne sie gilt es,
alles einzusetzen.
Fridtjof Nansen

Nirgends läßt man anderen so gern
den Vortritt wie beim Rücktritt.
Heinz Hilpert

Wenn wir nämlich nicht draußen
handeln können oder sich
die äußere Welt nicht verändert, und
wenn wir gegen Dinge anrennen wollen, die wir nicht verändern können,
dann ist es an der Zeit, dass wir uns
einfach in uns selbst zurückziehen.
Anaïs Nin, Absage an die Verzweiflung

Ruder

Fehlt es am Wind,
so greife zum Ruder.
Deutsches Sprichwort

Lernen ist wie Rudern
gegen den Strom.
Sobald man aufhört,
treibt man zurück.
Benjamin Britten

Mit Paternostern
hält man das Ruder nicht in der Hand.
Niccolò Machiavelli, Geschichte von Florenz

Ruf

Alle Tugend liegt darnieder,
wenn nicht der Ruf
sie weithin bekannt macht.
Publilius Syrus, Sentenzen

Den Ruf verantworten wir,
nicht den Widerhall.
Peter Benary

Denn die Mitlebenden werden an
vorzüglichen Menschen gar leicht irre;
das Besondere der Person stört sie,
das laufende bewegliche Leben
verrückt ihre Standpunkte,
hindert das Kennen und Anerkennen
eines solchen Mannes.
Johann Wolfgang von Goethe, Das Leben Friedrich Schiller

Der reinste Schatz,
den uns das Leben bietet,
Ist fleckenloser Ruf.
William Shakespeare, Richard III. (Norfolk)

Ein Mensch ist nicht immer der,
den sein Ruf behauptet,
ja, eine ganze öffentliche Meinung
kann falsch sein.
August Strindberg, Der Sohn der Magd

Guter Ruf ist kostbarer
als großer Reichtum,
hohes Ansehen besser
als Silber und Gold.
Altes Testament, Sprüche Salomos 22, 1

Hat der Brunnen einmal einen
schlechten Ruf, so hält ihn
niemand mehr für gut.
Sprichwort aus Frankreich

Ich wüsste gerne,
wie viele Frauen ihren guten Ruf
schon verwünscht haben.
Norman Mailer

Kein Mann ist so groß als sein Name,
weder im Guten noch im Schlimmen.
Johann Gottfried Seume, Apokryphen

Man hat einen zu guten
oder einen zu schlechten Ruf;
nur den Ruf hat man nicht,
den man verdient.
Marie von Ebner-Eschenbach, Aphorismen

Man wird mit einem schlechten
Gewissen leichter fertig
als mit einem schlechten Rufe.
Friedrich Nietzsche, Die fröhliche Wissenschaft

Mein Schicksal ruft.
William Shakespeare, Hamlet (Hamlet)

Nichts ist so nützlich wie guter Ruf,
und nichts verschafft ihn so sicher
wie Verdienst.
Luc de Clapiers Marquis de Vauvenargues, Unterdrückte Maximen

Selig ist, der sich erwirbt
Lob und guten Leumund.
Unser Eigentum ist doch ungewiss
in des andern Brust.
Edda, Hávamál (Des Hohen Lied)

Sexappeal ist ein Ruf,
den man nicht hört,
sondern sieht.
Burt Lancaster

Unlauter erworbener Ruf
schlägt in Verachtung um.
Luc de Clapiers Marquis de Vauvenargues, Unterdrückte Maximen

Wer einmal stiehlt,
heißt allzeit Dieb.
Deutsches Sprichwort

Wer hat nicht für seinen guten Ruf
schon einmal – sich selbst geopfert?
Friedrich Nietzsche, Jenseits von Gut und Böse

Wer im Ruf steht,
früh aufzustehen,
kann bis zum Abend schlafen.
Sprichwort aus Frankreich

Wer ruft? / Die eigene Stimme!
Wer antwortet? / Tod!
Nelly Sachs, Gedichte

Wie man dir ruft,
so antworte.
Deutsches Sprichwort

Willst du einen guten Ruf haben,
so triff niemals
die Sonne in deinem Bett.
Sprichwort aus Brasilien

Rüge

Wer den Lahmen rügt,
muss gerade gehen.
Sprichwort aus Dänemark

Wo ein Weiser den Toren nicht rügt,
Ist zweierlei Schaden zugefügt:
Sich selbst wird er sein Ansehn
schmälern, Und jenen bestärkt er
in seinen Fehlern.
Friedrich Rückert, Gedichte

Ruhe

Alle Ruhe in der Welt ist nur relativ,
ist nur eine kombinierte Bewegung.
Eine Ruhe gibt es nur im Absoluten,
im Nichts.
Lorenz Oken, Lehrbuch der Naturphilosophie

Auf den Wein folgt die Ruhe.
Ovid, Festkalender

Das beste aller Güter,
wenn es überhaupt Güter gibt,
ist die Ruhe, die Zurückgezogenheit
und ein Plätzchen, das man
sein eigen nennen kann.
Jean de La Bruyère, Die Charaktere

Das Problem vieler Ehen: Der Mann
möchte sich zur Ruhe setzen,
die Frau zur Unruhe legen.
Rolf Thiele

Das Wesen der Menschlichkeit
entfaltet sich nur in der Ruhe.
Ohne sie verliert die Liebe alle Kraft
ihrer Wahrheit und ihres Segens.
Johann Heinrich Pestalozzi, Über die Idee
der Elementarbildung

Der Mensch aber kann nicht ruhen,
er will immer noch was anders.
Johann Wolfgang von Goethe, Briefe (an Zelter,
19. Juli 1829)

Der Mensch nimmt sich die Ruhe nur
vor, um sich von Zwang und Arbeit
zu befreien, aber sein Genuss liegt im
tätigen Leben, und er liebt nur dieses.
Luc de Clapiers Marquis de Vauvenargues,
Reflexionen und Maximen

Der Tod ist die Ruhe,
aber der Gedanke an den Tod
ist der Störer jeglicher Ruhe.
Cesare Pavese

Des Menschen Tätigkeit
kann allzu leicht erschlaffen,
Er liebt sich bald die unbedingte Ruh.
Johann Wolfgang von Goethe, Faust
(Prolog im Himmel: der Herr)

Die beste Wärterin der Natur ist Ruhe.
William Shakespeare

Die Gnade der Ruhe und Gelassenheit
ist besonders notwendig. Mit ihr lassen
sich alle Übel in Freude ertragen.
Papst Johannes XXIII., Briefe an die Familie
(Schwestern Ancilla und Maria), 6. November 1939

Die Ruhe der Seele ist ein herrliches
Ding und die Freude an sich selbst.
Lieber Freund, wenn nur das Kleinod
nicht ebenso zerbrechlich wäre, als es
schön und kostbar ist.
Johann Wolfgang von Goethe,
Die Leiden des jungen Werthers

Die Ruhe ist eine liebenswürdige Frau
und wohnt in der Nähe der Weisheit.
Epicharmos, Fragmente

Die Ströme fließen
und ruhen niemals aus.
Chinesisches Sprichwort

Die Vergangenheit muss reden,
und wir müssen zuhören.
Vorher werden wir und sie
keine Ruhe finden.
Erich Kästner

Die wahre Ruhe kann nur
in der Wahrheit liegen.
Ferdinando Galiani, Gedanken und Beobachtungen

Durch Ruhe und Geradheit
geht doch alles durch.
Johann Wolfgang von Goethe, Tagebuch (1778)

Durch Ruhe und Ordnung
kann die Demokratie ebenso gefährdet
werden wie durch Unruhe
und Unordnung.
Hildegard Hamm-Brücher

Ein Zustand der Ruhe erhält einem die
Energie und befähigt einen, weiterhin
ohne übermäßige Anstrengung
ruhig zu bleiben.
Peter Ustinov, Peter Ustinovs geflügelte Worte

Einer stürmischen Nacht
folgt ein stiller Tag.
Chinesisches Sprichwort

Erreiche den Gipfel der Leere,
bewahre die Fülle der Ruhe,
und alle Dinge werden gedeihen.
Lao-tse, Dao-de-dsching

Fragst du, was Gott mehr liebt,
ihm wirken oder ruhn?
Ich sage, dass der Mensch,
wie Gott, soll beides tun.
Angelus Silesius, Der cherubinische Wandersmann

Herr ist,
der Ruhe uns schafft.
Johann Wolfgang von Goethe, Faust II (Mephisto)

Ich suche nur Ruhe.
Friedrich Hölderlin, Briefe (an den Bruder,
12. Februar 1798)

Im Unglück finden wir
meistens die Ruhe wieder,
die uns durch die Furcht
vor dem Unglück geraubt wurde.
Marie von Ebner-Eschenbach

Jedermann ist begierig,
endlich Ruhe zu finden,
aber manche Menschen sind so träge,
dass sie das Endziel
an den Anfang stellen.
Antoine Comte de Rivarol, Maximen und Reflexionen

Kehre, meine Seele,
zu deiner Ruhe zurück.
Alemannische Psalmenübertragung (um 820),
Psalm 114

Kein seligerer Traum,
kein beglückenderes Ereignis
als Ruhe!, stille Ruhe im Dasein.
Bettina von Arnim, Tagebuch

Klug ist, wer ruhig sich verhält
zur rechten Zeit;
Und diese Vorsicht ist es,
die den Mann bewährt.
Euripides, Die Schutzflehenden (Herold)

Lass dich in deiner Ruhe nicht stören,
holder Stern!
wenn unter dir es gärt und trüb ist.
Friedrich Hölderlin, Hyperion

Leben und Ruhe
schließen einander aus.
Reinhold Schneider

Man kann sehr ruhig sein,
und doch sehr zärtlich lieben.
Johann Wolfgang von Goethe, Die Laune des Verliebten (Egle)

Mensch, der Bewegung
Quell und Ursprung ist die Ruh,
Sie ist das Best.
Ihr eilt die ganze Schöpfung zu.
Daniel Czepko von Reigersfeld, Monodisticha Sapientium

Mensch, suchst du Gott um Ruh,
so ist dir noch nicht recht,
Du suchest dich, nicht ihn,
bist noch nicht Kind, nur Knecht.
Angelus Silesius, Der cherubinische Wandersmann

Miteinander verbinden muss man das:
Der Ruhende muss handeln,
und der Handelnde muss ruhen.
Lucius Annaeus Seneca, Briefe an Lucilius

Nach getaner Arbeit ist gut ruhen.
Deutsches Sprichwort

Niemand kann sich in seinem
eigenen Schatten ausruhen.
Sprichwort aus Ungarn

Nur die Ruhe ist die Quelle
jeder großen Kraft.
Fjodor M. Dostojewski, Tagebuch eines Schriftstellers

Nur in der Sehnsucht
finden wir die Ruhe.
Friedrich Schlegel, Lucinde

Nur wenig gestattet
einem rechtschaffenen Mann,
Geist und Seele behaglich auszuruhen.
Chamfort, Maximen und Gedanken

Ohne Ruhe geht es nicht,
Ruh ist erste Bürgerpflicht.
August Heinrich Hoffmann von Fallersleben,
Bürgerlich

Ruh' im Hafen ist noch nicht Ruh',
Kommt nicht die Ruh'
in der Brust dazu.
Franz Grillparzer, Denk- und Sendeblätter

Ruh' ist das höchste Gut,
und wäre Gott nicht Ruh,
Ich schlösse für ihn selbst
mein' Augen beide zu.
Angelus Silesius, Der cherubinische Wandersmann

Ruhe, das höchste Glück auf Erden,
kommt sehr oft nur durch Einsamkeit
in das Herz.
Johann Georg von Zimmermann, Über die Einsamkeit

Ruhe der Kindheit!
himmlische Ruhe!
Friedrich Hölderlin, Hyperion

Ruhe der Seele ist kein Festtagskleid.
Johann Wolfgang von Goethe, Zum Schäkespears Tag

Ruhe ist eines der wichtigsten Dinge
im Leben, aber wie wenige finden sie!
Wie wenige in der Tat wünschen sie!
Vita Sackville-West, Erloschenes Feuer

Ruhe ist Glück,
wenn sie ein Ausruhen ist.
Ludwig Börne

Ruhe ist nicht bewegungsfremd,
sondern nur ein Sonderfall
der Bewegung.
Oswald Spengler, Urfragen. Fragmente aus dem Nachlass

Ruhe lindert Leiden.
Lucius Annaeus Seneca, Medea

Ruhe und Muße
sind für Geld nicht zu kaufen.
Chinesisches Sprichwort

Ruhm und Ruhe
können nicht zusammen wohnen.
Michel Eyquem de Montaigne, Die Essais

Ruhe zieht das Leben an,
Unruhe verscheucht es.
Gottfried Keller

Schwer ruht das Haupt,
das eine Krone drückt.
William Shakespeare, Heinrich IV. (Heinrich)

Sechs Tage darfst du schaffen
und jede Arbeit tun.
Der siebte Tag ist ein Ruhetag.
Altes Testament, Exodus = 20, 9–10 (Jahwe)

Sich ruhig ertragen, ohne voreilig
zu sein, so leben, wie man muss,
nicht sich hündisch umlaufen.
Franz Kafka, Tagebücher (1913)

Sucht den ruhenden Pol in
der Erscheinungen Flucht.
Friedrich Schiller, Der Spaziergang

Über allen Gipfeln / Ist Ruh,
In allen Wipfeln / Spürest du
Kaum einen Hauch;
Die Vögelein schweigen im Walde.
Warte nur, balde / Ruhest du auch.
Johann Wolfgang von Goethe, Wandrers Nachtlied
(Ein Gleiches)

Unsre Seele, wenn sie die sterblichen
Erfahrungen ablegt und allein nur lebt
in heiliger Ruhe, ist sie nicht
wie ein unbelaubter Baum?
wie ein Haupt ohne Locken?
Friedrich Hölderlin, Hyperion

Unter großen Bäumen ist gut ruhn.
Chinesisches Sprichwort

Vergnügte Einsamkeit!
du bist die Ruhe, / So meine stille
Brust sich längst erwählet.
Anna Luise Karsch, Gedichte

Viel übrig bleibt zu tun,
Möge nur keiner lässig ruhn!
Johann Wolfgang von Goethe, Zahme Xenien

Von ganzer Seele sehne ich mich,
wonach die ganze Schöpfung
und alle immer langsamer und langsamer rollenden Weltkörper streben,
nach Ruhe.
Heinrich von Kleist, Briefe (an Wilhelmine von Zenge,
9. April 1801)

Wahre Ruhe ist Gleichgewicht
der Bewegung.
Ernst von Feuchtersleben

Warum suchst du die Ruhe,
da du zur Arbeit geboren bist?
Thomas von Kempen, Nachfolge Christi

Was nennen Sie ruhig sein?
Die Hände in den Schoß legen?
Leiden, was man nicht sollte?
Dulden, was man nicht dürfte?
Gotthold Ephraim Lessing, Emilia Galotti (Emilia)

Wenn du im Recht bist,
kannst du es dir leisten,
die Ruhe zu bewahren,
und wenn du im Unrecht bist,
kannst du es dir nicht leisten,
sie zu verlieren.
Mahatma Gandhi

Wenn es dir gelingt, die innere Ruhe
zu erobern, so hast du mehr getan
als derjenige, der Städte und
ganze Reiche erobert hat.
Michel Eyquem de Montaigne, Die Essais

Wenn man Ruhe nicht in sich findet,
braucht man sie sonst
nirgends zu suchen.
François de La Rochefoucauld, Unterdrückte Maximen

Wenn wir die ersehnte Ruhe
endlich haben werden, werden wir
nichts mehr von ihr haben.
Marie von Ebner-Eschenbach, Aphorismen

Wie viel Bewegung
wird hervorgebracht durch das Streben
nach Ruhe!
Marie von Ebner-Eschenbach, Aphorismen

Wo eine Frau am Ort,
da ist die Ruhe fort.
Sprichwort aus Frankreich

Wo ist die Ruhe? In uns.
Die Aufregung? Außerhalb von uns.
Wenn die Welt dein Herz bewegt,
so zieh dich auf deine Seele zurück,
quälet sie deinen Geist, so zieh dich
auf deinen Verstand zurück;
dort wirst du Frieden finden.
Théodore Jouffroy, Das grüne Heft

Zu unserer Natur gehört
die Bewegung,
die vollkommene Ruhe ist der Tod.
Blaise Pascal, Pensées

Ruhm

Arbeit ist des Ruhmes Mutter.
Deutsches Sprichwort

Aus purer Trägheit bilden wir uns ein,
den Ruhm zu schmähen,
und plagen uns doch sehr
um des geringsten Vorteils willen.
Luc de Clapiers Marquis de Vauvenargues,
Reflexionen und Maximen

Berühmtheit sehe ich so:
Bleib mit beiden Füßen auf der Erde,
sonst bist du nur noch
ein schwankendes Rohr im Wind.
Lido Anthony »Lee« Iacocca, Mein amerikanischer Traum

Bescheiden freue dich des Ruhms,
So bist du wert des Heiligtums.
Johann Wolfgang von Goethe, West-östlicher Divan

Besser gerühmt zu sein,
als ein Rühmer.
Baltasar Gracián y Morales, Handorakel und Kunst der Weltklugheit

Besser ist das Wagnis,
das dein Leben schützt,
Als stolzer Nachruhm,
den du mit dem Tod bezahlst.
Euripides, Der bekränzte Hippolytos (Amme)

Das Feuer des Morgenrots ist nicht so
lieblich wie der erste Blick des Ruhms.
Luc de Clapiers Marquis de Vauvenargues, Unterdrückte Maximen

Dem einen Ruhm,
dem andern Vergessenheit,
dem einen ein Zepter,
dem andern ein Wanderstab!
Heinrich von Kleist, Briefe

Dem Ersten gebührt der Ruhm,
auch wenn die Nachfolger
es besser gemacht haben.
Sprichwort aus Arabien

Den Geist pflegt Ruhm anzustacheln.
Ovid, Gedichte der Trübsal

Der Faden verdankt seinen Ruhm
der Nadel.
Sprichwort aus Afrika

Der gute Mensch
stirbt nicht mit seinem Tode;
er lebt weiter, wenn auch sein Körper
unter der Erde ist.
Von dem Bösen bleibt nichts
auf der Oberwelt.
Euripides, Fragmente

Der kürzeste Weg zum Ruhm ist –
gut zu werden.
Heraklit, Fragmente

Der Mensch fürchte sich
vor dem Ruhm,
das Schwein davor, fett zu werden.
Chinesisches Sprichwort

Der Neid ist der Begleiter
des Ruhms.
Cornelius Nepos, Chabrias

Der Ruhm der kleinen Leute
heißt Erfolg.
Marie von Ebner-Eschenbach, Aphorismen

Der Ruhm eines Hochmütigen
wird rasch zur Schande.
Publilius Syrus, Sentenzen

Der Ruhm folgt der Tugend gleichsam
wie ein Schatten.
Marcus Tullius Cicero, Gespräche in Tusculum

Der Ruhm großer Männer sollte immer
an den Mitteln gemessen werden,
derer sie sich bedient haben,
um ihn zu erlangen.
François de La Rochefoucauld, Reflexionen

Der Ruhm ist der Schatten,
den große Männer
hinter sich her werfen,
die gegen die Sonne wandern.
Hermann Stehr

Der Ruhm ist eine jugendliche Form
der Blindheit.
Arthur Miller

Der Ruhm ist gewöhnlich das Grab
der Ehre, und die Ehre selten der Weg
zum Ruhm. Aber wer den Ruhm und
die Macht in Beschlag nimmt, stempelt
die Ehre nach Gutdünken und macht
Goldmünze aus Glockenspeise.
Johann Gottfried Seume, Apokryphen

Der Ruhm ist wie ein Fluss, der leichte
und angeschwollene Dinge trägt
und die schweren und soliden
ertrinken lässt.
Francis Bacon, Die Essays

Der Ruhm steigt
am leichtesten in leere Köpfe.
Gabriel Laub

Der Ruhm,
welcher vor denen flieht,
die ihn suchen, folgt denen nach,
welche sich nicht um ihn bemühen.
Jacob Burckhardt, Weltgeschichtliche Betrachtungen

Der Ruhm zu Lebzeiten
ist eine fragwürdige Sache;
man tut gut, sich nicht davon blenden,
sich kaum davon erregen zu lassen.
Thomas Mann, Reden (1925)

Der Söldner kriegt
Der Feldherr siegt.
Jüdische Spruchweisheit

Der Tod besiegte diesen Sieger nicht,
Er lebt im Ruhm noch,
obwohl nicht im Leben.
William Shakespeare, Richard III. (Prinz)

Derjenige, welcher die Wahrheit seinem Ruhme vorzieht, kann hoffen,
dass sie ihm wichtiger
als sein Leben wird.
Jean-Jacques Rousseau, Julie oder Die neue Héloïse

Dichter, Redner, sogar einige Philosophen sprechen uns von der Liebe
zum Ruhm mit den Worten,
mit denen man uns in der Schule zu
Preisarbeiten ermunterte. Was man
den Kindern sagt, damit ihnen das Lob
ihrer Erzieherin lieber sei als Kuchen,
wiederholt man den Erwachsenen,
damit ihnen das Lob durch Zeitgenossen und Nachwelt lieber sei als ihr
persönlicher Vorteil.
Chamfort, Maximen und Gedanken

Die Arbeit ist der Preis,
für den man den Ruhm erkauft:
Was wenig kostet, ist wenig wert.
Baltasar Gracián y Morales, Handorakel und Kunst der Weltklugheit

Die Ehre ist der Feind des Ruhms.
Francis M. de Picabia, Aphorismen

Die Größe ist gefährlich
Und der Ruhm ein leeres Spiel;
Was er gibt, sind nicht'ge Schatten,
Was er nimmt, es ist so viel!
Franz Grillparzer, Der Traum ein Leben (Rustan)

Die größte Niedrigkeit des Menschen
ist seine Ruhmsucht,
aber sie ist zugleich das größte
Zeichen seiner Vollkommenheit;
denn wieviel er auch auf Erden besitzt,
wie fest seine Gesundheit und wie
außerordentlich sein Wohlbehagen
auch ist, er ist nicht zufrieden,
wenn er nicht bei den Menschen
in Achtung steht.
Blaise Pascal, Pensées

Die Jagd nach Ruhm und Ehre
ist die verbreitetste von allen Torheiten
dieser Welt.
Michel Eyquem de Montaigne, Die Essais

Die meisten Leidenschaften scheuen
den Tag und sind schon gefährlich
genug; aber furchtbar verheerend sind
die, die in der Finsternis geboren werden und sich am Sonnenlicht nähren:
Ruhmsucht und Herrschsucht.
Johann Gottfried Seume, Apokryphen

Die Tat ist alles,
nichts der Ruhm.
Johann Wolfgang von Goethe, Faust II (Faust)

Dieses Ruhmgefühl
hat offenbar zwei Seiten:
Man kann sich selbst zu hoch
und andere zu gering einschätzen.
Michel Eyquem de Montaigne, Die Essais

Du möchtest Ruhm erstreben?
Aber durch harte Dinge nach allen
Seiten in Anspruch genommen,
hörst du auf, frei von Sorge zu sein.
Anicius Manlius Torquatus Severinus Boethius, Trost der Philosophie

Ein gefahrloser Sieg
ist ein ruhmloser Triumph.
Pierre Corneille, Der Cid

Erwirbt ein Erdensohn sich Lob
und Preis, / Gleich bildet sich um ihn
ein Sagenkreis.
Conrad Ferdinand Meyer, Huttens letzte Tage

Es gab Sieger, ja! Sie gingen aus dem
Kampfe mit großem Ruhm hervor,
aber auch mit großer Erschöpfung.
Aristide Briand, Dans la Voie de la Paix, Discours du
8 Novembre 1929, Prononcé à la Chambre des Députés

Es ist erbärmlich, sich auf den Ruhm
anderer zu stützen.
Juvenal, Satiren

Es schmerzt den edlen Mann,
wenn er verlassen muss die Welt
und mit ihm unvermerkt erlischt
sein Name.
Konfuzius, Gespräche

Ewig jung ist der Ruhm,
den treffliche Dichter erringen,
weder im Alter geschwächt,
weder im Tode getilgt.
Bhartrihari, Sprüche

Glück und Ruhm: So unbeständig
jenes, so dauerhaft ist dieser
– jenes für das Leben, dieser nachher
– jenes gegen den Neid, dieser
gegen die Vergessenheit.
Baltasar Gracián y Morales, Handorakel und Kunst der
Weltklugheit

Großen Ruhm erlangt man
durch wahre Verdienste.
Lukan, Der Bürgerkrieg

Größer ist der Hunger nach Ruhm
als der nach Tugend.
Juvenal, Satiren

Hell strahlt, doch nie erwärmt
des Ruhmes frostiger Firn.
Carl Spitteler, Olympischer Frühling

Höher aber als die Liebe zum Ruhm
steht noch eine reinere Empfindung:
die Liebe zur Wahrheit.
Germaine Baronin von Staël, Über Deutschland

Ich bin vollkommen überzeugt,
dass ich Ruhm erringen werde, dies ist
sogar die Ursache, warum ich so wenig
arbeite: Ich bin überzeugt, ich brauche
nur zu wollen und die Stoffe zu bearbeiten,
die ich in mir selbst fühle.
Leo N. Tolstoi, Tagebücher (1853)

Ich glaube, um unsterbliches Heldentum
und rühmlichen Namen tun alle
das Letzte, und je edler sie sind,
desto eher: Denn sie lieben
die Unsterblichkeit.
Platon, Das Gastmahl (Diotima)

Ich mache mir nichts aus Menschen:
und der Gedanke an Ruhm, an Erfolg
– das ist nichts, weniger als nichts.
Katherine Mansfield, Tagebücher

In jedem Lorbeer
schläft ein Dornenkranz.
Ernst Ziel, Moderne Xenien

Indem ich Ruhm suchte,
hoffte ich immer
Liebe zu gewinnen.
Germaine Baronin von Staël, Corinna

Länger als Taten lebt das Wort.
Pindar, Nemeische Ode

Lorbeer ist ein bittres Blatt,
Dem, der's sucht,
und dem, der's hat.
Emanuel Geibel, Sprüche

Man billigt Ruhm lieber den Toten
als den Lebenden zu; die Toten
stehen außer Konkurrenz.
Sully Prudhomme, Gedanken

Man ist nicht zum Ruhm geboren,
wenn man den Wert der Zeit
nicht kennt.
Luc de Clapiers Marquis de Vauvenargues,
Reflexionen und Maximen

Man sagt: Es klingt dein Ohr,
wenn fern dein Ruhm ertönt,
Doch schwache Dumpfheit ist's,
wenn es von selber dröhnt.
Friedrich Rückert, Die Weisheit des Brahmanen

Meine Behausung wird bald
das Nichts sein;
aber mein Name wird weiterleben
im Pantheon der Geschichte.
Georges Jacques Danton, Vor dem Tribunal (1794)

Mit deinem Gieren nach Ruhm
hast du gerade das Gegenteil erreicht.
Ruodlieb

Nichts erweckt so sehr den Ehrgeiz
im Herzen als die Posaune des fremden
Ruhms. Eben das, was den Neid zu
Boden wirft, ermutigt ein edles Gemüt.
Baltasar Gracián y Morales, Handorakel und Kunst
der Weltklugheit

Nichts ist aber so verdrießlich,
wie ruhmlos gehängt zu werden.
Voltaire, Historische Lobrede auf die Vernunft

Niemand darf sich, außer des Eigenen,
rühmen.
Lucius Annaeus Seneca, Briefe über Ethik

O es muss doch noch etwas anderes
geben als Liebe, Ruhm, Glück,
wovon unsere Seelen nichts träumen.
Heinrich von Kleist, Briefe (an Karl Freiherr von Stein
zum Altenstein, 4. August 1806)

Prüfen wir auch das, was die Welt
Ruhm, Schimpf und Schande nennt.
Du wirst gelobt. Weswegen und
von wem? Wenn schändlicher Dinge
wegen und von schändlichen Leuten,
so ist dieser Ruhm falsch und
in Wahrheit Schande.
Erasmus von Rotterdam,
Handbüchlein eines christlichen Streiters

Ruhm bedeutet vor allem,
dass man im richtigen Zeitpunkt stirbt.
Alfred Polgar

Ruhm ist etwas, das anzupissen
Spaß zu bereiten scheint.
Günter Grass

Ruhm ist nichts weiter
als die Summe der Missverständnisse,
die sich um einen Namen sammeln.
Rainer Maria Rilke

Ruhm ist verkleidete Liebe.
Percy Bysshe Shelley, Eine Ermahnung

Ruhm: nicht mehr als ein Rausch.
Gustave Flaubert, Wörterbuch der Gemeinplätze

Ruhm öffnet den Weg
zu den Überirdischen.
Lucius Annaeus Seneca, Herkules auf dem Oeta

Ruhm und Gewinn
treiben einen Menschen weiter,
als ein Adler fliegt.
Chinesisches Sprichwort

Ruhm und Reichtum ohne Verstand
sind ein unsicherer Besitz.
Demokrit, Fragment 77

Ruhm und Ruhe
können nicht zusammen wohnen.
Michel Eyquem de Montaigne, Die Essais

Ruhmsucht beweist ebenso sehr unsere
Anmaßung als die Unsicherheit über
unseren Wert.
Luc de Clapiers Marquis de Vauvenargues,
Nachgelassene Maximen

Schreib ich für den Ruhm
und für die Ewigkeit? / Nein,
zum Vergnügen meiner Freunde!
Anna Luise Karsch, Gedichte

Sich völlig vom Verlangen nach irdischem
Ruhm zu befreien, ist unmöglich.
Irdischer Ruhm, die Liebe der
Menschen, freuen uns, ob wir wollen
oder nicht.
Leo N. Tolstoi, Tagebücher (1904)

Soll einst die Nachwelt dich
mit Segen nennen, / Musst du
den Fluch der Mitwelt tragen können.
Ernst Raupach, Kaiser Friedrichs II. Tod

Tu den Menschen Gutes,
und sie werde dich segnen:
Das ist wahrer Ruhm.
König Friedrich der Große, Briefe (an Voltaire, 31. Januar 1773)

Über Nacht
wird man nur dann berühmt,
wenn man tagsüber
hart gearbeitet hat.
Howard Carpendale

Unbekannt das Licht der Welt
erblicken und berühmt sterben
– das sind die beiden Endpunkte
menschlicher Glückseligkeit.
Joseph Joubert, Gedanken, Versuche und Maximen

Unvollendeter Tat mit Lug
sich zu rühmen, wie schmachvoll.
Sophokles, Philoktet (Neoptolemos)

Vieh stirbt, Freunde sterben,
Ebenso stirbt man selbst;
Doch nimmer mag ihm der Nachruhm
sterben, / Welcher sich guten gewann.
Edda, Hávamál (Des Hohen Lied)

Vielleicht der größte Vorteil des Ruhmes liegt darin, dass man ungestraft die größten Dummheiten sagen darf.
André Gide

Von des Lebens Gütern allen
Ist der Ruhm das höchste doch.
Friedrich Schiller, Das Siegesfest

Von wem die Musen berichten werden,
der wird leben.
Tibull, Elegien

Warum macht Zustimmung so viele und der Ruhm so wenige Menschen glücklich? Wir leben eben zusammen mit denen, die uns anerkennen, während man nur aus der Ferne bewundert, nur aus der Ferne bewundern kann.
Charles de Secondat, Baron de la Brède et de Montesquieu, Meine Gedanken

Was einmal tief lebendig lebt und war, / Das hat auch Kraft zu sein für immerdar.
Emanuel Geibel, Gedichte

Was ich an Ruhm in meinem Leben erstrebt, besteht einzig darin, dass ich es ruhig gemeistert habe. Und zwar ruhig nicht nach philosophischen Lehrmeinungen, sondern nach dem Gesetz in mir.
Michel Eyquem de Montaigne, Die Essais

Was ist der Erde Glück?
– Ein Schatten!
Was ist der Erde Ruhm?
– Ein Traum!
Franz Grillparzer, Das goldene Vließ – Medea (Medea)

Was kann mich's härmen, wenn ich,
tot dem Worte nach, / In Taten lebe,
strahlend in des Ruhmes Glanz.
Sophokles, Elektra (Orest)

Was liegt am Ruhm, da man den
Nachruhm nicht erleben kann?
Marie von Ebner-Eschenbach, Aphorismen

Was wir lernen müssen, ist,
nicht nach mehr Ruhm gierig zu sein,
als uns zukommt.
Michel Eyquem de Montaigne, Die Essais

Wenn der Leib in Staub zerfallen,
lebt der große Name noch.
Friedrich Schiller, Das Siegesfest

Wenn wir zu Asche geworden,
wächst der Ruhm.
Ovid, Briefe aus der Verbannung

Wer das Geld liebt, wird nicht satt;
wer den Ruhm sucht,
wird nicht gesättigt.
Bernhard von Clairvaux, Über die Bekehrung

Wer hoch steht,
den sieht man weit.
Deutsches Sprichwort

Wer nach Ruhm strebt,
geht an den Hof.
Wer nach Gewinn strebt,
geht auf den Markt.
Chinesisches Sprichwort

Wer sich mit wenig Ruhm begnügt,
verdient nicht vielen.
Marie von Ebner-Eschenbach, Aphorismen

Wer um irdischen Ruhm wetteifernd kämpft und er ihm das Allerwichtigste dünkt, der blickt hinauf in die Weite des Himmels und hinunter auf die Kleinheit dieser Erde.
Notker III. Labeo, Kommentierte Boethius-Übersetzung

Wer von seinem Zeitalter
Dank erleben will, muss mit demselben
gleichen Schritt halten.
Arthur Schopenhauer, Den Intellekt überhaupt und in jeder Beziehung betreffende Gedanken

Wer zuerst auf den Gedanken kam,
Ruhm und Schatten zu vergleichen,
hat etwas Richtigeres gesagt,
als er eigentlich beabsichtigte.
Michel Eyquem de Montaigne, Die Essais

Wie furchtbar schwer ist es,
irdischem Ruhm zu entsagen, sich
überhaupt nicht um ihn zu kümmern.
Leo N. Tolstoi, Tagebücher (1890)

Wie leicht und froh wird das Leben,
wenn es von Leidenschaften befreit ist,
insbesondere von der Ruhmsucht.
Leo N. Tolstoi, Tagebücher (1907)

Wo ist der Philosoph,
der seines Ruhmes willen
nicht das menschliche Geschlecht
gern betrügen würde?
Jean-Jacques Rousseau, Emile (Glaubensbekenntnis)

Worin besteht der Ruhm auf Erden, der die Wenigen von den Vielen trennt?
Von lauter Leuten gekannt zu werden,
die man selber gar nicht kennt.
Erich Kästner, Kurz und bündig. Epigramme

Rührung

Das Fräulein stand am Meere
Und seufzte lang und bang,
Es rührte sie so sehre
Der Sonnenuntergang.
Heinrich Heine, Neue Gedichte

Die Heimat,
das bedeutet: von Zeit zu Zeit
eine Minute der Rührung,
aber doch nicht dauernd.
Jules Renard, Ideen, in Tinte getaucht. Aus dem Tagebuch von Jules Renard

Je schwerer sich ein Mensch befreit,
Je mächt'ger rührt er
unsre Menschlichkeit.
Conrad Ferdinand Meyer, Huttens letzte Tage

Rührung trübt den Geist.
Jean Cocteau

Rührung ist nur Mitleiden
bei einem fremden Schmerze.
Jean Paul, Kleine Nachschule zur ästhetischen Vorschule

Wenn das Herz auf irgendeine Art gerührt ist, so verbreitet sich ein liebliches Interesse über die ganze Person. So werden auch oft sonst ganz unbedeutende Menschen von Leiden, die das Herz angreifen, veredelt und über sich selbst emporgehoben.
Sophie Mereau, Betrachtungen

Ruine

Das Alte stürzt,
es ändert sich die Zeit, / Und
neues Leben blüht aus den Ruinen.
Friedrich Schiller, Wilhelm Tell

Die meisten leben in den Ruinen
ihrer Gewohnheiten.
Jean Cocteau

Die Ruinen des Einen
braucht die allzeit wirksame Natur
zu dem Leben des Andern.
Gotthold Ephraim Lessing, Fabeln

Die Tugend nistet, wie der Rabe,
mit Vorliebe in Ruinen.
Anatole France

Hat eine bedeutende Ruine
etwas Ehrwürdiges,
ahnen, sehen wir in ihr
den Konflikt eines würdigen
Menschenwerks mit der stillmächtigen,
aber auch alles nicht achtenden Zeit.
Johann Wolfgang von Goethe,
Von deutscher Baukunst

Mir gefallen auch
unter Menschen die Ruinen besser
als die Museen.
Heinrich Waggerl, Aphorismen

Russland

Der russische Mensch
liebt das Vielleicht,
das Ungefähr
und das Irgendwie.
Sprichwort aus Russland

Die russische Revolution muss
die bestehende Ordnung zerstören,
aber nicht durch Gewalt,
sondern passiv, durch Ungehorsam.
Leo N. Tolstoi, Tagebücher (1905)

Für ein Land, das den
Personenkult verdammt hat,
verhält sich Russland merkwürdig
paradox. Es ist so ziemlich
das einzige Land, das Schiffe, Straßen,
Autofabriken und sogar ganze Städte
nach lebenden Menschen benennt.
Deshalb muss es diese Namen
auch so häufig ändern.
Peter Ustinov, Peter Ustinovs geflügelte Worte

Groß ist das heilige russische Land,
aber die Wahrheit hat nirgends Platz.
Sprichwort aus Russland

Russland ist ein Rätsel
innerhalb eines Geheimnisses,
umgeben von einem Mysterium.
Winston Churchill

Unter dem Banner der Wissenschaften,
der Kunst und des unterdrückten
Freiheitsdenkens werden bei uns
in Russland solche Kröten und
Krokodile herrschen,
wie sie nicht einmal Spanien
während der Inquisition gekannt hat.
Anton P. Tschechow, Briefe (27. August 1888)

Wir Großrussen haben uns immer
roh gegen unterworfene Völker
benommen. Das einzige,
was wir gekonnt haben, war,
sie zu unterdrücken.
Wladimir Iljitsch Lenin

Wodka macht
aus allen Menschen Russen.
Iwan Rebroff

Rüstung

Die gerechte Entrüstung
ist leider viel seltener
als die ungerechte Rüstung.
Joachim Ringelnatz

Die Gewalt rüstet sich
mit den Erfindungen der Künste
und Wissenschaften aus,
um der Gewalt zu begegnen.
Carl von Clausewitz, Vom Kriege

Die stehenden Heere treiben einander
zu gegenseitigen Vergrößerungen so
weit hinauf, bis die Staatskörper unter
der Strafe des Gewehrtragens erliegen
und gemeinschaftlich ihre schwere
Rüstung ausziehen.
Jean Paul, Dämmerungen für Deutschland

Ein Messer hält das andere
in der Scheide.
Sprichwort aus Italien

Kann ich Armeen aus der Erde
stampfen? / Wächst mir ein Kornfeld
in der flachen Hand?
Friedrich Schiller, Die Jungfrau von Orleans (Karl)

Mehr Waffen bringen zumeist
mehr Gefahr,
dagegen nicht mehr Sicherheit.
Richard von Weizsäcker, Gedanken über Europa.
Rede des Bundespräsidenten vor dem Europäischen
Parlament in Straßburg 1985

Rüstung:
die Kleidung eines Mannes,
dessen Schneider ein Schmied ist.
Ambrose Bierce

Und wer sich rüsten will,
muss eine Kraft / Im Busen fühlen,
die ihm nie versagt.
Johann Wolfgang von Goethe, Torquato Tasso (Tasso)

Was das Fazit der europäischen
Rüstungen sein wird? Der möglichst
vollkommene déluge après nous.
Christian Morgenstern, Stufen

Welcher verständige Mensch würde
nicht wünschen, dass die enormen
Ausgaben, welche in ganz Europa
für Militärzwecke gemacht werden,
für Friedenszwecke verwendet werden
könnten?
Helmuth Graf von Moltke, Reden (im Norddeutschen
Reichstag, 15. Juni 1868)

S

Saat

Das Säen will eine offene Hand.
Emil Gött, Im Selbstgespräch

Die mit Tränen säen,
werden mit Jubel ernten.
Altes Testament, Psalmen 126, 5

Edler, ins Verborgne und Allweite
zu säen, ohne dass man
selbst Ernte erwartet! und gewiss
um so größer die allweite Ernte!
Johann Gottfried Herder, Auch eine Philosophie der
Geschichte zur Bildung der Menschheit

Es geschieht, dass Keime nicht
zum Blühen kommen.
Chinesisches Sprichwort

In den ersten Jahren harten Kampfes
mag es ein Säen in Tränen sein,
nun denn, aber wir werden sie
zurückhalten, und in weiter Ferne
spüren wir eine kleine stille Hoffnung
auf die Ernte.
Vincent van Gogh, Briefe

In Sand lege die Erdnuss,
auf Lehm säe Weizen.
Chinesisches Sprichwort

Man säe nur, man erntet mit der Zeit.
Johann Wolfgang von Goethe, Faust II (Mephisto)

Mehl kann man nicht säen.
Johann Wolfgang von Goethe,
Wilhelm Meisters Lehrjahre

Säe und säe, Gott lässt es wachsen,
und ernten wirst nicht du, Mensch,
sondern das, was in dir sät.
Leo N. Tolstoi, Tagebücher (1882)

Sät einer Gutes, so schneidet er
nicht Böses.
Deutsches Sprichwort

Siehe, voll Hoffnung vertraust
du der Erde den goldenen Samen
Und erwartest im Lenz fröhlich
die keimende Saat.
Friedrich Schiller, Der Sämann

Unkraut wächst ungesät.
Deutsches Sprichwort

Wenn kein Regen fällt,
säe keinen Weizen aus.
Chinesisches Sprichwort

Wer beim Säen träge ist,
wird beim Ernten neidisch.
Chinesisches Sprichwort

Wer die Saat verfüttert hat,
kann nicht erwarten,
dass der Weizen blüht.
Norbert Blüm

Wer Dornen sät,
darf nicht erwarten, Rosen zu ernten.
Sprichwort aus Arabien

Wer Hirse sät, rechne nicht
auf Bohnen.
Chinesisches Sprichwort

Wer im Frühjahr nicht sät,
wird im Spätjahr nicht ernten.
Deutsches Sprichwort

Wer im Frühling nicht säet,
wird im Sommer nicht ernten,
im Herbst und Winter nicht genießen;
er trage sein Schicksal.
Johann Gottfried Herder, Das eigene Schicksal

Wer im Frühling nichts sät,
hat im Herbst nichts zu ernten.
Chinesisches Sprichwort

Wer Reis isst,
vergesse nicht den Sämann.
Chinesisches Sprichwort

Wer Rettich liebt, der sät ihn auch.
Chinesisches Sprichwort

Wer überall sät,
wird nirgend ernten.
Sprichwort aus Frankreich

Wie man aussät, scheuert man ein.
Deutsches Sprichwort

Wie schön ist es zu säen,
damit geerntet werde!
Johann Wolfgang von Goethe, Italienische Reise

Wir müssen das ernten,
was wir zuvor gesät haben, und
hinnehmen, was die Saat und bringt.
Gottfried von Straßburg, Tristan

Wohl dem, der sagen darf:
Der Tag der Aussaat
war der Tag der Ernte.
Marie von Ebner-Eschenbach, Aphorismen

Sabbat

Gedenke des Sabbats: Halte ihn heilig!
Altes Testament, Exodus 20, 8 (Jahwe)

Wer von euch wird, wenn ihm am
Sabbat ein Schaf in eine Grube fällt,
es nicht sofort wieder herausziehen?
Und wie viel mehr ist ein Mensch wert
als ein Schaf? Darum ist es am Sabbat
erlaubt, Gutes zu tun.
Neues Testament, Matthäus 12, 11–12 (Jesus)

Sachlichkeit

Das Ideal von Stil:
die Verbindung von Sachlichkeit
und Inspiration.
Stefan Napierski

Jeder Reiche, der dem Armen
den Mund stopfen will,
redet von Sachlichkeit.
Gilbert Keith Chesterton, Heretiker

Sack

Ein leerer Sack steht nicht.
Chinesisches Sprichwort

Grobe Säcke näht man nicht mit Seide.
Deutsches Sprichwort

Man muss den Sack zubinden,
ehe er voll ist.
Sprichwort aus Frankreich

Man schlägt auf den Sack
und meint den Esel.
Deutsches Sprichwort

Wenn der Sack voll ist,
bindet man ihn zu.
Deutsches Sprichwort

Sage

Aller Sage Grund ist Mythos,
d. h. Götterglaube,
wie er von Volk zu Volk
in unendlicher Abstufung wurzelt.
Jacob Grimm, Deutsche Mythologie

Die ältesten Heldenlieder haben fast
immer eine geschichtliche Grundlage
oder wenigstens Veranlassung, und
diese war aus der Sage geschöpft.
Unter der Sage verstehen wir das
Andenken merkwürdiger Begebenheiten, wie es sich durch mündliche
Überlieferung von einem Geschlecht
und zuweilen von einem Volk zum
andern fortpflanzt.
August Wilhelm Schlegel,
Rezension der Altdeutschen Blätter

Die Kinder glauben an die Wirklichkeit
der Märchen, aber auch das Volk
hat noch nicht ganz aufgehört,
an seine Sagen zu glauben.
Jacob und Wilhelm Grimm, Deutsche Sagen

Die Literatur der Völker beginnt mit
Sagen und endet mit Romanen.
Joseph Joubert, Gedanken, Versuche und Maximen

Erwirbt ein Erdensohn
sich Lob und Preis, / Gleich bildet sich
um ihn ein Sagenkreis.
Conrad Ferdinand Meyer, Huttens letzte Tage

Es wechseln die Geschlechter,
die Sage bleibt sich treu.
Adelbert von Chamisso, Gedichte

Niemals wiederholt sich
die Geschichte, sondern ist überall
neu und frisch, unaufhörlich
wiedergeboren wird die Sage.
Jacob Grimm, Deutsche Mythologie

Sagen

Alles ist schon gesagt, und seit über
siebentausend Jahren kommt man zu
spät, das heißt, seitdem es Menschen,
denkende Menschen gibt.
Jean de La Bruyère, Die Charaktere

Alles, was du sagen willst,
sagen können, wie du willst, ist Talent.
Marie von Ebner-Eschenbach, Aphorismen

Bei allem, was man sagt,
kommt es oftmals gar nicht darauf an,
wie die Dinge sind, sondern darauf,
was Böswillige daraus machen.
Konrad Adenauer, Urlaub in Cadenabbia, 1958

Der Mann sagt, was er weiß,
die Frau sagt, was gefällt.
Jean-Jacques Rousseau, Emile

Die größten Dinge wollen
ganz schlicht gesagt sein:
Sie verlieren durch Emphase.
Jean de La Bruyère, Die Charaktere

Die Unwahrheiten sind oft
nicht in dem, was man sagt,
sondern was man nicht sagt.
Ludwig Marcuse, Argumente und Rezepte.
   Ein Wörter-Buch für Zeitgenossen

Es gibt Dinge, die noch nicht oder
nicht mehr oder nie sagbar sind.
August Everding, Kolumne aus der »Welt am Sonntag«
vom 21. August 1994

Es gibt Leute, die ziehen zurück,
was sie gesagt haben,
so wie man ein Schwert
aus dem Bauch seines Gegners zieht.
Jules Renard, Ideen, in Tinte getaucht.
Aus dem Tagebuch von Jules Renard

Es ist keine Kunst,
etwas kurz zu sagen,
wenn man etwas zu sagen hat.
Georg Christoph Lichtenberg, Sudelbücher

Es ist leicht gesagt,
aber langsam getan.
Deutsches Sprichwort

Es ist leichter, Neues zu sagen,
als das schon Gesagte mit sich
in Übereinstimmung zu bringen.
Luc de Clapiers Marquis de Vauvenargues,
Reflexionen und Maximen

Gepriesen sei derjenige,
der nichts zu sagen hat und
davon absieht, das zu beweisen.
George Eliot

Hat jemand etwas zu sagen,
so gibt es keine angemessenere Weise
als seine eigene; hat er nichts
zu sagen, so ist seine noch passender.
Jean Paul, Vorschule der Ästhetik

Ich sage nichts, denke desto mehr.
William Shakespeare, Heinrich IV. (Gloucester)

Man schäme sich nicht,
das Gleiche immer wieder zu sagen,
denn auch Theaterstücke
werden immer wieder aufgeführt.
Manfred Rommel, Rommel-Kalender

Nie kann man Recht und erlaubte
Ursache haben, das Gegenteil von dem
zu sagen, was man denkt, wenngleich
man Befugnis und Gründe haben
kann, nicht alles zu offenbaren,
was in uns vorgeht.
Adolph Freiherr von Knigge,
Über den Umgang mit Menschen

Niemals sage ich etwas über einen
Dritten, das ich nicht bereit wäre,
ihm ins Angesicht zu sagen.
Jean-Jacques Rousseau, Julie oder Die neue Héloïse
(Saint-Preux)

Oft sagt man ein Ding
und meint es nicht.
William Shakespeare, Heinrich VI. (Suffolk)

Sagen und Tun ist zweierlei.
Deutsches Sprichwort

Was drei Greise sagen, gilt so viel
wie das Wort eines Mandarins.
Chinesisches Sprichwort

Was du denkst und sagst,
ist vor allem Ausdruck.
Der sogenannte eigentliche Sinn
des Gesagten ist nicht
sein einziger Sinn.
Christian Morgenstern, Stufen

Was man gesagt hat,
gilt so viel wie im Spiel gesetzt.
Chinesisches Sprichwort

Was sich sagen lässt,
ist noch lange nicht getan.
Chinesisches Sprichwort

Wenn die Hand täte,
was die Zunge sagt,
so gäbe es keine Armut.
Sprichwort aus Indien

Wenn du nicht sagst, dass er
eine Glatze hat, wird er nicht sagen,
dass du blind bist.
Chinesisches Sprichwort

Wenn einer alles sagt,
fühlen wir sofort
Übersättigung und Ekel.
Wer in der Formulierung
zurückhaltend ist,
der bringt uns dazu, dass wir weiter
denken, als es dasteht.
Michel Eyquem de Montaigne, Die Essais

Wer sagt, was er will,
wird hören, was er nicht will.
Sprichwort aus Spanien

Zu sagen und fragen verstehe jeder,
Der nicht dumm will dünken.
Edda, Hávamál (Des Hohen Lied)

Saite

Der Dichter gleicht der Saite:
Er selber macht sich unsichtbar,
wenn er sich schwingt
und Wohllaut gibt.
Jean Paul, Dr. Kazenbergers Badereise

Wenn man die Saite zu hoch spannt,
so reißt sie.
Deutsches Sprichwort

Sakrament

Das Sakrament verursacht
durch zeichenhaftes Bedeuten.
Thomas von Aquin, Kommentar zum Sentenzenbuch
des Petrus Lombardus

Die Sakramente sind das Höchste der
Religion, das sinnliche Symbol einer
außerordentlichen göttlichen Gunst
und Gnade.
Johann Wolfgang von Goethe, Dichtung und Wahrheit

In der Kirchgemeinde zahlt man
höhere Gebühren für eine Hochzeit
als für eine Taufe, und für eine Taufe
mehr als für eine Beichte:
Man könnte meinen, das sei
eine Steuer auf die Sakramente,
deren Wert damit festgelegt werde.
Jean de La Bruyère, Die Charaktere

Was in den Sakramenten gewirkt wird,
übersteigt menschliches Vermögen.
Also kann niemand, ein wie guter
Mensch er auch sei, die Sakramente
spenden, es sei denn, er habe die
Gewalt empfangen, sie zu spenden.
Und also wird, wer die Gewalt
empfangen hat, nicht durch die Sünde
daran gehindert, die Sakramente
zu spenden.
Thomas von Aquin, Summe gegen die Heiden

Wenn Männer Kinder bekämen,
wäre die Abtreibung
längst ein Sakrament.
Lore Lorentz

Salz

Freundschaft ist
des Lebens Salz.
Deutsches Sprichwort

Ist das Salz feucht geworden,
gibt es Regen.
Chinesisches Sprichwort

Kein Opfer ohne Salz.
Deutsches Sprichwort

Salz ist die beste Würze.
Deutsches Sprichwort

Salz isst man auf der ganzen Welt.
Chinesisches Sprichwort

Wo kein Salz im Haus ist,
da mangelt es am besten Gewürz.
Deutsches Sprichwort

Same

Es muss ja zuerst der Same entstehen
und nicht gleich das lebende Wesen.
Aristoteles, Physik

Guter Same geht bald auf.
Deutsches Sprichwort

Siehe, voll Hoffnung vertraust du
der Erde den goldenen Samen
Und erwartest im Lenz
fröhlich die keimende Saat.
Friedrich Schiller, Der Sämann

Sammlung

Ein Geist, der mit verschiedenen
Geschäften umgeht,
kann sich nicht sammeln.
Martin Luther, Tischreden

Sammler sind Leute,
die Seltenes zusammentragen
in der Hoffnung,
dass es noch seltener wird.
Sigismund von Radecki

Wenn man ein Kenner ist,
darf man keine Sammlung anlegen.
Jean-Jacques Rousseau, Emile

Sandkorn

Ein Sandkorn schüttet
keinen Menschen zu.
Chinesisches Sprichwort

Je kleiner das Sandkörnlein ist,
desto sicherer hält es sich für die
Achse der Welt.
Marie von Ebner-Eschenbach, Aphorismen

Sanduhr

Die Sanduhren erinnern nicht bloß
an die schnelle Flucht der Zeit,
sondern auch zugleich an den Staub,
in welchen wir einst verfallen werden.
Georg Christoph Lichtenberg, Sudelbücher

Siehe eine Sanduhr:
Da lässt sich nichts durch Rütteln und
Schütteln erreichen, du musst geduldig
warten, bis der Sand, Körnlein
um Körnlein, aus dem einen Trichter
in den anderen gelaufen ist.
Christian Morgenstern, Stufen

Wenn der Mensch, nachdem er
hundert Jahre alt geworden, wieder
umgewendet werden könnte wie eine
Sanduhr und so wieder jünger würde,
immer mit der gewöhnlichen Gefahr
zu sterben; wie würde es da
in der Welt aussehen?
Georg Christoph Lichtenberg, Sudelbücher

Sanftmut

Am meisten die Sanftmut macht
den Menschen mächtig seiner selbst.
Thomas von Aquin, Summa theologica

Denn in welchem Lande der Welt
sind nicht Sanftmut und Mitleid
der Frauen liebenswürdiger Anteil?
Jean-Jacques Rousseau, Julie oder Die neue Héloïse
(Julie)

Die Sanftmut macht uns empfänglich
für den göttlichen Geist.
Erasmus von Rotterdam,
Handbüchlein eines christlichen Streiters

Durch Sanftmut wirst du mehr gewinnen als durch Gewalt und Ungestüm.
Jean de La Fontaine

Ein gar zu sanftmütiger Mann kann
eine Frau übermütig machen. Wofern
aber ein Mann nicht gerade ein Ungeheuer ist, bekehrt ihn die Sanftmut
einer Frau und triumphiert früher
oder später über ihn.
Jean-Jacques Rousseau, Emile

Ich schlage niemand, dass man mich
nicht schlägt, / Und Sanftmut war
stets meine größte Tugend.
Molière, Sganarelle oder Der vermeintliche Hahnrei
(Sganarelle)

Kluge Sanftmut ist des Weibes
unwiderstehlichste Waffe.
August von Kotzebue, Die Belagerung von Saragossa

Niemand ist härter als
die Sanftmütigen aus Berechnung.
Luc de Clapiers Marquis de Vauvenargues,
Reflexionen und Maximen

Sanft zu sein zur rechten Zeit,
das ist wohl schön, doch sanft zu sein
zur Unzeit, das ist hässlich,
denn es ist feig!
Friedrich Hölderlin, Hyperion

Sanft wie die Tauben,
dumm wie die Gänse.
Deutsches Sprichwort

Sanftes Reden schadet nicht.
Jean de La Fontaine, Fabeln

Sanftmut ist ein Heilmittel
der Wildheit.
Phaedrus, Fabeln

Sanftmut: ungewöhnliche Geduld
beim Planen einer wirklich
lohnenden Rache.
Ambrose Bierce

Sanftmütig ist, wer den Nächsten
zu ertragen weiß und auch sich selbst
ertragen kann.
Juan de la Cruz, Merksätze von Licht und Liebe

Sprich sanft, und trage
einen großen Stock bei dir.
Theodore Roosevelt, Reden (1901)

Wer sich zum Lamm macht,
wird vom Wolf gefressen.
Sprichwort aus Frankreich

Sarg

Ein Pessimist ist ein Mensch,
der sofort nach dem Sarg
Ausschau hält,
wenn er Blumen gerochen hat.
Henry Louis Mencken

Nirgends ist man so gut aufgehoben
wie in einem Sarg.
Claude Tillier, Mein Onkel Benjamin

Solange er nicht den Sarg gesehen hat,
fließen ihm keine Tränen.
Chinesisches Sprichwort

Wenn du im Sarg liegst,
haben sie dich
das letzte Mal reingelegt.
Hanns-Hermann Kersten

Satan

Ihr sollt nicht mit dem Satan kämpfen
und übers Gesetz mit ihm disputieren;
denn er ist ein Tausendkünstler,
die Menschen zu quälen.
Martin Luther, Tischreden

Sinn und Verstand verlier ich schier,
Seh ich den Junker Satan wieder hier!
Johann Wolfgang von Goethe, Faust I (Hexe)

Wäre er nicht geboren worden,
die Welt wäre zugrunde gegangen,
der Satan hätte sie gepackt.
Otfrid von Weissenburg, Evangelienbuch

Wenn Satans Reich aufhört,
hören auch seine Einrichtungen auf.
Martin Luther, Tischreden

Satire

Auch der beste Scherz
überzeugt nicht,
so sehr ist man gewohnt,
dass Satiren sich auf falsche Voraussetzungen gründen.
Luc de Clapiers Marquis de Vauvenargues,
Unterdrückte Maximen

Auch die absurdeste Satire
ist nur dann komisch,
wenn hinter der Absurdität
die ungroteske Realität zu spüren ist.
Ephraim Kishon, Kishon für alle Fälle

Bei der Satire gilt das Prinzip:
Wer sich getroffen fühlt, ist gemeint.
Werner Finck

Der Satire steht das Recht
auf Übertreibung zu.
Aber sie hat es schon
seit langem nicht mehr nötig,
von diesem Recht
Gebrauch zu machen.
Gabriel Laub

Die Satire erkennt das Lächerliche,
die Ironie erfindet es.
Helmut Arntzen

Die Satire ist leider keine Waffe.
Bestenfalls ein Spiegel,
in dem jeder sein wahres Gesicht
erkennen kann. Ich habe aber
noch von keinem Spiegel gehört,
der das Gesicht des Betrachters
verändert.
Ephraim Kishon, Kishon für alle Fälle

Der Satiriker ist
ein gekränkter Idealist.
Kurt Tucholsky

Ein Satiriker produziert keine Witze.
Er entdeckt sie.
Ephraim Kishon, Kishon für alle Fälle

Es ist nicht einfach, gleichzeitig
Satiriker und fromm zu sein.
Ephraim Kishon, Kishon für alle Fälle

Geist kann sich in Satire zeigen;
aber Satire ist nicht das Wesen
des Geistreichen.
Philipp Stanhope Earl of Chesterfield, Briefe über
die anstrengende Kunst, ein Gentleman zu werden

Große Satire begnügt sich nie damit,
darzustellen was, sondern macht
sichtbar, warum es miserabel ist.
Das gerade stört ja die Dummen,
die darum Humor fordern.
Helmut Arntzen

Gute Satiren sind solche,
die sich genauso abspielen könnten.
Die besten Satiren sind jene,
die sich bereits abgespielt haben.
Ephraim Kishon, Kishon für alle Fälle

Humor verträgt sich mit Mitleid,
Satire gehört zur Grausamkeit.
Oswald Spengler, Urfragen.
Fragmente aus dem Nachlass

Je unpoetischer eine Zeit
oder Nation ist, desto leichter
sieht sie Scherz für Satire an.
Jean Paul, Vorschule der Ästhetik

Man darf die meisten Dinge nur sagen,
wie sie sind, um eine treffliche Satire
zu machen.
Johann Gottfried Seume, Apokryphen

Man glaubt, Satire zu lesen,
und liest nichts als treue Denkart.
Johann Gottfried Herder, Auch eine Philosophie der
Geschichte zur Bildung der Menschheit

Nicht die Satire wird verfolgt, sondern
die in ihr enthaltene Wahrheit.
Gabriel Laub

Satire heißt
zwischen den Zeilen denken.
Hans-Horst Skupy

Satire ist der Hohn der Angst.
Lothar Schmidt

Satire ist die Kunst,
einem anderen so auf den Fuß
zu treten, dass er es merkt,
aber nicht aufschreit.
Helmut Qualtinger

Satire ist eine Art von Spiegel,
in dem man im Allgemeinen
jedes andere Gesicht entdeckt,
nur nicht sein eigenes.
Jonathan Swift, Schlacht zwischen den alten und
modernen Büchern

Satire ist Hochrechnung in die
Zukunft. Um zu zeigen, was heute ist,
muss man zeigen, wie es weitergeht.
Helmut Ruge

Satire ist, wenn man trotzdem weint.
Ephraim Kishon, Kishon für alle Fälle

Schlüpfrige Geister gibt es genug,
schmähsüchtige oder satirische
in noch größerer Zahl,
die feinsinnigen sind selten.
Jean de La Bruyère, Die Charaktere

»Sinn für das Satirische«: Wenn man
alles oben Erwähnte bemerkt und es
dann rasch einem Dritten klarmacht.
Peter Ustinov, Peter Ustinovs geflügelte Worte

Was darf die Satire? Alles.
Kurt Tucholsky

Wo keine Satire mehr möglich ist,
hört der Spaß auf.
Cesar Keiser

Sattel

Keine Stunde im Leben,
die man im Sattel verbringt,
ist verloren.
Winston S. Churchill

Wenn der Sattel leer ist,
kann man aufsitzen.
Deutsches Sprichwort

Wer gut sattelt, reitet gut.
Deutsches Sprichwort

Sattheit

Alles wird man ja satt,
des Schlafes sogar und der Liebe.
Homer, Ilias

Der Egel lässt nicht ab,
er sei denn Blutes voll.
Deutsches Sprichwort

Der Satte glaubt dem Hungrigen nicht.
Deutsches Sprichwort

Einem Satten erscheint
selbst Lammfleisch zäh.
Chinesisches Sprichwort

Es gibt zwei Arten von Ratten,
Die hungrigen und die satten.
Heinrich Heine, Zeitgedichte

Ist der Bauch satt, so ist das Herz froh.
Deutsches Sprichwort

Ist der Magen satt,
wird das Herze fröhlich.
Deutsches Sprichwort

Lieber hungrig und rein
als satt und verderbt.
Chinesisches Sprichwort

Meinen Ohren am ekelhaftesten
ist der Dialekt der Sattheit.
Elias Canetti, Die Provinz des Menschen.
Aufzeichnungen 1942–1972

Satt essen kann sich jeglicher
zu Hause, / Geselliges Vergnügen,
munteres / Gespräch muss
einem Festmahl Würze geben.
William Shakespeare, Macbeth (Lady)

Satte Augen gibt es nicht auf der Welt.
Sprichwort aus Russland

Sattheit enthält, wie jede andere Kraft,
immer auch ein bestimmtes Maß
an Frechheit, und dies äußert sich
vor allem darin, dass der Satte
dem Hungrigen Lehren erteilt.
Anton P. Tschechow, Briefe (19. Oktober 1891)

Voll macht faul.
Deutsches Sprichwort

Wenn das Ferkel satt ist,
so stößt es den Trog um.
Deutsches Sprichwort

Wenn es den Menschen glücklich geht,
so können sie niemals satt bekommen.
Herodot, Historien

Wer satt und warm lebt,
denkt an Wollust.
Wer hungert und friert,
denkt ans Stehlen.
Chinesisches Sprichwort

Wer sich mit 100 Gulden nit nähren
will, der nähret sich mit 1000 auch nit.
Martin Luther, Tischreden

Zu satt macht matt.
Deutsches Sprichwort

Satz

Am schwersten verdaulich
sind meistens die Sätze,
die man selber einmal gesagt hat.
Harold Macmillan

Aphorismen: vollendete Sätze.
Hans-Horst Skupy

Autoren sollten stehend
an einem Pult schreiben.
Dann würden ihnen ganz von selbst
kurze Sätze einfallen.
Ernest Hemingway

Ein großer Schriftsteller ist einer,
der unvergessliche Sätze schreibt.
Henry de Montherlant

Ein Satz soll nicht länger dauern,
als man mit einem Atemzug
vortragen kann.
Ludwig Reiners, Stilkunst IV, Klang

Er legt Sätze wie Eier,
aber er vergisst, sie zu brüten.
Elias Canetti, Die Provinz des Menschen.
Aufzeichnungen 1942–1972

In die Geschichte gehen Sätze
von höchstens sieben Wörtern ein.
Hugo Dioniczy Steinhaus

Jeder Satz sollte ein Maßanzug
für das Gedachte sein.
Friedrich Sieburg

Manche Sätze geben ihr Gift
erst nach Jahren her.
Elias Canetti, Die Provinz des Menschen.
Aufzeichnungen 1942–1972

Sätze müssen ihre Zahl,
ihr Maß und Gewicht haben.
Erst diese Bedingungen zusammen
bilden ein vollkommenes Ganzes.
Joseph Joubert, Gedanken, Versuche und Maximen

Schreib einen wahren Satz!
Ernest Hemingway

Wann immer du
einen Satz kürzen kannst, tu es.
Anatole France

Wenn einem Autor der Atem ausgeht,
werden die Sätze nicht kürzer,
sondern länger.
John Steinbeck

Sau

Die Sau weiß nicht,
wovon sie fett wird.
Deutsches Sprichwort

Je schlimmer die Sau,
desto besser die Eicheln.
Deutsches Sprichwort

Jede Sau hat ihren Martinstag.
Deutsches Sprichwort

Heute muss einer im Showbusiness
schon von Schwein reden,
wenn er nicht zur Sau gemacht wird.
Harald Juhnke

Uns ist ganz kannibalisch wohl,
Als wie fünfhundert Säuen.
Johann Wolfgang von Goethe, Faust I (Alle)

Wenn die Säue doch Perlen fräßen!
Bert Berkensträter

Wenn man die Sau kitzelt,
so legt sie sich in den Dreck.
Deutsches Sprichwort

Sauberkeit

Körperliche Sauberkeit ist in extremen
Lebenslagen: Armut, Gefangenschaft,
enge Wohnverhältnisse, ein Luxus,
der Wunder bewirkt, sie ist
etwas Religiöses (...).
Heinrich Böll, Worte töten Worte heilen

Wasser aus dem Brunnen vermische
nicht mit Wasser aus dem Fluss.
Chinesisches Sprichwort

Wenn jeder vor seiner Tür fegt,
so wird es überall sauber.
Deutsches Sprichwort

Wer sauber ist,
braucht sich nicht zu waschen.
Deutsches Sprichwort

Sauer

Nichts wird saurer wie Milch.
Sprichwort aus England

Sauer macht lustig.
Deutsches Sprichwort

Säufer

Ein Quartalssäufer verdient mehr
Vertrauen als ein anständiger junger
Mann, der sein Leben lang
nichts anderes getrunken hat
als Milch und Limonade.
Anton P. Tschechow, Briefe (6. Juli 1892)

Sei kein Fresser und Säufer,
denn sonst bleibt nichts im Beutel.
Altes Testament, Jesus Sirach 18, 33

Schach

Auch der orthodoxeste Kommunist
verteidigt, wenn er Schach spielt,
seinen König.
Brana Crnčević

Das Schachspiel des Verstandes
verläuft unabhängig vom Leben
und das Leben unabhängig von ihm.
Leo N. Tolstoi, Tagebücher (1863)

Der ist ein echter Edelmann, der einem
Schachspiel wortlos folgen kann.
Chinesisches Sprichwort

Eine Liebeserklärung ist wie
die Eröffnung beim Schach:
Die Konsequenzen sind unabsehbar.
Hans Söhnker

Es ist im Leben wie im Schachspiel:
Wir entwerfen einen Plan, dieser
bleibt jedoch bedingt durch das, was
im Schachspiel dem Gegner, im Leben
dem Schicksal zu tun belieben wird.
Arthur Schopenhauer, Aphorismen zur Lebensweisheit

Es ist wahr, das Spiel ist
ein Probierstein des Gehirns.
Johann Wolfgang von Goethe, Götz von Berlichingen
(Adelheid; gemeint ist das Schachspiel)

In der Politik ist es wie beim Schach:
ein einziger falscher Zug
kann alles verderben.
Maurice Couve de Murville

Neben den Anstrengungen
der Werbewirtschaft ist Schach
die größte Verschwendung
menschlicher Intelligenz.
Raymond Chandler

Schach ist
ein geistiges Catch-as-catchcan,
bei dem sich nur
der Brutale durchsetzen kann.
Robert »Bobby« Fischer

Wer beim Schachspiel nicht einmal
die Figuren in Ordnung zu stellen
weiß, der wird es schlecht zu spielen
verstehen; und wer nicht Schach
bieten kann, der wird auch nie
schachmatt setzen können.
Teresa von Ávila, Weg der Vollkommenheit

Schaden

Alles, was der Geist eines Menschen,
der sehr starken Hass empfindet,
diktiert, hat die Wirkung zu schaden
und zu zerstören.
Agrippa von Nettesheim, De occulta philosophia

Aus einem Schaden zwei zu machen,
wäre ein böses Spiel.
Chrétien de Troyes, Yvain (Yvain)

Besser nachgeben
als zu Schaden kommen.
Deutsches Sprichwort

Des einen Schaden
ist des andern Nutzen.
Deutsches Sprichwort

Die Freiheit besteht darin,
dass man alles das tun kann,
was einem andern nicht schadet.
Matthias Claudius, Der Wandsbecker Bothe

Die Künste sind das,
zu was wir sie machen wollen.
Es liegt nur an uns,
wenn sie uns schädlich sind.
Gotthold Ephraim Lessing,
Das Neueste aus dem Reiche des Witzes

Die Menschen fügen einander Schaden
zu entweder aus Furcht oder aus Hass.
Niccolò Machiavelli, Der Fürst

Die perfideste Art, einer Sache zu
schaden, ist, sie absichtlich
mit fehlerhaften Gründen verteidigen.
Friedrich Nietzsche, Die fröhliche Wissenschaft

Durch mehr tun, als dazugehört,
Ward oft schon gut
in schlecht gekehrt.
Jüdische Spruchweisheit

Durch Schaden wird man klug.
Deutsches Sprichwort

Durch Schaden wird man selten klug.
Deutsches Sprichwort

Ein Haus ist leichter angezündet
als gelöscht.
Deutsches Sprichwort

Ein Undankbarer schadet
zehn Armen.
Deutsches Sprichwort

Ein verlottertes Feld stürzt dich
zeitweilig in Not,
eine falsche Ehefrau ruiniert dich
fürs Leben.
Chinesisches Sprichwort

Es ist mit den Menschen
wie mit den niedrigsten Tieren:
Alle können Schaden stiften.
Voltaire, Der ehrliche Hurone

Es ist nicht nach Gottes Ordnung,
dass der bessere Mann von dem
schlechteren beschädigt werde.
Matthias Claudius, Der Wandsbecker Bothe

Es ist selten ein Gewinn
ohne des Andern Schaden.
Deutsches Sprichwort

Es ist selten ein Schaden,
ohne ein Nutzen dabei.
Deutsches Sprichwort

Gebrauche deine Zunge nicht dazu,
jemandes Ehre zu verletzen,
denn auch du bist betroffen,
wenn Nachbars Wand brennt.
Ecbasis captivi in belehrender Gestalt (Fuchs)

Gedanken schaden nicht dem Kopf,
sondern dem Herzen.
Martin Luther, Tischreden

Guter Rat nach dem Schaden
ist wie Medizin nach dem Tode.
Sprichwort aus Dänemark

In einem heruntergefallenen Nest
gibt es keine heilen Eier.
Chinesisches Sprichwort

In Frieden lebt der Mensch,
der Gutes mit Gutem vergilt und,
so viel an ihm liegt,
niemanden schädigen will.
Bernhard von Clairvaux, Über die Bekehrung

Jeder Schaden macht dich
etwas klüger.
Chinesisches Sprichwort

Jedermann ist sehr bereitwillig,
durch Schaden klug zu werden,
wenn nur der erste Schaden,
der dieses lehrt, ersetzt wäre.
Georg Christoph Lichtenberg, Sudelbücher

Kann uns etwas nicht schaden,
so dürfen wir denen keine
Aufmerksamkeit schenken,
die uns davor schützen wollen.
Luc de Clapiers Marquis de Vauvenargues,
Reflexionen und Maximen

Man ist nicht schuldlos,
wenn man sich selbst schadet.
Joseph Joubert, Gedanken, Versuche und Maximen

Man kann auch jemand damit
schaden, dass man ihn für Leistungen
preist, die er nicht vollbracht hat.
Ludwig Marcuse, Argumente und Rezepte.
Ein Wörter-Buch für Zeitgenossen

Man lässt alles in der Welt gehn,
bis es schädlich wird;
dann zürnt man und schlägt drein.
Johann Wolfgang von Goethe, Wilhelm Meisters
Lehrjahre

Mönche, Mäuse, Ratten, Maden
Scheiden selten ohne Schaden.
Deutsches Sprichwort

Muss den alles schädlich sein,
was gefährlich aussieht?
Johann Wolfgang von Goethe,
Wilhelm Meisters Lehrjahre

Nein! nein! sie glauben sich nicht frei,
wenn sie sich nicht selbst
und andern schaden können.
Johann Wolfgang von Goethe, Egmont (Alba)

Niemand speit in den eigenen Bart.
Deutsches Sprichwort

Schade scheidet Freundschaft.
Deutsches Sprichwort

Schaden ist leicht, nützen schwierig.
Quintilian, Schule der Beredsamkeit

Schaden macht zwar klug,
aber nicht reich.
Deutsches Sprichwort

Schaden reiht sich an Schaden.
Publius Cornelius Tacitus, Agricola

Sieh nur zu, dass du nicht schadest,
während du zu helfen wünschst.
Ovid, Gedichte der Trübsal

Und was du tust,
sagt erst der andre Tag,
War es zum Schaden oder Frommen.
Johann Wolfgang von Goethe, Ilmenau

Unter allen Leidenschaften der Seele
bringt die Traurigkeit am meisten
Schaden für den Leib.
Thomas von Aquin, Summa theologica

Vielleicht werden wir wirklich
durch Schaden klug?
Erich Kästner, Dr. Erich Kästners lyrische Hausapotheke

Was dem einen schadet,
nutzt dem anderen.
Sprichwort aus Frankreich

Was keinem Mitmenschen schadet,
ist mir erlaubt.
August Strindberg, Der Sohn der Magd

Was viel nützt,
kann auch viel schaden.
Chinesisches Sprichwort

Was vom Himmel fällt,
schadet keinem.
Deutsches Sprichwort

Wenn ich es bedenke, so muss ich
sagen, dass mir meine Erziehung in
mancher Hinsicht sehr geschadet hat.
Franz Kafka, Tagebücher (1910)

Wer allen dienen will,
kommt immer am schlimmsten weg.
Deutsches Sprichwort

Wer den Dammbruch verursacht hat,
soll sich nicht anschließend
als Schleusenwärter bewerben.
Norbert Blüm, Unverblümtes von Norbert Blüm

Wer den Schaden hat,
braucht für den Spott nicht sorgen.
Deutsches Sprichwort

Wer einen Wolf anstelle eines Hundes
füttert, hat Not, das Haus zu behüten.
Chinesisches Sprichwort

Wer möchte nicht lieber
durch Glück dümmer
als durch Schaden klug werden?
Salvador Dali

Wer Schaden litt,
erwarb auch Spott:
Wem Glück zuteil ward,
dem half Gott.
Wolfram von Eschenbach, Parzival

Schadenfreude

Der schlechteste Zug in der menschlichen Natur bleibt aber die Schadenfreude, da sie der Grausamkeit enge verwandt ist.
Arthur Schopenhauer, Zur Ethik

Eines der stärksten, jedenfalls aber
das kontinuierliche Element in der
Beziehung von Mensch zu Mensch
ist die Schadenfreude, soweit sie
nicht durch persönliche Sympathie
oder durch gemeinsame Interessen
gebändigt scheint.
Arthur Schnitzler, Buch der Sprüche und Bedenken

Mitleid ist legale Schadenfreude.
Hans Lohberger

Schadenfreude ist die Freude,
die durch Schaden nicht klug wird.
Hellmut Walters

Wenn die Menschen recht schlecht
werden, haben sie keinen Anteil
mehr als die Schadenfreude.
Johann Wolfgang von Goethe, Maximen und Reflexionen

Wir alle sehen es gern,
wenn andere seekrank sind,
solange wir es nicht selber sind.
Mark Twain, Die Arglosen im Ausland

Schaf

Das Schaf denkt nur an das Messer,
der Schlächter nur an das Fleisch.
Sprichwort aus Kurdistan

Das Schaf vertraut nur dem,
der ihm die Kehle durchschneidet.
Sprichwort aus Indien

Der Staub, den die Schafe aufwirbeln,
erstickt den Wolf nicht.
Sprichwort aus England

Der Wolf trachtet nach einem
unbewachten Schafstall.
Ovid, Gedichte der Trübsal

Ein braves Schaf muss
viele Lämmer säugen.
Sprichwort aus Frankreich

Ein Schaf hat niemals
einen leeren Bauch.
Chinesisches Sprichwort

Freilich ist's auch kein Vorteil für die
Herde, wenn der Schäfer ein Schaf ist.
Johann Wolfgang von Goethe, Brief des Pastors

Pazifisten sind wie Schafe;
sie glauben, der Wolf sei Vegetarier.
Yves Montand

Wenn die Schafe rasend werden,
sind sie schlimmer als Wölfe.
Sprichwort aus Frankreich

Wo man blöken hört,
da sind auch Schafe im Lande.
Deutsches Sprichwort

Wölfe im Schafspelz
erkennt man daran,
dass sie ungeschoren bleiben.
Simone Signoret

Schaffen

Das Geheimnis allen geistigen
Schaffens ist die Sammlung.
Othmar Spann,
Haupttheorien der Volkswirtschaftslehre

Der Mann besitzt mehr Schaffenskräfte
als die Frau. Die Frau aber ist ein
Quell der Weisheit und der Freuden-
fülle. Beides bringt der Mann
zur Vollendung.
Hildegard von Bingen, Briefwechsel

Der von Schaffensfreude spricht,
hat höchstens Mücken geboren.
Marie von Ebner-Eschenbach, Aphorismen

Die Kleinen schaffen,
der Große erschafft.
Marie von Ebner-Eschenbach, Aphorismen

Die Ruhe, die Tatenlosigkeit ist gut
und reizend, aber das Schaffen,
das Hervorbringen hat
tausendfältiges Lächeln.
Sophie Mereau, Tagebücher (16. August 1805)

Ein behagliches Genießen
Mag ererbtem Gut entsprießen,
Und der Ahnen lange Reihe
Stolz die Brust der Enkel heben:
Doch dem Leben rechte Weihe
Kann nur eignes Schaffen geben.
Friedrich von Bodenstedt, Mirza Schaffy

Es gelingt uns mit aller Anstrengung
nicht, etwas zu schaffen wie das Nest
des unscheinbarsten Vögleins mit
seinem sinnvollen, schönen und
zweckmäßigen Bau, oder wie das Netz
der winzigen Spinne.
Michel Eyquem de Montaigne, Die Essais

Es ist ein Elend in diesem Leben!
Die in Muße und Wohlstand leben,
wollen nichts schaffen; und die anderen werden daran verhindert durch
ihre Armut und durch ihre Belastung
mit einem vielerlei von Geschäften.
Martin Luther, Tischreden

Gefährten sucht der Schaffende und
nicht Leichname, und auch nicht
Herden und Gläubige.
Friedrich Nietzsche, Also sprach Zarathustra

Gefährten suchte einst der Schaffende
und Kinder seiner Hoffnung:
und siehe, es fand sich, dass er sie
nicht finden könne, es sei denn,
er schaffe sie selber erst.
Friedrich Nietzsche, Also sprach Zarathustra

Kunst ist
formorganisierendes Schaffen.
Boris Arvatov, Kunst und Produktion

Nicht was ich habe, sondern
was ich schaffe, ist mein Reich.
Samuel Smiles, Die Sparsamkeit

Nur in Liebe, umschattet von der
Illusion der Liebe, schafft der Mensch.
Thomas Mann, Nietzsches Philosophie im Lichte
unserer Erfahrung

Nur solchen Menschen, die nichts
hervorzubringen wissen, ist nichts da.
Johann Wolfgang von Goethe,
Maximen und Reflexionen

Nur wer wirklich was schafft,
hat ein Recht, darüber zu reden.
Theodor Fontane, Briefe

Schaffe, als hättest du ewig zu leben,
bete, als endete morgen dein Streben.
Samuel Smiles, Charakter

Schaffen führt zum Glauben
an einen Schöpfer.
Marie von Ebner-Eschenbach, Aphorismen

Schafft und hofft;
euch helfen und bleiben Gott und Tod.
Jean Paul, Friedens-Predigt an Deutschland

Um Gutes zu schaffen, sind
hundert Jahre zu wenig. Um es
zu zerstören, reicht schon ein Tag.
Chinesisches Sprichwort

Von dem, was der Mensch schafft,
bleibt nicht das, was nützlich ist,
sondern was bewegt.
Le Corbusier

Was wäre wohl
aus der Welt geworden,
wenn alle zum Mitschaffen
Aufgerufenen immer gleich
»schnurstracks« auf ihr Ziel
losgegangen wären.
Alle Weisheit ist langsam,
alles Schaffen ist umständlich.
Christian Morgenstern, Stufen

Wo genug zu schaffen ist, bleibt
kein Raum für Betrachtung.
Johann Wolfgang von Goethe,
Wilhelm Meisters Lehrjahre

Scham

Auf Madagaskar lassen die Frauen
unbesorgt sehen, was man bei uns
ängstlich verbirgt. Aber sie würden
vor Scham vergehen, wenn sie ihre
Arme entblößen sollten.
Offenbar sind drei Viertel
des Schamgefühls anerzogen.
Stendhal, Über die Liebe

Aus Scham oder Selbstsucht
verbirgt jeder das Beste und Zarteste
in seinem Innern.
Gustave Flaubert, November

Das Gehirn kennt keine Scham.
Jules Renard, Ideen, in Tinte getaucht.
Aus dem Tagebuch von Jules Renard

Das Schöne, auch in der Kunst,
ist ohne Scham nicht denkbar.
Hugo von Hofmannsthal, Buch der Freunde

Deiner selbst sollst du dich
nicht schämen müssen.
Altes Testament, Jesus Sirach 4, 20

Der Verlust von Scham
ist das erste Zeichen von Schwachsinn.
Sigmund Freud

Die Angst in der Scham liegt darin,
dass der Geist sich fremd fühlt.
Søren Kierkegaard, Der Begriff Angst

Die Gewohnheit regelt den Kompromiss zwischen Scham und Exhibitionismus. Eine »anständige« Frau muss bald den Busenansatz, bald die Knöchel bedecken.
Simone de Beauvoir, Das andere Geschlecht

Die holde Scham,
die Schönheit ist mir heilig.
Friedrich Schiller, Die Braut von Messina (Cesar)

Die Scham, die die Freuden der Liebe vor den Augen anderer verbirgt, ist etwas, sie ist die Schutzwache, die die Natur den beiden Geschlechtern gegeben hat für einen Zustand der Schwäche und der Selbstvergessenheit, der sie der Gnade des Erstbesten, der vorbeikommt, ausliefert.
Jean-Jacques Rousseau, Brief an d'Alembert

Die Scham existiert überall,
wo es ein »Mysterium« gibt.
Friedrich Nietzsche, Menschliches, Allzumenschliches

Die Scham ist das Widerstreben der Frau, ihren Körper ohne die Seele hinzugeben – ein Beweis
der Unteilbarkeit des Seins.
Sully Prudhomme, Gedanken

Die Scham ist es, die Gunstbeweisen ihren Wert gibt und abschlägige
Antworten mildert.
Jean-Jacques Rousseau, Brief an d'Alembert

Die Scham ist schnell verflogen,
aber die Schulden sind lange nicht zurückgezahlt.
Chinesisches Sprichwort

Die Scham wird dann peinlich,
wenn man sie ablegen will.
Emil Baschnonga

Die Schuld verdoppelt, wer sich
seines Vergehens nicht schämt.
Publilius Syrus, Sentenzen

Ein Kollege, der sich seines Lebenswandels schämte, ging zum Psychiater. Seitdem schämt er sich nicht mehr.
Robert Lembke, Steinwürfe im Glashaus

Einem Mann ohne Scham
kommt alles verdächtig vor.
Chinesisches Sprichwort

Eitelkeit ist mächtiger als Scham.
Marie von Ebner-Eschenbach, Aphorismen

Es gibt eine Scham,
die Sünde bringt, und eine Scham,
die Ehre und Ruhm einträgt.
Altes Testament, Jesus Sirach 4, 21

Geniere dich vor dir selbst, das ist
der Anfang aller Vorzüglichkeit.
Marie von Ebner-Eschenbach, Aphorismen

Im Land der Nackten schämen
sich die Leute ihrer Kleider.
Sprichwort aus Russland

Ist es nicht die Natur, die die jungen Mädchen mit jenen lieblichen Zügen schmückt, die ein wenig Scham noch rührender macht? Ist sie es nicht, die ihren Augen jenen scheuen und zarten Blick verleiht, dem man nur mit so viel Mühe widersteht?
Jean-Jacques Rousseau, Brief an d'Alembert

Jede Frau ohne Scham ist schuldig und verderbt, weil sie ein Gefühl, das ihrem Geschlecht natürlich ist, mit Füßen tritt.
Jean-Jacques Rousseau, Brief an d'Alembert

Leichter erträgt man das,
was einen beschämt, als das,
was einen ärgert.
Titus Maccius Plautus, Pseudolus

Man schämt sich oft der Dinge,
die angenehm waren, als man sie tat, wenn man von ihnen erzählt.
Ovid, Heroinen

Mancher richtet aus Scham sich selbst zu Grunde; weil er seine Not verbirgt, geht er unter.
Altes Testament, Jesus Sirach 20, 22

Mit dem Kleid zieht das Weib
auch die Scham aus.
Herodot, Historien

O Welt!, wie schamlos und boshaft
du bist! / Du nährst und erziehest
und tötest zugleich.
Johann Wolfgang von Goethe, West-östlicher Divan

Scham bezeichnet eben im Menschen die innere Grenze der Sünde; / Wo er errötet, beginnt eben sein edleres Selbst.
Friedrich Hebbel, Gedichte

Scham gab es eher als Kleidung,
und sie wird wieder geboren werden, wenn es keine Kleidung mehr gibt.
Mark Twain

Scham hindert Schande.
Deutsches Sprichwort

Scham ist Unlust,
verbunden mit der Idee
einer eigenen Handlung,
die wir uns von anderen getadelt vorstellen.
Baruch de Spinoza, Ethik

Schamrot ist die beste Farbe.
Deutsches Sprichwort

Schämt euch der Leidenschaften nicht, und nehmt das Sittliche nicht
wie eine Institution des Staates!
Karl Gutzkow

Tue nichts im Verborgenen,
dessen du dich schämen müsstest, wenn es ein Fremder sähe!
Adolph Freiherr von Knigge, Über den Umgang mit Menschen

Um edel zu empfinden, / Lasst Scham nicht aus der Seele schwinden.
Wolfram von Eschenbach, Parzival

Vorstellungen der Scham
und Sittsamkeit sind dem Volk
tief eingeprägt.
Jean-Jacques Rousseau, Julie oder Die neue Héloïse (Saint-Preux)

Was die geschlechtliche Scham im Besonderen betrifft: Welche lieblichere Waffe konnte die Natur dem Geschlecht geben, das sich selbst zu verteidigen bestimmte?
Jean-Jacques Rousseau, Brief an d'Alembert

Welch großes Martyrium ist
die Scham, wenn man
an seinem Charakter leidet.
Charles de Secondat, Baron de la Brède et de Montesquieu, Meine Gedanken

Wenn das Schamgefühl nur ein Vorurteil der Gesellschaft und der Erziehung wäre, dann müsste es sich an Orten stärker zeigen, wo die Erziehung sorgfältiger ist und wo man die gesellschaftlichen Regeln unaufhörlich verfeinert; überall dort aber müsste es schwächer sein, wo man dem ursprünglichen Zustand näher geblieben ist. Es ist genau umgekehrt.
Jean-Jacques Rousseau, Brief an d'Alembert

Wird man wohl vor Scham rot
im Dunkeln?
Georg Christoph Lichtenberg, Sudelbücher

Wo Scham ist, da ist Ehre.
Deutsches Sprichwort

Wo Scham ist, ist Tugend.
Deutsches Sprichwort

Zu Tisch und Bett
soll man sich nicht schämen.
Deutsches Sprichwort

Schamhaftigkeit

Allzu früh gelehrte Schamhaftigkeit facht die gefährliche Aufmerksamkeit früher an, als die Natur täte; das vorzeitige Umhängen der Feigenblätter leitet den Fall herbei, welchen es in Eden nur verdeckte.
Jean Paul, Levana

Das Üble an der Schamhaftigkeit ist, dass sie dauernd zur Lüge verleitet.
Stendhal, Über die Liebe

Die Lüstlinge lieben die Schamhaftigkeit, sie ist ein Schleier mehr zu heben und ist der köstlichste: Er fügt zur Lust den Stolz der Eroberung.
Sully Prudhomme, Gedanken

Die Schamhaftigkeit aber erweitert die Liebe durch die Phantasie und schenkt ihr erst eigentlich das Leben. Sie wird den jungen Mädchen frühzeitig von ihren Müttern eingepflanzt, und zwar mit höchster Sorgfalt, sozusagen aus weiblichem Verantwortungsgefühl. Die Frauen bedenken im Voraus das Glück der Liebhaber, die ihre Töchter einmal finden sollen.
Stendhal, Über die Liebe

Die Schamhaftigkeit verschafft dem Liebhaber sehr schmeichelhafte Genüsse: Sie lässt ihn kosten, welche Gebote man seinetwegen übertritt.
Stendhal, Über die Liebe

Eine einzige Furcht hat etwas Edles, die Schamhaftigkeit.
Karl Julius Weber, Democritos

Es gibt nicht nur eine leibliche, sondern auch eine geistige Schamhaftigkeit, die wir zu achten haben. Auch die Seele hat ihre Hüllen, deren man sie nicht entkleiden soll. Keiner von uns darf zum andern sagen: Weil wir so und so zusammengehören, habe ich das Recht, alle deine Gedanken zu kennen. Nicht einmal die Mutter darf so gegen ihr Kind auftreten. Alles Fordern dieser Art ist töricht und unheilvoll.
Albert Schweitzer, Aus meiner Kindheit und Jugendzeit

Ich weiß von keiner Liebe ohne Schamhaftigkeit.
Jean-Jacques Rousseau, Julie oder Die neue Héloïse (Julie)

Liebende wissen nichts von Schamhaftigkeit.
Honoré de Balzac, Physiologie der Ehe

Mit der Schönheit der Frauen nimmt im Allgemeinen ihre Schamhaftigkeit zu.
Friedrich Nietzsche, Menschliches, Allzumenschliches

Schamhaftigkeit lässt sich nicht spielen. Kein Kunstgriff ist lächerlicher als der, der sie nachzuäffen versucht.
Jean-Jacques Rousseau, Julie oder Die neue Héloïse (Saint-Preux)

So selten ist der Einklang von Schönheit und Schamhaftigkeit.
Juvenal, Satiren

Uns kröne das schönste Geschenk aus Götterhand: Schamhaftigkeit.
Euripides, Medea (Chor)

Warum sagt man, die Schamhaftigkeit mache die Frauen falsch? Sind diejenigen, die sie vollständig verloren haben, denn ehrlicher als die anderen?
Jean-Jacques Rousseau, Emile

Welche Liebe kann dort herrschen, wo die Schamhaftigkeit verlacht wird?
Jean-Jacques Rousseau, Julie oder Die neue Héloïse (Saint-Preux)

Schande

Besser den Tod als ein Leben in Schande.
Menandros, Monostichoi

Ein bisschen Schwachheit genügt, um eine schändliche Handlung zu tun.
Sully Prudhomme, Gedanken

Ein Mantel und ein Haus decken viel Schande.
Deutsches Sprichwort

Es bringt einem Herrn nur Schande, wenn er seinen Knechten allzu viel von ihren Pflichten erlässt.
Ecbasis captivi in belehrender Gestalt (Leopard)

Es kann nicht in derselben Sache Nutzen und Schande zugleich liegen.
Marcus Tullius Cicero, Von den Pflichten

Fallen ist keine Schande, aber liegen bleiben.
Deutsches Sprichwort

Kann es da jemals Glück geben, wo nichts als Schande und Reue herrscht?
Jean-Jacques Rousseau, Julie oder Die neue Héloïse (Julie)

Mancher vergrößert seine Schande, wenn er sie zu rächen glaubt.
Sprichwort aus Frankreich

Nichts können ist keine Schande, aber nichts lernen.
Deutsches Sprichwort

Schande hindert Tugend.
Deutsches Sprichwort

Schande ist Schande, man halte sie dafür oder nicht.
Deutsches Sprichwort

Schande und Unglück hängen eng miteinander zusammen. Armut stürzt mehr Menschen in Schande als lasterhafte Gesinnung.
Luc de Clapiers Marquis de Vauvenargues, Nachgelassene Maximen

Schandtaten lassen sich mit Schandworten nicht gut machen.
Deutsches Sprichwort

Siehe, sie zögern nicht, des Gewinnes wegen in Schande zu sterben!
Waltharilied (Hagen)

Spielen, Fischen, Vogelstellen schänden manchen Junggesellen.
Deutsches Sprichwort

Wahrlich, ihr Männer von Athen, dem Tode zu entrinnen, das ist nicht schwer, aber der Schande zu entrinnen, das ist viel schwerer, denn sie läuft schneller als der Tod.
Platon, Die Apologie des Sokrates

Weit zuträglicher wäre es, / Sterben, denn immerfort so schändliche Taten mit anschauen.
Homer, Odyssee

Wie sehr wir uns auch mit Schande bedeckt haben, fast immer steht es in unserer Macht, unseren guten Ruf wiederherzustellen.
François de La Rochefoucauld, Reflexionen

Schändung

Die Welt schändet immer mehr, was man loben soll, und lobt, was man schänden soll.
Martin Luther, überliefert von Julius Wilhelm Zincgref (Apophthegmata)

Falsche Prediger sind ärger als Jungfrauenschänder.
Martin Luther, Tischreden

Nichts in der Welt ist so ehrwürdig, dass es einen Schänder nicht fände.
Lucius Annaeus Seneca, Über die Standhaftigkeit des Weisen

Schärfe

Am leichtesten schartig werden scharfe Messer, / Doch schneidet man deshalb mit stumpfen besser?
Friedrich von Bodenstedt, Mirza Schaffy

Böse Zungen schneiden schärfer als Schwerter.
Deutsches Sprichwort

Die allzu scharfe Klinge wird schartig.
Sprichwort aus Frankreich

Ungeschliffen schneidet nicht.
Deutsches Sprichwort

Scharfsinn

Das Gefühl findet, der Scharfsinn
weiß die Gründe.
Jean Paul, Aphorismen

Der größte Fehler des Scharfsinns
besteht nicht darin, dass er sein Ziel
nicht erreicht, sondern dass er
darüber hinausgeht.
François de La Rochefoucauld, Reflexionen

Der Scharfsinn bedarf nur eines
Augenblicks, um alles zu bemerken,
die Genauigkeit Jahre,
um alles auszudrücken.
Joseph Joubert, Gedanken, Versuche und Maximen

Der Scharfsinn verlässt geistreiche
Männer am wenigsten, wenn sie
unrecht haben.
Johann Wolfgang von Goethe,
Maximen und Reflexionen

Es fällt schwer, gut zu sein,
wenn man scharfsinnig ist.
Jules Renard, Ideen, in Tinte getaucht.
Aus dem Tagebuch von Jules Renard

Glück ist Scharfsinn für Gelegenheiten
und die Fähigkeit, sie zu nutzen.
Sam Goldwyn

Irrtum ist Scharfsinns Bruder.
Oft sitzt er statt seiner am Ruder.
Jüdische Spruchweisheit

Missgunst und Hass beschränken den
Beobachter auf die Oberfläche, selbst
wenn Scharfsinn sich zu ihnen gesellt;
verschwistert sich dieser hingegen mit
Wohlwollen und Liebe, so durchdringt
er die Welt und den Menschen,
ja er kann hoffen, zum Allerhöchsten
zu gelangen.
Johann Wolfgang von Goethe,
Maximen und Reflexionen

Scharfsinn wirkt prophetisch und
schmeichelt deshalb unserer Eitelkeit
mehr als andere Geistesgaben.
François de La Rochefoucauld, Reflexionen

Scharfsinnige Geister überspringen
alle Vorstadien und halten weder sich
noch andere am Rand der Fragen auf.
Joseph Joubert, Gedanken, Versuche und Maximen

Wenn Scharfsinn
ein Vergrößerungsglas ist, so ist
der Witz ein Verkleinerungsglas.
Georg Christoph Lichtenberg, Sudelbücher

Scharlatanerie

Hütet euch vor Scharlatanen!
Voltaire, Der Mann mit den vierzig Talern

Scharlatanen,
die Dummköpfen
ihre Drogen teuer verkaufen,
glaube ich nichts.
Voltaire, Geschichte von Jenni

Schatten

Da alle Dinge dieser Welt
ein Schatten der ewigen Dinge sind,
so haben sie mit dem Schatten
auch diese Eigenschaft gemein,
dass sie den fliehen,
der ihnen folgt,
und dem folgen,
der ihnen flieht.
Baltasar Gracián y Morales, Handorakel und Kunst
der Weltklugheit

Ein gefällter Baum
wirft keinen Schatten.
Chinesisches Sprichwort

Ein kleiner Mann macht oft einen
großen Schatten.
Deutsches Sprichwort

Eines Schatten Traum sind Menschen.
Pindar, Siegeslieder

Er preist die eine Sonne,
leugnet aber die hundert Schatten.
Chinesisches Sprichwort

Große Ereignisse werfen
ihre Schatten voraus.
Thomas Campbell, Lochiels Warnung

Niemand kann sich
in seinem eigenen Schatten ausruhen.
Sprichwort aus Ungarn

Vom Schatten und vom Lobe
wird man weder größer noch kleiner.
Deutsches Sprichwort

Wer dem Licht entgegengeht,
sieht seinen Schatten nicht.
Erhard Blanck

Wir können nur die Schatten
unserer Träume verwirklichen.
Emil Jannings

Wo viel Licht ist,
ist starker Schatten.
Johann Wolfgang von Goethe, Götz von Berlichingen
(Götz)

Wo viel Schatten ist,
muss viel Licht vermutet werden.
Heinrich Nüsse

Schatz

Denn wer den Schatz, das Schöne
heben will, / Bedarf der höchsten
Kunst: Magie der Weisen.
Johann Wolfgang von Goethe, Faust II (Mephisto)

Denn wo dein Schatz ist,
da ist auch dein Herz.
Neues Testament, Matthäus 6, 20 (Jesus: Bergpredigt)

Der reinste Schatz,
den uns das Leben bietet,
Ist fleckenloser Ruf.
William Shakespeare, Richard III. (Norfolk)

Für andere sind Juwelen Schätze,
für mich ist Bescheidenheit ein Schatz.
Chinesisches Sprichwort

O wie tief, wie lieb wird das Leben,
wenn sich die Schätze nach und nach
sammeln, die man mit ins Grab
nehmen will.
Bettina von Arnim, An Achim von Arnim
(Dezember 1809)

Verborgner Schatz liegt sicher.
Deutsches Sprichwort

Wissen ist ein Schatz,
den man nicht verliert.
Chinesisches Sprichwort

Schauder

Das Schaudern ist der Menschheit
bestes Teil; / Wie auch die Welt ihm
das Gefühl verteure, / Ergriffen,
fühlt er tief das Ungeheure.
Johann Wolfgang von Goethe, Faust II (Faust)

Der Schauerroman ist
an den konkreten Schauern
des 20. Jahrhunderts gestorben.
Alfred Andersch

Schauspieler/Schauspielerin

Das Mitspracherecht des Schauspielers
ist der Text.
Fritz Kortner

Dem Mimen flicht die Nachwelt
keine Kränze:
Drum muss er geizen
mit der Gegenwart,
Den Augenblick, der sein ist,
ganz erfüllen.
Friedrich Schiller, Wallenstein (Prolog)

Dem Schauspieler verbieten,
lasterhaft zu sein, heißt so viel
wie dem Menschen verbieten,
krank zu sein.
Jean-Jacques Rousseau, Brief an d'Alembert

Denn der Schauspieler muss sich
immer zwischen zwei Gegenständen
teilen: nämlich zwischen dem Gegenstande, mit dem er spricht,
und zwischen seinen Zuhörern.
Johann Wolfgang von Goethe, Regeln für Schauspieler

Der Schauspieler muss stets bedenken,
dass er um des Publikums willen
da ist.
Johann Wolfgang von Goethe, Regeln für Schauspieler

Der Stand der Schauspieler
galt bei den Römern für schimpflich,
bei den Griechen für ehrbar.
Und bei uns? Wir denken über sie
wie die Römer und verkehren
mit ihnen wie die Griechen.
Jean de La Bruyère, Die Charaktere

Die Karriere mancher Schauspielerin
hat mit der bedeutenden Rolle
begonnen, die sie im Leben
des Regisseurs spielte.
Gabriel Laub

Die Kunst des Schauspielers besteht
in Sprache und Körperbewegung.
Johann Wolfgang von Goethe, Regeln für Schauspieler

Ein guter Schauspieler macht uns bald
eine elende unschickliche Dekoration
vergessen, dahingegen das schönste
Theater den Mangel an guten Schauspielern erst recht fühlbar macht.
Johann Wolfgang von Goethe,
Wilhelm Meisters Lehrjahre

Ein guter Schauspieler zu sein
ist natürlich schwierig. Doch es ist
schwieriger, ein schlechtes Theaterstück zu schreiben, als eine schlechte
schauspielerische Leistung
zu erbringen.
Peter Ustinov, Peter Ustinovs geflügelte Worte

Eine Schauspielerin,
die Erfolg haben will,
muss die Schönheit einer Aphrodite,
die Klugheit einer Athene,
das Gedächtnis eines Elefanten
und das dicke Fell
eines Rhinozerosses haben.
Kim Novak

Existenzangst ist Gift
für einen Schauspieler.
Heinz Rühmann

Früher träumte jede einigermaßen
begabte Schauspielerin davon,
eines Tages ein Star zu werden.
Heute ist es genau umgekehrt:
Wir haben eine Unmenge Stars,
aber kaum eine von ihnen
denkt auch nur im Traume daran,
eine Schauspielerin zu werden.
Sir Laurence Olivier

Gibt es etwas Hässlicheres und
Empörenderes und Feigeres als einen
ehrenhaften Menschen, der auf dem
Theater die Rolle eines Schurken
spielt und all sein Talent aufbietet,
um verbrecherischen Grundsätzen
zur Geltung zur verhelfen,
die ihn selbst erschauern lassen?
Jean-Jacques Rousseau, Brief an d'Alembert

Glauben Sie keinem Schauspieler,
der behauptet, er läse keine Kritiken!
Heinz Rühmann

Ich bin dem Leben dankbar,
Schauspieler zu sein – das ist
der schönste Beruf der Welt.
Heinz Rühmann

In jedem von uns wohnt ein Schauspieler, der uns durchs ganze Leben
begleitet und nach schönen Rollen
verlangt, um sie zu spielen.
Albert Schweitzer, Was sollen wir tun?
(Predigt, 16. März 1919)

Ist die Vielseitigkeit des Schauspielers
wünschenswert, so ist es die Vielseitigkeit des Publikums ebenso sehr.
Johann Wolfgang von Goethe,
Weimarisches Hoftheater

Kein Dramatiker kann wissen,
was ein Schauspieler aus seinen
Worten machen wird.
Christian Morgenstern, Stufen

Man soll ja keinem Schauspieler übel
nehmen, wenn er bei seinen Debüts
vorsichtig und eigensinnig ist.
Johann Wolfgang von Goethe, Wilhelm Meisters
Lehrjahre

Schauspieler sind die einzigen
ehrenwerten Heuchler.
William Hazlitt

Schauspielerinnen sind ideale Ehefrauen, denn sie machen ihre Szenen
auf der Bühne.
Bernhard Wicki

Sie sind Schauspielerin, und das ist
dasselbe wie ein guter Seemann:
Auf welchem Dampfer er auch fahren
mag, er bleibt überall, unter allen
staatlichen oder
privaten, er bleibt überall, unter allen
Umständen, ein guter Seemann.
Anton P. Tschechow, Briefe (27. Januar 1903)

Sie übertreiben wie Schauspieler,
die nichts empfinden.
Johann Wolfgang von Goethe, Wilhelm Meisters
Wanderjahre

Von andern Pflanzen unterscheiden
sich Schauspieler dadurch,
dass sie eintrocknen, wenn sie nicht
in die Presse kommen.
Alfred Polgar, Kleine Schriften, Band 3. Irrlicht

Was ist das Talent des Schauspielers?
Die Kunst, sich zu verstellen, einen
anderen Charakter als den eigenen
anzunehmen, anders zu erscheinen,
als man ist, kaltblütig zu sich erregen,
etwas anderes zu sagen, als man
denkt, und das so natürlich, als ob
man es wirklich dächte, und endlich
seine eigene Lage dadurch zu vergessen, dass man sich in die eines
anderen versetzt.
Jean-Jacques Rousseau, Brief an d'Alembert

Was ist der Beruf des Schauspielers?
Ein Gewerbe, bei dem er sich
für Geld selbst zur Schau stellt,
bei dem er sich der Schande
und den Beleidigungen aussetzt,
die auszusprechen man sich
das Recht erkauft, und bei dem er
seine Person öffentlich
zum Verkauf anbietet.
Jean-Jacques Rousseau, Brief an d'Alembert

Wenn die Gelehrsamkeit zu sehr
überhand nimmt, muss man sich als
Schauspieler auf sein Gefühl verlassen.
Heinz Rühmann

Wer Schauspieler bilden will,
muss unendliche Geduld haben.
Johann Wolfgang von Goethe, überliefert von Johann
Peter Eckermann (Gespräche mit Goethe)

Schauspielerei

Der beste Schauspieler ist derjenige,
der nichts richtig gut kann.
Alfred Hitchcock

Die Schauspielerei
ist ein herrlich überbezahltes Hobby
für kindliche Gemüter.
David Niven

Ein Schauspieler ist ein Mann,
der eher einer Frau Nein sagen kann
als einem Theaterintendanten.
Horst Tappert

Ein Schauspieler ist ein Mensch,
dem es gelungen ist,
die Kindheit in die Tasche zu stecken
und sie bis an sein Lebensende
darin aufzubewahren.
Max Reinhardt

Eine Diskussion mit dem Regisseur
beginnen Schauspieler immer dann,
wenn sie den Text nicht kennen.
Otto Schenk

Ich nehme lieber einen echten Kellner
als einen Schauspieler,
der in der Rolle eines Kellners
gleich den Hamlet spielen will.
Ulrich Schamoni

Ich wüsste nicht, wer den Menschen
besser über den Menschen
belehren sollte als der Schauspieler.
Laurence Olivier

Man glaubt, sich zum Schauspiel zu
versammeln, dort aber trennt sich
jeder von jedem, man vergisst seine
Freunde, Nachbarn und Verwandten,
um sich mit Märchen aufzuhalten, um
traurige Schicksale längst Verstorbener
zu beweinen oder auf Kosten der noch
Lebenden zu lachen.
Jean-Jacques Rousseau, Brief an d'Alembert

Nicht die große Stimme ist wichtig,
das eigene totale Miterleben all dessen,
was man vorträgt, ist wichtig.
Und die Pausen! Man muss beim
Vortrag den Mut zur Pause haben.
Die Menschen wollen über das,
was sie hören, nachdenken.
Heinz Rühmann

Schauspiel wird für das Volk gemacht,
und aus seinen Wirkungen auf das
Volk kann man allein seine notwendigen Eigenschaften bestimmen.
Jean-Jacques Rousseau, Brief an d'Alembert

Schauspieler kommen direkt in den
Himmel, weil sie das Fegefeuer
schon auf Erden erlebt haben.
Rudolf Fernau

Schauspieler schauspielern
einfach zu viel.
Norman Mailer

Schauspielern kann man nicht lernen.
Wenn man es dann doch lernt,
ist man zu alt dafür.
Bette Davis

Was die Art des Schauspiels betrifft,
so bestimmt sie sich notwendig nach
dem Vergnügen, das es bereitet, nicht
nach dem Nutzen. Wenn ein Nutzen
sich findet, um so besser, aber der
Hauptzweck ist, zu gefallen, und wenn
nur das Volk sich die Zeit vertreibt,
so ist diesem Zwecke genüge getan.
Jean-Jacques Rousseau, Brief an d'Alembert

Welch Schauspiel! Aber ach!
ein Schauspiel nur!
Johann Wolfgang von Goethe, Faust I (Faust)

Wer das Zeug
zu einem guten Schauspieler hat,
sei fleißig, damit er es nicht wird.
Hans Albers

Scheidung

An Scheidungsgründen fehlt es nie,
wenn nur der gute Wille da ist.
Johann Nepomuk Nestroy

Der beste Freund einer Frau
ist nicht der Diamant,
sondern der Scheidungsanwalt.
Zsa Zsa Gabor

Der Hauptgrund für Scheidungen
sind Hochzeiten.
Robert Lembke, Das Beste aus meinem Glashaus.
Humoristisches und Satirisches

Die Axt im Haus ersetzt
den Scheidungsrichter.
Robert Lembke, Steinwürfe im Glashaus

Die Ehescheidung ist so natürlich,
dass sie in nicht wenigen Familien
jede Nacht zwischen
den Ehegatten schläft.
Chamfort, Maximen und Gedanken

Die erfahrene Hausfrau behält
bei einer Scheidung alles,
bis auf ihren Mann.
Robert Lembke, Steinwürfe im Glashaus

Die Frau soll sich vom Mann nicht
trennen – wenn sie sich aber trennt, so
bleibe sie unverheiratet oder versöhne
sich wieder mit dem Mann –, und der
Mann darf die Frau nicht verstoßen.
Neues Testament, Paulus (1 Korinther 7, 10–11)

Die Scheidung bringt
den Frauen Schmach.
Euripides, Medea (Medea)

Eine einzige Scheidung, die den Ehemann für seine Tyrannei bestraft,
bewahrt tausend Frauen vor einer
schlechten Ehe.
Stendhal, Über die Liebe

Eine Geschiedene ist eine Frau,
die geheiratet hat, um nicht mehr
arbeiten zu müssen, und nun arbeitet,
um nicht wieder heiraten zu müssen.
Anna Magnani

Es steht fest, dass die Leichtigkeit der
Ehescheidungen in den protestantischen Gegenden der Heiligkeit der
Ehe Abbruch tut. Man wechselt dort
die Gatten so friedlich, als ob es sich
nur um das Arrangement der Neben-
umstände in einem Drama handle.
Germaine Baronin von Staël, Über Deutschland

Groß ist die Betrügerei Satans, der eine
so feste Verbindung, die von Gott verordnet ist, auflöst. Nach göttlichem
und natürlichem Recht werden Gatten
vereinigt, und beides hebt Satan auf
durch Hass und Streit. Ei, schlage tot!
Martin Luther, Tischreden

Heute ist eine Ehe schon glücklich,
wenn man dreimal
die Scheidung verschiebt.
Danny Kaye

Keine Ehe ist so viel wert,
wie ihre Scheidung kostet.
Rolf Hochhuth

Meine erste Frau war meine Frau,
meine zweite mein Herr,
die dritte meine Ikone.
Sprichwort aus Bulgarien

Meistens hat, wenn zwei sich scheiden,
Einer etwas mehr zu leiden.
Wilhelm Busch, Fipps der Affe

Was ist's denn so großes Leiden?
Geht's nicht, so lassen wir
uns scheiden.
Johann Wolfgang von Goethe, Vorschlag zur Güte

Will einer von seiner Frau sich scheiden lassen, so ruft man: der gemeine
Mensch, der Schurke! Wie dumm,
und was für ein indirekter Angriff
auf die Ehe. Entweder hat die Ehe ihre
Realität in sich selbst, und dann ist
der ja hinreichend gestraft, der ihrer
verlustig geht; oder sie hat keine
Realität, dann ist es ja ungereimt,
ihn dafür auszuschelten, dass er
gescheiter ist als andere.
Søren Kierkegaard, Entweder – Oder

Zu meiner Zeit haben die Mädchen
einen Mann geheiratet,
weil er Geld hat. Heute lassen sie sich
lieber reich scheiden.
Jane Russell

Schein

Bei allen Tugenden, bei allen Pflichten
sucht man nur den Schein; ich suche
die Wirklichkeit.
Jean-Jacques Rousseau, Emile

Das wahre Aussehen kehrt zurück,
während das vorgetäuschte
verschwindet.
Gaius Petronius, Schelmengeschichten

Der Schein ist gegen mich,
doch darf ich hoffen, / Dass ich nicht
nach dem Schein gerichtet werde.
Friedrich Schiller, Maria Stuart (Leicester)

Der Schein, was ist er,
dem das Wesen fehlt? / Wesen, wär es,
wenn es nicht erschiene?
Johann Wolfgang von Goethe, Die natürliche Tochter
(Eugenie)

Der vollendete Schein läßt sich nur
durch das Sein erzielen.
Ernst von Feuchtersleben

Der Weise sagt – der Weise war
nicht klein: / Nichts scheinen,
aber alles sein.
Johann Wolfgang von Goethe, Hanswursts Hochzeit
(Kilian Brustfleck)

Der Weltenwerte höchste
heißen Form und Schein.
Carl Spitteler, Olympischer Frühling

Dicke Ammen geben weniger Milch.
Sprichwort aus Frankreich

Die allermeisten Herrlichkeiten sind
bloßer Schein, wie die Theaterdekoration, und das Wesen der Sache fehlt.
Z.B. bewimpelte und bekränzte Schiffe, Kanonenschüsse, Illuminationen,
Pauken und Trompeten, Jauchzen und
Schreien usw., dies alles ist
das Aushängeschild, die Andeutung,
die Hieroglyphe der Freude:
Aber die Freude ist daselbst meistens
nicht zu finden: Sie allein hat
beim Feste abgesagt.
Arthur Schopenhauer, Aphorismen zur Lebensweisheit

Die Dinge scheinen,
die Menschen meinen.
Deutsches Sprichwort

Die Masse der Menschen lässt sich
ebenso gut mit dem Schein abspeisen
als mit der Wirklichkeit; ja, häufig
wird sie mehr durch den Schein
der Dinge als durch die Dinge selbst
bewegt.
Niccolò Machiavelli, Vom Staat

Die schlimmste und verbreitetste
Krankheit, die uns alle,
unsere Literatur, unsere Erziehung,
unser Verhalten zueinander
durchseucht, ist die ungesunde Sorge
um den Schein.
Walt Whitman, Tagebuch (1876)

Die Welt urteilt nach dem Scheine.
Johann Wolfgang von Goethe, Clavigo (Clavigo)

Es ist leicht, durch den Schein
zu täuschen.
Jean-Jacques Rousseau, Emile

Es sind nicht alle Doktoren,
die rote Hüte tragen.
Deutsches Sprichwort

Es sind nicht alle Ritter,
die zu Pferde reiten.
Sprichwort aus Frankreich

Gewöhnlich wagen wir nur dann
dem Schein nicht zu glauben,
wenn wenig auf dem Spiel steht.
François de La Rochefoucauld, Reflexionen

Glockengebimmel, Priesterkostüme,
fromme Gebärden und fratzenhaftes
Tun ist das Aushängeschild,
der falsche Schein der Andacht.
So ist denn fast alles in der Welt
hohle Nüsse zu nennen.
Arthur Schopenhauer, Aphorismen zur Lebensweisheit

Habe die Gabe der Unbestechlichkeit.
So sehr auch Liebe für dich Partei
ergreifen mag: Dein Sein gilt,
nicht dein Schein.
Christian Morgenstern, Stufen

Ihr Täppischen! ein artiger Schein
Soll gleich die plumpe Wahrheit sein.
Johann Wolfgang von Goethe, Faust II (Herold)

Ihr unterscheidet nichts an einem
Mann / Als seinen äußern Schein;
und der, weiß Gott,
Stimmt selten oder niemals
mit dem Herzen überein.
William Shakespeare, Richard III. (Gloster)

Man muss nicht reicher
scheinen wollen, als man ist.
Gotthold Ephraim Lessing, Minna von Barnhelm (Tellheim)

Man schätzt den Staub, ein wenig
übergoldet, / Weit mehr als Gold,
ein wenig überstäubt.
William Shakespeare, Troilus und Cressida

Man sollte sein das, was man scheint;
Und die's nicht sind, sollten's auch
nicht scheinen.
William Shakespeare, Othello (Jago)

Mehr denn je sehe ich ein,
dass man niemals etwas
nach seiner scheinbaren Größe
bemessen darf!
Voltaire, Micromégas

Nicht alle, die Sporen tragen,
haben ein Pferd.
Sprichwort aus Spanien

Sei vorsichtig da, wo mehr Segel
als Ballast vorhanden ist.
William Penn, Früchte der Einsamkeit

Trüget doch öfter der Schein!
Ich mag dem Äußern nicht trauen.
Johann Wolfgang von Goethe, Hermann und Dorothea (6. Gesang)

Überhaupt hat der Fortschritt
das an sich, dass er viel größer
ausschaut, als er wirklich ist.
Johann Nepomuk Nestroy, Der Schützling

Was als Böses erscheint, ist meistens
böse, aber was als Gutes erscheint,
ist nicht immer gut.
Johann Gottfried Seume, Apokryphen

Wenn Teufel ärgste Sünde fördern
wollen, so locken sie zuerst
durch frommen Schein.
William Shakespeare, Othello

Wir werden vom Schein des Rechten
getäuscht.
Horaz, Von der Dichtkunst

Zerstören Sie einem Menschen seinen
Schein, und Sie werden sehen,
wie schnell auch das Sein zu Ende ist.
Georg Kreisler

Scheinheiligkeit

Die Hindus der Wüste geloben,
keine Fische zu essen.
Johann Wolfgang von Goethe, Maximen und Reflexionen

Die Katze liest in der Bibel.
Deutsches Sprichwort

Katzengebet dringt nicht
in den Himmel.
Deutsches Sprichwort

Wir hassen die Scheinheiligen,
die berufsmäßig alles verachten, worauf wir stolz sind, während sie selber
stolz sind auf noch Verächtlicheres.
Luc de Clapiers Marquis de Vauvenargues, Reflexionen und Maximen

Scheiterhaufen

Die Wahrheit leuchtet in ihrem
eigenen Licht, und man erleuchtet
die Geister nicht mit den Flammen
der Scheiterhaufen.
Voltaire, Der ehrliche Hurone

Was ist übrigens Verbrennen eines
Einzelnen im Vergleich mit ewigen
Höllenstrafen für fast alle?
Friedrich Nietzsche, Menschliches, Allzumenschliches

Wer auf dem Scheiterhaufen
noch frohlockt, triumphiert nicht
über den Schmerz, sondern darüber,
keinen Schmerz zu fühlen,
wo er ihn erwartete.
Friedrich Nietzsche, Jenseits von Gut und Böse

Scheitern

Auch im Scheitern kann Größe liegen.
Otto Heuschele, Augenblicke

Eitelkeit ist die Klippe, an der die
meisten Großen, gar viele Gelehrte
und alle Weiber scheitern.
Karl Julius Weber, Democritos

Es gibt mehr Leute, die kapitulieren,
als solche, die scheitern.
Henry Ford, Mein Leben und Werk

Gewiss, man kann scheitern, und man
kann das Scheitern fürchten. Aber wer
nur das Scheitern fürchtet, scheitert
sicherlich, denn er kommt nicht dazu,
überhaupt auch nur irgendetwas zu tun.
Eugen Drewermann, Tiefenpsychologie und Exegese

Ich habe das Klügste scheitern und
das Dümmste gelingen sehen.
Theodor Fontane, Briefe

Lasst uns einsehn, / Dass Unbesonnen-
heit uns manchmal dient,
Wenn tiefe Pläne scheitern.
William Shakespeare, Hamlet (Hamlet)

Manche Menschen bleiben nur
durch ihr Scheitern in Erinnerung.
Auch das ist Unsterblichkeit.
Henri Troyat

So klammert sich der Schiffer
endlich noch / Am Felsen fest,
an dem er scheitern sollte.
Johann Wolfgang von Goethe, Torquato Tasso (Tasso)

Wenn Schiffe scheitern,
so geschieht es nahe am Ufer.
Ludwig Börne

Schelte

Alle sind wacker im Schelten, unsere
eigenen Fehler sehen wir nicht.
Menandros, Monostichoi

Das Schelten ist für die Weiber,
das Bessermachen für die Männer.
Friedrich Hebbel, Agnes Bernauer (Ernst)

Es ist leichter gescholten
als vergolten.
Deutsches Sprichwort

Wehe dem Haus,
in dem nicht gescholten wird.
Sprichwort aus England

Wer da schilt aufs Schelten,
Will durchs Schelten gelten.
Freidank, Bescheidenheit

Schenken

Alles schenken, / Niemals henken,
Verändert Land und Stand.
Abraham a Sancta Clara, Etwas für Alle

Arme Leute schenken gern.
Marie von Ebner-Eschenbach, Aphorismen

Der, welcher etwas Großes schenkt,
findet keine Dankbarkeit;
denn der Beschenkte hat schon
durch das Annehmen zu viel Last.
Friedrich Nietzsche, Menschliches, Allzumenschliches

Die Finger reichen dar,
aber das Herz schenkt.
Sprichwort aus Afrika

Ein großes Herz vermag reicher zu
beschenken als die leichteste Hand.
Aber wo sind die Bedürftigen,
die solche Gaben dankbar empfangen?
Sie wollen es dann lieber nicht
wahrhaben, dass sie jemals arm
gewesen sind.
Arthur Schnitzler, Buch der Sprüche und Bedenken

Eine Gegenleistung zu verlangen,
das heißt missgönnen, was man gibt.
Das heißt: nicht schenken,
sondern verkaufen.
Sully Prudhomme, Gedanken

Ich finde nichts so teuer, als was mir
geschenkt wird; dadurch ist mein
Wille mit einer Hypothek belastet,
die sich Dankbarkeit nennt.
Michel Eyquem de Montaigne, Die Essais

Lang geborgt ist nicht geschenkt.
Deutsches Sprichwort

Was immer du auf Erden verschenkst,
es wird dich in den Himmel begleiten.
Koran

Wenn die Menschen sagen, sie wollen
nichts geschenkt haben, so ist es
gemeiniglich ein Zeichen, dass sie
etwas geschenkt haben wollen.
Georg Christoph Lichtenberg, Sudelbücher

Wie das Schenken etwas von einer
Überhebung und von einem Vorrecht
an sich hat, so das Annehmen von
einer Unterordnung.
Michel Eyquem de Montaigne, Die Essais

Scherz

An seinen Scherzen erkennt man
den Menschen.
Sprichwort aus Frankreich

Aus Scherz kann leicht Ernst werden.
Deutsches Sprichwort

Der Missbrauch des Geistes gefällt
im Scherz und missfällt im Ernst.
Joseph Joubert, Gedanken, Versuche und Maximen

Der Scherz des vornehmen Mannes
unterscheidet sich von dem des
Sklaven und der des Gebildeten vom
Ungebildeten.
Aristoteles, Nikomachische Ethik

Der Scherz ist ein Versuch, Ungleichheit gleichzustellen, / Drum scherzen
ungestraft nur unter sich Gesellen.
Mit Kleinerm scherze nicht!,
er wird sich überheben;
Und nicht mit Größerem,
er wird dir's nicht vergeben.
Friedrich Rückert, Die Weisheit des Brahmanen

Der Scherz kennt kein anderes Ziel
als sein eigenes Dasein.
Jean Paul, Vorschule der Ästhetik

Doppelt ist überhaupt die Art des
Scherzens, die eine gemein, frech,
ehrenrührig und unflätig, die andere
erlesen, urban, geistreich und witzig.
Marcus Tullius Cicero, Vom rechten Handeln

Ein Scherz hat oft gefruchtet,
wo der Ernst / Nur Widerstand
hervorzurufen pflegte.
August Graf von Platen, Berenger

Ein Scherz
ist ein Nachwort zu einem Gefühl.
Friedrich Nietzsche

Ein Scherz kann das Gleiche wirken
wie Ernst und umgekehrt.
Søren Kierkegaard, Der Begriff Angst

Ein Scherz sollte Schafszähne,
nicht Hundezähne haben.
Sprichwort aus Tschechien

Ernst mit Scherz
trifft das Herz.
Deutsches Sprichwort

Ich muss mir deinen Scherz
gefallen lassen, / Er trifft mich zwar,
doch trifft er mich nicht tief.
Johann Wolfgang von Goethe, Torquato Tasso
(Leonore)

Kein Scherz ist besser
als der über sich selbst.
Sprichwort aus Russland

Mit Frauen soll man sich nie
unterstehn zu scherzen.
Johann Wolfgang von Goethe, Faust I (Mephisto)

Oh, es beliebt dem Herrn zu scherzen!
Johann Wolfgang von Goethe, Faust I (Marthe)

Scherz zerlegt große Fragen meist auf
forschere und treffendere Weise als
beißender Scharfsinn.
Horaz, Sermones

Scherze, die schmerzen,
sind keine.
Sprichwort aus Spanien

Scherze niemals mit Leuten,
wenn du siehst, dass sie gerade ernst
und nachdenklich sind.
Philipp Stanhope Earl of Chesterfield, Briefe über die
anstrengende Kunst, ein Gentleman zu werden

Stets sind die ernstlichsten Händel
aus Scherzen hervorgegangen.
Es gibt daher nichts, was mehr
Aufmerksamkeit und Geschick
erforderte: Ehe man zu scherzen
anfängt, sollte man schon wissen,
bis zu welchem Punkte die Gemütsart
dessen, den es betrifft, es dulden wird.
Baltasar Gracián y Morales, Handorakel und Kunst
der Weltklugheit

Wer aber fein zu scherzen versteht,
den nennen wir gewandt
und schlagfertig.
Aristoteles, Nikomachische Ethik

Scheu

Du sollst dich nicht scheuen,
»vielleicht« zu sagen.
Ludwig Marcuse, Argumente und Rezepte.
Ein Wörter-Buch für Zeitgenossen

Scheu ist die Begierde,
ein größeres Übel, das wir befürchten,
durch ein geringeres zu vermeiden.
Baruch de Spinoza, Ethik

So scheuet das böse Gewissen
Licht und Tag.
Johann Wolfgang von Goethe, Reinecke Fuchs

Wer alle Hecken scheuen will,
wird nimmer zu einem Wald kommen.
Julius Wilhelm Zincgref, Apophthegmata

Wer fischen will,
scheue kein Wasser!
Johann Heinrich Voß

Schicklichkeit

Denn was sich schickt, ist ehrenvoll,
und was ehrenvoll ist, schickt sich.
Marcus Tullius Cicero, Vom rechten Handeln

Was sich nicht schickt zu tun,
das hör und sieh dir auch nicht an.
Menandros, Monostichoi

Schicksal

Auf allen Pfaden des Lebens
Führen die Horen dich streng,
wie es das Schicksal gebeut.
Johann Wolfgang von Goethe,
Venezianische Epigramme

Das leichte Rad des Schicksals
dreht sich in schnellen Kreisen.
Tibull, Elegien

Das Schicksal – das sind
die zusammengerechneten Fehler,
die ein Mensch gemacht hat.
Oliver Herford

Das Schicksal der Welt
hängt in erster Linie
von den Staatsmännern ab,
in zweiter Linie
von den Dolmetschern.
Trygve Lie

Das Schicksal geht seinen Weg.
Lucius Annaeus Seneca, Trostschrift an Marcia

Das Schicksal gewährt uns
unsre Wünsche, aber auf seine Weise,
um uns etwas über unsere Wünsche
geben zu können.
Johann Wolfgang von Goethe,
Die Wahlverwandtschaften

Das Schicksal gibt sich nicht
damit zufrieden, jemandem
nur einmal zu schaden.
Publilius Syrus, Sentenzen

Das Schicksal heilt Rippenbrüche
mit Beinbrüchen.
Heinrich Waggerl, Aphorismen

Das Schicksal ist das,
was sich nicht umgehen lässt.
Oswald Spengler,
Urfragen. Fragmente aus dem Nachlass

Das Schicksal ist ein unredlicher
Gläubiger; es fordert oft, was man
ihm gar nicht schuldet.
Heinrich Waggerl, Nachlass

Das Schicksal kann nicht
durch Medizin besiegt werden.
Quintilian, Declamationes

Das Schicksal kann Reichtümer,
doch nicht den Geist rauben.
Lucius Annaeus Seneca, Medea

Das Schicksal lässt seinen Lieblingen
alles zum Vorteil gereichen.
François de La Rochefoucauld, Reflexionen

Das Schicksal mischt die Karten
und wir spielen.
Arthur Schopenhauer, Aphorismen zur Lebensweisheit

Das Schicksal rettet viele Schuldige,
und die Götter können nur den
Unglücklichen zürnen.
Lukan, Der Bürgerkrieg

Das Schicksal scheint inkonsequent
mit uns zu handeln,
weil wir selbst inkonsequent sind.
Es ist mächtig und groß,
weil wir selbst sehr klein sind.
Johann Gottfried Herder, Das eigene Schicksal

Das Schicksal setzt den Hobel an
Und hobelt alles gleich.
Ferdinand Raimund, Der Verschwender (Valentin)

Das Schicksal sorgt für die Liebe,
und um so gewisser,
da Liebe genügsam ist.
Johann Wolfgang von Goethe,
Wilhelm Meisters Lehrjahre

Das Schicksal verblendet die Sinne,
wenn es nicht will,
dass seine hereinbrechende Kraft
gehemmt wird.
Niccolò Machiavelli, Vom Staat

Das Schicksal verschont manche,
um sie zu strafen.
Plinius d. Ä., Naturkunde

Das Schicksal wird im Leben oft
»Zufall« genannt.
Oswald Spengler,
Urfragen. Fragmente aus dem Nachlass

Das Schicksal wird seinen Weg finden.
Vergil, Aeneis

Das Schicksal wird uns zwar trennen,
nicht aber entzweien können.
Jean-Jacques Rousseau,
Julie oder Die neue Héloïse (Julie)

Das Verhängte muss geschehen,
Das Gefürchtete muss nahn.
Friedrich Schiller, Kassandra

Das, was der Mensch von sich denkt,
das bestimmt sein Schicksal
oder weist ihm den Weg.
Henry David Thoreau, Walden

Dass dir dein Schicksal
oft schwer aufliegt,
das glaub ich dir gerne, liebes Herz!
Sei ein Mann und siege.
Friedrich Hölderlin, Briefe (an den Bruder, 2. Jui 1796)

Dein Schicksal ist der Nachklang,
das Resultat deines Charakter.
Johann Gottfried Herder, Das eigene Schicksal

Dem beschiedenen Geschick
kann niemand entfliehen,
selbst ein Gott nicht.
Herodot, Historien

Dem eignen Schicksal
entgehet niemand; oder die Kette
der Natur müsste brechen.
Johann Gottfried Herder, Das eigene Schicksal

Dem Menschen ist es
doch nicht gegeben, abzuwenden,
was ihm bestimmt ist.
Herodot, Historien

Den Rahmen unseres Schicksals dürfen
wir nicht wählen. Des Rahmens Inhalt
aber geben wir.
Dag Hammarskjöld, Zeichen am Weg

Den Übeln raubte die Kraft
und das Gewicht, wer das Schicksal
gleichmütig ertrug.
Lucius Annaeus Seneca, Herkules auf dem Oeta

Den Willigen führt das Geschick,
den Störrischen schleift es mit.
Lucius Annaeus Seneca

Denn, bei Gott, der Weise formt sich
sein Schicksal selbst.
Titus Maccius Plautus, Der's für einen Dreier tut

Der Blitz hat in eine Fabrik für Blitzableiter eingeschlagen!
Jules Renard, Ideen, in Tinte getaucht. Aus dem Tagebuch von Jules Renard

Der Charakter ist das Schicksal des Menschen.
Heraklit, Fragmente

Der hat ein schweres Los, der mit einer silbernen Reisschale betteln muss.
Chinesisches Sprichwort

Der Mensch denkt immer anders als das Schicksal.
Publilius Syrus, Sentenzen

Der Mensch kann sein Schicksal, das auf ihn zukommt, nicht ändern, wenn er sich nicht selbst ändert.
Aurelio Peccei

Der Mensch muss das Gute und Große wollen. Das Übrige hängt vom Schicksal ab.
Alexander von Humboldt, Briefe

Der Zug des Herzens ist des Schicksals Stimme.
Friedrich Schiller, Die Piccolomini (Thekla)

Des Ew'gen Finger schreibt der Menschen Schicksalsbuch.
Omar e-Chajjam, Rubaijat

Des Herzens Woge schäumte nicht so schön empor und würde Geist, wenn nicht der alte stumme Fels, das Schicksal, ihr entgegenstünde.
Friedrich Hölderlin, Hyperion

Des Menschen Gemüt ist sein Geschick.
Ferdinand Lassalle, Die Philosophie des Herakleitos

Des Menschen Schicksal ist sein Drang zu Menschen.
Fritz von Unruh

Die Anfänge stehen in unserer Macht: Über den Ausgang urteilt das Schicksal.
Lucius Annaeus Seneca, Briefe über Ethik

Die meisten Frauen ergeben sich einfach in ihr Geschick.
Simone de Beauvoir

Die meisten Leute machen sich selbst bloß durch übertriebene Forderungen an das Schicksal unzufrieden.
Wilhelm von Humboldt, Briefe an eine Freundin

Die Natur gibt uns unsere Fähigkeiten, das Schicksal die Möglichkeit, sie auch anzuwenden.
François de La Rochefoucauld, Reflexionen

Die Pointen, die uns das Schicksal verpasst, entsprechen nicht immer unserem Niveau.
Oliver Hassencamp

Die Räder drehen sich, das ist der Unterschied. / Der steigt, der fällt, und was geschehen muss, geschieht.
Carl Spitteler, Olympischer Frühling

Die Sterne sind nur der Vater deines Schicksals. Die Mutter ist deine eigene Sache.
Johannes Kepler

Die Unabhängigkeit unseres Schicksals von unseren Fähigkeiten ist die traurigste Erfahrung unseres Daseins.
Herbert Eulenberg, Katinka, die Fliege

Die Welt kann verändert werden. Zukunft ist kein Schicksal.
Robert Jungk

Diese Generation von Amerikanern hat ein Rendezvous mit dem Schicksal.
Franklin Delano Roosevelt

Dir, Schicksal, folge ich.
Gaius Iulius Caesar (nach dem Überschreiten des Rubikon), überliefert von Lukan (Der Bürgerkrieg)

Dunkel sind die Wege, die das Schicksal geht.
Euripides, Alkestis

Durch den eigenen Charakter bestimmt sich jedem das Schicksal.
Marcus Tullius Cicero, Paradoxa Stoicorum

Eben der Wolfsgrube entkommen, gerät man in eine Tigerhöhle.
Chinesisches Sprichwort

Ebenso oft stürmt das Schicksal gegen uns, wie wir gegen das Schicksal.
Lucius Annaeus Seneca, Briefe über Ethik

Ein Menschenleben – ach, es ist so wenig, ein Menschenschicksal aber ist so viel!
Franz Grillparzer

Ein Schicksal mag äußerlich abgetan sein, es bleibt immer noch Gegenwart, solange wir es nicht völlig verstanden haben. Erst wenn es geheimnislos für uns wurde, haben wir das Recht, es Vergangenheit zu nennen.
Arthur Schnitzler, Buch der Sprüche und Bedenken

Ein Schiff kann sowohl schwimmen als auch sinken.
Chinesisches Sprichwort

Ein Zufall, der Gutes bringt, wird als Vorsehung angesehen, ein Zufall jedoch, der böse ausgeht, ist Schicksal.
Knut Hamsun, August Weltumsegler

Entscheidungen des Schicksals leiten uns, und wie viel einem jedem Zeit bleibt – die erste Stunde, da man zur Welt kommt, hat es festgelegt.
Lucius Annaeus Seneca, Über die Vorsehung

Er hatte das Schicksal glatt in der Hand.
Erich Kästner, Dr. Erich Kästners lyrische Hausapotheke

Erst erfülle der Mensch seine Pflicht, dann mag er auf das Schicksal hören.
Chinesisches Sprichwort

Erst unser Herz gibt den Fügungen des Schicksals ihren Wert.
François de La Rochefoucauld, Reflexionen

Es gehört doch eine große Naivität dazu, zu glauben, dass es etwas helfen würde, in der Welt zu rufen und zu schreien, als ob sich dadurch das Schicksal beeinflussen ließe. Man nehme hin, was es bringt, und enthalte sich aller Weitläufigkeit.
Søren Kierkegaard, Entweder – Oder

Es glaubt der Mensch sein Leben zu leiten, sich selbst zu führen, und sein Innerstes wird unwiderstehlich nach seinem Schicksale gezogen.
Johann Wolfgang von Goethe, Egmont (Egmont)

Es ist nicht männlich, dem Schicksal den Rücken zuzukehren.
Lucius Annaeus Seneca, Ödipus

Es ist unumstößlich wahr und die Geschichte bezeugt es, dass die Menschen das Schicksal unterstützen, sich ihm aber nicht widersetzen können. Sie können seine Fäden spinnen, aber nicht zerreißen. Sie dürfen sich indes nie selbst aufgeben.
Niccolò Machiavelli, Vom Staat

Es ruhen noch im Zeitenschoße Die schwarzen und die heitern Lose.
Friedrich Schiller, Lied von der Glocke

Es schlägt uns und verwundet das Schicksal? Wir wollen es erdulden: Nicht es ist Rohheit, Kampf ist es; je öfter wir ihn auf uns nehmen, desto tapferer werden wir sein.
Lucius Annaeus Seneca, Über die Vorsehung

Es sind Frauen – Parzen und Moiren –, die das menschliche Schicksal weben, aber sie sind es auch, die seine Fäden durchtrennen.
Simone de Beauvoir, Das andere Geschlecht

Furcht soll das Haupt des Glücklichen umschweben, / Denn ewig wanket des Geschickes Waage.
Friedrich Schiller, Wallensteins Tod (Gordon)

Gewiss ist es fast noch wichtiger,
wie der Mensch sein Schicksal nimmt,
als wie sein Schicksal ist.
Wilhelm von Humboldt, Briefe an eine Freundin

Gibt es doch für Sterbliche / Niemals
Erlösung aus der vorbestimmten Not.
Sophokles, Antigone (Chor)

Glücklich, dass das Schicksal,
das uns quälet / Uns doch nicht
verändern mag!
Johann Wolfgang von Goethe, Warum gabst du uns

Hat das Schicksal große Dinge vor,
so wählt es einen Mann von so viel
Geist und Verstand aus, dass er die
Gelegenheiten, die es ihm bietet,
erkennt.
Niccolò Machiavelli, Vom Staat

Ich bin zu groß, als dass mir
das Schicksal schaden könnte.
Ovid, Metamorphosen

Ich glaube, dass ein Mensch sehr wohl
die Linien seines Schicksals erkennen
kann, wenn er nur aufmerksam genug
ist. Er wird auch von einer inneren
Stimme gewarnt. Aber er muss sie
hören und ihr zuhören können.
Alma Mahler-Werfel, Mein Leben

Ich glaube, je älter ich werde,
an Schicksal, nicht an Zufälle.
Heinz Rühmann

Ich meine, wir sind Klimazonen,
über denen Gewitterdrohungen
schweben, die anderswo
Wirklichkeit werden.
Fernando Pessoa, Das Buch der Unruhe
des Hilfsbuchhalters Bernardo Soares

Ich sah einmal ein Kind die Hand
ausstrecken, um das Mondlicht zu
haschen, aber das Licht ging ruhig
weiter seine Bahn. So stehn wir da,
und ringen, das wandelnde Schicksal
anzuhalten.
Friedrich Hölderlin, Hyperion

Ich vergleiche das Schicksal mit
einem reißenden Strom, der, wenn
er anschwillt, die Ebenen über-
schwemmt, Bäume entwurzelt, Häuser
niederreißt, hier Erdreich fortspült und
es dort anschwemmt. Jeder flieht vor
ihm, alles weicht seinem Ungestüm,
ohne irgendwo Widerstand leisten zu
können. Trotzdem ist es den Menschen
nicht verwehrt, in ruhigen Zeiten mit
Wällen und Dämmen Vorkehrungen zu
treffen, damit der Strom bei Hoch-
wasser in seinem Flussbett bleibe oder
wenigstens seine Gewalt nicht so
unbändig und verheerend sei.
Niccolò Machiavelli, Der Fürst

In der Brust sind deines Schicksals
Sterne!
Friedrich Schiller, Die Piccolomini (Illo)

Je länger man im Geistigen lebt,
um so unabhängiger wird man
vom Schicksal.
Leo N. Tolstoi, Tagebücher (1903)

Jeder Glückliche kann, wenn sich
das Rad des Schicksals dreht, vor dem
Abend zum Allerelendsten werden.
Ammianus Marcellinus, Römische Geschichte

Jeder meint, er habe das größte Kreuz.
Deutsches Sprichwort

Jeder Mensch hat sein eignes Schicksal, weil jeder Mensch seine Art
zu sein und zu handeln hat.
Johann Gottfried Herder, Das eigene Schicksal

Kannst dem Schicksal widerstehn,
Aber manchmal gibt es Schläge;
Will's nicht aus dem Wege gehn,
Ei! so geh du aus dem Wege!
Johann Wolfgang von Goethe, Memento

Kein Mensch weiß, was in ihm
schlummert und zu Tage kommt,
wenn sein Schicksal anfängt,
ihm über den Kopf zu wachsen.
Marie von Ebner-Eschenbach, Aphorismen

Keine Berechnung
kann das Schicksal besiegen.
Ovid, Gedichte der Trübsal

Keinem erscheint das Schicksal so
blind als dem, den es nie beschenkt.
François de La Rochefoucauld, Reflexionen

Keiner ist zufrieden mit seinem
Schicksal noch unzufrieden mit
seinem Geist.
Antoinette Deshoulières, Reflexionen

Keulen sind als Vernichtungswerk-
zeuge etwas aus der Mode. Aber das
Schicksal bedient sich ihrer noch.
Heinz Rühmann

Lass denn immerhin die Göttin
Schicksal walten, / Ob sich dunkle
Wolken gegen dich auch ballten,
Groß und ruhig siehst du
ihrem Gange zu.
Karoline von Günderode, Schicksal und Bestimmung

Man ergebe sich in sein Schicksal –
wenn man kein andres hat.
Franziska Gräfin zu Reventlow, Tagebücher

Man muss nicht dem Schicksal
die Waffen strecken:
Denn da würde es sich
vollends unerträglich machen.
Baltasar Gracián y Morales, Handorakel und Kunst
der Weltklugheit

Man soll das Schicksal
nicht mit Vorschlägen verärgern,
es legt zu viel Wert
auf seine eigenen Einfälle.
Karl Heinrich Waggerl

Manch schwer' Geschick erscheint
schon leicht / Wenn man's
mit anderem vergleicht.
Jüdische Spruchweisheit

Manchmal sieht unser Schicksal
aus wie ein Fruchtbaum im Winter.
Wer sollte bei dem traurigen Ansehn
desselben wohl denken, dass diese
starren Äste, diese zackigen Zweige
im nächsten Frühjahr wieder grünen,
blühen, sodann Früchte tragen könnten; doch wir hoffen's, wir wissen's.
Johann Wolfgang von Goethe,
Wilhelm Meisters Wanderjahre

Mein Schicksal ist
ein dicht gestricktes Netz:
Zerreiß ich eine Masche,
zerstör ich hundert.
Emil Gött, Im Selbstgespräch

Mein Schicksal ruft.
William Shakespeare, Hamlet (Hamlet)

Menschen von Wert mühen sich ab,
bringen Opfer, lassen sich opfern,
und aus eigenem Willen!
Nicht brauchen sie vom Schicksal
gezogen zu werden; sie folgen ihm,
und sie halten Schritt.
Hätten sie gewusst,
wären sie ihm vorausgegangen.
Lucius Annaeus Seneca, Über die Vorsehung

»Mit den Geschickes Mächten ist kein
ew'ger Bund zu flechten« (Schiller).
Kommentar: Gott sei Dank!
Ludwig Marcuse, Argumente und Rezepte.
Ein Wörter-Buch für Zeitgenossen

Musst nicht widerstehn dem Schicksal,
Aber musst es auch nicht fliehen!
Wirst du ihm entgegengehen,
Wird's dich freundlich nach sich ziehen.
Johann Wolfgang von Goethe, Sprüche

Nehmt hin mit Weinen oder Lachen,
Was euch das Schicksal gönnt: / Kein
König kann euch glücklich machen,
Wenn ihr es selbst nicht könnt.
Friedrich von Bodenstedt, Mirza Schaffy

Nicht ohne Schauder
greift des Menschen Hand
In des Geschicks geheimnisvolle Urne.
Friedrich Schiller, Wallensteins Tod (Wallenstein)

Nicht von der Größe einer Sache
ist dein Schicksal bedingt,
sondern von deiner Kraft,
dich über sie zu erheben.
Karl Heinrich Waggerl, Aphorismen

Schicksal

Nicht was wir erleben, sondern wie
wir empfinden, was wir erleben,
macht unser Schicksal aus.
Kurt Tucholsky, Schnipsel

Niemand kann sich umprägen und
niemand seinem Schicksale entgehn.
Johann Wolfgang von Goethe, Italienische Reise

Niemanden hat das Schicksal so
emporgetragen, dass es ihm nicht so
viel androhte, wie es verheißen hatte.
Lucius Annaeus Seneca, Briefe an Lucilius

Nur der Tod entreißt den Unschuldigen
dem Schicksal.
Lucius Annaeus Seneca, Ödipus

O Schicksal, dass du niemals
in einem fort günstig bist!
Terenz, Die Schwiegermutter

O Schicksal, gib mir zu so vielem
und so großem Glück auch
ein kleines Unglück!
König Philipp II. von Makedonien, überliefert bei Plutarch (Denksprüche)

Ob arm oder reich, niemand ist
tugendhaft oder glücklich,
wenn ihn das Schicksal nicht
an den richtigen Platz gestellt hat.
Luc de Clapiers Marquis de Vauvenargues, Reflexionen und Maximen

Puppen sind wir, von unbekannten
Gewalten am Draht gezogen; nichts,
nichts wir selbst!
Georg Büchner, Danton's Tod

Schauplatz des Schicksals ist
die Geschichte.
Oswald Spengler, Urfragen. Fragmente aus dem Nachlass

Schicksal des Menschen,
Wie gleichst du dem Wind.
Johann Wolfgang von Goethe, Gesang der Geister über den Wassern

Schicksal – es ist das Geheimnis,
der Rhythmus des Geheimnisses,
Periodizität, Zeit, Bewegung.
Oswald Spengler, Urfragen. Fragmente aus dem Nachlass

Schicksal ist das Negativ der menschlichen Persönlichkeit, retouchiert
durch kosmische Einwirkung und
göttliches Walten.
Franz Werfel, Zwischen Oben und Unten

Schwäche ist es, wenn wir dem bösen
Schicksal keinen Widerstand leisten,
aber Torheit, wenn wir ihm
auch noch helfen.
Michel Eyquem de Montaigne, Die Essais

Schwankenden Schrittes irrt
das wandelbare Schicksal umher.
Ovid, Gedichte der Trübsal

Sein Schicksal kenne keiner voraus,
So bleibt der Sinn ihm sorgenfrei.
Edda, Hávamál (Des Hohen Lied)

Sein Schicksal schafft
sich selbst der Mann.
Gottfried Kinkel, Otto der Schütz

Sein Schicksal war sein Genie.
Thomas Mann, Nietzsches Philosophie im Lichte unserer Erfahrung

Seinem Schicksal
soll man nicht widerstreben.
Deutsches Sprichwort

Selbst der Wahrsager
kennt sein eigenes Schicksal nicht.
Sprichwort aus Japan

Siegerin über das Schicksal
ist die Weisheit.
Juvenal, Satiren

So stand es im Buch des Schicksals.
Ovid, Festkalender

Soll sich Fortuna weiter
an dem Denkmal weiden,
das sie sich selbst errichtet hat!
Lucius Apuleius, Der goldene Esel

Sollten zufällige Ereignisse einen
Zusammenhang haben? Und das,
was wir Schicksal nennen,
sollte es bloß Zufall sein?
Johann Wolfgang von Goethe, Wilhelm Meisters Lehrjahre

Still schleicht das Schicksal / Herum
auf dieser Welt, / Der eine hat den
Beutel, / Der andre, der hat's Geld.
Johann Nepomuk Nestroy, Die Verbannung aus dem Zauberreiche

Tausend Menschen höre ich reden
und sehe ich handeln, und es fällt mir
nicht ein, nach dem Warum zu fragen.
Sie selbst wissen es nicht, dunkle
Neigungen leiten sie, der Augenblick
bestimmt ihre Handlungen.
Sie bleiben für immer unmündig und
ihr Schicksal ein Spiel des Zufalls.
Heinrich von Kleist, Briefe (an Ulrike von Kleist, Mai 1799)

Tiefe Wunden schlägt das Schicksal,
aber oft heilbare.
Johann Wolfgang von Goethe, Stella (Stella)

Trifft dich des Schicksals Schlag,
so mach es wie der Ball: / Je stärker
man ihn schlägt, je höher fliegt er all.
Friedrich Rückert, Die Weisheit des Brahmanen

Um ein großer Mann zu sein,
muss man sein Schicksal
ganz zu nutzen verstehen.
François de La Rochefoucauld, Reflexionen

Und wie hätte ich das Schicksal, das
meiner wartete, voraussehen können?
Wie kann ich es selbst jetzt, da ich
ihm überlassen bin, begreifen?
Jean-Jacques Rousseau, Träumereien eines einsamen Spaziergängers

Unser Schicksal tragen heißt,
es besiegen.
Edward Bulwer-Lytton, Die letzten Tage von Pompeji

Unsere Vernunft ist dem Schicksal
ebenso unterworfen
wie unser Vermögen.
François de La Rochefoucauld, Reflexionen

Vermeide jeder, so viel er kann,
der Sklave einer fremden
Bestimmung zu werden,
und baue sein eigenes Schicksal.
Johann Gottfried Herder, Das eigene Schicksal

Viele haben ihr Schicksal erfüllt,
während sie es fürchteten.
Lucius Annaeus Seneca, Ödipus

Vom Reinen lässt das Schicksal sich
versöhnen, / Und alles löst sich auf
im Guten und im Schönen.
Johann Wolfgang von Goethe,
Was wir bringen (Pathos)

Von innen wirkt der Wille,
von außen das Schicksal.
Oswald Spengler, Urfragen.
Fragmente aus dem Nachlass

Vor dem Schicksal nützt nur eins:
die Nichtigkeit.
Friedrich Hebbel, Tagebücher

Vor des Schicksals Zwanggebot
ist kein Entfliehn.
Euripides, Der bekränzte Hippolytos

Was aber die Leute gemeiniglich
das Schicksal nennen, sind meistens
nur ihre eigenen dummen Streiche.
Arthur Schopenhauer, Aphorismen zur Lebensweisheit

Was auch immer das Schicksal
in die Höhe trug, erhebt es,
auf dass es wieder herniederstürze.
Lucius Annaeus Seneca, Agamemnon

Was auch immer es sei, man muss
jeden Schicksalsschlag überwinden,
indem man ihn erträgt.
Vergil, Aeneis

Was das Schicksal bringen wird,
werden wir gleichmütig ertragen.
Terenz, Phormio

Was ist es anders als Menschenschicksal, sein Maß auszuleiden,
seinen Becher auszutrinken?
Johann Wolfgang von Goethe,
Die Leiden des jungen Werthers

Was ist mein Einzelschicksal,
wenn ich recht die große Tragik
des Lebens betrachte!
Christian Morgenstern, Stufen

Weder die Gaben noch die Schläge
des Schicksals kommen denen
der Natur gleich, sie übertrifft sie
an Härte wie an Güte.
Luc de Clapiers Marquis de Vauvenargues,
Reflexionen und Maximen

Welche Schicksale haben doch
die schwachen Sterblichen,
die wie Blätter im Wind treiben!
Voltaire, Die Briefe Amabeds

Wen ein großes Schicksal zu Grunde
richtet, ist klein, wen ein kleines
vernichtet, der kann groß sein.
Friedrich Hebbel, Tagebücher

Wenige richten sich nach ihrem Stern.
William Shakespeare, Heinrich VI. (Warwick)

Wenn das Schicksal ruft: Le jeu est
fait, messieurs! – so achten das
die Wenigsten; erst wenn sie hören:
Rien ne va plus!, bekommen sie Lust,
aber zu spät.
Ludwig Börne, Der Narr im Weißen Schwan

Wenn es nach den Menschen ginge,
gäbe es keine Armen mehr.
Chinesisches Sprichwort

Wenn man beim Stiche der Biene oder
des Schicksals nicht stillhält, so reißt
der Stachel ab und bleibt zurück.
Jean Paul, Hesperus

Wenn man den verseuchten Geist
eines Landes wirkungsvoll bekämpfen
will, muss man dessen allgemeines
Schicksal teilen.
Carl von Ossietzky

Wenn wir uns damit begnügten,
was wir sind, würden wir unser
Schicksal nicht zu beweinen haben.
Jean-Jacques Rousseau, Emile

Wer alles der Vernunft und dem
menschlichen Können zuschreibt und
die Macht des Schicksals so weit wie
irgend möglich ausschalten will,
muss doch wenigstens anerkennen,
dass es schon etwas bedeutet, ob seine
Geburt gerade in eine Zeit fällt, die
diejenigen Fähigkeiten und Vorzüge,
durch die er sich auszeichnet, schätzt.
Francesco Guicciardini, Ricordi

Wer darf denn sagen, er stehe fest,
wenn auch das Schöne
seinem Schicksal entgegenreift,
wenn auch das Göttliche sich
demütigen muss und die Sterblichkeit
mit allem Sterblichen teilen!
Friedrich Hölderlin, Hyperion

Wer das Schicksal erklären soll,
der muss ebenso zweideutig
wie das Schicksal sein.
Søren Kierkegaard, Der Begriff Angst

Wer kann die Wendungen
des Schicksals erraten? Gibt es
eine Nacht, die ewig dauert?
Heinrich von Kleist, Briefe (an Wilhelmine von Zenge,
21. Juli 1801)

Wer nie eine heimliche Liaison hatte,
weiß nicht,
wie das Schicksal übertreibt.
Oliver Hassencamp

Wer Unglück haben soll,
bricht den Finger im Hirsebrei.
Deutsches Sprichwort

Wer vom Schicksal herausgefordert
wird, entrüstet sich nicht
über die Bedingungen.
Dag Hammarskjöld, Zeichen am Weg

Wie das Licht die Dinge,
so lässt das Schicksal unsere Vorzüge
und Fehler erkennen.
François de La Rochefoucauld, Reflexionen

Wie man es wendet und wie man
es nimmt, / Alles geschieht,
was die Götter bestimmt!
Johann Wolfgang von Goethe, Des Epimenides
Erwachen (Genien)

Wir können gegen den Tyrann,
das Schicksal, nichts, aber gegen die
Sirene, die Sinnlichkeit, alles.
Johann Jakob Engel, Das Irrenhaus

Wir nehmen gewöhnlich Erfolg und
Misserfolg auf uns und tadeln
und loben uns für die Launen des
Schicksals.
Luc de Clapiers Marquis de Vauvenargues,
Unterdrückte Maximen

Wir sind in jedem Falle dazu verdammt, unsere Nebenmenschen auszunützen; nicht nur aus so genannten
egoistischen Gründen, sondern in
einem tieferen Sinne: zur Erfüllung
unseres durch unsere Anlagen bestimmten Schicksals. Die Menschen,
die wir zu diesem Zwecke nicht brauchen können, entfernen wir unwillkürlich aus unserer Nähe, und mit
unbewusstem Scharfblick wählen wir
aus der Menge der Begegnenden
diejenigen aus, die ihrem Wesen nach
dazu geschaffen sind, uns das unsere
zu entdecken und entfalten und so
unser Schicksal erfüllen zu lassen.
Arthur Schnitzler, Buch der Sprüche und Bedenken

Wir werden eher durch das Schicksal
als durch unsere Vernunft gebessert.
François de La Rochefoucauld, Reflexionen

Wir werden vom Schicksal hart
oder weich geklopft.
Es kommt aus das Material an.
Marie von Ebner-Eschenbach, Aphorismen

Wo die Menschen
wenig Kraft und Tapferkeit besitzen,
zeigt das Schicksal in hohem Maße
seine Macht.
Niccolò Machiavelli, Vom Staat

Wohin auch das Schicksal uns zieht
und wieder wegzieht,
dorthin wollen wir ihm folgen.
Vergil, Aeneis

Zeige dem Schicksal die Stirn.
Entflieh dem Unglück, und wenn du
ihm nicht entfliehen kannst,
trag es wie ein Mann.
Niccolò Machiavelli, Mandragola

Zu wem so laut das Schicksal spricht,
der darf auch lauter sprechen
mit dem Schicksal.
Friedrich Hölderlin, Hyperion

Zufall ist erlebtes Schicksal.
Oswald Spengler,
Urfragen. Fragmente aus dem Nachlass

Schicksalsschlag

Stärker quälen Schicksalsschläge
Menschen ohne Erfahrung.
Lucius Annaeus Seneca, Über die Vorsehung

Wen Gott niederschlägt,
der richtet sich selbst nicht auf.
Johann Wolfgang von Goethe,
Götz von Berlichingen (Götz)

Schiff

Das Schiff, das dem Steuer
nicht gehorcht, wird den Klippen
gehorchen müssen.
Sprichwort aus England

Das Schiff geht nicht immer,
wie der Steuermann will.
Deutsches Sprichwort

Das Schiff hängt mehr am Ruder
denn das Ruder am Schiff.
Deutsches Sprichwort

Die fortgeschrittensten Nationen
sind immer die, die am meisten
Schifffahrt treiben.
Ralph Waldo Emerson, Essays

Die Schiffsleute sind immer ein Volk,
das am Aberglauben und Wunderbaren für andern hängt.
Johann Gottfried Herder,
Journal meiner Reise im Jahr 1769

Die schwere Flut ist's, die das schwere
Schiff / Vom Strande hebt.
Friedrich Schiller, Die Piccolomini (Illo)

Ein Schiff auf dem Rhein
ist ein Nachen zur See.
Deutsches Sprichwort

Ein Schiff kann sowohl schwimmen
als auch sinken.
Chinesisches Sprichwort

Es macht Freude, in einem vom Sturm
gepeitschten Schiff zu sein,
wenn man sicher ist,
dass es nicht untergehen wird.
Blaise Pascal, Pensées

Es schwankt, aber geht nicht unter.
(Fluctuat nec mergitur.)
Wappendevise von Paris

Fährt mich ein großes Schiff,
trägt mich ein kleiner Kahn,
Ich fahre gleich so gut,
land' ich nur sicher an.
Hans Assmann von Abschatz, Poetische Übersetzungen

Großen Schiffen sind kleine Lecks
gefährlich.
Chinesisches Sprichwort

In den Ozean schifft mit tausend
Masten der Jüngling; / Still auf
gerettetem Boot treibt in den Hafen
der Greis.
Friedrich Schiller, Erwartung und Erfüllung

Je tiefer das Meer,
desto sicherer für das Schiff.
Sprichwort aus Wales

Kleine Schiffe müssen sich
ans Ufer halten.
Deutsches Sprichwort

Mit welcher Andacht lassen sich
auf dem Schiff Geschichten hören
und erzählen!, und ein Seemann,
wie sehr wird der zum Abenteuerlichen derselben disponiert!
Johann Gottfried Herder, Journal meiner Reise im Jahr 1769

Schiffe ruhig weiter, / Wenn der Mast
auch bricht, / Gott ist dein Begleiter,
Er vergisst dich nicht.
Christoph Tiedge, Urania

Schifffahrt ist nötig,
leben ist nicht nötig.
Pompeius, überliefert bei Plutarch (Inschrift am Haus Seefahrt in Bremen)

So klammert sich der Schiffer endlich
noch / Am Felsen fest, an dem er
scheitern sollte.
Johann Wolfgang von Goethe, Torquato Tasso (Tasso)

Um das Ross des Reiters schweben,
Um das Schiff die Sorgen her.
Friedrich Schiller, Das Siegesfest

Unaufmerksamkeit lässt das Schiff
stranden.
Sprichwort aus Frankreich

Wenn du dein Schiffelein aufs Meer
der Gottheit bringst, / Glückselig bist
du dann, so du darin ertrinkst.
Angelus Silesius, Der cherubinische Wandersmann

Wenn ein großes Schiff zerschellt,
bleiben immer noch drei Lasten
mit Nägeln zurück.
Chinesisches Sprichwort

Wenn ein Schiff
schon nicht fahren kann,
sollte es wenigstens nicht schaukeln.
Peter Glotz

Wenn sich dein Schiff
auf hoher See befindet, dann sieh zu,
dass du nicht zurückgetrieben wirst,
wenn sich der Wind dreht.
Ecbasis captivi in belehrender Gestalt
(Alle Tiere dem Wolf)

Wenn's Schiff gut geht,
will jeder Schiffsherr sein.
Deutsches Sprichwort

Wir leben alle in dieser Welt
an Bord eines Schiffes,
das aus einem Hafen ausgelaufen ist,
den wir nicht kennen.
Fernando Pessoa, Das Buch der Unruhe
des Hilfsbuchhalters Bernardo Soares

Schiffbruch

Beim Schiffbruch
hilft der Einzelne sich leichter.
Friedrich Schiller, Wilhelm Tell (Tell)

Das Alter ist ein Schiffbruch.
Charles de Gaulle

Der Schiffbrüchige fürchtet
auch ruhige Gewässer.
Ovid, Briefe aus der Verbannung

Ein brüchiges Schiff hat jeden Wind
zum Feind.
Sprichwort aus Spanien

Niemand hat sich übers Meer
zu beklagen, der zum zweiten Mal
Schiffbruch litt.
Deutsches Sprichwort

Was kümmert mich der Schiffbruch
der Welt, ich weiß von nichts
als meiner seligen Insel.
Friedrich Hölderlin, Hyperion

Schild

Das Schild ist's, das die Kunden lockt.
Jean de La Fontaine, Fabeln

Den Schild zu verlieren,
ist eine Schmach ohnegleichen,
und der so Entehrte darf weder
an Opfern teilnehmen noch eine
Versammlung besuchen, und schon
mancher, der heil aus dem Krieg
zurückgekehrt ist, hat seiner Schande
mit dem Strick ein Ende gemacht.
Publius Cornelius Tacitus, Germania

Wo ein Schild aushängt,
da ist Einkehr.
Deutsches Sprichwort

Schimpfen

Am Abend schimpf nicht
mit deiner Frau,
sonst musst du alleine schlafen.
Chinesisches Sprichwort

Auch wenn sie unter Wasser sind,
so versuchen sie,
unter Wasser zu schimpfen.
Ovid, Metamorphosen

Besser Schimpf erdulden
Als Schimpf verschulden.
Jüdische Spruchweisheit

Der Pfeil des Schimpfs
kehrt auf den Mann zurück,
Der zu verwunden glaubt.
Johann Wolfgang von Goethe, Torquato Tasso (Tasso)

Nur wer im Wohlstand lebt,
schimpft auf ihn.
Ludwig Marcuse, Argumente und Rezepte.
Ein Wörter-Buch für Zeitgenossen

Schimpfe auf dich selbst,
nicht aber auf die Sonne,
wenn dein Garten nicht blüht.
Chinesisches Sprichwort

Schimpfe nicht auf den Spiegel, wenn
du mit einem Makel geboren bist.
Chinesisches Sprichwort

Wer schimpft, ist nah am Verzeihn.
Sprichwort aus Spanien

Zum Schimpfen braucht man
kein Manuskript.
Chinesisches Sprichwort

Schlacht

Auf blut'ge Schlachten folgt Gesang
und Tanz, / Durch alle Straßen tönt
der muntre Reigen.
Friedrich Schiller, Die Jungfrau von Orleans (Johanna)

Das Glück der Schlachten
ist das Urteil Gottes.
Friedrich Schiller, Die Jungfrau von Orleans (Thibaut)

Die Schlacht ist das große Mittel,
den widerstrebenden Willen
des Gegners zu brechen.
Helmuth Graf von Moltke, Verordnungen
für die höheren Truppenführer (24. Juni 1869)

Die Vorbereitung zur Schlacht
ist Hauptaufgabe der militärischen
Ausbildung.
Helmuth Graf von Moltke, Verordnungen für die
höheren Truppenführer (24. Juni 1869)

Eigentlich ist jeder Tag
wie eine große Schlacht
mit vielen Lichtblicken.
Franziska Gräfin zu Reventlow, Tagebücher

Ein Schlachten war's, nicht
eine Schlacht zu nennen.
Friedrich Schiller, Die Jungfrau von Orleans (Raoul)

In der Zeit, in der wir leben,
kann es einem passieren, dass man
aus einer Schlacht zurückkehrt und
sich schämt, gekämpft zu haben.
Vincent van Gogh, Briefe

Ja, wenn eine Schlacht gewonnen
wäre dadurch, dass man
den lautesten Trompeter wegschießt!
Arthur Schnitzler, Aphorismen und Betrachtungen
aus dem Nachlass

Lass dir gesagt sein, stolzer Templer,
dass du im heißesten Schlacht-
getümmel keinen größeren Todesmut
beweist als eine Frau,
die aus Liebe oder Pflicht duldet.
Walter Scott, Ivanhoe

Man kann eine Schlacht
nicht vermeiden, wenn der Feind
unbedingt schlagen will.
Niccolò Machiavelli, Kriegskunst

Man muss eine Schlacht
oft mehr als einmal schlagen,
ehe man sie gewonnen hat.
Margaret Thatcher

Überständ ich doch weit lieber,
traun!, / Dreimalige Feldschlacht
als ein einzig Wochenbett.
Euripides, Medea (Medea)

Wer mit einem guten Gedanken stirbt,
ist immer glücklicher,
als wer als Sieger
über ein Schlachtfeld zieht.
Johann Gottfried Seume, Apokryphen

Wer nicht durch den Schmutz
waten kann, wird nie eine Schlacht
gewinnen.
August Julius Langbehn, Rembrandt als Erzieher

Schlachten

Es nimmt kein Schlachter
dem andern eine Wurst ab.
Deutsches Sprichwort

Kann doch ein Schlächter sich
mit dem großen Schlächterbeil
zwischen die Zehen hacken,
ohne sich zu schaden.
Philipp Otto Runge, An Ludwig Tieck

Lasst Opferer uns sein,
nicht Schlächter.
William Shakespeare, Julius Caesar (Brutus)

Man muss nicht mehr schlachten,
als man salzen kann.
Deutsches Sprichwort

Schweinefleischer und Hundeschlächter erwartet kein gutes Ende.
Chinesisches Sprichwort

Schlaf

Auch auf den schönsten Disteln
schläft man nicht gut.
Chinesisches Sprichwort

Auch der sinnliche Schlaf
soll so genossen werden, dass er
ein geistiger Balsam ist.
Bettina von Arnim, Tagebuch

Das ist ein gefährlicher Narr,
der einen Schlafenden mit dem Dolch
in der Herzgegend kitzelt,
um ihn aufzuwecken.
Arthur Schnitzler, Zurückgelegte Sprüche

Das Leben ist eine Krankheit,
das Schlaf ein Palliativ, der Tod
die Radikalkur.
Karl Julius Weber, Democritos

Denn der Schlaf ist
für den ganzen Menschen,
was das Aufziehn für die Uhr.
Arthur Schopenhauer, Aphorismen zur Lebensweisheit

Denn schlaflos ist ja der Kranken
Schlaf / Und lauscht und sieht alles.
Sophokles, Philoktet (Chor)

Der Arme schläft in Sicherheit.
Deutsches Sprichwort

Der Schlaf der Gerechten!
Der Gerechte dürfte nicht
schlafen können.
Jules Renard, Ideen, in Tinte getaucht.
Aus dem Tagebuch von Jules Renard

Der Schlaf der Ungerechten
ist tief und sehr schwer zu stören.
Helmut Qualtinger

Der Schlaf des Fröhlichen
wirkt wie eine Mahlzeit,
das Essen schlägt gut bei ihm an.
Altes Testament, Jesus Sirach 30, 25

Der Schlaf ist das einzige Geschenk,
das uns sie Götter ohne Arbeit gaben,
mit der Arbeit aber dreifach versüßen.
Karl Julius Weber, Democritos

Der Schlaf ist die Halle der Erinnerun-
gen. Er begünstigt ihre Rückkehr.
Er ist ihr Treffpunkt (...).
Jules Renard, Ideen, in Tinte getaucht.
Aus dem Tagebuch von Jules Renard

Der Schlaf ist die Nabelschnur,
durch die das Individuum
mit dem Weltall zusammenhängt.
Friedrich Hebbel, Tagebücher

Der Schlaf ist doch
die köstlichste Erfindung!
Heinrich Heine

Der Schlaf ist ein Abbild des Todes.
Marcus Tullius Cicero, Gespräche in Tusculum

Der Schlaf ist ein Zustand
des empfindenden Teils
der lebenden Wesen, und zwar
eine Art Fessel und Unbeweglichkeit
desselben. Es muss also alles,
was schlafen kann,
auch Empfindungsvermögen haben.
Aristoteles, Psychologie

Der Schlaf ist für manche Menschen
der fruchtbarste Teil ihres Daseins.
Carl Zuckmayer

Der Schlaf nährt.
Deutsches Sprichwort

Die Wachen haben
eine gemeinsame Welt,
im Schlaf wendet sich jeder
der eigenen zu.
Heraklit, Fragmente

Ein Dummkopf, der arbeitet, ist besser
als ein Weiser, der schläft.
Chinesisches Sprichwort

Ein Ehemann muss einen so leichten
Schlummer haben wie eine Dogge,
damit ihn niemals ein Mensch sieht,
während er schläft.
Honoré de Balzac, Physiologie der Ehe

Ein gut Schlafen ist so gut
wie ein gut Essen.
Deutsches Sprichwort

Ein Mittagsschlaf im Sommer tut gut,
wenn einer ohne Sorgen bei der Magd
auf dem Stroh liegen kann.
Das bereitet Vergnügen.
Mönch von Salzburg, Das Kuhhorn

Ein Wolf im Schlaf fing nie ein Schaf.
Deutsches Sprichwort

Eine schlaflose Nacht –
zehn Tage Unwohlsein.
Chinesisches Sprichwort

Eine Stunde Schlaf vor Mitternacht
ist besser als zwei danach.
Deutsches Sprichwort

Es gibt keinen größeren Genuss
auf Erden als den Schlaf,
wenn man schlafen will.
Anton P. Tschechow, Briefe (20. Mai 1890)

Es ist erstaunlich, wie anders ich das
Leben sehe, wenn ich nur eine Nacht
gut geschlafen habe.
Sylvia Plath, Briefe nach Hause (29. September 1952)

Es ist hübsch, dass in mehreren
Sprachen, bei Völkern, deren Sitten
sehr einfach sind und der Natur am
nächsten kommen, eine Frau erkennen
bei ihr schlafen heißt, als ob man sie
sonst nicht kennte. Wenn die Patriarchen diese Entdeckung gemacht
haben, so waren sie fortgeschrittener,
als man glaubt.
Chamfort, Maximen und Gedanken

Es kommt nichts im Schlaf.
Deutsches Sprichwort

Es nimmt kein gutes Ende, wenn
jemand zu lange liegen bleibt.
Hadloub, Lieder
(Der ich leider dise nacht gehüetet hân)

Früh schlafen gehn und früh aufstehn,
schließt viel Krankheiten die Türe zu.
Deutsches Sprichwort

Für einen Menschen ist es gut,
hin und wieder zu schlafen.
Gunnar Gunnarsson, Advent im Hochgebirge

Gesunden Schlaf hat einer,
der den Magen nicht überlädt;
steht er am Morgen auf,
so fühlt er sich wohl.
Hast du dich dennoch
von Leckerbissen verführen lassen,
steh auf, erbrich sie, und du hast Ruhe.
Altes Testament, Jesus Sirach 31, 20–21

Gott gibt's den Seinen im Schlafe.
Deutsches Sprichwort

Gute Nacht, Tag! Möge der, den ich
liebe, ruhig schlafen.
Sophie Mereau, Tagebücher (11. August 1805)

Heiliger Schlaf – beglücke zu selten
nicht der Nacht Geweihte
in diesem irdischen Tagewerk.
Novalis, Hymnen an die Nacht

Ich denke, einen langen Schlaf zu tun,
Denn dieser letzten Tage Qual
war groß.
Friedrich Schiller, Wallensteins Tod (Wallenstein)

Im Schlaf sind wir
ebenso wenig Herr unserer Gedanken
wie im wachen Zustand.
Voltaire, Der Weiße und der Schwarze

Manche Menschen haben einen geistvollen Schlaf, andere einen dummen.
Es gibt Leute, die auf die albernste Art
mit offenem Munde daliegen. Andere
schnarchen, dass die Balken zittern.
Die meisten gleichen jenen von
Michelangelo in Marmor ausge-
hauenen jungen Teufeln, die die Zunge
ausstrecken, um sich über die Vorübergehenden lustig zu machen.
Honoré de Balzac, Physiologie der Ehe

Im Schlaf und Traum
machen wir das Pensum früheren
Menschentums noch einmal durch.
Friedrich Nietzsche, Menschliches, Allzumenschliches

Im Schlafe sinkt der Mensch
in den allgemeinen Organismus
zurück. Hier ist sein Wille unmittelbar
der der Natur und umgekehrt.
Beide sind jetzt eins.
Johann Wilhelm Ritter, Fragmente

In mir steckt mehr innerer Schlaf
als in mir Platz findet.
Fernando Pessoa, Das Buch der
Unruhe des Hilfsbuchhalters Bernardo Soares

In Schande gerät,
wer zur Erntezeit schläft.
Altes Testament, Sprüche Salomos 10, 5

Just ging ein Glück vorüber,
als ich schlief, / und wie ich träumte,
hört ich nicht: / es rief.
Rainer Maria Rilke, Larenopfer

Langer Schlaf verleiht dem Greise
Kurzen Wachens rasches Tun.
Johann Wolfgang von Goethe, Faust II (Greif)

Liebe nicht den Schlaf,
damit du nicht arm wirst.
Altes Testament, Sprüche Salomos 20, 13

Man muss über Nacht kein Messer auf
dem Tisch liegen lassen,
sonst kann man nicht schlafen.
Deutsches Sprichwort

Mancher schläft mit offnen Augen
wie der Hase.
Deutsches Sprichwort

Meine Wimpern schlafen, ich nicht.
Fernando Pessoa, Das Buch der Unruhe
des Hilfsbuchhalters Bernardo Soares

Mitunter schläft auch
der große Homer.
Horaz, Von der Dichtkunst

Nichts ist süßer als schlafen.
Nichts ist bittrer als zu Fuß
durchs Land zu ziehen.
Chinesisches Sprichwort

Nichts ist, wie es früher war,
außer Schlaf und Hunger.
Sprichwort aus Finnland

Niemand wird es ein Laster nennen,
wenn du früh zur Ruhe fährst.
Edda, Hâvamâl (Des Hohen Lied)

Noch ein wenig schlafen,
noch ein wenig schlummern,
noch ein wenig die Arme
verschränken, um auszuruhen.
Da kommt schon die Armut
wie ein Strolch über dich, die Not
wie ein zudringlicher Bettler.
Altes Testament, Sprüche Salomos 24, 33–34

Oh, mordet nicht
den heiligen Schlaf!
Friedrich Schiller, Wallensteins Tod (Gordon)

Ohne Geld ist der Schlaf fester.
Sprichwort aus Russland

Schlaf ist das einzige Glück,
das man erst recht genießt,
wenn es vorbei ist.
Alfred Polgar, Kleine Schriften, Band 3. Irrlicht

Schlaf ist Liebe, Wachen Leben.
Im Leben ist man des Tages,
im Lieben der Nacht.
Johann Wilhelm Ritter, Fragmente

Schlafe sanft, und lass mein Bild
dich umschweben.
Susette Gontard, Briefe (an Friedrich Hölderlin,
November 1798)

Schlafe! Was willst du mehr!
Johann Wolfgang von Goethe, Nachtgesang

Schlafe, schlaf ein
Leiser rauschet der Hain,
Ewig bin ich dein.
Ludwig Tieck, Magelone

Schlafende Hunde
soll man nicht wecken.
Deutsches Sprichwort

Schläft das Schwein,
wächst sein Fleisch.
Schläft der Mensch,
wachsen seine Schulden.
Chinesisches Sprichwort

Schwerarbeiter schlafen gut.
Spekulanten schlafen besser.
Ephraim Kishon, Kishon für alle Fälle

Selbst der Schlaf ist nichts als die Flut jenes unsichtbaren Weltmeers, und das Erwachen das Eintreten der Ebbe.
Novalis, Die Lehrlinge zu Sais

Selbst ein Tiger hält ein Schläfchen.
Chinesisches Sprichwort

So wie nicht jeder träumt,
der schläft,
so schläft auch nicht jeder,
der träumt.
Georg Christoph Lichtenberg

Sterben – Schlafen, / Schlafen!
Vielleicht auch träumen! Ja, da liegt's.
William Shakespeare, Hamlet (Hamlet)

Süß ist der Schlaf des Arbeiters,
ob er wenig oder viel zu essen hat.
Dem Reichen raubt sein voller Bauch
die Ruhe des Schlafs.
Altes Testament, Kohelet 5, 11

Süßer Schlaf! du kommst wie ein reines Glück ungebeten, unerfleht am willigsten. Du lösest die Knoten der strengen Gedanken, vermischest alle Bilder der Freude und des Schmerzens, ungehindert fließt der Kreis innerer Harmonien, und, eingehüllt in gefälligen Wahnsinn, versinken wir und hören auf zu sein.
Johann Wolfgang von Goethe, Egmont (Egmont)

Tod ist ein langer Schlaf,
Schlaf ist ein kurzer Tod; / Die Not,
die lindert der, und jener tilgt die Not.
Friedrich von Logau, Sinngedichte

Und alles löst sich endlich auf
in Schlaf. / So Freud als Schmerz.
Johann Wolfgang von Goethe, Prometheus (Prometheus)

Vom Schlaf zum Tode
ist ein kleiner Weg.
Ludovico Ariosto, Der rasende Roland

Warum wollte nicht lieber, wer immer ein Mann ist, seinen Schlaf von einem Trompetensignal als von Orchestermusik stören lassen?
Lucius Annaeus Seneca, Briefe über Ethik

Was ist der Mensch,
Wenn seiner Zeit Gewinn,
sein höchstes Gut
Nur Schlaf und Essen ist?
Ein Vieh, nichts weiter.
William Shakespeare, Hamlet (Hamlet)

Wen man schlafen sah,
den kann man nie mehr hassen.
Elias Canetti, Die Provinz des Menschen.
Aufzeichnungen 1942–1972

Wenn der Löwe schläft,
hat er die Augen offen.
Jüngerer deutscher Physiologus (um 1140)

Wenn die Seele im Schlafe für sich ist, dann sondert sie ihre eigene Natur ab, ahnt das Zukünftige und sagt es voraus. In dem gleichen Zustand befindet sie sich auch, wenn sie sich im Tod vom Körper trennt.
Aristoteles, Über Philosophie

Wenn du ungern aus dem Schlaf geweckt wirst, erinnere dich daran, dass es deiner Anlage und der menschlichen Natur gemäß ist, Taten für die Gemeinschaft zu vollbringen.
Mark Aurel, Selbstbetrachtungen

Wenn ich schlafe, bin ich lieber allein.
Brigitte Bardot

Wenn wir schlafen,
sind wir alle gleich.
Sprichwort aus Spanien

Wenn zwei zusammen schlafen,
wärmt einer den andern; einer allein –
wie soll er warm werden?
Altes Testament, Kohelet 4, 11

Wer einen Tobsüchtigen bindet und einen Schlafsüchtigen aufrüttelt, fällt beiden lästig und liebt doch beide.
Aurelius Augustinus, Briefe (an Vincentius)

Wer länger schläft als sieben Stund,
verschläft sein Leben wie ein Hund.
Deutsches Sprichwort

Wer schlafen kann,
darf glücklich sein.
Erich Kästner, Dr. Erich Kästners lyrische Hausapotheke

Wer schläft,
der sündigt nicht.
Deutsches Sprichwort

Wie also Hunger das beste Gewürz bleibt, so wird Müdigkeit der herrlichste Schlaftrunk sein.
Johann Wolfgang von Goethe, Kampagne in Frankreich

Wie man sich bettet,
so schläft man.
Deutsches Sprichwort

Wie schön das ist:
am Abend müde sein und schlafen dürfen und von gar nichts wissen!
Und alle Sorgen sind
wie Zwerge klein.
Erich Kästner, Dr. Erich Kästners lyrische Hausapotheke

Schlagen

Das Kind, das da ist geschlagen,
das muß wohl weinen und klagen.
Hartmann von Aue, Iwein
(Quellwächter von Brocéliande)

Dem Mann ist es keine Ehre,
eine Frau zu schlagen.
Deutsches Sprichwort

Der Mann, der sein Pferd schlägt,
schlägt auch seine Frau.
Sprichwort aus Livland

Die Prügel, die mein Landsmann kriegt, sind wie ein Schlag
ins eigene Gesicht.
Chinesisches Sprichwort

Du musst den Streich erleiden
oder führen.
Friedrich Schiller, Maria Stuart (Burgleih)

Ein guter Mann schlägt nicht
seine Frau, ein guter Hund beißt nicht die Hühner.
Chinesisches Sprichwort

Ein Schlag vom Liebhaber
ist eine Rosine.
Sprichwort aus Arabien

Einen Hund zu schlagen
find't sich bald ein Stock.
William Shakespeare, Heinrich VI. (Königin)

Ich schlage niemand,
dass man mich nicht schlägt,
Und Sanftmut war stets
meine größte Tugend.
Molière, Sganarelle oder
Der vermeintliche Hahnrei (Sganarelle)

Kraft besteht nicht darin,
dass man stark oder oft zuschlägt,
sondern dass man richtig trifft.
Honoré de Balzac, Die Physiologie der Ehe

Mich müssen noch viele Schläge treffen, bevor mich der Schlag trifft!
Erich Kästner, Dr. Erich Kästners lyrische Hausapotheke

Oft unterliegt der Bessere,
wenn der Schlechtere schlägt.
Edda, Hávamál (Loddfafnirlied)

Wen man schlägt,
der soll Klage führen.
Chrétien de Troyes, Yvain

Wenn du einen Schlag
auf die Wange bekommst und
hältst auch die andere Wange hin,
dann verliert die Güte allen Wert.
Knut Hamsun, Neue Erde

Wer die Hand als Erster
zum Schlag erhebt, gibt zu,
dass ihm die Ideen ausgegangen sind.
Franklin D. Roosevelt

Wer einen Menschen so schlägt,
dass er stirbt,
wird mit dem Tod bestraft.
Altes Testament, Exodus 21, 12 (Jahwe)

Wer ist vor Schlägen sicher?
William Shakespeare, Hamlet (Hamlet)

Wer seinen Vater oder seine Mutter
schlägt, wird mit dem Tod bestraft.
Altes Testament, Exodus 21, 15 (Jahwe)

Wir Teutonen
sind nun mal dran gewöhnt,
eher einander die Schädel
als einen vernünftigen Weg
einzuschlagen.
Werner Finck

Schlager

Alles am Schlager ist echt,
weil es so wunderschön falsch ist.
Kurt Tucholsky

Ein Snob ist ein Mensch,
der bei Schlagern
dem Text applaudiert.
Ugo Tognazzi

Es gibt Schlager, die über Nacht
berühmt werden und vergessen
von einem Tag zum andern,
denn über Nacht muss immer
etwas gegen die Stille getan werden,
die im Nachrücken ist.
Ingeborg Bachmann, Die wunderliche Musik

Gebt acht! Ein Lied vom neusten
Schnitt! / Und singt den Rundreim
kräftig mit!
Johann Wolfgang von Goethe, Faust I (Brander)

Manche Menschen
gleichen Modeliedern,
die man nur eine Zeitlang singt.
François de La Rochefoucauld, Reflexionen

Schlagwort

Das Schlagwort ist eine Idee
auf dem Weg zur Phrase.
Lothar Schmidt

Ein Schlagwort ist
eine heruntergekommene Idee.
Ignazio Silone

Ein Schlagwort mag noch so albern
oder niederträchtig sein, es finden sich
immer auch leidlich kluge und leidlich
anständige Leute, die es mit Vergnügen nachplappern, wenn es nur gut
genug scheint, ihren Nebenmenschen
damit etwas am Zeug zu flicken.
Arthur Schnitzler, Aphorismen und Betrachtungen
aus dem Nachlass

Eine mit Schlagworten
geohrfeigte Zeit produziert
eine geschwollene Literatur.
Alfred Polgar

Es gibt Menschen, welche Schlagworte
wie Münzen schlagen, und Menschen,
welche mit Schlagworten
wie mit Schlagworten zuschlagen.
Christian Morgenstern, Stufen

Je hohler ein Schlagwort ist,
desto mehr Lärm
kann man mit ihm erzeugen.
John B. Priestley

Schlagwort:
der Buchstabe als Fetisch
Hans Lohberger

Schlagworte sind
Kommandos der Dummheit.
Hans Lohberger

Schlange

Anmaßung ist der Kopf der Schlange.
Martin Luther, Tischreden

Der Schlangenbeschwörer
hat keinen Vorteil,
wenn die Schlange beißt,
bevor er sie beschworen hat.
Altes Testament, Kohelet 10, 11

Die Schlange sticht nicht ungereizt.
Friedrich Schiller, Wilhelm Tell (Tell)

Leicht ist ein Sumpf zu verhüten,
doch ist er einmal entstanden,
So verhüte kein Gott Schlangen
und Molche in ihm.
Friedrich Hebbel, Gedichte

Schlangen schleichen,
Tauben fliegen.
Deutsches Sprichwort

Schmeichelnd kitzelt
Die Schlange, wo sie sticht.
William Shakespeare, Cymbeline (Imogen)

Seid daher klug wie die Schlangen
und arglos wie die Tauben.
Neues Testament, Matthäus 10, 16

Wenn die Natter trinken will,
so spuckt sie ihr Gift aus,
bevor sie trinkt. Wir wollen uns
die Nattern zum Vorbild nehmen.
Jüngerer deutscher Physiologus (um 1140)

Wenn man die Natter töten will,
so nimmt sie ihren Schwanz
und legt ihn um den Kopf
und lässt sich so töten.
Jüngerer deutscher Physiologus (um 1140)

Wer bedauert den Schlangenbeschwörer, wenn er gebissen wird, und den,
der sich reißenden Tieren nähert?
Altes Testament, Jesus Sirach 12, 13

Wer hielt es wohl in einem Haus
Lange mit einer Schlange aus?
Jüdische Spruchweisheit

Wo sich eine Schlange ein Loch
gebohrt hat, weiß sie auch einen Weg.
Chinesisches Sprichwort

Schlauheit

Bloße Schlauheit
befähigt wohl zum Skeptikus,
aber nicht zum Philosophen.
Arthur Schopenhauer, Über Philosophie und ihre Methode

Der Fuchs weiß viel, doch
der ihn fängt, weiß mehr.
Sprichwort aus Portugal

Diese dem weiblichen Geschlecht
verliehene eigentümliche Schläue ist
ein sehr gerechter Ausgleich für seine
geringere Kraft; sonst wäre die Frau
nicht die Gefährtin des Mannes,
sondern seine Sklavin.
Jean-Jacques Rousseau, Emile

Ein schlaues Kaninchen
hat drei Löcher in seinem Bau.
Chinesisches Sprichwort

Ein Schlaufuchs kann auch
auf einem Löwen reiten.
Chinesisches Sprichwort

Es erweist sich, dass das,
was Weltkenntnis genannt wird,
die Menschen eher schlauer
als gut macht.
Samuel Johnson, The Rambler

Es gehört nicht so viel dazu,
schlau zu sein, als schlau zu scheinen.
Luc de Clapiers Marquis de Vauvenargues,
Unterdrückte Maximen

Es gibt eine Schläue, die ein Greuel ist,
und es gibt Einfältige,
die nichts Schlechtes tun.
Altes Testament, Jesus Sirach 19, 23

Hat der Fuchs die Nase erst hinein,
So weiß er bald den Leib auch
nachzubringen.
William Shakespeare, Heinrich VI. (Gloucester)

Je grauer, je schlauer.
Deutsches Sprichwort

Man kann schlauer sein als andere,
aber niemals schlauer
als alle anderen zusammen.
François de La Rochefoucauld, Reflexionen

Man sei lieber als ein Weiser geehrt,
als wegen seiner Schlauheit gefürchtet.
Baltasar Gracián y Morales, Handorakel und Kunst
der Weltklugheit

Manche wittern pfiffig dreist
alle Finten, alle Schliche,
nichts ermangelt ihrem Geist
als der Sinn fürs Wesentliche.
Ludwig Sulda, Sinngedichte

Nach außen ein Dummkopf,
inwendig ein Schlaukopf.
Chinesisches Sprichwort

Wo es am Löwenfell mangelt, muss
man sich den Fuchspelz überziehen.
Phaedrus, Fabeln

Schlecht machen

Lächerlich machen, was es nicht ist,
heißt sozusagen schlecht machen,
was gut war.
Joseph Joubert, Gedanken, Versuche und Maximen

Wenn man etwas schlecht machen
will, muss man so hart daran arbeiten,
als wolle man es gut machen.
Peter Ustinov, Peter Ustinovs geflügelte Worte

Wir sprechen eher aus Eitelkeit
denn aus Bosheit schlecht über andere.
François de La Rochefoucauld, Reflexionen

Schlechtes

Da man Macht haben muss,
um das Gute durchzusetzen,
setzt man zunächst das Schlechte
durch, um Macht zu gewinnen.
Ludwig Marcuse

Das ganze menschliche Geschlecht
lobt nur das Gute,
das Individuum oft das Schlechte.
Georg Christoph Lichtenberg, Sudelbücher

Das Gute bleibt ewig gut,
aber das Schlechte wird
durch das Alter immer schlechter.
Johann Heinrich Pestalozzi,
Kinderlehre der Wohnstube

Ein Mann, der etwas taugt,
wird gut und fleißig in guten Zeiten,
in schlechten trotzt er nur. Der Mann,
der in schlechten Zeiten nicht trotzt,
taugt nichts, mag er untergehen.
Knut Hamsun, Die letzte Freude

Ein schlechter Mensch hat nicht
das Zeug zu einem großen Mann.
Jean de La Bruyère, Die Charaktere

Es ist doch sonderbar, wie auch
der vortrefflichste Mensch schlechte
Eigenschaften haben muss,
gleich einem stolz segelnden Schiffe,
welches Ballast braucht, um zu seiner
guten Fahrt gehörig schwer zu sein.
Gottfried Keller, Tagebuch (1847)

Es ist nicht nach Gottes Ordnung,
dass der bessere Mann von
dem schlechteren beschädigt werde.
Matthias Claudius, Der Wandsbecker Bothe

Leicht lernt man das Schlechte
Und so schwer das Rechte.
Jüdische Spruchweisheit

Man sage nicht:
Dies ist schlechter als das.
Denn alles ist zu seiner Zeit von Wert.
Altes Testament, Jesus Sirach 39, 34

Nicht ereifern sollt ihr euch,
nicht verdammen, sondern euch
anstrengen, das Schlechte,
das ihr seht, besser zu machen.
Leo N. Tolstoi, Tagebücher (1904)

Nichts tragen wir einem Menschen
unversöhnlicher nach, als wenn er, ob
auch absichtslos, uns in die Gelegenheit versetzte, gerade in unserer Beziehung zu ihm die üblen Seiten unserer
Natur zu entwickeln – oder gar uns
erst Anlass gab, sie zu entdecken.
Arthur Schnitzler, Buch der Sprüche und Bedenken

Schlecht und modern!
Johann Wolfgang von Goethe, Faust II (Faust)

Schlechte Frauen
gibt es ziemlich viele.
Erich Kästner, Dr. Erich Kästners lyrische Hausapotheke

Schlechtigkeit ist ein bedeutender
Charakterzug bei einer Frau.
Von jeher war sie die Waffe
des Schwachen.
Donatien Alphonse François Marquis de Sade,
Geschichte von Juliette

Wäre ich schlecht gewesen
wie so viele andere, ich könnte heute
so glücklich sein wie diese.
Voltaire, Zadig

Was schlecht ist,
muss jedem sofort ins Auge springen.
Philipp Stanhope Earl of Chesterfield, Briefe über
die anstrengende Kunst, ein Gentleman zu werden

Wenn du heute nicht etwas besser bist,
als du gestern warst, bist du gewiss
etwas schlechter.
Marie von Ebner-Eschenbach, Aphorismen

Wenn ich mich zwischen zwei
Schlechtigkeiten entscheiden muss,
dann begehe ich die, die ich vorher
noch nie ausprobiert habe.
Mae West

Wer mit 20 Wörtern sagt,
was man auch mit 10 Wörtern
sagen kann, der ist auch zu allen
anderen Schlechtigkeiten fähig.
Giosuè Carducci

Wer über das Schlechte –
was es auch sei – lacht,
hat keinen vollkommen
richtigen moralischen Sinn.
Joseph Joubert, Gedanken, Versuche und Maximen

Wie einfach ließe sich das Leben an,
wenn nur die Schlechten
schlecht sein könnten.
Karl Heinrich Waggerl

Wir nennen das gut oder schlecht,
was der Erhaltung unseres Seins nützt
oder schadet.
Baruch de Spinoza, Ethik

Schleier

Der Schleier ist das Symbol
des Metaphysischen auf Erden.
Er ist aber auch das Symbol des Weiblichen – alle großen Formen
des Frauenlebens zeigen die Frau
verhüllt; die Braut, die Witwe,
die Nonne sind Trägerinnen
des gleichen Symbols.
Gertrud von Le Fort, Die ewige Frau

Obwohl es ihnen nicht bewusst war,
sind die Frauen bei uns genauso
verschleiert gewesen wie im Orient.
Sie haben ihre Gedanken verschleiert,
denn eine lange Tradition
hatte sie gelehrt,
ihre Gefühle für sich zu behalten.
Sie haben sich nicht
zu erkennen gegeben.
Anaïs Nin, Die Frau legt den Schleier ab

Schlichtheit

Das Schlichte ist in allen Künsten
das Schönere.
Martin Luther, Tischreden

Die größten Dinge
wollen ganz schlicht gesagt sein:
Sie verlieren durch Emphase.
Jean de La Bruyère, Die Charaktere

Schlimm

Aller Dinge schlimmstes ist
Genossenschaft mit Schlimmen.
Aischylos, Sieben gegen Theben

Alles verschlimmert sich unter
den Händen der Menschen!
Johann Wolfgang von Goethe, Dichtung und Wahrheit

Niemand ist rein. Das Schlimme
will sein Recht; / Und wer's nicht
beimischt tropfenweis dem Guten,
Den wird's gesamt aus Eimern
überfluten.
Franz Grillparzer, Esther (Zares)

Ein Pessimist ist ein Mensch,
der das Schlimmste erhofft
und auf das Beste gefasst ist.
Werner Krauß

Schloss

Das Lächeln einer schönen Frau
kann ein ganzes Schloss ruinieren.
Sprichwort aus Japan

Der Mensch kann sich besser
in einem kleinen Häuschen einrichten
als in einem riesigen Schloss.
Leo N. Tolstoi, Tagebücher (1907)

Ehrliche Arbeit hat noch keinem
Schlösser eingebracht.
Leo N. Tolstoi, Tagebücher (1891)

Es ist nun Zeit, dass du
dein Erbe siehst; ich will dir
dein väterliches Schloss zeigen.
Jacob und Wilhelm Grimm, Der treue Johannes

Es stand vor alten Zeiten ein Schloss,
so hoch und hehr, / Weit glänzt' es
über die Lande
bis an das blaue Meer.
Ludwig Uhland, Der Fluch des Sängers

Hast du das Schloss gesehen,
Das hohe Schloss am Meer?
Ludwig Uhland, Das Schloss am Meer

Mein Heim ist mein Schloss
(My home is my castle).
Sprichwort aus England

Misthaufen wachsen,
Schlösser fallen
(Dunghills rise, castles fall).
Sprichwort aus den USA

Schlüssel

Das Herz ist der Schlüssel der Welt
und des Lebens.
Novalis, Fragmente

Der Schlüssel ist stärker
als das Schloss.
Sprichwort aus Russland

Ein goldener Schlüssel schließt
auch das Zarenherz auf.
Sprichwort aus Russland

Kassenschlüssel schließen
alle Schlösser.
Deutsches Sprichwort

Schlimm sind die Schlüssel,
die nur schließen auf, nicht zu;
Mit solchem Schlüsselbund im Haus
verarmest du.
Friedrich Rückert, Die Weisheit des Brahmanen

Schlussfolgerung

Der Philosoph zieht seine Schlüsse,
der Poet muss die seinen
entstehen lassen.
Marie von Ebner-Eschenbach, Aphorismen

Des Mannes Schlussfolgerungen
werden durch Mühen erreicht,
die Frau erreicht sie durch Zuneigung.
Ralph Waldo Emerson, Tagebücher

Man sieht's wohl am Nest,
was für Vögel darin sind.
Deutsches Sprichwort

Schmach

Ein Durchgang durch Schmach
ist namentlich für Menschen
notwendig, die nachher viel Ehre
ohne Schaden ertragen sollen.
Carl Hilty, Glück

Lehr' und Beispiel
nimmt an Schmach der Edle sich.
Euripides, Elektra

Schmähung

Frevel ist's, den edlen Mann
Zu schmähn im Tode,
wenn wir ihn auch einst gehasst.
Sophokles, Aias (Odysseus)

Selbst ein fünfzigzüngiger Mann
kann sich mit einer einzüngigen Frau
beim Schmähen nicht messen.
Sprichwort aus Indien

Wer seinen Gefährten schmäht,
wird auch mit seinem Freund
Streit beginnen.
Chrétien de Troyes, Yvain

Schmecken

Es schmeckt nichts besser,
als was man selber isst.
Jacob und Wilhelm Grimm,
Katze und Maus in Gesellschaft

Die Welt ist ein Sardellensalat;
Er schmeckt uns früh,
er schmeckt uns spät.
Johann Wolfgang von Goethe, Eins wie's andre

Schmecken ist eine Art Betasten.
Aristoteles, Psychologie

Wenn ich weiß,
was eine Sache kostet,
so schmeckt mir kein Bissen.
Johann Wolfgang von Goethe, Wilhelm Meisters Wanderjahre

Schmeichelei

Alle Schmeichler sind Lakaienseelen,
und nur Leute von gemeiner
Gesinnung werden Schmeichler.
Aristoteles, Nikomachische Ethik

Arme Leute und geizige Reiche
bestechen mit Schmeichelei.
Ludwig Marcuse, Argumente und Rezepte.
Ein Wörter-Buch für Zeitgenossen

Auch die Schmeichelei bringt
Eintracht hervor, aber durch
das hässliche Laster der knechtischen
Gesinnung oder durch Unredlichkeit.
Baruch de Spinoza, Ethik

Das Bücken und Schmiegen vor
einem Menschen scheint in jedem Fall
eines Menschen unwürdig zu sein.
Immanuel Kant, Die Metaphysik der Sitten

Das Hündlein wedelt, dir sein Futter
abzuschmeicheln; / Den edlen Hengst,
damit er's annimmt,
musst du streicheln.
Friedrich Rückert, Die Weisheit des Brahmanen

Das Ohr ist der Weg zum Herzen.
Sprichwort aus Frankreich

Das schlimmste unter den wilden
Tieren ist der Tyrann,
unter den zahmen der Schmeichler.
Plutarch, Das Gelage der Sieben Weisen

Denn vor allem andern rate ich dir,
das ganze Geschlecht der Schmeichler
wie die scheußlichste Pest zu fliehen,
keine Menschen mehr zu verabscheuen
als die, welche dir schön tun.
Papst Pius II., Briefe (an Herzog Sigismund
von Österreich 1443)

Der Schmeichler hat keine sehr hohe
Meinung von sich und den anderen.
Jean de La Bruyère, Die Charaktere

Dich ekelt vor Schmeicheleien.
Aber wehe dem,
der deinen Wert nicht erkennt.
Dag Hammarskjöld, Zeichen am Weg

Die Menschen sind nun einmal so,
dass einer Freunde nur dann bekommt,
wenn er schmeichelt, und Feinde,
wenn er die Wahrheit sagt.
Niccolò Machiavelli, Andria

Die Schmeichelei ist
eine einschläfernde Musik.
Charles de Secondat, Baron de la Brède et
de Montesquieu, Meine Gedanken

Ehrerweisung, die nicht
aus der Liebe kommt, ist nicht Ehrung,
sondern Schmeichelei.
Bernhard von Clairvaux,
83. Ansprache über das Hohelied Salomos

Eine ungeschickte Schmeichelei
kann uns tiefer demütigen
als ein wohlbegründeter Tadel.
Marie von Ebner-Eschenbach, Aphorismen

Einem Schmeichler und einem Wolf
ist nicht zu trauen.
Deutsches Sprichwort

Einige bedürfen, um hexen zu können,
nicht der Kräuter Thessaliens:
Denn mit dem schmeichelhaften
Hutabziehen allein bezaubern sie
eitle Dummköpfe.
Baltasar Gracián y Morales, Handorakel und Kunst
der Weltklugheit

Es gibt Fälle, in denen man
sehr stark sein müsste,
um nicht zum Schmeichler zu werden.
Sully Prudhomme, Gedanken

Es gibt nichts Schwereres im Leben
als offenen Freimut und nichts
Leichteres als Schmeichelei.
Fjodor M. Dostojewski, Raskolnikow

Es ist im Menschenvolk
einmal so Brauch,
Vor irgendwem im Staub zu liegen
auf dem Bauch.
Carl Spitteler, Olympischer Frühling

Freundschaft ist eine Schmeichlerin.
William Shakespeare, Heinrich V. (Connetable)

Gesprächskunst:
dem anderen so zu schmeicheln,
dass er es nicht
als Schmeichelei empfindet.
Lothar Schmidt

Hätt' mancher für sein Schmeichelheer
Doch einen, der recht offen wär'.
Jüdische Spruchweisheit

Honig im Mund,
Galle im Herzen.
Sprichwort aus Frankreich

Honig im Munde spart am Geldbeutel.
Sprichwort aus Italien

Ich nenne Schmeichler einen Sklaven,
der für keinen Herrn taugt.
Charles de Secondat, Baron de la Brède et
de Montesquieu, Meine Gedanken

Im Alter sind wir der Schmeichelei
viel zugänglicher als in der Jugend.
Marie von Ebner-Eschenbach, Aphorismen

Kein Unglück, kein Ärger ist so
unliebenswürdig, so taub, dass es sich
nicht ein wenig schmeicheln ließe.
Sogar Cerberus nahm Honigkuchen
an, und es sind nicht nur kleine
Mädchen, die man betört.
Søren Kierkegaard, Entweder – Oder

Lernet, dass jeder Schmeichler
auf Kosten dessen lebt,
der ihn hört.
Jean de La Fontaine, Fabeln

Man schmeichelt sich
ins Leben hinein, aber das Leben
schmeichelt uns nicht.
Johann Wolfgang von Goethe,
Die Wahlverwandtschaften

Man soll den Menschen
entweder schmeicheln
oder sie sich unterwerfen.
Niccolò Machiavelli, Discorsi

Manchmal glaubt man,
Schmeichelei zu hassen, und hasst
doch nur die Art des Schmeichelns.
François de La Rochefoucauld, Reflexionen

Purer Vogelleim ist eure Schmeichelei.
Titus Maccius Plautus, Die Bacchiden

Schmeichelei ist eine Bestätigung
nicht vorhandener Vorzüge.
Erik Ode

Schmeichelei ist immer
verdächtiger als Tadel;
denn wer sagt nicht lieber
etwas Angenehmes
auch ohne hinlänglichen Grund,
ehe er sich überwindet,
wäre es auch mit Recht,
beschwerlich zu fallen?
Johann Gottfried Seume, Apokryphen

Schmeicheleien eines Bösen
bergen Fallen.
Phaedrus, Fabeln

Schmeicheleien sind falsches Geld,
das nur durch unsere Eitelkeit
Kurswert hat.
François de La Rochefoucauld, Reflexionen

Schmeichelnd kitzelt
Die Schlange, wo sie sticht.
William Shakespeare, Cymbeline (Imogen)

Schmeichelnde Rede
hat ihr eigenes Gift.
Publilius Syrus, Sentenzen

Schmeichler sind Katzen,
die vorne lecken und hinten kratzen.
Deutsches Sprichwort

Schmeichler, weißt du,
sind gerne Lügner,
und der größte Schmeichler
ist immer der Mensch sich selbst.
Johann Jakob Engel, Fürstenspiegel

Unbegründeter Tadel
ist manchmal eine Form
der Schmeichelei.
Marie von Ebner-Eschenbach, Aphorismen

Und mag die Schmeichelei
auch noch so plump sein,
es wird doch unbedingt mindestens
die Hälfte als Wahrheit geglaubt.
Fjodor M. Dostojewski, Raskolnikow

Unser Geist zeigt
unsere Weltgewandtheit,
wenn wir Schmeicheleien in
angenehmer Art zu bringen verstehen.
François de La Rochefoucauld, Reflexionen

Wenn die Menschen sich nicht
schmeichelten, könnten sie kaum
in Gemeinschaft leben.
Luc de Clapiers Marquis de Vauvenargues,
Unterdrückte Maximen

Wenn wir auch der Schmeichelei
keinen Glauben schenken,
der Schmeichler gewinnt uns doch.
Marie von Ebner-Eschenbach, Aphorismen

Wer keine Liebe fühlt,
muss schmeicheln lernen,
sonst kommt er nicht aus.
Johann Wolfgang von Goethe,
Maximen und Reflexionen

Wer nur sich selbst liebt,
schmeichelt sich mehr
als der größte Schmeichler.
François de La Rochefoucauld, Reflexionen

Widerspruch und Schmeichelei
machen beide ein schlechtes Gespräch.
Johann Wolfgang von Goethe,
Maximen und Reflexionen

Willst du einem Buckligen
schmeicheln, musst du ihm
den Rücken streicheln.
Sprichwort aus Afrika

Würden wir uns nicht selber
schmeicheln, dann könnte uns die
Schmeichelei anderer nicht schaden.
François de La Rochefoucauld, Reflexionen

Schmerz

Alles, was die Übung des Lebens
nach außen stört,
heißt Schmerz.
Gotthilf Heinrich Schubert,
Ahndungen einer allgemeinen Geschichte des Lebens

Am schmerzlichsten sind jene Qualen,
die man frei sich selbst erschuf.
Sophokles, König Ödipus (Diener)

Auf, auf, gib deinem Schmerze
Und Sorgen gute Nacht!
Paul Gerhardt, Geistliche Lieder

Aus meinen großen Schmerzen
Mach ich die kleinen Lieder.
Heinrich Heine, Buch der Lieder

Schmerz

Äußern muss sich der Schmerz;
unwillkürlich greift der Künstler
nach der Laute, um in ihren Tönen
seinen eignen Schmerz auszuhauchen.
Ludwig Feuerbach, Das Wesen des Christentums

Das goldne Glück,
das süße Wohlgefallen,
Sie eilen – treu ist nur der Schmerz –
von hinnen.
August Graf von Platen, Sonette

Das Härteste und Schwerste im Leben
ist, besonders im Schmerz,
der Wahrheit ins Auge zu sehen.
Anne Morrow Lindbergh,
Stunden von Gold – Stunden von Blei

Das ist meine allerschlimmste Erfahrung: Der Schmerz macht die meisten Menschen nicht groß, sondern klein.
Christian Morgenstern, Stufen

Das Maß des Schmerzes
wächst mit der Anteilnahme
des Herzens.
Ecbasis captivi in belehrender Gestalt (Nachtigall)

Das Neue
wird immer im Schmerz geboren.
Graham Greene

Dass sie die Perle trägt,
das macht die Muschel krank;
Dem Himmel sag' für Schmerz,
der dich veredelt, Dank!
Friedrich Rückert, Gedichte

Dem seelischen Schmerz
ist es gegeben, auch der armseligsten
Stirn einen Heiligenschein
zu verleihen; die gemeine Sorge
des Tags verzerrt auch
das edelste Antlitz zur Fratze.
Arthur Schnitzler, Ungedrucktes
(in: Österreichische Dichtergabe, Wien 1928)

Denk nicht dran, so tut's nicht weh.
Deutsches Sprichwort

Der echte Schmerz begeistert.
Friedrich Hölderlin, Hyperion

Der Schmerz an sich ist nichts;
aber der Schmerz, der an der Passion
Christi teilnimmt, ist ein wunderbares,
ja das schönste Geschenk: ein
Geschenk und ein Beweis der Liebe,
weil der Vater gezeigt hat, dass er die
Welt liebt, als er seinen Sohn hingab.
Mutter Teresa

Der Schmerz, der uns zugefügt wird,
ist nicht die schwerste Last des Lebens.
Viel schwerer legt sich eines Tages
auf unsre Schultern der Schmerz,
den wir den anderen zugefügt haben.
Hermann Bang

Der Schmerz ist
der große Lehrer der Menschen.
Unter seinem Hauche
entfalten sich die Seelen.
Marie von Ebner-Eschenbach, Aphorismen

Der Schmerz ist ein Eigentum,
wie das Glück und die Freude.
Friedrich Hebbel, Tagebücher

Der Schmerz ist Herr,
und Sklavin ist die Lust.
Wilhelm Busch, Kritik des Herzens

Der Schmerz ist Leben.
Friedrich Schiller, Wilhelm Tell (Attinghausen)

Der Schmerz um Liebe,
wie die Liebe, bleibt
Unteilbar und unendlich.
Johann Wolfgang von Goethe,
Die natürliche Tochter (Herzog)

Die Phantasie besieht den Schmerz
durch ein konvexes,
der Stoizismus
durch ein konkaves Glas.
Jean Paul, Aphorismen

Die Schmerzen sind's,
die ich zu Hilfe rufe:
Denn es sind Freunde, Gutes raten sie.
Johann Wolfgang von Goethe, Iphigenie auf Tauris (Arkas)

Die Träne hat uns die Natur verliehen,
Den Schrei des Schmerzens,
wenn der Mann zuletzt
Es nicht mehr trägt.
Johann Wolfgang von Goethe, Torquato Tasso (Tasso)

Die Tränen sind des Schmerzes
heilig Recht.
Franz Grillparzer, Sappho (Sappho)

Die Wunden und alle anderen Übel,
die sich der Mensch freiwillig
und aus eigener Wahl selbst zufügt,
schmerzen viel weniger als die, die
ihm durch andere zugefügt werden.
Niccolò Machiavelli, Vom Staat

Die Zeit heilt die Schmerzen
und die Streitigkeiten,
weil man sich verändert.
Man ist nicht mehr der Gleiche.
Blaise Pascal, Pensées

Ehestand Wehestand.
Deutsches Sprichwort

Ein böses Wort oft weher tut
Als Schädigung an Geld und Gut.
Jüdische Spruchweisheit

Ein eingeschlafener Schmerz,
der schnarcht.
Jules Renard, Ideen, in Tinte getaucht.
Aus dem Tagebuch von Jules Renard

Ein schmerzhaftes Wort:
Wie du es wolltest,
so hast du es.
Franz Kafka, Tagebücher (1914)

Erholt euch von eurem Seelenschmerz
bei eurer Psyche!
Lucius Apuleius, Der goldene Esel (Psyche)

Erst wenn du Zahnschmerzen hast,
weißt du, wie andere
an Zahnschmerzen leiden.
Chinesisches Sprichwort

Es gibt Augenblicke des Schmerzes,
in denen Beileid nur Wut auslöst.
Sully Prudhomme, Gedanken

Es gibt auch Eitelkeit des Schmerzes.
Lucius Annaeus Seneca, Moralische Briefe

Es gibt Menschen, die ihren Kummer
auf sich nehmen und ihn tragen,
starke Naturen, die gerade an der
Schwere der Bürde ihre Stärke erproben; während die Schwächeren sich
willenlos dem Schmerz hingeben,
wie man sich einer Krankheit hingibt.
Jens Peter Jacobsen, Niels Lyhne

Es ist aber oft der höchste Schmerz
eine Bildung neuer, höherer Organe,
wenn die alten dem neu erwachten
höheren Streben nicht mehr
Genüge leisten.
Gotthilf Heinrich Schubert, Ahndungen einer allgemeinen Geschichte des Lebens

Es ist ein unpassendes Spiel,
Trost zu spenden für erheuchelte
Schmerzen, die man durchschaut.
Luc de Clapiers Marquis de Vauvenargues,
Nachgelassene Maximen

Frauen vereinfachen unseren Schmerz,
verdoppeln unsere Freude und
verdreifachen unsere Ausgaben.
James Saunders

Gehabte Schmerzen,
Die hab' ich gern.
Wilhelm Busch, Abenteuer eines Junggesellen

Genieße, was der Schmerz
dir hinterließ! / Ist Not vorüber,
sind die Nöte süß.
Johann Wolfgang von Goethe, Sprichwörtlich

Gerade das Auftreten gewisser
Schmerzen im Körper ist vorteilhaft
zur Abwehr gleichartiger Schmerzen.
Epikur, Sprüche. In: Briefe, Sprüche, Werkfragmente.

Großen Seelen ziehen die Schmerzen
nach, wie den Bergen die Gewitter;
aber an ihnen brechen sich auch die
Wetter, und sie werden die Wetterscheide der Ebene unter ihnen.
Jean Paul, Der Komet

Großer Schmerz
setzt sich selbst keine Grenze.
Lucius Annaeus Seneca, Die Troerinnen

Großer Schmerz und große Lust
bildet den Menschen am besten.
Friedrich Hölderlin, Briefe (an Neuffer, 1796)

Herz reimt sich wieder häufiger
auf Schmerz, seit der Infarkt
wie eine Seuche um sich greift.
Christiaan Barnard

Im Busen eines Freundes widerhallend, / Verliert sich nach und nach
des Schmerzens Ton.
Johann Wolfgang von Goethe, Erwin und Elmire (Valerio)

Im Schmerz ist so viel Weisheit
wie in der Lust.
Friedrich Nietzsche, Die fröhliche Wissenschaft

Ist nicht der Schmerz des Leibes
ein Zeichen, dass die Maschine in
Unordnung geraten ist, und eine
Erinnerung, für Abhilfe zu sorgen?
Jean-Jacques Rousseau, Emile

Je mehr der sinnliche Schmerz
nachlässt, desto mehr wächst
die geistige Trauer, desto höher steigt
eine Art von ruhiger Verzweiflung.
Die Welt wird immer fremder.
Die Dinge um mich her immer
gleichgültiger. Desto heller wird es
jetzt um mich und in mir.
Novalis, Tagebuch (26. Mai 1797, nach Sophies Tod)

Jeder Schmerz ist leicht zu verachten.
Denn der eine bringt zwar
eine schneidende Qual,
aber seine Dauer ist beschnitten;
der andere dauert zwar im Fleische,
aber seine Qual ist stumpf.
Epikur, Sprüche. In: Briefe, Sprüche, Werkfragmente.

Kurz ist der Schmerz,
und ewig ist die Freude.
Friedrich Schiller, Die Jungfrau von Orleans (Johanna)

Langeweile ist die Auflösung
des Schmerzes in die Zeit.
Ernst Jünger

Man klagt so sehr bei jedem Schmerz
und freut sich so selten,
wenn man keinen fühlt.
Georg Christoph Lichtenberg, Sudelbücher

Man sieht nur die Lebenden einen
Halsblock tragen, nie jedoch einen
Toten Schmerzen leiden.
Chinesisches Sprichwort

Meine Erfahrung hat mich gelehrt,
dass der Schmerz und das, was wir im
gewöhnlichen Leben ein Übel nennen,
eigentlich nur ein Engel für den Menschen ist, ja der heiligste Engel, indem
er den Menschen ermahnt, ihn über
sich selbst erhebt oder ihm Schätze
des Gemütes zeigt und darlegt, die
sonst ewig in der Tiefe verborgen
gewesen wären.
Adalbert Stifter, Zwei Schwestern

Meine frühesten Schmerzen wurden
mir zum Panzer gegen die folgenden.
Chamfort, Maximen und Gedanken

Nicht wer am lautesten schreit,
leidet stets den größten Schmerz.
Chinesisches Sprichwort

Nur der Schmerz trennt und vereinzelt,
in der Freude verlieren sich
alle Grenzen.
Friedrich Schlegel, Vom ästhetischen Werte
der griechischen Komödie

Nur der verwandte Schmerz entlockt
uns die Träne, und jeder weint
eigentlich für sich selbst.
Heinrich Heine, Die Bäder von Lucca

Oft besteht das einzige Heilmittel
unserer Schmerzen im Vergessen:
Aber wir vergessen das Heilmittel.
Baltasar Gracián y Morales, Handorakel und Kunst
der Weltklugheit

Oft nach einem Tag,
oft schon nach einer Stunde
Belächelst du den Schmerz
und fühlst nicht mehr die Wunde.
Friedrich Rückert, Gedichte

Schmerz: ein Nichts im Nichts
um nichts!
Friedrich Hebbel, Tagebücher

Schmerz ist der Vater
und Liebe die Mutter der Weisheit.
Ludwig Börne, Aphorismen

Schmerz ist oft mehr Wollust
als Schmerz.
Johann Jakob Engel, Der Philosoph für die Welt

Schmerz zwingt sogar Unschuldige
zu lügen.
Publilius Syrus, Sentenzen

Schmerzen sind der Jugend Nahrung,
Tränen seliger Lobgesang.
Johann Wolfgang von Goethe, Ungeduld

Schmerzen verlangen Selbstzucht.
Schmerzen bedeuten Training
des Willens, und sie formen
den Menschen.
Konrad Adenauer, Gespräch anläßlich des Besuchs von
US-Präsident Kennedy, Juni 1963

Selbst die Wonne ist in der Tiefe
schmerzreich.
Michel Eyquem de Montaigne, Die Essais

Stiche, die nicht bluten,
tun weher denn andre.
Deutsches Sprichwort

Trink ihn aus, den Trank der Labe,
Und vergiss den großen Schmerz!
Friedrich Schiller, Das Siegesfest

Über den Schmerz nachzudenken,
anstatt ihn zu fühlen,
hat einen besonderen Zauber.
Sully Prudhomme, Intimes Tagebuch

Unbewusst hinleben ist das Süßeste,
Bis dass du lernest,
was Schmerz, was Freude sei.
Sophokles, Aias (Aias)

Und den unbesiegten Mann besiegt
der Schmerz.
Ovid, Metamorphosen

Unglücklich ist nicht,
wem Schmerz zugefügt wird,
sondern wer einem anderen
Schmerz zufügen will.
Leo N. Tolstoi, Tagebücher (1910)

Verachtet den Schmerz:
Er wird gelöst oder erlöst euch.
Lucius Annaeus Seneca, Über die Vorsehung

Warum nur jeder Lebensrausch so viel
Schmerz und Sehnsucht und Wollust
in einem zurücklässt.
Franziska Gräfin zu Reventlow, Tagebücher

Weine dich aus im Schmerz,
dann greif entschlossen zur Arbeit,
Was die Träne nicht löst,
löst erquickend der Schweiß.
Emanuel Geibel, Gedichte

Welche Schmerzen verursacht nicht
die Trennung, welche Sehnsucht und
Entbehrungen birgt nicht die Zukunft!
Fridtjof Nansen, In Nacht und Eis

Welcher Schmerz wäre der Rede wert,
wenn wir damit ein tieferes, heißeres
Bewusstsein unserer Liebe gewinnen?
Friedrich Schlegel, Lucinde

Wenn mir ein Schmerz widerfahren ist,
fasst mich immer ein doppeltes
Verlangen nach Leben
– nie eigentlich Resignation.
Franziska Gräfin zu Reventlow, Tagebücher

Wer ganz mit seinem Schmerz allein,
Der lernt den Schmerz genießen.
August Graf von Platen, Gedichte

Wer wird etwas Großes erreichen,
wenn er nicht die Kraft
und den Willen in sich fühlt,
große Schmerzen zuzufügen?
Friedrich Nietzsche, Die fröhliche Wissenschaft

Wert ist der Schmerz, am Herzen
der Menschen zu liegen,
und dein Vertrauter zu sein, o Natur!
Denn er nur führt von einer Wonne
zur andern, und es ist kein
andrer Gefährte denn er.
Friedrich Hölderlin, Hyperion

Wider den Schmerz
dich zu vermauern, / Ist so verkehrt
wie maßlos trauern.
Emanuel Geibel, Sprüche

Wie wohltätig ist doch nicht nur
physischer, sondern auch sittlicher
Schmerz! Er allein lehrt.
Leo N. Tolstoi, Tagebücher (1891)

Wir müssen geben, bis es wehtut.
Wahre Liebe muss wehtun.
Mutter Teresa

Wir vergrößern den Schmerz
oder nehmen ihn vorweg
oder bilden ihn uns ein.
Lucius Annaeus Seneca, Briefe über Ethik

Schmetterling

Aber der Schmetterling ist auch ein
Sinnbild der Unsterblichkeit der Seele
und ihrer ewigen Verjüngung.
Heinrich Heine, Gemäldeausstellung in Paris 1831

Bei den Insekten wird
aus der Raupe ein Schmetterling,
bei den Menschen ist es umgekehrt:
aus dem Schmetterling eine Raupe.
Anton P. Tschechow, Notizbücher

Der Schmetterling vergisst oft,
dass er einmal eine Raupe war.
Sprichwort aus Schweden

Die Raupe schon, die Chrysalide deutet
Den künftigen bunten Schmetterling.
Johann Wolfgang von Goethe, Faust II (Mephisto)

Menschen werden
niemals Schmetterlinge.
Erich Kästner, Dr. Erich Kästners lyrische Hausapotheke

Schmieden

»Jeder ist seines Glückes Schmied.«
Aber wer kann noch
mit Schmiedwerkzeug umgehen?
Oliver Hassencamp

Man muss das Eisen schmieden,
solange es heiß ist.
Deutsches Sprichwort

Rüstung: Die Kleidung eines Mannes,
dessen Schneider ein Schmied ist.
Ambrose Bierce

Wer Eisen schmieden will,
muss selbst von zähen Eltern sein.
Chinesisches Sprichwort

Schmieren

Alte Stiefel bedürfen viel Schmierens.
Deutsches Sprichwort

Narrenhände
beschmieren Tisch und Wände.
Deutsches Sprichwort

Schmieren und salben
hilft allenthalben.
Deutsches Sprichwort

Schminke

Die Dame, schön von Wuchs und
edlem Antlitz, / Braucht Ringe nicht
und Schminke schwarz und rot.
Mosleh od-Din Saadi, Der Rosengarten

Die Damen, die sich gerne schminken,
Die lassen sich wohl selbst bedünken,
Da wo Natur an ihren Gaben
Muss etwas übersehen haben.
Friedrich von Logau, Sinngedichte

Die Historiker sind so etwas
wie die Schminkmeister
des großen Welttheaters.
John Osborne

Die meisten Memoiren
sind ein Make-up aus Worten.
Norman Mailer

Ein Kompliment ist eine freundliche
Wahrheit mit etwas Make-up.
Hannelore Schroth

Ein rot geschminktes schönes Weib
ist die Wurzel allen Übels.
Chinesisches Sprichwort

Ich finde, dass es letzten Endes nur
zwei Arten von Frauen gibt,
die geschminkten
und die ungeschminkten.
Oscar Wilde, Das Bildnis des Dorian Gray

Make-up ist die Kunst,
sich selber zu plakatieren.
Olga Tschechowa

Mit eben der Leichtigkeit,
mit der sie die Wangen schminken,
schminken sie auch ihre Seele.
August von Kotzebue, Der deutsche Mann
und die vornehmen Leute

Schäfchenwolken am Himmel
und Schminke im Gesicht einer Frau
sind nicht von langer Dauer.
Sprichwort aus Frankreich

Sich pudern und schminken ist gewiss
ein geringeres Vergehen,
als das Gegenteil von dem sagen,
was man denkt.
Jean de La Bruyère, Die Charaktere

Wem' Farb und Kleid
ein Ansehn geben,
Der hat Verstand, so dumm er ist.
Christian Fürchtegott Gellert, Fabeln und Erzählungen

Wenn sich Weiber schminken,
Ist es wie ein Winken,
Dass man aufgenommen,
Wolle man nur kommen.
Friedrich von Logau, Sinngedichte

Schmollen

Das Schmollen der Weiber ist nichts
als ein Guerillakrieg, den sie gegen
die konzentrierte Macht
der Männer führen, ein Krieg,
in dem sie immer siegen.
Ludwig Börne, Über das Schmollen der Weiber

Das Schmollen ist eigentlich
das Aufprotzen der weiblichen
Artillerie; wer bereits öfter beschossen
wurde, fühlt sich schon versucht,
bei der bloßen Veranstaltung
die weiße Fahne auszustrecken.
Christian Ernst Karl von Bentzel-Sternau, Weltansicht

Schmuck

Auch die Hoheit darf das Schöne
schmücken, / Der goldne Reif erhebt
den Edelstein.
Friedrich Schiller, Die Braut von Messina (Manuel)

Der schönste Schmuck
für einen weißen Frauenhals
ist ein Geizkragen.
Kurt Tucholsky, Schnipsel

Die Funktion des Schmückens
ist sehr verschiedenartig: Bei manchen
Primitiven hat sie sakralen Charakter,
doch ihre üblichste Aufgabe ist es,
die Verwandlung der Frau in ein Idol
zu vollenden.
Simone de Beauvoir, Das andere Geschlecht

Ein Schwein
mit einem goldenen Halsband
bleibt immer noch ein Schwein.
Sprichwort aus Russland

Häuser schmücken sich mit Menschen,
Menschen schmücken sich
mit Kleidern.
Chinesisches Sprichwort

Ist das Geschäft vollbracht,
kommt Zeit zum Schmuck.
Johann Wolfgang von Goethe, Elpenor (Evadne)

Schmucklos ist ja noch nicht
geschmacklos.
Georg Christoph Lichtenberg, Sudelbücher

Was bedeutend schmückt,
es ist durchaus gefährlich.
Johann Wolfgang von Goethe, Die natürliche Tochter (Eugenie)

Was Schmuck für die Schönheit,
ist Erfolg dem Verdienst.
François de La Rochefoucauld, Reflexionen

Schmutz

Die meisten Menschen
schämen sich nicht,
etwas Schmutziges zu denken,
aber wohl, wenn sie sich vorstellen,
dass man ihnen diese schmutzigen
Gedanken zutraue.
Friedrich Nietzsche, Menschliches, Allzumenschliches

Er verschmutzt die Quelle,
verlangt aber,
dass das Wasser sauber bleibt.
Chinesisches Sprichwort

In Deutschland gilt derjenige,
der auf den Schmutz hinweist,
für viel gefährlicher als derjenige,
der den Schmutz macht.
Kurt Tucholsky

Wer das Schmutz'ge anfasst,
den besudelt's.
Heinrich von Kleist, Die Familie Schroffenstein (Sylvester)

Wer nicht durch den Schmutz
waten kann, wird nie
eine Schlacht gewinnen.
August Julius Langbehn, Rembrandt als Erzieher

Schnecke

Wenn sich die Schnecken
früh deckeln,
so gibt's einen frühen Winter.
Bauernregel

Wie sich das Schneckenhaus
auch windet, die Schnecke
findet stets hinaus.
Chinesisches Sprichwort

Schnee

Der Schnee lässt sich nicht
im Ofen trocknen.
Deutsches Sprichwort

Ein Lüg ist wie ein Schneeball;
je länger man ihn wälzt,
je größer er wird.
Martin Luther, Tischreden

Ich will den Boden küssen,
Durchdringen Eis und Schnee
Mit meinen heißen Tränen,
Bis ich die Erde seh.
Wilhelm Müller, Gedichte (Schubert: Winterreise)

Märzenschnee tut der Frucht weh.
Bauernregel

Mir ist es winterlich im Leibe,
Ich wünschte Schnee und Frost
auf meiner Bahn.
Johann Wolfgang von Goethe, Faust I (Mephisto)

November im Schnee
bringt viel Korn und Klee.
Bauernregel

Schnee im Dezember
deutet auf ein gutes Jahr,
ein nasser macht es unfruchtbar.
Bauernregel

Simon und Judä
hängt an die Stauden Schnee.
Bauernregel

Viel Eicheln im September,
viel Schnee im Dezember.
Bauernregel

Wenn die Forellen früh laichen,
so gibt es viel Schnee.
Bauernregel

Wenn's im Februar nicht schneit,
schneit es in der Osterzeit.
Bauernregel

Schnelligkeit

Bei einem Windhund kommt es
auf die Schnelligkeit,
nicht auf das Halsband an.
Michel Eyquem de Montaigne, Die Essais

Das Gute bedarf Zeit, es zu bilden.
Das Schnellgebildete stirbt
schnell dahin. Zwei Frühlingstage –
und die Orangenblüte ist verwelkt,
aber die Eiche durchlebt
ein Jahrtausend.
Heinrich von Kleist, Briefe (an Wilhelmine von Zenge, 13.-18. September 1800)

Das Leben geht viel zu schnell,
möchte es manchmal stoppen.
Franziska Gräfin zu Reventlow, Tagebücher

Der moderne Mensch
hat ein neues Laster erfunden:
die Schnelligkeit.
Aldous Leonard Huxley

Die Kunst des Autorennfahrens:
so langsam wie möglich
der Schnellste zu sein.
Emerson Fittipaldi

Die Schnelligkeit eines durchgegangenen Pferdes zählt nicht.
Jean Cocteau, Hahn und Harlekin

Je mehr Leere, je mehr Schnelligkeit.
Franz Werfel, Zwischen Oben und Unten

Schnell genug wird ausgeführt,
was gut genug ausgeführt wird.
Kaiser Augustus, Überliefert bei Sueton

Schnell genug, was gut genug.
Deutsches Sprichwort

Wer zuerst kommt, mahlt zuerst.
Deutsches Sprichwort

Schöngeist

Die Schöngeister haben einen Platz
in der guten Gesellschaft besetzt,
aber den letzten.
Luc de Clapiers Marquis de Vauvenargues, Unterdrückte Maximen

Eine Frau, die ein Schöngeist ist,
ist die Geißel ihre Mannes,
ihrer Kinder, ihrer Freunde,
ihres Gesindes und der ganzen Welt.
Jean-Jacques Rousseau, Emile

Schönheit

Alle, die in Schönheit gehn,
werden in Schönheit auferstehn.
Rainer Maria Rilke, Engellieder

Alles Schöne der Alten ist bloß
charakteristisch, und bloß
aus dieser Eigentümlichkeit entsteht
die Schönheit.
Johann Wolfgang von Goethe, Der Sammler und die Seinigen

Alles Schöne macht Durst
nach noch vollkommenerer Schönheit
und Vollkommenheit.
Christian Morgenstern, Stufen

Alles, was auch nur irgendwie
schön ist, das ist aus sich selbst heraus
schön und ist in sich selber fertig,
ohne das Lob als eigenen Teil
einzuschließen.
Mark Aurel, Selbstbetrachtungen

Anmut ist das natürliche Gewand
der Schönheit, Kraft ohne Anmut
ist wie ein wunder Körper.
Joseph Joubert, Gedanken, Versuche und Maximen

Auch das Schöne muss sterben!
Friedrich Schiller, Nänie

Auch ein alter Büffel
hat schöne Hörner.
Chinesisches Sprichwort

Auf den Geist muss man schauen.
Denn was nützt ein schöner Körper,
wenn in ihm nicht eine schöne Seele
wohnt.
Euripides, Fragmente

Auf leisen Sohlen wandeln die Schönheit, das wahre Glück und das echte
Heldentum.
Wilhelm Raabe, Alte Nester

Beim Himmel, dieses Kind ist schön!
So etwas hab ich nie gesehn.
Johann Wolfgang von Goethe, Faust I (Faust)

Beim wunderbaren Gott! – Das Weib
ist schön!
Friedrich Schiller, Dom Karlos (Karlos)

Bildschöne Frauen
sind selten charmant,
weil sie es nicht nötig haben,
charmant zu sein.
Boleslaw Barlog

Da die Schönheit unteilbar ist
und uns den Eindruck einer
vollkommenen Harmonie verleiht,
so lässt sie sich durch eine Folge
von Worten nicht darstellen.
Johann Wolfgang von Goethe, De Gérard: Portraits Historiques

Das Beste im Leben ist,
Verständnis für alles Schöne zu haben.
Menandros

Das einfach Schöne soll der Kenner
schätzen; / Verziertes aber
spricht der Menge zu.
Johann Wolfgang von Goethe, Die natürliche Tochter (Eugenie)

Das Erhabene rührt,
das Schöne reizt.
Immanuel Kant, Beobachtungen über das Gefühl des Schönen und Erhabenen

Das Gefühl, im Innern schön zu sein,
und das Bild, das uns der Spiegel des
Bewusstseins in den Stunden der
Einsamkeit zurückwirft, das sind
Genüsse, die allein unsere heiße Sehnsucht nach Glück ganz stillen können.
Heinrich von Kleist, Briefe (an Wilhelmine von Zenge, 10./11. Oktober 1800)

Das Gute ohne Schönheit ist qualvoll.
Erst die Vereinigung von beidem und
nicht die Vereinigung, sondern die
Schönheit als Krönung des Guten.
So könnte die Wahrheit lauten.
Leo N. Tolstoi, Tagebücher (1892)

Das Hässliche ist ungefüge allem Göttlichen, das Schöne fügt sich ihm.
So ist die Schönheit Schicksalsgöttin
und Geburtshelferin des Werdens.
Platon, Das Gastmahl (Diotima)

Das höchste aber / Von allen Gütern
ist der Frauen Schönheit. –
Der Frauen Treue
gilt noch höhern Preis.
Friedrich Schiller, Die Jungfrau von Orleans (Burgund – Sorel)

Das Interessante ist immer eine
graziöse oder geistreiche Abweichung
vom Typus des Schönen.
Heinrich Heine

Das Schöne, auch in der Kunst,
ist ohne Scham nicht denkbar.
Hugo von Hofmannsthal, Buch der Freunde

Das Schöne, das leicht erscheint,
das ist es, was das Publikum verachtet.
Jean Cocteau, Hahn und Harlekin

Das Schöne – es ist die Schönheit,
mit den Augen der Seele gesehen.
Joseph Joubert, Gedanken, Versuche und Maximen

Das Schöne ist das Gute,
das Schöne ist das Wahre.
Samuel Smiles, Charakter

Das Schöne ist das Sittengesetz
in seiner Entfaltung und durch
sinnliche Mittel wahrnehmbar.
Adalbert Stifter, Über die Behandlung der Poesie in Gymnasien

Das Schöne ist das Symbol
des sittlich Guten.
Immanuel Kant, Kritik der Urteilskraft

Das Schöne ist das, was ohne Begriffe
als Objekt eines allgemeinen Wohlgefallens vorgestellt wird.
Immanuel Kant, Kritik der Urteilskraft

Das Schöne ist eine Manifestation
geheimer Naturgesetze, die uns ohne
dessen Erscheinung ewig wären verborgen geblieben.
Johann Wolfgang von Goethe, Maximen und Reflexionen

Das Schöne ist nützlicher
für die Kunst, aber das Erhabene
nützlicher für die Sitten,
weil es die Geister aufrichtet.
Joseph Joubert, Gedanken, Versuche und Maximen

Das Schöne ist wesentlich das Geistige,
das sich sinnlich äußert,
sich im sinnlichen Dasein darstellt.
Georg Wilhelm Friedrich Hegel, Vorlesungen über die Philosophie der Religion

Das Schöne verliert am falschen
Platz; erst die angemessene Umgebung
schafft Vollkommenheit, und die Vernunft bestimmt, was angemessen ist.
Jean de La Bruyère, Die Charaktere

Das Schönste ist auch das Heiligste.
Friedrich Hölderlin, Hyperion

Denn allerdings ist die Schönheit in
der Kunst nicht etwas so Armes und
Dürftiges, dass eines Menschen Leben
sie erschöpfen könnte; und ihr Preis ist
kein Los, das nur allein auf einen Auserwählten fällt: Ihr Licht zerspaltet
sich vielmehr in tausend Strahlen,
deren Widerschein auf mannigfache
Weise von den großen Künstlern, die
der Himmel auf die Welt gesetzt hat,
in unser entzücktes Auge zurückgeworfen wird.
Wilhelm Heinrich Wackenroder, Herzensergießungen eines kunstliebenden Klosterbruders

Denn Schönheit entfaltet sich nur
im freien Raum. Nur im freien Raum
sind Ereignisse, Gegenstände und
Menschen unwiederholbar und
unersetzlich und bedeutungsvoll –
und deshalb auch schön.
Anne Morrow Lindbergh, Muscheln in meiner Hand

Der beste Teil der Schönheit ist der,
den ein Bild nicht wiedergeben kann.
Francis Bacon, Die Essays

Der Mann ist – im Gegensatz zur Frau
– schön, weil er – im Gegensatz
zur Frau – ein geistiges Wesen ist.
Esther Vilar, Der dressierte Mann

Der Schönheit fürstlich hohe Pracht
Verwirrt die Zung' und lähmt
der Sinne Macht.
William Shakespeare, Heinrich VI. (Suffolk)

Der Schönheit Glanz –
wie reißend schnell,
wie kurz dauernd ist er! Flüchtiger
als der Frühlingsblüten Welken!
Anicius Manlius Torquatus Severinus Boethius, Trost der Philosophie

Der Schönheit wie der Neigung Wert
verliert sich bald, / Allein der Wert
des Goldes bleibt.
Johann Wolfgang von Goethe, Der Löwenstuhl (Gräfin)

Die anderen Schönheiten alle
sind nur für Frauen, der schöne Wuchs
ist die einzige Schönheit des Mannes.
Michel Eyquem de Montaigne, Die Essais

Die Anmut des Körpers reißt dich hin.
Warum begehrst du nicht mehr nach
der verborgenen Schönheit?
Erasmus von Rotterdam, Handbüchlein eines christlichen Streiters

Die Beschäftigung mit
dem Geistigen und Schönen,
wenn sie den Menschen nicht adelte,
wäre nicht besser als Papeteriearbeit.
Theodor Fontane, Aus den Tagen der Okkupation

Die edelste Art der Schönheit ist die,
welche nicht auf einmal hinreißt,
welche nicht stürmische und berauschende Angriffe macht (eine solche

erweckt leicht Ekel), sondern jene
langsam einsickernde, welche man
fast unbemerkt mit sich forträgt
und die einem im Traum einmal
wieder begegnet, endlich aber,
nachdem sie lange mit Bescheidenheit
an unserem Herzen gelegen,
von uns ganz Besitz nimmt,
unser Auge mit Tränen,
unser Herz mit Sehnsucht füllt.
Friedrich Nietzsche, Menschliches, Allzumenschliches

Die kluge Frau freut sich,
wenn man sie für schön hält.
Die schöne Frau freut sich,
wenn man sie für klug hält.
Sprichwort aus Norwegen

Die Liebe ist Empfindung
und Gedanken in einem,
wie die Schönheit Form und Ausdruck
in einem ist.
Sully Prudhomme, Gedanken

Die liebenswürdigste der Frauen wird
immer auch die schönste sein.
August von Kotzebue, Die neue Frauenschule

Die meisten Frauen sind
von Natur so hübsch,
dass sie auch ohne Puder betören.
Chinesisches Sprichwort

Die Schöne bleibt sich selber selig.
Johann Wolfgang von Goethe, Faust II (Chiron)

Die Schönheit beruht
auf dem Einklange des Geistigen
und Körperlichen;
der Fortschritt der Menschheit,
vom Sinnlichen ausgehend,
ist stets auf der geistigen Seite.
Carl Schnaase, Geschichte der bildenden Künste bei den Alten

Die Schönheit brauchen wir Frauen,
damit die Männer uns lieben,
die Dummheit,
damit wir die Männer lieben.
Coco Chanel

Die Schönheit einer Frau
besteht in dem Grad des Verlangens,
das sie bei einem Manne auslöst.
Italo Svevo

Die Schönheit
ist der schönen Weiber Feind,
Wenn frommer Sinn sich nicht
mit ihr vereint.
Friedrich von Logau, Sinngedichte

Die Schönheit ist
ein guter Empfehlungsbrief.
Deutsches Sprichwort

Die Schönheit ist Lebensnahrung
der Seele.
Bettina von Arnim, Die Günderode

Die Schönheit ist nur schön
durch die unsichtbaren Eigenschaften,
die sie ausdrückt; wenn die Seele
die Versprechen des Gesichts
nicht hält, entweicht die Liebe
oder sinkt in den Götzendienst.
Théodore Jouffroy, Das grüne Heft

Die Schönheit ist vergänglich.
Johann Wolfgang von Goethe, Torquato Tasso (Prinzessin)

Die Schönheit ist
vollkommene Übereinstimmung
des Sinnlichen mit dem Geistigen.
Franz Grillparzer, Ästhetische Studien

Die Schönheit ist's,
was stolz die Weiber macht,
Die Tugend ist's,
warum man sie bewundert.
William Shakespeare, Heinrich VI. (York)

Die Schönheit:
jede milde hohe Übereinstimmung
alles dessen, was unmittelbar,
ohne Überlegen und Nachdenken
zu erfordern gefällt.
Johann Wolfgang von Goethe, Maximen und Reflexionen

Die Schönheit macht selbstisch,
und wer selbstisch ist,
ist undankbar und treulos.
Theodor Fontane, Schach von Wuthenow

Die schönsten Blüten
verwelken meist zuerst.
Chinesisches Sprichwort

Die schönsten Dinge auf der Welt
sind die nutzlosesten;
zum Beispiel Pfauen und Lilien.
John Ruskin, Die Steine von Venedig

Dies sind die Auserwählten,
denen schöne Dinge
einfach Schönheit heißen.
Oscar Wilde, Das Bildnis des Dorian Gray

Doch was ist Schönheit?
Sie ist eine Verheißung,
dass neue Freuden unserer warten.
Stendhal, Über die Liebe

Drei Zehntel der Schönheit
einer Frau sind angeboren,
sieben Zehntel
auf Putz zurückzuführen.
Chinesisches Sprichwort

Durch das Schöne ist alles geeint.
Urbeginn von allem ist das Schöne.
Dionysios Aeropagites, Peri ton theon onomaton

Ein altes Wort bewährt sich leider
auch an mir: / Dass Glück und Schönheit dauerhaft sich nicht vereint.
Johann Wolfgang von Goethe, Faust II (Helena)

Ein Bauernmädchen mit seinem
staubigen, geflickten blauen Rock
und der Jacke, die durch Wetter, Wind
und Sonne die feinsten Farbtöne
bekommen hat, ist in meinen Augen
schöner als eine Dame.
Vincent van Gogh, Briefe

Ein leuchtend Farb- und Glanzgestein
erhöht / Die Schönheit
wie die Majestät.
Johann Wolfgang von Goethe, Faust II (Mephisto)

Ein Mädchen ohne Schönheit
ist wie ungesäuertes Brot.
Sprichwort aus dem Kaukasus

Ein schönes Gesicht
lockt jedermann zum Küssen.
Sprichwort aus Indien

Ein schönes Weib als Ehgefährt
Das gibt dem Leben Doppelwert.
Jüdische Spruchweisheit

Eine gefallsüchtige Frau lässt nicht ab
von der Begierde zu gefallen und
von der hohen Meinung, die sie
von ihrer Schönheit hat: Sie sieht
die Zeit und die Jahre als etwas an,
das bloß die anderen Frauen runzlig
und hässlich macht.
Jean de La Bruyère, Die Charaktere

Eine schöne Frau gehört der Welt,
eine hässliche dir allein.
Sprichwort aus Indien

Eine schöne Frau hat Mühe,
keusch zu bleiben.
Sprichwort aus Frankreich

Eine schöne Frau im Haus
hat alle hässlichen zum Feind.
Chinesisches Sprichwort

Eine schöne Frau ist liebenswert
in ihrer natürlichen Erscheinung;
sie verliert nicht, wenn sie
nachlässiger gekleidet geht und
ohne anderen Schmuck, als den ihr
Schönheit und Jugend leihen.
Jean de La Bruyère, Die Charaktere

Eine sehr schöne Frau,
die ihr Bild im Spiegel betrachtet,
kann leicht glauben, dass sie
das ist. Eine hässliche Frau weiß,
dass sie das nicht ist.
Simone Weil, Schwerkraft und Gnade

Einem schönen Mann werfen
alle Frauen Früchte in den Wagen.
Chinesisches Sprichwort

Einer Dirne schön Gesicht / Muss
allgemein sein, wie's Sonnenlicht.
Friedrich Schiller, Wallensteins Lager (2. Jäger)

Einfalt hat schöne Gestalt.
Deutsches Sprichwort

Ernst ist das Leben und inhaltvoll
und schön.
Paula Modersohn-Becker, Tagebuchblätter

Erröten macht die Hässlichen so schön,
Und sollte Schöne nicht
noch schöner machen?
Gotthold Ephraim Lessing, Nathan der Weise (Saladin)

Es gibt wenig Frauen,
deren Wert ihre Schönheit überdauert.
François de La Rochefoucauld, Reflexionen

Es ist das Problem der Schönheit,
dass der Geist das Leben,
das Leben aber den Geist
als »Schönheit« empfindet.
Thomas Mann, Betrachtungen eines Unpolitischen

Es ist leichter, sich im Schönen
als im Wahren zu täuschen.
Joseph Joubert, Gedanken, Versuche und Maximen

Es macht den Charakter
des Schönen aus,
dass der Geist die Materie,
die Vernunft die Leidenschaften
und der Geschmack
die Lebendigkeit beherrscht.
Joseph Joubert, Gedanken, Versuche und Maximen

Es sind die hübschen Vögel,
die man in den Käfig sperrt.
Chinesisches Sprichwort

Friede der Schönheit!
göttlicher Friede! wer einmal
an dir das tobende Leben und
den zweifelnden Geist besänftigt,
wie kann dem anderes helfen?
Friedrich Hölderlin, Hyperion

Für die Frauen hat die Schönheit den
Vorteil, dass sie sowohl auf dumme
wie auf kluge Männer wirkt.
Die Klugheit dagegen ist nur bei
den klugen Männern zu gebrauchen.
Und die sind selten!
Peter Bamm, Die kleine Weltlaterne

Gefällt erst Mägdleins Auge dir
So ist bald alles schön an ihr.
Jüdische Spruchweisheit

Gerade so wirkt unter Weibern
die Schönheit: Sehr schöne Mädchen
finden keine Freundin,
ja, keine Begleiterin.
Arthur Schopenhauer, Aphorismen zur Lebensweisheit

Gereiche es dir zum Trost,
dass, wie ein Bild, alles Schöne
und Gute, bis es erkannt wird,
erst nachdunkeln muss.
Karl Gutzkow, Vom Baum der Erkenntnis

Gibt es Schöneres
als einen edlen Menschen?
Paula Modersohn-Becker, Tagebuchblätter

Großen Herren und schönen Frauen
Soll man gern dienen, wenig trauen.
Georg Rollenhagen, Froschmeuseler

Hässlichkeit bewegt sich langsam,
aber die Schönheit ist in großer Eile.
Sprichwort aus Serbien

Herrscht doch über Gut und Blut
Dieser Schönheit Übermut.
Johann Wolfgang von Goethe, Faust II (Lynceus)

Heute, nur heute
Bin ich noch schön;
Morgen, ach Morgen
Muss alles vergehn!
Theodor Storm, Lied des Harfenmädchens

Hoheit, selbst wenn ein gewisser Grad
von Schönheit sie schmückt,
ist ohne Anmut nicht sicher,
zu gefallen.
Friedrich Schiller, Über Anmut und Würde

Hüte dich vor dem Imposanten!
Aus der Länge des Stiels
kann man nicht
auf die Schönheit der Blüte schließen.
Peter Altenberg

Ich falle auf die Knie
vor der Liebe und der Schönheit.
Wenn ich mich ihrer
nur würdig erweisen könnte.
Katherine Mansfield, Briefe

Ich irre nicht!
die Schönheit führt auf rechte Bahn.
Johann Wolfgang von Goethe, Pandora (Epimetheus)

Ihre Schönheit / Verdunkelte die lichte
Welt, und neben ihr / Schien alles nur
ein flüchtig Schattenbild zu sein.
Percy Bysshe Shelley, Die Atlas-Hexe

In den alten Zeiten, wo das Wünschen
noch geholfen hat, lebte ein König,
dessen Töchter waren alle schön,
aber die jüngste war so schön, dass die
Sonne selber, die doch so vieles
gesehen hat, sich verwunderte,
so oft sie ihr ins Gesicht schien.
Jacob und Wilhelm Grimm, Der Froschkönig oder
der eiserne Heinrich

In der Liebe gilt die Schönheit mehr
als das Ansehen.
Publilius Syrus, Sentenzen

In der Schönheit Gebiet sind wir die
freiesten Bürger, / Doch da wir sonst
nichts sind, sehet, so sind wir
nicht viel.
Johann Wolfgang von Goethe/Friedrich Schiller,
Xenien

Indem er die Schönheit lobpreist,
bekundet der Geniale nichts anderes
denn die liebevolle Zuneigung des
Sohnes für seine Mutter. Sie –
die Schönheit – ist's ja, welche dem
Genie das Leben gibt – und oftmals
Unsterblichkeit dafür einheimst.
Edgar Allan Poe, Marginalien

Ist die Wirtin schön,
ist auch der Wein schön.
Deutsches Sprichwort

Ist ein schönes Weib getreu,
Deren Lob sei immer neu.
Freidank, Bescheidenheit

»Ja«, sagte ich zum kleinen Prinzen,
»ob es sich um das Haus,
um die Sterne oder um die Wüste
handelt, was ihre Schönheit ausmacht,
ist unsichtbar!«
Antoine de Saint-Exupéry, Der Kleine Prinz

Ja, sie ist schön; drum muss man
um sie werben; / Sie ist ein Weib;
drum kann man sie gewinnen.
William Shakespeare, Heinrich VI.

Jedem ist das Seine schön.
Marcus Tullius Cicero, Gespräche in Tusculum

Jeder, der sich die Fähigkeit erhält,
Schönes zu erkennen,
wird nie alt werden.
Franz Kafka

Jeder echte Mensch bedarf
der Schönheit als der einzigen
Nahrung des Geistes.
Bettina von Arnim, Goethes Briefwechsel mit einem
Kinde

Jeder trägt das Urbild seiner Schönheit
in sich, dessen Ebenbild er in der weiten Welt sucht.
André Maurois, Die Kunst zu leben

Jeder trägt in sich das Urbild der
Schönheit, deren Abbild er
in der großen Welt sucht.
Blaise Pascal

Jedes Weib will lieber schön
als fromm sein.
Deutsches Sprichwort

Jegliches Wesen strebt nach dem
Schönsten. Aber es kann nicht
aus sich herausgehen und sieht
das Schönste nur in sich.
So wie in jedes sterbliche Auge ein
anderes Bild des Regenbogens kommt,
so wirft sich jedem aus der
umgebenden Welt ein anderes Abbild
der Schönheit zurück.
Wilhelm Heinrich Wackenroder, Herzensergießungen
eines kunstliebenden Klosterbruders

Keine Schönheit besteht ohne Nachhilfe, und jede Vollkommenheit artet in Barbarei aus, wenn sie nicht von der Kunst erhöht wird: Diese hilft dem Schlechten ab und vervollkommnet das Gute.
Baltasar Gracián y Morales, Handorakel und Kunst der Weltklugheit

Köder: ein Präparat,
das einen Haken genießbar macht.
Der beste Köder ist Schönheit.
Ambrose Bierce

Krieg führt der Witz
auf ewig mit dem Schönen,
Er glaubt nicht an den Engel
und den Gott.
Friedrich Schiller, Das Mädchen von Orleans

Mag auch die Schönheit des Körpers den Augen gefallen, so überlege dir doch, wie ehrsam die Anmut der Seele ist. Ein entstelltes Gesicht erscheint uns unangenehm; denke daran, wie hässlich ein von Lastern entstelltes Gemüt ist.
Erasmus von Rotterdam, Handbüchlein eines christlichen Streiters

Man bewundert
ihre göttliche Erscheinung,
aber jeder bewundert sie wie
ein kunstreich vollendetes Standbild.
Lucius Apuleius, Der goldene Esel

Man hat nichts davon,
wenn man nur jung,
aber nicht schön ist,
oder nur schön,
aber nicht jung.
François de La Rochefoucauld, Reflexionen

Man ist nur schön,
wenn man auch menschlich ist.
Jean Anouilh

Man kann von Schönheit
ergriffen werden, die so vollkommen
und so strahlend ist,
dass man nichts weiter wünscht,
als sie anzusehen
oder mit ihr zu sprechen.
Jean de La Bruyère, Die Charaktere

Man nehme unserem Leben
diese Liebe zum Schönen,
und man nimmt dem Leben allen Reiz.
Jean-Jacques Rousseau, Emile

Man sagt gewöhnlich,
die schönste Frau der Welt
kann nicht mehr geben, als sie hat;
das ist ganz falsch. Sie gibt gerade
so viel, als man zu empfangen glaubt,
denn hier bestimmt die Phantasie
den Wert der Gabe.
Chamfort, Maximen und Gedanken

Man wird nicht schöner,
wenn man älter wird.
Erich Kästner, Dr. Erich Kästners lyrische Hausapotheke

Man wird niemals irren, wenn man
das Schönheitsideal eines Menschen
auf dem nämlichen Weg sucht, auf
dem er seinen Spieltrieb befriedigt.
Friedrich Schiller, Über die ästhetische Erziehung des Menschen

Manches Schöne ist unvollendet
reizvoller als allzu vollendet.
François de La Rochefoucauld, Unterdrückte Maximen

Merkwürdig, wie leicht die Menschen
der Illusion verfallen, dass Schönheit
zugleich auch Güte sei!
Eine schöne Frau kann ruhig
Dummheiten schwatzen –
man hört ihr zu und hört nicht
die Dummheiten heraus,
sondern nur lauter kluge Sachen.
Leo N. Tolstoi, Die Kreutzersonate

Mit der Schönheit der Frauen
nimmt im Allgemeinen
ihre Schamhaftigkeit zu.
Friedrich Nietzsche, Menschliches, Allzumenschliches

Mit einer Schönen geht man nicht
in den Wald, um Holz zu holen.
Sprichwort aus dem Kaukasus

Mit Gewalt / Ergreift uns Liebreiz
weiblicher Gestalt.
Johann Wolfgang von Goethe, Trilogie der Leidenschaft

Nach dem Höchsten und Herrlichsten musst du ringen, wenn dir das Schöne zuteil werden soll.
Caspar David Friedrich, Über Kunst und Kunstgeist

Nach schönen Frauen
Musst du frühmorgens schauen.
Jüdische Spruchweisheit

Nicht alle Untertanen der Schönheit
kennen ihre Herrin.
Luc de Clapiers Marquis de Vauvenargues, Unterdrückte Maximen

Nicht das Bild, das sie spiegelt,
nicht die Form, die ihren Geist
ausspricht, hat die Schönheit: Nur der
hat sie, der in diesem Spiegel den
eignen Geist ahndet und ersehnt.
Bettina von Arnim, Goethes Briefwechsel mit einem Kinde

Nicht Genuss empfindet meine Seele
von der Schönheit der Natur, sondern
eine Art süßen Schmerz.
Leo N. Tolstoi, Tagebücher (1857)

Nicht nur die Schönheit, auch Reichtum kann einen Menschen betören.
Chinesisches Sprichwort

Nirgends in der Welt
blühen Schönheiten wie die gelben
Butterblumen übers Feld hin,
wirkliche Schönheiten sind schließlich
immer Seltenheiten.
Theodor Fontane, Der Stechlin

Noch ist die Quelle
der ewigen Schönheit nicht versiegt.
Friedrich Hölderlin, Hyperion

Nur dem kann die Schönheit
die höchste Tugend sein,
der in einer schönen Welt lebt.
Curzio Malparte

Nur die frühe Jugend ist, glaube ich,
im eigentlichen und natürlichen Sinne,
die Zeit der Liebe und ebenso
die der Schönheit.
Michel Eyquem de Montaigne, Die Essais

Nur in dem Schönen
ist Form und Wesen eins
und gleich gegenwärtig.
Karl Solger, Über den Ernst in der Ansicht

O wie viel holder blüht die Schönheit
doch, / Ist ihr der Schmuck der Treue
mitgegeben.
William Shakespeare, Sonette

Oft wird die Schönheit nicht gesehen,
weil sie in der Wüste ist, oder weil das
rechte Auge nicht gekommen ist –
oft wird sie angebetet und vergöttert
und ist nicht da: Aber fehlen darf sie
nirgends, wo ein Herz in Inbrunst und
Entzücken schlägt, oder wo zwei
Seelen aneinander glühen; denn sonst
steht das Herz stille, und die Liebe
der Seelen ist tot.
Adalbert Stifter, Bigitta

Oh, wenn das Leben so wäre,
dass alles jünger und schöner wird!
Anton P. Tschechow, Notizbücher

Ohne Schönheit geht's auch.
Erich Kästner, Dr. Erich Kästners lyrische Hausapotheke

Reiz ist Schönheit in Bewegung.
Gotthold Ephraim Lessing, Laokoon

Reizvoll und vergänglich
passen zusammen,
vom Schönen verlangen wir Dauer.
Marie von Ebner-Eschenbach, Aphorismen

Schön ist eigentlich alles,
was man mit Liebe betrachtet.
Christian Morgenstern

Schön ist,
was uns an die Natur erinnert
und also das Gefühl
der unendlichen Lebensfülle anregt.
Friedrich Schlegel, Fragmente

Schön nennen wir heute nur,
was uns gefällt. Für die Griechen
hingegen war Schönheit etwas
Geheimnisvolles, Göttliches,
das sich ihnen gerade erst offenbarte.
Leo N. Tolstoi, Tagebücher (1894)

Schön und fromm
stehen selten in einem Stall.
Deutsches Sprichwort

Schöne Frauen haben
seit undenklichen Zeiten das Vorrecht,
dumm sein zu dürfen.
Ida Gräfin von Hahn-Hahn, Ulrich

Schöne Mädchen tragen keine Börsen.
Sprichwort aus Schottland

Schönheit »an sich«?
Nein, Schönheit,
die über sich hinausweist.
Christian Morgenstern, Stufen

Schönheit bändigt allen Zorn.
Johann Wolfgang von Goethe, Faust II (Lynceus)

Schönheit bildet sich in dem,
der sie sucht
und im Bilde wiederzugeben sucht,
und in dem, der sie erkennt
und sich ihr gleich zu bilden sehnt.
Bettina von Arnim,
Goethes Briefwechsel mit einem Kinde

Schönheit bringt den Topf
nicht zum Kochen.
Sprichwort aus Irland

Schönheit:
die Macht, womit eine Frau
ihren Liebhaber bezaubert
und ihren Ehegatten
in Schranken hält.
Ambrose Bierce

Schönheit erzeugt Begeisterung,
aber Begeisterung für Schönheit
ist die höchste Schönheit selbst.
Bettina von Arnim, Tagebuch

Schönheit geht nicht tiefer
als die Haut.
Sprichwort aus England

Schönheit gibt es nur noch im Kampf.
Ein Werk ohne aggressiven Charakter
kann kein Meisterwerk sein.
Filippo Tommaso Marinetti, Futuristisches Manifest

»Schönheit« (ist das, was) geliebt
(wird), im Gegensatz zum Hässlichen,
Hassenswerten.
Oswald Spengler, Urfragen. Fragmente aus dem Nachlass

Schönheit ist das,
was von der Norm abweicht.
Hans Werner Henze

Schönheit ist der Sinn der Welt.
Schönheit genießen heißt:
die Welt verstehen.
Otto Julius Bierbaum

Schönheit ist ein Geschenk
für einige Jahre,
aber kein Lebensinhalt.
Lil Dagover

Schönheit ist ein zerbrechliches Gut.
Ovid, Liebeskunst

Schönheit ist eine Auflösung der
sinnlichen Anschauung in eine höhere
Wahrheit; Schönheit stirbt nicht,
sie ist Geist.
Bettina von Arnim, Goethes Briefwechsel mit einem Kinde

Schönheit ist eine Form des Genies –
ja steht in Wahrheit noch höher
als Genie, denn sie bedarf
keiner Erklärung.
Oscar Wilde, Das Bildnis des Dorian Gray

Schönheit ist empfundener Rhythmus.
Rhythmus der Wellen, durch die uns
alles Außen vermittelt wird.
Oder auch: Schön ist eigentlich alles,
was man mit Liebe betrachtet.
Je mehr jemand die Welt liebt,
desto schöner wird er sie finden.
Christian Morgenstern, Stufen

Schönheit ist Ewigkeit,
die sich selbst im Spiegel erschaut.
Djubran Chalil, Der Prophet

Schönheit ist Geist,
der einen sinnlichen Leib hat.
Bettina von Arnim, Goethes Briefwechsel mit einem Kinde

Schönheit
ist nicht der Ausgangspunkt,
sondern das Ziel.
Auguste Rodin

Schönheit ist Tiefe der Fläche.
Friedrich Hebbel

Schönheit ist überall ein gar willkommner Gast.
Johann Wolfgang von Goethe, Die Wahlverwandtschaften

Schönheit ist, was wir lieben.
Leo N. Tolstoi, Tagebücher (1896)

Schönheit ist weder eine
geheimnisvolle Wesenheit noch ein
geheimnisvolles Wort.
Herbert Marcuse

Schönheit und Geist muss man
entfernen, wenn man nicht
ihr Knecht werden will.
Johann Wolfgang von Goethe,
Maximen und Reflexionen

Schönheit vergeht nicht!
Der Sinn, der sie in sich aufnimmt, hat
sie ewig, und sie vergehet ihm nicht.
Bettina von Arnim, Goethes Briefwechsel mit einem Kinde

Schönheit vergeht, Güte bleibt.
Sprichwort aus Frankreich

Schönheit vergeht, Tugend besteht.
Deutsches Sprichwort

Schönheit war die Falle
meiner Tugend.
Friedrich Schiller, Die Kindsmörderin

Schönheit wird die Welt erlösen.
Fjodor M. Dostojewski, Der Idiot

Schönheit zieht an,
Hässlichkeit stößt ab.
Was bedeutet das?
Bedeutet es, wir sollen die Schönheit
suchen und die Hässlichkeit meiden?
Nein. Es bedeutet, wir sollen suchen,
was Schönheit, und meiden,
was Hässlichkeit zur Folge hat:
sollen das Gute suchen,
allen Wesen und Menschen helfen und
dienen, sollen meiden,
was anderen Wesen und Menschen
Böses zufügt. Und die Folge
wird Schönheit sein.
Leo N. Tolstoi, Tagebücher (1894)

Sieh die Schönheit der Sonne
in ihrer Wärme und nicht
in ihrem Gesicht.
Sprichwort aus Wales

So selten ist der Einklang
von Schönheit und Schamhaftigkeit.
Juvenal, Satiren

So sind die Hässlichen also zumeist
auch die Schlechten und die
Schönen gut, und man kann sagen,
die Schönheit sei das angenehme,
heitere, liebliche und willkommene
Äußere des Guten; und die Hässlichkeit sei das düstere, missgefällige
und traurige Antlitz des Bösen.
Baldassare Castiglione, Der Hofmann

Spät hab ich dich geliebt, Schönheit,
so alt und doch so neu,
spät hab ich dich geliebt.
Aurelius Augustinus, Bekenntnisse

Spieglein, Spieglein an der Wand,
Wer ist die Schönste im ganzen Land?
Jacob und Wilhelm Grimm,
Kinder- und Hausmärchen (Schneewittchen)

Überall in der Welt ist das Schöne mit
dem Hässlichen gemischt, und jeder
trägt seinen Thersites an und in sich.
Kuno Fischer, Akademische Reden, 1862

Und wir sollten nicht vertrauen? Wir!, die wir täglich Beweise der herrlichen, auch uns belebenden Natur haben, die uns nur Liebe zeigt, wir sollten Kampf und Uneinigkeit in unserer Brust hegen, wenn alles uns zur Ruhe und Schönheit ruft?
Susette Gontard, Briefe (an Friedrich Hölderlin, Dezember 1798)

Unter Schönheit verstehe ich das ständige Suchen und Streben, in allen Dingen, die wir benutzen, in allem Tun und vor allem in uns selbst etwas Edles und Erhabenes wie Humor und Mitleid entstehen zu lassen, jeweils so verschieden, vielfältig, individuell und besonders wie nur möglich.
Yehudi Menuhin, Variationen

Vergebens wird die rohe Hand
Am Schönen sich vergreifen,
Man kann den einen Diamant
Nur mit dem andern schleifen.
Friedrich von Bodenstedt, Mirza Schaffy

Verstand und Schönheit
sind selten beisammen.
Deutsches Sprichwort

Verständnis des Schönen und Begeisterung für das Schöne sind eins.
Marie von Ebner-Eschenbach, Aphorismen

Verständnis haben für das Schöne, ist das Beste.
Menandros, Monostichoi

Vollkommenheit
kann mit Disproportion bestehen, Schönheit allein mit Proportion.
Johann Wolfgang von Goethe, Maximen und Reflexionen

Von schönen Pferden
fallen schöne Fohlen.
Deutsches Sprichwort

Von Schönheit ward
von jeher viel gesungen;
Wem sie erscheinet,
wird aus sich selbst entrückt,
Wem sie gehörte,
ward zu hoch beglückt.
Johann Wolfgang von Goethe, Faust II (Astrolog)

Wahre Königin ist nur des Weibes weibliche Schönheit: / Wo sie sich zeiget, sie herrscht, herrschet bloß, weil sie sich zeiget.
Friedrich Schiller, Macht des Weibes

»Warum bin ich vergänglich, o Zeus?«, so fragte die Schönheit.
»Macht' ich doch«, sagte der Gott, »nur das Vergängliche schön.«
Johann Wolfgang von Goethe/Friedrich Schiller, Xenien

Warum schmerzt uns das Schöne?
Es schmerzt uns seine Einsamkeit,
sein unerwartetes Kommen,
sein baldiges Gehen.
Karl Gutzkow, Vom Baum der Erkenntnis

Warum sind junge Witwen
in Trauer so schön?
Georg Christoph Lichtenberg, Sudelbücher

Was der Pfau am Kopf zu wenig hat, hat er am Schwanz zu viel.
Deutsches Sprichwort

Was die Schönheit der Frauen angeht, so gibt es wenig Menschen, die, wenn ihre Leidenschaften zum Schweigen gebracht sind, nicht entzückter wären über ein schönes Bild als über das Original.
Charles de Secondat, Baron de la Brède et de Montesquieu, Meine Gedanken

Was schön klingt,
spottet aller Grammatik,
was schön ist,
aller Ästhetik.
Robert Schumann

Was schöne Seelen schön empfunden, Muss trefflich und vollkommen sein.
Friedrich Schiller, Die Künstler

Was uns an der sichtbaren Schönheit entzückt, ist ewig nur die unsichtbare.
Marie von Ebner-Eschenbach, Aphorismen

Was verborgen ist, ist unbekannt; nach Unbekanntem gibt es kein Verlangen.
Ovid, Liebeskunst (Ratschlag, seine Schönheit zu zeigen)

Was wir als Schönheit hier empfinden, / Wird einst als Wahrheit uns entgegengehn.
Friedrich Schiller, Die Künstler

Wenn ein Frauenkörper spricht, haben die Männer nicht genug Augen, um zuzuhören.
Alexander Calder

Wenn etwas nützlich wird, hört es auf, schön zu sein.
Théophile Gautier, Vorwort zu den Poésies complètes

Wenn jemand ein Gebäude, eine Aussicht, ein Gedicht nicht schön findet, so lässt er sich den Beifall nicht durch hundert Stimmen, die es alle hochpreisen, innerlich aufdringen.
Immanuel Kant, Kritik der Urteilskraft

Wenn wir schön sind,
sind wir ungeputzt am schönsten.
Gotthold Ephraim Lessing, Minna von Barnhelm (Franziska)

Wer deine Schönheit sieht,
der kann dir nichts versagen.
Johann Wolfgang von Goethe, Jahrmarktsfest zu Plundersweilern (Mardochai)

Wer die Schönheit angeschaut
mit Augen, / Ist dem Tode schon
anheim gegeben, / Wird für keinen
Dienst auf Erden taugen,
Und doch wird er vor dem Tode beben.
August Graf von Platen, Gedichte

Wer immer nur
nach dem Zweck der Dinge fragt, wird ihre Schönheit nie entdecken.
Halldór Laxness

Wer in einem blühenden Frauenkörper das Skelett zu sehen vermag, ist ein Philosoph.
Kurt Tucholsky

Wer indes jede Schönheit lieb hat, bleibt schwer zu Hause, wo zuweilen nicht mehr als eine zu finden ist, wenn er sich selber mitzählt.
Jean Paul, Dämmerungen für Deutschland

Wer nicht schön ist,
kann die Liebe nicht genießen.
Charles Baudelaire, Notizen

Wer sich die Fähigkeit erhält, Schönes zu erkennen, wird nicht alt.
Franz Kafka

Wer will wissen, was einzig schön ist, und wer kann es lehren? Und wer, was geistiger Natur ist, Grenzen setzen und Regeln dafür geben? O ihr trockenen, ledernen Alltagsmenschen, ersinnt immerhin Regeln! Die Menge wird euch loben für die dargebotenen Krücken, wer aber eigene Kraft fühlt, verlacht euch.
Caspar David Friedrich, Äußerung bei Betrachtung einer Sammlung von Gemälden

Wie die Wahrheit und die Tugend ist die Schönheit ein echtes erstgebornes Kind der menschlichen Natur und hat mit jenen ein gleiches vollgültiges Recht, niemand zu gehorchen als sich selbst.
Friedrich Schlegel, Vom ästhetischen Werte der griechischen Komödie

Wie in Zimmern mit rosenrotem Spiegelglas jedes Angesicht blüht und überall Morgenröte umherliegt: so verschönert und verjüngt Schönheit alles, was sie umgibt.
Jean Paul, Politische Fastenpredigten

Wie vielen Mädchen war eine große Schönheit zu nichts weiter dienlich, als sie auf ein großes Vermögen hoffen zu lassen!
Jean de La Bruyère, Die Charaktere

Willst du glücklich und weise leben,
so hänge dein Herz
nur an die Schönheit,
die nicht vergeht.
Jean-Jacques Rousseau, Emile

Willst du wissen, was Schönheit sei?
Befrage die Herren Ästhetiker:
Beim Teetisch kann's dir nützlich
werden, aber vor der Staffelei nicht,
da musst du fühlen,
was schön ist.
Caspar David Friedrich, Äußerung bei Betrachtung
einer Sammlung von Gemälden

Wir mögen die Welt durchreisen,
um das Schöne zu finden,
aber wir müssen es in uns tragen,
sonst finden wir es nicht.
Ralph Waldo Emerson, Essays

Wo Charakter ist,
da ist Hässlichkeit Schönheit;
wo kein Charakter ist,
da ist Schönheit Hässlichkeit.
Sprichwort aus Afrika

Wo die Schönheit zu walten hat,
bringt sie eine Synthese zu Wege, bei
welcher der Geist ausgeschlossen ist.
Søren Kierkegaard, Der Begriff Angst

Wo Geist und Schönheit ist,
häuft sich in konzentrischen
Schwingungen das Beste aller Naturen.
Novalis, Blütenstaub

Wo ist Schönheit?
Wo ich mit allem Willen wollen muss;
wo ich lieben und untergehn will,
das ein Bild nicht nur Bild bleibe.
Friedrich Nietzsche, Also sprach Zarathustra

Wonach sehnen wir uns
beim Anblick der Schönheit?
Danach, schön zu sein:
Wir wähnen, es müsse viel Glück
damit verbunden sein.
Aber das ist ein Irrtum.
Friedrich Nietzsche,
Menschliches, Allzumenschliches

Zehn Teile Schönheit kamen herab
in die Welt; Jerusalem erhielt neun
und einen Teil die übrige Welt.
Talmud

Zwei alltägliche Schönheiten
stoßen einander ab, zwei bedeutende
setzen sich gegenseitig ins Licht.
Charles de Secondat, Baron de la Brède et
de Montesquieu, Meine Gedanken

Schonung

Lebst im Volke; sei gewohnt,
Keiner je des andern Leben schont.
Johann Wolfgang von Goethe, Sprichwörtlich (Motto)

Man schont die Alten,
wie man die Kinder schont.
Johann Wolfgang von Goethe,
Maximen und Reflexionen

Schonungslosigkeit ist für uns
zum moralischen Gebot geworden.
Günther Anders, Die Antiquiertheit des Menschen. Bd. 2

Soll er strafen oder schonen,
Muss er Menschen menschlich sehn.
Johann Wolfgang von Goethe,
Der Gott und die Bajadere

Wer des Wolfes schont,
der gefährdet die Schafe.
Deutsches Sprichwort

Wer sich schont,
muss sich selbst verdächtig werden.
Johann Wolfgang von Goethe, Egmont (Egmont)

Wer sich stets zu viel geschont hat,
der kränkelt zuletzt
an seiner vielen Schonung.
Gelobt sei, was hart macht!
Friedrich Nietzsche, Also sprach Zarathustra

Schöpferisch

Alle Menschen sind hochgeboren;
denn alle sind gottverwandt,
alle tragen in sich schöpferische Kraft.
Jeremias Gotthelf, Die Armennot

Alles Schöpferische
ist unvoraussehbar.
Karl Jaspers, Die Atombombe und die Zukunft des
Menschen

Das Leben zeugt Blumen und Bienen.
Blumen, das sind
die schöpferischen Geister,
und Bienen die andern,
die daraus Honig sammeln.
Christian Morgenstern, Stufen

Jeder Mensch sollte
irgendwie schöpferisch tätig sein,
ohne Rücksicht auf die Qualität
dessen, was er herstellt.
Yehudi Menuhin,
Ich bin fasziniert von allem Menschlichen

Sich ganz auszuwirken,
mit den Kräften und der Seele,
mit seiner ganzen Persönlichkeit
schöpferisch tätig zu sein,
ist der schönste Inhalt
des menschlichen Lebens.
Konrad Adenauer, Einführungsansprache als Kölner
Oberbürgermeister, 18. Oktober 1917

Systeme sind korrumpierbar,
nicht aber das schöpferische Selbst
und nicht eine Welt,
die auf einer solchen menschlichen
Grundlage aufgebaut ist.
Anaïs Nin, Ein neuer innerer Schwerpunkt

Schöpfung

Aus dem Nichts alles herausholen,
was nicht darinnen war,
ein wunderbares Glück
göttlicher Schöpfungskraft.
Emil Nolde, 4. August 1941

Da Gott dieses Werk vollendete,
übergab Er dem Menschen
die ganze Schöpfung, damit er
mit ihr wirken könne, und zwar
in genau der gleichen Weise,
wie Gott auch Sein Werk
– den Menschen – gebildet hatte.
Hildegard von Bingen, Welt und Mensch

Das erfragte ich unter den Menschen
als wunderbarstes Wissen:
dass die Erde nicht war und nicht
oben der Himmel,
dass kein Baum war und kein Berg,
nicht ein einziger,
dass die Sonne nicht schien
und der Mond nicht leuchtete, und
nicht war das sagenberühmte Meer.
Wessobrunner Schöpfungsgedicht (um 820)

Das kleinste Kraut genügt,
um die menschliche Intelligenz
zu verwirren; und das ist so gewiss,
dass es den vereinten Anstrengungen
aller Menschen nicht gelingt, auch nur
ein Hälmchen hervorzubringen,
wenn der Keim dazu nicht
im Erdboden liegt.
Voltaire, Geschichte von Jenni

Das Leben ist ständige Schöpfung,
das heißt Hervorbringung neuer,
höherer Formen.
Leo N. Tolstoi, Tagebücher (1900)

Der Anblick gibt den Engeln Stärke,
Da keiner dich ergründen mag,
Und alle deine hohen Werke
Sind herrlich wie am ersten Tag.
Johann Wolfgang von Goethe, Faust (Prolog im
Himmel: Drei Erzengel, I)

Die Absicht,
dass der Mensch glücklich sei,
ist im Plan der Schöpfung
nicht enthalten.
Sigmund Freud

Die ganze Schöpfung ist die Schön-
schrift Gottes, und in seiner Schrift
gibt es nicht ein sinnloses Zeichen.
Ernesto Cardenal

Die Krone der Schöpfung,
das Schwein, der Mensch.
Gottfried Benn

Die Kunst ist die Schöpfung
unseres Geistes, zu der die Natur
nur die Gelegenheit gegeben hat.
Maurice Denis, In: W. Hess, Das Problem der Farbe in
den Selbstzeugnissen moderner Maler

Die Schöpfung ist nicht das Werk
von einem Augenblicke.
Immanuel Kant, Allgemeine Naturgeschichte und
Theorie des Himmels

Die Schöpfung ist niemals vollendet.
Sie hat zwar einmal angefangen,
aber sie wird niemals aufhören.
Immanuel Kant, Allgemeine Naturgeschichte und
Theorie des Himmels

Die Welt
ist eine optimistische Schöpfung.
Beweis:
Alle Vögel singen in Dur.
Jean Giono

Erschaffen kommt nur
einer unendlichen Macht zu.
Thomas von Aquin, Summe gegen die Heiden

Gib nach dem löblichen Verlangen,
Von vorn die Schöpfung anzufangen!
Zu raschem Wirken sei bereit!
Johann Wolfgang von Goethe, Faust II (Thales)

Gott kann nicht geschaut werden,
sondern wird durch die Schöpfung
erkannt.
Hildegard von Bingen, Welt und Mensch

Gott war sich vor der Schöpfung selbst
ein Geheimnis, er musste schaffen,
um sich selbst kennen zu lernen.
Friedrich Hebbel, Tagebücher

Gottes Schatten sind in der Natur
überall zu finden.
Carl von Linné

Ich habe mir immer gedacht,
wäre die alttestamentliche Behauptung
»Im Anfang war das Wort« buchstäblich wahr, dann müsste dieses Wort ein
gesungenes Wort gewesen sein (...).
Leonard Bernstein, Musik – die offene Frage

Ihr stürzt nieder, Millionen?
Ahnest du den Schöpfer, Welt?
Friedrich Schiller, An die Freude

Ist die Schöpfung nicht vielleicht
der Sündenfall Gottes?
Charles Baudelaire, Tagebücher

Je weiter ein Wesen vom Mittelpunkte
absteht, desto breiter laufen ihm
dessen Radien auseinander;
und ein dumpfer hohler Polype
müsste, wenn er sich ausspräche,
mehr Widersprüche in der Schöpfung
finden als alle Seefahrer.
Jean Paul, Vorschule der Ästhetik

Jedes Wesen steht
im Mittelpunkt der Schöpfung,
jedes Wesen rechtfertigt
die Schöpfung.
Elie Wiesel, Geschichten gegen die Melancholie

Jegliche Kreatur hat so sehr teil an
der Gutheit, als sie teilhat am Sein.
Thomas von Aquin, Über die Wahrheit

Jegliche Schöpfung braucht einen
gemeinsamen Geist des Schaffens
und einen gemeinsamen Geist des
Genießens.
William Butler Yeats, Synges Tod

Mich hat der liebe Gott aus allen
Widersprüchen geschaffen,
die er hatte, das ist sicher.
Franziska Gräfin zu Reventlow, Tagebücher

Schaffen führt zum Glauben
an einen Schöpfer.
Marie von Ebner-Eschenbach, Aphorismen

Schöpfung geschieht in einem
einzigen Augenblick: Sobald etwas
geschaffen wird, ist es schon
geschaffen, wie, was erleuchtet wird,
auch schon hell ist.
Thomas von Aquin, Summe gegen die Heiden

Was machst du an der Welt?
sie ist schon gemacht, / Der Herr
der Schöpfung hat alles bedacht.
Johann Wolfgang von Goethe, West-östlicher Divan

Was wäre das Meer ohne die Wellen,
die es peitschen?
Was das Leben ohne den Zorn,
der es schüttelt?
Und was wäre die Schöpfung Gottes
ohne den Tod,
was die Liebe ohne den Hass?
Elie Wiesel, Der fünfte Sohn

Wir müssen damit aufhören,
über die Menschen zu sprechen,
als wären sie die Krone der Schöpfung.
Günter Grass

Von jeder Bombe springt ein Stück
in die Schöpfungswoche zurück.
Elias Canetti

Schornstein

Enge Schornsteine ziehen besser
als weite.
Deutsches Sprichwort

Jedes Haus hat einen schwarzen
Schornstein.
Sprichwort aus Serbien

Schoß

Dein Schoß ist ein rundes Becken,
Würzwein mangle ihm nicht.
Altes Testament, Hohelied Salomos 7, 3

Manch edler Schoß
Trug schlecht Söhne schon.
William Shakespeare, Der Sturm (Miranda)

Wer arbeitet, macht Fehler.
Wer viel arbeitet, macht mehr Fehler.
Nur wer die Hände in den Schoß legt,
macht gar keine Fehler.
Alfred Krupp

Wonniglicher, das Pochen
des Neulebendigen fühlen,
Das in dem lieblichen Schoß
immer sich nährend bewegt.
Johann Wolfgang von Goethe, Venezianische
Epigramme

Schranken

Wer seine Schranken kennt,
der ist der Freie,
Wer sich frei wähnt,
ist seines Wahnes Knecht.
Franz Grillparzer, Libussa (Tetka)

Wir müssen einsehen,
dass es keine Schranken gibt,
dass sie nur von der pragmatischen
Wirklichkeit errichtet werden
und dazu bestimmt sind,
von uns beseitigt zu werden.
Anaïs Nin, Ein neuer innerer Schwerpunkt

Schrecken

Es ist wunderbar, versetzte der Fürst,
dass der Mensch durch Schreckliches
immer aufgeregt sein will.
Johann Wolfgang von Goethe, Novelle

Fass dir ein Herz und lass dich nicht
durch leere Traumgespinste schrecken!
Lucius Apuleius, Der goldene Esel

Gegen den Schreck gibt's,
außer der Gesundheit, kein Mittel als
Bekanntschaft mit dem Gegenstande;
nur das Neue bringt ihn.
Jean Paul, Levana

Jeden bedrängt
sein eigenes Schreckbild.
Lukan, Der Bürgerkrieg

Jedes Schreckbild verschwindet,
wenn man es fest ins Auge fasst.
Johann Gottlieb Fichte,
Reden an die deutsche Nation

Jedoch der schrecklichste der
Schrecken, / Das ist der Mensch
in seinem Wahn.
Friedrich Schiller, Das Lied von der Glocke

Lieber ein Ende mit Schrecken als
ein Schrecken ohne Ende.
Ferdinand von Schill, Reden (1809)

Nichts ist schrecklich,
was notwendig ist.
Euripides, Fragmente

Schreiben

Alles Geschriebene
ist gegen den Tod angeschrieben.
Heinrich Böll

Alles Sprechen und Schreiben heißt
Würfeln um den Gedanken.
Wie oft fällt nur ein Auge,
wenn alle sechs fallen sollten.
Friedrich Hebbel, Tagebücher

Als ich das erste Mal schrieb,
verspürte ich das erste Mal
den Geschmack der Freiheit.
Jean Genet

Auch mit der Zunge
kann man Kleider weben
und mit dem Pinsel Felder pflügen.
Chinesisches Sprichwort

Auch Papier und Pinsel
können einen Menschen töten.
Chinesisches Sprichwort

Auf Menschen ist
nicht leicht zu wirken,
Doch auf das willige Papier.
Johann Wolfgang von Goethe, Epigrammatisch

Beim Schreiben kommt's nicht darauf
an, dass man darüber redet,
sondern dass man es tut.
Sylvia Plath, Briefe nach Hause (25. Oktober 1954)

Bevor ihr schreiben wollt,
erlernt zuerst das Denken.
Nicolas Boileau-Despréaux, Die Dichtkunst

Bücherschreiben
ist das einzige Verbrechen,
bei dem sich der Täter bemüht,
Spuren zu hinterlassen.
Gabriel Laub

Das Schreiben intensiviert das Leben,
das Leben bereichert das Schreiben.
Sylvia Plath, Briefe nach Hause (17. Januar 1956)

Dass einer anders handelt
und wiederum anders schreibt,
wird ohne Untersuchung verurteilt.
Anstatt zu fragen:
Ist es nicht ein Gewinn,
dass er wenigstens anders schreibt?
Ludwig Marcuse, Argumente und Rezepte.
Ein Wörter-Buch für Zeitgenossen

Dass jedermann lesen lernen darf,
verdirbt auf die Dauer nicht allein das
Schreiben, sondern auch das Denken.
Friedrich Nietzsche, Also sprach Zarathustra

Denn was man
schwarz auf weiß besitzt,
kann man getrost nach Hause tragen.
Johann Wolfgang von Goethe, Faust I (Schüler)

Denn was wir nicht aufschreiben,
bleibt oft in unserem Gefühl ziemlich
unbestimmt.
Anaïs Nin, Das eigene Leben bewusst gelebt

Der gleiche kritische Sinn, der bewirkt,
dass wir etwas Gutes schreiben,
lässt uns auch befürchten,
es sei nicht gut genug,
um lesenswert zu sein.
Jean de La Bruyère, Die Charaktere

Der Zufall führt unsere Federn.
Marie de Rabutin-Chantal Marquise de Sévigné,
Briefe (an Coulanges, 9. September 1694)

Die erste Bedingung zum Schreiben ist
ein starkes, lebhaftes Gefühlsleben.
Germaine Baronin von Staël, Über Deutschland

Die Feder ist mächtiger
als das Schwert.
Sprichwort aus England

Die flüchtige Idee beim Schopfe fassen
und ihr die Nase auf dem Papier
plattdrücken.
Jules Renard, Ideen, in Tinte getaucht.
Aus dem Tagebuch von Jules Renard

Die frühe Nacht und die allgemeine
Stille ist das Element, worin das
Schreiben recht gut gedeiht.
Johann Wolfgang von Goethe, Briefe aus der Schweiz

Die Schreiberei kommt mir vor
wie ein Tier mit einem Stachel,
den man sich langsam und mühsam
aus dem Fleisch ziehen muss.
Franziska Gräfin zu Reventlow, Tagebücher

Doch Euch des Schreibens ja befleißt,
Als diktiert Euch der Heilig Geist!
Johann Wolfgang von Goethe, Faust I (Mephisto)

Ein mittelmäßiger Geist wähnt,
göttlich, ein bedeutender Geist glaubt,
vernunftgemäß zu schreiben.
Jean de La Bruyère, Die Charaktere

Ein schlechter Pinsel ist besser
als ein gutes Gedächtnis.
Chinesisches Sprichwort

Eine gute Autobiografie zu schreiben,
ist beinahe so schwierig,
wie eine zu leben.
Robert Lembke, Steinwürfe im Glashaus

Einen Roman schreiben,
in dem man vorzeitig
einen Zeitgenossen sterben ließe.
Jules Renard, Ideen, in Tinte getaucht. Aus dem Tagebuch von Jules Renard

Es ist besser, weder lesen
noch schreiben zu können,
als nichts anderes zu können.
William Hazlitt, Tischgespräch

Es ist etwas Schönes, hinzuschreiben,
was man denkt;
das ist des Menschen Vorrecht.
Voltaire, Candide oder Die beste der Welten

Es schreibt keiner wie ein Gott,
der nicht gelitten hat wie ein Hund.
Marie von Ebner-Eschenbach, Aphorismen

Feder und Tinte erröten niemals.
Sprichwort aus England

Feilen, feilen Sie ihre Feder.
Der Stil erschlafft. Der Satz entgleitet,
spielt verrückt. Sie werden stürzen.
Jules Renard, Ideen, in Tinte getaucht.
Aus dem Tagebuch von Jules Renard

Für mich ist Schreiben
Selbstverachtung, aber ich komme
doch nicht vom Schreiben los.
Fernando Pessoa, Das Buch der Unruhe des
Hilfsbuchhalters Bernardo Soares

Heutigentags sagen und schreiben
viele Gelehrte mehr, als sie wissen;
in den alten Zeiten wussten einige
mehr, als sie schrieben.
Matthias Claudius, Batteux' Geschichte der Meinungen

Ich bin zu ehrgeizig,
um schlecht zu schreiben.
Leo N. Tolstoi, Tagebücher (1852)

Ich brauche kein Leid,
um schreiben zu können.
Sylvia Plath, Briefe nach Hause (8. Oktober 1956)

Ich habe nie einsehen mögen,
warum mittelmäßige Menschen
deshalb aufhören sollten,
mittelmäßig zu sein,
weil sie schreiben können.
Christian Morgenstern, Stufen

Ich müsste ersticken,
wenn ich nicht schriebe.
Sylvia Plath, Briefe nach Hause (17. Januar 1956)

Ich verdanke dem Schreiben alles.
Anaïs Nin, Die Frau legt den Schleier ab

Ich ziehe, wenn ich nach langer Zeit
zu schreiben anfange,
die Worte wie aus der leeren Luft.
Ist eines gewonnen, dann ist eben nur
dieses eine da, und alle Arbeit
fängt von vorne an.
Franz Kafka, Tagebücher (1911)

Im Vaterlande / Schreibe,
was dir gefällt. / Da sind Liebesbande,
Da ist deine Welt.
Johann Wolfgang von Goethe, Sprüche

In aller Eile
zu Papier gebrachte Aufzeichnungen:
das Gehirn abschmieren.
Jules Renard, Ideen, in Tinte getaucht.
Aus dem Tagebuch von Jules Renard

Jedem, der seine Gedanken niederlegt, blickt schon im Augenblick
des Schreibens ein Größerer über
die Schulter, sei es ein Vergangener,
Lebendiger oder noch Ungeborener.
Wohl dem, der diesen Blick fühlt:
Er wird sich nie wichtiger nehmen,
als ein geistiger Mensch
sich nehmen darf.
Christian Morgenstern, Stufen

Jemand, dem das Schreiben
zur zweiten Natur geworden ist,
schreibt oft ideenlos, vergleichbar
jenem alten Arzt, der im Sterben
seinem Lehnstuhl den Puls fühlte.
Antoine Comte de Rivarol, Maximen und Reflexionen

Kann man das Werden eines
schlechten Buches vergeben,
Dann nur den Ärmsten,
welche schreiben, um zu leben.
Molière, Der Menschenfeind

Könntest du dem Papiere
das einhauchen, was so voll,
so warm in dir lebt,
dass es würde der Spiegel deiner Seele,
wie deine Seele ist der Spiegel
des unendlichen Gottes!
Johann Wolfgang von Goethe, Die Leiden des jungen Werthers

Man muss in der Stille schreiben,
ohne Hast und ohne die Absicht,
es drucken zu lassen.
Leo N. Tolstoi, Tagebücher (1858)

Man schreibt nicht mehr,
man schreibt ab.
Geronimo Cardano, Lebensbeschreibung

Man schreibt nur,
um verstanden zu werden;
aber wenn man einmal schreibt,
muss man dem Verständnis
auch Schönes darbieten.
Jean de La Bruyère, Die Charaktere

Man soll beim Schreiben an die
Gebildeten und Literaten denken,
aber nicht zu ihnen soll man sprechen.
Joseph Joubert, Gedanken, Versuche und Maximen

Man will nicht nur verstanden werden,
wenn man schreibt,
sondern ebenso gewiss auch
nicht verstanden werden.
Friedrich Nietzsche, Die fröhliche Wissenschaft

Manche missverstehen,
was sie schreiben. Manche
möchten es nur. Manche
verstehen es überhaupt nicht.
Ludwig Marcuse, Argumente und Rezepte.
Ein Wörter-Buch für Zeitgenossen

Mit nüchternem Magen
schreibt es sich besser.
Leo N. Tolstoi, Tagebücher (1853)

Mit Schreiben
rechtfertige ich den Raum,
den ich auf dem Planeten Erde
einnehme.
John Updike

Nur nicht überschätzen, was ich
geschrieben habe, dadurch mache ich
mir das zu Schreibende unerreichbar.
Franz Kafka, Tagebücher (1912)

O hätten alle die, die gute Werke
geschrieben haben,
die Hälfte von diesem Guten getan,
es stünde besser um die Welt.
Heinrich von Kleist, Briefe (an Wilhelmine von Zenge, 15. August 1801)

Oft ist das Denken schwer, indes
das Schreiben geht auch ohne es.
Wilhelm Busch

Schreib ich für den Ruhm
und für die Ewigkeit? / Nein,
zum Vergnügen meiner Freunde!
Anna Luise Karsch, Gedichte

Schreibe nur,
wie du reden würdest, und so wirst du
einen guten Brief schreiben.
Johann Wolfgang von Goethe, Briefe
(an Cornelia Goethe, 7. Dezember 1765)

Schreiben:
Ein Schrei gegen das Verderben! –
Das ist es genau.
Nicht ein Protest – ein Schrei.
Katherine Mansfield, Briefe

Schreiben:
Es ist eine Form von Inkontinenz.
Peter Ustinov, Peter Ustinovs geflügelte Worte

Schreiben heißt vergessen.
Fernando Pessoa, Das Buch der Unruhe des Hilfsbuchhalters Bernardo Soares

Schreiben ist
die moralische Nahrung des Lebens.
João de Melo, Gente Feliz vom Lágrimas

Schreiben ist geschäftiger Müßiggang,
es kommt mir sauer an.
Johann Wolfgang von Goethe, Götz von Berlichingen (Götz)

Schreiben ist hart;
man kommt nur schwer dahinter,
wann man aufhören muss.
Peter Ustinov, Peter Ustinovs geflügelte Worte

Schreiben ist kein Beruf,
Schreiben ist so etwas wie eine
Berufung zum Unglücklichsein.
Georges Simenon

Schreiben ist,
wie mir scheint, Kraftüberschuss.
Kurt Tucholsky, Schnipsel

Schreiben lernt man weniger
in der Schule
als gegen die Schule.
Hans-Georg Gadamer

»Schwierigkeiten beim Schreiben
der Wahrheit« (Brecht).
Kommentar: Man hat nicht das Geld
für die Prozesskosten.
Ludwig Marcuse, Argumente und Rezepte.
Ein Wörter-Buch für Zeitgenossen

Sich erinnern ist eine Kunst,
Schreiben eine andere.
Heinrich Böll

Um schreiben zu können,
muss ich gut und intensiv
und weit leben.
Sylvia Plath, Briefe nach Hause (29. Januar 1955)

Vielschreiberei ist Unsinn.
Um sich davon befreien zu können,
müsste es gemeinhin als Schande gelten, etwas bei Lebzeiten zu veröffentlichen – erst nach dem Tode. Wie viel
Bodensatz bliebe dann zurück, und
wie rein würde das Wasser fließen!
Leo N. Tolstoi, Tagebücher (1889)

Von allem Geschriebenen
liebe ich nur das, was einer
mit seinem Blute schreibt.
Schreibe mit Blut:
Und du wirst erfahren,
dass Blut Geist ist.
Friedrich Nietzsche, Also sprach Zarathustra

Vor Schriftlichem muss sich
jeder hüten wie vor einer Klippe,
denn nichts kann dich leichter
überführen als ein Schreiben
von deiner Hand.
Niccolò Machiavelli, Vom Staat

War es ein Gott,
der diese Zeichen schrieb,
Die mir das innre Toben stillen,
Das arme Herz mit Freude füllen
Und mit geheimnisvollem Trieb
Die Kräfte der Natur
rings um mich her enthüllen?
Johann Wolfgang von Goethe, Faust I (Faust)

Was einmal geschrieben ist,
ist mit keiner Axt mehr auszuroden,
es ist und bleibt geschrieben.
Anton P. Tschechow, Briefe (17. August 1902)

Was geschrieben ist,
ist geschrieben!
Lord Byron, Childe Harold

Was man mündlich ausspricht,
muss der Gegenwart, dem Augenblick
gewidmet sein; was man schreibt,
widme man der Ferne, der Folge.
Johann Wolfgang von Goethe,
Maximen und Reflexionen

Was nicht auf einer einzigen
Manuskriptseite zusammengefasst
werden kann, ist weder durchdacht
noch entscheidungsreif.
Dwight David Eisenhower

Weise zu sein, ist Anfang und Quelle
richtigen Schreibens.
Horaz, Von der Dichtkunst

Wenn ich etwas sage, verliert es
sofort und endgültig die Wichtigkeit;
wenn ich es aufschreibe,
verliert es sie auch immer,
gewinnt aber manchmal eine neue.
Franz Kafka, Tagebücher (1913)

Wenn ich mich an das Bücherschreiben machen wollte, so könnte ich
mehr, als ich bedarf, verdienen.
Aber Bücherschreiben für Geld –
o nichts davon.
Heinrich von Kleist, Briefe (an Wilhelmine von Zenge,
10. Oktober 1801)

Wenn ich schreibe, statte ich mir
einen feierlichen Besuch ab.
Fernando Pessoa, Das Buch der Unruhe
des Hilfsbuchhalters Bernardo Soares

Wenn man beim Schreiben vor allem
die Wirkung im Auge hat, die man
auf andere hervorbringen will,
wird man sich ihnen nie so zeigen,
wie man wirklich ist; wenn man aber
schreibt, um der inneren Inspiration,
die unsere Seele erfüllt, Genüge zu
tun, lässt man in seinen Schriften,
sogar ohne es zu wollen, seine Lebens-
und Denkungsart bis auf die kleinsten
Einzelheiten durchblicken.
Germaine Baronin von Staël, Über Deutschland

Wer beim Schreiben
viele Ausrufzeichen verwendet,
spricht auch sehr laut.
Heimito von Doderer

Wer in Blut und Sprüchen schreibt,
der will nicht gelesen,
sondern auswendig gelernt werden.
Friedrich Nietzsche, Also sprach Zarathustra

Wer lesen und schreiben kann,
hat vier Augen.
Sprichwort aus Albanien

Wer mit dem Pinsel zu schreiben weiß,
ist nirgends auf andere angewiesen.
Chinesisches Sprichwort

Wer nützen will,
muss angenehm sein, und meine Feder
hat diese Kunst verlernt.
Jean-Jacques Rousseau, Brief an d'Alembert

Wer sich nicht zu beschränken weiß,
kann nimmer schreiben.
Nicolas Boileau-Despréaux, Die Dichtkunst

Wie viel wird um Brot
und wie wenig
als Brot geschrieben.
Christian Morgenstern, Stufen

Worüber man auch schreiben mag,
für die Menge sagt man nie genug
und für die Klugen stets zu viel.
Luc de Clapiers Marquis de Vauvenargues,
Nachgelassene Maximen

Schreibtisch

Der Schreibtisch
ist ein Kloster aus Holz.
Ludwig Marcuse

Ich mache es mir
an meinem Schreibtisch bequem wie
an einem Bollwerk gegen das Leben.
Fernando Pessoa, Das Buch der Unruhe
des Hilfsbuchhalters Bernardo Soares

Je größer der Schreibtisch,
desto kleiner der Mann,
der dahinter sitzt.
Dominik Tatarka

Schreien

Die beste Lunge erschöpft sich,
auch sogar eine weibliche.
Sie hören alle auf zu schreien,
wenn sie nicht mehr können.
Gotthold Ephraim Lessing, Emilia Galotti (Marinelli)

Es ist so leicht gelacht wie geschrien.
Deutsches Sprichwort

Lautes Geschrei
schafft noch kein Recht.
Chinesisches Sprichwort

Nicht wer am lautesten schreit,
leidet stets den größten Schmerz.
Chinesisches Sprichwort

Schrift

Die Schrift hat das Geheimnisvolle,
dass sie redet.
Paul Claudel, Erkenntnis des Ostens

Die Schrift ist ein toter Buchstabe,
den nur die Einbildungskraft
und der Verstand des Lesens
beleben kann.
Christian Garve,
Über Gesellschaft und Einsamkeit

Von den Chinesen
könnten wir einiges lernen.
Man hat mir gesagt,
sie hätten ein und dasselbe Schriftzeichen für die Krise und für die Chance.
Richard von Weizsäcker

Schriftsteller/Schriftstellerin

Ach, alle diese Schriftsteller
besitzen nichts als Geist
und Kunstfertigkeit.
Voltaire, Der ehrliche Hurone

Alle Schriftsteller haben einen Mutterinstinkt. Liebevoll sorgen sie für ihre
schwächsten Schöpfungen.
Peter Ustinov, Peter Ustinovs geflügelte Worte

Als Schriftstellerin habe ich
mit einem Male erkannt,
wie ausgedehnt der Einflussbereich ist,
den ein Einzelner haben kann.
Anaïs Nin, Absage an die Verzweiflung

Berühmt zu werden, ist nicht schwer,
Man darf nur viel
für kleine Geister schreiben.
Christian Fürchtegott Gellert, Fabeln und Erzählungen

Betrachtet man nur bestimmte Werke
der besten Schriftsteller,
so wird man versucht sein,
sie gering zu achten. Um gerecht
zu urteilen, muss man alles lesen.
Luc de Clapiers Marquis de Vauvenargues,
Reflexionen und Maximen

Bezahlt man dem Schriftsteller das,
was er denkt und schreibt?
Und wenn er Bedeutendes denkt,
zahlt man ihm entsprechend mehr?
Wird er reich, wird er adlig durch
treffliches Denken und Schreiben?
Jean de La Bruyère, Die Charaktere

Das ist der Vorteil des Schriftstellers:
Wenn man etwas loswerden will,
schreibt man ein Buch.
Peter Bamm

Der Berufs-Schriftsteller macht
seine Muse zur Prostituierten
und wird ihr Strizzi.
Heimito von Doderer, Repertorium. Ein Begreifbuch
von höheren und niederen Lebens-Sachen

Der Kritiker ist Botaniker.
Ich bin Gärtner.
Jules Renard, Ideen, in Tinte getaucht. Aus dem Tagebuch von Jules Renard

Der Schriftsteller behält den Staat
kritisch im Blick wie der Dompteur
den Tiger und weiß doch,
dass er sein Gegenüber
nicht zu bändigen vermag.
Stefan Andres

Der Schriftsteller hat zwei unterschiedliche Möglichkeiten, auf einen Zeitungsangriff öffentlich zu reagieren:
Entweder schweigt er oder hält
den Mund. Ich ziehe eine dritte Lösung
vor: Ich spreche nicht darüber.
Ephraim Kishon, Kishon für alle Fälle

Der Schriftsteller –
die schwache Stimme in der Höhle
unter dem Lärm.
Botho Strauß

Der Schriftsteller muss genauso
objektiv sein wie ein Chemiker;
er muss sich frei machen von der Subjektivität seines Alltags und wissen,
dass die Misthaufen in der Landschaft
eine sehr beachtliche Rolle spielen
und böse Leidenschaften dem Leben
ebenso eigen sind wie gute.
Anton P. Tschechow, Briefe (14. Januar 1887)

Der sogenannte freie Schriftsteller ist
eine der letzten Bastionen der Freiheit.
Heinrich Böll

Die Boulevardschreiber sündigen
gemeinsam mit ihrem Publikum,
die bourgeoisen heucheln gemeinsam
mit dem ihren und schmeicheln ihm
mit beschränkter Tugend.
Anton P. Tschechow, Briefe (15. August 1894)

Die drei Hauptbedingungen
für die Ernennung
zum Nobelpreisträger für Literatur:
a) erkennbare Senilität,
b) keine hohe Buchauflage und
c) absolute Humorlosigkeit.
Ephraim Kishon, Kishon für alle Fälle

Die echten Schriftsteller sind die
Gewissensbisse der Menschheit.
Ludwig Feuerbach, Abälard und Heloise

Die Leute, die auf Parties trinken und
sich Schriftsteller nennen, sollten
lieber nach Hause gehen und
schreiben und nochmals schreiben.
Sylvia Plath, Briefe nach Hause (2. Oktober 1956)

Die Natur hat nur eine Regel
für die Schriftsteller, und die
lässt sich in zwei Worten fassen:
Lasst's laufen!
Georg Christoph Lichtenberg, Sudelbücher

Die Schriftsteller
vertragen viel lieber Kritik
an ihrer Idee als an ihrem Stil.
Sully Prudhomme, Gedanken

Die Selbsttäuschung
manches Schriftstellers kommt
aus dem Glauben, die Dinge so
wiederzugeben, wie er sie wahrnimmt
oder fühlt.
Luc de Clapiers Marquis de Vauvenargues,
Reflexionen und Maximen

Die Werke, die ein Schriftsteller
mit Liebe schreibt, sind gewöhnlich
die besten, wie Kinder der Liebe
die schönsten sind.
Chamfort, Maximen und Gedanken

Dummköpfe bewundern ja an einem
beliebten Schriftsteller alles.
Ich lese nur zu meinem eigenen
Nutzen und Frommen, mir behagt nur,
was mir bekommt und fruchtet.
Voltaire, Candide oder Die beste der Welten

Ein Arzt weiß,
dass er gegen unheilbare Krankheiten
nichts ausrichten kann;
trotzdem behandelt er weiter.
Für den Schriftsteller gilt dasselbe.
Walter Mehring

Ein Autor strebt vergeblich danach,
sich durch sein Werk Bewunderung
zu verschaffen. Bisweilen bewundern
es die Einfältigen;
aber das sind eben Toren.
Jean de La Bruyère, Die Charaktere

Ein großer Schriftsteller ist einer,
der unvergeßliche Sätze schreibt.
Henry de Montherlant

Ein guter Schriftsteller
hat nicht nur seinen eigenen Geist,
sondern auch noch
den Geist seiner Freunde.
Friedrich Nietzsche, Menschliches, Allzumenschliches

Ein schlechter Schriftsteller
wird manchmal ein guter Kritiker,
genauso wie man
aus einem schlechten Wein
einen guten Essig machen kann.
Henry de Montherlant

Ein Schriftsteller, der gegen den
allgemeinen Geschmack schriebe,
würde bald für sich allein schreiben.
Jean-Jacques Rousseau, Brief an d'Alembert

Ein Schriftsteller existiert eigentlich
nur in seinen Texten.
Joyce Carol Oates

Ein Schriftsteller ist arriviert, wenn
alles, was er schreibt, gedruckt wird.
Ein Schriftsteller ist berühmt, wenn
alles, was von ihm gedruckt wird,
gelobt wird.
Gabriel Laub

»Ein Schriftsteller ist ein Mann,
dem das Schreiben schwerfällt«
(Thomas Mann). Kommentar:
Sagen wir, aber nicht zu schwer.
Ludwig Marcuse, Argumente und Rezepte.
Ein Wörter-Buch für Zeitgenossen

Ein Schriftsteller ist ein Mensch,
den niemand zwingt, das zu sein,
was er ist.
Siegfried Lenz

Ein Schriftsteller ist jemand, der einen
Großteil seines Lebens in Einzelhaft
vor einem Schreibgerät verbringt.
Barbara Frischmuth

Ein Schriftsteller ist jemand,
dessen Intelligenz nicht groß genug
ist, um mit dem Schreiben
aufhören zu können.
Günter Grass

Ein Schriftsteller ist selten so beredt,
als wenn er über sich selbst spricht.
Anatole France

Erhabene Schriftsteller,
vereinfacht eure Vorbilder ein wenig,
wenn ihr wollt, dass man
ihrem Beispiel folgen soll!
Jean-Jacques Rousseau, Julie oder Die neue Héloïse

Es gibt keinen noch so lächerlichen
Schriftsteller, den nicht schon
irgendjemand als hervorragend
gewürdigt hätte.
Luc de Clapiers Marquis de Vauvenargues,
Nachgelassene Maximen

Es gibt nichts Lächerlicheres
als die Ansichten einer Frau vom
Leben des Mannes, das sie so häufig
zu schildern versucht;
in der weiblichen Sphäre hingegen
ist eine Schriftstellerin uns
gewaltig überlegen.
Leo N. Tolstoi, Tagebücher (1853)

Es ist der Ruhm oder das Verdienst
einiger Menschen, gut zu schreiben;
und das von anderen,
gar nicht zu schreiben.
Jean de La Bruyère, Die Charaktere

Es müsste Zwangsgesetze
gegen abgeschmackte und unnütze
Schreiberlinge geben,
wie es Verordnungen gegen Strolche
und Faulenzer gibt.
Michel Eyquem de Montaigne, Die Essais

Es wird immer schlechte Schriftsteller
geben müssen, denn sie entsprechen
dem Geschmack der unentwickelten,
unreifen Altersklassen; diese haben
so gut ihr Bedürfnis wie die reifen.
Friedrich Nietzsche, Menschliches, Allzumenschliches

Fast jeder Schriftsteller flirtet
irgendwann einmal mit der Politik,
und jeder Politiker träumt davon,
ein Buch zu schreiben. Der Politiker
hat es leichter: Der Schriftsteller
schreibt ihm sein Buch.
Ephraim Kishon, Kishon für alle Fälle

Für den Leser ist ein gutes Buch
das billigste Hobby,
für den Schriftsteller das teuerste.
Gabriel Laub

Für den Schriftsteller hat die Altersreife ebenso ihre Nachteile wie die
Jugendfrische, und zwar schlimmere.
Michel Eyquem de Montaigne, Die Essais

Früher schauten die Schriftsteller
durch das Fenster in den Salon;
jetzt schauen sie durch das Schlüsselloch in das Schlafzimmer.
John Steinbeck

Geistiges möglichst ungeistig,
sinnlich, heiter, unscheinbar zu sagen
– das bleibt das letzte Ziel
eines Schriftstellers
Alfred Kerr

Heuzutage machen drei Pointen
und eine Lüge
einen Schriftsteller.
Georg Christoph Lichtenberg, Sudelbücher

Heutzutage scheint es
eine Art Schrulligkeit zu sein,
wenn ein Schriftsteller
tatsächlich schreibt.
Joyce Carol Oates

Ich glaube nicht, dass man ein
zorniger Schriftsteller sein kann.
Zorn stört den Handlungsverlauf,
und man schafft keine echten
Charaktere mehr. Man darf nie
vergessen, dass man auch
der Advocatus Diaboli sein muss.
Peter Ustinov, Peter Ustinovs geflügelte Worte

Ich war Schriftsteller geworden in
einem Alter, wo man es sonst zu
sein aufhört, und Gelehrter durch die
Verachtung selbst, welche ich gegen
diesen Stand hegte. Alsdann fing ich
an, beim Publikum bekannt zu
werden, aber die Ruhe und
die Freunde verschwanden.
Jean-Jacques Rousseau, Brief an Erzbischof
de Beaumont (18. November 1762)

Ist man Schriftsteller,
so muss man schreiben,
genau wie man atmen muss.
Anaïs Nin, Der Künstler als Magier

Im Grunde interessieren mich
als Autor nur zwei Themen:
die Liebe und die Religion.
Heinrich Böll

In der Belletristik ist das Wichtigste
die Seele des Autors. Daher sind
Durchschnittswerke, die von Frauen
stammen, besser, interessanter.
Die Frau kommt hie und da zum
Durchbruch, spricht die verborgensten
Geheimnisse der Seele aus –
und gerade darauf kommt es an.
Leo N. Tolstoi, Tagebücher (1896)

Jeden Tag muss man sich
die Bezeichnung Schriftsteller
von neuem verdienen,
muss man schwer darum kämpfen.
Sylvia Plath, Briefe nach Hause (2. Oktober 1956)

Jeder Schriftsteller,
der uns fremde Sitten schildern will,
muss sein Stück sorgfältig den unseren
anpassen. Ohne diese Vorsicht
gibt es kein Gelingen.
Jean-Jacques Rousseau, Brief an d'Alembert

Junge Schriftsteller
verschaffen ihrem Geist viel Übung
und wenig Nahrung.
Joseph Joubert, Gedanken, Versuche und Maximen

Klarheit ist die Höflichkeit
des Schriftstellers.
Jules Renard

Kraft ist nicht Übertreibung;
einige Schriftsteller haben
mehr Muskeln als Talent.
Joseph Joubert, Gedanken, Versuche und Maximen

Man möchte gar nicht glauben,
wie viel Talent der Schriftsteller oft
aufwenden muss, um zu verhehlen,
wie wenig er hat.
Alfred Polgar, Kleine Schriften, Band 3. Irrlicht

Man schreibt weder für sich selbst
noch für andere.
Man schreibt aus einer tiefen
inneren Notwendigkeit.
Anaïs Nin, Der Künstler als Magier

Manche Schriftsteller sind weder Geist
noch Wein, aber Weingeist:
Sie können in Flammen geraten
und geben dann Wärme.
Friedrich Nietzsche,
Menschliches, Allzumenschliches

Man sollte einen Schriftsteller
als einen Missetäter ansehen,
der nur in den seltensten Fällen
Freisprechung oder Begnadigung
verdient: Das wäre ein Mittel
gegen das Überhandnehmen
der Bücher.
Friedrich Nietzsche,
Menschliches, Allzumenschliches

Mir ekelt vor diesem
tintenklecksenden Säkulum.
Friedrich Schiller, Die Räuber (Karl)

Mittelmäßige Schriftsteller
werden mehr bewundert als beneidet.
Luc de Clapiers Marquis de Vauvenargues,
Nachgelassene Maximen

Nachruf auf manchen Schriftsteller:
Friede seiner Masche!
Ludwig Marcuse, Argumente und Rezepte.
Ein Wörter-Buch für Zeitgenossen

Nur zwei Mittel gibt es,
mich zum Schweigen zu bringen:
entweder nicht mehr zu tun,
was ich anklage, oder mich töten
beziehungsweise auf ewig einsperren.
Leo N. Tolstoi, Tagebücher (1893)

Ohne Leidenschaft arbeiten
für leidenschaftslose Leser,
wissen, dass von deinem Schreiben
weder dein noch das Leben
deiner sechs Kinder besser wird –
da wird man eben schlaff und welk.
Anton P. Tschechow, Briefe (26. April 1892)

Schlechte Schriftsteller sind
hauptsächlich diejenigen,
die ihre einfältigen Gedanken
mit Worten der guten
zu sagen trachten.
Georg Christoph Lichtenberg, Sudelbücher

Schreibverbot für einen Schriftsteller
ist ein Todesurteil,
das täglich neu vollstreckt wird.
Herbert Eisenreich

Schriftsteller, die ihrem Weltbild
sprachlich nicht gewachsen sind,
nennt man in Deutschland Seher.
Gotttried Benn

Schriftsteller müssen
das schlechte Gewissen
ihrer Nation artikulieren,
weil die Politiker ein so gutes haben.
Rolf Hochhuth

Schriftsteller reden Gestank.
Franz Kafka, Tagebücher (1910)

Schriftsteller sind Leute,
die ihre ungelösten Lebensprobleme,
interessant verpackt,
an andere weiterreichen.
Gegen bar.
Hanns-Hermann Kersten

Schriftsteller versprechen nur
gar zu leicht, weil sie hoffen,
dasjenige leisten zu können,
was sie vermögen.
Johann Wolfgang von Goethe, Die guten Weiber
(Eulalie)

Schriftsteller verzeihen
ihren Kollegen alles,
nur nicht den Erfolg.
Marcel Reich-Ranicki

Schriftsteller zu werden,
sollte sich nur der leisten,
der entweder materiell abgesichert
oder Masochist ist.
Angelika Mechtel

Selbst die besten Schriftsteller reden
zu viel.
Luc de Clapiers Marquis de Vauvenargues,
Reflexionen und Maximen

Wenn die Zahl der guten Schriftsteller
gering ist: Wo sind die Leser,
die Geschmack und Urteil haben?
Jean de La Bruyère, Die Charaktere

Wenn ein Schriftsteller sich jederzeit
der Macht bewusst wäre,
die in seine Hand gegeben ist,
würde ein ungeheures Verantwortlich-
keitsgefühl ihn eher lähmen
als beflügeln. Auch das Bescheidenste,
was er veröffentlicht, ist Same,
den er streut und der in anderen
Seelen aufgeht, je nach seiner Art.
Christian Morgenstern, Stufen

Wenn ihr hört, wie eine Frau die Liebe
verwünscht und wie ein Schriftsteller
das Urteil der Öffentlichkeit verachtet,
so dürft ihr daraus schließen,
dass die Reize der einen schwinden
und das Talent des anderen nachlässt.
Denis Diderot, Über die Frauen

Wenn sich ein Autor
so wenig wandelte wie seine Leser,
wäre der Schriftstellerberuf unmöglich.
John Steinbeck

Wer aber nicht
eine Million Leser erwartet,
sollte keine Zeile schreiben.
Johann Wolfgang von Goethe, überliefert von
Johann Peter Eckermann (Gespräche mit Goethe)

Wie konnte es geschehen, dass es nach
dem Erscheinen von Goethes Werther
zu einer Selbstmordwelle kam und
beim Erscheinen meiner Tagebücher
eine Antiselbstmordwelle einsetzte?
Was ist die Erklärung?
Anaïs Nin, Der Künstler als Magier

Schritt

Des Weges Weite
gibt des Schrittes Maß.
Ernst Raupach, Kaiser Friedrichs II. Tod

Dies ist ein kleiner Schritt
für einen Menschen, aber
ein Riesensprung für die Menschheit
(That's one small step for a man,
one giant step for mankind).
Neil Armstrong, als er als erster Mensch den
Mond betrat (20. Juli 1969)

Jeder Schritt im Leben
ist ein Schritt dem Tode entgegen.
Casimir Delavigne, Ludwig XI.

Kleine Schritte sind besser
als keine Schritte.
Willy Brandt

Und Neugier nur beflügelt
jeden Schritt.
Johann Wolfgang von Goethe, Faust (Vorspiel auf dem
Theater: Direktor)

Wer große Schritte macht,
kommt nicht weit.
Lao-tse, Dao-de-dsching

Schüchternheit

Alle schüchternen Leute drohen gern;
denn sie fühlen, dass Drohungen
auf sie selber großen Eindruck
machen würden.
Charles de Secondat, Baron de la Brède et
de Montesquieu, Meine Gedanken

Bei Huren und bei Tisch
darf man nicht schüchern sein.
Sprichwort aus den USA

Es gibt Heldentaten, deren nur
die ganz Schüchternen fähig sind.
Pierre Gascar

Es ist gefährlich,
dem Schüchternheit vorzuwerfen,
den man davon heilen will.
François de La Rochefoucauld, Reflexionen

Schüchterne Dummheit und verschämte Armut sind den Göttern heilig.
Marie von Ebner-Eschenbach, Aphorismen

Schüchternheit ist eine Art Furcht
vor sich selbst.
Walter Hilsbecher

Schüchternheit wird allgemein
für Dummheit gehalten,
was sie in den meisten Fällen nicht ist.
Vielmehr stellt sie sich ein,
wo eine Erziehung
in guter Gesellschaft fehlt.
Philipp Stanhope Earl of Chesterfield, Briefe über die
anstrengende Kunst, ein Gentleman zu werden

Schuft

Der Erfolg von Schuften
lockt noch mehr Schufte an.
Phaedrus, Fabeln

Manche Schufte wären
weniger gefährlich, wenn sie nicht
irgendwo doch anständig wären.
François de La Rochefoucauld,
Reflexionen

Schuh

Als Partnerin von Fred Astaire
habe ich immer die gleichen Schritte
wie er gemacht. Aber rückwärts
und mit hohen Absätzen.
Ginger Rogers

Alte Schuhe dienen einem Helden
länger, als sie seinem Kammerdiener
dienen würden – wenn ein Held
jemals einen Kammerdiener hat –,
nackte Füße sind älter als Schuhe,
und auch mit ihnen
kann er sich begnügen.
Henry David Thoreau, Walden

Erfunden wurden die hohen Absätze
zweifellos von einer Frau,
deren Mann sie immer nur
auf die Stirn geküsst hat.
Curt Goetz

Es weiß niemand besser,
wo der Schuh drückt,
als der, der ihn trägt.
Deutsches Sprichwort

Glaube mir ganz und gar, / Mädchen,
lass deine Bein' in Ruh;
Es gehört mehr zum Tanz
Als rote Schuh.
Johann Wolfgang von Goethe, Sprichwörtlich

Koalition ist das Kunststück,
den rechten Schuh
auf dem linken Fuß zu tragen,
ohne Hühneraugen zu bekommen.
Guy Mollet

Schuhfabrikanten produzieren
Damenschuhe nicht zum Davonlaufen,
sondern zum Dableiben;
das ist ein Fehler.
Alice Schwarzer

Verliert man die Schuhe,
so behält man doch die Füße.
Deutsches Sprichwort

Zieh die Schuhe erst aus,
wenn du am Ufer stehst.
Chinesisches Sprichwort

Schuld

Alles Heilige ist früher als Unheiliges;
Schuld setzt Unschuld voraus,
nicht umgekehrt.
Jean Paul, Levana

Alle Schuld auf sich zu nehmen,
ist die gewiegteste Art,
andere abhängig zu machen.
Heinrich Nüsse

Das Schicksal rettet viele Schuldige,
und die Götter können nur
den Unglücklichen zürnen.
Lukan, Der Bürgerkrieg

Das Schuldbewusstsein
legt der Zunge Zügel an.
Publilius Syrus, Sentenzen

Dass Menschen in Schuld geraten,
ist schlimm; aber sich schuldig
zu fühlen und nicht
an Vergebung glauben zu können,
– das ist die Hölle.
Eugen Drewermann,
Ich steige hinab in die Barke der Sonne

Der liebe Niemand ist an allem schuld.
Deutsches Sprichwort

Der Schuldige glaubt,
dass alle schlecht von ihm sprechen.
Sprichwort aus Italien

Die Schuld verdoppelt, wer sich
seines Vergehens nicht schämt.
Publilius Syrus, Sentenzen

Doch sitzt ja selbst bei Zeus auf
seinem Thron / Als Anwalt jeder
Schuld Barmherzigkeit.
Sophokles, Ödipus auf Kolonos (Polyneikes)

Durch ein Unterlassen kann man
genauso schuldig werden
wie durch Handeln.
Konrad Adenauer, Gespräch, 5. April 1957

Ein Streit geht immer
von zwei Seiten aus,
die Schuld trifft nie einen allein.
Chinesisches Sprichwort

Es gibt für den Menschen
nur ein wahres Unglück:
sich schuldig zu fühlen
und sich etwas vorzuwerfen zu haben.
Jean de La Bruyère, Die Charaktere

Es kann jemand einer bösen Tat
schuldig werden, obwohl er keinen
Schaden verursacht hat.
Lucius Annaeus Seneca,
Über die Standhaftigkeit des Weisen

Je schuldiger wir uns selbst fühlen,
und sei es auch im verborgensten
Winkel unseres Gewissens, desto
bereitwilliger suchen wir unwillkürlich
Schuld bei anderen, besonders bei
Menschen, an denen wir uns schuldig
gemacht haben.
Leo N. Tolstoi, Tagebücher (1898)

Ja, es liegt eine Schuld auf dem
Menschen, etwas Gutes zu tun.
Heinrich von Kleist, Briefe (an Wilhelmine von Zenge,
15. August 1801)

Jeder Mensch ist für alle und alles
schuldig, ganz abgesehen von seinen
eigenen Sünden.
Fjodor M. Dostojewski, Die Brüder Karamasow

Lieber Gefahr laufen,
einen Schuldigen freizusprechen,
als einen Unschuldigen verurteilen.
Voltaire, Zadig

Man ist nicht schuldlos, wenn man
sich selbst schadet.
Joseph Joubert, Gedanken, Versuche und Maximen

Man vergisst seine Schuld,
wenn man sie einem andern gebeichtet
hat, aber gewöhnlich vergisst
der andere sie nicht.
Friedrich Nietzsche, Menschliches, Allzumenschliches

Neunmal Pech
mag neunmal Pech sein,
aber zehnmal Pech ist Schuld.
Alfred Kerr

Schmach bringt allein die Schuld,
und nicht das Blutgerüst.
Thomas Corneille, Der Graf von Essex (Essex)

Schuld verschandelt auch
Wohlgeborene.
Horaz, Lieder

Verdacht wohnt stets
in einem schuldigen Gemüt;
Der Dieb scheut jeden Busch
als einen Häscher.
William Shakespeare, Heinrich VI. (Gloucester)

Vom Unglück erst / Zieh ab
die Schuld! / Was übrig bleibt,
Trag in Geduld!
Theodor Storm, Sprüche

Wenn das Reh flieht,
so ist es darum nicht schuldig.
Johann Wolfgang von Goethe,
Wilhelm Meisters Wanderjahre

Wenn jemand Schuld belastet,
so schütze du, der du getäuscht
worden bist, ihn nicht.
Horaz, Briefe

Wenn man liebt,
sucht man die Schuld bei sich selbst.
Richard Burton

Wenn sich der Jüngere
zum bösen Wege neigt,
Trifft die Schuld den Älteren,
der es sieht und dazu schweigt.
Friedrich Rückert, Die Weisheit des Brahmanen

Wer den Karren
in den Dreck geschoben hat,
soll ihn auch wieder herausziehen.
Deutsches Sprichwort

Wer die Leiter hält,
ist so schuldig als der Dieb.
Deutsches Sprichwort

Wer schlechte Arbeit leistet,
schiebt die Schuld
dem stumpfen Werkzeug zu.
Chinesisches Sprichwort

Wer sich schuldig erwiesen hat
gegen den Himmel, findet keinen,
der sein Gebet erhört.
Konfuzius, Gespräche

Wer zu handeln versäumt,
ist noch keineswegs frei von Schuld.
Niemand erhält seine Reinheit
durch Teilnahmslosigkeit.
Siegfried Lenz, Zeit der Schuldlosen (1962)

Wohl dem, der frei von Schuld
und Fehle
Bewahr die kindlich reine Seele!
Friedrich Schiller, Die Kraniche des Ibykus

Zusagen macht Schuld.
Deutsches Sprichwort

Schulden

Beklagte man ehemals die Schuld
der Welt, so sieht man jetzt mit
Grausen auf die Schulden der Welt.
Arthur Schopenhauer, Zur Rechtslehre und Politik

Besser ohne Abendessen zu Bette
gehen, als mit Schulden aufstehen.
Deutsches Sprichwort

Der Tod zahlt alle Schulden.
Deutsches Sprichwort

Die Scham ist schnell verflogen,
aber die Schulden sind lange nicht
zurückgezahlt.
Chinesisches Sprichwort

Die Schulden des Staats haben
immer die kleinen Leute bezahlt.
Norbert Blüm, Unverblümtes von Norbert Blüm

Die Schweine kommen nicht zu Fette,
Verpfändet ist der Pfühl im Bette,
Und auf den Tisch
kommt vorgegessen Brot.
Johann Wolfgang von Goethe, Faust II (Marschalk)

Drei verstehen nicht: der Bettler,
der Schuldner und das Kind.
Sprichwort aus Indien

Elend ist der Begleiter von Schulden.
Plinius d. Ä., Naturkunde

Erbitte dir zuerst Gesundheit,
dann Wohlergehen,
drittens ein frohes Herz und zuletzt,
niemandes Schuldner zu sein.
Philemon, Fragmente

Es ist gewiss ein sicheres Zeichen,
dass man besser geworden ist,
wenn man Schulden so gerne bezahlt,
als man Geld einnimmt.
Georg Christoph Lichtenberg, Sudelbücher

Für Witze und Geldborger
ist es heilsam, wenn sie uns
unangemeldet überraschen.
Heinrich Heine, Englische Fragmente

Gott bezahlt seine Schulden nicht
mit Geld.
Sprichwort aus Irland

Lieber die Motten in den Kleidern
als die Ehre in Schuldscheinen.
Deutsches Sprichwort

Man mag noch so eingezogen leben,
so wird man, ehe man sich's versieht,
ein Schuldner oder ein Gläubiger.
Johann Wolfgang von Goethe,
Maximen und Reflexionen

Nur die Schulden, die man bezahlen
kann, sind langweilig.
Francis M. de Picabia, Aphorismen

Schläft das Schwein,
wächst sein Fleisch.
Schläft der Mensch,
wachsen seine Schulden.
Chinesisches Sprichwort

Schulden machen ist die asozialste
Politik, die es gibt, die Politik auf
den Knochen der kleinen Leute.
Norbert Blüm, Unverblümtes von Norbert Blüm

Schulden sind keine Hasen.
Deutsches Sprichwort

Schulden verkürzen das Leben.
Joseph Joubert, Gedanken, Versuche und Maximen

Schuldenmacher sind Lügner.
Samuel Smiles, Charakter

Schuldest du einem Hunde etwas,
so nenne ihn »Herr«.
Sprichwort aus Ägypten

Stolz will nicht schulden,
Eigennutz nicht zahlen.
François de La Rochefoucauld, Reflexionen

Sünden und Schulden
sind immer größer, als wir denken.
Sprichwort aus England

Von einem Schuldner lässt man sich
nicht übel begegnen.
Johann Wolfgang von Goethe, Wilhelm Meisters
Lehrjahre

Was bringt in Schulden?
Harren und Dulden.
Johann Wolfgang von Goethe, West-östlicher Divan

Wenn du Schulden hast, musst du
den Gläubiger fleißig besuchen.
Chinesisches Sprichwort

Wenn ein Mann verarmt,
erinnert er sich seiner alten Schuldner.
Chinesisches Sprichwort

Wer da stirbt, zahlt alle Schulden.
William Shakespeare, Der Sturm (Stephano)

Schuldigkeit

Auch der ungewöhnlichste Mensch
ist gehalten, seine ganz gewöhnliche
Schuldigkeit zu tun.
Marie von Ebner-Eschenbach, Aphorismen

So manches können wir anderen
zuliebe tun, unsere Schuldigkeit tun
wir immer nur uns selbst zuliebe.
Marie von Ebner-Eschenbach, Aphorismen

Schule

Ach! wär ich nie in eure Schulen
gegangen. Die Wissenschaft, der ich
in den Schacht hinunter folgte,
von der ich, jugendlich töricht, die
Bestätigung meiner reinen Freude
erwartete, die hat mir alles verdorben.
Friedrich Hölderlin, Hyperion

Allenthalben gewahre ich riesige
Anstalten, wo die Jugend mit großen
Kosten erzogen wird und wo man sie
alles lehrt, nur nicht ihre Pflichten.
Jean-Jacques Rousseau, Abhandlung über die Wissenschaften und Künste

Aufgabe der Schule ist nicht,
die Wissenschaft beizubringen,
sondern die Achtung und die Idee
der Wissenschaft beizubringen.
Leo N. Tolstoi, Tagebücher (1861)

Aus der Schulzeit sind mir nur
die Bildungslücken
in Erinnerung geblieben.
Oskar Kokoschka

Bildung ist nicht auf die Schule
begrenzt. Sie geht unerbittlich weiter
bis ans Lebensende.
Peter Ustinov, Peter Ustinovs geflügelte Worte

Das Schrecklichste für den Schüler ist,
dass er sich am Ende doch gegen den
Meister wiederherstellen muss.
Je kräftiger das ist, was dieser gibt,
in desto größerem Unmut, ja
Verzweiflung ist der Empfangende.
Johann Wolfgang von Goethe,
Maximen und Reflexionen

Das Schulwesen wird in großen
Staaten immer höchstens mittelmäßig
sein, aus demselben Grunde,
aus dem in großen Küchen bestens
mittelmäßig gekocht wird.
Friedrich Nietzsche,
Menschliches, Allzumenschliches

Denken lernen: Man hat auf unseren
Schulen keinen Begriff mehr davon.
Friedrich Nietzsche, Götzen-Dämmerung

Der echte Schüler lernt aus dem
Bekannten das Unbekannte entwickeln
und nähert sich dem Meister.
Johann Wolfgang von Goethe,
Maximen und Reflexionen

Der Lehrer strebe nur, sich selber
zu entfalten, / Der Schüler lerne nur,
sein Eignes zu gestalten.
Friedrich Rückert, Gedichte

Die Ehe ist die Schule der Einsamkeit.
Arthur Schnitzler

Die Geschichte ist
der beste Lehrmeister mit den
unaufmerksamsten Schülern.
Indira Gandhi

Der Schüler soll nicht nur
über die Worte, sondern vor allem
über den Sinn und den Inhalt dessen,
was er gelernt hat,
Auskunft geben können.
Michel Eyquem de Montaigne, Die Essais

Der Schüler hält seine Arbeit
für schwer, doch sie bedeutet nur,
Wagen zu sein,
wo der Lehrer Pferd sein muss.
August Strindberg, Der Sohn der Magd

Der Schüler sieht den Lehrer nur
als Zuchtmeister und die Geißel
der Kindheit an.
Jean-Jacques Rousseau, Emile

Die Abschottung der Schulen
von der technischen Entwicklung
ist eine der Ursachen für irrationale
Technologiefeindlichkeit.
Hans-Dietrich Genscher, Die technologische
Herausforderung (1983)

Die Erfahrung ist eine teure Schule,
aber Narren wollen anderswo
nicht lernen.
Benjamin Franklin, Des armen Richard Almanach

Die Gebirge sind stumme Meister
und machen schweigsame Schüler.
Johann Wolfgang von Goethe, Wilhelm Meisters
Wanderjahre

Die Geschichte ist für Könige
eine treffliche Lehrerin, die aber
so unglücklich ist, etwas unachtsame
Schüler zu haben.
Johann Jakob Engel, Fürstenspiegel

Die Schule hat keine wichtigere
Aufgabe, als strenges Denken,
vorsichtiges Urteilen,
konsequentes Schließen zu lehren.
Friedrich Nietzsche, Menschliches, Allzumenschliches

Die Schule ist nur der Ort,
wo man das Lernen lernt.
Somit wird sie während einer Phase
des Lebens, in der das Hirn einen
solchen Zeitvertreib braucht,
zu einem nützlichen Zeitvertreib.
Peter Ustinov, Peter Ustinovs geflügelte Worte

Die Schule reduziert das Leben, für
das gelernt wird, auf das Erwerbsleben. Sie bereitet nicht auf Muße vor.
Wir trainieren Kinder wie Motoren.
Unsere Leistungsschule ist auf arbeiten
fixiert und nicht auf ausspannen.
Norbert Blüm, Unverblümtes von Norbert Blüm

Die Schule soll dafür sorgen,
dass die Kinder sich klar und richtig
ausdrücken, den Stil wird später
das Leben entwickeln,
wenn die Fähigkeit dazu da ist.
Ricarda Huch, in: Meister des Stils (Leipzig 1922)

Dir war das Unglück
eine strenge Schule.
Friedrich Schiller, Maria Stuart (Talbot)

Ein Lehrer, der von seinen Schülern
jeden Tag geohrfeigt wird,
verliert allmählich das Gesicht.
Ephraim Kishon, Kishon für alle Fälle

Ein Schullehrer und Professor kann
keine Individuen erziehn,
er erzieht bloß Gattungen.
Georg Christoph Lichtenberg, Sudelbücher

Eine Schule ist als ein einziger Mensch
anzusehen, der hundert Jahre mit sich
selbst spricht und sich in seinem
eignen Wesen, und wenn es
auch noch so albern wäre,
ganz außerordentlich gefällt.
Johann Wolfgang von Goethe,
Maximen und Reflexionen

Erbärmlich ist jener Schüler,
der seinen Meister nicht übertrifft.
Leonardo da Vinci, Tagebücher und Aufzeichnungen

Erfahrung ist eine teure Schule.
Deutsches Sprichwort

Es gehört zu den großen Modetorheiten unserer Tage, nahezu alles, was
unangenehm ist, auf die Schule und
auf die Lehrerschaft abzuschieben.
Helmut Kohl, Verantwortung für die Jugend –
Erziehung im demokratischen Staat.
Rede des Bundeskanzlers in Bonn 1985

Es gibt mehr Dinge
im Himmel und auf Erden,
Als eure Schulweisheit sich träumt.
William Shakespeare, Hamlet (Hamlet)

Es ist nichts schrecklicher
als ein Lehrer, der nicht mehr weiß,
als die Schüler allenfalls wissen sollen.
Johann Wolfgang von Goethe, Wilhelm Meisters
Wanderjahre

Fleißiger Schüler
macht fleißigen Lehrer.
Deutsches Sprichwort

Geht ein Kronprinz in die Schule,
gilt für ihn das gleiche Maß
wie für das Volk.
Chinesisches Sprichwort

Heiße Magister, heiße Doktor gar,
Und ziehe schon an die zehen Jahr
Herauf, herab und quer und krumm
Meine Schüler an der Nase herum.
Johann Wolfgang von Goethe, Faust I (Faust)

In der Schule der Welt wie in der
Schule der Liebe muss man alsbald
mit der Ausübung dessen, was man zu
lernen gedenkt, den Anfang machen.
Jean-Jacques Rousseau, Julie oder Die neue Héloïse
(Saint-Preux)

Ist der Lehrer nicht klug,
dann sind die Schüler dumm.
Chinesisches Sprichwort

Keiner zeigt uns unsere Fehler
so deutlich wie ein Schüler.
Jules Renard, Ideen, in Tinte getaucht. Aus dem Tagebuch von Jules Renard

Man findet mehr Schüler als Meister.
Deutsches Sprichwort

Man hört nie auf, erziehungsbedürftig
zu sein; ich gehe noch jetzt in die
Schule und lerne von Leuten,
die meine Enkel sein könnten.
Theodor Fontane, Meine Kinderjahre

Man vergilt einem Lehrer schlecht,
wenn man immer nur
der Schüler bleibt.
Friedrich Nietzsche, Also sprach Zarathustra

Meist machen nicht die Schüler,
sondern die Lehrer den Wirbel.
Rudyard Kipling

Nicht für das Leben,
sondern für die Schule lernen wir.
Lucius Annaeus Seneca, Moralische Briefe (dieses Zitat
wird meist im entgegengesetzten Sinne zitiert)

Nur der ist ein geborener Lehrer,
welcher die Begeisterung seiner
Schüler erwecken kann.
Ernst Hähnel, Literarische Reliquien

Nur in der Schule selbst
ist die eigentliche Vorschule.
Johann Wolfgang von Goethe,
Maximen und Reflexionen

Schreiben lernt man weniger
in der Schule als gegen die Schule.
Hans-Georg Gadamer

Schulen sind Produktionsstätten
der Menschlichkeit, sofern sie
bewirken, dass aus Menschen
wirklich Menschen werden.
Johann Amos Comenius, Große Unterrichtslehre

Schüler des Vortages ist
der folgende Tag.
Publilius Syrus, Sentenzen

Schüler wollen nicht
liebenswürdig behandelt werden,
sie verlangen,
dass man ihnen unmittelbar
alles heraussagt, was man denkt.
Paul Ernst, Jugenderinnerungen

Spezialisten sind Leute, die immer
mehr über immer weniger wissen.
Schüler sind Leute, die immer weniger
über immer mehr wissen.
Danny Kaye

Trüge gern noch länger des Lehrers
Bürden, / Wenn Schüler nur nicht
gleich Lehrer würden.
Johann Wolfgang von Goethe, Lähmung

Vollendete Natur
muss in dem Menschenkinde leben,
eh es in die Schule geht,
damit das Bild der Kindheit
ihm die Rückkehr zeige aus der Schule
zu vollendeter Natur.
Friedrich Hölderlin, Hyperion

Was ist die Aufgabe alles höheren
Schulwesens? Aus dem Menschen
eine Maschine zu machen. Was ist
das Mittel dazu? Er muss lernen,
sich zu langweilen.
Friedrich Nietzsche, Götzen-Dämmerung

Was wir auf Schulen und Universitäten lernen, ist nicht Erziehung,
sondern Mittel zur Erziehung.
Ralph Waldo Emerson, Tagebücher

Wer immer sich zum Schüler macht,
wird immer einen Meister finden.
Friedrich von Hagedorn, Gedichte

Wer nun ein guter Schüler sein will,
hat alle Sorgfalt aufzubieten, sich
seinem Lehrer ähnlich zu machen,
ja sich, wenn es möglich wäre,
in ihn zu verwandeln.
Baldassare Castiglione, Der Hofmann

Wer sich im kleinsten Lager befindet,
der ist in der stärksten Schule.
Gilbert Keith Chesterton, Aphorismen und Paradoxa

Wie Knaben aus der Schul',
eilt Liebe hin zum Lieben,
Wie Knaben an ihr Buch,
wird sie hinweggetrieben.
William Shakespeare, Romeo und Julia (Romeo)

Wir glauben, eine Art Schulmonopol
zu besitzen, und es gibt Leute unter
uns, die womöglich den Beweis führen
möchten, dass jenseits der deutschen
Grenze alles Lesen und Schreiben
aufhöre, wie etwa 20000 Fuß hoch
das Atmen.
Theodor Fontane, Kriegsgefangen

Wird's dem Schüler schwer wie Eisen
Zähl' auch den Lehrer
nicht zu den Weisen.
Jüdische Spruchweisheit

Wissen macht den Schüler,
die freie Entwicklung den Meister.
Werner Kollath, Aus- und Einfälle

Zu vollenden ist nicht die Sache
des Schülers, es ist genug,
wenn er sich übt.
Johann Wolfgang von Goethe, Wilhelm Meisters
Lehrjahre

Schurke

Es geht ungerecht zu auf dieser Welt:
Ein Schurke darf sich jede
Anständigkeit herausnehmen,
ein anständiger Mensch aber nicht
die kleinste Schurkerei.
Mark Twain

Es gibt doch schließlich keinen Schurken, der, wenn er nur richtig suchte,
nicht ein paar Schurken fände,
die in der einen oder anderen Hinsicht
noch schlimmer wären als er,
und der darum keine Ursache hätte,
sich in die Brust zu werfen und mit
sich zufrieden zu sein.
Leo N. Tolstoi, Die Kreutzersonate

Gelegentliche Ehrlichkeit
ist das Kontrastprogramm
der Schurken.
John Osborne

Kein Schurke ist glücklich,
am wenigsten ein Verführer.
Juvenal, Satiren

Schurken verschiedener Nationalität
verstehen einander wortlos.
Halldór Laxness

Wenn man die Inschriften
auf dem Friedhof liest,
fragt man sich unwillkürlich,
wo denn eigentlich
die Schurken begraben liegen.
Peter Sellers

Schuss

Das war ein rechter Schuss!
Davon / Wird man noch reden
in den spätsten Zeiten.
Friedrich Schiller, Wilhelm Tell (Leuthold)

Es war ein Meisterschuss,
ich muss ihn loben.
Friedrich Schiller, Wilhelm Tell (Geßler)

Hier gilt es, Schütze,
deine Kunst zu zeigen:
Das Ziel ist würdig,
und der Preis ist groß.
Friedrich Schiller, Wilhelm Tell (Geßler)

Menschen,
die keinen Schuss Pulver wert sind,
werden auch nicht abgeschossen.
Oliver Hassencamp

Wer einmal trifft,
wird immer schießen.
Sprichwort aus England

Schuster

Der Schuster hat
die schlechtesten Schuh.
Deutsches Sprichwort

Ein Schuster, der schlechte Stiefel
macht, kommt in die Hölle.
Deutsches Sprichwort

Lieber dem Schuster
als dem Apotheker.
Deutsches Sprichwort

Schuster bleib bei deinem Leisten.
Deutsches Sprichwort

Schutz

Der Mensch hat nur allzu sehr
Ursache, sich vor dem Menschen
zu schützen.
Johann Wolfgang von Goethe, Wilhelm Meisters
Wanderjahre

Der Sinn der rituellen Bedeckung:
irgendein Heliotropismus der geistigen
Welt. Sonnenschutz, Tropenhut,
vor dem Göttlichen.
Franz Werfel, Zwischen Oben und Unten

Ehre den Baum,
der dir Schutz gewährt.
Sprichwort aus Dänemark

Ein tapfrer Mann beschützt
drei Dörfer, ein guter Hund
die ganze Nachbarschaft.
Chinesisches Sprichwort

Es ist das Wesen der Macht,
Schutz zu gewähren.
Blaise Pascal, Pensées

Füllen Gold und Jade eine Halle,
kann keiner sie behüten.
Chinesisches Sprichwort

Gegen Pfeile aus dem Hinterhalt
fällt es schwer, sich zu schützen.
Chinesisches Sprichwort

Gegenüber sehr attraktiven Frauen
ist meist der Mann
der Schutzbedürftige.
Oscar Wilde

Güter brauchen Hüter.
Deutsches Sprichwort

Ich muss mich gegen das Leben
panzern.
Fernando Pessoa, Das Buch der Unruhe
des Hilfsbuchhalters Bernardo Soares

Kein Harnisch schützt wider den Tod.
Deutsches Sprichwort

Polizei: eine bewaffnete Truppe
zum Schutz und zum Mitmachen.
Ambrose Bierce

Säßest du auf dem Thron,
du fändest keinen, der dich beschützte.
Chinesisches Sprichwort

Unter einem großen Baum
fällt kein Reif aufs Gras.
Chinesisches Sprichwort

Verschließe nicht die Tore,
sondern verstopf die Löcher.
Chinesisches Sprichwort

Wer unter Großen leben muss,
kann sich wider ihre vergifteten
Grundsätze nicht genug
mit Vorsichtsmaßnahmen schützen.
Jean-Jacques Rousseau, Julie oder Die neue Héloïse
(Julie)

Ziehst du eine Mauer hoch,
so sage nicht,
sie soll dich vor Regen schützen.
Chinesisches Sprichwort

Schütze

Ein rechter Schütze hilft sich selbst.
Friedrich Schiller, Wilhelm Tell (Tell)

Ein Schütze darf nicht
gelegentlich treffen, sondern
gelegentlich das Ziel verfehlen.
Lucius Annaeus Seneca, Briefe über Ethik

Schwäche

Alle Bosheit kommt von
der Schwachheit.
Jean-Jacques Rousseau, Emile

An einem Helden ist alles verzeihlich,
nur nicht die Schwäche.
Jakob Boßhart, Bausteine zu Leben und Zeit

Anpassung
ist die Stärke der Schwachen.
Wolfgang Herbst

Das Fleisch der Schwachen
ist die Kost der Starken.
Chinesisches Sprichwort

Das Laster steht der Tugend näher
als die Schwäche.
François de La Rochefoucauld, Reflexionen

Das Schwache ist ein Charakterzug
unseres Jahrhunderts.
Johann Wolfgang von Goethe, überliefert von
Johann Peter Eckermann (Gespräche mit Goethe)

Denn mit Hilfe von keinerlei Weisheit
werden die natürlichen Schwächen
des Körpers oder der Seele abgelegt:
Was immer eingeprägt und
angeboren ist, wird gelindert
durch Kunst, nicht überwunden.
Lucius Annaeus Seneca, Briefe über Ethik

Denn nicht genug,
dem Schwachen aufzuhelfen,
Auch stützen muss man ihn.
William Shakespeare, Timon von Athen (Timon)

Der Hass der Schwachen
ist nicht so gefährlich
wie ihre Freundschaft.
Luc de Clapiers Marquis de Vauvenargues,
Unterdrückte Maximen

Der Held dringt kühn voran,
der Schwächling bleibt zurück.
Friedrich Schiller, Das Spiel des Lebens

Der Mensch ist nur ein Schilfrohr,
das schwächste der Natur;
aber er ist ein denkendes Schilfrohr.
Blaise Pascal, Pensées

Der Schwächste muss
das Kreuz tragen.
Deutsches Sprichwort

Der Undank ist immer eine Art
Schwäche. Ich habe nie gesehen,
dass tüchtige Menschen wären
undankbar gewesen.
Johann Wolfgang von Goethe,
Maximen und Reflexionen

Die bloße Lauheit unseres Willens
macht alle unsere Schwachheit aus,
und man ist allezeit stark genug,
das zu tun, was man will.
Jean-Jacques Rousseau, Emile

Die Frau liebt die Schwäche
des Starken mehr als seine Stärke,
die Dummheit des Gescheiten
mehr als seine Gescheitheit.
Shirley MacLaine

Die größte Schwäche ist zu fürchten,
schwach zu erscheinen.
Jacques Bénigne Bossuet, Politik gezogen aus den
Worten der Heiligen Schrift

Die Hoffnung
ist die Willenskraft der Schwachen.
Henry de Montherlant

Die letzte Wahl steht auch dem
Schwächsten offen. / Ein Sprung von
dieser Brücke macht mich frei.
Friedrich Schiller, Wilhelm Tell (Gertrud)

Die Menschen erröten weniger
über ihre Laster als über
ihre Schwächen und ihre Eitelkeit.
Jean de La Bruyère, Die Charaktere

Die Schwachen,
die mit ihrer Schwäche
umzugehen wissen, sind stark.
Das ist das Geheimnis der Frauen
und der Entwicklungsländer.
Maurice Couve de Murville

Die Tendenz der Zeit,
alles ins Schwache und Jämmerliche
herunterzuziehen, geht immer mehr
durch und durch.
Johann Wolfgang von Goethe, Briefe (an Zelter,
12. Februar 1829)

Die Willenskraft der Schwachen
heißt Eigensinn.
Marie von Ebner-Eschenbach

Doch was vermag die Vernunft
wider die Schwachheit?
Jean-Jacques Rousseau, Emile

Ein bisschen Schwachheit genügt,
um eine schändliche Handlung zu tun.
Sully Prudhomme, Gedanken

Ein schwacher Körper
schwächt die Seele.
Jean-Jacques Rousseau, Emile

Er hat vor dir gezittert.
Wehe dir! / Dass du ihn schwach
gesehn, vergibt er nie.
Friedrich Schiller, Wilhelm Tell (Hedwig)

Eine gute Schwäche
ist besser als eine schlechte Stärke.
Charles Aznavour

Erwarte keine Dankbarkeit,
wenn du einem Menschen
Gutes tust;
du hast seine Schwächen aufgedeckt.
Elbert Hubbard

Es ist die beste Schule,
im Lager der Schwachen
mit den Schwachen zu kämpfen.
Gilbert Keith Chesterton, Heretiker

Es sollt' ein Freund des Freundes
Schwächen tragen.
William Shakespeare, Julius Caesar (Cassius)

Es ist immer der Schwächere,
der sich nach dem Nachgeben
als der Klügere ausgibt.
Georg Leber

Frauen
stehen immer vor dem Dilemma,
die Schwächen eines Mannes
zu beseitigen,
oder seine Schwäche zu sein.
Françoise Sagan

Gewalt / Ist für den Schwachen
jederzeit ein Riese.
Friedrich Schiller, Dom Karlos (Marquis)

Ich bin zu schwach,
um mich beugen zu können.
Charles de Gaulle

Im Schwachen wirkt die Einbildung
am stärksten.
William Shakespeare, Hamlet (Geist)

Kein Mann ist so stark
wie eine hilflose Frau,
die ihre Schwäche zu erkennen gibt.
Hans Holt

Man ist nicht wert zu haben, was man
sich aus Schwachheit nehmen lässt.
Max Stirner, Der Einzige und sein Eigentum

Man liebt einen Menschen nicht
wegen seiner Stärken,
sondern wegen seiner Schwächen.
Tilla Durieux

Man muss seine Schwächen sehen und
studieren, wenn man sie tadeln will:
Wer sie vor anderen verbirgt, verbirgt
sie gewöhnlich auch vor sich selbst.
Michel Eyquem de Montaigne, Die Essais

Oft ist man stark aus Schwäche
und waghalsig aus Angst.
François de La Rochefoucauld, Reflexionen

Schwach ist unsere Konstitution
gegenüber dem Übel,
nicht gegenüber dem Guten.
Denn durch Lustempfindungen
wird sie erhalten,
durch Schmerzen zerrüttet.
Epikur, Sprüche. In: Briefe, Sprüche, Werkfragmente.

Schwach sind wir alle!
William Shakespeare, Maß für Maß (Angelo)

Schwäche, die bewahrt, ist besser
als Stärke, die zerstört.
Joseph Joubert, Gedanken,
Versuche und Maximen

Schwäche ist der einzige Fehler,
den man nicht verbessern kann.
François de La Rochefoucauld, Reflexionen

Schwache Menschen
können nicht aufrichtig sein.
François de La Rochefoucauld, Reflexionen

Schwache passen an keinen Platz
in der Welt,
sie müssten denn Spitzbuben sein.
Johann Wolfgang von Goethe,
Götz von Berlichingen (Jaxthausen)

Schwachheit,
dein Name ist Weib.
William Shakespeare, Hamlet (Hamlet)

Sein Schwachsein bewahren,
das nenne ich Stärke.
Lao-tse, Dao-de-dsching

So sehr der Besitz der gleichen Fehler
die Menschen voneinander trennt,
so sehr verbindet sie der Besitz
der gleichen Schwächen.
Marie von Ebner-Eschenbach, Aphorismen

Stärke des Charakters
ist oft nichts anderes
als eine Schwäche des Gefühls.
Arthur Schnitzler

Und gerade das ist ein Beweis für eine
Wandlung der Seele zum Besseren,
dass sie ihre Schwächen,
die sie bislang nicht kannte, sieht.
Lucius Annaeus Seneca, Briefe an Lucilius

Unter den Schwachen ist der
der Stärkste, der seine Schwäche
nicht vergisst.
Sprichwort aus Schweden

Verbunden werden auch
die Schwachen mächtig.
Friedrich Schiller, Wilhelm Tell (Stauffacher)

Verzweiflung aber ist Schwäche
im Glauben und in der Hoffnung
auf Gott.
Leo N. Tolstoi, Tagebücher (1851)

Viele Schwachheiten,
die wir begehen, sind Schulden,
die wir der Natur bezahlen.
Georg Christoph Lichtenberg, Sudelbücher

Was vermag ein Hühnerei schon
gegen einen Mühlstein?
Chinesisches Sprichwort

Weisheit ist die Kraft der Schwachen.
Joseph Joubert, Gedanken, Versuche und Maximen

Wenn unsere Schwächen
unserer Stärke nie zu Hilfe kämen,
sie würde oft versagen.
Marie von Ebner-Eschenbach, Aphorismen

Wer nicht wie Menschen sein will,
schwach und klein, / Der halte sich
von Menschennähe rein.
Franz Grillparzer, Libussa (Kascha)

Wer Schwache leiten will, der sei
Von ihrer Schwachheit selber frei!
Magnus Gottfried Lichtwer, Fabeln

Wie arm ist der, dessen schwache
Weichherzigkeit ihm nicht erlaubt,
einen unersättlichen Bettler
abzuweisen!
Georg Forster, Über die Beziehung der Staatskunst auf
das Glück der Menschheit

Wir haben angeborene und anerzo-
gene Schwächen, und es möchte noch
die Frage sein, welche von beiden
uns am meisten zu schaffen geben.
Johann Wolfgang von Goethe, Dichtung und Wahrheit

Schwächling

Der Schwächling ist bereit,
sogar seine Tugenden zu verleugnen,
wenn sie Anstoß erregen sollten.
Marie von Ebner-Eschenbach, Aphorismen

Gott ist Freund der kräftigen Männer,
denn er züchtigt die Schwächlinge
durch die Starken.
Niccolò Machiavelli, Das Leben des
Castruccio Castracani

Schwächlinge müssen lügen,
sie mögen es hassen, wie sie wollen.
Ein Droh-Blick treibt sie
mitten ins Sündengarn.
Jean Paul, Levana

Schwächlinge sind gleichsam die
leichten Truppen bei der Armee der
Bösen, aber sie stiften mehr Schaden
als die Armee selber; sie richten
Verheerungen an und plündern.
Chamfort, Maximen und Gedanken

Schwachsinn

Der Verlust von Scham
ist das erste Zeichen von Schwachsinn.
Sigmund Freud

Die Moral ist das Rückgrat
der Schwachsinnigen.
Francis M. de Picabia, Aphorismen

Vernunft kann nie mehr sein
als vernünftig,
zum Beispiel auch:
vernünftiger Schwachsinn.
Ludwig Marcuse, Argumente und Rezepte.
Ein Wörter-Buch für Zeitgenossen

Schwalbe

An Mariä Geburt
fliegen die Schwalben furt.
Bauernregel

Eine Schwalbe
macht noch keinen Sommer.
Deutsches Sprichwort

Man sagt, eine Schwalbe macht noch
keinen Sommer; aber soll deswegen
etwa die Schwalbe, die den Frühling
schon spürt, noch nicht fliegen,
sondern warten? Dann müssten auch
jede Knospe und jeder Grashalm
warten, und der Frühling käme
überhaupt nicht.
Leo N. Tolstoi, Tagebücher (1893)

Was weiß schon eine Schwalbe
von den Träumen eines Schwans?
Chinesisches Sprichwort

Wenn die Schwalben
Ende Juli schon ziehen,
sie vor baldiger Kälte fliehen.
Bauernregel

Schwangerschaft

Alle Mädchen sind Jungfern,
solange der Bauch schweigt.
Deutsches Sprichwort

Als wenig die Kinder wissen
im Mutterlein von ihrer Anfahrt, so
wenig wissen wir vom ewigen Leben.
Martin Luther, Tischreden

Das Kleine in mir bewegt sich fortwährend, das ist solche Seligkeit.
Ich möchte nur das fühlen.
Mir ist manchmal, als wüsste ich
alle Geheimnisse und könnte alles
durchschaun, und es gäbe für mich
kein Rätsel mehr.
Franziska Gräfin zu Reventlow, Tagebücher

Dich hat die Hand der Venus berührt,
sie deutet dir leise,
Dass sie das Körperchen bald, ach!
unaufhaltsam verstellt.
Bald verdirbt sie die schlanke Gestalt,
die zierlichen Brüstchen,
Alles schwillt nun, es passt nirgends
das neuste Gewand.
Johann Wolfgang von Goethe, Venezianische
Epigramme

Die ersten Jahre sind ebenso wichtig
wie die neun Monate davor.
August Strindberg, Der Sohn der Magd

Und jedes Mädchen wär
gern bequem, / Wenn nur eine
andre ins Kindbett käm.
Johann Wolfgang von Goethe, Epigrammatisch

Wenn aber die Frau in dem Stande
der Natur, sobald sie schwanger wird,
die Leidenschaft der Liebe nicht mehr
verspürt, so wird sie um so viel
weniger mit dem Manne zusammen
bleiben, weil sie dann weder
den Mann, der sie geschwängert,
noch irgendeinen anderen nötig hat.
Jean-Jacques Rousseau, Über den Ursprung und die
Grundlagen der Ungleichheit

Schwärmerei

Aller Schwärmerei droht der Übergang
in Fanatismus. Darum darf
keine Schwärmerei Nachsicht finden.
Johann Friedrich Herbart

Es gibt Schwärmer ohne Fähigkeit,
und dann sind sie wirklich
gefährliche Leute.
Georg Christoph Lichtenberg, Sudelbücher

In guten Zeiten gibt es selten Schwärmer. Aber wenn's dem Menschen an großen reinen Gegenständen fehlt, dann schafft er irgendein Phantom aus dem und jenem und drückt die Augen zu, dass er dafür sich interessieren kann und dafür leben.
Friedrich Hölderlin, Reflexion

Kunst ist keine
intellektualistische Schwärmerei.
Giorgioo de Chirico, Wir Metaphysiker

Nichts beneidenswerter als eine Seele, die schwärmen kann. Schwärmen ist fliegen, eine himmlische Bewegung nach oben.
Theodor Fontane, Der Stechlin

Schwärmer prägen den Stempel
des Geists auf Lügen und Unsinn,
Wem der Probierstein fehlt,
hält sie für redliches Gold.
Johann Wolfgang von Goethe, Venezianische Epigramme

Schweigen

Ach, würden die Menschen doch nur
antworten, wenn sie gefragt würden,
und sonst schweigen und schweigen.
Leo N. Tolstoi, Tagebücher (1909)

Auch für treues Schweigen
gibt es sicheren Lohn.
Horaz, Lieder

Behutsames Schweigen
ist das Heiligtum der Klugheit.
Baltasar Gracián y Morales, Handorakel und Kunst der Weltklugheit

Das mystische Erlebnis
ist jederzeit: hier und jetzt.
In Freiheit, die Distanz ist,
in Schweigen, das aus Stille kommt.
Dag Hammarskjöld, Zeichen am Weg

Das Schweigen ist der Gott
Der Glücklichen.
Die Engsten Bande sind', / Die
zartesten, die das Geheimnis stiftet.
Friedrich Schiller, Maria Stuart (Elisabeth)

Den Mund soll man schnüren.
Deutsches Sprichwort

Der Glaube an Gott
ist wie der ewige Beginn einer Liebe:
Schweigen.
Jean Giraudoux, Suzanne und der Pazifik

Der Kummer, der nicht spricht,
Raunt leise zu dem Herzen,
bis es bricht.
William Shakespeare, Macbeth (Malcolm)

Der Rest ist Schweigen.
William Shakespeare, Hamlet (Hamlet)

Der Stumpfsinnige ist ein Dummkopf,
der nicht spricht; das macht ihn
erträglicher als den Dummen,
der nicht schweigen kann.
Jean de La Bruyère, Die Charaktere

Die Heldentugend der Verschwiegenheit fordert zu ihrer Übzeit die Kraft der anreifenden Vernunft; nur die Vernunft lehrt schweigen, das Herz lehrt reden.
Jean Paul, Levana

Die schönste Antwort
auf Verleumdungen ist, dass man
sie stillschweigend verachtet.
Johann Jakob Engel, Fürstenspiegel

Die Schweigsamkeit besteht
aus neunzehn Sorten
(Wenn nicht aus mehr).
Erich Kästner,
Dr. Erich Kästners lyrische Hausapotheke

Die stärkste Einsamkeit empfindet man in der Menge; man kann auch beim Essen fasten; und das wahre Schweigen bildet sich im Innern der Sprache.
Elie Wiesel, Geschichten gegen die Melancholie

Dilemma zwischen Reden
und Schweigen:
das Mitteilenswerte
für nicht sagbar
und das Sagbare
für nicht mitteilenswert zu halten.
Peter Benary

Drückt dich ein Leid,
so breit es nicht vor vielen aus.
Schweigend soll man
sein Leid ertragen.
Sophokles, Fragmente

Du fragst, wie auf den Baum
der Apfel sei gekommen?
Ein andrer hat indes
ihn schweigend abgenommen.
Friedrich Rückert,
Die Weisheit des Brahmanen

Du hast zwei Ohren und einen Mund;
Willst du's beklagen?
Gar vieles sollst du hören und
Wenig drauf sagen.
Friedrich Rückert, Gedichte

Ein Narr ist wie andere Leute,
solange er schweigt.
Sprichwort aus Dänemark

Eine Frau muss schweigen können.
Eine Ehe ohne Schweigen ist wie
ein Auto ohne Bremsen.
Charles Aznavour

Eine Frau ziert Schweigen,
ziert Bescheidenheit / Am schönsten.
Euripides, Die Herakliden

Eine stumme Frau ist dumm,
ein schweigsamer Mann kann
für bedeutend gehalten werden.
Sully Prudhomme, Intimes Tagebuch

Eine Welt auf dem Weg
in den Wahnsinn – eine effektive Welt
mit totalem Schweigen,
wo keiner mehr
mit dem anderen spricht.
Teolinda Gersão, Das Schweigen

Er redete lange
und lobte das Schweigen.
Peter Benary

Es gibt kaum etwas Schöneres,
als dem Schweigen
eines Dummkopfs zuzuhören.
Helmut Qualtinger

Es ist leichter, ganz zu schweigen,
als sich im Reden zu mäßigen.
Thomas von Kempen, Nachfolge Christi

Es schweigt das Herz in Seligkeit.
Friedrich Schiller, Das Lied von der Glocke

Gib deiner Zunge
mehr Feiertage als deinem Kopfe!
Sprichwort aus Schottland

Gott lässt dem Recht widerfahren,
der schweigt.
Sprichwort aus Persien

Hang zum Übertreiben,
zum Unterdrücken oder Verzerren
der Wahrheit ist eine menschliche
Schwäche. Wir können sie überwinden, wenn wir das Schweigen üben.
Mohandas K. »Mahatma« Gandhi,
Selected Works

Im Fegefeuer sprechen Menschen viel.
Sie schweigen in der Hölle.
Elias Canetti, Die Provinz des Menschen.
Aufzeichnungen 1942–1972

In der jetzigen Zeit soll niemand
schweigen oder nachgeben;
man muss reden und sich rühren,
nicht um zu überwinden, sondern sich
auf seinem Posten zu erhalten;
ob bei der Majorität oder Minorität,
ist ganz gleichgültig.
Johann Wolfgang von Goethe,
Maximen und Reflexionen

Indem ich schweig,
hab ich viel mehr von mir erfahrn,
Als vor mir ausgeschwätzt viel Weis'
in hundert Jahrn.
Daniel Czepko von Reigersfeld,
Monodisticha Sapientium

Je älter man wird,
desto höher schätzt man die Kunst
des konstruktiven Schweigens.
Ezra Pound

Klug zu reden, ist oft schwer,
Klug zu schweigen,
meist noch mehr.
Friedrich von Bodenstedt, Mirza Schaffy

Könnte der Narr schweigen,
so wär er weis.
Deutsches Sprichwort

Lerne schweigen,
wo Sprechen nicht am Ort.
Adelbert von Chamisso, Gedichte

Man braucht zwei Jahre, um sprechen
zu lernen, und fünfzig Jahre,
um schweigen zu lernen.
Ernest Hemingway

Man hat einen Menschen
noch lange nicht überzeugt,
wenn man ihn
zum Schweigen gebracht hat.
Christopher Morley

Man spricht durch Schweigen.
Und man schweigt mit Worten.
Erich Kästner, Dr. Erich Kästners lyrische Hausapotheke

Manchmal ist ein Wort vonnöten,
Oft ist's besser, dass man schweigt.
Johann Wolfgang von Goethe, West-östlicher Divan

Mit den Wänden
um die Wette schweigen,
bis aus dem Telefon Besuch kommt.
Rose Ausländer

Mit Schweigen ärgert man den Teufel.
Sprichwort aus Bulgarien

Nichts wird heute von Leuten in der
Wortbranche so viel beredet wie
das Schweigen. Und außerdem
verwechselt manch einer Schweigen
mit Verschweigen.
Ludwig Marcuse, Argumente und Rezepte.
Ein Wörter-Buch für Zeitgenossen

Oft hat eine schweigende Miene
Stimme und Worte.
Ovid, Liebeskunst

Reden ist Silber,
Schweigen ist Gold.
Deutsches Sprichwort

Reden ohne Schweigen
wird Geschwätz.
Romano Guardini

Schließe den Mund wie eine Flasche,
hüte deine Gedanken
wie einen Stadtwall.
Chinesisches Sprichwort

Schweigen hat alle Vorteile des Redens
und zusätzlich den,
dass es schwer zu widerlegen ist.
Eugen Klöpfer

Schweigen ist das einzige Argument,
das sich nicht widerlegen lässt.
Christine Brückner

Schweigen ist
der beste Ausweg für den,
der seiner Sache nicht sicher ist.
François de La Rochefoucauld, Reflexionen

Schweigen ist die schlimmste
oder die gnädigste Form der Kritik.
Pierre Reverdy

Schweigen
ist die unerträglichste Erwiderung.
Gilbert Keith Chesterton

Schweigen ist die
wesentlichste Bedingung des Glücks.
Heinrich Heine, Elementargeister

Schweigen ist ein köstlicher Genuss,
aber um ihn ganz auszuschöpfen,
muss man einen Gefährten haben.
Allein ist man nur stumm.
Karl Heinrich Waggerl

Schweigen ist nicht allein des Weibes
höchste Schönheit,
sondern auch ihre höchste Weisheit.
Sören Kierkegaard, Der Begriff Angst

Schweigen ist nie Leere, sondern bis
zum äußersten pralle Latenz.
Heimito von Doderer, Repertorium. Ein Begreifbuch
von höheren und niederen Lebens-Sachen

Schweigen ist Stille, aber nie Leere;
es ist Klarheit, aber nie Farblosigkeit;
es ist Rhythmus wie
ein gesunder Herzschlag;
es ist das Fundament allen Denkens
und damit das, auf dem jedwedes
Schöpferische von Wert beruht.
Yehudi Menuhin, Kunst als Hoffnung
für die Menschheit

Schweigen ist tief wie die Ewigkeit, `
Rede so flach wie die Zeit.
Thomas Carlyle, Über Walter Scott

Schweigen kann
die grausamste Lüge sein.
Robert Louis Stevenson

Schweigen lernt man
aus des Lebens häufigem Unbill.
Lucius Annaeus Seneca, Thyestes

Selbst ein Fisch würde nicht gefangen,
wenn er sein Maul hielte.
Sprichwort aus den USA

Sprechen heißt urteilen,
Schweigen heißt geurteilt haben.
Hans Lohberger

Sprich gut oder schweig.
Edda, Hávamál (Des Hohen Lied)

Vater und Mutter
lehrten uns zu sprechen,
und die Welt,
still zu sein.
Sprichwort aus Tschechien

Warum überhaupt schweigen wir alle
nicht viel mehr? Alles wird beredet,
auseinander gelegt –
wieder zusammengesetzt und dann
wieder von vorn angefangen.
Franziska Gräfin zu Reventlow, Tagebücher

Was aber ist weniger mühevoll
als zu schweigen?
Ovid, Liebesgedichte

Was hilft das Schweigen,
wenn das Gewissen schreit?
Jean-Jacques Rousseau, Julie oder Die neue Héloïse
(Julie)

Was ich in meiner Tätigkeit sehe
oder höre oder sonst von anderen
an Geheimnissen erfahre, darüber
werde ich Schweigen bewahren.
Hippokrates, Aus dem hippokratischen Eid

Was nützt,
einer ganzen Landschaft schweigen,
wenn die Leidenschaften toben?
Lucius Annaeus Seneca, Briefe über Ethik

Wem wohl ist, der schweige.
Deutsches Sprichwort

Wenig oder widerwillig
schweigt die Frau.
Sprichwort aus Frankreich

Wenn die Menschen schweigen,
so bedeutet dies, dass sie einander
nichts zu sagen haben,
oder dass sie sich genieren.
Anton P. Tschechow, Briefe (26. November 1896)

Wenn du geschwiegen hättest,
wärest du ein Philosoph geblieben.
Anicius Manlius Torquatus Severinus Boethius,
Trost der Philosophie

Wenn du nichts zu sagen hast,
was besser ist als schweigen,
so schweige lieber.
Menandros, Monostichoi

Wenn eine Frau
des Schweigens Gabe zeigt, / An Wert
sie weit die Allgemeinheit übersteigt.
Pierre Corneille, Der Lügner

Wenn man ein Jahr lang schweigt,
so verlernt man das Schwätzen
und lernt das Reden.
Friedrich Nietzsche, Morgenröte

Wer alt mit Fürsten wird, lernt vieles,
lernt / Zu vielem schweigen.
Johann Wolfgang von Goethe, Elpenor (Evadne)

Wer bei einem Streit
als erster schweigt,
stammt aus einer guten Familie.
Sprichwort aus der Slowakei

Wer dein Schweigen nicht versteht,
versteht auch deine Worte nicht.
Elbert Hubbard

Wer den Mund nicht auftut,
muss das Portemonnaie auftun.
Deutsches Sprichwort

Wer die Hände stille hält,
halte auch den Mund.
Chinesisches Sprichwort

Wer fein das Maul hält,
braucht nicht en detail zu lügen.
Emil Gött, Im Selbstgespräch

Wer hirnlos sich zeigt,
Für den dient als Antwort,
wenn man schweigt.
Mansur Firdausi, Schah-Name

Wer nicht zu schweigen weiß,
verdient nicht zu herrschen.
Fénelon, Die Erlebnisse des Telemach

Wer schweigt,
hat wenig zu sorgen, / Der Mensch
bleibt unter der Zunge verborgen.
Johann Wolfgang von Goethe, West-östlicher Divan

Wer schweigt,
scheint beizustimmen.
Papst Bonifatius VIII., Liber sextus decretalium

Wer weise ist,
freue sich im schweigsamen Herzen.
Tibull, Elegien

Wer zur Gewalt schweigt,
verliert sein Recht.
Deutsches Sprichwort

Wie viel man sagen muss,
um dann gehört zu werden,
wenn man endlich schweigt.
Elias Canetti, Die Provinz des Menschen.
Aufzeichnungen 1942–1972

Wir haben auch erfahren,
dass das Schweigen nicht immer
erlösend und schöpferisch ist.
Es kann zum Instrument der Folter
und des Todes werden.
Elie Wiesel, Geschichten gegen die Melancholie

Wo Männer schweigen,
reden die Gedanken.
Carl Spitteler, Olympischer Frühling

Zwei Jahre braucht der Mensch,
um das Sprechen,
ein Leben lang,
um das Schweigen zu lernen.
Ernest Hemingway

Schwein

Auch ohne Schlächter isst man
das Schwein nicht mit Borsten.
Chinesisches Sprichwort

Die Krone der Schöpfung,
das Schwein, der Mensch.
Gottfried Benn

Ein Mastschwein muss nicht
schöne Augen machen.
Chinesisches Sprichwort

Ein Schwein
mit einem goldenen Halsband
bleibt immer noch ein Schwein.
Sprichwort aus Russland

Für jedes Schwein
kommt sein Martinstag.
Sprichwort aus Spanien

Man mästet das Schwein
nicht um des Schweines willen.
Deutsches Sprichwort

Schweine haben am Dreck
mehr Lust als an sauberem Wasser.
Heraklit, Fragmente

Sich im Respekt zu erhalten,
Muss man recht borstig sein.
Alles jagt man mit Falken,
Nur nicht das wilde Schwein.
Johann Wolfgang von Goethe, West-östlicher Divan

Was kann man
von einem Schwein
anderes erwarten,
außer Grunzen?
Sean O'Casey

Wenn das Schwein satt ist,
will es weiter fressen;
wenn der Bauer reich ist,
will er weiter raffen.
Wsewolod Iwanow

Wer Schweine füttert,
kommt zu Dung und Fleisch.
Chinesisches Sprichwort

Schweiß

In jedem Körnchen Reis
steckt ein Tropfen Schweiß.
Chinesisches Sprichwort

Schweiß ist Transpiration,
die heute nur noch
bei Urlaubsreisen
und Freizeitbeschäftigungen auftritt.
Michael Schiff

Von der Stirne heiß
Rinnen muss der Schweiß.
Friedrich Schiller, Das Lied von der Glocke

Vor den Lohn haben die Götter
den Schweiß gesetzt
Deutsches Sprichwort

Vor die Tugend
haben die unsterblichen Götter
den Schweiß gesetzt.
Hesiod, Werke und Tage

Was man mit Schweiß erwirbt, ist
einem lieber als das, was man erbt.
Sprichwort aus Frankreich

Schweiz

Als Schweizer geboren zu werden,
ist ein großes Glück.
Es ist aber auch schön,
als Schweizer zu sterben.
Doch was tut man dazwischen.
Alexander Roda Roda

Die Schweiz – ein kleines Europa.
Mit dessen Ausschluss.
Heinrich Wiesner

Die Schweiz ist das einzige Land,
in dem die Ladenbesitzer
einander im Preis überbieten.
Peter Ustinov, Peter Ustinovs geflügelte Worte

Die Schweiz ist der Traum der andern.
Walter Vogt

Die Schweiz ist ein Land,
das seine Minderheiten schützt.
Selbst Dienstverweigerer kommen
in den Genuss der Schutzhaft.
Heinrich Wiesner

Ein kleiner Staat muss heute eine
moralische Macht sein, wenn er das
Recht zum Fortbestand besitzen will.
Carl Hilty, Politisches Jahrbuch der schweizerischen
Eidgenossenschaft (1909)

Es gibt auch wohl außer der Schweiz
kein Land in der Welt, das eine so sonderbare Mischung wahrer Natur und
menschlicher Industrie darböte.
Jean-Jacques Rousseau,
Träumereien eines einsamen Spaziergängers

Im Falle eines Atomkriegs
gehe ich in die Schweiz;
dort findet alles
zwanzig Jahre später statt
als anderswo.
Albert Einstein

Jeder Schweizer
trägt seinen Gletscher in sich.
André Gide, Stirb und werde

O mein Heimatland!
O mein Vaterland!
Wie so innig, feurig lieb' ich dich!
Gottfried Keller, Lieder
(Schweizer Landeshymne)

Was können die Schweizer dafür,
dass ihre Anfechtungen klein sind?
Heinrich Nüsse

Schwer

Oh, wie war es grau und schwer
in der weiten Welt!
Hans Christian Andersen, Die Schneekönigin
(dritte Geschichte)

Schwer ist die Kunst,
vergänglich ist ihr Preis.
Friedrich Schiller, Wallenstein (Prolog)

Schwere ist das edelste Laster.
Emil Gött, Im Selbstgespräch

Schwermut

Außer meinem übrigen zahlreichen
Umgangskreis habe ich noch eine
intime Vertraute – meine Schwermut.
Mitten in meiner Freude, mitten in
meiner Arbeit winkt sie mir und
nimmt mich beiseite, auch wenn ich
körperlich dableibe. Meine Schwermut
ist die treueste Geliebte, die ich
je gekannt habe; was Wunder,
dass ich sie wiederliebe.
Søren Kierkegaard, Entweder – Oder

Du leidest an einer unheilvollen
Seelenkrankheit. Die Modernen
nennen sie Schwermut, die Alten
hießen sie geistige Trägheit.
Francesco Petrarca, Gespräche über die
Weltverachtung (Augustinus)

Fühlst du, wie zärtlich ein schwermütiges Herz ist und wie sehr Gram
die Liebe umtreibt?
Jean-Jacques Rousseau, Julie oder Die neue Héloïse
(Julie)

Manch einer hat alle Wissenschaften
studiert, und doch weicht
die Schwermut nicht von ihm.
Fjodor M. Dostojewski, Der Jüngling

O zauberische Schwermut!
O Sehnsucht einer gerührten Seele!
Jean-Jacques Rousseau, Julie oder Die neue Héloïse
(Saint-Preux)

Stunden in Schwermut, der Not,
der Angst – ich glaube, die haben wir
alle in kleinerem oder größerem
Ausmaß, und es ist Bedingung jedes
bewussten menschlichen Lebens.
Vincent van Gogh, Briefe

Schwert

Der Mann gebietet mit dem Schwert,
Das Weib befiehlt mit Tränen.
Joseph Freiherr von Auffenberg, Gedichte

Die Feder ist mächtiger
als das Schwert.
Sprichwort aus England

Ein Schwert wetzt das andere.
Deutsches Sprichwort

Gott gebe mir ein gutes Schwert
und keine Gelegenheit,
es zu gebrauchen.
Sprichwort aus Polen

Man soll ein gut Schwert
nicht in alle Scheiden probieren.
Deutsches Sprichwort

Säumt nicht, ihr Männer!
Jeder umgürte seinen Heldenleib
mit dem Schwert; der Schuppenpanzer
berge jetzt die Brust!
Waltharilied (Gunther von Worms)

Selbst Götter und Genies
verlieren einmal ihr Schwert.
Chinesisches Sprichwort

Sie gingen um sich schlagend
mit Schwertern wie die Blinden.
Hartmann von Aue, Iwein

Steck dein Schwert in die Scheide;
denn alle, die zum Schwert greifen,
werden durch das Schwert
umkommen.
Neues Testament, Matthäus 26, 52 (Jesus)

Wer mit dem Schwert spielt,
spielt mit dem Teufel.
Sprichwort aus Spanien

Wer vom Schwert lebt,
kommt durch das Schwert um.
Sprichwort aus Frankreich

Werden wir das Schwert über dem
Papst zücken, so werden wir uns
selber treffen.
Martin Luther, Tischreden

Schwiegermutter

Das Gewissen ist
eine Schwiegermutter,
deren Besuch nie endet.
Henry Louis Mencken

Des Mannes Mutter, der Frauen Teufel.
Deutsches Sprichwort

Die keine Schwiegermutter und keine
Schwägerin hat, ist gut verheiratet.
Sprichwort aus Portugal

Die Schwiegermutter
ist das Sinnbild des Verfalls,
dem sie ihre Tochter geweiht hat,
als sie sie zur Welt brachte.
Simone de Beauvoir, Das andere Geschlecht

Ein Ehemann wird niemals seine Frau
allein zu ihrer Mutter gehen lassen.
Honoré de Balzac, Physiologie der Ehe

Seine Schwiegermutter in der Provinz
zu haben, während man selber
in Paris wohnt, und umgekehrt,
das ist einer jener Glücksfälle,
die stets allzu selten vorkommen.
Honoré de Balzac, Physiologie der Ehe

Während eine Tochter nur selten
den Liebhaber ihrer Mutter gern hat,
hat eine Mutter stets eine Schwäche
für den Liebhaber ihrer Tochter.
Honoré de Balzac, Physiologie der Ehe

Wer sich mit der Kunst verheiratet,
bekommt die Kritik
zur Schwiegermutter.
Hildegard Knef

Schwiegersohn

Dem Schwiegersohn und dem Schwein
zeigt man einmal das Haus,
und sie finden den Weg schon allein.
Sprichwort aus Spanien

Des Schwiegersohnes Sack ist nie voll.
Sprichwort aus Dänemark

Du kannst ein Grab öffnen, doch weise
nicht den Schwiegersohn von Dir.
Chinesisches Sprichwort

Schwierigkeit

Bin ich jemals glücklich,
außer wenn ich Schwierigkeiten
zu überwinden habe?
Katherine Mansfield, Tagebücher

Das Glück des Lebens
besteht nicht sowohl darin,
wenig oder keine Schwierigkeiten
zu haben, sondern sie alle siegreich
und glorreich zu überwinden.
Carl Hilty, Für schlaflose Nächte

Das Wort Schwierigkeit
muss gar nicht für einen Menschen
von Geist als existent gedacht werden.
Weg damit!
Georg Christoph Lichtenberg, Sudelbücher

Die größten Schwierigkeiten liegen da,
wo wir sie nicht suchen.
Johann Wolfgang von Goethe,
Maximen und Reflexionen

Die Menschen halten es nicht länger
in schwierigen Verhältnissen aus,
als sie durch die Notwendigkeit
dazu gezwungen werden.
Niccolò Machiavelli, Geschichte von Florenz

Die Schwierigkeiten scheinen nur da
zu sein, um überwunden zu werden.
August Heinrich Hoffmann von Fallersleben

Die Schwierigkeiten wachsen,
je näher man dem Ziele kommt.
Johann Wolfgang von Goethe,
Maximen und Reflexionen

Ein Berg von Federn
bringt ein Boot zum Sinken.
Chinesisches Sprichwort

Ein Mann von Genie,
sobald er vom Schwierigen redet,
meint bloß das Unmögliche.
Edgar Allan Poe, Marginalien

Es wird einem sauer gemacht,
das bisschen Leben und Freiheit.
Johann Wolfgang von Goethe, Götz von Berlichingen
(Götz)

Für den Fleißigen gibt es nichts
auf Erden, das schwierig wäre.
Chinesisches Sprichwort

Je schwieriger und bedrückender
die Umstände sind,
umso mehr bedarf es der Festigkeit,
der Tätigkeit und Entschlossenheit,
und umso schädlicher ist Apathie.
Leo N. Tolstoi, Tagebücher (1853)

Nicht sinnen und sorgen,
sondern bitten und arbeiten
ist in allen schwierigen Verhältnissen
das Richtige.
Carl Hilty, Für schlaflose Nächte

Schwierigkeiten heilt man nicht
mit Gewalt und Kalamitäten,
nicht mit Beschlüssen,
sondern mit Klugheit und Vorsicht.
Carl Spitteler, Politische Tagesberichte

Wer Schwierigkeiten sucht,
findet immer welche.
Englisches Sprichwort

Wir sind nicht klein, wenn Umstände
uns zu schaffen machen,
nur wenn sie uns überwältigen.
Johann Wolfgang von Goethe, Clavigo (Carlos)

Schwimmen

Ach, und in demselben Flusse
Schwimmst du nicht zum zweiten Mal.
Johann Wolfgang von Goethe, Dauer im Wechsel

Auch gute Schwimmer
ertrinken schließlich.
Sprichwort aus Frankreich

Das Beste aber ist das Wasser.
Pindar, Olympische Oden

Der Glaube an Gott
ist wie das Wagnis des Schwimmens:
Man muss sich dem Element
anvertrauen und sehen, ob es trägt.
Hans Küng

Der Hund, der über die Donau
geschwommen ist,
wird wieder schwimmen.
Sprichwort aus Serbien

Du mochtest im Sumpfe nicht
schwimmen. Komm nun, komm,
und lass uns baden in offener See!
Friedrich Hölderlin, Hyperion

Es hat keinen Sinn,
Sorgen im Alkohol ertränken
zu wollen, denn Sorgen
sind gute Schwimmer.
Robert Musil

Humor ist der Schwimmgürtel
auf dem Strom des Lebens.
Wilhelm Raabe

Schwimmen ist leicht,
wenn einem das Kinn gehalten wird.
Sprichwort aus Frankreich

Wenn man ins Wasser kommt,
lernt man schwimmen.
Johann Wolfgang von Goethe, Tagebuch der
Italienischen Reise

Wer nicht schwimmen kann,
gehe nicht ins Wasser.
Deutsches Sprichwort

Wider den Strom ist übel schwimmen.
Deutsches Sprichwort

Schwur

Besser geschworen / Als verloren.
Johann Wolfgang von Goethe, Reineke Fuchs

Des Schwures bedienen sich
die Menschen nicht, um ihn zu halten,
sondern als Mittel, leichter zu
betrügen, und je besser und sicherer
der Betrug gelingt, desto mehr Lob
und Ruhm erwirbt man.
Niccolò Machiavelli, Geschichte von Florenz

Es schwor nur meine Lippe,
nicht mein Herz.
Euripides, Der bekränzte Hippolytos (Hippolytos)

Ich aber sage euch:
Schwört überhaupt nicht,
weder bei Himmel, denn er ist Gottes
Thron, noch bei der Erde,
denn sie ist der Schemel für seine
Füße, noch bei Jerusalem,
denn es ist die Stadt des großen
Königs. Auch bei deinem Haupt
sollst du nicht schwören, denn du
kannst kein einziges Haar weiß
oder schwarz machen. Euer Ja sei
ein Ja, euer Nein ein Nein;
alles andere stammt vom Bösen.
Neues Testament, Matthäus 5, 34–37
(Jesus: Bergpredigt)

Liebt keine verlogenen Schwüre!
Altes Testament, Sacharja 8, 17

Seefahrt

Manchmal muss man
das Schiff versenken,
um die Ratten loszuwerden.
Alfred Polgar

Niemand hätte jemals
den Ozean überquert,
wenn er die Möglichkeit gehabt hätte,
bei Sturm das Schiff zu verlassen.
Charles Kettering

Ratten, die das Schiff verlassen haben,
nehmen es ihm übel,
wenn es nicht sinkt.
Wiesław Brudziński

Seefahrt tut Not,
Leben tut nicht Not.
Fernando Pessoa, Das Buch der Unruhe des
Hilfsbuchhalters Bernardo Soares

Wind und Wellen sind immer auf
der Seite des besseren Seefahrers.
Edward Gibbon, Geschichte des Verfalls und
Untergangs des Römischen Reiches

Seele

Ach, unsre Seelen sitzen wie
auf Stühlen und sehn der Liebe zu.
Erich Kästner, Dr. Erich Kästners lyrische Hausapotheke

Alles Körperliche ist ein Fluss,
alles Seelische ein Traum und Wahn,
das Leben Krieg und Aufenthalt eines
Fremden, der Nachruf Vergessenheit.
Mark Aurel, Selbstbetrachtungen

Alles Seelenleben, die gesamte Welt
unseres innersten geistigen Daseins,
die wir sehr wohl in unserem Bewusstsein von allem Äußerlichen unterscheiden, sie ruht auf dem Bewusstlosen und bildet sich nur aus diesem
hervor.
Carl Gustav Carus, Psyche

Alles wahrhaft Geistige, alles, woran
die Seele wirklich teilhat, führt zu Gott
zurück, zur Frömmigkeit. Die Seele
vermag sich nicht zu regen, sie kann
nicht erwachen, nicht die Augen aufschlagen, ohne Gott zu empfinden.
Man empfindet Gott durch die Seele
wie die Luft durch den Körper.
Joseph Joubert, Gedanken, Versuche und Maximen

Am liebsten ist mir denn aber doch,
was ich in der Seele mitnehme
und was, immer wachsend,
sich immer vermehren kann.
Johann Wolfgang von Goethe, Italienische Reise

Auch die Seele muss
ihre bestimmten Kloaken haben,
wohin sie ihren Unrat abfließen lässt.
Friedrich Nietzsche, Menschliches, Allzumenschliches

Bei zu großer Seelenerhebung
schwindelt der Kopf, und man sieht
die Dinge nicht mehr, wie sie sind.
Jean-Jacques Rousseau, Brief an Erzbischof Beaumont (18. November 1762)

Beim Lesen guter Bücher
wächst die Seele empor.
Voltaire, Der ehrliche Hurone

Bekanntlich hat man in krummer,
gebückter Haltung weniger Kraft
zum Lastentragen. So geht es auch
der Seele. Wir müssen sie aufrichten
und straffen.
Michel Eyquem de Montaigne, Die Essais

Da ihr so gut Bescheid wisst über das,
was außerhalb von euch selbst ist,
kennt ihr zweifellos noch besser das,
was in euch ist. Sagt mir doch, was
eure Seele ist und wie ihr eure Gedanken und Vorstellungen bildet!
Voltaire, Micromégas

Da ist unsre Heimat, diese Dinge
Bleiben in den Tiefen unsrer Seele.
Carl Spitteler, Der verlorene Sohn

Das artige Wesen, das entzückt,
Sich selbst und andre gern beglückt,
Das möcht ich Seele nennen.
Johann Wolfgang von Goethe, Gott und Welt

Das Fernsehen
ist eine Infektion der Seele.
Federico Fellini

Das Herz gehört ganz der Liebe,
die Seele bleibt der Tugend.
Charles de Secondat, Baron de la Brède et de Montesquieu, Meine Gedanken

Das ist das unsäglich Wohltätige
von der Natur, dass Seelenwunden
wie körperliche heilen, nur mit dem
Unterschiede, dass die geheilte Seelenwunde, wenn sie eine unverdiente war,
statt Nachwehen wie die körperliche
vielmehr eine gestähltere, gefestigtere
und reinere Seelengesundheit
zurücklässt.
Adalbert Stifter, Briefe (an Gustav Heckenast, 6. Dezember 1850)

Das Lustgefühl ist
ein seelischer Vorgang, und jeder hat
Lust an dem, was er liebt.
Aristoteles, Nikomachische Ethik

Das muss allen Seelen von einer
gewissen Art so gehen; sie verwandeln
sozusagen die andern in sich selbst;
sie haben einen Wirkungskreis,
innerhalb dessen ihnen
nichts widerstehen kann.
Jean-Jacques Rousseau, Julie oder Die neue Héloïse (Claire)

Das Schönste, was Gott hervorbringen
kann, das Einfachste, Lauterste, das
Kleinste, das doch wieder das Größte
einschließt, ist die menschliche Seele,
der noch keine Kunst eingeprägt ist,
sondern nur ihre einfachen Gesetze.
Der Großheit der einfachen Natur
war die Großheit der einfachen
Menschenseele entgegengesetzt.
Adalbert Stifter, Der Waldsteig

Das Tabu
ist der Architekt der Seele.
Günther Anders, Lieben gestern. Notizen zur Geschichte des Fühlens

Das Vertrauen erhebt die Seele.
Jean-Jacques Rousseau, Emile

Das Wesen der Seele
ist das Bewusstsein unser selbst.
Die Seele mag sich mit dem Tode verändern, das Bewusstsein unser selbst
hingegen, also die Seele, stirbt nicht.
Leo N. Tolstoi, Tagebücher (1852)

Deine Gedanken, deine Überlegungen
und Vorhaben sollst du nicht
beliebigen Menschen eröffnen,
sondern nur denen, die deine Seele
heilen und retten können.
Antonius der Große, Regeln oder Bestimmungen für seine geistlichen Söhne

Deine Seele ist eine
auserlesene Landschaft.
Paul Verlaine, Clair de lune

Den Leib aber außer Acht lassend,
gewahre ich in der Seele drei Kräfte:
Vernunft, Wille, Gedächtnis; diese drei
machen zusammen die Seele aus.
Bernhard von Clairvaux, Elfte Ansprache über das Hohelied Salomos

Denn der Seele Freude ist es,
im Leibe wirksam zu sein.
Hildegard von Bingen, Welt und Mensch

Denn es gibt keinen anderen Ort
für dieses Weltganze als die Seele.
Plotin, Enneaden

Der Gedanke der Seelenwanderung
wird völlig sinnlos, wenn wir nicht
zugleich eine Fortdauer des Ichbewusstseins als gegeben annehmen.
Als ein anderer dagewesen sein, das
heißt: überhaupt nicht dagewesen sein.
Arthur Schnitzler, in: Buch des Gesamtverbandes Schaffender Künstler (Wien 1929)

Der Geist ist das Auge der Seele
und nicht ihre Kraft. Ihre Kraft liegt
im Herzen, das heißt in den Leidenschaften. Die erleuchtetste Vernunft
führt nicht zum Handeln und Wollen.
Genügt es, gut zu sehen, um gut zu
gehen? Muss man nicht auch Füße
haben und Willen und Kraft,
sie zu regen?
Luc de Clapiers Marquis de Vauvenargues, Reflexionen und Maximen

Der Körper ist
der Übersetzer der Seele ins Sichtbare.
Christian Morgenstern

Der Körper kann eine größere Last
tragen, wenn man ihn strafft;
mit der Seele ist es genauso.
Michel Eyquem de Montaigne, Die Essais

Der kranken Seele geht es genau wie
dem kranken Körper. Sie quält sich,
erregt sich und beruhigt sich schließlich. Zu guter Letzt bleibt sie bei
den Gefühlen und Gedanken stehen,
die sie für ihre Ruhe am nötigsten hat.
Chamfort, Maximen und Gedanken

Der Leib ist das Grab der Seele.
Platon, Gorgias

Der leitende und herrschende Teil
deiner Seele soll von der sanften
oder rauen Bewegung im Fleische
unberührt sein und soll sich nicht mitbewegen, sondern soll sich abgrenzen
und soll jene Empfindungen auf die
Glieder beschränken.
Mark Aurel, Selbstbetrachtungen

Der Mann, der geschickt genug ist,
sein Temperament zu lenken,
wird ganz gewiss auch der Beherrscher
seiner Seele sein.
Honoré de Balzac, Die Physiologie der Ehe

Der Mensch ist schwer zu entdecken
und sich selber noch am schwersten:
oft lügt der Geist über die Seele.
Friedrich Nietzsche,
Also sprach Zarathustra

Der Mensch lebt nur halb
während seines Lebens,
und das Leben der Seele
fängt erst mit dem Tode des Leibes an.
Jean-Jacques Rousseau, Emile

Der Schlüssel zur Erkenntnis
vom Wesen des bewussten Seelenlebens liegt in der Region
des Unbewussten.
Carl Gustav Carus, Psyche

Der Schöpfer des Alls, der die Erde
zu einer Werkstätte gemacht hat,
hat die Seele auf sich zu geschaffen.
Hildegard von Bingen, Welt und Mensch

Der Seele Grenzen kannst du nicht
finden, auch wenn Du gehst und jede
Straße abwanderst; so tief ist ihr Sinn.
Heraklit, Fragmente

Der Seele haftet eine Erfahrung im
Himmlischen wie im Irdischen an, und
die Vernunft, die Himmlisches und
Irdisches spürt, ist ihr eingegossen.
Hildegard von Bingen, Welt und Mensch

Der seelisch gesunde Mensch ist ein
Mensch, der aus seiner Liebe, seiner
Vernunft und seinem Glauben heraus
lebt, der sein eigenes Leben und das
seiner Mitmenschen achtet.
Erich Fromm, Wege aus einer kranken Gesellschaft

Der seelische Zustand ist vom Körper
abhängig und besteht nicht für sich,
unbeeinflusst von den Bewegungen
des Körpers. Dies erkennt man ganz
deutlich bei der Trunkenheit und
bei Krankheiten.
Aristoteles, Psychologie

Der sinnliche Trieb strebt
nach dem Wohlsein des Körpers
und die Liebe zur Ordnung
nach dem Wohl der Seele.
Jean-Jacques Rousseau, Brief an Erzbischof Beaumont
(18. November 1762)

Der Sitz der Seele ist da, wo sich
Innenwelt und Außenwelt berühren.
Wo sie sich durchdringen, ist er
in jedem Punkte der Durchdringung.
Novalis, Blütenstaub

Der Unglaube, Freund,
ist die Auszehrung der Seele.
Johann Jakob Engel,
Der Philosoph für die Welt

Des Menschen Seele / Gleicht dem
Wasser: / Vom Himmel kommt es,
Zum Himmel steigt es,
Und wieder nieder / Zur Erde muss es,
Ewig wechselnd.
Johann Wolfgang von Goethe,
Gesang der Geister über den Wassern

Die ganze Seele ist ja nichts anderes
als Vernunft, Gedächtnis und Wille.
Bernhard von Clairvaux, Über die Bekehrung

Die geistige Seele kann nicht
entstehen außer durch Erschaffung.
Thomas von Aquin, Summa theologica

Die Gesundheit der Seele ist
so wenig gesichert wie die Gesundheit
des Körpers. Man mag noch so weit
den Leidenschaften entrückt
erscheinen, man ist ebenso gefährdet,
von ihnen weggeschwemmt
zu werden, wie zu erkranken,
wenn man gesund ist.
François de La Rochefoucauld, Reflexionen

Die Großmut muss eine beständige
Eigenschaft der Seele sein und
ihr nicht bloß ruckweise entfahren.
Gotthold Ephraim Lessing,
Das Neueste aus dem Reiche des Witzes

Die höchste Stufe der gesamten
Schöpfung ist die menschliche Seele,
und zu ihr hin strebt die Materie
wie in ihre äußerste Form.
Thomas von Aquin, Summe gegen die Heiden

Die höchste Vollkommenheit der Seele
ist ihre Fähigkeit zur Freude.
Luc de Clapiers Marquis de Vauvenargues,
Nachgelassene Maximen

Die Höhe einer Menschenseele
ist zum Teil danach zu ermessen,
wie weit und vor wem sie fähig ist,
Ehrfurcht und Verehrung zu bezeugen
oder Andacht zu empfinden.
Fjodor M. Dostojewski, Tagebuch eines Schriftstellers

Die individuelle Seele soll mit
der Weltseele übereinstimmen.
Novalis, Fragmente

Die Kinderkrankheiten der Seele
brechen erst bei den Erwachsenen aus.
Hans Weigel

Die Kunst ist der Spiegel
der innersten Seele.
Bettina von Arnim, Goethes Briefwechsel mit einem
Kinde

Die Menschen hingegen
haben eine Seele, die noch lebt,
nachdem der Körper zu Erde
geworden ist; sie steigt
durch die klare Luft empor, hinauf
zu all den glänzenden Sternen.
Hans Christian Andersen,
Die kleine Seejungfrau

Die meisten Menschen
verkaufen ihre Seele
und leben mit gutem Gewissen
von dem Erlös.
Logan P. Smith

Die menschliche Seele besitzt eine
solche Fülle verschiedener Vermögen,
weil sie im Grenzgebiet des geistigen
und körperhaften Wesens wohnt;
in ihr vereinigen sich daher die Kräfte
beider Seinsbereiche.
Thomas von Aquin, Summa theologica

Die menschliche Seele
hat ihre Lebensalter wie der Körper.
Johann Gottfried Herder, Journal meiner Reise im
Jahr 1769

Die menschlichen Seelen
wollen gepaart sein,
um ihren ganzen Wert zu erhalten.
Jean-Jacques Rousseau, Julie oder Die neue Héloïse
(Saint-Preux)

Die richtige Seelenhaltung ist allen
zugänglich, alle sind wir im Hinblick
auf diesen Maßstab adlig.
Lucius Annaeus Seneca, Briefe über Ethik

Die Schönheit ist Lebensnahrung
der Seele.
Bettina von Arnim, Die Günderode

Die Seel' ist ein Flamm' aus Gott,
dem Blitz, gegangen;
Ach, sollte sie dann nicht
in ihn zurückgelangen?
Angelus Silesius, Der cherubinische Wandersmann

Die Seele atmet durch den Geist,
der Geist atmet durch die Inspiration,
und die ist das Atmen der Gottheit.
Bettina von Arnim,
Goethes Briefwechsel mit einem Kinde

Die Seele bedarf des Leibes
zur Verwirklichung ihres Zieles,
sofern sie durch den Leib ihre
Vollkommenheit erlangt, sowohl
im Wissen wie in der Tugend.
Thomas von Aquin, Summe gegen die Heiden

Die Seele des Kriegers
wohnt im Schwert,
die Seele der Frau im Spiegel.
Sprichwort aus Japan

Die Seele, die nichts sucht,
als eins mit Gott zu sein,
Die lebt in steter Ruh'
und hat doch stete Pein.
Angelus Silesius, Der cherubinische Wandersmann

Die Seele drängt danach,
dem Nächsten Gutes zu tun.
Das Fleisch drängt danach,
Gutes für sich selbst zu tun.
Leo N. Tolstoi, Tagebücher (1852)

Die Seele entstammt
der himmlischen Harmonie.
Hildegard von Bingen, Briefwechsel

Die Seele fühlt sich wohl,
wenn die Philosophie in ihr wohnt;
diese seelische Gesundheit
wird auch auf die körperliche
Gesundheit übergreifen.
Michel Eyquem de Montaigne,
Die Essais

Die Seele ist glücklich,
wenn sie etwas zu vollbringen hat.
Honoré de Balzac, Die Physiologie der Ehe

Die Seele ist jene Welt,
die wir uns selber schaffen.
Hans Lohberger

Die Seele ist mehr dort,
wo sie liebt, als dort,
wo sie dem Leib Leben gibt.
Meister Eckhart, Merksprüche und Weisungen

Die Seele ist ruhig, wenn sich das
Herz zufrieden fühlt, deshalb ist jeder
Glaube, wahr oder falsch, etwas wert,
man muss eben einen haben.
Sully Prudhomme, Gedanken

Die Seele ist stets am Werk
und arbeitet für sich ohne Unterlass.
Charles de Secondat, Baron de la Brède et
de Montesquieu, Meine Gedanken

Die Seele ist Ursache und Prinzip
des lebenden Körpers.
Aristoteles, Psychologie

Die Seele kann alles sehen
und befühlen, aber nähren
kann sie sich nur
von ihrem eigenen Gehalt;
sie soll nur lernen,
was sie wirklich angeht,
was wirklich ihr Besitz
und ihre Substanz werden kann.
Michel Eyquem de Montaigne, Die Essais

Die Seele muss tätig sein,
sonst sind doch alle Erscheinungen
der Natur verloren,
wenn sie auch auf alle Sinne wirken.
Heinrich von Kleist, Briefe (an Wilhelmine von Zenge,
29./30. November 1800)

Die Seele spricht: Ich bin berufen,
die Genossin der Engel zu sein,
weil ich der lebendige Hauch bin, den
Gott in den trockenen Lehm entsandte.
Hildegard von Bingen, Wisse die Wege

Die Seelen sind frei vom Tod.
Ovid, Metamorphosen

Die Vernunft und
die Rechtschaffenheit und die Lust
haben ihren Sitz in der Seele.
Aristoteles, Eudemische Ethik

Die Welt der Seele
ist die der Krankheit.
Thomas Mann, Tolstoi –
Zur Jahrhundertfeier seiner Geburt

Die Welt ist mir zu eng, der Himmel
ist zu klein: / Wo wird doch noch
ein Raum für meine Seele sein?
Angelus Silesius, Der cherubinische Wandersmann

Diese Welt ist ein Nichts, was ist,
das bin ich, meine Seele.
Leo N. Tolstoi, Tagebücher (1900)

Drei Dinge also gehören zu der Seele:
Gesundheit, Betrachtung und Schau.
Drei andere aber,
Glaube, Hoffnung und Liebe,
sind für das erste jener drei Dinge
und das zweite immer notwendig,
für das dritte aber in diesem Leben
alle, nach diesem Leben nur die Liebe.
Aurelius Augustinus, Selbstgespräche

Du musst dich entscheiden: Entweder
arbeitest du für deine Seele oder für
die äußeren Dinge. Entweder bemühst
du dich um das Innere oder um das
Äußere, das heißt, entweder spielst du
die Rolle eines Philosophen oder eines
gewöhnlichen Menschen.
Epiktet, Handbuch der Moral

Du weißt, dass der Leib ein Kerker ist;
Die Seele hat man hinein betrogen;
Da hat sie nicht freie Ellebogen.
Johann Wolfgang von Goethe, West-östlicher Divan

Durch Umgang mit Kindern
gesundet die Seele.
Fjodor M. Dostojewski, Der Idiot

Ein großartiger Geist ist lang nicht
so selten wie eine große Seele.
Charles de Secondat, Baron de la Brède et
de Montesquieu, Meine Gedanken

Eine in die Welt versunkene Seele
behält diese Richtung auch nach
dem Tode.
Justinus Kerner, Die Seherin von Prevorst

Eine Seele, die an einer elenden
Wunde leidet, muss geschont werden.
Ovid, Briefe aus der Verbannung

Eine Seele wird eher entmutigt
bei starker geistiger Tätigkeit
als bei körperlichen Anstrengungen.
Platon, Der Staat

Eine von Sensationen verlassene Seele
ist in der wüstesten Einöde:
und im schmerzlichsten Zustande
der Vernichtung.
Johann Gottfried Herder, Journal meiner Reise im
Jahr 1769

Erholt euch von eurem Seelenschmerz
bei eurer Psyche!
Lucius Apuleius, Der goldene Esel (Psyche)

Erster Beweis für eine Beruhigung
der Seele ist, meine ich, stehen bleiben
zu können und mit sich zu verweilen.
Lucius Annaeus Seneca, Briefe an Lucilius

Es geht nichts über Materialisten,
die von der Seele reden.
Jean Dutourd

Es gibt auch niedrige seelische Funktionen; wer diese Seite des Innenlebens nicht beachtet, versteht die
Menschen nur halb; in den einfachen
Regungen belauscht man die Seele
vielleicht am besten.
Michel Eyquem de Montaigne, Die Essais

Es gibt durchsichtige und reine Seelen,
in die das Leben wie ein Strahl fällt,
der in einem Tautropfen spielt.
Joseph Joubert, Gedanken, Versuche und Maximen

Es gibt eine gewisse Eintracht
der Seelen, die sich sogleich beim
ersten Anblick bemerkbar macht.
Jean-Jacques Rousseau, Julie oder Die neue Héloïse
(Saint-Preux)

Es gibt keine Seele,
die nicht ihr Wattenmeer hätte,
in dem zu Zeiten der Ebbe
jedermann spazieren gehen kann.
Christian Morgenstern, Stufen

Es ist eine Kraft in der Seele,
die nicht Zeit noch Fleisch berührt,
sie fließt aus dem Geist und bleibt im
Geist und ist ganz und gar geistlich.
Meister Eckhart, Merksprüche und Weisungen

Es ist schauerlich, an Toren zu rütteln,
die verschlossen sind; noch schauerlicher aber, wenn sie nur aus dünnem
Seelenstoff, ja, wenn sie nur aus den
kühlen, harten Blicken einer Seele
bestehen, die dich nicht in sich
eindringen lassen will.
Christian Morgenstern, Stufen

Es ist unglaublich,
wie viel Kraft die Seele
dem Körper zu leihen vermag.
Wilhelm von Humboldt, Briefe an eine Freundin

Gebrechen der Seele sind wie Wunden
des Körpers: Wie sorgsam man sie
auch zu heilen sucht, die Narben
bleiben, und immer besteht die Gefahr,
dass sie wieder aufbrechen.
François de La Rochefoucauld, Reflexionen

Geradeso wie der Körper nicht ohne
Blut existieren kann, so bedarf die
Seele der unvergleichlichen und reinen
Kraft des Glaubens. Diese Kraft kann
die geschwächten Körperorgane im
Menschen erneuern (...).
Mohandas K. »Mahatma« Gandhi, Harijan
(engl. Wochenzeitung 1933–1956), 29. Juni 1947

Gibt es keine Unsterblichkeit der Seele,
so gibt es auch keine Tugend,
folglich ist alles erlaubt.
Fjodor M. Dostojewski, Die Brüder Karamasow

Glück ist die Gesundheit der Seele.
Hans Lohberger

Große Seelen sind nicht leicht zu
erkennen, sie halten sich zurück;
gewöhnlich bemerkt man nur eine
gewisse Eigenheit. Es gibt mehr
große Seelen, als man glaubt.
Stendhal, Über die Liebe (Fragmente)

Höchste Seelenfülle scheint in der Welt
wehrlos bleiben zu müssen.
Hans Carossa

Höhere Seelen schaffen höhere Welten.
Walter Rathenau, Auf dem Fechtboden des Geistes.
Aphorismen aus seinen Notizbüchern

Höre, Seele, die du dich in den Hafen
sehnst nach dem Sturm und den
Wogen der Welt: Wer draußen auf dem
Meer ist, der soll sich vor nichts
fürchten, wenn der mit ihm ist,
der den Stürmen gebieten kann
und den Wogen befehlen, dass sie
das Schiff in einen ruhigen Hafen
leiten und führen.
Birgitta von Schweden, Offenbarungen

Ich bitte, macht nicht weis dem
eingebild'ten Ding, / Der Seel', es
sei der Leib für sie viel zu gering.
Friedrich Rückert, Die Weisheit des Brahmanen

Ich fühle meine Seele; ich erkenne sie
durch die Empfindung und durch das
Denken; ich weiß, dass sie existiert,
ohne zu wissen, was ihr Wesen ist.
Jean-Jacques Rousseau, Emile

Ich habe eine Magenverstimmung
in der Seele.
Fernando Pessoa, Das Buch der Unruhe des Hilfsbuchhalters Bernardo Soares

Ich liebe den,
dessen Seele sich verschwendet,
der nicht Dank haben will und nicht
zurückgibt: denn er schenkt immer
und will sich nicht bewahren.
Friedrich Nietzsche, Also sprach Zarathustra

Ich meine fast, wenn ich mir mit der
Seele etwas innig wünsche,
dann erfüllt das Leben mir
solche Wünsche gerne.
Arthur Rubinstein, Erinnerungen. Die frühen Jahre

Ich möchte Bündigeres, Einfacheres,
Ernsteres, ich möchte mehr Seele
und mehr Liebe und mehr Herz.
Vincent van Gogh, Briefe

Ich verstehe unter Geist
die Kraft der Seele, welche denkt
und Vorstellungen bildet.
Aristoteles, Psychologie

In unserer Seele kann ein großes Feuer
brennen, und doch kommt nie jemand,
um sich daran zu wärmen, und die
Vorübergehenden sehen nur eine
leichte Rauchwolke aus dem Kamin
aufsteigen und gehen ihres Weges.
Vincent van Gogh, Briefe

Je höher gestimmt die Seele
einer Frau, desto fürchterlicher
ihre Ausbrüche.
Stendhal, Über die Liebe

Jeden freien Aufschwung der Seele
möchten die Engherzigen hemmen,
damit hübsch alles auf betretenen und
ausgetretenen Wegen einhergehe.
Caspar David Friedrich, Äußerung bei Betrachtung einer Sammlung von Gemälden

Kein Mensch kann leben
ohne Bewunderung; denn es gibt eine
Seele in uns, der es vor uns schaudert.
Paul Claudel, Der seidene Schuh

Keine Seele weiß, wo sie ist.
Sie geht langsam voran, alles überdenkend, sich fragend, wie sie es
ausdrücken kann, so wie sie es will –
sie bittet um Zeit und innere Ruhe.
Katherine Mansfield, Tagebücher

Krankheiten der Seele
können den Tod nach sich ziehen,
und das kann Selbstmord werden.
Georg Christoph Lichtenberg, Sudelbücher

Lass der Sonne Glanz verschwinden,
Wenn es in der Seele tagt:
Wir im eignen Herzen finden,
Was die ganze Welt versagt.
Johann Wolfgang von Goethe, Faust II (Chor)

Leib ist Ausdruck der Seele.
Oswald Spengler, Urfragen. Fragmente aus dem Nachlass

Man ist zu faul,
die Seele reinzuwaschen.
Erich Kästner, Dr. Erich Kästners lyrische Hausapotheke

Man soll das Feuer in seiner Seele
nie ausgehen lassen,
sondern es schüren.
Vincent van Gogh, Briefe

Man spricht so oft von Freigeistern,
niemals aber von Freiseelen.
Und dabei ist freier Geist und freie
Seele keineswegs dasselbe.
Die freien Geister bringen die Welt
vorwärts, die freien Seelen reinigen
die Atmosphäre der Welt.
Arthur Schnitzler, Aphorismen und Betrachtungen aus dem Nachlass

Manch einer
trägt seine Haut nicht gern zu Markte,
weil sie seine vielen Seelen
in der Brust zusammenhält.
Arnold Gehlen

Manche Seele wird man nie entdecken,
es sei denn, dass man sie erfindet.
Friedrich Nietzsche, Also sprach Zarathustra

Manche seelische Erlebnisse gehen
beinahe durchaus im Unterbewusstsein
vor sich; zeitweise nur gleich Tauchern, die unter dem Wasser schwammen, steigen sie zur Oberfläche herauf, sehen sich verwundert rings im Lichte
des Bewusstseins um, tauchen wieder
hinab und verschwinden für immer.
Arthur Schnitzler, Buch der Sprüche und Bedenken

Meine Seele ist ein alter Nachttopf,
in dem ein Auge schläft.
Jules Renard, Ideen, in Tinte getaucht.
Aus dem Tagebuch von Jules Renard

Meine Seele ist ein verborgenes
Orchester, ich weiß nicht, welche
Instrumente, Geigen und Harfen,
Pauken und Trommeln es in mir
spielen und dröhnen lässt.
Ich kenne mich nur als Symphonie.
Fernando Pessoa, Das Buch der Unruhe des Hilfsbuchhalters Bernardo Soares

Mit eben der Leichtigkeit,
mit der sie die Wangen schminken,
schminken sie auch ihre Seele.
August von Kotzebue, Der deutsche Mann und die vornehmen Leute

Nennt ihr das Seele, was so zage zirpt
in euch? Was, wie der Klang der
Narrenschellen, / um Beifall bettelt
und um Würde wirbt, / und endlich
arm ein armes Sterben stirbt / im
Weihrauchabend gotischer Kapellen, –
nennt ihr das Seele?
Rainer Maria Rilke, Advent

Nicht durch Entstellung des Körpers
wird die Seele entstellt,
sondern durch Schönheit der Seele
der Körper geschmückt.
Lucius Annaeus Seneca, Moralische Briefe

Nichts ist heilsamer für die Seele
als die Sinne, so wie nur die Seele
die Sinne heilen kann.
Oscar Wilde, Das Bildnis des Dorian Gray

Nimm meine Seele und trinke sie.
Trinke sie in einem heißen Kuss
der Liebe.
Paula Modersohn-Becker,
Briefe (26. Dezember 1900)

Pfeile durchbohren den Leib,
aber böse Worte die Seele.
Baltasar Gracián y Morales, Handorakel und Kunst der Weltklugheit

Sage mir, Kind, hat denn die Seele
ein Geschlecht?
Jean-Jacques Rousseau, Julie oder Die neue Héloïse (Claire)

Schau ich die blaue Nacht,
vom Mai verschneit,
in der die Welten weite Wege reisen,
mir ist: Ich trage ein Stück
Ewigkeit / in meiner Brust.
Das rüttelt und das schreit
und will hinauf und will
mit ihnen kreisen... / Und das ist Seele.
Rainer Maria Rilke, Advent

Schimpflich ist, wenn im Leben,
in dem dir der Körper nicht versagt,
die Seele vorher versagt.
Mark Aurel, Selbstbetrachtungen

Schmale Seelen sind mir verhasst:
Da steht nichts Gutes,
nichts Böses fast.
Friedrich Nietzsche, Die fröhliche Wissenschaft

Seele ist ein Ereignis, ein Geschehen,
kein Ding!
Oswald Spengler, Urfragen. Fragmente
aus dem Nachlass

Seele ist Leiden, Angst, Sehnsucht
über die Gegenwart hinaus und der
Wille zum Überwinden statt des
Ergebenseins.
Oswald Spengler, Urfragen. Fragmente
aus dem Nachlass

Seelische Gesundheit hat für mich
mit der Überwindung
des Narzissmus zu tun (...).
Erich Fromm, Pathologie der Normalität

Seine Seele:
Eine Luftblase in einer Fleischkugel.
Jules Renard, Ideen, in Tinte getaucht.
Aus dem Tagebuch von Jules Renard

Seine Seele setzt Bauch an.
Jules Renard, Ideen, in Tinte getaucht.
Aus dem Tagebuch von Jules Renard

So ist es auf Erden:
Jede Seele wird geprüft
und wird auch getröstet.
Fjodor M. Dostojewski, Der Jüngling

So wie unser Auge getroffen wird
durch die Bilder der Gegenstände
und nicht durch die Gegenstände
selber, so ist unsre Seele berührt von
Meinungen über die Dinge und nicht
durch die Dinge selber.
Antoine Comte de Rivarol, Maximen und Reflexionen

So winzig sind der Frauen Seelen,
Dass mancher annimmt,
dass sie gänzlich fehlen.
Samuel Butler, Vermischte Gedanken

Sobald das Geld im Kasten klingt,
Die Seele aus dem Fegfeuer springt.
Johann Tetzel, Bei Hans Sachs, (Die Wittenbergisch
Nachtigall, 1523) u. a.

Sorge für die Gesundheit
deines Leibes und deiner Seele,
aber verzärtele beide nicht.
Adolph Freiherr von Knigge, Über den Umgang mit
Menschen

Tiefe Seelen brauchen keinen
Weltraum, Welteroberer brauchen
keine Seelentiefe.
Oswald Spengler, Urfragen.
Fragmente aus dem Nachlass

Über dem Wasser deiner Seele
schwebt unaufhörlich ein dunkler
Vogel: Unruhe.
Christian Morgenstern, Stufen

Und dann meine Seele sei weit,
sei weit, / Dass dir das Leben gelinge,
Breite dich wie ein Federkleid
Über die sinnenden Dinge.
Rainer Maria Rilke, Die frühen Gedichte

Unendlich ist das Werk,
das zu vollführen / Die Seele dringt.
Johann Wolfgang von Goethe, Iphigenie auf Tauris
(Pylades)

Unsere Seele ist immer voll Leben: im
Kranken, Ohnmächtigen, Sterbenden –
noch mehr nach dem Tode.
Joseph Joubert, Gedanken, Versuche und Maximen

Unsere Seele soll ihre Rolle
nicht vor der Außenwelt spielen,
sondern zu Hause, in unserem Inneren,
wohin keine Augen reichen
als unsere eigenen.
Michel Eyquem de Montaigne, Die Essais

Unsere Seele weitet sich in dem Maße,
wie ihr neue Inhalte zugeführt werden.
Michel Eyquem de Montaigne, Die Essais

Unsere Seelen sind in dem Maße
verdorben, in dem unsere Wissenschaften und Künste vollkommener
geworden sind.
Jean-Jacques Rousseau, Abhandlung über die
Wissenschaften und Künste

Unter Seelenstärke verstehe ich
die Begierde, durch die ein jeder
bestrebt ist, sein eigenes Sein
nach dem Gebot der Vernunft
allein zu erhalten.
Baruch de Spinoza, Ethik

Verwandte Seelen
grüßen sich von ferne.
Arthur Schopenhauer, Aphorismen zur Lebensweisheit

Verwandte Seelen verstehen sich ganz!
Johann Gaudenz von Salis-Sewis, Gedichte

Von unserem Wesen ist nun der eine
Teil die Seele, der andere der Körper:
Jene herrscht, dieser lässt sich beherr-
schen, und jene benutzt diesen, der ihr
unterworfen ist, als ihr Werkzeug.
Aristoteles, Protreptikos

Während unsere Seele voll Gefühl ist,
sind unsere Reden
voll Zweckmäßigkeit.
Luc de Clapiers Marquis de Vauvenargues,
Unterdrückte Maximen

Wahrheit ist das Sprechen einer vertrauten Seele zu einer vertrauten Seele.
Paul Ernst, Saat auf Hoffnung

Warum sollten Eindrücke,
die die Seele mit so großer Kraft
aufnimmt, nicht ebenso weit dringen
als sie selbst?
Jean-Jacques Rousseau, Julie oder Die neue Héloïse
(Saint-Preux)

Was aber ist die Natur der Seele?
Gewissheit. Und diese Natur ist also
unmessbar, dass der Raum sie so
wenig kümmert, als ob er gar nicht da

wäre. Hätte ein Mensch einen lieben
Freund über tausend Meilen,
so strömte doch seine Seele ihm zu
und liebte dort den lieben Freund.
Meister Eckhart, Traktate

Was bringt uns dazu,
eine Seele anzunehmen?
Warum nennen wir ein Tier beseelt,
die Pflanze nicht?
Henrik Steffens, Über die wissenschaftliche
Behandlung der Psychologie

Was die Seele, wie sie ist,
wieviel sie wert ist, erkennt man nur
an der Gestaltung des Lebens,
denn darin wirkt sie,
will sie sich verwirklichen, im Kampf
gegen das widerstrebende Fremde.
Oswald Spengler,
Urfragen. Fragmente aus dem Nachlass

Was gibt es denn Schimpflicheres,
als in einem aufrechten Leibe
eine bucklige Seele herumzutragen.
Bernhard von Clairvaux, 24. Ansprache über das
Hohelied Salomos

Weil der Leib sozusagen
vor der Seele geboren wird, muss auch
der Leib zuerst behandelt werden.
Jean-Jacques Rousseau, Emile

Wenn die Seele erst einmal
zum Argwohn gespannt ist,
so trifft sie auch in allen Kleinigkeit
Bestätigungen an.
Ludwig Tieck, Der blonde Eckbert

Wenn die Seele immateriell ist,
kann sie den Leib überleben;
und wenn sie ihn überlebt, so ist die
göttliche Vorsehung gerechtfertigt.
Jean-Jacques Rousseau, Emile

Wenn die Seele von dort hierher
kommt, vergisst sie das, was sie dort
geschaut hat; wenn sie aber diese Welt
verlässt, erinnert sie sich dessen,
was sie hier erlebt hat.
Aristoteles, Eudemos

Wenn du deine Seele von sonderbaren
Besitzansprüchen und Bestrebungen
läuterst, wirst du die Dinge geistlich
verstehen, und wenn du das Streben
nach den Dingen zurücknimmst, wirst
du dich an ihrer Wahrheit erfreuen, da
du das Verlässliche an ihnen verstehst.
Juan de la Cruz, Merksätze von Licht und Liebe

Wenn du den »Jardin secret«, den
heimlichen Garten deiner Seele allzu
zärtlich hegst, so geschieht es leicht,
dass er gar zu üppig zu blühen, über
den ihm zugemessenen Raum hinauf
zu wuchern beginnt und allmählich
auch Gebiete deiner Seele in Besitz
nimmt, die gar nicht bestimmt waren,
geheim zu bleiben. Und so kann es

endlich geschehen, dass deine ganze
Seele zu einem verschlossenen Garten
wird und in all ihrem Blühen und Duften an ihrer Einsamkeit zugrunde geht.
Arthur Schnitzler, Buch der Sprüche und Bedenken

Wenn man einmal den Geschmack
an den Vergnügungen der Seele
verloren hat, wie schwer ist es,
ihn wiederzufinden! Wie viel schwerer
noch ist es, ihn zu entdecken,
wenn man ihn niemals gehabt hat!
Jean-Jacques Rousseau, Emile

Wer ein volles Gefäß trägt,
muss das Gedränge vermeiden,
und wessen Seele am Überlaufen ist,
einsame Wege gehn.
Emil Gött, Zettelsprüche. Aphorismen

Wer einen Unterschied
zwischen Leib und Seele macht,
besitzt keins von beiden.
Oscar Wilde,
Sätze und Lehren zum Gebrauch für die Jugend

Wer erkennen will,
wie die Seele in seinem Körper wohnt,
der achte darauf, wie dieser Körper
seine tägliche Wohnung benutzt;
denn wenn diese unordentlich und
verwahrlost ist, so wird der Körper
nicht in Ordnung und Zucht gehalten
durch die Seele.
Leonardo da Vinci, Tagebücher und Aufzeichnungen

Wer nur mit ganzer Seele wirkt,
irrt nie. Er bedarf des Klügens nicht,
denn keine Macht ist wider ihn.
Friedrich Hölderlin, Hyperion

Wie die Seele beschaffen ist,
wird die Seele selbst nicht wissen.
Marcus Tullius Cicero, Gespräche in Tusculum

Wie die Sonnenstrahlen die Erde
gewiss berühren, aber dort sind,
von wo sie ausgesandt werden,
so die Seele, groß, heilig und hierher
herabgesandt, damit wir näher
das Göttliche erkennen:
Sie verkehrt zwar mit uns,
aber behält den Zusammenhang
mit ihrem Ursprung.
Lucius Annaeus Seneca, Briefe über Ethik

Wie ein Schiff unentwegt nach dem
Kompass fährt, ob ihm die Winde
günstig sind oder nicht, ob der Kurs
nach Süd oder West oder Ost oder
Nord geht: So soll auch unsere Seele
ein unbeirrbarer Zeiger sein.
Franz von Sales, Philothea

Wie man von der Hand in den Mund
lebt, so kann man auch vom Geist
in die Seele denken und von der Seele
in den Geist fühlen.
Arthur Schnitzler, Aphorismen und Betrachtungen
aus dem Nachlass

Wie nämlich in den Körpern große
Verschiedenheiten sind, wir die einen
durch Schnelligkeit zum Lauf, die
anderen durch Körperkraft zum Ringen stark sehen und ebenso den
Gestalten teils Würde, teils Anmut
innewohnen, so treten in den Seelen
noch größere Verschiedenheiten auf.
Marcus Tullius Cicero, Vom rechten Handeln

Wie Seel' und Leib
sind Perl' und Muschel eins,
Doch ist es eine Einheit nur
des Scheins:
Erst wenn gesprengt die Hülle,
offenbart / Die Perle
ganz den Lichtglanz ihres Seins.
Friedrich von Bodenstedt, Mirza Schaffy

Wie, so viel man hört, die Etrusker die
Gefangenen dadurch quälen,
dass sie die Lebenden Gesicht gegen
Gesicht mit Leichnamen zusammen-
binden und jeden Körperteil an den
entsprechenden anfügen, so scheint
die Seele mit allen sinnlichen Organen
des Körpers verknüpft und an sie
angeschnallt zu sein.
Aristoteles, Protreptikos

Wir glauben an ein inneres Leben der
Seele und an eine höhere Anschauung
des Geistes, welche beide im gewöhnlichen Zustand verschlossen bleiben,
in außerordentlichen Fällen sich aber
aufschließen und wie der Silberblick
der ganz in Feuer durchläuterten edlen
Metalle auf Momente sich offenbaren,
um dann auf lange Zeit wieder zu
verschwinden.
Justinus Kerner, Die Seherin von Prevorst

Wir haben eine vielgestaltige Seele;
sie genügt sich selbst als Umgang;
sie ist so reich, dass die Gegensätze in
ihr Angriff und Verteidigung spielen,
Geschenke empfangen und Geschenke
austeilen können.
Michel Eyquem de Montaigne, Die Essais

Wir reisen nicht nur an andere Orte,
sondern vor allem reisen wir in andere
Verfassungen der eigenen Seele.
Werner Bergengruen,
Badekur des Herzens

Wir wissen von unsrer Seele wenig
und sind sie selbst.
Georg Christoph Lichtenberg, Sudelbücher

Würden wir auf der Erde schon die
Seelen von ihrer Fleischeshülle entblößt wahrnehmen können, so dass
uns ein Blick in ihre innere Verfassung
gestattet wäre, so würden wir über die
vielen komischen und barocken ebenso gewiss lachen, als von den vielen
Scheusalen zurückschaudern.
Justinus Kerner, Die Seherin von Prevorst

Zusammenhang von Seele und Leib:
Wut und Jähzorn steigern die Körper-
kräfte in unwahrscheinlichem Grade.
Oswald Spengler,
Urfragen. Fragmente aus dem Nachlass

Zwei Augen hat die Seel:
eines schauet in die Zeit, / Das andere
richtet sich hin in die Ewigkeit.
Angelus Silesius, Der Cherubinische Wandersmann

Zwei Seelen wohnen, ach!
in meiner Brust, / Die eine will sich
von der andern trennen:
Die eine hält in derber Liebeslust
Sich an die Welt mit klammernden
Organen; / Die andre hebt
gewaltsam sich vom Dust
Zu den Gefilden hoher Ahnen.
Johann Wolfgang von Goethe, Faust I (Faust)

Seelenruhe

Ein Augenblick der Seelenruhe
ist besser als alles,
was du sonst erstreben magst.
Persisches Sprichwort

Nichts kann mehr zu einer Seelenruhe
beitragen, als wenn man
gar keine Meinung hat.
Georg Christoph Lichtenberg, Sudelbücher

Seelenruhe bekommt man,
wenn man aufhört zu hoffen.
Sprichwort aus Arabien

Segel

Gott gab das Steuer,
aber der Teufel die Segel.
Sprichwort aus Serbien

Mit vollen Segeln lief ich in das Meer
Des Lebens.
Friedrich Schiller, Demetrius (Demetrius)

Sei vorsichtig da, wo mehr Segel
als Ballast vorhanden ist.
William Penn, Früchte der Einsamkeit

Segeln

Die Welt ist schon rund, aber jeder
muss sie von neuem umsegeln,
und wenige kommen herum.
Friedrich Hebbel, Tagebücher

Es gibt Leute, die es durch auffäl-
liges, überspanntes Wesen zu etwas
bringen; sie schiffen und segeln auf
einem Meer herum, auf dem andere
längst gescheitert wären; sie machen
ihren Weg, obwohl sie alle Regeln
des Erfolgs verletzen.
Jean de La Bruyère, Die Charaktere

Venus braucht zum Segeln
als Proviant nichts, als dass
in schlaffreier Nacht die Lampe Öl
und der Becher Wein genug hat.
Lucius Apuleius, Der goldene Esel

Wer allzu straff die Segeltaue spannt
Und niemals schießen lässt,
Der kentert bald / Und mag,
den Kiel nach oben, weitersegeln.
Sophokles, Antigone

Segen

Die Kirche segnet den,
der ihr zu Diensten fährt.
Johann Wolfgang von Goethe, Faust II (Erzbischof)

Ein Tag Mann und Frau sind
hundert Tage Segen.
Chinesisches Sprichwort

Erbitte Gottes Segen für deine Arbeit –
aber erwarte nicht,
dass er sie auch noch tut.
Norbert Blüm, Unverblümtes von Norbert Blüm

Gottes Segen ist der Lohn
der Gerechten.
Altes Testament, Jesus Sirach 11, 22

Kinder sind ein Segen Gottes.
William Shakespeare, Ende gut, alles gut (Narr)

Unternimm nie etwas,
wozu du nicht das Herz hast, dir den
Segen des Himmels zu erbitten!
Georg Christoph Lichtenberg, Sudelbücher

Was die Kirche nicht verhindern kann,
das segnet sie.
Kurt Tucholsky, Schnipsel

Was man Verruchten tut,
wird nicht gesegnet.
Johann Wolfgang von Goethe, Iphigenie auf Tauris (Thoas)

Zu lieben ist Segen,
geliebt zu werden Glück.
Leo N. Tolstoi, Tagebücher (1907)

Sehen

Es ist ganz einfach: Man sieht nur
mit dem Herzen gut. Das Wesentliche
ist für die Augen unsichtbar.
Antoine de Saint-Exupéry, Der Kleine Prinz

Alles in der Welt ist merkwürdig
und wunderbar für ein Paar wohl
geöffnete Augen.
José Ortega y Gasset

Augen haben
und den [Berg] Taishan nicht sehen!
Chinesisches Sprichwort

Das Auge sieht sich nimmer satt.
Deutsches Sprichwort

Das Sehen der Geister geschieht
mit dem geistigen Auge
durch das fleischliche.
Justinus Kerner, Die Seherin von Prevorst

Denn es ist besser,
mit eignen Augen sehen,
als mit fremden.
Martin Luther, Tischreden

Denn ohne das absolute Sehen
gibt es kein endliches Sehen.
Nikolaus von Kues, Über die Schauung Gottes

Der Geist ist es,
der sieht und hört;
alles andere ist taub und stumm.
Epicharmos, Fragmente

Die Augen sehen nicht die Wimpern.
Chinesisches Sprichwort

Die Menschen müssen,
um gut von einer Sache zu denken,
nicht alles sehen, sondern immer
noch einen Teil zur Mutmaßung
versteckt behalten.
Georg Christoph Lichtenberg, Sudelbücher

Die Natur ist immer noch
voller Geheimnisse;
wir haben Augen zu sehen,
aber sehen nicht; wir haben
Ohren zu hören,
aber hören nicht.
Um schöpferisch tätig zu sein,
müssen wir die Dinge wieder sehen,
wie ein Kind sie sieht –
mit unverbildeten Augen,
die durch falsche Gewohnheiten,
Vorurteile, falsche Vorstellungen und
Interpretationen geblendet sind.
Yehudi Menuhin, Ich bin fasziniert von allem Menschlichen

Die Sehenden sind es nicht,
die sich für sehend halten,
immer nur die Blinden.
Marie von Ebner-Eschenbach, Aphorismen

Du siehst alles,
der du alles verursachst.
Nikolaus von Kues,
Über die Schauung Gottes

Ein Augenzeuge gilt mehr
denn zehn Ohrenzeugen.
Deutsches Sprichwort

Ein Blinder hört alles,
ein Tauber sieht alles.
Chinesisches Sprichwort

Einmal gesehen ist besser
als tausend Mal studiert.
Chinesisches Sprichwort

Es gibt gewisse Dinge, wo ein Frauenzimmer immer schärfer sieht als hundert Augen der Mannspersonen.
Gotthold Ephraim Lessing, Der Freygeist (Theophan)

Fast möcht' ich glauben: / Das, was
ich nicht mit eignen Augen sah,
Steht desto schöner
vor dem innren Sinn.
Henrik Ibsen, Das Hünengrab (Blanka)

Ich bin so groß wie das,
was ich sehe.
Fernando Pessoa, Das Buch der Unruhe des Hilfsbuchhalters Bernardo Soares

Ich glaube, der Mensch träumt nur,
damit er nicht aufhöre zu sehen.
Johann Wolfgang von Goethe,
Die Wahlverwandtschaften

Ich weiß nur,
was ich sehe – und was ich nicht sehe.
Lido Anthony »Lee« Iacocca,
Mein amerikanischer Traum

Jeder blickt vor sich,
ich blicke in mich.
Michel Eyquem de Montaigne, Die Essais

Könnte es ein größeres Wunder geben,
als wenn es uns ermöglicht wäre,
einen Augenblick mit den Augen
der anderen zu sehen?
Henry David Thoreau, Walden

Man sieht nicht, was einer isst,
wohl aber, was er am Leibe trägt.
Chinesisches Sprichwort

Man übt sich im Sehen
wie im Empfinden; oder vielmehr
ist ein scharfes Auge nichts als
ein zärtliches, feines Gefühl.
Jean-Jacques Rousseau, Julie oder Die neue Héloïse (Saint-Preux)

Mancher sieht mit einem Auge mehr
als ein anderer mit zweien.
Deutsches Sprichwort

Mit geschlossenen Augen fängt man
noch nicht einmal einen Sperling.
Chinesisches Sprichwort

Schau mehr aufs Feld,
gaffe weniger auf die Straße.
Chinesisches Sprichwort

Schließe die Augen,
und du wirst sehen.
Joseph Joubert, Gedanken, Versuche und Maximen

Seeleute und Naturmenschen sehen
besser als der Städter mit Fernrohr.
Oswald Spengler, Urfragen. Fragmente aus dem Nachlass

Sehen geht über Hören.
Deutsches Sprichwort

Sehen heißt schon gesehen haben.
Fernando Pessoa, Das Buch der Unruhe des Hilfsbuchhalters Bernardo Soares

Von sich absehen lernen ist nötig, um viel zu sehn – diese Härte tut jedem Berge-Steigenden not.
Friedrich Nietzsche, Also sprach Zarathustra

Was du sehen kannst,
davon kannst du sprechen.
Chinesisches Sprichwort

Was man überall sehen will,
muss man endlich selbst werden.
Friedrich Schlegel, Lucinde

Wenn das Aug nicht sehen will,
so helfen weder Licht noch Brill.
Deutsches Sprichwort

Wenn man nicht weiß,
was man sehen will, kommt nicht mehr als ein lockeres Häufchen
von Impressionen zustande.
Ludwig Marcuse, Argumente und Rezepte. Ein Wörter-Buch für Zeitgenossen

Wenn nicht vieles fern wäre, und wir könnten alles immer gleich aus der Nähe des Raumes oder auch der Zeit sehen: wir stürben – bei so enormer Oberfläche und Fassungskraft des Aug's an der Banalität dieser Welt.
Heimito von Doderer, Repertorium. Ein Begreifbuch von höheren und niederen Lebens-Sachen

Wenn wir nur noch das sehen, was wir zu sehen wünschen, sind wir bei der geistigen Blindheit angelangt.
Marie von Ebner-Eschenbach, Aphorismen

Wer nichts sieht, wird nicht gesehen.
Wer nichts sieht, ist unsichtbar.
Erich Kästner, Dr. Erich Kästners lyrische Hausapotheke

Wer schlecht sieht,
soll desto besser tasten.
Deutsches Sprichwort

Wer wenig sieht, sieht immer weniger;
wer schlecht hört, hört immer
einiges noch dazu.
Friedrich Nietzsche, Menschliches, Allzumenschliches

Wir nennen alle lebenden Wesen,
die einen Gesichtssinn und damit
die natürliche Möglichkeit zu sehen besitzen, sehend, sowohl wenn sie zufällig die Augen schließen
als auch, wenn sie von der Möglichkeit zu sehen Gebrauch machen
und die Augen aufschlagen.
Aristoteles, Protreptikos

Wir sehen alles nur durch uns selbst.
Wir sind ein Medium,
das sich immer zwischen die Dinge
und uns selbst schiebt.
Joseph Joubert, Gedanken, Versuche und Maximen

Wir sind mit sehenden Augen blind.
Hartmann von Aue, Iwein

Wo man hinschaut, wird den Augen schlecht, und man schließt sie fest,
um nichts zu sehen.
Erich Kästner, Dr. Erich Kästners lyrische Hausapotheke

Zwei Augen hat man als Schmuck,
eins ist genug zum Sehen.
Sprichwort aus Afrika

Zwei Augen sehen mehr als eins.
Deutsches Sprichwort

Sehenswürdigkeit

Die meisten sogenannten Sehenswürdigkeiten sind vom vielen Hinschauen schon ganz abgenutzt.
Helmut Qualtinger

Etwelche unserer ausländischen Sehenswürdigkeiten scheinen mir in einem speziellen Punkte etwas Bestürzendes mit dem Hirn
des Menschen gemein zu haben:
Selber ohne Sinn, sind sie doch
Mittelpunkt von Sensation.
Edgar Allan Poe, Marginalien

Früher fuhr man dorthin,
wo etwas Schönes zu sehen war.
Heute fährt man dorthin,
wo es einen Parkplatz gibt.
Françoise Arnoul

Sehenswürdigkeiten sind Dinge,
die man gesehen haben muss,
weil andere sie auch gesehen haben.
Hans Söhnker

Seher

Des Menschen Seherkunst ist eitles Nichts.
Euripides, Elektra

Nie befand sich noch / Ein sterblich Wesen im Besitz der Seherkunst.
Sophokles, König Ödipus

Schriftsteller, die ihrem Weltbild sprachlich nicht gewachsen sind, nennt man in Deutschland Seher.
Gottfried Benn

Wenn man ein Seher ist, braucht man kein Beobachter zu sein.
Marie von Ebner-Eschenbach, Aphorismen

Sehnsucht

Das Sehnen nach Liebe
ist selber Liebe.
Jean Paul, Der Jubelsenior

Dem geht es gut, der sagen kann,
dass er seine Geliebte voller Sehnsuchtsschmerz zurückließ.
Reinmar der Alte, Lieder (Sô ez iener nâhet deme tage)

Denn die Sehnsucht nach dir
hält mich gefangen, bis du mich
aus meiner Einsamkeit erlöst.
Mönch von Salzburg, Das Nachthorn

Denn wer liebt, der ist voller Sehnsucht und findet nie ruhigen Schlaf,
sondern zählt und berechnet
die ganze Nacht hindurch die Tage,
die da kommen und gehen.
Chrétien de Troyes, Yvain (Botin der Königin)

Der Bürger des Wohlfahrtsstaates
sehnt sich, wenn er satt ist,
nicht nach der Moral,
sondern nach der Siesta.
Ignazio Silone

Der Liebe Sehnsucht
fordert Gegenwart.
Johann Wolfgang von Goethe, Die natürliche Tochter (Herzog)

Des Menschen Sehnsucht geht dahin,
ein Ganzes und Vollkommenes
zu erkennen.
Thomas von Aquin, Summa theologica

Die Freude des Menschen hienieden
ist nichts als eine vergrößerte
Sehnsucht.
Jean Paul, Aphorismen

Die Hoffnung
durch einen Stern ausdrücken,
die Sehnsucht der Seele
durch einen strahlenden
Sonnenuntergang.
Vincent van Gogh, Briefe

Die Liebe ist Sehnsucht,
und gestillte Sehnsucht vergeht.
Hans Christian Andersen

Die Poesie der Alten
war die des Besitzes,
die unsrige ist die der Sehnsucht.
August Wilhelm Schlegel, Über dramatische Kunst und Literatur

Die Sehnsucht hat allemal Recht,
aber der Mensch verkennt sie oft.
Bettina von Arnim, Tagebuch

Die Sehnsucht ist dem Menschen
oft lieber als die Erfüllung.
August Julius Langbehn,
Rembrandt als Erzieher

Diese Unvergleichlichen
Wollen immer weiter:
Sehnsuchtsvolle Hungerleider
Nach dem Unerreichlichen.
Johann Wolfgang von Goethe, Faust II (Nereiden)

Ein reines Sehnen, reine Liebe kann
nur aus der Erinnerung erklärt werden,
das reine Sehnen ist immer ein
Streben nach einem bekannten, aber
unbestimmten Etwas, also nach einem
Etwas, das man schon vorher gekannt,
einem Gute, einer Herrlichkeit, die
man schon einmal genossen hat; es ist
ein dunkles Vorgefühl eines unbekannten Gegenstandes, das Streben
in eine unermessliche, dunkle Ferne.
Friedrich Schlegel, Philosophische Vorlesungen

Ein Tag ohne den Liebsten
dünkt mich drei Monde lang.
Chinesisches Sprichwort

Ein unbegreiflich-holdes Sehnen
Trieb mich, durch Wald
und Wiesen hinzugehn,
Und unter tausend heißen Tränen
Fühlt ich mir eine Welt entstehn.
Johann Wolfgang von Goethe, Faust I (Faust)

Eine nur ist's, die ich suche,
Sie ist nah und ewig weit.
Friedrich Schiller, Der Jüngling am Bache

Es ist doch eigentlich der Hauptinhalt
im Leben: Sehnsucht und wieder
Sehnsucht.
Franziska Gräfin zu Reventlow, Tagebücher

Frei wie ein Baum und brüderlich wie
ein Wald, das ist unsere Sehnsucht.
Nazim Hikmet

Ich darf nur dessen gedenken, was
fördert, die Sehnsucht verschwindet
im Tun und Wirken.
Johann Wolfgang von Goethe, Wilhelm Meisters
Wanderjahre

Meine Sehnsucht lässt dich nicht los.
Mönch von Salzburg, Das Nachthorn

Mich treibe umher ein unbezwinglich
Sehnen, / Da bleibt kein Rat
als grenzenlose Tränen.
Johann Wolfgang von Goethe, Elegie

Nicht in das Grab, nicht übers Grab
verschwendet / Ein edler Mann der
Sehnsucht hohen Wert. / Er kehrt in
sich und findet staunend / In seinem
Busen das Verlorne wieder.
Johann Wolfgang von Goethe, Die natürliche Tochter
(Weltgeistlicher)

Nimm dich in deinen Sehnsüchten
zurück, und du wirst finden,
was dein Herz ersehnt.
Juan de la Cruz, Merksätze von Licht und Liebe

Nostalgie ist die Sehnsucht
nach der guten alten Zeit,
in der man nichts zu lachen hatte.
Charles Aznavour

Nur in der Sehnsucht
finden wir die Ruhe.
Friedrich Schlegel, Lucinde

O zauberische Schwermut!
O Sehnsucht einer gerührten Seele!
Jean-Jacques Rousseau, Julie oder Die neue Héloïse
(Saint-Preux)

Sehnsucht aber und Verlangen
Hebt vom Boden in die Höh.
Johann Wolfgang von Goethe,
Wilhelm Tischbeins Idyllen

Sehnsucht:
die nach vorn gebeugte Erinnerung.
Elazar Benyoëtz

Sehnsucht ist Begierde oder Trieb nach
dem Besitz eines Dinges, der durch die
Erinnerung an das betreffende Ding
genährt wird, aber durch die Erinnerung an andere Dinge, welche die
Existenz des erstrebenswerten Dinges
ausschließen, eingeschränkt wird.
Baruch de Spinoza, Ethik

Sehnsucht ist der Beweis, dass
der Geist eine höhere Seligkeit sucht.
Bettina von Arnim, Tagebuch

Sehnsucht macht die Dinge und die
Menschen unwirklich. Darum ist alles
Erreichte so anders als das Ersehnte.
Nicht schlechter oder besser,
aber anders.
Arthur Schnitzler, Aphorismen und Betrachtungen aus
dem Nachlass

Sehnsucht und Ahnung
liegen ineinander,
eins treibt das andre hervor.
Bettina von Arnim, Tagebuch

Sehnsucht wirkt lebenssteigernd,
vorschnellend.
Oswald Spengler, Urfragen. Fragmente
aus dem Nachlass

Späte Freuden sind die schönsten;
sie stehen zwischen
entschwundener Sehnsucht und
kommendem Frieden.
Marie von Ebner-Eschenbach, Aphorismen

Um bei dir zu sein,
Trüg ich Not und Fährde,
Ließ ich Freund und Haus
Und die Fülle der Erde.
Ricarda Huch, Gedichte

Unser Wille ist nur der Wind,
der uns drängt und dreht;
weil wir selber die Sehnsucht sind,
die in Blüten steht.
Rainer Maria Rilke, Die frühen Gedichte

Unsere Sehnsucht wird immer größer,
je weniger wir sie befriedigen können.
Niccolò Machiavelli, Clizia

Vernunft fängt wieder an zu sprechen,
Und Hoffnung wieder an zu blühn;
Man sehnt sich nach
des Lebens Bächen,
Ach, nach des Lebens Quelle hin.
Johann Wolfgang von Goethe, Faust I (Faust)

Was man am meisten ersehnt, erfüllt
sich nicht, und wenn es eintrifft,
dann nicht zu der Zeit noch unter
den Umständen, wo es die größte
Freude bereitet hätte.
Jean de La Bruyère, Die Charaktere

Was sie da Liebe nennen,
das ist nichts als Sehnsucht und Leid.
Walther von der Vogelweide, Lieder
(Friuntlichen lac ein rîter)

Wer kennt all die einsamen Trauer-
gänge am Bachesrand, all die Seufzer,
die in warmen Nächten, wenn die
Brust zu zerspringen droht,
aus übervollem Herzen
zu den Sternen dringen?
Gustave Flaubert, November

Wie bin ich allein,
hätt' ich einen Menschen,
mit dem ich jetzt reden könnte
von aller Sehnsucht, allem Wollen.
Franziska Gräfin zu Reventlow, Tagebücher

Wie seltsam es ist, wenn man
Sehnsucht nach sich selbst hat.
Jens Peter Jacobsen, Niels Lyhne

Wir schließen die Augen vor dem
wirklichen Leben, wir wollen das
Nein nicht hören, welches es unseren
Wünschen entgegenruft; wir wollen
den tiefen Abgrund vergessen, den es
uns zeigt, den Abgrund, der zwischen
unserer Sehnsucht und dem liegt,
wonach wir uns sehnen.
Jens Peter Jacobsen, Niels Lyhne

Wohin das Herz will gerne ziehn
Da tragen es die Füße hin.
Jüdische Spruchweisheit

Zu späte Erfüllung einer Sehnsucht
labt nicht mehr. Die lechzende Seele
zehrt sie auf wie glühendes Eisen
einen Wassertropfen.
Marie von Ebner-Eschenbach, Aphorismen

Seife

Die Seife ist ein Maßstab für den
Wohlstand und die Kultur der Staaten.
Justus von Liebig, Chemische Briefe

Seife und Erziehung wirken
nicht so schnell wie ein Massaker,
aber auf die Dauer sind sie tödlicher.
Mark Twain, Sketche alt und neu

Seifenblase

Alles ist gleich eitel am Menschen,
seine Freuden und seine Leiden, aber
goldene oder himmelblaue Seifen-
blasen sind doch schöner als graue.
Chamfort, Maximen und Gedanken

Mein Gehirn / Treibt öfters
wundersame Blasen auf, / Die schnell,
wie sie entstanden sind, zerspringen.
Friedrich Schiller, Dom Karlos (Karlos)

Sein

Alles Sein ist für uns unerkennbares
und unlösbares Geheimnis.
Unser geistiges Leben besteht nicht in
dem Erkennen dieses Geheimnisvollen,
sondern im Erleben desselben und
im Ergriffensein durch es.
Albert Schweitzer, An E. R. Jacobi, 10. Mai 1962

Alles, was ist, und sei es
auf welche Weise auch immer –
sofern es seiend ist, ist es gut.
Thomas von Aquin, Summe gegen die Heiden

Auch was wir am meisten sind,
sind wir nicht immer.
Marie von Ebner-Eschenbach, Aphorismen

Das Geheimnis besteht darin,
dass ich in jedem Augenblick ein
anderer und doch immer derselbe bin.
Dass ich immer derselbe bin,
bewirkt mein Bewusstsein; dass ich
in jedem Augenblick ein anderer bin,
bewirken Raum und Zeit.
Leo N. Tolstoi, Tagebücher (1906)

Das reine Sein und das reine Nichts
ist also dasselbe.
Georg Wilhelm Friedrich Hegel, Wissenschaft der Logik

Das Sein wird in seinem Umfang
und inneren Sein vollständig erst als
ein Gewordenes erkannt.
Alexander von Humboldt, Kosmos

Der, der ich bin, grüßt trauernd den,
der ich sein möchte.
Karl Rahner, Am 4. März 1979 in der Katholischen
Akademie München

Der ist beglückt, der sein darf,
was er ist.
Friedrich von Hagedorn, Gedichte

Der Urbegriff und die Wesenheit
aller Dinge ist das Sein: das Ewige,
Unendliche und Unbedingte, das,
alles erschaffend, selbst unerschaffen
ist, die Fülle des Lebens aufschließend,
stets in seiner unveränderlichen
Einfachheit beharrt, selbst durch
nichts bedingt wird.
Friedrich Ast, Das Wesen der Philosophie

Der Weise sagt – der Weise
war nicht klein: / Nichts scheinen,
aber alles sein.
Johann Wolfgang von Goethe, Hanswursts Hochzeit
(Kilian Brustfleck)

Du wirst umso mehr etwas sein,
je weniger du in allem sein willst.
Juan de la Cruz, Der Berg der Vollkommenheit

Ein Mann ist, was er ist,
nicht, was er war.
Sprichwort aus Spanien

Ich bin nicht, was ich bin.
William Shakespeare, Othello (Jago)

Ich denke, also bin ich
(Cogito, ergo sum).
René Descartes, Principia philosophiae

Kein Wesen wird böse genannt,
sofern es seiend ist, sondern sofern es
eines Seins verlustig ist.
Thomas von Aquin, Summa theologica

Man ist, was man denkt, und nicht,
was man denkt, dass man ist.
Robert Lembke, Das Beste aus meinem Glashaus.
Humoristisches und Satirisches

Man muss etwas sein,
um etwas zu machen.
Johann Wolfgang von Goethe, überliefert von
Johann Peter Eckermann (Gespräche mit Goethe)

Man sieht also, dass man,
um vornehm zu scheinen,
wirklich vornehm sein müsse.
Johann Wolfgang von Goethe, Wilhelm Meisters
Lehrjahre

Man sollte sein das, was man scheint;
Und dies nicht sind,
sollten's auch nicht scheinen.
William Shakespeare, Othello (Jago)

Nichts sein und nichts lieben,
ist identisch.
Ludwig Feuerbach, Philosophische Kritiken und
Grundsätze

Sei, was du bist!
Johann Kaspar Lavater, Brüderliche Schreiben
an verschiedene Jünglinge

Sein heißt, sich behaupten,
sich bejahen, sich lieben;
wer des Lebens überdrüssig,
nimmt sich das Leben.
Ludwig Feuerbach, Das Wesen des Christentums

Sein ist ein Gut.
Ludwig Feuerbach, Das Wesen des Christentums

Sein ist gesehen werden.
George Berkeley

Sein ist über Schein.
Deutsches Sprichwort

Sein oder Nichtsein,
das ist hier die Frage.
William Shakespeare, Hamlet (Hamlet)

So wie ich bin, bin ich mein eigen;
Mir soll niemand eine Gunst erzeigen.
Johann Wolfgang von Goethe,
Dichtung und Wahrheit

Was du bist, das woll sein,
und nichts wolle lieber!
Martial, Epigramme

Was ich auch sei!
Ruf von Himmel zu Erde, dass,
wie alles, so auch ich
an meiner Stelle etwas bedeute.
Johann Gottfried Herder, Auch eine Philosophie der
Geschichte zur Bildung der Menschheit

Was man einmal ist,
das muss man ganz sein.
Friedrich von Bodenstedt, Mirza Schaffy

Wenn wir uns geben, wie wir sind,
gewinnen wir mehr als
mit dem Versuch zu scheinen,
was wir nicht sind.
François de La Rochefoucauld, Reflexionen

Wie oft muss man sagen, was man ist,
bis man es wirklich wird?
Elias Canetti, Die Provinz des Menschen.
Aufzeichnungen 1942–1972

Wir sind gleichzeitig Zuschauer
und Schauspieler im großen Drama
des Seins.
Niels Bohr

Zerstören Sie einem Menschen
seinen Schein, und Sie werden sehen,
wie schnell auch das Sein zu Ende ist.
Georg Kreisler

Zurückkehren zu seiner Wesenheit ist
nichts anderes als: ein in sich selbst
ruhendes, selbständiges Sein haben.
Thomas von Aquin, Über die Wahrheit

Seite

Betrachte alles von der guten Seite.
Thomas Jefferson, Lebensregeln

Eine jede Sache hat ihre Werktags-
und ihre Sonntagsseite.
Georg Christoph Lichtenberg, Sudelbücher

Es hat alles zwei Seiten.
Aber erst wenn man erkennt,
dass es drei sind,
erfasst man die Sache.
Heimito von Doderer, Repertorium. Ein Begreifbuch
von höheren und niederen Lebens-Sachen

Jedes Ding hat zwei Seiten.
Fanatiker sehen nur die eine.
Hellmut Walters

Jedes Ding hat zwei Seiten.
Mich interessiert die dritte.
Hanns-Hermann Kersten

Jeder ist ein Mond
und hat eine dunkle Seite,
die er niemandem zeigt.
Mark Twain

Sekte

Alle die Sekten, Kirchen und Doktrinen, Tollheiten, Verbrechen, Fanatismus der Masse und der Einzelnen, sind in ihrer Art ebenfalls Beweise von der Ursprünglichkeit und Allgemeinheit des unzerstörbaren Elementes menschlicher Religiosität und sind nur die Kehrseite davon.
Walt Whitman, Letzte Aufzeichnungen

Die Flucht in die Gemeinde, die Bildung einer Gemeinde, ihre Reinerhaltung, all das ist Sünde, Irrtum. Kein einzelner und keine Gruppe kann sich allein rein erhalten; wenn Reinerhaltung, dann für alle gemeinsam; sich isolieren, um sich nicht zu beschmutzen, ist die größte Unreinheit.
Leo N. Tolstoi, Tagebücher (1889)

Die Sekten, welche fühlen, dass sie schwach bleiben werden, machen Jagd auf einzelne intelligente Anhänger und wollen durch Qualität ersetzen, was ihnen an Quantität abgeht. Hierin liegt keine geringe Gefahr für die Intelligenten.
Friedrich Nietzsche, Morgenröte

Die Situation von Leuten, die einer Pseudoreligion verfallen sind, ist dem Blindekuhspiel vergleichbar: Man verbindet einem die Augen, packt ihn an den Armen und dreht ihn im Kreise. Dann lässt man ihn los.
Leo N. Tolstoi, Tagebücher (1897)

Es gibt mancherlei grillenhafte Sekten, von welchen allen der kluge Mann sich fern hält. Aber es gibt Leute von wunderlichem Geschmack, welche immer nach dem greifen, was die Weisen verworfen haben, und dann in diesen Seltsamkeiten sich gar sehr gefallen. Dadurch werden sie zwar allgemein bekannt, doch mehr als Gegenstand des Lachens als des Ruhms.
Baltasar Gracián y Morales, Handorakel und Kunst der Weltklugheit

Hütet euch vor Scharlatanen!
Voltaire, Der Mann mit den vierzig Talern

Jede Sekte kommt mir vor
wie ein Bund des Irrtums.
Voltaire, Der ehrliche Hurone

Sekten sind Öfen,
aber das Feuer
hat dieselben Eigenschaften in allen.
Ralph Waldo Emerson, Tagebücher

Strenge Sekten werden anfänglich am meisten verehrt, aber milde haben sich immer am längsten erhalten.
Joseph Joubert, Gedanken, Versuche und Maximen

Wenn es aber Sekten gibt, die gegen die Lehren der Wahrheit angehen und mit den guten Gründen des Geistes ein schändliches Spiel treiben, so festigen sie ja auch dadurch die Wahrheit und erschüttern sie nicht, gleichsam wie man durch eine heftig schüttelnde Bewegung die Flamme nicht auslöscht, sondern nur noch anfacht.
Giovanni Pico della Mirandola, Über die Würde des Menschen

Selbst

Alles, alles kann einer vergessen,
nur nicht sich selbst,
sein eigenes Wesen.
Arthur Schopenhauer, Aphorismen zur Lebensweisheit

Beifall, Zustimmung, Ehren bedeuten uns immer noch was, als wäre damit etwas getan. Das ist aber falsch und unklug. Wir müssen vielmehr unsere Seele mit dem Glauben an die Nichtigkeit dieser Dinge ganz erfüllen und unser Glück einzig und allein in der Arbeit, in dem uns Bestätigen unser Selbst finden.
Theodor Fontane, Briefe

Du sollst dich nicht immer und nie ganz der äußeren Tätigkeit widmen, sondern ein Quentchen deiner Zeit und deines Herzens für die Selbstbesinnung zurückhalten.
Bernhard von Clairvaux, Über die Selbstbesinnung

Einem gelang es – er hob den Schleier
der Göttin zu Sais – / Aber
was sah er? Er sah –
Wunder des Wunders – sich selbst.
Novalis, Fragmente

Es scheuen die Menschen,
in sich selbst zu sehn, und knechtisch
erzittern viele, wenn sie endlich länger
nicht der Frage ausweichen können,
was sie getan, was sie geworden,
wer sie sind.
Friedrich Schleiermacher, Monologen

Je mehr einer an sich selber hat, desto weniger können andere ihm sein.
Arthur Schopenhauer, Aphorismen zur Lebensweisheit

Jeder muss sich selbst austrinken
wie einen Kelch.
Christian Morgenstern, Stufen

Jeder von uns ist mehrere, ist viele,
ist ein Übermaß an Selbsten.
Fernando Pessoa, Das Buch der Unruhe des Hilfsbuchhalters Bernardo Soares

Nichts ist, das dich bewegt,
du selber bist das Rad,
Das aus sich selbsten läuft
und keine Ruhe hat.
Angelus Silesius, Der Cherubinische Wandersmann

So oft ich aber ins innere Selbst
den Blick zurückwende,
bin ich zugleich
im Reich der Ewigkeit.
Friedrich Schleiermacher, Monologen

Was ist Frömmigkeit?, fragst du.
Der Selbstbesinnung leben.
Bernhard von Clairvaux, Über die Selbstbesinnung

Wer sich nicht selbst anschaut,
nie wird er das Ganze begreifen,
Wer nicht das Ganze gesucht,
findet wohl nimmer sich selbst.
Friedrich Schleiermacher, Denkmale

Wir entdecken in uns selbst,
was die anderen uns verbergen,
und erkennen in anderen,
was wir vor uns selber verbergen.
Luc de Clapiers Marquis de Vauvenargues, Reflexionen und Maximen

Zieh dich in dich selbst zurück. Das vernünftige Leitvermögen hat die Eigenheit, an sich selbst Genüge zu haben, wenn es recht handelt und eben deswegen Frieden hat.
Mark Aurel, Selbstbetrachtungen

Selbstachtung

Als ich die Selbstachtung verloren hatte und mich der Verneinung der guten Eigenschaften und der Verleugnung meiner Menschenwürde überließ, da war denn ohnehin so gut wie alles schon verloren, und so konnte er denn kommen, der Sturz, der unvermeidliche.
Fjodor M. Dostojewski, Arme Leute

Ein Mensch kann viel ertragen,
solange er sich selbst ertragen kann.
Axel Munthe

Es ist nicht erstaunlich, dass man so viel Antipathie empfindet gegenüber Leuten, die sich zu hoch einschätzen, denn es ist kein großer Unterschied zwischen hoher Selbstachtung und Verachtung der anderen.
Charles de Secondat, Baron de la Brède et de Montesquieu, Meine Gedanken

Leute, die nichts von sich halten,
sind auch schlechte Menschenkenner.
Heinrich Waggerl, Aphorismen

Nie setze man die Achtung gegen
sich selbst aus den Augen und mache
sich nicht mit sich selbst gemein.
Unsere eigene Makellosigkeit muss
die Richtschnur für unseren untadel-
haften Wandel sein, und die Strenge
unseres eigenen Urteils muss mehr
über uns vermögen als alle äußeren
Vorschriften.
Baltasar Gracián y Morales, Handorakel und Kunst
der Weltklugheit

Selbstachtung:
eine falsche Einschätzung.
Ambrose Bierce

Wir verbringen einen großen Teil
des Lebens damit, die Achtung anderer
zu erwerben. Aber Selbstachtung
zu gewinnen, darauf verwenden wir
wenig Zeit.
Josef von Sternberg

Selbstbeeinflussung

Die Macht der Selbstbeeinflussung
kann so groß sein, dass ein Mensch
das wird, was er glaubt.
Mohandas K. »Mahatma« Gandhi, Im Gefängnis von
Sabarmati, 1928

Oft zeigt sich, dass der Mensch wird,
was er glaubt. Wenn ich mir dauernd
einsage, ich könne dies oder das nicht,
dann werde ich in der Tat dazu unfähig. Wenn ich hingegen fest glaube,
ich werde es können, dann bekomme
ich sicher die Fähigkeit dazu, selbst
wenn sie mir anfangs nicht eigen war.
Mohandas K. »Mahatma« Gandhi, Harijan (engl.
Wochenzeitung 1933–1956), 1. September 1940

Selbstbehauptung

Sein heißt, sich behaupten,
sich bejahen, sich lieben;
wer des Lebens überdrüssig,
nimmt sich das Leben.
Ludwig Feuerbach,
Das Wesen des Christentums

Was lebt, will sich behaupten,
will leben, folglich nicht sterben.
Ludwig Feuerbach, Das Wesen des Christentums

Selbstbeherrschung

Armut mit Anstand zu tragen,
ist ein Zeichen
von Selbstbeherrschung.
Demokrit, Fragment 291

Besser ein Langmütiger
als ein Kriegsheld, besser,
wer sich selbst beherrscht,
als wer Städte erobert.
Altes Testament, Sprüche Salomos 16, 32

Des Vaters Selbstbeherrschung ist
für die Kinder die stärkste Mahnung.
Demokrit, Fragment 208

Die Selbstbeherrschung
ist die Wurzel aller Tugend.
Samuel Smiles, Charakter

Du wirst mit Recht alles in deiner
Macht haben, wenn du König
über dich selbst sein kannst.
Claudius Claudianus, De quarto consulatu
honorii Augusti

Es fällt mir viel schwerer,
meine Laune in den Griff zu
bekommen als meine Konten.
Jules Renard, Ideen, in Tinte getaucht.
Aus dem Tagebuch von Jules Renard

Es muss heutzutage
zu den Haupteigenschaften
eines Politikers gehören,
seine Nerven zu beherrschen.
Konrad Adenauer, Tischgespräch mit dem französischen Außenminister Schuman, 14. Januar 1950

Man kann weder größere
noch kleinere Herrschaft besitzen
als die über sich selbst.
Leonardo da Vinci, Tagebücher und Aufzeichnungen

Selbstbeherrschung und
Selbstüberwindung vor jedem ersten
Schritt! Erfülle zuerst selbst,
statt dass du andere zwingst:
Das ist das ganze Geheimnis
dieses ersten Schritts.
Fjodor M. Dostojewski,
Tagebuch eines Schriftstellers

Sich beherrschen,
heißt das nicht auch,
so manchen guten Augenblick
zunichte machen?
Jules Renard, Ideen, in Tinte getaucht.
Aus dem Tagebuch von Jules Renard

So weit deine Selbstbeherrschung
geht, so weit geht deine Freiheit.
Marie von Ebner-Eschenbach, Aphorismen

Versuche, dich selbst zu beherrschen
mit Kaltblütigkeit und Gleichmut.
Sprich mit dem König genauso frei
von Furcht, obgleich mit mehr Ehrerbietung, wie mit deinesgleichen.
Philipp Stanhope Earl of Chesterfield, Briefe über die
anstrengende Kunst, ein Gentleman zu werden

Wenn der Mensch
die Zurechnungsfähigkeit
und die Selbstbeherrschung verliert,
so ist das der schlimmste Zustand,
in den er geraten kann.
Michel Eyquem de Montaine, Die Essais

Wer Atomwaffen hat,
lernt Selbstbeherrschung.
George F. Kennan

Wer selbst sein Meister ist
und sich beherrschen kann,
Dem ist die weite Welt
und alles untertan.
Paul Fleming, Teutsche Poemata

Wer sich nicht selbst beherrscht,
kann sich über nichts
zum Herrn aufwerfen;
der Mensch musste sich selbst erobern,
um dann die Außenwelt zu erobern.
Théodore Jouffroy, Das grüne Heft

Wer sich selbst beherrscht,
der ist der weise Mann.
Euripides, Fragmente

Selbstbetrug

Der Selbstbetrug ist der häufigste
Betrug und auch der schlimmste.
Er kann tragisch werden. Er kann
ein Lebenswerk verunmöglichen.
Jakob Boßhart,
Bausteine zu Leben und Zeit

Selbstbetrug, das heißt, man durch-
denkt eine Sache nicht gründlich,
obwohl man im Voraus spürt,
sie wird übel ausgehen.
Leo N. Tolstoi, Tagebücher (1851)

Selbstbewusstsein

Arroganz ist das Selbstbewusstsein
des Minderwertigkeitskomplexes.
Jean Rostand

Das Selbsterscheinen des Absoluten
ist Selbstbewusstsein.
Das selbstbewusste Absolute ist Gott.
Lorenz Oken, Lehrbuch der Naturphilosophie

Die Gelassenheit ist eine anmutige
Form des Selbstbewusstseins.
Marie von Ebner-Eschenbach, Aphorismen

Ein geklärtes, ruhiges nationales
Selbstbewusstsein bleibt für uns selbst
und für unsere Nachbarn von großer
Bedeutung.
Richard von Weizsäcker, Geschichte, Politik und
Nation. Ansprache des Bundespräsidenten auf dem
Weltkongress der Historiker in Stuttgart 1985

Es wächst bei Freizügigkeit das
Selbstbewusstsein, bei Unterwürfigkeit
wird es gemindert; es erhebt sich,
wenn es gelobt und zu berechtigten
Hoffnungen auf sich selbst verleitet
wird, aber eben dasselbe Verhalten
bringt Überheblichkeit und Jähzorn
hervor; daher muss der Zögling zwischen beidem hindurchgeleitet werden,
in der Weise, dass wir bald Zügel,
bald Sporen gebrauchen.
Lucius Annaeus Seneca, Über den Zorn

Snobismus
ist das Selbstbewusstsein derjenigen,
die ihrer selbst nicht sicher sind.
Thornton Wilder

Wenn der Geist sich einmal seiner
selbst bewusst geworden, bildet er
von sich aus seine Welt weiter.
Jacob Burckhardt, Weltgeschichtliche Betrachtungen

Wie das Auge sein Lid hat, so besitzt
der Dummkopf Selbstbewusstsein,
das ihn vor möglichen Verletzungen
seiner Eitelkeit schützt. Je mehr beide
sich schützen, um so weniger sehen sie
– sie drücken die Augen zu.
Leo N. Tolstoi, Tagebücher (1900)

Selbsteinschätzung

Ein großer Fehler:
dass man sich mehr dünkt, als man ist,
und sich weniger schätzt,
als man wert ist.
Johann Wolfgang von Goethe,
Maximen und Reflexionen

Jeder hält sich für das Größte berufen,
und das Kleinste kann er nicht.
Theodor Fontane, Briefe

Was immer ihre Tätigkeit ist,
die Tätigen halten sich für besser.
Elias Canetti, Die Provinz des Menschen.
Aufzeichnungen 1942–1972

Wer sich nicht zu viel dünkt,
ist mehr, als er glaubt.
Johann Wolfgang von Goethe,
Maximen und Reflexionen

Selbsterkenntnis

Aus mangelnder Selbsteinschätzung
entstehen so viele Fehler
wie aus übertriebener Selbstachtung.
Charles de Secondat, Baron de la Brède et
de Montesquieu, Meine Gedanken

Beobachtung seiner selbst
ist eine Schule der Weisheit.
Baltasar Gracián y Morales, Handorakel und Kunst
der Weltklugheit

Das Gehirn entwickelt sich
zwecks Existenzerhaltung,
nicht zwecks Selbsterkenntnis.
Karl Steinbuch

Den Menschen allein ist zuteil,
sich selbst zu erkennen
und verständig zu denken.
Heraklit, Fragmente

Der Anfang der Selbstbesserung
ist Selbsterkenntnis.
Baltasar Gracián y Morales, Handorakel und Kunst
der Weltklugheit

Der, der ich bin, grüßt trauernd den,
der ich sein möchte.
Karl Rahner, Am 4. März 1979 in der Katholischen
Akademie München

Erkenne dich selbst.
Aufschrift auf dem Tempel zu Delphi (und Wahlspruch
von Sokrates)

Erkenne dich! – Was soll das heißen?
Es heißt: sei nur! und sei auch nicht!
Es ist eben ein Spruch
der lieben Weisen,
Der sich in Kürze widerspricht.
Johann Wolfgang von Goethe, Sprüche

Erkenne selber dich.
Wer sich erkennen kann, / Trifft inner
sich oft mehr als einen Menschen an.
Daniel Czepko von Reigersfeld,
Monodisticha Sapientium

Es gibt keine Selbstkenntnis
als die historische.
Friedrich Schlegel, Athenäumsfragmente

Es ist kein Verdienst, Verstand zu
haben, sondern ein Glück;
aber Verdienst ist es, ihn zur
Erkennung seiner selbst anzuwenden.
Johann Kaspar Lavater, Brüderliche Schreiben an
verschiedene Jünglinge

Hingegen zeiget es die Erfahrung,
wie diejenigen, welche sich nur
obenhin kennen, sich in ihren
Gedanken öfters betrügen, auf viele
Irrtümer geraten und mit einer Heftigkeit tadeln, was vielmehr rühmens-
würdig gefunden wird, wenn man
es gründlich untersuchet.
Christian Freiherr von Wolf, Vernünfftige Gedancken
von dem gesellschaftlichen Leben der Menschen

Ich bin zwei Wesen und beide halten
auf Distanz – siamesische Zwillinge,
die nicht miteinander verbunden sind.
Fernando Pessoa, Das Buch der Unruhe
des Hilfsbuchhalters Bernardo Soares

Ich gehe in mich,
um herauszukommen.
Anaïs Nin, Absage an die Verzweiflung

Ich habe nie ein schlimmeres Monster
oder rätselhafteres Geschöpf erlebt
als mich selbst.
Michel Eyquem de Montaigne

Ich unterstehe mich zu behaupten,
dass die größten moralischen Bücher
kein so wichtiges und schweres Gebot
enthalten wie die Aufschrift auf dem
Tempel zu Delphi.
Jean-Jacques Rousseau, Über den Ursprung und die
Grundlagen der Ungleichheit (Die Aufschrift lautete:
»Erkenne dich selbst«)

Im Erleben erwacht das Dasein
zur Selbstschau.
Oswald Spengler,
Urfragen. Fragmente aus dem Nachlass

In uns klar sehen und klar erkennen,
wie uns die anderen betrachten!
Fernando Pessoa, Das Buch der Unruhe
des Hilfsbuchhalters Bernardo Soares

Jeder blickt vor sich,
ich blicke in mich.
Michel Eyquem de Montaigne, Die Essais

Käme jemand in die Lage, »das Seine«
zu tun, so würde er merken, dass er
zunächst sich klar darüber werden
müsste, was er ist und was ihm eigentümlich ist. Wer diese Selbsterkenntnis
besitzt, nimmt nicht mehr »das Fremde« für »das Seine«, mehr als alles
andere zieht ihn dann die Beschäftigung mit seinem Ich und die Kultivierung seines Ich an; was überflüssig
ist, will er dann nicht mehr tun, und
was unnütz ist, nicht mehr denken
und planen.
Michel Eyquem de Montaigne, Die Essais

Keiner kann Herr über sich sein,
wenn er sich nicht zuvor begriffen hat.
Spiegel gibt es für das Antlitz, aber
keine für die Seele: Daher sei solcher
das verständige Nachdenken über sich.
Baltasar Gracián y Morales, Handorakel und Kunst
der Weltklugheit

»Kenne dich selbst«
ist in vieler Beziehung schlecht gesagt.
Es wäre praktischer zu sagen:
»Kenne die anderen!«
Menandros, Thrasyleon

Man erkennt im Grunde immer
nur sich selbst.
Oswald Spengler, Urfragen. Fragmente aus dem Nachlass

Man hängt sich meterlang
zum Hals heraus.
Erich Kästner, Dr. Erich Kästners lyrische Hausapotheke

Man liebt als Selbsterkenntnis,
was man als Anklage hasst.
Elias Canetti, Die Provinz des Menschen.
Aufzeichnungen 1942–1972

Man muss andere kennen lernen,
um sich selbst zu kennen.
Ludwig Börne, Kritiken

Man muss schon gähnen,
wenn man an sich denkt.
Erich Kästner, Dr. Erich Kästners lyrische Hausapotheke

Man muss sich selber kennen:
Wenn das auch nicht dazu diente,
die Wahrheit zu finden, so dient es
doch wenigstens dazu, sein Leben
zu ordnen; und es gibt nichts,
das richtiger wäre.
Blaise Pascal, Pensées

Mit Selbsterkenntnis muss man
beginnen, bevor man andere führt.
August Everding, Vortrag auf der Schlussveranstaltung
des 111. Chirurgen-Kongresses in München, 1994

Nichts gibt uns mehr Aufschluss über
uns selbst, als wenn wir das, was vor
einigen Jahren von uns ausgegangen
ist, wieder vor uns sehen, so dass wir
uns selbst nunmehr als Gegenstand
betrachten können.
Johann Wolfgang von Goethe, Dichtung und Wahrheit

Nie hielten Menschenkinder
Sich selbst für arge Sünder.
Jüdische Spruchweisheit

Nötig ist nämlich zur Kenntnis
seiner selbst die Selbsterprobung:
Was ein jeder vermag, lernt er
nicht anders als durch den Versuch.
Lucius Annaeus Seneca, Über die Vorsehung

Nur die Oberflächlichen
kennen sich selbst.
Oscar Wilde, Sätze und Lehren zum Gebrauch für die Jugend

Nur die Selbstbeobachtung enträtselt
uns die Geheimnisse, die wir sonst
in den Reden und Handlungen
andrer finden würden.
Christian Garve, Über Gesellschaft und Einsamkeit

Ohne vollendetes Selbstverständnis
wird man nie andre wahrhaft
verstehn lernen.
Novalis, Blütenstaub

Selbsterkenntnis heißt heute,
gleichsam Licht in den größten Teil
unseres psychischen Lebens bringen,
in jenen nämlich, der abgetrennt von
unserem normalen bewussten Denken
arbeitet und der nachts zum Vorschein
kommt (...) bzw. in der Psychose,
wenn wir halluzinieren.
Erich Fromm, Von der Kunst des Zuhörens

Selbsterkenntnis
ist der erste Schritt zur Besserung
Deutsches Sprichwort

Selbsterkenntnis ist ein unfehlbares
Mittel gegen Selbstliebe.
Marie von Ebner-Eschenbach, Aphorismen

Selbsterkenntnis ist fast niemals
der erste Schritt zur Besserung,
aber oft genug der letzte
zur Selbstbespiegelung.
Arthur Schnitzler, Buch der Sprüche und Bedenken

Selbsterkenntnis – ist unser Maß
für unser Weltverständnis.
Emil Gött, Im Selbstgespräch

Sich selbst zu kennen, ist eine Pflicht,
aber es ist uns nicht geboten, auch die
anderen zu erkennen. Nach einem
ersten Blick ihre Fehler zu beobachten,
ist den Geschäften nützlich, unserer
Tugend aber unnütz, schädlich.
Joseph Joubert, Gedanken, Versuche und Maximen

So viel Schönes man auch an sich
entdeckt haben mag, es bleibt immer
noch unerforschtes Gebiet zurück.
François de La Rochefoucauld, Reflexionen

Sobald man nur sich selbst erforschen
will, fühlt jeder das Gute, erkennt jeder
das Schöne; keins von beiden braucht
man uns zu lehren, und man betrügt
sich hierin nur insoweit,
als man sich betrügen will.
Jean-Jacques Rousseau, Julie oder Die neue Héloïse (Saint-Preux)

Wenn sich der Mensch nicht
auf sich selbst besinnt, werden ihn
Himmel und Erde vernichten.
Chinesisches Sprichwort

Wer andere kennt, ist klug,
wer sich kennt, ist weise.
Lao-tse, Dao-de-dsching

Wer kennt sich selbst? Wer weiß,
was er vermag?
Johann Wolfgang von Goethe, Ilmenau

Wer sich beurteilt nur nach sich,
Gelangt zu falschen Schlüssen:
Du selbst erkennst so wenig dich,
Als du dich selbst kannst küssen.
Friedrich von Bodenstedt, Mirza Schaffy

Wer sich kennt,
kann in sich vor- und rückwärts gehn.
Johann Wolfgang von Goethe, Egmont (Oranien)

Wer von uns ist noch an seinem sogenannten »Innenleben« interessiert?
Schon das Wort ist ungebräuchlich
geworden. Wer belauscht sich selber?
Wer guckt durchs Schlüsselloch
sich selbst in die Kammer?
Unbekannte Beschäftigungen.
Günther Anders, Lieben gestern. Notizen zur Geschichte des Fühlens

Wer zum höchsten Adel seines Wesens
gelangen will und zur Anschauung des
höchsten Gutes, das Gott selber ist, der
muss ein Erkennen seiner selbst haben
wie auch der Dinge, die um ihn sind,
bis zum Höchsten. Darum, mein lieber
Mensch, lerne du dich selbst erkennen.
Meister Eckhart, Traktate

Wie gerne würde ich mir als Fremder
einmal zuhören, ohne mich
zu erkennen, und später erst erfahren,
dass ich es war.
Elias Canetti, Die Provinz des Menschen. Aufzeichnungen 1942–1972

Wie kann man sich selbst kennen
lernen? Durch Betrachten niemals,
wohl aber durch Handeln. Versuche,
deine Pflicht zu tun, und du weißt
gleich, was an dir ist.
Johann Wolfgang von Goethe, Maximen und Reflexionen

Wie leicht sich das sagt:
sich selber finden! Wie man erschrickt,
wenn es wirklich geschieht.
Elias Canetti, Die Provinz des Menschen. Aufzeichnungen 1942–1972

Wie viele Leute bin ich? Wer ist ich?
Was ist dieser Zwischenraum,
der zwischen mir und mir steht?
Fernando Pessoa, Das Buch der Unruhe des Hilfsbuchhalters Bernardo Soares

Wir kennen die anderen nur durch
die Kenntnis, die wir von uns selbst
haben; und wir täuschen uns über
die anderen nur, indem wir diese
Induktion zu weit treiben.
Théodore Jouffroy, Das grüne Heft

Wissen wollt ihr und handeln,
und keiner fragt sich: Was bin ich
Für ein Gefäß zum Gehalt?
Was für ein Werkzeug zur Tat?
Johann Wolfgang von Goethe/Friedrich Schiller, Xenien

Selbstfindung

Ganz in dem Ewigen der Natur
versunken, finden wir uns selbst
ohne Furcht, als Natur, und retten
die Freiheit, indem wir sie hingeben.
Henrik Steffens, Beiträge zur inneren Naturgeschichte der Erde

Ich kehre in mich selbst zurück
und finde eine Welt!
Johann Wolfgang von Goethe, Die Leiden des jungen Werthers

Nur ein Mensch, der zu sich selbst
zurückgefunden hat, kann zu einem
anderen Menschen zurückfinden.
Anne Morrow Lindbergh, Muscheln in meiner Hand

Wenn sich der Verirrte findet,
Freuen alles Götter sich.
Johann Wolfgang von Goethe, Deutscher Parnass

Wie leicht sich das sagt: sich selber
finden! Wie man erschrickt, wenn
es wirklich geschieht.
Elias Canetti, Die Provinz des Menschen. Aufzeichnungen 1942–1972

Selbstgefälligkeit

Die Philosophen, vor allem aber
Seneca, haben mit ihren Lehren
keineswegs das Verbrechen beseitigt,
sondern sie bloß benutzt, um damit
am Palast der Selbstgefälligkeit
weiterzubauen.
François de La Rochefoucauld, Unterdrückte Maximen

Es gibt eine Selbstgefälligkeit
des Glaubens, unverzeihlicher und
gefährlicher als die der Intelligenz.
Dag Hammarskjöld, Zeichen am Weg

Selbstgefühl

Bescheidenheit ohne Selbstgefühl,
Selbstgefühl ohne Bescheidenheit
sind nichts wert.
Ludwig Marcuse, Argumente und Rezepte.
Ein Wörter-Buch für Zeitgenossen

Frauen verzeihen eher,
dass man ihre Liebe verletzt
als ihr Selbstgefühl.
Alexandre Dumas d. J., Die Kameliendame

Selbstgenügsamkeit

Das goldene Vlies der Selbstgenügsamkeit schützt gegen Prügel,
aber nicht gegen Nadelstiche.
Friedrich Nietzsche, Menschliches, Allzumenschliches

Der Selbstgenügsamkeit größte Frucht:
Freiheit.
Epikur, Sprüche. In: Briefe, Sprüche, Werkfragmente

Die Menschen in ihrer Selbstgenügsamkeit meinen, sie sind sich genug,
dann kommt der Schlag,
und man sieht,
dass alle einander brauchen.
August Strindberg, Der Sohn der Magd

Nichts ist ausreichend für den,
dem das Ausreichende zu wenig ist.
Epikur, Sprüche. In: Briefe, Sprüche, Werkfragmente

Selbstgespräch

Groß betrachtet
ist alles Gespräch nur
– Selbstgespräch.
Christian Morgenstern

In Selbstgesprächen kommt auch
der Rechthaberische auf seine Kosten.
Lothar Schmidt

Interessante Selbstgespräche setzen
einen klugen Partner voraus.
H. G. Wells

Selbstgespräche geben einem
die Chance, auf jeden Fall
Recht zu behalten.
Helmut Qualtinger

Sprich man ja mit sich selbst
nicht immer, wie man denkt.
Johann Wolfgang von Goethe, Wilhelm Meisters Wanderjahre

Selbstliebe

Die Selbstliebe ist eine natürliche
Empfindung, die jedes Tier dahin
bringt, dass es über seine eigene
Erhaltung wacht; aus ihr entspringen
bei dem Menschen, wenn sie von
der Vernunft geleitet und von Mitleid
eingeschränkt wird, Tugend und
Menschlichkeit.
Jean-Jacques Rousseau, Über den Ursprung und die Grundlagen der Ungleichheit

Im Tempel der Pallas gab es,
wie wir das in allen Kulten finden,
sichtbare Mysterien, die das Volk
sehen durfte, und andere, geheimere
und höhere Mysterien, die nur den
Eingeweihten gezeigt wurden;
zu diesen letzteren gehörte wahrscheinlich die wahre Selbstliebe,
die jeder sich schuldet.
Michel Eyquem de Montaigne, Die Essais

Selbstliebe, Herr, ist nicht
so schnöde Sünde
Als Selbstversäumnis.
William Shakespeare, Heinrich V. (Dauphin)

Selbstliebe ist der Beginn
einer lebenslangen Romanze.
Oscar Wilde

Selbstlosigkeit

Bis zu einem gewissen Grade selbstlos
sollte man schon aus Selbstsucht sein.
Marie von Ebner-Eschenbach, Aphorismen

Die hauptsächlichste Gefahr der Ehe
liegt darin, dass man selbstlos wird.
Selbstlose Leute sind farblos.
Oscar Wilde, Das Bildnis des Dorian Gray

Selbstlosigkeit heißt,
andere in Frieden lassen und sich
nicht in ihr Tun einmischen.
Oscar Wilde, Die Seele des Menschen unter dem Sozialismus

Selbstlosigkeit
ist ausgereifter Egoismus.
Herbert Spencer

Selbstlosigkeit ist Eigenliebe,
die sich schämt.
Hans Lohberger

Wahre Liebe ist selbstlos
und ohne Begierde.
Chinesisches Sprichwort

Selbstmord

Als Könige und Priester den Selbst-
mord verdammten, wollten sie die
Dauer unserer Sklaverei sichern.
Sie wollen uns in ein Gefängnis
ohne Ausweg stecken.
Chamfort, Maximen und Gedanken

Atheismus ist Selbstmord der Seele.
Jean Antoine Petit-Senn, Geistesfunken und Gedankensplitter

Auch der Selbstmord wird
eine sinnlose Sache, wenn man
keinem Menschen mehr dadurch
einen Schmerz bereitet. Dies erst heißt,
sich völlig ins Nichts stürzen.
Arthur Schnitzler, Zurückgelegte Sprüche

Das geistige Bewusstsein
eines Mannes, der, um sich vom Leben
zu befreien, Gift nimmt, ist bereits
abgestorben; verwundert über das,
was er tut, und das, was ihn erwartet,
denkt er auf nichts mehr.
Stendhal, Über die Liebe (Fragmente)

Den Mut, den der Selbstmord verlangt,
sollte man auf das Ertragen
des Lebens verwenden;
aber Verzweiflung macht
bekanntlich blind.
Sully Prudhomme, Gedanken

Der Gedanke an den Selbstmord
ist ein starkes Trostmittel:
mit ihm kommt man gut
über manche böse Nacht hinweg.
Friedrich Nietzsche, Jenseits von Gut und Böse

Der Selbstmord ist oft bloß
die Wirkung von einem Raptus.
Denn der, welcher sich in der Heftigkeit des Affekts die Gurgel abschneidet, lässt sich bald darauf geduldig
sie wieder zunähen.
Immanuel Kant, Die Metaphysik der Sitten

Die letzte Wahl steht auch dem
Schwächsten offen. / Ein Sprung
von dieser Brücke macht mich frei.
Friedrich Schiller, Wilhelm Tell (Gertrud)

Die Selbstentleibung ist
ein Verbrechen (Mord).
Immanuel Kant, Die Metaphysik der Sitten

Es ist ein guter Ausweg, sich zu töten,
wenn man unglücklich ist; aber es ist
ein auswegloser Ausweg.
Théodore Jouffroy, Das grüne Heft

Es ist nie hinreichend beachtet
worden, wie viel Selbstmorde zurück-
gehen auf die Unfähigkeit,
sich selbst Genüge zu tun.
Ludwig Marcuse, Argumente und Rezepte.
Ein Wörter-Buch für Zeitgenossen

Es ist vielleicht
das einzige Stück Freiheit,
das man sein ganzes Leben
ununterbrochen besitzt:
die Freiheit,
das Leben wegzuwerfen.
Stefan Zweig

Freitod und Selbstmord
sind nicht Synonyma.
Ludwig Marcuse, Argumente und Rezepte.
Ein Wörter-Buch für Zeitgenossen

Glaubt ihr denn, es gebe auf der
ganzen Welt einen Menschen,
der Recht oder Macht hätte,
mich daran zu hindern,
mein Leben zu beenden?
Voltaire, Der ehrliche Hurone

Gott hat uns nicht nur das Recht
auf das fremde, sondern sogar
auf das eigene Leben genommen.
Thomas More, Utopia

Ich bin nicht der Meinung, dass ich
die für ganz und gar verdammens-
wert hielte, die sich selbst töten.
Mein Grund ist: Sie tun es nicht gern,
sondern lassen sich vom Teufel
überwältigen, wie einer in einem Wald
von einem Räuber ermordet würde.
Doch man soll das dem Volk nicht
lehren, damit man nicht dem Teufel
Gelegenheit verschafft,
seine Mordtaten zu verüben.
Martin Luther, Tischreden

Ich kann mir nicht vorstellen,
wie ein Mensch so töricht sein kann,
sich zu erschießen; der bloße Gedanke
erregt mir Widerwillen.
Johann Wolfgang von Goethe, Die Leiden des jungen
Werthers

In herrlicher Einsamkeit hab ich
manchmal in mir selber gelebt;
ich bin's gewohnt geworden,
die Außendinge abzuschütteln
wie Flocken von Schnee;
wie sollt ich dann mich scheun,
den sogenannten Tod zu suchen?
Friedrich Hölderlin, Hyperion

Keine Saufkumpane, Weiber und
Lumpenbrüder! Kein Geschwätz.
Die exklusiven Formen schubweisen
Selbstmordes, allein und innerhalb
der vier Wände, sind den geselligen
vorzuziehen.
Heimito von Doderer, Repertorium. Ein Begreifbuch
von höheren und niederen Lebens-Sachen

Nichts ist so schlimm, dass es sich
lohnt, den Tod zu suchen,
um es zu vermeiden.
Michel Eyquem de Montaigne, Die Essais

Oft wünsche ich mir sehnlich,
mich in die kalten Arme
des Todes zu werfen.
Ecbasis captivi in belehrender Gestalt (Nachtigall)

Sei ein Mann und folge
mir nicht nach!
Johann Wolfgang von Goethe, Die Leiden des jungen
Werthers (Motto der 2. Auflage nach Selbstmordwelle)

Selbstmord –
die ihn als feige bezeichnen,
sind ihrerseits zu feige dazu.
Henry de Montherlant

Selbstmord ist ein Kompliment,
das man der Gesellschaft
nicht machen dürfte.
Oscar Wilde

Selbstmord
ist ein schlecht gebildetes Wort:
Was tötet, ist nicht identisch mit dem,
was getötet wird.
Théodore Jouffroy, Das grüne Heft

Sich zu töten, weil man fühlt,
dass man, wenn man sich nicht tötet,
nicht stark genug sein wird,
die Unschuld zu bewahren,
ist wohl kaum der Mühe wert.
Friedrich Hebbel, Tagebücher

(...) und dass ich sterbe, weil mir auf
Erden nichts mehr zu lernen und zu
erwerben übrig bleibt. Lebe wohl!
Heinrich von Kleist, Briefe (an Marie von Kleist,
19. November 1811)

Verwandte eines Selbstmörders
rechnen es ihm übel an,
dass er nicht aus Rücksicht
auf ihren Ruf am Leben geblieben ist.
Friedrich Nietzsche, Menschliches, Allzumenschliches

Was jeder zu begehen hat:
einen umgekehrten Selbstmord:
Er allein wirkt belebend.
Heimito von Doderer, Repertorium. Ein Begreifbuch
von höheren und niederen Lebens-Sachen

Wer Selbstmord begeht,
will immer zwei töten.
Arthur Miller, Nach dem Sündenfall

Wo auf Erden
gibt es vernünftige Ehen?
Man könnte genauso gut von
vernünftigen Selbstmorden sprechen!
Gilbert Keith Chesterton, Aphorismen und Paradoxa

Selbstständigkeit

Als Naturwesen
ist der Mensch um so vollkommener,
je selbstständiger und individueller
er ist.
Friedrich Schlegel, Philosophische Vorlesungen

Bin weder Fräulein noch schön,
Kann ungeleitet nach Hause gehn.
Johann Wolfgang von Goethe, Faust I (Margarete)

Das Bewusstsein,
auf sich selbst zu stehen, erzeugt neues Leben, eine gesteigerte
geistige und ökonomische Produktion
und Produktivität.
Gustav Schmoller, Die Arbeiterfrage

Die Axt im Haus erspart
den Zimmermann.
Friedrich Schiller, Wilhelm Tell (Tell)

Die erste Handlung
der Selbstständigkeit eines Menschen
ist der Entwurf eines Lebensplans.
Heinrich von Kleist, Briefe (an Ulrike von Kleist,
Mai 1799)

Die politische Selbstständigkeit
eines Volkes ist jedem andern Gute
auf immer vorzuziehen.
Carl Hilty, Politisches Jahrbuch der schweizerischen
Eidgenossenschaft (1890)

Die Selbstständigkeit der Partei
bedingt die Unselbstständigkeit
der Parteiglieder.
Max Stirner, Der Einzige und sein Eigentum

Eigen Brot nährt am besten.
Deutsches Sprichwort

Ein jeder zählt nur sicher
auf sich selbst.
Friedrich Schiller, Wilhelm Tell (Tell)

Es ist ein neuer Schritt
zum Selbstständigwerden, wenn man
erst Ansichten zu äußern wagt,
die als schmählich für den gelten,
welcher sie hegt; da pflegen auch
die Freunde und Bekannten ängstlich
zu werden. Auch durch dieses Feuer
muss die begabte Natur hindurch;
sie gehört sich hinterdrein
noch viel mehr selber an.
Friedrich Nietzsche, Menschliches, Allzumenschliches

Heute handelt es sich darum, die vie-
len Einzelnen dazu zu bringen, sich
aus der selbstgeschaffenen geistigen
Unselbstständigkeit herauszuarbeiten.
Albert Schweitzer,
Verfall und Wiederaufbau der Kultur

Hilf dir selbst,
so hilft dir Gott.
Deutsches Sprichwort

Nur durch Arbeit und Kampf ist
Selbstständigkeit und das Gefühl
der eigenen Würde zu erlangen.
Fjodor M. Dostojewski, Tagebuch eines Schriftstellers

Selbst ist der Mann.
Deutsches Sprichwort

Selbstsucht

Aus Scham oder Selbstsucht
verbirgt jeder das Beste und Zarteste
in seinem Innern.
Gustave Flaubert, November

Die Selbstsucht einer einzigen,
oft unglücklichen Leidenschaft hält
manchmal alle anderen gefesselt,
und die Vernunft trägt ihre Ketten,
ohne sie brechen zu können.
Luc de Clapiers Marquis de Vauvenargues,
Unterdrückte Maximen

Die Selbstsucht ist so viel wert, als
der physiologisch wert ist, der sie hat:
Sie kann sehr viel wert sein, sie kann
nichtswürdig und verächtlich sein.
Friedrich Nietzsche, Götzen-Dämmerung

Im Herzen einer jungen Frau
herrscht keine Liebe so mächtig,
dass sich ihr nicht Selbstsucht
oder Ehrgeiz beimischte.
Jean de La Bruyère, Die Charaktere

Selbstsucht besteht nicht darin,
dass man sein Leben so lebt, wie
man wünscht, sondern darin, dass
man von anderen erwartet, dass sie
so leben, wie man wünscht.
Oscar Wilde, Die Seele des Menschen
unter dem Sozialismus

Selbstsucht ist der größte Fluch
des menschlichen Geschlechts.
William Gladstone, Reden (28. Mai 1890)

Sich selbst erhalten,
bleibt der Selbstsucht Lehre.
Johann Wolfgang von Goethe, Faust II (Kaiser)

Welche selbstsüchtige Macht
muss nicht der Allmacht weichen,
die um sie her ist?
Johann Gottfried Herder, Das eigene Schicksal

Selbstüberschätzung

Auch wenn die Biene
einen gestreiften Rücken hat,
ist sie noch lange kein Tiger.
Chinesisches Sprichwort

Der Eingebildete überschätzt sich
im Verhältnis zu seinem eigenen Wert.
Aristoteles, Nikomachische Ethik

Flieg nicht hoch empor,
dann kannst du auch nicht stürzen.
Chinesisches Sprichwort

Hüte dich, o Mensch,
höher emporzusteigen,
als deine Kraft dich zu tragen vermag.
Hildegard von Bingen, Briefwechsel

Jeder hält sein Kupfer für Gold.
Deutsches Sprichwort

Unsere Selbstüberschätzung
facht unseren Neid an,
mäßigt ihn aber auch oft.
François de La Rochefoucauld, Reflexionen

Wer auf zwei Stühlen sitzen will,
fällt oft mitten durch.
Deutsches Sprichwort

Wer hundert Wege kennt,
hält sich manchmal für den Größten.
Chinesisches Sprichwort

Selbstüberwindung

Der Tod ist eine Selbstbesiegung – die,
wie alle Selbstüberwindung, eine neue,
leichtere Existenz verschafft.
Novalis, Vermischte Bemerkungen

Es gibt nichts Kühneres
als Selbstüberwindung.
Erasmus von Rotterdam, Handbüchlein eines christlichen Streiters

Selbstüberwindung ist
ein falscher Ausdruck, ist Täuschung;
was wir in gutem Sinne so nennen,
ist Selbstfassung, Selbststärkung.
Johann Gottfried Seume, Apokryphen

Sich selbselbsten überwinden,
ist der allerschwerste Krieg;
Sich selbselbsten überwinden,
ist der allerschönste Sieg.
Friedrich von Logau, Sinngedichte

Vielleicht haben Menschen von starker
Seele mehr Mühe, sich zu überwinden:
Sie haben aber auch mehr Kraft,
und nur wenn sie den Sieg vollendet
haben, sollte man sie große Menschen
nennen, das ist, wenn sie gute
Menschen geworden.
Johann Gottfried Herder, Vom Erkennen und
Empfinden der menschlichen Seele

Wer andere bezwingt, ist kraftvoll,
wer sich selbst bezwingt,
ist unbezwingbar.
Lao-tse, Dao-de-dsching

Selbstverachtung

Gegen die Männer-Krankheit
der Selbstverachtung hilft es
am sichersten, von einem
klugen Weibe geliebt zu werden.
Friedrich Nietzsche, Menschliches, Allzumenschliches

Nur der Weise ist mit dem Seinen
einverstanden. Alle Torheit müht sich
ab mit dem Überdruss an sich selbst.
Lucius Annaeus Seneca, Briefe über Ethik

Selbstverachtung ist nur versteckte
Eitelkeit. Denn das sich Verachtende
muss notwendig zugleich
das sich Achtende sein.
Friedrich Hebbel, Tagebücher

Selbstvergessenheit

Liebe ist nicht das Höchste. Über
der Liebe steht Selbstvergessenheit.
Walter Rathenau, Auf dem Fechtboden des Geistes.
Aphorismen aus seinen Notizbüchern

Man nennt Sichvergessen, wenn jemand zu seinem Naturell zurückkehrt.
Sully Prudhomme, Gedanken

Selbstverleugnung

Die Selbstverstümmelung unter den
Wilden hat ihr tragisches Fortleben
in der Selbstverleugnung,
die unser Leben verdirbt.
Oscar Wilde, Das Bildnis des Dorian Gray

Selbstverleugnung ist eine Methode,
durch die der Mensch
seine Weiterentwicklung hemmt.
Oscar Wilde

Wer sich selbst verleugnet,
kann anderen
kein zuverlässiger Partner sein.
Richard von Weizsäcker, Ansprache des Bundespräsidenten vor beiden Häusern des Parlaments in London 1986

Selbstverständlichkeit

Das Moralische
versteht sich immer von selbst.
Friedrich Theodor von Vischer, Auch Einer

Das von selbst Verständliche
wird gemeinhin am gründlichsten
vergessen und am seltensten getan.
Christian Morgenstern, Stufen

Ein Genie ist ein Mensch,
dem etwas Selbstverständliches
zum ersten Mal einfällt.
Hermann Bahr

Ein Vogel staunt nicht,
dass er fliegen kann.
Chinesisches Sprichwort

Man muss den Mut haben,
auch Selbstverständlichkeiten
auszusprechen.
Arthur Schnitzler,
Aphorismen und Betrachtungen aus dem Nachlass

Misstraue jedem Gedanken,
der nicht selbstverständlich erscheint.
Jakob Boßhart, Bausteine zu Leben und Zeit

Über das Selbstverständliche staunen
nur die Narren und die Weisen.
Jean Giono

Was ist das Schwerste von allem?
Was die das Leichteste dünket:
Mit den Augen zu sehen,
was vor dem Augen dir liegt.
Johann Wolfgang von Goethe/Friedrich Schiller, Xenien

Selbstvertrauen

Das Vertrauen auf sich selbst und das
ihm von Gott anvertraute Pfund darf
der Mensch nie aufgeben, ohne sich
an seiner Menschennatur und an seiner Zeit zu versündigen.
Caspar David Friedrich, Äußerung bei Betrachtung
einer Sammlung von Gemälden

Der Kampf um Selbstvertrauen,
um ein abgerundetes Bild von sich
selbst ist wunderbar. Er ist ein großes
Abenteuer: das Abenteuer der Reise
nach innen.
Anaïs Nin, Vertrauliches Gespräch

Mangel an Selbstvertrauen,
gewöhnliche Quelle des Missmuts.
Sophie Mereau, Tagebücher (November 1798)

Oft wird »auftreten«
mit »aufstampfen« verwechselt.
Erhard Blanck

Ohne Selbstvertrauen ist
es schwer zu leben.
Chinesisches Sprichwort

Selbstvertrauen ist der Name,
den wir dem Egoismus
der Erfolgreichen beilegen.
Elbert Hubbard

Selbstvertrauen schafft ein Gutteil
des Vertrauens zu anderen.
François de La Rochefoucauld, Unterdrückte Maximen

Sobald du dir vertraust,
sobald weißt du zu leben.
Johann Wolfgang von Goethe, Faust I (Mephisto)

Und wenn Ihr Euch nur selbst vertraut,
Vertrauen Euch die andern Seelen.
Johann Wolfgang von Goethe,
Faust I (Mephisto)

Wache über dich,
dass du nie die innere Zuversicht
zu dir selber, das Vertrauen auf Gott,
auf gute Menschen und das Schicksal
verlierst!
Adolph Freiherr von Knigge,
Über den Umgang mit Menschen

Wenn wir in raschen, mutigen
Momenten / Auf unsern Füßen stehen,
strack und kühn, / Als eigner Stütze
froh und selbst vertraun, / Dann
scheint uns Welt und Himmel zu
gehören.
Johann Wolfgang von Goethe, Die natürliche Tochter
(Eugenie)

Selbstverwirklichung

Die Stücke werden immer länger,
die Regisseure scheinen sich immer
mehr selbst verwirklichen zu wollen.
Heinz Rühmann

Ich bin dankbar für jeden Dilettanten,
der etwas für sich selbst tun möchte,
ohne Zuhilfenahme einer industriell
gefertigten Ware. Um dies
tun zu können, muss er aber von Liebe
zu etwas Lebendigem erfasst sein.
Yehudi Menuhin, Variationen

Ich werde sein, der ich sein will.
Aber ich muss auch wollen,
was immer das sein mag.
Fernando Pessoa, Das Buch der Unruhe
des Hilfsbuchhalters Bernardo Soares

Sei, wer du sein sollst,
und tue das Deine; so wird dich das
Glück, dein gutes Schicksal ungesucht
finden; die schärfste Waage deines,
keines fremden Schicksals ist in dir.
Johann Gottfried Herder, Das eigene Schicksal

Wer sein eigenes Ich entfalten will,
der soll nicht Theologe oder Theologin
werden.
Otto Dibelius

Wir verwirklichen uns nie.
Wir sind zwei Abgründe –
ein Brunnen, der den Himmel anstarrt.
Fernando Pessoa, Das Buch der Unruhe
des Hilfsbuchhalters Bernardo Soares

Selbstzucht

Die Selbstzucht, wie alles Gute,
braucht unerschöpfliche Geduld (...).
Mohandas K. »Mahatma« Gandhi,
Self-restraint v. self-indulgence, 1928

Schmerzen verlangen Selbstzucht.
Schmerzen bedeuten Training des Willens, und sie formen den Menschen.
Konrad Adenauer, Gespräch anlässlich des Besuchs von
US-Präsident Kennedy, Juni 1963

Selbstzufriedenheit

Die größte Selbstzufriedenheit
und das ruhigste Gewissen finden
sich bei Leuten, deren Passionen
und Lebensansprüche nicht über
das hinausgehen, was die höhere
Gesellschaft zulässt: Mätressen,
Bordelle, sogar Päderastie, Dienst,
Gehalt, Bereicherung durch Heirat,
Krieg, Duelle und dergleichen.
Leo N. Tolstoi, Tagebücher (1894)

Nichts sollte unsere Selbstzufriedenheit mehr erschüttern als die Erkenntnis, dass wir verwerfen, was wir früher
gebilligt haben.
François de La Rochefoucauld, Reflexionen

Selbstzufriedenheit ist Lust,
die daraus entspringt,
dass der Mensch sich selbst und
sein Tätigkeitsvermögen betrachtet.
Baruch de Spinoza, Ethik

Selbstzufriedenheit kann
aus der Vernunft entspringen,
und nur diese aus der Vernunft
entspringende Zufriedenheit ist
die höchste, die es geben kann.
Baruch de Spinoza, Ethik

Seligkeit

Da die Seligkeit nichts anderes ist als
der Genuss des höchsten Gutes, dieses
aber über uns erhaben ist, so kann nur
der selig werden, der über sich selbst
hinaussteigt, nicht dem Leibe, sondern
dem Herzen nach. Über uns selbst aber
können wir nur erhoben werden durch
eine höhere Kraft, die uns emporzieht.
Bonaventura, Pilgerbuch der Seele zu Gott

Die Schöne bleibt sich selber selig.
Johann Wolfgang von Goethe, Faust II (Chiron)

Eher will ich hundertmal sterben,
als auf die Seligkeit verzichten,
an deiner Seite zu ruhen.
Lucius Apuleius, Der goldene Esel (Psyche)

Es ist zwar wahr, dass Gott sich selig
machen will; / Glaubst du, er will's
ohn' dich, so glaubest du zu viel.
Angelus Silesius, Der cherubinische Wandersmann

Es schweigt das Herz in Seligkeit.
Friedrich Schiller, Das Lied von der Glocke

In dieser Armut welche Fülle!
In diesem Kerker welche Seligkeit!
Johann Wolfgang von Goethe, Faust I (Faust)

Nicht die Armseligkeit
macht den Menschen selig,
sondern die Barmherzigkeit.
Bernhard von Clairvaux, Über die Bekehrung

O es ist ein seltsames Gemische
von Seligkeit und Schwermut,
wenn es sich so offenbart,
dass wir auf immer heraus sind
aus dem gewöhnlichen Dasein.
Friedrich Hölderlin, Hyperion

Preise selig keinen je der Sterblichen,
Bevor du sahst, wie seinen
letzten Lebenstag, / Zum Hades
niedersteigend, er beschlossen hat.
Euripides, Andromache

Wenn der Mensch nicht schon
Seligkeit in sich hätte,
könnte er nicht selig werden.
Bettina von Arnim, Tagebuch

Seltenheit

Alle Glieder bilden sich aus
nach ew'gen Gesetzen,
Und die seltenste Form bewahrt
im Geheimen das Urbild.
Johann Wolfgang von Goethe, Gott und Welt
(Metamorphose der Tiere)

Das Seltenste, was ich gesehen:
ein alter Tyrann.
Thales von Milet, Bei Plutarch,
Gastmahl der Sieben Weisen

Kunst ist und bleibt
eine seltene Sache.
Alfred Döblin, Aufsätze zur Literatur

Lob,
ebenso wie Gold und Diamanten,
hat Wert nur
durch seine Seltenheit.
Samuel Johnson, The Rambler

Sammler sind Leute,
die Seltenes zusammentragen
in der Hoffnung,
dass es noch seltener wird.
Sigismund von Radecki

Seltenes gefällt.
Martial, Epigramme

Überall, wo Fremde selten sind,
werden sie gut aufgenommen.
Jean-Jacques Rousseau, Emile

Wo Worte selten, haben sie Gewicht.
William Shakespeare, Richard III. (Gaunt)

Sentimentalität

Die Sentimentalen haben's alle
schlecht. Sie sind das eigentlich
schwache Geschlecht und machen
die andern nur krank.
Christian Morgenstern, Stufen

Die Sentimentalität
ist das Alibi der Hartherzigen.
Arthur Schnitzler

Sentimentalität
nennen wir das Gefühl,
das wir nicht teilen.
Graham Greene

September

Bringt der Juli heiße Glut,
so gerät der September gut.
Bauernregel

Durch des Septembers heitern Blick,
schaut noch einmal der Mai zurück.
Bauernregel

September: Das Rentier zieht südwärts.
Roald Amundsen, Eskimoleben (Eskimo-Monatsnamen)

Viel Eicheln im September,
viel Schnee im Dezember.
Bauernregel

Was der August nicht kocht,
lässt der September ungebraten.
Bauernregel

Was der August nicht tut,
macht der September gut.
Johann Wolfgang von Goethe, An Personen

Wenn der September
noch donnern kann,
so setzen die Bäume noch Blüten an.
Bauernregel

Wenn im September
die Spinnen kriechen,
sie einen harten Winter riechen.
Bauernregel

Seufzer

Das Leben ist
eine Brücke von Seufzern
über einen Strom von Tränen.
Philip James Bailey

Ein seufzendes Herz hat nicht,
wonach es sich sehnt.
Sprichwort aus Frankreich

Unsere Jugend sammelt
nur Seufzer für das Alter.
Edward Young, Nachtgedanken

Severin (23.10.)

Wenn's dem Severin gefällt,
bringt er mit die erste Kält'.
Bauernregel

Sexualität

Alle diese vermeintlichen Bedürfnisse
haben ihren Ursprung nicht
in der Natur, sondern in der
freiwilligen Verderbtheit der Sinne.
Jean-Jacques Rousseau, Julie oder Die neue Héloïse (Julie)

Alle Männer haben nur
zwei Dinge im Sinn.
Geld ist das andere.
Jeanne Moreau

Denn eine Frau, die eine gute Frau ist,
ist mit einem Mann zufrieden.
Warum sollte ein Mann weniger
zufrieden sein mit einer einzigen Frau sein?
Titus Maccius Plautus,
Der Kaufmann

Der Geschlechtstrieb ist ein Übel,
ein schreckliches Übel,
das man bekämpfen und nicht,
wie bei uns, fördern soll.
Leo N. Tolstoi, Die Kreutzersonate

Der Topf sucht sich
sein Gemüse selbst.
Catull, Gedichte

Die Frau kontrolliert ihren Sex,
weil sie für Sex all das bekommt,
was ihr noch wichtiger ist als Sex.
Esther Vilar

Die Geschichte der Sexualität
ist die Geschichte ihrer Unterdrückung.
Lutz Röhrich

Die Männer haben ganz falsche
Vorstellungen von ihrem Sexappeal.
Der sitzt nicht dort, wo sie meinen,
sondern genau in der Höhe
der Brusttasche: dort,
wo das Scheckbuch steckt.
Zsa Zsa Gabor

Die Prostitution ist nur
eine Fata Morgana des Sexuellen
für Wanderer in der Wüste
der Entbehrung.
Heimito von Doderer, Repertorium. Ein Begreifbuch
von höheren und niederen Lebens-Sachen

Die Wahrheit, dass für die Frau
der Mann sexuell und körperlich
anziehend ist, wurde nie verkündet,
weil es niemanden gab,
sie zu verkünden.
Simone de Beauvoir, Das andere Geschlecht

Ein junges Weib
bei einem alten Mann
ist des Tags eine Ehefrau
und des Nachts eine Witwe.
Deutsches Sprichwort

Ein Sexsymbol ist ein Ding,
und ich hasse es, ein Ding zu sein.
Marilyn Monroe

Eine Frau würde sich beim Gruppen-
sex nur mit Männern zu Tode langweilen; das war schon immer so, und
wird sich nicht ändern.
Esther Vilar, Der dressierte Mann

Es ist ein Glück,
dass das Bestehen der Menschenrasse
ans sexuelle Vergnügen gefesselt ist,
man hätte es sonst längst
aus der Welt hinausmanipuliert.
Ludwig Marcuse, Argumente und Rezepte. Ein Wörter-Buch für Zeitgenossen

Geld und Sexualität sind
die reellen Mysterien des Lebens.
Peter Altenberg, Schnipsel

Ich fürchte, es besteht nicht viel
Unterschied zwischen der Gewohnheit,
sexuelle Befriedigung zu erhalten,
und beispielsweise der Gewohnheit,
Zigaretten zu rauchen.
Colette

In der Sexualerziehung haben
Autodidakten den größten Erfolg.
Zarko Petan

Karlchen ist derartig
hinter den Mädchen her!
Er hat den Coitus tremens.
Kurt Tucholsky, Schnipsel

Kinder findet man nicht auf dem Mist.
Deutsches Sprichwort

Kinder leckt man nicht
aus dem Schnee.
Deutsches Sprichwort

Kinder schöpft man nicht
aus dem Brunnen.
Deutsches Sprichwort

Kinderzeugen ist keine Zwangsarbeit.
Deutsches Sprichwort

Liebe ist Geduld,
Sex Ungeduld.
Erich Segal

Man kann erst dann wieder
einen Film über Sexualität drehen,
wenn ein neues Geschlechtsorgan
erfunden worden ist.
Alfred Hitchcock

Mit den Mädchen muss man
schlafen, wozu sind sie sonst da!
Kurt Tucholsky, Schnipsel

»Nein« sagt ein Mädchen,
weil's die Sitte will, / Und wünscht,
dass es der Freier deut' als »Ja«.
William Shakespeare, Die beiden Veroneser (Julia)

Sex ist die Kunst,
Erwartungen zu wecken,
die gar nicht geschlafen haben.
Senta Berger

Sex ist ein Derbysieger,
den man auch zu Tode reiten kann.
Ingmar Bergman

Sexappeal ist das, was Männer nur mit
den Händen beschreiben können.
Uschi Glas

Sexappeal ist ein Ruf,
den man nicht hört, sondern sieht.
Burt Lancaster

So zwischen Ejaculatio praecox und
Priapismus spielt die Weltgeschichte
ihr drolliges Spiel.
Gottfried Benn, An Hans Paeschke, 25.6.1954

Tabus gehören zur Sexualität
wie das Ei zum Kuchen.
Hans Giese

Vorlust, Nachlust und nächtliches
Zaudern – es macht so viel Spaß,
darüber zu plaudern.
Kurt Tucholsky, Schnipsel

Was zur sexuellen Harmonie notwendig ist, ist nicht raffinierte Technik,
sondern das Vertrauen auf den erotischen Charme des Augenblicks.
Simone de Beauvoir

Wenn eine Jungfer fällt,
so fällt sie auf den Rücken.
Deutsches Sprichwort

Wenn's was zu naschen gibt,
so sind wir all beim Schmause,
Doch macht ein Mädgen ernst,
da ist kein Mensch zu Hause.
Johann Wolfgang von Goethe, Die Mitschuldigen (Sophie)

Wir werden alt, die Zeit flieht dahin:
Nütze deine Lenden!
Decimus Magnus Ausonius, Epigramme

Wir werfen alle Kleider ab
und feiern also ganz splitternackt
ein Venus-Bacchanal.
Lucius Apuleius, Der goldene Esel

Zur Heirat gehören mehr
als nur vier nackte Beine ins Bett.
Kurt Tucholsky, Schnipsel

Show

Eine solche Art der Belustigung,
bei der man einem Menschen
stundenlang eine Belohnung vor die
Nase hält (mag er dabei ruhig seine
Gesundheit ruinieren) – oder auch
das Sackhüpfen, während wir
zuschauen und unseren Spaß
daran haben –, konnte erst
mit der Trennung der Menschen
in Herren und Knechte aufkommen.
Leo N. Tolstoi, Tagebücher (1895)

Manche Kritiker meinen,
in einer einzigen Show
müsse man all das leisten,
was das Fernsehen
sonst nicht fertig bringt.
Werner Höfer

Sicherheit

Aus der Nessel Gefahr
pflücken wir die Blume Sicherheit.
William Shakespeare, Heinrich IV. (Percy)

Beschäftigt die Söhne und Töchter,
dann schafft ihr Sicherheit
für Oma und Opa.
Norbert Blüm, Unverblümtes von Norbert Blüm

Bist du vom Lande,
so geh nicht aufs Meer.
Deutsches Sprichwort

Bleib im Gleise,
so fährst du nicht irre.
Deutsches Sprichwort

Das ist so sicher
wie das Amen in der Kirche.
Deutsches Sprichwort

Des Niedrigen und Bequemen
Wesen ist es, Sicherheit zu suchen
– über Höhen schreitet Mannesart.
Lucius Annaeus Seneca, Über die Vorsehung

Doch sicher ist
der schmale Weg der Pflicht.
Friedrich Schiller, Wallensteins Tod (Buttler)

Doppelt genäht hält gut.
Deutsches Sprichwort

Durch einen dichten Zaun
gelangt kein Hund.
Chinesisches Sprichwort

Es gibt kein Recht,
gegen die öffentliche Sicherheit
zu streiken, für irgendjemanden,
zu irgendeiner Zeit, irgendwo.
Calvin Coolidge, Telegramm an Gewerkschaftsführer Gompers (14. September 1919)

Es gibt keine Sicherheit, nur
verschiedene Grade der Unsicherheit.
Anton Neuhäusler

Es macht Freude, in einem vom Sturm
gepeitschten Schiff zu sein,
wenn man sicher ist,
dass es nicht untergehen wird.
Blaise Pascal, Pensées

Fleiß geht sicher auf dem Eis.
Deutsches Sprichwort

Gewiss geht vor Ungewiss.
Deutsches Sprichwort

Immer auf dem Sprung stehen,
bedeutet Leben.
Von Sicherheit eingewiegt werden,
bedeutet Tod.
Oscar Wilde

In jedem Staat haben die Grenzstädte weniger Freiheit als die Städte
im Innern des Landes: In solchem
Grad kommt die Sicherheit vor der
Freiheit.
Antoine Comte de Rivarol, Maximen und Reflexionen

Langsam, aber sicher.
Deutsches Sprichwort

Man muss sicher auf festem Boden
gehen können, ehe man
mit dem Seiltanzen beginnt.
Henri Matisse

Menschen sind wie Autos:
man sollte
den unerlässlichen Sicherheitsabstand
voneinander einhalten.
Martin Held

Nichts ist dem Menschen sicher.
Ovid, Gedichte der Trübsal

Schau dem Kampf der Tiger nur zu,
wenn du auf dem Berge sitzt.
Chinesisches Sprichwort

Schuster bleib bei deinem Leisten.
Deutsches Sprichwort

Sei denn behutsam!
Furcht gibt Sicherheit.
William Shakespeare, Hamlet (Laertes)

Sicherheit erreicht man nicht,
indem man Zäune errichtet,
sondern indem man Tore öffnet.
Urho Kekkonen

Sicherheit ist des Unglücks
erste Ursache.
Deutsches Sprichwort

Sicherheit ist Gefahr;
wir wollen in einem Bangen bleiben
und jedem neuen glücklichen Tag
neuen Dank entgegenbringen.
Theodor Fontane, Briefe

Sicherheit ist nirgends sicher.
Deutsches Sprichwort

Um sich vor den Menschen sicher
zu fühlen, dafür gab es infolge
ihrer Veranlagung ein Gut,
nämlich Herrschaft und Königtum,
mit deren Hilfe man im Stand war,
sich dies zu verschaffen.
Epikur, Sprüche. In: Briefe, Sprüche, Werkfragmente.

Und fühlt nicht, dass er schon tot ist,
der um seiner Sicherheit willen lebt.
Johann Wolfgang von Goethe, Egmont (Egmont)

Unser Bedürfnis nach Sicherheit
um jeden Preis, das unser Tun und
Handeln bestimmt, ist, wie vieles
andere, die Ursache grauenhafter Verirrungen und Verheerungen gewesen.
Yehudi Menuhin, Kunst als Hoffnung für
die Menschheit

Unsere Gesellschaft gleicht
einem Menschen, der ahnungslos
in einem Minenfeld umherirrt
und sich dabei Sorgen
um seine Altersversorgung macht.
Hoimar von Ditfurth

Vorsicht ist die Mutter der Sicherheit.
Sprichwort aus Frankreich

Wer auf den Zehen steht,
steht nicht sicher.
Lao-tse, Dao-de-dsching

Wer seine Schäfchen ins Trockene
gebracht hat, der baut dann meistens
dort auf Sand.
Heimito von Doderer, Repertorium. Ein Begriffbuch
von höheren und niederen Lebens-Sachen

Wie angenehm und reizend ist die
aus dem Bewusstsein vollkommener
Eintracht entspringende Sicherheit!
Jean-Jacques Rousseau, Julie oder Die neue Héloïse
(Julie)

Sichtbarkeit

Die Kunst
gibt nicht das Sichtbare wieder,
sondern macht sichtbar.
Paul Klee

Geister werden nicht besser sichtbar,
wenn man Licht macht.
Alfred Polgar, Kleine Schriften, Band 3. Irrlicht

Will man sehr feine Dinge
sichtbar machen,
so muss man sie färben.
Joseph Joubert, Gedanken, Versuche und Maximen

Siebenschläfer (27.6.)

Regnet's am Siebenschläfertag,
so regnet's noch
sieben Wochen danach.
Bauernregel

Sieg

Alle Siege werden davongetragen.
Elazar Benyoetz

Auf blut'ge Schlachten folgt
Gesang und Tanz, / Durch alle Straßen
tönt der muntre Reigen.
Friedrich Schiller, Die Jungfrau von Orleans (Johanna)

Aus dem Gebet erwächst
des Geistes Sieg.
Friedrich Schiller, Demetrius

Besser ein magerer Vergleich
denn ein fetter Sieg.
Niccolò Machiavelli, Geschichte von Florenz

Das Beste an einem großen Siege ist,
dass er dem Sieger die Furcht
vor einer Niederlage nimmt.
Friedrich Nietzsche, Die fröhliche Wissenschaft

Dem, der die Überhand hat,
geben nachher alle Gesetze
und Menschen Recht.
Julius Wilhelm Zincgref, Apophthegmata

Dem Weisen scheint es besser,
dem Kampf fern zu bleiben,
als zu siegen.
François de La Rochefoucauld,
Nachgelassene Maximen

Den stolzen Sieger stürzt
sein eignes Glück.
Friedrich Schiller, Die Jungfrau von Orleans (Sorel)

Denn zu fliehn gehörig wissen,
Hat oft auch für Sieg gegolten.
Pedro Calderón de la Barca, Der standhafte Prinz
(Muley)

Der Friede
hat ebenso viele Siege aufzuweisen
wie der Krieg,
aber weit weniger Denkmäler.
Kin Hubbard

Der Gott des Sieges soll nur
eine Hand haben, aber der Friede
gibt Sieg nach beiden Seiten.
Ralph Waldo Emerson, Tagebücher

Der Kampf ist die Vorbedingung
des Sieges.
Samuel Smiles, Charakter

Der Sieg allein bricht den Willen
des Feindes und zwingt ihn, sich
dem unsrigen zu unterwerfen.
Helmuth Graf von Moltke, Verordnungen für die
höheren Truppenführer (24. Juni 1869)

Der Sieg in der Waffenentscheidung
ist der wichtigste Moment im Kriege.
Helmuth Graf von Moltke, Verordnungen für die
höheren Truppenführer (24. Juni 1869)

Der Sieg soll nie ohne Übung
der Barmherzigkeit sein.
Kaiser Karl V., überliefert von Julius Wilhelm Zincgref
(Apophthegmata)

Der Sieg über die Angst,
das ist auch ein Glücksgefühl,
in dem ich mir nahe bin.
Reinhold Messner,
Die Freiheit, aufzubrechen, wohin ich will

Der Siege göttlichster ist das Vergeben.
Friedrich Schiller, Die Braut von Messina (Isabella)

Der Sieger, wie er prangt,
preist den gewogenen Gott,
Und alles stimmt mit ein.
Johann Wolfgang von Goethe, Faust II (Kaiser)

Der Sieger wird genannt,
aber selten die Sieger, mehr der
befehlende Mut als der gehorchende.
Jean Paul, Dämmerungen für Deutschland

Der Tod besiegte diesen Sieger nicht,
Er lebt im Ruhm noch,
obwohl nicht im Leben.
William Shakespeare, Richard III. (Prinz)

Deutsches Volk, wie viel mehr hast du
den Sieg deiner Führer zu fürchten
als ihre Niederlage!
Thomas Mann, Radioansprache 1941

Die Besiegten dürfen nicht mucksen.
Deutsches Sprichwort

Die Frommen siegen im Erliegen.
Deutsches Sprichwort

Die Klugen nur erringen
überall den Sieg.
Sophokles, Aias (Agamemnon)

Die schönste Blume des Sieges
ist das Verzeihen.
Sprichwort aus Arabien

Die Vernunft siegt nie von selbst
– sie muss erkämpft werden.
Heinrich Mann, Das Bekenntnis zum Übernationalen

Diejenigen, die sich mit einem
bescheidenen Sieg begnügen,
erreichen mehr als die, die von
unersättlicher Siegesgier besessen
sind, denn diese verlieren oft.
Niccolò Machiavelli, Geschichte von Florenz

Doch dünkt mich keine Sünde,
den betrügen, / Der als ein falscher
Spieler hofft zu siegen.
William Shakespeare, Ende gut, alles gut (Diana)

Du kannst unbesiegbar sein, wenn du
dich auf keinen Kampf einlässt,
in dem der Sieg nicht von dir abhängt.
Epiktet, Handbuch der Moral

Durch einen Sieg,
nicht durch einen Pakt
soll man den Frieden schaffen.
Marcus Tullius Cicero, Briefe ad familiares

Ein edles Herz / Bekennt sich gern
von der Vernunft besiegt.
Friedrich Schiller, Die Jungfrau von Orleans (Talbot)

Ein gefahrloser Sieg ist
ein ruhmloser Triumph.
Pierre Corneille, Der Cid

Ein geschlagener Feind ist
noch nicht überwunden.
Deutsches Sprichwort

Ein verdienter Sieg
kommt fast immer zu spät.
Marie von Ebner-Eschenbach, Aphorismen

Eine stolz getragene Niederlage
ist auch ein Sieg.
Marie von Ebner-Eschenbach, Aphorismen

Einen Sieg
kann man verschenken,
eine Niederlage
muss man immer selber einstecken.
Claudia Doren

Einfachheit und geistige Kultur sind
gut zum Sieg, wie die ersten Römer,
die Tataren, die Araber beweisen.
Charles de Secondat, Baron de la Brède et
de Montesquieu, Meine Gedanken

Endlich
Ist immerdar die Zukunft Siegerin.
Ernst Raupach, König Konradin

Erst dann kann man von einem Sieg
sprechen, wenn durch ihn
der Krieg beendet ist.
Michel Eyquem de Montaigne, Die Essais

Es gab Sieger, ja! Sie gingen aus dem
Kampfe mit großem Ruhm hervor,
aber auch mit großer Erschöpfung.
Aristide Briand, Dans la Voie de la Paix, Discours du
8 Novembre 1929, Prononcé à la Chambre des Deputés

Es gibt immer einen Besiegten
in der Liebe:
Den, der mehr liebt.
Franz Blei

Es ist hart, mit einem Sieger
zu kämpfen.
Horaz, Sermones

Es ist in der Regel das Schicksal
der zum Siege gelangten Parteien,
über dem Sieg zu zerfallen.
Leopold von Ranke, Zur Geschichte Deutschlands und
Frankreichs

Es ist leicht,
einen Sieg zu erkämpfen,
doch schwer,
ihn zu bewahren.
Chinesisches Sprichwort

Es ist unklug, immer den Sieg
davontragen zu wollen.
Niccolò Machiavelli, Geschichte von Florenz

Es kann der Bessere siegen, es kann
durchaus der Schlechtere sein,
der gesiegt hat.
Lucius Annaeus Seneca, Briefe über Ethik

Frauen lieben die Besiegten,
aber sie betrügen sie
mit den Siegern.
Tennessee Williams

Früher haben die Frauen
auf ihrem eigenen Boden gekämpft.
Da war jede Niederlage ein Sieg.
Heute kämpfen sie
auf dem Boden der Männer.
Da ist jeder Sieg eine Niederlage.
Coco Chanel

Generäle siegen, Soldaten fallen.
Japanisches Sprichwort

Gibt's denn Zufriedenheit zwischen
dem Entschluss und der Tat,
gibt's eine Ruhe vor dem Siege?
Friedrich Hölderlin, Hyperion

Gut ist Siegen – und damit genug,
man wage nicht, Zwingherr zu sein.
Lao-tse, Dao-de-dsching

Ich kam, sah, siegte
(Veni, vidi, vici).
Inschrift bei Caesars Triumphzug nach dem Ende des
Gallischen Kriegs, überliefert bei Sueton (Vita divi Iuli)

Ich wusste zwar nicht, in wie viel
Sätzen, aber ich wusste, dass ich
siege (Nach seinem Endspielsieg
über Ivan Lendl, Wimbledon 1986).
Boris Becker, Süddeutsche Zeitung Nr. 152/1986

In den Western gewinnen immer
die Guten, bei den Nachrichten
immer die Bösen.
Robert Lembke

Jeder übermütige Sieger
arbeitet an seinem Untergang.
Jean de La Fontaine, Fabeln

Kein Feind siegt öfter als der,
dem man keine Beachtung schenkt.
Erasmus von Rotterdam, Handbüchlein eines christlichen Streiters

Kein Sieger glaubt an den Zufall.
Friedrich Nietzsche, Die fröhliche Wissenschaft

Krieg ist das Tribunal der Könige,
und Siege sind seine Urteilssprüche.
Antoine Comte de Rivarol, Maximen und Reflexionen

Mach, was du willst,
aber sei der Erste.
Sprichwort aus Wallonien

Man muss sich besiegen lassen
und Menschlichkeit haben.
Molière, Scapins Schelmenstreiche (Scapin)

Man soll die Beute
nicht vor dem Sieg teilen.
Deutsches Sprichwort

Man soll nicht siegen wollen,
wenn man nur die Aussicht hat,
um Haaresbreite seinen Gegner
zu überholen.
Friedrich Nietzsche,
Menschliches, Allzumenschliches

Man soll nie versuchen,
durch Gewalt zu siegen,
wo man es durch Betrug vermag.
Niccolò Machiavelli,
Das Leben des Castruccio Castracani

Meine Gedanken sind nicht darauf
gerichtet, zu gewinnen, sondern
darauf, mein Bestes zu geben,
denn nur meine eigenen Bemühungen
unterliegen der Kontrolle.
Robyn Erbesfield, überliefert von Heinz Zak
(Rock Stars)

Mit deiner Güte, die dem Lamme
gleicht, und deiner Weisheit siegst
du leichter, als das Schwert eines
anderen je siegen könnte.
Ruodlieb

Nicht der siegt im Gefecht,
der den ersten Schlag führt,
sondern der ihn vergilt.
Chrétien de Troyes, Yvain

Nicht die Gewalt der Armee
noch die Tüchtigkeit der Waffen,
sondern die Kraft des Gemüts ist es,
welche Siege erkämpft.
Johann Gottlieb Fichte, Reden an die deutsche Nation

Nur die Stärke siegt.
Friedrich Schiller, Wallensteins Tod (Wallenstein)

Nur durch Kampf gewinnt man Siege.
Friedrich von Bodenstedt, Mirza Schaffy

Nur wer mit keinem streitet,
bleibt unbestritten Sieger.
Lao-tse, Dao-de-dsching

Ohne Wahl verteilt die Gaben,
Ohne Billigkeit das Glück.
Friedrich Schiller, Das Siegesfest

Sich selbselbsten überwinden,
ist der allerschwerste Krieg;
Sich selbselbsten überwinden,
ist der allerschönste Sieg.
Friedrich von Logau, Sinngedichte

Siege, aber triumphiere nicht.
Marie von Ebner-Eschenbach, Aphorismen

Siege werden bald erfochten;
ihre Erfolg zu befestigen,
das ist schwer.
Leopold von Ranke, Deutsche Geschichte im Zeitalter der Reformation

Siegen, heißt es, oder fallen
Ist, was alle Völker schuf.
Johann Wolfgang von Goethe, Des Eupimenides Erwachen (Jugendfürst)

Siegen kommt nicht von Liegen.
Deutsches Sprichwort

Siegen und sich nicht brüsten,
siegen und sich nicht rühmen,
siegen und nicht stolz
auf den Sieg sein;
gezwungen nur sei man ein Sieger
– nicht, um zu zwingen.
Lao-tse, Dao-de-dsching

Sieger zu sein, ist wenig,
doch groß zu bleiben, alles.
Victor Hugo, Die Züchtigungen

Unter manchen Umständen
ist es besser, der Besiegte zu sein
als der Sieger.
Vincent van Gogh, Briefe

Was auch immer ihm gefällt,
ist dem Sieger erlaubt zu tun.
Lucius Annaeus Seneca, Die Troerinnen

Weder Gewissen noch Schande müssen
euch ängstigen, denn der Sieger,
urch welche Mittel er auch siegen
mag, trägt niemals Schmach davon.
Niccolò Machiavelli, Geschichte von Florenz

Wenn ich noch solch einen Sieg
erringe, wird er mein Untergang sein.
König Pyrrhos I., überliefert von Plutarch (Moralia)

Wenn sie vom Siege nichts wissen,
bleibt ihnen wenigstens erspart,
die Niederlage kennenzulernen.
Oscar Wilde, Das Bildnis des Dorian Gray

Wer an einem Wettkampf teilnimmt,
erhält den Siegeskranz nur,
wenn er nach den Regeln kämpft.
Neues Testament, Paulus (2 Timotheus 2, 5)

Wer flieht, kann später wohl noch
siegen! / Ein toter Mann
bleibt ewig liegen.
Samuel Butler, Hudibras

Wer gesiegt hat,
braucht keine Rechenschaft abzulegen.
Baltasar Gracián y Morales, Handorakel und Kunst der Weltklugheit

Wer große Ausdauer hat,
bleibt immer Sieger.
Sprichwort aus Frankreich

Wer könnte sich höheren Ruhm
wünschen, als über einen Sieger
zu siegen?
Ruodlieb

Wer menschliche Empfindung in
sich trägt, kann sich nicht freuen
über einen Sieg, über den sich die
Untertanen nur betrüben.
Niccolò Machiavelli, Geschichte von Florenz

Wer mit einem guten Gedanken stirbt,
ist immer glücklicher, als wer als
Sieger über ein Schlachtfeld zieht.
Johann Gottfried Seume, Apokryphen

Wer überwindet, der gewinnt.
Johann Wolfgang von Goethe, Faust I (Mephisto)

Wir wollen kämpfen und siegen
durch die Reinheit unserer Sache.
Louise Otto-Peters, Die Demokratinnen

Zu Trauerfeiern rüstet euch,
mit Trauer und Tränen gedenkt
der hingemetzelten Scharen,
mit Trauerfeiern feiert den Sieg!
Lao-tse, Dao-de-dsching

Zweimal siegt, wer sich
im Sieg besiegt.
Publilius Syrus, Sentenzen

Silvester

Aus allen Fenstern gänzten die Lichter,
und es roch ganz herrlich nach
Gänsebraten: Es war ja Silvesterabend.
Ja, daran dachte sie!
Hans Christian Andersen, Das kleine Mädchen mit den Schwefelhölzchen

Die Jahreswende mit Briefschreiben
verbracht und dann gebetet.
Leo N. Tolstoi, Tagebücher (31. Dezember 1853/ 1. Januar 1854)

Um um um! herum um um! ist's nun.
Lassen Sie sich das nächste
auch wohl sein und rechnen Sie mich
zu Ihrer Welt, wie ich Sie zu meiner.
Johann Wolfgang von Goethe, Briefe (an Betty Jacobi, 31. Dezember 1773)

Simon (28.10.)

Simon und Judä hängt
an die Stauden Schnee.
Bauernregel

Wenn Simon und Judä vorbei,
so rückt der Winter herbei.
Bauernregel

Singen

Angebetete Sänger! Verurteilt zu
einem programmatischen Leben in
den Metropolen und den Provinzen
der Musik; vom Applaus geschwellt
die Stimmbänder; von Pfiffen gelähmt
die Zungen.
Ingeborg Bachmann, Die wunderliche Musik

Bei der Arbeit magst du singen,
Das verleiht der Arbeit Schwingen.
Anastasius Grün, Sprüche und Spruchartiges

Das Klavier ist ein Schlaginstrument,
das man zum Singen bringen muss.
Wladimir Horowitz

Das Zubehör eines Sängers: ein großer
Brustkorb, ein großer Mund, neunzig
Prozent Gedächtnis, zehn Prozent
Intelligenz, sehr viel schwere Arbeit
und ein gewisses Etwas im Herzen.
Enrico Caruso

Die buntesten Vögel
singen am schlechtesten.
Georg Christoph Lichtenberg, Sudelbücher

Die Kunst, so behauptet man, dulde
meine Mittelmäßigkeit. Sie duldet aber
auch keine Bewusstheit. Ich bin Sänger, habe Frack und Halsbinde angelegt, stehe pomadeglänzend auf dem
Podium und will dem Publikum etwas
vorsingen. Dabei bin ich absolut kalt,
und es widert mich an. Amme und
Kinderfrau aber gehen im Park spazieren, die eine beginnt leise ein Volkslied, und die andere stimmt ein.
Leo N. Tolstoi, Tagebücher (1893)

Ich habe immer gehört, dass man drei
Gattungen von Menschen meiden soll:
Sänger, Alte und Verliebte.
Niccolò Machiavelli, Clizia

Ich singe gerne, trinke gerne
Und liebe wohl, geliebt zu sein.
Adelbert von Chamisso, Gedichte

Sing nicht, sing nicht, du fremder
Mann: / Es wird mein Leben sein.
Du singst mein Glück und meine Müh,
mein Lied singst du und dann:
Mein Schicksal singst du viel zu früh,
sodass ich, wie ich blüh und blüh,
es nie mehr leben kann.
Rainer Maria Rilke, Mädchen-Gestalten

Wenn du unter Fremden bist,
singe nicht allein,
sondern mit im Chor.
Sprichwort aus Afrika

Wer singt,
verscheucht sein Unglück.
Sprichwort aus Spanien

Wo man singt,
schenk nicht kluge Reden aus!
Altes Testament, Jesus Sirach 32, 4

Sinn

Das Leben hat keinen Sinn
außer dem, den wir ihm geben.
Thornton Wilder

Das Meisterstück eines Menschen,
auf das er besonders stolz sein kann,
ist, sinnvoll zu leben;
alles Übrige, wie regieren,
Schätze sammeln, Bauten errichten,
sind Nebensachen.
Michel Eyquem de Montaigne, Die Essais

Das Sinnvolle hat nur Bedeutung,
ja Daseinsmöglichkeit durch die
Annahme eines Sinnlosen.
Arthur Schnitzler, Buch der Sprüche und Bedenken

Das, wofür du keinen Sinn hast,
geht für dich verloren,
wie die Farbenwelt dem Blinden.
Karoline von Günderode, Die Manen (Lehrer)

Der Sinn unseres Daseins
lässt sich nicht benennen.
Wahrscheinlich laufen wir auf ihn zu.
Heinrich Nüsse

Der Sinn wird gegeben,
die Bedeutung nur verliehen.
Elazar Benyoëtz

Die Worte fliegen auf, der Sinn hat
keine Schwingen: / Wort ohne Sinn
kann nicht zum Himmel dringen.
William Shakespeare, Hamlet (König)

Ein leichter Sinn trägt alles!
Johann Wolfgang von Goethe, Die Leiden des jungen Werthers

Geld ist der sechste Sinn.
Der Mensch muss ihn haben;
denn ohne ihn kann er die anderen
fünf nicht voll ausnützen.
William Sommerset Maugham

Heute ist der Sinn des Lebens,
Geschwätzwettbewerbe zu veranstalten, gigantische Krachmaschinen,
Heulmaschinen, Geschwätzverstärkungsmaschinen Tag und Nacht
in Betrieb zu erhalten.
Hans Arp, Unsern täglichen Traum ... (1914–1954)

In bin nicht auf die Welt gekommen,
um das Leben zu genießen,
sondern um anderen Menschen
Freude zu bereiten.
Franz Lehár

Lichtvolle Natürlichkeit deckt den
inneren Sinn der Dinge auch denen
auf, die ihn selber nie finden können.
Luc de Clapiers Marquis de Vauvenargues, Nachgelassene Maximen

»Sinn für das Lächerliche«:
Wenn man zuerst an die unkomische
Seite einer Situation denkt und gleich
darauf ihre komische Seite bemerkt.
Peter Ustinov, Peter Ustinovs geflügelte Worte

»Sinn für das Satirische«:
Wenn man alles oben Erwähnte
bemerkt und es dann rasch
einem Dritten klarmacht.
Peter Ustinov, Peter Ustinovs geflügelte Worte

»Sinn für Humor«:
Schwer zu definieren, da man
sein Geheimnis lüften und seine
Unschuld zerstören könnte.
Ich würde aber sagen, es handelt
sich um die Bereitschaft,
die allem inhärente komische Seite
wahrzunehmen.
Peter Ustinov, Peter Ustinovs geflügelte Worte

»Sinn für Komik«:
Wenn man eine Situation mit ihrer
unkomischen Seite kontrastiert.
Peter Ustinov, Peter Ustinovs geflügelte Worte

Vielleicht stammt die Zerfahrenheit
des heutigen Menschen aus seinem
Unvermögen, Sinn und Zweck zu
unterscheiden. Seine schale Skepsis,
sein verdrossenes Auf-den-Nutzen-
Starren, all das, was sein Bild
so trostlos verzerrt.
Heinrich Waggerl, Nachlass

Was ist der langen Rede kurzer Sinn?
Friedrich Schiller, Die Piccolomini (Questenberg)

Wie kann ein Mensch Sinn für etwas
haben, wenn er nicht den Keim
davon in sich hat?
Novalis, Blütenstaub

Sinne

Armut ist der sechste Sinn.
Deutsches Sprichwort

Das Erste, was ich über die fünf Sinne
des Menschen denke, ist,
dass ich es als zweifelhaft hinstelle,
ob er über alle Sinne verfügt,
die es gibt.
Michel Eyquem de Montaigne, Die Essais

Das Glück tut's nicht allein,
sondern der Sinn, der das Glück
herbeiruft, um es zu regeln.
Johann Wolfgang von Goethe, Wilhelm Meisters Lehrjahre

Der gefährlichste aller Fallstricke und
der einzige, den die Vernunft nicht
vermeiden kann, ist der der Sinne.
Jean-Jacques Rousseau, Emile

Der Mensch ist genugsam ausgestattet
zu allen wahren irdischen Bedürfnissen, wenn er seinen Sinnen traut
und sie dergestalt ausbildet,
dass sie des Vertrauens wert bleiben.
Johann Wolfgang von Goethe, Maximen und Reflexionen

Der Mensch ist nicht Erzeugnis
der Sinnenwelt, und der Endzweck
seines Daseins kann in derselben nicht
erreicht werden. Seine Bestimmung
geht über Zeit und Raum und
alles Sinnliche hinaus.
Johann Gottlieb Fichte, Die Bestimmung des Menschen

Der Sinne muss in Vernunft, Vernunft
in Glauben gehn, / der Glauben in die
Lieb', nur so kannst du bestehn.
Daniel Czepko von Reigersfeld, Monodisticha Sapientium

Die Furcht hat ihren besonderen Sinn.
Gotthold Ephraim Lessing, Emilia Galotti (Claudia)

Die gesamte äußere Welt wird von
uns, von unseren Sinnen gestaltet.
Wir können von ihr nicht das Geringste wissen. Alles, was wir erkennen können, wenn wir die Außenwelt
untersuchen, sind die Beziehungen
unserer Sinne untereinander und
die Gesetze dieser Beziehung.
Leo N. Tolstoi, Tagebücher (1896)

Die Liebe ist die Poesie der Sinne.
Honoré de Balzac, Die Physiologie der Ehe

Die Ohren der Menschen glauben
weniger als ihre Augen.
Herodot

Die Sinne trügen nicht,
das Urteil trügt.
Johann Wolfgang von Goethe, Maximen und Reflexionen

Die Unsicherheit, die unseren Sinnen
anhaftet, macht alles, was sich aus
den Sinneswahrnehmungen ergibt,
unsicher.
Michel Eyquem de Montaigne, Die Essais

Ein Blinder hört alles,
ein Tauber sieht alles.
Chinesisches Sprichwort

Groß ist, wer von seinen Sinnen,
als wären es Schätze der Bürger,
reichlichen Gebrauch macht und
sie für sein und vieler Menschen
Heil verwendet.
Bernhard von Clairvaux, Über die Selbstbesinnung

Nichts ist heilsamer für die Seele
als die Sinne, so wie nur die Seele
die Sinne heilen kann.
Oscar Wilde, Das Bildnis des Dorian Gray

Wie die Sinne den Verstand betrügen,
so werden sie auch selbst betrogen;
manchmal zahlt unsere Seele
den Betrug, den sie erfährt,
mit gleicher Münze heim.
Michel Eyquem de Montaigne, Die Essais

Wir können uns nichts denken,
als was irgendeinen Sinn beschäftigen
könnte. Die Sinne geben unseren
Vorstellungen die Form.
Sophie Mereau, Betrachtungen

Sinnenlust

Die Lebensweisheit hat nichts
gegen die natürliche Sinnenlust
einzuwenden, solange das Maß
beachtet wird; sie predigt Mäßigung,
nicht Flucht vor ihr.
Michel Eyquem de Montaigne, Die Essais

Man kann sich nichts darauf einbilden, dass man die Sinnenlust verachtet
und bekämpft, wenn man sie nicht
sieht, wenn man sie nicht kennt,
und zwar in ihrer ganzen Lieblichkeit,
in ihrer ganzen Macht und in ihrer
ganzen lockenden Schönheit.
Michel Eyquem de Montaigne, Die Essais

Weil ich jung war und weil mir's
Spaß machte, deshalb habe ich früher
keineswegs verkannt, was in der Sinnenlust Sünde war; und weil es mich
jetzt, wegen meiner Jahre, nicht mehr
reizt, verkenne ich auch nicht, was für
Wonnen die Sünde bringen kann.
Michel Eyquem de Montaigne, Die Essais

Sinnlichkeit

Das Sinnliche ist unschuldig, wo es
nicht mit Pflichten in Konflikt kommt.
Friedrich Theodor von Vischer,
Das Schöne und die Kunst

Dass das Weib sinnlicher ist
als der Mann, das zeigt sogleich
ihre leibliche Bildung an.
Søren Kierkegaard, Der Begriff Angst

Dem Menschen ist es natürlich,
durch das Sinnliche zur Erkenntnis
des Geistigen zu gelangen.
Thomas von Aquin, Summa theologica

Der sinnliche Mensch lacht oft,
wo nichts zu lachen ist.
Was ihn auch anregt,
sein inneres Behagen
kommt zum Vorschein.
Johann Wolfgang von Goethe,
Die Wahlverwandtschaften

Der sinnliche Trieb strebt nach dem
Wohlsein des Körpers,
und die Liebe zur Ordnung nach dem
Wohl der Seele.
Jean-Jacques Rousseau, Brief an Erzbischof Beaumont
(18. November 1762)

Die Frauen haben sich selbst in ein
Werkzeug umgewandelt,
mittels dessen sie auf die Sinnlichkeit
des Mannes derart einwirken,
dass er mit einer Frau nicht mehr
ruhig und harmlos verkehren kann.
Leo N. Tolstoi, Die Kreutzersonate

Die Frauen
sind sinnlicher als die Männer,
aber sie wissen weniger
um ihre Sinnlichkeit.
Friedrich Nietzsche

Die Kunst aber ist etwas Sinnliches
und Sichtbares, und ihre Werke müssen gleichermaßen beschaffen sein.
Friedrich Georg Jünger, Gespräche

Die Sinnlichkeit ist eine Mauer
und ein großer Berg, der uns hindert,
unser Heil zu sehen.
Martin Luther, Tischreden

Die Sinnlichkeit übereilt oft
das Wachstum der Liebe, sodass die
Wurzel schwach bleibt und leicht
auszureißen ist.
Friedrich Nietzsche, Jenseits von Gut und Böse

Die Vergeistigung der Sinnlichkeit
heißt Liebe.
Friedrich Nietzsche, Götzen-Dämmerung

Durch die Sünde
ist die Sinnlichkeit
zur Sündigkeit geworden.
Søren Kierkegaard, Der Begriff Angst

Ich weiß nicht, welches Bedürfnis
vorlag, Sinnlichkeit ausgerechnet
in der Lyrik zu suchen.
Giosuè Carducci, Mosche Cocchiere

Je mehr das Sinnliche verneint wird,
desto sinnlicher ist der Gott,
dem das Sinnliche geopfert wird.
Ludwig Feuerbach, Das Wesen des Christentums

Jedes in der heiligen Natur
begründete sinnliche Gefühl,
alle unbefriedigte Leidenschaft
steigert sich schon hier zu der
Sehnsucht, überzugehen in eine
höhere Welt, wo das Sinnliche
auch Geist wird.
Bettina von Arnim, Goethes Briefwechsel
mit einem Kinde

Lass in den Tiefen der Sinnlichkeit
Uns glühende Leidenschaften stillen!
In undurchdrungnen Zauberhüllen
Sei jedes Wunder gleich bereit!
Johann Wolfgang von Goethe, Faust I (Faust)

Nie habe ich einen gesehen, der
der Tugend mehr ergeben war
als der Sinnlichkeit.
Konfuzius, Gespräche

Sinnlicher Mensch,
wirst du niemals zu lieben wissen?
Jean-Jacques Rousseau, Julie oder Die neue Héloïse
(Julie)

Vermutlich steht Kultur der Sinn-
lichkeit im umgekehrten Verhältnis
zu den Rechten der Frau.
Rechte ruinieren Charme.
Günther Anders, Lieben gestern.
Notizen zur Geschichte des Fühlens

Wir können gegen den Tyrann,
das Schicksal, nichts,
aber gegen die Sirene, die Sinnlichkeit,
alles.
Johann Jakob Engel, Das Irrenhaus

Sinnlosigkeit

In einer sinnlosen Welt
ist am wenigsten sinnlos,
was nicht vorgibt, sinnvoll zu sein.
Ludwig Marcuse, Argumente und Rezepte.
Ein Wörter-Buch für Zeitgenossen

Sinngebung erfolgt vielfach, weil man
zu wehleidig ist, das Sinnlose bei
seinem Begriffe zu belassen.
Ein ganzes Netz von Sinngebungen
dient uns am Ende, die Schrecklich-
keiten des Lebens zu verschleiern.
Heimito von Doderer, Repertorium. Ein Begreifbuch
von höheren und niederen Lebens-Sachen

Wie sinnlos die Welt dir
erscheinen mag, vergiss nie,
dass du durch dein Handeln wie
durch dein Unterlassen dein redlich
Teil zu dieser Sinnlosigkeit beiträgst.
Arthur Schnitzler, Buch der Sprüche und Bedenken

Wozu sich im Dunkeln tief verbeugen?
Chinesisches Sprichwort

Zwischen Sinnenglück
und Seelenfrieden / Bleibt dem
Menschen nur die bange Wahl.
Friedrich Schiller, Das Ideal und das Leben

Sitten

Aller hundert Li ändern sich die Sitten,
aller zehn Li ändern sich die Bräuche.
Chinesisches Sprichwort

Alles richtet sich
nach den Sitten des Meisters.
Voltaire, Die Briefe Amabeds

Andre Zeiten andre Sitten.
Ludwig Tieck, Karl von Berneck (Franz), auch deutsches Sprichwort

Böse Gesellschaft verdirbt gute Sitten.
Deutsches Sprichwort

Der Reiz des häuslichen Lebens
ist das beste Gegengift
gegen schlechte Sitten.
Jean-Jacques Rousseau, Emile

Der Umgang mit Frauen
ist das Element guter Sitten.
Johann Wolfgang von Goethe,
Die Wahlverwandtschaften

Der Vater sitzt, der Sohn steht
– so ist es rechte Sitte.
Chinesisches Sprichwort

Die Probleme der Sittlichkeit liegen
auf dem Gebiet der Verantwortung,
die der Sitte auf dem der Tradition.
Arthur Schnitzler, Zurückgelegte Sprüche

Die Sitten, die Heuchelei der Völker;
die Heuchelei ist mehr oder weniger
vollkommen.
Honoré de Balzac, Physiologie der Ehe

Es gibt keine aufrichtigen
Freundschaften mehr, keine wirkliche
Hochachtung, kein festes Zutrauen.
Argwohn, Misstrauen, Furcht, Kälte,
Zurückhaltung, Hass und Verleum-
dung werden sich ewig unter diesem
einförmigen und betrügerischen
Schleier der Höflichkeit, dieser geprie-
senen Feinheit der Sitten verstecken,
welche wir der Aufklärung unseres
Jahrhunderts zu danken haben.
Jean-Jacques Rousseau, Abhandlung über
die Wissenschaften und Künste

Es ist gut, etwas von den Sitten
verschiedener Völker zu wissen,
um die unsrigen unbefangener zu
beurteilen und nicht zu meinen,
dass alles, was unseren Moden zuwi-
derläuft, lächerlich und vernunftwidrig
sei, wie solche Leute zu meinen
pflegen, die nichts gesehen haben.
René Descartes, Diskurs über die Methode

Es soll die Sitte der innern Eigentümlichkeit Gewand und Hülle sein,
zart und bedeutungsvoll sich jeder
edlen Gestalt anschmiegen und
ihrer Glieder Maß verkündigend
jede Bewegung schön begleiten.
Friedrich Schleiermacher, Monologen

Fürchtet den ersten Schritt,
bei dem es nie bleibt, und bedenkt,
dass es einfacher ist, die guten Sitten
zu bewahren, als den schlechten
eine Grenze zu ziehen.
Jean-Jacques Rousseau, Brief an d'Alembert

Gute Sitten
sind Zeichen edler Gesinnung.
Ovid, Briefe aus der Verbannung

Guter Umgang verbessert
schlechte Sitten.
Deutsches Sprichwort

In Kleidung und in Essen
verstoße nicht gegen die Sitte.
Chinesisches Sprichwort

Je sittenloser die Menschen sind, umso
höhere Anforderungen stellen sie.
Leo N. Tolstoi, Tagebücher (1890)

Jeder Stand, jede Lebensart
hat ihre eignen Sitten.
Johann Gottfried Herder, Journal meiner Reise im Jahr 1769

Jedes Volk hat seine eigene Sitte.
Prudentius, Gedichte gegen Symmachus

Keine sittliche Ordnung kann
durch Gewalt erzwungen werden.
Stefan Zweig

Lass, mein Freund, jene eitlen
Sittenlehrer fahren und kehre
in deiner Seele Innerstes zurück.
Jean-Jacques Rousseau, Julie oder Die neue Héloïse (Julie)

Man kann nicht über die Sitten
nachdenken, ohne sich zugleich
an das Bild der Einfalt der ältesten
Zeiten erinnern zu wollen. Es ist ein
schönes Ufer, bloß von den Händen
der Natur geschmückt, nach welchem
man sich beständig umsieht und
welches man nur ungern verlässt.
Jean-Jacques Rousseau, Abhandlung über
die Wissenschaften und Künste

Nicht die Sittlichkeit regiert die Welt,
sondern eine verhärtete Form
derselben: die Sitte.
Berthold Auerbach, Schwarzwälder Dorfgeschichten (Barfüßele)

Nicht Menschen, sondern Sitten
sind zu fürchten, nicht das fremde Ich,
sondern das eigne.
Jean Paul, Friedens-Predigt an Deutschland

Nur gute Beweggründe
machen gute Sitten.
Aurelius Augustinus, Sermones

O Zeiten, o Sitten!
Marcus Tullius Cicero, Catilinarische Reden

Schlechter Umgang
verdirbt gute Sitten.
Tertullian, Ad uxorem

Sittenlehre
gibt keine Menschenkenntnis.
Luc de Clapiers Marquis de Vauvenargues,
Nachgelassene Maximen

Unsere Sitten sind zwar gefällig,
aber nicht gut; wir sind höflich,
dabei aber nicht einmal human.
Voltaire, Der Mann mit den vierzig Talern

Was früher als Laster betrachtet
wurde, gilt heute als Sitte.
Lucius Annaeus Seneca, Briefe über Ethik

Was Ortsgebrauch, das tue auch.
Jüdisches Sprichwort

Wehe jedem, der eine Sittenlehre
predigt, die er nicht ausüben will!
Jean-Jacques Rousseau, Julie oder Die neue Héloïse
(Saint-Preux)

Willst du genau erfahren,
was sich ziemt, / So frage nur bei
edlen Frauen an. / Denn ihnen ist
am meisten dran gelegen, / Dass alles
wohl sich zieme, was geschieht.
Johann Wolfgang von Goethe, Torquato Tasso
(Prinzessin)

Wir sollen von niemand fordern,
dass er sich nach unseren Sitten richte,
sondern jedermann seinen Gang
gehen lassen.
Adolph Freiherr von Knigge, Über den Umgang mit
Menschen

Wirf dich nicht zum Sittenrichter
über die Menschen auf!
Adolph Freiherr von Knigge, Über den Umgang mit
Menschen

Sittlichkeit

Das gerade Widerspiel des Prinzips des
Sittlichkeit ist: Wenn das der eigenen
Glückseligkeit zum Bestimmungsgrun-
de des Willens gemacht wird.
Immanuel Kant, Kritik der praktischen Vernunft

Das Sittliche setzt
das Natürliche voraus.
Thomas von Aquin, De correctione fraterna

Der größte Feind der Sittlichkeit
ist die Abstumpfung.
Albert Schweitzer, Straßburger Predigten 1900–1919,
23. Februar 1919

Der Instinkt treibt voran,
das Sittlichkeitsgefühl weist den Weg.
Sully Prudhomme, Gedanken

Der letzte Zweck jedes einzelnen Menschen sowohl als der ganzen Gesellschaft, mithin auch aller Arbeiten des Gelehrten an der Gesellschaft, ist sittliche Veredlung des ganzen Menschen.
Johann Gottlieb Fichte, Über die Bestimmung des Gelehrten

Der Mensch kann nicht leben ohne das sittlich Große, ja, wenn es ihm entzogen wird, verlangt er danach mit heftigerem Hunger als nach jedem anderen Dinge dieser Erde.
Adalbert Stifter, Briefe (an Gustav Heckenast, 8. September 1848)

Der Preis und das Ziel eines sittlichen Lebens ist doch augenscheinlich etwas Göttliches und Beseligendes.
Aristoteles, Nikomachische Ethik

Der Staat ist die Wirklichkeit der sittlichen Idee.
Georg Wilhelm Friedrich Hegel, Grundlinien der Philosophie des Rechts

Die Probleme der Sittlichkeit liegen auf dem Gebiet der Verantwortung, die der Sitte auf dem der Tradition.
Arthur Schnitzler, Zurückgelegte Sprüche

Die sittliche Wahrheit
ist nicht das, was ist,
sondern das, was gut ist.
Jean-Jacques Rousseau, Emile

Die Sittlichkeit ist ein Kind der Sitte. Die Sitte ist ein Kind der Geographie und Geschichte, des Klimas, der Religion, der Tradition und der Rasse.
Richard Graf von Coudenhove-Kalergi, Held und Heiliger

Die Sittlichkeit nimmt ab, und die Sittenlehrer fangen an zu predigen.
Francesco De Sanctis, Über die Wissenschaft und das Leben

Die Sittlichkeit verfeinert die Sitte und die Sitte wiederum die Sittlichkeit.
Marie von Ebner-Eschenbach, Aphorismen

Dort erblicken sie das sittlich Gute, wo sofortige Belohnung lockt.
Lukan, Der Bürgerkrieg

Ehre, Redlichkeit, festes Wollen, Wahrhaftigkeit, Angehen wider drohende Wunden, Ertragen des geschlagnen, Offenheit, Selberachtung, Selbergleichheit, Verachtung der Meinung, Gerechtigkeit und Fortdringen – all dies und ähnliche Worte bezeichnen doch nur die eine Hälfte der sittlichen Natur, die sittliche Stärke und Erhabenheit. Die zweite Hälfte umfasset alles, was sich auf fremdes Leben bezieht, das Reich der Liebe, Milde, Wohltätigkeit – man kann sie die sittliche Schönheit nennen.
Jean Paul, Levana

Eine politische Änderung der sozialen Ordnung kann es nicht geben.
Es gibt nur eine Änderung –
die sittliche, innerliche des Menschen.
Leo N. Tolstoi, Tagebücher (1889)

Es gibt kein Gesetz der Sittlichkeit, sondern Gott sagt einem jeden, was er darf und was er nicht darf.
Paul Ernst, Erdachte Gespräche

Es gibt nur sittliche Unterschiede unter den Menschen,
und jemand, der Höhres fühlt,
muss Höheres leisten.
Paul Ernst, Saat auf Hoffnung

Es gibt sittliche Ideen.
Sie erwachsen aus dem religiösen Gefühl, aber mit der Logik allein sind sie niemals zu rechtfertigen.
Fjodor M. Dostojewski, Tagebuch eines Schriftstellers

Höflichkeit ist der Widerschein der Sittlichkeit.
Jean Paul, Aphorismen

Immer, wenn man das Gefühl hat, etwas sittlich besonders Hochstehendes vollbracht zu haben, spricht die Wahrscheinlichkeit dafür, dass man sich täuscht.
George F. Kennan

In aller Tätigkeit darfst du nie unpersönliche Energie, Ausführungsorgan irgendeiner Sache, Beauftragter der Gesellschaft sein, sondern du musst dich in allem mit deiner persönlichen Sittlichkeit auseinander setzen, so unbequem, so verwirrend es für dich ist, und versuchen, in allem, was du tun musst, nach der Menschlichkeit zu verfahren und die Verantwortung für das Los, das du einem andern Menschen bereitest, zu tragen.
Albert Schweitzer, Was sollen wir tun? (Predigt, 3. Mai 1919)

In das Gesetzliche sich ruhig schicken, das macht den sittlichen Menschen und hebt ihn.
Theodor Fontane, Der Stechlin

Je mächtiger die Werkzeuge sind, welche die Gestaltungskraft der Generationen in unsere Hand gegeben hat, desto größere und reinere sittliche Kräfte sind nötig, um von diesen einen heilsamen Gebrauch zu machen. Nicht an Intelligenz fehlt es für die Überwindung des Übels, sondern es fehlt an der selbstlosen, verantwortungsvollen Hingabe der Menschen im Dienste der Gemeinschaft.
Albert Einstein, Über den Frieden

Nicht die Sittlichkeit regiert die Welt, sondern eine verhärtete Form derselben: die Sitte.
Berthold Auerbach, Schwarzwälder Dorfgeschichten (Barfüßele)

Nicht kann sittlich gut sein,
was nicht frei ist:
Denn was fürchtet, ist Sklave.
Lucius Annaeus Seneca, Moralische Briefe

Sittliche Haltung zu lernen, heißt, Fehlhaltungen zu verlernen.
Lucius Annaeus Seneca, Briefe über Ethik

Sittlichkeit kann sich
auf nichts anderes gründen
als auf das Bewusstsein,
ein geistiges Wesen zu sein,
eins mit allen anderen Wesen und mit dem All.
Leo N. Tolstoi, Tagebücher (1907)

Sobald der Mensch den Sinn für das Sittliche einbüßt, wird er besonders ansprechbar für Ästhetisches.
Leo N. Tolstoi, Tagebücher (1897)

Unterhaltung ist gut, wenn sie nicht unsittlich, sondern anständig ist, und wenn ihretwegen nicht andere leiden müssen.
Leo N. Tolstoi, Tagebücher (1896)

Wenn es sich nicht geziemt,
tu es nicht;
wenn es nicht wahr ist, sag es nicht.
Dein dein Trieb sei der Trieb
zum sittlich Schönen.
Mark Aurel, Selbstbetrachtungen

Wer sittlich wirkt, verliert keine seiner Bemühungen.
Johann Wolfgang von Goethe, Dichtung und Wahrheit

Wer wahrhaft Seelengröße besitzt, muss sittlich sein.
Aristoteles, Nikomachische Ethik

Wo ich aufhören muss,
sittlich zu sein,
habe ich keine Gewalt mehr.
Johann Wolfgang von Goethe, Maximen und Reflexionen

Sittsamkeit

Das sittsamste Mädchen bleibt nicht Herr seiner Augen.
Wer kann den Wein im Glase hindern, dass seine Perlen aufwärts steigen?
August von Kotzebue, Der deutsche Mann und die vornehmen Leute

Der Eifer der Nächstenliebe ist doch
wohl so viel wert wie die Sittsamkeit.
Jean-Jacques Rousseau, Emile

Die wilde Hitze roher Jugend
Wird mit den Jahren Sittsamkeit.
Christian Fürchtegott Gellert, Lieder

Falsche Sittsamkeit engt den Geist ein,
verhüllt weder Alter noch Hässlichkeit,
oft setzt sie beides voraus:
Wahre Sittsamkeit dagegen verschönt
die Gebrechen des Körpers, veredelt
den Geist, macht Jugend nur reizender
und Schönheit gefährlicher.
Jean de La Bruyère, Die Charaktere

Sie ist so sitt- und tugendreich / Und
etwas schnippisch doch zugleich.
Johann Wolfgang von Goethe, Faust I (Faust)

Wahre Liebe ist stets sittsam.
Jean-Jacques Rousseau, Julie oder Die neue Héloïse
(Liebe)

Sitzen

Erst muss man sich setzen,
dann denken.
Dieser Grundsatz soll keine Entschuldigung für die Sitzenden sein.
Ein wirklicher Künstler ist immer
in Bewegung.
Jean Cocteau, Hahn und Harlekin

Eigentlich ist alles
im männlichen Sitzen
produziert worden,
was das Abendland
so sein Höheres nennt.
Gottfried Benn

Gut gesessen, ist halb gegessen.
Johann Wolfgang von Goethe, Was wir bringen
(Vater), auch deutsches Sprichwort

Rücke nicht, wenn du wohl sitzest.
Deutsches Sprichwort

Sitz ganz still,
wirke, wie's Gott will.
Der Lorscher Bienensegen (10. Jh.)

Skandal

Eine Lüge hat keine Beine,
aber ein Skandal hat Flügel.
Sprichwort aus England

Ohne öffentlichen Skandal
ist Kunst heutzutage unverkäuflich.
So ist der öffentliche Skandal
zur Kunst geworden.
Ephraim Kishon, Kishon für alle Fälle

Skandale stören das Untersichsein
der Herrschenden.
Karl Otto Hondrich

Wer eine Zeit lang Skandal erregt,
Glaube nicht, dass er die Welt bewegt.
Friedrich von Sallet,
Epigrammatisches und Lasterhaftes

Skepsis

Das Positive am Skeptiker ist,
dass er alles für möglich hält.
Thomas Mann

Der Kunstliebhaber kann ehrlicherweise kein Skeptiker sein. Die Liebe
zur Musik ist ein Glaube, wie immer
man sich drehen und wenden mag.
Leonard Bernstein, Freude an der Musik

Die Enthusiasten haben nie Recht,
die Skeptiker immer.
Dafür schaffen nicht sie,
sondern jene das Neue.
Ludwig Marcuse, Argumente und Rezepte.
Ein Wörter-Buch für Zeitgenossen

Jede Skepsis enthält
den individuellen Umriss ihrer Grenze:
Wo ist ein Skeptiker nicht mehr
skeptisch?
Ludwig Marcuse, Argumente und Rezepte.
Ein Wörter-Buch für Zeitgenossen

Mit den großen befreienden Skeptikern
kann sich niemand befreunden,
sie stürzen jeden in zu viel Freiheit.
Ludwig Marcuse, Argumente und Rezepte.
Ein Wörter-Buch für Zeitgenossen

Skepsis ist das Zeichen und sogar
die Pose des gebildeten Verstandes.
John Dewey

Skizze

Aus vielen Skizzen endlich ein Ganzes
hervorzubringen, gelingt selbst
den Besten nicht immer.
Johann Wolfgang von Goethe,
Maximen und Reflexionen

Der Skizzist spricht aber unmittelbar
zum Geiste, besticht und entzückt
dadurch jeden Unerfahrenen.
Johann Wolfgang von Goethe,
Der Sammler und die Seinigen

Die Skizze sagt uns oft mehr
als das ausgeführte Kunstwerk,
weil sie uns zum Mitarbeiter macht.
Marie von Ebner-Eschenbach, Aphorismen

Sklaverei

Alle, die das Joch der Sklaverei zu
tragen haben, sollen ihren Herren alle
Ehre erweisen, damit der Name Gottes
und die Lehre nicht in Verruf kommen.
Neues Testament, Paulus (1 Timotheus 6, 1)

Alle Menschen zerfallen,
wie zu allen Zeiten auch jetzt noch,
in Sklaven und Freie; denn wer
von seinem Tage nicht zwei Drittel
für sich hat, ist ein Sklave, er sei
übrigens wer er wolle: Staatsmann,
Kaufmann, Beamter, Gelehrter.
Friedrich Nietzsche, Menschliches, Allzumenschliches

Alle Sklaven, die Königen und Königinnen dienen, sind zugleich auch
die Spione ihrer Herzen.
Voltaire, Zadig

Alle Zeugen von menschlicher
Empfindung können die verzweifelnde
Wehmut nicht ausdrücken, mit wel-
cher ein erkaufter oder gestohlner
Negersklave die Küste seines Vater-
landes verlässt, um sie nie wieder
zu erblicken in seinem Leben.
Johann Gottfried Herder, Ideen zur Philosophie der
Geschichte der Menschheit

An einer Küste, die Angola heißt,
kaufte der Kapitän sechs Neger zum
Marktpreis von sechs Ochsen. Dieses
Land muss wohl viel dichter bevölkert
sein als das unsere, wenn man dort die
Menschen so billig verkauft. Aber wie
verträgt sich eine so hohe Bevölke-
rungszahl mit so großer Unwissenheit?
Voltaire, Die Briefe Amabeds

Bei den Barbaren steht das Weib
und der Sklave auf derselben Stufe.
Aristoteles, Politik

Bist du weniger Sklave,
weil dein Herr dich liebt
und dir schmeichelt?
Ein schönes Glück, Sklave!
Dein Herr schmeichelt dir,
bald wird er dich schlagen.
Blaise Pascal, Pensées

Das Lehnssystem war es,
in welchem die ärgste Sklaverei
und ausgelassene Freiheit unmittelbar
nebeneinander existierte.
Wilhelm von Humboldt, Ideen über Staatsverfassung

Das unverschämte Wesen
passt nur für Sklaven,
die Unabhängigkeit
hat nichts Affektiertes.
Jean-Jacques Rousseau, Emile

Denn die Sklaven bedürfen noch mehr
als die Kinder der Ermahnung.
Aristoteles, Politik

Denn Sklave von Natur ist,
wer Eigentum eines anderen sein kann
und es deshalb auch ist,
und wer an der Vernunft nur so weit
teilhat, dass er zwar ihre Stimme
vernimmt, sie aber nicht selbst besitzt.
Aristoteles, Politik

Der Sklave hat nur einen Herrn;
der Ehrgeizige so viele,
wie er braucht,
um sein Glück zu machen.
Jean de La Bruyère, Die Charaktere

Der Sklave ist frei,
solange er sich begnügt,
und der Freie ist Sklave,
solange er begehrt.
Gabriel Laub

Der Sklave will nicht frei werden.
Er will Sklavenaufseher werden.
Gabriel Laub

Der Tyrann ist nur der Sklave,
von innen nach außen gekehrt.
Sprichwort aus Ägypten

Des Gesetzes strenge Fessel
bindet / Nur den Sklavensinn,
der es verschmäht.
Friedrich Schiller, Das Ideal und das Leben

Die Frau wurde Sklavin,
ehe der Sklave existierte.
August Bebel, Die Frau und der Sozialismus

Die glücklichen Sklaven
sind die erbittertsten Feinde
der Freiheit.
Marie von Ebner-Eschenbach, Aphorismen

Die Könige sind nur Sklaven
ihres Standes, / Dem eignen Herzen
dürfen sie nicht folgen.
Friedrich Schiller, Maria Stuart (Elisabeth)

Die Menschen leben all'
als Sklaven nur hienieden,
Doch ihre Ketten sind nach Rang
und Stand verschieden:
Aus Gold die einen sie,
aus Eisen andre tragen.
Mathurin de Régnier, Satiren

Die Menschen müssen entweder
Sklaven der Pflicht oder
Sklaven der Macht sein.
Joseph Joubert, Gedanken, Versuche und Maximen

Die rechte Hausfrau ist zugleich
eine Sklavin und eine Dame.
Sprichwort aus Bosnien

Die Sklaven der entwickelten
industriellen Zivilisationen
sind sublimierte Sklaven,
aber sie sind Sklaven.
Herbert Marcuse, Der eindimensionale Mensch

Die Sklaven wurden abgeschafft –
die Dokumente über den Besitz von
Sklaven –, trotzdem wechseln wir
nicht nur täglich die Wäsche,
nehmen Bäder, fahren in Equipagen
umher, essen zu Mittag fünf Gerichte,
wohnen in zehn Zimmern
und dergleichen mehr – alles Dinge,
die ohne Sklaven nicht getan werden
können. Erstaunlich einleuchtend,
aber niemand sieht es.
Leo N. Tolstoi, Tagebücher (1889)

Die Sklavenseelen unserer Tage
verkennen ihre Zeit und einige auch
sich selbst bei wirklich schönen
Anlagen und Fähigkeiten. Zu dieser
Knechtschaft führt aber das ewige
Reden und Predigen des unbedingten
Gehorsams und Gehorchens und des
Aufgebens des eigenen Willens und
selbstständiger Kraft.
Caspar David Friedrich, Äußerung bei Betrachtung einer Sammlung von Gemälden

Die Sklaverei bleibt niederträchtig,
sosehr man sie durch die Hoheit
des Herrn beschönigen möchte.
Baltasar Gracián y Morales, Handorakel und Kunst der Weltklugheit

Die Sklaverei hält wenige Menschen,
viele halten die Sklaverei fest.
Lucius Annaeus Seneca, Briefe über Ethik

Doch wir haben ja Beispiele
von Sklaverei in Überfluss,
die uns lehren, wie tief die Menschheit
auch bei uns herabgewürdigt,
wie sehr die Denkkraft am Aufkeimen
gehindert werden könne.
Georg Forster, Über die Beziehung der Staatskunst auf das Glück der Menschheit

Durch Worte wird kein Sklave
gebessert, er versteht sie wohl,
aber kehrt sich nicht daran.
Altes Testament, Sprüche Salomos 29, 19

Ehe: Eine Gemeinschaft,
bestehend aus Herr, Herrin
und zwei Sklaven.
Ambrose Bierce

Ehrenvolle, tätige Gefahr ist besser
als der ruhige Schlaf eines Sklaven.
Johann Gottfried Seume, Apokryphen

Ein Sklave soll mehr wissen als sagen.
Titus Maccius Plautus, Der prahlerische Offizier

Ein Wesen, das vermöge seines
Verstandes zur Voraussicht befähigt
ist, ist von der Natur zum Herrschen
und Gebieten bestimmt, ein solches
dagegen, das das Befohlene nur mit
seinem Leibe ausführen kann, ist von
der Natur zum Gehorchen und Dienen
bestimmt. Deshalb haben Herr und
Sklave dasselbe Interesse.
Aristoteles, Politik

Einen klugen Sklaven
liebe wie dich selbst,
verweigere ihm die Freilassung nicht.
Altes Testament, Jesus Sirach 7, 21

Einer ist Sklave seiner Sinnlichkeit,
ein anderer seiner Habsucht,
ein anderer seines Ehrgeizes,
alle der Hoffnung, alle der Furcht.
Lucius Annaeus Seneca, Briefe über Ethik

Emanzipation:
der Übergang eines Sklaven
aus der Unterdrückung
durch einen anderen
zur Unterdrückung durch sich selbst.
Ambrose Bierce

Erst die Beseitigung der Gewalt
und der ihr entspringenden Sklaverei
kann es möglich machen,
den Menschen zu dienen,
ohne dass man zwangsläufig
sein ganzes Leben opfern muss.
Leo N. Tolstoi, Tagebücher (1893)

Es binden Sklavenfesseln nur
die Hände, / Der Sinn, er macht
den Freien und den Knecht.
Franz Grillparzer, Sappho (Phaon)

Es gibt sklavische Seelen,
welche die Erkenntlichkeit für
erwiesene Wohltaten so weit treiben,
dass sie sich mit der Schnut
der Dankbarkeit selbst erdrosseln.
Friedrich Nietzsche, Menschliches, Allzumenschliches

Es ist eine Tatsache,
dass die Zivilisation
der Sklaven bedarf.
Oscar Wilde, Die Seele des Menschen unter dem Sozialismus

Es ist hart, unter einem südlichen
Sklavenaufseher, härter,
unter einem nördlichen zu stehen,
am schlimmsten aber, wenn wir unsere
eigenen Sklavenaufseher sind.
Henry David Thoreau, Walden

Ewig Sklave sein wird,
wer nicht verstehen wird,
von wenigem zu leben.
Horaz, Briefe

Gerade die großen Häuser sind
voll mit hochmütigen Sklaven.
Juvenal, Satiren

Gewalt machte die ersten Sklaven,
und ihre Feigheit hat ihren Zustand
verewigt.
Jean-Jacques Rousseau,
Der Gesellschaftsvertrag

Gewinneshalber dient auch,
wer zum Sklaven nicht geboren ist.
Euripides, Die Phönikierinnen

Hast du nur einen einzigen Sklaven,
halte ihn wie dich selbst;
denn wie dich selbst hast du ihn nötig.
Altes Testament, Jesus Sirach 33, 31

Ich glaube, dass dieser Staat nicht
auf die Dauer halb Sklave
und halb frei sein kann.
Abraham Lincoln, Reden (1858)

Ich möchte nicht ein Sklave,
aber auch nicht dessen Herr sein.
Das ist meine Idee von Demokratie.
Abraham Lincoln, Reden (1858)

Ich will nicht herrschen
über Sklavenseelen.
Friedrich Schiller, Demetrius (Demetrius)

In dir ein edler Sklave ist,
Dem du die Freiheit schuldig bist.
Matthias Claudius, Der Wandsbecker Bothe

In früheren Zeiten war die Mehrzahl
des männlichen Geschlechts ebenso
gut Sklaven wie das gesamte weibliche
Geschlecht. Und es verflossen viele
Jahrhunderte, und unter diesen manches Jahrhundert hoher Kultur, ehe ein
Denker kühn genug war, das Recht
und die absolute Notwendigkeit der
einen oder der anderen Sklaverei
infrage zu ziehen.
John Stuart Mill, Die Hörigkeit der Frau

In tausend Sklaven stecken
999 Sklavenhalter!
Emil Gött, Im Selbstgespräch

Innere Furchtsamkeit
führt zur Sklaverei,
äußere Besorgnis erhält die Freiheit.
Johann Gottfried Seume, Apokryphen

Je mehr ich das Werk der Menschen
in ihren Einrichtungen untersuche,
desto mehr sehe ich, dass sie sich
zu Sklaven machen, da sie durchaus
unabhängig sein wollen, und dass
sie ihre Freiheit selbst mit eitlen
Bemühungen verzehren, sie zu sichern.
Jean-Jacques Rousseau, Emile

Jeder, der tut, was er nicht will,
hat keine Handlungsfreiheit; wohl aber
kann er einen freien Willen haben.
Thomas von Aquin, Über das Böse

Meint man, dass ein Sklave doch
innerlich frei sein könne, so sagt man
in der Tat nur das Unbestreitbarste
und Trivialste.
Max Stirner, Der Einzige und sein Eigentum

Mit der Furcht fängt die Sklaverei an,
aber auch mit Zutrauen
und Sorglosigkeit.
Johann Gottfried Seume, Apokryphen

Niemand ist mehr Sklave,
als der sich für frei hält,
ohne es zu sein.
Johann Wolfgang von Goethe,
Maximen und Reflexionen

Nur durch Selbstverkauf
gerät der Mensch in Sklaverei.
Friedrich Schleiermacher, Monologen

O Nachahmer, Sklavenherde!
Horaz, Briefe

»Sklave ist er«.
Aber vielleicht frei in der Seele.
Lucius Annaeus Seneca, Briefe über Ethik

Sklaven:
das waren Menschen,
die einen bestimmten Preis hatten.
Gabriel Laub

So, wie man der Natur hat Gewalt
antun müssen, um die Sklaverei
einzuführen, so hat man sie völlig
ändern müssen, um dieses Recht
fortzupflanzen, und die Rechtsgelehrten, die zuversichtlich behauptet
haben, das Kind eines Sklaven
sei zum Sklaven geboren, haben, mit
anderen Worten, geurteilt, ein Mensch
sei nicht zum Menschen geboren.
Jean-Jacques Rousseau, Über den Ursprung und die Grundlagen der Ungleichheit

Vergleichbar den Tieren, die nur
bis zu einer bestimmten Höhe noch
atmen können, stirbt der Sklave in
der Atmosphäre der Freiheit.
Chamfort, Maximen und Gedanken

Vermeide jeder,
so viel er kann, der Sklave
einer fremden Bestimmung zu werden,
und baue sein eigenes Schicksal.
Johann Gottfried Herder, Das eigene Schicksal

Was sind Sklaven?
Völlig geschwächte,
komprimierte Menschen.
Novalis, Politische Aphorismen

Wenn man menschlich fühlte
und dachte, fand man das Wort
Sklave zu hart,
man sagte Leibeigener,
dann Erbmann, dann Fröhner,
dann Bauer; von der Sache selbst
suchte man immer so viel als möglich
zu halten.
Johann Gottfried Seume, Apokryphen

Wer in der Gesellschaft lebt,
ist von Geburt an Sklave
der öffentlichen Meinung.
Honoré de Balzac, Physiologie der Ehe

Wer nichts fürchtet, kann leicht
ein Bösewicht werden, aber wer zu viel
fürchtet, wird sicher ein Sklave.
Johann Gottfried Seume, Apokryphen

Wer sich mit niemandem überwerfen
möchte, macht sich zum Sklaven aller.
Sully Prudhomme, Gedanken

Wer sich zum Sklaven andrer macht,
dem ziemt es wahrlich nicht,
sich groß zu dünken.
Sophokles, Antigone (Kreon)

Wie der Herr, so auch der Sklave.
Gaius Petronius, Schelmengeschichten

Wie können Sklaven kuriert werden?
Durch sehr behutsame Freilassungen
und Aufklärungen. Man muss sie
wie Erfrorne behandeln.
Novalis, Politische Aphorismen

Will man Sklaven, so ist man ein Narr,
wenn man sie zu Herrn erzieht.
Friedrich Nietzsche, Götzen-Dämmerung

Wo die Möglichkeit des Lehnsrechts
stattfindet, ist der erste Schritt
zur Sklaverei getan.
Johann Gottfried Seume, Apokryphen

Wo keine Sklaven sind,
kann kein Tyrann entstehen.
Johann Gottfried Seume, Apokryphen

Wo Sklaven knien, Despoten walten,
Wo sich die eitle Aftergröße bläht,
Da kann die Kunst das Edle nicht
gestalten.
Friedrich Schiller, An Goethe, als er den Mahomet von Voltaire auf die Bühne brachte

Wo von innen Sklaverei ist,
wird sie von außen bald kommen.
Johann Gottfried Seume, Apokryphen

Zur Sklaverei gewöhnt der Mensch
sich gut / Und lernet leicht gehorchen,
wenn man ihn / Der Freiheit ganz
beraubt.
Johann Wolfgang von Goethe, Iphigenie auf Tauris (Thoas)

Zwischen beiden ist der Unterschied,
dass Sklaven ihren Ursprung
der Gewalt,
Arme der List zuzuschreiben haben.
Arthur Schopenhauer, Zur Rechtslehre und Politik

Skrupellosigkeit

Es gibt nur zwei Arten von Menschen,
denen es gelingt, im Leben immer
durchzukommen und bei jeder Sache
obenauf zu sein. Das sind erstens die
von Herzen Ehrlichen. Die kommen
durch, rein äußerlich sind sie nicht
immer obenauf, aber faktisch, in ihrem
Innersten stets. Und dann gibt es
die moralisch Beschädigten, die in
den Grenzen des Gesetzes Frechen,
die keine Skrupel mehr zu fühlen
vermögen. Die kommen immer
wieder hinauf, selbst wenn sie
untergetaucht worden sind.
Knut Hamsun, Redakteur Lynge

Mich plagen keine Skrupel
noch Zweifel, / Fürchte mich weder
vor Hölle noch Teufel.
Johann Wolfgang von Goethe, Faust I (Faust)

Snobismus

Der Snob ist ein Mensch,
der scheinbare Selbsterhöhung
auf dem Wege tatsächlicher
Selbsterniedrigung anstrebt.
Er ist im eigentlichen Sinne der
Masochist der Gesellschaftsordnung.
Arthur Schnitzler, Buch der Sprüche und Bedenken

Der Snobismus ist eine in unserer
Zeit so verbreitete Erkrankung der
Seele, dass man ihm fast einen epidemischen oder endemischen Charakter
zusprechen und ihn nicht unzutreffend
z.B. mit der Tuberkulose vergleichen
könnte. Bei nicht wenigen Menschen
tritt er geradezu tödlich auf, wenn sich
der Tod der Seele begreiflicherweise
auch nicht so leicht feststellen lässt als
der eines menschlichen Organismus.
Arthur Schnitzler, Buch der Sprüche und Bedenken

Snobismus
ist das Selbstbewußtsein derjenigen,
die ihrer selbst nicht sicher sind.
Thornton Wilder

Snobismus ist die Fähigkeit,
sich als Original zu fühlen,
auch wenn man nur eine Kopie ist.
Victor de Kowa

Snobismus ist eine Leidenschaft,
eine edle Leidenschaft,
die zwischen Äußerlichkeiten
in die Irre gegangen ist.
Er entspringt dem Verlangen,
der Gewöhnlichkeit zu entfliehen.
Thornton Wilder, Der achte Schöpfungstag, Hoboken, New Jersey

Snobs sind Leute,
die am Käse nur die Löcher mögen,
und auch die nicht immer.
Paul Kuhn

Stürbe der Snobismus, wäre
das Lachen der Leidtragende.
Peter Ustinov, Peter Ustinovs geflügelte Worte

Sohn

Abwesenheit des Vaters
ehrt einen guten Sohn.
Johann Wolfgang von Goethe, Pandora (Prometheus)

Als Sohn eines berühmten Vaters
hat man erst dann wirklich Karriere
gemacht, wenn die Leute den Vater
fragen, wie es dem Sohn geht.
Hans Hass

Am Bett eines lange Kranken
gibt es keine wahre Sohnesliebe.
Chinesisches Sprichwort

Borniert und lächerlich ist es,
nicht darauf sehn zu wollen,
wessen Sohn einer ist.
Arthur Schopenhauer, Zur Rechtslehre und Politik

Dein Sohn ist dein Sohn für heute,
aber deine Tochter ist deine Tochter
für immer.
Sprichwort aus Irland

Der Vater erhebe seinen Sohn
zum Mitbesitzer, er lasse ihn mitbauen,
pflanzen und erlaube ihm, wie sich
selbst, eine unschädliche Willkür.
Johann Wolfgang von Goethe,
Die Wahlverwandtschaften

Der Wunsch nach dem Sohn
ist der Vater vieler Töchter.
Karl Schiller

Die Liebe des Sohnes zur Mutter
ist die erste Liebe des
männlichen Wesens zum weiblichen.
Ludwig Feuerbach,
Das Wesen des Christentums

Die Söhne erziehe in der Halle,
die Frau – in den Kissen.
Chinesisches Sprichwort

Ein guter Vater darf weder der Tyrann
noch der Kuppler seines Sohnes sein.
Voltaire, Geschichte von Jenni

Ein Sohn haftet stets
für die Schulden seines Vaters.
Chinesisches Sprichwort

Es ist Sohnespflicht,
im Winter für Wärme und
im Sommer für Kühle zu sorgen.
Chinesisches Sprichwort

Fällt die Jugend eines Sohnes
gerade in die Zeit der Umwendung,
so kann man versichert sein,
dass er mit seinem Vater nichts gemein
haben wird.
Johann Wolfgang von Goethe,
Die Wahlverwandtschaften

Gewöhnlich zerstreut der Sohn,
was der Vater gesammelt hat,
sammelt etwas anders oder
auf andere Weise.
Johann Wolfgang von Goethe,
Wilhelm Meisters Wanderjahre

Jede Mutter hofft, dass ihre Tochter
einen besseren Mann bekommt
als sie selber, und ist überzeugt,
dass ihr Sohn niemals
eine so gute Frau bekommen wird
wie sein Vater.
Martin Andersen-Nexø

Jeder Vater rühmt seinen Sohn,
ob er nun begabt ist oder nicht.
Konfuzius, Gespräche

Lieber adoptiere einen Sohn,
als dass die Familie stirbt.
Chinesisches Sprichwort

Lieber ein dummer Sohn
als eine geschickte Tochter.
Chinesisches Sprichwort

Lobe das Wetter am Abend und
den Sohn, wenn er graue Haare hat.
Sprichwort aus Finnland

Mit dem wird der Vater
noch seine Last haben!
Jacob und Wilhelm Grimm, Märchen von einem,
der auszog, das Fürchten zu lernen

Schicke den Sohn,
den du am liebsten hast, auf Reisen.
Sprichwort aus Indien

Väter haben viel zu tun,
um es wieder gutzumachen,
dass sie Söhne haben.
Friedrich Nietzsche, Menschliches, Allzumenschliches

Vater und Sohn sollen nicht
auf derselben Matte essen.
Chinesisches Sprichwort

Viele Söhne – viele Ängste.
Chinesisches Sprichwort

Warum sparen, wenn dein Sohn
ein guter Sohn ist? Warum sparen,
wenn er ein schlechter ist?
Sprichwort aus Indien

Wenn du als Mann
die Wissenschaft vermehrst,
So kann dein Sohn
zu höhrem Ziel gelangen.
Johann Wolfgang von Goethe, Faust I (Wagner)

Wenn ein Sohn es aufnimmt,
wenn sein Vater spricht, so schlägt
keiner seiner Gedanken fehl.
Ptahhotep, zitiert nach Erman,
Die Literatur der Ägypter (1923)

Wenn Sie wüssten, mein Guter,
was es heißt,
einen Sohn zu verheiraten!
Marie de Rabuthin-Chantal Marquise de Sévigné,
Briefe (an den Grafen von Bussy-Rabutin,
4. Dezember 1683)

Wer seinen Sohn liebt,
hält den Stock für ihn bereit,
damit er später Freude erleben kann.
Altes Testament, Jesus Sirach 30, 1

Wer seinen Sohn nichts lernen ließ,
Ihn gleichsam auf den Raub verwies.
Jüdische Spruchweisheit

Wer Söhne hat, bleibt nicht lange arm.
Wer keine Söhne hat,
bleibt nicht ewig reich.
Chinesisches Sprichwort

Wie schön ist es und herrlich,
Hand in Hand / Mit einem teuren,
viel geliebten Sohn / Der Jugend
Rosenbahn zurückzueilen,
Des Lebens Traum noch einmal
durchzuträumen.
Friedrich Schiller, Dom Karlos (Karlos)

Soldaten

Advokaten und Soldaten sind
des Teufels Spielkameraden.
Deutsches Sprichwort

Beim bloßen Gedanken
an eine Wunde wird der junge Rekrut
blass, ungerührt blickt der altgediente
Soldat auf sein Blut.
Lucius Annaeus Seneca, Über die Vorsehung

Das passet nicht in unsern Kreis:
Zugleich Soldat und Diebsgeschmeiß!
Und wer sich unserm Kaiser naht,
Der sei ein redlicher Soldat!
Johann Wolfgang von Goethe, Faust II (Trabanten)

Den Steuermann erkennst du
im Sturm, in der Schlacht
den Soldaten.
Lucius Annaeus Seneca, Über die Vorsehung

Der Beschauliche, im Genuss der
Behaglichkeit seiner teppich-
bekleideten Stube, beschimpft
den Soldaten, der die Winternächte
am Ufer des Flusses verbringt
und schweigend unter den Waffen
über die Sicherheit seines Vaterlandes
wacht.
Luc de Clapiers Marquis de Vauvenargues,
Reflexionen und Maximen

Der dem Tod ins Angesicht schauen
kann, / Der Soldat allein
ist der freie Mann.
Friedrich Schiller, Wallensteins Lager (Dragoner)

Der eine Soldat glich dem andern
leibhaftig, nur ein einziger
war etwas verschieden;
der hatte nur ein Bein.
Hans Christian Andersen, Der standhafte Zinnsoldat

Der französische Soldat
ist ein verkleideter Zivilist,
der deutsche Zivilist
ist ein verkleideter Soldat.
Kurt Tucholsky, Schnipsel

Der Soldat lebt,
der Natur seines Berufs nach,
immer in einem Getümmel.
Christian Garve, Über Gesellschaft und Einsamkeit

Der Soldat wird ausgehoben,
gekleidet, bewaffnet, geübt, er schläft,
isst, trinkt und marschiert, alles nur,
um an rechter Stelle und
zu rechter Zeit zu fechten.
Carl von Clausewitz, Vom Kriege

Der unbewaffnete Reiche ist
die Belohnung des armen Soldaten.
Niccolò Machiavelli, Kriegskunst

Die Existenz der Soldaten ist,
nächst der Todesstrafe, das schmerz-
lichste Überbleibsel der Barbarei,
das es unter Menschen gibt.
Alfred de Vigny, Knechtschaft und Größe des Militärs

Die größten Wunder militärischer
Disziplin, die der Gegenstand des
Erstaunens aller Kenner waren,
wurden der Gegenstand meiner herz-
lichsten Verachtung; die Offiziere hielt
ich für so viele Exerziermeister,
die Soldaten für so viele Sklaven, und
wenn das ganze Regiment seine
Künste machte, schien es mir als ein
lebendiges Monument der Tyrannei.
Heinrich von Kleist, Briefe

Durch ruchloses Gold wird
der frevelhafte Soldat verdorben.
Martial, Epigramme

Ein Soldat, der anfängt zu denken,
ist schon fast keiner mehr.
Heinrich Böll

Es gibt noch ein anderes Mittel,
seine Zeit und seine Person anzuwenden, nämlich in Dienste zu treten,
das heißt, sich wohlfeil zu vermieten,
um Leute totzuschlagen, die uns
nichts Böses getan haben. Dieser Beruf
genießt große Achtung unter den
Menschen.
Jean-Jacques Rousseau, Emile

Es kann in seinem Ursprung nicht
leicht ein schlimmeres Wort sein als
Soldat, Söldner, Käufling, feile Seele,
solidarius, glimpflich: Dukatenkerl.
Die Sache macht die Ehre des Kriegers,
aber ein Soldat kann als Soldat
durchaus auf keine Ehre Anspruch
machen. Es ist ein unbegreiflicher
Wahnsinn des menschlichen Geistes,
wie der Name Soldat ein Ehrentitel
werden konnte.
Johann Gottfried Seume, Apokryphen

Es leben die Soldaten, / Der Bauer
gibt den Braten, / Der Winzer gibt
den Most, / Das ist Soldatenkost.
Johann Wolfgang von Goethe, Soldatenlied aus
Wallensteins Lager

Fragt der Soldat doch nicht,
woher es kommt!
Johann Wolfgang von Goethe, Faust II (Heermeister)

Guter Soldat erwägt seine Tat.
Deutsches Sprichwort

Haben die Soldaten auch schon lange
gedient, so müssen sie doch immer
noch bereit sein, jeden Befehl auszuführen, den ihr Anführer ihnen erteilen wird.
Teresa von Ávila, Weg der Vollkommenheit

Heute schwören wir der Hanne,
Und morgen der Susanne,
Die Lieb ist immer neu,
Das ist Soldatentreu.
Johann Wolfgang von Goethe, Soldatenlied aus
Wallensteins Lager

Ich gehe durch den Todesschlaf
Zu Gott ein als Soldat und brav.
Johann Wolfgang von Goethe, Faust II (Valentin)

Ich liebe die Homosexuellen, denn
aus ihnen werden keine Soldaten.
Francis M. de Picabia, Aphorismen

Junge Krieger, alte Kriecher.
Deutsches Sprichwort

Man muss Soldat sein
für sein Land oder aus Liebe
zu der Sache, für die gefochten wird.
Gotthold Ephraim Lessing

Mein Beruf besteht darin,
zu töten und getötet zu werden;
damit verdiene ich mir meinen
Lebensunterhalt; wem ich diene,
ist mir dabei gleichgültig.
Voltaire, Der Lauf der Welt

Mutige und ungeordnete Soldaten
sind ohne Zweifel viel schwächer
als furchtsame und geordnete,
denn die Ordnung vertreibt die Furcht,
die Unordnung lässt den Mut
schwinden.
Niccolò Machiavelli, Kriegskunst

Schon vor Jeanne d'Arc
hat es weibliche Soldaten gegeben,
und wenn die Jungfrau von Orléans
auch Staunen erregt,
so ist sie doch nicht anstößig.
Simone de Beauvoir, Das andere Geschlecht

Soldaten holen nur
und bringen nichts.
Deutsches Sprichwort

Soldaten sind sich alle gleich –
lebendig und als Leich.
Wolf Biermann

Soldaten stehlen nicht, sie beuten nur.
Deutsches Sprichwort

Soldaten unterhält man tausend Tage,
um sie für eine Stunde zu gebrauchen.
Chinesisches Sprichwort

Ungenannt, unbekannt bleiben
für immer die tapfersten Soldaten.
Walt Whitman, Tagebuch (1863)

Wahre Soldaten rühmen sich ihrer
Wunden, freudig zeigen sie, wie
ihr Blut aus dem Panzer dringt:
Das Gleiche mögen geleistet haben,
die unversehrt zurückkehren aus der
Schlacht, mehr sieht man auf den,
der verwundet zurückkommt.
Lucius Annaeus Seneca, Über die Vorsehung

Wo man anfängt, den Krieger
von dem Bürger zu trennen,
ist die Sache der Freiheit und
Gerechtigkeit schon halb verloren.
Johann Gottfried Seume, Apokryphen

Solidarität

Faschismus und Militarismus
haben eine tödlich wirksame
Solidarität hervorgebracht.
Herbert Marcuse, Versuch über die Befreiung

Je mehr in einer Partei
von Solidarität geredet wird,
desto weniger praktiziert man sie.
Mario Scelba

Nichts trübt das Bild der Welt
so sehr als die eingebildete Verpflichtung zu Solidaritäten. Dieser Irrglaube
schafft Beziehungen zwischen Leuten,
die nicht zueinander gehören, und
verhindert solche zwischen Leuten,
die einander finden sollten. Überdies
nötigt er anständige Menschen, die
Partei von Wichten zu ergreifen und
dadurch selbst zu Wichten zu werden.
Arthur Schnitzler, Buch der Sprüche und Bedenken

Nur eine solidarische Welt kann eine
gerechte und friedvolle Welt sein.
Richard von Weizsäcker, Verantwortung für sozialen
Fortschritt, Gerechtigkeit und Menschenrechte (1986)

Sind wir normale Menschen,
verhalten wir uns zu allen gleich,
dann braucht man keine künstlich
geschraubte Solidarität.
Anton P. Tschechow, Briefe (3. Mai 1888)

Solidarität beruht auf der Erkenntnis,
dass den eigenen Interessen am besten
gedient ist, wenn auch die anderen
zu ihrem Recht kommen.
Richard von Weizsäcker, Verantwortung für sozialen
Fortschritt, Gerechtigkeit und Menschenrechte (1986)

Solidarität der Bestrebungen knüpft
euch mit Bindfäden,
Solidarität der Schicksale
schnürt euch mit Stricken,
Solidarität der Verantwortungen
schmiedet euch mit Ketten aneinander.
Arthur Schnitzler, Buch der Sprüche und Bedenken

Sollen

Der Tücht'ge sieht in
jedem Soll ein Muss.
Franz Grillparzer, Des Meeres und der Liebe Wellen

Man kann noch nicht,
nur weil man soll,
man muss auch können.
Das Soll hat immer allzu naiv
das Kann ignoriert.
Ludwig Marcuse, Argumente und Rezepte.
Ein Wörter-Buch für Zeitgenossen

Wohl jedem,
der nur liebt, was er darf,
und nur hasst, was er soll.
Marie von Ebner-Eschenbach, Aphorismen

Sommer

An Mariä Namen sagt
der Sommer Amen.
Bauernregel

Der Sommer gibt Korn,
der Herbst gibt Wein,
der Winter verzehrt,
was beide beschert.
Deutsches Sprichwort

Der Sommer ist ein Nährer,
der Winter ein Verzehrer.
Deutsches Sprichwort

Eine Schwalbe macht
noch keinen Sommer.
Deutsches Sprichwort

Lebenskünstler ist,
wer seinen Sommer so erlebt,
dass er ihm noch
den Winter wärmt.
Alfred Polgar, Kleine Schriften, Band 3. Irrlicht

Treibt die Esche vor der Eiche,
hält der Sommer große Bleiche.
Treibt die Eiche vor der Esche,
hält der Sommer große Wäsche.
Bauernregel

Wenn der Sommer sich verkündet,
Rosenknospe sich entzündet,
Wer mag solches Glück entbehren?
Johann Wolfgang von Goethe,
Faust II (Rosenknospen)

Wenn sie knospen und blühen
und Blätter treiben,
wenn das Laub aufsprießt,
dann wissen die Menschen,
dass schon bald darauf der Sommer
sich naht, / warm und wonnig.
Heliand (um 850)

Wer im Sommer das Gras frisst,
hat im Winter kein Heu.
Norbert Blüm

Wer im Sommer nicht arbeitet,
muss im Winter Hunger leiden.
Deutsches Sprichwort

Wie aller Welt bringt uns die Zeit
den Sommer, / Dann trägt die Rose
Blüten sowie Dornen.
William Shakespeare, Ende gut, alles gut

Ziehen die wilden Gänse weg,
fällt der Altweibersommer in'n Dreck.
Bauernregel

Sonne

Atheismus ist der Versuch,
die Erde ohne die Sonne zu erklären.
Sigismund von Radecki

Daraus, dass die Sonne bisher
jeden Tag aufgegangen ist,
folgt logisch nicht,
dass sie es morgen wieder tun werde.
Carl Friedrich von Weizsäcker

Das Auge hätte die Sonne nie gesehen,
wenn es nicht selber
von sonnenhafter Natur wäre.
Plotin, Enneaden

Das Gold ist die Sonne der Metalle.
Joseph Joubert, Gedanken, Versuche und Maximen

Dass dir im Sonneseh'n
vergehet das Gesicht.
Sind deine Augen schuld
und nicht das große Licht.
Angelus Silesius, Der cherubinische Wandersmann

Denn nichts vermag den Glanz
der Sonne und ihren Widerschein
im Meer zu überstrahlen.
Johann Wolfgang von Goethe, Italienische Reise

Der Sonne Strahlen, sind sie
edler nicht denn all ihr Klugen?
Friedrich Hölderlin, Hyperion

Dezember: Die Sonne verschwindet.
Roald Amundsen, Eskimoleben (Eskimo-Monatsnamen)

Die meisten Menschen beten
die aufgehende Sonne an.
Sprichwort aus England

Die Sonn' erregt all's,
macht alle Sterne tanzen;
Wirst du nicht auch bewegt,
so g'hörst du nicht zum Ganzen.
Angelus Silesius,
Der cherubinische Wandersmann

Die Sonne geht unter,
damit Nacht werde und
Menschen sich über eine neue
Morgenröte freuen mögen.
Johann Gottfried Herder, Ideen zur Philosophie der
Geschichte der Menschheit

Sonnenfinsternis

Die Sonne ist eine Art von Inspiration;
man soll sie darum
nicht immer haben.
Elias Canetti

Die Sonne ist nicht verschwunden,
weil die Blinden sie nicht sehen.
Birgitta von Schweden, Offenbarungen

Die Sonne kann nicht
ewig im Mittag stehen.
Chinesisches Sprichwort

Die Sonne leuchtet für alle.
Gaius Petronius, Schelmengeschichten

Die Sonne tönt nach alter Weise
In Brudersphären Wettgesang,
Und ihre vorgeschriebne Reise
Vollendet sie mit Donnergang.
Johann Wolfgang von Goethe, Faust
(Prolog im Himmel: Raphael)

Die Sonnen also scheinen uns nicht
mehr; / Fortan muss eignes Feuer
uns erleuchten.
Friedrich Schiller, Die Piccolomini (Wallenstein)

Ein Feld kannst du nicht
mit einem Fächer
vor der Sonne schützen.
Chinesisches Sprichwort

Eine langsam ausgereifte Frucht
in Winden und Sonnen,
das muss das Leben sein.
Paula Modersohn-Becker, Briefe (an die Mutter,
6. Juli 1902)

Er preist die eine Sonne, leugnet aber
die hundert Schatten.
Chinesisches Sprichwort

Erst dann werde ich die Finsternis
nicht mehr lieben, wenn ich
die Sonne geschaut habe.
Aurelius Augustinus, Selbstgespräche

Es gibt den Maler, der aus der Sonne
einen gelben Fleck macht,
aber es gibt auch den, der mit
Überlegung und Geschick aus einem
gelben Fleck eine Sonne macht.
Pablo Picasso

Februar: Die Sonne kehrt zurück.
Roald Amundsen, Eskimoleben (Eskimo-Monatsnamen)

Ich lebe auf, sobald nur
Sonnenschein da ist.
Franziska Gräfin zu Reventlow, Tagebücher

Ich möchte alles sein,
dessen ich fähig bin,
sodass ich ein Kind der Sonne bin.
Katherine Mansfield, Tagebücher

Immer Sonnenschein macht die Wüste.
Sprichwort aus Arabien

Ist nicht im Innern Sonnenschein,
Von außen kommt er nicht herein.
Friedrich von Bodenstedt, Mirza Schaffy

Je edler ist ein Ding, je mehr ist es
gemein: / Das spüret man an Gott
und seiner Sonne Schein.
Angelus Silesius, Der Cherubinische Wandersmann

Ladend und lieblich bist du,
Und Blumen, Mond und Gestirne
Huldigen, Sonne, nur dir.
Johann Wolfgang von Goethe, Gegenwart

Mach Heu, solange die Sonne scheint.
Sprichwort aus England

März: Die Sonne steigt.
Roald Amundsen, Eskimoleben (Eskimo-Monatsnamen)

Mutter – gib mir die Sonne!
Henrik Ibsen, Gespenster

Nach den Wolken kommt die Sonne.
Alanus ab Insulis, Doctrinale minus

Nichts Schöneres unter der Sonne,
als unter der Sonne zu sein.
Ingeborg Bachmann

O Sonnenschein! O Sonnenschein!
Wie scheinst du mir ins Herz hinein.
Robert Reinick, An den Sonnenschein (vertont von
Robert Schumann)

Scheint die Sonne noch so schön,
Einmal muss sie untergehn.
Ferdinand Raimund, Das Mädchen aus der Feenwelt
(Lied der Jugend)

Schleppt ihr Holz herbei,
so tut's mit Wonne,
Denn ihr tragt den Samen
irdscher Sonne.
Johann Wolfgang von Goethe,
West-östlicher Divan

Sieh die Schönheit der Sonne in ihrer
Wärme und nicht in ihrem Gesicht.
Sprichwort aus Wales

Sind wir da, die Höhe der Sonne
zu ermessen oder uns
an ihren Strahlen zu wärmen?
Heinrich von Kleist, Briefe (an Adolphine von Werdeck,
28./29. Juli 1801)

So golden die Sonne im Juli strahlt,
so golden sich der Weizen mahlt.
Bauernregel

Sonnenschein ist Malerei,
Mondschein, Skulptur.
Nathaniel Hawthorne

Und doch, wer wendet sein Herz nicht
gern der Zukunft zu, wie die Blumen
ihre Kelche der Sonne?
Heinrich von Kleist, Briefe (an Ulrike von Kleist,
5. Februar 1801)

Verwundre dich nicht, Freund,
dass ich auf nichts mag sehn:
Ich muss mich allezeit
nach meiner Sonne drehn.
Angelus Silesius, Der cherubinische Wandersmann

Vor der untergehenden Sonne
verschließen die Menschen ihre Türen.
Sprichwort aus England

Wahrheit kann durch äußere
Berührung ebenso wenig befleckt
werden wie ein Sonnenstrahl.
John Milton, Doktrin und Wesen der Ehescheidung

Was aus sonnigen Bezirken
Stammt, muss sonnig auf uns wirken.
Friedrich von Bodenstedt, Mirza Schaffy

Was ist der Mensch am Badestrand?
Eine Zielscheibe
für die Artillerie der Sonne
und eine Tankstelle für die Mücken.
Vittorio De Sica

Was ist majestätisch?
Ein Sonnenaufgang über dem Meere.
Heinrich von Kleist, Briefe (an Wilhelmine von Zenge,
29./30. November 1800)

Weder die Sonne noch den Tod
können wir ansehen,
ohne den Blick abzuwenden.
François de La Rochefoucauld, Reflexionen

Wenn die Sonne ihre Strahlen verbirgt,
zieht auch die Welt
ihre Freude zurück.
Hildegard von Bingen, Briefwechsel

Wenn nicht die Sonne wäre,
trotz der übrigen Sterne wäre Nacht.
Heraklit, Fragmente

Wer kann sagen, ob die Sonne
schöner ist, wenn sie aufgeht
oder wenn sie untergeht?
Prosper Mérimée

Wer liefert Sonne in Konserven?
Erich Kästner, Dr. Erich Kästners lyrische Hausapotheke

Wir können nicht leben,
wenn wir die Sonne nicht suchen.
Ludwig Ganghofer

Wo wir uns der Sonne freuen,
Sind wir jede Sorge los.
Johann Wolfgang von Goethe, Wilhelm Meisters
Wanderjahre

Sonnenfinsternis

Nach der strahlenden Sonne
sieht keiner, aber alle
nach der verfinsterten.
Baltasar Gracián y Morales, Handorakel und Kunst
der Weltklugheit

Warum, da doch alle Naturgesetze
Wunder und Geschöpfe Gottes sind,
merken wir sein Dasein in ihnen weniger, als wenn einmal eine plötzliche
Änderung, gleichsam eine Störung
desselben geschieht, wo wir ihn dann
plötzlich und mit Erschrecken
dastehen sehen?
Adalbert Stifter, Die Sonnenfinsternis am 8. Juli 1842

Wie heilig, wie unbegreiflich und wie
furchtbar ist jenes Ding, das uns stets
umflutet, das wir seelenlos genießen,
und das unseren Erdball mit solchen
Schauern überzittern macht, wenn es
sich entzieht, das Licht, wenn es es
sich nur so kurz entzieht.
Adalbert Stifter, Die Sonnenfinsternis am 8. Juli 1842

Sonnenuhr

Mach es wie die Sonnenuhr,
zähl die heit'ren Stunden nur.
Deutsches Sprichwort

Subjektivität heißt
eine Sonnenuhr
mit Hilfe einer Taschenlampe ablesen.
Piet Hein

Sonnenuntergang

Das Fräulein stand am Meere / Und
seufzte lang und bang, / Es rührte sie
so sehre / Der Sonnenuntergang.
Heinrich Heine, Neue Gedichte

Wer sieht nicht Geister auf den
Wolken beim Untergang der Sonne?
Philipp Otto Runge, Nachgelassene Schriften

Sonntag

Der einzige Tag, an dem er Mensch
sein kann, ist bestenfalls der Sonntag.
Da zieht er dann mit seinen fünf oder
sechs Gören, den Kinderwagen vor
sich herschiebend, in die Biergärten
der Vorstädte hinaus oder im Winter
in die durchräucherten Konzertsäle.
Das ist das einzige bisschen Sonne,
das in sein einförmig-graues Dasein
hineinscheint.
Werner Sombart, Das Proletariat

Der Mensch ist
ein beschränktes Wesen,
unsere Beschränkung zu überdenken,
ist der Sonntag gewidmet.
Johann Wolfgang von Goethe,
Wilhelm Meisters Wanderjahre

Eine jede Sache hat ihre Werktags-
und ihre Sonntagsseite.
Georg Christoph Lichtenberg, Sudelbücher

Wie wohltätig würden die 16 Stunden
des langweiligen und eben dadurch
gefährlichen Sonntags wirken,
wenn zwölf davon auf alle Tage
der Woche verteilt wären!
Arthur Schopenhauer, Zur Rechtslehre und Politik

Sophistik

Die gewöhnliche Kunst der Sophisten
besteht darin, eine Menge Argumente
anzuhäufen, um deren Schwäche
zu verbergen.
Jean-Jacques Rousseau, Vierter Brief vom Berge

Du bist und bleibst ein Lügner,
ein Sophiste.
Johann Wolfgang von Goethe, Faust I (Faust)

Sorge

Alle Sorgen / Nur auf morgen!
Sorgen sind für morgen gut.
Johann Wolfgang von Goethe, Jery und Bätely (Bätely)

Auf, auf, gib deinem Schmerze
Und Sorgen gute Nacht!
Paul Gerhardt, Geistliche Lieder

Behagen:
Gemütszustand beim Betrachten
der Sorgen deines Nächsten.
Ambrose Bierce

Beim Wein fliehen
die beißenden Sorgen dahin.
Horaz, Lieder

Borgen macht Sorgen.
Deutsches Sprichwort

Der Pfau ist
um seinen Schwanz besorgt,
der Edle um seine Ehre.
Chinesisches Sprichwort

Der Rost frisst Stahl und Eisen,
Die Sorge frisst den Weisen.
Freidank, Bescheidenheit

Die Dummheit weiß von keiner Sorge.
Johann Wolfgang von Goethe, überliefert von
Johann Peter Eckermann (Gespräche mit Goethe)

Die erste von allen Sorgen ist die
Sorge um sich selbst. Indessen, wie
viel Mal sagt nicht die innere Stimme
zu uns, dass wir Unrecht tun, wenn
wir uns auf Kosten anderer Gutes tun.
Jean-Jacques Rousseau, Emile

Die Sorg' um Künft'ges niemals
frommt: / Man fühlt kein Übel,
bis es kommt. / Und wenn man's fühlt,
so hilft kein Rat: / Weisheit ist immer
zu früh und zu spat.
Friedrich Rückert, Gedichte

Die Sorge nistet gleich im tiefen
Herzen, / Dort wirket sie geheime
Schmerzen, / Unruhig wiegt sie sich
und störet Lust und Ruh; / Sie deckt
sich stets mit neuen Masken zu,
Sie mag als Haus und Hof, als Weib
und Kind erscheinen, / Als Feuer,
Wasser, Dolch und Gift: / Du bebst
vor allem, was nicht trifft,
Und was du nie verlierst,
das musst du stets beweinen.
Johann Wolfgang von Goethe, Faust I (Faust)

Die unnatürliche Aufregung
und Sorge vieler Menschen ist eine
fast unheilbare Krankheitsform.
Wir übertreiben die Wichtigkeit
von allem, was wie tun, und wie
vieles geschieht doch ohne uns.
Henry David Thoreau, Walden

Doch deine Macht, o Sorge,
schleichend-groß, / Ich werde
sie nicht anerkennen!
Johann Wolfgang von Goethe, Faust II (Faust)

Du kannst dem Glück nicht
ein Pförtlein öffnen, ohne zugleich
vor der Sorge ein Tor aufzureißen.
Marie von Ebner-Eschenbach, Aphorismen

Ein großer Teil der Sorgen besteht
aus unbegründeter Furcht.
Jean-Paul Satre

Ein Kind wird mit zunehmendem Alter
kostbarer. Mit dem Wert seiner Person
verbindet sich der Wert der Sorgen.
Jean-Jacques Rousseau, Emile

Ein Mensch wird
keine hundert Jahre alt und
nährt doch für tausend Jahre Sorgen.
Chinesisches Sprichwort

Es hat keinen Sinn, Sorgen
im Alkohol ertränken zu wollen,
denn Sorgen sind gute Schwimmer.
Robert Musil

Es ist ein Brauch von alters her:
Wer Sorgen hat, hat auch Likör.
Wilhelm Busch, Die fromme Helene

Für Sorgen sorgt das liebe Leben
Und Sorgenbrecher sind die Reben.
Johann Wolfgang von Goethe, West-östlicher Divan

Heutige Sorge: Wie kann man
im Wohlstand anständig leben?
Statt sich zu sorgen: Wie können es
die weniger Wohlständigen?
Ludwig Marcuse, Argumente und Rezepte.
Ein Wörter-Buch für Zeitgenossen

Ich bin unfähig, Sorgen zu tragen,
und bin vielleicht dazu gemacht,
an Sorgen zugrunde zu gehen.
Franz Kafka, Tagebücher (1914)

Ja, so geht's, Reichtum bringt Sorgen.
Paula Modersohn-Becker, Briefe (30. Januar 1898)

Kein Mensch wird alle seine Sorgen
mit einem Schlag los –
es sei denn, er ist Boxer.
Lore Krainer

Kleider fressen die Motten
und Sorgen das Herz.
Deutsches Sprichwort

Kleine Kinder kleine Sorgen,
große Kinder große Sorgen.
Deutsches Sprichwort

Kummer und Sorgen
schwellen den Leib auf.
William Shakespeare, Heinrich IV. (Falstaff)

Liebe, Geld und Sorgen
bleiben nicht verborgen.
Sprichwort aus Spanien

Man muss unterscheiden zwischen
Sorgen und Problemen.
Probleme kann man durchdenken
oder beiseite legen.
Sorgen zwingen zum Denken.
Ludwig Marcuse, Argumente und Rezepte.
Ein Wörter-Buch für Zeitgenossen

Man soll seine Sorgen
nicht mit anderen teilen.
Jeder hat selbst genug.
Gunnar Gunnarsson, Advent im Hochgebirge

Man sorgt sich eher alt als reich.
Deutsches Sprichwort

Mit der Zeit lassen die Sorgen nach.
Ovid, Liebeskunst

Mit süß tönenden Liedern erstickst
du alle Sorgen im Keim.
Ecbasis captivi in belehrender Gestalt (Papagei)

Nur kurz beschert ist uns das Leben,
darum ziemt's, / Gemach es zu
vollenden, nicht mit Sorg und Müh.
Euripides, Die Schutzflehenden (Adrastos)

O Sorgen der Menschen!
O wie viel Nichtiges ist in der Welt!
Persius, Satiren

O was ist glückseliger,
als frei von Sorgen zu sein!
Catull, Gedichte

Sorge dich nicht ums Feuerholz,
solange es noch grüne Berge gibt.
Chinesisches Sprichwort

Sorge dich nicht unnütz wie der
Mann aus Qi, der fürchtete,
der Himmel würde herunterfallen.
Chinesisches Sprichwort

Sorge Dich nur um die eigene Familie
und rede nicht über anderer Leute
Töchter und Frauen.
Chinesisches Sprichwort

Sorgen und Enten
kann man nicht ertränken –
sie können schwimmen.
Robert Lembke, Das Beste aus meinem Glashaus.
Humoristisches und Satirisches

Um das Ross des Reiters schweben,
Um das Schiff die Sorgen her.
Friedrich Schiller, Das Siegesfest

Unsere Sorgen, unsere Kümmernisse,
unsere Leiden stammen aus uns selbst.
Jean-Jacques Rousseau, Emile

Unweiser Mann durchwacht
die Nächte / Und sorgt
um alle Sachen; / Müde ist er,
wenn der Morgen kommt,
Der Jammer währt, wie er war.
Edda, Hávamál (Des Hohen Lied)

Vertreibe nun deine Sorgen mit Wein
und lass sie sich dann im Schlaf lösen!
Ecbasis captivi in belehrender Gestalt (Otter)

Während der Nacht
kehrt die Sorge zurück.
Vergil, Aeneis

Was man nicht ändern kann,
darüber soll man sich nicht
zu viele Sorgen machen.
Sprichwort aus Frankreich

Weg mit den Grillen,
weg mit den Sorgen!
Siegfried August Mahlmann, Gedichte

Wenig Wünsche – frischer Mut,
viele Sorgen – krankes Blut.
Chinesisches Sprichwort

Wenn wir nur etwas,
das uns Sorge macht,
aus unserer Gegenwart verbannen
können, da glauben wir schon,
nun sei es abgetan.
Johann Wolfgang von Goethe,
Die Wahlverwandtschaften

Wer den Geist der Gierigkeit hat,
er lebt nur in Sorgen,
Niemand sättiget ihn.
Johann Wolfgang von Goethe, Reineke Fuchs

Wer schweigt, hat wenig zu sorgen,
Der Mensch bleibt unter der Zunge
verborgen.
Johann Wolfgang von Goethe, West-östlicher Divan

Wie einfach wäre das Leben,
wenn die unnötigen Sorgen von
den echten zu unterscheiden wären.
Heinrich Waggerl, Nachlass

Wo wir uns der Sonne freuen,
Sind wir jede Sorge los.
Johann Wolfgang von Goethe,
Wilhelm Meisters Wanderjahre

Sorgfalt

Bedenke, dass du die Sorgfalt
eher lernen sollst als die Fertigkeit.
Leonardo da Vinci, Tagebücher und Aufzeichnungen

Keine Sorgfalt ist besser angewandt,
als die gegen Spione.
Baltasar Gracián y Morales, Handorakel und
Kunst der Weltklugheit

Sorglosigkeit

Gerade in der Sorgenlosigkeit
bereite sich die Seele auf Schwereres
vor und stärke sich gegen Ungerechtigkeiten des Schicksals inmitten
seiner Wohltaten.
Lucius Annaeus Seneca, Briefe über Ethik

Man spielt nicht Klavier,
wenn das Haus brennt.
Sprichwort aus den USA

Sorglosigkeit lädt Diebe ein,
Eitelkeit öffnet der Wollust das Tor.
Chinesisches Sprichwort

Wilde Tiere fliehen vor Gefahren,
die sie sehen; wenn sie geflohen sind,
sind sie sorglos:
Wir quälen uns mit dem Künftigen
und dem Vergangenen ab.
Lucius Annaeus Seneca, Briefe an Lucilius

Souveränität

Dem Storch gegenüber
haben die Frösche
eine beschränkte Souveränität.
David Frost

Der Ursprung jeder Souveränität liegt
bei der Nation. Keine Körperschaft,
kein Einzelner kann eine Autorität
ausüben, welche nicht ausdrücklich
von ihr übertragen worden ist.
Marie Joseph Motier Marquis de Lafayette, Erklärung
der Menschen- und Bürgerrechte (1789)

Die Souveränität ist die bewahrende
Macht. Es kann Souveränität
nur geben, wo Macht ist.
Antoine Comte de Rivarol, Maximen und Reflexionen

Soziale Frage

Es gäbe keine soziale Frage,
wenn die Reichen von jeher
Menschenfreunde gewesen wären.
Marie von Ebner-Eschenbach, Aphorismen

In der Kultur, in der Kunst gibt es
keine soziale Frage. Wenn ich einen
Guten habe und einen Besseren finde,
engagiere ich den Besseren.
August Everding, Vortrag vor dem Verein Deutscher
Eisenhüttenleute anlässlich des Eisenhüttentags in
Düsseldorf, 15. November 1991

Mehr als je ist es in diesem Augenblicke notwendig, sich über dasjenige
klarzumachen, was die wahre soziale
Gefahr ist und was sie nicht ist.
Lorenz von Stein, Die socialen Bewegungen
der Gegenwart

Sozialismus

Alles, was die Sozialisten
vom Geld verstehen,
ist die Tatsache,
dass sie es von anderen haben wollen.
Konrad Adenauer

Auch dem Sozialismus
wohnt eine Tugend inne:
die gleichmäßige Verteilung
des Elends.
Winston S. Churchill

Das sozialistische Problem
ist freilich kein deutsches;
es ist ein menschliches.
Moses Hess, Über die Not in unserer Gesellschaft und
deren Abhilfe

Demokratie ist die Vorstufe
des Sozialismus.
Wladimir Iljitsch Lenin

Der Sozialismus ist der phantastische
jüngere Bruder des fast abgelebten
Despotismus, den er beerben will;
seine Bestrebungen sind also
im tiefsten Verstande reaktionär.
Friedrich Nietzsche,
Menschliches, Allzumenschliches

Der Sozialismus muss eine Sache
der Menschheit sein und darf nicht
zur Sache einer Klasse
herabgewürgt werden.
Jakob Boßhart, Bausteine zu Leben und Zeit

Die Gegner des Sozialismus sind
teilweise dadurch zu entschuldigen,
dass der Sozialismus bis jetzt
allerdings mehr in frommer Wunsch
als etwas Reelles war.
Moses Hess, Über die Not in unserer Gesellschaft und
deren Abhilfe

Die Sozialisten werden nie
imstande sein, Armut und Ungerechtigkeit und die Ungleichheit der
Begabungen zu beseitigen.
Der Gescheitere und Stärkere
wird immer den Dümmeren
und Schwächeren ausnutzen.
Leo N. Tolstoi, Tagebücher (1898)

Im Staat der Sozialisten wird einer
auf den andern aufpassen.
Und Faulenzer werden nicht geduldet,
dulden sich selber nicht. Wer aber will
vorher wissen, wer ein Faulenzer
und wer ein – Schwangerer ist?
Man würde den Schwangeren samt
dem Faulenzer verurteilen und damit
das Beste der Erde: das stille,
langsame Reifen neuer Gedanken.
Christian Morgenstern, Stufen

So lang es mehr faule als
fleißige Menschen gibt, bleibt
der sozialistische Staat eine Utopie.
Marie von Ebner-Eschenbach,
Aphorismen

Sozialismus
ist der degenerierte Kapitalismus
zahlungsunfähiger Kapitalisten.
Henry Louis Mencken

Sozialismus ist Teilung der Gewinne
ohne Verantwortlichkeit für Verluste.
Elbert Hubbard

Sozialismus und Laisserfaire sind
wie Nord- und Südpol.
Sie existieren nicht wirklich.
Stanley Baldwin

Wer vor seinem dreißigsten Lebensjahr
niemals Sozialist war,
hat kein Herz.
Wer nach seinem dreißigsten Lebensjahr noch Sozialist ist,
hat keinen Verstand.
Benedetto Croce

Sozialstaat

Die Aussteiger, das sind die Ausbeuter
unseres Sozialsystems.
Norbert Blüm, Unverblümtes von Norbert Blüm

Die Gewöhnung an soziale Missstände
ist eine Schwester der Resignation.
Norbert Blüm, Unverblümtes von Norbert Blüm

Es gibt keine soziale Sicherheit, die
aus himmlischen Quellen finanziert
wäre. Es gibt sie nur aufgrund
der Arbeit der jetzt Tätigen.
Norbert Blüm, Unverblümtes von Norbert Blüm

Für uns alle kommt es darauf an
zu erkennen, dass wirtschaftliche
Notwendigkeit und sozialer Fortschritt
auf die Dauer nicht gegeneinander
ins Feld geführt werden dürfen.
Richard von Weizsäcker, Verantwortung für sozialen
Fortschritt, Gerechtigkeit und Menschenrechte (1986)

Wir Deutsche stehen zu der Botschaft
der sozialen Gerechtigkeit.
Richard von Weizsäcker, Verantwortung für sozialen
Fortschritt, Gerechtigkeit und Menschenrechte (1986)

Soziologie

Alle Kunst ist sozial bedingt,
doch nicht alles in der Kunst
ist soziologisch definierbar.
Arnold Hauser, Methoden moderner Kunstbetrachtung

Auf dem Altar ihrer Erkenntnis opfert
die Soziologie – den Menschen.
Er, der Herr der Schöpfung,
der Urheber historischer Ereignisse –
er sinkt in der Soziologie zu einer
bedeutungslosen Null herab,
ein blindes Werkzeug in der unsichtbaren, aber übermächtigen Hand
seiner sozialen Gruppe.
Ludwig Gumplowicz,
Die soziologische Weltanschauung

Aufgabe der Sociologie ist,
die Formen des Zusammenseins
von Menschen zu beschreiben
und die Regeln zu finden,
nach denen das Individuum,
sofern es Mitglied einer Gruppe ist,
und die Mitglieder der Gruppen
untereinander sich verhalten.
Georg Simmel, Sociale Differencierung

Soziologie ist die Kunst,
eine Sache, die jeder versteht
und die jeden interessiert,
so auszudrücken,
dass sie keiner mehr versteht
und sie keinen mehr interessiert.
Hans-Joachim Schoeps, Ungeflügelte Worte

Zeitgenössische Soziologie:
Am sechsten Tag vormittags
schuf Gott die Gesellschaft,
nachmittags, als er schon müde war,
den Menschen nach ihrem Bilde.
Ludwig Marcuse, Argumente und Rezepte.
Ein Wörter-Buch für Zeitgenossen

Spanien

Andalusien
gehört zu den schönsten Landschaften,
die sich die Sinnenlust
zur Bleibe wünschen kann.
Stendhal, Über die Liebe

Der aus der Mischung
des europäischen mit arabischem
(mohrischem) Blut entsprungene
Spanier zeigt in seinem öffentlichen
und Privatbetragen eine gewisse
Feierlichkeit, und selbst der Bauer
gegen Obere, denen er auch auf
gesetzliche Art gehorsam ist,
eine Bewusstsein seiner Würde.
Die spanische Grandezza und die
selbst in ihrer Konversationssprache
befindliche Grandiloquenz zeigen
auf einen edlen Nationalstolz.
Immanuel Kant, Anthropologie
in pragmatischer Hinsicht

Die Spanier hassen die Stiere
keineswegs. Sie verübeln ihnen nur
ihre heimtückische Einstellung
zu den Toreros.
Ephraim Kishon, Kishon für alle Fälle

Spanien ist der Himmel auf Erden.
Sylvia Plath, Briefe nach Hause (7. Juli 1956)

Stolz ist der vorherrschende
Charakterzug der Spanier.
Selbst in ihrer Leidenschaft
für das Gold liegt mehr Stolz
als Habsucht.
Joseph Joubert, Gedanken, Versuche und Maximen

Wenn ein Spanier singt, ist
er wütend oder hat kein Geld.
Sprichwort aus Spanien

Wir kommen erst aus Spanien zurück,
Dem schönen Land des Weins
und der Gesänge.
Johann Wolfgang von Goethe, Faust I (Mephisto)

Spannung

Der Mensch braucht Drang,
Spannung – ja.
Leo N. Tolstoi, Tagebücher (1860)

Die Spannungen zwischen
dem Einzelnen und der Gemeinschaft
kommen zuerst immer im intimsten
Kreis zur Entladung, bisweilen noch
intimer: in der kleinen Gesellschaft,
die sich Ich nennt.
Ludwig Marcuse, Argumente und Rezepte.
Ein Wörter-Buch für Zeitgenossen

Es macht großen Spaß,
in Spannung zu leben.
Sylvia Plath, Briefe nach Hause (7. Dezember 1954)

In der Politik ist es
wie in der Elektrizität:
Wo es Kontakt gibt,
gibt es auch Spannungen.
Pierre Mendès-France

Leben in einer ständigen
inneren Spannung weckt Talente,
die sonst verborgen
im Menschen schlummern.
Czeslaw Milosz

Manche Staatsmänner
sind wie Klavierstimmer:
Sie wollen die Harmonie
wiederherstellen, indem sie
die Spannung verstärken.
Walter Lippmann

Schnell wirst du den Bogen brechen,
wenn du ihn immer
gespannt hältst.
Phaedrus, Fabeln

Spannung ist alles und Entladung.
Und höchste Lebensweisheit,
seine Spannung immer richtig
zu entladen.
Christian Morgenstern, Stufen

Spannung ist eine der ungeklärtesten
ästhetischen Kategorien:
vor allem wegen des heute
verbreiteten Dogmas, sie habe mit
Kunst nichts zu tun, und des noch
verbreiteteren, sie sei kunstfeindlich.
Ludwig Marcuse, Argumente und Rezepte.
Ein Wörter-Buch für Zeitgenossen

Sparsamkeit

Alle wollen den Gürtel enger
schnallen, aber jeder fummelt
am Gürtel des Nachbarn herum.
Norbert Blüm, Unverblümtes von Norbert Blüm

Allzu große Sparsamkeit macht
mehr Narren als Verschwendung.
Luc de Clapiers Marquis de Vauvenargues,
Unterdrückte Maximen

Arbeit und Sparen
macht reiche Knechte.
Georg Rollenhagen, Froschmeuseler

Arbeiten und Sparen
macht zusehends reich.
Deutsches Sprichwort

Auf Sparen folgt Haben.
Deutsches Sprichwort

Aus kleinen Bächen
werden große Flüsse.
Sprichwort aus Frankreich

Das Leben wurde uns nicht verliehen,
um ganz im Streben nach dem
aufzugehen, was wir zurücklassen
müssen, wenn wir sterben.
Samuel Smiles, Die Sparsamkeit

Der Arme soll sparsam sein,
der Reiche soll ausgeben.
Paul Ernst, Erdachte Gespräche

Der ersparte Pfennig ist
redlicher als der erworbene.
Martin Luther, überliefert von Julius Wilhelm Zincgref
(Apophthegmata)

Der reichste aller Menschen
ist der Sparsame,
der Geizhals der ärmste.
Chamfort, Maximen und Gedanken

Der Sparpfennig ist reicher
denn der Zinspfennig.
Martin Luther, Tischreden

Die kleinen Bächlein
laufen in die großen.
Deutsches Sprichwort

Die Menschen verstehen nicht,
welch große Einnahmequelle
in der Sparsamkeit liegt.
Marcus Tullius Cicero, Paradoxa Stoicorum

Drei Jahre rauche nicht,
und du kommst zu einem Büffel.
Chinesisches Sprichwort

Ein gesparter Pfennig
ist zweimal verdient.
Sprichwort aus Italien

Ein Pfennig in der Sparbüchse
macht mehr Gerassel,
als wenn sie voll wäre.
Deutsches Sprichwort

Eine richtige Sparsamkeit vergisst nie,
dass nicht immer gespart werden
kann; wer immer sparen will,
der ist verloren, auch moralisch.
Theodor Fontane, Von zwanzig bis dreißig

Es gibt Gelegenheiten, in denen man
sonst ganz wahrhaftigen Menschen
keinen Glauben schenken darf.
Zum Beispiel dem Großmütigen,
wenn er von seinen Ausgaben,
und dem Sparsamen, wenn er
von seinen Einnahmen spricht.
Marie von Ebner-Eschenbach, Aphorismen

Für wen man spart,
weiß man nicht.
Sprichwort aus Island

Junges Blut, spar dein Gut,
Armut im Alter wehe tut.
Deutsches Sprichwort

Man muss sparsam leben,
aber seinen Verhältnissen gemäß.
Deshalb fällt wohlverstandene
Sparsamkeit nie auf; sobald man
sie gewahr wird, ist sie Knauserei.
Sully Prudhomme, Gedanken

Manchmal lobt man die Armen für
ihre Sparsamkeit, aber den Armen
Sparsamkeit zu empfehlen,
ist grotesk und beleidigend. Es ist,
als riete man einem Verhungernden,
weniger zu essen.
Oscar Wilde, Die Seele des Menschen unter
dem Sozialismus

Ohne Sparen gedeiht
der Wohlstand nicht.
Chinesisches Sprichwort

Ordnung und Klarheit vermehrt
die Lust zu sparen und zu erwerben.
Johann Wolfgang von Goethe, Wilhelm Meisters
Lehrjahre

Politiker sparen, indem sie
den Gürtel der Bürger enger schnallen.
Lothar Schmidt

Schätze sparen, heißt Gegenwart
opfern und verschwenden;
dazu muntert aber nicht gefürchtete
Zukunft auf, sondern gehoffte.
Jean Paul, Friedens-Predigt an Deutschland

Sparen ist größere Kunst
denn erwerben.
Deutsches Sprichwort

Sparen ist zu lang geharrt,
wenn nichts mehr da ist.
Martin Luther, Tischreden

Sparsamen kann man nicht
durch Geschenke den Hof machen.
Luc de Clapiers Marquis de Vauvenargues,
Nachgelassene Maximen

Sparsamkeit kann die Tochter
der Weisheit, die Schwester der Mäßigkeit und die Mutter der Freiheit
genannt werden. Sie stellt die Selbsthilfe in einer ihrer besten Formen dar.
Samuel Smiles, Selbsthilfe

Spart, aber nicht auf Kosten
der Freigebigkeit. Eure Seele sei die
eines Königs, eure Hände seien
die eines klugen Haushalters.
Joseph Joubert, Gedanken, Versuche und Maximen

Unter Rationalisierung verstehen
die meisten Postminister, dass man die
Gebühren laufend erhöht und
die Zustellung ständig verschlechtert.
Cyril Northcote Parkinson

Warum sparen, wenn dein Sohn
ein guter Sohn ist?
Warum sparen,
wenn er ein schlechter ist?
Sprichwort aus Indien

Wenn du dir Bier leisten kannst,
trink Wasser,
wenn du dir Wein leisten kannst,
trink Bier.
Sprichwort aus Polen

Wenn man alle Pfennige zu Rate hält,
wird endlich ein Taler draus.
Sophie Mereau, Raimond und Guido
(Frau in der Waldhütte)

Wer den Pfennig nicht ehrt,
ist des Talers nicht wert.
Deutsches Sprichwort

Wer den Pfennig nit achtet,
der wird keines Gulden Herr.
Martin Luther, Tischreden

Wer spart, spart für die Katz.
Sprichwort aus Italien

Wir wollen alle Tage sparen
Und brauchen alle Tage mehr.
Johann Wolfgang von Goethe, Faust II (Marschalk)

Wo der Bürgermeister ein Bäcker ist,
backt man das Brot klein.
Emil Gött, Zettelsprüche. Aphorismen

Zu spät kommt die Sparsamkeit,
wenn man auf dem Grund ist.
Lucius Annaeus Seneca, Briefe an Lucilius

Spaß

Am ärgsten verdrießt ein Spaß,
der die Wahrheit ist.
Sprichwort aus Spanien

Auf Kosten des gesunden
Menschenverstandes darfst du
keine Späße machen.
Nicolas Boileau-Despréaux, Die Dichtkunst

Der Spaß verliert alles,
wenn der Spaßmacher selber lacht.
Friedrich Schiller, Die Verschwörung des Fiesco zu
Genua (Fiesco)

Die Müh ist klein, der Spaß ist groß.
Johann Wolfgang von Goethe, Faust I (Walpurgisnacht: Mephisto)

Einen Menschen töten ist kein Spaß!
Marie de France, La Freisne

Letztlich ist alles Spaß.
Charlie Chaplin

Niemals spaße
in Gegenwart eines Herrn.
Chinesisches Sprichwort

Wer die Menschen gern hat,
verbietet ihnen etwas,
damit sie an der Übertretung
Spaß haben.
Norman Mailer

Wer keinen Spaß mag verstehn,
soll nicht unter Leute gehn.
Deutsches Sprichwort

Wer keinen Spaß versteht,
hat auch keinen Anspruch,
ernst genommen zu werden.
Bruce Low

Wie wenig braucht es doch,
um sich selber einen Hauptspaß
zu bereiten, und was für schöne
Gelegenheiten liegen immer
am Wegrande bereit, wenn man sie
nur zu sehen wüsste.
Gottfried Keller, Das Sinngedicht

Wo keine Satire mehr möglich ist,
hört der Spaß auf.
César Keiser

Zum Spaßmachen
gehört auch ein Schuss Demagogie.
Werner Finck

Spatz

Auch ein Sperling
wirft im Fliegen einen Schatten.
Chinesisches Sprichwort

Ein Spatz in der Hand ist besser
als eine Taube auf dem Dach,
sagt man.
Der Spatz ist völlig anderer Meinung.
Robert Lembke, Steinwürfe im Glashaus

Spatzen sollten nicht
mit Kranichen tanzen:
Ihre Beine sind zu kurz.
Sprichwort aus Dänemark

Züchte lieber Tauben als Spatzen.
Chinesisches Sprichwort

Spaziergang

Ich gehe viel spazieren, einmal
einfach, weil strahlendes Wetter ist,
dann auch, weil ich schon die kommenden Herbststürme voraussahne.
So nütze ich wie ein Geizhals aus,
was Gott mir schenkt.
Marie de Rabutin-Chantal Marquise de Sévigné,
Briefe (an Frau von Grignan, 4. Oktober 1684)

Man nehme sich beim Spaziergang
Zeit. Er dient gewissermaßen
höheren Zwecken.
Erich Kästner, Dr. Erich Kästners lyrische Hausapotheke

Vielleicht gibt es wirklich eine Kunst
des Spazierengehens, vergleichbar
der ebenso selten geübten Kunst, im
Gespräch jemandem zuzuhören, überhaupt der Künste, die Geduld erfordern
– also die Fähigkeit, sich offen zu
halten, empfangsbereit zu sein.
Heinrich Waggerl, Nachlass

Wenn Schäfchen am Himmel stehen,
kann man spazieren gehen.
Deutsches Sprichwort

Speise

Der Hals schluckt jede Speise,
doch die eine Speise schmeckt besser
als die andere.
Altes Testament, Jesus Sirach 36, 23

Der, welcher den Hungrigen speiset,
erquickt seine eigene Seele:
So spricht die Weisheit.
Friedrich Nietzsche, Also sprach Zarathustra

Die Speisen, die für ein Kind gesund
sind, muss man ihm versüßen,
und die, welche ihm schädlich sind,
vergällen.
Michel Eyquem de Montaigne, Die Essais

Spekulation

Das Leben der Spekulation,
die außerhalb des Worts angestellt
wird, das sind Träumereien,
vom Teufel eingegeben.
Martin Luther, Tischreden

Es gibt zwei Zeiten im menschlichen
Leben, in denen man nicht spekulieren
sollte: Wenn man es sich nicht
leisten kann, und wenn man es kann.
Mark Twain, Querkopf Wilsons neuer Kalender

Ich sag es dir: Ein Kerl, der spekuliert,
Ist wie ein Tier auf dürrer Heide / Von
einem bösen Geist im Kreis herumge-
führt, / Und ringsumher liegt schöne
grüne Weide.
Johann Wolfgang von Goethe, Faust I (Mephisto)

In Deutschland hält man es
für feiner, zu spekulieren,
als zu investigieren.
Ludwig Marcuse, Argumente und Rezepte.
Ein Wörter-Buch für Zeitgenossen

Ohne die Spekulation,
was hätte geschehen können,
wirft das tatsächlich Geschehene
keine Schatten.
Sebastian Haffner

Spezialisierung

Die Spezialisten,
die Experten mehren sich.
Die Denker bleiben aus.
Ingeborg Bachmann, Frankfurter Vorlesungen

Ein Spezialist ist einer,
der sich auf eine von ihm gewählte
Form der Unwissenheit beschränkt hat.
Elbert Hubbard

Im Zeitalter der Spezialisten ersetzt
die Gefahrenzulage den Orden.
Emil Gött, Im Selbstgespräch

Spezialisierung der Arbeit ist
ein Produkt der Sklaverei. Es gibt
keine Grenze der Spezialisierung.
Leo N. Tolstoi, Tagebücher (1895)

Sphinx

Es frommt nicht, der Gorgo
ins Antlitz zu schauen oder
die Rätsel der Sphinx zu lösen.
Ein Letztes, Tiefstes soll den
verhüllenden Schleier tragen.
Theodor Fontane, Aus den Tagen der Okkupation

Ist die Frau Engel oder Dämon?
Diese Ungewissheit macht sie
zur Sphinx.
Simone de Beauvoir, Das andere Geschlecht

Spiegel

Alte Spiegel sind nachsichtiger zu uns
– sie haben schon viel gesehen.
Wieslaw Brudziński

Auf ein ewiges Ab- und Widerspiegeln
läuft alles Leben hinaus.
Gott spiegelt sich in der Welt,
die Welt sich im Menschen,
der Mensch sich in der Kunst.
Friedrich Hebbel, Tagebücher

Das Betragen ist ein Spiegel,
in welchem jeder sein Bild zeigt.
Johann Wolfgang von Goethe, Die Wahlverwandtschaften

Der Idiot schaut in den Spiegel
und erblickt einen Gelehrten.
Sprichwort aus den USA

Der Spiegel kann zwar weisen,
doch kann er reden nicht;
Sonst hätt' er manche Stolze
im Irrtum unterricht'.
Friedrich von Logau, Sinngedichte

Der vergesslichste Augenzeuge
ist der Spiegel.
Hans-Horst Skupy

Die Eitelkeit des Mannes
besteht nicht darin,
in den Spiegel zu sehen,
sondern nicht in den Spiegel zu sehen.
Erhard Blanck

Die ganze weite Welt ist der Spiegel,
in dem wir uns betrachten müssen,
um den richtigen Blick für die
Selbstbeobachtung zu bekommen.
Michel Eyquem de Montaigne, Die Essais

Die Mädchen beten
gern vor dem Spiegel.
Deutsches Sprichwort

Die unheimlichste aller Erfindungen
ist der Spiegel.
Woher nehmen die Menschen
nur den Mut,
da hineinzuschauen?
Brendan Behan

Die Welt ist ein Spiegel,
aus dem jedem sein eigenes Gesicht
entgegenblickt.
William Makepeace Thackeray,
Jahrmarkt der Eitelkeit

Ein Mädchen vor dem Spiegel
ist die Frucht, die sich selber isst.
Friedrich Hebbel, Tagebücher

Eine eitle Frau braucht einen Spiegel.
Ein eitler Mann ist
sein eigener Spiegel.
Francoise Sagan

Eine Schöne zerbreche schlau
beizeiten ihren Spiegel, um es nicht
später aus Ungeduld zu tun, wenn er
sie aus ihrer Täuschung gerissen hat.
Baltasar Gracián y Morales, Handorakel und Kunst
der Weltklugheit

Erstaunlich viele Politiker
suchen den besten Kopf ihres Landes
vor dem Spiegel.
Saul Steinberg

Es ist gut, dass wir Spiegel haben.
Dass wir für gewöhnlich unsere
eigene Miene nicht sehen, ist eines
der unheimlichsten Dinge, die es gibt.
Christian Morgenstern, Stufen

Frauenzimmer sind
wie ein heller Spiegel, der auch
von dem geringsten Hauche anläuft.
Theodor Gottlieb von Hippel, Über die Ehe

Jedes Mal, wenn er
sich im Spiegel sah,
fühlte er sich versucht,
diesen blank zu reiben.
Jules Renard, Ideen, in Tinte getaucht.
Aus dem Tagebuch von Jules Renard

Man denkt nicht über sich,
wenn man sich im Spiegel betrachtet,
aber man fühlt sich und lässt sich
gelten.
Johann Wolfgang von Goethe,
Dichtung und Wahrheit

Mancher müsste in einen Zerrspiegel
schauen, um erträglich auszusehen.
Ödön von Horváth

Satire ist eine Art von Spiegel,
in dem man im Allgemeinen jedes
andere Gesicht entdeckt,
nur nicht sein eigenes.
Jonathan Swift, Schlacht zwischen den alten und
modernen Büchern

Schau nicht ins Wasser,
dich zu spiegeln,
dein Spiegel sei das Volk.
Chinesisches Sprichwort

Schimpfe nicht auf den Spiegel,
wenn du mit einem Makel
geboren bist.
Chinesisches Sprichwort

Spiegel, Glas und Jungfern
nimm stets dir vor dem Bruch.
Sprichwort aus Russland

Spieglein, Spieglein an der Wand,
Wer ist die Schönste im ganzen Land?
Jacob und Wilhelm Grimm, Kinder- und Hausmärchen
(Schneewittchen)

Unklare Worte sind
wie ein blinder Spiegel.
Chinesisches Sprichwort

Warum kann man sein Bild im Spiegel
nie ganz genau kennen lernen?
Weil man sich im Spiegel nie
unbeobachtet sehen kann.
Jakob Boßhart, Bausteine zu Leben und Zeit

Was hat dir das arme Glas getan?
Sieh deinen Spiegel nicht
so hässlich an.
Johann Wolfgang von Goethe, Sprichwörtlich

Welch ein Narr ist der Mensch!
In allem muss er sich spiegeln!
Selbst in Sonne und Mond
hat er sein Antlitz entdeckt.
Friedrich Hebbel, Gedichte

Wenn man nachts in den Spiegel sieht,
guckt der Teufel heraus.
Deutsches Sprichwort

Wer einen guten Freund hat,
braucht keinen Spiegel.
Sprichwort aus Indien

Zu unserer Besserung
bedürfen wir eines Spiegels.
Arthur Schopenhauer, Aphorismen zur Lebensweisheit

Zwei Spiegel einander gegenüber:
Für den Kurzsichtigen
bedeutet es Verwirrung,
für den Weitsichtigen Unendlichkeit.
Arthur Schnitzler, Aphorismen und Betrachtungen aus dem Nachlass

Spiel

Alles ein großes Spiel, eine Posse,
in der fürchterliche und lächerliche
Gestalten seltsam durcheinander
gemischt sind, die sich gegenseitig
nicht kennen und doch durchkreuzen.
So entsteht, so vergeht das Leben
des Menschen, man kann es nicht
wunderbar nennen, und doch ist es
seltsam rätselhaft.
Ludwig Tieck, Karl von Berneck (Karl)

Auch im Spielen ist
bestimmtes Maß einzuhalten,
dass wir nicht allzu sehr
alles preisgeben und,
vom Vergnügen erhoben,
in irgendeine Hässlichkeit geraten.
Marcus Tullius Cicero, Vom rechten Handeln

Aus der Art, wie das Kind spielt,
kann man erahnen,
wie er als Erwachsener
seine Lebensaufgabe ergreifen wird.
Rudolf Steiner

Betreibt man ein Spiel nicht ernsthaft,
bleibt nichts davon übrig, und man
kann überhaupt nicht spielen.
Leo N. Tolstoi, Tagebücher (1903)

Das Geld wandert zur Spielbank,
der Mörder aufs Schafott.
Chinesisches Sprichwort

Das Leben hat nur
einen wirklichen Reiz,
das ist der Reiz des Spieles.
Aber wenn es uns gleichgültig ist,
ob wir gewinnen oder verlieren?
Charles Baudelaire, Tagebücher

Das Lernen ist kein Spiel,
sondern eine ernste Mühe.
Aristoteles, Älteste Politik

Das nächste Spiel
ist immer das schwerste.
Joseph »Sepp« Herberger

Das Spiel des Kälbchens besteht
im Herumspringen,
das Spiel des Menschen in Sinfonien,
Bildern, Poemen, Romanen.
Leo N. Tolstoi, Tagebücher (1896)

Das Spiel gleicht einer Erholung,
und da man nicht
ununterbrochen arbeiten kann,
bedarf man der Erholung.
Aristoteles, Nikomachische Ethik

Das Spiel ist das Einzige,
was Männer wirklich ernst nehmen.
Deshalb sind Spielregeln
älter als alle Gesetze der Welt.
Peter Bamm

Das Spiel ist die erste
Poesie des Menschen.
Jean Paul, Levana

Das Spiel ist kein Zeitvertreib eines
reichen Mannes; es ist die Zuflucht
eines Menschen, der nichts zu tun hat.
Jean-Jacques Rousseau, Emile

Das Spiel sieht für jedes Alter anders
aus. Für das Kind besteht es in der
Darstellung des Lebens; für den
Heranwachsenden im Erträumen des
Lebens; für den jungen Mann in der
Aktivierung des Lebens; für den Reifen
im Sichablenken vom Leben.
Sully Prudhomme, Intimes Tagebuch

Den armen Untertan schreckt der
Gedanke, mit einem König zu spielen.
Ruodlieb

Der Ball sucht den guten Spieler.
Sprichwort aus Frankreich

Der Gegensatz des Spiels zum Ernst
des Lebens kann nur Erwachsenen
zum Bewusstsein kommen, denn Kinder spielen eigentlich immer; bei ihnen
ist Spiel und Leben eins.
Ricarda Huch, Einleitung zu »Spiel und Tanz« (Leipzig 1947)

Der kleine Sohn des Bankiers hat eine
Eisenbahn geschenkt bekommen,
mit Drehscheibe, Semaphoren
und wirklichen Dampfmaschinen.
Jetzt spielt er den ganzen Tag
Generaldirektor.
Alfred Polgar, Kleine Schriften, Band 3. Irrlicht

Der Mensch soll mit der Schönheit
nur spielen, und er soll nur
mit der Schönheit spielen.
Friedrich Schiller, Über die ästhetische Erziehung des Menschen

Der Mensch spielt nur, wo er in voller
Bedeutung des Wortes Mensch ist,
und er ist nur da ganz Mensch,
wo er spielt.
Friedrich Schiller, Über die ästhetische Erziehung des Menschen

Die Börse des Spielers
hat keinen Riegel.
Sprichwort aus Frankreich

Die Ehe ist ein Spielplan
mit gleichbleibendem Repertoire.
Folglich sollte man wenigstens
die Inszenierung ändern.
Federico Fellini

Die Kunst ist das Spiel
der menschlichen Freiheit
mit sich selbst.
Heinz Winfried Sabais, in: Katalog Realismus und Realität (Kunsthalle Darmstadt 1975)

Die Kunst ist nicht jedermann
zugänglich, Spiel und Tanz,
mit Musik verbunden, sind es allen.
Ricarda Huch, Einleitung zu »Spiel und Tanz« (Leipzig 1947)

Die Poesie sollte ebenso wie
die schönen Künste
ein Spiel sein.
August Strindberg, Der Sohn der Magd

Ein ehrliches Spiel unter guten
Freunden ist ein redlicher Zeitvertreib.
Voltaire, Memnon oder Die menschliche Weisheit

Ein Leben,
bei dem nicht von Zeit zu Zeit
alles auf dem Spiel steht,
ist nichts wert.
Luise Rinser

Ein Spiel mit ernsten Problemen.
Das ist Kunst.
Kurt Schwitters, Briefe

Ein Spieler ist blind für das,
was ein Kiebitz klar erkennt.
Chinesisches Sprichwort

Ein Spieler ist nicht Gottes Freund;
Die Spieler sind des Teufels Kind.
Sebastian Brant, Das Narren Schyff

Spiel

Einer / wird den Ball / aus der Hand
der furchtbar / Spielenden nehmen.
Nelly Sachs, Gedichte

Es genügt nicht, gute Karten zu haben.
Man muss auch wissen,
wann man aufstehen und
nach Hause gehen muss.
Lothar Schmidt

Es ist keine Kunst, zu spielen,
aber eine sehr gute Kunst,
das Spielen aufzugeben.
Sprichwort aus Italien

Es spielen sich eher zehne arm
als einer reich.
Christoph Lehmann, Florilegium Politicum, Politischer Blumengarten (1662)

Freuet euch des wahren Scheins,
Euch des ernsten Spieles;
Kein Lebendiges ist Eins,
Immer ist's ein Vieles.
Johann Wolfgang von Goethe, Gott und Welt

Glück im Spiel, Pech in der Liebe.
Deutsches Sprichwort

Hoher Sinn liegt oft
in kind'schem Spiel.
Friedrich Schiller, Thekla

Hör auf, mit deinem Gram zu spielen,
Der wie ein Geier dir am Leben frisst.
Johann Wolfgang von Goethe, Faust I (Mephisto)

Hör auf zu spielen,
wenn das Spiel am schönsten ist.
Sprichwort aus Frankreich

Ich bin zu alt, um nur zu spielen,
Zu jung, um ohne Wunsch zu sein.
Johann Wolfgang von Goethe, Faust I (Faust)

Kinder werfen den Ball an die Wand
und fangen ihn wieder;
Aber ich lobe das Spiel,
wirft mir der Freund ihn zurück.
Johann Wolfgang von Goethe/Friedrich Schiller, Xenien

Kunst ist ein Spiel.
Der Mensch ist nicht nur das
Werkzeug machende Tier:
Er ist auch das spielende Tier.
John Perreault, In: R. D. Brinkmann/R. R. Rygulla (Hrsg.), Acid

Lasst, Vater, genug sein
das grausame Spiel!
Friedrich Schiller, Der Taucher

Man sieht selten,
dass denkende Menschen
viel Gefallen am Spiel haben,
weil es das Denken behindert oder zu
unfruchtbaren Berechnungen verleitet.
Jean-Jacques Rousseau, Emile

Mit dem Ernsten und Wichtigen
spielen, verderbt den Menschen.
Johann Wolfgang von Goethe,
Über den Dilettantismus

Nur ein verzweifelter Spieler
setzt alles auf einen Wurf.
Friedrich Schiller, Kabale und Liebe (Ferdinand)

Praktisch jedes Spiel, das heute
international gespielt wird,
ist in Großbritannien erfunden worden, und sobald Ausländer so gut werden, dass sie den Briten Paroli bieten
oder sie sogar besiegen, erfinden
die Briten flugs ein neues Spiel.
Peter Ustinov, Peter Ustinovs geflügelte Worte

Solange der Mensch spielt,
ist er frei.
Friedrich Sieburg, Die Lust am Untergang (1954)

Sollte das Leben nicht in Arbeit und
Spiel, wirkliches Spiel, geteilt sein?
Wir sollten nicht in Ecken sitzen
müssen, wenn unsere Arbeit getan ist.
Katherine Mansfield, Briefe

Spiel ist notwendig zur Führung
eines menschlichen Lebens.
Thomas von Aquin, Summa theologica

Spiel und Tanz gehören zusammen:
Das erste Spiel, das mit ganz kleinen
Kindern vorgenommen wird,
ist der Ringelreihen, die Lust
an rhythmischer Bewegung zu
gesungener Melodie und gereimten,
manchmal sinnlosen Worten.
Ricarda Huch, Einleitung zu »Spiel und Tanz« (Leipzig 1947)

Spiele, Kind, in der Mutter Schoß!
Auf der heiligen Insel
Findet der trübe Gram,
findet die Sorge dich nicht.
Friedrich Schiller, Der spielende Knabe

Spielen ist Experimentieren
mit dem Zufall.
Novalis, Fragmente

Spielen ist eine Tätigkeit,
die man gar nicht
ernst genug nehmen kann.
Jacques-Yves Cousteau

Spielen ist keine Kunst, aber Aufhören.
Deutsches Sprichwort

Tausend Leute stürzen sich durch
das Spiel ins Verderben und sagen
euch dabei ganz trocken, sie könnten
ohne Spielen nicht leben:
Was ist das für eine Entschuldigung!
Jean de La Bruyère, Die Charaktere

Viele spielen, einer gewinnt.
Deutsches Sprichwort

Vom Glücke beim Gewinnen scheiden:
So machen es alle Spieler von Ruf.
Baltasar Gracián y Morales, Handorakel und Kunst der Weltklugheit

Wenn alles auf dem Spiel steht,
soll man keine neuen Möglichkeiten
suchen, sondern die benutzen,
die sich bieten.
François de La Rochefoucauld, Reflexionen

Wer dem Spiele zusieht,
kann's am besten.
Deutsches Sprichwort

Wer gewinnt, der spielt am besten.
Deutsches Sprichwort

Wer nicht verlieren will,
der spiele nicht.
Deutsches Sprichwort

Wer zum Spiele geht, soll
seine Haut zu Hause lassen.
Sprichwort aus Wales

Zehn gegen eins ist zu wetten,
dass das Bauernkind inmitten eines
einsamen Feldes Lokomotive spielt.
Gilbert Keith Chesterton, Heretiker

Spielzeug

Die Knaben lieben Bewegung und
Lärm: Trommel, Kreisel, kleine Wagen.
Jean-Jacques Rousseau, Emile

Ein Spielzeug gibt zuerst Genuss
durch seine Erscheinung, und erst
Heiterkeit durch seinen Gebrauch.
Jean Paul, Levana

Es ist bedauerlich, dass man
den Kindern heute alles erleichtern
will, nicht nur jedes Lernen,
jede Aneignung von Kenntnissen,
sondern selbst das Spiel, und
die Spielsachen sollen dazu beitragen.
Fjodor M. Dostojewski, Tagebuch eines Schriftstellers

Statussymbole sind
das Spielzeug der Erwachsenen.
Lothar Schmidt

Spießertum

Das Zeitungs-Geschwister,
Wie mag sich's gestalten,
Als um die Philister
Zum Narren zu halten?
Johann Wolfgang von Goethe, Zahme Xenien

Einen Spießer
in unseren Breiten zu schockieren,
ist relativ einfach,
ihn zu vergnügen auch.
Günter Grass

Still und maulfaul saßen wir,
Wenn Philister schwätzten,
Über göttlichen Gesang
Ihr Geklatsche schätzten.
Johann Wolfgang von Goethe, Generalbeichte

Spinne

Der Kriminalschriftsteller
ist eine Spinne,
die die Fliege bereits hat,
bevor sie das Netz um sie herum webt.
Arthur Conan Doyle

Die in reinlichen Häusern erzogenen
Kinder, wo man keine Spinnen leidet,
fürchten sich vor den Spinnen, und
diese Furcht bleibt ihnen oftmals,
wenn sie groß sind.
Jean-Jacques Rousseau, Emile

Nicht jeder wandelt nur
gemeine Stege: / Du siehst,
die Spinnen bauen luft'ge Wege.
Johann Wolfgang von Goethe, Sprichwörtlich

Nur Dummköpfe und Spinnen
produzieren aus sich selbst heraus.
Bernard von Brentano

So ein Spinnentüchlein
voll Regentropfen –
wer macht das nach?
Christian Morgenstern, Stufen

Wenn im September
die Spinnen kriechen,
sie einen harten Winter riechen.
Bauernregel

Spionage

Das Spionieren, scheint's ist eine Lust.
Johann Wolfgang von Goethe, Faust I (Faust)

Ein Geheimdienstmann
muss es fertig bringen,
aus einem leeren Auto auszusteigen.
John Le Carré

Ein guter Nachrichtendienst
ist der Scheibenwischer der Regierung.
George F. Kennan

Gewissenserforschung
ist Spionage bei sich selbst.
Jerome K. Jerome

Im Zeitalter der Schnüffelei bedroht
man Menschen nicht mehr mit einem
Dolch, sondern mit einem Dossier.
Vance Packard

Keine Sorgfalt ist besser angewandt,
als die gegen Spione.
Baltasar Gracián y Morales, Handorakel und Kunst der Weltklugheit

Radikalismus und Nachrichtenwesen
sind natürliche Verbündete.
Hans Egon Holthusen

Spitzfindigkeit

Nicht spitzfindig sein: sondern klug,
woran mehr gelegen.
Wer mehr weiß, als erfordert ist,
gleicht einer zu feinen Spitze,
dergleichen gewöhnlich abbricht.
Ausgemachte Wahrheit
gibt mehr Sicherheit.
Baltasar Gracián y Morales, Handorakel und Kunst der Weltklugheit

Subtilitäten und Spitzfindigkeiten
gehören den Advokaten und
Prokuratoren und keinem Kaiser.
Moritz von Sachsen, überliefert bei
Julius Wilhelm Zincgref (Apophthegmata)

Wirke nie mit Trugschlüssen und
kleinlichen Spitzfindigkeiten, mit
denen man nur die Spreuer bewegt.
Gottfried Keller, Zürcher Novellen

Spontaneität

Jähem Rat folgt Reu und Leid.
Deutsches Sprichwort

Unser spontanes Tun
ist immer das beste.
Ralph Waldo Emerson, Essays

Wer spontan handelt,
ist unklug und ein Egoist,
ein Naiver, ein Unbewusster;
und solche sind es,
die im Leben vorankommen.
August Strindberg, Der Sohn der Magd

Sport

Bodybuilding-Typen, die in winzigen
Slips vor 5000 Leuten posieren –
das ist doch'n Witz!
Arnold Schwarzenegger (1994)

Der englische Sportsmann rühmt sich,
ein guter Verlierer zu sein;
damit erreicht er, dass sein Gegner
Schuldgefühle bekommt,
weil er gewonnen hat.
Peter Ustinov, Peter Ustinovs geflügelte Worte

Der richtige Champ ist dazu
verpflichtet, mehr zu leisten,
und zwar auf Dauer.
Boris Becker, Ich bin das Vorbild der neuen Deutschen,
DER SPIEGEL, Nr. 38/1986

Der Schulsport ist für die ganzheitliche
Entwicklung junger Menschen
unentbehrlich.
Hans Hansen (1993)

Der Sport ist dazu da,
dass man gesünder stirbt,
und nicht dazu, dass man länger lebt.
Ludwig Prokop (1993)

Der Sport ist eine völkerverbindende
Sache. Vor allem Ärzte haben
viel zu verbinden.
Herbert Rosendorfer

Der Sport, speziell der Profisport,
ist total überzüchtet. 17-jährige
können heute schon Millionäre
werden. In diesem Alter kann man
unmöglich ermessen,
was diese Geldmenge bedeutet.
Max Schmeling (1993)

Der Sport wird sein,
was wir aus ihm machen.
Macht die Gesellschaft
wieder anständig,
dann wird es der Sport auch sein.
Willi Daume

Die sportliche Höchstleistung ist,
ob man es nun schön findet
oder nicht, ein bedeutender
Wirtschaftsfaktor.
Richard von Weizsäcker, Ansprache des Bundespräsidenten vor dem Nationalen Olympischen Komitee in München 1985

Einer Gesellschaft,
die man damit unterhalten kann,
dass zwei Menschen
einen Ball hin und her schlagen,
ist alles zuzutrauen.
Manfred Rommel

Fairplay ist zwar das Wesen
des Sports, aber nicht automatisch
mit ihm verbunden.
Es kommt nicht durch göttliche
Fügung vom Himmel geflogen.
Willi Daume (1993)

Höchstleistung im Sport
und vergnügliches Leben sind
wie Feuer und Wasser.
Man kann nicht zwei Herren
gleichermaßen dienen.
Entweder – oder!
Sepp Herberger, September 1954

Ich finde die Vermischung von Sport
und Politik lächerlich.
Eine Goldmedaille mehr oder weniger
entscheidet nicht über den Wert
einer Lebensform oder eines
politischen Systems.
Jesse Owens

Ich hasse es,
zweimal hintereinander
gegen den gleichen Gegner
zu verlieren.
Boris Becker,
Kölner Stadt-Anzeiger Nr. 126/1986

Ich jogge nicht, schwimme nicht,
fahre nicht Rad. Meine einzige
körperliche Ertüchtigung:
Ich huste viel.
Robert Mitchum (1993)

Im Begriff Profisport fehlt ein t.
Dieter Rudolf Knoell

Lob des Sports.
Alles, was den Menschen
von ihm selbst befreit,
ist gut.
Stefan Napierski

Manche betreiben Eroberersport
und betreiben Liebessport,
sie finden das unterhaltend;
ich habe niemals irgendeinen Sport
betrieben. Ich habe geliebt und
gelitten und war töricht und
stürmisch, wie mich meine Natur dazu
trieb, mehr habe ich nicht getan,
ich bin ein altmodischer Mensch.
Knut Hamsun, Die letzte Freude

Meldung vom Wettlauf
durch die Lübecker Schweiz:
Die Läufer trainieren täglich
zehn Stunden. Sie brauchen
für 100 Meter zirka 14 Sekunden.
Die Spitzengruppe ist heute morgen
bereits im Jahre 1919
verschwunden!
Erich Kästner, Dr. Erich Kästners lyrische Hausapotheke

No sports!
Winston Churchill zur Begründung seiner guten
körperlichen Verfassung auch im hohen Alter

Schneller – höher – weiter
ist die Devise.
Schneller verbrauchen die Athleten,
höher rauf mit den Summen,
weiter mit dem Unfug.
Der Wahnsinn hat Rückenwind.
Dieter Hildebrandt

Sport ist das Ventil
der Konkurrenzgier,
ist »Konkurrenz fürs Volk«.
Günther Anders, Die Antiquiertheit des Menschen. Bd. 2

Sport ist
konterrevolutionär.
Günther Anders,
Die Antiquiertheit des Menschen. Bd. 2

Sport ist Mord –
ein wahres Wort!
Deutsches Sprichwort

Wahrscheinlich ist gerade
der Zuschauer, der von
seinem Sitzplatz aus applaudiert,
während andere sich plagen,
die wichtigste Definition
der heutigen Sportliebe.
Robert Musil

Wasserball ist ein harter Sport
– vor allem für Nichtschwimmer.
Peter Frankenfeld

Wenn man den Begriff »Sport«
aus den entsprechenden Seiten
der Zeitungen herausnähme,
würden Frontberichte
übrig bleiben.
Peter Turrini

Spott

Aus Spöttern werden oft
Propheten.
William Shakespeare, King Lear (Regan)

Der Spott endet, wo
das Verständnis beginnt.
Marie von Ebner-Eschenbach, Aphorismen

Der Spott ist
eine Art Beschimpfung, und gewisse
Beschimpfungen
sind gesetzlich verboten.
Vielleicht sollte man diese Verbote
auch auf den Spott ausdehnen.
Aristoteles, Nikomachische Ethik

Der Triumph der Spötter ist
von kurzer Dauer;
die Wahrheit bleibt, und
deren unsinniges Lachen verstummt.
Jean-Jacques Rousseau, Emile

Die Spötterei ist eine höchst schädliche
und gefährliche Waffe,
wenn sie in ungeschickte
und täppische Hände gerät.
Philipp Stanhope Earl of Chesterfield, Briefe über
die anstrengende Kunst, ein Gentleman zu werden

Die Spottsucht
ist voll der Gottvergessenheit.
Mit ihrem Lügengebäude versucht sie,
die Wahrheit in Stücke zu reißen.
Hildegard von Bingen, Der Mensch in der
Verantwortung

O Haupt voll Blut und Wunden,
Voll Schmerz und voller Hohn,
O Haupt, zum Spott gebunden
Mit einer Dornenkron.
Paul Gerhardt, Geistliche Lieder

Spott, insbesondere gescheiter,
erweckt den Eindruck,
der Spottende stünde über dem,
was er verspottet; meist aber ist Spott
ein untrügliches Anzeichen dafür,
dass der Betreffende den Gegenstand,
über den er sich lustig macht, nicht
verstanden hat.
Leo N. Tolstoi, Tagebücher (1907)

Spott ist für den Armen schlimmer
als das Leid, das er trägt.
Sprichwort aus Frankreich

Spott ist Lust, die daraus entspringt,
dass wir uns vorstellen, es sei
an einem Gegenstand, den wir hassen,
etwas, das wir verachten.
Baruch de Spinoza, Ethik

Spott stellt die Eigenliebe
auf die Probe.
Luc de Clapiers Marquis de Vauvenargues, Unterdrückte Maximen

Spott vertreibt die Liebe nicht.
Johann Wolfgang von Goethe, Die Liebe wider Willen

Spottsucht ist oft Armut an Geist.
Jean de La Bruyère, Die Charaktere

Über Leute von Geist zu lachen, ist
das Vorrecht der Dummköpfe. Sie sind
in der Welt, was die Narren am Hofe:
Ihr Spott hat keine Bedeutung.
Jean de La Bruyère, Die Charaktere

Von den Schlechten verlacht
zu werden, ist fast ein Lob.
Erasmus von Rotterdam, Handbüchlein eines
christlichen Streiters

Wer den Schaden hat,
braucht für den Spott nicht sorgen.
Deutsches Sprichwort

Sprache

Alle Sprachen, solange sie gesund
sind, haben einen Naturtrieb,
das Fremde von sich abzuhalten,
und wo sein Eindrang erfolgte,
es wieder auszustoßen.
Jacob Grimm, Deutsches Wörterbuch

Anatomieren magst du die Sprache,
doch nur ihr Kadaver;
Geist und Leben entschlüpft
flüchtig dem groben Skalpell.
Johann Wolfgang von Goethe/Friedrich Schiller,
Xenien

Auf eine universelle Sprache kann ich
verzichten. Den Turm zu Babel halte
ich für eine ausgezeichnete Erfindung.
Falls wir alle einander verstünden,
ohne auf Dolmetscher angewiesen zu
sein, hätten wir uns schon vor geraumer Zeit gegenseitig vernichtet.
Meiner Ansicht nach sind schwere
Krisen dadurch vermieden worden,
dass Dolmetscher absichtlich oder
versehentlich falsch übersetzt haben,
was Politiker zueinander sagten.
Peter Ustinov, Peter Ustinovs geflügelte Worte

Bei der Sprache bildet sich jeder ein,
mitreden zu können.
Peter Rühmkorf

Da die Seele der Frauen nicht zimperlicher als die unsrige ist, da es ihnen
aber die Schicklichkeit nicht erlaubt,

sich ebenso freimütig wie wir zu
äussern, so haben sie sich ein eigenes,
zartes Gezwitscher geschaffen, auf
dessen Melodie sich alles singen lässt,
was man nur will.
Denis Diderot, Über die Frauen

Das letzte Wort hat die Sprache.
Heinz Piontek

Das Menschlichste, was wir haben,
ist doch die Sprache,
und wir haben sie,
um zu sprechen.
Theodor Fontane, Unwiederbringlich

Denn unter allem Lebenden wurde
es allein dem Menschen gegeben,
zu sprechen, da nur er es nötig hatte.
Weder den Engeln noch den niederen
Tieren war es nötig zu sprechen.
Vielmehr wäre es ihnen unnütz gegeben worden, wovor offensichtlich
die Natur zurückschreckt.
Dante Alighieri, Über die Volkssprache

Der Geist einer Sprache
offenbart sich am deutlichsten
in ihren unübersetzbaren Worten.
Marie von Ebner-Eschenbach

Der Mensch gaffet solange Bilder
und Farben, bis er spricht, bis er,
inwendig in seiner Seele, brennet.
Johann Gottfried Herder, Vom Erkennen und
Empfinden der menschlichen Seele

Der Schall:
das Fleisch der Sprache.
Geschwätz:
wenn sie den Weg allen Fleisches geht.
Heimito von Doderer, Repertorium. Ein Begreifbuch
von höheren und niederen Lebens-Sachen

Die Bedeutung der Sprache für die
Entwicklung der Kultur liegt darin,
dass in ihr der Mensch eine eigene
Welt neben die andere stellte, einen
Ort, welchen er für sich festhielt, um
von ihm aus die übrige Welt aus den
Angeln zu heben und sich zum Herrn
derselben zu machen.
Friedrich Nietzsche, Menschliches, Allzumenschliches

Die deutliche Sprache der Gewehre
verstehen immer nur
die Erschossenen.
Wolf Biermann

Die deutsche Sprache ist
die Orgel unter den Sprachen.
Jean Paul, Aphorismen

Die deutsche Sprache schickt sich
besser für die Poesie als für die Prosa
und besser für die geschriebene Prosa
als für die gesprochene.
Germaine Baronin von Staël, Über Deutschland

Die ganze Natur ist Sprache,
die Blume ist ein Wort, ein Ausdruck,
ein Seufzer ihrer vollen Brust!
Bettina von Arnim, Clemens Brentanos Frühlingskranz

Die herrschende Leidenschaft
für die Sprache schafft auch ein
Missverständnis: man verhehlt, dass
originelle Ideen bisweilen sprachlich
unzulänglich zur Welt kommen.
Ludwig Marcuse, Argumente und Rezepte.
Ein Wörter-Buch für Zeitgenossen

Die Kunst des Schauspielers besteht
in Sprache und Körperbewegung.
Johann Wolfgang von Goethe, Regeln für Schauspieler

Die Menschen scheinen die Sprache
nicht empfangen zu haben,
um die Gedanken zu verbergen,
sondern um zu verbergen,
dass sie keine Gedanken haben.
Søren Kierkegaard

Die Musik spricht in allen Sprachen.
Richard von Weizsäcker, Die Bedeutung der Musik für
Kultur und Erziehung. Ansprache des Bundespräsidenten auf dem Internationalen Musikfest in Stuttgart
1985

Die Sprache aber dient dazu, das,
was nützlich und schädlich,
was gerecht und ungerecht ist,
offenkundig zu machen.
Aristoteles, Politik

Die Sprache ist dem Menschen gegeben, um seine Gedanken zu verbergen.
Charles Maurice de Talleyrand, überliefert von
Bertrand Barère de Vieuzac (Memoiren)

Die Sprache
ist die Quelle aller Missverständnisse.
Antoine de Saint-Exupéry

Die Sprache ist ein großer Überfluss.
Das Beste bleibt doch immer für sich
und ruht in der Tiefe wie die Perle
im Grunde des Meeres.
Friedrich Hölderlin, Hyperion

Die Sprache ist ein Instrument,
dessen Federn man nicht
überanstrengen darf.
Antoine Comte de Rivarol, Maximen und Reflexionen

Die Sprache ist untauglich, den
ganzen Gedanken wiederzugeben.
Sully Prudhomme, Gedanken

Die Sprachen sind Chiffren, in denen
nicht Buchstaben mit Buchstaben,
sondern Worte mit Worten vertauscht
werden, und so kann man eine unbekannte Sprache dechiffrieren.
Blaise Pascal, Pensées

Die Zukunft der Sprache
ist die Formel.
C. W. Ceram

Durch welchen verklärten Leib wird
nun das Menschen-Ich eigentlich
sichtbar? Bloß durch die Sprache,
diese menschgewordne Vernunft,
diese hörbare Freiheit.
Jean Paul, Levana

Ein jeder, weil er spricht, glaubt, auch
über Sprache sprechen zu können.
Johann Wolfgang von Goethe,
Maximen und Reflexionen

Ein Volk ist der Inbegriff
von Menschen,
welche dieselbe Sprache reden.
Jacob Grimm, Rede auf der Frankfurter
Germanistenversammlung 1846

Eine Sprache mit vielen Konsonanten
ist wie ein Kartoffelacker.
Eine Sprache mit vielen Vokalen
ist wie ein Blumenbeet.
Enrico Caruso

Er ergriff das Wort.
Da verschlug es ihm die Sprache.
Peter Benary

Es gibt in der deutschen Sprache
Sätze von höchster Schönheit
und Reinheit, die so nur
auf deutsch gesagt wurden (...).
Richard von Weizsäcker, Die Bindung der Sprache (...).
Ansprache des Bundespräsidenten auf dem Weltkongress der Germanisten in Göttingen 1985

Es gibt keine größere Illusion
als die Meinung,
Sprache sei ein Mittel der Kommunikation zwischen Menschen.
Elias Canetti

Es gibt Momente, wo ich finde,
dass die Sprache noch gar nichts ist.
Ludwig van Beethoven

Es gibt Sprachen, in denen die poetischen Gedanken erfrieren.
Friedrich Hebbel, Tagebücher

Es gibt wer weiß wie viele Sprachen in
der Welt, und nichts ist ohne Sprache.
Neues Testament, Paulus (1 Korinther 14, 10)

Es gibt zwei Wege, mit der Sprache
nicht fertig zu werden: die Phrase
und die Verschwierigung.
Ludwig Marcuse, Argumente und Rezepte.
Ein Wörter-Buch für Zeitgenossen

Es wäre eine reine Freude,
Journalist zu sein, wenn die Bürger
soviel Acht auf die Sprache gäben
wie auf den Lack ihrer Autos.
Fritz Richert

Freundlichkeit ist eine Sprache,
die Taube hören
und Blinde lesen können.
Mark Twain

In der Sprache ist eine Armut eingetreten, die bei unseren Kindern ganz eklatant wird. Sie wird durch die Literatur, die keine Literatur mehr ist, gefördert, weil nur noch, im wahrsten Sinne des Wortes, Schlagwörter ausgetauscht werden. Es sind Schlagwörter, die Stichwörter geworden sind.
August Everding, Vortrag, gehalten am 21. November 1992 beim Europäischen Kulturforum in Baden-Baden

In einer fremden Sprache
lügt es sich schwerer.
Robert Lembke, Steinwürfe im Glashaus

Interessanterweise hat die deutsche Sprache kein entsprechendes Wort für das englische »fairness«.
Das macht misstrauisch bei einer Sprache der Dichter und Philosophen.
Prodosh Aich

Jargon:
Die Sprache hockt sich
an den Biertisch.
Heinrich Wiesner

Je höher die Kultur,
desto reicher die Sprache.
Anton P. Tschechow, Briefe (12. Oktober 1892)

Jede Sprache ist Bildersprache.
Wilhelm Busch

Jeder Mensch muss sich eigentlich seine Sprache erfinden und jeden Begriff in jedem Wort so verstehen,
als wenn er ihn erfunden hätte.
Johann Gottfried Herder, Journal meiner Reise im Jahr 1769

Kann die deutsche Sprache
schnauben, schnarchen, poltern,
donnern, krachen,
Kann sie doch auch spielen,
scherzen, liebeln, güteln, krümeln,
lachen.
Friedrich von Logau, Sinngedichte

Küsse sind das,
was von der Sprache des Paradieses
übrig geblieben ist.
Joseph Conrad

Kunst ist eine Sprache,
und eine Sprache ist da,
um verstanden zu werden.
Hans Sedlmayr, Kunst und Wahrheit

Kunst ist Sprache, nichts als Sprache, doch eine Sprache eigener Art und Struktur, anders als die begriffliche.
Hans Sedlmayr, Kunst und Wahrheit

Kunst ist weniger eine Sprache,
als vielmehr die Sprache
eine Kunstform ist (...).
Ernst Krieck, Persönlichkeit und Kultur

Lange Wörter klingen in den
meisten Sprachen sehr ähnlich.
Peter Ustinov, Peter Ustinovs geflügelte Worte

Man schämt sich seiner Sprache.
Zum Tone möchte man werden
und sich vereinen
in Einen Himmelsgesang.
Friedrich Hölderlin, Hyperion

Menschen, die mit Leichtigkeit fremde Sprachen erlernen, haben gewöhnlich einen starken Charakter.
Ludwig Börne, Aphorismen

Menschen, die zu viele Sprachen beherrschen, haben meist in keiner davon viel zu sagen.
Peter Ustinov, Peter Ustinovs geflügelte Worte

Nur durch geistige, nicht durch
kriegerische Überlegenheit,
nicht durch Soldaten,
sondern durch Schriftsteller
kann eine Sprache
die andere überwältigen.
Jean Paul, Politische Fastenpredigten

Oft überfällt dich plötzlich eine heftige Verwunderung über ein Wort: Blitzartig erhellt sich dir die völlige Willkür der Sprache, in welcher unsere Welt begriffen liegt, und somit die Willkür dieses unseres Weltbegriffes überhaupt.
Christian Morgenstern, Stufen

Oh, was ist die deutsche Sprak
für ein arm Sprak!
für ein plump Sprak!
Gotthold Ephraim Lessing, Minna von Barnhelm (Riccaut)

Plaudre weiter, Bach,
in dieser deiner Sprache
– ich will nur lernen,
bei dir verweilen,
von dir empfangen.
Walt Whitman, Tagebuch (1876)

Slang ist der durchgescheuerte Hosenboden der Sprache.
Truman Capote

Slang ist Sprache,
die ihre Jacke auszieht,
die Hemdärmel aufkrempelt,
in die Hände spuckt
und an die Arbeit geht.
Carl Sandburg

Slang ist Sprache
in Rollkragenpullover und Blue Jeans.
Thornton Wilder

Sprache ist eine Waffe.
Haltet sie scharf.
Kurt Tucholsky

Sprache verbindet und
trennt stärker als Rasse.
Jakob Boßhart, Bausteine zu Leben und Zeit

Sprache-Lernen ist etwas Höheres als Sprachen-Lernen; und alles Lob, das man den alten Sprachen als Bildungsmitteln erteilt, fällt doppelt der Mutter-Sprache anheim, welche noch richtiger die Sprach-Mutter hieße.
Jean Paul, Levana

Sprachen sind der Schlüssel
oder Eingang zur Gelehrsamkeit,
nichts weiter.
Jean de La Bruyère, Die Charaktere

Talleyrand hat zwar gesagt,
die Sprache sei dazu da,
die Gedanken zu verbergen.
Ich glaube aber eher,
dass sie dazu da ist, zu verbergen,
dass jemand keine Gedanken hat.
Edward Heath

Unsere Gedanken sind
unvollkommener als die Sprache.
Luc de Clapiers Marquis de Vauvenargues, Unterdrückte Maximen

Verständliche Sprache bei einem
Politiker zeugt von gutem Gewissen.
André Malraux

Wäre die Sprache ein Produkt
des logischen Geistes anstatt des
poetischen, so würden wir nur
eine haben.
Friedrich Hebbel, Tagebücher

Was ist jede – aber auch jede –
Sprache schön, wenn in ihr
nicht nur geschwätzt,
sondern gesagt wird.
Christian Morgenstern, Stufen

Was mich an unserem politischen
Betrieb in der Bundesrepublik
am meisten niederdrückt,
ist die Verarmung der Sprache.
Rudolf Augstein

Weder Scheiterhaufen noch Befehle
werden mich meine Sprache
ändern lassen.
Jean-Jacques Rousseau, Brief an Erzbischof Beaumont (18. November 1762)

Wenn wir das, was wir wissen, nach anderer Methode oder wohl gar in fremder Sprache dargelegt finden, so erhält es einen sonderbaren Reiz der Neuheit und frischen Ansehens.
Johann Wolfgang von Goethe, Maximen und Reflexionen

Wer dichtet, sündigt nicht.
Höchstens an der Sprache.
Günter Jäntsch

Wer die Sprache liebt, weiß,
dass sie das Menschlichste
am Menschen ist und darum auch
schrecklichster Ausdruck
seiner Unmenschlichkeit werden kann.
Heinrich Böll

Wer in ein Land reist, ehe er einiges
von dessen Sprache erlernt hat, geht
in die Schule, aber nicht auf Reisen.
Francis Bacon, Die Essays

Wer nach jahrelangem Auswandern
wieder den Boden seiner Heimat
betritt, die mütterliche Erde küsst,
in wessen Ohr die altgewohnten Laute
dringen, der fühlt, was er entbehrt
hatte und wie ganz er wieder geworden ist. Allen edlen Völkern ist darum
ihre Sprache höchster Stolz und Hort
gewesen.
Jacob Grimm, Rede auf der Frankfurter Germanistenversammlung 1846

Wer seine Sprache nicht achtet
und liebt, kann auch sein Volk
nicht achten und lieben;
wer seine Sprache nicht versteht,
versteht auch sein Volk nicht.
Ernst Moritz Arndt, Entwurf einer Teutschen
Gesellschaft

Wer spricht, bannt, bezaubert den,
zu dem er spricht; aber die Macht
des Worts ist die Macht
der Einbildungskraft.
Ludwig Feuerbach, Das Wesen des Christentums

Wer viele Sprachen spricht,
kann in vielen Sprachen Unsinn reden.
Alexander Roda Roda

Wer waren die größten Philosophen,
die besten Redner, Richter und Dichter? Doch wohl solche, die sich um
die Sprache am meisten bemühten.
Lorenzo Valla, Von der Eleganz der lateinischen
Sprache

Wir können uns ohne die Sprache
nicht einer Sache bewusst sein.
Unsere Bewusstheit hängt gewissermaßen mit der Sprache zusammen.
Anaïs Nin, Die Frau legt den Schleier ab

Wirklich übersetzen heißt: etwas, das
in einer andern Sprache gesprochen
ist, seiner Sprache anpassen.
Martin Luther, Tischreden

Sprechen

Ach, den Lippen entquillt
Fülle des Herzens so leicht!
Johann Wolfgang von Goethe, Römische Elegien

Den Mund auftun und beleidigen
ist bei manchen Leuten eins.
Jean de La Bruyère, Die Charaktere

Denn wovon das Herz voll ist,
davon spricht der Mund.
Neues Testament, Matthäus 12, 34 (Jesus)

Der Geist muss beschäftigt werden;
deshalb muss viel sprechen,
wer wenig denkt.
Luc de Clapiers Marquis de Vauvenargues,
Unterdrückte Maximen

Die am meisten lieben,
sprechen am wenigsten.
Sprichwort aus Schottland

Die meisten Menschen sprechen
nicht, zitieren nur. Man könnte
ruhig fast alles, was sie sagen, in
Anführungsstriche setzen; denn es
ist überkommen, nicht im Augenblick des Entstehens geboren.
Christian Morgenstern, Stufen

Es gibt Menschen, die einen Augenblick früher sprechen, als sie denken.
Jean de La Bruyère, Die Charaktere

Fraktur sprechen.
Jules Renard, Ideen, in Tinte getaucht.
Aus dem Tagebuch von Jules Renard

Ich habe mein ganzes Leben
über Freiheit gesprochen.
Nelson Mandela, Rede in Soweto, Februar 1990

Im Leben lernt der Mensch
zuerst das Gehen und Sprechen.
Später lernt er dann stillzusitzen
und den Mund zu halten.
Marcel Pagnol

Keines Menschen Mund spricht
anders, als ihm sein Herz eingibt.
Hartmann von Aue, Iwein

Lerne schweigen,
wo Sprechen nicht am Ort.
Adelbert von Chamisso, Gedichte

Lieber spricht man schlecht
von sich als gar nicht.
François de La Rochefoucauld, Reflexionen

Man spricht so lang,
bis man sich widerspricht.
François Villon, Balladen

Man spricht so lange von der Kirmes,
bis sie kommt.
Deutsches Sprichwort

Mancher will sprechen lernen
zu einem Zeitpunkt, wo er
lernen sollte, endgültig zu schweigen.
Michel Eyquem de Montaigne, Die Essais

Menschen, die viel von sich sprechen,
machen – so ausgezeichnet sie
übrigens sein mögen – den Eindruck
der Unreife.
Marie von Ebner-Eschenbach, Aphorismen

Mit Gott sprechen und ihm sagen:
Mein Lieber: Man würde sich wohl
schon ganz gut verstehen.
Jules Renard, Ideen, in Tinte getaucht. Aus dem Tagebuch von Jules Renard

Sie sprach soviel, dass ihre
Zuhörer davon heiser wurden.
Kurt Tucholsky, Schnipsel

Sie sprach zu ihm, sie sang zu ihm;
Da wars um ihn geschehn.
Johann Wolfgang von Goethe, Der Fischer

Sprechen heißt urteilen,
Schweigen heißt geurteilt haben.
Hans Lohberger

Sprich gut oder schweig.
Edda, Hávamál (Des Hohen Lied)

Sprich in Zeitworten,
und du sprichst klar,
klangvoll und anschaulich.
Ludwig Reiners, Stilkunst II, Satzbau

Sprich nicht zu einem Zwerg
von kleinen Dingen.
Chinesisches Sprichwort

Spricht man ja mit sich selbst
nicht immer, wie man denkt.
Johann Wolfgang von Goethe, Wilhelm Meisters
Wanderjahre

Um zu sprechen, muss man denken,
zumindest annäherungsweise.
Voltaire, Micromégas

Vater und Mutter lehrten uns
zu sprechen,
und die Welt, still zu sein.
Sprichwort aus Tschechien

Versuche, genau zu sprechen, und du
bist gezwungen, bildlich zu sprechen.
Gilbert Murray

Von Liebe sprechen heißt Liebe üben.
Honoré de Balzac, Physiologie der Ehe

Während wir sprechen, verändern
sich die Dinge und entgleiten uns.
Anne Morrow Lindbergh, Stunden von Gold – Stunden
von Blei

Was du sehen kannst,
davon kannst du sprechen.
Chinesisches Sprichwort

Wenig sprechen, reut selten,
zu viel reden, reut oft:
alltägliche, abgenutzte Lebensregel,
die jedermann kennt,
aber niemand befolgt.
Jean de La Bruyère, Die Charaktere

Wenn du am Wegrand sprichst,
hört man dich im Grase.
Chinesisches Sprichwort

Wer viel spricht,
kann nicht immer gut sprechen.
Sprichwort aus Italien

Wer viel spricht,
tut oft weniger.
Juan Ruiz de Alarcón y Mendoza, Buch von rechter Liebe

Wer viel spricht,
weiß viel oder lügt viel.
Sprichwort aus Ungarn

Wer wenig spricht, hat nur Vorteil
davon: Jeder vermutet, er habe Geist;
und wenn er wirklich geistvoll ist,
denkt man, er sei ein ganz besonderer
Kopf.
Jean de La Bruyère, Die Charaktere

(...) wie sprechen Menschen
mit Menschen?
Aneinander vorbei.
Kurt Tucholsky, Schnipsel

Zwei Jahre braucht der Mensch,
um das Sprechen,
ein Leben lang,
um das Schweigen zu lernen.
Ernest Hemingway

Spreu

Fernsehredakteure
haben eine einmalige Begabung:
Sie können Spreu von Weizen trennen.
Und die Spreu senden sie dann.
Dieter Hallervorden

Kein Korn ohne Spreu.
Deutsches Sprichwort

Sprichwort

Alle Sprichwörter müssten mit
goldenen Lettern geschrieben werden.
Sprichwort aus Spanien

Alle Sprichwörter sind wahr.
Sprichwort aus Spanien

Bei allen Völkern finden sich dieselben oder ähnliche Sprichwörter,
nur in anderer Formulierung. Denn
das Sprichwort entstammt der Erfahrung und Beobachtung der Dinge,
und diese sind ja überall gleich
oder doch sehr ähnlich.
Francesco Guicciardini, Ricordi

Da die alten Sprichwörter meist auf
geographischen, historischen,
nationellen und individuellen Verhältnissen ruhen, so enthalten sie einen
großen Schatz von reellem Stoff.
Johann Wolfgang von Goethe, Briefe (an Schiller, 16. Dezember 1797)

Das Sprichwort ist das Salz der Rede.
Sprichwort aus Arabien

Ein Sprichwort
ist eine allgemein bekannte Weisheit,
an die sich niemand hält.
Wolfgang Herbst

Es ist notwendig, dass er in der
menschlichen Natur eine allen Völkern
gemeinsame geistige Sprache gibt,
die überall in gleicher Weise das
Wesen der Dinge, die im gesellschaftlichen Leben vorkommen können,
begreift – so wie wir es bei den
Sprichwörtern finden, die Maximen
einer volksmäßigen Weisheit sind.
Giambattista Vico, Neue Wissenschaft

Hast du Verstand, so folge ihm,
hast du keinen,
so folge dem Sprichwort.
Sprichwort aus Turkmenistan

Sprichwort – wahr Wort.
Deutsches Sprichwort

Sprichwörter im Gespräch
– Fackeln in der Dunkelheit.
Sprichwort aus Bosnien

Sprichwörter sind die Töchter
der täglichen Erfahrung.
Sprichwort aus Holland

Sprichwörter sind
die Überbleibsel einer bei den größten
Menschheitskatastrophen unter-
gegangenen Philosophie,
die sich wegen ihrer Kürze
und Fasslichkeit erhalten haben.
Aristoteles, Über Philosophie

Sprichwörter sind
ein öffentlicher Unterstützungsverein
für Leute ohne eigene Gedanken.
Wilhelm Raabe

Sprichwörter sind zwar
gute Sinnsprüche, ziehst du sie aber
öfter an den Haaren herbei,
scheinen sie eher Ungereimtheiten
als Sinnsprüche.
Miguel de Cervantes Saavedra, Don Quijote

Sprichwörter sollten immer
paarweise verkauft werden,
denn jedes gibt immer nur
die halbe Wahrheit wieder.
Brander Matthews

Weise machen Sprichwörter,
aber Narren sprechen sie nach.
Sprichwort aus England

Weisheit in kleiner Münze ist,
was Sprichwörter uns geben.
George Meredith, Sandra Belloni

Wenn man das Buch der Sprichwörter
gelesen hat, macht es keine Mühe,
gut zu sprechen.
Sprichwort aus der Mongolei

Zu lehren glaub' ich oft,
was ich an mir erfuhr,
Sah dann: Ich unterschrieb
ein altes Sprichwort nur.
Friedrich Rückert, Gedichte

Sprödigkeit

Die Sprödigkeit der Frauen ist Kleid
und Schminke ihrer Schönheit.
François de La Rochefoucauld, Reflexionen

Es gilt als rühmlich, über Sittsamkeit,
Keuschheit und Enthaltsamkeit zu
triumphieren. Wer von den Damen
verlangen wollte, nicht so spröde
zu tun, der tut ihnen einen schlechten
Dienst und sich auch.
Michel Eyquem de Montaigne, Die Essais

Es ist kein Weib
so spröd im weiten Weltenrund,
Das nicht nach Liebe lechzt
im tiefsten Herzensgrund.
Carl Spitteler, Olympischer Frühling

Frauen, die immer gekränkt sind,
sollten sich fragen, ob sie sich mit
einer solchen Lebensart wirklich auf
dem Weg zum Glück glauben. Fehlt
nicht im Herzen einer Spröden ein
wenig Mut, und ist nicht ein wenig
niedere Rachsucht dabei?
Stendhal, Über die Liebe (Fragmente)

Spruch

Die Wahlsprüche deuten auf das,
was man nicht hat, wonach man
strebt. Man stellt sich solches wie
billig immer vor Augen.
Johann Wolfgang von Goethe, Maximen und Reflexionen

Ein kleiner Spruch taugt zehnmal
mehr als ein ganzes Buch.
Sprichwort aus Spanien

Gar mancher kommt trotz vielem
Lesen / Mit dem Verständnis
in die Brüche.
Wohl hat er die Sprüche
der Weisheit gelesen, / Doch nicht
verstanden die Weisheit der Sprüche.
Friedrich von Bodenstedt, Mirza Schaffy

Verschiedene Sprüche der Alten, die
man sich öfters zu wiederholen pflegt,
hatten eine ganz andere Bedeutung,
als man ihnen in späteren Zeiten
geben möchte.
Johann Wolfgang von Goethe, Maximen und Reflexionen

Sprung

Die Natur macht keine Sprünge.
Carl von Linné, Philosophia botanica

Immer auf dem Sprung sein,
bedeutet Leben.
Von Sicherheit eingewiegt werden,
bedeutet Tod.
Oscar Wilde

Man weicht zurück,
um besser zu springen.
Sprichwort aus Frankreich

Schnelle Sprünge geraten selten.
Deutsches Sprichwort

Wer einen guten Sprung tun will,
geht erst rückwärts.
Deutsches Sprichwort

Staat

Aber der Staat redet in allen Zungen
des Guten und Bösen; und was er auch
redet, er lügt – und was er auch hat,
gestohlen hat er's.
Friedrich Nietzsche, Also sprach Zarathustra

Aber staatlicher Terror hat
vor allem eine Auswirkung:
Er erzeugt Gegengewalt.
Nelson Mandela, Verteidigungsrede vor Gericht 1962

Ackerbau und Viehzucht sind die zwei
Brüste, die den Staat sicherer säugen
als die Gold- und Silberminen Perus.
Karl Julius Weber, Democritos

Alle politischen Gebilde
sind Gewaltgebilde.
Max Weber, Politik als Beruf

Alle Regierungs- und Verwaltungs-
geschäfte erfordern die vereinigte
Wirkung vieler Menschen.
Christian Garve, Über Gesellschaft und Einsamkeit

Alle Reiche gingen unter, aus dem
Grundfehler heraus, dass sie von
gewaltigen Menschen für große
Menschen gegründet wurden (...).
Denn keine Kette ist stärker als ihr
schwächstes Glied.
Gilbert Keith Chesterton, Heretiker

Alles hat in der Welt seinen gewissen
Zeitpunkt. Ein Staat wächst,
bis er diesen erreicht hat.
Gotthold Ephraim Lessing, Das Neueste
aus dem Reiche des Witzes

Als Grundgesetz der Regierung des
kleinsten wie des größten Staates kann
man den Drang zur Vergrößerung
betrachten.
König Friedrich der Große, Geschichte meiner Zeit

Als wichtigste Aufgabe des Staates
sehe ich die, das Individuum zu
schützen und ihm die Möglichkeit
zu bieten, sich zur schöpferischen
Persönlichkeit zu entfalten. Der Staat
soll also unser Diener sein, nicht wir
Sklaven des Staates (...).
Albert Einstein, Mein Weltbild

Am Ende ist es doch wahr,
je weniger der Mensch vom Staat
erfährt und weiß, die Form sei,
wie sie will, um desto freier ist er.
Friedrich Hölderlin, Briefe (an Christian Landauer,
Februar 1801)

Aus der freien Narrheit der Individuen
kann für den Staat
große Weisheit gedeihen.
Johann Gottfried Seume, Apokryphen

Begnüge dich, aus einem kleinen
Staate, / Der dich beschützt,
dem wilden Lauf der Welt,
Wie von dem Ufer, ruhig zuzusehn.
Johann Wolfgang von Goethe, Torquato Tasso
(Prinzessin)

Bei ihren Veränderungen pflegen die
meisten Staaten von der Ordnung zur
Unordnung überzugehen, um dann
von neuem von der Unordnung zur
Ordnung zurückzukehren.
Niccolò Machiavelli, Geschichte von Florenz

Das größte Bedürfnis eines Staats
ist eine mutige Obrigkeit.
Johann Wolfgang von Goethe, Wilhelm Meisters
Wanderjahre

Das ist ja kein Staat,
welcher einem Mann gehört.
Sophokles, Antigone

Das öffentliche Wohl soll
das oberste Gesetz sein.
Marcus Tullius Cicero, Über die Gesetze

Das Recht ist die Ordnung
der staatlichen Gemeinschaft, und es
entscheidet über das, was gerecht ist.
Aristoteles, Politik

Das Schicksal des Staates hängt
vom Zustand der Familie ab.
Alexandre Vinet, Erziehung, Familie und Gesellschaft

Das Schönste an einem freien Staat ist,
dass keiner zuzuhören braucht,
wenn ihm die Lust dazu fehlt.
Ambrose Bierce

Das Staatsrecht muss noch geboren
werden, und es ist zu vermuten,
dass es niemals wird geboren werden.
Jean-Jacques Rousseau, Emile

Das System muss finanzierbar bleiben.
Norbert Blüm, Die Kollegen stehen am Abgrund. In:
Der Spiegel, Nr. 28/1986

Das Volk lieben, den Staat ordnen,
braucht man dazu Wissen?
Lao-tse, Dao-de-dsching

Das Völkerrecht ist der Anfang
zur universellen Gesetzgebung
zum universellen Staate.
Novalis, Fragmente

Das, was mehr als alles andere die
Reiche zerstört, ist wohl,
dass keiner der Mächtigen sich jemals
an Macht gesättigt fühlt.
Niccolò Machiavelli, Der goldene Esel

Das Wort Staatskörper ist sehr passend
gewählt; denn man hat bis jetzt
wenig daran gedacht,
auch Seele hineinzubringen.
Johann Gottfried Seume, Apokryphen

Den großen Staat regiert man,
wie man kleine Fische brät.
Lao-tse, Dao-de-dsching

Denjenigen, der die Befugnis hat,
an der Regierung eines Staates in Rat
oder Gericht teilzunehmen, nennen
wir einen Staatsbürger, Staat aber,
um es kurz zu sagen, die Menge
der mit diesen Rechten ausgestatteten
Bürger, die hinreicht, ein selbstständiges Leben zu führen.
Aristoteles, Älteste Politik

Denn ordentlicherweise ist in keinem
Staate jemandem verwehrt, so viel
Gutes zu tun, als er kann und will,
insofern er nur in den Grenzen bleibt,
die ihm die Verfassung und die öffentliche Ordnung und Ruhe vorschreiben.
Christoph Martin Wieland, Das Geheimnis
des Kosmopolitenordens

Denn wenn ein Staat stürzt,
so stürzen auch seine Gesetze.
Martin Luther, Tischreden

Der absolute Staat mag noch so
viel Vorzüge haben, er ist für ein frei
fühlendes Herz eine Unerträglichkeit, er hat die Annahme zur
Voraussetzung, dass Wissen, Macht,
Herrscherbefähigung in Schichten
steckt, während sie doch einfach
in Individuen lebt.
Theodor Fontane, Briefe

Der Betreuungsstaat hindert den Einzelnen, seine eigenen Kräfte so zu
entfalten, wie es ihm möglich wäre.
Diese Chance, Eigenes zu leisten,
gehört zur Würde des Menschen.
Norbert Blüm, Unverblümtes von Norbert Blüm

Der Christ wird durch zweierlei
Gehorsam gebunden:
gegen Gott und gegen seinen Fürsten.
Diese beiden Arten von Gehorsam
lösen einander nicht auf, es sei denn,

dass der Fürst befiehlt, was gegen Gott ist. Dann muss man Gott mehr gehorchen als dem Menschen.
Martin Luther, Tischreden

Der Kleinstaat ist vorhanden, damit ein Fleck auf der Welt sei, wo die größtmögliche Quote der Staatsangehörigen Bürger im vollen Sinne sind.
Jacob Burckhardt, Weltgeschichtliche Betrachtungen

Der Kulturstaat ist die Selbstdarstellung der Kultur als Staat.
August Everding, Festrede zur Eröffnung des Berliner Abgeordnetenhauses am 28. April 1993

Der Mensch ist nicht zu denken außerhalb des Staates.
Adam Heinrich Müller, Von der Idee des Staates

Der Mensch (ist) von Natur ein staatsbildendes Wesen.
Aristoteles, Politik

Der oberste Fürst ist ein Priester, den sie in ihrer Sprache Sol, Sonne, nennen. Er ist der höchste Machthaber in geistlichen und weltlichen Dingen; alle Angelegenheiten und Streitigkeiten werden durch sein Urteil entschieden. Ihm stehen drei andere Häupter zur Seite: Pon, Sin und Mor, in unserer Sprache Macht, Weisheit und Liebe.
Tommaso Campanella, Der Sonnenstaat

Der Sinn des Staates muss sein, die schöpferischen Kräfte eines Volkes zu wecken, zusammenzuführen, zu pflegen und zu schützen.
Konrad Adenauer, Erinnerungen

Der Staat beruht so wenig auf einem Vertrag als der Mensch.
Friedrich Hebbel, Tagebücher

Der Staat besteht aber nicht nur aus einer Vielheit von Menschen, sondern auch aus solchen, die ihrer Art nach verschieden sind. Denn aus Gleichartigen entsteht kein Staat.
Aristoteles, Älteste Politik

Der Staat bin ich
(L'état c'est moi).
König Louis XIV (= Ludwig XIV.), angeblich in einer Rede vor dem Stadtparlament von Paris

Der Staat darf nicht Selbstzweck sein, sondern das Mittel der Vergeistigung. Er ist es aber nicht, das ist sein Fluch.
Jakob Boßhart, Bausteine zu Leben und Zeit

Der Staat gleicht dem Glase: Das dickste zerspringt am leichtesten in Hitze oder Kälte.
Jean Paul, Dämmerungen für Deutschland

Der Staat gleicht einem Baum; wächst er, so bedarf er des Himmels ebenso wie der Erde.
Antoine Comte de Rivarol, Maximen und Reflexionen

Der Staat ist am tiefsten gesunken, dessen Regierung schweigend zuhören muss, wenn die offenkundige Schufterei ihr Sittlichkeit predigt.
Marie von Ebner-Eschenbach, Aphorismen

Der Staat ist die Wirklichkeit der sittlichen Idee.
Georg Wilhelm Friedrich Hegel, Grundlinien der Philosophie des Rechts

Der Staat ist eine Gemeinschaft gleichberechtigter Bürger zum Zweck der Ermöglichung der besten Lebensführung.
Aristoteles, Älteste Politik

Der Staat ist eine kluge Veranstaltung zum Schutz der Individuen gegeneinander.
Friedrich Nietzsche, Menschliches, Allzumenschliches

Der Staat ist eine Maschine zur Aufrechterhaltung der Herrschaft einer Klasse über eine andere.
Wladimir Iljitsch Lenin, Über den Staat

Der Staat ist eine Notordnung gegen das Chaos.
Gustav Heinemann

Der Staat ist eine Notverordnung Gottes, um Böses zu verhindern. Man darf ihn nicht mit Gemütswerten behängen.
Gustav Heinemann

Der Staat ist eine Vereinigung von Menschen, nicht die Menschen selber; die Staatsbürger mögen untergehen, aber der Mensch bleibt.
Charles de Secondat, Baron de la Brède et de Montesquieu, Vom Geist der Gesetze

Der Staat ist für die Menschen da und nicht die Menschen für den Staat. Von der Wissenschaft kann das Gleiche gesagt werden wie vom Staat.
Albert Einstein, Über den Frieden

Der Staat ist heute jedermann, und jedermann kümmert sich um niemanden.
Honoré de Balzac, Physiologie des Alltagslebens

Der Staat ist in Gefahr, den Bürgern goldene Käfige zu bauen, in denen sie für ihre Individualität keine Entfaltungsmöglichkeiten mehr sehen.
Norbert Blüm, Unverblümtes von Norbert Blüm

Der Staat ist Pflanzschule der Menschenveredlung.
Zacharias Werner, An E. F. Peguilhen (5. Dezember 1803)

Der Staat kann nicht bloß Form sein; bloße Form gibt es gar nicht.
Heinrich von Treitschke, Die Gesellschaftswissenschaft

Der Staat kann viele Dinge besorgen, außer Liebe und zärtlicher Fürsorge.
Mutter Teresa

Der Staat muss eine auf Recht und Freiheit jeder einzelnen Person beruhende Schicksalsgemeinschaft sein, die die verschiedenen Interessen, Weltanschauungen und Meinungen zusammenfasst.
Konrad Adenauer, Erinnerungen

Der Staat muss untergehen, früh oder spät, / Wo Mehrheit siegt und Unverstand entscheidet.
Friedrich Schiller, Demetrius (Sapieha)

Der Staat setzt sich aus verschiedenartigen Bestandteilen zusammen, wie ein lebendes Wesen, das aus Leib und Seele besteht und dabei die Seele ihrerseits wieder aus Vernunft und Willen.
Aristoteles, Älteste Politik

Der Staat soll eine Hilfe für alle sein und nicht ein Geschäft für wenige.
Georg Kaiser

Der Staatsbegriff muss auf bestimmten Rechtsverhältnissen beruhen, andernfalls ist er ein Schreckgespenst, ist er leerer Schall, der einem Angstphantasien verursacht.
Anton P. Tschechow, Briefe (4. März 1899)

Der Trieb der menschlichen Natur, das Interesse, das dem Staate zu Grunde liegt, ist überall dasselbe.
Heinrich von Treitschke, Die Gesellschaftswissenschaft

Der Versorgungsstaat ist nicht der Sozialstaat.
Norbert Blüm, Unverblümtes von Norbert Blüm

Der Zweck des Staates ist jedoch die Verschönerung des Lebens.
Aristoteles, Politik

Derjenige, der einen Staat an sich reißen will, muss alle notwendigen Gewalttaten vorher in Betracht ziehen und sie auf einen Schlag ausführen, damit er nicht jeden Tag von neuem auf sie zurückzugreifen braucht, sondern, ohne sie zu wiederholen, die Menschen beruhigen und durch Wohltaten für sich gewinnen kann.
Niccolò Machiavelli, Der Fürst

Die einen haben Furcht vor dem Staat, die anderen haben Furcht um den Staat.
Walter Scheel

Die Freiheit im Staat gewährt Gerechtigkeit, denn sie dient in erster Linie dazu, dass keiner von anderen unterdrückt wird.
Francesco Guicciardini, Ricordi

Die Freiheit verlangt immer nach Staatsbürgern, manchmal nach Helden.
Benjamin Constant de Rebecque, Die Religion

Die fundamentale strategische Schwäche des Unterdrückerstaates ist seine schmale sozio-politische Basis.
Nelson Mandela, Rede, 9. August 1991

Die für die Staaten notwendigen Veränderungen vollziehen sich fast immer von selbst.
Luc de Clapiers Marquis de Vauvenargues, Nachgelassene Maximen

Die Gesundheit und Dauer eines Staats beruht nicht auf dem Punkt seiner höchsten Kultur, sondern auf einem weisen oder glücklichen Gleichgewicht seiner lebendig-wirkenden Kräfte. Je tiefer bei diesem lebendiger Streben sein Schwerpunkt liegt, desto fester und dauernder ist er.
Johann Gottfried Herder, Ideen zur Philosophie der Geschichte der Menschheit

Die Grundlage des Reiches ist die Familie, die Grundlage der Familie ist der Mensch.
Chinesisches Sprichwort

Die höheren Zweige der Vernunftkultur, Religion, Wissenschaft, Tugend, können nie Zwecke des Staates werden.
Johann Gottlieb Fichte, Grundzüge des gegenwärtigen Zeitalters

Die Idee des Staats, sie spricht sich in den verschiedenen Staaten aus. Gäbe es nur eine untadelhafte Möglichkeit des Staates, gäbe es nur eine rechte Form desselben, so wäre die Universalmonarchie allein vernünftig.
Leopold von Ranke, Frankreich und Deutschland

Die neue Zeit fordert neue Kräfte. Neue Staatsschiffe lassen wie neue Boote noch Wasser ein, bevor sie zugequollen sind.
Jean Paul, Dämmerungen für Deutschland

Die politische Gewalt im eigentlichen Sinn ist die organisierte Gewalt einer einer Klasse zur Unterdrückung einer anderen.
Karl Marx/Friedrich Engels, Das Kommunistische Manifest

Die politischen Gemeinwesen fangen immer wieder von vorn an; sie leben nur von Heilmitteln.
Antoine Comte de Rivarol, Maximen und Reflexionen

Die raue Hülse um den Kern des Lebens und nichts weiter ist der Staat. Er ist die Mauer um den Garten menschlicher Früchte und Blumen.
Friedrich Hölderlin, Hyperion

Die Staatsweisheit ist verschieden von Staatsklugheit; dieser ist jedes Mittel gleich viel, jener aber nur richtige Mittel zu heiligen Zwecken.
Karl Julius Weber, Democritos

Die Ursache der Uneinigkeit der Freistaaten ist meistens Müßiggang und Frieden, die Ursache ihrer Einigkeit Krieg und Furcht.
Niccolò Machiavelli, Vom Staat

Die wohlgeordneten Freistaaten müssen den Staat reich und den Bürger arm halten.
Niccolò Machiavelli, Vom Staat

Dort, wo der Staat aufhört, da beginnt erst der Mensch, der nicht überflüssig ist: Da beginnt das Lied des Notwendigen, die einmalige und unersetzliche Weise.
Friedrich Nietzsche, Also sprach Zarathustra

Dreierlei Art der Lebensführung gibt es: es muss gearbeitet, gekriegt und regiert werden. Aus diesen drei Ständen besteht der Staat.
Martin Luther, Tischreden

Ein autoritärer Staat ist ein Staat, in dem jeder das tun darf, was er tun muss.
Danny Kaye

Ein großer Fehler unserer Staaten ist, dass man den Staat zu wenig sieht. Überall sollte der Staat sichtbar, jeder Mensch als Bürger charakterisiert sein.
Novalis, Glauben und Liebe

Ein kleiner Staat muss heute eine moralische Macht sein, wenn er das Recht zum Fortbestand besitzen will.
Carl Hilty, Politisches Jahrbuch der schweizerischen Eidgenossenschaft (1909)

Ein Land wie die Bundesrepublik, das ohne umfangreiche Rohstoffquellen vor allem von den geistigen und handwerklichen Fähigkeiten und Tugenden seiner Bürger lebt, kann sich Schwächen in Wissenschaft und Technik am allerwenigsten leisten.
Helmut Kohl, Neue Chancen für Kreativität und Leistungsbereitschaft. In: Mitteilungen des Hochschulverbandes, 3. Juni 1986

Ein Reich blüht, in dem die Interessen des Staates und die des Fürsten eins sind.
Jean de La Bruyère, Die Charaktere

Ein Staat ist die Vereinigung einer Menge von Menschen unter Rechtsgesetzen.
Immanuel Kant, Die Metaphysik der Sitten

Ein Staat kennt keinen anderen Vorteil, als den er nach Prozenten berechnen kann.
Heinrich von Kleist, Briefe (an Wilhelmine von Zenge, 15. August 1801)

Ein Staatswesen kann nicht fortbestehen, in welchem sich die einzelnen Bürgerklassen beständig befehden oder schließlich sogar hassen und jeder nur auf seinen eigenen augenblicklichen Vorteil schaut.
Carl Hilty, Politisches Jahrbuch der schweizerischen Eidgenossenschaft (1896)

Eine Diktatur ist ein Staat, in dem sich alle vor einem fürchten und einer vor allen.
Alberto Moravia

Einen großen Staat mit tausend Streitwagen zu regieren, erfordert ehrliches Bemühen in allen Staatsgeschäften, Sparsamkeit in den Staatsausgaben, Liebe zu den Menschen und das Volk so zu beschäftigen, dass keine Zeit vergeudet wird.
Konfuzius, Gespräche

Es dauern die Staaten nur so lange, als es einen herrschenden Willen gibt, und dieser herrschende Wille für gleichbedeutend mit dem eigenen Willen angesehen wird.
Max Stirner, Der Einzige und sein Eigentum

Es gibt also zwei Staaten, den der Bösen und den der Heiligen. Sie dauern vom Anfang des Menschengeschlechts bis zum Ende der Welt.
Aurelius Augustinus, De catechicandis rudibus

Es gibt nicht zwei Arten von Anständigkeit, und was ein anständiger Mensch nicht darf, das darf auch ein anständiger Staat nicht.
Theodor Fontane, Briefe

Es gibt Übel im Staate, die man duldet, weil sie größeren Übeln vorbeugen oder sie verhindern.
Jean de La Bruyère, Die Charaktere

Es gibt wilde Staaten, es gibt gesittete Staaten, moralische und unmoralische, genialische und Philisterstaaten.
Novalis, Fragmente

Es ist also klar, dass der Staat nicht nur eine örtliche Gemeinschaft ist und auch nicht eine solche zum Zweck gegenseitigen Schutzes vor Unrecht oder zu dem des Güteraustauschs;

sondern das alles ist zwar notwendig, wenn ein Staat bestehen soll, aber, auch wenn das alles vorhanden ist, so haben wir noch keinen Staat, sondern der Zweck eines solchen ist eine sittliche Lebensgemeinschaft in Familien und Geschlechtern zur Verwirklichung eines in sich geschlossenen und selbstständigen Daseins.
Aristoteles, Älteste Politik

Es ist freilich wahr, dass es in keinem gemeinen Wesen besser hergehen würde, als wo alles mit Vernunft geschähe, das ist, wo jedermann in allen vorkommenden Fällen zureichenden Verstand und genug Tugend hätte.
Christian Freiherr von Wolf, Vernünfftige Gedanken von dem gesellschaftlichen Leben der Menschen

Es ist in der Tat wahr, dass alle Dinge auf der Welt ihre Lebensgrenze haben; doch nur diejenigen vollenden den ganzen, ihnen vom Himmel vorgezeichneten Weg, die ihren Körper nicht in Unordnung bringen, sondern ihn so in Ordnung halten, dass er sich nicht ändert, oder, wenn er sich ändert, nur zu seinem Wohl und nicht zu seinem Schaden.
Niccolò Machiavelli, Vom Staat

Es ist nun einmal so, dass Treu und Glauben das einzige Fundament und die Stütze der Gerechtigkeit sind, auf denen aller Staaten Bündnisse und Gesellschaften der Menschen beruhen. Daher müssen Treu und Glauben heilig und unverletzlich gewahrt bleiben.
Jean Bodin, Über die Republik

Es kommt nicht darauf an, ob die Sonne in eines Monarchen Staaten nicht untergeht, wie sich Spanien ehedem rühmte; sondern was sie während ihres Laufes in diesen Staaten zu sehen bekommt.
Georg Christoph Lichtenberg, Sudelbücher

Es kommt vor, dass ein Reich drei Herren hat.
Chinesisches Sprichwort

Es liegt mir an der Freiheit, nicht an ihrer Form im Staate! Ich will keine Republik, um sagen zu können, ich lebe in solcher. Ich will ein freies Volk; Namen tun nichts zur Sache.
Theodor Fontane, Briefe

Es soll in einem wohl regierten Staate nirgends, auch nicht in den Kleidern und der Lebensweise, eine zügellose Freiheit herrschen. Maßlose Freiheit ist, wo immer sie auch sein mag, ein maßloses Übel.
Joseph Joubert, Gedanken, Versuche und Maximen

Frage nicht, was der Staat für dich tut. Frage, was du für den Staat tust.
John Fitzgerald Kennedy

Fragt doch die Angaffer der Riesenländer: Welche Länder waren glücklicher, gediegner, weiser, die großen oder die kleinen?
Jean Paul, Dämmerungen für Deutschland

Frei ist eine Regierungsform, die ihren Bürgern keinen Schaden, sondern im Gegenteil Sicherheit und Ruhe bringt. Freilich ist von hier bis zum Glück noch ein weiter Weg; der Mensch muss ihn selbst zurücklegen, denn das müsste schon eine erbärmliche Seele sein, die sich mit dem Genuss von Sicherheit und Ruhe zufrieden gibt.
Stendhal, Über die Liebe

Für mich bleibt der Staat nur Ersatzspieler. Aber wenn die Feldspieler versagen, ist nicht auszuschließen, dass die Ersatzspieler von der Ersatzbank heruntermüssen.
Norbert Blüm, Unverblümtes von Norbert Blüm

Furcht schützt die Königreiche.
Lucius Annaeus Seneca, Ödipus

Herrscht der rechte Weg im Reich, hört im Volke das Gerede auf.
Konfuzius, Gespräche

Heutzutage aber ist es in den Staaten schon zur Gewohnheit geworden, dass man die Gleichheit gar nicht mehr will, sondern man sucht entweder die Herrschaft an sich zu reißen oder fügt sich ihr, wenn man unterliegt.
Aristoteles, Politik

Ich bin in Staatsgeschäften alt genug geworden, um zu wissen, wie man einen verdrängt, ohne ihm seine Bestallung zu nehmen.
Johann Wolfgang von Goethe, Egmont (Regentin)

Ich glaube, es ist die erste und heiligste Pflicht des Staates, dass er die Menschen zu eigentlichen Menschen mache, dies tut aber nur Unterricht und Erziehung. Ohne diesen bleibt oder wird die Menschheit verwildert und zerstört sich selbst.
Adalbert Stifter, Mittel gegen den sittlichen Verfall der Völker

Ich glaube, was uns Sorge bereiten muss, ist weniger der Mangel an Rechtsbewusstsein, sondern ein zunehmend kälter gewordenes Verhältnis zwischen Bürger und Staat.
Helmut Kohl, Verantwortung für die Jugend-Erziehung im demokratischen Staat. Rede des Bundeskanzlers in Bonn 1985

Ich würde dir die Hälfte meines Reiches geben, damit du mich lehren würdest, die andere Hälfte zu regieren!
Zar Peter I. der Große von Russland, Am Grabmal Kardinal Richelieus

Im Staat ist alles Schauhandlung – im Volk alles Schauspiel.
Novalis, Vermischte Bemerkungen

Im Staat ist keiner überflüssig, So schlecht er sein mag von Natur, Gebt ihm die rechte Stelle nur.
Karl Wilhelm Ramler, Fabellese

Im verdorbensten Staat gibt es die meisten Gesetze.
Tacitus

In einem wohl eingerichteten Staate soll das Recht selbst nicht auf unrechte Weise geschehen.
Johann Wolfgang von Goethe, Dichtung und Wahrheit

Ist denn vernünftiges Leben denkbar in einem Staate, dessen Oberhaupt feierlich mit Ikonen segnet, sie küsst und zu küssen zwingt?
Leo N. Tolstoi, Tagebücher (1904)

Je größer ein Staat, desto kleiner die Individuen, die ihn bilden.
Georg Kaiser

Je mehr scharfe Waffen im Volk, um so wirrer der Staat.
Lao-tse, Dao-de-dsching

Jede Staatsgewalt spürt, dass sie nur dank der Unbildung des Volkes existiert, und daher hat sie instinktiv und begründet Furcht vor der Bildung und hasst sie.
Leo N. Tolstoi, Tagebücher (1903)

Jede verfassungsmäßige Autorität soll ihre Weite und ihre Grenzen lieben.
Joseph Joubert, Gedanken, Versuche und Maximen

Jeder denkt an sein Haus, niemand an das Vaterland. Aus selbstsüchtigen Hausvätern entsteht ein schlechter Staat.
Johann Gottfried Seume, Apokryphen

Jeder Staat geht zuletzt zu Grunde, der ein Tretrad ist, das dessen Menschen nur bewegen, ohne sich auf dessen Stufen zu erheben.
Jean Paul, Friedens-Predigt an Deutschland

Jeder Staat, in dem die Tugend überwiegt, ist den anderen auf die Dauer überlegen.
König Friedrich der Große, Politisches Testament (1752)

Jeder Staat muss die ihm eigenen
Mittel und Wege haben, um dem Ehrgeiz des Volkes Luft zu machen.
Niccolò Machiavelli, Vom Staat

Kein Staat glaube jemals, immer nur
sichere Entschlüsse fassen zu können,
vielmehr rechne er mit der Zweifelhaftigkeit aller Dinge; denn es liegt in
der Natur der Dinge, dass man keinem
Übel entgehen kann, ohne in ein
anderes zu geraten. Die Klugheit aber
besteht darin, ihre Größe richtig
abzuschätzen und das geringere Übel
als Vorteil anzusehen.
Niccolò Machiavelli, Der Fürst

Kein Staat soll sich in die Verfassung
und Regierung eines andern Staats
gewaltsätig einmischen.
Immanuel Kant, Zum ewigen Frieden

Kein Volk kann untergehen,
dessen Staat wohl bestellt ist.
Johann Gottfried Herder, Ideen zur Philosophie der Geschichte der Menschheit

Keiner sollte ein Land zu regieren
wagen, der es nicht für einige Zeit
von außen gesehen hat.
Hermann Josef Abs

Kraft und Freiheit des Denkens sind
die Sonnenstrahlen des Staats, an welchen alles Herbe sich versüßt; so wie
die Pflanzen bei aller Wärme und Luft
und Nässe kraft- und farblos bleiben,
wenn sie keine Sonne beseelt.
Jean Paul, Politische Fastenpredigten

Kühnheit kann man den theoretischen
Politikern nicht vorwerfen.
Keinem ist noch eingefallen
zu versuchen, ob nicht Monarchie
und Demokratie schlechterdings
als Elemente eines wahren Universalstaats vereinigt werden müssten
und könnten.
Novalis, Fragmente

Ländergrenzen haben (...) längst
ihre Bedeutung verloren.
Helmut Kohl, Notwendiger Dialog zwischen Politik und Wirtschaft. Rede des Bundeskanzlers vor dem BDI in Bonn 1986

Leute in Dreizimmerwohnungen
erhalten den Staat. Die drunter
und drüber nutzen ihn aus.
Gottfried Benn, Brief an Oelze Nr. 151

Macht und Glanz jedes Staates
entspringt ja eben erst aus Kraft
und Geistesreichtum seines Volkes.
Heinrich Zschokke, Ährenlese

Man erträgt leicht eine Gewalt,
die man eines Tages auszuüben hofft.
Joseph Joubert, Gedanken, Versuche und Maximen

Man hat schon lange angefangen,
ein gewisses Staatswohl an die Stelle
der Gerechtigkeit zu setzen.
Jean-Jacques Rousseau, Brief an Erzbischof de Beaumont (18. November 1762)

Man ist nur dann Bürger eines Landes,
wenn man sich verpflichtet,
bestimmte Gesetze zu beobachten
und zu verteidigen, bestimmten Obrigkeiten zu gehorchen und bestimmten
Prinzipien des Seins und Handelns
anzunehmen.
Joseph Joubert, Gedanken, Versuche und Maximen

Manche Staaten gleichen Orgelpfeifen,
die man bloß deswegen sehr lang
macht, damit man sie richtig stimme
durch Abschneiden.
Jean Paul, Friedens-Predigt an Deutschland

Nicht was wir gestern waren,
sondern was wir morgen
zusammen sein werden,
vereinigt uns zum Staat.
José Ortega y Gasset

Nichts gefährdet den Staat so sehr
wie Umgestaltung. Schon die Tatsache
der Änderung begünstigt Unrecht
und Gewaltherrschaft.
Michel Eyquem de Montaigne, Die Essais

Nichts schädigt mehr den Staat
als Alleinherrschaft.
Euripides, Die Schutzflehenden (Theseus)

(...) ohne die Leistungen der Familie
hat das Land keine Zukunft.
Helmut Kohl, Rede des Bundeskanzlers vor dem Deutschen Bundestag 1985

Ohne Verbrechen kein Staat:
Die sittliche Welt – und das ist
der Staat – steckt voll Schelme,
Betrüger, Lügner, Diebe.
Max Stirner, Der Einzige und sein Eigentum

Ohne Wahrheit, Frieden, Recht
Steht's um Landes Wohlfahrt schlecht.
Jüdische Spruchweisheit

Regierungen sind Segel,
das Volk ist Wind,
der Staat ist Schiff,
die Zeit ist See.
Ludwig Börne, Aphorismen

Reiche ohne Gerechtigkeit,
sind die etwas anderes
als große Räuberhöhlen?
Aurelius Augustinus, Über den Gottesstaat

Sache des Staates ist es,
das Nützliche zu schaffen;
Sache des Individuums ist es,
das Schöne hervorzubringen.
Oscar Wilde, Die Seele des Menschen unter dem Sozialismus

Schwer geht das Erstarken der Staaten,
flüchtig ihr Vollblühen,
ekel-langsam ihr Niederfaulen.
Jean Paul, Dämmerungen für Deutschland

Sie werden es nicht glauben,
aber es gibt soziale Staaten,
die von den Klügsten regiert werden;
das ist bei den Pavianen der Fall.
Konrad Lorenz

So wandern die Heiligtümer:
Reiche verschwinden,
es wechseln Völker und Zeiten.
Johann Gottfried Herder, Ideen zur Philosophie der Geschichte der Menschheit

Staat heißt das kälteste aller kalten
Ungeheuer. Kalt lügt es auch; und
diese Lüge kriecht aus seinem Munde:
»Ich, der Staat, bin das Volk«.
Friedrich Nietzsche, Also sprach Zarathustra

Staaten sind genau so
sterblich wie Menschen.
Francesco Guicciardini, Ricordi

Staaten sind geschichtliche Gebilde,
die mit dem Willen der Natur so gut
wie gar nichts gemein haben.
Golo Mann, Deutsche Geschichte des 19. und 20. Jahrhunderts

Staatsschiffe, welche die Segel
verloren haben, haben darum
noch nicht die Anker eingebüßt.
Jean Paul, Politische Fastenpredigten

Übrigens begehrt der Mensch,
besonders der Staaten-Mensch,
die Veränderung und den Umbau
des Staates so lange, bis die Ruine
oder der Neubau da ist;
dann flucht er aufs Neue und wünscht
das Allerneueste, nämlich das Alte.
Jean Paul, Friedens-Predigt an Deutschland

Und wenn irgendein Staatsgebäude
sich selbst überlebte, wer wünscht
ihm nicht einen ruhigen Hingang?
Wer fühlt nicht Schauder, wenn er
im Kreise lebendigwirkender Wesen
auf Totengewölbe alter Einrichtungen
stößt, die den Lebendigen Licht und
Wohnung rauben?
Johann Gottfried Herder, Ideen zur Philosophie der Geschichte der Menschheit

Vatersinn bildet Regenten,
Brudersinn Bürger;
beide erzeugen Ordnung
im Hause und im Staate.
Johann Heinrich Pestalozzi, Die Abendstunde eines Einsiedlers

Von der öffentlichen Gesinnung hängt
das Betragen des Staats ab. Veredelung
dieser Gesinnung ist die einzige Basis
der echten Staatsreform.
Novalis, Glauben und Liebe

Wann endlich, wann erkannte der
Staat, dass ihm nichts höher sein sollte
als das bisschen Glück der Millionen
kleiner Menschen?
Inge Scholl, Die weiße Rose

Wäre bei allen Menschen Verstand
und Tugend, so würde ein jeder
aufrichtig und freiwillig zur gemeinen
Wohlfahrt beitragen.
Christian Freiherr von Wolf, Vernünfftige Gedancken
von dem gesellschaftlichen Leben der Menschen

Was hilft dem Menschengeist
Verstand, / Dem Herzen Güte,
Willigkeit der Hand,
Wenn's fieberhaft durchaus
im Staate wütet
Und Übel sich in Übeln überbrütet?
Johann Wolfgang von Goethe, Faust II (Kanzler)

Was im Menschen gedeihen soll,
muss aus seinem Innren entspringen,
nicht ihm von außen gegeben werden,
und was ist der Staat,
als eine Summe menschlicher
wirkender und leidender Kräfte?
Wilhelm von Humboldt, Ideen über Staatsverfassung

Was man Staat nennt,
ist ein Gewebe und Geflecht
von Abhängigkeit und Anhänglichkeit,
ist eine Zusammengehörigkeit,
ein Zusammenhalten, wobei die
Zusammengeordneten sich ineinander
schicken, kurz gegenseitig voneinander abhängen: es ist die Ordnung
dieser Abhängigkeit.
Max Stirner, Der Einzige und sein Eigentum

Was Menschen zu guten Christen
macht, macht sie auch
zu guten Staatsbürgern.
Daniel Webster, Reden (1820)

Wenn Angst und Pessimismus
immer stärker werden und Mut
und Entschlossenheit zum Handeln
zurückweichen, dann kann ein Land
keine Zukunft haben.
Helmut Kohl, Notwendiger Dialog zwischen Politik
und Wirtschaft. Rede des Bundeskanzlers vor dem BDI
in Bonn 1986

Wenn der Tor seinen Brei nur hat,
Was kümmert ihn dann
Kirch und Staat.
Freidank, Bescheidenheit

Wenn man, ohne Voreingenommenheit
für sein eigenes Land, alle Staatsformen betrachtet, so weiß man nicht,
an welche man sich halten soll:
In jeder gibt es Gutes und Schlechtes.
Das Vernünftigste und Sicherste ist,
die, worin man geboren ist,
für die beste von allen anzusehen
und sich ihr zu unterstellen.
Jean de La Bruyère, Die Charaktere

Wenn Satans Reich aufhört,
hören auch seine Einrichtungen auf.
Martin Luther, Tischreden

Wer den Gewerkschaftsstaat als
Gefahr an die Wand malt, der sollte
zuvor auch zum Einfluss der Unternehmen auf den Staat Stellung
genommen haben.
Norbert Blüm, Unverblümtes von Norbert Blüm

Wer im eignen Hause
sich als rechter Herr bewährte,
wohl erscheint er auch
im Staat gerecht.
Sophokles, Antigone

Wer in einem Staat
Neuerungen vornehmen will, hat
den Zeitpunkt weit mehr zu bedenken
als den Inhalt der Veränderungen.
Jean de La Bruyère, Die Charaktere

Wer ist das würdigste Glied des Staats?
Ein wackerer Bürger; / Unter jeglicher
Form bleibt er der edelste Stoff.
Johann Wolfgang von Goethe/Friedrich Schiller, Xenien

Wer keinen Staat hat,
nicht durch Zufall,
sondern durch Natur,
der ist entweder minderwertig
oder aber mehr als ein Mensch.
Aristoteles, Politik

Wer sich in schlechten Zeiten
den Staat ins Boot holt,
wird ihn in guten Zeiten kaum mehr
vom Steuer verdrängen können.
Walter Scheel

Wir haben also festzustellen,
dass die staatliche Gemeinschaft
zum Zweck sittlichen Handelns da ist
und nicht bloß wegen des Zusammenlebens. Deswegen gebührt denjenigen,
die am meisten zu einer solchen
Gemeinschaft beitragen, mehr Recht
im Staat als denen, die zwar hinsichtlich freier Geburt und Abstammung
ihnen gleich oder auch überlegen sind,
dagegen an bürgerlicher Rechtschaffenheit nicht übertreffen, oder als
denen, die sie zwar an Reichtum
übertreffen, an Rechtschaffenheit
aber von ihnen übertroffen werden.
Aristoteles, Älteste Politik

Wir haben uns in vielen Punkten
vom Rechtsstaat zum Rechtsmittelstaat entwickelt.
Helmut Kohl, Verantwortung für die Jugend –
Erziehung im demokratischen Staat. Rede des
Bundeskanzlers in Bonn 1985

Wir sind in einem Staat und einer Zeit,
Wo mit Gewalt nichts auszurichten ist.
Molière, Tartuffe (Cléante)

Wo ein einziger Mann den Staat
erhalten kann, ist der Staat in seiner
Fäulnis kaum der Erhaltung wert.
Johann Gottfried Seume, Apokryphen

Zehn Derwische können auf einem
Teppich schlafen, aber ein ganzes
Reich kann nicht zwei Könige halten.
Sprichwort aus Persien

Zu einem freiheitlichen Staat
gehören freie Gewerkschaften.
Beide brauchen sich gegenseitig,
sie gehören zusammen.
Richard von Weizsäcker, Verantwortung für sozialen
Fortschritt, Gerechtigkeit und Menschenrechte (1986)

Zwischen Staaten gibt es keine
Freundschaft, sondern nur Allianzen.
Charles de Gaulle

Staatsmann

Das Schicksal der Welt
hängt in erster Linie
von den Staatsmännern ab,
in zweiter Linie von den Dometschern.
Trygve Lie

Denn eine Gefahr gleich in der Entstehung zu erkennen, ist die Fähigkeit, die nicht der erste beste, sondern
nur ein gewiegter Staatsmann hat.
Aristoteles, Politik

Der große Politiker aber ist überhaupt
nicht Politiker, sondern Staatsmann,
der große Priester nicht Pfaffe,
sondern Dichter und Philosoph.
Beide sind Idealisten, Narren
oder Heilige, indem sie ihre Kräfte
an Unmögliches verschwenden.
Arthur Schnitzler, Buch der Sprüche und Bedenken

Der Staatsmann kann zur Erreichung
eines vorgesetzten Zieles auf die Mittel
des Politikers nur selten verzichten.
Arthur Schnitzler, Der Geist im Wort

Die Staatsmänner berauschen sich
am Dunst des Weines,
den sie einschenken,
und ihre eigene Lüge täuscht sie.
Joseph Joubert, Gedanken, Versuche und Maximen

Die Staatsmänner sind
wie die Chirurgen:
Ihre Irrtümer sind tödlich.
François Mauriac

Ein echter Staatsmann trägt
das Bild seines Landes in sich.
André Maurois, Die Kunst zu leben

Ein guter Staatsmann weiss,
wie eine Haushälterin,
dass man jeden Morgen
sauber machen muss.
André Maurois

Ein Staatsmann ist ein Politiker,
der seit zehn oder 15 Jahren tot ist.
Harry S. Truman

Ein Staatsmann muss sagen können,
was getan werden soll.
Und er muss hinterher
erklären können,
warum es nicht getan worden ist.
Winston S. Churchill

Feldherr und Staatsmann können
so wenig wie ein gewandter Spieler
den Zufall zwingen, aber sie bereiten
ihn vor, locken ihn an und scheinen
ihm fast die Richtung zu weisen.
Jean de La Bruyère, Die Charaktere

Immer wieder kommen Staatsmänner
mit großen Farbtöpfen des Weges
und erklären,
sie seien die neuen Baumeister.
Und immer wieder
sind es nur Anstreicher.
Die Farben wechseln,
die Dummheit bleibt.
Erich Kästner

Manche Staatsmänner
sind wie Klavierstimmer:
Sie wollen die Harmonie
wiederherstellen, indem sie
die Spannung verstärken.
Walter Lippmann

Immer wieder kommen Staatsmänner
mit großen Farbtöpfen des Weges
und erklären, sie seien die neuen
Baumeister. Und immer wieder
sind es nur Anstreicher.
Die Farben wechseln,
die Dummheit bleibt.
Erich Kästner

Je weniger Bedeutung
ein Staatsmann hat,
desto mehr liebt er die Fahne.
Kin Hubbard

Neigung zum Erhalten und Geschicklichkeit beim Verbessern machen zusammen nach meiner Ansicht den
großen Staatsmann aus.
Edmund Burke, Betrachtungen über die Französische Revolution

Sie sind ein guter Mann,
aber Sie werden nie
ein großer Staatsmann;
Sie verachten die Menschen nicht
genug.
Etienne François Herzog von Choiseul, Memoiren

Vergänglich ist alles, was der Staatsmann leistet, und jede Entscheidung
ist auf die Dauer falsch.
Golo Mann, Deutsche Geschichte des 19. und 20. Jahrhunderts

Wenn ein verantwortungsbewusster
Staatenlenker an den Tod denkt,
dann sicherlich nur an den anderer.
Ephraim Kishon, Kishon für alle Fälle

Zu Hause ist man nur Politiker,
im Ausland dagegen
ist man Staatsmann.
Harold Macmillan

Stadt

Alle Hauptstädte sind einander gleich;
alle Völker vermischen sich dort,
alle Sitten vermengen sich dort;
da muss man nicht hingehen,
um die Nationen kennen zu lernen.
Jean-Jacques Rousseau, Emile

Armut hat Städte gebaut.
Deutsches Sprichwort

Auch der Großstädter wohnt nie
in einer großen Stadt,
sondern in irgendeinem Dörfchen
innerhalb von New York, London,
Paris, Berlin.
Ludwig Marcuse, Argumente und Rezepte. Ein Wörter-Buch für Zeitgenossen

Das ganze Problem
unseres Stadtlebens besteht darin,
dass sich die Menschen schädliche
Bedürfnisse ausdenken und sich
an sie gewöhnen und danach
alle Geisteskräfte darauf verwenden,
diese Bedürfnisse zu befriedigen
beziehungsweise den Schaden
zu mindern, den ihre Befriedigung
verursacht.
Leo N. Tolstoi, Tagebücher (1900)

Das Landleben ist vorzuziehen,
denn dort sehen wir die Werke Gottes,
aber in den Städten wenig mehr
als die Werke der Menschen.
William Penn, Reflexionen

Das Treiben der Welt passt für die,
welche Höfe und Städte bevölkern;
die Natur ist nur für die geschaffen,
die auf dem Lande wohnen;
sie allein leben, nur sie wissen
wenigstens, dass sie leben.
Jean de La Bruyère, Die Charaktere

Denken Sie sich enge, krumme,
stinkende Straßen, in welchem oft an
einem Tage Kot mit Staub und Staub
mit Kot abwechseln, denken Sie sich
endlich einen Strom, der, wie mancher
fremde Jüngling, rein und klar in
diese Stadt tritt, aber schmutzig und
mit tausend Unrat geschwängert, sie
verlässt.
Heinrich von Kleist, Briefe (an Luise von Zenge, 16. August 1801)

Denken wir uns eine Stadt,
die von lauter Bäckern bewohnt wäre;
was würde dies für eine Stadt sein?
Friedrich Buchholz, Hermes oder Über die Natur der Gesellschaft mit Blicken in die Zukunft

Der Aufenthalt in kleinen Städten
ist mir immer sehr langweilig
vorgekommen. Der Geist der Männer
verengt sich dort,
und das Herz der Frauen erstarrt.
Germaine Baronin von Staël, Über Deutschland

Der erste Nachteil in großen Städten
ist, dass die Menschen dort
zu andern Geschöpfen werden,
als sie eigentlich sind.
Jean-Jacques Rousseau, Julie oder Die neue Héloïse (Saint-Preux)

Der Großstadtmensch ist eine Form
des (seelischen Ab)sterbens,
je größer die Stadt, desto mehr.
Oswald Spengler, Urfragen. Fragmente aus dem Nachlass

Der Mensch ist derart
in den Menschen verliebt, dass er,
wenn er der Stadt entflieht,
doch wieder die Menge sucht,
d.h., er will die Stadt auch
auf dem Lande wiederherstellen.
Charles Baudelaire, Tagebücher

Die abscheuliche Stadt.
Die tausend ermüdenden Gänge,
das viele »Erledigen« und Niefertigwerden, nie ungeteilte Tage.
Franziska Gräfin zu Reventlow, Tagebücher

Die Ansicht eurer Städte
schmerzt das Auge des roten Mannes.
Seattle, Die Rede des Indianerhäuptlings Seattle. Neuere Version

Die große Stadt hat nicht Zeit
zum Denken und,
was noch schlimmer ist,
sie hat auch nicht Zeit zum Glück.
Was sie hundertfältig schafft,
ist die »Jagd nach dem Glück«,
die gleichbedeutend ist mit Unglück.
Theodor Fontane, Briefe

Die großen Städte bieten den Vorteil,
dass man zu ihnen zurückkehren
kann. Hat man seine Gesellschaft
schlecht gewählt, findet man
eine andere.
Charles de Secondat, Baron de la Brède et de Montesquieu, Meine Gedanken

Die großen Städte sind nicht wahr;
sie täuschen / den Tag, die Nacht,
die Tiere und das Kind;
ihr Schweigen lügt, sie lügen mit
Geräuschen / und mit den Dingen,
welche willig sind.
Rainer Maria Rilke, Das Stundenbuch

Die Menge von Erscheinungen stört
das Herz in seinen Genüssen,
man gewöhnt sich endlich,
in ein so vielfaches eitles Interesse
einzugreifen, und verliert am Ende
sein wahres aus den Augen.
Heinrich von Kleist, Briefe (an Wilhelmine von Zenge,
16. August 1800)

Die Stadt ist die Feuerstätte, die lebenden Brennstoff vom Land verschlingt,
um die heutige Gesellschaftsmaschinerie in Gang zu halten.
August Strindberg, Der Sohn der Magd

Die Stadt ist groß, und klein
ist das Gehalt.
Erich Kästner, Dr. Erich Kästners lyrische Hausapotheke

Die Stadt ist in einzelne Gesellschaften
geschieden, die kleinen Staaten gleichen, die ihre eigenen Gesetze, Bräuche, Sprache und Witzworte haben.
Jean de La Bruyère, Die Charaktere

Die Städte aber wollen nur das Ihre
und reißen alles mit in ihren Lauf.
Wie hohles Holz zerbrechen sie
die Tiere / und brauchen viele Völker
brennend auf.
Rainer Maria Rilke, Das Stundenbuch

Die Städte sind der Schlund
des menschlichen Geschlechtes.
Jean-Jacques Rousseau, Emile

Die Zeit beginnt, dass die Stadt mir
wieder über den Kopf wächst, dass
sie mich einengt und tot drückt. Diese
halben Menschen und Menschlein halbieren mich allmählich und hauen
mich in Stücke.
Paula Modersohn-Becker, Briefe (28. Dezember 1900)

Diese übelriechenden Straßen voll
kläffender Hunde und garstiger
Schweine, dies Rädergerassel auf allen
Straßenpflastern, Pferdegespanne, die
den Durchgang versperren, widerliche
Menschen aller Art, das hässliche
Bild von Bettlern neben übermütigen
Reichen, von jammervollem Elend
neben toller Freude, überall Zank
und Streit, Lug und Trug, dies Durcheinander von schreienden Stimmen,
dies Gewühl des sich drängenden
und stoßenden Pöbels!
Francesco Petrarca, Gespräche über die
Weltverachtung (Franciscus)

Dieser Luxus. Dieser Bücherverkauf.
Dieser sittliche Schmutz.
Diese eitle Betriebsamkeit.
Leo N. Tolstoi, Tagebücher (1893, über Moskau)

Egoistische Kleinstädterei,
die sich Zentrum deucht.
Johann Wolfgang von Goethe,
Maximen und Reflexionen

Ein wohltätiger Mann befriedigt seine
Neigung in den Städten schlecht, wo
er seinen Eifer nur an Ränkeschmieden
oder Betrügern betätigen kann.
Jean-Jacques Rousseau, Emile

Eine große Stadt,
eine große Einsamkeit.
Sprichwort aus Griechenland

Eine Kleinstadt ist eine Stadt,
in der die wichtigsten Lokalnachrichten nicht gedruckt,
sondern gesprochen werden.
Jaques Tati

Eine Stadt, die auf einem Berg liegt,
kann nicht verborgen bleiben.
Neues Testament, Matthäus 5, 14 (Jesus: Bergpredigt)

Einer Stadt kann kein größeres Glück
begegnen, als wenn mehrere,
im Guten und Rechten gleich gesinnte,
schon gebildete Männer daselbst
nebeneinander wohnen.
Johann Wolfgang von Goethe, Dichtung und Wahrheit

Erst unter natürlichen, wohlhabenden,
sorglosen und freien Menschen fühlt
man so recht, welch ein stellenweise
erbärmliches Leben man in unsern
großen Städten und unter unsern
kleinen dürftigen Sechserverhältnissen
führt.
Theodor Fontane, Briefe

Es gibt keine Stadt, die nicht ein
Gebäude, eine Promenade, irgendein
Wunder der Kunst oder der Natur
besäße, an das sich die Erinnerungen
der Kindheit knüpfen.
Germaine Baronin von Staël, Über Deutschland

Es gibt keinen ruhigen Ort in den
Städten der Weißen. Keinen Ort,
an dem man das Entfalten der Blätter
im Frühling oder das Summen
der Insektenflügel hören kann.
Seattle, Die Rede des Indianerhäuptlings Seattle.
Neuere Version

Es ist kein sinnliches Befürdnis,
das hier nicht bis zum Ekel befriedigt,
keine Tugend, die hier nicht mit
Frechheit verspottet, keine Infamie,
die hier nicht nach Prinzipien
begangen würde.
Heinrich von Kleist, Briefe (an Adolphine von Werdeck,
28./29. Juli 1801)

Es ist schwer einzusehen, welche
Kompensationen das Stadtleben zu
bieten hat. Ich glaube, das Beste ist,
sich davon fern zu halten.
Katherine Mansfield, Briefe

Gegen die Stadt hatte er einen angeborenen Widerwillen, obgleich er in
einer Hauptstadt geboren war. Er war
außerstande, sich dem Leben ohne

Licht und Luft anzupassen,
sich wohl zu fühlen auf diesen
Straßen und Plätzen.
August Strindberg, Der Sohn der Magd

Glaubst du, dass sich die Leute
in der Stadt lieben? Ja, ich glaube es,
aber nur in der Zeit,
wo sie nichts Besseres zu tun wissen.
Heinrich von Kleist, Briefe (an Wihelmine von Zenge,
27. Oktober 1801)

Große Städte, große Sünden.
Deutsches Sprichwort

Hochkultur ist Stadtkultur.
Oswald Spengler, Urfragen. Fragmente aus
dem Nachlass

Ich gehe durch diese große Stadt,
ich blicke in tausend Augen.
Ganz selten finde ich da eine Seele.
Man winkt sich mit den Augen,
grüßt sich, und ein jeder geht weiter
seinen einsamen Weg.
Paula Modersohn-Becker, Tagebuchblätter

Ich habe mich nie
nachts im Wald gefürchtet,
während ich in der Stadt
immer ängstlich war.
Marlen Haushofer, Die Wand

Ich sehe die Menschen lieber auf dem
Felde Gras fressen, als dass sie sich in
den Städten gegenseitig verschlingen.
Jean-Jacques Rousseau, Letzte Antwort

In den großen Städten fängt
das Verderben mit dem Leben an,
und in den kleinen fängt es
mit der Vernunft an.
Jean-Jacques Rousseau, Emile

In den Hauptstädten wird
das Menschenblut stets
am wohlfeilsten verkauft.
Jean-Jacques Rousseau, Emile

In den kleinen Städten
hat man keine Genüsse,
in den großen keine Wünsche.
Charles de Secondat, Baron de la Brède et
de Montesquieu, Meine Gedanken

In der Stadt kann der Mensch hundert
Jahre alt werden, ohne eine Ahnung
davon zu haben, dass er längst
gestorben und verdorben ist.
Man hat gar keine Zeit, einmal richtig
mit sich selbst zurate zu gehen,
ewig ist man beschäftigt.
Leo N. Tolstoi, Die Kreutzersonate

In einer Kleinstadt
gibt es nicht viel zu sehen;
aber was man dort hört,
macht es wett.
Kin Hubbard

In einer wirklich schönen Stadt
lässt es sich auf die Dauer nicht leben
– sie treibt einem alle Sehnsucht aus.
Elias Canetti

In jüngster Zeit geschieht es häufig,
dass ich durch die Stadt gehe,
bisweilen entsetzliche, hartherzige und
törichte Reden höre, fassungslos bin
und nicht begreifen kann, was die
Menschen wollen, was sie tun,
und mich dann frage: Wo bin ich?
Meine Wohnstatt ist wohl nicht hier.
Leo N. Tolstoi, Tagebücher (1894)

In Städten glaubt man, es gehöre zum
guten Tone, nicht einmal zu wissen,
wer in demselben Hause wohnt.
Adolph Freiherr von Knigge,
Über den Umgang mit Menschen

Je heiliger die Stadt,
desto böser die Bewohner.
Sprichwort aus Arabien

Lief gestern durch die Straßen und
betrachtete die Gesichter: Nur selten
war eines nicht durch Alkohol,
Nikotin oder Syphilis entstellt.
Leo N. Tolstoi, Tagebücher (1895)

Man darf kein Stadtmensch sein,
man muss ein Landmensch sein,
wie gebildet man auch sein mag.
Vincent van Gogh, Briefe

Man stellt sich Städte vor,
die man nie gesehen hat.
Georg Christoph Lichtenberg, Sudelbücher

Mir ist innerlich so grau und steinern
zumut zwischen all den Häusern,
ich habe so brennendes Heimweh
nach draußen.
Franziska Gräfin zu Reventlow, Tagebücher

Mir sind die Städte Feind,
mir Freund die Wälder.
Francesco Petrarca, Der Canzoniere

Moderne deutsche Städte,
erregt immerhin euere Langeweile,
aber sinnt doch auf einigen Wechsel
dieser Langeweile!
Jean Paul, Dämmerungen für Deutschland

Pfui, wie sieht so ein Menschenwerk
und so ein schlechtes notgedrungenes
Menschenwerk, so ein schwarzes
Städtchen, so ein Schindel- und
Steinhaufen, mitten in der großen
herrlichen Natur aus!
Johann Wolfgang von Goethe, Briefe aus der Schweiz

Religion, Sitte, Gesetz, Stand,
Verhältnisse, Gewohnheit,
alles beherrscht nur die Oberfläche
des städtischen Daseins.
Johann Wolfgang von Goethe, Dichtung und Wahrheit

Schau nicht umher auf den Wegen
zur Stadt, streif nicht umher
in ihren abgelegenen Winkeln.
Altes Testament, Jesus Sirach 9, 7

Sie irrten in der Stadt umher wie in
einem weiten Labyrinth, in dem man
sich nicht zurechtfinden kann.
Voltaire, Der ehrliche Hurone

Sobald man mir von einer Stadt
berichtet, die aus zweihunderttausend
Seelen besteht, weiß ich im Voraus,
wie man in ihr lebt. Was ich an den
Orten selbst noch mehr erfahren
würde, ist nicht der Mühe wert,
dass man hinreist, um es zu erfahren.
Jean-Jacques Rousseau, Emile

Umleitungen sind die beste Chance,
endlich die eigene Stadt
kennen zu lernen.
Danny Kaye

Und so fiel das Feuer
heiß vom Himmel,
so dass die hohen Städte
im Lande Sodoms
die schwarze Lohe verschlang.
Heliand (um 850)

Ungern verlasse ich die Stadt,
weil ich mich von meinen Freunden,
ungern das Land, weil ich mich
von mir selbst trennen muss.
Joseph Joubert, Gedanken, Versuche und Maximen

Unser Ziel ist Wandeln mit Gott –
das Gegenteil des Lebens
im Getriebe der Großstädte.
Vincent van Gogh, Briefe

Verrat, Mord und Diebstahl sind
hier ganz unbedeutende Dinge,
deren Nachricht niemand affiziert.
Heinrich von Kleist, Briefe (an Luise von Zenge,
16. August 1801)

Warum lebt in einer so reichen Stadt
das gemeine Volk so elend?
Jean-Jacques Rousseau, Julie oder Die neue Héloïse
(Julie)

Was ist alle gemachte Poesie
in einer großen Stadt gegen die
Schönheit eines Kornfeldes.
Peter Rosegger, Erdsegen

Weltstadt:
eine Hochburg des Provinzialismus.
Ambrose Bierce

Wenn Sie wissen wollen, wie entwickelt eine Stadt ist, müssen Sie in
die Armenviertel gehen – aber wenn
Sie wissen wollen, wie gesichert eine
Epoche ist, müssen Sie durch die Gitter
der begüterten Villen schauen.
Lidia Jorge, Die Küste des Raunens

Weshalb hatten sie denn ihre ganze
fruchtbare Erde als Stadt bebaut?
Eine Stadt ist nichts Essbares, in einer
Stadt können nur die leben oder ster-
ben, die von anderen ernährt werden.
Knut Hamsun, August Weltumsegler

Zur Weltstadt gehört nicht ein Volk,
sondern eine Masse.
Oswald Spengler

Zuweilen gehe ich durch die langen,
krummen, engen, schmutzigen,
stinkenden Straßen, ich winde mich
durch einen Haufen von Menschen,
welche schreien, laufen, keuchen,
einander schieben, stoßen, umdrehen,
ohne es übel zu nehmen.
Heinrich von Kleist, Briefe (an Luise von Zenge,
16. August 1801)

Zwischen diesen großen, kalten, alten
und neuen Häusern sehe ich so wenig
vom Himmel, aber ich weiß ihn
und trage ihn in mir.
Paula Modersohn-Becker, Briefe (18. Januar 1901)

Stamm

Da steh ich, ein entlaubter Stamm.
Friedrich Schiller,
Wallensteins Tod (Wallenstein)

Der Apfel fällt
nicht weit vom Stamm.
Deutsches Sprichwort

O lerne fühlen,
welches Stamms du bist!
Friedrich Schiller, Wilhelm Tell (Attinghausen)

Stammtisch

Es gehört zum deutschen Bedürfnis,
beim Biere von der Regierung
schlecht zu reden.
Otto von Bismarck, Reden (im Deutschen Reichstag,
12. Juni 1882)

Zankt, wenn ihr sitzt beim Weine,
Nicht um des Kaisers Bart.
Emanuel Geibel, Gedichte

Stand

Achte jeden Stand!,
denn jeder ist deiner Achtung würdig,
welcher zur Verbesserung
des allgemeinen Wohlseins beiträgt.
Heinrich Zschokke, Stunden der Andacht

Die größte Gleichmacherin
ist die Höflichkeit;
durch sie werden alle
Standesunterschiede aufgehoben.
Marie von Ebner-Eschenbach, Aphorismen

Die Liebe ist nicht von Wert,
wenn sie nicht ausgewogen ist
(wenn nicht beide Partner dem
gleichen Stand angehören).
Marie de France, Equitan

Ein jeder Stand,
ein jedes Alter hat seine Pflichten.
Jean-Jacques Rousseau, Emile

Ein jeder Stand hat seinen Frieden,
Ein jeder Stand hat seine Last.
Christian Fürchtegott Gellert, Lieder

Groß tun über seinen Stand
Führet weh tun an der Hand.
Friedrich von Logau, Sinngedichte

Jeder halte sich nach seinem Stande.
Deutsches Sprichwort

Man hebt einen Stand
am besten dadurch, dass man sich
eine gute Konkurrenz schafft.
Kurt Tucholsky

Niemand ist zufrieden mit seinem
Stande, / Jeder mit seinem Verstande.
Hinrich Brockes, Versuch vom Menschen

Redlichkeit gedeiht in jedem Stande.
Friedrich Schiller, Wilhelm Tell (Stauffacher)

Standesbewusstsein:
Damit bezeichnen wir eine streng
umschriebene Gruppe von Vorurteilen,
von denen jedes einzelne nicht nur auf
sich selbst, sondern auch die übrigen
stolz ist, und die einander gegenseitig
automatisch so hoch zu steigern
pflegen, dass daraus eine partielle
Unzurechnungsfähigkeit der Standes-
bewussten und Gefahr für die
Umgebung resultiert.
Arthur Schnitzler, Buch der Sprüche und Bedenken

Was ist der dritte Stand?
Alles.
Was war er in der politischen
Rangordnung?
Nichts.
Was fordert er?
Etwas darin zu werden.
Abbé Sieyès, Was ist der dritte Stand?

»Was ist der Mann?«, fragen andere.
»Was ist sein Herr Vater?«,
fragte der Deutsche.
Johann Gottfried Seume, Apokryphen

Wo es um Bildung geht,
darf es nicht Stände geben.
Konfuzius, Gespräche

Standfestigkeit

Ein Edler bleibt fest in der Not.
Chinesisches Sprichwort

Standhaftigkeit beweist man vor allem
dann, wenn es gilt, in unangenehmen
Situationen, aus denen man keinen
Ausweg sieht, sich nicht werfen
zu lassen.
Michel Eyquem de Montaigne, Die Essais

Wer fest auf beiden Beinen steht,
braucht sich vor Sturm
nicht zu fürchten.
Chinesisches Sprichwort

Wir müssen zu unseren Ansichten
stehen und es riskieren,
um ihretwillen zu Fall zu kommen.
Katherine Mansfield, Briefe

Standpunkt

Der Bauer hofft auf Regen,
der Wanderer auf klaren Himmel.
Chinesisches Sprichwort

Die Meinung, die Standpunktlosigkeit
sei auch ein Standpunkt,
gleicht dem Versuche,
im luftleeren Raum zu atmen.
Othmar Spann, Haupttheorien der Volkswirtschaftslehre

Jedes Problem
erlaubt zwei Standpunkte:
unseren eigenen und den falschen.
Channing Pollock

Man braucht nicht immer
denselben Standpunkt zu vertreten,
denn niemand kann
einen daran hindern,
klüger zu werden.
Konrad Adenauer

Man kann
auf einem Standpunkt stehen,
aber man sollte nicht darauf sitzen.
Erich Kästner

So weit schauen als möglich,
aber von dort, wo man hingehört.
Die Augen schärfen, aber nicht
den Standpunkt wechseln.
Arthur Schnitzler, Aphorismen und Betrachtungen
aus dem Nachlass

Um Erfolg zu haben, musst du den
Standpunkt des anderen einnehmen
und die Dinge mit seinen Augen
betrachten.
Henry Ford, Mein Leben und Werk

Von einem Kehrichthaufen aus
kann man nicht weit
über die Welt hinaussehen.
August Strindberg

Wer einen Standpunkt
allzu lange vertritt,
bekommt schiefe Absätze.
Gustav Knuth

Wer unten ist, fordert Gleichheit. Wer
oben ist, behauptet, sie sei erreicht.
Lothar Schmidt

Stanislaus (7.5.)

Wenn sich naht Sankt Stanislaus,
rolle die Kartoffeln aus.
Bauernregel

Star

Das Fernsehen macht den Star,
nicht umgekehrt.
Silvio Berlusconi

Das Fernsehen will Stars.
Richard von Weizsäcker, Ansprache des Bundesprä-
sidenten vor dem Nationalen Olympischen Komitee in
München 1985

Ein Star ist ein Mensch,
der dir nicht zuhört,
wenn du nicht über ihn sprichst.
Marlon Brando

Ein Star ist ein Mensch,
der überall zu Hause ist
– nur nicht bei sich selbst.
Sammy Davis jr.

Ein Star ist ein Mensch,
von dem alle wissen, was er gerade
tut, ausgenommen seine Familie.
Rock Hudson

Ein Star ist jemand, der andere
überragt, weil er geschickt genug war,
auf einen Stuhl zu steigen.
Billy Wilder

Die jüngste Verkörperung
der Hetäre ist der Star.
Simone de Beauvoir, Das andere Geschlecht

Ein Star ist ein Mensch,
den jeder kennt,
ausgenommen seine Familie.
Anthony Quinn

Ein Star ist ein Mensch, von dem
der Produzent halb so viel Gage
und der Kellner doppelt so viel
Trinkgeld erwartet.
William Conrad

Ein Star ohne Sonnenbrille ist so gut
wie nackt.
François Reichenbach

Leute mit Starallüren sind keine Stars.
Ein Star hat keine Allüren.
Anna Moffo

Stars sind Leute,
die man mehr vom Hörensagen
als vom Gesehenhaben kennt.
Werner Höfer

Wie schön ist die Frau, der alle huldigen und die alle begehren, die in der Menge für die Träume jedweder Nacht Fieberwünsche erregt, die stets nur im Lichterglanze erscheint, strahlend und singend.
Gustave Flaubert, November

Stärke

Adler fliegen allein,
aber Schafe scharen sich zusammen.
Sprichwort aus den USA

Anpassung
ist die Stärke der Schwachen.
Wolfgang Herbst

Alle Stärke liegt innen,
nicht außen.
Jean Paul, Levana

Bündnis macht die Schwachen stark.
Deutsches Sprichwort

Das Fleisch der Schwachen
ist die Kost der Starken.
Chinesisches Sprichwort

Das tiefe Wort ist nicht stark.
Walter Rathenau, Auf dem Fechtboden des Geistes. Aphorismen aus seinen Notizbüchern

Das Volk schätzt Stärke vor allem.
Johann Wolfgang von Goethe, Italienische Reise

Das Wort Tugend kommt von Stärke;
die Stärke ist die Grundlage
aller Tugend.
Jean-Jacques Rousseau, Emile

Der Amboss erschrickt
vor dem Hammer nicht.
Deutsches Sprichwort

Der Starke ist am mächtigsten allein.
Friedrich Schiller, Wilhelm Tell

Der Stärkste in der Gruppe
ist immer auch das größte Arschloch.
Claude Sautet

Die Frauen haben gelernt,
die Stärke der Männer zu bewundern.
Die Stärke anderer Frauen
ist ihnen verdächtig.
Alice Schwarzer

Die Frau liebt die Schwäche
des Starken mehr als seine Stärke,
die Dummheit des Gescheiten
mehr als seine Gescheitheit.
Shirley MacLaine

Ein alter Adler ist stärker
als eine junge Krähe.
Deutsches Sprichwort

Eine gute Schwäche
ist besser als eine schlechte Stärke.
Charles Aznavour

Es ist ein Grundirrtum, Heftigkeit und
Starrheit Stärke zu nennen.
Thomas Carlyle

Es ist keiner so stark,
er findet einen Stärkern.
Deutsches Sprichwort

Es kann kein Fehler sein,
dass Menschen ihre Stärke fühlen.
Luc de Clapiers Marquis de Vauvenargues, Nachgelassene Maximen

Es schadet nichts,
wenn Starke sich verstärken.
Johann Wolfgang von Goethe, Faust II (Faust)

Für einen starken Menschen ist es
oft sehr schwer,
seine eigene Stärke zu ertragen.
Fjodor M. Dostojewski, Der Jüngling

Geduld ist stärker denn Diamant.
Deutsches Sprichwort

Gewandtheit über Stärke geht
In manchem Streit und Sport
Und wo der Ochs am Berge steht
Hüpft's Häschen drüber fort.
Jüdische Spruchweisheit

Heutzutage muss man sehr, sehr
stark sein, um sich den Luxus
leisten zu können, schwach zu sein.
Peter Ustinov, Peter Ustinovs geflügelte Worte

In den Augen der Frau schafft Stärke
Recht, denn die Rechte, die sie dem
Mann zuerkennt, beruhen auf seiner
Stärke.
Simone de Beauvoir, Das andere Geschlecht

Je nachdem, wie stark das Kamel ist,
so schwer ist seine Last.
Talmud

Je schwächer der Leib ist,
desto mehr befiehlt er; je stärker er ist,
desto mehr gehorcht er.
Jean-Jacques Rousseau, Emile

List tut mehr denn Stärke.
Deutsches Sprichwort

Man liebt einen Menschen
nicht wegen seiner Stärke,
sondern wegen seiner Schwächen.
Tilla Durieux

Nicht das Recht des Stärkeren, sondern
die Stärkung des Rechts schützt die
Interessen aller Staaten am besten.
Hans-Dietrich Genscher, Deutscher Kommentar zur Charta der Vereinten Nationen. Rede des Bundesministers des Auswärtigen 1986

Nichts ist so stark, dass ihm nicht
sogar von Schwachem Gefahr drohte.
Quintus Curtius Rufus, Geschichte Alexanders des Großen

Nichts ist zu hoch,
wonach der Starke nicht
Befugnis hat, die Leiter anzusetzen.
Friedrich Schiller, Die Piccolomini (Buttler)

Nie kann ganz die Spur verlaufen
einer starken Tat.
Rainer Maria Rilke, Larenopfer

Nur die Stärke siegt.
Friedrich Schiller, Wallensteins Tod (Wallenstein)

Oft ist man stark aus Schwäche
und waghalsig aus Angst.
François de La Rochefoucauld, Reflexionen

Schwäche, die bewahrt, ist besser als
Stärke, die zerstört.
Joseph Joubert,
Gedanken, Versuche und Maximen

Sein Schwachsein bewahren,
das nenne ich Stärke.
Lao-tse, Dao-de-dsching

Selbst das Starke, selbst das Allgewaltige / Weiche hohen Würden.
Sophokles, Aias (Aias)

Stark ist, wer niederschlägt,
stärker ist, wer sich wieder aufrichtet.
Sprichwort aus Frankreich

Stärke des Charakters
ist oft nichts anderes
als eine Schwäche des Gefühls.
Arthur Schnitzler

Starke Seelen empfinden viel heftiger
als gewöhnliche Menschen,
wenn sie lieben.
Voltaire, Der ehrliche Hurone

Stärke und Höhe sind (für das Gefühl)
verwandt.
Oswald Spengler,
Urfragen. Fragmente aus dem Nachlass

Starker Intellekt
lässt den Instinkt verkümmern.
Oswald Spengler, Urfragen.
Fragmente aus dem Nachlass

Starkes gedeiht von selbst.
Ovid, Briefe aus der Verbannung

Unsere Begierden reichen weit,
unsere Stärke ist fast nichts.
Jean-Jacques Rousseau, Emile

Unter den Schwachen ist der
der Stärkste,
der seine Schwäche nicht vergisst.
Sprichwort aus Schweden

Verwandt sind sich alle starken Seelen.
Friedrich Schiller, Die Piccolomini (Illo)

Viele starke Menschen haben,
wie mir scheint, geradezu ein
natürliches Bedürfnis, jemand oder
etwas zu finden, vor dem sie sich
beugen können.
Fjodor M. Dostojewski, Der Jüngling

Was mich nicht umbringt,
macht mich stärker.
Friedrich Nietzsche, Götzen-Dämmerung

Wer mir etwas sagen will,
muss stärker sein als ich.
Walter Rathenau, Auf dem Fechtboden des Geistes.
Aphorismen aus seinen Notizbüchern

Zieret Stärke den Mann und freies
mutiges Wesen, / O! So ziemet ihm
fast tiefes Geheimnis noch mehr.
Johann Wolfgang von Goethe, Römische Elegien

Starrsinn

Entschlossenheit:
Starrsinn, den wir billigen.
Ambrose Bierce

Lobe niemals den unversöhnlich
starren Sinn.
Sophokles, Aias (Odysseus)

Welch schönen Tempel würde man
dem Starrsinn errichten können!
Charles de Secondat, Baron de la Brède et
de Montesquieu, Meine Gedanken

Wenn mein Starrsinn dumm ist,
so erlauben Sie mir, dumm zu sein –
das schadet ja niemandem.
Anton P. Tschechow, Briefe (8. Februar 1889)

Statistik

Die Lüge hat zwei Steigerungsformen:
Diplomatie und Statistik.
Marcel Achard

Die Statistik beschäftigt sich mit
der Betrachtung von Staatskräften,
die zu einer bestimmten Zeit innerhalb
bestimmter politischer Grenzen
vorhanden sind.
Wilhelm Schulz, Die Statistik der Kultur

Ich glaube nur an Statistiken,
die ich selbst gefälscht habe.
Winston Churchill

Man kann in der Tat mit der Statistik
alles »beweisen«, aber nur jemandem,
der von den elementarsten statisti-
schen Begriffen keine Ahnung hat.
Hans Jürgen Eysenck, Wege und Abwege
der Psychologie

Statue

Aphorismen
entstehen nach dem gleichen Rezept
wie Statuen:
man nehme ein Stück Marmor
und schlage alles ab,
was man nicht unbedingt braucht.
Gabriel Laub

Der allein besitzt die Musen,
Der sie trägt im warmen Busen;
Dem Vandalen sind sie Stein.
Friedrich Schiller, Die Antiken zu Paris

Die Einfaltspinsel stehen vor einem
bedeutenden Menschen ratlos,
wie vor einer Statue Berninis,
der sie im Vorbeigehen ein lächerliches
Lob spenden.
Luc de Clapiers Marquis de Vauvenargues,
Nachgelassene Maximen

Jetzt seh ich, jetzt genieß ich erst
das Höchste, was uns vom Altertum
übrig blieb, die Statuen.
Johann Wolfgang von Goethe, Italienische Reise

Künstler, nie mit Worten, mit Taten
begegne dem Feinde!
Schleudert er Steine nach dir,
mache du Statuen daraus.
Friedrich Hebbel, Gedichte

Warum bin ich so wenig Künstler,
dass ich immer bedaure,
dass die Statue und das Bild
nicht leben?
Vincent van Gogh, Briefe

Staub

Es ist unmöglich,
Staub aufzuwirbeln,
ohne dass einige Leute husten.
Erwin Piscator

Ohne den Staub, worin er aufleuchtet,
wäre der Strahl nicht sichtbar.
André Gide

Staub bleibt Staub,
auch wenn er bis zum Himmel fliegt.
Deutsches Sprichwort

Staunen

Anstaunen ist auch eine Kunst.
Es gehört etwas dazu,
Großes als groß zu begreifen.
Theodor Fontane, Der Stechlin

Das Erstaunliche macht uns einmal
staunen, aber das Bewunderungswürdige wird immer mehr bewundert.
Joseph Joubert, Gedanken,
Versuche und Maximen

Der Fortgang der wissenschaftlichen
Entwicklung ist im Endeffekt
eine ständige Flucht vor dem Staunen.
Albert Einstein

Die großen Dinge setzen uns in Erstaunen, und die geringen stoßen uns
ab; man wird mit den einen und den
andern vertraut durch die Gewohnheit.
Jean de La Bruyère, Die Charaktere

Man sollte nur darüber staunen,
dass wir noch staunen können.
François de La Rochefoucauld, Reflexionen

Mich erstaunen Leute,
die das Universum begreifen wollen,
wo es schwierig genug ist,
in Chinatown zurechtzukommen.
Woody Allen

Ohne Wunder findet sich
bei Wandrern
Oft ein sehr erklärliches Erstaunen.
Johann Wolfgang von Goethe, Wandrer und Pächterin

Staunen ist eine Sehnsucht
nach Wissen.
Thomas von Aquin, Summa theologica

Steigen

Dem Steigenden werden
Gärten der Schönheit
Wüsten der Unbedeutendheit.
Christian Morgenstern, Stufen

Denn wir müssen per gradus
emporsteigen, auf einer Treppe
zu andern Stufen; keiner wird
auf einen Hieb der Erste.
Martin Luther, Tischreden

Stein

Am rollenden Stein
wächst kein Moos.
Oskar Kokoschka

Der Stein, der an einem Platz bleibt,
wird mit Moos bedeckt.
Sprichwort aus Litauen

Der Stein der Weisen
sieht dem Stein der Narren
zum Verwechseln ähnlich.
Joachim Ringelnatz

Der Stein schärft die Messer,
aber er ist selber stumpf.
Sprichwort aus Italien

Ein rollender Stein
gewinnt nicht an Masse,
aber an Politur.
Oliver Herford

Es gibt Möglichkeiten für mich,
gewiss, aber unter welchem Stein
liegen sie?
Franz Kafka, Tagebücher (1914)

Mit kleinen Jungen und Journalisten
soll man vorsichtig sein.
Die schmeißen immer noch 'nen Stein
hinterher.
Konrad Adenauer

Steine sind stumme Lehrer,
sie machen den Beobachter stumm,
und das Beste, was man von ihnen
lernt, ist nicht mitzuteilen.
Johann Wolfgang von Goethe,
Maximen und Reflexionen

Wer einen großen Stein aufhebt,
zeigt damit an,
dass er damit nicht werfen will.
Sprichwort aus Persien

Wer in einem Steinhaus sitzt,
soll nicht mit Gläsern werfen.
Austin O'Malley

Stellung

Bemerkst du, dass einer im Streit
seine äußere Stellung verteidigt,
beende schleunigst das Gespräch.
Leo N. Tolstoi, Tagebücher (1907)

Eine Frau,
die die Stellung ihres Mannes
bei seinen Vorgesetzten festigt,
festigt auch ihre eigene im Haus.
Otto Flake

Eine hohe Stellung gibt nicht
das Recht zu befehlen,
sondern erlegt einem
die Schuldigkeit auf, so zu leben,
dass andere einen Befehl annehmen
können, ohne erniedrigt zu werden.
Dag Hammarskjöld

Eine zu große Frontausdehnung
der Stellungen ist zu vermeiden.
Helmuth Graf von Moltke, Verordnungen für
die höheren Truppenführer (24. Juni 1869)

Es steht der Mensch so hoch,
Wie er sich stellt.
Ernst Ziel, Moderne Xenien

Im Staat ist keiner überflüssig,
So schlecht er sein mag von Natur,
Gebt ihm die rechte Stelle nur.
Karl Wilhelm Ramler, Fabellese

Was ist eine größere Schande:
eine Stelle nicht zu erhalten,
die man verdient, oder in eine berufen
zu werden, die man nicht verdient?
Jean de La Bruyère, Die Charaktere

Wenn Männer in hoher Stellung
den Mut zur eigenen Meinung nicht
haben, was lässt sich da von Männern
in niedriger Stellung erwarten?
Samuel Smiles

Stephan (26.12.)

Windstill muss Sankt Stephan sein,
soll der nächste Wein gedeihn.
Bauernregel

Sterben

Ach, es muss öde und leer und traurig
sein, später zu sterben, als das Herz –
aber noch lebt es.
Heinrich von Kleist, Briefe (an Caroline von Schlieben,
18. Juli 1801)

Alles, was geboren wird, stirbt.
Quintilian, Schule der Beredsamkeit

Auch das Schöne muss sterben!
Friedrich Schiller, Nänie

Aus Altersschwäche sterben,
das ist ein seltener, ein eigenartiger,
ein ungewöhnlicher Tod und
darum weniger natürlich als die
anderen Todesarten; es ist die letzte,
die äußerste Möglichkeit des Sterbens;
je weiter wir von ihr entfernt sind,
um so weniger können wir hoffen,
sie zu erleben.
Michel Eyquem de Montaigne, Die Essais

Beim Sterben hat die Gemeinschaft
nicht mitzuspielen; dieser Akt
ist ein Monolog.
Michel Eyquem de Montaigne, Die Essais

Besser sterben als ein unnützes Leben,
besser Ruhe für immer
als dauerndes Leid.
Altes Testament, Jesus Sirach 30, 17

Bevor man stirbt, hat man gelebt.
Erich Kästner, Kurz und bündig. Epigramme

Da die Bewusstseinsverfassung zum
Zeitpunkt des Sterbens unmittelbare
Auswirkungen auf die Kontinuität
im nächsten Leben hat, ist es wichtig,
jene Bewusstseinsverfassung in Todes-
nähe durch geistige Praxis zu prägen
(...). Deshalb ist es ganz wichtig,
den Sterbeprozess zu studieren
und sich darauf vorzubereiten.
Dalai Lama XIV, Logik der Liebe

Das Sterben ist etwas Schauderhaftes,
nicht der Tod, wenn es überhaupt
einen Tod gibt. Der Tod ist
vielleicht der letzte Aberglaube.
Heinrich Heine

Das Sterben ist für uns ein Leid,
das wir uns nicht wünschen.
Es ist eines unserer vier Grundleiden:
Geburt, Altern, Krankheit und Tod.
Ein Grund unserer Furcht vor dem Tod
ist der Gedanke, dass wir nicht mehr
existieren werden.
Dalai Lama XIV, Yoga des Geistes

Das Sterben ist gemeiner, matter und
mühseliger im Bett als in der Schlacht:
Fieber und Katarrhe tun ebenso weh
und führen ebenso zum Tode
wie ein Schuss.
Michel Eyquem de Montaigne, Die Essais

Das, was noch sehr ferne ist,
fürchtet man nicht. So weiß
jedermann, dass er sterben muss;
aber, weil es noch nicht nahe bevorsteht, kümmert man sich nicht darum.
Aristoteles, Psychologie

Dem, der kennt der Menschen Leid
und Not, / Ist Sterben ja der Übel
größtes nicht.
Antoinette Deshoulières, Idyllen (Die Blumen)

Den, der zu sterben wünscht,
lässt der Tod niemals im Stich.
Lucius Annaeus Seneca, Hippolytus

Der Feige stirbt schon vielmals,
eh er stirbt.
William Shakespeare, Julius Caesar (Caesar)

Der ganze Unterschied zwischen
Mensch und Tier besteht darin,
dass der Mensch weiß, er wird sterben,
das Tier dagegen nicht.
Ein gewaltiger Unterschied.
Leo N. Tolstoi, Tagebücher (1907)

Der Körper stirbt dann,
wenn seine Teile so disponiert werden,
dass sie ein anderes Verhältnis von
Bewegung und Ruhe zueinander
annehmen.
Baruch de Spinoza, Ethik

Der Mensch stirbt,
so oft er Nahestehende verliert.
Publilius Syrus, Sentenzen

Der Mensch weiß nicht,
wann er sterben muss.
Ein Wagen weiss nicht,
wann er umstürzen soll.
Chinesisches Sprichwort

Der Zwang zu sterben
ist unser bitterster Kummer.
Luc de Clapiers Marquis de Vauvenargues,
Unterdrückte Maximen

Die Kunst des Sterbens
kann man nie zu viel studieren.
Sprichwort aus Schweden

Sterben

Die leidenschaftlichen Diskussionen
sollte man mit den Worten beenden:
Und zudem werden wir alle
bald sterben.
Jules Renard, Ideen, in Tinte getaucht.
Aus dem Tagebuch von Jules Renard

Die meisten Menschen sterben
an ihren Arzneien,
nicht an ihren Krankheiten.
Molière, Der eingebildete Kranke

Die Straße zum Himmel
ist gleich kurz, wo wir auch sterben.
Sprichwort aus Dänemark

Die Tragödie besteht meistens
im Weiterleben, nicht im Sterben.
Gian Carlo Menotti

Ein braves Pferd stirbt in den Sielen.
Otto von Bismarck, Reden
(im preußischen Abgeordnetenhaus, 4. Februar 1881)

Ein jeder scheidet aus dem Leben,
als sei er gerade geboren.
Epikur, Sprüche. In: Briefe, Sprüche, Werkfragmente

Ein Kaiser sollte stehend sterben.
Titus Flavius Vespasian, Letzte Worte, nach Sueton

Ein Kind, das stirbt,
wird zum Mittelpunkt der Welt:
Die Sterne und Gefilde
sterben mit ihm.
Elie Wiesel, Gezeiten des Schweigens

Ein neues Wunder wird auf dem
Erdkreis geschehen. Neue Menschen
werden die Erde bevölkern.
Gereinigte. Nur so verstehe ich,
wie die einen für die anderen sterben.
Lidia Jorge, Der Tag der Wunder

Einen in Ruhe sterben zu lassen,
gilt als Pflichtverletzung,
als Lieblosigkeit und Gleichgültigkeit.
Michel Eyquem de Montaigne, Die Essais

Entweder muss der Fisch sein Leben
lassen, oder das Netz wird reißen.
Chinesisches Sprichwort

Er wurde nicht
aus dem Leben gerissen, als er starb.
Ludwig Marcuse, Argumente und Rezepte.
Ein Wörter-Buch für Zeitgenossen

Es gibt ein Recht, wonach wir
einem Menschen das Leben nehmen,
aber keins, wonach wir ihm
das Sterben nehmen:
Dies ist nur Grausamkeit.
Friedrich Nietzsche, Menschliches, Allzumenschliches

Es ist gut, dass es in der Welt Gutes
und Schlechtes gibt; sonst wäre man
verzweifelt beim Abschied vom Leben.
Charles de Secondat, Baron de la Brède et
de Montesquieu, Meine Gedanken

Es sei gleich morgen oder heut,
Sterben müssen alle Leut.
Abraham a Sancta Clara, Mercks Wien

Es ziemt sich für einen Kaiser,
im Stehen zu sterben.
Sueton, Das Leben der Caesaren (Vespasian)

Freilich, wer nie zur rechten Zeit lebt,
wie sollte der je zur rechten Zeit sterben? Möchte er doch nie geboren sein!
Friedrich Nietzsche, Also sprach Zarathustra

Früher hat es Menschen gegeben,
die ihre Zeit so vorzüglich ausnutzten,
dass sie sogar während des Sterbens
versuchten, den Tod zu schmecken
und zu genießen. Sie haben alle ihre
Aufmerksamkeit darauf gerichtet, zu
erfahren, was bei diesem Übergang
tatsächlich vor sich geht. Sie haben
uns leider von ihren Erfahrungen
nichts berichten können,
da sie nicht zurückgekehrt sind.
Michel Eyquem de Montaigne, Die Essais

Für Frauen zu sterben
ist manchmal einfacher,
als mit ihnen zu leben.
Robert Lembke, Das Beste aus meinem Glashaus.
Humoristisches und Satirisches

Für mich ist die größte Entfaltung
menschlichen Lebens,
in Frieden und Würde zu sterben,
denn das ist die Ewigkeit.
Mutter Teresa

Gemeinsam stirbt es sich leichter.
Leo N. Tolstoi, Tagebücher (1901)

Glücklich ist, wer stirbt,
bevor er den Tod herbeiruft.
Publilius Syrus, Sentenzen

Glückliche!, denen vergönnt ist
zu sterben in der Blüte der Freude,
die aufstehen dürfen vom Mahle des
Lebens, ehe die Kerzen bleich werden
und der Wein sparsamer perlt.
Karoline von Günderode, Melete

Hat man gefunden, was man gesucht
hat, so hat man nicht mehr die Zeit,
zu sagen: Man muss sterben.
Joseph Joubert, Gedanken, Versuche und Maximen

Ich denke, beim Sterben werde ich
meine Standhaftigkeit nicht beweisen
und damit prahlen wollen. Für wen?
Da hört alles Recht auf meinen guten
Ruf und alles Interesse daran auf.
Michel Eyquem de Montaigne, Die Essais

Ich habe viele recht elend sterben
sehen, belagert von dem ganzen
Gefolge; bei diesem Gedränge
müssen sie ja ersticken.
Michel Eyquem de Montaigne, Die Essais

Ich muss endlich zu deinen Füßen
sterben – oder in deinen Armen.
Jean-Jacques Rousseau, Julie oder Die neue Héloïse
(Saint-Preux)

Ich sterb' und lebe Gott: Will ich ihm
ewig leben, / So muss ich ewig auch
für ihn den Geist aufgeben.
Angelus Silesius, Der cherubinische Wandersmann

Ich wusste nicht, dass Sterben
so leicht sein kann.
Christoph Probst, Worte kurz vor der Hinrichtung
(1943)

Immer nur das Verlangen, zu sterben
und das Sich-noch-Halten,
das allein ist Liebe.
Franz Kafka, Tagebücher (1913)

In eurem Sterben soll noch euer Geist
und eure Tugend glühn, gleich einem
Abendrot um die Erde: Oder aber das
Sterben ist euch schlecht geraten.
Friedrich Nietzsche, Also sprach Zarathustra

In Leben und Sterben gleichen sich
Vergangenheit und Gegenwart.
Chinesisches Sprichwort

Ist erst die Jugend vergangen, dann
stürbe man besser, als zu erwarten,
was uns trauriges Alter beschert.
Mimnermos, Zit. nach E. Diehl, Anthologia
lyrica Graeca, Fragment 2

Kein Wunder, dass der Mensch ungern
stirbt, denn so etwas wie die Herrlichkeit der Welt kann man sich nicht
noch einmal woanders ausdenken,
zum Beispiel im Himmel.
Knut Hamsun, Nach Jahr und Tag

Lasset uns des flücht'gen Tags
genießen, / Gilt's vielleicht doch
morgen schon zu sterben.
Adelbert von Chamisso, Gedichte

Lässt für die Sterblichen größeres Leid
Je sich erdenken,
Als sterben zu sehen die Kinder?
Euripides, Die Schutzflehenden

Lebe, wie du, wann du stirbst,
Wünschen wirst, gelebt zu haben.
Christian Fürchtegott Gellert, Lieder

Leben heißt sterben.
Gut leben heißt gut sterben.
Gib dir Mühe, gut zu sterben.
Leo N. Tolstoi, Tagebücher (1905)

Lieber leiden als sterben,
das ist der Menschen Wahlspruch.
Jean de La Fontaine, Fabeln

Lieber mit einem Weisen sterben,
als mit einem Narren leben.
Chinesisches Sprichwort

Man lebt sich selbst,
man stirbt sich selbst.
Theodor Fontane, Briefe

Man sagt: »Er stirbt bald«, wenn einer
etwas gegen seine Art und Weise tut.
Johann Wolfgang von Goethe,
Maximen und Reflexionen

Man stirbt nicht, wenn man in den
Herzen der Menschen weiterlebt,
die man verlässt.
Samuel Smiles, Charakter

Man stirbt zweimal; das erste Mal
an dem Tag, an dem man
das Leben kennen lernt,
das zweite Mal an dem Tag,
an dem man es verliert.
Théodore Jouffroy, Das grüne Heft

Mein Leben geht zu Ende, ich weiß es
und fühle es. Doch fühle ich auch
mit jedem sich neigenden Tag,
wie sich mein irdisches Leben mit
einem neuen, unendlichen,
unbekannten, aber schon nah heran-
kommenden Leben berührt,
in dessen Vorgefühl meine Seele vor
Entzücken erzittert, mein Geist leuchtet und mein Herz vor Freude weint.
Fjodor M. Dostojewski, Die Brüder Karamasow

Meistens sterben die Weisen,
nachdem sie den Verstand verloren
haben; die Narren hingegen ganz voll
von gutem Rat.
Baltasar Gracián y Morales, Handorakel und Kunst
der Weltklugheit

Mir tut es allemal weh,
wenn ein Mann von Talent stirbt,
denn die Welt hat dergleichen nötiger
als der Himmel.
Georg Christoph Lichtenberg,
Sudelbücher

Mit jedem Menschen sterben auch
die Toten, die nur in ihm noch
gelebt hatten.
Richard von Schaukal, Gedanken

Muss nicht der Tod etwas sein, ohne
das der Mensch nicht leben möchte?
Ohne das er es nicht aushielte zu
leben? Nein, ich will nicht unwillig
sterben, ich will freudig und dankbar
sterben, dankbar für die Möglichkeit,
mich denen anreihen zu dürfen, welche
als Opfer gefallen sind, um mit
ihnen und für sie gegen die Lebendigen zu protestieren, welche die Erde zu
einem schlechteren und unanständige-
ren Aufenthalt machen als das Grab.
Christian Morgenstern, Stufen

Naht eines Menschen letzte Stunde
Scheint alles gegen ihn im Bunde.
Jüdische Spruchweisheit

Niemand stirbt ohne Erben.
Deutsches Sprichwort

Niemand wird so vom Glück begünstigt, dass bei seinem Sterben nicht
einige zugegen sein werden, die das
schlimme Ereignis begrüßen.
Mark Aurel, Selbstbetrachtungen

Nur ein Phantast kann damit rechnen,
dass er einmal an dem Kräfteverfall
sterben wird, den das Greisenaltar mit
sich bringt, und sich vornehmen,
so lange zu leben. Ist das doch die
seltenste von allen Todesformen und
die ungebräuchlichste.
Michel Eyquem de Montaigne, Die Essais

Selbst ein Hundertjähriger
fürchtet sich vor dem Sterben.
Chinesisches Sprichwort

Sie haben manches von mir gelernt,
jetzt sollen sie auch noch lernen,
wie man in Ruhe stirbt.
Gebhard Leberecht Fürst Blücher von Wahlstatt,
An seinem Todestag (12. September 1819)

Sterben heißt dorthin gehen,
woher wir gekommen sind.
Leo N. Tolstoi, Tagebücher (1908)

Sterben ist auch eine Kunst.
Deutsches Sprichwort

Sterben ist kein Kinderspiel.
Deutsches Sprichwort

Sterben ist kein Unglück,
aber jahrelanges Leiden, ehe man es
dahin bringt, zu sterben.
Heinrich Heine

Sterbenkönnen befreit uns von
aller Knechtschaft, von allem Zwang.
Michel Eyquem de Montaigne, Die Essais

Sterben – Schlafen, / Schlafen!
Vielleicht auch träumen! Ja da liegt's.
William Shakespeare, Hamlet (Hamlet)

Sterben und Lieben sind Synonyme.
In beiden wird die Individualität
aufgehoben, und der Tod ist die Pforte
des Lebens. Beides ist Vermählung
mit der himmlischen Jungfrau, nur
dass sie im Weibe inkognito erscheint.
Johann Wilhelm Ritter, Fragmente

Sterbende Ehegatten quält bei ihrem
Ende gewöhnlich vor allem
der Gedanke, dass der Überlebende
wieder heiraten wird.
August Strindberg, Der Sohn der Magd

Sterbende frösteln immer.
Die Majestät, die auf sie zukommt,
ist kalt.
Heinrich Böll, Worte töten Worte heilen

Stirb Götz – du hast dich
selbst überlebt!
Johann Wolfgang von Goethe, Götz von Berlichingen
(Götz)

Täglich sterben wir: Täglich nämlich
wird hinweggenommen ein Teil
des Lebens, und auch dann, wenn wir
wachsen, nimmt das Leben ab.
Lucius Annaeus Seneca, Briefe über Ethik

Und solang du das nicht hast, / Dieses:
Stirb und werde! / Bist du nur ein
trüber Gast / Auf der dunklen Erde.
Johann Wolfgang von Goethe, West-östlicher Divan

Unser Leben ist der Fluss,
der sich ins Meer ergießt,
das Sterben heißt.
Federico Garcia Lorca

Verzweifle und stirb!
William Shakespeare, Richard III. (Geister)

Viele sterben zu spät, und einige
sterben zu früh. Noch klingt fremd
die Lehre: »Stirb zur rechten Zeit!«
Stirb zur rechten Zeit;
also lehrt es Zarathustra.
Friedrich Nietzsche, Also sprach Zarathustra

Von den Menschen abzuscheiden ist,
falls es Götter gibt,
nichts Schlimmes.
Mark Aurel, Selbstbetrachtungen

Von Natur weiß der Mensch standhaft
zu leiden und stirbt in Frieden. Die
Ärzte mit ihren Verordnungen, die
Philosophen mit ihren Lehrsätzen,
die Priester mit ihren Ermahnungen
entmutigen sein Herz und machen,
dass er das Sterben verlernt.
Jean-Jacques Rousseau, Emile

Wann du gestorben bist, so scheinet
dir von Not, / Mein Mensch,
die ganze Welt und all's Geschöpfe tot.
Angelus Silesius, Der cherubinische Wandersmann

Weh dem, der Sterben sah!
Er trägt für immer
Die weiße Blume bleiernen Entsetzens.
Georg Heym, Was kommt ihr, weißer Falter

Weil der Mensch sterben muss,
muss er sich auch fortpflanzen.
Jean-Jacques Rousseau, Emile

Wenige kennen den Tod.
Gewöhnlich stirbt man nicht aus
Einsicht, sondern aus Dummheit oder
Gewohnheit, und die meisten sterben,
weil man eben stirbt.
François de La Rochefoucauld, Reflexionen

Wenn ein Geist stirbt, wird er Mensch.
Wenn der Mensch stirbt, wird er Geist.
Novalis, Fragmente

Wenn ein Teil des Menschen stürbe,
der andere nicht, wäre das Sterben
eine unerträgliche Trübsal.
Jean de La Bruyère, Die Charaktere

Wenn jemand in der eigenen Familie
stirbt, nimmt man das nicht als Tod
auf. Es ist einfach nicht der Tod,
sondern etwas anderes – schrecklich
erschütternd und persönlich,
etwas, das niemals jemand anderer
durchgemacht hat.
Anne Morrow Lindbergh, Verschlossene Räume,
offene Türen

Wenn man bereit ist zu sterben,
ist es schön, und ich bin bereit.
Leo N. Tolstoi, Tagebücher (1888; Tolstoi starb 1910)

Wenn wir es fertig gebracht haben,
einheitlich und ruhig zu leben,
bringen wir es auch fertig,
einheitlich und ruhig zu sterben.
Michel Eyquem de Montaigne, Die Essais

Wer geboren wird, schreit;
wer stirbt, ist still.
Sprichwort aus Russland

Wer ist so töricht,
dass er sich zu sterben sehnt?
Sophokles, Antigone

Wer mit dreiundsiebzig oder vierundachtzig nicht zum Höllenfürsten
gerufen wird, stirbt von allein.
Chinesisches Sprichwort

Wer morgens hat gehört
vom rechten Weg und abends stirbt,
starb nicht umsonst.
Konfuzius, Gespräche

Wer während des Lebens weint,
stirbt lächelnd.
Sprichwort aus Polen

Wer zu sterben gelernt hat,
den drückt kein Dienst mehr:
Nichts mehr ist schlimm im Leben für
denjenigen, dem die Erkenntnis aufgegangen ist, dass es kein Unglück ist,
nicht mehr zu leben.
Michel Eyquem de Montaigne, Die Essais

Wie betrübend es auch sei, es ist ein
Naturgesetz, dass Menschen sterben,
und haben sie recht gelebt und ihr
Alter in Kindern verherrlicht,
so sterben sie nicht ganz; denn in den
Ihrigen lebt die Erinnerung fort,
bis sie erst in Enkeln nach und nach
ausbleicht. Und so ist es recht,
dass die Welt immer als ein frisches,
ursprüngliches, herrliches Ganzes
dasteht, als wäre sie erst gestern
aus dem Haupte des Schöpfers
entsprungen.
Adalbert Stifter, Briefe (an Gustav Heckenast,
Januar 1846)

Wie gelebt, so gestorben.
Sprichwort aus Frankreich

Wie ist es möglich, dass der
Gebildete ebenso sterben muss
wie der Ungebildete?
Altes Testament, Kohelet 2, 16

Will mit andern lustig sein,
Muss ich gleich alleine sterben.
Martin Opitz, Buch von der deutschen Poeterey

Wir leben, also sterben wir.
Gut leben heißt gut sterben.
Leo N. Tolstoi, Tagebücher (1883)

Wir müssen immer lernen,
zuletzt auch noch sterben lernen.
Marie von Ebner-Eschenbach, Aphorismen

Wir wissen alle,
dass wir einmal sterben müssen,
und doch leben wir so, als würde
unser irdisches Dasein ewig dauern.
Francesco Guicciardini, Ricordi

Wo du stirbst, da sterbe auch ich,
da will ich begraben sein.
Altes Testament, Rut 1, 17

Wohin du jetzt wirbest,
da fähret deine Seele hin,
wenn du stirbest.
Jakob Böhme, Aurora

Zum Tode Verurteilte haben es oft eilig
mit dem Sterben, sie drängen zur bal-
dige Hinrichtung; sie tun das nicht
aus Entschlossenheit, sondern sie
wollen die Zeit verkürzen, in der sie
dem Tod ins Auge sehen müssen:
Nicht das Totsein ist ihnen unerträglich, sondern das Sterben.
Michel Eyquem de Montaigne, Die Essais

Sterblichkeit

Auch denen, die uns lieben und verehren, wird nicht eher in unserer Nähe
wohl, als bis sie entdeckt haben,
wo wir sterblich sind.
Arthur Schnitzler,
Buch der Sprüche und Bedenken

Die Sterblichkeit gibt der Welt
ihren Qualitätsmaßstab (...).
Peter Ustinov, Peter Ustinovs geflügelte Worte

Staaten sind genau so
sterblich wie Menschen.
Francesco Guicciardini, Ricordi

Wer einmal völlig begriffen hat,
dass er sterblich ist,
für den hat eigentlich die Agonie
schon begonnen.
Arthur Schnitzler, Aphorismen und Betrachtungen aus
dem Nachlass

Stern

Alle Sterne am Himmel
grüßen den Polarstern.
Chinesisches Sprichwort

Am Tage sehn wir wohl die schöne
Erde, doch wenn es Nacht ist,
sehn wir in die Sterne.
Heinrich von Kleist, Briefe (an Wilhelmine von Zenge,
16.–18. November 1800)

Das macht uns den Sternenhimmel so
unerfasslich und fürchterlich, dass wir
lauter Summen gegenüberstehen, lauter Quintessenzen. Mühelos sammeln
wir das halbe All in unserm Auge. Es
ist ein Gedanke, nicht auszudenken.
Christian Morgenstern, Stufen

Den Stern, der dem Einsamen
jeden Abend leuchtet,
den wird er nicht verraten.
Bettina von Arnim, Tagebuch

Der schönste gestirnte Himmel
sieht uns durch ein umgekehrtes
Fernrohr leer aus.
Georg Christoph Lichtenberg, Sudelbücher

Die Erde ist ein gebildeter Stern
mit sehr viel Wasserspülung.
Erich Kästner

Die Sterne, die begehrt man nicht,
Man freut sich ihrer Pracht,
Und mit Entzücken blickt man auf
In jeder heitren Nacht.
Johann Wolfgang von Goethe, Trost in Tränen

Die Sterne, die wir am Himmel sehen,
gibt es vielleicht gar nicht mehr.
Genauso verhält es sich
mit den Idealen früherer Generationen.
Tennessee Williams

Die Sterne können den Glanz
des Mondes nicht vermehren.
Chinesisches Sprichwort

Die Sterne lauter ganze Noten.
Der Himmel die Partitur.
Der Mensch das Instrument.
Christian Morgenstern, Stufen

Die Sterne machen keinen Lärm.
Sprichwort aus Irland

Dort ziehen Fraun vorbei
Schwebend nach oben. / Die Herrliche,
mitteninn, / Im Sternenkranze,
Die Himmelskönigin.
Johann Wolfgang von Goethe, Faust II (Dr. Marianus)

Es fallen die Sterne,
die hellen Lichter des Himmels,
und es erhebt sich die Erde,
es bebt diese breite Welt.
Heliand (um 850), Ankündigung des Jüngsten Gerichts

Es gibt etwas, das in unaufhörlicher
Bewegung begriffen ist, und zwar in
einer Kreisbewegung. Das ist nicht nur
eine einleuchtende Theorie,
sondern eine klare Tatsache.
Also ist der Fixsternhimmel ewig.
Folglich muss es auch etwas geben,
das ihn in Bewegung setzt.
Aristoteles, Älteste Metaphysik

Es ist schwer, sich nach Sternen
zu orientieren, die erloschen sind!
Alfred Polgar, Kleine Schriften, Band 3. Irrlicht

Gegen die Erde gibt es keinen Trost
als den Sternenhimmel.
Jean Paul, Quintus Fixlein

Gleich leuchtete von fern für sie
der Wunderstern,
Freude überkam sie,
als sie ihn erblickten.
Otfrid von Weissenburg, Evangelienbuch

Horoskope sind Religionsersatz,
denn wer Religion hat,
dem sind die Sterne schnuppe.
Sigismund von Radecki

Ich liebe es, mich nachts in den
Anblick des sternenbedeckten
Himmels zu versenken.
Leo N. Tolstoi, Tagebücher (1851)

Ideale sind wie Sterne:
Man kann sie nicht erreichen,
aber man kann sich
an ihnen orientieren.
Carl Schurz

In solcher Nacht kann man verstehen,
warum seit den Tagen der Pharaonen
oder des Hiob der mit Gestirnen besäte
Himmelsdom als eine übermächtige
schweigende Kritik an menschlichem
Stolz, Ruhm, Ehrgeiz empfunden
wurde.
Walt Whitman, Tagebuch (1879)

Kein Stern hat seines Laufs
im Abgrund je vergessen,
Gott hat ihm seine Bahn
und dir dein Ziel bemessen.
Daniel Czepko von Reigersfeld, Monodisticha
Sapientium

Lass dich in deiner Ruhe nicht stören,
holder Stern!, wenn unter dir
es gärt und trüb ist.
Friedrich Hölderlin, Hyperion

Mit euren kleinen Augen sehr ihr
auch bestimmte Sterne der fünfzigsten
Größenordnung nicht mehr, die ich
sehr deutlich erkenne; wollt ihr daraus
schließen, diese Sterne existierten
nicht?
Voltaire, Micromégas

Möge der Stern uns Vorbild wahrer
Kunst sein. Eine Welt, zu einem leuch-
tenden Strahlenpunkt verdichtet, der
dir Leib und Seele durchbrennt. So
denke dir den langsamen Pfeil der
Schönheit: als den Lichtkegel einer
Sternenwelt, von dem allein die Spitze
Menschenaugen sichtbar.
Christian Morgenstern, Stufen

Nach den Sternen schaue unbesorgt,
aber achte auf den Rinnstein.
Heinrich Waggerl, Nachlass

Nacht ist schon hereingesunken,
Schließt sich heilig Stern an Stern,
Große Lichter, kleine Funken
Glitzern nah und glänzen fern.
Johann Wolfgang von Goethe, Faust II (Chor)

Nicht alle Sterne lernten wir durch
Aufblicken kennen, mit manchen
waren wir auf Du und Du,
bis wir merkten, dass sie Sterne sind.
Ludwig Marcuse, Argumente und Rezepte.
Ein Wörter-Buch für Zeitgenossen

O gäb's doch Sterne,
die nicht bleichen, / wenn schon
der Tag den Ost besäumt;
von solchen Sternen ohnegleichen
hat meine Seele oft geträumt.
Rainer Maria Rilke, Traumgekrönt

Sterne. Bei Gott brennt Licht.
Jules Renard, Ideen, in Tinte getaucht.
Aus dem Tagebuch von Jules Renard

Sterne machen Lichtreklame.
Leider weiß man nicht genau für wen.
Erich Kästner, Dr. Erich Kästners lyrische Hausapotheke

Und wenn ich auch auf dieser Erde
nirgends meinen Platz finden sollte,
so finde ich vielleicht auf einem
andern Stern einen um so bessern.
Heinrich von Kleist, Briefe (an Wilhelmine von Zenge,
13. November 1800)

Und wie steht's mit jedem der Sterne?
Sind sie nicht verschieden, aber mit-
wirkend zum selben Ziel?
Mark Aurel, Selbstbetrachtungen

Vorausbestimmt zur Sternenbahn,
Was geht dich, Stern, das Dunkel an?
Roll selig hin durch diese Zeit! / Ihr
Elend sei dir fremd und weit! / Der
fernsten Welt gehört dein Schein:
Mitleid soll Sünde für dich sein!
Nur ein Gebot gilt dir: Sei rein!
Friedrich Nietzsche, Die fröhliche Wissenschaft

Wahr ist es, dass die Menschen uns,
wie die Sterne, bei ihrem
Verschwinden höher erscheinen,
als sie wirklich stehen.
Heinrich von Kleist, Briefe (an Wilhelmine von Zenge,
31. Januar 1801)

Warum, frage ich mich, sollten
die leuchtenden Punkte am Himmel
nicht ebenso zugänglich sein
wie die schwarzen Punkte
auf der Karte von Frankreich?
Vincent van Gogh, Briefe

Weißt du, wie viel Sternlein stehen
An dem blauen Himmelszelt?
Wilhelm Hey, Fabeln für Kinder

Welch reicher Himmel! Stern bei
Stern! / Wer kennet ihre Namen?
Johann Wolfgang von Goethe, Der Sänger

Wenige richten sich nach ihrem Stern.
William Shakespeare, Heinrich VI. (Warwick)

Wenn die Fixsterne nicht einmal fix
sind, wie könnt ihr denn sagen, dass
alles Wahre wahr ist?
Georg Christoph Lichtenberg, Sudelbücher

Wer die Sterne fragt, was er tun soll,
ist gewiss nicht klar über das,
was zu tun ist.
Johann Wolfgang von Goethe, Die Piccolomini
(Schriften zur Literatur)

Wer wollte leugnen,
dass die Sterne uns regieren.
Bettina von Arnim, Tagebuch

Wie viele Sterne hat man durch die
Fernrohre entdeckt, die vordem für
unsere Philosophen nicht da waren!
Blaise Pascal, Pensées

Wie wunderbar sind die Dreiecke,
deren Spitzen von Sternen gebildet
werden!
Henry David Thoreau, Walden

Wir Eintagsfliegen wollen, wie an den
Terzienuhren unseres Daseins, auch an
der Jahrtausenduhr der Sternenzeit
den Zeiger eilen sehen.
Jean Paul, Dämmerungen für Deutschland

Wir können nicht zu einem Stern
gelangen, solange wir am Leben sind,
ebenso wenig wie wir den Zug
nehmen können, wenn wir tot sind.
Vincent van Gogh, Briefe

Wir mögen die Himmel erstürmen und
neue Sterne ohne Zahl finden:
Es gibt immer noch den neuen Stern,
den wir nicht gefunden haben
– jenen, auf dem wir geboren sind.
Gilbert Keith Chesterton, Aphorismen und Paradoxa

Stetigkeit

Allein ein Weib bleibt stet auf einem
Sinn, / Den einmal sie gefasst.
Johann Wolfgang von Goethe, Iphigenie auf Tauris
(Pylades)

Steter Tropfen höhlt den Stein.
Deutsches Sprichwort

Tropfen um Tropfen füllt sich
ein Teich, Sandkorn auf Sandkorn
wächst ein Berg.
Chinesisches Sprichwort

Steuer

Der Tod hat die Sense weggelegt.
Er sitzt jetzt am Steuer.
Heinrich Wiesner

Gott gab das Steuer,
aber der Teufel die Segel.
Sprichwort aus Serbien

Los den Anker!
Das Steuer dem Strom!
Richard Wagner, Tristan und Isolde (Tristan)

Steuermann

Auf dem Bache zu schiffen, ist keine
Kunst. Aber wenn unser Herz und
unser Schicksal in den Meeresgrund
hinab und an den Himmel hinauf uns
wirft, das bildet den Steuermann.
Friedrich Hölderlin, Briefe
(an Neuffer, 16. Februar 1797)

Ein richtiger Steuermann fährt mit
zerrissenem Segel, und wenn er die
Takelage verloren hat, zwingt er dennoch den entmasteten Rumpf
des Schiffes an den Kurs.
Lucius Annaeus Seneca, Briefe über Ethik

Steuern

Bei der Schafschur und
bei den Steuern sollte man aufhören,
sobald die Haut erreicht ist.
Austin O'Malley

Das Volk hungert, weil die Herren
zu viel Steuern verzehren.
Lao-tse, Dao-de-dsching

Die Berechnung der Einkommensteuer
ist für einen Mathematiker zu schwierig, dazu muss man Philosoph sein.
Albert Einstein

Die einzige abartige Veranlagung,
die ich kenne,
wird vom Steueramt verschickt.
Wolfgang Neuß

Die gemeinsame Steuererklärung
hat sicherlich mehr zur Rettung
bedrohter Ehen beigetragen
als die schönste Predigt.
Dale Carnegie

Die Steuern sind die Nerven
des Staates.
Marcus Tullius Cicero, Pro lege Manilia

Die Steuern stehen fest,
die Ausgaben nicht.
Chinesisches Sprichwort

Ehefrau: die Steuer,
die man für den Luxus zahlen muss,
Kinder zu haben.
Gabriel Laub

Ihr klagt über die vielen Steuern:
Unsere Trägheit nimmt uns zweimal so
viel ab, unsere Eitelkeit dreimal so viel
und unsere Torheit viermal so viel.
Benjamin Franklin

Jedes Jahr müsste ein Wahljahr sein.
Im Wahljahr gibt es keine
Steuererhöhungen.
Lothar Schmidt

Mann sei es oder Frau –
liegt ihnen etwas am Leben,
und möchten sie ferner
sich dieser Welt erfreuen –,
sei er jung oder alt,
sie müssen sich zählen lassen,
man ziehe ihn zur Steuer heran.
Otfrid von Weissenburg, Evangelienbuch

Mir kommt kein Besitz ganz recht-
mäßig, ganz rein vor, als der dem
Staate seinen schuldigen Teil abträgt.
Johann Wolfgang von Goethe, Wilhelm Meisters
Lehrjahre

Neuer Landtag, gewisse Steuer.
Deutsches Sprichwort

Nichts in dieser Welt ist sicher
außer dem Tod und den Steuern.
Benjamin Franklin, Briefe (an Leroy, 1789)

Pfaffen zahlen einander keine
Zehnten.
Deutsches Sprichwort

So böse ist kein Kind,
dass es nicht
für eine Steuerermäßigung gut wäre.
Robert Lembke,
Steinwürfe im Glashaus

Steuern sind ein erlaubter Fall
von Raub.
Thomas von Aquin

Steuergerechtigkeit
ist das Gleichgewicht der Lobbies.
Helmar Nahr

Um zwei Dinge kommen wir nicht
herum: um die Steuerzahlung und um
den Tod. Ein Glück, dass man nicht
beides zur gleichen Zeit erleben kann.
Hans Albers

Unrecht Gut ist steuerfrei.
Robert Lembke, Steinwürfe im Glashaus

Was du heute kannst besorgen,
das verschiebe nicht auf morgen –
die Mehrwertsteuer kann nur höher
werden.
Robert Lembke, Steinwürfe im Glashaus

Willst du ohne Kummer leben, bezahle
stets beim Mandarin die Steuern.
Chinesisches Sprichwort

Wo nichts ist, da hat der
Kaiser sein Recht verloren.
Deutsches Sprichwort

Stiefmutter

»Auch so ist es gut!«,
sagte der junge Mann,
der nach dem Hunde warf
und seine Stiefmutter traf.
Plutarch, Das Gelage der Sieben Weisen

Eine brave Mutter gibt ihrem Stief-
kinde ein gleich großes Stück Kuchen
als ihrem eigenen Kinde,
aber sie gibt es auf eine andre Art.
Ludwig Börne, Kritiken

Verfolgt die zweite Mutter
doch stets mit gift'gen Blicken,
einer wilden Schlange gleich.
Euripides, Alkestis (Alkestis)

Wenn du zugleich eine Stiefmutter
und eine Mutter hättest, würdest du
jene zwar ehren, aber trotzdem
würdest du fortgesetzt
zu deiner Mutter zurückkehren.
Mark Aurel, Selbstbetrachtungen

Stil

Bei den einen entsteht der Stil
aus den Gedanken, bei den anderen
entstehen Gedanken aus dem Stil.
Joseph Joubert, Gedanken, Versuche und Maximen

Bevor aus deinem Stil
etwas werden kann, muss
aus dir selbst etwas geworden sein.
Marie von Ebner-Eschenbach, Aphorismen

Das Ideal von Stil:
die Verbindung von Sachlichkeit
und Inspiration.
Stefan Napierski

Dem Stil in der Literatur entspricht
bei Menschen der Tat das moralische
Element. Bücher leben fast ganz aus
ihrem Stil, und die Tatmenschen,
die nach ihrem Tod Bewegungen
inspirieren, sind solche, die sich un-
persönlicher Gefühle und Gesetze

derart bemächtigen, dass sie den
unmittelbaren Lebensumständen
entrückt sind.
William Butler Yeats, Synges Tod

Der große Schriftsteller hat Stil,
der kleine Manier,
was nicht ausschließt,
dass der große auch einmal klein
und der kleine groß,
d. h. ein Stilist sein kann.
Christian Morgenstern, Stufen

Der Stil, das heißt
alle Stile vergessen.
Jules Renard, Ideen, in Tinte getaucht.
Aus dem Tagebuch von Jules Renard

Der Stil eines Autors ist ein Pferd,
das nur einen einzigen Reiter trägt.
John Steinbeck

Der Stil ist der Mensch
(Le style, c'est l'homme).
Georges Louis Leclerc Graf von Buffon, Antrittsrede
nach der Aufnahme in die Académie française

Die niemals über das hinausdenken,
was sie sagen, und nicht weiter sehen,
als sie denken, haben einen sehr
entschiedenen Stil.
Joseph Joubert, Gedanken, Versuche und Maximen

Die Schöngeister haben das Wort
»Stilisierung« entdeckt,
um all das zu bezeichnen,
dem es an Stil mangelt.
Jean Cocteau, Hahn und Harlekin

Es gibt einen Bücherstil, der nach
Papier und nicht nach der Welt
schmeckt, nach dem Verfasser und
nicht nach dem Wesen der Dinge.
Joseph Joubert, Gedanken, Versuche und Maximen

Es ist eine große Kunst,
den Stil mit Unbestimmtheiten
zu erfüllen, die gefallen.
Joseph Joubert, Gedanken, Versuche und Maximen

Feilen, feilen Sie ihre Feder.
Der Stil erschlafft.
Der Satz entgleitet, spielt verrückt.
Sie werden stürzen.
Jules Renard, Ideen, in Tinte getaucht. Aus dem
Tagebuch von Jules Renard

Je besser ein Stil wird, desto mehr
nimmt er alles in sich hinein: die
überflüssigen Interpunktionen, die allzu häufigen Absätze, den Sperrdruck.
Christian Morgenstern, Stufen

Je einheitlicher ein Volk einen Stil aus
sich heraus entwickelt, umso mehr ist
es bei sich selbst daheim. Daher der
Zauber des mittelalterlichen Stils,
daher heute unsere Heimatlosigkeit.
Christian Morgenstern, Stufen

Man darf den Stil großer Dichter
nicht vom Können, nur vom Willen
her interpretieren, er schafft sich
den ihm angemessenen Stil.
Ludwig Marcuse, Argumente und Rezepte.
Ein Wörter-Buch für Zeitgenossen

Nur der maßvolle Stil
ist der klassische.
Joseph Joubert, Gedanken, Versuche und Maximen

Obendrein war sie emanzipiert,
ohne männerfeindlich zu sein;
sie rauchte und trank ihr Glas,
doch nicht ohne Stil.
August Strindberg, Der Sohn der Magd

Sinnlichkeit durch Gestalt
und Bewegung ist das Leben des Stils.
Jean Paul, Vorschule der Ästhetik

Stil fängt da an,
wo die Begabung aufhört.
Max Liebermann

Stil haben:
Das heißt die Worte so setzen,
dass die Gedanken spazieren können.
Hans Lohberger

Stil hat alles Unfertige und Zufällige.
Andy Warhol

Stil ist die Fähigkeit,
komplizierte Dinge einfach zu sagen
– nicht umgekehrt.
Jean Cocteau

Stil ist die Geliebte der Kunst.
Coco Chanel

Stil ist eine Art von Lüge. Es ist
ein Ornament, das die Architektur
versteckt.
Peter Ustinov, Peter Ustinovs geflügelte Worte

Stil ist eine Form der Lüge.
Er ist das Ornament,
das die Struktur verdeckt.
Peter Ustinov

Stil ist nichts Endgültiges,
sondern beständiger Wandel.
Walter Gropius

Stil ist richtiges Weglassen
des Unwesentlichen.
Anselm Feuerbach, Rom

Stil ist Sicherheit.
Wolfgang Joop

Stil ist Verzicht auf Hochmut.
Alessandro Pertini

Wähle einen Stil,
bei dem du dich wohl fühlst,
und bleibe dabei.
Lido Anthony »Lee« Iacocca,
Mein amerikanischer Traum

Was Adjektive angeht:
Im Zweifelsfall streiche sie aus.
Mark Twain, Querkopf Wilsons Kalender

Wenn man das Forschen
vom Formulieren trennt,
wird der Stil frigid.
Niklaus Meienberg

Wer Stil hat, ist parodierbar.
Joachim Kaiser

Wie jedes Volk sich in seiner Sprache,
so malt jeder Autor sich
in seinem Stile.
Jean Paul, Vorschule der Ästhetik

Stille

Denn alles Heil kommt aus der Stille.
Heinrich Waggerl, Das ist die stillste Zeit im Jahr

Die größte Offenbarung ist die Stille.
Lao-tse

Die Sterne machen keinen Lärm.
Sprichwort aus Irland

Die stillen Geister begreifen besser
das Wahre, weil ein See besser
die Sterne zurückstrahlt als ein Fluss.
Théodore Jouffroy, Das grüne Heft

Die wahrhaft Weisen leben
still und zurückgezogen.
Voltaire, Der Lauf der Welt

Doch meine Verdienste,
die bleiben im Stillen.
Friedrich Schiller, Wallensteins Lager (Wachtmeister)

Eine durchgängige Stille führt zur
Traurigkeit. Sie ist ein Bild des Todes.
Jean-Jacques Rousseau, Träumereien eines einsamen
Spaziergängers

Es ist so furchtbar still.
Mir fehlt der Krach.
Erich Kästner, Dr. Erich Kästners lyrische Hausapotheke

Ich muss mich ganz im Stillen
mit meiner Außenwelt reiben, sonst
werde ich untauglich für die Welt.
Paula Modersohn-Becker, Briefe (14. Juli 1897)

In der Stille scheinen Himmel
und Erde groß. In der Muße
dehnen sich Tage und Monde lang.
Chinesisches Sprichwort

Kein stilles Fleckchen, / Krieg drinnen,
Krieg draußen! / Kein dunkel Eckchen,
Qual innen und außen!
Wilhelm Raabe, Gedichte

Leise, leise! Stille, Stille!
Das ist erst das wahre Glück.
Johann Wolfgang von Goethe, Loge

Man muss eben immer älter werden,
immer stiller, und endlich einmal
etwas schaffen.
Paula Modersohn-Becker, Briefe (29. Januar 1900)

Nicht immer sind die Stillen
auch die Weisen.
Es gibt verschlossene Truhen,
die leer sind.
Jean Giono

Nichts ist dem Nichts so gleich
als Einsamkeit und Stille,
Deswegen will sie auch,
so er was will, mein Wille.
Angelus Silesius, Der cherubinische Wandersmann

Oh, so wohltuend und still!
Welche Erholung für die Gedanken!
Frei von dem betäubenden Lärm
der Menschen.
Fridtjof Nansen, In Nacht und Eis

Selig, wer sich nicht in das Gewühl
zu mischen braucht und in der Stille
auf die Gesänge seines Geistes
horchen darf.
Friedrich Schlegel, Über die Philosophie

Stille ist ein Schweigen,
das den Menschen Augen und Ohren
öffnet für eine andere Welt.
Serge Poliakoff

Stille und Nachdenken erschöpfen
die Leidenschaften, wie Arbeit
und Fasten die Launen verzehren.
Luc de Clapiers Marquis de Vauvenargues, Unterdrückte Maximen

Überall sein und in
einem stillen Winkel.
Jules Renard, Ideen, in Tinte getaucht.
Aus dem Tagebuch von Jules Renard

Verstehen – durch Stille.
Wirken – aus Stille.
Gewinnen – in Stille.
Dag Hammarskjöld, Zeichen am Weg

Wo die Stille mit dem Gedanken
Gottes ist, da ist nicht Unruhe
noch Zerfahrenheit.
Franz von Assisi, Von der Kraft der Tugenden

Wo Lärm vorherrscht,
da gibt es Geld,
wo Stille einkehrt,
ist Muße sicher.
Chinesisches Sprichwort

Stillen

Dann gab sie ihm mit Freude ihre
jungfräuliche Brust; / nicht scheute
sie sich, es zu zeigen:
Sie stillte den Gottessohn.
Otfrid von Weissenburg, Evangelienbuch

Es geruhen aber die Mütter nur,
ihre Kinder zu säugen, und die Sitten
werden sich von selbst bessern,
die Empfindung der Natur in allen
Herzen wieder erwachen.
Jean-Jacques Rousseau, Emile

Stillstand

Die eigentlichen Epochen im Leben
sind jene kurzen Zeiten des Still-
standes, mitteninne zwischen dem
Aufsteigen und Absteigen eines regierenden Gedankens oder Gefühls.
Hier ist wieder einmal Sattheit da:
Alles andere ist Durst und Hunger
– oder Überdruss.
Friedrich Nietzsche, Menschliches, Allzumenschliches

Hier zu nehmen und dort stille stehn
ist den Menschen unmöglich.
Selbst die Wahrheit bedarf zu andern
Zeiten wieder einer andern Ein-
kleidung, um gefällig zu sein.
Georg Christoph Lichtenberg, Sudelbücher

Stillstand des Blutes macht krank,
Stillstand des Denkens
macht dumm.
Chinesisches Sprichwort

Stillstand gräbt sein eigen Grab
Wer nicht zunimmt,
nahm schon ab.
Jüdische Spruchweisheit

Wenn das Herz still stehen könnte,
würde es stillstehen.
Fernando Pessoa, Das Buch der Unruhe
des Hilfsbuchhalters Bernardo Soares

Stimme

Die mit den schwächsten Stimmen
haben oft die besten Ideen.
Peter Ustinov, Peter Ustinovs geflügelte Worte

Die Ohren sind Straße und Kanal,
durch die die Stimme zum Herzen
kommt.
Chrétien de Troyes, Yvain

Die Stimme des Gewissens
wäre ein besserer Berater,
wenn wir ihr nicht
immerzu soufflieren würden,
was sie sagen soll.
Jean Anouilh

Die Stimme ist der Laut
eines beseelten Wesens.
Aristoteles, Psychologie

Die Stimmen werden lauter,
wenn das Verständnis abnimmt.
Friedrich Georg Jünger

Gott ... deine Stimme ist leise
geworden – zu leise für
den Donner unserer Zeit.
Wir können dich nicht mehr hören.
Wolfgang Borchert, Draußen vor der Tür (1946)

Mehr scheint mir eine Stimme
abzulenken als ein Geräusch:
Jene wirkt auf den Geist ein.
Lucius Annaeus Seneca, Briefe über Ethik

Von allen Frauen,
deren Charme ich erlegen bin,
habe ich hauptsächlich Augen und
Stimme in Erinnerung.
Marcel Proust

Wir haben keine inneren Stimmen
mehr, wir wissen heute zu viel,
der Verstand tyrannisiert unser Leben.
Robert Musil, Der Mann ohne Eigenschaften
(1930–1943)

Stimmung

Durch Seelenstimmungen werden
unsere Sinneswahrnehmungen nicht
nur gefärbt, sondern oft geradezu
gelähmt.
Michel Eyquem de Montaigne, Die Essais

Es kommt alles darauf an,
dass man die Zeit wohl braucht
und keine Stimmung versäumt.
Johann Wolfgang von Goethe, Briefe (an Schiller,
29. November 1795)

Es scheint mir, dass man von Ort
und Landschaft abhängt
in Stimmung, Leidenschaft,
Geschmack, Gefühl und Geist.
Jean de La Bruyère, Die Charaktere

Herr über Stimmungen zu sein,
ist köstlich,
von ihnen beherrscht zu werden,
noch köstlicher.
Oscar Wilde

Ich mag, wenn es rundgeht.
Wenn Stimmung ist, egal,
ob gegen mich oder für mich,
baut mich das auf.
Boris Becker, Kölner Stadt-Anzeiger Nr. 127/1986

Jeder Tag bringt einen neuen Einfall,
unsere Stimmungen verändern sich,
wie die Zeit sich bewegt.
Michel Eyquem de Montaigne, Die Essais

Nur die wertvollen Menschen bleiben
bei ihresgleichen in guter Stimmung.
Charles de Secondat, Baron de la Brède et
de Montesquieu, Meine Gedanken

Stimmung ist Schwelgen in Gefühlen,
die man nicht hat.
Werner Roß

Stimmung? Stimmung? –
ich verlange keine Stimmung in mir,
ich will Ton.
Sophie Mereau, Betrachtungen

Wie ein erfahrener Seemann immer
forschend über das Wasser hinblickt
und einen Windstoß lang voraussieht,
so muss man immer die Stimmungen
ein wenig voraussehen. Man muss
wissen, wie eine Stimmung auf
einen selbst und, mit einiger
Wahrscheinlichkeit, auf andere wirkt,
ehe man sich ihr überlässt.
Søren Kierkegaard, Entweder – Oder

Wenn man vom Gereimten
das Stimmungsmäßige abzieht
– was dann übrig bleibt,
wenn dann noch etwas übrig bleibt,
das ist dann vielleicht ein Gedicht.
Gottfried Benn

Zitate sind Eis für jede Stimmung.
Christian Morgenstern

Stimmzettel

Der Stimmzettel ist
stärker als die Kugel.
Abraham Lincoln, Reden (1856)

Wenn der Stimmzettel gesprochen hat,
so hat die höchste Instanz gesprochen.
Victor Hugo, Die Elenden

Stock

Es ist keine Höflichkeit, dem Lahmen
den Stock tragen zu wollen.
Arthur Schnitzler

Hast du keinen Begleiter, so besprich
dich mit deinem Spazierstock.
Sprichwort aus Albanien

Sprich sanft, und trage
einen großen Stock bei dir.
Theodore Roosevelt, Reden (1901)

Stolpern

Auf ebnem Boden straucheln
ist ein Scherz.
Johann Wolfgang von Goethe, Die natürliche Tochter
(Gerichtsrat)

Manchen, welcher an der Schwelle
stolpert, / Verwarnt dies, drinnen
lau're die Gefahr.
William Shakespeare, Heinrich VI. (Gloucester)

Stolpern ist eine Ungeschicklichkeit,
für die man nicht die Beine,
sondern die Türschwelle
verantwortlich macht.
Norman Mailer

Stolz

Armut selbst macht stolz,
die unverdiente.
Johann Wolfgang von Goethe, Hermann und Dorothea
(6. Gesang)

Besser demütig gefahren,
als stolz zu Fuß gegangen.
Deutsches Sprichwort

Das tut die Jugend. Werden sich
schon legen, die stolzen Wellen.
Johann Wolfgang von Goethe, Stella (Postmeisterin)

Das unseligste und gebrechlichste
aller Geschöpfe ist der Mensch,
und immer wieder auch
das stolzeste.
Michel Eyquem de Montaigne, Die Essais

Demütige deinen Stolz ganz tief,
denn was den Menschen erwartet,
ist die Verwesung.
Altes Testament, Jesus Sirach 7, 17

Demütigung beschleicht
die Stolzen oft.
Johann Wolfgang von Goethe, Die natürliche Tochter
(Hofmeisterin)

Den stolzen Sieger
stürzt sein eignes Glück.
Friedrich Schiller, Die Jungfrau von Orleans (Sorel)

Der Stolz baut gleich dem Adler seinen
Sitz neben den Sternen, die Wollust
nistet gleich der Lerch' nah der Erde.
Edward Young, Nachtgedanken

Der Stolz der Armen
dauert nicht lange.
Sprichwort aus Dänemark

Der Stolz des Menschen ist
in seltsames Ding, es lässt sich nicht
sogleich unterdrücken und guckt,
wenn man das Loch A zugestopft hat,
ehe man sich's versieht, zu einem
anderen Loch B wieder heraus.
Georg Christoph Lichtenberg, Sudelbücher

Der Stolz hat inmitten unserer
Leidenschaften und Irrtümer eine
so natürliche Herrschaft über uns:
Wir verlieren sogar unser Leben
mit Freude – vorausgesetzt,
dass man davon spricht.
Blaise Pascal, Pensées

Der Stolz ist
eine abgründige Feigheit.
Søren Kierkegaard, Der Begriff Angst

Der Stolz ist eine Charakterschwäche,
er saugt Frohsinn, Wunder,
Ritterlichkeit und Energie auf.
Gilbert Keith Chesterton, Heretiker

Der Stolz wiegt alles Unglück auf
und nimmt es hinweg.
Er ist ein seltsames Ungeheuer
und eine sehr sichtbare Verirrung.
Blaise Pascal, Pensées

Der Stolze hat selbst an denen,
welche ihn vorwärts bringen,
seinen Verdruss: Er blickt böse
auf die Pferde seines Wagens.
Friedrich Nietzsche, Die fröhliche Wissenschaft

Der Stolze verlangt von sich
das Außerordentliche,
der Hochmütige schreibt es sich zu.
Marie von Ebner-Eschenbach

Die gefährlichste Wirkung unseres
Stolzes ist die Verblendung.
François de La Rochefoucauld, Unterdrückte Maximen

Die kleinsten Unteroffiziere
sind die stolzesten.
Georg Christoph Lichtenberg, Sudelbücher

Die Schönheit ist's, was stolz die
Weiber macht, / Die Tugend ist's,
warum man sie bewundert.
William Shakespeare, Heinrich VI. (York)

Die Verblendungen des Stolzes
sind die Quelle unserer größten Übel.
Jean-Jacques Rousseau, Emile

Edler Stolz kleidet den gut,
der große Talente besitzt.
Charles de Secondat, Baron de la Brède et
de Montesquieu, Meine Gedanken

Eine hochherzige Frau opfert ihr Leben
tausendfach für den Geliebten, aber
sie überwirft sich auf immer mit ihm,
wenn ihr Stolz verletzt wird, und sei
es wegen einer offenen oder verschlossenen Tür.
Stendhal, Über die Liebe

Eitelkeit wird verziehen, nicht Stolz.
Durch jene macht man sich abhängig
von anderen, durch diesen erhebt man
sich über sie.
Friedrich Hebbel, Tagebücher

Es gibt einen Stolz,
der zu kriechen versteht.
Sully Prudhomme, Gedanken

Jeder affektierte Stolz ist kindisch;
gründet er sich auf unterschobene
Titel, so ist er lächerlich;
sind diese Titel Nichtigkeiten,
so ist er gemein: Das Wesen
des wahren Stolzes besteht darin,
immer an seinem Platz zu sein.
Luc de Clapiers Marquis de Vauvenargues,
Unterdrückte Maximen

Jeder Winkel hat seinen Dünkel.
Deutsches Sprichwort

Man hat nicht das Recht,
stolz aufzutreten, wenn man selbst
noch nichts ist.
Paula Modersohn-Becker, Tagebuchblätter

Nichts bringt größere Verlegenheit,
als stolz und mittellos geboren zu sein.
Luc de Clapiers Marquis de Vauvenargues,
Nachgelassene Maximen

Nur Stolz schützt vor Neid.
Hans Habe

Schwer hasst Zeus der vermessenen
Zung' / Hochfahrenden Stolz.
Sophokles, Antigone

Sie scheinen mir aus einem
edlen Haus: / Sie sehen stolz
und unzufrieden aus.
Johann Wolfgang von Goethe, Faust I (Frosch)

Stolz ist Gefühl seines bestimmten
Wertes und durchaus lobenswürdig.
Wo man ihn tadelt, liegt der Fehler
in dem Irrtum des Gefühls. Wenn alle
nur vernünftig stolz wären, es würde
in der Welt nicht so niederträchtig
hergehen.
Johann Gottfried Seume, Apokryphen

Stolze und feige Menschen sind dreist,
solange ihnen das Schicksal günstig
ist, in der Not aber werden sie plötzlich kleinlaut und bescheiden.
Niccolò Machiavelli, Feigheit, Stolz

Tugendstolz ist immer nur
frisierter Neid oder böse Lust.
Franziska Gräfin zu Reventlow, Tagebücher

Wer die Kehrseite der Menschen gesehen hat, wie kann der noch stolz sein?
Walter Rathenau, Auf dem Fechtboden des Geistes.
Aphorismen aus seinen Notizbüchern

Wie unglücklich wäre ich,
wenn ich nicht mehr stolz sein könnte!
Heinrich von Kleist, Briefe (an Ulrike von Kleist,
27. Juli 1804)

Zum Thron der Mächtigen vorgelassen, beuge dein stolzes Haupt!
Ecbasis captivi in belehrender Gestalt (Fuchs)

Zwei Stolze werden niemals
gut auf einem Esel reiten.
Sprichwort aus Frankreich

Storch

Dem Storch gefällt
sein Klappern wohl.
Deutsches Sprichwort

Dem Storch gegenüber
haben die Frösche
eine beschränkte Souveränität.
David Frost

Um Petri Stuhlfeier
sucht der Storch sein Nest,
kommt von Schwalben der Rest.
Bauernregel

Wo Frösche sind,
da sind auch Störche.
Deutsches Sprichwort

Zu Pauli Bekehr
kommt der Storch wieder her.
Bauernregel

Störrisch

Das sind auch nicht immer
die schlechtesten Menschen,
die störrisch sind.
Immanuel Kant, Über Pädagogik

Störung

Scheue dich nicht, Leuten, die dich
stören, zu sagen, dass sie dich stören;
lass es sie zunächst spüren, aber
wenn sie das nicht verstehen, dann
entschuldige dich und sage es ihnen.
Leo N. Tolstoi, Tagebücher (1847)

Störe meine Kreise nicht!
(Noli turbare circulos meos!)
Archimedes, Aufforderung an einen Soldaten, der ihn
daraufhin tötete (nach Valerius Maximus)

Was euch das Innre stört, / Dürft ihr
nicht leiden! / Dringt es gewaltig ein,
Müssen wir tüchtig sein.
Johann Wolfgang von Goethe, Faust II
(Chor der Engel)

Stottern

Dem Stammelnden ist nicht trauen.
Deutsches Sprichwort

Ich stelle mir vor, dass es im Außenministerium ein Zimmerchen gibt,
in dem man Mitarbeitern das Stottern
beibringt.
Peter Ustinov, Peter Ustinovs geflügelte Worte

Ihr Sohn stottert: Lassen Sie ihn
nicht auf die Rednerbühne steigen.
Jean de La Bruyère, Die Charaktere

Strafe

Aber alles Tun des Menschen hat am
Ende seine Strafe, und nur die Götter
und die Kinder trifft die Nemesis nicht.
Friedrich Hölderlin, Hyperion

Affen und Pfaffen lassen
sich nicht strafen.
Deutsches Sprichwort

Allein sein bringt nur Strafen.
Franz Kafka, Tagebücher (1914)

Belohnt und bestraft werden
wir für alles schon auf Erden.
Paula Modersohn-Becker, Briefe (an die Schwester,
18. November 1906)

Da sehen Sie, das Verbrechen trifft
bisweilen doch die verdiente Strafe.
Voltaire, Candide oder Die beste der Welten

Das Vergehen darf nicht bestraft werden, denn das heißt, ihm ein weiteres
zufügen. Der Täter muss korrigiert
oder um seiner selbst willen belehrt
werden, damit er das Vergehen
nicht wiederholt.
August Strindberg, Der Sohn der Magd

Den Krebs straft man
nicht mit Ersäufen.
Deutsches Sprichwort

Denn wer sündigen kann, kann
auch Strafe auf sich nehmen.
Ecbasis captivi in belehrender Gestalt (Wolf)

Die Geschichte zeigt, dass Strafen
Menschen, die ihrem Gewissen folgen,
nicht zurückhalten können.
Nelson Mandela, Verteidigungsrede vor Gericht 1962

Die größte Strafe für alle, die sich
nicht für Politik interessieren, ist,
dass sie von Leuten regiert werden,
die sich für Politik interessieren.
Arnold Toynbee

Die Ketzerei straft sich
am schwersten selbst.
Friedrich Schiller, Die Jungfrau von Orleans (Burgund)

Die Liebe ist unsere Strafe dafür,
dass wir es nicht einfach bei
der Fortpflanzung bewenden lassen.
Helmar Nahr

Die Menschen verwundern sich erstlich, wenn ein Tag lange Jahre straft;
aber dafür straft er wieder jahrelang
fort, und dann verwundern sie sich
wieder zum zweiten Mal.
Jean Paul, Dämmerungen für Deutschland

Die Nacken der Hochmütigen sollen
lernen, wie Schuldige bestraft werden!
Ecbasis captivi in belehrender Gestalt (Löwe)

Die Schande besteht nicht
in der Strafe, sondern
in dem Verbrechen.
Johann Gottfried Herder, Palmblätter

Die Strafe folgt meist so,
dass es scheint,
sie wäre ein Unrecht.
Karol Irzykowski

Die Strafe ist die Gerechtigkeit,
welche die Schuldigen
an die austeilen, die gefasst werden.
Elbert Hubbard

Die Strafe kann genommen werden,
die Schuld wird ewig bleiben.
Ovid, Briefe aus der Verbannung

Die Strafe zu fürchten,
ist der beste Weg, ihr zu entgehen.
Chinesisches Sprichwort

Die Strafen müssen
nach den Vergehen bemessen werden.
Voltaire, Geschichte von Jenni

Die Vereinten Nationen sprechen nicht
mehr von »Straf«-recht, »Straf«-prozess
und »Straf«-vollzug, sondern von
sozialer Verteidigung.
Fritz Bauer

Ein besonderer Blitz
nur für Geizige,
der ihnen alles auf einmal wegnimmt.
Elias Canetti, Die Provinz des Menschen.
Aufzeichnungen 1942–1972

Ein Richter, der nicht strafen kann,
Gesellt sich endlich zum Verbrecher.
Johann Wolfgang von Goethe, Faust II (Kanzler)

Einem geschlagenen Hund braucht
man die Peitsche nur zu zeigen.
Sprichwort aus Tschechien

Einen bestrafen
schreckt hundert andere ab.
Chinesisches Sprichwort

Er war von je ein Bösewicht,
Ihn traf des Himmels Strafgericht.
Johann Friedrich Kind, Der Freischütz

Es bindet mancher eine Rute
für seinen eigenen Hintern.
Deutsches Sprichwort

Es gab einst eine rächende
Gerechtigkeit; sie musste
einer strafenden weichen.
Die Zeit ist nicht allzu fern,
in welcher auch das Recht zu strafen
bezweifelt werden wird.
Marie von Ebner-Eschenbach, Aphorismen

Es gibt mehr Diebe als Galgen.
Deutsches Sprichwort

Es lebt ein Gott, zu strafen
und zu rächen.
Friedrich Schiller, Wilhelm Tell (Tell)

Es liegt im Wesen der Ordnung,
dass dem freiwilligen Fehltritt
die unvermeidliche Strafe folge.
Joseph Joubert, Gedanken,
Versuche und Maximen

Häng den jungen Dieb,
und der alte wird nicht stehlen.
Sprichwort aus Dänemark

Je weniger Strafen,
desto weniger Verbrechen.
Oscar Wilde, Die Seele des Menschen
unter dem Sozialismus

Jede Strafe soll, wenn der Fehler
bekannt ist, nicht nur heilend,
sondern beispielgebend sein.
Sie soll entweder den Schuldigen
oder die Öffentlichkeit bessern.
Joseph Joubert,
Gedanken, Versuche und Maximen

Keine Strafe ohne Gesetz
(Nulla poena sina lege).
Anselm Feuerbach, Lehrbuch des gemeinen in
Deutschland gültigen peinlichen Rechts

Man entgeht wohl der Strafe,
aber nicht dem Gewissen.
Deutsches Sprichwort

Man kann den Hochverrat
nicht schrecklich genug bestrafen.
Johann Wolfgang von Goethe, Jahrmarktfest zu
Plundersweilern (Ahasverus)

Man verscherzt sich alles Vertrauen
im Herzen der Kinder und
jede Möglichkeit, ihnen etwas zu sein,
wenn man sie wegen Vergehen straft,
die sie nicht begangen haben,
oder auch wenn man leichte Fehler
streng ahndet.
Jean de La Bruyère, Die Charaktere

Mit raschem Schritt / Ereilt der Götter
Strafe den Unverstand.
Sophokles, Unverstand, Götter

Ohne Notwendigkeit
strafen heißt, sich in die Milde Gottes
einmischen.
Luc de Clapiers Marquis de Vauvenargues,
Reflexionen und Maximen

Selten ließ die Strafe hinkenden Fußes
vom vorausgehenden Sünder ab.
Horaz, Lieder

So fand Rebellion stets ihre Strafe.
William Shakespeare, Heinrich IV. (Heinrich)

Soll er strafen oder schonen,
Muss er Menschen
menschlich sehn.
Johann Wolfgang von Goethe,
Der Gott und die Bajadere

Spät kommt die Strafe
auf leisen Sohlen.
Tibull, Elegien

Straf keck das Böse ins Gesicht,
Vergiss dich aber selber nicht.
Matthias Claudius, Der Wandsbecker Bothe

Straf' muss sein,
doch soll Barmherzigkeit vorgehen.
Julius Wilhelm Zincgref, Apophthegmata
(Georg von Liegnitz-Brieg)

Strafe einen guten Mann,
und er wird besser;
strafe einen schlechten,
und er wird schlechter.
Sprichwort aus Portugal

Strafe hat nur dann einen Sinn, wenn
sie die Sühne für die Verletzung eines
Heiligen gewähren soll: Der Mensch,
der ein Menschenleben bestehen lässt,
weil es ihm heilig ist und er eine
Scheu vor seiner Antastung trägt,
ist eben ein – religiöser Mensch.
Max Stirner, Der Einzige und sein Eigentum

Strafen heißt, absichtlich ein Übel
zufügen. Wer in diesem Sinne strafen
will, muss sich eines höheren Auftrags
zuversichtlich bewusst sein.
Gustav Radbruch

Sünden werden vergeben,
aber die Strafe folgt nach.
Deutsches Sprichwort

Verbrechen werden bestraft,
wo sie begangen werden.
Sprichwort aus Frankreich

Verletzt der Himmelssohn das Recht,
erhält er wie jeder andere eine Strafe.
Chinesisches Sprichwort

Warum sollten wir denn
Bedenken tragen, jene alte Methode
der Bestrafung von Verbrechen für
nützlich zu halten, die schon
im Altertum die Römer verwandt
haben? Sie pflegten nämlich
die Schwerverbrecher zur Arbeit
in Steinbrüchen und Erzgruben
zu verurteilen.
Thomas More, Utopia

Was hilft Gesetz,
was helfen Strafen,
Wenn Obrigkeit und Fürsten schlafen?
Magnus Gottfried Lichtwer, Fabeln

Welche Strafe ist größer
als die Wunde des Gewissens?
Ambrosius, Von den Pflichten

Welche Strafe mir auch auferlegt wird,
wird sie doch minder grausam sein als
die Erinnerung an mein Verbrechen.
Jean-Jacques Rousseau, Julie oder Die neue Héloïse
(Saint-Preux)

Wen du mit Werken strafen musst,
den misshandle nicht mit Worten;
denn für den Unglücklichen ist
die körperliche Strafe schon genug
ohne Zugabe harter Worte.
Miguel de Cervantes Saavedra, Don Quijote

Wen Gott strafen will,
dem schenkt er
eine geltungsbedürftige Frau.
Johann Kaspar Lavater, Fragmente

Wenn etwas hart bestraft wird,
so beweist das gar nicht,
dass es Unrecht ist; es beweist bloß,
dass es dem Vorteil der Machthaber
nachteilig ist. Oft ist gerade die Strafe
der Stempel der schönen Tat.
Johann Gottfried Seume, Apokryphen

Wenn man kleine Laster nicht straft,
so wachsen die großen.
Deutsches Sprichwort

Wer das Böse nicht bestraft,
befiehlt, dass es getan werde.
Leonardo da Vinci, Tagebücher und Aufzeichnungen

Wer die Strafe verdient hat,
soll sie gleichmütig ertragen.
Ovid, Liebesgedichte

Wer nicht hören will, muss fühlen.
Deutsches Sprichwort

Wir mögen die Strafe nicht, die
gerecht ist, wohl aber die Handlung,
die ungerecht ist.
Pierre Abélard, Ethica

Wo die Strafen groß sind, müssen
auch die Belohnungen groß sein.
Niccolò Machiavelli, Kriegskunst

Wo keine Strafe verhängt wird,
ist die Bosheit schnell am Werk.
Altes Testament, Kohelet 8, 11

Zwei Dinge regieren die Welt:
Lohn und Strafe.
Sprichwort aus Bosnien

Straße

Alles Beste aber, wie überall im Leben,
liegt jenseits der großen Straße.
Theodor Fontane, Aus den Tagen der Okkupation

Das Gefährlichste im modernen
Straßenverkehr sind die niedrig
fliegenden Sportwagen.
Georg Thomalla

Der sicherste Weg,
in die Zeitung zu kommen,
besteht darin, eine zu lesen,
während man die Straße überquert.
Alberto Sordi

Für einen Prominenten
gibt es nur eines, was schlimmer ist,
als auf der Straße erkannt zu werden
– nämlich nicht erkannt zu werden.
Wim Thoelke

Jede größere Straße führt nach Peking.
Chinesisches Sprichwort

Jede Straße führt ans End' der Welt.
Friedrich Schiller, Wilhelm Tell (Tell)

Man darf nur auf der Straße wandeln
und Augen haben, man sieht
die unnachahmlichsten Bilder.
Johann Wolfgang von Goethe, Italienische Reise

Solange es eine Straße gibt,
besteige nicht ein Schiff.
Chinesisches Sprichwort

Strategie

Die Lehren der Strategie gehen
wenig über die ersten Vordersätze
des gesunden Verstandes hinaus;
man darf sie kaum eine Wissenschaft
nennen; ihr Wert liegt fast ganz
in der konkreten Anwendung.
Helmuth Graf von Moltke, Verordnungen für die höheren Truppenführer (24. Juni 1869)

Es gilt, mit richtigem Takt die in
jedem Moment sich anders gestaltende
Situation aufzufassen und danach
das Einfachste und Natürlichste mit
Festigkeit und Umsicht zu tun.
Helmuth Graf von Moltke, Verordnungen für die höheren Truppenführer (24. Juni 1869)

Es ist also nach unserer Einteilung
die Taktik die Lehre vom Gebrauch der
Streitkräfte im Gefecht, die Strategie
die Lehre vom Gebrauch der Gefechte
zum Zweck des Krieges.
Carl von Clausewitz, Vom Kriege

Straucheln

Dem Menschen eigentümlich ist,
dass er auch die Strauchelnden liebt.
Mark Aurel, Selbstbetrachtungen

Lieber mit den Füßen gestrauchelt
als mit der Zunge.
Deutsches Sprichwort

Streben

Der Mensch hat einen Fuß
auf der Erde, und mit dem anderen
sucht er tastend die höhere Stufe
zum Unendlichen.
Das ist es,
was man Streben nennt.
Sully Prudhomme, Gedanken

Der Mensch ist nicht eher glücklich,
als bis sein unbedingtes Streben sich
selbst seine Begrenzung bestimmt.
Johann Wolfgang von Goethe, Wilhelm Meisters Lehrjahre

Ein Mensch, der nach Großem
strebt, betrachtet jedermann, dem er
auf seiner Bahn begegnet, entweder
als Mittel oder als Verzögerung und
Hemmnis – oder als Ruhebett.
Friedrich Nietzsche, Jenseits von Gut und Böse

Fallen verzeih' ich dir gern,
nur strebe immer nach oben!
Bist du zum Fluge, du bist nimmer
zum Streben zu schwer.
Johann Wolfgang von Goethe/Friedrich Schiller, Xenien

Gerettet ist das edle Glied
Der Geisterwelt vom Bösen:
Wer immer strebend sich bemüht,
Den können wir erlösen!
Johann Wolfgang von Goethe, Faust II (Engel)

Ja, wer vom Schicksal ausersehen
Zu einem sturmbewegten Leben,
Dem darf kein Weib zur Seite stehn
In seinem Kämpfen, seinem Streben.
Alexander Puschkin, Poltava

Jedermann soll immer
das Höchste erstreben,
das zu erreichen ihm möglich ist.
Aristoteles, Älteste Politik

Lasst doch, ihr weisen Herren,
jedes Streben ungehindert seinen Weg
gehen, denn selbst die Verirrungen
führen am Ende doch noch
zu etwas Gutem.
Caspar David Friedrich, Äußerung bei Betrachtung einer Sammlung von Gemälden

Streben wir nicht allzu hoch hinauf,
dass wir zu tief nicht fallen mögen.
Friedrich Schiller

Und was ist des Strebens wert,
wenn es die Liebe nicht ist!
Heinrich von Kleist, Briefe (an Karl Freiherr von Stein zum Altenstein, 4. August 1806)

Uns aber treibt das verworrene Streben
Blind und sinnlos durch's
wüste Leben.
Friedrich Schiller,
Die Braut von Messina (Chor)

Was der Zeit unterworfen ist,
das brauche;
was ewig ist,
danach strebe.
Thomas von Kempen, Nachfolge Christi

Was ein Streber werden will,
krümmt sich beizeiten.
Peter Hille, Aphorismen

Wenn der Mensch um jedem Preis
nach anderen Sternen strebt,
so kommt mir das so vor,
als wollte ein Hawaiianer eine
Erholungsreise in die Sahara buchen.
Evelyn Waugh

Wir (...) betrachten den Kampf
gegen die Rassendiskriminierung
und für Freiheit und Glück als
das höchste Streben aller Menschen.
Nelson Mandela, Verteidigungsrede vor Gericht 1962

Wir müssen wollen, wir müssen
streben; ohne dass wir je die Frucht
unsrer Mühe vollendet sähen oder aus
der ganzen Geschichte ein Resultat
menschlicher Bestrebungen lernten.
Johann Gottfried Herder, Ideen zur Philosophie der
Geschichte der Menschheit

Streicheln

Diplomatie ist die Kunst,
einen Hund so lange zu streicheln,
bis Maulkorb und Leine fertig sind.
Fletcher Knebel

Lieber von einer Hand,
die wir nicht drücken möchten,
geschlagen, als von ihr
gestreichelt werden.
Marie von Ebner-Eschenbach, Aphorismen

Streicheln tut verweichen.
Deutsches Sprichwort

Streik

Es gibt kein Recht, gegen
die öffentliche Sicherheit zu streiken,
für irgendjemanden,
zu irgendeiner Zeit, irgendwo.
Calvin Coolidge, Telegramm an Gewerkschaftsführer
Gompers (14. September 1919)

Lieber zu lange verhandeln
als zu schnell streiken.
Norbert Blüm, Unverblümtes von Norbert Blüm

Mann der Arbeit, aufgewacht!
Und erkenne deine Macht!
Alle Räder stehen still,
Wenn dein starker Arm es will.
Georg Herwegh, Bundeslied für den Allgemeinen
Deutschen Arbeiterverein

Streit

Auch fängt keiner ja einen Streit an,
wenn er den ersten Schlag tut:
solange der andre ihn einsteckt,
ist der Streit hinfällig.
Hartmann von Aue, Iwein (Iwein)

Behutsamkeit / Gewinnt den Streit.
Abraham a Sancta Clara, Etwas für Alle

Bei wissenschaftlichen Streitigkeiten
nehme man sich in Acht,
die Probleme nicht zu vermehren.
Johann Wolfgang von Goethe,
Maximen und Reflexionen

Beim Streit gibt es keine Schonung:
Wer sich vom Gegner mit ganzer Kraft
angegriffen fühlt, muss sich mit all
seiner Kraft verteidigen, und so
gewinnt der Geist an Genauigkeit
und Schärfe.
Jean-Jacques Rousseau, Brief an d'Alembert

Beim Streit um die Wahrheit
bleibt der Streit die einzige Wahrheit.
Rabindranath Tagore

Besser ein trocken Stück Brot
und Ruhe dabei als ein Haus
voll Braten und dabei Streit.
Altes Testament, Sprüche Salomos 17, 1

Da streiten sich die Leut herum,
oft um den Wert des Glücks,
Der eine heißt den andern dumm,
am End weiß keiner nix.
Ferdinand Raimund

Das Dao des Himmels:
nutzen ohne schaden.
Das Dao des Weisen:
handeln ohne Streit.
Lao-tse, Dao-de-dsching

Das Streiten lehrt uns die Natur,
Drum, Bruder, recht' und streite nur.
Christian Fürchtegott Gellert, Fabeln und Erzählungen

Dem tapfern Mann,
der wohl gestritten,
lohnt mit Recht ein edles Wort.
Sophokles, Die Trachinierinnen (Lichas)

Der Arme streite nicht mit dem
Reichen und der Reiche nicht mit
dem Mandarin.
Chinesisches Sprichwort

Der edle Mensch streitet sich
mit keinem. Und ist er doch
zum Wettstreit gezwungen, so
nur beim Bogenschießen.
Konfuzius, Gespräche

Der Tag ohne Streit bringt
ruhigen Schlaf in der Nacht.
Baltasar Gracián y Morales, Handorakel und Kunst
der Weltklugheit

Die Mühe des Wortwechsels überwiegt
bei weitem seine Nützlichkeit.
Jeder Streit betäubt den Geist, und
wenn man taub wird, bin ich stumm.
Joseph Joubert, Gedanken, Versuche und Maximen

Die Streiter sind gewaltig,
Großes steht auf dem Spiel.
Das Muspilli (um 860)

Diejenigen, welche widersprechen
und streiten, sollten mitunter
bedenken, dass nicht jede Sprache
jedem verständlich sei.
Johann Wolfgang von Goethe,
Maximen und Reflexionen

Durch allzu langen Streit
verliert man die Wahrheit.
Publilius Syrus, Sentenzen

Ein großer Zank ist schlimmer
als ein kleiner,
ein kleiner Zank ist schlimmer
als keiner.
Chinesisches Sprichwort

Ein Streit
geht immer von zwei Seiten aus,
die Schuld trifft nie einen allein.
Chinesisches Sprichwort

Ein Streit zwischen wahren Freunden,
wahren Liebenden bedeutet gar nichts.
Gefährlich sind nur
die Streitigkeiten zwischen Menschen,
die einander nicht ganz verstehen.
Marie von Ebner-Eschenbach, Aphorismen

Ein weises Wort ist jenes,
das die Menschen lehrt / Die Reden
anzuhören auch des andern Teils.
Euripides, Andromache

Ein Zitat ist besser als ein Argument.
Man kann damit in einem Streit
die Oberhand gewinnen,
ohne den Gegner überzeugt zu haben.
Gabriel Laub

Eine Hand allein macht
noch keinen Streit.
Chinesisches Sprichwort

Erstritten ist besser als erbettelt.
Marie von Ebner-Eschenbach, Aphorismen

Fehlet die Einsicht von oben,
der gute Wille von unten,
Führt sogleich die Gewalt oder
sie endet den Streit.
Johann Wolfgang von Goethe/Friedrich Schiller, Xenien

Geduld mit der Streitsucht der Einfältigen! Es ist nicht leicht zu begreifen,
dass man nicht begreift.
Marie von Ebner-Eschenbach, Aphorismen

Geht der Hund,
wenn die Katze kommt,
kann Streit gar nicht erst entbrennen.
Chinesisches Sprichwort

Ich mag mich nicht mit dem Maul
dem Hund gleichsetzen,
der zurückknurrt,
wenn ihn ein anderer anknurrt.
Hartmann von Aue, Iwein (Iwein)

Ich muss streiten,
um vergessen zu können:
Ich muss bekämpfen,
um mich selbst
wieder achten zu können.
Katherine Mansfield, Tagebücher

Im Ehestand muss man sich manchmal streiten, denn dadurch erfährt man was voneinander.
Johann Wolfgang von Goethe, Die Wahlverwandtschaften

Jeder solche Streit, wie belanglos er auch sein mag, bedeutet eine Wunde – der Liebe.
Leo N. Tolstoi, Tagebücher (1863)

Jeder will Ordnung und Glück, trotzdem liegen sich alle in den Haaren.
Thornton Wilder

Jedes Mal, wenn ein Mensch streitet, verliert er einen Tropfen Blut von seiner Leber.
Sprichwort aus Persien

Kein Streit würde lang dauern, wenn das Unrecht nur auf einer Seite wäre.
François de La Rochefoucauld, Reflexionen

Lass dich nicht auf unsinnige Auseinandersetzungen ein; du weißt, dass sie nur zu Streit führen.
Neues Testament, Paulus (2 Timotheus 2, 23)

Lass dich nur in keiner Zeit
Zum Widerspruch verleiten.
Weise fallen in Unwissenheit,
Wenn sie mit Unwissenden streiten.
Johann Wolfgang von Goethe, Vorklage

Man soll nicht
um des Kaisers Bart streiten.
Deutsches Sprichwort

Mein und Dein
ist alles Zankes Ursprung.
Deutsches Sprichwort

Mit Hadern gewinnt man nichts als Hadern.
Deutsches Sprichwort

Nicht jene, die streiten, sind zu fürchten, sondern jene, die ausweichen.
Marie von Ebner-Eschenbach, Aphorismen

Nichts ist häufiger, als dass am Ende eines Streits beide Gegner um die Wette Unsinn reden.
Ferdinando Galiani, Dialoge

Nur wer mit keinem streitet, bleibt unbestritten Sieger.
Lao-tse, Dao-de-dsching

Pack schlägt sich,
Pack verträgt sich.
Deutsches Sprichwort

Richtig streiten kann man nur mit seinen Brüdern und nahen Freunden, die anderen sind einem zu fremd.
Albert Einstein, in: P. A. Schilpp (Hg.), Albert Einstein

Sie glauben, miteinander zu streiten
Und fühlen das Unrecht
von beiden Seiten.
Johann Wolfgang von Goethe, Sprüche

Streit entsteht nur dadurch, dass die Streitenden nicht zu den Voraussetzungen ihrer Schlüsse zurückkehren wollen.
Leo N. Tolstoi, Tagebücher (1904)

Über Geschmack
soll man nicht streiten.
Voltaire, Indisches Abenteuer

Überall, wo Zwist herrschen kann, da muss es auch
eine Entscheidung geben.
Dante Alighieri, Über die Monarchie

Vernunft wird ohne Streitgespräch nicht offenbar.
Chinesisches Sprichwort

Vertrag bricht allen Streit.
Deutsches Sprichwort

Warum zanken wir dummen Menschen uns, warum sich
von dem kurzen Leben
auch nur eine Minute verderben?
Franziska Gräfin zu Reventlow, Tagebücher

Was sind Freunde,
die sich nicht auch raufen.
Chinesisches Sprichwort

Wenn allen ein Gedanke deuchte schön und klug, / Nie raste zweifelbunter Streit auf Erden dann.
Euripides, Die Phönikierinnen (Eteokles)

Wenn der Streit mich nichts angeht, muss ich auch nicht
die Schläge kriegen.
Chinesisches Sprichwort

Wenn du um etwas streitest, streite so, dass du das nicht versehrst, worum ihr streitet.
Leopold Schefer, Laienbrevier

Wenn einer nicht will,
können zwei sich nicht streiten.
Sprichwort aus Brasilien

Wenn einer streiten will, findet er einen Knüppel in jeder Hecke.
Sprichwort aus England

Wenn man einen Streit mit Wein begießt, richtet man mehr aus als mit einem Prozess.
Deutsches Sprichwort

Wenn man Streit übernachten lässt, so wird er ganz geschlichtet.
Talmud

Wenn zwei streiten, ist der, der dem Zornigen nicht widerspricht, der Weisere.
Euripides, Fragmente

Wenn zwei sich streiten,
freut sich der Dritte.
Deutsches Sprichwort

Wer bei einem Streit
als erster schweigt,
stammt aus einer guten Familie.
Sprichwort aus der Slowakei

Wer Dornen sät,
soll nicht barfuß gehen.
Sprichwort aus Frankreich

Wer nicht streitet, mit dem kann niemand in der Welt streiten.
Lao-tse

Wer seine Gedanken nicht auf Eis zu legen versteht, der soll sich nicht in die Hitze des Streites begeben.
Friedrich Nietzsche, Menschliches, Allzumenschliches

Wer seinen Gefährten schmäht, wird auch mit seinem Freund Streit beginnen.
Chrétien de Troyes, Yvain

Wer streiten will, muss sich hüten, bei dieser Gelegenheit Sachen zu sagen, die ihm niemand streitig macht.
Johann Wolfgang von Goethe, Maximen und Reflexionen

Wer viel besitzt,
hat viel zu streiten.
Deutsches Sprichwort

Wer Zank und Streit abtut, der verwandelt den Fluch in einen Segen.
Kaiser Heinrich III., überliefert bei Julius Wilhelm Zincgref (Apophthegmata)

Wer zwei Streitende auseinander bringen will, erhält den ersten Schlag.
Sprichwort aus Schottland

Werde nicht hitzig und grob im Streit! Auch dann nicht, wenn man deinen ernsthaften Gefühlen Spott entgegensetzt. Du hast bei der besten Sache schon halb verloren, wenn du nicht vernünftig reagierst.
Adolph Freiherr von Knigge, Über den Umgang mit Menschen

Wie kann man sich zanken, wenn man sich liebt! Wie kann man Augenblicke, wo man des Trostes so sehr bedarf, damit verlieren, dass man einander quält?
Jean-Jacques Rousseau, Julie oder Die neue Héloïse (Julie)

Wir finden drei Gründe für Streit
in der menschlichen Natur:
erstens Konkurrenz,
zweitens Mangel an Selbstvertrauen,
drittens Ruhmsucht.
Thomas Hobbes, Leviathan

Wo findet sich mehr Gezänk
als unter den Bettlern?
Thomas More, Utopia

Zuerst pflegt die Lust zu streiten da zu
sein und dann erst das Objekt,
um das gestritten wird. Es ist
wie bei der Liebe und beim Hass.
Und wenn der Drang zuerst auch
ins Leere greift – nach einem unwandelbaren Gesetz ist bald ein Individuum oder auch eine Masse da,
die automatisch die Leere füllt.
Arthur Schnitzler, Aphorismen und Betrachtungen aus dem Nachlass

Strenge

Allzu viel Strenge
macht unsere Fehler frieren und fest,
durch die Nachsicht schwinden sie oft.
Kluge Billigung ist so notwendig
wie verständige Reue.
Joseph Joubert, Gedanken, Versuche und Maximen

Besser ist es, mit Strenge zu lieben,
als mit Milde zu hintergehen.
Aurelius Augustinus, Briefe (an Vincentius)

Das Leben lehrt uns, weniger mit uns
Und andern strenge sein.
Johann Wolfgang von Goethe, Iphigenie auf Tauris (Pylades)

Das wird eine knechtische Seele
werden, bei der man mit Strenge
etwas erreicht.
Jean-Jacques Rousseau, Emile

Du musst streng sein
gegen dich selber,
um das Recht auf Milde
gegen andere zu haben.
Dag Hammarskjöld, Zeichen am Weg

Ein empfindlicher Mensch ist sich
selbst gegenüber viel strenger,
als andere annehmen.
August Strindberg, Der Sohn der Magd

Es liegt etwas Knechtisches
in Zwang und Strenge.
Michel Eyquem de Montaigne, Die Essais

Ist ein Lehrer streng, wird
seine Arbeit auch geachtet.
Chinesisches Sprichwort

Nicht Strenge legte Gott
ins weiche Herz des Weibes.
Friedrich Schiller, Maria Stuart (Talbot)

Unmöglich können wir das Betragen
anderer mit Strenge prüfen,
wenn wir nicht selbst zuerst
unsere Pflicht erfüllen.
Demosthenes, Olynthische Reden

Wendet man die Strenge an,
wo es nicht sein darf,
so weiß man nicht mehr,
wo man sie anwenden soll.
Joseph Joubert,
Gedanken, Versuche und Maximen

Wenn die Gerechtigkeit
all ihre Strenge anwendete,
würde die Erde bald eine Wüste sein.
Pietro Metastasio, La clemenza di Tito

Wer mit Güte nichts erreicht,
erreicht auch nichts mit Strenge.
Anton P. Tschechow, Notizbücher

Zu weit getrieben, / Verfehlt
die Strenge ihren weisen Zweck.
Friedrich Schiller, Wilhelm Tell (Rudenz)

Strick

Man zerreißt den Strick,
wo er am dünnsten ist.
Deutsches Sprichwort

Mit nur einem Strick kann
man mich nie anbinden.
Michel Eyquem de Montaigne, Die Essais

Wer einen Strick fordert,
erhängt sich nicht.
Deutsches Sprichwort

Striptease

Eine Striptease-Tänzerin ist eine Frau,
die zum Ausziehen
dreimal so lange braucht
wie andere Frauen zum Anziehen.
Peter Sellers

Glauben Sie mir, Striptease regt die
Frauen auf. Natürlich nicht sexuell,
außer sie sind Lesbierinnen.
Aber sie werden beunruhigt.
Jede Frau wird vom Körper einer
anderen Frau beunruhigt, verwirrt.
Alain Bernardin, zu Georg Stefan Troller, in: ders., Pariser Gespräche

Striptease:
Anatomieunterricht mit Musik.
Frank Sinatra

Stroh

Aus trockenem Stroh
ist kein Öl herauszupressen.
Chinesisches Sprichwort

Ihr seid ja heut wie nasses Stroh
Und brennt sonst immer lichterloh.
Johann Wolfgang von Goethe, Faust I (Frosch)

Strohwitwer
sind jederzeit entflammbar;
das ist ganz einfach materialbedingt.
Helen Vita

Was willst du dich
das Stroh zu dreschen plagen?
Johann Wolfgang von Goethe, Faust I (Mephisto)

Strom

Die Energie, die wir benötigen,
bekommen wir nur aus dem Strom,
gegen den wir schwimmen.
Leander Segebrecht

Die entscheidenden Veränderer
der Welt sind immer
gegen den Strom geschwommen.
Walter Jens

Es nützt nichts, gegen
den Strom zu arbeiten.
Fridtjof Nansen, In Nacht und Eis

Lernen ist wie Rudern
gegen den Strom.
Sobald man aufhört,
treibt man zurück.
Benjamin Britten

Studium

Das gereifte Alter kann sich wohl
in die Umstände schicken,
beim Eintritt in das Leben aber
muss der junge Mann wenigstens
seine Ideen aus einer ungetrübten
Quelle schöpfen.
Germaine Baronin von Staël, Über Deutschland

Denn wir behalten von unsern Studien
am Ende doch nur das,
was wir praktisch anwenden.
Johann Wolfgang von Goethe, überliefert von
Johann Peter Eckermann (Gespräche mit Goethe)

Der große Irrtum derer, die studieren,
ist, dass sie sich zu sehr
auf ihre Bücher verlassen
und nicht genug aus ihrem eigenen
Reichtum schöpfen.
Jean-Jacques Rousseau, Julie oder Die neue Héloïse (Saint-Preux)

Die Eitelkeit, unsere Einsichten andern
zeigen zu wollen, ist es unstreitig,
was uns anfänglich bewegt, die Mühe
des Studierens zu überwinden.
Christian Garve, Über Gesellschaft und Einsamkeit

Die Studentenzeit, die, weil nicht
diszipliniert, die ungesundeste Zeit ist,
ist zugleich auch die gefährlichste.

Das Gehirn soll aufnehmen,
unaufhörlich aufnehmen,
doch niemals abgeben, noch nicht
einmal in intelligenter Produktion,
während gleichzeitig das gesamte
Muskelsystem ungenutzt daliegt.
August Strindberg, Der Sohn der Magd

Die Studien wollen nicht allein
ernst und fleißig,
sie wollen auch heiter und mit
Geistesfreiheit behandelt werden.
Johann Wolfgang von Goethe, Dichtung und Wahrheit

Einmal gesehen ist besser
als tausendmal studiert.
Chinesisches Sprichwort

Erst nach dem Studium merkst du,
dass du zu wenig weißt.
Chinesisches Sprichwort

Erst studieren / Dann kritisieren.
Jüdische Spruchweisheit

Es fällt kein Doktor vom Himmel.
Deutsches Sprichwort

Es ist demnach besser,
überhaupt nicht zu studieren, als sich
mit so schwierigen Gegenständen zu
beschäftigen, dass man, nicht in der
Lage, Wahres von Falschem zu unterscheiden, sich genötigt sieht, das
Zweifelhafte für gewiss anzunehmen.
René Descartes, Regeln zur Leitung des Geistes

Es ist wichtiger,
Menschen zu studieren als Bücher.
François de La Rochefoucauld, Nachgelassene Maximen

Ich studiere nur, was mir gefällt.
Ich widme mich nur Ideen,
die mich interessieren,
mögen sie mir oder anderen
nützlich oder unnütz sein.
Chamfort, Maximen und Gedanken

In Frankreich studiert man
die Menschen,
in Deutschland die Bücher.
Germaine Baronin von Staël, Über Deutschland

Ja, ich sehe wohl ein, dass man ein
ganzes Leben studieren kann und
am Ende doch noch ausrufen möchte:
Jetzt seh ich, jetzt genieß ich erst.
Johann Wolfgang von Goethe, Italienische Reise

Leute, die an das Volk und sein Glück
denken, darunter auch ich, messen
den Studentenunruhen völlig grundlos
Wichtigkeit bei. Das ist genau genommen ein Zwist zwischen Unterdrückern, solchen, die es bereits sind,
und solchen, die es erst noch
werden wollen.
Leo N. Tolstoi, Tagebücher (1901)

Man muss viel studiert haben,
um wenig zu wissen.
Charles de Secondat, Baron de la Brède et
de Montesquieu, Meine Gedanken

Man sollte mit seinem Leben sparsam
umgehen und es nur für Studien
verwenden, die etwas nützen.
Sully Prudhomme, Intimes Tagebuch

Mit Grund glaubt man,
dass es für eine Frau nicht passe,
Wenn sie mit Studien bloß
und Büchern sich befasse. / Doch dass
zum Guten sie der Kinder Herz erzieht,
Den Haushalt überwacht,
auf das Gesinde sieht, / Dass sie voll
Sparsamkeit ihr Wirtschaftsgeld
verwaltet, / Das sei ihr Studienziel,
wo sich ihr Wert entfaltet.
Molière, Die gelehrten Frauen (Chrysal)

Nichts erklärt Lesen und Studieren
besser als Essen und Verdauen.
Georg Christoph Lichtenberg, Sudelbücher

Nur eingehendes Studium
und strengste Prüfung können jene
Unabhängigkeit des Urteils verleihen,
ohne die man weder neue Einsichten
erwerben noch die erworbenen
festhalten kann.
Germaine Baronin von Staël, Über Deutschland

So sehr als die Bücher ist es nötig,
die Menschen studiert zu haben.
Baltasar Gracián y Morales, Handorakel und Kunst
der Weltklugheit

Studieren färbt einen Menschen
mehr als Zinnober und Kobaltblau.
Chinesisches Sprichwort

Um einen Gegenstand
ganz zu besitzen, zu beherrschen,
muss man ihn um seiner selbst willen
studieren.
Johann Wolfgang von Goethe, Wilhelm Meisters
Wanderjahre

Und wenn es nicht durch die Gewohnheit den Weibern verboten wäre zu
studieren, so würden wir zu unserer
Zeit noch mehr gelehrte Frauen
zu sehen bekommen als unter den
gelehrtesten Männern.
Agrippa von Nettesheim, Von dem Vorzug
des weiblichen vor dem männlichen Geschlecht

Unser wahres Studium ist das der
menschlichen Lebensbedingungen.
Jean-Jacques Rousseau, Emile

Was man in Deutschland Studieren
nennt, ist wirklich etwas Bewundernswertes: fünfzehn Stunden täglich
Jahre hindurch der Einsamkeit
und der Arbeit zu widmen, ist eine
ganz natürliche Lebensart.
Germaine Baronin von Staël, Über Deutschland

Wenn die Weiber so wie die Männer
studieren könnten, wo würden sie sich
mindestens ebenso berühmt in geist-
und weltlichen Schriften machen
wie die Männer.
Agrippa von Nettesheim, Von dem Vorzug des weiblichen vor dem männlichen Geschlecht

Wenn ich studiert hätte,
würde ich an Dinge gedacht haben,
auf die sonst niemand verfällt.
Molière, George Dandin (Lubin)

Wer viel studiert, wird ein Phantast.
Sebastian Brant, Das Narren Schyff

Wir haben die Qualität der Bildungspolitik von Studentenzahlen abhängig
gemacht.
Norbert Blüm, Unverblümtes von Norbert Blüm

Wieviel Unsinn ist im Laufe der Zeit
von Professoren gesagt worden!
Warum sollten Studenten nicht auch
mal dummes Zeug reden dürfen?
Alexander Mitscherlich

Zu viel Zeit mit Studieren zu verbringen, ist Faulheit;
es nur als Schmuck zu verwenden,
Affektiertheit;
nur danach zu urteilen,
Gelehrtenwahn.
Francis Bacon, Die Essays

Zu viel Zerstreuung und zu viel Studium erschöpfen den Geist und lassen
ihn verdorren: Kühne Einfälle jeder
Art kommen keinem abgespannten
oder übermüdeten Geist.
Luc de Clapiers Marquis de Vauvenargues,
Unterdrückte Maximen

Zugucken ist leicht,
studieren ist schwer.
Chinesisches Sprichwort

Stuhl

Auf hohen Stühlen sitzt man schlecht.
Deutsches Sprichwort

Es ist das Privileg der Intellektuellen,
sich zwischen alle Stühle zu setzen.
Max Bense

Ich setze mich sehr gerne
zwischen Stühle.
Erich Kästner, Dr. Erich Kästners lyrische Hausapotheke

Wir sitzen mit unseren Gefühlen
meistens zwischen zwei Stühlen.
Kurt Tucholsky

Zwischen den Stühlen
sitzt man unbequem,
aber luftig.
Alfred Polgar

Zwischen den Stühlen zu sitzen,
ist in Wahrheit der anständigste Platz,
den es gibt.
Moritz Heimann

Zwischen sämtlichen Stühlen
auf hohem Roß
– das nenne ich Charakter.
Hanns-Hermann Kersten

Stunde

Die Stunde drängt,
und rascher Tat bedarf's.
Friedrich Schiller, Wilhelm Tell (Rudenz)

Es ist eine ganz bekannte Sache,
dass die Viertelstündchen größer sind
als die Viertelstunden.
Georg Christoph Lichtenberg, Sudelbücher

Gehe nicht achtlos an deinen großen
Stunden vorbei.
Otto Heuschele, Augenblicke

Keine Stunde im Leben, die man
im Sattel verbringt, ist verloren.
Winston Churchill

Manche Menschen
können in einer Stunde
länger dableiben
als andere in einer Woche.
William Dean Howells

Nur wer an jeder Stunde die Klauen,
die Hauer, die rostigen Nägel sieht,
mit denen sie unser Herz in Stücke
reißt, der hat das Leben in sich
aufgenommen und steht ihm nahe
und darf leben.
Gottfried Benn, An Sophie Wasmuth, 10.5.1929

Uns gehört nur die Stunde. Und eine
Stunde, wenn sie glücklich ist, ist viel.
Nicht das Maß der Zeit entscheidet,
wohl aber das Maß des Glücks.
Theodor Fontane, Von vor und nach der Reise

Wenn einem zum Tod Verurteilten
eine Stunde geschenkt wird,
so ist sie ein Leben wert.
Georg Christoph Lichtenberg, Sudelbücher

Wer eine Stund versäumet,
der versäumet wohl auch einen Tag.
Martin Luther, Tischreden

Wie brennt doch das Gedenken
jeder Stunde, die ich vertan.
Dag Hammarskjöld, Zeichen am Weg

Sturheit

Lobe niemals den unversöhnlich
starren Sinn.
Sophokles, Aias (Odysseus)

Was sich ein Narr in den Kopf gesetzt,
Das hält wie eine Schrift,
die man in Marmor ätzt.
Magnus Gottfried Lichtwer, Fabeln

Wenn der Esel nicht saufen will,
bringt ihn keine Gewalt dazu.
Chinesisches Sprichwort

Sturm

Auch die Stürme des Meers,
oft zertrümmernd und verwüstend,
sind Kinder einer harmonischen
Weltordnung und müssen derselben
wie die säuselnden Zephyrs dienen.
Johann Gottfried Herder, Ideen zur Philosophie der Geschichte der Menschheit

Denken wir bei heiterem Himmel
an den Sturm
und im Sturm an den Steuermann!
Gregor von Nazianz, Reden

Der Sturm bläst auch
durch ein Nadelöhr.
Chinesisches Sprichwort

Der Sturm legt sich nicht,
wenn man das Barometer zerbricht.
André Astoux

Der Sturm vermehrt die Glut
und die Gefahr.
Johann Wolfgang von Goethe, Ilmenau

Einer stürmischen Nacht
folgt ein stiller Tag.
Chinesisches Sprichwort

Es ist der gewöhnliche Fehler der
Menschen, bei gutem Wetter nicht
an den Sturm zu denken.
Niccolò Machiavelli, Der Fürst

Im Februar müssen die Stürme fackeln,
dass den Ochsen die Hörner wackeln.
Bauernregel

Niemand hätte jemals
den Ozean überquert,
wenn er die Möglichkeit gehabt hätte,
bei Sturm das Schiff zu verlassen.
Charles F. Kettering

Sturz

Der Sturz von oben nach unten hat oft
revolutionäre Effekte. Man macht eine
Generalabrechnung, wo man es früher
gar nicht so genau wissen wollte.
Ludwig Marcuse, Argumente und Rezepte. Ein Wörter-Buch für Zeitgenossen

Nur wieder empor nach jedem Sturz
aus der Höhe! Entweder fällst du dich
tot, oder es wachsen dir Flügel.
Marie von Ebner-Eschenbach, Aphorismen

Schrittweises Zurückweichen
ist oft schlimmer als ein Sturz.
Marie von Ebner-Eschenbach, Aphorismen

Was man stürzen will,
muss man erheben.
Lao-tse, Dao-de-dsching

Stütze

An die Stützen,
die wir wanken fühlen,
klammern wir uns doppelt fest.
Marie von Ebner-Eschenbach, Aphorismen

Wer der Stütze nicht bedarf,
geht leichtsinnig mit dem Stab um.
Emil Gött, Zettelsprüche. Aphorismen

Subjektivität

Die meisten Menschen sind so subjektiv, dass im Grunde nichts Interesse für
sie hat als ganz allein sie selbst.
Arthur Schopenhauer, Aphorismen zur Lebensweisheit

Ja!, das Subjekt ist bei allen Erscheinungen wichtiger, als man denkt.
Johann Wolfgang von Goethe, überliefert von Johann Peter Eckermann (Gespräche mit Goethe)

Kunst ist Subjektivität
und Subjektivität ist Glaube.
Julius Langbehn, Rembrandt als Erzieher

Objektivität ist die Subjektivität
der oberen Zehntausend.
Thomas Niederreuther

Subjektivität:
eine Sonnenuhr mit Hilfe
einer Taschenlampe ablesen.
Piet Hein

Substanz

In der Natur der Dinge kann es nicht
zwei oder mehrere Substanzen von
gleicher Beschaffenheit oder von
gleichem Attribut geben.
Baruch de Spinoza, Ethik

Soll man behaupten, die sinnlich
wahrnehmbaren Dinge seien die einzigen Substanzen oder es gebe neben
diesen auch noch andere?
Aristoteles, Älteste Metaphysik

Subvention

Die Industrie muss gefördert werden,
aber die blühende Industrie müsste
dann ihrerseits auch den Staat
unterstützen.
Voltaire, Der Mann mit den vierzig Talern

Subventionen:
wirtschaftspolitischer Denkmalschutz.
Helmar Nahr

Suche

Alles auf Erden lässt sich finden,
wenn man nur zu suchen sich nicht
verdrießen läßt.
Philemon, Fragmente

Ängstlich ist es, immer zu suchen,
aber viel ängstlicher, gefunden zu
haben und verlassen zu müssen.
Johann Wolfgang von Goethe,
Wilhelm Meisters Lehrjahre

Bittet, rufet, schreiet, suchet, klopfet,
poltert! Und das muss man für und
für treiben ohne Aufhören.
Martin Luther, Tischreden

Das Leben
ist die Suche des Nichts
nach dem Etwas.
Christian Morgenstern

Denn ein Herz, das sucht, fühlt wohl,
dass ihm etwas mangle,
ein Herz, das verloren hat, fühlt,
dass es entbehre.
Johann Wolfgang von Goethe,
Die Wahlverwandtschaften

Die Menschen suchen das verlorene
Ende des Wegs in den Himmel.
Thomas Wolfe

Eine nur ist's, die ich suche,
Sie ist nah und ewig weit.
Friedrich Schiller, Der Jüngling am Bache

Es gibt keinen anderen Weg zum
Heil als den mühsamen fortwährenden
Suchens. Resignieren ist ein schönes
Wort und besonders eindrucksvoll,
wenn ein »erhaben« davor steht,
aber es lässt etwas in uns absterben,
und das ist nicht gut. Es hält die
Magnetnadel in uns fest.
Christian Morgenstern, Stufen

Folge den Ranken,
und du gelangst an die Melone.
Chinesisches Sprichwort

Ich ging im Walde / So für mich hin,
Und nichts zu suchen,
Das war mein Sinn.
Johann Wolfgang von Goethe, Gefunden

In einem Hühnerei suche
nicht nach Knochen.
Chinesisches Sprichwort

Jeder ist auf der Suche nach etwas,
dem er gleichen möchte.
Siegfried Lenz

Jeder Suchende sucht doch nur Gutes.
Nikolaus von Kues, Über die Schauung Gottes

Jedes Fragen ist ein Suchen.
Martin Heidegger, Sein und Zeit

Nur in seinem Suchen findet der Geist
des Menschen das Geheimnis,
welches er sucht.
Friedrich Schlegel, Lucinde

Oft büßt das Gute ein,
wer Bessres sucht.
William Shakespeare, King Lear (Albany)

Suche Licht, so findest du Licht!
Ernst Moritz Arndt, Gedichte

Suchen Sie in allem und jedem
das Lächerliche,
und Sie werden es finden.
Jules Renard, Ideen, in Tinte getaucht.
Aus dem Tagebuch von Jules Renard

Suchet in euch, so werdet ihr
alles finden, und erfreuet euch,
wenn da draußen, wie ihr es immer
heißen möget, eine Natur liegt,
die Ja und Amen zu allem sagt,
was ihr in euch gefunden habt!
Johann Wolfgang von Goethe,
Maximen und Reflexionen

Unser Suchen kann kein Ende finden:
Unser Ziel ist in der anderen Welt.
Michel Eyquem de Montaigne, Die Essais

Verbringe nicht die Zeit
mit der Suche nach einem Hindernis,
vielleicht ist keines da.
Franz Kafka

Was du suchst und am meisten ersehnst, wirst du nicht durch deinen
eigenen Weg noch durch tiefe Kontemplation finden, sondern mit großer
Demut und Hingabe des Herzens.
Juan de la Cruz, Merksätze von Licht und Liebe

Was ist es, das einen bewegt?
Was ist dieses Suchen – so freudig –
so sanft! Und es scheint ein Augenblick zu kommen,
da alles offenbar werden wird.
Katherine Mansfield, Tagebücher

Was man sucht, das lässt sich finden;
was man unbeachtet lässt, entflieht.
Sophokles, König Ödipus (Kreon)

Wenn sie wüssten, wo das liegt,
was sie suchen, so suchten sie ja nicht.
Johann Wolfgang von Goethe,
Maximen und Reflexionen

Wer das Unmögliche sucht,
dem geschieht nur recht, wenn
das Mögliche ihm versagt wird.
Miguel de Cervantes Saavedra, Don Quijote

Wer im Heu eine Nadel verloren hat,
suche sie im Heu.
Chinesisches Sprichwort

Wer nicht sucht, der findet nicht.
Der Strom fließt nicht zu
den Menschen, die ihn zwar kennen,
aber nicht zu ihm kommen wollen,
sondern sie müssen zu ihm hinzu-
treten, wenn sie sein Wasser
zu schöpfen begehren.
Hildegard von Bingen, Wisse die Wege

Wer suchet, der findet.
Deutsches Sprichwort

Wer sucht, wird zweifeln.
Novalis, Vermischte Bemerkungen

Wir sind nichts;
was wir suchen, ist alles.
Friedrich Hölderlin, Fragment von Hyperion

Wir sollen nicht nach goldenem Leben
im eisernen Zeitalter suchen.
Sprichwort aus England

Wir suchen überall das Unbedingte
und finden immer nur Dinge.
Novalis, Blütenstaub

Sühne

Mord durch Mord zu sühnen,
ist unmöglich. Rache oder Sühne
mögen eine Gier befriedigen,
aber den Frieden zu schaffen
oder die Menschheit auf eine
höhere Stufe zu heben,
das vermögen sie nicht.
Mohandas K. »Mahatma« Gandhi, Harijan (engl.
Wochenzeitung 1933–1956), 18. August 1946

Wer ein Leben lang Beamter war,
kommt siebenmal als Bettler auf
die Welt.
Chinesisches Sprichwort

Sünde

Adam hat den Apfel gegessen,
und uns tun die Zähne davon weh.
Sprichwort aus Ungarn

Alle Sünden geschehen freiwillig.
Deutsches Sprichwort

Alle Sünden
widerstreiten der Klugheit,
wie auch alle Tugenden von der
Klugheit ihre Richtschnur empfangen.
Thomas von Aquin, Summa theologica

Allen Sündern wird vergeben,
Nur dem Vatermörder nicht.
Franz Grillparzer, Die Ahnfrau (Jaromir)

Alles, was dem Wesen der Liebe
nicht zusagt, ist Sünde, und alles,
was Sünde ist, sagt dem Wesen der
Liebe nicht zu.
Bettina von Arnim,
Goethes Briefwechsel mit einem Kinde

Alles, was einer naturhaften Hinneigung widerspricht, ist Sünde, weil
es dem Gesetz der Natur widerspricht.
Thomas von Aquin, Summa theologica

Auf eine öffentliche Sünde
gehört eine öffentliche Buße.
Deutsches Sprichwort

Beschimpf niemals eine Frau,
die sündig fällt!
Victor Hugo, Seelendämmerung

Bleib der Sünde fern,
so meidet sie dich.
Altes Testament, Jesus Sirach 7, 1

Damit Gott
uns die Sünden vergeben kann,
müssen wir erst einmal sündigen.
Brendan Behan

Das Einzige, was wir nie bereuen,
sind unsere Sünden.
Oscar Wilde, Das Bildnis des Dorian Gray

Das Licht, das ist das Gute;
die Finsternis, die Nacht,
Das ist das Reich der Sünde
und ist des Bösen Macht.
Adelbert von Chamisso, Gedichte

Dem Evangelium glauben,
löset von Sünden.
Martin Luther, Tischreden

Den Sünder, welcher sich nicht ewig
wend't von Gott, / Kann Gott auch
nicht verdamm'n zur ew'gen Pein
und Not.
Angelus Silesius,
Der cherubinische Wandersmann

Denn wer sündigen kann,
kann auch Strafe auf sich nehmen.
Ecbasis captivi in belehrender Gestalt (Wolf)

Der Anblick des Sündigen
kann das eine Individuum retten
und das andere stürzen.
Søren Kierkegaard, Der Begriff Angst

Der Flirt
ist die Sünde der Tugendhaften
und die Tugend der Sünderinnen.
Paul Bourget

Der einzige Unterschied zwischen dem
Heiligen und dem Sünder ist,
dass jeder Heilige eine Vergangenheit
und jeder Sünder eine Zukunft hat.
Oscar Wilde, Eine Frau ohne Bedeutung

Der Hirsch ist das Bild für jene,
die ihre Sünden bekennen und zum
Brunnen der heiligen Lehre eilen.
Jüngerer deutscher Physiologus (um 1140)

Der junge Mann soll die Sünde nicht
deshalb meiden, weil er ihr körperlich
oder geistig nicht gewachsen ist,
sondern weil er sie nicht will.
Michel Eyquem de Montaigne, Die Essais

Der Körper sündigt, und dann
ist die Sünde für ihn erledigt,
denn Handeln ist eine Art Reinigung.
Oscar Wilde, Das Bildnis des Dorian Gray

Der Mensch soll immer annehmen,
er stünde kurz vor seinem Tode,
er könne in seiner Sündhaftigkeit
plötzlich sterben.
Moses Maimonides, Die starke Hand

Die meisten Menschen
beichten am liebsten
die Sünden anderer Leute.
Graham Greene

Die Religion hat der Liebe
einen großen Dienst erwiesen,
indem sie sie zur Sünde
gestempelt hat.
Anatole France

Der Sünde öffnen sich
die Pforten des Himmels leichter
als der heuchlerischen Tugend.
Simone de Beauvoir, Das andere Geschlecht

Der Theolog befreit dich von
der Sünde, die er selbst erfunden hat.
Johann Wolfgang von Goethe,
Die Aufgeregten (Breme)

Des Menschen Sünden
leben fort in Erz,
Ihr edles Wirken
schreiben wir ins Wasser.
William Shakespeare,
Heinrich VIII. (Griffith)

Die einzige Sünde auf dieser Welt ist,
andere Leute auszunützen oder sich
selbst zu betrügen oder sich
etwas vorzulügen.
Sylvia Plath, Briefe nach Hause (23. April 1956)

Die erste Sünde ist
durch eine Sünde
in die Welt gekommen.
Søren Kierkegaard, Der Begriff Angst

Die geistigen Sünden
schließen eine größere Schuld in sich
als die des Fleisches.
Thomas von Aquin, Summa theologica

Die kleinsten Sünder
tun die größte Buße.
Marie von Ebner-Eschenbach, Aphorismen

Die Religion hat der Liebe
einen großen Dienst erwiesen,
indem sie sie zur Sünde
gestempelt hat.
Anatole France

Die Scheidewand zwischen Vergnügen
und Sünde ist dünne.
Georg Christoph Lichtenberg, Sudelbücher

Die Sünd' ist anders nicht,
als dass ein Mensch von Gott
Sein Angesicht abwend't
und kehret sich zum Tod.
Angelus Silesius, Der cherubinische Wandersmann

Die Sünde –
eine Entfremdung vom Leben Gottes.
Johann Michael Sailer, Grundlehren der Religion

Die Sünde geschieht im Willen nicht
ohne irgendwelche Unwissenheit der
Vernunft. Wir wollen nämlich nichts,
es sei denn das Gute, das wirkliche
oder das anscheinende.
Thomas von Aquin, Summe gegen die Heiden

Die Sünde ist das einzig Farbige,
das im modernen Leben
übrig geblieben ist.
Oscar Wilde

Die Sünde ist
eine religiöse Vorstellung,
die Schuld eine moralische.
Hermann Kesten

Die Sünde wird gefesselt
durch die Taufe, und das Reich Gottes
wird aufgerichtet.
Martin Luther, Tischreden

Die Sünden des einen
sind Gott lieber
als die Gebete des andern.
Emil Gött, Im Selbstgespräch

Die Sünden
sind die Pfeiler der Religion.
Hans Lohberger

Die verborgene Sünde
ist halb vergeben.
Sprichwort aus Frankreich

Die Vergebung der Sünde liegt
im Eingeständnis der Sünde.
Ludwig Feuerbach,
Das Wesen des Christentums

Die Vergebung der Sünden ist der
Vernunft ein Widerspruch, aber unser
ganzes Leben ist doch fast weiter
nichts als eine fortgesetzte praktische
Vergebung der Sünden. Wir können
unmöglich ohne sie sein. Wenn man
sie nur ordentlich menschlich nähme
und nicht den Himmel darein mischte!
Johann Gottfried Seume, Apokryphen

Durch das Zuviel-Arbeiten
sündigt man am Leben
und an der Arbeit selber.
Paula Modersohn-Becker, Briefe (an Tante Marie, 29. Januar 1903)

Edle Sünden darf man wohl verzeihen.
Pedro Calderón de la Barca, Das Leben ein Traum

Ein jeder seufze, reinige sich von den
Todsünden und zerfließe in Tränen,
wenn er den Höllenstrafen
entgehen will!
Ecbasis captivi in belehrender Gestalt (Nachtigall)

Ein jeder sündigt für sich.
Gaius Petronius, Schelmengeschichten

Ein Leck wird ein Schiff versenken,
und eine Sünde
den Sünder vernichten.
John Bunyan, In: Die Pilgerreise (The Pilgrims Progress)

Ein Sünder kann hundertmal
Böses tun und dennoch lange leben.
Altes Testament, Kohelet 8, 12

Ein Tag innerer Versündigung kann
den Menschen um ein halbes Jahrhundert
an Geist, Erkenntnis und Durchdringung
alles Lebendigen schwächen
und veralten.
Achim von Arnim, Gräfin Dolores

Ein Trost für Sünder:
Im Himmel gibt es kein Fernsehen.
In der Hölle bin ich nicht so sicher.
Robert Lembke, Steinwürfe im Glashaus

Eine Reform der Beichte
wäre vorzuschlagen:
Der Sünder beichtet nur
seine guten Taten.
Karol Irzykowski

Eine Sünde, die mich weckt, ist besser
als eine Tugend, an der ich einschlafe.
Emil Gött, Im Selbstgespräch

Es dünkt mich leichter sein, in
Himmel sich zu schwingen,
Als mit den Sünden Müh' in Abgrund
einzudringen.
Angelus Silesius, Der cherubinische Wandersmann

Es freut sich die Gottheit
der reuigen Sünder.
Johann Wolfgang von Goethe,
Der Gott und die Bajadere

Es gibt keine Sünde außer Dummheit.
Oscar Wilde

Es gibt nur zwei Arten von Menschen:
die Gerechten, die sich
für Sünder halten, und die Sünder,
die sich für gerecht halten.
Blaise Pascal, Pensées

Es ist auch nicht entscheidend,
wie viel du sündigst, sondern mit
welcher Leidenschaft es geschieht.
Erasmus von Rotterdam, Handbüchlein eines christlichen Streiters

Es ist ein Vergnügen anzusehen,
wie blind die Menschen
für ihre eigenen Sünden sind und
wie heftig sie die Laster verfolgen,
die sie selbst nicht haben.
Niccolò Machiavelli, Briefe (an Francesco Vettori, 5. Januar 1514)

Es ist eine große Sünde,
fremdes Gut zu stehlen.
Voltaire, Geschichte von Jenni

Es ist keine Sünde,
ein Dummkopf zu sein,
aber die größten Sünden werden
von Dummköpfen begangen.
Marie von Ebner-Eschenbach, Aphorismen

Es ist recht merkwürdig, dass die
christliche Orthodoxie stets gelehrt
hat, das Heidentum liege in der Sünde,
während doch das Sündenbewusstsein
erst durch das Christentum gesetzt
worden ist.
Sören Kierkegaard, Der Begriff Angst

Es ist schade, dass es keine Sünde ist,
Wasser zu trinken,
wie gut würde es schmecken.
Georg Christoph Lichtenberg, Sudelbücher

Es ist schwer für den Menschen,
bei jeder Sünde zu wissen,
was daran sündhaft ist und was nicht:
Darin liegt ein Geheimnis,
das über Menschenverstand geht.
Fjodor M. Dostojewski, Der Jüngling

Es ist unmöglich,
dass durch die Sünde das Gute unserer
Natur völlig aufgehoben werde.
Thomas von Aquin, Über das Böse

Es sündigt nicht,
wer nicht absichtlich sündigt.
Lucius Annaeus Seneca, Herkules auf dem Oeta

Flieh vor der Sünde wie vor der
Schlange; kommst du ihr zu nahe,
so beißt sie dich.
Altes Testament, Jesus Sirach 21, 2

Gott ist nicht sündenlos,
er erschuf die Welt.
Sprichwort aus Bulgarien

Gott tut die Sünde weh in dir als seinem Sohn, / In seiner Gottheit selbst,
da fühlt er nichts davon.
Angelus Silesius, Der cherubinische Wandersmann

Große Städte, große Sünden.
Deutsches Sprichwort

Hätte Gott alles, woraus der Mensch
eine Gelegenheit zur Sünde gemacht
hat, aus der Welt hinweggenommen:
Das All wäre unvollkommen
geblieben.
Thomas von Aquin, Summa theologica

Häufig vergeudet man
seine seelischen Kräfte nutzlos.
Das ist Sünde.
Leo N. Tolstoi, Tagebücher (1895)

Heiliger:
ein toter Sünder,
überarbeitet und neu herausgegeben.
Ambrose Bierce

Im Gehirn und ausschließlich im
Gehirn geschehen die großen Sünden
der Welt.
Oscar Wilde, Das Bildnis des Dorian Gray

In der Liebe gibt es zweierlei Sünden:
die lässlichen und die unerlässlichen.
Helen Vita

In jeder Sünde wohnt der ganze Krieg,
wie in jedem Funken die ganze
Feuerbrunst.
Jean Paul, Friedens-Predigt an Deutschland

Je größer Christe, je mehr Anfechtung;
je mehr Sünd, je mehr Furcht.
Martin Luther, Tischreden

Jede Sünde, auch die brutalste,
ist eine geistige Sünde.
Daher können Tiere nicht sündigen.
Franz Werfel, Zwischen Oben und Unten

Jeder sündigt nach dem Maß an Licht,
das in ihm ist.
Leo N. Tolstoi, Tagebücher (1895)

Jeder, der die Sünde tut,
handelt gesetzwidrig;
denn Sünde ist Gesetzwidrigkeit.
Neues Testament, 1. Johannesbrief 3, 4

Keiner von uns, der nicht sündigte;
wir sind Menschen,
nicht Götter.
Gaius Petronius, Schelmengeschichten

Liebt den Menschen auch in seiner
Sünde, denn nur eine solche Liebe
wäre ein Abbild der Liebe Gottes
und die höchste irdische Liebe.
Fjodor M. Dostojewski, Die Brüder Karamasow

Mich reuen die Sünden,
die ich nicht beging.
Franziska Gräfin zu Reventlow, Tagebücher

Nenne das,
was du nicht entbehren kannst,
einfach nicht mehr Sünde.
André Gide

Nicht aus Furcht vor der Strafe
soll man die Sünde meiden,
sondern weil es sittliche Pflicht ist.
Demokrit, Fragment 41

Nicht eure Sünde – eure Genügsamkeit
schreit gen Himmel,
euer Geiz selbst in der Sünde
schreit gen Himmel!
Friedrich Nietzsche, Also sprach Zarathustra

Reu ist aller Sünden Tod.
Sie hilft dem Sünder aus der Not.
Freidank, Bescheidenheit

Scham bezeichnet eben im Menschen
die innere Grenze der Sünde;
Wo er errötet, beginnt eben
sein edleres Selbst.
Friedrich Hebbel, Gedichte

Schäme dich nicht,
von der Sünde umzukehren,
leiste nicht trotzig Widerstand.
Altes Testament, Jesus Sirach 4, 26

Schöne Sünden,
wie alle schönen Dinge,
sind das Vorrecht der Reichen.
Oscar Wilde, Das Bildnis des Dorian Gray

Selbst der Gerechte des Tages siebenmal; und wir würden lügen, wenn wir
sagten, wir hätten keine Sünde.
Teresa von Ávila, Weg der Vollkommenheit

Selbstliebe, Herr, ist nicht
so schnöde Sünde
Als Selbstversäumnis.
William Shakespeare, Heinrich V. (Dauphin)

Sind denn Wünsche Sünden, oder
ist das Bekennen derselben eine?
Jean Paul, Levana

Sing, unsterbliche Seele, der
sündigen Menschen Erlösung.
Friedrich Gottlieb Klopstock, Der Messias

Sünd und Schande
Bleibt nicht verborgen.
Johann Wolfgang von Goethe, Faust I (Böser Geist)

Sünde ist Verzweiflung.
Søren Kierkegaard, Die Krankheit zum Tode

Sünden und Schulden sind
immer größer, als wir denken.
Sprichwort aus England

Sünden werden vergeben,
aber die Strafe folgt nach.
Deutsches Sprichwort

Sündigen ist nichts anderes als
Zurückbleiben hinter dem Gut, das
einem nach seiner Natur gemäß ist.
Thomas von Aquin, Summa theologica

Ungeordnete Furcht ist in jeder Sünde
eingeschlossen. Der Geizige fürchtet,
des Geldes, der Zuchtlose,
des Vergnügens verlustig zu gehen.
Thomas von Aquin, Summa theologica

Ungeordnete Liebe zu sich selbst
ist jeglicher Sünde Ursache.
Thomas von Aquin, Summa theologica

Verzweifeln an der Gnade,
das ist unvergebbare Sünde.
Martin Luther, Tischreden

Viel Obst ist ungesund;
wir kauen alle dran,
Was eines Apfels Kost
für Leid uns angetan.
Friedrich von Logau, Sinngedichte

Wann die frown nider falt,
So hillfft kein hut noch kein gewalt;
Verloren ists als eines juden sel.
Thomas Murner, Narrenbeschwörung

Wenn eine Frau
ihrem Mann einmal verziehen hat,
darf sie ihm seine Sünden
nicht immer wieder aufgewärmt
zum Frühstück servieren.
Marlene Dietrich

Wären keine Sünder,
so wären keine Heiligen.
Deutsches Sprichwort

Wegen einer Sünde darf man nicht
zweimal büßen.
Sprichwort aus Frankreich

Wenige wollen nicht sündigen,
keiner aber wüsste nicht,
wie man sündigt.
Publilius Syrus, Sentenzen

Wenn der Mensch sündigt, sieht er
wohl, dass er abgleitet, aber er kann
sich nicht davon trennen, denn seine
Veranlagung treibt ihn.
Juan Ruiz de Alarcón y Mendoza, Buch von rechter Liebe

Wenn dich Sünder locken,
dann folg ihnen nicht.
Altes Testament, Sprüche Salomos 1, 10

Wenn die Frau sündigt,
ist der Mann nicht unschuldig.
Sprichwort aus Italien

Wenn die Welt der Sinne und die Welt
des Geistes absolut getrennt sind,
dann ist die Sünde auf ihrem Gipfel.
Adam Heinrich Müller, Beiträge zur Philosophie der Sitten

Wenn es keine Vergebung der Sünden
gäbe, so wollt ich Gott gern durch
Fenster auswerfen.
Martin Luther, Tischreden

Wenn Teufel ärgste Sünde fördern
wollen, / So locken sie zuerst
durch frommen Schein.
William Shakespeare, Othello

Wer als Mittelloser sündigt,
ist weniger schuldig.
Gaius Petronius, Schelmengeschichten

Wer in Sünde fällt,
soll darum nicht verzweifeln,
sondern wieder zu sich kommen
und von der Sünde lassen.
Martin Luther, Tischreden

Wer nicht sündigen will,
will auch nicht erlöst werden.
Der vollkommene Heilige
würde des Teufels sein.
Rudolf Alexander Schröder

Wer nicht zu sündigen verbietet,
obwohl er es könnte, befiehlt es.
Lucius Annaeus Seneca, Die Troerinnen

Wer schläft, der sündigt nicht.
Deutsches Sprichwort

Wer seine Sünde bereut
und sie eingesteht,
dem ist sie vergeben.
Jacob und Wilhelm Grimm, Marienkind

Wer selbst seine Sünde nähme wahr,
Verschwieg' eines andern Mangel gar.
Georg Rollenhagen, Froschmeuseler

Wer sich zum Ärger hinreißen lässt,
büßt für die Sünden anderer.
Konrad Adenauer

Wer sündigt, der wendet sich ab
von dem, worin die Wesenheit
des letzten Zieles in Wahrheit
sich findet; nicht aber hört er auf,
das letzte Ziel eigentlich zu meinen;
er sucht es nur fälschlich
in anderen Dingen.
Thomas von Aquin, Summa theologica

Wir leben voller Trauer und Schmerz
auf dieser Welt, / mit mannigfachen
Wunden wegen unserer Sünden.
Otfrid von Weissenburg, Evangelienbuch

Wir werden nicht
für unsere Sünden bestraft,
sondern durch sie.
Elbert Hubbard

Wissen Sie, was mit sündigen
kleinen Mädchen geschieht?
Sie werden wohlhabend.
Robert Lembke,
Steinwürfe im Glashaus

Wo Aug und Herz zur Sünde ziehn
Da hat Begier ein leicht Bemühn.
Jüdische Spruchweisheit

Wozu ist die Kenntnis der Sünde gut,
wenn wir sie nicht verabscheuen?
Francesco Petrarca, Von seiner und vieler Leute Unwissenheit

Zweifel ist Sünde und ewiger Tod.
Martin Luther, Tischreden

Sündenbock

Dass wir das Schlechte so leicht
glauben, ohne es genau geprüft zu
haben, ist eine Folge von Hochmut
und Trägheit: Wir brauchen einen
Sündenbock und sind doch zu faul,
uns zu überzeugen, ob die Anklage
auch berechtigt ist.
François de La Rochefoucauld, Reflexionen

Der christliche und der marxistische
Philosoph haben eines gemeinsam:
einen Sündenbock (...),
wenn auch jeder einen eigenen.
Ludwig Marcuse, Argumente und Rezepte.
Ein Wörter-Buch für Zeitgenossen

Die Jagd auf Sündenböcke
kennt keine Schonzeit.
Lothar Schmidt

Wenn in uns irgendetwas nicht
in Ordnung ist, so suchen wir
die Ursachen dafür außerhalb unserer
selbst und finden sie schnell: »Dahinter
steckt der Franzose, dahinter die
Juden, dahinter Wilhelm.« Das Kapital,
Pech und Schwefel, die Freimaurer,
das Syndikat, die Jesuiten – das sind
Gespenster, aber wie sehr sie unsere
Unruhe doch besänftigen!
Anton P. Tschechow, Briefe (6. Februar 1898)

Wir haben viele Sündenböcke,
aber der populärste
ist die Vorsehung.
Mark Twain

Suppe

Der Gourmet
muss in jeder Suppe ein Haar finden.
Um seine Klasse zu beweisen.
Oliver Hassencamp

Ein Glas Wein auf die Suppe
ist dem Arzt einen Taler entzogen.
Deutsches Sprichwort

Glückliches Kind!
Das kein Übel kennt,
als wenn die Suppe lang ausbleibt.
Johann Wolfgang von Goethe, Götz von Berlichingen (Weislingen)

Man muss die Suppe auslöffeln,
die man sich eingebrockt hat.
Deutsches Sprichwort

Schon an der Suppe
erkennt man die Hausfrau.
Eine Suppe kann lachen.
Thomas Niederreuther

Wer das Maul verbrannt hat,
bläst die Suppe.
Deutsches Sprichwort

Süße

Abwechslung ist immer süß.
Euripides, Orest

Die süßesten Trauben
hängen am höchsten.
Deutsches Sprichwort

Die Süßigkeit liegt nicht im Rohr,
Der Zucker, der ist süß.
Johann Wolfgang von Goethe, West-östlicher Divan

Süß ist jeder Wahn,
wenn er auch irrig ist.
Euripides, Orest (Orest)

Wer etwas in der Welt mag süß
und lieblich nennen, / Der muss
die Süßigkeit, die Gott ist,
noch nicht kennen.
Angelus Silesius, Der cherubinische Wandersmann

Zuckerrohr ist nie zugleich
an beiden Enden süß.
Chinesisches Sprichwort

Symbol

Alle Kunst ist zugleich
Oberfläche und Symbol.
Oscar Wilde, Das Bildnis des Dorian Gray

Das ist die wahre Symbolik,
wo das Besondere das Allgemeine
repräsentiert, nicht als Traum
und Schatten, sondern als lebendig-
augenblickliche Offenbarung
des Unerforschlichen.
Johann Wolfgang von Goethe, Maximen und Reflexionen

Es ist der Vorzug höherer Naturen,
dass sie die Welt mit allen ihren
Einzelheiten immer symbolisch sehen.
Friedrich Hebbel, Tagebücher

Ich habe oft bemerkt, dass wir uns
durch allzu vieles Symbolisieren
die Sprache für die Wirklichkeit
untüchtig machen.
Christian Morgenstern, Stufen

Im Symbol nimmt ein allgemeiner
Begriff das irdische Gewand an
und tritt als Bild bedeutsam
vor das Auge unseres Geistes.
Georg Friedrich Creuzer, Symbolik und Mythologie der alten Völker

Jedes Symbol ist eine Anrufung,
die ihren entsprechenden Ausdruck
in allen Welten hervorruft.
William Butler Yeats, Entfremdung

Kein Mensch ist wahrhaft groß,
der in uns nicht den Drang auslöst,
ihn symbolisch oder gar mythisch
zu sehen.
Arthur Schnitzler, Aphorismen und Betrachtungen aus dem Nachlass

Kein Symbol kann
für sich allein untersucht werden;
die Erkenntnis der Teile führt zur
Erkenntnis des Ganzen,
das uns seinerseits die Teile
besser verstehen lässt.
Marija Gimbutas, Die Sprache der Göttin

Wer dem Symbol nachgeht,
tut es auf eigene Gefahr.
Oscar Wilde, Das Bildnis des Dorian Gray

Wie das Farbenspiel des Regenbogens
durch das an der dunklen Wolke
gebrochene Bild der Sonne entsteht,
so wird das einfache Licht der Idee
im Symbol in einen farbigen Strahl
von Bedeutsamkeit zerlegt.
Georg Friedrich Creuzer, Symbolik und Mythologie der alten Völker

Sympathie

Mancher glaubt,
beliebt zu sein,
aber man hat sich nur
an seine Art gewöhnt.
Upton Sinclair

Schon gemeinsame Brechreize
schaffen eine Art
ausreichender Sympathie.
Arno Schmidt

Was gefällt uns
am besten an einem Menschen?
Dass wir ihm gefallen.
Paul Ree, Philosophie

Wenn du willst, dass dir jemand
nicht mehr unsympathisch ist,
tue ihm Gutes,
und du wirst sehen,
dass er dir sympathisch wird!
Jacinto Benavente

Wo Sympathie erneuert wird,
wird das Leben neu.
Vincent van Gogh, Briefe

System

Die Strategie ist ein System der Aus-
hülfen. Sie ist mehr als Wissenschaft,
ist die Übertragung des Wissens auf
das praktische Leben, die Fortbildung

des ursprünglich leitenden Gedankens
entsprechend den stets sich ändernden
Verhältnissen, ist die Kunst des
Handelns unter dem Druck der
schwierigsten Bedingungen.
Helmuth Graf von Moltke, Über Strategie

Ein System,
ein philosophisches System,
trägt außer Denkfehlern
auch Fehler des Systems in sich.
Leo N. Tolstoi, Tagebücher (1870)

Ich habe kein Zutrauen
zu Systemveränderungen,
denn Systeme sind korrumpierbar,
und ehe wir nicht den unkorrumpier-
baren Menschen zustande gebracht
haben, werden wir kein
unkorrumpierbares System haben.
Anaïs Nin, Ein neuer innerer Schwerpunkt

Misstraut im Leben
stets den Testamenten
und den Systemen!
Voltaire, Der Mann mit den vierzig Talern

Systeme sind wie Ratten;
durch zwanzig Löcher können sie
schlüpfen, aber da sind immer zwei
oder drei, die sie nicht bewältigen.
Voltaire, Philosophisches Taschenwörterbuch

T

Tabak

Ein starkes Bier, beizender Toback,
Und eine Magd im Putz,
das ist nun mein Geschmack.
Johann Wolfgang von Goethe, Faust I (Schüler)

Habe versucht, nicht zu rauchen.
Mache Fortschritte. Aber es ist gut,
die eigene Erbärmlichkeit
zu erkennen.
Leo N. Tolstoi, Tagebücher (1884)

So geht es mit Tabak und Rum:
Erst bist du froh, dann fällst du um.
Wilhelm Busch, Die Haarbeutel

Tabak ohne Kaffee
ist wie ein Fürst ohne Pelz.
Sprichwort aus Ägypten

Und wärst du auch zum fernsten Ort,
Zur kleinsten Hütte durchgedrungen,
Was hilft es dir,
du findest dort Tabak und böse Zungen.
Johann Wolfgang von Goethe, Sprüche

Zu glauben, dass wir etwas tun,
während wir nichts tun,
ist die Hauptillusion des Tabaks.
Ralph Waldo Emerson, Tagebücher

Tabu

Das Tabu ist der Architekt der Seele.
Günther Anders, Lieben gestern.
Notizen zur Geschichte des Fühlens

Die Tabuierung von Antworten
ist nie so schlimm
wie die Tabuierung von Fragen.
Ludwig Marcuse, Argumente und Rezepte.
Ein Wörter-Buch für Zeitgenossen

Ein zerschlagenes Tabu
ist kein Tabu mehr
– auch wenn es Leute gibt,
die meinen, man könne es
immer wieder zertrümmern.
Jean Genet

Ich weigere mich,
mit drei Pünktchen in der Stimme
über Tabus hinwegzugehen.
Horst Stern

Ignorieren ist
der Königsweg des Tabuierens.
Ludwig Marcuse, Argumente und Rezepte.
Ein Wörter-Buch für Zeitgenossen

Manchmal werden mehr Tabus verletzt, als überhaupt vorhanden sind.
Heinrich Böll

Nicht zu lieben sollte das einzige sein,
was mit einem Tabu belegt wäre.
Anaïs Nin, Frauen verändern die Welt

Tabus gehören zur Sexualität
wie das Ei zum Kuchen.
Hans Giese

Viele Neurosen haben ihre Ursache
in einem Sog des Verbotenen,
der aber erst wirksam werden kann,
wenn zuvor Tabus errichtet worden sind.
Simone de Beauvoir, Das andere Geschlecht

Tadel

Anerkennende Worte
sind eine beliebte Einleitung
für anschließenden Tadel.
Lothar Schmidt

Beschränke keiner,
Was ihm zu tun notwendig,
in der Furcht,
Er stoß auf neid'sche Tadler.
William Shakespeare, Heinrich VIII. (Wolsey)

Bitter ist der Tadel,
aus dem wir beim besten Willen
keinen Nutzen ziehen können.
Marie von Ebner-Eschenbach, Aphorismen

Den Tadel der Menschen
nahm ich solange gerne an,
bis ich einmal darauf achtete,
wen sie lobten.
Walter Rathenau, Auf dem Fechtboden des Geistes.
Aphorismen aus seinen Notizbüchern

Der herbste Tadel lässt sich ertragen,
wenn man fühlt,
dass derjenige, der tadelt,
lieber loben würde.
Marie von Ebner-Eschenbach, Aphorismen

Der Tadel der Gehässigkeit
hat schon manchem Verdienst
zur Anerkennung geholfen.
Marie von Ebner-Eschenbach, Aphorismen

Die jetzigen Menschen
sind zum Tadeln geboren.
Vom ganzen Achilles
sehen sie nur die Ferse.
Marie von Ebner-Eschenbach, Aphorismen

Ehe man tadelt,
sollte man immer erst versuchen,
ob man nicht entschuldigen kann.
Georg Christoph Lichtenberg, Sudelbücher

Empfindsame Kinder
und bedeutende Männer ertragen
Tadel nur in Lob eingewickelt.
Walther von Hollander

Ich preise laut, ich tadle leise.
Sprichwort aus Russland

Im Lobe ist mehr Zudringlichkeit
als im Tadel.
Friedrich Nietzsche, Jenseits von Gut und Böse

Laster, die man nicht tadelt,
sät man.
Deutsches Sprichwort

Nicht nur Lob,
sondern auch Tadel zur Unzeit
bringt Schaden.
Plutarch, Moralia

Niemand tadelt uns so scharf,
wie wir uns oft selbst verurteilen.
Luc de Clapiers Marquis de Vauvenargues,
Unterdrückte Maximen

Sehr angesehene Personen
erteilen selbst ihren Tadel so,
dass sie uns damit auszeichnen wollen.
Friedrich Nietzsche, Menschliches, Allzumenschliches

Sei vorsichtig
im Tadel und Widerspruch!
Es gibt wenige Dinge in der Welt,
die nicht zwei Seiten haben.
Adolph Freiherr von Knigge,
Über den Umgang mit Menschen

Tadeln ist leicht,
deshalb versuchen sich so viele darin.
Loben ist schwer,
darum tun es so wenige.
Anselm Feuerbach, Rom

Tadeln können zwar die Toren,
aber klüger handeln nicht.
August Julius Langbehn

Tadle nicht,
eh du nicht geprüft hast;
zuerst untersuche,
dann weise zurecht.
Altes Testament, Jesus Sirach 11, 7

Unbegründeter Tadel
ist manchmal eine Form
der Schmeichelei.
Marie von Ebner-Eschenbach, Aphorismen

Vor Großen darf man sich niemals
tadeln. Sie glauben zu leicht,
man sage des Bösen zu wenig.
Jean Paul

Was ich an meinen Nächsten tadle,
das soll ich auch selber
nicht tun.
Herodot, Historien

Wenn du genau darauf achtest,
welche Leute nicht zu loben vermögen,
nur immer tadeln,
mit niemandem zufrieden sind,
so wirst du bemerken,
es stets die sind,
mit denen niemand zufrieden ist.
Jean de La Bruyère, Die Charaktere

Wenn einer gelobt wird,
glauben es wenige,
wenn er getadelt wird, alle.
Sprichwort aus Bosnien

Wenn es darum geht,
andere zu tadeln,
wird selbst ein Dummkopf schlau.
Chinesisches Sprichwort

Wenn jemand bescheiden bleibt,
nicht beim Lobe,
sondern beim Tadel,
dann ist er's.
Jean Paul, Hesperus

Wenn wir die Fehler unserer Freunde
nur leichthin tadeln,
suchen wir darin die Rechtfertigung
für eigenen Leichtsinn.
François de La Rochefoucauld, Reflexionen

Wer ohne Tadel ist,
ist immer ohne Furcht,
aber wer ohne Furcht ist,
ist nicht immer ohne Tadel.
Johann Gottfried Seume, Apokryphen

Wer sich selbst tadelt,
lobt sich selbst.
Sprichwort aus Polen

Wir sind leicht bereit,
uns selbst zu tadeln,
unter der Bedingung,
dass niemand einstimmt.
Marie von Ebner-Eschenbach, Aphorismen

Tag

Alles in der Welt
lässt sich ertragen,
Nur nicht eine Reihe
von schönen Tagen.
Johann Wolfgang von Goethe, Sprüche

Betrachte jeden Tag
als deinen besten!
Sprichwort aus der Slowakei

Dann erst genieß ich
meines Lebens Recht,
Wenn ich mir's jeden Tag
aufs Neu erbeute.
Friedrich Schiller, Wilhelm Tell (Tell)

Das beste Mittel,
einen Tag gut zu beginnen, ist:
beim Erwachen daran zu denken,
ob man nicht wenigstens
einem Menschen an diesem Tag
eine Freude machen könne.
Friedrich Nietzsche,
Menschliches, Allzumenschliches

Der Tag ist nur
der weiße Schatten der Nacht.
Heinrich Heine

Der Tag gehört dem Irrtum
und dem Fehler, die Zeitreihe
dem Erfolg und dem Gelingen.
Johann Wolfgang von Goethe,
Maximen und Reflexionen

Die Antwort auf eine Frage
bei Tag oder bei Nacht –
das sind zwei Antworten.
Erhard Blanck

Die Zeit ist unendlich lang
und ein jeder Tag ein Gefäß,
in das sich sehr viel eingießen lässt,
wenn man es wirklich ausfüllen will.
Johann Wolfgang von Goethe, Dichtung und Wahrheit

Drei Dinge kehren nie zurück:
Der Pfeil, der abgeschossen,
Das ausgesprochene Wort,
Die Tage, die verflossen.
Georg Daumer, Gedichte

Eigentlich ist jeder Tag
wie eine große Schlacht
mit vielen Lichtblicken.
Franziska Gräfin zu Reventlow, Tagebücher

Ein kommender Tag scheint länger
als ein vergangenes Jahr.
Sprichwort aus Schottland

Ein schlecht genutzter Tag
ist für immer verloren.
August Strindberg, Der Sohn der Magd

Ein Tag ist
Nicht dem anderen gleich.
Johann Wolfgang von Goethe,
Hermann und Dorothea

Es ist erstaunlich,
wie voll der Tag sein kann,
wenn man sich
vor Zeitverschwendung hütet.
Katherine Mansfield, Briefe

Es ist kein Tag,
er bringt seinen Abend mit.
Deutsches Sprichwort

Es wird Tag,
wenn auch der Hahn nicht kräht.
Deutsches Sprichwort

Feuilleton:
die Unsterblichkeit eines Tages.
Ludwig Speidel

Grauer Morgen, schöner Tag.
Bauernregel

Ich fang an,
mir jeden Tag zu notieren,
damit die Zeit nicht so rennt;
ich habe immer gefunden,
dass es dagegen hilft,
wenn man abends die Summe zieht.
Franziska Gräfin zu Reventlow, Tagebücher

Je schwärzer die Nacht,
je schöner der Tag.
Deutsches Sprichwort

Jeden Abend sind wir
um einen Tag ärmer.
Arthur Schopenhauer, Nachträge zur Lehre
von der Nichtigkeit des Daseins

Jeder Tag bringt seine Plag.
Sprichwort aus Frankreich

Jeder Tag ist ein neuer Anfang.
Thomas Stearns Eliot

Jeder Tag der erste
– jeder Tag ein Leben.
Dag Hammarskjöld, Zeichen am Weg

Jeder Tag hat seine Geschenke.
Martial, Epigramme

Jeder Tag ist ein kleines Leben,
zu welchem das Erwachen
die Geburt ist und
welches durch den Schlaf,
als Tod, beschlossen wird.
Arthur Schopenhauer,
Aphorismen zur Lebensweisheit

Jeder Tag ist ein neuer Tag.
Jeden Tag ist man ein neuer Mensch.
Jean Rhys, Nach der Trennung von Mr. Mackenzie

Man soll den Tag
nicht vor dem Abend loben.
Deutsches Sprichwort

Musst nicht vor dem Tage fliehen:
Denn der Tag, den du ereilest,
Ist nicht besser als der heut'ge.
Johann Wolfgang von Goethe, West-östlicher Divan

Nein, Tag und Nacht
können nicht zusammen leben.
Seattle, Die Rede des Indianerhäuptlings Seattle.
Neuere Version

Noch ist es Tag, da rühre sich der
Mann, / Die Nacht tritt ein,
wo niemand wirken kann.
Johann Wolfgang von Goethe,
West-östlicher Divan

Nur wer in der Nacht
einen Fluss überquert,
weiß den hellen Tag zu schätzen.
Chinesisches Sprichwort

Schüler des Vortages
ist der folgende Tag.
Publilius Syrus, Sentenzen

Sind doch den Menschen
nur wenige Tage beschieden.
Homer, Odyssee

So ganz einsame Tage
sind doch etwas Herrliches.
Franziska Gräfin zu Reventlow, Tagebücher

Und so fliehen meine Tage
Wie die Quelle rastlos hin!
Friedrich Schiller, Der Jüngling am Bache

Wenn man viel hineinzustecken hat,
so hat ein Tag hundert Taschen.
Friedrich Nietzsche, Menschliches, Allzumenschliches

Wer eine Stund versäumet,
der versäumet wohl auch einen Tag.
Martin Luther, Tischreden

Wer einen Tag gelebt hat,
hat ein Jahrhundert gelebt:
Dieselbe Sonne, dieselbe Erde,
dieselbe Welt, dieselben Empfindungen
– nichts gleicht dem Heute
so sehr wie das Morgen.
Jean de La Bruyère, Die Charaktere

Wer fröhliche Nacht sucht,
verliert guten Tag.
Deutsches Sprichwort

Zu neuen Ufern lockt ein neuer Tag.
Johann Wolfgang von Goethe, Faust (Faust)

Tagebuch

Anhand eines Tagebuchs
kann man sich sehr gut
selbst beurteilen.
Leo N. Tolstoi, Tagebücher (1850)

Das Tagebuch begann, eine belebende,
lebenswichtige Bedeutung zu haben,
die nichts mit Literatur zu tun hatte.
Es wurde nicht nur ein Begleiter,
damit ich nicht verloren war in
einem fremden Land, dessen Sprache
ich nicht sprechen konnte,
sondern auch eine Quelle
der Berührung mit mir selbst.
Es war ein Ort, an dem ich
die Wahrheit aussprechen konnte,
und wo ich das Gefühl hatte,
von niemandem beobachtet zu werden.
Anaïs Nin, Das eigene Leben bewusst gelebt

Dass meine Tagebücher gelesen und
abgeschrieben werden, schadet der Art
und Weise, wie ich Tagebuch schreibe.
Möchte alles immer noch besser und
klarer sagen, und das ist unnötig.
Leo N. Tolstoi, Tagebücher (1909)

Der eine lebt, der andere schreibt
sich aus. Das erste Dokument
der Kultur war – ein Tagebuch.
Christian Morgenstern, Stufen

Ein Vorteil des Tagebuchführers
besteht darin, dass man sich mit
beruhigender Klarheit der Wandlungen
bewusst wird, denen man
unaufhörlich unterliegt.
Franz Kafka, Tagebücher (1911)

Es ist gut,
wenn man ein Tagebuch führt.
Und es ist nützlich,
wenn viele Leute das wissen.
Giulio Andreotti

Es schnurrt mein Tagebuch
Am Bratenwender:
Nichts schreibt sich leichter voll
Als ein Kalender.
Johann Wolfgang von Goethe, Zahme Xenien

Ich werde das Tagebuch
nicht mehr verlassen.
Hier muss ich mich festhalten,
denn nur hier kann ich es.
Franz Kafka, Tagebücher (1910)

Jedermann sollte ein Tagebuch führen,
aber das eines anderen.
Oscar Wilde

Wir werden uns in diesem unruhigen
Leben so selten unsrer selbst bewusst
– die Gedanken und die Empfindungen
verhallen wie ein Flötenton im Orkane
– das alles kann ein Tagebuch verhüten.
Heinrich von Kleist, Briefe (an Wilhelmine von Zenge,
13. November 1800)

Takt

Aufrichtigkeit ist die Zuflucht derer,
die weder Phantasie
noch Taktgefühl haben.
Henry de Montherlant

Takt besteht darin,
zu wissen,
wie weit man zu weit gehen kann.
Jean Cocteau

Takt erfordert vor allem Phantasie.
Man muss viele Möglichkeiten
der fremden Seele überschauen,
viele Empfangsmöglichkeiten,
und danach, was man geben kann,
einrichten.
Christian Morgenstern, Stufen

Takt ist der Verstand des Herzens.
Karl Gutzkow, Die Ritter vom Geiste

Takt ist die Fähigkeit,
einem anderen auf die Beine zu helfen,
ohne ihm dabei auf die Zehen zu treten.
Curt Goetz

Takt ist die Fähigkeit, zu verbergen,
wie viel wir von uns selbst
und wie wenig wir
von anderen halten.
Gilbert Gil

Takt ist die innere Uhr, die uns sagt,
wie viel es geschlagen hat.
Maurice Chevalier

Takt ist etwas, das kaum bemerkt wird,
wenn man es hat, das aber sofort
auffällt, wenn man es nicht hat.
Käte Haack

Takt ist unhörbare Harmonie.
Richard von Schaukal

Takt und Würde
lehrt das eigene Herz
und nicht der Tanzmeister.
Fjodor M. Dostojewski, Der Idiot

Toleranz heißt die Fehler
des anderen entschuldigen.
Takt heißt sie nicht bemerken.
Arthur Schnitzler

Urteilskraft ist nicht bei jeder Gelegenheit erforderlich, Takt aber immer.
Philipp Stanhope Earl of Chesterfield, Briefe über die anstrengende Kunst, ein Gentleman zu werden

Taktik

Dümmer zu scheinen als man ist –
darin besteht die bäuerliche Taktik.
Beim Städter ist es umgekehrt.
Thomas Niederreuther

Man weicht zurück,
um besser zu springen.
Sprichwort aus Frankreich

Wer die Tochter haben will,
halt es mit der Mutter.
Deutsches Sprichwort

Wer drei Feinde hat,
muss sich mit zweien vertragen.
Deutsches Sprichwort

Wer Taktik ablehnt
und sie faulen Zauber nennt,
hat sie am meisten nötig.
Sepp Herberger, während der Fußball-WM 1958

Tal

O Täler weit, o Höhen,
o schöner, grüner Wald.
Du meiner Lust und Wehen
Andächt'ger Aufenthalt!
Joseph von Eichendorff, Abschied vom Wald

Zwischen zwei Bergen
liegt immer ein Tal.
Sprichwort aus Frankreich

Talent

Andere kommen und gehn;
es werden dir andre gefallen,
Selbst dem großen Talent
drängt sich ein größeres nach.
Johann Wolfgang von Goethe, Euphrosyne

Chancengleichheit bedeutet
Gelegenheit zum Nachweis
ungleicher Talente.
Sir Herbert Samuel

Das Genie entdeckt die Frage,
das Talent beantwortet sie.
Karl Heinrich Waggerl

Das Genie macht die Fußstapfen,
und das nachfolgende Talent
tritt in dieselben hinein,
tritt sie aber schief.
Wilhelm Raabe, Frau Salome

Das Genie mit Großsinn
sucht seinem Jahrhundert vorzueilen;
das Talent aus Eigensinn
möchte es oft zurückhalten.
Johann Wolfgang von Goethe, Maximen und Reflexionen

Das Geschenk eines
blühenden Talents besteht oft nur
aus einem halben Blatt Papier.
Chinesisches Sprichwort

Das intellektuelle Talent
stört oft wie ein Schnupfen
die natürlichen Sinne und hindert sie,
den Feind zu riechen.
Emil Gött, Im Selbstgespräch

Das Talent arbeitet,
das Genie schafft.
Robert Schumann, Denk- und Dichtbüchlein

Das Talent eines Menschen versöhnt
uns oft mit der Fragwürdigkeit
seines Charakters, wenn wir nicht
gerade unter diesem persönlich
irgendwie zu leiden haben.
Niemals aber sind wir geneigt,
uns durch die Vortrefflichkeit eines
Menschen gegenüber seiner Talentlosigkeit milder stimmen zu lassen.
Arthur Schnitzler, Buch der Sprüche und Bedenken

Das Talent ist eine Voraussetzung.
Mit Fleiß kann man sich
ein solides Können erarbeiten.
Der Erfolg kommt oder er bleibt weg,
ganz wie er will.
Heinz Rühmann

Das Talent manches Menschen
erscheint geringer, als es ist,
weil er sich immer
zu große Aufgaben gestellt hat.
Friedrich Nietzsche, Menschliches, Allzumenschliches

Das wahre Talent ist
wie die Sonne im Frühjahr.
So sehr es auch wintert und stürmt,
ihre Kraft wächst im Verborgenen
doch stetig fort, und so oft sie
durchbricht, überrascht ihre unmerklich gewonnene Fülle.
Heinrich Waggerl, Aphorismen

Der eigentliche Beweis,
dass wir Talent besitzen,
ist die Fähigkeit, das Talent in
anderen Menschen zu entdecken.
Elbert Hubbard

Der Genius weist den Weg,
das Talent geht ihn.
Marie von Ebner-Eschenbach, Aphorismen

Der Strich,
den das Genie in einem Zuge hinwirft,
kann das Talent in glücklichen Stunden
aus Punkten zusammensetzen.
Marie von Ebner-Eschenbach, Aphorismen

Die großen Talente verlieren
durch die Berührung ihren Glanz:
Denn es ist leichter,
die Rinde der Außenseite als den
großen Gehalt des Geistes zu sehen.
Baltasar Gracián y Morales, Handorakel und Kunst der Weltklugheit

Die Hölle gab mir
meine halben Talente,
der Himmel schenkt dem Menschen
ein ganzes, oder gar keins.
Heinrich von Kleist, Briefe (an Ulrike von Kleist, 5. Oktober 1803)

Edler Stolz kleidet den gut,
der große Talente besitzt.
Charles de Secondat, Baron de la Brède et de Montesquieu, Meine Gedanken

Ein allgemein anerkanntes Talent
kann von seinen Fähigkeiten
einen Gebrauch machen,
der problematisch ist.
Johann Wolfgang von Goethe, Shakespeare und kein Ende

Ein großes Talent soll man nicht
mit einem kleinen Amt betrauen.
Chinesisches Sprichwort

Ein Talent bildet sich im Stillen,
doch ein Charakter nur
im Strome der Welt.
Heinrich von Kleist, Briefe (an Ulrike von Kleist, 5. Februar 1801)

Es bildet ein Talent sich in der Stille,
Sich ein Charakter
in dem Strom der Welt.
Johann Wolfgang von Goethe, Torquato Tasso (Leonore)

Es darf so mancher Talentlose
von dem Werke so manches
Talentvollen sagen:
Wenn ich es machen könnte,
würde ich es besser machen.
Marie von Ebner-Eschenbach, Aphorismen

Es genügt nicht, dass ein Land
Talente hervorbringt. Irgendwann
muss es sich seiner würdig erweisen.
Peter Ustinov, Peter Ustinovs geflügelte Worte

Es genügt nicht, Talent zu haben.
Man muss außerdem jemand sein.
Stefan Napierski

Es ist ein Unglück,
dass ein braves Talent
und ein braver Mann
so selten zusammenkommen!
Marie von Ebner-Eschenbach, Aphorismen

Fähigkeiten, Talente erregen Vertrauen.
Johann Wolfgang von Goethe, Dichtung und Wahrheit

Für mich begehre ich nicht viel,
wenn ich aber Talente sehe,
die ein großes Volk in seiner
Unwissenheit, Gleichgültigkeit
und Kleinlichkeit verkümmern lässt,
dann steigt mir der Zorn auf.
Christian Morgenstern, Stufen

Geist und Talent
verhalten sich zueinander
wie das Ganze zu seinem Teil.
Jean de La Bruyère, Die Charaktere

Glaubt mir, meine Freunde,
es ist mit den Talenten
wie mit der Tugend:
Man muss sie um ihrer selbst willen
lieben oder sie ganz aufgeben.
Johann Wolfgang von Goethe,
Wilhelm Meisters Lehrjahre

Große Talente kommen von Gott,
geringe vom Teufel.
Friedrich Hebbel, Tagebücher

Große Talente sind selten, und selten
ist es, dass sie sich selbst erkennen;
nun aber hat kräftiges unbewusstes
Handeln und Sinnen so höchst
erfreuliche als unerfreuliche Folgen,
und in solchem Konflikt schwindet
ein bedeutendes Leben vorüber.
Johann Wolfgang von Goethe,
Maximen und Reflexionen

Großes Glück ist häufiger
als großes Talent.
Luc de Clapiers Marquis de Vauvenargues,
Nachgelassene Maximen

Ich verstehe unter Mittelmäßigkeit das,
was man das Talent nennt.
Was könnte man denen Ehrlicheres
sagen, die kein Genie haben?
Sully Prudhomme, Intimes Tagebuch

Im Entwurf zeigt sich das Talent,
in der Ausführung die Kunst.
Marie von Ebner-Eschenbach

In den meisten Fällen ist die Familie
für ein junges Talent entweder
ein Treibhaus oder ein Löschhorn.
Marie von Ebner-Eschenbach, Aphorismen

Kein Talent, doch ein Charakter!
Heinrich Heine, Atta Troll

Macht kommt vor Talent.
Sprichwort aus Dänemark

Man fragt nicht mehr danach,
ob ein Mensch rechtschaffen ist,
sondern bloß, ob er Talente hat.
Jean-Jacques Rousseau, Abhandlung über
die Wissenschaften und Künste

Man möchte gar nicht glauben,
wie viel Talent der Schriftsteller oft
aufwenden muss, um zu verhehlen,
wie wenig er hat.
Alfred Polgar, Kleine Schriften, Band 3. Irrlicht

Man soll sich vor einem Talente hüten,
das man in Vollkommenheit
auszuüben nicht Hoffnung hat.
Johann Wolfgang von Goethe,
Wilhelm Meisters Lehrjahre

Man versucht sein Glück gewöhnlich
mit Talenten, die man nicht hat.
Luc de Clapiers Marquis de Vauvenargues,
Unterdrückte Maximen

Meine Definition des Talents lautet:
eine Gabe, die Gott uns
im Geheimen geschenkt hat
und die wir unbewusst enthüllen.
Charles de Secondat, Baron de la Brède et
de Montesquieu, Meine Gedanken

Mir tut es allemal weh,
wenn ein Mann von Talent stirbt,
denn die Welt hat dergleichen
nötiger als der Himmel.
Georg Christoph Lichtenberg, Sudelbücher

Mit einem Talente mehr steht man
oft unsicherer als mit einem weniger:
wie der Tisch besser auf drei
als auf vier Füßen steht.
Friedrich Nietzsche, Menschliches, Allzumenschliches

Mit fünfundzwanzig Jahren kann jeder
Talent haben. Mit fünfzig Jahren
Talent zu haben, darauf kommt es an.
Edgar Degas

Mit wenig Talent macht man's schlecht,
ohne Talent macht man gar nichts.
Marie von Ebner-Eschenbach, Aphorismen

Nicht alle Talente
sind denselben Menschen verliehen.
Jean-Jacques Rousseau, Julie oder
Die neue Héloïse (Saint-Preux)

Nutze die Talente, die Du hast.
Die Wälder wären sehr still, wenn nur
die begabtesten Vögel sängen.
Henry van Dyke

Oft weckt Not Talent.
Ovid, Liebeskunst

So gehen oft große Talente
durch Unglück zugrunde.
Phaedrus, Fabeln

Talent bedeutet Energie und Ausdauer.
Weiter nichts.
Heinrich Schliemann

Talent ist nur
große Geduld.
Anatole France

Unsere Talente sind
unsere treuesten Beschützer.
Luc de Clapiers Marquis de Vauvenargues,
Reflexionen und Maximen

Von den Mängeln eines Talents
zu sprechen ist dasselbe,
wie von den Mängeln eines großen
Baumes zu sprechen,
der im Garten wächst;
da geht es doch nicht in erster Linie
um den Baum an sich,
sondern um den Geschmack derer,
die den Baum betrachten.
Anton P. Tschechow, Briefe (3. Dezember 1898)

Was die Stern' dem Firmamente
Sind der Welt Geist und Talente.
Jüdische Spruchweisheit

Welches Talent erlebt nicht die Zeit,
dass man seiner genug habe?
Johann Gottfried Herder, Das eigene Schicksal

Wenn man zu viele Talente hat,
endet man irgendwann
als Übersetzer bei den
Vereinten Nationen.
Peter Ustinov, Peter Ustinovs geflügelte Worte

Widrige Umstände pflegen Talent zu
enthüllen, während Glück es verbirgt.
Horaz, Sermones

Wir arbeiten um der Arbeit willen,
weil uns das Talent zum Glück fehlt.
Friedrich Sieburg, Die Lust am Untergang (1954)

Wo Talent im Komplex
einer Persönlichkeit das einzig
positive Element ist, da sieht es
mit der Leistung meistens übel aus.
Talent allein bedeutet so wenig,
dass es isoliert fast peinlicher wirkt
und in gewissem Sinne
etwas Gefährlicheres bedeutet
als die so genannte Talentlosigkeit.
Arthur Schnitzler, Aphorismen und Betrachtungen
aus dem Nachlass

Zu den Blitzen des Genies
machen die Talente den Donner.
Peter Sirius

Zu tausend Dingen
bin ich ja nicht gekommen
bei meinem sonderbaren Leben
und hätte doch zu tausend
Dingen Talent gehabt.
Franziska Gräfin zu Reventlow, Tagebücher

Tanz

Auch beim Tanzen
kommt man voran.
Sprichwort aus Frankreich

Das Ei tanzt nicht
mit einem Stein zusammen.
Sprichwort aus Afrika

Der kann gut tanzen,
dem das Glück vorsingt.
Sprichwort aus Frankreich

Der Tänzer interessiert uns,
nicht die Violine, und in ein Paar
schöne schwarze Augen zu sehen,
tut einem Paar blauen Augen gar wohl.
Johann Wolfgang von Goethe,
Wilhelm Meisters Lehrjahre

Der Tanz ist ein gutes Training
für junge Mädchen.
Sie lernen dabei zu erraten,
was der Mann
im nächsten Augenblick tun wird.
Christopher Morley

Die Kunst ist nicht jedermann
zugänglich, Spiel und Tanz,
mit Musik verbunden, sind es allen.
Ricarda Huch, Einleitung zu »Spiel und Tanz«
(Leipzig 1947)

Drei Dinge sind nicht zu ermüden:
ein Knabe auf der Gasse,
ein Mägdlein am Tanz,
ein Priester im Opfer.
Johann Geiler von Kaysersberg, überliefert bei
Julius Wilhelm Zincgref (Apophthegmata)

Es gibt die wunderbaren Tangos
und langsamen Walzer,
bei denen man einander kennen lernt
und bei denen man auseinander geht.
Aber noch viel öfter lernt man
einander kennen,
wenn kein Tango zur Stelle ist,
und den wenigsten wird
ein Walzer zum Abschied gespielt.
Ingeborg Bachmann, Die wunderliche Musik

Glaube mir ganz und gar,
Mädchen, lass deine Bein' in Ruh;
Es gehört mehr zum Tanz
Als rote Schuh.
Johann Wolfgang von Goethe, Sprichwörtlich

Ich will nicht, dass du aufhören sollst,
dich zu putzen oder in frohe Gesellschaften zu gehen oder zu tanzen;
aber ich möchte deiner Seele
nur den Gedanken recht aneignen,
dass es höhere Freuden gibt
als die uns aus dem Spiegel
oder aus dem Tanzsaale
entgegenlächeln.
Heinrich von Kleist, Briefe (an Wilhelmine von Zenge,
10./11. Oktober 1800)

Ich würde nur an einen Gott glauben,
der zu tanzen verstünde.
Friedrich Nietzsche, Also sprach Zarathustra

Je berühmter und verlebter
eine Tänzerin ist, desto höher
steht sie im Kurs.
Stendhal, Über die Liebe

Jeder Lauf will schließen,
aber kein Tanz.
Jean Paul, Levana

Keine andere Tätigkeit kann so viel
Spannung und Aggressivität abbauen
wie die in Körperbewegung
umgesetzte Musik.
Gerhard Szczesny, Das so genannte Gute

Liebe lehrt tanzen.
Deutsches Sprichwort

Mädchen – das sind diejenigen,
die rückwärts tanzen.
Bob Hope

Man darf nicht erst mit grauen Haaren
tanzen lernen und nicht zu spät
ein Weltmann werden.
Luc de Clapiers Marquis de Vauvenargues,
Nachgelassene Maximen

Man tanzt, man schwatzt,
man kocht, man trinkt, man liebt,
Nun sage mir, wo es was Bessers gibt!
Johann Wolfgang von Goethe, Faust I (Mephisto)

Schmachtende Liebe
vermeidet den Tanz.
Johann Wolfgang von Goethe,
Wechsellied zum Tanze

Spatzen sollten nicht mit Kranichen
tanzen: Ihre Beine sind zu kurz.
Sprichwort aus Dänemark

Tanz ist die Poesie des Fußes.
John Dryden

Tanz ist ein Telegramm
an die Erde mit der Bitte
um Aufhebung der Schwerkraft.
Fred Astaire

Tanz ist Esperanto
mit dem ganzen Körper.
Fred Astaire

Tanz ist unter allen Bewegungen
die leichteste, weil sie die engste
und vielseitigste ist;
daher der Jubel nicht ein Renner,
sondern ein Tänzer wird.
Jean Paul, Levana

Tanz und Gelag
ist des Teufels Feiertag.
Deutsches Sprichwort

Tanzen macht schon Spaß,
wenn man nur nicht reden müsste.
August Strindberg, Der Sohn der Magd

Tanzt ihr Schweine weiter;
was habe ich damit zu tun?
Franz Kafka, Tagebücher (1914)

Um ihn springen rasende Mänaden,
Ihre Tänze loben seinen Wein.
Friedrich Schiller, Der Kampf mit dem Drachen

Wandeln der Liebe
ist himmlischer Tanz.
Johann Wolfgang von Goethe,
Wechsellied zum Tanze

Warum tanzen Bübchen
mit Mädchen so gern?
Ungleich dem Gleichen
bleibet nicht fern.
Johann Wolfgang von Goethe,
Gott, Gemüt und Welt

Was ist der Tanz anders
als die Verbindung mehrerer
streitenden Bewegungen
zu einer ruhigen?
Adam Heinrich Müller, Von der Idee der Schönheit

Weiber können bekanntlich
nicht laufen, sondern nur tanzen,
und eine Poststation, zu welcher statt
einer Pappelallee eine ähnliche,
zu einer Anglaise angepflanzte Herrn-
Baumschnur führte, legte eine jede
leichter tanzend als fahrend zurück.
Jean Paul, Levana

Wenn die alten Kühe tanzen,
so klappern ihnen die Klauen.
Deutsches Sprichwort

Wenn die Keuschheit zum Tanz kommt,
so tanzt sie auf gläsernen Schuhen.
Deutsches Sprichwort

Wenn eine Alte tanzt,
wirbelt sie viel Staub auf.
Sprichwort aus Frankreich

Wenn Gaukler mit den Fingern
die Saiten zum Spiele rührten,
tanzten sie und setzten ihre Füße
entsprechend der Melodie; bisweilen
machten sie Sprünge und Saltos.
Ruodlieb

Wolltet ihr bei Lust und Tänzen
Allzu üppig euch erweisen,
Denkt an dieses Fadens Grenzen!
Hütet euch, er möchte reißen!
Johann Wolfgang von Goethe, Faust II (Atropos)

Zum Drehen und Walzen
und lustigen Hopp
Erkieset sich jeder ein Schätzchen.
Johann Wolfgang von Goethe, Hochzeitslied

Tapferkeit

Als tapfer und großgesinnt
haben nicht die zu gelten,
die Unrecht tun,
sondern die es abwehren.
Marcus Tullius Cicero, Vom rechten Handeln

Auch der Tapferste
erliegt seinem Geschick.
Theodor Fontane, Aus den Tagen der Okkupation

Aufrichtigkeit ist wahrscheinlich
die verwegenste Form der Tapferkeit.
William Somerset Maugham

Begegne dem Unglück
mit tapferem Herzen!
Unverhofft wird dir dann
die Stunde des Glücks schlagen.
Ecbasis captivi in belehrender Gestalt (Otter)

Darum hat niemand, der den Ruhm
der Tapferkeit mit Hinterlist und
Schlechtigkeit erreicht hat,
Lob erlangt: Nichts kann ehrenvoll
sein, was ohne Gerechtigkeit ist.
Marcus Tullius Cicero, Vom rechten Handeln

Das vornehmlichere Werk der Tapferkeit, vornehmlicher denn Angreifen,
ist Standhalten, das ist:
unbeweglich fest stehen in der Gefahr.
Thomas von Aquin, Summa theologica

Dem tapfern Mann,
der wohl gestritten,
lohnt mit Recht ein edles Wort.
Sophokles, Die Trachinierinnen (Lichas)

Der bessre Teil der Tapferkeit
ist Vorsicht.
William Shakespeare, Heinrich IV. (Falstaff)

Die Tapfersten waren meistens
die fröhlichsten Menschen,
Männer von offener, weiter Brust.
Johann Gottfried Herder, Vom Erkennen
und Empfinden der menschlichen Seele

Es erschlafft ohne Gegner
die Tapferkeit; erst dann wird ihre
Größe und ihre Kraft offenbar,
wenn sie durch Ausdauer zeigt,
was sie vermag.
Lucius Annaeus Seneca, Über die Vorsehung

Es lebe, wer sich tapfer hält!
Johann Wolfgang von Goethe, Faust I (Mephisto)

Ich schätze den,
der tapfer ist und grad.
Johann Wolfgang von Goethe,
Iphigenie auf Tauris (Orest)

Ist ein Niedriggesinnter tapfer,
ohne auf Rechtschaffenheit zu achten,
so wird er unter die Räuber gehen.
Konfuzius, Gespräche

Nicht in Wahrheit tapfer sind jene,
die um der Ehre willen Tapferes
vollbringen.
Thomas von Aquin, Summa theologica

Nichts auf der Welt
macht so gefährlich,
als tapfer und allein zu sein!
Erich Kästner, Dr. Erich Kästners lyrische Hausapotheke

's ist wohl auch fein,
Ein wackrer Mann
zu seiner Zeit zu sein.
Johann Wolfgang von Goethe, Faust (Thales)

Tapfer ist nicht nur,
wer über seine Feinde,
sondern auch wer
über seine Lüste siegt.
Manche freilich herrschen
über Städte und
sind doch Knechte von Weibern!
Demokrit, Fragment 214

Tapfer sein ist dasselbe wie fest sein,
fest nicht mit den Beinen und Armen,
sondern fest im Mut und in der Seele.
Michel Eyquem de Montaigne, Die Essais

Tapfer soll man sein um seiner selbst
willen, und weil es etwas Schönes ist,
das Herz auf dem rechten Fleck
zu haben und sich vom Schicksal
nicht unterkriegen zu lassen.
Michel Eyquem de Montaigne, Die Essais

Tapferkeit in Verbindung mit Macht
führt zu Tollkühnheit.
Aristoteles, Politik

Tapferkeit ist ein Anfall,
der bei den meisten Menschen
schnell vorübergeht.
Mark Twain

Tapferkeit ist stets
mit Menschlichkeit gepaart,
während der Feige
zur Grausamkeit neigt.
Karl Peltzer, An den Rand geschrieben

Tapferkeit lässt sich nicht am Wert
unseres Rosses und unserer Waffen
bemessen, sondern nur an unserem
Eigenwert.
Michel Eyquem de Montaigne, Die Essais

Tapferkeit lieben, aber nicht
das Lernen – die Schwäche darin:
Man wird widerspenstig.
Konfuzius, Gespräche

Tapferkeit liegt darin,
zu bezwingen, was alle fürchten.
Lucius Annaeus Seneca, Der rasende Herkules

Ungenannt, unbekannt bleiben
für immer die tapfersten Soldaten.
Walt Whitman, Tagebuch (1863)

Viel nämlich nimmt Tapferkeit zu,
wenn sie herausgefordert wird.
Lucius Annaeus Seneca, Briefe über Ethik

Vollkommene Tapferkeit besteht darin,
ohne Zeugen zu tun, was man
vor aller Welt tun könnte.
François de La Rochefoucauld, Reflexionen

Vom Feigling zum Tapferen
ist ein weiter Weg.
Chrétien de Troyes, Yvain (Keu)

Wer nicht tapfer eine Gefahr abwehren
kann, ist der Sklave des Angreifers.
Aristoteles, Älteste Politik

Wer tapfer ist,
der fürchtet nichts.
Konfuzius, Gespräche

Wer tapfer ist,
der ist auch geduldig.
Thomas von Aquin, Summa theologica

Wir würden gerne Grobiane sein,
um in den Ruf zu kommen,
tapfer zu sein.
Blaise Pascal, Pensées

Wo Tapferkeit ist,
da ist auch Ritterlichkeit.
Sprichwort aus Frankreich

Zum Leben braucht's nicht just,
dass man so tapfer ist.
Man kommt auch durch die Welt
mit Schleichen und mit List.
Johann Wolfgang von Goethe,
Die Mitschuldigen (Söller)

Tastsinn

Begriffe sind Tastversuche
des Geistes
Otto Michel

Schmecken ist eine Art Betasten.
Aristoteles, Psychologie

Wer schlecht sieht,
soll desto besser tasten.
Deutsches Sprichwort

Tat

Absicht ist die Seele der Tat.
Deutsches Sprichwort

Ach! unsre Taten selbst,
so gut als unsre Leiden,
Sie hemmen unsres Lebens Gang.
Johann Wolfgang von Goethe, Faust I (Faust)

Allein getan, allein gebüßt.
Deutsches Sprichwort

Als ob man wissen könnte,
welcher guten Tat ein Mensch fähig
ist! Man weiß ja auch nicht,
welcher schlechten.
Elias Canetti

An bösen Taten lernt
sich fort die böse Tat.
Sophokles, Elektra (Elektra)

Auch in der Tat
ist Raum für Überlegung.
Johann Wolfgang von Goethe,
Die natürliche Tochter (Sekretär)

Bedenke man,
eh noch die Tat beginnt.
Johann Wolfgang von Goethe,
Die natürliche Tochter (Weltgeistlicher)

Bellende Hunde beißen nicht.
Deutsches Sprichwort

Beschränke keiner,
Was ihm zu tun notwendig,
in der Furcht,
Er stoß auf neidsche Tadler.
William Shakespeare, Heinrich VIII. (Wolsey)

Das Gewissen hält uns keineswegs
von allen Taten zurück;
doch es verhindert,
dass wir Freude daran haben.
Lothar Schmidt

Das Tun der denkenden Hand
nennen wir alle Tat.
Oswald Spengler, Urfragen.
Fragmente aus dem Nachlass

Der Ausgang gibt den Taten ihren Titel.
Johann Wolfgang von Goethe, Die Vögel (Treufreund)

Der Egoismus lenkt alle unsere Taten.
August Strindberg, Der Sohn der Magd

Der Gelehrte vergesse,
was er getan, sobald es getan ist,
und denke stets nur auf das,
was er noch zu tun hat.
Johann Gottlieb Fichte,
Über die Bestimmung des Gelehrten

Der Mund wird nicht süßer,
indem er »Honig, Honig« sagt.
Sprichwort aus der Türkei

Der Wille lockt die Taten nicht herbei.
Johann Wolfgang von Goethe, Torquato Tasso
(Antonio)

Derjenige, der's allen andern
zuvortun will, betrügt sich meist selbst;
er tut nur alles, was er kann,
und bildet sich dann gefällig vor,
das sei so viel und mehr als das,
was alle können.
Johann Wolfgang von Goethe,
Maximen und Reflexionen

Des echten Mannes wahre Feier
ist die Tat!
Johann Wolfgang von Goethe, Pandora (Prometheus)

Des Menschen Wort
ist mächt'ger als die Tat.
Sophokles, Antigone

Die Farben sind Taten des Lichts,
Taten und Leiden.
Johann Wolfgang von Goethe, Zur Farbenlehre

Die Furchen seiner Stirn
erzählen seine Taten.
Pierre Corneille, Der Cid

Die Hälfte der Tat hat,
wer begonnen hat.
Horaz, Briefe

Die schönen Taten,
welche in der Verborgenheit geschehen,
sind die schönsten.
Blaise Pascal, Pensées

Die Tat allein beweist der Liebe Kraft.
Johann Wolfgang von Goethe, Die natürliche Tochter
(Gerichtsrat)

Die Tat ist alles,
nichts der Ruhm.
Johann Wolfgang von Goethe, Faust II (Faust)

Die Taten sind die Substanz
des Lebens, die Reden sein Schmuck.
Baltasar Gracián y Morales, Handorakel
und Kunst der Weltklugheit

Die Zunge mag schweigen,
wenn nur die Tat spricht.
Samuel Smiles, Charakter

Dieser Erdenkreis
Gewährt noch Raum zu großen Taten.
Johann Wolfgang von Goethe, Faust II (Faust)

Du hast dich schnöde Tat
Zu tun erdreistet,
dulde denn auch schlimmen Lohn.
Euripides, Hekabe (Agamemnon)

Du im Leben nichts verschiebe;
Sei dein Leben Tat um Tat!
Johann Wolfgang von Goethe,
Wilhelm Meisters Wanderjahre

Edel ist, der edel tut.
Deutsches Sprichwort

Ein echter Tatmensch sieht,
wenn er nur an den Weg tritt,
sofort so viel Arbeit vor sich,
dass er nicht anfangen wird zu klagen,
man lasse ihn nichts machen,
sondern er wird sofort irgendetwas
finden und wird das, was er sich vornimmt, dann selbst mit gebundenen
Händen fertig zu stellen verstehen.
Fjodor M. Dostojewski, Tagebuch eines Schriftstellers

Ein innres Unbehagen fügt sich oft,
Auch wider unsern Willen, an die Tat.
Johann Wolfgang von Goethe, Die natürliche Tochter
(Sekretär)

Ein jeglicher, gut oder böse, nimmt
Sich seinen Lohn mit seiner Tat hinweg.
Johann Wolfgang von Goethe, Iphigenie auf Tauris
(Pylades)

Ein Löffel voll Tat ist besser
als ein Scheffel voll Rat.
Deutsches Sprichwort

Ein Weiser ohne Taten
ist eine Wolke ohne Regen.
John Steinbeck

Eine gute Tat,
wenn sie wirklich die Probe hält,
ist besser als Million guter Worte;
aber manchmal ist das Wort
die Tat selbst,
und dann hat es hohen Wert.
Johann Gottfried Seume, Apokryphen

Eine gute Tat wird totgeschwiegen,
eine schlechte Tat in alle Welt posaunt.
Chinesisches Sprichwort

Eine lockende Versuchung
führt eher zur Tat
als die besten Vorsätze.
Lothar Schmidt

Eine Reform der Beichte wäre
vorzuschlagen: Der Sünder
beichtet nur seine guten Taten.
Karol Irzykowski

Es gibt eine Liebe der Tat
und eine Liebe des Herzens.
Bernhard von Clairvaux, 50. Ansprache
über das Hohelied Salomos

Es gibt hohe Gedanken,
edle und erhabene Taten, die wir
weniger der Kraft unseres Geistes als
der Güte unseres Wesens verdanken.
Jean de La Bruyère, Die Charaktere

Es ist der Menschen Zunge,
nicht die Tat, die alles lenkt.
Sophokles, Philoktet (Odysseus)

Es sind nur wenige, die den Sinn
haben und zugleich zur Tat fähig sind.
Johann Wolfgang von Goethe,
Wilhelm Meisters Lehrjahre

Gute Taten
wollen ins Licht gesetzt werden.
Marcus Tullius Cicero, Gespräche in Tusculum

Hat denn zur unerhörten Tat
der Mann allein das Recht?
Drückt denn Unmögliches
Nur er an die gewalt'ge Heldenbrust?
Johann Wolfgang von Goethe,
Iphigenie auf Tauris (Iphigenie)

Ich darf nur dessen gedenken,
was fördert, die Sehnsucht
verschwindet im Tun und Wirken.
Johann Wolfgang von Goethe,
Wilhelm Meisters Wanderjahre

In der Moral, wie in der Kunst,
bedeutet Reden nichts, die Tat alles.
Ernest Renan, Das Leben Jesu

Kleine Taten, die man ausführt,
sind besser als große,
die man plant.
George C. Marshall

Kleine Taten sind besser
als große Worte.
Lothar Schmidt

Man darf eine Tat,
und sei sie noch so glänzend,
erst groß nennen,
wenn sie auch groß gewollt war.
François de La Rochefoucauld, Reflexionen

Man liebt es, seine guten Taten
selbst zu vollbringen.
Joseph Joubert, Gedanken, Versuche und Maximen

Man muss das Unglück
mit Händen und Füßen
und nicht mit dem Maul angreifen.
Johann Heinrich Pestalozzi, Christoph und Else

Man muss etwas sein,
um etwas zu machen.
Johann Wolfgang von Goethe, überliefert von
Johann Peter Eckermann (Gespräche mit Goethe)

Man muss für die Absicht
genauso büßen wie für die Tat.
Ecbasis captivi in belehrender Gestalt (Fuchs)

Man tadelt den, der Taten wägt.
Johann Wolfgang von Goethe,
Iphigenie auf Tauris (Iphigenie)

Nach vollbrachter Tat weiß man,
wer ein Edler ist.
Chinesisches Sprichwort

Mit der Zeit vollbringen unsere Vorfahren immer ruhmreichere Taten.
Wieslaw Brudziński

Niemand soll sich blind
Zur übereilten Tat verleiten lassen.
Sophokles, Die Trachinierinnen

O hätten alle die,
die gute Werke geschrieben haben,
die Hälfte von diesem Guten getan,
es stünde besser um die Welt.
Heinrich von Kleist, Briefe (an Wilhelmine von Zenge,
15. August 1801)

Schnöde Taten,
Birgt sie die Erd' auch,
müssen sich verraten.
William Shakespeare, Hamlet (Hamlet)

So weit die kleine Kerze
Schimmer wirft,
So scheint die gute Tat in arger Welt.
William Shakespeare, Der Kaufmann von Venedig
(Porcia)

So wie ein fallender Tropfen zerplatzt,
wird jede Tat vergolten.
Chinesisches Sprichwort

Tat ist Trägheit mal Wille.
Herbert Heckmann

Taten sind Früchte, Worte sind Blätter.
Sprichwort aus England

Taten sprechen lauter als Worte.
Sprichwort aus den USA

Tätiger Glaube ist Liebe
und tätige Liebe ist Dienst.
Mutter Teresa

Und Lust und Liebe sind die Fittiche
Zu großen Taten.
Johann Wolfgang von Goethe, Iphigenie auf Tauris
(Pylades)

Unsre Taten sind nur Würfe
In des Zufalls blinde Nacht.
Franz Grillparzer, Die Ahnfrau (Jaromir)

Unvollendeter Tat mit Lug
sich zu rühmen, wie schmachvoll.
Sophokles, Philoktet (Neoptolemos)

Was dein erstes Gefühl dir antwortet,
das tue.
Heinrich von Kleist, Briefe (an Wilhelmine von Zenge,
11./12. Januar 1801)

Was du heute kannst besorgen,
das verschiebe nicht auf morgen.
Deutsches Sprichwort

Was du sagst, verweht im Wind.
Nur was du tust, schlägt Wurzeln.
Heinrich Waggerl, Nachlass

Was du tust, musst du ordentlich tun.
Leo N. Tolstoi, Tagebücher (1847)

Was man nicht tun kann, tut die Zeit.
Sprichwort aus der Schweiz

Was man tut, das wird man.
Sprichwort aus Japan

Was vermögen abgeschiedene Worte
gegen lebendig dastehende Tat!
Jean Paul, Levana

Wenn das, was der Mensch besitzt,
von großem Wert ist,
so muss man demjenigen,
was er tut und leistet,
noch einen größern zuschreiben.
Johann Wolfgang von Goethe,
Wilhelm Meisters Lehrjahre

Wenn deine Taten für dich sprechen,
unterbrich sie nicht!
Henry J. Kaiser

Wenn du etwas tust,
dann richte alle deine
physischen Fähigkeiten auf den
Gegenstand dieses Tuns.
Leo N. Tolstoi, Tagebücher (1847)

Wenn eine große Tat getan wird,
hält die Zeit den Atem an,
und diesem Augenblick
wird ein Sterblicher unsterblich.
Marie von Ebner-Eschenbach, Aphorismen

Wer den Mund spitzt,
muss auch pfeifen.
Worte sind billig,
es müssen den Worten Taten folgen.
Konrad Adenauer, Bundesparteiausschuss der CDU
in Bonn, 6. September 1952

Wer freudig tut und
sich des Getanen freut,
ist glücklich.
Johann Wolfgang von Goethe,
Maximen und Reflexionen

Wer vermag das ungeschehn
zu machen, was vollendet ist?
Sophokles, Die Trachinierinnen (Deianeira)

Wer zu der Tat Ermunterung gibt,
Hat selber sie mit ausgeübt.
Karl Wilhelm Ramler, Fabellese

Wir scheinen an guten Taten
mit beteiligt, wenn wir sie loben.
François de La Rochefoucauld, Reflexionen

Wir wollen nicht mit Wort und Zunge
lieben, sondern in Tat und Wahrheit.
Neues Testament, 1. Johannesbrief 3, 18

Worte sind die Töchter der Erde,
und Taten die Söhne des Himmels.
Sprichwort aus Indien

Tätigkeit

Da wo du bist, da wo du bleibst,
wirke was du kannst,
sei tätig und gefällig,
und lass dir die Gegenwart heiter sein.
Johann Wolfgang von Goethe,
Wilhelm Meisters Lehrjahre

Dem tätigen Menschen kommt
es darauf an, dass er das Rechte tue;
ob das Rechte geschehe,
soll ihn nicht kümmern.
Johann Wolfgang von Goethe,
Maximen und Reflexionen

Der träumt zu viel,
der sich nicht vom Fleck rührt.
Chrétien de Troyes, Yvain (Gauvain)

Der zur Tätigkeit geborne Mensch
übernimmt sich in Planen
und überladet sich mit Arbeiten.
Johann Wolfgang von Goethe, Dichtung und Wahrheit

Des Menschen Tätigkeit
kann allzu leicht erschlaffen,
Er liebt sich bald die unbedingte Ruh.
Johann Wolfgang von Goethe, Faust
(Prolog im Himmel: der Herr)

Des tät'gen Manns Behagen
sei Parteilichkeit!
Johann Wolfgang von Goethe, Pandora (Prometheus)

Deshalb muss man zunächst wissen,
dass Gott und die Natur
nichts Überflüssiges tun,
sondern alles, was zum Dasein gelangt,
ist zu irgendeiner Tätigkeit da.
Dante Alighieri, Über die Monarchie

Die Menschen werden an sich
und andern irre, weil sie die Mittel
als Zweck behandeln,
da dann vor lauter Tätigkeit
gar nichts geschieht oder
vielleicht gar das Widerwärtige.
Johann Wolfgang von Goethe,
Maximen und Reflexionen

Die Tätigkeit des faulsten Menschen ist
intensiver als die des tätigsten Tieres.
Giacomo Leopardi, Gedanken aus dem Zibaldone

Dieweil ich bin,
muss ich auch tätig sein.
Johann Wolfgang von Goethe, Faust II (Homunculus)

Eine Tätigkeit lässt sich
in die andere verweben,
keine an die andre anstückeln.
Johann Wolfgang von Goethe,
Die Wahlverwandtschaften

Es gibt keine schöpferische Tätigkeit
ohne Ungehorsam.
Jean Cocteau

Es ist nichts furchtbarer anzuschauen
als grenzenlose Tätigkeit ohne
Fundament. Glücklich diejenigen,
die im Praktischen gegründet sind
und sich zu gründen wissen!
Hierzu bedarf's aber
einer ganz eigenen Doppelgabe.
Johann Wolfgang von Goethe,
Maximen und Reflexionen

Es ist nichts schrecklicher
als eine tätige Unwissenheit.
Johann Wolfgang von Goethe,
Maximen und Reflexionen

Feuer, Luft, Geist, Licht,
alles lebt durch Tätigkeit:
daher die Verbindung und Verknüpfung
aller Wesen, die Einheit und Harmonie
des Weltalls. Trotzdem halten wir
dieses so fruchtbare Naturgesetz am

Menschen für ein Laster. Und da er
ihm gehorchen muss, weil er in Ruhe
nicht bestehen kann, so schließen wir,
er sei fehl am Platz.
Luc de Clapiers Marquis de Vauvenargues,
Reflexionen und Maximen

Holzhacken ist bei manchen Leuten
deshalb so beliebt, weil sie den Erfolg
dieser Tätigkeit sofort sehen können.
Albert Einstein

Ich fühle mich bereit,
Auf neuer Bahn
den Äther zu durchdringen
Zu neuen Sphären reiner Tätigkeit.
Johann Wolfgang von Goethe, Faust I (Faust)

Leben aber ist Tätigkeit, und
jedermann ist auf dem Gebiet tätig,
das ihm am besten liegt.
Aristoteles, Nikomachische Ethik

Liebe und Tätigkeit ist Glück.
Leo N. Tolstoi, Tagebücher (1856)

Man könnte die menschlichen Tätigkeiten nach der Zahl der Worte
einteilen, die sie nötig haben;
je mehr von diesen, desto schlechter
ist es um ihren Charakter bestellt.
Robert (Edler von) Musil, Der Mann
ohne Eigenschaften (1930–1943)

Nur das Tatenlose ist mitleidig.
Oswald Spengler, Urfragen.
Fragmente aus dem Nachlass

Ohne Tätigkeit aber gibt es keine Lust,
und jede Tätigkeit wird von der Lust
zur Vollendung gebracht.
Aristoteles, Nikomachische Ethik

Tätig im höchsten Grade
und im eigentlichen Sinne
nennen wir die Männer,
die durch den Gedankenbau,
den sie errichten,
äußere Tätigkeiten veranlassen.
Aristoteles, Älteste Politik

Tätig ist man immer
mit einem gewissen Lärm.
Wirken geht in der Stille vor sich.
Peter Bamm, Die kleine Weltlaterne (1935)

Tätigkeit allein
verscheucht Furcht und Sorge.
Johann Wolfgang von Goethe,
Am Rhein, Main und Neckar

Tätigkeit ist der wahre Genuss
des Lebens, ja das Leben selbst.
August Wilhelm Schlegel

Was immer ihre Tätigkeit ist,
die Tätigen halten sich für besser.
Elias Canetti, Die Provinz des Menschen.
Aufzeichnungen 1942–1972

Was verkürzt mir die Zeit?
Tätigkeit!
Johann Wolfgang von Goethe,
West-östlicher Divan,

Wenn einer vom beschauenden Leben
zum tätigen berufen wird, so geschieht
dies nicht wie eine Minderung,
sondern wie eine Bereicherung.
Thomas von Aquin, Summa theologica

Zwinge deinen Geist ständig,
mit aller ihm gegebenen Kraft
tätig zu sein.
Leo N. Tolstoi, Tagebücher (1847)

Tatsache

Ein Dummkopf mit gutem Gedächtnis
steckt voll Gedanken und Fakten,
aber er hat keine Kraft zur Synthese,
und daran hängt alles.
Luc de Clapiers Marquis de Vauvenargues,
Reflexionen und Maximen

Es gibt keine Fakten.
Es gibt nur
unsere Wahrnehmung davon.
Leo N. Tolstoi, Tagebücher (1903)

Es gibt keinen besseren Lehrmeister
als die Tatsachen.
Amintore Fanfani

Es ist die Stärke der Frauen,
dass sie imstande sind,
Illusionen für Tatsachen zu halten.
Federico Fellini

Jede auf Tatsachen sich gründende
Meinung ist notwendig ein Irrtum,
denn die Tatsachen
können nie vollständig sein.
Henry Brooks Adams

Man muss die Tatsachen kennen,
bevor man sie verdrehen kann.
Mark Twain

Man sollte sich nicht
durch Tatsachen beirren lassen,
wenn man sich einmal
eine »Meinung« gebildet hat.
Robert Lembke, Steinwürfe im Glashaus

Tatsachen hören nicht auf zu
bestehen, weil sie unbeachtet bleiben.
Aldous Huxley

Tatsachen sind für den Geist,
was die Nahrung
für den Körper ist.
Edmund Burke

Tatsachen sind die Todfeinde
vieler Theorien.
Lothar Schmidt

Tatsachen sind nichts,
sie existieren nicht;
es hat von uns nichts Bestand
als Ideen.
Honoré de Balzac, Louis Lambert

Über vollendete Tatsachen
lohnt es nicht, zu sprechen;
über Unvermeidbares lohnt es nicht,
guten Rat zu erteilen;
über Vergangenes lohnt es nicht,
Vorwürfe zu machen.
Konfuzius, Gespräche

Was heißt Kausalität?
In jeder Tatsache liegt die
gesamte Vergangenheit der Welt
als Voraussetzung.
Oswald Spengler, Urfragen.
Fragmente aus dem Nachlass

Wenn die Tatsachen mit
der Theorie nicht übereinstimmen –
um so schlimmer für die Tatsachen.
Herbert Marcuse

Wenn jemand eine Theorie akzeptiert,
führt er erbitterte Nachhutgefechte
gegen die Tatsachen.
Jean-Paul Sartre

Wer hochfliegende Ideen hat,
sollte nicht vergessen,
dass sie auf dem Boden der Tatsachen
landen müssen.
Lothar Schmidt

Taube

Schlangen schleichen,
Tauben fliegen.
Deutsches Sprichwort

Wir verspeisen die Friedenstaube,
gefüllt mit den Kastanien,
die wir füreinander
aus dem Feuer holen.
Arnfried Astel, Friedensmahl

Züchte lieber Tauben als Spatzen.
Chinesisches Sprichwort

Taubheit

Freundlichkeit ist eine Sprache, die
Taube hören und Blinde lesen können.
Mark Twain

Jeder Mensch, der stocktaub ist,
müsste seine Ohren
der Anatomie vermachen.
Georg Christoph Lichtenberg, Sudelbücher

Keiner ist so taub wie der,
der nicht hören will.
Französisches Sprichwort

So wie ein Taubstummer lesen und
sprechen lernt, so können wir auch
Dinge tun, deren Umfang wir nicht
kennen, und Absichten erfüllen,
die wir nicht wissen.
Georg Christoph Lichtenberg, Sudelbücher

Stellen wir uns einen Tauben vor,
welcher die Existenz der Klänge
leugnet, weil sie niemals seine
Ohren berührt haben.
Jean-Jacques Rousseau, Emile (Glaubensbekenntnis)

Tauchen

Da treibt's ihn,
den köstlichen Preis zu erwerben,
Und stürzt hinunter
auf Leben und Sterben.
Friedrich Schiller, Der Taucher

Schriftsteller, die ununterbrochen
den Tiefgang suchen, kommen mir vor
wie Taucher in einer Badewanne.
Alfred Polgar

Was die heulende Tiefe
da unten verhehle,
Das erzählt keine
lebende, glückliche Seele.
Friedrich Schiller, Der Taucher

Wer wagt es,
Rittersmann oder Knapp,
Zu tauchen in diesen Schlund?
Friedrich Schiller, Der Taucher

Taufe

Die Sünde wird gefesselt durch
die Taufe, und das Reich Gottes
wird aufgerichtet.
Martin Luther, Tischreden

Die Taufe hat nicht allein reinigende,
sie hat auch erleuchtende Kraft.
Thomas von Aquin, Summa theologica

Die Taufe ist der Anbeginn
des geistlichen Lebens und das Tor
zu den Sakramenten.
Thomas von Aquin, Summa theologica

Durch die sinnliche Handlung
der Taufe oder des Händeauflegens
gerührt, gab vielleicht ihr Körper
der Seele eben denjenigen Ton,
der nötig ist, um mit dem Wehen des
heiligen Geistes zu sympathisieren,
das uns unaufhörlich umgibt.
Johann Wolfgang von Goethe, Brief des Pastor

Forsachistu diabolae? –
Ec forsacho diabolae
(Sagst du dem Teufel ab? – Ich sage
dem Teufel ab).
Altsächsisches Taufgelöbnis (um 800)

Forsahhistu unholdun?
Ih fursahu
(Sagst du dem Unhold ab?
Ich sage ab).
Fränkisches Taufgelöbnis (um 780)

Gerade aus diesem Grund müssen
die Kinder getauft werden,
weil sie noch keine Vernunft haben,
und weil je weniger Vernunft,
umso größer die Empfänglichkeit
für den Glauben.
Martin Luther, Tischreden

Gilaubistu heilaga gotes chirichun? –
Ih gilaubu
(Glaubst du an die heilige Kirche
Gottes? – Ich glaube).
Fränkisches Taufgelöbnis (um 780)

Jede Woche einmal sollten
wir unseren Taufbund erneuern.
Karl Julius Weber, Democritos

Wäre nicht die Kindertaufe,
dann gäbe es keine Kirche,
denn wenn die Erwachsenen
die Macht Satans sähen,
würden sie sich nicht taufen lassen
und ihm absagen.
Martin Luther, Tischreden

Wenn das Kind getauft ist,
will es jedermann heben.
Deutsches Sprichwort

Tausch

Die unstete Zeit vertauscht
Niedriges mit dem Höchsten.
Lucius Annaeus Seneca, Thyestes

Man wirft gern
einen Ziegelstein beiseite,
um dafür eine Perle zu bekommen.
Chinesisches Sprichwort

Umtauschen und Besseres finden
sind zweierlei.
Sprichwort aus Frankreich

Wahre Freundschaft tauscht man
nicht gegen tausend Pferde ein.
Chinesisches Sprichwort

Täuschung

Alle Menschen werden
in ihren Hoffnungen getäuscht,
in ihren Erwartungen betrogen.
Johann Wolfgang von Goethe,
Die Leiden des jungen Werthers

Die Vernunft täuscht uns
öfter als die Natur.
Luc de Clapiers Marquis de Vauvenargues,
Reflexionen und Maximen

Die Welt will getäuscht werden.
Sebastian Brant, Das Narren Schyff

Eine Ameise krabbelt auf
das Horn eines Tiers und meint,
sie hätte einen Berg bestiegen.
Chinesisches Sprichwort

Eine Frau kann jederzeit
hundert Männer täuschen,
aber nicht eine einzige Frau.
Michèle Morgan

Er reicht einen tödlichen Trank,
während er vorgibt,
Medizin zu bringen.
Ecbasis captivi in belehrender Gestalt
(Menge tapferer Streiter)

Es ist ebenso leicht,
sich selbst zu täuschen,
ohne dass man es bemerkt,
wie es schwer ist, andere zu täuschen,
ohne dass sie es bemerken.
François de La Rochefoucauld, Reflexionen

Es ist gefährlich,
anderen etwas vorzumachen;
denn es endet damit,
dass man sich selbst etwas vormacht.
Eleonora Duse

Es ist leicht,
durch den Schein zu täuschen.
Jean-Jacques Rousseau, Emile

Es ist leichter, sich im Schönen
als im Wahren zu täuschen.
Joseph Joubert, Gedanken, Versuche und Maximen

Ich sage bloß,
die Kunst ist eine Täuschung.
Marcel Duchamp, Ready Made

Je weniger wir die Trugbilder
bewundern, desto mehr vermögen
wir die Wahrheit aufzunehmen.
Erasmus von Rotterdam, Handbüchlein eines
christlichen Streiters

Nachahmung
führt leicht zu Selbsttäuschung.
Henry Ford

Niemand erblickt ein Übel und wählt
es dennoch; sondern man wird von
ihm geködert, als sei es ein Gut,
und lässt sich von dem Übel,
das größer ist als das Gut, einfangen.
Epikur, Sprüche. In: Briefe, Sprüche, Werkfragmente.

Obgleich die Menschen sich
in allgemeinen Fragen täuschen,
täuschen sie sich nie im Einzelnen.
Niccolò Machiavelli, Vom Staat

Täuschung ist sicherlich
typisch für die Menschen.
Terenz, Die Brüder

Wenn der Pirat betet,
dann versteck dein Silber.
Sprichwort aus England

Wenn die Katze heult,
fassen die Mäuse Mitleid.
Chinesisches Sprichwort

Wenn phantasievolle Menschen
oft durch den Anschein
getäuscht werden, so kalte Geister
durch ihre Berechnung.
Joseph Joubert, Gedanken, Versuche und Maximen

Wir werden vom Schein
des Rechten getäuscht.
Horaz, Von der Dichtkunst

Zu haben vorzugeben,
was man nicht hat;
Fülle zu heucheln, wo Leere ist;
Wohlstand vorzugaukeln,
wo Kargheit herrscht –
so lässt es sich nur
schwerlich standhaft sein.
Konfuzius, Gespräche

Technik

Alles Technische,
mag es wie immer gemeint sein,
ist weit mehr als nur zweckmäßig:
es enthält uneingestandene Lüste,
die wie im Spiel sich offenbaren.
Heimito von Doderer, Repertorium. Ein Begriffbuch
von höheren und niederen Lebens-Sachen

Das Gefährlichste an der Technik ist,
dass sie ablenkt, vom dem,
was den Menschen wirklich ausmacht,
vom dem, was er wirklich braucht.
Elias Canetti, Die Provinz des Menschen.
Aufzeichnungen 1942–1972

Das Übel kommt nicht
von der Technik, sondern von denen,
die sie missbrauchen.
Jacques Yves Cousteau

Denn es ist zuletzt doch nur der Geist,
der jede Technik lebendig macht.
Johann Wolfgang von Goethe,
Entwurf einer Farbenlehre

Der Krieg ist in wachsendem Umfang
kein Kampf mehr, sondern ein
Ausrotten durch Technik.
Karl Jaspers, Die Atombombe und die Zukunft
des Menschen

Die angebetete Maschine, die das
Weltall und die Unendlichkeit
demnächst auffressen soll,
grauenhafter und geschäftiger
Wahnsinn sind schuld daran,
dass der Mensch die Schönheit
nicht mehr erkennt.
Hans Arp, Unsern täglichen Traum... (1914–1954)

Die Möglichkeiten, die die moderne
Technik den Menschen verleiht,
fordern eine neue Ethik.
Hans-Dietrich Genscher, Chancen des technischen
Fortschritts für die Zukunft Europas. Rede des Bundes-
ministers des Auswärtigen in Berlin 1986

Die Rechenautomaten haben etwas
von den Zauberern im Märchen.
Sie geben einem wohl, was man sich
wünscht, doch sagen sie einem nicht,
was man sich wünschen soll.
Norbert Wiener

Die Technik im Bündnis
mit dem Abgeschmackten ist die
fürchterlichste Feindin der Kunst.
Johann Wolfgang von Goethe,
Maximen und Reflexionen

Die Technik lässt den vergänglichen
Augenblick verweilen, nur durch
Technik können wir nachprüfen
und überliefern.
August Everding, Vortrag anlässlich des 125. Bestehens
der Eidgenössischen Technischen Hochschule Zürich,
1995

Die Technik und die Wissenschaft
– so kommt es einem manchmal vor –
erzeugen froh mit forscher Kraft
mehr Schildbürger als je zuvor.
Karl-Heinz Söhlker, Es schadet nichts, vergnügt zu sein

Die Technologie hat
falsche Probleme gelöst.
Wir haben Maschinen,
aber nicht das menschliche Herz
gewonnen, und die Entfernung
zwischen zwei Wörtern ist größer
als die zwischen Erde und Mars.
Elie Wiesel, Macht Gebete aus meinen Geschichten

Die Zeit, welche die Technik erspart,
kostet der Bürokrat,
der sie organisiert.
Ludwig Marcuse, Argumente und Rezepte.
Ein Wörter-Buch für Zeitgenossen

Die Zukunft kann besser sein
und sie wird besser sein,
wenn wir die neuen Technologien
richtig verwenden.
Hans-Dietrich Genscher, Die technologische
Herausforderung (1983)

Einen Techniker nennt man
jedes Individuum, das den Versuch,
unser Leben durch Kniffe und eine
gewisse Fallenstellerei für die Naturkräfte gründlich zu verändern,
für eine erstrangige Sache hält.
Heimito von Doderer, Repertorium. Ein Begriffbuch
von höheren und niederen Lebens-Sachen

Es gilt, den technischen Fortschritt
ganz gezielt zum Instrument für den
humanen Fortschritt zu machen.
Hans-Dietrich Genscher, Chancen des technischen
Fortschritts für die Zukunft Europas (1986)

Es ist zu bezweifeln, ob alle bisherigen
technischen Erfindungen die Tageslast
auch nur eines menschlichen Wesens
erleichtert haben.
John Stuart Mill, Grundsätze der politischen
Oekonomie

Hütet euch vor den Technikern!
Mit der Nähmaschine fangen sie an
und mit der Atombombe hören sie auf.
Marcel Pagnol

Ich glaube nicht, dass wir uns mit
einer neuen Technikfeindlichkeit
Rettung verschaffen können.
Es war immer Sinn der Technik,
uns Arbeit abzunehmen,
uns Arbeit zu erleichtern.
Warum soll das plötzlich anders sein?
Norbert Blüm, Unverblümtes von Norbert Blüm

Ich könnte mir ein künftiges
Jahrtausend denken, das unser
Zeitalter der Technik anstaunte,
wie wir die Antike bewundern, und
Maschinen ausgrübe wie wir Statuen.
Christian Morgenstern, Stufen

Sollt ich beben
Vor dem selbstgeschaffnen Wahn?
Johann Wolfgang von Goethe, Des Epimenides
Erwachen (Dämon)

Technik ist die bewußte Herstellung
und Anwendung von Mitteln.
Carl Friedrich von Weizsäcker

Technik ist Überlistung,
»Kriegslist«.
Oswald Spengler, Urfragen. Fragmente aus
dem Nachlass

Technik und Wissenschaft gereichen
dem Menschen zum Verderben,
wenn die moralischen Kräfte
verkümmert sind.
Albert Einstein, Über den Frieden

Technische Entwicklungen sind weder
gut noch böse an sich.
Entscheidend ist, dass sie richtig
benutzt, dass sie auch moralisch
beherrscht werden. Dann wird aus
neuer Technik Fortschritt.
Hans-Dietrich Genscher, Die technologische
Herausforderung (1983)

Technischer Fortschritt
bei der Energiegewinnung
darf sich nicht auf den Schultern
von Strahlenopfern aufbauen.
Richard von Weizsäcker, Verantwortung für sozialen
Fortschritt, Gerechtigkeit und Menschenrechte (1986)

Technokratie ist die Technik
der Herrschaft,
die sich als Herrschaft der Technik
verkleidet hat.
Lothar Schmidt

Um die Technologie zu beherrschen,
bedarf es der Zusammenarbeit im
Weltverbund.
Richard von Weizsäcker, Verantwortung für sozialen
Fortschritt, Gerechtigkeit und Menschenrechte (1986)

Warum beglückt uns die herrliche,
das Leben erleichternde, Arbeit
ersparende Technik so wenig?
Die einfache Antwort lautet:
weil wir noch nicht gelernt haben,
einen vernünftigen Gebrauch von ihr
zu machen. Im Kriege dient sie dazu,
dass wir uns gegenseitig vergiften
oder verstümmeln. Im Frieden hat sie
unser Leben hastig und unsicher
gestaltet. Statt uns weitgehend von
geisttötender Arbeit zu befreien,
hat sie die Menschen zu Sklaven
der Maschine gemacht, die meist mit
Unlust ihr eintöniges, langes Tagewerk
vollbringen und stets um ihr
armseliges Brot zittern müssen.
Albert Einstein, Über den Frieden

Wenn die Menschen ein unsittliches
Leben führen und ihre Beziehungen
nicht auf Liebe, sondern auf Egoismus
begründet sind, dann wirken alle
technischen Errungenschaften,
alle Vermehrung der Macht
des Menschen über die Natur –
Dampfkraft, Elektrizität, Telegraf,
alle möglichen Maschinen, das Pulver,
Dynamit – Roburit, wie gefährliches
Spielzeug, das man Kindern in die
Hand gegeben hat.
Leo N. Tolstoi, Tagebücher (1903)

Wenn wir unsere technologischen
Kenntnisse mit mehr Feingefühl für
die Bedürfnisse der anderen Menschen
anwendeten, würden wir nicht diese
schreckliche Nostalgie haben, dieses
Gefühl, dass die Welt immer ungeheurer wird und wir einsamer werden.
Anaïs Nin, Absage an die Verzweiflung

Wir dürfen und wir können nicht
aus der Technik aussteigen,
sondern müssen es besser lernen,
sie mit ihrer eigenen Hilfe
zu beherrschen.
Richard von Weizsäcker, Verantwortung für sozialen
Fortschritt, Gerechtigkeit und Menschenrechte (1986)

Wir freuen uns über unsere technischen Erfolge – die Dampfkraft, die
Phonographen. Und sind so zufrieden
mit diesen Erfolgen, dass wir auf den
Einwand, sie würden nur auf Kosten
von Menschenleben erzielt, mit den
Achseln zucken (...). Sobald man diesem Prinzip Raum gibt, sind der Rücksichtslosigkeit keine Grenzen mehr
gesetzt, und man kann mit Leichtigkeit
zu allen möglichen technischen Vollkommenheiten gelangen.
Leo N. Tolstoi, Tagebücher (1896)

Wir sollten uns bewusst sein,
dass nicht alles, was technisch möglich und ökonomisch vorteilhaft ist,
auch unter moralischen und unter
gesellschaftspolitischen Gesichtspunkten erträglich und wünschenwert ist.
Helmut Kohl, Rede des Bundeskanzlers zur
Internationalen Funkausstellung in Berlin 1985

Wir werden maschinell »infantilisiert«.
Günther Anders, Die Antiquiertheit des Menschen.

Tee

Tee, Kaffee und Leckerli
Bringen den Bürger ums Äckerli.
Sprichwort aus der Schweiz

Trinke Tee,
und du kommst zu Kräften.
Chinesisches Sprichwort

Wer Gäste hat, bereite Tee.
Chinesisches Sprichwort

Teil

Denn das Ganze muss
früher sein als der Teil.
Aristoteles, Politik

Du nennst dich einen Teil,
und stehst doch ganz vor mir?
Johann Wolfgang von Goethe, Faust I (Faust)

Ich bin ein Teil des Teils,
der anfangs alles war,
Ein Teil der Finsternis,
die sich das Licht gebar.
Johann Wolfgang von Goethe, Faust I (Mephisto)

Man kann den Teil nicht verlieren,
ohne dass das Ganze wanke.
Niccolò Machiavelli, Briefe (an Francesco Vettori,
10. Dezember 1514)

Was bin ich,
wenn ich nicht teilhabe?
Um zu sein, muß ich teilhaben.
Antoine de Saint-Exupéry, Flug nach Arras

Wie sich der Teil zum Ganzen verhält,
so die Ordnung des Teils
zur Ordnung des Ganzen.
Dante Alighieri, Über die Monarchie

Teilen

Arme Menschen teilen immer.
Mutter Teresa

Das einzige,
was die Armut beseitigen kann,
ist das Miteinanderteilen.
Mutter Teresa

Doch guter Menschen Hauptbestreben
ist, andern etwas abzugeben.
Wilhelm Busch

Frauen können Not,
nicht aber Wohlstand teilen.
Chinesisches Sprichwort

Unter Freunden ist alles gemeinsam.
Chinesisches Sprichwort

Teilnahme

Der ist nicht fremd,
wer teilzunehmen weiß.
Johann Wolfgang von Goethe,
Die natürliche Tochter (Gerichtsrat)

Die Teilnahme der meisten Menschen
besteht aus einer Mischung
von Neugier und Wichtigtuerei.
Marie von Ebner-Eschenbach, Aphorismen

Teilnehmen ist wichtiger als Siegen.
Pierre de Coubertin

Wer zu handeln versäumt,
ist noch keineswegs frei von Schuld.
Niemand erhält seine Reinheit
durch Teilnahmslosigkeit.
Siegfried Lenz, Zeit der Schuldlosen (1962)

Telefon

Das Telefon gehört
zu den Unentbehrlichkeiten,
die nicht gekannt zu haben,
ein rohes Zeitalter adelt.
Richard von Schaukal

Telefon: eine Erfindung des Teufels,
die die erfreuliche Möglichkeit,
sich einen lästigen Menschen
vom Leib halten zu können,
teilweise wieder zunichte macht.
Ambrose Bierce

Wer gerne mal angerufen
werden möchte, braucht nur
in die Badewanne zu gehen.
Robert Lembke, Das Beste aus meinem Glashaus.
Humoristisches und Satirisches

Zu den Institutionen,
ohne die man ebenso wenig leben
kann wie mit ihnen, gehört –
jetzt einmal abgesehen vom
weiblichen Geschlecht – das Telefon.
Ephraim Kishon, Kishon für alle Fälle

Tempel

Als noch die unschuldigen und
tugendhaften Menschen die Götter
gern zu Zeugen ihrer Handlungen
machten, wohnten sie mit ihnen
zusammen in derselben Hütte.

Als sie aber bald darauf böse
geworden waren, wurden sie dieser
beschwerlichen Zuschauer überdrüssig
und verwiesen sie in prächtige Tempel.
Jean-Jacques Rousseau, Abhandlung über
die Wissenschaften und Künste

Ein Mönch läuft wohl davon,
ein Tempel kann es nicht.
Chinesisches Sprichwort

Ein verfallener Tempel gleicht einer
Gottheit, die ins Wanken kommt.
Chinesisches Sprichwort

Eine Tempelhalle ist nicht
aus einem Baum gebaut.
Chinesisches Sprichwort

Keines Tempels heitre Säule
Zeuget, dass man Götter ehrt.
Friedrich Schiller, Das Eleusische Fest

Lieber ein Dämon
in einem großen Tempel
als ein Gott
in einem kleinen Tempel sein.
Chinesisches Sprichwort

Wer nah am Tempel wohnt,
weiß auch die Götter zu betrügen.
Chinesisches Sprichwort

Temperament

Der Mann, der geschickt genug ist,
sein Temperament zu lenken,
wird ganz gewiss auch
der Beherrscher seiner Seele sein.
Honoré de Balzac, Die Physiologie der Ehe

Die Leute sind am schlimmsten dran,
die mehr Temperament haben als Mut.
Arthur Schnitzler, Aphorismen und Betrachtungen
aus dem Nachlass

Eine recht große Aufgabe ist es,
sein Temperament zu bändigen.
Ovid, Liebeskunst

Eitelkeit, Scham und vor allem Tempe-
rament machen die Tapferkeit der
Männer und die Tugend der Frauen.
François de La Rochefoucauld, Reflexionen

Es gibt für den Verstand oder das
Gefühl der Frauen kein Gesetz, wenn
nicht ihr Temperament zustimmt.
François de La Rochefoucauld, Reflexionen

Welch eine Last, wenn das Temperament schwierig, ein bisschen launisch,
manchmal bissig und abrupt ist. Milde
und Geduld sind zwei sichere Mittel,
uns beliebt zu machen und uns und
den anderen Gutes zu erweisen (...).
Papst Johannes XXIII., Briefe an die Familie
(Neffe Battista), 10. November 1948

Tempo

Das Notwendigste und das Härteste
und die Hauptsache in der Musik
ist das Tempo.
Wolfgang Amadeus Mozart, Briefe (an den Vater,
1777)

Es gibt nur ein Tempo,
und das ist das richtige.
Wilhelm Furtwängler

Sieh dir ein gut beschicktes Trab-
rennen an. Und du wirst merken,
worauf's ankommt, auch bei dir.
Christian Morgenstern, Stufen

Was wir als das Tempo des Lebens
empfinden, ist das Produkt
aus der Summe und der Tiefe
seiner Veränderungen.
Georg Simmel, Die Bedeutung des Geldes
für das Tempo des Lebens

Wenn man
in die falsche Richtung läuft,
hat es keinen Zweck,
das Tempo zu erhöhen.
Birgit Breuel

Terror

Aber staatlicher Terror hat
vor allem eine Auswirkung:
Er erzeugt Gegengewalt.
Nelson Mandela, Verteidigungsrede vor Gericht 1962

Die Leichtigkeit,
mit der Terror und Normalität,
Destruktivität und Konstruktion
sich angleichen,
ist durchaus neu.
Herbert Marcuse, Triebstruktur und Gesellschaft

Dynamit und Dolch lösen,
wie uns die Erfahrung lehrt,
nur eine Gegenwirkung aus,
sie zerstören die allerwertvollste Kraft
– die öffentliche Meinung.
Leo N. Tolstoi, Tagebücher (1895)

Terror ist nichts anderes
als Gerechtigkeit, prompt, sicher,
und unbeugsam.
Maximilien de Robespierre, Rede in der französischen
Nationalversammlung (1792)

Terroristen haben kein Gewissen,
da sie meinen,
das Gewissen zu sein.
Friedrich Hacker

Wir werden und wir dürfen
vor dem Terror
nicht zurückweichen.
Helmut Kohl, Dank an die Polizei für den Schutz des
demokratischen Rechtsstaates. Ansprache des Bundeskanzlers vor dem Bundesgrenzschutz 1986

Testament

Die Sterbenden, die nur noch
im Testament ihre Stimme erheben,
können darauf rechnen, dass man auf
ihre Worte wie auf Orakelsprüche hört:
Jeder wendet und deutet sie
auf seine Weise, das heißt nach
seinen Wünschen oder Interessen.
Jean de La Bruyère, Die Charaktere

Jemanden mit dessen Wissen
im Testament zu bedenken und dann
nicht in angemessener Frist zu sterben,
das grenzt schon an Provokation.
Samuel Butler

Man rede wie im Testament:
je weniger Worte, desto weniger Streit.
Baltasar Gracián y Morales, Handorakel und Kunst
der Weltklugheit

Misstraut im Leben stets
den Testamenten und den Systemen!
Voltaire, Der Mann mit den vierzig Talern

Und gewiss bleibt es wunderbar,
dass der Mensch das große Vorrecht,
nach seinem Tode noch über
seine Habe zu disponieren, sehr selten
zugunsten seiner Lieblinge braucht.
Johann Wolfgang von Goethe,
Die Wahlverwandtschaften

Warum sind die Menschen so töricht,
so untertänig der Gewohnheit oder
der Furcht, ein Testament zu machen,
mit einem Wort so albern, dass sie ihr
Vermögen eher denen vererben,
die über ihren Tod lachen, als denen,
die ihn beweinen?
Chamfort, Maximen und Gedanken

Wer in einem Testament
nicht bedacht worden ist,
findet Trost in dem Gedanken,
dass der Verstorbene ihm vermutlich
die Erbschaftssteuer ersparen wollte.
Peter Ustinov

Teuer

Alles ist teuer, was die Armen kaufen
und die Reichen verkaufen.
Sprichwort aus Spanien

Das Wort »teuer« hat etwas Sanftes
und Niedriges: Es ist der Ausdruck
der Liebe und des Geizes
und scheint zu besagen, dass,
was die Börse angeht, das Herz angeht.
Antoine Comte de Rivarol, Maximen und Reflexionen

Die sehr teuren Dinge sind manchmal
wertlos, die billigen und wertlosen
sind zuweilen teuer.
Juan Ruiz de Alarcón y Mendoza,
Buch von rechter Liebe

Es ist keine Suppe teurer als die,
die man umsonst isst.
Deutsches Sprichwort

Kerzen sind im Dunklen teuer.
Chinesisches Sprichwort

Mehr erfreut jenes,
das man teuer ersteht.
Juvenal, Satiren

Was man nicht braucht, ist zu teuer,
wenn es nur einen Heller kostet.
Deutsches Sprichwort

Teufel

Auch die Kultur, die alle Welt beleckt,
Hat auf den Teufel sich erstreckt.
Johann Wolfgang von Goethe, Faust II (Mephisto)

Auf Teufel reimt der Zweifel nur;
Da bin ich recht am Platze.
Johann Wolfgang von Goethe, Faust I (Skeptiker)

Ausgesprochenen Bösewichtern
misstraut der Teufel. Übertreibung
wechselt zu leicht die Partei.
Emil Gött, Im Selbstgespräch

Bedenkt: Der Teufel, der ist alt;
So werdet alt, ihn zu verstehn.
Johann Wolfgang von Goethe, Faust II (Mephisto)

Bettelorden und Mönche
hat der Teufel erdacht und erfunden.
Jan Hus, Glaubensartikel (überliefert von Siegmund
Meisterlin: Chronik Nürnbergs)

Dafern der Teufel könnt'
aus seiner Seinheit geh'n,
So sähest du ihn stracks
in Gottes Throne steh'n.
Angelus Silesius, Der cherubinische Wandersmann

Das Wesen Gottes
macht sich keinem Ding gemein
Und muss doch notwendig
auch in den Teufeln sein.
Angelus Silesius, Der cherubinische Wandersmann

Dem Teufel opfert man am meisten.
Deutsches Sprichwort

Den Teufel halte, wer ihn hält!
Er wird ihn nicht so bald
zum zweiten Male fangen.
Johann Wolfgang von Goethe, Faust I (Faust)

Den Teufel spürt das Völkchen nie,
Und wenn er sie beim Kragen hätte.
Johann Wolfgang von Goethe, Faust I (Mephisto)

Denn von den Teufeln kann ich ja
Auf gute Geister schließen.
Johann Wolfgang von Goethe, Faust II
(Supernaturalist)

Denn wenn es keine Hexen gäbe,
Wer, Teufel!, möchte Teufel sein!
Johann Wolfgang von Goethe, Faust II (Mephisto)

Der Dieb fängt am meisten
in der Menge,
und der Teufel an einsamen Orten.
Sprichwort aus Tschechien

Der Eigentumsteufel vergiftet alles,
was er berührt.
Jean-Jacques Rousseau, Emile

Der eine Teufel hat ihn verlassen,
aber es sind dafür sieben andere
in ihn gefahren.
Gotthold Ephraim Lessing, Minna von Barnhelm
(Werner)

Der Fluch ist das Gebet des Teufels.
Hans Lohberger

Der größte Erfolg des Teufels
besteht darin, den Eindruck
zu erwecken, dass es ihn nicht gibt.
Papst Johannes Paul II.

Der Leib ist des Teufels,
aber der Seel wird geraten werden.
Martin Luther, Tischreden

Der pure Diabolismus ist nichts als der
zum Absoluten erhobene Wahnsinn.
Luzifer hat bloß das Unglück gehabt,
ohne Hirn erschaffen worden zu sein.
Edgar Allan Poe, Marginalien

Der Teufel, den man Venus nennt,
Er ist der schlimmste von allen,
Erretten kann ich dich nimmermehr
Aus seinen schönen Krallen.
Heinrich Heine, Elementargeister

Der Teufel des einen ist anständiger
als der Gott des andern.
Emil Gött, Zettelsprüche. Aphorismen

Der Teufel führt jeden in Versuchung
außer den Müßigen, und
der führt den Teufel in Versuchung.
Sprichwort aus Ungarn

Der Teufel greift die Leute am Bauch
an, wo sie am weichsten sind.
Deutsches Sprichwort

Der Teufel hat die Welt verlassen,
weil er weiß,
Die Menschen machen selbst die Höll'
einander heiß.
Friedrich Rückert, Die Weisheit des Brahmanen

Der Teufel hat hier
weiter nichts zu sagen.
Johann Wolfgang von Goethe, Faust II (Mephisto)

Der Teufel hat mehr
denn zwölf Apostel.
Deutsches Sprichwort

Der Teufel hinterlässt
immer einen Gestank.
Deutsches Sprichwort

Der Teufel ist ein unbestechlicher
Betrüger. Er arbeitet nicht in die eigene Tasche, sondern für die böse Sache.
Emil Gött, Im Selbstgespräch

Der Teufel ist jetzt weiser als vordem,
er macht uns reich, nicht arm, uns zu
versuchen.
Alexander Pope, Essays

Der Teufel ist kalt, selbst als Liebhaber.
Aber hässlich ist er nicht.
Heinrich Heine, Elementargeister

Der Teufel ist nicht so schwarz,
als man ihn malt.
Deutsches Sprichwort

Der Teufel ist schlau und wirft dem
Menschen oft etwas unter die Füße,
dass er darüber strauchelt und fällt,
ohne zu wissen, wann und wie.
Miguel de Cervantes Saavedra, Don Quijote

Der Teufel ist schwärzer,
als man ihn malt.
Deutsches Sprichwort

Der Teufel ist sicher kein Atheist.
Paul von Heyse

Der Teufel kann sich
auf die Schrift berufen.
William Shakespeare, Der Kaufmann von Venedig
(Antonio)

Der Teufel lauert
hinter dem Kreuze.
Sprichwort aus Spanien

Der Teufel muss doch etwas sein;
Wie gäb's denn sonst auch Teufel?
Johann Wolfgang von Goethe, Faust II (Dogmatiker)

Der Teufel schläft nicht;
darum müssen wir in allem Acht
haben und wachsam sein.
Teresa von Ávila, Weg der Vollkommenheit

Der Teufel sitzt und faucht.
Martin Luther, Tischreden

Der Teufel stellt dir nächstens
doch ein Bein.
Johann Wolfgang von Goethe, Faust I (Mephisto)

Der Teufel verschluckte eine Frau,
aber er konnte sie nicht verdauen.
Sprichwort aus Polen

Der zu meiner Heimsuchung
bestellte Teufel ist immer gegenwärtig
und quält mich.
Leo N. Tolstoi, Tagebücher (1896)

Des Teufels Maß ist immer
zu kurz oder zu lang.
Deutsches Sprichwort

Du bist der Babel selbst:
Gehst du nicht aus dir aus,
So bleibst du ewiglich
des Teufels Polterhaus.
Angelus Silesius, Der cherubinische Wandersmann

Ein Mensch ist des andern Teufel.
Deutsches Sprichwort

Einbläsereien sind
des Teufels Redekunst.
Johann Wolfgang von Goethe, Faust II (Mephisto)

Es heißt, der Teufel stecke im Detail.
Ich glaube manchmal,
er stecke eher in den Grundsätzen.
Michael Stewart

Fahre wie der Teufel, und
du wirst ihn bald treffen.
Robert Lembke, Steinwürfe im Glashaus

Faule Engel taugen weniger
als fleißige Teufel.
Emil Gött, Im Selbstgespräch

Frauen sind des Teufels Fangnetze.
Sprichwort aus England

Für Geld kann man
den Teufel tanzen sehen.
Deutsches Sprichwort

Für Geld nimmt der Teufel
dir die Arbeit ab.
Chinesisches Sprichwort

Gern hält der Teufel sich bei Frommen
auf. Niemand vermutet ihn
in ihrer Nähe – am wenigsten
die Frommen selbst.
Emil Gött, Im Selbstgespräch

Gott ist die gewinnendste Maske
des Teufels.
Ernst Wilhelm Eschmann

Gott ist Mensch geworden, sei's!
Der Teufel Frau.
Victor Hugo, Ruy Blas

Gott will alles zum Guten fügen,
allein der Teufel straft ihn Lügen.
Sprichwort aus Spanien

Ha! lass dich den Teufel bei einem
Haare fassen, und du bist sein auf ewig.
Gotthold Ephraim Lessing, Emilia Galotti (Pirro)

Ich bin ein Teil des Teils,
der anfangs alles war,
Ein Teil der Finsternis,
die sich das Licht gebar.
Johann Wolfgang von Goethe, Faust I (Mephisto)

Ich möcht mich gleich
dem Teufel übergeben,
Wenn ich nur selbst
kein Teufel wär!
Johann Wolfgang von Goethe, Faust I (Mephisto)

Im Kloster des Teufels
erhält man die Weihen ohne Probezeit.
Sprichwort aus Frankreich

In der Tat, wenn der Teufel
kein Feuergeist wäre, wie könnte er es
denn in der Hölle aushalten?
Heinrich Heine, Elementargeister

In einem Haus voller Kinder
hat der Teufel nichts zu sagen.
Sprichwort aus Kurdistan

Indem der Teufel ist,
ist er so gut als du
Dem Wesen nach in Gott:
Nichts mangelt ihm als Ruh.
Daniel Czepko von Reigersfeld,
Monodisticha Sapientium

Je ärmer einer ist,
desto mehr Teufel
laufen ihm über den Weg.
Chinesisches Sprichwort

Je größer das Fest,
je schlimmer der Teufel.
Deutsches Sprichwort

Je heiliger das Fest,
je geschäftiger der Teufel.
Deutsches Sprichwort

Jeder hat seinen eigenen Teufel.
Deutsches Sprichwort

Junger Heiliger, alter Teufel.
Deutsches Sprichwort

Keiner ist kühner als der,
der den Teufel besiegt.
Erasmus von Rotterdam, Handbüchlein
eines christlichen Streiters

Lass den Teufel in die Kirche, und
schon steigt er auf die Kanzel.
Sprichwort aus Lettland

Lass Herr, den Teufel uns nicht so sehr
versuchen, wie er will,
sondern nur so weit wir
mit deiner Huld und deiner Gnade
damit fertig werden können.
Freisinger Paternoster (9. Jh.)

Man darf den Teufel nicht locken,
er kommt wohl sonst.
Martin Luther, Tischreden

Man muss dem Teufel
ein Kerzchen aufstecken.
Deutsches Sprichwort

Man soll den Teufel
nicht an die Wand malen.
Deutsches Sprichwort

Man soll nicht glauben,
der Teufel versuche nur die Genies.
Ohne Zweifel verachtet er
die Dummköpfe, aber er verschmäht
nicht ihre Hilfe. Im Gegenteil, er gründet auf sie seine höchsten Hoffnungen.
Charles Baudelaire, Tagebücher

Man soll nicht mehr Teufel rufen,
als man bannen kann.
Deutsches Sprichwort

Mensch, wickle dich in Gott,
verbirg dich in sein Licht:
Ich schwöre dir beim Ja,
der Teufel sieht dich nicht.
Angelus Silesius, Der cherubinische Wandersmann

Mit Narren sich beladen,
Das kommt zuletzt dem Teufel
selbst zu Schaden.
Johann Wolfgang von Goethe, Faust II (Mephisto)

Mit Schweigen ärgert man den Teufel.
Sprichwort aus Bulgarien

Nein, nein! Der Teufel ist ein Egoist
Und tut nicht leicht um Gottes willen,
Was einem andern nützlich ist.
Johann Wolfgang von Goethe, Faust I (Faust)

Nichts Abgeschmackters
find' ich auf der Welt
Als einen Teufel, der verzweifelt.
Johann Wolfgang von Goethe, Faust I (Mephisto)

Nur die Menge der Teufel kann
unser irdisches Unglück ausmachen.
Franz Kafka, Tagebücher (1912)

Oft scheint der Teufel an die Tür
zu klopfen, und es ist doch nur
der Schornsteinfeger.
Friedrich Hebbel, Tagebücher

Regel ist Einheit,
und Einheit ist Gottheit.
Nur der Teufel ist veränderlich.
Jean Paul, Levana

Religion ist das Werk Gottes,
das durch den Teufel
seine Perfektion erhielt.
Peter Ustinov

Sage die Wahrheit und beschäme
den Teufel.
Ben Jonson, Tale of a ub

Seine besten Opfer sucht der Teufel
unter denen, die enttäuscht sind,
weil sie meinten,
der Himmel habe zu halten,
was sie sich von ihm versprechen.
Emil Gött, Im Selbstgespräch

Selbst der Teufel bittet um Schutz
vor jungen Mädchen.
Sprichwort aus Indien

Selbst der Teufel war ursprünglich
ein Engel
Sprichwort aus den USA

Und der Teufel quält die Menschen
gar sehr mit Träumen.
Martin Luther, Tischreden

Und ich sage ab allen Werken und
Worten des Teufels, Donar und Wodan
und Saxnot und all den Teufeln,
die ihre Genossen sind.
Altsächsisches Taufgelöbnis (um 800)

Wann die Vernunft in ihr
sich selbst verstiegen hat,
So spricht sie: Ich bin Gott.
Tut, was der Teufel tat.
Daniel Czepko von Reigersfeld,
Monodisticha Sapientium

Wär' der Teufel tot, so würden
die Leute wenig um Gottes willen tun.
Sprichwort aus Schottland

Was vom Himmel fällt,
das ist teuflisch;
was auf der Erde strauchelt,
das ist menschlich.
Martin Luther, Tischreden

Was vom Teufel kommt,
wird zum Teufel gehen.
Sprichwort aus Frankreich

Wem der Teufel einheizt,
den friert nicht.
Deutsches Sprichwort

Wen der Teufel treibt,
der muss wohl gehen.
William Shakespeare, Ende gut, alles gut (Narr)

Wenn der Teufel krank ist,
will er ein Mönch werden.
Deutsches Sprichwort

Wenn ich aufwache, so kommt der
Teufel bald und disputiert mit mir,
so lang, bis ich sage: Leck mich.
Martin Luther, Tischreden

Wenn man nachts in den Spiegel sieht,
guckt der Teufel heraus.
Deutsches Sprichwort

Wenn man, wie ich, in ein Pfarrhaus
hineingeboren wurde,
macht man bald Bekanntschaft
mit dem Teufel.
Ingmar Bergman

Wenn wir unsre Weiber mehr Teufel
sein ließen, wären sie engelhafter.
Emil Gött, Im Selbstgespräch

Wer den Teufel an die Wand malt,
malt sein eigen Bild.
Sprichwort aus Tschechien

Wer den Teufel geladen hat,
der muss ihm auch Arbeit geben.
Deutsches Sprichwort

Wer den Teufel im Schiff hat,
der muss ihn fahren.
Deutsches Sprichwort

Wer den Teufel zum Freund hat,
hat's gut in der Hölle.
Deutsches Sprichwort

Wer im Ernst den Teufel sieht,
sieht ihn mit kürzeren Hörnern
und nicht gar so schwarz.
Niccolò Machiavelli, Lied der Einsiedler

Wer mit dem Teufel essen will,
muss einen langen Löffel haben.
Deutsches Sprichwort

Wie gern wollt' ich dem Teufel
meine Seele verschreiben,
wenn ich dafür Gesundheit hätte.
Franziska Gräfin zu Reventlow, Tagebücher

Wir machen uns diese Welt zur Hölle
und jeder von uns
ist sein eigener Teufel.
Oscar Wilde

Wir sind unsere eigenen Teufel,
wir vertreiben uns
aus unserem Paradies.
Johann Wolfgang von Goethe, Briefe
(an E. W. Behrisch, 10. November 1767)

Wo ein Gespenst ist,
ist der Teufel nicht weit.
Deutsches Sprichwort

Wo ein Weib ist,
da ist der Teufel überflüssig.
Sprichwort aus Russland

Wo Geld ist, da ist der Teufel,
wo keins ist, da ist er zweimal.
Deutsches Sprichwort

Zu Gott humpelt man,
zum Teufel springt man.
Sprichwort aus Dänemark

Zündet eine Kerze für Gott
und zwei für den Teufel an.
Sprichwort aus Frankreich

Theater

An der miserablen Qualität
unserer Theater ist nicht
das Publikum schuld.
Anton P. Tschechow, Briefe (7. November 1888)

Auf die Theaterkritiker ist Verlass.
Was überwiegend verrissen wird,
verspricht einen amüsanten Abend.
Oliver Hassencamp

Aufgabe des Theaters ist es,
manchmal das Leben zurück-
zuverwandeln in einen Traum.
Sie träumen machen, oft aber auch,
Sie aus süßen Träumen zu reißen.
August Everding, Vortrag vor der American Chamber
of Commerce in München, 12. März 1986

Bühnenbildner wären glücklicher,
wenn nicht dauernd
irgendwelche Schauspieler
vor ihren Kunstwerken herumstünden.
Rolf von Sydow

Das einzige Mittel, die Leidenschaften
zu läutern, ist die Vernunft,
und ich habe schon gesagt,
dass die Vernunft auf dem Theater
gar keine Wirkung hat.
Jean-Jacques Rousseau, Brief an d'Alembert

Das Lampenfieber
kommt mit dem Talent.
Sarah Bernhardt

Das politische Theater erreicht nichts,
weil die, die gemeint sind,
nicht ins Theater gehen.
Wolfgang Bauer

Das Publikum, durch Opulenz verdorben, verkennt schmucklose Werke.
Jean Cocteau, Hahn und Harlekin

Das Publikum gebraucht das Gestern
nur als Waffe gegen das Heute.
Jean Cocteau, Hahn und Harlekin

Das Publikum stellt Fragen.
Man muss mit Werken antworten,
nicht mit Manifesten.
Jean Cocteau, Hahn und Harlekin

Das Publikum will erst verstehen,
dann fühlen.
Jean Cocteau, Hahn und Harlekin

Das Theater bestärkt die Sitten oder
wandelt sie um.
Es beseitigt die Lächerlichkeit
oder macht Propaganda dafür.
Chamfort, Maximen und Gedanken

Das Theater ist die tätige Reflexion
des Menschen über sich selbst.
Novalis, Fragmente

Das Theater ist eine Miniaturgesell-
schaft in der Gesellschaft,
auf dieselbe Weise organisiert,
mit Monarch, Ministern, Ämtern
und einer ganzen Menge Volksklassen,
eine über der anderen.
August Strindberg, Der Sohn der Magd

Das Theater ist nicht für die Wahrheit geschaffen, sondern dafür,
den Menschen zu schmeicheln,
sie zu belustigen.
Jean-Jacques Rousseau, Emile

Das Theater ist nun mal kein
Schlaraffenland, in dem einem
die gebratenen Tauben
in den Mund fliegen.
Heinz Rühmann

Der Grund aller theatralischen Kunst
wie einer jeden andern ist das Wahre,
das Naturgemäße. Je bedeutender
dieses ist, auf je höherem Punkte
Dichter und Schauspieler
es zu fassen verstehen,
eines desto höheren Ranges
wird sich die Bühne zu rühmen haben.
Johann Wolfgang von Goethe,
Maximen und Reflexionen

Der Ruin aller großen europäischen
Theater weist darauf hin,
dass diese Kunst im Begriff steht,
an Interesse zu verlieren.
August Strindberg, Der Sohn der Magd

Der Zuschauer im Theater
will träumen. Freilich einen Traum,
in dem man nicht schlafen soll.
Jean-Louis Barrault

Die Menschen würden
noch viel schlechter schlafen,
wenn es das Theater nicht gäbe.
Mark Twain

Die Stücke werden immer länger,
die Regisseure scheinen sich immer
mehr selbst verwirklichen zu wollen.
Heinz Rühmann

Ein Theater ist wie ein Schiff
auf hoher See: Es muss jemanden
geben, der die Fahrtroute bestimmt.
Boleslaw Barlog

Ein Theaterstück für die Öffentlichkeit
zu inszenieren ist,
als öffne man eine Tür
und sähe sich plötzlich
einem bissigen Hund gegenüber.
Peter Ustinov, Peter Ustinovs geflügelte Worte

Es gibt Abende,
an denen nicht das Schauspiel,
sondern das Publikum durchfällt.
Max Reinhardt

Es gibt Theaterkritiker,
die unterscheiden sich nur darin
vom Publikum, dass sie das,
was auch sie nicht sehen,
ausdrücken können.
Ludwig Marcuse, Argumente und Rezepte.
Ein Wörter-Buch für Zeitgenossen

Es ist nichts theatralisch, was nicht
für die Augen symbolisch wäre.
Johann Wolfgang von Goethe,
Maximen und Reflexionen

Es werden auf deutschen Bühnen
zu viele Eierkuchen gebacken.
Jürgen Flimm

Fernsehen ist die Rache des Theaters
an der Filmindustrie.
Peter Ustinov

Ich glaube, das Theater ist ein Ort,
wo alles erlaubt ist,
solange das Publikum –
im Großen und Ganzen – wach bleibt.
Peter Ustinov, Peter Ustinovs geflügelte Worte

Ich kam dahinter, dass man am Theater nicht immer etwas »wollen« muss,
um aufzufallen, sondern dass
das Stille, Unabsichtliche
auch zum Erfolg führen kann.
Heinz Rühmann

Im Theater finden die Menschen
die Wildheit der Kinder wieder, doch
haben sie deren Klarsicht verloren.
Jean Cocteau, Hahn und Harlekin

Jedes Publikum kriegt die Vorstellung,
die es verdient.
Curt Goetz, Dreimal täglich

Kein Theaterbesucher kann so
aus voller Seele gähnen und so
überschwänglich klatschen
wie ein guter Theaterkritiker.
Ludwig Marcuse, Argumente und Rezepte.
Ein Wörter-Buch für Zeitgenossen

Kürzlich ist ein Stück vom Publikum
verboten worden.
Jules Renard, Ideen, in Tinte getaucht.
Aus dem Tagebuch von Jules Renard

Lampenfieber ist der Versuch,
so zu tun, als hätte man keines.
Rudolf Platte

Man muss das Publikum
zu sich heraufholen; man darf
nicht zu ihm hinuntersteigen.
Gustaf Gründgens

Man spricht viel vom Theater, aber
wer nicht selbst darauf war, kann
sich keine Vorstellung davon machen.
Johann Wolfgang von Goethe,
Wilhelm Meisters Lehrjahre

Paradox ist, wenn bei einer Premiere
alles, was Rang hat, im Parkett sitzt.
Willy Millowitsch

Politisches Theater:
Auf einen Darsteller zehn Souffleure.
Wieslaw Brudzinski

Theater heute heißt zunächst einmal
Motivation. Menschen zum Sprechen
zu bringen, Menschen zum Spielen
zu bringen, Menschen zur Freude
bringen, aber auch zur Anregung
und Aufregung.
August Everding, Vortrag vor dem Verein Deutscher
Eisenhüttenleute anlässlich des Eisenhüttentags
in Düsseldorf, 15. November 1991

Theater ist die letzte verbliebene
dramatische Kunstform.
Das Fernsehen ist ein korrupter und
künstlicher Ersatz. Ich ziehe den Film
dem Theater vor, weil er einem meist
gestattet, später anzufangen, und weil
er Tag für Tag etwas Neues bietet.
Peter Ustinov, Peter Ustinovs geflügelte Worte

Theater ist ein Reflex der Gesellschaft,
ein Seismograph der politischen
und moralischen Befindlichkeit.
August Everding, Kolumne aus der »Welt am Sonntag«
vom 26. März 1995

Theater ist gestern, nie von gestern,
ist heute, aber nie heutig
und hoffentlich für morgen.
August Everding, Vortrag vor dem Verein Deutscher
Eisenhüttenleute anlässlich des Eisenhüttentags
in Düsseldorf, 15. November 1991

Theater ist
masochistischer Exhibitionismus.
Laurence Olivier

Theaterrollen vergisst man nie.
Filme schon:
Wenn sie auf Celluloid sind,
hat man den Kopf wieder frei.
Heinz Rühmann

Vor 20 Jahren hat man von einem
modernen Theaterstück kein Wort
verstanden und es ausgebuht.
Auch heute versteht man kein Wort
davon und applaudiert. Es gibt also
doch einen Fortschritt im Kulturleben.
Ephraim Kishon, Kishon für alle Fälle

Was zieht im Theater? Was den Frauen
gefällt. Was gefällt den Frauen?
Was von ihrer Sache handelt.
Was ist ihre Sache?
Was sie Liebe nennen.
Hermann Bahr, Briefe (an George Bernard Shaw, 1904)

Welche Vorteile hat das Theater
gegenüber Fernsehen und Kino?
Nun, zuallererst ist es die einzige
Unterhaltungsform, bei der ein direkter
Kontakt zum Publikum besteht.
Folglich muss es, um zu überleben,
eine gewisse Spannung, eine gewisse
Unberechenbarkeit kreieren (...).
Peter Ustinov, Peter Ustinovs geflügelte Worte

Wenn man es recht untersucht,
so sind zuletzt die Frauen an dem
ganzen Verfall unsrer Bühne schuld,
und sie sollten entweder gar nicht
ins Schauspiel gehen, oder es müssten
eigne Bühnen für sie, abgesondert von
den Männern, eingerichtet werden.
Ihre Anforderungen an Sittlichkeit und
Moral vernichten das ganze Wesen
des Drama, und niemals hätte sich
das Wesen des griechischen Theaters
entwickelt, wenn sie nicht ganz davon
ausgeschlossen gewesen wären.
Heinrich von Kleist, Briefe (an Marie von Kleist,
Spätherbst 1807)

Wenn wir Sie oft erschrecken
im Theater heute,
weil es oft so schrecklich zugeht in
diesem Theater heute,
dann deshalb, weil wir auch
in der Hölle unseren Spielort
angesiedelt haben.
August Everding, Vortrag vor dem Verein Deutscher
Eisenhüttenleute anlässlich des Eisenhüttentags
in Düsseldorf, 15. November 1991

Wer ein Theater füllen will,
bedient sich der Dramaturgie.
Um es zu leeren, genügt Ideologie.
Oliver Hassencamp

Woher kommt es, dass man
im Theater so ungezwungen lacht
und sich schämt zu weinen?
Entspricht es weniger unserer Natur,
sich vom Erbarmungswürdigen rühren
zu lassen, als über das Komische
in Lachen auszubrechen?
Jean de La Bruyère, Die Charaktere

Zunächst einmal ist der Stoff wichtig.
Es hat wenig Sinn,
eine sehr gute Rolle
in einem schlechten Stoff zu spielen.
Heinz Rühmann

Theologie

Der Theolog befreit dich
von der Sünde,
die er selbst erfunden hat.
Johann Wolfgang von Goethe, Die Aufgeregten
(Breme)

Die Menschen sind besser
als ihre Theologie.
Ihr tägliches Leben straft diese Lügen.
Ralph Waldo Emerson, Essays

Die wahre Theologie ist eine Praxis,
und ihr Grund ist Christus,
dessen Tod wir im Glauben
uns aneignen.
Martin Luther, Tischreden

Drei Dinge machen einen Theologen:
die Meditation oder Nachsinnung,
das Gebet und die Anfechtung.
Martin Luther, überliefert von Julius Wilhelm Zincgref
(Apophthegmata)

Göttlich ist unter den Wissenschaften
einmal diejenige, die Gott im höchsten
Sinn besitzt, und dann diejenige, welche das Göttliche zum Gegenstand hat.
Aristoteles, Älteste Metaphysik

Ich achte unsere Theologie und
wollte ebenso wie jeder andere
mir den Himmel gewinnen.
Aber ich hatte von meinen Lehrern
versichern hören, dass der Weg
zum Himmel den Unwissenden ebenso
offen stehe wie den Gelehrten, und
dass die geoffenbarten Wahrheiten,
die dahin führten,
unsere Einsicht übersteigen.
René Descartes, Diskurs über die Methode

Ich hab meine Theologie
nicht auf einmal gelernt, sondern hab
immer tiefer und tiefer grübeln müssen, da haben mich meine Anfechtungen hinbracht, weil ohne Erfahrung
nichts gelernt werden kann.
Martin Luther, Tischreden

Jungfraun und Weiber!
O nehmt euch die Edlen zum Beispiel!
Und vertreibt uns doch wieder
die Theologie.
Ludwig Feuerbach, Aufruf an das schöne Geschlecht

Unsere Theologen wollen mit Gewalt
aus der Bibel ein Buch machen,
worin kein Menschenverstand ist.
Georg Christoph Lichtenberg, Sudelbücher

Wer sein eigenes Ich entfalten will,
der soll nicht
Theologe oder Theologin werden.
Otto Dibelius

Theorie

Alle umfassenden Theorien sind
zumeist immer als grenzenlos gültig
angesehen worden und waren so
immer ein billiger Einwand
gegen ihre (lokale) Wahrheit.
Ludwig Marcuse, Argumente und Rezepte.
Ein Wörter-Buch für Zeitgenossen

Am widerwärtigsten sind die krick-
lichen Beobachter und grilligen
Theoristen; ihre Versuche sind kleinlich und kompliziert, ihre Hypothesen
abstrus und wunderlich.
Johann Wolfgang von Goethe,
Maximen und Reflexionen

Das Höchste wäre: zu begreifen,
dass alles Faktische schon Theorie ist.
Die Bläue des Himmels offenbart uns
das Grundgesetz der Chromatik.
Man suche nur nichts hinter den Phä-
nomenen: Sie selbst sind die Lehre.
Johann Wolfgang von Goethe,
Maximen und Reflexionen

Das Leben übersteigt unendlich alle
Theorien, die man in Bezug auf das
Leben zu bilden vermag.
Boris Pasternak, Über Kunst und Leben

Der Theoretiker entkernt das Übel
und stolpert über seine Schalen.
Peter Maiwald

Die Theorie ist eine Vermutung
mit Hochschulbildung.
Jimmy Carter

Etwas Theoretisches
populär zu machen,
muss man es absurd darstellen.
Man muss es erst selbst ins Praktische
einführen; dann gilt's für alle Welt.
Johann Wolfgang von Goethe,
Maximen und Reflexionen

Gefährlicher als eine falsche Theorie
ist eine richtige
in falschen Händen.
Gabriel Laub

Grau, teurer Freund,
ist alle Theorie,
Und grün des Lebens
goldner Baum.
Johann Wolfgang von Goethe, Faust I (Mephisto)

Halbgebildet erscheint mir, wer seine
Arbeitshypothese für eine Theorie hält.
Heimito von Doderer, Repertorium. Ein Begreifbuch
von höheren und niederen Lebens-Sachen

Je mehr sich bei Erforschung der
Natur die Erfahrungen und Versuche
häufen, desto schwankender werden
die Theorien. Es ist aber immer gut,
sie nicht gleich deswegen aufzugeben.
Georg Christoph Lichtenberg, Sudelbücher

Selbst die ausführlichste Theorie
ist doch nur eine Armseligkeit
gegenüber dem, was das Genie in seiner Allgegenwärtigkeit leicht entdeckt.
Søren Kierkegaard, Entweder – Oder

Theorie und Praxis sind eins
wie Seele und Leib,
und wie Seele und Leib liegen sie
großenteils miteinander in Streit.
Marie von Ebner-Eschenbach, Aphorismen

Theorie und Praxis verhalten sich
wie die bibliophile Ausgabe
eines Kochbuchs
zum verkohlten Steak.
Michael Kehlmann

Theorien sind gewöhnlich Übereilungen
eines ungeduldigen Verstandes, der die
Phänomene gern los sein möchte und
an ihrer Stelle deswegen Bilder,
Begriffe, ja oft nur Worte einschiebt.
Johann Wolfgang von Goethe,
Maximen und Reflexionen

Wenn die Tatsachen mit der Theorie
nicht übereinstimmen
– um so schlimmer für die Tatsachen.
Herbert Marcuse

Wenn jemand eine Theorie akzeptiert,
führt er erbitterte Nachhutgefechte
gegen die Tatsachen.
Jean-Paul Sartre

Wenn nun jemand
zwar die Theorie kennt,
aber keine Erfahrung besitzt
und die Umstände des einzelnen Falles
nicht kennt, so wird er
bei der Behandlung oft fehlgreifen;
denn zur Behandlung steht
der einzelne Fall.
Aristoteles, Älteste Metaphysik

Thron

Alle Menschen sollen
thronfähig werden.
Novalis, Glauben und Liebe

Das Firmament
ist der Thron aller Schönheit,
wie auch der Mensch
seinen Thron hat, die Erde nämlich.
Hildegard von Bingen, Welt und Mensch

Die Frau auf dem Thron
ist in erster Linie die Pflegerin
und Hüterin ihres Volkes.
Gertrud von Le Fort, Die zeitlose Frau

Die Herrschenden zimmern
ihren Thron nicht mehr selber.
Darum wissen sie auch nicht,
wo er brüchig ist.
Karl Heinrich Waggerl

Diejenigen, die nur durch Glück
aus dem Privatstand auf den Thron
erhoben werden,
haben wenig Mühe aufzusteigen,
aber große, sich zu behaupten.
Niccolò Machiavelli, Der Fürst

Du sagst: Der Thron sei lockend?
Für den weisen Mann
Mitnichten!
Euripides, Der bekränzte Hippolytos

Ein einstürzender Thron
ist wie ein fallender Berg,
der die Ebene zerschmettert
und da ein totes Meer hinterlässt,
wo sonst ein fruchtbares Land
und lustige Wohnstätte war.
Novalis, Glauben und Liebe

Es kostet mehr Anstrengung und
Bewegung, einen hohen Thron
zu besteigen, als ihn zu besitzen.
Jean Paul, Dämmerungen für Deutschland

Hin zum Throne wollen sie alle:
Ihr Wahnsinn ist es – als ob das Glück
auf dem Throne säße! Oft sitzt der
Schlamm auf dem Thron – und oft
auch der Thron auf dem Schlamme.
Friedrich Nietzsche, Also sprach Zarathustra

Hohe Ämter scheinen einmal nicht für
Philosophen, und auf Thronen
waren Genies meist ein Unglück.
Karl Julius Weber, Democritos

Mir graut
Vor dem Gedanken,
einsam und allein
Auf einem Thron allein zu sein.
Friedrich Schiller, Dom Karlos (Karlos)

Nicht länger mehr werden
wir den Thron verehren.
Der Sohn des Himmels ist unfähig,
seine Beamten sind verderbt,
seine Herrschaft ist ein Gräuel, er soll
der Herrschaft des Volkes weichen.
Sun Yatsen, Entwurf einer chinesischen Unabhängigkeitserklärung (um 1890)

Selten stiegen Engel auf den Thron,
seltener herunter.
Friedrich Schiller, Die Verschwörung des Fiesco
zu Genua (Leonore)

Vorurteil stützt die Throne,
Unwissenheit die Altäre.
Marie von Ebner-Eschenbach, Aphorismen

Wer seines Glücks sich überschätzt,
Sich wähnt
auf höchsten Thron gesetzt,
Den trifft der Hammer doch zuletzt.
Sebastian Brant, Das Narren Schyff

Wer zum Gehorchen geboren ist, wird
auch noch auf dem Thron gehorchen.
Luc de Clapiers Marquis de Vauvenargues,
Reflexionen und Maximen

Tiefe

Alles hat seine Tiefen. Wer Augen hat,
der sieht alles in allem.
Georg Christoph Lichtenberg, Sudelbücher

Alles, was in die Tiefe geht,
ist klar bis zur Durchsichtigkeit.
Leo N. Tolstoi, Tagebücher (1899)

Der Deutsche meint,
nur trübe Wasser können tief sein.
Alfred Polgar, Kleine Schriften, Band 3. Irrlicht

Die Traurigkeit ist das Los der tiefen
Seelen und der starken Intelligenzen.
Alexandre Vinet, Die Freude

Eine Liaison gleicht meistens
durch Länge aus,
was ihr an Tiefe fehlt.
Marcello Mastroianni

Es gibt so seltene Momente,
wo man so bis ins tiefste Tiefe
hinein empfindet.
Franziska Gräfin zu Reventlow, Tagebücher

Höher und höher in die Tiefe
des Raumes.
Emil Gött, Im Selbstgespräch

In die Tiefe musst du steigen,
Soll sich dir das Wesen zeigen.
Friedrich Schiller, Sprüche des Konfuzius

Personen, welche eine Sache
in aller Tiefe erfassen,
bleiben ihr selten auf immer treu.
Sie haben eben die Tiefe
ans Licht gebracht: Da gibt es immer
viel Schlimmes zu sehen.
Friedrich Nietzsche, Menschliches, Allzumenschliches

Sind die Frauen tief? Dass man einem
Wasser nicht auf den Grund blicken
kann, beweist noch nicht, dass es tief ist.
Egon Friedell, Egon Friedells Konversationslexikon

Tief denkende Menschen kommen
sich im Verkehr mit anderen als
Komödianten vor, weil sie sich da,
um verstanden zu werden, immer erst
eine Oberfläche anheucheln müssen.
Friedrich Nietzsche, Menschliches, Allzumenschliches

Um das Geheimnis der Tiefen
zu ergründen, muss man manchmal
nach den Gipfeln schauen.
Henri Bergson, Die spirituelle Energie

Was die heulende Tiefe
da unten verhehle,
Das erzählt keine lebende,
glückliche Seele.
Friedrich Schiller, Der Taucher

Wer erfreute sich des Lebens,
Der in seine Tiefen blickt!
Friedrich Schiller, Kassandra

Wer sich tief weiß,
bemüht sich um Klarheit;
wer der Menge tief scheinen möchte,
bemüht sich um Dunkelheit.
Friedrich Nietzsche, Die fröhliche Wissenschaft

Tier

Alle Tiere außer dem Menschen
sind zwergartig gebildet. Zwergartige
Bildung nämlich besteht darin, dass
bei einem Wesen der obere Teil groß,
der untere aber, der die Last tragen
soll, klein ist.
Aristoteles, Psychologie (je länger die Beine im Vergleich zum Oberkörper, desto mehr Vernunft)

Das Leben ist nicht im Tier,
sondern das Tier ist Leben.
Oswald Spengler, Urfragen.
Fragmente aus dem Nachlass

Das Tier ist nicht nur eine biologische
Tatsache, sondern auch eine kulturelle.
Simone de Beauvoir

Das Tier lebt gewiss weniger bewusst
als der Mensch, aber tiefer
in der Wirklichkeit.
Jakob Boßhart, Bausteine zu Leben und Zeit

Das Tier wird durch seine Organe
belehrt; der Mensch belehrt
die seinigen und beherrscht sie.
Johann Wolfgang von Goethe,
Maximen und Reflexionen

Der einzige, der einen Ozelotpelz
wirklich braucht, ist der Ozelot.
Bernhard Grzimek

Der Hauptunterschied zwischen
Mensch und Tier ist die Fähigkeit
des Menschen zu lachen.
Peter Ustinov, Peter Ustinovs geflügelte Worte

Der Mensch ist das denkende Tier.
Ludwig Klages

Der Mensch ist das einzige Tier,
das erröten kann – oder muss.
Mark Twain

Der Mensch ist das einzige Tier,
das sich für einen Menschen hält.
Thomas Niederreuther

Der Mensch ist das Raubtier
mit den Händen.
Oswald Spengler, Urfragen.
Fragmente aus dem Nachlass

Der Mensch ist das Tier,
das Geschichte hat.
Carl Friedrich von Weizsäcker

Der Mensch ist ein wildes Tier,
das sich selbst gezähmt hat.
Pierre Reverdy

Der Mensch ist ein wunderliches Tier.
August Strindberg, Der Sohn der Magd

Der Mensch wird schneller tierisch
als ein Tier menschlich.
Jean Paul, Dämmerungen für Deutschland

Der Wunsch, ein Tier zu halten,
entspringt meist einem uralten
Grundmotiv, nämlich der Sehnsucht
des Kulturmenschen nach dem verlorenen Paradies der freien Kultur.
Konrad Lorenz

Die Männer sind
das nebensächliche Geschlecht.
Im Tierreich braucht man sie
bei vielen Arten
nicht einmal zur Fortpflanzung.
Orson Welles

Die Religion beruht auf dem
wesentlichen Unterschiede des Menschen vom Tiere – die Tiere haben
keine Religion.
Ludwig Feuerbach, Das Wesen des Christentums

Die Sprachfähigkeit ist ein poetisches
Talent; die Tiere sprechen nicht,
weil es ihnen an Poesie fehlt.
Ludwig Feuerbach, Das Wesen des Christentums

Die Tiere bewundern sich nicht (...),
ihre Tüchtigkeit hat an sich selbst
genug.
Blaise Pascal, Pensées

Die Tiere sind glücklicher als wir,
sie fliehen das Übel,
aber sie fürchten den Tod nicht,
von dem sie keine Vorstellung haben.
Charles de Secondat, Baron de la Brède
et de Montesquieu, Meine Gedanken

Ein unfehlbares Kriterium der sittlichen Anlage eines jeden Menschen
ist die Art, wie er Tiere, besonders
solche niederer Ordnung, behandelt.
Denn da meint jeder vor den Gesetzen
der Verantwortung und der Vergeltung
sicher zu sein.
Heinrich Waggerl, Aphorismen

Einem Menschen, den Kinder
und Tiere nicht leiden können,
ist nicht zu trauen.
Carl Hilty

Endlich weiß ich, was den Menschen
vom Tier unterscheidet:
Geldsorgen.
Jules Renard, Journal

Es ist nicht gut, dass die Tiere
so billig sind.
Elias Canetti, Die Provinz des Menschen.
Aufzeichnungen 1942–1972

Ganze Weltalter voll Liebe
werden notwendig sein, um den Tieren
ihre Dienste und Verdienste an uns
zu vergelten.
Christian Morgenstern, Stufen

In uns lebt nicht allein die Lust,
die wir mit den Tieren,
sondern auch die Lust,
die wir mit den Engeln gemein haben.
Thomas von Aquin, Summa theologica

Je höher sich die Natur erhebt
über das Tierische, desto größer
die Gefahr, zu verschmachten
im Land der Vergänglichkeit!
Friedrich Hölderlin, Fragment von Hyperion

Kein Tier ist wild, dass es
der Mensch nicht zähmen könnte.
Erasmus von Rotterdam, Handbüchlein
eines christlichen Streiters

Man kann die Tiere in geistvolle
und begabte Personen einteilen:
Hund und Elefant zum Beispiel
sind geistreiche, Nachtigall und
Seidenwurm begabte Leute.
Antoine Comte de Rivarol, Maximen und Reflexionen

Meine Jugend und meine Schönheit
schenkte ich den Männern.
Jetzt widme ich meine Weisheit
und meine Erfahrung den Tieren.
Brigitte Bardot

Nämlich das Kind lerne,
alles tierische Leben heilig halten –
kurz, man gebe ihm das Herz
eines Hindus statt des Herzens
eines kartesischen Philosophen.
Jean Paul, Levana

Selbst Tiger und Wolf kennen Vater
und Sohn, selbst die Bienen
haben ihre Königin.
Chinesisches Sprichwort

Sind doch Tiere nur Zerrbilder
des Menschen.
Johann Wolfgang von Goethe, Die guten Weiber (Amalia)

Tier fühlt mit Tier, warum sollte nicht
Mensch mit Menschen fühlen?
Johann Gottfried Herder, Vom Erkennen
und Empfinden der menschlichen Seele

Tiere sind schon deshalb merkwürdiger
als wir, weil sie ebenso viel erlebt
haben, es aber nicht sagen können.
Elias Canetti

Und könnten die Tiere reden,
was würden sie sagen.
Jakob Boßhart

Unmenschen gibt es,
aber keine Untiere.
Karl Julius Weber, Democritos

Was ist der Mensch ohne die Tiere?
Wenn es keine Tiere mehr gäbe,
würden die Menschen an großer Einsamkeit des Herzens sterben.
Denn alles, was den Tieren geschieht,
geschieht auch bald den Menschen.
Seattle, Die Rede des Indianerhäuptlings Seattle. Neuere Version

Was nottut: mehr Tierliebe
für die Menschen.
Gottfried Edel

Weil der Maulesel weder Pferd
noch Esel ist, ist er darum weniger
eines von den nutzbarsten
lastentragenden Tieren?
Gotthold Ephraim Lessing, Hamburgische Dramaturgie

Weil ich die Menschen kenne,
liebe ich die Tiere.
Bengt Berg

Wir haben wohl manches vor dem Tiere voraus; aber es ist nichts im Tiere,
was nicht auch in uns wäre.
Ludwig Börne, Aphorismen

Wir lesen nirgendwo, dass Gott
um der Tiere willen Tier geworden sei.
Ludwig Feuerbach, Das Wesen des Christentums

Zoobesuch ist
unbewusster Ahnenkult.
Fernandel

Tierquälerei

Sehr viele Europäer sind nicht mehr
als gierige Geldautomaten,
die jede Gemeinheit am Tier
für erlaubt halten, wenn sie ihren
Geldsack füllen hilft.
Manfred Kyber, Tierschutz und Kultur

Tierschinder
Leuteschinder.
Deutsches Sprichwort

Tiger

Auch der Tiger ärgert sich
über einen Floh in seinem Fell.
Chinesisches Sprichwort

Dein Tiger hat einen weiten Rachen,
doch mein Büffel einen starken Nacken.
Chinesisches Sprichwort

Es bringt nur Unheil, einen Tiger
aus dem Schlaf zu rütteln.
Chinesisches Sprichwort

Schau dem Kampf der Tiger nur zu,
wenn du auf dem Berge sitzt.
Chinesisches Sprichwort

Selbst ein Tiger
hält ein Schläfchen.
Chinesisches Sprichwort

Wenn ein Tiger sich
mit einem Rosenkranz behängt,
ist es falsche Frömmigkeit.
Chinesisches Sprichwort

Wer dem Tiger
ein Glöckchen umbinden kann,
vermag auch,
es ihm wieder abzunehmen.
Chinesisches Sprichwort

Tisch

Bei Tisch streitet und räsonniert
man gern, und vieles Wahre
ist bei Tisch gefunden worden.
Novalis, Fragmente

Bei Tische ziemt es sich für
niemanden, zimperlich zu tun.
Titus Maccius Plautus, Der's für einen Dreier tut

Ein lästiger und ungezogener
Tischgenosse zerstört alle Lust.
Plutarch, Das Gelage der Sieben Weisen

Ein Nachtklub ist ein Lokal,
in dem die Tische reservierter
sind als die Gäste.
Charlie Chaplin

Ein Tisch taugt besser zum Essen
als zum Schwätzen.
Chinesisches Sprichwort

Mein Sohn, sitzt du am Tisch
eines Großen, dann reiß
den Rachen nicht auf.
Altes Testament, Jesus Sirach 31, 12

Wer sich bei Tisch schlecht benimmt,
wird öffentlich beschimpft,
sein schlechter Ruf steht fest.
Altes Testament, Jesus Sirach 31, 24

Zu oft mit der Faust
auf den Tisch schlagen,
bekommt der Faust schlechter
als dem Tisch.
Willy Brandt

Titel

Die Menschen erwerben ihre Diplome
und verlieren Instinkt.
Francis M. de Picabia, Aphorismen

Ein Titel muss kein Küchenzettel sein.
Je weniger er von dem Inhalte verrät,
desto besser ist er.
Gotthold Ephraim Lessing, Hamburgische Dramaturgie

Einen Titel muss der Mensch haben.
Ohne Titel ist er nackt
und ein gar grauslicher Anblick.
Kurt Tucholsky, Schnipsel

Nicht der Titel verleiht dem Mann
Glanz, sondern der Mann dem Titel.
Niccolò Machiavelli, Vom Staat

Tochter

Besser der Sohn, der am Galgen hängt,
als die Tochter, die zur Hochzeit drängt.
Sprichwort aus Spanien

Dein Sohn ist dein Sohn für heute,
aber deine Tochter ist deine Tochter
für immer.
Sprichwort aus Irland

Der Mutter schenk ich,
Der Tochter denk ich.
Johann Wolfgang von Goethe, Sprichwörtlich

Der Wunsch nach dem Sohn
ist der Vater vieler Töchter.
Karl Schiller

Die Ammen sagen von Töchtern:
ein schönes Kind; von Knaben:
ein starkes Kind.
Theodor Gottlieb von Hippel, Über die Ehe

Die Mutter eine Hexe,
die Tochter auch eine Hexe.
Deutsches Sprichwort

Die Mütter haben Augen wie ihre
Töchter und überdies Erfahrung.
Jean-Jacques Rousseau, Emile

Die Tochter muss gehorsam
ihrem Vater sein,
Und gäb er ihr selbst einen Affen
zum Gemahl.
Molière, Tartuffe (Dorine)

Die Ziege ist in den Weinberg
gesprungen, also wird auch
ihre Tochter hineinspringen.
Sprichwort aus Frankreich

Drei Töchter und eine Mutter:
vier Teufel für einen Vater.
Sprichwort aus Spanien

Eine Familie zieht eine Tochter groß,
und hundert Familien werben um sie.
Chinesisches Sprichwort

Eine Frau und Geliebte
kann man betrügen, sooft man will, in
den Augen einer liebenden Frau
erscheint noch ein Esel als Philosoph,
aber Töchter sind etwas anderes.
Anton P. Tschechow, Briefe (26. Oktober 1895)

Eine Tochter, die das Haus verlässt,
ist wie ein verkauftes Feld.
Chinesisches Sprichwort

Eltern haben Vertrauen
zu ihrer Tochter und
Vertrauen zum Freund ihrer Tochter,
aber sie haben selten Vertrauen,
wenn beide zusammen sind.
Peter Sellers

Fleißige Mutter hat faule Töchter.
Deutsches Sprichwort

Für einen greisen Vater gibt's
Nichts Holderes als eine Tochter;
höher zwar
Ist Knabensinn, doch minder hold
zu Zärtlichkeit.
Euripides, Die Schutzflehenden (Iphis)

Ich habe drei Töchter, was zur Folge
hatte, dass ich fast ohne zu proben
den König Lear spielen konnte.
Peter Ustinov, Peter Ustinovs geflügelte Worte

Ihre Tochter ist für die große Welt
geboren: Sperren Sie sie nicht
in ein Kloster ein.
Jean de La Bruyère, Die Charaktere

Jede Mutter hofft, dass ihre Tochter
einen besseren Mann bekommt
als sie selber, und ist überzeugt,
dass ihr Sohn niemals
eine so gute Frau bekommen wird
wie sein Vater.
Martin Andersen-Nexø

Lieber ein dummer Sohn
als eine geschickte Tochter.
Chinesisches Sprichwort

O schöner Mutter schönere Tochter!
Horaz, Lieder

Ohne Töchter könnte
die Welt nicht existieren.
Chinesisches Sprichwort

Reicher Leute Töchter
und armer Leute Kälber
kommen bald an Mann.
Deutsches Sprichwort

Töchter und tote Fische
sind keine Lagerware.
Sprichwort aus Schottland

Was die Mutter spinnt,
das webt die Tochter.
Sprichwort aus Bulgarien

Wem der Teufel ein Ei in die Wirtschaft gelegt hat, dem
wird eine hübsche Tochter geboren.
Friedrich Schiller, Kabale und Liebe (Miller)

Wenn die Eltern schon alles
aufgebaut haben,
bleibt den Söhnen und Töchtern
nur noch das Einreißen.
Gino Cervi

Wenn die Frauen ihre Pflicht tun werden, so seien Sie versichert, dass ihre
Töchter ihre nicht versäumen werden.
Jean-Jacques Rousseau, Julie oder Die neue Héloïse

Wenn die Tochter heiratet,
verliert ein Vater zwar die Mitgift,
aber er gewinnt ein Badezimmer.
Robert Lembke, Das Beste aus meinem Glashaus.
Humoristisches und Satirisches

Wenn Gott einen Mann strafen will,
so gibt er ihm eine einzige Tochter
zur Frau.
Sprichwort aus Serbien

Wer Töchter hat, ist immer ein Hirte.
Sprichwort aus Frankreich und Spanien

Wie die Mutter, so die Tochter.
Altes Testament, Ezechiel 16, 44

Willst du gern die Tochter han,
sieh zuerst die Mutter an.
Deutsches Sprichwort

Tod

Ach, dass wir ein Leben bedürfen,
zu lernen, wie wir leben müssten,
dass wir im Tode erst ahnen,
was der Himmel mit uns will!
Heinrich von Kleist, Briefe (an Adolphine von Werdeck,
28./29. Juli 1801)

Alle sind sie entwichen,
des Lebens Schatten, verschwunden
Sind mir die Menschen, und klar
stehet der Mensch nur vor mir.
Johann Wolfgang von Goethe/Friedrich Schiller,
Xenien

Aller Tod in der Natur ist Geburt,
und gerade im Sterben erscheint
sichtbar die Erhöhung des Lebens.
Johann Gottlieb Fichte, Die Bestimmung des Menschen

Alles fordert der Tod;
Gesetz ist es, keine Strafe, zu sterben.
Lucius Annaeus Seneca, Epigramme

Alles Geschriebene
ist gegen den Tod angeschrieben.
Heinrich Böll

Alles kann tödlich werden für uns,
selbst das, was gemacht ist,
um uns zu nützen.
Blaise Pascal, Pensées

Am Ruheplatz der Toten,
da pflegt es still zu sein,
Man hört nur leises Beten
bei Kreuz und Leichenstein.
Ludwig Uhland, Graf Eberhard der Rauschebart

Ängstliche und um des geringsten
Vorteils willen Zitternde tun so,
als ob sie den Tod nicht fürchteten.
Luc de Clapiers Marquis de Vauvenargues,
Unterdrückte Maximen

Arm oder reich,
der Tod macht alles gleich.
Deutsches Sprichwort

Auch der Reichste kann nur
sein Leichentuch mitnehmen.
Sprichwort aus Frankreich

Auch der Umstand, dass die meisten
Menschen den Tod fliehen,
ist ein Beweis für die Liebe der Seele
zur Erkenntnis. Denn sie flieht,
was sie nicht erkennt,
das Dunkle und Unklare,
und trachtet ihrer Natur entsprechend
nach dem Hellen und Erkennbaren.
Aristoteles, Protreptikos

Beim Tode eines geliebten Menschen
schöpfen wir eine Art Trost
aus dem Glauben, dass der Schmerz
über unseren Verlust
sich nie vermindern wird.
Marie von Ebner-Eschenbach, Aphorismen

Besser den Tod
als ein Leben in Schande.
Menandros, Monostichoi

Darin nämlich täuschen wir uns,
dass wir den Tod vor uns sehen: Ein
großer Teil davon ist bereits vorbei.
Was immer an Lebenszeit in der Vergangenheit
liegt – der Tod besitzt es.
Lucius Annaeus Seneca, Briefe an Lucilius

Das Bewusstsein des Geborgenseins
tötet das Leben.
José Ortega y Gasset

Das einzig Tröstliche am Tod ist,
dass man dann wirklich wissen wird,
was los ist.
John Osborne

Das einzige Mittel
gegen Geburt und Tod besteht darin,
die Zeit dazwischen zu nützen.
George Santayana

Das ist ein Augenblick,
der alles erfüllt,
Alles, was wir gesehnt,
geträumt, gehofft,
Gefürchtet, meine Beste.
Das ist der Tod.
Johann Wolfgang von Goethe, Prometheus
(Prometheus)

Das Leben
besteht aus Leid und Not, der Tod –
aus Frieden und Freude.
Chinesisches Sprichwort

Das Leben ist göttlich
und der Tod entsetzlich.
Franziska Gräfin zu Reventlow, Tagebücher

Das Leben ist
Nur ein Moment,
der Tod ist auch nur einer.
Friedrich Schiller, Maria Stuart (Mortimer)

Das Leben kann allerdings
angesehen werden als ein Traum,
und der Tod als das Erwachen.
Dann aber gehört die Persönlichkeit,
das Individuum, nicht dem wachen
Bewusstsein an, weshalb denn jenem
der Tod sich als Vernichtung darstellt.
Arthur Schopenhauer, Von der Unzerstörbarkeit unseres wahren Wesens durch den Tod

Das Leben tröstet uns über den Tod,
und der Tod über das Leben.
Théodore Jouffroy, Das grüne Heft

Das Leben vergisst manchen,
der Tod keinen.
Danilo Kis

Das reizt nicht mehr,
und was nicht reizt, ist tot.
Johann Wolfgang von Goethe, Torquato Tasso
(Prinzessin)

Das Vertrautsein mit dem Gedanken
des Todes wirkt allein auch die wahre,
innere Freiheit von den Dingen.
Albert Schweitzer, Straßburger Predigten 1900–1919,
17. November 1907

Dass der Leichnam eines Menschen
Würmer, Wölfe oder Pflanzen nährt,
dies ist, ich gestehe es, keine Entschädigung
für den Tod dieses Menschen,
allein wenn es in dem Plan des Weltalls
zur Erhaltung des menschlichen
Geschlechts notwendig ist,
dass ein Kreislauf der Substanz
bei den Menschen, den Tieren und den
Pflanzen herrscht, so trägt
das besondere Übel eines einzelnen
Teiles zum allgemeinen Wohl bei.
Jean-Jacques Rousseau, Brief an Voltaire

Dein Tod gliedert sich
in die Weltordnung ein,
er ist ein Stück Leben dieser Welt.
Michel Eyquem de Montaigne, Die Essais

Dein Ursprung g'ring –
dein Ende kläglich –
Dein Richter streng
– dran denke täglich.
Jüdische Spruchweisheit

Dem Lichte zu –
deine letzte Bewegung;
ein Jauchzen der Erkenntnis –
dein letzter Laut.
Friedrich Nietzsche, Menschliches, Allzumenschliches

Dem Tod entkommt, wer ihn verachtet;
gerade die Ängstlichen ereilt er.
Quintus Curtius Rufus, Geschichte
Alexanders des Großen

Den Tod fürchten fern der Gefahr
und nicht in der Gefahr;
denn man muss Mensch sein.
Blaise Pascal, Pensées

Den Tod fürchten heißt,
dem Leben zu viel Ehre erweisen.
Théodore Jouffroy, Das grüne Heft

Den Tod nicht zu verneinen,
steht eigentlich nur denen wohl an,
die das Leben bejahen.
Michel Eyquem de Montaigne, Die Essais

Denn gleich sind Geburt
und Tod hienieden.
Pedro Calderón de la Barca, Das Leben ein Traum
(König Basilius)

Denn niemand kennt den Tod, und
niemand weiß, ob er nicht vielleicht
das größte Gut für den Menschen ist.
Platon, Die Apologie des Sokrates

Denn sobald die Seele sich aufmacht
auf den Weg
und des Leibes Hülle liegen lässt,
kommt ein Heer
von den Sternen des Himmels,
und ein andres von der Hölle:
da kämpfen sie um sie.
Das Muspilli (um 860)

Denn vor und nach dem irdischen
Leben gibt es kein irdisches, aber
doch ein Leben.
Jean Paul, Vorschule der Ästhetik

Der alte Tod verlor die rasche Kraft:
Das Ob sogar ist zweifelhaft!
Johann Wolfgang von Goethe, Faust II (Mephisto)

Der bleiche Tod klopft
mit gerechtem Fuß an arme Hütten
und an die Türme der Könige.
Horaz, Lieder

Der dem Tod
ins Angesicht schauen kann,
Der Soldat allein ist der freie Mann.
Friedrich Schiller, Wallensteins Lager (Dragoner)

Der ewige Frieden
ist auf dem Kirchhof.
Deutsches Sprichwort

Der freie Mensch denkt an nichts
weniger als an den Tod; und seine
Weisheit ist nicht ein Nachsinnen
über den Tod, sondern über das Leben.
Baruch de Spinoza, Ethik

Der Gedanke an den Tod betrügt uns,
denn er lässt uns vergessen zu leben.
Luc de Clapiers Marquis de Vauvenargues,
Reflexionen und Maximen

Der Geist muss so mächtig werden,
dass er den Tod des Leibes
nicht empfindet.
Bettina von Arnim, Tagebuch

Der große Tod, den jeder in sich hat,
das ist die Furcht,
um die sich alles dreht.
Rainer Maria Rilke

Der heilige Laurentius hat auch
auf dem Rost noch gelacht,
was nur beweist, wie nah das Lachen
dem Tod ist.
August Everding, Vortrag auf der Schlussveranstaltung
des 111. Chirurgen-Kongresses in München, 1994

Der höchste Mut ist Unerschrockenheit
angesichts des sicheren Todes.
Luc de Clapiers Marquis de Vauvenargues,
Unterdrückte Maximen

Der ist der glücklichste Mensch,
der das Ende seines Lebens mit dem
Anfang in Verbindung setzen kann.
Johann Wolfgang von Goethe, Maximen und
Reflexionen

Der jegliche Verzweiflung schlichtet,
Der Tod, der milde Schiedsmann
alles Elends.
William Shakespeare, Heinrich VI. (Mortimer)

Der letzte Feind, der entmachtet wird,
ist der Tod.
Neues Testament, Paulus (1 Korinther 15, 26)

Der Mensch allein –
durch seinen Glauben –
Kann selbst dem Tod
sein Bittres rauben.
Jüdische Spruchweisheit

Der Mensch erfährt,
er sei auch, wer er mag,
Ein letztes Glück
und einen letzten Tag.
Johann Wolfgang von Goethe, Sprüche

Der Mensch lebt nur halb
während seines Lebens,
und das Leben der Seele fängt erst
mit dem Tode des Leibes an.
Jean-Jacques Rousseau, Emile

Der Mensch soll immer annehmen,
er stünde kurz vor seinem Tode,
er könne in seiner Sündhaftigkeit
plötzlich sterben.
Moses Maimonides, Die starke Hand

Der Mensch soll um der Güte und
Liebe willen dem Tode
keine Herrschaft einräumen
über seine Gedanken.
Thomas Mann, Der Zauberberg

Der nah herangerückte Tod vertreibt
prahlerische Worte.
Lucius Annaeus Seneca, Die Troerinnen

Der Schlaf ist ein Abbild des Todes.
Marcus Tullius Cicero, Gespräche in Tusculum

Der Tod, aus welchem nicht
ein neues Leben blühet,
Der ist's, den meine Seel'
aus allen Töden fliehet.
Angelus Silesius, Der cherubinische Wandersmann

Der Tod beendet nicht alles.
Properz, Elegien

Der Tod
begleitet uns auf Schritt
und Tritt und lässt uns in den Augenblicken, wo das Leben uns lacht,
die Süße des Lebens
nur um so tiefer empfinden.
Theodor Fontane, Von vor und nach der Reise

Der Tod einer Mutter ist der erste
Kummer, den man ohne sie beweint.
Jean Antoine Petit-Senn, Geistesfunken und
Gedanken-splitter

Der Tod eines Guten ist Unglück vieler.
Publilius Syrus, Sentenzen

Der Tod eines vom Alter Gebeugten
ist eine Erlösung für ihn;
ich kann es lebhaft fühlen,
weil ich selber alt geworden bin, und
den Tod empfinde ich wie eine alte
Schuld, die man endlich entrichtet.
Albert Einstein, Über den Frieden

Der Tod, er wäre Traum, wenn man
ab und an ein Auge öffnen könnte.
Jules Renard, Ideen, in Tinte getaucht.
Aus dem Tagebuch von Jules Renard

Der Tod hat die Sense weggelegt.
Er sitzt jetzt am Steuer.
Heinrich Wiesner

Der Tod hat keinen Kalender.
Deutsches Sprichwort

Der Tod ist das Ende aller Dinge
des menschlichen Lebens,
nur des Aberglaubens nicht.
Plutarch, Moralia

Der Tod ist das Ende des Lebens
für den Bösen
und der Anfang des Lebens
für den Gerechten.
Jean-Jacques Rousseau, Emile

Der Tod ist die äußerste Grenze
alles Irdischen.
Horaz, Briefe

Der Tod ist die Ruhe,
aber der Gedanke an den Tod
ist der Störer jeglicher Ruhe.
Cesare Pavese

Der Tod ist eigentlich nur
die Angst vor dem Tode
(Terror mortis est ipsa mors).
Martin Luther, Tischreden

Der Tod ist ein schwarzes Kamel,
das an jedermanns Tor kniet.
Sprichwort aus der Türkei

Der Tod ist eine Selbstbesiegung – die,
wie alle Selbstüberwindung, eine neue,
leichtere Existenz verschafft.
Novalis, Vermischte Bemerkungen

Der Tod ist eine zeitliche Trennung.
Wir alle sollen wieder miteinander
vereint sein, und zwar für immer,
dort wo es besser ist als hier
und wo ewige Freude sein wird.
Papst Johannes XXIII., Briefe an die Familie
(Schwestern Ancilla und Maria), 6. März 1928

Der Tod ist kein Abschnitt des Daseins,
sondern nur ein Zwischenereignis,
ein Übergang aus einer Form
des endlichen Wesens in eine andere.
Wilhelm von Humboldt, Briefe an eine Freundin

Der Tod ist kein Schnitter,
der Mittagsruhe hält;
er mäht zu allen Stunden
und schneidet sowohl das dürre
wie das grüne Gras.
Miguel de Cervantes Saavedra, Don Quijote

Der Tod ist kein Übel, denn er ist
ein unzweifelhaftes Gesetz Gottes.
Leo N. Tolstoi, Tagebücher (1852)

Der Tod ist losgelöst vom Schicksal;
die Erde nimmt alles auf,
was sie hervorgebracht hat.
Lukan, Der Bürgerkrieg

Der Tod ist nichts, was uns betrifft.
Denn das Aufgelöste ist empfindungs-
los. Das Empfindungslose aber ist
nichts, was uns betrifft.
Epikur, Sprüche. In: Briefe, Sprüche, Werkfragmente

Der Tod ist nur ein Augenblick, aber
er ist ein so gewichtiger Augenblick,
dass ich leicht viele Tage meines
Lebens dafür gäbe, um ihn
zu überstehen, wie ich möchte.
Michel Eyquem de Montaigne, Die Essais

Der Tod ist Übergang zu neuer,
noch nie gekannter, völlig neuer,
anderer, größerer Freude.
Leo N. Tolstoi, Tagebücher (1892)

Der Tod ist umso schöner,
je mehr der Mensch ihn selbst will.
Unser Leben
hängt vom Willen anderer ab,
der Tod von unserem eigenen Willen.
Michel Eyquem de Montaigne, Die Essais

Der Tod ist unser Trost und, ach!,
auch unser Leben;
Er ist des Lebens Ziel,
das wir voll Hoffnung sehn;
Er kann, ein Zaubertrank,
berauschen und erheben,
Dass wir mit neuem Mut
der Nacht entgegengehn.
Charles Baudelaire, Der Tod

Der Tod ist wie eine Speise, die man
schlucken muss, ohne zu kauen,
wenn man nicht eine ganz
unempfindliche Kehle hat.
Michel Eyquem de Montaigne, Die Essais

Der Tod kommt zu dir: Zu fürchten
war er, wenn er bei dir bleiben könnte;
notwendig kommt er entweder zu dir,
oder er geht vorbei.
Lucius Annaeus Seneca, Briefe an Lucilius

Der Tod macht alle gleich.
Claudius Claudianus, Der Raub der Proserpina

Der Tod macht mit allem Feierabend.
Deutsches Sprichwort

Der Tod muss dem alten Mann
so vor Augen sein wie dem jungen:
Nicht nämlich werden wir aufgerufen
nach der Altersliste.
Lucius Annaeus Seneca, Briefe über Ethik

Der Tod nimmt nicht die Alten,
sondern die Reifen.
Sprichwort aus Russland

Der Tod stellt dem Menschen
das Bild seiner selbst vor Augen.
Friedrich Hebbel, Tagebücher

Der Tod stößt nicht in die Trompete.
Sprichwort aus Dänemark

Der Tod trägt uns den Gewinn ein,
von den Überlebenden gelobt zu werden, oft ohne ein anderes Verdienst,
als dass wir nicht mehr leben.
Jean de La Bruyère, Die Charaktere

Der Tod vernichtet uns entweder
oder macht uns frei. Sind wir befreit,
bleibt das Bessere übrig, da die Last
hinweggenommen; sind wir vernichtet, bleibt nichts übrig, Gutes zugleich
und Schlimmes ist hinweggenommen.
Lucius Annaeus Seneca, Briefe über Ethik

Der Tod versöhnt alles.
Franziska Gräfin zu Reventlow, Tagebücher

Der Tod, welcher der Hinfälligkeit
zuvorkommt, erscheint zu günstigerer
Zeit als der, welcher sie beendet.
Jean de La Bruyère, Die Charaktere

Der Tod wirft auf das Leben
einen flüchtigen, leisen, aber eisigen
und unausweichlichen Schatten.
Sully Prudhomme, Intimes Tagebuch

Der Tod zahlt alle Schulden.
Deutsches Sprichwort

Der untere tiefe Strom
des wahren Lebens wird durch den Tod
nicht unterbrochen.
Leo N. Tolstoi, Tagebücher (1901)

Die angemessenste Haltung gegenüber
dem Tod scheint der Gehorsam:
mit der Stummheit der Tiere zu gehen,
wenn er uns ruft.
Eugen Drewermann, Ich steige hinab
in die Barke der Sonne

Die Ehe ist, abgesehen vom Tode
und in der Zeit bis zum Tode,
das wichtigste und unwiderrufliche
Ereignis.
Leo N. Tolstoi, Tagebücher (1896)

Die Erde ist ein Wirt,
der seine Gäste umbringt.
Sprichwort aus Persien

Die Gewissheit des Todes wird etwas
gemildert durch die Ungewissheit
seines Erscheinens; er ist eine unbestimmte Größe in der Zeit, die etwas
vom Unendlichen an sich hat und
von dem, was man Ewigkeit nennt.
Jean de La Bruyère, Die Charaktere

Die Glocken klingen,
klingen viel anders denn sonst,
wenn einer einen Toten weiß,
den er lieb hat.
Martin Luther, Tischreden

Die Klage, sie wecket
die Toten nicht auf.
Friedrich Schiller, Des Mädchens Klage

Die meisten schwanken zwischen
Todesfurcht und Lebensqual
erbärmlich hin und her und wollen
nicht leben, können nicht sterben.
Lucius Annaeus Seneca, Briefe an Lucilius

Die Menschen erwartet nach ihrem Tod,
was sie nicht hoffen noch glauben.
Heraklit, Fragmente

Die Menschen fürchten den Tod so,
wie die Kinder das Dunkel fürchten.
Francis Bacon, Die Essays

Die Menschen haben vor dem Tod
zu viel Achtung, gemessen
an der geringen Achtung,
die sie vor dem Leben haben.
Henry de Montherlant

Die Natur gibt versuchsweise
die Besten her, und wenn sie erkennt,
die Welt ist für sie noch nicht reif,
holt sie die Besten wieder zurück.
Versuchen aber muss sie es,
um vorwärts schreiten zu können.
Es ist ein Experiment.
Leo N. Tolstoi, Tagebücher (1895)

Die Natur hat es an sich, in ihren
größten Hüllen immer das Edelste
zu verstecken, und der eigentliche Tod
ist ganz gewiss das Non plus ultra
der Wollust.
Zacharias Werner, An E. F. Peguilhen (5. Dezember 1803)

Die Vorhersehung des Todes macht
ihn entsetzlich und beschleunigt ihn.
Je mehr man ihn fliehen will,
desto mehr empfindet man ihn,
und man stirbt sein ganzes Leben lang
vor Furcht, indem man, wider die
Natur, über die Übel murrt,
die man sich selbst bereitet hat,
indem man wider sie murrte.
Jean-Jacques Rousseau, Emile

Doch alle erwartet die eine Nacht
und der nur einmal zu betretende Weg
des Todes.
Horaz, Lieder

Doch wie du auch ein Ende nimmst,
du kehrest zu den Göttern, kehrst
ins heilige, freie, jugendliche Leben
der Natur, wovon du ausgingst.
Friedrich Hölderlin, Hyperion

Drei Dinge überleben den Tod.
Es sind Mut, Erinnerung und Liebe.
Anne Morrow Lindbergh, Verschlossene Räume,
offene Türen

Du kamst, du gingst mit leiser Spur,
Ein flüchtiger Gast im Erdenland;
Woher? Wohin? Wir wissen nur:
Aus Gottes Hand in Gottes Hand.
Ludwig Uhland, Auf den Tod eines Kindes

Du sollst dich nicht so sehr vor
dem Tode fürchten, dass du schreist:
»Carpe diem«.
Ludwig Marcuse, Argumente und Rezepte. Ein Wörter-Buch für Zeitgenossen

Ein ehrlicher Tod ist besser
als ein schändliches Leben.
Publius Cornelius Tacitus, Agricola

Ein elender Tod kann einem Weisen
nicht widerfahren.
Marcus Tullius Cicero, Catilinarische Reden

Ein mächtiger Vermittler ist der Tod.
Da löschen alle Zornesflammen aus.
Friedrich Schiller, Die Braut von Messina (Dom Cäsar)

Ein Mann,
der wirklich im Ringen um Erkenntnis
sein Leben zugebracht hat,
braucht keine Angst zu haben,
wenn der Tod herantritt. Er kann
mit froher Zuversicht erwarten,
dass er in jener anderen Welt
in Fülle Güter haben wird,
sobald er diese Welt verlassen hat.
Platon, Phaidon

Ein schöner Tod
ist die unerlässliche Ergänzung
zu einem schönen Leben
und die Wiedergutmachung
eines bösen.
Henry Bordeaux, Die Angst zu leben

Ein weiser Mann baut nicht
sein ganzes Leben auf das Dasein
eines anderen Wesens.
Adolph Freiherr von Knigge,
Über den Umgang mit Menschen

Eine gewisse Ehrfurcht sollte man im
Kielwasser des Todes doch verlangen
dürfen, in dem Kielwasser,
das die Zeit hinter uns schließt,
wenn der große Reißverschluss
ein für alle Mal zugezogen wird.

Ein gewisser Respekt vor den Dingen,
die uns trotz allem überleben,
ist doch wohl nicht zu viel verlangt.
Lars Saabye Christensen, Der Alleinunterhalter

Eine in die Welt versunkene Seele
behält diese Richtung auch nach
dem Tode.
Justinus Kerner, Die Seherin von Prevorst

Einem jeden steht der Tag fest.
Kurz und unwiederbringlich
ist die Lebenszeit aller.
Vergil, Aeneis

Einen Punkt gibt es, wo alles einfach
wird, wo keine Wahl bleibt, weil alles,
worauf du gesetzt hast, verloren ist,
wenn du dich umsiehst.
Dag Hammarskjöld, Zeichen am Weg

Er hat die herzlosen Augen
eines über alles Geliebten.
Elias Canetti, Die Provinz des Menschen.
Aufzeichnungen 1942–1972

Ergreifend, wie wenig diejenigen
um ihr Leben zittern,
deren Tod eine Welt ärmer macht.
Emil Gött, Im Selbstgespräch

Erst der Tod und die letzten Minuten,
Stunden und Jahre
geben dem Leben Sinn.
Leo N. Tolstoi, Tagebücher (1890)

Es gibt ein Leben vor dem Tod.
Wolf Biermann

Es gibt ein sehr schönes Gedicht,
darin heißt es: Die Tür des Todes steht
immer offen. Der Tod wäre also für
mich keine große Überraschung.
Heinz Rühmann

Es gibt einen Gedanken, der unsere
ganze Lebensführung und Betrachtung
ändern würde: die Gewissheit unserer
Unzerstörbarkeit durch den Tod.
Christian Morgenstern, Stufen

Es gibt kaum einen noch so vollkommenen und den Seinen unentbehrlichen Menschen, der nicht etwas an
sich hätte, das die Trauer um ihn mindert, wenn er einmal nicht mehr ist.
Jean de La Bruyère, Die Charaktere

Es gibt keinen Trost
über den Tod hinaus,
weil der Tod selbst schon der Trost ist.
Dolf Sternberger

Es gibt Länder,
wo der Tod von Kindern betrauert,
der von Alten
aber festlich gefeiert wird.
Michel Eyquem de Montaigne, Die Essais

Es gibt Leute, die einen töten,
indem sie einen verteidigen (...).
Francis M. de Picabia, Aphorismen

Es ist besser, den Tod für das Leben
zu halten, als das Leben für den Tod.
Wassily Kandinsky, Der Blaue Reiter

Es ist nichts ekelhafter als diese Furcht
vor dem Tode.
Heinrich von Kleist, Briefe (an Wilhelmine von Zenge,
21. Juli 1801)

Es kann geschehen,
dass einer den Tod weniger fürchtet,
als er ihn fürchten sollte.
Thomas von Aquin, Summa theologica

Es schickt sich nicht für euch,
dass ihr euch betrübt,
da der Schöpfer mit seinem Geschöpf
ohne unseren Willen tun kann und
muss, was seiner Güte gefällt.
Gottes Wirken an uns und
für uns muss unser Trost sein,
zumal wir seine Geschöpfe sind.
Hedwig die Heilige, Ausspruch beim Tod ihres Mannes
Herzog Heinrich (1238)

Es schmerzt den edlen Mann,
wenn er verlassen muss die Welt
und mit ihm unvermerkt
erlischt sein Name.
Konfuzius, Gespräche

Forsche du dem nicht nach –
es zu wissen ist verwehrt –,
welches Ende mir,
welches Ende dir
die Götter vorherbestimmt haben.
Horaz, Lieder

Fraß bringt mehr um als das Schwert.
Deutsches Sprichwort

Fremd bin ich eingezogen,
Fremd zieh ich wieder aus.
Wilhelm Müller, Gedichte (Schubert: Winterreise)

Frevel ist's, den edlen Mann
Zu schmähn im Tode, wenn
wir ihn auch einst gehasst.
Sophokles, Aias (Odysseus)

Frisch bleibt der Puls
des inneren Lebens bis an den Tod.
Friedrich Schleiermacher, Monologen

Früher oder später
erwartet jeden der Tod.
Properz, Elegien

Für den Dahingeschiedenen
bedeutet der Tod Frieden,
die Gewissheit ewiger Glückseligkeit,
unwandelbare Geborgenheit.
Charles de Foucauld, Briefe (an Madame de Bondy,
15. Juni 1914)

Für wen das Leben schwer war,
für den ist die Erde leicht.
Sprichwort aus Polen

Gäbe es Tod, Alter und Krankheit
nicht, wäre Gott wirklich tot.
Hat er nicht seinen Sohn
für uns leiden und sterben lassen,
um uns zu zeigen,
wie sehr er uns liebt?
Mutter Teresa

Gefasster ist der, der unmittelbar vor
dem Tod steht, als wer in der Nähe
des Todes. Der Tod nämlich, ist er
zur Stelle, gibt auch Unkundigen
den Mut, nicht auszuweichen
dem Unausweichlichen.
Lucius Annaeus Seneca, Briefe über Ethik

Gegen alles Übrige vermag man sich
Sicherheit zu verschaffen,
wegen des Todes aber bewohnen wir
Menschen alle eine unbewehrte Stadt.
Epikur, Sprüche. In: Briefe, Sprüche, Werkfragmente

Gegen den Tod
lässt sich eine Menge sagen.
Immerhin braucht man seinetwegen
nicht das Bett zu verlassen.
Kingsley Amis

Gestern noch auf stolzen Rossen.
Morgen schon beim lieben Gott.
Erich Kästner, Dr. Erich Kästners lyrische Hausapotheke

Gestorbene sind gestorben!
Euripides, Alkestis (Admetos)

Glücklich der,
welcher in seinem Schmerz
über den Tod eines geliebten Menschen
nur über die Leere, die Vereinsamung,
den Verlust zu weinen hat;
denn schwerer und bitterer sind
die Tränen, welche sühnen sollen,
was entschwundene Tage vor Mangel
an Liebe zu dem Toten gesehen haben,
an dem man nichts von dem,
was verbrochen worden,
wieder gutmachen kann.
Jens Peter Jacobsen, Niels Lyhne

Glücklich, glücklich nenn ich den,
Dem des Daseins letzte Stunde
Schlägt in seiner Kinder Mitte.
Franz Grillparzer, Die Ahnfrau (Graf)

Gott führt wohl in die Grube,
aber auch wieder hinaus.
Deutsches Sprichwort

Gott selber, wenn er dir will leben,
muss ersterben:
Wie denkst du ohne Tod
sein Leben zu ererben?
Angelus Silesius, Der cherubinische Wandersmann

Hast du die innere Abgeschlossenheit
errungen, in jedem Augenblick zum
Tod bereit zu sein, dann bist du auch
innerlich so reich geworden,
dass du selbst in der Ewigkeit
keine leere Stunde zu fürchten hättest.
Arthur Schnitzler, Buch der Sprüche und Bedenken

Heute rot, morgen tot.
Deutsches Sprichwort

Hinab in die Dunkelheit. Nie habe ich
mir vorgestellt, dass der Tod so ruhig
und sanft sein würde. Ein langsamer,
wunderbarer Abstieg in die Unterwelt.
Anne Morrow Lindbergh, Blume und Nessel

Ich betrachte das Leben als eine Herberge, in der ich verweilen muss, bis
die Postkutsche des Abgrunds eintrifft.
Fernando Pessoa, Das Buch der Unruhe des
Hilfsbuchhalters Bernardo Soares

Ich gebe nichts verloren
als die Toten.
Friedrich Schiller, Dom Karlos (Karlos)

Ich glaube keinen Tod:
Sterb ich gleich alle Stunden,
So hab ich jedes Mal
ein besser Leben funden,
Angelus Silesius, Der cherubinische Wandersmann

Ich glaube nicht,
dass mit dem Tod alles aus ist.
Dieser wunderbare menschliche
Körper, dieses so unendlich
komplizierte System, unsere Seele,
unsere Phantasie, unsere Gedanken –
alles nur für ein einmaliges kurzes
Erdenleben? Nein, das glaube ich nicht.
Kein Schöpfer wäre so verschwenderisch. Wir verlassen die Erde.
Aber wir kommen wieder.
Heinz Rühmann

Ich höre auf zu leben,
aber ich habe gelebt;
so leb auch du, mein Freund,
gern und mit Lust,
und scheue den Tod nicht.
Johann Wolfgang von Goethe, Egmont (Egmont)

Ich kann den Tod geben,
du die Unsterblichkeit.
König Karl IX. von Orléans-Angoulême,
Zum Dichter Ronsard

Ich leide nicht, meine Freunde,
aber ich fühle eine gewisse Schwierigkeit zu existieren.
Bernhard Le Bovier de Fontenelle, Letzte Worte
(er starb als 99-Jähriger)

Im Theater stellt man den Tod dar.
Ruft dies ein Zehntausendstel der
Erschütterung hervor, welche die Nähe
des wirklichen Todes auslöst?
Leo N. Tolstoi, Tagebücher (1896)

Im Tode geht allerdings das Bewusstsein unter; hingegen keineswegs das,
was bis dahin dasselbe hervorgebracht
hatte.
Arthur Schopenhauer, Von der Unzerstörbarkeit
unseres wahren Wesens durch den Tod

Im Tode ist die Liebe am süßesten;
für den Liebenden
ist der Tod eine Brautnacht –
ein Geheimnis süßer Mysterien.
Novalis, Tagebuch

Immer auf dem Sprung sein,
bedeutet Leben.
Von Sicherheit eingewiegt werden,
bedeutet Tod.
Oscar Wilde

Immer
dort, wo Kinder sterben
werden die leisesten Dinge heimatlos.
Nelly Sachs, Gedichte

In der Kunst müssen wir uns von dem
Vorurteil emanzipieren,
dass der Tod an sich schon etwas
Trauriges zu bedeuten habe.
Er ist vielmehr etwas so eminent
Natürliches, dass er innerhalb eines
Kunstwerks ebenso zur Heiterkeit wie
zur Erschütterung Anlass geben kann.
Arthur Schnitzler, Buch der Sprüche und Bedenken

In Holzschuhen werde
ich den Himmel betreten.
Jules Renard, Ideen, in Tinte getaucht.
Aus dem Tagebuch von Jules Renard

In jenen Tagen werden die Menschen
den Tod suchen, aber nicht finden;
sie werden sterben wollen,
aber der Tod wird vor ihnen fliehen.
Neues Testament, Offenbarung 3, 6

Ist das Werk des Menschen auf Erden
getan, geht er mit leeren Händen.
Chinesisches Sprichwort

Jede Tür mag geschlossen werden,
nur nicht die des Todes.
Sprichwort aus Italien

Jeder Schritt im Leben ist ein Schritt
dem Tode entgegen.
Casimir Delavigne, Ludwig XI.

Jeder Tod hinterlässt
eine Schürfwunde, und jedes Mal,
wenn ein Kind vor Freude lacht,
vernarbt sie.
Elie Wiesel, Die Pforten des Waldes

Jetzt hast du Liebe genug in deinem
Herzen, aber jetzt ist es zu spät;
geh mit deinem vollen Herzen
an das kalte Grab!
Jens Peter Jacobsen, Niels Lyhne

Kein größrer Schmerz
konnte einer Frau
auf dieser Welt geschehen:
denn sie musste tot sehen
den allerliebsten Mann,
den Weib zur Liebe je gewann.
Hartmann von Aue, Iwein

Kein Harnisch schützt wider den Tod.
Deutsches Sprichwort

Kein Tod ist größer oder kleiner:
Er hat nämlich dasselbe Maß bei allen,
zu beenden das Leben.
Lucius Annaeus Seneca, Moralische Briefe

Keinem ist das Leben so süß wie dem,
der jede Todesfurcht verloren hat.
Samuel Smiles, Charakter

Keines der Wesenselemente
des Menschen fällt durch den Tod
ganz und gar ins Nichts.
Thomas von Aquin, Summe gegen die Heiden

Komm, lass uns etwas Gutes tun und
dabei sterben! Einen der Millionen
Tode, die wir schon gestorben sind,
und noch sterben werden.
Es ist, als ob wir aus einem Zimmer
in das andere gehen.
Heinrich von Kleist, Briefe (an Otto August Rühle von
Lilienstern, 31. August 1806)

Lange Krankheit, sichrer Tod.
Deutsches Sprichwort

Langes Siechtum scheint
zwischen Leben und Sterben gestellt,
damit der Tod für die Sterbenden
und für die Zurückbleibenden
eine Erlösung bedeute.
Jean de La Bruyère, Die Charaktere

Langsamer oder schneller eilen
wir alle zu dem einen Ruhesitz.
Ovid, Metamorphosen

Lebe eingedenk des Todes!
Die Zeit flieht dahin;
was ich sage, ist schon hinweg.
Gaius Petronius, Schelmengeschichten

Leben ist der Anfang des Todes.
Das Leben ist um des Todes willen.
Der Tod ist Endigung und Anfang
zugleich, Scheidung und nähere
Selbstverbindung zugleich.
Novalis, Blütenstaub

Leichenpredigt, Lügenpredigt.
Deutsches Sprichwort

Leiden heißt an Bewußtsein leiden,
nicht an Todesfällen.
Gottfried Benn

Liebe ist Qual, Lieblosigkeit ist Tod.
Marie von Ebner-Eschenbach

Lieber auf Erden
eine Schale Tee trinken,
als im Totenreich
Suppe löffeln.
Chinesisches Sprichwort

Man sollte, aus Liebe zum Leben,
den Tod anders wollen, frei, bewusst,
ohne Zufall.
Friedrich Nietzsche, Götzen-Dämmerung

Man stirbt nur einmal, und doch
spüren wir die Gegenwart des Todes
in jedem Augenblick unseres Lebens;
ihn fürchten, ist schlimmer,
als ihn erleiden.
Jean de La Bruyère, Die Charaktere

Meine Stunde ist kommen.
Ich hoffte,
sie sollte sein wie mein Leben.
Sein Will geschehe.
Johann Wolfgang von Goethe, Götz von Berlichingen
(Götz)

Menschen stehen und warten,
das Leben bringt und geht,
der Tod kommt und nimmt.
Sprichwort aus Ungarn

Menschlich gesprochen,
hat auch der Tod sein Gutes:
Er setzt dem Alter ein Ziel.
Jean de La Bruyère, Die Charaktere

Mit dem Tod beginnt eine ganz andere
Existenz. Auch in das Erdenleben sind
wir mit Tränen und Schmerzen
eingegangen, auch bei diesem
Neubeginn mussten wir den Schleier
des Geheimnisses ablegen, der uns
vorher unsere Zukunft verhüllte.
Michel Eyquem de Montaigne, Die Essais

Mit dem Tod ist alles aus.
Chinesisches Sprichwort

Mit den Beinen
läuft man nicht in den Himmel.
Deutsches Sprichwort

Müssen?
Spricht man so zu Fürsten?
Königin Elizabeth I., angebliche Worte
auf dem Sterbebett

Mut ist keine Vorbedingung
für den Verlust des Lebens.
Peter Ustinov, Peter Ustinovs geflügelte Worte

Naht der Tod wirklich,
dann freut jeder sich
Zu sterben, und des Alters Last
bedünkt ihn leicht.
Euripides, Alkestis

Neuer Arzt, neuer Kirchhof.
Deutsches Sprichwort

Nicht Leben und Tod sind Gegensätze,
sondern Geburt und Tod,
Leben und Nichtmehrdasein
(oder Nochnichtdasein).
Oswald Spengler, Urfragen.
Fragmente aus dem Nachlass

Nichts ist dauernd als der Wechsel,
nichts beständig als der Tod.
Ludwig Börne, Denkrede auf Jean Paul

Nichts ist gewisser als der Tod,
nichts ungewisser als seine Stunde.
Anselm von Canterbury, Meditationes

Nichts verfälscht so sehr
das Urteil über das Leben
wie der Tod.
Luc de Clapiers Marquis de Vauvenargues,
Reflexionen und Maximen

Nichts wiegt schwerer
als der Tod des Herzens.
Chinesisches Sprichwort

Niemand ist vor seinem Tod glücklich
zu preisen? Weshalb eigentlich nicht?
Das Glück ist doch kein Kontinuum!
Ludwig Marcuse, Argumente und Rezepte.
Ein Wörter-Buch für Zeitgenossen

Niemand kann von sich sagen, er sei
auf den Tod gefasst, wenn er Angst
davor hat, sich mit ihm auseinander
zu setzen, und wenn er seine Nähe
nicht ertragen kann, ohne die Augen
vor ihm zu verschließen.
Michel Eyquem de Montaigne, Die Essais

Niemand stirbt außer an seinem
eigenen Tage. Nichts verlierst du
von deiner Zeit: Denn was du
hinter dir lässt, ist fremdes Eigentum.
Lucius Annaeus Seneca, Briefe über Ethik

Nimmer erweckt ihn
der fröhliche Reigen,
Denn der Schlummer der Toten
ist schwer.
Friedrich Schiller, Die Braut von Messina (Chor)

Nicht überraschend nimmt der Weise
Den Tod, denn er war stets bereit
Und mahnte selbst sich an die Zeit
Da man sich muss bequemen
zu der Reise.
Jean de La Fontaine, Fabeln

Nun hast du mir
den ersten Schmerz getan,
der aber traf!
Du schläfst, du harter
unbarmherz'ger Mann,
den Todesschlaf.
Adelbert v. Chamisso, Frauenliebe und -leben
(vertont von Robert Schumann)

Nun weiß ich, wann der letzte Morgen
sein wird – wenn das Licht nicht mehr
die Nacht und die Liebe scheucht –
wenn der Schlummer ewig und nur
ein unerschöpflicher Traum sein wird.
Novalis, Hymnen an die Nacht

Nur der Tod entreißt den Unschuldigen
dem Schicksal.
Lucius Annaeus Seneca, Ödipus

Nur die Toten kehren nicht zurück
(Il n'y a que les morts qui
ne reviennent pas).
Bertrand Barère, Im französ. Konvent (1794)

Nur ein seichtes Gewässer
ist der Fluss,
der Leben und Tod
voneinander scheidet.
Chinesisches Sprichwort

Nur in der Mitte des Todes entzündet
sich der Blitz des ewigen Lebens.
Friedrich Schlegel, Ideen

Nur nicht denken,
nicht immerfort dran denken.
Nicht an Tod und Sterben denken.
Franziska Gräfin zu Reventlow, Tagebücher

O Herr, gib jedem seinen eignen Tod.
Das Sterben,
das aus jenem Leben geht,
darin er Liebe hatte, Sinn und Not.
Rainer Maria Rilke, Das Stundenbuch

O weh, ich glaube, ich werde ein Gott!
Titus Flavius Vespasian(us), beim ersten Anfall seiner
tödlichen Krankheit; nach Tacitus, Historiae

Oft an den Tod zu denken
ist auch eine Art,
sich mehr des Lebens zu freuen.
Papst Johannes XXIII., Briefe an die Familie,
27. Oktober 1948

Preise niemand glücklich
vor seinem Tod, denn erst am Ende
erkennt man den Menschen.
Altes Testament, Jesus Sirach 11, 28

Rasch tritt der Tod den Menschen an,
Es ist ihm keine Frist gegeben;
Es stürzt ihn mitten in der Bahn,
Es reißt ihn fort vom vollen Leben.
Friedrich Schiller, Wilhelm Tell (Barmherzige Brüder)

Ruhm und Stumpfsinn verbergen den
Tod, ohne über ihn zu triumphieren.
Luc de Clapiers Marquis de Vauvenargues,
Unterdrückte Maximen

Sage, wie bist du vom Wachzustand
in den Schlaf gelangt,
und worin besteht dieser Übergang?
Ebenso unmöglich ist es,
zu begreifen und zu sagen,
worin der Übergang
vom Leben zum Tod besteht.
Leo N. Tolstoi, Tagebücher (1901)

Schönheit im Leben kann von guter
Kleidung und anderen Dingen kommen,
aber bei Schönheit im Tode kann man
sich nur auf den Charakter verlassen.
Vita Sackville-West, Erloschenes Feuer

Selbst Fliegen hängen am Leben
und fürchten den Tod.
Chinesisches Sprichwort

Sich in Gedanken
auf den Tod einrichten, heißt,
sich auf die Freiheit einrichten.
Michel Eyquem de Montaigne, Die Essais

Sicher hat der Gedanke an den Tod
den meisten Menschen mehr Qualen
bereitet als das Erleiden des Todes selber.
Michel Eyquem de Montaigne, Die Essais

Sitzen ist besser als gehen,
liegen besser als sitzen,
schlafen besser als wach sein,
und tot sein das Beste von allem.
Sprichwort aus Indien

So wie ein gut verbrachtes Tagewerk
einen angenehmen Schlaf gibt,
so gibt ein wohl angewandtes Leben
einen heiteren Tod.
Leonardo da Vinci, Tagebücher und Aufzeichnungen

Sobald wir anfangen zu leben,
drückt oben das Schicksal den Pfeil
des Todes aus der Ewigkeit ab –
er fliegt so lange, als wir atmen, und
wenn er ankommt, so hören wir auf.
Jean Paul, Dr. Kazenbergers Badereise

Solange ein Mensch
nicht zum Tode bestimmt ist,
kann ihn schon
ein kleiner Kunstgriff retten.
Hartmann von Aue, Iwein

Sorg, dass man einst an deiner Bahre
Nur Gutes über dich erfahre.
Jüdische Spruchweisheit

Stark wie der Tod ist die Liebe.
Altes Testament, Hohelied Salomos 8, 6

Sterben! Was heißt das? Siehe, wir
träumen, wenn wir vom Tode reden.
Johann Wolfgang von Goethe,
Die Leiden des jungen Werthers

Stete Not
Langsamer Tod.
Jüdische Spruchweisheit

Stirbt ein Meister, schied ein Held
Trifft sein Verlust die ganze Welt.
Jüdische Spruchweisheit

Tod bedeutet Aufgeben;
wenn man aufgibt, geht man unter;
wenn man weitermacht,
bleibt man lebendig.
Camilo José Cela

Tod, das ist ein zugeschlagenes
Fenster, durch das ich die Welt
betrachtet habe, oder geschlossene
Augenlider und Schlaf, oder ein Wechsel vom einen Fenster zum anderen.
Leo N. Tolstoi, Tagebücher (1904)

Tod ist Ausruhen von sinnlichem
Eindruck und von triebhaftem Hin-
und Hergezogenwerden und
von diskursivem Denken und vom
Dienst dem Fleische gegenüber.
Mark Aurel, Selbstbetrachtungen

Tod ist ein langer Schlaf,
Schlaf ist ein kurzer Tod;
Die Not, die lindert der,
und jener tilgt die Not.
Friedrich von Logau, Sinngedichte

Tod ist Tod, ob er durch eine Rakete
eintritt, die ein Geisteskranker abschießt, oder durch irgendeine Instanz,
die von ihrer moralischen Überlegenheit überzeugt ist. Nur die Überlebenden sehen den Unterschied und lassen
zu, dass ihre Vorurteile die Heuchelei
beschönigen, ohne die jeder Konflikt
rasch seine Bedeutung verliert.
Peter Ustinov, Peter Ustinovs geflügelte Worte

Tod ist, wenn einer lebt
und es nicht weiß.
Rainer Maria Rilke, Die weiße Fürstin

Tod, Verbannung und alles andere,
was als furchtbar gilt,
halte dir täglich vor Augen,
besonders aber den Tod,
und du wirst niemals
kleinliche Gedanken haben
oder etwas übermäßig begehren.
Epiktet, Handbuch der Moral

Trägheit, Schlaf und Gähnen
sind drei Brüder des Todes.
Sprichwort aus Indien

Umsonst ist der Tod,
aber er kostet das Leben.
Deutsches Sprichwort

Und das ist das Leben.
Bis aus einem Gestern
die einsamste von
allen Stunden steigt,
die, anders lächelnd als
die andern Schwestern,
dem Ewigen entgegenschweigt.
Rainer Maria Rilke, Die frühen Gedichte

Und solang du das nicht hast,
Dieses: Stirb und werde!
Bist du nur ein trüber Gast
Auf der dunklen Erde.
Johann Wolfgang von Goethe, West-östlicher Divan

Ungewiss ist, wo dich der Tod erwartet:
Daher erwarte du ihn überall.
Lucius Annaeus Seneca, Briefe über Ethik

Unnütz sein ist tot sein.
Johann Wolfgang von Goethe,
Iphigenie auf Tauris (Iphigenie)

Uns selbst und unser Hab und Gut
schulden wir dem Tod.
Horaz, Von der Dichtkust

Unsere Toten leben fort
in den süßen Flüssen der Erde,
sie kehren zurück in den leisen
Schritten des Frühlings,
und es ist ihre Seele,
die im Wind kommt
und die Oberfläche der Seen kräuselt.
Seattle, Die Rede des Indianerhäuptlings Seattle.
Neuere Version

Unsere Unwissenheit über ein Leben
nach dem Tode ist so entschieden,
dass es kein Wunder ist, wenn auch
das tapferste Herz bei plötzlicher
Annäherung jener dunklen und
unbekannten Zukunft zagt. Hierüber
schweigt der Verstand gänzlich und
lässt der Phantasie freies Spiel.
Henry Thomas Buckle, Geschichte der Civilisation
in England

Untätig verbrachte Zeit
ist für mich wie der Tod.
Ovid, Briefe aus der Verbannung

Verachte nicht den Tod, sondern befreunde dich mit ihm, da auch er eines
von den Dingen ist, die die Natur will.
Mark Aurel, Selbstbetrachtungen

Verachtet den Tod: Er macht mit euch
ein Ende oder bringt euch anderswo hin.
Lucius Annaeus Seneca, Über die Vorsehung

Viele fallen durch das Schwert,
mehr noch vom Wein.
Deutsches Sprichwort

Viele, von denen man glaubt,
sie seien gestorben,
sind bloß verheiratet.
Françoise Sagan

Vom Schlaf zum Tode
ist ein kleiner Weg.
Ludovico Ariosto, Der rasende Roland

Warum erkennen die Menschen nicht,
dass das Leben die Entstehung
eines neuen Bewusstseins ist
und mit dem Tod das alte aufhört
und ein neues beginnt.
Leo N. Tolstoi, Tagebücher (1905)

Warum fürchtest du deinen letzten
Tag? Er ist kein größerer Schritt zu
deinem Tod als alle anderen Tage:
Die Müdigkeit wird nicht
durch den letzten Schritt verursacht,
sie wird nur sichtbar bei ihm.
Michel Eyquem de Montaigne, Die Essais

Warum mästest du dich,
um schließlich als üppiger Schmaus
für die Würmer der Fäulnis zu enden?
Ecbasis captivi in belehrender Gestalt (Papagei)

Warum so zaghaft zittern
vor dem Tod,
Dem unentfliehbaren Geschick?
Friedrich Schiller, Die Jungfrau von Orleans (Johanna)

Warum wimmern über diesen kleinen
Tod? Zieh ihn an dich, rasch, und
mit einem Lächeln. Stirb diesen Tod
und geh frei weiter, eins mit deiner
Aufgabe, ganz im Einsatz der Stunde.
Dag Hammarskjöld, Zeichen am Weg

Was aber ist denn das Religiöse?
Der Gedanke an den Tod.
Thomas Mann

Was auch immer für ein Ende
mir das Schicksal bestimmt hat,
ich werde es ertragen.
Lucius Annaeus Seneca, Hippolytus

Was der physische Tod
im körperlichen Bereich ist,
ist die Verrücktheit
im psychischen Bereich.
Erich Fromm, Seele und Gesellschaft

Was ist unser Leben als eine Reihe von
Präludien zu jenem unbekannten Lied,
dessen erste feierliche Note
der Tod anschlägt?
Alphonse de Lamartine, Poetische Meditationen

Was soll ich fürchten, der den Tod
nicht fürchtet?
Friedrich Schiller, Die Räuber (Kosinsky)

Was soll ich ohne dich?
Was taugen mir Besitz und Leben?
Was soll ich unselig Weib?
O weh, dass ich je war geboren.
O weh, wie hab ich dich verloren.
O weh, mein Geliebter.
Hartmann von Aue, Iwein (Frouwe von Brocéliande)

Was tot ist, beißt nicht mehr.
Deutsches Sprichwort

Was wäre das Leben ohne den Tod?
Wäre der Tod nicht, es würde keiner
das Leben schätzen, man hätte vielleicht nicht einmal einen Namen dafür.
Jakob Boßhart, Bausteine zu Leben und Zeit

Weder die Sonne noch den Tod
können wir ansehen, ohne den Blick
abzuwenden.
François de La Rochefoucauld, Reflexionen

Wem ein Geliebtes stirbt,
dem ist es wie ein Traum,
Die ersten Tage kommt er
zu sich selber kaum.
Wie er's ertragen soll,
kann er sich selbst nicht fragen,
Und wenn er sich besinnt,
so hat er's schon ertragen.
Friedrich Rückert, Die Weisheit des Brahmanen

Wenige haben Glück, alle den Tod.
Sprichwort aus Dänemark

Wenn der Leib in Staub zerfallen,
lebt der große Name noch.
Friedrich Schiller, Das Siegesfest

Wenn du nicht weißt, wie du mit dem
Tod fertig werden sollst, so braucht dir
das keinen Kummer zu machen;
die Natur wird es dich zur rechten Zeit
lehren, vollständig und ausreichend.
Michel Eyquem de Montaigne, Die Essais

Wenn ein verantwortungsbewusster
Staatenlenker an den Tod denkt,
dann sicherlich nur an den anderer.
Ephraim Kishon, Kishon für alle Fälle

Wenn ich an meinen Tod denke,
darf ich, kann ich nicht denken,
welche Organisation zerstört wird.
Johann Wolfgang von Goethe,
Maximen und Reflexionen

Wenn man erst wüsste,
auf welche Weise man sterben muss,
dächte man nur noch an den Tod.
Sully Prudhomme, Gedanken

Wenn man schon nicht einmal
das Leben versteht, was kann man
dann schon vom Tod wissen?
Konfuzius, Gespräche

Wenn man sieht,
was die Medizin heute fertig bringt,
fragt man sich unwillkürlich:
Wie viele Etagen hat der Tod?
Jean-Paul Sartre

Wenn man von Anfang an über den
Tod nachdenkt und sich vollkommen
darauf vorbereitet, kann solche Vorbereitung in der Stunde des Todes
wirklich helfen. Und das ist der Sinn
des Nachdenkens über den Tod.
Dalai Lama XIV, Logik der Liebe

Wenn uns ein Gegenstand der Liebe
aus diesem Leben entrückt ist,
so empfindet das Herz oft eine
unermessliche Vereinsamung. Trost-
gründe sind da unrecht angebracht,
sie füllen sie Leere nicht aus;
aber Liebe, die uns entgegenkommt,
verfüllt doch wenigstens den Abgrund.
Adalbert Stifter, Briefe (an Louise von Eichendorff,
28. Dezember 1858)

Wenn wir uns nicht entschließen,
Krankheit und Tod geduldig
hinzunehmen,
so werden wir nie etwas erreichen.
Teresa von Ávila, Weg der Vollkommenheit

Wer am Totenbett einen Kornspeicher
hinterlässt, wird viel beweint.
Chinesisches Sprichwort

Wer an Schwindsucht oder Wassersucht leidet, steht auf der Gästeliste
des Höllenfürsten.
Chinesisches Sprichwort

Wer an Tod denkt,
ist schon halb gestorben.
Heinrich Heine

Wer ausgelernt sein will,
der muss im Grabe liegen.
Christoph Lehmann, Florilegium Politicum, Politischer
Blumengarten (1662); auch deutsches Sprichwort

Wer da stirbt,
zahlt alle Schulden.
William Shakespeare, Der Sturm (Stephano)

Wer den Sinn des Lebens
in der Vervollkommnung sieht,
kann nicht an den Tod glauben –
daran, dass die Vervollkommnung
abreißt. Was sich vervollkommnet,
ändert nur seine Form.
Leo N. Tolstoi, Tagebücher (1900)

Wer der Geburt nicht entgangen ist,
entgeht nicht dem Tode.
Sprichwort aus Finnland

Wer einen großen Verlust erleidet,
empfindet große Trauer. Erstickt er sie,
so nur, weil er bis in die Arme
des Todes hoffärtig bleibt.
Voltaire, Der ehrliche Hurone

Wer Gott sieht, stirbt.
Franziska Gräfin zu Reventlow, Tagebücher

Wer immer empfindlich gewesen ist,
der ist es in der Todesschwäche noch
mehr, er braucht in dieser großen Not
eine liebe Hand, die mit ihm fühlt, die
ihn streichelt, wo es ihm gerade weh
tut; oder die ihn gar nicht anrührt.
Michel Eyquem de Montaigne, Die Essais

Wer ist mächtiger als der Tod?
Wer da lachen kann, wenn er droht.
Friedrich Rückert, Gedichte

Wer lebt, soll nimmer
mit den Toten streiten.
Das befreyte Jerusalem, Meinung, Wort

Wer ruft?
Die eigene Stimme!
Wer antwortet?
Tod!
Nelly Sachs, Gedichte

Wer sich mutwillig bringt in Not,
Der ist selbst schuld an seinem Tod.
Johann Fischart, Floeh Haz Weiber Traz

Wer sich stellt, als sähe er dem Tod
ohne Schrecken entgegen, der lügt.
Den Tod scheuen alle Menschen; das
ist das große Gesetz aller fühlenden
Wesen, sonst würde das menschliche
Geschlecht bald untergehen.
Jean-Jacques Rousseau, Julie oder
Die neue Héloïse (Julie)

Wer von selbst seinen Geist der Natur
unterwirft, für den gibt es keinen Tod.
Bettina von Arnim, Tagebuch

Wer wäre je von hier geschieden
Der halb erreicht, was er erhofft,
hienieden.
Jüdische Spruchweisheit

Wer zu oft auf die Grenze
alles Irdischen blickt, verliert
die Energie zu seiner Gestaltung.
Ludwig Marcuse, Argumente und Rezepte.
Ein Wörter-Buch für Zeitgenossen

Wichtig nehmen alle das Sterben:
Aber noch ist der Tod kein Fest.
Noch erlernten die Menschen nicht,
wie man die schönsten Feste weiht.
Friedrich Nietzsche, Also sprach Zarathustra

Wie man auch darüber denken mag,
was uns nach dem Tode erwartet,
Sterben bleibt ein ernstes Ding:
Dazu schickt sich nicht Scherzen,
sondern Standhaftigkeit.
Jean de La Bruyère, Die Charaktere

Wir alle müssen uns mit dem
Gedanken an den Tod vertraut
machen, wenn wir zum Leben
wahrhaft tüchtig werden wollen.
Albert Schweitzer, Straßburger Predigten 1900–1919,
17. November 1907

Wir folgten alle einem Ziel,
Und was uns hielt, war Lust und Spiel,
Und was uns trieb, war Sorg und Not,
Und was uns lohnte, war der Tod.
Gertrud Kolmar, Gedichte

Wir nähern uns nach dem Tod auf
eine höhere Weise jenem Zustand
wieder, in welchem wir im Schoß
der Mutter gewesen.
Gotthilf Heinrich Schubert, Ahndungen
einer allgemeinen Geschichte des Lebens

Wir sterben viele Tode,
solange wir leben;
der letzte ist nicht der bitterste.
Karl Heinrich Waggerl

Wir verbringen unser ganzes Leben
mit Hoffen, und hoffen noch,
wenn wir sterben.
Voltaire, Der Mann mit den vierzig Talern

Wo der Tod auf uns wartet,
ist unbestimmt; wir wollen überall
auf ihn gefasst sein.
Michel Eyquem de Montaigne, Die Essais

Wohin stürmst du? Sieh den Tod,
wie er dich angrinst! Halt ein!
Da, schon spinnen die Parzen
dir das Ende des Fadens.
Waltharilied (Patavrid)

Wundersam ist die Torheit der Menschen, dass sie den Tod fürchten,
dem doch niemand entfliehen kann,
der allen Menschen gemein ist.
Martin Luther, Tischreden

Zu früh sterben ist schlimm,
zu spät geboren werden ist schlimmer.
Erich Kästner, Kurz und bündig. Epigramme

Zu welcher Zeit der Tod auch komme,
ich trotze ihm; er wird mich nicht
überfallen, wenn ich mit Vorbereitungen zum Leben beschäftigt
bin; er wird mich niemals
daran hindern, gelebt zu haben.
Jean-Jacques Rousseau, Emile

Zwei Jahre Treue über das Grab
bist du der Liebe schuldig.
Andreas Capellanus, Gebote des Minnerechts

Todesstrafe

Die Todesstrafe trägt den falschen
Namen. Es gibt keine Todesstrafe;
es handelt sich lediglich um die Strafe,
die letzten Tage des Lebens so unangenehm wie möglich zu verbringen.
Peter Ustinov, Peter Ustinovs geflügelte Worte

Die Welt ist nur ein großes Gefängnis,
aus dem täglich einige zur Exekution
geführt werden.
Walter Raleigh, Ausspruch im Gefängnis
vor seiner Hinrichtung (1618)

Könnte man nicht
die Todesstrafe einführen für Leute,
die sie vorschlagen?
Wolfgang Neuß

Todesstrafen
sind in unserer Zeit insofern gut,
als sie offenkundig machen,
dass die Herrschenden schlechte,
verirrte Menschen sind
und dass ihnen zu gehorchen daher
ebenso schädlich und schändlich ist,
wie wenn man dem Häuptling
einer Räuberbande gehorchte.
Leo N. Tolstoi, Tagebücher (1909)

Wenn man den Tod abschaffen
könnte, dagegen hätten wir nichts;
die Todesstrafen abzuschaffen,
wird schwer halten.
Geschieht es, so rufen wir sie gelegentlich wieder zurück.
Johann Wolfgang von Goethe,
Maximen und Reflexionen

Wenn sich die Sozietät des Rechtes
begibt, die Todesstrafe zu verfügen,
so tritt die Selbsthilfe
unmittelbar wieder hervor:
Die Blutrache klopft an die Türe.
Johann Wolfgang von Goethe,
Maximen und Reflexionen

Toleranz

Demokratie ist tolerant gegen alle
Möglichkeiten, muss aber gegen Intoleranz selber tolerant werden können.
Karl Jaspers, Die Atombombe und die Zukunft
des Menschen

Der wahre Duldsame duldet nicht
das Laster und keine Lehre,
welche die Menschen böse macht.
Jean-Jacques Rousseau, Briefe vom Berge

Die Toleranz in jeder Gesellschaft muss
jedem Bürger die Freiheit sichern,
zu glauben, was er will.
Aber sie darf nicht so weit gehen,
dass sie die Frechheit und Zügellosigkeit junger Hitzköpfe gutheißt,
die etwas vom Volke Verehrtes
dreist beschimpfen.
König Friedrich der Große, Briefe (an Voltaire,
13. August 1766)

Duldsamkeit gegenüber der Unduldsamkeit, das ist von allen Verbrechen
das schlimmste. Unduldsamkeit
ist das geringere.
Arthur Schnitzler, Aphorismen und Betrachtungen aus
dem Nachlass

Eine erhabene Moral soll tolerant sein,
denn keiner verkündet ihre Gesetze,
den der Kampf um sie nicht erschöpft
hat, und der muss mit Sündern
Mitleid haben.
William Butler Yeats, Entfremdung

Man ist weniger duldsam
gegenüber jenen Neigungen,
die man nicht mehr besitzt.
Casimir Delavigne, Die Schule der Alten

Nur eine gegenseitige Toleranz, die im
Andersglaubenden und Andersdenkenden den Mitmenschen gleicher Würde
achtet, bietet eine tragfähige Grundlage für das fruchtbare Zusammenleben.
Herbert Wehner, Ansprache in der Hamburger
Michaeliskirche am 18. Oktober 1964

Toleranz folgt nicht dem Befehl,
sondern der Einsicht.
Norbert Blüm, Die Kollegen stehen am Abgrund.
In: Der Spiegel, Nr. 28/1986

Toleranz heißt die Fehler des andern
entschuldigen. Takt heißt sie
nicht bemerken.
Arthur Schnitzler

Toleranz ist auch so viel wert
wie das Motiv des Tolerierens.
Es gibt eine Menge Motive:
zum Beispiel Gedankenlosigkeit,
Faulheit, Feigheit.
Ludwig Marcuse, Argumente und Rezepte.
Ein Wörter-Buch für Zeitgenossen

Toleranz
ist das unbehagliche Gefühl,
der andere könne am Ende
vielleicht doch Recht haben.
Robert Lee Frost

Toleranz ist die Fähigkeit,
Widerspruch zu ertragen.
Philippe Soupault

Toleranz ist nicht Gleichgültigkeit
gegen den eigenen Glauben,
sondern tieferes Verständnis
für ihn, reinere Liebe.
Mohandas K. »Mahatma« Gandhi, Selected Works

Toleranz sollte eigentlich nur
eine vorübergehende Gesinnung sein:
Sie muss zur Anerkennung führen.
Dulden heißt beleidigen.
Johann Wolfgang von Goethe,
Maximen und Reflexionen

Toleranz wird zum Verbrechen,
wenn sie dem Bösen gilt.
Thomas Mann

Um milde, tolerant, weise
und vernünftig zu sein (...),
muss man wirklich hart sein.
Peter Ustinov, Peter Ustinovs geflügelte Worte

Wenn ich den Begriff »Toleranz«
gebrauche, dann meine ich damit
nicht die bloße Duldung anderer
Meinungen. Ich will damit
unterstreichen, dass wir davon ausgehen müssen, dass die Wahrheit offen
ist und nur erreicht werden kann
durch ungehinderten Meinungsaus-
tausch und den Wettbewerb
verschiedener Auffassungen.
Nelson Mandela, Rede vor dem Johannesburger
Presseklub, 22. Februar 1991

Wir vermissen die Toleranz eher bei
anderen, als dass wir sie selber üben.
Manfred Rommel, Rommel-Kalender

Tollheit

Es gibt Lebenslagen,
aus denen man sich nur
mit ein wenig Tollheit retten kann.
François de La Rochefoucauld, Reflexionen

Es ist kein Kinderspiel,
wenn alte Leute auf Stecken reiten.
Deutsches Sprichwort

Ist dies schon Tollheit,
so hat es doch Methode!
William Shakespeare, Hamlet (Polonius)

Toll ist: Wer Toren belehrt,
Weisen widerredet,
von hohlen Reden bewegt wird,
Huren glaubt,
Geheimnisse Unsichern anvertraut.
Johann Wolfgang von Goethe,
Maximen und Reflexionen

Tolle Zeiten hab ich erlebt,
und hab nicht ermangelt,
Selbst auch töricht zu sein,
wie es die Zeit mit gebot.
Johann Wolfgang von Goethe,
Venezianische Epigramme

Tollkühnheit

Ich beneide die Dummen
um ihre Tollkühnheit:
Sie sprechen den ganzen Tag.
Michel Eyquem de Montaigne

Such tollkühn nicht Gefahresstätten
Und denk', ein Wunder
werd' dich retten.
Jüdische Spruchweisheit

Tapferkeit in Verbindung mit Macht
führt zu Tollkühnheit.
Aristoteles, Politik

Wer tollkühn anfängt,
der bereut zu spät.
Mansur Firdausi, Schah-Name

Wo die Not drängt,
da wird Tollkühnheit zur Klugheit.
Niccolò Machiavelli, Geschichte von Florenz

Ton

Die Eigenschaft des Tones ist dem
Tastgefühl verwandt, und er wird
ja auch in Worten mit warm, kalt,
sinnlich, trocken, samtweich
und seidenglatt umschrieben.
Yehudi Menuhin, Variationen

Eine volle Flasche tönt nicht,
eine leere desto mehr.
Chinesisches Sprichwort

Es gibt Ländlerkapellen,
die nach dem Grundsatz spielen:
daneben ist auch ein Ton.
Joseph Hellmesberger

Im Augenblick, da ein Komponist
versucht, Töne zu abstrahieren,
weil er ihren tonalen Sinn verleugnet,
hat er das Reich der Verständigung
mit der Welt verlassen.
Leonard Bernstein, Von der unendlichen Vielfalt
der Musik

Lerne den Ton der Gesellschaft an-
zunehmen, in der du dich befindest.
Adolph Freiherr von Knigge,
Über den Umgang mit Menschen

Manche meinen,
wenn sie ein Echo hören,
der Ton stamme von ihnen.
Ernest Hemingway

Maße dir niemals an,
den Ton anzugeben.
Philipp Stanhope Earl of Chesterfield, Briefe über
die anstrengende Kunst, ein Gentleman zu werden

Nicht aufzufallen, ist das erste Gesetz
des guten Tones.
August Julius Langbehn, Rembrandt als Erzieher

Wo das Gemeine geduldet wird,
da gibt es den Ton an.
August Julius Langbehn, Rembrandt als Erzieher

Topf

Der Topf sucht sich sein Gemüse selbst.
Catull, Gedichte

Kein Topf ist so schlecht,
dass er nicht seinen Deckel findet.
Sprichwort aus Frankreich

Kleine Töpfe kochen leicht über.
Deutsches Sprichwort

Menschen sind schwimmende
Töpfe, die sich aneinander stoßen.
Johann Wolfgang von Goethe, überliefert von
Johann Peter Eckermann (Gespräche mit Goethe)

Steck deinen Löffel
nicht in andrer Leute Töpfe.
Deutsches Sprichwort

Tor

Der Pförtner achte auf die Pforte
seines Mundes!
Ecbasis captivi in belehrender Gestalt (Fuchs)

Die Unmöglichkeit ist die Pforte
zum Übernatürlichen. Man kann nur
deran klopfen. Ein anderer öffnet.
Simone Weil, Schwerkraft und Gnade

Es gibt gewisse Tore,
die nur die Krankheit öffnen kann.
André Gide

Lasst uns endlich doch nur ein einziges Tor haben, ein einziges Nadelöhr
für alle Kamele des Erdreichs.
Jens Peter Jacobsen, Niels Lyhne

Sicherheit erreicht man nicht,
indem man Zäune errichtet,
sondern indem man Tore öffnet.
Urho Kekkonen

Torheit

Alle menschlichen Torheiten
sind uns nur so lange offenkundig,
als wir selbst nicht daran beteiligt
sind. Ist dies dagegen der Fall, scheint
uns, alles könne gar nicht anders sein.
Leo N. Tolstoi, Tagebücher (1889)

Alter schützt vor Torheit nicht.
Deutsches Sprichwort

Am Bart des Toren
lernt der Barbier rasieren.
Sprichwort aus Spanien

Besser ein weiser Tor
als ein törichter Weiser.
William Shakespeare, Was ihr wollt (Narr)

Bildung: das, was den eigenen Mangel
an Intelligenz dem Weisen offenbart
und dem Toren verbirgt.
Ambrose Bierce

Da steh ich nun, ich armer Tor,
Und bin so klug als wie zuvor!
Johann Wolfgang von Goethe, Faust I (Faust)

Das Herz des Toren
frisst der reißende Wolf.
Chinesisches Sprichwort

Das Herz des Toren ist wie
eine geborstene Zisterne:
Es hält keine Weisheit fest.
Altes Testament, Jesus Sirach 21, 14

Der Tor bläst ein – der Weise spricht.
Johann Wolfgang von Goethe, Faust II (Gemurmel)

Der Tor läuft den Genüssen des Lebens
nach und sieht sich betrogen:
Der Weise vermeidet die Übel.
Arthur Schopenhauer, Aphorismen zur Lebensweisheit

Die Errungenschaften der Zivilisation
sind nur eine Anhäufung
von Torheiten, die unweigerlich
auf ihre Schöpfer zurückfallen
und sie am Ende vernichten werden.
Herbert George Wells

Du wirst immer wieder etwas
Törichtes tun, doch tu es wenigstens
mit Hingabe.
Colette

Einem Klugen widerfährt
keine geringe Torheit.
Johann Wolfgang von Goethe,
Maximen und Reflexionen

Erfahrungen fruchten so wenig,
weil zu viele Wege
zur gleichen Torheit führen.
Heinrich Waggerl, Nachlass

Es bleibt doch endlich nach wie vor
Mit ihren hunderttausend Possen
Die Welt ein einzig großer Tor.
Johann Wolfgang von Goethe, Faust II (Herold)

Es gibt hienieden keine größeren Toren
als die Vernunftmenschen.
Gilbert Keith Chesterton, Heretiker

Es ist besser, eine Torheit pur
geschehen zu lassen, als ihr mit
einiger Vernunft nachhelfen zu wollen.
Die Vernunft verliert ihre Kraft,
indem sie sich mit der Torheit
vermischt, und die Torheit i
hr Naturell, das ihr oft forthilft.
Johann Wolfgang von Goethe,
Maximen und Reflexionen

Gerade deshalb ist die Torheit etwas
so Arges, weil sie, ohne edel und verständig zu sein, mit sich zufrieden ist.
Platon, Das Gastmahl (Diotima)

Gott gab den Toren Münder nicht,
damit sie reden,
sondern damit sie essen.
Sprichwort aus der Türkei

Ich finde nichts vernünftiger
in der Welt, als von den Torheiten
anderer Vorteil zu ziehen.
Johann Wolfgang von Goethe,
Wilhelm Meisters Lehrjahre

Jedes Alter hat seine Torheiten.
Sprichwort aus Frankreich

Lustige Leute
begehen mehr Torheiten als traurige.
Aber traurige begehen größere.
Ewald von Kleist

Manche Torheiten sind ansteckend
wie manche Krankheiten.
François de La Rochefoucauld, Reflexionen

Nur die Toren urteilen nicht
nach dem Augenschein.
Oscar Wilde, Das Bildnis des Dorian Gray

Nur die Törinnen machen von sich
reden; die weisen Frauen erregen
kein Aufsehen.
Jean-Jacques Rousseau, Emile

Nur ein Tor freut sich
über schöne Worte,
und man hat ihn schnell
zum Besten gehalten.
Chrétien de Troyes, Yvain

Sich einer begangenen Torheit völlig
bewusst werden, das hebt sie noch
nicht auf; es kann unter Umständen
sogar die größere Torheit bedeuten.
Arthur Schnitzler, Buch der Sprüche und Bedenken

Torheit, du regierst die Welt, und dein
Sitz ist ein schöner weiblicher Mund.
Heinrich von Kleist, Michael Kohlhaas

Torheit ist die schwerste Krankheit.
Deutsches Sprichwort

Torheit schützt vor Alter nicht.
(Aus Sprichwörtern fällt viel heraus,
wenn man sie umdreht.)
Alfred Polgar, Kleine Schriften, Band 3. Irrlicht

Torheit, weislich angebracht, ist Witz;
Doch wozu ist des Weisen Torheit nütz?
William Shakespeare, Was ihr wollt (Viola)

Töricht ist es, wenn sich ein Glockendieb die Ohren hält.
Chinesisches Sprichwort

Was Weisheit nicht bindet,
löst Torheit leicht auf.
Deutsches Sprichwort

Wer ist so töricht, dass er sich
zu sterben sehnt?
Sophokles, Antigone

Wer mit einem Toren redet,
redet einen Schlafenden an;
schließlich fragt dieser: Was ist denn?
Altes Testament, Jesus Sirach 22, 10

Wer mit Weisen unterwegs ist,
wird weise, wer mit Toren verkehrt,
dem geht es übel.
Altes Testament, Sprüche Salomos 13, 20

Wie Wind im Käfige,
wie Wasser in dem Siebe,
Ist guter Rat im Ohr
der Torheit und der Diebe.
Friedrich Rückert, Die Weisheit des Brahmanen

Wo Weise sind, da sind auch Toren.
Deutsches Sprichwort

Tot

Die einzigen konsequenten Menschen
sind die Toten.
Aldous Huxley

Die Toten sind beliebt,
weil sie sich nicht ändern.
Agustina Bessa-Luís, Os Meninos de Ouro

Fromm handelt, wer die Toten ehrt.
Sophokles, Antigone (Chor)

Gott ist kein Gott der Toten;
er könnte nicht zerstörerisch
und böse sein, ohne sich zu schaden.
Jean-Jacques Rousseau, Emile

Lass die Toten ihre Toten begraben!
Neues Testament, Matthäus 8, 22 (Jesus)

Lass ruhn, lass ruhn die Toten,
Du weckst sie mit Klagen nicht auf.
Adelbert von Chamisso, Gedichte

Man billigt Ruhm lieber den Toten
als den Lebenden zu;
die Toten stehen außer Konkurrenz.
Sully Prudhomme, Gedanken

Manches Denkmal ist nichts anderes
als Steinigung eines Toten.
Martin Held

Nimmer erweckt ihn
der fröhliche Reigen,
Denn der Schlummer der Toten
ist schwer.
Friedrich Schiller, Die Braut von Messina (Chor)

Nur die Formen wechseln.
Der Toten Seele wird vielleicht schon
wieder im Keim einer neuen
vollkommeneren Form schlummern.
Christian Morgenstern, Stufen

Seele, vergiss sie nicht,
Seele, vergiss nicht die Toten!
Friedrich Hebbel, Gedichte

Tote kennen keine Scham,
aber sie stinken fürchterlich.
Anton P. Tschechow, Notizbücher

Und fühlt nicht, dass er schon tot ist,
der um seiner Sicherheit willen lebt.
Johann Wolfgang von Goethe, Egmont (Egmont)

Und obgleich wir alle den Sünden
unterliegen, gehört es sich doch,
dass der Priester nur der katholischen
Toten gedenkt und für sie betet,
aber für die Unfrommen,
auch wenn sie Christen waren,
wird er so etwas nicht tun dürfen.
Papst Gregor III., Briefe (an Bonifatius 732)

Was kann mich's härmen, wenn ich,
tot dem Worte nach,
In Taten lebe,
strahlend in des Ruhmes Glanz.
Sophokles, Elektra (Orest)

Was räucherst du nun deinen Toten?
Hättst du's ihm so im Leben geboten!
Johann Wolfgang von Goethe, Sprichwörtlich

Wer tot ist, kommt nicht wieder.
Deutsches Sprichwort

Wer weiß, ob das Leben
nicht das Totsein ist,
und Totsein da unten das Leben?
Euripides, Fragmente

Wir bedauern die Toten,
als fühlten sie den Tod,
und die Toten haben doch Frieden.
Friedrich Hölderlin, Hyperion

Töten

Auch Papier und Pinsel können
einen Menschen töten.
Chinesisches Sprichwort

Den Leib können sie töten,
die Seele nicht.
Ulrich Zwingli, unmittelbar vor seinem Tod auf dem Schlachtfeld von Kappel

Ich kenne keinen Unterschied
zwischen gerechtem Töten
und ungerechtem Töten.
Arthur Miller

Man kann mit einer Wohnung
einen Menschen genau so töten
wie mit einer Axt.
Heinrich Zille

Schließt das Gesetz,
das einen Menschen zu töten verbietet,
in dies Verbot nicht zugleich Eisen,
Gift, Feuer, Wasser, Hinterhalt,
offene Gewalttätigkeit mit ein,
kurz, all die Mittel, die dazu dienen
könnten, einen Menschen zu töten?
Jean de La Bruyère, Die Charaktere

Töte einen, und du bist ein Mörder.
Töte tausende, und du bist ein Held.
Sprichwort aus Indien

Ungestraft töten kann
dich nur ein Arzt.
Sprichwort aus Ungarn

Was mich nicht umbringt,
macht mich stärker.
Friedrich Nietzsche, Götzen-Dämmerung

Wenn der Mann nicht stirbt,
den du töten willst,
wird er ewig auf Rache sinnen.
Chinesisches Sprichwort

Wer einmal den Arm erhob zum Totschlage eines seiner Mitgeschöpfe,
wenn er ihn auch wieder zurückzog,
dem kann man nicht mehr trauen;
er steht jenseits des Gesetzes,
dem wir Unverletzlichkeit zutrauen,
und er kann das frevle Spiel
jeden Augenblick wiederholen.
Adalbert Stifter, Die Narrenburg

Totenehrung

Fromm handelt, wer die Toten ehrt.
Sophokles, Antigone (Chor)

Uns sind die Gebeine unserer Vorfahren heilig, und ihre Ruhestätte
ist geweihter Boden.
Häuptling Seattle

Tradition

Am Ende liegt allen Traditionen eine
allgemeine Menschlichkeit zugrunde,
und ein Lächeln liegt niemals tief
unter der glitzernden Oberfläche.
Peter Ustinov, Was ich von der Liebe weiß

Anhänglichkeit und Ehrfurcht
vor guten Traditionen zu empfinden
und vorzuleben, scheint mir
in unserer schnelllebigen,
dem steten Wechsel unterworfenen
Zeit heilsam und vernünftig.
Heinrich Lübke, Ansprache an die Mitglieder der Friedensklasse des Ordens pour le mérite in der Berliner Freien Universität 1967

Die Menschen misstrauen der Sitte
und Tradition ihrer Vorfahren weniger
als ihrer Vernunft.
Luc de Clapiers Marquis de Vauvenargues, Reflexionen und Maximen

Die Tradition ist lediglich
eine Sammlung
schlechter Angewohnheiten.
Artur Schnabel

Die Tradition verkleidet sich
von Epoche zu Epoche, doch das
Publikum ist mit ihrem Anblick
schlecht vertraut und vermag sie
hinter ihrer Maske nie zu entdecken.
Jean Cocteau, Hahn und Harlekin

Es gibt keine Tradition mehr,
nur noch Traditionen,
auch keine Traditionslosigkeit,
selbst sie nur im Plural.
Ludwig Marcuse, Argumente und Rezepte. Ein Wörter-Buch für Zeitgenossen

Stolz sein sollte ein Volk
vor allem auf die Traditionen,
die es nicht hat.
Helmut Qualtinger

Tradition ist kein Museum (...).
Norbert Blüm, Unverblümtes von Norbert Blüm

Tradition ist Schlamperei.
Gustav Mahler

Wahrung der Tradition.
Aber was nützen Gläubige, Altäre,
Priester, wenn die Götter fort sind?
Alfred Polgar, Kleine Schriften, Band 3. Irrlicht

Trägheit

Die Trägheit ist der beste Kitt
der sogenannten Ordnung.
Chinesisches Sprichwort

Eitelkeit oder Liebe
heilen die Frauen von der Trägheit.
Jean de La Bruyère, Die Charaktere

Es gibt nichts Ungünstigeres
als einen trägen Freund.
Titus Maccius Plautus, Der junge Punier

Es ist, als hätte der Teufel aus Absicht
vor die Tür so mancher Tugend
die Trägheit gestellt.
François de La Rochefoucauld, Nachgelassene Maximen

Es ist ebenso viel Trägheit
wie Schwäche dabei,
sich beherrschen zu lassen.
Jean de La Bruyère, Die Charaktere

Flüchtig ist die Zeit
und kurz das Leben,
Schmach treffe den,
der Trägheit erkor.
Adelbert von Chamisso, Gedichte

Für den Trägen gibt es nichts
Aufreizenderes als die unaufhörlich
fortschreitende Zeit. Er fühlt,
wie sie über ihn hinweggeht,
und stammelt ihr in dumpfem
Ingrimm seine Verwünschungen nach.
Christian Morgenstern, Stufen

Jede künstlerische Leistung ist ein Sieg
über die menschliche Trägheit.
Herbert von Karajan

Man irrt sich, wenn man glaubt,
dass die stürmischen Leidenschaften
wie Ehrgeiz und Liebe den anderen
überlegen seien. Auch Trägheit wird
trotz ihrer Gleichgültigkeit oft siegen
und über alles menschliche Wollen
und Handeln herrschen. So vernichtet
und verzehrt sie unmerklich alle
Leidenschaften und alle Tugenden.
François de La Rochefoucauld, Reflexionen

Solang ich nüchtern,
bin ich träg und dumm,
Doch nach dem Frühstück schon
kommt Witz und Klugheit.
Franz Grillparzer, Weh dem, der lügt! (Leon)

Trägheit ist bei manchen Geistern
nichts als Überdruss am Leben,
bei anderen Verachtung des Lebens.
Antoine Comte de Rivarol, Maximen und Reflexionen

Trägheit ist der Schlummer des Geistes.
Luc de Clapiers Marquis de Vauvenargues,
Unterdrückte Maximen

Trägheit, Schlaf und Gähnen
sind drei Brüder des Todes.
Sprichwort aus Indien

Unser Verstand ist träger
als unser Körper.
François de La Rochefoucauld, Reflexionen

Wer nicht träge werden will, der liebe!
Ovid, Liebesgedichte

Tragik

Die dramatisch wirksamste Schuld
eines tragischen Helden
ist die Untreue, begangen
an seinem obersten Grundsatz.
Jakob Boßhart, Bausteine zu Leben und Zeit

Komik ist Tragik in Spiegelschrift.
James Thurber

Komisch muss man sein,
und die Komik braucht immer Tragik
als Hintergrund.
Heinz Rühmann

Man soll die Dinge
nicht so tragisch nehmen,
wie sie sind.
Karl Valentin

Was ist mein Einzelschicksal,
wenn ich recht die große Tragik
des Lebens betrachte!
Christian Morgenstern, Stufen

Tragödie

Alles ist komisch – sogar die Tragödie.
Harold Pinter

Das Leben ist eine Komödie
für jene, die denken,
eine Tragödie aber für jene,
die fühlen.
Oscar Wilde

Das tragische Theater hat einen großen
moralischen Nachteil: Es überschätzt
die Bedeutung von Leben und Tod.
Chamfort, Maximen und Gedanken

Des tragischen Dichters Aufgabe
und Tun ist nichts anderes,
als ein psychisch-sittliches Phänomen,
in einem fasslichen Experiment
dargestellt, in der Vergangenheit
nachzuweisen.
Johann Wolfgang von Goethe,
Maximen und Reflexionen

Die Tragödie besteht meistens
im Weiterleben, nicht im Sterben.
Gian Carlo Menotti

Die Tragödie ist das Gebiet
aller hohen Affekte,
der Extreme der Leidenschaften.
Ludwig Tieck, Shakespeare-Studien

Die Tragödie ist der tiefe Gesang
vom Wesen der Welt, und ihm
von Zeit zu Zeit erschüttert
zu lauschen unser Ewigkeitsdienst
in all dem uns überbrausenden Alltag.
Christian Morgenstern, Stufen

Die Tragödie wird uns Tyrannen
und Helden vorführen?
Was sollen wir damit anfangen?
Sie wir geschaffen, Tyrannen zu haben
oder Helden zu werden?
Jean-Jacques Rousseau, Brief an d'Alembert

Die wahre Tragödie steigt
zum Himmel auf wie ein Turm,
auf dessen freier Höhe,
von Stürmen umbraust,
die Leiche des Helden aufgebahrt liegt.
Arthur Schnitzler, Buch der Sprüche und Bedenken

Ein Dichter schöpft die Tragik
aus seiner eigenen Seele, der Seele,
die allen Menschen gleicht.
William Butler Yeats, Entfremdung

Es gibt auf der Welt nur zwei
Tragödien: eine, dass man nicht erhält,
was man sich wünscht,
und die andere, dass man es erhält.
Die zweite ist die wahre Tragödie.
Oscar Wilde, Lady Windermere's Fächer

Ich höre sagen, die Tragödie führe
zum Mitleid durch Furcht. Gut.
Was ist das aber für ein Mitleid?
Eine flüchtige und eitle Erschütterung,
die nicht länger dauert als der Schein,
der sie verursacht.
Jean-Jacques Rousseau, Brief an d'Alembert

In dieser Welt gibt es nur
zwei Tragödien. Die eine ist,
nicht zu bekommen, was man möchte,
und die andere ist, es zu bekommen.
Oscar Wilde

Komik entsteht,
wenn man Tragödien anschaut
und dabei ein Auge zukneift.
Eugène Ionesco

Von der Tragödie begehrt das Volk
eigentlich nicht mehr,
als recht gerührt zu werden,
um sich einmal ausweinen zu können.
Friedrich Nietzsche, Menschliches, Allzumenschliches

Was ist der Mensch?
Die Tragödie Gottes.
Christian Morgenstern

Zeige mir einen Helden,
und ich schreibe dir eine Tragödie.
Francis Scott Fitzgerald

Training

Der Trainer ist so gut und so schlecht
wie der Spieler. Wenn der Spieler verliert, ist der Trainer immer schuld,
und wenn der Spieler gewinnt, hat der
Trainer hervorragend gearbeitet. Das
ist beim Tennis so, wie beim Fußball.
Boris Becker, Ich bin das Vorbild der neuen Deutschen,
in: Der Spiegel, Nr. 38/1986

Kräftigster Körperteil ist der,
den häufiger Gebrauch trainiert hat.
Lucius Annaeus Seneca, Über die Vorsehung

Nie ist eine Kraft zu schwächen –
kann man nicht oft genug wiederholen –, sondern nur ihr Gegenmuskel ist zu stärken.
Jean Paul, Levana

Training ist alles. Der Pfirsich
war einst eine bittere Mandel,
Blumenkohl ist nur Kohl
mit College-Erziehung.
Mark Twain, Querkopf Wilsons Kalender

Träne

Ach Tränen,
eitle Tränen ohne Grund,
Ach Tränen,
schwermutvoll und hoffnungsbar.
Alfred Tennyson, Die Fürstin

Auch der Schmerz
will seinen Ausdruck haben,
Und der Mann,
vom Schmerze überwältigt,
Braucht sich seiner Tränen
nicht zu schämen.
Friedrich von Bodenstedt, Mirza Schaffy

Bisweilen haben Tränen das Gewicht
von gesprochenen Worten.
Ovid, Briefe aus der Verbannung

Das Leben ist eine Brücke
von Seufzern
über einen Strom von Tränen.
Philip James Bailey

Der Liebsten Tränen sind's,
die oft den klügsten Mann
Betören, dass er Schwarz von Weiß
nicht sondern kann.
Friedrich von Logau, Sinngedichte

Der Mann gebietet mit dem Schwert,
Das Weib befiehlt mit Tränen.
Joseph Freiherr von Auffenberg, Gedichte

Der Tränen Gabe,
sie versöhnt den grimmsten Schmerz;
Sie fließen glücklich,
wenn's im Innern heilend schmilzt.
Johann Wolfgang von Goethe, Pandora (Epimetheus)

Die ersten Tränen der Kinder
sind Bitten.
Wenn man nicht Acht darauf gibt,
so werden sie bald Befehle.
Jean-Jacques Rousseau, Emile

Die stärkste Wasserkraft der Welt dürften immer noch Frauentränen sein.
Marc Heyral

Die Träne hat uns die Natur verliehen,
Den Schrei des Schmerzes,
wenn der Mann zuletzt
Es nicht mehr trägt.
Johann Wolfgang von Goethe, Torquato Tasso (Tasso)

Die Träne quillt,
die Erde hat mich wieder!
Johann Wolfgang von Goethe, Faust I (Faust)

Die Tränen eines anderen können
einen ebenso leicht zum Weinen
bringen wie das Gähnen eines anderen
zum Gähnen. Weiter nichts.
August Strindberg, Der Sohn der Magd

Die Tränen sind des Schmerzes
heilig' Recht.
Franz Grillparzer, Sappho (Sappho)

Durch die Tränen wird das früher
getrübte Auge hell und das Gesicht
geschärft für den Blick in die Klarheit des reinsten Lichts.
Bernhard von Clairvaux, Über die Bekehrung

Ein Mann, der Tränen
streng entwöhnt,
Mag sich ein Held erscheinen;
Doch wenn's im Innern
sehnt und dröhnt,
Geb ihm ein Gott – zu weinen.
Johann Wolfgang von Goethe, Sprüche

Eine Träne zu trocknen
ist ehrenvoller,
als Ströme von Blut zu vergießen.
Lord Byron

Es gibt noch schönere Freudentränen
als die im Wachen –
es sind die im Traume.
Jean Paul, Der Komet

Frauenträne verwirrt nur den Narren.
Sprichwort aus Frankreich

Gott ist eine Träne der Liebe,
in tiefster Verborgenheit vergossen
über das menschliche Elend.
Ludwig Feuerbach, Das Wesen des Christentums

Hitzige Tränen trocknen bald.
Deutsches Sprichwort

Humor: mit einer Träne im Auge
lächelnd dem Leben beipflichten.
Friedl Beutelrock

Ich weine wohl oft bittre, bittre
Tränen, aber eben diese Tränen
sind es, die mich erhalten.
Susette Gontard, Briefe (an Friedrich Hölderlin, Januar 1799)

Im Hause der Tränen
lächelt Venus nicht.
William Shakespeare, Romeo und Julia (Paris)

In den Tränen suchen wir Beweise
unserer Sehnsucht und geben uns
nicht dem Schmerze hin,
sondern zeigen ihn vor.
Lucius Annaeus Seneca, Moralische Briefe

Keine Träne wird vergießen,
wer mit Erkenntnis begabt ist,
wenn er den Lauf der Welt betrachtet.
Wer alles richtig ansieht, für den ist
kein Anlass, Tränen zu vergießen.
Mahabharata, Buch 12

Kinder herrschen durch Tränen,
und wenn man diese nicht beachtet,
tun sie sich absichtlich weh.
Stendhal, Über die Liebe (Fragmente)

Manche Trän' aus meinen Augen
Ist gefallen in den Schnee;
Seine kalten Flocken saugen
Durstig ein das heiße Weh.
Wilhelm Müller, Gedichte (Schubert: Winterreise)

Manche Tränen täuschen uns selbst,
nachdem sie andere getäuscht haben.
François de La Rochefoucauld, Reflexionen

Mich treibe umher
ein unbezwinglich Sehnen,
Da bleibt kein Rat
als grenzenlose Tränen.
Johann Wolfgang von Goethe, Elegie

Nur der verwandte Schmerz entlockt
uns die Träne, und jeder weint eigentlich für sich selbst.
Heinrich Heine, Die Bäder von Lucca

O Frauenträne, Zauber voll Gefahr,
Unwiderstehlich du und wunderbar,
Du Wehr der Schwachen,
welche, wenn es gilt,
Schirmt oder herrscht,
zugleich ihr Speer und Schild.
Lord Byron, Der Korsar

Perlen bedeuten Tränen.
Gotthold Ephraim Lessing, Emilia Galotti (Emilia und Appiani)

Schnell trocknet die Träne,
zumal wenn sie sich
auf fremdes Unglück bezieht.
Marcus Tullius Cicero, Partitiones oratoriae

Sehen Sie, dass auch die Freude
ihre Tränen hat? Hier rollen sie,
diese Kinder der süßesten Wollust.
Gotthold Ephraim Lessing, Miss Sara Sampson (Marwood)

Taschentuch: ein bei Begräbnissen
besonders nützlicher Gegenstand, um
den Mangel an Tränen zu verbergen.
Ambrose Bierce

Teures Weib, gebiete deinen Tränen!
Friedrich Schiller, Hektors Abschied

Tränen, eine höchst törichte Übertreibung: Sie gehen einem auf die Nerven wie ein tropfender Wasserhahn.
Jules Renard, Ideen, in Tinte getaucht.
Aus dem Tagebuch von Jules Renard

Tränen reinigen das Herz.
Fjodor M. Dostojewski, Onkelchens Traum

Tränen sind der Seele weißes Blut.
Heinrich Heine

Tränen sind des Leidenden Balsam.
Deutsches Sprichwort

Tränen sprechen eine Sprache,
klar nur für den,
dessen Augen geweint haben.
Sprichwort aus Indien

Trocknet nicht, trocknet,
Tränen unglücklicher Liebe!
Johann Wolfgang von Goethe, Wonne der Wehmut

Und Tränen fließen gar so süß,
Erleichtern mir das Herz.
Johann Wolfgang von Goethe, Trost in Tränen

Vergieße keine Tränen,
wenn du noch hoffen darfst.
Chinesisches Sprichwort

Wenn eine Saat aufging
aus Weibertränen,
Von der würde jeder Tropfen
ein Krokodil!
William Shakespeare, Othello (Othello)

Wenn es nicht Tränen gäbe,
würden die Rippen verbrennen.
Sprichwort aus Arabien

Wer nie sein Brot mit Tränen aß,
Wer nie die kummervollen Nächte
Auf seinem Bette weinend saß,
Der kennt euch nicht,
ihr himmlischen Mächte.
Johann Wolfgang von Goethe,
Wilhelm Meisters Lehrjahre

Wie tröstlich:
Wenn »gar nichts mehr läuft«,
laufen immer noch die Tränen.
Hanns-Hermann Kersten

Trauer

Am wenigsten sind viele Worte
Im Trauerhaus am rechten Orte.
Jüdische Spruchweisheit

Auf das Vergnügen folgt
wie ein Begleiter die Trauer.
Titus Maccius Plautus, Amphitryon

Bei einem Begräbnis
gehe man nicht weiter
als bis zu wahrer Herzenstrauer.
Chinesisches Sprichwort

Besser weint einer als viele.
Chinesisches Sprichwort

Denn das eigene Innere des Einzelnen
ist die Quelle der Trauer
oder der Freude.
Knut Hamsun, Pan

Die meisten Menschen können ebenso
wenig trauern wie sie lieben können
(...). Trauer und Liebe erfordern beide
ein Erlebnis der inneren Kraft,
der inneren Lebendigkeit, sonst bleibt
man letzten Endes stumm oder stumpf.
Erich Fromm, Interview 1977

Die Menschen geben vor, mehr
zu trauern, als sie tatsächlich tun,
und das vermindert ihre Trauer.
Jonathan Swift, Briefe (an Missis Dingley, 1712)

Die Trauer hat die glückliche Eigenschaft, sich selbst zu verzehren.
Sie verhungert.
August Strindberg, Der Sohn der Magd

Die Trauer ist – klinisch gesprochen –
das genaue Gegenteil von Depression
(...). Depression ist die Unfähigkeit zu
fühlen. Depression ist das Empfinden,
tot zu sein, während der Körper
am Leben ist.
Erich Fromm, Pathologie der Normalität

Die Trauer wird durch Trauern
immer herber.
Johann Wolfgang von Goethe,
Die natürliche Tochter (Weltgeistlicher)

Durch Trauern wird
die Trauer zum Genuss.
Johann Wolfgang von Goethe,
Die natürliche Tochter (Herzog)

Ein Ende des Trauerns findet, auch
wer es nicht mit Absicht gesucht hatte,
mit der Zeit.
Lucius Annaeus Seneca, Moralische Briefe

Es mehrt unendliche Trauer das Elend.
Homer, Odyssee

Ich liebe den Herbst;
die Jahreszeit der Trauer
stimmt gut zu Erinnerungen.
Gustave Flaubert, November

Man betrauert nicht den Verlust
aller Menschen, die man liebt.
Luc de Clapiers Marquis de Vauvenargues,
Nachgelassene Maximen

Man versucht, den anderen zu trösten,
wenn man verbergen will,
dass man nicht mit ihm trauern kann.
Heinrich Waggerl, Aphorismen

Selig die Trauernden,
denn sie werden getröstet werden.
Neues Testament, Matthäus 5, 4 (Jesus: Bergpredigt)

Solange er nicht den Sarg gesehen hat,
fließen ihm keine Tränen.
Chinesisches Sprichwort

Trauernde sind überall sich verwandt.
Franz Grillparzer, Sappho (Phaon)

Und so ist's mein gewisser Glaube,
dass am Ende alles gut ist,
und alle Trauer nur der Weg
zu wahrer heiliger Freude ist.
Friedrich Hölderlin, Briefe (an die Schwester,
19. März 1800)

Wenig Trauernde können sich
so lange verstellen,
wie es sich für ihre Ehre schickt.
Luc de Clapiers Marquis de Vauvenargues,
Unterdrückte Maximen

Wenn die Könige trauern,
so trauert auch das Land.
Heinrich von Kleist, Briefe (an Wilhelmine von Zenge,
3./4. September 1800)

Wer trauert und furchtsam ist,
den pflegen wir zu bewachen,
damit er von der Einsamkeit keinen
verhängnisvollen Gebrauch mache.
Lucius Annaeus Seneca, Briefe über Ethik

Wider den Schmerz
dich zu vermauern,
Ist so verkehrt
wie maßlos Trauern.
Emanuel Geibel, Sprüche

Traum

Aber das Leben rechnet nicht
mit Träumen;
nicht ein einziges Hindernis lässt sich
aus der Wirklichkeit hinausträumen.
Jens Peter Jacobsen, Niels Lyhne

Alles, was man vergessen hat,
schreit im Traum um Hilfe.
Elias Canetti, Die Provinz des Menschen.
Aufzeichnungen 1942–1972

Alles, was wir sehn und scheinen,
Ist nur ein Traum in einem Traum.
Edgar Allan Poe, A Dream within a Dream

Auch ich unterschätze die Freudsche
Lehre keineswegs. Träume sind
eine großartige Erfindung.
Der Unterschied zum Kino ist nur der,
dass man im Kino zuerst den Film
sieht und dann einschläft,
während man nach der freudschen
Methode erst einschläft
und dann den Film sieht.
Ephraim Kishon, Kishon für alle Fälle

Aus den Träumen von gestern werden
manchmal die Alpträume von morgen
Friedrich Nowottny

Das flüchtige Leben
gleicht einem Traum.
Chinesisches Sprichwort

Das Gemeinste an den Träumen ist,
dass alle sie hegen.
Fernando Pessoa, Das Buch der Unruhe
des Hilfsbuchhalters Bernardo Soares

Das Gemüt ist der Traum
mit offenen Augen;
die Religion der Traum
des wachen Bewusstseins;
der Traum der Schlüssel
zu den Geheimnissen der Religion.
Ludwig Feuerbach, Das Wesen des Christentums

Das Gemüt ist träumerischer Natur;
darum weiß es auch nichts Seligeres,
nichts Tieferes als den Traum.
Ludwig Feuerbach, Das Wesen des Christentums

Das höchste Erdengut
erscheint nur klein,
Das ganze Leben nichts als ein Traum,
Und Träume – sind Schäume.
Pedro Calderón de la Barca, Das Leben ein Traum

Das Leben muss für die Besten
ein Traum sein,
der sich Vergleichen entzieht.
Fernando Pessoa, Das Buch der Unruhe
des Hilfsbuchhalters Bernardo Soares

Das Märchen ist das freiere Epos,
der Traum das freiere Märchen.
Jean Paul, Vorschule der Ästhetik

Das Träumen und Philosophieren
hat seine Schattenseiten;
wer das zweite Gesicht hat,
dem fehlt mitunter das erste.
August Julius Langbehn, Rembrandt als Erzieher

Dass das Leben des Menschen
nur ein Traum sei,
ist manchem schon so vorgekommen.
Johann Wolfgang von Goethe,
Die Leiden des jungen Werthers

Dazu sind eben
Wünsch' und Träume dir verliehn,
Um alles, was dir fehlt,
in deinen Kreis zu ziehn.
Friedrich Rückert, Gedichte

Der Traum
bringt uns in ferne Zustände
der menschlichen Kultur wieder zurück
und gibt ein Mittel an die Hand,
sie besser zu verstehen.
Friedrich Nietzsche, Menschliches, Allzumenschliches

Der Traum, der Luxus des Denkens.
Jules Renard, Ideen, in Tinte getaucht.
Aus dem Tagebuch von Jules Renard

Der Traum enthält etwas,
das besser ist als die Wirklichkeit;
die Wirklichkeit enthält etwas,
das besser ist als der Traum.
Vollkommenes Glück
wäre die Verbindung beider.
Leo N. Tolstoi, Tagebücher (1851)

Der Traum ist der beste Beweis dafür,
dass wir nicht so fest in unserer Haut
eingeschlossen sind, als es scheint.
Friedrich Hebbel, Tagebücher

Der Traum ist ein Leben, das,
mit unserm übrigen zusammengesetzt,
das wird, was wir menschliches
Leben nennen.
Georg Christoph Lichtenberg, Sudelbücher

Der Traum ist ganz entschieden für
den Geist, was der Schlaf für den Leib.
Friedrich Hebbel, Tagebücher

(...) der Träumer ist der eigentliche
Tatmensch.
Fernando Pessoa, Das Buch der Unruhe
des Hilfsbuchhalters Bernardo Soares

Der träumt zu viel,
der sich nicht vom Fleck rührt.
Chrétien de Troyes, Yvain (Gauvain)

Der Zuschauer im Theater
will träumen. Freilich einen Traum,
in dem man nicht schlafen soll.
Jean-Louis Barrault

Die Aufgabe des Traumes ist es,
uns auf das zu lenken, was wir wollen.
Anaïs Nin, Sich vom Traum führen lassen

Die Frau ist eine gute Quelle
für Träume. Berühre sie nie!
Fernando Pessoa, Das Buch der Unruhe
des Hilfsbuchhalters Bernardo Soares

Die Gewohnheit und das Talent
zum Träumen besitzen in mir Vorrang.
Fernando Pessoa, Das Buch der Unruhe
des Hilfsbuchhalters Bernardo Soares

Die größte Liebe ist immer die,
die unerfüllt bleibt – der Traum.
Peter Ustinov, Was ich von der Liebe weiß

Die Männer träumen,
wenn sie schlafen.
Die Frauen träumen,
wenn sie nicht schlafen können.
Isa Miranda

Die Menschen können sehr verschieden
sein, aber ihre Träume sind es nicht.
Jens Peter Jacobsen, Niels Lyhne

Die Träume der Weißen
sind uns verborgen.
Seattle, Die Rede des Indianerhäuptlings Seattle.
Neuere Version

Die Träume sind in Wahrheit
Augenblicke des Erwachens.
In diesen Augenblicken sehen wir das
Leben außerhalb der Zeit, sehen alles,
was zeitlich getrennt ist, in einem
Punkt; erkennen das Wesen unseres
Lebens – den Grad seiner Reife.
Leo N. Tolstoi, Tagebücher (1904)

Die Träume verlieren sich
in unser Wachen allmählich herein,
man kann nicht sagen, wo
das Wachen eines Menschen anfängt.
Georg Christoph Lichtenberg, Sudelbücher

Die ungeheure Intensität unserer Eindrücke im Traum kommt wohl daher,
dass wir im Traum niemals zerstreut
sind. Im Leben sind wir es immer
und müssen es sein.
Arthur Schnitzler, Buch der Sprüche und Bedenken

Doch vergiss es nicht: Die Träume,
Sie erschaffen nicht die Wünsche,
Die vorhandenen wecken sie.
Franz Grillparzer, Der Traum ein Leben (Massud)

Du weißt, im Traume kann so vielerlei
geschehen. Und es kann
so verwandelt sein.
Wie eine Blume lautlos
schläfst du ein,
und du erwachst
vielleicht mit einem Schrei.
Rainer Maria Rilke, Die weiße Fürstin

Ein neuer Traum – neues Glück!
Fjodor M. Dostojewski, Helle Nächte

Eine Strafe im Traum
ist allemal eine Strafe.
Georg Christoph Lichtenberg, Sudelbücher

Es genügt zu lieben, zu hassen,
zu begehren, überhaupt zu empfinden
– sofort kommt der Geist und die
Kraft des Traumes über uns, und wir
steigen offnen Auges und kalt gegen
alle Gefahr auf den gefährlichsten
Wegen empor, hinauf auf die Dächer
und Türme der Phantasterei, und
ohne allen Schwindel, wie geboren
zum Klettern – wir Nachtwandler des
Tages! Wir Künstler! Wir Verhehler
der Natürlichkeit! Wir Mond- und
Gottsüchtigen! Wir totenstillen, unermüdlichen Wanderer, auf Höhen, die
wir nicht als Höhen sehen, sondern als
unsere Ebenen, als unsere Sicherheiten!
Friedrich Nietzsche, Die fröhliche Wissenschaft

Es gibt noch schönere Freudentränen
als die im Wachen –
es sind die im Traume.
Jean Paul, Der Komet

Es ist besser, dem Traummann
im Traum zu begegnen
als in der Wirklichkeit.
Aus dem Traum kann man
immerhin aufwachen.
Jeanne Moreau

Es ist der Traum die Uhr des Lebens,
nur hier können wir ablesen,
wieviel's schlagen wird.
Heimito von Doderer, Repertorium. Ein Begriffbuch
von höheren und niederen Lebens-Sachen

Es ist gewiss, ein ungemäßigt Leben,
Wie es uns schwere wilde Träume gibt,
Macht uns zuletzt
am hellen Tage träumen.
Johann Wolfgang von Goethe,
Torquato Tasso (Antonio)

Es ist gut,
seinen Träumen nachzujagen,
aber schlecht, wie es dann meistens
auszugehen pflegt,
von ihnen gejagt zu werden.
Franz Kafka

Fass dir ein Herz und lass dich nicht
durch leere Traumgespinste schrecken!
Lucius Apuleius, Der goldene Esel

Frühnachrichten beenden Träume.
Heinrich Nüsse

Für drei Dinge muss man beten:
einen guten König, ein gutes Jahr
und einen guten Traum.
Talmud

Gefühle sind im Traum
echter als im Wachzustand.
Leo N. Tolstoi, Tagebücher (1851)

Glaubst du nicht,
dass eine Warnungsstimme
In Träumen vorbedeutend
zu uns spricht?
Friedrich Schiller, Wallensteins Tod (Gräfin)

Große Träume – ich kenne keine,
die nicht im Morgengrauen enden.
Wieslaw Brudziński

Ich glaube, der Mensch träumt nur,
damit er nicht aufhöre zu sehen.
Johann Wolfgang von Goethe,
Die Wahlverwandtschaften

Ich glaube, Träume träumt nicht die
Vernunft, sondern der Wunsch,
nicht der Kopf, sondern das Herz.
Fjodor M. Dostojewski, Traum eines lächerlichen
Menschen

Ich hoffe, weiterhin fähig zu bleiben,
immer wieder neue Träume zu finden.
Reinhold Messner

Ihr lacht wohl über den Träumer,
Der Blumen im Winter sah?
Wilhelm Müller, Gedichte (Schubert: Winterreise)

Im Schlaf und Traum machen wir
das Pensum früherer Menschentums
noch einmal durch.
Friedrich Nietzsche, Menschliches, Allzumenschliches

Im Traum erscheint Unsinniges völlig
natürlich; so ist es auch im Leben.
Leo N. Tolstoi, Tagebücher (1904)

In den Dichtern träumt die Menschheit.
Christian Friedrich Hebbel

In den Träumen jedes Einzelnen liegt
die Hoffnung, dass das eigene Leben
nicht umsonst gelebt worden sei.
Barry Lopez, Arktische Träume

In Träumen schaudert man mehr
vor mystischen Zwergen als vor
einer steilen offnen Riesengestalt.
Jean Paul, Vorschule der Ästhetik

Je ängstlicher die Träume,
desto näher die erquickende Frühe.
Novalis, Briefe (13. April 1797)

Jedes Traumbild ist der Überrest einer
aktuellen Empfindung, der fortdauert,
auch nachdem der wirklich
wahrgenommene Gegenstand
entschwunden ist.
Aristoteles, Psychologie

Jugend träumt, Alter rechnet.
Sprichwort aus Frankreich

Kino ist nichts anderes als der Traum,
den jeder von uns kurz vor und
kurz nach dem Einschlafen träumt.
Federico Fellini

Kolumbus musste von Indien träumen,
um Amerika zu finden.
Emil Gött, Im Selbstgespräch

Leben heißt träumen; weise sein
heißt angenehm träumen.
Friedrich Schiller, Die Verschwörung des Fiesco
zu Genua (Fiesco)

Man fragt sich: Wo sind denn deine
Träume geblieben? Und schüttelt
den Kopf und murmelt:
Wie schnell die Jahre vergehen!
Fjodor M. Dostojewski, Helle Nächte

Mancher feurige nächtliche Gedanken-
traum ist im Licht und in der Kälte
des Morgens plötzlich erloschen
und wie Rauch verschwunden.
Fjodor M. Dostojewski, Der Jüngling

Mich dünkt der Traum eine Schutz-
wehr gegen die Regelmäßigkeit und
Gewöhnlichkeit des Lebens, eine freie
Erholung der gebundenen Phantasie.
Novalis, Heinrich von Ofterdingen

Mit gutem Recht halten zuverlässige
Ärzte dafür, dass man
mit vollem Bauch
und einem Rausch im Blut
greuliche und schwere Träume hat.
Lucius Apuleius, Der goldene Esel

Mögen mir die Götter meine Träume
verändern, nicht aber die Gabe
zu träumen entziehen.
Fernando Pessoa, Das Buch der Unruhe
des Hilfsbuchhalters Bernardo Soares

Nach jedem Traum
gibt es ein Erwachen
– auch nach dem erfüllten Traum.
Sam Peckinpah

Nein! Nicht länger ist zu säumen,
Wecket ihn aus seinen Träumen,
Zeigt den diamantnen Schild!
Johann Wolfgang von Goethe, Rinaldo (Chor)

Niemand weiß, auf welche Weise
sich die Träume unserer bemächtigen,
ob sie uns oder wir sie beim Aufwachen verlassen, ob wir nächtliche
Besucher oder vielmehr die Besuchten
sind, ob es unsere oder unsere
geliehenen Bilder sind.
Almeida Faria, O Conquistador

Nur das, was wir träumen, ist, was wir
wahrhaft sind, denn das Übrige gehört,
weil es verwirklicht ist, der Welt und
allen Leuten.
Fernando Pessoa, Das Buch der Unruhe
des Hilfsbuchhalters Bernardo Soares

Ob wir im Traum
nicht manchmal älter sind?
Rainer Maria Rilke, Die weiße Fürstin

Ohne die Träume würden wir gewiss
früher alt.
Novalis, Heinrich von Ofterdingen

Pläne sind die Träume der Verständigen.
Ernst von Feuchtersleben, Aphorismen

Platon träumte viel – und seither haben
die Menschen nicht weniger geträumt.
Voltaire, Platons Traum

Poesie besteht nicht darin,
alles zu sagen, sondern über alles
träumen zu machen.
Charles-Augustin Sainte-Beuve, Montagsgespräche

Schlafen und Wachen unterscheidet
sich lediglich dadurch, dass die Seele
im Wachen wenigstens oft das Wahre
trifft, im Schlafe aber stets
in einer Täuschung befangen ist. Denn
der Inhalt der Träume ist durchweg
Trug und Täuschung.
Aristoteles, Protreptikos

Schläft der Hass, bleibt ihm
immer noch der böse Traum.
Emil Gött, Im Selbstgespräch

So wie ein Traum scheint's
zu beginnen,
und wie ein Schicksal
geht es aus.
Rainer Maria Rilke, Traumgekrönt

Sterben! Was heißt das? Siehe, wir
träumen, wenn wir vom Tode reden.
Johann Wolfgang von Goethe,
Die Leiden des jungen Werthers

Strukturen überall, der Gegentraum
gegen die Zerstörung.
Elias Canetti, Die Provinz des Menschen.
Aufzeichnungen 1942–1972

Süße Träume wecken meine Begierde.
Mönch von Salzburg, Das Nachthorn

Traum – Hüter des Schlafs.
Sigmund Freud

Träume, die in deinen Tiefen wallen,
aus deinem Dunkel lass sie alle los.
Wie Fontänen sind sie, und sie fallen
lichter und in Liederintervallen
ihren Schalen wieder in den Schoß.
Rainer Maria Rilke, Die frühen Gedichte

Träume kommen von Gott.
Friedrich Schiller, Die Räuber (Daniel)

Träume! Nichts als Träume! Und je
anspruchsvoller und ehrgeiziger
die Seele ist, desto weiter entfernen
sich die Träume
aus der Welt des Möglichen.
Charles Baudelaire, Kleine Gedichte in Prosa

Träume sind eine Art Fernsehen
im Schlaf.
Alberto Sordi

Träume sind Schäume.
Deutsches Sprichwort

Träumen ist vielleicht die Fähigkeit,
die den Menschen am meisten von
den anderen Tieren unterscheidet.
Wir träumen von unmöglichen Reisen
in das Land der Träume
und der Phantasie.
João de Melo, Dicionário de Paixões

Und der Teufel quält die Menschen
gar sehr mit Träumen.
Martin Luther, Tischreden

Unsere Träume können wir erst
dann verwirklichen, wenn wir uns entschließen, einmal daraus zu erwachen.
Josephine Baker

Unsere Weisheit ist weniger weise
als der Wahnsinn;
unsere Träume sind gescheiter
als die logischen Überlegungen;
das, worauf wir uns
am wenigsten verlassen können,
das sind wir selbst.
Michel Eyquem de Montaigne, Die Essais

Vielleicht ist alles doch nur Traum.
Pedro Calderón de la Barca, Das Leben ein Traum
(Sigismund)

Vielleicht steht jener innere Impuls
unter uns unbewusster Leitung prophetischer, beim Erwachen vergessener
Träume, die eben dadurch unserem
Leben die Gleichmäßigkeit des Tones
und die dramatische Einheit erteilen,
die das so oft schwankende und irrende,
so leicht umgestimmte Gehirnbewusst-
sein ihm zu geben nicht vermöchte.
Arthur Schopenhauer, Aphorismen zur Lebensweisheit

Wähntest du etwa,
Ich sollte das Leben hassen,
In Wüsten fliehen,
Weil nicht alle
Blütenträume reiften?
Johann Wolfgang von Goethe, Prometheus

Während wir träumen,
sind wir da nicht vielleicht Gespenster
in den Träumen der andern?
Arthur Schnitzler, Aphorismen und Betrachtungen
aus dem Nachlass

Walle, Regen, walle nieder,
Wecke mir die Träume wieder.
Klaus Groth, Gedichte (Regenlied)

Warum ist uns wohl dieses traumvolle
nächtliche Leben gegeben worden?
Was soll es bewirken?
Soll es uns aufmerksam machen
auf ein anderes Leben in uns,
das wir kennen lernen müssen?
Anaïs Nin, Sich vom Traum führen lassen

Warum können wir uns nicht
in Träumen treffen und uns
alle unsere Fragen beantworten?
Katherine Mansfield, Briefe

Was ist es doch für ein Geheimnis,
dass wir immer noch träumen!
Wir werden immer wissenschaftlicher,
immer rationaler, immer abstrakter,
aber wir träumen immer
in einer symbolischen Sprache.
Anaïs Nin, Sich vom Traum führen lassen

Wecke nicht den Schlafenden
von seinem Traume!
Weißt du, ob im zweiten Raume
Du so Schönes zum Ersatz
ihm könntest zeigen,
Als ihm nun sein Traum gibt eigen?
Friedrich Rückert, Gedichte

Wenn auch ein Tag uns
klar-vernünftig lacht,
In Traumgespinst
verwickelt uns die Nacht.
Johann Wolfgang von Goethe, Faust II (Faust)

Wenn Leute ihre Träume aufrichtig
erzählen wollten, da ließe sich
der Charakter eher daraus erraten
als aus dem Gesicht.
Georg Christoph Lichtenberg, Sudelbücher

Wenn man träumt, hat man allgemein
nur die allerniedrigsten Gedanken.
Weil im Traum der Verstand am Werk
ist, die Vernunft hingegen, die Kraft
der sittlichen Bewegung, fehlt.
Leo N. Tolstoi, Tagebücher (1895)

Wer an seine Träume glaubt,
verschläft sein Leben.
Chinesisches Sprichwort

Wer seine Träume verwirklichen will,
muss wach sein.
Michael Pfleghar

Wie einer, der nach Schatten greift
und dem Wind nachjagt, so ist einer,
der sich auf Träume verlässt.
Altes Testament, Jesus Sirach 34, 2

Wie rasch hat das Fliegen, dieser
uralte, kostbare Traum, jeden Reiz,
jeden Sinn, seine Seele verloren.
So erfüllen sich die Träume, einer
nach dem anderen, zu Tode.
Kannst du einen neuen Traum haben?
Elias Canetti, Die Provinz des Menschen.
Aufzeichnungen 1942–1972

Wie viele Dinge, die wir für sicher
oder richtig halten, sind nicht mehr
als die Spuren unserer Träume,
das Schlafwandlertum
unseres Unverständnisses!
Fernando Pessoa, Das Buch der Unruhe
des Hilfsbuchhalters Bernardo Soares

Wir können nur die Schatten
unserer Träume verwirklichen.
Emil Jannings

Wir leben und empfinden so gut
im Traum als im Wachen und sind
jenes so gut als dieses, es gehört mit
unter die Vorzüge des Menschen,
dass er träumt und es weiß.
Georg Christoph Lichtenberg, Sudelbücher

Wir müssen wieder lernen, unsere
Träume zu deuten, unseren Weg zum
inneren Leben zu finden, den wir verloren haben, von dem wir durch
unseren Nachdruck auf Rationalismus
und Logik ausgeschlossen sind.
Anaïs Nin, Sich vom Traum führen lassen

Wirst du nicht zuweilen in einer stillen
Abendstunde den Traum wieder lebendig träumen und ihm die Farben geben,
in denen er hätte leuchten können?
Jens Peter Jacobsen, Niels Lyhne

Traumdeutung

Die Traumkunst träumt,
und alle Zeichen lügen.
Friedrich Schiller, Die Braut von Messina (Isabella)

Wer zu den Traumdeutern geht,
verschleudert sein bestes Gut
und verdient die Sklaverei,
in die er so unweigerlich gerät.
Elias Canetti, Die Provinz des Menschen.
Aufzeichnungen 1942-1972

Träumen

Alle Menschen träumen,
ähnliche Träume kommen wieder,
das beweisen die Traumbücher:
Ist aber deswegen ein Zusammenhang
unter den Träumen anzunehmen?
August Wilhelm Schlegel, Rezension der Altdeutschen Blätter

Der Mensch
kann mancherlei Träume träumen,
aber in sich selber die Fülle
des höchsten Wesens erträumen –
kann er nicht, und diese Fülle
des höchsten Wesens
müsste er selber sein,
um es ausmessen zu können.
Johann Michael Sailer, Grundlehren der Religion

Ein Träumer ist immer
ein schlechter Dichter.
Jean Cocteau, Hahn und Harlekin

Es wäre viel besser, überhaupt nicht
zu träumen.
Marlen Haushofer, Die Wand

Ich habe so selten einmal
Zeit zum Träumen
und doch so viele Träume.
Franziska Gräfin zu Reventlow, Tagebücher

Man muss träumen wollen,
um träumen zu können.
Charles Baudelaire, Tagebücher

Man träumt gar nicht oder interessant.
Man muss lernen, ebenso zu wachen –
gar nicht oder interessant.
Friedrich Nietzsche, Die fröhliche Wissenschaft

Man träumt nicht mehr so schön,
wenn man erwachsen ist.
Knut Hamsun, Mysterien

Nur wenige Träumer opfern
heute noch ihr Leben,
um nach dem rechten Weg zu suchen.
Hans Arp, Unsern täglichen Traum... (1914-1954)

O ein Gott ist der Mensch,
wenn er träumt,
ein Bettler, wenn er nachdenkt,
und wenn die Begeisterung hin ist,
steht er da, wie ein missratener Sohn,
den der Vater aus dem Hause stieß,
und betrachtet die ärmlichen Pfennige,
die ihm das Mitleid auf den Weg gab.
Friedrich Hölderlin, Hyperion

Wenn wir alle Nächte
von dem gleichen Ereignis träumten,
so würde es uns ebenso sehr beeinflussen wie die Dinge,
die wir alle Tagen sehen.
Blaise Pascal, Pensées

Wenn wir wüssten, was wir voneinander träumen! Das wäre vielleicht was!
Lars Saabye Christensen, Der Alleinunterhalter

Wir sind dem Aufwachen nah,
wenn wir träumen, dass wir träumen.
Novalis, Vermischte Bemerkungen

Träumerei

Die Träumerei erholt und unterhält
mich, das Nachdenken ermüdet mich
und macht mich traurig.
Jean-Jacques Rousseau, Träumereien
eines einsamen Spaziergängers

Die Träumereien der Liebe
lassen sich nicht festhalten.
Stendhal, Über die Liebe

O süße Träumerei, du bist die Entschuldigung für meine Faulheit.
Jules Renard, Ideen, in Tinte getaucht.
Aus dem Tagebuch von Jules Renard

Vernunft – das ist die Träumerei
von vorgestern.
Robert Lembke, Steinwürfe im Glashaus

Traurigkeit

Alle Gedanken sind vorwärts gerichtet,
wie Flaggen und Wimpel;
Nur ein Trauriger
steht rückwärts gewendet am Mast.
Johann Wolfgang von Goethe, Alexis und Dora

Der Heitere ist den Betrübten, der
Traurige den Vergnügten zuwider.
Ecbasis captivi in belehrender Gestalt (Papagei)

Die Jugend soll nicht traurig sein,
sondern heiter und fröhlich. Junge
Menschen sollen voll Frohsinn sein.
Martin Luther, Tischreden

Die Traurigkeit ist das Los der tiefen
Seelen und der starken Intelligenzen.
Alexandre Vinet, Die Freude

Eine durchgängige Stille
führt zur Traurigkeit.
Sie ist ein Bild des Todes.
Jean-Jacques Rousseau, Träumereien
eines einsamen Spaziergängers

Einen traurigen Mann erduld' ich,
aber kein trauriges Kind.
Jean Paul, Levana

Einsamkeit bringt Traurigkeit.
Deutsches Sprichwort

Es ist sehr leicht, sich durch ein wenig
Nachdenken von traurigen Affekten
zu befreien.
Charles de Secondat, Baron de la Brède
et de Montesquieu, Meine Gedanken

Hass und Traurigkeit haben
ihre Ursache in einer Liebe,
einem Verlangen, einer Lust.
Thomas von Aquin, Über das Böse

Je weniger über das Traurige im Leben
gesagt wird, umso besser.
Oscar Wilde, Das Bildnis des Dorian Gray

Man ist nie traurig genug, um die Welt
besser zu machen. Man hat zu bald
wieder Hunger.
Elias Canetti, Die Provinz des Menschen.
Aufzeichnungen 1942-1972

Manche Frau weint, weil sie den Mann
ihrer Träume nicht bekommen hat,
und manche weint,
weil sie ihn bekommen hat.
Annette Kolb

Mit den Flügeln der Zeit
fliegt die Traurigkeit davon.
Jean de La Fontaine, Fabeln

Nichts ist so traurig, dass nicht auch
irgendetwas Erfreuliches dabei wäre,
und umgekehrt nichts so schön, dass
nicht irgendein Mangel daran haftete.
Francesco Guicciardini, Ricordi

Sei traurig, wenn du traurig bist,
und steh nicht stets vor deiner Seele
Posten. Den Kopf,
der dir ans Herz gewachsen ist,
wird's schon nicht kosten.
Erich Kästner, Dr. Erich Kästners lyrische Hausapotheke

Traurig wirst du sein,
wenn du allein sein wirst.
Ovid, Heilmittel gegen die Liebe

Traurigkeit ist nicht ungesund
– sie hindert uns, abzustumpfen.
George Sand, Briefe (an Gustave Flaubert)

Traurigkeit ist Stille, ist Tod; Heiterkeit
ist Regsamkeit, Bewegung, Leben.
Marie von Ebner-Eschenbach, Aphorismen

Traurigsein ist wohl etwas Natürliches.
Es ist wohl ein Atemholen zur Freude,
ein Vorbereiten der Seele dazu.
Paula Modersohn-Becker, Briefe (12. Februar 1901)

Unter allen Leidenschaften der Seele
bringt die Traurigkeit am meisten
Schaden für den Leib.
Thomas von Aquin, Summa theologica

Wenn du traurig bist, suche jeden
möglichen Trost auf. Ich absolviere
dich in Bezug auf alle Vergnügungen,
in denen du Erholung suchst,
es sei Essen, Trinken, Tanzen, Spielen,
was es ist. Nur die handgreiflichen
Sünden nehme ich aus.
Martin Luther, Tischreden

Wer ohne Grund traurig ist,
hat Grund, traurig zu sein.
Françoise Sagan

Wie kommt's,
dass du so traurig bist,
Da alles froh erscheint?
Johann Wolfgang von Goethe, Trost in Tränen

Zähl deines Lebens trübe Stunden
Erst nach, wenn du sie überwunden.
Jüdische Spruchweisheit

Treffen

Eine der fröhlichsten Erfahrungen im
Leben ist es, als Zielscheibe zu dienen,
ohne getroffen zu werden.
Winston Churchill

Ich kenne einen Kollegen, der den Nagel
immer genau auf den Daumen trifft.
Robert Lembke, Steinwürfe im Glashaus

Ich muss mir
deinen Scherz gefallen lassen,
Er trifft mich zwar,
doch trifft er mich nicht tief.
Johann Wolfgang von Goethe,
Torquato Tasso (Leonore)

Kennzeichen treffenden Ausdrucks ist,
dass auch das,
was an sich zweideutig ist,
nur eindeutig ausgelegt werden kann.
Luc de Clapiers Marquis de Vauvenargues,
Unterdrückte Maximen

Mancher schießt ins Blaue
und trifft ins Schwarze.
Deutsches Sprichwort

Mehr darauf wachen,
nicht einmal zu fehlen,
als hundertmal zu treffen.
Baltasar Gracián y Morales, Handorakel und Kunst
der Weltklugheit

Wer ins Schwarze treffen will,
muss die ganze Scheibe sehen.
Ulrich Bremi

Trennung

Behüt dich Gott!
Es wär so schön gewesen;
Behüt dich Gott!
Es hat nicht sollen sein.
Victor von Scheffel, Der Trompeter von Säckingen

Besser auseinander gehen in Einigkeit,
Als immerdar beisammen sein
in Zank und Streit.
Carl Spitteler, Olympischer Frühling

Das Schicksal wird uns zwar trennen,
nicht aber entzweien können.
Jean-Jacques Rousseau, Julie oder
Die neue Héloïse (Julie)

Der Leib kann ohne Herz
nicht weiter leben,
und wenn er es doch tut,
so ist das ein Wunder,
das noch keiner sah.
Chrétien de Troyes, Yvain

Die Trennung heißt
der Liebe Bund erneuen.
Johann Wolfgang von Goethe, Elpenor (Evadne)

Die wilde Flamme erlischt,
wenn das Holzscheit geteilt wird.
Ovid, Heilmittel gegen die Liebe

Ein Mann gerät in Wut gegen eine
Frau, die ihn nicht mehr liebt,
und tröstet sich; eine Frau
bleibt ruhiger, wenn sie verlassen
wird, und ist lange untröstlich.
Jean de La Bruyère, Die Charaktere

Eins der größten Übel der Trennung,
das einzige, gegen das die Vernunft
nichts auszurichten vermag,
ist die Unruhe über das gegenwärtige
Ergehen dessen, den man liebt.
Jean-Jacques Rousseau, Julie oder Die neue Héloïse
(Saint-Preux)

Es löst der Mensch nicht,
was der Himmel bindet.
Friedrich Schiller, Die Braut von Messina (Manuel)

Hab Dank. Wir waren Mann und Weib
– Es ist geschehn.
Nun lass uns wieder aufrecht gehn,
Allein und klar.
Franziska Gräfin zu Reventlow, Tagebücher

In jeder großen Trennung
liegt ein Keim von Wahnsinn;
man muss sich hüten, ihn nachdenklich auszubrüten und zu pflegen.
Johann Wolfgang von Goethe,
Maximen und Reflexionen

Ja, meine süße Freundin, trotz der
Trennung, trotz der Entbehrungen,
der Aufregungen, sogar trotz
der Verzweiflung enthält dennoch
der mächtige Zug zweier Herzen
zueinander eine geheime Wollust,
die ruhigen Seelen unbekannt ist.
Jean-Jacques Rousseau, Julie oder
Die neue Héloïse (Saint-Preux)

Meide alles, was die Menschen trennt,
und tu alles, was sie eint.
Leo N. Tolstoi, Tagebücher (1907)

Mein Herz ist wie erstorben,
Kalt starrt ihr Bild darin:
Schmilzt je das Herz mir wieder,
Fließt auch ihr Bild dahin.
Wilhelm Müller, Gedichte (Schubert: Winterreise)

Meine ganze Rührung
verwandelt sich in Wahnsinn.
Raserei jagt mich von Höhle zu Höhle;
wider meinen Willen entfliehen meinem Munde Seufzer und Wehklagen;
gleich einem gereizten Löwen
brülle ich; alles vermag ich zu tun,
außer dir zu entsagen.
Jean-Jacques Rousseau, Julie oder
Die neue Héloïse (Saint-Preux)

Trennen wollten wir uns,
wähnten es gut und klug;
Da wir's taten, warum schröckt' uns,
wie Mord, die Tat?
Ach! Wir kennen uns wenig,
Denn es waltet ein Gott in uns.
Friedrich Hölderlin, Die Liebenden

Trennung macht sehend.
Alma Mahler-Werfel, Mein Leben

Trennung verringert
die lauen Leidenschaften
und steigert die großen,
so wie der Wind die Kerze löscht
und das Feuer anfacht.
François de La Rochefoucauld, Reflexionen

Wahr ist es, dass die Menschen uns,
wie die Sterne, bei ihrem Verschwinden höher erscheinen, als sie wirklich
stehen.
Heinrich von Kleist, Briefe (an Wilhelmine von Zenge,
31. Januar 1801)

Während des Beisammenseins
mit geliebten Menschen kann man
sich in den Zustand der Trennung
von ihnen ebenso wenig hineindenken
wie in den des Todes.
Marie von Ebner-Eschenbach, Aphorismen

Was nicht zusammen kann
Bestehen, tut am besten, sich zu lösen.
Friedrich Schiller, Die Jungfrau von Orleans (Lionel)

Welche Schmerzen verursacht nicht
die Trennung, welche Sehnsucht und
Entbehrungen birgt nicht die Zukunft!
Fridtjof Nansen, In Nacht und Eis

Treten

Auch das mag im Bereich
des Menschlichen zu verstehen sein:
dass wer nach oben kriechen will,
nach unten treten muss.
Heinrich Waggerl, Briefe

Der kleinste Wurm, getreten,
windet sich.
William Shakespeare, Heinrich VI. (Clifford)

Treue

An solche Mauern halte dich,
Nichts ist so fest
Als Treue, die nicht von dir lässt.
Karl Simrock, Habsburgs Mauern

Beglückt, wer Treue
rein im Busen trägt,
Kein Opfer wird ihn je gereuen!
Johann Wolfgang von Goethe, Faust I (Faust)

Bestechung führt dich
weiter nicht als Treu.
William Shakespeare, Heinrich VIII. (Wolsey)

Das höchste aber
Von allen Gütern
ist der Frauen Schönheit. –
Der Frauen Treue
gilt noch höhern Preis.
Friedrich Schiller, Die Jungfrau von Orleans
(Burgund – Sorel)

Dem traue nie, der einmal Treue brach!
William Shakespeare, Heinrich VI. (Elisabeth)

Denn nicht durch Worte,
aber durch Handlungen zeigt sich
wahre Treue und wahre Liebe.
Heinrich von Kleist, Briefe (an Wilhelmine von Zenge, Anfang 1800)

Der eine beobachtet das Gesetz
getreu und ist dennoch treulos,
ein zweiter verletzt das Gesetz
und ist dennoch edel.
Oscar Wilde, Die Seele des Menschen unter dem Sozialismus

Der ist in tiefster Seele treu,
Wer die Heimat liebt wie du.
Theodor Fontane, Archibald Douglas

Die Erde freut sich
in einer treuen Seele,
Der Himmel gibt ihr Segen
und Gedeihn.
Johann Wolfgang von Goethe, Claudine von Villa Bella (Rugantino)

Die Hauptbestandteile eines guten
Charakters sind Treue und Mitleid.
Carl Hilty, Briefe

Die Liebe, die die Völker für den König
einer unumschränkten Monarchie empfinden, ist vielleicht weniger natur-
widrig als die Treue einer Frau gegen
ihren Mann, den sie nicht mehr liebt.
Honoré de Balzac, Physiologie der Ehe

Die Liebe, die in Stürmen lebt
und oft in den Armen der Treulosigkeit wächst, widersteht nicht immer
dem Frieden der Treue.
Antoine Comte de Rivarol, Maximen und Reflexionen

Die Treue der meisten Menschen
ist nur Erfindung ihrer Selbstsucht,
um zuverlässig zu erscheinen.
Auf diese Art erheben sie sich über
andere und verleiten sie dazu, ihnen
die wichtigsten Dinge anzuvertrauen.
François de La Rochefoucauld, Reflexionen

Die Treue des Herrschers erzeugt
und erhält die Treue seiner Diener.
Otto von Bismarck, Briefe (an Kaiser Wilhelm I., 25. Dezember 1883)

Die Treue einer Frau hat mit der Treue
eines Mannes prinzipiell
nichts gemein: Frauen sind, im Gegensatz zu Männern, für das Äußere ihres
Partners so gut wie unempfindlich.
Flirtet eine Frau mit dem besten Freund
ihres Mannes, so will sie damit
bestimmt nur dessen Frau ärgern
und nicht ihren Mann.
Esther Vilar, Der dressierte Mann

Die Treue ist der längere oder kürzere,
mitunter fast wehmütige Nachhall
der Liebe.
Heimito von Doderer, Repertorium. Ein Begreifbuch von höheren und niederen Lebens-Sachen

Die Treue ist etwas so Heiliges, dass
sie sogar einem unrechtmäßigen Verhältnis Weihe verleiht.
Marie von Ebner-Eschenbach, Aphorismen

Die Treulosigkeit ist sozusagen
eine Lüge der ganzen Person.
Jean de La Bruyère, Die Charaktere

Du kannst nur dir treu sein in der
Liebe; was du schön findest, das musst
du lieben, oder du bist dir untreu.
Bettina von Arnim, Goethes Briefwechsel mit einem Kinde

Ein Ideal wie eheliche Treue
oder vollkommene Keuschheit hat sich
als leicht zu verwirklichen erwiesen,
als es noch in ein so oder so beschaf-
fenes Paradies führte, und würde noch
heute verwirklicht werden können,
wenn nicht gefragt würde:
Wozu soll das gut sein?
Tania Blixen, Motto meines Lebens

Ein korrupter Minister ist nicht treu,
ein treuer Minister ist nicht korrupt.
Chinesisches Sprichwort

Es gibt nur ein Mittel, die Treue
der verheirateten Frauen zu sichern:
nämlich den jungen Mädchen
ihre Freiheit und den Verheirateten die
Möglichkeit der Scheidung zu geben.
Stendhal, Über die Liebe

Es gibt zwei Arten von Treue:
Die eine entdeckt ohne Unterlass
im geliebten Wesen neue Züge,
die andere sieht eine Pflicht darin,
beständig zu sein.
François de La Rochefoucauld, Reflexionen

Es ist albern, einem jungen Mädchen
zu sagen: »Du hast dem erwählten
Gatten treu zu sein«, und sie danach
zur Heirat mit einem langweiligen
Alten zu zwingen.
Stendhal, Über die Liebe

Es ist eben nicht viel, treu zu sein,
wo man liebt und wo die Sonne
scheint und das Leben bequem geht
und kein Opfer fordert. Nein, nein,
die bloße Treue tut es nicht.
Aber die bewährte Treue, die tut es.
Theodor Fontane, L'Adultera

Es ist schwerer,
der Geliebten treu zu sein,
wenn sie uns glücklich macht,
als wenn sie uns quält.
François de La Rochefoucauld, Reflexionen

Es ist ziemlich geschmacklos,
von der Treulosigkeit seiner Geliebten
zu sprechen. Aber taktloser noch ist es,
über ihre Treue zu witzeln.
Arthur Schnitzler, Aphorismen und Betrachtungen aus dem Nachlass

Es sind nicht die dümmsten Frauen,
die sich für eine Untreue des Mannes
durch bedingungslose Treue rächen.
Alec Guinness

Fast jede Frau wäre gerne treu.
Schwierig ist es bloß,
den Mann zu finden,
dem man treu sein kann.
Marlene Dietrich

Für mich ist das Glück gewiss
und die Liebe eins mit der Treue.
Friedrich Schlegel, Lucinde

Gibt es denn nirgends Treue?
Heinrich von Kleist, Briefe (an Wilhelmine von Zenge, 2. Dezember 1801)

Gut, ihr verschmäht Treue und Glauben. Was bietet die Unbeständigkeit
dafür? Etwa Genuss?
Stendhal, Über die Liebe

Hab lieber eine treue Frau
als ein Haus voller Kinder.
Chinesisches Sprichwort

Hand in Hand! und Lipp auf Lippe!
Liebes Mädchen, bleibe treu!
Johann Wolfgang von Goethe, An die Erwählte

Hier kosen sie, dort schaun sie hin,
Den Dritten haben sie im Sinn,
Und sie betrügen alle drei:
Das ist der Weiber Liebestreu.
Bhartrihari, Sprüche

Ich kann keinen Treueeid
auf die Fahne leisten,
solange ich nicht weiß, wer sie hält.
Peter Ustinov, Peter Ustinovs geflügelte Worte

Ich will ihn nicht verlassen,
und will ihm mit Treue dienen,
wenn's auch mein Leben kostet.
Jacob und Wilhelm Grimm, Der treue Johannes

Im Bunde der Natur ist Treue kein
Traum. Wir trennen uns nur,
um inniger einig zu sein,
göttlicher friedlich mit allem, mit uns.
Wir sterben, um zu leben.
Friedrich Hölderlin, Hyperion

In der Ehe ist die Treue der Frauen,
wenn sie nicht auf Liebe beruht,
offenbar etwas Widernatürliches.
Man hat versucht, dieses naturwidrige
Verhalten durch Höllendrohungen und
religiöse Beeinflussung zu erzwingen.
Das Beispiel Spaniens und Italiens
zeigt, wie weit man damit kommt.
Stendhal, Über die Liebe

Ist ein schönes Weib getreu,
Deren Lob sei immer neu.
Freidank, Bescheidenheit

Junge Leute möchten gern treu sein
und sind es nicht;
alte möchten gern untreu sein
und können es nicht.
Oscar Wilde, Das Bildnis des Dorian Gray

Keine Frau, die einen ihrer Freunde
bei einer anderen Frau sieht, glaubt,
diese wäre ihm gegenüber spröde.
Man sieht daraus,
wie sie übereinander denken,
und möge seine Schlüsse ziehen.
Chamfort, Maximen und Gedanken

Keine Treue währt den Sterblichen
je lange, wenn das Glück schwankt.
Silius Italicus, Punica

Kleyn kinderscheisze
ist der beste kitt für weybertreu.
Spruchweisheit aus Deutschland

Liebe die Treue und den Frieden!
Altes Testament, Sacharja 8, 19

Liebe und Treue werden
euer Leben zur ewigen Poesie machen.
Novalis, Heinrich von Ofterdingen

Man ist einem Mann nicht nur
seiner guten Eigenschaften wegen
treu.
Sully Prudhomme, Intimes Tagebuch

Mehr wert ist ein armer
und treuer Mann, sofern er Klugheit
und Trefflichkeit aufzuweisen hat,
und aus seiner Liebe erwächst
eine größere Freude als aus der
eines Fürsten oder Königs,
wenn dieser keine Treue kennt.
Marie de France, Equitan

Mein wichtigstes Lebensmotto
war immer: Treue.
Auch mir selbst gegenüber.
Heinz Rühmann

Muttertreu ist täglich neu.
Deutsches Sprichwort

Nicht viele Eide
sind Beweis von Treue,
Nein, nur ein einz'ger Schwur,
wahrhaft gelobt.
William Shakespeare, Ende gut, alles gut (Diana)

O wie viel holder
blüht die Schönheit doch,
Ist ihr der Schmuck der Treue
mitgegeben.
William Shakespeare, Sonette

Ohne Verrat würde man
Treue nicht bemerken.
Chinesisches Sprichwort

Sei dir selber treu,
Und daraus folgt,
so wie die Nacht dem Tage,
Du kannst nicht falsch sein
gegen irgendwen.
William Shakespeare, Hamlet (Polonius)

Sich zur Treue zwingen
ist nicht mehr als Untreue.
François de La Rochefoucauld, Reflexionen

Sind wir uns untreu,
wie
werden wir andern treu sein?
Johann Gottfried Herder, Vom Erkennen
und Empfinden der menschlichen Seele

Soll man nicht mühen den,
den man liebt?
Soll man nicht mahnen den,
dem man treu sei?
Konfuzius, Gespräche

Treu wie die Laus!
Emil Gött, Zettelsprüche. Aphorismen

Treue ist erst ein Problem,
wenn man nicht mehr liebt.
Esther Vilar

Treue kann man nie genug vergelten,
Untreue nie genug bestrafen.
Deutsches Sprichwort

Treue nach der Erhörung lässt sich
nur erwarten, sofern man sie –
trotz grausamer Zweifel,
Eifersüchte und Lächerlichkeiten –
schon vor der Hingabe besaß.
Stendhal, Über die Liebe (Fragmente)

Treue üben ist Tugend,
Treue erfahren ist Glück.
Marie von Ebner-Eschenbach, Aphorismen

Üb immer Treu und Redlichkeit
Bis an dein kühles Grab.
Ludwig Christoph Heinrich Hölty, Gedichte

Und die Treue, sie ist doch kein
leerer Wahn!
Friedrich Schiller, Die Bürgschaft

Verbreitet ist die Bezeichnung
»Freund«, doch selten ist die Treue.
Phaedrus, Fabeln

Vergessen ist Mangel an Treue.
Gabriel Marcel

Vertrauen ist Mut und Treue ist Kraft.
Marie von Ebner-Eschenbach, Aphorismen

Warum sollte man einem Liebhaber
treuer sein als einem Ehemann?
Jean-Jacques Rousseau, Julie oder
Die neue Héloïse (Saint-Preux)

Weh dir, du treulose Schar,
die sich zu einem
unsauberen Abkommen verbündet!
Ecbasis captivi in belehrender Gestalt (Fuchs)

Wenn einem die Treue Spaß macht,
dann ist es Liebe.
Julie Andrews

Wenn Treue nicht
ein Gegengeschenk ist,
dann ist sie die törichtste
aller Verschwendungen.
Arthur Schnitzler, Buch der Sprüche und Bedenken

Wer seinem Lande treu dient,
braucht keine Ahnen.
Voltaire, Mérope (Polyphontes)

Wer sich treu bleiben will,
kann nicht immer anderen treu bleiben.
Christian Morgenstern, Stufen

Wer treu ist, kennt nur
die triviale Seite der Liebe,
nur die Treulosen
kennen ihre Tragödien.
Oscar Wilde, Das Bildnis des Dorian Gray

Wir missachten Menschen eher wegen
der kleinsten Treulosigkeit gegen uns
als wegen der größten gegen andere.
François de La Rochefoucauld, Reflexionen

Zwei Jahre Treue über das Grab
bist du der Liebe schuldig.
Andreas Capellanus, Gebote des Minnerechts

Trieb

Andererseits jedoch ließe sich sagen,
dass nach erloschenem Geschlechts-
triebe der eigentliche Kern des
Lebens verzehrt und nur noch die
Schale desselben vorhanden sei, ja,

dass es einer Komödie gliche,
die von Menschen angefangen,
nachher von Automaten in
deren Kleidern zu Ende gespielt werde.
Arthur Schopenhauer, Aphorismen zur Lebensweisheit

Auch der Wille ist ein Trieb.
Aristoteles, Psychologie

Bei dem ehrbaren Geschäft der Ehe
ist der Geschlechtstrieb
in der Regel nicht so munter;
da ist er trüber und stumpfer.
Michel Eyquem de Montaigne, Die Essais

Das Triebwerk der Frau ist
viel stärker als das unsere;
all seine Hebel bewegen das
menschliche Herz.
Jean-Jacques Rousseau, Emile

Das, was begehrt,
wird, sofern es begehrt,
in Bewegung gesetzt,
und der Trieb ist aktuelle Bewegung.
Aristoteles, Psychologie

Der Geschmack mag sich ändern,
der Trieb nicht.
François de La Rochefoucauld, Reflexionen

Der Trieb der menschlichen Natur,
das Interesse, das dem Staate zugrunde
liegt, ist überall dasselbe.
Heinrich von Treitschke, Die Gesellschaftswissenschaft

Der Trieb setzt immer eine Vorstellungskraft (Phantasie) voraus;
diese kann entweder auf dem Denken
oder auf dem Empfinden beruhen;
die letztere Art von Vorstellungskraft
haben auch die Tiere.
Aristoteles, Psychologie

Die Revolution kennt keine Triebe;
denn die Revolution ist Trieb.
Fidel Castro

Die Vernunft geht immer den rechten
Weg, Trieb und Phantasie aber bald
den rechten, bald den falschen.
Aristoteles, Psychologie

Es hat der Autor, wenn er schreibt,
So was Gewisses, das ihn treibt.
Johann Wolfgang von Goethe, An Personen

Geh du vernunftwärts,
mich lass triebwärts gehen!
Emil Gött, Im Selbstgespräch

Gewissensbiss:
Der Trieb wird Hemmung.
Hans Lohberger

Hunger und Liebe sind die Triebkräfte
aller menschlichen Handlungen.
Anatole France

In einer Hose ist die Moral
schlecht aufgehoben.
Francis M. de Picabia, Aphorismen

In uns, die wir noch jung sind,
ändert nichts der Natur Triebe,
und alle unsre Regungen
scheinen sich ähnlich.
Jean-Jacques Rousseau, Julie oder Die neue Héloïse (Saint-Preux)

Je vernünftiger der Mensch wird,
desto mehr schämt er sich seiner
widerspruchsvollen, niedrigen und
verderbten Triebe. Dies ist der
klarste Beweis dafür, dass der Mensch
nicht fertig erschaffen wurde.
François de La Rochefoucauld, Nachgelassene Maximen

Jeder Trieb, den wir zu ersticken suchen,
brütet im Innern fort und vergiftet uns.
Oscar Wilde, Das Bildnis des Dorian Gray

Jeder Trieb verfolgt einen Zweck,
und dieser Zweck,
nach dem der Trieb strebt,
ist das Prinzip der praktischen
Vernunft; das letzte aber, das Ziel,
ist das Prinzip des Handelns.
Aristoteles, Psychologie

Kain und Abel sind Symbole und
Beispiele für die stärksten Triebe,
die die Mitglieder der menschlichen
Gesellschaft in Hass, Blutvergießen
und Kriege stürzen und schließlich
zur Selbstzerstörung führen: sexuelle
Besessenheit, Besitzgier, religiöser
Fanatismus, Fanatismus überhaupt.
Elie Wiesel, Adam oder das Geheimnis des Anfangs

Man muss aber erreichen,
dass die Triebe der Vernunft
gehorchen und ihr weder vorauseilen
noch sie aus Trägheit oder Schlaffheit
im Stich lassen und dass sie ruhig
und frei sind von jeder Verwirrung
der Seele. Daraus wird hervorleuchten
jegliche Beständigkeit und jegliche
Mäßigung.
Marcus Tullius Cicero, Vom rechten Handeln

Mich treibt mein Fleisch dazu,
und wen der Teufel treibt,
der muss wohl gehn.
William Shakespeare, Ende gut, alles gut

Mit dem Essen der Frucht der Erkenntnis ist der Unterschied zwischen Gut
und Böse hineingekommen, zugleich
aber die geschlechtliche Verschiedenheit als Trieb. Wie dies zugegangen
sei, kann keine Wissenschaft erklären.
Søren Kierkegaard, Der Begriff Angst

Nur in einem Trieb sind wir stark,
ohne nach dem Wohin und Wozu
zu fragen – in der Arbeit.
Friedrich Sieburg, Die Lust am Untergang (1954)

Reiz ist die Triebfeder unsres Daseins.
Johann Gottfried Herder, Vom Erkennen und
Empfinden der menschlichen Seele

Sei ganz ein Weib und gib
Dich hin dem Triebe, der dich zügellos
Ergreift und dahin oder dorthin reißt.
Johann Wolfgang von Goethe,
Iphigenie auf Tauris (Thoas)

Sogar ließe sich behaupten, dass sie
mannigfaltigen und endlosen Grillen,
welche der Geschlechtstrieb erzeugt,
und die aus ihnen entstehenden
Affekte einen beständigen, gelinden
Wahnsinn im Menschen unterhalten,
solange er unter dem Einfluss jenes
Triebes oder jenes Teufels, von dem
er stets besessen ist, steht; sodass er
erst nach Erlöschen desselben ganz
vernünftig würde.
Arthur Schopenhauer, Aphorismen zur Lebensweisheit

Wer kann sagen,
wo die fleischlichen Triebe aufhören
oder wo die seelischen Triebe beginnen?
Wie oberflächlich sind die willkürlichen Definitionen der landläufigen
Psychologen.
Oscar Wilde, Das Bildnis des Dorian Gray

Wer seine Neigungen stutzt,
schafft Triebe.
Charles Regnier

Wille ist der Kern des Seelenlebens,
der Trieb, der sich der Sinne und
des Geists bedient.
Oswald Spengler, Urfragen. Fragmente
aus dem Nachlass

Wo die Liebe auftaucht,
fängt sie alle anderen Triebe ein
und überführt sie in Liebe.
Bernhard von Clairvaux, 83. Ansprache
über das Hohelied Salomos

Trinken

An seiner Rübe erkennt
man den Trunkenbold.
Sprichwort aus Frankreich

Auf einen guten Bissen
gehört ein guter Trunk.
Deutsches Sprichwort

Bier auf Wein, das lass sein;
Wein auf Bier, das rat ich dir.
Deutsches Sprichwort

Dem einen hilft Nüchternheit,
dem andern ein guter Trunk.
Martin Luther, Tischreden

Der erste Trunk über den Durst
macht ihn zum Narren,
der zweite toll,
und der dritte ersäuft ihn.
William Shakespeare, Was ihr wollt (Narr)

Der Fisch will schwimmen.
Deutsches Sprichwort

Der letzte Trunk sei nun mit ganzer Seele
Als festlich-hoher Gruß dem Morgen
zugebracht!
Johann Wolfgang von Goethe, Faust I (Faust)

Der Mensch lebt nicht vom Brot allein.
Nach einer Weile braucht er einen
Drink.
Woody Allen

Der Trinker spricht immer vom Wein.
Sprichwort aus Italien

Der Wirt ist der beste,
der mehr trinkt als die Gäste.
Deutsches Sprichwort

Die Augen täten ihm sinken;
Trank nie einen Tropfen mehr.
Johann Wolfgang von Goethe, Der König in Thule

Die besten Vergrößerungsgläser
für die Freuden der Welt sind die,
aus denen man trinkt.
Joachim Ringelnatz

Die Erde dreht sich um sich selber.
Man merkt es deutlich,
wenn man trinkt.
Erich Kästner, Dr. Erich Kästners lyrische Hausapotheke

Die Kart und die Kanne macht
manchen zum armen Manne.
Deutsches Sprichwort

Dies Glas dem guten Geist!
Friedrich Schiller, An die Freude

Durst ist der beste Kellner.
Deutsches Sprichwort

Ein Bernhardiner ist das letzte,
was ich sein möchte.
Dauernd die Flasche am Hals
und niemals trinken dürfen.
Joachim Ringelnatz

Er setzt' ihn an, er trank ihn aus:
O Trank voll süßer Labe!
O wohl dem hoch beglückten Haus,
Wo das ist kleine Gabe!
Johann Wolfgang von Goethe, Der Sänger

Es gibt Leute, die trinken so oft
auf die Gesundheit anderer,
bis die eigene ruiniert ist.
Heinz Schenk

Es trinken tausend eher den Tod,
Als einer sterb in Durstesnot.
Freidank, Bescheidenheit

Essen ist besser als Trinken
für jemand unter vierzig;
danach gilt die umgekehrte Regel.
Talmud

Essen ist ein Bedürfnis des Magens,
Trinken ein Bedürfnis des Geistes.
Claude Tillier, Mein Onkel Benjamin

Essen nimmt,
Trinken gibt Enthusiasmus.
Jean Paul, Aphorismen

Gott schützt die Trunkenbolde.
Sprichwort aus Frankreich

Habe ich heute Schnaps,
dann will ich heute trinken,
was kümmert es mich,
was morgen wird.
Chinesisches Sprichwort

Ich mag es gerne leiden,
Wenn auch der Becher überschäumt.
Friedrich Schiller, Dom Karlos (König Philipp)

Ich singe gerne, trinke gerne
Und liebe wohl, geliebt zu sein.
Adelbert von Chamisso, Gedichte

In Gemeinheit tief versunken,
Liegt der Tor, vom Rausch bemeistert;
Wenn er trinkt, wird er betrunken,
Trinken wir, sind wir begeistert.
Friedrich von Bodenstedt, Mirza Schaffy

Je mehr man trinkt,
desto mehr Durst hat man.
Sprichwort aus Frankreich

Jeder muss sich selbst austrinken
wie einen Kelch.
Christian Morgenstern, Stufen

Man kann nicht allen Wein trinken,
den es zu kaufen gibt.
Chinesisches Sprichwort

Man muss zuweilen trinken,
um den Ideen, die in eines Gehirn liegen,
und den Falten mehr Geschmeidigkeit
zu geben und die alten Falten
wieder hervorzurufen.
Georg Christoph Lichtenberg, Sudelbücher

Man spricht vom vielen Trinken stets,
Doch nie vom großen Durste.
Victor von Scheffel, Gaudeamus

Man tanzt, man schwatzt,
man kocht, man trinkt, man liebt,
Nun sage mir, wo es was Bessers gibt!
Johann Wolfgang von Goethe, Faust I (Mephisto)

Meide die Gesellschaft von Leuten,
die gern trinken, und nimm weder
Wein noch Wodka zu dir.
Leo N. Tolstoi, Tagebücher (1853)

Nicht der Wein macht die Menschen
betrunken, die Menschen machen sich
selbst betrunken.
Chinesisches Sprichwort

Nur was ich trinke, gehört mir.
Sprichwort aus Polen

Shaoxing – Wein ist ein Edelmann,
Samshoo – Fusel ist ein Lumpenkerl.
Chinesisches Sprichwort

Sogar manche Stoiker geben den Rat,
gelegentlich eins über den Durst zu
trinken, um die Seele zu lockern.
Michel Eyquem de Montaigne, Die Essais

Solang man trinken kann,
lässt sich's noch glücklich sein.
Johann Wolfgang von Goethe, Die Mitschuldigen (Söller)

Tanz und Gelag
ist des Teufels Feiertag.
Deutsches Sprichwort

Trink dich satt am Wasser
der hellen Quelle!
Lucius Apuleius, Der goldene Esel

Trink ihn aus, den Trank der Labe,
Und vergiss den großen Schmerz!
Friedrich Schiller, Das Siegesfest

Trinke nicht mehr Wein,
als du messen kannst.
Chinesisches Sprichwort

Trinke nicht Wasser
aus einer schmutzigen Quelle,
ruhe nicht im Schatten
eines giftigen Baumes.
Chinesisches Sprichwort

Trinke Tee,
und du kommst zu Kräften.
Chinesisches Sprichwort

Trinker reden gern,
sind herzlich und freimütig, sind,
von ihrem einen Fehler abgesehen,
fast immer gute, rechtschaffene,
gerechte, treue, wackere und
ehrbare Leute.
Jean-Jacques Rousseau, Brief an d'Alembert

Trinket, denn die Posaunen rufen zur
Schlacht, und dies ist die Wegzehrung.
Gilbert Keith Chesterton, Heretiker

Trunk mag taugen,
wenn man ungetrübt
Sich den Sinn bewahrt.
Edda, Hávamál (Des Hohen Lied)

Und das Wohl der ganzen Welt ist's,
worauf ich ziele.
Johann Wolfgang von Goethe, Tischlied

Und so trink ich! trinke! trinke!
Stoßet an, ihr! Tinke-tinke!
Du dort hinten, komm heran!
Stoßet an, so ist's getan.
Johann Wolfgang von Goethe, Faust II (Trunkner)

Viel gesünder bleibt das Hirn dessen,
der Essig trinkt.
Ecbasis captivi in belehrender Gestalt (Wolf)

Wasser ist nicht zum Trinken da,
sonst hätte Gott nicht
so viel davon gesalzen.
Brendan Behan

Wein auf Milch ist eine Wohltat,
Milch auf Wein ist Gift.
Sprichwort aus Frankreich

Welch loses Anhängsel ist doch die
Kultur! Trink einen Edelmann unter
den Tisch, und er wird zum Wilden.
August Strindberg, Der Sohn der Magd

Wen der Kellner liebt, der trinkt oft.
Deutsches Sprichwort

Wenn du das Trinken aufgeben willst,
schau dir mit nüchternen Augen
einen Betrunkenen an.
Chinesisches Sprichwort

Wenn du trinkst,
denke an die Armut der Familie.
Chinesisches Sprichwort

Wenn du Wasser trinkst,
denke an die Quelle.
Chinesisches Sprichwort

Wenn ein Alter nicht mehr trinkt,
kann man ihm das Grab schaufeln.
Sprichwort aus Spanien

Wenn man nicht trinken kann,
Soll man nicht lieben;
Doch sollt ihr Trinker euch
Nicht besser dünken,
Wenn man lieben kann,
Soll man nicht trinken.
Johann Wolfgang von Goethe, West-östlicher Divan

Wenn Saufen eine Ehr ist,
ist Speien keine Schande.
Deutsches Sprichwort

Wer getrunken hat,
wird wieder trinken.
Sprichwort aus Frankreich

Wer Herr über seinen Durst ist,
ist auch Herr über seine Gesundheit.
Sprichwort aus Frankreich

Wer nicht kann blechen,
der lasse das Zechen.
Deutsches Sprichwort

Wer nicht raucht und nicht trinkt,
hat sich schon einem
anderen Laster verdingt.
Sprichwort aus Spanien

Wir reden immer von der Sünde des
unmäßigen Trinkens,
weil es auf der Hand liegt,
dass der Arme ihr leichter unterliegt
als der Reiche.
Gilbert Keith Chesterton, Heretiker

Wo wir trinken,
wo wir lieben,
Da ist reiche, freie Welt.
Johann Wolfgang von Goethe, Wanderlied

Zu viel kann man wohl trinken,
Doch nie trinkt man genug.
Gotthold Ephraim Lessing,
Antwort eines trunkenen Dichters

Triumph

Die Wahrheit triumphiert nie;
ihre Gegner sterben nur aus.
Max Planck

Freude
kommt aus dem Willen,
der sich abmüht,
Hindernisse überwindet,
triumphiert.
William Butler Yeats, Entfremdung

Triumph
ist der Gegenausschlag zur Angst.
Die zittert mit im Triumph.
Walter Hilsbecher

Zu prunken verstehen.
Es ist die Glanzbeleuchtung
der Talente; für jedes derselben
kommt eine Zeit: Die benutze man,
denn nicht jeder Tag
wird der des Triumphes sein.
Baltasar Gracián y Morales,
Handorakel und Kunst der Weltklugheit

Trockenheit

Ist der Februar trocken und kalt,
kommt im Frühjahr die Hitze bald.
Bauernregel

Lässt der März sich trocken an,
bringt er Brot für jedermann.
Bauernregel

Märzenstaub bringt Gras und Laub.
Bauernregel

Trost

Ach, ich wünschte,
ich hätte einen Liebhaber,
der mich lieben, festhalten, trösten
und mich am Denken hindern würde.
Katherine Mansfield, Tagebücher

Ach, nun tröstet seine Stunden
Gutes Wort und Freundesruf.
Johann Wolfgang von Goethe, Rinaldo (Chor)

Belehrung findet man öfter
in der Welt als Trost.
Georg Christoph Lichtenberg, Sudelbücher

Das Gebet tröstet.
Leo N. Tolstoi, Tagebücher (1890)

Das Herz kann nur zum Herzen sich
wenden; es findet nur in sich selbst,
in seinem eignen Wesen Trost.
Ludwig Feuerbach, Das Wesen des Christentums

Das schwere Herz
wird nicht durch Worte leicht.
Doch können Worte
uns zu Taten führen.
Friedrich Schiller, Wilhelm Tell (Tell und Stauffacher)

Der Trost ist die Kunst des Alters.
Simone de Beauvoir

Die Kunst kann nicht trösten;
sie verlangt schon Getröstete.
Ernst von Feuchtersleben, Aphorismen

Die Trösterin Zeit!
Voltaire, Die beiden Getrösteten

Die Zeit entschuldigt,
wie sie tröstet, Worte sind
in beiden Fällen von wenig Kraft.
Johann Wolfgang von Goethe,
Wilhelm Meisters Lehrjahre

Dies Trösten kommt zu spät,
's ist wie Begnad'gen
nach der Hinrichtung.
William Shakespeare, Heinrich VIII. (Katharina)

Eingebildete Leute haben mir
nie Leid getan, denn sie tragen
ja ihren Trost mit sich herum.
George Eliot, Die Mühle am Floss

Es gibt Fälle, ja, es gibt deren!,
wo jeder Trost niederträchtig
und Verzweiflung Pflicht ist.
Johann Wolfgang von Goethe,
Die Wahlverwandtschaften

Es gibt keinen Trost
über den Tod hinaus, weil der Tod
selbst schon der Trost ist.
Dolf Sternberger

Es ist ein unpassendes Spiel,
Trost zu spenden für erheuchelte
Schmerzen, die man durchschaut.
Luc de Clapiers Marquis de Vauvenargues,
Nachgelassene Maximen

Fassen Sie Mut, seien Sie ein Mann,
und seien Sie wieder Sie selbst.
Jean-Jacques Rousseau, Julie oder
Die neue Héloïse (Claire)

Frauen trösten uns über jeden Kummer
hinweg, den wir ohne sie nicht hätten.
Jean Anouilh

Für jede Wunde gibt es eine Salbe.
Sprichwort aus England

Gegen die Erde gibt es keinen Trost
als den Sternenhimmel.
Jean Paul, Quintus Fixlein

Habe ich mir das Bein gebrochen,
so ist es kein Trost,
dass ein anderer sich den Hals brach.
Sprichwort aus Dänemark

Ich habe so oft erfahren,
wie ein Zuruf, der aus dem
Heiligtume unserer Seele kam,
in tiefer Betrübnis uns beglücken
und neues Leben, neue Hoffnung
schaffen kann.
Friedrich Hölderlin, Briefe (an die Schwester,
19. März 1800)

Ironie ist keine Waffe,
eher ein Trost der Ohnmächtigen.
Ludwig Marcuse, Argumente und Rezepte.
Ein Wörter-Buch für Zeitgenossen

Kein Kummer ohne seinen Trost.
Baltasar Gracián y Morales, Handorakel und Kunst
der Weltklugheit

Komm, unglücklicher Freund;
schütte deinen Kummer in dieses
Herz aus, das dich liebt.
Jean-Jacques Rousseau, Julie oder Die neue Héloïse
(Eduard)

Man versucht, den anderen zu trösten,
wenn man verbergen will, dass man
nicht mit ihm trauern kann.
Heinrich Waggerl, Aphorismen

Menschentrost steht in äußerlicher,
ansehnlicher Hülf, die man greifen,
sehen und fühlen kann. Gottestrost
steht allein im Wort und der Zusage,
da er weder zu sehen, hören,
noch fühlen ist.
Martin Luther, Tischreden

Nach Regen kommt Sonnenschein.
Deutsches Sprichwort

Neuer Freunde Wort erklingt
Dem Ohr beredter als gewohnter
Freunde Trost.
Euripides, Andromache

Nicht der Mensch hat Trost
von der Natur zu erwarten,
wie die Idylliker meinen.
Die Natur vielmehr erwartet
Trost vom Menschen.
Max Brod

Schließe mir die Augen beide
Mit den lieben Händen zu!
Geht doch alles, was ich leide,
Unter deiner Hand zur Ruh.
Theodor Storm, Trost

Schweigt die Eigenliebe und
spricht die Vernunft,
so tröstet sie uns über alle Leiden,
die wir nicht vermeiden konnten.
Jean-Jacques Rousseau, Träumereien eines
einsamen Spaziergängers

Selig die Trauernden,
denn sie werden getröstet werden.
Neues Testament, Matthäus 5, 4 (Jesus: Bergpredigt)

So ist es auf Erden: Jede Seele wird
geprüft und wird auch getröstet.
Fjodor M. Dostojewski, Der Jüngling

So komme,
was da kommen mag!
Solange du lebst,
ist es Tag.
Theodor Storm, Trost

Trost wohnt im Himmel,
und wir sind auf Erden,
Wo nichts als Kreuz,
als Sorg' und Kummer lebt.
William Shakespeare, Richard II. (York)

Trösten heißt, das Gefühl des
Schmerzes in der Seele zu tilgen,
ohne jedoch seine Ursache
beseitigen zu können.
Sully Prudhomme, Gedanken

Unsere Tröstungen
sind Schmeicheleien
für die Leidtragenden.
Luc de Clapiers Marquis de Vauvenargues,
Unterdrückte Maximen

Verzweiflung tröstet hoffnungslose
Liebe, doch des Rivalen Glück erträgt
sie nicht.
Richard B. Sheridan, Der Kritiker

Wenn der schwer Gedrückte klagt:
Hilfe, Hoffnung sei versagt,
Bleibet heilsam fort und fort
Immer noch ein freundlich Wort.
Johann Wolfgang von Goethe, West-östlicher Divan

Wenn ich traurig bin und spazieren
gehe, so finde ich Trost in der Macht
und Wahrheit der Natur.
Jacob Grimm, An Achim von Arnim (20. Mai 1811)

Wie schwach sind doch
die Tröstungen der Freundschaft,
wo die der Liebe fehlen!
Jean-Jacques Rousseau, Julie oder
Die neue Héloïse (Julie)

Trotz

Das widerspenstige Kamel
wird doch beladen
Und hat mit seinem Trotz verscherzt
des Treibers Gnaden.
Friedrich Rückert, Die Weisheit des Brahmanen

Der Trotz ist
die einzige Stärke des Schwachen –
und eine Schwäche mehr.
Arthur Schnitzler, Buch der Sprüche und Bedenken

Ehrlichkeit macht unbesonnen,
auch wohl trotzig.
Johann Wolfgang von Goethe, Egmont (Vansen)

Hinter der Rute steht,
mächtiger als sie, unser Trotz,
unser trotziger Mut.
Max Stirner, Der Einzige und sein Eigentum

Niemals noch ertrug die Majestät
Das finstere Trotzen einer Dienerstirn.
William Shakespeare, Heinrich IV. (Heinrich)

O Lieber, lern im Ungemach nicht,
trotzig sein.
Sophokles, Philoktet (Neoptolemos)

O Tor, im Unglück ist
der Trotz nicht förderlich!
Sophokles, Ödipus auf Kolonos (Theseus)

Warum sind nicht mehr
Leute aus Trotz gut?
Elias Canetti, Die Provinz des Menschen.
Aufzeichnungen 1942–1972

Trübsal

Bei Trübsal ist Gleichmut
die beste Würze.
Titus Maccius Plautus, Das Tau

Dem Fröhlichen ist
jedes Unkraut eine Blume,
dem Betrübten
jede Blume ein Unkraut.
Sprichwort aus Finnland

Denn gerne gedenkt ja
ein Mann der Trübsal.
Homer, Odyssee

Pessimisten sind Leute,
die nur ein einziges Instrument blasen:
Trübsal.
Wim Thoelke

Trunkenheit

Betrunkene und Wütende
sagen alles, was sie denken.
Sprichwort aus Frankreich

Beweisen eines Trunknen Schmach-
reden, dass man sie verdiene?
Jean-Jacques Rousseau, Julie oder
Die neue Héloïse (Julie)

Die Betrunkenen denken
nicht ihre eigenen Gedanken.
Sprichwort aus Russland

Die Ideale sind zerronnen,
Die einst das trunke Herz geschwellt.
Friedrich Schiller, Die Ideale

Ein wenig Wein, in Maßen genossen,
ist Medizin für Leib und Seele,
denkt der Weise Memnon,
und betrinkt sich.
Voltaire, Memnon oder Die menschliche Weisheit

Halb besoffen ist schade ums Geld.
Robert Lembke, Steinwürfe im Glashaus

Hitzige Trunkenheit herrschte
allüberall in der Halle;
die zuvor so gewandte Rede begann,
jetzt weinfeuchtem Munde
entströmend, zu stammeln.
Starke Helden hättest du auf ihren
Füßen wanken sehen können.
Waltharilied (9./10. Jh.)

Im Zustande der Betrunkenheit ist
der Mensch nur wie ein Tier,
nicht als Mensch, zu behandeln.
Immanuel Kant, Die Metaphysik der Sitten

Je voller, je toller.
Deutsches Sprichwort

Jedermann, der das vernünftige
Denken geschmeckt hat und die
Fähigkeit besitzt, davon zu kosten,
ist der Ansicht, dass im Vergleich
damit alles andere nichts zu bedeuten
habe, und dies ist der Grund,
dass niemand von uns zeitlebens
betrunken oder ein Kind bleiben
möchte.
Aristoteles, Protreptikos

Jugend ist Trunkenheit ohne Wein.
Johann Wolfgang von Goethe, West-östlicher Divan

Über Betrunkene und Kinder
wacht eine besondere Vorsehung.
Sprichwort aus Schottland

Überall wird die Trunkenheit am
meisten von Leuten verabscheut,
die am meisten Grund haben,
sich vor ihr in Acht zu nehmen.
Jean-Jacques Rousseau, Brief an d'Alembert

Was in mir aber Unruhe erweckt, ist,
dass oft das Betragen eines vom Wein
erhitzten Menschen bloß die Wirkung
dessen ist, was zu andern Zeiten im
Innersten seines Herzens vorgeht.
Jean-Jacques Rousseau, Julie oder Die neue Héloïse (Julie)

Was zeigt Trunkenheit nicht an?
Sie deckt Verborgenes auf.
Horaz, Briefe

Wenn alle sagen, du seist betrunken,
geh zu Bett, auch wenn du
nur Wasser getrunken hast.
Sprichwort aus Montenegro

Wenn du einen Betrunkenen siehst,
betrachte ihn aufmerksam und stell
dir ganz nüchtern die Frage,
ob du jemals dieses Vieh,
diese Schande der menschlichen
Vernunft sein möchtest.
Philipp Stanhope Earl of Chesterfield, Briefe über die anstrengende Kunst, ein Gentleman zu werden

Wenn einer in der Trunkenheit
etwas Sträfliches begeht,
so muss er doppelte Strafe erleiden,
als wenn er es in der Nüchternheit
begangen hätte.
Plutarch, Das Gelage der Sieben Weisen

Wer sich mit Wein betrinkt,
wird wieder nüchtern, wer sich mit
Reichtum betrinkt, niemals.
Sprichwort aus Afrika

Trunksucht

Alle schlechten Eigenschaften
entwickeln sich in der Familie.
Das fängt mit Mord an und geht
über Betrug und Trunksucht
bis zum Rauchen.
Alfred Hitchcock

Die Trunksucht ist grob und brutal;
dadurch unterscheidet sie sich,
wie es mir vorkommt, von den
anderen Lastern. Die anderen sind
sozusagen geistiger.
Michel Eyquem de Montaigne, Die Essais

Ein Rausch ist zu ertragen,
die Trunksucht aber nicht.
Martin Luther, Tischreden

Großer Verdruss ist
eine trunksüchtige Frau, sie kann
ihre Schande nicht verbergen.
Altes Testament, Jesus Sirach 26, 8

Tüchtigkeit

Das Tüchtige, und wenn auch falsch,
Wirkt Tag für Tag, von Haus zu Haus;
Das Tüchtige, wenn's wahrhaft ist,
Wirkt über alle Zeiten hinaus.
Johann Wolfgang von Goethe, Sprüche

Dem Tüchtigen ist
diese Welt nicht stumm!
Johann Wolfgang von Goethe, Faust II (Faust)

Die Menge kann tüchtige Menschen
nicht entbehren, und die Tüchtigen
sind ihnen jederzeit zur Last.
Johann Wolfgang von Goethe, Maximen und Reflexionen

Eile: die Tüchtigkeit von Stümpern.
Ambrose Bierce

Ein tüchtiger Mann
braucht drei Gehilfen.
Chinesisches Sprichwort

Es ist aber mit jedem Wesen
wohl bestellt, wenn es die ihm
eigentümliche Tüchtigkeit besitzt.
Aristoteles, Protreptikos

Es ist so viel gleichzeitig Tüchtiges
und Trefflliches auf der Welt,
aber es berührt sich nicht.
Johann Wolfgang von Goethe, Maximen und Reflexionen

Es werden mehr Menschen
durch Übung tüchtig als durch
ihre ursprüngliche Anlage.
Demokrit, Fragment 242

Glück hat auf die Dauer doch
zumeist wohl nur der Tüchtige.
Helmuth Graf von Moltke, Über Strategie

Kein Mensch ist mir ein Fremder,
wenn er tüchtig ist.
Menandros, Fragmente

Sparen und Hungern kann
von Nutzen sein; bei Gelegenheit
aber auch das Ausgeben. Den
rechten Augenblick dafür zu erkennen,
zeigt den tüchtigen Mann.
Demokrit, Fragment 229

Suchst Du eine Frau,
schau nicht auf ihre Schönheit,
sondern dass sie tüchtig
bei der Arbeit ist.
Chinesisches Sprichwort

Tüchtig ist das, was zugleich
Nachdruck und Geschick hat,
was zermalmende Kraft mit
klarer stiller Einsicht verbindet.
Friedrich Schlegel, Über die Philosophie

Tüchtigkeit ist weder
Fähigkeit noch Begabung,
sondern Gewohnheit.
Peter Drucker

Wie dem Adler der Himmel offen
steht, so ist dem tüchtigen Mann
die ganze Welt das Vaterland.
Euripides, Fragmente

Wind und Wellen sind immer auf
der Seite des besseren Seefahrers.
Edward Gibbon, Geschichte des Verfalls und Untergangs des Römischen Reiches

Tugend

Aber Tugend und Laster,
sie unterscheiden die Menschen.
Johann Wolfgang von Goethe, Reineke Fuchs

Ach, der Tugend schöne Werke,
Gerne möcht' ich sie erwischen,
Doch ich merke, doch ich merke,
Immer kommt mir was dazwischen.
Wilhelm Busch, Kritik des Herzens

Ach, ich fühl' es! Keine Tugend
Ist so recht nach meinem Sinn;
Stets befind' ich mich am wohlsten,
Wenn ich damit fertig bin.
Wilhelm Busch, Kritik des Herzens

Ach Tugend,
wie schmal sind deine Stege,
wie kümmerlich sind deine Wege!
Wohl dem, der diese Wege
und Stege betritt und geht!
Gottfried von Straßburg, Tristan

Alle Tugend liegt darnieder,
wenn nicht der Ruf sie weithin
bekannt macht.
Publilius Syrus, Sentenzen

Alle Tugenden aus Nachahmung sind
Affentugenden. Eine Handlung ist
sittlich gut, nur wenn man sie als
solche tut, nicht weil andere sie tun.
Jean-Jacques Rousseau

Alle Tugenden münden in den
Eigennutz wie die Ströme ins Meer.
François de La Rochefoucauld, Reflexionen

Alles lässt sich erlernen
– selbst die Tugend.
Joseph Joubert, Gedanken, Versuche und Maximen

Alt ist ein Mann dann,
wenn er an einer Frau vor allem
ihre Tugend bewundert.
Sacha Guitry

Am höchsten ehren die Götter
die Tugend im Geleit des Eros.
Platon, Das Gastmahl

Arbeit ist des Blutes Balsam,
Arbeit ist der Tugend Quell.
Johann Gottfried Herder, Der Cid

Aristoteles lehrt uns,
ich leugne es nicht, was Tugend ist;
aber jene überzeugenden und
begeisternden Worte,
die uns zur Liebe der Tugend und
zum Hass des Lasters bewegen,
durch die der Geist entzündet und
angefeuert wird, kennt er nicht
oder doch nur selten.
Francesco Petrarca, Von seiner und vieler Leute
Unwissenheit

Auch bei den verdorbensten Menschen
gibt es in der Empfindung immer
noch einen Punkt, an dem die Tugend
zu fassen ist. Wer ihn gefunden hat,
bringt leicht eine Bekehrung zustande.
Sully Prudhomme, Gedanken

Auch die Begriffe von Tugend
und Sittlichkeit sind der Mode
unterworfen, und wer sich nicht
nach den Modebegriffen seines
Jahrhunderts schmiegen kann,
der wird von den Zeitgenossen
verkannt und verschrien.
Moses Mendelssohn, Briefe

Auch die Tugend ist eine Kunst,
und auch ihre Anhänger teilen sich
in Ausübende und in bloße Liebhaber.
Marie von Ebner-Eschenbach, Aphorismen

Auch Tugenden stecken an.
Erich Kästner

Auf angeborene Tugenden
ist man nicht stolz.
Marie von Ebner-Eschenbach, Aphorismen

Auf Tugend gegründetes Glück
wird durch nichts zerstört.
Leo N. Tolstoi, Tagebücher (1851)

Auf Tugend, nicht auf Blut
muss man sich stützen.
Claudius Claudianus,
De quarto consulatu honorii Augusti

Bei allen Tugenden, bei allen
Pflichten sucht man nur den Schein;
ich suche die Wirklichkeit.
Jean-Jacques Rousseau, Emile

Bei aller Tugend,
Fähigkeit und gutem Benehmen
kann einer doch unerträglich sein.
Jean de La Bruyère, Die Charaktere

Bewunderung der Tugend
ist Talent zur Tugend.
Marie von Ebner-Eschenbach, Aphorismen

Dankbarkeit ist die geringste
der Tugenden, Undank das
schlimmste der Laster.
Sprichwort aus England

Das also sind die wahren Philosophen
und die besten Tugendlehrer,
deren erste und letzte Absicht es ist,
den Hörer und Leser gut zu machen,
die nicht nur lehren, was das Wesen
von Tugend und Laster ist und unser
Ohr mit der ewigen Versicherung
quälen, dass die erstere schön und
das andere hässlich sei, sondern die
uns Liebe und Sehnsucht nach diesem
höchsten Gute einflößen und Hass
gegen die Schlechtigkeit und Flucht
vor der Sünde predigen.
Francesco Petrarca, Von seiner und vieler
Leute Unwissenheit

Das große, mit Pflicht-, Ehr- und
Rechtsbegriffen ausstaffierte Tugend-
exemplar ist unbedingt respektabel
und kann einem sogar imponieren,
trotzdem ist es nicht das Höchste.

Liebe, Güte, die sich bis zur Schwachheit steigern dürfen, müssen hinzukommen und unausgesetzt darauf
aus sein, die kalte Vortrefflichkeit zu
verklären, sonst wird man all dieses
Vortrefflichen nicht recht froh.
Theodor Fontane, Meine Kinderjahre

Das Herz ist das Genie der Tugend,
die Moral dessen Geschmackslehre.
Jean Paul, Levana

Das höchste Gut derjenigen,
die den Weg der Tugend gehen,
ist allen gemeinsam, und alle können
sich gleichermaßen daran erfreuen.
Baruch de Spinoza, Ethik

Das ist die Art der tugendhaften Weiber,
Dass ewig sie mit ihrer Tugend zahlen.
Bist du betrübt,
so trösten sie mit Tugend,
Und bist du froh gestimmt,
Ist's wieder Tugend,
die dir zuletzt die Heiterkeit benimmt,
Wohl gar die Sünde
zeigt als einz'ge Rettung.
Franz Grillparzer, Die Jüdin von Toledo (König)

Das Laster nämlich täuscht durch
den Anschein der Tugend.
Juvenal, Satiren

Das Naturhafte ist das Fundament
für die Tugenden, für die gnadenhaft
geschenkten wie für die erworbenen.
Thomas von Aquin, Über die Wahrheit

Das Volk und die Großen haben
weder dieselben Tugenden
noch dieselben Laster.
Luc de Clapiers Marquis de Vauvenargues,
Reflexionen und Maximen

Das Wirken der Tugenden ist
deshalb zu loben, weil es auf
Glückseligkeit zielt.
Thomas von Aquin, Summe gegen die Heiden

Die Stärke ist die Grundlage
aller Tugend.
Jean-Jacques Rousseau, Emile

Das Wort Tugend kommt von Taugen
her, es war in den ältesten Zeiten
gleichbedeutend mit Tapferkeit als
der Tüchtigkeit des Mannes.
Friedrich Schlegel, Über das Mittelalter

Deine Tugend sei zu hoch für die
Vertraulichkeit der Namen:
Und musst du von ihr reden,
so schäme dich nicht,
von ihr zu stammeln.
Friedrich Nietzsche, Also sprach Zarathustra

Den Tugenden benachbart
sind die Laster.
Hieronymus, Dialog gegen die Luziferischen

Denke nicht, dass ein Mensch,
an dem die Tugenden nicht so strahlen,
wie du dir das denkst,
nicht wertvoll ist aus Gründen,
an die du nicht denkst.
Juan de la Cruz, Merksätze von Licht und Liebe

Denn nichts ist so gefährlich
wie das, was der Tugend ähnelt.
Erasmus von Rotterdam,
Handbüchlein eines christlichen Streiters

Der Ehrenname Tugend, meine ich,
gebührt einer Haltung,
welche beschwerliche Taten zum
Nutzen anderer auf sich nimmt.
Simon der Säulenheilige,
der 22 Jahre auf der Spitze einer
Säule stand und sich geißelte,
ist in meinen Augen in
keiner Weise tugendhaft.
Stendhal, Über die Liebe

Der Flirt ist die Sünde
der Tugendhaften und
die Tugend der Sünderinnen.
Paul Bourget

Der Fürst, der sein Land regiert mit
Tugend, gleicht dem Polarstern.
Selbst ruhend, wird von allen Sternen
er umkreist.
Konfuzius, Gespräche

Der größte Hass ist,
wie die größte Tugend und die
schlimmsten Hunde, still.
Jean Paul, Hesperus

Der Mensch beneidet nur
seinesgleichen um eine Tugend.
Baruch de Spinoza, Ethik

Der Mensch lebt oft mit sich
und bedarf der Tugend,
er lebt mit anderen
und bedarf der Ehre.
Chamfort, Maximen und Gedanken

Der Mensch soll nicht tugendhaft,
nur natürlich sein,
so wird die Tugend von selbst kommen.
Gottfried Keller, Briefe

Der Mensch soll nicht versuchen,
den rechten Tugendweg maßlos
zu wandeln.
Hildegard von Bingen, Mensch und Welt

Der Ruhm folgt der Tugend
gleichsam wie ein Schatten.
Marcus Tullius Cicero, Gespräche in Tusculum

Der Samen der Tugend
geht schwer auf;
es gehören lange Vorbereitungen dazu,
ihn Wurzel fassen zu lassen.
Jean-Jacques Rousseau, Emile

Der Schwächling ist bereit,
sogar seine Tugenden zu verleugnen,
wenn sie Anstoß erregen sollten.
Marie von Ebner-Eschenbach, Aphorismen

Der Staat fordert von uns weiter
nichts, als dass wir die Zehn Gebote
nicht übertreten. Wer gebietet uns aber
die Tugenden der Menschenliebe,
der Duldung, der Bescheidenheit,
Sittsamkeit zu üben,
wenn es nicht die Vernunft tut?
Heinrich von Kleist, Briefe (an Ulrike von Kleist,
Mai 1799)

Der Sünde öffnen sich die Pforten
des Himmels leichter als
der heuchlerischen Tugend.
Simone de Beauvoir, Das andere Geschlecht

Der Tugend folgt die Belohnung,
dem Laster die Strafe.
Heinrich von Kleist, Briefe

Der Tugend Übung
Ist höher als die Rache.
William Shakespeare, Der Sturm (Prospero)

Der Wert und die Höhe der wahren
Tugend zeigt sich darin,
dass ihre Anwendung leicht,
nützlich und erfreulich ist.
Michel Eyquem de Montaigne, Die Essais

Die das Laster liebenswürdig machen,
schätze ich doch höher als die,
die die Tugend erniedrigen.
Joseph Joubert, Gedanken, Versuche und Maximen

Die Demut ist die Tugend,
durch die der Mensch in
der richtigen Erkenntnis seines Wesens
sich selbst gering erscheint.
Bernhard von Clairvaux, Die Stufen der
Demut und des Stolzes

Die Eigenliebe lässt uns sowohl unsere
Tugenden als unsere Fehler viel
bedeutender, als sie sind, erscheinen.
Johann Wolfgang von Goethe,
Wilhelm Meisters Lehrjahre

Die erhabenen Empfindungen sind
schwach geworden, die göttliche
Flamme ist erloschen, der Engel ist nur
noch eine gewöhnliche Frau.
Ach, was für eine Seele haben Sie der
Tugend entzogen!
Jean-Jacques Rousseau, Julie oder
Die neue Héloïse (Claire)

Die ersten Handlungen der Tugend
sind allezeit die beschwerlichsten.
Jean-Jacques Rousseau, Julie oder
Die neue Héloïse (Claire)

Die Grabsteine der Tugend
werden gewöhnlich
beim Juwelier gekauft.
Oskar Blumenthal

Die Herrschaft der Frau fange
mit ihren Tugenden an!
Jean-Jacques Rousseau, Emile

Die höchste, ja ich möchte sagen
die einzige Tugend, die der Mensch
besitzen kann, ist die Wahrheit gegen
sich und andere.
Sophie Bernhardi, Lebensansicht

Die Kleinen dieser Welt sind manchmal mit tausend unnützen Tugenden
beladen; sie haben keine Gelegenheit,
sie zu betätigen.
Jean de La Bruyère, Die Charaktere

Die Laster der Mehrheit
nennt man Tugenden.
Jean Genet

Die Laster wie die Tugenden sind sich
innig verwandt; jedes trägt den Samen
der übrigen in sich.
Johann Jakob Engel, Fürstenspiegel

Die Liebe wird vergehen;
die Tugenden aber werden bleiben.
Jean-Jacques Rousseau, Julie oder Die neue Héloïse
(Eduard)

Die Menschen geben fast nichts
auf die Tugenden des Herzens und
vergöttern die Gaben des Körpers
und des Geistes.
Jean de La Bruyère, Die Charaktere

Die Narren reden am liebsten
von der Weisheit,
die Schurken von der Tugend.
Paul Ernst, Erdachte Gespräche

Die Natur scheint jedem schon
bei seiner Geburt die Grenzen
für seine Tugenden und Laster
gezogen zu haben.
François de La Rochefoucauld, Reflexionen

Die naturhafte Neigung
ist der Anfang der Tugend.
Thomas von Aquin, Summa theologica

Die Nützlichkeit der Tugend ist
so offenbar, dass die Bösen sie
aus Eigennutz üben.
Luc de Clapiers Marquis de Vauvenargues,
Unterdrückte Maximen

Die richtig verstandene Tugend
kann auch mit dem Reichtum,
mit der Macht, mit der Gelehrsamkeit
etwas anfangen; sie bleibt dieselbe,
auch wenn das Bett weich ist
und lieblich duftet.
Michel Eyquem de Montaigne, Die Essais

Die schreckliche Lust
besiegt selbst Tugendhafte.
Lucius Annaeus Seneca, Hippolytus

Die Selbstbeherrschung
ist die Wurzel aller Tugend.
Samuel Smiles, Charakter

Die sittliche Tugend
setzt Wissen voraus.
Thomas von Aquin, Summa theologica

Die stillen Tugenden sind oft um so
erhabener, als sie nicht nach dem
Beifall der andern, sondern bloß
nach dem guten Zeugnisse ihrer
selbst streben.
Jean-Jacques Rousseau, Julie oder
Die neue Héloïse (Julie)

Die Tarife der Tugend werden
turnusgemäß gekündigt und erhöht.
Emil Gött, Im Selbstgespräch

Die Tugend adelt mehr als das Geblüt.
Deutsches Sprichwort

Die Tugend des Frauenzimmers ist
eine schöne Tugend. Die des männlichen Geschlechts soll eine edele
Tugend sein. Sie werden das Böse
vermeiden, nicht weil es Unrecht,
sondern weil es hässlich ist, und
tugendhafte Handlungen bedeuten bei
ihnen solche, die sittlich schön sind.
Immanuel Kant, Über das Gefühl des
Schönen und Erhabenen

Die Tugend des freien Menschen
zeigt sich ebenso groß im Vermeiden
wie im Überwinden von Gefahren.
Baruch de Spinoza, Ethik

Die Tugend, die du wirkst,
ist selbst ihr größter Sold,
Wer außer ihr was sucht,
der kriegt für Segen Schuld.
Daniel Czepko von Reigersfeld,
Monodisticha Sapientium

Die Tugend, die noch nicht erprobt
Die bleibet besser ungelobt.
Jüdische Spruchweisheit

Die Tugend hat den großen Vorzug,
dass sie sich selber genügt und
Bewunderer, Parteigänger und
Gönner entbehren kann.
Jean de La Bruyère, Die Charaktere

Die Tugend hat ihr Ziel in sich selbst;
wenn wir ihre Maske für einen anderen Zweck borgen, so entlarvt sie uns
in der Regel sehr bald.
Michel Eyquem de Montaigne, Die Essais

Die Tugend hat ihren eignen Wohl-
stand, und wo die Sittlichkeit im
Herzen herrscht, da bedarf man ihres
Zeichens nicht mehr.
Heinrich von Kleist, Briefe (an Caroline von Schlieben,
18. Juli 1801)

Die Tugend ist die Sonne des
Mikrokosmos oder der kleinen Welt,
und ihre Hemisphäre ist das
gute Gewissen. Sie ist so schön,
dass sie Gunst findet vor Gott
und den Menschen.
Baltasar Gracián y Morales, Handorakel und Kunst
der Weltklugheit

Die Tugend ist ein mittleres Verhalten,
darauf bedacht, die rechte Mitte zu
treffen.
Aristoteles, Nikomachische Ethik

Die Tugend liegt darin,
das Laster zu fliehen,
und von Dummheit frei zu sein
ist der Beginn der Weisheit.
Horaz, Briefe

Die Tugend muss bekannt werden,
gute Taten sind herauszustreichen,
damit sie womöglich noch größeren
Glanz erhalten und die für sie
empfänglichen edlen Seelen
zur Nacheiferung anspornen.
König Friedrich der Große, Politisches Testament
(1752)

Die Tugend nistet, wie der Rabe,
mit Vorliebe in Ruinen.
Anatole France

Die Tugend selbst ist
sich der schönste Lohn.
Silius Italicus, Punica

Die Tugend und die Liebe tragen
ihrer Natur nach immer nur ein
Gewand, und dürfen es ihrer
Natur nach nicht wechseln.
Heinrich von Kleist, Briefe (an Wilhelmine von Zenge,
Frühjahr 1800)

Die Tugend wird das Äußerste von
dem genannt, was einer sein kann.
Thomas von Aquin, De virtutibus in communis

Die Tugend wohnt im Herzen
und sonst nirgends.
Voltaire, Die Briefe Amabeds

Die Tugend wohnt in
keinem Mann allein.
Johann Wolfgang von Goethe,
Künstlers Apotheose

Die Tugenden der Heiden
sind glänzende Laster.
Aurelius Augustinus, Über den Gottesstaat

Die Tugenden vollenden uns dazu,
auf gebührende Weise unseren
naturhaften Neigungen zu folgen.
Thomas von Aquin, Summa theologica

Die tugendhaftesten Frauen
haben in sich ein gewisses Etwas,
das niemals keusch ist.
Honoré de Balzac, Die Physiologie der Ehe

Die unerprobte Tugend
ist die unduldsamste.
Heinrich Waggerl, Aphorismen

Die Vernunft soll die Tugend
nicht maßregeln, sondern ergänzen.
Luc de Clapiers Marquis de Vauvenargues,
Unterdrückte Maximen

Die Verteidigung des Mönchswesens
gründet sich gewöhnlich auf einen
ganz irrigen Begriff von Tugend.
Georg Christoph Lichtenberg, Sudelbücher

Die wahrsten Tugenden sind die
übermäßigen: Mitleid nicht mit
den guten, sondern mit den Bösen,
Großmut gegen die Undankbaren,
Treue ohne förmliche Verpflichtung.
Thornton Wilder, Der achte Schöpfungstag,
Von Illinois nach Chile

Die Welt, in der wir jetzt leben,
ist, wenigstens in Europa, so düster,
dass uns die Tugend abhanden
gekommen ist, und zwar nicht nur
in unserem Tun, sondern auch als
Begriff. Tugend ist zum Schulwort
herabgesunken, sie ist ein Zierstück
für das Museum geworden,
ein bloßes Wort, ein leerer Schall.
Michel Eyquem de Montaigne, Die Essais

Die Wollust zu bändigen, ist Tugend,
und nicht: keine zu empfinden.
Erasmus von Rotterdam, Handbüchlein eines
christlichen Streiters

Doch hängt die Tugend der Frauen
mit nur wenigen Ausnahmen vom
Benehmen der Männer ab.
Germaine Baronin von Staël, Über Deutschland

Drei grundlegende Tugenden machen
den Menschen fähig, die Wahrheit
zu verstehen und mitzuteilen.
Es sind: Freundlichkeit, Frömmigkeit
und Intelligenz. Freundlichkeit
allein führt zu Unverbindlichkeit,
bloße Frömmigkeit kommt der
Dummheit ziemlich nahe, die reine
Intelligenz endet im Verbrechen.
Entscheidend ist deshalb, dass alle
drei Fähigkeiten gleichzeitig
vorhanden sind, sollen sie dem
Menschen etwas nützen.
Elie Wiesel, Was die Tore des Himmels öffnet

Du bist tugendhaft gewesen:
Zeige mir deine Tugend auf.
Sie ist null, sie ist nichts!
Sie ist ein Gewebe von Entsagungen,
ein Fazit von Zeros.
Johann Gottfried Herder,
Journal meiner Reise im Jahr 1769

Du wirst tugendhaft oder
verachtenswert sein, ich werde
geachtet sein oder geheilt.
Jean-Jacques Rousseau, Julie oder
Die neue Héloïse (Julie)

Durch die Tugend wird der Mensch
hingeordnet auf das Äußerste
seines Vermögens.
Thomas von Aquin, De virtutibus in communi

Ehre ist der Tugend Lohn.
Deutsches Sprichwort

Eine der wichtigsten Tugenden
im gesellschaftlichen Leben,
die täglich seltener wird,
ist die Verschwiegenheit.
Adolph Freiherr von Knigge,
Über den Umgang mit Menschen

Eine Frau, die auf Ehre hält,
kann wohl einmal geschändet werden,
aber ihre Tugend festigt sich dabei.
Voltaire, Candide oder Der Glaube an die beste der
Welten (Kunigunde)

Eine Sünde, die mich weckt,
ist besser als eine Tugend,
an der ich einschlafe.
Emil Gött, Im Selbstgespräch

Eine Tugend,
die immer beschützt werden muss,
ist nicht die Schildwache wert.
Oliver Goldsmith, Der Vikar von Wakefield

Eine tugendhafte Frau muss ihres
Mannes Hochachtung nicht nur
verdienen, sondern auch erlangen.
Jean-Jacques Rousseau, Julie oder
Die neue Héloïse (Julie)

Eng ist der Weg der Tugend,
und nur ganz wenige gehen ihn,
aber kein anderer führt zum Leben.
Erasmus von Rotterdam, Handbüchlein eines
christlichen Streiters

Entweder ist Tugend ein leerer Name,
oder sie fordert von uns Opfer.
Jean-Jacques Rousseau, Julie oder
Die neue Héloïse (Julie)

Es gehört zum Wesen der Tugend,
dass sie auf das Äußerste blicke.
Thomas von Aquin, Summa theologica

Es gibt kein Laster,
das nicht eine trügerische Ähnlichkeit
mit einer Tugend hätte und diesen
Vorteil nicht nutzte.
Jean de La Bruyère, Die Charaktere

Es gibt Leute, die alle möglichen
Tugenden in sich vereinigen,
nur mit der Einschränkung,
dass sie alle diese Tugenden auf
fremde Kosten üben: Sie sind
verschwenderisch aus den Taschen
anderer, mutig auf anderer Gefahr
und klug mit anderer Geiste.
Arthur Schnitzler, Buch der Sprüche und Bedenken

Es gibt nur drei absolute Tugenden:
Sachlichkeit, Mut und Verantwortungsgefühl. Diese drei schließen
nicht nur alle andern in sich ein,
sondern ihr Dasein paralysiert sogar
manche Untugenden und Schwächen,
die gleichzeitig in derselben Seele
vorhanden sein mögen.
Arthur Schnitzler, Buch der Sprüche und Bedenken

Es ist eine Eigentümlichkeit
der menschlichen Natur –
und ich glaube eine sehr schöne –,
dass sie alles, was das Gefühl recht
innig und in seinen reinsten Tiefen
ergreift, vor den Augen der Menschen
verbirgt, als dürfe es nicht in die
Öffentlichkeit des Marktes.
Mancher Lasterhafte verbirgt seine
Laster nicht so sorgfältig als mancher
Tugendhafte seine Tugenden –
und gerade die größte und unbegreif-
lichste am meisten.
Adalbert Stifter, Der arme Wohltäter

Es ist eine große Tugend,
Demut zu üben, ohne zu wissen,
dass man demütig ist.
Mutter Teresa

Es ist leichter,
über eine Tugend zu schreiben,
als sie zu üben.
Teresa von Ávila, Weg der Vollkommenheit

Es ist oft so, dass man
bei der Ausübung vermeintlicher
Tugenden untergeht, während man
bei der Befolgung scheinbarer Laster
Sicherheit und Wohlbefinden erlangt.
Niccolò Machiavelli, Der Fürst

Es muss was Schöns sein um die
Tugend, Herr Hauptmann.
Aber ich bin ein armer Kerl.
Georg Büchner, Woyzeck (Woyzeck)

Früher hat man aus der Not
eine Tugend gemacht.
Heute macht man aus der Tugend
eine Not.
Joana Maria Gorvin

Für kleine Leute sind
kleine Tugenden nötig.
Friedrich Nietzsche, Also sprach Zarathustra

Geduld ist eine Tugend des Indianers
und bringt einem christlichen Weißen
keine Schande.
James Fenimore Cooper, Die Prärie

Geistige Güter wie Mäßigkeit,
Enthaltsamkeit, Mut, Gerechtigkeit,
Bescheidenheit, Verständigkeit,
Einsicht und Gedächtnis – sie bleiben
dem Menschen treu und können ihm
erst im Tod genommen werden.
Und das sind unsere wahren Güter.
Papst Pius II., Briefe (an Herzog Sigismund von
Österreich, 1443)

Geringer als Gold ist Silber,
geringer als die Tugenden das Gold.
Horaz, Briefe

Gerne dien' ich den Freunden,
doch tu' ich es leider mit Neigung,
Und so wurmt es mir oft,
dass ich nicht tugendhaft bin.
Johann Wolfgang von Goethe/Friedrich Schiller,
Xenien

Gewisse Tugenden
gehören der Zeit an,
und so auch gewisse Mängel,
die einen Bezug auf sie haben.
Johann Wolfgang von Goethe, Maximen und
Reflexionen

Glück ist nur in der Tugend enthalten.
Fjodor M. Dostojewski,
Das Dorf Stepantschikowo und seine Bewohner

Gnade und Tugend
bilden die Ordnung der Natur nach,
die kraft göttlicher Weisheit
gegründet ist.
Thomas von Aquin, Summa theologica

Größer ist Tugendhaftigkeit
nach der Muße.
Papinius Statius, Silvae

Großmut findet immer Bewunderer,
selten Nachahmer, denn sie ist eine
zu kostspielige Tugend.
Johann Nepomuk Nestroy, Der Schützling

Halten wir uns fern von jenen eitlen
Zänkereien der Philosophen über Glück
und Tugend; lasst uns die Zeit nutzen,
uns tugendhaft und glücklich zu
machen, die sie mit der Untersuchung,
wie man es sein sollte, verlieren.
Jean-Jacques Rousseau, Julie oder Die neue Héloïse
(Saint-Preux)

Hart kann die Tugend sein,
doch grausam nie.
Friedrich Schiller, Dom Karlos (Karlos)

Hatte jemals ein Mensch
ohne Fehler große Tugenden?
Jean-Jacques Rousseau, Julie oder
Die neue Héloïse (Julie)

Himmel, welche Pein sie fühlt!
Sie hat so viel Tugend
immer gesprochen, dass ihr nun
kein Verführer mehr naht.
Heinrich von Kleist, Die Reuige

Hüte dich vor der Tugend,
die zu besitzen ein Mensch
von sich selber rühmt.
Marie von Ebner-Eschenbach, Aphorismen

Hüte dich vor einer Frau,
die von ihrer Tugend spricht.
Honoré de Balzac, Physiologie der Ehe

Ich habe drei Schätze,
die halte ich fest:
der erste – Mitleid,
der zweite – Sparsamkeit,
der dritte – Angst, sich vorzudrängen.
Lao-tse, Dao-de-dsching

Ich hielt die Tugend
und die Wissenschaft
Für größere Gaben stets,
als Adel sind
Und Reichtum.
William Shakespeare, Perikles (Cerimon)

Ich muss früh aufstehen.
Meine Feinde stehen noch früher auf.
Man darf sich von den Geschäfte-
machern nicht in den Abc-Tugenden
schon übertreffen lassen.
Heimito von Doderer, Repertorium. Ein Begreifbuch
von höheren und niederen Lebens-Sachen

Ihr Mut wächst; die Tugend
wird gestärkt durch die Wunde.
Aulus Gellius, Attische Nächte

Im Laufe des Lebens nutzen unsere
Laster sich ab wie unsere Tugenden.
Marie von Ebner-Eschenbach, Aphorismen

In der ersten Ära des höheren
Menschentums gilt die Tapferkeit
als die vornehmste der Tugenden,
in der zweiten die Gerechtigkeit,
in der dritten die Mäßigung, in der
vierten die Weisheit. In welcher Ära
leben wir? In welcher lebst du?
Friedrich Nietzsche, Menschliches, Allzumenschliches

Indessen gibt es dennoch tugendhafte
Frauen: ja, diejenigen, die niemals
in Versuchung geraten sind,
und diejenigen, die in ihrem
ersten Kindbett sterben, vorausgesetzt,
dass sie Jungfrauen waren,
als ihre Gatten sie heimführten.
Honoré de Balzac, Die Physiologie der Ehe

Ist es doch also der Lauf.
Erniedrigt werden die einen
Und die andern erhöht,
nach eines jeglichen Tugend.
Johann Wolfgang von Goethe, Reineke Fuchs

Je weiter sich ein Laster ausbreitet,
desto größer sind seine Chancen,
zur Tugend zu werden.
Sacha Guitry

Jeder Staat,
in dem die Tugend überwiegt,
ist den anderen auf
die Dauer überlegen.
König Friedrich der Große,
Politisches Testament (1752)

Jegliches Laster kann man durch
die Tugend, keineswegs durch das
entgegengesetzte Laster vermeiden.
Plutarch, Moralia

Jugend hat nicht allzeit Tugend.
Deutsches Sprichwort

Keine Himmelsseligkeit
ist ohne Tugend,
keine Krone ohne Kampf möglich.
Johann Gottfried Herder,
Über die dem Menschen angeborne Lüge

Keine Tugend ist weiblicher als
Duldsamkeit bei den Fehlern andrer.
Heinrich von Kleist, Briefe (an Wilhelmine von Zenge,
21./22. Januar 1801)

Keuschheit ist ebensowenig
eine Tugend wie Unterernährung.
Alexander Comfort

Kraft ist Tugend,
Gesetz, Schönheit.
Walter Rathenau, Auf dem Fechtboden des Geistes.
Aphorismen aus seinen Notizbüchern

Laster, die Mut erfordern,
das sind beinahe schon Tugenden,
besonders verglichen mit Tugenden,
die nur aus Feigheit geübt werden.
Arthur Schnitzler, Zurückgelegte Sprüche

Leichtes Leben verdirbt die Sitten,
aber die Tugendkomödie
verdirbt den ganzen Menschen.
Theodor Fontane, Unwiederbringlich

Leider gibt es Tugenden,
die man nur ausüben kann,
wenn man reich ist.
Antoine Comte de Rivarol,
Maximen und Reflexionen

Lobenswerte Eigenschaften
nennen wir Tugenden.
Aristoteles, Nikomachische Ethik

Mach Treue und Ehrlichkeit
zum Leitstern deines Lebens
und nähere dich der Rechtschaffenheit.
So wird die Tugend gefördert.
Konfuzius, Gespräche

Man kann die Tugend nicht hoch
genug achten, noch die,
die sie üben, genug ermutigen.
Das Staatsinteresse verlangt,
dass alle Bürger Tugenden üben.
König Friedrich der Große, Politisches Testament
(1752)

Man muss sich die Tugend
so leicht machen wie möglich.
Heinrich von Kleist, Briefe (an Wilhelmine von Zenge,
13. November 1800)

Man soll in der Moral nicht die
Tugend in gleichgültigen Handlungen
– Fasten, Büßerhemden, Kasteiungen –
sehen wollen; all das kann den
anderen Menschen nichts nützen.
Antoine Comte de Rivarol, Maximen und Reflexionen

Man spricht selten von der Tugend,
die man hat; aber desto öfter von der,
die uns fehlt.
Gotthold Ephraim Lessing, Minna von Barnhelm
(Franziska)

Man verschließe die Wissenschaft
denen, die keine Tugend besitzen.
Joseph Joubert, Gedanken, Versuche und Maximen

Manche Tugenden kann man
dadurch erwerben, dass man sie
lange Zeit hindurch heuchelt.
Andere wird man um so weniger
erringen, je mehr man sucht,
sich ihren Schein zu geben.
Zu den ersten gehört der Mut,
zu den zweiten die Bescheidenheit.
Marie von Ebner-Eschenbach, Aphorismen

Manchen Leuten fällt es leichter,
unzählige Tugenden zu gewinnen,
als einen einzigen Fehler abzulegen.
Jean de La Bruyère, Die Charaktere

Maß trägt aller Tugend Krone.
Deutsches Sprichwort

Mein Sohn, bedenk,
dass es ohne Tugend kein Glück gibt.
Voltaire, Geschichte von Jenni

Menschenkenntnis nennt man
gern den Unglauben an Tugend
und Rechtschaffenheit.
Johann Jakob Engel, Fürstenspiegel

Menschlichkeit ist die erste Tugend.
Luc de Clapiers Marquis de Vauvenargues,
Nachgelassene Maximen

Müßiggang ist der Tugend Untergang.
Deutsches Sprichwort

Nicht jede Besserung ist Tugend,
Oft ist sie nur das Werk der Zeit.
Christian Fürchtegott Gellert, Lieder

Nichts als menschliches Leben
und Glückseligkeit ist Tugend:
Jedes Datum ist Handlung;
alles Übrige ist Schatten,
ist Raisonnement.
Johann Gottfried Herder,
Journal meiner Reise im Jahr 1769

Nichts ist der Tugend unzugänglich.
Publius Cornelius Tacitus, Agricola

Nichts ist liebenswürdiger als die
Tugend; man muss sie aber genießen,
wenn man sie so finden will.
Jean-Jacques Rousseau, Emile

Nie habe ich einen gesehen,
der der Tugend mehr ergeben war
als der Sinnlichkeit.
Konfuzius, Gespräche

Nur wenige Kinder sind gleich
dem Vater an Tugend.
Homer, Odyssee

Ohne Tugend und Weisheit kann
keine freie Verfassung bestehen.
Georg Forster, Über die Beziehung der Staatskunst
auf das Glück der Menschheit

Pfade der Mühsal wandelt die Tugend.
Euripides, Die Herakliden

Ruhm beweist die Tugend.
Luc de Clapiers Marquis de Vauvenargues,
Unterdrückte Maximen

Schande hindert Tugend.
Deutsches Sprichwort

Schönheit vergeht, Tugend besteht.
Deutsches Sprichwort

Schönheit war die Falle
meiner Tugend.
Friedrich Schiller, Die Kindsmörderin

Sehr viele Personen glauben
deswegen nicht an die Tugend,
weil sie ihr niemals begegnet sind.
Théodore Jouffroy, Das grüne Heft

Selbst die Tugend beleidigt,
wenn sie mit einer abstoßenden
Manier verbunden ist.
Samuel Smiles, Charakter

Selbst Tugend nicht
entgeht Verleumdertücken.
William Shakespeare, Hamlet (Laertes)

Selbstüberwindung, Erkenntnisdrang
und Opfermut sind die einzigen
wirklichen Tugenden unter allen,
die man so zu nennen pflegt.
Denn nur in ihnen ist der Wille tätig.
Arthur Schnitzler, Buch der Sprüche und Bedenken

Sie ist so sitt- und tugendreich
Und etwas schnippisch doch zugleich.
Johann Wolfgang von Goethe, Faust I (Faust)

Sittliche Tugend
schließt Leidenschaft nicht aus.
Thomas von Aquin, Summa theologica

Sogar die Tugend kann zum Laster
werden, wenn wir zu gierig
und heftig nach ihr greifen.
Michel Eyquem de Montaigne, Die Essais

Solange die Ausübung der Tugend
nichts kostet, braucht man sie
kaum zu kennen. Dieses Bedürfnis
entsteht erst, wenn die Leidenschaften
erwachen.
Jean-Jacques Rousseau, Emile

Treue üben ist Tugend,
Treue erfahren ist Glück.
Marie von Ebner-Eschenbach, Aphorismen

Tugend aus Berechnung
ist Tugend des Lasters.
Joseph Joubert, Gedanken, Versuche und Maximen

Tugend birgt alles in sich.
Titus Maccius Plautus, Amphitryon

Tugend bleibt nicht einsam;
sie findet Nachbarschaft gewiss.
Konfuzius, Gespräche

Tugend hat mir den Weg
zu den Sternen und selbst
zu den Göttern geöffnet.
Lucius Annaeus Seneca, Der rasende Herkules

Tugend ist der Boden des Glücks,
Laster das Omen der Not.
Chinesisches Sprichwort

Tugend ist die Gesundheit der Seele.
Joseph Joubert, Gedanken, Versuche und Maximen

Tugend ist die Mitte
zwischen den Fehlern.
Horaz, Briefe

Tugend ist eine Eigenschaft,
die nie so angesehen war
wie das Geld.
Mark Twain

Tugend ist etwas
Erfreuliches und Heiteres.
Michel Eyquem de Montaigne, Die Essais

Tugend ist ihnen das,
was bescheiden und zahm macht:
Damit machen sie den Wolf
zum Hunde und den Menschen selber
zu des Menschen bestem Haustiere.
Friedrich Nietzsche, Also sprach Zarathustra

Tugend ist nur Negation des
Lasters, denn der Mensch ist gut.
Leo N. Tolstoi, Tagebücher (1855)

Tugend ist Schönheit;
doch der reizend Arge
Gleicht einem glänzend
übertünchten Sarge.
William Shakespeare, Was ihr wollt (Antonio)

Tugend ist stets beschwerlich.
Ovid, Liebeskunst

Tugend ist vielleicht nichts
als die Höflichkeit der Seele.
Honoré de Balzac, Physiologie der Ehe

Tugend ist wie ein kostbarer Stein –
am besten in einfacher Fassung.
Francis Bacon, Die Essays

Tugend kann böse Menschen
nicht glücklich machen.
Luc de Clapiers Marquis de Vauvenargues,
Nachgelassene Maximen

Tugend möchte sich verbreiten,
und die sie besitzen,
teilen sie gerne mit.
Joseph Joubert, Gedanken, Versuche und Maximen

Tugend strebt nach den Sternen,
Furcht nach dem Tod.
Lucius Annaeus Seneca, Herkules auf dem Oeta

Tugend strebt Schwieriges an.
Ovid, Briefe aus der Verbannung

Tugend und absolute Macht
passen nicht zusammen.
Lukan, Der Bürgerkrieg

Tugend und Gelehrsamkeit
haben nichts miteinander gemein,
heißt es. Seht aber zu,
wohin es mit eurem moralischen
Fortschreiten kommt, wenn ihr
von dem geistigen Fortschreiten
eurer Zeit keine Notiz nehmt.
Marie von Ebner-Eschenbach, Aphorismen

Tugend und Liebe begründen zwar
das Familienglück, aber nur Talente
machen es wirklich anziehend.
Heinrich von Kleist, Briefe (an Wilhelmine von Zenge,
Frühjahr 1800)

Tugend will ermuntert sein,
Bosheit kann man schon allein.
Wilhelm Busch, Plisch und Plum

Tugend würde nicht weit gehen,
wenn nicht ein wenig Eitelkeit mitginge.
Sprichwort aus England

Tugenden machen diejenigen
stets glücklich, die sie besitzen.
Sie machen selbst die besser,
die sie sehen und nicht besitzen.
Joseph Joubert, Gedanken, Versuche und Maximen

Tugenden und Mädchen sind am
schönsten, ehe sie wissen,
dass sie schön sind.
Ludwig Börne, Kritiken

Tugendstolz ist immer nur
frisierter Neid oder böse Lust.
Franziska Gräfin zu Reventlow, Tagebücher

Überwinde jede Mühsal
durch deine Tugend!
Hannibal, Mahnung an seine Soldaten,
überliefert von Silius Italicus (Punica)

Unbefangenheit, Geradheit,
Bescheidenheit sind
auch göttliche Tugenden.
Marie von Ebner-Eschenbach, Aphorismen

Und eine einzige Tugend
fordert mein Gemüte
Von jeglichem Geschöpf,
die leichteste: Güte.
Carl Spitteler, Olympischer Frühling

Unglück ist vielleicht
die Mutter der Tugend.
Fjodor M. Dostojewski,
Das Dorf Stepantschikowo und seine Bewohner

Unglück macht tugendhaft –
Tugend macht den Menschen glücklich
– Glück verdirbt ihn.
Leo N. Tolstoi, Tagebücher (1851)

Unsere Tugenden sind
meist nur maskierte Laster.
François de La Rochefoucauld, Reflexionen

Unter dem Namen der Tugend
kann man ebenso egoistisch sein
wie mit seinen Lastern.
François de La Rochefoucauld, Reflexionen

Unter zehntausend Lastern
ist Wollust das schlimmste,
unter hundert Tugenden
ist Sohnesliebe die erste.
Chinesisches Sprichwort

Vergehen denn die Tugenden,
die man wirklich hat,
durch eines Verleumders Lügen?
Jean-Jacques Rousseau, Julie oder
Die neue Héloïse (Julie)

Von Natur besitzen wir keinen Fehler,
der nicht zur Tugend,
keine Tugend,
die nicht zum Fehler werden könnte.
Johann Wolfgang von Goethe,
Wilhelm Meisters Wanderjahre

Vor die Tugend haben die unsterblichen Götter den Schweiß gesetzt.
Hesiod, Werke und Tage

Wäre Feigheit
niemals der Tugend Hindernis,
so würde sie aufhören,
ein Laster zu sein.
Jean-Jacques Rousseau, Julie oder
Die neue Héloïse (Julie)

Was die Tugend eines Menschen
vermag, darf nicht nach seinen
Anstrengungen gemessen werden,
sondern nach seinem
gewöhnlichen Verhalten.
Blaise Pascal, Pensées

Was ist deine ganze Garderobe
von äußeren Tugenden wert,
wenn du diesen Flitterputz nur über
ein schwaches, niedriges Herz hängst,
um in Gesellschaften
Staat damit zu machen?
Adolph Freiherr von Knigge,
Über den Umgang mit Menschen

Was ist schon das menschliche Leben?
O Tugend!
Was hast du mir eingebracht?
Voltaire, Zadig

Was ist sorgloser als Seelenruhe,
was anstrengender als Zorn?
Was gelassener als Milde,
was ruheloser als Grausamkeit?
Muße hat die Keuschheit,
Genusssucht bleibt keine Zeit.
Aller sittlichen Vollkommenheit
Sicherung ist leicht,
Charakterschwächen werden um
einen hohen Preis unterhalten.
Lucius Annaeus Seneca, Über den Zorn

Was nützt es, das Wesen der Tugend
zu kennen, wenn wir sie nicht lieben?
Francesco Petrarca, Von seiner und
vieler Leute Unwissenheit

Was wir für Tugenden halten,
ist oft nur ein Flechtwerk von
verschiedenen Handlungen und
Plänen, die Zufall oder eigene Absicht
ineinander verschlungen haben.
So sind Männer nicht immer
aus Tapferkeit tapfer, und Frauen
nicht immer aus Keuschheit keusch.
François de La Rochefoucauld, Reflexionen

Weder Zucht und Maß noch
irgendeine sittliche Tugend sonst
kann es geben ohne die Klugheit.
Thomas von Aquin, Über die Wahrheit

Weibliche Tugend ist
zwar Saitenmusik,
die im Zimmer,
männliche aber Blasmusik,
die im Freien sich
am besten ausnimmt.
Jean Paul, Levana

Wenig nur unterscheidet
sich verborgene Tugend
von begrabener Untätigkeit.
Horaz, Lieder

Wenig reden ist wirklich eine Tugend.
Chinesisches Sprichwort

Wenige sind es nur,
die wissen, was Tugend ist.
Konfuzius, Gespräche

Wenn der Mensch das Rechte ergreift,
verlässt er sich selbst,
kostet die Tugend und trinkt.
Er wird davon gestärkt,
wie die Adern eines Trinkenden
voll Wein werden.
Hildegard von Bingen, Welt und Mensch

Wenn der wahre Tugendheld kein
Glück im gewöhnlichen Sinne hat,
so ist er darüber erhaben;
er braucht es nicht,
er schmiedet sich ein anderes Glück,
das seinem Wesen ganz entspricht
und nicht schwankt und schwindet.
Michel Eyquem de Montaigne, Die Essais

Wenn die Menschen
plötzlich tugendhaft würden,
so müssten viele Tausende verhungern.
Georg Christoph Lichtenberg, Sudelbücher

Wenn eine die Tugend nachahmt,
die sie an einer anderen leuchten sieht,
so bleibt ihr diese tief eingeprägt.
Teresa von Ávila, Weg der Vollkommenheit

Wenn es so gewöhnlich ist,
dass wir uns von seltenen Dingen
lebhaft ergriffen fühlen,
warum nicht von der Tugend?
Jean de La Bruyère, Die Charaktere

Wenn euer Herz breit und voll wallt,
dem Strome gleich, ein Segen
und eine Gefahr den Anwohnenden:
Da ist der Ursprung eurer Tugend.
Friedrich Nietzsche, Also sprach Zarathustra

Wenn wir verheiratet sind,
fragt niemand weiter mehr
nach unsern Tugenden,
noch unsern Mängeln.
Johann Wolfgang von Goethe,
Die Wahlverwandtschaften

Wer nicht Gott,
sondern den Menschen gefallen will,
dessen Tugend leidet
an Knochenfraß und geht unter.
Johann Geiler von Kaysersberg, Das Seelenparadies

Wer sich alle Laster abgewöhnt hat,
dessen Tugenden verkümmern.
Jean Genet

Wer Tugend lügt,
kann Laster treiben und
dennoch unbescholten bleiben.
Giovanni Boccaccio, Das Dekameron

Wer tugendhaft lebt und handelt,
der legt seinen Adel an den Tag.
Giovanni Boccaccio, Das Dekameron

Wie die Liebe entspringt die Tugend
nur durch eine Schöpfung aus nichts.
Friedrich Schlegel, Über die Philosophie

Wie groß wird unsere Tugend,
Wenn unser Herz bei ihrer Übung bricht.
Friedrich Schiller, Dom Karlos (Königin)

Wie ist doch die Tugend nicht leicht!
Wie schwer aber
ist ihr ständiges Vorheucheln!
Marcus Tullius Cicero, Ad Atticum

Wie selten, dass uns die reine Tugend
irgendeines Menschen erscheint,
der wirklich für andere zu leben,
für andere sich aufzuopfern
getrieben wird.
Johann Wolfgang von Goethe,
Unterhaltungen deutscher Ausgewanderten

Wie viele Tugenden und Laster
bleiben ohne Folgen!
Luc de Clapiers Marquis de Vauvenargues,
Unterdrückte Maximen

Wir hassen vollkommene Tugend.
Horaz, Lieder

Wir machen Tugenden aus Fehlern,
die wir nicht ablegen wollen.
François de La Rochefoucauld, Reflexionen

Wir verlangen sehr oft nur
deshalb Tugenden von anderen,
damit unsere Fehler sich bequemer
breit machen können.
Marie von Ebner-Eschenbach, Aphorismen

Wir wollen nicht versuchen,
die Frauen zu zählen,
die aus Dummheit tugendhaft sind.
Honoré de Balzac, Die Physiologie der Ehe

Wo kein Laster ist,
da ist keine Tugend.
Deutsches Sprichwort

Wo Liebe ist und Weisheit,
da ist weder Furcht noch Ungewissheit;
wo Geduld und Demut,
weder Zorn noch Aufregung;
wo Armut und Freude,
nicht Habsucht und Geiz;
wo Ruhe und Besinnung,
nicht Zerstreuung noch Haltlosigkeit.
Franz von Assisi, Mahnung an die Brüder

Wo Scham ist, ist Tugend.
Deutsches Sprichwort

Zielsinn der sittlichen Tugenden
ist das menschliche Gut.
Das Gut aber der menschlichen Seele
ist das Sein gemäß der Vernunft.
Thomas von Aquin, Summa theologica

Zur Weisheit bekehre
Bald sich jeder, und meide das Böse,
verehre die Tugend!
Johann Wolfgang von Goethe, Reineke Fuchs

Zwei sehr verschiedene Tugenden
können einander lange und scharf
befehden; der Augenblick bleibt
nicht aus, wo sie erkennen,
dass sie Schwestern sind.
Marie von Ebner-Eschenbach, Aphorismen

Zwei Tugenden nötigen den Menschen
Bewunderung ab: Tapferkeit und
Freigebigkeit. Denn zwei Dinge
schätzen sie hoch, die der gering achtet,
der jene Tugenden besitzt:
Leben und Geld. Deshalb wird man
auch nie jemand von sich sagen
hören, er sei tapfer oder freigebig.
Jean de La Bruyère, Die Charaktere

Tun

Alles Tun ist gebend nach vorwärts,
empfangend nach rückwärts.
Joseph von Görres, Besprechung von
»Des Knaben Wunderhorn«

Besser ist es, völlig ruhn,
Als etwas verdrossen tun.
Jüdische Spruchweisheit

Besser nichts als Nichtiges getan.
Leo N. Tolstoi, Tagebücher (1888)

Das meiste haben wir gewöhnlich
in der Zeit getan, in der wir meinten,
zu wenig zu tun.
Marie von Ebner-Eschenbach, Aphorismen

Der Mann hat freien Mut,
Der gern tut, was er tut.
Thomasin von Zerklaere, Der wälsche Gast

Der Mensch ist nicht mehr wert
als ein anderer, wenn er nicht mehr tut
als ein anderer.
Miguel de Cervantes Saavedra, Don Quijote

Die nichts zu tun scheinen,
tun Wichtigeres, beschäftigen sich
mit Menschlichem und Göttlichem
zugleich.
Lucius Annaeus Seneca, Briefe über Ethik

Eine nicht getane Sache
ist verlorene Weisheit.
Chinesisches Sprichwort

Es ist besser zu tun, als zu reden.
Johann Wolfgang von Goethe, Italienische Reise

Es ist leicht gesagt,
aber langsam getan.
Deutsches Sprichwort

Frag deinen Feind um Rat
– und tu das Gegenteil.
Jüdisches Sprichwort

Für das Können gibt es nur
einen überzeugenden Beweis:
das Tun.
Marie von Ebner-Eschenbach

Für sein Tun und Lassen
man keinen anderen
zum Muster nehmen.
Arthur Schopenhauer,
Aphorismen zur Lebensweisheit

Jeder kann, so viel er tut.
Deutsches Sprichwort

Leben ist Tun und Leiden.
Je wissender der Mensch,
desto tiefer sein seelisches Leid.
Oswald Spengler, Urfragen.
Fragmente aus dem Nachlass

Lieber probieren und schlecht machen,
als gar nichts tun.
Leo N. Tolstoi, Tagebücher (1851)

Man hofft immer mehr zu tun,
als wirklich geschieht.
Johann Wolfgang von Goethe, Italienische Reise

Man muss nicht das Gescheitere tun,
sondern das Bessere.
Jakob Boßhart, Bausteine zu Leben und Zeit

Mit dem, was du selbst tun kannst,
bemühe nie andere.
Thomas Jefferson, Lebensregeln

Nichts tun lehrt übel tun.
Deutsches Sprichwort

Nichts, was der Mensch ist,
nur was er tut,
ist sein unverlierbares Eigentum.
Friedrich Hebbel, Tagebücher

Sagen und Tun ist zweierlei.
Deutsches Sprichwort

Spinnen lernt man vom Spinnen.
Deutsches Sprichwort

Tu nichts ohne Rat und Überlegung,
dann hast du dir nach der Tat
nichts vorzuwerfen.
Altes Testament, Jesus Sirach 32, 19

Tue alle Tage,
was Pflicht und Klugheit erfordern.
Charles Baudelaire, Tagebücher

Tue ich etwas?
Ich tue etwas, wenn ich es
auf die Förderung
des Menschen beziehe.
Mark Aurel, Selbstbetrachtungen

Tue nichts, das du anderen
nicht erzählen könntest.
Chinesisches Sprichwort

Tue nichts im Leben,
was dir Angst bereitet,
wenn es von deinen Mitmenschen
entdeckt wird.
Epikur, Sprüche. In: Briefe, Sprüche, Werkfragmente

Tue, was du fürchtest,
und die Furcht wird dir fremd!
Dale Carnegie

Tut, was ihr wollt:
Es ist ganz einerlei!
Johann Wolfgang von Goethe,
Die Wahlverwandtschaften

Und was du tust,
sagt erst der andre Tag,
War es zum Schaden oder Frommen.
Johann Wolfgang von Goethe, Ilmenau

Und was man tut, sind selten Taten.
Das, was man tut, ist Tuerei.
Erich Kästner, Dr. Erich Kästners lyrische Hausapotheke

Vernünftige Leute können viel tun.
Johann Wolfgang von Goethe, Egmont (Egmont)

Viel übrig bleibt zu tun,
Möge nur keiner lässig ruhn!
Johann Wolfgang von Goethe, Zahme Xenien

Viele tun etwas nur deshalb nicht,
weil keiner es ihnen verbietet.
Helmut Qualtinger

Was du tust,
musst du ordentlich tun.
Leo N. Tolstoi, Tagebücher (1847)

Was ich tun werde, weiß ich erst,
wenn ich's getan habe.
Ludwig Marcuse, Argumente und Rezepte.
Ein Wörter-Buch für Zeitgenossen

Was man sich zutraut,
muss man tun, nicht nur,
was man kann.
Heinrich Waggerl, Nachlass

Was man Verruchten tut,
wird nicht gesegnet.
Johann Wolfgang von Goethe,
Iphigenie auf Tauris (Thoas)

Was sich sagen lässt,
ist noch lange nicht getan.
Chinesisches Sprichwort

Welch ein Unterschied liegt darin, wie
man's macht und wie sich's macht!
Marie von Ebner-Eschenbach, Aphorismen

Wenn man etwas schlecht machen
will, muss man so hart daran arbeiten,
als wolle man es gut machen.
Peter Ustinov, Peter Ustinovs geflügelte Worte

Wenn man nun einmal
in der Welt anfangen wollte,
das bloß Nötige zu tun,
so müssten Millionen Hungers sterben.
Georg Christoph Lichtenberg, Sudelbücher

Wenn zwei dasselbe tun,
ist es nicht dasselbe.
Terenz, Die Brüder

Wer nichts für andre tut,
tut nichts für sich.
Johann Wolfgang von Goethe, Clavigo (Carlos)

Wer tun will, was allen gefällt,
Muss Atem haben warm und kalt.
Deutsches Sprichwort

Wer tut, was er kann,
tut so viel als der Papst in Rom.
Deutsches Sprichwort

Wer viel kann, muss viel tun.
Deutsches Sprichwort

Wer viel spricht, tut oft weniger.
Juan Ruiz de Alarcón y Mendoza,
Buch von rechter Liebe

Zwischen Können und Tun liegt
ein Meer und auf seinem Grunde
die gescheiterte Willenskraft.
Marie von Ebner-Eschenbach, Aphorismen

Tunnel

Man muss ins Dunkel hineinschreiben
wie in einen Tunnel.
Franz Kafka

Ob Sonnenschein, ob Sterngefunkel:
Im Tunnel bleibt es immer dunkel.
Erich Kästner, Kurz und bündig. Epigramme

Tür

Das Kind sieht ebenso wie der Mann
in allem, was erlebt, erlernt wird,
Türen: Aber jenem sind es Zugänge,
diesem immer nur Durchgänge.
Friedrich Nietzsche, Menschliches, Allzumenschliches

Die sicherste Tür ist die,
die man offen lassen kann.
Chinesische Weisheit

Es entspricht einem Lebensgesetz:
Wenn sich eine Tür vor uns schließt,
öffnet sich eine andere.
Die Tragik ist jedoch, dass man
auf die geschlossene Tür blickt
und die geöffnete nicht beachtet.
André Gide

Es ist Unsinn, Türen zuzuschlagen,
wenn man sie angelehnt lassen kann.
James William Fulbright

Kehre jeder vor seiner eigenen Tür.
Deutsches Sprichwort

Man kann sich auch an offenen Türen
den Kopf einrennen.
Erich Kästner

Oft geschieht es,
dass Schlüssellöcher optisch
selbst dort benützt werden,
wo die Türen unverschlossen sind.
Günther Anders

So hat man immer Trieb und Lust,
vor fremden Türen zu kehren.
Johann Wolfgang von Goethe, Italienische Reise

Sobald wir sprechen,
schließen sich Türen.
Robert Musil

Türen öffnen sich leicht dem,
der eine Schlüsselposition innehat.
Lothar Schmidt

(...) wer Türen einrennen will,
braucht Türen.
Günther Anders, Lieben gestern.
Notizen zur Geschichte des Fühlens

Turnen

Aber ich hoffe, dass man
die Turnanstalten wieder herstelle,
denn unsere deutsche Jugend
bedarf es, besonders die studierende,
der bei dem vielen geistigen und
gelehrten Treiben alles körperliche
Gleichgewicht fehlt und somit
jede nötige Tatkraft zugleich.
Johann Wolfgang von Goethe, überliefert von
Johann Peter Eckermann (Gespräche mit Goethe)

Die schwierigste Turnübung
ist immer noch,
sich selbst auf den Arm zu nehmen.
Werner Finck

Typ

An den Anfang eines Buches setzen:
Ich habe keine Typen gesehen,
wohl aber Individuen (...).
Jules Renard, Ideen, in Tinte getaucht.
Aus dem Tagebuch von Jules Renard

Im Leben jedes Menschen erscheinen
die ihm zugehörigen Typen:
Vater, Mutter, Freund, Verräter,
Freundin, Geliebte, immer wieder
unter den verschiedensten Gestalten.
Arthur Schnitzler, Aphorismen und Betrachtungen
aus dem Nachlass

Nichts ist weniger repräsentativ
als das Typische.
Henry de Montherlant

Tyrannei

Brüder auf!,
die Welt zu befreien!
Kometen winken,
die Stund ist groß.
Alle Gewebe der Tyranneien
entzwei und reißt euch los!
Johann Wolfgang von Goethe,
Des Epimenides Erwachen (Chor)

Das Seltenste, was ich gesehen:
ein alter Tyrann.
Thales von Milet, bei Plutarch,
Gastmahl der Sieben Weisen

Der Baum der Freiheit
wächst nur begossen
mit dem Blut der Tyrannen.
Bertrand Barère, Im französischen Konvent (1792)

Tyrannei

Der König gründet seine Sicherheit
auf den Schutz der Bürger,
der Tyrann auf den von Söldnertruppen.
Aristoteles, Politik

Der Tyrann ist nur der Sklave,
von innen nach außen gekehrt.
Sprichwort aus Ägypten

Der Wille zum Überleben ist
der Tyrann aller Tyrannen.
Ludwig Marcuse, Argumente und Rezepte.
Ein Wörter-Buch für Zeitgenossen

Die einen bewegt die Furcht
vor der Tyrannei,
die anderen die Hoffnung auf sie.
Lukan, Der Bürgerkrieg

Die Geschichte der Frau ist die
Geschichte der schlimmsten Tyrannei,
die die Welt je gekannt hat.
Die Tyrannei der Schwachen
über die Starken.
Oscar Wilde, Ein idealer Gatte

Die Mode
ist eine charmante Tyrannei
von kurzer Dauer.
Marcel Achard

Die Tyrannei fängt ganz unauffällig
mit aufgeräumten Schreibtischen an.
Harold Pinter

Die Welt ist so tyrannisch,
dass es durchaus verzeihlich sein kann,
wenn man sich zur Wehr setzt.
Sully Prudhomme, Gedanken

Ein Volk, das unter dem
unerträglichen Joch eines Tyrannen
seufzt, darfst du das schwach heißen,
wenn es endlich aufgärt
und seine Ketten zerreißt?
Johann Wolfgang von Goethe,
Die Leiden des jungen Werthers

Eine Grenze hat Tyrannenmacht!
Friedrich Schiller, Wilhelm Tell (Stauffacher)

Einen Tyrannen zu hassen
vermögen auch knechtische Seelen,
Nur wer die Tyrannei hasset,
ist edel und groß.
Johann Wolfgang von Goethe/Friedrich Schiller,
Xenien

Eines rechtschaffenen Mannes
Beredsamkeit kann die Tyrannei
mitten in all ihrer Macht
in Schrecken versetzen.
Jean-Jacques Rousseau, Julie oder
Die neue Héloïse (Julie)

Es gibt eine Tyrannei ganzer Massen,
die höchst gewaltsam
und widerwärtig ist.
Johann Wolfgang von Goethe,
Geschichte der Farbenlehre

Es ist nur noch ein Ungeheuer,
welches grässlicher ist als Tyrannen-
unvernunft: die Volkswut;
und nur die Furcht vor der letzten
macht die erste erträglich;
auch weiß die erste sehr künstlich
mit der letzten zu schrecken
und in Schranken zu halten.
Johann Gottfried Seume, Apokryphen

Geh unter, Tyrann!
Friedrich Schiller, Die Verschwörung des
Fiesco zu Genua (Fiesco)

Hohl ist der Boden unter den Tyrannen;
Die Tage ihrer Herrschaft sind gezählet,
Und bald ist ihre Spur
nicht mehr zu finden.
Friedrich Schiller, Wilhelm Tell (Melchtal)

Ich habe gar nichts gegen die Menge;
Doch kommt sie einmal ins Gedränge,
So ruft sie, um den Teufel zu bannen,
Gewiss die Schelme, die Tyrannen.
Johann Wolfgang von Goethe, Sprüche

In der Gefahr ist es
für einen Tyrannen sicher,
einen Armen zu spielen.
Lukan, Der Bürgerkrieg

Jede Ausrede
genügt einem Tyrannen.
Äsop, Fabeln

Mach deine Rechnung
mit dem Himmel, Vogt!
Fort musst du,
deine Uhr ist abgelaufen!
Friedrich Schiller, Wilhelm Tell (Tell)

Man lobet zwar die Rache gegen
Tyrannen; aber die sie vollbringen,
werden verhasst und verachtet.
Kaiser Siegmund, überliefert bei
Julius Wilhelm Zincgref (Apophthegmata)

Man schränke die Souveränität in
einem Staate noch so sehr ein,
kein Gesetz kann den Tyrannen
daran hindern, seine Stellung
zu missbrauchen.
Luc de Clapiers Marquis de Vauvenargues,
Reflexionen und Maximen

So verstümmelt ist oft
die menschliche Natur, dass Tyrannen
ihre Wohltäter werden müssen.
Johann Gottfried Seume, Apokryphen

Sobald die Tyrannei aufgehoben ist,
geht der Konflikt zwischen
Aristokratie und Demokratie
unmittelbar an.
Johann Wolfgang von Goethe,
Maximen und Reflexionen

Tyrann, ins Tränen- und Blutmeer
siehst du die Sonne einsinken,
welche über die Erde herleuchtete!
Aber du hoffst irrig. Auch die
andere Sonne geht unter in Abendrot
und Ozean; aber sie kommt am
Morgen unerloschen wieder und
bringt neuen Tag.
Jean Paul, Dämmerungen für Deutschland

Tyrannen
zählen ein Menschenleben nicht.
König Friedrich der Große, Der Antimachiavell

Tyrannenmacht
kann nur die Hände fesseln,
Des Herzens Andacht
hebt sich frei zu Gott.
Friedrich Schiller, Maria Stuart (Melvil)

Wenn Tyrannen
sich zu küssen scheinen,
dann ist es Zeit,
in Angst zu geraten.
Sprichwort aus Indien

Wer kann der Allmacht
Grenzen setzen?
Friedrich Schiller, Demetrius

Wer strenger als die Gesetze ist,
ist ein Tyrann.
Luc de Clapiers Marquis de Vauvenargues,
Reflexionen und Maximen

Wo das Gesetz aufhört,
da beginnt die Tyrannei.
William Pitt d. Ä., Reden (1770)

Wo keine Sklaven sind,
kann kein Tyrann entstehen.
Johann Gottfried Seume, Apokryphen

U

Übel

Das Gedächtnis ist
ein sonderbares Sieb:
Es behält alles Gute von uns
und alles Üble von den anderen.
Wieslaw Brudziński

Das Geld ist ganz bestimmt kein Übel.
Sonst könnten wir es ja nicht
so leicht loswerden.
Alex Möller

Das Übel, das du fürchtest,
wird gewiss durch deine Tat.
Johann Wolfgang von Goethe, Egmont (Egmont)

Der Übel größtes ist die Zügellosigkeit.
Sophokles, Antigone (Kreon)

Die Arbeit hält
drei schlimme Übel von uns fern:
Langeweile, Laster und Not.
Voltaire, Candide oder Die beste der Welten

Die Bösen sind immer unglücklich;
sie sind dazu da,
eine kleine Zahl von Gerechten,
die auf der Erde verstreut leben,
zu prüfen, und es gibt kein Übel,
aus dem nicht auch Gutes erwüchse.
Voltaire, Zadig

Die großen Übel in dieser Welt
sind nicht die Folgen böser Absichten,
sondern die Folgen eines
unbegrenzten Willens zum Guten.
Gerhard Szczesny, Das so genannte Gute

Die kleineren Übel
sind meist von längerer Dauer.
Wieslaw Brudziński

Die Wahl ist schwerer
als das Übel selbst,
Die zwischen zweien Übeln
schwankend bebt.
Johann Wolfgang von Goethe,
Die natürliche Tochter (Eugenie)

Ein Pessimist ist ein Mensch,
der unter mehreren Übeln
keines missen möchte.
Viktor de Kowa

Ein Übel nicht gering achten,
weil es klein ist,
denn nie kommt eins allein:
Sie sind verkettet wie auch
die Glücksfälle. Glück und Unglück
gehen gewöhnlich dorthin,
wo schon das meiste ist.
Baltasar Gracián y Morales, Handorakel und Kunst
der Weltklugheit

Ein verzweifeltes Übel
will eine verwegene Arznei.
Friedrich Schiller, Die Verschwörung des Fiesco zu Genua (Fiesco)

Eingebildete Übel
gehören zu den unheilbaren.
Marie von Ebner-Eschenbach, Aphorismen

Es gab noch nie ein Übel ohne
ein Weib an seinem Ende.
Sprichwort aus Wales

Es gibt kein Übel,
das nicht auch Gutes bringt –
fragt sich nur für wen.
Sprichwort aus Spanien

Es gibt Übel im Staate, die man duldet,
weil sie größeren Übeln vorbeugen
oder sie verhindern.
Jean de La Bruyère, Die Charaktere

Es ist besser, dass ein Übel jückt,
als dass es reißt und zieht.
Johann Wolfgang von Goethe, Italienische Reise

Es ist durchaus nicht immer klug,
von zwei Übeln das kleinere zu wählen.
Heinrich Waggerl, Aphorismen

Es ist ein Geist des Guten in dem Übel,
Zög ihn der Mensch
nur achtsam da heraus.
William Shakespeare, Heinrich V. (Heinrich)

Es ist klug und kühn,
dem unvermeidlichen Übel
entgegenzugehn.
Johann Wolfgang von Goethe, Egmont (Oranien)

Es ist vom Übel,
wenn der Mensch nicht da ist,
wohin er gehört.
Und ich gehöre nicht in die Stadt.
Paula Modersohn-Becker, Briefe (5. Dezember 1900)

Es zeugt nicht von Klugheit,
dass man den Übeln entgegengeht;
es sei denn, um sie zu überwinden.
Baltasar Gracián y Morales,
Handorakel und Kunst der Weltklugheit

Exzesse sind das Schlimmste nicht.
Sie machen deutlich.
Unsere schleichenden Übel
aber nebeln allmählich ein.
Heimito von Doderer, Repertorium. Ein Begreifbuch
von höheren und niederen Lebens-Sachen

Freu dich über Übeles nie
Und tu Gutes gern.
Edda, Hávamál (Loddfafnirlied)

In allen menschlichen Dingen
zeigt sich bei genauerer Prüfung,
dass man nie einen Übelstand
beseitigen kann, ohne dass
ein anderer daraus entsteht.
Niccolò Machiavelli, Vom Staat

Kein Übel ist gänzlich ohne Gutes.
Plinius d. Ä., Naturkunde

Kein Übel ist ohne Handgeld:
Die Habsucht verspricht Geld,
die Genusssucht viele und
abwechslungsreiche Genüsse,
der Ehrgeiz Purpurgewand,
Beifall und daraus Macht
und was immer Macht vermag.
Um Lohn reizen dich die
Fehlhaltungen: Hier musst
du umsonst leben.
Lucius Annaeus Seneca, Briefe über Ethik

Kein Übel kann dir geschehen,
wenn du es nicht selbst dafür hältst.
Menandros, Fragmente

Man darf nie dem kleineren Übel
die Türe öffnen: Denn hinter ihm
werden sich stets viele andere und
größere einschleichen.
Baltasar Gracián y Morales,
Handorakel und Kunst der Weltklugheit

Man fügt zu dem Übel,
das man empfindet,
noch dasjenige hinzu,
welches man fürchtet.
Jean-Jacques Rousseau, Emile

Manche Menschen bringen ein
langes Leben damit hin,
sich gegen die einen zu wehren und
den anderen zu schaden,
und sie sterben alt und verbraucht,
nachdem sie ebenso viel Übel
angerichtet wie ausgestanden haben.
Jean de La Bruyère, Die Charaktere

Mensch, suche den Urheber
des Übels nicht mehr;
du bist selbst dieser Urheber.
Jean-Jacques Rousseau, Emile

O du reißender Strudel der Habgier,
du bist die Wurzel allen Übels!
Waltharilied (Hagen)

Sieht man das
aufkeimende Übel schon von weitem,
dann kann man es leicht abwenden;
wartet man aber, bis es nah ist,
kommt jede Medizin zu spät,
weil das Übel unheilbar geworden ist.
Niccolò Machiavelli, Der Fürst

Sieht man ein Übel,
so wirkt man unmittelbar darauf,
das heißt, man kuriert unmittelbar
aufs Symptom los.
Johann Wolfgang von Goethe,
Maximen und Reflexionen

Stets ist der Wind gut,
wenn du vor dem Übel fliehst.
Sophokles, Philoktet

Um ein imaginäres Wohlergehen
zu finden, schaffen wir uns
tausenderlei wirkliche Übel.
Jean-Jacques Rousseau, Emile

Unsere größten Übel
kommen aus uns selbst.
Jean-Jacques Rousseau, Emile

Von zwei Übeln wird
niemand das größere wählen.
Platon, Protagoras

Wählt stets das kleinere Übel,
hebt euch das größere
auf für den Notfall.
Wieslaw Brudziński

Weiß ich, welche Übel ich hervorrufe,
wenn ich erziehe oder unterrichte?
Im Zweifelsfall enthalte
ich mich der Stimme.
Fernando Pessoa, Das Buch der Unruhe des
Hilfsbuchhalters Bernardo Soares

Wenn du etwas Übles ehren willst,
verdamme es.
Publilius Syrus, Sentenzen

Wenn viele leiden,
suchen sich wenige zu rächen,
denn allgemeine Übel erträgt
man leichter und geduldiger
als einzeln erlittene.
Niccolò Machiavelli, Geschichte von Florenz

Wer die Übel erst dann erkennt,
wenn sie zum Ausbruch kommen,
ist nicht wahrhaft weise;
aber dies ist nur wenigen gegeben.
Niccolò Machiavelli, Der Fürst

Wer ein Übel los sein will,
der weiß immer, was er will.
Johann Wolfgang von Goethe,
Die Wahlverwandtschaften

Wie wenigen Übeln ist doch der
Mensch unterworfen, der in der
ursprünglichen Einfachheit lebt!
Jean-Jacques Rousseau, Emile

Wir sehen bei allen uns zustoßenden
Übeln mehr auf die Absicht als auf
die Wirkung. Ein Ziegel,
der vom Dach fällt, kann uns stärker
verwunden, tut uns aber nicht so weh
wie der Stein, den eine boshafte Hand
absichtlich nach uns wirft.
Jean-Jacques Rousseau,
Träumereien eines einsamen Spaziergängers

Überall

Nirgends ist, wer überall ist.
Lucius Annaeus Seneca, Briefe an Lucilius

Überall sein heißt nirgends sein.
Sprichwort aus Frankreich

Wie kann man sagen: Dies und das
kommt hierher und daher – da doch
alles überall herkommt.
Christian Morgenstern, Stufen

Überdruss

Der Überdruss ist nicht
die Langeweile des Nichts-zu-tun-
Habens, sondern die ärgere Krankheit,
zu fühlen, dass es sich nicht lohnt,
irgendetwas zu tun.
Fernando Pessoa, Das Buch der Unruhe des
Hilfsbuchhalters Bernardo Soares

Der Überdruss ... Wer Götter hat,
erlebt niemals den Überdruss.
Der Überdruss ist der Mangel
einer Mythologie.
Fernando Pessoa, Das Buch der Unruhe des
Hilfsbuchhalters Bernardo Soares

Liebe stirbt am Überdruss,
und Vergessen geleitet sie zu Grabe.
Jean de La Bruyère, Die Charaktere

Man hängt sich
meterlang zum Hals heraus.
Erich Kästner,
Dr. Erich Kästners lyrische Hausapotheke

Nur der Weise ist
mit dem Seinen einverstanden.
Alle Torheit müht sich ab
mit dem Überdruss an sich selbst.
Lucius Annaeus Seneca, Briefe über Ethik

Unser Überdruss ist nicht ein Mangel
oder Ungenügen der Außenwelt,
wie wir gerne glauben,
sondern Erschöpfung
unserer eigenen Organe
und Beweis unserer Schwäche.
Luc de Clapiers Marquis de Vauvenargues,
Reflexionen und Maximen

Übereilung

Es werden die Sachen
Nicht durch Übereilung gebessert.
Johann Wolfgang von Goethe, Reineke Fuchs

Niemand soll sich blind
Zur übereilten Tat verleiten lassen.
Sophokles, Die Trachinierinnen

Übereilen bringt Verweilen.
Deutsches Sprichwort

Zu schnell macht müde Beine.
Deutsches Sprichwort

Übereinstimmung

Gelehrt mit den Gelehrten,
heilig mit den Heiligen.
Eine große Kunst,
um alle zu gewinnen:
Denn die Übereinstimmung
erwirbt Wohlwollen.
Baltasar Gracián y Morales,
Handorakel und Kunst der Weltklugheit

Gemeinsame Beschäftigungen
und Liebhabereien sind das Erste,
worin sich eine wechselseitige
Übereinstimmung hervortut.
Johann Wolfgang von Goethe,
Dichtung und Wahrheit

Man frage nicht,
ob man durchaus übereinstimmt,
sondern ob man
in einem Sinne verfährt.
Johann Wolfgang von Goethe,
Maximen und Reflexionen

Wenn Sie mit einem Gesprächspartner
weder politisch noch kulturell
übereinstimmen, besagt das nicht,
dass der Betreffende
anderer Meinung ist. Er liest
vielleicht nur eine andere Zeitung.
Oliver Hassencamp

Überfluss

Am meisten Unkraut
trägt der fetteste Boden.
William Shakespeare, Heinrich IV. (König Heinrich)

Das fünfte Rad am Wagen
stört mehr, als dass es hilft.
Sprichwort aus Frankreich

Das Notwendige bemisst der Nutzen;
Überflüssiges – wie begrenzt du es?
Lucius Annaeus Seneca, Briefe über Ethik

Denk zur Zeit des Überflusses
an die Zeit des Hungers,
in den Tages des Reichtums
an Armut und Not.
Altes Testament, Jesus Sirach 18, 25

Der Überfluss
Und Friede zeugen Memmen.
Drangsal ist
Der Keckheit Mutter.
William Shakespeare, Cymbeline (Imogen)

Der Weise aber tut ab das Zuviel,
den Überfluss, das Übermaß.
Lao-tse, Dao-de-dsching

Die Hälfte des Überflusses –
es gäbe keine Not mehr auf Erden!
Eugen Drewermann, Dein Name ist wie der Geschmack
des Lebens

Die Hauptgefahr in meiner Situation
besteht darin, dass ein Leben in
unnormalem Überfluss, das zunächst
hingenommen wurde, um die Liebe
nicht zu zerstören, einen schließlich
mit seinen Verlockungen festhält und

man nicht mehr weiß, lebt man so
aus Furcht, die Liebe zu zerstören,
oder weil man den Verlockungen
erlegen ist.
Leo N. Tolstoi, Tagebücher (1890)

Entbehrung braucht die Familie
notwendiger als Überfluss.
Leo N. Tolstoi, Tagebücher (1907)

Lebenskunst ist nicht zuletzt
die Fähigkeit, auf etwas
Notwendiges zu verzichten,
um sich etwas Überflüssiges
zu leisten.
Vittorio De Sica

Leicht zu beschaffen ist,
was die Natur verlangt,
und zur Stelle:
Für Überflüssiges
gerät man ins Schwitzen.
Lucius Annaeus Seneca, Briefe an Lucilius

Mangel und Überfluss
lassen uns im Grund
gleich unbefriedigt.
Michel Eyquem de Montaigne, Die Essais

Nichts verhindert
den rechten Genuss so
wie der Überfluss.
Michel Eyquem de Montaigne, Die Essais

Nur das Überflüssige braucht der
Mensch notwendig.
José Ortega y Gasset

Sehr viele Leute
betrachten nur das als notwendig,
was überflüssig ist.
Charles de Secondat, Baron de la Brède et
de Montesquieu, Meine Gedanken

Trinkt, o Augen, was die Wimper hält,
Von dem goldnen Überfluss
der Welt.
Gottfried Keller, Gedichte

Überfluss ist daran sichtbar:
Immer mehr wird unverzichtbar.
Karl-Heinz Söhlker,
Es schadet nichts, vergnügt zu sein

Überfluss ist die Mutter
der Phantasielosigkeit.
Günther Anders,
Die Antiquiertheit des Menschen. Bd. 2

Überfluss macht Verdruss.
Deutsches Sprichwort

Überflüss'ge Äste
Haun wir hinweg,
damit der Fruchtzweig lebe.
William Shakespeare, Heinrich II. (Gärtner)

Überflüssiges schadet nicht.
Aurelius Augustinus, Über den Gottesstaat

Volle Speicher sah ich
bei Fettlings Söhnen,
Jetzt betteln sie ihr Brot.
Überfluss währt einen Augenblick,
Er ist der falscheste Freund.
Edda, Hávamál (Des Hohen Lied)

Was aber ist
die Ursache dieser großen Not
mitten im Überflusse?
Moses Hess, Über die Not in unserer Gesellschaft
und deren Abhülfe

Welcher rechtschaffne Mann
besitzt wohl Überfluss,
solange es noch andre gibt,
denen es am Notwendigen gebricht?
Jean-Jacques Rousseau, Julie oder Die neue Héloïse
(Saint-Preux)

Überforderung

Allzu straff gespannt,
zerspringt der Bogen.
Friedrich Schiller, Wilhelm Tell (Rudenz)

Denn Unverstand ist's,
über seine Kraft zu tun.
Sophokles, Antigone (Ismene)

Ein überspannter Bogen bricht.
Chinesisches Sprichwort

Falls du eine Rolle übernimmst,
die deine Kräfte übersteigt,
so machst du keine gute Figur
und hast außerdem das versäumt,
wozu du eigentlich
fähig gewesen wärst.
Epiktet, Handbuch der Moral

Ich bin überzeugt, dass die Menschen
von den Ergebnissen ihrer Leistungsfähigkeit überfordert werden.
Günter Grass

In allen Ländern sind Leute,
die mit Geschäften überlastet sind,
allgemein unfreundlich
und unbarmherzig.
Jean-Jacques Rousseau,
Julie oder Die neue Héloïse (Saint-Preux)

Kein Mensch würde seine Zither so
schlagen, dass ihre Saiten springen.
Hildegard von Bingen,
Der Mensch in der Verantwortung

Los, überanstrengen wir uns –
überanstrengen wir uns,
auf dass wir schnell leben
und früh sterben.
Jules Renard, Ideen, in Tinte getaucht.
Aus dem Tagebuch von Jules Renard

Spann den Bogen nicht zu strenge,
soll er halten in die Länge.
Deutsches Sprichwort

Wenn man die Saite
zu hoch spannt,
so reißt sie.
Deutsches Sprichwort

Übergang

Alle Übergänge sind Krisen,
und ist eine Krise nicht Krankheit?
Johann Wolfgang von Goethe,
Wilhelm Meisters Lehrjahre

Einer der schwierigsten
Übergänge ist der Übergang
von einem angenehmen Leben
zu einem guten Leben.
Leo N. Tolstoi, Tagebücher (1895)

In einer Periode des Übergangs,
in der wir viele Erfahrungen
zum ersten Mal machen,
sind Fehler und Fehlschläge
unvermeidlich.
Nelson Mandela, Rede vor der
Nationalversammlung des ANC, 2. Juli 1991

Überheblichkeit

Aber es ist schwierig,
dass einer, der durch
Gaben des Geistes ausgezeichnet ist,
sich nicht überheben soll.
Martin Luther, Tischreden

Demütiger Mönch,
hoffärtiger Abt.
Deutsches Sprichwort

Der edle Mensch ist würdevoll,
ohne überheblich zu sein;
der niedrig Gesinnte
ist überheblich,
ohne würdevoll zu sein.
Konfuzius, Gespräche

Es ist eine Angewohnheit
kleingewachsener Leute,
sich über die Großen zu erheben.
Ecbasis captivi in belehrender Gestalt (Leopard)

Mein Vater
ist der Höchste in Konstanz,
sprach die Tochter
des Turmwarts.
Deutsches Sprichwort

Weil die Obrigkeiten
in der Schrift Götter heißen,
so meint jeder Amtmann,
er wäre ein Ölgötz.
Deutsches Sprichwort

Wer sich überhebt, verrät,
dass er noch nie genug
nachgedacht hat.
Christian Morgenstern, Stufen

Überirdisches

Es ist mit dem Überirdischen
wie mit der Sonne,
welche in einer Verfinsterung,
sobald auch nur der kleinste Rand
von ihr noch unbedeckt leuchten
kann, stets den Tag forterhält
und sich selber geründet
in der dunkeln Kammer abmalt.
Jean Paul, Levana

Zuerst kommt das Irdische,
dann das Überirdische.
Neues Testament, Paulus (1 Korinther 15, 46)

Überleben

Der Wille zum Überleben ist
der Tyrann aller Tyrannen.
Ludwig Marcuse, Argumente und Rezepte.
Ein Wörter-Buch für Zeitgenossen

Die Angst ist
eine natürliche Schutzreaktion,
ohne die wir kaum überleben könnten.
Grantly Dick-Read, Der Weg zur natürlichen Gebirt

Im nächsten Krieg
werden die Überlebenden
die Toten beneiden.
Nikita Chruschtschow

Man übersteht so viel,
dass man in den Irrtum verfällt,
man könne alles überstehen.
Elias Canetti, Die Provinz des Menschen.
Aufzeichnungen 1942–1972

Nur wer im Einklang,
im Gleichgewicht mit der
organischen Natur zu bleiben weiß,
kann überleben.
Yehudi Menuhin,
Kunst als Hoffnung für die Menschheit

Überleben bedingt,
über dem Leben zu stehen.
Karl Heinz Stroux

Was Menschen Übles tun,
das überlebt sie,
Das Gute wird mit ihnen oft begraben.
William Shakespeare, Julius Caesar (Antonius)

Überlegenheit

Allzu große Überlegenheit macht
oft ungeeignet für die Gesellschaft.
Man geht auch mit Kleingeld,
nicht mit Goldbarren auf den Markt.
Chamfort, Maximen und Gedanken

Der Mensch trägt seine Überlegenheit
innen, die Tiere ihre außen.
Sprichwort aus Russland

Die einzige Überlegenheit
des Verfolgten ist es,
nicht der Verfolger zu sein.
Franz Werfel, Zwischen Oben und Unten

Die Überlegenheit
einer einzelnen Blume
vor einem ganzen Strauß.
Jules Renard, Ideen, in Tinte getaucht.
Aus dem Tagebuch von Jules Renard

Es gibt keinen besseren Grund,
höflich zu sein,
als die Überlegenheit.
Marie von Ebner-Eschenbach

Hass: ein angemessenes Gefühl
angesichts der Überlegenheit
eines anderen.
Ambrose Bierce

Ironie heißt fast immer,
aus einer Not
eine Überlegenheit machen.
Thomas Mann

Man überlege mit der Vernunft,
damit man nicht widerlegt werde
vom unglücklichen Ausgang.
Baltasar Gracián y Morales,
Handorakel und Kunst der Weltklugheit

Manche anspruchsvolle Überlegenheit
wird zunichte, wenn man sie
nicht anerkennt,
manche schon wirkungslos,
wenn man sie nicht bemerkt.
Chamfort, Maximen und Gedanken

Überlegenheit des Geistes
und der Seele ist in jedem Lande
äußerst selten und bewahrt eben
nur aus diesem Grunde den Namen:
Überlegenheit.
Germaine Baronin von Staël, Über Deutschland

Überlegenheit im Umgang
erwächst allein daraus,
dass man der anderen in keiner Art
und Weise bedarf und dies sehn lässt.
Arthur Schopenhauer, Aphorismen zur Lebensweisheit

Überlegung

Auch in der Tat ist
Raum für Überlegung.
Johann Wolfgang von Goethe,
Die natürliche Tochter (Sekretär)

Bedenkt es wohl.
Man übereile nichts.
Friedrich Schiller, Demetrius (Sapieha)

Bevor man beginnt,
bedarf es der Überlegung,
und sobald man überlegt hat,
rechtzeitiger Ausführung.
Sallust, Der Catilinarische Krieg

Den schlechten Mann
muss man verachten,
der nie bedacht,
was er vollbringt.
Friedrich Schiller, Das Lied von der Glocke

Der Anfang eines jeden Werkes
ist das Wort,
der Anfang jeder Tat
die Überlegung.
Altes Testament, Jesus Sirach 37, 16

Der überlegt schlecht,
der nicht noch einmal überlegt.
Sprichwort aus Frankreich

Die Fähigkeit zu überlegen
entbehrt z. B. der Sklave ganz,
das Weib besitzt sie,
aber ohne ihr Geltung
verschaffen zu können,
das Kind hat sie ebenfalls,
aber noch unterentwickelt.
Aristoteles, Politik

Die Überlegung zeigt
das Bessere von zwein;
Zum an sich Guten
treibt ein innrer Trieb allein.
Friedrich Rückert, Die Weisheit des Brahmanen

Ein weiser Mann
scheut das Bereuen,
er überlegt seine Handlung vorher.
Epicharmos, Fragmente

Erst besinn's, dann beginn's.
Deutsches Sprichwort

Erwäg's, dann wag's.
Deutsches Sprichwort

Es ist gar übel,
wenn man alles
aus Überlegung tun muss,
und zu nichts früh gewöhnt ist.
Georg Christoph Lichtenberg, Sudelbücher

Guter Soldat erwägt seine Tat.
Deutsches Sprichwort

Lasst uns einsehn,
Dass Unbesonnenheit
uns manchmal dient,
Wenn tiefe Pläne scheitern.
William Shakespeare, Hamlet (Hamlet)

Schnelle Sprünge geraten selten.
Deutsches Sprichwort

Still mit dem Aber!
Die Aber kosten Überlegung.
Gotthold Ephraim Lessing, Emilia Galotti (Orsina)

Um Guts zu tun,
braucht's keiner Überlegung.
Johann Wolfgang von Goethe,
Iphigenie auf Tauris (Iphigenie)

Vorbedacht hat Rat gebracht.
Deutsches Sprichwort

Was macht gewinnen?
Nicht lange besinnen!
Johann Wolfgang von Goethe, West-östlicher Divan

Wer einen guten Sprung tun will,
geht erst rückwärts.
Deutsches Sprichwort

Wer gar zu viel bedenkt,
wird wenig leisten.
Friedrich Schiller, Wilhelm Tell (Tell)

Wer schnell entschlossen ist,
der strauchelt leicht.
Sophokles, König Ödipus (Chor)

Überlieferung

Alle echte Überlieferung ist auf den
ersten Anblick langweilig,
weil und insofern sie fremdartig ist.
Sie kündet die Anschauungen und
Interessen ihrer Zeit für ihre Zeit
und kommt uns gar nicht entgegen,
während das moderne Unechte
auf uns berechnet, daher pikant und
entgegenkommend gemacht ist.
Jacob Burckhardt, Weltgeschichtliche Betrachtungen

Ja sogar über unser Dasein hinaus sind
wir fähig, zu erhalten und zu sichern;
wir überliefern Kenntnisse,
wir übertragen Gesinnungen
so gut als Besitz.
Johann Wolfgang von Goethe,
Wilhelm Meisters Wanderjahre

Wenige haben den Mut,
zu essen, wenn sie hungert,
noch wenigere den Mut,
zu schlafen, wenn sie müde sind.
Alle haben wir eine Neigung,
uns zum Sklaven der Stunde
und der Überlieferung zu machen.
Theodor Fontane, Aus den Tagen der Okkupation

Übermacht

Viel Hunde sind des Hasen Tod.
Deutsches Sprichwort

Was vermag ein Hühnerei
schon gegen einen Mühlstein?
Chinesisches Sprichwort

Übermaß

Besser ist aufhören, als überfüllen.
Lao-tse, Dao-de-dsching

Das Übermaß sprengt den Deckel.
Sprichwort aus Frankreich

Man muss den Sack zubinden,
ehe er voll ist.
Sprichwort aus Frankreich

Nicht der Egoismus
als solcher ist unsittlich,
sondern nur das Übermaß desselben.
Rudolf von Ihering, Der Zweck im Recht

Nichts im Übermaß!
Chilon, überliefert bei Aristoteles (Über Philosophie)

Schokolade – ebenso wie die Liebe
im Übermaß genossen, wird schal.
Peter Ustinov, Was ich von der Liebe weiß

Übermäßigkeit ist nicht
besser als Unzulänglichkeit.
Konfuzius, Gespräche

Wer sich der Freude
im Übermaß hingibt,
leidet an einem Übermaß von Lust,
und wer dem Schmerz, am Gegenteil.
Aristoteles, Eudemische Ethik

Zu weit getrieben,
Verfehlt die Strenge
ihres weisen Zwecks.
Friedrich Schiller, Wilhelm Tell (Rudenz)

Übermensch

»Der Übermensch« ist ein
von Untermenschen beflecktes Wort.
Ludwig Marcuse, Argumente und Rezepte.
Ein Wörter-Buch für Zeitgenossen

Diese Leute, welche meinen,
vom Primaner zum Übermenschen
avancieren zu sollen.
Christian Morgenstern, Stufen

Ich lehre euch den Übermenschen.
Der Mensch ist etwas,
das überwunden werden soll.
Was habt ihr getan, ihn zu überwinden?
Friedrich Nietzsche, Also sprach Zarathustra

Jedwedes Bestreben, sich zum Über-
menschlichen emporzuschwingen,
führt unwandelbar zum Absturz
ins Untermenschliche.
Edgar Allan Poe, Marginalien

Jetzt hat man statt des wirklichen
Menschen den so genannten Übermenschen etabliert; eigentlich gibt
es aber bloß noch Untermenschen,
und mitunter sind es gerade die,
die man durchaus zu einem Über
machen will.
Theodor Fontane, Der Stechlin

Solange ihr aber nicht dahin strebt,
eure eigne Natur zu entwickeln,
solange ihr nicht nach dem menschlichen, sondern einem übermensch-
lichen und unmenschlichen Wesen
strebt, ist es ganz natürlich,
dass ihr Übermenschen und
Unmenschen werdet, verächtlich auf
die menschliche Natur, die ihr nicht
erkannt habt, herabseht.
Moses Hess, Über die Not in unserer Gesellschaft und
deren Abhülfe (1845)

Welch erbärmlich Grauen
Fasst Übermenschen dich!
Wo ist der Seele Ruf?
Wo ist die Brust,
die eine Welt in sich erschuf
Und trug und hegte?
die mit Freudebeben
Erschwoll, sich uns,
den Geistern, gleichzuheben?
Johann Wolfgang von Goethe, Faust I (Geist)

Wenn der alte Atlas unser Wissen
um die Welt, die er auf seinen
Schultern trug, gehabt hätte,
er wäre ebenso unter ihrer Last
zusammengebrochen
wie dieser moderne Atlas,
der die Welt über die Brücke
von Mensch zu Übermensch
tragen wollte.
Christian Morgenstern, Stufen

Wir alle sind noch Halbmenschen,
der Mensch fängt an,
wo er den Mut hat, aufzuhören.
Dies ist sein Sinn im Universum.
Heinrich Waggerl, Nachlass

Übermut

Es ist bekannt, dass die Menschen,
sobald es ihnen einigermaßen
wohl und nach ihrem Sinne geht,
alsobald nicht wissen,
was sie vor Übermut anfangen sollen.
Johann Wolfgang von Goethe,
Wilhelm Meisters Wanderjahre

Es kommt einer Ratte
teuer zu stehen,
einer Katze am Schwanz zu nagen.
Chinesisches Sprichwort

Für die Wunde des Übermütigen
gibt es keine Heilung,
denn ein giftiges Kraut
hat in ihm seine Wurzeln.
Altes Testament, Jesus Sirach 3, 28

Glückliche Umstände
machen die Herzen übermütig.
Lucius Annaeus Seneca, Agamemnon

Ich bereue nichts,
sagt der Übermut,
ich werde nichts bereuen,
die Unerfahrenheit.
Marie von Ebner-Eschenbach, Aphorismen

In glücklichen Zeiten
werden die Herzen leicht übermütig.
Ovid, Liebeskunst

Jeder übermütige Sieger
arbeitet an seinem Untergang.
Jean de La Fontaine, Fabeln

Übermut
tut selten gut.
Deutsches Sprichwort

Vom Übermut zum Frevel
ist der Weg nicht weit.
Carl Spitteler, Olympischer Frühling

Wenn die Katze viel frisst,
so wird sie übermütig.
Hartmann von Aue, Iwein (Keii)

Überraschung

Das Überraschende macht Glück.
Friedrich Schiller, Dom Karlos (König)

Der Mensch muss sich stets auf neue
Überraschungen gefasst machen.
Max Planck

Doch es ziemet Königinnen,
allen Menschen ziemt es wohl,
Sich zu fassen, zu ermannen,
was auch drohend überrascht.
Johann Wolfgang von Goethe, Faust II (Helena)

Du weißt nicht,
was der späte Abend bringt
(Nescis, quid vesper serus vehat).
Marcus Terentius Varro, Titel einer Schrift

Optimisten haben ja keine Ahnung
von den freudigen Überraschungen,
die Pessimisten erleben.
Peter Bamm

Unverhofft kommt oft.
Deutsches Sprichwort

Überredung

Diejenigen, welche die größte Kraft
des Urteils besitzen und die größte
Geschicklichkeit, ihre Gedanken zu
ordnen, um sie klar und begreiflich zu
machen, können allemal am besten
die Leute zu dem, was sie wollen,
überreden, auch wenn sie Nieder-
bretonisch sprächen und niemals
die Redekunst studiert hätten.
René Descartes, Diskurs über die Methode

Einen Gescheiten
kann man überzeugen,
einen Dummen
muss man überreden.
Curt Goetz, Dreimal täglich

Man kann andere durch
seine eigenen Gründe überwältigen,
aber nur durch
die ihren überredet man sie.
Joseph Joubert, Gedanken, Versuche und Maximen

Man überredet am besten die Leute,
wenn sie müde sind.
Aber bis sie müde sind,
dazu gehört viel Geduld.
Konrad Adenauer, Gespräch in Rhöndorf, 1967

Übersättigung

Dem Hungrigen ist leichter
geholfen als dem Übersättigten.
Marie von Ebner-Eschenbach, Aphorismen

Was manchem schon Überfüllung,
ist dem anderen noch Hunger.
Baltasar Gracián y Morales,
Handorakel und Kunst der Weltklugheit

Wo Augen und Ohren übersatt sind,
hat das Gehirn nie Hunger.
Ludwig Marcuse, Argumente und Rezepte.
Ein Wörter-Buch für Zeitgenossen

Überschätzung

Es gibt noch eine andere Art der
Ruhmsucht. Sie besteht darin,
dass wir unseren Wert und
unsere Verdienste überschätzen.
Michel Eyquem de Montaigne, Die Essais

Je kleiner das Sandkörnlein ist,
desto sicherer hält es sich
für die Achse der Welt.
Marie von Ebner-Eschenbach, Aphorismen

Überschätzt zu werden,
zumal von einem Wesen,
das einen liebt, kann in manchem
einen edlen Eifer entzünden,
jene geglaubte Höhe
wirklich zu erreichen.
Christian Morgenstern, Stufen

Überschätzung ist,
von jemand aus Liebe
eine höhere Meinung haben,
als recht ist.
Baruch de Spinoza, Ethik

Überschätzung macht leicht
den Menschen, der überschätzt wird,
hochmütig.
Baruch de Spinoza, Ethik

Wenn der Esel ein großer Esel ist,
hält er sich für ein Pferd.
Sprichwort aus Spanien

Wir unterschätzen das, was wir haben,
und überschätzen das, was wir sind.
Marie von Ebner-Eschenbach, Aphorismen

Überschwemmung

Es wütet die mächtige See,
und des Meeres Flut
mit den Wellen bringt Schrecken
den Bewohnern der Erde.
Heliand (um 850),
Ankündigung des Jüngsten Gerichts

Hundert Tage Überschwemmung
sind schlimmer
als hundert Tage Trockenheit.
Chinesisches Sprichwort

Oh, du Ausgeburt der Hölle!
Soll das ganze Haus ersaufen?
Johann Wolfgang von Goethe, Der Zauberlehrling

Übersetzen

Doch wie man
mit eigenen Sachen selten fertig wird,
so wird man es
mit Übersetzungen niemals.
Johann Wolfgang von Goethe, Briefe
(an Schiller, 9. Dezember 1795)

Eine Übersetzung ist entweder
grammatisch oder verändernd oder
mythisch. Mythische Übersetzungen
sind Übersetzungen im höchsten Stil.
Sie stellen den reinen, vollendeten
Charakter des individuellen Kunstwerks dar. Sie geben uns nicht
das wirkliche Kunstwerk, sondern
das Ideal desselben.
Novalis, Blütenstaub

Ist es nicht sonderbar,
dass eine wörtliche Übersetzung
fast immer eine schlechte ist?
Und doch lässt sich alles gut übersetzen.
Georg Christoph Lichtenberg, Sudelbücher

Man müsste das Original so wiedergeben, dass eine Übertragung auf
diejenige Nation, für welche sie
bestimmt ist, den gleichen Eindruck
mache, wie das Original auf die
Nation macht, für welche es
ursprünglich geschrieben wurde.
Edgar Allan Poe, Marginalien

Übersetzen ist wahrlich eine Kunst.
Martin Luther, Tischreden

Übersetzer sind als geschäftige
Kuppler anzusehen, die uns eine
halb verschleierte Schöne als höchst
liebenswürdig anpreisen: Sie erregen
eine unwiderstehliche Neigung nach
dem Original.
Johann Wolfgang von Goethe,
Maximen und Reflexionen

Übersetzer – Verräter
(Traduttore – traditore).
Sprichwort aus Italien

Wenn man zu viele Talente hat,
endet man irgendwann als Übersetzer
bei den Vereinten Nationen.
Peter Ustinov, Peter Ustinovs geflügelte Worte

Wirklich übersetzen heißt: etwas, das
in einer andern Sprache gesprochen
ist, seiner Sprache anpassen.
Martin Luther, Tischreden

Übersinnlichkeit

Der Mensch vermag
in jedem Augenblick ein übersinn-
liches Wesen zu sein.
Ohne dies wäre er nicht Weltbürger –
er wäre ein Tier.
Novalis, Blütenstaub

Du übersinnlicher, sinnlicher Freier,
Ein Mägdelein nasführt dich!
Johann Wolfgang von Goethe, Faust I (Mephisto)

Vom Übersinnlichen ist,
was das spekulative Vermögen
der Vernunft betrifft,
keine Erkenntnis möglich.
Immanuel Kant,
Welches sind die wirklichen Fortschritte?

Übertreibung

Ausgesprochenen Bösewichtern
misstraut der Teufel.
Übertreibung wechselt
zu leicht die Partei.
Emil Gött, Im Selbstgespräch

Der Satire steht das Recht auf Übertreibung zu. Aber sie hat es schon
seit langem nicht mehr nötig, von
diesem Recht Gebrauch zu machen.
Gabriel Laub

Die Gegenwart verführt
ins Übertriebne.
Johann Wolfgang von Goethe, Faust II (Gelehrter)

Die Übertreibung ist
der Lüge verwandt, und durch
dieselbe kommt man um den Ruf
des guten Geschmacks, welches viel,
und um den der Verständigkeit,
welches mehr ist.
Baltasar Gracián y Morales, Handorakel und Kunst
der Weltklugheit

Die Übertreibungen sind
Verschwendungen der Hochschätzung
und zeugen von der Beschränktheit
unserer Kenntnisse und
unsers Geschmacks.
Baltasar Gracián y Morales,
Handorakel und Kunst der Weltklugheit

Ein hübsches Kompliment ist
eine glaubwürdige Übertreibung.
Peter Alexander

Eine Übertreibung ist eine Wahrheit,
die die Geduld verloren hat.
Khalil Gibran

Erst in der Übertreibung der Dinge
werden sie klar und einsichtig.
Natürlich muss man in der
richtigen Richtung übertreiben.
Marcel Reich-Ranicki

Ich liebe nur die Menschen,
die übertreiben.
Die, die untertreiben,
interessieren mich nicht.
Gustav Mahler, überliefert von Alma Mahler-Werfel
(Mein Leben)

Lass die Kirche im Dorf stehen.
Deutsches Sprichwort

Man soll das Kind nicht
mit dem Bade ausschütten.
Deutsches Sprichwort

Nichts wird so sehr
für Übertreibung gehalten
wie die nackte Wahrheit.
Joseph Conrad

Sie übertreiben wie Schauspieler,
die nichts empfinden.
Johann Wolfgang von Goethe,
Wilhelm Meisters Wanderjahre

Treibt man etwas auf die Spitze,
so übertreibt man
und hat die Lächerlichkeit.
Theodor Fontane, Effi Briest

Viele Köche verderben den Brei.
Deutsches Sprichwort

Viele Wahrheiten setzen sich
nur als Übertreibungen durch.
Ludwig Marcuse, Argumente und Rezepte.
Ein Wörter-Buch für Zeitgenossen

Überwindung

Denn wer mit der Welt streitet,
wird groß im Überwinden der Welt,
und wer mit sich selbst streitet,
wird größer im Überwinden seiner
selbst; wer aber mit Gott streitet,
wird größer als alle.
Søren Kierkegaard, Furcht und Zittern

Es gibt nichts, das ich mir nicht
vergeben könnte, und nichts,
das ich nicht überwinden möchte.
Christian Morgenstern, Stufen

In diesem innern Sturm und äußern
Streite / Vernimmt der Geist
ein schwer verstanden Wort:
Von der Gewalt, die alle Wesen bindet,
Befreit der Mensch sich,
der sich überwindet.
Johann Wolfgang von Goethe, Die Geheimnisse

Wer überwindet,
der gewinnt.
Johann Wolfgang von Goethe, Faust I (Mephisto)

Überzeugen

Anerkannte Anschauungen
soll man nicht lächerlich machen;
man verletzt dadurch nur ihre
Anhänger, ohne sie zu überzeugen.
Luc de Clapiers Marquis de Vauvenargues,
Unterdrückte Maximen

Der Sieg über mich selbst macht
mich viel stolzer, wenn ich,
selbst in der Hitze des Gefechts,
von den starken Gründen
meines Gegners mich überzeugen lasse,
als wenn ich ihn besiege,
weil er nichts Vernünftiges
zu sagen hat.
Michel Eyquem de Montaigne, Die Essais

Die Taten reden,
aber den Ungläubigen
überzeugen sie doch nicht.
Marie von Ebner-Eschenbach, Aphorismen

Es ist die schlimmste Verschwendung
an Geist und Herz,
Gegner zu überzeugen suchen,
die gar nicht daran denken,
ihrer Ansicht zu sein.
Arthur Schnitzler, Buch der Sprüche und Bedenken

Man wird im Allgemeinen
durch die Gründe,
welche man selbst gefunden hat,
esser überzeugt,
als durch die, welche im Geiste
der anderen entstanden sind.
Blaise Pascal, Pensées

Niemals ist es schwerer,
überzeugend zu sprechen,
als wenn man sich schämt
zu schweigen.
François de La Rochefoucauld,
Nachgelassene Maximen

Was uns stets überzeugen kann,
ist die Leidenschaft.
Sie ist eine natürliche Fähigkeit
von immer gleicher Wirksamkeit,
sodass der einfachste Mensch,
der Leidenschaft hat,
besser überzeugt als der beredsamste,
der sie nicht hat.
François de La Rochefoucauld, Reflexionen

Überzeugung

Alle meine Überzeugung
ist nur Glaube,
und sie kommt aus der Gesinnung,
nicht aus dem Verstande.
Johann Gottlieb Fichte, Die Bestimmung des Menschen

Überzeugung

Alle Überzeugung ist unabhängig
von der Naturwahrheit – sie bezieht
sich auf die magische oder Wunderwahrheit. Von der Naturwahrheit
kann man nur überzeugt werden –
insofern sie Wunderwahrheit wird.
Novalis, Fragmente

Auch der ehrlichsten Überzeugung
muss ich meinen Respekt verweigern,
wenn mir die Sache nicht ehrlich
scheint, der sie gilt.
Arthur Schnitzler, Buch der Sprüche und Bedenken

Auf alle Fälle sind wir genötigt,
unser Jahrhundert zu vergessen,
wenn wir nach unserer Überzeugung
arbeiten wollen.
Johann Wolfgang von Goethe, Briefe (an Schiller,
25. November 1797)

Aus den Leidenschaften
wachsen die Meinungen;
die Trägheit des Geistes
lässt sie zu Überzeugungen erstarren.
Friedrich Nietzsche, Menschliches, Allzumenschliches

Bleib fest bei deiner Überzeugung,
eindeutig sei deine Rede.
Altes Testament, Jesus Sirach 5, 10

Der Mensch ändert
leichter seine Überzeugungen
als seine Gewohnheiten.
Paul Wegener

Der Mensch hat zwei Beine
und zwei Überzeugungen:
eine, wenn's ihm gut geht,
und eine, wenn's ihm schlecht geht.
Die letztere heißt Religion.
Kurt Tucholsky

Die Gedanken kommen wieder,
die Überzeugungen pflanzen sich fort,
die Zustände gehen
unwiederbringlich vorüber.
Johann Wolfgang von Goethe,
Maximen und Reflexionen

Die Seele gibt dem Druck der ersten
Überzeugung umso leichter nach,
je weniger sie über einen
eigenen Inhalt und ein
inneres Gegengewicht verfügt.
Michel Eyquem de Montaigne, Die Essais

Die Überzeugung des Geistes zieht
nicht immer die des Herzens nach sich.
Luc de Clapiers Marquis de Vauvenargues,
Unterdrückte Maximen

Die Überzeugung einer Frau
ist nicht so veränderlich;
sie entsteht langsam, nicht leicht;
entstand sie aber einmal,
so ist sie weniger leicht zu erschüttern.
Otto von Bismarck, Reden
(an Damen in Friedrichsruh, 19. April 1894)

Die Vaterschaft beruht überhaupt
nur auf der Überzeugung;
ich bin überzeugt,
und also bin ich Vater.
Johann Wolfgang von Goethe,
Wilhelm Meisters Lehrjahre

Die Wahrheit hat nichts zu tun
mit der Zahl der Leute,
die von ihr überzeugt sind.
Paul Claudel, Tagebuch vor Gott

Dieselbe Stimme,
die dem Christen zuruft,
seinem Feinde zu vergeben,
ruft dem Seeländer zu, ihn zu braten,
und mit Andacht isst er ihn auf.
Wenn die Überzeugung
solche Taten rechtfertigen kann,
darf man ihr trauen?
Heinrich von Kleist, Briefe (an Wilhelmine von Zenge,
15. August 1801)

Doch was wir auch sinnen und
vorhaben, geschehe nicht aus Leiden-
schaft, noch aus irgendeiner andern
Nötigung, sondern aus einer
dem besten Rat entsprechenden
Überzeugung.
Johann Wolfgang von Goethe,
Wilhelm Meisters Wanderjahre

Einen Gescheiten
kann man überzeugen,
einen Dummen muss man überreden.
Curt Goetz, Dreimal täglich

Es bleibt einem jedem
immer noch so viel Kraft,
das auszuführen,
wovon er überzeugt ist.
Johann Wolfgang von Goethe,
Maximen und Reflexionen

Freiheit der individuellen
Überzeugungen und ein Leben
diesen gemäß – ist das erste
der Rechte und das erste
der Pflichten eines jeden Menschen.
Malvida von Meysenburg, Memoiren einer Idealistin

Immer unerträglicher
wird mir das Zufällige
der meisten Überzeugungen.
Elias Canetti, Die Provinz des Menschen.
Aufzeichnungen 1942–1972

Jede Überzeugung ist eine Krankheit.
Francis M. de Picabia, Aphorismen

Jeder Dumme ist fest überzeugt,
und jeder fest Überzeugte ist dumm:
Je irriger sein Urteil,
desto größer sein Starrsinn.
Baltasar Gracián y Morales, Handorakel und Kunst
der Weltklugheit

Jeder muss den Mut
der Überzeugung haben.
Wilhelm von Humboldt

Kann der Blick nicht überzeugen,
Überredt' die Lippe nicht.
Franz Grillparzer, Die Ahnfrau (Berta)

Nichts ähnelt echter Überzeugung
mehr als beschränkter Starrsinn:
Darum gibt es Parteien,
Cliquenwesen, Ketzerei.
Jean de La Bruyère, Die Charaktere

Niemand,
der sich nicht selbst überzeugt,
wird von dir überzeugt werden.
August Graf von Platen, Lebensregeln

Nur die Dummen haben
sofort eine Überzeugung fertig.
Michel Eyquem de Montaigne, Die Essais

Ohne meine innere Überzeugung
würde alle Ehre, Glück und Beifall
der Welt mich nicht vergnügt machen
können, und wenn ich meiner
Überzeugung nach es bin, so kann
das Urteil einer ganzen Welt mich
nicht in diesem Genuss stören.
Georg Christoph Lichtenberg, Sudelbücher

Überzeugung ist das
Gewissen des Geistes.
Chamfort, Maximen und Gedanken

Überzeugungen: Sie dürfen
noch so scharf aneinander geraten,
es sind doch immer Ehrenhändel,
die ritterlich zwischen ihnen
ausgetragen werden können.
Arthur Schnitzler, Buch der Sprüche und Bedenken

Überzeugungen sind gefährlichere
Feinde der Wahrheit als Lügen.
Friedrich Nietzsche, Menschliches, Allzumenschliches

Überzeugungen sind (...) Krankheiten,
die durch Begeisterung übertragen
werden.
Siegfried Lenz, Zeit der Schuldlosen (1962)

Was die meisten von uns eint,
sind unsere Zweifel,
was uns trennt,
unsere Überzeugungen.
Peter Ustinov, Peter Ustinovs geflügelte Worte

Was zu beweisen ist,
ist auch zu widerlegen,
Drum sollst du
jegliches Beweisen niederlegen.
Auf Überzeugung steh,
da stehst du unbeweglich,
Die unbeweislich ist,
darum unwiderleglich.
Friedrich Rückert, Die Weisheit des Brahmanen

Wer keine Überzeugung hat,
lügt immer, er mag sagen,
was er will.
Ludwig Reiners, Stilkunst IV, Echtheit und Gewicht

Wer nicht durch verschiedene
Überzeugungen hindurchgegangen ist,
sondern in dem Glauben hängen
bleibt, in dessen Netz er sich zuerst
verfing, ist unter allen Umständen,
eben wegen dieser Unwandelbarkeit,
ein Vertreter zurückgebliebener
Kulturen.
Friedrich Nietzsche, Menschliches, Allzumenschliches

Wir sollten die Schulkinder auf die
großen Friedhöfe führen:
Gräber überzeugen auf eine
eindringliche Weise,
die keinen Kommentar erfordern (...).
Heinrich Böll, Worte töten Worte heilen

Übung

Die Übung ist
In allem beste Lehrerin
den Sterblichen.
Euripides, Andromache

Die Übung kann
Fast das Gepräge der Natur verändern.
William Shakespeare, Hamlet (Hamlet)

Durch Schmieden wird man
Schmied.
Sprichwort aus Frankreich

Ein Geiger zerreißt viele Saiten,
ehe er Meister ist.
Deutsches Sprichwort

Ein jeder übe sein' Lektion,
So wird es gut im Rate stohn.
Johann Wolfgang von Goethe, Sprüche

Es werden mehr Menschen
durch Übung tüchtig
als durch ihre ursprüngliche Anlage.
Demokrit, Fragment 242

Frauen sind im Unglück
weiser als Männer,
weil sie Übung darin haben.
Eleonora Duse

Früh übt sich,
was ein Meister werden will.
Friedrich Schiller, Wilhelm Tell (Tell)

Nur durch geregelte Übung
könnte man vorwärts kommen.
Johann Wolfgang von Goethe, Italienische Reise

Übe dich auch in den Dingen,
an denen du verzweifelst.
Mark Aurel, Selbstbetrachtungen

Übung führt zur Kunst.
Publius Cornelius Tacitus, Germania

Übung macht den Meister.
Deutsches Sprichwort

Wer oft schießt,
trifft endlich.
Deutsches Sprichwort

Zu vollenden ist nicht
die Sache des Schülers,
es ist genug, wenn er sich übt.
Johann Wolfgang von Goethe,
Wilhelm Meisters Lehrjahre

Uhr

Auch eine stehen gebliebene Uhr
kann noch zweimal am Tag
die richtige Zeit anzeigen;
es kommt nur darauf an,
dass man im richtigen Augenblick
hinschaut.
Alfred Polgar

Das Gewissen ist eine Uhr,
die immer richtig geht.
Nur wir gehen manchmal falsch.
Erich Kästner

Das Pendel schlägt nicht zurück
und ändert die Richtung,
weil seine Richtung für
falsch befunden worden ist,
sondern die Uhr geht,
weil das Pendel sich hin
und zurück bewegt.
Tania Blixen, Motto meines Lebens

Der Gang der Jahreszeiten ist ein
Uhrwerk, wo ein Kuckuck ruft,
wenn es Frühling ist.
Georg Christoph Lichtenberg, Sudelbücher

Die Armbanduhr
ist eine Handfessel der Zeit.
Sigismund von Radecki

Die Uhr schlägt keinem Glücklichen.
Friedrich Schiller, Die Piccolomini (Max)

Die Uhr steht still –
Steht still!,
sie schweigt wie Mitternacht.
Der Zeiger fällt –
Er fällt!, es ist vollbracht.
Johann Wolfgang von Goethe,
Faust II (Mephisto und Chor)

Ein Berater ist jemand,
der dir deine Armbanduhr wegnimmt,
um dir zu sagen,
wie spät es ist.
Roy Kinnear

Es ist der Traum die Uhr des Lebens,
nur hier können wir ablesen,
wie viel's schlagen wird.
Heimito von Doderer, Repertorium. Ein Begreifbuch
von höheren und niederen Lebens-Sachen

Es ist mit der Weltenuhr
wie mit der des Zimmers.
Am Tage sieht man sie wohl,
aber hört sie fast gar nicht.
Des Nachts aber hört man sie gehen
wie ein großes Herz.
Christian Morgenstern, Stufen

Ich trage nie eine Uhr.
Uhrzeiger sind Peitschen für all jene,
die sich als Rennpferde
missbrauchen lassen.
Françcois Mitterrand

Ich trage, wo ich gehe,
Stets eine Uhr bei mir;
Wie viel es geschlagen habe,
Genau seh' ich's an ihr.
Johann Gabriel Seidl, Meine Uhr

Phantasten sind Menschen,
deren Uhr vorgeht.
Anita Daniel

Takt ist die innere Uhr,
die uns sagt,
wie viel es geschlagen hat.
Maurice Chevalier

Verliebte laufen stets der Uhr voraus.
William Shakespeare,
Der Kaufmann von Venedig (Graziano)

Weckuhren und Kritiker
dürfen nicht rücksichtsvoll sein.
Gabriel Laub

Ulrich (4.7.)

Regen an Sankt Ulrichs Tag
macht die Birnen stichig-mad.
Bauernregel

Umarmung

Die mag man wohl albern nennen,
die gleich denken,
Liebe sei im Spiel,
nur weil eine Dame höfisch genug ist,
sich einem Unglücklichen zu nähern,
ihm freundlich zu begegnen
und ihn zu umarmen.
Chrétien de Troyes, Yvain

Eine liebevolle Umarmung
mit blanken Armen
macht ohne Zweifel
ein sehnendes Herz hochgemut.
Ulrich von Singenberg, Lieder
(Wie hôhes muotes ist ein man)

Es ist immer noch besser,
wenn sich zwei Menschen über
den tiefen Abgrund ewiger Fremdheit
hin kühl die Hände reichen,
als wenn sie einander über
den trügerischen Wirbeln des
Verstehens gerührt in die Arme sinken.
Arthur Schnitzler, Buch der Sprüche und Bedenken

In diesem Land ist es eine
der wichtigsten Pflichten,
seine ärgsten Feinde zu umarmen;
ihr mögt sie bei der ersten
besten Gelegenheit vergiften,
doch bis dahin könnt ihr ihnen nicht
genug Freundschaft entgegenbringen.
Voltaire, Die Briefe Amabeds

Jedwede Kreatur hat einen Urtrieb
nach liebender Umarmung.
Hildegard von Bingen,
Der Mensch in der Verantwortung

Seid umschlungen, Millionen!
Diesen Kuss der ganzen Welt.
Friedrich Schiller, An die Freude

Umgang

Allein ist besser
als mit Schlechten im Verein.
Mit Guten im Verein
ist besser als allein.
Friedrich Rückert, Gedichte

Bei Lahmen lernt man hinken,
bei Säufern lernt man trinken.
Deutsches Sprichwort

Bei schlechtem Umgang
wirst du selber schlecht.
Menandros, Monostichoi

Der Mond glänzt,
solange er allein bei den Sternen ist:
Kommt die Sonne,
wird er unscheinbar oder unsichtbar.
Nie also schließe man sich dem an,
durch den man verdunkelt,
sondern dem, durch den man
herausgehoben wird.
Baltasar Gracián y Morales,
Handorakel und Kunst der Weltklugheit

Der Umgang mit Altersgenossen ist
angenehmer, der mit Älteren sicherer.
Ambrosius, Von den Pflichten

Der Umgang mit Frauen
ist das Element guter Sitten.
Johann Wolfgang von Goethe,
Die Wahlverwandtschaften

Der Umgang mit schlechten Büchern
ist oft gefährlicher als der Umgang
mit schlechten Menschen.
Wilhelm Hauff

Die Kunst,
mit den Menschen nicht umzugehen,
könnte auch noch geschrieben werden.
Emil Gött, Gedichte, Sprüche und Aphorismen

Ein Mann unter Kindern bleibt lange
ein Kind, ein Kind unter Männern
wird bald ein Mann.
Sprichwort aus England

Es gehört Mut dazu,
den intelligenten Menschen
dem besonders
netten Menschen vorzuziehen.
Jules Renard, Ideen, in Tinte getaucht.
Aus dem Tagebuch von Jules Renard

Gesell dich einem Bessern zu,
Dass mit ihm deine
bessern Kräfte ringen.
Wer selbst nicht weiter ist als du,
Der kann dich auch nicht weiter bringen.
Friedrich Rückert, Gedichte

Gleich und Gleich gesellt sich gern.
Deutsches Sprichwort

Guter Umgang
verbessert schlechte Sitten.
Deutsches Sprichwort

Heutzutage sind im
menschlichen Umgang große Untiefen:
Man muss bei jedem Schritt
das Senkblei gebrauchen.
Baltasar Gracián y Morales,
Handorakel und Kunst der Weltklugheit

In die Kirche mit Heiligen geh,
Ins Wirtshaus mit den Zechern.
Dante Alighieri, Die Göttliche Komödie

Jedermann geht gern
mit einem Menschen um,
wenn man sich auf seine Pünktlichkeit
in Wort und Tat verlassen kann.
Adolph Freiherr von Knigge,
Über den Umgang mit Menschen

Jedes Übermaß ist fehlerhaft,
aber am meisten im Umgang.
Mit dieser klugen Mäßigung
wird man sich am besten
die Gunst und Wertschätzung
aller erhalten, weil alsdann der
so kostbare Anstand nicht allmählich
beiseite gesetzt wird.
Baltasar Gracián y Morales,
Handorakel und Kunst der Weltklugheit

Lasst euch nicht irreführen!
Schlechter Umgang
verdirbt gute Sitten.
Neues Testament, Paulus (1 Korinther 15, 26)

Man sollte nur den Umgang
solcher Menschen suchen,
denen gegenüber man sich
zusammennehmen muss.
Ernst von Feuchtersleben, Zur Diätetik der Seele

Meide den Schlechten,
und wäre das Haupt ihm
mit Weisheit gekrönt;
auch mit Juwelen gekrönt,
spritzet die Viper das Gift.
Bhartrihari, Sprüche

Mit rechten Leuten wird man was.
Johann Wolfgang von Goethe, Faust I (Genius der Zeit)

Sage mir, mit wem du umgehst,
und ich werde dir sagen, wer er ist.
Ludwig Marcuse, Argumente und Rezepte.
Ein Wörter-Buch für Zeitgenossen

Sage mir, mit wem du verkehrst,
und ich sage dir, wer du bist.
Deutsches Sprichwort

Schlechter Umgang
verdirbt gute Sitten.
Tertullian, Ad uxorem

Wenn jeder Fehler angemerkt wird,
hört jeder Umgang auf.
Sprichwort aus Indien

Wer mit Hunden zu Bette geht,
steht mit Flöhen wieder auf.
Deutsches Sprichwort

Wer mit Kosak und Pack
sich schlägt,
Leicht Läuse auf dem Kopfe trägt.
Emil Gött, Im Selbstgespräch

Wer sich mit Hemden zu Bett legt,
steht mit Flöhen auf,
und zwar mit Flöhen im Ohr.
Schlechte Gesellschaft ist
wie das bekannte Fliegenpapier,
das man nicht loswird:
Bald klebt es am Schuhabsatz,
bald am Ellenbogen.
Heimito von Doderer, Repertorium. Ein Begreifbuch
von höheren und niederen Lebens-Sachen

Wie gesellet doch Gott beständig
Gleiche zu Gleichen.
Homer, Odyssee

Wohnst du neben einem Lahmen,
so wirst du hinken lernen.
Plutarch, Über Kindererziehung

Umgebung

Den besten Unterricht zieht man
aus vollständiger Umgebung.
Johann Wolfgang von Goethe,
Wilhelm Meisters Wanderjahre

Die Umgebung,
in der der Mensch sich
den größten Teil des Tages aufhält,
bestimmt seinen Charakter.
Antiphon, Fragmente

Eine reinliche und vollends
schöne Umgebung wirkt
immer wohltätig auf die Gesellschaft.
Johann Wolfgang von Goethe,
Über den Dilettantismus

Feine Leute sind solche,
die nur in feiner Umgebung
ordinär werden.
Wolfgang Herbst

Man frage sich,
ob nicht ein jedes fremde,
aus seiner Umgebung
gerissene Geschöpf
einen gewissen ängstlichen Eindruck
auf uns macht,
der nur durch Gewohnheit
abgestumpft wird.
Johann Wolfgang von Goethe,
Die Wahlverwandtschaften

Umkehr

Besser umkehren,
als irregehn.
Deutsches Sprichwort

Das Gute an den Sackgassen:
Sie zwingen zur Umkehr.
Martin Held

Man muss in der Luft
umkehren können.
Heinz Rühmann

Wir müssen umkehren.
Jakob Boßhart, Ein Rufer in der Wüste

Umstand

Der Mensch ist nicht allein
ein Werk der Umstände,
sondern die Umstände
sind ein Werk der Menschen.
Benjamin Disraeli, Vivien Grey

Des Menschen größtes Verdienst
bleibt wohl, wenn er die Umstände
so viel als möglich bestimmt und
sich so wenig als möglich
von ihnen bestimmen lässt.
Johann Wolfgang von Goethe,
Wilhelm Meisters Lehrjahre

Glückliche Umstände
machen die Herzen übermütig.
Lucius Annaeus Seneca, Agamemnon

Man kann nicht einmal sagen,
die Umstände bestimmten unser Fühlen,
vielmehr bestimmt unser Fühlen
die Umstände.
Leo N. Tolstoi, Tagebücher (1863)

Politik:
die Kunst, sich von den jeweiligen
Umständen so ändern zu lassen,
dass es aussieht,
als ob man die Umstände
geändert habe.
Wolfgang Herbst

Sogar das Vortrefflichste
hängt von Umständen ab
und hat nicht immer seinen Tag.
Baltasar Gracián y Morales,
Handorakel und Kunst der Weltklugheit

Umsturz

Der Umsturz alles Bestehenden
wird in der Naturwissenschaft nur
von unkritischen Fanatikern probiert.
Werner Heisenberg

Ich hasse jeden gewaltsamen Umsturz,
weil dabei ebenso viel Gutes
vernichtet als gewonnen wird.
Johann Wolfgang von Goethe, überliefert von
Johann Peter Eckermann (Gespräche mit Goethe)

Kegeln ist die Kunst,
einen Umsturz zu machen,
indem man eine ruhige Kugel schiebt.
Jürgen von Manger

Wenn Neid erzeugt gehässige Irrungen,
Da kommt der Umsturz,
da beginnt Verwirrung.
William Shakespeare, Heinrich VI. (Exeter)

Wer sinnt wohl eifriger
auf Umsturz als der,
dem seine gegenwärtigen Lebens-
umstände so gar nicht
gefallen können?
Thomas More, Utopia

Umweg

Das Leben besteht
hauptsächlich aus Umwegen.
Frank Thieß

Denn Kultur besteht in Umwegen.
Und Umwege sind zumeist
Umwege um Tabus.
Günther Anders, Lieben gestern.
Notizen zur Geschichte des Fühlens

Der Mensch hat viel Zeit
und Mühe darauf verwandt,
Umwege kurzzuschließen,
er hat Zeiteinsparungen und
Kurzfassungen erdacht (...).
Dabei sind es doch die Umwege,
die Mäander, die Umspielungen,
die die eigentliche Substanz,
den wahren Wert unseres
täglichen Lebens ausmachen,
unsere Freuden und Befriedigungen.
Yehudi Menuhin, Kunst als Hoffnung
für die Menschheit

Der Mensch wird stets
für manche Sachen
gescheiter einen Umweg machen
und hat oft hinterher entdeckt:
Das war viel kürzer als direkt!
Karl-Heinz Söhlker,
Es schadet nichts, vergnügt zu sein

Man muss sich einfache Ziele setzen,
dann kann man sich
komplizierte Umwege erlauben.
Charles de Gaulle

Steile Gegenden lassen sich nur
durch Umwege erklimmen,
auf der Ebene führen gerade Wege
von einem Ort zum andern.
Johann Wolfgang von Goethe,
Wilhelm Meisters Lehrjahre

Wer zum Weggefährten nicht
»älterer Bruder« sagt,
muss viele Umwege machen.
Chinesisches Sprichwort

Umweltzerstörung

Ach, was nützt es,
das Laub zu begießen,
wenn der Baum an seinem Fuße
durchhauen ist.
Jean-Jacques Rousseau,
Julie oder Die neue Héloïse (Julie)

Auch auf den Malediven
holt den Zivilisationsflüchtling
verschmutzte Luft,
vergiftetes Wasser ein.
Norbert Blüm, Unverblümtes von Norbert Blüm

Da kann kein Verwandter
dem andern helfen angesichts
der Zerstörung der Welt.
Das Muspilli (um 860)

Umzug

Alte Marksteine
soll man nicht verrücken.
Deutsches Sprichwort

Den Ort verändern,
heißt nur ein Elend
mit dem andern vertauschen.
William Shakespeare,
Die Tragödie von Cymbaline

Dreimal umgezogen
ist einmal abgebrannt.
Deutsches Sprichwort

Pflanze, oft versetzt,
gedeiht nicht.
Deutsches Sprichwort

Wir richten uns immer häuslich ein,
um wieder auszuziehen,
und wenn wir es nicht
mit Willen und Willkür tun,
so wirken Verhältnisse, Leidenschaften,
Notwendigkeit und was nicht alles.
Johann Wolfgang von Goethe,
Die Wahlverwandtschaften

Unabänderlichkeit

Was man nicht ändern kann,
darüber soll man sich nicht
zu viele Sorgen machen.
Sprichwort aus Frankreich

Was man nicht aufhalten kann,
soll man laufen lassen.
Deutsches Sprichwort

Unabhängigkeit

Das unverschämte Wesen
passt nur für Sklaven,
die Unabhängigkeit
hat nichts Affektiertes.
Jean-Jacques Rousseau, Emile

Die Natur hat mir nicht gesagt:
Sei nicht arm!
Noch weniger: Sei reich!
Aber sie ruft mir zu:
Sei unabhängig!
Chamfort, Maximen und Gedanken

Einem anderen gehöre nicht,
wer sein eigener Herr
sein kann.
Philippus Theophrastus Paracelsus, Wahlspruch

Es ist ein angenehmes Gefühl
der Unabhängigkeit,
wenn man einen Bestseller
nicht besitzt.
Danny Kaye

Es sieht nicht so aus,
als ob die Natur die Menschen
zur Unabhängigkeit erschaffen habe.
Luc de Clapiers Marquis de Vauvenargues,
Reflexionen und Maximen

Frauen, die trotz aller Beschwernisse
ihre Unabhängigkeit bewahrt haben,
werden in der Natur glühend
ihre eigene Freiheit lieben.
Simone de Beauvoir, Das andere Geschlecht

Für manches unterentwickelte Land
ist das Geschenk der völligen
Unabhängigkeit so sinnvoll
wie ein Rasiermesser
in der Hand eines Kindes.
William Lord Beaverbrook

Ich bin fest davon überzeugt,
dass man nur auf eine brutale Weise –
nämlich mit wenig Geld
oder gar keinem
– lernt, erfinderisch und
unabhängig zu sein.
Sylvia Plath, Briefe nach Hause (13. Oktober 1954)

Von niemandem abhängen,
der Mann seines Herzens,
seiner Grundsätze, seiner Gefühle sein:
Nichts habe ich seltener gesehen.
Chamfort, Maximen und Gedanken

Wer an Unabhängigkeit gewohnt ist,
dem ist jedes Band ein Zwang,
jede Kette eine Last.
Niccolò Machiavelli, Geschichte von Florenz

Wer nicht unter Druck lebt,
soll sich nicht danach sehnen,
unter Druck zu leben:
Freiheit und Unabhängigkeit
kann man nicht für Gold kaufen.
Juan Ruiz de Alarcón y Mendoza,
Buch von rechter Liebe

Unbefangenheit

Unbefangenheit, Geradheit,
Bescheidenheit sind
auch göttliche Tugenden.
Marie von Ebner-Eschenbach, Aphorismen

Was der gereifte Mann
durch die Erfahrung seines Lebens
erlangt hat und wodurch er die Welt
anders sieht als der Jüngling
und Knabe, ist zunächst Unbefangenheit. Er allererst sieht die Dinge
ganz einfach und nimmt sie für das,
was sie sind.
Arthur Schopenhauer, Aphorismen zur Lebensweisheit

Unbequemlichkeit

Die Unbequemen
sind den Unbequemen
stets bequem.
André Heller

Wer Freiheit will,
muss Unbequemlichkeit ertragen.
Richard von Weizsäcker, Die Verantwortung der
Gewerkschaften in der freiheitlichen Demokratie.
Ansprache des Bundespräsidenten auf dem
DGB-Bundeskongress in Hamburg 1986.

Unbeständigkeit

Ach, dass der Unbestand
immer das Lieblichste bleibt!
Johann Wolfgang von Goethe, Weissagungen des Bakis

Das Gefühl für die Falschheit
der gegenwärtigen Freuden und
die Unkenntnis der Eitelkeit der
abwesenden Freuden verursachen
die Unbeständigkeit.
Blaise Pascal, Pensées

Die Menschen können von
Natur aus voneinander abweichen,
insofern sie von Affekten,
die Leiden sind, bestürmt werden;
insofern ist auch ein und
derselbe Mensch veränderlich
und unbeständig.
Baruch de Spinoza, Ethik

Es ist das Zeichen einer
überlegenen Seele,
die Unbeständigkeit
zu verabschieden.
Théodore Jouffroy, Das grüne Heft

Gut, ihr verschmäht
Treue und Glauben.
Was bietet die Unbeständigkeit dafür?
Etwa Genuss?
Stendhal, Über die Liebe

Siehe, kein Wesen ist so eitel
und unbeständig wie der Mensch.
Homer, Odyssee

Was ich an unseren gegenwärtigen
Zuständen auszusetzen habe,
ist die Unbeständigkeit:
Die Gesetze stellen,
ebenso wie die Kleidermoden,
keinen Dauerzustand dar.
Michel Eyquem de Montaigne, Die Essais

Unbewusstes

Alle Größe ist unbewusst,
oder sie ist wenig oder gar nichts.
Thomas Carlyle, Über Walter Scott

Der Schlüssel zur Erkenntnis
vom Wesen des bewussten
Seelenlebens liegt in der Region
des Unbewusstseins.
Carl Gustav Carus, Psyche

Undankbarkeit

Allzu großer Eifer,
sich aus einer Verpflichtung zu lösen,
ist eine Art Undankbarkeit.
François de La Rochefoucauld, Reflexionen

Als den Sternen,
als dem Himmel der Ruhm
der Sterblichen missfiel,
kam zu ihrer Erniedrigung
ie Undankbarkeit zur Welt.
Des Geizes und
des Argwohns Tochter, gesäugt in des
Neides Armen,
lebt sie in der Brust
der Fürsten und der Könige.
Niccolò Machiavelli, Die Undankbarkeit

Der am besten behandelte,
am meisten bevorzugte und
intelligenteste Teil jeder Gesellschaft
ist oft der undankbarste.
Saul Bellow, Herzog (1964)

Der Undank ist immer
eine Art Schwäche.
Ich habe nie gesehen,
dass tüchtige Menschen
wären undankbar gewesen.
Johann Wolfgang von Goethe,
Maximen und Reflexionen

Der undankbare Mann
ist immer schlecht.
Menandros, Monostichoi

Die Absonderung vom Wohltäter
ist der eigentliche Undank.
Johann Wolfgang von Goethe,
Dichtung und Wahrheit

Die Welt ist undankbar, sagen viele;
ich habe noch nicht gefunden,
dass sie undankbar sei,
wenn man auf die rechte Art
etwas für sie zu tun weiß.
Johann Wolfgang von Goethe,
Wilhelm Meisters Lehrjahre

Ein einziger Undankbarer
schadet allen Armen.
Publilius Syrus, Sentenzen

Es gibt nur ein Laster,
dessen sich niemand rühmt:
Undankbarkeit
Gérard de Nerval, Paradox und Wahrheit

Mancher ist undankbar
und doch an seinem Undank
weniger schuldig als sein Wohltäter.
François de La Rochefoucauld, Reflexionen

Nichts ist kostspieliger,
als ein undankbarer Mensch zu sein.
Titus Maccius Plautus, Die Bacchiden

Nichts zieht den Undank
so unausbleiblich nach sich
als Gefälligkeiten,
für die kein Dank zu groß wäre.
Gotthold Ephraim Lessing, Miss Sara Sampson
(Marwood)

So würde der zu schätzen sein,
der sich lieber undankbar zeigte,
als dass er etwas Schändliches
aus Liebe zu seinem Wohltäter
unternähme.
Johann Wolfgang von Goethe,
Unterhaltungen deutscher Ausgewanderten

Solange man noch etwas zu geben
hat, findet man selten Undankbare.
François de La Rochefoucauld, Reflexionen

Undank ist das größte Laster,
und kein Mensch wäre undankbar,
wenn er nicht vergesslich wäre!
Johann Wolfgang von Goethe, Dichtung und Wahrheit

Undank ist der Welten Lohn.
Deutsches Sprichwort

Uneigennützigkeit

Der Beweggrund allein
bestimmt das Verdienstliche
in den Handlungen der Menschen,
und die Uneigennützigkeit drückt
das Siegel der Vollkommenheit auf.
Jean de La Bruyère, Die Charaktere

Man muss ganz uneigennützig lieben.
Gotthold Ephraim Lessing,
Minna von Barnhelm (Fräulein)

Weil gute oder schlechte Wirkungen
durch gute oder schlechte
Motivation verursacht werden,
ist die Kultivierung einer
uneigennützigen Motivation
von allergrößter Bedeutung.
Dalai Lama XIV, Logik der Liebe

Unendlichkeit

Alles, worein der Mensch
sich ernstlich einlässt,
ist ein Unendliches;
nur durch wetteifernde Tätigkeit
weiß er sich dagegen zu helfen.
Johann Wolfgang von Goethe,
Wilhelm Meisters Wanderjahre

Aus der Natur,
nach welcher Seite hin man schaue,
entspringt Unendliches.
Johann Wolfgang von Goethe,
Maximen und Reflexionen

Das Begriffsvermögen
des Menschen ist begrenzt,
dennoch weiß er,
dass das Unendliche existiert.
Sully Prudhomme, Gedanken

Das Unermessliche und Unendliche ist
für den Menschen ebenso notwendig
wie dieser kleine Planet,
auf dem er lebt.
Fjodor M. Dostojewski,
Tagebuch eines Schriftstellers

Denn ich weiß,
du liebst das Droben,
Das Unendliche zu schauen,
Wenn sie sich einander loben,
Jene Feuer in dem Blauen.
Johann Wolfgang von Goethe,
West-östlicher Divan (Sommernacht)

Der Mensch kann sich nie
ganz vom Unendlichen abwenden,
einzelne verlorne Erinnerungen
werden von der eingebüßten Heimat
zeugen, aber es kommt auf die
herrschende Richtung
seiner Bestrebungen an.
August Wilhelm Schlegel,
Über dramatische Kunst und Literatur

Die unzureichende Sinneswahrnehmung
widerlegt die Unendlichkeit nicht.
Giordano Bruno, Zwiegespräche vom
unendlichen All und den Welten

Die Verzweiflung der Endlichkeit ist,
der Unendlichkeit zu ermangeln.
Sören Kierkegaard, Die Krankheit zum Tode

Es ist angenehm,
auch im Unendlichen
vorwärts zu kommen.
Johann Wolfgang von Goethe, Italienische Reise

Für das Nach-oben-Schauen
gibt es keine Grenze.
Sprichwort aus Japan

Ich erschrecke bei dem Gedanken,
wie weit die Unendlichkeit reicht,
und frage mich, was wohl hinter
der Unendlichkeit kommt.
Heinz Rühmann

In der weiten Nacht
des Unendlichen war der Mensch
öfter fürchtend als hoffend.
Jean Paul, Vorschule der Ästhetik

Nichts Geringeres als das Unendliche
und das Wunderbare ist uns notwendig, und der Mensch tut gut daran,
sich mit nichts Geringerem zufrieden
zu geben und sich nicht daheim zu
fühlen, solange er es nicht erlangt hat.
Vincent van Gogh, Briefe

Nichts ist dem Geist erreichbarer
als das Unendliche.
Novalis, Fragmente

Nur durch Beziehung aufs Unendliche
entsteht Gehalt und Nutzen;
was sich nicht darauf bezieht,
ist schlechthin leer und unnütz.
Friedrich Schlegel, Ideen

Und so ist es denn nicht
das Streben nach Glück,
was auf der Erde uns leiten soll.
Streben nach dem Unendlichen,
Ausbildung seiner Seele,
dies ist es, was wir ohne Hinsicht
auf Lust und Ruhe unbedingt
ausüben müssen.
Sophie Mereau, Betrachtungen

Unser erkennender Geist spannt sich,
indem er etwas erkennt,
ins Unendliche aus.
Thomas von Aquin, Summe gegen die Heiden

Wer Grenze sagt, sagt Unendlichkeit,
und wer Unendlichkeit sagt,
sagt Grenze. Denn es lässt sich
ebenso wenig leugnen, dass jenseits
der Grenze wieder das Etwas ist,
und wäre es selbst das Nichts,
so wäre es ein Etwas mit Hinsicht
auf die Grenze.
Arthur Schnitzler, Aphorismen und
Betrachtungen aus dem Nachlass

Willst du ins Unendliche schreiten,
Geh nur im Endlichen
nach allen Seiten.
Johann Wolfgang von Goethe, Sprüche

Würden die Tore der Wahrnehmung
gereinigt, so erschiene dem Menschen
alles, wie es ist: unendlich.
William Blake, Die Hochzeit von Himmel und Hölle

Unentbehrlichkeit

Das Telefon gehört zu
den Unentbehrlichkeiten,
die nicht gekannt zu haben,
ein rohes Zeitalter adelt.
Richard von Schaukal

Die Friedhöfe sind voll von Leuten,
die sich für unentbehrlich hielten.
Georges Clemenceau

Die Unentbehrlichkeit
eines Individuums ist gewiss
immer nur eingebildet und chimärisch;
aber auch so ist sie gut.
Friedrich Buchholz, Hermes oder Über die Natur
der Gesellschaft mit Blicken in die Zukunft

Suche immer zu nützen!
Suche nie,
dich unentbehrlich zu machen.
Marie von Ebner-Eschenbach, Aphorismen

Unentschlossenheit

Der Unentschlossene gleicht
einem Schwert,
das nicht gehärtet ist.
Chinesisches Sprichwort

Es ist nichts erbärmlicher in der Welt
als ein unentschlossener Mensch.
Johann Wolfgang von Goethe, Clavigo (Carlos)

Nicht so verderblich ist
die schlechte Ausführung als
die Unentschlossenheit. Flüssigkeiten
verderben weniger, solange sie fließen,
als wann sie stocken.
Baltasar Gracián y Morales,
Handorakel und Kunst der Weltklugheit

Unentschlossenheit, Ängstlichkeit
ist für Geist und Seele,
was die Folter für den Körper.
Chamfort, Maximen und Gedanken

Zaudern ist der Dieb der Zeit.
Chinesisches Sprichwort

Unergründlich

Es ist absolut sinnlos,
die Frauen verstehen zu wollen,
wo doch ihr größter Reiz
in der Unergründlichkeit liegt.
Alfred Hitchcock

Unergründlich ist nur die Dummheit.
Paul Ernst, Erdachte Gespräche

Viele Menschen erscheinen
uns unergründlich nicht deshalb,
weil sie tief sind, sondern weil
wir anders geartet sind als sie.
Jakob Boßhart, Bausteine zu Leben und Zeit

Unerreichbarkeit

Diese Unvergleichlichen
Wollen immer weiter:
Sehnsuchtsvolle Hungerleider
Nach dem Unerreichlichen.
Johann Wolfgang von Goethe, Faust II (Nereiden)

Nur nicht überschätzen,
was ich geschrieben habe,
dadurch mache ich mir
das zu Schreibende unerreichbar.
Franz Kafka, Tagebücher (1912)

Unersättlichkeit

Das Unersättliche kann sich
nur ans Unerschöpfliche wenden.
Paul Claudel, Das Mädchen Violaine

Ohne diese Unersättlichkeit
gibt's keine Liebe. Wir leben
und lieben bis zur Vernichtung.
Friedrich Schlegel, Lucinde

Unersättlich ist nicht der Bauch,
wie die Masse behauptet,
sondern die trügerische Meinung
vom unbegrenzten Fassungsvermögen
(des) Bauches.
Epikur, Sprüche. In: Briefe, Sprüche, Werkfragmente

Unersättliche Liebe, wozu treibst du
nicht die sterblichen Herzen!
Vergil, Aeneis

Unerträglichkeit

Bei aller Tugend,
Fähigkeit und gutem Benehmen
kann einer doch unerträglich sein.
Jean de La Bruyère, Die Charaktere

Es ist nichts unerträglicher,
als sich das Vergnügen vorrechnen
zu lassen, das man genießt.
Johann Wolfgang von Goethe,
Wilhelm Meisters Lehrjahre

Menschen im Allgemeinen
werden mir immer unerträglicher.
Franziska Gräfin zu Reventlow, Tagebücher

Nicht die großen Fehler –
die kleinen Schwächen
machen einen Menschen unerträglich.
Am unerträglichsten machen ihn
aber die kleinen Tugenden.
Heinrich Waggerl, Wagrainer Bilderbuch

Unfähigkeit

Das Fürchterlichste ist,
wenn platte, unfähige Menschen
zu Phantasten sich gesellen.
Johann Wolfgang von Goethe,
Maximen und Reflexionen

Der Unfähige gleicht einem Pilz,
der in die Höhe schießt,
doch keine feste Wurzel hat.
Chinesisches Sprichwort

Er schafft es nicht,
etwas zu vollenden, wohl aber,
es gänzlich zu verwirren.
Chinesisches Sprichwort

Wär's möglich?
Könnt' ich nicht mehr,
wie ich wollte?
Friedrich Schiller, Wallensteins Tod (Wallenstein)

Wenn die Unfähigkeit
einen Decknamen braucht,
nennt sie sich Pech.
Charles Maurice de Talleyrand

Wenn man früher unfähig war,
wurde man Fotograf;
heute wird man Abgeordneter.
Guy de Maupassant

Unfall

Die kleinen Unfälle, die uns stündlich
vexieren, kann man betrachten als
bestimmt, uns in Übung zu erhalten,
damit die Kraft, die größer zu ertragen, im Glück nicht ganz erschlaffe.
Arthur Schopenhauer,
Aphorismen zur Lebensweisheit

Es ist schwer, etwas gegen
plötzliche Unfälle zu unternehmen,
leicht, gegen vorausbedachte.
Niccolò Machiavelli, Kriegskunst

Manche Entgleisung rettet
vor der schiefen Bahn.
Elazar Benyoëtz

Ob vom Kölner Dom,
ob vom Zirkuszelt,
ob vom Dach einer Dampfwäscherei:
Für den Arbeiter, der herunterfällt,
ist das völlig einerlei.
Erich Kästner, Kurz und bündig. Epigramme

Selbst auf einem breiten Fluss
stoßen die Dschunken
schon einmal zusammen.
Chinesisches Sprichwort

Vernunft und Liebe
hegen jedes Glück,
Und jeden Unfall
mildert ihre Hand.
Johann Wolfgang von Goethe,
Die natürliche Tochter (Gerichtsrat)

Unfehlbarkeit

Ich glaube an
keine Unfehlbarkeit des Richters.
Heinrich Zschokke, Ährenlese

Strebe nach Vollkommenheit,
aber nicht nach dem Schein der
Vollkommenheit und Unfehlbarkeit!
Adolph Freiherr von Knigge,
Über den Umgang mit Menschen

Unfehlbarkeit und Unverdorbenheit
von der menschlichen Natur begehren,
heißt vom Winde verlangen,
dass er sich nicht bewege.
Joseph Joubert, Gedanken, Versuche und Maximen

Unfrieden

Unfrieden in der Familie
wird rasch von Fremden ausgenutzt.
Chinesisches Sprichwort

Unfrieden manches Haus zerstört
Wie wenn im Mohn
der Wurm verkehrt.
Jüdische Spruchweisheit

Ungebundenheit

Man kann in wahrer Freiheit leben
Und doch nicht ungebunden sein.
Johann Wolfgang von Goethe, Der wahre Genuss

Ungebundenheit steigert
alle Tugenden und Laster.
Luc de Clapiers Marquis de Vauvenargues,
Unterdrückte Maximen

Wenn die Jugend das Wort
Ungebundenheit auf ihre Fahne malt,
so verrät sie dadurch nur,
dass sie nach Gebundenheit,
Führung verlangt.
Jakob Boßhart, Bausteine zu Leben und Zeit

Ungeduld

Die so genannten impulsiven
Menschen sind meistens nicht
Verschwender, sondern nur
Ungeduldige ihres Gefühls.
Arthur Schnitzler,
Buch der Sprüche und Bedenken

Die Ungeduld ist die einzige Eigenschaft der Jugend, deren Verlust man
im Alter nicht beklagt.
Frank Thieß

Die Ungeduld sucht die Fülle,
aber sie erlangt nichts als die Völle.
Jürgen Dahl, Vom Geschmack der Lilienblüten

Geduld ist die Kunst,
die Ungeduld zu verbergen.
Hermann Schridde

In jüngeren Jahren ist man ungeduldig
bei den kleinsten Übeln.
Johann Wolfgang von Goethe,
Tag- und Jahreshefte (1795)

Liebe ist Geduld,
Sex Ungeduld.
Erich Segal

Mancher will fliegen,
eh er Federn hat.
Deutsches Sprichwort

Mit Ungeduld bestraft sich
zehnfach Ungeduld;
man will das Ziel heranziehn
und entfernt es nur.
Johann Wolfgang von Goethe,
Maximen und Reflexionen

Ungeduld ist Angst.
Stefan Zweig

Ungeduld ist es,
die den Menschen zuweilen anfällt,
und dann beliebt er,
sich unglücklich zu finden.
Johann Wolfgang von Goethe,
Die Wahlverwandtschaften

Ungeduld verschüttet alle Tugend.
Deutsches Sprichwort

Was Ungeduld ist,
kann nur der ermessen,
der einen steinreichen
kranken Erbonkel hat.
Mark Twain

Ungeheures

Das Leben wimmelt von
unschuldigen Ungeheuern.
Charles Baudelaire, Kleine Gedichte in Prosa

Das Ungeheure hört auf,
erhaben zu sein, es überreicht
unsere Fassungskraft,
es droht uns zu vernichten.
Johann Wolfgang von Goethe,
Wilhelm Meisters Wanderjahre

Das Ungeheure lässt
keine Mannigfaltigkeit zu.
Johann Wolfgang von Goethe, Tagebuch (1797)

Denn wo man die Geliebte sucht,
Sind Ungeheuer selbst willkommen.
Johann Wolfgang von Goethe, Faust II (Mephisto)

Ein Drache vermag das Wasser
von tausend Flüssen aufzuhalten.
Chinesisches Sprichwort

Ein junger Mensch,
der niemals weint, ist ein Ungeheuer.
Ein alter Mensch,
der niemals lacht, ist ein Narr.
George Santayana

Selbst ein Drache nimmt nur
einen Weg, den er kennt.
Chinesisches Sprichwort

Wer mit Ungeheuern kämpft,
mag zusehn, dass er nicht
dabei zum Ungeheuer wird.
Friedrich Nietzsche, Jenseits von Gut und Böse

Wer wohl ruhete gern
beim Ungeheuer des Meeres?
Homer, Odyssee

Ungehorsam

Das Schiff,
das dem Steuer nicht gehorcht,
wird den Klippen gehorchen müssen.
Englisches Sprichwort

Der Ungehorsam ist für jeden,
der die Geschichte gelesen hat,
die ursprüngliche Tugend
des Menschen. Durch den Ungehorsam
ist man zum Fortschritt gelangt,
durch den Ungehorsam
und die Empörung.
Oscar Wilde, Die Seele des Menschen unter
dem Sozialismus

Es gibt keine schöpferische Tätigkeit
ohne Ungehorsam.
Jean Cocteau

Ziviler Ungehorsam muss sich durch
gänzliche Gewaltlosigkeit auszeichnen,
denn er steht auf dem Grundsatz,
den Gegner durch Leiden,
durch Liebe zu gewinnen.
Mohandas K. »Mahatma« Gandhi, Young India
(engl. Wochenzeitung 1919-1931), 3. November 1921

Ungemach

Dem Eigensinn wird Ungemach,
Das er sich selber schafft,
der beste Lehrer.
William Shakespeare, King Lear (Reagan)

Süß ist es,
allem Ungemach entflohn zu sein.
Aischylos, Agamemnon

Ungerechtigkeit

Amnestie: ein Akt, durch den die
Herrscher Ungerechtigkeiten verzeihen,
die sie begangen haben.
Pierre Véron

Bei der Ungerechtigkeit, die dir begegnet,
liegt 50 Prozent an den Umständen,
25 Prozent an der Unwissenheit und
Gedankenlosigkeit der Menschen und
nur 25 an wirklicher Böswilligkeit.
Albert Schweitzer, Was sollen wir tun?
(Predigt, 30. März/3. Mai 1919)

Bei jeder Ungerechtigkeit
aber ist ein großer Unterschied,
ob aus irgendeiner seelischen

Erregung, die meist kurz und für den
Augenblick ist, oder mit Vorbedacht
und überlegt Unrecht geschieht.
Marcus Tullius Cicero, Vom rechten Handeln

Der Schlaf der Ungerechten
ist tief und sehr schwer zu stören.
Helmut Qualtinger

Die Ungerechtigkeit gefällt nur
insoweit, als man Nutzen davon hat;
in allem Übrigen will man,
dass der Unschuldige beschützt werde.
Jean-Jacques Rousseau, Emile

Du siehst, dass dein Bruder
Ungerechtigkeit leiden muss,
aber dein Herz rührt sich nicht,
wenn nur deine Habe unversehrt ist.
Warum fühlt deine Seele hier nichts?
Doch offenbar, weil sie tot ist.
Erasmus von Rotterdam, Handbüchlein eines
christlichen Streiters

Eine ungerechte Tat,
mit guter Absicht und aus
Unwissenheit des Bösen begangen,
bleibt immer ein Verbrechen,
wenngleich die Schuld des Täters
wegfällt und wir nur die Beschränktheit seiner Einsicht bedauern.
Georg Forster, Über die Beziehung der Staatskunst
auf das Glück der Menschheit

Gegen Lärm wird gekämpft –
warum nicht gegen
die schreiende Ungerechtigkeit?
Wieslaw Brudziński

Geld wird nicht gehenkt.
Deutsches Sprichwort

Gesetz aber gibt es da,
wo Ungerechtigkeit möglich ist.
Aristoteles, Nikomachische Ethik

Im Allgemeinen sind die Menschen
so sehr an Ungerechtigkeiten gewöhnt,
dass sie im Ganzen selten auffallen.
Nur im Einzelnen empören sie noch,
aber auch nur Einzelne.
Johann Gottfried Seume, Apokryphen

Kleine Diebe hängt man,
die großen lässt man laufen.
Deutsches Sprichwort

Man ist gegen seine Feinde
nicht so ungerecht
wie gegen seine Nächsten.
Luc de Clapiers Marquis de Vauvenargues,
Unterdrückte Maximen

Man tadelt die Ungerechtigkeit
nicht um ihrer selbst,
sondern um des Schadens willen,
den sie uns zufügt.
François de La Rochefoucauld,
Unterdrückte Maximen

Mancher büßt,
was andere verbrochen haben.
Deutsches Sprichwort

Ungerechtigkeit ist verhältnismäßig
leicht zu ertragen.
Was wehtut ist Gerechtigkeit.
Henry Louis Mencken

Unglücklicherweise ist es
völlig unmöglich, Gesetze,
die in sich ungerecht sind,
gerecht anzuwenden.
Nelson Mandela, Rede vor dem Johannesburger
Presseklub, 22. Februar 1991

Wehe und Wohl dem Menschen,
der an keine Ungerechtigkeit
mehr glaubt.
Christian Morgenstern, Stufen

Wenn nämlich
die Ungerechtigkeit bewaffnet ist,
so ist sie am allergefährlichsten.
Aristoteles, Politik

Wer die Krankheit hat,
keine Ungerechtigkeiten ertragen zu
können, darf nicht zum Fenster
hinaussehen und muss die Stubentür
zuschließen. Vielleicht tut er auch
wohl, wenn er den Spiegel wegnimmt.
Johann Gottfried Seume, Apokryphen

Wie leichtfertig beschließt ihr ein
ungerechtes Gesetz gegen euch selbst!
Ecbasis captivi in belehrender Gestalt (Fuchs)

Wo alles gut ist,
ist nichts ungerecht.
Jean-Jacques Rousseau, Emile

Z–A : Gibt es nicht.
Die Letzten werden nie die ersten sein.
Ludwig Marcuse, Argumente und Rezepte.
Ein Wörter-Buch für Zeitgenossen

Ungeschehen

Dumm ist, wer glaubt,
durch Worte Geschehenes
ungeschehen zu machen.
Titus Maccius Plautus, Truculentus

Wer vermag das ungeschehn
zu machen, was vollendet ist?
Sophokles, Die Trachinierinnen (Deianeira)

Ungeschicklichkeit

Der Ungeschickte
hat bald Feierabend.
Deutsches Sprichwort

Die männliche Ungeschicklichkeit ist
ein mannigfaltiges Wesen und reich
an Blüten und Früchten jeder Art.
Friedrich Schlegel, Lucinde

Kein Mensch ist von Natur
aus unbeholfen – außer
wenn er versucht, vornehm zu sein.
Philipp Stanhope Earl of Chesterfield, Briefe über
die anstrengende Kunst, ein Gentleman zu werden

Man beklagt zuweilen sein Geschick,
wenn man sein Ungeschick
beklagen müsste.
Heinrich Waggerl, Aphorismen

Stolpern ist eine Ungeschicklichkeit,
für die man nicht die Beine,
sondern die Türschwelle
verantwortlich macht.
Norman Mailer

Ungestüm

Auch nicht in Gefahren
mag ich sinnlos' Ungestüm.
Johann Wolfgang von Goethe, Faust II (Faust)

Mehr wirket Mild' als Ungestüm.
Jean de La Fontaine, Fabeln

Ungewissheit

Die Ungewissheit
schlägt mir tausendfältig
Die dunklen Schwingen
um das bange Haupt.
Johann Wolfgang von Goethe,
Iphigenie auf Tauris (Iphigenie)

Heute ziehst du Schuhe und Socken
aus und weißt nicht,
ob du sie morgen noch anziehen wirst.
Chinesisches Sprichwort

Wenn eine Frau
in ein Rendezvous einwilligt,
dann weiß sie im Moment noch nicht,
ob sie kommen wird oder nicht.
In dieser Ungewissheit liegt für
sie der Reiz der Verabredung.
Tristan Bernard

Ungezwungenheit

Anmut ohne Ungezwungenheit
ist undenkbar.
Jean-Jacques Rousseau, Emile

Um liebenswürdig zu sein,
müssen Körper und Geist
ungezwungen sein.
Philipp Stanhope Earl of Chesterfield, Briefe über
die anstrengende Kunst, ein Gentleman zu werden

Ungezwungenheit ist
ein Zeichen von Überlegenheit,
wie umgekehrt
anspruchsvolles Selbstvertrauen
ein Zeichen der Mittelmäßigkeit ist.
Sully Prudhomme, Intimes Tagebuch

Unglaube

Der rechte Unglaube bezieht sich auf
keine einzelnen Sätze und Gegensätze,
sondern auf die Erblindung
gegen das Ganze.
Jean Paul, Levana

Der Unglaube, Freund,
ist die Auszehrung der Seele.
Johann Jakob Engel, Der Philosoph für die Welt

Die Ungläubigen sind
die Allerleichtgläubigsten.
Blaise Pascal, Pensées

Höchst merkwürdig ist diese Geschichte des modernen Unglaubens
und der Schlüssel zu allen ungeheuren
Phänomenen der neuern Zeit.
Novalis, Die Christenheit oder Europa

Ich gehöre zu einer Generation,
die den Unglauben an den
christlichen Glauben geerbt und
in sich den Unglauben gegenüber
allen anderen Glaubensüberzeugungen
hergestellt hat.
Fernando Pessoa, Das Buch der Unruhe des
Hilfsbuchhalters Bernardo Soares

Ich nenne es Unglaube,
wenn man an einer Bittprozession
um Regen teilnimmt,
ohne den Regenschirm mitzunehmen.
Anton Tschechow

Im Unglauben liegt die denkbar
größte Anstrengung des Menschen
gegen seinen eigenen Instinkt
und Geschmack. Es handelt sich
darum, für immer auf die Freuden
der Einbildungskraft zu verzichten,
auf allen Hang zum Wunderbaren.
Ferdinando Galiani, Gedanken und Beobachtungen

Unglaube und Aberglaube sind
beide Angst vor dem Glauben.
Søren Kierkegaard, Der Begriff Angst

Ungleichheit

In den arbeitenden Klassen hebt der
ökonomische Druck die Ungleichheit
der Geschlechter zwar auf, raubt dem
Individuum aber jede Chance.
Simone de Beauvoir, Das andere Geschlecht

Ungleich erscheint im Leben viel,
doch bald / Und unerwartet ist es
ausgeglichen.
Johann Wolfgang von Goethe,
Die natürliche Tochter (Gerichtsrat)

Warum tanzen Bübchen mit Mädchen
so gern? Ungleich dem Gleichen
bleibt nicht fern.
Johann Wolfgang von Goethe,
Gott, Gemüt und Welt

Unglück

Aber auf dieser Welt
durchschauen wir nie,
was wirklich dahintersteckt.
Voltaire, Micromégas

Ach, dass die Menschen
so unglücklich sind!
Johann Wolfgang von Goethe, Faust I (Margarete)

Ach, wäre unser Leben noch kürzer,
da es doch so unglücklich ist!
Voltaire, Der Mann mit den vierzig Talern

Almosengeben verhindert Unglück.
Sprichwort aus Persien

Also denk bei allem, was dich
in Kummer versetzt, daran, folgenden
Leitsatz anzuwenden:
Nicht nur ist das kein Unglück, sondern es tapfer zu tragen ist ein Glück.
Mark Aurel, Selbstbetrachtungen

Auch aus Unglücken muss man
Vorteil zu ziehen versuchen.
Heinrich Heine

Auch das Unglück ist zu etwas nütze.
Voltaire, Der ehrliche Hurone

Auch ein Unglück ist
zu irgendetwas gut.
Sprichwort aus Frankreich

Begegne dem Unglück
mit tapferem Herzen!
Unverhofft wird dir dann
die Stunde des Glücks schlagen.
Ecbasis captivi in belehrender Gestalt (Otter)

Begreifst du denn nicht,
dass der Mensch außer dem Unglück
genauso und in genau demselben
Maße auch Unglück braucht?
Fjodor M. Dostojewski, Die Dämonen

Bei allen Schlägen des Schicksals
fühlt man den materiellen Schmerz
am wenigsten, und wenn der
Unglückliche nicht weiß,
wen er wegen seines Unglücks
anklagen soll, dann hält er sich
an das Schicksal, personifiziert es.
Jean-Jacques Rousseau,
Träumereien eines einsamen Spaziergängers

Beim Unglück ist Feiern das Beste.
Deutsches Sprichwort

Besser den Arm brechen
als den Hals.
Deutsches Sprichwort

Bisweilen schmerzt mich anderer
Leute Unglück mehr als das eigene.
Francesco Petrarca, Gespräche über die
Weltverachtung (Franciscus)

Da es für den Mann schimpflich
ist zu klagen, so muss er mit
tränenleerem Auge seinem Unglück
standhaft entgegen sehen.
Niccolò Machiavelli, Der goldene Esel

Das Glück ist unsere Mutter,
das Unglück unser Erzieher.
Charles de Secondat, Baron de la Brède et
de Montesquieu, Meine Gedanken

Das Glück kommt nicht in Paaren,
das Unglück nie allein.
Chinesisches Sprichwort

Das Unglück, das wir mit Augen sehen,
ist geringer, als wenn unsere
Einbildungskraft das Übel gewaltsam
in unser Gemüt einsenkt.
Johann Wolfgang von Goethe,
Wilhelm Meisters Lehrjahre

Das Unglück des Einzelnen
ergibt das Glück der Allgemeinheit,
sodass es um das Gemeinwohl
desto besser bestellt ist,
je mehr Unglück der Einzelne
erleidet.
Voltaire, Candide oder Der Glaube an die beste
der Welten

Das Unglück hat Flügel,
Erreicht Berge wie Hügel.
Das Glück hat rechten Schneckengang,
Und oft wird ihm der Berg zu lang.
Jüdische Spruchweisheit

Das Unglück ist, dass jeder denkt,
der andere ist wie er,
und dabei übersieht, dass es auch
anständige Menschen gibt.
Heinrich Zille

Das Unglück ist der Prüfstein
des Charakters.
Samuel Smiles, Charakter

Das Unglück ist ebenso wie der Ruhm
imstande, Energien zu wecken.
Maurice Barrès, Der Appell an den Soldaten

Das Unglück ist meistenteils Strafe
der Torheit, und für die Teilnehmer
ist keine Krankheit ansteckender.
Baltasar Gracián y Morales, Handorakel und Kunst
der Weltklugheit

Das Unglück selbst unserer besten
Freunde hat stets auch Seiten,
die uns nicht missfallen.
François de La Rochefoucauld,
Unterdrückte Maximen

Das Unglück verleiht gewisse Rechte.
Voltaire, Candide oder Die beste der Welten

Dem Unglück kann
man nicht entlaufen.
Deutsches Sprichwort

Unglück

Den Edlen grollen ja die Götter nicht,
Nur für gemeine Seelen
ist das Ungemach.
Euripides, Helena (Kastor)

Denke daran, in widrigen Zeiten
ein ruhiges Herz zu bewahren.
Horaz, Lieder

Denn im Unglück altern
die armen Sterblichen frühe.
Homer, Odyssee

Denn zuweilen ist dem Menschen
Schmerz dienlicher als Gesundheit,
Anspannung nützlicher als
Ausspannung, Zurechtweisung
förderlicher als Nachsicht. So wollen
wir in guten Tagen nicht übermütig
werden und im Unglück nicht
verzagen und zusammenbrechen.
Gregor von Nazianz, Reden

Der Glückliche fühlt,
der Unglückliche denkt.
Joachim Fernau

Der Himmel führt oft Unglückliche
zusammen, dass beider Elend
gehoben werde.
Johann Wolfgang von Goethe, Lila (Lila)

Der Unglückliche wird argwöhnisch,
er kennt weder die gute Seite des
Menschen noch die günstigen Winke
des Schicksals.
Johann Wolfgang von Goethe, Lila (Magus)

Des Unglücks süße Milch, Philosophie.
William Shakespeare, Romeo und Julia (Romeo)

Die erste Nacht am Galgen
ist die schlimmste.
Sprichwort aus Finnland

Die großen Pessimisten haben ihr
Glück ebenso großartig manifestiert
wie ihr Unglück – nur versteckter.
Ludwig Marcuse, Argumente und Rezepte.
Ein Wörter-Buch für Zeitgenossen

Die Hälfte allen Unglücks –
vom gröbsten bis zum feinsten –
geht auf Unwissenheit oder
Denkfehler zurück, gewollte und
ungewollte Ungeistigkeit.
Christian Morgenstern, Stufen

Die Medizinen gegen Unglück
sind bitter in allen Apotheken –
selbst bei den Epikuräern.
Ludwig Marcuse, Argumente und Rezepte.
Ein Wörter-Buch für Zeitgenossen

Die Menschen pflegen sich im Unglück
zu grämen und im Glück ihres
Zustandes überdrüssig zu werden,
wobei beide Gemütsverfassungen die
gleichen Wirkungen hervorbringen.
Niccolò Machiavelli, Vom Staat

Die Quelle des Mythos ist nicht das
Glück, sondern das Unglück.
Franz Herre

Die Unglücklichen ketten
sich so gern aneinander.
Gotthold Ephraim Lessing, Emilia Galotti (Orsina)

Die Unglücklichen sind gefährlich!
Johann Wolfgang von Goethe, Clavigo (Clavigo)

Die vollkommene Glückseligkeit
gibt es nicht auf Erden;
das größte Unglück aber und das,
was man stets vermeiden kann,
ist, wenn man durch seine eigene
Schuld unglücklich ist.
Jean-Jacques Rousseau, Emile

Dir war das Unglück
eine strenge Schule.
Friedrich Schiller, Maria Stuart (Talbot)

Eben der Wolfsgrube entkommen,
gerät man in eine Tigerhöhle.
Chinesisches Sprichwort

Ein echter Pessimist kommt dem
Pech immer ein wenig entgegen.
Robert Lembke, Das Beste aus meinem Glashaus.
Humoristisches und Satirisches

Ein gewisser Heroismus im Kampf
gegen das Unglück führt Freuden
mit sich, die das härteste Ungemach
vergessen machen, und der Gedanke,
andere zu trösten und aufzurichten,
erhebt das Herz.
Adolph Freiherr von Knigge,
Über den Umgang mit Menschen

Ein Glück, das mit dem Unglück
der Mitmenschen erkauft wird,
ist ein unerlaubtes Glück.
Michel del Castillo, Elegie der Nacht

Ein Unglück kommt selten allein.
Deutsches Sprichwort

Einseitigkeit ist die Hauptursache
für das Unglück des Menschen.
Leo N. Tolstoi, Tagebücher (1847)

Erst im Unglück weiß man wahrhaft,
wer man ist.
Stefan Zweig

Es genügt nicht, selbst glücklich zu
sein, die anderen müssen dazu noch
unglücklich sein.
Jules Renard, Ideen, in Tinte getaucht.
Aus dem Tagebuch von Jules Renard

Es gibt ein Unglück,
welches die Seele erhebt und stärkt;
es gibt aber auch Unglück,
das die Seele niederdrückt und tötet.
Jean-Jacques Rousseau,
Träumereien eines einsamen Spaziergängers

Es gibt für den Menschen nur ein
wahres Unglück: sich schuldig zu
fühlen und sich etwas vorzuwerfen
zu haben.
Jean de La Bruyère, Die Charaktere

Es gibt ja mancherlei Unglücksfälle,
durch die man ums Leben kommen
kann, wie Krankheiten, heftige
Schmerzen, Stürme. Wenn man daher
wählen dürfte, so wäre deswegen
wohl überhaupt das Nichtgeboren-
werden vorzuziehen.
Aristoteles, Eudemische Ethik

Es gibt kein so großes Unglück,
aus dem ein kluger Mensch
nicht Vorteil ziehen kann,
und kein so großes Glück,
das sich für einen Dummkopf nicht
zum Nachteil gestalten könnte.
François de La Rochefoucauld, Reflexionen

Es ist auf Erden keine Nacht,
Die nicht noch ihren Schimmer hätte,
So groß ist keines Unglücks Macht,
Ein Blümlein hängt in seiner Kette.
Gottfried Keller, Gedichte

Es ist dem Menschen eingeboren,
dass er in dem Unglück,
das einen andern betrifft,
ein möglichst hohes Maß von Selbst-
verschuldung, im eigenen aber nichts
als Verhängnis zu finden trachtet.
Arthur Schnitzler, Buch der Sprüche und Bedenken

Es ist die Eigenschaft der menschlichen Seele, dass sie sich dann
am schnellsten erhebt, wenn sie
am stärksten niedergedrückt wird.
Johann Wolfgang von Goethe, Wilhelm Meisters
theatralische Sendung

Es ist leicht, Unglück zu ertragen,
es zu überstehen ist schwer.
Lucius Annaeus Seneca, Thyestes

Es ist traurig zu erkennen,
dass ich das Glück ebenso wenig
zu ertragen verstand als das Unglück.
Leo N. Tolstoi, Tagebücher (1854)

Es zeugt von guter Bildung und
Besonnenheit, wenn Männer sich
bei scheinbarem Glück in ihrem
Wesen nicht ändern und im
Unglück ihre volle Würde bewahren.
Plutarch, Trostschreiben an Apollonius

Feuer prüft Gold,
Unglück tapfere Männer.
Lucius Annaeus Seneca, Über die Vorsehung

Frauen sind im Unglück
weiser als Männer,
weil sie Übung darin haben.
Eleonora Duse

Ganz unglücklich ist niemand,
ist er gleich nicht gesund:
Einer hat an Söhnen Segen,
Einer an Freunden,
einer an vielem Gut,
Einer an trefflichem Tun.
Edda, Hávamál (Des Hohen Lied)

Gemeinsam Unglück rüstet wohl.
Deutsches Sprichwort

Gleiches Unglück macht Freundschaft.
Deutsches Sprichwort

Glück ist wie ein Maßanzug.
Unglücklich sind meistens die,
die den Maßanzug eines
andern tragen möchten.
Karl Böhm

Glück lässt sich auch zur Masse
und zu geringen Naturen herab;
dagegen Unglück und die Schrecken
der Sterblichen zu bewältigen,
ist Eigenart eines großen Mannes.
Lucius Annaeus Seneca, Über die Vorsehung

Glück und Unglück
sind Namen für Dinge,
deren äußerste Grenzen
wir nicht kennen.
John Locke, Über den menschlichen Verstand

Glück und Unglück tragen
einander auf dem Rücken.
Deutsches Sprichwort

Glücklicherweise kann der Mensch
nur einen gewissen Grad des Unglücks
fassen; was darüber hinausgeht, vernichtet ihn oder lässt ihn gleichgültig.
Johann Wolfgang von Goethe,
Die Wahlverwandtschaften

Glücklich,
wer bei mäßigem Besitz wohlgemut,
unglücklich,
wer bei vielem missmutig ist.
Demokrit, Fragment 286

Gut Meinen bringt oft Weinen.
Deutsches Sprichwort

Harre aus im Unglück;
denn oft hat schon,
was im Augenblick als Unglück
schien, zuletzt großes Glück gebracht.
Euripides, Fragmente

Hundert Unglückliche gehen verloren,
weil sie niemand zum Gefühl dessen,
was sie noch sind, emporhebt.
Johann Heinrich Pestalozzi, Ein Schweizer Blatt

Ich bin überzeugt,
dass man das Schlimmste durchmachen und sich ihm stellen muss,
statt sich vor ihm zu verstecken.
Sylvia Plath, Briefe nach Hause (25. Oktober 1962)

Ich weiß, dass man
vor leeren Schrecken zittert;
Doch wahres Unglück
bringt der falsche Wahn.
Friedrich Schiller, Die Piccolomini (Max)

Ich werde mein Unglück,
meine Verfolger, meine Schmach
vergessen, wenn ich an den Lohn,
den mein Herz verdient hat, denke.
Jean-Jacques Rousseau, Träumereien eines einsamen Spaziergängers

Im Glück zeitigt schon eine Lehmpille
Wunder, im Unglück vermag auch das
Elixir der Genien nichts auszurichten.
Chinesisches Sprichwort

Im Grunde ist jedes Unglück gerade
nur so schwer, wie man es nimmt.
Marie von Ebner-Eschenbach, Aphorismen

Im Unglück finden wir meistens
die Ruhe wieder, die uns durch
die Furcht vor dem Unglück
geraubt wurde.
Marie von Ebner-Eschenbach, Aphorismen

Im Unglück ist Gleichmut
die beste Medizin.
Publilius Syrus, Sentenzen

Im Unglück sieht man
die Wahrheit klarer.
Fjodor M. Dostojewski, Briefe

In deinen fröhlichen Tagen
Fürchte des Unglücks tückische Nähe!
Friedrich Schiller, Die Braut von Messina (Chor)

In jedem Unglück
eines anderen liegt immer etwas,
woran ein fremdes Auge sich ergötzt –
und das ist sogar bei
jedem Menschen der Fall,
wer er auch sei.
Fjodor M. Dostojewski, Die Dämonen

Ja, es ist kein Unglück,
das Glück verloren zu haben,
das erst ist ein Unglück,
sich seiner nicht mehr zu erinnern.
Heinrich von Kleist, Briefe (an Adolphine von Werdeck, 28./29. Juli 1801)

Ja, so sind die meisten Menschen.
Die Unglücksfälle schreiben sie sich
ins Gedächtnis und memorieren sie
fleißig; aber das Glück, das viele
Glück, beachten sie nicht ...
arme, arme Welt.
Paula Modersohn-Becker, Briefe (19. Februar 1899)

Kann ein Mensch sein Glück auf dem
Unglück eines anderen aufbauen?
Fjodor M. Dostojewski, Die Brüder Karamasow

Kein Mensch darf sagen:
Solches trifft mich nie.
Menandros, Fragmente

Kein System konnte erdacht werden,
das mit mehr Eifer das menschliche
Glück befehdet hat, als die Ehe.
Percy Bysshe Shelley, Queen Mab

Kein Unglück so groß,
es ist ein Glück dabei.
Deutsches Sprichwort

Kein Unglücklichsein gleicht der
Erwartung des Unglücklichseins.
Pedro Calderón de la Barca,
Das größte Scheusal der Welt

Man darf dem Unglück
keine Boten senden.
Deutsches Sprichwort

Man findet immer genug Hände,
die auf die Menge
der Unglücklichen einschlagen,
aber eine hilfreiche Hand
trifft man nur wunderselten.
Voltaire, Der ehrliche Hurone

Man muss das Unglück mit
Händen und Füßen und
nicht mit dem Maul angreifen.
Johann Heinrich Pestalozzi, Christoph und Else

Man sollte die Menschen
mehr darin üben,
das Unglück zu beklagen,
als es zu ertragen.
Joseph Joubert, Gedanken, Versuche und Maximen

Man suche sich jemanden,
der das Unglück tragen hilft.
So wird man nie,
zumal nicht bei Gefahren,
allein sein und nicht den
ganzen Hass auf sich laden.
Baltasar Gracián y Morales,
Handorakel und Kunst der Weltklugheit

Man tröstet sich oft im Unglück
durch das Vergnügen,
unglücklich zu scheinen.
François de La Rochefoucauld, Unterdrückte Maximen

Mancher trachtet
nach dem Unglück eines anderen,
dessen ganzes Unglück
auf ihn selbst zurückfällt.
Equitan

Mein und Dein bringt
alles Unglück herein.
Deutsches Sprichwort

Mir ahnet ein
unglücksvoller Augenblick.
Friedrich Schiller, Dom Karlos (Marquis)

Mit dir erleb ich nur Unglück,
geh mir aus den Augen,
ich will dich nicht mehr ansehen.
Jacob und Wilhelm Grimm, Märchen von einem,
der auszog, das Fürchten zu lernen

Unglück

Mut hat mehr Mittel gegen
das Unglück als die Vernunft.
Luc de Clapiers Marquis de Vauvenargues,
Reflexionen und Maximen

Naht eines Menschen letzte Stunde,
Scheint alles gegen ihn im Bunde.
Jüdische Spruchweisheit

Nicht aus der Außenwelt stammt
unser Unglück: In uns befindet es sich,
mitten in den Eingeweiden sitzt es,
und deswegen kommen wir schwer
zu seelischer Gesundheit, weil wir
nicht wissen, dass wir krank sind.
Lucius Annaeus Seneca, Briefe über Ethik

Nichts ist so schlimm,
es ist zu etwas gut.
Deutsches Sprichwort

Nichts trägt mehr zu unserm Gedeihen
bei als ein gewisses Maß von Unglück.
Viele behalten ihr Lebtag die gleichen
Fehler oder Tugenden, nur weil sie
zufällig nie Unglück damit haben.
Heinrich Waggerl, Nachlass

Nur die Menge der Teufel kann
unser irdisches Unglück ausmachen.
Franz Kafka, Tagebücher (1912)

O hätt ich nie gelebt,
um das zu schauen!
Friedrich Schiller, Wilhelm Tell (Stauffacher)

O Lieber, lern im Ungemach nicht,
trotzig sein.
Sophokles, Philoktet (Neoptolemos)

O Tor, im Unglück ist
der Trotz nicht förderlich!
Sophokles, Ödipus auf Kolonos (Theseus)

Ob die Liebe ein Glück ist?
Jedenfalls ist sie
das charmanteste Unglück,
das uns zustoßen kann.
Curt Goetz

Oft glauben wir, im Unglück gelassen
zu sein, wenn wir bloß mutlos sind,
ihm nicht begegnen wollen
und es hinnehmen wie Feiglinge,
die sich abschlachten lassen,
weil sie es nicht wagen,
sich zu wehren.
François de La Rochefoucauld, Reflexionen

Oft scheint der Teufel an die Tür
zu klopfen, und es ist doch nur
der Schornsteinfeger.
Friedrich Hebbel, Tagebücher

Ohne Zweifel ist das Unglück ein
großer Lehrer, aber er lässt sich
seinen Unterricht teuer bezahlen.
Jean-Jacques Rousseau,
Träumereien eines einsamen Spaziergängers

Positives Glück
gibt es auf Erden nicht.
Irdisches Glück heißt:
Das Unglück besucht
uns nicht zu regelmäßig.
Karl Gutzkow, Vom Baum der Erkenntnis

Schiffe ruhig weiter,
Wenn der Mast auch bricht,
Gott ist dein Begleiter,
Er vergisst dich nicht.
Christoph Tiedge, Urania

Schlechte Zeiten zwangen den Adler,
bei den Hühnern zu überwintern.
Sprichwort aus Montenegro

Schnell trocknet die Träne,
zumal wenn sie sich auf
fremdes Unglück bezieht.
Marcus Tullius Cicero, Partitiones oratoriae

Selten ist ein Unglück ausweglos;
die Verzweiflung ist trügerischer
als die Hoffnung.
Luc de Clapiers Marquis de Vauvenargues,
Nachgelassene Maximen

Sicherheit ist des Unglücks
erste Ursache.
Deutsches Sprichwort

So gehen oft große Talente
durch Unglück zugrunde.
Phaedrus, Fabeln

Um ein Unglück kümmere dich drei
Jahre nicht, und es wird zum Segen.
Sprichwort aus Japan

Unglück, also Pech, zu haben,
ist ärgerlich,
doch Glück, also Dusel, zu haben,
ist irgendwie beschämend.
Jules Renard, Ideen, in Tinte getaucht.
Aus dem Tagebuch von Jules Renard

Unglück hat breite Füße.
Deutsches Sprichwort

Unglück, Holz und Haar
wachsen immerdar.
Deutsches Sprichwort

Unglück ist der Dummheit Nachbar.
Sprichwort aus Russland

Unglück ist vielleicht
die Mutter der Tugend.
Fjodor M. Dostojewski, Das Dorf Stepantschikowo
und seine Bewohner

Unglück kommt ungerufen.
Deutsches Sprichwort

Unglück macht tugendhaft
– Tugend macht den Menschen glücklich – Glück verdirbt ihn.
Leo N. Tolstoi, Tagebücher (1851)

Unglück, Nagel und Haar
wachsen durchs ganze Jahr.
Deutsches Sprichwort

Unglück trifft nur die Armen.
Deutsches Sprichwort

Unglück verlängert das Leben,
Glück verkürzt es.
Sprichwort aus Estland

Unglücklichsein ist das halbe Unglück,
Bedauertwerden das ganze.
Arthur Koestler

Verzage nicht, auch bei allzu großem
Leid; vielleicht ist das Unglück
die Quelle eines Glücks.
Menandros, Fragmente

Vom Unglück erst
Zieh ab die Schuld!
Was übrig bleibt,
Trag in Geduld!
Theodor Storm, Sprüche

Was alle trifft, erträgt man leicht.
Karl Wilhelm Ramler, Fabellese

Was für den einen ein Missgeschick,
ist oft für den anderen die glücklichste
Begebenheit: Denn keiner könnte beglückt sein, wenn nicht viele andere
unglücklich wären.
Baltasar Gracián y Morales,
Handorakel und Kunst der Weltklugheit

Wem einmal ein Unglück zustößt,
der hat auch ein zweites Mal Pech.
Sprichwort aus Frankreich

Wen das Unglück oft übergeht,
den findet es eines Tages doch.
Lucius Annaeus Seneca, Der rasende Herkules

Wenn das Stadttor Feuer fängt,
wird auch der Fisch im Teich
vom Unglück nicht verschont.
Chinesisches Sprichwort

Wenn das Unglück einschläft,
lasst es von niemand erwecken!
Sprichwort aus Spanien

Wenn der Hase läuft über den Weg,
so ist das Unglück
schon auf dem Steg.
Deutsches Sprichwort

Wenn dir ein Unglück widerfährt,
so wird die erste Regung deines Freundes nicht etwa Mitgefühl sein oder gar
das Bedürfnis, dir zu helfen, sondern
die Befriedigung darüber, dass er
für seinen Teil dein Unglück längst
kommen sah – und seine nächste:
die Überzeugung, dass du selbst
daran schuld bist.
Arthur Schnitzler, Buch der Sprüche und Bedenken

Wenn ein großes Schiff zerschellt,
bleiben immer noch drei Lasten
mit Nägeln zurück.
Chinesisches Sprichwort

Wenn es dir übel geht,
nimm es für gut nur immer!
Wenn du es übel nimmst,
so geht es dir noch schlimmer.
Friedrich Rückert, Gedichte

Wenn ich liebe,
ist es immer ein Unglück für alle beide,
immer, immer, unweigerlich.
Franziska Gräfin zu Reventlow, Tagebücher

Wenn Unglück Menschen läutert,
warum nicht Völker?
Jean Paul, Levana

Wer in einen Brunnen stürzt,
auf den wird sicher noch
ein großer Stein herniederfallen.
Chinesisches Sprichwort

Wer ist vor Schlägen sicher?
William Shakespeare, Hamlet (Hamlet)

Wer liebt, sucht nicht das Glück,
sondern das Unglück.
Marcel Proust

Wer Unglück haben soll,
bricht den Finger im Hirsebrei.
Deutsches Sprichwort

Wie groß auch Ungemach und Plagen,
Die Zeit, sie hilft sie alle tragen.
Jüdische Spruchweisheit

Wie unglücklich wäre ich,
wenn ich nicht mehr stolz sein könnte!
Heinrich von Kleist, Briefe (an Ulrike von Kleist,
27. Juli 1804)

Wir wollen den Mut
nicht sinken lassen.
Vielleicht geht auch das bald vorüber.
Voltaire, Zadig

Wohin gehst du, Unglück?
Dahin, wo noch mehr ist.
Sprichwort aus Portugal

Unglücklich

Den Glücklichen hasst,
den Unglücklichen verachtet man.
Lucius Annaeus Seneca, Über den Zorn

Die Heiterkeit des Unglücklichen ist oft
rührender als seine rührendste Klage.
Marie von Ebner-Eschenbach, Aphorismen

Die Unglücklichen schöpfen Trost
aus den schlimmeren Leiden anderer.
Äsop, Fabeln

Diejenigen aber,
die den Bewegungen der eigenen Seele
nicht aufmerksam folgen,
müssen notwendig unglücklich sein.
Mark Aurel, Selbstbetrachtungen

Ein seltsam unglücklicher Mensch,
und wenn er auch schuldlos wäre,
ist auf eine fürchterliche Weise
gezeichnet.
Johann Wolfgang von Goethe,
Die Wahlverwandtschaften

Es gibt nichts Unerträglicheres,
als wenn ein Mensch schon
unglücklich ist und ihm dann hundert
Freunde sofort noch erklären,
wie dumm er gehandelt hat.
Fjodor M. Dostojewski, Die Dämonen

Es ist eine Art Glück,
wenn man weiß,
bis zu welchem Grad
man unglücklich sein darf.
François de La Rochefoucauld, Unterdrückte Maximen

Man ist meistens nur
durch Nachdenken unglücklich.
Joseph Joubert, Gedanken, Versuche und Maximen

Man ist nicht unglücklich ohne
Gefühl; ein zerstörtes Haus ist es nicht.
Nur der Mensch ist unglücklich.
Blaise Pascal, Pensées

Man ist nie so unglücklich,
wie man glaubt,
und nie so glücklich,
wie man gehofft hat.
François de La Rochefoucauld,
Unterdrückte Maximen

Sooft dich Menschen umstehen,
die dir einreden wollen,
du seist unglücklich –
nicht, was du hörst,
sondern was du empfindest, bedenke,
und mit deiner Geduld überlege
und frage dich selbst, der du
deine Eigenart am besten kennst:
Was ist es,
weswegen diese Leute mich bedauern?
Lucius Annaeus Seneca, Briefe über Ethik

Unglücklich ist der Mensch,
vertraut er dieser Welt!
Pierre de Ronsard, Elegie XXIV

Unglücklich ist nicht,
wem Schmerz zugefügt wird,
sondern wer einem
anderen Schmerz zufügen will.
Leo N. Tolstoi, Tagebücher (1910)

Unglücklich ist nur der,
wer sein Glück mit keinem teilt,
Und vor dem Unglück bangt,
noch eh' es ihn ereilt.
Friedrich Rückert, Gedichte

Wenig genügt, um den Weisen,
und nichts, um den Toren
glücklich zu machen.
Deshalb sind fast alle
Menschen unglücklich.
François de La Rochefoucauld, Nachgelassene
Maximen

Wenn man sich nicht in Acht nimmt,
so ist man geneigt,
die Unglücklichen zu verdammen.
Joseph Joubert, Gedanken, Versuche und Maximen

Wenn wir selbst unglücklich sind,
dann können wir das Unglück
anderer besser nachfühlen,
und das Gefühl zerstreut sich nicht so,
sondern sammelt sich.
Fjodor M. Dostojewski, Helle Nächte

Wer andere unglücklich macht,
gibt gewöhnlich vor,
ihr Bestes zu wollen.
Luc de Clapiers Marquis de Vauvenargues,
Reflexionen und Maximen

Zwei Unglückliche sind gleich
zwei schwachen kleinen Bäumen,
die einander stützen,
um gegen das Unwetter
besser gewappnet zu sein.
Voltaire, Zadig

Unheil

Die Hoffnung ist ein Unheil
für den Glücklichen und
ein Segen für den Unglücklichen.
Leo N. Tolstoi, Tagebücher (1847)

Die Intellektuellen haben
dem Volk hundertmal mehr Unheil
als Gutes gebracht.
Leo N. Tolstoi, Tagebücher (1905)

Es bringt nur Unheil,
einen Tiger aus dem Schlaf zu rütteln.
Chinesisches Sprichwort

In Deutschland hat man
das größte Unheil mit
»Heil«-Rufen heraufbeschworen.
Axel Springer

Sowohl des Unheils
Furcht als wirklich Unheil
Muss meiner Meinung nach
verhütet werden.
William Shakespeare, Richard III. (Buckingham)

Unheil beklagen,
das nicht mehr zu bessern,
Heißt umso mehr,
das Unheil nur vergrößern.
William Shakespeare, Othello (Herzog)

Weh nun, waltender Gott,
Unheil geschieht!
Hildebrandslied (um 840)

Unhöflichkeit

An einer Unhöflichkeit
Anstoß zu nehmen,
heißt sich darüber zu beklagen,
dass man nicht getäuscht wurde.
Sully Prudhomme, Gedanken

Die meisten jungen Menschen
glauben, natürlich zu sein,
wenn sie bloß grob
und unhöflich sind.
François de La Rochefoucauld, Reflexionen

Ich bin lieber unhöflich als banal.
Jules Renard, Ideen, in Tinte getaucht.
Aus dem Tagebuch von Jules Renard

Unhöflich sind der
Niedrigkeit Genossen.
Johann Wolfgang von Goethe,
West-östlicher Divan

Unhöflichkeit ist häufig das Merkmal
einer ungeschickten Bescheidenheit,
welche bei einer Überraschung
den Kopf verliert und durch Grobheit
dies verbergen möchte.
Friedrich Nietzsche, Menschliches, Allzumenschliches

Uniform

Der Uniform sind wir durchaus
abgeneigt, sie verdeckt den Charakter.
Johann Wolfgang von Goethe,
Wilhelm Meisters Wanderjahre

Jede Gattung Menschen,
die Uniform trägt,
imponiert dem großen Haufen
und weiß sich ihres Vorzugs
meistens sehr gut zu bedienen.
Johann Wolfgang von Goethe,
Wilhelm Meisters theatralische Sendung

Mode, das heißt: Zivil als Uniform.
Hans Lohberger

Wer die Uniform erfunden hat,
wollte keine Gesichter mehr sehen.
Thomas Niederreuther

Universität

Die eigentliche Universität unserer
Tage ist eine Büchersammlung.
Thomas Carlyle, Über Helden, Heldenverehrung
und das Heldentümliche

Die Universität entwickelt
alle Fähigkeiten, unter anderem
auch die Dummheit.
Anton P. Tschechow, Notizbücher

Eine Universität ist ein Ort,
wo Kieselsteine geschliffen
und Diamanten getrübt werden.
Robert G. Ingersoll

Einer der Vorteile
der Hochschulbildung ist,
dem Schüler zu zeigen,
dass sie wenig taugt.
Ralph Waldo Emerson, Essays

Vielleicht ist ein Teil der Frustration
der universitären Jugend auch darin
zu sehen, dass sie bis zum Alter von
dreißig Jahren in Spiel und Sand-
kasten der Theorie beschäftigt war.
Norbert Blüm, Unverblümtes von Norbert Blüm

Universum

Das Universum ist
ein Gedanke Gottes.
Friedrich Schiller, Philosophische Briefe

Das Universum kann man
nicht so erforschen,
wie man sich selbst
erforschen kann.
Erkenne dich selbst,
dann erkennst du das Universum.
Mohandas K. »Mahatma« Gandhi, Young India
(engl. Wochenzeitung 1919–1931), 8. April 1926

Das Universum kann man weder
erklären noch begreifen,
nur anschauen und offenbaren.
Friedrich Schlegel, Ideen

Das Universum kommt nur durch
Individualisierung zum Selbstgenuss,
darum ist diese ohne Ende.
Friedrich Hebbel, Tagebücher

Die Geheimnisse des Universums
werden den Erdbewohnern nicht
mit besonderer Strenge vorenthalten,
sie sind unbekannt,
weil die Menschen noch keine
sonderliche Lust haben, sie zu kennen.
Tania Blixen, Motto meines Lebens

Ich kann mir kein Blatt am Baum
anschauen, ohne vom Universum
fast erdrückt zu werden.
Jules Renard, Ideen, in Tinte getaucht.
Aus dem Tagebuch von Jules Renard

Meine persönliche Theologie
basiert darauf, dass das Universum
im Entwurf zwar diktiert,
aber nicht unterschrieben worden ist.
Christopher Morley

Sinnvolles in Sinnlosem,
Sinnvolles in Sinnvollem:
Dies ist das Wesen des Universums.
Albert Schweitzer, Kultur und Ethik

Und wenn ich mich im
Zusammenhang des Universums
betrachte, was bin ich ...?
Ludwig van Beethoven,
An seine unsterbliche Geliebte

Unkraut

Am meisten Unkraut
trägt der fetteste Boden.
William Shakespeare, Heinrich IV. (König Heinrich)

Auf Brachland wuchert, wenn der
Boden fett und gehaltreich ist,
vielerlei nutzloses Unkraut.
So ist es auch mit dem
menschlichen Geist.
Michel Eyquem de Montaigne, Die Essais

Das gute Korn
verträgt das Unkraut.
Sprichwort aus Frankreich

Jäten ist Zensur an der Natur.
Oskar Kokoschka

Jetzt ist es Frühling,
und das Unkraut wurzelt
Nur flach noch;
duldet's jetzt, so wuchert es
Im ganzen Garten und
erstickt die Kräuter.
William Shakespeare, Heinrich VI. (Königin)

Unkraut ist alles,
was nach dem Jäten wieder wächst.
Mark Twain

Unkraut ist die Opposition der Natur
gegen die Regierung der Gärtner.
Oskar Kokoschka

Unkraut nennt man Pflanzen,
deren Vorzüge noch nicht
erkannt worden sind.
Ralph Waldo Ermerson

Unkraut vergeht nicht.
Deutsches Sprichwort

Unkraut wächst besser als der Weizen.
Deutsches Sprichwort

Unkraut wächst in jedermanns Garten.
Deutsches Sprichwort

Unkraut wächst ungesät.
Deutsches Sprichwort

Vorurteile sind ein undefinierbares
Unkraut, das auf den grünsten Rasen-
flächen am heimtückischsten wuchert.
Peter Ustinov, Peter Ustinovs geflügelte Worte

Wie kahl und jämmerlich
würde manches Stück Erde aussehen,
wenn kein Unkraut darauf wüchse.
Wilhelm Raabe

Unlust

Die Unlust vermindert oder hemmt
das menschliche Tätigkeitsvermögen.
Baruch de Spinoza, Ethik

Lust ist unmittelbar nicht schlecht,
sondern gut;
Unlust hingegen ist
unmittelbar schlecht.
Baruch de Spinoza, Ethik

Unlust ist der Übergang
des Menschen von größerer
zu geringerer Vollkommenheit.
Baruch de Spinoza, Ethik

Unmensch

Menschen,
die »mit dem Leben fertig werden«,
sind eigentlich Unmenschen.
Heinrich Böll

Mit dürren Worten zu sagen,
was ein Unmensch sei,
fällt nicht eben schwer:
Es ist ein Mensch,
welcher dem Begriffe Mensch nicht
entspricht, wie das Unmenschliche ein
Menschliches ist,
welches dem Begriffe des Menschlichen nicht angemessen ist.
Max Stirner, Der Einzige und sein Eigentum

Unmenschen gibt es,
aber keine Untiere.
Karl Julius Weber, Democritos

Unmenschlichkeit

Der Mensch hat, fürchte ich,
von der Natur selbst etwas wie
einen Instinkt zur Unmenschlichkeit
mitbekommen.
Michel Eyquem de Montaigne, Die Essais

Sieh zu, dass du
gegenüber den Unmenschlichen
nicht solches empfindest
wie die Unmenschlichen
gegenüber den Menschen.
Mark Aurel, Selbstbetrachtungen

Unmöglichkeit

Auf zwei Booten stehen wollen.
Chinesisches Sprichwort

Aus einem Kübel voller Indigo
kannst du kein weißes Leinen ziehen.
Chinesisches Sprichwort

Beim Menschen ist kein Ding
unmöglich – im Schlimmen
wie im Guten.
Christian Morgenstern, Stufen

Das Unmögliche ist das,
was man nie versucht hat.
Hans Günther Adler

Das Wasser läuft
den Berg nicht hinauf.
Deutsches Sprichwort

Dem Klugen, Weitumsichtigen
zeigt fürwahr sich oft
Unmögliches noch als möglich.
Johann Wolfgang von Goethe, Faust II (Helena)

Dem Unmöglichen
nachzujagen ist Wahnsinn.
Mark Aurel, Selbstbetrachtungen

Den lieb ich,
der Unmögliches begehrt.
Johann Wolfgang von Goethe, Faust II (Manto)

Die Unmöglichkeit ist die Pforte zum
Übernatürlichen. Man kann nur daran
klopfen. Ein anderer öffnet.
Simone Weil, Schwerkraft und Gnade

Die Weisen sagen selten,
dies ist nicht möglich;
häufiger sagen sie:
Ich weiß nicht.
Jean-Jacques Rousseau,
Dritter Brief vom Berge

Es recht zu machen jedermann,
ist eine Kunst,
die niemand kann.
Deutsches Sprichwort

Feuer lässt sich nicht
in Papier einwickeln.
Chinesisches Sprichwort

Geläng' es mir, des Weltalls Grund,
somit auch meinen, auszusagen,
so könnt' ich auch zur selben Stund
mich selbst auf meinen Armen tragen.
Franz Grillparzer

Hoffnung ist der krankhafte Glaube
an den Eintritt des Unmöglichen.
Henry Louis Mencken

Ihr wollt alle nur die Liebe
zur Möglichkeit haben.
Ich habe nur die Liebe
zur Unmöglichkeit.
Christian Morgenstern, Stufen

Nur mit dem Unmöglichen als Ziel
kommt man zum Möglichen.
Miguel de Unamuno

Nur wenig ist an sich unmöglich.
Wenn uns etwas nicht möglich ist,
fehlt es uns eher an Tatkraft
als an den Mitteln.
François de La Rochefoucauld, Reflexionen

Politik ist die Kunst des Möglichen,
aber auch die Wissenschaft
vom Unmöglichen.
Harold Macmillan

Unmöglich ist's,
drum eben glaubenswert.
Johann Wolfgang von Goethe, Faust II (Astrolog)

Wer das Unmögliche sucht,
dem geschieht nur recht,
wenn das Mögliche
ihm versagt wird.
Miguel de Cervantes Saavedra, Don Quijote

Wir haben mehr Kraft als Willen
und nennen oft nur deshalb etwas
unmöglich, weil wir uns vor uns
selbst entschuldigen wollen.
François de La Rochefoucauld, Reflexionen

Wohl gibt's, wo Götter schaffen,
nichts Unmögliches.
Sophokles, Aias

Unmündigkeit

Als könnte mündig sein,
wer keinen Mund hat!
Max Stirner, Der Einzige und sein Eigentum

Aufklärung ist der Ausgang
des Menschen aus seiner
selbstverschuldeten Unmündigkeit.
Immanuel Kant, Beantwortung der Frage:
Was ist Aufklärung?

Faulheit und Feigheit sind
die Ursachen, warum ein so großer
Teil der Menschen, nachdem sie
die Natur längst von fremder Leitung
frei gesprochen, dennoch gerne
zeitlebens unmündig bleiben und
warum es anderen so leicht wird,
sich zu deren Vormündern aufzuwerfen.
Es ist so bequem, unmündig zu sein.
Immanuel Kant, Beantwortung der Frage:
Was ist Aufklärung?

Solange ein Mensch noch nicht im
Stande ist, sich selbst einen Lebensplan zu bilden, solange ist und bleibt
er unmündig, er stehe nun als Kind
unter der Vormundschaft seiner Eltern
oder als Mann unter der Vormundschaft des Schicksals.
Heinrich von Kleist, Briefe (an Ulrike von Kleist,
Mai 1799)

Unnützes

Die einzige Entschuldigung
für die Schaffung von etwas
Unnützem ist,
dass man es unendlich bewundert.
Oscar Wilde, Das Bildnis des Dorian Gray

Die Menschen, da sie
zum Notwendigen nicht hinreichen,
bemühen sich ums Unnütze.
Johann Wolfgang von Goethe,
Maximen und Reflexionen

Unsere Kenntnis des Unnützen
ist größer als unsere Unkenntnis
des Notwendigen.
Luc de Clapiers Marquis de Vauvenargues,
Nachgelassene Maximen

Unparteilichkeit

Alle Unparteilichkeit ist artifiziell.
Der Mensch ist immer parteiisch
und tut sehr recht daran.
Georg Christoph Lichtenberg, Sudelbücher

Aufrichtig zu sein,
kann ich versprechen,
unparteiisch zu sein, aber nicht.
Johann Wolfgang von Goethe,
Maximen und Reflexionen

Der Platz des Unparteiischen ist
auf Erden zwischen den Stühlen,
im Himmel aber
wird er zur Rechten Gottes sitzen.
Marie von Ebner-Eschenbach, Aphorismen

Unrast

Das Leben geht
unter Zaudern verloren,
und jeder Einzelne von uns
stirbt in seiner Unrast.
Epikur, Sprüche. In: Briefe, Sprüche,
Werkfragmente

Wie tot kann ein Mann sein
hinter einer Fassade
von großer Tüchtigkeit, Pflichttreue –
und Ehrgeiz. Gelobt sei die Unrast
als Zeichen, dass noch Leben
vorhanden ist.
Dag Hammarskjöld, Zeichen am Weg

Unrat

Die Predigten sind Kehrbesen,
die den Unrat von acht Tagen aus
den Herzen der Zuhörer herausfegen.
Jean Paul, Aphorismen

Es ist eitles Bemühen,
den Unrat auszuschöpfen,
solange neuer Unrat zufließt.
Bernhard von Clairvaux, Über die Bekehrung

Unrecht

Aber des Unrechten
sind wir uns immer bewusst.
Johann Wolfgang von Goethe,
Wilhelm Meisters Lehrjahre

Ach, verkehrtes Recht gewinnt
die Oberhand,
das wahre Recht vermag sich
nicht durchzusetzen.
Ecbasis captivi in belehrender Gestalt (Otter)

Allzu gerecht tut Unrecht.
Deutsches Sprichwort

Als tapfer und großgesinnt
haben nicht die zu gelten,
die Unrecht tun,
sondern die es abwehren.
Marcus Tullius Cicero, Vom rechten Handeln

An zeitlichen Dingen Besitz
zu haben, ist zeitlich,
Und sie für immer haben wollen,
ist Unrecht.
Juana Inés de la Cruz, Sonette

Auch die, die Unrecht tun,
hassen es.
Publilius Syrus, Sentenzen

Besser Unrecht leiden,
als Unrecht tun.
Deutsches Sprichwort

Besser wenig und gerecht
als viel Besitz und Unrecht.
Altes Testament, Sprüche Salomos 16, 8

Bisweilen ist Unrecht selbst für
die nützlich, die es erlitten haben.
Ovid, Heroinen

Das höchste Recht ist
das höchste Unrecht.
Marcus Tullius Cicero, Vom rechten Handeln

Das Recht des Stärkeren
ist das stärkste Unrecht.
Marie von Ebner-Eschenbach, Aphorismen

Das Unrecht bestraft sich selbst.
Ludwig Tieck, Der blonde Eckbert

Der Einzelne kann sich der Welt
gar nicht gegenüberstellen,
ohne sein kleines Recht
in ein großes Unrecht
zu verwandeln.
Friedrich Hebbel, Tagebücher

Der Reiche tut Unrecht
und prahlt noch damit,
der Arme leidet Unrecht
und muss um Gnade bitten.
Altes Testament, Jesus Sirach 13, 3

Der Scharfsinn verlässt
geistreiche Männer am wenigsten,
wenn sie Unrecht haben.
Johann Wolfgang von Goethe,
Maximen und Reflexionen

Der Weise gibt sich keinem Unrecht
preis. Daher ist es gleichgültig,
wie viele Geschosse auf ihn
geschleudert werden, da er von
keinem zu verwunden ist.
Lucius Annaeus Seneca,
Über die Standhaftigkeit des Weisen

Die Erkenntnis, dass wir
an jemandem ein Unrecht begingen,
stimmt uns selten milder gegen ihn.
Sie erregt in uns vielmehr das
Bedürfnis, ein nächstes Mal noch
weniger Nachsicht zu üben,
schon um uns eines Milderungs-
grundes für unser Unrecht vom
ersten Mal zu versichern.
Arthur Schnitzler, Buch der Sprüche und Bedenken

Die erste Immunität war der
erste Schritt zur allgemeinen
Ungerechtigkeit und Sklaverei,
die erste Infamie.
Johann Gottfried Seume, Apokryphen

Die Strafe folgt meist so, dass es
scheint, sie wäre ein Unrecht.
Karol Irzykowski

Durch Unrecht – niemals Recht.
Durch Recht – niemals Unrecht.
Dag Hammarskjöld, Zeichen am Weg

Ein Heilmittel gegen Unrecht
liegt im Vergessen.
Publilius Syrus, Sentenzen

Es handelt oft unrecht,
wer nichts tut,
nicht nur,
wer etwas tut.
Mark Aurel, Selbstbetrachtungen

Es ist besser,
sich der Undankbarkeit auszusetzen,
als den Unglücklichen
unrecht zu tun.
Jean de La Bruyère, Die Charaktere

Geteiltes Unrecht ist halbes Recht.
Friedrich Nietzsche, Also sprach Zarathustra

Gib dem Recht, der Recht hat,
und er findet dich liebenswürdig;
gib dem Recht, der Unrecht hat,
und er betet dich an.
Marie von Ebner-Eschenbach, Aphorismen

Historische Anrechte
sind gewöhnlich historische Unrechte.
Emil Gött, Gedichte, Sprüche und Aphorismen

Hundert Jahre Unrecht ist
noch keine Stunde Recht.
Deutsches Sprichwort

In den Abgründen des Unrechts
findest du immer die größte Sorgfalt
für den Schein des Rechts.
Johann Heinrich Pestalozzi,
Kinderlehre der Wohnstube

Kaum einer ist klug genug,
um zu erkennen,
wie viel Unrecht er getan hat.
François de La Rochefoucauld, Reflexionen

Man ist nie geneigter,
Unrecht zu tun,
als wenn man Unrecht hat.
Johann Peter Hebel, Schatzkästlein des
rheinischen Hausfreundes

Man kann nicht jedes Unrecht gut-,
wohl aber jedes Recht schlechtmachen.
Marie von Ebner-Eschenbach, Aphorismen

Nichts lernen wir so spät
und verlernen wir so früh,
als zuzugeben,
dass wir Unrecht haben.
Marie von Ebner-Eschenbach, Aphorismen

Noch nie war einer glücklich,
welcher Unrecht tat;
Des Heiles Hoffnung
blühet dem Gerechten nur.
Euripides, Helena (Chor)

Recht und Unrecht
lassen sich nie mit einem
so sauberen Schnitt trennen,
dass jeder Teil nur
von einem etwas habe.
Alessandro Manzoni, Die Verlobten

Recht zu haben,
ist nur halb so schön,
wenn kein anderer Unrecht hat.
Orson Welles

Rechtes Handeln leuchtet
von sich aus selber,
Schwanken zeigt Denken
ans Unrecht an.
Marcus Tullius Cicero, Vom rechten Handeln

Rechtsbewusstsein entsteht
durch ein Unrechtserlebnis.
Manès Sperber

Sä nicht in Furchen des Unrechts,
damit du es nicht siebenfach erntest.
Altes Testament, Jesus Sirach 7, 2

Tut einer Unrecht,
so muss er auch bekennen.
Martin Luther, Tischreden

Unrecht erleiden ist besser,
als Unrecht tun.
Marcus Tullius Cicero, Gespräche in Tusculum

Unrecht ertragen die Ohren leichter
als die Augen.
Publilius Syrus, Sentenzen

Unrecht Gut gedeiht nicht.
Deutsches Sprichwort

Unrecht Gut ist steuerfrei.
Robert Lembke, Steinwürfe im Glashaus

Unrecht hat ein langes Gedächtnis.
Slowakisches Sprichwort

Unrecht wird gegen Gute
nur von Schlechten gerichtet:
Die Guten untereinander
haben Frieden.
Lucius Annaeus Seneca,
Über die Standhaftigkeit des Weisen

Unrecht zu tun und dabei
verborgen zu bleiben ist schwierig,
Gewissheit zu erlangen,
dass man verborgen bleibe,
unmöglich.
Epikur, Sprüche. In: Briefe, Sprüche,
Werkfragmente

Verwunderlich ist es,
dass es auch in der geistigen Welt
immer noch Menschen gibt,
die glauben, ihnen geschehe Unrecht.
Franz Werfel, Zwischen Oben und Unten

Wenn du im Recht bist, kannst du es
dir leisten, die Ruhe zu bewahren,
und wenn du im Unrecht bist,
kannst du es dir nicht leisten,
sie zu verlieren.
Mahatma Gandhi

Wenn ein edler Mensch sich bemüht,
ein begangenes Unrecht gutzumachen,
kommt seine Herzensgüte am reinsten
und schönsten zutage.
Marie von Ebner-Eschenbach, Aphorismen

Wenn jedermann Unrecht hat,
hat jedermann Recht.
Sprichwort aus Frankreich

Wenn man mir zustimmt,
habe ich immer das Gefühl,
im Unrecht zu sein.
Oscar Wilde

Wenn wir nur das Unrecht hassen
und nicht diejenigen, die es tun,
werden wir unsere Kampfgenossen
und unsere Feinde lieben.
Marie von Ebner-Eschenbach, Aphorismen

Wer aber nicht abwehrt und
dem Unrecht nicht entgegentritt,
wenn er es vermag, ist so in Schuld,
wie wenn er Eltern, Freunde
oder das Vaterland im Stich ließe.
Marcus Tullius Cicero, Vom rechten Handeln

Wer altes Unrecht duldet,
lädt neues ins Haus.
Deutsches Sprichwort

Wer die Armut erniedrigt,
der erhöht das Unrecht.
Johann Heinrich Pestalozzi,
Der natürliche Schulmeister

Wer fehlt, fehlt für sich;
wer unrecht handelt,
handelt an sich selbst unrecht,
indem er sich schlecht macht.
Mark Aurel, Selbstbetrachtungen

Wer gar zu heftig Genugtuung für
ein erlittenes Unrecht fordert,
hat gewöhnlich in anderer Hinsicht
ein schlechtes Gewissen.
Heinrich Waggerl, Aphorismen

Wer Unrecht tut, auf den rollt es
zurück, und er weiß nicht,
woher es ihm kommt.
Altes Testament, Jesus Sirach 27, 27

Wer Unrecht tut, vergisst es;
wer es erleidet, nicht.
Sprichwort aus Italien

Unreinheit

Nicht das, was durch den Mund
in den Menschen hineinkommt,
macht ihn unrein,
sondern was aus dem Mund
des Menschen herauskommt,
das macht ihn unrein.
Neues Testament, Matthäus 15, 11 (Jesus)

Was euch unrein dünkt,
es sei bedecket.
Johann Wolfgang von Goethe, West-östlicher Divan

Wenn ein Gefäß unrein ist, wird alles,
was man hineingießt, sauer.
Ecbasis captivi in belehrender Gestalt (Otter)

Unruhe

Das Problem vieler Ehen:
Der Mann möchte sich zur Ruhe setzen,
die Frau zur Unruhe legen.
Rolf Thiele

Denn was da an Unruhe seine Freude
hat, ist nicht energische Tätigkeit,
sondern einer erregten Seele
planlose Unrast, und das ist nicht
Ruhe, was jede Bewegung für
Belästigung hält, sondern Schwäche
und Schlappheit.
Lucius Annaeus Seneca, Briefe an Lucilius

Durch Ruhe und Ordnung kann die
Demokratie ebenso gefährdet werden
wie durch Unruhe und Unordnung.
Hildegard Hamm-Brücher

Es gibt Gemüter,
die nie zur Ruhe kommen,
die abwechselnd des träumerischen
Sinnens und des kräftigen Wirkens,
der reinsten Leidenschaften und
der ungezügelten Genüsse bedürfen,
und die darum jedes phantastischen
Schrittes, jeder Torheit fähig sind.
Franziska Gräfin zu Reventlow, Tagebücher

Nichts ist kummervoller,
als unstet leben und flüchtig.
Homer, Odyssee

Über den Wasser deiner Seele
schwebt unaufhörlich ein dunkler
Vogel: Unruhe.
Christian Morgenstern, Stufen

Unruhe ist die erste Menschenpflicht.
Miguel de Unamuno

Wer für sich in Anspruch nimmt,
mündig zu sein,
ist zur Unruhe verpflichtet.
Siegfried Lenz

Zuwachs an Kenntnis
ist Zuwachs an Unruhe.
Johann Wolfgang von Goethe,
Dichtung und Wahrheit

Unschuld

Ach, dass die Einfalt,
dass die Unschuld nie
Sich selbst und
ihren heil'gen Wert erkennt!
Johann Wolfgang von Goethe, Faust I (Faust)

Das Sinnliche ist unschuldig,
wo es nicht mit Pflichten
in Konflikt kommt.
Friedrich Theodor von Vischer,
Das Schöne und die Kunst

Die Einfachheit des Geistes
ist Dummheit,
die des Herzens Unschuld.
Giacomo Girolamo Casanova, Memoiren

Die Unschuld hat
im Himmel einen Freund.
Friedrich Schiller, Wilhelm Tell (Gertrud)

Die Unschuld selbst könnte
heutzutage in unserer Welt
ohne Verstellung keine Verhandlungen
führen und ohne Lügerei keine
Geschäfte machen.
Michel Eyquem de Montaigne, Die Essais

Die unschuldigen Menschen
werden in allen Stücken die Opfer,
weil ihre Unwissenheit sie hindert,
zwischen Maß und Übermaß
zu unterscheiden und beizeiten
vorsichtig gegen sich zu sein.
Friedrich Nietzsche, Morgenröte

Ein bestrafter Schuldiger
ist ein Exempel für den Pöbel,
ein unschuldig Verurteilter geht alle
ehrbaren Leute etwas an.
Jean de La Bruyère, Die Charaktere

Entschulde dich durch Gott:
Die Unschuld bleibt bewehrt
Und wird in Ewigkeit
durch keine Glut verzehrt.
Angelus Silesius, Der cherubinische Wandersmann

Es gehen manchmal Unschuldige zu-
grunde: Wer bestreitet es?
Schuldige dennoch öfter.
Lucius Annaeus Seneca, Briefe über Ethik

Es ist besser, sagte ich mir,
zur Biene zu werden und sein Haus
zu bauen in Unschuld,
als zu herrschen
mit den Herren der Welt.
Friedrich Hölderlin, Hyperion

Es ist doch ewig gewiss
und zeigt sich überall:
Je unschuldiger, schöner eine Seele,
desto vertrauter mit den andern
glücklichen Leben,
die man seelenlos nennt.
Friedrich Hölderlin, Hyperion

Es ist ein gar unschuldig Ding,
Das eben für nichts zur Beichte ging;
Über die hab ich keine Gewalt!
Johann Wolfgang von Goethe, Faust I (Mephisto)

Es ist keine Kraft in der Natur,
die auf dem Antlitz eines Weibes
die verlorene Unschuld ersetzt.
August von Kotzebue, Die kluge Frau im Walde

Frauen halten das für unschuldig,
was sie sich erlauben.
Joseph Joubert, Gedanken, Versuche und Maximen

Gibt's schönre Pflichten
für ein edles Herz,
Als ein Verteidiger der Unschuld sein,
Das Recht der Unterdrückten
zu beschirmen?
Friedrich Schiller, Wilhelm Tell (Bertha)

Glück ist vor allem die ruhige,
frohe Gewissheit der Unschuld.
Henrik Ibsen, Rosmersholm

In der Unschuld ist der Mensch
nicht als Geist bestimmt,
sondern seelisch bestimmt in unmittelbarer Einheit mit seiner Natürlichkeit.
Sören Kierkegaard, Der Begriff Angst

In Wahrheit, nichts ist unschuldiger
als eben dieser Eigennutz,
sobald er allgemein ist.
Friedrich Buchholz, Hermes oder Über die Natur der
Gesellschaft mit Blicken in die Zukunft

Kein Unglück berechtigt uns,
einen Unschuldigen
mit Vorwürfen zu beladen.
Johann Wolfgang von Goethe,
Wilhelm Meisters Lehrjahre

Man darf nicht die Möglichkeit
völliger Unschuld von sich fordern.
Leo N. Tolstoi, Tagebücher (1852)

Mancher muss für etwas büßen,
wofür er nichts kann.
Sprichwort aus Frankreich

O unglücksel'ge Stunde,
da das Fremde
In diese still beglückten Täler kam,
Der Sitten fromme Unschuld
zu zerstören.
Friedrich Schiller, Wilhelm Tell (Attinghausen)

Unschuld findet weit weniger
Schutz als Verbrechen.
François de La Rochefoucauld, Reflexionen

Unschuld ist Unwissenheit.
Sie ist keineswegs das reine Sein
des Unmittelbaren,
sondern sie ist Unwissenheit.
Sören Kierkegaard, Der Begriff Angst

Was ist Gesetz und Ordnung?
Können sie
Der Unschuld Kindertage
nicht beschützen.
Johann Wolfgang von Goethe,
Die natürliche Tochter (Eugenie)

Wen es reut, gefehlt zu haben,
der ist fast unschuldig.
Lucius Annaeus Seneca, Agamemnon

Wer voller Unschuld ist,
will nichts von Gnade wissen.
Johann Christoph Gottsched,
Der sterbende Cato (Cato)

Unsicherheit

Es gibt keine Sicherheit,
nur verschiedene Grade
der Unsicherheit.
Anton Neuhäusler

Im Verkehrsgewühl
der tausend Argumente ist
die Ehre unsicher geworden wie
der Fußgänger zur Hauptverkehrszeit.
Emil Gött, Im Selbstgespräch

Ist dir noch nicht aufgefallen,
wie viel Frechheit durch Unsicherheit
zu erklären ist?
Kurt Tucholsky

Jedes meiner Bücher war das Fruchtbarmachen einer Unsicherheit.
André Gide, Tagebuch

Wer auf den Zehen steht,
steht nicht sicher.
Lao-tse, Dao-de-dsching

Unsichtbarkeit

Je mehr du das Unsichtbare
bewunderst, desto wertloser
werden die wandelbaren und
augenblicklichen Dinge.
Erasmus von Rotterdam,
Handbüchlein eines christlichen Streiters

Man sollte die meisten Menschen
mit einer Substanz bestreichen dürfen,
die unsichtbar macht.
Erich Kästner, Misanthropologie.
In: Ein Mann gibt Auskunft

Unsinnig

Bisweilen kann sich der tollste Einfall,
der anscheinend unsinnigste Gedanke
so in uns festsetzen, dass man ihn
schließlich selbst für ausführbar hält.
Fjodor M. Dostojewski, Der Spieler

Die Schlechten sind tätig und verwegen, die Besseren – denn Gute kann man sie nicht nennen – sind träge und furchtsam. Das erklärt den meisten Unsinn, den wir in der Welt sehen.
Johann Gottfried Seume, Apokryphen

Es ist Unsinn, Türen zuzuschlagen,
wenn man sie angelehnt lassen kann.
James William Fullbright

Haben Sie je versucht, sich
selbst ins Gesicht zu beißen?
Lido Anthony »Lee« Iacocca, Mein amerikanischer Traum

Hat die Welt einen Sinn als Ganzes,
so muss ihn auch jeder Unsinn
haben, oder alles, was uns eben
Unsinn scheint. Dies ist der Wirbel,
drin wir hilflos drehn.
Arthur Schnitzler, Zurückgelegte Sprüche

Im längsten Frieden spricht
der Mensch nicht so viel Unsinn
wie im kürzesten Krieg.
Jean Paul

Im Traum erscheint Unsinniges
völlig natürlich;
so ist es auch im Leben.
Leo N. Tolstoi, Tagebücher (1904)

Literatur ist gedruckter Unsinn.
August Strindberg

Unsinn, du siegst,
und ich muss untergehen!
Friedrich Schiller,
Die Jungfrau von Orleans (Talbot)

Unsinn und Wut
Durchflammt ein Volk weit eh'r
als Lieb' und Freude.
Johann Wolfgang von Goethe, Elpenor (Polymetis)

Unsinn war's,
leichtsinnig zu versprechen.
Johann Wolfgang von Goethe, Faust I (Mephisto)

Verstand sieht jeden Unsinn,
Vernunft rät
manches davon zu übersehen.
Wieslaw Brudziński

Was das Leben so mühevoll
und oft so hoffnungslos macht,
das ist nicht einmal die Existenz
des Unsinns und der Lüge in all ihren
Formen und Graden; das Schlimmere
ist, dass wir immer wieder genötigt,
ja manchmal sogar geneigt sind,
uns mit dem Unsinn auseinander
zu setzen, als wenn ihm ein Sinn
zu eigen – und mit der Lüge
zu paktieren, als wenn sie
guten Glaubens oder gar die Wahrheit
selber wäre.
Arthur Schnitzler, Buch der Sprüche und Bedenken

Was sagt sie uns für Unsinn vor?
Es wird mir gleich der Kopf zerbrechen.
Mich dünkt, ich hör ein ganzes Chor
Von hunderttausend Narren sprechen.
Johann Wolfgang von Goethe, Faust I (Faust)

Wer viele Sprachen spricht, kann in
vielen Sprachen Unsinn reden.
Alexander Roda Roda

Wir stecken tief in der Dekadenz;
das Sensationelle gilt, und nur einem
strömt die Menge noch begeistert zu:
dem baren Unsinn.
Theodor Fontane, Briefe

Unsittlichkeit

Die Menschen wie die Völker treibt
zu viel Glück wie zu viel Unglück
in die Unsittlichkeit hinein;
so stecken sich die Teich-Fische
nur bei Übermaß der Kälte und
der Wärme in den Schlamm.
Jean Paul, Dämmerungen für Deutschland

Für Menschen, die unsittlich leben
und dieses Leben fortsetzen möchten,
ist es unvorteilhaft zu glauben,
dass die Welt auf den Stufen
der Idee zum Guten fortschreitet,
und daher glauben sie nicht daran.
Leo N. Tolstoi, Tagebücher (1900)

Je dümmer, je unsittlicher es ist,
was die Menschen tun,
um so feierlicher wirkt es.
Leo N. Tolstoi, Tagebücher (1904)

Unsterblichkeit

Die Kunst ist eine Metapher
für das Unsterbliche.
Ernst Fuchs, in: A. Müller, Entblößungen

Die Unsterblichkeit ist
nicht jedermanns Sache.
Johann Wolfgang von Goethe, Der Groß-Cophta (Graf)

Feuilleton:
die Unsterblichkeit eines Tages.
Ludwig Speidel

Für sich selbst ist jeder unsterblich;
er mag wissen, dass er sterben muss,
aber er kann nie wissen, dass er tot ist.
Samuel Butler, Notizbücher

Gibt es keine Unsterblichkeit der Seele,
so gibt es auch keine Tugend,
folglich ist alles erlaubt.
Fjodor M. Dostojewski, Die Brüder Karamasow

Gleichermaßen hier wie dort strebt die
sterbliche Natur, so weit sie vermag,
danach, ewig und unsterblich zu sein.
Sie vermag es aber nur dadurch,
dass sie immer ein neues Junges
an Stelle des Alten hinterlässt.
Platon, Das Gastmahl (Diotima)

Ich gehe durch die Welt,
was hab ich in ihr,
wenn ich mich nicht
unsterblich mache!
Johann Gottfried Herder,
Journal meiner Reise im Jahr 1769

Ich kann den Tod geben,
du die Unsterblichkeit.
König Karl IX. von Orléans-Angoulème,
Zum Dichter Ronsard

Kinder sind eine Art
Lebensversicherung – die einzige Art
der Unsterblichkeit, derer wir sicher
sein können.
Peter Ustinov

Manche Menschen bleiben nur
durch ihr Scheitern in Erinnerung.
Auch das ist Unsterblichkeit.
Henri Troyat

Mit dem Verlangen nach dem Guten
muss das nach Unsterblichkeit
vereint sein.
Platon, Das Gastmahl (Diotima)

Sag etwas,
das sich von selbst versteht,
zum ersten Mal,
und du bist unsterblich.
Marie von Ebner-Eschenbach, Aphorismen

Unsterblichkeit bedeutet,
von vielen Anonymen
geliebt zu werden.
Sigmund Freud

Unsterblichkeit ist weder
zu widerlegen noch zu beweisen.
Karl Jaspers, Philosophie und Welt

Was unsterblich im Gesang soll leben,
Muss im Leben untergehn.
Friedrich Schiller, Die Götter Griechenlands

Wenn ein Mensch unsterblich wird,
kommen selbst seine Hühner und
seine Hunde in den Himmel.
Chinesisches Sprichwort

Wenn eine große Tat getan wird,
hält die Zeit den Atem an,
und diesem Augenblick wird
ein Sterblicher unsterblich.
Marie von Ebner-Eschenbach, Aphorismen

Wer weinte nicht, wenn das
Unsterbliche Vor der Zerstörung
selbst nicht sicher ist?
Johann Wolfgang von Goethe,
Torquato Tasso (Tasso)

Wie vielen wird es noch
der Mühe wert sein zu leben,
sobald man nicht mehr stirbt.
Elias Canetti, Die Provinz des Menschen.
Aufzeichnungen 1942–1972

Wir haben nur ein Leben, und ich
kann nicht an Unsterblichkeit glauben.
Ich wünsche, ich könnte es.
Katherine Mansfield, Briefe

Wir sind sterblich, wo wir lieblos sind;
unsterblich, wo wir lieben.
Karl Jaspers

Untätigkeit

Ein untätiges Mädchen
hat Dummheiten im Sinn.
Sprichwort aus Frankreich

Untätig verbrachte Zeit
ist für mich wie der Tod.
Ovid, Briefe aus der Verbannung

Unterdrückung

Der Unterdrückte bedarf
des Anregers und Anfeuerers,
weil ihm die Unabhängigkeit
zur Initiative fehlt.
August Bebel, Die Frau und der Sozialismus

Die Befreiung von der Unterdrückung
ist ein Menschenrecht und das
höchste Ziel jedes freien Menschen.
Nelson Mandela, Ansprache, September 1953

Die Geschichte der Sexualität ist
die Geschichte ihrer Unterdrückung.
Lutz Röhrich

Entziehe deinen Nacken dem Joch,
das ihn wund gerieben hat:
Besser ist es, ihn einmal tief verletzen,
als ständig bedrücken zu lassen.
Lucius Annaeus Seneca, Briefe über Ethik

Frau und Arbeiter haben gemein,
Unterdrückte zu sein. Die Formen dieser Unterdrückung haben im Laufe der
Zeiten und in den verschiedenen
Ländern gewechselt, aber die
Unterdrückung blieb.
August Bebel, Die Frau und der Sozialismus

Indem man unterdrückt,
wird man unterdrückt.
Simone de Beauvoir, Das andere Geschlecht

Man kann die Wahrheit
nicht lange unterdrücken.
Nelson Mandela, Artikel, Mai 1961

Oft sind die Unterdrückten
nur darum unterdrückt,
weil es ihnen an Mitteln fehlt,
ihre Klagen vorzubringen.
Jean-Jacques Rousseau, Julie oder
Die neue Héloïse (Julie)

Unterdrückt nicht die Witwen und
Waisen, die Fremden und Armen,
und plant in eurem Herzen nichts
Böses gegeneinander.
Altes Testament, Sacharja 7, 10

Viele, die unterdrückt waren, bestiegen
den Thron, viele, an die niemand
dachte, trugen die Krone.
Altes Testament, Jesus Sirach 11, 5

Während die Männer die Unterdrückung der Frau festschreiben,
haben sie Angst vor ihr.
Simone de Beauvoir, Das andere Geschlecht

Wenn das System der Unterdrückung
nicht exakt funktioniert,
ist es schon etwas Besseres.
Ludwig Marcuse, Argumente und Rezepte.
Ein Wörter-Buch für Zeitgenossen

Willst du nicht unterjocht werden,
so unterjoche beizeiten den Nachbarn.
Arthur Schopenhauer, Zur Rechtslehre und Politik

Wo immer die Frau unterdrückt wurde,
geschah es niemals, weil sie schwach
war, sondern weil sie als mächtig
erkannt und gefürchtet wurde
– mit Recht.
Gertrud von Le Fort, Die ewige Frau

Untergang

Alles, was einen Anfang
genommen hat, fürchtet das Ende:
Wir werden alle untergehen.
Papinius Statius, Silvae

An verblendeter Mutterliebe sind
mehr Menschen zugrunde gegangen
als an der gefährlichsten
Kinderkrankheit.
Otto von Leixner, Aus meinem Zettelkasten

Auch die Weißen werden untergehen,
vielleicht schneller als alle anderen
Stämme und Völker. Fahrt fort,
euer Bett zu besudeln,
und ihr werdet eines Nachts
in eurem eigenen Abfall ersticken.
Seattle, Die Rede des Indianerhäuptlings Seattle.
Neuere Version

Bereit zum Untergang
ist reif zum Aufgang.
Emil Gött, Zettelspruche. Aphorismen

Das Moor verdorrt,
es schwelt im Feuer der Himmel,
es fällt der Mond,
der Erdkreis brennt.
Das Muspilli (um 860)

Der Baum selbst gibt zur Axt den Stiel,
Die seinem Leben setzt ein Ziel.
Jüdische Spruchweisheit

Der Mensch steht heute
vor der Alternative:
Untergang des Menschen
oder Wandlung des Menschen.
Karl Jaspers, Philosophie und Welt

Der Staat gleicht dem Glase:
Das dickste zerspringt
am leichtesten in Hitze oder Kälte.
Jean Paul, Dämmerungen für Deutschland

Der Stoff nur bleibt bewahrt,
die Form muss untergehn.
Pierre de Ronsard, Elegie XXIV

Die Menschen unserer Zeit haben
keine Wahl: Entweder müssen sie
mit Gewissheit zugrunde gehen,
wenn sie ihr jetziges Leben fortsetzen,
oder sie müssen es
de fond en comble ändern.
Leo N. Tolstoi, Tagebücher (1909)

Ein Teil des Himmels steigt ständig
auf, ein Teil geht unter.
Lucius Annaeus Seneca, Briefe über Ethik

Es geht, freilich geht es.
Alles geht, aber manches geht es auch,
ja – unter. Es kann nicht anders sein.
Knut Hamsun, Landstreicher

Es kündigt sich an am Glanz
des Mondes und auch an der Sonne;
schwarz werden beide,
von Dunkel umfangen.
Heliand (um 850),
Ankündigung des Jüngsten Gerichts

Geh unter, Tyrann!
Friedrich Schiller, Die Verschwörung des Fiesco zu
Genua (Fiesco)

Jede Aristokratie erzieht sich ihren
dritten Stand, der sie guillotiniert.
Emil Gött, Im Selbstgespräch

Man soll tun, was man kann, einzelne
Menschen vom Untergang zu retten.
Johann Wolfgang von Goethe, Briefe
(an Charlotte von Stein, 12. September 1780)

Meine Worte sind wie Sterne.
Sie gehen nicht unter.
Seattle, Die Rede des Indianerhäuptlings Seattle.
Neuere Version

Nimmermehr wird untergehn,
Was Begeisterung erschaffen.
Hermann von Lingg, Gedichte

Noch eine hohe Säule
zeugt von verschwundner Pracht:
Auch diese, schon geborsten,
kann stürzen über Nacht.
Ludwig Uhland, Der Fluch des Sängers

Stillstand gräbt sein eigen Grab.
Wer nicht zunimmt, nahm schon ab.
Jüdische Spruchweisheit

Unsinn, du siegst,
und ich muss untergehen!
Friedrich Schiller,
Die Jungfrau von Orleans (Talbot)

Untergang der Lügenbrut!
Friedrich Schiller, An die Freude

Untergänge dulden keinen
Wiederaufbau, sie verlangen
ein vollständiges Neuerschaffen.
Werner Bergengruen

Was zusammenstürzen will,
muss man in Trümmer legen.
Dieter Hildebrandt

Wenn ein Volk zu großen idealen
Anstrengungen unfähig geworden ist,
geht es unter.
Jakob Boßhart, Bausteine zu Leben und Zeit

Wer einem anderen den Untergang
bereitet, der muss wissen,
dass auch für ihn Verderben
bereitsteht.
Marcus Tullius Cicero, Gespräche in Tusculum

Untergebene

Diejenigen,
die einem am nächsten nachgehen,
sind am meisten zu fürchten,
denn die treten einem
am ersten die Schuhe aus.
Kurfürst Friedrich der Weise, überliefert bei
Julius Wilhelm Zincgref (Apophthegmata)

Nicht mit Drohworten sollst du
auf deine Untergebenen einschlagen
wie mit einer Keule.
Mische vielmehr die Worte
der Gerechtigkeit mit Barmherzigkeit
und salbe die Menschen
mit Gottesfurcht.
Hildegard von Bingen, Briefwechsel

Weh dem,
der von Untergebenen abhängig ist.
Theodor Fontane, Briefe

Untergebener: einer,
der sich Kurzfassen muss.
Wieslaw Brudzinski, Katzenjammer

Wir Subalternen haben keinen Willen;
Der freie Mann, der mächtige,
allein Gehorcht dem
schönen menschlichen Gefühl.
Friedrich Schiller, Wallensteins Tod (Gordon)

Unterhaltung

Auch die reizendste Unterhaltung
langweilt einen Menschen, der in
eine Leidenschaft verstrickt ist.
Luc de Clapiers Marquis de Vauvenargues,
Unterdrückte Maximen

Auch wird uns der Berg, den wir
erklimmen, weniger rau vorkommen,
wenn wir uns an hübschen
Geschichten erfreuen.
Lucius Apuleius, Der goldene Esel

Bescheidenes Auftreten und die Kunst,
den Mund zu halten, sind Eigenschaften, durch welche die Unterhaltung
außerordentlich gefördert wird.
Michel Eyquem de Montaigne, Die Essais

Das Fernsehen sorgt dafür,
dass man in seinem Wohnzimmer
von Leuten unterhalten wird,
die man nie einladen würde.
Shirley MacLaine

Dem Varieté-Theater,
das unterhält, ohne aufzuklären,
scheint die Zukunft zu gehören,
denn es ist Spiel und vermittelt Ruhe.
August Strindberg, Der Sohn der Magd

Der Anblick miteinander
sprechender Frauen hat die Männer
immer schon beunruhigt; heute heißt
er Umsturz der Rangordnung.
Germaine Greer, Der weibliche Eunuch

Der freundschaftliche Umgang
sei eine Schule der Kenntnisse und
die Unterhaltung bildende Belehrung:
Aus seinen Freunden mache man
Lehrer und lasse den Nutzen
des Lernens und das Vergnügen
der Unterhaltung sich
wechselseitig durchdringen.
Baltasar Gracián y Morales, Handorakel und Kunst
der Weltklugheit

Der Unterschied zwischen
Kunst und Unterhaltung
ist eine absurde Trennung,
die nur in Deutschland
gemacht wird.
Johannes Schaaf

Der Zweck der Unterhaltung
ist die Erholung;
die Erholung aber ist notwendig
mit Lust verbunden, da sie die
durch die Anstrengung bewirkte
Ermüdung beseitigt.
Aristoteles, Älteste Politik

Die Unterhaltung als Talent
existiert nur in Frankreich.
Germaine Baronin von Staël, Über Deutschland

Die wenigsten begreifen,
dass es langweilig sein kann,
unterhalten zu werden.
Heinrich Waggerl, Aphorismen

Eine gute Unterhaltung
erträgt so wenig einen Diktator
wie ein freies Staatswesen.
Philipp Stanhope Earl of Chesterfield, Briefe über
die anstrengende Kunst, ein Gentleman zu werden

Es gibt keinen Kampfplatz,
wo die Eitelkeit sich
in mannigfacherer Gestalt zeigt,
als in der Unterhaltung.
Germaine Baronin von Staël, Über Deutschland

Für eine erfolgreiche gesellschaftliche
Konversation sind Gedanken meistens
hinderlich.
André Maurois

Geist in der Konversation besteht
weniger darin, viel von ihm zu zeigen,
als ihn anderen aufzudecken.
Jean de La Bruyère, Die Charaktere

Geistvolle Menschen sind fast ebenso
eintönig in der Unterhaltung
wie Dummköpfe.
Benjamin Constant de Rebecque,
Intimes Tagebuch

Gesellschaftliche Konversation ist
die Kunst, an Wichtiges zu denken,
während man Unwichtiges sagt.
Laurence Olivier

In der Unterhaltung und bei Tisch
war ich immer entzückt, auf jemanden
zu treffen, der den Ehrgeiz hatte zu
glänzen: Ein solcher Mensch gibt sich
immer eine Blöße, und alle anderen
sind in Deckung.
Charles de Secondat, Baron de la Brède et
de Montesquieu, Meine Gedanken

Kann die Unterhaltung eines Ladenmädchens in euch die Hoffnung auf
unendliche Genüsse erwecken?
Honoré de Balzac, Die Physiologie der Ehe

Kann man sich selbst nicht unterhalten und amüsieren, so will man
andere unterhalten und amüsieren.
Luc de Clapiers Marquis de Vauvenargues,
Unterdrückte Maximen

Konversation ist die Kunst zu reden,
ohne zu denken.
Victor de Kowa

Man merkt leider immer zu spät,
dass die Menschen nicht belehrt,
sondern unterhalten sein wollen.
Emil Gött, Zettelsprüche. Aphorismen

Mit Toren schwatzen
ziemt dem Klugen nicht.
Sophokles, Die Trachinierinnen

Unter den Mächten,
die uns heute formen und entformen,
gibt es keine mehr,
deren Prägekraft mit der
der Unterhaltung in Wettbewerb
treten könnte.
Günther Anders, Die Antiquiertheit
des Menschen. Bd. 2

Unterhaltung besteht meistens
nicht darin, dass man selbst
etwas Gescheites sagt, sondern dass
man etwas Dummes anhören muss.
Wilhelm Busch

Unterhaltung ist (...)
die Tendenzkunst der Macht.
Günther Anders, Die Antiquiertheit
des Menschen. Bd. 2

Unterhaltung ist gut,
wenn sie nicht unsittlich,
sondern anständig ist,
und wenn ihretwegen
nicht andere leiden müssen.
Leo N. Tolstoi, Tagebücher (1896)

Verwirrungen und Missverständnisse
sind die Quellen des tätigen Lebens
und der Unterhaltung.
Johann Wolfgang von Goethe,
Unterhaltungen deutscher Ausgewanderten

Wenn man recht bedächte,
was in der täglichen Unterhaltung an
Langweiligem, Leerem und Kindischem
gesagt wird, so würde man sich
schämen, zu sprechen oder zuzuhören,
oder sich vielleicht zu dauerndem
Stillschweigen verdammen.
Jean de La Bruyère, Die Charaktere

Wer immer zu dir spricht,
wende dich ihm zu und sieh ihn an.
Philipp Stanhope Earl of Chesterfield, Briefe über
die anstrengende Kunst, ein Gentleman zu werden

Wirkliche Kurzweil habe
ich nur mit mir selber.
Katherine Mansfield, Tagebücher

Wo die Geselligkeit
Unterhaltung findet,
ist sie zu Hause.
Johann Wolfgang von Goethe,
Tag- und Jahreshefte (1802)

Unternehmen

Arbeitsplätze schaffen
ist die vornehmste Verpflichtung
eines Unternehmens
gegenüber der Gemeinschaft.
Lido Anthony »Lee« Iacocca,
Mein amerikanischer Traum

Betriebsamkeit als Zeichen
einer Flucht, die vergaß,
wovor sie flieht.
Peter Benary

Der Wettbewerb liegt schon
im Instinkt des Unternehmers.
John Kenneth Galbraith,
Die moderne Industriegesellschaft

Ich erwarte,
dass die Unternehmer wie alle anderen
die Ärmel hochkrempeln
und endlich mehr Mut zeigen.
Norbert Blüm, Unverblümtes von Norbert Blüm

Unternehmen sind verantwortlich
dafür, nicht Pleite zu gehen.
Lido Anthony »Lee« Iacocca,
Mein amerikanischer Traum

Was den Unternehmen hilft,
hilft auch den Arbeitnehmern.
Norbert Blüm, Unverblümtes von Norbert Blüm

Wenn jemand in
einem Betrieb unverzichtbar ist,
dann ist dieser Betrieb
falsch organisiert.
Roberto Niederer

Unternehmung

Bei großen Unternehmungen
wie bei großen Gefahren
muss der Leichtsinn verbannt sein.
Johann Wolfgang von Goethe,
Wilhelm Meisters Wanderjahre

Beim Beginne einer Unternehmung
und unweit des Zieles ist die Gefahr
des Misslingens am größten.
Wenn Schiffe scheitern,
so geschieht es nahe am Ufer.
Ludwig Börne, Aphorismen

Es ist aber ein Kennzeichen
der Vernunft, dass man nichts
Verzweifeltes unternimmt.
Henry David Thoreau, Walden

Es ist ein Irrtum,
dass Recht oder Unrecht
für den Ausgang einer Unternehmung
maßgebend sei. Denn es lässt sich ja
allenthalben beobachten,
dass nicht der gute Grund,
sondern Klugheit, Macht und Glück
das Schicksal entscheiden.
Francesco Guicciardini, Ricordi

Es wäre wenig in der Welt
unternommen worden,
wenn man nur immer
auf den Ausgang gesehen hätte.
Gotthold Ephraim Lessing,
Miss Sara Sampson (Marwood)

Große Menschen
unternehmen große Dinge,
weil sie groß sind,
und die Narren,
weil sie sie für leicht halten.
Luc de Clapiers Marquis de Vauvenargues,
Reflexionen und Maximen

Kein großes Werk wird unternommen
oder getan in Besonnenheit.
Es muss alles
in einem Dorsel [Dusel] geschehen.
Martin Luther, Tischreden

Man unternehme das Leichte,
als wäre es schwer,
und das Schwere,
als wäre es leicht:
Jenes, damit das Selbstvertrauen
uns nicht sorglos,
dieses, damit die Zaghaftigkeit
uns nicht mutos mache.
Baltasar Gracián y Morales, Handorakel
und Kunst der Weltklugheit

Unternimm nie etwas,
wozu du nicht das Herz hast,
dir den Segen des Himmels zu erbitten!
Georg Christoph Lichtenberg, Sudelbücher

Wie gut ist es, einen Freund heranzuziehen, wenn man etwas unternimmt!
Titus Maccius Plautus, Der Perser

Zaghaftigkeit in der Ausführung
macht tollkühne Unternehmungen
zunichte.
Luc de Clapiers Marquis de Vauvenargues,
Unterdrückte Maximen

Unterricht

Bei unseren Unterrichtsmethoden
ist es kein Wunder,
wenn weder Lernende
noch Lehrende dadurch
brauchbarer für das Leben werden,
trotz der Gelehrsamkeit,
die sie aufnehmen.
Michel Eyquem de Montaigne, Die Essais

Das Mittel der Unterweisung
anwenden, um ein Frauenzimmer
zu verderben, gewiss, das ist unter
allen Verführungen die verwerflichste.
Jean-Jacques Rousseau, Julie oder
Die neue Héloïse (Julie)

Den besten Unterricht zieht man
aus vollständiger Umgebung.
Johann Wolfgang von Goethe,
Wilhelm Meisters Wanderjahre

Die Bildung des Gedankenkreises –
also Unterricht –
ist der wesentliche Teil der Erziehung.
Johann Friedrich Herbart, Allgemeine Pädagogik
aus dem Zweck der Erziehung abgeleitet

Die Hälfte der Zeit, die mit albernen
Mummereien, hergeplapperten
Formeln, abgeschmacktem Gewäsch
über unbegreifliche Dinge,
langweiligem Unterricht in unfruchtbaren Kenntnissen unverantwortlich
verschwendet wird, reichte hin,
die Aufmerksamkeit des gemeinen
Mannes auf sich selbst und seine
Verhältnisse zu richten, seinen Durst
nach Wahrheit zu erregen und den
Wunsch in ihm zu wecken,
durch eigenes Bemühen das zu sein
und zu werden, wozu ihn die Natur
mit seiner eigentümlichen Gestalt
und seinen Anlagen ins Dasein rief.
Georg Forster, Über die Beziehung der Staatskunst auf
das Glück der Menschheit

Eine jede Art von Unterricht
hat ihre eigene Zeit,
die man kennen muss,
und ihre Gefahren,
die man vermeiden muss.
Jean-Jacques Rousseau, Emile

Guter Unterricht muss die Möglichkeit
der Rebellion enthalten, sowohl gegen
die eigenen Vorurteile des Lehrers wie
auch von seiten des wachen Schülers,
der schon vor dem Lehrer die
schwachen Stellen in dessen
Argumentation entdeckt hat.
Yehudi Menuhin, Variationen

Ich will nicht, dass man mir
zu gefallen sucht; ich will aufgeklärt
und unterrichtet werden.
Voltaire, Micromégas

Man ist nur in dem Maße wissbegierig,
wie man unterrichtet ist.
Jean-Jacques Rousseau, Emile

Man kennt nur das,
was man entdeckt.
Gut unterrichten heißt,
den Schüler selbst entdecken lassen.
Sully Prudhomme, Gedanken

Seit der Erfindung der Schreibkunst
und noch mehr seit der Einführung
des Bücherdrucks haben sich
die Mittel des Unterrichts auch
für den Einsamen vervielfältigt.
Christian Garve, Über Gesellschaft und Einsamkeit

Und vor allem bedenke,
welch ungemeine Hilfe du in
unserer Mädchenerziehung hast,
um deine Frau von ihrer
vorübergehenden Neigung für die
Wissenschaft bald wieder abzubringen: Überlege dir, mit welch
wunderbarem Stumpfsinn die
Mädchen sich in das Unterrichtssystem
gefügt haben, das man für sie
ausgesonnen hat!
Honoré de Balzac, Physiologie der Ehe

Vollkommne Künstler haben mehr dem
Unterricht als der Natur zu danken.
Johann Wolfgang von Goethe,
Maximen und Reflexionen

Wie mangelhaft aller Unterricht
sein muss, der nicht durch Leute
vom Metier erteilt wird.
Johann Wolfgang von Goethe,
Dichtung und Wahrheit

Unterschätzung

Unterschätzung ist,
von jemand aus Hass eine geringere
Meinung haben, als recht ist.
Baruch de Spinoza, Ethik

Wir unterschätzen das, was wir haben,
und überschätzen das, was wir sind.
Marie von Ebner-Eschenbach, Aphorismen

Unterschied

Dem einen scheint's berghoch,
Dem andern kaum zwerghoch.
Jüdische Spruchweisheit

Der ganze Unterschied
ist in den Röcken.
Friedrich Schiller, Wallensteins Lager (1. Jäger)

Der kleine Unterschied: Er denkt beim
Lieben, sie liebt beim Denken.
Oliver Hassencamp

Die Prädikate Gottes sind
keine realen Unterschiede.
Nikolaus von Kues, Über die Schauung Gottes

Ein Unterschied,
der dem Verstand nichts gibt,
ist kein Unterschied.
Johann Wolfgang von Goethe,
Maximen und Reflexionen

Herablassung entspringt,
ebenso wie Hochmut, dem Bedürfnis,
sich vom Gleichen zu unterscheiden.
Heinrich Waggerl, Aphorismen

Sehr geringe Unterschiede
begründen manchmal
sehr große Verschiedenheiten.
Marie von Ebner-Eschenbach, Aphorismen

Wie viele, wie viele gierige oder
in Leidenschaft ertragene Reisen,
wie viele Blutspuren hat
die Notwendigkeit einer
unergründlichen Differenzierung
auf der Erde hinterlassen.
Maria Velho da Costa, Casas Pardas

Wir lebten etwas anderes,
als wir waren,
wir schrieben etwas anderes,
als wir dachten,
wir dachten etwas anderes,
als wir erwarteten,
und was übrig bleibt,
ist etwas anderes,
als wir vorhatten.
Gottfried Benn, Drei alte Männer

Wollt ihr die Unterschiede
vernichten, hütet euch,
dass ihr nicht das Leben tötet.
Leopold von Ranke, Zur Geschichte
Deutschlands und Frankreichs

Zwei essen aus derselben Schale
Und halten ganz verschiedene Mahle.
Jüdische Spruchweisheit

Unterstützung

Der Erfinder der Kunst,
Bettler zu unterstützen,
hat viele ins Elend gebracht.
Menandros, Die Fischersleute

Mut ist nur daran zu messen,
wen man und wen man nicht
auf seiner Seite hat.
Ludwig Marcuse, Argumente und Rezepte.
Ein Wörter-Buch für Zeitgenossen

Was du an Unterstützungen deinen
Eltern hast zuteil werden lassen,
das darfst du auch von
deinen Kindern erwarten.
Thales von Milet, bei Diogenes Laertius

Wenn man bei gewissen Menschen,
deren Unterstützung man braucht,
ohne Erfolg alles Mögliche versucht
hat, sie für sich zu gewinnen,
bleibt als letztes Mittel nur übrig,
sich nicht mehr um sie zu bemühen.
Jean de La Bruyère, Die Charaktere

Untertan

Das Zeichen des Untertans
bildet der Verzicht
auf eigene Verantwortung.
Heinrich Mann

Den armen Untertan schreckt der
Gedanke, mit einem König zu spielen.
Ruodlieb

Der kostbarste Schatz,
der den Fürsten anvertraut ist,
ist das Leben der Untertanen.
König Friedrich der Große, Der Antimachiavell

Der Mensch muss denken,
und ich muss
für meine Untertanen denken:
Denn sie denken nicht,
sie denken nicht.
Georg Büchner, Leonce und Lena (König Peter)

Die Untertanen erweisen ihre
Huldigung mit weit mehr Eifer,
als die Fürsten sie hinnehmen.
Die Zweckhaftigkeit ist ein
stärkeres Motiv als der bloße Genuss.
Luc de Clapiers Marquis de Vauvenargues,
Reflexionen und Maximen

Ein Kaiser sei niemand untertan
als Gott und der Gerechtigkeit!
Kaiser Friedrich I. Barbarossa, überliefert bei
Julius Wilhelm Zincgref (Apophthegmata)

Untertanen sind Verschwender.
Sie verschwenden ihre Macht.
Rudolf Rolfs

Wenn die Fürsten um Provinzen spielen, bilden die Untertanen den Einsatz.
König Friedrich der Große, Geschichte meiner Zeit

Wenn die Untertanen verderben, kann
die Herrschaft nichts von ihnen erben.
Deutsches Sprichwort

Wenn meine Untertanen nichts Böses
gegen mich unternehmen,
so bezeugt das noch keineswegs
ihre freundliche Gesinnung.
Michel Eyquem de Montaigne, Die Essais

Wenn sich die Fürsten
an einen Fuß stoßen,
so müssen die Untertanen hinken.
Deutsches Sprichwort

Unterwelt

Leicht ist der Abstieg zur Unterwelt.
Vergil, Aeneis

Von überall her ist nämlich der
Weg in die Unterwelt gleich weit.
Marcus Tullius Cicero, Gespräche in Tusculum

Unterwerfen

Der aufrecht stehende Bauer
ist größer als der,
der das Knie beugt.
Sprichwort aus der Türkei

Fast alle Menschen träumen
im tiefsten Inneren von einem
großen eigenen Imperialismus,
von der Unterwerfung aller Menschen,
der Hingabe aller Frauen,
der Anbetung der Völker und – im
Falle der Edelsten – aller Epochen (...).
Fernando Pessoa, Das Buch der Unruhe des
Hilfsbuchhalters Bernardo Soares

Kein Anblick ist niederschlagender
als ein Land, das sich ohne
Schwertstreich unterwirft.
Leopold von Ranke, Geschichten der
romanischen und germanischen Völker

Nationen, die man unterworfen hat,
sollte man entweder glücklich machen
oder vernichten.
Niccolò Machiavelli, Discorsi

Unterworfene schonen und
Hochmütige niederschlagen!
Vergil, Aeneis

Weder der Glanz der Edelsteine
noch der des Goldes bewirkt,
dass die Feinde sich dir unterwerfen,
sondern nur die Furcht
vor den Waffen.
Niccolò Machiavelli, Kriegskunst

Wenn du dir alles unterwerfen willst,
unterwirf dich der Vernunft.
Lucius Annaeus Seneca, Briefe über Ethik

Wer vorwärts kommen will,
muss einen Buckel machen –
sagte die Raupe zu ihren Kindern.
Robert Lembke, Das Beste aus meinem Glashaus.
Humoristisches und Satirisches

Untreue

Auf eine Frau mit frechem Blick
gib Acht, sei nicht überrascht,
wenn sie dir untreu wird.
Wie ein durstiger Wanderer
den Mund auftut und
vom ersten besten Wasser trinkt,
so lässt sie sich vor jedem Pfahl nieder
und öffnet den Köcher
vor dem Pfeil.
Altes Testament, Jesus Sirach 26, 11–12

Der Ehestand kommt
von des Schicksals Hand,
Das Horn wächst von Natur.
William Shakespeare, Ende gut, alles gut (Narr)

Der Unterschied der Untreue bei
beiden Geschlechtern ist so erheblich,
dass wohl eine leidenschaftlich
liebende Frau eine Untreue vergeben
kann, ein Mann dagegen unmöglich.
Stendhal, Über die Liebe

Die Frau, die sich ertappen lässt,
verdient ihr Schicksal.
Honoré de Balzac, Physiologie der Ehe

Die kluge und ihrer Vorzüge sichere
Frau sieht dem Geliebten die Untreue
nach, damit er zu ihr zurückkehren
kann. Denn die Wohllust des Siegens
liegt nicht so sehr im Triumph über
den Besiegten, als vielmehr im
Triumph über die Rivalen.
Heinrich Waggerl, Aphorismen

Die wahre Liebe ist
keiner Untreue fähig.
Bettina von Arnim,
Goethes Briefwechsel mit einem Kinde

Eine achtbare Frau befindet sich auf
dem Lande; sie hält sich eine Stunde
lang bei ihrem Gärtner im Treibhaus
auf. Leute, denen sie ein Dorn im
Auge ist, verdächtigen sie, mit dem
Gärtner ein Verhältnis zu haben.
Was soll sie entgegnen?
Stendhal, Über die Liebe (Fragmente)

Eine liebende Frau verzeiht
eher die größte Indiskretion
als die kleinste Untreue.
François de La Rochefoucauld, Reflexionen

Eine untreue Frau,
von welcher der Betroffene weiß,
dass sie es ist, ist nur untreu:
Wenn er sie für treu hält, ist sie falsch.
Jean de La Bruyère, Die Charaktere

Es gibt Menschen, die man lieber
krank als untreu sehen möchte,
und das nennt man Liebe.
Sully Prudhomme, Gedanken

Es sind nicht die dümmsten Frauen,
die sich für eine Untreue des Mannes
durch bedingungslose Treue rächen.
Alec Guinness

Junge Leute möchten gern treu sein
und sind es nicht; alte möchten gern
untreu sein und können es nicht.
Oscar Wilde, Das Bildnis des Dorian Gray

Lieber will ich, dass du mir
dein Herz und mein Leben nimmst,
als dass ich dich einen Augenblick
hintergehen wollte.
Jean-Jacques Rousseau, Julie oder
Die neue Héloïse (Saint-Preux)

Manches gestehen, das bedeutet meist
einen hinterhältigeren Betrug
als alles verschweigen.
Arthur Schnitzler,
Buch der Sprüche und Bedenken

Nicht Übermaß an Vertrauen,
sondern Schwäche der Phantasie
macht es dem Manne so schwer,
an die Untreue eines geliebten Wesens
zu glauben.
Arthur Schnitzler, Buch der Sprüche und Bedenken

Oft betrügen die Männer.
Ovid, Liebeskunst

Ohne Not wird die bewacht,
auf Untreu nie gedacht;
Nur vergebens wird bewacht,
Die auf Untreu hat gedacht.
Friedrich von Logau, Sinngedichte

Sind wir einer Liebe müde,
dann freuen wir uns,
wenn man uns durch Untreue
unserer Treue entbindet.
François de La Rochefoucauld,
Unterdrückte Maximen

Sind wir uns untreu,
wie werden wir andern treu sein?
Johann Gottfried Herder, Vom Erkennen
und Empfinden der menschlichen Seele

So verrauschte Scherz und Kuss,
Und die Treue so.
Johann Wolfgang von Goethe, An den Mond

Treue kann man nie genug vergelten,
Untreue nie genug bestrafen.
Deutsches Sprichwort

Untreu wird gern
mit Untreu bezahlt.
Deutsches Sprichwort

Viele Ehen brauchen die Untreue,
damit sie Bestand haben.
Alexander Comfort

Wenn ein Mann untreu ist,
so ist es Unrecht;
wenn es aber eine Frau ist,
unnatürlich und gottlos.
Theodor Gottlieb von Hippel, Über die Ehe

Wenn's drauf ankommt,
eine Geliebte zu betrügen,
da ist der Dümmste ein Philosoph.
Johann Nepomuk Nestroy, Der Treulose (Nanette)

Wer seiner Frau alles erzählt,
ist erst jung verheiratet.
Sprichwort aus Schottland

Wo die Liebe das höchste, ja,
das einzige Gesetz ist,
ist ein Abfall von ihr
eine Aufhebung
des ganzen Verhältnisses.
Tania Blixen, Motto meines Lebens

Unverfrorenheit

An den wärmsten Plätzen
sitzen die Unverfrorenen.
Robert Lembke, Steinwürfe im Glashaus

Unverfrorenheit des Reichen,
der Arme berät.
Elias Canetti, Die Provinz des Menschen.
Aufzeichnungen 1942–1972

Unverschämtheit

Armut macht unverschämt.
Deutsches Sprichwort

Die Unverschämten sind
niemals ohne Wunden.
Sprichwort aus der Türkei

Die Unverschämtheit
gewisser Leute ist unausstehlich!
Lucius Apuleius, Der goldene Esel

Es ist eine alte Regel:
Ein Unverschämter kann bescheiden
aussehen, wenn er will,
aber kein Bescheidener unverschämt.
Georg Christoph Lichtenberg, Sudelbücher

Sei doch unverschämt,
dann wirst du Erfolg haben!
Jean de La Bruyère, Die Charaktere

Wenn du an der Unverschämtheit
eines Menschen Anstoß nimmst,
so frage dich sofort:
Ist es denn möglich,
dass es in der Welt
keine Unverschämtheit gibt?
Es ist nicht möglich.
Mark Aurel, Selbstbetrachtungen

Unvollkommenheit

Das Leben ist unvollkommen
und muss daher bis zur Neige
ausgelebt werden.
Peter Ustinov, Peter Ustinovs geflügelte Worte

Der Ursprung
alles Unvollkommenen
liegt notwendig
in einem Vollkommenen.
Thomas von Aquin, Summe gegen die Heiden

Ich bin mir meiner Unvollkommenheit
schmerzlich bewusst, und in dieser
Erkenntnis liegt die ganze Kraft,
die mir zu Gebote steht,
denn es ist selten, dass ein Mensch
seine Grenzen kennt.
Mohandas K. »Mahatma« Gandhi, Young India
(engl. Wochenzeitung 1919–1931), 17. November 1921

Mensch, nichts ist unvollkomm'n;
der Kies gleicht dem Rubin,
Der Frosch ist ja so schön
als Engel Seraphin.
Angelus Silesius, Der cherubinische Wandersmann

Was wir aufbauen,
sowohl draußen wie daheim,
ist voll von Unvollkommenheiten:
Aber es gibt nichts ganz Nutzloses
in der Natur, nicht einmal
die Nutzlosigkeit selbst.
Michel Eyquem de Montaigne, Die Essais

Wir können unsere Unvollkommenheit
sehr gut erkennen, ohne durch diese
Einsicht bedrückt zu sein.
Luc de Clapiers Marquis de Vauvenargues,
Nachgelassene Maximen

Unwahrheit

Die gefährlichsten Unwahrheiten
sind Wahrheiten, mäßig entstellt.
Georg Christoph Lichtenberg, Sudelbücher

Die Unwahrheiten sind oft
nicht in dem, was man sagt,
sondern was man nicht sagt.
Ludwig Marcuse, Argumente und Rezepte.
Ein Wörter-Buch für Zeitgenossen

Wenn du durchaus nur die Wahl hast
zwischen einer Unwahrheit und einer
Grobheit, dann wähle die Grobheit;
wenn jedoch die Wahl getroffen
werden muss zwischen einer
Unwahrheit und einer Grausamkeit,
dann wähle die Unwahrheit.
Marie von Ebner-Eschenbach, Aphorismen

Wenn mancher sich nicht verpflichtet
fühlte, das Unwahre zu wiederholen,
weil er's einmal gesagt hat,
so wären es ganz
andere Leute geworden.
Johann Wolfgang von Goethe,
Maximen und Reflexionen

Unwetter

Ein rechter Mann lässt sich auch durch
das schlimmste Unwetter nicht
daran hindern, seinem Ziele
gleichmäßig zuzustreben.
Michel Eyquem de Montaigne, Die Essais

Nicht jede Wolk'
erzeugt ein Ungewitter.
William Shakespeare, Heinrich VI. (Clarence)

Unwissenheit

Besser gläubiges Unwissen
als anmaßendes Wissen.
Aurelius Augustinus, Sermones

Da Unwissenheit bequem ist
und keine Mühe kostet,
gebricht es ihr nicht an Anhang.
Jean de La Bruyère, Die Charaktere

Der Unwissende hat Mut,
der Wissende hat Angst.
Alberto Moravia

Die Engagierten sind oft
in nichts als in einem Mangel
an Wissen engagiert.
Ludwig Marcuse

Die Unwissenheit:
Durch sie allein erhält sich
der Despotismus;
er braucht die Finsternis
und das Schweigen.
Honoré de Balzac, Physiologie der Ehe

Die Unwissenheit schadet
weder der Redlichkeit noch den Sitten;
sie fördert sie oft sogar.
Jean-Jacques Rousseau, Emile

Durch unser Wissen unterscheiden
wir uns nur wenig, in unserer
grenzenlosen Unwissenheit
aber sind wir alle gleich.
Karl Popper

Ein Spezialist ist einer,
der sich auf eine von ihm
gewählte Form der Unwissenheit
beschränkt hat.
Elbert Hubbard

Es gibt nur ein Elend
und das ist Unwissenheit.
Thornton Wilder

Es ist nichts schrecklicher
als eine tätige Unwissenheit.
Johann Wolfgang von Goethe,
Maximen und Reflexionen

Gebrechen des Kopfs sind unheilbar,
und da die Unwissenden sie
nicht kennen, suchen sie auch nicht,
was ihnen abgeht.
Baltasar Gracián y Morales, Handorakel und Kunst
der Weltklugheit

Ich brauche keinen anderen,
um in meiner Unwissenheit
zu verharren.
Voltaire, Candide oder Die beste der Welten

Ignorieren ist
der Königsweg des Tabuierens.
Ludwig Marcuse, Argumente und Rezepte.
Ein Wörter-Buch für Zeitgenossen

Unbedingter Gehorsam
setzt Unwissenheit
bei den Gehorchenden voraus.
Charles de Secondat, Baron de la Brède et
de Montesquieu, Vom Geist der Gesetze

Unwissenheit, die sich ihrer bewusst
wird, die sich beurteilt und verurteilt,
ist keine vollständige Unwissenheit.
Michel Eyquem de Montaigne, Die Essais

Unwissenheit ist ein
freiwilliges Unglück.
Sprichwort aus England

Unwissenheit und Sorglosigkeit, ach,
was bilden sie doch für ein weiches,
angenehmes und zugleich gesundes
Kissen zum Ausruhen für einen
Menschen mit guten Anlagen.
Michel Eyquem de Montaigne, Die Essais

Unwissenheit weicht dem Wissen,
und am meisten dem vielen Wissen.
Dionysios Aeropagites, Briefe (1. an Gaius)

Wer seine Unwissenheit zugibt,
zeigt sie einmal;
wer sie zu verbergen sucht,
zeigt sie viele Male.
Sprichwort aus Japan

Wissen: jener kleine Teil der Unwissenheit, den wir geordnet und
klassifiziert haben.
Ambrose Bierce

Unzucht

Hütet euch vor der Unzucht!
Jede andere Sünde, die der Mensch
tut, bleibt außerhalb des Leibes.
Wer aber Unzucht treibt, versündigt
sich gegen den eigenen Leib.
Neues Testament, Paulus (1 Korinther 6, 18)

Witz ist Unzucht
wider die Kausalität.
Alfred Polgar, Kleine Schriften, Band 3. Irrlicht

Unzufriedenheit

Agitatoren sind Störenfriede,
die eine zufriedene Bevölkerung
zur Unzufriedenheit aufstacheln.
Deshalb sind Agitatoren notwendig.
Oscar Wilde

Den Fortschritt verdanken
die Menschen den Unzufriedenen.
Aldous Huxley

Der Unzufriedene hat oft zu viel,
aber nie genug.
Deutsches Sprichwort

Des Schwiegersohnes Sack ist nie voll.
Sprichwort aus Dänemark

Die maßlose Unzufriedenheit
ist fast ein Kennzeichen unserer Tage.
Immer mehr und immer mehr zu
erlangen, ist unmöglich, und kein
Mensch in der Welt soll glauben,
dass man dadurch glücklich wird,
wenn einem jeder Wunsch erfüllt wird.
Dann hat man überhaupt keine Freude
mehr am Leben und keine Freude
an der Arbeit.
Konrad Adenauer, auf dem CDU-Parteitag in Bonn,
1962

Die meisten Leute machen
sich selbst bloß durch
übertriebene Forderungen
an das Schicksal unzufrieden.
Wilhelm von Humboldt, Briefe an eine Freundin

Nichts macht den Menschen so
unverträglich wie das Bewusstsein,
genug Geld für einen
guten Rechtsanwalt zu haben.
Richard Widmark

Niemals zufrieden sein:
Darin eben besteht die ganze Kunst.
Jules Renard, Ideen, in Tinte getaucht.
Aus dem Tagebuch von Jules Renard

Oft büßt das Gute ein,
wer Bessres sucht.
William Shakespeare, King Lear (Albany)

Oft ist die Ursache unserer
Unzufriedenheit, dass wir statt
belohnt nur entlohnt werden.
Erhard Blanck

Unzufriedenheit ist
der erste Schritt zum Erfolg.
Oscar Wilde

Unzufriedenheit mit sich selbst
ist Reibung,
ein Merkmal der Bewegung.
Leo N. Tolstoi, Tagebücher (1895)

Vervollkommnung deiner selbst
erreichst du nur
durch Unzufriedenheit mit dir selbst.
Marie von Ebner-Eschenbach, Aphorismen

Wer nicht zufrieden ist mit dem,
was er hat, der wäre auch nicht
zufrieden mit dem,
was er haben möchte.
Berthold Auerbach, Auf der Höhe

Urban (25.5.)

Scheint am Urbanstag die Sonne,
so gerät der Wein zur Wonne.
Regnet's aber, nimmt er Schaden
und wird selten wohlgeraten.
Bauernregel

Urlaub

Ein Erholungsurlaub
soll die Unausgeglichenheiten
des regulären Lebens auffangen.
Yehudi Menuhin, Lebensschule

Ist es auf Reisen,
dass man Geliebte suchet und findet?
Heinrich von Kleist, Briefe (an Ulrike von Kleist,
Mai 1799)

Nur im Urlaub gibt es
die ewige Liebe
für vierzehn Tage.
Uschi Glas

Urlaub – das ist jene Zeit,
in der man zum Ausspannen
eingespannt wird.
Hans Söhnker

Urlaub ist eine lebenswichtige
Erinnerungsstütze daran,
was der Mensch war,
ehe der menschliche Einfallsreichtum
mit unendlich vielen Ablenkungen
in sein Refugium einfiel.
Peter Ustinov, Peter Ustinovs geflügelte Worte

Wenn die Menschen aus den Ferien
zurückkommen, neigen sie dazu,
sogar die Regierung etwas milder
zu beurteilen. Ein geschickter
Regierungschef setzt daher Wahlen
daher für den Frühherbst an.
David Frost

Ursache

Alle Dinge haben ein paar Ursachen.
Johann Wolfgang von Goethe,
Götz von Berlichingen (Liebetraut)

(Das Denken von) Ursache und
Wirkung ist das Rückwärtsdenken.
Oswald Spengler, Urfragen.
Fragmente aus dem Nachlass

Der Mensch findet sich mitten
unter Wirkungen und kann sich
nicht enthalten, nach den Ursachen
zu fragen; als ein bequemes Wesen
greift er nach der nächsten als der
besten und beruhigt sich dabei;
besonders ist dies die Art des
allgemeinen Menschenverstandes.
Johann Wolfgang von Goethe,
Maximen und Reflexionen

Die Bosheit sucht keine Ursachen,
nur Gründe.
Johann Wolfgang von Goethe,
Götz von Berlichingen (Elisabeth)

Die Erkenntnis der Wirkung
hängt von der Erkenntnis
der Ursache ab und
schließt diese ein.
Baruch de Spinoza, Ethik

Du siehst alles,
der du alles verursachst.
Nikolaus von Kues, Über die Schauung Gottes

Ein Feuerfünkchen kann einen Wald
von zehntausend Qing in Asche legen.
Chinesisches Sprichwort

Ein kleiner Stein kann einen
großen Wagen umwerfen.
Sprichwort aus Italien

Eine Ente macht den Fluss nicht trübe.
Chinesisches Sprichwort

Es gibt keine Wirkung ohne Ursache.
Voltaire, Candide oder
Der Glaube an die beste der Welten

Es werden Kriege geführt
über Ursachen, die im
gemeinen Leben den Galgen verdienen.
Aber wer will richten?
Georg Christoph Lichtenberg, Sudelbücher

Feuer fängt mit Funken an.
Deutsches Sprichwort

Gibt's irgendeine Ursache
in der Natur, die diese harten
Herzen hervorbringt?
William Shakespeare, King Lear (Lear)

Gott mag wissen, woher alles kommt,
nichts hat nur eine einzige Ursache,
alles hat eine Ursachenreihe.
Knut Hamsun, Segen der Erde

Hat man den Fisch gefangen,
ist das Netz vergessen.
Chinesisches Sprichwort

Kein Rauch ohne Feuer.
Deutsches Sprichwort

Kein Warum ohne ein Darum.
Deutsches Sprichwort

Lebhafte Frage nach der Ursache,
Verwechslung von Ursache und
Wirkung, Beruhigung in einer
falschen Theorie sind von großer,
nicht zu entwickelnder Schädlichkeit.
Johann Wolfgang von Goethe,
Maximen und Reflexionen

Niemand hinkt,
weil ein anderer verletzt ist.
Sprichwort aus Dänemark

Offenbar müssen wir die Wissenschaft
von den ersten Ursachen gewinnen;
denn erst dann können wir sagen,
dass wir etwas verstehen,
wenn wir die erste Ursache
zu kennen glauben.
Aristoteles, Älteste Metaphysik

Ohne Wind keine Wellen.
Chinesisches Sprichwort

Von Dingen, die nichts miteinander
gemein haben, kann nicht das eine
die Ursache des anderen sein.
Baruch de Spinoza, Ethik

Vor der Wirkung glaubt man
an andere Ursachen
als nach der Wirkung.
Friedrich Nietzsche, Die fröhliche Wissenschaft

Wenn die Ursache wegfällt,
entfällt auch die Wirkung.
Damasus I., Regulae canonicae

Wenn ein Arzt hinter dem Sarg seines
Patienten geht, so folgt manchmal
tatsächlich die Ursache der Wirkung.
Robert Koch

Wenn sich kein Lüftchen regt,
rühren sich die Bäume nicht.
Chinesisches Sprichwort

Wer dem Wasser wehren will,
muss die Quellen stopfen.
Deutsches Sprichwort

Wie man dir ruft, so antworte.
Deutsches Sprichwort

Wo man blöken hört,
da sind auch Schafe im Lande.
Deutsches Sprichwort

Woher hat das Salz seine Würze?
Woher hat der Essig seine Säure?
Chinesisches Sprichwort

Zufall ist ein Wort ohne Sinn;
nichts kann ohne Ursache existieren.
Voltaire, Philosophisches Taschenwörterbuch

Ursprung

Alles ist aus dem Wasser entsprungen!
Alles wird durch das Wasser erhalten!
Johann Wolfgang von Goethe, Faust II (Thales)

Je weiter hin es sich in Untersuchungen der ältesten Weltgeschichte,
ihrer Völkerwanderungen, Sprachen,
Sitten, Erfindungen und Traditionen
aufklärt: desto wahrscheinlicher
wird mit jeder neuen Entdeckung
auch der Ursprung des
ganzen Geschlechts von Einem.
Johann Gottfried Herder, Auch eine Philosophie der
Geschichte zur Bildung der Menschheit

Jeder Fluss hat eine Quelle,
jeder Baum hat eine Wurzel.
Chinesisches Sprichwort

Man bewahrt immer die
Merkmale seiner Ursprünge.
Ernest Renan, Das Leben Jesu

Wir haben versucht, das Primitive in
uns zu töten, wir haben versucht,
unseren Ursprung zu vergessen;
wir haben versucht zu vergessen,
wo wir geboren wurden.
Anaïs Nin, Sich vom Traum führen lassen

Urteil

Alle Gelehrsamkeit
ist noch kein Urteil.
Johann Wolfgang von Goethe, überliefert von
Johann Peter Eckermann (Gespräche mit Goethe)

Das Glück der Schlachten
ist das Urteil Gottes.
Friedrich Schiller, Die Jungfrau von Orleans (Thibaut)

Das Urteil der meisten Menschen
über andere, auch solche,
die ihnen sehr nahe stehen,
ist so wenig fest und tief gegründet,
dass sie nicht erst ihre Gesinnung
wechseln oder ihre Überzeugung
verleugnen müssen, um auch den
besten Freund zu verraten.
Arthur Schnitzler, Ungedrucktes (in: Österreichische
Dichtergabe, Wien 1928)

Das Urteil der Menge mache dich
immer nachdenklich, aber nie verzagt.
August Graf von Platen, Lebensregeln

Das Urteil eines feinfühlenden Laien
ist immer wertvoll,
das Urteil eines geschulten Ästheten
meist absolut wertlos.
Theodor Fontane, Briefe

Das Urteilsvermögen der Frauen
entwickelt sich früher als das
der Männer da sie fast von Kindheit
an in der Defensive (...).
Jean-Jacques Rousseau, Emile

Dein Urteil kann sich irren,
nicht dein Herz.
Friedrich Schiller, Die Piccolomini (Max)

Denken wir zudem daran,
dass wir unseren Urteilen über
die Wahrheit der Dinge überhaupt
niemals Vermutungen beimischen!
René Descartes, Regeln zur Leitung des Geistes

Der Blick der Augen kann ja nur
wiedergeben, was er sieht,
aber keineswegs urteilen.
Aurelius Augustinus, Über die wahre Religion

Der Mensch hat ein großes Urteilsvermögen, aber es ist meistens eitel
und falsch. Die Tiere haben es in
geringerem Maße, aber dieses
geringere ist richtig und nützlich,
und die geringe Gewissheit ist doch
besser als der große Trug.
Leonardo da Vinci, Tagebücher und Aufzeichnungen

Der Mensch kann nicht anders
als menschlich urteilen.
Nikolaus von Kues, Über die Schauung Gottes

Die Frau zeichnet sich dadurch aus,
dass sie mit ihrer Phantasie und ihrem
Herzen alles vergrößert, alles heiligt,
während der Mann mit seinem
kritischen Geist, d. h. mit seiner
naturgegebenen Kleinlichkeit,
alles herabsetzt.
Henry de Montherlant, Die jungen Mädchen

Die Freiheit meines Urteils ist mir so
wichtig, dass auch die leidenschaftlichste Zu- und Abneigung mich nicht
davon abbringen kann.
Michel Eyquem de Montaigne, Die Essais

Die Menschen urteilen im Allgemeinen
mehr nach dem, was sie mit den
Augen sehen, als nach dem Gefühl;
denn sehen können alle,
fühlen aber wenige.
Niccolò Machiavelli, Der Fürst

Die Menschen urteilen über alles
und wissen nichts.
Voltaire, Zadig

Die Sinne trügen nicht,
das Urteil trügt.
Johann Wolfgang von Goethe,
Maximen und Reflexionen

Die Welt ist immer in ihren
Urteilen zu gütig oder unbillig.
Georg Christoph Lichtenberg, Sudelbücher

Die Welt urteilt nach dem Scheine.
Johann Wolfgang von Goethe, Clavigo (Clavigo)

Du musst lernen, schlechte,
widersinnige Urteile über dich
gelassen zu ertragen,
nicht einmal zu ertragen,
sondern völlig gleichgültig
zur Kenntnis zu nehmen.
Leo N. Tolstoi, Tagebücher (1906)

Du sollst keinen verurteilen,
ehe du ihm den Denkprozess
gemacht hast.
Alfred Polgar, Kleine Schriften, Band 3. Irrlicht

Ein gerechtes Urteil findet nur,
wer sich öffentlich berät.
Chinesisches Sprichwort

Ein Mann ohne Urteilskraft
mag bis zur Spitze aufsteigen,
aber er wird sich dort nicht
sehr lange halten.
Clement Richard Attlee

Ein Urteil lässt sich widerlegen,
aber niemals ein Vorurteil.
Marie von Ebner-Eschenbach

Einer der verbreitetsten und
entscheidensten Irrtümer,
den die Menschen bei ihren Urteilen
begehen, ist, sie halten für gut,
was sie lieben.
Leo N. Tolstoi, Tagebücher (1901)

Es gibt Taten, die sich keinem
Menschenurteil mehr unterwerfen,
nur den Himmel
zum Schiedsmann erkennen.
Friedrich Schiller, Die Verschwörung des
Fiesco zu Genua (Verrina)

Es ist in Wahrheit große Demut,
sich unschuldig verurteilt zu sehen
und doch zu schweigen.
Teresa von Ávila, Weg der Vollkommenheit

Euer Geist sei nicht launischer
als euer Geschmack,
euer Urteil nicht strenger
als euer Gewissen.
Joseph Joubert, Gedanken, Versuche und Maximen

Gott, lass mich nicht urteilen
oder reden über Dinge,
die ich nicht kenne und nicht verstehe.
Anton P. Tschechow, Notizbücher

In jedem Urteil drückt
der naiv urteilende Mensch
sich selbst aus.
Ricarda Huch, Blütezeit der Romantik

Je mehr Urteil, desto weniger Liebe.
Honoré de Balzac, Die Physiologie der Ehe

Man schwört gelegentlich
auf das gesunde Urteil eines andern
nur wegen der guten Meinung,
die er von einem hat.
Heinrich Waggerl, Aphorismen

Misstraue deinem Urteil,
sobald du darin den Schatten
eines persönlichen Motivs
entdecken kannst.
Marie von Ebner-Eschenbach, Aphorismen

Nicht ist über die Dinge zu urteilen
nach der Meinung der Bösen,
sondern nach der Meinung der Guten,
wie ja auch in Dingen des Schmeckens
nicht nach der Meinung des Kranken,
sondern nach der Meinung
des Gesunden zu urteilen ist.
Thomas von Aquin, Über das Böse

Niemand urteilt schärfer
als der Ungebildete.
Er kennt weder Gründe
noch Gegengründe.
Anselm Feuerbach, Rom

Noch etwas habe ich beobachtet
unter der Sonne: An der Stätte,
wo man Urteil spricht,
geschieht Unrecht; an der Stätte,
wo man gerechtes Urteil
sprechen sollte, geschieht Unrecht.
Altes Testament, Kohelet 3, 16

Nur die Toren urteilen nicht
nach dem Augenschein.
Oscar Wilde, Das Bildnis des Dorian Gray

Nur eine Seite angehört,
führt zu falschem Urteil.
Chinesisches Sprichwort

Sprich unbehutsam nicht
dein eigen Urteil.
Johann Wolfgang von Goethe,
Iphigenie auf Tauris (Iphigenie)

Über das eigene Urteil
zu urteilen vermag allein die Vernunft,
die über ihr eigenes Wirken
sich zurückbeugt und die Beziehung
dessen erkennt, worüber sie urteilt,
zu dem, wodurch sie urteilt.
Darum ist die Wurzel aller Freiheit
in der Vernunft gelegen.
Thomas von Aquin, Über die Wahrheit

Über Schnee kann
ein Schmetterling nicht urteilen.
Chinesisches Sprichwort

Übt Vorsicht, Menschen,
dass nicht Unheil stiften
Vorschnelle Urteilssprüche!
Dante Alighieri, Die Göttliche Komödie

Und man gewinnt immer,
wenn man erfährt,
was andere von uns denken.
Johann Wolfgang von Goethe,
Die guten Weiber (Henriette)

Unsere Feinde kommen
in ihrem Urteil über uns
der Wahrheit näher als wir selbst.
François de La Rochefoucauld, Reflexionen

Urteil kommt zuwege
durch Stillstand der Kritik.
Emil Gött, Im Selbstgespräch

Vorurteil! Das Wort ist nicht übel,
wollte nur das Urteil nachkommen.
Peter Hille

Während es keine generellen
oder allgemein gültigen Urteile gibt,
da ja jedes Urteil individuell ist,
gibt es dagegen Majoritätsurteile
und Parteiurteile.
August Strindberg, Der Sohn der Magd

Wenn man zu jung ist,
urteilt man nicht gut;
ist man zu alt, auch nicht.
Blaise Pascal, Pensées

Wer da will,
dass sein Urteil Glauben findet,
der spreche es kalt und
ohne Leidenschaftlichkeit aus.
Arthur Schopenhauer,
Aphorismen zur Lebensweisheit

Wer leben muss in Sklaverei,
Dessen Urteil ist nicht frei.
Jüdische Spruchweisheit

Wer mag ein Urteil fällen,
wer das Rechte sehn,
Bevor er sorgsam angehört
der beiden Wort.
Euripides, Die Herakliden

Wer, ohne uns hinreichend zu kennen,
schlecht von uns denkt,
fügt uns kein Unrecht zu:
Was er tadelt, sind gar nicht wir,
sondern das Trugbild seiner Phantasie.
Jean de La Bruyère, Die Charaktere

Wie jeder in seinem Inneren ist,
so ist sein Urteil über äußere Dinge.
Thomas von Kempen, Nachfolge Christi

Wie schwirig ist es,
dem Urteil eines andern etwas zu
unterbreiten, ohne sein Urteil durch
die Weise, wie man es unterbreitet,
zu verderben.
Blaise Pascal, Pensées

Wir beurteilen uns nach dem Urteil
der Menschen, statt uns nach dem
Urteil des Himmels zu beurteilen.
Joseph Joubert, Gedanken, Versuche und Maximen

Wir wundern uns über die Entschiedenheit, mit der dumme,
nicht denkende Menschen urteilen.
Aber kann dies denn anders sein?
Wer denkt, weiß, wie kompliziert
und wie zweifelhaft häufig
jedes Verstandesurteil ist.
Leo N. Tolstoi, Tagebücher (1908)

Zwischen Erleben und Urteilen
ist ein Unterschied wie
zwischen Atmen und Beißen.
Elias Canetti, Die Provinz des Menschen.
Aufzeichnungen 1942–1972

Urteilskraft

Die Erfahrung lehrt,
dass ein ausgezeichnetes Gedächtnis
oft mit einer schwachen Urteilskraft
zusammengeht.
Michel Eyquem de Montaigne, Die Essais

Die Kritik ist eine
methodische Übung der Urteilskraft.
Joseph Joubert, Gedanken, Versuche und Maximen

Ein Mann ohne Urteilskraft mag bis
zur Spitze aufsteigen, aber er wird
sich dort nicht sehr lange halten.
Clement Attlee

Urteilskraft ist nicht
bei jeder Gelegenheit erforderlich,
Takt aber immer.
Philipp Stanhope Earl of Chesterfield, Briefe über
die anstrengende Kunst, ein Gentleman zu werden

Wissen und Wahrheit können
ohne Urteilskraft in uns wohnen,
und auch die Urteilskraft ohne die
anderen zwei: Ist doch die Erkenntnis
des Nichtwissens einer der schönsten
und sichersten Beweise für
die Urteilskraft.
Michel Eyquem de Montaigne, Die Essais

Utopie

An Utopien kann uns
wenig gelegen sein. Lebe jeder so,
dass er in der besseren Welt,
die er erträumt,
in Ehren seinen Platz hätte.
Heinrich Waggerl, Wagrainer Bilderbuch

Die Utopie ist die Mutter
des Fortschritts.
Albin Eser

Die Utopien sind oft nur
vorzeitige Wahrheiten.
Alphonse de Lamartine, Geschichte der Girondisten

Ein guter Vorsatz
ist eine private Utopie.
Bernhard Wicki

Eine Weltkarte,
die das Land Utopia nicht enthielte,
verdiente diesen Namen nicht,
denn in ihr fehlte das einzige Land,
in dem die Menschheit immer landet.
Oscar Wilde, Die Seele des Menschen
unter dem Sozialismus

Fortschritt ist nur die
Verwirklichung von Utopien.
Oscar Wilde, Die Seele des Menschen
unter dem Sozialismus

Heute ist die Utopie vom Vormittag
die Wirklichkeit vom Nachmittag.
Truman Capote

Heutzutage ist kaum etwas
realistischer als eine Utopie.
Thornton Wilder

In Zukunft wird sich
die Utopie beeilen müssen,
wenn sie die Realität einholen will.
Wernher von Braun

Man muss an Utopien glauben,
um sie verwirklichen zu können.
Jean Jacques Servan-Schreiber

Mensch sein heißt Utopien haben.
Paul Tillich

Nur durch Utopie wird Wirklichkeit
weitergebracht. Paul Tillich sagt:
»Mensch sein heißt, Utopie haben.«
August Everding, Festrede zur Eröffnung des Berliner
Abgeordnetenhauses am 28. April 1993

Utopien sind heutzutage
geplante Wunder.
Halldor Laxness

V

Vasall

Und hat er Glück, so hat er auch
Vasallen.
Johann Wolfgang von Goethe, Faust II (Mephisto)

Vater

Aber die Geschäfte, der Beruf,
die Pflichten – Ach, die Pflichten!
Ohne Zweifel ist die Vaterpflicht
wohl die letzte?
Jean-Jacques Rousseau, Emile

Abwesenheit des Vaters
ehrt einen guten Sohn.
Johann Wolfgang von Goethe, Pandora (Prometheus)

Allen Sündern wird vergeben,
Nur dem Vatermörder nicht.
Franz Grillparzer, Die Ahnfrau (Jaromir)

Böse Kinder machen den Vater fromm.
Deutsches Sprichwort

Das Gewissen ist der unpersönlich
gewordene Vater.
Hans Lohberger

Das ist die undankbare Stellung des
Vaters in der Familie. Aller Versorger,
aller Feind.
August Strindberg, Der Sohn der Magd

Das ist ein weiser Vater,
der sein eigenes Kind kennt!
William Shakespeare, Der Kaufmann von Venedig (Lancelot)

Das Kind hat den Verstand meistens
vom Vater, weil die Mutter ihren noch
besitzt.
Adele Sandrock

Das schlimmste Missgeschick für einen
gewöhnlichen Menschen besteht darin,
einen außergewöhnlichen Vater zu
haben.
Austin O'Malley

Das Vertrauen junger Menschen
erwirbt man am sichersten dadurch,
dass man nicht ihr Vater ist.
Henry de Montherlant

Deine Sorge sei, zu folgen;
unter meiner Führung
wirst du sicher sein.
Ovid, Metamorphosen (Daedalus zu seinem Sohn Ikarus)

Der Vater ist der Gast im Hause.
Sprichwort aus Bulgarien

Der Vater liebt das Kind nur,
solange die Mutter bei ihm bleibt.
Sprichwort aus Afrika

Die Dankbarkeit gegenüber dem Vater
geht auf die Kinder über.
Claudius Claudianus, De consulatu Stilichonis

Die Götter rächen
Der Väter Missetat nicht an dem Sohn.
Johann Wolfgang von Goethe, Iphigenie auf Tauris (Pylades)

Die hassenswerteste, aber allgemeinste
und älteste Undankbarkeit
ist die der Kinder gegen ihre Väter.
Luc de Clapiers Marquis de Vauvenargues, Reflexionen und Maximen

Die Liebe des Vaters kommt
aber der der Kinder zuvor.
Nikolaus von Kues, Über die Schauung Gottes

Die Vaterschaft beruht überhaupt
nur auf der Überzeugung; ich bin
überzeugt, und also bin ich Vater.
Johann Wolfgang von Goethe, Wilhelm Meisters Lehrjahre

Ein guter Vater darf weder der Tyrann
noch der Kuppler seines Sohnes sein.
Voltaire, Geschichte von Jenni

Ein Sohn haftet stets
für die Schulden seines Vaters.
Chinesisches Sprichwort

Ein Vater, der sechs Söhne hat, ist verloren, er mag sich stellen, wie er will.
Johann Wolfgang von Goethe, überliefert von Johann Peter Eckermann (Gespräche mit Goethe)

Ein Vater muss lernen, das Handeln
seiner Söhne zu akzeptieren, und zwar
nicht gemessen an seinen Wünschen,
sondern an deren Möglichkeiten.
Niccolò Machiavelli, Briefe (an die Zehn, 21. November 1500)

Eines Vaters Herz fühlt, dass es
gemacht ist, zu verzeihen und nicht,
der Verzeihung zu bedürfen.
Jean-Jacques Rousseau, Julie oder Die neue Héloïse (Julie)

Eines Vaters Segen kann nicht
im Wasser ertränkt
noch im Feuer verbrannt werden.
Sprichwort aus Russland

Es gibt sonderbare Väter,
deren ganzes Leben damit erfüllt ist,
ihren Kindern Gründe zu verschaffen,
sich über ihren Tod zu trösten.
Jean de La Bruyère, Die Charaktere

Es ist ein Rausch, Mutter zu sein,
und eine Würde, Vater zu sein.
Sully Prudhomme, Gedanken

Es kann vorkommen, dass sich
der Vater um das neu entstandene
Leben kümmert – ein bei den Fischen
häufiges Phänomen.
Simone de Beauvoir

Gewöhnlich zerstreut der Sohn, was
der Vater gesammelt hat, sammelt
etwas anders oder auf andere Weise.
Johann Wolfgang von Goethe, Wilhelm Meisters Wanderjahre

Habe mit Ausnahme deines Vaters
keinen Abgott, außer der Mutter
keinen Götzen.
Sprichwort aus der Mongolei

Ich hatte immer Angst,
wie mein Vater zu werden.
Jetzt bin ich's,
und es ist gar nicht so schlimm.
Manfred Krug

Ist doch ein Vater stets ein Gott.
Johann Wolfgang von Goethe, Pandora (Epimeleia)

Jeder Vater rühmt seinen Sohn,
ob er nun begabt ist oder nicht.
Konfuzius, Gespräche

»Kaut, wie es sich gehört«, sagte der
Vater. Und sie kauten gut, gingen täglich zwei Stunden spazieren, wuschen
sich kalt und wurden trotzdem
unglückliche, unbegabte Menschen.
Anton P. Tschechow, Notizbücher

Kinder brauchen einen Vater zu Hause.
Ein Vater ist viel leichter in den Griff
zu bekommen.
Ephraim Kishon, Kishon für alle Fälle

Lasst, Vater, genug sein
das grausame Spiel!
Friedrich Schiller, Der Taucher

Meine Mutter, die sagt's,
er sei mein Vater; aber selber
Weiß ich's nicht; denn von selbst weiß
niemand, wer ihn gezeuget.
Homer, Odyssee

Nicht zu wissen,
wen man zum Vater hat,
ist ein Mittel gegen die Furcht,
ihm ähnlich zu sein.
André Gide

Oh! Das Leben, Vater,
Hat Reize, die wir nie gekannt.
Friedrich Schiller, Die Piccolomini (Max)

Seitdem alle Empfindungen der Natur
durch die äußerste Ungleichheit
erstickt sind, kommen von der höchst
unbilligen despotischen Herrschaft
der Väter die Laster und das Unglück
der Kinder.
Jean-Jacques Rousseau, Julie oder Die neue Héloïse

Väter haben viel zu tun, um es wieder
gutzumachen, dass sie Söhne haben.
Friedrich Nietzsche, Menschliches, Allzumenschliches

Vater und Sohn sollen nicht
auf derselben Matte essen.
Chinesisches Sprichwort

Vater werden ist nicht schwer,
Vater sein dagegen sehr.
Wilhelm Busch, Julchen

Vatersinn bildet Regenten,
Brudersinn Bürger; beide erzeugen
Ordnung im Hause und im Staate.
Johann Heinrich Pestalozzi, Die Abendstunde eines Einsiedlers

Verwaiste Väter sind beklagenswert;
Allein, verwaiste Kinder sind es mehr.
Johann Wolfgang von Goethe, Die natürliche Tochter (Eugenie)

Was der Mutter ans Herz geht,
das geht dem Vater nur an die Knie.
Deutsches Sprichwort

Was der Vater erspart, vertut der Sohn.
Deutsches Sprichwort

Was je die Freude großgezogen,
Es wiegt das Vaterglück nicht auf.
Eduard Duller, Freund Hein

Wenn der Vater nicht pflügen kann,
lernt auch der Sohn nicht säen.
Chinesisches Sprichwort

Wenn ein Sohn es aufnimmt,
wenn sein Vater spricht, so schlägt
keiner seiner Gedanken fehl.
Ptahhotep, zitiert nach Erman, Die Literatur der Ägypter (1923)

Wenn man keinen guten Vater hat,
so soll man sich einen anschaffen.
Friedrich Nietzsche, Menschliches, Allzumenschliches

Wer die Pflichten eines Vaters
nicht erfüllen kann, hat kein Recht,
es zu werden.
Jean-Jacques Rousseau, Emile

Wie viele Talente werden nicht
vergraben, wie vielen Neigungen
des liebenden Herzens wird nicht
durch unbesonnenen Zwang der Väter
Gewalt angetan?
Jean-Jacques Rousseau, Über den Ursprung und die Grundlagen der Ungleichheit

Wir Alten stehen euch Jungen nach.
Wenn der Vater euch nicht gleich zu
Willen ist, so sagt ihr ihm ins Gesicht:
»Bist du nicht einmal jung gewesen?«
Der Vater aber kann zum unverständigen Sohn nicht sagen: »Du bist auch einmal alt gewesen.«
Apollodoros, Fragmente

Vaterland

Achte jedes Menschen Vaterland,
aber das deinige liebe.
Gottfried Keller, Das Fähnlein der sieben Aufrechten

Allons enfants de la patrie!
Le jour de gloire est arrivé
(Los, Kinder des Vaterlands,
der Tag des Ruhms ist da)!
Claude Rouget de Lisle, Marseillaise

Ans Vaterland, ans teure,
schließ dich an,
Das halte fest
mit deinem ganzen Herzen,
Hier sind die starken Wurzeln
deiner Kraft.
Friedrich Schiller, Wilhelm Tell (Attinghausen)

Da, wo wir lieben,
Ist Vaterland,
Wo wir genießen,
Ist Hof und Haus.
Johann Wolfgang von Goethe, Felsweihe-Gesang an Psyche

Das eigene Vaterland lieben
kann nur einer,
der auch die Vaterländer der anderen
liebt.
Alessandro Pertini

Das Vaterland kann jeden von uns
entbehren, aber keiner von uns
das Vaterland.
Iwan S. Turgenjew

Denn niemals, wohin ich mich auch,
durch die Umstände gedrängt,
wenden muss, wird mein Herz
ein anderes Vaterland wählen als das,
worin ich geboren bin.
Heinrich von Kleist, Briefe (an Karl Freiherr vom Stein zum Altenstein, 22. Dezember 1807)

Der beste Patriot wird immer der sein,
der seinem Vaterland am meisten
genützt, nicht der, der es am heißesten
geliebt hat.
Arthur Schnitzler, Aphorismen und Betrachtungen aus dem Nachlass

Der Boden des Vaterlandes
ist allen teuer.
Marcus Tullius Cicero, Catilinarische Reden

Die erste Pflicht eines Bürgers ist,
seinem Vaterlande zu dienen.
König Friedrich der Große, Politisches Testament (1752)

Die weite Welt, so ausgedehnt sie
auch sei, ist immer nur ein erweitertes
Vaterland und wird, genau besehen,
uns nicht mehr geben, als was
der einheimische Boden auch verlieh.
Johann Wolfgang von Goethe, Allgemeine Betrachtungen über Weltliteratur

Diese beiden Wörter, Vaterland
und Bürger, sollten aus den heutigen
Sprachen getilgt werden.
Jean-Jacques Rousseau, Emile

Ehe du für dein Vaterland sterben
willst, sieh dir's erst mal genauer an.
Arno Schmidt

Ein großer Teil von dem, was heutzutage für Vaterlandsliebe ausgegeben
wird, besteht aus bloßem Pharisäertum
und aus Engherzigkeit, die sich als
nationale Vorurteile, nationale Eitelkeit und nationaler Hass äußern.
Samuel Smiles, Charakter

Ein Wahrzeichen nur gilt:
das Vaterland zu erretten!
Homer, Ilias

Frag nicht, was dein Vaterland
für dich tun kann; frag, was du
für dein Vaterland tun kannst.
John F. Kennedy

Große Künstler haben kein Vaterland.
Alfred de Musset, Lorenzaccio

Gut! Wenn ich wählen soll, so will
ich Rheinwein haben:
Das Vaterland
verleiht die allerbesten Gaben.
Johann Wolfgang von Goethe, Faust I (Frosch)

Halte fest am Vaterland!
Euripides, Medea (Amme)

Hier ist mein Vaterland, hier ist der
Kreis, / In dem sich meine Seele
gern verweilt.
Johann Wolfgang von Goethe, Torquato Tasso (Tasso)

Ich liebe dieses Land, dessen Wälder
und Auen mir vertraut sind.
Die Sprache lieb' ich, die mein Vater
sprach. Ist dies Tugend?
Arthur Schnitzler, Aphorismen und Betrachtungen aus dem Nachlass

Ich liebe mein Vaterland nicht, weil
es mein Vaterland ist, sondern weil ich
es schön finde. Ich habe Heimatgefühl,
aber keinen Patriotismus.
Arthur Schnitzler, Aphorismen und Betrachtungen aus dem Nachlass

Ich möchte was darum geben, genau
zu wissen, für wen eigentlich die Taten
getan worden sind, von denen man
öffentlich sagt, sie wären
für das Vaterland getan worden.
Georg Christoph Lichtenberg, Sudelbücher

Ich wage zu sagen, dass Patriotismus
nicht ein kurzer und wütender Ausbruch des Gefühls ist, sondern stille
und unerschütterliche Hingabe des
ganzen Lebens.
Adlai Stevenson

Ihr habt gehört: Es ist süß und ehrenvoll, für das Vaterland zu sterben.
Ich aber sage euch: Es ist süß und
ehrenvoll, für das Vaterland zu leben!
Kardinal Michael von Faulhaber

Im Dienste des Vaterlandes
verzehre ich mich.
Otto von Bismarck, Gedanken und Erinnerungen
(Motto)

In Zeiten der Begeisterung für das
Vaterland zu sterben ist leichter,
als in den nüchternen Tagen dafür
zu leben mit Gedanken, Wort und Tat.
Otto von Leixner, Aus meinem Zettelkasten

Ja, mir hat es der Geist gesagt,
und im innersten Busen / Regt sich
Mut und Begier, dem Vaterlande
zu leben und zu sterben.
Johann Wolfgang von Goethe, Hermann und Dorothea
(4. Gesang)

Kann uns zum Vaterland
die Fremde werden?
Johann Wolfgang von Goethe, Hermann und Dorothea
(4. Gesang)

Nicht bin ich für einen einzigen
Winkel geboren, mein Vaterland
ist die ganze Welt.
Lucius Annaeus Seneca, Briefe über Ethik

Nicht ruhmlos ist's,
für das Vaterland kämpfend,
unterzugehn.
Homer, Ilias

O mein Heimatland! O mein Vaterland!
Wie so innig, feurig lieb' ich dich!
Gottfried Keller, Lieder (Schweizer Landeshymne)

Obwohl man sein Vaterland lieben
soll, ist es ebenso lächerlich,
mit Anmaßung davon zu sprechen
wie von seiner Frau, seiner Geburt
oder seinem Glück.
Wie albern ist die Eitelkeit überall!
Charles de Secondat, Baron de la Brède
et de Montesquieu, Meine Gedanken

Sei dem Vaterland so nützlich,
wie du kannst.
Leo N. Tolstoi, Tagebücher (1847)

Sprache, Sitten, Gewohnheiten und
Gesetze sollen in ihrer ursprünglichen
Reinheit und Kraft, Würde und Bedeutung erhalten werden. Nur dann wird
wahre Achtung, Treue und Anhänglichkeit und mit diesen wahre Vaterlandsliebe stattfinden.
Friedrich Schlegel, Philosophische Vorlesungen

Teuer sind die Eltern, teuer die Kinder,
die Verwandten, die Freunde,
aber alle Liebe zu allen umfasst
das eine Vaterland.
Marcus Tullius Cicero, Vom rechten Handeln

Uns alle zieht
Das Herz zum Vaterland.
Friedrich Schiller, Dom Karlos (Königin)

Vaterlandsliebe
errichtet Grenzpfähle,
Nächstenliebe reißt sie nieder.
Marie von Ebner-Eschenbach, Aphorismen

Wer sein Vaterland nicht kennt,
hat keinen Maßstab
für fremde Länder.
Johann Wolfgang von Goethe, Wilhelm Meisters
Wanderjahre

Wie dem Adler der Himmel offen
steht, so ist dem tüchtigen Mann
die ganze Welt das Vaterland.
Euripides, Fragmente

Wie ist doch Zeitung interessant
Für unser liebes Vaterland!
August Heinrich Hoffmann von Fallersleben,
Wie ist doch

Wo es einem gut geht,
da ist sein Vaterland.
Aristophanes, Plutus

Wo ich nütze, ist mein Vaterland.
Johann Wolfgang von Goethe, Wilhelm Meisters
Wanderjahre

Wohl dem Manne,
dem ein blühendes Vaterland
das Herz erfreut und stärkt!
Friedrich Hölderlin, Hyperion

Vegetarier

Auch die besessensten Vegetarier
beißen nicht gern ins Gras.
Joachim Ringelnatz

Pazifisten sind wie Schafe;
sie glauben,
der Wolf sei Vegetarier.
Yves Montand

Wenn der moderne Gebildete die Tiere,
deren er sich als Nahrung bedient,
selbst töten müsste,
würde die Anzahl der Pflanzenesser
ins Ungemessene steigen.
Christian Morgenstern, Stufen

Wenn Schlachthöfe
Glasfenster hätten,
wäre jeder Mensch Vegetarier.
Paul McCartney

Wie die dunkle Farbe, so auch ist dem
Menschen die vegetabilische Nahrung
die natürliche. Aber wie jener,
so bleibt er auch dieser
nur im tropischen Klima getreu.
Arthur Schopenhauer, Zur Philosophie und
Wissenschaft der Natur

Veit (15.6.)

Säst du die Gerste nach Sankt Vit,
bist du sie samt dem Sacke quit.
Bauernregel

Um Viti kommen die Fliegen selbneun.
Deutsches Sprichwort

Venus

Besiegen, nicht befriedigen,
will Venus die Herzen.
Decimus Magnus Ausonius, Epigramme

Tausendfältig sind die Spiele
der Venus.
Ovid, Liebeskunst

Wie ganz anders, anders war es da!
Da man deinen Tempel noch
bekränzte, Venus Amathusia!
Friedrich Schiller, Die Götter Griechenlands

Wieder und wieder im Venusberg.
Alles, was an Sinnlichkeit und Leiden-
schaft in mir ist, ist aufgewacht.
Franziska Gräfin zu Reventlow, Tagebücher

Verachtung

Begierde ist Bejahung des Begehrten;
Verachtung dessen Verneinung.
Günther Anders, Lieben gestern.
Notizen zur Geschichte des Fühlens

Das Leben ist viel wert,
wenn man's verachtet.
Heinrich von Kleist, Die Familie Schroffenstein
(Ottokar)

Das Wort missbrauchen,
heißt, die Menschen verachten.
Dag Hammarskjöld, Zeichen am Weg

Der brennt am heißesten von allen
Schmerzen, der fahl vom Feuer
der Verachtung schwelt.
Arthur Schnitzler, Aphorismen und Betrachtungen
aus dem Nachlass

Die verachteten Menschen,
wenn sie gut sind, sind es die besten.
Theodor Fontane, Vor dem Sturm

Einem verständigen Mann ist es unmöglich, für Narren keine Verachtung
zu empfinden, ebenso einem Mann
von Ehre, vor Spitzbuben keinen
Abscheu zu haben; aber du musst es
über dich gewinnen, beides nicht
in seinem ganzen Ausmaß merken zu
lassen. Jene sind, fürchte ich,
eine zu große Mehrheit, um sich
mit ihnen anzulegen.
Philipp Stanhope Earl of Chesterfield, Briefe über
die anstrengende Kunst, ein Gentleman zu werden

Es fällt leicht, Fähigkeiten
zu verachten, die man nicht besitzt.
Lothar Schmidt

Es ist eine nichtswürdige Liebe, die
kein Bedenken trägt, ihren Gegenstand
der Verachtung auszusetzen.
Gotthold Ephraim Lessing, Minna von Barnhelm
(Tellheim)

Es widerspricht der Natur, dass wir uns
selbst verachten und gering schätzen.
Michel Eyquem de Montaigne, Die Essais

Furcht macht verächtlich, und
Verachtung ist gefahrvoller als Hass.
Johann Jakob Engel, Fürstenspiegel

Gewöhnlich verachten wir,
was uns geläufig ist.
Georg Gervinus, Geschichte der poetischen
Nationalliteratur der Deutschen

Große Geister verachten alles,
um alles zu besitzen.
François de La Rochefoucauld, Reflexionen

Höflichkeit ist die sicherste Form
der Verachtung.
Heinrich Böll

Im Laufe meines Lebens bemerkte ich,
dass nur solche Leute allgemein verachtet werden, die sich in schlechter
Gesellschaft aufhielten.
Charles de Secondat, Baron de la Brède
et de Montesquieu, Meine Gedanken

Keinen verständigen Armen
soll man verachten und
keinen Gewalttätigen ehren.
Altes Testament, Jesus Sirach 10, 23

Mache dir zur Regel, niemals die Verachtung zu zeigen, die du häufig, und
mit Recht, für ein menschliches Wesen
empfinden wirst, denn sie wird
niemals vergeben.
Philipp Stanhope Earl of Chesterfield, Briefe über
die anstrengende Kunst, ein Gentleman zu werden

Man kann den Leuten aus dem Weg
gehen vor lauter Verachtung oder
– vor lauter Respekt.
Marie von Ebner-Eschenbach, Aphorismen

Man mag die Menschen
noch so sehr verachten, es lässt sich
schwer ohne Leute leben.
Arthur Schnitzler, Aphorismen und Betrachtungen
aus dem Nachlass

Man verachtet nicht alle, die Laster
haben, wohl aber alle, die keine
einzige Tugend besitzen.
François de La Rochefoucauld, Reflexionen

Man kann uns, glaube ich, nie so viel
Verachtung zeigen, wie wir verdienen.
Michel Eyquem de Montaigne, Die Essais

Niemand kann sich rühmen,
niemals verachtet worden zu sein.
Luc de Clapiers Marquis de Vauvenargues,
Unterdrückte Maximen

Nur Verächtliche fürchten Verachtung.
François de La Rochefoucauld, Reflexionen

Oft wird von denen, wie wir verachtet
haben, gleicher Dank gezollt.
Phaedrus, Fabeln

Sie verachten einander
und tun einander schön;
sie wollen einander über sein
und machen voreinander Bücklinge.
Mark Aurel, Selbstbetrachtungen

Spuck nicht in den Brunnen;
du könntest daraus trinken müssen.
Sprichwort aus Russland

Trotz unserer eigenen,
ununterbrochen anhaltenden Laster
finden wir doch immer wieder
einen kurzen Augenblick Zeit,
um die anderen zu verachten.
Jules Renard, Ideen, in Tinte getaucht.
Aus dem Tagebuch von Jules Renard

Und nichts verachten soll ein
Mensch, was Menschen gilt.
Sophokles, Ödipus auf Kolonos (Theseus)

Unlauter erworbener Ruf
schlägt in Verachtung um.
Luc de Clapiers Marquis de Vauvenargues,
Unterdrückte Maximen

Verachte keinen andern nicht, du
weißt nicht, was noch dir geschicht.
Deutsches Sprichwort

Verachtung ist die Vorstellung eines
Dinges, die den Geist so wenig
berührt, dass sie durch die
Gegenwart des Dinges mehr bewegt
wird, sich das vorzustellen, was an
dem Ding nicht ist, als was an ihm ist.
Baruch de Spinoza, Ethik

Verachtung muss das geheimste
unserer Gefühle sein.
Antoine Comte de Rivarol, Maximen und Reflexionen

Wenn, wer Seelengröße besitzt,
jemand verachtet, so tut er es mit
Recht, weil er ein richtiges Urteil hat;
die gewöhnlichen Leute aber tun es
grundlos.
Aristoteles, Nikomachische Ethik

Wer nicht verachtet,
der kann auch nicht achten.
Friedrich Schlegel, Lucinde

Wer sich selbst verachtet, achtet sich
doch immer noch dabei als Verächter.
Friedrich Nietzsche, Jenseits von Gut und Böse

Wir haben nicht genug Eigenliebe,
um die Verachtung eines anderes
gering zu schätzen.
Luc de Clapiers Marquis de Vauvenargues,
Unterdrückte Maximen

Wir verachten vieles, um uns nicht
selbst verachten zu müssen.
Luc de Clapiers Marquis de Vauvenargues,
Reflexionen und Maximen

Verallgemeinerung

Übers Verallgemeinern:
niemals richtig. Immer wichtig.
Erich Kästner, Kurz und bündig. Epigramme

Verallgemeinerung ist die Philosophie
der Primitiven.
Mosheh Ya'akov Ben-gavriêl

Verallgemeinerungen sind gefährlich.
Auch diese.
Lothar Schmidt

Verallgemeinerungen sind Lügen.
Gerhart Hauptmann, Aufzeichnungen

Veränderung

Aller hundert Li ist
der Himmel ein anderer.
Chinesisches Sprichwort

Alles – Persönlichkeiten, Familien,
Gesellschaften –, alles verändert sich,
schmilzt dahin und nimmt wie
die Wolken immer neue Gestalten an.
Und ehe man sich an den einen
Zustand der Gesellschaft gewöhnt hat,
ist er schon vorüber, und sie befindet
sich in einem anderen.
Leo N. Tolstoi, Tagebücher (1892)

Alles wird zum Schluss etwas anderes.
Alles verändert sich, und etwas Neues
entsteht.
Lars Saabye Christensen, Der Alleinunterhalter

Als Kultur sind wir immer
in einem Zustand der Entwicklung
und der dynamischen Veränderung.
Anaïs Nin, Absage an die Verzweiflung

Bei jeder Veränderung unseres
Zustandes werden uns gewöhnlich
eine Menge von Dingen bald zu weit
und bald zu enge, kurz unbrauchbar.
Georg Christoph Lichtenberg, Sudelbücher

Das allergeringste Opfer
kann so viel verändern.
Mutter Teresa

Das Wetter ändert sich stündlich,
die Menschen – in jeder Generation.
Chinesisches Sprichwort

Die Dinge werden in Wahrheit
niemals besser oder schlechter;
nur eben anders.
Sebastian Haffner

Die Empfindung vollzieht sich
in einem passiven Bewegungsvorgang;
sie scheint nämlich eine Veränderung
zu sein.
Aristoteles, Psychologie

Die entscheidenden Veränderer
der Welt sind immer
gegen den Strom geschwommen.
Walter Jens

Die natürliche Auswahl
ist das wichtigste, aber nicht
das einzige Mittel der Veränderung.
Charles Darwin, Die Entstehung der Arten
durch natürliche Zuchtwahl

Die Philosophen haben die Welt nur
verschieden interpretiert, es kommt
aber darauf an, sie zu verändern.
Karl Marx, Elf Thesen über Ludwig Feuerbach

Die Übung kann
Fast das Gepräge der Natur verändern.
William Shakespeare, Hamlet (Hamlet)

Ein Kind erträgt Veränderungen,
die ein Mann nicht ertragen würde.
Jean-Jacques Rousseau, Emile

Ein Kleiderwechsel ändert noch nicht
den Mann.
Chinesisches Sprichwort

Eine Veränderung bewirkt
stets eine weitere Veränderung.
Niccolò Machiavelli, Der Fürst

Es gibt einige Veränderungen, die von
außen bewirkt werden können; aber
die größte und wichtigste Veränderung
muss innerlich geschehen. Wir müssen
uns als Menschen umformen.
Anaïs Nin, Absage an die Verzweiflung

Es kann nicht schaden,
einmal umzusteigen. Wohin ist gleich.
Das wird sich dann schon zeigen.
Erich Kästner, Dr. Erich Kästners lyrische Hausapotheke

Ich denke, dass die großen
Veränderungen in der Welt
von einem veränderten Bewusstsein
ausgehen werden.
Wir sind bewusster geworden;
wir dürfen nicht verzweifeln.
Anaïs Nin, Ein neuer innerer Schwerpunkt

Ja! Ja! Mal bin ich dies,
mal bin ich das:
Man muss seine Erfahrungen machen.
Jules Renard, Ideen, in Tinte getaucht.
Aus dem Tagebuch von Jules Renard

Man altert. Doch sonst ändert sich
nicht viel.
Erich Kästner, Kurz und bündig. Epigramme

Man muss nicht alle Berge
ebnen wollen.
Deutsches Sprichwort

Man verändert sich viel weniger, als
man glaubt, und die Zustände bleiben
sich auch meistens sehr ähnlich.
Johann Wolfgang von Goethe, Wilhelm Meisters
Wanderjahre

Menschen kommen und gehen
wie die Wellen des Meers.
Seattle, Die Rede des Indianerhäuptlings Seattle.
Neuere Version

Menschen und Wind
ändern geschwind.
Deutsches Sprichwort

Mit dem Wirt ändert sich das Haus.
Deutsches Sprichwort

Nach Veränderung rufen alle,
die sich langweilen.
Søren Kierkegaard, Entweder – Oder

Pflaumen kann man
nicht zu Äpfeln machen.
Deutsches Sprichwort

Rücke nicht, wenn du wohl sitzest.
Deutsches Sprichwort

Sieh doch, verändert sich nicht alles
in der Welt, warum sollten unsere
Leidenschaften bleiben.
Johann Wolfgang von Goethe, Clavigo (Carlos)

Um das Gesicht der Welt zu verändern,
muss man zunächst einmal
fest in ihr verankert sein.
Simone de Beauvoir, Das andere Geschlecht

Veränderung stellt sich mit der Erosion
überkommener Ansichten ein, wie das
unermüdliche Nagen des Meeres an
einer Steilküste. Unsere Vorstellung
von der Zukunft ist meistens rosig,
weil wir das Entstehen neuer Strukturen, Techniken und folglich neuer
Phänomene nicht vorhersehen können.
Peter Ustinov, Peter Ustinovs geflügelte Worte

Weh mir! Ich habe die Natur verändert.
Friedrich Schiller, Wallensteins Tod (Max)

Wenn wir wollen, dass alles bleibt,
wie es ist, dann ist es nötig,
dass alles sich verändert.
Giuseppe Tomasi di Lampedusa, Der Leopard

Werte kann man nur durch
Veränderung bewahren.
Richard Löwenthal

Wie die Tage sich ändern,
die Gott vom Himmel uns sendet,
Ändert sich auch das Herz des
erdebewohnenden Menschen.
Homer, Odyssee

Veranlagung

Der Frosch lässt das Quaken nicht.
Deutsches Sprichwort

Die einzige abartige Veranlagung,
die ich kenne, wird vom Steueramt
verschickt.
Wolfgang Neuß

Die Hühner fühlten sich plötzlich
verpflichtet, statt Eiern Apfeltörtchen
zu legen. Die Sache zerschlug sich.
Und zwar weswegen? Das Huhn ist auf
Eier eingerichtet. (So wurde schon
manche Idee vernichtet.)
Erich Kästner, Dr. Erich Kästners lyrische Hausapotheke

Die Katze lässt das Mausen nicht.
Deutsches Sprichwort

Du kehrst wieder
zu deiner Veranlagung zurück.
Terenz, Die Schwiegermutter

Vererbung ist ein Autobus,
in dem alle unsere Vorfahren sitzen
und aus dem ab und zu einer von
ihnen den Kopf heraussteckt und
uns außer Fassung bringt.
Oliver Wendell Holmes

Wenn man als Straßenbahn
geboren ist, dann braucht man Gleise.
Erich Kästner, Kurz und bündig. Epigramme

Verantwortung

Allen Gutes tun, aber einem jeden
die eigene Verantwortung lassen.
Papst Johannes XXIII., Briefe an die Familie
(Bruder Severo), 6. Januar 1948

Der Mensch muss historisch
verantwortlich und bewusst sein.
Er muss sich selbst sehen als Glied
in einer langen Kette,
das verantwortlich ist
für die Glieder der Vergangenheit
sowohl wie für die der Zukunft,
nicht frei, die Vergangenheit
oder Zukunft zu zerstören oder
etwas als Gegenstand seiner Launen
und Einfälle zu benutzen.
Yehudi Menuhin, Variationen

Die Scheu vor der Verantwortung
ist eine Krankheit unserer Zeit.
Otto von Bismarck, Reden (im Norddeutschen
Reichstag, 1. März 1870)

Ein Hirt muss seine Schafe kennen.
Deutsches Sprichwort

Einen Rat befolgen heißt
die Verantwortung verschieben.
Johannes Urzidil

Es gibt allerlei Flucht aus Verantwortung: Es gibt eine Flucht in den Tod, eine Flucht in die Krankheit und endlich eine Flucht in die Dummheit. Die letzte ist die gefahrloseste und bequemste, denn auch für kluge Leute pflegt der Weg nicht so weit zu sein, als sie sich gerne einbilden möchten.
Arthur Schnitzler, Buch der Sprüche und Bedenken

Freiheit ist nicht Freiheit zu tun, was man will; sie ist die Verantwortung, das zu tun, was man tun muss.
Yehudi Menuhin, Kunst als Hoffnung für die Menschheit

Ich arbeite an meinem Tisch aus Holz, auf meinem Stuhl aus Holz, mit meinem Federhalter aus Holz, was mich bis zu einem gewissen Grad nicht daran hindert, für den Lauf der Gestirne verantwortlich zu sein.
Jean Cocteau, Hahn und Harlekin

In einer öffentlichen Halle
ist nie ein Mensch zum Fegen da.
Chinesisches Sprichwort

Jeder, der nur etwas übrig behält, ist ein Besitzer und darf sich nicht in Ruhe wiegen, sondern muss immer unruhig sein, ob er es verantworten kann, und inwieweit er es verantworten kann, etwas zu haben, während andere darben.
Albert Schweitzer, Was sollen wir tun? (Predigt, 25. Mai 1919)

Jeder von uns trägt für die gesamte Menschheit Verantwortung. Es ist an der Zeit, dass wir andere Menschen tatsächlich als Brüder und Schwestern betrachten, dass wir uns um ihr Wohlergehen kümmern, dass wir ihren Kummer, ihr Leiden lindern.
Dalai Lama XIV., Das Auge einer neuen Achtsamkeit

Kann Gott von solchen Wesen
Verantwortlichkeit fordern?
Heinrich von Kleist, Briefe (an Wilhelmine von Zenge, 15. August 1801)

Kein Mensch würde seine Zither so schlagen, dass ihre Saiten springen.
Hildegard von Bingen, Der Mensch in der Verantwortung

Meine Kultur, ein Erbe Gottes, hat jeden für alle Menschen und alle Menschen für jeden einzelnen verantwortlich gemacht.
Antoine de Saint-Exupéry, Flug nach Arras

Mitgegangen, mitgefangen,
mitgehangen.
Deutsches Sprichwort

Nach dem Erdbeben schlägt man
auf die Seismographen ein.
Ernst Jünger

Sobald wir nämlich die persönliche Verantwortung übernehmen für alles, was geschieht, wird uns auch klar, dass wir eine individuelle Welt und eine schöne Welt aufbauen können.
Anaïs Nin, Ein neuer innerer Schwerpunkt

Verantwortungsbewusste Persönlichkeiten brauchen mehr als eine fachliche Qualifikation. Sie bedürfen eines geistig-sittlichen Orientierungsrahmens, eines Koordinatensystems von Werten und Normen.
Helmut Kohl, Neue Chancen für Kreativität und Leistungsbereitschaft. In: Mitteilungen des Hochschulverbandes, 3. Juni 1986

Was die Mütter gebären,
sollen sie ernähren.
Deutsches Sprichwort

Wenn man nichts tut, glaubt man,
dass man für alles
die Verantwortung trägt.
Jean-Paul Sartre

Wer den Karren in den Dreck
geschoben hat, soll ihn auch
wieder herausziehen.
Deutsches Sprichwort

Wer einen zur Ader lassen will, der
muss ihn auch verbinden können.
Deutsches Sprichwort

Wir dürfen nicht die Verantwortung
für einen Kompromiss übernehmen.
William Butler Yeats, Entfremdung

Wir haben die Verantwortung
für unser Versagen, aber nicht die Ehre
für unsere Leistung.
Dag Hammarskjöld, Zeichen am Weg

Wir müssen aus dem Schlafe
aufwachen und unsere
Verantwortungen sehen.
Albert Schweitzer, Zwischen Wasser und Urwald

Wir sind heute eigentlich
verantwortlich für das gesamte Leben
auf diesem Planeten,
bis hin zu den Insekten.
Und wir wissen genau,
dass die guten Freuden,
e eigentlichen Freuden,
die uns erlaubt sind, jene sind,
die mit dem Leben,
dem Lebenerhalten, Lebenschenken
zu tun haben.
Yehudi Menuhin, Kunst als Hoffnung für die Menschheit

Wir, die wir heute leben, tragen nicht nur Verantwortung gegenüber unseren Zeitgenossen, wir tragen sie auch gegenüber allen nachfolgenden Generationen.
Hans-Dietrich Genscher, Konzeptionen und Perspektiven der Ost-West-Beziehungen. 1986

Verbergen

Ein Mantel und ein Haus
decken viel Schande.
Deutsches Sprichwort

Ein Vermummter,
der kenntlich ist,
spielt eine armselige Rolle.
Johann Wolfgang von Goethe, Götz von Berlichingen (Adelheid)

Man kann nichts verbergen.
Die Kraft besteht darin,
nichts zu verbergen zu haben.
Jules Renard, Ideen, in Tinte getaucht. Aus dem Tagebuch von Jules Renard

Man wagt sich nicht mehr zu zeigen, wie man ist, und unter diesem beständigen Zwang handeln alle Menschen, welche diese Herde, die man Gesellschaft nennt, bilden und sich in einerlei Umständen befinden, immer einförmig, wenn nicht mächtigere Beweggründe sie davon abhalten.
Jean-Jacques Rousseau, Abhandlung über die Wissenschaften und Künste

So viele Hüllen
deuten auf Verhülltes.
Franz Grillparzer, Sappho (Sappho)

Suche nichts zu verbergen,
denn die Zeit, die alles sieht
und hört, deckt es doch auf.
Sophokles, Fragmente

Unbedacht hat manches
schon ans Licht gebracht.
Deutsches Sprichwort

Viel von sich reden
kann auch ein Mittel sein,
sich zu verbergen.
Friedrich Nietzsche, Jenseits von Gut und Böse

Wir entdecken in uns selbst,
was die anderen uns verbergen,
und erkennen in anderen,
was wir vor uns selber verbergen.
Luc de Clapiers Marquis de Vauvenargues, Reflexionen und Maximen

Zwar bin ich sehr gewohnt,
inkognito zu gehn;
Doch lässt am Galatag
man seine Orden sehn.
Johann Wolfgang von Goethe, Faust I (Mephisto)

Verbesserung

Auch Gott lernt dazu. Man merkt das
an den Verbesserungen bei der
Erschaffung der Frau gegenüber
der des Mannes.
Zsa Zsa Gabor

Die Welt wird alt
und wird wieder jung,
Doch der Mensch
hofft immer auf Verbesserung.
Friedrich Schiller, Die Hoffnung

Eine Verbesserung erfindet nur der,
welcher zu fühlen weiß:
»Dies ist nicht gut.«
Friedrich Nietzsche, Die fröhliche Wissenschaft

Man sollte seine Arbeit gern denen
vorlesen, die genug davon verstehen,
um sie zu verbessern und zu schätzen.
Jean de La Bruyère, Die Charaktere

Nicht ereifern sollt ihr euch, nicht verdammen, sondern euch anstrengen,
das Schlechte, das ihr seht,
besser zu machen.
Leo N. Tolstoi, Tagebücher (1904)

Verbindlichkeit

Es ist wichtig, geschäftliche
Verbindlichkeiten nicht einzuhalten,
wenn man sich den Sinn für die
Schönheit des Lebens bewahren will.
Oscar Wilde, Sätze und Lehren zum Gebrauch
für die Jugend

Man muss sich die Menschen
nach ihrer Art verbindlich machen,
nicht nach der unsrigen.
Georg Christoph Lichtenberg, Sudelbücher

Man sei niemandem für alles,
auch nie allen verbindlich gemacht.
Denn sonst wird man zum Sklaven,
oder gar zum Sklaven aller.
Baltasar Gracián y Morales, Handorakel und Kunst
der Weltklugheit

Verbindung

Alle Dinge sind miteinander verbunden.
Seattle, Die Rede des Indianerhäuptlings Seattle.
Neuere Version

Alle Ereignisse sind in dieser besten
aller möglichen Welten ineinander
verkettet.
Voltaire, Candide oder Die beste der Welten

Denn entgegengesetzte Eigenschaften
machen eine innigere Verbindung
möglich.
Johann Wolfgang von Goethe,
Die Wahlverwandtschaften

Der Mächtigere in einer Verbindung
ist immer der, der weniger liebt.
Eleonora Duse

Die Ordnung und Verknüpfung
der Ideen ist dieselbe wie die Ordnung
und Verknüpfung der Dinge.
Baruch de Spinoza, Ethik

Jeder wandle für sich
und wisse nichts von dem andern,
Wandeln nur beide gerad',
finden sich beide gewiss.
Johann Wolfgang von Goethe/Friedrich Schiller,
Xenien

Jedes Geschöpf ist mit einem anderen
verbunden, und jedes Wesen
wird durch ein anderes gehalten.
Hildegard von Bingen, Welt und Mensch

Mehr nützt es, beladen mit einem
Starken verbunden zu sein
als unbelastet mit einem Schwachen.
Juan de la Cruz, Merksätze von Licht und Liebe

Verborgen

Alles, was in der Erde
verborgen liegt,
wird die Zeit ans helle Licht bringen.
Ecbasis captivi in belehrender Gestalt (Fuchs)

Denn nichts ist verhüllt,
was nicht enthüllt wird,
und nichts ist verborgen,
was nicht bekannt wird.
Neues Testament, Matthäus 10, 26 (Jesus)

Die schönen Taten,
welche in der Verborgenheit geschehen,
sind die schönsten.
Blaise Pascal, Pensées

Gut hat gelebt, wer im Verborgenen
gelebt.
Ovid, Gedichte der Trübsal

Sünd und Schande
Bleibt nicht verborgen.
Johann Wolfgang von Goethe, Faust I (Böser Geist)

Verborgner Schatz liegt sicher.
Deutsches Sprichwort

Wie kann man verborgen bleiben
vor dem, das nie untergeht?
Heraklit, Fragmente

Verbot

Adam war ein Mensch;
er wollte den Apfel
nicht des Apfels wegen,
sondern nur, weil er verboten war.
Mark Twain, Querkopf Wilsons Kalender

Das Buch, das in der Welt am ersten
verboten zu werden verdiente,
wäre ein Katalogus von verbotenen
Büchern.
Georg Christoph Lichtenberg, Sudelbücher

Habt keine Freude am Ge- und Verbieten, sondern am kindlichen Freihan-
deln. Zu häufiges Befehlen
ist mehr auf die elterlichen Vorteile
als auf die kindlichen bedacht.
Jean Paul, Levana

In verbotenen Teichen fischt man gern.
Deutsches Sprichwort

Je mehr Verbote, umso ärmer das Volk.
Lao-tse, Dao-de-dsching

Tollkühn alles zu ertragen,
stürzt sich das Menschengeschlecht
auf verbotene Taten.
Horaz, Lieder

Verboten ist immer bereits der bloße
Gedanke, dass es Maschinen-
Ressentiment überhaupt geben könnte.
Günther Anders, Die Antiquiertheit des Menschen.
Bd. 2

Verbotene Früchte
schmecken am besten.
Sprichwort aus Deutschland und England

Verbotenes bekämpft man am besten,
indem man es erlaubt.
John B. Priestley

Wer die Menschen gern hat,
verbietet ihnen etwas, damit sie
an der Übertretung Spaß haben.
Norman Mailer

Wie kann man den Genuss von
Greifenfleisch verbieten,
wenn es diese Tiere gar nicht gibt?
Voltaire, Zadig

Woher kommt dem Menschen
so großer Hunger
nach verbotenen Speisen?
Ovid, Metamorphosen

Verbrauch

Erfreue dich deines Besitzes,
als stürbest du morgen,
Aber verbrauch ihn mit Maß,
als lebtest du lange.
Lukian, Epigramme

Unser größtes Unglück: Wir verbrauchen mehr, als wie erarbeiten, und
daher finden wir uns im Leben nicht
zurecht. Mehr erarbeiten als verbrauchen, kann keinen Schaden bringen.
Das ist das oberste Gesetz.
Leo N. Tolstoi, Tagebücher (1884)

Wer viel hat, verbraucht auch viel.
Sprichwort aus Frankreich

Verbrechen

Alle Verbrechen sind auch vor dem
Erfolg der Tat, soweit genug Schuld
besteht, ausgeführt.
Lucius Annaeus Seneca, Über die Standhaftigkeit des Weisen

Alle Verbrecher zwingen die Gesellschaft auf frühere Stufen der Kultur
zurück als die, auf welcher sie gerade
steht; sie wirken zurückbildend.
Friedrich Nietzsche, Menschliches, Allzumenschliches

Amnestie: die Großmut des Staates gegenüber jenen Rechtsbrechern, deren
Bestrafung ihm zu teuer wäre.
Ambrose Bierce

Anführerin bei den Übeltaten
aber ist die Frau; in Verbrechen
ist sie Künstlerin.
Lucius Annaeus Seneca, Hippolytus

Auf Spielsucht folgt Raub,
auf Ehebruch folgt Mord.
Chinesisches Sprichwort

Aus fixen Ideen entstehen
die Verbrechen.
Max Stirner, Der Einzige und sein Eigentum

Bücherschreiben ist das einzige
Verbrechen, bei dem sich der Täter
bemüht, Spuren zu hinterlassen.
Gabriel Laub

Da sehen Sie, das Verbrechen trifft
bisweilen doch die verdiente Strafe.
Voltaire, Candide oder Die beste der Welten

Das eben ist der Fluch der bösen Tat,
Dass sie fortzeugend immer Böses
muss gebären.
Friedrich Schiller, Die Piccolomini (Oktavio)

Das Gesicht verrät den Wicht.
Deutsches Sprichwort

Das Verbrechen besteht nicht darin,
dass man Menschen in Massen umbringt oder krank macht, sondern dass
jedes einzelne Partikel dieser Massen
ein Mensch mit einem nur ihm
gehörigen und in jedem einzelnen Fall
höchst merkwürdigen und wertvollen
inneren Leben war oder ist.
Alfred Andersch, Notiz über »Efraim«

Das Verbrechen ist keine
bestimmte Handlung, sondern eine
bestimmte Einstellung zu den Lebensbedingungen.
Leo N. Tolstoi, Tagebücher (1859)

Dein Weg ist krumm,
er ist der meine nicht.
Friedrich Schiller, Wallensteins Tod (Max)

Den Galgen hat man abg'schafft,
die Schelmen sind geblieben.
Sprichwort aus der Schweiz

Der Herrscher macht sich gewissermaßen zum Mitschuldigen an dem
Verbrechen, das er nicht bestraft.
König Friedrich der Große, Politisches Testament (1752)

Der Rechtsbrecher hat einen Anspruch
darauf, bestraft zu werden.
Max Scheler

Der Tugend gleich,
hat auch Verbrechen seine Stufen.
Jean Racine, Phèdre

Der Verbrecher, und fast jeder
Verbrecher, erleidet im Augenblick
des Handelns eine Einbuße an Willen
und Verstand, an deren Stelle ein kindischer, phänomenaler Leichtsinn tritt,
und dies geschieht immer gerade
in dem Augenblick, wo Verstand und
Vorsicht am nötigsten sind.
Fjodor M. Dostojewski, Schuld und Sühne

Der Verbrecher von gestern
ist der Held von heute.
Der Held im Westen ist
Verbrecher im Osten und umgekehrt.
Fritz Bauer

Des reifen Mannes Fehltritt
ist Verbrechen,
Des Jünglings Fehltritt
ein verfehlter Tritt.
Franz Grillparzer, Das goldene Vließ – Medea (König)

Die Geschichte ist nicht viel mehr
als eine Aufzählung der Verbrechen,
Narrheiten und Unglücksfälle
der Menschheit.
Edward Gibbon, Geschichte des Verfalls und Untergangs des Römischen Reiches

Die Menschen sind durch die täglichen Erscheinungen um sich her so
an Schändlichkeiten gewöhnt,
dass sie alle Augenblicke von einer
künftigen Infamie mit aller Unbefangenheit als von einer Sache sprechen,
die zu der so genannten guten Ordnung der Dinge gehörte.
Johann Gottfried Seume, Apokryphen

Die Schande besteht nicht in der
Strafe, sondern in dem Verbrechen.
Johann Gottfried Herder, Palmblätter

Die Strafen müssen nach den
Vergehen bemessen werden.
Voltaire, Geschichte von Jenni

Dieser erhielt als Lohn für seine Verbrechen das Kreuz, jener eine Krone.
Juvenal, Satiren

Du hast dich schnöde Tat
Zu tun erdreistet, dulde denn auch
schlimmen Lohn.
Euripides, Hekabe (Agamemnon)

Ein Hund ist ein Hund,
welche Farbe er auch hat.
Sprichwort aus Dänemark

Ein im Schnee verscharrtes Kind
kommt früher oder später
doch ans Tageslicht.
Chinesisches Sprichwort

Ein jeder leidet unter dem, was er
getan; das Verbrechen kommt wieder
auf seinen Urheber zurück.
Lucius Annaeus Seneca, Der rasende Herakles

Ein Verbrechen hört dadurch,
dass es zum Gesetz erhoben wird,
nicht auf, ein Verbrechen zu sein.
Oskar Loerke, Tagebücher

Ein Verbrechen muss durch ein
Verbrechen vertuscht werden.
Lucius Annaeus Seneca, Hippolytus

Ein Verbrechen zahlt sich nicht aus.
Sprichwort aus den USA

Ein Verbrecher kann sich
über Unrecht nicht beklagen,
wenn man ihn hart
und unmenschlich behandelt.
Sein Verbrechen war ein Eintritt ins
Reich der Gewalt, der Tyrannei.
Maß und Proportion gibt es nicht
in dieser Welt, daher darf ihn
die Unverhältnismäßigkeit der
Gegenwirkung nicht befremden.
Novalis, Blütenstaub

Es freveln die Väter,
und die Nachkommen büßen
für deren Missetaten.
Ecbasis captivi in belehrender Gestalt (Otter)

Es gibt keine Kriminellen,
sondern nur normale Menschen,
die kriminell werden.
Georges Simenon

Es gibt mehr Diebe als Galgen.
Deutsches Sprichwort

Es gibt Verbrechen, die das Schicksal
niemals verzeiht.
Joseph Joubert, Gedanken, Versuche und Maximen

Es ist ein bedeutender tragischer Zug
des Lebens, dass derjenige,
der ein Verbrechen straft, dadurch
meistens selbst Verbrecher wird.
Friedrich Hebbel, Tagebücher

Frommt es doch der ganzen Welt,
Dem Staat wie Bürger,
wenn der Mensch, der Böses tut,
Auch Böses leidet,
und das Glück dem Guten lacht.
Euripides, Hekabe (Agamemnon)

Gangster sind Vollidioten,
die davon profitieren,
dass wir über sie Filme machen.
John Cassavetes

Geld hat manchen
an den Galgen gebracht.
Deutsches Sprichwort

Hat man den Geist an den Gedanken
des Verbrechens gewöhnt, so gewöhnt
man auch bald die Sitten daran.
Joseph Joubert, Gedanken, Versuche und Maximen

In den großen Hauptstädten unseres
Weltteils finden wir zahlreiche und
förmlich organisierte Diebsgesellschaften. Man darf wohl vom Besonderen
auf das Allgemeinere schließen (...).
Wilhelm Schulz, Die Statistik der Kultur

In einem wohlgeordneten Staat soll
man nie Verbrechen mit Verdiensten
gegeneinander ausgleichen.
Niccolò Machiavelli, Vom Staat

Irren ist kein Verbrechen.
Sprichwort aus Frankreich

Je weniger Strafen,
desto weniger Verbrechen.
Oscar Wilde, Die Seele des Menschen
unter dem Sozialismus

Journalisten sind wie Politiker –
sie reichen vom Verbrecher
bis zum Staatsmann.
Helmut Schmidt

Kleine Diebe hängt man,
die großen lässt man laufen.
Deutsches Sprichwort

Man muss sich zwischen beiden
entscheiden: Betrogener zu sein
oder Spitzbube.
Jean-François Régnard, Der Spieler

Man muss zur Ehre unserer Moral
zugeben, dass die Menschen
in das größte Unglück
durch ihre Verbrechen geraten.
François de La Rochefoucauld, Reflexionen

Manche Verbrechen werden durch ihr
Genie, ihre Anzahl oder ihr Ausmaß
zu harmlosen, ja sogar ruhmvollen
Taten, und man bezeichnet dann den
Diebstahl von öffentlichem Gut als
finanzielle Wendigkeit und den Raub
ganzer Länder als Eroberung.
François de La Rochefoucauld, Unterdrückte Maximen

Nur wenig ist anregender
als die erste gelungene Missetat.
Donantien Alphonse François Marquis de Sade

O wie schwierig ist es, das Verbrechen
nicht durch seine Miene zu verraten!
Ovid, Metamorphosen

Oft schon musste eine ganze Stadt für
die Übeltaten eines einzigen Mannes
büßen.
Hesiod, Werke und Tage

Ohne Phantasie gibt es
keine Verbrecher und keine Dichter.
Curt Goetz, Ingeborg

Ohne Verbrechen kein Staat:
Die sittliche Welt – und das ist der
Staat – steckt voll Schelme, Betrüger,
Lügner, Diebe.
Max Stirner, Der Einzige und sein Eigentum

Rache folgt der Freveltat.
Friedrich Schiller, Das Siegesfest

Rastlos streicht die Rache
hin und wider,
Sie zerstreuet ihr Gefolge
An die Enden der bewohnten Erde
Über der Verbrecher schweres Haupt.
Johann Wolfgang von Goethe, Elpenor (Antiope)

Schafft den Übeltäter
weg aus eurer Mitte!
Neues Testament, Paulus (1 Korinther 5, 13)

Schnöde Taten,
Birgt sie die Erd' auch,
müssen sich verraten.
William Shakespeare, Hamlet (Hamlet)

Schwache passen an keinen Platz
in der Welt, sie müssten denn
Spitzbuben sein.
Johann Wolfgang von Goethe, Götz von Berlichingen
(Jaxthausen)

Sein Verbrechen gesteht,
wer das Gericht flieht.
Publilius Syrus, Sentenzen

So wie der Griffel durch den Marmor
bohrt, so durchschaut der Spitzbube
seinen Genossen.
Talmud

Um als Verbrecher glücklich zu sein,
darf man wahrlich
kein Gewissen haben.
Stendhal, Über die Liebe

Um den Geist der Gesetze recht zu
beurteilen, muss man sich immer
jenen großen Grundsatz zurückrufen,
dass die besten Kriminalgesetze diejenigen sind, welche aus der Natur der
Verbrechen die Züchtigungen herleiten, die sie verdient haben. Daher

müssen die Mörder mit dem Tod
bestraft werden, die Diebe mit dem
Verlust ihres Vermögens oder, wenn
sie keines haben, mit dem ihrer Freiheit, welche das einzige Gut ist,
welches ihnen alsdann übrig bleibt.
Jean-Jacques Rousseau, Fünfter Brief vom Berge

Um manche Delikte zu begreifen,
genügt es, wenn man die Opfer kennt.
Oscar Wilde

Unschuld findet weit weniger Schutz
als Verbrechen.
François de La Rochefoucauld, Reflexionen

Unser Verbrechen gegen Verbrecher
besteht darin, dass wir sie wie Schufte
behandeln.
Friedrich Nietzsche, Menschliches, Allzumenschliches

Unter Eheleuten gibt es Verbrechen,
die nicht aus Eigennutz, sondern aus
reinem Hass begangen werden.
Simone de Beauvoir, Das andere Geschlecht

Verbrechen, die vom Staat begangen
werden, sind unvergleichlich schlimmer und grausamer als Verbrechen,
die einzelne Menschen begehen.
Diese wissen vor allem, dass sie Verbrecher sind, jener aber ist noch stolz
und rühmt sich seiner Untaten.
Leo N. Tolstoi, Tagebücher (1904)

Verbrechen werden bestraft,
wo sie begangen werden.
Sprichwort aus Frankreich

Verbrecher kehren manchmal
an den Ort ihres Verbrechens zurück.
Politiker werden wieder gewählt.
Karel Trinkewitz

Verrat und Argwohn
lauscht in allen Ecken;
Bis in das Innerste der Häuser dringen
Die Boten der Gewalt.
Friedrich Schiller, Wilhelm Tell (Walter Fürst)

Viele Verbrechen können zu Wohltaten
führen, manche Wohltaten gehen
mit Verbrechen schwanger.
Ilja G. Ehrenburg, Menschen, Jahre, Leben

Vielleicht hat der erhabene Weltenschöpfer es so eingerichtet, dass die
großen Verbrechen, die auf einer
Weltkugel begangen werden,
mitunter noch auf ebendieser Weltkugel gesühnt werden.
Voltaire, Geschichte von Jenni

Was nicht auf das Gesetz gegründet
war, wird auch, vom Gesetz nicht
geschützt, zugrunde gehen.
Ecbasis captivi in belehrender Gestalt
(Menge tapferer Streiter)

Was sind das für gottlose Streiche,
die muss der Böse eingegeben haben.
Jacob und Wilhelm Grimm, Märchen von einem,
der auszog, das Fürchten zu lernen

Was vom Teufel kommt,
wird zum Teufel gehen.
Sprichwort aus Frankreich

Welch grausamer Zustand, wenn
man sein Verbrechen weder ertragen
noch bereuen kann; wenn man von
unzähligen Schrecken umringt, von
tausend leeren Hoffnungen getäuscht
wird und nicht einmal das traurige
Glück hat, der Verzweiflung
Stille zu genießen.
Jean-Jacques Rousseau, Julie oder
Die neue Héloïse (Julie)

Welche Strafe mir auch auferlegt wird,
wird sie doch minder grausam sein als
die Erinnerung an mein Verbrechen.
Jean-Jacques Rousseau, Julie oder
Die neue Héloïse (Saint-Preux)

Wenn die Armut die Mutter
der Verbrechen ist, so ist
der Mangel an Geist ihr Vater.
Jean de La Bruyère, Die Charaktere

Wenn die Justiz wüsste,
was wir so alles treiben, würden
die Gefängnisse nicht ausreichen.
Robert Lembke, Steinwürfe im Glashaus

Wenn man sich auch das größte Verbrechen denkt, man kann sich Gott
doch noch immer danebenen denken.
Friedrich Hebbel, Tagebücher

Wer Arges tut, der scheut das Licht.
Deutsches Sprichwort

Wer ein Vergehen übergeht,
lädt zu neuen Fehltritten ein.
Publilius Syrus, Sentenzen

Wir leben in einer Zeit, wo Verborgenheit mehr schützt als das Gesetz
und sicherer macht als Unschuld.
Antoine Comte de Rivarol, Maximen und Reflexionen

Wo viele sündigen, wird keiner
bestraft: Kleine Verbrechen werden
gezüchtigt, grobe und schwere
Verbrechen belohnt.
Niccolò Machiavelli, Geschichte von Florenz

Verdacht

Die Wahrheit ist ein Verdacht,
der andauert.
Ramón de Campoamor

Einem Mann ohne Scham
kommt alles verdächtig vor.
Chinesisches Sprichwort

Sich von einem ungerechtfertigten
Verdacht reinigen wollen ist entweder
überflüssig oder vergeblich.
Marie von Ebner-Eschenbach, Aphorismen

Verdächtigen heißt
bereits bestrafen.
Sully Prudhomme, Gedanken

Von hundert Verdächten
sind neunundneunzig falsch.
Sprichwort aus Ungarn

Wer sich schont,
muss sich selbst verdächtig werden.
Johann Wolfgang von Goethe, Egmont (Egmont)

Wo das Vertrauen fehlt,
spricht der Verdacht.
Lao-tse, Dao-de-dsching

Verdammung

Einen Prozess führen zu müssen heißt,
schon auf dieser Welt verdammt sein.
Molière, Scapins Schelmenstreiche (Scapin)

Fort mit dem Gedanken
an Verdammung, fort mit der Furcht,
fort mit der Unruhe!
Bernhard von Clairvaux, Über die Bekehrung

Man kann alles aussprechen,
sich Luft machen, ohne jemanden
zu verdammen.
Leo N. Tolstoi, Tagebücher (1909)

Tue das deine
und verdamme nicht.
Leo N. Tolstoi, Tagebuch nur für mich (1910)

Wer Gott vereinigt ist,
den kann er nicht verdammen,
Er stürze sich dann selbst
mit ihm in Tod und Flammen.
Angelus Silesius, Der cherubinische Wandersmann

Verdauung

Eine gute Regierung ist wie
eine geregelte Verdauung.
Solange sie funktioniert,
merkt man kaum etwas von ihr.
Erskine Caldwell

Gut gekaut,
ist halb verdaut.
Deutsches Sprichwort

Nach dem Essen dreihundert Schritt
– und du brauchst keine Apotheke.
Chinesisches Sprichwort

Nach dem Essen sollst du ruhn
oder tausend Schritte tun.
Deutsches Sprichwort

Verderben

Der Göttliche lächelt;
er siehet mit Freuden
Durch tiefes Verderben
ein menschliches Herz.
Johann Wolfgang von Goethe, Der Gott
und die Bajadere

Der Mittelpunkt alles Menschenverderbens ist Verhärtung des Herzens.
Johann Heinrich Pestalozzi, Über Gesetzgebung
und Kindermord

Der Ruin des Nächsten
gefällt Freund und Feind.
François de La Rochefoucauld,
Nachgelassene Maximen

Die Literatur verdirbt sich nur
in dem Maße, als die Menschen
verdorbener werden.
Johann Wolfgang von Goethe,
Maximen und Reflexionen

Doch manchen stürzte schon
Die Hoffnung auf Gewinn
in sein Verderben.
Sophokles, Antigone (Kreon)

Ein faules Ei
verderbt den ganzen Brei.
Deutsches Sprichwort

Ein Körnchen Rattendreck
verdirbt einen ganzen Kessel Reis.
Chinesisches Sprichwort

Es ist, als wenn alles, was Menschen
berühren, infiziert würde: Dinge,
die an sich gut und schön sind,
verderben, wenn sie in die Hände
von uns Menschen geraten.
Michel Eyquem de Montaigne, Die Essais

Freiheit verdirbt auch ein gutes Weib.
Sprichwort aus Russland

Im Menschenleben erhält sich nichts
Ganz außerhalb des Verderbens.
Sophokles, Antigone (Chor)

In den großen Städten fängt das Verderben mit dem Leben an, und in den
kleinen fängt es mit der Vernunft an.
Jean-Jacques Rousseau, Emile

Man verdirbt das unschuldige Kind
mit freien Reden, und eine zarte Liebe
verführt die galante Frau: beides
durch den Reiz des Ungewohnten.
Antoine Comte de Rivarol, Maximen und Reflexionen

Mancher verdirbt, eh er stirbt.
Deutsches Sprichwort

Schreiben: Ein Schrei gegen
das Verderben! – das ist es genau.
Nicht ein Protest – ein Schrei.
Katherine Mansfield, Briefe

Verderben, gehe deinen Gang!
Friedrich Schiller, Die Verschwörung des Fiesco zu Genua (Fiesco)

Wein richtet die Schönheit zugrunde, durch Wein wird die Blüte des Lebens verdorben.
Properz, Elegien

Wenn dem innigsten heiligen Leben Verderben droht, soll man es sicherstellen um jeden Preis.
Karoline von Günderode, Briefe (an Friedrich Creuzer, vor dem 26. Juni 1805)

Wer nicht erwirbt, der verdirbt.
Deutsches Sprichwort

Verdienst

Alle Reichen stellen das Gold über die Verdienste.
Jean-Jacques Rousseau, Emile

An Glück und Leid,
an Ruhm und Unheil
empfängt stets eine jede Nation genau, was sie verdient.
Heinrich von Sybel, Kleine historische Schriften (1863–1881)

Der Umstand, dass wir Feinde haben, beweist klar genug,
dass wir Verdienste besitzen.
Ludwig Börne, Über etwas, das mich betrifft

Die Frauen sind natürliche Richterinnen über die Verdienste der Männer, so wie diese die Richter über die Verdienste der Frauen sind. Dies gehört zu ihren gegenseitigen Rechten.
Jean-Jacques Rousseau, Emile

Die Menge schätzt nur den Widerschein des Verdienstes.
Johann Wolfgang von Goethe, Götz von Berlichingen (Adelheid)

Die Welt belohnt öfter den Anschein des Verdienstes als das Verdienst selbst.
François de La Rochefoucauld, Reflexionen

Doch meine Verdienste,
die bleiben im Stillen.
Friedrich Schiller, Wallensteins Lager (Wachtmeister)

Einen Mann ohne Verdienst
nur aus Gunst zu bereichern heißt, ebenso blind zu sein wie das Glück.
König Friedrich der Große, Politisches Testament (1752)

Fast niemand bemerkt vor sich selber das Verdienst eines anderen.
Jean de La Bruyère, Die Charaktere

Fürstengunst schließt Verdienst nicht aus, setzt es aber auch nicht voraus.
Jean de La Bruyère, Die Charaktere

Großen Ruhm erlangt man
durch wahre Verdienste.
Lukan, Der Bürgerkrieg

Ich würde mich sehr ärgern,
wenn ich keinen andern Beweis meines Verdienstes hätte
als den eines vor fünfhundert Jahren verstorbenen Mannes.
Jean-Jacques Rousseau, Julie oder Die neue Héloïse (Eduard)

Kluge Männer machen sich immer ein Verdienst aus ihren Handlungen, auch wenn allein die Notwendigkeit sie dazu zwingt.
Niccolò Machiavelli, Vom Staat

Manche missfallen
trotz ihrer Verdienste,
andere gefallen trotz ihrer Fehler.
François de La Rochefoucauld, Reflexionen

Missachtung des Verdienstes
und Bewunderung der Torheit entspringt der gleichen Gesinnung.
Jean de La Bruyère, Die Charaktere

Ohne Verdienst soll man auch nichts verdienen.
Chinesisches Sprichwort

Verdienst erhöht die Politiker.
Es macht sie weithin sichtbar –
wie Zielscheiben.
Christian Bovee

Von Verdiensten,
die wir zu schätzen wissen,
haben wir den Keim in uns.
Johann Wolfgang von Goethe, Zum Schäkespears Tag

Was in der Natur liegt,
gilt nicht als Verdienst.
Erasmus von Rotterdam, Handbüchlein eines christlichen Streiters

Wenn der Mann gut verdient,
gibt die Frau gut aus.
Sprichwort aus Holland

Wenn nur jeder sicher hätte,
was er verdiente,
so würde alles allgemein
gut genug gehen.
Johann Gottfried Seume, Apokryphen

Wie sich Verdienst
und Glück verketten,
Das fällt den Toren niemals ein;
Wenn sie den Stein
der Weisheit hätten,
Der Weise mangelte dem Stein.
Johann Wolfgang von Goethe, Faust II (Mephisto)

Zu großem Verdienst
gehört ein fetter Lohn.
Chinesisches Sprichwort

Verdorbenheit

Der Mensch kann nicht
vervollkommnet,
sondern nur verdorben werden.
Er kann nicht stärker vervollkommnet, sondern nur schlimmer verdorben werden als die anderen Lebewesen.
Giacomo Leopardi, Gedanken aus dem Zibaldone

Die ersten Menschen waren sehr unwissend. Wie kann man denn behaupten, dass sie verdorben waren, zu einer Zeit, wo die Quellen der Verderbnis noch nicht geöffnet waren?
Jean-Jacques Rousseau, Letzte Antwort

Doch diese Verderbtheit war ja nicht ohne Nutzen. Alle meine sittlichen Forderungen sind aus ihr erwachsen.
Leo N. Tolstoi, Tagebücher (1894)

Dreihundert Lieder stehen im »Buch der Lieder«. Mit einem Satz zu sagen, wovon sie handeln: Halt deinen Geist frei von Verdorbenheit.
Konfuzius, Gespräche

Eine große Stadt bedarf der Schauspiele und ein verderbtes Volk der Romane.
Jean-Jacques Rousseau, Julie oder Die neue Héloïse

Es bedarf einer beträchtlichen Verdorbenheit oder Weite des Herzens, um alles lieben zu können.
Gustave Flaubert, November

Es gibt Menschen,
die bereits durch Kinderliteratur verdorben werden können,
die mit besonderem Vergnügen
in den Psalmen und in den Sprüchen Salomos die pikanten Stellen lesen, und es gibt solche, die,
je näher sie den Schmutz
des Lebens kennen lernen,
nur um so reiner werden.
Anton P. Tschechow, Briefe (14. Januar 1887)

Verdrängung

Da die Menschen kein Heilmittel gegen den Tod, das Elend, die Unwissenheit finden konnten, sind sie,
um sich glücklich zu machen, darauf verfallen, nicht daran zu denken.
Blaise Pascal, Pensées

Denk nicht dran, so tut's nicht weh.
Deutsches Sprichwort

Die Wahrheit wird von Verdrängung ersetzt, aber verdrängen heißt lügen.
Jewgenij Jewtuschenko

Wenn das Aug nicht sehen will,
so helfen weder Licht noch Brill.
Deutsches Sprichwort

Verdruss

Das bedeutet Verdruss,
so sagen bedenkliche Leute,
Wenn beim Eintritt ins Haus nicht fern
von der Schwelle der Fuß knackt.
Johann Wolfgang von Goethe, Hermann und Dorothea
(8. Gesang)

Ein verdrießlicher Gott
ist ein Widerspruch oder der Teufel.
Jean Paul, Levana

Ein Zustand, der alle Tage neuen Verdruss zuzieht, ist nicht der rechte.
Johann Wolfgang von Goethe, Maximen und Reflexionen

Lasst die Erinnerung
uns nicht belasten
Mit dem Verdrusse, der vorüber ist.
William Shakespeare, Der Sturm (Prospero)

Man denkt nicht immer gleichmäßig
über denselben Gegenstand:
Vorliebe und Verdruss wechseln rasch.
Jean de La Bruyère, Die Charaktere

Ohne Verdruss ist kein Genuss.
Deutsches Sprichwort

Schneller Entschluss bringt Verdruss.
Deutsches Sprichwort

Überfluss macht Verdruss.
Deutsches Sprichwort

Vertrauen ist die Mutter des Verdrusses.
Sprichwort aus Frankreich

Wen verdrießt es nicht,
wenn Eisen nicht zu Stahl wird.
Chinesisches Sprichwort

Wenn ein Mann nicht gar zu viel
Verdruss hat, ist er bereits glücklich.
Henry de Montherlant

Wenn mich etwas neckt
und mich verdrießlich machen will,
spring ich auf und sing ein paar
Contretänze den Garten auf und ab,
gleich ist's weg.
Johann Wolfgang von Goethe,
Die Leiden des jungen Werthers

Verehrung

Das Plagiat ist vielleicht
die aufrichtigste Form der Verehrung.
Alfred Polgar

Die meisten schätzen nicht,
was sie verstehen;
aber was sie nicht fassen können,
verehren sie.
Baltasar Gracián y Morales, Handorakel und Kunst der Weltklugheit

Die Verehrung des Weisen ist ein
großes Gut für jene, die ihn verehren.
Epikur, Sprüche. In: Briefe, Sprüche, Werkfragmente.

Ein Quäntchen wirklicher Freundschaft
ist viel mehr als eine ganze Wagenladung Verehrung.
Carl Hilty, Glück

Eine junge Frau hat nicht so viele
Verehrer wie ein reicher Mann durch
die Freuden seiner Tafel.
Luc de Clapiers Marquis de Vauvenargues, Nachgelassene Maximen

Es ist kein Heiliger so klein,
er will seine eigene Kerze haben.
Deutsches Sprichwort

Größer ist die Verehrung aus der Ferne.
Publius Cornelius Tacitus, Annalen

Huldigungen sind wie Phosphorhölzer:
eine zufällige Friktion,
und der Brand ist da.
Theodor Fontane, Cécile

Kein Heroen-Verehrer verfügt
über irgendwelche inneren Werte.
Edgar Allan Poe, Marginalien

Man wird die Menge nicht eher zum
Hosiannarufen bringen, bis man auf
einem Esel in die Stadt einreitet.
Friedrich Nietzsche, Menschliches, Allzumenschliches

Nichts ist so hässlich zu ergründen,
Es wird ein paar Verehrer finden.
Magnus Gottfried Lichtwer, Fabeln

Ruhige, stille Hochachtung
ist mehr wert als Anbetung,
Verehrung, Entzückung.
Adolph Freiherr von Knigge,
Über den Umgang mit Menschen

Verehrung ist Liebe zu jemandem,
den wir bewundern.
Baruch de Spinoza, Ethik

Verehrung ist tiefgekühlte Liebe.
Françoise Sagan

Wer recht uns peitscht,
den lernen wir verehren.
Adelbert von Chamisso, Gedichte

Zünde keine falsche Kerze
vor einer wahren Gottheit an.
Chinesisches Sprichwort

Verein

Ich würde niemals einem Verein
beitreten, der mich als Mitglied
aufnähme.
Groucho Marx

Man muss spätestens aus einem Verein
austreten, wenn man Vorsitzender wird.
Ernst Jünger

Man müsste einem Verein
ganz allein angehören.
Jules Renard, Ideen, in Tinte getaucht.
Aus dem Tagebuch von Jules Renard

Vereine fördern die Bestrebungen ihrer
Mitglieder und stören die der anderen.
Robert Musil

Vereinigung

Aus der Kräfte
schön vereintem Streben
Erhebt sich wirkend
erst das wahre Leben.
Friedrich Schiller, Huldigung der Künste

Das gemeinschaftliche Essen
ist eine sinnbildliche Handlung
der Vereinigung.
Novalis, Fragmente

Die Menschen werden durch Gesinnungen vereinigt, durch Meinungen
getrennt.
Johann Wolfgang von Goethe, Briefe (an F. H. Jacobi, 6. Januar 1813)

Eine Verbeugung
wird den Kopf nicht abfallen lassen.
Sprichwort aus Russland

Einzeln ist die menschliche Kraft eine
beschränkte, vereinigt eine unendliche
Kraft.
Ludwig Feuerbach, Das Wesen des Christentums

Gib mir jene enge Vereinigung
der Seelen wieder, die du mir
angekündigt hattest und die du mich
so glücklich hast empfinden lassen.
Gib mir die sanfte, vom Ergießen
unsrer Herzen volle Mattigkeit;
gib mir den bezaubernden Schlaf
an deiner Brust;
gib mir das noch entzückendere Erwachen, diese unterbrochnen Seufzer,
diese süßen Tränen der Freude,
die Küsse, die wollüstiges Schmachten
uns langsam schmecken ließ, und das
so zärtliche Stöhnen, mit dem du an
dein Herz das meine drücktest, das zur
Vereinigung mit ihm geschaffen ist!
Jean-Jacques Rousseau, Julie oder
Die neue Héloïse (Saint-Preux)

Je mehr etwas eins geworden ist,
um so vollkommener ist seine Gutheit
und Wirkkraft.
Thomas von Aquin, Summe gegen die Heiden

Nicht was wir gestern waren,
sondern was wir morgen zusammen
sein werden, vereinigt uns zum Staat.
José Ortega y Gasset

Proletarier aller Länder,
vereinigt euch!
Karl Marx/Friedrich Engels,
Das Kommunistische Manifest

Unbedingte Vereinigung mit der
Gottheit ist der Zweck der Sünde
und Liebe.
Novalis, Fragmente

Verbunden werden auch
die Schwachen mächtig.
Friedrich Schiller, Wilhelm Tell (Stauffacher)

Vereint wirkt also dieses Paar,
Was einzeln keinem möglich war.
Christian Fürchtegott Gellert, Fabeln und Erzählungen

Wirkt doch vereinigte Kraft auch
wohl von schwächeren Männern.
Homer, Ilias

Verfall

Am jetzigen Verfall hat jeder von uns
seinen eigenen Anteil.
Michel Eyquem de Montaigne, Die Essais

Ein verfallener Tempel gleicht einer
Gottheit, die ins Wanken kommt.
Chinesisches Sprichwort

Wir stecken tief in der Dekadenz;
das Sensationelle gilt, und nur einem
strömt die Menge noch begeistert zu:
dem baren Unsinn.
Theodor Fontane, Briefe

Verfassung

Alle, die sich mit Politik befasst haben,
stimmen darin überein, und die Geschichte belegt es durch viele Beispiele, dass wer einer Republik Verfassung
und Gesetze gibt, davon ausgehen
muss, dass alle Menschen schlecht
sind, und dass sie stets ihren bösen
Neigungen folgen werden, sobald
ihnen Gelegenheit dazu geboten wird.
Niccolò Machiavelli, Vom Staat

Das Recht auf Dummheit wird
von der Verfassung geschützt.
Es gehört zur Garantie
der freien Persönlichkeitsentfaltung.
Mark Twain

Dass nun diejenige Staatsverfassung
die beste sein muss, bei deren Ordnung
jedermann sich wohl befindet
und glücklich lebt, das leuchtet ein.
Aristoteles, Älteste Politik

Dass Verfassung sich überall bilde,
wie sehr ist's zu wünschen!
Aber ihr Schwätzer verhelft uns
zu Verfassungen nicht!
Johann Wolfgang von Goethe/Friedrich Schiller, Xenien

Denn ein Leben in den Schranken
der Verfassung zu führen,
soll man nicht für knechtisch halten,
sondern für heilsam.
Aristoteles, Politik

Die politischen Verfassungen bedürfen
der Elastizität, sie büßen sie ein,
wenn alles durch starre und sozusagen
unbiegsame Gesetze geregelt wird.
Joseph Joubert, Gedanken, Versuche und Maximen

Die Verfassung ist ein Mittel,
das sicherstellen soll,
dass die Herrschenden ihre Macht
nicht missbrauchen.
John Stuart Mill

Die Verfassung muss elastisch sein –
lieber aus Gummi als aus Eisen.
Charles de Gaulle

Ein Land, eine Verfassung,
ein Schicksal!
Daniel Webster, Reden (1837)

Eine Verfassung machen heißt,
ein Gebäude errichten.
Joseph Joubert, Gedanken, Versuche und Maximen

Man muss immer annehmen,
was ein Mann in öffentlichen
Verhältnissen Böses tun kann,
das wird er tun;
und die Geschichte hat immer
zehn Beispiele gegen eins,
dass er es tut. Eine Staatsverfassung,
die dieser Furcht nicht abhilft,
ist also schlecht.
Johann Gottfried Seume, Apokryphen

Nicht jene Verfassung ist die beste,
welche die größtmögliche Menge
von Freiheit gibt, sondern welche
die der Vernunft-Entwickelung
angemessenste gibt.
Adalbert Stifter, Die oktroyierte Verfassung (1849)

Nur der ist ein guter Regent,
dem Verfassung, Gesetz und
Menschlichkeit heilig sind.
Karl Julius Weber, Democritos

Ohne Tugend und Weisheit
kann keine freie Verfassung bestehen.
Georg Forster, Über die Beziehung der Staatskunst
auf das Glück der Menschheit

Staatsverfassungen lassen sich nicht
auf Menschen wie Schößlinge auf
Bäume pfropfen. Wo Zeit und Natur
nicht vorgearbeitet haben, da ist's,
als bindet man Blüten mit Fäden an.
Wilhelm von Humboldt, Ideen über Staatsverfassung

Wer in einem Staat mit einer erträglichen, wenn auch mit gewissen
Mängeln behafteten Verfassung lebt,
möge sich hüten, sie ändern zu wollen,
um eine bessere zu erreichen; denn

meistens verschlechtert sie sich dabei,
da es nicht in der Macht des Neuerers
steht, die neue Staatsform ganz nach
seiner Vorstellung und seinen Gedanken zu bilden.
Francesco Guicciardini, Ricordi

Wir haben eine gute Verfassung
– aber sind wir auch
in guter Verfassung?
Richard von Weizsäcker

Wir wollen nicht eine chimärische
Vollkommenheit ansteuern, sondern
das nach der Natur des Menschen
und der Verfassung der Gesellschaft
Bestmögliche.
Jean-Jacques Rousseau, Brief an d'Alembert

Zwei auf einem Pferd bei einer
Prügelei – ein schönes Sinnbild
für eine Staatsverfassung.
Georg Christoph Lichtenberg, Sudelbücher

Verfehlung

Der Schmerz, den andere verursachen,
verblasst durch ihre spätere
Freundlichkeit, aber der Schmerz
unserer eigenen Verfehlungen,
insbesondere wenn sie unsere Eitelkeit
verletzen, verblasst nie.
William Butler Yeats, Synges Tod

Ein edler Mensch, der sich eine
umfassende Bildung erworben hat
und sich mit Hilfe der Riten zu zügeln
weiß, vermag auch Verfehlungen
zu vermeiden.
Konfuzius, Gespräche

Mehr darauf wachen,
nicht einmal zu fehlen,
als hundertmal zu treffen.
Baltasar Gracián y Morales, Handorakel und Kunst
der Weltklugheit

Wer das erste Knopfloch verfehlt,
kommt mit dem Zuknöpfen
nicht zu Rande.
Johann Wolfgang von Goethe,
Maximen und Reflexionen

Wer sich groß verfehlt, der hat auch
große Quellen der Reinigung in sich.
Christian Morgenstern, Stufen

Verfeinerung

Denn Wollust fühlen alle Tiere,
Der Mensch allein verfeinert sie.
Johann Wolfgang von Goethe, Der wahre Genuss

Verfeinerungsgrad und Ausstrah-
lungskraft der Kunst stehen
fast immer diametral zueinander.
Leo N. Tolstoi, Tagebücher (1896)

Verfolgung

Die einzige Überlegenheit des Verfolgten ist es, nicht der Verfolger zu sein.
Franz Werfel, Zwischen Oben und Unten

Die Verfolger des Bösen sind oft schlimmer als das Böse.
Joachim Günther

Je mehr Verfolgung, umso offensichtlicher wird die Wahrheit.
Leo N. Tolstoi, Tagebücher (1893)

Kreuz und Verfolgung lehret einen die güldene Kunst.
Martin Luther, Tischreden

So laufen wir nach dem,
was vor uns flieht,
Und achten nicht des Weges,
den wir treten.
Johann Wolfgang von Goethe, Iphigenie auf Tauris (Pylades)

Wer niemals Verfolgung litt,
wird niemals ein Buddha werden.
Sprichwort aus Japan

Verführung

Alle großen Verführer beherrschen die Kunst, einer Frau beim Fallen so behilflich zu sein, dass sie sich nicht wehtut.
Michel Simon

Alles kann Verführung sein; Gleichgültigkeit, Leidenschaft, ja Schimpf so gut wie Schmeichelei, denn die Verführung ist nie etwas anderes als die Lust, verführt zu werden.
Arthur Schnitzler, Aphorismen und Betrachtungen aus dem Nachlass

Betrogne Mannsen!
Von Adam her verführte Hansen!
Johann Wolfgang von Goethe, Faust II (Mephisto)

Das Weib ist das einzig und am meisten Verführerische im Himmel und auf Erden. Wenn man die beiden so vergleicht, ist der Mann etwas sehr Unvollkommenes.
Søren Kierkegaard, Stadien auf dem Lebensweg

Der Weiber Zungen
können schlau verführen.
William Shakespeare, Heinrich VI. (Alençon)

Des andern Frau verführe du nicht
Zu heimlicher Zwiesprach.
Edda, Hávamál (Loddfafnirlied)

Es gibt mehr Männer, die von »reinen« als von »unreinen« Frauen verführt sind.
Ellen Key, Über Liebe und Ehe

Es ist niemand so schlau,
dass ihm eine Frau
nicht den Kopf verdrehen kann.
Sprichwort aus Frankreich

Evenäpfel locken noch
Manchen Adam unters Joch,
Wo er nichts von Paradeis,
Nur von lauter Hölle weiß.
Friedrich von Logau, Sinngedichte

Frauen, wollt ihr einen Mann verführen, so liebt ihn;
Männer, wollt ihr eine Frau verführen, so bewundert sie; wir suchen mehr das Glück, sie den Ruhm.
Théodore Jouffroy, Das grüne Heft

Himmel, welche Pein sie fühlt! Sie hat so viel Tugend immer gesprochen, dass ihr nun kein Verführer mehr naht.
Heinrich von Kleist, Die Reuige

Kein Schurke ist glücklich,
am wenigsten ein Verführer.
Juvenal, Satiren

Mit Humor kann man Frauen am leichtesten verführen; denn die meisten Frauen lachen gerne, bevor sie anfangen zu küssen.
Jerry Lewis

Schließlich gibt es nichts Schöneres, als über den Widerstand einer schönen Frau zu triumphieren.
Molière, Don Juan oder Der Steinerne Gast (Don Juan)

Verführung ist Eigenwille,
Gegenteil von Hingabe.
Gertrud von Le Fort, Die ewige Frau

Viele Verführer sind in die Welt hinausgegangen.
Neues Testament, 2. Johannesbrief (7)

Wehe der Welt mit ihrer Verführung! Es muss zwar Verführung geben; doch wehe dem Menschen, der sie verschuldet.
Neues Testament, Matthäus 18, 7 (Jesus)

Weiber sind von Natur immer zur Verführung der Männer geneigt; daher darf ein Mann selbst mit seiner nächsten Verwandten nicht an einem einsamen Ort sitzen.
Gesetzbuch des Manu

Wenn Frauenverführer wüssten, wie oft sie selbst die Verführten sind, wären sie sehr kleinlaut.
Jeanne Moreau

Wenn ich nicht eines anderen Frau verführe, wird der andere auch nicht meine Frau verführen.
Chinesisches Sprichwort

Wer einen von diesen Kleinen, die an mich glauben, zum Bösen verführt, für den wäre es besser, wenn er mit einem Mühlstein um den Hals im tiefen Meer versenkt würde.
Neues Testament, Matthäus 18, 6 (Jesus)

Wer ist so fest, den nichts verführen kann?
William Shakespeare, Julius Caesar (Cassius)

Wie selig es ist, verführt zu werden, weiß eigentlich nur das Weib.
Søren Kierkegaard, Stadien auf dem Lebensweg

Wo Verführung einwirkt, stört sie regelmäßig den natürlichen Ablauf der Entwicklungsvorgänge.
Sigmund Freud, Über die weibliche Sexualität

Zwischen zwei Personen desselben Alters gibt es keinen andern Verführer als die Liebe.
Jean-Jacques Rousseau, Julie oder Die neue Héloïse (Saint-Preux)

Vergangenheit

Aber der Mensch ist nicht immer aufgelegt zum Lachen, er wird manchmal still und ernst und denkt zurück in die Vergangenheit; denn die Vergangenheit ist die eigentliche Heimat seiner Seele, und es erfasst ihn ein Heimweh nach den Gefühlen, die er einst empfunden hat, und seien es auch Gefühle des Schmerzes.
Heinrich Heine, Elementargeister

Aber leider ist selbst das kaum Vergangene für den Menschen selten belehrend.
Johann Wolfgang von Goethe, Winckelmann und sein Jahrhundert

Aber vergangen ja sei
das Vergangene!
Homer, Ilias

Alt ist man dann, wenn man an der Vergangenheit mehr Freude hat als an der Zukunft.
John Knittel

Auch ist die Gegenwart gar nicht verständlich ohne die Vergangenheit und ohne ein hohes Maß von Bildung.
Novalis, Fragmente

Bei Vergangenem können nicht einmal die Götter Hilfe leisten.
Plinius d. J., Panegyricus

Blicke nicht zurück.
Es kann dir nichts mehr helfen.
Blicke vorwärts!
Friedrich Schiller, Wallensteins Tod (Wallenstein)

Das Gedächtnis des Menschen
ist das Vermögen, die Vergangenheit
den Bedürfnissen der Gegenwart
entsprechend umzudeuten.
George Santayana

Das Ideal.
Es gibt keins als
die verschwundene Realität
der Vergangenheit.
Friedrich Hebbel, Tagebücher

Das Volk, welches seine Vergangenheit
von sich wirft, entblößt seine feinsten
Lebensnerven allen Stürmen
der wetterwendischen Zukunft.
Joseph von Görres, Der Deutsche Reichstag

Das vorige Jahr
war immer besser.
Deutsches Sprichwort

Das war alles damals! Damals schien
die Sonne in der rechten Weise,
damals machte der Regen auf die
rechte Art nass.
Wilhelm Raabe, Der Schüdderump

Das, was war, wirkt auf uns allemal
tiefer als das, was ist.
Egon Friedell

Dem Vergangenen Dank,
dem Kommenden: Ja!
Dag Hammarskjöld, Zeichen am Weg

Denke beratend an die Vergangenheit,
genießend an die Gegenwart
und handelnd an die Zukunft.
Joseph Joubert, Gedanken, Versuche und Maximen

Der Unterschied zwischen Gott und
den Historikern besteht hauptsächlich
darin, dass Gott die Vergangenheit
nicht ändern kann.
Samuel Butler

Die Alten sehen nicht den heutigen
Mond, doch der heutige Mond
schien schon den Alten.
Chinesisches Sprichwort

Die Einrichtung unserer Natur
ist so weise, dass uns wohl
vergangener Schmerz als vergangene
Wollust Vergnügen erweckt.
Georg Christoph Lichtenberg, Sudelbücher

Die kommende Zeit ist nicht mehr
dein Eigen als die vergangene.
Sprichwort aus England

Die Liebe ist schon lange her!
Erich Kästner, Dr. Erich Kästners lyrische Hausapotheke

Die Ohnmächtigen verbeugen
sich immer vor der Vergangenheit.
Francis M. de Picabia, Aphorismen

Die Tür zur Vergangenheit
ist ohne Knarren nicht zu öffnen.
Alberto Moravia

Die Vergangenheit ändert sich dauernd. Die Leute erinnern sich an nichts
und wenn sie es doch mal tun, dann
verliert man eben ein paar Dokumente.
Arthur Miller

Die Vergangenheit enthält Lehren,
die in der Zukunft
ihre Früchte tragen müssen.
Honoré de Balzac, Die Physiologie der Ehe

Die Vergangenheit ist ein Sprungbrett,
kein Sofa.
Harold Macmillan

Die Vergangenheit ist mit Recht ein
Spiegel der Zukunft zu nennen, und
deswegen ist schon zum bessern
Verständnis der Zeitgeschichte
die Kenntnis der alten Welt nützlich.
Ludwig Tieck, Geschichtschronik der Schildbürger

Die Vergangenheit lastet schwer
auf uns allen, sowohl auf denen, die
für das Unrecht verantwortlich sind,
wie auf denen,
die unter ihm gelitten haben.
Nelson Mandela, Antrittsrede als Präsident Südafrikas, Mai 1994

Die Vergangenheit muss reden,
und wir müssen zuhören. Vorher werden wir und sie keine Ruhe finden.
Erich Kästner

Die Vergangenheit und die Zukunft
verhüllen sich uns; aber jene trägt
den Witwen-Schleier und diese
den jungfräulichen.
Jean Paul, Dr. Kazenbergers Badereise

Die Zukunft sieht man nicht,
die Vergangenheit wohl.
Das ist seltsam, denn wir haben ja
unsere Augen nicht auf dem Rücken.
Eugène Ionesco

Diejenigen, die sich nicht der Vergangenheit erinnern, sind verurteilt,
sie erneut zu durchleben.
George Santayana

Du sprichst von Zeiten,
die vergangen sind.
Friedrich Schiller, Dom Karlos (Karlos)

Eine lang dauernde Zukunft erfordert
als Voraussetzung eine lang dauernde
Vergangenheit.
Honoré de Balzac, Die Physiologie der Ehe

Eine Nation muss scheitern,
wenn sie ihre Zukunft
in der Vergangenheit sieht.
Walther Leisler Kiep

Eines der Hauptübel, die im Laufe der
Jahrhunderte zunehmen und sich
in allen möglichen Formen äußern,
ist der Glaube an die Vergangenheit.
Leo N. Tolstoi, Tagebücher (1856)

Erzähle mir die Vergangenheit,
und ich werde die Zukunft erkennen.
Konfuzius

Es gibt keine Vergangenheit
ohne Zukunft.
Egon Friedell, Egon Friedells Konversationslexikon

Es ist schrecklich schwer, gerecht zu
sein zu seiner eigenen Vergangenheit.
Marlen Haushofer, Die Wand

Es ist von großer Bedeutung, dass eine
Nation eine große Vergangenheit habe,
auf die sie zurückblicken kann.
Samuel Smiles, Charakter

Frauen mit Vergangenheit
und Männer mit Zukunft
ergeben eine fast ideale Mischung.
Oscar Wilde

Gegenwart und Vergangenheit
lassen sich nicht vergleichen.
Chinesisches Sprichwort

Geschehen ist geschehen.
Deutsches Sprichwort

Geschichtsschreibung
ist Planung für die Vergangenheit.
Thornton Wilder

Große Vergangenheit verpflichtet,
sie verpflichtet zum Streben
nach gleich großer Zukunft.
Konrad Adenauer, Bei der Wiedergründung der Kölner Universität, Juni 1919

In Büchern liegt die Seele
aller vergangenen Zeiten.
Thomas Carlyle, Über Helden, Heldenverehrung und das Heldentümliche

Ist schon für den Historiker die Gegenwart seine erste Geschichtsquelle,
so ist erst recht für den Politiker
die Vergangenheit immer wieder
Rechtfertigungsgrund für seine
heutigen Taten.
Richard von Weizsäcker, Geschichte, Politik und Nation. Ansprache des Bundespräsidenten auf dem Weltkongress der Historiker in Stuttgart 1985

Je ärmer (…) einer ist, desto mehr
muss er sich auf seine Vergangenheit
berufen, um ein Nachtquartier zu
bekommen.
Gilbert Keith Chesterton, Heretiker

Jede Revolution ist viel weniger
Bauplatz der Zukunft als Auktion
der Vergangenheit.
Heimito von Doderer, Repertorium. Ein Begreifbuch von höheren und niederen Lebens-Sachen

Jede Zeit hat ihre eigene Aufgabe
zu lösen, und am besten wird ihr
dies gelingen, wenn sie sich selbst
im Spiegel der Vergangenheit
begreifen lernt und
von blinder Nachahmung wie
von eitlem Hochmute gleich fern hält.
Friedrich von Raumer, Geschichte der Hohenstaufen

Jeder Mensch ist eine Linse
für Strahlen aus der Vergangenheit
und Zukunft.
Anne Morrow Lindbergh, Halte das Herz fest

Lass das Vergangene
vergangen sein.
Johann Wolfgang von Goethe, Faust I (Faust)

Man muss die Vergangenheit
mit Ehrfurcht aufnehmen,
die Gegenwart mit Misstrauen,
wenn man für die Zukunft sorgen will.
Joseph Joubert, Gedanken, Versuche und Maximen

Man sichert sich die Zukunft,
wenn man die Vergangenheit ehrt.
Kaiserin Augusta

Man wendet sich
zur Vergangenheit zurück
– und schon springt sie einen an.
Jacques Prévert

Man wird sich an den Vorzügen
seiner Zeit nicht wahrhaft
und redlicher freuen, wenn man
die Vorzüge der Vergangenheit nicht
zu würdigen versteht.
Johann Wolfgang von Goethe, Zur Farbenlehre

Manch »unbewältigte Vergangenheit«
schuf Vergewaltiger der Gegenwart.
Ludwig Marcuse, Argumente und Rezepte.
Ein Wörter-Buch für Zeitgenossen

Mein Freund,
die Zeiten der Vergangenheit
Sind uns ein Buch mit sieben Siegeln.
Johann Wolfgang von Goethe, Faust I (Faust)

Mit der Zeit vollbringen unsere Vorfahren immer ruhmreichere Taten.
Wieslaw Brudzinski

So regen wir die Ruder,
stemmen uns gegen den Strom –
und treiben doch stetig zurück,
dem Vergangenen zu.
F. Scott Fitzgerald, Der große Gatsby

Tiefe Gemüter sind gezwungen,
in der Vergangenheit so
wie in der Zukunft zu leben.
Johann Wolfgang von Goethe, Dichtung und Wahrheit

Vergangenes ist spiegelhell, Zukünftiges dunkel wie schwarzer Lack.
Chinesisches Sprichwort

Vergangenheit und Zukunft sind
Spiegel, und zwischen ihnen leuchtet,
für unsere Augen unfassbar,
die Gegenwart.
Ernst Jünger, Strahlungen

Vergesst über die nähere Vergangenheit nicht die fernere Vergangenheit,
so wenig als die vielgestaltige Zukunft.
Jean Paul, Friedens-Predigt an Deutschland

Wandle zurück, in die Fußstapfen
tretend, in welchen die Menschheit
ihren leidvollen großen Gang durch
die Wüste der Vergangenheit machte:
So bist du am gewissesten belehrt,
wohin alle spätere Menschheit nicht
wieder gehen kann oder darf.
Friedrich Nietzsche, Menschliches, Allzumenschliches

Wer bloß mit dem Vergangenen sich
beschäftigt, kommt zuletzt in Gefahr,
das Entschlafene,
für uns Mumienhafte, vertrocknet
an sein Herz zu schließen.
Johann Wolfgang von Goethe,
Klassiker und Romantiker in Italien

Wer die Vergangenheit nicht kennt,
wird die Zukunft
nicht in den Griff bekommen.
Golo Mann

Wer die Vergangenheit nicht versteht,
versteht nichts wirklich.
Stefan Zweig

Wer in der Zukunft lesen will,
muss in der Vergangenheit blättern.
André Malraux

Wer nie weiß, was er war,
wird auch nie wissen können,
was er werden soll.
Johann Wilhelm Ritter, Die Physik als Kunst

Wer vor seiner Vergangenheit flieht,
verliert immer das Rennen.
T. S. Eliot, Ein verdienter Staatsmann

Wie die Gegenstände auf dem Ufer,
von welchem man zu Schiffe
sich entfernt, immer kleiner, unkennt-
licher und schwerer zu unterscheiden
werden, so unsere vergangenen Jahre
mit ihren Erlebnissen und ihrem Tun.
Arthur Schopenhauer, Aphorismen zur Lebensweisheit

Wir alle leben vom Vergangenen
und gehen am Vergangenen zugrunde.
Johann Wolfgang von Goethe,
Maximen und Reflexionen

Zukunft ist die Zeit, in der man
die ganze Vergangenheit kennen wird.
Solange man die Vergangenheit
nur teilweise kennt, lebt man in der
Gegenwart.
Gabriel Laub

Vergänglichkeit

Ach, wie bald schwindet Schönheit
und Gestalt.
Wilhelm Hauff

Alles Vergängliche ist nur
ein Gleichnis.
Johann Wolfgang von Goethe, Faust II
(Chorus mysticus)

Alles verzehrt die Macht der Zeiten.
Sophokles, Aias (Chor)

Alles wandelt sich, nichts vergeht.
Ovid, Metamorphosen

Alles, was einen Anfang genommen
hat, fürchtet das Ende:
Wir werden alle untergehen.
Papinius Statius, Silvae

Alles wird matt, alles zerbricht,
alles vergeht.
Sprichwort aus Frankreich

Auf Erden nichts geschaffen ist,
Was hat Bestand für lange Frist.
Freidank, Bescheidenheit

Das Vergängliche erbt nicht
das Unvergängliche.
Neues Testament, Paulus (1 Korinther 15, 50)

Dass das Größte und Herrlichste
vergehe, liegt in der Natur der Zeit
und der gegeneinander unbedingt
wirkenden sittlichen und physischen
Elemente.
Johann Wolfgang von Goethe, Italienische Reise

Der Gedanke an die Vergänglichkeit
aller irdischen Dinge ist ein Quell
unendlichen Leids und ein Quell
unendlichen Trosts.
Marie von Ebner-Eschenbach, Aphorismen

Der Grundcharakter aller
Dinge ist Vergänglichkeit.
Arthur Schopenhauer, Betrachtungen über den
Gegensatz des Dinges an sich und der Erscheinung

Die Auflösung des Einen ist
die Entstehung eines Andern.
Francesco De Sanctis, Über die Wissenschaft und
das Leben

Die Erde lacht über den,
der einen Platz sein Eigen nennt.
Sprichwort aus Indien

Die Rede der Nacht ist mit Butter
getränkt: Wenn der Tag darauf scheint,
zerfließt sie.
Sprichwort aus Ägypten

Die Schönheit ist vergänglich.
Johann Wolfgang von Goethe, Torquato Tasso
(Prinzessin)

Die schönsten Blüten
verwelken meist zuerst.
Chinesisches Sprichwort

Die Zeitung deckt unseren täglichen
Bedarf an Vergänglichkeit.
Ernst Schröder

Du siehst, wohin du siehst,
nur Eitelkeit auf Erden.
Was dieser heute baut,
reißt jener morgen ein:
Wo itzund Städte stehn,
wird eine Wiese sein,
Auf der ein Schäferskind
wird spielen mit den Herden.
Andreas Gryphius, Natur, Wiese, Stadt

Es gibt ein allgemein gültiges Gesetz,
das Entstehen und Vergehen befiehlt.
Publilius Syrus, Sentenzen

Heute, nur heute
Bin ich noch schön;
Morgen, ach morgen
Muss alles vergehn!
Theodor Storm, Lied des Harfenmädchens

Ich bedaure die Menschen, welche
von der Vergänglichkeit der Dinge
viel Wesens machen und sich
in Betrachtung irdischer Nichtigkeiten
verlieren. Sind wir ja eben deshalb
da, um das Vergängliche unvergänglich zu machen; das kann ja
nur dadurch geschehen,
wenn man beides zu schätzen weiß.
Johann Wolfgang von Goethe,
Maximen und Reflexionen

Man muss die Zeit nutzen:
Schnellen Fußes vergeht die Zeit.
Ovid, Liebeskunst

Mein Gott, wie zerbrechlich
ist alles auf dieser Welt!
Marie de Rabuthin-Chantal Marquise de Sévigné,
Briefe (an den Präsidenten von Moulceau
20. Oktober 1682)

Pracht, Gold und Ehr
ist morgen oft nicht mehr.
Deutsches Sprichwort

Staub und Schatten
sind wir.
Horaz, Gedichte

Und wie der Klang verhallet
in dem Ohr,
Verrauscht des Augenblicks
geschwinde Schöpfung.
Friedrich Schiller, Wallenstein (Prolog)

Und wohin kann der Ernst
weiter führen als zur Betrachtung
der Vergänglichkeit und des Unwerts
aller irdischen Dinge.
Johann Wolfgang von Goethe, Dichtung und Wahrheit

Vergänglich ist alles, was der Staatsmann leistet, und jede Entscheidung
ist auf die Dauer falsch.
Golo Mann, Deutsche Geschichte des 19.
und 20. Jahrhunderts

War es der Mühe wert,
für so wenig Mensch zu sein?
Im Schweiße seines Angesichts arbei-
tete man sich mit den Ellbogen einige
kümmerliche Jahre vorwärts, um dann
trotz allem, trotz allem,
zu vergehen!
Knut Hamsun, Mysterien

Was die Erde gibt,
das nimmt sie wieder.
Deutsches Sprichwort

Was, langer Tag, was, Jahre,
verzehrt ihr nicht?
Martial, Epigramme

Wenn nur die Zeit nicht so verginge,
aber sie vergeht so wahnsinnig.
Franziska Gräfin zu Reventlow, Tagebücher

Wenngleich die geschaffenen Wesen
vergänglich sind: Niemals werden sie
in das Nichts zurücksinken.
Thomas von Aquin, Summa theologica

Wir empfangen Vergängliches,
selber vergänglich. Was also entrüsten
wir uns? Was klagen wir?
Dazu sind wir geboren.
Lucius Annaeus Seneca, Über die Vorsehung

Zu Unvergänglichem
fühlt sich der Mensch berufen,
Und so vergänglich doch ist alles,
was wir schufen.
Friedrich Rückert, Die Weisheit des Brahmanen

Vergebung

Denn höher vermag sich
niemand zu heben,
als wenn er vergibt.
Johann Wolfgang von Goethe, Reineke Fuchs

Der Siege göttlichster ist das Vergeben.
Friedrich Schiller, Die Braut von Messina (Isabella)

Der Wunsch, zu vergeben und
selbst Vergebung zu erlangen,
ist integraler Bestandteil der Liebe;
er ist wie die unzähligen Steine,
mit deren Hilfe Menschen
Gewässer aufwühlen, die aus
Gewohnheit zum Stillstand
gekommen sind.
Peter Ustinov, Was ich von der Liebe weiß

Die Vergebung der Sünde
liegt im Eingeständnis der Sünde.
Ludwig Feuerbach, Das Wesen des Christentums

Die Vergebung zerbricht die Ursachen-
kette dadurch, dass der, der aus Liebe
vergibt, die Verantwortung auf sich
nimmt für die Folgen dessen, was du
tatest. Sie bedeutet daher immer Opfer.
Dag Hammarskjöld, Zeichen am Weg

Fremde vergeben, Eltern vergessen.
Sprichwort aus Bulgarien

Irren ist menschlich,
Vergeben göttlich.
Alexander Pope, Versuch über die Kritik

Jede Sünde und Lästerung
wird den Menschen vergeben werden,
aber die Lästerung
gegen den Geist wird nicht vergeben.
Neues Testament, Matthäus 12, 31 (Jesus)

Vergeben ist nicht vergessen.
Deutsches Sprichwort

Vergeben wir, vergeben wir,
lasst uns vor allen Dingen vergeben,
allen und immer vergeben.
Fjodor M. Dostojewski, Die Dämonen

Vergib ihnen, denn sie wissen nicht,
was sie tun.
Neues Testament, Lukas 23, 34 (Jesus)

Vergeltung

Böses mit Gutem zu vergelten,
ist eine überaus großmütige Rache.
Ruodlieb

Einen Racheakt vergelte man
mit Geradheit, eine Wohltat
mit einer Wohltat.
Konfuzius, Gespräche

Es ist leichter gescholten als vergolten.
Deutsches Sprichwort

Leben für Leben,
Auge für Auge,
Zahn für Zahn,
Hand für Hand,
Fuß für Fuß,
Brandmal für Brandmal,
Wunde für Wunde,
Strieme für Strieme.
Altes Testament, Exodus 21, 25 (Jahwe)

Nicht der siegt im Gefecht,
der den ersten Schlag führt,
sondern der ihn vergilt.
Chrétien de Troyes, Yvain

So wie ein fallender Tropfen zerplatzt,
wird jede Tat vergolten.
Chinesisches Sprichwort

Was du tust, das kann dir keiner wie-
dertun. Siehe, es gibt keine Vergeltung.
Friedrich Nietzsche, Also sprach Zarathustra

Vergessen

Wenn du nicht sagst, dass er eine
Glatze hat, wird er nicht sagen,
dass du blind bist.
Chinesisches Sprichwort

Wer eine Grube gräbt,
fällt selbst hinein,
wer einen Stein hochwälzt,
auf den rollt er zurück.
Altes Testament, Sprüche Salomos 26, 27

Wie du mir,
so ich dir.
Deutsches Sprichwort

Vergessen

Alles, was man vergessen hat,
schreit im Traum um Hilfe.
Elias Canetti, Die Provinz des Menschen.
Aufzeichnungen 1942–1972

Alte Kuh gar leicht vergisst,
dass sie ein Kalb gewesen ist.
Deutsches Sprichwort

Aus den Augen,
aus dem Sinn.
Deutsches Sprichwort

Das Vergessen ist die Wurzel des Exils;
die Erinnerung bedeutet Erlösung.
Elie Wiesel, Chassidische Feier

Dass es ein Vergessen gibt,
ist noch nicht bewiesen;
was wir wissen, ist allein,
dass die Wiedererinnerung
nicht in unserer Macht steht.
Friedrich Nietzsche, Morgenröte

Die Erinnerung an eine zurückliegende
Niederlage oder Freude beweist mir,
dass nichts endgültig,
nichts unwiderruflich ist.
Ein Unglück erleben ist schlimm;
es vergessen ist schlimmer.
Elie Wiesel, In: R. Walter (Hrsg.), Lebenskraft Angst

Die Toten der Weißen vergessen das
Land ihrer Geburt, wenn sie hingehen,
um unter den Sternen zu wandeln.
Unsere Toten vergessen diese
wunderbare Erde niemals, denn
sie ist die Mutter des roten Mannes.
Seattle, Die Rede des Indianerhäuptlings Seattle.
Neuere Version

Die Vergesslichkeit des Menschen
ist etwas anderes
als die Neigung mancher Politiker,
sich nicht erinnern zu können.
Lothar Schmidt

Die Welt ist groß, man kann
sich darin wohl vergessen.
Heinrich von Kleist, Briefe (an Karl Freiherr vom Stein
zum Altenstein, 13. November 1805)

Dräng dich nicht vor, sonst musst du
dich wieder zurückziehen;
zieh dich aber nicht ganz zurück,
sonst wirst du vergessen.
Altes Testament, Jesus Sirach 13, 10

Ein Heilmittel gegen Unrecht
liegt im Vergessen.
Publilius Syrus, Sentenzen

Eine Wissenschaft, die zögert, ihre
Gründer zu vergessen, ist verloren.
Alfred North Whitehead, Abenteuer der Ideen (1971)

Erinnere dich der Vergessenen
– eine Welt geht dir auf.
Marie von Ebner-Eschenbach, Aphorismen

Erinnerungen verschönern das Leben,
aber das Vergessen allein
macht es erträglich.
Honoré de Balzac

Es gibt viel, was man erinnern
muss, bevor man vergessen darf.
Lars Saabye Christensen, Der Alleinunterhalter

Es ist unglaublich,
was die Welt vergisst und –
was sie nicht vergisst.
Marie von Ebner-Eschenbach, Aphorismen

Je mehr man sich vergisst,
desto mehr erinnern sich die anderen.
Robert Lembke, Steinwürfe im Glashaus

Jemanden vergessen wollen heißt:
an ihn denken.
Jean de La Bruyère, Die Charaktere

Man vergisst nichts
so bald als Wohltaten.
Deutsches Sprichwort

Man vergisst viel Leid
in vierundzwanzig Stunden.
Deutsches Sprichwort

Männer leben vom Vergessen,
Frauen von Erinnerungen.
T. S. Eliot, Ein verdienter Staatsmann

Nah ist die Zeit, da du alle vergissest,
nah die Zeit, da alle dich vergessen.
Mark Aurel, Selbstbetrachtungen

O es ist süß, so aus der Schale
der Vergessenheit zu trinken.
Friedrich Hölderlin, Hyperion

Schlage nie in Büchern nach, wenn du
etwas vergessen hast, sondern bemühe
dich, es dir ins Gedächtnis zu rufen.
Leo N. Tolstoi, Tagebücher (1847)

Schreiben heißt vergessen.
Fernando Pessoa, Das Buch der Unruhe
des Hilfsbuchhalters Bernardo Soares

Spät erst vergisst das Gedächtnis, was
es über lange Zeit hinweg gelernt.
Lucius Annaeus Seneca, Die Troerinnen

Über dem Fangen von Fischen und
Krebsen vergiss die Feldarbeit nicht.
Chinesisches Sprichwort

Über die Welt hin ziehen die Wolken.
Grün durch die Wälder
fließt ihr Licht.
Herz, vergiss!
Arno Holz, Phantasus

Vergaß man jemals das,
was man einmal liebte?
Jean-Jacques Rousseau, Julie oder
Die neue Héloïse (Julie)

Vergessen, das ist die Kunst,
Bewusstes unbewusst zu machen.
Hans Lohberger

Vergessen ist Mangel an Treue.
Gabriel Marcel

Vergessen können:
Es ist mehr ein Glück als eine Kunst.
Der Dinge, welche am meisten
fürs Vergessen geeignet sind,
erinnern wir uns am besten.
Baltasar Gracián y Morales, Handorakel und Kunst
der Weltklugheit

Vergessen können beruht immer darauf, wie man sich erinnert; aber wie
man sich erinnert, beruht wieder darauf, wie man die Wirklichkeit erlebt.
Søren Kierkegaard, Entweder – Oder

Vergessen können ist das Geheimnis
ewiger Jugend.
Wir werden alt durch Erinnerung.
Erich Maria Remarque

Was gestern war, ist vergessen.
Nächste Woche gewinne ich wieder.
Boris Becker, Kölner Stadt-Anzeiger Nr. 79/1986.
(Nach seinem sensationellen Ausscheiden gegen
Tom Wilkinson, Atlanta, April 1986)

Was ist vergesslicher als Dankbarkeit?
Friedrich Schiller, Dom Karlos (König)

Welche Last kann der Geist wieder abschütteln, wie viel vergessen, dass er
es nie wieder weiß, und kann er etwas
vergessen, als hätte er es nie gewusst?
Elias Canetti, Die Provinz des Menschen.
Aufzeichnungen 1942–1972

Wie schnell der Mensch
das Müdesein vergisst.
Erich Kästner, Dr. Erich Kästners lyrische Hausapotheke

Wie viele, die viel besungen waren,
sind schon der Vergessenheit überantwortet; wie viele, die diese besungen
haben, sind längst ausgeschieden.
Mark Aurel, Selbstbetrachtungen

Wo Blut vergossen ist, kann der
Baum des Vergessens nicht gedeihen.
Sprichwort aus Brasilien

Zum Weiterleben ist Vergesslichkeit
nötig.
Friedrich Sieburg

Vergewaltigung

Beginne niemals die Ehe
mit einer Vergewaltigung.
Honoré de Balzac, Die Physiologie der Ehe

Der freieste und süßeste Akt
lässt keine wirkliche Gewalttätigkeit
zu; die Natur und die Vernunft
widersetzen sich ihr.
Jean-Jacques Rousseau, Emile

Eine Frau, die auf Ehre hält,
kann wohl einmal geschändet werden,
aber ihre Tugend festigt sich dabei.
Voltaire, Candide oder Der Glaube an die beste
der Welten (Kunigunde)

Einem Jungfernschänder
geht's nimmer wohl.
Deutsches Sprichwort

Ich liebe dich,
mich reizt deine schöne Gestalt;
Und bist du nicht willig,
so brauch ich Gewalt.
Johann Wolfgang von Goethe, Erlkönig

Jungfernschänder schändet Gott wieder.
Deutsches Sprichwort

Schneide mir mit dem Schwert
die Kehle durch, damit ich, wenn
es mir schon nicht vergönnt war,
eine rechtmäßige Ehe einzugehen,
mich keinem anderen Mann
hingeben muss.
Waltharilied (Hiltgunt)

So zahlreich nun die Arten
der Vergewaltigung sind, so erweckt
doch jede von ihnen den Zorn.
Aristoteles, Politik

Zu keiner Zeit
werd ich Zwang erdulden
Um eines Mannes Minne.
Edda, Skirnisför (Jungfrau Gerd)

Vergleich

Beim Vergleichen muss man vom
Nahen zum Fernen, vom Inneren
zum Äußeren, vom Bekannten zum
Unbekannten übergehen.
Joseph Joubert, Gedanken, Versuche und Maximen

Besser ein magerer Vergleich
denn ein fetter Sieg.
Niccolò Machiavelli, Geschichte von Florenz

Bilder und Vergleiche sind nötig,
um den Eindruck der Ideen
auf den Geist zu verdoppeln, indem
man ihnen zugleich eine physische
und geistige Kraft verleiht.
Joseph Joubert, Gedanken, Versuche und Maximen

Die Natur ist wie die Natur. Wozu
nach Vergleichen für sie suchen?
Voltaire, Micromégas

Die Welt ist voll von Leuten, die beim
Vergleich, den sie zwischen sich und
anderen anzustellen pflegen, stets
zugunsten ihres eigenen Verdienstes
entscheiden und demgemäß handeln.
Jean de La Bruyère, Die Charaktere

Ein magerer Vergleich ist
besser als ein fetter Prozess.
Deutsches Sprichwort

Jeder Vergleich hinkt.
Deutsches Sprichwort

Manche Politiker halten
einem Vergleich nur Stand,
solange man ihn nicht zieht.
Helmut Schmidt

Nur vergleichende Urteile
haben einen Wahrheitswert.
Denken heißt: Vergleichen.
Walter Rathenau, Auf dem Fechtboden des Geistes.
Aphorismen aus seinen Notizbüchern

Seinen guten Ruf verringert,
wer sich mit Unwürdigem vergleicht.
Phaedrus, Fabeln

Zwischen einem Bewaffneten und
einem Unbewaffneten ist kein Vergleich
möglich. Man kann nicht
erwarten, dass der Bewaffnete dem
Unbewaffneten willig gehorche und
dass der Unbewaffnete sich unter
bewaffneten Dienern sicher fühle.
Niccolò Machiavelli, Der Fürst

Vergnügen

Aber viele Menschen kennen als Ziel
nur das Vergnügen und
wollen nicht nach Höherem trachten,
um ein Urteil darüber zu gewinnen,
warum das Sichtbare uns gefällt.
Aurelius Augustinus, Über die wahre Religion

Achtet wohl darauf, dass das meiste,
das uns Vergnügen bereitet,
unvernünftig ist.
Charles de Secondat, Baron de la Brède
et de Montesquieu, Meine Gedanken

Alle Vergnügungen auf alle Weise
genießen zu wollen, ist unvernünftig,
alle ganz vermeiden, gefühllos.
Plutarch, Das Gelage der Sieben Weisen

Arm und vergnügt
ist reich und überreich.
William Shakespeare, Othello (Jago)

Auch wenn es dich empört: Das
unerlaubte Vergnügen macht Spaß.
Ovid, Liebesgedichte

Auf das Vergnügen folgt
wie ein Begleiter die Trauer.
Titus Maccius Plautus, Amphitryon

Das Gewissen ist jene innere Stimme,
die uns zwar nicht abhält,
etwas zu tun,
aber das Vergnügen erheblich stört.
Marcel Achard

Das Vergnügen ist der Feind der Freude.
Romano Guardini

Das Vergnügen verbraucht uns.
Die Arbeit kräftigt uns. Wähle.
Charles Baudelaire, Tagebücher

Der Endzweck der Wissenschaft
ist Wahrheit; der Endzweck der Künste
hingegen ist Vergnügen.
Gotthold Ephraim Lessing, Laokoon

Der Luxus ist kein Vergnügen,
aber das Vergnügen ist ein Luxus.
Francis M. de Picabia, Aphorismen

Der Mensch hat immer Vergnügen und
Erfolg mit Glückseligkeit verwechselt.
Yehudi Menuhin, Kunst als Hoffnung
für die Menschheit

Der Unterschied zwischen
Glück und Vergnügen besteht darin,
dass man sich das Vergnügen
selber wählen kann.
Gustav Knuth

Der Unterschied zwischen Vergnügen
und Glück ist derselbe wie zwischen
einem Kahn und einem Ozeandampfer.
Auf den Tiefgang kommt es an.
Ewald Balser

Die am meisten befehlen,
haben das geringste Vergnügen.
Sprichwort aus England

Die Frauen lieben das Vergnügen so,
wie sie in der Sonnenhitze das Bad im
Fluss lieben; ein wenig Frösteln mischt
sich immer in die Glut des Begehrens.
Théodore Jouffroy, Das grüne Heft

Die Scheidewand zwischen
Vergnügen und Sünde ist dünne.
Georg Christoph Lichtenberg, Sudelbücher

Die schönen Künste haben
zum Hauptzweck nur das Vergnügen.
Adolph Freiherr von Knigge,
Über den Umgang mit Menschen

Eigentlich ist alles Vergnügen.
Franziska Gräfin zu Reventlow, Tagebücher

Ein überirdisches Vergnügen!
In Nacht und Tau
auf den Gebirgen liegen
Und Erd und Himmel
wonniglich umfassen,
Zu einer Gottheit
sich aufschwellen lassen.
Johann Wolfgang von Goethe, Faust I (Mephisto)

Ein Vergnügen erwarten
ist auch ein Vergnügen.
Gotthold Ephraim Lessing, Minna von Barnhelm
(Fräulein)

Es gibt Leute, die sich nur in Scharen
vergnügen können. Der wahre Held
vergnügt sich ganz allein.
Charles Baudelaire, Tagebücher

Es gibt nichts Schöneres, als
einem Kind Vergnügen zu machen.
Franziska Gräfin zu Reventlow, Tagebücher

Es ist immer ein besonderes Vergnügen, den Menschen zu zeigen,
dass man ohne sie auskommen kann.
Henry de Montherlant

Es ist nichts unerträglicher, als sich
das Vergnügen vorrechnen zu lassen,
das man genießt.
Johann Wolfgang von Goethe, Wilhelm Meisters
Lehrjahre

Es liegt in der menschlichen Seele,
das Vergnügen da am höchsten
zu empfinden, wo es am meisten an
Gefahr grenzt. Nichts entwickelt
die Fähigkeiten der Seele schneller
als Gefahr und Bedürfnis.
Sophie Mereau, Betrachtungen

Es liegt in der Seele ein Geschmack,
der das Gute liebt, wie im Leib eine
Lust, die das Vergnügen liebt.
Joseph Joubert, Gedanken, Versuche und Maximen

Frauen, die mit ihrer Schönheit zufrieden sind, überlassen sich dem Vergnügen mit mehr Hingabe als andere.
Joseph Joubert, Gedanken, Versuche und Maximen

Für ein Vergnügen
tausend Schmerzen.
Sprichwort aus Frankreich

Gefahr und Vergnügen
wachsen am selben Baum.
Sprichwort aus England

Gute Lebensart lehrt uns,
dass nichts materialistischer ist,
als ein Vergnügen als etwas
rein Materielles zu verachten.
Gilbert Keith Chesterton, Heretiker

Ich nehme an, dass des Menschen
Bestimmung ist, sich zu vergnügen.
Søren Kierkegaard, Entweder – Oder

Im Krieg, in der Liebe und beim Jagen
– für ein Vergnügen
tausend Plagen.
Sprichwort aus Spanien

In einer glücklichen Welt käme
die Idee des Vergnügens gar nicht auf,
das Glück wäre das Leben selbst.
Sully Prudhomme, Intimes Tagebuch

Jedes Alter hat seine Vergnügungen,
seinen Geist und seine Sitten.
Nicolas Boileau-Despréaux, Die Dichtkunst

Laster sind die Vergnügungen,
zu denen es uns
an dem nötigen Mut fehlt.
Graham Greene

Lector, intende: laetaberis
(Leser, pass auf:
Du wirst dein Vergnügen haben)!
Lucius Apuleius, Der goldene Esel

Man sollte nur
für das Vergnügen leben,
denn nichts geht so schnell vorüber.
Oscar Wilde

Manches Vergnügen besteht darin,
dass man mit Vergnügen
darauf verzichtet.
Peter Rosegger

Nichts gibt ein größeres Vergnügen,
als den Betrüger zu betrügen.
Karl Wilhelm Ramler, Fabellese

Nichts verkleinert den Menschen
so sehr wie die kleinen Vergnügen.
Joseph Joubert, Gedanken, Versuche und Maximen

Niemals liebten empfindsame Herzen
die lärmenden Vergnügungen,
das eitle und unfruchtbare Glück
der Leute, die nichts empfinden
und welche glauben, ihr Leben
betäuben heiße, es genießen.
Jean-Jacques Rousseau, Emile

Nimm es als Vergnügen,
und es ist Vergnügen!
Nimm es als Qual,
und es ist Qual!
Sprichwort aus Indien

Sind denn Reichtümer
und Vergnügen der Sinne die einzigen
wünschenswerten Güter?
Karoline von Günderode, Geschichte eines Bramien

Unser Vergnügen liegt
nur in der Einbildung.
Ludwig Tieck, Karl von Berneck (Leopold)

Verachte die Vergnügungen;
es schadet das mit Schmerz
erkaufte Vergnügen.
Horaz, Briefe

Vergnügen ist das Einzige,
wofür man leben sollte.
Nichts macht so alt wie Glück.
Oscar Wilde, Sätze und Lehren zum Gebrauch
für die Jugend

Vergnügen ist durchaus nicht ein
untrügliches Kriterium, aber
es ist das am wenigsten fehlbare.
Wystan Hugh Auden, Des Färbers Hand und andere
Essays (1948), Prolog

Vergnügen ist ein wesentliches lebenantreibendes Motiv, es ist lehrreich,
angenehm und so gut wie unerlässlich.
Yehudi Menuhin, Kunst als Hoffnung
für die Menschheit

Vergnügen kann ein Fließbanderzeugnis sein, Glück niemals.
John Steinbeck

Vergnügen sucht der Mann sich
in Gefahren.
Johann Wolfgang von Goethe, Elpenor (Elpenor)

Vergnügt sein geht über reich sein.
Deutsches Sprichwort

Vergnügt sein ohne Geld,
Das ist der Stein der Weisen.
Magnus Gottfried Lichtwer, Fabeln

Wer das ganze Elend seiner Mitmenschen ermessen will, braucht sich nur
ihre Vergnügungen anzusehen.
Thomas Stearns Eliot

Vergötterung

Das Geliebte zu vergöttern,
ist die Natur des Liebenden.
Friedrich Schlegel, Fragmente

Vergötterung ist keine Liebe.
Vincent van Gogh, Briefe

Zur Vergöttlichung eignen sich
die Objekte am besten, die uns
am wenigsten bekannt sind.
Michel Eyquem de Montaigne, Die Essais

Verhältnis

Ich habe Freunde gesehen,
Geschwister, Liebende, Gatten,
deren Verhältnis durch den zufälligen
oder gewählten Hinzutritt einer
neuen Person ganz und gar verändert,
deren Lage völlig umgekehrt wurde.
Johann Wolfgang von Goethe,
Die Wahlverwandtschaften

Man nennt die erste Liebe
einer Frau nur dann ein Verhältnis,
wenn sie ein zweites hat.
François de La Rochefoucauld, Reflexionen

Was wäre das Leben ohne Liebesverhältnisse? Verstumpft, öde, langweilig.
Theodor Fontane, Unwiederbringlich

Wie jedes gegen sich selbst einen
Bezug hat, so muss es auch
gegen andere ein Verhältnis haben.
Johann Wolfgang von Goethe,
Die Wahlverwandtschaften

Wir stehen in Verhältnissen mit allen
Teilen des Universums, so wie mit
Zukunft und Vorzeit. Es hängt nur von
der Richtung und Dauer unsrer
Aufmerksamkeit ab, welches Verhältnis wir vorzüglich ausbilden wollen,
welches für uns vorzüglich wichtig –
und wirksam werden soll.
Novalis, Blütenstaub

Verhandlung

Eine Stadt, die verhandelt,
hat sich schon halb ergeben.
Sprichwort aus Frankreich

Konsens erlangt man nicht
mit dem Vorschlaghammer.
Norbert Blüm, Unverblümtes von Norbert Blüm

Lieber zu lange verhandeln,
als zu schnell streiken.
Norbert Blüm, Unverblümtes von Norbert Blüm

Mit Aufrichtigkeit kann man
bei diplomatischen Verhandlungen die
verblüffendsten Wirkungen erzielen.
André François-Poncet

Verirrung

Besser umkehren, als irregehn.
Deutsches Sprichwort

Bin gewohnt das Irregehen,
's führt ja jeder Weg zum Ziel:
Unsre Freuden, unsre Leiden,
Alles eines Irrlichts Spiel.
Wilhelm Müller, Gedichte (Schubert: Winterreise)

Bleib im Gleise,
so fährst du nicht irre.
Deutsches Sprichwort

Die sonderbarste aller sexuellen
Verirrungen ist vielleicht
die Enthaltsamkeit.
Remy de Gourmont

Ist man verirrt, wird man verwirrt.
Deutsches Sprichwort

Mancher hat, aus Furcht zu irren,
sich verirrt.
Gotthold Ephraim Lessing

Oft hat das beste Herz
zum Ärgsten sich verirrt,
Wie aus dem süßesten Wein
der schärfste Essig wird.
Friedrich Rückert, Die Weisheit des Brahmanen

Wenn die, die uns nachfolgen,
uns nicht mehr erreichen können,
schwören sie darauf,
dass wir uns verirrt haben.
Marie von Ebner-Eschenbach, Aphorismen

Wenn jemand über die Felder irrt
aus mangelnder Kenntnis des Weges –
besser ist es, ihn auf den rechten Weg
zu bringen, als zu verjagen.
Lucius Annaeus Seneca, Über den Zorn

Wenn man den Weg verliert,
lernt man ihn kennen.
Sprichwort aus Afrika

Wer sich zu sehr beeilt,
verirrt sich unterwegs.
Sprichwort aus Frankreich

Wer zu viel verlangt,
wer sich am Verwickelten erfreut,
der ist den Verirrungen ausgesetzt.
Johann Wolfgang von Goethe,
Maximen und Reflexionen

Wie oft schlägt man einen Weg
ein und wird davon abgeleitet!
Johann Wolfgang von Goethe,
Die Wahlverwandtschaften

Verkauf

Gute Worte müssen
böse Ware verkaufen.
Deutsches Sprichwort

Man kann alles verkaufen,
wenn es gerade in Mode ist.
Das Problem besteht darin,
es in Mode zu bringen.
Ernest Dichter

Man soll die Bärenhaut nicht verkaufen, ehe der Bär gestochen ist.
Deutsches Sprichwort

Nicht bloß in der Welt des Handels,
auch in der der Ideen veranstaltet
unsere Zeit einen wirklichen Ausverkauf. Alles ist für solch einen
Spottpreis zu haben,
dass es eine Frage wird, ob am Ende
überhaupt noch einer bieten wird.
Søren Kierkegaard, Furcht und Zittern

Sie halten bloß das für wirklich,
was sie verkaufen können.
Gustav Meyrink, Die Fledermäuse

Verkehr

Der größte Aberglaube der Gegenwart
ist der Glaube an die Vorfahrt.
Jacques Tati

Der Vordermann fährt fast immer
miserabel. Zum Glück fühlt man sich
nie als Vordermann.
Wolfgang Altendorf

Die Autofahrer sind sicherer,
wenn die Straßen trocken sind.
Und die Straßen sind sicherer,
wenn die Autofahrer trocken sind.
Sascha Guitry

Die neuen Verkehrsmittel bringen
überall hin neue Konkurrenz, und die
althergebrachten Gewerbsmethoden
werden doch so schwer verlassen.
Gustav Schmoller, Die Arbeiterfrage

Im Verkehr kann man täglich
ein Leben retten, nämlich sein eigenes.
Siegfried Sommer

In den öffentlichen Diskussionen über
die deutsche Unfallstatistik wird nie
darauf hingewiesen, dass rücksichtsloses Fahren typisch für die autoritäre
Persönlichkeit ist. Hierzulande fordert
der Stärkere die Anerkennung seiner
Stärke, nicht nur auf der Straße.
Prodosh Aich

Maximale Lebenserwartung
hat ein Politiker, wenn er
sich aggressiv in der Politik und
defensiv im Straßenverkehr verhält.
Franz Josef Strauß

Verkehren

Ich will lieber mit Leuten verkehren,
die mich hart herannehmen,
als mit solchen,
die Angst vor mir haben.
Michel Eyquem de Montaigne, Die Essais

Mit denen verkehre, die dich
besser zu machen fähig sind.
Lucius Annaeus Seneca, Briefe an Lucilius

Verkehrtheit

Gäbe es nur lauter Rüben
und Kartoffeln in der Welt,
so würde vielleicht einer
einmal sagen, es ist schade,
dass die Pflanzen verkehrt stehen.
Georg Christoph Lichtenberg, Sudelbücher

Lieber ein paar verkehrte Worte
als einen verkehrten Sinn!
Gotthold Ephraim Lessing, Rettung des Horaz

Nun rollen der heiligen Ströme
Gluten rückwärts,
Samt dem Recht sind jegliche
Dinge verkehrt.
Euripides, Medea (Chor)

Verkennen

Das Große zu verkennen,
das ist nicht immer eine Sache
des mangelnden Verständnisses,
sondern auch des Mutes,
insbesondere für den,
der sich nicht für unfehlbar hält.
Arthur Schnitzler, Aphorismen und Betrachtungen aus dem Nachlass

Wehe der Nachkommenschaft,
die dich verkennt.
Johann Wolfgang von Goethe, Götz von Berlichingen (Lerse)

Verkleidung

Der Teufel hat Gewalt,
sich zu verkleiden
In lockende Gestalt.
William Shakespeare, Hamlet (Hamlet)

Eines der wirksamsten Mittel bei der
Hypnose – der äußeren Einwirkung
auf den seelischen Zustand des Menschen – ist die Kostümierung.
Die Menschen wissen das sehr gut.
So erklärt sich das Mönchsgewand im
Kloster und die Uniform beim Militär.
Leo N. Tolstoi, Tagebücher (1896)

Ist doch unsere zivilisierte Welt
nur eine große Maskerade.
Arthur Schopenhauer, Zur Ethik

Verlangen

Das erste Keimen eines gerechten Verlangens fliegt durch die Seele wie der
Wind; der Geschmack des guten Willens spielt in ihr wie die Luft, und die
Vollendung vollkommener Werke
grünt in ihr wie die Grünheit der Welt,
die zu weiterer Reifung wächst.
Hildegard von Bingen, Der Mensch in der Verantwortung

Das Verlangen verschwindet
mit dem Besitz, besitz nichts.
Francis M. de Picabia, Aphorismen

Denen, die vieles verlangen,
mangelt es an vielem.
Horaz, Lieder

Die Schönheit einer Frau
besteht in dem Grad des Verlangens,
das sie bei einem Manne auslöst.
Italo Svevo

Erst dann hört man auf,
jung zu sein,
wenn ein Verlangen nach dem andern
Abschied nimmt oder
totgemacht wird.
Franziska Gräfin zu Reventlow, Tagebücher

Jeder verlangt oder verschmäht
nach den Gesetzen seiner Natur
notwendig das, was er für gut
oder für schlecht hält.
Baruch de Spinoza, Ethik

Sehnsucht aber und Verlangen
Hebt vom Boden in die Höh.
Johann Wolfgang von Goethe, Wilhelm Tischbeins Idyllen

Was nicht unser Verlangen bewegt,
darauf richtet sich weder
unsere Hoffnung
noch unsere Verzweiflung.
Thomas von Aquin, Summa theologica

Was verborgen ist, ist unbekannt;
nach Unbekanntem
gibt es kein Verlangen.
Ovid, Liebeskunst

Wenn man irgendein Verlangen spürt,
sei es physischer oder moralischer
Natur, dann überlege man,
ob seine Befriedigung mehr
Schwierigkeiten oder Vorteile bietet;
wenn nicht, kann man die Sache
in Angriff nehmen.
Leo N. Tolstoi, Tagebücher (1851)

Wenn mir ein Schmerz widerfahren ist,
fasst mich immer ein doppeltes
Verlangen nach Leben –
nie eigentlich Resignation.
Franziska Gräfin zu Reventlow, Tagebücher

Verlassen

Gegen die Natur, geliebtes Herz,
kann man nicht falsch sein,
man ist es nur gegen ein
Wiederfalsches –
man verlässt nur den,
der uns verließ,
noch ehe er uns fand,
weil er in uns nur seine Freude suchte.
Adalbert Stifter, Die Narrenburg

Man kann einen Vater verlassen,
der ein Amt bekleidet,
doch keine Mutter, die betteln geht.
Chinesisches Sprichwort

Man weiß, wen man verlässt, aber
man weiß nicht, wen man findet.
Sprichwort aus Frankreich

So verlassen von mir, von allem.
Franz Kafka, Tagebücher (1912)

Verlegenheit

Verlegenheit äußert sich bei unerzogenen Menschen als Grobheit, bei nervösen Menschen als Schwatzhaftigkeit,
bei alten Jungfern und Junggesellen
als Bissigkeit. Phlegmatische Menschen macht die Verlegenheit stumm.
Marie von Ebner-Eschenbach, Aphorismen

Vor andern fühl ich mich so klein;
Ich werde stets verlegen sein.
Johann Wolfgang von Goethe, Faust I (Faust)

Was für den Körper der Schwindel,
das ist Verlegenheit für den Geist.
Ludwig Börne, Aphorismen

Verleger

Als Verleger verdient man das meiste
Geld mit dem Neinsagen.
Ralph Maria Siegel

Der erste Rezensent, der das Werk
eines Schriftstellers und bloß dieses
ohne Hinsicht auf die Person
beurteilt, ist der Verleger.
Jean Paul, Kleine Nachschule zur ästhetischen Vorschule

Der Verleger schielt mit einem Auge
nach dem Schriftsteller,
mit dem anderen nach dem Publikum.
Aber das dritte Auge,
das Auge der Weisheit,
blickt unbeirrt ins Portemonnaie.
Alfred Döblin

Verleger haben die Autoren
und sich selbst für vogelfrei erklärt;
wie wollen sie untereinander,
wer will mit ihnen rechten?
Johann Wolfgang von Goethe, Maximen und Reflexionen

Vor die Edition haben die Verleger
die Addition gesetzt.
Bert Berkensträter

Wäre ich Verleger, ich würde
zuversichtlichen Autoren misstrauen.
Ein Autor hat seine Zuversicht
verbraucht, wenn er aus Papier
Manuskript gemacht hat.
Heinrich Böll

Verleihen

Etwas verleihen, ist so gut wie weggeworfen, etwas zurückerhalten,
ist so gut wie gefunden.
Chinesisches Sprichwort

Verleiht nicht Pferd
noch Frau noch Schwert.
Sprichwort aus England

Verletzung

Besser den Arm brechen
als den Hals.
Deutsches Sprichwort

Kleine Geister werden leicht durch
Kleinigkeiten verletzt,
die auch große Geister voll erkennen,
sich aber von ihnen nicht
verletzen lassen.
François de La Rochefoucauld, Reflexionen

Niemand hinkt, weil ein anderer
verletzt ist.
Sprichwort aus Dänemark

Nicht der Dorn verwundet dich.
Du selbst verletzt dich an den Dornen.
Weisheit aus Zentralafrika

Noch während sie darauf bedacht sind,
ohne Angst zu leben, beginnen
die Menschen, ihren Mitmenschen
Furcht einzuflößen und die Unbill,
die sie von sich abwehren,
einem anderen zuzufügen,
als ob sie nicht leben könnten,
ohne einen anderen zu verletzen
oder von ihm verletzt zu werden.
Niccolò Machiavelli, Vom Staat

Verletzen ist leicht,
Heilen schwer.
Deutsches Sprichwort

Wer lebenslang dir wohl getan,
Verletzung rechne dem nicht an.
Johann Wolfgang von Goethe, Sprüche

Verleumdung

Der Himmel straft oft
die Fehler ehrenwerter Männer
in ihrem Andenken,
das er der Verleumdung preisgibt.
Joseph Joubert, Gedanken, Versuche und Maximen

Die schönste Antwort
auf Verleumdungen ist, dass man sie
stillschweigend verachtet.
Johann Jakob Engel, Fürstenspiegel

Die Tochter des Neides
ist die Verleumdung.
Giacomo Girolamo Casanova, Memoiren

Die Verleumdung, das freche Gespenst,
setzt sich auf die edelsten Gräber.
Heinrich Heine, Englische Fragmente

Die Verleumdung ist nicht ganz ohne
ethische Bedeutung. Sie schätzt
die Möglichkeiten höher ein
als die Tatsachen.
Arthur Schnitzler, Aphorismen und Betrachtungen
aus dem Nachlass

Die Verleumdung tötet drei Menschen:
den Verleumder selbst, den,
der die Verleumdung mit anhört,
und den Verleumdeten.
Talmud

Horch auf die Verleumder, so wirst
du die Wahrheit über dich erfahren.
Arthur Schnitzler, in: Österreichische Rundschau
(9. September 1905)

Jeder Mensch von Genie
hat seine Verleumder.
Edgar Allan Poe, Marginalien

Lass dich nicht doppelzüngig nennen
und verleumde niemand
mit deinen Worten.
Altes Testament, Jesus Sirach 5, 14

Selbst Tugend nicht
entgeht Verleumdertücken.
William Shakespeare, Hamlet (Laertes)

Sterbliche, werdet ihr niemals
aufhören, die Natur zu verleumden?
Jean-Jacques Rousseau, Emile

Vergehen denn die Tugenden,
die man wirklich hat,
durch eines Verleumders Lügen?
Jean-Jacques Rousseau, Julie oder
Die neue Héloïse (Julie)

Verleumdung ist wie die Wespe,
die uns lästig umschwärmt. Man darf
nicht nach ihr schlagen, wenn man sie
nicht sicher tötet, sonst greift sie noch
wütender an als zuvor.
Chamfort, Maximen und Gedanken

Vor Verleumdung kann nicht einmal
der liebe Herrgott sich schützen.
Marie von Ebner-Eschenbach, Aphorismen

Wer seinen Nachbarn verleumdet,
begeht eine Sünde so groß wie
Götzenanbetung, Ehebruch oder Mord.
Talmud

Verliebtheit

Auf hundert Frauen,
die sich nicht in den Mann verlieben,
sondern in dessen Ruhm,
in dessen Reichtum oder auch
in dessen verbrecherische Anlagen,
kommt noch nicht ein Mann,
der eine Frau darum begehrte,
weil sie berühmt, weil sie reich
oder weil sie eine Verbrecherin wäre.
Arthur Schnitzler, Buch der Sprüche und Bedenken

Der Mann ist April, wenn er verliebt,
und Dezember, wenn er
verheiratet ist.
Sprichwort aus Schottland

Der verliebte Mensch ist ein
behutsamer, sanftmütiger, demütiger
und geduldiger Mensch.
Juan de la Cruz, Merksätze von Licht und Liebe

Der Verliebte, so hässlich er auch ist,
und auch seine Freundin, selbst wenn
sie sehr hässlich ist, sehen einander
nichts, das ihnen nicht sehr gut schiene, das sie nicht so sehr begehren.
Juan Ruiz de Alarcón y Mendoza,
Buch von rechter Liebe

Die Logik ist nicht so stark,
wenn das Herz verletzt ist.
August Strindberg, Der Sohn der Magd

Die verliebten Männer geben nicht,
was sie versprechen.
Juan Ruiz de Alarcón y Mendoza,
Buch von rechter Liebe

Du siehst, dass ich, ob ich gleich
verliebt bin, mich doch nicht planlos,
in blinder Begierde über den geliebten
Gegenstand hinstürze. Vielmehr gehe
ich so vorsichtig zu Werke,
wie es der Vernunft bei der Liebe
nur immer möglich ist.
Heinrich von Kleist, Briefe (an Ulrike von Kleist,
12. Januar 1802)

Ein echter Mann
kann sich wahnsinnig,
aber nicht wie ein Narr verlieben.
François de La Rochefoucauld, Reflexionen

Ein ernsthaft Verliebter ist in Gegenwart seiner Geliebten verlegen,
ungeschickt und wenig einnehmend.
Einer aber, der bloß den Verliebten
macht und sonst Talent hat, kann
seine Rolle so natürlich spielen, dass
er die arme Betrogene ganz in seine
Schlingen bringt; gerade darum, weil
sein Herz unbefangen, sein Kopf klar
und er also im ganzen Besitz des freien Gebrauchs seiner Geschicklichkeit
und Kräfte ist, den Schein des Liebenden sehr natürlich nachzumachen.
Immanuel Kant, Kritik der Urteilskraft

Ein reines, heiliges Feuer brannte
in unseren Herzen; den Irrtümern
der Sinne überlassen, sind wir jetzt
nur noch gewöhnliche Verliebte.
Jean-Jacques Rousseau, Julie oder
Die neue Héloïse (Julie)

Ein Verliebter, der den Vernünftigen
bemitleidet, kommt mir vor
wie jemand, der Märchen liest und
sich über die Leute lustig macht,
die Geschichte studieren.
Chamfort, Maximen und Gedanken

Ein Verliebter erblickt die geliebte Frau
in der Horizontlinie jeder Landschaft,
durch die er kommt, und
während er hundert Meilen zurücklegt,

um sie einen Augenblick zu sehen,
erzählt ihm jeder Baum, jeder Fels
in seiner Sprache von ihr und weiß
etwas Neues von ihr zu berichten.
Stendhal, Über die Liebe

Ein Verliebter ist allezeit
voller Furcht.
Andreas Capellanus, Gebote des Minnerechts

Ein Verliebter ist ein Mann, der liebenswerter sein will, als er ist; darum sind fast alle Verliebten lächerlich.
Chamfort, Maximen und Gedanken

Es gibt aber auch allerlei ergötzenden Wahnsinn, und die verliebte Leidenschaft schmeichelt oder quälet sich mit manchen wunderlichen Deutungen, die dem Wahnsinn ähnlich sind.
Immanuel Kant, Versuch über die Krankheiten des Kopfes

Es gibt kein Land auf Erden,
in dem nicht die Liebe
Verliebte zu Dichtern macht.
Voltaire, Der ehrliche Hurone

Es wird mir so,
ich weiß nicht wie.
Johann Wolfgang von Goethe, Faust I (Margarete)

Gefällt erst Mägdleins Auge dir,
So ist bald alles schön an ihr.
Jüdische Spruchweisheit

Genieße lange vorher, ehe du besitzest; genieße die Liebe und die Unschuld zugleich; schaffe dir dein Paradies auf Erden, während du das andere erwartest.
Jean-Jacques Rousseau, Emile

Hundert Gründe gibt es, weshalb
ich immer verliebt bin.
Ovid, Liebesgedichte

Ich habe immer gehört, dass man drei Gattungen von Menschen meiden soll: Sänger, Alte und Verliebte.
Niccolò Machiavelli, Clizia

Ich muss endlich zu deinen Füßen
sterben – oder in deinen Armen.
Jean-Jacques Rousseau, Julie oder
Die neue Héloïse (Saint-Preux)

Ihr müsst eure Verliebtheit in Liebe umschmelzen, und aus der Liebe müsst ihr Güte werden lassen, durch Einsicht und Geduld.
Heinrich Waggerl, Wagrainer Bilderbuch

In einem Lande, wo den Leuten, wenn sie verliebt sind, die Augen im Dunkeln leuchteten, brauchte man des Abends keine Laternen.
Georg Christoph Lichtenberg, Sudelbücher

Je sterblicher ein Mann verliebt ist,
desto größere Überwindung kostet es
ihn, die Hand der geliebten Frau
zu fassen und ihren Zorn zu wagen.
Stendhal, Über die Liebe (Fragmente)

Lieben kannst du, du kannst lieben,
Doch verliebe dich nur nicht!
Gotthold Ephraim Lessing, Lieder

Man sieht einander so oft, bis man sich beständig zu sehen wünscht. Eine zärtliche und süße Empfindung pflanzt sich in die Seele ein, die in die heftigste Wut ausbricht, wenn ihr das kleinste Hindernis im Wege steht.
Jean-Jacques Rousseau, Über den Ursprung und die Grundlagen der Ungleichheit

Man sollte stets verliebt sein.
Das ist der Grund, warum man nicht
heiraten sollte.
Oscar Wilde, Eine Frau ohne Bedeutung

Man verliebt sich oft nur in einen Zustand des andern, in seine Heiterkeit oder in seine Schwermut. Schwindet dieser Zustand dann, so ist damit auch der feine besondere Reiz jenes Menschen geschwunden. Daher die vielen Enttäuschungen.
Christian Morgenstern, Stufen

Manche Leute würden sich
nie verlieben, wenn nicht so viel
von der Liebe die Rede wäre.
François de La Rochefoucauld, Reflexionen

Mitunter genügt schon eine stärkere Brille, um den Verliebten zu heilen; und wer die Kraft der Einbildung hätte, sich ein Gesicht, eine Gestalt sich zwanzig Jahre älter vorzustellen, ginge vielleicht sehr ungestört durch das Leben.
Friedrich Nietzsche, Menschliches, Allzumenschliches

Nur wer sich schwer verliebt, kann auch heftig und dauernd lieben. Wer leicht von Leidenschaft gepackt wird, wird es nur schwach und nicht lange.
François de La Rochefoucauld, Reflexionen

Oft ist der Weiber Andachtsglut
Nichts weiter als verliebtes Blut.
Friedrich von Sallet, Epigrammatisches
und Lasterhaftes

Schlecht ist aber der irdisch Verliebte, der den Körper mehr liebt als die Seele. Er ist ja auch nicht treu und beständig, weil er etwas Unbeständiges liebt.
Platon, Das Gastmahl

Sehr heftig Verliebte sind
für gewöhnlich verschwiegen.
Charles de Secondat, Baron de la Brède
et de Montesquieu, Meine Gedanken

Seid verliebt,
und ihr werdet glücklich sein!
Paul Gauguin

So ein verliebter Tor verpufft
Euch Sonne, Mond und alle Sterne
Zum Zeitvertreib
dem Liebchen in die Luft.
Johann Wolfgang von Goethe, Faust I (Mephisto)

So gar verliebt sind wir nicht,
dass uns nicht hungerte.
Gotthold Ephraim Lessing, Minna von Barnhelm
(Franziska)

Verliebte Köchin versalzt die Speisen.
Deutsches Sprichwort

Verliebte laufen stets der Uhr voraus.
William Shakespeare, Der Kaufmann von Venedig
(Graziano)

Verliebte sehen in der Welt nur sich;
Doch sie vergessen,
dass die Welt sie sieht.
August Graf von Platen, Berenger

Verliebte singen aus demselben Grund,
aus dem ein Kind im Dunkeln pfeift.
August Strindberg

Verliebte spielen abends im Salon eine gar traurige Rolle, weil man bei Frauen nur ankommt und Eindruck macht, wenn man, sie zu gewinnen, ebenso überlegt vorgeht wie beim Billardspiel.
Stendhal, Über die Liebe

Verliebte und Verrückte
Sind beide von so brausendem Gehirn,
So bildungsreicher Phantasie,
die wahrnimmt,
Was nie die kühlere Vernunft begreift.
William Shakespeare, Ein Sommernachtstraum
(Theseus)

Verliebten genügt
zu der geheimen Weihe
das Licht der eigenen Schönheit.
Friedrich Schlegel, Über die Philosophie

Volle Herzen grübeln nicht sehr,
und der Verliebten Zänkereien
über Nichtigkeiten haben immer einen
weit triftigeren Grund, als es scheint.
Jean-Jacques Rousseau, Julie oder
Die neue Héloïse (Julie)

Von einer verliebten Frau kann man
alles erwarten und alles vermuten.
Honoré de Balzac, Physiologie der Ehe

Was aber ist weniger mühevoll
als zu schweigen?
Ovid, Liebesgedichte

Wenn man verliebt ist, beginnt man,
sich selbst zu betrügen. Und endet
damit, dass man andere betrügt.
Oscar Wilde, Eine Frau ohne Bedeutung

Wenn zwei Menschen sich ineinander
verlieben und ahnen, dass sie füreinander bestimmt sind, dann gilt es,
Mut zu haben und abzubrechen; denn
wenn man dabei bleibt, ist nur alles zu
verlieren und nichts zu gewinnen.
Das scheint ein Paradox zu sein,
und ist es auch für das Gefühl,
nicht aber für den Verstand.
Søren Kierkegaard, Entweder – Oder

Wer in sich selbst verliebt ist,
hat wenigstens bei seiner Liebe
den Vorteil, dass er nicht
viele Nebenbuhler erhalten wird.
Georg Christoph Lichtenberg, Sudelbücher

Wer nie geliebt hat, kann keinen Begriff haben von den seligen Freuden,
die der Umgang unter Verliebten
gewährt. Wer zu oft mit seinem Herzen
Tauschhandel getrieben hat,
verliert den Sinn dafür.
Adolph Freiherr von Knigge,
Über den Umgang mit Menschen

Wer verliebt ist, seufzt
und hofft und glaubt
Und jauchzt.
Christian Dietrich Grabbe, Don Juan und Faust (Ritter)

Wer wird so vermessen sein,
sich in eine Königin zu verlieben,
ohne dass sie ihn zuvor ermutigt?
Stendhal, Über die Liebe

Wie beklagenswert ist eine Frau,
wenn sie zugleich verliebt
und tugendsam ist.
François de La Rochefoucauld,
Nachgelassene Maximen

Wie soll man an so viele Gegenstände
denken, wenn man von einem
erfüllt ist?
Jean-Jacques Rousseau, Julie oder
Die neue Héloïse (Julie)

Wird ein leidenschaftlich verliebtes
Weib auch nur ein wenig entmutigt,
so ist es todesmutig zum Äußersten
entschlossen.
Voltaire, Der ehrliche Hurone

Wo Verliebte sich ansehen, erhält
das Feuer ihrer Liebe neue Nahrung.
Gottfried von Straßburg, Tristan

Zwei Verliebten wird ihre Gesellschaft deshalb nicht langweilig,
weil sie immer nur von sich sprechen.
François de La Rochefoucauld, Reflexionen

Verlobung

Die Würze einer langen Verlobungszeit
liegt darin, dass die Bräute wechseln.
Alexander Roda Roda

Eine Verlobung ist bedingte Verurteilung zu lebenslänglicher Doppelhaft mit vorläufigem Strafaufschub.
August Strindberg

Heimlich Verlöbnis stiftet keine Ehe.
Deutsches Sprichwort

Nichts ist besser geeignet, Freunden
seine Verlobung bekanntzugeben,
als eine nette religiöse Postkarte.
Das räumt sämtliche frivolen Aspekte
aus dem Weg und gibt dem Vorgang
eine spontane Würde, die ihm nachfolgende Hänseleien gleich welchen Aus-
maßes nicht wieder rauben können.
Peter Ustinov, Peter Ustinovs geflügelte Worte

Verlobung ist eine Art
Ausnüchterungszelle für Berauschte.
Evelyn Waugh

Verlockung

Das Landleben lockt sogar diejenigen,
die sich nichts aus ihm machen.
Fernando Pessoa, Das Buch der Unruhe
des Hilfsbuchhalters Bernardo Soares

Der Fisch beißt am liebsten
in einen silbernen Angelhaken.
Sprichwort aus Norwegen

Der Teufel hat Gewalt,
sich zu verkleiden
In lockende Gestalt.
William Shakespeare, Hamlet (Hamlet)

Die süßesten Trauben
hängen am höchsten.
Deutsches Sprichwort

Für alle Vögel gibt es Lockspeisen,
und jeder Mensch wird auf
seine eigene Art geleitet und verleitet.
Johann Wolfgang von Goethe, Dichtung und Wahrheit

Mit Speck fängt man Mäuse.
Deutsches Sprichwort

Süße Milch soll man vor Katzen hüten.
Deutsches Sprichwort

Was Fliegen lockt,
das lockt auch Freunde.
Deutsches Sprichwort

Verlust

Analyse der Liebe aus der Psychologie
des Verlustes.
Walter Rathenau, Auf dem Fechtboden des Geistes.
Aphorismen aus seinen Notizbüchern

Besitzen heißt verlieren.
Fernando Pessoa, Das Buch der Unruhe
des Hilfsbuchhalters Bernardo Soares

Besser wäre es, niemals glücklich
zu sein, als das Glück zu kosten,
um es zu verlieren.
Jean-Jacques Rousseau, Julie oder
Die neue Héloïse (Saint-Preux)

Das, wofür du keinen Sinn hast,
geht für dich verloren,
wie die Farbenwelt dem Blinden.
Karoline von Günderode, Die Manen (Lehrer)

Den Verlust mancher Menschen
bedauert man, ohne betrübt zu sein.
Der Verlust anderer betrübt uns,
ohne dass wir ihn bedauern.
François de La Rochefoucauld, Reflexionen

Denn meistens belehrt erst der Verlust
über den Wert der Dinge.
Arthur Schopenhauer, Aphorismen zur Lebensweisheit

Der Erfolgreiche verliert Freunde
und gewinnt Neider.
Lothar Schmidt

Die Menschen verlieren zuerst
ihre Illusionen, dann ihre Zähne
und ganz zuletzt ihre Laster.
Hans Moser

Eigenes verliert zu Recht,
wer Fremdes anstrebt.
Phaedrus, Fabeln

Ein guter Verlierer ist
ein ungewählter Politiker, der sich
trotzdem gewählt ausdrückt.
Ernst Schröder

Ein kleiner Verlust erschreckt,
ein großer zähmt.
Sprichwort aus Spanien

Eine Liebe hatt ich,
sie war mir lieber als alles!
Aber ich hab sie nicht mehr.
Schweig und ertrag den Verlust!
Johann Wolfgang von Goethe,
Venezianische Epigramme

Es ist besser, ehrenvoll alles,
als einen Teil schimpflich zu verlieren.
Niccolò Machiavelli, Briefe (an Francesco Vettori,
10. Dezember 1514)

Es ist nichts verloren,
und in keiner Rücksicht;
nur unser Auge vermag die lange
unendliche Kette von der Ursache
zu allen Folgen nicht zu übersehen.
Karoline von Günderode, Die Manen (Lehrer)

Früher brauchte man nur
ein Taschentuch fallen zu lassen,
und schon stürzten die Männer herbei.
Heute könnte man
einen Büstenhalter verlieren,
und keiner rührt einen Finger.
Helen Vita

Verlust

Für alles, was du verlorst, hast du
etwas gewonnen, und für alles,
was du gewinnst, verlierst du etwas.
Ralph Waldo Emerson, Essays

Fürchterlich
ist einer, der nichts zu verlieren hat.
Johann Wolfgang von Goethe,
Die natürliche Tochter (König)

Gewinn und Verlust
sind Bruder und Schwester.
Sprichwort aus Wallonien

Ich gebe nichts verloren als die Toten.
Friedrich Schiller, Dom Karlos (Karlos)

Im Drang zur Entgrenzung,
der die Gegenwart beherrscht und
immer negativ als »Verlust der Mitte«
gedeutet wird, haben wir viel mehr
den Verlust der Enge.
Ludwig Marcuse, Argumente und Rezepte.
Ein Wörter-Buch für Zeitgenossen

In dem Maße, wie ein Mensch Gunst
und großes Vermögen verliert,
kommt das Lächerliche zum Vorschein,
das davon verdeckt war,
ohne dass es jemand bemerkte.
Jean de La Bruyère, Die Charaktere

Jeder Verlust ist für ein Glück
zu achten, das höhere Gewinne
zuwege bringt.
Jacob Grimm, Rede auf der Frankfurter Germanistenversammlung 1846

Kein Weiser jammert um Verlust,
Er sucht mit freud'gem Mut
ihn zu ersetzen.
William Shakespeare, Heinrich VI. (Margareta)

Keinen Verlust fühlt man so heftig
und so kurz wie den Verlust
einer geliebten Frau.
Luc de Clapiers Marquis de Vauvenargues,
Unterdrückte Maximen

Leichter ein Dorf vertan,
als ein Haus erworben.
Deutsches Sprichwort

Man kann den Teil nicht verlieren,
ohne dass das Ganze wanke.
Niccolò Machiavelli, Briefe (an Francesco Vettori,
10. Dezember 1514)

Man läuft Gefahr zu verlieren,
wenn man zu viel gewinnen möchte.
Jean de La Fontaine, Fabeln

Man verliert immer das,
was man am meisten schätzt.
Vita Sackville-West, Erloschenes Feuer

Man verliert nicht immer,
wenn man entbehrt.
Johann Wolfgang von Goethe,
Wilhelm Meisters Lehrjahre

Millionen von Arbeitsstunden
gehen jedes Jahr durch unzureichende
Lehrbücher verloren.
Ludwig Reiners, Stilkunst IV, Die Kunst zu lehren

Nicht einmal ein Narr verkauft mit
Verlust, um den Leuten zu gefallen.
Chinesisches Sprichwort

Nichts verloren gehen zu lassen,
ist eine Hauptregel,
Papierschnitzel ebenso wie Zeit.
Georg Christoph Lichtenberg, Sudelbücher

Nie mag ein Gut ja,
welches er in Händen hält,
Der Tor erkennen,
bis es ihm entwunden ist.
Sophokles, Aias (Tekmessa)

O Leben, Leben,
das so schön zu schauen,
o wie verliert man
leicht an einem Morgen,
was man mit Pein
in längster Zeit ergattert.
Francesco Petrarca, Der Canzoniere

Sage nie von einer Sache:
»Ich habe sie verloren«,
sondern »Ich habe sie zurückgegeben«.
Dein Kind ist gestorben?
Nein, du hast es zurückgegeben.
Deine Frau ist gestorben?
Nein, du hast sie zurückgegeben.
»Ich habe mein Grundstück verloren.«
Gut, auch das hast du zurückgegeben.
»Aber es ist doch ein Verbrecher,
der es mir gestohlen hat.« Was geht es
dich an, durch wen es der, der es dir
einst gab, von dir zurückforderte?
Epiktet, Handbuch der Moral

Stirbt ein Meister,
schied ein Held
Trifft sein Verlust die ganze Welt.
Jüdische Spruchweisheit

Verliert man die Schuhe, so
behält man doch die Füße.
Deutsches Sprichwort

Verlust ist nichts anderes
als Verwandlung.
Mark Aurel, Selbstbetrachtungen

Was du verlieren kannst,
hat keinen Wert.
Emil Gött, Zettelsprüche. Aphorismen

Was leicht gewonnen,
wird leicht verloren.
Chinesisches Sprichwort

Was man durch Lachen verliert,
gewinnt man nicht wieder
durch Weinen.
Sprichwort aus Georgien

Was man nicht aufgibt,
hat man nie verloren.
Friedrich Schiller, Maria Stuart (Elisabeth)

Was verschmerzte nicht der Mensch!
Vom Höchsten
Wie vom Gemeinsten
lernt er sich entwöhnen.
Friedrich Schiller, Wallensteins Tod (Wallenstein)

Was wir ausgaben, hatten wir,
was wir verließen, verloren wir,
was wir gaben, haben wir.
Sprichwort aus England

Wasser auszuschütten ist leicht,
es wieder aufzusammeln – schwer.
Chinesisches Sprichwort

Wen man beim Fortgehn nicht vermisst,
An dem ist wohl nichts eingebüßt.
Jüdische Spruchweisheit

Wenn die Kuh den Schwanz
verloren hat, so merkt sie erst,
wozu er gut gewesen ist.
Deutsches Sprichwort

Wenn man sein Ansehen ein zweites
Mal verlieren will, muss man es auf
einem ganz anderen Gebiet versuchen.
Robert Lembke, Steinwürfe im Glashaus

Wer besitzt, der lerne verlieren,
Wer im Glück ist,
der lerne den Schmerz.
Friedrich Schiller, Die Braut von Messina (Chor)

Wer die Gräben nicht in Ordnung hält,
verliert am Ende sein Feld.
Chinesisches Sprichwort

Wer Güter genießen kann,
wie ich sie verloren habe,
kann der noch weiterleben?
Jean-Jacques Rousseau, Julie oder Die neue Héloïse
(Saint-Preux)

Wer im Heu eine Nadel
verloren hat, suche sie im Heu.
Chinesisches Sprichwort

Wer lebt, verliert;
aber er gewinnt auch.
Johann Wolfgang von Goethe, Stella (Fernando)

Wer nicht sklavisch an seinen Kindern
hängt oder an den Ehren, der kommt,
auch wenn er sie verliert, immer noch
ganz gut mit dem Leben aus.
Michel Eyquem de Montaigne, Die Essais

Wer nicht verlieren will,
der spiele nicht.
Deutsches Sprichwort

Wer sittlich wirkt, verliert
keine seiner Bemühungen.
Johann Wolfgang von Goethe, Dichtung und Wahrheit

Wie gewonnen,
so zerronnen.
Deutsches Sprichwort

Wir hören gerne das Lob dessen,
das uns verloren ging. Sonderbar,
indem es uns das Gefühl des Verlustes
steigert, tröstet es uns.
Theodor Fontane, Vor dem Sturm

Wo ein Dummkopf sein Geld verliert,
hat sich der Schlaue alsbald saniert.
Sprichwort aus Spanien

Wo zwei wetten, muss einer verlieren.
Deutsches Sprichwort

Vermittlung

Die Kunst ist die Mittlerin
zwischen Gott und unserer Seele.
Giovanni Segantini, Schriften und Briefe

Ein mächtiger Vermittler ist der Tod.
Da löschen alle Zornesflammen aus.
Friedrich Schiller, Die Braut von Messina (Dom Cäsar)

Wenn einem Vermittler beide Parteien
misstrauen, ist das nicht schlecht.
Wenn ihm beide vertrauen,
ist das noch besser.
Gunnar Harring

Vermögen

Aber wer tut dem Kaufmann es nach,
der bei seinem Vermögen
Auch die Wege noch kennt,
auf welchem das Beste zu haben?
Johann Wolfgang von Goethe, Hermann und Dorothea
(3. Gesang)

Alles, was du vermagst,
ist dein Vermögen.
Max Stirner, Der Einzige und sein Eigentum

Der Weise ist besorgt, sein Vermögen
zu erhalten, auch wohl zu vermehren.
Daher ein unnützen Aufwand meidet,
um die Mittel zu haben
zu unvorhergesehenen Ausgaben.
Karl Julius Weber, Democritos

Ein Elend ist das Bewachen
eines großen Vermögens.
Juvenal, Satiren

Ein Vermögen zu erwerben, ist leicht,
es zu behüten, ist schwer.
Chinesisches Sprichwort

Großes Vermögen, große Knechtschaft.
Sprichwort aus Frankreich

Gutem Sohn kein Vermögen erwerben,
bösem kein Vermögen vererben.
Leo N. Tolstoi, Tagebücher (1898, Sprichwort)

Man hat Vermögen ohne Glück
wie Frauen ohne Liebe.
Antoine Comte de Rivarol, Maximen und Reflexionen

Man muss mit dreißig Jahren
daran denken, sich ein
Vermögen zu schaffen;
mit fünfzig hat man es
noch nicht zusammen;
man baut im Alter,
und man stirbt,
wenn Maler und Glaser im Haus sind.
Jean de La Bruyère, Die Charaktere

Man zwingt die jungen Leute,
ihre Vermögen zu verwenden,
als ob es sicher wäre,
dass sie alt werden müssten.
Luc de Clapiers Marquis de Vauvenargues,
Unterdrückte Maximen

Manche Leute haben
von ihrem Vermögen nur die Furcht,
es zu verlieren.
Antoine Comte de Rivarol, Maximen und Reflexionen

Männer schaffen Vermögen,
und Frauen erhalten es.
Sprichwort aus Italien

Mehrt sich das Vermögen,
so mehren sich auch die,
die es verzehren.
Altes Testament, Kohelet 5, 10

Nicht mit Erfindungen,
sondern mit Verbesserungen
macht man Vermögen.
Henry Ford

Nichts hält länger
als ein bescheidenes Vermögen;
von nichts sieht man so leicht
das Ende ab wie von einem großen.
Jean de La Bruyère, Die Charaktere

Ohne Vermögen, ohne Familien-
anhang, ohne Schulung, ohne robuste
Gesundheit bin ich ins Leben getreten,
mit nichts ausgerüstet
als einem poetischen Talent
und einer schlecht sitzenden Hose.
Theodor Fontane, Briefe

Sie fragen, wie man zu solch
einem großen Vermögen kommt?
Man muss einfach Glück haben!
Voltaire, Jeannot und Colin

Vermehrung des Vermögens aber, die
niemand schadet, ist nicht zu tadeln,
zu meiden aber ist immer das Unrecht.
Marcus Tullius Cicero, Vom rechten Handeln

Vermögen bringt Ehren.
Vermögen bringt Freundschaften.
Der Arme liegt in allen Angelegen-
heiten darnieder.
Ovid, Festkalender

Von gerechtem Vermögen
nimmt der Teufel die Hälfte;
von ungerechtem das Ganze
und den Eigentümer dazu.
Sprichwort aus der Türkei

Wenn man erst einmal
mit dem Strom schwimmt,
braucht man sich nur treiben
zu lassen und erwirbt ohne besondere
Anstrengung ein großes Vermögen.
Die armen Schlucker, die einen dann
vom Ufer aus mit vollen Segeln
vorbeifahren sehen, reißen staunend
die Augen auf und können nicht
verstehen, wie man das geschafft hat.
Voltaire, Jeannot und Colin

Wenn mein Vermögen
mich unterjochen will, werde ich es
ohne Gram aufgeben; ich habe Arme,
um zu arbeiten, und ich werde leben.
Jean-Jacques Rousseau, Emile

Wer nur das Vermögen
oder den Stand heiratet,
ist der Person nichts schuldig.
Jean-Jacques Rousseau, Julie oder
Die neue Héloïse (Saint-Preux)

Wie angenehm es ist,
sein Vermögen zu bewahren!
Titus Maccius Plautus, Truculentus

Wie? Diejenigen,
die ihr Schicksal teilen wollen,
sollten ihr Vermögen
nicht teilen dürfen?
Jean-Jacques Rousseau, Julie oder
Die neue Héloïse (Julie)

Vermutung

Computer ersparen Vermutungen;
Bikinis tun das auch.
Lothar Schmidt

Denken wir zudem daran,
dass wir unseren Urteilen über die
Wahrheit der Dinge überhaupt niemals
Vermutungen beimischen!
René Descartes, Regeln zur Leitung des Geistes

Die Theorie ist eine Vermutung
mit Hochschulbildung.
Jimmy Carter

Vernachlässigung

Der edle Mensch kann sich
in Momenten vernachlässigen,
der vornehme nie.
Johann Wolfgang von Goethe,
Wilhelm Meisters Lehrjahre

Wässert du nicht das Feld,
wird es sich rächen.
Chinesisches Sprichwort

Wenn Sie älter werden und irgendwo
im Abendlicht im Schaukelstuhl sitzen,
Ihr Leben an sich vorbeiziehen lassen,
und wenn Sie dann Ihre Eltern oder
Ihre Kinder vernachlässigt haben,
dann frisst Sie das auf.
Lido Anthony »Lee« Iacocca,
Mein amerikanischer Traum

Verneigung

Vor Holunder soll man den Hut
abziehen und vor Wacholder
die Knie beugen.
Deutsches Sprichwort

Wenn du dich vor einem Zwerg
verneigst, so verhindert das nicht,
dass du wieder aufrecht stehen kannst.
Sprichwort aus Afrika

Verneinung

Es ist ein großer Unterschied, eine
Sache zu verneinen oder sie nicht
zu bejahen, und eine Sache zu verwerfen oder sie nicht anzunehmen.
Jean-Jacques Rousseau, Dritter Brief vom Berge

Ich bin der Geist, der stets verneint!
Und das mit Recht:
Denn alles, was entsteht,
Ist wert, dass es zugrunde geht.
Johann Wolfgang von Goethe, Faust I (Mephisto)

Ich kann kein verneinendes Prinzip
in meinem Leben brauchen.
Franziska Gräfin zu Reventlow, Tagebücher

Vernichtung

Anerkennung und Applaus
können auch Vernichtung bedeuten.
Helmut Qualtinger

Das Ungeheure hört auf, erhaben zu
sein, es überreicht unsere Fassungskraft, es droht uns zu vernichten.
Johann Wolfgang von Goethe, Wilhelm Meisters Wanderjahre

Die Zeit, sie mäht
so Rosen als Dornen,
Aber das treibt immer
wieder von vornen.
Johann Wolfgang von Goethe, Sprichwörtlich

Keulen sind als Vernichtungswerkzeuge etwas aus der Mode. Aber das
Schicksal bedient sich ihrer noch.
Heinz Rühmann

Man muss die Menschen entweder
verwöhnen oder vernichten;
denn wegen leichter Demütigungen
rächen sie sich, wegen schwerer
vermögen sie es nicht. Also muss der
Schaden, den man anderen zufügt,
so groß sein, dass man keine Rache
zu fürchten braucht.
Niccolò Machiavelli, Der Fürst

Suche nicht die Vernichtung.
Sie wird dich finden. Suche den Weg,
der zur Vollendung führt.
Dag Hammarskjöld, Zeichen am Weg

Vernichtung allein bahnt den Weg
zu radikaler Erneuerung.
Hermann Graf Keyserling, Reisetagebuch
eines Philosophen

Was anzieht, will erobert,
was abstößt, vernichtet sein.
Oswald Spengler, Urfragen. Fragmente
aus dem Nachlass

Vernunft

Aber aus bloßem Verstand ist
nie Verständiges, aus bloßer Vernunft
ist nie Vernünftiges gekommen.
Friedrich Hölderlin, Hyperion

Aber Schöneres ist nicht auf der Welt
als Neigung, durch Vernunft
und Gewissen geleitet.
Johann Wolfgang von Goethe, Unterhaltungen
deutscher Ausgewanderten

Aber wenn eure Vernunft
euch irreleitete?
Voltaire, Geschichte von Jenni

Ach, was versteht die Vernunft?
Sie kann nicht verstehen, wie aus
einem Tropfen Blut ein Mensch wird,
wie aus einer Blüte eine Kirsche wird,
wie Knochen und Fleisch
entstehen können.
Martin Luther, Tischreden

Aller Zustand ist gut,
der natürlich ist und vernünftig.
Johann Wolfgang von Goethe, Hermann und Dorothea
(5. Gesang)

Alles, was aus Vernunft geschieht,
muss seine Regeln haben.
Jean-Jacques Rousseau, Emile

Alles, was mit der primären Fähigkeit
des Menschen, mit seiner Vernunft
in Einklang steht, wird auch mit allem
in Einklang stehen, was da existiert.
Leo N. Tolstoi, Tagebücher (1847)

Autorität kann zwar demütigen,
aber nicht belehren;
sie kann die Vernunft niederschlagen,
aber nicht fesseln.
Johann Georg Hamann, Golgatha und Scheblimini

Bescheidenheit ist der Anfang
aller Vernunft.
Ludwig Anzengruber, Einfälle und Schlagsätze

Das Band der Gesellschaft
sind Vernunft und Sprache.
Marcus Tullius Cicero, Vom rechten Handeln

Das Einmaleins der Vernunft
folgt unter allen Nationen der Erde
denselben Gesetzen.
Wilhelm Heinrich Wackenroder, Herzensergießungen
eines kunstliebenden Klosterbruders

Das Gewissen ist nichts anderes
als die Übereinstimmung zwischen der
eigenen und der höchsten Vernunft.
Leo N. Tolstoi, Tagebücher (1900)

Das Lachen erhält uns vernünftiger
als der Verdruss.
Gotthold Ephraim Lessing, Minna von Barnhelm
(Minna)

Das Sein des Menschen
im eigentlichen Sinne liegt darin:
der Vernunft gemäß zu sein. Wenn
darum einer in dem sich hält,
was der Vernunft gemäß ist, dann
heißt es, er halte sich in sich selbst.
Thomas von Aquin, Summa theologica

Das vernünftige Wesen muss sich
jederzeit als gesetzgebend in einem
durch Freiheit des Willens möglichen
Reiche der Zwecke betrachten, es mag
nun sein als Glied oder als Oberhaupt.
Immanuel Kant, Grundlegung zur Metaphysik
der Sitten

Das vollkommene Leben ist nur
den Vernünftigen und Besonnenen
zuzuerkennen.
Aristoteles, Protreptikos

Dass die Vernunft eine Feindin
jeder Größe ist, ist eine Erkenntnis,
die man nicht wichtig genug
nehmen kann.
Giacomo Leopardi, Gedanken aus dem Zibaldone

Denn wie wir die Früchte der Gerechtigkeit, wie die weisen unter den
Dichtern erzählen, im Hades ernten,
so die der Vernunft, wie es scheint,
auf den Inseln der Seligen.
Aristoteles, Protreptikos

Der Betrug ist ein Grundübel
des Menschen. Er ist ein Missbrauch
der Vernunft, seiner höchsten Gabe.
Torquato Accetto, Über die ehrenwerte Kunst der
Verstellung

Der Mann filtert seine Gefühle
durch die Vernunft, die Frau nicht.
Anaïs Nin, Die Frau legt den Schleier ab

Der Mensch aber bekommt von der
Natur Vernunft und Willen als Waffen
mit, die er zu ganz entgegengesetzten
Zwecken gebrauchen kann.
Aristoteles, Politik

Der Mensch handelt nicht nach der
Vernunft, die sein Wesen ausmacht.
Blaise Pascal, Pensées

Der Mensch ist nur dann unfrei,
wenn er wider seine vernünftige Natur
handelt.
Leo N. Tolstoi, Tagebücher (1906)

Der Mensch konnte nicht leben
und sich erhalten, wenn er nicht Vernunft brauchen lernte: Sobald er diese
brauchte, war ihm freilich die Pforte
zu tausend Irrtümern und Fehlversuchen, eben aber auch und selbst
durch diese Irrtümer und Fehlversuche
der Weg zum bessern Gebrauch
der Vernunft eröffnet.
Johann Gottfried Herder, Ideen zur Philosophie der Geschichte der Menschheit

Der Sinn muss in Vernunft,
Vernunft in Glauben gehn,
der Glauben in die Lieb',
nur so kannst du bestehn.
Daniel Czepko von Reigersfeld,
Monodisticha Sapientium

Der Teil unserer Seele aber,
der von Natur herrscht
und über uns entscheidet,
ist die Vernunft, das andere folgt ihr
und muss sich seinem Wesen nach
von ihr beherrschen lassen.
Aristoteles, Protreptikos

Der uns mit solcher Denkkraft schuf,
Vorausschauen und rückwärts,
gab uns nicht
Die Fähigkeit und göttliche Vernunft,
Um ungebraucht in uns zu schimmeln.
William Shakespeare, Hamlet (Hamlet)

Der Vernunft kann nichts widerstehen.
Marcus Manilius, Astronomica

Der Verständige regiert nicht,
aber der Verstand; nicht der
Vernünftige, sondern die Vernunft.
Johann Wolfgang von Goethe,
Maximen und Reflexionen

Der Zeit nach kommt die Autorität
zuerst; den sachlichen Vorrang
aber hat die Vernunft.
Aurelius Augustinus, Über das glückselige Leben

Die beste der Gaben der Natur
ist jene Kraft der Vernunft, die uns
über unsere eigenen Leidenschaften
und Schwächen erhebt
und auch unsere Vorzüge, Talente
und Tugenden in unsere Macht gibt.
Chamfort, Maximen und Gedanken

Die Blindheit des Nichtwissens
verdunkelt wie durch eine Wolke
das Urteil der Vernunft.
Erasmus von Rotterdam, Handbüchlein
eines christlichen Streiters

Die bloße Vernunft ist nicht aktiv;
sie hält zuweilen zurück,
selten erregt sie, und niemals
hat sie etwas Großes vollbracht.
Allzeit vernünfteln ist die Sucht
kleiner Geister.
Jean-Jacques Rousseau, Emile

Die Fähigkeit zu verstehen,
die Vernunft, ist der Gegenbegriff
zu manipulativer Intelligenz.
Erich Fromm, Pathologie der Normalität

Die ganze Seele ist ja
nichts anderes als Vernunft,
Gedächtnis und Wille.
Bernhard von Clairvaux, Über die Bekehrung

Die grübelnde Vernunft
dringt sich in alles ein.
Gotthold Ephraim Lessing, Fabeln

Die höheren Zweige der Vernunftkultur,
Religion, Wissenschaft, Tugend,
können nie Zwecke des Staates werden.
Johann Gottlieb Fichte, Grundzüge des gegenwärtigen
Zeitalters

Die künftige Revolution wird eine
Revolution gegen die Gesetze der
Vernunft und der Gesellschaft sein.
Leo N. Tolstoi, Tagebücher (1858)

Die Leidenschaften haben die Menschen
die Vernunft gelehrt.
Luc de Clapiers Marquis de Vauvenargues,
Reflexionen und Maximen

Die menschliche Vernunft und das
ewige Gesetz sind die Richtschnur
des Wirkens der Menschen.
Thomas von Aquin, Summa theologica

Die Persönlichkeit ist der Gebrauch
der Vernunft.
Francis M. de Picabia, Aphorismen

Die Sinne sind irdisch,
die Vernunft steht außerhalb ihrer,
wenn sie betrachtet.
Leonardo da Vinci, Tagebücher und Aufzeichnungen

Die Stimme der Vernunft bringt die
Menschen fast immer dazu, für ein
paar Augenblicke in sich zu gehen.
Voltaire, Der ehrliche Hurone

Die Stimme der Vernunft ist leise,
aber sie ruht nicht, ehe sie sich Gehör
verschafft hat.
Sigmund Freud

Die Vernunft aber ist ein Teil der
Tüchtigkeit und der Glückseligkeit.
Denn wir behaupten, die Glückseligkeit beruhe entweder auf ihr
oder bestehe in ihr.
Aristoteles, Protreptikos

Die Vernunft begreift nicht
die Interessen des Herzens.
Luc de Clapiers Marquis de Vauvenargues, Reflexionen
und Maximen

Die Vernunft besteht aus Wahrheiten,
die man sagen, und aus solchen,
die man verschweigen muss.
Antoine Comte de Rivarol, Maximen und Reflexionen

Die Vernunft entdeckt das Mittelstück
zwischen der Liebe zu Gott
und der Liebe zu den Menschen –
die Liebe zur Kreatur, die Ehrfurcht
vor allem Sein, das Miterleben allen
Lebens, mag es dem unseren äußerlich
noch so unähnlich sein.
Albert Schweitzer, Straßburger Predigten 1900–1919,
16. Februar 1919

Die Vernunft erscheint im Leben
zuletzt; je mehr sie erkennt,
je reifer sie wird, umso mehr lassen
Gefühl und Einbildungskraft nach,
jene beiden Kräfte, denen jede
nachhaltige Initiative und
jede echte Begeisterung entstammt.
Francesco De Sanctis, Über die Wissenschaft
und das Leben

Die Vernunft erzählt Geschichten, aber
die Leidenschaften drängen zur Tat.
Antoine Comte de Rivarol, Maximen und Reflexionen

Die Vernunft gibt sich niemals gefangen in den Gesetzen, die sie verkündet.
Man sieht sie plötzlich ihre
allgemeinsten Sätze durch eine unvorhergesehene Ausnahme zerbrechen,
die sie vor dem Absurden rettet.
Théodore Jouffroy, Das grüne Heft

Die Vernunft gleicht der Wahrheit:
Es gibt nur eine.
Jean de La Bruyère, Die Charaktere

Die Vernunft hat wohl Fähigkeit,
vorhandnen Stoff zu bilden, aber nicht
Kraft, neuen zu erzeugen. Diese Kraft
ruht allein im Wesen der Dinge,
diese wirken, die wahrhaft weise
Vernunft reizt sie nur zur Tätigkeit
und sucht sie zu lenken.
Wilhelm von Humboldt, Ideen über Staatsverfassung

Die Vernunft ist auf das Werdende,
der Verstand auf das Gewordene angewiesen; jene bekümmert sich nicht:
Wozu? dieser fragt nicht: Woher? –
Sie erfreut sich am Entwickeln; er
wünscht alles, festzuhalten
damit er es nutzen könne.
Johann Wolfgang von Goethe, Maximen
und Reflexionen

Die Vernunft ist das größte Hindernis
für den Glauben,
weil alles Göttliche ihr absurd scheint.
Martin Luther, Tischreden

Die Vernunft ist dem Menschen Natur.
Was immer also wider die Vernunft ist,
das ist wider des Menschen Natur.
Thomas von Aquin, Über das Böse

Die Vernunft ist des Herzens
größte Feindin.
Giacomo Girolamo Casanova, Memoiren

Die Vernunft ist ein Licht. Davon will
und soll die Natur erleuchtet,
jedoch nicht in Brand gesteckt werden.
Giacomo Leopardi, Gedanken aus dem Zibaldone

Die Vernunft ist
eine Widersacherin der Natur.
Diese ist groß,
die Vernunft ist klein.
Giacomo Leopardi, Gedanken aus dem Zibaldone

Die Vernunft ist gleichsam Licht
und Leuchte des Lebens.
Marcus Tullius Cicero, Akademische Bücher

Die Vernunft ist grausam,
das Herz ist besser.
Johann Wolfgang von Goethe,
Wilhelm Meisters Lehrjahre

Die Vernunft ist kein Werkzeug, das
man nach Gefallen weglegt und wieder ergreift; und wer zehn Jahre hat
leben können, ohne zu denken, wird
sein Leben lang nicht mehr denken.
Jean-Jacques Rousseau, Julie oder
Die neue Héloïse (Saint-Preux)

Die Vernunft ist unser natürlicher
Zweck und vernünftig sein das Letzte,
um dessentwillen wir da sind.
Wenn wir also geboren sind,
dann sind wir es offenbar, um
vernünftig zu werden und zu lernen.
Aristoteles, Protreptikos

Die Vernunft kann nie mehr sein
als vernünftig. Was mehr
aus ihr herausgeholt wird, hat man
vorher heimlich in sie hineingetan.
Ludwig Marcuse, Argumente und Rezepte.
Ein Wörter-Buch für Zeitgenossen

Die Vernunft macht immer heller,
in welchem Dunkel wir leben.
Ludwig Marcuse, Argumente und Rezepte.
Ein Wörter-Buch für Zeitgenossen

Die Vernunft siegt nie von selbst
– sie muss erkämpft werden.
Heinrich Mann, Das Bekenntnis zum Übernationalen

Die Vernunft spricht leise,
deshalb wird sie so oft nicht gehört.
Jawaharlal Nehru

Die Vernunft täuscht
uns öfter als die Natur.
Luc de Clapiers Marquis de Vauvenargues,
Reflexionen und Maximen

Die Vernunft und die auf Vernunft
beruhende Kunst sind Fähigkeiten,
die an sich und ihren entsprechenden
Werken genug haben.
Mark Aurel, Selbstbetrachtungen

Die Vernunft und die Rechtschaffenheit und die Lust haben ihren Sitz
in der Seele.
Aristoteles, Eudemische Ethik

Die Zeit ist ein mächtiger Bundesgenosse für den, der auf Seiten
der Vernunft und des Fortschritts ist.
Camillo Benso Graf Cavour, Briefe
(an Matteuci Dezember 1860)

Doch was vermag die Vernunft
wider die Schwachheit?
Jean-Jacques Rousseau, Emile

Ein edles Herz / Bekennt sich gern
von der Vernunft besiegt.
Friedrich Schiller, Die Jungfrau von Orleans (Talbot)

Ein leidenschaftsloses Menschengeschlecht hätte auch seine Vernunft
nie ausgebildet; es läge noch
in irgendeiner Troglodytenhöhle.
Johann Gottfried Herder, Ideen zur Philosophie
der Geschichte der Menschheit

Ein mittelmäßiger Geist wähnt,
göttlich, ein bedeutender Geist glaubt,
vernunftgemäß zu schreiben.
Jean de La Bruyère, Die Charaktere

Ein vernunftbegabtes Wesen ist der
Mensch: Vollendet wird daher
sein Vorzug, wenn er das erfüllt hat,
wozu er geboren war.
Lucius Annaeus Seneca, Briefe über Ethik

Ein vollkommen vernünftiges Wesen
kann nicht einmal gedacht werden –
ohne um diesen Gedanken zu wissen
und ihn mitzubestimmen.
Novalis, Fragmente

Ein wenig besser würd' er leben,
Hättst du ihm nicht den
Schein des Himmelslichts gegeben;
Er nennt's Vernunft
und braucht's allein,
Nur tierischer als jedes Tier zu sein.
Johann Wolfgang von Goethe, Faust (Prolog im Him-
mel: Mephisto)

Eine der Eigenschaften, welche der
Mensch am langsamsten erwirbt,
ist die Vernunft.
Jean-Jacques Rousseau, Brief an Erzbischof Beaumont
(18. November 1762)

Erhabene Vernunft, lichthelle Tochter
Des göttlichen Hauptes,
weise Gründerin
Des Weltgebäudes,
Führerin der Sterne.
Friedrich Schiller, Die Jungfrau von Orleans (Talbot)

Es gibt eine gemeinsame Vernunft für
Richter, eine andere für Finanzbeamte,
eine dritte für das Militär.
Jede beweist aufs Trefflichste,
dass die anderen beiden nichts taugen;
ein Schluss, den man sehr leicht
bei allen dreien ziehen kann.
Jean-Jacques Rousseau, Julie oder Die neue Héloïse
(Saint-Preux)

Es gibt hienieden keine größeren
Toren als die Vernunftmenschen.
Gilbert Keith Chesterton, Heretiker

Etwas muss dem Menschen heilig sein.
Uns beiden, denen es die Zeremonien
der Religion und die Vorschriften
des konventionellen Wohlstandes
nicht sind, müssen umso mehr
die Gesetze der Vernunft heilig sein.
Heinrich von Kleist, Briefe (an Ulrike von Kleist,
Mai 1799)

Frag nur vernünftig,
und du hörst Vernünftiges.
Euripides, Iphigenie in Aulis (Agamemnon)

Geh du vernunftwärts,
mich lass triebwärts gehen!
Emil Gött, Im Selbstgespräch

Gelehrig hat uns die Natur hervorgebracht und Vernunft verliehen,
unvollkommene, aber die vervollkommnet werden kann.
Lucius Annaeus Seneca, Briefe über Ethik

Gibt es denn für uns eine andere
Richtschnur oder eine genauere
Bestimmung des Guten
als den vernünftigen Menschen?
Aristoteles, Protreptikos

Ich habe etwas gegen die Vernunft,
die den Spaß verdirbt, gegen ihre
übertriebenen Ansprüche,
durch die das Leben vergewaltigt wird.
Michel Eyquem de Montaigne, Die Essais

Ich kann rohe Gewalt ertragen,
aber rohe Vernunft ist mir ganz
unausstehlich.
Oscar Wilde, Das Bildnis des Dorian Gray

Instinkt und Vernunft:
Merkmale von zwei Naturen.
Blaise Pascal, Pensées

Ist nicht Vernunft
der Schutz wider Intoleranz
und Fanatismus?
Jean-Jacques Rousseau, Julie oder
Die neue Héloïse (Julie)

Je mehr etwas notwendig ist,
desto mehr ist es vonnöten,
dass die Ordnung der Vernunft
darin gewahrt werde.
Thomas von Aquin, Summa theologica

Kein Mann ist im Stande,
die weibliche Vernunft zu begreifen.
Deshalb gilt sie als Unvernunft.
Eleonora Duse

Kein Mord ist verderblicher,
als an den drei edlen Gaben Gottes,
Vernunft, Empfindung, Sprache.
Johann Gottfried Herder, Vom Erkennen
und Empfinden der menschlichen Seele

Keine Begeisterung sollte größer sein
als die nüchterne Leidenschaft
zur praktischen Vernunft.
Helmut Schmidt

Man muss die Menschen stets in
Furcht und Schrecken halten. Wenn
ihr sie einen Augenblick der Vernunft
überlasst, dann seid ihr verloren.
Jean-Jacques Rousseau, Brief an Erzbischof Beaumont
(18. November 1762)

Mich dünkt, die Vernunft wandere
in kleinen Tagesreisen von Norden
nach Süden zusammen mit ihren
beiden besten Freundinnen, der Erfahrung und der Toleranz. Landwirtschaft
und Handel begleiten sie.
Voltaire, Der Mann mit den vierzig Talern

Nach Gesetzen ihrer innern Natur
muss mit der Zeitenfolge
auch die Vernunft und Billigkeit
unter den Menschen mehr Platz
gewinnen und eine dauerndere
Humanität befördern.
Johann Gottfried Herder, Ideen zur Philosophie
der Geschichte der Menschheit

Nur insofern die Menschen
nach der Leitung der Vernunft leben,
stimmen sie von Natur aus
immer notwendig überein.
Baruch de Spinoza, Ethik

Ob die Weiber so viel Vernunft haben
als die Männer, mag ich nicht
entscheiden; aber sie haben ganz
gewiss nicht so viel Unvernunft.
Johann Gottfried Seume, Apokryphen

Politik ist der stets neu zu schaffende
Kompromiss von Macht und Vernunft.
Carl Friedrich von Weizsäcker

Raison annehmen kann niemand,
der nicht schon welche hat.
Marie von Ebner-Eschenbach, Aphorismen

So lenkt ein Irrwisch unsre Schritte,
Und erst in unsers Lebens Mitte
Steckt die Vernunft ihr Lämpchen an.
Gottlieb Konrad Pfeffel, Fabeln
und poetische Erzählungen

So wie ein Baum mit der Zeit
von selbst gerade wächst, kommt der
Mensch im Alter zur Vernunft.
Chinesisches Sprichwort

Und das ist wahrhaftig
die vollendete Tugend:
die Vernunft,
die an ihr Ziel gelangt
und der so das glückselige Leben folgt.
Aurelius Augustinus, Selbstgespräche

Unter der Leitung der Vernunft
werden wir von zwei Gütern
das größere
und von zwei Übeln
das kleinere wählen.
Baruch de Spinoza, Ethik

Vernunft aber und Billigkeit dauern,
da Unsinn und Torheit sich
und die Erde verwüsten.
Johann Gottfried Herder, Ideen zur Philosophie
der Geschichte der Menschheit

Vernunft –
das ist die Träumerei
von vorgestern.
Robert Lembke, Steinwürfe im Glashaus

Vernunft hat jeder,
und wie wenige sind vernünftig.
Ernst von Feuchtersleben, Aphorismen

Vernunft im Menschen ist die
allgemeine Ergänzung der Ohnmacht
der Natur.
Joseph Joubert, Gedanken, Versuche und Maximen

Vernunft ist die sanfte Gewalt,
die allem, und selbst der Gewalt,
Grenze und Maß setzt.
Karl Jaspers, Die Atombombe und die Zukunft
des Menschen

Vernunft ist ohne Geistes-,
ohne Herzensschönheit wie ein Treiber,
den der Herr des Hauses über die
Knechte gesetzt hat; der weiß,
so wenig als die Knechte, was aus all
der unendlichen Arbeit werden soll.
Friedrich Hölderlin, Hyperion

Vernunft ist so etwas
wie ansteckende Gesundheit.
Alberto Moravia

Vernunft kann nie mehr sein
als vernünftig,
zum Beispiel auch:
vernünftiger Schwachsinn.
Ludwig Marcuse, Argumente und Rezepte.
Ein Wörter-Buch für Zeitgenossen

Vernunft
muss sich jeder selbst erwerben,
nur die Dummheit
pflanzt sich gratis fort.
Erich Kästner

Vernunft und Freiheit
sind unvereinbar
mit Schwäche.
Luc de Clapiers Marquis de Vauvenargues,
Reflexionen und Maximen

Vernunft und Gefühl raten
und ergänzen einander abwechselnd.
Wenn man eins von beiden zurate
zieht und auf das andere verzichtet,
beraubt man sich unbesonnen eines
Teils der Hilfsmittel, die uns zu unserer
Führung gewährt sind.
Luc de Clapiers Marquis de Vauvenargues,
Reflexionen und Maximen

Vernunft wird ohne Streitgespräch
nicht offenbar.
Chinesisches Sprichwort

Vernünftige Leute können viel tun.
Johann Wolfgang von Goethe, Egmont (Egmont)

Verstand sieht jeden Unsinn,
Vernunft rät,
manches davon zu übersehen.
Wieslaw Brudziński

Viele Menschen, die keine Vernunft
gelernt haben, leben doch vernünftig.
Demokrit, Fragment 53

Viele Menschen haben doch wohl
in sich viel Vernunft, aber nicht den
Mut, sie auszusprechen; die Unvernunft sprechen sie weit leichter aus,
weil dabei weit weniger Gefahr ist.
Johann Gottfried Seume, Apokryphen

Viele wirst du lenken, wenn
die Vernunft dich lenkt.
Lucius Annaeus Seneca, Briefe über Ethik

Wage es, Vernunft zu üben, fang an!
Horaz, Briefe

Wann die Vernunft sich
in ihr selbst verstiegen hat,
So spricht sie: Ich bin Gott.
Tut, was der Teufel tat.
Daniel Czepko von Reigersfeld,
Monodisticha Sapientium

Was ist Gewalt anderes als Vernunft,
die verzweifelt?
José Ortega y Gasset

Was vernünftig ist, das ist wirklich;
und was wirklich ist,
das ist vernünftig.
Georg Wilhelm Friedrich Hegel,
Grundlinien der Philosophie des Rechts

Weißt du nicht, dass es eine Grenze
gibt, wo keine Vernunft mehr wider-
steht, und dass kein Mensch auf der
Welt zu finden ist, dessen gesunder
Verstand jede Probe aushält?
Jean-Jacques Rousseau, Julie oder
Die neue Héloïse (Saint-Preux)

Wen man nicht zur Vernunft
bringen kann, den soll man
wie einen Besessenen in der Kirche
vor das Chorgitter binden.
Chrétien de Troyes, Yvain

Wenn der Mensch so viel Vernunft
hätte wie Verstand,
wäre alles viel einfacher.
Linus Pauling

Wenn man mir sagt, ich solle meine
Vernunft unterwerfen, so beleidigt
man ihren Urheber.
Jean-Jacques Rousseau, Emile (Glaubensbekenntnis)

Wenn man sich von der Vernunft
lange genug leiten lässt,
kommt man zu ganz
unvernünftigen Schlussfolgerungen.
Samuel Butler

Wer bei gewissen Anblicken
nicht die Vernunft verliert,
muss wenig zu verlieren haben.
Johann Gottfried Seume, Apokryphen

Wer die Welt vernünftig ansieht,
den sieht auch sie vernünftig an.
Beides ist in Wechselbestimmung.
Georg Wilhelm Friedrich Hegel, Vorlesungen über die
Philosophie der Geschichte

Wer mit Vernunft ans Werk geht,
ist wie einer, der Kern'ges isst;
wer von dem bewegt wird,
was seinem Willen schmeckt,
ist wie einer, der schlechtes Obst ist.
Juan de la Cruz, Merksätze von Licht und Liebe

Wer weiß nicht, dass der Anblick
von Katzen, Ratten, das Zermalmen
einer Kohle usw. die Vernunft
aus den Angeln hebt?
Blaise Pascal, Pensées

Wie hängt die Seele
an frühen Eindrücken!
Die Empfindung empört sich
gegen die Vernunft.
Francesco Petrarca, Petrarca über sich selbst

Wir haben nicht genug Kraft, um
unserer ganzen Vernunft zu folgen.
François de La Rochefoucauld, Reflexionen

Wir halten meist nur für vernünftig,
wer unserer Meinung ist.
François de La Rochefoucauld, Reflexionen

Wir müssen vernünftig geboren
werden, denn fremde Erkenntnisse
und Erfahrungen nützen
uns herzlich wenig.
Luc de Clapiers Marquis de Vauvenargues,
Nachgelassene Maximen

Wo die Narrheit Norm,
ist die Vernunft Verücktheit.
Emil Gött, Im Selbstgespräch

Wo nur die Vernunft herrschend ist,
da vertragen sich die Meinungen leicht.
Heinrich von Kleist, Briefe (an Wilhelmine von Zenge,
13.-18. September 1800)

Verpflichtung

Am Anfang jeder übernommenen
Verpflichtung stehe diese: über das
Maß seiner Kraft, seiner Ausdauer,
seines Opfermutes im Klaren zu sein
– oder die Übernahme selbst
wird zur Schuld.
Arthur Schnitzler, Buch der Sprüche und Bedenken

Auf alle Menschen verzichten und
niemandem verpflichtet sein wollen,
ist das Zeichen einer fühllosen Seele.
Joseph Joubert, Gedanken, Versuche und Maximen

Die Höflichkeit schenkt nicht, sondern
legt eine Verpflichtung auf, und die
edle Sitte ist die größte Verpflichtung.
Baltasar Gracián y Morales, Handorakel und Kunst
der Weltklugheit

Man kann die Menschen vermeiden,
aber von dem Augenblick an,
wo man mit ihnen verkehrt, hat man
auch Verpflichtungen gegen sie.
Theodor Fontane, Briefe

Wenn jemand viele Verpflichtungen
hat, vernachlässigt er die Pflichten
gegen sich selbst, gegen seine Seele;
aber nur sie sind wichtig.
Leo N. Tolstoi, Tagebücher (1900)

Verrat

Ach, Liebe, du wohl unsterblich bist!
Nicht kann Verrat und hämische List
Dein göttlich Leben töten.
Johann Wolfgang von Goethe, Der Müllerin Reue

Judas schläft niemals.
Sprichwort aus Serbien

Man begeht öfter aus Schwäche
als aus Absicht Verrat.
François de La Rochefoucauld, Reflexionen

Man kann den Hochverrat
nicht schrecklich genug bestrafen.
Johann Wolfgang von Goethe, Jahrmarktfest
zu Plundersweilern (Ahasverus)

Mit einem Kuss
verrätst du den Menschensohn?
Neues Testament, Lukas 22, 48 (Jesus)

Ohne Verrat würde man
Treue nicht bemerken.
Chinesisches Sprichwort

Sogar unter den Aposteln
gab es einen Judas.
Sprichwort aus Ungarn

Verrat und Mord, sie hielten stets
zusammen, / Wie ein Gespann
von einverstandnen Teufeln.
William Shakespeare, Heinrich V. (König Heinrich)

Wo ein Brutus lebt,
muss Cäsar sterben.
Friedrich Schiller, Die Räuber (Karl Moor)

Zu einem Verrat sind die meisten
Menschen pünktlicher zur Stelle als
zu einer Tat der Untreue. Denn sich
bei einem Verrat zu verspäten, kann
leichter den Kopf kosten, als zu einer
Handlung der Treue nicht da zu sein.
Arthur Schnitzler, Aphorismen und Betrachtungen
aus dem Nachlass

Verrücktheit

An einem Verrückten erschrickt uns
am meisten die vernünftige Art,
auf die er sich unterhält.
Anatole France

Das ist schön bei uns Deutschen:
Keiner ist so verrückt, dass er nicht
einen noch Verrückteren fände,
der ihn versteht.
Heinrich Heine, Reisebilder (Harzreise)

Der Nichtgenormte wird
als Verrückter genormt.
Ludwig Marcuse, Argumente und Rezepte.
Ein Wörter-Buch für Zeitgenossen

Der Unterschied zwischen mir und
einem Verrückten besteht darin,
dass ich nicht verrückt bin.
Salvadore Dalí

Die Maler sterben oder werden
verrückt aus Verzweiflung
oder gelähmt in ihrem Schaffen,
weil niemand sie liebt.
Vincent van Gogh, Briefe

Die Menschen sind so notwendig
verrückt, dass nicht verrückt sein
nur hieße, verrückt sein nach einer
anderen Art von Verrücktheit.
Blaise Pascal, Pensées

Diese Welt ist ein einziges großes
Bedlam, wo Irre andere Irre
in Ketten legen.
Voltaire, Potpourri

Egoismus ist Verrücktheit.
Verrücktheit ist Egoismus.
Leo N. Tolstoi, Tagebücher (1902)

Ein Wutanfall wird
vorübergehende Verrücktheit genannt,
und es handelt sich in der Tat
um Verrücktheit.
Philipp Stanhope Earl of Chesterfield, Briefe über
die anstrengende Kunst, ein Gentleman zu werden

Eine Frau wird zweimal verrückt:
Wenn sie liebt und wenn sie anfängt,
grau zu werden.
Sprichwort aus Polen

Es gibt vierzig Arten von Verrücktheit,
aber nur eine Art von gesundem
Menschenverstand.
Sprichwort aus Afrika

Ich hatte immer Angst, zu sagen und
zu denken, dass alle zu 99 Hundertstel
Verrücke seien. Aber da gibt es nichts
zu fürchten, im Gegenteil, man muss
es geradezu sagen und denken.
Leo N. Tolstoi, Tagebücher (1884)

In diesem Zeitalter der Massenkommunikation sind Verrücktheiten
ansteckend.
Peter Ustinov, Peter Ustinovs geflügelte Worte

Man kann sich nicht einbilden,
etwas zu sein, was man nicht ist,
es sei denn, man wäre verrückt!
Voltaire, Der Mann mit den vierzig Talern

Mensch, es spukt in deinem Kopfe;
du hast einen Sparren zu viel!
Max Stirner, Der Einzige und sein Eigentum

Mit den Verrückten muss man rasen.
Gaius Petronius, Schelmengeschichten

Was der physische Tod im körperlichen
Bereich ist, ist die Verrücktheit
im psychischen Bereich.
Erich Fromm, Seele und Gesellschaft

Wenn wir bedenken,
dass wir alle verrückt sind,
ist das Leben erklärt.
Mark Twain

Vers

Der Vers ist als eine Gedächtnishilfe
erfunden worden. Später hat man
ihn beibehalten aus gesteigertem
Vergnügen an der Überwindung von
Schwierigkeiten. In der dramatischen
Kunst heute noch an ihm festzuhalten,
ist ein Überrest von Barbarei. Ein Beispiel: die Dienstordnung für Kavallerie, in Verse gesetzt von De Bonnay.
Stendhal, Über die Liebe (Fragmente)

Die Dichter, die Versemacher, brechen
sich die Zunge, um einen x-beliebigen
Gedanken mit allen möglichen verschiedenen Wörtern auszudrücken
und aus x-beliebigen Wörtern einen
Gedanken zusammenzusetzen.
Mit derartigen Übungen können
sich nur unernste Menschen abgeben.
Leo N. Tolstoi, Tagebücher (1897)

Ein Verseschmied erkennt keinen kompetenten Beurteiler seiner Schriften
an: Wenn man keine Verse macht,
versteht man nichts davon, macht man
welche, so ist man sein Nebenbuhler.
Luc de Clapiers Marquis de Vauvenargues,
Unterdrückte Maximen

Man kann ein anständiger Mensch
sein und doch schlechte Verse machen.
Molière, Der Menschenfeind (Philinte)

Schöne Verse entschweben
gleichsam wie Klänge oder Düfte.
Joseph Joubert, Gedanken, Versuche und Maximen

Um eines Verses willen muss man
viele Städte sehen,
Menschen und Dinge,
man muss die Tiere kennen,
man muss fühlen, wie die Vögel
fliegen, und die Gebärde wissen,
mit welcher die kleinen Blumen
sich auftun am Morgen.
Rainer Maria Rilke, Die Aufzeichnungen
des Malte Laurids Brigge

Versagen

Ein Versager ist ein Mensch,
der Fehler gemacht hat
und nicht fähig ist,
Nutzen aus der Erfahrung zu ziehen.
Francis Ponge

Für viele ist Gott kaum mehr als
eine Berufungsinstanz gegen
das Verdammungsurteil der Welt
über ihr eigenes Versagen.
William James, Die religiöse Erfahrung
in ihrer Mannigfaltigkeit

In der Politik ist Versagen
eine Schuld!
Konrad Adenauer, Gespräch in Bonn, 1957

Ob das Werkzeug früher versagt als
die Hand, ist ein großer Unterschied,
kommt aber auf eins heraus.
Marie von Ebner-Eschenbach, Aphorismen

Wenn wir anfangen, unser Versagen
nicht mehr so ernst zu nehmen,
so heißt das, dass wir es
nicht mehr fürchten.
Katherine Mansfield, Tagebücher

Wirksamster Schutz vor Infarkt:
rechtzeitig versagen.
Oliver Hassencamp

Versäumnis

Es ist nicht unnütz,
alle Versäumnisse zu registrieren;
wem noch Zeit gegeben ist,
der kann immer noch
ein bisschen wieder gutmachen.
Ludwig Marcuse, Argumente und Rezepte.
Ein Wörter-Buch für Zeitgenossen

Versäumt die Zeit nicht,
die gemessen ist!
Johann Wolfgang von Goethe, Iphigenie auf Tauris
(Pylades)

Verschiedenheit

Die größte Gleichheit,
die von nichts verschieden ist,
geht über allen Begriff.
Nikolaus von Kues, Von der gelehrten Unwissenheit

Es gilt nicht überall die gleiche Münze.
Deutsches Sprichwort

Sehr geringe Unterschiede
begründen manchmal
sehr große Verschiedenheiten.
Marie von Ebner-Eschenbach, Aphorismen

So verschieden die äußere Bildung
der Menschen ist, so verschieden ist
auch ihre innere Natur, ihr Leben
und ihre Wünsche.
Karoline von Günderode, Geschichte eines Braminen

Verschmähen

Die Hölle kennt keine Wut wie die
einer verschmähten Frau.
Sprichwort aus England

Die Verschmähten lieben am meisten.
Sprichwort aus Montenegro

Jeder verlangt oder verschmäht
nach den Gesetzen seiner Natur
notwendig das, was er für gut
oder für schlecht hält.
Baruch de Spinoza, Ethik

Verschrobenheit

Einem Verschrobenen seinen Willen
tun, ist für den Normalen leicht,
aber ihn zu lenken ist schwer.
François de La Rochefoucauld, Reflexionen

Man findet Mittel, um den Wahnsinn
zu heilen, aber keine, um Verschrobene wieder normal zu machen.
François de La Rochefoucauld, Reflexionen

Verschweigen

Es ist zu wenig, nicht direkt zu lügen,
man muss sich bemühen,
auch nicht negativ zu lügen,
indem man verschweigt.
Leo N. Tolstoi, Tagebücher (1853)

Freunde offenbaren
einander gerade das am deutlichsten,
was sie einander verschweigen.
Johann Wolfgang von Goethe,
Die Leiden des jungen Werthers

Liebe Seele. Lass doch die schöne Sitte
nimmer unter uns veralten,
dass wir einander nichts verschweigen.
Karoline von Günderode, Briefe (an Friedrich Creuzer,
18. Mai 1806)

Wer mit offenen Karten spielt,
läuft Gefahr, zu verlieren.
Baltasar Gracián y Morales, Handorakel und Kunst
der Weltklugheit

Verschwendung

Bin die Verschwendung, bin die Poesie,
Bin der Poet, der sich vollendet,
Wenn er sein eigenst Gut verschwendet.
Johann Wolfgang von Goethe, Faust II (Knabe Lenker)

Das Weib kann aus dem Haus
mehr in der Schürze tragen,
Als je einfahren kann
der Mann im Erntewagen.
Friedrich Rückert, Die Weisheit des Brahmanen

Der Verschwender ist
Sklave des Geldes.
Sully Prudhomme, Gedanken

Freigebigkeit des Bedürftigen
heißt Verschwendung.
Luc de Clapiers Marquis de Vauvenargues,
Unterdrückte Maximen

Gutes Eisen macht man nicht
zu Nägeln, gute Menschen
macht man nicht zu Soldaten.
Chinesisches Sprichwort

Kein Ärmerer auf der Welt
als der Reiche, der es nicht versteht,
zu verschwenden.
Arthur Schnitzler, Buch der Sprüche und Bedenken

Kurze Formel: Eleganz
ist gemeisterte Verschwendung.
Walter Rathenau, Auf dem Fechtboden des Geistes.
Aphorismen aus seinen Notizbüchern

Man muss den Wert des Geldes
kennen; die Verschwender kennen ihn
nicht und die Geizhälse noch weniger.
Charles de Secondat, Baron de la Brède et de Montesquieu, Meine Gedanken

Nicht der Geiz ist ein Laster,
sondern sein Gegenteil,
die Verschwendung.
Sie entspringt aus einer tierischen
Beschränktheit auf die Gegenwart.
Arthur Schopenhauer, Zur Ethik

Nützliche Verschwendung
des Überflusses ist edle
und große Sparsamkeit.
Luc de Clapiers Marquis de Vauvenargues,
Reflexionen und Maximen

Selbst wer am Wasser lebt,
verschwende nicht das Wasser.
Chinesisches Sprichwort

Soldaten unterhält man tausend Tage,
um sie für eine Stunde zu gebrauchen.
Chinesisches Sprichwort

Unendlicher Verschwendung
Sind ungemessne Güter
wünschenswert.
Johann Wolfgang von Goethe,
Die natürliche Tochter (Sekretär)

Vergeude nie die Zeit.
Chinesisches Sprichwort

Verschwendung macht nur dem
Schande, dem sie nicht Ehre bringt.
Luc de Clapiers Marquis de Vauvenargues,
Unterdrückte Maximen

Wer Geld aussät, wird Armut ernten.
Sprichwort aus Dänemark

Verschwiegenheit

Die Verschwiegenheit ist der Stempel
eines fähigen Kopfes. Eine Brust
ohne Geheimnis ist ein offener Brief.
Baltasar Gracián y Morales, Handorakel und Kunst
der Weltklugheit

Diskretion ist die außer Mode
gekommene Fähigkeit,
von sich schweigen zu machen.
Carl Raddatz

Eine der wichtigsten Tugenden im
gesellschaftlichen Leben, die täglich
seltener wird, ist die Verschwiegenheit.
Adolph Freiherr von Knigge, Über den Umgang mit Menschen

Erste Tugend des Journalisten –
möchten Sie es glauben? –
ist: Verschwiegenheit.
Alexander Roda Roda

Verschwiegenheit fordern, ist
nicht das Mittel, sie zu erlangen.
Johann Wolfgang von Goethe, Wilhelm Meisters
Wanderjahre

Was nützt Diskretion,
wenn es nichts mehr gibt,
was man diskret behandeln müsste?
Heinrich Böll

Verschwörung

Bei Verschwörungen ist zwar eine
kleine Anzahl Mitwisser sehr geeignet,
das Geheimnis zu wahren,
aber zur Ausführung unzureichend.
Niccolò Machiavelli, Das Leben des Castruccio
Castracani

Da man gefährliche Entschlüsse
mit umso größerem Widerwillen fasst,
je länger man darüber nachsinnt,
so ereignet es sich immer wieder,
dass die Verschwörungen,
die lange man geplant waren,
gewöhnlich entdeckt werden.
Niccolò Machiavelli, Geschichte von Florenz

Die größte Partei ist immer
eine Art Verschwörung
gegen den Rest der Nation.
Edward Wood Lord Halifax

Die Kommunisten wissen zu gut, dass
alle Verschwörungen nicht nur nutzlos, sondern sogar schädlich sind.
Friedrich Engels, Grundsätze des Kommunismus

In der Mehrzahl der Fälle
gelangt ein Fürst, gegen den
eine Verschwörung angezettelt wird,
die ihn nicht das Leben kostet, zu
größerer Macht, und wenn er vorher
gut war, so wird er dann böse.
Niccolò Machiavelli, Geschichte von Florenz

Rebellentreue ist wankend.
Friedrich Schiller, Der Verschwörung des Fiesco
zu Genua (Leonore)

Verschwörungen stürzen meist ihre
Urheber ins Verderben, während sie
Größe der Bedrohten sichern.
Niccolò Machiavelli, Geschichte von Florenz

Weltgeschichte ist die Verschwörung
der Diplomaten gegen den gesunden
Menschenverstand.
Arthur Schnitzler

Wer Worte macht, tut wenig,
seid versichert;
Die Hände brauchen wir
und nicht die Zungen.
William Shakespeare, Richard III. (1. Mörder)

Wo Wünsche und Kräfte der Mehrzahl
eines Volkes für die Freiheit reif sind,
da bedarf es keiner Verschwörung;
wo dieses nicht ist, nützt sie nicht.
Ludwig Börne, Kritiken

Versöhnung

Aussöhnung mit unseren Feinden
ist nur der Wunsch,
unsere Lage zu verbessern,
sowie Kriegsmüdigkeit und
die Befürchtung schlimmer Folgen.
François de La Rochefoucauld, Reflexionen

Der Tod versöhnt alles.
Franziska Gräfin zu Reventlow, Tagebücher

Ein Kennzeichen der Liebe,
das eine selbstsüchtige Frau nicht
vortäuschen kann: Bereitet ihr
die Versöhnung reine Freude?
Oder hat sie nur den Vorteil im Auge,
der sich daraus ziehen lässt?
Stendhal, Über die Liebe (Fragmente)

Es ist besser, sich endgültig
zu verzanken, als provisorisch
zu versöhnen. So spart man Zank.
Ludwig Marcuse, Argumente und Rezepte.
Ein Wörter-Buch für Zeitgenossen

Große Talente sind das schönste
Versöhnungsmittel.
Johann Wolfgang von Goethe, Maximen
und Reflexionen

Hast du den Mund aufgetan
gegen den Freund, verzage nicht:
Es gibt eine Versöhnung.
Altes Testament, Jesus Sirach 22, 22

Ist Frieden stiften Hass,
Versöhnen ein Geschäft der Hölle?
Friedrich Schiller, Die Jungfrau von Orleans (Johanna)

Liebenswürdige Kinder
sind schon oft die Mittelsperson
zwischen veruneinigten
Vätern gewesen.
Gotthold E. Lessing, Philotas

Man muss Frieden machen,
solange man noch kämpfen kann.
Deutsches Sprichwort

Mann und Frau
kennen keinen Groll,
der eine Nacht überlebt.
Chinesisches Sprichwort

Nichts ist nämlich lobenswerter,
nichts eines großen und
ausgezeichneten Mannes würdiger
als Versöhnlichkeit und Milde.
Marcus Tullius Cicero, Vom rechten Handeln

Pack schlägt sich,
Pack verträgt sich.
Deutsches Sprichwort

Tafelfreuden besänftigen
durch Spiel und Liebe erregte Gemüter
und versöhnen die Menschen,
ehe sie sich schlafen legen.
Luc de Clapiers Marquis de Vauvenargues,
Nachgelassene Maximen

Versöhnt man sich,
so bleibt doch etwas hängen.
Johann Wolfgang von Goethe, Faust II (Alekto)

Versöhnter Feindschaft
und geflickter Freundschaft
ist wenig zu trauen.
Deutsches Sprichwort

Wenn du dich zur Versöhnlichkeit
geneigt fühlst, so frage dich vor allem,
was dich eigentlich so milde stimmte:
schlechtes Gedächtnis, Bequemlichkeit
oder Feigheit.
Arthur Schnitzler, Buch der Sprüche und Bedenken

Wer leicht sich mit der Welt entzweit,
versöhnt sich auch leichter mir ihr.
Friedrich Hölderlin, Hyperion

Wo Liebe ist,
da ist Versöhnung leicht.
Sprichwort aus Wales

Verspätung

Besser spät als niemals.
Titus Livius, Römische Geschichte

Spät kommt Ihr
– doch Ihr kommt!
Der weite Weg, Graf Isolan,
Entschuldigt Euer Säumen.
Friedrich Schiller, Die Piccolomini (Illo)

Tätst du zur rechten Zeit dich regen,
Hättst du's bequemer
haben mögen.
Johann Wolfgang von Goethe, Legende

Versprechen

Beginne deinen Versprechungen
Taten hinzuzufügen!
Ovid, Liebesgedichte

Beim Versprechen leitet uns
die Hoffnung,
beim Halten die Furcht.
François de La Rochefoucauld, Reflexionen

Dichter und Liebhaber sind längst
schon leider im Ruf,
dass ihren Versprechen und Zusagen
nicht viel zu trauen sei.
Johann Wolfgang von Goethe, Wilhelm Meisters
Wanderjahre

Die erste Liebe
ist ein Versprechen,
das andere halten werden.
Senta Berger

Die Meinung der Großen,
sie könnten mit ihren Worten
und Versprechungen
verschwenderisch umgehen,
ohne sie einzulösen, ist trügerisch.
Nur widerstrebend lassen sich
die Menschen nehmen, was sie sich
durch Hoffnung gewissermaßen
schon angeeignet haben.
Man täuscht sie nicht lange
über ihre Interessen,
und sie hassen nichts so sehr,
als betrogen zu werden.
Luc de Clapiers Marquis de Vauvenargues,
Reflexionen und Maximen

Die Notwendigkeit zwingt,
die Versprechen zu halten,
die die Notwendigkeit
einem abgerungen hat.
Niccolò Machiavelli, Geschichte von Florenz

Ein Mann ist besser
als ein Versprechen.
Chinesisches Sprichwort

Es ist leichter, den Mund zu halten
als ein Versprechen.
Gustav Knuth

Große Versprechungen kosten
weniger als kleine Geschenke.
Lothar Schmidt

Halte dein Versprechen und
erwidere die Hilfeleistung!
Ovid, Heroinen

Hüte dich vor Leuten,
die dir Versprechungen machen,
ohne Gegenleistungen zu fordern.
Bernard M. Baruch

Im Lande des Versprechens
kann man des Hungers sterben.
Sprichwort aus Dänemark

Immer aber muss man beim gegebenen
Wort daran denken, was man gemeint,
nicht was man gesagt hat.
Marcus Tullius Cicero, Vom rechten Handeln

In Versprechungen
kann jeder reich sein.
Ovid, Liebeskunst

Man kann Handlungen versprechen,
aber keine Empfindungen;
denn diese sind unwillkürlich.
Friedrich Nietzsche, Menschliches, Allzumenschliches

Man muss ein gutes Gedächtnis haben,
um gegebene Versprechen
halten zu können.
Friedrich Nietzsche, Menschliches, Allzumenschliches

Man verspricht viel, um nicht wenig
geben zu müssen.
Luc de Clapiers Marquis de Vauvenargues,
Unterdrückte Maximen

Nichts wiegt leichter
als ein Versprechen.
Deutsches Sprichwort

Schriftsteller versprechen
nur gar zu leicht, weil sie hoffen,
dasjenige leisten zu können,
was sie vermögen.
Johann Wolfgang von Goethe,
Die guten Weiber (Eulalie)

Um es im Leben zu etwas zu bringen,
braucht man Redlichkeit und Klugheit.
Die Redlichkeit besteht darin,
zu halten, was man versprochen hat,
die Klugheit darin,
nichts zu versprechen.
Oliver Herford

Und leider kann man
nichts versprechen,
Was unserm Herzen widerspricht.
Johann Wolfgang von Goethe, Abschied

Unsinnig war's, leichtsinnig
zu versprechen.
Johann Wolfgang von Goethe, Faust I (Mephisto)

Versprechen ist eins
und Halten ein anderes.
Deutsches Sprichwort

Versprechen macht noch keinen Besitz.
Johann Wolfgang von Goethe, Briefe
(an Charlotte von Stein, 31. Oktober 1782)

Viele Versprechungen
schmälern das Vertrauen.
Horaz, Briefe

Was du versprochen hast,
das musst du auch halten.
Jacob und Wilhelm Grimm, Der Froschkönig oder
Der eiserne Heinrich

Was man verspricht,
das sollst du rein genießen,
Dir wird davon nichts abgezwackt.
Johann Wolfgang von Goethe, Faust I (Mephisto)

Wenn doch der Mensch sich nicht
vermessen wollte, irgendetwas
für die Zukunft zu versprechen!
Das Geringste vermag er nicht
zu halten, geschweige,
wenn sein Vorsatz von Bedeutung ist.
Johann Wolfgang von Goethe, Wilhelm Meisters
Lehrjahre

Wenn ein Mensch
sein Versprechen wiederholt,
ist er entschlossen,
es zu brechen.
Max Halbe

Wer alles verspricht,
verspricht nichts;
Aber Versprechungen
sind die Falle für die Dummen.
Baltasar Gracián y Morales, Handorakel und
Kunst der Weltklugheit

Wer dir schöne Worte gibt,
füttert dich mit leerem Löffel.
Sprichwort aus England

Wer leicht verspricht,
dem soll man wenig trauen.
Chinesisches Sprichwort

Wer leicht verspricht, hält selten Wort.
Lao-tse, Dao-de-dsching

Wer mir alles verspricht,
verspricht mir nichts.
Sprichwort aus Frankreich

Wer nichts verspricht,
braucht nichts zu halten.
Deutsches Sprichwort

Wer sich in seinen Worten
nicht bescheidet,
wird kaum das erfüllen,
was er versprach.
Konfuzius, Gespräche

Zusagen macht Schuld.
Deutsches Sprichwort

Verstand

Aber aus bloßem Verstand ist nie
Verständiges, aus bloßer Vernunft
ist nie Vernünftiges gekommen.
Friedrich Hölderlin, Hyperion

Ach, der Verstand ist noch
in Unterhosen!
Die Energie, der Kopf, der ganze Mann
– sie sind verreist,
und keiner weiß, bis wann.
Man sitzt und zählt sich
zu den Arbeitslosen.
Erich Kästner, Dr. Erich Kästners lyrische Hausapotheke

Allein es ist einmal das Los des
menschlichen Verstandes so bewandt:
Entweder er ist grüblerisch und gerät
auf Fratzen, oder er haschet verwegen
nach zu großen Gegenständen
und bauet Luftschlösser.
Immanuel Kant, Die falsche Spitzfindigkeit der vier
syllogistischen Figuren

Am leichtesten schartig
werden scharfe Messer,
Doch schneidet man deshalb
mit stumpfen besser?
Friedrich von Bodenstedt, Mirza Schaffy

Auf seinen Verstand steife sich niemand,
Acht hab er immer.
Edda, Hâvamâl (Des Hohen Lied)

Aus einiger Entfernung betrachtet,
schrumpft der gesunde Menschen-
verstand ein und sieht einem Gran
Stumpfsinn zum Verzweifeln ähnlich.
Ingeborg Bachmann, Der gute Gott von Manhattan
(Guter Gott)

Das Gefühl findet,
der Verstand begründet.
Lothar Schmidt

Das Kind hat den Verstand meistens
vom Vater, weil die Mutter
ihren noch besitzt.
Adele Sandrock

Das Schachspiel des Verstandes
verläuft unabhängig vom Leben und
das Leben unabhängig von ihm.
Leo N. Tolstoi, Tagebücher (1863)

Das schöne Geschlecht hat ebenso
wohl Verstand als das männliche,
nur es ist ein schöner Verstand,
der unsrige soll ein tiefer Verstand
sein, welches ein Ausdruck ist,
der einerlei mit dem Erhabenen
bedeutet.
Immanuel Kant, Über das Gefühl des Schönen
und Erhabenen

Das Verständnis reicht oft
viel weiter als der Verstand.
Marie von Ebner-Eschenbach, Aphorismen

Dein Schöpfer hat dir den besten
Schatz gegeben, einen lebendigen
Schatz: deinen Verstand.
Hildegard von Bingen, Wisse die Wege

Denn der Verstand verdirbt die Sinne,
und der Wille redet noch,
wenn die Natur schon schweigt.
Jean-Jacques Rousseau, Über den Ursprung und
die Grundlagen der Ungleichheit

Der gesunde Menschenverstand
ist oft eine der ungesundesten
Verständnislosigkeiten.
Ludwig Marcuse, Argumente und Rezepte.
Ein Wörter-Buch für Zeitgenossen

Der gesunde Verstand ist die bestver-
teilte Sache der Welt, denn jedermann
meint, damit so gut versehen zu sein,
dass selbst diejenigen, die in allen
übrigen Dingen sehr schwer
zu befriedigen sind, doch gewöhnlich
nicht mehr Verstand haben wollen,
als sie wirklich haben.
René Descartes, Diskurs über die Methode

Der Glaube wird durch den Verstand
gesichert und gefestigt.
Die beste von allen Religionen
ist unfehlbar die klarste.
Jean-Jacques Rousseau, Emile (Glaubensbekenntnis)

Der Mann hatte so viel Verstand,
dass er zu nichts mehr in der Welt
zu gebrauchen war.
Georg Christoph Lichtenberg, Sudelbücher

Der Mensch ist immer gefährlich.
Wenn nicht durch seine Bosheit,
dann durch seine Dummheit.
Wenn nicht durch seine Dummheit,
dann durch seinen Verstand.
Henry de Montherlant

Der menschliche Verstand ist eine
Maschine, die es auf Schlussfolgerungen abgesehen hat; wenn sie zu
keinen Schlussfolgerungen gelangt,
so wird sie rostig.
Gilbert Keith Chesterton, Heretiker

Der Verstand, der uns nicht hindert,
hie und da eine großherzige Dummheit
zu begehen, ist ein braver Verstand.
Marie von Ebner-Eschenbach, Aphorismen

Der Verstand des Menschen
ist von dreierlei Art:
Entweder sie erkennen alles von selbst,
oder nur, wenn sie von anderen
darauf hingewiesen werden,
oder sie verstehen weder etwas
von selbst noch mit Hilfe anderer.
Niccolò Machiavelli, Der Fürst

Der Verstand ist der Gott in uns.
Menandros, Fragmente

Der Verstand ist keine extensive,
sondern eine intensive Größe:
Daher kann hierin einer es getrost
gegen zehntausend aufnehmen,
und gibt eine Versammlung
von tausend Dummköpfen noch keinen gescheuten Mann.
Arthur Schopenhauer, Den Intellekt überhaupt und in jeder Beziehung betreffende Gedanken

Der Verstand ist überall zu brauchen
und redet in alles hinein.
Michel Eyquem de Montaigne, Die Essais

Der Verstand könnte nicht lange
die Rolle des Herzens spielen.
François de La Rochefoucauld, Reflexionen

Der Verstand passt sich der Welt an;
Weisheit sucht Einklang im Himmel.
Joseph Joubert, Gedanken, Versuche und Maximen

Der Verstand und die Fähigkeit,
ihn zu gebrauchen,
sind zwei verschiedene Gaben.
Franz Grillparzer, Studien zur Philosophie und Geschichte

Der Verstand weiß nichts
von den Leiden des Herzens;
er hat keine Begierden,
keine Leidenschaften,
keine Bedürfnisse und eben darum
keine Mängel und Schwächen
wie das Herz.
Ludwig Feuerbach, Das Wesen des Christentums

»Der Verstand wird meist auf Kosten
des Gemütes ausgebildet.« – O nein,
aber es gibt mehr bildungsfähige
Köpfe als bildungsfähige Herzen.
Marie von Ebner-Eschenbach, Aphorismen

Der Verstandesmensch verhöhnt nichts
so bitter als den Edelmut,
dessen er sich nicht fähig fühlt.
Marie von Ebner-Eschenbach, Aphorismen

Der Verständige regiert nicht,
aber der Verstand; nicht
der Vernünftige, sondern die Vernunft.
Johann Wolfgang von Goethe,
Maximen und Reflexionen

Der Wille und der Verstand
sind ein und dasselbe.
Baruch de Spinoza, Ethik

Der Zufall hat keinen Verstand.
Es heißt, er sei blind.
Erich Kästner, Dr. Erich Kästners lyrische Hausapotheke

Die Frauen machen sich nur deshalb
so hübsch, weil das Auge des Mannes
besser entwickelt ist als sein Verstand.
Doris Day

Die Frauen sind darauf angewiesen,
dass die Männer den Verstand verlieren.
Peter Bamm

Die Liebe ist der Versuch der Natur,
den Verstand aus dem Weg zu räumen.
Thomas Niederreuther

Die Menschen, bei denen Verstand
und Gemüt sich die Waage halten,
gelangen spät zur Reife.
Marie von Ebner-Eschenbach, Aphorismen

Die Raumfahrt ist ein Triumph
des Verstandes, aber ein
tragisches Versagen der Vernunft.
Max Born

Doppelten Verstand hat man nötig
bei denen, die keinen haben.
Baltasar Gracián y Morales, Handorakel und Kunst der Weltklugheit

Dummheit ist auch
eine bestimmte Art,
den Verstand zu gebrauchen.
Karol Irzykowski

Ein Mensch ohne Verstand
ist auch ein Mensch ohne Willen.
Wer keinen Verstand hat,
lässt sich verführen, verblenden,
von anderen als Mittel gebrauchen.
Ludwig Feuerbach, Das Wesen des Christentums

Ein Weib, das mehr verstehet,
als sonst ein Weib wol sol,
Die mag wol was verstehn,
braucht's aber selten wol.
Friedrich von Logau, Sinngedichte

Einen Tropfen Glück
möchte ich haben
oder ein Fass Verstand.
Menandros, Monostichoi

Es gibt Leute, die so in ihren Geist
verliebt sind, dass sie darob
den Verstand verlieren.
Curt Goetz

Es gibt Menschen
mit leuchtendem und Menschen
mit glänzendem Verstand.
Die ersten erhellen ihre Umgebung,
die zweiten verdunkeln sie.
Marie von Ebner-Eschenbach, Aphorismen

Es gibt zwei Arten von Verstand:
erstens einen logischen, egoistischen,
engen und langen Verstand,
und zweitens einen empfindsamen,
mitfühlenden, weiten und kurzen.
Leo N. Tolstoi, Tagebücher (1893)

Es gibt eine dünne Wand
zwischen Wahnsinn und Verstand.
Deutsches Sprichwort

Es hat sich nie jemand
die Mühe gegeben,
den Verstand bis zu den Grenzen
seiner Möglichkeiten zu benutzen.
François de La Rochefoucauld, Reflexionen

Es ist ein Unglück für den Menschen,
dass er seinen Verstand nur darum
bekömmt, um die Unschuld seiner
Seele zu verlieren.
Ludwig Tieck, Der blonde Eckbert

Gefühle bei den Ohren zu nehmen,
ist eine – im Zeitalter des Verstandes –
fast vergessene Kunst.
Emil Gött, Im Selbstgespräch

Geist braucht man für das Leben,
Verstand für die Arbeit.
Heinrich Waggerl, Nachlass

Geld hat keinen Verstand.
Erich Kästner, Dr. Erich Kästners lyrische Hausapotheke

Genießen! Genießen!
Wo genießen wir?
Mit dem Verstande
oder mit dem Herzen?
Heinrich von Kleist, Briefe (an Adolphine von Werdeck, 28./29. Juli 1801)

Gesundheit und Verstand sind
die zwei großen Gaben des Lebens.
Menandros, Monostichoi

Gib Acht, wag dich nicht zu weit vor,
und werde nicht wie die,
denen der Verstand fehlt.
Altes Testament, Jesus Sirach 13, 8

Gib deinem Verstand
möglichst viel Nahrung.
Leo N. Tolstoi, Tagebücher (1847)

Glaube, was man so verständig nennt,
Ist oft mehr Eitelkeit und Kurzsinn.
Johann Wolfgang von Goethe, Faust I (Faust)

Gott vermehrt den Verstand,
der sich gleich dem Feuer mitteilt,
ins Unendliche. Zündet tausend
Fackeln an einer an,
die Flamme bleibt immer dieselbe.
Joseph Joubert, Gedanken, Versuche und Maximen

Hast du Verstand und ein Herz,
so zeige nur eines von beiden,
Beides verdammen sie dir,
zeigest du beides zugleich.
Friedrich Hölderlin, Guter Rat

Hast du Verstand, so folge ihm,
hast du keinen,
so folge dem Sprichwort.
Sprichwort aus Turkmenistan

Heldentum ist Verstand – er weiß,
dass Mut den Tod nervös macht.
Emil Gött, Im Selbstgespräch

Hundert Menschen
schärfen ihren Säbel, Tausende
ihre Messer, aber Zehntausende
lassen ihren Verstand ungeschärft,
weil sie ihn nicht üben.
Johann Heinrich Pestalozzi,
Der natürliche Schulmeister

Jeder klagt über sein Gedächtnis,
aber niemand über seinen Verstand.
François de La Rochefoucauld, Reflexionen

Jung an Jahren kann alt
an Verstand sein.
Deutsches Sprichwort

Körperliche Arbeit ist wichtig,
weil sie den Verstand hindert,
müßige und sinnlose Arbeit zu tun.
Leo N. Tolstoi, Tagebücher (1899)

Künstlerische Fähigkeiten
und scharfer Verstand
harmonieren sehr gut miteinander.
Gottfried von Straßburg, Tristan

Lass dich vom Verstande leiten,
aber verletze nicht die heilige
Schranke des Gefühls.
Otto Ludwig, Zwischen Himmel und Erde

Man hat sich lange mit der Kritik der
Vernunft beschäftigt; ich wünschte
eine Kritik des Menschenverstandes.
Es wäre eine wahre Wohltat fürs
Menschengeschlecht, wenn man dem
Gemeinverstand bis zur Überzeugung
nachweisen könnte, wie weit er
reichen kann, und das ist gerade
so viel, als er zum Erdenleben
vollkommen bedarf.
Johann Wolfgang von Goethe,
Maximen und Reflexionen

Man kann den Verstand nicht zwingen, zu untersuchen und zu klären,
wenn das Herz nicht mag.
Leo N. Tolstoi, Tagebücher (1896)

Man könnte glauben,
dass wenigstens Leute,
die allein und unabhängig leben,
einen eigenen Verstand besäßen.
Aber ganz und gar nicht.
Diese sind wieder andere Maschinen,
die nicht denken und bloß durch
gewisse Triebfedern zum Denken
gebracht werden.
Jean-Jacques Rousseau, Julie oder
Die neue Héloïse (Saint-Preux)

Man soll nicht von einem scharfen
oder schwachen Verstand sprechen.
Beide sind im Grunde nur gute
oder schlechte Anlagen
der körperlichen Organe.
François de La Rochefoucauld, Reflexionen

Mein Verstand steht still!
Friedrich Schiller, Kabale und Liebe (Hofmarschall)

Mit viel praktischem Verstand
und wahren Gefühlen
ist man niemals mittelmäßig.
Joseph Joubert, Gedanken, Versuche und Maximen

Nicht allen soll man auf gleiche Weise
seinen Verstand zeigen, und nie mehr
Kraft verwenden, als nötig ist.
Nichts werde verschleudert,
weder vom Wissen noch vom Leisten.
Baltasar Gracián y Morales, Handorakel und Kunst
der Weltklugheit

Nicht der Verstand ist die Hauptsache,
sondern das, was ihn lenkt – die
Natur, das Herz, die edlen Instinkte,
die Entwicklung.
Fjodor M. Dostojewski, Erniedrigte und Beleidigte

Niemand ist zufrieden
mit seinem Stande,
Jeder mit seinem Verstande.
Hinrich Brockes, Versuch vom Menschen

Nimmt unser Leib erst ab,
nimmt der Verstand recht zu:
Die Seele, scheint es,
hat mehr von dem Leibe Ruh.
Friedrich von Logau, Sinngedichte

Nur in einem Punkt
sind alle Menschen zufrieden:
Ihr Verstand genügt ihnen,
egal, wie viel sie davon haben.
Harold Pinter

Ohne Sinnlichkeit würde uns
kein Gegenstand gegeben und
ohne Verstand keiner gedacht werden.
Gedanken ohne Inhalt sind leer,
Anschauungen ohne Begriffe
sind blind.
Immanuel Kant, Kritik der reinen Vernunft

Reue ist Verstand,
der zu spät kommt.
Ernst von Feuchtersleben, Aphorismen

Schön ist die Freiheit
mit Verstand und Geld.
Sprichwort aus Russland

Skepsis ist das Zeichen
und sogar die Pose
des gebildeten Verstandes.
John Dewey

Sorgend bewacht der Verstand
des Wissens dürftigen Vorrat,
Nur zu erhalten ist er,
nicht zu erobern geschickt.
Johann Wolfgang von Goethe/Friedrich Schiller,
Xenien

Stets betrügt das Herz
den Verstand.
François de La Rochefoucauld, Reflexionen

Takt ist der Verstand des Herzens.
Karl Gutzkow, Die Ritter vom Geiste

Überhaupt ist es geratener,
seinen Verstand durch das, was man
verschweigt, an den Tag zu legen,
als durch das, was man sagt.
Ersteres ist Sache der Klugheit,
Letzteres der Eitelkeit.
Arthur Schopenhauer, Aphorismen zur Lebensweisheit

Unser Verstand ist träger
als unser Körper.
François de La Rochefoucauld, Reflexionen

Verdrießlicher sind keine Narren
als Narren, die Verstand besitzen.
Hinrich Brockes, Versuch vom Menschen

Verstand ist ohne Geistesschönheit
wie ein dienstbarer Geselle, der
den Zaun aus grobem Holze zimmert,
wie ihm vorgezeichnet ist,
und die gezimmerten Pfähle
aneinander nagelt für den Garten,
den der Meister bauen will.
Friedrich Hölderlin, Hyperion

Verstand nützt nur einem Einzelnen,
Reichtum und Würden
einer ganzen Familie.
Chinesisches Sprichwort

Verstand sieht jeden Unsinn,
Vernunft rät,
manches davon zu übersehen.
Wieslaw Brudziński

Verstand und Schönheit
sind selten beisammen.
Deutsches Sprichwort

Verstand und Sinnlichkeit können bei
uns nur in Verbindung Gegenstände
bestimmen. Wenn wir sie trennen, so
haben wir Anschauungen ohne Begriffe oder Begriffe ohne Anschauungen,
in beiden Fällen aber Vorstellungen,
die wir auf keinen bestimmten
Gegenstand beziehen können.
Immanuel Kant, Kritik der reinen Vernunft

Verstand wächst nur aus Demut.
Dummheit wiederum nur
aus Dünkel.
Leo N. Tolstoi, Tagebücher (1907)

Viele verlieren ihren Verstand
deshalb nicht, weil sie keinen haben.
Baltasar Gracián y Morales, Handorakel und Kunst
der Weltklugheit

Wage dich mit deinem Verstande
nie über die Grenzen
deines Lebens hinaus.
Sei ruhig über die Zukunft.
Heinrich von Kleist, Briefe (an Wilhelmine von Zenge,
13.–18. September 1800)

Was dem Verstande endlich,
ist nichtig dem Herzen.
Ludwig Feuerbach, Das Wesen des Christentums

Was ist die Mehrheit?
Mehrheit ist der Unsinn;
Verstand ist stets
bei wen'gen nur gewesen.
Friedrich Schiller, Demetrius (Sapieha)

Was man nicht im Kopf hat,
muss man in den Beinen haben.
Deutsches Sprichwort

Was uns erhebt und stürzt,
ist Willen und Verstand,
Wer über beide steigt,
der wird mit Gott bekannt.
Daniel Czepko von Reigersfeld,
Monodisticha Sapientium

Wem Gott Verstand gibt,
dem gibt er auch ein Amt.
Kurt Tucholsky, Schnipsel

Wenn der Mensch so viel Vernunft
hätte wie Verstand,
wäre alles viel einfacher.
Linus Pauling

Wenn du nicht irrst,
kommst du nicht zu Verstand!
Johann Wolfgang von Goethe, Faust II (Mephisto)

Wer seinen Verstand ganz kennt,
kennt sein Herz nicht.
François de La Rochefoucauld, Reflexionen

Wer über gewisse Dinge
den Verstand nicht verliert,
der hat keinen zu verlieren.
Gotthold Ephraim Lessing, Emilia Galotti
(Orsina, ebenso Odoardo)

Wie selten kommt
ein König zu Verstand.
Johann Wolfgang von Goethe, Egmont (Egmont)

Wir haben keine
inneren Stimmen mehr,
wir wissen heute zu viel,
der Verstand tyrannisiert unser Leben.
Robert (Edler von) Musil, Der Mann
ohne Eigenschaften (1930–1943)

Wir verdanken den Leidenschaften
vielleicht die größten Vorzüge
des Verstandes.
Luc de Clapiers Marquis de Vauvenargues,
Reflexionen und Maximen

Wo der Verstand versagt, dort
besteht das Glaubensgebäude.
Aurelius Augustinus, Sermones

Wo die Eitelkeit anfängt,
hört der Verstand auf.
Marie von Ebner-Eschenbach, Aphorismen

Wo es keine Liebe gibt, da gibt es auch
keinen Verstand.
Fjodor M. Dostojewski, Aufzeichnungen
aus dem Untergrund

Zum Lichte des Verstandes können
wir immer gelangen; aber die Fülle
des Herzens kann uns niemand geben.
Johann Wolfgang von Goethe, Wilhelm Meisters
Lehrjahr

Zwischen gutem Verstand
und gutem Geschmack
besteht derselbe Unterschied
wie zwischen Ursache und Wirkung.
Jean de La Bruyère, Die Charaktere

Verständlichkeit

Das Schwerste
klar und allen fasslich sagen,
Heißt aus gediegnem Golde
Münzen schlagen.
Emanuel Geibel, Sprüche

Die Forderung nach Allgemein-
verständlichkeit entsteht aus der
Faulheit des Lesers. Die Abweisung der
Allgemeinverständlichkeit entsteht aus
der Faulheit des Autors. Auch aus
Hochstapelei.
Ludwig Marcuse, Argumente und Rezepte.
Ein Wörter-Buch für Zeitgenossen

Gemeinverständlich, das heißt:
auch den Gemeinen verständlich,
und heißt überdies nicht selten:
den Nicht-Gemeinen ungenießbar.
Marie von Ebner-Eschenbach, Aphorismen

Lieber nicht ganz leicht verständlich
als langweilig.
Michel Eyquem de Montaigne, Die Essais

Verständnis

Das Verständnis reicht oft
viel weiter als der Verstand.
Marie von Ebner-Eschenbach, Aphorismen

Der Spott endet, wo das Verständnis
beginnt.
Marie von Ebner-Eschenbach

Die Stimmen werden lauter,
wenn das Verständnis abnimmt.
Friedrich Georg Jünger

Je älter das Haustier wird,
umso mehr bedarf es der
verständnisvollen Liebe des Menschen.
Paul Eipper, Die gelbe Dogge Senta

Verstecken

Es ist ein armer Fuchs,
der nur ein Loch hat.
Deutsches Sprichwort

Wer Gemüse stiehlt, versteckt sich
nicht im Gemüsegarten.
Chinesisches Sprichwort

Wir haben am Ende,
aus kindischer Lust,
»Verstecken« gespielt in den Gründen,
Und haben uns
so zu verstecken gewusst,
Dass wir uns nimmer mehr
wieder finden.
Heinrich Heine, Buch der Lieder

Verstehen

Alles kann der Edle leisten,
Der versteht und rasch ergreift.
Johann Wolfgang von Goethe, Faust II (Chor)

Alles verstehen heißt: alles verzeihen?
Kommentar: Als ob alles verstehen
heißen würde: nichts wählen.
Ludwig Marcuse, Argumente und Rezepte.
Ein Wörter-Buch für Zeitgenossen

Alles Verstehen ist ein Akt
des Vorstellens.
Arthur Schopenhauer, Betrachtungen über den Gegensatz des Dinges an sich und der Erscheinung

Am allerdümmsten ist, wer glaubt,
alles zu verstehen.
Leo N. Tolstoi, Tagebücher (1910)

Bewahre uns der Himmel vor dem
»Verstehen«. Es nimmt unserm Zorn
die Kraft, unserm Hass die Würde,
unserer Rache die Lust und noch
unserer Erinnerung die Seligkeit.
Arthur Schnitzler, Buch der Sprüche und Bedenken

Das beste Mittel,
sich kennen zu lernen, ist der Versuch,
andere zu verstehen.
André Gide, Tagebuch

Das Bewusstsein gleicher Erfahrungen
und gemeinsamer Gefahren
bringt ein Nähegefühl hervor (...):
man versteht sich kurzschlusshaft (...).
Günther Anders, Lieben gestern. Notizen
zur Geschichte des Fühlens

Das lauterste Leiden erzeugt
und fördert das lauterste Verstehen.
Juan de la Cruz, Merksätze von Licht und Liebe

Das Leben versteht man nur
im Rückblick.
Gelebt werden aber
muss es vorwärts.
Lothar Schmidt

Das Schicksal der Welt hängt in erster
Linie von den Staatsmännern ab, in
zweiter Linie von den Dolmetschern.
Trygve Lie

Der Kritiker lässt den Künstler,
den er nicht versteht, das fühlen. Er
behandelt ihn sehr von unten herab.
Alfred Polgar, Kleine Schriften, Band 3. Irrlicht

Die Kirchenmusik war eben deswegen
gut, weil alle sie verstanden.
Unzweifelhaft gut ist nur,
was jeder versteht.
Leo N. Tolstoi, Tagebücher (1896)

Die meisten missbilligen,
was sie nicht verstehen.
Quintilian, Schule der Beredsamkeit

Die meisten schätzen nicht,
was sie verstehen;
aber was sie nicht fassen können,
verehren sie.
Baltasar Gracián y Morales, Handorakel und Kunst der Weltklugheit

Die Menschen lächeln,
bis sie sich verstehen.
Erich Kästner, Dr. Erich Kästners lyrische Hausapotheke

Die Menschen verstehen einander
nicht. Es gibt weniger Wahnsinnige,
als wir denken.
Claude Adrien Helvétius, Über den Geist

Die sensiblen Herzen verstehen sich
schnell; alles ist für sie ausdrucksvoll.
Claudine Alexandrine Guérin de Tencin, Memoiren des Comte de Comminge

Die verstehen sehr wenig, die nur das
verstehen, was sich erklären lässt.
Marie von Ebner-Eschenbach, Aphorismen

Eine einzige Grenze ist; sie trennt
das Endliche vom Unendlichen;
Verstehn hebt die Grenze auf;
zwei, die einander verstehn,
sind ineinander unendlich.
Bettina von Arnim, Goethes Briefwechsel mit einem Kinde

Einen Fluss in seine Bäche zerlegen.
Einen Menschen verstehen.
Elias Canetti, Die Provinz des Menschen. Aufzeichnungen 1942–1972

Einen Menschen recht zu verstehen,
müsste man zuweilen der nämliche
Mensch sein, den man verstehen will.
Georg Christoph Lichtenberg, Sudelbücher

Es gehört immer etwas guter Wille dazu, selbst das Einfachste zu begreifen,
selbst das Klarste zu verstehen.
Marie von Ebner-Eschenbach, Aphorismen

Es gibt (...) in einem anderen
Menschen nichts, was es nicht auch in
mir gibt. Dies ist die einzige Grundlage
für das Verstehen der Menschen
untereinander (...).
Erich Fromm, Seele und Gesellschaft

Es gibt Menschen wie die ersten
Arabesken; man versteht sie nicht,
wenn man nicht Raffael ist.
Heinrich von Kleist, Briefe (an Minna Clausius, 11. April 1801)

Es gibt viele Menschen,
die sich einbilden, was sie erfahren,
das verstünden sie auch.
Johann Wolfgang von Goethe, Maximen und Reflexionen

Es hört doch jeder nur,
was er versteht.
Johann Wolfgang von Goethe, Maximen und Reflexionen

Gesehen ist noch nicht geschaut,
aufgeschnappt ist noch nicht gehört.
Chinesisches Sprichwort

Ich habe es stets abgelehnt,
verstanden zu werden.
Verstanden werden heißt
sich prostituieren.
Fernando Pessoa, Das Buch der Unruhe des Hilfsbuchhalters Bernardo Soares

Ich kann doch nicht
den Mund auftun und reden,
wo keiner von allen
mich verstehen würde.
Franziska Gräfin zu Reventlow, Tagebücher

Ich könnte mich in tausend Fernsehsendungen über Mozart heiser reden
und den Menschen nie auch nur den
Bruchteil des Verständnisses und Wissens vermitteln, das sie gewinnen können, wenn sie eine Stunde lang ganz
für sich allein Mozart-Sonaten spielen.
Leonard Bernstein, Von der unendlichen Vielfalt der Musik

Je mehr man die Dinge bedenkt,
desto besser versteht man sie,
und desto klarer werden sie selbst.
Francesco Guicciardini, Ricordi

Jeder sieht am andern nur so viel,
als er selbst auch ist:
Denn er kann ihn nur nach Maßgabe
seiner eigenen Intelligenz fassen
und verstehen.
Arthur Schopenhauer, Aphorismen zur Lebensweisheit

Kunst ist, was man nicht begreift.
Markus Lüpertz, In: ART – Das Kunstmagazin 1985, Nr. 12

Leute, die nichts, und solche,
die alles verstehen,
sind gleich langweilig.
Man stellt sie beiseite wie Töpfe,
die schon voll sind,
oder die keinen Boden haben.
Heinrich Waggerl, Aphorismen

Man kann das Volk dazu bringen,
dem rechten Weg zu folgen,
doch nicht, zu verstehen.
Konfuzius, Gespräche

Man muss verstehen, die Früchte
seiner Niederlagen zu ernten.
Otto Stoessl

Man versteht das Künstliche
gewöhnlich besser als das Natürliche.
Es gehört mehr Geist auch
zum Einfachen als zum Komplizierten
– aber weniger Talent.
Novalis, Blütenstaub

Man versteht nur das Geschäft,
durch das man den Reis verdient.
Chinesisches Sprichwort

Manche missverstehen, was sie
schreiben. Manche möchten es nur.
Manche verstehen es überhaupt nicht.
Ludwig Marcuse, Argumente und Rezepte.
Ein Wörter-Buch für Zeitgenossen

Nehmt lieber Bildung an als Silber,
lieber Verständnis als erlesenes Gold!
Altes Testament, Sprüche Salomos 8, 10

Nicht da ist man daheim,
wo man seinen Wohnsitz hat,
sondern wo man verstanden wird.
Christian Morgenstern, Stufen

Nur ein ruhiges, genussvolles Gemüt
wird die Pflanzenwelt,
nur ein lustiges Kind oder ein Wilder
können die Tiere verstehn.
Novalis, Die Lehrlinge zu Sais

Ohne vollendetes Selbstverständnis
wird man nie andre wahrhaft
verstehn lernen.
Novalis, Blütenstaub

Richtig verheiratet ist ein Mann erst
dann, wenn er jedes Wort versteht,
das seine Frau nicht gesagt hat.
Alfred Hitchcock

Schlechte Zeugen sind den Menschen
Augen und Ohren, wenn die Seele
deren Sprache nicht versteht.
Heraklit, Fragmente

Um einen Clown zu verstehen,
muss man ein guter Mensch sein.
José Andreo »Charlie« Rivel

Unser Verstehen der Gottheit mag
vergleichbar sein dem Denken der
kleinsten Atome zu uns Menschen hin.
Emil Nolde (10. Januar 1942)

Unverstandene Frauen suchen sich
einen Dolmetscher.
Françoise Sagan

Verstanden wenigstens möchte ich
gern zuweilen sein, wenn auch nicht
aufgemuntert und gelobt, von einer
Seele wenigstens möchte ich gern
zuweilen verstanden werden, wenn
auch alle andern mich verkennen.
Heinrich von Kleist, Briefe (an Ulrike von Kleist, 12. November 1799)

Verstehen – durch Stille.
Wirken – aus Stille.
Gewinnen – in Stille.
Dag Hammarskjöld, Zeichen am Weg

Verstehen heißt,
die Liebe vergessen.
Fernando Pessoa, Das Buch der Unruhe
des Hilfsbuchhalters Bernardo Soares

Von dem, was sie verstehen,
wollen sie nichts wissen.
Johann Wolfgang von Goethe,
Maximen und Reflexionen

Was man nicht versteht,
besitzt man nicht.
Johann Wolfgang von Goethe,
Maximen und Reflexionen

Wenn ein edler Mensch
etwas nicht versteht,
so lässt er es als zweifelhaft offen.
Konfuzius, Gespräche

Wenn zwei Menschen einander
bis ins Tiefste verstehen wollen,
so ist das gerade so, wie wenn zwei
gegenübergestellte Spiegel
sich ihre eigenen Bilder
immer wieder und von immer weiter
her wie in verzweifelter Neugier
entgegenwerfen, bis sie sich endlich
im Grauen einer hoffnungslosen Ferne
verlieren.
Arthur Schnitzler, Buch der Sprüche und Bedenken

Wer kann sich schmeicheln,
jemals verstanden worden zu sein?
Wir sterben als Unbekannte.
Honoré de Balzac, Geschichte der Dreizehn

Wir verstehen uns,
weil wir nichts voneinander wissen.
Fernando Pessoa, Das Buch der Unruhe
des Hilfsbuchhalters Bernardo Soares

Wir werden die Welt verstehn,
wenn wir uns selbst verstehn,
weil wir und sie
integrante Hälften sind.
Novalis, Fragmente

Zur Verständigung zweier Seiten
genügt es, dass sie das Allerschlimmste voneinander annehmen.
Adolf Nowaczynski

Verstellung

Das praktischste Wissen besteht
in der Verstellungskunst.
Baltasar Gracián y Morales, Handorakel und Kunst
der Weltklugheit

Das weibliche Geschlecht besitzt
in viel höherem Grad als wir die Gabe,
seine wahren Gesinnungen und Empfindungen zu verbergen. Selbst Frauen
von weniger feinen Verstandeskräften
haben bisweilen eine besondere Fertigkeit in der Kunst, sich zu verstellen.
Adolph Freiherr von Knigge,
Über den Umgang mit Menschen

Das Wissen, wie man sich verstellt,
ist das Wissen der Könige.
Armand-Jean du Plessis Herzog von Richelieu, Miranne

Der Bösewicht verstellt sich oft,
aber an seiner rauhen Stimme
und an seinen schwarzen Füßen
werdet ihr ihn gleich erkennen.
Jacob und Wilhelm Grimm,
Der Wolf und die sieben jungen Geißlein

Es ist häufig im Verkehre mit Menschen eine wohlwollende Verstellung
nötig, als ob wir die Motive
ihres Handelns nicht durchschauten.
Friedrich Nietzsche, Menschliches, Allzumenschliches

Für viele ist die Kunst der Verstellung
zur Gewohnheit geworden.
Torquato Accetto, Über die ehrenwerte Kunst der
Verstellung

Honig im Mund, Galle im Herzen.
Sprichwort aus Frankreich

Ich muss mir's niederschreiben,
Dass einer lächeln kann
und immer lächeln
Und doch ein Schurke sein.
William Shakespeare, Hamlet (Hamlet)

Man ist so sehr auf Verstellung
eingerichtet, dass man nicht selten
um das richtige Gesicht verlegen ist,
wenn man unversehens einmal
wirklich aufrichtig sein will.
Heinrich Waggerl, Aphorismen

Man sollte für gewöhnlich offen sein,
ohne die Verstellung doch ganz
zu verschmähen.
Francesco Guicciardini, Ricordi

Manche, so da lächeln, fürcht ich,
tragen / Im Herzen tausend Unheil.
William Shakespeare, Julius Caesar (Oktavio)

Nur Frauen beherrschen die Kunst,
sich so zu verstellen,
wie sie wirklich sind.
Tristan Bernard

Oft lacht der Mund,
wenn das Herze weint.
Deutsches Sprichwort

Tugend ist Schönheit; doch
der reizend Arge
Gleicht einem glänzend
übertünchten Sarge.
William Shakespeare, Was ihr wollt (Antonio)

Verstellung ist der offnen Seele fremd.
Friedrich Schiller, Die Piccolomini (Oktavio)

Verstellung ist eine Anstrengung
des Verstandes und keineswegs
ein Laster der Natur.
Luc de Clapiers Marquis de Vauvenargues,
Nachgelassene Maximen

Verstellung ist für edle Seelen
unerträglicher Zwang, ihr Element,
worin sie leben, ist Wahrheit.
Johann Jakob Engel, Fürstenspiegel

Verstellung, sagt man,
sei ein großes Laster,
Doch von Verstellung leben wir.
Johann Wolfgang von Goethe, Festzug,
18. Dezember 1818 (Mephisto)

Was soll man sich viel verstellen
gegen die, mit denen man sein
Leben zuzubringen hat!
Johann Wolfgang von Goethe, Wilhelm Meisters
Wanderjahre

Wenn der Wolf gefangen ist,
stellt er sich wie ein Schaf.
Deutsches Sprichwort

Wer eine Eigenschaft affektiert,
gibt zu, sie nicht zu besitzen.
Ludwig Reiners, Stilkunst III, Stilgecken und Stilgaukler

Wer es nötig hat, sich zu verstellen
und sich unter einer Maske zu verbergen, und wer nicht den Mut aufbringt,
sich zu zeigen, wie er ist,
der ist eine Memme oder ein Knecht.
Michel Eyquem de Montaigne, Die Essais

Wer sich nicht verstellen kann,
taugt nicht zum Regieren.
Deutsches Sprichwort

Wer spät im Leben
sich verstellen lernt,
Der hat den Schein
der Ehrlichkeit voraus.
Johann Wolfgang von Goethe, Torquato Tasso (Tasso)

Wir sind so gewöhnt,
uns vor anderen zu verstellen, dass wir
es zuletzt auch vor uns selber tun.
François de La Rochefoucauld, Reflexionen

Versuch

Den Fortschritt verdanken
wir Menschen, die Dinge versucht
haben, von denen sie gelernt haben,
dass sie nicht gehen.
Robert Lembke, Das Beste aus meinem Glashaus.
Humoristisches und Satirisches

Der erste Wurf taugt nichts.
Deutsches Sprichwort

Es gibt nichts, das man beim
dritten Anlauf nicht meistern könnte.
Chinesisches Sprichwort

Man soll nicht versuchen, was nicht
gänzlich vollendet werden kann.
Quintilian, Schule der Beredsamkeit

Unser Leben mutet an wie ein Versuch.
Jules Renard, Ideen, in Tinte getaucht.
Aus dem Tagebuch von Jules Renard

Versuch macht klug.
Deutsches Sprichwort

Wer gern versucht, was er nicht sollte,
Der findet oft, was er nicht wollte.
Thomasin von Zerklaere, Der wälsche Gast

Versuchung

Allem kann ich widerstehen,
nur der Versuchung nicht.
Oscar Wilde, Lady Windermere's Fächer

Alles wird Versuchung
für den, der sie fürchtet.
Jean de La Bruyère, Die Charaktere

Das Beispiel ist der größte Versucher.
Collin d'Harleville, Die Sitten des Tages

Der einzige Weg,
eine Versuchung loszuwerden,
besteht darin, ihr nachzugeben.
Oscar Wilde, Das Bildnis des Dorian Gray

Die Pflicht ruft,
die Versuchung wispert.
Lothar Schmidt

Die Versuchung zu herrschen
ist die größte, die unwiderstehlichste
Versuchung überhaupt.
Simone de Beauvoir, Das andere Geschlecht

Eine Jungfrau über dreißig wird
dreimal täglich vom Teufel versucht.
Sprichwort aus Spanien

Eine lockende Versuchung
führt eher zur Tat
als die besten Vorsätze.
Lothar Schmidt

Eine Versuchung, der man sofort
nachgibt, ist keine Versuchung mehr.
Die richtige Versuchung kommt erst,
wenn man sich die Sache nochmals
überlegt hat.
Peter Ustinov, Was ich von der Liebe weiß

Einer großen Versuchung
erliegt am ehesten, wer schon mal
einer kleinen nachgegeben hat.
Lothar Schmidt

Es gibt eine Reihe guter
Vorkehrungen gegen die Versuchung,
doch die sicherste ist die Feigheit.
Mark Twain, Querkopf Wilsons Kalender

Es ist ein wahres Unglück, wenn
man von vielerlei Geistern verfolgt
und versucht wird!
Johann Wolfgang von Goethe, Italienische Reise

Mancher, der vor der Versuchung
flieht, hofft doch heimlich,
dass sie ihn einholt.
Giovanni Guareschi

Menschen, die einer Versuchung
entfliehen, hinterlassen gewöhnlich
eine Nachsendeadresse.
Lothar Schmidt

Nur in Versuchungen
immer wieder fallend,
erheben wir uns.
Christian Morgenstern, Stufen

Und der Mensch versuche
die Götter nicht.
Friedrich Schiller, Der Taucher

Versuchung ist ein Parfüm,
das man so lange riecht,
bis man die Flasche haben möchte.
Jean-Paul Belmondo

Versuchungen sollte man nachgeben.
Wer weiß, ob sie wiederkommen!
Oscar Wilde

Wenn eine Versuchung an dich heran-
kommt und du sie wahrnimmst, dann
mache es wie die kleinen Kinder, wenn
sie ein böses Tier, einen großen Hund
heranrennen sehen: Sie flüchten sich
in die Arme des Vaters oder der
Mutter, oder sie rufen sie zu Hilfe.
Franz von Sales, Philothea

Worin die Versuchung besteht, weiß
ich ebenso gut wie ein Kirchenvater.
Versucht werden heißt, sich versuchen
lassen, wenn der Geist schläft,
heißt den Gründen des Verstandes
nachgeben.
Antoine de Saint-Exupéry, Flug nach Arras

Verteidigung

Am zähesten wird verteidigt,
was nicht existiert.
Ludwig Marcuse, Argumente und Rezepte.
Ein Wörter-Buch für Zeitgenossen

Angriff ist mächtiger als Verteidigung
(Wille zur Macht höher
als Kampf ums bloße Dasein).
Oswald Spengler, Urfragen.
Fragmente aus dem Nachlass

Der Offensivkrieg ist der Krieg
eines Tyrannen; wer sich jedoch
verteidigt, ist im Recht.
Voltaire, Der Mann mit den vierzig Talern

Es gibt Leute, die einen töten,
indem sie einen verteidigen (...).
Francis M. de Picabia, Aphorismen

Es ist feste Maxime der Weisen, sich
nicht mit der Feder zu verteidigen:
Denn solche Verteidigung hinterlässt
eine Spur und schlägt mehr in
Verherrlichung der Widersacher als in
Züchtigung ihrer Verwegenheit aus.
Baltasar Gracián y Morales, Handorakel und Kunst
der Weltklugheit

Es ist nicht weise,
das zu verteidigen,
was man ohnehin aufgeben muss.
Niccolò Machiavelli, Geschichte von Florenz

Glücklich, wer, was er liebt,
tapfer zu verteidigen wagt.
Ovid, Liebesgedichte

Gott gönnt nur denen die Freiheit,
die sie lieben und jederzeit bereit sind,
sie zu schützen und zu verteidigen.
Daniel Webster, Reden (1834)

In der Familie verteidige die Familie,
im Staat verteidige den Staat.
Chinesisches Sprichwort

Jedem Tier und jedem Narren
haben die Götter seine Verteidigungswaffen gegeben.
Johann Wolfgang von Goethe, Die Vögel (Treufreund)

Wenn du den Frieden willst,
bereite den Krieg!
(Si vis pacem, para bellum!)
Vegetius, Epitoma rei militaris (Vorrede)

Wer einen Staat verteidigen will,
muss ihn verteidigungswürdig
machen.
Jean Monnet

Zu spät ergreife ich,
schon verwundet, den Schild.
Ovid, Gedichte der Trübsal

Vertrag

Ach, was Geschriebnes
forderst du Pedant?
Hast du noch keinen Mann,
nicht Mannesswort gekannt?
Johann Wolfgang von Goethe, Faust I (Faust)

Der Vertrag ist ein System,
unter dem die Treuen stets gebunden,
die Treulosen stets frei sind.
Robert Vansittart

Kein Vertrag,
der nicht ein Denkmal
der Unehrlichkeit der Herrscher wäre.
Luc de Clapiers Marquis de Vauvenargues,
Nachgelassene Maximen

Schlechter Vertrag, langer Streit.
Sprichwort aus Frankreich

Unsere Neigung für die Politik
mag noch so groß sein:
Nichts ist so langweilig und ermüdend
zu lesen wie ein Staatsvertrag.
Luc de Clapiers Marquis de Vauvenargues,
Unterdrückte Maximen

Vertrag bricht allen Streit.
Deutsches Sprichwort

Verträge, die durch Zwang zustande
gekommen sind, werden weder von
einem Fürsten noch von einer Republik eingehalten werden.
Niccolò Machiavelli, Discorsi

Verträge müssen eingehalten werden.
(Pacta sunt servanda.)
Papst Gregor IX., Decretales

Verträge sind wie Rosen
und junge Mädchen: Sie halten sich,
solange sie sich halten.
Charles de Gaulle

Weh dir, du treulose Schar,
die sich zu einem unsauberen
Abkommen verbündet!
Ecbasis captivi in belehrender Gestalt (Fuchs)

Wenn man einem Menschen trauen
kann, erübrigt sich ein Vertrag.
Wenn man ihm nicht trauen kann,
ist ein Vertrag nutzlos.
Jean Paul Getty

Zweideutigkeiten werden oft von
beiden Vertragspartnern verschleiert.
Das beweist, dass beide sich förmlich
vorgenommen haben, bei der ersten
Gelegenheit den Vertrag zu brechen.
Luc de Clapiers Marquis de Vauvenargues,
Nachgelassene Maximen

Vertrauen

Das ist Seelentausch,
wenn man sagen kann
Einem alle Gedanken.
Edda, Hávamál (Loddfafnirlied)

Das Schaf vertraut nur dem,
der ihm die Kehle durchschneidet.
Sprichwort aus Indien

Das Vertrauen erhebt die Seele.
Jean-Jacques Rousseau, Emile

Das Vertrauen ist etwas so Schönes,
dass selbst der ärgste Betrüger
sich eines gewissen Respekts
nicht erwehren kann vor dem,
der es ihm schenkt.
Marie von Ebner-Eschenbach, Aphorismen

Das Vertrauen junger Menschen
erwirbt man am sichersten dadurch,
dass man nicht ihr Vater ist.
Henry de Montherlant

Das Vertrauen liefert mehr Gesprächsstoff als der Verstand.
François de La Rochefoucauld, Reflexionen

Das Vertrauen, welches neue Freunde
sich einander schenken, pflegt sich
stufenweise zu entwickeln.
Johann Wolfgang von Goethe, Dichtung und Wahrheit

Das, worauf wir uns am wenigsten
verlassen können, das sind wir selbst.
Michel Eyquem de Montaigne, Die Essais

Dem traue nie,
der einmal Treue brach!
William Shakespeare, Heinrich VI. (Elisabeth)

Dem üblen Mann eröffne nicht,
Was dir Schlimmes geschah.
Denn von argem Mann
erntest du nimmer
Für dein Vertrauen Dank.
Edda, Hávamál (Loddfafnirlied)

Dem wackern Mann
vertraut ein Weib getrost.
Johann Wolfgang von Goethe, Die natürliche Tochter
(Gerichtsrat)

Der am unrechten Ort vertraute, wird
dafür am unrechten Ort misstrauen.
Marie von Ebner-Eschenbach, Aphorismen

Die wahre Liebe ist
voller Vertrauen.
Claudine Alexandrine Guérin de Tencin,
Memoiren des Comte de Comminge

Doch lässt sich ihm vertraun,
und das ist viel.
Johann Wolfgang von Goethe, Torquato Tasso
(Prinzessin)

Ein Nichts vermag das Vertrauen
in die eigene Kraft zu erschüttern,
aber nur ein Wunder
vermag es wieder zu befestigen.
Marie von Ebner-Eschenbach, Aphorismen

Ein Tier, das nicht klettern kann,
sollte sein Geld
nicht einem Affen anvertrauen.
Sprichwort aus Afrika

Einem Menschen, den Kinder
und Tiere nicht leiden können,
ist nicht zu trauen.
Carl Hilty, Glück

Eltern haben Vertrauen zu ihrer Tochter und Vertrauen zum Freund ihrer
Tochter, aber sie haben selten Vertrauen, wenn beide zusammen sind.
Peter Sellers

Etwas ganz besonders Schönes im
Leben ist doch das Vertrauen, und
wenn's auch bloß ein Piepvogel ist,
der's einem entgegenbringt.
Theodor Fontane, Der Stechlin

Gönne mir die Wollust,
Die schönste guter Menschen,
sich dem Bessern
Vertrauend ohne Rückhalt hinzugeben.
Johann Wolfgang von Goethe, Torquato Tasso (Tasso)

Großen Herren und schönen Frauen
Soll man gern dienen, wenig trauen.
Georg Rollenhagen, Froschmeuseler

Ich glaube (...) an die Bedeutung
gegenseitigen Vertrauens und daran,
dass man mit sich selbst und anderen
so ehrlich wie möglich sein soll.
Die Unehrlichkeit führt
zu schrecklichen Komplikationen.
Yehudi Menuhin, Ich bin fasziniert von allem
Menschlichen

Ich weiß nicht, wie ein Mensch ohne
Vertrauenswürdigkeit bestehen kann.
Wie ein großer Wagen ohne Joch,
ein kleiner ohne Deichsel wäre er.
Ließe sich so ein Gefährt denn fahren?
Konfuzius, Gespräche

Immer zu misstrauen, ist ein Irrtum,
wie immer zu trauen.
Johann Wolfgang von Goethe, Lilia (Magus)

In einer echten Liebe ist das Vertrauen
die einzige Zuflucht der Eifersucht.
Sully Prudhomme, Gedanken

Je größer das Vertrauen
in die Wissenschaft gewesen war,
umso bitterer war die Enttäuschung.
Francesco De Sanctis, Über die Wissenschaft
und das Leben

Jedes Vertrauen ist gefährlich,
das nicht vollständig ist:
Es gibt wenige Fälle,
in denen man nicht alles sagen
oder alles verheimlichen sollte.
Jean de La Bruyère, Die Charaktere

Kann man Vertrauen
zu einer Frau haben,
die einen selber zum Mann nimmt.
Curt Goetz

Man kann jemandes Vertrauen
genießen, ohne sein Herz zu besitzen.
Wer das Herz besitzt, bedarf keiner
vertraulichen Eröffnungen;
ihm ist nichts verschlossen.
Jean de La Bruyère, Die Charaktere

Man muss auch mit Leuten rechnen,
auf die man nicht zählen kann.
Robert Lembke, Steinwürfe im Glashaus

Misstrauen bringt weiter als Zutrauen.
Deutsches Sprichwort

Rechne selten auf das Vertrauen und
die Achtung eines Menschen, der sich
in deine Angelegenheiten mischt,
ohne von den seinen zu sprechen.
Luc de Clapiers Marquis de Vauvenargues,
Unterdrückte Maximen

Sei nicht jedermanns
Freund und Vertrauter!
Adolph Freiherr von Knigge,
Über den Umgang mit Menschen

Trau dem, der in der Badewanne singt.
Sprichwort aus den USA

Trau ich jemandem,
so tue ich es ohne Vorbehalte,
aber ich traue nur wenigen.
Charles de Secondat, Baron de la Brède
et de Montesquieu, Meine Gedanken

Trau, schau wem.
Deutsches Sprichwort

Traue, aber nicht zu viel.
Deutsches Sprichwort

Traue niemand, den der Anblick
einer schönen weiblichen Brust
nicht außer Fassung bringt.
Auguste Renoir

Und wenn Ihr Euch nur selbst vertraut,
Vertrauen Euch die andern Seelen.
Johann Wolfgang von Goethe, Faust I (Mephisto)

Unglücklich ist der Mensch,
vertraut er dieser Welt!
Pierre de Ronsard, Elegie XXIV

Vergiss nie, dass die andern auf dich
zählen, aber zähle nicht auf sie!
Alexandre Dumas d. J.

Verlorenes Vertrauen
kehrt nicht zurück.
Chinesisches Sprichwort

Vertrauen ist das Gefühl, einem Menschen sogar dann glauben zu können,
wenn man weiß, dass man
an seiner Stelle lügen würde.
Henry Louis Mencken

Vertrauen ist die Mutter des Verdrusses.
Sprichwort aus Frankreich

Vertrauen ist die Schwester
der Verantwortung.
Asiatisches Sprichwort

Vertrauen ist gut, Kontrolle ist besser.
Wladimir Iljitsch Lenin

Vertrauen ist Mut, und Treue ist Kraft.
Marie von Ebner-Eschenbach, Aphorismen

Vertrauen weckt Vertrauen.
Deutsches Sprichwort

Viele Versprechungen
schmälern das Vertrauen.
Horaz, Briefe

Was ist denn unser Glaube
und unsere Frömmigkeit wert,
wenn wir jetzt im Leid nicht ein wenig
auf den Herrn vertrauen!
Papst Johannes XXIII., Briefe an die Familie (Vater),
28. November 1913

Wechselseitiges Vertrauen
Wird ein reinlich Häuschen bauen.
Johann Wolfgang von Goethe, Bleiben, Gehen

Wen du beleidigt hast,
und hättst du ihm, zur Versöhnung,
Tausend Gutes erzeugt,
traue dem Manne nie ganz.
Mosleh od-Din Saadi, Der Rosengarten

Wer dich einmal betrogen hat,
dem traue dein Lebtag nicht wieder.
Deutsches Sprichwort

Wer die Dummköpfe gegen sich hat,
verdient Vertrauen.
Jean-Paul Sartre

Wer leicht traut, wird leicht betrogen.
Deutsches Sprichwort

Wer leicht verspricht,
dem soll man wenig trauen.
Chinesisches Sprichwort

Wer schnell vertraut, ist leichtfertig,
wer sündigt, verfehlt sich
gegen sich selbst.
Altes Testament, Jesus Sirach 19, 4

Wer selbst misstrauisch ist,
verdient der viel Vertrauen?
Johann Wolfgang von Goethe, Die Mitschuldigen
(Alcest)

Wer sich auf andre verlässt,
der ist verlassen.
Deutsches Sprichwort

Wir verschenken unser Vertrauen
meist nur, um bedauert
oder bewundert zu werden.
François de La Rochefoucauld, Reflexionen

Wo das Vertrauen fehlt,
spricht der Verdacht.
Lao-tse, Dao-de-dsching

Wo ein großes Vertrauen ist, wird
die Wurzel immer unsichtbar sein.
Die, welche es beweisen können,
zeigen nur eine Genauigkeit vor,
die nichts ist als das.
Ludwig Marcuse, Argumente und Rezepte.
Ein Wörter-Buch für Zeitgenossen

Vertraulichkeit

Aus Vertraulichkeit entsteht
die zarteste Freundschaft
und der stärkste Hass.
Antoine Comte de Rivarol, Maximen und Reflexionen

Die Achtung, die uns die Mitmenschen
einflößen, lässt sich an der Art
unserer Vertraulichkeit ermessen.
Sully Prudhomme, Intimes Tagebuch

Doch eine Würde, eine Höhe,
Entfernte die Vertraulichkeit.
Friedrich Schiller, Das Mädchen aus der Fremde

Gar zu leicht missbrauchen oder
vernachlässigen uns die Menschen,
sobald wir mit ihnen vertraulich
werden. Um angenehm zu leben,
muss man fast immer ein Fremder
unter den Leuten bleiben.
Adolph Freiherr von Knigge,
Über den Umgang mit Menschen

Gewiß ist es, dass eine einzige Stunde
vertraulicher Mitteilung zwei fremde
Menschen einander näher bringt
als ganze Jahre gewöhnlichen
Beisammenlebens.
Friedrich von Bodenstedt, Mirza Schaffy

Man verliert immer durch den allzu
vertraulichen Umgang mit Frauen und
Freunden; und mitunter verliert man
die Perle seines Lebens dabei.
Friedrich Nietzsche, Menschliches, Allzumenschliches

Vertraulichkeit gefällt auch ohne Güte
und bezaubert mit Güte.
Joseph Joubert, Gedanken, Versuche und Maximen

Vertraulichkeit ist das
Lehrjahr des Geistes.
Luc de Clapiers Marquis de Vauvenargues,
Reflexionen und Maximen

Wer sich auf einen vertraulichen Fuß
setzt, verliert sogleich die Überlegenheit, welche seine Untadelhaftigkeit
ihm gab, und infolge davon auch
die Hochachtung.
Baltasar Gracián y Morales, Handorakel und Kunst
der Weltklugheit

Vertrautheit

Nie die Geheimnisse der Höheren
wissen. Man glaubt, Kirschen
mit ihnen zu essen,
wird aber nur die Steine erhalten.
Vielen gereichte es zum Verderben,
dass sie Vertraute waren:
Sie gleichen einem Löffel aus Brot
und laufen nachher dieselbe Gefahr
wie dies.
Baltasar Gracián y Morales, Handorakel und Kunst
der Weltklugheit

Viele seien es, die dich grüßen,
dein Vertrauter aber sei nur einer
aus tausend.
Altes Testament, Jesus Sirach 6, 6

Wie vertraut ein Mann mit Frauen sei,
Es bleibt viel Fremdes doch dabei.
Freidank, Bescheidenheit

Verurteilung

Der Mensch ist zur Freiheit verurteilt.
Jean-Paul Sartre, Kritik der dialektischen Vernunft

Die Heirat ist die einzige lebenslängliche Verurteilung, bei der man auf Grund schlechter Führung begnadigt werden kann.
Alfred Hitchcock

Ein bestrafter Schuldiger
ist ein Exempel für den Pöbel,
ein unschuldig Verurteilter
geht alle ehrbaren Leute etwas an.
Jean de La Bruyère, Die Charaktere

Lieber Gefahr laufen,
einen Schuldigen freizusprechen,
als einen Unschuldigen verurteilen.
Voltaire, Zadig

Niemand ist dem Verurteilten
näher als sein Richter.
Siegfried Lenz, Zeit der Schuldlosen (1962)

Wer andre richtet,
verurteilt sich selbst.
Martin Luther, Tischreden

Vervollkommnung

Alles kann die Menschheit entbehren;
alles kann man ihr rauben,
ohne ihrer wahren Würde zu nahe zu
treten; nur nicht die Möglichkeit der
Vervollkommnung.
Johann Gottlieb Fichte, Über die Bestimmung des Gelehrten

Die Welt bewegt sich, vervollkommnet
sich; der Mensch hat die Aufgabe,
an dieser Bewegung teilzuhaben, sich
ihr zu unterwerfen und sie zu fördern.
Leo N. Tolstoi, Tagebücher (1898)

Vervollkommnung deiner selbst
erreichst du nur durch Unzufriedenheit
mit dir selbst.
Marie von Ebner-Eschenbach, Aphorismen

Verwandtschaft

Alles, was an einem Gemeinsamen
Anteil hat, strebt zum Verwandten.
Mark Aurel, Selbstbetrachtungen

Arme Verwandte
haben ein besseres Gedächtnis.
Ephraim Kishon, Kishon für alle Fälle

Armut zerreißt die sechs Bande
der Verwandtschaft.
Chinesisches Sprichwort

Baue dein Haus weit
von den Verwandten
und dicht an einem Wasserlauf.
Sprichwort aus Slowenien

Blut ist dicker als Wasser.
Deutsches Sprichwort

Blutsverbindungen aber verknüpfen
die Menschen durch Wohlwollen
und Liebe. Etwas Großes nämlich ist
es, dieselben Erinnerungen
an die Vorfahren zu haben,
dieselben Heiligtümer zu verehren,
gemeinsame Gräber zu haben.
Marcus Tullius Cicero, Vom rechten Handeln

Brüder haben ein Geblüt,
aber selten ein Gemüt.
Deutsches Sprichwort

Denn zu Zeiten der Not bedarf
man seiner Verwandten.
Johann Wolfgang von Goethe, Reineke Fuchs

Der geistige Bluts-Verwandte
errät viel leichter seinen Verwandten
als der körperliche den seinigen.
Jean Paul, Dämmerungen für Deutschland

Die keine Schwiegermutter und keine
Schwägerin hat, ist gut verheiratet.
Sprichwort aus Portugal

Die Verwandtschaften
werden erst interessant,
wenn sie Scheidungen bewirken.
Johann Wolfgang von Goethe,
Die Wahlverwandtschaften

Diejenigen Naturen, die sich
beim Zusammentreffen einander
schnell ergreifen und wechselseitig
bestimmen, nennen die verwandt.
Johann Wolfgang von Goethe,
Die Wahlverwandtschaften

Dienet die Schwester dem Bruder
doch früh, sie dienet den Eltern,
Und ihr Leben ist immer
ein ewiges Gehen und Kommen.
Johann Wolfgang von Goethe, Hermann und Dorothea (7. Gesang)

Ein guter Freund ist mehr wert
als hundert Verwandte.
Deutsches Sprichwort

Ein Onkel, der Gutes mitbringt,
ist besser als eine Tante,
die bloß Klavier spielt.
Wilhelm Busch

Es gibt eine nähere Verwandtschaft
als die zwischen Mutter und Kind:
die zwischen dem Künstler
und seinem Werke.
Marie von Ebner-Eschenbach, Aphorismen

Es gibt eine Verwandtschaft
der Herzen und Gemütsarten:
Ihre Wirkungen sind solche,
wie die Unwissenheit des großen
Haufens sie Zaubertränken zuschreibt.
Baltasar Gracián y Morales, Handorakel und Kunst der Weltklugheit

Etwas Verwandtschaft
macht gute Freundschaft.
Deutsches Sprichwort

Hier dacht ich lauter Unbekannte
Und finde leider Nahverwandte;
Es ist ein altes Buch zu blättern:
Vom Harz bis Hellas immer Vettern!
Johann Wolfgang von Goethe, Faust II (Mephisto)

Ich betrachte mich als glücklich,
weil ich keine Verwandten mehr habe.
Fernando Pessoa, Das Buch der Unruhe des Hilfsbuchhalters Bernardo Soares

Ich staune über den Schaden, den der
Verkehr mit Verwandten verursacht.
Meines Erachtens kann nur der
es glauben, der es selbst erfahren hat.
Teresa von Ávila, Weg der Vollkommenheit

Mische dich nicht in Familienhändel!
Vor allen Dingen hüte dich,
Zwistigkeiten zu schlichten
und Versöhnung stiften zu wollen!
Adolph Freiherr von Knigge, Über den Umgang mit Menschen

Seitdem es Flugzeuge gibt,
sind die entfernten Verwandten auch
nicht mehr, was sie einmal waren.
Helmut Qualtinger

Selbst ein Kaiser hat Verwandte,
die Strohsandalen tragen.
Chinesisches Sprichwort

Trauernde sind überall sich verwandt.
Franz Grillparzer, Sappho (Phaon)

Verwandt sind sich
alle starken Seelen.
Friedrich Schiller, Die Piccolomini (Illo)

Verwandte besuche selten,
den Küchengarten desto öfter.
Chinesisches Sprichwort

Verwandte Seelen
grüßen sich von ferne.
Arthur Schopenhauer, Aphorismen zur Lebensweisheit

Verwandte Seelen
verstehen sich ganz!
Johann Gaudenz von Salis-Sewis, Gedichte

Verwandte sind nur da zum Besuchen
und nicht zum Zusammenleben.
Sprichwort aus Livland

Verwandte sind eine Gesellschaft
von Leuten, die weder im geringsten
ahnen, wie man leben soll,
noch den Takt besitzen,
im rechten Augenblick zu sterben.
Oscar Wilde

Verwandte sind nur dann verwandt
und Freunde nur dann befreundet,
wenn sie ebenbürtig sind.
Chinesisches Sprichwort

Verwandtengefühl habe ich keines,
in Besuchen sehe ich förmlich
gegen mich gerichtete Bosheit.
Franz Kafka, Tagebücher (1913)

Was im Himmel der Donnergott,
ist auf Erden der Bruder der Mutter.
Chinesisches Sprichwort

Was sich verwandt ist,
kann sich nicht ewig fliehen.
Friedrich Hölderlin, Fragment von Hyperion

Was uns am meisten von der Welt
anzieht, das sind die Verwandten;
und es gibt nichts, von dem man sich
schwerer losschält als von ihnen.
Teresa von Ávila, Weg der Vollkommenheit

Weil man so viel mit aller Welt verkehrt, hat man keine Familie mehr;
kaum kennt man seine Verwandten.
Jean-Jacques Rousseau, Emile

Wie viele Freunde,
wie viele Verwandte erstehen
dem neuen Minister über Nacht!
Jean de La Bruyère, Die Charaktere

Verweichlichung

Dadurch, dass sie ihre Kinder
zu sehr in Weichlichkeit tauchen,
bereiten sie sie zum Leiden;
sie öffnen ihre Poren für Krankheiten
aller Art, deren Raub sie werden,
wenn sie groß sind.
Jean-Jacques Rousseau, Emile

Die heilige Jungfrau Maria bringe
Schande über den, der sich vermählt,
um zu verweichlichen!
Chrétien de Troyes, Yvain (Gauvain)

Mit der übermäßigen Verweichlichung
der Frauen
fängt auch die der Männer an.
Jean-Jacques Rousseau, Emile

Streicheln tut verweichen.
Deutsches Sprichwort

Wen Fensterscheiben
stets vor Zugluft geschützt haben,
wessen Füße in mehrfach gewechsel-
ten Wärmekissen warm gehalten
wurden, wessen Speiseräume in
Fußboden und Wänden
eingebaute Heizung erwärmt hat,
den streift ein leichter Lufthauch
nicht ohne Gefahr.
Lucius Annaeus Seneca, Über die Vorsehung

Wo die Seele zugleich und den Körper
die Genüsse zerrüttet haben,
scheint nichts erträglich, nicht,
weil er Hartes, sondern weil er
es verweichlicht erlebt.
Lucius Annaeus Seneca, Über den Zorn

Verweilen

Gut Ding will Weile.
Deutsches Sprichwort

Werd ich zum Augenblicke sagen:
Verweile doch! du bist so schön!
Dann magst du mich
in Fesseln schlagen,
Dann will ich gern zugrunde gehn!
Johann Wolfgang von Goethe, Faust I (Faust)

Verwicklung

Eine Verbeugung wird den Kopf
nicht abfallen lassen.
Sprichwort aus Russland

Verwicklungen zu vereinfachen
ist in allen Wissenszweigen der erste
wesentliche Erfolg.
Henry Thomas Buckle, Geschichte der Civilisation
in England

Wer zu viel verlangt,
wer sich am Verwickelten erfreut,
der ist den Verirrungen ausgesetzt.
Johann Wolfgang von Goethe,
Maximen und Reflexionen

Verwirklichung

Alle Wesen aber verlangen danach,
auf ihre Weise wirklich zu sein.
Das wird darin offenbar, dass jegliches
Wesen von Natur sich dagegen wehrt,
zu vederben.
Thomas von Aquin, Summe gegen die Heiden

Denn nur allzu oft wird etwas erkannt,
ohne dass es in die Tat umgesetzt wird.
Francesco Guicciardini, Ricordi

Durch Handeln zu verwirklichen
ist nur das, was auch unverwirklicht
bleiben kann.
Aristoteles, Psychologie

Eine Frau kann sich
niemals gänzlich verwirklichen:
Sie ist allzu sehr vom Mann abhängig.
Daher träumt sie unablässig von dem,
was ihr unmöglich.
Henry de Montherlant, Erbarmen mit den Frauen

Kein Weg ist so weit im ganzen Land
Als der von Herz und Kopf zur Hand.
Friedrich von Bodenstedt, Mirza Schaffy

Verwirklicht werden heißt,
mit dem Wollen ausgeführt werden,
welches Wollen unausweichbare
Schmerzen herbeiführt.
Arthur Schopenhauer, Aphorismen zur Lebensweisheit

Verwirrung

Die verbitterten Gesichtszüge
eines Mannes sind oft nur die festgefrorene Verwirrung eines Knaben.
Franz Kafka

Er schafft es nicht,
etwas zu vollenden, wohl aber,
es gänzlich zu verwirren.
Chinesisches Sprichwort

Frei aber muss man sein
von jeder Verwirrung des Geistes,
sowohl von Begierde und Furcht
als auch besonders von Kummer,
zu großer Lust und Zorn, auf dass
Ruhe der Seele und Ungestörtheit
herrsche, die Beständigkeit und Würde
mit sich bringt.
Marcus Tullius Cicero, Vom rechten Handeln

Ist man verirrt, wird man verwirrt.
Deutsches Sprichwort

Klar nennt man Ideen,
die dasselbe Maß an Verwirrung haben
wie unser eigener Geist.
Marcel Proust

Sucht nur die Menschen zu verwirren,
Sie zu befriedigen, ist schwer!
Johann Wolfgang von Goethe, Faust I (Vorspiel auf
dem Theater, Direktor)

Wo Weiber sind, da ist Verwirrung.
Sprichwort aus Indien

Zorn macht verworrn.
Deutsches Sprichwort

Verwöhnen

Die Menschen, die wir am meisten
verwöhnen, sind nicht immer die,
die wir am meisten lieben.
Marie von Ebner-Eschenbach, Aphorismen

Ein Kind verwöhnen, heißt es töten.
Chinesisches Sprichwort

Ein umhegtes Kind weiß nicht,
wie sich seine Mutter plagt.
Chinesisches Sprichwort

Verwöhnte Kinder
sind die unglücklichsten;
sie lernen schon in jungen Jahren
die Leiden der Tyrannen kennen.
Marie von Ebner-Eschenbach, Aphorismen

Von Jugend auf verwöhnt
durchs Glück und seine Gaben,
Hat man so viel man braucht
und glaubt noch nichts zu haben.
Johann Wolfgang von Goethe, Die Mitschuldigen (Sophie)

Wir haben eine Mentalität,
die mit der verwöhnter Kinder
vergleichbar ist, die vieles haben,
aber immer noch mehr haben wollen.
Je mehr sie bekommen,
desto mehr plärren sie.
Norbert Blüm, Ein ZEIT-Interview mit Norbert Blüm. In: DIE ZEIT, Nr. 10/1989

Verwunderung

Das Ärgern hab' ich eigentlich
aus meinem Programm gestrichen,
ebenso das Verwundern
über meine Mitmenschen.
Franziska Gräfin zu Reventlow, Tagebücher

Der Mensch ist verarmt,
denn er hat verlernt, sich zu wundern.
Evelyn Waugh

Ein Großer wundere sich nicht
über den gemeinen Mann.
Chinesisches Sprichwort

Verzagtheit

Aus einem verzagten Arsch
fährt kein fröhlicher Furz.
Deutsches Sprichwort

Ich bin verzagt, wenn Weiber
vor mir zittern.
Friedrich Schiller, Dom Karlos (Karlos)

Verzage nicht, mein Herz!
Das Ei kann Federn kriegen,
Und aus der engen Schal'
zum Himmel fliegen.
Friedrich Rückert, Die Weisheit des Brahmanen

Verzärtelung

Seel' ist ein Gefangener,
Leib ist ein Gefängnis;
Wer den Leib verzärtelt,
gibt der Seele Drängnis.
Friedrich von Logau, Sinngedichte

Wer den Sohn verzärtelt,
muss ihm einst die Wunden verbinden;
dann zittert bei jedem Aufschrei
sein Herz.
Altes Testament, Jesus Sirach 30, 7

Verzeihung

Alle verzeihen, niemand
kommt zur Hilfe.
Lucius Annaeus Seneca, Briefe an Lucilius

Alles verstehen heißt: alles verzeihen?
Kommentar: Als ob alles verstehen
heißen würde: nichts wählen.
Ludwig Marcuse, Argumente und Rezepte. Ein Wörter-Buch für Zeitgenossen

Anderen magst du viel verzeihen,
dir nichts!
Decimus Magnus Ausonius, Sentenzen

Das Wort »Verzeihen«
ist ein Familienschatz.
Chinesisches Sprichwort

Der Beleidiger verzeiht nie.
Heinrich Heine

Die du großen Sünderinnen
Deine Nähe nicht verweigerst
Und ein büßendes Gewinnen
In die Ewigkeiten steigerst,
Gönn auch dieser guten Seele,
Die sich einmal nur vergessen,
Die nicht ahnte, dass sie fehle,
Dein Verzeihen angemessen!
Johann Wolfgang von Goethe, Faust II (Zu Drei)

Die reinigendste, die allerschönste
Blume der Liebe,
aber nur der höchsten Liebe,
ist das Verzeihen, darum wird es auch
immer an Gott gefunden
und an Müttern. Schöne Herzen
tun es öfter – schlechte nie.
Adalbert Stifter, Brigitta

Die schönste Blume des Sieges
ist das Verzeihen.
Sprichwort aus Arabien

Edle Sünden darf man wohl verzeihen.
Pedro Calderón de la Barca, Das Leben ein Traum

Eher wird ein Unrecht verziehen
als eine Beleidigung.
Philipp Stanhope Earl of Chesterfield, Briefe über die anstrengende Kunst, ein Gentleman zu werden

Ein ehebrecherisches Weib ist ein
Schandpfahl ihres Geschlechts, und ihr
verzeihen heißt, ihre Schande teilen.
August von Kotzebue, Menschenhass und Reue

Eine Frau verzeiht alles –
aber sie erinnert uns oft daran,
dass sie uns verziehen hat.
Karl-Heinz Böhm

Es gibt Verbrechen,
die das Schicksal niemals verzeiht.
Joseph Joubert, Gedanken, Versuche und Maximen

Es ist menschlich, zu lieben,
aber es ist auch menschlich,
zu verzeihen.
Titus Maccius Plautus, Der Kaufmann

Gott verzeiht nicht,
was die Menschen verzeihen.
Die Menschen verzeihen nicht,
was Gott verzeiht.
Franz Werfel, Zwischen Oben und Unten

In dem ganzen Bereich menschlicher
Schuld gibt es nur eine unverzeihliche:
nicht verzeihen können.
Marie von Ebner-Eschenbach, Aphorismen

Jedem will ich Misstrauen verzeihen,
nur dir nicht; denn für dich tat ich
alles, um es dir zu benehmen.
Heinrich von Kleist, Briefe (an Wilhelmine von Zenge, 13.–18. September 1800)

Man hält sich schon für gerecht,
wenn man denen leicht verzeiht,
die man liebt. Der Hass verzeiht leichter
als die Liebe.
Heinrich Waggerl, Nachlass

Man kommt in der Freundschaft
nicht weit, wenn man nicht bereit ist,
kleine Fehler zu verzeihen.
Jean de La Bruyère, Die Charaktere

Man sollte uns wenigstens die Fehler
verzeihen, die ohne unser Missgeschick keine wären.
Luc de Clapiers Marquis de Vauvenargues, Unterdrückte Maximen

Nach einer guten Mahlzeit
kann man allen verzeihen,
selbst seinen eigenen Verwandten.
Oscar Wilde, Eine Frau ohne Bedeutung

Nur dem, der bereut,
wird verziehen im Leben.
Dante Alighieri, Die Göttliche Komödie

Nur der Starke kann verzeihen, der
Schwächling wird immer nachtragen.
Marie von Ebner-Eschenbach, Aphorismen

Seine Fehler verzeihen wir dem
Nächsten lieber als seine Vorzüge.
Heinrich Waggerl, Aphorismen

Um ihnen nicht einzeln zu zürnen,
musst du allen verzeihen;
dem Menschengeschlecht
muss man Verzeihung zugestehen.
Lucius Annaeus Seneca, Über den Zorn

Verzeih dir nichts
und andern viel.
Deutsches Sprichwort

Verzeihe dem Geständigen!
Tibull, Elegien

Verzeihe liebreich!
Irren ist des Menschen Los.
Euripides, Der bekränzte Hippolytos

Verzeihen ist keine Narrheit,
nur ein Narr kann nicht verzeihen.
Chinesisches Sprichwort

Verzeihung bedeutet,
dass alles vorbei ist.
Françoise Sagan

Verzeihung ist die Antwort
auf den Kindertraum vom Wunder,
wodurch das Zerschlagene
heil wird und das Schmutzige rein.
Dag Hammarskjöld, Zeichen am Weg

Viel verzeiht man
einem schönen Weibe.
Robert Hamerling, Ahasverus in Rom

Vieles zu verzeihen
macht einen starken Mann stärker.
Publilius Syrus, Sentenzen

Was unsere Seele am schnellsten
und am schlimmsten abnützt,
das ist: verzeihen
ohne zu vergessen.
Arthur Schnitzler, Buch der Sprüche und Bedenken

Wenn nur die Reue in dir
nicht erlahmt, so wird Gott
alles verzeihen.
Fjodor M. Dostojewski, Die Brüder Karamasow

Wer ein Mädchen um Verzeihung
bittet, wenn er es geküsst hat,
erhält keine.
Theodor Gottlieb von Hippel, Über die Ehe
(Traum zur Abhelfung)

Wir leben in einer Zeit, wo wir
einander viel verzeihen müssen.
Johann Wolfgang von Goethe, Mädchen von Oberkirch
(Gräfin)

Wir sollen immer verzeihen,
dem Reuigen um seinetwillen,
dem Reuelosen um unseretwillen.
Marie von Ebner-Eschenbach, Aphorismen

Verzicht

Abstinenzler sind Leute,
die vom Verzichten
nicht genug bekommen können.
Michael Pflegerhar

Auch was wir aufgeben,
müssen wir mit freier Wahl aufgeben,
nicht wie der Fuchs die Trauben.
Gottfried Keller, Der grüne Heinrich

Der Weise verzichtet auf alles,
worauf sich irgend verzichten lässt;
denn er weiß, dass jedes Ding
eine Wolke von Unzufriedenheit
um sich hat.
Christian Morgenstern, Stufen

Es ist viel leichter, auf etwas
zu verzichten, das man fest besitzt,
als auf etwas, das man erst erstrebt.
Darum ist Uneigennützigkeit
so viel seltener als Freigebigkeit.
Heinrich Waggerl, Aphorismen

Form ist Verzicht.
Reinhold Schneider

Ich verzichte auf alle Weisheit,
die nicht weinen, auf alle Philosophie,
die nicht lachen, auf alle Größe,
die sich nicht beugen kann –
im Angesicht von Kindern.
Chalil Djubran

Je höher ein Mensch steht, auf desto
mehr Dinge muss er verzichten.
Fernando Pessoa, Das Buch der Unruhe
des Hilfsbuchhalters Bernardo Soares

Richtig besitzt man die Güter,
wenn man auf sie verzichten kann.
Jean-François Régnard, Der Spieler

Selten sind unsere Aufopferungen
tätig, wir tun gleich Verzicht auf das,
was wir weggeben.
Johann Wolfgang von Goethe,
Wilhelm Meisters Lehrjahre

Wer wenig bedarf,
der kommt nicht in die Lage,
auf vieles verzichten zu müssen.
Plutarch, Von der Bezähmung des Zornes

Verzweiflung

Alles, was man verzeichnet,
enthält noch ein Körnchen Hoffnung,
es mag noch so sehr der Verzweiflung
entstammen.
Elias Canetti, Die Provinz des Menschen.
Aufzeichnungen 1942–1972

Arbeiten und nicht verzweifeln!
Thomas Carlyle, Reden (2. April 1866)

Das menschliche Leben
beginnt jenseits der Verzweiflung.
Jean-Paul Sartre, Die Fliegen

Denn Hoffen ist aus dem Geist Gottes,
aber Verzweifeln ist aus unserm
eignen Geist.
Martin Luther, Tischreden

Der Fels ist steil, das Wasser tief;
und ich bin voller Verzweiflung.
Jean-Jacques Rousseau, Julie oder
Die neue Héloïse (Saint-Preux)

Der jegliche Verzweiflung schlichtet,
Der Tod, der milde Schiedsmann
alles Elends.
William Shakespeare, Heinrich VI. (Mortimer)

Die große Masse der Menschen
führt ein Leben voll Verzweiflung.
Was man so Resignation nennt,
ist bestätigte Verzweiflung.
Henry David Thoreau, Walden

Die größte Nachsicht
mit einem Menschen entspringt
aus der Verzweiflung an ihm.
Marie von Ebner-Eschenbach, Aphorismen

Die Leute glauben aus Verzweiflung.
Oskar Panizza, Über das Unsichtbare

Die Verzweifelung
ist ein vorübergehender Unsinn
eines Hoffnungslosen.
Immanuel Kant, Versuch über die Krankheiten des
Kopfes

Es gibt Fälle, ja, es gibt deren!,
wo jeder Trost niederträchtig
und Verzweiflung Pflicht ist.
Johann Wolfgang von Goethe,
Die Wahlverwandtschaften

Es hat Verzweiflung
oft die Schlachten schon gewonnen.
Voltaire

Es ist aber ein Kennzeichen
der Vernunft, dass man nichts
Verzweifeltes unternimmt.
Henry David Thoreau, Walden

Es ist töricht, die Menschen
zur Verzweiflung zu bringen,
denn wer auf nichts Gutes mehr hofft,
fürchtet nicht das Schlimmste.
Niccolò Machiavelli, Geschichte von Florenz

Gewalt birgt immer ein Element
der Verzweiflung.
Thomas Mann

Jedem Wesen ward
Ein Notgewehr
in der Verzweiflungsangst.
Friedrich Schiller, Wilhelm Tell (Melchthal)

Künstler wird man aus Verzweiflung.
Ernst Ludwig Kirchner

Man darf sich nicht,
wie ich es früher bisweilen tat, über
die Torheiten des Lebens empören,
darüber verzweifeln. All das
sind Anzeichen von Unglauben.
Leo N. Tolstoi, Tagebücher (1889)

Nichts Abgeschmackters
find' ich auf der Welt
Als einen Teufel, der verzweifelt.
Johann Wolfgang von Goethe, Faust I (Mephisto)

Nur ein verzweifelter Spieler
setzt alles auf einen Wurf.
Friedrich Schiller, Kabale und Liebe (Ferdinand)

Oft findet die Verzweiflung Mittel,
auf die man durch die freie Willensentscheidung nicht kommt.
Niccolò Machiavelli, Briefe (an Francesco Vettori,
16. April 1527)

Sie trug gestern Abend zu viel Rouge
und zu wenig Kleid. Das ist bei Frauen
immer ein Zeichen von Verzweiflung.
Oscar Wilde, Ein idealer Gatte

Solange es noch irgendwelche
Menschen auf der Welt gibt,
die gar keine Macht haben,
kann ich nicht ganz verzweifeln.
Elias Canetti, Die Provinz des Menschen.
Aufzeichnungen 1942-1972

Solange noch Zweifel,
verzweifelt niemand.
Jens Peter Jacobsen, Niels Lyhne

Um in den Dingen des Menschen-
herzens durch und durch bewandert
zu sein, müssen wir auch noch
in dem mit eisernen Schließen
verschlossenen Buch der Verzweiflung
nachschlagen.
Edgar Allan Poe, Marginalien

Verbirg dich nicht vor dem Verzwei-
felten und gib ihm keinen Anlass,
dich zu verfluchen.
Altes Testament, Jesus Sirach 4, 5

Verzweifl und stirb!
William Shakespeare, Richard III. (Geister)

Verzweiflung aber ist Schwäche
im Glauben und in der Hoffnung
auf Gott.
Leo N. Tolstoi, Tagebücher (1851)

Verzweiflung ist der einzige
echte Atheismus.
Jean Paul, Dämmerungen für Deutschland

Verzweiflung ist der größte
unserer Irrtümer.
Luc de Clapiers Marquis de Vauvenargues,
Unterdrückte Maximen

Verzweiflung ist eine Krankheit
im Geist, im Selbst.
Søren Kierkegaard, Die Krankheit zum Tode

Verzweiflung ist nicht nur der Gipfel
unseres Unglücks, sondern auch
unserer Schwäche.
Luc de Clapiers Marquis de Vauvenargues,
Reflexionen und Maximen

Verzweiflung ist unendlich
viel lustvoller als Langeweile.
Giacomo Leopardi, Gedanken aus dem Zibaldone

Verzweiflung ist Unlust,
entsprungen aus der Idee eines
zukünftigen oder vergangenen Dinges,
bei dem die Ursache des Zweifelns
geschwunden ist.
Baruch de Spinoza, Ethik

Verzweiflung tröstet
hoffnungslose Liebe,
Doch des Rivalen Glück
erträgt sie nicht.
Richard B. Sheridan, Der Kritiker

Was nicht unser Verlangen bewegt,
darauf richtet sich weder unsere
Hoffnung noch unsere Verzweiflung.
Thomas von Aquin, Summa theologica

Wer in Sünde fällt,
soll darum nicht verzweifeln,
sondern wieder zu sich kommen
und von der Sünde lassen.
Martin Luther, Tischreden

Wer nichts hoffen kann,
soll an nichts verzweifeln.
Lucius Annaeus Seneca, Medea

Wer zuviel zweifelt, der verzweifelt.
Christoph Lehmann, Florilegium Politicum,
Politischer Blumengarten (1662)

Wir hoffen immer, und in allen Dingen
Ist besser hoffen als verzweifeln. Denn
Wer kann das Mögliche berechnen?
Johann Wolfgang von Goethe, Torquato Tasso
(Antonio)

Wirklich verzweifelt kann man wohl
nur sein, wenn man für nichts
in der Welt mehr Verantwortung trägt;
nur dann kann man es sich leisten,
alles für vertan und verloren zu halten.
Eugen Drewermann, Tiefenpsychologie und Exegese

Vidal (28.4.)

Friert's am Tag von Sankt Vidal,
friert es wohl noch fünfzehnmal.
Bauernregel

Vieh

Als die Lebewesen einst aus
der eben geschaffenen Erde krochen,
da wurde das stumme und fette Vieh
dazu ausersehen,
unseren Bedürfnissen zu dienen.
Es liegt in der Weltordnung begründet,
dass ein göttliche Wesen
durch Blut versöhnt.
Ecbasis captivi in belehrender Gestalt (Wolf)

Hast du Vieh, so schau darauf;
ist es gut, so behalt es.
Altes Testament, Jesus Sirach 7, 22

Lieber iss selber nichts,
aber füttere das Vieh.
Chinesisches Sprichwort

Wie Stall, so Vieh.
Deutsches Sprichwort

Vielseitigkeit

Ich habe keine Kenntnis
von einem wirklich großen Mann,
der nicht mancherlei
hätte sein können.
Thomas Carlyle, Der Held als Dichter

Ist die Vielseitigkeit des Schauspielers
wünschenswert, so ist es die Vielseitigkeit des Publikums ebenso sehr.
Johann Wolfgang von Goethe,
Weimarisches Hoftheater

Lasst uns doch vielseitig sein!
Märkische Rübchen schmecken gut,
am besten gemischt mit Kastanien,
und diese beiden edlen Früchte
wachsen weit auseinander.
Johann Wolfgang von Goethe,
Maximen und Reflexionen

Man ist nur vielseitig,
wenn man zum Höchsten strebt,
weil man muss (im Ernst),
und zum Geringern herabsteigt,
wenn man will (zum Spaß).
Johann Wolfgang von Goethe,
Maximen und Reflexionen

Vinzenz (22.1.)

Vinzenzen Sonnenschein
füllt die Fässer mit Wein.
Bauernregel

Vision

Der einzige wahre Realist
ist der Visionär.
Federico Fellini

Die Visionen haben einen glücklichen
Instinkt und kommen nur denen,
die an sie glauben müssen.
Antoine Comte de Rivarol, Maximen und Reflexionen

Kunst ist zuerst Vision,
nicht Expression.
Josef Albers, in: E. Gomringer, Josef Albers

Vogel

Alte Vögel sind schwer rupfen.
Deutsches Sprichwort

Am Gesang kennt man den Vogel.
Deutsches Sprichwort

An den Federn erkennt man den Vogel.
Deutsches Sprichwort

Besser ein Spatz in der Hand,
als eine Taube auf dem Dach.
Deutsches Sprichwort

Besser ein Vogel in der Hand,
als zehn Vögel auf einem Baum.
Chinesisches Sprichwort

Der Kuss ist nichts anderes als eine
Weiterentwicklung der Nahrungsübertragung von Schnabel zu Schnabel,
wie sie bei Vögeln üblich ist.
Irenäus Eibl-Eibesfeldt

Der Vogel wählt sich den Baum,
aber nicht der Baum den Vogel.
Chinesisches Sprichwort

Der Vogelfänger bin ich ja,
Stets lustig, heisa! hopsassa!
Emanuel Schikaneder, Die Zauberflöte (Papageno)

Die buntesten Vögel
singen am schlechtesten.
Georg Christoph Lichtenberg, Sudelbücher

Die Vögel,
die zu viel Federn haben,
fliegen nicht hoch.
Deutsches Sprichwort

Die Welt ist eine optimistische
Schöpfung. Beweis:
Alle Vögel singen in Dur.
Jean Giono

Ein guter Vogel wählt den Baum aus,
auf dem er rastet.
Chinesisches Sprichwort

Ein papierner Vogel fliegt
nicht gegen den Wind.
Chinesisches Sprichwort

Ein Vogel staunt nicht,
dass er fliegen kann.
Chinesisches Sprichwort

Ein Vogel, der ein Lied herausschmettert, hat ein Behagen dabei.
Oswald Spengler, Urfragen.
Fragmente aus dem Nachlass

Es sind die hübschen Vögel,
die man in den Käfig sperrt.
Chinesisches Sprichwort

Für alle Vögel gibt es Lockspeisen,
und jeder Mensch wird auf
seine eigene Art geleitet und verleitet.
Johann Wolfgang von Goethe, Dichtung und Wahrheit

Ich singe, wie der Vogel singt,
Der in den Zweigen wohnt.
Johann Wolfgang von Goethe, Der Sänger

Jeder Vogel singt, wie ihm
der Schnabel gewachsen ist.
Deutsches Sprichwort

Kommt ein großer Vogel in den Wald,
haben die kleinen nichts zu zwitschern.
Chinesisches Sprichwort

Wenn die Vögel Trauben aussuchen,
unterscheiden sie zwischen zwei Arten
von Trauben. Die guten essbaren
und die schlechten ungenießbaren.
Jean Cocteau, Hahn und Harlekin

Wenn Insekten nicht schädlich wären,
wären Vögel nicht nützlich.
Walter Vogt

Volk

Aber Völker brauchen überall Zeit;
und den Aufschub, wie den eines
Frühlings, erstattet reichere Fülle.
Jean Paul, Dämmerungen für Deutschland

Allerdings ist das Volk souverän;
jedoch ist es ein ewig unmündiger
Souverän, welcher daher unter
bleibender Vormundschaft stehn muss
und nie seine Recht selbst verwalten
kann, ohne grenzenlose Gefahren
herbeizuführen.
Arthur Schopenhauer, Zur Rechtslehre und Politik

Bei Lichte gesehen gilt von
allen Völkern und Stämmen dasselbe,
was von den Menschen gilt:
Sie sind alle zu brauchen.
Aber freilich jeder an seiner Stelle.
Theodor Fontane, Vor dem Sturm

Da jedes Volk seine guten
und schlimmen Eigenschaften hat,
so halte wenigstens die Wahrheit,
welche lobt, ebenso in Ehren als die,
welche tadelt!
Jean-Jacques Rousseau, Julie oder
Die neue Héloïse (Julie)

Das größte Bedürfnis eines Volkes ist,
beherrscht zu werden,
sein größtes Glück,
gut beherrscht zu werden.
Joseph Joubert, Gedanken, Versuche und Maximen

Das Gut des Volkes
ist das vornehmste unter den
menschlichen Gütern.
Aber das göttliche Gut ist höheren
Ranges als das menschliche.
Thomas von Aquin, Summa theologica

Das Reich der Poesie blüht auf,
und nur der ist Poet,
der den Volksglauben besitzt
oder sich ihn anzueignen weiß.
Johann Wolfgang von Goethe, Geistesepochen

Das Schweigen der Völker
sollte den Königen eine Lehre sein.
Honoré Gabriel du Riqueti Mirabeau, Reden (1789)

Das Volk an sich selbst ist nicht
der Staat, sondern es ist eine durch
Abstammung, Wohnplatz, Schicksal,
Bedürfnis beisammen lebende
Familienmenge.
Heinrich Zschokke, Ährenlese

Das Volk braucht anschauliche,
und nicht begriffliche Wahrheiten.
Antoine Comte de Rivarol

Das Volk hungert, weil die Herren
zu viel Steuern verzehren.
Lao-tse, Dao-de-dsching

Das Volk ist der Tugend fähig,
aber nicht der Weisheit.
Joseph Joubert, Gedanken, Versuche und Maximen

Das Volk ist die Wurzel eines Landes.
Ist die Wurzel fest,
lebt das Land in Frieden.
Chinesisches Sprichwort

Das Volk ist immer wankelmütig;
man gewinnt oder verliert seine Gunst
aufgrund eines nichtigen Vorfalls.
Niccolò Machiavelli, Geschichte von Florenz

Das Volk löst sich äußerlich
in einzelne Menschen auf,
aber innerlich und in Beziehung auf
die größeren geistigen Leistungen
bildet es nur ein untrennbares Wesen.
Carl Schnaase, Geschichte der bildenden Künste
bei den Alten

Das Volk schätzt Stärke vor allem.
Johann Wolfgang von Goethe, Italienische Reise

Das Volk spendet seine Gunst,
niemals sein Vertrauen.
Antoine Comte de Rivarol, Maximen und Reflexionen

Das Volk stürzt oftmals,
von einem Trugbild des Guten
getäuscht, ins Verderben.
Niccolò Machiavelli, Vom Staat

Das Volk, und nur das Volk, ist die
Triebkraft, die Weltgeschichte macht.
Mao Tse-tung

Dass die Regierung das Volk vertrete,
ist eine Fiktion, eine Lüge.
Leo N. Tolstoi, Tagebücher (1898)

Denn nichts ist törichter
als das gemeine Volk, und
es soll daher der Obrigkeit gehorchen,
aber nicht selbst die Verwaltung
führen wollen.
Erasmus von Rotterdam, Handbüchlein eines christlichen Streiters

Der geistige Tod eines Volkes
liegt in seinen Geldschränken.
Leonhard Frank, Der Mensch ist gut

Der Handel und die Künste, die die
Völker vermengen und vermischen,
hindern sie auch daran, einander zu
studieren. Wenn sie wissen, was für
Nutzen sie voneinander ziehen
können, was brauchen sie dann noch
mehr zu wissen?
Jean-Jacques Rousseau, Emile

Des Volkes Freude ist,
was des Herrn war.
Martial, Epigramme

Die Gesetze eines Volkes bringen
zum Ausdruck,
was es zu sein vorgibt;
die Sitten, was es ist.
Sully Prudhomme, Gedanken

Die Idee der Menschheit,
Gott gab ihr Ausdruck
in den verschiedenen Völkern.
Leopold von Ranke, Frankreich und Deutschland

Die Kosmopoliten betrachten
alle Völker des Erdbodens als ebenso
viele Zweige einer einzigen Familie,
und das Universum als einen Staat,
worin sie mit unzähligen andern
vernünftigen Wesen Bürger sind,
um unter allgemeinen Naturgesetzen
die Vollkommenheit des Ganzen
zu befördern, indem jedes nach seiner
besondern Art und Weise für seinen
eigenen Wohlstand geschäftig ist.
Christoph Martin Wieland,
Das Geheimnis des Kosmopolitenordens

Die Leidenschaften,
welche im Kriege entbrennen sollen,
müssen schon in den Völkern
vorhanden sein.
Carl von Clausewitz, Vom Kriege

Die Leihbibliotheken studiere, wer den
Geist des Volkes kennen lernen will.
Wilhelm Hauff, Die Bücher und die Lesewelt

Die politische Selbstständigkeit
eines Volkes ist jedem andern Gute
auf immer vorzuziehen.
Carl Hilty, Politisches Jahrbuch der schweizerischen
Eidgenossenschaft (1890)

Die Sozialdemokratische Arbeiterpartei erstrebt die Errichtung
des freien Volksstaates.
Eisenacher Programm der Sozialdemokratischen
Arbeiterpartei (1869)

Die Stärke liegt im arbeitenden Volk.
Wenn es sein Joch trägt, dann nur,
weil es hypnotisiert ist.
Und nur darauf kommt es eben an –
diese Hypnose zu zerstören.
Leo N. Tolstoi, Tagebücher (1898)

Die Stimme des Volkes
hat nur Autorität als die Stimme
eines beherrschten Volkes.
Joseph Joubert, Gedanken, Versuche und Maximen

Die Völker ahnen instinktmäßig,
wessen sie bedürfen,
um ihre Mission zu erfüllen.
Heinrich Heine, Zur Geschichte der Religion
und Philosophie in Deutschland

Die Völker sind zwar unwissend,
wie Cicero sagt,
doch für die Wahrheit empfänglich.
Niccolò Machiavelli, Vom Staat

Dieser Mittelstand ist
der eigentliche Kern jedes Volkes.
Heinrich Zschokke, Ährenlese

Ein schwindlicht und
unzuverlässig Haus
Hat der, so auf das Herz
des Volkes baut.
William Shakespeare, Heinrich IV. (Erzbischof)

Ein Volk gibt niemals
seine Freiheit auf,
außer in irgendeiner Verblendung.
Edmund Burke, Reden (1784)

Ein Volk ist der Inbegriff von Menschen, welche dieselbe Sprache reden.
Jacob Grimm, Rede auf der Frankfurter Germanistenversammlung 1846

Ein Volk kann nicht anders als auf
Kosten des Einzelnen frei sein;
denn nicht der Einzelne ist bei dieser
Freiheit die Hauptsache, sondern
das Volk. Je freier das Volk,
desto gebundener der Einzelne.
Max Stirner, Der Einzige und sein Eigentum

Ein Volk ohne Land und ohne Religion
müsste zugrunde gehen,
wie Antaios schwebend
zwischen Himmel und Erde.
Antoine Comte de Rivarol, Maximen und Reflexionen

Ein Volk sollte den Krieg fürchten
wie der Einzelne den Tod.
Jules Renard, Ideen, in Tinte getaucht.
Aus dem Tagebuch von Jules Renard

Ein Volk würde ein anderes Bild
bieten, wenn es wirklich ein Volk,
eine einzige große Familie wäre. In
einer Familie fühlt sich jedes Mitglied
für das andere verantwortlich.
Alle für jeden, jeder für alle.
Stattdessen lebt man in unsern großen
Völkerfamilien nach dem geheimen
Grundsatz: jeder für sich, alle für mich.
Christian Morgenstern, Stufen

Ein Volk zu täuschen
ist ein Verbrechen, es zu enttäuschen
ein Fehler.
Agustina Bessa-Luís, Crónica do Cruzado Osb.

Ein Volk, ein Reich, ein Irrtum.
Werner Finck, Gedanken zum Nachdenken

Ein von Eifer entflammter Mensch
reicht hin,
ein ganzes Volk aufzurichten.
Johannes I. Chrysostomos, Säulenreden

Es ist gefährlich,
die Freiheit einem Volk zu geben,
das auf jeden Fall Knecht sein will.
Niccolò Machiavelli, Geschichte von Florenz

Es ist, als ob die Völker
die Gefahren liebten,
weil sie sich solche schaffen,
wenn es keine gibt.
Joseph Joubert, Gedanken, Versuche und Maximen

Euer Gott liebt euer Volk
und hasst meins (...).
Seattle, Chief Seattle – A Gentleman by Instinct –
His native Eloquence. Urfassung der Rede Häuptling
Seattles

Für mich existiert das Volk
erst in dem Moment,
wo es Publikum wird.
Richard Strauss, Briefe (an Stefan Zweig, 1935)

Glaube nur, ein Volk wird
nicht alt, nicht klug,
ein Volk bleibt immer kindisch.
Johann Wolfgang von Goethe, Egmont (Alba)

Große Völker vergessen Leiden,
nicht aber Demütigungen.
Winston Churchill

Hochgestellte kennen das Volk nicht
und denken auch gar nicht daran,
es kennen zu lernen.
Luc de Clapiers Marquis de Vauvenargues,
Nachgelassene Maximen

Im Grunde ist das Volk nur ein unvernünftiges Tier von ungeheurer Größe.
Giacomo Girolamo Casanova

Im Staat ist alles Schauhandlung
– im Volk alles Schauspiel.
Novalis, Vermischte Bemerkungen

In dem Augenblick, da das Volk
auf eines oder mehrere seiner Glieder
besonders Rücksicht nimmt,
teilt sich das Volk.
Jean-Jacques Rousseau, Emile

Ist nicht oft ein Mann,
der einem Volke nützlich ist,
verderblich für zehn andere?
Heinrich von Kleist, Briefe (an Wihelmine von Zenge,
10. Oktober 1801)

Jede Volksgröße scheint ein Frühling,
der nur einmal kömmt
und dann entfliehet,
um andere Zonen zu beglücken.
Karoline von Günderode, Geschichte eines Braminen

Jeder Staat muss die ihm eigenen
Mittel und Wege haben, um dem
Ehrgeiz des Volkes Luft zu machen.
Niccolò Machiavelli, Vom Staat

Jedes Volk glaubt, das auserwählte
zu sein.
Romain Rolland, Das Gewissen Europas

Jedes Volk hat die Regierung,
die es verdient.
Joseph Marie de Maistre, Briefe (1811)

Jedes Volk hat seine eigene Sitte.
Prudentius, Gedichte gegen Symmachus

Kein Volk schlägt
sein Ideal ans Kreuz.
Paul Anton de Lagarde, Deutsche Schriften

Kein Volkslehrer bleibt sich so gleich
als das lehrende Volk.
Jean Paul, Levana

Keine Kunst allein kann ein Volk
erobern – das Volk wird
durch ein Lebensideal erobert,
hinter dem eine Autorität steht.
William Butler Yeats, Entfremdung

Kunst ist fürs Volk
– was nützt sie sonst?
Ludwig Richter, in: Zeitschrift Pan.
Unsere herrliche Welt 1985, Nr. 3

Lebst im Volke; sei gewohnt,
Keiner je des andern Leben schont.
Johann Wolfgang von Goethe, Sprichwörtlich (Motto)

Man kann das Volk dazu bringen,
dem rechten Weg zu folgen,
doch nicht, zu verstehen.
Konfuzius, Gespräche

Man kann verhindern,
dass Völker lernen; aber verlernen
machen kann man sie nichts.
Ludwig Börne, Aphorismen

Man studiere ein Volk
außerhalb seiner Städte;
nur so wird man es kennen lernen.
Jean-Jacques Rousseau, Emile

Nach dem allgemeinen Lauf der Dinge
erlöschen die Charaktere
der Völker allmählich,
ihr Gepräge nützt sich ab,
und sie werden in den Tiegel
der Zeit geworfen, in welchem sie
zur toten Masse hinabsinken
oder zu einer neuen Ausprägung
sich läutern.
Johann Gottfried Herder, Ideen zur Philosophie
der Geschichte der Menschheit

Nicht die Diktatoren schaffen
Diktaturen, sondern die Herden.
Georges Gernanos

Nicht die feurigen, sondern die lichten
Völker überwinden zuletzt und dauern
am längsten aus. Welches Sklaven-
Volk hat nicht seine Leidenschaften
und seine Glut und folglich seinen
Mut von den Mongolen an
bis zu den Algeriern!
Jean Paul, Politische Fastenpredigten

Nicht von umsichtigen Erwägungen
werden die Völker geleitet. Sie werden
von großen Gefühlen bestimmt.
Leopold von Ranke, Englische Geschichte

Noch keinem Volk,
das sich zu ehren wusste,
Drang man den Herrscher
wider Willen auf.
Friedrich Schiller, Demetrius (König)

Nur mächtig ist, den seine Völker
lieben.
Adelbert von Chamisso, Sonette und Terzien

Nur Religion macht ein Volk;
wo die Menschen
keine Religion haben, da ist nur Masse.
Paul Ernst, Zusammenbruch und Glaube

Plagt nicht das Volk, macht ihm nicht
hassenswert das Leben! Nicht gehasst
wird nur der, der ihm nicht
hassenswert macht das Leben.
Lao-tse, Dao-de-dsching

Schau nicht ins Wasser,
dich zu spiegeln,
dein Spiegel sei das Volk.
Chinesisches Sprichwort

Schrecklich ist die Volksmasse,
wenn sie schlimme Führer hat.
Euripides, Orest

Setzet den Mohren nach Europa;
er bleibt, was er ist: Verheiratet ihn
aber mit einer Weißen,
und eine Generation wird verändern,
was Jahrhunderte hindurch
das bleichende Klima
nicht würde getan haben.
Johann Gottfried Herder, Ideen zur Philosophie
der Geschichte der Menschheit

Siegen heißt es, oder fallen
Ist, was alle Völker schuf.
Johann Wolfgang von Goethe, Des Eupimenides
Erwachen (Jugendfürst)

So bleibt auch für Völker die Gärtner-
Regel bewährt, dass man Bäume,
wenn sie nicht blühen wollen,
durch starke Verletzungen
zum Blühen nötigen kann.
Jean Paul, Politische Fastenpredigten

Sobald man die Völker
zu sehr drangsaliert,
werden sie ihre Ketten zerbrechen.
Voltaire, Die Briefe Amabeds

Und ist der gute Wille eines Volks
nicht das sicherste, das edelste Pfand?
Johann Wolfgang von Goethe, Egmont (Egmont)

Unsinn und Wut
Durchflammt ein Volk weit eh'r
als Lieb und Freude.
Johann Wolfgang von Goethe, Elpenor (Polymetis)

Völker sind wie große Kinder, und
die Staatskunst sollte ihre Mutter sein.
Honoré de Balzac, Physiologie des Alltagslebens

Völker sind wie Lawinen, schon ein
Schrei kann sie in Bewegung setzen.
Zarko Petan

Völker verrauschen,
Namen verklingen.
Friedrich Schiller, Die Braut von Messina

Volkesstimme, Gottesstimme.
Deutsches Sprichwort

Volksfreiheit ist nicht meine Freiheit!
Max Stirner, Der Einzige und sein Eigentum

Vorstellungen der Scham und Sittsam-
keit sind dem Volk tief eingeprägt.
Jean-Jacques Rousseau, Julie oder
Die neue Héloïse (Saint-Preux)

Was die Völker groß macht, sind in
erster Linie nicht ihre großen Männer.
Es ist die Höhe des Mittelmäßigen.
José Ortega y Gasset

Was ein Volk ist, bedarf für das
einfache Verständnis keiner Erklärung.
Es ist die Gemeinschaft der Abstammung des äußern und innern Lebens,
die sich als selbstständiges Ganzes
fühlt und darstellt, die Identität von
Sprache, Sitte und der Anschauungs-
weise der höhern Dinge.
Lorenz von Stein, Die socialen Bewegungen
der Gegenwart

Was von einem Volk gilt, gilt auch
von der Verbindung mehrerer Völker
untereinander; sie stehen zusammen,
wie Zeit und Ort sie band; sie wirken
aufeinander, wie der Zusammenhang
lebendiger Kräfte es bewirkte.
Johann Gottfried Herder, Ideen zur Philosophie
der Geschichte der Menschheit

Welche Hilfe gewährt ihr mir,
damit ich dem rasenden Volk
widerstehen kann?
Ecbasis captivi in belehrender Gestalt (Wolf)

Wenn alles in einem Volk
schwach und lahm wird, fängt es an,
von seiner Kraft zu sprechen,
gleich wie ein Mensch erst dann
von seiner Gesundheit spricht,
wenn er sie längst verloren hat.
Gilbert Keith Chesterton, Heretiker

Wenn das Volk den Tod
nicht mehr fürchtet, wie wollt ihr es
mit dem Tode schrecken?
Lao-tse, Dao-de-dsching

Wenn das Volk in Bewegung
gekommen ist, so begreift man nicht,
wie es wieder zur Ruhe kommen kann;
und wenn es sich friedlich verhält,
so versteht man nicht, wie es
diese Ruhe zu verlieren vermag.
Jean de La Bruyère, Die Charaktere

Wenn ein Volk zu großen idealen
Anstrengungen unfähig
geworden ist, geht es unter.
Jakob Boßhart, Bausteine zu Leben und Zeit

Wenn sich die Völker selbst befreien,
Da kann die Wohlfahrt nicht gedeihn.
Friedrich Schiller, Das Lied von der Glocke

Wenn Unglück Menschen läutert,
warum nicht Völker?
Jean Paul, Levana

Wer zählt die Völker,
nennt die Namen,
Die gastlich hier zusammenkamen?
Friedrich Schiller, Die Kraniche des Ibykus

Wie es die Oberen machen, so wird es
im Volke nachgeahmt.
Chinesisches Sprichwort

Wir sind ein Volk,
und einig woll'n wir handeln.
Friedrich Schiller, Wilhelm Tell (Landleute)

Wir wollen sein
ein einzig Volk von Brüdern,
In keiner Not uns trennen und Gefahr.
Friedrich Schiller, Wilhelm Tell (Rösselmann)

Wollte ich ein Volk studieren,
so würde ich hingehen
und in den abgelegensten Provinzen
meine Beobachtungen anstellen,
wo die Einwohner noch ihre
natürlichen Neigungen besitzen.
Jean-Jacques Rousseau, Julie oder
Die neue Héloïse (Saint-Preux)

Zweifaches hat sich nicht geändert.
Nicht jedes Volk braucht jedes,
aber jedes braucht alle.
Walter Rathenau, Auf dem Fechtboden des Geistes.
Aphorismen aus seinen Notizbüchern

Völkerrecht

Das Völkerrecht ist der Anfang
zur universellen Gesetzgebung,
zum universellen Staate.
Novalis, Fragmente

Das Völkerrecht soll auf einen Föderalism freier Staaten gegründet sein.
Immanuel Kant, Zum ewigen Frieden

Volksglaube

Den Volksglauben selbst
in ein System zu bringen,
wie manche beabsichtigen,
ist aber ebenso untunlich,
als wollte man die vorüberziehenden
Wolken in Rahmen fassen.
Heinrich Heine, Elementargeister

Der bloße Volksglaube
an die Ehrlichkeit in Deutschland,
an kecken Mut in Frankreich zwingt
auch den unehrlichen Deutschen,
ehrlicher, den feigeren Franzosen,
kecker zu sein.
Heinrich Leo, Vorlesungen über die Geschichte
des deutschen Volkes

Volkslied

Eigentlichster Wert
der so genannten Volkslieder ist der,
dass ihre Motive unmittelbar
von der Natur genommen sind.
Dieses Vorteils aber könnte
der gebildete Dichter sich auch
bedienen, wenn er es verstünde.
Johann Wolfgang von Goethe,
Maximen und Reflexionen

So lasst erschallen
Ein altes gutes Lied,
ein Volksgedicht.
das Neue
will nur selten mir gefallen.
Adelbert von Chamisso, Gedichte

Vollendung

Aber der Mensch entwirft,
und Zeus vollendet es anders.
Homer, Ilias

Alles Vollendete spricht sich nicht
allein – es spricht eine
ganze mitverwandte Welt aus.
Novalis, Fragmente

Der Liebende will des Geliebten
Vollendung. Sie verlangt Freigabe,
auch vom Liebenden.
Dag Hammarskjöld, Zeichen am Weg

Die höchste Vollendung des menschlichen Lebens liegt darin, das des
Menschen Sinn ledig sei für Gott.
Thomas von Aquin, Summe gegen die Heiden

Die Vollendung liegt nur zu weit,
wenn man weit sieht.
Johann Wolfgang von Goethe, Italienische Reise

Die Vollendung setzt sich
aus Kleinigkeiten zusammen.
Joseph Joubert, Gedanken, Versuche und Maximen

Die Voraussetzung zur Vollendung
ist Trägheit, das Ziel der Vollendung
ist Jugend.
Oscar Wilde, Sätze und Lehren zum Gebrauch
für die Jugend

Die wahre Vollendung des Menschen
liegt nicht in dem, was er besitzt,
sondern was er ist.
Oscar Wilde, Die Seele des Menschen
unter dem Sozialismus

Du sollst ein natürliches Fragment
einer künstlichen Vollendung
vorziehen.
Ludwig Marcuse, Argumente und Rezepte.
Ein Wörter-Buch für Zeitgenossen

Ein jedes Wesen,
das seine eigene Vollendung erstrebt,
strebt nach Gottähnlichkeit.
Thomas von Aquin, Summe gegen die Heiden

Ein Mann, der nicht eine Art Traumbild der Vollendung in sich trägt,
ist eine ebenso große Monstrosität
wie ein Mann ohne Nase.
Gilbert Keith Chesterton, Heretiker

Gleich sei keiner dem andern;
doch gleich sei jeder dem Höchsten.
Wie das zu machen?
Es sei jeder vollendet in sich.
Johann Wolfgang von Goethe/Friedrich Schiller, Xenien

Glück ist ein Abfallprodukt
des Strebens nach Vollendung.
Richard Graf von Coudenhove-Kalergi

Hast du nicht alles selbst vollendet,
Heilig glühend Herz?
Johann Wolfgang von Goethe, Prometheus

In bestimmtem Sinn hängt
von der Vollendung des Menschen
die Vollendung
der ganzen körperhaften Natur ab.
Thomas von Aquin, Compendium theologiae

Ja, es muss eine Zeit der Vollendung
kommen, wo jedes Wesen harmonisch
mit sich selbst und mit den andern
wird, wo sie ineinander fließen und
eins werden in einem großen Einklang,
wo jede Melodie hinstürzt
in die ewige Harmonie.
Karoline von Günderode, Geschichte eines Braminen

Mit jedem Tage vervollkommnet
man sich in seiner Person und seinem
Beruf, bis man den Punkt seiner Vollendung erreicht, wo alle Fähigkeiten
vollständig, alle vorzüglichen Eigenschaften entwickelt sind.
Dies gibt sich daran zu erkennen,
dass der Geschmack erhaben,
das Denken geläutert, das Urteil reif
und der Wille rein geworden ist.
Baltasar Gracián y Morales, Handorakel und Kunst
der Weltklugheit

Schwierig ist die Vollendung
des Besten.
Marcus Tullius Cicero, Brutus

Suche nicht die Vernichtung.
Sie wird dich finden. Suche den Weg,
der zur Vollendung führt.
Dag Hammarskjöld, Zeichen am Weg

Vergebens werden ungebundne Geister
Nach der Vollendung
reiner Höhe streben.
Johann Wolfgang von Goethe, Was wir bringen
(Nymphe)

Von Natur gelangt alles,
was von einem in ihm selbst liegenden
Prinzip ununterbrochen bewegt wird,
zu einer gewissen Vollendung.
Aristoteles, Physik

Völlerei

Fette Küche macht magern Beutel.
Deutsches Sprichwort

Fressen und Saufen
macht die Ärzte reich.
Deutsches Sprichwort

Schwelgerei ist die unmäßige Begierde
oder auch Liebe zum Essen.
Baruch de Spinoza, Ethik

Vollkommenheit

Das Streben nach Vollkommenheit
aber darf nie so verstanden werden,
dass, weil ich dazu ein Recht habe,
auch alle Mittel recht wären, sondern
ich darf rechtlich nur meine Mittel,
Vernunft, Verstand, freien Willen usw.
verwenden, nicht die eines andern,
weil ich dadurch seine Persönlichkeit
störte.
Adalbert Stifter, Vom Rechte

Das Zeichen der Vollkommenheit
in den niederen Wesen ist:
Dass sie etwas sich selber Ähnliches
zu schaffen vermögen.
Thomas von Aquin, Summe gegen die Heiden

Den Menschen geziemt es,
sich mehr um die Seele
als um den Leib zu kümmern.
Denn Vollkommenheit der Seele
richtet die Schwäche des Leibes auf;
Leibesstärke aber ohne Verstand
macht die Seele um nichts besser.
Demokrit, Fragment 187

Derjenige, der sich mit Einsicht
für beschränkt hält,
ist der Vollkommenheit am nächsten.
Johann Wolfgang von Goethe,
Maximen und Reflexionen

Die vollkommene Frau
hat einige kleine Disharmonien.
Maurice Chevalier

Die Vollkommenheit besteht nicht
darin, dass man Verzückungen hat,
sondern in der treuen Erfüllung
des göttlichen Willens.
Vinzenz von Paul, überliefert bei Gabriel Meier
(Vinzenz von Paul)

Die Welt ist vollkommen überall,
wo der Mensch nicht hinkommt
mit seiner Qual.
Friedrich Schiller

Ein jedes Wesen ist
im gleichen Maße vollkommen,
wie es an seinen eigenen Ursprung
hinreicht.
Thomas von Aquin, Summa theologica

Ein vollkommener Mann wirkt mehr
als viele unvollkommene.
Teresa von Ávila, Weg der Vollkommenheit

Für das Leben
wird ein Ideal benötigt.
Ein Ideal ist jedoch nur dann Ideal,
wenn es Vollkommenheit ist.
Leo N. Tolstoi, Tagebücher (1910)

Ganz in Vollkommenheit
siehst du kein Ding erglänzen!
Warum? Damit dein Geist
hab' etwas zu ergänzen.
Friedrich Rückert, Die Weisheit des Brahmanen

Ich bin besonders glücklich,
wenn das Glück unvollkommen ist.
Vollkommenheit hat keinen Charakter.
Peter Ustinov, Peter Ustinovs geflügelte Worte

Ich spucke auf die Vollkommenheit
und jene, die sie sinnlos anstaunen,
wenn sie keine Lust erzeugt.
Epikur, Briefe an Freunde und Verwandte. In: Briefe,
Sprüche, Werkfragmente

In irgendeinem Fache
muss einer vollkommen sein,
wenn er Anspruch auf
Mitgenossenschaft machen will.
Johann Wolfgang von Goethe, Wilhelm Meisters
Wanderjahre

Jede menschliche Vollkommenheit
ist einem Fehler verwandt,
in welchen überzugehn sie droht.
Arthur Schopenhauer, Zur Ethik

Kannst du dir überhaupt eine neue
Vollkommenheit vorstellen,
kannst du einen neuen Wunsch
formen und dir wirklich etwas wirklich
Begehrenswertes denken –
dann blick empor! Es hängt schon
an den grünen Zweigen.
Tania Blixen, Motto meines Lebens

Man soll sich vor einem Talente hüten,
das man in Vollkommenheit
auszuüben nicht Hoffnung hat.
Johann Wolfgang von Goethe, Wilhelm Meisters
Lehrjahre

So viel du auch herumwirkst,
du kommst in der Vollkommenheit
nicht voran, wenn du nicht lernst,
deinen Willen zurückzunehmen und
dich zu beugen, indem du das Kreisen
um dich und das Deine aufgibst.
Juan de la Cruz, Merksätze von Licht und Liebe

Strebe nach Vollkommenheit,
aber nicht nach dem Schein der
Vollkommenheit und Unfehlbarkeit!
Adolph Freiherr von Knigge,
Über den Umgang mit Menschen

Überall, wo es ein Besseres gibt,
gibt es auch etwas,
das das Vollkommenste ist.
Aristoteles, Über Philosophie

Vollkommenheit in der Natur
ist keine Eigenschaft der Materie,
sondern der Geister.
Friedrich Schiller, Philosophische Briefe

Vollkommenheit ist die Norm
des Himmels, Vollkommenes
wollen die Norm des Menschen.
Johann Wolfgang von Goethe,
Maximen und Reflexionen

Vollkommenheit kann mit
Disproportion bestehen,
Schönheit allein mit Proportion.
Johann Wolfgang von Goethe,
Maximen und Reflexionen

Vollkommenheit
kennt keine Eigensucht.
Chinesisches Sprichwort

Wer mir Vollkommenheit,
wie Gott hat, ab will sprechen,
Der müsste mich zuvor
von seinem Weinstock brechen.
Angelus Silesius, Der cherubinische Wandersmann

Voraussicht

Ein Mensch kann's manchmal
nicht verstehn,
Trifft ein, was er
vorausgesehen.
Eugen Roth

Es ist möglich,
auch das Zukünftige vorauszusehen.
Denn es wird jedenfalls
gleichförmig sein,
und es ist nicht gestattet,
aus der Ordnung des gegenwärtig
Geschehenden herauszutreten.
Mark Aurel, Selbstbetrachtungen

In Sommertagen
Rüste deinen Schlitten,
Und deinen Wagen
in Winters Mitten.
Friedrich Rückert, Gedichte

Man muss immer weiter denken,
als man kommt.
Deutsches Sprichwort

Regieren heißt voraussehen.
Robert Jungk

Vorbereitung

Der Samen der Tugend geht schwer
auf; es gehören lange Vorbereitungen
dazu, ihn Wurzel fassen zu lassen.
Jean-Jacques Rousseau, Emile

Der Weise ist auf alle Ereignisse
vorbereitet.
Molière, Die gelehrten Frauen

Derjenige, der sich auf einen Weg
ordentlich vorbereitet hat, hat schon
einen guten Teil des verschlungenen
Pfades hinter sich gebracht.
Erasmus von Rotterdam, Brief an Paul Volz

Ein Pfeil, der an der Sehne liegt,
muss abgeschossen werden.
Chinesisches Sprichwort

Gut eingeseift, ist halb rasiert.
Sprichwort aus Frankreich

Kenntnisse, wenn sie noch einen Wert
haben, so ist es nur,
insofern sie vorbereiten zum Handeln.
Aber unsere Gelehrten,
kommen sie wohl, vor allem
Vorbereiten, jemals zum Zweck?
Heinrich von Kleist, Briefe (an Wihelmine von Zenge, 10. Oktober 1801)

Lass das lange Vorbereiten,
Fang dein Leben an beizeiten.
Eduard von Bauernfeld, Poetisches Tagebuch

Nur im vorbereiteten Herzen
kann ein neuer Gedanke Wurzel fassen
und groß werden. Sich vorbereiten,
sich zubereiten, den Acker lockern
für das beste Korn, ist alles.
Christian Morgenstern, Stufen

Um Farbiges darauf zu malen, muss
erst ein weißer Grund vorhanden sein.
Konfuzius, Gespräche

Wer gut sattelt, reitet gut.
Deutsches Sprichwort

Wer schaffen will ein schönes Werk,
der muss erst schärfen sein Gerät.
Konfuzius, Gespräche

Vorbeugung

Ein Lot Vorbeugung ist besser
als ein Pfund Heilung.
Sprichwort aus England

Viele sind durch das umgekommen,
was sie stets gefürchtet haben;
was half aber das Fürchten,
wenn sie nicht vorbeugten?
Baltasar Gracián y Morales, Handorakel und Kunst der Weltklugheit

Vorbeugen ist besser
als Heilen.
Sprichwort aus Deutschland und Frankreich

Vorbild

Auch in einem Königshaus lernt man,
wie die Affen lernen:
Indem man die Eltern beobachtet.
Prinz Charles

Bevor ihr den Menschen predigt,
wie sie sein sollen,
zeigt es ihnen an euch selbst.
Fjodor M. Dostojewski, Tagebuch eines Schriftstellers

Dem nur stehn schöne Reden gut,
Der, was er predigt, selber tut.
Jüdische Spruchweisheit

Die jungen Ochsen lernen das Pflügen
von den alten.
Sprichwort aus Frankreich

Die Menschen gehen fast immer Wege,
die bereits von anderen beschritten
wurden, und ahmen in ihren Handlungen die anderen nach,
können dabei diesen Wegen nicht
überall folgen und ihren Vorbildern
nicht in allem gleichkommen.
Daher muss ein kluger Mann
stets Wegen folgen, die von großen
Männern beschritten wurden,
und die hehrsten Vorbilder nachahmen, damit ein gewisser Abglanz
auf ihn fällt, wenn er auch nicht
an sie heranreicht.
Niccolò Machiavelli, Der Fürst

Die Ziege ist in den Weinberg
gesprungen, also wird auch
ihre Tochter hineinspringen.
Sprichwort aus Frankreich

Erfüllt selbst, was ihr verkündet,
und alle werden euch folgen.
Fjodor M. Dostojewski, Tagebuch eines Schriftstellers

Erhabene Schriftsteller,
vereinfacht eure Vorbilder ein wenig,
wenn ihr wollt,
dass man ihrem Beispiel folgen soll!
Jean-Jacques Rousseau, Julie oder Die neue Héloïse

Erst wenn man genau weiß,
wie die Enkel ausgefallen sind,
kann man beurteilen,
ob man seine Kinder gut erzogen hat.
Erich Maria Remarque

Es bedarf nur eines schlechten
Mönches, damit das ganze Kloster
auf Abwege gerät.
Sprichwort aus Frankreich

Es gibt keine andere vernünftige Erziehung, als Vorbild sein, wenn's nicht
anders geht, ein abschreckendes.
Albert Einstein, Mein Weltbild

Für sein Tun und Lassen darf man
keinen anderen zum Muster nehmen.
Arthur Schopenhauer, Aphorismen zur Lebensweisheit

Guter Meister macht gute Jünger.
Deutsches Sprichwort

Irrender Hirt, irrende Schafe.
Deutsches Sprichwort

Lasst uns lieber große Beispiele
zur Nachahmung annehmen,
als eitlen Lehrgebäuden folgen!
Jean-Jacques Rousseau, Julie oder
Die neue Héloïse (Saint-Preux)

Markt lehrt kramen.
Deutsches Sprichwort

Mit dem Meister selbst verkehren
Weiser macht als Buch und Lehren.
Jüdische Spruchweisheit

Ohne Vorbild, ohne ideales Vorbild,
kann niemand recht tun.
Joseph Joubert, Gedanken, Versuche und Maximen

So ist der Mensch dem Menschen
nicht als unbedingtes Vorbild gesetzt,
sondern das Göttliche, Unendliche
ist sein Ziel.
Caspar David Friedrich, Über Kunst und Kunstgeist

Vermittlung von Werten
bedarf vor allem auch
des persönlichen Vorbildes.
Helmut Kohl, Verantwortung für die Jugend-Erziehung im demokratischen Staat. Rede des Bundeskanzlers in Bonn 1985

Wer schon selbst nicht gerade ist,
wie soll der andere gerade machen.
Chinesisches Sprichwort

Wer Vorbild in der Gesellschaft ist,
muss nicht mehr ihr Werkzeug sein.
Joseph Joubert, Gedanken, Versuche und Maximen

Wie der Abt, so die Mönche.
Deutsches Sprichwort

Wie der Hirt, so die Herde.
Deutsches Sprichwort

Voreiligkeit

Ja, alles Unglück kommt von der Voreiligkeit, von der Überzeugung, man habe getan, was man nicht getan hat.
Leo N. Tolstoi, Tagebücher (1889)

Was handelt ihr so voreilig?
Was wagt ihr euch vor Aufgang des Lichtes an Werke des Lichtes?
Bernhard von Clairvaux, 62. Ansprache über das Hohelied Salomos

Vorfahr

Der Ehre Saat
Gedeiht weit minder
durch der Ahnen Tat
Als eignen Wert.
William Shakespeare, Ende gut, alles gut (König)

Die Vorfahren sind die Lehrer kommender Generationen.
Chinesisches Sprichwort

Durch deine Taten lass die Menschen wissen, wer deine Vorfahren waren.
Sprichwort aus Japan

In mir lebt die Kraft
uralter Vorfahren weiter.
Ecbasis captivi in belehrender Gestalt (Igel)

Man ist seinen Vorfahren dankbar, weil man sie nicht kennt.
Elias Canetti, Die Provinz des Menschen. Aufzeichnungen 1942–1972

Menschen, die nicht auf ihre Vorfahren zurückblicken,
werden auch nicht
an ihre Nachwelt denken.
Edmund Burke, Betrachtungen über die Französische Revolution

Wohl dem, der seiner Väter
gern gedenkt.
Johann Wolfgang von Goethe, Iphigenie auf Tauris (Iphigenie)

Vorgesetzter

Das ist gewiss!
Die Magd, wo sie wird Frau im Haus,
Die schicket ihre Mägd'
im ärgsten Regen aus.
Friedrich Rückert, Die Weisheit des Brahmanen

Den Charakter eines Menschen
erkennt man dann,
wenn er Vorgesetzter geworden ist.
Erich Maria Remarque

Der beste Vorgesetzte ist der,
dessen Launen man erkundet,
dessen Wünsche man erraten kann.
Joseph Roth

Die wahre Liebe nimmt alles gut auf, erträgt alles, ist nicht missgünstig, fügt sich den Vorgesetzten,
nicht nur den gütigen und angenehmen, sondern auch den harten und unangenehmen. Dennoch aber muss man
bei den Vorgesetzten bisweilen auf der Hut sein, dass sie nicht den Gehorsam eines anderen zur eigenen Tyrannei kehren.
Erasmus von Rotterdam, Brief an Paul Volz

Es gibt keinen weiseren Abt als den, der Mönch gewesen ist.
Sprichwort aus Frankreich

Je höher die Stellung
eines Vorgesetzten,
desto mehr Fehler darf er machen.
Und wenn er nur noch Fehler macht, dann ist das sein Stil.
Fred Astaire

Mit Geduld wird
ein Vorgesetzter umgestimmt, sanfte Zunge bricht Knochen.
Altes Testament, Sprüche Salomos 25, 15

Neu Regiment
bringt neue Menschen auf,
Und früheres Verdienst
veraltet schnell.
Friedrich Schiller, Die Piccolomini (Wallenstein)

Wenn uns Höherstehende
kühl und unhöflich behandeln,
so hassen wir sie;
doch ein Gruß oder Lächeln
versöhnt uns rasch mit ihnen.
Jean de La Bruyère, Die Charaktere

Vorhaben

Eh man den Löffel
zum Mund bringt,
kann sich viel bewegen.
Deutsches Sprichwort

Von der Hand zum Munde
verschüttet mancher die Suppe.
Deutsches Sprichwort

Wer Großes vorhat,
lässt sich gerne Zeit.
Sophokles, Elektra (Chor)

Wer sich zu viel vornimmt,
wird wenig erreichen.
Sprichwort aus Frankreich

Vorhersehen

An das Künftige
dringt kein sterblicher Blick.
Sophokles, Die Trachinierinnen (Hyllos)

Der bitterste Kummer auf der ganzen Welt ist der, wenn man bei aller Einsicht keine Gewalt in den Händen hat, das Vorausgesehene abzuwenden.
Herodot, Historien

Die Unkenntnis zukünftiger Übel
ist besser als das Wissen darum.
Marcus Tullius Cicero, Über die Wahrsagung

Die Zukunft soll man nicht voraussehen wollen, sondern möglich machen.
Antoine de Saint-Exupéry

Hüte dich, danach zu fragen,
was morgen geschehen wird!
Horaz, Lieder

Sein Schicksal kenne keiner voraus,
So bleibt der Sinn ihm sorgenfrei.
Edda, Hávamál (Des Hohen Lied)

Vorhergesehener Tod kommt niemals.
Sprichwort aus Italien

Vorliebe

Bei den sexuellen Vorlieben
existiert eine Art Klassenunterschied. Der Liebling der Arbeiterklasse ist immer noch kurvenreich und mollig, aber die modebewusste Mittelklasse bewundert Schlankheit
und sogar Magerkeit.
Germaine Greer, Der weibliche Eunuch

Man denkt nicht immer gleichmäßig über denselben Gegenstand:
Vorliebe und Verdruss wechseln rasch.
Jean de La Bruyère, Die Charaktere

Vornehmheit

Denn alles Vornehme
ist eigentlich ablehnend.
Johann Wolfgang von Goethe, Dichtung und Wahrheit

Der Scherz des vornehmen Mannes unterscheidet sich von dem
des Sklaven und der des Gebildeten vom Ungebildeten.
Aristoteles, Nikomachische Ethik

Je vornehmer einer ist, je höflicher behandelt er den Niedrigen.
Ludwig Börne, Schilderungen aus Paris

Kein Mensch ist von Natur aus unbeholfen – außer wenn er versucht, vornehm zu sein.
Philipp Stanhope Earl of Chesterfield, Briefe über die anstrengende Kunst, ein Gentleman zu werden

Kein Vornehmer, wer niemanden
zu befehlen hat.
Chinesisches Sprichwort

Man sieht also, dass man,
um vornehm zu scheinen,
wirklich vornehm sein müsse.
Johann Wolfgang von Goethe, Wilhelm Meisters Lehrjahre

Vornehmheit ist Entsagen.
Walter Rathenau, Auf dem Fechtboden des Geistes. Aphorismen aus seinen Notizbüchern

Vornehmheit und Herzensgüte
sind nicht alles, aber sie sind viel.
Theodor Fontane, Cécile

Wenn ein Mann nur Geist, eine vornehme Erscheinung und Lebensart hat,
fragen die Frauen ihn niemals,
woher er kommt,
sondern nur, wohin er will.
Honoré de Balzac, Die Physiologie der Ehe

Vorrat

Arbeit hat allezeit Vorrat.
Deutsches Sprichwort

Eher legt sich ein Hund einen Wurst-
vorrat an als eine demokratische
Regierung eine Budgetreserve.
Joseph Alois Schumpeter

Vorrat nimmer schad't.
Deutsches Sprichwort

Vorrecht

Der größte Feind des Rechtes
ist das Vorrecht.
Marie von Ebner-Eschenbach, Aphorismen

Freiheit ist nicht ein Vorrecht,
das verliehen wird,
sondern eine Gewohnheit,
die man erwerben muss.
David Lloyd George, Reden (1928)

Wenn alle Knechtschaft und alle Vorrechte aller Art verbannt sind, dann
will ich an die heilige Vernunft glauben. Jetzt bin ich mit dem Glauben
an ihre Möglichkeit zufrieden.
Johann Gottfried Seume, Apokryphen

Vorsatz

Alle guten Vorsätze
haben etwas Verhängnisvolles:
Sie werden zu früh gefasst.
Oscar Wilde, Sätze und Lehren zum Gebrauch für die Jugend

Bleibe deinen Vorsätzen
wie gewöhnlichen Gesetzen treu –
in der Überzeugung,
dass du eine gottlose Tat begehst,
wenn du sie missachtest.
Epiktet, Handbuch der Moral

Der Weg zur Hölle
ist mit guten Vorsätzen gepflastert.
Deutsches Sprichwort

Die Tugend, die noch nicht erprobt
Die bleibet besser ungelobt.
Jüdische Spruchweisheit

Ein böser Mensch vermag leichter
einen guten, als ein guter
einen bösen Vorsatz auszuführen.
Marie von Ebner-Eschenbach, Aphorismen

Ein großer Vorsatz
scheint im Anfang toll.
Johann Wolfgang von Goethe, Faust II (Wagner)

Ein Vorsatz, mitgeteilt,
ist nicht mehr dein.
Johann Wolfgang von Goethe,
Die natürliche Tochter (König)

Gut ist der Vorsatz,
aber die Erfüllung schwer.
Johann Wolfgang von Goethe, Paläophron und Neoterpe (Paläophron)

Gute Vorsätze sind nutzlose Versuche, in
wissenschaftliche Gesetze einzugreifen.
Oscar Wilde, Das Bildnis des Dorian Gray

Gute Vorsätze sind Schecks
auf eine Bank ausgestellt,
bei der man kein Konto hat.
Oscar Wilde

Hatte sie erst einmal ihre guten
Vorsätze gefasst, zu sparen,
so fing sie gleich an,
den Armen alles zu verweigern.
Jules Renard, Ideen, in Tinte getaucht.
Aus dem Tagebuch von Jules Renard

Ich nehme mir vor, das neue Jahr soll
außergewöhnlich werden, und beginne
gleich damit, dass ich zu spät aufstehe,
zu gut esse und bis drei Uhr in einem
Sessel schlafe.
Jules Renard, Ideen, in Tinte getaucht.
Aus dem Tagebuch von Jules Renard

Mehr Mühe besteht darin,
Vorsätze einzuhalten,
als ehrenwerte Vorsätze zu fassen.
Lucius Annaeus Seneca, Briefe über Ethik

Nimm di nix vör,
dann sleiht di nix fehl!
Fritz Reuter, Dörchläuchting

Sich selbst etwas versprechen und es
nicht halten, ist der nächste Weg
zur Nullität und Charakterlosigkeit.
Friedrich Hebbel, Tagebücher

Wer mit seinen guten Vorsätzen
Schritt halten will,
braucht Siebenmeilenstiefel.
Lothar Schmidt

Vorschrift

Beispiel nützt zehnmal mehr
als Vorschrift.
Charles James Fox, Reden (8. April 1796)

Die Vorschrift mag uns den Weg
weisen, aber das stille, fortwährende
Beispiel bringt uns vorwärts.
Samuel Smiles, Selbsthilfe

Man wird erst wissen,
was die Frauen sind, wenn ihnen
nicht mehr vorgeschrieben wird,
was sie sein sollen.
Rosa Mayreder

Regeln und Vorschriften sind,
so weit sie reichen, wohl nützlich,
allein ohne Zucht des realen Lebens
haben sie nur einen theoretischen
Wert.
Samuel Smiles, Charakter

Vorsehung

Das Sehen Gottes ist Vorsehung,
Gnade und ewiges Leben.
Nikolaus von Kues, Über die Schauung Gottes

Denn die Vorsehung hat tausend
Mittel, die Gefallenen aufzuheben und
die Niedergebeugten aufzurichten.
Johann Wolfgang von Goethe, Wilhelm Meisters Wanderjahre

Der Gang der Vorsehung geht auch
über Millionen Leichname zum Ziel.
Johann Gottfried Herder, Auch eine Philosophie der Geschichte zur Bildung der Menschheit

Der Glaube an die Vorsehung
ist der Glaube an eine Macht,
der alle Dinge zu beliebigem Gebrauch
zu Gebote stehen, deren Kraft
gegenüber alle Macht der Wirklichkeit
nichts ist. Die Vorsehung
hebt die Gesetze der Natur auf.
Ludwig Feuerbach, Das Wesen des Christentums

Der göttlichen Vorsehung ist es eigen,
das Wesen der Dinge nicht
zu verderben, sondern es zu wahren.
Thomas von Aquin, Summa theologica

Der vornehmste Nutzen, worauf
ich wenigstens allezeit in Sonderheit gesehen, ist die Erkenntnis
der gewissen und weisen Vorsehung
Gottes, die nach gütigen und weisen
Absichten diese Welt regieret.
Johann Peter Süßmilch, Die göttliche Ordnung in den Veränderungen des menschlichen Geschlechts

Die Kunst ist nicht mitteilbar.
Sie ist eine Gabe der Vorsehung.
Hermann Grimm, Neue Essays über Kunst und Literatur

Die Liebe und die Vorsehung Gottes
stimmen ganz und gar überein.
Hildegard von Bingen, Welt und Mensch

Die Vorsehung weiß sehr gut, auf
welche Schultern sie ihre Lasten legt.
Heinrich Heine, Zur Geschichte der Religion
und Philosophie in Deutschland

Die Vorsehung wird schon ihre
Gründe haben; sie möge walten!
Voltaire, Der Lauf der Welt

Es genügt, von einem Tag
zum anderen zu leben, Arm in Arm
mit der Vorsehung zu gehen,
ohne ihr vorauseilen zu wollen.
Papst Johannes XXIII., Briefe an die Familie
(Neffe Battista), 4. August 1945

Jemand meinte, die Vorsehung
sei der Taufname des Zufalls; ein
Frommer wird vielleicht sagen,
der Zufall sei ein Spitzname
der Vorsehung.
Chamfort, Maximen und Gedanken

Wer aber Religion hat,
findet eine Vorsehung mit nicht mehr
Recht in der Weltgeschichte
als in seiner Familiengeschichte;
den Regenbogen, der sich auf Höhen
als blühender Zirkel in den Himmel
hängt, schafft dieselbe Sonne im Tautropfen einer niedrigen Blume nach.
Jean Paul, Levana

Wie unsicher und unbeständig
die Welt auch scheinen mag, man
kann doch einen gewissen geheimen
Zusammenhang und eine stets
von der Vorsehung eingehaltene
Ordnung erkennen, die alles
in seiner Bahn und der ihm
vorgezeichneten Richtung hält.
François de La Rochefoucauld, Unterdrückte Maximen

Vorsicht

Aber wie ein Mensch, der allein
und im Dunkeln fortschreitet,
entschloss ich mich, so langsam
zu gehen und in allen Dingen so viele
Vorsicht zu gebrauchen, dass, wenn
ich auch nur sehr wenig vorwärts
käme, ich doch wenigstens nicht
Gefahr laufen würde zu fallen.
René Descartes, Diskurs über die Methode

Auf dem Eise ist nicht gut gehen.
Deutsches Sprichwort

Auf seinen Verstand versteife sich
niemand, Acht hab er immer.
Edda, Hávamál (Des Hohen Lied)

Denn festern Freund als kluge Vorsicht
Mag der Mann nicht haben.
Edda, Hávamál (Des Hohen Lied)

Der Ausgänge halber,
bevor du eingehst,
Stelle dich sicher,
Denn ungewiss ist,
Wo Widersacher im Haus halten.
Edda, Hávamál (Des Hohen Lied)

Der bessre Teil der Tapferkeit
ist Vorsicht.
William Shakespeare, Heinrich IV. (Falstaff)

Die meisten Religionen machen
die Menschen nicht besser,
aber vorsichtiger. Wieviel ist das wert?
Elias Canetti, Die Provinz des Menschen.
Aufzeichnungen 1942–1972

Die Vorsicht hält den ehrlichen Mann
immer schadlos.
Gotthold Ephraim Lessing, Minna von Barnhelm
(Fräulein)

Die Vorsicht ist einfach,
die Hinterdreinsicht vielfach.
Johann Wolfgang von Goethe,
Maximen und Reflexionen

Die Vorsicht stellt der List
sich klug entgegen.
Johann Wolfgang von Goethe, Iphigenie auf Tauris
(Thoas)

Durch Forschen nur
Gewinnt man Vorsicht
und Bedacht in allem Tun.
Sophokles, Ödipus auf Kolonos

Ein Funken kann eine Stadt verzehren.
Sprichwort aus Ungarn

Einmal gebissen, doppelt vorsichtig.
Sprichwort aus England

Er mied die Fallgrube und fiel doch
in den Brunnen.
Chinesisches Sprichwort

Fürchte des Unglücks tückische Nähe!
Friedrich Schiller, Die Braut von Messina (Chor)

Gebrannte Kinder scheuen das Feuer.
Deutsches Sprichwort

Gegen die Dietriche der Seelen
ist die beste Gegenlist,
den Schlüssel der Vorsicht
innen stecken zu lassen.
Baltasar Gracián y Morales, Handorakel und Kunst
der Weltklugheit

Hüte dich, dass du im Leben
nicht in den Yamen,
im Tode nicht in die Hölle kommst.
Chinesisches Sprichwort

Hüte dich vor den Hörnern des Bullen,
den Hufen des Pferdes
und dem Lächeln eines Engländers.
Sprichwort aus Irland

Hüte dich vor Leuten,
die dir Versprechungen machen,
ohne Gegenleistungen zu fordern.
Bernard M. Baruch

Ihr seid offenbar recht unehrenhafte
Leute, wenn ihr so viele Vorsichtsmaß-
nahmen gegeneinander nötig habt.
Voltaire, Der ehrliche Hurone

Kleine Schiffe müssen sich
ans Ufer halten.
Deutsches Sprichwort

Klug ist, wer ruhig sich verhält
zur rechten Zeit;
Und diese Vorsicht ist es,
die den Mann bewährt.
Euripides, Die Schutzflehenden (Herold)

Lass immer Vorsicht walten,
als gingest du an einem Abgrund
oder über dünnes Eis.
Chinesisches Sprichwort

Lieber zehn Schritte zu weit, als
einen Schritt in die Gefahr gegangen.
Chinesisches Sprichwort

Mag der Stadtwall auch tausend
Zhang hoch sein, drinnen wie draußen
braucht man trotzdem Wachen.
Chinesisches Sprichwort

Man muss keine Katze im Sack kaufen.
Deutsches Sprichwort

Man soll ja keinem Schauspieler übel
nehmen, wenn er bei seinen Debüts
vorsichtig und eigensinnig ist.
Johann Wolfgang von Goethe,
Wilhelm Meisters Lehrjahre

Miss zweimal, schneide einmal.
Sprichwort aus Tschechien

Oft ist auch eine rostige Büchse geladen.
Deutsches Sprichwort

Schlägst du einen Hund,
dann sieh erst, wer der Herr ist.
Chinesisches Sprichwort

Schwärme nicht von der milden
Frühlingssonne, sondern fürchte,
dass der Westwind Kälte bringt.
Chinesisches Sprichwort

Sei vorsichtig, doch sei's
nicht allzu sehr,
Am meisten sei's beim Bier
und bei des andern Weib
Und zum Dritten vor der Diebe List.
Edda, Hávamál (Loddfafnirlied)

Sieh dich wohl für,
Schaum ist kein Bier.
Deutsches Sprichwort

Um durch die Welt zu kommen,
ist es zweckmäßig, einen großen
Vorrat von Vorsicht und Nachsicht
mitzunehmen: Durch erstere
wird man vor Schaden und Verlust,
durch letztere vor Streit und Händeln
geschützt.
Arthur Schopenhauer, Aphorismen zur Lebensweisheit

Vorsicht ist die Einstellung,
die das Leben sicher macht,
aber selten glücklich.
Samuel Johnson

Vorsicht ist die Mutter
der Porzellankiste.
Deutsches Sprichwort

Vorsicht ist die Mutter
der Sicherheit.
Sprichwort aus Frankreich

Vorsicht mit diesem Dämon von Frau,
sonst hast du mit deiner vorwitzigen
Zunge einen Schaden weg!
Lucius Apuleius, Der goldene Esel

Vorsicht und Misstrauen sind gute
Dinge, nur sind auch ihnen gegenüber
Vorsicht und Misstrauen nötig.
Christian Morgenstern, Stufen

Vorsichtige gehen selten fehl.
Chinesisches Sprichwort

Wer also zu stehen meint,
der gebe Acht, dass er nicht fällt.
Neues Testament, Paulus (1 Korinther 10, 12)

Wer beim Erklettern eines Baumes
zuerst nach dem höchsten Zweig
greift, der wird zumeist in
plötzlichem Sturze fallen. Wer aber
bei der Wurzel aufzusteigen beginnt,
der kommt nicht so leicht zu Fall,
wenn er vorsichtig weitergeht.
Hildegard von Bingen, Wisse die Wege

Wer den Boden im Wasser nicht sieht,
der lasse den Fuß heraus.
Deutsches Sprichwort

Wer Eier unter den Füßen hat,
muss leise auftreten.
Deutsches Sprichwort

Wer in einem Glashaus sitzt,
sollte nicht vergessen,
rechtzeitig die Vorhänge zuzuziehen.
Robert Lembke, Steinwürfe im Glashaus

Wer keine dicke Haut hat,
lasse sich nicht
von Tigertatzen streicheln.
Chinesisches Sprichwort

Wer nicht schwimmen kann,
gehe nicht ins Wasser.
Deutsches Sprichwort

Wer vorsieht, ist der Herr des Tages.
Johann Wolfgang von Goethe,
Maximen und Reflexionen

Willst du einen Acker kaufen,
sieh dir die Lage an.
Chinesisches Sprichwort

Wolf und Tiger streichle nicht.
Chinesisches Sprichwort

Zieh die Schuhe erst aus,
wenn du am Ufer stehst.
Chinesisches Sprichwort

Zu spät ergreife ich,
schon verwundet, den Schild.
Ovid, Gedichte der Trübsal

Zu spät ist der Zeitpunkt,
wenn man sich
erst mitten in den Übeln vorsieht.
Lucius Annaeus Seneca, Thyestes

Zu viel Vorsicht schadet.
Sprichwort aus Frankreich

Vorsorge

Brücken und Wege repariere im Winter.
Chinesisches Sprichwort

Der kluge Mann baut vor.
Friedrich Schiller, Wilhelm Tell (Gertrud)

Deshalb sorgt vor in eurem Herzen.
Heliand (um 850)

Für den Winter müssen wir Vorsorge
tragen, sonst leiden wir Hunger.
Jacob und Wilhelm Grimm,
Katze und Maus in Gesellschaft

Heute sorgt ihr für morgen,
Morgen für die Ewigkeit.
Ich will heut für heute sorgen,
Morgen ist für morgen Zeit.
Franz Grillparzer, Gedichte

Lege Dämme an, solange noch
kein Wasser kommt.
Chinesisches Sprichwort

Man muss an alle Jahreszeiten denken.
Jean-Jacques Rousseau, Emile

So wie wir während unserer ganzen
Jugend für ein glückliches, gesundes
Alter vorsorgen müssen, müssen wir
unser ganzes Leben für einen ruhigen,
glücklichen Tod Vorsorge treffen, nicht
indem wir uns darauf konzentrieren,
sondern indem wir in uns den Glauben
entwickeln, der uns die Gewissheit
gibt, dass der Tod, wenn er zur rechten
Zeit kommt, ebenso willkommen ist
wie die Hochzeit für den Zwanzigjährigen.
Yehudi Menuhin, Variationen

Vorsorge verhütet Nachsorge.
Deutsches Sprichwort

Wer Fische fangen will,
muss vorher die Netze flicken.
Deutsches Sprichwort

Wer seine Katzen satt hält,
in dessen Garten nistet der Zeisig.
Chinesisches Sprichwort

Wie man sich bettet,
so schläft man.
Deutsches Sprichwort

Wovon wollen wir leben,
wenn wir nicht
beizeiten sammeln?
Heinrich von Kleist, Briefe (an Wilhelmine von Zenge,
16.–18. November 1800)

Vorstellung

Alle Kunst ist Entwicklung von
Vorstellungen, wie alles Denken
Entwicklung von Begriffen ist.
Konrad Fiedler, Schriften zur Kunst. Bd. 2

Alles Verstehen
ist ein Akt des Vorstellens.
Arthur Schopenhauer, Betrachtungen über den Gegensatz des Dinges an sich und der Erscheinung

Der Mensch wird durch die Vorstellung
eines vergangenen oder zukünftigen
Dinges mit dem gleichen Affekt
der Lust und Unlust affiziert
wie durch die Vorstellung
eines gegenwärtigen Dinges.
Baruch de Spinoza, Ethik

Vorstellungen sind auch
ein Leben und eine Welt.
Georg Christoph Lichtenberg, Sudelbücher

Wer sich vorstellt, dass das,
was er hasst, zerstört wird,
der wird Lust empfinden.
Baruch de Spinoza, Ethik

Vorteil

Bald, es kenne nur jeder den eigenen,
gönne dem andern
Seinen Vorteil,
so ist ewiger Friede gemacht.
Johann Wolfgang von Goethe/Friedrich Schiller,
Xenien

Dem, der sich mit Geduld wappnet,
liegen keine Vorteile zu fern.
Jean de La Bruyère, Die Charaktere

Denn ein Tor ist, wer seinen Vorteil
auch nur eine einzige Stunde
hinausschiebt.
Chrétien de Troyes, Yvain

Der Vorteil ist die Richtschnur
der Klugheit.
Luc de Clapiers Marquis de Vauvenargues,
Nachgelassene Maximen

Ein Staat kennt keinen anderen
Vorteil, als den er nach Prozenten
berechnen kann.
Heinrich von Kleist, Briefe (an Wilhelmine von Zenge,
15. August 1801)

Hüte dich vor dem,
der Vorteil hat von dem Rat,
den er dir gibt.
Talmud

Ich erkenne nur ein höchstes Gesetz
an, die Rechtschaffenheit,
und die Politik kennt nur ihren Vorteil.
Heinrich von Kleist, Briefe (an Wilhelmine von Zenge,
Anfang 1800)

Ich finde nichts vernünftiger in der
Welt, als von den Torheiten anderer
Vorteil zu ziehen.
Johann Wolfgang von Goethe,
Wilhelm Meisters Lehrjahre

Im Krieg ist's Sitte, jeden Vorteil nutzen.
William Shakespeare, Heinrich VI. (Northumberland)

In allem liegt Günstiges
und Ungünstiges;
die Geschicklichkeit besteht
im Herausfinden des Vorteilhaften.
Baltasar Gracián y Morales, Handorakel und Kunst
der Weltklugheit

Kein Vorteil ohne Nachteil.
Deutsches Sprichwort

Krieg oder Frieden:
klug ist das Bemühen,
Zu seinem Vorteil
etwas auszuziehen.
Johann Wolfgang von Goethe, Faust II (Mephisto)

Mancher glaubt,
sich seinen Vorteil zu wünschen,
und wünscht seinen Schaden.
Chrétien de Troyes, Yvain

Nicht größern Vorteil
wüsst' ich zu nennen,
Als des Feindes Verdienst erkennen.
Johann Wolfgang von Goethe, Sprüche

Schätze niemals als deinen Vorteil,
was dich einmal dazu zwingen wird,
die Treue zu übertreten, die Achtung
im Stich zu lassen, jemanden zu hassen, zu beargwöhnen, zu verfluchen,
etwas zu wünschen, was der Mauern
und Vorhänge bedarf.
Mark Aurel, Selbstbetrachtungen

Tu Gutes und frage nicht
nach dem Vorteil.
Chinesisches Sprichwort

Unmäßig nach dem
eigenen Vorteil trachten
– viel Unmut bringt das ein.
Konfuzius, Gespräche

Unser guter Charakter,
der so gern für mitfühlend gilt,
schweigt oft schon, wenn uns
nur der kleinste Vorteil winkt.
François de La Rochefoucauld, Reflexionen

Vielleicht sollte man
aus den Vorteilen seines Handwerks
ein Geheimnis machen.
Johann Wolfgang von Goethe,
Die Wahlverwandtschaften

Was ist unser höchstes Gesetz?
Unser eigener Vorteil.
Johann Wolfgang von Goethe, Der Groß-Cophta
(Graf Domherr)

Vortrag

Einen Lichtbildervortrag
über Gott halten.
Jules Renard, Ideen, in Tinte getaucht.
Aus dem Tagebuch von Jules Renard

Vorträge (falls sie nicht
auf Fachkongressen gehalten werden)
müssen so sein,
dass sie in dieser Form
nicht gedruckt werden können.
Ludwig Marcuse, Argumente und Rezepte.
Ein Wörter-Buch für Zeitgenossen

Vortrefflichkeit

Alles Vortreffliche
bereichert die Zukunft,
ist aber auch ein Raub an ihr,
denn nie ist ein Gleiches möglich.
Friedrich Hebbel, Tagebücher

Alles Vortreffliche beschränkt uns
für einen Augenblick, indem wir uns
demselben nicht gewachsen fühlen;
nur insofern wir es nachher
in unsere Kultur aufnehmen, es unsern
Geist- und Gemütskräften aneignen,
wird es uns lieb und wert.
Johann Wolfgang von Goethe,
Maximen und Reflexionen

Alles Vortreffliche ist ebenso schwierig
wie selten.
Baruch de Spinoza

Die Vortrefflichkeit ist ein Ganzes,
wir haben sie nicht, sie ist gleichsam
wie die Bläue des Himmels über uns,
und unsere Vortrefflichkeit ist nur ein
Streben zu ihr, eine Ansicht von ihr;
drum ist keine persönliche Liebe,
nur Liebe zum Vortrefflichen.
Karoline von Günderode, Allerley Gedanken

Sogar das Vortrefflichste
hängt von Umständen ab
und hat nicht immer seinen Tag.
Baltasar Gracián y Morales, Handorakel und Kunst
der Weltklugheit

Vorurteil

Alle unsere Weisheit besteht
in knechtischen Vorurteilen;
alle unsere Bräuche sind nur
Unterwerfung, Marter und Zwang.
Jean-Jacques Rousseau, Emile

Das Vorurteil ist ein Floß,
an das sich der schiffbrüchige Geist
klammert.
Ben Hecht

Das Vorurteil ist gut,
zu seiner Zeit:
Denn es macht glücklich.
Johann Gottfried Herder, Auch eine Philosophie

Der völlig vorurteilslos ist, muss
es auch gegen das Vorurteil sein.
Marie von Ebner-Eschenbach, Aphorismen

Die Erfahrung von den Grenzen
der Vernunft macht uns für Vorurteile
empfänglich und lässt uns dem
Argwohn und den Phantomen
der Furcht Einlass gewähren.
Luc de Clapiers Marquis de Vauvenargues,
Unterdrückte Maximen

Die Jahrhunderte des Vorurteils
beschuldigen neu auftauchende
Ansichten leicht der Ruchlosigkeit,
während die Jahrhunderte
des Unglaubens sie nicht minder leicht
der Torheit bezichtigen.
Germaine Baronin von Staël, Über Deutschland

Die Vorurteile der Menschen beruhen
auf dem jedesmaligen Charakter
der Menschen, daher sind sie,
mit dem Zustand innig vereinigt,
ganz unüberwindlich; weder
Evidenz noch Verstand
noch Vernunft haben den mindesten
Einfluss darauf.
Johann Wolfgang von Goethe,
Maximen und Reflexionen

Die Vorurteile sind sozureden die
Kunsttriebe der Menschen,
sie tun dadurch vieles,
das ihnen zu schwer werden würden
bis zum Entschluss durchzudenken,
ohne alle Mühe.
Georg Christoph Lichtenberg, Sudelbücher

Eine Spur Vorurteil
ist wie ein starkes Gewürz:
hervorragend in kleinen Mengen.
Yehudi Menuhin, Kunst als Hoffnung
für die Menschheit

Es ist erstaunlich, wie vorurteilsfrei
wir zu denken vermögen,
wenn es gilt, eine Dummheit
vor uns selbst zu rechtfertigen.
Heinrich Waggerl, Aphorismen

Es ist nichts jämmerlicher,
als Leute unaufhörlich von Vernunft
reden zu hören, mittlerweile sie
allein nach Vorurteilen handeln.
Johann Wolfgang von Goethe, Brief des Pastors

Es ist nie zu spät,
unsere Vorurteile aufzugeben;
auf keine Ansicht, keine Lebensweise,
und sei sie noch so alt, kann man sich
ohne Prüfung verlassen.
Henry David Thoreau, Walden

Frei sein von Vorurteilen –
erste Bedingung der Nächstenliebe.
Marie von Ebner-Eschenbach, Aphorismen

Gegen Vorurteil hilft kein Rat.
Sprichwort aus Frankreich

Je mehr Fortschritte die Philosophie
macht, desto größere Anstrengungen
macht die Dummheit, um die Herrschaft der Vorurteile zu befestigen.
Chamfort, Maximen und Gedanken

Man schone die Vorurteile,
die anderen Ruhe gewähren.
Man beraube niemand,
ohne ihm etwas Besseres an die Stelle
dessen zu geben, was man ihm nimmt.
Adolph Freiherr von Knigge,
Über den Umgang mit Menschen

Nicht alle sind Diebe,
die der Hund anbellt.
Deutsches Sprichwort

Nichts ist für aufrichtige Liebhaber
gefährlicher als die Welt der Vorurteile.
Jean-Jacques Rousseau, Julie oder
Die neue Héloïse (Julie)

O beneidenswürdige Freiheit
von Vorurteilen!
Friedrich Schlegel, Lucinde

Rasch lassen wir uns auf ein Vorurteil
ein: Nicht widerlegen wir das,
was uns in Furcht versetzt,
nicht vertreiben wir es,
sondern wir zittern.
Lucius Annaeus Seneca, Briefe über Ethik

Unter dem Schutz von Vorurteilen
gelingt es der Seele wunderbar,
zur inneren Ruhe zu gelangen.
Michel Eyquem de Montaigne, Die Essais

Viele Leute glauben, dass sie denken,
während sie in Wirklichkeit
nur ihre Vorurteile umschaufeln.
Edward R. Murrow

Vorurteil: Das Wort ist nicht übel.
Wollte nur das Urteil nachkommen!
Peter Hille, Aphorismen

Vorurteile sind ein undefinierbares
Unkraut, das auf den grünsten Rasenflächen am heimtückischsten wuchert.
Peter Ustinov, Peter Ustinovs geflügelte Worte

Vorurteile sterben ganz langsam,
und man kann nie sicher sein,
dass sie wirklich tot sind.
Jules Romains

Was der Auffindung der Wahrheit
am meisten entgegensteht,
ist nicht der aus den Dingen hervorgehende und zum Irrtum verleitende
falsche Schein noch auch unmittelbar
die Schwäche des Verstandes; sondern
es ist die vorgefasste Meinung,
das Vorurteil.
Arthur Schopenhauer, Über Philosophie
und ihre Methode

Was die Gesellschaft
öffentliche Meinung nennt,
heißt beim einzelnen Menschen
Vorurteil.
Heinrich Waggerl, Nachlass

Was für höllische Ungeheuer sind doch
diese Vorurteile, die die besten Herzen
verderben und jeden Augenblick die
Natur zum Schweigen bringen!
Jean-Jacques Rousseau, Julie oder
Die neue Héloïse (Julie)

Wenn auch in vielen Gegenden
die Rechte der Vernunft durch alte
Vorurteile noch angefochten werden:
so ist doch keine Wahrheit, die nicht
irgendwo in unserm gemeinschaftlichen Vaterlande sich mit aufgedecktem Angesichte zeigen dürfte.
Christoph Martin Wieland, Das Geheimnis
des Kosmopolitenordens

Wer glaubt, aus dem Gemüt
zu schöpfen, schöpft gelegentlich
aus der trüben Quelle des Vorurteils.
Manfred Rommel, Rommel-Kalender

Wir sind nicht in die Welt geschickt
worden, um unsere moralischen
Vorurteile spazieren zu führen.
Oscar Wilde, Das Bildnis des Dorian Gray

Vorwärts

Doch ist es jedem eingeboren,
Dass sein Gefühl hinauf
und vorwärts dringt.
Johann Wolfgang von Goethe, Faust I (Faust)

Und so, über Gräber vorwärts!
Johann Wolfgang von Goethe, Briefe (an Zelter,
23. Februar 1831)

Wenn Sie »Vorwärts!« rufen,
dann zeigen Sie unbedingt
auch die Richtung an,
nämlich genau wohin.
Sie werden zugeben,
wenn man dieses Wort,
ohne die Richtung anzuzeigen,
gleichzeitig einem Mönch und
einem Revolutionär zuriefe,
so gingen beide
völlig verschiedene Wege.
Anton P. Tschechow, Notizbücher

Wer rückwärts sieht,
gibt sich verloren;
wer lebt und leben will,
muss vorwärts sehen.
Ricarda Huch, in: Kunst und Leben (1919)

Vorwurf

Auch der Beste unter uns hat sich
kleinere Mordtaten vorzuwerfen.
Jules Renard, Ideen, in Tinte getaucht.
Aus dem Tagebuch von Jules Renard

Beispiele läutern besser als Vorwürfe.
Voltaire, Geschichte von Jenni

Jemand an die Gefälligkeiten
zu erinnern, die man ihm getan hat,
kommt einem Vorwurf gleich.
Demosthenes, Kranzrede

Kein Unglück berechtigt uns,
einen Unschuldigen
mit Vorwürfen zu beladen.
Johann Wolfgang von Goethe,
Wilhelm Meisters Lehrjahre

Nie zu bereuen und nie anderen
Vorwürfe zu machen, das sind
die ersten Schritte zur Weisheit.
Denis Diderot, Philosophische Gedanken

Niemandem soll man Vorwürfe
machen. Denn wenn du es vermagst,
berichtige ihn;
wenn du das nicht vermagst,
berichtige wenigstens die Sache selbst.
Mark Aurel, Selbstbetrachtungen

Oft ist ein Vorwurf Lob,
ein Lob aber Beschimpfung.
François de La Rochefoucauld, Reflexionen

Was der Bock von sich selbst weiß,
dessen zeiht er die Geiß.
Emil Gött, Zettelsprüche. Aphorismen

Wer Gutes tut,
braucht Vorwürfe nicht zu fürchten.
Sprichwort aus Frankreich

Wer sich selbst Schweres auferlegt,
doch Leichtes nur von anderen verlangt, bleibt jedem Vorwurf fern.
Konfuzius, Gespräche

Vorzug

Auf keine Vorzüge aber ist der Mensch
so stolz wie auf die geistigen:
Beruht doch nur auf ihnen
sein Vorrang vor den Tieren.
Arthur Schopenhauer, Aphorismen zur Lebensweisheit

Der Kluge wird nie seine eigenen Vorzüge zu kennen scheinen: Denn gerade dadurch, dass er sie nicht beachtet, werden andere darauf aufmerksam.
Baltasar Gracián y Morales, Handorakel und Kunst der Weltklugheit

Die Vorzüge von gestern sind oft
die Fehler von morgen.
Anatole France, Die Vormittage der Villa Said

Doch wer ist so gebildet, dass
er nicht seine Vorzüge gegen andere
manchmal auf eine grausame Weise
geltend machte?
Johann Wolfgang von Goethe,
Die Wahlverwandtschaften

Ein Liebhaber besitzt alle Vorzüge und
alle Mängel, die ein Gatte nicht hat.
Honoré de Balzac, Physiologie der Ehe

Man soll einen Menschen nicht nach
seinen Vorzügen beurteilen, sondern
nach der Art, wie er sie gebraucht.
François de La Rochefoucauld, Reflexionen

Manchen kleiden seine Fehler,
manchem schaden seine Vorzüge.
François de La Rochefoucauld, Reflexionen

Mit Vorzügen macht man sich
mehr Feinde als mit Fehlern.
Robert Lembke, Das Beste aus meinem Glashaus.
Humoristisches und Satirisches

Niemand räumt gern andern
einen Vorzug ein, solang er ihn
nur einigermaßen leugnen kann.
Naturvorzüge aller Art sind
am wenigsten zu leugnen.
Johann Wolfgang von Goethe, Dichtung und Wahrheit

Seine Fehler verzeihen wir
dem Nächsten lieber als seine Vorzüge.
Heinrich Waggerl, Aphorismen

Seine kleinsten Vorzüge kann man
nicht schnell genug entdecken,
mit seinen Gebrechen hat man es
nicht so eilig.
Jean de La Bruyère, Die Charaktere

Wir preisen die Vorzüge anderer nicht
deshalb so überschwänglich, weil wir
diese Vorzüge, sondern weil wir unsere
eigene Meinung von ihnen schätzen.
Während wir sie scheinbar loben,
wollen wir doch selbst gelobt werden.
François de La Rochefoucauld, Reflexionen

Waage

Die Mittelmäßigkeit
wiegt immer richtig,
nur ist ihre Waage falsch.
Anselm Feuerbach, Rom

Die Waage unterscheidet nicht
zwischen Gold und Blei.
Sprichwort aus den USA

Wachsamkeit

Die Lämmer laufen nicht
in das Maul des schlafenden Wolfes.
Sprichwort aus Dänemark

Mag der Stadtwall auch tausend
Zhang hoch sein, drinnen wie draußen
braucht man trotzdem Wachen.
Chinesisches Sprichwort

Man muss hinten
und vorn Augen haben.
Deutsches Sprichwort

Wenn der Hund wacht,
mag der Hirt schlafen.
Deutsches Sprichwort

Wer wird die Wächter
selbst bewachen?
Juvenal, Satiren

Wachstum

Alles hat in der Welt
seinen gewissen Zeitpunkt.
Ein Staat wächst,
bis er diesen erreicht hat.
Gotthold Ephraim Lessing,
Das Neueste aus dem Reiche des Witzes

Auch der vornehmste Geist
bleibt sich nicht gleich;
er ist dem Wachsen
und Abnehmen unterworfen.
Jean de La Bruyère, Die Charaktere

Auf Vulkanen wächst kein Gras.
Sprichwort aus Frankreich

Der Handel hat seine Grenzen genau
wie die Fruchtbarkeit des Bodens auch,
sonst stiege die Wachstumsrate
ins Unendliche.
Voltaire, Der Mann mit den vierzig Talern

Gefühl von Grenze darf nicht heißen:
Hier bist du zu Ende, sondern:
Hier hast du noch zu wachsen.
Emil Gött, Zettelsprüche. Aphorismen

Heute steht man
immer wieder vor der Alternative,
ob man zehn Kilogramm abnehmen
oder um zehn Zentimeter wachsen soll.
Peter Ustinov

Im engen Kreis
verengert sich der Sinn,
Es wächst der Mensch
mit seinen größern Zwecken.
Friedrich Schiller, Wallenstein (Prolog)

Jetzt wächst zusammen,
was zusammen gehört.
Willy Brandt,
Rede am 10. November nach dem Fall der Mauer

Ohne Anstrengung
und ohne Bereitschaft,
Schmerz und Angst zu durchleben,
kann niemand wachsen.
Erich Fromm, Vom Haben zum Sein

Pessimismus darf heute nicht die
einzige »Wachstumsbranche« sein.
Norbert Blüm, Unverblümtes von Norbert Blüm

So ist des Menschen Geschlecht;
dies wächst, und jenes verschwindet.
Homer, Ilias

Unter Leben verstehen wir das,
dass ein Körper sich selbst ernährt,
wächst und wieder abnimmt.
Aristoteles, Psychologie

Wachsen die Bohnen
auch bis ans Dach,
sie bleiben doch stets ein Gemüse.
Chinesisches Sprichwort

Wachstum ist eine jener heiligen Kühe,
die man rechtzeitig schlachten muss.
Sicco Mansholt

Wo jedermann geht,
wächst kein Gras.
Deutsches Sprichwort

Zuerst muss man sich aus dem Griff
der Selbstsucht zu befreien versuchen,
indem man das,
woran man sich festhält,
loszulassen beginnt.
Erich Fromm, Vom Haben zum Sein

Waffe

Das Recht lässt zu,
Waffen gegen Bewaffnete
zu ergreifen.
Ovid, Liebeskunst

Das Waffenhandwerk
schafft weniger Besitz,
als es zerstört.
Luc de Clapiers Marquis de Vauvenargues,
Nachgelassene Maximen

Das Wüten fand Waffen.
Lukan, Der Bürgerkrieg

Der geschickte Journalist
hat eine Waffe: das Totschweigen
– und von dieser Waffe macht
er oft genug Gebrauch.
Kurt Tucholsky

Der Säbel ist gut anzusehen,
aber seine Wirkungen
sind unangenehm.
Johann Wolfgang von Goethe, West-östlicher Divan

Der Zorn schafft eine Waffe.
Vergil, Aeneis

Die beste Waffe
gegen ein schlechtes Argument
besteht darin,
es bekannt zu machen.
Sidney Smith

Die gefährlichste Waffe
sind die Menschen
kleinen Kalibers.
Wieslaw Brudzinski

Die letzte Waffe des Königs
(ultima ratio regis).
Inschrift auf den preußischen Geschützen (ab 1742)

Die Liebe ist eine Waffe,
mit der man spielt,
ohne daran zu denken,
dass sie geladen ist.
Otto Eduard Hasse

Die Phantasie des Mannes
ist die beste Waffe der Frau.
Sophia Loren

Die Spötterei ist eine höchst
schädliche und gefährliche Waffe,
wenn sie in ungeschickte
und täppische Hände gerät.
Philipp Stanhope Earl of Chesterfield, Briefe über
die anstrengende Kunst, ein Gentleman zu werden

Ein böses Werkzeug sind Waffen,
je besser sie sind, umso böser,
als Unheilbringer verabscheut.
Lao-tse, Dao-de-dsching

Ein echtes Moralsystem
ist von Anfang an eine Waffe
in den Händen der Hervorragenden.
William Butler Yeats, Entfremdung

Ein Softie ist ein Macho,
der mit den Waffen der Frau arbeitet.
Rainhard Fendrich

Eine Hand ohne Revolver,
aber zum Schuss entschlossen,
ist eine bessere Waffe
als ein Revolver in zögernder Hand.
Alfred Polgar, Kleine Schriften, Band 3. Irrlicht

Eine Waffe ist ein Feind,
selbst für ihren Besitzer.
Sprichwort aus der Türkei

Eine Waffe ist nirgends gefährlicher
als in der Hand des Schwachen.
Emmanuel Mounier, Vor der UNESCO 1947

Fremde Waffen
fallen entweder vom Leib,
oder sie wiegen zu schwer
oder erdrosseln den Träger.
Niccolò Machiavelli, Der Fürst

Für einen Weisen ziemt es sich,
alles eher als Waffen zu versuchen.
Terenz, Der Eunuch

Hand und Geist
sind zarteste und mächtigste Waffe.
Oswald Spengler, Urfragen.
Fragmente aus dem Nachlass

Gefährlich ist's,
ein Mordgewehr zu tragen.
Friedrich Schiller, Wilhelm Tell (Geßler)

Hätten wir das Wort,
hätten wir die Sprache,
wir bräuchten die Waffen nicht.
Ingeborg Bachmann, Frankfurter Vorlesungen

Im Großen und Ganzen
wird der Boykott
von der Bevölkerung
als ein wirkungsvolles Mittel
und eine mächtige Waffe
im politischen Kampf anerkannt.
Nelson Mandela, Zeitungsartikel, Februar 1958

Je mehr scharfe Waffen im Volk,
umso wirrer der Staat.
Lao-tse, Dao-do-dsching

Jedem Tier und jedem Narren
haben die Götter
seine Verteidigungswaffen gegeben.
Johann Wolfgang von Goethe, Die Vögel (Treufreund)

Kluge Sanftmut ist des Weibes
unwiderstehlichste Waffe.
August von Kotzebue, Die Belagerung von Saragossa

Mehr Waffen bringen zumeist mehr
Gefahr, dagegen nicht mehr Sicherheit.
Richard von Weizsäcker, Gedanken über Europa.
Rede des Bundespräsidenten vor dem Europäischen
Parlament in Straßburg 1985

Mit schlechten Waffen
wird man nie gut kämpfen.
Baltasar Gracián y Morales,
Handorakel und Kunst der Weltklugheit

Nicht herrlich, wie die euren,
aber nicht
Unedel sind die Waffen
eines Weibes.
Euripides, Iphigenie bei den Taurern

Nicht jener, der zuerst zu den Waffen
greift, ist Urheber der Verwirrung,
sondern der, welcher den anderen
dazu nötigt.
Niccolò Machiavelli, Geschichte von Florenz

Nicht wer grimmig,
sondern wer klug dreinschaut,
sieht furchtbar und gefährlich aus:
So gewiss des Menschen Gehirn
eine furchtbarere Waffe ist
als die Klaue des Löwen.
Arthur Schopenhauer, Aphorismen zur Lebensweisheit

Oft ist auch
eine rostige Büchse geladen.
Deutsches Sprichwort

Unsere Waffen seien Waffen des
Geistes, nicht Panzer und Geschosse.
Was für eine Welt könnten wir bauen,
wenn wir die Kräfte, die ein Krieg
entfesselt, für den Aufbau einsetzten.
Albert Einstein, Warum Krieg?

Von seinen Waffen weiche niemand
Einen Fuß auf dem Feld:
Ungewiss ist, wann man unterwegs
Zum Gere greifen muss.
Edda, Hávamál (Des Hohen Lied)

Von Sinnen ergreife ich die Waffen,
doch auch in den Waffen
ist nicht genügend Rat.
Vergil, Aeneis

Waffen und Geld
verlangen eine sichere Hand.
Sprichwort aus Spanien

Wahnsinnigen darf man
keine Waffen in die Hände geben.
Jean-Jacques Rousseau, Letzte Antwort

Was haben, gegen Weiber,
Wir, die Männer, wohl für Waffen?
Deshalb dann regieren sie.
Johann Gottfried Herder, Der Cid

Was wolltest du mit dem Dolche?
Sprich!
Friedrich Schiller, Die Bürgschaft

Wenig wert sind nämlich
draußen die Waffen,
wenn daheim nicht
weiser Rat herrscht.
Marcus Tullius Cicero, Vom rechten Handeln

Wenn man bewaffnet
in den Krieg geht,
hat man noch einmal
so viel Courage.
Niccolò Machiavelli, Clizia

Wenn nämlich
die Ungerechtigkeit bewaffnet ist,
so ist sie am allergefährlichsten.
Aristoteles, Politik

Wer die Menschen mit Waffengewalt
bezwingt und sich unterwirft,
unterjocht nicht die Herzen;
dazu ist jedwede äußere Macht
unzureichend.
Meng-zi, Buch Meng-zi

Wer Waffen schmiedet, bereitet Krieg.
Johann Wolfgang von Goethe, Achilleis

Wer wollte die Waffen
gegen die Götter richten?
Tibull, Elegien

Witz – die Waffe der Wehrlosen.
Peter Wapnewski

Worte können stärker
als Waffen sein
und Städte durch Ideen
zerstört werden.
Teolinda Gersão,
Landschaft mit Frau und Meer im Hintergrund

Wagemut

Den Wagemutigen hilft das Glück.
Vergil, Aeneis

Es ist das Glück der Waghälse,
dass die Götter manches
nicht für möglich halten.
Heinrich Waggerl, Nachlass

Große Furcht wird
durch Wagemut vertuscht.
Lukan, Der Bürgerkrieg

Ja, Dinge gibt's,
die du nur halb bewusst
Träumen und wagen
und vollbringen musst.
Lord Byron, Lara

Was wir sagten und schrieben,
denken ja so viele. Nur wagen
sie nicht, es auszusprechen.
Sophie Scholl,
In der Verhandlung vor dem Volksgerichtshof

Wer nichts wagt,
der darf nichts hoffen.
Friedrich Schiller

Wer schwimmen lernen will,
muss ins Wasser springen.
Chinesisches Sprichwort

Wer sich nicht in die Tigerhöhle wagt,
wird kein Tigerjunges fangen.
Chinesisches Sprichwort

Wagen

Die höchsten Kilometerkosten von
allen Wagentypen hat noch immer
ein Einkaufswagen im Supermarkt.
Lothar Schmidt

Einem Wagen folgt immer eine Spur.
Chinesisches Sprichwort

Nach der Pracht oder Ärmlichkeit
des Wagens achtet man die Leute
oder behandelt man sie geringschätzig.
Jean de La Bruyère, Die Charaktere

Wenn dir ein Rad fehlt,
dann mache den Weg zu Fuß.
Ovid, Liebeskunst

Wenn ein Mann einer Frau
höflich die Wagentüre aufreißt,
dann ist entweder der Wagen neu
oder die Frau.
Uschi Glas

Wagnis

Besser ist das Wagnis,
das dein Leben schützt,
Als stolzer Nachruhm,
den du mit dem Tod bezahlst.
Euripides, Der bekränzte Hippolytos (Amme)

Der Glaube an Gott
ist wie das Wagnis des Schwimmens:
Man muss sich dem Element
anvertrauen und sehen, ob es trägt.
Hans Küng

Die Liebe ist immer ein Wagnis.
Aber nur im Wagen wird gewonnen.
Theodor Heuss, Mut zur Liebe

Erst wäg's, dann wag's.
Deutsches Sprichwort

Erst wägen, dann wagen!
Erwägung (vor der Tat).
Oswald Spengler, Urfragen.
Fragmente aus dem Nachlass

Etwas wagen muss das Herz
und früh auf sein,
wenn es leben will.
Gottfried Keller, Der grüne Heinrich

Frisch gewagt, ist halb gewonnen.
Deutsches Sprichwort

Frisch gewagt, ist schon gewonnen,
Halb ist schon mein Werk vollbracht.
Johann Wolfgang von Goethe, An die Erwählte

Für alles werde alles frisch gewagt.
Friedrich Schiller, Maria Stuart

Für Reichtum wagt der Mensch sein
Leben, für Futter wagt es der Vogel.
Chinesisches Sprichwort

Jeder Fortschritt ist ein Wagestück,
und nur durch Wagen kommt man
entschieden vorwärts.
Johann Wolfgang von Goethe,
Der Sammler und die Seinigen

Mut ist das Wagnis,
mehr zu können, als man kann.
Heinrich Wiesner

Und Liebe wagt,
was irgend Liebe kann.
William Shakespeare, Romeo und Julia (Romeo)

Wagen gewinnt, Wagen verliert.
Deutsches Sprichwort

Was groß ist, neigt dem Großen zu
und wagt das Unglaubliche.
Adalbert Stifter, Nachruf auf Kaiser Maximilian

Wer alles ertragen kann,
kann alles wagen.
Luc de Clapiers Marquis de Vauvenargues,
Reflexionen und Maximen

Wer Großes wagt,
setzt unvermeidlich
seinen Ruf aufs Spiel.
Luc de Clapiers Marquis de Vauvenargues,
Nachgelassene Maximen

Wer wagt es, Rittersmann oder Knapp,
Zu tauchen in diesen Schlund?
Friedrich Schiller, Der Taucher

Wer wagt, gewinnt.
Deutsches Sprichwort

Wo's not tut, Fährmann,
lässt sich alles wagen.
Friedrich Schiller, Wilhelm Tell (Tell)

Wollen heißt Mut haben und
sich einer Schwierigkeit aussetzen;
sich derart vorwagen heißt,
das Glück versuchen, also spielen.
Stendhal, Über die Liebe (Fragmente)

Wahl

Alle paar Jahre
machen die Wähler ihr Kreuz.
Und hinterher
müssen sie's dann tragen.
Birgit Berg-Khoshnavaz

Das Abenteuer (...) ist etwas, das
seinem Wesen nach zu uns kommt,
etwas, was uns wählt,
und nicht erst gewählt wird.
Gilbert Keith Chesterton, Heretiker

Das Regieren in einer Demokratie
wäre wesentlich einfacher,
wenn man nicht immer wieder
Wahlen gewinnen müßte.
Georges Clemenceau

Das Wohl mancher Länder wird
nach der Mehrheit der Stimmen
entschieden, da doch jedermann
eingesteht, dass es mehr böse als
gute Menschen gibt.
Georg Christoph Lichtenberg, Sudelbücher

Demoskopie ist die Kunst,
hinterher zu begründen, warum
alles ganz anders gekommen ist.
David Frost

Denn wer lange bedenkt,
der wählt nicht immer das Beste.
Johann Wolfgang von Goethe,
Hermann und Dorothea (4. Gesang)

Der Mensch muss ständig wählen.
Es ist sein Schicksal.
Zu diesem Zweck hat sich sein Gehirn
zu diesem Umfang und zu dieser
Kapazität entwickelt. Der Mensch,
der in eine Situation herabgewürdigt
wird, in der er nicht wählen kann,
ist geistig und seelisch amputiert.
Yehudi Menuhin,
Kunst als Hoffnung für die Menschheit

Der Vogel wählt sich den Baum,
aber nicht der Baum den Vogel.
Chinesisches Sprichwort

Die Einschaltquoten
für Wahlsondersendungen sinken.
Die Stars ziehen nicht mehr.
Vielleicht sind sie keine.
Dieter Hildebrandt

Die meisten Frauen wählen
ihr Nachthemd mit mehr Verstand
als ihren Mann.
Coco Chanel

Die moderne Demokratie
ist eine durch Wahlen
und durch die öffentliche Meinung
gebilligte Oligarchie.
Lothar Schmidt

Die Stimmen werden nämlich gezählt
und nicht gewogen.
Plinius d. J., Briefe

Die Wahl ist schwerer
als das Übel selbst,
Die zwischen zweien Übeln
schwankend bebt.
Johann Wolfgang von Goethe,
Die natürliche Tochter (Eugenie)

Ein guter Vogel wählt den Baum aus,
auf dem er rastet.
Chinesisches Sprichwort

Erinnern heißt Auswählen.
Günter Grass

Es erheben
Zwei Stimmen streitend
sich in meiner Brust.
Friedrich Schiller, Wallensteins Tod (Max)

Es ist schon ein großer Trost
bei Wahlen, dass von mehreren
Kandidaten immer nur einer gewählt
werden kann.
Mark Twain

Es ist schon möglich,
dass man im Laufe der Zeit
an mehrere falsche Frauen gerät.
Bei der Wahl seiner Witwe aber
sollte man keinen Fehler mehr machen.
Sascha Guitry

Feig wird der Mensch nur dort,
wo er die Wahl hat.
Friedrich Georg Jünger

Hand aufs Herz,
wir würden doch niemals
die Politiker wählen,
denen wir unsere Stimme geben,
wenn die anderen nicht
noch viel unsympathischer wären,
nicht wahr?
Ephraim Kishon, Kishon für alle Fälle

Im Fernsehzeitalter
kann ein guter Coiffeur
einen Wahlkampf entscheiden.
James Stewart

Im Wahlkampf muss gekämpft werden,
und das bekommt mir sehr gut;
das ist richtig erquickend.
Konrad Adenauer, 1961

Im Wahlkampf muss man mit dem
Wortschatz eines Kindergartens und
mit der Grammatik eines Computers
auskommen.
Hans Magnus Enzensberger

Immer gefährlicher ist's,
beim Wählen dieses und jenes
Nebenher zu bedenken
und so das Gefühl zu verwirren.
Johann Wolfgang von Goethe,
Hermann und Dorothea (5. Gesang)

Jedes Jahr müsste ein Wahljahr sein.
Im Wahljahr gibt es
keine Steuererhöhungen.
Lothar Schmidt

Jedesmal, wenn man eine Wahl trifft,
muss man ein Opfer bringen.
Sylvia Plath, Briefe nach Hause (5. November 1957)

Man kann in der Wahl seiner Feinde
nicht vorsichtig genug sein.
Oscar Wilde

Man kann nicht wählen,
wann man lieben wird.
Sprichwort aus Norwegen

Nicht zu wählen,
ist nicht notwendigerweise
ein Zeichen von Faulheit
oder mangelndem Bürgersinn.
Es kann auch eine Meinungsäußerung
sein. Und als solche verdient sie
den Respekt, den man der Stimme
für einen Kandidaten zubilligt.
Peter Ustinov, Peter Ustinovs geflügelte Worte

Nichtwähler sind auch Wähler.
Werner Höfer

Ohne Wahl verteilt die Gaben,
Ohne Billigkeit das Glück.
Friedrich Schiller, Das Siegesfest

Politische Macht zu behalten,
ist sehr viel schwerer
als eine Wahl zu gewinnen.
Nelson Mandela, Rede, 13. März 1993

Schauen kann der Mann und wählen!
Doch was hilft ihm oft die Wahl;
Kluge schwanken, Weise fehlen,
Doppelt ist dann ihre Qual.
Johann Wolfgang von Goethe, Lieder für Liebende

Von denen, die kein Wahlrecht haben,
kann nicht erwartet werden,
dass sie weiter Steuern
an eine Regierung zahlen,
die ihnen gegenüber
nicht verantwortlich ist.
Nelson Mandela, Presseerklärung, Juni 1961

Wahlanalysen sind der Versuch,
Leichen in fremde Keller zu legen.
Lothar Schmidt

Wähler:
Einer, der sich des geheiligten
Privilegs erfreut, für den Mann
stimmen zu dürfen, den ein anderer
für ihn ausgewählt hat.
Ambrose Bierce

Wählt eine bessere Partei,
Ihr habt die gute nicht ergriffen.
Friedrich Schiller, Wallensteins Tod (Oktavio)

Wahlredner: Einer, der es allen
recht zu machen verspricht.
Rolf Haller

Wahlzettel sind Denkzettel.
Lothar Schmidt

Wegen des Anpassungsdrucks gibt es
in Amerika Wahlfreiheit, aber nichts,
woraus man wählen könnte.
Peter Ustinov, Peter Ustinovs geflügelte Worte

Wenn der Stimmzettel gesprochen hat,
so hat die höchste Instanz gesprochen.
Victor Hugo, Die Elenden

Wenn Politiker anfangen,
die Farbe des Windes zu beschreiben,
stehen bald Wahlen ins Haus.
Robert Lembke, Steinwürfe im Glashaus

Wenn wir in unsern öffentlichen
Verhältnissen sagen, man müsse
das Beste wählen, so heißt das bloß:
Man muss tun, was weniger schlecht
ist; denn das Gute wird man uns
schon zu verwehren wissen.
Johann Gottfried Seume, Apokryphen

Wer die Wahl hat, hat die Qual.
Deutsches Sprichwort

Wie gut wäre es,
wenn man die Stimmen,
anstatt sie zu zählen,
wägen könnte.
Georg Christoph Lichtenberg, Sudelbücher

Wir sollten wählen,
um regiert zu werden.
Heute werden wir regiert,
um zu wählen.
Theodor Eschenburg

Wir wählen uns unsere Freunde,
wir machen uns unsere Feinde,
Gott aber schuf uns den Nachbarn.
Gilbert Keith Chesterton, Heretiker

Wo man nicht die freie Wahl hat,
sind alle Menschen Freunde.
Peter Ustinov, Peter Ustinovs geflügelte Worte

Zu wählen wissen.
Das meiste im Leben hängt davon ab.
Es erfordert guten Geschmack
und richtiges Urteil:
Denn weder Gelehrsamkeit
noch Verstand reichen aus.
Baltasar Gracián y Morales,
Handorakel und Kunst der Weltklugheit

Wahn

Der Unterschied zwischen Wahn
und Wahrheit liegt in der Differenz
ihrer Lebensfunktionen.
Der Wahn lebt von der Wahrheit;
die Wahrheit lebt ihr Leben in sich.
Man vernichtet den Wahn,
wie man Krankheiten vernichtet.
Novalis, Blütenstaub

Der Wahn ist kurz, die Reu ist lang.
Friedrich Schiller, Das Lied von der Glocke

Ich weiß, dass man
vor leeren Schrecken zittert;
Doch wahres Unglück
bringt der falsche Wahn.
Friedrich Schiller, Die Piccolomini (Max)

Mit dem Gürtel, mit dem Schleier
Reißt der schöne Wahn entzwei.
Friedrich Schiller, Das Lied von der Glocke

Sollt ich beben
Vor dem selbstgeschaffnen Wahn?
Johann Wolfgang von Goethe,
Des Epimenides Erwachen (Dämon)

Süß ist jeder Wahn,
wenn er auch irrig ist.
Euripides, Orest (Orest)

Und die Treue, sie ist doch
kein leerer Wahn!
Friedrich Schiller, Die Bürgschaft

Vielfältig sind die Gedanken
der Menschen, schlimmer Wahn
führt in die Irre.
Altes Testament, Jesus Sirach 3, 24

Wer nur ein halber Weiser ist,
bekämpft den schönen Wahn,
eben weil er selbst einem Wahn
unterliegt; der wahre Weise liebt ihn
und wirbt für ihn, eben weil er
frei von Wahn ist.
Giacomo Leopardi, Gedanken aus dem Zibaldone

Wie in Rom außer den Römern
noch ein Volk von Statuen war,
so ist außer dieser realen Welt
noch eine Welt des Wahns,
viel mächtiger beinahe,
in der die meisten leben.
Johann Wolfgang von Goethe,
Maximen und Reflexionen

Wie oft hängt der Menschen Wahn
an einem Wortschwall! Und wie vieles
hängt nicht bei Glück und Unglück
am Wahn der Menschen!
Johann Gottfried Herder, Das eigene Schicksal

Wahnsinn

Alle Macht der Phantasie über die
Vernunft ist eine Art Wahnsinn.
Samuel Johnson, Rasselas Prinz von Abyssinien

Bei einem Mensch,
der seine Vernunft verloren hat,
müsste das Erste sein,
dass er diesen Verlust empfindet;
doch Wahnsinn verträgt sich nicht
mit dieser Erkenntnis.
Jean de La Bruyère, Die Charaktere

Der Irrsinn ist bei Einzelnen
etwas Seltnes – aber bei Gruppen,
Parteien, Völkern, Zeiten die Regel.
Friedrich Nietzsche, Jenseits von Gut und Böse

Die Menschen verstehen einander nicht.
Es gibt weniger Wahnsinnige,
als wir denken.
Claude Adrien Helvétius, Über den Geist

Entsetzlich ist nicht der vereinzelte,
zusammenhanglose, persönliche und
törichte Wahnsinn, sondern der allgemeine, organisierte, gesellschaftliche
und gescheite Wahnsinn unserer Welt.
Leo N. Tolstoi, Tagebücher (1910)

Es ist nur eine dünne Wand
zwischen Wahnsinn und Verstand.
Deutsches Sprichwort

Gemeinschaftlicher Wahnsinn hört
auf, Wahnsinn zu sein, und wird
Magie, Wahnsinn nach Regeln
und mit vollem Bewusstsein.
Novalis, Fragmente

Genie und Wahnsinn
sind eng verbunden.
Edgar Allan Poe, Marginalien

In jeder großen Trennung
liegt ein Keim von Wahnsinn;
man muss sich hüten,
ihn nachdenklich auszubrüten
und zu pflegen.
Johann Wolfgang von Goethe,
Maximen und Reflexionen

In Wirklichkeit aber sind Habsucht,
Ehrsucht, Lüsternheit usw.
Arten des Wahnsinns,
obgleich sie nicht zu den Krankheiten
gezählt werden.
Baruch de Spinoza, Ethik

Man findet Mittel,
um den Wahnsinn zu heilen,
aber keine, um Verschrobene
wieder normal zu machen.
François de La Rochefoucauld, Reflexionen

Manche flüchten sich in den
Wahnsinn wie andere in den Tod;
und beides kann sowohl Mut
als auch Feigheit sein.
Arthur Schnitzler, Buch der Sprüche und Bedenken

Manche unserer Originalköpfe
müssen wir wenigstens solange
für wahnwitzig halten,
bis wir so klug werden wie sie.
Georg Christoph Lichtenberg, Sudelbücher

Mancher begibt sich in den Wahnsinn
wie auf eine willkommene Urlaubsreise
aus dem Reiche der Vernunft, doch mit
der Hoffnung auf Wiederkehr; mancher
wie in ein Land der Verheißung, nach
dem lange schon Sehnsucht ihn rief.
Arthur Schnitzler, Zurückgelegte Sprüche

Nicht nur ist jeder Wahnsinn
auf die Spitze getriebener Egoismus,
Selbstzufriedenheit und Selbstüberhebung (Größenwahn), auch jedes
Nachlassen der Geisteskraft äußert
sich in zunehmendem Egoismus, in
Selbstzufriedenheit, Selbstüberhebung
und ausschließlich Sorge um die
eigene Person.
Leo N. Tolstoi, Tagebücher (1893)

Partei ist der Wahnsinn der vielen
zum Vorteil von wenigen.
Alexander Pope, Vermische Gedanken

Wahnsinn bei Großen
darf nicht ohne Wache gehen.
William Shakespeare, Hamlet (König)

Wenn ein Mensch wahnsinnig wird,
beginnt er damit, die Kleider abzu-
werfen. Was also ist dann Wahnsinn?
Eine Rückkehr? Ja, es gibt manche,
die das Tier für wahnsinnig halten.
August Strindberg, Der Sohn der Magd

Wahrhaftigkeit

Freimütigkeit ist
eine natürliche Eigenschaft,
beständige Wahrhaftigkeit
eine Tugend.
Joseph Joubert, Gedanken, Versuche und Maximen

Klarheit ist Wahrhaftigkeit
in der Kunst
und in der Wissenschaft.
Marie von Ebner-Eschenbach, Aphorismen

Nicht viele Eide
sind Beweis von Treue,
Nein, nur ein einz'ger Schwur,
wahrhaft gelobt.
William Shakespeare, Ende gut, alles gut (Diana)

Nur der Mensch,
der wahrhaft mit sich selbst ist,
vermag es auch gegen andere zu sein.
Christian Ernst Karl von Bentzel-Sternau, Weltansicht

Wahrhaftigkeit – nämlich
die absichtliche und die opfernde –
ist weniger ein Zweig als die Blüte
der sittlichen Mann-Stärke.
Jean Paul, Levana

Wahrhaftigkeit, welche für das Wort
als Wort sogar blutige Messopfer
bringt, ist die göttliche Blüte auf irdischen Wurzeln; darum ist sie nicht die
zeit-erste, sondern die letzte Tugend.
Jean Paul, Levana

Wahrheit

»Alle Wahrheit ist einfach.«
Ist das nicht zwiefach eine Lüge?
Friedrich Nietzsche, Götzen-Dämmerung

Alle Wahrheit ist uralt.
Der Reiz der Neuheit liegt nur
in der Variation des Ausdrucks.
Novalis, Glauben und Liebe

Alle Wahrheiten sind Halbwahrheiten.
Sie als volle Wahrheiten zu behandeln
heißt den Teufel spielen.
Alfred North Whitehead, Abenteuer der Ideen (1971)

Alle Wahrheiten sind paradox.
Leo N. Tolstoi, Tagebücher (1854)

Alle Wahrheiten sind rührend und
tragisch. Das Lustige ist Täuschung.
Sophie Mereau, Betrachtungen

Alle Wesen erstreben das Gute,
doch nicht alle erkennen das Wahre.
Thomas von Aquin, Über die Wahrheit

Alles aber ist geworden;
es gibt keine ewigen Tatsachen: so wie
es keine absoluten Wahrheiten gibt.
Friedrich Nietzsche, Menschliches, Allzumenschliches

Alles Leben löst sich in eine höhere
Wahrheit auf, geht in eine höhere
Wahrheit über, wär' es anders,
so wär' es Sterben.
Bettina von Arnim,
Goethes Briefwechsel mit einem Kinde

Am Ende ist die Wahrheit das Einzige,
das wert ist, dass man es besitzt:
Sie ist aufwühlender als Liebe,
freudvoller und leidenschaftlicher.
Sie kann einfach nicht versagen.
Katherine Mansfield, Tagebücher

Am Ende zeigt sich's,
dass alle Klischees wahr sind.
Und das ist fast noch schlimmer
zu ertragen als die Wahrheit.
Peter Ustinov

Auch die Wahrheit ertrinkt,
wenn das Gold aufschwimmt.
Sprichwort aus Russland

Auch verlogene Menschen
lügen bisweilen – und erfahren so,
was Wahrheit ist.
Ludwig Marcuse, Argumente und Rezepte.
Ein Wörter-Buch für Zeitgenossen

Beim Streit um die Wahrheit
bleibt der Streit die einzige Wahrheit.
Rabindranath Tagore

Bildung scheint mir das einzige Ziel,
das des Bestrebens,
Wahrheit der einzige Reichtum,
der des Besitzes würdig ist.
Heinrich von Kleist, Briefe
(an Wilhelmine von Zenge, 22. März 1801)

Bisweilen wird die Wahrheit
als ein Ideal hingestellt. Das ist falsch:
Wahrheit ist Fehlen von Lüge.
Leo N. Tolstoi, Tagebücher (1906)

Blind führt uns die Natur den Weg
zu den größtesten Wahrheiten; darum
ist es so schwer, ihn wiederzufinden
und sehend mit andern zu gehen.
Johann Wilhelm Ritter, Fragmente

Das Auge erkennt die Wahrheit,
das Ohr erkennt die Lüge.
Chinesisches Sprichwort

Das Elend des Menschen ist,
die Wahrheit zu lieben und doch
auf sie warten zu müssen.
Sully Prudhomme, Gedanken

Das Erste und Letzte, was vom Genie
gefordert wird, ist Wahrheitsliebe.
Johann Wolfgang von Goethe,
Maximen und Reflexionen

Das Falsche, kunstvoll dargestellt,
überrascht und verblüfft, aber
das Wahre überzeugt und herrscht.
Luc de Clapiers Marquis de Vauvenargues,
Unterdrückte Maximen

Das ganze Wirken der Natur ist nur
ein Trieb, der Wahrheit nachzugehen.
Bettina von Arnim, Tagebuch

Das Gerücht ist immer größer
als die Wahrheit.
Deutsches Sprichwort

Das Härteste und Schwerste im Leben
ist, besonders im Schmerz,
der Wahrheit ins Auge zu sehen.
Anne Morrow Lindbergh,
Stunden von Gold – Stunden von Blei

Das Herz muss
dem Geist vorangehen,
und die Nachsicht der Wahrheit.
Joseph Joubert, Gedanken, Versuche und Maximen

Das Ideal ist die Wahrheit,
von weitem gesehen.
Alphonse de Lamartine, Geschichte der Girondisten

Das Leben in der Natur
gibt die Wahrheit der Dinge
zu erkennen.
Albrecht Dürer, Proportionslehre

Das Licht ist das erste Geschenk
der Geburt, damit wir lernen,
dass die Wahrheit das höchste Gut
im Leben ist.
Luc de Clapiers Marquis de Vauvenargues,
Nachgelassene Maximen

Das Reich der Dichtung
ist das Reich der Wahrheit;
Schließt auf das Heiligtum,
es werde Licht!
Adelbert von Chamisso, Gedichte

Das Simpelste scheint das Wahreste.
Johann Gottfried Herder, Auch eine Philosophie

Das Suchen nach Wahrheit
ist immer ohne Arg,
unverfänglich und schuldlos;
nur in dem Augenblicke,
wo es aufhört, fängt die Lüge an
bei Christ und Heide.
Gottfried Keller, Der grüne Heinrich

Das Theater ist nicht
für die Wahrheit geschaffen,
sondern dafür, den Menschen
zu schmeicheln, sie zu belustigen.
Jean-Jacques Rousseau, Emile

Das Wahre fördert;
aus dem Irrtum
entwickelt sich nichts,
er verwickelt uns nur.
Johann Wolfgang von Goethe,
Maximen und Reflexionen

Das Wahre, Gute und Vortreffliche
ist einfach und sich immer gleich,
wie es auch erscheine. Das Irren aber,
das den Tadel hervorruft, ist höchst
mannigfaltig, in sich selbst verschie-

den und nicht allein gegen das Gute
und Wahre, sondern auch gegen sich
selbst kämpfend, mit sich selbst in
Widerspruch.
Johann Wolfgang von Goethe,
Maximen und Reflexionen

Das Wahre ist das Ganze.
Das Ganze aber ist nur
das durch seine Entwicklung
sich vollendende Wesen.
Georg Wilhelm Friedrich Hegel,
Die Phänomenologie des Geistes

Das Wahre ist eine Fackel,
aber eine ungeheure;
deswegen versuchen wir alle, nur
blinzelnd daran vorbeizukommen,
in Furcht sogar, uns zu verbrennen.
Johann Wolfgang von Goethe,
Maximen und Reflexionen

Das Wahre ist gottähnlich:
Es erscheint nicht unmittelbar,
wir müssen es aus seinen
Manifestationen erraten.
Johann Wolfgang von Goethe,
Maximen und Reflexionen

Das Wahre, mit dem Göttlichen
identisch, lässt sich niemals von
uns direkt erkennen: wir schauen es
nur im Abglanz, im Beispiel, Symbol.
Johann Wolfgang von Goethe,
Versuch einer Witterungslehre

Das Wahre und das Gute schließen
einander ein: Das Wahre ist ein Gut,
sonst wäre es nicht begehrenswert;
und das Gute ist ein Wahres,
sonst wäre es nicht erkennbar.
Thomas von Aquin, Summa theologica

Das Wort sei wahr,
die Tat entschlossen.
Chinesisches Sprichwort

Dass die Wahrheit
wohl einem Diamant zu vergleichen,
dessen Strahlen nicht nach einer Seite
gehen, sondern nach vielen.
Johann Wolfgang von Goethe, überliefert von
Johann Peter Eckermann (Gespräche mit Goethe)

Dem Irrtum,
Freund entgehst du nicht,
Doch lässt dich Irrtum
Wahrheit ahnen.
Emanuel Geibel, Sprüche

Den Armen fragt niemand
nach der Wahrheit.
Sprichwort aus Litauen

Den Männern sag' ich dies:
Es gibt keine Kraft ohne Wahrheit.
Und den Frauen sei gesagt:
Ohne Wahrheit gibt es keine Anmut.
Ernst von Feuchtersleben, Zur Diätetik der Seele

Den Vorteil aber
hat der Weg zum Wahren,
dass man sich unsicherer Schritte,
eines Umwegs, ja eines Fehltritts
noch immer gern erinnert.
Johann Wolfgang von Goethe,
Kampagne in Frankreich

Denn das Wahre ist einfach
und gibt wenig zu tun,
das Falsche gibt Gelegenheit,
Zeit und Kräfte zu zersplittern.
Johann Wolfgang von Goethe, Briefe
(an Zelter, 2. Januar 1829)

Denn ich glaube immer noch
mehr an die Wahrheit
der frühern Empfindung
als an die der spätern Betrachtung.
Sophie Bernhardi, Lebensansicht

Denn im Leben ist die große Wahrheit
dem großen Irrtum gleich an Wert.
Wie viele glauben, die Wahrheit
errungen zu haben, und besitzen in
Wirklichkeit nichts als die Fähigkeit,
konsequent zu irren.
Niemand ist glücklicher als sie!
Heinrich Waggerl, Briefe

Der erkennende Geist des Menschen
empfängt sein Maß von den Dingen,
sodass der Gedanke des Menschen
nicht seiner selbst wegen wahr ist;
vielmehr wird er wahr genannt
kraft seiner Übereinstimmung
mit den Dingen.
Thomas von Aquin, Summa theologica

Der felsenfesten Wahrheit bringt der
Mensch Verehrung nicht entgegen:
wohl aber einer schönen Lüge.
Gilbert Keith Chesterton, Heretiker

Der Freiheit Inhalt,
intellektuell gesehen,
ist Wahrheit, und die Wahrheit
macht den Menschen frei.
Søren Kierkegaard, Der Begriff Angst

Der gefährlichste Feind der Wahrheit
ist die kompakte Majorität.
Henrik Ibsen

Der Geist der Wahrheit
und der Geist der Freiheit
– dies sind die Stützen
der Gesellschaft.
Henrik Ibsen, Stützen der Gesellschaft

Der Geistreiche
ist der Wahrheit sehr nahe.
Joseph Joubert, Gedanken, Versuche und Maximen

Der gelehrteste Mensch ist nicht der,
der die meisten Wahrheiten kennt,
sondern der, der die besten kennt.
Sully Prudhomme, Gedanken

Der gesunde Verstand bemerkt oft
die Wahrheit eher, als er die Gründe
einsieht, dadurch er sie beweisen
oder erläutern kann.
Immanuel Kant, Träume eines Geistersehers

Der Glaube an die Wahrheit
beginnt mit dem Zweifel an allen
bis dahin geglaubten Wahrheiten.
Friedrich Nietzsche, Menschliches, Allzumenschliches

Der Irrtum ist viel leichter zu erkennen,
als die Wahrheit zu finden;
jener liegt auf der Oberfläche,
damit lässt sich wohl fertig werden;
diese ruht in der Tiefe,
danach zu forschen
ist nicht jedermanns Sache.
Johann Wolfgang von Goethe,
Maximen und Reflexionen

Der Irrtum wiederholt sich immerfort
in der Tat, deswegen muss man
das Wahre unermüdlich in Worten
wiederholen.
Johann Wolfgang von Goethe,
Maximen und Reflexionen

Der Kitsch ist die Lüge,
die die Wahrheit an den Tag bringt.
Helmut Arntzen

Der Lügendetektor
beruht auf dem einfachen Prinzip,
dass es anstrengender ist, zu lügen,
als die Wahrheit zu sagen.
Dagobert Lindlau

Der Mensch muss nach Tugend
streben, aber nicht ernstlich glauben,
die Wahrheit zu finden.
Chamfort, Maximen und Gedanken

Der Mut der Wahrheit, der Glaube
an die Macht des Geistes ist
die erste Bedingung der Philosophie.
Georg Wilhelm Friedrich Hegel,
Vorlesungen über die Geschichte der Philosophie

Der Phantast verleugnet die Wahrheit
vor sich, der Lügner nur vor andern.
Friedrich Nietzsche, Menschliches, Allzumenschliches

Der törichste von allen Irrtümern ist,
wenn junge gute Köpfe glauben,
ihre Originalität zu verlieren,
indem sie das Wahre anerkennen, was
von andern schon anerkannt worden.
Johann Wolfgang von Goethe,
Maximen und Reflexionen

Der Triumph der Spötter
ist von kurzer Dauer;
die Wahrheit bleibt, und
deren unsinniges Lachen verstummt.
Jean-Jacques Rousseau, Emile

Der Wahrheit bester Schmuck
ist Nacktheit.
Sprichwort aus England

Der Wahrheit Rede ist schlicht.
Euripides, Phoenissen

Der Weg ist gewunden,
die Wahrheit ist gerade.
Chinesisches Sprichwort

Der Weg zur Wahrheit
ist mit Paradoxen gepflastert.
Oscar Wilde

Der Zucker
behält seinen rechten Geschmack,
ob er weiß oder schwarz ist.
Sprichwort aus der Türkei

Derjenige, welcher die Wahrheit
seinem Ruhme vorzieht,
kann hoffen, dass sie ihm wichtiger
als sein Leben wird.
Jean-Jacques Rousseau, Julie oder Die neue Héloïse

Die Antwort auf eine Frage
bei Tag oder bei Nacht
– das sind zwei Antworten.
Erhard Blanck

Die einfachste und bekannteste Wahrheit erscheint uns augenblicklich neu
und wunderbar, sobald wir sie
zum ersten Mal an uns selbst erleben.
Marie von Ebner-Eschenbach, Aphorismen

Die Erfindung
der wichtigsten Wahrheiten hängt
von einer feinen Abstraktion ab,
und unser gemeines Leben
ist eine beständige Bestrebung,
uns zu derselben unfähig zu machen.
Georg Christoph Lichtenberg, Sudelbücher

Die Geschichte will Wahrheit.
Johann Gottfried Herder,
Ideen zur Philosophie der Geschichte der Menschheit

Die großen Wahrheiten, vor allem
auf theoretischem, metaphysischem
und psychologischem Gebiet lassen
sich eigentlich nur durch eine von
Begeisterung beseelte Vernunft
und nur von Menschen aufdecken,
die dieser Begeisterung fähig sind.
Giacomo Leopardi, Gedanken aus dem Zibaldone

Die größte Wohltat, die man
einem Menschen erweisen kann,
besteht darin, dass man ihn
vom Irrtum zur Wahrheit führt.
Thomas von Aquin, Kommentar zu Pseudo-Dionysius

Die Kunst ist das Wahre: das Wissen,
was »mit dem Leben gemeint« ist.
Hans Egon Holthusen, Das Schöne und das Wahre

Die Lüge ist
die Religion der Knechte und Herren,
die Wahrheit ist
die Gottheit der freien Menschen.
Maxim Gorki, Nachtasyl

Die Lüge ist ein sehr trauriger Ersatz
für die Wahrheit, aber sie ist der einzige, den man bis heute entdeckt hat.
Elbert Hubbard

Die Lüge ist einfacher als die Wahrheit. Sie wird deshalb eher geglaubt.
Manfred Rommel, Rommel-Kalender

Die Lüge reicht zur Wahrheit
nicht hinan
Mit allen ihren giftgetränkten Pfeilen.
Gerhart Hauptmann, Der arme Heinrich

Die meisten unserer heutigen Wahrheiten haben so kurze Beine, dass
sie geradeso gut Lügen sein könnten.
Egon Friedell, Egon Friedells Konversationslexikon

Die Menge wird sich immer
denen zuwenden, die ihr von
absoluten Wahrheiten erzählen,
und wird die anderen verachten.
Gustave Le Bon, Psychologie der Massen

»Die Menschen haben diese Wahrheit
vergessen«, sagte der Fuchs. »Aber du
darfst sie nicht vergessen. Du bist
zeitlebens für das verantwortlich,
was du dir vertraut gemacht hast.«
Antoine de Saint-Exupéry, Der Kleine Prinz

Die Menschen stolpern gelegentlich
über die Wahrheit, aber sie richten
sich danach auf und gehen weiter,
als sei nichts geschehen.
Winston S. Churchill

Die Natur hat dem Menschen
die Begierde eingepflanzt,
die Wahrheit zu sehen.
Marcus Tullius Cicero,
Über das höchste Gut und das höchste Übel

Die reine Wahrheit
wird häufiger als alles andere
der Übertreibung beschuldigt.
Joseph Conrad

Die reinigende Kraft der Wahrheit ist
so groß, dass schon das Streben nach
ihr ringsum eine bessere Luft verbreitet;
die zerstörende Macht der Lüge
so furchtbar, dass schon die Neigung
zu ihr die Atmosphäre verdunkelt.
Arthur Schnitzler, Buch der Sprüche und Bedenken

Die schwachen Seelen sind Leute,
welche die Wahrheit erkennen,
aber sie nur so weit unterstützen,
als es für sie von Vorteil ist;
aber sie lassen sie im Stich,
wenn das nicht der Fall ist.
Blaise Pascal, Pensées

Die sinnliche Erscheinung gewinnt
ihre Wahrheit und Vollkommenheit
in der Vollkommenheit Gottes.
Nikolaus von Kues, Über die Schauung Gottes

Die sittliche Wahrheit ist nicht das,
was ist, sondern das, was gut ist.
Jean-Jacques Rousseau, Emile

Die stillen Geister begreifen besser
das Wahre, weil ein See besser
die Sterne zurückstrahlt als ein Fluss.
Théodore Jouffroy, Das grüne Heft

Die Utopien sind oft nur
vorzeitige Wahrheiten.
Alphonse de Lamartine, Geschichte der Girondisten

Die Vernunft besteht aus Wahrheiten,
die man sagen, und aus solchen,
die man verschweigen muss.
Antoine Comte de Rivarol, Maximen und Reflexionen

Die Vernunft gleicht der Wahrheit:
Es gibt nur eine.
Jean de La Bruyère, Die Charaktere

Die Völker sind zwar unwissend,
wie Cicero sagt,
doch für die Wahrheit empfänglich.
Niccolò Machiavelli, Vom Staat

Die wahre Ruhe kann nur
in der Wahrheit liegen.
Ferdinando Galiani, Gedanken und Beobachtungen

Die Wahrheit bleibt den Stolzen
verborgen, den Demütigen aber
wird sie geoffenbart.
Bernhard von Clairvaux,
Die Stufen der Demut und des Stolzes

Die Wahrheit entzieht sich dem
Verstand, wie sich die Tatsachen
dem Gedächtnis entziehen. Ein reger
Geist sieht die Dinge immer wieder
von einem anderen Standpunkt an,
so dass er dieselben Meinungen bald
widerruft, bald wieder annimmt.
Luc de Clapiers Marquis de Vauvenargues,
Reflexionen und Maximen

Die Wahrheit finden wollen,
ist Verdienst, wenn man auch
auf dem Wege irrt.
Georg Christoph Lichtenberg, Sudelbücher

Die Wahrheit gehört dem Menschen,
der Irrtum der Zeit an.
Johann Wolfgang von Goethe,
Maximen und Reflexionen

Die Wahrheit geht niemals unter.
Lucius Annaeus Seneca, Die Troerinnen

Die Wahrheit hat eine besondere
Eigenschaft. Da sie die Wirklichkeit
ausdrückt, erreicht sie den Menschen,
was die Halbwahrheiten nicht tun.
Erich Fromm, Seele und Gesellschaft

Die Wahrheit hat Kinder,
die sie nach einiger Zeit verleugnet;
sie heißen Wahrheiten.
Marie von Ebner-Eschenbach, Aphorismen

Die Wahrheit hat nichts zu tun
mit der Zahl der Leute,
die von ihr überzeugt sind.
Paul Claudel, Tagebuch vor Gott

Die Wahrheit hat tausend Hindernisse
zu überwinden, um unbeschädigt
zu Papier zu kommen und von Papier
wieder zu Kopf.
Georg Christoph Lichtenberg, Sudelbücher

Die Wahrheit
ist dem Menschen
immer zugänglich.
Leo N. Tolstoi, Tagebücher (1903)

Die Wahrheit ist die Meinung,
die überlebt.
Elbert Hubbard

Die Wahrheit ist ein Verdacht,
der andauert.
Ramón de Campoamor

Die Wahrheit ist ein Weib,
das zwar kein Laster kennt,
Doch weil sie nackt und bloß,
so wird sie sehr geschänd't.
Friedrich von Logau, Sinngedichte

Die Wahrheit ist eine Arznei,
die angreift.
Johann Heinrich Pestalozzi, Ein Schweizer Blatt

Die Wahrheit ist eine scheue Geliebte;
man besitzt sie niemals ganz.
Hermann Bahr

Die Wahrheit ist in dieser Zeit
so sehr verdunkelt und die Lüge
so allgemein verbreitet, dass man
die Wahrheit nicht erkennen kann,
wenn man sie nicht liebt.
Blaise Pascal, Pensées

Die Wahrheit ist naturgemäß
tendenziös. Die Wahrheit in Ghana
unterscheidet sich zweifellos von der
Wahrheit in den Vereinigten Staaten.
Ich könnte unmöglich vor Gericht
schwören, dass ich die Wahrheit sagen
werde. Ich könnte nur schwören,
meine Wahrheit zu sagen.
Die Wahrheit ist in Wahrheit
ein für uns unerreichbares Ziel.
Peter Ustinov, Peter Ustinovs geflügelte Worte

Die Wahrheit ist nicht außerhalb deiner,
sondern in dir, finde sie dort, unterwirf
dich dir selbst, bemächtige dich deiner,
und du wirst die Wahrheit erleben.
Fjodor M. Dostojewski, Puschkinrede

Die Wahrheit ist nicht so abgenutzt
wie die Sprache, weil es weniger
Leuten zusteht, sie zu gebrauchen.
Luc de Clapiers Marquis de Vauvenargues,
Nachgelassene Maximen

Die Wahrheit ist nur der Ausdruck des
Sich-selbst-gleich-Seins überhaupt,
vollkommen wahr ist also nur
das Ewige, das keinem Wechsel der
Zeiten und Zustände unterworfen ist.
Karoline von Günderode, Melete

Die Wahrheit ist nur eine und immer
dieselbe, die des Evangeliums:
Verzeihen und vergessen können;
Böses mit Gutem vergelten und immer
an die Worte Jesu am Kreuz denken:
»Vater verzeih ihnen!
Denn sie wissen nicht, was sie tun.«
Papst Johannes XXIII., Briefe an die Familie
(Schwestern Ancilla und Maria), 27. April 1930

Die Wahrheit ist so einfach, dass sie
als anspruchsvolle Banalität erscheint.
Und doch wird sie im Handeln
ständig verleugnet.
Dag Hammarskjöld, Zeichen am Weg

Die Wahrheit ist uns himmelweit
entrückt. Wer unbekümmert auf
dem Boden bleibt, ist der Sonne
nicht ferner als der, der auf die
höchste Leiter klettert.
Heinrich Waggerl, Aphorismen

Die Wahrheit ist zu nackt;
sie erregt die Menschen nicht.
Jean Cocteau, Hahn und Harlekin

Die Wahrheit kann auch
eine Keule sein, mit der man
andere erschlägt.
Anatole France

Die Wahrheit leuchtet
in ihrem eigenen Licht,
und man erleuchtet die Geister nicht
mit den Flammen der Scheiterhaufen.
Voltaire, Der ehrliche Hurone

Die Wahrheit liegt in der Tat
zwischen zwei Extremen,
aber nicht in der Mitte.
Moritz Heimann, Die Wahrheit liegt nicht in der Mitte

Die Wahrheit macht oft
den Eindruck des Unmöglichen.
Fjodor M. Dostojewski, Der Idiot

Die Wahrheit marschiert.
Emile Zola, Artikel über den Dreyfus-Prozess

Die Wahrheit muss
nicht nur bedeutsam und ganz sein,
sie muss auch radikal sein, nicht
geschönt, gesüßt, mit Zuckerguss
überzogen (...). Die Erfahrung zeigt,
dass die Wahrheit, das heißt die
Konfrontation mit der Wirklichkeit,
dort eine besondere Wirkung hat,
wo man sie vollständig, klar und
ohne Kompromisse sieht.
Erich Fromm, Ethik und Politik

Die Wahrheit sagen ist der erste
und wichtigste Schritt zum Guten,
die Wahrheit hat ihren Wert in sich.
Michel Eyquem de Montaigne, Die Essais

Die Wahrheit schwindet von der Erde,
Auch mit der Treu ist es vorbei.
Die Hunde wedeln noch und stinken,
Doch sind sie nicht mehr treu.
Heinrich Heine, Neue Gedichte

Die Wahrheit sollte der Atem unseres
Lebens sein (...). Wer auf der Suche
nach Wahrheit ist, kann die Richtung
nicht verlieren. Schlägt er einmal
einen Abweg ein, so wird er bald
stolpern und dadurch auf den rechten
Weg zurückgewiesen.
Mohandas K. »Mahatma« Gandhi, Selected Works

Die Wahrheit stiftet nicht so viel
Nutzen, wie ihr Schein schadet.
François de La Rochefoucauld, Reflexionen

Die Wahrheit triumphiert nie;
ihre Gegner sterben nur aus.
Max Planck

Die Wahrheit über einen Menschen
erfährt man am besten
von den Nachbarn.
Chinesisches Sprichwort

Die Wahrheit war immer
nur eine Tochter der Zeit.
Leonardo da Vinci, Tagebücher und Aufzeichnungen

Die Wahrheit wird erworben
wie das Gold, nicht dadurch,
dass man es wachsen lässt,
sondern dadurch, dass man alles
abwäscht, was nicht Gold ist.
Leo N. Tolstoi, Tagebücher (1903)

Die Wahrheit wird ihr Werk
auch ohne mich tun.
Leo N. Tolstoi, Tagebücher (1891)

Die Wahrheit wird von Verdrängung
ersetzt, aber verdrängen heißt lügen.
Jewgeni Jewtuschenko

Die Wahrheit zurückhalten,
heißt Gold begraben.
Sprichwort aus Dänemark

Die Wahrheit zu sagen, hat viele Vorteile. Der erste besteht darin, dass die
Menschen die Natürlichkeit bestaunen,
mit der man lügt.
Jean Dutourd

Die Wahrheiten, die wir finden,
sind nicht von letzter Wichtigkeit,
und die Wahrheiten, die von letzter
Wichtigkeit sind, finden wir nicht.
Ludwig Marcuse, Argumente und Rezepte.
Ein Wörter-Buch für Zeitgenossen

Die Weisheit ist nur in der Wahrheit.
Johann Wolfgang von Goethe,
Maximen und Reflexionen

Die Zeit und die Wahrheit sind Freunde,
obgleich es viele Augenblicke gibt,
die der Wahrheit widersprechen.
Joseph Joubert, Gedanken, Versuche und Maximen

Die zur Wahrheit wandern,
wandern allein.
Christian Morgenstern

Diplomatie ist die Kunst,
so gut zu lügen,
dass einem sogar
die Wahrheit geglaubt wird.
Alberto Sordi

Doch was verbietet,
lächelnd die Wahrheit zu sagen?
Horaz, Sermones

Durch allzu langen Streit
verliert man die Wahrheit.
Publilius Syrus, Sentenzen

Durch Zweifeln kommen wir
nämlich zur Untersuchung;
in der Untersuchung
erfassen wir die Wahrheit.
Pierre Abélard, Sic et non

Ein Anhänger der Wahrheit darf nicht
aus Rücksicht auf die Konvention handeln. Er muss sich immer offenhalten
für Korrektur, und wenn er entdeckt,
dass er im Irrtum ist, muss er es um
jeden Preis eingestehen und es wieder
gutmachen.
Mohandas K. »Mahatma« Gandhi, Selected Works

Ein Augenblick der Wahrheit
reicht für das ganze Leben.
Almeida Faria,
Die Spaziergänge des einsamen Träumers

Ein guter Propagandist kann sogar
mit Hilfe der Wahrheit überzeugen.
Wieslaw Brudziński

Ein halbleeres Glas Wein
ist zwar zugleich ein halbvolles,
aber eine halbe Lüge mitnichten
eine halbe Wahrheit.
Jean Cocteau

Ein Irrtum ist umso gefährlicher,
je mehr Wahrheit er enthält.
Henri Frédéric Amiel,
Fragments d'un journal intime (1883 f.)

Ein Mensch verbreitet eine Lüge,
und hundert andere verbreiten sie
als Wahrheit.
Chinesisches Sprichwort

Ein Schwindel wird mitunter wahr.
Chinesisches Sprichwort

Ein sentimentaler Skrupel, der uns
daran hindert, die ganze Wahrheit zu
sagen, macht aus ihr eine Venus, die
ihr Geschlecht mit der Hand bedeckt.
Die Wahrheit allerdings weist mit der
Hand auf ihr Geschlecht.
Jean Cocteau, Hahn und Harlekin

Ein unzulängliches Wahre wirkt
eine Zeit lang fort, statt völliger Aufklärung aber tritt auf einmal ein blendendes Falsche herein; das genügt der
Welt, und so sind Jahrhunderte betört.
Johann Wolfgang von Goethe,
Maximen und Reflexionen

Eine Fabel ist eine Brücke,
die zur Wahrheit führt.
Sprichwort aus Arabien

Eine geflüsterte Wahrheit wirkt nachhaltiger als eine hinausgeschriene.
Lothar Müthel

Eine halbe Wahrheit ist nie
die Hälfte einer ganzen.
Karl Heinrich Waggerl

Eine Lüge, die Gutes bewirkt, ist besser
als eine Wahrheit, die Unglück bringt.
Sprichwort aus Persien

Eine Lüge ist bereits dreimal
um die Erde gelaufen,
bevor sich die Wahrheit
die Schuhe anzieht.
Mark Twain

Eine nachgesprochne Wahrheit
verliert schon ihre Grazie,
aber ein nachgesprochner Irrtum
ist ganz ekelhaft.
Johann Wolfgang von Goethe,
Maximen und Reflexionen

Eine Wahrheit ist nicht deshalb
vernünftiger, weil sie alt ist.
Michel Eyquem de Montaigne, Die Essais

Eine Wahrheit ist nicht mehr wahr,
wenn sie mehr als einer glaubt.
Oscar Wilde,
Sätze und Lehren zum Gebrauch für die Jugend

Eine Wahrheit kann erst wirken,
wenn der Empfänger für sie reif ist.
Nicht an der Wahrheit liegt es daher,
wenn die Menschen noch so voller
Unweisheit sind.
Christian Morgenstern, Stufen

Einer neuen Wahrheit
ist nichts schädlicher
als ein alter Irrtum.
Johann Wolfgang von Goethe,
Maximen und Reflexionen

Eines Tages schwimmt die Wahrheit
doch nach oben. Als Wasserleiche.
Wieslaw Brudziński

Einfachheit
ist unabdingbare Voraussetzung
und Merkmal der Wahrheit.
Leo N. Tolstoi, Tagebücher (1908)

Einzuräumen ist stets Zeit: Die Wahrheit offenbart der Verlauf der Zeit.
Lucius Annaeus Seneca, Über den Zorn

Erzähl deinem Freund eine Lüge;
wenn er sie geheim hält,
erzähl ihm die Wahrheit.
Sprichwort aus Portugal

Es gibt für uns Menschen keine andere
Form von Wahrheit als die Wahrheit
unseres Herzens – sie hat Gott uns gegeben, (...) und es kommt einzig darauf
an, gegen alle Verstellungen der Angst
zu dieser Wahrheit (...) zurückzufinden.
Eugen Drewermann,
An ihren Früchten sollt ihr sie erkennen

Es gibt in der Welt nur eine Wahrheit,
aber es sieht so aus, als gäbe es hundert.
Sprichwort aus Litauen

Es gibt keine reine Wahrheit, aber
ebenso wenig einen reinen Irrtum.
Friedrich Hebbel, Tagebücher

Es gibt keine Wahrheit,
der wir nicht zustimmten,
wenn man sie uns klar
und deutlich darstellt.
Luc de Clapiers Marquis de Vauvenargues,
Nachgelassene Maximen

Es gibt keine Wahrheit,
die in einem Flachkopf
nicht zum Irrtum werden könnte.
Luc de Clapiers Marquis de Vauvenargues,
Reflexionen und Maximen

Es gibt Leute, die sich in ihren
Wahrheitsfanatismus hineinlügen.
Miguel de Unamuno

Es gibt nichts Herrlicheres,
als wenn ein Denker einer Wahrheit
die Ehre gibt, die er ihr so gern
verweigern würde.
Ludwig Marcuse, Argumente und Rezepte.
Ein Wörter-Buch für Zeitgenossen

Es gibt Wahrheiten,
auf die man Gift nehmen kann.
Heinrich Nüsse

Es gibt Wahrheiten,
die nicht für alle Menschen
und nicht für alle Zeiten gelten.
Voltaire, Briefe (an Kardinal Bernis, 1761)

Es gibt Wahrheiten, die so
ziemlich herausgeputzt einhergehen,
dass man sie für Lügen halten sollte
und die nichtsdestoweniger
reine Wahrheiten sind.
Georg Christoph Lichtenberg, Sudelbücher

Es ist gut, eine Sache sofort doppelt
auszudrücken und ihr einen rechten
und einen linken Fuß zu geben.
Auf einem Bein kann die Wahrheit
zwar stehen, mit zweien aber wird
sie gehen und herumkommen.
Friedrich Nietzsche, Menschliches, Allzumenschliches

Es ist immer die beste Politik,
die Wahrheit zu sagen, es sei denn,
man ist ein ungewöhnlich guter Lügner.
Jerome K. Jerome

Es ist immer dieselbe Welt, die der
Betrachtung offensteht, die immerfort
angeschaut oder geahnet wird, und
es sind immer dieselben Menschen,
die im Wahren oder Falschen leben,
im letzten bequemer als im ersten.
Johann Wolfgang von Goethe,
Maximen und Reflexionen

Es ist mehr Wahrheit in den Märchen
als in gelehrten Chroniken.
Novalis, Heinrich von Ofterdingen

Es ist nicht immer nötig, dass das
Wahre sich verkörpere; schon genug,
wenn es geistig umherschwebt
und Übereinstimmung bewirkt,
wenn es wie Glockenton ernst-
freundlich durch die Lüfte wogt.
Johann Wolfgang von Goethe,
Maximen und Reflexionen

Es ist so gewiss als wunderbar,
dass Wahrheit und Irrtum
aus einer Quelle entstehen;
deswegen man oft dem Irrtum
nicht schaden darf, weil man
zugleich der Wahrheit schadet.
Johann Wolfgang von Goethe,
Maximen und Reflexionen

Es ist schwer, es zugleich
der Wahrheit und den Leuten
recht zu machen.
Thomas Mann

Es ist zwar erlaubt,
die Wahrheit zu sagen,
sie nützt aber nicht bei allen,
nicht zu jeder Zeit und
nicht auf jede Weise.
Erasmus von Rotterdam, Über den freien Willen

Es mag ein Paradox sein,
aber in den Paradoxen liegt Wahrheit.
Gilbert Keith Chesterton, Heretiker

Es schadet nichts,
manchmal die Wahrheit zu sagen.
Anton P. Tschechow, Briefe (10./12. Oktober 1887)

Frauen sagen selten
bewusst die Unwahrheit.
Aber sie geben der Wahrheit
gerne ein bisschen Make-up.
Laurence Olivier

Freunde, bedenkt euch wohl,
die tiefere, kühnere Wahrheit
Laut zu sagen: Sogleich stellt
man sie auch auf den Kopf.
Friedrich Schiller, Gefährliche Nachfolge

Früher trichterte man den Leuten ein:
Zwei mal zwei ist sechs.
Es wäre zu hart, ihnen plötzlich
die ganze Wahrheit zu sagen. Also
heißt es jetzt: Zwei mal zwei ist fünf.
Slawomir Mrozek

Für jeden Menschen existiert
ein besonderer Weg,
auf dem jede These
für ihn zur Wahrheit wird.
Leo N. Tolstoi, Tagebücher (1852)

Ganze Sachen sind immer einfach,
wie die Wahrheit selbst. Nur
die halben Sachen sind kompliziert.
Heimito von Doderer, Repertorium. Ein Begreifbuch
von höheren und niederen Lebens-Sachen

Gefälligkeit schafft Freunde,
Wahrheit Hass.
Terenz, Das Mädchen von Andros

Gerade die Wahrheiten,
an welchen uns am meisten gelegen,
werden stets nur halb ausgesprochen;
allein der Aufmerksame fasse sie
im vollen Verstande auf.
Bei allem Erwünschten ziehe er
seinen Glauben am Zügel zurück,
aber gebe ihm den Sporn bei allem
Verhassten.
Baltasar Gracián y Morales,
Handorakel und Kunst der Weltklugheit

Gerechtigkeit ist tätige Wahrheit.
Joseph Joubert, Gedanken, Versuche und Maximen

Glaube denen,
die die Wahrheit suchen,
und zweifle an denen,
die sie gefunden haben.
André Gide

Glaube keinem,
der immer die Wahrheit spricht.
Elias Canetti, Die Provinz des Menschen.
Aufzeichnungen 1942–1972

Groß ist das heilige russische Land,
aber die Wahrheit hat nirgends Platz.
Sprichwort aus Russland

Heilig, ewig ist die Wahrheit,
sie ist das Heilige, das Ewige.
Du aber, der du von diesem Heiligen
dich erfüllen und leiten lässest,
wirst selbst geheiligt.
Max Stirner, Der Einzige und sein Eigentum

Für Heuchelei gibt's Geld genug,
Wahrheit geht betteln.
Martin Luther, überliefert von Julius Wilhelm Zincgref
(Apophthegmata)

Heutzutage spricht man so viel von
der Wahrheit und davon, sie zu sagen,
als sei dies eine schwere Aufgabe,
die Lob verdiente.
August Strindberg, Der Sohn der Magd

Höher aber als die Liebe zum Ruhm
steht noch eine reinere Empfindung:
die Liebe zur Wahrheit.
Germaine Baronin von Staël, Über Deutschland

Ich begrüße die Wahrheit, bei wem
ich sie auch finde; schon wenn ich
von weitem sehe, wie sie sich naht,
beuge ich mich freudig und strecke
die Waffen.
Michel Eyquem de Montaigne, Die Essais

Ich bin ein Priester der Wahrheit;
ich bin in ihrem Solde; ich habe mich
verbindlich gemacht, alles für sie
zu tun und zu wagen, und zu leiden.
Johann Gottlieb Fichte,
Über die Bestimmung des Gelehrten

Ich glaube, ich weiss eines: Niemand
hat das Monopol über die Wahrheit.
Wir haben jeder unseren eigenen Weg,
der zur Wahrheit führt.
Elie Wiesel,
Wer meine Legenden hört, stellt sein Leben in Frage

Ich helfe mir zuletzt mit Wahrheit aus:
Der schlechteste Behelf!
Die Not ist groß.
Johann Wolfgang von Goethe, Faust II (Mephisto)

Ich sage nie, was ich denke,
und ich glaube nie, was ich sage;
und wenn mir doch einmal
die Wahrheit entschlüpft,
so verberge ich sie
hinter so vielen Lügen,
dass es schwer ist,
sie herauszufinden.
Niccolò Machiavelli, Briefe
(an Francesco Guicciardini, 17. Mai 1521)

Ich suchte die Wahrheit in den
Büchern und fand darin nichts
als Irrtum und Lügen.
Ich fragte die Schriftsteller selbst,
und ich fand nur Marktschreier, die
sich ein Vergnügen daraus machen,
die Menschen zu täuschen, ohne ein
anderes Gesetz als ihren Eigennutz,
ohne einen anderen Gott als ihren Ruf.
Jean-Jacques Rousseau,
Brief an Erzbischof Beaumont (18. November 1762)

Ihr Täppischen! Ein artiger Schein
Soll gleich die plumpe Wahrheit sein.
Johann Wolfgang von Goethe, Faust II (Herold)

Im Gebirge der Wahrheit kletterst du
nie umsonst: Entweder du kommst
schon heute weiter hinauf, oder du
übst deine Kräfte, um morgen höher
steigen zu können.
Friedrich Nietzsche, Menschliches, Allzumenschliches

Im Unglück sieht man
die Wahrheit klarer.
Fjodor M. Dostojewski, Briefe

Im Wein liegt Wahrheit.
Alkaios, Fragmente

In der Mitte läge die Wahrheit?
Keineswegs. Nur in der Tiefe.
Arthur Schnitzler, Zurückgelegte Sprüche

In der Welt Augen
ist eine gemutmaßte Wahrheit
beinahe so viel als Gewissheit.
Jean-Jacques Rousseau,
Julie oder Die neue Héloïse (Claire)

In gewissem Munde
wird auch die Wahrheit zur Lüge.
Thomas Mann, Vom zukünftigen Sieg der Demokratie

In Unwahrheit leben – mag man nicht;
in Wahrheit leben – kann man nicht.
Sprichwort aus Russland

In Wahrheit sind wir alle
Staub und Schatten,
In Wahrheit ist die Gierde
blind-gefräßig,
In Wahrheit trügerisch
ist jedes Hoffen.
Francesco Petrarca, Der Canzoniere

Irrtum erregt,
Wahrheit beruhigt.
Joseph Joubert, Gedanken, Versuche und Maximen

Iss, was gar ist,
Trink, was klar ist,
Sprich, was wahr ist.
Deutsches Sprichwort

Ist denn die Wahrheit ein Zwiebel,
von dem man die Häute nur abschält?
Was ihr hinein nicht gelegt,
ziehet ihr nimmer heraus.
Johann Wolfgang von Goethe/Friedrich Schiller,
Xenien

Ja, gute Frau,
durch zweier Zeugen Mund
Wird allerwegs die Wahrheit kund.
Johann Wolfgang von Goethe, Faust I (Mephisto)

Je abstrakter die Wahrheit ist, die
du lehren willst, um so mehr musst
du noch die Sinne zu ihr verführen.
Friedrich Nietzsche, Jenseits von Gut und Böse

Je weniger wir die Trugbilder
bewundern, desto mehr vermögen wir
die Wahrheit aufzunehmen.
Erasmus von Rotterdam,
Handbüchlein eines christlichen Streiters

Jede allgemeine Wahrheit
verhält sich zu den speziellen
wie Gold zu Silber.
Arthur Schopenhauer, Zur Logik und Dialektik

Jede Lehre, die sich als absolute Wahrheit setzt, ist ein Herd von Kriegen.
Ludwig Marcuse, Argumente und Rezepte.
Ein Wörter-Buch für Zeitgenossen

Jede Wahrheit tritt zuerst
als Irrlehre in die Welt,
denn die Welt ist immer von gestern.
Egon Friedell

Jede Wahrheit von heute
ist Irrtum von morgen.
Oswald Spengler, Urfragen.
Fragmente aus dem Nachlass

Jeder Einzelne,
der aufrichtig die Wahrheit sucht,
der ist schon furchtbar viel.
Fjodor M. Dostojewski, Tagebuch eines Schriftstellers

Jeder Mensch besitzt eine Öffnung,
durch die er die Wahrheit aufnehmen
kann, allein die Wahrheit wird ihm
nicht von der Seite dargeboten,
wo sich die Öffnung befindet.
Leo N. Tolstoi, Tagebücher (1901)

Jeder Narr kann die Wahrheit sagen,
aber nur ein verhältnismäßig
Intelligenter kann gut lügen.
Samuel Butler

Jeder wahre Gedanke
trägt das Universum in sich,
und keiner spricht es aus.
Ernst von Feuchtersleben, Aphorismen

Kenne ich mein Verhältnis zu mir
selbst und zur Außenwelt, so heiß
ich's Wahrheit. Und so kann jeder
seine eigene Wahrheit haben, und
es ist doch immer dieselbige.
Johann Wolfgang von Goethe,
Maximen und Reflexionen

Kinder und Narren sagen die Wahrheit.
Deutsches Sprichwort

Kommt eine Wahrheit, die du einmal
aus erfüllter Seele sprachst,
von anderen Lippen, gleichsam
als geflügeltes Wort zu dir zurück,
so wirst du manchmal versucht sein,
sie zu empfangen wie der Vater
den verlorenen Sohn, der einst mit
Reichtümern in die Welt entfloh und,
endlich heimgekehrt, als Bettler
an deine Türe klopft.
Arthur Schnitzler, Buch der Sprüche und Bedenken

Kunst ist eine Lüge,
die uns die Wahrheit erkennen lässt.
Pablo Picasso

Leidenschaft
ohne Wahrheit ist blind,
und Wahrheit
ohne Leidenschaft ist ohnmächtig.
Erich Fromm, Ethik und Politik

Man braucht zwei,
um die Wahrheit zu sagen:
Einen, der sie ausspricht,
und einen, der sie anhört.
Henry David Thoreau,
Eine Woche an den Concord- und Merrimack-Flüssen

Man darf das Wahre
nur wunderlich sagen,
so scheint zuletzt
das Wunderliche auch wahr.
Johann Wolfgang von Goethe,
Die Wahlverwandtschaften

Man darf die Wahrheit
nicht mit Mehrheit verwechseln.
Jean Cocteau

Man darf sich nicht kränken, dass
uns andere nicht die Wahrheit sagen,
denn wir sagen sie uns oft selbst nicht.
François de La Rochefoucauld,
Nachgelassene Maximen

Man kann der Wahrheit
den Mund verbinden,
aber dann macht sie sich immer noch
durch Stöhnen bemerkbar.
Arnold J. Toynbee

Man kann die Wahrheit
nicht lange unterdrücken.
Nelson Mandela, Artikel, Mai 1961

Man muss sich vornehmen, wahr zu
sein in allen seinen Worten. Bleiben
wir kompromisslos diesem Grundsatz
treu, so steigern wir unsere Selbstachtung und erwerben uns Besonnenheit;
die eine Tugend bringt die andere mit
sich. Die Verstellung soll nicht über
das Schweigen hinausgehen.
Antoine Comte de Rivarol, Maximen und Reflexionen

Man sagt, am Ende
triumphiert die Wahrheit,
aber das ist nicht wahr.
Anton P. Tschechow, Notizbücher

Man sollte nie
die besten Hosen anziehen,
wenn man in den Kampf geht
für Freiheit und Wahrheit.
Henrik Ibsen, Ein Volksfeind

Manche Menschen verwenden
die Wahrheit im negativen Sinne:
Der, der nicht lügt, sagt die Wahrheit.
Sie gehen ins Grab, ohne jemals
eine Lüge über die Lippen gebracht
zu haben und ohne eine Idee davon
zu haben, was Wahrheit ist.
Tania Blixen, Motto meines Lebens

Manche Wahrheiten
liegen unter falschen Beweisen,
sogar unter Phrasen begraben.
Ludwig Marcuse, Argumente und Rezepte.
Ein Wörter-Buch für Zeitgenossen

Mancher wird auch für seine
Wahrheiten und Siege zu alt;
ein zahnloser Mund hat nicht mehr
das Recht zu jeder Wahrheit.
Friedrich Nietzsche, Also sprach Zarathustra

Meine gesamte Lebensbeschäftigung
besteht darin, die Wahrheit
zu erkennen und auszusprechen.
Leo N. Tolstoi, Tagebücher (1885)

Mir scheint jede Wahrheit
ein Zentrum zu sein,
das wir nur umkreisen,
nie berühren.
Bettina von Arnim, Die Günderode

Mit der Wahrheit ist das
wie mit einer stadtbekannten Hure.
Jeder kennt sie,
aber es ist peinlich, wenn man ihr
auf der Straße begegnet (...).
Wolfgang Borchert, Draußen vor der Tür (1946)

Mit der Wahrheit
kommt man am weitesten.
Deutsches Sprichwort

Nach dem Zusammenbruch
aller Illusionen genügt die Suche
nach der Wahrheit, um uns fest
ans Leben zu ketten.
Sully Prudhomme, Gedanken

Natur ist Wahrheit;
Kunst ist die höchste Wahrheit.
Marie von Ebner-Eschenbach, Aphorismen

Neu und originell wäre das Buch,
das einen alte Wahrheiten lieben lehrte.
Luc de Clapiers Marquis de Vauvenargues,
Nachgelassene Maximen

Nicht die Satire wird verfolgt,
sondern die in ihr enthaltene Wahrheit.
Gabriel Laub

Nicht in den Dingen ist die Wahrheit,
nicht außerhalb deiner und nicht
irgendwo fern jenseits des Meeres,
sondern zuerst und vor allem
in deiner eigenen Arbeit an dir selbst.
Fjodor M. Dostojewski, Puschkinrede

Nicht jede Wahrheit eignet sich dazu,
dass man sie sagt.
Sprichwort aus Frankreich

Nicht selten findet man die Wahrheit
einer Mitteilung dort,
wo sie wie Klatsch aussieht.
Ludwig Marcuse, Argumente und Rezepte.
Ein Wörter-Buch für Zeitgenossen

Nicht wenn es gefährlich ist,
die Wahrheit zu sagen,
findet sie am seltensten Vertreter,
sondern wenn es langweilig ist.
Friedrich Nietzsche, Menschliches, Allzumenschliches

Nicht wenn die Wahrheit schmutzig ist,
sondern wenn sie seicht ist, steigt
der Erkennende ungern in ihr Wasser.
Friedrich Nietzsche, Also sprach Zarathustra

Nichts ist orthodox als die Wahrheit,
und nichts heterodox als der Irrtum.
Karl Julius Weber, Democritos

Nichts missfällt uns so sehr,
wie betrogen zu werden.
Deshalb ziehen wir auch
eine bittere Wahrheit
einer barmherzigen Illusion vor.
Sully Prudhomme, Gedanken

Nichts wird so sehr
für Übertreibung gehalten
wie die nackte Wahrheit.
Joseph Conrad

Niemals ist etwas vollkommen wahr.
Oscar Wilde, Das Bildnis des Dorian Gray

Niemand hat die Wahrheit.
Wir alle suchen sie.
Karl Jaspers

Nun kommt es im Leben darauf an,
wer eine Wahrheit ausspricht.
In gewissen Munde wird auch
die Wahrheit zur Lüge.
Thomas Mann

Nur den starken und tiefen Seelen
steht es zu, die Wahrheit zum Hauptgegenstand ihrer Leidenschaften zu
machen.
Luc de Clapiers Marquis de Vauvenargues,
Nachgelassene Maximen

Nur die Liebe zur Wahrheit
schafft Wunder.
Johannes Kepler, Briefe
(an W. Janson, 7. Februar 1604)

Nur die Wahrheit währt ewig.
Luc de Clapiers Marquis de Vauvenargues,
Nachgelassene Maximen

O welch ein Unterschied:
die Wahrheit aussprechen,
und die Wahrheit empfinden.
Johann Kaspar Lavater, Geheimes Tagebuch

Objektiv betrachtet ist die Kunst
eine Form der Wahrheit;
sie ist Philosophie und Praxis.
Renato Guttuso, Das Handwerk der Maler

Ohne zu lügen,
nicht alle Wahrheiten sagen.
Nichts erfordert mehr Behutsamkeit
als die Wahrheit: Sie ist ein Aderlass
des Herzens. Es gehört gleich viel
dazu, sie zu sagen und sie zu
verschweigen zu verstehen.
Baltasar Gracián y Morales,
Handorakel und Kunst der Weltklugheit

Papier ist geduldig.
Es könnte sogar
die Wahrheit ertragen.
Gabriel Laub

Physikalische Wahrheiten können
viel äußere Bedeutsamkeit haben;
aber die innere fehlt ihnen. Diese
ist das Vorrecht der intellektuellen
und moralischen Wahrheiten.
Arthur Schopenhauer, Zur Ethik

Poesie drückt die ganze Wahrheit,
Philosophie nur einen Teil davon aus.
Henry David Thoreau, Journal

Politische Wahrheit
scheint so kostbar zu sein,
dass sie immer von einer Leibwache
von Lügen umgeben ist.
Winston S. Churchill

Redet wahr und lacht des Teufels!
William Shakespeare, Heinrich IV. (Percy)

Sag immer die Wahrheit,
mag geschehen, was will,
wiederholte der Vater.
August Strindberg, Der Sohn der Magd

Sage die Wahrheit
und beschäme den Teufel.
Ben Jonson, Tale of a Tub

Sage nicht die Wahrheit – und du
wirst bald ein angesehenes Mitglied
der menschlichen Gesellschaft.
Chinesisches Sprichwort

Schädliche Wahrheit,
ich ziehe sie vor
dem nützlichen Irrtum;
Wahrheit heilet den Schmerz,
den sie vielleicht uns erregt.
Johann Wolfgang von Goethe/Friedrich Schiller, Xenien

»Schwierigkeiten beim Schreiben
der Wahrheit« (Brecht).
Kommentar: Man hat nicht das Geld
für die Prozesskosten.
Ludwig Marcuse, Argumente und Rezepte.
Ein Wörter-Buch für Zeitgenossen

So manche Wahrheit
ging von einem Irrtum aus.
Marie von Ebner-Eschenbach, Aphorismen

So unempfindlich und gleichgültig
die Leute gegen allgemeine Wahrheiten sind, so erpicht sind sie
auf individuelle.
Arthur Schopenhauer

Sprache und Geist haben ihre Grenzen;
die Wahrheit ist unerschöpflich.
Luc de Clapiers Marquis de Vauvenargues,
Unterdrückte Maximen

Sprichwort wahr Wort.
Deutsches Sprichwort

Wahrheit

Sprichwörter sollten immer paarweise verkauft werden, denn jedes gibt immer nur die halbe Wahrheit wieder.
Brander Matthews

Stark genug sein, den Fehlern seines Freundes, den Fehlern des Weltalls offen ins Auge zu schauen, ebenso wie seinen eigenen Fehlern, das ist Wahrheit.
Paula Modersohn-Becker, Briefe (13. April 1900)

Steil wohl ist er, der Weg zur Wahrheit, und schlüpfrig zu steigen,
Aber wir legen ihn doch nicht gern auf Eseln zurück.
Johann Wolfgang von Goethe/Friedrich Schiller, Xenien

Stets besteht das Wahre nur.
Sophokles, Antigone

Suche nur die Wahrheit in deinem Innern, so hast du den Vorteil, sie zu finden und dich zugleich in sie aufzulösen.
Bettina von Arnim, Tagebuch

Überzeugungen sind gefährlichere Feinde der Wahrheit als Lügen.
Friedrich Nietzsche, Menschliches, Allzumenschliches

Um die Wahrheit zu erreichen, fehlen uns Daten,
die dafür genügen würden, und geistige Prozesse,
welche die Auslegung dieser Daten erschöpfen würden.
Fernando Pessoa, Das Buch der Unruhe des Hilfsbuchhalters Bernardo Soares

Um zur Wahrheit vorzudringen, addiert der Deutsche,
der Franzose subtrahiert, und der Engländer wechselt das Thema.
Peter Ustinov, Peter Ustinovs geflügelte Worte

Und wenn die ganze Welt ausnahmslos unsinnig wäre,
die Elemente sich verkehrten, die Engel abfielen
– die Wahrheit kann nicht lügen.
Erasmus von Rotterdam,
Handbüchlein eines christlichen Streiters

Vergessen wir die Träume der großen Männer, und besinnen wir uns auf die Wahrheiten, die sie uns gelehrt haben.
Voltaire, Geschichte von Jenni

Verstellung ist für edle Seelen unerträglicher Zwang, ihr Element, worin sie leben, ist Wahrheit.
Johann Jakob Engel, Fürstenspiegel

Viele Wahrheiten setzen sich nur als Übertreibungen durch.
Ludwig Marcuse, Argumente und Rezepte.
Ein Wörter-Buch für Zeitgenossen

Vom Wahrsagen lässt sich's wohl leben in der Welt,
aber nicht vom Wahrheit-Sagen.
Georg Christoph Lichtenberg, Sudelbücher

Von Natur ist es dem Menschen eigen, nach der Erkenntnis der Wahrheit zu verlangen.
Thomas von Aquin, Über das Böse

Von der Wahrheit
kann man sich nicht ernähren,
man kann mit ihr nur würzen.
Christopher Morley

Von Wahrheit will ich nimmer weichen,
Das soll kein Mann bei mir erreichen.
Ulrich von Hutten, Gesprächbüchlein

Wacht in der Wahrheit.
Heliand (um 850)

Wahr ist nur, was unsterblich ist.
Aurelius Augustinus, Selbstgespräche

Wahre Worte sind nicht schön, schöne Worte sind nicht wahr.
Lao-tse, Dao-de-dsching

Wahre Worte tun den Ohren weh.
Chinesisches Sprichwort

Wahrheit hasst Verzögerung.
Lucius Annaeus Seneca, Ödipus

Wahrheit, insofern sie nichts ist als Richtigkeit,
hat keinerlei ethische Bedeutung.
Arthur Schnitzler,
Aphorismen und Betrachtungen aus dem Nachlass

Wahrheit ist
das Sprechen einer vertrauten Seele zu einer vertrauten Seele.
Paul Ernst, Saat auf Hoffnung

Wahrheit ist der Name, den wir unseren wechselnden Irrtümern geben.
Rabindranath Tagore

Wahrheit ist die Lüge,
die am angenehmsten zu glauben ist.
Henry Louis Mencken

Wahrheit ist die Lüge,
die lange Beine hat.
Fritz Grünbaum

Wahrheit ist die Quelle des Mutes.
Chinesisches Sprichwort

Wahrheit ist die Sonne des Geistes.
Luc de Clapiers Marquis de Vauvenargues,
Unterdrückte Maximen

Wahrheit ist eine Fackel,
die durch den Nebel leuchtet,
ohne ihn zu vertreiben.
Claude Adrien Helvétius, Über den Geist

Wahrheit ist innere Harmonie.
Walter Rathenau, Auf dem Fechtboden des Geistes.
Aphorismen aus seinen Notizbüchern

Wahrheit ist niemals schädlich,
sie straft – und die Strafe der Mutter
Bildet das schwankende Kind,
wehret der schmeichelnden Magd.
Johann Wolfgang von Goethe/Friedrich Schiller, Xenien

Wahrheit ist schlicht und gerade.
William Shakespeare, Heinrich VIII. (Königin)

Wahrheit ist unser kostbarster Besitz.
Lasst uns sparsam mit ihr umgehen.
Mark Twain, Querkopf Wilsons Kalender

Wahrheit
kann durch äußere Berührung
ebenso wenig befleckt werden
wie ein Sonnenstrahl.
John Milton, Doktrin und Wesen der Ehescheidung

Wahrheit leidet oft mehr
durch den Übereifer ihrer Verteidiger
als durch die Argumente ihrer Gegner.
William Penn, Früchte der Einsamkeit

Wahrheit will keine Götter
neben sich.
Friedrich Nietzsche, Menschliches, Allzumenschliches

Wahrheit wird wohl gedrückt,
aber nicht erstickt.
Deutsches Sprichwort

Wahrheiten können fast immer
auch in den Dienst von Unwahrheiten gestellt werden.
Ludwig Marcuse, Argumente und Rezepte.
Ein Wörter-Buch für Zeitgenossen

Wahrheiten werden zu Dogmen,
sobald sie bestritten werden.
Gilbert Keith Chesterton, Heretiker

Wahrheitsliebe heißt nicht,
die Wahrheit zu lieben,
sondern die Absicht,
sie mitzuteilen.
Samuel Taylor Coleridge,
Englischer Besuch in Hamburg im Jahre 1798

Wahrheitsliebe ist die seltenste
aller amourösen Bindungen.
Alfred Polgar

Wahrheitsliebe zeigt sich darin,
dass man überall das Gute zu finden und zu schätzen weiß.
Johann Wolfgang von Goethe,
Maximen und Reflexionen

Wäre es Gott darum zu tun gewesen,
dass die Menschen in der Wahrheit
leben und handeln sollten, so hätte
er seine Einrichtung anders machen müssen.
Johann Wolfgang von Goethe,
Maximen und Reflexionen

Was bitte ist die andere Hälfte
einer Halbwahrheit?
Robert Lembke, Das Beste aus meinem Glashaus.
Humoristisches und Satirisches

Was du teurer bezahlst,
die Lüge oder die Wahrheit?
Jene kostet dein Ich,
diese doch höchstens dein Glück!
Friedrich Hebbel, Gedichte

Was heißt Wahrheit?
Der Mensch ist die Wahrheit!
Maxim Gorki

Was ist Wahrheit?
Pontius Pilatus, Frage an Jesus
(laut Johannesevangelium 18, 38)

Was ist Wahrheit?, fragte Pilatus
– aber er wartete die Antwort nicht ab.
Francis Bacon, Die Essays

Was manche sagen, mag wahr sein;
was alle sagen, muss wahr sein.
Sprichwort aus Schottland

Was nicht nutzt, ist unwahr.
Günther Anders, Die Antiquiertheit des Menschen. Bd. 2

Was wahr ist
beim Licht der Lampe,
ist nicht immer wahr
beim Licht der Sonne.
Joseph Joubert, Gedanken, Versuche und Maximen

Was wir als Schönheit
hier empfunden,
Wird einst als Wahrheit
uns entgegengehn.
Friedrich Schiller, Die Künstler

Wenn die Fixsterne nicht einmal fix
sind, wie könnt ihr denn sagen,
dass alles Wahre wahr ist?
Georg Christoph Lichtenberg, Sudelbücher

Wenn die Menschen zur einzigen und
für alle geltenden Wahrheit gelangen,
dann vereinigen sie sich. (Deswegen
sind Irrlehren so schädlich – sie
trennen die Menschen voneinander.)
Leo N. Tolstoi, Tagebücher (1889)

Wenn die Philosophen imstande wären,
die Wahrheit zu entdecken, welcher von
ihnen würde sich für sie interessieren?
Jean-Jacques Rousseau, Emile (Glaubensbekenntnis)

Wenn die Wahrheiten zu Akrobaten
werden, so können wir sie beurteilen.
Oscar Wilde, Das Bildnis des Dorian Gray

Wenn du vor den Altar der Wahrheit
trittst, so wirst du dort viele auf den
Knien finden. Doch auf dem Wege
dahin wirst du immer allein gewesen
sein.
Arthur Schnitzler, Buch der Sprüche und Bedenken

Wenn es nur eine einzige Wahrheit
gäbe, könnte man nicht hundert Bilder
über dasselbe Thema malen.
Pablo Picasso

Wenn es wahr wäre,
was der Pfaff redet,
lebte er nicht so üppig.
Deutsches Sprichwort

Wenn ich die Wahrheit sagen sollte,
müsst' ich lügen.
Erich Kästner, Kurz und bündig. Epigramme

Wenn ihr eure Türen
allen Irrtümern verschließt,
schließt ihr die Wahrheit aus.
Rabindranath Tagore, Verirrte Vögel

Wenn man die Wahrheit sagt,
so sündigt man nicht,
weder in der Beichte noch anderswo.
Giovanni Boccaccio, Das Dekameron

Wenn man einmal durch die Übung im
Nachdenken einen offenen Verstand
bekommen hat, so ist es allemal
besser, die Wahrheiten, die man in
Büchern antreffen würde, selbst zu
finden: Dies ist das wahre Geheimnis,
sie nach der eigenen Einsicht zu bilden
und sie sich zu eigen zu machen.
Jean-Jacques Rousseau,
Julie oder Die neue Héloïse (Saint-Preux)

Wenn sich nur niemand fürchtete
zu sagen, was die Sache ist,
so würden alle Sachen besser gehen.
Johann Gottfried Seume, Apokryphen

Wenn sie die Wahrheit
in der Natur gefunden haben,
so schmeißen sie sie wieder in ein Buch,
wo sie noch schlechter aufgehoben ist.
Georg Christoph Lichtenberg, Sudelbücher

Wer bestrebt ist, die Wahrheit
vollkommen in sich zu erkennen,
muss den Balken des Stolzes,
der das Licht vom Auge abhält,
entfernen und in seinem Herzen
Stufen bereiten, durch die er sich
in sich selbst erforscht.
Bernhard von Clairvaux,
Die Stufen der Demut und des Stolzes

Wer die Wahrheit geigt,
dem schlägt man
den Fiedelbogen um den Kopf.
Deutsches Sprichwort

Wer die Wahrheit sagt,
muss einen Fuß im Steigbügel haben.
Sprichwort aus der Türkei

Wer die Wahrheit sagt,
wird früher oder später erwischt.
Oscar Wilde

Wer die Wahrheit verrät,
verrät sich selbst.
Novalis, Blütenstaub

Wer ein schlechtes Gedächtnis hat,
dem bleibt keine andere Wahl,
als die Wahrheit zu sagen.
Tennessee Williams

Wer eine wahre Idee hat,
weiß zugleich, dass er eine wahre Idee
hat, und kann nicht an der Wahrheit
der Sache zweifeln.
Baruch de Spinoza, Ethik

Wer einmal lügt,
dem glaubt man nicht,
und wenn er auch
die Wahrheit spricht.
Deutsches Sprichwort

Wer es unternimmt, auf dem Gebiete
der Wahrheit und der Erkenntnis
der Autorität aufzutreten,
scheitert am Gelächter der Götter.
Albert Einstein, in: B. Hoffmann, Albert Einstein

Wer gegen sich selbst
und andere wahr ist und bleibt,
besitzt die schönste Eigenschaft
der größten Talente.
Johann Wolfgang von Goethe,
Maximen und Reflexionen

Wer glaubt,
absolut Wahrheit zu haben, der irrt.
Oswald Spengler, Urfragen.
Fragmente aus dem Nachlass

Wer lügt,
hat die Wahrheit immerhin gedacht.
Oliver Hassencamp

Wer nicht die Kraft hat, wahr zu sein,
hat auch nicht die Kraft,
an eines anderen Wahrheit zu glauben.
Friedrich Hebbel, Tagebücher

Wer nicht lügen kann,
weiß nicht, was Wahrheit ist.
Friedrich Nietzsche

Wer schon der Wahrheit
milde Herrschaft scheut,
Wie trägt er die Notwendigkeit?
Friedrich Schiller, Poesie des Lebens

Wer sich über die Wirklichkeit
nicht hinauswagt,
der wird nie die Wahrheit erobern.
Friedrich Schiller,
Über die ästhetische Erziehung des Menschen

Wer Wein trinkt, redet wahr.
Chinesisches Sprichwort

Wer zu hören versteht, hört
die Wahrheit heraus. Wer nicht zu
hören versteht, hört nur Lärm.
Chinesisches Sprichwort

Widerstreite der Wahrheit nicht;
deiner Torheit sollst du dich schämen.
Altes Testament, Jesus Sirach 4, 25

Wie begierig ist die Seele
nach Wahrheit, wie durstet sie,
wie trinkt sie!
Bettina von Arnim, Tagebuch

Wie viel Wahres wird ringsum gesagt,
und wie wenig vernehmen es
die Menschen.
Leo N. Tolstoi, Tagebücher (1894)

Wir erkennen die Wahrheit
nicht mit der Vernunft allein,
sondern auch mit dem Herzen.
Blaise Pascal, Pensées

Wir haben die Kunst,
damit wir nicht
an der Wahrheit zugrunde gehen.
Friedrich Nietzsche

Wir haben fast den Zustand erreicht,
in dem man nicht die Wahrheit sagen
kann, ohne indiskret zu sein.
Kin Hubbard

Wir können aber unserem Denken
oder dem denkenden Teil unserer Seele
keine höhere Aufgabe stellen als die
Wahrheit. Die Wahrheit also ist die
wesentlichste Aufgabe dieses (denkenden) Seelenteils. Diese aber vollbringt
er im Wissen schlechthin und noch
mehr in jenem höheren Wissen, dessen
wesentlicher Zweck die Anschauung ist.
Aristoteles, Protreptikos

Wir können nicht entscheiden,
ob das, was wir Wahrheit nennen,
wahrhaft Wahrheit ist,
oder ob es uns nur so scheint.
Heinrich von Kleist, Briefe
(an Wilhelmine von Zenge, 22. März 1801)

Wir sind unfähig, die Wahrheit
und das Glück nicht zu wünschen,
und sind weder der Gewissheit
noch des Glückes fähig.
Blaise Pascal, Pensées

Wir suchen die Wahrheit,
finden wollen wir sie aber nur dort,
wo es uns beliebt.
Marie von Ebner-Eschenbach, Aphorismen

Wir verbrennen zwar keine Hexen
mehr, aber dafür jeden Brief,
worin eine derbe Wahrheit gesagt ist.
Georg Christoph Lichtenberg, Sudelbücher

Wir wünschen die Wahrheit und
finden in uns nur Ungewissheit.
Wir suchen das Glück und
finden nur Unglück und Tod.
Blaise Pascal, Pensées

Wo keine Liebe ist,
ist auch keine Wahrheit.
Ludwig Feuerbach,
Philosophische Kritiken und Grundsätze

Wo sich Wahrheit der Phantasie und
Wahrheit des Verstandes begegnet,
da ist das höchste menschliche Gefühl,
wir nennen das Religion.
Achim von Arnim, An die Brüder Grimm
(November 1812)

Wohl kennt die Macht die Wahrheit,
doch liebt sie es nicht,
sie auszusprechen.
Sprichwort aus Russland

Zank liebt die Wahrheit nicht.
Sprichwort aus Russland

Zu jeder Zeit liegen einige große
Wahrheiten in der Luft; sie bilden die
geistige Atmosphäre des Jahrhunderts.
Marie von Ebner-Eschenbach, Aphorismen

Zugunsten der Wahrheit und der
Freiheit muss man sich manchmal
über die üblichen Regeln
des guten Tons hinwegsetzen.
Michel Eyquem de Montaigne, Die Essais

Zur Erforschung der Wahrheit
bedarf es notwendig der Methode.
René Descartes, Regeln zur Leitung des Geistes

Zur Verteidigung der Wahrheit
braucht es ein viel höheres Organ
als zur Verteidigung des Irrtums.
Johann Wolfgang von Goethe,
Maximen und Reflexionen

Zwischen uns
Sei Wahrheit!
Johann Wolfgang von Goethe,
Iphigenie auf Tauris (Orest)

Wahrnehmung

Das Leben ist für uns das,
was wir in ihm wahrnehmen.
Fernando Pessoa, Das Buch der Unruhe
des Hilfsbuchhalters Bernardo Soares

Das Nicht-Wahrnehmen von etwas
beweist nicht dessen Nicht-Existenz.
Dalai Lama XIV, Das Auge der Weisheit

Die Augen glauben sich selbst,
die Ohren andern Leuten.
Deutsches Sprichwort

Es gibt keine Fakten. Es gibt nur
unsere Wahrnehmung davon.
Leo N. Tolstoi, Tagebücher (1903)

Genie ist in Wahrheit kaum mehr
als die Fähigkeit, auf ungewöhnliche
Weise wahrzunehmen.
William James, Die Prinzipien der Psychologie

Gesehen ist noch nicht geschaut,
aufgeschnappt ist noch nicht gehört.
Chinesisches Sprichwort

Jede Folgerung, die wir aus unseren
Beobachtungen ziehen, ist meistens
voreilig: Denn hinter den wahrgenom-
menen Erscheinungen gibt es solche,
die wir undeutlich sehen, und hinter
diesen wahrscheinlich noch andere,
die wir überhaupt nicht erkennen.
Gustave Le Bon, Psychologie der Massen

Seinen Augen
bleibt die ganze Erde leer,
sein Blick
nimmt keinen Menschen wahr.
Chinesisches Sprichwort

Verstand dient der Wahrnehmung
der eigenen Interessen. Vernunft ist
Wahrnehmung des Gesamtinteresses.
Carl-Friedrich von Weizsäcker

Wahrnehmen heißt empfinden,
vergleichen heißt urteilen.
Jean-Jacques Rousseau, Emile (Glaubensbekenntnis)

Was wir sehen in der Welt,
sehen alles wir durch Brillen;
Gut' und Böses wird ersehn,
wie es fürkümmt unsrem Willen.
Friedrich von Logau, Sinngedichte

Wahrsagerei

Die, die ihren eigenen Weg nicht kennen, zeigen anderen die Richtung.
Marcus Tullius Cicero, Über die Wahrsagung

Folge also dem größeren Wahrsager,
dem pythischen Apoll, der einen
Menschen des Tempels verwies, weil
er seinem Freund in Lebensgefahr
nicht zu Hilfe gekommen war.
Epiktet, Handbuch der Moral

Nichts liegt so nah beieinander
wie die Ekstase, das zweite Gesicht,
die Wahrsagerei, die Offenbarung,
die schwärmerische Poesie und
die hysterische Veranlagung.
Denis Diderot, Über die Frauen

Selbst der Wahrsager
kennt sein eigenes Schicksal nicht.
Sprichwort aus Japan

Unsere Politiker machen, so weit ihr
Einfluss reicht, es ebenso und sind
auch im Wahrsagen ebenso glücklich.
Immanuel Kant, Ob das menschliche Geschlecht
im beständigen Fortschreiten zum Besseren

Vom Wahrsagen
lässt sich's wohl leben in der Welt,
aber nicht vom Wahrheit-Sagen.
Georg Christoph Lichtenberg, Sudelbücher

Wahrsager haben dann
das Volk am meisten beherrscht
und den Königen Furcht eingeflößt,
wenn die Not des Staates
am größten war.
Baruch de Spinoza, Tractatus theologico-politicus

Wahrsagung, Zeichendeuterei
und Träume sind nichtig:
Was du erhoffst,
macht das Herz sich vor.
Altes Testament, Jesus Sirach 34, 5

Wer im Wahrsagen pfuschert,
von dem heißt es: Er wahrsagert,
von der Pythia an bis zur Zigeunerin.
Immanuel Kant, Ob das menschliche Geschlecht
im beständigen Fortschreiten zum Besseren

Währung

Die ärgsten, wenn auch oft
arglosesten Feinde der Währung
sitzen auf den Bänken des Parlaments.
Karl Maria Hettlage

Über die Währungen anderer Länder
pflegte ich ebenso ungern zu sprechen
wie über die Frauen meiner Freunde.
Hermann Josef Abs

Wer die Kapitalisten vernichten will,
muss ihre Währung zerstören.
Wladimir Iljitsch Lenin

Waise

Sei den Waisen wie ein Vater
und den Witwen wie ein Gatte.
Altes Testament, Jesus Sirach 4, 10

Verwaiste Väter sind beklagenswert;
Allein verwaiste Kinder sind es mehr.
Johann Wolfgang von Goethe,
Die natürliche Tochter (Eugenie)

»Warum weinst du, junge Waise?«
»Gott!, ich wünschte mir das Grab;
Denn mein Vormund, leise, leise,
Bringt mich an den Bettelstab.«
Johann Wolfgang von Goethe, Rechenschaft

Wald

Am Walde hätte nicht
die Axt so leichtes Spiel,
Hätt' ihr der Wald nicht selbst
geliefert ihren Stiel.
Friedrich Rückert, Die Weisheit des Brahmanen

Da steht im Wald geschrieben
Ein stilles, ernstes Wort
Von rechtem Tun und Lieben,
Und was des Menschen Hort.
Joseph von Eichendorff, Abschied

Den Musen gefällt der Wald,
verhasst sind dem Dichter die Städte.
Francesco Petrarca,
Gespräche über die Weltverachtung (Augustinus)

Der kommt nimmer in den Wald,
der jeden Strauch fürchtet.
Deutsches Sprichwort

Der Wald ist die Urheimat der Barbarei
und der Feind des Pfluges,
also der Kultur.
August Strindberg, Der Sohn der Magd

Die Dünste der Eigenliebe und der
Tumult der Welt trübten in meinen
Augen die Frische der Wälder und
störten den Frieden der Einsamkeit.
Mochte ich auch in den tiefen Wald
entfliehen, eine lästige Menge folgte
mir überall nach und verhüllte mir die
ganze Natur. Erst da fand ich sie in
allem ihrem Reiz wieder, als ich mich
von allen geselligen Leidenschaften
und ihrem traurigen Erfolg
losgewunden hatte.
Jean-Jacques Rousseau,
Träumereien eines einsamen Spaziergängers

Die Wälder werden immer kleiner,
das Holz nimmt ab, was wollen wir
anfangen? Oh, zu der Zeit, wenn die
Wälder aufhören, können wir sicherlich so lange Bücher brennen, bis
wieder neue aufgewachsen sind.
Georg Christoph Lichtenberg, Sudelbücher

Die Waldesstille macht aus jedem
einen ganz anderen Menschen.
Robert M. Pirsig,
Zen und die Kunst, ein Motorrad zu warten

Erst im Wald kam alles zur Ruhe
in mir, meine Seele wurde
ausgeglichen und voller Macht.
Knut Hamsun, Pan

Erst waren die Wälder,
dann die Hütten,
dann die Städte und
zuletzt die Akademien.
Giambattista Vico, Neue Wissenschaft

Es ist gar zu schön, den ganzen Tag
im Walde zu sein und die Vögel
zu hören, zu wissen, wie sie heißen,
wo ihre Nester sind.
Johann Wolfgang von Goethe,
Wilhelm Meisters Wanderjahre

Es ist sonderbar, aber ich fühle mich
jedem Baum im Walde
geheimnisvoll verwandt.
Es ist, als habe ich einmal dem Walde
angehört; wenn ich hier stehe
und um mich blicke, zieht gleichsam
eine Erinnerung durch meinen
ganzen Menschen.
Knut Hamsun, Mysterien

Ich ging im Walde
So für mich hin,
Und nichts zu suchen,
Das war mein Sinn.
Johann Wolfgang von Goethe, Gefunden

Ich habe mich nie nachts im Wald
gefürchtet, während ich in der Stadt
immer ängstlich war.
Marlen Haushofer, Die Wand

Ich liebe den Wald.
In den Städten ist schlecht zu leben:
Da gibt es zu viele der Brünstigen.
Friedrich Nietzsche, Also sprach Zarathustra

Im Wald und auf der Heide,
Da such ich meine Freude.
Wilhelm Bornemann, Jägerlied

Im Walde ist der Bär Oberpriester.
Sprichwort aus Russland

Im Walde verwaldern die Menschen,
unter Menschen vermenschlichen sie.
Sprichwort aus Russland

Mancher geht in den Wald
und nimmt kein Beil mit.
Sprichwort aus Frankreich

Mir sind die Städte Feind,
mir Freund die Wälder.
Francesco Petrarca, Der Canzoniere

Mit einer Schönen geht man nicht
in den Wald, um Holz zu holen.
Sprichwort aus dem Kaukasus

Nehmt eure alte und erste Unschuld
wieder an, es liegt nur an euch: Sucht
die Wälder auf, um dort die Laster
eurer Zeitgenossen aus den Augen
und aus dem Andenken zu verlieren,
fürchtet euch nicht, das menschliche
Geschlecht zu entehren, wenn ihr
seinen Einsichten entsagt, um zugleich
seinen Lastern zu entsagen.
Jean-Jacques Rousseau, Über den Ursprung und die
Grundlagen der Ungleichheit

Nie ist es leer im Wald, und kommt es
einem so vor, ist man selber schuld.
Michail M. Prišvin, Fazelia

Nur der Einsame findet den Wald:
Wo ihn mehrere suchen, da flieht er,
und nur die Bäume bleiben zurück.
Peter Rosegger, Die Schriften des Waldschulmeisters

Nutze die Talente, die Du hast.
Die Wälder wären sehr still, wenn
nur die begabtesten Vögel sängen.
Henry van Dyke

Tage der Wonne, / Kommt ihr so bald?
Schenkt mir die Sonne,
Hügel und Wald?
Johann Wolfgang von Goethe, Frühzeitiger Frühling

Und wenn der Sturm im Walde
braust und knarrt,
Die Riesenfichte, stürzend,
Nachbaräste
Und Nachbarstämme quetschend
niederstreift
Und ihrem Fall dumpf-hohl
der Hügel donnert,
Dann führst du mich zur sichern
Höhle, zeigst
Mich dann mir selbst, und meiner
eignen Brust
Geheime, tiefe Wunder öffnen sich.
Johann Wolfgang von Goethe, Faust I (Faust)

Viele und ausgedehnte Wälder lassen
stets auf eine noch junge Zivilisation
schließen: Auf dem seit uralter Zeit
bebauten Boden der südlichen Länder
erblickt man fast keine Bäume mehr,
und die Sonnenstrahlen fallen lotrecht
auf die durch die Menschen ihres
Schmucks beraubte Erde.
Germaine Baronin von Staël, Über Deutschland

Waldeinsamkeit,
Die mich erfreut,
So morgen wie heut
In ew'ger Zeit,
O wie mich freut
Waldeinsamkeit.
Ludwig Tieck, Der blonde Eckbert

Was du zu Boden wirfst,
es ist nicht Holz allein:
Kannst du das Blut nicht sehn,
das unaufhaltsam quillt
Aus rauher Rinde,
die der Nymphe Leib verhüllt?
Pierre de Ronsard, Elegie XXIV

Wenn man so ganz allein im Walde
steht, begreift man nur sehr schwer,
wozu man in Büros und Kinos geht.
Und plötzlich will man alles das
nicht mehr.
Erich Kästner, Dr. Erich Kästners lyrische Hausapotheke

Wer einst als erster
sich des Frevels unterfängt,
Dass er dich, Wald,
mit hartem Beil bedrängt,
Den soll sein eigner Stab
mit hartem Stahl aufspiessen,
Und Erysichthon gleich
soll er den Hunger büßen.
Pierre de Ronsard, Elegie XXIV

Wer hat dich, du schöner Wald,
Aufgebaut so hoch da droben.
Joseph von Eichendorff, Der Jäger Abschied

Wie sehe ich meinen Wald stehen?
Den habt ihr mir verwüstet
Und mein Wild umgebracht
Und meine Vögel verjagt.
Ich sage euch Fehde an.
Hartmann von Aue, Iwein
(Quellwächter von Brocéliande)

Wallfahrt

Niemand tut Gelübde und unternimmt
Wallfahrten, um von einem Heiligen
einen sanfteren Geist, ein dankbareres
Gemüt, ein gerechteres, weniger bos-
haftes Wesen, Heilung von Eitelkeit,
Wankelmut und Spottsucht zu erbitten.
Jean de La Bruyère, Die Charaktere

Seh ich den Pilgrim, so kann ich mich
nie der Tränen enthalten.
Oh, wie beseligt uns Menschen
ein falscher Begriff!
Johann Wolfgang von Goethe,
Venezianische Epigramme

Wallfahrer kommen
selten heiliger nach Haus.
Deutsches Sprichwort

Walpurgis (30.4.)

Es lacht der Mai!
Der Wald ist frei
Von Eis und Reifgehänge!
Johann Wolfgang von Goethe,
Die erste Walpurgisnacht

Mir ist ganz tugendlich dabei,
Ein bisschen Diebsgelüst,
ein bisschen Rammelei. So spukt
mir schon durch alle Glieder
Die herrliche Walpurgisnacht.
Johann Wolfgang von Goethe, Faust I (Mephisto)

Regen auf Walpurgisnacht
hat stets ein gutes Jahr gebracht.
Bauernregel

Walzer

Ein rascher Walzer in einem von tausend Kerzen erleuchteten Saale versetzt ein junges Herz in einen Rausch,
der seine Schüchternheit überwältigt,
das Bewusstsein seiner Kraft erhöht
und ihm den Mut zu lieben gibt.
Stendhal, Über die Liebe

Es gibt die wunderbaren Tangos und
langsamen Walzer, bei denen man
einander kennen lernt und bei denen
man auseinander geht. Aber noch
viel öfter lernt man einander kennen,
wenn kein Tango zur Stelle ist, und
den wenigsten wird ein Walzer zum
Abschied gespielt.
Ingeborg Bachmann, Die wunderliche Musik

Wandel

Alles im Wandel. Und du selbst bist
in dauernder Veränderung und in
gewisser Beziehung in dauerndem
Untergang, aber auch die ganze Welt.
Mark Aurel, Selbstbetrachtungen

Alles ist Wandel. Nicht dass zu fürchten wäre, es gebe etwas Neues. Alles
ist vertraut. Aber auch die Zuteilungen
des Schicksals sind gleich.
Mark Aurel, Selbstbetrachtungen

Alles wandelt sich, nichts vergeht.
Ovid, Metamorphosen

Es fürchtet jemand die Umwandlung?
Was kann denn ohne Umwandlung
geschehen?
Mark Aurel, Selbstbetrachtungen

Es kann nicht schaden,
einmal umzusteigen.
Wohin ist gleich.
Das wird sich dann
schon zeigen.
Erich Kästner, Dr. Erich Kästners lyrische Hausapotheke

Nur wer sich wandelt,
ist mit mir verwandt.
Christian Morgenstern, Stufen

Wandlung ist notwendig
wie die Erneuerung der Blätter
im Frühling.
Vincent van Gogh, Briefe

Wandern

Als Wanderer müssen Frauen sich
noch bewähren, da gilt es, sich zu
emanzipieren; vorerst hat der Müller
des Wanderns Lust für sich allein in
Anspruch genommen, die schöne
Müllerin ist zuständig für die Forelle
nach Müllerin Art, die der Wanderer
am Abend verspeist, während ihn
die Gefährtin heiter und geistvoll
unterhält.
Christine Brückner, Erfahren und erwandert
(Ratschläge für wandernde Frauen)

Am Ziele deiner Wünsche wirst
du jedenfalls eines vermissen:
dein Wandern zum Ziel.
Marie von Ebner-Eschenbach, Aphorismen

Bleibe nicht am Boden heften,
Frisch gewagt und frisch hinaus!
Kopf und Arm mit heitern Kräften,
Überall sind sie zu Haus.
Johann Wolfgang von Goethe, Wanderlied

Das Wandern ist des Müllers Lust.
Wilhelm Müller, Gedichte

Das Zu-Fuß-Gehen ist gewiss die
angenehmste Art zu reisen. Man
genießt die Schönheiten der Natur,
kann sich unerkannt unter allerlei
Leute mischen und beobachten, was
man ansonsten nicht erfahren würde.
Adolph Freiherr von Knigge,
Über den Umgang mit Menschen

Dem einen Ruhm,
dem andern Vergessenheit,
dem einen ein Zepter,
dem andern ein Wanderstab!
Heinrich von Kleist, Briefe

Der beste Wanderer muss vorangehen.
Deutsches Sprichwort

Der Sinn des Reisens ist,
an ein Ziel zu kommen,
der Sinn des Wanderns,
unterwegs zu sein.
Theodor Heuss

Des dummen Wanderns ist's
auf Erden schon genug:
Bewahre mich, mein Gott,
vor Seelenwanderung!
Friedrich Haug, Pipers letzte Besorgnis

Die Blumen- und Hippie-Mädchen
scheinen lieber zu lagern als zu laufen,
auf Wanderwegen trifft man sie nicht.
Christine Brückner, Erfahren und erwandert
(Ratschläge für wandernde Frauen)

Die deutsche Wanderlust geht letztlich
aus dem abenteuerlichen Sehnen nach
einem idealen Land hervor.
Gustav Freytag

Die Landschaft erobert man
mit den Schuhsohlen,
nicht mit den Autoreifen.
Georges Duhamel

Die Liebe liebt das Wandern,
Gott hat sie so gemacht,
Von einem zu dem andern –
Fein Liebchen, Gute Nacht.
Wilhelm Müller, Gedichte (Schubert: Winterreise)

Ein lustiger Gefährte ist ein
Rollwagen auf der Wanderschaft.
Johann Wolfgang von Goethe,
Maximen und Reflexionen

Es ist ein Fehler bei Fußreisen,
dass man nicht oft genug rückwärts
sieht, wodurch man die schönsten
Aussichten verliert.
Johann Wolfgang von Goethe, Reise in die Schweiz

Gib am Ende meiner Wanderschaften,
Wenn der Abend langsam niedersinkt,
Dass ein Schall von Feierabendglocken
Süß und tröstens mir zu Ohren klingt.
Agnes Miegel, Gebet

Glück beim Wandern ist so viel
wert wie ein fetter Pferderücken
beim Reiten.
Chinesisches Sprichwort

Ich weiß nur eine Art, angenehmer
zu reisen als zu Pferde, nämlich zu Fuß
zu gehen. Man bricht auf, wann man
will, man hält nach Belieben inne;
man macht so viel und so wenig Bewegungen, wie man will. Man beobachtet
das ganze Land, man wendet sich zur
Rechten und zur Linken, man untersucht alles, was einen erfreut, man hält
an allen Aussichtspunkten Rast.
Jean-Jacques Rousseau, Emile

Ja, wohl bin ich nur ein Wanderer,
ein Waller auf der Erde!
Seid ihr denn mehr?
Johann Wolfgang von Goethe,
Die Leiden des jungen Werthers

Je öfter du fragst,
wie weit du zu gehen hast,
desto länger scheint die Reise.
Sprichwort aus Australien

»Kein Pfad mehr! Abgrund rings
und Totenstille!«
So wolltest du's! Vom Pfade
wich dein Wille!
Nun, Wandrer, gilts!
Nun blicke kalt und klar!
Verloren bist du,
glaubst du – an Gefahr.
Friedrich Nietzsche, Die fröhliche Wissenschaft

Lustig in die Welt hinein,
Gegen Wind und Wetter!
Will kein Gott auf Erden sein,
Sind wir selber Götter!
Wilhelm Müller, Gedichte (Schubert: Winterreise)

Mit Recht gilt das Wandern als die
Königin der Leibesübungen (...).
Unsere geistige Arbeit ist schwach und
wertlos, wenn sie nicht von harter
körperlicher Anstrengung begleitet
wird. Wenn wir laufen, atmen wir viel
frische Luft ein. Zudem erwacht in uns
die Freude an der Schönheit der Natur,
und das ist ungeheuer wertvoll (...).
Wer an verdorbenem Magen oder
Ähnlichem leidet, mache sich auf
die Beine.
Mohandas K. »Mahatma« Gandhi, Navajivan
(Zeitschrift), 5. Juni 1924

Regen am Morgen
hält den Wanderer nicht auf.
Sprichwort aus Frankreich

So ist dein Lieben
wie dein Leben, wandern!
Von einem Schönen
eilest du zum andern,
Berauschest dich
in seinem Taumelkelch,
Bis Neues schöner dir
entgegenwinket.
Karoline von Günderode, Wandel und Treue (Violetta)

Trotz all unserer Wanderungen ist das
Glück stets nur in einem engen Kreise
und mitten unter Gegenständen
zu finden, welche in unserem
unmittelbaren Bereich liegen.
Edward Bulwer-Lytton, Die Caxtons

Über die Heide hallet mein Schritt;
Dumpf aus der Erde wandert es mit.
Theodor Storm, Über die Heide

Überhaupt aber ergeht es uns im
Leben wie dem Wanderer, vor welchem, indem er vorwärts schreitet,
die Gegenstände andere Gestalten
annehmen, als die sie von ferne
zeigten, und sich gleichsam
verwandeln, indem er sich nähert.
Arthur Schopenhauer, Aphorismen zur Lebensweisheit

Viel Wandern macht
bewandert.
Peter Sirius, 1001 Gedanken

Wandern ist die vollkommenste Art
der Fortbewegung, wenn man
das wahre Leben entdecken will.
Es ist der Weg in die Freiheit.
Elizabeth von Arnim, Elizabeth auf Rügen

Was dem einen widerfährt,
Widerfährt dem andern;
Niemand wäre so gelehrt,
Der nicht sollte wandern.
Johann Wolfgang von Goethe, Zahme Xenien

Was man nicht erlernt,
kann man erwandern.
Deutsches Sprichwort

Weltenweiter Wandrer,
Walle fort in Ruh,
Also kennt kein andrer
Menschenleid wie du.
Rainer Maria Rilke, Traumgekrönt

Wenn der Wanderer getrunken hat,
wendet er dem Brunnen
den Rücken zu.
Deutsches Sprichwort

Wenn in Wäldern Baum an Bäumen,
Bruder sich mit Bruder nähret,
Sei das Wandern, sei das Träumen
Unverwehrt und ungestöret.
Johann Wolfgang von Goethe,
Wilhelm Tischbeins Idyllen

Wenn man nur ankommen will,
kann man mit der Post fahren;
wenn man aber reisen will,
muss man zu Fuß gehen.
Jean-Jacques Rousseau, Emile

Wer nur einigermaßen zur Freiheit
der Vernunft gekommen ist, kann sich
auf Erden nichts anders fühlen denn
als Wanderer – wenn auch nicht als
Reisender nach einem letzten Ziele:
Denn dieses gibt es nicht.
Friedrich Nietzsche, Menschliches, Allzumenschliches

Wer recht in Freuden wandern will,
Der geh der Sonn' entgegen.
Emanuel Geibel, Gedichte

Wie der Wanderer erst, wann er auf
einer Höhe angekommen ist, den
zurückgelegten Weg mit allen seinen
Wendungen und Krümmungen im Zusammenhange überblickt und erkennt,
so erkennen wir erst am Ende einer
Periode unseres Lebens, oder gar des
ganzen, den wahren Zusammenhang
unserer Taten, Leistungen und Werke,
die genaue Konsequenz und Verkettung, ja, auch den Wert desselben.
Arthur Schopenhauer, Aphorismen zur Lebensweisheit

Will man auf Wanderschaft gehen,
dann ist die Wahl des geeigneten
Schuhwerks ebenso wichtig wie die
Wahl des geeigneten Wandergefährten.
Mit beiden muss man sich erst ein-
laufen, sonst gibt es Blasen an den
Füßen oder Blasen an der Seele.
Christine Brückner, Erfahren und erwandert
(Ratschläge für wandernde Frauen)

Zur Weggenossenschaft gehören beide
Gaben, / Nicht bloß ein gleiches Ziel,
auch gleichen Schritt zu haben.
Friedrich Rückert, Gedichte

Wankelmut

Die Frau ist gar veränderlich,
Töricht, wer auf sie verlässet sich.
Victor Hugo, Der König amüsiert sich

Labilität erzeugt auch Heftigkeit.
Ludwig Marcuse, Argumente und Rezepte.
Ein Wörter-Buch für Zeitgenossen

Sorgsam durchdacht, wird alles leicht.
Wankelmut macht alles schwer.
Chinesisches Sprichwort

Wappen

Das beste Wappen in der Welt
Ist der Pflug im Ackerfeld.
Sprichwort aus der Schweiz

Die Zeichen des Tierkreises sind
das Familienwappen der Menschheit.
Arthur Schopenhauer,
Zur Philosophie und Wissenschaft der Natur

Ware

Das Wesen der Konsumwaren
besteht darin, dass sie da sind,
um nicht da zu sein.
Günther Anders, Die Antiquiertheit des Menschen. Bd. 2

Der Kaufmann legt Proben vor,
um von seiner Ware
das Schlechteste zu verkaufen;
mit Glanzpresse und Licht
verdeckt er ihre Mängel,
damit sie gut aussieht.
Jean de La Bruyère, Die Charaktere

Der Kunde ist der Schatz,
die Ware ist nur Stroh.
Chinesisches Sprichwort

Ein Schuster,
der schlechte Stiefel macht,
kommt in die Hölle.
Deutsches Sprichwort

Eine gute Ware gelangt
kaum in zweite Hand.
Chinesisches Sprichwort

Eine Ware ist so viel wert,
wie geschickt man sie verkauft.
Chinesisches Sprichwort

Fern der Heimat
verliert ein Mensch sein Ansehen,
und eine Ware gewinnt an Wert.
Chinesisches Sprichwort

Gute Ware lobt sich selbst.
Deutsches Sprichwort

Je geschickter die Menschen,
umso mehr seltene Waren.
Lao-tse, Dao-de-dsching

Jeder Krämer lobt seine Ware.
Deutsches Sprichwort

Produkte werden erzeugt,
um als Waren verkauft
und als solche Eigentum zu werden.
Günther Anders, Die Antiquiertheit des Menschen. Bd. 2

Serienwaren sind
»zum Sterben geboren«.
Günther Anders, Die Antiquiertheit des Menschen. Bd. 2

Waren, die oft zur Schau gestellt
werden, verlieren ihre Farbe.
Sprichwort aus Brasilien

Wer das Geld bringt, kann die Ware
nach seinem Sinne verlangen.
Johann Wolfgang von Goethe,
Wilhelm Meisters Lehrjahre

Wärme

Bis dreißig:
Wärme von einer Frau;
nach dreißig:
Wärme vom Trunk:
zum Schluss,
nicht einmal vom Ofen.
Sprichwort aus Russland

Erinnerungen sind Wärmeflaschen
fürs Herz.
Rudolf Fernau

Es müsste eine recht
angenehme Empfindung sein,
sich am Eise zu wärmen.
Johann Wolfgang von Goethe,
Wilhelm Meisters Lehrjahre

Hell strahlt, doch nie erwärmt
des Ruhmes frostiger Firn.
Carl Spitteler, Olympischer Frühling

Junge Bekanntschaft ist warm.
Gotthold Ephraim Lessing,
Minna von Barnhelm (Werner)

Man zeige keinerlei Wärme, die nicht
geteilt werden kann, nichts ist kälter,
als was sich nicht mitteilen lässt.
Joseph Joubert, Gedanken, Versuche und Maximen

O, dass ich dich fand,
Einzig warm und fest,
Hand in meiner Hand.
Ina Seidel, Ehe

Um die Zeit von Augustin
gehn die warmen Tage hin.
Bauernregel

Wärme ist etwas,
das wir alle brauchen;
wir brauchen Stärkung,
wir brauchen Ermutigung.
Aber unsere Kultur hat uns
dazu gebracht, dass wir uns schämen,
Komplimente zu machen, jemandem
etwas Angenehmes zu sagen.
Anaïs Nin, Absage an die Verzweiflung

Wenn das Bett warm wird,
werden die Wanzen munter.
Emil Gött, Zettelsprüche. Aphorismen

Wenn zwei zusammen schlafen,
wärmt einer den andern;
einer allein – wie soll er warm werden?
Altes Testament, Kohelet 4, 11

Warnung

Der umgestürzte Wagen vorn
ist den Wagen hinten
eine Warnung.
Chinesisches Sprichwort

Ein kluger Hund bellt nie
ohne Grund.
Sprichwort aus Frankreich

Glaubst du nicht,
dass eine Warnungsstimme
In Träumen vorbedeutend
zu uns spricht?
Friedrich Schiller, Wallensteins Tod (Gräfin)

Gut immer
ist redliche Warnung
des Freundes.
Homer, Ilias

Manchen, welcher
an der Schwelle stolpert,
Verwarnt dies,
drinnen laure die Gefahr.
William Shakespeare, Heinrich VI. (Gloucester)

Warum warnt die eiternde Lunge
so wenig und das Nagelgeschwür
so heftig?
Georg Christoph Lichtenberg, Sudelbücher

Wer gewarnt ist, ist so stark wie zwei.
Sprichwort aus Frankreich

Warten

Alles kommt schließlich zu dem,
der warten kann.
Sprichwort aus den USA

Besser wartet der Mensch auf den Brei,
als der Brei auf den Menschen wartet.
Chinesisches Sprichwort

Das Warten
ist die grausamste Vermengung
von Hoffnung und Verzweiflung,
durch die eine Seele
gefoltert werden kann.
Sully Prudhomme, Intimes Tagebuch

Dem Wartenden scheinen
Minuten Jahre zu sein.
Chinesisches Sprichwort

Die Krücke der Zeit
richtet mehr aus
als die eiserne Keule des Herkules.
Baltasar Gracián y Morales,
Handorakel und Kunst der Weltklugheit

Dies also ist der Wucher der Zeit:
Seine Opfer werden alle,
die nicht warten können.
Arthur Schopenhauer, Aphorismen zur Lebensweisheit

Du sagst, du seist nicht reif genug.
Ja, willst du denn warten,
bis du verfaulst?
Jules Renard, Ideen, in Tinte getaucht.
Aus dem Tagebuch von Jules Renard

Er kann nicht warten,
bis der Kuchen im Feuer
heiß geworden ist.
Chinesisches Sprichwort

Ich bin unpünktlich,
weil ich die Schmerzen
des Wartens nicht fühle.
Ich warte wie ein Rind.
Franz Kafka, Tagebücher (1911)

Ich wartete
und kam nicht an die Reihe.
Erich Kästner, Dr. Erich Kästners lyrische Hausapotheke

Indem die Frau den Mann
ein paar Augenblicke warten lässt,
protestiert sie vor allem
gegen das lange Warten,
das ihr Leben ist.
Simone de Beauvoir, Das andere Geschlecht

Lass uns ruhig abwarten.
Die Zeit wird das Rechte
und das Gute bringen.
Paula Modersohn-Becker, Briefe
(an die Mutter, 8. Mai 1906)

Lern zu arbeiten und zu warten.
Henry Longfellow, Ein Psalm des Lebens

Man geht so lang um den Brei,
bis er kalt wird.
Deutsches Sprichwort

Man muss nur warten können,
das Glück kommt schon.
Paula Modersohn-Becker, Briefe
(an die Schwester, 18. November 1906)

Nur Dasitzen und Warten verlangt
sehr viel Ausdauer und Geduld.
Anne Morrow Lindbergh,
Stunden von Gold – Stunden von Blei

Warten lernen wir gewöhnlich erst,
wenn wir nichts mehr
zu erwarten haben.
Marie von Ebner-Eschenbach, Aphorismen

Warten – provisorisches Dasein,
das nicht zählt!
Sully Prudhomme, Intimes Tagebuch

Wenn Langeweile
die Welt ohne Mittelpunkt ist,
so ist Warten
das Verweilen auf einem Mittelpunkt
ohne Welt.
Heimito von Doderer, Repertorium. Ein Begreifbuch
von höheren und niederen Lebens-Sachen

Wenn man lange
auf einen Anschluss wartet,
vergisst man, woher man kommt
und wohin man geht.
Ingeborg Bachmann, Die blinden Passagiere

Wer am Brunnenrand wartet, bis
das Wasser aus der Tiefe hochsteigt,
wird verdursten.
Chinesisches Sprichwort

Wer eine Kröte fressen will,
muss sie nicht lange besehen.
Deutsches Sprichwort

Wer warten kann,
dem kommt alles
zur rechten Zeit.
Sprichwort aus Frankreich

Wie alt wirst du sein, wenn du wartest,
bis der gelbe Fluss klar geworden ist?
Chinesisches Sprichwort

Wir warten.
Das ist überhaupt das Beste,
was der Mensch tun kann.
Zeit, Zeit. Die Zeit bringt alles.
Theodor Fontane, Vor dem Sturm

Waschen

Der Zweck heiligt
höchstens noch die Waschmittel.
Helmut Qualtinger

Nicht nur mit Wasser
muss man gewaschen werden,
auch mit Feuer muss gereinigt
und geläutert werden.
Bernhard von Clairvaux, Über die Bekehrung

Schmutzige Männerhemden
sind reine Frauensache.
Ephraim Kishon, Kishon für alle Fälle

Was nützt es, dass der Körper
abgewaschen worden ist,
solange der Geist befleckt bleibt?
Erasmus von Rotterdam,
Handbüchlein eines christlichen Streiters

Wenn es kein Wasser zum Waschen
gäbe, wie sähe es in der Welt aus?
Teresa von Ávila, Weg der Vollkommenheit

Wasser

Alle kleinen Wasser
laufen in die großen.
Deutsches Sprichwort

Alles ist aus dem Wasser entsprungen!
Alles wird durch das Wasser erhalten!
Johann Wolfgang von Goethe, Faust II (Thales)

Als die Wasserschutzpolizei
geschaffen wurde, dachte man noch
an eine andere Bedeutung.
Alois Mertes

Das Beste aber ist das Wasser.
Pindar, Olympische Oden

Das Murmeln des Wassers
ist die Stimme meiner Väter.
Seattle, Die Rede des Indianerhäuptlings Seattle.
Neuere Version

Das Prinzip aller Dinge
ist das Wasser; aus Wasser ist alles,
und in Wasser kehrt alles zurück.
Thales von Milet, Berichtet von Aristoteles, bei H. Diels,
Fragmente der Vorsokratiker

Das Wasser hat keine Balken.
Deutsches Sprichwort

Das Wasser ist am besten
an der Quelle.
Deutsches Sprichwort

Das Wasser
ist ein freundliches Element für den,
der damit bekannt ist
und es zu behandeln weiß.
Johann Wolfgang von Goethe,
Die Wahlverwandtschaften

Das Wasser läuft
den Berg nicht hinauf.
Deutsches Sprichwort

Das Wasser verliert niemals
seinen Weg.
Sprichwort aus Afrika

Der kennt das Wasser am besten,
der es durchwatet hat.
Sprichwort aus Dänemark

Der Reis braucht Wasser
und das Wasser Dämme.
Chinesisches Sprichwort

Der Trunk, dessen man nie müde wird,
ist Wasser; die Frucht, deren man nie
müde wird, ist ein Kind.
Sprichwort aus Indien

Die Erde ist ein gebildeter Stern
mit sehr viel Wasserspülung.
Erich Kästner

Die stärkste Wasserkraft der Welt
dürften immer noch Frauentränen sein.
Marc Heyral

Die Welt ist voll von Leuten,
die Wasser predigen und Wein trinken.
Giovanni Guareschi

Durst macht aus Wasser Wein.
Deutsches Sprichwort

Es gibt Leute, die die Nase nur deshalb
so hoch tragen, weil ihnen das Wasser
bis dorthin steht.
Horst Wolfram Geißler

Es hilft kein Wasser
wider die Wassersucht.
Deutsches Sprichwort

Es ist kein Wasser so tief,
man findet den Grund.
Deutsches Sprichwort

Fernes Wasser löscht
nicht nahen Durst.
Chinesisches Sprichwort

Feuer und Wasser
sind vor dich hingestellt,
streck deine Hände aus
nach dem, was dir gefällt.
Altes Testament, Jesus Sirach 15, 16

Fließendes Wasser
fängt nicht zu faulen an,
eine Türangel
wird nicht vom Wurm zerfressen.
Chinesisches Sprichwort

Hundert Tage Überschwemmung
sind schlimmer als hundert Tage
Trockenheit.
Chinesisches Sprichwort

Lege Dämme an,
solange noch kein Wasser kommt.
Chinesisches Sprichwort

Manche können sogar
das Wasser verwässern.
Peter Maiwald

Nicht überall, wo Wasser ist,
sind Frösche; aber wo man
Frösche hört, ist Wasser.
Johann Wolfgang von Goethe,
Maximen und Reflexionen

Nichts in der Welt ist weicher
und schwächer als Wasser,
und doch gibt es nichts,
das wie Wasser
Starres und Hartes bezwingt,
unabänderlich strömt es
nach seiner Art.
Lao-tse, Dao-de-dsching

Ohne Wasser
hat noch nie jemand gebadet.
Chinesisches Sprichwort

Ohne Wasser ist kein Heil!
Johann Wolfgang von Goethe, Faust II (Sirenen)

Selbst wer am Wasser lebt,
verschwende nicht das Wasser.
Chinesisches Sprichwort

Stille Wasser gründen tief.
Deutsches Sprichwort

Wasser aus dem Brunnen vermische
nicht mit Wasser aus dem Fluss.
Chinesisches Sprichwort

Wasser auszuschütten ist leicht,
es wieder aufzusammeln – schwer.
Chinesisches Sprichwort

Wasser friert nicht an einem Tag
zu drei Chi dickem Eis.
Chinesisches Sprichwort

Wasser ist eine schwerere Luft:
Wellen und Ströme sind seine Winde,
die Fische seine Bewohner,
der Wassergrund ist eine neue Erde!
Johann Gottfried Herder

Wasser ist nicht zum Trinken da,
sonst hätte Gott nicht so viel davon
gesalzen.
Brendan Behan

Wenn du Wasser trinkst,
denke an die Quelle.
Chinesisches Sprichwort

Wenn eine Regierung das Trinken
von Wasser verbieten würde,
wäre das Wasser beliebter als Whisky.
Oscar Wilde

Wenn man ins Wasser kommt,
lernt man schwimmen.
Johann Wolfgang von Goethe,
Tagebuch der Italienischen Reise

Wenn man lange gelebt hat
– so wie ich mit meinen 45 Jahren
bewussten Lebens –, dann begreift
man, wie trügerisch, wie sinnlos
alle Versuche sind, sich an das Leben
anzupassen.
Im Leben ist nichts stabil.
Man könnte ebenso gut versuchen,
sich an fließendes Wasser anzupassen.
Leo N. Tolstoi, Tagebücher (1892)

Wer dem Wasser wehren will,
muss die Quellen stopfen.
Deutsches Sprichwort

Wer den Boden im Wasser nicht sieht,
der lasse den Fuß heraus.
Deutsches Sprichwort

Whisky ist ein probates Mittel, den
Geschmack von Wasser zu verbessern.
Brendan Behan

Wo das Wasser versiegt,
beginnen die Fische zu fliegen.
Chinesisches Sprichwort

Wechsel

Aprilwetter und Kartenglück
wechseln jeden Augenblick.
Bauernregel

Das Leben gehört den Lebendigen an,
und wer lebt, muss auf Wechsel
gefasst sein.
Johann Wolfgang von Goethe,
Wilhelm Meisters Wanderjahre

Ein jeder Wechsel
schreckt den Glücklichen.
Friedrich Schiller, Die Braut von Messina (Manuel)

Gewohnheiten machen alt.
Jung bleibt man durch
die Bereitschaft zum Wechsel.
Attila Hörbiger

Ich liebe einen und begehre sechs
andere, einen nach dem andern.
Mich reizt nur gerade der Wechsel
und »der fremde Herr«.
Franziska Gräfin zu Reventlow, Tagebücher

In ew'gem Wechsel wiegt ein Wohl
das Weh / Und schnelle Leiden
unsre Freuden auf.
Johann Wolfgang von Goethe,
Die natürliche Tochter (Gerichtsrat)

Man kann einen Menschen
nicht immerfort aus dem Heißen
ins Kalte stecken.
Arnold Zweig, Der Streit um den Sergeanten Grischa

Nichts ist dauernd als der Wechsel,
nichts beständig als der Tod.
Ludwig Börne, Denkrede auf Jean Paul

Nichts ist dem Interesse so zuwider als
Einförmigkeit, und nichts ihm dagegen
so günstig als Wechsel und Neuheit.
Heinrich von Kleist, Briefe
(an Wilhelmine von Zenge, Frühjahr 1800)

Und ob alles in
ewigem Wechsel kreist,
Es beharret im
Wechsel ein ruhiger Geist.
Friedrich Schiller, Die Worte des Glaubens

Weg

Auch der erste Schritt
gehört zum Wege.
Arthur Schnitzler,
Aphorismen und Betrachtungen aus dem Nachlass

Auch wenn der Weg eben und leicht
ist für Menschen guten Willens: Wer
sich auf den Weg macht, wird nur
wenig Weg zurücklegen und noch
dazu unter Mühsal, wenn er auf
diesem Weg nicht gute Füße hat,
Mut und einen mutigen Dickkopf.
Juan de la Cruz, Merksätze von Licht und Liebe

Auf einem weiten Weg
gibt es keine leichten Lasten.
Chinesisches Sprichwort

Das Wasser verliert
niemals seinen Weg.
Sprichwort aus Afrika

Dass viele irre gehn,
macht den Weg nicht richtig.
Deutsches Sprichwort

Der gerade Weg ist der beste.
Deutsches Sprichwort

Der gerade Weg ist der kürzeste,
aber nicht der schnellste.
Robert Lembke, Steinwürfe im Glashaus

Der kürzeste Weg ist nicht der
möglichst gerade, sondern der,
bei welchem die günstigsten Winde
unsere Segel schwellen;
so sagt die Lehre der Schifffahrer.
Friedrich Nietzsche, Menschliches, Allzumenschliches

Der Mensch ist immer mehr, als er
von sich weiß. Er ist nicht, was er ein
für allemal ist, sondern er ist Weg.
Karl Jaspers, Die geistige Situation der Zeit

Der Mensch mag sich wenden, wohin
er will, er mag unternehmen, was es
auch sei, stets wird er auf jenen Weg
wieder zurückkehren, den ihm die
Natur einmal vorgezeichnet hat.
Johann Wolfgang von Goethe, Dichtung und Wahrheit

Der Mut stellt sich
die Wege kürzer vor.
Johann Wolfgang von Goethe,
Torquato Tasso (Antonio)

Der starke Mann und der Wasserfall
graben sich ihren Weg selbst.
Samuel Smiles, Charakter

Der Weg, den man nehmen muss,
liegt im Mund verborgen.
Chinesisches Sprichwort

Der Weg ist gewunden,
die Wahrheit ist gerade.
Chinesisches Sprichwort

Der Weg ist immer mehr als das Ziel.
Heimito von Doderer

Der Weg zur Hölle
ist mit guten Bekannten gepflastert.
Kurt Kluge, Der Herr Kortüm

Des Weges Weite
gibt des Schrittes Maß.
Ernst Raupach, Kaiser Friedrichs II. Tod

Die, die ihren eigenen Weg nicht
kennen, zeigen anderen die Richtung.
Marcus Tullius Cicero, Über die Wahrsagung

Die Tiefen unseres Geistes kennen wir
nicht – Nach innen geht der geheimnisvolle Weg. In uns, oder nirgends,
ist die Ewigkeit mit ihren Welten,
die Vergangenheit und Zukunft.
Novalis, Blütenstaub

Dies ist der andre Weg,
Geh diesen Weg; sei sicher,
dieser führt dich heim.
Otfrid von Weissenburg, Evangelienbuch

Ein gerader Weg
führt immer nur ans Ziel.
André Gide, Tagebuch

Ein guter Mensch,
in seinem dunklen Drange,
Ist sich des rechten Weges
wohl bewusst.
Johann Wolfgang von Goethe, Faust
(Prolog im Himmel: Der Herr)

Ein Kind, ein junger Mensch, die
auf ihrem eigenen Wege irre gehen,
sind mir lieber als manche, die
auf fremdem Wege recht wandeln.
Johann Wolfgang von Goethe,
Wilhelm Meisters Lehrjahre

Ein schlechter Wegweiser,
der selber ein Ziel hätte.
Heinrich Waggerl, Nachlass

Ein Weg braucht kein Wohin,
es genügt ein Woher.
Ernst Barlach

Einem faulen Pferd
erscheint jeder Weg zu lang.
Chinesisches Sprichwort

Einer, der einen weiten Weg
vor sich hat, läuft nicht.
Paula Modersohn-Becker, Briefe
(an die Mutter, 6. Juli 1902)

Erfahrung ist ein langer Weg.
Deutsches Sprichwort

Es gibt keinen erkennbaren Weg
vor uns, sondern nur hinter uns.
Waldemar Bonsels

Es gibt so viele Routen,
wie es einzelne Seelen gibt.
Robert M. Pirsig,
Zen und die Kunst ein Motorrad zu warten

Für jeden Menschen
existiert ein besonderer Weg,
auf dem jede These für ihn
zur Wahrheit wird.
Leo N. Tolstoi, Tagebücher (1852)

Geh hinaus und probiere etwas Neues,
sei ein Individuum und suche dir
deinen eigenen Weg.
Lynn Hill, überliefert von Heinz Zak (Rock Stars)

Gib den Winden ein frisch,
ein fliegend Blatt,
Es wird den Weg schon finden,
den es zu fliegen hat.
Ferdinand Freiligrath

Ich kann zu meiner Reisen
Nicht wählen mir die Zeit:
Muss selbst den Weg mir weisen
In dieser Dunkelheit.
Wilhelm Müller, Gedichte (Schubert: Winterreise)

Immer mit der Nase anstoßen
heißt auch, einen Weg finden.
Heinrich Waggerl, Wagrainer Bilderbuch

Kein Weg ist zu lang für den,
der langsam und ohne Eile
vorwärts schreitet;
kein lockendes Ziel liegt zu fern
für den, der sich mit Geduld rüstet.
Jean de La Bruyère, Die Charaktere

Kopfhänger, geh mir weg!
Wie kann den Weg man sagen
Zum Licht, wer frei zum Licht
nicht darf den Blick aufschlagen?
Friedrich Rückert, Die Weisheit des Brahmanen

Lass die Welt ihren Gang tun,
wenn er nicht aufgehalten werden
kann, wir gehn den unsern.
Friedrich Hölderlin, Briefe (an den Bruder, 2. Jui 1796)

Lust verkürzt den Weg.
William Shakespeare, Heinrich VI.

Man kann auf dem rechten Weg irren
und auf dem falschen recht gehen.
Johann Wolfgang von Goethe, Die Aufgeregten
(Magister)

Man kann auf falschem Wege sein
und doch zu den herrlichsten
Aussichtspunkten gelangen,
nur natürlich nicht – ans Ziel.
Marie von Ebner-Eschenbach, Aphorismen

Man kann den Leuten
aus dem Weg gehen
vor lauter Verachtung
oder – vor lauter Respekt.
Marie von Ebner-Eschenbach, Aphorismen

Man muss eben den ganzen Menschen
der einen, ureinzigen Sache widmen.
Das ist der Weg, wie etwas werden
kann und wird.
Paula Modersohn-Becker, Briefe (10. September 1899)

Man soll seinen Weg
nur ruhig fortgehn,
die Tage bringen das Beste
wie das Schlimmste.
Johann Wolfgang von Goethe, Italienische Reise

Man sollte nicht immer und
ausschließlich nur auf das sehen,
was noch nicht erreicht ist.
Man sollte meines Erachtens
auch auf die Wegstrecke sehen,
die man auf dem Weg zum Ziel
zurückgelegt hat.
Konrad Adenauer, Vor dem parlamentarischen Rat nach
der Schlussabstimmung über das Grundgesetz, 1949

Mannigfache Wege
gehen die Menschen.
Wer sie verfolgt und vergleicht, wird
wunderliche Figuren entstehen sehn.
Novalis, Die Lehrlinge zu Sais

Na schön.
Der Weg des Lebens ist wellig.
Erich Kästner, Dr. Erich Kästners lyrische Hausapotheke

Neigung und Schicksal
weisen den Weg,
den wir wählen sollen,
aber wir müssen uns immer
mit guter Absicht bemühen.
Leo N. Tolstoi, Tagebücher (1852)

Nicht über das Ziel
geht man mit sich zu Rate,
sondern einzig über die Wege,
die zum Ziele führen.
Thomas von Aquin, Summa theologica

Ob du eilst oder langsam gehst,
der Weg vor dir bleibt derselbe.
Chinesisches Sprichwort

Rat erbitten:
sich den eingeschlagenen Weg
von einem anderen bestätigen lassen.
Ambrose Bierce

Seinen eigenen Weg zu verfolgen,
bleibt immer das Vorteilhafteste:
Denn dieser hat das Glückliche,
uns von Irrwegen wieder auf uns
selbst zurückzuführen.
Johann Wolfgang von Goethe,
Tag- und Jahreshefte (1816)

So laufen wir nach dem, was vor uns
flieht, / Und achten nicht des Weges,
den wir treten.
Johann Wolfgang von Goethe,
Iphigenie auf Tauris (Pylades)

Soll dein Kompass dich richtig leiten,
Hüte dich vor Magnetstein',
die dich begleiten.
Johann Wolfgang von Goethe, Gott, Gemüt und Welt

Unseren Weg weisen uns
meistens die Feinde.
Hans Habe

Was hilft laufen, wenn man
nicht auf dem rechten Weg ist?
Deutsches Sprichwort

Wenn alle Wege verstellt sind,
bleibt nur der nach oben.
Franz Werfel

Wenn der Weg unendlich scheint
und plötzlich nichts mehr gehen will,
wie du es wünschst, gerade dann
darfst du nicht zaudern.
Dag Hammarskjöld, Zeichen am Weg

Wenn du einen vielbetretenen Weg
lange gehst, so gehst du ihn
endlich allein.
Marie von Ebner-Eschenbach, Aphorismen

Wenn man den Weg verliert,
lernt man ihn kennen.
Sprichwort aus Afrika

Wenn man nicht weiß,
wohin man will,
so kommt man am weitesten.
William Shakespeare, Was ihr wollt (Narr)

Wer den Weg ans Meer nicht weiß,
gehe nur dem Flusse nach.
Deutsches Sprichwort

Wer seinen eigenen Weg geht,
riskiert immer Widerspruch;
die Schablone gilt.
Aber man muss es eben riskieren.
Wer nicht wagt, gewinnt nicht.
Theodor Fontane, Briefe

Wer selbst seinen Weg weiß,
schließt sich keiner Karawane an.
Arabisches Sprichwort

Wie oft schlägt man einen Weg ein
und wird davon abgeleitet!
Johann Wolfgang von Goethe,
Die Wahlverwandtschaften

Wir begreifen die Wege
des Himmels nicht.
Wilhelm Heinrich Wackenroder, Herzensergießungen
eines kunstliebenden Klosterbruders

Würden wir auf nichts anderes sehen
als auf den Weg, so wären wir bald
am Ziel.
Teresa von Ávila, Weg der Vollkommenheit

Weggefährte

Auf Reisen brauchst du
einen guten Weggenossen,
zu Hause einen guten Nachbarn.
Chinesisches Sprichwort

Wer zum Weggefährten nicht
»älterer Bruder« sagt,
muss viele Umwege machen.
Chinesisches Sprichwort

Zur Weggenossenschaft
gehören beide Gaben,
Nicht bloß ein gleiches Ziel,
auch gleichen Schritt zu haben.
Friedrich Rückert, Gedichte

Weh

Der sich nicht weh tun kann,
wird andern nie wohl tun.
Marie von Ebner-Eschenbach, Aphorismen

Die Eifersucht quält manches Haus
Und trägt am Ende doch nichts aus
Als doppelt Wehe.
Johann Wolfgang von Goethe, Neujahrslied

Es gibt Weh,
darüber muss man verstummen.
Bettina von Arnim, Die Günderode

Weh, ach wehe!
Dies zu dulden!
Richard Wagner, Tristan und Isolde (Brangäne)

Weh nun, waltender Gott,
Unheil geschieht!
Hildebrandslied (um 840)

Wehgeheul ist dumm und überflüssig.
Franziska Gräfin zu Reventlow, Tagebücher

Wehmut

Hat Gott doch die Wehmut
zu einer Art Vermittlerin zwischen
dem Glück und dem Unglück,
der Süßigkeit und dem Schmerz
geschaffen.
Wilhelm von Humboldt, Briefe an eine Freundin

Ja, die Wehmut ist
der Spiegel des Glücks.
Bettina von Arnim, Tagebuch

Wehren

Beste Art sich zu wehren:
sich nicht anzugleichen.
Mark Aurel, Selbstbetrachtungen

Der Hasser lehrt uns
immer wehrhaft bleiben.
Johann Wolfgang von Goethe,
Die natürliche Tochter (Eugenie)

So mich jemand in meinem Haus
übereilt, bin ich auch als ein Wirt
schuldig, mich zu wehren, viel mehr
auf dem Wege.
Martin Luther, Tischreden

Witz – die Waffe der Wehrlosen.
Peter Wapnewski

Weib

Aber durch Anmut allein
herrschet und herrsche das Weib.
Friedrich Schiller, Macht des Weibes

Ach, Weib, wie eng
ist doch dein Horizont!
Und dies grad zieht
den stolzen Mann zu dir!
Imre Madách, Die Tragödie des Menschen (Adam)

Allein ein Weib bleibt stet
auf einem Sinn,
Den einmal sie gefasst.
Johann Wolfgang von Goethe,
Iphigenie auf Tauris (Pylades)

Auch darin gleicht die Welt den
Weibern: Mit Scham und Zurück-
haltung erreicht man nichts bei ihr.
Giacomo Leopardi, Gedanken aus dem Zibaldone

Ausflücht' in Menge
findest du leicht:
Du bist ein Weib.
Euripides, Andromache (Andromache)

Bei den Barbaren stehen das Weib
und der Sklave auf derselben Stufe.
Aristoteles, Politik

Bei Weibern ist alles Herz,
sogar der Kopf.
Jean Paul, Der Komet

Bei Weibern ist des Schwatzens
hohe Schule.
Deutsches Sprichwort

Beim Mann ist das Wesentliche
das Wesentliche und insofern
immer dasselbe;
beim Weib ist das Zufällige
das Wesentliche und so eine
unerschöpfliche Mannigfaltigkeit.
Søren Kierkegaard, Stadien auf dem Lebensweg

Beim wunderbaren Gott!
– Das Weib ist schön!
Friedrich Schiller, Dom Karlos (Karlos)

Da hilft kein Reden.
Ein Weib muss vor allem
durch Furcht im Zaum
gehalten werden.
Leo N. Tolstoi, Die Kreutzersonate

Da nun das Weib zum Letzten unter
allen Kreaturen gebildet wurde und
das Ende und die Vollendung aller
Geschöpfe Gottes, ja die Vollkommenheit der ganzen Welt ist, wer kann nun
leugnen, dass sie nicht die allervor-
trefflichste unter allen Kreaturen sei.
Agrippa von Nettesheim, Von dem Vorzug des
weiblichen vor dem männlichen Geschlecht

Da werden Weiber zu Hyänen
und treiben mit Entsetzen Scherz.
Friedrich Schiller, Das Lied von der Glocke

Darin sind die Weiber fein und haben
Recht; wenn sie zwei Verehrer in
gutem Vernehmen miteinander erhalten können, ist der Vorteil immer ihr,
so selten es auch angeht.
Johann Wolfgang von Goethe,
Die Leiden des jungen Werthers

Das edle Weib ist halb ein Mann,
ja ganz,
Erst ihre Fehler machen sie
zu Weibern.
Franz Grillparzer, Die Jüdin von Toledo (Garceran)

Das Ewigweibliche
Zieht uns hinan.
Johann Wolfgang von Goethe, Faust II
(Chorus mysticus)

Das Glück des Mannes heißt:
Ich will.
Das Glück des Weibes heißt:
Er will.
Friedrich Nietzsche, Also sprach Zarathustra

Das Huhn ist kein Vogel,
und das Weib ist kein Mensch.
Sprichwort aus Russland

Das schönste Bild
von einem Weibe!
Ist's möglich,
ist das Weib so schön?
Muss ich an diesem
hingestreckten Leibe
Den Inbegriff
von allen Himmeln sehn?
So etwas findet sich auf Erden?
Johann Wolfgang von Goethe, Faust I (Faust)

Das vollkommene Weib
ist ein höherer Typus des Menschen
als der vollkommene Mann:
auch etwas viel Selteneres.
Friedrich Nietzsche, Menschliches, Allzumenschliches

Das vollkommene Weib jeder Zeit
ist der Müßiggang des Schöpfers
an jedem siebenten Tage der Kultur,
das Ausruhen des Künstlers
in seinem Werke.
Friedrich Nietzsche,
Menschliches, Allzumenschliches

Das Weib erzieht ein Bäumchen
um der Blüten willen,
der Mann hofft auf Früchte.
August von Kotzebue, Leontine

Das Weib hat alles, wenn sie Mann
und Kind hat; darüber hinaus hat nie
ein Weib etwas verlangt, und wenn sie
den Mann nachher zu pflegen und zu
erfreuen sucht, so ist das vor dem sittlichen Gesetz durchaus nicht mehr, als
wenn sie als Mädchen den Blumenstrauß, der ihr gefiel, mit Wasser be-
goss. Es geschieht, damit die Blumen
ihr um so länger duften.
Friedrich Hebbel, Briefe
(an Elise Lensing, 6. Februar 1845)

Das Weib im Mann
zieht ihn zum Weibe;
der Mann im Weibe
trotzt dem Mann.
Friedrich Hebbel, Tagebücher

Das Weib ist ein häusliches Wesen.
Friedrich Schlegel, Über die Philosophie

Das Weib ist glücklich
nur an Gattenhand.
Franz Grillparzer, Des Meeres und der Liebe Wellen
(Mutter)

Das Weib ist gut;
der Mann allein hat das Böse in sich
zu überwinden.
Johann Wilhelm Ritter, Fragmente

Das Weib ist keusch
in seinem tiefsten Wesen.
Robert Hamerling, Ahasverus in Rom

Das Weib ist noch weniger als die
Gottheit ein Einfall eines Männerge-
hirns, ein Traum am Tage, etwas, was
man selbst entdeckt hat, um darüber
pro et contra zu disputieren. Nein, nur
von ihr selbst lernt man, über sie zu
reden; und je mehr Lehrerinnen man
gehabt hat, umso besser.
Søren Kierkegaard, Stadien auf dem Lebensweg

Das Weib ist vollkommen schön,
das den Kopf aus Prag,
den Busen aus Österreich,
den Rücken aus Brabant,
die weißen Schenkel
und Hände aus Köln,
die Füße vom Rhein,
die Scham aus Bayern
und den Hintern aus Schwaben hat.
Heinrich Bebel

Das Weib ist weigernd,
der Mann bewerbend;
ihre Unterwerfung ist Gunst.
Immanuel Kant,
Anthropologie in pragmatischer Hinsicht

Das Weib ist wie der Efeu,
der nur dann gedeiht,
Solang er sich um einen
festen Baumstamm rankt,
Doch, von ihm losgetrennt,
unfehlbar welken muss.
Molière,
Sganarelle oder Der vermeintliche Hahnrei (Zofe)

Das Weib lebt nur, wenn es liebt;
es findet sich erst, wenn es sich
in einen Mann verliert.
Ludwig Börne, Fastenpredigt

Das Weib muss dienen und gehorchen,
scheiden von jeder eignen Lust
und sonder Klage im sauren Dienst
der Stirne Schweiß vergeuden.
Wilhelm von Humboldt, Weibertreu

Das Weib will genommen,
angenommen werden als Besitz,
will aufgehn in den Begriff »Besitz«,
»besessen«; folglich will es einen,
der nimmt, der sich nicht selbst gibt
und weggibt, der umgekehrt vielmehr
gerade reicher an »sich« gemacht
werden soll – durch den Zuwachs
an Kraft, Glück, Glaube, als welchen
ihm das Weib sich selbst gibt.
Friedrich Nietzsche, Die fröhliche Wissenschaft

Das Weib will Propheten,
weil es auch im Denken sich hingeben,
das heißt glauben will.
Karl Joël, Die Frauen in der Philosophie

Das weibliche Geschlecht
hat eine solche Vorliebe
für ankernde Lebensart,
dass es gern, wie die Griechinnen,
sich Einlegstühle nachtragen ließe,
um nach jedem Schritte
einen Sitz zur Hand zu haben.
Jean Paul, Levana

Dass das Weib, seiner Natur nach,
zum Gehorchen bestimmt sei,
gibt sich daran zu erkennen,
dass eine jede, welche in die
ihr naturwidrige Lage gänzlicher
Unabhängigkeit versetzt wird,
alsbald sich irgendeinem Manne
anschließt, von dem sie sich
lenken und beherrschen lässt;
weil sie eines Herrn bedarf.
Ist sie jung, so ist es ein Liebhaber;
ist sie alt, ein Beichtvater.
Arthur Schopenhauer, Über die Weiber

Dass sich nichts Wunderbareres, nichts
Lieblicheres, nichts Verführerisches
denken lässt als ein Weib, dafür
bürgen die Götter und deren Not,
die ihre Erfindungsgabe so schärfte,
dafür bürgt wiederum, dass sie alles
gewagt und bei der Schöpfung ihres
Wesens die Kräfte von Himmel und
Erde bewegt haben.
Søren Kierkegaard, Stadien auf dem Lebensweg

Denn auch nach Freiheit
strebt das Weib,
wenn nur der Meister da ist,
der es führt.
Karl Joël, Die Frauen in der Philosophie

Denn die Männer sind heftig
und denken nur immer das Letzte,
Und das Hindernis treibt
die Heftigen leicht von dem Wege;
Aber ein Weib ist geschickt,
auf Mittel zu denken, und wandelt
Auch den Umweg, geschickt
zu ihrem Zweck zu gelangen.
Johann Wolfgang von Goethe,
Hermann und Dorothea (4. Gesang)

Denn nur das Weib bedarf an sich
nichts zu entwickeln als den reinen
Menschen, und wie an einer Äolsharfe
herrschet keine Saite über die andere,
sondern die Melodie ihrer Töne geht
vom Einklang aus und in ihn zurück.
Jean Paul, Levana

Denn was ist das Weib anderes als ein
Traum und doch die letzte Wirklichkeit? So versteht sie der Erotiker und
führt sie und wird durch sie geführt
im Augenblick der Verführung hinaus
aus der Zeit, dahin, wo sie als Illusion
eine Heimat hat.
Søren Kierkegaard, Stadien auf dem Lebensweg

Denn wer die Weiber hasst,
wie kann der leben?
Johann Wolfgang von Goethe,
Wilhelm Meisters Lehrjahre

Der Erde Paradies und Hölle
Liegt in dem Worte Weib.
Johann Gottfried Seume, Der Mut

Der Mann ist öfter ernst,
das Weib meist nur selig
oder verdammt,
lustig oder traurig.
Jean Paul, Levana

Der Mann macht Geschichte,
das Weib ist Geschichte.
Oswald Spengler

Der Unehre Ursache
ist das Weib,
der Feindschaft Ursache
ist das Weib,
des weltlichen Daseins Ursache
ist das Weib;
darum soll man meiden
das Weib.
Gesetzbuch des Manu

Des Weibes Natur
ist Beschränkung, Grenze,
darum muss sie
ins Unbegrenzte streben;
des Mannes Natur
ist das Unbegrenzte,
darum muss er sich
zu begrenzen suchen.
Friedrich Hebbel, Tagebücher

Die beste Lunge erschöpft sich,
auch sogar eine weibliche.
Sie hören alle auf zu schreien,
wenn sie nicht mehr können.
Gotthold Ephraim Lessing, Emilia Galotti (Marinelli)

Die echteste Philosophie des Weibes
wird immer Religion bleiben.
Karl Joël, Die Frauen in der Philosophie

Die Geschlechter mögen einander
necken, schließlich aber soll
der Mann das Weib ehren,
weil er aus des Weibes Schoß stammt.
Friedrich Theodor von Vischer, Auch Einer

Die Männer wissen sich gar viel,
wenn sie etwas finden können,
was uns, wenigstens dem Scheine
nach, herabsetzt.
Johann Wolfgang von Goethe, Die guten Weiber
(Amalia)

Die Natur rüstet das weibliche Geschlecht zur Liebe, nicht zu Gewalt-
seligkeiten aus; es soll Zärtlichkeit,
nicht Furcht erwecken; nur seine
Reize sollen es mächtig machen; nur
durch Liebkosungen soll es herrschen
und soll nicht mehr beherrschen
wollen, als es genießen kann.
Gotthold Ephraim Lessing, Hamburgische Dramaturgie

Die Philosophie atmet
ganz im Denken,
das Weib lebt
ganz in der Empfindung.
Karl Joël, Die Frauen in der Philosophie

Die Philosophie sucht nur das Allgemeine, das Weib stets das Persönliche.
Karl Joël, Die Frauen in der Philosophie

Die Redensart von der »weiblichen
Bestimmung«, welcher man die aller-
engsten Grenzen zog und dabei von
der Ansicht auszugehen schien, dass
das Weib nur einen Körper, allenfalls
ein Herz, aber doch ganz gewiss keinen Geist habe – ist unter dem weiblichen Geschlecht selbst jetzt noch
viel mehr gang und gäbe als unter
dem männlichen.
Louise Otto-Peters, Die Demokratinnen

Die schrecklichste Waffe der Weiber
ist ihr Talent, einem mit den unscheinbarsten Mitteln das Leben sauer zu
machen.
Heinrich Waggerl, Aphorismen

Die Sentiments der Weiber sind
Aderlässe, und wie wir (Männer)
durch erhöhtes Empfinden gewinnen,
so verlieren sie. Das Weib ist wie der
Weinstock, soll er Trauben bringen,
so darf er nicht bluten.
Friedrich Hebbel, Briefe
(an Gravenhorst, 19. Februar 1837)

Die übelste Meinung über die Weiber
wird von ihnen selbst verfochten:
dass man an einer einzigen
genug haben könne.
Heinrich Waggerl, Aphorismen

Die Weiber können nicht verstehen,
dass es Männer gibt,
denen sie gleichgültig sind.
Luc de Clapiers Marquis de Vauvenargues,
Unterdrückte Maximen

Die Weiber lieben die Stärke,
ohne sie nachzuahmen;
die Männer die Zartheit,
ohne sie zu erwidern.
Jean Paul, Herbst-Blumine

Die Weiber, sagt man,
sind eitel von Hause aus;
doch es kleidet sie,
sie gefallen uns darum desto mehr.
Johann Wolfgang von Goethe,
Wilhelm Meisters Wanderjahre

Die Weiber sind selten systematisch,
sie hängen stets von den Eingebungen
des Augenblicks ab.
Denis Diderot, Über die Frauen

Die Weiber sind von Natur gut und
wie sie sein sollen. Die Männer streben
die ruhige Harmonie zu erreichen,
die ihnen in der Natur des Weibes als
Muster aufgestellt ist. Das heißt, sie
werden Künstler, denn Kunst ist nur
ein mit Bewusstsein Nachahmen
der Natur.
Sophie Mereau, Betrachtungen

Diese Mängel [der Frauen] werden
auch gekennzeichnet bei der Schaffung des ersten Weibes, indem sie aus
einer krummen Rippe geformt wurde,
das heißt aus einer Brustrippe, die
gekrümmt und gleichsam dem Manne
entgegen geneigt ist. Aus diesem
Mangel geht auch hervor, dass,
da das Weib nur ein unvollkommenes
Tier ist, es immer täuscht.
Heinrich Institoris/Jakob Sprenger,
Malleus maleficarum (»Hexenhammer«)

Doch so viel ist gewiss,
dass sowohl das Leben an der Seite
eines Weibes als auch ohne Weib
trübselig ist und dass, wenn sie auch
noch so gut gerät, der süße Kelch
viel Bitterkeit enthält.
Johann Amos Comenius

Drei Dinge
Sind zu einem Weibe nötig:
In ihr eine zarte Seele,
Goldne Zung' in ihrem Munde,
Angenehmen Witz im Haupte.
Johann Gottfried Herder, Stimmen der Völker
(Ein estnisches Lied)

Du verklagest das Weib,
sie schwanke von einem zum andern!
Tadle sie nicht: Sie sucht
einen beständigen Mann.
Johann Wolfgang von Goethe,
Antiker Form sich nähernd

Durch das Weib zeigt die Natur, womit sie bis jetzt bei ihrer Arbeit am
Menschenbilde fertig wurde; durch
den Mann zeigt sie, was sie dabei zu
überwinden hatte, aber auch, was sie
noch alles mit dem Menschen vorhat.
Friedrich Nietzsche, Menschliches, Allzumenschliches

Durch Dulden tun: Idee des Weibes.
Friedrich Hebbel, Tagebücher

Durch Weiberkünste,
schwer zu kennen,
Verstehen sie, vom Sein
den Schein zu trennen,
Und jeder schwört,
das sei das Sein.
Johann Wolfgang von Goethe, Faust II (Mephisto)

Ein einzig böses Weib
lebt höchstens in der Welt.
Nur schlimm, dass jeder seins
für dieses einz'ge hält.
Gotthold Ephraim Lessing, Epigramme

Ein großer Geist fühlt sich
im Dunkeln wohl,
Das Weib ist dazu da,
gesehn zu werden.
Frank Wedekind, Der Stein der Weisen

Ein hässlich Weib
ist eine gute Haushälterin.
Deutsches Sprichwort

Ein Mann hat zwei Ich, eine Frau
nur eines und bedarf des fremden,
um ihres zu sehen. Aus diesem weiblichen Mangel an Selbstgesprächen
und an Selbstverdopplung erklären
sich die meisten Nach- und Vorteile
der weiblichen Natur.
Jean Paul, Levana

Ein schönes Weib
ist immer schön.
Johann Wolfgang von Goethe, Faust II (Geiz)

Ein Weib, das mehr versteht,
als sonst ein Weib wol sol,
Die mag wol was verstehn,
braucht's aber selten wol.
Friedrich von Logau, Sinngedichte

Ein Weib ist ein Komma,
ein Mann ein Punkt.
Hier weißt du, woran du bist;
dort lies weiter!
Theodor Gottlieb von Hippel, Über die Ehe

Ein Weib wird in sich selber wert,
Wenn der Besten einer sie begehrt.
Freidank, Bescheidenheit

Ein weibischer Mann
ist unendlich viel unerträglicher
als ein männliches Weib.
Theodor Gottlieb von Hippel, Über die Ehe

Eine Katze hat neun Leben, und das
Weib sieben Häute wie die Zwiebel.
Deutsches Sprichwort

Es gab noch nie ein Übel
ohne ein Weib an seinem Ende.
Sprichwort aus Wales

Es gibt eine innige Güte des Weibes,
alles, was in ihre Nähe kommt, an
sich zu schließen und an ihrem Herzen
zu hegen und zu pflegen mit Innigkeit
und Liebe, wie die Sonne (die wir
darum Königin nennen, nicht König)
alle Sterne, die in ihrem Wirkungsraum schweben, an sich zieht mit
sanften, unsichtbaren Banden, und in
frohen Kreisen um sich führt, Licht
und Wärme und Leben ihnen gebend
– aber das lässt sich nicht anlernen.
Heinrich von Kleist, Briefe
(an Wilhelmine von Zenge, 19.–23. September 1800)

Es gibt niemand, der weiß,
was ein Weib vermag!
Henrik Ibsen, Nordische Heerfahrt

Es ist ein schlimmes Ding, wenn man
auf Weiber gestellt ist, sie stehen dem
Mann zu fremdartig gegenüber, um
ihn beurteilen zu können, und er wird
sich selten wohl befinden, wenn sie
Einfluss auf ihn haben.
Friedrich Hebbel, Briefe
(an H. A. Th. Schacht, 18. September 1835)

Es ist ein unwürdiges Vorurteil,
dass freie Übung der Kräfte und Sinn
für den lebendigen Genuss des Seins
den Wert des weiblichen Charakters
vermindern und der sanften Anmut
ihres Wesens Gewalt antun könnten.
Sophie Mereau, Betrachtungen

Es ist kein Weib so krank,
dass es nicht könnte
auf dem Rücken liegen.
Sprichwort aus Russland

Es ist keine Kraft in der Natur,
die auf dem Antlitz eines Weibes
die verlorene Unschuld ersetzt.
August von Kotzebue, Die kluge Frau im Walde

Weib

Es ist leichter, hundert Uhren
in Übereinstimmung zu bringen,
als zehn Weiber.
Sprichwort aus Polen

Es ist schlimmer,
ein Weib zu reizen
als einen bissigen Hund.
Deutsches Sprichwort

Ewig besiegt das Weibliche
durch Stille das Männliche.
Lao-tse, Dao-de-dsching

Frauen müssen lernen,
die fundamentalsten Vorstellungen
über weibliche Normalität
infrage zu stellen, damit
sie die Möglichkeit
zur Entwicklung freilegen,
die mittels Konditionierung nach
und nach verschüttet worden sind.
Germaine Greer, Der weibliche Eunuch

Früher ohne Weib
War die Hölle keine Hölle.
Heinrich Heine, Neue Gedichte

Für passend gilt es nicht,
und zwar aus gutem Grunde,
Dass jedes Ding ein Weib
erforsche und erkunde.
Molière, Die gelehrten Frauen (Chrysale)

Gehorsam ist des Weibes
Pflicht auf Erden,
Das harte Dulden
ist ihr schweres Los,
Durch strengen Dienst
muss sie geläutert werden,
Die hier gedienet,
ist dort oben groß.
Friedrich Schiller, Die Jungfrau von Orleans (Johanna)

Genau bei Weibern
Weiß man niemals, wo der Engel
Aufhört und der Teufel anfängt!
Heinrich Heine, Atta Troll

Gib Acht auf das böse Weib,
und auf das gute verlass dich nie.
Sprichwort aus Spanien

Große, starke Seelen
sind selten ärgerlich,
desto mehr aber schwache
und fast alle Weiber.
Karl Julius Weber, Democritos

Haar! Wundervoller Mantel
des Weibes in Urzeiten,
als es noch bis zu den Fersen
herabhing und die Arme verbarg.
Gustave Flaubert, November

Hässliche Weiber
hüten das Haus wohl.
Deutsches Sprichwort

Herrschen nicht und auch nicht dienen,
freundlich, hilfreich, tröstlich sein,
Dies geziemet allein den Weibern,
ist ihr Amt und Ruhm allein.
Friedrich von Logau, Sinngedichte

Höchst selten vermännlicht
sich ein Weib ohne eignen
und fremden Nachteil.
Christian Ernst Karl von Bentzel-Sternau, Weltansicht

Ich bin der Meinung, dass die Weiber
nie ganz mündig werden,
sondern stets unter wirklicher
männlicher Aufsicht stehn sollten.
Arthur Schopenhauer, Zur Rechtslehre und Politik

Ich bin verzagt,
wenn Weiber vor mir zittern.
Friedrich Schiller, Dom Karlos (Karlos)

Ich folgte ganz, wie meine Natur mir
gebot, ich war ganz Weib, ein gutes,
dem Instinkt sich hingebendes Wesen.
Sophie Mereau, Betrachtungen

Ich hätte ein Weib sein mögen,
um der Schönheit willen, um mich
selbst bewundern, mich nackt sehen,
mein Haar lang herabfallen
und mein Spiegelbild im Bache
betrachten zu können.
Gustave Flaubert, November

Ihr heiligen Weiber deutscher Vorzeit!
(...) das heilige Ideal kam durch euch,
wie das Himmelfeuer durch Wolken,
auf die Erde nieder.
Jean Paul, Levana

Im Norden sind die Völker
ja nicht so heißblütig;
auch sind sie nicht so hitzig
auf Weiber versessen.
Voltaire, Candide oder Die beste der Welten

Im Weibe wird Wunsch und Zweck
zur Ahnung, und so geläutert.
Das zweckhafte Weib ist
das furchtbarste aller Zwitterwesen.
Walter Rathenau, Auf dem Fechtboden des Geistes.
Aphorismen aus seinen Notizbüchern

In einem Weiberrocke,
in einem Bienenstocke,
Steckt Schaden und Genuss,
Ergetz' und auch Verdruss.
Friedrich von Logau, Sinngedichte

Ist aber's Weib, dies hehre,
Verkörperte Gedicht,
zu tief gefallen,
So wird's zur Fratze,
die uns schaudern macht.
Imre Madách, Die Tragödie des Menschen (Adam)

Je mehr du die Weiber durchschautest,
Desto weniger, Freund, wirst du
Verstehen – das Weib.
Otto Erich Hartleben, Meine Gemeinplätze

Je reiner das Goldgefäß,
desto leichter wird es verbogen;
der höhere weibliche Wert
ist leichter einzubüßen
als der männliche.
Jean Paul, Levana

Jedes Weib will lieber schön
als fromm sein.
Deutsches Sprichwort

Jedes Weibes Fehler
ist des Mannes Schuld.
Johann Gottfried Herder, Der Cid

Jegliches Weib, das schweigt,
ist meinen Augen / Aus diesem einz'-
gen Grunde schon die schönere.
Juan Ruiz de Alarcón y Mendoza,
Die verdächtige Wahrheit

Juwelen sprechen oft
mit stummer Kunst,
Gewinnen mehr als Wort
des Weibes Gunst.
William Shakespeare, Die beiden Veroneser (Valentin)

Kann sich öffnen und schließen
das Himmelstor ohne das Weibliche?
Lao-tse, Dao-de-dsching

Kein Mann das Weib erkennen soll,
Das Weib erkennt die Männer wohl;
Man nehme ihre Tugend wahr,
Ihr Wesen wisse niemand gar!
Freidank, Bescheidenheit

Kein Weib hält übrigens
ihren Mann für echt klug,
wenn er eifersüchtig ist;
er habe dazu Ursache oder nicht.
Theodor Gottlieb von Hippel, Über die Ehe

Keine Tugend ist doch weiblicher
als Sorge für das Wohl anderer,
und nichts dagegen macht das Weib
hässlicher und gleichsam der Katze
ähnlicher als der schmutzige Eigennutz, das gierige Einhaschen für den
eigenen Genuss.
Heinrich von Kleist, Briefe
(an Wilhelmine von Zenge, September 1800)

Keine Tugend ist weiblicher
als Duldsamkeit bei den Fehlern andrer.
Heinrich von Kleist, Briefe
(an Wilhelmine von Zenge, 21./22. Januar 1801)

Kommt ein Weib zu Falle,
So schilt man auf sie alle.
Freidank, Bescheidenheit

Launen!, nichts als Launen!
Da scheinen die Weiber immer krank.
Johann Wolfgang von Goethe, Die Wette (Johann)

Lieber ein bärtiges Weib
als ein gelehrtes.
Deutsches Sprichwort

Man liebt nur die Erde,
und durch das Weib
liebt uns wieder die Erde.
Darum findest du in der Liebe
aller Geheimnisse Enträtselung.
Kenne die Frau,
so fällt das Übrige dir alles zu.
Johann Wilhelm Ritter, Fragmente

Man muss dem Weib keine Rechte,
nur Privilegien einräumen.
Sie wollen diese auch lieber als jene.
Friedrich Hebbel, Tagebücher

Man sagt immer,
die Weiber schwätzen viel,
und wenn die Männer anfangen,
so hat's gar kein Ende.
Johann Wolfgang von Goethe,
Die Fischerin (Dortchen)

Man sieht es an der Nase bald,
ob Weiber warm sind oder kalt.
Deutsches Sprichwort

Mit Gewalt / Ergreift uns Liebreiz
weiblicher Gestalt.
Johann Wolfgang von Goethe,
Trilogie der Leidenschaft

Mit mehr Fug als das schöne
könnte man das weibliche Geschlecht
das unästhetische nennen.
Weder für Musik noch Poesie
noch bildende Künste haben sie
wirklich und wahrhaftig Sinn
und Empfänglichkeit;
sondern bloß Aefferei,
zum Behuf ihrer Gefallsucht.
Arthur Schopenhauer, Über die Weiber

Musik ist der Schlüssel
vom weiblichen Herzen.
Johann Gottfried Seume, Der Vorteil

Nicht herrlich, wie die euren, aber nicht
Unedel sind die Waffen eines Weibes.
Euripides, Iphigenie bei den Taurern

Nicht Strenge legte Gott
ins weiche Herz des Weibes.
Friedrich Schiller, Maria Stuart (Talbot)

Niemand um ein totes Weib
fährt zur Höll in unsern Jahren;
Aber um ein lebend Weib
will zur Hölle mancher fahren.
Friedrich von Logau, Sinngedichte

Noch nie hat mir ein Weib
durch Tiefe des Geistes imponiert,
aber wohl durch Tiefe des Gemüts.
Im Gemüt wurzelt die Kraft des Geschlechts, mag die Kraft einzelner
Individuen auch allerdings im Geist
wurzeln, Reizenderes gibt es nicht,
als das weibliche Gemüt durch den
weiblichen Geist beleuchtet zu sehen.
Friedrich Hebbel, Tagebücher

Schon der Anblick der weiblichen
Gestalt lehrt, dass das Weib weder zu
großen geistigen noch körperlichen
Arbeiten bestimmt ist. Es trägt die
Schuld des Lebens nicht durch Tun,
sondern durch Leiden ab.
Arthur Schopenhauer, Über die Weiber

Schwachheit, dein Name ist Weib!
William Shakespeare, Hamlet (Hamlet)

Schwachheit, dein Name ist Weib!,
so meint ein Dichter, ein großer:
Aber das Weibchen, es weiß:
Schwachheit, dein Name ist Mann!
Eduard von Bauernfeld, Xenien

Schweigen ist nicht allein
des Weibes höchste Schönheit,
sondern auch ihre höchste Weisheit.
Sören Kierkegaard, Der Begriff Angst

Sei ganz ein Weib und gib
Dich hin dem Triebe, der dich zügellos
Ergreift und dahin oder dorthin reißt.
Johann Wolfgang von Goethe,
Iphigenie auf Tauris (Thoas)

Selbst Vorbereitung und Erfüllung der
Mutterpflicht schließt nicht den Kreis
des Weibes. Ist es nicht auch um seiner
selbst willen da? Stehen ihm nicht
Geistes- und Körperreich offen?
Soll es nicht wie der Mann, nur in
der Weise anders, durch ein schönes
Dasein seinen Schöpfer verherrlichen?
Adalbert Stifter, Feldblumen

Sie ist ein Weib, guter Oranien,
und die möchten immer gern,
dass sich alles unter ihr sanftes Joch
gelassen schmiegte.
Johann Wolfgang von Goethe, Egmont (Egmont)

So ist das Weib, der Schönheit
holde Tochter,
Das Mittelding von Macht
und Schutzbedürfnis,
Das Höchste, was sie sein kann,
nur als Weib.
Franz Grillparzer, Libussa (Primislaus)

Sobald ein Weib uns gehört,
sind wir ihm nicht mehr untertan.
Michel Eyquem de Montaigne, Die Essais

Teures Weib, gebiete deinen Tränen!
Friedrich Schiller, Hektors Abschied

Torheit, du regierst die Welt, und dein
Sitz ist ein schöner weiblicher Mund.
Heinrich von Kleist, Michael Kohlhaas

Und die Weiber,
die Weiber!
Man vertändelt
gar zu viel Zeit
mit ihnen.
Johann Wolfgang von Goethe, Clavigo (Clavigo)

Unsrer Väter Geist ist tot
Und das Gemüt der Mütter
lenket uns,
Denn unser Joch und Dulden
zeigt uns weibisch.
William Shakespeare, Julius Caesar (Caesar)

Von allen Gütern ist das beste,
ein edles Weib zu haben.
Euripides, Fragmente

Was rechte Weiber sind,
sollten keine Männer lieben,
wir sind nichts wert.
Johann Wolfgang von Goethe, Briefe
(an Auguste zu Stolberg, 20. Mai 1776)

Was sind die Haupttugenden
der Weiber? – Geduld und Gehorsam. –
Was ist ihr Sinnbild? – Der Mond. –
Warum? – Weil er sie erinnert,
dass sie kein eigen Licht haben,
sondern dass sie allen Glanz
vom Manne erhalten.
Johann Wolfgang von Goethe, Der Groß-Cophta (Graf
– 1. Mädchen – Graf – 2. Mädchen – Graf – Marquise)

Weiber sind die ersten Erzieherinnen
des menschlichen Geschlechtes.
Theodor Gottlieb von Hippel, Über die Ehe

Weiber sind klug von Natur
und Närrinnen aus Neigung.
Deutsches Sprichwort

Weiber sind sanft, mild,
mitleidsvoll und biegsam.
William Shakespeare, Heinrich VI. (York)

Weiber und kleine Leute
sind schwer zu behandeln:
Lässt du sie zu nahe heran,
werden sie aufdringlich;
hältst du sie fern, werden sie aufsässig.
Konfuzius, Gespräche

Weiber! Weiber! Weiber!
Teils sind sie fein und groß.
Und dann wieder solch kleines Pack.
Paula Modersohn-Becker, Briefe (7. November 1897)

Weiber wissen sich immer zu helfen.
Voltaire, Candide oder Die beste der Welten

Weibergedanken eilen immer
ihren Handlungen voraus.
William Shakespeare, Wie es euch gefällt (Rosalinde)

Weise verfuhr ja der Schöpfer des Alls,
doch irrte er zweimal: Einmal, als er
das Gold, und ein anderes Mal,
als er das Weib erschuf.
Spruchweisheit aus Indien

Welch' wunderlich Gemisch
von Gut und Böse
ist doch das Weib,
gebraut aus Gift und Honig.
Imre Madách, Die Tragödie des Menschen (Adam)

Welches ist das höchste Bedürfnis des
Weibes? Ich müsste mich sehr irren,
wenn du anders antworten könntest
als: die Liebe ihres Mannes.
Heinrich von Kleist, Briefe
(an Wihelmine von Zenge, 27. Oktober 1801)

Wenn die Weiber
auch von Glas wären,
sie würden doch
undurchsichtig sein.
Sprichwort aus Russland

Wenn die Weiber
nicht eitel wären,
Die Männer könnten sie's lehren.
Paul von Heyse, Spruchbüchlein

Wenn eine Saat aufging
aus Weibertränen,
Von der würde jeder Tropfen
ein Krokodil!
William Shakespeare, Othello (Othello)

Wenn wir unsre Weiber
mehr Teufel sein ließen,
wären sie engelhafter.
Emil Gött, Im Selbstgespräch

Wer das Weib nicht liebt,
liebt den Menschen nicht.
Ludwig Feuerbach, Das Wesen des Christentums

Wer kann die Weiber begreifen und
verstehn! Sie kennen sich selber nicht,
das Widersprechendste zu vereinigen
wird ihnen leicht, was jedem Manne
vielen Kampf kosten würde, ist ihnen
ein Spiel.
Ludwig Tieck, Karl von Berneck (Reinhard)

Wer nicht im Weibe das Ideale sieht,
wo soll der es überhaupt noch sehen,
da das Weib doch offenbar in seiner
Blüte die idealste Erscheinung der
Natur ist.
Friedrich Hebbel, Tagebücher

Wer nicht mehr imstande ist,
den Weibern zu gefallen,
und es weiß, lebt ohne sie weiter.
Luc de Clapiers Marquis de Vauvenargues,
Unterdrückte Maximen

Wer nichts zu zanken hat,
der nehme ein Weib.
Deutsches Sprichwort

Wer ohne Weiber könnte sein,
wär frei von viel Beschwerden,
Wer ohne Weiber könnte sein,
wär aber nicht viel nütz auf Erden.
Friedrich von Logau, Sinngedichte

Wer sich an die Weiber hängt,
der bleibt wie die Fliege
im Honig kleben.
Deutsches Sprichwort

Wie eng gebunden
ist des Weibes Glück!
Johann Wolfgang von Goethe,
Iphienie auf Tauris (Iphigenie)

Wie fällt doch ein Geheimnis
Weibern schwer!
William Shakespeare, Julius Caesar (Portia)

Wie sehr ein Weib behütet sei,
Ihr sind doch die Gedanken frei.
Freidank, Bescheidenheit

Willst du ein gutes Weib
zu deinem Willen bereden
Und Freude bei ihr finden,
So verheiß ihr Holdes
und halt es treulich:
Niemand ist dir gram für Gutes.
Edda, Hávamál (Loddfafnirlied)

Wo ein Weib ist,
da ist der Teufel überflüssig.
Sprichwort aus Russland

Wo nicht Liebe oder Hass mitspielt,
spielt das Weib mittelmäßig.
Friedrich Nietzsche, Jenseits von Gut und Böse

Wo Weiber sind, da ist Verwirrung.
Sprichwort aus Indien

Wollten die Weiber immer wahrhaft
Weiber sein, sie wären immer
mit wahren Männern glücklich.
Christian Ernst Karl von Bentzel-Sternau, Weltansicht

Zu viel plauschen die Weiber erst,
wenn sie alt sind.
Wenn sie jung sind,
verschweigen sie einem zu viel.
Johann Nepomuk Nestroy,
Der alte Mann mit der jungen Frau

Zweierlei will der echte Mann:
Gefahr und Spiel.
Deshalb will er das Weib,
als das gefährlichste Spielzeug.
Friedrich Nietzsche, Also sprach Zarathustra

Zwischen Männern
ist von Natur bloß Gleichgültigkeit;
aber zwischen Weibern
ist schon von Natur Feindschaft.
Arthur Schopenhauer, Über die Weiber

Weiblichkeit

Alles Männliche
zeigt mehr Selbsttätigkeit,
alles Weibliche
mehr leidende Empfänglichkeit.
Wilhelm von Humboldt,
Über den Geschlechtsunterschied

Der weibliche Mensch ist
unmittelbarer der Art ausgeliefert
als der männliche.
Simone de Beauvoir, Das andere Geschlecht

Die Anwesenheit des weiblichen
Elements bedeutet die Anwesenheit
eines verborgenen Hilfreichen,
Mitwirkenden, Dienenden.
Gertrud von Le Fort, Die Frau in der Zeit

Die schöne und reine Weiblichkeit
sollte nur durch
die schönste und reinste Männlichkeit
angezogen werden.
Wilhelm von Humboldt, Briefe an eine Freundin

Die Weiblichkeit soll
wie die Männlichkeit
zur höhern Menschlichkeit
gereinigt werden.
Friedrich Schlegel, Über die Diotima

Die Weiblichkeiten heißen Schwächen.
Man spaßt darüber;
Toren treiben damit ihren Spott,
Vernünftige aber sehen sehr gut,
dass sie gerade die Hebezeuge sind,
die Männlichkeit zu lenken und sie
zu jener ihrer Absicht zu gebrauchen.
Immanuel Kant, Anthropologie in pragmatischer
Hinsicht

Ich musste unterscheiden lernen
zwischen dem falschen Selbst,
das meine Kultur und meine Religion
mir als Frau aufgezwungen hatten,
und dem wahren Teil meiner Weiblichkeit, den ich erhalten wollte.
Anaïs Nin, Die Frau legt den Schleier ab

Leichtsinn und Geduld,
zwei weibliche Haupteigenschaften.
Christian Morgenstern, Stufen

Mysterien sind weiblich.
Friedrich Schlegel, Ideen

Nur selbstständige Weiblichkeit,
nur sanfte Männlichkeit
ist gut und schön.
Friedrich Schlegel, Über die Diotima

Wie die weibliche Kleidung vor der
männlichen, so hat auch der weibliche
Geist vor dem männlichen den Vorzug,
dass man sich da durch eine einzige
kühne Kombination über alle Vorurteile der Kultur und der bürgerlichen
Konventionen wegsetzen und mit
einem Male mitten im Stande der
Unschuld und im Schoß der Natur
befinden kann.
Friedrich Schlegel, Lucinde

Weichen

Ich weiche dem Größeren.
Martial, Epigramme

Weichst du mir,
so weich ich dir.
Deutsches Sprichwort

Weihe

Der nur verdient
geheimnisvolle Weihe,
Der ihr durch Ahnung
vorzugreifen weiß.
Johann Wolfgang von Goethe,
Die natürliche Tochter (Weltgeistlicher)

Und das Schweigen geziemt
allen Geweihten genau.
Johann Wolfgang von Goethe, Römische Elegien

Weihnachten

Das Kind gebarst du Mägdelein,
Aller Welt Erdenschein.
Marienlied, Melker Handschrift (12. Jh.)

Denn noch nie hörte man das,
Dass durch jungfräuliche Geburt
ein Mensch geboren wurde.
Otfrid von Weissenburg, Evangelienbuch

Der Winter ist den Kindern hold,
Die jüngsten sind's gewohnt.
Ein Engel kommt, die Flüglein Gold,
Der guten Kindern lohnt.
Johann Wolfgang von Goethe,
Festzug 18. Dezember 1818 (Weihnachtskind)

Die Kirche Roms hat durch
die Einführung des Weihnachtsfestes
das Christentum gerettet.
Paul Anton de Lagarde, Mitteilungen

Die Rosen, sie blüh'n und verwehen,
Wir werden das Christkindlein sehen.
Hans Christian Andersen,
Die Schneekönigin (zweite Geschichte)

Die Ware Weihnacht ist nicht
die wahre Weihnacht.
Kurt Marti

Dies ist der Tag, den Gott gemacht,
Sein werd' in aller Welt gedacht.
Christian Fürchtegott Gellert, Lieder (Weihnachtslied)

Es ist kein Mensch auf Erden,
der es ganz sagen könnte,
Wie viele Wunder geschahen
bei der Geburt des Herrn.
Otfrid von Weissenburg, Evangelienbuch

Für mich war der Weihnachtsmann
immer so etwas wie ein reaktionäres
Symbol für Trost und Überfluss.
Peter Ustinov, Peter Ustinovs geflügelte Worte

Geht Barbara im Klee,
kommt das Christkind im Schnee.
Bauernregel

Gleich leuchtete von fern
für sie der Wunderstern,
Freude überkam sie,
als sie ihn erblickten.
Otfrid von Weissenburg, Evangelienbuch

Grüne Weihnachten, weiße Ostern.
Bauernregel

Hält der Oktober das Laub,
wirbelt zu Weihnachten Staub.
Bauernregel

Hängt um Weihnacht Eis
von den Weiden, kannst du zu Ostern
Palmen schneiden.
Bauernregel

Helle Christnacht, finstre Scheuer,
finstre Christnacht, helle Scheuer.
Bauernregel

Ich wärme mich an diesem Stück
Christentum und nehme es entgegen
wie ein Märlein. Und dann ist es
solch ein Fest für Frauen, denn diese
Mutterbotschaft lebt ja immer noch
weiter in jedem Weibe.
Paula Modersohn-Becker, Briefe (25. Dezember 1900)

In der Heiligen Nacht tritt man gern
einmal aus der Tür und steht allein
unter dem Himmel, nur um zu spüren,
wie still es ist, wie alles den Atem
anhält, um auf das Wunder zu warten.
Heinrich Waggerl, Das ist die stillste Zeit im Jahr

In einem Monat von neunundzwanzig
Tagen wäre ein Kind geistig zu zer-
setzen, wenn man jeden Tag davon zu
einem ersten Weihnachtstage machen
könnte. Nicht einmal ein erwachsener
Kopf hielte es aus, jeden Tag in einem
anderen Lande gekrönt zu werden.
Jean Paul, Levana

Ist's im Juli hell und warm,
friert's um Weihnacht reich und arm.
Bauernregel

Je dicker das Eis um Weihnacht liegt,
je zeitiger der Bauer Frühling kriegt.
Bauernregel

Man legte ihn in eine Krippe,
die dem Vieh das Futter gab,
Denn er möchte uns
beim ewigen Mahl dann sehen.
Otfrid von Weissenburg, Evangelienbuch

O du fröhliche, o du selige,
Gnaden bringende Weihnachtszeit.
Johannes Daniel Falk, Alldreifeiertagslied

O Weihnacht! Weihnacht!
Höchste Feier!
Wir fassen ihre Wonne nicht.
Sie hüllt in ihre heil'gen Schleier
das seligste Geheimnis dicht.
Nikolaus Lenau

Wäre er nicht geboren worden,
die Welt wäre zugrunde gegangen,
Der Satan hätte sie gepackt.
Otfrid von Weissenburg, Evangelienbuch

Watet die Krähe
an Weihnacht im Klee,
sitzt sie an Ostern im Schnee.
Bauernregel

Weihnachtszeit ist die Zeit,
in der man für andere Leute
Dinge kauft, die man sich selbst
nicht leisten kann.
Alberto Sordi

Wie leide ich vor Sehnsucht!
Wäre es doch Weihnachten!
Hans Christian Andersen,
Der Tannenbaum (Tannenbaum)

Weimar

Jetzt muss der Geist von Weimar,
der Geist der großen Philosophen und
Dichter wieder unser Leben erfüllen.
Friedrich Ebert, bei der Eröffnung der Weimarer
Nationalversammlung (6. Februar 1919)

Man nannte Weimar das deutsche
Athen, und in der Tat war es der
einzige Ort, in welchem das Interesse
für die schönen Künste sozusagen
national war und als verbrüderndes
Band zwischen den Ständen diente.
Germaine Baronin von Staël, Über Deutschland

Weimar, Jena, da ist's gut!
Johann Wolfgang von Goethe,
Die Lustigen von Weimar

Wein

Alter Wein, gesunder Wein.
Deutsches Sprichwort

Arznei vertreibt
eingebildete Krankheiten,
doch Wein nicht
wirklichen Kummer.
Chinesisches Sprichwort

Auch beim Wein spiele nicht
den starken Mann!
Schon viele hat der Rebensaft
zu Fall gebracht.
Altes Testament, Jesus Sirach 31, 25

Auch kann ihn kein Mensch
zum Lachen bringen,
aber das ist kein Wunder,
er trinkt keinen Wein.
William Shakespeare, Heinrich IV. (Falstaff)

Auf den Wein folgt die Ruhe.
Ovid, Festkalender

Becherrand und Lippen,
Zwei Korallenklippen,
Wo auch die gescheitern
Schiffer gerne scheitern.
Friedrich Rückert, Gedichte

Beim Bordeaux bedenkt,
beim Burgunder bespricht,
beim Champagner begeht
man Torheiten.
Anthelme Brillat-Savarin, Physiologie des Geschmacks

Beim Wein
fliehen die beißenden Sorgen dahin.
Horaz, Lieder

Bier auf Wein, das lass sein,
Wein auf Bier, das rat ich dir.
Deutsches Sprichwort

Bücher sind wie Weinflaschen;
der Staub darauf spricht für Qualität.
Ernst Heimeran

Dem ermüdeten Mann
ist Wein ja kräftige Stärkung.
Homer, Ilias

Dem Verwöhnten schmeckt der Wein
fade, dem Gesunden kräftig,
dem Verdurstenden herrlich:
Jeder übertreibt in seiner Richtung.
Michel Eyquem de Montaigne, Die Essais

Den Mägden ist ein Kuss,
was uns ein Glas voll Wein.
Johann Wolfgang von Goethe,
Die Mitschuldigen (Söller)

Denn um neuen Most zu bergen,
leert man rasch den alten Schlauch!
Johann Wolfgang von Goethe, Faust II (Chor)

Der Deutsche gleicht gewissen Weinen,
die verschnitten am trinkbarsten sind.
Ernst Jünger

Der ist nicht wert des Weines,
Der ihn wie Wasser trinkt.
Friedrich von Bodenstedt, Mirza Schaffy

Der Nebel steigt, es fällt das Laub;
Schenk ein den Wein, den holden!
Theodor Storm, Oktoberlied

Der Wein aus der Heimat
muss nicht der beste sein.
Chinesisches Sprichwort

Der Wein, er erhöht uns,
er macht uns zum Herrn
Und löset die sklavischen Zungen.
Johann Wolfgang von Goethe, Gewohnt, getan

Der Wein erfreut des Menschen Herz,
und die Freudigkeit
ist die Mutter aller Tugenden.
Johann Wolfgang von Goethe,
Götz von Berlichingen (Götz)

Der Wein gab Mut.
Ovid, Metamorphosen

Der Wein gibt Witz
und stärkt den Magen.
Christoph Martin Wieland

Der Wein ist der Spiegel
der Menschen.
Alkaios von Mytilene

Der Wein ist die Milch der Alten.
Sprichwort aus Frankreich

Der Wein ist ein Wahrsager.
Deutsches Sprichwort

Der Wein löst aber auch Liebesgefühle
aus; das sieht man daran, dass man
sich beim Trinken verleiten lässt, Leute
zu küssen, die nüchtern kein Mensch
küssen würde, sei es wegen ihres
Aussehens oder wegen ihres Alters.
Aristoteles, Psychologie

Der Wein schmeckt immer
nach dem Weinberg.
Sprichwort aus Frankreich

Der Wein schmeckt nach dem Fasse.
Deutsches Sprichwort

Die Deutschen trinken jeden Wein
fast gleich gern. Ihr Ziel ist es, sich
voll laufen zu lassen; das ist ihnen
wichtiger, als hinter den Geschmack
zu kommen.
Michel Eyquem de Montaigne, Die Essais

Die Europäer sagen, dieser Trank
verleihe ihnen Geist. Wie soll das
möglich sein, da er ihnen doch
den Verstand raubt?
Voltaire, Die Briefe Amabeds

Die Menschen trinken den Wein,
die Schweine fressen den Treber.
Chinesisches Sprichwort

Die Wahrheit ist im Wein;
Das heißt: In unsern Tagen
Muss einer betrunken sein,
Um Lust zu haben,
die Wahrheit zu sagen.
Friedrich Rückert, Gedichte

Die Welt ist voll von Leuten, die
Wasser predigen und Wein trinken.
Giovanni Guareschi

Drei Becher Wein
verlangt der Anstand,
ein Rausch löst
tausend Sorgen auf.
Chinesisches Sprichwort

Ein einziger Becher Wein,
Der gibt, das sei euch gesagt,
Mehr große Worte und Tapferkeit ein
Als vierzig und viere
Mit Wasser oder mit Biere.
Hartmann von Aue, Iwein (Keii)

Ein Glas Wein auf die Suppe
ist dem Arzt einen Taler entzogen.
Deutsches Sprichwort

Ein Mädchen
und ein Gläschen Wein
Kurieren alle Not;
Und wer nicht trinkt
und wer nicht küsst,
Der ist so gut wie tot.
Johann Wolfgang von Goethe,
Jery und Bätely (Thomas)

Ein schlechter Schriftsteller wird
manchmal ein guter Kritiker, genauso
wie man aus einem schlechten Wein
einen guten Essig machen kann.
Henry de Montherland

Ein wenig Wein, in Maßen genossen,
ist Medizin für Leib und Seele, denkt
der Weise Memnon, und betrinkt sich.
Voltaire, Memnon oder Die menschliche Weisheit

Eine Freundschaft, die der Wein
gemacht, / Wirkt wie der Wein
nur eine Nacht.
Friedrich von Logau,
Sinngedichte; auch deutsches Sprichwort

Eines frommen Mannes Herkommen
und eines guten Weins Heimat muss
man nicht so gar genau nachfragen.
Kaiser Ferdinand I. von Habsburg,
nach Julius W. Zincgref (Apophthegmata)

Es lebe die Freiheit!, es lebe der Wein!
Johann Wolfgang von Goethe, Faust I (Altmayer)

Für Sorgen sorgt das liebe Leben,
Und Sorgenbrecher sind die Reben.
Johann Wolfgang von Goethe, West-östlicher Divan

Gott macht nur das Wasser,
doch der Mensch den Wein.
Victor Hugo, Das Fest bei Thérèse

Gut! Wenn ich wählen soll,
so will ich Rheinwein haben:
Das Vaterland verleiht
die allerbesten Gaben.
Johann Wolfgang von Goethe, Faust I (Frosch)

Guter Wein bedarf des Herolds nicht.
Sprichwort aus Spanien

Guter Wein ist ein gutes geselliges
Ding – wenn man mit ihm
gut umzugehen weiß.
William Shakespeare, Othello (Jago)

Ihrem Geiste mangelt es an Federkraft,
sich eigene Bewegung zu erteilen:
Daher suchen die Erhöhung derselben
durch Wein und werden viele auf
diesem Wege zu Trunkenbolden.
Arthur Schopenhauer, Aphorismen zur Lebensweisheit

Im Wein liegt Wahrheit.
Alkaios, Fragmente

Ist der Januar nicht nass,
füllt sich der Winzer Fass.
Bauernregel

Jeder Wein setzt Weinstein
in den Fässern an mit der Zeit.
Johann Wolfgang von Goethe, Egmont (Egmont)

Klare Flüsse werden
an ein irden Bett gefesselt.
Unzählige Gelehrte werden
durch den Wein getrübt.
Chinesisches Sprichwort

Man führt gegen den Wein nur die
bösen Taten an, zu denen er verleitet,
allein er verleitet auch zu hundert
guten, die nicht so bekannt werden.
Der Wein reizt zur Wirksamkeit,
die Guten im Guten und die Bösen
im Bösen.
Georg Christoph Lichtenberg, Sudelbücher

Man kann nicht
allen Wein trinken,
den es zu kaufen gibt.
Chinesisches Sprichwort

Man kauft den Wein
nicht nach dem Ansehen.
Deutsches Sprichwort

Man vergleicht die Trunkenheit
mit dem Most: Wie dieser, wenn er
im Fasse gärt, alles nach oben treibt,
was in der Tiefe sitzt, so lässt der Wein
in denen, die zu viel getrunken haben,
die innersten Geheimnisse zutage
treten.
Michel Eyquem de Montaigne, Die Essais

Mariä Himmelfahrt Sonnenschein
bringt guten Wein.
Bauernregel

Meide die Gesellschaft
von Leuten, die gern trinken,
und nimm weder Wein
noch Wodka zu dir.
Leo N. Tolstoi, Tagebücher (1853)

Mit Wein im Bauch
ist man zu Geschäften aufgelegt.
Chinesisches Sprichwort

Nicht der Wein
macht die Menschen betrunken,
die Menschen
machen sich selbst betrunken.
Chinesisches Sprichwort

Oktobersonnenschein
schüttet Zucker in den Wein.
Bauernregel

Öl, Wein und Freunde
– je älter, desto besser.
Sprichwort aus Portugal

Regnet's an Peter und Paul,
wird des Winzers Ernte faul.
Bauernregel

Rotwein ist für alte Knaben
Eine von den besten Gaben.
Wilhelm Busch, Abenteuer eines Junggesellen

Rotwein von Bordeaux
ist das natürliche Getränk
des Norddeutschen.
Otto von Bismarck, Reden (in der preußischen Zweiten Kammer, 18. Oktober 1848)

Shaoxing – Wein ist ein Edelmann,
Samshoo – Fusel ist ein Lumpenkerl.
Chinesisches Sprichwort

Streck dich nicht
mit einer Verheirateten
zum Weingelage hin,
sitz nicht berauscht
mit ihr zusammen.
Altes Testament, Jesus Sirach 9, 9

Süßer Wein gibt sauern Essig.
Deutsches Sprichwort

Trink nicht nur Wasser,
sondern nimm auch etwas Wein,
mit Rücksicht auf deinen Magen
und deine häufigen Krankheiten.
Neues Testament, Paulus (1 Timotheus 5, 23)

Trinke nicht mehr Wein,
als du messen kannst.
Chinesisches Sprichwort

Übriger Wein macht Durst.
Deutsches Sprichwort

Um Erfolg zu haben,
muss man Wasser
zum Wein mischen,
bis kein Wein mehr da ist.
Jules Renard, Journal

Und Würzwein füllte
funkelnd die Becher.
Waltharilied (9./10. Jh.)

Vertreibe nun deine Sorgen mit Wein
und lass sie sich dann im Schlaf lösen!
Ecbasis captivi in belehrender Gestalt (Otter)

Viele fallen durch das Schwert,
mehr noch vom Wein.
Deutsches Sprichwort

Vinzenzen Sonnenschein
füllt die Fässer mit Wein.
Bauernregel

Von heute an entsage ich Zeit meines
Lebens dem Weine als dem tödlichsten
Gift. Nie mehr soll dieser unselige Saft
meine Sinne verwirren, nie mehr meine Lippen beflecken; und nie mehr soll
sein toller Rausch verursachen, dass
ich ohne mein Wissen schuldig werde.
Jean-Jacques Rousseau,
Julie oder Die neue Héloïse (Saint-Preux)

Was der Mann kann,
zeigt der Wein an.
Deutsches Sprichwort

Was für Redner sind wir nicht,
Wenn der Rheinwein aus uns spricht!
Gotthold Ephraim Lessing, Die Beredsamkeit

Was man beim Wein geredet,
bleibt nicht im Herzen.
Chinesisches Sprichwort

Was sind Geselligkeit
und Unterhaltung
ohne Wein?
Chinesisches Sprichwort

Wein auf Milch ist eine Wohltat,
Milch auf Wein ist Gift.
Sprichwort aus Frankreich

Wein entdeckt
die Geheimnisse des Herzens.
Chinesisches Sprichwort

Wein, er kann dir nicht behagen,
Dir hat ihn kein Arzt erlaubt;
Wenig nur verdirbt den Magen
Und zu viel erhitzt das Haupt.
Johann Wolfgang von Goethe, West-östlicher Divan

Wein, Gesang und Liebe
Haben mich wieder jung gemacht.
Friedrich von Bodenstedt, Mirza Schaffy

Wein richtet die Schönheit zugrunde,
durch Wein wird die Blüte des Lebens
verdorben.
Properz, Elegien

Wein sagt die Wahrheit.
Deutsches Sprichwort

Wein trinke aus kleinen Schalen,
Wissen trinke aus großen.
Chinesisches Sprichwort

Wein und schöne Mädchen
Sind zwei Zauberfädchen,
Die auch die erfahren
Vögel gern umgarnen.
Friedrich Rückert, Gedichte

Weisheit wird vom Wein umschattet.
Plinius d. Ä., Naturkunde

Wenn der Wein eingeht,
geht der Mund auf.
Deutsches Sprichwort

Wenn die Blumen blühen,
kredenze Wein.
Bei Vollmond
steig auf einen Turm.
Chinesisches Sprichwort

Wenn die Reben wieder blühen,
Rührt sich der Wein im Fasse.
Johann Wolfgang von Goethe, Nachgefühl

Wenn eine Frau dem Mann
reinen Wein einschenkt,
dann ist es bestimmt eine Spätlese.
Peter Frankenfeld

Wenn einer mit Wissen
sich so sehr des Weines enthielte,
dass er die Natur gar sehr beschwerte,
so wäre er nicht frei von Schuld.
Thomas von Aquin, Summa theologica

Wenn einer zu seinem Vergnügen
Wein trinkt, so verschafft er sich etwas
besonders Gutes, etwas, das er nicht zu
jeder Tageszeit erwartet und nicht zu
jeder Tageszeit begehrt, ausgenommen,
er ist nicht ganz normal.
Gilbert Keith Chesterton, Heretiker

Wer den Wein noch so sehr liebt, dem
wird alles Lust zum Trinken vergehen,
wenn er sich bei vollen Fässern in
einem Keller befände, in welchem die
verdorbene Luft ihn zu ersticken drohte.
Johann Wolfgang von Goethe,
Wilhelm Meisters Lehrjahre

Wer guten Wein trinkt, sieht Gott.
Sprichwort aus Frankreich

Wer trinkt, soll reinen Herzens sein,
Mit Wein ist nicht zu scherzen.
Friedrich Rückert, Gedichte

Wer Wein trinkt, redet wahr.
Chinesisches Sprichwort

Wer Wein verlangt,
der keltre reife Trauben.
Johann Wolfgang von Goethe, Faust II (Astrolog)

Wie ein Lebenswasser
ist der Wein für den Menschen,
wenn er ihn mäßig trinkt.
Altes Testament, Jesus Sirach 31, 27

Wie viele brave Männer sind
durch Wein und Weib verdorben.
Chinesisches Sprichwort

Windstill muss Sankt Stephan sein,
soll der nächste Wein gedeih'n.
Bauernregel

Wo der beste Wein wächst,
trinkt man den schlechtesten.
Deutsches Sprichwort

Zankt, wenn ihr sitzt beim Weine,
Nicht um des Kaisers Bart.
Emanuel Geibel, Gedichte

Weinen

Das Lächeln ist nur
ein gut getrocknetes Weinen.
Albert Paris Gütersloh

Das Weinen
ist dem Menschen angeboren,
aber das Lachen will gelernt sein.
Max Pallenberg

Die Frau weint vor der Hochzeit,
und der Mann danach.
Sprichwort aus Polen

Ein junger Mensch, der niemals weint,
ist ein Ungeheuer.
Ein alter Mensch, der nicht lacht,
ist ein Narr.
George de Santayana

Eine Frau lacht, wenn sie kann,
und weint, wann sie will.
Sprichwort aus Frankreich

Einen Verlornen zu beweinen,
ist auch männlich.
Johann Wolfgang von Goethe, Egmont (Oranien)

Es ist immer eine Biene da,
um in ein weinendes Gesicht
zu stechen.
Sprichwort aus Montenegro

Es lacht mancher,
der lieber weinen möchte.
Deutsches Sprichwort

Glaube keinem weinenden Mann
und keiner lachenden Frau.
Sprichwort aus Indien

Hexen weinen nicht.
Deutsches Sprichwort

Lachen ist männlich,
Weinen dagegen weiblich
(beim Manne weibisch).
Immanuel Kant,
Anthropologie in pragmatischer Hinsicht

Lasst mich weinen!
Das ist keine Schande.
Weinende Männer sind gut.
Johann Wolfgang von Goethe, West-östlicher Divan

Man sieht dir's an den Augen an,
Gewiss, du hast geweint.
Johann Wolfgang von Goethe, Trost in Tränen

Männer wie Diderot und Benjamin
Constant pflegten Ströme von Tränen
zu vergießen. Erst seit es nicht mehr
zum guten Ton gehört, haben Männer
aufgehört zu weinen.
Simone de Beauvoir, Das andere Geschlecht

Neue Formulierung:
Das Kind weinte wie ein Mann.
Jules Renard, Ideen, in Tinte getaucht.
Aus dem Tagebuch von Jules Renard

Satire ist, wenn man trotzdem weint.
Ephraim Kishon, Kishon für alle Fälle

Schluchzen wird oft Juchzen.
Deutsches Sprichwort

So mancher glaubt,
immer noch einem verlorenen
Glücke nachzuweinen,
und es ist längst nur mehr der
abgeschiedene Schmerz darum,
dem seine Tränen fließen.
Arthur Schnitzler, Buch der Sprüche und Bedenken

Tränen,
eine höchst törichte Übertreibung:
Sie gehen einem auf die Nerven
wie ein tropfender Wasserhahn.
Jules Renard, Ideen, in Tinte getaucht.
Aus dem Tagebuch von Jules Renard

Trau keinem weinenden Mann,
und noch weniger einer Frau,
die von ihrer Keuschheit spricht.
Sprichwort aus Montenegro

Und liebt der Himmel seine Kinder,
Wo Tränen er durch Leid erpresst,
So liebt er jene drum nicht minder,
Die er vor Freude weinen lässt.
Gottfried Keller, Gedichte

Weinen ist die Zuflucht
der gewöhnlichen Frauen,
aber der Ruin der hübschen.
Oscar Wilde, Lady Windermere's Fächer

Weinen ist eine gewisse Lust.
Ovid, Gedichte der Trübsal

Weinen ist gesteigertes Lachen.
Stendhal, Über die Liebe

Wenn Frauen so leicht weinen,
liegt das sicherlich daran, dass ihr
Leben sich vor einem Hintergrund
ohnmächtiger Empörung abspielt.
Simone de Beauvoir, Das andere Geschlecht

Wir haben alle schon geweint,
jeder Glückliche einmal vor Weh,
jeder Unglückliche einmal vor Lust.
Jean Paul, Dr. Kazenbergers Badereise

Wir weinen immer allein.
Franziska Gräfin zu Reventlow, Tagebücher

Wohin ich immer gehe,
Wie weh, wie weh, wie wehe
Wird mir im Busen hier!
Ich bin, ach!, kaum alleine,
Ich wein, ich wein, ich weine,
Das Herz zerbricht in mir.
Johann Wolfgang von Goethe, Faust I (Margarete)

Weisheit

Afterreden erschüttern
einen Weisen nicht.
Chinesisches Sprichwort

Alle großen Weisen sind despotisch
wie Generale und unhöflich
und unsensibel wie Generale,
weil sie davon überzeugt sind,
dass sie straffrei ausgehen.
Anton P. Tschechow, Briefe (8. September 1891)

Alle Narrheit erschöpfen
– so gelangt man
zum Boden der Weisheit.
Ludwig Börne, Aphorismen

Alles, was durch die Weisheit
hervorgegangen ist, lebt in ihr
wie ein reiner und einzig schöner
Schmuck und strahlt im lautersten
Glanz seines Wesens.
Hildegard von Bingen, Welt und Mensch

Alles Wissen zersetzt die Welt,
aber seine Summe, die Weisheit,
setzt sie wieder zusammen.
Die Wahrheitsprobe aller Philosophie
wird die Wiederübereinstimmung
mit dem Uranfänglichen sein.
Emil Gött, Im Selbstgespräch

Almosengeben macht nicht arm,
Stehlen nicht reich,
und Reichtum nicht weise.
Sprichwort aus England

Als ich der Weisheit nachgestrebt,
Kam ich den Toren töricht vor,
Und klug, da ich wie sie gelebt –
Für weise hält sich nur der Tor.
Friedrich von Bodenstedt, Mirza Schaffy

Alter ist Würze für den Weisen,
der Weise ist die Nahrung des Alters.
Titus Maccius Plautus, Der's für einen Dreier tut

Alter macht zwar immer weiß,
aber nicht immer weise.
Deutsches Sprichwort

An der Tiefe des Erlebnisses gemessen,
aus dem wir eine Weisheit gewonnen
haben, muss diese selbst immer platt
erscheinen; oder es ist weder ein
Erlebnis gewesen noch eine Weisheit
geworden.
Arthur Schnitzler, Ungedrucktes
(in: Österreichische Dichtergabe, Wien 1928)

Armut ist das Los aller Weisen.
Chinesisches Sprichwort

Auch im Guten wird der Weise
das Maß wahren.
Juvenal, Satiren

Aus einem Weisen
wird man nicht klug.
Elazar Benyoëtz

Besser ein weiser Tor
als ein törichter Weiser.
William Shakespeare, Was ihr wollt (Narr)

Bildung: das, was den eigenen Mangel
an Intelligenz dem Weisen offenbart
und dem Toren verbirgt.
Ambrose Bierce

Das deutlichste Anzeichen
der Weisheit ist eine
immer gleich bleibende Heiterkeit.
Michel Eyquem de Montaigne, Die Essais

Das Geld liegt auf der Straße,
die Weisheit im Volksmund.
Chinesisches Sprichwort

Das ist die wichtigste Aufgabe
der Weisheit, dass mit den Worten
die Taten übereinstimmen,
dass man selber in jeder Situation
sich gleich und derselbe ist.
Lucius Annaeus Seneca, Briefe über Ethik

Das Volk liebt den Mann,
der die Gerechtigkeit bringt,
dem Weisen schenkt es eher
Ehrfurcht als Liebe.
Francesco Guicciardini, Ricordi

Das Wissen des Weisen
schwillt an wie ein Bach,
wie ein lebendiger Quell
ist sein Rat.
Altes Testament, Jesus Sirach 21, 13

Das Wort eines Weisen gilt so viel,
als wäre es mit Pinsel und Tusche
geschrieben.
Chinesisches Sprichwort

Dem Hunde, wenn er gut erzogen,
Wird selbst ein weiser Mann gewogen.
Johann Wolfgang von Goethe, Faust I (Wagner)

Dem Streben, Weisheit und Macht
zu vereinigen, war nur selten und
nur auf kurze Zeit Erfolg beschieden.
Albert Einstein, Mein Weltbild

Dem Weisen allein also gelingt es,
dass er nichts gegen seinen Willen tut.
Marcus Tullius Cicero, Paradoxa Stoicorum

Den Frieden zu haben
– das kommt der Liebe zu.
Frieden zu begründen
aber ist das Amt
der ordnenden Weisheit.
Thomas von Aquin, Summa theologica

Den nenn' ich einen weisen Mann,
Der weiß, dass er von jedem
lernen kann.
Jüdische Spruchweisheit

Den Weisen kannst du
an der Wahl der Zweck' entdecken,
Den Klugen an der Wahl der Mittel
zu den Zwecken.
Friedrich Rückert,
Die Weisheit des Brahmanen

Denn die Weisheit
zeigt sich in der Rede
und die Einsicht
in der Antwort der Zunge.
Altes Testament, Jesus Sirach 4, 24

Denn dies wird ja als der erste
Schlüssel zur Weisheit bestimmt:
das beständige und häufige Fragen.
Pierre Abélard, Sic et non

Der Augenblick tritt niemals ein, in
welchem der Dummkopf den Weisen
nicht für fähig hält, einen Unsinn zu
sagen oder eine Torheit zu begehen.
Marie von Ebner-Eschenbach, Aphorismen

Der beste Lehrmeister
zu Weisheit und Tugend
ist die Liebe.
Euripides, Fragmente

Der brave Mann tut seine Pflicht
Und tat sie (ich verhehl es nicht),
Eh' noch Weltweise waren.
Friedrich Schiller, Die Weltweisen

Der edel gesinnte liebt die Berge;
der Weise hat seine Freude am Wasser.
Sprichwort aus Japan

Der Fromme liebt das Schaurige,
Der Leidende das Traurige,
Der Hoffende das Künftige,
Der Weise das Vernünftige.
Friedrich von Bodenstedt, Mirza Schaffy

Der Humor
ist der Regenschirm der Weisen (...).
Erich Kästner, Kurz und bündig. Epigramme

Der, ihr Menschen,
ist der Weiseste unter euch,
der da wie Sokrates erkennet,
dass er zur Weisheit
wahrhaftig gar nichts wert sei.
Platon, Die Apologie des Sokrates

Der Mann muss mäßig weise sein,
Aber nicht allzu weise.
Des Weisen Herz erheitert sich selten,
Wenn er zu weise wird.
Edda, Hávamál (Des Hohen Lied)

Der Mensch hat die Weisheit
all seiner Vorfahren
zusammengenommen,
und seht, welch ein Dummkopf
er ist!
Elias Canetti, Die Provinz des Menschen.
Aufzeichnungen 1942–1972

Der Narr stolpert über den Abgrund,
in den der Weise regelrecht fällt.
Victor von Scheffel, Ekkehard

Der Rost frisst Stahl und Eisen,
Die Sorge frisst den Weisen.
Freidank, Bescheidenheit

Weisheit

Der Stein der Weisen sieht dem Stein
der Narren zum Verwechseln ähnlich.
Joachim Ringelnatz

Der Tor läuft den Genüssen des
Lebens nach und sieht sich betrogen:
Der Weise vermeidet die Übel.
Arthur Schopenhauer, Aphorismen zur Lebensweisheit

Der Toren Herze liegt im Munde,
Der Weisen Mund im Herzensgrunde.
Hugo von Trimberg, Der Renner

Der Vater der Weisheit ist Gedächtnis,
Überlegung ist ihre Mutter.
Sprichwort aus Wales

Der Verstand passt sich der Welt an;
Weisheit sucht Einklang im Himmel.
Joseph Joubert, Gedanken, Versuche und Maximen

Der wahre Weise ist hoch erhaben
über Königswürde und Herzogstitel;
er hat sein Herrschaftsbereich
in seinem Inneren.
Michel Eyquem de Montaigne, Die Essais

Der Weise aber tut ab das Zuviel,
den Überfluss, das Übermaß.
Lao-tse, Dao-de-dsching

Der Weise allein ist reich.
Deutsches Sprichwort

Der Weise findet sogar bei Narren Rat.
Sprichwort aus Frankreich

Der Weise fragt nicht,
ob man ihn auch ehrt;
Nur er allein bestimmt
sich seinen Wert.
Johann Gottfried Seume, Einem Kleinmütigen

Der Weise hat Hande und Augen
und viele für den täglichen Gebrauch
bestimmte Dinge nötig: Zu entbehren
ist nämlich ein Zeichen des Mangels,
nichts mangelt dem Weisen.
Lucius Annaeus Seneca, Briefe über Ethik

Der Weise hört nicht auf.
So stark ist sein Begehren.
Gott muss ihm, was er will,
und sich auch selbst gewähren.
Daniel Czepko von Reigersfeld,
Monodisticha Sapientium

Der Weise
ist auf alle Ereignisse vorbereitet.
Molière, Die gelehrten Frauen

Der Weise ist dem Starken überlegen,
ein verständiger Mensch
dem robusten.
Altes Testament, Sprüche Salomos 24, 5

Der Weise ist selten klug.
Marie von Ebner-Eschenbach, Aphorismen

Der Weise ist wie der Bogenschütze.
Dieser nimmt zuerst die richtige Stellung ein und schnellt dann den Pfeil
ab. Wenn er trotzdem das Ziel nicht
erreicht, so gibt er nicht anderen die
Schuld, sondern sucht den Fehler
bei sich.
Meng-zi, Buch Meng-zi

Der Weise kann
des Mächtigen Gunst entbehren,
Doch nicht der Mächtige
des Weisen Lehren.
Friedrich von Bodenstedt, Mirza Schaffy

Der Weise kann sich überall wohl
fühlen, auch allein und auch unter der
Menge in einem Schloss. Aber wenn er
die Wahl hat, weicht er ihr lieber aus,
wenn es sein muss, erträgt er sie, aber
wenn er kann, wählt er die Einsamkeit.
Michel Eyquem de Montaigne, Die Essais

Der Weise kennt die eigene Kraft
und wird sie doch nie prahlend zeigen,
kennt den eigenen Wert und wird sich
doch nie selbst erhöhen, darum weist
er Macht von sich und wählt Demut.
Lao-tse, Dao-de-dsching

Der Weise lacht nur über das,
was wichtig scheint im Menschenleben.
Menandros, Monostichoi

Der Weise
meidet zuweilen die Menschen,
aus Furcht, sich zu langweilen.
Jean de La Bruyère, Die Charaktere

Der Weise muss
zu den Toren gehn,
Sonst würde die Weisheit
verloren gehen,
Da Toren nie
zum Weisen kommen.
Friedrich von Bodenstedt, Mirza Schaffy

Der Weise sagt niemals, was er tut,
aber er tut niemals etwas,
was er nicht sagen könnte.
Jean-Paul Sartre

Der Weise speichert nicht für sich,
und da er andern dient,
wächst sein Besitz,
und da er andern gibt,
so mehrt er sich.
Lao-tse, Dao-de-dsching

Der Weise trägt sein Glück bei sich.
Deutsches Sprichwort

Der Weise verbirgt
seine törichten Gedanken
und setzt dafür,
wenn er es vermag,
das Gute ins Werk.
Chrétien de Troyes, Yvain

Der Weise, welcher sich
hat über sich gebracht,
Der ruhet, wenn er läuft,
und wirkt, wenn er betracht't.
Angelus Silesius, Der cherubinische Wandersmann

Der Weisen Disput
Kommt der Weisheit zugut.
Jüdische Spruchweisheit

Der Weisen sind nur noch halb so viel,
und Menschen, die sich selber prüfen,
gibt es gar nicht mehr.
Chinesisches Sprichwort

Der Weiseste ist der,
dem selbst einfällt,
was er braucht.
Marcus Tullius Cicero, Rede für Cluentio Habito

Die allergrößte Weisheit, auf welche
der Mensch Anspruch machen darf,
besteht darin, alle seine Handlungen
und seine Gedanken den Antrieben
seines moralischen Organs analog
einzurichten, ohne sich um die menschlichen Einrichtungen und die Meinungen anderer viel zu bekümmern.
Frans Hemsterhuis,
Über den Menschen und die Beziehungen desselben

Die Anmut gibt der Weisheit die Stärke,
Die Anmut gibt der Weisheit Glanz.
Friedrich von Bodenstedt, Mirza Schaffy

Die Betrachtung
des menschlichen Elends aber
macht den Weisen stets maßvoll.
Jean-Jacques Rousseau, Emile

Die Flamme ist sich selbst
nicht so hell als den andern,
denen sie leuchtet:
so auch der Weise.
Friedrich Nietzsche, Menschliches, Allzumenschliches

Die Götter pflanzen weisen Sinn
den Menschen ein,
Von allen Gütern, welche sind,
das trefflichste.
Sophokles, Antigone

Die Italiener sind weise vor der Tat,
die Deutschen bei der Tat,
die Franzosen nach der Tat.
Sprichwort aus England

Die Jugend ist die Zeit,
die Weisheit zu studieren,
das Alter,
die erlangte Weisheit auszuüben.
Jean-Jacques Rousseau,
Träumereien eines einsamen Spaziergängers

Die Klugen meistern das Leben,
die Weisen durchleuchten es
und schaffen neue Schwierigkeiten.
Emil Nolde (10. November 1943)

Die Kunst der Weisheit besteht darin,
zu wissen, was man übersehen muss.
William James

Die Lähmung
ist der Anfang der Weisheit.
Francis M. de Picabia, Aphorismen

Die Narren reden am liebsten
von der Weisheit,
die Schurken von der Tugend.
Paul Ernst, Erdachte Gespräche

Die Natur des Menschen bleibt immer
dieselbe; im zehntausendsten Jahr der
Welt wird er mit Leidenschaften
geboren, wie er im zweiten derselben
mit Leidenschaften geboren ward und
durchläuft den Gang seiner Torheit
zu einer späten, unvollkommenen,
nutzlosen Weisheit.
Johann Gottfried Herder,
Ideen zur Philosophie der Geschichte der Menschheit

Die Ruhe ist eine liebenswürdige Frau
und wohnt in der Nähe der Weisheit.
Epicharmos, Fragmente

Die Toren wissen gewöhnlich das
am besten, was jemals in Erfahrung
zu bringen der Weise verzweifelt sucht.
Marie von Ebner-Eschenbach, Aphorismen

Die Tugend liegt darin,
das Laster zu fliehen,
und von Dummheit frei zu sein,
ist der Beginn der Weisheit.
Horaz, Briefe

Die Unerschütterlichkeit des Weisen
ist nichts anderes als die Kunst,
Erschütterungen nicht zu zeigen.
François de La Rochefoucauld, Reflexionen

Die Verehrung des Weisen ist ein
großes Gut für jene, die ihn verehren.
Epikur, Sprüche. In: Briefe, Sprüche, Werkfragmente

Die Vorzüge eines Dummkopfes
sind besser als die Fehler eines Weisen.
Chinesisches Sprichwort

Die wahre Weisheit
ist die Begleiterin der Einfalt.
Immanuel Kant, Träume eines Geistersehers

Die wahrhaft Weisen leben
still und zurückgezogen.
Voltaire, Der Lauf der Welt

Die Weisen sagen selten:
Dies ist nicht möglich;
häufiger sagen sie:
Ich weiß nicht.
Jean-Jacques Rousseau, Dritter Brief vom Berge

Die Weisheit allein liebt man offenbar
um ihrer selbst willen; denn es wird
uns ja von ihr nichts zuteil außer der
Betrachtung, während wir an den
praktischen Tätigkeiten einen bald
kleineren, bald größeren Vorteil haben,
der außerhalb der Tätigkeit selbst liegt.
Aristoteles, Nikomachische Ethik

Die Weisheit führt uns
zur Kindheit zurück.
Blaise Pascal, Pensées

Die Weisheit
ist die vollkommenste Wissenschaft.
Aristoteles, Nikomachische Ethik

Die Weisheit ist nur
eine große Wolke am Horizont.
Francis M. de Picabia, Aphorismen

Die Weisheit ist nur in der Wahrheit.
Johann Wolfgang von Goethe,
Maximen und Reflexionen

Die Weisheit kommt durch Liebe,
Schweigen und Sterbenlassen herein.
Große Weisheit ist es, zu schweigen
zu verstehen und weder auf Reden
noch auf Tun noch auf fremde
Lebensweisen zu achten.
Juan de la Cruz, Merksätze von Licht und Liebe

Drei sind,
die da herrschen
auf Erden:
die Weisheit,
der Schein
und die Gewalt.
Johann Wolfgang von Goethe,
Unterhaltungen deutscher Ausgewanderten

Du sagst: Der Thron sei lockend?
Für den weisen Mann
Mitnichten!
Euripides, Der bekränzte Hippolytos

Dumme Gedanken hat jeder,
nur der Weise verschweigt sie.
Wilhelm Busch

Durch Weisheit wird ein Haus gebaut,
durch Umsicht hat es Bestand.
Altes Testament, Sprüche Salomos 24, 3

Ein großer Weiser
erscheint oft wie ein Narr.
Chinesisches Sprichwort

Ein Mensch kann,
wenn er wahre Weisheit besitzt,
das gesamte Schauspiel der Welt
auf einem Stuhl genießen,
ohne lesen zu können,
ohne mit jemandem zu reden,
nur seine Sinne gebrauchend (...).
Fernando Pessoa, Das Buch der Unruhe
des Hilfsbuchhalters Bernardo Soares

Ein Narr und ein Weiser im Verein,
Die wissen mehr als ein Weiser allein.
Wilhelm Müller, Epigramme

Ein Quäntlein Glück ist besser
als ein Pfund Weisheit.
Deutsches Sprichwort

Ein Sprichwort
ist eine allgemein bekannte Weisheit,
an die sich niemand hält.
Wolfgang Herbst

Ein Strom fließt still,
ein Weiser hebt nicht die Stimme.
Chinesisches Sprichwort

Ein Weiser,
der sich selbst
nicht helfen kann,
ist umsonst weise.
Quintus Ennius, Medea

Ein Weiser entscheidet für sich selber,
ein Narr richtet sich nach den Leuten.
Chinesisches Sprichwort

Ein Weiser ohne Taten
ist eine Wolke ohne Regen.
John Steinbeck

Ein Weiser prüft und achtet nicht,
Was der gemeine Pöbel spricht.
Emanuel Schikaneder, Die Zauberflöte (Tamino)

Eine nicht getane Sache
ist verlorene Weisheit.
Chinesisches Sprichwort

Einen mit Weisheit Gesalbten
darf man nie warm werden lassen,
sonst trieft er.
Marie von Ebner-Eschenbach, Aphorismen

Einsamkeit
ist eine Schule der Weisheit.
Deutsches Sprichwort

Es gibt keine neue Weisheit,
und der ist der Weiseste,
der dies weiß und danach handelt.
Theodor Fontane, Graf Petöfy

Es gibt keinen Weisen,
der nicht Angst
vor einem Toren hat.
Sprichwort aus Frankreich

Es gibt mehr Dinge im Himmel
und auf Erden,
Als eure Schulweisheit
sich träumt.
William Shakespeare, Hamlet (Hamlet)

Es gibt wohl ein Recht des Weiseren,
nicht aber ein Recht des Stärkeren.
Joseph Joubert, Gedanken, Versuche und Maximen

Es ist nämlich eine triviale und
nur zu häufig bestätigte Wahrheit,
dass wir oft törichter sind, als wir
glauben: Hingegen ist, dass wir oft
weiser sind, als wir selbst vermeinen,

Weisheit

eine Entdeckung, welche nur die,
so in dem Falle gewesen, und selbst
dann erst spät machen.
Arthur Schopenhauer, Aphorismen zur Lebensweisheit

Es nenne niemand frei
und weise sich
Vor seinem Ende!
Johann Wolfgang von Goethe,
Claudine von Villa Bella (Lucinde)

Eva, verziehen sei dir,
es haben ja Söhne der Weisheit
Rein geplündert den Baum,
welchen der Vater gepflanzt.
Johann Wolfgang von Goethe, Epigrammatisch

Fähigkeit ruhiger Erwägung
– Anfang aller Weisheit,
Quell aller Güte!
Marie von Ebner-Eschenbach, Aphorismen

Für die Welt ist die Weisheit närrisch,
für die Weisheit ist die Welt närrisch.
Sprichwort aus Indien

Für einen Weisen ziemt es sich,
alles eher als Waffen zu versuchen.
Terenz, Der Eunuch

Furcht ist der Anfang der Weisheit.
Sprichwort aus Spanien

Gäb es keine Narren,
so gäb es keine Weisen.
Deutsches Sprichwort

Genießen wir also, wie es
die Weisen tun; bedenken wir,
dass noch Gutes kommen kann
und dass, wer steht,
am Ende fallen muss.
Und wenn das Schlimme kommt,
schluck es hinunter wie eine Arznei,
denn töricht ist,
wer sie schlürft oder kostet.
Niccolò Machiavelli, Der goldene Esel

Glücklich ist man, wenn man
aus dem Zustand der Gesundheit
in den der Weisheit übergeht.
Joseph Joubert, Gedanken, Versuche und Maximen

Halte zur rechten Zeit
dein Wort nicht zurück,
verbirg deine Weisheit nicht.
Altes Testament, Jesus Sirach 4, 23

Ich glaube deine Weisheit nur,
wenn sie dir aus dem Herzen,
deine Güte nur, wenn sie dir
aus dem Verstande kommt.
Arthur Schnitzler, Buch der Sprüche und Bedenken

Ich will, ein für alle Mal,
vieles nicht wissen.
Die Weisheit zieht auch
der Erkenntnis Grenzen.
Friedrich Nietzsche, Götzen-Dämmerung

Illusion und Weisheit zusammen
bilden das Entzücken des Lebens
und der Kunst.
Joseph Joubert, Gedanken, Versuche und Maximen

Im Rat der Großmutter ist möglicherweise mehr Weisheit enthalten
als in der Wissenschaft der
zwanzigjährigen Sozialexpertin.
Norbert Blüm, Unverblümtes von Norbert Blüm

In der Gegenwart leben, das heißt,
in der Gegenwart auf die beste Weise
handeln, ist Weisheit.
Leo N. Tolstoi, Tagebücher (1852)

In eine Seele, die auf Böses sinnt,
kehrt die Weisheit nicht ein,
noch wohnt sie in einem Leib,
der sich der Sünde hingibt.
Altes Testament, Buch der Weisheit 1, 4

In seiner Beschränktheit von keinem
erreichbar ist der weise Mann, der sich
an seiner eigenen Weisheit berauscht.
Peter Ustinov, Peter Ustinovs geflügelte Worte

In Sicherheit ist der Weise,
und nicht kann ihm angetan werden
ein Unrecht oder eine Schmach.
Lucius Annaeus Seneca,
Über die Standhaftigkeit des Weisen

In Zuversicht geht eure Weisheit unter.
William Shakespeare, Julius Caesar (Calpurnia)

Ja, wir sind noch Anfänger; ihr aber
seit keine Anfänger mehr – ihr seid
längst mit eurer Weisheit zu Ende.
Moses Hess, Über die Not in unserer Gesellschaft und
deren Abhülfe

Jesus sprach nie eine größere Wahrheit
aus, als da er sagte, die Weisheit
komme aus dem Mund der kleinen
Kinder. Ich glaube es, da ich es selbst
beobachtet habe: Wenn wir uns
Unmündigen in Bescheidenheit und
Unschuld nähern wollten,
könnten
wir von ihnen Weisheit lernen.
Mohandas K. »Mahatma« Gandhi, The Nation's Voice

Keiner täusche sich selbst.
Wenn einer unter euch meint,
er sei weise in dieser Welt,
dann werde er töricht,
um weise zu werden.
Neues Testament, Paulus (1 Korinther 3, 18)

Klugheit betrachtet
die Wege zur Glückseligkeit,
Weisheit aber betrachtet
den Inbegriff der Glückseligkeit selbst.
Thomas von Aquin, Summa theologica

Klugheit tötet Weisheit;
das ist eine der wenigen zugleich
traurigen und wahren Tatsachen.
Gilbert Keith Chesterton, Aphorismen und Paradoxa

Könnte der Narr schweigen,
so wär er weis.
Deutsches Sprichwort

Lass alle frommen Toren
In Nüchternheit versinken;
Kein Tropfen geht verloren,
Von dem, was Weise trinken.
Friedrich von Bodenstedt, Mirza Schaffy

Lerne Weisheit
durch die Torheit der andern.
Sprichwort aus Italien und Japan

Man lebt nur einmal
– sagen die Narren.
Man lebt nur einmal
– sagen die Weisen.
Armando Palacio Valdés

Man pflegt, in immer neuer
Ahnungslosigkeit, uralte Weisheiten
jenen Mitbürgern zuzuschreiben,
die sie am lautesten erneuern.
Ludwig Marcuse, Argumente und Rezepte.
Ein Wörter-Buch für Zeitgenossen

Man schüttelt die Weisheit
nicht aus dem Ärmel heraus.
Deutsches Sprichwort

Manche würden weise sein,
wenn sie es nicht zu sein glaubten.
Baltasar Gracián y Morales,
Handorakel und Kunst der Weltklugheit

Mehr gehört jetzt zu einem Weisen,
als in alten Zeiten zu sieben:
Und mehr ist erfordert, in diesen
Zeiten mit einem einzigen Menschen
fertig zu werden als in vorigen mit
einem ganzen Volke.
Baltasar Gracián y Morales,
Handorakel und Kunst der Weltklugheit

Meine Weisheit ist
eigentlich nicht zum Gebrauch
für jedermann,
und Klugheitslehren verschweigt man
klugerweise.
Søren Kierkegaard, Entweder – Oder

Meistens sterben die Weisen,
nachdem sie den Verstand
verloren haben;
die Narren hingegen ganz voll
von gutem Rat.
Baltasar Gracián y Morales,
Handorakel und Kunst der Weltklugheit

Menschliche Weisheit
beseitigt die Übel des Lebens.
Nur durch göttliche Weisheit
finden wir die wahren Güter.
Joseph Joubert, Gedanken, Versuche und Maximen

Nach dem Glück
wird unsrer Weisheit Maß geschätzt.
Euripides, Der bekränzte Hippolytos (Amme)

Nicht alles sei Beschaulichkeit,
auch Handlung muss dabei sein.
Sehr weise Leute sind meistens leicht
zu betrügen, denn obgleich sie das
Außerordentliche wissen, so sind sie
mit dem alltäglichen des Lebens unbekannt, welches doch notwendiger ist.
Baltasar Gracián y Morales,
Handorakel und Kunst der Weltklugheit

Nicht immer sind die Stillen auch die
Weisen. Es gibt verschlossene Truhen,
die leer sind.
Jean Giono

Niemand ist für sich
allein weise genug.
Titus Maccius Plautus, Der prahlerische Offizier;
auch deutsches Sprichwort

Nüchtern sein und zweifeln,
das ist der Kern der Weisheit.
Epicharmos, Fragmente

Nur Begeisterung hilft
über die Klippen hinweg,
die alle Weisheit der Erde
nicht zu umschiffen vermag.
Karl Gutzkow, Vom Baum der Erkenntnis

Nur der ist ein viel weiser Mann,
Der dummen Gedanken
verdenken kann
Mit weislicher Tat.
Hartmann von Aue, Iwein (Lunete)

Nur die größten Weisen
und die dümmsten Narren
bleiben immer gleich.
Chinesisches Sprichwort

Nur die Törinnen
machen von sich reden;
die weisen Frauen
erregen kein Aufsehen.
Jean-Jacques Rousseau, Emile

Ordnung zu stiften,
ist des Weisen Amt.
Thomas von Aquin, Summe gegen die Heiden

Praktische Weisheit kann nur
durch die Schule der Erfahrung
gelernt werden.
Samuel Smiles, Charakter

Reich ist, wer weise ist.
Horaz, Sermones

Respekt vor dem Gemeinplatz!
Er ist seit Jahrhunderten
aufgespeicherte Weisheit.
Marie von Ebner-Eschenbach, Aphorismen

Sag, o Weiser, wodurch du
zu solchem Wissen gelangtest?
Dadurch, dass ich mich nie
andre zu fragen geschämt.
Johann Gottfried Herder, Völkerstimme, Persisch

Schlechtes zu kennen,
ist keine Weisheit,
der Rat der Sünder
ist keine Klugheit.
Altes Testament, Jesus Sirach 19, 22

Sein Bestes tun im Dienste für das Volk;
die Geister und Dämonen ehren
und sie dennoch fern halten.
Das könnte man wohl Weisheit nennen.
Konfuzius, Gespräche

Sich selbst genug ist der Weise darin,
glücklich zu leben, nicht, überhaupt
zu leben. Zu diesem nämlich
hat er viele Dinge nötig,
zu jenem lediglich eine Seele,
vernünftig und aufrecht
und verachtend das Schicksal.
Lucius Annaeus Seneca, Briefe über Ethik

Sich selbst ist der Weise genug.
Das, mein lieber Lucilius,
legen die meisten falsch aus:
Den Weisen drängen sie
überall zurück und zwingen ihn
in sein eigenes Selbst.
Lucius Annaeus Seneca, Briefe über Ethik

Siegerin über das Schicksal
ist die Weisheit.
Juvenal, Satiren

Sieh in der Welt dich um und lerne an
anderer Weisheit; / Aber im innersten
Kern bleibe dir selber getreu.
Heinrich Leuthold, Distichen

So ist des Weisen Seele beschaffen
wie die Welt oberhalb des Mondes:
Stets ist es dort heiter.
Lucius Annaeus Seneca, Moralische Briefe

So wie die Torheit oft manchen um
sein Glück bringt und ihn in tiefes
Elend stürzt, so zieht den Weisen sein
Verstand aus den augenscheinlichsten
Gefahren und gewährt ihm vollkommene Ruhe und Sicherheit.
Giovanni Boccaccio, Das Dekameron

Solange wir nicht wissen, was wir tun
sollen, besteht die Weisheit darin,
dass wir in der Untätigkeit bleiben.
Dies ist von allen Grundregeln
diejenige, welche der Mensch
am meisten braucht und der er
am wenigsten zu folgen weiß.
Jean-Jacques Rousseau, Emile

Steile Höhen besucht
die ernste forschende Weisheit,
Sanft gebahnteren Pfad findet
die Liebe im Tal.
Johann Wolfgang von Goethe, Sechzehn Epigramme

Tiefe Weisheit wächst
aus starken Zweifeln.
Chinesisches Sprichwort

Toren und gescheite Leute
sind gleich unschädlich.
Nur die Halbnarren und Halbweisen,
die sind die Gefährlichsten.
Johann Wolfgang von Goethe,
Maximen und Reflexionen

Über das Selbstverständliche staunen
nur die Narren und die Weisen.
Jean Giono

Um weise zu werden, muss man
gewisse Erlebnisse haben wollen,
also ihnen in den Rachen laufen. Sehr
gefährlich ist dies freilich; mancher
»Weise« wurde dabei aufgefressen.
Friedrich Nietzsche, Menschliches, Allzumenschliches

Umsonst spricht die Weisheit
aus Ihrem Munde;
der Natur Stimme spricht stärker.
Jean-Jacques Rousseau,
Julie oder Die neue Héloïse (Saint-Preux)

Und die Weisen sagen:
Beurteile niemand,
bis du an seiner Stelle
gestanden hast.
Johann Wolfgang von Goethe,
Briefe (an Charlotte von Stein, 1. Juni 1781)

Unsere Weisheit
kommt aus unserer Erfahrung.
Unsere Erfahrung
kommt aus unseren Dummheiten.
Sascha Guitry

Verweile gern im Kreis der Alten,
wer weise ist, dem schließe dich an.
Altes Testament, Jesus Sirach 6, 34

Viel könnten werden weis und klug,
wenn sie nicht meinten,
sie wären's genug.
Johann Fischart

Was ist die Weisheit eines Buchs
gegen die Weisheit eines Engels?
Friedrich Hölderlin, Hyperion

Was ist es denn für eine verkehrte
Weisheit, in nichtigen Dingen, ja
in der Bosheit erfahren und gewitzt
zu sein, in dem aber, was allein
zu unserem Heil gehört, nicht
verständiger zu sein als das Vieh!
Erasmus von Rotterdam,
Handbüchlein eines christlichen Streiters

Was Weisheit nicht bindet,
löst Torheit leicht auf.
Deutsches Sprichwort

Weise ist jener, der nicht
über die Maßen weise ist.
Martial, Epigramme

Weise Leute haben
ihren Mund im Herzen.
Deutsches Sprichwort

Weise machen Sprichwörter,
aber Narren sprechen sie nach.
Sprichwort aus England

Weise sein ist nicht allzeit gut.
Deutsches Sprichwort

Weise sein und lieben
Vermag kein Mensch:
Nur Götter können's üben.
William Shakespeare, Troilus und Cressida (Cressida)

Weiser werden heißt, immer mehr
und mehr die Fehler kennen lernen,
denen dieses Instrument, womit wir
empfinden und urteilen, unterworfen
sein kann.
Georg Christoph Lichtenberg, Sudelbücher

Weisheit erhebt das Haupt des Armen
und lässt ihn unter Fürsten sitzen.
Altes Testament, Jesus Sirach 11, 1

Weisheit erwerben
ist besser als Gold,
Einsicht erwerben
vortrefflicher als Silber.
Altes Testament, Sprüche Salomos 16, 16

Weisheit in kleiner Münze ist,
was Sprichwörter uns geben.
George Meredith, Sandra Belloni

Weisheit ist der Tyrann
der Schwachen.
Luc de Clapiers Marquis de Vauvenargues,
Unterdrückte Maximen

Weisheit ist die Kraft der Schwachen.
Joseph Joubert, Gedanken, Versuche und Maximen

Weisheit ist Harmonie.
Novalis

Weisheit ist Ruhe im Licht.
Glücklich die erhabenen Geister,
die in ihren Strahlen spielen!
Joseph Joubert,
Gedanken, Versuche und Maximen

Weisheit ist wie ein Baum, der seine
Äste durch das ganze Firmament
verbreitet, die goldnen Früchte,
die ihr Gezweig zieren, sind Sterne.
Bettina von Arnim, Tagebuch

Weisheit ist, zu wissen,
was man wissen muss
und was man nicht zu wissen braucht,
und was man zuerst wissen muss
und was später.
Leo N. Tolstoi, Tagebücher (1901)

Weisheit kommt
nach der Enttäuschung.
George Santayana

Weisheit kommt nicht vor den Jahren.
Deutsches Sprichwort

Weisheit und Gold
Sind selten einem hold.
Jüdische Spruchweisheit

Weisheit und Tapferkeit
geht vor Macht und Reichtum.
Julius Wilhelm Zincgref, Apophthegmata

Weisheit wird vom Wein umschattet.
Plinius d. Ä., Naturkunde

Wenn du weise bist,
weißt du nicht, was du weißt.
Terenz, Der Eunuch

Wer frei ist von Arbeit,
kann sich der Weisheit widmen.
Altes Testament, Jesus Sirach 38, 24

Wer mit Weisen unterwegs ist,
wird weise, wer mit Toren verkehrt,
dem geht es übel.
Altes Testament, Sprüche Salomos 13, 20

Wer reden und auch schweigen kann
Zur Zeit, der ist ein weiser Mann.
Hugo von Trimberg, Der Renner

Wer seine Grenzen kennt,
ist schon ein halber Weiser.
John Galsworthy

Wer sich selbst beherrscht,
der ist der weise Mann.
Euripides, Fragmente

Wer tiefer irrt,
der wird auch tiefer weise.
Gerhart Hauptmann, Aufzeichnungen

Wer weise ist, freue sich
im schweigsamen Herzen.
Tibull, Elegien

Wie der Mond
zeigt der Weise der Welt
nur seine leuchtende Seite.
John Churton Collins

Wie weise muss man sein,
um immer gut zu sein.
Marie von Ebner-Eschenbach, Aphorismen

Wir sind aber nicht eingeweiht
in die Zwecke der ewigen Weisheit
und kennen sie nicht. Dieses kecke
Antizipieren eines Weltplanes
führt zu Irrtümern, weil es von
irrigen Prämissen ausgeht.
Jacob Burckhardt, Weltgeschichtliche Betrachtungen

Wissen kommt und geht,
die Weisheit bleibt.
Alfred Tennyson

Wo das Dach niedrig ist,
geht ein Weiser nicht anders
als gebeugten Hauptes.
Chinesisches Sprichwort

Wo einer weise ist,
sind zweie glücklich.
Deutsches Sprichwort

Wo Weise sind, da sind auch Toren.
Deutsches Sprichwort

Würde ist nur die Rinde der Weisheit,
allein sie bewahrt sie.
Joseph Joubert, Gedanken, Versuche und Maximen

Zehn Maß Weisheit
hat die Welt erhalten;
neun davon
hat das Land Israel erhalten
und einen Teil die übrige Welt.
Talmud

Zieht Gott sich von der Welt zurück,
so zieht der Weise sich in Gott zurück.
Joseph Joubert, Gedanken, Versuche und Maximen

Zur Weisheit bekehre
Bald sich jeder,
und meide das Böse,
Verehre die Tugend!
Johann Wolfgang von Goethe, Reineke Fuchs

Zweifel ist der Weisheit Anfang.
Sprichwort aus Frankreich

Zweifeln wir nicht an dem, was der
Weise sagt, denn am Werk erkennt
man den Weisen und seine Worte.
Juan Ruiz de Alarcón y Mendoza,
Buch von rechter Liebe

Weiß

Aus einem Kübel voller Indigo
kannst du kein weißes Leinen ziehen.
Chinesisches Sprichwort

Es badet sich die Kräh' mit allem Fleiß
Und kann doch niemals werden weiß.
Freidank, Bescheidenheit

Wären Weiße Schwarze,
wären Schwarze keine Schwarzen.
Heinrich Wiesner

Weiß erkennt man am besten,
wenn man Schwarz dagegen hält.
Deutsches Sprichwort

Wer aber sein Haus weiß tüncht, der
verrät mir eine weiß getünchte Seele.
Friedrich Nietzsche, Also sprach Zarathustra

Weissagung

Eigentlich ist jede Begebenheit
eine Weissagung und eine Geister-
Erscheinung, aber nicht für uns allein,
sondern für das All; und wir können
sie dann nicht deuten.
Jean Paul, Vorschule der Ästhetik

Es ist leichter,
aus dem Fluge des Adlers,
als den Flug des Adlers
zu weissagen.
Jean Paul, Dämmerungen für Deutschland

Man hat Exempel, dass Leute,
die auf den Kopf gefallen
oder darauf mit einem Prügel
geschlagen worden sind,
zuweilen angefangen haben
zu weissagen und anders
von den Dingen in der Welt
zu denken als andere Menschen.
Georg Christoph Lichtenberg, Sudelbücher

Welken

Gibt es ein Ohr so fein, dass es die
Seufzer der welkenden Rose
zu hören vermöchte?
Arthur Schnitzler, Buch der Sprüche und Bedenken

Ich wollt es brechen, Da sagt es fein:
Soll ich zum Welken
Gebrochen sein?
Johann Wolfgang von Goethe, Gefunden

Wenn der Baum zu welken anfängt,
tragen nicht als seine Blätter
die Farbe des Morgenrots?
Friedrich Hölderlin, Hyperion

Welle

Die Welle beugt sich
jedem Winde gern.
Johann Wolfgang von Goethe, Faust II (Thales)

Die Welle, die an Land will, tut nur so.
Hans Peter Keller

Wind ist der Welle
Lieblicher Buhler;
Wind mischt vom Grund aus
Schäumende Wogen.
Johann Wolfgang von Goethe,
Gesang der Geister über den Wassern

Welt

Ach, wo bist du, beste aller Welten?
Voltaire,
Candide oder Der Glaube an die beste der Welten

Alle, die behaupten, diese Welt sei ein
Jammertal, ein Ort der Prüfung und
dergleichen, jene Welt hingegen sei
eine Welt der Glückseligkeit, behaupten
gleichsam, Gottes ganze unendliche
Welt sei herrlich oder in Gottes Welt
sei das Leben überall herrlich mit Ausnahme nur eines Ortes und einer Zeit,
nämlich, der Welt, in der wir leben.
Das wäre doch ein seltsamer Zufall.
Leo N. Tolstoi, Tagebücher (1889)

Alle Dinge sind
miteinander verbunden.
Seattle, Die Rede des Indianerhäuptlings Seattle.
Neuere Version

Alle Körper sind mit dem Weltganzen
zusammengewachsen und wirken wie
unsere Glieder miteinander zusammen.
Mark Aurel, Selbstbetrachtungen

Alles auf der Welt
ist eine zukünftige Antiquität.
Bernard Buffet

Am Rande der Welt situiert zu sein,
ist keine günstige Ausgangslage
für einen, der vorhat,
die Welt neu zu erschaffen.
Simone de Beauvoir, Das andere Geschlecht

Auch die Bretter,
die man vor dem Kopf hat,
können die Welt bedeuten.
Werner Finck

Beim Anblick all dessen,
was auf der Welt vorkommt,
müsste der größte Menschenfeind
zuletzt heiter werden
und Heraklit vor Lachen sterben.
Chamfort, Maximen und Gedanken

Bevor man die Welt verändert,
wäre es vielleicht doch wichtiger,
sie nicht zugrunde zu richten.
Paul Claudel

Darüber, wer die Welt erschaffen hat,
läßt sich streiten.
Sicher ist nur,
wer sie vernichten wird.
George Adamson

Das Bild der Welt, das wir erschaffen,
sind wir selbst. Deshalb ist es von
innerer Notwendigkeit. Wir können
nichts entdecken außer in uns. Indem
wir von der Welt reden, sprechen wir
von uns.
Oswald Spengler, Urfragen.
Fragmente aus dem Nachlass

Das ist der gewöhnliche Gang der Welt:
auf und ab, von Ewigkeit zu Ewigkeit.
Mark Aurel, Selbstbetrachtungen

Das ist die Welt:
Sie steigt und fällt
Und rollt beständig;
Sie klingt wie Glas –
Wie bald bricht das! –
Ist hohl inwendig.
Johann Wolfgang von Goethe,
Faust I (Der Kater)

Das Schicksal der Welt hängt in erster
Linie von den Staatsmännern ab, in
zweiter Linie von den Dolmetschern.
Trygve Lie

Dass wir uns in ihr zerstreuen,
Darum ist die Welt so groß.
Johann Wolfgang von Goethe,
Wilhelm Meisters Wanderjahre

Denn es gibt keinen anderen Ort
für dieses Weltganze als die Seele.
Plotin, Enneaden

Der Optimist erklärt, dass wir in der
besten aller möglichen Welten leben,
und der Pessimist fürchtet, dass dies
wahr ist.
James B. Cabell

Die Außenwelt ist durchaus
unbarmherzig, und sie hat Recht,
denn sie muss sich ein für alle Mal
selbst behaupten.
Johann Wolfgang von Goethe, Dichtung und Wahrheit

Die entscheidenden Veränderer
der Welt sind immer
gegen den Strom geschwommen.
Walter Jens

Die ganze Welt
besteht aus Machenschaften
und Plänen des einen
gegen den anderen.
Miguel de Cervantes Saavedra

Die Kirche hat nicht den Auftrag,
die Welt zu verändern.
Wenn sie aber ihren Auftrag erfüllt,
verändert sich die Welt.
Carl Friedrich von Weizsäcker

Die Krankheit der Welt
kann geheilt werden,
wenn man den Virus,
der sie krank macht und
der in uns allen steckt, ausrottet:
den Virus der Macht.
Carlo Schmid

Die Menschheit, die die Welt
als »Wegwerf-Welt« behandelt,
behandelt auch sich selbst
als »Wegwerf-Menschheit«.
Günther Anders, Die Antiquiertheit des Menschen. Bd. 2

Diese Welt ist so eingerichtet,
dass einer den anderen plagen
und ihn Geduld lehren muss.
Heinrich Heine

Die Sterblichkeit gibt der Welt
ihren Qualitätsmaßstab (...).
Peter Ustinov, Peter Ustinovs geflügelte Worte

Die vernünftige Welt ist als ein
großes unsterbliches Individuum
zu betrachten, das unaufhaltsam
das Notwendige bewirkt und dadurch
sich sogar über das Zufällige zum
Herrn macht.
Johann Wolfgang von Goethe,
Maximen und Reflexionen

Die Vorstellung von der Welt ist,
wie die Welt selbst, das Produkt der
Männer: Sie beschreiben sie von ihrem
Standpunkt aus, den sie mit dem der
absoluten Wahrheit gleichsetzen.
Simone de Beauvoir, Das andere Geschlecht

Die Welt bedarf der mütterlichen Frau,
denn sie ist weithin ein armes,
hilfloses Kind.
Gertrud von Le Fort, Die ewige Frau

Die Welt besteht aus herausgehobenen
Dingen und unterschiedlichen Kanten,
wenn wir aber kurzsichtig sind,
wirkt sie wie ein unzulänglicher,
beständiger Nebel.
Fernando Pessoa, Das Buch der Unruhe
des Hilfsbuchhalters Bernardo Soares

Die Welt der Seele
ist die der Krankheit.
Thomas Mann,
Tolstoi – Zur Jahrhundertfeier seiner Geburt

Die Welt durchaus
ist lieblich anzuschauen,
Vorzüglich aber schön
die Welt der Dichter.
Johann Wolfgang von Goethe, West-östlicher Divan

Die Welt gehört demjenigen,
der nicht fühlt.
Fernando Pessoa, Das Buch der Unruhe
des Hilfsbuchhalters Bernardo Soares

Die Welt gehört denen,
die sie haben wollen,
und wird von jenen verschmäht,
denen sie gehören sollte.
Marie von Ebner-Eschenbach, Aphorismen

Die Welt geht ihrem Untergang
entgegen. Der einzige Grund für
ihren weiteren Bestand ist ihr
tatsächliches Vorhandensein.
Charles Baudelaire, Tagebücher

Die Welt gibt bösen Lohn.
Deutsches Sprichwort

Die Welt hat immer den Männern
gehört: Keiner der Gründe,
die dafür angegeben werden,
erscheint ausreichend.
Simone de Beauvoir, Das andere Geschlecht

Die Welt hat nicht
einen solchen Ekel an mir,
als mein Ekel an dieser Welt ist.
Martin Luther, Tischreden

Die Welt, in der jeder lebt, hängt
zunächst ab von seiner Auffassung
derselben, richtet sich daher nach
der Verschiedenheit der Köpfe:
Dieser gemäß wird sie arm, schal
und flach oder reich, interessant
und bedeutungsvoll ausfallen.
Arthur Schopenhauer, Aphorismen zur Lebensweisheit

Die Welt ist dumm, die Welt ist blind,
Wird täglich abgeschmackter!
Sie spricht von dir, mein schönes Kind:
Du hast keinen guten Charakter.
Heinrich Heine, Buch der Lieder

Die Welt ist blind,
lässt sich regieren
wie ein Kind.
Deutsches Sprichwort

Die Welt ist das Buch der Frauen.
Jean-Jacques Rousseau, Emile

Die Welt ist ein Bienenstock;
wir treten alle durch dieselbe Tür ein,
aber leben in verschiedenen Zellen.
Sprichwort aus Afrika

Die Welt ist ein Gefängnis.
Johann Wolfgang von Goethe,
Götz von Berlichingen (Elisabeth)

Die Welt ist ein Sardellen-Salat;
Er schmeckt uns früh,
er schmeckt uns spat.
Johann Wolfgang von Goethe, Eins wie's andre

Die Welt ist ein Schauplatz:
Du kommst, siehst
und gehst vorüber.
Matthias Claudius

Die Welt ist ein seltsames Theater.
Man findet dort wohl Augenblicke,
wo die schlechtesten Stücke
den grössten Erfolg haben.
Alexis Clérel de Tocqueville

Die Welt ist ein Spiegel,
aus dem jedem
sein eigenes Gesicht entgegenblickt.
William Makepeace Thackeray,
Jahrmarkt der Eitelkeit

Die Welt ist eine Bühne,
aber die Rollen sind schlecht verteilt.
Oscar Wilde

Die Welt ist
eine optimistische Schöpfung.
Beweis:
Alle Vögel singen in Dur.
Jean Giono

Die Welt ist eine wunderliche Einrichtung, und die göttlichsten Wirkungen,
mein Sohn, gehen aus den niedrigsten
und unscheinbarsten Ursachen hervor.
Heinrich von Kleist, Ursache, Wirkung

Die Welt ist einmal, wie sie ist,
und die Dinge verlaufen nicht, wie
wir wollen, sondern wie andere wollen.
Theodor Fontane, Effi Briest

Die Welt ist grau, und
Grau ist keine Farbe!
Erich Kästner, Dr. Erich Kästners lyrische Hausapotheke

Die Welt ist groß,
doch in uns wird sie tief
Wie Meeresgrund.
Rainer Maria Rilke, Die weiße Fürstin

Die Welt ist groß,
man kann sich darin wohl vergessen.
Heinrich von Kleist, Briefe (an Karl Freiherr vom Stein
zum Altenstein, 13. November 1805)

Die Welt ist »overmanned«.
Günther Anders, Die Antiquiertheit des Menschen. Bd. 2

Die Welt ist rund, so rund,
dass Optimisten und Pessimisten
von Anfang an sich stritten,
ob sie denn richtig stünde.
Gilbert Keith Chesterton, Heretiker

Die Welt ist rund und muss sich drehn,
Was oben war, muss unten stehn.
Rudolf Baumbach, Lieder

Die Welt ist schon rund, aber jeder
muss sie von neuem umsegeln,
und wenige kommen herum.
Friedrich Hebbel, Tagebücher

Die Welt ist schön,
und es lohnt sich,
für sie zu kämpfen.
Ernest Hemingway, Wem die Stunde schlägt

Die Welt ist ungeworden
und unvergänglich.
Aristoteles, Über Philosophie

Die Welt ist vollkommen überall,
Wo der Mensch nicht hinkommt
mit seiner Qual.
Friedrich Schiller, Die Braut von Messina

Die Welt ist wie ein Meer:
Ein jeder geht und fischt,
Nur dass den Walfisch der,
den Stockfisch der erwischt.
Friedrich von Logau, Sinngedichte

Die Welt ist wie ein trunkener Bauer;
hebt man ihn auf einer Seite in den
Sattel, so fällt er auf der andern
wieder herab.
Martin Luther, überliefert von Julius Wilhelm Zincgref
(Apophthegmata)

Die Welt kann verändert werden.
Zukunft ist kein Schicksal.
Robert Jungk

Die Welt schaltet, Gott waltet.
Deutsches Sprichwort

Die Welt tut nur so spröde
– und will erobert sein!
Joseph von Eichendorff

Die Welt vergöttert die Jugend, aber
regieren lässt sie sich von den Alten.
Henry de Montherlant

Die Welt war immer, wie jetzt,
von Menschen bewohnt, die stets
die gleichen Leidenschaften hatten.
Immer gab und gibt es Diener und
Herren; solche, die ungern dienen,
und solche, die gern dienen; solche,
die sich empören und dann wieder
bezwungen werden.
Niccolò Machiavelli,
Über die aufständische Bevölkerung des Chianatals

Die Welt wäre glücklich,
stände sie auf dem Kopf.
Jules Renard, Ideen, in Tinte getaucht.
Aus dem Tagebuch von Jules Renard

Die Welt will betrogen sein, gewiss.
Sie wird sogar ernstlich böse,
wenn du es nicht tust.
Walter Serner

Die Welt wird letztlich
nur denen folgen, die sie verachten
– und ihr dienen.
Samuel Butler, Notizbücher

Die Welt wird nie gut,
aber sie könnte besser werden.
Carl Zuckmayer

Die Welt wird nur mit
lauterem Wahn regiert.
Martin Luther, überliefert von Julius Wilhelm Zincgref
(Apophthegmata)

Die Welt wird schöner mit jedem Tag,
Man weiß nicht, was noch werden mag,
Das Blühen will nicht enden.
Ludwig Uhland, Frühlingsglaube

Die Wilden fressen einander,
und die Zahmen betrügen einander,
und das nennt man den Lauf der Welt.
Arthur Schopenhauer, Aphorismen zur Lebensweisheit

Diese Welt ist ein Nichts,
was ist, das bin ich, meine Seele.
Leo N. Tolstoi, Tagebücher (1900)

Ein Kampfplatz ist die Welt:
das Kränzlein und die Kron'
Trägt keiner, der nicht kämpft,
mit Ruhm und Ehr' davon.
Angelus Silesius, Der Cherubinische Wandersmann

Ein Menschenherz ist viel zu klein,
Um liebend sich der Welt zu weihn.
Friedrich Rückert, Gedichte

Eine Welt ohne Gott
ist nicht nur die unsittlichste,
sondern auch die unkomfortabelste,
die sich ersinnen lässt.
Egon Friedell, Egon Friedells Konversationslexikon

Eine Welt, worin ein Hund auch nur
ein einziges Mal Prügel bekommen
kann, ohne es sich verdient zu haben,
kann keine vollkommene Welt sein.
Friedrich Hebbel, Tagebücher

Es bleibt doch endlich nach wie vor
Mit ihren hunderttausend Possen
Die Welt ein einzig großer Tor.
Johann Wolfgang von Goethe, Faust II (Herold)

Es gibt drei Welten:
die natürliche,
die geistige
und die göttliche.
Honoré de Balzac, Louis Lambert

Es gibt eine unsichtbare Welt,
die die sichtbare durchdringt.
Gustav Meyrink, Das grüne Gesicht

Es ist eine Torheit zu glauben,
es wäre keine Welt möglich,
worin keine Krankheit,
kein Schmerz und kein Tod wäre.
Georg Christoph Lichtenberg, Sudelbücher

Es soll sich einer für die Welt
nur soweit interessieren,
als er auch im Stande ist,
sie zu ertragen.
Hugo Loetscher

Frauen begnügen sich nicht länger
mit der Hälfte des Himmels,
sie wollen die Hälfte der Welt.
Alice Schwarzer

Es war eine Zeit, da wirkte die Welt
auf die Bücher, jetzt aber wirken
die Bücher auf die Welt.
Joseph Joubert, Gedanken, Versuche und Maximen

Gott hat die Welt für alle gemacht,
aber einige wenige haben sie
an sich gebracht.
Sprichwort aus Spanien

Gott hätte die Welt nicht erschaffen,
wenn sie nicht unter allen möglichen
die beste wäre.
Gottfried Wilhelm Leibniz, Theodizee

Gott schuf die Welt
– und dann begann er
mit ihr zu spielen.
Karol Irzykowski

Ich muss mich ganz im Stillen
mit meiner Außenwelt reiben, sonst
werde ich untauglich für die Welt.
Paula Modersohn-Becker, Briefe (14. Juli 1897)

Im Festglanz erscheint die Welt denen,
die sie wunschlos betrachten.
Elie Wiesel, Was die Tore des Himmels öffnet

In der Vorstellung des Dichters
überrascht uns die Welt.
Reiner Kunze

In der Welt kann man sich mit
allem befassen, wenn man nur
die dazu nötigen Handschuhe anzieht.
Heinrich Heine

In dieser Welt
gibt es nur zwei Tragödien.
Die eine ist, nicht zu bekommen,
was man möchte, und die andere ist,
es zu bekommen.
Oscar Wilde

Ist dies die Welt,
von deren Wankelmut,
Unzuverlässigkeit ich viel gehört
und nichts empfunden?
Ist dies die Welt?
Johann Wolfgang von Goethe, Egmont (Klärchen)

Ist vielleicht die Welt
nur ein großer Kerker?
Und frei ist wohl der Tolle,
der sich Ketten zu Kränzen erkiest.
Johann Wolfgang von Goethe, Weissagungen des Bakis

Je kaputter die Welt draußen,
desto heiler muss sie zu Hause sein.
Reinhard Mey

Jeder ist Herr in seiner Welt.
Voltaire, Der Mann mit den vierzig Talern

Jedes Wenn, jeder Konjunktiv hebt
die Welt gewissermaßen auf;
und doch, in jedem philosophischen
Gespräch bleibt uns eben nichts übrig,
als die Welt ein Dutzend Mal
aufzuheben und sie wieder von neuem
aufzubauen.
Arthur Schnitzler, Buch der Sprüche und Bedenken

Jene garstige Vettel,
Die buhlerische,
Welt heißt man sie,
Mich hat sie betrogen
Wie die übrigen alle.
Johann Wolfgang von Goethe, West-östlicher Divan

Kenn ich doch
Die Welt von Jugend auf,
wie sie so leicht
Uns hilflos, einsam lässt,
und ihren Weg
Wie Sonn und Mond
und andre Götter geht.
Johann Wolfgang von Goethe, Torquato Tasso (Tasso)

Kunst ist das Bemühen,
neben der wirklichen Welt
eine menschlichere Welt zu schaffen.
André Maurois

Lass das Steuer los.
Trudele durch die Welt.
Sie ist so schön;
gib dich ihr hin,
sie wird sich dir geben.
Kurt Tucholsky, Schnipsel

Lass die Welt ihren Gang tun, wenn
er nicht aufgehalten werden kann,
wir gehn den unsern.
Friedrich Hölderlin, Briefe (an den Bruder, 2. Juli 1796)

Man macht sich nie genug klar,
mit wie geringem Personal
die Weltgeschichte arbeitet,
wenn ihr Geist in Aktion ist.
Ludwig Marcuse, Argumente und Rezepte.
Ein Wörter-Buch für Zeitgenossen

Mir ist manchmal
so einzeln auf der Welt.
Erich Kästner, Dr. Erich Kästners lyrische Hausapotheke

Natürlich, wenn ein Gott
sich erst sechs Tage plagt
Und selbst am Ende Bravo sagt,
Da muss es was Gescheites werden!
Johann Wolfgang von Goethe, Faust I (Mephisto)

Nein, diese Welt ist kein Scherz, nicht
bloß ein Tal der Prüfungen und des
Übergangs in eine bessere, ewige Welt,
sie ist eine der ewigen Welten, schön
und freudvoll, und wir können nicht
nur, nein, wir müssen sie noch schöner
und noch freudvoller machen für die,
welche mit uns leben, und für jene,
die nach uns darin leben werden.
Leo N. Tolstoi, Tagebücher (1894)

Nicht die hohen Ideale
bringen die Welt aus den Fugen,
die niedrigen und zahmen Ideale
tun es.
Gilbert Keith Chesterton, Heretiker

Nimm die Welt, wie sie ist,
nicht wie sie sein sollte.
Deutsches Sprichwort

Nur alle Menschen machen die
Menschheit aus, nur alle Kräfte
zusammengenommen die Welt.
Johann Wolfgang von Goethe,
Wilhelm Meisters Lehrjahre

Nur eine solidarische Welt kann
eine gerechte und friedvolle Welt sein.
Richard von Weizsäcker, Verantwortung für sozialen
Fortschritt, Gerechtigkeit und Menschenrechte (1986)

O Himmel, was ist das für eine Welt!
Heinrich von Kleist, Briefe
(an Ulrike von Kleist, 13./14. März 1803)

O Welt voll wunderbarer Wirrung,
Voll Geist der Ordnung träger Irrung,
Du Kettenring von Wonn und Wehe.
Johann Wolfgang von Goethe, Der ewige Jude

O Welt!, wie schamlos
und boshaft du bist!
Du nährst und erziehest
und tötest zugleich.
Johann Wolfgang von Goethe, West-östlicher Divan

O Welt, wie soll ich dich ergründen
In aller deiner argen List?
Wo soll ich Treu und Glauben finden,
Da du so falsch und treulos bist.
Annette von Droste-Hülshoff, Geistliche Lieder

Schön ist Gottes Welt.
Nur eines ist nicht schön: wir.
Anton P. Tschechow, Briefe (9. Dezember 1890)

So viel ist sicher, dass Forschungen
und Welterweiterungen unsere Welt
kleiner machten. Der Telegraph und
das Dampfboot machen die Welt
kleiner.
Gilbert Keith Chesterton, Heretiker

Sobald ein Mensch erkrankt
und die normale irdische Ordnung im
Organismus ein wenig ins Wanken geraten ist, beginnt sich sofort die Möglichkeit einer anderen Welt zu zeigen,
und je stärker er erkrankt, umso mehr
gibt es für ihn Berührungspunkte mit
jener Welt, sodass er, wenn er schließlich stirbt, unmittelbar in die andere
Welt eingeht.
Fjodor M. Dostojewski, Schuld und Sühne

Um das Gesicht der Welt zu verändern,
muss man zunächst einmal
fest in ihr verankert sein.
Simone de Beauvoir, Das andere Geschlecht

Um die Welt zu ändern,
sie neu zu gestalten,
müssen zuvor die Menschen sich selbst
psychisch umstellen und
eine andere Richtung einschlagen.
Bevor man nicht innerlich zum Bruder
eines jeden geworden ist,
kann kein Brudertum
zur Herrschaft gelangen.
Fjodor M. Dostojewski, Die Brüder Karamasow

Und doch sang ich in gläubger Weise:
Dass mir die Geliebte treu,
Dass die Welt, wie auch kreise,
Liebevoll und dankbar sei.
Johann Wolfgang von Goethe, West-östlicher Divan

Vieles auf Erden ist uns verborgen.
Als Ersatz dafür wurde uns ein
geheimnisvolles, heimliches Gefühl
zuteil von unserer pulsierenden
Verbindung mit einer anderen Welt,
einer erhabenen und höheren Welt,
und auch die Wurzeln unserer
Gedanken und Gefühle sind nicht hier,
sondern in anderen Welten.
Fjodor M. Dostojewski, Die Brüder Karamasow

Warum liebst du diese Welt,
die ihre eigenen Freunde betrügt?
Ecbasis captivi in belehrender Gestalt (Papagei)

Was brauchte unsre Welt,
Damit sie reibungsloser liefe?
Mehr Ruhe und mehr Tiefe.
Karl-Heinz Söhler, Es schadet nichts, vergnügt zu sein

Was die Welt vorwärtstreibt,
ist nicht die Liebe,
sondern der Zweifel.
Peter Ustinov

Was ist nicht beschwerlich
auf dieser Welt?
Johann Wolfgang von Goethe,
Götz von Berlichingen (Martin)

Welt ist Welt;
sie liebt weder die Gerechtigkeit,
noch duldet sie sie.
Martin Luther, Tischreden

Wenn das die beste
aller möglichen Welten ist,
wie sehen dann die anderen aus?
Voltaire,
Candide oder Der Glaube an die beste der Welten

Wenn die Welt auch eben nicht die
beste oder die nützlichste sein mag,
so weiß ich doch, sie ist die schönste.
Friedrich Schlegel, Lucinde

Wenn die Welt für nichts anderes gut
wäre, so ist sie doch ein ausgezeichneter Gegenstand der Betrachtung.
William Hazlitt

Wenn die Welt untergeht, so muss sie
entweder durch eine Kraft untergehen,
die außer ihr liegt, oder durch eine
solche, die in ihr liegt. Beides ist aber
unmöglich. Denn außerhalb der Welt
ist nichts, da ja alles zu ihrer Vollendung verwendet wurde.
Aristoteles, Über Philosophie

Wenn dir's bei uns nun nicht gefällt,
So geh in deine östliche Welt.
Johann Wolfgang von Goethe, Zahme Xenien

Wenn es gut ist, dass diese Welt
besteht, so ist es nicht weniger gut,
dass auch jede der unzähligen
möglichen anderen Welten bestehe.
Giordano Bruno,
Zwiegespräche vom unendlichen All und den Welten

Wenn man sich einmal in die Welt
macht und sich mit der Welt einlässt,
so mag man sich ja hüten, dass man
nicht entrückt oder gar verrückt wird.
Johann Wolfgang von Goethe, Italienische Reise

Wer die Welt nicht mehr begreift,
fängt an, sich selbst zu verstehen.
James Hall

Wer die Welt verbessern will,
kann gleich bei sich selber anfangen.
Pearl S. Buck

Wer die Welt will recht verstehn,
Muss ihr klar ins Auge sehn.
Friedrich von Bodenstedt, Mirza Schaffy

Wer die Welt zu sehr liebt, kommt
nicht dazu, über sie nachzudenken;
wer sie zu wenig liebt, kann nicht
gründlich genug über sie denken.
Christian Morgenstern, Stufen

Wer keinen Sinn in der Welt finden
kann, der übersieht ihn gewöhnlich,
weil es ihm aus diesem oder jenem
Grunde passt, dass die Welt sinnlos
sein soll.
Aldou Huxley

Wer nicht weiß, was die Welt ist, weiß
nicht, wo er ist; wer aber nicht weiß,
wozu sie da ist, weiß nicht, wer er ist.
Mark Aurel, Selbstbetrachtungen

Wer nicht zur Welt kommt, hat nicht
viel verloren. Er sitzt im All auf einem
Baum und lacht.
Erich Kästner, Dr. Erich Kästners lyrische Hausapotheke

Wer ohne die Welt auszukommen
glaubt, irrt sich. Wer aber glaubt, dass
die Welt nicht ohne ihn auskommen
könnte, irrt sich noch viel mehr.
François de La Rochefoucauld, Reflexionen

Wer sich im Strom der Welt bewegt,
muss Umwege machen, Rücksichten
nehmen, sich im Tempo angleichen,
ja, vom geraden Weg abgehen,
je nach der Situation.
Michel Eyquem de Montaigne, Die Essais

Wer will, dass die Welt so bleibt, wie
sie ist, der will nicht, dass sie bleibt.
Erich Fried

Wie du in die Welt liebst,
liebt sie dich zurück.
Und das Leben ist dankbar.
Emil Gött, Im Selbstgespräch

Wie herrlich ist die Welt!, wie schön!
Heil ihm, der je sie so gesehn!
Johann Wolfgang von Goethe,
Wilhelm Tischbeins Idyllen

Wie klein, wie armselig
ist diese große Welt!
Gotthold Ephraim Lessing,
Minna von Barnhelm (Tellheim)

Will man in dieser Welt gut leben,
muss man ihre Irrealität begreifen
– begreifen, dass ihre äußere Form
eine von unendlich vielen Zufälligkeiten und folglich ein Nichts ist.
Leo N. Tolstoi, Tagebücher (1900)

Wir, der Schwanz der Welt,
wissen nicht, was der Kopf vorhat.
Georg Christoph Lichtenberg, Sudelbücher

Wir dürfen uns nicht einander lästig
werden; die Welt ist groß genug
für uns alle.
Immanuel Kant, Über Pädagogik

Wir gehen mit dieser Welt um,
als hätten wir noch eine zweite
im Kofferraum.
Jane Fonda

Wir haben die Welt als ein Erbe
empfangen, das zu verschlechtern
keinem von uns erlaubt ist, das vielmehr jede Generation verpflichtet,
es den Nachkommen in besserem
Zustand zu hinterlassen.
Joseph Joubert, Gedanken, Versuche und Maximen

Wir machen uns
diese Welt zur Hölle,
und jeder von uns
ist sein eigener Teufel.
Oscar Wilde

Wir mögen die Welt kennen lernen,
wie wir wollen, sie wird immer eine
Tag- und eine Nachtseite haben.
Johann Wolfgang von Goethe,
Maximen und Reflexionen

Wir sind sehr loyal
zu unseren Nachkommen.
Wir übergeben ihnen zwar
eine erbärmlich eingerichtete Welt
– aber auch die Mittel,
sie zu vernichten.
Gabriel Laub

Wir werden die Welt verstehn,
wenn wir uns selbst verstehn,
weil wir und sie integrante Hälften sind.
Novalis, Fragmente

Wo ist Gott nun jetzt,
nach Erschaffung der Welt?
Martin Luther, Tischreden

Wo man hinschaut,
wird den Augen schlecht,
und man schließt sie fest,
um nichts zu sehen.
Erich Kästner, Dr. Erich Kästners lyrische Hausapotheke

Zur Welt suchen wir den Entwurf
– dieser Entwurf sind wir selbst.
Novalis, Fragmente

Zynismus ist der geglückte Versuch,
die Welt so zu sehen,
wie sie wirklich ist.
Jean Genet

Weltall

Das All ist das höchste,
kühnste Wort der Sprache,
und der seltenste Gedanke:
Denn die meisten schauen
im Universum nur
den Marktplatz ihres Lebens an,
in der Geschichte der Ewigkeit
ihre eigene Stadtgeschichte.
Jean Paul, Vorschule der Ästhetik

Das Weltall gehorcht Gott so,
wie der Leib der Seele gehorcht,
die ihn ausfüllt.
Joseph Joubert, Gedanken, Versuche und Maximen

Das Weltall zerfällt in zwei Teile
– ich und der Rest.
Giovanni Papini, Ein fertiger Mensch

Die Ordnung der Glieder des Alls
zueinander besteht kraft der Ordnung
des ganzen Alls auf Gott hin.
Thomas von Aquin, Über die Macht Gottes

Ich glaube, der Weltraum
ist heute weniger gefährlich
als die Straßen Berlins.
Wernher von Braun

Siehe das ganze Weltall von Himmel
zu Erde – was ist Mittel?, was ist
Zweck?, was nicht alles Zweck von
Millionen Mitteln? Tausendfach die
Kette der allmächtigen, allweisen Güte
in- und durcheinander geschlungen:
aber jedes Glied in der Kette an seinem
Orte. Glied – hängt an Kette und sieht
nicht, wo endlich die Kette hange.
Johann Gottfried Herder, Auch eine Philosophie der
Geschichte zur Bildung der Menschheit

Wenn ein Mensch zu anderen
Himmelskörpern fliegt und dort
feststellt, wie schön es doch auf unserer
Erde ist, hat die Weltraumfahrt einen
ihrer wichtigsten Zwecke erfüllt.
Jules Romains

Wir träumen von Reisen
durch das Weltall:
Ist denn das Weltall
nicht in uns?
Novalis, Blütenstaub

Weltanschauung

Dick sein
ist kein physiologische Eigenschaft
– das ist eine Weltanschauung.
Kurt Tucholsky, Schnipsel

Die internationale Sicht
ist die Weltanschauung der Zukunft.
Sylvia Plath, Briefe nach Hause (11. Februar 1955)

Die Weltanschauung eines Menschen
hält sich oft noch – wenn er schon
gar keinen Grund mehr für sie hat.
Ludwig Marcuse, Argumente und Rezepte.
Ein Wörter-Buch für Zeitgenossen

Die Weltanschauungen entstehen
und vergehen wie die Geschlechter
der Menschen und sind gut
oder sinnlos in dauerndem Wechsel.
Luc de Clapiers Marquis de Vauvenargues,
Reflexionen und Maximen

Es ist im großen Ganzen
ziemlich töricht, wenn ein Philosoph
dem anderen das Dach anzündet,
nur weil beide in ihrer Weltanschauung
auseinander gehen.
Gilbert Keith Chesterton, Heretiker

In der DDR hat man von mir
eine Weltanschauung verlangt, ohne
dass ich die Welt anschauen durfte.
Manfred Krug

Mit der Mode kann man keine
Weltanschauung demonstrieren,
denn so rasch ändert niemand
seine Prinzipien.
Hubert de Givenchy

Ohne alle Weltanschauung wäre
der Mensch ohne jegliche Kultur,
eine große zweifüßige Ameise.
Houston Stewart Chamberlain,
Die Grundlagen des 19. Jahrhunderts

Religion ist die fortgeschrittenste
Weltanschauung.
Leo N. Tolstoi, Tagebücher (1897)

Tiefe Weltanschauung ist Mystik
insofern, als sie den Menschen in ein
geistiges Verhältnis zum Unendlichen
bringt. Die Weltanschauung der Ehrfurcht vor dem Leben ist ethische
Mystik. Sie läßt das Einswerden mit
dem Unendlichen durch ethische Tat
verwirklicht werden.
Albert Schweitzer, Aus meinem Leben und Denken

Weltanschauung ist nicht selten
Mangel an Anschauung.
Ludwig Marcuse, Argumente und Rezepte.
Ein Wörter-Buch für Zeitgenossen

Weltmann

Der vollkommene Weltmann wäre der,
welcher nie in Unschlüssigkeit stockte
und nie in Übereilung geriete.
Arthur Schopenhauer, Aphorismen zur Lebensweisheit

Der Weltmann kennt gewöhnlich die
Menschen, aber nicht den Menschen.
Beim Dichter ist es umgekehrt.
Marie von Ebner-Eschenbach, Aphorismen

Eine Sammlung von Anekdoten und
Maximen ist für den Weltmann der
größte Schatz, wenn er die ersten
an schicklichen Orten ins Gespräch
einzustreuen, der letzten im treffenden
Falle sich zu erinnern weiß.
Johann Wolfgang von Goethe,
Maximen und Reflexionen

Einem Mann, der in der großen Welt
lebt, steht es nicht frei,
den Frauen zu huldigen oder nicht.
Luc de Clapiers Marquis de Vauvenargues,
Unterdrückte Maximen

Jeder Weltmann verkehrt lieber mit
einem wohlerzogenen Bösewicht
als mit einem schlecht erzogenen
Heiligen.
Marie von Ebner-Eschenbach, Aphorismen

Weltordnung

Alle Dinge verflechten sich miteinander,
und die Verbindung ist heilig;
sozusagen kein Ding ist dem anderen
fremd, denn es ist eingereiht und
ordnet dieselbe Weltordnung mit.
Mark Aurel, Selbstbetrachtungen

Diese Weltenordnung hier hat nicht
der Götter noch der Menschen einer
erschaffen, sondern sie war immer
und wird sein: immerlebendes Feuer,
aufflammend nach Maßen und
verlöschend nach Maßen.
Heraklit, Fragmente

Weltschmerz

Aus einem tiefen Weltschmerz
reißt uns zuweilen sehr wohltätig
ein kleines Alltagsärgernis.
Françoise Sagan

Weltschmerz und Frauenfeindschaft
gehen oft Hand in Hand.
Und der weibliche Weltschmerz?
Ludwig Marcuse, Argumente und Rezepte.
Ein Wörter-Buch für Zeitgenossen

Weltuntergang

Es gibt Leute, die sich über den
Weltuntergang trösten würden,
wenn sie ihn nur vorhergesagt hätten.
Friedrich Hebbel, Tagebücher

In einem Theater brach Feuer hinter
den Kulissen aus. Bajazzo kam heraus,
um das Publikum zu unterrichten.
Man glaubte, er wolle einen Witz
machen, und applaudierte. Er wiederholte seine Mitteilung, man jubelte
noch mehr. So denk ich mir, dass die
Welt untergehen wird: unter dem allgemeinen Jubel der witzigen Köpfe,
die glauben, das sei ein Witz.
Søren Kierkegaard, Entweder – Oder

So wird die Welt zu Ende gehn,
Nicht mit lautem Schlag,
sondern mit Wimmer.
T. S. Eliot, Die hohlen Männer

Weltverbesserung

Der Jammer
mit den Weltverbesserern ist,
dass sie nicht bei sich selber anfangen.
Mark Twain

Es gibt eine Art von Menschen,
deren intellektuelle Bandbreite
vom bloß Lästigen bis zum Gemein-
gefährlichen reicht: die Reformer
und Weltverbesserer.
Heinrich Waggerl, Nach-Lese-Buch

Ich kenne wenige Weltverbesserer,
die in der Lage sind,
einen Nagel richtig einzuschlagen.
Henrik Ibsen

Jeder Weltverbesserungsversuch,
der von der Voraussetzung ausgeht,
dass die Menschheit im ethischen
Sinn überhaupt entwicklungsfähig
oder dass sie gar ursprünglich gut sei,
ist zum Scheitern verurteilt.
Arthur Schnitzler, Buch der Sprüche und Bedenken

Weltverbesserer sind Leute, die um
die Erkenntnis nicht herumkommen,
dass es leichter ist, einen neuen
Menschen zu machen, als die vorhandenen zu verbessern.
John Osborne

Weniges

Je mehr man mit Wenigem tun kann,
desto mehr kann man mit Vielem tun.
Novalis, Fragmente

Viele Hühner – wenig Eier,
viele Menschen – wenig Ordnung.
Chinesisches Sprichwort

Wenig, aber mit Liebe.
Homer, Odyssee

Werben

Denn Bescheidenheit ist fein,
Wenn das Mädchen blüht,
Sie will zart geworben sein,
Die den Rohen flieht.
Johann Wolfgang von Goethe, West-östlicher Divan

Ein Mann mag werben,
wo er will,
aber er wird heiraten,
wo der Zufall ist.
Sprichwort aus Schottland

Ja, sie ist schön;
drum muss man um sie werben;
Sie ist ein Weib;
drum kann man sie gewinnen.
William Shakespeare, Heinrich VI.

Was will der Frosch von dir?
Jacob und Wilhelm Grimm,
Der Froschkönig oder Der eiserne Heinrich

Werbung

Die Werbung schenkt uns neue
Bedürfnisse und nimmt uns
Stück um Stück die eigene Sprache.
Iring Fetscher

Du bist, alter Hunne, voll Tücke,
Willst mich mit Worten ködern.
Hildebrandslied (um 840)

Enten legen ihre Eier in aller Stille,
Hühner gackern dabei wie verrückt.
Was ist die Folge?
Alle Welt isst Hühnereier!
Henry Ford

Gute Worte müssen
böse Ware verkaufen.
Deutsches Sprichwort

Guter Wein
bedarf des Herolds nicht.
Sprichwort aus Spanien

Jede Werbung ist ein Appell
zur Zerstörung.
Günther Anders, Die Antiquiertheit des Menschen. Bd. 2

Klappern gehört zum Handwerk.
Deutsches Sprichwort

Schöne Worte, böser Kauf.
Deutsches Sprichwort

Vergleichende Werbung ist
in der Wirtschaft verboten;
in der Politik ist sie die Regel.
Lothar Schmidt

Werbung ist die Kunst,
auf den Kopf zu zielen
und die Brieftasche zu treffen.
Vance Packard

Wo ein Schild aushängt,
da ist Einkehr.
Deutsches Sprichwort

Werden

Alles aber ist geworden;
es gibt keine ewigen Tatsachen:
o wie es keine
absoluten Wahrheiten gibt.
Friedrich Nietzsche, Menschliches, Allzumenschliches

Denn ein Geschöpf,
das im Werden ist,
hat mit den entwickelten,
auch denen von eigner Art,
wenig gemein.
Johann Wolfgang von Goethe,
Wilhelm Meisters theatralische Sendung

Die tieferen Naturen
vergessen niemals sich selbst
und werden niemals etwas anderes,
als sie gewesen sind.
Søren Kierkegaard, Furcht und Zittern

Ich respektiere das Gegebene.
Daneben aber freilich
auch das Werdende,
denn eben dies Werdende
wird über kurz oder lang
abermals ein Gegebenes sein.
Theodor Fontane, Der Stechlin

In dem Gedanken des Werdens liegt
die unerschöpfliche, immer trostreiche
Besserungsmöglichkeit des Menschen.
Paul Ernst, Erdachte Gespräche

Nichts wird, nichts ist, nichts bleibt
im Himmel und auf Erden,
Als diese zwei: Das ein' ist Tun,
das andre Werden.
Daniel Czepko von Reigersfeld,
Monodisticha Sapientium

Was er geworden ist,
genüget nie dem Mann;
O wohl ihm, wenn er stets
nur werden will und kann!
Friedrich Rückert, Die Weisheit des Brahmanen

Werde, was du noch nicht bist,
Bleibe, was du jetzt schon bist;
In diesem Bleiben und diesem Werden
Liegt alles Schöne hier auf Erden.
Franz Grillparzer, Gedichte

Werk

Am Werke erkennt man den Meister.
Jean de La Fontaine, Fabeln

Das Feuer wird prüfen,
was das Werk eines jeden taugt.
Neues Testament, Paulus (1 Korinther 3, 13)

Das Werk lobt den Meister.
Deutsches Sprichwort

Das Werk schlägt dem Meister nach.
Deutsches Sprichwort

Das Werk sollte immer
ein wenig schlauer sein
als der Autor.
Václav Havel

Dass sich das größte Werk vollende,
Gnügt ein Geist für tausend Hände.
Johann Wolfgang von Goethe, Faust II (Faust)

Der Künstler ringt nicht
mit seinem Werk,
sondern mit dem,
was ihn daran hindert.
Waldemar Bonsels

Die besten und dauerhaftesten Werke
wurden in der Öde der Minorität
vollbracht.
Mohandas K. »Mahatma« Gandhi

Die Werke für den Nächsten,
der Glaube für Gott.
Martin Luther, Tischreden

Durch die Werke
geben wir Zinsgut,
aber durch den Glauben
empfangen wir Erbgut.
Martin Luther, Tischreden

Ein Mann ist das Kind seiner Werke.
Sprichwort aus Spanien

Ein Meisterwerk
ist eine Schach und Matt
gewonnene Partie.
Jean Cocteau, Hahn und Harlekin

Es ist eine feine und nie versagende
Bosheit, das Werk statt den Meister
zu loben.
Heinrich Waggerl, Aphorismen

Gute Werk haben keinen Namen.
Martin Luther, Tischreden

In jeder Aufführung muss
das Werk neu geboren werden.
Gustav Mahler, Im eigenen Wort

Ist das Werk des Menschen auf Erden
getan, geht er mit leeren Händen.
Chinesisches Sprichwort

Je edlerer Art das Werk,
desto höher der Genuss.
Arthur Schopenhauer, Aphorismen zur Lebensweisheit

Jedes menschliche Werk ist zugleich
Sache und Symbol.
Paul Tillich, Die technische Stadt als Symbol (1928)

Jedes Werk fürchtet seinen Meister.
Sprichwort aus Serbien

Kein Werk ist zu niedrig,
das aus Liebe getan wird.
Achim von Arnim, Die Kronenwächter

Kleines Werk – es gibt Werke, deren
ganze Bedeutung in der Tiefe liegt
– unwichtig, ob sie ankommen.
Jean Cocteau, Hahn und Harlekin

Man muss ein Werk schaffen,
und es muss geschaffen werden.
Vincent van Gogh, Briefe

Man muss jeden
nach seinen Werken entlohnen.
Voltaire, Geschichte von Jenni

Man würde weniger Gedanken
eines Werkes ablehnen,
wenn man sie wie der Verfasser
auffasste.
Luc de Clapiers Marquis de Vauvenargues,
Reflexionen und Maximen

Sich im Spiegel zu beschaun,
Kann den Affen nur erbaun.
Wirke! Nur in seinen Werken
Kann der Mensch sich selbst bemerken.
Friedrich Rückert, Gedichte

Unendlich ist das Werk,
das zu vollführen
Die Seele dringt.
Johann Wolfgang von Goethe,
Iphigenie auf Tauris (Pylades)

Wenn man zugleich zwei Werke tut,
Da werden selten zweie gut.
Freidank, Bescheidenheit

Wer schaffen will ein schönes Werk,
der muss erst schärfen sein Gerät.
Konfuzius, Gespräche

Werke sind das Siegel
und die Probe des Glaubens.
Wie ein Brief ein Siegel braucht,
so braucht der Glaube die Werke.
Martin Luther, Tischreden

Wo ein Werk nach der Göttern und
Menschen gemeinsamen Vernunft
vollbracht werden kann,
da gibt es nichts Schlimmes.
Mark Aurel, Selbstbetrachtungen

Wort aus dem Wort
verlieh mir das Wort,
Werk aus dem Werk
verlieh mir das Werk.
Edda, Odins Runenlied

Werkzeug

Aus Stangen kann man
Beile schmieden,
und mit Beilen kann man
Klöster bauen.
Chinesisches Sprichwort

Dem schlechtesten Arbeiter
gibt man das beste Beil.
Deutsches Sprichwort

Durch das Werkzeug wird die Hand
»bewaffnet«. Damit kommt in das
»Denken der Hand« das »Denken des
Werkzeuges« hinein. »Intelligenz«.
Oswald Spengler, Urfragen.
Fragmente aus dem Nachlass

Ein Mann, der recht zu wirken denkt,
Muss auf das beste Werkzeug halten.
Johann Wolfgang von Goethe, Faust
(Vorspiel auf dem Theater: Direktor)

Eine Nadel,
die man nicht gebraucht,
rostet.
Chinesisches Sprichwort

Es gibt mehr Werkzeuge als Arbeiter,
und von diesen mehr schlechte als gute.
Jean de La Bruyère, Die Charaktere

Gut Werkzeug, gute Arbeit.
Deutsches Sprichwort

Jedes Werkzeug erhält nämlich
dadurch seine Vollendung,
dass es nicht mehreren,
sondern nur einem Zwecke dient.
Aristoteles, Politik

Ob das Werkzeug
früher versagt als die Hand,
ist ein großer Unterschied,
kommt aber auf eins heraus.
Marie von Ebner-Eschenbach, Aphorismen

Wer gute Arbeit leisten will,
schärfe zuerst das Werkzeug.
Chinesisches Sprichwort

Wert

Alle wertvollen Gefühle
– für einen Menschen
wie für einen Glauben,
eine Scholle, ein Land –
sind konservativ.
Ellen Key, Über Liebe und Ehe

Das Dogma ist weniger wert
als ein Kuhfladen.
Mao Tse-Tung

Das Wirkende ist immer wertvoller
als das, was eine Wirkung erfährt.
Aristoteles, Psychologie

Der Mensch ist nicht mehr wert als ein
anderer, wenn er nicht mehr tut als ein
anderer.
Miguel de Cervantes Saavedra, Don Quijote

Der Preis deines Hutes
zeigt nicht die Größe
deines Gehirns.
Sprichwort aus den USA

Der Rost macht erst
die Münze wert.
Johann Wolfgang von Goethe,
Faust II (Thales)

Der Weltenwerte höchste
heißen Form und Schein.
Carl Spitteler, Olympischer Frühling

Der Wert der Ideale steigt.
Wenigstens behaupten das diejenigen,
die ihre Ideale erfolgreich
verkauft haben.
Gabriel Laub

Der Wert eines Menschen
hängt nicht von seinem Soldbuch ab.
Kurt Tucholsky, Schnipsel

Die Natur setzt keine Werte,
in ihrem Bereich
gibt es kein Gut oder Böse.
Heinrich Waggerl, Briefe

Ein Edelstein gilt so viel,
als ein reicher Mann
dafür geben will.
Deutsches Sprichwort

Ein gutes Pferd gleicht einem Edlen.
Chinesisches Sprichwort

Ein Zyniker ist ein Mensch,
der von jedem Ding den Preis
und von keinem den Wert kennt.
Oscar Wilde

Eine kostbare Perle
ist mehr wert als Brot;
und doch würde der Hungernde
ihr das Brot vorziehen.
Thomas von Aquin, Quaestiones quodlibetales

Eine Regierung,
die nichts wert ist,
kostet am meisten.
Lothar Schmidt

Eine Ware ist so viel wert,
wie geschickt man sie verkauft.
Chinesisches Sprichwort

Entschiedner Wert ist leicht zu kennen.
Johann Wolfgang von Goethe,
Die natürliche Tochter (Hofmeisterin)

Es gibt Werte, die kann keiner zählen.
Erich Kästner, Dr. Erich Kästners lyrische Hausapotheke

Es ist ebenso anständig,
sich seines Werts bewusst zu sein,
wie es lächerlich ist,
sich seiner vor anderen zu rühmen.
François de La Rochefoucauld, Reflexionen

Es soll niemand genießen,
was besser ist als er;
er muss erst desselben wert,
das heißt ihm gleich sein.
Johann Wolfgang von Goethe, überliefert von
Friedrich Wilhelm Riemer (Mittheilungen über Goethe)

Für die meisten liegt
der Wert eines Menschen
in seiner augenblicklichen Beliebtheit
und seinem Vermögen.
François de La Rochefoucauld, Reflexionen

Guter Rat ist Goldes wert.
Deutsches Sprichwort

Hat etwas Wert,
es muss zutage kommen.
Johann Wolfgang von Goethe,
Faust II (Kaiser)

Holz hat im Walde andern Wert,
Als wenn man es zu Markte fährt.
Jüdische Spruchweisheit

In der Kunst ist jeder Wert,
der sich durchsetzt, vulgär.
Jean Cocteau, Hahn und Harlekin

In Wirklichkeit haben die Frauen
den männlichen Werten nie weibliche
Werte entgegengesetzt; es waren
Männer, die die männlichen Vorrechte
wahren wollten, von denen diese
Trennung erfunden wurde.
Simone de Beauvoir, Das andere Geschlecht

Irrtümer haben ihren Wert
jedoch nur hie und da.
Nicht jeder, der nach Indien fährt,
entdeckt Amerika.
Erich Kästner, Kurz und bündig. Epigramme

Ist es Zufall,
dass in der Notenschrift
die hohlen Köpfe
den größten Wert haben?
Peter Benary

Jedes Kind ist kostbar.
Jedes ist ein Geschöpf Gottes.
Mutter Teresa

Kämpf und erkämpf dir eignen Wert:
Hausbacken Brot am besten nährt.
Matthias Claudius, Der Wandsbecker Bothe

Man ist viel wert in der Welt,
wenn man sein Fach versteht!
Adolph Freiherr von Knigge,
Über den Umgang mit Menschen

Man sage nicht:
Dies ist schlechter als das.
Denn alles ist zu seiner Zeit von Wert.
Altes Testament, Jesus Sirach 39, 34

Man muss zwar freundlich
und nicht blasiert dabei stehen,
aber freilich aufmerken,
dass ein jeder so viel wert ist,
wie viel das wert ist,
womit er sich ernsthaft abgibt.
Mark Aurel, Selbstbetrachtungen

Mit dem Wert der Menschen
steht es wie mit den Diamanten.
Bis zu einer gewissen Größe, Reinheit
und Vollkommenheit haben sie
ihren bestimmten festen Preis.
Darüber hinaus haben sie keinen Preis
und finden keinen Käufer.
Chamfort, Maximen und Gedanken

Nach innen sollen sich
deine Werte orientieren.
Lucius Annaeus Seneca, Briefe an Lucilius

Nicht, dass man dich nicht kennt,
sei deine Sorge; sorge dafür,
dass du des Kennens wert.
Konfuzius, Gespräche

Nicht, ohne Rang sein,
sei deine Sorge, besorgt sei nur,
des Rangs nicht wert zu sein.
Konfuzius, Gespräche

Nichts ist für mich so schön
und so wertvoll wie die Gesundheit!
Ecbasis captivi in belehrender Gestalt (Löwe)

Rühmend darf's der Deutsche sagen,
Höher darf das Herz ihm schlagen:
Selbst erschuf er sich den Wert.
Friedrich Schiller, Die deutsche Muse

Stärke, Größe und Schönheit
ist ein Gelächter und nichts wert.
Aristoteles, Protreptikos

Und wer ein Schöpfer sein muss
im Guten und Bösen: Wahrlich,
der muss ein Vernichter sein
und Werte zerbrechen.
Friedrich Nietzsche, Also sprach Zarathustra

Verantwortungsbewusste Persönlichkeiten brauchen mehr als eine fachliche Qualifikation. Sie bedürfen eines geistig-sittlichen Orientierungsrahmens, eines Koordinatensystems von Werten und Normen.
Helmut Kohl, Neue Chancen für Kreativität und Leistungsbereitschaft. In: Mitteilungen des Hochschulverbandes, 3. Juni 1986

Vermittlung von Werten bedarf vor allem auch des persönlichen Vorbildes.
Helmut Kohl, Verantwortung für die Jugend – Erziehung im demokratischen Staat. Rede des Bundeskanzlers in Bonn 1985

Was du verlieren kannst,
hat keinen Wert.
Emil Gött, Zettelsprüche. Aphorismen

Was hilft ein güldener Galgen,
wenn man hängen soll.
Emil Gött, Zettelsprüche. Aphorismen

Was ist Gold schon wert, kennen
doch Glück und Frieden keinen Preis.
Chinesisches Sprichwort

Was Menschen und Dinge wert sind,
kann man erst beurteilen,
wenn sie alt geworden sind.
Marie von Ebner-Eschenbach, Aphorismen

Wenn einem zum Tod Verurteilten
eine Stunde geschenkt wird,
so ist sie ein Leben wert.
Georg Christoph Lichtenberg, Sudelbücher

Wer klug wäre, würde den wahren
Wert jeder Sache daran messen,
wie weit sie für sein Leben nützlich
und verwertbar ist.
Michel Eyquem de Montaigne, Die Essais

Wer Thron und Kron begehrt,
Persönlich sei er solcher Ehren wert!
Johann Wolfgang von Goethe, Faust II (Kaiser)

Wer von niemandem beneidet wird,
der ist nichts wert.
Epicharmos, Fragmente

Wert und Erfolg sind oft,
aber nicht notwendig Gegensätze.
Ludwig Marcuse, Argumente und Rezepte.
Ein Wörter-Buch für Zeitgenossen

Werte kann man nur
durch Veränderung bewahren.
Richard Löwenthal

Wertschätzung

Hunger zurücklassen:
Selbst Nektarbecher muss man
den Lippen entreißen. Das Begehren
ist das Maß der Wertschätzung.
Baltasar Gracián y Morales,
Handorakel und Kunst der Weltklugheit

Man redet sich so leicht ein,
dass man wertlos ist,
wenn niemand da ist,
der einen braucht und schätzt.
Sylvia Plath, Briefe nach Hause (7. Juli 1951)

Nur wer in der Nacht
einen Fluss überquert,
weiß den hellen Tag zu schätzen.
Chinesisches Sprichwort

Wesen

Alles, alles kann einer vergessen,
nur nicht sich selbst,
sein eigenes Wesen.
Arthur Schopenhauer, Aphorismen zur Lebensweisheit

Beim Geben, Trinken und im Zwist
Zeigt jeder Mensch sich, wie er ist.
Jüdische Spruchweisheit

Das Wesen der Dinge
versteckt sich gern.
Heraklit, Fragmente

Das Wesen des Menschen
besteht darin,
dass er kein Wesen hat.
Günther Anders, Die Antiquiertheit des Menschen. Bd. 2

Dem angebornen Wesen,
ach, wie ist es schwer,
ihm zu entsagen!
Macht man zum König
auch den Hund, er hört nicht auf,
am Schuh zu nagen.
Nārāyana, Hitopade'sa

Der Schein, was ist er,
dem das Wesen fehlt?
Wesen wär es,
wenn es nicht erschiene?
Johann Wolfgang von Goethe,
Die natürliche Tochter (Eugenie)

Die Kunst ist ein so überaus reines
und selbstzufriedenes Wesen,
dass es sie kränkt,
wenn man sich um sie bemüht.
Robert Walser, Das Gesamtwerk. Bd. 1

Ein Esel kann selbst im Tigerfell
niemanden erschrecken.
Chinesisches Sprichwort

Eine gepuderte Krähe
bleibt nicht lange weiß.
Chinesisches Sprichwort

Es gibt ein Vergessen alles Daseins,
ein Verstummen unseres Wesens,
wo uns ist, als hätten wir
alles gefunden.
Friedrich Hölderlin, Hyperion

In die Tiefe musst du steigen,
Soll sich dir das Wesen zeigen.
Friedrich Schiller, Sprüche des Konfuzius

Sei dir über das Wesen der Dinge im
Klaren. Bei allem, was dir Freude
macht, was dir nützlich ist oder was
du gern hast, denke daran, dir immer
wieder zu sagen, was es eigentlich ist.
Fang bei den unbedeutendsten Dingen
an. Wenn du zum Beispiel an einem
Topf hängst, dann sage dir: »Es ist ein
einfacher Topf, an dem ich hänge.«
Dann wirst du dich nämlich nicht aufregen, wenn er zerbricht. Wenn du
dein Kind oder deine Frau küsst, dann
sage dir: »Es ist ein Mensch, den du
küsst.« Dann wirst du deine Fassung
nicht verlieren, wenn er stirbt.
Epiktet, Handbuch der Moral

Wesentliches

Das Wesentliche hat meistens kein
Gewicht. Hier war das Wesentliche,
allem Anschein nach, nur ein Lächeln.
Ein Lächeln ist oft das Wesentliche (...).
Antoine de Saint-Exupéry,
Brief an einen Ausgelieferten

Manche wittern pfiffig dreist
alle Finten, alle Schliche,
nichts ermangelt ihrem Geist
als der Sinn fürs Wesentliche.
Ludwig Sulda, Sinngedichte

Wer Hirsche jagt,
späht nicht auf Hasen.
Chinesisches Sprichwort

Westen

Im Westen gibt es eine Einsamkeit,
die ich die Lepra des Westens nenne.
Sie ist in vielerlei Hinsicht schlimmer
als unsere Armut in Kalkutta.
Mutter Teresa

Ost ist Ost, und West ist West,
und niemals treffen sich die beiden.
Rudyard Kipling, Balladen aus dem Biwak

Westfalen

Farsakist thu allon hethinussion?
Farsaku.
(Sagst du allem Heidentum ab?
Ich sage ab).
Altwestfälisches Taufgelöbnis (um 850)

In Westfalen, dem ehemaligen Sachsen,
ist nicht alles tot, was begraben ist.
Wenn man dort durch die alten
Eichenhaine wandelt, hört man noch
die Stimmen der Vorzeit.
Heinrich Heine, Elementargeister

's ist Abend, und des Himmels Schein
Spielt um Westfalens Eichenhain,
Gibt jeder Blume Abschiedskuss
Und auch dem Weiher linden Gruß.
Annette von Droste-Hülshoff,
Die Schlacht im Loener Bruch

Wahrhaftig, dieses Land ist noch
besser als Westfalen, sagte Candide.
Voltaire, Candide oder Die beste der Welten

Wettbewerb

Der Wettbewerb liegt schon
im Instinkt des Unternehmers.
John Kenneth Galbraith,
Die moderne Industriegesellschaft

Ja zur Machtkontrolle,
zum Grundsatz gleicher Marktchancen,
ja zum Wettbewerb.
Helmut Kohl, Rede des Bundeskanzlers zur
Internationalen Funkausstellung in Berlin 1985

Und solange es Wettbewerb gibt,
wird es auch Menschen geben,
die auf der Strecke bleiben,
und daher können keinerlei
philanthropische Institutionen
und keinerlei Verbesserung der Lage
der Arbeiter diese auf der Strecke
Bleibenden beseitigen.
Leo N. Tolstoi, Tagebücher (1891)

Wettbewerb bringt einen erst
auf den richtigen Adrenalinspiegel.
Ron Sommer

Wette

Bei einer Wette gibt es
einen Narren und einen Dieb.
Sprichwort aus Wallonien

Mir ist für meine Wette
gar nicht bange.
Johann Wolfgang von Goethe,
Faust (Prolog im Himmel: Mephisto)

Wo zwei wetten,
muss einer verlieren.
Deutsches Sprichwort

Wetteifer

Wer an einem Wettkampf teilnimmt,
erhält den Siegeskranz nur,
wenn er nach den Regeln kämpft.
Neues Testament, Paulus (2 Timotheus 2, 5)

Wetteifer ist Begierde nach einem Ding,
die in uns dadurch erzeugt wird,
dass wir uns vorstellen,
andere hätten dieselbe Begierde.
Baruch de Spinoza, Ethik

Wetter

Ab dreißig kann ein Mann das Wetter
schon fast vorausbestimmen.
Chinesisches Sprichwort

Am zuverlässigsten unterscheiden sich
die einzelnen Fernsehprogramme
noch immer durch den Wetterbericht.
Woody Allen

Auch ich habe meine plötzlichen
Wetterumschläge und kenne lange
Trockenzeiten.
Jules Renard, Ideen, in Tinte getaucht.
Aus dem Tagebuch von Jules Renard

Auf dem flachen Lande
empfängt man gutes und böses Wetter,
wenn es schon fertig geworden,
im Gebirge ist man gegenwärtig,
wenn es entsteht.
Johann Wolfgang von Goethe, Italienische Reise

Das schöne Wetter hilft zu allem.
Johann Wolfgang von Goethe, Briefe
(an Charlotte von Stein, 15. Juni 1786)

Das Wetter ändert sich stündlich,
die Menschen – in jeder Generation.
Chinesisches Sprichwort

Das Wetter und meine Laune
haben wenig miteinander zu tun;
ich trage meine Nebel
und meinen Sonnenschein
in meinem Inneren.
Blaise Pascal, Pensées

Der Morgen grau, der Abend rot,
ist ein gut Wetterbot'.
Bauernregel

Die Kalendermacher
machen die Kalender,
aber Gott macht das Wetter.
Julius Wilhelm Zincgref, Apophthegmata

Es gibt kein schlechtes Wetter,
es gibt nur unangepasste Kleidung.
Deutsches Sprichwort

Es gibt kein schlechtes Wetter,
es gibt nur verschiedene Arten
von gutem.
John Ruskin

Es ist der gewöhnliche Fehler
der Menschen, bei gutem Wetter
nicht an den Sturm zu denken.
Niccolò Machiavelli, Der Fürst

Für die meisten Menschen ist
das Leben wie schlechtes Wetter:
Sie treten unter und warten,
bis es vorüber ist.
Alfred Polgar

Hoffnung:
Man geht hinaus bei schönem Wetter
und kehrt im Regen zurück.
Jules Renard

Malerei: die Kunst,
Flächen vor dem Wetter zu schützen
und sie den Kritikern auszusetzen.
Ambrose Bierce

Schwärme nicht von der milden
Frühlingssonne, sondern fürchte,
dass der Westwind Kälte bringt.
Chinesisches Sprichwort

Wenn der Hahn kräht auf dem Mist,
ändert sich das Wetter,
oder es bleibt wie es ist.
Deutsches Sprichwort

Wenn man mit einer jungen Dame
vom Wetter redet, vermutet sie, dass
man etwas ganz anderes im Sinn hat.
Und meistens hat sie damit recht.
Oscar Wilde

Wohlerzogene Menschen
sprechen in Gesellschaft
weder vom Wetter
noch von der Religion.
Marie von Ebner-Eschenbach, Aphorismen

Wichtigkeit

Das Wichtige bedenkt man nie genug.
Johann Wolfgang von Goethe,
Die natürliche Tochter (Sekretär)

Der Mensch ist wichtiger als die Sache.
Norbert Blüm, Unverblümtes von Norbert Blüm

Ein Ding ist dann wichtig,
wenn irgendjemand denkt,
dass es wichtig ist.
William James, Die Prinzipien der Psychologie

Ein Journalist ist ein Mensch, der
immer etwas Wichtigeres zu tun hat
und daher nie zum Wichtigen kommt.
Heimito von Doderer

Es ist von größter Wichtigkeit, dass
wir lernen, über uns selbst zu lachen.
Katherine Mansfield, Tagebücher

Es mag nicht immer wichtig sein,
was man täglich denkt.
Aber ungeheuer wichtig ist,
was man täglich nicht gedacht hat.
Elias Canetti, Die Provinz des Menschen.
Aufzeichnungen 1942–1972

Jetzt erst weiß ich,
was im Leben wichtig ist:
Wichtig ist, dass man weiß,
dass nichts wichtig ist.
Roman Polanski

So selten kommt
der Augenblick im Leben,
Der wahrhaft wichtig ist und groß.
Friedrich Schiller, Die Piccolomini

Welche wichtige Personen
glauben wir zu sein!
Johann Wolfgang von Goethe,
Wilhelm Meisters Lehrjahre

Wenn wir jung sind, vermeinen wir,
dass die in unserem Lebenslauf wichtigen und folgenreichen Begebenheiten
und Personen mit Pauken und Trompeten auftreten werden: Im Alter zeigt
jedoch die retrospektive Betrachtung,
dass sie alle ganz still durch die Hintertür und fast unbeachtet hereingeschlichen sind.
Arthur Schopenhauer, Aphorismen zur Lebensweisheit

Wir können uns nie genug darüber
wundern, wie so wichtig den anderen
ihre eigenen Angelegenheiten sind.
Marie von Ebner-Eschenbach, Aphorismen

Widerspruch

Alle Widersprüche im Leben und
im Menschen sind nur scheinbar,
und könnten wir wie ein Gott auf alle
heruntersehen und sie alle verstehen,
so würden wir unsere Augen von
keinem mit Widerwillen wenden.
Sophie Bernhardi, Lebensansicht

Amor ist der größte Spitzbube
unter den Göttern; der Widerspruch
scheint sein Element zu sein.
Giacomo Girolamo Casanova, Memoiren

Bornierte Menschen soll man nicht
widerlegen wollen.
Widerspruch ist immerhin ein Zeichen
von Anerkennung.
Richard von Schaukal

Das Gleiche lässt uns in Ruhe;
aber der Widerspruch ist es,
der uns produktiv macht.
Johann Wolfgang von Goethe, überliefert von
Johann Peter Eckermann (Gespräche mit Goethe)

Dem Widersprecher nicht
widersprechen: Man muss unterscheiden, ob der Widerspruch
aus List oder aus Gemeinheit
entspringt. Er ist nicht immer
Eigensinn, sondern bisweilen
ein Kunstgriff.
Baltasar Gracián y Morales,
Handorakel und Kunst der Weltklugheit

Denn ein vollkommner Widerspruch
Bleibt gleich geheimnisvoll
für Kluge wie für Toren.
Johann Wolfgang von Goethe, Faust I (Mephisti)

Der Geist des Widerspruchs
und die Lust zum Paradoxen
steckt in uns allen.
Johann Wolfgang von Goethe, Dichtung und Wahrheit

Die Geschichte der Freiheit
ist die Geschichte des Widerspruchs.
Woodrow Wilson

Die Leute, denen man nie widerspricht,
sind entweder die, welche man
am meisten liebt, oder die,
welche man am geringsten achtet.
Marie von Ebner-Eschenbach, Aphorismen

Die meisten Menschen
ertragen es leichter,
dass man ihnen zuwider handelt,
als dass man ihnen zuwider spricht.
Marie von Ebner-Eschenbach, Aphorismen

Er verschmutzt die Quelle, verlangt
aber, dass das Wasser sauber bleibt.
Chinesisches Sprichwort

Es gibt keinen Widerspruch
in der Natur.
Luc de Clapiers Marquis de Vauvenargues,
Reflexionen und Maximen

Es ist ganz einerlei, ob man
das Wahre oder das Falsche sagt;
beidem wird widersprochen.
Johann Wolfgang von Goethe,
Maximen und Reflexionen

Es ist Kraft im Widerspruch,
er bringt in jedem Falle dem,
der dessen wert ist, Segen;
aber Lauheit und Kaltsinn
bringen nie Segen.
Johann Heinrich Pestalozzi,
Über die Idee der Elementarbildung

Gewöhnlich sieht man, wenn man
Widerspruch erfährt, nicht darauf,
ob er berechtigt ist, sondern wie man
ihn irgendwie niederschlagen kann.
Michel Eyquem de Montaigne, Die Essais

Ich bin kein ausgeklügelt Buch,
Ich bin ein Mensch
mit seinem Widerspruch.
Conrad Ferdinand Meyer, Huttens letzte Tage

Ihr müsst mich nicht
durch Widerspruch verwirren!
Sobald man spricht,
beginnt man schon zu irren.
Johann Wolfgang von Goethe, Sprüche

Im Munde gewisser Leute
reizen einen die eigenen Ansichten
zum Widerspruch.
Heinrich Waggerl, Aphorismen

Kein kluger Mann
widerspricht seiner Frau.
Er wartet, bis sie es selbst tut.
Humphrey Bogart

Lerne Widerspruch ertragen.
Sei nicht kindisch eingenommen
von deinen Meinungen.
Adolph Freiherr von Knigge,
Über den Umgang mit Menschen

Man ist schlecht beraten, wenn man
nur mit Leuten zusammenarbeitet,
die nie wiedersprechen.
Ludwig Rosenberg

Man muss mitten im Widerspruch
leben, weil das Leben, wenn
der Widerspruch getilgt würde,
zusammenbräche.
Barry Lopez, Arktische Träume

Man muss nicht fürchten,
überstimmt zu werden,
wenn uns widersprochen wird.
Johann Wolfgang von Goethe,
Maximen und Reflexionen

Man spricht so lang,
bis man sich widerspricht.
François Villon, Balladen

Man widerspricht oft einer Meinung,
während uns eigentlich nur der Ton,
mit dem sie vorgetragen wurde,
unsympathisch ist.
Friedrich Nietzsche, Menschliches, Allzumenschliches

Mich hat der liebe Gott
aus allen Widersprüchen geschaffen,
die er hatte, das ist sicher.
Franziska Gräfin zu Reventlow, Tagebücher

Ob du ein Redner bist,
wird sich erst zeigen,
wenn man dir widerspricht.
Karl Gutzkow, Vom Baum der Erkenntnis

Oft ist man mit sich selbst ebenso
sehr im Widerspruch wie mit anderen.
François de La Rochefoucauld, Reflexionen

Sei vorsichtig
im Tadel und Widerspruch!
Es gibt wenige Dinge in der Welt,
die nicht zwei Seiten haben.
Adolph Freiherr von Knigge,
Über den Umgang mit Menschen

Vernünftiges und Unvernünftiges
haben gleichen Widerspruch
zu erleiden.
Johann Wolfgang von Goethe,
Maximen und Reflexionen

Wenn zwei streiten, ist der,
der dem Zornigen nicht widerspricht,
der Weisere.
Euripides, Fragmente

Widerspruch und Schmeichelei
machen beide ein schlechtes Gespräch.
Johann Wolfgang von Goethe,
Die Wahlverwandtschaften

Widerspruch verdrießt uns nur, weil er
uns im ruhigen Besitz einer Ansicht
oder eines Vorzugs stört. Deshalb
werden Schwache eher verdrossen als
Starke und Kranke eher als Gesunde.
Joseph Joubert, Gedanken, Versuche und Maximen

Widersprüche sind kein Einwand
gegen einen Menschen.
Ludwig Marcuse, Argumente und Rezepte.
Ein Wörter-Buch für Zeitgenossen

Wir dürfen den nicht schätzen,
der uns nie widerspricht: Denn
dadurch zeigt er keine Liebe zu uns,
vielmehr zu sich.
Baltasar Gracián y Morales,
Handorakel und Kunst der Weltklugheit

Wir können einem Widerspruch
in uns selbst nicht entgehen;
wir müssen ihn auszugleichen suchen.
Wenn uns andere widersprechen, das
geht uns nichts an, das ist ihre Sache.
Johann Wolfgang von Goethe,
Maximen und Reflexionen

Wohlerzogene widersprechen anderen,
Weise widersprechen sich selbst.
Oscar Wilde,
Sätze und Lehren zum Gebrauch für die Jugend

Zu widersprechen verstehen.
Eine große List beim Erforschen;
nicht um sich, sondern um den
anderen in Verwicklung zu bringen.
Die wirksamste Daumenschraube ist
die, welche die Affekte in Bewegung
versetzt: Daher ist ein wahres Brech-
mittel für Geheimnisse die Lauheit
im Glauben derselben. Sie ist der
Schlüssel zur verschlossensten Brust
und untersucht, mit großer Feinheit,
zugleich den Willen und den Verstand.
Baltasar Gracián y Morales,
Handorakel und Kunst der Weltklugheit

Widerstand

Das Heil im Nichtwiderstehen ist
im Großen und Kleinen eine Illusion:
Jeder Verzicht auf Anwendung
von Gewalt stärkt sie.
Ludwig Marcuse, Argumente und Rezepte.
Ein Wörter-Buch für Zeitgenossen

Denn leben hieß:
sich wehren!
Johann Wolfgang von Goethe,
Faust II (Mephisto)

Der obern Macht
ist schwer zu widerstehen.
Johann Wolfgang von Goethe,
Die natürliche Tochter (Gerichtsrat)

Die Besiegten dürfen nicht mucksen.
Deutsches Sprichwort

Ein jeder muss sich wehren,
wie er kann,
Vom Knaben auf, so wird's zuletzt
ein Mann.
Johann Wolfgang von Goethe, Faust II (Homunculus)

Eine Frau,
die ihren Widerstand aufgibt,
geht zum Angriff über.
Marcello Mastroianni

Es gehört zur Pflicht des Menschen,
sich der Gewaltsamkeit zu widersetzen
und die Ordnung zu stärken.
Jean-Jacques Rousseau,
Julie oder Die neue Héloïse (Eduard)

Frauen, die sich zu schnell erobern
lassen, organisieren den Widerstand
später im Untergrund.
Jean-Paul Belmondo

Ich unterwerfe mich weder dem Staat
noch den Menschen, ich leiste ihnen
den Widerstand der Trägheit.
Fernando Pessoa, Das Buch der Unruhe
des Hilfsbuchhalters Bernardo Soares

Je mehr Widerstand,
je mehr Fortgang.
Deutsches Sprichwort

Je nach den besonderen Umständen
kann eine Demonstration,
ein Protestmarsch, ein Streik oder
ziviler Ungehorsam angebracht sein.
Nelson Mandela, Zeitungsartikel, Februar 1958

Jugendkraft besteht darin, dass einem
jeder Widerstand Freude macht.
Sigismund von Radecki

Kitsch ist Kunst,
gescheitert am fehlenden Widerstand.
Sigismund von Radecki

Man muss dem Himmel nachgeben
und den Menschen Widerstand leisten.
Joseph Joubert,
Gedanken, Versuche und Maximen

Man soll sich nur auf etwas stützen,
was Widerstand leistet.
Lothar Schmidt

Nichts ist eines Kulturvolkes
unwürdiger, als sich ohne Widerstand
von einer verantwortungslosen
und dunklen Triebe ergebenen
Herrscherclique regieren zu lassen.
Hans Scholl, Flugblätter der Weißen Rose

Schrei flugs und wehre dich! Der Papst
hatte mich auch gebunden, aber
ich bin meine Bande losgeworden.
Martin Luther, Tischreden

Wehrt euch,
wenn euch das Leben lieb ist.
Hartmann von Aue, Iwein
(Quellwächter von Brocéliande)

Wenn ein Mann sich
für unwiderstehlich hält,
liegt es oft daran,
dass er nur dort verkehrt,
wo kein Widerstand
zu erwarten ist.
Françoise Sagan

Wer wagt es, sich den donnernden
Zügen entgegenzustellen?
Die kleinen Blumen zwischen
den Eisenbahnschwellen!
Erich Kästner, Kurz und bündig. Epigramme

Wider den Strom ist übel schwimmen.
Deutsches Sprichwort

Widerwärtigkeit

Auch widerwärtige Eindrücke
lassen sich genießen.
Arthur Schnitzler,
Aphorismen und Betrachtungen aus dem Nachlass

Es gibt Widerwärtigkeiten,
die unerträglich sind.
Marie de Rabuthin-Chantal Marquise de Sévigné,
Briefe (an den Präsidenten von Moulceau,
20. Oktober 1682)

Wer eine Kröte fressen will,
muss sie nicht lange besehen.
Deutsches Sprichwort

Widerwärtig nennen wir das Traurige,
dem es nicht vergönnt ist,
sich auf irgendeine Weise
in Schönheit aufzulösen.
Arthur Schnitzler, Zurückgelegte Sprüche

Widerwille

Der Widerwille gegen alles, was
unsere Freuden stört und bekämpft,
ist eine natürliche Regung.
Jean-Jacques Rousseau, Emile

Keine Sache ist so leicht,
dass sie nicht schwer würde,
wenn du sie widerwillig ausführst.
Terenz, Der Selbstquäler

Moral ist der instinktive Widerwille
einer Mehrheit.
David Herbert Lawrence

Wiedergeburt

Der letztliche Grund dafür,
dass es Wiedergeburt gibt, ist der,
dass unser Bewusstsein als Wesen
reiner Lichthaftigkeit und Erkenntnis

(...) von einem früheren Impuls von
Lichthaftigkeit und Erkenntnis hervorgebracht sein muss. Bewusstsein kann
nicht von Materie verursacht sein.
Dalai Lama XIV, Logik der Liebe

Nicht aus jeder Asche
fliegt ein Phönix auf.
Jean Paul, Dämmerungen für Deutschland

Um zu wachsen, um wiedergeboren zu
werden, muss man verletzlich bleiben,
bereit sein für die Liebe, aber
– das bleibt einem nicht erspart –
auch für weiteres Leid.
Anne Morrow Lindbergh,
Stunden von Gold – Stunden von Blei

Wenn es zukünftige Leben gibt,
dann hängt die Qualität des nächsten
Lebens von diesem Leben ab. Wenn
Sie jetzt verantwortungsbewusst leben,
wird sich das im nächsten Leben positiv auswirken. Ärger, Anhaften usw.
verführen uns zu einem ungünstigen
Lebensstil, und dies führt zu schädlichen Wirkungen in der Zukunft.
Dalai Lama XIV., Logik der Liebe

Zweimal geboren zu werden
ist nicht wunderbarer als nur einmal.
Voltaire, Die Prinzessin von Babylon

Wiederholung

Alles kommt zwar wieder,
aber auf eine andere Weise.
Søren Kierkegaard, Entweder – Oder

Alles wiederholt sich nur im Leben.
Ewig jung ist nur die Phantasie.
Friedrich Schiller, An die Freunde

Die Geschichte wiederholt sich, wenn
auch nicht so oft wie das Fernsehen.
Lothar Schmidt

Die Wiederholung ist die Mutter
– nicht bloß des Studierens,
sondern auch der Bildung.
Jean Paul, Levana

Es gibt schließlich kein Wort mehr,
das nicht schon früher
gesagt worden wäre.
Terenz, Der Eunuch (Prolog)

Man schäme sich nicht,
das gleiche immer wieder zu sagen,
denn auch Theaterstücke
werden immer wieder aufgeführt.
Manfred Rommel, Rommel-Kalender

Man sollte nicht immer
die gleichen Fehler machen,
die Auswahl ist doch groß genug.
Robert Lembke, Das Beste aus meinem Glashaus.
Humoristisches und Satirisches

Was einem jeden Menschen gewöhnlich begegnet, wiederholt sich mehr,
als man glaubt, weil seine Natur
hiezu die nächste Bestimmung gibt.
Johann Wolfgang von Goethe,
Die Wahlverwandt-schaften

Welchen Nutzen brächte der,
der einen Lehrsatz des Euklid
zum zweiten Mal bewiese?
Dante Alighieri, Über die Monarchie

Wer sein Versprechen wiederholt,
will es brechen.
Max Halbe

Wer sich nicht äußert, wird auch nicht
um eine Wiederholung gebeten.
Calvin Coolidge

Wer studiert, / Nicht repetiert,
Der hat gesät
Und nicht gemäht.
Jüdische Spruchweisheit

Wiedersehen

Beim Wiedersehen nach einer Trennung fragen die Bekannten nach dem,
was mit uns, die Freunde nach dem,
was in uns vorgegangen.
Marie von Ebner-Eschenbach, Aphorismen

Wie rasch
ist Abschied genommen,
wie lange
dauert es bis zum Wiedersehen!
Chinesisches Sprichwort

Wiege

Die Hand, die die Wiege schaukelt,
regiert die Welt.
Sprichwort aus den USA

Europa ist zweifellos die Wiege
der Kultur, aber man kann nicht sein
ganzes Leben in der Wiege verbringen.
Oskar Maria Graf

Narren wirft man bald aus der Wiege.
Deutsches Sprichwort

Wien

Das Problem für jeden Wiener:
Man kann es in Wien
nicht mehr aushalten.
Aber woanders auch nicht.
Helmut Qualtinger

Der Wiener ist ein mit sich
sehr unglücklicher Mensch,
der den Wiener hasst, aber
ohne den Wiener nicht leben kann.
Hermann Bahr

Die Wiener machen
aus ihrer Mördergrube ein Herz.
Fritz Kortner

In Wien hat sich seit hundert Jahren
nichts verändert.
Nur der Kaiser kommt nicht mehr.
Fritz Molden

Manchmal weiß ich nicht, ob ich
ein Wiener oder ein Mensch bin.
Helmut Qualtinger

Urworte, orphisch. Die Kennworte
des Wieners: Wie komm denn i dazu?
Es zahlt sich ja net aus!
Tun S' Ihnen nix an!
Arthur Schnitzler,
Aphorismen und Betrachtungen aus dem Nachlass

Was ein rechter Wiener ist, der rührt
keinen Finger. Der geht lieber mit
offener Hose spazieren. Vielleicht
fliegt ihm eine gebratene Taube hinein.
Walter Hasenclever, Die Rechtlosen (Golo)

Wien bleibt Wien
– und das ist wohl das Schlimmste,
was man über diese Stadt sagen kann.
Alfred Polgar

Wildheit

Das Wilde ist so in Mode,
dass es schon wieder fade wirkt.
Jules Renard, Ideen, in Tinte getaucht.
Aus dem Tagebuch von Jules Renard

Der ungeheure Unterschied,
den wir zwischen uns und den Wilden
bemerken, besteht nur darin, dass
wir etwas weniger unwissend sind.
Luc de Clapiers Marquis de Vauvenargues,
Nachgelassene Maximen

Der zivilisierte Wilde
ist der schlimmste aller Wilden.
Karl Julius Weber, Democritos

Die Wilden fressen einander,
und die Zahmen betrügen einander,
und das nennt man den Lauf der Welt.
Arthur Schopenhauer, Aphorismen zur Lebensweisheit

So wilde Freude
nimmt ein wildes Ende.
William Shakespeare, Romeo und Julia (Lorenzo)

Was predigt ihr den Wilden?
Tut Not, erst die Gebildeten zu bilden.
Eduard von Bauernfeld, Poetisches Tagebuch

Wir können die Wilden also
Barbaren nennen, wenn wir ihr Vorgehen von der Vernunft aus beurteilen,
aber nicht, wenn wir sie mit uns
vergleichen, denn wir sind in vieler
Beziehung barbarischer.
Michel Eyquem de Montaigne, Die Essais

Wille

Alle Eintracht hängt ab
von der Einheit in den Willenskräften.
Dante Alighieri, Über die Monarchie

Alle Handlungen müssen vom Willen
bestimmt und dürfen keine unbewusste
Befriedigung physischer Bedürfnisse
sein.
Leo N. Tolstoi, Tagebücher (1847)

Alles Fühlende leidet in mir,
aber mein Wille ist stets mein
Bezwinger und Freudenbringer.
Franziska Gräfin zu Reventlow, Tagebücher

Alles Wirken des Willens führt sich,
als auf seine erste Wurzel, zurück
auf das, was der Mensch naturhaft will.
Thomas von Aquin, De caritate

An sich betrachtet,
ist jedes Wollen stets böse,
das abweicht von der Vernunft,
gleichviel, ob sie recht ist oder irrend.
Thomas von Aquin, Summa theologica

Auch der Wille ist ein Trieb.
Aristoteles, Psychologie

Charakter ist der Inbegriff des
bewussten und unbewussten Willens.
Walter Rathenau, Auf dem Fechtboden des Geistes.
Aphorismen aus seinen Notizbüchern

Da nun nicht geschehen kann, was
du willst, wolle, was geschehen kann.
Terenz, Das Mädchen von Andros

Dafern mein Will' ist tot,
so muss Gott, was ich will:
Ich schreib' ihm selber für
das Muster und das Ziel.
Angelus Silesius, Der cherubinische Wandersmann

Das freie Wesen muss auch
das ursprüngliche sein.
Ist unser Wille frei,
so ist er auch das Urwesen;
und umgekehrt.
Arthur Schopenhauer, Zur Ethik

Das Gesetz des reinen Willens,
der frei ist, setzt diesen in eine ganz
andere Sphäre als die empirische.
Immanuel Kant, Kritik der praktischen Vernunft

Das Grundprinzip unserer Freiheit
ist die Freiheit des Willens,
die viele im Munde führen,
wenige aber verstehen.
Dante Alighieri, Über die Monarchie

Das Schönste ist, gerecht zu sein,
das Beste die Gesundheit;
das Angenehmste, wenn man
immer erreicht, was man will.
Sophokles, Fragmente

Das Wollen ist uns gegeben aufgrund
unserer freien Willensentscheidung,
nicht aber das Können dessen,
was wir wollen.
Bernhard von Clairvaux, Gnade und Willensfreiheit

Dem Himmel
ist beten wollen
auch beten.
Gotthold Ephraim Lessing, Emilia Galotti (Claudia)

Dem Weisen allein also gelingt es,
dass er nichts gegen seinen Willen tut.
Marcus Tullius Cicero, Paradoxa Stoicorum

Den Marschall der Armeen eines
mächtigen Staats, den kann man
gefangen nehmen. Doch keinem,
selbst dem Geringsten nicht,
kann man den Willen nehmen.
Konfuzius, Gespräche

Den Willen eines Menschen
bricht auch Buddha nicht.
Chinesisches Sprichwort

Der erste Akt des Willens rührt nicht
her aus dem Befehl der Vernunft,
sondern aus dem Antrieb der Natur
oder einer höheren Ursache.
Thomas von Aquin, Summa theologica

Der erste und der letzte Wille
ist immer der beste.
Friedrich Schlegel, Lucinde

Der gute Wille allein
genügt ja schon oft;
wenn er fehlt,
nützt alles andere nichts.
Bernhard von Clairvaux, Gnade und Willensfreiheit

Der Mensch aber kann nicht ruhen,
er will immer noch was anders.
Johann Wolfgang von Goethe, Briefe
(an Zelter, 19. Juli 1829)

Der Mensch hat freien Willen
– das heißt, er kann einwilligen
ins Notwendige!
Friedrich Hebbel, Tagebücher

Der Mensch kann alles, was er will.
Deutsches Sprichwort

Der Mensch muss
das Gute und Große wollen.
Das Übrige hängt vom Schicksal ab.
Alexander von Humboldt, Briefe

Der Ursprung allen Handelns
liegt im Willen eines freien Wesens.
Jean-Jacques Rousseau, Emile

Der Wille bestimmt die Bewegung.
Oswald Spengler, Urfragen.
Fragmente aus dem Nachlass

Der Wille ist des Werkes Seele.
Deutsches Sprichwort

Der Wille ist seiner Natur nach gut,
weswegen auch sein naturhaftes
Wirken immer gut ist.
Thomas von Aquin, Über das Böse

Der Wille lockt die Taten nicht herbei.
Johann Wolfgang von Goethe,
Torquato Tasso (Antonio)

Der Wille und der Verstand
sind ein und dasselbe.
Baruch de Spinoza, Ethik

Der Wille
Und nicht die Gabe
macht den Geber.
Gotthold Ephraim Lessing,
Nathan der Weise (Klosterbruder)

Des Menschen Wille,
das ist sein Glück.
Friedrich Schiller, Wallensteins Lager (2. Jäger)

Des Menschen Wille
ist sein Himmelreich.
Deutsches Sprichwort

Die beste Vorbedingung für die Praxis
des Lebens ist die Triebkraft, die zum
Handeln führt, das heißt der Wille.
Fernando Pessoa, Das Buch der Unruhe
des Hilfsbuchhalters Bernardo Soares

Die Lehre von der Freiheit des Willens
ist eine Erfindung herrschender Stände.
Friedrich Nietzsche, Menschliches, Allzumenschliches

Die Natur ist der Wille, sofern
er sich selbst außer sich erblickt.
Arthur Schopenhauer,
Zur Philosophie und Wissenschaft der Natur

Die Rechtheit der Absicht allein macht
nicht schon den ganzen guten Willen.
Thomas von Aquin, Summa theologica

Die Willensfreiheit
haben viele im Munde,
im Geist aber wenige.
Dante Alighieri, Über die Monarchie

Dort in der Höllen hat
ein jeder seinen Willen,
Drum steckt sie voller Pein,
und nichts nicht kann sie stillen.
Daniel Czepko von Reigersfeld,
Monodisticha Sapientium

Du hast keinen Willen! So hieß es
immer. Und damit wurde der Grund
zu einem willenlosen Charakter gelegt.
August Strindberg, Der Sohn der Magd

Ein Charakter
ist ein vollkommen gebildeter Willen.
Novalis, Fragmente

Ein Gott ist, ein heiliger Wille lebt,
Wie auch der menschliche wanke.
Friedrich Schiller, Die Worte des Glaubens

Ein schmerzhaftes Wort:
Wie du es wolltest, so hast du es.
Franz Kafka, Tagebücher (1914)

Ein Mensch erhofft sich
fromm und still,
Dass er einst das kriegt,
was er will.
Bis er dann
doch dem Wahn erliegt
Und schließlich das will,
was er kriegt.
Eugen Roth

Erkennen ohne Wollen ist nichts,
ein falsches, unvollständiges
Erkennen.
Johann Gottfried Herder,
Vom Erkennen und Empfinden der menschlichen Seele

Es gibt im Geiste keinen absoluten
oder freien Willen; sondern der Geist
wird dieses oder jenes zu wollen von
einer Ursache bestimmt, die auch
wieder von einer anderen bestimmt
worden ist, und diese wieder von einer
anderen und so fort ins Unendliche.
Baruch de Spinoza, Ethik

Euer guter Wille ist die beste Würze.
Johann Wolfgang von Goethe, Egmont (Egmont)

Ewig wechselt der Wille
den Zweck und die Regel.
Friedrich Schiller, Spaziergang

Gib dir Mühe, nichts jemals
gegen deinen Willen zu tun.
Lucius Annaeus Seneca, Moralische Briefe

Guter Wille ist höher als aller Erfolg.
Johann Wolfgang von Goethe,
Stella (Cäcilie)

Guter Wille muss
am Ende betteln gehn.
Deutsches Sprichwort

Guter Wille tut viel, aber nicht alles.
Deutsches Sprichwort

Hängt das Herz vom Willen ab?
Jean-Jacques Rousseau, Emile (Sophie)

Ich werde sein, der ich sein will.
Aber ich muss auch wollen,
was immer das sein mag.
Fernando Pessoa, Das Buch der Unruhe
des Hilfsbuchhalters Bernardo Soares

Im Bereich des freien Willens ist alles
Böse entweder Strafe oder Schuld.
Thomas von Aquin, Summa theologica

Im Menschen wird der Wille
eine Kraft, die ihm eigentümlich ist
und die an Intensität die aller
übrigen Spezies übertrifft.
Honoré de Balzac, Louis Lambert

In der Betrachtung
träumt der menschliche Geist,
in der Erkenntnis oder dem,
was er dafür hält, schwärmt er,
und erst im Willen wird er wach.
Arthur Schnitzler, Ungedrucktes
(in: Österreichische Dichtergabe, Wien 1928)

Ja, mit dem besten Willen leisten wir
So wenig, weil uns tausend Willen
kreuzen.
Johann Wolfgang von Goethe,
Die natürliche Tochter (König)

Jedem wahren Glauben
liegt ein Willensakt zugrunde.
Franz Werfel, Zwischen Oben und Unten

Jeglicher Akt des Willens entspringt
aus einem Akt der Erkenntniskraft.
Dennoch gibt es einen bestimmten
Akt des Willens, der früher ist als ein
bestimmter Akt der Erkenntniskraft.
Der Wille nämlich zielt auf den letzt-
gültigen Akt der Erkenntnis, welcher
die Glückseligkeit ist.
Thomas von Aquin, Summa theologica

Macht und Will können viel.
Deutsches Sprichwort

Man kann den Menschen nur das
einreden, was sie wirklich wollen.
Joseph Joubert, Gedanken, Versuche und Maximen

Man kann, was man will.
Deutsches Sprichwort

Meinen Willen kann niemand binden.
Max Stirner, Der Einzige und sein Eigentum

Menschliche Begier
hat keine Grenze,
Als die mit fester Hand
der Wille steckt.
Robert Hamerling, Ahasverus in Rom

Mildere die wilden Wallungen
des Willens und suche
die grausame Bestie zu zähmen.
Bernhard von Clairvaux, Über die Bekehrung

Nehmt die Gottheit auf in euern Willen,
Und sie steigt von ihrem Weltenthron.
Friedrich Schiller, Das Ideal und das Leben

Nicht wer eine gute Erkenntniskraft,
sondern wer einen guten Willen hat,
heißt ein guter Mensch.
Thomas von Aquin, Summa theologica

Nichts ist mühsam, was man willig tut.
Thomas Jefferson, Lebensregeln

Ohne den Glauben an den freien
Willen wäre die Erde nicht nur der
Schauplatz der grauenhaftesten
Unsinnigkeit, sondern auch der
unerträglichsten Langeweile.
Arthur Schnitzler, Buch der Sprüche und Bedenken

Willenskraft

Sei deines Willens Herr
und deines Gewissens Knecht.
Marie von Ebner-Eschenbach, Aphorismen

Suchst du das Höchste, das Größte?
Die Pflanze kann es dich lehren.
Was sie willenlos ist, sei du es wollend.
Friedrich Schiller, Das Höchste

Um zu wollen,
braucht man nicht zu glauben.
Um zu kämpfen,
braucht man kein Vertrauen.
Ludwig Marcuse, Argumente und Rezepte.
Ein Wörter-Buch für Zeitgenossen

Und aller Wille
Ist nur ein Wollen,
weil wir eben sollen,
Und vor dem Willen
schweigt die Willkür stille.
Johann Wolfgang von Goethe, Urworte, orphisch

Unser Wille ist nur der Wind,
Der uns drängt und dreht;
Weil wir selber die Sehnsucht sind,
Die in Blüten steht.
Rainer Maria Rilke, Die frühen Gedichte

Unser Wollen ist ein Vorausverkünden
dessen, was wir unter allen Umständen
tun werden. Diese Umstände aber
ergreifen uns auf ihre eigene Weise.
Johann Wolfgang von Goethe, Dichtung und Wahrheit

Von innen wirkt der Wille,
von außen das Schicksal.
Oswald Spengler, Urfragen.
Fragmente aus dem Nachlass

Wär's möglich?
Könnt' ich nicht mehr,
wie ich wollte?
Friedrich Schiller, Wallensteins Tod (Wallenstein)

Was uns erhebt und stürzt,
ist Willen und Verstand,
Wer über beide steigt,
der wird mit Gott bekannt.
Daniel Czepko von Reigersfeld,
Monodisticha Sapientium

Wenn dein Wille bereit ist,
sind die Füße leicht.
Sprichwort aus England

Wenn die Scheide nicht will,
kann der Degen nicht hinein.
Deutsches Sprichwort

Wenn sich für dich in der Erfüllung
deines Willens doppelte Bitterkeit
ergeben muss, so erfülle ihn lieber
nicht, auch wenn du in Bitterkeit
zurückbleibst.
Juan de la Cruz, Merksätze von Licht und Liebe

Wer alles will, bekommt nichts.
Deutsches Sprichwort

Wer arm ist, muss nicht
arm an Willen sein.
Chinesisches Sprichwort

Wer immer irgendetwas unter dem
Gesichtspunkt des Guten will, dessen
Wille ist gleichförmig dem göttlichen
Willen.
Thomas von Aquin, Summa theologica

Wer mehr Willen hat,
der hat auch mehr Liebe.
Meister Eckhart, Merksprüche und Weisungen

Wer nicht kann, wie er will,
muss wollen, wie er kann.
Deutsches Sprichwort

Wer seinen Willen durchsetzen will,
der muss leise sprechen.
Jean Giraudoux

(...) wer Türen einrennen will,
braucht Türen.
Günther Anders, Lieben gestern.
Notizen zur Geschichte des Fühlens

Wer will, ist dem nicht alles möglich?
Johann Wolfgang von Goethe,
Die Mitschuldigen (Alcest)

Wer will, schafft mehr
als der, der kann.
Sprichwort aus Frankreich

Wille ist der Kern des Seelenlebens,
der Trieb, der sich der Sinne
und des Geists bedient.
Oswald Spengler, Urfragen.
Fragmente aus dem Nachlass

Wille ist durchgeistigter Lebensdrang.
Oswald Spengler, Urfragen.
Fragmente aus dem Nachlass

Wille ist keine Sache des Alters,
ein Willenloser wird umsonst
hundert Jahre alt.
Chinesisches Sprichwort

Wir leben in einer Zeit,
in der die Menschen nicht wissen,
was sie wollen, aber alles tun,
um es zu bekommen.
Donald Marquis

Wir lieben nur einmal wahrhaft:
das erste Mal; später lieben wir
nicht mehr so willenlos.
Jean de La Bruyère, Die Charaktere

Wo guter Wille,
kräftig durch Verstand,
Und Tätigkeit,
vielfältige, zur Hand,
Was könnte da
zum Unheil sich vereinen,
Zur Finsternis,
wo solche Sterne scheinen?
Johann Wolfgang von Goethe, Faust II (Mephisto)

Wo immer geistige Erkenntnis ist,
da ist auch freier Wille.
Thomas von Aquin, Summa theologica

Wo kommt der Willen her?
Das wollt auch Adam wissen,
Drum ward er mit dem Schwert
aus Eden fortgeschmissen.
Daniel Czepko von Reigersfeld,
Monodisticha Sapientium

Ziel der Begierde ist die schöne
Erscheinung, Ziel des Willens
in erster Linie das wirklich Schöne.
Aristoteles, Älteste Metaphysik

Zu wollen ist zu wenig:
Du musst begehren,
dich der Sache zu bemächtigen.
Ovid, Briefe aus der Verbannung

Willenskraft

Die Hoffnung
ist die Willenskraft
der Schwachen.
Henry de Montherlant

Die Willenskraft der Schwachen
heißt Eigensinn.
Marie von Ebner-Eschenbach

Es braucht viel Willenskraft,
keinem Herrn zu dienen.
Chinesisches Sprichwort

Jedes Nachlassen der Willenskraft
ist ein Teilchen verlorene Substanz.
Charles Baudelaire, Tagebücher

Willensstärke lieben,
aber nicht das Lernen
– die Schwäche darin:
Man wird verwegen.
Konfuzius, Gespräche

Willig

Dem Willigen ist gut winken.
Deutsches Sprichwort

Ein Tor ist immer willig,
Wenn eine Törin will.
Heinrich Heine, Buch der Lieder

Und bist du nicht willig,
so brauch ich Gewalt.
Johann Wolfgang von Goethe, Erlkönig

Willkür

Dasselbe Tor, durch welches der Despotismus und die Willkür einziehen,
steht auch dem auswärtigen Feind
offen.
Rudolf von Ihering, Der Kampf um's Recht

Die Freiheit ist nicht die Willkür,
beliebig zu handeln, sondern die
Fähigkeit, vernünftig zu handeln.
Rudolf Virchow,
Über die mechanische Auffassung des Lebens

Die Freiheitsapostel, sie waren mir
immer zuwider; Willkür suchte doch
nur jeder am Ende für sich.
Johann Wolfgang von Goethe,
Venezianische Epigramme

Ohne Willkür gibt es keine Religion,
weil sonst das höchste Opfer, das Opfer
des Geistes nicht stattfinden kann.
William Butler Yeats, Entfremdung

Vermessene Willkür
Hat der getreuen Natur
göttlichen Frieden gestört.
Friedrich Schiller, Der Genius

Wie kann auch die Alleinherrschaft
etwas Gutes sein, die tun kann, was
ihr beliebt, ohne Verantwortlichkeit?
Herodot, Historien

Willkür und Zufall sind
die Elemente der Harmonie.
Novalis, Fragmente

Wind

Bei gutem Winde ist gut segeln.
Deutsches Sprichwort

Bläst im August der Nord,
so dauert gutes Wetter fort.
Bauernregel

Brunze [= uriniere, Anm. d. Red.]
nicht gegen den Wind.
Deutsches Sprichwort

Dem Wind und dem Narren
lass seinen Lauf.
Deutsches Sprichwort

Demagogen sind Leute,
die in den Wind sprechen,
den sie selbst gemacht haben.
Helmut Qualtinger

Der Wind, das einzige Freie
in der Zivilisation.
Elias Canetti, Die Provinz des Menschen.
Aufzeichnungen 1942–1972

Die kalten Winde bliesen
Mir grad ins Angesicht,
Der Hut flog mir vom Kopfe,
Ich wendete mich nicht.
Wilhelm Müller, Gedichte (Schubert: Winterreise)

Es gibt keinen Menschen,
der Macht hat über den Wind,
sodass er den Wind
einschließen könnte.
Altes Testament, Kohelet 8, 8

Es liegt im Wesen der Parteiflügel,
dass sie mehr Luftzug
als Bewegung erzeugen.
Alberto Sordi

Fehlt es am Wind,
so greife zum Ruder.
Deutsches Sprichwort

Frauen und Wind
sind notwendige Übel.
Sprichwort aus Schottland

Gegenwind macht
den Menschen weise.
Sprichwort aus Frankreich

Großer Wind bringt
oft nur kleinen Regen.
Deutsches Sprichwort

Hat sich der Wind gelegt,
rollen die Wellen noch weiter.
Chinesisches Sprichwort

Morgenrot bringt Wind und Kot.
Bauernregel

Opportunisten sind Leute,
die schon heute die Windrichtung
von übermorgen kennen.
Alec Guinness

Schicksal des Menschen,
Wie gleichst du dem Wind.
Johann Wolfgang von Goethe,
Gesang der Geister über den Wassern

Wehe, wehe, du Wind!
Weh, ach wehe, mein Kind!
Richard Wagner, Tristan und Isolde
(Stimme eines jungen Seemanns)

Wenn der Wind bläst,
fährt er in jede Ecke.
Sprichwort aus Arabien

Wer auf frischen Wind hofft,
darf nicht verschnupft sein,
wenn er kommt.
Helmut Qualtinger

Wer knuspert an meinem Häuschen?
Der Wind, der Wind,
das himmlische Kind!
Jacob und Wilhelm Grimm,
Kinder- und Hausmärchen (Hänsel und Gretel)

Wind ist der Welle
Lieblicher Buhler;
Wind mischt vom Grund aus
Schäumende Wogen.
Johann Wolfgang von Goethe,
Gesang der Geister über den Wassern

Wirbelwind und trocknen Kot
Lass sie drehn und stäuben.
Johann Wolfgang von Goethe,
West-östlicher Divan (Wanderers Gemütsruhe)

Wo viel Wind ist,
da ist selten Staub.
Deutsches Sprichwort

Worte sind Luft.
Aber die Luft wird zum Wind, und
der Wind macht die Schiffe segeln.
Arthur Koestler

Winter

Ach, die bleiche Wintersonne! Sie ist
traurig wie eine glückliche Erinnerung.
Gustave Flaubert, November

Bleiben die Störche
noch nach Bartolomä,
kommt ein Winter,
der tut nicht weh.
Bauernregel

Dem fleißigen Hamster
schadet der Winter nicht.
Deutsches Sprichwort

Der alte Winter,
in seiner Schwäche,
Zog sich in raue Berge zurück.
Johann Wolfgang von Goethe, Faust I (Faust)

Der Sommer gibt Korn,
der Herbst gibt Wein,
der Winter verzehrt,
was beide beschert.
Deutsches Sprichwort

Der Sommer ist ein Nährer,
der Winter ein Verzehrer.
Deutsches Sprichwort

Der Winter, ein schlimmer Gast,
sitzt bei mir zu Hause,
blau sind meine Hände
von seiner Freundschaft Händedruck.
Friedrich Nietzsche, Also sprach Zarathustra

Der Winter ist ein rechter Mann,
kernfest und auf die Dauer.
Matthias Claudius

Der Winter ist vorüber,
aber des Kohlenverkäufers Gesicht
ist noch genauso schwarz.
Sprichwort aus Persien

Die Elisabeth sagt an,
was der Winter für ein Mann.
Bauernregel

Donner im Winterquartal
bringt Eiszapfen ohne Zahl.
Bauernregel

Erst wenn die Kälte einbricht in das
Jahr, merkt man, dass Fichten und
Zypressen grün sind, wenn andre
Bäume längst verwelkt schon sind.
Konfuzius, Gespräche

Es ist betrübt,
die langen Winterabende
so allein zu sein.
Johann Wolfgang von Goethe, Zwo biblische Fragen

Es muss ein kalter Winter sein,
wo ein Wolf den andern frisst.
Deutsches Sprichwort

Für den Winter
müssen wir Vorsorge tragen,
sonst leiden wir Hunger.
Jacob und Wilhelm Grimm,
Katze und Maus in Gesellschaft

Gott ernähret die Vögel
unter dem Himmel
– und im Winter
lässt er sie verhungern.
Jules Renard

Hängt das Laub bis November hinein,
wird der Winter lange sein.
Bauernregel

Hundstage heiß, Winter lange weiß.
Bauernregel

Ich baue meinem Herzen ein Grab,
damit es ruhen möge; ich spinne
mich ein, weil überall Winter ist;
in sel'gen Erinnerungen hüll ich
vor dem Sturme mich ein.
Friedrich Hölderlin, Hyperion

Ihr lacht wohl über den Träumer,
Der Blumen im Winter sah?
Wilhelm Müller, Gedichte (Schubert: Winterreise)

Ist es um Martini trüb,
wird der Winter auch nicht lieb.
Bauernregel

Ist's in der ersten Woche heiß,
so bleibt der Winter lange weiß.
Bauernregel

Jede Meile ist zwei im Winter.
Sprichwort aus England

Katharinen-Winter ein Plack-Winter.
Bauernregel

Man lässt sich den Winter auch
gefallen. Man glaubt sich freier
auszubreiten, wenn die Bäume
so geisterhaft, so durchsichtig
vor uns stehen.
Johann Wolfgang von Goethe,
Die Wahlverwandtschaften

Mir ist es winterlich im Leibe,
Ich wünschte Schnee und Frost
auf meiner Bahn.
Johann Wolfgang von Goethe, Faust I (Mephisto)

Ohne die Kälte des Winters gäbe es
die Wärme des Frühlings nicht.
Ho Chi Minh

Selbst der strengste Winter
hat Angst vor dem Frühling.
Sprichwort aus Finnland

Späte Rosen im Garten
lassen den Winter noch warten.
Bauernregel

Später Winter, spätes Frühjahr.
Bauernregel

Und dräut der Winter noch so sehr
Mit trotzigen Gebärden,
Und streut er Eis und Schnee umher,
Es muss doch Frühling werden.
Emanuel Geibel, Gedichte

Wenn die Tage langen,
kommt der Winter gegangen.
Deutsches Sprichwort

Wenn sich die Schnecken früh deckeln,
so gibt's einen frühen Winter.
Bauernregel

Wenn Simon und Judä vorbei,
so rückt der Winter herbei.
Bauernregel

Wenn Winter kommt, kann Frühling
weit entfernt dann sein?
Percy Bysshe Shelley, Ode an den Westwind

Wer im Sommer das Gras frisst,
hat im Winter kein Heu.
Norbert Blüm

Wer im Sommer nicht arbeitet,
muss im Winter Hunger leiden.
Deutsches Sprichwort

Wer sich in Sommersprossen verliebt,
sollte auch an den Winter denken.
Hans Söhnker

Wirft der Maulwurf im Januar,
dauert der Winter bis Mai sogar.
Bauernregel

Wirklichkeit

Das Menschenauge kann von
der Wirklichkeit nur erfassen, was
seiner Aufnahmefähigkeit entspricht.
Michel Eyquem de Montaigne, Die Essais

Das Mysterium
ist ständige Wirklichkeit bei dem,
der inmitten der Welt
frei von sich selbst ist.
Dag Hammarskjöld, Zeichen am Weg

Das Naive als natürlich
ist mit dem Wirklichen verschwistert.
Das Wirkliche ohne sittlichen Bezug
nennen wir gemein.
Johann Wolfgang von Goethe,
Maximen und Reflexionen

Der Teufel ist nicht so schwarz,
als man ihn malt.
Deutsches Sprichwort

Der Teufel ist schwärzer,
als man ihn malt.
Deutsches Sprichwort

Die Erkenntnis der Wirklichkeit
ist bis zu einem bestimmten Grad
immer Geheimwissen.
Sie ist eine Art des Todes.
William Butler Yeats, Entfremdung

Die Kunst ist schöner
als die Wirklichkeit.
Wladyslaw Tatarkiewicz, Geschichte der Ästhetik. Bd. 1

Die Kunst ist Wiedergabe
der Wirklichkeit, eine wiederholte,
sozusagen neugeschaffene Welt.
Wissarion G. Belinskij, Ein Lesebuch für unsere Zeit

Die objektive Hälfte der Gegenwart
und Wirklichkeit steht in der Hand
des Schicksals und ist demnach veränderlich; die subjektive sind wir selbst,
daher sie im Wesentlichen
unveränderlich ist.
Arthur Schopenhauer,
Aphorismen zur Lebensweisheit

Die Wirklichkeit
ist eine Sense für Ideale.
Helmut Qualtinger

Die Wirklichkeit ist immer noch
phantastischer als alle Phantasie.
Wolf Biermann

Erinnerungen sind Wirklichkeiten
im Sonntagsanzug.
Oliver Hassencamp

Es ist fast nicht möglich, unverhüllt
die schmutzige Wirklichkeit zu sehen,
ohne selbst darüber zu erkranken.
Friedrich Hölderlin, Briefe
(an Johann Gottfried Eben, 10. Januar 1797)

Es ist oft wünschenswerter,
bloß mit der Oberfläche unsers Wesens
beschäftigt zu sein,
als immer seine ganze Seele,
sei es in Liebe oder in Arbeit,
der zerstörenden Wirklichkeit
auszusetzen.
Friedrich Hölderlin, Briefe
(an den Bruder, 12. Februar 1798)

Extreme Idealisten
sind immer Feiglinge;
sie nehmen vor der Wirklichkeit
Reißaus.
Jakob Boßhart

Heute ist die Utopie vom Vormittag
die Wirklichkeit vom Nachmittag.
Truman Capote

Hier fass ich Fuß!
Hier sind es Wirklichkeiten,
Von hier aus darf der Geist
mit Geistern streiten,
Das Doppelreich, das große,
sich bereiten.
Johann Wolfgang von Goethe, Faust II (Faust)

Idealisten werden manchmal sehr böse,
wenn die Wirklichkeit sie widerlegt.
Jean-Louis Barrault

In den Gedanken
ist mehr Wirklichkeit
als in den Dingen.
Gustave Flaubert, Erinnerungen, Aufzeichnungen
und geheime Gedanken

In der Welt des Psychischen
erschufen Wünsche recht
eigentlich den Tatbestand.
Hermann Graf Keyserling,
Reisetagebuch eines Philosophen

Keine Poesie, keine Wirklichkeit.
Friedrich Schleiermacher, Fragmente

Lieben heißt,
sich mit der Wirklichkeit begnügen.
Stefan Napierski

Man sollte versuchen,
den Traum von der Wirklichkeit
an die Stelle der Wirklichkeit zu setzen.
Joris-Karl Huysmans

Menschenkraft verträgt
nicht viel Wirklichkeit.
T. S. Eliot, Mord im Dom

Naturalismus: Wirklichkeit,
gesehen durch kein Temperament.
Ludwig Marcuse, Argumente und Rezepte.
Ein Wörter-Buch für Zeitgenossen

Nicht nur die scheinheilige Ideologie
verdeckt die Wirklichkeit,
auch die scheinunheilige.
Ludwig Marcuse, Argumente und Rezepte.
Ein Wörter-Buch für Zeitgenossen

Nie hat ein Dichter die Natur
so frei ausgelegt
wie ein Jurist die Wirklichkeit.
Jean Giraudoux

Nur durch Utopie wird Wirklichkeit
weitergebracht. Paul Tillich sagt:
»Mensch sein heißt, Utopie haben.«
August Everding, Festrede zur Eröffnung des
Berliner Abgeordnetenhauses am 28. April 1993

Sie halten bloß das für wirklich,
was sie verkaufen können.
Gustav Meyrink, Die Fledermäuse

Sobald die Wirklichkeit
mit einem Ideal verschmolzen wird,
verdeckt es sie.
Ludwig Marcuse, Argumente und Rezepte.
Ein Wörter-Buch für Zeitgenossen

Vielleicht ist alles doch nur Traum.
Pedro Calderón de la Barca,
Das Leben ein Traum (Sigismund)

Was nicht ewig ist,
ist auch nicht wirklich.
Miguel de Unamuno y Jugo

Was vernünftig ist,
das ist wirklich;
und was wirklich ist,
das ist vernünftig.
Georg Wilhelm Friedrich Hegel,
Grundlinien der Philosophie des Rechts

Wenn Sie denken, Sie sind verwirrt,
so fassen Sie sich ein Herz: Sie sind
nur in Kontakt mit der Wirklichkeit.
Dean Rusk

Wer sich über die Wirklichkeit
nicht hinauswagt, der wird nie
die Wahrheit erobern.
Friedrich Schiller,
Über die ästhetische Erziehung des Menschen

Wirklichkeit ist unendliches Wirken,
unaufhörliche Bewegung.
Oswald Spengler, Urfragen.
Fragmente aus dem Nachlass

Wirkung

Auch ein einziges Haar
wirft seinen Schatten.
Publilius Syrus, Sentenzen

Auch ein Sperling
wirft im Fliegen
einen Schatten.
Chinesisches Sprichwort

Auf Menschen ist nicht leicht
zu wirken,
Doch auf das willige Papier.
Johann Wolfgang von Goethe, Epigrammatisch

Aufrichtig währt am längsten
und wirkt am sichersten.
Johann Wolfgang von Goethe, Briefe
(an Knebel, 19. August 1825)

Da wo du bist, da wo du bleibst, wirke
was du kannst, sei tätig und gefällig,
und lass dir die Gegenwart heiter sein.
Johann Wolfgang von Goethe,
Wilhelm Meisters Lehrjahre

Das ganze Meer verändert sich,
wenn ein Stein hineingeworfen wird.
Blaise Pascal, Pensées

Das Wirkende ist immer wertvoller
als das, was eine Wirkung erfährt.
Aristoteles, Psychologie

Dein Geist wird dich leiten,
in jedem Augenblick
das Rechte zu wirken.
Johann Wolfgang von Goethe, Lila (Almaide)

Denn es muss von Herzen gehen,
Was auf Herzen wirken soll.
Johann Wolfgang von Goethe, Faust II (Phorkyas)

Denn nichts, was wirkt,
ist ohne Einfluss,
und manches Folgende
lässt sich ohne das Vorhergehende
nicht begreifen.
Johann Wolfgang von Goethe, Dichtung und Wahrheit

Der Säbel ist gut anzusehen, aber
seine Wirkungen sind unangenehm.
Johann Wolfgang von Goethe, West-östlicher Divan

Die Erkenntnis der Wirkung hängt
von der Erkenntnis der Ursache ab
und schließt diese ein.
Baruch de Spinoza, Ethik

Die Wirkung
ist die Probe eines Kunstwerkes,
aber nie dessen Zweck.
Ernst von Feuchtersleben, Aphorismen

Doch es ziemt dem Menschen,
nicht mehr zu grübeln,
wo er nicht mehr wirken soll.
Johann Wolfgang von Goethe, Egmont (Egmont)

Ein Feuerfünkchen kann
einen Wald von zehntausend Qing
in Asche legen.
Chinesisches Sprichwort

Ein Mann, der recht zu wirken denkt,
Muss auf das beste Werkzeug halten.
Johann Wolfgang von Goethe, Faust
(Vorspiel auf dem Theater: Direktor)

Einem Wagen folgt immer
eine Spur.
Chinesisches Sprichwort

Erzählen heißt: der Wirklichkeit
zur Wirksamkeit zu verhelfen.
Jean-Paul Sartre

Es gibt keine Wirkung ohne Ursache.
Voltaire,
Candide oder Der Glaube an die beste der Welten

Es ist unklug, die Dinge nach den
Wirkungen zu betrachten, da gut
bedachte Unternehmungen häufig
einen unglücklichen Ausgang haben,
schlecht bedachte oft glücklich enden.
Niccolò Machiavelli,
 Geschichte von Florenz

Es schlägt nicht immer ein,
wenn es blitzt.
Deutsches Sprichwort

Gleiche oder wenigstens
ähnliche Wirkungen werden
auf verschiedene Weise
durch Naturkräfte hervorgebracht.
Johann Wolfgang von Goethe,
Maximen und Reflexionen

Hat sich der Wind gelegt,
rollen die Wellen noch weiter.
Chinesisches Sprichwort

Ist gleich der Bock aus dem Hause,
so bleibt der Gestank doch darin.
Deutsches Sprichwort

Jede Wirkung zeugt
von einer verwandten Ursache:
Das Erhabene und Schöne kann nur
ein Werk ausgezeichneter Geister sein.
August Wilhelm Schlegel,
Rezension der Altdeutschen Blätter

Jegliches Wirkende, was immer es sei,
wirkt jegliches Wirken aus einer
wie auch immer gearteten Liebe.
Thomas von Aquin, Summa theologica

Kein Warum ohne ein Darum.
Deutsches Sprichwort

Keine Wirkung in der Natur
ist ohne Vernunftgrund.
Erkenne den Vernunftgrund, und
du bedarfst nicht des Experiments.
Leonardo da Vinci, Tagebücher und Aufzeichnungen

Kosmetik ist eine Maßnahme
mit aufschiebender Wirkung.
Helmar Nahr

Manche Sätze geben ihr Gift
erst nach Jahren her.
Elias Canetti, Die Provinz des Menschen.
Aufzeichnungen 1942–1972

Mit der erhöhten Wirkung steigt
das Bewusstsein unserer Kräfte
und sie selbst.
Franz Kafka, Tagebücher (1911)

Nichts existiert, aus dessen Natur
nicht eine Wirkung folgte.
Baruch de Spinoza, Ethik

Noch ist es Tag,
da rühre sich der Mann,
Die Nacht tritt ein,
wo niemand wirken kann.
Johann Wolfgang von Goethe, West-östlicher Divan

Nur in Wirkung
und Gegenwirkung
erfreuen wir uns!
Johann Wolfgang von Goethe,
Diderots Versuch über die Malerei

Ohne Wind keine Wellen.
Chinesisches Sprichwort

Recht hattest du?
– Das will nicht viel bedeuten.
Nur was du wirktest,
reicht in Ewigkeiten.
Arthur Schnitzler, Buch der Sprüche und Bedenken

Sitz ganz still, wirke, wie's Gott will.
Der Lorscher Bienensegen (10. Jh.)

Tätig ist man immer
mit einem gewissen Lärm.
Wirken geht in der Stille vor sich.
Peter Bamm, Die kleine Weltlaterne (1935)

Vor der Wirkung glaubt man
an andere Ursachen
als nach der Wirkung.
Friedrich Nietzsche, Die fröhliche Wissenschaft

Was gelten soll,
muss wirken
und muss dienen.
Johann Wolfgang von Goethe,
Torquato Tasso (Antonio)

Wenn die Ursache wegfällt,
entfällt auch die Wirkung.
Damasus I., Regulae canonicae

Wenn du einen Stein ins Wasser
schleuderst, siehst du nur die nächsten
Kreise zittern, und mit dem Spiel der
letzten Wellen glaubst du die Wirkung
deines Wurfs erloschen. Oh, wenn du
nur bedächtest, dass die Schwingungen sich weiter fortsetzen, immer
weiter, ans Ufer, durch das ganze
Erdenrund, zu dem Stein, ja bis
zu deiner Hand wieder zurück,
die ihn schleuderte.
Arthur Schnitzler, Buch der Sprüche und Bedenken

Wenn ein Arzt hinter dem Sarg
seines Patienten geht,
so folgt manchmal tatsächlich
die Ursache der Wirkung.
Robert Koch

Wenn sich kein Lüftchen regt,
rühren sich die Bäume nicht.
Chinesisches Sprichwort

Wer ins Feuer bläst,
dem fliegen die Funken
in die Augen.
Deutsches Sprichwort

Wie nun seit der Erschaffung unsrer
Erde kein Sonnenstrahl auf ihr verloren gegangen ist: so ist auch kein
abgefallenes Blatt eines Baums, kein
verflogener Same eines Gewächses,
kein Leichnam eines modernen Tiers,
noch weniger eine Handlung eines
lebendigen Wesens ohne Wirkung
gewesen.
Johann Gottfried Herder,
Ideen zur Philosophie der Geschichte der Menschheit

Wirke gut,
so wirkst du länger,
Als es Menschen sonst vermögen.
Johann Wolfgang von Goethe,
Deutscher Parnass

Wirke nie mit Trugschlüssen und
kleinlichen Spitzfindigkeiten, mit
denen man nur die Spreuer bewegt.
Gottfried Keller, Zürcher Novellen

Wirt/Wirtin

Der Gast ist dem Gast
nicht willkommen,
aber beide dem Wirt.
Sprichwort aus der Türkei

Der Wirt ist der beste,
der mehr trinkt als die Gäste.
Deutsches Sprichwort

Ein froher Wirt macht frohe Gäste.
Sprichwort aus Holland

Ein Stück Schwarzbrot und ein Krug
Wasser stillen den Hunger eines jeden
Menschen; aber unsere Kultur hat die
Gastronomie erschaffen.
Honoré de Balzac, Physiologie der Ehe

Ein Wirt beschwert sich nicht
über den Appetit der Gäste.
Chinesisches Sprichwort

Ist die Wirtin schön,
ist auch der Wein schön.
Deutsches Sprichwort

Je schöner die Wirtin,
je schwerer die Zeche.
Deutsches Sprichwort

Kannibale:
ein Gastronom alter Schule, der sich
den einfachen Geschmack bewahrt hat
und an der natürlichen Diät der
Vor-Schweinefleischzeit festhält.
Ambrose Bierce

Lieber dem Wirt als dem Apotheker.
Deutsches Sprichwort

Man soll die Rechnung
nicht ohne den Wirt machen.
Deutsches Sprichwort

Mit dem Wirt ändert sich das Haus.
Deutsches Sprichwort

So mich jemand in meinem Haus
übereilt, bin ich auch als ein Wirt
schuldig, mich zu wehren, viel mehr
auf dem Wege.
Martin Luther, Tischreden

Wer klug und wortkarg
zum Wirte kommt,
schadet sich selten.
Edda, Hávamál (Des Hohen Lied)

Wer nichts wird, wird Wirt.
Deutsches Sprichwort

Wie der Wirt, so der Gast.
Deutsches Sprichwort

Wo der Wirt vor der Tür steht,
da sind nicht viele Gäste.
Deutsches Sprichwort

Wirtschaft

Aller Anfang ist schwer, am schwersten der Anfang der Wirtschaft.
Johann Wolfgang von Goethe,
Hermann und Dorothea (2. Gesang)

Der eine Bruder brach Töpfe,
der andere Krüge.
Verderbliche Wirtschaft!
Johann Wolfgang von Goethe,
Maximen und Reflexionen

Der Erfindungsreichtum der Mammutbetriebe steht in proportional umgekehrtem Verhältnis zu deren Größe. Es gibt mehr Gemeinsamkeit von Mittelstand und Arbeitnehmern als zwischen Großkonzernen und kleiner Konditorei.
Norbert Blüm, Unverblümtes von Norbert Blüm

Die großen Fische fressen die kleinen.
Deutsches Sprichwort

Die Menschen betrügen einander, nehmen im Interesse einer kleinen Zahl allen anderen Land und Arbeitswerkzeuge weg, und die Wissenschaft liefert dafür eine ökonomische Rechtfertigung.
Leo N. Tolstoi, Tagebücher (1894)

Die Wirtschaft
ist das Flussbett der Geschichte.
Edward Heath

Ein Kapitalist ist ein Mann,
der hauptsächlich in seiner Freizeit
Geld verdient.
Aneurin Bevan

Eine Gesellschaft,
die die Wirtschaft sich selbst überlässt,
wird verwirtschaftet werden.
Diese Gefahr ist nicht geringer als jene,
die durch die Vergesellschaftung
der Wirtschaft entstünde.
Norbert Blüm, Unverblümtes von Norbert Blüm

Eine richtige Wirtschaftspolitik dient nicht Einzelnen und darf sich nicht zum Nutzen oder Schaden dieser oder jener Wirtschaftskreise auswirken; sie muss vielmehr in wohl abgewogener Entsprechung den Gesamtinteressen des Volkes, d. h. dem Verbraucher dienen.
Konrad Adenauer, Interview mit dem Pressedienst des Einzelhandels, 31. Oktober 1952

Etwas mehr Blutaustausch könnte dem öffentlichen Dienst nutzen und brauchte der freien Wirtschaft nicht zu schaden.
Norbert Blüm, Unverblümtes von Norbert Blüm

Jede Förderung der Wirtschaft hat dort eine Grenze, wo versucht wird, ihr Risiko auf den Staat zu verlagern.
Wilhelm Kaisen

Jede zentralistische Planwirtschaft
führt zur Fehlwirtschaft,
ist zuletzt Utopie.
Othmar Spann,
Haupttheorien der Volkswirtschaftslehre

Kratze am Politischen,
und das Wirtschaftliche
kommt zum Vorschein.
Lothar Schmidt

Nach Meinung der Sozialisten
ist es ein Laster, Gewinne zu erzielen.
Ich bin dagegen der Ansicht,
dass es ein Laster ist,
Verluste zu machen.
Winston Churchill

Solange die Nationalökonomen leben, nimmt niemand von ihnen Notiz, und wenn sie tot sind, richten sie großen Schaden an.
John Maynard Keynes

Sozialpolitik ist zu oft
nur der Lazarettwagen
der Wirtschaftspolitik gewesen.
Norbert Blüm, Unverblümtes von Norbert Blüm

Subventionen:
wirtschaftspolitischer Denkmalschutz.
Helmar Nahr

Was den Unternehmen hilft,
hilft auch den Arbeitnehmern.
Norbert Blüm, Unverblümtes von Norbert Blüm

Was die Weltwirtschaft angeht,
so ist sie verflochten.
Kurt Tucholsky

Wer sich in schlechten Zeiten
den Staat ins Boot holt,
wird ihn in guten Zeiten kaum mehr
vom Steuer verdrängen können.
Walter Scheel

Wir haben ein ständiges Wachstum, werden aber immer ärmer.
Meinhard Miegel

Wirtschaft passt sich an
und passt auf, dass alles Zweckmäßige
den Zwecken zugeführt wird
und dass alles Unzweckmäßige
verschwindet.
Kultur kennt keine Zwecke,
und das Unzweckmäßige
hat seinen Sinn.
August Everding, Vortrag vor dem Verein Deutscher Eisenhüttenleute anlässlich des Eisenhüttentags in Düsseldorf, 15. November 1991

Wirtschaftliche Zusammenarbeit
blüht umso besser, je mehr man
darüber weiß, wie der Partner lebt,
denkt und spricht.
Richard von Weizsäcker, Bankett des Lord Mayor of London. Ansprache des Bundespräsidenten 1986

Wissbegier

Die gesunde Wissbegierde wünscht ihren Gegenstand ganz zu fassen, bis in sein Innerstes zu durchdringen und zu zerbeißen.
Friedrich Schlegel, Lucinde

Man ist nur in dem Maße wissbegierig, wie man unterrichtet ist.
Jean-Jacques Rousseau, Emile

Wissbegierde ist die Frucht
des ernsten Wollens und Strebens;
aus der Wissbegierde entsteht Forschen,
aus diesem Erkenntnis und Wissen.
Friedrich Schlegel, Philosophische Vorlesungen

Zu viel Wissbegierde ist ein Fehler, und aus einem Fehler können alle Laster entspringen, wenn man ihm zu sehr nachhängt.
Gotthold Ephraim Lessing, Doktor Faust (Vorspiel)

Wissen

Ach, was ich weiß,
kann jeder wissen
– mein Herz habe ich allein.
Johann Wolfgang von Goethe,
Die Leiden des jungen Werthers

Ach, was ist Liebe!
Wüssten wir doch nur,
was wir lieben!
Walter Rathenau, Auf dem Fechtboden des Geistes. Aphorismen aus seinen Notizbüchern

Alles auf dieser Welt
kann man rückgängig machen,
bloß nicht das Wissen.
Alberto Moravia

Alles, was ich weiß, ist, dass ich nichts weiß: Die Theorie bricht zusammen, und es bleibt als Sinn des Lebens die Praxis, die Tätigkeit. Nicht das Erkennen wertet das Leben, sondern die Tat.
Oswald Spengler, Urfragen.
Fragmente aus dem Nachlass

Alles Wissen besteht in einer
sicheren und klaren Erkenntnis.
René Descartes, Regeln zur Leitung des Geistes

Alles Wissen geht aus einem Zweifel
hervor und endigt in einem Glauben.
Marie von Ebner-Eschenbach, Aphorismen

Alles Wissen ist zuletzt Wissen
vom Leben und alles Erkennen
Staunen über das Rätsel des Lebens.
Albert Schweitzer,
Straßburger Predigten 1900–1919, 16. Februar 1919

Als Lehrer sei von dir verehrt
Ein jeder, der dein Wissen mehrt.
Jüdische Spruchweisheit

Auswendig wissen
ist kein wirkliches Wissen.
Michel Eyquem de Montaigne, Die Essais

Bei Erweiterung des Wissens macht
sich von Zeit zu Zeit eine Umordnung
nötig; sie geschieht meistens nach
neueren Maximen, bleibt aber immer
provisorisch.
Johann Wolfgang von Goethe,
Maximen und Reflexionen

Beim Wissen ist nicht die Menge der
Kenntnisse wichtig, nicht einmal ihre
Exaktheit (weil es vollkommen exakte
Kenntnisse sowieso nie geben kann),
sondern ihr vernünftiger Zusammen-
hang: Sie müssen die Welt von allen
Seiten beleuchten.
Leo N. Tolstoi, Tagebücher (1908)

Beredsamkeit ist mehr als Wissen.
Luc de Clapiers Marquis de Vauvenargues,
Unterdrückte Maximen

Besitzen wir irgendetwas?
Wenn wir nicht wissen, was wir sind,
wie wissen wir dann, was wir besitzen?
Fernando Pessoa, Das Buch der Unruhe
des Hilfsbuchhalters Bernardo Soares

Bewusstes Hören bringt mehr Wissen,
und mehr Lust am Wissen
gewinne ich durch Hören.
August Everding, Vortrag an der Universität Tübingen,
5. Dezember 1995

Bildung jeder Art hat doppelten Wert,
einmal als Wissen,
dann als Charaktererziehung.
Herbert Spencer, Die Erziehung

Bildungshunger und Wissensdurst
sind keine Dickmacher.
Lothar Schmidt

Da man nicht universal sein
und alles wissen kann,
was von allem gewusst werden kann,
muss man ein wenig von allem wissen.
Blaise Pascal, Pensées

Das Geheimnis bleibt unzugänglich:
Theoretisches Wissenwollen
ist unerfüllbar.
Oswald Spengler, Urfragen.
Fragmente aus dem Nachlass

Das Halbgewusste hindert das Wissen.
Weil alles unser Wissen nur halb ist,
so hindert unser Wissen immer das
Wissen.
Johann Wolfgang von Goethe, Entstehung der Erde

Das Halbwissen ist siegreicher
als das Ganzwissen: Es kennt
die Dinge einfacher, als sie sind,
und macht daher seine Meinung
fasslicher und überzeugender.
Friedrich Nietzsche, Menschliches, Allzumenschliches

Das ist Wissen:
nicht nur zu sehen,
was vor den Füßen liegt,
sondern auch zu beachten,
was kommen wird.
Terenz, Die Brüder

Das letzte Wissen,
nach dem wir trachten,
ist das Wissen vom Leben.
Unser Erkennen erschaut das Leben
von außen, unser Wille von innen.
Weil das Leben letzter Gegenstand
des Wissens ist,
wird das letzte Wissen notwendigerweise denkendes Erleben des Lebens.
Albert Schweitzer,
Verfall und Wiederaufbau der Kultur

Das schönste Leben ist dem beschieden,
Der recht weiß, was er weiß.
Edda, Hávamál (Des Hohen Lied)

Das Schwerste:
immer wieder entdecken,
was man ohnehin weiß.
Elias Canetti, Die Provinz des Menschen.
Aufzeichnungen 1942–1972

Das Streben nach Wissen
ist eine natürliche Veranlagung
aller Menschen.
Aristoteles, Älteste Metaphysik

Das Wissen hat die Tendenz,
sich zu zeigen. Geheimgehalten,
muss es sich rächen.
Elias Canetti, Die Provinz des Menschen.
Aufzeichnungen 1942–1972

Das Wissen ist lang,
das Leben kurz,
und wer nichts weiß,
der lebt auch nicht.
Baltasar Gracián y Morales,
Handorakel und Kunst der Weltklugheit

Das Wissen kann seine Tödlichkeit
erst durch eine neue Religion verlieren,
die den Tod nicht anerkennt.
Elias Canetti, Die Provinz des Menschen.
Aufzeichnungen 1942–1972

Das Wissen macht uns weder besser,
noch glücklicher.
Heinrich von Kleist, Briefe
(an Adolphine von Werdeck, 28./29. Juli 1801)

Das Wissen muss
ein Können werden.
Carl von Clausewitz, Vom Kriege

Das Wissen setzt Glauben
an das Wissen voraus.
Oswald Spengler, Urfragen.
Fragmente aus dem Nachlass

Das Wissen um das Ziel setzt
den Drang nach dem Ziel voraus.
Oswald Spengler, Urfragen.
Fragmente aus dem Nachlass

Das Wissen vom Allgemeinen, mag es
auch an Gewissheit das erste sein, hat
doch im Bezirk des Wirkens nicht die
erste Stelle, sondern eher das Wissen
vom Einzelnen; im Tun nämlich geht
es um die einzelhaften Dinge.
Thomas von Aquin, Summa theologica

Das Wissenwollen ist Angst,
Angst vor dem Geheimnis,
»dahinterkommen« wollen.
Oswald Spengler, Urfragen.
Fragmente aus dem Nachlass

Denken – das heißt eingesehen haben,
dass das Wissen zu Ende geht.
Hans Lohberger

Denken ist interessanter als Wissen,
aber nicht als Anschauen.
Johann Wolfgang von Goethe, Maximen und Reflexionen

Denken und Wissen sollten immer
gleichen Schritt halten. Das Wissen
bleibt sonst tot und unfruchtbar.
Wilhelm von Humboldt, Briefe an eine Freundin

Der Blinde sagt,
dass das Auge übel riecht.
Sprichwort aus Afrika

Der einzige Weg zum Wissen wie
auch zum sittlich Guten ist schmal.
Man braucht nur zu wissen,
wie man leben soll.
Leo N. Tolstoi, Tagebücher (1891)

Der große Geist hat mich verschmäht,
Vor mir verschließt sich die Natur.
Johann Wolfgang von Goethe, Faust I (Faust)

Der Mensch ist nicht zum Wissen
geschaffen, die Kenntnis des Wahren
steht dem Glück entgegen, und die
Vernunft ist eine Feindin der Natur.
Giacomo Leopardi, Gedanken aus dem Zibaldone

Der Mensch weiß nicht,
wann er sterben muss.
Ein Wagen weiss nicht,
wann er umstürzen soll.
Chinesisches Sprichwort

Der Unwissende hat Mut,
der Wissende hat Angst.
Alberto Moravia

Der Weisen Wink
und Wort und Spruch
Sei heilig dir wie Bibelbuch.
Jüdische Spruchweisheit

Des Denkens Faden ist zerrissen,
Mir ekelt lange vor allem Wissen.
Johann Wolfgang von Goethe, Faust I (Faust)

Des Wissens schönstes Kleid:
Bescheidenheit.
Jüdische Spruchweisheit

Die Ahnung der Frau
ist meistens zuverlässiger
als das Wissen des Mannes.
Rudyard Kipling

Die Alten hatten ein Gewissen
ohne Wissen; wir heutzutag
haben das Wissen ohne Gewissen.
Julius Wilhelm Zincgref, Apophthegmata

Die Blindheit des Nichtwissens
verdunkelt wie durch eine Wolke
das Urteil der Vernunft.
Erasmus von Rotterdam,
Handbüchlein eines christlichen Streiters

Die Engagierten sind oft
in nichts als in einen Mangel
an Wissen engagiert.
Ludwig Marcuse

Die Frau hat mehr Witz
und der Mann mehr Geist;
die Frau beobachtet,
und der Mann zieht Schlüsse.
Aus diesem Zusammenwirken
entstehen die klarsten Einsichten
und das vollkommenste Wissen.
Jean-Jacques Rousseau, Emile

Die furchtbarsten Menschen:
die alles wissen und es glauben.
Elias Canetti, Die Provinz des Menschen.
Aufzeichnungen 1942-1972

Die Jungfrau weiß nichts
und begreift doch alles.
Sprichwort aus Russland

Die Menschen urteilen über alles
und wissen nichts.
Voltaire, Zadig

Die neuere Zeit schätzt sich selbst zu
hoch, wegen der großen Masse Stoffes,
den sie umfasst. Der Hauptvorzug
des Menschen beruht aber nur darauf,
inwiefern er den Stoff zu behandeln
und zu beherrschen weiß.
Johann Wolfgang von Goethe,
Maximen und Reflexionen

Die Öffentlichkeit
hat eine unersättliche Neugier,
alles zu wissen,
nur nicht das Wissenswerte.
Oscar Wilde

Die Polizei will alles, alles wissen.
Gotthold Ephraim Lessing, Minna von Barnhelm (Wirt)

Die sittliche Tugend
setzt Wissen voraus.
Thomas von Aquin, Summa theologica

Die Toren
wissen gewöhnlich das am besten,
was jemals in Erfahrung zu bringen
der Weise verzweifelt sucht.
Marie von Ebner-Eschenbach, Aphorismen

Doch das Wissen blähet auf.
Johann Wolfgang von Goethe,
West-östlicher Divan (Märkte reizen)

Doch was weiß unsereins
von der Natur.
Erich Kästner, Dr. Erich Kästners lyrische Hausapotheke

Doch wir horchen allein dem Gerücht
und wissen durchaus nichts.
Homer, Ilias

Drei Dinge machen einen Meister:
Wissen, Können und Wollen.
Deutsches Sprichwort

Durch unser Wissen
unterscheiden wir uns nur wenig,
in unserer grenzenlosen Unwissenheit
aber sind wir alle gleich.
Karl Popper

Eigentlich weiß man nur,
wenn man wenig weiß;
mit dem Wissen
wächst der Zweifel.
Johann Wolfgang von Goethe,
Maximen und Reflexionen

Eigentlich weiß man, was es auch sei,
erst lange nachdem man es gelernt hat.
Joseph Joubert, Gedanken, Versuche und Maximen

Ein Angler muss wissen,
wann er ziehen soll.
Deutsches Sprichwort

Ein Doktor und ein Bauer
wissen mehr als ein Doktor alleine.
Deutsches Sprichwort

Ein Gelehrter weiß,
auch wenn er sein Haus nicht verlässt,
was im Staate vor sich geht.
Chinesisches Sprichwort

Ein Mensch kann nicht alles wissen,
aber etwas muss jeder haben,
was er ordentlich versteht.
Gustav Freytag, Die verlorene Handschrift

Ein niederschmetternder Gedanke:
dass es vielleicht überhaupt nichts
zu wissen gibt, dass alles Falsche
nur entsteht, weil man es wissen will.
Elias Canetti, Die Provinz des Menschen.
Aufzeichnungen 1942-1972

Ein wenig Wissen
entfernt vom Glauben,
sehr viel führt
zum Glauben zurück.
Gustave Flaubert, Wörterbuch der Gemeinplätze

Erfahrung geht über Wissen.
Sprichwort aus Frankreich

Erst durch des Wissens Verwendung
Erfüllt sich des Weisen Sendung.
Jüdische Spruchweisheit

Erst nach dem Studium merkst du,
dass du zu wenig weißt.
Chinesisches Sprichwort

Es gibt eine Bewunderung,
die die Tochter des Wissens ist.
Joseph Joubert, Gedanken, Versuche und Maximen

Es gibt nur zwei Arten von Menschen,
die wirklich bezaubern
– solche, die alles wissen,
und solche, die gar nichts wissen.
Oscar Wilde, Das Bildnis des Dorian Gray

Es gibt Sachen, die man weiß.
Die meisten weiß man nicht.
War Jesus eine Frau?
Hat Reinhold Messner den Yeti
gesehen, oder war es umgekehrt?
Man weiß ja nicht einmal,
wie hoch ein Berg ist,
wenn man ihn bestiegen hat.
Das erfährt man aus der Zeitung.
Und wie blöde man ist, auch.
Dieter Hildebrandt

Es gibt viele unterschiedliche
Kenntnisse, ein Wissen jedoch ist
besonders wichtig und zuverlässig
– das Wissen, wie man leben soll.
Und gerade dieses Wissen wird
gering geschätzt und als unwichtig
und unzuverlässig angesehen.
Leo N. Tolstoi, Tagebücher (1890)

Es ist besser, wenig, dieses Wenige
aber gründlich zu wissen,
als viel und obenhin, denn
endlich wird man doch das Seichte
in diesem letztern Falle gewahr.
Immanuel Kant, Über Pädagogik

Es ist ein großer Unterschied,
ob ich etwas weiß, oder ob ich es liebe;
ob ich es verstehe, oder ob ich nach
ihm strebe.
Francesco Petrarca,
Von seiner und vieler Leute Unwissenheit

Es ist gut, wissend zu sein
in den Dingen, die den Weisen und
Gescheiten dieser Welt verborgen sind,
die aber von Natur aus den Armen
und Einfältigen, den Frauen und
den kleinen Kindern offenbart sind.
Vincent van Gogh, Briefe

Es ist letzten Endes unser Nichtwissen,
das unser Handeln bestimmt,
und nicht unser Wissen.
Yehudi Menuhin,
Kunst als Hoffnung für die Menschheit

Es ist nicht genug zu wissen,
man muss auch anwenden;
es ist nicht genug zu wollen,
man muss auch tun.
Johann Wolfgang von Goethe,
Maximen und Reflexionen

Es ist viel sicherer,
zu wenig als zu viel zu wissen.
Samuel Butler, Der Weg allen Fleisches

Es ist viel wichtiger, die Dinge
zu wissen, über die man nicht
nachzudenken braucht, als die,
über die man nachdenken muss.
Leo N. Tolstoi, Tagebücher (1899)

Es kann oft einer, was er nicht weiß.
Deutsches Sprichwort

Es lässt sich gut leben,
wenn man nichts weiß.
Sprichwort aus Frankreich

Es weiß niemand besser,
wo der Schuh drückt,
als der, der ihn trägt.
Deutsches Sprichwort

Früher war der Mensch
Herr seines Wissens.
Jetzt ist das Wissen
sein Gebieter.
John Steinbeck

Führen heißt wissen, was man will.
Thomas Ellwein

Genug weiß niemand,
zu viel mancher.
Marie von Ebner-Eschenbach, Aphorismen

Gesteht: Was man von je gewusst,
Es ist durchaus nicht wissenswürdig.
Johann Wolfgang von Goethe,
Faust II (Baccalaureus)

Gewissen kann nur sein,
wo Wissen ist.
Erhard Blanck

Glaube und Wissen
sind nicht streng zu trennen.
Man glaubt an sein Wissen.
Wissen ist sprachlich fixierter Glaube.
Oswald Spengler, Urfragen.
Fragmente aus dem Nachlass

Greise glauben alles,
Männer bezweifeln alles,
Junge wissen alles.
Oscar Wilde,
Sätze und Lehren zum Gebrauch für die Jugend

Große Unwissenheit
macht dogmatisch; wer nichts weiß,
glaubt, andere lehren zu können,
was er gerade selber gelernt hat.
Wer viel weiß, kann kaum glauben,
dass das, was er weiß,
noch unbekannt sein kann.
Jean de La Bruyère, Die Charaktere

Gut fragen heißt,
viel wissen.
Sprichwort aus Arabien

Haben wir ein Schicksal? Sind wir frei?
Wie ärgerlich, das nicht zu wissen!
Wieviel Ärger aber erst, wüssten wir es.
Jules Renard, Ideen, in Tinte getaucht.
Aus dem Tagebuch von Jules Renard

Handeln ist besser als Wissen.
Heinrich von Kleist, Briefe (an Wilhelmine von Zenge,
31. Januar 1801; auch 5. Februar 1801)

Hole dir Rat bei dem Unwissenden
so wie bei dem Wissenden.
Ptahhotep,
zitiert nach Erman, Die Literatur der Ägypter (1923)

Ich schäme mich nicht zuzugeben,
dass ich nicht weiß,
was ich nicht weiß.
Marcus Tullius Cicero, Gespräche in Tusculum

Ich weiß, dass ich nichts weiß.
Sokrates

Ich weiß nur, was ich sehe
– und was ich nicht sehe.
Lido Anthony »Lee« Iacocca,
Mein amerikanischer Traum

Ich will, ein für alle Mal,
vieles nicht wissen.
Die Weisheit zieht auch
der Erkenntnis Grenzen.
Friedrich Nietzsche, Götzen-Dämmerung

Ist die Macht des Wissenstriebs nicht
eine schlechterdings unwiderstehliche,
alles überwindende Macht?
Ludwig Feuerbach, Das Wesen des Christentums

Je mehr der Mensch weiß,
desto weniger, schwieriger, langsamer
und zaghafter entscheidet er sich.
Je umfassender sein Wissen ist,
desto geringer seine Entschlusskraft.
Giacomo Leopardi, Gedanken aus dem Zibaldone

Kenntnisse, was sind sie?
Und wenn Tausende
mich darin überträfen,
übertreffen sie mein Herz?
Heinrich von Kleist, Briefe
(an Wilhelmine von Zenge, 10. Oktober 1801)

Kunst ist ein Wissen,
aber von der Art,
die aus Regeln
und Vorschriften besteht.
Wladyslaw Tatarkiewicz, Geschichte der Ästhetik. Bd. 2

Man darf die Menschen
nicht danach beurteilen,
was sie nicht wissen,
sondern danach, was sie wissen
und wie sie es wissen.
Luc de Clapiers Marquis de Vauvenargues,
Reflexionen und Maximen

Man kann vieles unbewusst wissen,
indem man es nur fühlt,
aber nicht weiß.
Fjodor M. Dostojewski, Tagebuch eines Schriftstellers

Man muss schon etwas wissen,
um verbergen zu können,
dass man nichts weiß.
Marie von Ebner-Eschenbach,
Aphorismen

Man muss viel studiert haben,
um wenig zu wissen.
Charles de Secondat, Baron de la Brède
et de Montesquieu, Meine Gedanken

Man soll nicht alles
zu genau wissen wollen
oder die Gründe, warum.
Walt Whitman, Tagebuch (1881)

Man soll sogar
im Durst nach Wissen
ein Maß beobachten,
damit man nicht Dinge lerne,
welche es besser wäre,
nicht zu wissen.
Baltasar Gracián y Morales,
Handorakel und Kunst der Weltklugheit

Man weiß am besten,
was man nicht gelernt hat.
Luc de Clapiers Marquis de Vauvenargues,
Unterdrückte Maximen

Man weiß eigentlich das,
was man weiß, nur für sich selbst.
Spreche ich mit einem andern von dem,
was ich zu wissen glaube,
unmittelbar glaubt er's besser zu wissen,
und ich muss mit meinem Wissen
immer wieder in mich selbst
zurückkehren.
Johann Wolfgang von Goethe,
Maximen und Reflexionen

Man will mancherlei wissen
und kennen, und gerade das,
was einen am wenigsten angeht,
und man bemerkt nicht,
dass kein Hunger dadurch gestillt wird,
wenn man nach der Luft schnappt.
Johann Wolfgang von Goethe,
Wilhelm Meisters Lehrjahre

Manche sind auf das,
was sie wissen, stolz,
gegen das, was sie nicht wissen,
hoffärtig.
Johann Wolfgang von Goethe,
Maximen und Reflexionen

Manches Wissen ist nur im Wege und
belastet uns, anstatt uns zu fördern;
und manches andere vergiftet uns,
statt uns zu heilen.
Michel Eyquem de Montaigne, Die Essais

Meist leisten wir weiter nichts,
als dass wir die Meinungen
und das Wissen anderer
in Verwahrung nehmen:
Das Wesentliche aber wäre,
dass wir uns diese Dinge aneignen.
Michel Eyquem de Montaigne, Die Essais

Möglichkeiten.
Das viele, ja überwältigende Nicht-Wissen unvorstellbar zahlloser Personen voneinander und ihrer Existenz bildet das taube Gestein des Lebens und zugleich seine Vorratskammer, die geräumiger ist als es selbst.
Heimito von Doderer, Repertorium. Ein Begreifbuch von höheren und niederen Lebens-Sachen

Neben allem, was man weiß,
ist alles, was man nicht weiß.
Ehemals stellte ich mir vor,
dass man alles wüsste,
mit Ausnahme einer Art
geheimnisvoller Mitte.
Jetzt glaube ich das Gegenteil.
Katherine Mansfield, Briefe

Nehmen Sie unsern Gelehrten
das Vergnügen, sich hören zu lassen,
so wird das Wissen wertlos für sie.
Jean-Jacques Rousseau,
Julie oder Die neue Héloïse (Saint-Preux)

Nicht bessre Bürde
bringt man auf Reisen
Als Wissen und Weisheit.
So frommt das Gold
in der Fremde nicht,
In der Not ist nichts so nütze.
Edda, Hávamál (Des Hohen Lied)

Nicht soll dir Wissen
als Prunkstück dienen
Um Stolz zu züchten
in Gang und Mienen
Auch darf es nie
als Axt nur walten,
Um dir dein Holz
damit spalten.
Jüdische Spruchweisheit

Nicht, dass einer alles wisse,
kann verlangt werden,
sondern dass er,
indem er um eins weiß,
um alles wisse.
Hugo von Hofmannsthal, Buch der Freunde

Nicht wissen
ist nicht schlimm,
schlimm ist nur,
nicht wissen wollen.
Chinesisches Sprichwort

Nichts ist für Menschen
auf hohen Posten leichter,
als sich das Wissen
anderer anzueignen.
Luc de Clapiers Marquis de Vauvenargues,
Unterdrückte Maximen

Nur darauf sehen die Eltern bei uns und nur dafür zahlen sie, dass uns die Köpfe mit Wissen voll gestopft werden; ob dadurch Urteilsfähigkeit und sittliche Kraft erreicht wird, danach fragt man kaum.
Michel Eyquem de Montaigne, Die Essais

Oh, wer weiß,
Was in der Zeiten
Hintergrunde schlummert!
Friedrich Schiller, Dom Karlos (Karlos)

Ohne Mut ist das Wissen unfruchtbar.
Baltasar Gracián y Morales,
Handorakel und Kunst der Weltklugheit

Reines Bücherwissen
ist trauriges Wissen.
Michel Eyquem de Montaigne, Die Essais

Überall geht ein früheres Ahnen
dem späteren Wissen voraus.
Alexander von Humboldt, Kosmos

Überhaupt reden die Leute viel,
die wenig wissen, und die Leute,
welche viel wissen, reden wenig.
Jean-Jacques Rousseau, Emile

Um zu dem zu kommen,
was du nicht weißt,
musst du einen Weg gehen,
wo du nicht weißt.
Juan de la Cruz, Der Berg der Vollkommenheit

Unbewusst wissen wir alles,
und doch wissen wir es nicht,
weil dieses Wissen
zu schmerzvoll wäre.
Erich Fromm, Seele und Gesellschaft

Und sehe, dass wir
nichts wissen können!
Das will mir schier
das Herz verbrennen.
Johann Wolfgang von Goethe, Faust I (Faust)

Unser Wissen ist nicht vorhanden,
wenn es nicht benützt wird.
Igor Strawinski

Unwissenheit weicht dem Wissen,
und am meisten dem vielen Wissen.
Dionysios Aeropagites,
Briefe (1. an Gaius)

Viel Wissen macht Kopfweh.
Deutsches Sprichwort

Viel Wissen, viel Ärger.
Altes Testament, Kohelet 1, 18

Viele wissen viel,
aber keiner hat ausgelernt.
Deutsches Sprichwort

Viele wissen viel, niemand alles.
Deutsches Sprichwort

Warum viele Schriftzeichen kennen,
um ein berühmter Arzt zu sein?
Chinesisches Sprichwort

Was der Bock von sich selbst weiß,
dessen zeiht er die Geiß.
Emil Gött, Zettelsprüche. Aphorismen

Was ich gelernt habe,
weiß ich nicht mehr.
Das wenige, was ich weiß,
habe ich erraten.
Chamfort, Maximen und Gedanken

Was ich nicht weiß,
macht mich nicht heiß.
Deutsches Sprichwort

Was ich tun werde, weiß ich erst,
wenn ich's getan habe.
Ludwig Marcuse, Argumente und Rezepte.
Ein Wörter-Buch für Zeitgenossen

Was ist Wissen,
das nicht von der Liebe ausgeht?
Bettina von Arnim,
Goethes Briefwechsel mit einem Kinde

Was nützt dem das Wissen,
der keinen Kopf mehr hat?
Michel Eyquem de Montaigne, Die Essais

Was weiß die Welt? Nichts!
Man gewöhnt sich nur an ein Bild,
man nimmt es an, erkennt es an,
denn unsere Lehrer haben es
vor uns anerkannt, alles ist
einzig und allein eine Annahme,
ja sogar Zeit, Raum, Bewegung,
Materie sind eine Annahme.
Die Welt weiß nicht, sie übernimmt nur.
Knut Hamsun, Mysterien

Was weiß schon eine Schwalbe
von den Träumen eines Schwans?
Chinesisches Sprichwort

Was wir machen, ist eine Reise
des Geistes zum wahren Wissen,
nicht bloß zu Meinung und Glauben.
Sylvia Plath, Briefe nach Hause (3. Mai 1956)

Was wir wissen, ist ein Tropfen,
was wir nicht wissen, ein Ozean.
Isaac Newton

Was wir nicht wissen sollen,
das sollen wir nicht wissen wollen.
Deutsches Sprichwort

Was wissen wir denn, und wie weit
reichen wir mit all unserm Witze!
Johann Wolfgang von Goethe, überliefert von
Johann Peter Eckermann (Gespräche mit Goethe)

Wein trinke aus kleinen Schalen,
Wissen trinke aus großen.
Chinesisches Sprichwort

Weißt du zu ritzen?,
weißt zu erraten?
Weißt du zu finden?,
weißt zu erforschen?
Weißt du zu bitten?,
weißt Opfer zu bieten?
Weißt du zu senden?,
weißt du zu schlachten?
Edda, Odins Runenlied

Weniges genau ist besser,
als von allem etwas zu wissen.
Chinesisches Sprichwort

Wenn der Mensch zu viel weiß,
wird das lebensgefährlich. Das haben
nicht erst die Kernphysiker erkannt,
das wusste schon die Mafia.
Norman Mailer

Wenn du von der Zukunft
mehr wüsstest,
wäre die Vergangenheit
noch schwerer.
Elias Canetti, Die Provinz des Menschen.
Aufzeichnungen 1942–1972

Wenn du weise bist,
weißt du nicht,
was du weißt.
Terenz, Der Eunuch

Wenn man einmal weiß,
worauf alles ankommt,
hört man auf, gesprächig zu sein.
Johann Wolfgang von Goethe,
Wilhelm Meisters Wanderjahre

Wenn man nicht weiß,
was man sehen will,
kommt nicht mehr
als ein lockeres Häufchen
von Impressionen zustande.
Ludwig Marcuse, Argumente und Rezepte.
Ein Wörter-Buch für Zeitgenossen

Wer alles vorher wüsste,
würde bald reich.
Deutsches Sprichwort

Wer glaubt, weiß mehr.
Erich Kästner, Kurz und bündig. Epigramme

Wer hundert Wege kennt,
hält sich manchmal für den Größten.
Chinesisches Sprichwort

Wer kennt aber nicht den ungeheuren
Wust, womit man das Gedächtnis auch
des geringsten Tagelöhners belastet,
um seinen Verstand zur Untätigkeit
zu zwingen?
Georg Forster, Über die Beziehung der Staatskunst auf
das Glück der Menschheit

Wer nichts weiß,
der weiß auch nicht,
Dass er reichlich viel redet.
Edda, Hávamál (Des Hohen Lied)

Wer nichts weiß, ist nicht so beschränkt
wie der, welcher eingeschlossen in ein
Gedankenkorsett, keine Erfahrungen
mehr macht.
Ludwig Marcuse, Argumente und Rezepte.
Ein Wörter-Buch für Zeitgenossen

Wer nichts weiß, muss alles glauben.
Marie von Ebner-Eschenbach, Aphorismen

Wer nichts weiß, zweifelt an nichts.
Sprichwort aus Frankreich

Wer sein Nichtwissen weiß, ist erhaben,
was er für Wissen hält, ist leidend,
nur der gesundet von seinem Leiden,
der sein Leiden erkannt hat als Leiden.
Lao-tse, Dao-de-dsching

Wer sich in ein Wissen einlassen soll,
muss betrogen werden oder sich selbst
betrügen, wenn äußere Nötigungen
ihn nicht unwiderstehlich bestimmen.
Wer würde ein Arzt werden, wenn er
alle Unbilden auf einmal vor sich sähe,
die seiner warten?
Johann Wolfgang von Goethe,
Maximen und Reflexionen

Wer weiß, spricht nicht,
wer spricht, weiß nicht.
Lao-tse, Dao-de-dsching

Wer wissend ist,
der zweifelt nicht.
Konfuzius, Gespräche

Wer's wissen soll,
erfährt's zuletzt.
Deutsches Sprichwort

Wertmäßig ist das Wissen
fast indifferent. Es ist ein
sehr nützliches Hilfsmittel
für einen echten Gebildeten,
aber verderblich und schädigend
bei anderer Veranlagung.
Michel Eyquem de Montaigne, Die Essais

Wie will man hier wissen?
– Wie kann man hier wissen?
Immanuel Kant, Ob das menschliche Geschlecht
im beständigen Fortschreiten zum Besseren

Wir alle wissen mehr als das,
wovon wir wissen, dass wir es wissen.
Thornton Wilder,
Der achte Schöpfungstag. Von Illinois nach Chile

Wir mögen am Ende aufgeklärt
oder unwissend sein, so haben wir
dabei so viel verloren, als gewonnen.
Heinrich von Kleist, Briefe
(an Wilhelmine von Zenge, 15. August 1801)

Wir verstehen uns,
weil wir nichts voneinander wissen.
Fernando Pessoa, Das Buch der Unruhe
des Hilfsbuchhalters Bernardo Soares

Wir wissen nicht, was ein Baum ist;
nicht, was eine Wiese, nicht, was ein
Felsen ist; wir können nicht in unserer
Sprache mit ihnen reden; wir verstehen nur uns untereinander. Und
dennoch hat der Schöpfer in das Menschenherz eine solch wunderbare
Sympathie zu diesen Dingen gelegt,
dass sie demselben auf unbekannten
Wegen Gefühle oder Gesinnungen,
oder wie man es nennen mag,
zuführen, welche wir nie durch die
abgemessensten Worte erlangen.
Wilhelm Heinrich Wackenroder, Herzensergießungen
eines kunstliebenden Klosterbruders

Wir wissen nichts.
Das ist in allen Kulturen
der Weisheit letzter Schluss:
wir können nur handeln,
nicht erkennen.
Oswald Spengler, Urfragen.
Fragmente aus dem Nachlass

Wir wissen wohl, was wir sind,
aber nicht, was wir werden können.
William Shakespeare, Hamlet (Ophelia)

Wir wollen lieber empfinden als wissen,
lieber selbst und vielleicht zu viel
erraten, als langsam hergezählt haben.
Johann Gottfried Herder,
Vom Erkennen und Empfinden der menschlichen Seele

Wir würden unser Wissen nicht
für Stückwerk halten, wenn wir nicht
einen Begriff von einem Ganzen hätten.
Johann Wolfgang von Goethe,
Maximen und Reflexionen

Wissen beginnt mit der Erkenntnis
der Täuschungen durch die Wahrnehmungen unseres so genannten
gesunden Menschenverstandes; (...)
Wissen beginnt mit der Zerstörung
von Täuschungen, mit der Enttäuschung. Wissen bedeutet, durch die
Oberfläche zu den Wurzeln und damit
zu den Ursachen vorzudringen, die
Realität in ihrer Nacktheit zu »sehen«.
Erich Fromm, Haben oder Sein

Wissen: das Bedeutende der Erfahrung,
das immer ins Allgemeine hinweist.
Johann Wolfgang von Goethe,
Maximen und Reflexionen

Wissen, das nicht mit jedem Tage
zunimmt, nimmt mit jedem Tage ab.
Chinesisches Sprichwort

Wissen ist besser als Macht, aber
das Wissen des Armen gilt nichts,
und niemand will seine Worte hören.
Altes Testament, Kohelet 9, 16

Wissen ist ein Schatz,
den man nicht verliert.
Chinesisches Sprichwort

Wissen ist gut, als Unterstützung,
Förderung und Aufklärung
im Praktischen; wenn es aber
die Praxis ersetzen soll,
ist es keinen Schuss Pulver wert.
Theodor Fontane, Briefe

Wissen ist leichter als tun.
Deutsches Sprichwort

Wissen ist Macht – Macht ist Wissen.
Wilhelm Liebknecht,
Titel einer 1872 veröffentlichten Schrift

Wissen ist selbstleuchtend,
Fixstern, Sonne.
Heimito von Doderer, Repertorium. Ein Begreifbuch
von höheren und niederen Lebens-Sachen

Wissen ist Waffe, ist Macht
gegenüber dem Fremden (...).
Was man kennt oder zu kennen glaubt,
hat man sich unterworfen.
Wissen ist ein Sieg über das Geheimnis
– ein eingebildeter, aber wirksamer.
Oswald Spengler, Urfragen.
Fragmente aus dem Nachlass

Wissen:
jener kleine Teil der Unwissenheit, den
wir geordnet und klassifiziert haben.
Ambrose Bierce

Wissen lieben, aber nicht das Lernen
– die Schwäche darin:
Man wird zügellos.
Konfuzius, Gespräche

Wissen und kein Beruf
Schon viel Unheil schuf.
Jüdische Spruchweisheit

Wissen und Wissenschaft
ist nicht dasselbe.
Wissen ist das Ganze,
Wissenschaft ein Teil.
Leo N. Tolstoi, Tagebücher (1910)

Wissen wir, dass unser Nachbar
unsere Liebe braucht? Wissen wir es?
Mutter Teresa

Wissende sind nicht gelehrt,
Gelehrte sind nicht wissend.
Lao-tse, Dao-de-dsching

Wissensdrang: wenn die Neugier
sich auf ernsthafte Dinge richtet.
Marie von Ebner-Eschenbach

Wozu dient das Wissen, wenn es nicht
praktisch ist? Und zu leben verstehn
ist heutzutage das wahre Wissen.
Baltasar Gracián y Morales,
Handorakel und Kunst der Weltklugheit

Zwar weiß ich viel,
doch möcht ich alles wissen.
Johann Wolfgang von Goethe, Faust I (Wagner)

Wissenschaft

Alle Wissenschaften und Künste
haben ein Gut zum Ziel, das größte
aber die wichtigste von allen, die
Staatswissenschaft: Ihr höchstes Gut
ist Gerechtigkeit, diese aber besteht in
der Verwirklichung des Gemeinwohls.
Aristoteles, Älteste Politik

Auch die Wissenschaft
hat ihre Apostel, ihre Märtyrer,
ihre Gesetzgeber, ihren Katechismus,
und sie dringt überall ein.
Francesco De Sanctis,
Über die Wissenschaft und das Leben

Auch in den Wissenschaften
ist alles ethisch, die Behandlung
hängt vom Charakter ab.
Johann Wolfgang von Goethe, Tagebuch (1831)

Auch in Wissenschaften
kann man eigentlich nichts wissen,
es will immer getan sein.
Johann Wolfgang von Goethe,
Maximen und Reflexionen

Aufgabe der Wissenschaft
muss die Erkenntnis dessen sein,
was sein soll, und nicht dessen, was ist.
Leo N. Tolstoi, Tagebücher (1894)

Bei den Küssen seines Weibes
denkt ein echter Chemiker nichts,
als dass ihr Atem
Stickgas und Kohlenstoffgas ist.
Heinrich von Kleist, Briefe
(an Adolphine von Werdeck, 28./29. Juli 1801)

Bei der Wissenschaft
ist nur die Bedeutung unrichtig,
die man ihr beimisst.
Leo N. Tolstoi, Tagebücher (1889)

Bei wissenschaftlichen Streitigkeiten
nehme man sich in Acht,
die Probleme nicht zu vermehren.
Johann Wolfgang von Goethe,
Maximen und Reflexionen

Bei wissenschaftlichen Werken
muss man nach
den neuesten greifen,
bei poetischen nach den ältesten.
Samuel Smiles, Charakter

Bloß vor der Welt Augen wollen sie
gelehrt sein; und hätten sie keine
Bewunderer, sie würden nicht mehr
nach Wissenschaft fragen. Wir aber,
die wir unsere Kenntnisse nützen
wollen, sammeln sie nicht, um sie
wieder zu verkaufen, sondern um sie
zu unserem Gebrauche anzuwenden.
Jean-Jacques Rousseau,
Julie oder Die neue Héloïse (Saint-Preux)

Bücher sollen den Wissenschaften
folgen, nicht die Wissenschaft den
Büchern.
Francis Bacon, Die Essays

Das allein nenne ich Wissenschaft:
Die Kenntnis der Pässe
in ein Jenseits im Diesseits,
der Saumpfade unserer Intelligenz.
Heimito von Doderer, Repertorium. Ein Begreifbuch
von höheren und niederen Lebens-Sachen

Das Wissen wird durch das Gewahrwerden seiner Lücken, durch das
Gefühl seiner Mängel zur Wissenschaft
geführt, welche vor, mit und nach
allem Wissen besteht.
Johann Wolfgang von Goethe,
Maximen und Reflexionen

(...) das Wohl unseres Volkes
hängt entscheidend vom Elan,
von der Dynamik, von der Bereitschaft
unserer Wissenschaftler ab.
Helmut Kohl, Mut für Forschung und Verantwortung
für die Zukunft. Rede des Bundeskanzlers vor der DFG
in Bonn 1986

Denn wären alle Menschen Sokrates, so
wäre die Wissenschaft nicht schädlich,
aber sie hätten auch kein Bedürfnis
nach ihr.
Jean-Jacques Rousseau, Narcisse (Vorrede)

Der große Feind der Wissenschaft ist
nicht der Irrtum, sondern die Faulheit.
Henry Thomas Buckle,
Geschichte der Civilisation in England

Der Grund und Boden,
auf dem alle unsere Erkenntnisse
und Wissenschaften ruhen,
ist das Unerklärliche.
Arthur Schopenhauer,
Über Philosophie und ihre Methode

Der Missbrauch der Bücher
tötet die Wissenschaft.
Da man das zu wissen glaubt,
was man gelesen hat,
so glaubt man sich davon befreit,
es zu lernen.
Jean-Jacques Rousseau, Emile

Der Poet versteht die Natur besser
als der wissenschaftliche Kopf.
Novalis, Fragmente

Der Trieb der Wissenschaft, als einer
die Menschheit veredelnden Kultur,
hat im Ganzen der Gattung keine
Proportion zur Lebensdauer. Der Gelehrte, wenn er bis dahin in der Kultur
vorgedrungen ist, um das Feld derselben selbst zu erweitern, wird durch
den Tod abberufen, und seine Stelle
nimmt der Abc-Schüler ein, der kurz
vor seinem Lebensende, nachdem er
eben so einen Schritt weiter getan, wiederum seinen Platz einem andern
überlässt.
Immanuel Kant,
Anthropologie in pragmatischer Hinsicht

Der Wissenschaftler ist verantwortlich
für die Erklärung seines Wissens,
nicht aber dafür, wie dieses Wissen
angewendet wird.
Edward Teller

Der wissenschaftliche Mensch ist die
Weiterentwicklung des künstlerischen.
Friedrich Nietzsche, Menschliches, Allzumenschliches

Die Astronomie entstand aus dem Aberglauben; die Beredsamkeit aus dem Ehrgeiz, dem Hass, der Schmeichelei und der Lüge; die Messkunde aus dem Geiz; die Naturlehre aus einer eitlen Neugierde; alle, und selbst die Moral, aus dem menschlichen Stolz. Unseren Lastern danken die Wissenschaften und Künste ihre Entstehung: Wir wären über ihre Vorzüge weniger im Zweifel, wenn sie aus unseren Tugenden entsprungen wären.
Jean-Jacques Rousseau, Abhandlung über die Wissenschaften und Künste

Die Äußerungen der Wahrheit müssen klar sein, verständlich und richtig, zweifelsfrei. Trifft dies für den größeren Teil der Wissenschaft zu? Das genaue Gegenteil.
Leo N. Tolstoi, Tagebücher (1889)

Die Einsichten des Wissenschaftlers sind in aller Regel größer als seine Wirkungsmöglichkeiten. Beim Politiker ist es meistens umgekehrt.
Wolfgang Engelhardt

Die Erfahrung nutzt erst der Wissenschaft, sodann schadet sie, weil die Erfahrung Gesetz und Ausnahme gewahr werden lässt. Der Durchschnitt von beiden gibt keineswegs das Wahre.
Johann Wolfgang von Goethe, Maximen und Reflexionen

Die Fortschritte der Physik haben die Anwendung wissenschaftlicher Entdeckungen zu technischen und militärischen Zwecken möglich gemacht, und darin liegt eine große Gefahr. Aber verantwortlich sind jene, die die neuen Entdeckungen praktisch anwenden, und nicht die Förderer des wissenschaftlichen Fortschritts, das heißt: nicht die Wissenschaftler, sondern die Politiker.
Albert Einstein, Über den Frieden

Die Geschichte der Wissenschaften ist eine große Fuge, in der die Stimmen der Völker nach und nach zum Vorschein kommen.
Johann Wolfgang von Goethe, Maximen und Reflexionen

Die Grenzlinie ist nicht zwischen Wissenschaftlern und Nichtwissenschaftlern zu ziehen, sondern zwischen verantwortungsvollen, anständigen Menschen und allen übrigen. Die Wissenschaftler schweigen, weil sie entdeckt haben, dass die anständigen Menschen eine verschwindende Minderheit darstellen. Ihre einzige Alternative heißt: Verweigerung der Mitarbeit oder Sklaverei.
Albert Einstein, Über den Frieden

Die hohe Kraft
Der Wissenschaft,
Der ganzen Welt verborgen!
Und wer nicht denkt,
Dem wird sie geschenkt:
Er hat sie ohne Sorgen.
Johann Wolfgang von Goethe, Faust I (Hexe)

Die Menschen trinken Wein und rauchen Tabak, und die Wissenschaft stellt sich die Aufgabe, den Wein- und Tabakgenuss physiologisch zu rechtfertigen. Die Menschen bringen einander um, und die Wissenschaft stellt sich die Aufgabe, dies historisch zu rechtfertigen.
Leo N. Tolstoi, Tagebücher (1894)

Die Reize der Wissenschaft, so wie die der Tugend, werden erst dann empfunden, wenn man in beiden schon beträchtliche Fortschritte gemacht hat.
Christian Garve, Über Gesellschaft und Einsamkeit

Die Religion, die sich vor der Wissenschaft fürchtet, entehrt Gott und begeht Selbstmord.
Ralph Waldo Emerson, Tagebücher

Die Tätigkeit von uns Wissenschaftlern, die der reinen Wissenschaft und ihrer Anwendung gilt und bei der wir viele junge Menschen unserem Gebiet zuführen, belädt uns mit einer Verantwortung für die möglichen Folgen dieser Tätigkeit.
Göttinger Manifest 1957

Die Wege des Dichters und des Wissenschaftlers kreuzen sich für einen Moment.
Douglas Sirk

Die Weisheit ist die vollkommenste Wissenschaft.
Aristoteles, Nikomachische Ethik

Die Wissenschaft belehrt nur den Klugen.
Sprichwort aus Russland

Die Wissenschaft dient heutzutage allerhand Zwecken; ihre Hauptsorge aber ist, große Wörter für die Vergehen der Reichen zu erfinden.
Gilbert Keith Chesterton, Heretiker

Die Wissenschaft fängt eigentlich erst da an, interessant zu werden, wo sie aufhört.
Justus von Liebig, Chemische Briefe

Die Wissenschaft gibt dem, welcher in ihr arbeitet und sucht, viel Vergnügen, dem, welcher ihre Ergebnisse lernt, sehr wenig.
Friedrich Nietzsche, Menschliches, Allzumenschliches

Die Wissenschaft ist der Kapitän, und die Praxis, das sind die Soldaten.
Leonardo da Vinci, Tagebücher und Aufzeichnungen

Die Wissenschaft ist ein Produkt des gereiften Alters und besitzt nicht mehr die Kraft, den Lauf der Jahre zu erneuern und die Jugend zurückzubringen.
Francesco De Sanctis, Über die Wissenschaft und das Leben

Die Wissenschaft kann nur feststellen, was ist, nicht aber, was sein soll; Werturteile jeder Art bleiben notwendig außerhalb ihres Bereiches. Die Religion aber hat nur mit Wertungen menschlichen Denkens und Tuns zu schaffen; sie kann mit Recht nichts aussagen über Tatsachen und Relationen zwischen Tatsachen.
Albert Einstein, Aus meinen späten Jahren

Die Wissenschaft nährt die Jugend und ergötzt das Alter.
Marcus Tullius Cicero, Rede für den Dichter Archias

Die Wissenschaft vermengt alles: Sie gibt den Blumen die tierische Lust und nimmt selbst den Pflanzen die Keuschheit.
Joseph Joubert, Gedanken, Versuche und Maximen

Die Wissenschaft wächst auf Kosten des Lebens. Je mehr man den Gedanken gibt, umso mehr entzieht man sich der Tat.
Francesco De Sanctis, Über die Wissenschaft und das Leben

Die Wissenschaften habe ich ganz aufgegeben. Ich kann dir nicht beschreiben, wie ekelhaft mir ein wissender Mensch ist, wenn ich ihn mit einem Handelnden vergleiche.
Heinrich von Kleist, Briefe (an Wihelmine von Zenge, 10. Oktober 1801)

Eigentliche Wissenschaft kann nur diejenige genannt werden, deren Gewissheit apodiktisch ist; Erkenntnis, die bloß empirisch Gewissheit enthalten kann, ist ein nur uneigentlich so genanntes Wissen.
Immanuel Kant, Metaphysische Anfangsgründe der Naturwissenschaft

Ein ständiger Nachteil, welcher aus dem Studium der Volkslehre und ähnlichen Studien erwächst, besteht in der Tatsache, dass der Mann der Wissenschaft selten ein Mann ist, der die Welt kennt.
Gilbert Keith Chesterton, Heretiker

Eine jede Lehre, wenn sie ein System, das ist ein nach Prinzipien geordnetes Ganzes der Erkenntnis sein soll, heißt Wissenschaft.
Immanuel Kant, Metaphysische Anfangsgründe der Naturwissenschaft

Eine Wissenschaft, die zögert,
ihre Gründer zu vergessen,
ist verloren.
Alfred North Whitehead, Abenteuer der Ideen (1971)

Einem ist sie die hohe,
die himmlische Göttin, dem andern
Eine tüchtige Kuh,
die ihn mit Butter versorgt.
Johann Wolfgang von Goethe/Friedrich Schiller,
Xenien

Es gibt kein größeres Hindernis
des Fortgangs in den Wissenschaften,
als das Verlangen,
den Erfolg davon
zu früh verspüren zu wollen.
Georg Christoph Lichtenberg, Sudelbücher

Es gibt keine Wissenschaft, die nicht
den Gefahren der Täuschung, ja, des
bewussten Betruges ausgesetzt wäre.
Hans Driesch

Es gibt keinen deutlicheren Beweis
dafür, dass sich die Wissenschaft
auf dem falschen Weg befindet,
als ihre Selbstsicherheit,
sie werde alles erforschen.
Leo N. Tolstoi, Tagebücher (1902)

Es gibt nämlich
neben den Einzeldingen
das Allgemeine, und dieses,
so behaupten wir,
ist der Gegenstand der Wissenschaften.
Aristoteles, Über die Ideen

Es ist ein Fehler in unsern Erziehungen,
dass wir gewisse Wissenschaften
so früh anfangen, sie verwachsen
sozusagen in unsern Verstand, und
der Weg zum Neuen wird gehemmt.
Georg Christoph Lichtenberg, Sudelbücher

Es ist eine alte Sage, welche aus Ägypten nach Griechenland gekommen ist,
dass ein der Ruhe der Menschen
feindseliger Gott der Erfinder
der Wissenschaften gewesen sei.
Jean-Jacques Rousseau,
Abhandlung über die Wissenschaften und Künste

Es ist mit in den Wissenschaften
gegangen wie einem, der früh aufsteht,
in der Dämmrung die Morgenröte,
sodann aber die Sonne ungeduldig
erwartet und doch, wie sie hervortritt,
geblendet wird.
Johann Wolfgang von Goethe,
Maximen und Reflexionen

Es muss das Ziel der
wissenschaftlichen Bestrebungen sein,
den Geist so zu lenken,
dass er über alle sich ihm
darbietenden Gegenstände begründete
und wahre Urteile fälle.
René Descartes, Regeln zur Leitung des Geistes

»Fortschritt der Wissenschaft«
heißt es ohne Unterlass, und niemand
beschäftigt sich mit der Möglichkeit
und Gefahr ihrer Degeneration.
Joseph Joubert, Gedanken, Versuche und Maximen

Für die Höhe der Berge ist die Mühsal
ihrer Besteigung durchaus kein Maßstab. Und in der Wissenschaft soll es
anders sein! – sagen uns einige, die
für eingeweiht gelten wollen –, die
Mühsal um die Wahrheit soll gerade
über den Wert den Wahrheit entscheiden! Diese tolle Moral geht von dem
Gedanken aus, dass »Wahrheiten«
eigentlich nichts weiter seien als
Turngerätschaften, an denen wir uns
wacker müde zu arbeiten hätten
– eine Moral für Athleten und
Festturner des Geistes.
Friedrich Nietzsche, Menschliches, Allzumenschliches

Geschichte der Wissenschaften:
Der reale Teil sind die Phänomene, der
ideale die Ansichten der Phänomene.
Johann Wolfgang von Goethe,
Maximen und Reflexionen

Gewinnt aber auch in der Wissenschaft
das Falsche die Oberhand, so wird doch
immer eine Minorität für das Wahre
übrig bleiben, und wenn sie sich in
einen einzigen Geist zurückzöge,
so hätte das nichts zu sagen.
Johann Wolfgang von Goethe,
Wilhelm Meisters Wanderjahre

Gewiss ist alle Wissenschaft,
die diesen Namen verdient, rational.
Aber vernunftgemäß ist Wissenschaft
nur, wenn sie vernunftgemäßen
Zielen dient.
Georg Picht, Mut zur Utopie

Glaubt ihr denn, dass die Wissenschaften entstanden und groß
geworden wären, wenn ihnen nicht
die Zauberer, Alchimisten, Astrologen
und Hexen vorangelaufen wären als
die, welche mit ihren Verheißungen
und Vorspiegelungen erst Durst,
Hunger und Wohlgeschmack an
verborgenen und verbotenen Mächten
schaffen mussten?
Friedrich Nietzsche,
Die fröhliche Wissenschaft

Glaubt ihr vielleicht,
es sei schwieriger,
einen Beweis zu liefern,
als ein Kind zu zeugen?
Voltaire, Micromégas

Ich glaube, es liegt wirklich
im Interesse der Wissenschaftler,
diese Frage nach der Verantwortung
in ihre eigene, wissenschaftliche
Forschung einzubeziehen.
Richard von Weizsäcker, Wissenschaft und Phantasie
– Herausforderungen unserer Zeit (Interview 1985)

Ich hielt die Tugend
und die Wissenschaft
Für größere Gaben stets,
als Adel sind
Und Reichtum.
William Shakespeare, Perikles (Cerimon)

Ihr Völker, erkennt also einmal,
dass euch die Natur vor der
Wissenschaft hat bewahren wollen,
so wie eine Mutter ihrem Kinde
eine gefährliche Waffe
aus den Händen reißt.
Jean-Jacques Rousseau,
Abhandlung über die Wissenschaften und Künste

In der Spezialisierung betäubt
die Wissenschaft ihr Gewissen.
Parzellierte Verantwortung.
Emil Gött, Im Selbstgespräch

Ist Erkennen wirklich Können? Ist
die Wissenschaft das Leben, ist sie das
ganze Leben? Kann sie dem Verderben
und der Auflösung Einhalt gebieten?
Francesco De Sanctis,
Über die Wissenschaft und das Leben

Ist nicht der Anfang und das Ende
jeder Wissenschaft in Dunkel gehüllt?
Heinrich von Kleist, Briefe
(an Adolphine von Werdeck, 28./29. Juli 1801)

Je größer das Vertrauen
in die Wissenschaft gewesen war,
umso bitterer war die Enttäuschung.
Francesco De Sanctis,
Über die Wissenschaft und das Leben

Jede Wissenschaft hat ihre Zeit.
Francesco De Sanctis,
Über die Wissenschaft und das Leben

Kein Wissenschaftler, kein Künstler
kann seinen Auftrag erfüllen,
wenn nicht selbstlose Frauenhände
seinen Alltag behüten.
Gertrud von Le Fort, Die Frau in der Zeit

Keinem Volk der Erde
tut man sein Recht an,
wenn man ihm ein fremdes Ideal
der Wissenschaft aufdringt.
Johann Gottfried Herder,
Ideen zur Philosophie der Geschichte der Menschheit

Kunst ist Ahnung, Empfinden,
Wissenschaft ist Erkenntnis
des Gesetzmäßigen.
Walter Rathenau, Auf dem Fechtboden des Geistes.
Aphorismen aus seinen Notizbüchern

Kunst ist
fleischgewordene Wissenschaft.
Jean Cocteau, Hahn und Harlekin

Künste und Wissenschaften
sind selbst Kinder des Luxus,
und sie tragen ihm ihre Schuld ab.
Arthur Schopenhauer,
Zur Rechtslehre und Politik

Wissenschaft

Künste und Wissenschaften,
wenn sie sich selbst nicht helfen,
so hilft ihnen kein König auf.
Heinrich von Kleist, Briefe
(an Ulrike von Kleist, 25. November 1800)

Man kann ein Mann von außerordentlichen Verdiensten sein und sich doch
über die Entstehung der Tiere und über
die Struktur des Erdballs täuschen.
Voltaire, Der Mann mit den vierzig Talern

Man verschließe die Wissenschaft
denen, die keine Tugend besitzen.
Joseph Joubert, Gedanken, Versuche und Maximen

Manch einer hat alle Wissenschaften
studiert, und doch weicht die Schwermut nicht von ihm.
Fjodor M. Dostojewski, Der Jüngling

Mythen sind oft wahrhaftigere
Ausdrucksformen des Wirklichen
als wissenschaftliche Fassungen.
Hermann Graf Keyserling,
Reisetagebuch eines Philosophen

Nichts setzt dem Fortgang der Wissenschaft mehr Hindernis entgegen,
als wenn man zu wissen glaubt,
was man noch nicht weiß.
Georg Christoph Lichtenberg, Sudelbücher

Niemand bestreitet die Wunder
der modernen Wissenschaft.
Jetzt wäre es an der Zeit,
dass sie auch für ihre Monster
die Verantwortung übernimmt.
Jakob von Üxküll

Nur durch eine erhöhte Praxis
sollten die Wissenschaften auf
die äußere Welt wirken; denn
eigentlich sind sie alle esoterisch
und können nur durch Verbessern
irgendeines Tuns exoterisch werden.
Alle übrige Teilnahme führt
zu nichts.
Johann Wolfgang von Goethe,
Maximen und Reflexionen

Sie war die Wissenschaft
und wurde zur Gewalt.
Francesco De Sanctis,
Über die Wissenschaft und das Leben

Technik und Wissenschaft gereichen
dem Menschen zum Verderben,
wenn die moralischen Kräfte
verkümmert sind.
Albert Einstein, Über den Frieden

Treffliche Künste
dankt man der Not
und dankt man dem Zufall,
Nur zur Wissenschaft
hat keines von beiden geführt.
Johann Wolfgang von Goethe/Friedrich Schiller,
Xenien

Um die Wissenschaft
ist es etwas Großes;
sie gibt Licht in allem.
Teresa von Ávila, Weg der Vollkommenheit

Um sich und alle seine Kräfte einer
speziellen Wissenschaft zu widmen,
muss man allerdings große Liebe
zu ihr, jedoch auch große Gleichgültigkeit gegen alle übrigen haben.
Arthur Schopenhauer, Den Intellekt überhaupt
und in jeder Beziehung betreffende Gedanken

Unsere Seelen
sind in dem Maße verdorben,
in dem unsere Wissenschaften und
Künste vollkommener geworden sind.
Jean-Jacques Rousseau,
Abhandlung über die Wissenschaften und Künste

Vergebens, dass Ihr ringsum
wissenschaftlich schweift,
Ein jeder lernt nur,
was er lernen kann.
Johann Wolfgang von Goethe, Faust I (Mephisto)

Von dem Fortgange der Wissenschaft
hängt unmittelbar der Fortgang
des Menschengeschlechts ab.
Wer jenen aufhält, hält diesen auf.
Johann Gottlieb Fichte,
Über die Bestimmung des Gelehrten

Von wannen kommt
dir diese Wissenschaft?
Friedrich Schiller, Die Jungfrau von Orleans (Karl)

Was die Wissenschaften am meisten
retardiert, ist, dass diejenigen,
die sich damit beschäftigen,
ungleiche Geister sind.
Johann Wolfgang von Goethe,
Maximen und Reflexionen

Was ist eine Wissenschaft gegen
das Lebendige des Gefühls!
Sophie Mereau, Betrachtungen

Was machst du an der Welt?
Sie ist schon gemacht,
Der Herr der Schöpfung
hat alles bedacht.
Johann Wolfgang von Goethe, West-östlicher Divan

Weder Mythologie noch Legenden sind
in der Wissenschaft zu dulden. Lasse
man diese den Poeten, die berufen
sind, sie zu Nutz und Freude der Welt
zu behandeln. Der wissenschaftliche
Mann beschränke sich auf die nächste
klare Gegenwart. Wollte derselbe jedoch gelegentlich als Rhetor auftreten,
so sei ihm jenes auch nicht verwehrt.
Johann Wolfgang von Goethe,
Maximen und Reflexionen

Welche Gefahren, welche Irrwege
gibt es nicht bei der Erforschung
der Wissenschaften!
Jean-Jacques Rousseau,
Abhandlung über die Wissenschaften und Künste

Wenn der Reiche spricht und von
Wissenschaft spricht, so müssen die
Gelehrten oftmals schweigend zuhören
und Beifall zollen, wenn sie nicht als
gelehrte Pedanten gelten wollen.
Jean de La Bruyère, Die Charaktere

Wenn du als Mann
die Wissenschaft vermehrst,
So kann dein Sohn
zu höherm Ziel gelangen.
Johann Wolfgang von Goethe, Faust I (Wagner)

Wenn es die Machthaber verstanden
haben, die Kirche zu kaufen, damit
diese ihre Machtstellung rechtfertigt,
wie sollten sie da nicht
die Wissenschaft kaufen können.
Leo N. Tolstoi, Tagebücher (1902)

Wenn man aus Sonnenstrahlen
Bomben bauen könnte, gäbe es
schon längst wirtschaftlich arbeitende
Sonnenkraftwerke.
Helmar Nahr

Wer es aber verachtet,
von der Wissenschaft zu kosten,
der bekommt auch von der Freude
nichts zu kosten, die sie bereitet.
Aristoteles, Protreptikos

Wer in der Jugend die Wissenschaft
missachtet, dem bleibt die Vergangenheit verschlossen, und für die Zukunft
ist er tot.
Euripides, Fragmente

Wie müßig sind doch
wissenschaftliche Betrachtungen.
Leo N. Tolstoi, Tagebücher (1889)

Wir können nur solche Kenntnisse
als Wissenschaft bezeichnen, die die
Menschen zu ihrem Nutzen benötigen.
Leo N. Tolstoi, Tagebücher (1894)

Wissen und Wissenschaft
ist nicht dasselbe.
Wissen ist das Ganze,
Wissenschaft ein Teil.
Leo N. Tolstoi, Tagebücher (1910)

Wissenschaft:
das selbstbewussteste
aller Vorurteile.
Hans Lohberger

Wissenschaft ist ein mächtiges Werkzeug. Wie es gebraucht wird, ob zum
Heile oder zum Fluche des Menschen,
hängt vom Menschen ab, nicht vom
Werkzeug. Mit einem Messer kann
man töten oder dem Leben dienen.
Wir dürfen also die Rettung nicht
von der Wissenschaft, sondern nur
vom Menschen erwarten.
Albert Einstein, Über den Frieden

Wissenschaft ohne Religion ist lahm,
Religion ohne Wissenschaft ist blind.
Albert Einstein, Aus meinen späten Jahren

Wissenschaft ohne Verstand
ist doppelte Narrheit.
Baltasar Gracián y Morales,
Handorakel und Kunst der Weltklugheit

Wissenschaften entfernen sich
im Ganzen immer vom Leben
und kehren nur durch einen Umweg
wieder dahin zurück.
Johann Wolfgang von Goethe,
Maximen und Reflexionen

Wissenschaftliche Argumente
führen zu diametral entgegengesetzten Schlussfolgerungen.
Leo N. Tolstoi, Tagebücher (1895)

Wissenschaftliche Forschung kann
durch Förderung des kausalen
Denkens und Überschauens
den Aberglauben vermindern.
Es ist gewiss, dass eine mit religiösem
Gefühl verwandte Überzeugung von
der Vernunft bzw. Begreiflichkeit der
Welt aller feineren wissenschaftlichen
Arbeit zugrunde liegt.
Albert Einstein, Mein Weltbild

Wissenschaftliche Kreativität
und Leistungsbereitschaft
dürfen nicht brachliegen.
Wir wollen ihnen neue Chancen
zur Entfaltung eröffnen.
Helmut Kohl, Neue Chancen für Kreativität
und Leistungsbereitschaft. In: Mitteilungen
des Hochschulverbandes, 3. Juni 1986

Wissenschaftler ist jemand,
dessen Einsichten größer sind
als seine Wirkungsmöglichkeiten.
Gegenteil: Politiker.
Helmar Nahr

Wissenschaftler sind Beamte,
die abends um sechs Uhr
ihre Probleme vergessen können.
Forscher können das nicht.
Adolf Butenandt

Wo Bewusstsein ist, da ist
Fähigkeit zur Wissenschaft.
Ludwig Feuerbach, Das Wesen des Christentums

Zu allen Zeiten sind es nur die Individuen, welche für die Wissenschaft
gewirkt, nicht das Zeitalter. Das Zeitalter war's, das den Sokrates durch
Gift hinrichtete, das Zeitalter, das
Hussen verbrannte: Die Zeitalter sind
sich immer gleich geblieben.
Johann Wolfgang von Goethe,
Maximen und Reflexionen

Zur völligen Entartung
der Wissenschaft ist es gerade seit
der experimentellen Erfahrungswissen-
schaft gekommen, das heißt, einer
Wissenschaft, die beschreibt, was ist,
und daher keine Wissenschaft sein
kann, denn was ist, wissen wir alle
so oder anders selbst, und mit seiner
Beschreibung ist niemandem gedient.
Leo N. Tolstoi, Tagebücher (1894)

Witwe

Blumen werden an Witwen blühen!
Maden werden an Witwern brüten.
Sprichwort aus Japan

Denn eine junge Frau ist doch
immer in Gefahr, Witwe zu werden,
und das macht, dass sie ihre Reize
über alle den Glücksumständen nach
ehefähigen Männer ausbreitet; damit,
wenn jener Fall sich ereignet, es ihr
nicht an Bewerbern fehlen möge.
Immanuel Kant,
Anthropologie in pragmatischer Hinsicht

Der reichen Witwe Tränen
trocknen bald.
Sprichwort aus Dänemark

Der Witwenstand
ist ein betrübter Orden.
Christian Fürchtegott Gellert,
Fabeln und Erzählungen

Die drei fröhlichsten Dinge
auf der Welt: ein Kätzchen,
ein Zicklein und eine junge Witwe.
Sprichwort aus Irland

Die Tränen der Witwe
trocknet der erste Wind.
Sprichwort aus Spanien

Drei Sorten von Menschen reize nicht:
Beamte, Käufer und Witwen.
Chinesisches Sprichwort

Ein Mädchen heiratet, um den Eltern,
eine Witwe heiratet, um sich selbst
einen Gefallen zu tun.
Chinesisches Sprichwort

Eine Frau aber, die wirklich eine Witwe
ist, setzt ihre Hoffnung auf Gott
und betet beharrlich und inständig
bei Tag und Nacht. Wenn eine jedoch
ein ausschweifendes Leben führt,
ist sie schon bei Lebzeiten tot.
Neues Testament, Paulus (1 Timotheus 5, 5-6)

Eine Frau ist gebunden,
solange ihr Mann lebt;
wenn aber der Mann gestorben ist,
ist sie frei zu heiraten, wen sie will;
nur geschehe es im Herrn.
Glücklicher aber ist sie zu preisen,
wenn sie nach meinem Rat
unverheiratet bleibt.
Neues Testament, Paulus (1 Korinther 7, 39-40)

Eine Frau soll nur dann in die Liste
der Witwen aufgenommen werden,
wenn sie mindestens sechzig Jahre
alt ist, nur einmal verheiratet war,
wenn bekannt ist, dass sie Gutes getan
hat, wenn sie Kinder aufgezogen hat,
gastfreundlich gewesen ist und den
Heiligen die Füße gewaschen hat,
wenn sie denen, die in Not waren,
geholfen hat und überhaupt bemüht
war, Gutes zu tun.
Neues Testament, Paulus (1 Timotheus 5, 9-10)

Eine Witwe ist ein Haus
ohne Dach.
Sprichwort aus Estland

Einer Witwe ist nichts anständiger,
als dass sie es bis ans Ende ihres
Lebens beibleibe und den Witwenstuhl
nicht verrücke, ich möchte sagen,
neu beschlagen lassen.
Theodor Gottlieb von Hippel, Über die Ehe

Frei um die Witwe,
dieweil sie noch trauert.
Deutsches Sprichwort

Grüne Witwen sind Hinterbliebene
von Männern, die noch leben.
Senta Berger

In Frankreich sind die Männer,
die ihre Frau verloren haben, traurig,
die Witwen dagegen froh und zufrieden.
Die Frauen haben sogar ein Sprichwort
für diesen glückseligen Zustand.
Also bedeutet die Ehe nicht für jeden
dasselbe.
Stendhal, Über die Liebe (Fragmente)

Männer gibt's,
so richtig dafür geschaffen,
eines Tages glückliche Witwen
zu hinterlassen.
Robert Lembke, Steinwürfe im Glashaus

Mit einem Mädchen,
wie du willst;
mit einer Witwe,
wie sie will.
Sprichwort aus Polen

Sei den Waisen wie ein Vater
und den Witwen wie ein Gatte.
Altes Testament, Jesus Sirach 4, 10

Speise nie ohne Begleitung
im Hause einer Witwe.
Chinesisches Sprichwort

Warum sind junge Witwen
in Trauer so schön?
Georg Christoph Lichtenberg, Sudelbücher

Wenn der Himmel regnen
oder eine Witwe heiraten will,
lässt es sich durch nichts verhindern.
Chinesisches Sprichwort

Wer die Witwe heiratet,
heiratet die Schulden.
Sprichwort aus Frankreich

Wer eine Witwe mit drei Töchtern
heiratet, heiratet vier Diebe.
Sprichwort aus England

Witz

Das Unbedeutende, Gemeine, Rohe,
Hässliche, Ungesittete wird durch
Witz allein gesellschaftsfähig. Es ist
gleichsam nur um des Witzes willen:
seine Zweckbestimmung ist der Witz.
Novalis, Blütenstaub

Der Verstand ist groß, das sättigt; der
Witz ist Gewürz, das esslustig macht.
Ludwig Börne, Der Narr im Weißen Schwan

Der Witz ist das einzige Ding,
was umso weniger gefunden wird,
je eifriger man es sucht.
Christian Friedrich Hebbel

Der Witz ist das Salz der Unterhaltung,
nicht die Nahrung.
William Hazlitt

Der Witz ist der Finder
und der Verstand der Beobachter.
Georg Christoph Lichtenberg, Sudelbücher

Der Witz ist die Krätze des Geistes.
Er juckt sich heraus.
Johann Gottfried Seume, Apokryphen

Der Witz ist eine geistige Elektrizität
– dazu sind feste Körper nötig.
Novalis, Fragmente

Die echten Witze überraschen
den Sprecher wie den Hörer;
sie entstehen gleichsam wider Willen
oder ohne unsere Mitwirkung
wie alles, was Inspiration ist.
Joseph Joubert, Gedanken, Versuche und Maximen

Die genaueste Erklärung des Witzes
muss einem, der keinen hat,
ebenso unbegreiflich sein,
als einem Blinden die hinlängliche
Erklärung der Farben ist.
Gotthold Ephraim Lessing,
Das Neueste aus dem Reiche des Witzes

Die Gesellschaft ist ein Chaos,
das nur durch Witz zu bilden
und in Harmonie zu bringen ist.
Friedrich Schlegel, Lucinde

Die gleiche Sache ist
im Mund eines Menschen von Geist
eine Naivität oder ein Witz,
im Mund eines Einfältigen
eine Dummheit.
Jean de La Bruyère, Die Charaktere

Die Immer-Witzigen werden einem,
trotz der buntesten Abwechslung,
sehr bald langweilig.
Heinrich Waggerl, Aphorismen

Die Witze der Philosophen
sind so maßvoll,
dass man sie von der Vernunft
nicht unterscheiden kann.
Luc de Clapiers Marquis de Vauvenargues,
Nachgelassene Maximen

Die witzigsten Autoren erzeugen das
kaum bemerkbarste Lächeln.
Friedrich Nietzsche, Menschliches, Allzumenschliches

Ein Betrunkener ist manchmal
witziger als die besten Witzbolde.
Luc de Clapiers Marquis de Vauvenargues,
Nachgelassene Maximen

Ein guter Witz muss den Schein
des Unabsichtlichen haben.
Ein guter Witz ist inkognito.
Marie von Ebner-Eschenbach

Ein Mensch mit gutem Witz
ist eine seltene Ware.
Jean de La Bruyère, Die Charaktere

Ein Satiriker produziert keine Witze.
Er entdeckt sie.
Ephraim Kishon, Kishon für alle Fälle

Ein witziger Einfall hat
noch niemals Gelächter erregt;
er erfreut nur den Geist und
erschüttert nicht die Gemütsruhe.
Philipp Stanhope Earl of Chesterfield, Briefe über
die anstrengende Kunst, ein Gentleman zu werden

Ein Witzwort als sein eigenes ausgeben heißt oft, es aufs Spiel setzen
und durch eigene Schuld verlieren.
Jean de La Bruyère, Die Charaktere

Es ist gefährlich, über einen Witz
zu lachen. Man bekommt ihn dann
immer wieder zu hören.
Danny Kaye

Es ist mit dem Witz wie mit der Musik,
je mehr man hört,
desto feinere Verhältnisse will man.
Georg Christoph Lichtenberg, Sudelbücher

Es ist nicht möglich, witzig zu sein
ohne ein wenig Bosheit.
Richard B. Sheridan, Die Lästerschule

Für Witze und Geldborger
ist es heilsam, wenn sie uns
unangemeldet überraschen.
Heinrich Heine, Englische Fragmente

Humor unterscheidet sich vom Witz,
wie sich das Lächeln vom Gelächter
unterscheidet.
Paul Alverdes

Ich bin nicht bloß selbst witzig,
sondern auch Ursache,
dass andere Witz haben.
William Shakespeare, Heinrich IV. (Falstaff)

In der Natur des Witzes
offenbart sich der Charakter
der Nationen.
Arthur Schnitzler, Aphorismen und Betrachtungen aus
dem Nachlass

In heiteren Seelen gibt's keinen Witz.
Witz zeigt ein gestörtes Gleichgewicht
an: Er ist die Folge der Störung und
zugleich das Mittel der Herstellung.
Novalis, Blütenstaub

Jeder Beobachter, der sich witzig gibt,
ist mir verdächtig; stets fürchte ich,
er werde, ohne daran zu denken, der
Dinge Wahrheit dem funkelnden Gedanken opfern und mit dem Ausdruck
auf Kosten der Gerechtigkeit glänzen.
Jean-Jacques Rousseau,
Julie oder Die neue Héloïse (Julie)

Jeder von uns darf ohne Eitelkeit sagen,
er sei verständig, vernünftig,
er habe Phantasie, Gefühl, Geschmack;
aber keiner darf sagen, er habe Witz.
Jean Paul, Vorschule der Ästhetik

Krieg führt der Witz
auf ewig mit dem Schönen,
Er glaubt nicht
an den Engel und den Gott.
Friedrich Schiller, Das Mädchen von Orleans

Kürze ist der Körper
und die Seele des Witzes.
Jean Paul, Vorschule der Ästhetik

Kürze ist des Witzes Seele.
William Shakespeare, Hamlet (Polonius)

Lass den Witzling uns bestichen!
Glücklich, wenn ein deutscher Mann,
Seinem Freunde Vetter Micheln
Guten Abend bieten kann.
Johann Wolfgang von Goethe,
Musen und Grazien in der Mark

Lieber einen Freund verlieren,
als einen Witz unterdrücken.
Quintilian, Schule der Beredsamkeit

Man sollte sich hüten,
Witze von der anderen Seite anzusehen
oder auch nur weiter zu denken.
Man ahnt nicht, wie traurig sie werden.
Arthur Schnitzler,
Aphorismen und Betrachtungen aus dem Nachlass

Manche erwerben sich den Ruf,
witzige Köpfe zu sein,
auf Kosten des Kredits,
für gescheite Leute zu gelten.
Baltasar Gracián y Morales,
Handorakel und Kunst der Weltklugheit

Mit wenig Witz und viel Behagen
Dreht jeder sich im engen Zirkeltanz,
Wie junge Katzen mit dem Schwanz.
Johann Wolfgang von Goethe, Faust I (Mephisto)

Oft war ein guter Rat
besser angebracht
in Form eines witzigen Wortes
als in der ernstesten Belehrung.
Baltasar Gracián y Morales,
Handorakel und Kunst der Weltklugheit

Torheit, weislich angebracht, ist Witz;
Doch wozu ist des Weisen Torheit nütz?
William Shakespeare, Was ihr wollt (Viola)

Verstand ist erhaben, Witz ist schön.
Immanuel Kant, Beobachtungen über das Gefühl
des Schönen und Erhabenen

Was wissen wir denn,
und wie weit reichen wir
mit all unserm Witze!
Johann Wolfgang von Goethe, überliefert von
Johann Peter Eckermann (Gespräche mit Goethe)

Wenn Adam auf die Erde zurückkäme,
würde er nichts wieder erkennen
– ausgenommen die Witze.
Ugo Tognazzi

Wenn einer bei uns einen guten
politischen Witz macht, dann sitzt
halb Deutschland auf dem Sofa
und nimmt übel.
Kurt Tucholsky

Wenn Scharfsinn
ein Vergrößerungsglas ist,
so ist der Witz ein Verkleinerungsglas.
Georg Christoph Lichtenberg, Sudelbücher

Wer Humor hat,
der hat beinahe schon Genie.
Wer nur Witz hat,
der hat meistens nicht einmal den.
Arthur Schnitzler

Wer immer nach Witz hascht,
wem man es ansieht,
dass er darauf studiert hat,
die Gesellschaft zu unterhalten,
der gefällt nur auf kurze Zeit und
wird bei wenigen Interesse wecken.
Adolph Freiherr von Knigge,
Über den Umgang mit Menschen

Wer stets zu Hause bleibt,
hat nur Witz fürs Haus.
William Shakespeare, Die beiden Veroneser (Valentin)

Witz bedarf man auf weiter Reise;
daheim hat man Nachsicht.
Edda, Hávamál (Des Hohen Lied)

Witze, die Flöhe des Gehirns.
Heinrich Heine

Witz – die Waffe der Wehrlosen.
Peter Wapnewski

Witz – Intellekt auf dem Bummel.
Oscar Wilde

Witz ist eine Explosion
von gebundenem Geist.
Friedrich Schlegel, Kritische Fragmente

Witz und Laune müssen,
wie alle korrosiven Sachen,
mit Sorgfalt gebraucht werden.
Georg Christoph Lichtenberg, Sudelbücher

Witzarme Geradlinigkeit langweilt
auf Dauer nicht mehr
als witzige Verschrobenheit.
François de La Rochefoucauld, Reflexionen

Witze kann man nur dann
aus dem Ärmel schütteln, wenn
man sie vorher hineingesteckt hat.
Rudi Carrell

Witze sind wie Obst:
Druck vertragen die wenigsten.
Helmut Qualtinger

Wo man geht und steht,
trifft man schlechte Witzlinge;
es wimmelt im ganzen Lande
von Insekten dieser Art.
Jean de La Bruyère, Die Charaktere

Wo Phantasie und Urteilskraft
sich berühren, entsteht Witz
– wo sich Vernunft und Willkür
paaren, Humor.
Novalis, Blütenstaub

Zu des Verstandes
und Witzes Umgehung
Ist nichts geschickter
als Augenverdrehung.
Friedrich von Bodenstedt, Mirza Schaffy

Wohlbefinden

Am wohlsten fühlt sich
ein Baumfrosch im Brunnen.
Chinesisches Sprichwort

Das Wohlgemutsein
ist das Ziel des Lebens.
Heraklit, Fragmente

Die Empfindung
für unser Wohl und Wehe
hängt von unserer Eigenliebe ab.
François de La Rochefoucauld, Reflexionen

Essen und Trinken
hält Leib und Seele zusammen.
Deutsches Sprichwort

Für das Wohlbefinden einer Frau sind
bewundernde Männerblicke wichtiger
als Kalorien und Medikamente.
Françoise Sagan

Jede Natur
hat an ihrem Wohlergehen Genügen.
Mark Aurel, Selbstbetrachtungen

Nichts trägt mehr zu unserem
Wohlbefinden bei als der Gedanke,
dass jemand anders
ein Bösewicht ist.
Robert Lynd

Um ein imaginäres Wohlergehen
zu finden, schaffen wir uns
tausenderlei wirkliche Übel.
Jean-Jacques Rousseau, Emile

Wem wohl ist,
der bleibe.
Deutsches Sprichwort

Wem wohl ist,
der schweige.
Deutsches Sprichwort

Wo man die Katze streichelt,
da ist sie gern.
Deutsches Sprichwort

Wohlfahrt

Das Menschengeschlecht ist bestimmt,
mancherlei Stufen der Kultur in mancherlei Veränderungen zu durchgehen;
auf Vernunft und Billigkeit aber ist
der dauernde Zustand seiner Wohlfahrt
wesentlich und allein gegründet.
Johann Gottfried Herder,
Ideen zur Philosophie der Geschichte der Menschheit

Den ungehinderten Fortgang
in Beförderung des gemeinen Bestens,
das man durch vereinigte Kräfte
zu erhalten gedenkt, nennet man
die Wohlfahrt der Gesellschaft.
Christian Freiherr von Wolf, Vernünfftige Gedancken
von dem gesellschaftlichen Leben der Menschen

Der Bürger des Wohlfahrtsstaates
sehnt sich, wenn er satt ist, nicht nach
der Moral, sondern nach der Siesta.
Ignazio Silone

Ohne Wahrheit, Frieden, Recht
Steht's um Landes Wohlfahrt schlecht.
Jüdische Spruchweisheit

Tue, was die Wohlfahrt
der Gesellschaft befördert;
unterlass, was ihr hinderlich
oder sonst nachteilig ist.
Christian Freiherr von Wolf, Vernünfftige Gedancken
von dem gesellschaftlichen Leben der Menschen

Wohlstand

Das Wort »Wohlstand« hat inzwischen
einen negativen Beigeschmack,
das Wort bedeutet heute:
mehr Umweltverschmutzung, mehr

Hässlichkeit, mehr Rüstung, mehr
Gefühllosigkeit, mehr Schuldner, die
eine ungewisse Zukunft verpfänden.
Yehudi Menuhin, Variationen

Der Wohlstand beginnt genau dort,
wo der Mensch anfängt,
mit dem Bauch zu denken.
Norman Mailer

Der Wohlstand der Familie
gründet sich auf das Sparen.
Chinesisches Sprichwort

Die Seife ist ein Maßstab
für den Wohlstand
und die Kultur der Staaten.
Justus von Liebig, Chemische Briefe

Freue dich nicht
über zeitlichen Wohlstand,
denn du kannst nicht sicher sein,
dass er dir das ewige Leben sichert.
Juan de la Cruz, Merksätze von Licht und Liebe

Für einen Mann mit Geld
ist Jangzhou überall.
Chinesisches Sprichwort

Ich glaube, je weniger wir besitzen,
umso mehr haben wir zu geben.
Und je mehr wir besitzen,
umso weniger können wir noch geben.
Mutter Teresa

Niemand hat ein Recht
auf ein Übermaß an Wohlstand.
Mutter Teresa

Nur wer im Wohlstand lebt,
schimpft auf ihn.
Ludwig Marcuse, Argumente und Rezepte.
Ein Wörter-Buch für Zeitgenossen

Ohne Sparen
gedeiht der Wohlstand nicht.
Chinesisches Sprichwort

Vielleicht müssten wir alle
ein wenig ärmer werden,
damit wir reicher werden.
Heinrich Waggerl, Das ist die stillste Zeit im Jahr

Wie quälend ist die Lage dessen, der
inmitten von Armut in Wohlstand lebt.
Leo N. Tolstoi, Tagebücher (1909)

Willst du wirklich zu denen gehören,
denen es immer besser geht?
Elias Canetti, Die Provinz des Menschen.
Aufzeichnungen 1942–1972

Wohlhabend ist jeder, der dem,
was er besitzt, vorzustehen weiß;
vielhabend zu sein ist
eine lästige Sache,
wenn man es nicht versteht.
Johann Wolfgang von Goethe,
Wilhelm Meisters Lehrjahre

Wohlstand ist das Durchgangsstadium
zwischen Armut und Unzufriedenheit.
Helmar Nahr

Wohlstand ist die Summe
des Überflüssigen, ohne das man
nicht mehr auskommen kann.
Gustav Knuth

Wohlstand ist Überfluß
des Notwendigen.
Lothar Schmidt

Wohlstand verwirrt die Köpfe mehr als
Missgeschick, denn das Missgeschick
gibt uns warnende Winke, während
der Wohlstand bewirkt, dass man sich
selbst vergisst.
Charles de Secondat, Baron de la Brède et
de Montesquieu, Meine Gedanken

Wohltat

Das Wie beim Vergeben von
Gefälligkeiten und Wohltaten
ist für die gefällige Wirkung
beinahe so wichtig wie das Was.
Philipp Stanhope Earl of Chesterfield, Briefe über
die anstrengende Kunst, ein Gentleman zu werden

Der freie Mensch,
der unter Unwissenden lebt,
sucht, soviel als möglich,
ihren Wohltaten auszuweichen.
Baruch de Spinoza, Ethik

Einer der seltensten Glücksfälle,
die uns werden können,
ist die Gelegenheit zu einer
gut angewendeten Wohltat.
Marie von Ebner-Eschenbach, Aphorismen

Es ist unedel, der Wohltaten zu vergessen, des geringen Unrechts aber
zu gedenken.
Erasmus von Rotterdam,
Handbüchlein eines christlichen Streiters

In Wohltaten nämlich besteht das
Leben des Menschen und Einvernehmen, nicht von Schrecken, sondern
gegenseitiger Zuneigung wird es zum
Bund und gemeinsamer Hilfe vereint.
Lucius Annaeus Seneca, Über den Zorn

Kränkungen schreiben wir in Marmor,
Wohltaten in Staub.
Sprichwort aus England

Lass uns nicht nur Wohltaten säen,
sondern auch Blumen streuen
für unsere Weggefährten auf den
rauen Pfaden dieser elenden Welt.
Philipp Stanhope Earl of Chesterfield, Briefe über
die anstrengende Kunst, ein Gentleman zu werden

Man vergisst nichts so bald
als Wohltaten.
Deutsches Sprichwort

So wenig wie möglich lasset uns
von anderen Wohltaten fordern
und annehmen! Man trifft selten
Leute an, die nicht früher oder später
für kleine Dienste
große Rücksichten fordern.
Adolph Freiherr von Knigge,
Über den Umgang mit Menschen

Unzeitige Wohltat hat keinen Dank.
Deutsches Sprichwort

Viele Verbrechen
können zu Wohltaten führen,
manche Wohltaten
gehen mit Verbrechen schwanger.
Ilja G. Ehrenburg, Menschen, Jahre, Leben

Wohltaten schreibt man nicht
in den Kalender.
Deutsches Sprichwort

Wohltaten:
Tropfen auf den heißen Stein
– aber lassen wir sie tropfen.
Emil Gött, Im Selbstgespräch

Wohltaten von jemandem hinnehmen,
ist ein sichereres Mittel,
ihn an sich zu ketten,
als wenn man sich selbst
zu Dank verpflichtet.
Joseph Joubert, Gedanken, Versuche und Maximen

Wohltun trägt Zinsen.
Deutsches Sprichwort

Wohltätigkeit

Das Gefühl, mit dem man seinen
Wohltätern gegenübersteht, gleicht
der Erkenntlichkeit, die man für den
Zahnarzt hat. Man sagt sich, dass er
einem wohl getan hat, indem er von
einem Übel erlöste, aber man gedenkt
der Schmerzen der Behandlung und
liebt ihn kaum mit Zärtlichkeit.
Chamfort, Maximen und Gedanken

Denn man erlaubt ja gern der Wohltätigkeit eine wunderliche Außenseite.
Johann Wolfgang von Goethe,
Wilhelm Meisters Wanderjahre

Die Menschen sind nicht nur fähig,
Wohltaten und Beleidigungen zu
vergessen, sie hassen sogar ihre Wohltäter und vergessen den Hass auf die
Beleidiger. Gutes mit Gutem und Böses
mit Bösem zu vergelten, ist ihnen eine
Last, die sie ungern auf sich nehmen.
François de La Rochefoucauld,
Reflexionen

Ein armer wohltätiger Mensch
kann sich manchmal reich fühlen,
ein geiziger Krösus nie.
Marie von Ebner-Eschenbach, Aphorismen

Er schneidet heimlich fremden Reis
und gibt ihn als Brei an die Armen aus.
Chinesisches Sprichwort

Freiherzige Wohltat wuchert reich.
Johann Wolfgang von Goethe, Faust II (Faust)

Für eine Wohltat so groß
wie ein Wassertropfen gib zum Dank
eine sprudelnde Quelle zurück.
Chinesisches Sprichwort

Geschäftigkeit und Wohltätigkeit
sind eine Gabe des Himmels, ein Ersatz
für unglückliche liebende Herzen.
Johann Wolfgang von Goethe,
Stella (Madame Sommer)

Jedem Wohltätigen
wird sein Lohn zuteil,
jeder empfängt
nach seinen Taten.
Altes Testament, Jesus Sirach 16, 14

Nicht Geld allein haben die Unglücklichen nötig. Bloß die faulen Wohltäter
wissen nicht anders Gutes zu tun,
als mit dem Beutel in der Hand.
Jean-Jacques Rousseau,
Julie oder Die neue Héloïse (Julie)

Opfere den zehnten Teil von allem,
worüber du verfügst,
für das Wohl anderer.
Leo N. Tolstoi, Tagebücher (1847)

So will man sich verbieten,
wohltätig zu sein, sobald man sieht,
dass man sein eigenes Hauswesen
dadurch zugrunde richtet.
Johann Wolfgang von Goethe,
Unterhaltungen deutscher Ausgewanderten

Wenn ich mir die Wohltäter der
Menschheit vergegenwärtige, welche
wir als himmlische Boten vergöttern,
als Überbringer göttlicher Gaben,
so sehe ich kein Gefolge hinter ihnen,
keine Wagenladung eleganter Möbel.
Henry David Thoreau, Walden

Wir müssen der Sozialpolitik
die obrigkeitlichen Züge und den
Geruch der Wohltätigkeit nehmen.
Norbert Blüm, Unverblümtes von Norbert Blüm

Wohltätig ist des Feuers Macht.
Friedrich Schiller, Das Lied von der Glocke

Wohltätigkeit dein Geld
Wie Salz das Fleisch erhält.
Jüdische Spruchweisheit

Wohltätigkeit ist so etwas Ähnliches,
als gieße jemand saftige Wiesen,
die er durch Trockenkanäle trockengelegt hat, an den Stellen, an denen
sie besonders trocken erscheinen.
Leo N. Tolstoi, Tagebücher (1907)

Wohltätigkeitsfanatiker verlieren
jegliches Gefühl für Menschlichkeit.
Oscar Wilde, Das Bildnis des Dorian Gray

Wohlwollen

Intellektuelle sind seltener
wohlwollend gegeneinander
als Einheimische gegen Gastarbeiter.
Ludwig Marcuse, Argumente und Rezepte.
Ein Wörter-Buch für Zeitgenossen

Lieb' und Leidenschaft
können verfliegen,
Wohlwollen aber
wird ewig siegen.
Johann Wolfgang von Goethe, Sprüche

Man ist nur eigentlich lebendig,
wenn man sich des Wohlwollens
andrer freut.
Johann Wolfgang von Goethe,
Maximen und Reflexionen

Man muss um die Gunst derer, denen
man wohl will, weit mehr werben,
als um die Gunst derer, von denen
man Wohlwollen erwartet.
Jean de La Bruyère, Die Charaktere

Wie viel leichter wäre alles, wenn
die Menschen sich mit Wohlwollen
entgegenkämen anstatt mit Misstrauen
und ungünstigem Vorurteil.
Ricarda Huch, Schlussworte auf dem 1. Deutschen
Schriftstellerkongress

Wohlwollen ist die Begierde,
dem wohl zu tun, den wir bemitleiden.
Baruch de Spinoza, Ethik

Wohlwollen und Liebe können nicht
gehegt werden, ohne den Träger
zu veredeln, und sie tun dieses am
glänzendsten, wenn sie dem gelten,
was man einen Feind oder Widersacher nennt.
Gottfried Keller, Der grüne Heinrich

Wohnung

Aus Furcht vor Räubern dürfen wir uns
keine Sitzgelegenheiten und überhaupt
keine komplette Einrichtung anschaffen.
Lucius Apuleius, Der goldene Esel

Bei den Wilden hat jede Familie
ihr Obdach, ihre Wohnung, die den
Vergleich mit jeder anderen aushält
und für gröbere und einfachere
Bedürfnisse genügt.
Henry David Thoreau, Walden

Besser in einer Ecke des Daches
wohnen als eine zänkische Frau
im gemeinsamen Haus.
Altes Testament, Sprüche Salomos 21, 9

Die Menschen sind nicht geschaffen,
um wie in Ameisenhaufen übereinander getürmt, sondern um über die Erde
verstreut zu leben, die sie bebauen
sollen. Je näher sie zusammenkommen,
desto mehr verderben sie einander.
Jean-Jacques Rousseau, Emile

Ein vernünftiger Ehemann wird niemals eine Parterrewohnung nehmen.
Honoré de Balzac, Physiologie der Ehe

Eine schlechte Wohnung
macht brave Leute verächtlich.
Johann Wolfgang von Goethe, Was wir bringen (Vater)

Ich möchte keinen Palast als Wohnung
haben, denn in diesem Palast würde
ich nur ein Zimmer bewohnen.
Jean-Jacques Rousseau, Emile

Man kann mit einer Wohnung
einen Menschen genauso töten
wie mit einer Axt.
Heinrich Zille

Meine Wohnung kommt mir vor
wie ein Heiligtum. Ich mag nur
Menschen drin sehn, die ich mag.
Alle anderen weise ich ab.
Franziska Gräfin zu Reventlow, Tagebücher

Nicht da ist man daheim,
wo man seinen Wohnsitz hat,
sondern wo man
verstanden wird.
Christian Morgenstern

Statt Hütten für sich, bauen tausende
Prachtwohnungen für wenige.
Arthur Schopenhauer, Zur Rechtslehre und Politik

Völker wie Personen verkörpern in
ihren Wohnräumen ihren Charakter.
Peter Rosegger, Mein Weltleben

Was kommt es darauf an,
an welchem Ort ich wohne,
wenn ich da handle,
wo ich handeln soll?
Jean-Jacques Rousseau,
Vierter Brief an Malesherbes (28. Januar 1762)

Wer in allen Gassen wohnt,
wohnt übel.
Deutsches Sprichwort

Wer unser Haus betritt,
soll uns lieber bewundern
als unsere Einrichtung.
Lucius Annaeus Seneca, Briefe an Lucilius

Wie doppelt angenehm ist es uns
also, wenn aus einer menschlichen
Wohnung uns der Geist einer höhern,
obgleich auch nur sinnlichen Kultur
entgegenspricht.
Johann Wolfgang von Goethe,
Wilhelm Meisters Lehrjahre

Wolf

Bei Wölfen und Eulen
lernt man heulen.
Deutsches Sprichwort

Das freie Schaf frisst der Wolf.
Deutsches Sprichwort

Das Herz des Toren
frisst der reißende Wolf.
Chinesisches Sprichwort

Das Kalb braucht nicht die Botanik zu
studieren, um zu lernen, sein Futter zu
finden, und der Wolf verzehrt seine
Beute, ohne an ihre Unverdaulichkeit
zu denken.
Jean-Jacques Rousseau, Letzte Antwort

Der Mensch ist dem Menschen
ein Wolf.
Titus Maccius Plautus, Eselskomödie

Der Wolf ist ein großer Übeltäter, doch
er lehrt die Hirten, auf der Hut zu sein.
Chinesisches Sprichwort

Der Wolf trachtet
nach einem unbewachten Schafstall.
Ovid, Gedichte der Trübsal

Die Lämmer laufen nicht
in das Maul des schlafenden Wolfes.
Sprichwort aus Dänemark

Du bist unsere Mutter nicht, die hat
eine feine und liebliche Stimme, aber
deine Stimme ist rau; du bist der Wolf.
Jacob und Wilhelm Grimm,
Der Wolf und die sieben jungen Geißlein

Ein Wolf denkt bis zuletzt
an die Schafe.
Chinesisches Sprichwort

Ein Wolf im Schlaf fing nie ein Schaf.
Deutsches Sprichwort

Es muss ein kalter Winter sein,
wo ein Wolf den andern frisst.
Deutsches Sprichwort

Es nützt den Schafen wenig,
für die vegetarische Lebensweise
einzutreten, solange der Wolf
gegenteiliger Meinung bleibt.
Dean William Ralph Inge

Geschrei macht den Wolf größer,
als er ist.
Deutsches Sprichwort

O Deutschland! Weh!
Es bricht der Wolf
In deine Hürde ein,
und deine Hirten streiten
Um einer Handvoll Wolle sich.
Heinrich von Kleist, Die Hermannsschlacht (Wolf)

Pazifisten sind wie Schafe;
sie glauben, der Wolf sei Vegetarier.
Yves Montand

Wenn man unter den Wölfen ist,
muss man mit ihnen heulen.
Deutsches Sprichwort

Wenn man vom Wolf spricht,
ist er nicht weit.
Deutsches Sprichwort

Wer des Wolfes schont,
der gefährdet die Schafe.
Deutsches Sprichwort

Wer einen Wolf anstelle eines Hundes
füttert, hat Not, das Haus zu behüten.
Chinesisches Sprichwort

Wer mit den Wölfen essen will,
muss mit den Wölfen heulen.
Deutsches Sprichwort

Wer Wolf ist, soll als Wolf sich geben,
Das ist das Sicherste im Leben.
Jean de La Fontaine, Fabeln

Wo der Wolf weidet die Herd,
sind die Schäflein bald verzehrt.
Deutsches Sprichwort

Wölfe im Schafspelz erkennt man
daran, dass sie ungeschoren bleiben.
Simone Signoret

Wolfgang (31.10.)

An Sankt Wolfgang Regen,
nächstes Jahr voll Segen.
Bauernregel

Wolke

Auch der Verstand hat seine Wolken.
Prudentius, Über den Ursprung der Sünde

Den Wolken wird vielleicht einstmals
eine besondere Verehrung gezollt
werden; als der einzigen sichtbaren
Schranke, die den Menschen vom
unendlichen Raum trennt, als der
gnädige Vorhang vor der offenen
vierten Wand unserer Erdenbühne.
Christian Morgenstern, Stufen

Ein Weiser ohne Taten
ist eine Wolke ohne Regen.
John Steinbeck

Eine kleine Wolke kann
Sonne und Mond verdecken.
Sprichwort aus Dänemark

Gar mancher wähnt sich im Himmel,
dabei schwebt er nur über den Wolken.
Friedl Beutelrock

Nicht alle Wolken regnen.
Deutsches Sprichwort

Nicht jede Wolk'
erzeugt ein Ungewitter.
William Shakespeare, Heinrich VI. (Clarence)

Solange keine Wolken da sind, freue
man sich des himmlischen Lichts.
Theodor Fontane, Briefe

Über die Welt hin
ziehen die Wolken.
Grün durch die Wälder
Fließt ihr Licht.
Herz, vergiss!
Arno Holz, Phantasus

Über die Wolken führen keine Pfade,
wir müssen schon den Weg
auf der Erde nehmen.
Chinesisches Sprichwort

Wenn Schäfchen am Himmel stehen,
kann man spazieren gehen.
Deutsches Sprichwort

Wie wird mir?
Leichte Wolken heben mich.
Friedrich Schiller, Die Jungfrau von Orleans (Johanna)

Wollen

Das edle: Ich will!
hat keinen schlimmeren Feind
als das feige, selbstbetrügerische:
Ja, wenn ich wollte!
Marie von Ebner-Eschenbach, Aphorismen

Der Mensch kann mehr, als er will.
Sophie Mereau, Betrachtungen

Je mehr man will,
desto besser will man.
Charles Baudelaire, Tagebücher

Mensch, alles, was du willst,
ist schon zuvor in dir,
Es lieget nur an dem,
dass du's nicht wirkst herfür.
Angelus Silesius, Der cherubinische Wandersmann

Was du zu müssen glaubst,
ist das, was du willst.
Marie von Ebner-Eschenbach, Aphorismen

Was mir folgt, das will ich nicht,
was sich mir entzieht, das verfolge ich.
Ovid, Liebesgedichte

Weder als Mensch noch als Glied
der sozialen Ordnung muss man
mehr sein wollen, als man kann.
Chamfort, Maximen und Gedanken

Wer nichts will, hat alles.
Juan de la Cruz, Der Berg der Vollkommenheit

Willst du Drachenfleisch kosten,
dann steige ins Meer.
Chinesisches Sprichwort

Wir wissen keineswegs genau,
was wir alles wollen.
François de La Rochefoucauld, Reflexionen

Wollen und Tat müssen in gewisser
Beziehung stehen, wenn das
Bestmögliche erreicht werden soll.
François de La Rochefoucauld, Reflexionen

Wollust

Denn Wollust fühlen alle Tiere,
Der Mensch allein verfeinert sie.
Johann Wolfgang von Goethe, Der wahre Genuss

Der Stolz baut gleich dem Adler
seinen Sitz neben den Sternen,
die Wollust nistet gleich der Lerch'
nah der Erde.
Edward Young, Nachtgedanken

Die christliche Religion ist
die eigentliche Religion der Wollust.
Die Sünde ist der große Reiz
für die Liebe der Gottheit.
Novalis, Fragmente

Die ersten Wollüste sind stets heimlich,
die Scham würzt sie und verbirgt sie,
die erste Geliebte macht nicht
unverschämt, sondern scheu.
Jean-Jacques Rousseau, Emile

Die weibliche Wollust
ist eine Art Verzauberung,
die totale Hingabe verlangt.
Simone de Beauvoir, Das andere Geschlecht

Die Wollust ist die Prämie der Natur
für die Mühen von Zeugung
und Geburt.
Sigmund Freud

Die Wollust lässt das Leben in eine Art
passiven Hingezogenseins versinken,
befreit es von den Nöten der Überlegung und dem Martyrium
der Anstrengung.
Sully Prudhomme, Intimes Tagebuch

Die Wollust
sucht nicht immer das Schöne,
das Fremde in der Form reizt sie.
Sully Prudhomme, Intimes Tagebuch

Die Wollust wird in der einsamen Umarmung der Liebenden wieder, was sie
im großen Ganzen ist – das heiligste
Wunder der Natur. Und was für andere
nur etwas ist, dessen sie sich mit Recht
schämen müssen, wird für uns wieder,
was es an und für sich ist: das reine
Feuer der edelsten Lebenskraft.
Friedrich Schlegel, Lucinde

Es ist alles, was wir Wollust nennen,
ein vollkommeneres Offenbarwerden,
Erscheinen des höchsten Lebens,
welches an den Einzelnen vorübergeht,
und es gibt keine Wonne, welche nicht
aus der innigeren Nähe der heiligen
Tiefe alles Seins käme.
Gotthilf Heinrich Schubert,
Ahndungen einer allgemeinen Geschichte des Lebens

Es ist eine Wollust,
einen großen Mann zu sehen.
Johann Wolfgang von Goethe, Götz von Berlichingen (Martin)

Gönne mir die Wollust,
Die schönste guter Menschen,
sich dem Bessern
Vertrauend ohne Rückhalt
hinzugeben.
Johann Wolfgang von Goethe, Torquato Tasso (Tasso)

Große Übereinstimmung
herrscht unter den Wollüstigen.
Juvenal, Satiren

Ihrer zwei sind, die sich hassen
Und einander doch nicht lassen:
Wo die Wollust kehret ein,
Wird nicht weit die Unlust sein.
Friedrich von Logau, Sinngedichte

Je mehr in einer Liebe die Wollust
anstelle des Gefühls Platz greift,
das zuerst das Zusammenleben
beherrschte, desto leichter finden
Wankelmut und Untreue Eingang.
Stendhal, Über die Liebe

Jedermann sollte wenigstens so viel
Philosophie und schöne Wissenschaf-
ten studieren, als nötig ist, um sich
die Wollust angenehmer zu machen.
Georg Christoph Lichtenberg,
Sudelbücher

Unnatürlich heißt eine Wollust,
wenn der Mensch dazu nicht durch
den wirklichen Gegenstand, sondern
durch die Einbildung von demselben,
also zweckwidrig ihn sich selbst
schaffend, gereizt wird.
Immanuel Kant, Die Metaphysik der Sitten

Weder für die Wollüste des Geistes
noch für die Wollüste des Körpers
ist der Mensch allein geschaffen: In
beiden stürzt Übermaß ihn ins Elend.
Johann Jakob Engel, Die Göttin

Wer die Wollust besiegen will,
muss sie fliehen.
Sprichwort aus Frankreich

Wollust:
für die freien Herzen unschuldig
und frei, das Garten-Glück der Erde,
aller Zukunft Dankes-Überschwang
an das Jetzt.
Friedrich Nietzsche, Also sprach Zarathustra

Wollust kann ein Übermaß haben
und schlecht sein;
Schmerz aber kann insofern gut sein,
insofern Wollust oder Lust schlecht ist.
Baruch de Spinoza, Ethik

Wollust: nur dem Welken ein süßliches
Gift, für die Löwen-Willigen aber
die große Herzstärkung und der ehr-
fürchtig geschonte Wein der Weine.
Friedrich Nietzsche, Also sprach Zarathustra

Wonne

Aber die Wonne,
die nicht leidet, ist Schlaf,
und ohne Tod ist kein Sterben.
Friedrich Hölderlin, Hyperion

Ich habe meiner Wonne
nicht in der Ferne nachgejagt,
ich habe sie nahe bei mir gesucht,
und ich habe sie dort gefunden.
Jean-Jacques Rousseau,
Dritter Brief an Malesherbes (26. Januar 1762)

Könntest du dich entschließen, eines
gewöhnlichen Menschen fades Leben
auf der Erde träge zu verbringen,
wenn du einmal alle Wonnen verspürt
hast, die eine menschliche Seele
entzücken können?
Jean-Jacques Rousseau,
Julie oder Die neue Héloïse (Julie)

O Wonne voller Tücke!
O truggeweihtes Glücke!
Richard Wagner,
Tristan und Isolde (Tristan)

Vorüber gehn die Schmerzen
wie die Wonnen,
geh an der Welt vorüber,
sie ist nichts.
Franziska Gräfin zu Reventlow, Tagebücher

Wort

Achtung vor dem Wort, seinem
Gebrauch in strengster Sorgfalt
und in unbestechlicher innerer
Wahrheitsliebe, das ist auch die
Bedingung des Wachstums für
Gemeinschaft und Menschen-
geschlecht.
Dag Hammarskjöld, Zeichen am Weg

Alle guten Worte dieser Welt
stehen in Büchern.
Chinesisches Sprichwort

Alle Worte, die von Herzen kommen,
sind gute Worte, und wenn sie mir
helfen, so frag ich nicht viel danach,
ob es so genannte »richtige« Worte
sind oder nicht.
Theodor Fontane, Der Stechlin

Als das Wort Gottes erklang,
da erschien dieses Wort in jeder
Kreatur, und dieser Laut war
das Leben in jedem Geschöpf.
Hildegard von Bingen, Welt und Mensch

Als Gegenteil ist oft
das Wort erst wahr.
Lao-tse, Dao-de-dsching

Am Anfang war das Wort. Dann muss
es ihm die Sprache verschlagen haben.
Heinrich Wiesner

An dem Wort erkennt man den Toren
wie den Esel an den Ohren.
Deutsches Sprichwort

Auch das klügste Wort bleibt am Ende
nur Geschwätz, wenn es nicht auf
irgendeinem Wege zu Taten führt.
Arthur Schnitzler,
in: Jüdischer Almanach 5670 (Wien 1910)

Bei der Wahl der Worte genügt allein,
dass sie den rechten Sinn ausdrücken.
Konfuzius, Gespräche

Bewahre dich davor, schlechte Worte
zu machen, die einen Großen dem
anderen verächtlich machen würden.
Ptahhotep,
zitiert nach Erman, Die Literatur der Ägypter (1923)

Bücher können nicht die Worte und
Worte die Gedanken nicht erschöpfen.
Chinesisches Sprichwort

Das Brot ernährt dich nicht:
Was dich im Brote speist,
Ist Gottes ew'ges Wort,
ist Leben und ist Geist.
Angelus Silesius,
Der Cherubinische Wandersmann

Das gehörte Wort geht verloren, wenn
es nicht vom Herzen verstanden wird.
Chrétien de Troyes, Yvain

Das gesprochene Wort
kann nicht zurückkehren.
Horaz, Von der Dichtkunst

Das harte Wort schmerzt immer,
sei's auch ganz gerecht.
Sophokles, Aias (Chor)

Das letzte Wort hat die Sprache.
Heinz Piontek

Das rechte Wort, am rechten Platz
vom rechten Mann gesprochen,
erspart fast immer den Einsatz
der Polizei.
Carlo Schmid

Das tiefe Wort ist nicht stark.
Walter Rathenau, Auf dem Fechtboden des Geistes.
Aphorismen aus seinen Notizbüchern

Das unmittelbare Anschauen
der Dinge ist mir alles,
Worte sind mir weniger als je.
Johann Wolfgang von Goethe, Briefe
(an Johann Sulpiz Boisserée, 22. März 1831)

Das Wort eines Weisen gilt so viel,
als wäre es mit Pinsel und Tusche
geschrieben.
Chinesisches Sprichwort

Das Wort hat große Gewalt.
Aber sie kommt nicht vom Menschen.
Heinrich Waggerl, Nachlass

Das Wort ist das Licht der Welt. Das
Wort leitet in alle Wahrheit, erschließt
alle Geheimnisse, veranschaulicht das
Unsichtbare, vergegenwärtigt das Ver-
gangne und Entfernte, verendlicht das
Unendliche, verewigt das Zeitliche.
Ludwig Feuerbach, Das Wesen des Christentums

Das Wort ist die Entschuldigung
des Gedankens.
Jules Renard, Ideen, in Tinte getaucht.
Aus dem Tagebuch von Jules Renard

Das Wort ist nur der Körper
von unsern innern Empfindungen.
Philipp Otto Runge, An Pauline Bassenge (April 1803)

Das Wort ist tot,
der Glaube macht lebendig.
Friedrich Schiller, Maria Stuart (Melvil)

Das Wort macht den Menschen frei.
Wer sich nicht äußern kann, ist ein
Sklav. Sprachlos ist darum die über-
mäßige Leidenschaft, die übermäßige
Freude, der übermäßige Schmerz.
Sprechen ist ein Freiheitsakt;
das Wort ist selbst Freiheit.
Ludwig Feuerbach, Das Wesen des Christentums

Das Wort missbrauchen heißt,
die Menschen verachten.
Dag Hammarskjöld, Zeichen am Weg

Das Wort sei wahr,
die Tat entschlossen.
Chinesisches Sprichwort

Das Wort verwundet leichter,
als es heilt.
Johann Wolfgang von Goethe,
Die natürliche Tochter (Herzog)

Dem wackren Mann
gilt ein Wort so viel
wie dem wackren Pferd
ein Peitschenhieb.
Chinesisches Sprichwort

Der edle Mensch erhebt nicht
Menschen wegen ihrer Worte,
noch verwirft er
Worte wegen Menschen.
Konfuzius, Gespräche

Der Gedanke liegt so tief unter dem
Wort, dass es ihn nicht preisgibt.
Ludwig Marcuse, Argumente und Rezepte.
Ein Wörter-Buch für Zeitgenossen

Der Geist einer Sprache
offenbart sich am deutlichsten
in ihren unübersetzbaren Worten.
Marie von Ebner-Eschenbach

Der gleiche Sinn verändert sich mit
den Worten, die ihn ausdrücken. Der
Sinn empfängt von den Worten seine
Würde, anstatt sie ihnen zu geben.
Blaise Pascal, Pensées

Der Papst hat das Wort aufgehoben
und ein anderes Wort hervorgebracht.
Martin Luther, Tischreden

Der Unterschied zwischen dem richtigen Wort und dem beinahe richtigen
ist derselbe wie zwischem dem Blitz
und einem Glühwürmchen.
Mark Twain

Der Worte sind genug gewechselt,
Lasst mich auch endlich Taten sehn!
Indes ihr Komplimente drechselt,
Kann etwas Nützliches geschehn.
Johann Wolfgang von Goethe, Faust
(Vorspiel auf dem Theater: Direktor)

Des Menschen Wort
ist mächt'ger als die Tat.
Sophokles, Antigone

Die eigentliche Sendung des
Intellektuellen ist das Misstrauen
gegenüber den Worten.
Václav Havel

Die großen Erzähler
sind nicht die großen Macher.
Sprichwort aus Frankreich

Die Menschen vergehen,
das Wort besteht.
Ludwig Feuerbach, Das Wesen des Christentums

Die Worte der Mädchen sind leichter
als herabfallende Blätter.
Ovid, Liebesgedichte

Die Worte ergeben in verschiedener
Anordnung verschiedene Bedeutungen
und die Bedeutungen ergeben in anderer Anordnung andere Wirkungen.
Blaise Pascal, Pensées

Die Worte fliegen auf,
der Sinn hat keine Schwingen:
Wort ohne Sinn
kann nicht zum Himmel dringen.
William Shakespeare, Hamlet (König)

Die Worte sind nur die Mauern.
Dahinter in immer blauern
Bergen schimmert ihr Sinn.
Rainer Maria Rilke, Die frühen Gedichte

Die Worte, welche lachen machen,
sind entweder einfältig
oder beleidigend oder verliebt.
Niccolò Machiavelli, Clizia

Die Wortreichen veralten zuerst.
Erst verwelken die Adjektive,
dann die Verben.
Elias Canetti, Die Provinz des Menschen.
Aufzeichnungen 1942–1972

Die Zehn Gebote enthalten 279 Wörter, die amerikanische Unabhängigkeitserklärung 300 und die Verordnung der Europäischen Gemeinschaft über den Import von Karamelbonbons hat exakt 25911 Wörter.
Franz Josef Strauß

Doch ein Begriff muss
bei dem Worte sein.
Johann Wolfgang von Goethe, Faust I (Schüler)

Doch nicht durch Worte nur allein
Soll man den andern nützlich sein.
Wilhelm Busch, Die fromme Helene

Drei Dinge kehren nie:
Der Pfeil, der abgeschossen,
Das ausgesprochene Wort,
Die Tage, die verflossen.
Georg Daumer, Gedichte

Du bist, alter Hunne, voll Tücke,
Willst mich mit Worten ködern.
Hildebrandslied (um 840)

Du sprichst ein großes Wort
gelassen aus.
Johann Wolfgang von Goethe,
Iphigenie auf Tauris (Thoas)

Dumm ist, wer glaubt, durch Worte
Geschehenes ungeschehen zu machen.
Titus Maccius Plautus, Truculentus

Durch das Wort, das der Lebensquell selber ist, kam die umarmende Mutterliebe Gottes hernieder. Sie nährte uns zum Leben. Sie steht bei uns in der Gefahr.
Hildegard von Bingen, Wisse die Wege

Durch Worte herrschen wir über den ganzen Erdkreis, durch Worte erhandeln wir uns mit leichter Mühe alle Schätze der Erde. Nur das Unsichtbare, das über uns schwebt, ziehen Worte nicht in unser Gemüt hinab.
Wilhelm Heinrich Wackenroder, Herzensergießungen eines kunstliebenden Klosterbruders

Ehe man ein schönes Wort anwendet,
muss man ihm einen Platz bereiten.
Joseph Joubert, Gedanken, Versuche und Maximen

Ein ausgesprochnes Wort
fordert sich selbst wieder.
Johann Wolfgang von Goethe,
Maximen und Reflexionen

Ein Edler fürchtet,
dass die Worte
die Taten übertreffen.
Chinesisches Sprichwort

Ein einzig Wort
enthält mein ganzes Glück.
Johann Wolfgang von Goethe,
Die natürliche Tochter (Eugenie)

Ein einziges Wort verrät uns
manchmal die Tiefe eines Gemüts,
die Gewalt eines Geistes.
Marie von Ebner-Eschenbach, Aphorismen

Ein gutes Wort kostet nichts.
Deutsches Sprichwort

Ein redlich Wort macht Eindruck,
schlicht gesagt.
William Shakespeare, Richard III. (Elisabeth)

Ein Wort gebiert ein Wort,
das dritte läuft von selbst.
Sprichwort aus Russland

Ein Wort, das von Herzen kommt,
macht dich drei Winter warm.
Chinesisches Sprichwort

Ein Wort ist noch nicht dadurch
erledigt, dass es, in aller Munde,
breiig geworden ist.
Ludwig Marcuse, Argumente und Rezepte.
Ein Wörter-Buch für Zeitgenossen

Ein Wort kann Himmel, ein Wort kann
Erde, ein Wort kann aber auch
Leben oder Tod bedeuten.
Chinesisches Sprichwort

Ein Wort, dem Munde erst entschlüpft,
holt selbst ein Viergespann
nicht mehr zurück.
Chinesisches Sprichwort

Ein zur Unzeit gesprochenes Wort
kann ein ganzes Leben umstürzen.
Menandros, Monostichoi

Eines Kaisers Wort
will sich nicht gebühren
zu drehen oder zu deuten.
König Konrad III., überliefert von Julius Wilhelm
Zincgref (Apophthegmata)

Er ergriff das Wort.
Da verschlug es ihm die Sprache.
Peter Benary

Erst das Wort reißt Klüfte auf,
die es in Wirklichkeit nicht gibt.
Sprache ist, in unsere Termini
übersetzt, »zerklüftete Wirklichkeit«.
Christian Morgenstern, Stufen

Es gibt kaum noch ein Wort,
das mit beiden Beinen
fest auf der Erde steht.
Thornton Wilder

Es gibt kein böses Wort,
wenn es nicht böse verstanden wird.
Juan Ruiz de Alarcón y Mendoza,
Buch von rechter Liebe

Es gibt schließlich kein Wort mehr,
das nicht schon früher gesagt worden
wäre.
Terenz, Der Eunuch (Prolog)

Es ist allein Frauen eigen, in ein
einziges Wort eine ganze Empfindung
zu legen und einen zarten Gedanken
zart wiederzugeben.
Jean de La Bruyère, Die Charaktere

Es ist immer etwas verwirrend,
wenn der falsche Mann
die richtigen Worte sagt.
Norman Mailer

Falsch Gebild und Wort
Verändern Sinn und Ort.
Johann Wolfgang von Goethe, Faust I (Mephisto)

Fische fängt man mit Angeln,
Menschen mit Worten.
Deutsches Sprichwort

Für diesmal spare deine Worte!
Hier sind die Rätsel nicht am Orte.
Johann Wolfgang von Goethe, Faust II (Kaiser)

Gedanken sollen aus der Seele geboren
werden, Wörter aus den Gedanken und
Sätze aus den Worten.
Joseph Joubert, Gedanken, Versuche und Maximen

Gedanken töten,
Worte sind verbrecherischer
als irgendein Mord,
Gedanken rächen sich
an Helden und Herden.
Gottfried Benn, Der gedankliche Hintergrund

Geld ist des Teufels Wort, wodurch
er in der Welt alles erschafft, so wie
Gott durch das wahre Wort schafft.
Martin Luther, Tischreden

Geld wirkt viel,
ein kluges Wort kaum weniger.
Chinesisches Sprichwort

Geschrieben steht:
»Im Anfang war das Wort!«
Hier stock ich schon!
Wer hilft mir weiter fort?
Ich kann das Wort so hoch
unmöglich schätzen, / Ich muss es
anders übersetzen, / Wenn ich
vom Geiste recht erleuchtet bin.
Johann Wolfgang von Goethe, Faust I (Faust)

Gewöhnlich glaubt der Mensch,
wenn er nur Worte hört,
Es müsse sich dabei doch auch
was denken lassen.
Johann Wolfgang von Goethe, Faust I (Mephisto)

Groß ist, wer im gegebenen Augenblick ein Wort sprechen kann, das zum geflügelten wird.
Albert Vigoleis Thelen

Große Geister sagen
in wenigen Worten viel,
kleine in vielen nichts.
François de La Rochefoucauld, Reflexionen

Große geschriebene Worte
sind vergeistigter Zeugungsakt
in perpetuum.
Christian Morgenstern, Stufen

Große Worte verbergen
kleine Gedanken.
Lothar Schmidt

Hast du Geld,
dann begleiche deine Schulden,
hast du keines,
dann spare nicht mit Worten.
Chinesisches Sprichwort

Hätten wir das Wort,
hätten wir die Sprache,
wir bräuchten die Waffen nicht.
Ingeborg Bachmann, Frankfurter Vorlesungen

Ich fürchte mich so
vor der Menschen Wort.
Sie sprechen alles
so deutlich aus:
Und dieses heißt Hund
und jenes heißt Haus,
Und hier ist Beginn
und das Ende ist dort.
Rainer Maria Rilke, Die frühen Gedichte

Ich glaube nicht mehr an die magische Kraft des Wortes. Das Wort bedeutet nicht mehr Ordnung, sondern Unordnung. Es beseitigt nicht das Chaos, sondern kaschiert es. Es ist nicht mehr Hoffnungsträger für den Menschen, sondern verkleinert sie, indem es sie denaturiert. Es hat aufgehört, ein Mittel des Widerstands zu sein. Es dient nicht mehr zur Unterscheidung, sondern nur noch als Kompromiss.
Elie Wiesel, Macht Gebete aus meinen Geschichten

Ich habe mein Predigt gesetzt aufs lebendige Wort; wer da will, möge mir folgen; wer nicht, der lasse es.
Martin Luther, Tischreden

Im Anfang war das Wort,
und das Wort war bei Gott,
und Gott war das Wort.
Neues Testament, Johannes 1, 1

Im Anfang war das Wort
und nicht das Geschwätz,
und am Ende wird nicht
die Propaganda sein,
sondern wieder das Wort.
Gottfried Benn, 1956

Im Ganzen: Haltet euch an Worte!
Dann geht ihr durch die sichre Pforte
Zum Tempel der Gewissheit ein.
Johann Wolfgang von Goethe, Faust I (Mephisto)

Im Wort ruht Gewalt
Wie im Ei die Gestalt,
Wie das Brot im Korn,
Wie der Klang im Horn.
Ina Seidel, Des Wortes Gewalt

In die Geschichte gehen Sätze
von höchstens sieben Wörtern ein.
Hugo Dionizy Steinhaus

Ist das Wort der Lipp' entflohen,
du ergreifst es nimmermehr,
Fährt die Reu' auch mit vier Pferden
augenblicklich hinterher.
Wilhelm Müller, Epigramme

Je schwächer das Argument,
desto stärker die Worte.
Lothar Schmidt

Jede Liebe verleiht Worte.
Ovid, Heilmittel gegen die Liebe

Jedes ausgesprochene Wort
erregt den Gegensinn.
Johann Wolfgang von Goethe, Maximen und Reflexionen

Jedes Wort ist ein Wort
der Beschwörung.
Welcher Geist ruft
– ein solcher erscheint.
Novalis, Fragmente

Kein Wort ja dünkt mir übel,
wenn es Nutzen bringt.
Sophokles, Elektra (Orest)

Kleine Taten sind besser
als große Worte.
Lothar Schmidt

Lange Wörter klingen in den meisten Sprachen sehr ähnlich.
Peter Ustinov, Peter Ustinovs geflügelte Worte

Länger als Taten lebt das Wort.
Pindar, Nemeische Ode

Letzte Worte werden verliehen
wie Auszeichnungen.
Ernst Jünger

Lieber ein paar verkehrte Worte
als einen verkehrten Sinn!
Gotthold Ephraim Lessing, Rettung des Horaz

Man bezieht Wörter wie Wohnungen. Allmählich füllt man sie aus. Noch ist die neue Wohnung frisch, kühl und glatt. Sie kann gerade dadurch zauberisch wirken.
Heimito von Doderer, Repertorium. Ein Begreifbuch von höheren und niederen Lebens-Sachen

Mancher redet große Worte und gebraucht nur kleine Münzen.
Chinesisches Sprichwort

Manchmal ist ein Wort vonnöten,
Oft ist's besser, dass man schweigt.
Johann Wolfgang von Goethe, West-östlicher Divan

Mein Gehirn,
ein Waffeleisen voller Worte.
Jules Renard, Ideen, in Tinte getaucht. Aus dem Tagebuch von Jules Renard

Meine Art zu unterweisen soll vor allem »verbis et exemplis – durch Worte und Beispiele« bestimmt werden. Also: Richtlinien und Ermahnung durch das Wort, Ansporn durch mein Verhalten allen gegenüber.
Papst Johannes XXIII., Geistliches Tagebuch (Exerzitien), 25. November – 1. Dezember 1940

Meine Worte sind wie Sterne.
Sie gehen nicht unter.
Seattle, Die Rede des Indianerhäuptlings Seattle. Neuere Version

Missgunst sei dem Worte fern!
Titus Livius, Römische Geschichte

Mit dem Zauberstab des Wortes bildet der Mensch aus der Formlosigkeit und Bewegtheit der Welt die ordnenden Gestalten der Begriffe.
Ludwig Reiners, Stilkunst, Die Bedeutung der Sprache

Noch ein Jahrhundert Zeitungen
– und alle Worte stinken.
Friedrich Nietzsche

Nur durch das Wort werden wir zum Menschen, nur durch das Wort stehen wir miteinander in Verbindung.
Michel Eyquem de Montaigne, Die Essais

Nur ein Tor freut sich über schöne Worte, und man hat ihn schnell zum Besten gehalten.
Chrétien de Troyes, Yvain

Pfeile durchbohren den Leib,
aber böse Worte die Seele.
Baltasar Gracián y Morales, Handorakel und Kunst der Weltklugheit

Richtig verheiratet ist ein Mann erst dann, wenn er jedes Wort versteht, das seine Frau nicht gesagt hat.
Alfred Hitchcock

Schnell fertig ist die Jugend
mit dem Wort,
Das schwer sich handhabt
wie des Messers Schneide.
Friedrich Schiller, Wallensteins Tod (Wallenstein)

Sei das Wort die Braut genannt,
Bräutigam der Geist.
Johann Wolfgang von Goethe, West-östlicher Divan

Sei vorsichtig und zurückhaltend
in deinen Worten, doch erfinderisch
im Anknüpfen eines Gespräches.
Ecbasis captivi in belehrender Gestalt (Fuchs)

So leicht ein Wort dem scheint,
der es hinwirft, so schwer dem,
der es aufnimmt und wiegt.
Baltasar Gracián y Morales,
Handorakel und Kunst der Weltklugheit

So viele Worte, so viele Schlappen.
Chinesisches Sprichwort

Solange das Wort
richtig gebraucht wird,
wird nicht getötet.
Friedrich Sieburg

Spare dir deine Worte,
wenn du nur so abgeschmackte und
so ungeheuerliche Flunkereien weißt!
Lucius Apuleius, Der goldene Esel

Stehe zu deinem eigenen Wort.
Leo N. Tolstoi, Tagebücher (1847)

Taten sind Früchte,
Worte sind Blätter.
Sprichwort aus England

Und einmal ausgesprochen,
fliegt das Wort unwiderruflich davon.
Horaz, Briefe

Und welche Worte spricht der Himmel?
Und dennoch gehen
die vier Jahreszeiten ihren Weg,
und alle Dinge wachsen und gedeihen.
Doch spricht der Himmel je ein Wort?
Konfuzius, Gespräche

Und wie ein Wort das andere gibt,
so folgt noch glücklicher eine Tat
aus der andern, und wenn
dadurch zuletzt auch wieder Worte
veranlasst werden, so sind diese
umso fruchtbarer und geisterhebender.
Johann Wolfgang von Goethe,
Wilhelm Meisters Wanderjahre

Unklare Worte sind
wie ein blinder Spiegel.
Chinesisches Sprichwort

Unsere Blicke aber
ersetzten alle Worte.
Jean-Jacques Rousseau,
Julie oder Die neue Héloïse (Julie)

Unsere Worte sind Trümmer
von einem Tempelbau,
der nie zum Abschluss kam.
Fritz Diettrich

Verzeih, ich kann nicht
hohe Worte machen (...).
Johann Wolfgang von Goethe, Faust
(Prolog im Himmel: Mephisto)

Viel Worte, wenig Werke.
Deutsches Sprichwort

Viele Worte frommen nicht
den Scheidenden.
Johann Wolfgang von Goethe, Elpenor (Antiope)

Viele Worte sind lange zu Fuß gegangen, ehe sie geflügelte Worte wurden.
Marie von Ebner-Eschenbach, Aphorismen

Vokabeln: die auf den Strich gehen.
Besonderes Merkmal: kein Unterschied
zwischen Kunden und Zuhältern.
Ludwig Marcuse, Argumente und Rezepte.
Ein Wörter-Buch für Zeitgenossen

Vom Wort zur Tat ist's ein langer Pfad.
Sprichwort aus Spanien

Wahre Worte sind nicht schön,
schöne Worte sind nicht wahr.
Lao-tse, Dao-de-dsching

Wahre Worte tun den Ohren weh.
Chinesisches Sprichwort

Was dein Wort zu bedeuten hat,
erfährst du durch den Widerhall,
den es erweckt.
Marie von Ebner-Eschenbach

Wechseln sollst du Worte niemals
Mit unklugen Affen.
Edda, Hâvamâl (Loddfafnirlied)

Wenn die Namen nicht stimmen,
sind die Worte nicht wahr.
Chinesisches Sprichwort nach Konfuzius

Wenn jemand brüllt,
sind seine Worte nicht mehr wichtig.
Peter Ustinov, Peter Ustinovs geflügelte Worte

Wenn man den richtigen Menschen
findet, braucht es keiner Worte,
um sich auszusprechen.
Horst Geißler, Der seidene Faden

Wenn man von Dingen spricht,
die niemand begreift, so ist's einerlei,
was für Worte man braucht.
Johann Wolfgang von Goethe, Brief des Pastors

Wer dein Schweigen nicht versteht,
versteht auch deine Worte nicht.
Elbert Hubbard

Wer den Mund spitzt,
muss auch pfeifen.
Worte sind billig,
es müssen den Worten
Taten folgen.
Konrad Adenauer, Bundesparteiausschuss der CDU
in Bonn, 6. September 1952

Wer dir schöne Worte gibt,
füttert dich mit leerem Löffel.
Sprichwort aus England

Wer eine Frau
beim Wort nimmt,
ist ein Sadist.
Jeanne Moreau

Wer einem ins Wort fällt,
der will sich selbst hören.
Deutsches Sprichwort

Wer mit 20 Wörtern sagt, was man
auch mit 10 Wörtern sagen kann,
der ist auch zu allen anderen
Schlechtigkeiten fähig.
Giosuè Carducci

Wer sich der Arbeit mit dem Wort
verschrieben hat, begibt sich in eine
undurchdringliche Klausur, niemand
kann ihm beistehen.
Heinrich Waggerl, Briefe

Wer spricht, bannt, bezaubert den,
zu dem er spricht;
aber die Macht des Worts
ist die Macht der Einbildungskraft.
Ludwig Feuerbach, Das Wesen des Christentums

Wer viele Worte macht, wird zum Ekel,
der Anmaßende wird gehasst.
Altes Testament, Jesus Sirach 20, 8

Wer Worte macht,
tut wenig, seid versichert;
Die Hände brauchen wir
und nicht die Zungen.
William Shakespeare, Richard III. (1. Mörder)

Wie du im Herzen bist,
so zeigst du dich in deinen Worten.
Ruodlieb

Wir haben das unabweichliche, täglich
zu erneuernde, grundernstliche Bestreben, das Wort mit dem Empfundenen,
Geschauten, Gedachten, Erfahrenen,
Imaginierten, Vernünftigen möglichst
unmittelbar zusammentreffend zu
erfassen.
Johann Wolfgang von Goethe,
Maximen und Reflexionen

Wir können ein Wort, dessen wir uns
nicht erinnern, nicht aussprechen.
Baruch de Spinoza, Ethik

Wir leben in einer Zeit,
in der man bei der Wortwahl
bereits zum Täter werden kann.
Alfred Grosser

Wo es drei Heller tun,
da wende vier nicht an,
Und nicht zwei Worte,
wo's mit einem ist getan.
Friedrich Rückert,
Die Weisheit des Brahmanen

Wo Worte selten, haben sie Gewicht.
William Shakespeare, Richard III. (Gaunt)

Wohl finden wir unsere Worte
auf den Lippen der Freunde wieder,
aber nicht mehr als unser,
sondern als ihr Eigentum.
Marie von Ebner-Eschenbach, Aphorismen

Wort aus dem Wort
verlieh mir das Wort,
Werk aus dem Werk
verlieh mir das Werk.
Edda, Odins Runenlied

Worte besitzen Revolutionscharakter,
Worte beherrschen die Menschheit.
Ludwig Feuerbach, Das Wesen des Christentums

Worte bestätige durch Tatsachen.
Lucius Annaeus Seneca, Briefe über Ethik

Worte, die andern anvertraut werden,
Büßt man oft bitter.
Edda, Hávamál (Des Hohen Lied)

Worte, die nahe liegen,
aber in die Ferne weisen,
sind gute Worte.
Chinesisches Sprichwort

Worte füllen den Sack nicht.
Deutsches Sprichwort

Worte können stärker als Waffen sein
und Städte durch Ideen
zerstört werden.
Teolinda Gersão,
Landschaft mit Frau und Meer im Hintergrund

Worte
können wie winzige Arsendosen sein:
Sie werden unbemerkt verschluckt;
sie scheinen keine Wirkung zu tun
– und nach einiger Zeit
ist die Giftwirkung doch da.
Victor Klemperer

Worte, nichts als Worte.
Johann Wolfgang von Goethe, Die Wette (Förster)

Worte nützen sich ab.
Romano Guardini

Worte schlagen kein Loch in den Kopf.
Deutsches Sprichwort

Worte sind das schlechteste Mittel,
Schönheiten, die das Auge genossen
hat, lebhaft wieder erstehen zu lassen.
Otto Julius Bierbaum

Worte sind des Dichters Waffen.
Johann Wolfgang von Goethe, Deutscher Parnass

Worte sind die einzigen Dinge,
die nie vergehen.
William Hazlitt, Tischgespräch

Worte sind die Stimme des Herzens.
Chinesisches Sprichwort

Worte sind die Töchter der Erde,
und Taten die Söhne des Himmels.
Sprichwort aus Indien

Worte sind gut,
aber Hühner legen Eier.
Deutsches Sprichwort

Worte sind keine Taler.
Deutsches Sprichwort

Worte sind Luft.
Aber die Luft wird zum Wind, und
der Wind macht die Schiffe segelnt.
Arthur Koestler

Wörter verdunkeln wie Gläser,
was sie nicht besser sehen machen.
Joseph Joubert, Gedanken, Versuche und Maximen

Wortreichtum verarmt.
Wahre lieber das Maß!
Lao-tse, Dao-de-dsching

Zu spät? O nein doch!
Mein gesproch'nes Wort,
Ich kann es widerrufen.
William Shakespeare, Maß für Maß (Isabella)

Wort halten

Ach, was Geschriebnes
forderst du Pedant?
Hast du noch keinen Mann,
nicht Manneswort gekannt?
Johann Wolfgang von Goethe, Faust I (Faust)

Dem gegenüber, der sein Wort nicht
hält, braucht man sein eigenes Wort
nicht zu halten.
Damasus I., Regulae canonicae

Ein jeder wackre Mann
ist auch ein Mann von Wort.
Pierre Corneille, Der Lügner

Ein kluger Herrscher kann und darf
sein Wort nicht halten, wenn ihm dies
zum Schaden gereicht und die Gründe
hinfällig geworden sind, die ihn veranlasst hatten, sein Wort zu geben.
Wären alle Menschen gut, so wäre dieser Rat schlecht; da sie aber schlecht
sind und ihr Wort dir gegenüber auch
brechen würden, brauchst auch du es
ihnen gegenüber nicht halten.
Niccolò Machiavelli, Der Fürst

Einen Ochsen nimmt man bei seinen
Hörnern, und einen Mann bei seiner
Zunge.
Sprichwort aus England

Gewalt und Notwendigkeit,
nicht Verordnungen und Verpflichtungen halten die Fürsten an,
ihrem Wort nachzukommen.
Niccolò Machiavelli, Geschichte von Florenz

Keine Regel ist so allgemein, keine
führt so sicher dahin, uns dauerhafte
Achtung und Freundschaft zu erwerben, als die: unverbrüchlich, auch in
den geringsten Kleinigkeiten, Wort zu
halten, seiner Zusage treu und stets
wahrhaftig zu sein in seinen Reden.
Adolph Freiherr von Knigge,
Über den Umgang mit Menschen

Kinder halten nicht,
was sie versprechen;
junge Leute sehr selten,
und wenn sie Wort halten,
hält es ihnen die Welt nicht.
Johann Wolfgang von Goethe,
Die Wahlverwandtschaften

Wer einen Aal beim Schwanz
und Weiber fasst bei Worten,
Wie feste der gleich hält,
hält nichts an beiden Orten.
Friedrich von Logau, Sinngedichte

Wer sein Wort leicht gibt,
bricht es leicht.
Luc de Clapiers Marquis de Vauvenargues,
Nachgelassene Maximen

Wörterbuch

In den Wörterbüchern gibt es wohl
abgebrauchte Wörter, die auf den
großen Schriftsteller warten, der
ihnen ihre Energie zurückerstattet.
Antoine Comte de Rivarol, Maximen und Reflexionen

Meine Arbeit am Wörterbuch
der Akademie erinnert mich
an die eines Arztes,
der seine Geliebte sezieren muss.
Antoine Comte de Rivarol,
Maximen und Reflexionen

Wunde

Alte Wunden bluten leicht.
Deutsches Sprichwort

Am tiefsten schmerzen Wunden,
uns geschlagen
Von Menschen, die der Freundschaft
Maske tragen.
Friedrich von Bodenstedt, Mirza Schaffy

Auch geheilte Wunden
lassen Narben zurück.
Deutsches Sprichwort

Das Wort verwundet leichter,
als es heilt.
Johann Wolfgang von Goethe, Die natürliche Tochter
(Herzog)

Der Krieg wird niemals zu Ende sein,
solange noch eine Wunde blutet,
die er geschlagen hat.
Heinrich Böll

Der Narben lacht,
wer Wunden nie gefühlt.
William Shakespeare, Romeo und Julia (Romeo)

Der Optimist sieht bereits
die Narbe über der Wunde,
der Pessimist immer noch
die Wunde unter der Narbe.
Ernst Schröder

Die Unverschämten sind
niemals ohne Wunden.
Sprichwort aus der Türkei

Die Zeit heilt alle Wunden.
Voltaire, Der ehrliche Hurone

Erfahrungen
sind die vernarbten Wunden
unserer Dummheit.
John Osborne

Für jede Wunde gibt es eine Salbe.
Sprichwort aus England

Keine Wunde ist in mir so vernarbt,
dass ich sie ganz vergessen könnte.
Francesco Petrarca,
Gespräche über die Weltverachtung (Franciscus)

Liebe heilt die Wunden, die sie schlägt.
Sprichwort aus Griechenland

Manche tragen Narben
an anderen Stellen als dort,
wo ihnen Wunden
geschlagen wurden.
Wieslaw Bradzinski

Nicht alle Wunden erzeugen Perlen,
manche nur Geschwüre.
Ludwig Marcuse, Argumente und Rezepte.
Ein Wörter-Buch für Zeitgenossen

Nicht kommt die Wunde
zur Vernarbung,
an der Heilmittel
ausprobiert werden.
Lucius Annaeus Seneca, Briefe an Lucilius

Tiefe Wunden schlägt das Schicksal,
aber oft heilbare.
Johann Wolfgang von Goethe, Stella (Stella)

Wem Gott die Wunde schlägt,
dem gibt er die Medizin.
Sprichwort aus Spanien

Wenn der Kopf wund ist,
verbindet man umsonst die Füße.
Deutsches Sprichwort

Wir sind nur verwundbar
in unserem Geist und
in unserem Herzen.
Wir sind es nicht
in unserem Verstand
und in unserer Seele.
Théodore Jouffroy, Das grüne Heft

Wunder

Aber alle diese geistigen Wunder entsprießen nicht, wie andere Früchte,
dem natürlichen Boden, da können
sie weder gesäet noch gepflanzt noch
gepflegt werden. Aus einer anderen
Region muss man sie herüberflehen,
welches nicht jedem, noch zu jeder
Zeit gelingen würde.
Johann Wolfgang von Goethe, Dichtung und Wahrheit

Ach, es geschehen keine Wunder mehr.
Friedrich Schiller, Die Jungfrau von Orleans (Prolog)

Ach, wenn wir schon Fabeln und
Wundergeschichten nötig haben,
so sollen sie wenigstens ein Symbol
der Wahrheit sein!
Voltaire, Der ehrliche Hurone

Alles Wunder ist einmal
Wunderlichkeit gewesen,
kein Heiliger ist vom Himmel gefallen.
Erwin Guido Kolbenheyer, Das gottgelobte Herz

An den Wundern
erkennt man die Heiligen.
Sprichwort aus Frankreich

Auch kleine Heilige bewirken Wunder.
Sprichwort aus Dänemark

Bekanntlich taten die Reliquien
eines Heiligen stets größere Wunder
als vorher der ganze lebendige Mann.
Jean Paul, Dämmerungen für Deutschland

Da nun ein Wunder eine Ausnahme
von den Gesetzen der Natur ist, so
muss man, um es beurteilen zu können, diese Gesetze kennen, und zwar
ganz kennen, wenn man sicher urteilen will; denn ein einziges, das man
nicht kennt, kann in gewissen Fällen,
die dem Zuschauer unbekannt sind,
die Wirkung all derer verändern, die
man kennt. Derjenige also, der aussagt, diese Handlung ist ein Wunder,
erklärt dadurch, dass er alle Gesetze
der Natur kennt und weiß, dass diese
Handlung eine Ausnahme davon ist.
Jean-Jacques Rousseau, Dritter Brief vom Berge

Das Leben ist ein Wunder.
Es kommt über mich,
dass ich oftmals
die Augen schließen muss.
Paula Modersohn-Becker, Briefe (26. Dezember 1900)

Das Wunder ist das äußere Gesicht
des Glaubens – der Glaube die innere
Seele des Wunders.
Ludwig Feuerbach, Das Wesen des Christentums

Das Wunder
ist des Augenblicks Geschöpf.
Johann Wolfgang von Goethe,
Die natürliche Tochter (Gerichtsrat)

Das Wunder
ist des Glaubens
liebstes Kind.
Johann Wolfgang von Goethe, Faust I (Faust)

Das Wunder ist eine Creatio ex nihilo,
eine Schöpfung aus Nichts. Wer Wein
aus Wasser macht, der macht Wein aus
Nichts, denn der Stoff zum Wein liegt
nicht im Wasser.
Ludwig Feuerbach, Das Wesen des Christentums

Das Wunderbare, ja das Unmögliche,
erzählt und wieder erzählt,
nimmt endlich vollkommen die Stelle
des Wirklichen, des Alltäglichen ein.
Johann Wolfgang von Goethe, Italienische Reise

Dem Glauben ist nichts unmöglich,
und diese Allmacht des Glaubens
verwirklicht nur das Wunder.
Ludwig Feuerbach, Das Wesen des Christentums

Denn das große unzerstörliche Wunder
ist der Menschen-Glaube an Wunder,
und die größte Geistererscheinung
ist die unsrer Geisterfurcht in einem
hölzernen Leben voll Mechanik.
Jean Paul, Vorschule der Ästhetik

Denn, wenn ein Wunder
auf der Welt geschieht,
Geschieht's durch liebevolle,
treue Herzen.
Johann Wolfgang von Goethe,
Die natürliche Tochter (Eugenie)

Der Glückliche glaubt nicht,
Dass noch Wunder geschehn;
denn nur im Elend erkennt man
Gottes Hand und Finger,
der gute Menschen
zum Guten leitet.
Johann Wolfgang von Goethe,
Hermann und Dorothea (2. Gesang)

Der Mensch gewöhnt sich rasch
an die Wunder, die er selbst vollbringt.
Francois Mauriac

Der Wunder höchstes ist,
Dass uns die wahren,
echten Wunder so
Alltäglich werden können,
werden sollen.
Gotthold Ephraim Lessing, Nathan der Weise (Nathan)

(...) die Kultur einer Zeit lässt sich
an der Zahl der Wunder messen, die
sie exakt nachzuweisen vermochte.
Egon Friedell, Egon Friedells Konversationslexikon

Die Macht des Wunders
ist nichts anderes
als die Macht der Einbildungskraft.
Ludwig Feuerbach, Das Wesen des Christentums

Die Welt ist voll alltäglicher Wunder.
Martin Luther, Tischreden

Wunder

Die Wunder ruhn,
der Himmel ist verschlossen.
Friedrich Schiller, Die Jungfrau von Orleans (Johanna)

Doch man bewirkt das Wunderbare
nicht auf alltägliche Weise.
Johann Wolfgang von Goethe,
Was wir bringen (Reisender)

Doch wie wollte die Gottheit
überall Wunder zu tun Gelegenheit
finden, wenn sie es nicht zuweilen
in außerordentlichen Individuen
versuchte, die wir anstaunen
und nicht begreifen,
woher sie kommen.
Johann Wolfgang von Goethe, überliefert von
Johann Peter Eckermann (Gespräche mit Goethe)

Du wusstest nicht, dass der Mensch,
sobald er das Wunder verwirft,
sofort auch Gott verwirft, denn
der Mensch sucht nicht so sehr Gott,
als er Wunder sucht.
Fjodor M. Dostojewski, Die Brüder Karamasow

Durch Wunder nur
sind Wunder zu erlangen.
Johann Wolfgang von Goethe, Faust II (Paralipomena)

Durch Wunder und Gleichnisse
wird eine neue Welt aufgetan.
Jene machen das Gemeine
außerordentlich,
diese das Außerordentliche
gemein.
Johann Wolfgang von Goethe,
Wilhelm Meisters Wanderjahre

Eben daher entsteht das Wunderbare
des Wunders, dass das Gewöhnliche
und das Außergewöhnliche, das
Mögliche und das Unmögliche eins
werden.
Johann Wolfgang von Goethe,
Wilhelm Meisters Wanderjahre

Ein Wunder ist leichter zu wiederholen
als zu erklären. So setzt der Künstler
den Schöpfungsakt im höchsten Sinne
fort, ohne ihn begreifen zu können.
Friedrich Hebbel, Tagebücher

Es gibt kein Wunder für den,
der sich nicht wundern kann.
Marie von Ebner-Eschenbach, Aphorismen

Es gibt nichts Wunderbares: Alles,
was geschieht, was geschehen ist
und was geschehen wird, geschieht,
geschah und wird geschehen
auf eine natürliche Weise.
Ludwig Büchner, Kraft und Stoff

Es ist kein Mensch auf Erden,
der es ganz sagen könnte,
Wie viele Wunder geschahen
bei der Geburt des Herrn.
Otfrid von Weissenburg, Evangelienbuch

Es kommen einem im Leben mehr
unerwartete wunderbare Dinge vor,
und es wäre schlimm, wenn alles
im Gleise ginge.
Johann Wolfgang von Goethe, Clavigo (Carlos)

Geheimnisse sind noch keine Wunder.
Johann Wolfgang von Goethe,
Maximen und Reflexionen

Glaube ist Wunderglaube, Glaube
und Wunder absolut unzertrennlich.
Ludwig Feuerbach, Das Wesen des Christentums

Im Realisten wird der Glaube nicht
durch das Wunder hervorgerufen, sondern das Wunder durch den Glauben.
Fjodor M. Dostojewski, Die Brüder Karamasow

In ihrer Kindheit haben alle Völker
das Wunderbare geliebt, und in
reiferen Jahren bedienten sie sich
noch immer gern dieses Mittels, zu
rühren und zu gefallen, ob sie gleich
lange nicht mehr daran glaubten.
Johann Wolfgang von Goethe, Mythologie

Karlsbad ist ein größerer Schwindel als
Lourdes, und Lourdes hat den Vorzug,
dass man seines innersten Glaubens
wegen hinfährt. Wie steht es mit den
verbohrten Meinungen hinsichtlich
der Operationen, der Serumheilungen,
der Impfungen, der Medizinen?
Franz Kafka, Tagebücher (1914)

Kein Ort schließt Wunder aus;
ich für mein Teil aber kenne
keines dergleichen.
Jean-Jacques Rousseau, Emile

Man muss das Unmögliche solange
anschauen, bis es eine leichte
Angelegenheit ist. Das Wunder
ist eine Frage des Trainings.
Carl Einstein,
Bebuquin oder die Dilettanten des Wunders (1912)

Man darf das Wahre
nur wunderlich sagen,
so scheint zuletzt
das Wunderliche auch wahr.
Johann Wolfgang von Goethe,
Die Wahlverwandtschaften

Meinerseits halte ich in der Tat dafür,
dass nichts unmöglich ist, sondern
alles so, wie es in den Sternen liegt,
auf Erden vor sich geht; wobei auch
mir vor dir und jedermann, wie Wunderbares und Unerhörtes unterkommt,
was freilich in den Ohren eines
Banausen keinen Kredit hat.
Lucius Apuleius, Der goldene Esel

Mit Wunder bezeichnen wir das Un-
glaubwürdige einer Erscheinung, die
mit den uns bekannten Naturgesetzen
in unaufgeklärtem Widerspruch steht.
Doch das eigentliche Wunder ist das
Naturgesetz selbst – das ist das Unerklärliche an sich und doch ein für
alle Mal Vorauszusetzende. Wir aber
nennen Wunder das Seltene, Einmalige,
eigentlich Niemalige.
Arthur Schnitzler,
Aphorismen und Betrachtungen aus dem Nachlass

Nachdem man also die Lehre durch
das Wunder bewiesen hat, muss man
das Wunder durch die Lehre beweisen.
Jean-Jacques Rousseau, Emile (Glaubensbekenntnis)

Natur bringt
wunderliche Käuz'
ans Licht.
William Shakespeare,
Der Kaufmann von Venedig (Solanio)

Nicht einmal das, was wirr und ohne
Ordnung scheint, Regen meine ich,
Wolken und der Blitzschläge Zucken
und Feuermassen, wie sie sich aus
geborstenen Berggipfeln ergießen, das
Beben des schwankenden Bodens und
anderes, was der unruhevolle Teil der
Natur rings um die Erde in Bewegung
setzt, ereignet sich regellos, obwohl es
plötzlich eintritt; vielmehr hat auch
dies seine Ursachen ebenso wie das,
was man an fremden Orten erblickt
und für ein Wunder hält, wie inmitten
der Fluten warme Quellen und neue
Inseln, die aus dem weiten Meer
emporsteigen.
Lucius Annaeus Seneca, Über die Vorsehung

Nun sag mir eins,
man soll kein Wunder glauben!
Johann Wolfgang von Goethe, Faust I (Altmayer)

Ohne Wunder gibt's keinen Glauben;
und der Wunderglaube selbst
ist ein Innres.
Jean Paul, Levana

Schrecklicher Gedanke,
diese wundervolle Welt
mit allen Schmerzen und Freuden
einmal zu verlassen.
Franziska Gräfin zu Reventlow, Tagebücher

Seine Wort und Werke
Merkt ich und den Brauch,
Und mit Geistesstärke
Tu ich Wunder auch.
Johann Wolfgang von Goethe, Der Zauberlehrling

Sogar das uns innewohnende und
unvertilgbare, begierige Haschen nach
dem Wunderbaren zeigt an, wie gern
wir die so langweilige, natürliche
Ordnung des Verlaufs der Dinge
unterbrochen sähen.
Arthur Schopenhauer,
Nachträge zur Lehre von der Nichtigkeit des Daseins

Überall ist Wunderland,
Überall ist Leben.
Joachim Ringelnatz, Gedichte

Und die Jahre schwanden,
und die Welt war nicht mehr
die Wunderwelt, die sie gewesen.
Jens Peter Jacobsen, Niels Lyhne

Und doch hat jede Religion ihre
Wunder gehabt. Daher ist das Wunder
eben ein schwacher Beweis für den
Vorrang eines Glaubens vor anderen.
Francesco Guicciardini, Ricordi

Utopien sind heutzutage
geplante Wunder.
Halldór Laxness

Verzeihung ist die Antwort auf
den Kindertraum vom Wunder,
wodurch das Zerschlagene heil
wird und das Schmutzige rein.
Dag Hammarskjöld, Zeichen am Weg

Viel Wunderbares melden
uns Mären alter Zeit
Von hochgelobten Helden,
von Mühsal und von Leid.
Nibelungenlied

Was fordert diese Generation ein
Zeichen? Amen, das sage ich euch:
Dieser Generation wird niemals
ein Zeichen gegeben werden.
Neues Testament, Markus 8, 12 (Jesus)

Wenn Gott zu dir
in Wundern spricht,
So merkst du's,
doch in Wundern nicht.
Jüdische Spruchweisheit

Wenn ihr nicht
Zeichen und Wunder seht,
glaubt ihr nicht.
Neues Testament, Johannes 4, 48 (Jesus)

Wenn man auch zugibt, dass es wahre
Wunder gibt, was hilft es uns, sobald
es auch falsche gibt, von denen man
sie nicht unterscheiden kann?
Jean-Jacques Rousseau, Dritter Brief vom Berge

Wer das Wunder nicht als das Primäre
erkennt, leugnet damit die Welt,
wie sie ist, und supponiert ihr ein
Fabrikspielzeug.
Christian Morgenstern, Stufen

Wer nicht an Wunder glaubt,
ist kein Realist.
David Ben Gurion

Wer Wunder fordert, vergisst,
dass er der Natur die Unterbrechung
der ihren zumutet.
Antoine Comte de Rivarol, Maximen und Reflexionen

Wer Wunder hofft,
der stärke seinen Glauben!
Johann Wolfgang von Goethe, Faust II (Astrolog)

Wie oft soll es gesagt werden,
das wir von Wundern umgeben sind,
insofern wir Geistesgröße genug
haben, sie zu erfassen, ob wir sie
immer merken und des Moments
bewusst sind und gedenken,
das ist gleichgültig.
Achim von Arnim, Über Jungs Geisterkunde

Wie will man denn beweisen,
dass es Wunder sind?
Jean-Jacques Rousseau, Dritter Brief vom Berge

Wir haben so manches Wunder
gesehen, das sich in der Bretagne
zugetragen hat.
Marie de France, Bisclavret

Wofür ein Mensch auch beten mag
– er betet um Wunder.
Iwan S. Turgenjew, Gedichte in Prosa

Worauf wartest du?
Worauf wir immer warten:
auf ein Wunder!
Stefan Napierski

Wunder.
Ein Wunder wäre es zum Beispiel,
wenn der Stein, den ich loslasse,
in die Höhe schwebte.
Und dass er zur Erde fällt, ist keines?
Alfred Polgar, Kleine Schriften, Band 3. Irrlicht

Wunder müssen
in der Ferne gesehen werden,
wenn man sie für wahr halten soll.
Georg Christoph Lichtenberg

Wunder tun uns Not.
Rainer Maria Rilke, Die weiße Fürstin

Wunder und schwierig
zu erklärende Vorgänge
brauchen wir nicht
in der Ferne zu suchen.
Michel Eyquem de Montaigne, Die Essais

Wundertätig ist die Liebe,
Die sich im Gebet enthüllt.
Johann Wolfgang von Goethe, Novelle

Wunderbares

Aller Glauben ist wunderbar
und wundertätig.
Novalis, Fragmente

Alles wahre Wunderbare
ist für sich poetisch.
Jean Paul, Vorschule der Ästhetik

Das Maß des Wunderbaren sind wir,
wenn wir ein allgemeines Maß
suchten, so würde das Wunderbare
wegfallen und würden alle Dinge
gleich groß sein.
Georg Christoph Lichtenberg, Sudelbücher

Das Wunderbare tat jenen Menschen
so wohl, die der Regel und der Ewigkeit
mitunter wohl müde werden mochten.
Einmal den Boden verlieren! Schweben!
Irren! Toll sein! – das gehörte zum
Paradies und zur Schwelgerei früherer
Zeiten: Während unsere Glückseligkeit
der des Schiffbrüchigen gleicht, der
ans Land gestiegen ist und mit beiden
Füßen sich auf die alte feste Erde stellt
– staunend, dass sie nicht schwankt.
Friedrich Nietzsche, Die fröhliche Wissenschaft

Es ist gut, den Glauben zu bewahren,
dass alles viel wunderbarer ist,
als man fassen kann,
denn das ist die Wahrheit.
Vincent van Gogh, Briefe

Es liegt überhaupt
in der menschlichen Natur
ein auffallender Hang
zum Wunderbaren.
Heinrich Zschokke, Stunden der Andacht

Such nicht zu ergründen,
was dir zu wunderbar ist,
untersuch nicht, was dir verhüllt ist.
Altes Testament, Jesus Sirach 3, 21

Wunderkind

Das ist der Fluch
angeborener Intelligenz:
mit vier Jahren Wunderkind
– mit vierzig wunderlich.
Ernest Hemingway

Die Wunderkinderkrankheit
endet oft mit tödlichem Ausgang.
Jascha Heifetz

Ein Wunderkind, das heißt,
ein um seine Kindheit
betrogenes Kind.
Marie von Ebner-Eschenbach, Aphorismen

Wunsch

Ach! Prüft man denn,
was man sich wünscht?
Voltaire, Die Prinzessin von Babylon

Begier macht blind,
und Wünsche trügen.
Karl Wilhelm Ramler, Fabellese

Das lang ersehnte Osterfest
ist schnell an einem Tag vorbei.
Sprichwort aus Frankreich

Das Schicksal gewährt uns unsre
Wünsche, aber auf seine Weise,
um uns etwas über unsere Wünsche
geben zu können.
Johann Wolfgang von Goethe,
Die Wahlverwandt-schaften

Wunsch

Das Unbehagen, welches unsere
Wünsche uns bereiten, ist ähnlich
wie das, welches ihrer Erfüllung folgt.
Michel Eyquem de Montaigne, Die Essais

Dazu sind eben Wünsch'
und Träume dir verliehn,
Um alles, was dir fehlt,
in deinen Kreis zu ziehn.
Friedrich Rückert, Gedichte

Dein Wunsch
war des Gedankens Vater.
William Shakespeare, Heinrich IV. (König Heinrich)

Denn die Wünsche verhüllen uns
selbst das Gewünschte; die Gaben
Kommen von oben herab,
in ihren eignen Gestalten.
Johann Wolfgang von Goethe,
Hermann und Dorothea (5. Gesang)

Der Glaube, das, was man wünscht,
zu erreichen, ist immer lustvoll.
Aristoteles, Psychologie

Der Wunsch
ist der Vater der Hoffnung.
Marie von Ebner-Eschenbach, Aphorismen

Der Wunsch ist ein Wille,
der sich selbst nicht ganz ernst nimmt.
Robert Musil

Die Erfüllung eines Lieblingswunsches,
sei der Wunsch selber, was er wolle,
berührt uns wie eine Weihnachtsfreude.
Theodor Fontane,
Wanderungen durch die Mark Brandenburg

Die Erfüllung eines Wunsches
befriedigt nur dann voll, wenn das
Äußerste für seine Verwirklichung
geleistet werden musste. Daher ist
eine gewisse Beschränktheit der Mittel
Grundbedingung für ein glückliches
Leben.
Heinrich Waggerl, Aphorismen

Die Meinung eines anderen
ist nicht das Opfer
eines einzigen unserer Wünsche wert.
Anatole France

Die schlimmsten Enttäuschungen
verdanken wir erfüllten Wünschen.
Robert Lembke, Das Beste aus meinem Glashaus.
Humoristisches und Satirisches

Die Spielregel ist immer dieselbe:
Was du wünschst,
sollst du bekommen.
Tania Blixen, Motto meines Lebens

Die Wünsche, deren Ziel wir sehen
können, gehören zur Natur; die aber,
die immer wieder schwinden und
deren Erfüllung wir nicht erreichen
können, sind unser eigenes Werk.
Michel Eyquem de Montaigne, Die Essais

Die Zügellosigkeit der Wünsche
führt nur zur Sklaverei.
Fjodor M. Dostojewski, Tagebuch eines Schriftstellers

Dir scheint es möglich,
weil der Wunsch dich trügt.
Johann Wolfgang von Goethe,
Iphigenie auf Tauris (Iphigenie)

Doch vergiss es nicht: Die Träume,
Sie erschaffen nicht die Wünsche,
Die vorhandenen wecken sie.
Franz Grillparzer, Der Traum ein Leben (Massud)

Durch Anstrengung
gelingen die Werke,
nicht durch Wünsche.
Nârâyana, Hitopade'sa

Ein alter Wunsch,
der älteste wohl auf Erden:
Die Jungen möchten alt,
verjüngt die Alten werden.
Jüdische Spruchweisheit

Ein jeder Wunsch, wenn er erfüllt,
kriegt augenblicklich Junge.
Wilhelm Busch

Eitles Schattenbild einer beunruhigten,
sich in ihren Wünschen verirrenden
Seele!
Jean-Jacques Rousseau,
Julie oder Die neue Héloïse (Saint-Preux)

Erfüllte Wünsche bedeuten Stillstand.
Solange wir leben, müssen wir
unterwegs bleiben.
Heinz Rühmann

Erlaube nie deinen Wünschen, und
seien sie noch so klein, dass sie dein
Herz beunruhigen. Denn wenn erst
kleine Wünsche den Boden für eine
Unordnung gelockert haben, so
kommen bald größere und große
hinterdrein.
Franz von Sales, Philothea

Es gibt Leute, die eine Sache so brennend und so entschieden wünschen,
dass sie aus Furcht, sie zu verfehlen,
nichts zu tun vergessen, was den
Erfolg verhindern muss.
Jean de La Bruyère, Die Charaktere

Es gibt so manches Wünschenswerte,
möglich Scheinende;
durch eine kleine Verwechslung
machen wir es zu einem
erreichbaren Wirklichen.
Johann Wolfgang von Goethe,
Geschichte der Farbenlehre

Es ist eine große Wohltat Gottes,
dass er uns nicht alles gibt, was wir
wünschen; so würde er uns nämlich
nur Anlass zum Traurigsein geben.
Martin Luther, Tischreden

Es ist leichter, den ersten Wunsch zu
unterdrücken, als all die anderen zu
befriedigen, die er nach sich zieht.
François de La Rochefoucauld,
Nachgelassene Maximen

Es macht freilich die Menschen gierig
allzu großes Glück, und niemals lassen
sich die Leidenschaften so weit
mäßigen, dass sie dann aufhören,
wenn ein Wunsch erfüllt wird.
Lucius Annaeus Seneca, Über die Milde

Etwas zu wünschen übrig haben,
um nicht vor lauter Glück unglücklich
zu sein. Der Leib will atmen, und der
Geist streben.
Baltasar Gracián y Morales,
Handorakel und Kunst der Weltklugheit

Freiheit, ein eignes Haus und ein Weib,
meine drei Wünsche, die ich mir beim
Auf- und Untergange der Sonne
wiederhole, wie ein Mönch seine drei
Gelübde!
Heinrich von Kleist, Briefe
(an Wilhelmine von Zenge, 15. August 1801)

Freiheit existiert nicht;
sie ist nur ein Wunsch der Seele.
Emile Henriot

Glücklich, wer den Fehlschluss von
seinen Wünschen auf seine Kräfte
bald gewahr wird!
Johann Wolfgang von Goethe,
Wilhelm Meisters Lehrjahre

Hoffend, wünschend, suchst du
– doch vernimm die Lehre,
Wenn dem Herzen jeder Wunsch
befriedigt wäre,
Ungestillt bleibt das Sehnen
deiner Brust.
Karoline von Günderode,
Schicksal und Bestimmung

Ich bin zu alt, um nur zu spielen,
Zu jung, um ohne Wunsch zu sein.
Johann Wolfgang von Goethe, Faust I (Faust)

Ich meine fast, wenn ich mir
mit der Seele etwas innig wünsche,
dann erfüllt das Leben mir
solche Wünsche gerne.
Arthur Rubinstein, Erinnerungen. Die frühen Jahre

Im Festglanz erscheint die Welt denen,
die sie wunschlos betrachten.
Elie Wiesel, Was die Tore des Himmels öffnet

Im Grunde haben die Menschen
nur zwei Wünsche: alt zu werden
und dabei jung zu bleiben.
Peter Bamm

In der Fähigkeit, einen edlen Wunsch
intensiv und heiß zu nähren,
liegt etwas wie Erfüllung.
Marie von Ebner-Eschenbach, Aphorismen

In der Kindheit
wünscht man sich alles,
im Jugend- und Mannesalter
etwas ganz Bestimmtes,
im Alter nichts.
Leo N. Tolstoi, Tagebücher (1905)

In der Welt des Psychischen
erschufen Wünsche
recht eigentlich den Tatbestand.
Hermann Graf Keyserling,
Reisetagebuch eines Philosophen

Je näher der Mensch seinen Wünschen
steht, desto lebhafter werden sie,
und desto größeren Schmerz fühlt er,
wenn er sie nicht erreicht.
Niccolò Machiavelli, Clizia

Jeden Wunsch erfüllt zu sehen,
ist nicht besser für die Menschen.
Heraklit, Fragmente

Manche Wünsche sind offenkundig
und eingestanden, wenn sie Stück
um Stück geschehen; manche sind
verborgen, wenn in einem Wunsche
viel zusammengefasst ist.
Lucius Annaeus Seneca, Briefe über Ethik

Mancher glaubt,
sich seinen Vorteil zu wünschen,
und wünscht seinen Schaden.
Chrétien de Troyes, Yvain

Mein einz'ger Wunsch
ist meiner Wünsche Ruh.
Friedrich Rückert,
Die Weisheit des Brahmanen

Mein größter Wunsch ist es zu sehen,
wie eine Maus eine Katze
bei lebendigem Leibe frisst.
Sie soll aber auch lange genug
mit ihr spielen.
Elias Canetti, Die Provinz des Menschen.
Aufzeichnungen 1942–1972

Neujahrswunsch: weniger Rede,
mehr Gedanken, weniger Interessen,
mehr Gemeinsinn, weniger Wissen,
mehr Urteil, weniger Zwiespalt,
mehr Charakter.
Walter Rathenau, Auf dem Fechtboden des Geistes.
Aphorismen aus seinen Notizbüchern

Nicht allein von Feinden,
sondern auch von Freunden muss,
was man wünscht, erstürmt werden.
Johann Wolfgang von Goethe,
Die Wahlverwandtschaften

Nichts ist erquickender,
als von unsern Wünschen zu reden,
wenn sie schon in Erfüllung gehn.
Novalis, Glauben und Liebe

Nichts weiter wünsche,
wer erhielt, was genug ist.
Horaz, Briefe

O freilich, wenn Entschlüsse
nur Wünsche sind,
so ist der Mensch des Zufalls Spiel!
Friedrich Schleiermacher, Monologen

Reich ist, wer solch großen Besitz hat,
dass er nichts weiter wünscht.
Marcus Tullius Cicero, Paradoxa stoicorum

Schöner ist nichts als Gerechtigkeit,
doch das Beste Gesundheit,
Aber der Gipfel der Lust,
sieht seinen Wunsch man erfüllt.
Theognis, Elegien

Selbst die Wünsche einer Ameise
reichen zum Himmel.
Sprichwort aus Japan

Sind denn Wünsche Sünden,
oder ist das Bekennen derselben eine?
Jean Paul, Levana

Und das sind
die Wünsche:
leise Dialoge
Täglicher Stunden
mit der Ewigkeit.
Rainer Maria Rilke, Die frühen Gedichte

Unerreichbare Wünsche werden als
»fromme« bezeichnet. Man scheint
anzunehmen, dass nur die profanen
in Erfüllung gehen.
Marie von Ebner-Eschenbach, Aphorismen

Unsere Wünsche sind Vorgefühle
der Fähigkeiten, die in uns liegen,
Vorboten desjenigen, was wir zu
leisten imstande sein werden.
Johann Wolfgang von Goethe,
Dichtung und Wahrheit

Unsere Wünsche wachsen
mit den Schwierigkeiten,
denen sie begegnen.
Michel Eyquem de Montaigne, Die Essais

Vieles wünscht sich der Mensch,
und doch bedarf er nur wenig.
Johann Wolfgang von Goethe,
Hermann und Dorothea (5. Gesang)

Vielleicht bekommt man am Ende
immer das, was man sich wünscht.
Vita Sackville-West, Erloschenes Feuer

Was ich mir wünsche,
ist mir gleichgültig.
Hauptsache ist,
dass ich es kann.
Francis M. de Picabia, Aphorismen

Was man nicht
zu verlieren fürchtet, hat
Man zu besitzen nie geglaubt
und nie gewünscht.
Gotthold Ephraim Lessing,
Nathan der Weise (Tempelherr)

Was man wünscht,
das glaubt man gern.
Deutsches Sprichwort

Was Unglückliche
allzu sehr wünschen,
das glauben sie leicht.
Lucius Annaeus Seneca, Der rasende Herkules

Wenig fordert die Natur,
die Wunschvorstellung
Unermessliches.
Lucius Annaeus Seneca, Briefe über Ethik

Wenig Wünsche – frischer Mut,
viele Sorgen – krankes Blut.
Chinesisches Sprichwort

Wer viel wünscht,
wäre gern reich.
Deutsches Sprichwort

Werturteile sind nie Wahrheiten,
sondern Wünsche, die meist erst
wahr gemacht werden sollen.
Ludwig Marcuse, Argumente und Rezepte.
Ein Wörter-Buch für Zeitgenossen

Wie süß ist es,
leidenschaftliche Wünsche
überwunden und hinter sich
gelassen zu haben.
Lucius Annaeus Seneca, Briefe über Ethik

Wie viel du wünschen magst,
der Wunsch wird weitergehn,
Und Glück ist da nur, wo
die Wünsche stille stehn.
Friedrich Rückert, Gedichte

Wir fürchten als Sterbliche und
wünschen, als wären wir unsterblich.
François de La Rochefoucauld,
Nachgelassene Maximen

Wir setzen leichter
unserer Dankbarkeit Grenzen als
unseren Wünschen und Hoffnungen.
François de La Rochefoucauld,
Unterdrückte Maximen

Wir sind nie entfernter
von unseren Wünschen,
als wenn wir uns einbilden,
das Gewünschte zu besitzen.
Johann Wolfgang von Goethe,
Die Wahlverwandtschaften

Wir stehen mit einem Fuß im Grabe,
und doch fangen unsere Wünsche
und Ziele immer wieder von vorn an.
Michel Eyquem de Montaigne, Die Essais

Wünsche können ohne Kraft
und Talent sein; aber nie sind
Kraft und Talent ohne Wünsche.
Johann Jakob Engel, Fürstenspiegel

Wünschen fördert keine Arbeit.
Deutsches Sprichwort

Wünschen heißt hoffen, oder besser:
Wer wünscht, hofft auch.
Was man als unerreichbar ansieht,
wünscht man nicht.
Sully Prudhomme, Gedanken

Würde

Anmut und Würde
stehen in einem zu hohen Werte,
um die Eitelkeit und Torheit
nicht zur Nachahmung zu reizen.
Friedrich Schiller, Über Anmut und Würde

Beherrschung der Triebe
durch die moralische Kraft
ist Geistesfreiheit,
und Würde heißt ihr Ausdruck
in der Erscheinung.
Friedrich Schiller, Über Anmut und Würde

Das Bücken und Schmiegen vor
einem Menschen scheint in jedem Fall
eines Menschen unwürdig zu sein.
Immanuel Kant, Die Metaphysik der Sitten

Der edle Mensch
ist der Ehre würdig,
ohne sich um Würden zu streiten;
er ist gesellig, ohne einem Klüngel
anzuhängen.
Konfuzius, Gespräche

Der edle Mensch ist würdevoll,
ohne überheblich zu sein;
der niedrig Gesinnte ist überheblich,
ohne würdevoll zu sein.
Konfuzius, Gespräche

Die Würde des Menschen
ist unantastbar.
Grundgesetz der Bundesrepublik Deutschland

Ein Kranz ist
gar viel leichter binden,
Als ihm ein würdig Haupt
zu finden.
Johann Wolfgang von Goethe, Sprichwörtlich

Jene Würde allein ist wirklich,
die nicht verringert wird
durch die Gleichgültigkeit anderer.
Dag Hammarskjöld, Zeichen am Weg

Nichts in der Welt ist so ehrwürdig,
dass es keinen Schänder nicht fände.
Lucius Annaeus Seneca,
Über die Standhaftigkeit des Weisen

Nur durch Arbeit und Kampf ist
Selbstständigkeit und das Gefühl
der eigenen Würde zu erlangen.
Fjodor M. Dostojewski, Tagebuch eines Schriftstellers

Ob noch so schwer des Lebens Bürde,
Vergiss nie deine Menschenwürde.
Jüdische Spruchweisheit

Selbst das Starke,
selbst das Allgewaltige
Weiche hohen Würden.
Sophokles, Aias (Aias)

So wie die Anmut
der Ausdruck einer schönen Seele ist,
so ist Würde der Ausdruck
einer erhabenen Gesinnung.
Friedrich Schiller, Über Anmut und Würde

Um zu hohen Würden zu gelangen,
gibt es die große gebahnte Straße;
es gibt auch krumme Feldwege:
Diese sind die kürzeren.
Jean de La Bruyère, Die Charaktere

Was ist denn unsre Würde
als die Kraft und der Entschluss,
Gott ähnlich zu werden,
die Unendlichkeit immer
vor Augen zu haben?
Friedrich Schlegel, an seinen Bruder (28. August 1793)

Was Würde verleiht,
ist nicht das Vermögen
oder der Adel der Geburt,
sondern die Würde des Lebens,
der Tugend,
die Würde der Arbeit.
Papst Johannes XXIII., Briefe an die Familie
(Kusine Agnese), 4. März 1946

Würde ist nur die Rinde der Weisheit,
allein sie bewahrt sie.
Joseph Joubert, Gedanken, Versuche und Maximen

Würden, Bürden.
Deutsches Sprichwort

Würden sind nur
Dunst und Rauch.
Sprichwort aus Frankreich

Würdenträgern ohne Verdienste
erweist man Ehren ohne Ehre.
Chamfort, Maximen und Gedanken

Zum Gentleman
gehört auch die Fähigkeit,
sich mit Würde
betrügen zu lassen.
Alec Guinness

Würfel

Das Würfelspiel hat
ein Dämon erfunden.
Aurelius Augustinus, Über den Gottesstaat

Der Würfel ist gefallen.
Gaius Iulius Caesar,
überliefert bei Plutarch (Pompeius)

Es gibt nur einen guten Wurf
mit Würfeln
– sie fortzuwerfen.
Hobard C. Chatfield-Taylor

Gott würfelt nicht.
Albert Einstein

Mit Fortuna als Richterin
falle der Würfel!
Gaius Petronius, Schelmengeschichten

Würfel, Weiber, Wein
Bringen Lust und Pein.
Friedrich von Logau, Sinngedichte

Wurm

Dem Wurme gleich ich,
der den Staub durchwühlt,
Den, wie er, sich im Staube
nährend, lebt,
Des Wandrers Tritt
vernichtet und begräbt!
Johann Wolfgang von Goethe, Faust I (Faust)

Der kleinste Wurm,
getreten, windet sich.
William Shakespeare, Heinrich VI. (Clifford)

Ein Wurm weiß nicht,
woran sich ein Adler freut,
und freut sich dennoch seines Lebens.
Chinesisches Sprichwort

Es ist ja das große Glück,
den Wurm dann zu spüren,
wenn er noch vernichtet werden kann.
Bernhard von Clairvaux, Über die Bekehrung

Wurzel

Das Volk ist die Wurzel eines Landes.
Ist die Wurzel fest,
lebt das Land in Frieden.
Chinesisches Sprichwort

Mit tausend Wurzeln ist die Kunst
im Boden der geschichtlichen
Gegebenheiten verankert.
Heinrich Wölfflin, Kleine Schriften

Unter Fortschritt verstehen
die meisten die Unfähigkeit,
Wurzel zu fassen.
Richard von Schaukal

Was nicht in die Wurzel geht,
geht nicht in die Krone.
Friedrich Georg Jünger

Wenn man älter wird,
hat man das Bedürfnis,
alles über seine eigenen Wurzeln,
seine Familie und
sein Land zu wissen.
Sylvia Plath,
Briefe nach Hause (5. Juli 1958)

Wer seine Wurzeln nicht kennt,
kennt keinen Halt.
Stefan Zweig

Wüste

Bisweilen fasst mir jäh
ein Trieb den Sinn,
Vorm Nahn der Menschen
in die Wüst' zu fliehn.
Molière, Der Menschenfeind (Alceste)

Deserteure sind Leute,
die sich selbst
in die Wüste schicken.
Alfred Andersch

Es ist besser,
in einer Wüste wach zu sein,
als in einem Paradies
zu schlafen.
Waldemar Bonsels

Glücklich ist das Land,
wo man es nicht nötig hat,
den Frieden in einer Wüste
zu suchen!
Wo aber ist dieses Land?
Jean-Jacques Rousseau, Emile

Immer Sonnenschein
macht die Wüste.
Sprichwort aus Arabien

Je mehr die Kultur
der Länder zunimmt,
desto enger wird die Wüste,
desto seltner ihre wilden Bewohner.
Johann Gottfried Herder,
Ideen zur Philosophie der Geschichte der Menschheit

Wenn ich etwas
an Christus verstehe,
so ist es das:
»Und er entwich vor ihnen
in die Wüste.«
Christian Morgenstern, Stufen

Wut

Ärger ist die Unfähigkeit,
Wut in Aktion umzusetzen.
Wolfgang Herbst

Betrunkene und Wütende
sagen alles,
was sie denken.
Sprichwort aus Frankreich

Da werden Weiber zu Hyänen
und treiben mit Entsetzen Scherz.
Friedrich Schiller, Das Lied von der Glocke

Der Friederich, der Friederich,
das war ein arger Wüterich.
Heinrich Hoffmann, Der Struwwelpeter

Der Wutanfall des Diebes,
dem man alles schenkt.
Elias Canetti, Die Provinz des Menschen.
Aufzeichnungen 1942–1972

Die losgebundenen Furien der Wut
Ruft keines Herrschers Stimme
mehr zurück.
Friedrich Schiller, Wallensteins Tod (Wallenstein)

Die Wut im Angesicht des Feindes
macht die Augen trübe.
Chinesisches Sprichwort

Die Wut ist das einzige,
was einem noch hilft.
Lore Lorentz

Ein Wutanfall wird
vorübergehende Verrücktheit genannt,
und es handelt sich
in der Tat um Verrücktheit.
Philipp Stanhope Earl of Chesterfield, Briefe über
die anstrengende Kunst, ein Gentleman zu werden

Es hat keinen Sinn,
mir die Zähne zu zeigen.
Ich bin kein Dentist.
Erich Kästner, Kurz und bündig. Epigramme

Grauenhaft ist Pöbelwut.
Euripides, Iphigenie in Aulis (Klytemnästra)

Man soll keine Faust im Sacke machen.
Deutsches Sprichwort

So bös' ist keine Schlang'
in ihrem Grimm,
Wenn man ihr
auf den Schwanz tritt
noch so schlimm,
Wie eine Frau,
wenn sie in Wut gerät,
Weil dann ihr Sinnen
nur auf Rache geht.
Geoffrey Chaucer, Canterbury-Erzählungen

Zur Wut wird
allzu oft beleidigte Geduld.
Publilius Syrus, Sentenzen

Z

Zaghaftigkeit

Der Zaghafte ersteigt
des Lebens Höhen nicht.
Publilius Syrus, Sentenzen

Zaghaftigkeit in der Ausführung
macht tollkühne Unternehmungen
zunichte.
Luc de Clapiers Marquis de Vauvenargues,
Unterdrückte Maximen

Zähigkeit

Unkraut vergeht nicht.
Deutsches Sprichwort

Wer Eisen schmieden will,
muss selbst von zähen Eltern sein.
Chinesisches Sprichwort

Zahl

Alles hienieden besteht nur
durch die Bewegung und die Zahl.
Honoré de Balzac, Louis Lambert

Auf eine Welt, welche nicht
unsere Vorstellung ist,
sind die Gesetze der Zahlen
gänzlich unanwendbar:
diese gelten allein in der
Menschen-Welt.
Friedrich Nietzsche, Menschliches, Allzumenschliches

Die Drei und die Sieben sind
die beiden größten geistigen Zahlen.
Honoré de Balzac, Louis Lambert

Die Erfindung der Gesetze der Zahlen
ist aufgrund des ursprünglich schon
herrschenden Irrtums gemacht, dass
es mehrere gleiche Dinge gebe, aber
tatsächlich gibt es nichts Gleiches.
Friedrich Nietzsche, Menschliches, Allzumenschliches

Drei Dinge kann ich mir nicht merken:
Das eine sind Namen,
das andere sind Zahlen
und das dritte hab' ich vergessen.
Curt Goetz

Einmal ist keinmal.
Deutsches Sprichwort

Es wird so leicht dahin gesagt,
Zahlen sprächen für sich;
ich zweifle an dieser Feststellung.
Große Zahlen verdecken eher,
als dass sie offenbaren (...).
Heinrich Böll, Worte töten Worte heilen (1976)

Lass es nicht merken,
wenn du die Zehen dessen zählst,
der nur neun Zehen hat!
Sprichwort aus Afrika

Man hat behauptet,
die Welt werde durch Zahlen regiert;
das aber weiß ich,
dass die Zahlen uns belehren,
ob sie gut oder schlecht
regiert werde.
Johann Wolfgang von Goethe, überliefert von
Johann Peter Eckermann (Gespräche mit Goethe)

Ohne Zahl kann
die Vielheit der Dinge nicht bestehen;
denn ohne Zahl
gibt es keine Unterscheidung,
Ordnung, Proportion, Harmonie.
Nikolaus von Kues, Von der gelehrten Unwissenheit

Was sind es doch für runde fette
Nullen, die die Zahlen groß machen!
Knut Hamsun, Mysterien

Zahlen lügen nicht,
aber Lügner können zählen.
Sprichwort aus den USA

Zahlen

Gehorchen soll man mehr als immer
Und zahlen mehr als je zuvor.
Johann Wolfgang von Goethe, Faust I (Bürger)

Stolz will nicht schulden,
Eigennutz nicht zahlen.
François de La Rochefoucauld, Reflexionen

Was nicht da ist,
kann man nicht zählen.
Altes Testament, Kohelet 1, 15

Zähmung

Doch der Mensch
weiß ihn zu zähmen,
und das grausamste der Geschöpfe
hat Ehrfurcht vor
dem Ebenbilde Gottes.
Johann Wolfgang von Goethe, Novelle

Kein Tier ist wild, dass es
der Mensch nicht zähmen könnte.
Erasmus von Rotterdam, Handbüchlein
eines christlichen Streiters

Mildere die wilden Wallungen
des Willens und suche die grausame
Bestie zu zähmen.
Bernhard von Clairvaux, Über die Bekehrung

Wissen ist ein wildes Tier
und muss gejagt werden,
ehe man es zähmen kann.
Sprichwort aus Persien

Zahn

Adam und Eva hatten viele Vorteile,
aber der größte war,
dass sie keine Zähne
zu bekommen brauchten.
Mark Twain, Querkopf Wilsons Kalender

Denn noch bis jetzt
gab's keinen Philosophen,
Der mit Geduld
das Zahnweh konnt' ertragen.
William Shakespeare, Viel Lärm um nichts (Benedikt)

Der Zahn beißt oft die Zunge,
und doch bleiben sie
gute Nachbarn.
Deutsches Sprichwort

Es hat keinen Sinn, mir die Zähne
zu zeigen. Ich bin kein Dentist.
Erich Kästner, Kurz und bündig. Epigramme

Gesunder Zahn
kaut Brot zum Marzipan.
Deutsches Sprichwort

Hast du dir einen Zahn ausgebrochen,
dann schlucke ihn hinunter.
Chinesisches Sprichwort

Je weniger Zähne ein Mann hat,
desto leichter beißt er an.
Trude Hesterberg

Lächeln ist die beste Art,
den Leuten die Zähne zu zeigen.
Werner Finck

Lachen reinigt die Zähne.
Sprichwort aus Afrika

Man kann auch mit lauter echten Zähnen ein falsches Lächeln produzieren
Gabriel Laub

Mit Philosophen muss man sprechen,
wenn sie Zahnschmerzen haben.
Mark Twain

Schöne Zähne sind überall,
besonders auch im Morgenland,
als eine Gabe Gottes hoch angesehen.
Johann Wolfgang von Goethe, West-östlicher Divan

Zahnarzt:
ein Taschenspieler, der,
während er Metall
in deinen Mund hineinsteckt,
Münzen aus deiner Tasche
herauszieht.
Ambrose Bierce

Zahnreihen aber,
junge, neidlos anzusehn,
Das ist die größte
Prüfung mein, des Alten.
Johann Wolfgang von Goethe, Zahme Xenien

Zank

Es ist besser, sich entgültig zu verzanken, als provisorisch zu versöhnen.
So spart man Zank.
Ludwig Marcuse, Argumente und Rezepte.
Ein Wörter-Buch für Zeitgenossen

Liebe muss Zank haben.
Deutsches Sprichwort

Tauben, die gerade erst miteinander
fochten, vereinigen nun ihre Schnäbel.
Ovid, Liebeskunst

Wann wird der Zankapfel endlich
zur verbotenen Frucht erklärt.
Wiesław Brudziński

Wer auf Zank aus ist,
zu dem kommt der Zank.
Sprichwort aus Frankreich

Zank ist der Rauch der Liebe.
Ludwig Börne, Der Narr im Weißen Schwan

Zank liebt die Wahrheit nicht.
Sprichwort aus Russland

Zank nicht mit einem Schwätzer
und leg nicht noch Holz auf das Feuer.
Altes Testament, Jesus Sirach 8, 3

Zänkereien in einem Verhältnis
stammen in letzter Linie doch
immer aus den Voraussetzungen,
aus denen es aufgebaut ist.
Arthur Schnitzler, Aphorismen und Betrachtungen
aus dem Nachlass

Zartheit

Allzu große Zartheit der Gefühle
ist ein wahres Unglück.
Karl Julius Weber, Democritos

Je weniger eine Hand verrichtet,
desto zarter ist ihr Gefühl.
William Shakespeare, Hamlet (Hamlet)

Lerne auch mit dem Zarten umzugehen.
Heinrich von Kleist, Briefe (an Heinrich Lohse,
23.–29. Dezember 1801)

Nur harte Menschen können wirklich
zart sein. Was sonst als Zartheit erscheint, ist gewöhnlich nur Schwäche,
die leicht in Bosheit umschlägt.
François de La Rochefoucauld, Reflexionen

Vieles ist zu zart, um gedacht,
noch mehreres,
um besprochen zu werden.
Novalis, Blütenstaub

Wie oft macht der gute Mensch sich
Vorwürfe, dass er nicht zart genug
gehandelt habe; und doch, wenn nun
eine schöne Natur sich allzu zart,

sich allzu gewissenhaft bildet, ja,
wenn man will, sich überbildet,
für diese scheint keine Duldung,
keine Nachsicht in der Welt zu sein.
Johann Wolfgang von Goethe,
Wilhelm Meisters Lehrjahre

Zärtlichkeit

Außer Liebchens Zärtlichkeit
ein rechter Liebster nichts begehrt.
Andreas Capellanus, Gebote des Minnerechts

Die Ehe ist so etwas
wie die gegenseitige Zärtlichkeit
von zwei Schleifsteinen.
John Osborne

Die Zärtlichkeit ist das Ruhen
der Leidenschaft.
Joseph Joubert, Gedanken, Versuche und Maximen

Durch Zärtlichkeit und Schmeicheln,
Gefälligkeit und Scherzen
Erobert man die Herzen
Der guten Mädchen leicht.
Christoph Friedrich Bretzner, Die Entführung
aus dem Serail (Mozart: Blondchens Arie)

Es kann Leidenschaft ohne Achtung
geben, dann bleibt sie ohne Zärtlichkeit.
Sully Prudhomme, Gedanken

Fühlst du, wie zärtlich
ein schwermütiges Herz ist
und wie sehr Gram die Liebe umtreibt?
Jean-Jacques Rousseau, Julie oder
Die neue Héloïse (Julie)

Zauberei

Alle geistige Berührung gleicht
der Berührung eines Zauberstabs. Alles
kann zum Zauberwerkzeug werden.
Novalis, Fragmente

Denn mit eigenen Augen
die Zauberei kennen zu lernen,
darauf bin ich ganz versessen.
Lucius Apuleius, Der goldene Esel

Der Zauberstab ist mir gegeben. Ich
muss ihn nur zu gebrauchen wissen.
Leo N. Tolstoi, Tagebücher (1900)

Groß sind des Berges Kräfte;
Da wirkt Natur so übermächtig frei,
Der Pfaffen Stumpfsinn
schilt es Zauberei.
Johann Wolfgang von Goethe,
Faust II (Faust)

In der Mentalität der Frau
leben die Geisteshaltungen bäuerlicher
Zivilisationen fort, die den magischen
Kräften der Erde huldigen:
Sie glaubt an Zauberei.
Simone de Beauvoir, Das andere Geschlecht

In die Traum- und Zaubersphäre
Sind wir, scheint es, eingegangen.
Führ uns gut.
Johann Wolfgang von Goethe, Faust
(Walpurgisnacht: Faust)

Ja, wäre nur ein Zaubermantel mein!
Und trüg er mich in fremde Länder,
Mir sollt er
um die köstlichsten Gewänder,
Nicht feil um einen Königsmantel sein!
Johann Wolfgang von Goethe, Faust I (Faust)

Jeder Mensch trägt einen Zauber im
Gesicht: Irgendeinem gefällt er.
Friedrich Hebbel, Tagebücher

Mir graust mächtig
vor den düsteren Winkeln
und dem Bann der Zauberkunst.
Lucius Apuleius, Der goldene Esel

O zahme Kunst der Zauberin,
die nur Balsamtränke noch braut!
Richard Wagner, Tristan und Isolde (Isolde)

Soll zwischen uns kein fernster
Zwist sich regen!
Ich liebe mir den Zaubrer
zum Kollegen.
Johann Wolfgang von Goethe, Faust II (Schatzmeister)

Was ist unserem Herzen die Welt
ohne Liebe!
Was eine Zauberlaterne
ist ohne Licht!
Johann Wolfgang von Goethe,
Die Leiden des jungen Werthers

Wenn man die Frauen
verstehen könnte, ginge viel
von ihrem Zauber verloren.
Sascha Guitry

Zaudern

Eine Hand ohne Revolver,
aber zum Schuss entschlossen,
ist eine bessere Waffe als ein Revolver
in zögernder Hand.
Alfred Polgar, Kleine Schriften, Band 3. Irrlicht

Wenn wir bei unserem Handeln
zögern, ist es lähmend; überstürzen
wir etwas, so droht Gefahr.
Niccolò Machiavelli, Geschichte von Florenz

Wer ließe sich nicht lieber den Arm
abnehmen, als dass er durch Zaudern
und Zagen sein Leben aufs Spiel setzte?
Johann Wolfgang von Goethe,
Die Leiden des jungen Werthers

Zaun

Liebe deinen Nachbarn,
reiß aber den Zaun nicht ein.
Deutsches Sprichwort

Mit guten Nachbarn
hebt man den Zaun auf.
Deutsches Sprichwort

Sicherheit erreicht man nicht,
indem man Zäune errichtet,
sondern indem man Tore öffnet.
Urho Kekkonen

Wie einer den Zaun hält,
so hält er auch das Gut.
Deutsches Sprichwort

Zwischen Nachbars Garten
ist ein Zaun gut.
Deutsches Sprichwort

Zechen

Ich zech auch. Es soll mir's aber nicht
jedermann nachtun; denn alle haben
nicht meine Mühsame zu tragen.
Martin Luther, Tischreden

Noch keiner starb in der Jugend,
Wer bis zum Alter gezecht.
Friedrich von Bodenstedt, Mirza Schaffy

Viele Männer sind Freund einander,
Doch beim Zechen gibt's Zank.
Streit und Hass stiftet das ewig:
Gast tobt gegen Gast.
Edda, Hávamál (Des Hohen Lied)

Zeichen

Abzeichen jeder Art vermeiden: Denn
die Vorzüge selbst werden zu Fehlern,
sobald sie zur Bezeichnung dienen.
Die Abzeichen entstehen aus Sonderbarkeit, welche stets getadelt wird:
Man lässt den Sonderling allein.
Baltasar Gracián y Morales, Handorakel und Kunst
der Weltklugheit

Du musst meinen Kopf hochheben und
ihn der Menge zeigen. So einen wird
man sobald nicht wieder sehen.
Georges Jacques Danton, auf dem Schafott,
zum Henker

Kunst ist ein Zeichen, ein Ding,
das die Realität in unserer geistigen
Vorstellung wachruft.
Antoni Tàpies, Die Praxis der Kunst

Man sieht nur einen Fleck vom Fell,
und erkennt doch sogleich
den ganzen Leoparden.
Chinesisches Sprichwort

Mit der Vernachlässigung
der Sprache der Zeichen,
welche zur Einbildungskraft reden,
hat man die eindringlichste verloren.
Jean-Jacques Rousseau, Emile

Oh, diese Zeit hat
fürchterliche Zeichen:
Das Niedre schwillt,
das Hohe senkt sich nieder.
Johann Wolfgang von Goethe,
Die natürliche Tochter (König)

Wenn ihr nicht Zeichen
und Wunder seht, glaubt ihr nicht.
Neues Testament, Johannes 4, 48 (Jesus)

Wer beim Schreiben
viele Ausrufzeichen verwendet,
spricht auch sehr laut.
Heimito von Doderer

Wer bloß mit Zeichen wirkt,
ist ein Pedant, ein Heuchler
oder ein Pfuscher.
Johann Wolfgang von Goethe,
Wilhelm Meisters Lehrjahre

Wir leben in einer Zeit,
die das Empfinden für den Strichpunkt
völlig verloren hat.
Jean Anouilh

Wo du sicher bist, setz Fragezeichen.
Wieslaw Brudzinski

Zeichnen

Der Musiker öffnet Zahlen den Käfig,
der Zeichner befreit die Geometrie.
Jean Cocteau, Hahn und Harlekin

Es gibt Zeichner, die mit wenigen Strichen auskommen dürfen, weil sie
zu viel können. Und es gibt Zeichner,
die mit wenigen Strichen auskommen
müssen, weil sie nicht genug können.
Saul Steinberg

Ich zeichne, nicht um die Leute zu
ärgern, sondern um sie zu erfreuen,
oder um sie auf Dinge merken zu lassen, die der Beobachtung wert sind,
und die nicht jeder kennt.
Vincent van Gogh, Briefe

Selbst das mäßige Talent hat immer
Geist in Gegenwart der Natur; deswegen einigermaßen sorgfältige Zeichnungen der Art immer Freude machen.
Johann Wolfgang von Goethe,
Maximen und Reflexionen

Zeichnen ist die Kunst,
Striche spazierenzuführen.
Paul Klee

Zeile

Das Schreiben zwischen den Zeilen
zahlt sich nicht aus,
weil nur die Zeilen honoriert werden.
Zarko Petan

Gerechterweise sollten Literaten
auch dafür honoriert werden,
was zwischen den Zeilen steht.
Hans-Horst Skupy

Vier Zeilen in einem Lexikon sind
mehr wert als der schönste Grabstein.
Alec Guinness

Wer was zu sagen hat,
hat keine Eile. Er lässt sich Zeit
und sagt's in einer Zeile.
Erich Kästner

Zeit

Alles braucht eben seine Zeit.
Voltaire, Die Briefe Amabeds

Alles hat seine Zeit.
Deutsches Sprichwort

Alles hat seine Zeit! – Ein Spruch,
dessen Bedeutung man bei längerem
Leben immer mehr anerkennen lernt.
Johann Wolfgang von Goethe, West-östlicher Divan

Alles verzehrt die Macht der Zeiten.
Sophokles, Aias (Chor)

Alles, Lucilius, ist fremdes Eigentum,
die Zeit allein ist das unsere.
Lucius Annaeus Seneca, Briefe an Lucilius

Alles, was in der Erde verborgen liegt,
wird die Zeit ans helle Licht bringen.
Ecbasis captivi in belehrender Gestalt (Fuchs)

Allzu viele Fragen,
allzu große Hoffnungen auf Rezepte
für eine Orientierung in unserer Zeit
bewegen die Gemüter.
Richard von Weizsäcker, Die Bedeutung des Gesprächs
zwischen Politik und Literatur (1986)

Als ob man die Zeit totschlagen könnte, ohne die Ewigkeit zu verletzen!
Henry David Thoreau, Walden

Andere Zeiten, andre Musen.
Ludwig Uhland

Andre Zeiten, andre Sitten.
Ludwig Tieck, Karl von Berneck (Franz),
auch deutsches Sprichwort

Auch eine stehen gebliebene Uhr
kann noch zweimal am Tag
die richtige Zeit anzeigen;
es kommt nur darauf an,
dass man im richtigen Augenblick
hinschaut.
Alfred Polgar

Auf den Winter
folgt ein Sommer,
aber alte Leute werden nie wieder jung.
Deutsches Sprichwort

Augenblick:
der Orgasmus der Zeit.
Walter Hilsbecher

Bei Tau schneide keinen Weizen,
am Mittag schneide keinen Lauch.
Chinesisches Sprichwort

Da man immer Zeit genug hat,
wenn man sie gut anwenden will,
so gelang mir manchmal das Doppelte
und Dreifache.
Johann Wolfgang von Goethe, Dichtung und Wahrheit

Das Alte stürzt, es ändert sich die Zeit,
Und neues Leben
blüht aus den Ruinen.
Friedrich Schiller, Wilhelm Tell

Das Gedächtnis hebt die Zeit auf:
Es vereint, was dem Anschein nach
getrennt vor sich geht.
Leo N. Tolstoi, Tagebücher (1900)

Das Gute braucht zum Entstehen Zeit
– das Böse braucht sie zum Vergehen.
Jean Paul, Dämmerungen für Deutschland

Das Schlimme am Leben ist,
dass es so viele schöne Frauen gibt
und so verdammt wenig Zeit.
John Barrymore

Dem Wartenden scheinen Minuten
Jahre zu sein.
Chinesisches Sprichwort

Den Gang der gemessen ablaufenden
Zeit beschleunigen zu wollen, ist das
kostspieligste Unternehmen.
Arthur Schopenhauer,
Aphorismen zur Lebensweisheit

Denkt ans fünfte Gebot:
Schlagt eure Zeit nicht tot!
Erich Kästner, Kurz und bündig. Epigramme

Der Aufschub ist der Dieb der Zeit.
Edward Young, Nachtgedanken

Der Dilettantismus folgt der Neigung
der Zeit.
Johann Wolfgang von Goethe,
Über den Dilettantismus

Der Geist allein erschafft die Zeit;
nun wohl: So miss deinen kürzesten
Tag der Freude mit einer Terzienuhr
und deine längste Nacht des Trübsinns
mit einer Achttaguhr.
Jean Paul, Der Komet

Der größte Respekt wird allen
eingeprägt für die Zeit
als für die höchste Gabe Gottes
und der Natur und die aufmerksamste
Begleiterin des Daseins.
Johann Wolfgang von Goethe,
Wilhelm Meisters Wanderjahre

Der Mann ist der Fels,
auf dem die Zeit ruht;
die Frau ist der Strom,
der sie weiterträgt.
Gertrud von Le Fort, Die Frau in der Zeit

Der Menschen Engel ist die Zeit.
Friedrich Schiller, Wallensteins Tod (Oktavio)

Der Zeit nachgeben heißt,
sie überflügeln.
Baltasar Gracián y Morales, Handorakel und Kunst der Weltklugheit

Die Armbanduhr
ist eine Handfessel der Zeit.
Sigismund von Radecki

Die beste Frage nützt nichts,
wenn sie so lange dauert,
dass keine Zeit zum Antworten bleibt.
Peter Ustinov

Die Chinesen lesen die Uhrzeit
im Auge der Katzen.
Charles Baudelaire, Kleine Gedichte in Prosa

Die goldne Zeit, wohin ist sie geflohn,
Nach der sich jedes Herz
vergebens sehnt?
Johann Wolfgang von Goethe, Torquato Tasso (Tasso)

Die Illusionen einer Zeit sind nie
so sichtbar wie ihre Desillusionen.
Ludwig Marcuse, Argumente und Rezepte.
Ein Wörter-Buch für Zeitgenossen

Die Krücke der Zeit richtet mehr aus
als die eiserne Keule des Herkules.
Baltasar Gracián y Morales, Handorakel und Kunst der Weltklugheit

Die Leute, die niemals Zeit haben,
tun am wenigsten.
Georg Christoph Lichtenberg, Sudelbücher

Die Menschen vertreiben sich
die Zeit und klagen darüber,
dass sie keine haben.
Lothar Schmidt

Die Menschen wachsen mit den Zeiten,
nur in großen Zeiten entwickeln sich
die großen Menschen.
Louise Otto-Peters, Die Demokratinnen

Die Sonne kann nicht ewig
im Mittag stehen.
Chinesisches Sprichwort

Die Trösterin Zeit!
Voltaire, Die beiden Getrösteten

Die verlorene Zeit
fängt man nie wieder ein.
Sprichwort aus Frankreich

Die Zeit beugt sich nicht zu dir;
du musst dich ihr beugen.
Sprichwort aus Russland

Die Zeit bringt Rat,
sie wird die Sache reifen.
Adelbert von Chamisso, Gedichte

Die Zeit bringt Rat.
Erwartet in Geduld.
Friedrich Schiller, Wilhelm Tell (Reding)

Die Zeit entlarvt den Bösen.
Euripides, Fragmente

Die Zeit fliegt dahin.
Marcus Tullius Cicero, Gespräche in Tusculum

Die Zeit geht hin,
und der Mensch gewahrt es nicht.
Dante Alighieri

Die Zeit geht ihren Gang,
und wir gehen ins Grab.
Heinrich Heine

Die Zeit geht nicht, sie stehet still,
Wir ziehen durch sie hin;
Sie ist ein' Karawanserei,
Wir sind die Pilger drin.
Gottfried Keller, Gedichte

Die Zeit gut auszufüllen,
ist das Talent der Deutschen;
sie vergessen zu machen,
das Talent der Franzosen.
Germaine Baronin von Staël, Über Deutschland

Die Zeit heilt die Schmerzen und die
Streitigkeiten, weil man sich verändert. Man ist nicht mehr der Gleiche.
Blaise Pascal, Pensées

Die Zeit heilt nicht alles,
aber rückt vielleicht das Unheilbare
aus dem Mittelpunkt.
Ludwig Marcuse, Argumente und Rezepte.
Ein Wörter-Buch für Zeitgenossen

Die Zeit ist aus den Fugen. Schmach
und Gram, / Dass ich zur Welt,
sie einzurichten, kam.
William Shakespeare, Hamlet (Hamlet)

Die Zeit ist Bewegung im Raum.
Joseph Joubert, Gedanken, Versuche und Maximen

Die Zeit ist der beste Arzt.
Deutsches Sprichwort

Die Zeit ist die kostbarste aller Gaben,
die Gott uns gegeben hat;
darum müssen wir sie auf eine Art
nutzen, die zeigt, wie hoch wir
diese Gabe schätzen.
August Strindberg, Der Sohn der Magd

Die Zeit ist ein mächtiger Bundesgenosse für den, der auf Seiten der
Vernunft und des Fortschritts ist.
Camillo Benso Graf Cavour, Briefe (an Matteuci, Dezember 1860)

Die Zeit ist ein strenger Buchhalter,
ein wahres Kontinuum der Dinge,
das nichts übersieht, das nie belüget.
Johann Gottfried Herder, Das eigene Schicksal

Die Zeit ist eine große Lehrerin. Schade nur, dass sie ihre Schüler umbringt.
Curt Goetz

Die Zeit ist eine große Meisterin,
sie ordnet viele Dinge.
Pierre Corneille, Sertorius

Die Zeit ist eine Sphynx,
die sich in den Abgrund stürzt,
sobald man ihr Rätsel gelöst hat.
Heinrich Heine

Die Zeit ist immer reif,
es fragt sich nur, wofür.
Francois Mauriac

Die Zeit ist kurz, die Kunst ist lang.
Johann Wolfgang von Goethe, Faust I (Faust)

Die Zeit ist Leben, Wärme, Licht.
Der (...) Systematiker tötet,
indem er das Leben
in Zahlen erstarren, zu Gesetzen
und Formeln gefrieren lässt,
aus Angst vor dem Unbekannten.
Oswald Spengler, Urfragen.
Fragmente aus dem Nachlass

Die Zeit ist nichts anders als die Form
des innern Sinnes, d. i. des Anschauens
unserer selbst und unsers innern
Zustandes.
Immanuel Kant, Kritik der reinen Vernunft

Die Zeit ist nur eine Idee
oder ein Maß, aber kein reales Wesen.
Antiphon, Fragmente

Die Zeit ist schlecht,
doch gibt's noch große Seelen.
Theodor Körner

Die Zeit ist selbst ein Element.
Johann Wolfgang von Goethe,
Maximen und Reflexionen

Die Zeit ist zu kostbar, um sie
mit falschen Dingen zu verschwenden.
Heinz Rühmann

Die Zeit kenne keine Muße.
Sprichwort aus Frankreich

Die Zeit läuft immer schneller.
Die Tage werden kürzer.
Im Jahr und im Leben.
Heinz Rühmann

Die Zeit rückt fort und in ihr
Gesinnungen, Meinungen, Vorurteile
und Liebhabereien.
Johann Wolfgang von Goethe,
Die Wahlverwandtschaften

Die Zeit scheint mir viel länger und
inhaltreicher. Das kommt,
glaube ich, vom intensiven Leben.
Paula Modersohn-Becker, Briefe (Juni 1899)

Die Zeit selbst hat in unserer Jugend
einen viel langsameren Schritt;
daher das erste Viertel unseres Lebens
nicht nur das glücklichste,
sondern auch das längste ist.
Arthur Schopenhauer, Aphorismen zur Lebensweisheit

Die Zeit, sie mäht so Rosen
als Dornen,
Aber das treibt immer wieder
von vornen.
Johann Wolfgang von Goethe, Sprichwörtlich

Die Zeit verhüllt einen Lüstling,
die Zeit enthüllt ihn.
Publilius Syrus, Sentenzen

Die Zeit wartet auf keinen,
auch nicht auf dich.
Mick Jagger

Die Zeit, welche die Technik erspart,
kostet der Bürokrat, der sie organisiert.
Ludwig Marcuse, Argumente und Rezepte.
Ein Wörter-Buch für Zeitgenossen

Die Zeit wird Herr:
Der Greis hier liegt im Sand!
Johann Wolfgang von Goethe, Faust II (Mephisto)

Dies also ist der Wucher der Zeit:
Seine Opfer werden alle,
die nicht warten können.
Arthur Schopenhauer, Aphorismen zur Lebensweisheit

Doch es entflieht indes, es entflieht
die unwiederbringliche Zeit.
Vergil, Georgica

Dort in der Ewigkeit
geschieht alles zugleich,
Es ist kein Vor und Nach
wie hier im Zeitenreich.
Angelus Silesius, Der Cherubinische Wandersmann

Dreifach ist der Schritt der Zeit: Zö-
gernd kommt die Zukunft hergezogen,
pfeilschnell ist das Jetzt entflogen,
ewig still steht die Vergangenheit.
Friedrich Schiller

Du selbst machst die Zeit,
das Uhrwerk sind die Sinnen,
Hemmst du die Unruh nur,
so ist die Zeit von hinnen.
Angelus Silesius, Der Cherubinische Wandersmann

Du sprichst von Zeiten,
die vergangen sind.
Friedrich Schiller, Dom Karlos (Karlos)

Ehrlich währt am längsten.
Wer hat schon so viel Zeit?
Robert Lembke, Steinwürfe im Glashaus

Ein rosiges Gesicht
gleicht einem Baum im Frühling.
Die Jahre verrinnen,
wie ein Weberschiffchen flitzt.
Chinesisches Sprichwort

Ein Zoll Schatten auf der Sonnenuhr
ist mehr wert
als ein fußgroßes Jadestück.
Chinesisches Sprichwort

Eine Viertelstunde
ist tausend Goldstücke wert.
Chinesisches Sprichwort

Eine Zeit, die dynamisch fortschreitet,
verlangt Beweglichkeit und kreatives
Herangehen, auch an die Formen
der Zusammenarbeit.
Hans-Dietrich Genscher, Konzeptionen und
Perspektiven der Ost-West-Beziehungen. Rede des
Bundesministers des Auswärtigen 1986

Eins zwei drei im Sauseschritt,
läuft die Zeit, wir laufen mit.
Wilhelm Busch

Es beugen alle sich dem Zepter der
Notwendigkeit und seufzen unter dem
Fluch der Zeit, die nichts bestehn lässt.
Friedrich Schleiermacher, Monologen

Es gibt Diebe, die nicht bestraft
werden und dem Menschen
das Kostbarste stehlen: die Zeit.
Napoleon I.

Es gibt keine Zeit.
Katherine Mansfield, Tagebücher

Es gibt Zeiten, in denen einem alles
gelingt. Aber man braucht nicht zu
erschrecken, das geht schnell vorüber.
Jules Renard

Es ist erstaunlich, wie voll der Tag
sein kann, wenn man sich vor Zeitverschwendung hütet.
Katherine Mansfield, Briefe

Es ist nicht wenig Zeit,
was wir haben,
sondern es ist viel,
was wir nicht nützen.
Lucius Annaeus Seneca

Es kommt alles darauf an,
dass man die Zeit wohl braucht
und keine Stimmung versäumt.
Johann Wolfgang von Goethe, Briefe (an Schiller,
29. November 1795)

Es ruht noch manches im Schoß
der Zeit, das zur Geburt will.
William Shakespeare, Othello (Jago)

Es übertönt der Lärm der Zeiten
Das Götterwort der Pythia.
Rainer Maria Rilke, Larenopfer

Es wurde alles rascher, damit mehr
Zeit ist. Es ist immer weniger Zeit.
Elias Canetti, Die Provinz des Menschen.
Aufzeichnungen 1942-1972

Für seine Kinder hat man keine Zeit.
Erich Kästner, Dr. Erich Kästners lyrische Hausapotheke

Fußnoten sind viele geworden,
die ehemals Schlagzeilen bewirkten.
August Everding, Kolumne aus der »Welt am Sonntag«
vom 22. Oktober 1995

Gebraucht der Zeit, sie geht
so schnell von hinnen!
Doch Ordnung lehrt euch
Zeit gewinnen.
Johann Wolfgang von Goethe, Faust I (Mephisto)

Geduld und Zeit vermögen mehr
als Gewalt und Wut.
Sprichwort aus Frankreich

Gehorcht der Zeit
und dem Gesetz der Stunde!
Friedrich Schiller, Maria Stuart (Shrewsbury)

Gewinn und Verlust
sind die Sache eines Morgens,
Ruhm und Schande
währen tausend Jahre.
Chinesisches Sprichwort

Gute Anwendung macht uns die Zeit
noch kostbarer, und je besser man
Gewinn aus ihr zieht, desto weniger
Zeit will man verlieren. Man sieht
auch gewöhnlich, dass die Gewohnheit
zu arbeiten den Müßiggang unerträg-
lich macht und dass ein gutes
Gewissen die Lust an leichtsinnigen
Freuden ganz auslöscht.
Jean-Jacques Rousseau, Brief an d'Alembert

Ich habe so selten einmal Zeit zum
Träumen und doch so viele Träume.
Franziska Gräfin zu Reventlow, Tagebücher

Ich muss die Zeit vor mir her hetzen,
um das Gefühl zu verlieren,
dass sie vorüberstreicht.
Franziska Gräfin zu Reventlow, Tagebücher

Ich werde das dunkle Gefühl nicht
los, dass irgendwann irgendjemand
die Zeit, in der wir jetzt leben,
als gute alte Zeit bezeichnen wird.
Robert Lembke, Das Beste aus meinem Glashaus.
Humoristisches und Satirisches

Im Schmerze wird
die neue Zeit geboren.
Adelbert von Chamisso, Gedichte

In Lebensfluten, im Tatensturm
Wall ich auf und ab,
Webe hin und her!
Geburt und Grab,
Ein ewiges Meer,
Ein wechselnd Weben,

Ein glühend Leben:
So schaff ich
am sausenden Webstuhl der Zeit
Und wirke der Gottheit
lebendiges Kleid.
Johann Wolfgang von Goethe, Faust I (Geist)

Jede große Zeit
erfasst den ganzen Menschen.
Theodor Mommsen, Römische Geschichte

Jede Wissenschaft hat ihre Zeit.
Francesco De Sanctis, Über die Wissenschaft und das Leben

Jede Zeit hat ihre Propheten
und ihre Gottbegeisterten.
Joseph von Görres, Mythengeschichte

Jede Zeit hat ihre Wehen.
Ferdinand Freiligrath

Jede Zeit hat ihren guten und bösen Geist; erkenne nur das bessere der Gegenwart und stelle nicht, wie viele jetzt wollen, die Vergangenheit als unbedingtes Vorbild für die Gegenwart auf.
Caspar David Friedrich, Äußerung bei Betrachtung einer Sammlung von Gemälden

Jede Zeit hat zwei kontrastierende menschliche Ideale: das Zeitsymbol und sein Gegenteil. Friedrich und Werther, Bismarck und Parzifal, Napoleon und Romantik.
Walter Rathenau, Auf dem Fechtboden des Geistes. Aphorismen aus seinen Notizbüchern

Jede Zeit ist umso kürzer,
je glücklicher man ist.
Plinius d. J.

Jede Zeit überschätzt ihre lauten Ketzer.
Ludwig Marcuse, Argumente und Rezepte. Ein Wörter-Buch für Zeitgenossen

Jeder Tag bringt einen neuen Einfall, unsere Stimmungen verändern sich, wie die Zeit sich bewegt.
Michel Eyquem de Montaigne, Die Essais

Jeder Wein setzt Weinstein
in den Fässern an mit der Zeit.
Johann Wolfgang von Goethe, Egmont (Egmont)

Komme, was da kommen mag,
die Stunde rinnt auch
durch den rausten Tag.
William Shakespeare

Kommt Zeit, kommt Rat.
Deutsches Sprichwort

Lass dir Zeit. Es eilig haben bedeutet, sein Talent zerstören. Will man die Sonne erreichen, reicht es nicht aus, impulsiv in die Höhe zu springen.
Peter Ustinov, Peter Ustinovs geflügelte Worte

Lass uns ruhig abwarten. Die Zeit
wird das Rechte und das Gute bringen.
Paula Modersohn-Becker, Briefe (an die Mutter, 8. Mai 1906)

Le temps, c'est de l'argent –
Zeit ist Geld – Time is Money.
Internationales Sprichwort

Man bereue niemals die Zeit,
die notwendig war, um recht zu tun.
Joseph Joubert, Gedanken, Versuche und Maximen

Man muss der Zeit Zeit lassen.
Angelo Giuseppe Roncalli

Man muss die Zeit nutzen:
Schnellen Fußes vergeht die Zeit.
Ovid, Liebeskunst

Man muss sich nach der Zeit richten,
die Zeit richtet sich nicht nach uns.
Deutsches Sprichwort

Man nehme sich beim Spaziergang Zeit. Er dient gewissermaßen höheren Zwecken.
Erich Kästner, Dr. Erich Kästners lyrische Hausapotheke

Man red't von Zeit und Ort,
von Nun und Ewigkeit:
Was ist dann Zeit und Ort
und Nun und Ewigkeit?
Angelus Silesius, Der cherubinische Wandersmann

Man verliert die meiste Zeit damit,
dass man Zeit gewinnen will.
John Steinbeck

Manche Menschen leben besser
mit der vergangenen Zeit
und der zukünftigen
als mit der gegenwärtigen.
Novalis, Fragmente

Manche Zeit wird uns entrissen,
manche gestohlen,
manche verrinnt einfach.
Lucius Annaeus Seneca, Briefe an Lucilius

Manche Zeitgenossen haben mit der
Zeit nur das Datum gemein.
Karl Steinbuch

Mein Erbteil wie herrlich,
weit und breit!
Die Zeit ist mein Besitz,
mein Acker ist die Zeit.
Johann Wolfgang von Goethe, West-östlicher Divan

Menschen, die ihre Zeit
schlecht verwenden, sind die ersten,
die sich über deren Kürze beklagen.
Jean de La Bruyère, Die Charaktere

Mit den Flügeln der Zeit
fliegt die Traurigkeit davon.
Jean de La Fontaine, Fabeln

Mit der Zeit vollbringen unsere
Vorfahren immer ruhmreichere Taten.
Wieslaw Brudziński

Nicht das Genie ist 100 Jahre
seiner Zeit voraus,
sondern der Durchschnittsmensch
ist um 100 Jahre hinter ihr zurück.
Robert Musil

Nicht der Philosoph macht die Zeit,
sondern die Zeit macht ihn.
August Strindberg, Der Sohn der Magd

Nicht die Zeit des Lebens kann schneller oder langsamer verfließen, sondern die gleiche Zeiteinheit kann mehr oder weniger betonte, scharf unterschiedne, das Bewusstsein erregende Inhalte haben und damit das Tempo des Lebens als ein schnelleres oder langsameres bestimmen.
Georg Simmel, Die Bedeutung des Geldes für das Tempo des Lebens

Nicht jede Zeit findet ihren großen Mann, und nicht jede große Fähigkeit findet ihre Zeit.
Jacob Burckhardt, Weltgeschichtliche Betrachtungen

Nichts als Zeitverderb
ist die Liebe!
Johann Wolfgang von Goethe, Wilhelm Meisters Lehrjahre

Nichts ist so sehr für die gute alte Zeit verantwortlich wie das schlechte Gedächtnis.
Anatole France

Nichts verloren gehen zu lassen,
ist eine Hauptregel,
Papierschnitzel ebenso wie Zeit.
Georg Christoph Lichtenberg, Sudelbücher

Niemand verteilt sein Geld an andere, jedermann seine Zeit und sein Leben. Mit nichts gehen wir so verschwenderisch um wie damit; und allein mit Zeit und Lebenskräften wäre Geiz uns nützlich und ersprießlich.
Michel Eyquem de Montaigne, Die Essais

Nur indem man sich ihrer bedient,
kann man die Zeit vergessen.
Charles Baudelaire, Tagebücher

O wer weiß,
Was in der Zeiten
Hintergrunde schlummert!
Friedrich Schiller, Dom Karlos (Karlos)

O Zeiten, o Sitten!
(O tempora, o mores!)
Marcus Tullius Cicero, Catilinarische Reden

Pünktlichkeit stiehlt uns die beste Zeit.
Oscar Wilde

Schlechte Zeiten
sind gute Gesprächsthemen.
Wolf Wondratschek

So leben, als hätte man unbeschränkte
Zeit vor sich. Verabredungen mit Menschen in hundert Jahren.
Elias Canetti, Die Provinz des Menschen.
Aufzeichnungen 1942–1972

Solange wir jung sind, man mag uns
sagen, was man will, halten wir das
Leben für endlos und gehen danach
mit der Zeit um. Je älter wir werden,
desto mehr ökonomisieren wir die Zeit.
Arthur Schopenhauer, Aphorismen zur Lebensweisheit

Stil und Geist von Briefen sind immer
das eigentliche Zeichen der Zeit.
Friedrich Nietzsche

Suche nichts zu verbergen,
denn die Zeit, die alles sieht und hört,
deckt es doch auf.
Sophokles, Fragmente

Tolle Zeiten hab ich erlebt,
und hab nicht ermangelt,
Selbst auch töricht zu sein,
wie es die Zeit mir gebot.
Johann Wolfgang von Goethe,
Venezianische Epigramme

Unablässig, unaufhaltsam,
Allgewaltig naht die Zeit.
Adelbert von Chamisso, Gedichte

Unaufhaltsam enteilt die Zeit.
Horaz, Lieder

Unaufhaltsam enteilet die Zeit! –
Sie sucht das Beständge.
Sei getreu, und du legst
ewige Fesseln ihr an.
Friedrich Schiller, Das Unwandelbare

Unbegrenzt ist die Eile der Zeit,
sie wird noch deutlicher,
wenn man zurückblickt.
Lucius Annaeus Seneca, Briefe über Ethik

Und die Weiber, die Weiber! Man vertändelt gar zu viel Zeit mit ihnen.
Johann Wolfgang von Goethe, Clavigo (Clavigo)

Und so groß ist die Torheit
der Menschen, dass sie, was am
geringsten und billigsten, bestimmt
aber ersetzbar ist, sich als Schuld
anrechnen lassen, wenn sie es bekommen haben, niemand jedoch meint,
etwas zu schulden, der Zeit zum
Geschenk erhalten hat – während sie
indessen das Einzige ist, das nicht einmal ein Dankbarer erstatten kann.
Lucius Annaeus Seneca, Briefe an Lucilius

Ungleiche Zeit macht ungleiche Leut.
Deutsches Sprichwort

Unsere Zeit ist eine Parodie
aller vorhergehenden.
Friedrich Hebbel, Tagebücher

Unversehens wird man ein Greis
mit silberweißem Haar.
Chinesisches Sprichwort

Vergeude nie die Zeit.
Chinesisches Sprichwort

Verlorene Zeit wird nicht
wieder gefunden.
Benjamin Franklin, Des armen Richard Almanach

Versäumt die Zeit nicht,
die gemessen ist!
Johann Wolfgang von Goethe,
Iphigenie auf Tauris (Pylades)

Von der Zeit und von den Menschen
muss man alles erwarten
und alles befürchten.
Luc de Clapiers Marquis de Vauvenargues,
Reflexionen und Maximen

Während wir sprechen,
flieht die missgünstige Zeit.
Genieße den Tag!
Horaz, Lieder

Wann immer wir auch leben mögen;
stets stehn wir mit unserm Bewusstsein im Zentrum der Zeit,
nie an ihren Endpunkten,
und könnten daraus abnehmen,
dass jeder den unbeweglichen
Mittelpunkt der ganzen
unendlichen Zeit in sich trägt.
Arthur Schopenhauer, Von der Unzerstörbarkeit
unseres wahren Wesens durch den Tod

Was bald wird,
vergeht auch bald wieder.
Deutsches Sprichwort

Was ihr den Geist der Zeiten heißt,
Das ist im Grund der Herren
eigner Geist,
In dem die Zeiten sich bespiegeln.
Johann Wolfgang von Goethe,
Faust I (Faust)

Was ist die Zeit? Ein Geheimnis –
wesenlos und allmächtig.
Thomas Mann, Der Zauberberg

Was kann erwünschter sein als entschiedenes Andenken des Höchsten
aus einer Zeit, die nicht wiederkommt?
Johann Wolfgang von Goethe, Tag- und Jahreshefte
(1818)

Was kümmert mich die Zeit, die doch
mein innres Leben nicht umfasst?
Friedrich Schleiermacher, Monologen

Was man nicht tun kann,
tut die Zeit.
Sprichwort aus der Schweiz

Weil du nicht weißt, was du tun sollst,
wenn du Zeit hast, tust du alles,
um keine Zeit zu haben.
Peter Benary

Welches ist das wirkliche Ausmaß
einer Zeitspanne, die dem einen lang,
dem anderen kurz erschien?
Sully Prudhomme, Gedanken

Wenn die Zeit kommt,
in der man könnte, ist die vorüber,
in der man kann.
Marie von Ebner-Eschenbach, Aphorismen

Wenn du wenig Zeit haben willst,
dann tue nichts.
Anton P. Tschechow, Notizbücher

Wenn ein Kunstwerk
seiner Zeit voraus zu sein scheint,
so schlichtweg deshalb,
weil seine Zeit ihm hinterher ist.
Jean Cocteau, Hahn und Harlekin

Wenn man arbeitet, vergeht die Zeit
so rasch, dass man sie gern anhalten
möchte. Im Müßiggang vergeht sie
so langsam, dass man sie am liebsten
antreiben möchte.
Leo N. Tolstoi, Tagebücher (1852)

Wenn man darüber nachdenkt,
dann erkennt man, dass man herzlich
wenig Zeit im Leben mit denen
verbringt, die man liebt.
Sylvia Plath, Briefe nach Hause (22. November 1955)

Wenn nur die Zeit nicht so verginge,
aber sie vergeht so wahnsinnig.
Franziska Gräfin zu Reventlow, Tagebücher

Wer den Zug der Zeit nicht besteigt,
kann auch nicht
die Richtung bestimmen.
Norbert Blüm, Unverblümtes von Norbert Blüm

Wer die Zeit verklagen will,
dass so zeitig sie verraucht,
Der verklage sich nur selbst,
dass er sie nicht zeitig braucht.
Friedrich von Logau, Sinngedichte

Wer durch schlechte Wahl seiner
Mittel oder aufgrund natürlicher
Veranlagung seiner Zeit nicht konform
geht, wird meistens unglücklich,
und seine Handlungen nehmen
ein schlechtes Ende.
Niccolò Machiavelli, Vom Staat

Wer Großes vorhat,
lässt sich gerne Zeit.
Sophokles, Elektra (Chor)

Wer sich bloß die Zeit vertreibt,
vertreibt mit der Zeit
noch einiges andere.
Alexander Lernet-Holenia

Wer zwingen will die Zeit,
den wird sie selber zwingen,
Wer sie gewähren lässt,
dem wird sie Rosen bringen.
Friedrich Rückert, Gedichte

Wie brennt doch das Gedenken
jeder Stunde, die ich vertan.
Dag Hammarskjöld, Zeichen am Weg

Wie die Zeit die Betrübnis mildert,
so mildert sie auch die Reue.
Johann Wolfgang von Goethe, Ephemerides

Wie groß auch Ungemach und Plagen,
Die Zeit, sie hilft
sie alle tragen.
Jüdische Spruchweisheit

Wie über die Menschen,
so auch über die Denkmäler lässt sich
die Zeit ihr Recht nicht nehmen.
Johann Wolfgang von Goethe,
Die Wahlverwandtschaften

Wir gebrauchen die gute Zeit
in freier Luft, die böse im Zimmer,
überall findet sich etwas zum Freuen,
Lernen und Tun.
Johann Wolfgang von Goethe, Italienische Reise

Wir haben die falschen Filme
zur falschen Zeit gedreht.
Heinz Rühmann

Wir schätzen die Zeit erst, wenn uns
nicht mehr viel davon geblieben ist.
Leo N. Tolstoi, Tagebücher (1852)

Wir warten. Das ist überhaupt das
Beste, was der Mensch tun kann.
Zeit, Zeit. Die Zeit bringt alles.
Theodor Fontane, Vor dem Sturm

Zaudern ist der Dieb der Zeit.
Chinesisches Sprichwort

Zeit bekommt man
nicht für Geld zu kaufen.
Chinesisches Sprichwort

Zeit haben nur diejenigen,
die es zu nichts gebracht haben.
Damit haben sie es weiter gebracht
als alle anderen.
Giovanni Guareschi

Zeit heilt alle Wunden.
Deutsches Sprichwort

Zeit ist Geldverschwendung.
Oscar Wilde, Sätze und Lehren zum Gebrauch
für die Jugend

Zeit ist wie Ewigkeit
und Ewigkeit wie Zeit,
So du nur selber nicht
machst einen Unterschied.
Angelus Silesius, Der cherubinische Wandersmann

Zeit und Stunde rennt
durch den rauesten Tag!
Johann Wolfgang von Goethe,
Kampagne in Frankreich

Zeit verwandelt den Eichbaum
in einen Sarg.
Sprichwort aus Livland

Zeiten der Ordnung
sind die Atempausen des Chaos.
Walter Hilsbecher

Zeitverkürzend ist immer
die Nähe der Geliebten.
Johann Wolfgang von Goethe, Dichtung und Wahrheit

Zur Plage unsers Daseins trägt nicht
wenig auch dieses bei, dass stets die
Zeit uns drängt, uns nicht zu Atem
kommen lässt und hinter jedem her ist
wie ein Zuchtmeister mit der Peitsche.
Arthur Schopenhauer, Nachträge zur Lehre
vom Leiden der Welt

Zeitalter

Das Industriezeitalter, aus dem wir
jetzt heraustreten, war ein Zeitalter
der Massen (...) .Auf dieses Zeitalter
der Vermassung folgt jetzt ein Zeitalter
neuer Individualität, ein Zeitalter der
»Ent-Massung«.
Hans-Dietrich Genscher, Chancen des technischen
Fortschritts für die Zukunft Europas. Rede des Bundesministers des Auswärtigen in Berlin 1986

Das menschliche Geschlecht
hat in allen seinen Zeitaltern,
nur in jedem auf andre Art,
Glückseligkeit zur Summe.
Johann Gottfried Herder, Journal meiner Reise
im Jahr 1769

Das Telefon gehört zu den Unentbehrlichkeiten, die nicht gekannt zu haben,
ein rohes Zeitalter adelt.
Richard von Schaukal

Die eine Zeit braucht Männer, um zu
entstehen, die andere, um zu bestehen;
die unsrige hat sie zu beidem nötig.
Jean Paul, Levana

Glück und Unglück eines Zeitalters
lassen sich nicht summieren, nicht mit
anderen Zeiten ernsthaft vergleichen.
Wir gehören unserer Zeit an
mit Haut und Haar.
Golo Mann, Deutsche Geschichte des 19.
und 20. Jahrhunderts

Ich glaube, dass wir in einem Zeitalter
leben, das in mehrfacher Hinsicht
dem der Pest ähnelt.
Anaïs Nin, Absage an die Verzweiflung

In Zeiten der Kultur steht jeder
Mensch an seiner richtigen Stelle.
Paul Ernst, Zusammenbruch und Glaube

Niemand zweifelt daran, dass vor der
Sintflut das beste Zeitalter gewesen ist.
Martin Luther, Tischreden

Sind viele aufrichtig und entschieden,
dann wird das ganze Zeitalter
gut oder zumindest wirksam.
Vincent van Gogh, Briefe

Zeitgeist

Ansichten, die vom herrschenden
Zeitgeist abweichen, geben der Menge
stets ein Ärgernis.
Germaine Baronin von Staël, Über Deutschland

Den Zeitgeist lass getrost geschehen
und die Erkenntnis in die reifen:
Du brauchst nicht
mit der Zeit zu gehen,
nur ist es klug, sie zu begreifen.
Karl-Heinz Söhlker,
Es schadet nichts, vergnügt zu sein

Der Zeitgeist geht strenge mit uns um!
Gotthilf Heinrich Schubert, an Emil von Herder
(9. März 1810)

Die Puppen des Zeitgeistes halten sich
für unzeitgemäss, und für zeitgemäss
die noch vorhandenen Puppen
des verstorbenen Zeitgeistes.
Ludwig Marcuse, Argumente und Rezepte.
Ein Wörter-Buch für Zeitgenossen

Die zeitgenössischen Religionen
opfern dem Zeitgeist
mehr als irgendeinem anderen Gott.
Ludwig Marcuse, Argumente und Rezepte.
Ein Wörter-Buch für Zeitgenossen

Was gelesen wird, ist immer
charakteristisch für den Zeitgeist,
was geschrieben wird, nicht immer.
Friedrich Paulsen

Wer den Zeitgeist heiratet,
wird bald Witwer sein.
August Everding, Vortrag auf der Schlussveranstaltung
des 111. Chirurgen-Kongresses in München, 1994

Zeitung

Ältere Leute sollten sich geistig jung
halten: täglich zwei bis drei Sätze aus
der Zeitung auswendig lernen.
Inge Meysel

Das Problem der Zeitungsberichterstat-
tung liegt darin, dass das Normale
uninteressant ist.
Saul Bellow

Darum können Zeitungen so sehr
schaden, weil sie den Geist
so unsäglich dezentrieren,
recht eigentlich zerstreuen.
Christian Morgenstern, Stufen

Der sicherste Weg, in die Zeitung zu kommen, besteht darin, eine zu lesen, während man die Straße überquert.
Alberto Sordi

Der Zeitungsschreiber selbst
ist wirklich zu beklagen,
Gar öfters weiß er nichts,
und oft darf er nichts sagen.
Johann Wolfgang von Goethe,
Die Mitschuldigen (Wirt)

Die Aktualität ist der Pulsschlag der Presse. Deshalb haben Zeitschriften einen relativ niedrigen Blutdruck.
Cecil King

Die Kunst aber, den Sachverhalt von der Neigung zu unterscheiden, ist grenzenlos schwer, darum können sechs Zeitungsberichterstatter im selben Augenblick auf dem Krönungsmantel des Kaisers sechs verschiedene Farben sehen.
August Strindberg, Der Sohn der Magd

Die Schlagzeile,
die ich am liebsten lesen würde, lautet:
»Es gibt keine Zeitungen mehr!«
Gerold Tandler

Die Zeitung deckt unseren täglichen Bedarf an Vergänglichkeit.
Ernst Schröder

Die Zeitung: heute aktuell,
morgen Wurstpapier,
in zwanzig Jahren Kulturgeschichte.
Paul Fechter

Die Zeitung heutzutag ist unerträglich kalt, / Das Neuste was man hört,
ist immer Monats alt.
Johann Wolfgang von Goethe,
Die Mitschuldigen (Wirt)

Du warst stets der Vater guter Zeitung.
William Shakespeare, Hamlet (König)

Eine Zeitung ist nicht sehr viel literarischer als ein Stammtisch.
Jules Renard, Ideen, in Tinte getaucht.
Aus dem Tagebuch von Jules Renard

Es ist wohl gerade in unserer aufgeregten Epoche mehr denn je nötig, den Blick aus den Tagesaffären emporzuheben und ihn von der Tageszeitung weg auf jene ewige Zeitung zu richten, deren Buchstaben die Sterne sind, deren Inhalt die Liebe und deren Verfasser Gott ist.
Christian Morgenstern, Stufen

Es müsste Zeitungen geben, die immer gerade das mitteilen und betonen, was augenblicklich nicht ist. Z.B. Keine Cholera! Kein Krieg! Keine Revolution! Keine schlechte Ernte! Keine neue Steuer!, und dergleichen. Die Freude über die Abwesenheit großer Übel würde die Menschen fröhlicher und zur Ertragung der gegenwärtigen tauglicher machen.
Christian Morgenstern, Stufen

Ha, es ist nichts so schlimm,
die Zeitung macht es gut.
Johann Wolfgang von Goethe,
Die Mitschuldigen (Söller)

Ich begreife nicht, wie eine reine Hand eine Zeitung berühren kann, ohne Krämpfe von Ekel zu bekommen.
Charles Baudelaire, Tagebücher

Ich muss sagen, die Presse kommt uns entgegen. Früher musste man wirklich etwas tun, um in die Zeitung zu kommen. Heute braucht man bloß noch etwas zu sagen.
Manfred Rommel

In den Zeitungen ist alles Offizielle geschraubt, das Übrige platt.
Johann Wolfgang von Goethe,
Maximen und Reflexionen

In einer Zeitung schreiben heißt, die Menschen vor sich sehen, die sie lesen sollen.
Walther Victor

Jede Zeitung ist von der ersten bis zur letzten Zeile ein einziges Gewebe von Greueln. Kriege, Verbrechen, Diebstähle, Sittlichkeitsverbrechen, Folterungen, Verbrechen der Fürsten, Verbrechen der Völker, Verbrechen der Einzelnen, ein Rausch von allgemeiner Grässlichkeit. Und dieses widerliche Gemisch genießt der zivilisierte Mensch jeden Tag zu seiner Morgenmahlzeit.
Charles Baudelaire, Tagebücher

Nähme man den Zeitungen den Fettdruck – um wie viel stiller wäre es in der Welt.
Kurt Tucholsky

Neue Zeitung hört man gern.
Deutsches Sprichwort

Noch ein Jahrhundert Zeitungen – und alle Worte stinken.
Friedrich Nietzsche

Sag mir,
warum dich keine Zeitung freut?
Ich liebe sie nicht,
sie dienen der Zeit.
Johann Wolfgang von Goethe, Sprüche

Selbst wenn die Zeitung noch so ärgerliche und finstere Dinge verkündet oder prophezeit – solange sie überhaupt da ist, kann es nicht allzu schlimm sein.
Joachim Kaiser

Solange man mit einem Fernsehapparat keine Fliege totschlagen kann, solange kann er die Zeitung nicht ersetzen.
Manfred Rommel

Von einer Boulevardzeitung,
die täglich um Leser kämpft,
kann man nicht erwarten,
dass sie sich wie ein Kirchenblatt liest.
Alfred C. Northcliffe

Was das Publikum
in einer Zeitschrift sucht, ist
das anderswo nirgends Beschaffbare.
Edgar Allan Poe

Wenn ein Mann für Geld geistige Arbeit, insbesondere Zeitungsarbeit leistet, dann ist dies absolute Prostitution.
Leo N. Tolstoi, Tagebücher (1905)

Wenn man einige Monate die Zeitungen nicht gelesen hat und man liest sie alsdann zusammen, so zeigt sich erst, wie viel Zeit man mit diesen Papieren verdirbt.
Johann Wolfgang von Goethe,
Maximen und Reflexionen

Wenn Sie mit einem Gesprächspartner weder politisch noch kulturell übereinstimmen, besagt das nicht, dass der Betreffende anderer Meinung ist. Er liest vielleicht nur eine andere Zeitung.
Oliver Hassencamp

Wie ist doch Zeitung interessant
Für unser liebes Vaterland!
August Heinrich Hoffmann von Fallersleben,
Wie ist doch

Wir leben in einer Zeit, in der immer mehr Verfasser alles erreichen, was sie mit einem Zeitungsartikel erreichen wollen: Er wird gedruckt.
Gabriel Laub

Zeitungen ersetzen das Leben; daher ihre Popularität.
Stefan Napierski

Zeitungen und Romane lesen ist so etwas wie Tabak rauchen – ein Mittel, um zu vergessen.
Leo N. Tolstoi, Tagebücher (1888)

Zeitungen und Zeitschriften machen mich gereizt. Will sie überhaupt nicht mehr lesen.
Leo N. Tolstoi, Tagebücher (1891)

Zeitungsblätter und geschriebene Nachrichten aller Art melden uns auf unsern Zimmern, was in der ganzen Welt vorgeht. Wir können jetzt die entlegensten Länder und

ihre Bewohner kennen, ohne dass wir sie selbst bereisen.
Christian Garve, Über Gesellschaft und Einsamkeit

Zeitungsherausgebern scheint die Konstitution der Götter von »Walhall« zu eigen: Tagtäglich hauen sie einander in Stücke und stehen jeden Morgen vollkommen munter und gesund wieder auf.
Edgar Allan Poe, Marginalien

Zeitvertreib

Das aber, was einen fremden Zeitvertreib so notwendig macht, ist die Unzufriedenheit mit sich selbst, die Last des Müßiggangs, das Vergessen der einfachen und natürlichen Freuden.
Jean-Jacques Rousseau, Brief an d'Alembert

Das Spiel ist kein Zeitvertreib eines reichen Mannes; es ist die Zuflucht eines Menschen, der nichts zu tun hat.
Jean-Jacques Rousseau, Emile

Die Puppe ist der besondere Zeitvertreib dieses Geschlechts.
Jean-Jacques Rousseau, Emile (gemeint sind die Mädchen)

Ein ehrliches Spiel unter guten Freunden ist ein redlicher Zeitvertreib.
Voltaire, Memnon oder Die menschliche Weisheit

Zeitvertreibe sind die Erfindung der Spitzköpfe für die Plattköpfe. »Womit sollen wir uns die Zeit vertreiben?«, fragen Blax und Stax. »Wo sollen wir aber zu allem diesem Zeit hernehmen?, fragt Sophron.
Johann Gottfried Seume, Apokryphen

Zensur

Dank der Zensur ist unsere gesamte literarische Tätigkeit eine müßige Beschäftigung (...). Es ist, als erlaubte man einem Tischler nur so zu hobeln, dass es keine Späne gibt.
Leo N. Tolstoi, Tagebücher (1890)

Der Mensch: ein durch die Zensur gerutschter Affe.
Gabriel Laub

Der Zensor, dem ein kriminelles Manuskript in die Hände kommt, kann und darf doch nichts weiter tun als den Druck verbieten? Und dieses Verbots ungeachtet, wird es irgendwo gedruckt und als Contrebande in den Staat hinein geschwärzt werden. Wozu also die Zensur?
Christoph Martin Wieland, Das Geheimnis des Kosmopolitenordens

Die gefährlichste Form der Zensur ist die Schere im eigenen Kopf.
Curzio Malaparte

Die Zensur ist die jüngere von zwei Schwestern, die ältere heißt Inquisition.
Johann Nepomuk Nestroy, Freiheit in Krähwinkel

Ein Zensor ist ein Mann, der für seine schmutzigen Gedanken bezahlt wird.
George Trevelyan

Ein Zensor ist ein Mensch gewordener Bleistift oder ein Bleistift gewordener Mensch.
Johann Nepomuk Nestroy, Freiheit in Krähwinkel

Eine Regierung kann unmöglich einer großen Nation die Kenntnis des Geistes vorenthalten wollen, der das Jahrhundert beherrscht.
Germaine Baronin von Staël, Über Deutschland

Es ist kein Zufall, dass immer da, wo der Geist als eine Gefahr angesehen wird, als erstes die Bücher verboten, die Zeitungen und Zeitschriften der Zensur ausgeliefert werden (...).
Heinrich Böll, Worte töten Worte heilen (1959)

Jäten ist Zensur an der Natur.
Oskar Kokoschka

Und wissen wir nicht aus der Erfahrung, dass in Ländern, wo eine so willkürliche Zensur herrscht, gerade die vortrefflichsten Bücher die ersten sind, die in den Index prohibitorum gesetzt werden?
Christoph Martin Wieland, Das Geheimnis des Kosmopolitenordens

Was wäre die Pornografie ohne die Zensur?
Roger Vadim

Welch müßige Beschäftigung ist doch unsere ganze zensurabhängige Literatur!
Leo N. Tolstoi, Tagebücher (1904)

Zensoren behalten die besten Stellen für sich.
Ava Gardner

Zensoren sind Schneidermeister, die verunstalten.
Jean-Luc Godard

Zensur hat auch ihre gute Seite: Zahllosen Büchern hat sie wenigstens einen Leser beschert.
Kateb Yacine

Zensur ist ungewollte Unterstreichung durch gewollte Streichung.
Martin Sperr

Zerbrechen

Der Achse wird mancher Stoß versetzt, Sie rührt sich nicht – und bricht zuletzt.
Johann Wolfgang von Goethe, Zahme Xenien

Ich kann nicht brechen – das ist eben das Schlimme. Ich zerbreche nie, bin der prädestinierte Phönix.
Franziska Gräfin zu Reventlow, Tagebücher

Mein Gott, wie zerbrechlich ist alles auf dieser Welt!
Marie de Rabuthin-Chantal Marquise de Sévigné, Briefe (an den Präsidenten von Moulceau, 20. Oktober 1682)

Zeremonie

Die Hofleute müssten vor Langeweile umkommen, wenn sie ihre Zeit nicht durch Zeremonien auszufüllen wüssten.
Johann Wolfgang von Goethe, überliefert von Johann Peter Eckermann (Gespräche mit Goethe)

Überhaupt, dünkt mich, alle Zeremonien ersticken das Gefühl. Sie beschäftigen unsern Verstand, aber das Herz bleibt tot.
Heinrich von Kleist, Briefe (an Wilhelmine von Zenge, 11./12. September 1800)

Zerstörung

Alle zerstörenden Kräfte in der Natur müssen den erhaltenden Kräften mit der Zeitenfolge nicht nur unterliegen, sondern auch selbst zuletzt zur Ausbildung des Ganzen dienen.
Johann Gottfried Herder, Ideen zur Philosophie der Geschichte der Menschheit

Da kann kein Verwandter dem andern helfen angesichts der Zerstörung der Welt.
Das Muspilli (um 860)

Denken heißt zerstören.
Fernando Pessoa, Das Buch der Unruhe des Hilfsbuchhalters Bernardo Soares

Die Kinder schlagen die Fenster ein, wenn die Lehrer nicht zugegen sind, die Soldaten legen Feuer an das Lager, das sie verlassen, allen Befehlen des Feldherrn zum Trotz, ohne Hemmung zerstampfen sie das hoffnungsvollste Ährenfeld und reißen stolze Bauwerke nieder. Was zwingt sie, überall tiefe Spuren der Barbarei zu hinterlassen? Ist es allein die Lust am Zerstören? Oder sollten die schwachen Seelen in der Zerstörung sich zu Kühnheit und Kraft erheben wollen?
Luc de Clapiers Marquis de Vauvenargues, Nachgelassene Maximen

Die Leichtigkeit, mit der Terror
und Normalität, Destruktivität
und Konstruktion sich angleichen,
ist durchaus neu.
Herbert Marcuse, Triebstruktur und Gesellschaft

Die zerstörerischen Tendenzen nehmen
meines Erachtens heute deshalb so zu,
weil die Langeweile wächst, weil
die Sinnlosigkeit des Lebens wächst,
weil die Menschen ängstlicher werden,
weil sie keinen Glauben an die
Zukunft und keine Hoffnung haben.
Erich Fromm, Interview 1975

Die Zerstörungen, die die Apartheid
auf unserem Subkontinent angerichtet
hat, sind unermesslich.
Nelson Mandela, Rede am Tag der Freilassung,
Februar 1990

Es gibt bei beiden Geschlechtern
solche Raub- und Wechseltiere,
die nur dann glücklich sind, wenn sie
erst ein fremdes Glück zerstört haben.
Gottfried Keller, Der grüne Heinrich

Jede Werbung ist ein Appell
zur Zerstörung.
Günther Anders, Die Antiquiertheit des Menschen.
Bd. 2

Jedes Ding kann nur von einer
äußeren Ursache zerstört werden.
Baruch de Spinoza, Ethik

Strukturen überall, der Gegentraum
gegen die Zerstörung.
Elias Canetti, Die Provinz des Menschen.
Aufzeichnungen 1942–1972

Um Gutes zu schaffen, sind hundert
Jahre zu wenig. Um es zu zerstören,
reicht schon ein Tag.
Chinesisches Sprichwort

Wenn du Götzen zerschlägst
einem andern, vergiss nicht,
dass es ihm Götter sind.
Emil Gött, Zettelsprüche. Aphorismen

Wenn man aufbaut,
gibt es viele Möglichkeiten.
Wenn man etwas zerstört, nur eine.
Yehudi Menuhin, Kunst als Hoffnung
für die Menschheit

Wer weinte nicht,
wenn das Unsterbliche
Vor der Zerstörung selbst
nicht sicher ist?
Johann Wolfgang von Goethe, Torquato Tasso (Tasso)

Wie die Stürme des Meers seltner sind
als seine regelmäßigen Winde:
So ist's auch im Menschengeschlecht
eine gütige Naturordnung,
dass weit weniger Zerstörer
als Erhalter in ihm geboren werden.
Johann Gottfried Herder, Ideen zur Philosophie
der Geschichte der Menschheit

Wo rohe Kräfte sinnlos walten.
Friedrich Schiller, Das Lied von der Glocke

Zerstreuung

Da wir nicht wissen, wie wir die
Seele nähren sollen, versuchen wir,
ihr Verlangen durch Zerstreuungen
zu beschwichtigen.
Anne Morrow Lindbergh, Muscheln in meiner Hand

Das Elend des menschlichen Lebens
hat den Grund zu all dem gelegt:
Da sie das erkannt haben,
haben sie die Zerstreuung gewählt.
Blaise Pascal, Pensées

Das Leben der meisten
ist ein Fliehen aus sich selbst heraus.
Friedrich Hebbel, Tagebücher

Dass wir uns zerstreuen,
darum ist die Welt so groß.
Johann Wolfgang von Goethe,
Wilhelm Meisters Wanderjahre

Die Menschen beschäftigen
sich damit, einem Ball oder
einem Hasen nachzulaufen.
Das ist sogar
das Vergnügen der Könige.
Blaise Pascal, Pensées

Die Zerstreuungen sind die immer
währenden Zurückdrängungen
des Gemütes in den innersten Punkt
bis zur Bewusstlosigkeit.
Philipp Otto Runge, an J. H. Besser (3. April 1803)

Dies Herumziehen
ist einfach entsetzlich.
Franziska Gräfin zu Reventlow, Tagebücher

Es ist besser, nach Essen zu suchen
als nach Appetit.
Sprichwort aus Irland

Ich will mir eine fürchterliche
Zerstreuung machen.
Friedrich Schiller, Die Räuber (Karl)

In eignen kleinen Sorgen
und Interessen
Zertreut sich der gemeine Geist.
Friedrich Schiller, Die Piccolomini (Illo)

In Gesellschaft zerstreut zu sein,
ist unverzeihlich. Es offenbart
Verachtung für sie und ist ebenso
lächerlich wie beleidigend.
Philipp Stanhope Earl of Chesterfield, Briefe über
die anstrengende Kunst, ein Gentleman zu werden

Wenn der Mensch glücklich wäre,
so wäre er es umso mehr,
je weniger Zerstreuung er hätte,
wie die Heiligen und Gott.
Blaise Pascal, Pensées

Wer immer in Zerstreuungen lebt,
wird fremd im eigenen Herzen.
Adolph Freiherr von Knigge,
Über den Umgang mit Menschen

Wir greifen nach dem anderen.
Es ist umsonst, weil wir nie wagten,
uns selbst zu geben.
Dag Hammarskjöld, Zeichen am Weg

Zerstreuung ist wie eine goldne Wolke,
die den Menschen,
wär es auch nur auf kurze Zeit,
seinem Elend entrückt.
Johann Wolfgang von Goethe, Lila (Verazio)

Zerstreuungen kommen
von einer großen Leidenschaft
oder von einer großen Fühllosigkeit.
Antoine Comte de Rivarol, Maximen und Reflexionen

Zeuge

Als Angeklagter kann man freigesprochen werden. Als Zeuge auf
keinen Fall.
Ephraim Kishon, Kishon für alle Fälle

Auch bin ich der Meinung, dass
vor Gericht das Zeugnis eines Weibes
weniger Gewicht haben sollte als das
eines Mannes; sodass z. B. zwei männliche Zeugen etwa drei, oder gar vier,
weibliche aufwögen. Denn ich glaube,
dass das weibliche Geschlecht, in
Masse genommen, täglich dreimal so
viel Lügen in die Luft schickt als das
männliche und noch dazu mit einem
Anschein von Wahrhaftigkeit, den das
männliche nie erlangt.
Arthur Schopenhauer, Zur Rechtslehre und Politik

Denn Augen sind genauere Zeugen
als die Ohren.
Heraklit, Fragmente

Ein Augenzeuge gilt mehr
denn zehn Ohrenzeugen.
Deutsches Sprichwort

Ein Zeuge ist einäuge.
Deutsches Sprichwort

Ein Zeuge, kein Zeuge.
Deutsches Sprichwort

Eine üble Tat trägt einen Zeugen
in ihrem Busen.
Sprichwort aus Dänemark

Einem einzigen Zeugen
glaubt man nicht,
selbst wenn es Cato wäre.
Hieronymus, Adversus Rufinum

Geh hin!
Du sollst auf Erden
für mich zeugen.
Friedrich Schiller, Die Jungfrau von Orleans (Prolog)

Ja, gute Frau,
durch zweier Zeugen Mund
Wird allerwegs die Wahrheit kund.
Johann Wolfgang von Goethe, Faust I (Mephisto)

Schlechte Zeugen sind den Menschen
Augen und Ohren, wenn die Seele
deren Sprache nicht versteht.
Heraklit, Fragmente

Zeugen sind besser als Urkunden.
Sprichwort aus Frankreich

Zeugung

Alle Menschen, Sokrates, tragen
Samen, an Leib und Seele; und wenn
sie in ein bestimmtes Alter kommen,
begehrt unsere Natur danach,
zu zeugen. Im Hässlichen kann sie
nichts zeugen, wohl aber im Schönen.
Platon, Das Gastmahl (Diotima)

Auch im Stande der Unschuld hätte es
Zeugung gegeben zur Vermehrung des
Menschengeschlechtes: Sonst wäre
die Sünde des Menschen gar sehr
notwendig gewesen, damit ein
so großes Gut aus ihr entspringe.
Thomas von Aquin, Summa theologica

Dass auf jedem andern Weg
der Mensch
Sich zeugte seinesgleichen,
und es keine Frau'n
Auf Erden gäbe:
Glücklich wäre rings die Welt.
Euripides, Medea (Jason)

Der Funke der Schöpfung zündet,
und es wird ein neues Ich, die Triebfeder neuer Empfindungen und Reize,
ein drittes Herz schlägt.
Johann Gottfried Herder, Vom Erkennen
und Empfinden der menschlichen Seele

Der Mensch wird auf natürlichem
Wege hergestellt, doch empfindet er
dies als unnatürlich und spricht
nicht gern davon. Er wird gemacht,
hingegen nicht gefragt,
ob er auch gemacht werden wollte.
Kurt Tucholsky, Schnipsel

Die Wollust ist die Prämie der Natur
für die Mühen von Zeugung
und Geburt.
Sigmund Freud

Jeder zeugt seinesgleichen.
Deutsches Sprichwort

Kinderzeugen ist keine Zwangsarbeit.
Deutsches Sprichwort

Kunst ist die zeugerische Naturkraft
– das Leben Schaffende, das stets
sich erneuernde Leben selbst.
Julius Hart, in: Zeitschrift Pan 1897, 3. Jg./1. Heft

Ovum ist Fortsetzung,
Sperma ist etwas Neues.
Oswald Spengler, Urfragen.
Fragmente aus dem Nachlass

Wer nun körperlichen Zeugungstrieb
in sich fühlt, wendet sich mehr den
Frauen zu und findet hier die Liebe;
durch Kinderzeugen schafft er sich
Unsterblichkeit, Andenken
und Glückseligkeit.
Platon, Das Gastmahl (Diotima)

Zuerst haben die Menschen durch
bloßes Anblicken Kinder erzeugt
(Gott wirkt mit bloßen Gedanken),
hernach aber Küsse dazu gebraucht,
endlich Umarmung
und leibliche Vermischung.
Jacob Grimm, An Achim von Arnim (20. Mai 1811)

Zwar man zeuget viele Kinder,
Doch man denket nichts dabei.
Und die Kinder werden Sünder,
Wenn's den Eltern einerlei.
Wilhelm Busch, Die fromme Helene

Ziel

Ach, dass der Liebesgott
trotz seinen Binden
Zu seinem Ziel stets Pfade
weiß zu finden!
William Shakespeare,
Romeo und Julia (Romeo)

Am Ziele deiner Wünsche wirst du
jedenfalls eines vermissen:
dein Wandern zum Ziel.
Marie von Ebner-Eschenbach, Aphorismen

Bleibe im Zentrum, in deinem eigenen
und dem der menschlichen Reaktio-
nen. Handle für das Ziel, dem dein
Leben gilt, mit aller Kraft, die dir in
jedem Augenblick zu Gebote steht.
Handle ohne Gedanken an die Folgen
und ohne in irgendeiner Weise
dich selbst zu suchen.
Dag Hammarskjöld, Zeichen am Weg

Das gleiche Ziel wird
auf verschiedenen Wegen erreicht.
Michel Eyquem de Montaigne, Die Essais

Das ist des Menschen Ruhm,
zu wissen, dass unendlich sein Ziel ist,
und doch nie stillzustehn im Lauf;
zu wissen, dass eine Stelle kommt
auf seinem Wege, die ihn verschlingt,
und doch nicht zu verzögern
den Schritt.
Friedrich Schleiermacher, Monologen

Das menschliche Denken
wird sinnlos,
wenn es kein bestimmtes Ziel hat.
Michel Eyquem de Montaigne, Die Essais

Das Schönste ist, gerecht zu sein,
das Beste die Gesundheit; das Angenehmste, wenn man immer erreicht,
was man will.
Sophokles, Fragmente

Das Wissen um das Ziel setzt
den Drang nach dem Ziel voraus.
Oswald Spengler, Urfragen.
Fragmente aus dem Nachlass

Das Ziel der heutigen Gesellschaft
ist nicht die Verwirklichung
des Menschen. Das Ziel
der heutigen Gesellschaft ist der Profit
des investierten Kapitals.
Erich Fromm, Interview 1980

Das Ziel ist in der Verwirklichung
das Letzte, das Erste aber
in der Absicht der Vernunft.
Thomas von Aquin, Summa theologica

Das Ziel muss man früher kennen
als die Bahn.
Jean Paul, Levana

Denn ein Gott hat
Jedem seine Bahn
Vorgezeichnet,
Die der Glückliche
Rasch zum freudigen
Ziele rennt.
Johann Wolfgang von Goethe, Harzreise im Winter

Der ans Ziel getragen wurde, darf
nicht glauben, es erreicht zu haben.
Marie von Ebner-Eschenbach, Aphorismen

Der edle Mensch sucht Höheres zu
erreichen, der Niedrig Gesinnte
sucht sein Ziel in niedrigen Dingen.
Konfuzius, Gespräche

Der hohe Lebensstandard ist ein Ziel,
für das zwar viele leben wollen,
für das aber im Ernstfall
niemand sterben wird.
Malcolm Muggeridge

Der Langsamste, der sein Ziel
nicht aus den Augen verliert,
geht noch immer geschwinder,
als der ohne Ziel herumirrt.
Gotthold Ephraim Lessing, Hamburgische Dramaturgie

Der Mensch bedarf des Menschen
sehr, zu seinem großen Ziele.
Friedrich Schiller, Die Weltweisen

Der Mensch ist der Bogen, der Gedanke – der Pfeil und Rechtschaffenheit –
das Ziel.
Chinesisches Sprichwort

Der Schritt ist mehr als das Ziel.
Victor Auburtin

Der Weg ist immer mehr als das Ziel.
Heimito von Doderer

Ziel

Die Schwierigkeiten wachsen,
je näher man dem Ziele kommt.
Johann Wolfgang von Goethe,
Maximen und Reflexionen

Dieses unentwegte Brausen dem Ziele
zu, das ist das Schönste im Leben.
Dem kommt nichts anderes gleich.
Paula Modersohn-Becker, Briefe (an die Mutter,
19. Januar 1906)

Dieses Werk ist mein Ziel – und wenn
man sich auf diese eine Idee konzentriert, vereinfacht sich alles, was man
tut, es ist nicht chaotisch, sondern
alles wird in dieser Absicht getan.
Vincent van Gogh, Briefe

Du musst ein Ziel haben
für dein ganzes Leben, ein Ziel für
eine bestimmte Epoche deines Lebens,
einen Ziel für einen bestimmten Zeitabschnitt, ein Ziel fürs Jahr,
für den Monat, für die Woche,
für den Tag wie auch für die Stunde
und die Minute und musst jeweils
die untergeordneten Ziele
den übergeordneten opfern.
Leo N. Tolstoi, Tagebücher (1847)

Ein gerader Weg führt immer nur
ans Ziel.
André Gide, Tagebuch

Ein Junggeselle ist ein Mann, der sein
Ziel erreicht, ohne dort zu verweilen.
Alberto Sordi

Ein Reisender, der das Ziel seiner Reise
und den Weg zu seinem Ziele kennt,
hat einen Reiseplan.
Was der Reiseplan dem Reisenden ist,
ist der Lebensplan dem Menschen.
Heinrich von Kleist, Briefe (an Ulrike von Kleist,
Mai 1799)

Eine der fröhlichsten Erfahrungen im
Leben ist es, als Zielscheibe zu dienen,
ohne getroffen zu werden.
Winston Churchill

Einfaches Handeln, folgerecht
durchgeführt, wird am sichersten
das Ziel erreichen.
Helmuth Graf von Moltke, Verordnungen für
die höheren Truppenführer (24. Juni 1869)

Es gab kein Ziel. Er fand die Richtung.
Erich Kästner,
Dr. Erich Kästners lyrische Hausapotheke

Falsche Nächstenliebe
lenkt ab vom wahren Ziele.
Paula Modersohn-Becker, Tagebuchblätter

Fanatismus besteht im Verdoppeln
der Anstrengung, wenn das Ziel
vergessen ist.
George de Santayana

Fester Entschluss
und beharrliche Durchführung
eines einfachen Gedankens
führen am sichersten zum Ziel.
Helmuth Graf von Moltke, Verordnungen für
die höheren Truppenführer (24. Juni 1869)

Fleiß für die falschen Ziele
ist noch schädlicher als Faulheit
für die richtigen.
Peter Bamm

Ganz licht und klar sein heißt:
am Ziele sein.
Bernhard von Clairvaux, 31. Ansprache
über das Hohelied Salomos

Gerade die verfehlten Ziele haben
die Menschheit am meisten gefördert.
Denn ein vorgefasstes Ziel
ist notwendig Gegenstand
noch mangelhafter Erfahrung.
Heinrich Waggerl, Aphorismen

Große Seelen haben nicht etwa
weniger Leidenschaften und mehr
Tugenden als die gewöhnlichen,
sondern nur größere Ziele.
François de La Rochefoucauld, Unterdrückte Maximen

Ich gehe dahin, wo man mich wünscht,
mindestens ebenso gern
wie wo es mir gefällt.
Joseph Joubert, Gedanken, Versuche und Maximen

Ich will eingehen in weite hohe
Räume, ob auch durch enge Türen
und über schwierige Treppen.
Emil Gött, Im Selbstgespräch

In der Spannung zwischen dem Ziel
und der Wirklichkeit entdecken wir
den Sinn unseres Lebens.
Hans-Günther Adler

Jede Bewegung verläuft in der Zeit
und hat ein Ziel.
Aristoteles, Nikomachische Ethik

Jede größere Straße führt nach Peking.
Chinesisches Sprichwort

Jeder muss sich ein Ziel setzen,
das er nicht erreichen kann, damit er
stets zu ringen und zu streben habe.
Johann Heinrich Pestalozzi, Der natürliche Schulmeister

Keine Politik ist besser als die Ziele,
die sie sich setzt.
Henry Kissinger

Kräftige Naturen reden nicht
von ihrem Organismus,
sondern von ihren Zielen.
Gilbert Keith Chesterton, Heretiker

Läufst du zu rasch,
erreichst du das Ziel nicht.
Altes Testament, Jesus Sirach 11, 10

Man kann auf falschem Wege sein
und doch zu den herrlichsten
Aussichtspunkten gelangen,
nur natürlich nicht – ans Ziel.
Marie von Ebner-Eschenbach, Aphorismen

Man muss ein Ziel haben.
Man muss den Weg machen –
so gut wie möglich. Zum Ziel zu gelangen, das ist natürlich sehr schön,
wenn es von Zeit zu Zeit geschieht.
Aber man muss eine gute Richtung
haben, in der man sich bewegt.
Yehudi Menuhin, Interview, Badische Zeitung,
24. Dezember 1992

Man muss höher zielen,
als man treffen will.
Alfred Polgar, Kleine Schriften, Band 3. Irrlicht

Man muss sich einfache Ziele setzen,
dann kann man sich komplizierte
Umwege erlauben.
Charles de Gaulle

Man weiß über nichts wirklich
Bescheid, wenn man sich nicht eines
Zwecks und Ziels bewusst ist –
es ist wie eine Reise ohne Ziel.
Katherine Mansfield, Tagebücher

Maß und Ziel ist das beste Spiel.
Deutsches Sprichwort

Mehr darauf wachen,
nicht einmal zu fehlen,
als hundertmal zu treffen.
Baltasar Gracián y Morales, Handorakel und Kunst
der Weltklugheit

Mit Menschen, die nach andren Zielen
streben, kann man auch nicht
gemeinsam Pläne machen.
Konfuzius, Gespräche

Nicht immer trifft der Bogen das,
worauf er drohend zielt.
Ecbasis captivi in belehrender Gestalt (vor 1030)

Nicht jedes Ende ist das Ziel.
Das Ende der Melodie
ist nicht deren Ziel;
aber trotzdem: Hat die Melodie
ihr Ende nicht erreicht,
so hat sie auch ihr Ziel nicht erreicht.
Friedrich Nietzsche,
Menschliches, Allzumenschliches

Nicht über das Ziel geht man mit sich
zu Rate, sondern einzig über die Wege,
die zum Ziele führen.
Thomas von Aquin, Summa theologica

Nichts existiert ohne Ziel.
Charles Baudelaire, Tagebücher

Nur mit dem Unmöglichen als Ziel
kommt man zum Möglichen.
Miguel de Unamuno y Jugo, Briefe (an Ilundain, 1898)

Nur Richtung ist Realität, das Ziel ist
immer eine Fiktion, auch das erreichte
– und dieses oft ganz besonders.
Arthur Schnitzler, Buch der Sprüche und Bedenken

Ob du wenig tust oder viel,
Drauf kommt's nicht an!
Ich seh nur auf das Ziel –
Die Richtung macht den Mann.
Eduard von Bauernfeld, Poetisches Tagebuch

Oft erreicht man rascher mit minderer
Gefahr und mit geringeren Kosten
seinen Zweck, indem man den Rücken
zu wenden scheint, als indem man
mit Gewalt und Hartnäckigkeit ein Ziel
verfolgt.
Niccolò Machiavelli, Geschichte von Florenz

Platonische Liebe kommt mir vor
wie ein ewiges Zielen
und Niemals-Losdrücken.
Wilhelm Busch

Schließlich erreicht jeder Mensch
jedes Ziel. Er muss es nur
genügend weit zurückstecken.
Hans Söhnker

Seitdem der Glaube aufgehört hat,
dass ein Gott die Schicksale der Welt
im Großen leite und
trotz aller anscheinenden Krümmungen im Pfade der Menschheit
sie doch herrlich hinausführe,
müssen die Menschen selber sich
ökumenische, die ganze Erde
umspannende Ziele setzen.
Friedrich Nietzsche, Menschliches, Allzumenschliches

So ist der Mensch dem Menschen
nicht als unbedingtes Vorbild gesetzt,
sondern das Göttliche, Unendliche
ist sein Ziel.
Caspar David Friedrich,
Über Kunst und Kunstgeist

Übers Ziel hinausschießen ist ebenso
schlimm wie nicht ans Ziel kommen.
Konfuzius

Und wie steht's mit jedem der Sterne?
Sind sie nicht verschieden,
aber mitwirkend zum selben Ziel?
Mark Aurel, Selbstbetrachtungen

Unserem menschlichen Wollen ist es
nie gelungen, die Ziele zu erreichen,
die wir uns gesteckt haben;
und wenn es doch einmal gelungen
wäre, würden wir wieder Höheres von
uns verlangen und diesem nur ebenso
eifrig und vergeblich nachjagen.
Michel Eyquem de Montaigne, Die Essais

Viele sind hartnäckig in Bezug
auf den einmal eingeschlagenen Weg,
wenige in Bezug auf das Ziel.
Friedrich Nietzsche, Menschliches, Allzumenschliches

Vom Ziel weg führen tausend Wege,
zum Ziel hin nur einer.
Michel Eyquem de Montaigne, Die Essais

Von Zielchen zu Zielchen mit
keuchender Brust. Nur das hilft
dem Menschen über seine
ungeheuerliche Situation hinweg.
Franz Werfel, Zwischen Oben und Unten

Was jeder zu begehen hat:
einen umgekehrten Selbstmord:
Er allein wirkt belebend.
Heimito von Doderer, Repertorium. Ein Begreifbuch
von höheren und niederen Lebens-Sachen

Wer all seine Ziele erreicht,
hat sie zu niedrig gewählt.
Herbert von Karajan

Wer angelangt am Ziel ist,
wird gekrönt,
Und oft entbehrt ein Würd'ger
eine Krone.
Johann Wolfgang von Goethe, Torquato Tasso
(Antonio)

Wer in seinen Mitteln
nicht wählerisch ist, sollte es
wenigstens in seinen Zielen sein.
Gerd Gaiser

Wer langsam geht,
kommt auch zum Ziel.
Deutsches Sprichwort

Wer langsam und besonnen geht,
Doch oft zuerst am Ziele steht.
Jüdische Spruchweisheit

Wer nicht läuft, gelangt nie ans Ziel.
Johann Gottfried Herder

Wer zu einem Ziel gelangen will,
verfolge einen einzigen Weg,
nicht schweife er über viele:
Nicht gehen ist das, sondern irren.
Lucius Annaeus Seneca,
Briefe über Ethik

Wie kein Ziel aufgestellt wird, damit
man es verfehle, so gibt es auch nichts
von Natur aus Böses in der Welt.
Epiktet, Handbuch der Moral

Wie oft werden wir von einem
scharf ins Auge gefassten Ziel
abgelenkt, um ein höheres
zu erreichen!
Johann Wolfgang von Goethe,
Die Wahlverwandtschaften

Wir haben Probleme, wir haben
Schwierigkeiten. Aber ich kann
keinen Grund erkennen, weshalb wir
das Ziel nicht erreichen sollten.
Wir müssen es nur wollen.
Helmut Kohl, Herausforderungen und Chancen
der deutschen Außenpolitik. Ansprache des Bundeskanzlers in Cambridge 1985

Wir opfern die Gefühle so gern, wenn
uns ein großes Ziel vor Augen steht.
Friedrich Hölderlin, Hyperion

Würden wir auf nichts anderes sehen
als auf den Weg, so wären wir bald
am Ziel.
Teresa von Ávila, Weg der Vollkommenheit

Zu ein und demselben Ziel mehrere
Wege zu kennen, ist nicht Wendigkeit
des Geistes, sondern Mangel
an Einsicht. Wir greifen auf,
was immer uns einfällt, und können
das Beste nicht gleich herausfinden.
François de La Rochefoucauld, Reflexionen

Ziemen

Das nämlich ziemt sich für jeden
am meisten, was seinem Wesen
am meisten entspricht.
Marcus Tullius Cicero, Von den Pflichten

Es ist löblich zu tun, was sich ziemt,
und nicht, was erlaubt ist.
Lucius Annaeus Seneca, Octavia

Zimmer

Bevor man es nicht geschafft hat,
in einem Zimmer zu leben, kann man
nicht hinausgehen und kämpfen.
Harold Pinter

Die kleinen Zimmer oder Behausungen
lenken den Geist zum Ziel, die großen
lenken ihn ab.
Leonardo da Vinci, Tagebücher und Aufzeichnungen

Ich möchte keinen Palast als Wohnung
haben, denn in diesem Palast
würde ich nur ein Zimmer bewohnen.
Jean-Jacques Rousseau, Emile

In einem aufgeräumten Zimmer
ist auch die Seele aufgeräumt.
Ernst von Feuchtersleben,
Zur Diätetik der Seele

Wie froh macht mich die stille
Einsamkeit meines Zimmers
gegen das laute Gewühl jener
Gesellschaft, der ich soeben entfloh!
Heinrich von Kleist, Briefe (an Wilhelmine von Zenge,
21./22. Januar 1801)

Zimmermann

Die Axt im Haus
erspart den Zimmermann.
Friedrich von Schiller, Wilhelm Tell (Tell)

Gute Zimmerleute
machen wenig Späne.
Deutsches Sprichwort

Viele Zimmerleute bauen dir
ein schiefes Haus.
Chinesisches Sprichwort

Wo gehobelt wird, fallen Späne.
Deutsches Sprichwort

Zins

Auch was das Leben betrifft, ist es
besser, nur die Zinsen,
nicht das Kapital zu verbrauchen.
Joachim Günther

Der Sparpfennig ist reicher
denn der Zinspfennig.
Martin Luther, Tischreden

Wenn ein Mann sich zwanzigtausend
Franc Zinsen verdient hat,
ist seine Frau eine anständige Frau,
einerlei, welcher Art von Geschäft
er sein Vermögen verdankt.
Honoré de Balzac, Die Physiologie der Ehe

Wer den Armen leiht,
dem zahlt Gott die Zinsen.
Deutsches Sprichwort

Wir könnten manches vom Kapital
entbehren, wenn wir mit den Interessen weniger willkürlich umgingen.
Johann Wolfgang von Goethe,
Wilhelm Meisters Lehrjahre (Interessen = Zinsen)

Wohltun trägt Zinsen.
Deutsches Sprichwort

Zitat

Der wissentliche Gebrauch eines Zitats
am unrechten Ort kann sehr klug und
von stärkster Wirkung sein, wenn der
Zitierende sein Geschäft versteht.
Edgar Allan Poe, Marginalien

Ein Plagiat ist ein Zitat unter
Weglassung der Gänsefüßchen.
Victor de Kowa

Ein Zitat ist besser als ein Argument.
Man kann damit in einem Streit die
Oberhand gewinnen, ohne den Gegner
überzeugt zu haben.
Gabriel Laub

Gleich nach dem Schöpfer
eines guten Satzes kommt der,
der ihn zum ersten Mal zitiert.
Ralph Waldo Emerson, Essays

Jeder Mensch ist ab und zu schwach
und äußert dann Dummheiten,
diese werden dann aufgeschrieben,
und man macht von ihnen ein
Aufheben, als stellten sie wichtigste,
unumstößliche Wahrheiten dar.
Leo N. Tolstoi, Tagebücher (1909)

Kurzzitate erfreuen
das Langzeitgedächtnis.
Lothar Schmidt

Man soll das,
was man am wenigsten versteht,
in der Sprache zitieren,
die man am wenigsten beherrscht.
Voltaire, Micromégas

So ein paar grundgelehrte Zitate
zieren den ganzen Menschen.
Heinrich Heine, Ideen, Das Buch Le Grand

Über manche Gedankenlücke
bilden Zitate die Eselsbrücke.
Ludwig Fulda

Wir alle zitieren, aus Not,
aus Neigung und aus Freude daran.
Ralph Waldo Emerson, Essays

Wir gehen zu Shakespeare nur noch,
um seine Zitate zu erkennen.
Orson Welles

Zitat:
die fehlerhaft wiedergegebenen Worte
eines anderen.
Ambrose Bierce

Zivilcourage

Unter Zivilcourage verstehe ich,
dass es für mich ganz einfach
zu anstrengend ist, zu überlegen,
was ich verschweigen könnte.
Anja Silja

Zivilcourage ist das,
was von einem Menschen übrig bleibt,
wenn der Vorgesetze
das Zimmer betritt.
Wernher von Braun

Zivilcourage kann auch heißen,
Ängsten Ausdruck zu geben.
Carola Stern, Anstoß zur Zivilcourage

Zivilisation

Alle Zivilisation beginnt
mit der Theokratie und endet
mit der Demokratie.
Victor Hugo, Der Glöckner von Notre-Dame

Auch auf den Malediven holt
den Zivilisationsflüchtling verschmutzte Luft, vergiftetes Wasser ein.
Norbert Blüm,
Unverblümtes von Norbert Blüm

Darin besteht ja das Wesen
der Zivilisation und Barbarei,
dass die Menschen nicht an ihren
richtigen Platz kommen.
Paul Ernst, Zusammenbruch und Glaube

Der Fortschrittsgedanke
der Zivilisation hat sich als ein
Übermut des Menschen entschleiert.
Karl Jaspers, Vom europäischen Geist

Der Krieg zwischen zwei gebildeten
Völkern ist ein Hochverrat
an der Zivilisation.
Carmen Sylva, Vom Amboss

Der Mensch ist im Grunde ein wildes,
entsetzliches Tier. Wir kennen es bloß
im Zustande der Bändigung und Zähmung, welche Zivilisation heißt:
Daher erschrecken uns die gelegentlichen Ausbrüche seiner Natur.
Arthur Schopenhauer, Zur Ethik

Der Wind, das einzige Freie
in der Zivilisation.
Elias Canetti, Die Provinz des Menschen.
Aufzeichnungen 1942–1972

Der zivilisierte Wilde
ist der schlimmste aller Wilden.
Karl Julius Weber, Democritos

Der Zyniker, dieser Schmarotzer der
Zivilisation, lebt davon, sie zu verneinen, weil er überzeugt ist,
dass sie ihn nicht im Stich lassen wird.
José Ortega y Gasset

Die Errungenschaften der Zivilisation
sind nur eine Anhäufung von Torheiten, die unweigerlich ihre Schöpfer zurückfallen und sie
am Ende vernichten werden.
Herbert George Wells

Die ganze Zivilisation des Menschen
ist eine Art, das wegzunehmen,
was natürlich ist, und es
mit Menschenkunst zu ersetzen.
Yehudi Menuhin, Interview, Badische Zeitung,
24. Dezember 1992

Die Zivilisation besteht darin,
jedem Ding einen Namen zu geben,
der ihm nicht zusteht,
und anschließend
über das Ergebnis nachzusinnen.
Fernando Pessoa, Das Buch der Unruhe
des Hilfsbuchhalters Bernardo Soares

Die Zivilisation hat die Liebe
von der Stufe des Instinkts
auf die der Leidenschaft gehoben.
George Moore

Die Zivilisation ist ihren Weg gegangen und in eine Sackgasse
geraten. Weiter geht es nicht.
Alle haben verheißen, Wissenschaft
und Zivilisation würden uns wieder
herausführen, doch schon jetzt ist
zu erkennen, sie werden uns nirgends
hinführen: Wir müssen etwas Neues
beginnen.
Leo N. Tolstoi, Tagebücher (1905)

Die Zivilisation ist nichts anderes
als ein Farbanstrich, der vom
nächsten Regen fortgewaschen wird.
Auguste Rodin

Die Zivilisation ist so manierlich,
dass selbst der Nächstenliebe
ein gewisser Hautgout
unerlaubter Leidenschaft anhaftet.
Emil Gött, Im Selbstgespräch

Die Zivilisation vernichtet den Menschen zugunsten der Menschheit, das
Individuum zugunsten der Gattung.
Théodore Jouffroy, Das grüne Heft

Entscheidender Energieunterschied:
Die Barbarei will siegen –
die Zivilisation möchte nicht verlieren.
Emil Gött, Im Selbstgespräch

Es gibt nur einen einzigen,
mächtigen Hebel aller Zivilisation:
die Religion.
Johann Jakob Bachofen, Urreligion
und antike Symbole

Es ist eine Tatsache, dass
die Zivilisation der Sklaven bedarf.
Oscar Wilde, Die Seele des Menschen
unter dem Sozialismus

Habt eures Ursprungs vergessen,
Euch zu Sklaven versessen,
Euch in Häusern gemauert,
Euch in Sitten vertrauert.
Kennt die goldnen Zeiten
Nur als Märchen, von weiten.
Johann Wolfgang von Goethe, Satyros (Satyros)

Ich betrachte eine jede Zivilisation,
die nicht einen lärmenden Tanz
ihr Eigen nennt, vom rein
menschlichen Standpunkt aus
als eine defekte Zivilisation.
Gilbert Keith Chesterton, Heretiker

In erster Linie aber müssen wir
bereit sein, auf alle Errungenschaften
unserer Zivilisation zu verzichten,
damit jene grausame Ungleichheit
aufhört, die unser Dasein
wie eine Eiterbeule versucht.
Leo N. Tolstoi, Tagebücher (1889)

Ist doch unsere zivilisierte Welt
nur eine große Maskerade.
Arthur Schopenhauer, Zur Ethik

Theorie der wahren Zivilisation: Sie
liegt weder im Gas noch im Dampf
noch im Tischerücken,
sondern einzig und allein
in der Verminderung der Erbsünde.
Charles Baudelaire, Tagebücher

Unseren täglichen Hunger
gib uns heute.
Günther Anders, Die Antiquiertheit des Menschen.
Bd. 2

Vom Rauch anderer krank werden
oder vom Zug der Klimaanlage –
das sind Alternativen
der Hochzivilisation.
Oliver Hassencamp

Was jedes Indianerkind
von seinem Vater und der Erde lernt,
wir haben es vergessen, da wir gänzlich davon in Anspruch genommen
sind, unser tägliches Leben
zu manipulieren und mit riesigem
Kostenaufwand die Produktions- und
Konsummaschine, die unsere Zivilisation geworden ist, zu unterhalten.
Jean-Marie Pelt, Das Leben der Pflanzen

Wenn die wissenschaftliche
Zivilisation den angetretenen Weg
weiterschreitet, was sehr wahrscheinlich ist, so wird in Zukunft
nur noch einer lachen, weil er es
besser kann als alle anderen.
Gilbert Keith Chesterton, Heretiker

Wie leicht können sich einzelne Menschen und ganze Völker das aneignen,
was Zivilisation, wahre Zivilisation
genannt wird. Die Universität durchlaufen, sich die Fingernägel säubern,
die Dienste eines Schneiders und
eines Friseurs in Anspruch nehmen,
ins Ausland reisen –
und fertig ist der zivilisierte Mensch!
Leo N. Tolstoi, Tagebücher (1910)

Wir müssen uns entscheiden,
wem wir dienen wollen
– Gott oder dem Mammon.
Beiden geht nicht. Wenn Gott,
dann müssen wir auf Luxus
und Zivilisation verzichten
und dennoch bereit sein,
sie schon morgen wiederherzustellen,
nur für alle in gleichem Maße.
Leo N. Tolstoi, Tagebücher (1889)

Wir sind im hohen Grade durch Kunst
und Wissenschaft kultiviert. Wir sind
zivilisiert, bis zum Überlästigen,
zu allerlei gesellschaftlicher Artigkeit
und Anständigkeit. Aber uns
für schon moralisiert zu halten,
daran fehlt noch sehr viel.
Immanuel Kant, Grundlegung zur Metaphysik
der Sitten

Wir übertreffen die so genannten barbarischen Völker weder an Mut noch
an Menschlichkeit noch an Gesundheit
noch an Heiterkeit. Und obgleich wir
also weder tugendhafter noch
glücklicher sind, verzichten wir doch
nicht darauf, uns für weiser zu halten.
Luc de Clapiers Marquis de Vauvenargues,
Nachgelassene Maximen

Wir wissen die unnachahmliche
Schönheit von Lebewesen
nicht zu schätzen und vernichten sie
bedenkenlos – nicht nur Pflanzen,
sondern auch Tiere und Menschen.
Es gibt ja so viele davon.
Kultur – Zivilisation ist nichts anderes
als die Vernichtung dieser Schönheiten
und ihre Ersetzung.
Leo N. Tolstoi, Tagebücher (1899)

Zivilisation ist Bewegung,
nicht Zustand, ist Reise, nicht Hafen.
Arnold J. Toynbee

Zivilisation ist
die unablässige Vermehrung
unnötiger Notwendigkeiten.
Mark Twain

Zivilisation ist einfach eine Reihe
von Siegen über die Natur.
William Harvey

Zölibat

Auch das Zölibat ist eine Form
von Empfängnisverhütung.
Günther Schatzdorfer

Das unweltliche, das übernatürliche
Leben ist wesentlich auch eheloses
Leben. Das Zölibat – freilich nicht
als Gesetz – liegt gleichfalls also
im innersten Wesen des Christentums.
Ludwig Feuerbach, Das Wesen des Christentums

Das vernünftigste und maßvollste
Wort in der Streitfrage Ehe oder Zölibat lautet: »So oder so,
du wirst es bereuen.«
Fontenelle bereute in den letzten Jahren, dass er ledig geblieben war;
er vergaß 95 sorgenfreie Jahre.
Chamfort, Maximen und Gedanken

Die Ehe hat viele Leiden, aber
die Ehelosigkeit hat keine Freuden.
Sprichwort aus England

Ehe und Zölibat haben beide Nachteile; man muss den Stand wählen,
dessen Nachteile sich beheben lassen.
Chamfort, Maximen und Gedanken

Es ist nicht Not, dass die Pfaffen
heiraten, solange die Bauern
Weiber haben.
Deutsches Sprichwort

Für viele ist gänzliche Enthaltsamkeit
leichter als weise Mäßigung.
Aurelius Augustinus, Sermones

Ihr könnt versichert sein,
dass so kräftige Priester wie ich,
die keine Frauen haben, wider ihren
Willen Ausschweifungen begehen, die
die Natur schamrot werden lassen, und
danach zelebrieren sie das Messopfer.
Voltaire, Die Briefe Amabeds (Pater Fa molto)

Überhaupt sind Mannspersonen,
die im Zölibat leben, im Durchschnitte
gottlos; ehelos gebliebene
Frauenzimmer aber fromm.
Theodor Gottlieb von Hippel, Über die Ehe

Zoll

Gedanken sind zollfrei.
Martin Luther, Tischreden, auch deutsches Sprichwort

Und wer am Zoll sitzt,
ohne reich zu werden,
ist ein Pinsel.
Johann Wolfgang von Goethe, Clavigo (Carlos)

Zorn

Auch Zorn kann nicht mit Zügeln
gebändigt werden.
Lucius Annaeus Seneca, Die Troerinnen

Aus was für nichtigen Anlässen
Knaben einander zürnen!
Terenz, Die Schwiegermutter

Bändige deinen Zorn!
Horaz, Lieder

Beschließe, wenn du Zorn in dir aufsteigen fühlst, mit der Person,
die ihn erregt, weder zu sprechen
noch ihr zu antworten; warte,
bis du fühlst, dass er sich legt,
und rede dann mit Bedacht.
Philipp Stanhope Earl of Chesterfield, Briefe über
die anstrengende Kunst, ein Gentleman zu werden

Besiege deinen Unmut und deinen
Zorn, du, der du alles Übrige besiegst!
Ovid, Heroinen

Brüllt ein Mann, ist er dynamisch.
Brüllt eine Frau, ist sie hysterisch.
Hildegard Knef

Das Bestreben, dem, den wir hassen,
Schlechtes zuzufügen, heißt Zorn.
Das Bestreben, ein uns
zugefügtes Übel wieder zu vergelten,
heißt Rachsucht.
Baruch de Spinoza, Ethik

Das ist mein Zorn, so möcht ich
ihn behandeln,
Das stolze Haupt
in Schemeltritt verwandeln!
Johann Wolfgang von Goethe, Faust II (Kaiser)

Das ist Zorn, was die Vernunft überrennt, was sie mit sich reißt.
Lucius Annaeus Seneca, Über den Zorn

Denn ein Zorniger ist wohl
zu begütigen, wenn es uns glückt,
ihn zum Lächeln zu bringen.
Johann Wolfgang von Goethe, Dichtung und Wahrheit

Der Mensch ist zu gegenseitiger Hilfe
geschaffen, der Zorn zu Vernichtung;
der Mensch will die Gemeinschaft
suchen, der Zorn aus ihr ausscheiden.
Lucius Annaeus Seneca, Über den Zorn

Der Zorn beginnt mit Wut
und schließt mit Reue.
Publilius Syrus, Sentenzen

Der Zorn der Männer entlädt sich
in Gewalttätigkeiten. Der Zorn der
Frauen entlädt sich in Dummheit.
Henry de Montherlant, Erbarmen mit den Frauen

Der Zorn erfrischt mir mein ganz
Geblüt, schärft mir den Geist,
vertreibt die Anfechtungen.
Martin Luther, Tischreden

Der Zorn schafft eine Waffe.
Vergil, Aeneis

Der Zorn, wie alle unsere Ausdrucksformen der Leidenschaft, ist ein Strom
der menschlichen Kraft, der elektrisch
wirkt; sein Schlag, wenn er sich
entlädt, wirkt auf die Anwesenden,
auch wenn diese nicht sein Ziel
oder die Ursache sind.
Honoré de Balzac, Louis Lambert

Die Farbe hat ihre Abstufungen
im Zorn. Entflammt er das Gesicht,
so brennen die Augen,
ist er auf dem höchsten Grad,
so verengt er das Herz,
anstatt es auszudehnen.
Dann verwirren sich die Augen, die
Blässe verbreitet sich über die Stirn,
über die Wangen, die Lippen zittern
und verbleichen.
Johann Wolfgang von Goethe,
Diderots Versuch über die Malerei

Die übrigen Leidenschaften kann
man verstecken und im Verborgenen
nähren: Zorn bringt sich selber ans
Licht und zeichnet sich im Gesicht ab,
und je größer er ist, desto deutlicher
braust er auf.
Lucius Annaeus Seneca,
Über den Zorn

Eine erhabene Art von Rache
ist es, den Zorn zu bezähmen.
Ruodlieb

Eine sanfte Antwort dämpft
die Erregung, eine kränkende Rede
reizt zum Zorn.
Altes Testament, Sprüche Salomos 15, 1

Erzürne dich über niemand, sondern
nimm alles gutmütig, ganz gelassen
auf. Bemühe dich, heiter und gütig
zu sein.
Papst Johannes XXIII., Briefe an die Familie
(Neffe Battista), 4. August 1945

In den Sünden des Zornes arten die
Söhne den Vätern mehr nach als
in den Sünden der Begehrlichkeit.
Thomas von Aquin, Über die Wahrheit

In jedem Menschen ist dem Zorn
der Weg durch eine schon vorher
vorhandene Leidenschaft gebahnt.
Aristoteles, Psychologie

Je größer jemand ist, desto eher
kann sein Zorn gelindert werden.
Ovid, Gedichte der Trübsal

Kein Gift ist schlimmer
als Schlangengift, kein Zorn
schlimmer als Frauenzorn.
Altes Testament, Jesus Sirach 25, 15

Man lässt alles in der Welt gehn,
bis es schädlich wird; dann zürnt man
und schlägt drein.
Johann Wolfgang von Goethe,
Wilhelm Meisters Lehrjahre

Nicht durch Zorn,
sondern durch Lachen tötet man.
Friedrich Nietzsche

Nicht wer zürnt oder fürchtet, wird
gelobt noch auch getadelt, sondern
wer sich hierin gemäß der Ordnung
oder wider die Ordnung verhält.
Thomas von Aquin, Summa theologica

Nicht Wurzeln auf der Lippe
schlägt das Wort,
Das unbedacht
dem schnellen Zorn entflohen.
Friedrich Schiller, Die Braut von Messina (Cesar)

Schönheit bändigt allen Zorn.
Johann Wolfgang von Goethe, Faust II (Lynceus)

So zahlreich nun die Arten
der Vergewaltigung sind, so erweckt
doch jede von ihnen den Zorn.
Aristoteles, Politik

Sogar in Gottes Zorn
ist Barmherzigkeit.
Talmud

Steck deine Ungeduld in die Scheide,
Gieß kalt Wasser auf deinen Zorn.
William Shakespeare, Die lustigen Weiber von Windsor
(Wirt)

Steckt in himmlischen Wesen
solcher Zorn?
Vergil, Aeneis

Ungerechter Zorn kann nicht
Recht behalten,
wütender Zorn bringt zu Fall.
Altes Testament, Jesus Sirach 1, 22

Unwillig, wie sich Feuer gegen Wasser
Im Kampfe wehrt
und gischend seinen Feind

Zu tilgen sucht,
so wehret sich der Zorn
In meinem Busen gegen deine Worte.
Johann Wolfgang von Goethe, Iphigenie auf Tauris (Thoas)

Verdruss im Haus, Zorn auf dem Markt.
Chinesisches Sprichwort

Was aber ist grausamer als Zorn?
Lucius Annaeus Seneca, Über den Zorn

Was ist es nötig,
den Tisch umzuwerfen? Was,
die Becher zu Boden zu schmeißen?
Was, den Kopf gegen Säulen zu
schmettern? Was, die Haare
auszureißen, Schenkel und Brust
zu schlagen?
Lucius Annaeus Seneca, Über den Zorn

Was wir im Zorn sehen und hören,
das nehmen wir nicht auf, wie es ist.
Michel Eyquem de Montaigne, Die Essais

Wem du nicht oft zürnen willst,
dem zürne ein Mal.
Publilius Syrus, Sentenzen

Wenn ihr mit Gott zürnt,
so ist kein Hilf;
wo aber Gott mit euch zürnt,
so ist noch wohl Rat da.
Martin Luther, Tischreden

Wenn wir zürnen, hat unser Gegner
seinen Zweck erreicht:
Wir sind in seiner Gewalt.
Ernst von Feuchtersleben, Zur Diätetik der Seele

Wer einen kleinen Zorn bezwingen
kann, erspart sich hundert Jahre
Kummer.
Chinesisches Sprichwort

Wer langsam zürnt, zürnt schwer.
Deutsches Sprichwort

Wer niemals außer sich geriete,
Wird niemals in sich gehen.
Paul von Heyse, Spruchbüchlein

Wer zürnt, dem reiche kein Messer.
Deutsches Sprichwort

Wie zerbrechliches Eis
vergeht Zorn auf Dauer.
Ovid, Liebeskunst

Zorn beginnt mit Torheit
und endet mit Reue.
Deutsches Sprichwort

Zorn: eine in Fahrt geratene
Verstimmung.
Heinrich Wiesner

Zorn hilft noch so schwachen Händen.
Ovid, Liebesgedichte

Zorn ist ein kurzer Wahnsinn:
Beherrsche deine Leidenschaften,
denn wenn sie nicht gehorchen,
befehlen sie.
Horaz, Briefe

Zorn ist ein schlechter Berater,
aber ein scharfsinniger Analytiker.
Karol Irzykowski

Zorn kann einem Kräfte verleihen,
die einen zum Handeln bringen.
Anaïs Nin, Absage an die Verzweiflung

Zorn kann nicht durch Zorn überwunden werden. Wenn Ihnen ein Mensch
mit Zorn gegenübertritt,
und Sie mit Zorn reagieren,
sind die Folgen verheerend.
Dalai Lama XIV., Eine Politik der Güte

Zorn macht verworrn.
Deutsches Sprichwort

Zorn ohne Macht wird verlacht.
Deutsches Sprichwort

Zorn und Groll reden närrisch.
Chinesisches Sprichwort

Zorn weiß keinen Rat.
Sprichwort aus Frankreich

Zürne nicht, liebes Mädchen,
ehe du mich ganz verstehst!
Heinrich von Kleist, Briefe (an Wilhelmine von Zenge, 10./11. Oktober 1800)

Zucht

Aus guter Zucht und Namen
Erschwingt sich gute Art.
Clemens Brentano/Achim von Arnim,
Des Knaben Wunderhorn

Denn jede Zucht und Kunst
beginnt zu früh,
wo die Natur des Menschen
noch nicht reif geworden ist.
Friedrich Hölderlin, Hyperion

Der Mittelstand nur ist
der wahre Bürgerstand,
Für Zucht und Ordnung wachend,
die das Volk gebot.
Euripides, Die Schutzflehenden (Theseus)

Die natürliche Auswahl
ist das wichtigste, aber nicht
das einzige Mittel der Veränderung.
Charles Darwin, Die Entstehung der Arten
durch natürliche Zuchtwahl

Wie hass ich dagegen
alle die Barbaren,
die sich einbilden,
sie seien weise,
weil sie kein Herz mehr haben,
alle die rohen Unholde,
die tausendfältig die junge Schönheit
töten und zerstören mit ihrer kleinen
unvernünftigen Mannszucht!
Friedrich Hölderlin, Hyperion

Züchte lieber Tauben als Spatzen.
Chinesisches Sprichwort

Zucker

Der Zucker behält seinen rechten Geschmack, ob er weiß oder schwarz ist.
Sprichwort aus der Türkei

Die Süßigkeit liegt nicht im Rohr,
Der Zucker, der ist süß.
Johann Wolfgang von Goethe, West-östlicher Divan

Ein Gentleman ist ein Herr, der sich
sogar dann der Zuckerzange bedient,
wenn er allein ist.
Alphonse Allais

Wo Zucker ist,
ist die Karies nicht fern.
Rüdiger Nehberg

Zucker in der Jugend
macht faule Zähne im Alter.
Deutsches Sprichwort

Zuckerrohr ist nie zugleich
an beiden Enden süß.
Chinesisches Sprichwort

Zudringlichkeit

Anteilnahme ist die gesellschaftliche
Form der Zudringlichkeit.
Hans Lohberger

Höflichkeit ist der dritte Arm,
der uns erlaubt, Zudringliche
auf Distanz zu halten.
Walther Kiaulehn

Man sei nie zudringlich; so wird
man nicht zurückgesetzt werden.
Baltasar Gracián y Morales, Handorakel und Kunst
der Weltklugheit

Zudringliche Jugend findet Gunst.
Johann Wolfgang von Goethe, Dichtung und Wahrheit

Zufall

Alle Zufälle unseres Lebens sind
Materialien, aus denen wir machen
können, was wir wollen. Wer viel Geist
hat, macht viel aus seinem Leben.
Novalis, Blütenstaub

Alles Natürliche geht entweder immer
so vor sich oder doch größtenteils;
zufällig und von selbst
aber geschieht nichts.
Aristoteles, Physik

Zufall

Das Höchste und Edelste
aber dem Zufall zuzuschreiben,
wäre doch gar zu verfehlt.
Aristoteles, Nikomachische Ethik

Das Schicksal wird im Leben
oft »Zufall« genannt.
Oswald Spengler, Urfragen.
Fragmente aus dem Nachlass

Das Wesentliche an jeder Erfindung
tut der Zufall, aber den meisten Menschen begegnet dieser Zufall nicht.
Friedrich Nietzsche

Das Zufällig-Wirkliche,
an dem wir weder ein Gesetz der Natur
noch der Freiheit
für den Augenblick entdecken,
nennen wir das Gemeine.
Johann Wolfgang von Goethe,
Maximen und Reflexionen

Den Zufall aber gibt es nicht im Leben,
sondern nur Harmonie und Ordnung.
Plotin, Enneaden

Den Zufällen des Lebens gegenüber
ist kein Misstrauen,
vielmehr die Überwindung
des Misstrauens,
der Wagemut angebracht.
Stendhal, Über die Liebe

Der Mangel an Erfahrung aber
liefert das Leben dem Zufall aus.
Aristoteles, Älteste Metaphysik

Der Mensch lebt in einem beständigen
Konflikt mit dem Zufall. Wir wandeln
auf Glatteis und sind keinen Augenblick sicher, dass wir nicht fallen.
Friedrich Theodor von Vischer,
Das Schöne und die Kunst

Der Zufall führt unsere Federn.
Marie de Rabuthin-Chantal Marquise de Sévigné,
Briefe (an Coulanges, 9. September 1694)

Der Zufall hat keinen Verstand.
Es heißt, er sei blind.
Erich Kästner, Dr. Erich Kästners lyrische Hausapotheke

Der Zufall ist
die in Schleier gehüllte Notwendigkeit.
Marie von Ebner-Eschenbach, Aphorismen

Der Zufall ist ein Rätsel, welches
das Schicksal dem Menschen aufgibt.
Friedrich Hebbel, Tagebücher

Der Zufall ist Gottes Deckname,
wenn Gott sich nicht zu erkennen
geben will.
Anatole France

Der Zufall reißt alles mit sich fort.
Lukan, Der Bürgerkrieg

Der Zufall will nicht mehr
mit mir spielen.
Jules Renard, Ideen, in Tinte getaucht.
Aus dem Tagebuch von Jules Renard

Die Göttin Zufall leitet alles,
und man sollte
Nur sie als Schicksal
oder Gott bezeichnen.
Menandros, Fragmente

Die Ordnung der göttlichen Vorhersicht fordert, dass in den Dingen
Zufall sei und Ungefähr.
Thomas von Aquin, Summe gegen die Heiden

Ein freier, denkender Mensch
bleibt da nicht stehen,
wo der Zufall ihn hinstößt;
oder wenn er bleibt,
so bleibt er aus Gründen,
aus Wahl des Besseren.
Heinrich von Kleist, Briefe (an Ulrike von Kleist,
Mai 1799)

Ein weiterer Lehrmeister
ist der Zufall, und fast der häufigere.
Plinius d. Ä., Naturkunde

Ein Zufall, der Gutes bringt,
wird als Vorsehung angesehen,
ein Zufall jedoch, der böse ausgeht,
ist Schicksal.
Knut Hamsun, August Weltumsegler

Es gibt keinen Zufall in der Regelung
der menschlichen Dinge,
und Glück ist ein Wort ohne Sinn.
Jacques Bénigne Bossuet, Politik gezogen aus den
Worten der Heiligen Schrift

Es gibt keinen Zufall;
Und was uns blindes Ohngefähr
nur dünkt,
Gerade das steigt
aus den tiefsten Quellen.
Friedrich Schiller, Wallensteins Tod (Wallenstein)

Es gibt wohl einen Zufall, aber
viele Zufälle derselben Art sind keiner;
nicht einmal Geschick,
sondern Schuld oder Lohn.
Jean Paul, Friedens-Predigt an Deutschland

Es gibt Zufälle in der Welt,
und deren sind unendlich viele;
umso mehrere treffen uns, je mehr uns
alles Zufall ist, d. i. je weniger wir
konsequent handeln.
Johann Gottfried Herder,
Das eigene Schicksal

Es kann zwar auch einmal
etwas Gutes durch Zufall entstehen;
aber sofern und soweit es
seine Entstehung dem Zufall verdankt,
ist es nicht gut; denn was durch ihn
geschieht, ist immer unbestimmbar.
Aristoteles, Protreptikos

Es liegt in der Natur der Vernunft,
die Dinge nicht als zufällig,
sondern als notwendig zu betrachten.
Baruch de Spinoza, Ethik

Geschichte ist
die Addition von Zufällen.
Werner Höfer

Gepriesen sei der Zufall.
Er ist wenigstens nicht ungerecht.
Ludwig Marcuse, Argumente und Rezepte.
Ein Wörter-Buch für Zeitgenossen

Immer unerträglicher wird mir das
Zufällige der meisten Überzeugungen.
Elias Canetti, Die Provinz des Menschen.
Aufzeichnungen 1942–1972

In der Natur der Dinge gibt es nichts
Zufälliges, sondern alles ist
aus der Notwendigkeit der göttlichen
Natur bestimmt, auf gewisse Weise
zu existieren und zu wirken.
Baruch de Spinoza, Ethik

Je mehr man altert,
desto mehr überzeugt man sich,
dass Seine Heilige Majestät der Zufall
gut drei Viertel der Geschäfte
dieses miserablen Universums besorgt.
König Friedrich der Große, Briefe (an Voltaire,
26. Dezember 1773)

Jeder Mensch kann der Zufall
des andern sein (...).
Oswald Spengler, Urfragen.
Fragmente aus dem Nachlass

Kein Sieger glaubt an den Zufall.
Friedrich Nietzsche,
Die fröhliche Wissenschaft

Könnte man nicht auch sagen, die
geheime Verkettung der Dinge bilde
für uns etwas, das wir Zufall nennen,
was doch aber notwendig ist?
Susette Gontard, Briefe (an Friedrich Hölderlin,
12. März 1799)

Mancher schießt ins Blaue
und trifft ins Schwarze.
Deutsches Sprichwort

Merkwürdig, was für Zufälle im Leben
mitspielen, ob es nun regelmäßig
oder unregelmäßig dahinfließt!
Leo N. Tolstoi, Die Kreutzersonate

Sehr leicht zerstreut der Zufall,
was er sammelt.
Johann Wolfgang von Goethe,
Torquato Tasso (Leonore)

Sollten zufällige Ereignisse einen
Zusammenhang haben? Und das,
was wir Schicksal nennen,
sollte es bloß Zufall sein?
Johann Wolfgang von Goethe,
Wilhelm Meisters Lehrjahre

Und wenn dir ein Ziegelstein auf den
Kopf fällt, bist du ganz sicher, dass
es nicht doch bis zu einem gewissen
Grade deine eigene Schuld war?
Dass du die Möglichkeit seines Falles
nicht vorher erwogen, war das nicht
ein Mangel an Voraussicht? Und ist es
gänzlich auszuschließen, dass es nicht
vielleicht dein eigener Schritt war,
der den Stein lockerte? Oder gingst
du nicht am Ende schon in der unbewussten Absicht vorüber, das Haus zu
erschüttern, von dessen Dache er dir
auf den Kopf fiel?
Arthur Schnitzler, Buch der Sprüche und Bedenken

Uns geziemt es, Begebenheiten,
welche witzigen Einfällen des Unge-
fährs gleich scheinen, nachzusinnen,
weil auch der Witz des Zufalls wie
auch der menschliche zuletzt auf Regel
und Besonnenheit beruht, damit wir
nicht Pyramiden und Persepolis-
Ruinen, wie jener Gelehrte, für Auf-
würfe der blinden Natur ansehen.
Jean Paul, Dämmerungen für Deutschland

Was unser Leben bestimmt,
sind eben Zufälligkeiten,
Ereignisse, deren Gesetz wir
nicht klar erkennen.
Aber wir ahnen dies Gesetz
und fühlen in dem sich anscheinend
zufällig Vollziehenden
den Zusammenhang mit unserem Tun
und Lassen heraus.
Theodor Fontane

Was wir Zufall nennen,
ist vielleicht die Logik Gottes.
Georges Bernanos

Wehe dem, der sich von Jugend auf
gewöhnt, in dem Notwendigen etwas
Willkürliches finden zu wollen, der
dem Zufälligen eine Art von Vernunft
zuschreiben möchte, welcher zu folgen
sogar eine Religion sei.
Johann Wolfgang von Goethe,
Wilhelm Meisters Lehrjahre

Wer sich vom Zufall leiten lässt,
erreicht auch nur durch Zufälle etwas.
Francesco Guicciardini, Ricordi

Wie wenig du gelesen hast, wie wenig
du kennst – aber vom Zufall des Gelesenen hängt es ab, was du bist.
Elias Canetti

Willkür und Zufall
sind die Elemente der Harmonie.
Novalis, Fragmente

Wir dünken uns frei, und der Zufall
führt allgewaltig an tausend
fein gesponnenen Fäden fort.
Heinrich von Kleist, Briefe (an Wilhelmine von Zenge,
9. April 1801)

Zufall aber bleibt verhasst.
Johann Wolfgang von Goethe, Pandora (Prometheus)

Zufall: ein unvermeidliches Vor-
kommnis, das auf unabänderlichen
Naturgesetzen beruht.
Ambrose Bierce

Zufall ist ein Wort ohne Sinn;
nichts kann ohne Ursache existieren.
Voltaire, Philosophisches Taschenwörterbuch

Zufall ist erlebtes Schicksal.
Oswald Spengler, Urfragen.
Fragmente aus dem Nachlass

Zuflucht

Stets muss man etwas haben,
wozu man, bei der Gefahr
eines schlechten Ausgangs,
seine Zuflucht nehmen kann.
Baltasar Gracián y Morales, Handorakel und Kunst
der Weltklugheit

Zufriedenheit

Alles Wohlbehagen,
alle Zufriedenheit ist einfach,
sie mögen, woher es auch sei,
entspringen.
Johann Wolfgang von Goethe,
Des jungen Feldjägers Kriegskamerad

Am Ende deiner Bahn
ist gut Zufriedenheit;
Doch wer am Anfang ist zufrieden,
kommt nicht weit.
Friedrich Rückert,
Die Weisheit des Brahmanen

Besser den Spatz in der Hand,
als die Taube auf dem Dach.
Chinesisches Sprichwort

Besser heute ein Ei
als morgen ein Huhn.
Sprichwort aus Albanien

Denn man ist glücklich, wenn man
mit sich selbst, seinem Herzen und
seinem Gewissen zufrieden ist.
August Strindberg, Der Sohn der Magd

Der höchste Genuss besteht
in der Zufriedenheit mit sich selbst.
Jean-Jacques Rousseau, Emile

Die Menschen sind niemals zufrieden;
kaum haben sie etwas,
so begnügen sie sich
nicht mehr damit
und begehren noch mehr.
Niccolò Machiavelli, Geschichte von Florenz

Ein lebender Hund ist besser
als ein toter Löwe.
Altes Testament, Kohelet 9, 4

Ein liebes Weib, ein wohnlich Dach,
dazu ein Stücklein Brot,
Wer diese drei sein Eigen nennt,
mit dem hat's keine Not.
Jüdische Spruchweisheit

Ein zufriedener Esel lebt lange.
Sprichwort aus Portugal

Frauen, Priester und Hühner
sind nie zufrieden.
Sprichwort aus den USA

Gibts denn Zufriedenheit
zwischen dem Entschluss und der Tat,
gibt's eine Ruhe vor dem Siege?
Friedrich Hölderlin, Hyperion

Ihr Menschen solltet zufrieden sein,
wenn euch nicht das schlimmste
Unglück trifft, wenn ihr von
des Schicksals schlimmen Gaben nur
die mittelmäßigen zu ertragen habt.
Francesco Petrarca, Gespräche
über die Weltverachtung (Augustinus)

In der Ehe geht, wie auch sonst,
Zufriedenheit über Reichtum.
Molière, Arzt wider Willen (Jacqueline)

Keiner ist zufrieden
mit seinem Schicksal,
noch unzufrieden mit
seinem Geist.
Antoinette Deshoulières, Reflexionen

Man ist niemals mit einem Porträt
zufrieden von Personen,
die man kennt.
Johann Wolfgang von Goethe,
Die Wahlverwandtschaften

Sei mit dir nie zufrieden,
außer etwa episodisch,
sodass deine Zufriedenheit
nur dazu dient,
dich zu neuer Unzufriedenheit
zu stärken.
Christian Morgenstern, Stufen

Vermutlich bin ich so glücklich,
weil ich nie zufrieden bin.
Peter Ustinov,
Peter Ustinovs geflügelte Worte

Was frag' ich viel nach Geld und Gut,
Wenn ich zufrieden bin?
Johann Martin Miller, Zufriedenheit (vertont von
Mozart)

Wasser, Feuer und Frauen
sagen niemals »genug«.
Sprichwort aus Polen

Wenn der Geist sich zufrieden gibt,
ist das immer ein Zeichen,
dass er sich verengt; oder
es ist ein Zeichen von Müdigkeit.
Michel Eyquem de Montaigne, Die Essais

Wenn ein paar Menschen
recht miteinander zufrieden sind,
kann man meistens versichert sein,
dass sie sich irren.
Johann Wolfgang von Goethe,
Maximen und Reflexionen

Wer hat, was ihn ausfüllt,
der sei damit zufrieden;
wer sich selbst gehören kann,
soll sich nicht entäußern.
Juan Ruiz de Alarcón y Mendoza,
Buch von rechter Liebe

Wer nicht zufrieden ist mit dem, was
er hat, der wäre auch nicht zufrieden
mit dem, was er haben möchte.
Berthold Auerbach, Auf der Höhe

Wer nichts begehrt, dem geht nichts ab.
Deutsches Sprichwort

Wie schwer ist es,
mit jemandem zufrieden zu sein.
Jean de La Bruyère, Die Charaktere

Zufriedene Menschen
sind die ordentlichsten.
Jean Paul, Leben des vergnügten
Schulmeisterlein Maria Wuz

Zufriedenheit ist der größte Reichtum.
Deutsches Sprichwort

Zufriedenheit ist ein so augenscheinliches Privileg der Dummheit,
dass es kompromittierend ist,
zufrieden zu sein, und dass man schon
deshalb nicht zufrieden sein kann,
selbst wenn man's wäre.
Heinrich Waggerl, Aphorismen

Zufriedenheit ist mehr wert
als Reichtum.
Sprichwort aus Frankreich

Zufriedenheit wohnt mehr in Hütten
als in Palästen.
Deutsches Sprichwort

Zufügen

Was du nicht willst, das man dir tu,
das füg auch keinem andern zu.
Deutsches Sprichwort

Was du andern zufügst,
das fügst du dir zu.
Christian Morgenstern, Stufen

Zugeben

Eben dasjenige, was niemand zugibt,
was niemand hören will,
muss desto öfter wiederholt werden.
Johann Wolfgang von Goethe,
Maximen und Reflexionen

Wir geben unsere Fehler
nur aus Eitelkeit zu.
François de La Rochefoucauld, Unterdrückte Maximen

Zügel

Der eine bedarf der Zügel,
der andere der Sporen.
Marcus Tullius Cicero, Ad Atticum

Nur keine Zügel,
die ertrag ich nicht!
Franziska Gräfin zu Reventlow, Tagebücher

Zügellosigkeit

Der Übel größtes
ist die Zügellosigkeit.
Sophokles, Antigone (Kreon)

Die Zügellosigkeit der Wünsche
führt nur zur Sklaverei.
Fjodor M. Dostojewski, Tagebuch eines Schriftstellers

In der heutigen Welt hält man
Zügellosigkeit für Freiheit.
Fjodor M. Dostojewski, Tagebuch eines Schriftstellers

Zugrunde gehen

Alles, was du siehst, wird rasch
zugrunde gehen, und die es zugrunde
gehen sehen, werden auch ihrerseits
rasch zugrunde gehen.
Mark Aurel, Selbstbetrachtungen

Einige gehen an dem gleichen Übel
zugrunde, das andere problemlos
überstehen; es trifft immer
die Schwächsten.
Niccolò Machiavelli, Briefe (an die Zehn, 17. Juli 1505)

Es ist nach allem doch besser,
zugrunde zu gehen,
als zugrunde zu richten.
Vincent van Gogh, Briefe

Wenn du dich in Gefahr glaubst,
an einem Menschen zugrunde zu
gehen, so rechne es ihm nicht gleich
als Schuld an, sondern frage dich
vorerst, wie lange du schon nach
einem solchen Menschen gesucht hast.
Arthur Schnitzler,
Buch der Sprüche und Bedenken

Zuhause

Ein Zuhause ist, wohin man geht,
wenn einem die Orte ausgegangen sind.
Barbara Stanwyck

Es fängt alles beim Zuhause an.
Lido Anthony »Lee« Iacocca,
Mein amerikanischer Traum

Fühlen Sie sich hier wie zu Hause,
doch vergessen Sie nicht,
hier bin ich zu Hause.
Jules Renard, Ideen, in Tinte getaucht.
Aus dem Tagebuch von Jules Renard

Jeder Vogel findet sein Nest schön.
Sprichwort aus Frankreich

Wir sind nie recht zu Haus;
wir schweben immer irgendwie über
der Wirklichkeit.
Michel Eyquem de Montaigne, Die Essais

Zuhören

Die Leute können ein Großmaul
nicht ausstehen, aber zuhören
werden sie immer.
Cassius Clay

Ein Tischgespräch zu zweit
ist das ergiebigste von allen.
Das Fehlen von Zuhörern
unterdrückt die Eitelkeit.
André Maurois

Fleißige Zuhörer machen
fleißige Prediger.
Deutsches Sprichwort

Ich kenne viele Menschen, die in
der Gesellschaft gut zu reden wissen:
Aber ich kenne wenige,
die gut zu hören verstehen.
Christian Garve, Über Gesellschaft und Einsamkeit

Reden können ist nicht so viel wert,
wie zuhören können.
Chinesisches Sprichwort

Warum gelingt uns das Epische so selten? Weil wir keine Zuhörer haben.
Johann Wolfgang von Goethe, Briefe (an Schiller,
27. Dezember 1797)

Wenn ein Mann will,
dass ihm seine Frau zuhört, braucht
er nur mit einer anderen zu reden.
Liza Minelli

Wie willst du die Fähigkeit zuzuhören
bewahren, wenn du niemals zuhörst?
Dag Hammarskjöld, Zeichen am Weg

Zuhören ist eine leise, aber elementare
Äußerung guten Benehmens.
Thaddäus Troll

Zukunft

Aber so wenig als im Leben
des Einzelnen ist es für das Leben
der Menschheit wünschenswert,
die Zukunft zu wissen.
Jacob Burckhardt, Weltgeschichtliche Betrachtungen

Alt ist man dann,
wenn man an der Vergangenheit
mehr Freude hat als an der Zukunft.
John Knittel

Am liebsten erinnere ich mich
an die Zukunft.
Salvador Dalí

An das Künftige dringt
kein sterblicher Blick.
Sophokles, Die Trachinierinnen (Hyllos)

Angst vor der Zukunft heißt heute
Angst vor keiner Zukunft.
Armand Salacrou

Auch fordert jede Wirkung eine gleich
starke Gegenwirkung, jedes Zeugen
ein gleich tätiges Empfangen.
Die Gegenwart muss daher schon
auf die Zukunft vorbereitet sein.
Wilhelm von Humboldt, Ideen über Staatsverfassung

Auf dem Baume Zukunft bauen wir
unser Nest; Adler sollen uns Einsamen
Speise bringen in ihren Schnäbeln!
Friedrich Nietzsche, Also sprach Zarathustra

Aus der Vergangenheit kann jeder
lernen. Heute kommt es darauf an,
aus der Zukunft zu lernen.
Herman Kahn

Befürchtungen, Hoffnungen, Wünsche
tragen uns immer in die Zukunft;
sie bringen uns um die Möglichkeit,
das, was jetzt ist, zu fühlen und zu
beachten; stattdessen gaukeln sie uns
Dinge vor, die einmal kommen sollen,
vielleicht erst dann, wenn wir gar
nicht mehr sind.
Michel Eyquem de Montaigne, Die Essais

Blicke dich nicht um. Träume nicht
von der Zukunft, sie wird dir nicht die
Vergangenheit zurückgeben
noch andere Glücksträume erfüllen.
Deine Pflicht und deine Belohnung,
dein Schicksal, sind hier und jetzt.
Dag Hammarskjöld, Zeichen am Weg

Blicke nicht zurück.
Es kann dir nichts mehr helfen.
Blicke vorwärts!
Friedrich Schiller, Wallensteins Tod (Wallenstein)

Das Beste an der Zukunft ist,
dass nie zwei Tage auf einmal kommen.
Dean Acheson

Das künftige Leben interessiert
uns mehr als das gegenwärtige.
Leo N. Tolstoi, Tagebücher (1852)

Das Merkwürdigste an der Zukunft
ist wohl die Vorstellung,
dass man unsere Zeit später
die gute alte Zeit nennen wird.
John Steinbeck

Das Zukünftige soll dich
nicht beunruhigen, denn du wirst,
wenn nötig, zu ihm herankommen mit
derselben Vernunft, die du jetzt dem
Gegenwärtigen gegenüber gebrauchst.
Mark Aurel, Selbstbetrachtungen

Dem gehört das Morgen nicht,
Der nicht das Heute
glücklich schon zurückgelegt.
Sophokles, Die Trachinierinnen (Deianeira)

Dem Vergangenen Dank,
dem Kommenden: Ja!
Dag Hammarskjöld, Zeichen am Weg

Denke beratend an die Vergangenheit,
genießend an die Gegenwart
und handelnd an die Zukunft.
Joseph Joubert, Gedanken, Versuche und Maximen

Denn wie der Jüngling
in der Zukunft lebt,
So lebt der Mann
mit der Vergangenheit;
Die Gegenwart weiß keiner
recht zu leben.
Franz Grillparzer, Das goldene Vließ – Medea (Jason)

Der einzige Unterschied zwischen dem
Heiligen und dem Sünder ist,
dass jeder Heilige eine Vergangenheit
und jeder Sünder eine Zukunft hat.
Oscar Wilde

Der heutige Tag verbürgt nicht
den morgigen.
Chinesisches Sprichwort

Der Weg führt nicht zurück
in den Schrebergarten.
Der Weg führt vorwärts
in eine neue Industriegesellschaft.
Norbert Blüm, Unverblümtes von Norbert Blüm

Des Menschen Glück
besteht in zweierlei,
Dass ihm gewiss und ungewiss
die Zukunft sei.
Friedrich Rückert, Die Weisheit des Brahmanen

Die Jugend hat Heimweh
nach der Zukunft.
Jean-Paul Sartre

Die kommende Zeit ist nicht mehr
dein Eigen als die vergangene.
Sprichwort aus England

Die künftigen Zeiten
brauchen auch Männer.
Johann Wolfgang von Goethe,
Götz von Berlichingen (Götz)

Die Nacht des Indianers
verspricht dunkel zu werden.
Seattle, Chief Seattle – A Gentleman by Instinct –
His native Eloquence. Urfassung der Rede Häuptling Seattles

Die Quelle allen Unheils,
unter dem die Menschen leidet,
liegt darin, dass sie die Zukunft
voraussehen und für sie
arbeiten wollen.
Leo N. Tolstoi, Tagebücher (1900)

Die Zukunft der Arbeit entscheidet
auch über die Zukunft der Freiheit.
Wolfgang Thierse

Die Unkenntnis zukünftiger Übel
ist besser als das Wissen darum.
Marcus Tullius Cicero, Über die Wahrsagung

Die Vergangenheit und die Zukunft
verhüllen sich uns; aber jene trägt
den Witwen-Schleier und diese
den jungfräulichen.
Jean Paul, Dr. Kazenbergers Badereise

Die Zukunft gehört keinem.
Sprichwort aus Afrika

Die Zukunft hat schon begonnen.
Robert Jungk

Die Zukunft ist auch nicht mehr
was sie war.
Hermann Josef Abs

Die Zukunft ist die Ausrede all jener,
die in der Gegenwart nichts tun wollen.
Harold Pinter

Die Zukunft ist ein Bankier,
dessen fortwährende Pleiten
seinen Kredit nicht zerstören.
Winston Churchill

Die Zukunft ist nicht einfach
Verlängerung der Gegenwart.
Norbert Blüm, Die Kollegen stehen am Abgrund.
In: Der Spiegel, Nr. 28/1986

Die Zukunft ist unser Hemd,
aber die Gegenwart ist unsere Haut.
Eugène Ionesco

Die Zukunft kann besser sein,
und sie wird besser sein,
wenn wir die neuen Technologien
richtig verwenden.
Hans-Dietrich Genscher,
Die technologische Herausforderung (1983)

Die Zukunft kommt in Raten,
das ist das Erträgliche an ihr.
Alfred Polgar

Die Zukunft sieht man nicht,
die Vergangenheit wohl.
Das ist seltsam, denn wir haben ja
unsere Augen nicht auf dem Rücken.
Eugène Ionesco

Die Welt kann verändert werden.
Zukunft ist kein Schicksal.
Robert Jungk

Zukunft

Ein Optimist ist jemand, der glaubt,
dass die Zukunft ungewiss ist.
Paul Löwinger

Eine Aussicht muss es geben
und eine Zukunft auch,
selbst wenn wir ihre Geographie
nicht kennen.
Vincent van Gogh, Briefe

Eine lang dauernde Zukunft
erfordert als Voraussetzung
eine lang dauernde Vergangenheit.
Honoré de Balzac, Die Physiologie der Ehe

Eine Nation muss scheitern,
wenn sie ihre Zukunft
in der Vergangenheit sieht.
Walther Leisler Kiep

Eine Zukunft, von der man
zu viel spricht, gehört bereits
der Vergangenheit an.
André Malraux

Endlich
Ist immerdar die Zukunft Siegerin.
Ernst Raupach, König Konradin

Es gibt bedeutende Zeiten,
von denen wir wenig wissen,
Zustände, deren Wichtigkeit uns nur
durch ihre Folgen deutlich wird.
Johann Wolfgang von Goethe,
Geschichte der Farbenlehre

Es gibt keine Vergangenheit
ohne Zukunft.
Egon Friedell, Egon Friedells Konversationslexikon

Euch Sterblichen zum Glücke
verbarg der Götter Schluss
die Zukunft euerm Blicke.
Christian Fürchtegott Gellert

Europa wird sich nicht in Quantensprüngen voranbewegen, sondern nur
Schritt für Schritt.
Richard von Weizsäcker, Ansprache des Bundespräsidenten vor beiden Häusern des Parlaments
in London 1986

Frauen mit Vergangenheit
und Männer mit Zukunft
ergeben eine fast ideale Mischung.
Oscar Wilde

Für angenehme Erinnerungen
muss man im Voraus sorgen.
Paul Hörbiger

Für Zukunft leben zu wollen – ach,
es ist ein Knabentraum,
und nur wer für den Augenblick lebt,
lebt für die Zukunft.
Heinrich von Kleist, Briefe (an Wilhelmine von Zenge,
21. Mai 1801)

Gar töricht ist, wer auf die Zukunft baut.
Jean Racine, Die Prozesssüchtigen

Gott ist die Zukunft!
Bettina von Arnim, Clemens Brentanos Frühlingskranz

Große Vergangenheit verpflichtet,
sie verpflichtet zum Streben
nach gleich großer Zukunft.
Konrad Adenauer, bei der Wiedergründung
der Kölner Universität, Juni 1919

Heute sorget ihr für morgen,
Morgen für die Ewigkeit.
Ich will heut für heute sorgen,
Morgen ist für morgen Zeit.
Franz Grillparzer, Gedichte

Hüte dich, danach zu fragen,
was morgen geschehen wird!
Horaz, Lieder

Ich denke niemals an die Zukunft.
Sie kommt früh genug.
Albert Einstein

Ich interessiere mich sehr
für die Zukunft, denn ich werde den
Rest meines Lebens in ihr verbringen.
Charles F. Kettering

Ich verstehe Einstein nicht, aber die
heutigen Gymnasiasten verstehen ihn.
Wir müssen also auf die Zukunft hoffen.
Eugène Ionesco

Ich wollte, ich wüsste
nicht um die Zukunft.
Ovid, Metamorphosen

Immer mehr wird erkannt, dass es
ohne das klare ja,
ohne den Willen zur Leistung
keine Zukunft gibt.
Helmut Kohl, Leitlinien und Chancen
der Luft- und Raumfahrtpolitik (1986)

Jeder ist seine eigene Parze und
spinnt sich selber seine Zukunft.
Joseph Joubert,
Gedanken, Versuche und Maximen

Jeder Mensch ist eine Linse
für Strahlen aus der Vergangenheit
und Zukunft.
Anne Morrow Lindbergh, Halte das Herz fest

Jegliche Rede,
Wie sie auch weise sei,
der erdgeborenen Menschen
Löst die Rätsel nicht
der undurchdringlichen Zukunft.
Johann Wolfgang von Goethe, Achilleis

Kluge Männer pflegen nicht grundlos
und zu Unrecht zu sagen,
wer die Zukunft voraussehen wolle,
müsse die Vergangenheit betrachten,
denn alle Begebenheiten auf dieser
Welt haben immer ihr Seitenstück
in der Vergangenheit.
Niccolò Machiavelli, Vom Staat

Man muss die Vergangenheit
mit Ehrfurcht aufnehmen,
die Gegenwart mit Misstrauen,
wenn man für die Zukunft sorgen will.
Joseph Joubert, Gedanken, Versuche und Maximen

Man sichert sich die Zukunft,
wenn man die Vergangenheit ehrt.
Kaiserin Augusta

Nichts ist wahrem Glück so sehr
im Wege wie die Gewohnheit,
etwas von der Zukunft zu erwarten.
Leo N. Tolstoi, Tagebücher (1853)

Nur was für die Gegenwart zu gut
ist, ist gut genug für die Zukunft.
Marie von Ebner-Eschenbach, Aphorismen

Nur wer an die Zukunft glaubt,
glaubt an die Gegenwart.
Brasilianisches Sprichwort

Oft ist die Zukunft schon da,
ehe wir ihr gewachsen sind.
John Steinbeck

Satire ist Hochrechnung in die
Zukunft. Um zu zeigen, was heute ist,
muss man zeigen, wie es weitergeht.
Helmut Ruge

Sobald man davon spricht,
was im nächsten Jahr geschehen wird,
lacht der Teufel.
Japanische Weisheit

Über die Zukunft wird vor allem
dort entschieden, wo heute im Unternehmen Entscheidungen getroffen
werden, die sich morgen am Markt
bewähren müssen.
Helmut Kohl, Notwendiger Dialog zwischen Politik
und Wirtschaft. Rede des Bundeskanzlers
vor dem BDI in Bonn 1986

Und doch, wer wendet sein Herz nicht
gern der Zukunft zu, wie die Blumen
ihre Kelche der Sonne?
Heinrich von Kleist, Briefe (an Ulrike von Kleist,
5. Februar 1801)

Unser Verlangen nach Lust verknüpft
uns der Gegenwart.
Die Sorge um unser Heil macht uns
von der Zukunft abhängig.
Charles Baudelaire, Tagebücher

Unsere Zeit will sich eine neue
Zukunft gebären, und die Mutter,
die in den Wochen ihre Schmerzenslaute ausstößt, kann und mag nicht
das Glück der Liebe besingen.
Wilhelm Schulz, Die Statistik der Kultur

Vergangenes ist spiegelhell,
Zukünftiges – dunkel wie
schwarzer Lack.
Chinesisches Sprichwort

Wachet und horcht, ihr Einsamen!
Von der Zukunft her kommen Winde
mit heimlichem Flügelschlagen; und
an feine Ohren ergeht gute Botschaft.
Friedrich Nietzsche, Also sprach Zarathustra

Wage dich mit deinem Verstande
nie über die Grenzen
deines Lebens hinaus.
Sei ruhig über die Zukunft.
Heinrich von Kleist, Briefe (an Wilhelmine von Zenge,
13.–18. September 1800)

Warum sich in Zukunftsträumen
wiegen, da man doch nie mit einer
Gegenwart zufrieden ist,
die einmal Zukunft war?
Sully Prudhomme, Gedanken

Was aber künftig ist,
bleibt mir verborgen.
Johann Wolfgang von Goethe,
Des Epimenides Erwachen (Epimenides)

Was die Zukunft an Umfang voraus
hat, ersetzt die Vergangenheit an Gewicht, und an ihrem Ende sind ja die
beiden nicht mehr zu unterscheiden.
Franz Kafka, Tagebücher (1910)

Was mag uns die Zukunft bringen?
Was wir der Zukunft bringen.
Peter Benary

Was nicht ist, es kann noch werden.
Johann Wolfgang von Goethe, Des Epimenides
Erwachen (Dämon der Unterdrückung), auch
deutsches Sprichwort

Was nicht ist, kann noch werden.
Deutsches Sprichwort

Weise hüllt der Gott den Ausgang
der kommenden Zeit in düstere Nacht.
Horaz, Lieder

Welch ein rätselhaftes, unbeschreibliches, geheimnisreiches, lockendes
Ding die Zukunft, wenn wir noch
nicht in ihr sind – wie schnell und
unbegriffen rauscht sie als Gegenwart
davon – und wie klar, verbraucht
und wesenlos liegt sie dann
als Vergangenheit da.
Adalbert Stifter, Studien

Wenn du von der Zukunft
mehr wüsstest, wäre die Vergangenheit
noch schwerer.
Elias Canetti, Die Provinz des Menschen.
Aufzeichnungen 1942–1972

Wenn man zu weit in die Zukunft
schaut, läuft man Gefahr, den Mut
zu verlieren. Leben wir also bewusst
jeden Tag und halten wir uns immer
zum Sterben bereit.
Papst Johannes XXIII., Briefe an die Familie
(Nichte Enrica), 2. März 1949

Wer die Vergangenheit nicht kennt,
wird die Zukunft nicht in den Griff
bekommen.
Golo Mann

Wer die Zukunft als Gegenwind empfindet, geht in die falsche Richtung.
Martin Held

Wer die Zukunft fürchtet,
verdirbt sich die Gegenwart.
Lothar Schmidt

Wer in der Zukunft lesen will,
muss in der Vergangenheit blättern.
André Malraux

Wer wird denn nach zehntausend Jahren noch von Hellenen oder von uns
reden? Ganz andere Vorstellungen
werden kommen, die Menschen werden ganz andere Worte haben, mit
ihnen in ganz anderen Sätzen reden,
und wir würden sie gar nicht verstehen, wie wir nicht verstehen würden,
wenn etwas zehntausend Jahre
vor uns gesagt worden wäre und uns
vorläge, selbst wenn wir der Sprache
mächtig wären. Was ist dann jeder
Ruhm?
Adalbert Stifter, Der Nachsommer

Wir blicken so gern in die Zukunft,
weil wir das Ungefähre, was sich
in ihr hin und her bewegt, durch stille
Wünsche so gern zu unsern Gunsten
heranleiten möchten.
Johann Wolfgang von Goethe,
Maximen und Reflexionen

Wir brauchen viele neue Ideen.
Mit Ladenhütern werden
wir das Jahr 2000 nicht erreichen.
Norbert Blüm, Unverblümtes von Norbert Blüm

Wir kommen von zu viel her. Wir
bewegen uns auf zu wenig weiter.
Elias Canetti, Die Provinz des Menschen.
Aufzeichnungen 1942–1972

Wir wissen wohl, was wir sind,
aber nicht, was wir werden können.
William Shakespeare, Hamlet (Ophelia)

Wir wollen nicht zurück zu irgendeiner Idylle; wir wollen in die Zukunft
gehen, und zu dieser Zukunft gehört
der Leistungswille.
Helmut Kohl, Neue Chancen und Perspektiven
der Hochschulen, 1983

Zukunft ist die Ausrede derer,
die Vergangenheit und Gegenwart
zu verbergen trachten.
Ludwig Marcuse

Zukunft ist die Gegenwart,
die nicht gelebt wird.
Hellmut Walters

Zukunft ist die Zeit, in der du bereust,
das nicht getan zu haben, was du
heute tun kannst.
Theodore Dreiser

Zukunft ist die Zeit, in der man
die ganze Vergangenheit kennen wird.
Solange man die Vergangenheit
nur teilweise kennt, lebt man
in der Gegenwart.
Gabriel Laub

Zukunft: jene Zeit,
in der unsere Geschäfte gut gehen,
unsere Freunde treu sind
und unser Glück gesichert ist.
Ambrose Bierce

Zukunft wird nur dann möglich sein,
wenn wir lernen, auf Dinge,
die machbar wären, zu verzichten,
weil wir sie nicht brauchen.
Günter Grass

Zukunftsforschung heißt die Kunst,
sich zu kratzen, bevor es einen juckt.
Peter Sellers

Zuneigung

Denn die Zuneigung ist
etwas Rätselvolles,
die mit der Gutheißung dessen,
was der andere tut, in keinem
notwendigen Zusammenhange steht.
Theodor Fontane, Briefe

Es gibt ein untrügliches Maß
für die Zuneigung: die Zeit,
die man ihr widmet.
Sully Prudhomme, Gedanken

Nichts belastet so sehr
wie fremde Zuneigung (...).
Fernando Pessoa, Das Buch der Unruhe
des Hilfsbuchhalters Bernardo Soares

Was man Zuneigung nennt, ist
in Wirklichkeit nichts anderes
als Sympathie der Gewohnheit.
Adam Smith

Zunge

Alle menschlichen Organe
werden irgendwann einmal müde,
nur die Zunge nicht.
Konrad Adenauer

Besser ist es, die Zunge
zu beherrschen, als zu fasten
bei Wasser und Brot.
Juan de la Cruz, Merksätze von Licht und Liebe

Böse Zungen schneiden schärfer
als Schwerter.
Deutsches Sprichwort

Dem Guten fehlt die glatte Zunge,
Glattzüngige sind nicht gut.
Lao-tse, Dao-de-dsching

Der berühmte »rechte Fleck«,
auf dem man sein Herz haben soll,
ist jedenfalls nicht die Zunge.
Paul Nikolaus Cossmann, Aphorismen

Der Koch muss seines Herren
Zunge haben.
Deutsches Sprichwort

Der Weiber Zungen können
schlau verführen.
William Shakespeare, Heinrich VI. (Alençon)

Die Frauen haben eine gewandte Zunge; sie reden viel eher, viel leichter
und viel angenehmer als die Männer.
Jean-Jacques Rousseau, Emile

Die Waffe der Frau ist traditionsgemäß
ihre Zunge, und die oberste
revolutionäre Taktik ist stets
die Verbreitung von Information.
Germaine Greer, Der weibliche Eunuch

Die zappelnde Zunge,
die kein Zaum verhält,
Ergellt sich selten Gutes.
Edda, Hávamál (Des Hohen Lied)

Die Zunge ist das allerletzte Mittel
einer Frau, um sich ihrem Mann
verständlich zu machen.
Sprichwort aus England

Die Zunge ist das Schwert der Frauen,
und sie lassen es nicht rostig werden.
Sprichwort aus Frankreich

Die Zunge ist des Herzens Dolmetsch.
Deutsches Sprichwort

Die Zunge ist die Saat des Herzens
und das Herz die Wurzel der Zunge.
Chinesisches Sprichwort

Die Zunge mag schweigen,
wenn nur die Tat spricht.
Samuel Smiles, Charakter

Ein treues Herz besänftigt die Götter
der Erde, eine scharfe Zunge bringt
ein Land in Gefahr.
Chinesisches Sprichwort

Ein wildes Tier ist die Zunge:
Hat sie sich einmal losgerissen, so
hält es schwer, sie wieder anzuketten.
Sie ist der Puls der Seele, an welchem
die Weisen die Beschaffenheit derselben erkennen: An diesem Puls fühlt
der Aufmerksame jede Bewegung
des Herzens.
Baltasar Gracián y Morales, Handorakel und Kunst
der Weltklugheit

Eine Frauenzunge ist nur drei Zoll
lang, aber sie kann einen sechs Fuß
hohen Mann umbringen.
Sprichwort aus Japan

Eine scharfe Zunge ist das einzige
Werkzeug, dessen Schneide durch
dauernden Gebrauch schärfer wird.
Washington Irving, Rip van Winkle

Einen Ochsen nimmt man
bei seinen Hörnern, und
einen Mann bei seiner Zunge.
Sprichwort aus England

Es ist der Menschen Zunge,
nicht die Tat, die alles lenkt.
Sophokles, Philoktet (Odysseus)

Gib deiner Zunge mehr Feiertage
als deinem Kopfe!
Sprichwort aus Schottland

In einem großen Mund
steckt eine lange Zunge.
Chinesisches Sprichwort

Lass deine Zunge
gleich der Zunge sein der Waage;
Kind, wo sie stille steht,
ist ihre beste Lage.
Friedrich Rückert, Die Weisheit des Brahmanen

Mancher gleitet aus, doch ohne
Absicht. Wer hätte noch nie
mit seiner Zunge gesündigt?
Altes Testament, Jesus Sirach 19, 16

Mir dient meine Rechte besser
als die Zunge.
Ovid, Metamorphosen

Peitschenhieb schlägt Striemen,
Zungenhieb zerbricht Knochen.
Viele sind gefallen durch ein scharfes
Schwert, noch viel mehr sind gefallen
durch die Zunge.
Altes Testament, Jesus Sirach 28, 17–18

Vor bösen Zungen fürchte dich.
Chinesisches Sprichwort

Wer Recht behalten will
und hat nur eine Zunge,
Behält's gewiss.
Johann Wolfgang von Goethe, Faust I (Faust)

Wie ein sandiger Aufstieg für die Füße
eines Greises ist eine zungenfertige
Frau für einen stillen Mann.
Altes Testament, Jesus Sirach 25, 20

Zurückhaltung

Auch darin gleicht die Welt
den Weibern: Mit Scham und Zurückhaltung erreicht man nichts bei ihr.
Giacomo Leopardi, Gedanken aus dem Zibaldone

Viele sind nicht aus Härte zurückhaltend, sie fürchten nur
unnötigen Ärger.
Altes Testament, Jesus Sirach 29, 7

Zurückweichen

Schrittweises Zurückweichen
ist oft schlimmer als ein Sturz.
Marie von Ebner-Eschenbach, Aphorismen

Weiche zurück, um voranzugehen.
Chinesisches Sprichwort

Wenn ein Mann zurückweicht,
weicht er zurück.
Eine Frau weicht nur zurück,
um besser Anlauf nehmen zu können.
Zsa Zsa Gabor

Zurückziehen

Die Ursachen eines Mädchens, das sich
zurückzieht, scheinen immer gültig,
die des Mannes niemals.
Johann Wolfgang von Goethe, Dichtung und Wahrheit

Sich in sich zurückziehen heißt,
die verstreuten Mächte unserer Seele
auf ihr Prinzip zurückführen
und sie der Verbindung mit der Welt
entziehen.
Théodore Jouffroy, Das grüne Heft

Wenn du dich auf den persönlichen
Bereich zurückziehst, wird kleiner alles
sein, aber dich mehr als genug erfüllen.
Lucius Annaeus Seneca, Briefe über Ethik

Zieh dich auf dich selbst zurück,
so weit du kannst.
Lucius Annaeus Seneca, Briefe an Lucilius

Zusammengehörigkeit

Es ist als Tugend auszurufen, dass sich
Menschen zusammengehörig fühlen –
das war der geniale Einfall eines
Mächtigen, der eine Garde brauchte.
Arthur Schnitzler, Buch der Sprüche und Bedenken

Menschen, die zueinander gehören,
finden auf wundersame Weise
immer wieder zusammen.
Heinz Rühmann

Pfefferkuchen und Branntwein
Wollen stets beisammen sein.
Deutsches Sprichwort

Zusammenhalt

Ein Herr beißt den anderen nicht.
Deutsches Sprichwort

Eine Krähe hackt
der andern kein Auge aus.
Deutsches Sprichwort

Lehrer sprechen nicht gegen Lehrer
und Ärzte nicht gegen Ärzte.
Chinesisches Sprichwort

Mandarine halten stets zusammen.
Chinesisches Sprichwort

Wenn die Finger kratzen,
geht der Daumen immer mit.
Chinesisches Sprichwort

Zusammenhang

Alles hängt notwendigerweise
zusammen wie die Glieder
einer Kette, und alles
ist zum Besten bestellt.
Voltaire, Candide oder Der Glaube an die beste
der Welten

Denn es fehlte mir
der Zusammenhang,
und darauf kommt doch
eigentlich alles an.
Johann Wolfgang von Goethe,
Wilhelm Meisters Lehrjahre

Zusammenleben

Arbeit, Arbeit – das ist das Geheimnis
des Zusammenlebens mit einem Menschen, den man mehr als alles liebt.
Sylvia Plath, Briefe nach Hause (17. Juni 1957)

Dass zwei Erwachsene zusammenleben
können, ist eines der größten Wunder;
in den meisten Fällen können sie es
wirklich nicht, was nur dadurch
verdeckt wird, dass sie auch nicht
auseinander können.
Ludwig Marcuse, Argumente und Rezepte.
Ein Wörter-Buch für Zeitgenossen

Die Ansicht, dass das Zusammenwohnen freier Männer mit freien Weibern
ohne Vermählungsfeierlichkeiten
keine natürliche Verderbnis enthalte,
wird von allen Völkern der Welt durch
die menschlichen Sitten selbst als irrig
widerlegt; denn sie halten die Feierlichkeiten der Ehe aufs Sorgfältigste
und bezeugen damit,
dass jenes ein tierisches Vergehen,
wenn auch von niederem Grade sei.
Giambattista Vico, Neue Wissenschaft

Die Möglichkeit, durch die Liebe eine
ganze Persönlichkeit zu werden, hängt
zur Hälfte von dem ganzen und reinen
Willen des anderen ab, seinerseits
das Zusammenleben zu vertiefen.
Ellen Key, Über Liebe und Ehe

Die Natur hat uns Menschen für
das Zusammenleben geschaffen.
Michel Eyquem de Montaigne, Die Essais

Es ist doch nichts besser, als wenn
man sich liebt und zusammen ist.
Johann Wolfgang von Goethe, Briefe
(an Christiane Vulpius, 1. April 1804)

In der Ehe mag kein Frieden sein,
regiert darin das Mein und Dein.
Deutsches Sprichwort

Lass Raum sein in unserem
Zusammensein.
Kahlil Gibran

Mit jemand leben oder in jemand
leben ist ein großer Unterschied.
Es gibt Menschen, in denen man leben
kann, ohne mit ihnen zu leben, und
umgekehrt. Beides zu verbinden,
ist nur in der reinsten Liebe und Freundschaft möglich.
Johann Wolfgang von Goethe,
Maximen und Reflexionen

Nichts entfernt zwei innerlich
wenig verwandte Menschen mehr
voneinander als das Zusammenleben.
Marie von Ebner-Eschenbach, Aphorismen

Und doch ist oft nichts natürlicher,
als dass man nicht zusammenkommt,
wenn man so nahe beisammen ist.
Johann Wolfgang von Goethe, Italienische Reise

Völlig fremde und gegeneinander
gleichgültige Menschen, wenn sie eine
Zeitlang zusammenleben, kehren ihr
Inneres wechselseitig heraus,
und es muss eine gewisse
Vertraulichkeit entstehen.
Johann Wolfgang von Goethe,
Die Wahlverwandtschaften

Was bleibt von all den gemeinsam
verlebten Jahren? Es ist schwer
zu sagen. Wenn sie so wichtig waren,
wie kommt es dann,
dass nichts davon übrig bleibt?
Katherine Mansfield, Tagebücher

Wenn die Ehegatten nicht beisammen
lebten, würden die guten Ehen häufiger sein.
Friedrich Nietzsche, Menschliches, Allzumenschliches

Wenn man zusammen ist,
so weiß man nicht, was man hat,
weil man es so gewohnt ist.
Johann Wolfgang von Goethe, Briefe
(an Christiane Vulpius, 1. April 1804)

Wie man die Menschen kennen lernt,
wenn man mit ihnen zusammenlebt,
so lernt man auch seine poetischen
Gestalten kennen, wenn man mit
ihnen zusammenlebt.
Leo N. Tolstoi, Tagebücher (1895)

Zuschauer

Die Teilnahme der Bürger
an der Politik reduziert sich allmählich
aufs Zuschauen am Bildschirm.
Rudolf Wassermann

Diese Helden! Immer wissen sie,
wer zuschaut.
Elias Canetti, Die Provinz des Menschen.
Aufzeichnungen 1942–1972

In Wahrheit spiegelt die Kunst
den Zuschauer, nicht das Leben.
Oscar Wilde, Das Bildnis des Dorian Gray

Sollt ich aus der Ferne schauen?
Nein, ich teile Sorg und Not!
Johann Wolfgang von Goethe, Faust II (Euphorion)

Überall gibt es Zuschauer –
Menschen, die an etwas interessiert
sind, das sie gar nicht interessiert.
Peter Altenberg

Wer fragt die Zuschauer schon,
was sie wünschen, wenn das, was
sie wünschen, nicht erwünscht ist.
Manfred Delling

Zustand

Ein Zustand,
der alle Tage neuen Verdruss zuzieht,
ist nicht der rechte.
Johann Wolfgang von Goethe,
Maximen und Reflexionen

Jeder Zustand hat seine Beschwerlichkeit, der beschränkte sowohl
als der losgebundene.
Johann Wolfgang von Goethe,
Die Wahlverwandtschaften

Zustand ist ein albernes Wort; weil
nichts steht und alles beweglich ist.
Johann Wolfgang von Goethe, Briefe
(an Barthold Georg Niebuhr, 23. November 1812)

Zustimmung

Nichts wirkt so eintönig
wie ständige Zustimmung.
Joseph Joubert, Gedanken, Versuche und Maximen

Niemand ist gut genug, einen anderen
ohne dessen Zustimmung zu regieren.
Abraham Lincoln, Reden (1854)

Prinzipielle Zustimmung ist leicht
zu haben. Wenn es aber darum geht,
Konsequenzen aus prinzipiellen
Einsichten zu ziehen, nimmt
die Zustimmung proportional
zur Konkretisierung der Prinzipien ab.
Norbert Blüm, Ein ZEIT-Interview mit Norbert Blüm.
In: DIE ZEIT, Nr. 10/1989

Was alle berührt, muss auch
von allen gebilligt werden.
Papst Bonifatius VIII., Liber sextus decretalium

Wer schweigt, scheint beizustimmen.
Papst Bonifatius VIII., Liber sextus decretalium

Wir stimmen den anderen nur zu,
wenn wir eine Gemeinsamkeit
zwischen ihnen und uns empfinden.
Jean de La Bruyère, Die Charaktere

Zustimmen, das heißt gewöhnlich:
würdevoll nachgeben.
Lothar Schmidt

Zutrauen

An unserem Zutrauen
zu anderen haben sehr oft
Trägheit, Selbstsucht und Eitelkeit
den größten Anteil.
Arthur Schopenhauer, Aphorismen zur Lebensweisheit

Lernen Sie die Menschen kennen,
zu denen man Zutrauen haben kann!
Johann Wolfgang von Goethe,
Wilhelm Meisters Lehrjahre

Seelengröße scheint zu besitzen,
wer sich selbst Großes zutraut,
und zwar mit Recht.
Aristoteles, Nikomachische Ethik

Was andere uns zutrauen, ist meist
bezeichnender für sie als für uns.
Marie von Ebner-Eschenbach, Aphorismen

Was man sich zutraut, muss man tun,
nicht nur, was man kann.
Heinrich Waggerl, Nachlass

Wer hat nicht schon das,
was er sich zutraut, für das gehalten,
was er vermag?
Marie von Ebner-Eschenbach, Aphorismen

Wer sich weniger zutraut,
als er leisten kann, ist kleinmütig.
Aristoteles, Nikomachische Ethik

Zuverlässigkeit

Der bescheidenste Mensch
ist auch der zuverlässigste.
Chinesisches Sprichwort

Die eigene Zuverlässigkeit
lernt man erst schätzen, wenn man
sich auf andere verlassen muss.
Mariano Rumor

Ist dies die Welt, von deren
Wankelmut, Unzuverlässigkeit
ich viel gehört und nichts empfunden?
Ist dies die Welt?
Johann Wolfgang von Goethe, Egmont (Klärchen)

Menschen, welche rasch Feuer fangen,
werden schnell kalt und sind daher
im Ganzen unzuverlässig.
Friedrich Nietzsche, Menschliches, Allzumenschliches

Wer sich selbst verleugnet,
kann anderen kein
zuverlässiger Partner sein.
Richard von Weizsäcker, Ansprache des Bundespräsidenten vor beiden Häusern des Parlaments
in London 1986

Zuverlässigkeit
kann auch darin bestehen,
dass jemand regelmäßig versagt.
Amintore Fanfani

Zuversicht

In Zuversicht
geht eure Weisheit unter.
William Shakespeare, Julius Caesar (Calpurnia)

Zuversicht ist Lust, entsprungen
aus der Idee eines zukünftigen
oder vergangenen Dinges,
bei dem die Ursache des Zweifelns
geschwunden ist.
Baruch de Spinoza, Ethik

Zuviel

Allzuviel ist ungesund.
Deutsches Sprichwort

Da wo zwei Köche an einem Herd,
Da bin ich nicht gern eingekehrt.
Jüdische Spruchweisheit

Ein Mann kann nicht die Arbeit
von zwei Boten tun.
Chinesisches Sprichwort

Viele Zimmerleute bauen dir
ein schiefes Haus.
Chinesisches Sprichwort

Wenn zwei Männer ein Boot
abdichten, wird es sicher lecken.
Chinesisches Sprichwort

Zu viel Reichtum belastet den Menschen, zu viel Essen schadet
dem Magen.
Chinesisches Sprichwort

Zuviel und Zuwenig
taugen beide nicht.
Chinesisches Sprichwort

Zwang

Alles, was die Natur zwingt und bindet, ist von schlechtem Geschmack.
Dies gilt für den Putz des Leibes
wie für den Schmuck des Geistes.
Jean-Jacques Rousseau, Emile

Dass man sich zwingen kann,
beweist nicht, dass man liebt.
Johann Wolfgang von Goethe,
Die Laune des Verliebten (Eridon)

Durch nichts entziehen wir uns
so sehr dem Zwange von außen
wie durch Selbstzwang.
Arthur Schopenhauer, Aphorismen zur Lebensweisheit

Eine Seele ohne Zwang
ist auch ohne Laster.
Peter Hille, Aphorismen

Es wäre ein Wunder,
wenn ein junger Mann,
der unter einem unausgesetzten
System unnatürlichen Zwangs steht,
nicht zuletzt ein Heuchler würde.
Charles Dickens, Harte Zeiten

Gezwungene Ehe
– des Herzens Wehe.
Deutsches Sprichwort

Ich will doch sehen,
wer mich hält,
wer mich zwingt –
wer der Mensch ist,
der einen Menschen zwingen kann.
Gotthold Ephraim Lessing,
Emilia Galotti (Emilia)

Jeder Zwang
ist Gift für die Seele.
Ludwig Börne, Briefe aus Paris

Kein Mensch muss müssen.
Deutsches Sprichwort

Kunst kommt nicht von Können,
sondern von Müssen.
Arnold Schönberg

Lieben und Singen
lässt sich nicht zwingen.
Deutsches Sprichwort

Man kann einen zwingen,
die Augen zu schließen,
aber nicht zu schlafen.
Sprichwort aus Dänemark

Muss ist ein bitter Kraut.
Deutsches Sprichwort

Muss ist ein böses Mus.
Deutsches Sprichwort

Muss ist harte Buß.
Deutsches Sprichwort

Muss ist Zwang,
und Kreischen ist Kindergesang.
Deutsches Sprichwort

Oft muss man spielen,
wie die Geige will.
Deutsches Sprichwort

Schlimm ist der Zwang,
doch es gibt keinen Zwang,
unter Zwang zu leben.
Epikur, Sprüche. In: Briefe, Sprüche, Werkfragmente

Wenn der Bauer nicht muss,
rührt er weder Hand noch Fuß.
Deutsches Sprichwort

Wenn der Esel nicht will,
so muss er.
Deutsches Sprichwort

»Wenn du es nicht tust,
fresse ist dich.«
Da fürchtete sich der Müller und
machte ihm die Pfote weiß.
Ja, so sind die Menschen.
Jacob und Wilhelm Grimm,
Der Wolf und die sieben jungen Geißlein

Wenn man sich zum Mut zwingt,
kommt er schließlich doch
von selbst wieder.
Franziska Gräfin zu Reventlow, Tagebücher

Wer Weisheit übt,
legt andern keinen Zwang auf.
Friedrich von Bodenstedt, Mirza Schaffy

Wir müssen unverzagt
an unsern Gittern rütteln,
Um allen Geisteszwang
auf immer abzuschütteln.
Molière, Die gelehrten Frauen (Belise)

Witze sind wie Obst:
Druck vertragen die wenigsten.
Helmut Qualtinger

Zwang tötet.
Adolph Freiherr von Knigge,
Über den Umgang mit Menschen

Zwang währt nicht lang.
Deutsches Sprichwort

Zweck

Abscheuliche Mittel,
für gute Zwecke eingesetzt,
machen auch den Zweck abscheulich.
Anton P. Tschechow, Briefe (1. August 1892)

Am Fortschritt der Moral beteiligt,
sind wir darüber einig nun,
dass nicht der Zweck die Mittel heiligt.
Doch der Erfolg wird's ewig tun.
Ludwig Fulda

Darin liegt Erhabenheit der Liebe,
dass sie den persönlichen Zweck
aufhebt.
Walter Rathenau, Auf dem Fechtboden des Geistes.
Aphorismen aus seinen Notizbüchern

Das Mittel kann den Zweck
entheiligen.
Emil Gött, Zettelsprüche. Aphorismen

Den Weisen kannst du
an der Wahl der Zweck' entdecken,
Den Klugen an der Wahl
der Mittel zu den Zwecken.
Friedrich Rückert, Die Weisheit des Brahmanen

Der gemeine Mann hält
bei seinem Kirchengehen
und Bibellesen
die Mittel für Zweck.
Georg Christoph Lichtenberg, Sudelbücher

Der Grund aller Verkehrtheit
in Gesinnung und Meinungen ist
– Verwechslung des Zwecks
mit dem Mittel.
Novalis, Politische Aphorismen

Der Zweck einer Sache,
die nicht bloß ein totes Mittel ist,
muss in ihr selbst liegen.
Johann Gottfried Herder, Ideen zur Philosophie
der Geschichte der Menschheit

Der Zweck einer Sache ist dasselbe
wie das, um dessentwillen sie
entstanden sein muss.
Aristoteles, Protreptikos

Der Zweck heiligt das Mittel nicht.
Deutsches Sprichwort

Der Zweck heiligt die Mittel.
Deutsches Sprichwort

Der Zweck heiligt höchstens
noch die Waschmittel.
Helmut Qualtinger

Der Zweck muss wertvoller sein
als das, was erst im Werden ist.
Aristoteles, Protreptikos

Die Mittel entheiligen den Zweck.
Erich Kästner, Kurz und bündig. Epigramme

Ewig wechselt der Wille
den Zweck und die Regel.
Friedrich Schiller, Spaziergang

Handle so, dass du die Menschheit,
sowohl in deiner Person als
in der Person eines jeden andern,
jederzeit zugleich als Zweck,
niemals bloß als Mittel brauchest.
Immanuel Kant, Grundlegung zur Metaphysik
der Sitten

Humanität besteht darin,
dass niemals ein Mensch
einem Zweck geopfert wird.
Albert Schweitzer

Ihr Zweckmenschen! Wäret ihr es
wenigstens recht! So fraget ihr euch
bei jeder Handlung deutlich und
besonnen: Wozu? Lohnt es? – Und
Ihr wäret nicht niedrig.
Walter Rathenau, Auf dem Fechtboden des Geistes.
Aphorismen aus seinen Notizbüchern

Im engen Kreis
verengert sich der Sinn,
Es wächst der Mensch
mit seinen größern Zwecken.
Friedrich Schiller, Wallenstein (Prolog)

In der Kunst heiligt der Zweck
die Mittel nicht, aber heilige Mittel
können hier den Zweck heiligen.
Friedrich Nietzsche, Menschliches, Allzumenschliches

Instinkt bezeichnet ein
zweckgerichtetes Handeln,
bei dem wir keine genaue Vorstellung
davon haben, was der Zweck ist.
Nicolai Hartmann

Jeder Weg zum rechten Zwecke
Ist auch recht in jeder Strecke.
Johann Wolfgang von Goethe, Sprüche

Jedes ist zu einem Zweck entstanden,
Pferd, Weinstock.
Was wunderst du dich?
Auch die Sonne wird sagen,
ich bin zu einer Aufgabe entstanden,
und die übrigen Götter.
Du nun wozu?
Mark Aurel, Selbstbetrachtungen

Jedes Werkzeug
erhält nämlich dadurch
seine Vollendung,
dass es nicht mehreren,
sondern nur einem Zwecke dient.
Aristoteles, Politik

Man mästet das Schwein
nicht um des Schweines willen.
Deutsches Sprichwort

Niemals heiligt der Zweck die Mittel,
wohl aber können die Mittel
den Zweck zuschanden machen.
Martin Buber

Warum ein Ochsenmesser nehmen,
um ein Huhn zu schlachten?
Chinesisches Sprichwort

Wer den Zweck will,
will auch die Mittel.
Sprichwort aus Frankreich

Wer immer nur nach dem Zweck
der Dinge fragt,
wird ihre Schönheit nie entdecken.
Halldór Laxness

Wie schwer,
den Zweck zu wollen
und die Mittel nicht
zu verschmähen!
Johann Wolfgang von Goethe,
Die Wahlverwandtschaften

Wir sind ferne von dem Grundsatz,
dass der Zweck das Mittel heilige,
wir überlassen ihn unsern Gegnern.
Louise Otto-Peters, Die Demokratinnen

Unmöglich kann das Erdenleben
ein letzter Zweck sein.
Wir haben ja nicht darum gebeten.
Helmuth von Moltke

Zuweilen wird ein Baum gefällt,
um einen Spatz zu fangen.
Chinesisches Sprichwort

Zweifel

Alles Wissen geht
aus einem Zweifel hervor
und endet in einem Glauben.
Marie von Ebner-Eschenbach, Aphorismen

Auch ist, wer an vielen Dingen
zweifelt, nicht gelehrter,
als wer über ebendiese niemals
nachgedacht hat, sondern er erscheint
nichtsdestoweniger eben darin
weniger gelehrt, falls er sich
nämlich über manche Dinge
eine falsche Meinung gebildet hat.
René Descartes, Regeln zur Leitung des Geistes

Auf Teufel reimt der Zweifel nur;
Da bin ich recht am Platze.
Johann Wolfgang von Goethe, Faust I (Skeptiker)

Der Glaube an die Wahrheit
beginnt mit dem Zweifel an allen
bis dahin geglaubten Wahrheiten.
Friedrich Nietzsche, Menschliches, Allzumenschliches

Der Glaube ist zum Ruhen gut,
Doch bringt er nicht von der Stelle.
Der Zweifel in ehrlicher Männerfaust,
Der sprengt die Pforten der Hölle.
Theodor Storm, Mannesmut

Der Glaube versetzt Berge,
der Zweifel erklettert sie.
Karl Heinrich Waggerl

Der Gläubige, der nie gezweifelt hat,
wird schwerlich
einen Zweifler bekehren.
Marie von Ebner-Eschenbach, Aphorismen

Der Zweifel ist das Wartezimmer
der Erkenntnis.
Eleonore Rozanek

Der Zweifel ist die einzige Möglichkeit,
die uns bleibt.
Dante Andrea Franzetti

Der Zweifel ist menschlichen Wissens
Grenze,
Die nur der blinde Glaube
überschreitet.
Adelbert von Chamisso, Gedichte

Der Zweifel ist's, der Gutes böse macht.
Bedenke nicht;
gewähre, wie du's fühlst.
Johann Wolfgang von Goethe, Iphigenie auf Tauris (Iphigenie)

Des Glaubens Sonde ist der Zweifel.
Johann Gottfried Seume, Apokryphen

Durch Zweifeln kommen wir nämlich
zur Untersuchung; in der Untersuchung erfassen wir die Wahrheit.
Pierre Abélard, Sic et non

Eigentlich weiß man nur,
wenn man wenig weiß;
mit dem Wissen wächst der Zweifel.
Johann Wolfgang von Goethe, Maximen und Reflexionen

Ein erkünsteltes Zweifeln
ist der feinste Dietrich, dessen
die Neugier sich bedienen kann,
um herauszubringen, was sie verlangt.
Baltasar Gracián y Morales, Handorakel und Kunst der Weltklugheit

Erbarmt euch derer, die zweifeln;
rettet sie, entreißt sie dem Feuer.
Neues Testament, Brief des Judas (22–23)

Erst zweifeln, dann untersuchen,
dann entdecken.
Henry Thomas Buckle, Geschichte der Civilisation in England

Es ist klug und weise,
an allem zu zweifeln.
Voltaire, Der Mann mit den vierzig Talern

Es vergeht kein Tag, an dem ich
nicht alles wieder infrage stelle.
André Gide, Tagebuch

Glauben – das heißt:
nicht zweifeln!
Dag Hammarskjöld, Zeichen am Weg

Glauben, nicht zweifeln.
Johan aber zweifelte.
August Strindberg, Der Sohn der Magd

Glauben: seine Zweifel in Sicherheit
bringen.
Elazar Benyoëtz

Ich lasse mich nicht irre schrein,
Nicht durch Kritik noch Zweifel.
Johann Wolfgang von Goethe, Faust I (Dogmatiker)

Ich liebe mir inneren Streit:
Denn wenn wir die Zweifel
nicht hätten,
Wo wäre denn frohe Gewissheit?
Johann Wolfgang von Goethe, Zahme Xenien

Jeder, der einen Zweifel laut werden
lässt, definiert seine Religion.
Gilbert Keith Chesterton, Heretiker

Man muss den Zweifel achten,
denn er ist kein Fehler.
Er ist wie die Rettung des Verstandes
im Ozean der Doktrinen.
Sully Prudhomme, Intimes Tagebuch

Man muss zu zweifeln verstehen,
wo dies nötig ist, bejahen,
wo es nötig ist, indem man sich
unterwirft, wo es nötig ist.
Blaise Pascal, Pensées

Mit Zweifeln muss man beginnen,
um mit Gewissheit zu glauben.
Sprichwort aus Polen

Natur ist Sünde, Geist ist Teufel,
Sie hegen zwischen sich den Zweifel,
Ihr missgestaltet Zwitterkind.
Johann Wolfgang von Goethe, Faust II (Kanzler)

Nicht die Liebe bringt die Welt weiter,
sondern der Zweifel. Er ist der Preis
der Freiheit. Wenn du den Zweifel
gegen dich hast, ist das Leben eine
einzige Verwirrung; hast du ihn auf
deiner Seite, dann ist es ein Abenteuer.
Peter Ustinov, Was ich von der Liebe weiß

Noch zweifl' ich,
und wie bang ist da der Zweifel,
Wenn unser Schicksal
am Entschlusse hängt!
Johann Wolfgang von Goethe, Elpenor (Polymetis)

Nüchtern sein und zweifeln,
das ist der Kern der Weisheit.
Epicharmos, Fragmente

Oh, wenn du an meinem Herzen
zweifeln könntest, wie verachtenswert würde das deinige sein!
Jean-Jacques Rousseau, Julie oder Die neue Héloïse (Julie)

Sei nur Skeptiker, es gibt keinen
besseren Weg als den fortwährenden
Zweifelns. Denn nur, wer die Relativität jeder Meinung eingesehen hat,
sieht zuletzt auch die Relativität dieser
Einsicht ein – und schwingt sich
endlich vom letzten Erdenwort in –
sich selbst zurück.
Christian Morgenstern, Stufen

Solange noch Zweifel,
verzweifelt niemand.
Jens Peter Jacobsen, Niels Lyhne

Tiefe Weisheit wächst
aus starken Zweifeln.
Chinesisches Sprichwort

Vom Gram kann Liebe nie genesen,
Wenn Zweifelmut sie nicht verlässt.
Karoline von Günderode, Don Juan

Was die meisten von uns eint,
sind unsere Zweifel, was uns trennt,
unsere Überzeugungen.
Peter Ustinov, Peter Ustinovs geflügelte Worte

Was ein Mensch glaubt und woran
er zweifelt, ist gleich bezeichnend
für die Stärke seines Geistes.
Marie von Ebner-Eschenbach, Aphorismen

Wenn Zweifel Herzens Nachbar wird,
Die Seele sich in Leid verwirrt.
Wolfram von Eschenbach, Parzival

Wer nicht zweifelt,
wird nicht überzeugt.
Friedrich Hölderlin, Hyperion

Wer nichts weiß, zweifelt an nichts.
Sprichwort aus Frankreich

Wer sucht, wird zweifeln.
Novalis, Vermischte Bemerkungen

Wer wissend ist, der zweifelt nicht.
Konfuzius, Gespräche

Wer zu viel zweifelt, der verzweifelt.
Christoph Lehmann, Florilegium Politicum,
Politischer Blumengarten (1662)

Wie kann man
ein Zweifler aus System
und in aller Aufrichtigkeit sein?
Ich kann es nicht begreifen.
Diese Philosophen existieren
entweder nicht, oder sie sind
die unglücklichsten Menschen.
Jean-Jacques Rousseau, Emile (Glaubensbekenntnis)

Wie könnt ich an deiner Liebe zweifeln,
Da ich der meinigen
mir so innig bewusst bin!
Franz Grillparzer, Melusina (Melusina)

Worüber du Zweifel hegst,
das lass sein!
Plinius d. Ä., Naturkunde

Zuweilen kommt es vor,
dass du nichts zu erwidern weißt
und doch zweifelst;
zwar bist du dann überwältigt,
aber nicht überzeugt.
Im Grunde deines Herzens
spürst du Skrupel aufsteigen,
einen gewissen Widerwillen,
der dich daran hindert,
das zu glauben,
was man dir erklärt hat.
Voltaire, Der Mann mit den vierzig Talern

Zweifel ist der Weisheit Anfang.
Sprichwort aus Frankreich

Zweifel ist Sünde und ewiger Tod.
Martin Luther, Tischreden

Zweifel muss nichts weiter sein
als Wachsamkeit,
sonst kann er gefährlich werden.
Georg Christoph Lichtenberg, Sudelbücher

Zweifel sind
der Ansporn des Denkens.
Je genauer ich weiß,
was ich denken soll,
desto weniger weiß ich,
was ich wirklich denke.
Peter Ustinov, Peter Ustinovs geflügelte Worte

Zwerg

Riesen sind gewöhnlich
so schwachköpfig als Zwerge.
Jean Paul, Dämmerungen für Deutschland

Sprich nicht zu einem Zwerg
von kleinen Dingen.
Chinesisches Sprichwort

Steht erst der Zwerg auf eines
Riesen Schulter frei,
Dann prahlt er, dass er größer
als der Riese sei.
Joseph Freiherr von Auffenberg, Gedichte

Zwiebel

Johannisnacht gesteckte Zwiebel
wird groß fast wie ein Butterkübel.
Bauernregel

Leute, die selber Zwiebeln essen,
können nicht gut beurteilen,
ob andere Zwiebeln gegessen haben
oder nicht.
Thornton Wilder

Zwiegespräch

Ich kann wieder ein Zwiegespräch
mit mir führen und starre nicht so in
vollständige Leere. Nur auf diesem
Wege gibt es für mich eine Besserung.
Franz Kafka, Tagebücher (1914)

Jedes Buch ist ein Zwiegespräch
zwischen Autor und Leser.
Ludwig Reiners, Stilkunst, Vorwort

Zwietracht

Die Göttin Zwietracht fordert
stets das letzte Wort.
Aischylos, Sieben gegen Theben

Zwietracht ist
Vernichtung aller Kraft.
Heinrich Zschokke, Stunden der Andacht

Zwietracht oft Freundschaft macht.
Deutsches Sprichwort

Zwist

Ein gift'ger Wurm ist innerlicher Zwist,
Der nagt am Innern
des gemeinen Wesens.
William Shakespeare, Heinrich VI. (Heinrich)

Soll zwischen uns
kein fernster Zwist sich regen!
Ich liebe mir den Zauberer
zum Kollegen.
Johann Wolfgang von Goethe, Faust II (Schatzmeister)

Zynismus

Der Zyniker, dieser Schmarotzer
der Zivilisation, lebt davon,
sie zu verneinen, weil er überzeugt ist,
dass sie ihn nicht im Stich lassen wird.
José Ortega y Gasset

Ein Zynismus, der nicht mit einem
großen Glauben einhergeht,
ist pure Entmutigung,
ist geradezu selbstdestruktiv.
Erich Fromm, Von der Kunst des Zuhörens

Ein Zyniker ist ein Mensch,
der die Dinge sieht, wie sie sind,
und nicht, wie sie sein sollten.
Ambrose Bierc

Keine Literatur kann in puncto Zynismus das wirkliche Leben übertreffen.
Anton P. Tschechow, Briefe (14. Januar 1887)

Was ist ein Zyniker? Ein Mann,
der den Preis von allem
und den Wert von nichts kennt.
Oscar Wilde, Lady Windermere's Fächer

Zynismus: dass man von niemandem
mehr erwartet, als man selber ist.
Elias Canetti

Zynismus entsteht, wenn
ein heißes Gefühl kalt geduscht wird.
Alberto Sordi

Zynismus kann ein Präludium
echter Moral sein.
Ludwig Marcuse, Argumente und Rezepte.
Ein Wörter-Buch für Zeitgenossen

Stichwortregister

Dieses Register verzeichnet von A bis Z alle 2905 Stichwörter, unter denen die annähernd 50000 Zitate dieses Bandes eingeordnet sind, und eröffnet so einen schnellen zweiten Zugriffsweg auf die große Fülle der Sprichwörter und Zitate.

A

A 7
Aal 7
Abend 7
Abendessen 7
Abendmahl 7
Abenteuer 7
Aber 8
Aberglaube 8
Abgeschiedenheit 9
Abgrund 9
Abhängigkeit 9
Abhärtung 10
Ablass 10
Ablehnung 10
Abneigung 10
Abscheu 10
Abschied 10
Abschlagen 11
Abschreckung 11
Absicht 11
Absolutheit 12
Abstammung 12
Abstieg 12
Abstraktion 12
Abstumpfung 13
Absurdes 13
Abt 13
Abtreibung 13
Abwägen 14
Abwechslung 14
Abwesenheit 14
Achtung 14
Acker 15
Adam 16
Adel 16
Adler 17
Advokat 18
Affe 18
Affekt 18
Afra (7.8.) 18
Agnes (21.1.) 18
Ahn 18
Ähnlichkeit 19
Ahnung 19
Akademie 19
Akademisches 19
Akrobatik 19
Aktie 20
Aktivität 20
Albernheit 20
Alkohol 20
All 20
Allegorie 20
Allein 21
Alleinherrschaft 22
Alles 22
Allgemeines 22
Alltag 23
Allüre 23
Allwissenheit 23
Almosen 23
Alpen 23
Alphabet 24
Altar 24
Alter 24
Altern 33
Alternative 33
Altertum 33
Amateur 34
Amboss 34
Ameise 34
Amen 34
Amerika 35
Amme 35
Amor 35
Amt 36
Amüsement 36
Analphabetentum 36
Anarchie 37
Anatomie 37
Anbetung 37
Andacht 37
Andenken 37
Andere 37
Andersdenkende 38
Änderung 38
Anekdote 38
Anerkennung 38
Anfang 39
Anfechtung 40
Anforderung 40
Anführungszeichen 41
Angeberei 41
Angebot 41
Angeln 41
Angenehm 41
Angriff 41
Angst 42
Anhängerschaft 43
Anhänglichkeit 43
Anklage 43
Anlage 43
Anmaßung 44
Anmut 44
Anna (26.7.) 44
Annehmlichkeit 44
Anpassung 44
Anschauen 45
Anschein 45
Ansehen 45
Ansicht 46
Ansichtskarte 47
Anspielung 47
Anspruch 47
Anspruchslosigkeit 47
Anständigkeit 47
Ansteckung 48
Anstrengung 48
Anteilnahme 48
Antisemitismus 48
Antlitz 49
Antwort 49
Anwendung 49
Anziehung 49
Apartheid 50
Apfel 50
Aphorismus 50
Apostel 51
Apotheker 51
Appetit 51
April 51
Arbeit 52
Arbeiter 58
Arbeitgeber 59
Arbeitsam 59
Arbeitslosigkeit 59
Arbeitsteilung 59
Archäologie 59
Architektur 59
Ärger 60
Ärgernis 60
Argument 61
Argwohn 61
Aristokratie 61
Armee 61
Armseligkeit 62
Armut 62
Arroganz 68
Arsch 68
Artigkeit 68
Arznei 68
Arzt 68
Askese 71
Ästhetik 71
Astrologie 71
Astronomie 71
Atheismus 72
Atmen 72
Atom 72
Atomzeitalter 72
Aufbau 73
Auferstehung 73
Aufgabe 73
Aufgeben 73
Aufgeblasenheit 73
Aufhalten 73
Aufhören 73
Aufklärung 73
Auflehnung 74
Aufmerksamkeit 74
Aufopferung 75
Aufregung 75
Aufrichtigkeit 75
Aufruhr 76
Aufschub 76
Aufstand 76
Aufstehen 76
Aufstieg 76
Auftrag 77
Auftreten 77
Aufwachen 77
Auge 77
Augenblick 79
Augenzeuge 80
August 81
Augustinus (28.8.) 81
Ausbessern 81
Ausbeutung 81
Ausbildung 81
Ausdauer 81
Ausdruck 82
Auseinandersetzung 82
Ausführung 82
Ausgaben 82
Ausgewogenheit 82
Ausgleich 82
Aushalten 82
Ausland 83
Auslegung 83
Ausnahme 83
Ausplaudern 83
Ausrede 83
Ausruhen 83
Ausschuss 84
Ausschweifung 84
Aussehen 84
Außenpolitik 84
Außenseiter 84
Außergewöhnliches 84
Äußerlichkeit 84
Außerordentliches 85
Aussicht 85
Aussprache 85
Ausstellung 85
Auster 85
Ausweg 85
Ausweichen 86
Auszeichnung 86
Autobiographie 86
Autodidakt 86
Automobil 86
Autor 86
Autorität 87
Axt 88

B

Baby 88
Bach 88
Bach, Johann Sebastian 88
Backen 89
Bad 89
Bahn 89
Ball 89
Ball (Tanzfest) 89
Ballett 89
Banalität 89
Band 89
Bankier 90

Stichwortregister

Bankrott 90
Bär 90
Barbara (4.12.) 90
Barbarei 90
Barmherzigkeit 90
Barnabas (11.6.) 91
Bart 91
Bartholomäus (24.8.) 91
Bauch 91
Bauen 91
Bauer 92
Baum 93
Baum der Erkenntnis 94
Bayern 94
Beamter 94
Bedächtigkeit 95
Bedauern 95
Bedeutung 95
Bedingung 95
Bedrängnis 96
Bedürfnis 96
Beerdigung 97
Beethoven, Ludwig van 97
Befehl 97
Befreiung 98
Befriedigung 98
Begabung 99
Begegnung 99
Begehren 99
Begehrlichkeit 100
Begeisterung 100
Begierde 101
Beginn 103
Begleitung 103
Begräbnis 103
Begreifen 103
Begriff 103
Behagen 104
Behalten 104
Behandlung 104
Beharrlichkeit 104
Behauptung 105
Beherrschung 105
Behüten 105
Behutsamkeit 105
Beichte 105
Beifall 106
Bein 106
Beispiel 107
Bekanntheit 108
Bekanntschaft 108
Bekehrung 108
Bekenntnis 108
Belanglosigkeit 109
Belehrung 109
Beleidigung 109
Beliebtheit 110
Bellen 110
Belohnung 110
Bemühen 110
Benehmen 110
Benno (16.6.) 110
Beobachtung 110
Bequemlichkeit 111
Beratung 111
Berechnung 111
Beredsamkeit 111
Bereitschaft 112
Berg 112
Bergbau 113

Bergsteigen 113
Berlin 114
Beruf 114
Berufung 116
Beruhigungsmittel 116
Berühmtheit 116
Berührung 116
Beschäftigung 116
Bescheidenheit 117
Beschimpfung 118
Beschleunigung 118
Beschränktheit 119
Beschränkung 119
Beschuldigung 119
Beschwerden 119
Besen 119
Besessenheit 119
Besitz 120
Besonderes 122
Besonnenheit 122
Besser 122
Besserung 122
Besserwisserei 123
Beständigkeit 123
Bestechung 123
Bestie 124
Bestimmung 124
Besuch 124
Betätigung 124
Beten 125
Betörung 126
Betrachtung 126
Betragen 126
Betrübnis 126
Betrug 126
Betschwester 128
Bett 128
Bettelei 128
Beugen 129
Beurteilung 129
Beute 130
Bewahren 130
Bewährung 130
Bewegung 130
Beweis 131
Bewunderung 132
Bewusstsein 133
Bezahlen 133
Beziehung 134
Bibel 135
Bibliothek 136
Biene 136
Bier 137
Bigotterie 137
Bild 137
Bildhauerei 138
Bildung 138
Billig 142
Biographie 142
Birne 142
Bischof 142
Bitte 142
Bitterkeit 143
Blatt 143
Blaustrumpf 143
Bleiben 143
Blick 143
Blindheit 144
Blitz 145
Blöße 145

Bloßstellen 145
Blume 145
Blut 145
Blüte 146
Boden 146
Bogen 146
Böhmen 146
Bonifatius (14.5.) 146
Boot 146
Bordell 146
Borgen 147
Börse 147
Böses 147
Bösewicht 149
Bosheit 149
Böswilligkeit 150
Botschaft 150
Bourgeoisie 150
Brand 150
Braten 151
Brauch 151
Braut 151
Bräutigam 151
Bravheit 151
Brei 151
Brett 151
Brief 151
Brille 153
Brot 153
Brücke 153
Bruder 153
Brüderlichkeit 154
Brüllen 154
Brunnen 154
Brust 154
Buch 154
Buchdruck 159
Bücherverbrennung 159
Buchhaltung 159
Buchmesse 159
Buddha 159
Büffel 160
Bühne 160
Bündnis 160
Bürgen 160
Bürger 160
Bürgerkrieg 161
Bürgermeister 161
Büro 161
Bürokratie 161
Busen 162
Buße 162

C

Chancengleichheit 162
Chaos 162
Charakter 163
Charakterstärke 166
Charme 166
Chef 166
China 166
Christentum 166
Christus 168
Computer 168
Courage 169
Crispin (25.10.) 169

D

Dämmerung 169
Dämon 169
Dandy 169
Dänemark 169
Dank 169
Darlehen 171
Dasein 171
Dauer 171
Definition 171
Degen 172
Demagogie 172
Dementi 172
Demokratie 172
Demut 174
Demütigung 175
Denken 175
Denkkraft 179
Denkmal 179
Despotismus 180
Detail 180
Deutsch 180
Deutschland 183
Dezember 184
Dialekt 185
Dialektik 185
Dialog 185
Diamant 185
Diät 185
Dichter/Dichterin 185
Dichterlesung 188
Dichtung 188
Dick 190
Dieb 190
Diebstahl 191
Dienen 191
Diener 192
Dienst 192
Diktatur 193
Dilettantismus 193
Ding 194
Dionysius (9.10.) 194
Diplomatie 194
Dirigent 195
Dirne 195
Diskussion 195
Distanz 196
Disziplin 196
Dogma 196
Doktor 196
Doktrin 196
Dolch 196
Dom 196
Dominikus (4.8.) 197
Don Juan 197
Donner 197
Doppelmoral 197
Doppelzüngigkeit 197
Dornen 197
Dorothea (6.2) 197
Drama 197
Dramatiker 197
Dreck 198
Drei 198
Dreieck 198
Dressur
Droge 198
Drohung 198

Stichwortregister

Druckfehler 198
Du 198
Duell 198
Duft 199
Duldung 199
Dummheit 199
Dummkopf 202
Düngen 203
Dünkel 203
Dunkelheit 203
Durchschauen 203
Durchsetzen 203
Durst 203

E

Ebbe und Flut 204
Echo 204
Echtheit 204
Edel 204
Edelmut 205
Edelstein 205
Ego 205
Egoismus 205
Egoist 206
Ehe 206
Ehebruch 222
Ehefrau 223
Ehegatten 223
Ehekrach 224
Ehemann 224
Ehepaar 224
Ehrbarkeit 225
Ehre 225
Ehrenmann 227
Ehrenwort 227
Ehrerbietung 227
Ehrfurcht 227
Ehrgeiz 227
Ehrlichkeit 229
Ei 230
Eiche 230
Eid 230
Eifer 230
Eifersucht 230
Eigenart 232
Eigenes 232
Eigenheit 232
Eigenliebe 232
Eigenlob 233
Eigennutz 233
Eigenschaft 233
Eigensinn 234
Eigentum 234
Eigenwille 235
Eignung 235
Eile 235
Einbildung 235
Einbildungskraft 236
Einbruch 236
Eindruck 236
Einfachheit 237
Einfall 237
Einfalt 237
Einfluss 238
Einheit 238
Einigkeit 238
Einklang 239

Einladung 239
Einmaligkeit 239
Einmischung 239
Einordnen 239
Einsamkeit 239
Einsatz 243
Einschränkung 243
Einseitigkeit 243
Einsicht 243
Einsiedler 244
Eintracht 244
Eis 244
Eisen 244
Eisheilige 244
Eitelkeit 244
Ekel 247
Eklektizismus 247
Ekstase 247
Eleganz 247
Element 247
Elend 247
Elisabeth (19.11) 248
Elite 248
Eltern 248
Emanzipation 250
Emigration 251
Empfangen 251
Empfängnis 251
Empfindlichkeit 251
Empfindsamkeit 251
Empfindung 252
Empörung 253
Ende 253
Endlichkeit 254
Endzeit 254
Energie 254
Enge 255
Engel 255
Engherzigkeit 255
England 255
Enkel 256
Entartung 256
Entbehrung 256
Entdeckung 257
Ente 257
Entfaltung 257
Entfremdung 257
Enthaltsamkeit 258
Enthüllung 258
Enthusiasmus 258
Entrüstung 258
Entsagung 259
Entscheidung 259
Entschiedenheit 260
Entschluss 260
Entschuldigung 260
Entspannung 261
Entstehung 261
Enttäuschung 261
Entweder – oder 261
Entwicklung 261
Entwurf 262
Epoche 262
Epos 262
Erbarmen 262
Erbfolge 262
Erbschaft 262
Erbsünde 263
Erdbeben 263
Erde 263

Ereignis 265
Erfahrung 265
Erfindung 268
Erfolg 269
Erfolglosigkeit 272
Erfüllung 273
Ergebnis 273
Ergebung 273
Ergriffenheit 273
Erhabenheit 273
Erhebung 273
Erholung 273
Erinnerung 273
Erkenntnis 275
Erklärung 277
Erlaubnis 277
Erlebnis 277
Erleichterung 278
Erleuchtung 278
Erlösung 278
Ermahnung 278
Ermüdung 278
Erneuerung 278
Erniedrigung 278
Ernst 279
Ernte 279
Eroberung 280
Eros 280
Erotik 280
Erreichen 281
Erröten 281
Ersatz 281
Erscheinung 281
Erschöpfung 281
Erschütterung 282
Erstarrung 282
Erster 282
Ertrag 282
Ertragen 282
Ertrinken 282
Erwachen 282
Erwachsen 283
Erwägung 283
Erwartung 283
Erwerb 283
Erzählen 283
Erziehung 284
Esel 289
Esoterik 289
Essen 289
Essig 292
Ethik 292
Europa 292
Eva 293
Evangelium 293
Evolution 294
Ewigkeit 294
Examen 295
Existenz 295
Experiment 296
Experte 296
Extrem 296
Exzess 296

F

Fabel 296
Fabian (20.1.) 296
Fabrik 296
Fachmann 296
Fähigkeit 297
Fahren 297
Fahrrad 297
Fallen 297
Falsches 298
Falschheit 298
Fälschung 298
Falten 299
Familie 299
Fanatismus 301
Fangen 301
Farbe 302
Fass 302
Fassade 302
Fassung 302
Fasten 302
Fastnacht 302
Faulheit 302
Fäulnis 304
Faust 304
Februar 304
Feder 304
Fee 305
Fegefeuer 305
Fehler 305
Fehlschlag 307
Fehltritt 308
Feier 308
Feierabend 308
Feiertag 308
Feigheit 308
Feigling 309
Feilschen 309
Feindschaft 309
Feingefühl 311
Feinheit 312
Feld 312
Feldherr 312
Fels 312
Fenster 312
Ferne 312
Fernrohr 313
Fernsehen 313
Fertig 314
Fessel 314
Fest 314
Fett 315
Feuer 315
Feuilleton 316
Fieber 316
Film 316
Finanzen 317
Finden 317
Finger 317
Finsternis 317
Firmung 318
Fisch 318
Fischer 318
Flamme 318
Flasche 318
Fleisch 318
Fleiß 319
Flexibilität 320

Fliege 320
Fliegen 320
Flinkheit 321
Flirt 321
Flitterwochen 321
Floh 321
Florian (4.5) 321
Fluch 321
Flucht 321
Flüchtigkeit 322
Flügel 322
Fluss 322
Flüstern 323
Flut 323
Folter 323
Forderung 323
Form 323
Förmlichkeit 324
Formulierung 324
Forschung 324
Fortpflanzung 325
Fortschritt 325
Fotografie 327
Frage 327
Fragment 328
Frankreich 328
Frau 329
Frauenfeindschaft 349
Frauenfrage 349
Frechheit 350
Freigebigkeit 350
Freiheit 350
Freimut 357
Freispruch 357
Freitod 357
Freiwilligkeit 357
Fremde 357
Fremdheit 358
Fremdsprache 358
Fremdwort 358
Fressen 358
Freud, Sigmund 359
Freude 359
Freundlichkeit 361
Freundschaft 362
Frieden 371
Friedensschluss 374
Friedfertigkeit 374
Friedhof 374
Fröhlichkeit 374
Frömmigkeit 375
Frosch 376
Frost 376
Frucht 376
Fruchtbarkeit 377
Frühe 377
Frühling 377
Frühreife 378
Frühstück 378
Fuchs 378
Fühlen 378
Führung 379
Fülle 380
Fundament 380
Funke 380
Funktion 380
Furcht 380
Fürst 383
Fuß 384
Fußball 384

Fußgänger 385
Füttern 385

G

Gabe 385
Gaffen 385
Galanterie 385
Galgen 385
Gallus, Sankt (16.10.) 386
Gans 386
Ganzes 386
Garten 386
Gärung 387
Gasse 387
Gast 387
Gastfreundschaft 388
Gattung 388
Geben 388
Gebet 389
Gebirge 390
Gebot 391
Gebrauch 391
Gebrechen 391
Geburt 391
Geburtstag 393
Geck 393
Gedächtnis 393
Gedanke 394
Gedankenlosigkeit 397
Gedeihen 397
Gedicht 397
Gedrucktes 397
Geduld 398
Gefahr 399
Gefährlichkeit 401
Gefallen 401
Gefälligkeit 402
Gefangenschaft 402
Gefolgschaft 402
Gefühl 402
Gefühllosigkeit 405
Gegenleistung 405
Gegensatz 405
Gegenstand 405
Gegenteil 405
Gegenwart 406
Gegnerschaft 407
Gehalt 408
Gehässigkeit 408
Geheimnis 408
Gehen 409
Gehirn 410
Gehorsam 410
Geige 410
Geißel 411
Geist 411
Geister 419
Geisteskraft 419
Geistlichkeit 419
Geistreich 420
Geiz 420
Gelassenheit 421
Geld 421
Geldbeutel 426
Gelegenheit 426
Gelehrsamkeit 426
Gelehrter 427

Geliebte 428
Geliebter 429
Gelingen 429
Geltung 430
Gemälde 430
Gemeinheit 430
Gemeinplatz 430
Gemeinsamkeit 431
Gemeinschaft 431
Gemeinwohl 431
Gemüt 432
Genauigkeit 432
General 432
Generation 432
Genesung 433
Genie 433
Genius 436
Genosse 436
Gentleman 436
Genug 436
Genügsamkeit 436
Genuss 437
Geometrie 439
Georg (23.4.) 439
Geradheit 439
Gerechtigkeit 439
Gerede 442
Gericht 442
Geringes 442
Geringschätzung 442
Germanen 442
Gertrud (17.3.) 443
Geruch 443
Gerücht 443
Gervasius (19.6.) 443
Gesang 443
Geschäft 444
Geschäftigkeit 445
Geschehen 445
Gescheitheit 445
Geschenk 445
Geschichte 446
Geschichtsschreibung 450
Geschicklichkeit 451
Geschlecht 451
Geschlechtsverkehr 452
Geschmack 453
Geschwätz 454
Geschwindigkeit 454
Geschwister 454
Geselle 454
Geselligkeit 454
Gesellschaft 454
Gesetz 459
Gesetzgebung 462
Gesicht 463
Gesindel 463
Gesinnung 463
Gespenst 464
Gespräch 464
Gestalt 465
Gestaltung 465
Geständnis 465
Gestank 466
Gestrig 466
Gesundheit 466
Gewalt 467
Gewaltherrschaft 469
Gewaltig 469
Gewaltlosigkeit 469

Gewalttat 470
Gewandtheit 470
Gewerbe 470
Gewicht 470
Gewinn 470
Gewinnstreben 471
Gewissen 471
Gewissensbiss 474
Gewissheit 474
Gewitter 474
Gewohnheit 475
Gewöhnlich 476
Gewöhnung 476
Gewürz 477
Geziertheit 477
Gier 477
Gift 477
Gipfel 477
Glanz 478
Glashaus 478
Glatze 478
Glaube 478
Gleich 484
Gleichberechtigung 484
Gleichgewicht 484
Gleichgültigkeit 484
Gleichheit 485
Gleichmut 486
Gleichnis 486
Glocke 486
Glück 487
Glückseligkeit 501
Glücksspiel 501
Glut 502
Gnade 502
Goethe, Johann Wolfgang
  von 502
Gold 503
Goldenes Zeitalter 503
Gott 504
Götter 517
Gottesdienst 519
Gotteserkenntnis 519
Gottesfurcht 519
Gottheit 519
Göttin 520
Göttliches 520
Gottlosigkeit 520
Götze 521
Grab 521
Gram 522
Grammatik 522
Gras 522
Grauen 522
Grausamkeit 522
Grazie 523
Greis 523
Grenze 523
Griechenland 524
Grille 524
Grobheit 524
Großbritannien 524
Größe 524
Größenwahn 528
Großherzigkeit 528
Großmut 528
Großzügigkeit 529
Grotesk 529
Grübelei 529
Grund 529

Grundsatz 529
Gruppe 530
Gruß 530
Gunst 530
Günstling 531
Gut 531
Gut sein 532
Güte 533
Guter Mensch 534
Gutes 534
Gutmütigkeit 539
Gymnasium 539

H

Haar 540
Haben 540
Habgier 540
Hahn 541
Haken 541
Halbheit 541
Halbwahrheit 541
Halluzination 541
Halt 541
Haltbarkeit 542
Haltung 542
Hammer 542
Hand 542
Handarbeit 543
Händedruck 543
Handel 543
Handeln 544
Händler 546
Handlung 546
Handwerk 546
Harmonie 547
Härte 548
Hartherzigkeit 548
Hartnäckigkeit 548
Hase 548
Hass 548
Hässlichkeit 550
Hast 551
Haus 551
Hausbau 553
Hausfrau 553
Haushalt 553
Häuslichkeit 554
Haut 554
Heer 554
Heftigkeit 554
Hehlerei 554
Heide 554
Heidentum 554
Heil 555
Heiland 555
Heilige 555
Heiligkeit 556
Heiligtum 557
Heilmittel 557
Heilung 557
Heim 558
Heimat 558
Heimlichkeit 559
Heimsuchung 559
Heimweh 559
Heimzahlen 559
Heiraten 559

Heiterkeit 563
Held/Heldin 563
Helfen 565
Henken 565
Henne 565
Herausforderung 565
Herbst 565
Herd 566
Herde 566
Herkunft 566
Herr 566
Herrschaft 566
Herrschsucht 569
Herz 569
Herzlichkeit 574
Hetäre 574
Heuchelei 574
Heute 575
Hexerei 575
Hilfe 576
Hilflosigkeit 577
Hilfsbereitschaft 577
Himmel 578
Himmelreich 580
Hindernis 580
Hingabe 581
Hinken 581
Hinrichtung 581
Hinterhalt 581
Hinterlassenschaft 581
Hirngespinst 581
Hirte 581
Historiker 582
Hitze 582
Hobby 582
Hochachtung 582
Hochmut 582
Höchstes 583
Hochzeit 584
Hochzeitsgeschenk 584
Hochzeitsreise 584
Hof 585
Hoffnung 585
Hoffnungslosigkeit 588
Höflichkeit 588
Höfling 589
Höhe 589
Hohlheit 590
Hohn 590
Hölle 590
Hollywood 591
Holz 591
Homer 592
Homosexualität 592
Honig 592
Hören 592
Horizont 592
Hübsch 593
Huhn 593
Humor
Humorist 594
Hund 594
Hundstage (23.7.–22.8.) 595
Hunger 595
Hure 596
Hut 597
Hygiene 597
Hypnose 597
Hypochonder 597
Hypothese 597

I

Ich 598
Ideal 598
Idealismus 600
Idee 600
Ideologie 602
Idiotie 602
Idol 602
Igel 602
Illusion 602
Imponieren 603
Impotenz 603
Indien 603
Individualismus 604
Individualität 604
Individuum 605
Industrie 605
Information 605
Inhalt 605
Inneres 606
Inquisition 607
Insekt 607
Insel 607
Inspiration 607
Instinkt 607
Institution 608
Instrument 608
Intellekt 608
Intellektueller 609
Intelligenz 609
Interesse 610
Interpretation 610
Interview 610
Intoleranz 610
Intrige 610
Intuition 610
Investition 611
Irdisches 611
Ironie 611
Irrenhaus 611
Irrlehre 611
Irrtum 612
Israel 614
Italien 614

J

Ja 615
Jagd 615
Jahr 615
Jahreszeit 616
Jahrhundert 616
Jahrmarkt 616
Jähzorn 616
Jammer 617
Jammern 617
Januar 617
Jazz 617
Jenseits 617
Jerusalem 617
Jesus 617
Joch 617
Johannes der Täufer (24.6.) 618
Journalismus 618
Jubiläum 619
Jucken 619

Judentum 619
Jugend 619
Juli 625
Jünger 625
Jungfrau 626
Junggeselle 626
Jüngling 627
Juni 627
Jurist 628

K

Kabarett 628
Kaffee 628
Kaiser 628
Kalender 628
Kälte 629
Kamel 629
Kampf 629
Kannibalismus 630
Kanone 631
Kapelle 631
Kapital 631
Kapitalismus 631
Karikatur 631
Karneval 631
Karriere 631
Kartenspiel 632
Kartoffel 632
Karwoche 632
Käse 632
Kassian (13.8.) 633
Kasteiung 633
Kastration 633
Katastrophe 633
Katharina (25.11.) 633
Kathedrale 633
Katholizismus 633
Katze 633
Kaufen 634
Käuflichkeit 634
Kaufmann 634
Kegeln 634
Kenntnis 635
Kern 635
Kerze 635
Kette 635
Ketzerei 636
Keuschheit 636
Kind 637
Kindheit 644
Kino 645
Kirche 645
Kirmes 647
Klage 647
Klang 647
Klarheit 647
Klasse 648
Klassenkampf 648
Klassik 648
Klatsch 648
Klavier 648
Kleidung 649
Kleine Leute 651
Kleinheit 651
Kleinigkeit 652
Kleinmut 652
Kleophas (25.9.) 652

Stichwortregister

Klima 652
Klischee 652
Kloster 653
Klub 653
Klugheit 653
Knabe 655
Knechtschaft 655
Kneipe 656
Koalition 656
Koch/Köchin 656
Kochen 656
Köder 657
Kohle 657
Koketterie 657
Komet 657
Komik 657
Komma 658
Kommentar 658
Kommunikation 658
Kommunismus 658
Komödie 658
Kompass 659
Kompliment 659
Kompliziertheit 659
Komponieren 659
Kompromiss 659
Konferenz 659
König/Königin 660
Königreich 662
Konkubinat 662
Konkurrenz 662
Können 662
Konsequenz 663
Konservatismus 663
Konsum 664
Kontakt 664
Kontrast 664
Kontrolle 664
Konvention 664
Konzentration 664
Kopf 664
Kopie 665
Korn 665
Körper 666
Korrektur 667
Korruption 667
Kosmos 667
Kostbarkeit 667
Kosten 667
Kraft 667
Krähe 669
Krankenhaus 669
Krankenschwester 670
Krankhaft 670
Krankheit 670
Kränkung 673
Kreativität 673
Krebs 674
Kredit 674
Kreislauf 674
Kreuz 674
Kreuzigung 674
Kriechen 674
Krieg 674
Kriegsdienstverweigerung 681
Krimi 681
Krise 681
Kritik 681
Krone 684

Krücke 684
Krumm 685
Küche 685
Kuckuck 685
Kugel 685
Kuh 685
Kühle 685
Kühnheit 685
Kult 685
Kultur 685
Kummer 687
Kunde 688
Kunst 688
Künstler 701
Kunstwerk 705
Kupplerin 706
Kürze 707
Kuss 707
Kutsche 708

L

Labyrinth 708
Lächeln 708
Lachen 709
Lächerlichkeit 711
Lage 711
Lahmheit 711
Lampe 712
Land 712
Landbesitz 712
Landleben 712
Landschaft 712
Landsmann 713
Landwirtschaft 713
Langeweile 713
Langmut 714
Langsamkeit 714
Langweilig 714
Lärm 715
Last 715
Laster 715
Lästern 717
Latein 718
Laufen 718
Laune 718
Laus 719
Lauterkeit 719
Leben 719
Lebendigkeit 738
Lebensart 738
Lebensfreude 738
Lebensführung 739
Lebensklugheit 739
Lebenskunst 739
Lebensmitte 740
Lebensplan 740
Lebenssinn 740
Lebensstandard 740
Lebensziel 740
Ledig 740
Leere 740
Legende 741
Lehen 741
Lehrbuch 741
Lehre 741
Lehrer/Lehrerin 742
Lehrling 743

Leib 743
Leichtgläubigkeit 744
Leichtigkeit 744
Leichtsinn 744
Leid 744
Leidenschaft 748
Leihen 752
Leipzig 752
Leise 752
Leistung 752
Leiter 753
Leitung 753
Lektüre 753
Lerche 754
Lernen 754
Lesen 756
Leser 757
Lexikon 758
Liberal 758
Licht 758
Lichtmess (2. 2.) 759
Liebe 759
Liebende 796
Liebenswürdigkeit 797
Liebesbeziehung 797
Liebesbrief 798
Liebeserklärung 798
Liebesgenuss 798
Liebeskummer 798
Liebesroman 798
Liebeswerbung 798
Liebhaber 798
Liebhaberei 799
Lieblosigkeit 799
Liebschaft 800
Lied 800
Liederlichkeit 800
Lilie 800
Linde 800
Links 800
List 801
Literat 801
Literatur 801
Lob 802
Loch 804
Logik 804
Lohn 805
Lorbeer 805
Los 805
Löschen 805
Lösung 805
Lotterie 806
Löwe 806
Lucia (13.12.) 806
Luft 806
Luftschloss 806
Lüge 806
Lukas (18.10.) 809
Lust 809
Lüsternheit 811
Lustigkeit 811
Luther, Martin 812
Luxus 812
Lyrik 812

M

Macht 813
Machthaber 816
Mädchen 816
Magen 817
Magie 818
Magnet 818
Mahnung 818
Mai 818
Majestät 819
Maler 819
Malerei 820
Mammon 820
Management 820
Mangel 820
Manieren 821
Manierismus 821
Mann 821
Männlichkeit 828
Manöver 828
Märchen 828
Margarethe (20.7.) 829
Maria 829
Mariä Geburt (8.9.) 830
Mariä Himmelfahrt (15.8.) 830
Mariä Namen (12.9.) 830
Markt 830
Markus (25.4.) 830
Martin (11.11.) 830
Martina (30.1.) 830
Märtyrer 830
Martyrium 830
Marxismus 830
März 830
Maschine 831
Maske 831
Masochismus 832
Maß 832
Masse 833
Massenproduktion 833
Maßhalten 834
Mäßigung 834
Maßlosigkeit 834
Maßstab 834
Materialismus 834
Materie 835
Mathematik 835
Mätresse 835
Matthias (24.2.) 835
Mauer 835
Maus 835
Maxime 835
Mäzen 836
Medardus (8.6.) 836
Medien 836
Meditation 836
Medium 837
Medizin 837
Meer 837
Mehrheit 838
Meineid 839
Meinung 839
Meisterschaft 841
Melancholie 842
Melodie 842
Memme 842
Memoiren 842

Stichwortregister

Planung 1453

Menge 842
Mensch 843
Menschenführung 860
Menschenhass 860
Menschenkenntnis 860
Menschenliebe 861
Menschenrecht 861
Menschenverachtung 861
Menschenverstand 861
Menschheit 862
Menschlichkeit 863
Messe 864
Messen 864
Messer 864
Messias 864
Metaphysik 864
Methode 864
Michelangelo 865
Miene 865
Migräne 865
Mikroskop 865
Milch 865
Milde 865
Milieu 865
Militär 865
Minderheit 866
Minderwertigkeit 866
Minister 866
Missbrauch 866
Misserfolg 867
Missfallen 867
Missgeschick 867
Missgunst 867
Mission 867
Misstrauen 867
Missverständnis 868
Mist 868
Mitarbeiter 868
Mitgefühl 869
Mitgift 869
Mitgliedschaft 869
Mitläufertum 869
Mitleid 869
Mitte 870
Mitteilung 871
Mittel 871
Mittelalter 871
Mittellosigkeit 871
Mittelmäßigkeit 871
Mittelstand 872
Mittelweg 872
Mitternacht 872
Mode 873
Modern 875
Möglichkeit 875
Molière 875
Monarchie 875
Monat 875
Mönch 876
Mond 876
Monogamie 877
Montag 877
Moral 877
Mord 879
Morgen 880
Morgenrot 880
Most 881
Motiv 881
Mozart 881
Mücke 881

Müdigkeit 881
Mühe 881
Mühle 882
Mühsal 882
Mund 882
Muse 882
Museum 883
Musik 883
Muskeln 886
Muße 887
Müssen 887
Müßiggang 887
Muster 888
Mut 888
Mutmaßung 890
Mutter 890
Mutter Gottes 893
Muttergottheit 893
Mutterliebe 893
Mutterrecht 893
Muttersprache 894
Mysterium 894
Mystik 894
Mythologie 895
Mythos 895

N

Nachahmung 895
Nachbarschaft 896
Nachdenken 896
Nachfolge 897
Nachgeben 897
Nachkommen 897
Nachlässigkeit 897
Nachrede 897
Nachrichten 898
Nachsicht 898
Nächstenliebe 898
Nacht 899
Nachtigall 900
Nachwelt 900
Nacktheit 901
Nähe 901
Nähen 901
Nahrung 901
Naivität 902
Name 902
Narbe 902
Narr 903
Narzissmus 904
Naschen 904
Nase 904
Nation 904
Nationalismus 905
Nationalität 906
Natur 906
Naturell 915
Naturgemäß 915
Naturgesetz 915
Natürlichkeit 915
Naturrecht 916
Naturwissenschaft 916
Naturzerstörung 916
Nebel 916
Nebenbuhler 917
Nebensächlichkeit 917
Necken 917

Nehmen 917
Neid 917
Neigung 918
Nein 919
Nerven 919
Nest 919
Neuerung 919
Neues 920
Neugier 920
Neujahr 921
Neurose 921
Neutralität 921
Nichts 921
Nichtstun 922
Niedergang 922
Niedergeschlagenheit 922
Niederlage 922
Niesen 923
Nihilismus 923
Nonne 923
Norden 923
Nörgelei 923
Norm 923
Normalität 923
Not 923
Notwehr 925
Notwendigkeit 925
November 926
Nüchternheit 926
Nutzen 926
Nützlichkeit 927
Nutzlosigkeit 927

O

Oberfläche 927
Oberflächlichkeit 927
Obst 928
Obszönes 928
Ofen 928
Offenbarung 928
Offenheit 928
Offenherzigkeit 929
Öffentliche Meinung 929
Öffentlichkeit 930
Offizier 930
Ohnmacht 930
Ohr 930
Oktober 931
Ölung 931
Olympia 931
Oper 931
Opfer 931
Opium 932
Opportunismus 932
Opposition 933
Optimismus 933
Orakel 934
Orden 934
Ordnung 934
Organ 935
Organisation 935
Orgasmus 935
Orientierung 935
Original 936
Originalität 936
Ort 936
Osten 936

Ostern 936
Österreich 936

P

Paar 937
Pack 937
Palmsonntag 937
Pankratius (12.5.) 937
Papier 937
Papst 937
Paradies 938
Paradox 939
Parasit 939
Parfüm 939
Paris 939
Parlament 939
Parodie 940
Partei 940
Parteilichkeit 941
Partnerschaft 941
Party 942
Passen 942
Passivität 942
Pastor 942
Patriotismus 942
Pauli Bekehrung (25.1.) 942
Pause 942
Pazifismus 942
Pech 942
Pedanterie 943
Peitsche 943
Pelz 943
Perfektionismus 943
Perle 943
Persönliches 943
Persönlichkeit 943
Perspektive 944
Pessimismus 944
Pest 945
Peter und Paul (29.6.) 945
Petri Stuhlfeier (22.2.) 945
Pfad 945
Pfaffe 945
Pfand 945
Pfarrer 945
Pfeil 945
Pferd 945
Pfingsten 946
Pflanze 946
Pflaster 946
Pflege 946
Pflicht 947
Pflug 948
Pfuscherei 948
Phänomen 948
Phantasie 949
Phantasterei 950
Philosophie 950
Phönix 955
Phrase 955
Physik 955
Pilgerschaft 955
Plage 955
Plagiat 955
Plan 955
Planet 956
Planung 956

Stichwortregister

Platon 956
Plünderung 956
Pöbel 956
Poesie 956
Pol 958
Polemik 959
Politik 959
Politiker 964
Polizei 965
Polygamie 965
Popularität 966
Pornographie 966
Porträt 966
Position 966
Posten 966
Prahlerei 966
Praxis 967
Predigt 967
Preis 968
Presse 968
Pressefreiheit 968
Preußen 968
Priester 969
Priesterin 970
Prinzessin 970
Prinzip 970
Privileg 970
Probe 970
Problem 970
Produktion 971
Proletariat 971
Propaganda 971
Prophet 971
Prosa 972
Prostitution 972
Protest 972
Protestantismus 973
Provinz 973
Provokation 973
Prozess 973
Prüderie 973
Prüfung 973
Prügel 973
Psychologie 974
Pubertät 974
Publikum 974
Pulver 975
Pünktlichkeit 975
Puppe 975

Q

Qual 976
Qualität 976
Quark 976
Quelle 976

R

Rabe 977
Rache 977
Rad 977
Radikalität 978
Rahmen 978
Rang 978
Raserei 978
Rasse 978
Rassismus 979
Rastlosigkeit 979
Rat 979
Rätsel 981
Ratte 981
Raub 981
Raubvogel 981
Rauch 982
Rauchen 982
Raum 982
Raupe 982
Rausch 982
Reaktion 983
Realismus 983
Realität 983
Rebe 983
Rebellion 983
Rechenschaft 983
Rechnung 984
Recht 984
Rechtfertigung 987
Rechthaberei 987
Rechtschaffenheit 987
Rechtzeitigkeit 988
Rede 988
Redefreiheit 989
Reden 989
Redensart 991
Redlichkeit 991
Reform 992
Reformation 992
Regel 992
Regen 993
Regenbogen 993
Regierung 993
Reichtum 997
Reife 1002
Reihenfolge 1003
Reim 1003
Reinheit 1003
Reinlichkeit 1003
Reis 1003
Reisen 1003
Reiten 1006
Reiz 1007
Reklame 1007
Religion 1007
Religiosität 1012
Rennen 1012
Republik 1013
Reserve 1013
Resignation 1013
Respekt 1013
Rettung 1014
Reue 1014
Revolution 1015
Rezension 1017
Rezept 1018
Rhein 1018
Rhythmus 1018
Richten 1018
Richter 1018
Richtig 1019
Richtschnur 1019
Richtung 1019
Riese 1019
Ring 1019
Ringen 1019
Risiko 1019
Ritter 1019
Ritterlichkeit 1020
Ritus 1020
Rivalität 1020
Rohheit 1020
Rolle 1020
Rom 1020
Roman 1021
Romantik 1022
Rosamunde (2.4.) 1022
Rose 1022
Rost 1023
Rousseau, Jean-Jacques 1023
Rückkehr 1023
Rückschritt 1023
Rücksicht 1024
Rückzug 1024
Ruder 1024
Ruf 1024
Rüge 1025
Ruhe 1025
Ruhm 1026
Rührung 1029
Ruine 1029
Russland 1030
Rüstung 1030

S

Saat 1030
Sabbat 1031
Sachlichkeit 1031
Sack 1031
Sage 1031
Sagen 1031
Saite 1032
Sakrament 1032
Salz 1032
Same 1032
Sammlung 1032
Sandkorn 1032
Sanduhr 1033
Sanftmut 1033
Sarg 1033
Satan 1033
Satire 1033
Sattel 1034
Sattheit 1034
Satz 1034
Sau 1035
Sauberkeit 1035
Sauer 1035
Säufer 1035
Schach 1035
Schaden 1035
Schadenfreude 1036
Schaf 1037
Schaffen 1037
Scham 1037
Schamhaftigkeit 1039
Schande 1039
Schändung 1039
Schärfe 1039
Scharfsinn 1040
Scharlatanerie 1040
Schatten 1040
Schatz 1040
Schauder 1040
Schauspieler/Schauspielerin 1040
Schauspielerei 1041
Scheidung 1042
Schein 1042
Scheinheiligkeit 1043
Scheiterhaufen 1043
Scheitern 1043
Schelte 1044
Schenken 1044
Scherz 1044
Scheu 1045
Schicklichkeit 1045
Schicksal 1045
Schicksalsschlag 1049
Schiff 1049
Schiffbruch 1050
Schild 1050
Schimpfen 1050
Schlacht 1050
Schlachten 1051
Schlaf 1051
Schlagen 1053
Schlager 1054
Schlagwort 1054
Schlange 1054
Schlauheit 1054
Schlecht machen 1055
Schlechtes 1055
Schleier 1055
Schlichtheit 1055
Schlimm 1055
Schloss 1056
Schlüssel 1056
Schlussfolgerung 1056
Schmach 1056
Schmähung 1056
Schmecken 1056
Schmeichelei 1056
Schmerz 1057
Schmetterling 1060
Schmieden 1060
Schmieren 1060
Schminke 1060
Schmollen 1060
Schmuck 1060
Schmutz 1061
Schnecke 1061
Schnee 1061
Schnelligkeit 1061
Schöngeist 1061
Schönheit 1061
Schonung 1068
Schöpferisch 1068
Schöpfung 1068
Schornstein 1069
Schoß 1069
Schranken 1069
Schrecken 1069
Schreiben 1070
Schreibtisch 1072
Schreien 1072
Schrift 1072
Schriftsteller/Schriftstellerin 1072
Schritt 1075
Schüchternheit 1075
Schuft 1075
Schuh 1075

Schuld 1075
Schulden 1076
Schuldigkeit 1077
Schule 1077
Schurke 1079
Schuss 1079
Schuster 1079
Schutz 1079
Schütze 1079
Schwäche 1079
Schwächling 1081
Schwachsinn 1081
Schwalbe 1081
Schwangerschaft 1081
Schwärmerei 1081
Schweigen 1082
Schwein 1084
Schweiß 1084
Schweiz 1084
Schwer 1085
Schwermut 1085
Schwert 1085
Schwiegermutter 1085
Schwiegersohn 1085
Schwierigkeit 1085
Schwimmen 1086
Schwur 1086
Seefahrt 1086
Seele 1086
Seelenruhe 1092
Segel 1092
Segeln 1092
Segen 1093
Sehen 1093
Sehenswürdigkeit 1094
Seher 1094
Sehnsucht 1094
Seife 1095
Seifenblase 1096
Sein 1096
Seite 1096
Sekte 1097
Selbst 1097
Selbstachtung 1097
Selbstbeeinflussung 1098
Selbstbehauptung 1098
Selbstbeherrschung 1098
Selbstbetrug 1098
Selbstbewusstsein 1098
Selbsteinschätzung 1099
Selbsterkenntnis 1099
Selbstfindung 1100
Selbstgefälligkeit 1100
Selbstgefühl 1101
Selbstgenügsamkeit 1101
Selbstgespräch 1101
Selbstliebe 1101
Selbstlosigkeit 1101
Selbstmord 1101
Selbstständigkeit 1102
Selbstsucht 1102
Selbstüberschätzung 1103
Selbstüberwindung 1103
Selbstverachtung 1103
Selbstvergessenheit 1103
Selbstverleugnung 1103
Selbstverständlichkeit 1103
Selbstvertrauen 1103
Selbstverwirklichung 1104
Selbstzucht 1104

Selbstzufriedenheit 1104
Seligkeit 1104
Seltenheit 1104
Sentimentalität 1105
September 1105
Seufzer 1105
Severin (23.10.) 1105
Sexualität 1105
Show 1106
Sicherheit 1106
Sichtbarkeit 1107
Siebenschläfer (27.6.) 1107
Sieg 1107
Silvester 1109
Simon (28.10.) 1109
Singen 1109
Sinn 1110
Sinne 1110
Sinnenlust 1111
Sinnlichkeit 1111
Sinnlosigkeit 1111
Sitten 1112
Sittlichkeit 1112
Sittsamkeit 1113
Sitzen 1114
Skandal 1114
Skepsis 1114
Skizze 1114
Sklaverei 1114
Skrupellosigkeit 1116
Snobismus 1117
Sohn 1117
Soldaten 1118
Solidarität 1119
Sollen 1119
Sommer 1119
Sonne 1119
Sonnenfinsternis 1120
Sonnenuhr 1121
Sonnenuntergang 1121
Sonntag 1121
Sophistik 1121
Sorge 1121
Sorgfalt 1122
Sorglosigkeit 1122
Souveränität 1122
Soziale Frage 1122
Sozialismus 1123
Sozialstaat 1123
Soziologie 1123
Spanien 1123
Spannung 1124
Sparsamkeit 1124
Spaß 1125
Spatz 1125
Spaziergang 1125
Speise 1125
Spekulation 1126
Spezialisierung 1126
Sphinx 1126
Spiegel 1126
Spiel 1127
Spielzeug 1128
Spießertum 1128
Spinne 1129
Spionage 1129
Spitzfindigkeit 1129
Spontaneität 1129
Sport 1129
Spott 1130

Sprache 1130
Sprechen 1133
Spreu 1134
Sprichwort 1134
Sprödigkeit 1134
Spruch 1134
Sprung 1135
Staat 1135
Staatsmann 1140
Stadt 1141
Stamm 1143
Stammtisch 1143
Stand 1143
Standfestigkeit 1144
Standpunkt 1144
Stanislaus (7.5.) 1144
Star 1144
Stärke 1145
Starrsinn 1146
Statistik 1146
Statue 1146
Staub 1146
Staunen 1146
Steigen 1146
Stein 1146
Stellung 1147
Stephan (26.12.) 1147
Sterben 1147
Sterblichkeit 1150
Stern 1150
Stetigkeit 1151
Steuer 1152
Steuermann 1152
Steuern 1152
Stiefmutter 1152
Stil 1152
Stille 1153
Stillen 1154
Stillstand 1154
Stimme 1154
Stimmung 1154
Stimmzettel 1155
Stock 1155
Stolpern 1155
Stolz 1155
Storch 1156
Störrisch 1156
Störung 1156
Stottern 1156
Strafe 1156
Straße 1158
Strategie 1158
Straucheln 1158
Streben 1158
Streicheln 1159
Streik 1159
Streit 1159
Strenge 1161
Strick 1161
Striptease 1161
Stroh 1161
Strom 1161
Studium 1161
Stuhl 1162
Stunde 1163
Sturheit 1163
Sturm 1163
Sturz 1163
Stütze 1163
Subjektivität 1163

Substanz 1163
Subvention 1163
Suche 1164
Sühne 1164
Sünde 1164
Sündenbock 1168
Suppe 1168
Süße 1168
Symbol 1168
Sympathie 1168
System 1168

T

Tabak 1169
Tabu 1169
Tadel 1169
Tag 1170
Tagebuch 1171
Takt 1171
Taktik 1172
Tal 1172
Talent 1172
Tanz 1174
Tapferkeit 1175
Tastsinn 1175
Tat 1175
Tätigkeit 1177
Tatsache 1178
Taube 1179
Taubheit 1179
Tauchen 1179
Taufe 1179
Tausch 1179
Täuschung 1179
Technik 1180
Tee 1181
Teil 1181
Teilen 1181
Teilnahme 1182
Telefon 1182
Tempel 1182
Temperament 1182
Tempo 1182
Terror 1182
Testament 1183
Teuer 1183
Teufel 1183
Theater 1185
Theologie 1187
Theorie 1187
Thron 1188
Tiefe 1188
Tier 1189
Tierquälerei 1190
Tiger 1190
Tisch 1190
Titel 1190
Tochter 1190
Tod 1191
Todesstrafe 1200
Toleranz 1200
Tollheit 1201
Tollkühnheit 1201
Ton 1201
Topf 1201
Tor 1201
Torheit 1202

Stichwortregister

1456 Tot

Tot 1202
Töten 1203
Totenehrung 1203
Tradition 1203
Trägheit 1203
Tragik 1204
Tragödie 1204
Training 1204
Träne 1205
Trauer 1206
Traum 1206
Traumdeutung 1209
Träumen 1210
Träumerei 1210
Traurigkeit 1210
Treffen 1211
Trennung 1211
Treten 1211
Treue 1212
Trieb 1213
Trinken 1214
Triumph 1216
Trockenheit 1216
Trost 1216
Trotz 1217
Trübsal 1217
Trunkenheit 1217
Trunksucht 1218
Tüchtigkeit 1218
Tugend 1218
Tun 1226
Tunnel 1227
Tür 1227
Turnen 1227
Typ 1227
Tyrannei 1227

U

Übel 1229
Überall 1230
Überdruss 1230
Übereilung 1230
Übereinstimmung 1230
Überfluss 1230
Überforderung 1231
Übergang 1231
Überheblichkeit 1231
Überirdisches 1232
Überleben 1232
Überlegenheit 1232
Überlegung 1232
Überlieferung 1233
Übermacht 1233
Übermaß 1233
Übermensch 1233
Übermut 1233
Überraschung 1234
Überredung 1234
Übersättigung 1234
Überschätzung 1234
Überschwemmung 1234
Übersetzen 1234
Übersinnlichkeit 1235
Übertreibung 1235
Überwindung 1235
Überzeugen 1235
Überzeugung 1235

Übung 1237
Uhr 1237
Ulrich (4.7.) 1237
Umarmung 1237
Umgang 1238
Umgebung 1238
Umkehr 1239
Umstand 1239
Umsturz 1239
Umweg 1239
Umweltzerstörung 1239
Umzug 1239
Unabänderlichkeit 1239
Unabhängigkeit 1240
Unbefangenheit 1240
Unbequemlichkeit 1240
Unbeständigkeit 1240
Unbewusstes 1240
Undankbarkeit 1240
Uneigennützigkeit 1241
Unendlichkeit 1241
Unentbehrlichkeit 1242
Unentschlossenheit 1242
Unergründlich 1242
Unerreichbarkeit 1242
Unersättlichkeit 1242
Unerträglichkeit 1242
Unfähigkeit 1242
Unfall 1242
Unfehlbarkeit 1242
Unfrieden 1243
Ungebundenheit 1243
Ungeduld 1243
Ungeheures 1243
Ungehorsam 1243
Ungemach 1243
Ungerechtigkeit 1243
Ungeschehen 1244
Ungeschicklichkeit 1244
Ungestüm 1244
Ungewissheit 1244
Ungezwungenheit 1244
Unglaube 1245
Ungleichheit 1245
Unglück 1245
Unglücklich 1249
Unheil 1249
Unhöflichkeit 1250
Uniform 1250
Universität 1250
Universum 1250
Unkraut 1250
Unlust 1250
Unmensch 1251
Unmenschlichkeit 1251
Unmöglichkeit 1251
Unmündigkeit 1251
Unnützes 1251
Unparteilichkeit 1252
Unrast 1252
Unrat 1252
Unrecht 1252
Unreinheit 1253
Unruhe 1253
Unschuld 1254
Unsicherheit 1254
Unsichtbarkeit 1254
Unsinnig 1255
Unsittlichkeit 1255
Unsterblichkeit 1255

Untätigkeit 1256
Unterdrückung 1256
Untergang 1256
Untergebene 1257
Unterhaltung 1257
Unternehmen 1258
Unternehmung 1258
Unterricht 1258
Unterschätzung 1259
Unterschied 1259
Unterstützung 1259
Untertan 1259
Unterwelt 1260
Unterwerfen 1260
Untreue 1260
Unverfrorenheit 1261
Unverschämtheit 1261
Unvollkommenheit 1261
Unwahrheit 1261
Unwetter 1261
Unwissenheit 1261
Unzucht 1262
Unzufriedenheit 1262
Urban (25.5.) 1262
Urlaub 1262
Ursache 1263
Ursprung 1263
Urteil 1263
Urteilskraft 1265
Utopie 1265

V

Vasall 1266
Vater 1266
Vaterland 1267
Vegetarier 1268
Veit (15.6.) 1268
Venus 1268
Verachtung 1268
Verallgemeinerung 1269
Veränderung 1269
Veranlagung 1270
Verantwortung 1270
Verbergen 1271
Verbesserung 1272
Verbindlichkeit 1272
Verbindung 1272
Verborgen 1272
Verbot 1272
Verbrauch 1272
Verbrechen 1273
Verdacht 1275
Verdammung 1275
Verdauung 1275
Verderben 1275
Verdienst 1276
Verdorbenheit 1276
Verdrängung 1276
Verdruss 1277
Verehrung 1277
Verein 1277
Vereinigung 1277
Verfall 1278
Verfassung 1278
Verfehlung 1278
Verfeinerung 1278
Verfolgung 1279

Verführung 1279
Vergangenheit 1279
Vergänglichkeit 1281
Vergebung 1282
Vergeltung 1282
Vergessen 1283
Vergewaltigung 1284
Vergleich 1284
Vergnügen 1284
Vergötterung 1285
Verhältnis 1285
Verhandlung 1286
Verirrung 1286
Verkauf 1286
Verkehr 1286
Verkehren 1286
Verkehrtheit 1286
Verkennen 1287
Verkleidung 1287
Verlangen 1287
Verlassen 1287
Verlegenheit 1287
Verleger 1287
Verleihen 1287
Verletzung 1288
Verleumdung 1288
Verliebtheit 1288
Verlobung 1290
Verlockung 1290
Verlust 1290
Vermittlung 1292
Vermögen 1292
Vermutung 1292
Vernachlässigung 1292
Verneigung 1293
Verneinung 1293
Vernichtung 1293
Vernunft 1293
Verpflichtung 1297
Verrat 1297
Verrücktheit 1297
Vers 1298
Versagen 1298
Versäumnis 1298
Verschiedenheit 1298
Verschmähen 1298
Verschrobenheit 1298
Verschweigen 1298
Verschwendung 1299
Verschwiegenheit 1299
Verschwörung 1299
Versöhnung 1299
Verspätung 1300
Versprechen 1300
Verstand 1301
Verständlichkeit 1304
Verständnis 1304
Verstecken 1304
Verstehen 1304
Verstellung 1306
Versuch 1306
Versuchung 1307
Verteidigung 1307
Vertrag 1307
Vertrauen 1308
Vertraulichkeit 1309
Vertrautheit 1309
Verurteilung 1310
Vervollkommnung 1310
Verwandtschaft 1310

Stichwortregister

Zynismus 1457

Verweichlichung 1311
Verweilen 1311
Verwicklung 1311
Verwirklichung 1311
Verwirrung 1311
Verwöhnen 1311
Verwunderung 1312
Verzagtheit 1312
Verzärtelung 1312
Verzeihung 1312
Verzicht 1313
Verzweiflung 1313
Vidal (28.4.) 1314
Vieh 1314
Vielseitigkeit 1314
Vinzenz (22.1.) 1314
Vision 1314
Vogel 1314
Volk 1315
Völkerrecht 1318
Volksglaube 1318
Volkslied 1318
Vollendung 1318
Völlerei 1319
Vollkommenheit 1319
Voraussicht 1319
Vorbereitung 1320
Vorbeugung 1320
Vorbild 1320
Voreiligkeit 1321
Vorfahr 1321
Vorgesetzter 1321
Vorhaben 1321
Vorliebe 1321
Vornehmheit 1321
Vorrat 1322
Vorrecht 1322
Vorsatz 1322
Vorschrift 1322
Vorsehung 1322
Vorsicht 1323
Vorsorge 1324
Vorstellung 1324
Vorteil 1324
Vortrag 1325
Vortrefflichkeit 1325
Vorurteil 1325
Vorwärts 1326
Vorwurf 1326
Vorzug 1327

W

Waage 1327
Wachsamkeit 1327
Wachstum 1327
Waffe 1327
Wagemut 1329
Wagen 1329
Wagnis 1329
Wahl 1329
Wahn 1331
Wahnsinn 1331
Wahrhaftigkeit 1332
Wahrheit 1332
Wahrnehmung 1342
Wahrsagerei 1342
Währung 1343

Waise 1343
Wald 1343
Wallfahrt 1344
Walpurgis (30.4.) 1344
Walzer 1344
Wandel 1344
Wandern 1344
Wankelmut 1346
Wappen 1346
Ware 1346
Wärme 1346
Warnung 1346
Warten 1347
Waschen 1347
Wasser 1347
Wechsel 1348
Weg 1349
Weggefährte 1350
Weh 1350
Wehmut 1350
Wehren 1351
Weib 1351
Weiblichkeit 1356
Weichen 1356
Weihe 1357
Weihnachten 1357
Weimar 1357
Wein 1357
Weinen 1360
Weisheit 1360
Weiß 1366
Weissagung 1366
Welken 1367
Welle 1367
Welt 1367
Weltall 1371
Weltanschauung 1371
Weltmann 1372
Weltordnung 1372
Weltschmerz 1372
Weltuntergang 1372
Weltverbesserung 1372
Weniges 1372
Werben 1372
Werbung 1372
Werden 1373
Werk 1373
Werkzeug 1374
Wert 1374
Wertschätzung 1375
Wesen 1375
Wesentliches 1376
Westen 1376
Westfalen 1376
Wettbewerb 1376
Wette 1376
Wetteifer 1376
Wetter 1376
Wichtigkeit 1377
Widerspruch 1377
Widerstand 1378
Widerwärtigkeit 1379
Widerwille 1379
Wiedergeburt 1379
Wiederholung 1379
Wiedersehen 1379
Wiege 1379
Wien 1379
Wildheit 1380
Wille 1380

Willenskraft 1382
Willig 1382
Willkür 1382
Wind 1383
Winter 1383
Wirklichkeit 1384
Wirkung 1385
Wirt/Wirtin 1386
Wirtschaft 1387
Wissbegier 1387
Wissen 1387
Wissenschaft 1393
Witwe 1397
Witz 1398
Wohlbefinden 1399
Wohlfahrt 1399
Wohlstand 1399
Wohltat 1400
Wohltätigkeit 1400
Wohlwollen 1401
Wohnung 1401
Wolf 1402
Wolfgang (31.10.) 1402
Wolke 1402
Wollen 1402
Wollust 1403
Wonne 1403
Wort 1403
Wort halten 1408
Wörterbuch 1408
Wunde 1408
Wunder 1409
Wunderbares 1411
Wunderkind 1411
Wunsch 1411
Würde 1414
Würfel 1414
Wurm 1414
Wurzel 1414
Wüste 1415
Wut 1415

Z

Zaghaftigkeit 1415
Zähigkeit 1415
Zahl 1415
Zahlen 1416
Zähmung 1416
Zahn 1416
Zank 1416
Zartheit 1416
Zärtlichkeit 1417
Zauberei 1417
Zaudern 1417
Zaun 1417
Zechen 1417
Zeichen 1417
Zeichnen 1418
Zeit 1418
Zeitalter 1423
Zeitgeist 1423
Zeitung 1423
Zeitvertreib 1425
Zensur 1425
Zerbrechen 1425
Zeremonie 1425
Zerstörung 1425

Zerstreuung 1426
Zeuge 1426
Zeugung 1427
Ziel 1427
Ziemen 1429
Zimmer 1429
Zimmermann 1429
Zins 1430
Zitat 1430
Zivilcourage 1430
Zivilisation 1430
Zölibat 1431
Zoll 1432
Zorn 1432
Zucht 1433
Zucker 1433
Zudringlichkeit 1433
Zufall 1433
Zuflucht 1435
Zufriedenheit 1435
Zufügen 1436
Zugeben 1436
Zügel 1436
Zügellosigkeit 1436
Zugrunde gehen 1436
Zuhause 1436
Zuhören 1436
Zukunft 1436
Zuneigung 1439
Zunge 1439
Zurückhaltung 1440
Zurückweichen 1440
Zurückziehen 1440
Zusammengehörigkeit 1440
Zusammenhalt 1440
Zusammenhang 1441
Zusammenleben 1441
Zuschauer 1441
Zustand 1441
Zustimmung 1441
Zutrauen 1442
Zuverlässigkeit 1442
Zuversicht 1442
Zuviel 1442
Zwang 1442
Zweck 1443
Zweifel 1444
Zwerg 1445
Zwiebel 1445
Zwiegespräch 1445
Zwietracht 1445
Zwist 1445
Zynismus 1445

Quellennachweis

Trotz größter Bemühungen konnten die Rechteinhaber nicht in allen Fällen ermittelt werden. Der Verlag bittet gegebenenfalls um Mitteilung.

Anders, Günther
◊ »Lieben gestern«, Beck'sche Reihe Nr. 377, © C. H. Beck'sche Verlagsbuchhandlung, München
◊ »Die Antiquiertheit des Menschen«, Band I und II, Beck'sche Reihe Nr. 319 und 340, © C.H.Beck'sche Verlagsbuchhandlung, München

Bachmann, Ingeborg
◊ »Werke« Bd. 1: »Der gute Gott von Manhattan«, Bd. 2: »Drei Wege zum See«, Bd. 4: »Die blinden Passagiere«, »Die wunderliche Musik«, »Frankfurter Vorlesungen«, »Tagebuch«, »Was ich in Rom sah und hörte«, © Piper Verlag GmbH, München 1978

Beauvoir, Simone de
◊ »Das andere Geschlecht«, deutsch von Rolf Soellner, © 1961 by Rowohlt Verlag GmbH, Reinbek bei Hamburg

Benn, Gottfried
◊ Die Zitate sind diversen Werken von Gottfried Benn entnommen, erschienen im Verlag Klett-Cotta, Stuttgart

Bernstein, Leonard
◊ »Freude an der Musik«. Alle Rechte an der deutschen Übersetzung von Kora Tenbruck beim Wilhelm Goldmann Verlag GmbH, München 1982; englische Ausgabe © 1959 by Leonard Bernstein

Blixen, Tania
◊ »Motto meines Lebens«, © 1991 Deutsche Verlags-Anstalt GmbH, Stuttgart

Böll, Heinrich
◊ »Essayistische Schriften und Reden 1-3«, © 1979/80 by Verlag Kiepenheuer & Witsch, Köln

Canetti, Elias
◊ »Die Provinz des Menschen. Aufzeichnungen 1942-1972«, Carl Hanser Verlag, München

Cocteau, Jean
◊ »Hahn und Harlekin«, übersetzt von Bernard Thieme, © Gustav Kiepenheuer Verlag GmbH, Leipzig 1991 (für die deutsche Fassung), © Editions Stock, Paris 1979 (für das französische Original)

Doderer, Heimito von
◊ »Repertorium«, Beck'sche Reihe Nr. 1158, © 1969 C.H.Beck'sche Verlagsbuchhandlung, München

Drewermann, Eugen
◊ »Das Markusevangelium«, Erster Teil (S. 447), Walter Verlag, Olten/Freiburg i. Br. 1989; Zweiter Teil (S. 26, 95, 161, 188, 191, 268, 275, 279, 289, 291, 293, 294, 386, 462, 496, 653, 719), Walter Verlag, Olten/Freiburg i. Br. 1988
◊ »An ihren Früchten sollt ihr sie erkennen« (S. 51, 60, 72, 105), Walter Verlag, Olten/Freiburg i. Br. 1988
◊ »Ich steige hinab in die Barke der Sonne« (S. 21, 194), Walter Verlag, Olten/Freiburg i. Br. 1989
◊ »Tiefenpsychologie und Exegese II« (S.164, 343, 506, 745, 751), Walter Verlag, Olten/Freiburg i. Br. 1988, 1989
◊ »Kleriker« (S. 673, 680, 693, 738), Walter Verlag, Olten/Freiburg i. Br. 1989

Drewermann, Eugen/ **Neuhaus,** Ingritt
◊ »Der goldene Vogel« (S. 55), Walter Verlag, Olten/Freiburg i. Br. 1982
◊ »Schneeweißchen und Rosenrot« (S. 6), Walter Verlag, Olten/Freiburg i. Br. 1983

Einstein, Albert
◊ »Mein Weltbild«, herausgegeben von C. Seelig, Europa Verlag, Zürich 1953
◊ in: C. Seelig, »Albert Einstein. Leben und Werk eines Genies unserer Zeit«, Europa Verlag, Zürich 1960
◊ »Über den Frieden. Weltordnung oder Weltuntergang?«, herausgegeben von O. Nathan und H. Norden, Peter Lang, Bern 1975

◊ »Briefe. Aus dem Nachlass« herausgegeben von H. Dukas und B. Hoffmann, Diogenes Verlag, Zürich 1981

Ernst, Paul
◊ »Gesammelte Werke«, © by Albert Langen/Georg Müller Verlag in der F. A. Herbig Verlagsbuchhandlung GmbH, München

Everding, August
◊ »Zur Sache, wenn's beliebt!«, erschienen im Wilhelm Heyne Verlag, GmbH & Co. KG München, 1996

Finck, Werner
© by F. A. Herbig Verlagsbuchhandlung GmbH, München

Fromm, Erich
◊ »Die Entdeckung des gesellschaftlichen Unbewussten, Schriften aus dem Nachlass«, Bd. 3, Beltz Verlag, Weinheim und Basel 1990
◊ »Ethik und Politik, Schriften aus dem Nachlass«, Bd. 4, Beltz Verlag, Weinheim und Basel 1990
◊ »Die Pathologie der Normalität, Schriften aus dem Nachlass«, Bd. 6, Beltz Verlag, Weinheim und Basel 1991
◊ »Seele und Gesellschaft, Schriften aus dem Nachlass«, Bd. 7, Beltz Verlag, Weinheim und Basel 1992
◊ »Vom Haben zum Sein, Schriften aus dem Nachlass«, Bd. 1, Beltz Verlag, Weinheim und Basel 1989
◊ »Von der Kunst des Zuhörens, Schriften aus dem Nachlass«, Bd. 5, Beltz Verlag, Weinheim und Basel 1991
Gesamtausgabe © 1981 Deutsche Verlags-Anstalt GmbH, Stuttgart

Gide, André
◊ »Gesammelte Werke«, © Deutsche Verlags-Anstalt GmbH, Stuttgart

Goetz, Curt
© Deutsche Verlags-Anstalt GmbH, Stuttgart

Hammarskjöld, Dag
◊ »Zeichen am Weg«, deutsche Ausgabe © Droemer Knaur Verlag, München

Hamsun, Knut
◊ »Pan«, © by Albert Langen/Georg Müller Verlag in der F. A. Herbig Verlagsbuchhandlung GmbH, München
◊ »Segen der Erde«, © by Albert Langen/Georg Müller Verlag in der F. A. Herbig Verlagsbuchhandlung GmbH, München
◊ »Victoria – Große Erzählungen«, © by Albert Langen/Georg Müller Verlag in der F. A. Herbig Verlagsbuchhandlung GmbH, München
◊ »August Weltumsegler«, © 1958 Paul List Verlag, München
◊ »Das letzte Kapitel«, © 1958 Paul List Verlag, München
◊ »Die letzte Freude«, © 1958 Paul List Verlag, München
◊ »Hunger«, © 1958 Paul List Verlag, München
◊ »Landstreicher«, © 1958 Paul List Verlag, München
◊ »Mysterien«, © 1958 Paul List Verlag, München
◊ »Nach Jahr und Tag«, © 1958 Paul List Verlag, München
◊ »Neue Erde«, © 1958 Paul List Verlag, München
◊ »Redakteur Lynge«, © 1958 Paul List Verlag, München

Hassencamp, Oliver
© by Nymphenburger Verlagsanstalt in der F. A. Herbig Verlagsbuchhandlung GmbH, München

Huch, Ricarda
◊ »Werke 1-11«, © 1966-1974 by Verlag Kiepenheuer & Witsch, Köln 1971

Kästner, Erich
◊ »Kurz und bündig«, © Atrium Verlag, Zürich
◊ »Misanthropologie«, in: »Ein Mann gibt Auskunft«, © Atrium Verlag, Zürich
◊ »Dr. Erich Kästners lyrische Hausapotheke«, © Atrium Verlag, Zürich

Quellennachweis

Kishon, Ephraim
◇ »Kishon für alle Fälle«,
© 1987 by Albert Langen/
Georg Müller Verlag in der
F. A. Herbig Verlagsbuchhandlung GmbH, München

Laub, Gabriel
© by Albert Langen/Georg
Müller Verlag in der F. A. Herbig Verlagsbuchhandlung
GmbH, München

Le Fort, Gertrud von
◇ »Die ewige Frau«, Kösel-Verlag, München 1962

Lembke, Robert
◇ »Das Beste aus meinem
Glashaus«, © Albert Langen/
Georg Müller Verlag in der
F. A. Herbig Verlagsbuchhandlung GmbH, München

Lindbergh, Anne Morrow
◇ »Muscheln in meiner Hand«,
© Piper Verlag GmbH, München 1955

Mahler-Werfel, Alma
◇ »Mein Leben«, S. Fischer,
Frankfurt a. M., 1960

Marcuse, Ludwig
◇ »Argumente und Rezepte«,
© 1973 by Diogenes Verlag
Zürich

Menuhin, Yehudi
◇ »Ich bin fasziniert von allem
Menschlichen«, Piper Verlag
GmbH, München 1982
◇ »Kunst als Hoffnung für
die Menschheit. Reden und
Schriften«, Piper Verlag
GmbH, München 1986
◇ »Variationen. Betrachtungen zu Musik und Zeit«, Piper
Verlag GmbH, München 1979
◇ »Lebensschule«, Piper Verlag
GmbH, München 1987
◇ »Unvollendete Reise«, Piper
Verlag GmbH, München 1979

Montherlant, Henry de
◇ »Erbarmen mit den Frauen«,
© 1957, 1975 by Verlag Kiepenheuer & Witsch, Köln

Nansen, Fridtjof
◇ »In Nacht und Eis«,
© Heinrich Albert Verlag,
Wiesbaden 1995

Nin, Anais
◇ »Die Sanftmut des Zorns«,
© 1. Aufl. 1979 by Scherz
Verlag, Bern

Ortega y Gasset, José
◇ »Gesammelte Werke«,
© Deutsche Verlags-Anstalt
GmbH, Stuttgart

Pessoa, Fernando
◇ »Das Buch der Unruhe«,
© 6. Auflage 1994 by Ammann Verlag & Co. Zürich

Picabia, Francis M. de
◇ »Unser Kopf ist rund, damit
das Denken die Richtung
wechseln kann. Aphorismen«,
Edition Nautilus, Hamburg
1995

Plath, Sylvia
◇ »Briefe nach Hause 1950 bis
1963«, Carl Hanser Verlag,
München 1975

Polgar, Alfred
◇ »Kleine Schriften«, © 1983
by Rowohlt Verlag GmbH,
Reinbek bei Hamburg

Roth, Eugen
◇ »Ein Mensch«, Duncker, Weimar 1935, © Dr. Thomas Roth
◇ »Die Frau in der Weltgeschichte«, Duncker, Weimar
1936, © Dr. Thomas Roth
◇ »Der Wunderdoktor«,
Carl Hanser Verlag, München
1939, © Dr. Thomas Roth
◇ »Mensch und Unmensch«,
Carl Hanser Verlag, München
1948, © Dr. Thomas Roth
◇ »Eugen Roths Tierleben«,
Carl Hanser Verlag, München
1948, © Dr. Thomas Roth
◇ »Neue Rezepte vom
Wunderdoktor«, Carl Hanser
Verlag, München 1959,
© Dr. Thomas Roth

Saint-Exupéry, Antoine de
◇ »Flug nach Arras« (S. 47, 48,
63, 70, 95, 100, 155, 167, 180,
182, 193, 203, 205, 211, 212),
© Karl Rauch Verlag, Düsseldorf 1955
◇ »Brief an einen Ausgelieferten«, aus: »Romane, Dokumente« (S. 585, 588, 592, 593, 599,
600, 601, 602), © Karl Rauch
Verlag, Düsseldorf 1966
◇ »Der kleine Prinz« (S. 67,
72, 76), © Karl Rauch Verlag,
Düsseldorf 1956
◇ »Brief an einen General«,
aus: »Romane, Dokumente«
(S. 622, 623), © Karl Rauch
Verlag Düsseldorf 1966

Schnitzler, Arthur
◇ »Buch der Sprüche und Bedenken«, Phaidon Verlag,
Wien 1927

◇ »Der Geist im Wort und
der Geist in der Tat«, Fischer,
Berlin 1927

Schweitzer, Albert
◇ »Aus meiner Kindheit und
Jugendzeit«, Beck'sche Reihe
Nr. 439, C. H. Beck'sche Verlagsbuchhandlung, München
◇ »Kultur und Ethik«,
Beck'sche Reihe Nr. 1150,
C. H. Beck'sche Verlagsbuchhandlung, München
◇ »Das Problem der Ethik
in der Höherentwicklung
des menschlichen Denkens«,
in: »Das Christentum und die
Weltreligion«, C. H. Beck'sche
Verlagsbuchhandlung, München 1984
◇ »Straßburger Predigten«,
Beck'sche Reihe Nr. 307,
C. H. Beck'sche Verlagsbuchhandlung, München
◇ »Zwischen Wasser und
Urwald«, Beck'sche Reihe
Nr. 1098, C. H. Beck'sche Verlagsbuchhandlung, München

Spengler, Oswald
◇ »Urfragen«, C. H. Beck'sche
Verlagsbuchhandlung, München

Tucholsky, Kurt
◇ »Gesammelte Werke«,
© 1960 by Rowohlt Verlag
GmbH, Reinbek bei Hamburg

Ustinov, Peter
◇ »Was ich von der Liebe
weiß«, © 1994 by Econ Verlag,
Düsseldorf/Wien/New York/
Moskau
◇ »Peter Ustinovs geflügelte
Worte«, © 1995 by Marion von
Schröder Verlag, Düsseldorf

Waggerl, Karl Heinrich
◇ »Alles Wahre ist einfach«,
© Otto Müller Verlag, Salzburg
1979

Werfel, Franz
◇ »Zwischen oben und unten«,
S. Fischer, Frankfurt a. M.

Wiesel, Elie
◇ »Lebenskraft Angst«,
herausgebeben von Rudolf
Walter, Verlag Herder, Freiburg i. Br. 1987
◇ »Adam oder das Geheimnis
des Anfangs«, Herder/Spektrum Bd. 4249, Verlag Herder,
Freiburg i. Br. 7. Auflage 1994
◇ »Chassidische Feier«, Verlag
Herder, Freiburg i. Br. 1988
◇ »Geschichten gegen die
Melancholie«, Herder/Spektrum Bd. 4296, Verlag Herder,
Freiburg i. Br. 7. Auflage 1996
◇ »Gezeiten des Schweigens«,
Herder/Spektrum Bd. 4154,
Verlag Herder, Freiburg i. Br.
3. Auflage 1992
◇ »Macht Gebete aus meinen
Geschichten«, Verlag Herder,
Freiburg i. Br. 4. Auflage 1987
◇ »Der fünfte Sohn«, Herder/
Spektrum Bd. 4069, Verlag
Herder, Freiburg i. Br. 6. Auflage 1992

Yeats, William Butler
◇ »Gesammelte Werke«,
© 1960 by Michael Yeats and
Anne Yeats, Macmillan & Co.
Ltd. London. Alle deutschen
Rechte by Hermann Luchterhand Verlag GmbH, Neuwied
und Berlin 1970. Jetzt: Luchterhand Literaturverlag
GmbH, München

Personenregister

Das Personenregister nennt in alphabetischer Reihenfolge alle Urheber der Zitate mit Lebensdaten und einer Kurzcharakteristik sowie die Stichwörter (mit Seitenzahlen), unter denen ihre Einträge zu finden sind.

A

Aalto, Alvar (1898–1976), finn. Architekt
  Architektur 59

Abbott, Lymann (1835–1922), US-amerikan. Religionsphilosoph
  Geduld 398
  Leidenschaft 750

Abélard, Pierre = Petrus Abaelardus (1079–1142), französ. Philosoph und Theologe
  Abstraktion 13
  Dienst 192
  Ehe 221
  Ehebruch 222
  Einsicht 243
  Feindschaft 309
  Frage 327
  Frau 339
  Gerechtigkeit 442
  Heilige 556
  Kampf 629
  Laster 716
  Prophet 972
  Strafe 1158
  Wahrheit 1336
  Weisheit 1361
  Zweifel 1444

Abraham a Sancta Clara (eig. Megerle, Johann Ulrich, 1644–1709), deutscher Prediger und Schriftsteller
  Behutsamkeit 105
  Brand 150
  Ehre 226
  Faulheit 303
  Henken 565
  Holz 591
  Lohn 805
  Schenken 1044
  Sterben 1148
  Streit 1159

Abs, Hermann Josef (1901 bis 1994), deutscher Bankier
  Frau 346
  Gewinn 470
  Regierung 996
  Staat 1139
  Währung 1343
  Zukunft 1437

Abschatz, Hans Assmann von (1646–1699), deutscher Dichter
  Lästern 178
  Schiff 1050

Accetto, Torquato (um 1641), italien. Schriftsteller
  Betrug 126
  Elend 248
  Gewohnheit 475
  Hilfe 576
  Kleidung 650
  List 801
  Vernunft 1293
  Verstellung 1306

Accius, Lucius (170 bis um 86 v.Chr.), röm. Dichter und Gelehrter
  Furcht 382
  Hass 550

Achard, Marcel (1899–1974), französ. Dramatiker
  Begabung 99
  Diplomatie 194
  Erfahrung 267
  Flirt 321
  Frau 333, 338, 339, 342, 348
  Geistreich 420
  Gewissen 472
  Glück 493
  Lüge 807
  Mann 825
  Mode 873
  Optimismus 933
  Reichtum 1001
  Reue 1015
  Statistik 1146
  Tyrannei 1228
  Vergnügen 1284

Acheson, Dean (1893–1971), US-amerikan. Politiker
  Zukunft 1437

Acton, John Dalberg Baron (1834–1902), brit. Historiker
  Freiheit 354
  Größe 526
  Macht 815

Adams, Henry Brooks (1838–1918), US-amerikan. Historiker
  Freundschaft 364
  Macht 814
  Meinung 840
  Tatsache 1178

Adamson, George (1906 bis 1989), brit. Tierschützer
  Welt 1367

Addison, Joseph (1672–1719), engl. Schriftsteller u. Politiker
  Beleidigung 109

Adenauer, Konrad (1876 bis 1967), deutscher Politiker, Bundeskanzler 1949–1963
  Abneigung 10
  Anfang 40
  Ärger 60
  Berlin 114
  Besserung 123
  Buße 162
  Demokratie 172, 173, 174
  Deutschland 184
  Dummheit 201
  Durchsetzen 203
  Ende 254
  Erfahrung 265
  Erfolg 270
  Erziehung 289
  Fortschritt 326
  Freiheit 351, 352
  Frieden 373
  Gegensatz 405
  Geist 412
  Geschichte 448, 449
  Gestaltung 465
  Glück 488, 492, 497
  Handeln 544
  Himmel 580
  Horizont 593
  Intoleranz 610
  Klugheit 653
  Lage 711
  Leben 733
  Liebe 768
  Macht 813, 816
  Masse 833
  Meinung 841
  Mensch 856
  Mittelstand 872
  Möglichkeit 875
  Organ 935
  Perfektionismus 943
  Persönlichkeit 944
  Politik 960, 961, 962, 963
  Politiker 964
  Rauchen 982
  Recht 986
  Sagen 1031
  Schmerz 1059
  Schöpferisch 1068
  Schuld 1076
  Selbstbeherrschung 1098
  Selbstzucht 1104
  Sozialismus 1123
  Staat 1136
  Standpunkt 1144
  Stein 1147
  Sünde 1167
  Tat 1177
  Überredung 1234
  Unzufriedenheit 1262
  Vergangenheit 1280
  Versagen 1298
  Wahl 1330
  Weg 1350
  Wirtschaft 1387
  Wort 1407
  Zukunft 1438
  Zunge 1439

Adjani, Isabelle (*1956), französ. Schauspielerin
  Leben 731

Adler, Alfred (1870–1937), österreich. Psychiater und Psychologe
  Gefahr 399
  Leben 725
  Prinzip 970

Adler, Hans Günther, (1910–1988), deutschösterreich. Schriftsteller
  Lebenssinn 740
  Unmöglichkeit 1251
  Ziel 1428

Adler, Mortimer (*1902), US-amerikan. Schriftsteller
  Lehre 741

Adolf von Nassau (um 1250–1298), röm.-deutscher König
  Gemüt 432
  Reichtum 998

Adorf, Mario (*1930), deutscher Schauspieler
  Essen 291
  Hand 542
  Junggeselle 627

Aeneas Silvius → Pius II.

Agesilaos II. (um 444 bis um 360 v.Chr.), König von Sparta
  Denkmal 179

Agrippa von Nettesheim (eig. Cornelius, Heinrich, 1486–1535), deutscher Philosoph und Theologe
  Erbsünde 263
  Gott 504
  Hass 548
  Schaden 1035

Studium 1162
Weib 1351

Aich, Prodosh (*1934),
ind. Ethnologe
Deutsch 182
Sprache 1132
Verkehr 1286

Aischylos (525/24 bis
456/55 v.Chr.), griech. Dichter
Besitz 121
Frucht 377
Gegnerschaft 407
Glück 497
Mutter 892
Neid 918
Schlimm 1055
Ungemach 1243
Zwietracht 1445

Aisopos (6. Jh.v.Chr.), legendärer griech. Fabeldichter
Ausrede 83
Freundschaft 367
Lehre 742
Leid 746
Tyrannei 1228
Unglücklich 1249

Alain (eig. Chartier, Émile,
1868–1951), franzos. Philosoph und Schriftsteller
Angst 42
Begehren 100
Beichte 106
Glaube 479
Krieg 676

Alanus ab Insulis (eig. Lille,
Alain de, um 1120–1203),
franzos. Philosoph u. Dichter
Sonne 1120

Albee, Edward (*1928),
US-amerikan. Dramatiker
Amerika 35
Außenseiter 84
Gesellschaft 459
Niederlage 922

Albers, Hans (1891–1960),
deutscher Schauspieler
Schauspielerei 1042
Steuern 1152

Albers, Josef (1888–1976),
deutscher Maler und Kunstpädagoge
Kunst 698
Vision 1314

Aleixandre, Vicente (1898 bis
1984), span. Schriftsteller
Kürze 707

Alexander der Große
(356–323 v.Chr.), König von
Makedonien
König/Königin 660

Alexander, Peter (*1926),
österreich. Schauspieler
Kompliment 659
Übertreibung 1235

Ali, Muhammad
(eig. Clay, Cassius, *1942),
US-amerikan. Boxer
Angeberei 41
Zuhören 1436

Alkaios von Mytilene (um
600 v.Chr.), griech. Dichter
Wahrheit 1338
Wein 1358

Allais, Alphonse (1855–1905),
franzos. Kabarettist
Gentleman 436
Zucker 1433

Allen, Frederick (1894–1956),
US-amerikan. Humorist
Politik 960

Allen, Woody (eig. Konigsberg, Allen Stewart, *1935),
US-amerikan. Filmregisseur
und Schauspieler
Brot 153
Ende 253
Erkenntnis 276
Ewigkeit 294
Fernsehen 313
Heiraten 561
Komödie 659
Liebe 783
Trinken 1215
Staunen 1146
Wetter 1376

Allmers, Hermann (1821 bis
1902), deutscher Schriftsteller
und Kulturhistoriker
Natur 910

Aloysius von Gonzaga
(1568–1591), italien. Jesuit
Anhänglichkeit 43

Alpert, Herb (*1937),
US-amerikan. Trompeter
Gold 503

Alphand, Hervé (*1907),
franzos. Politiker
Politik 959

Alsop, Joseph (1910–1989),
US-amerikan. Publizist
Gesicht 463
Politik 961

Alsop, Stewart (1914–1974),
US-amerikan. Publizist
Diplomatie 194

Altenberg, Peter (eig. Engländer, Richard, 1859–1919),
österreich. Schriftsteller
Amateur 34
Arbeit 52
Ausnahme 83
Blüte 146
Dichter/-in 187
Frau 343
Geld 423
Gott 509
Hand 542
Ideal 598
Imponieren 603
Konkurrenz 662
Liebe 764, 768
Schönheit 1064
Sexualität 1105
Zuschauer 1441

Altenbourg, Gerhard
(1926–1989), deutscher
Maler, Grafiker und Dichter
Geschichte 449

Altendorf, Wolfgang (*1921),
deutscher Schriftsteller
Verkehr 1286

Alverdes, Paul (1897–1979),
deutscher Schriftsteller
Humor 594
Lächeln 709
Witz 1398

Ambesser, Axel von (1910 bis
1988), deutscher Schriftsteller
Gedächtnis 394
Phantasterei 950
Philosophie 952
Realismus 983

Ambrosius (339–397),
röm. Kirchenvater
Absicht 11
Freundschaft 362, 364
Gerechtigkeit 440
Gewissen 474
Strafe 1157
Umgang 1238

Amery, Carl (*1922),
deutscher Schriftsteller
Bewegung 130

Amiel, Henri Frédéric
(1821–1881), franzos.-schweizer. Schriftsteller
Fortschritt 326
Irrtum 612
Wahrheit 1336

Amis, Kingsley (1922–1995),
brit. Schriftsteller
Bett 128
Tod 1195

Ammianus Marcellinus
(um 330–um 395), röm.
Geschichtsschreiber
Gerechtigkeit 440
Glück 495
Schicksal 1047

Amundsen, Roald (1872 bis
1928), norweg. Polarforscher
Dezember 184
Ehe 212
Ehre 225
Februar 304
Flucht 321
Gut sein 532
Januar 617
Kälte 629
September 1105
Sonne 1119, 1120

Amyot, Jacques (1513–1593),
franzos. Humanist
Alter 25

Anakreon (um 580 bis
um 495 v.Chr.), griech. Lyriker
Greis 523

Anders, Günther (eig. Stern,
G., 1902–1992), österreich.
Philosoph und Schriftsteller
Arbeit 54, 59
Arbeitsteilung 59
Barbarei 90
Befehl 98
Begierde 101
Besitz 120
Blöße 145
Denken 178
Erfahrung 268
Erlaubnis 277
Ernst 279
Fernsehen 313
Fleiß 319
Frau 335
Freiheit 356
Gefühl 404
Gehorsam 410
Generation 433
Größe 525
Handeln 545
Hunger 596
Industrie 605
Konkurrenz 662
Können 663
Konsum 664
Kopie 665
Kultur 686
Liebe 769, 796
Lust 811
Macht 814, 815
Maschine 831
Massenproduktion 834
Maxime 836
Medien 836
Mehrheit 838
Mensch 845, 849, 850, 860
Menschheit 863
Misstrauen 868
Mittel 871
Mode 873
Moral 879
Nachlässigkeit 897
Nacktheit 901
Not 924
Nutzen 927
Original 936

Passivität 942
Phantasie 950
Philosophie 953
Produktion 971
Recht 986
Schonung 1068
Seele 1087
Selbsterkenntnis 1100
Sinnlichkeit 1111
Sport 1130
Tabu 1169
Technik 1181
Tür 1227
Überfluss 1231
Umweg 1239
Unterhaltung 1258
Verachtung 1268
Verbot 1272
Verstehen 1304
Wahrheit 1341
Ware 1346
Welt 1367, 1368
Werbung 1373
Wesen 1375
Wille 1382
Zerstörung 1426
Zivilisation 1431

Andersch, Alfred (1914 bis 1980), deutscher Schriftsteller
Kopf 665
Krieg 676
Schauder 1040
Verbrechen 1273
Wüste 1415

Andersen, Hans Christian (1805 bis 1875), dän. Schriftsteller
Bewusstsein 133
Freude 361
Glück 498
Gott 506
Hochzeit 584
Krieg 677
Kuss 708
Leben 733
Lesen 757
Liebe 768, 779
Meer 838
Natur 910
Prinzessin 970
Schwer 1085
Seele 1088
Sehnsucht 1094
Silvester 1109
Soldaten 1118
Weihnachten 1357

Andersen, Lale (1910–1972), deutsche Chansonnière und Kabarettistin
Abschied 11

Andersen-Nexø, Martin (1869–1954), dän. Schriftsteller
Herz 569
Liebe 782
Mann 822
Mutter 892

Sohn 1117
Tochter 1191

Andrade, Eugenio de (*1923), portugies. Schriftsteller
Kind 643
Liebe 789
Morgen 880

André, Carl (*1935), US-amerikan. Bildhauer
Kunst 697
Politik 962

Andreas Capellanus (um 1170), Kaplan in der Kanzlei von König Philipp II. von Frankreich
Ehe 212
Eifersucht 230, 232
Geiz 421
Liebe 761, 769, 772, 781, 783, 786, 787, 790, 791, 792, 794, 796
Liebende 796
Lust 811
Tod 1200
Treue 1213
Verliebtheit 1289
Zärtlichkeit 1417

Andreotti, Giulio (*1919), italien. Politiker
Macht 814
Tagebuch 1171

Andres, Stefan (1906–1970), deutscher Schriftsteller
Blick 143
Schriftsteller/-in 1072

Andress, Ursula (*1936), schweizer. Filmschauspielerin
Liebe 779

Andrews, Julie (*1935), US-amerikan. Filmschauspielerin
Liebe 792
Treue 1213

Andrić, Ivo (1892–1975), jugoslaw. Schriftsteller, Literaturnobelpreis 1961
Märchen 828

Angela von Foligno (1248/49–1309), italien. Mystikerin
Arbeit 56
Gebet 389
Gott 514

Angell, Norman Lane (1874 bis 1967), brit. Schriftsteller, Publizist und Politiker, Friedensnobelpreis 1933
Krieg 678
Politik 962

Angelus Silesius (eig. Scheffler, Johann, 1624–1677), schles. Arzt und Dichter
Adler 17
Allgemeines 22
Anbetung 37
Anmaßung 44
Armut 65
Begehren 100
Bergsteigen 114
Beten 125
Beziehung 136
Bildung 140
Brot 153
Dank 170
Du 198
Edel 204
Einfalt 237
Einigkeit 238
Einsamkeit 240
Engel 255
Erde 264
Erfüllung 273
Ertrinken 282
Ewigkeit 294, 295
Frucht 377
Gebet 389
Geist 411, 416, 417
Gelassenheit 421
Gemüt 432
Genuss 438
Gott 504, 505, 506, 510, 511, 512, 513, 514, 516
Gottheit 519
Göttliches 520
Heilige 555
Herz 572
Himmel 578, 579
Himmelreich 580
Hoffnung 586
Jenseits 617
Kampf 629
Kind 642
Kleidung 649
Kleinheit 651
Lauterkeit 719
Licht 758
Liebe 764, 766, 769, 777, 781, 785
Lied 800
Mai 818
Maria 829
Mensch 844, 855, 859
Menschheit 862
Nacht 899
Not 924
Ort 936
Phönix 955
Quelle 976
Reichtum 998
Rose 1023
Ruhe 1025, 1026
Schiff 1050
Seele 1088, 1089, 1092
Selbst 1097
Seligkeit 1104
Sonne 1119, 1120
Sterben 1148, 1149
Stille 1154
Sünde 1165, 1166

Süße 1168
Teufel 1183, 1184
Tod 1193, 1195, 1196
Unschuld 1254
Unvollkommenheit 1261
Verdammung 1275
Vollkommenheit 1319
Weisheit 1362
Welt 1369
Wille 1380
Wollen 1402
Wort 1404
Zeit 1420, 1421, 1423

Anouilh, Jean (1910–1987), französ. Dramatiker
Beratung 111
Dummheit 201
Erwachsen 283
Frau 341, 344
Gewissen 472
Kind 641
Kummer 687
Lebenskunst 739
Liebe 778, 781
Mitleid 870
Schönheit 1065
Stimme 1154
Trost 1216
Zeichen 1418

Anquetil, Jacques (1934–1987), französ. Radrennfahrer
Pech 943

Anselm von Canterbury (1033–1109), italien. Philosoph und Theologe, Kirchenlehrer, Erzbischof von Canterbury (England)
Erkenntnis 276
Glaube 481, 482
Tod 1197

Antiphon (um 480 bis um 411 v.Chr.), griech. Redner
Beherrschung 105
Charakter 164
Kraft 668
Krankheit 672
Umgebung 1238
Zeit 1419

Antisthenes (um 445 bis um 360 v.Chr.), griech. Philosoph
Feindschaft 309

Antonius der Große (251/252–356), ägypt. Einsiedler
Arbeit 54
Geduld 399
Seele 1087

Antonius von Padua (1195–1231), italien. Franziskaner und Kirchenlehrer
Gott 511, 513

Personenregister

Aristoteles 1463

Anzengruber, Ludwig (1839–1889), österreich. Schriftsteller
  Bescheidenheit 117
  Vernunft 1293

Apollinaire, Guillaume (eig. Kostrowitzky, Wilhelm Apollinaris de, 1880–1918), französ. Dichter
  Haus 552

Apollodoros (2. Jh. v. Chr.), griech. Gelehrter
  Freundschaft 362
  Greis 523
  Vater 1267

Apuleius, Lucius (um 125 bis um 180 n. Chr.), römischer Schriftsteller
  Armut 66
  Bergsteigen 113
  Blindheit 144
  Denkmal 179
  Ehe 218
  Eltern 249
  Feuer 315
  Folter 323
  Geschäft 444
  Geschlechtsverkehr 453
  Gespenst 464
  Glück 489, 498
  Grauen 522
  Haar 540
  Heiterkeit 563
  Hexerei 575, 576
  Kind 642, 643
  Leser 757
  Liebe 771
  Liebeskummer 798
  Links 800
  Lüge 808
  Mord 880
  Nacktheit 901
  Neues 920
  Notwehr 925
  Priester 969
  Quelle 976
  Rache 977
  Raub 981
  Reichtum 998, 1001
  Schicksal 1048
  Schmerz 1058
  Schönheit 1065
  Schrecken 1069
  Seele 1089
  Segeln 1093
  Seligkeit 1104
  Sexualität 1106
  Traum 1208
  Unterhaltung 1257
  Unverschämtheit 1261
  Vergnügen 1285
  Vorsicht 1324
  Wohnung 1401
  Wort 1407
  Wunder 1410
  Zauberei 1417

Arany, János (1817–1882), ungar. Dichter
  Liebe 778

Archimedes (um 285 bis 212 v. Chr.), griech. Mathematiker und Ingenieur
  Entdeckung 257
  Störung 1156

Archipoeta (um 1150), Synonym eines mitteleuropäischen Dichters
  Kneipe 656

Arendt, Hannah (1906–1975), deutsch-US-amerikan. Politologin
  Denken 175

Ariosto, Ludovico (1474–1533), italien. Dichter
  Frau 345
  Hässlichkeit 551
  Schlaf 1053
  Tod 1198

Aristophanes (um 445–um 385 v. Chr.), griech. Komödiendichter
  Demokratie 173
  Dichter/-in 188
  Feindschaft 309
  Frau 331
  Gewinnstreben 471
  Lehrer/Lehrerin 742
  Poesie 958
  Rat 979
  Vaterland 1268

Aristoteles (384–322 v. Chr.), griech. Philosoph
  Abstraktion 12
  Affekt 18
  Allgemeines 22
  Amt 36
  Angriff 42
  Anlage 43
  Anstrengung 48
  Armut 64
  Aufstand 76
  Äußerlichkeit 85
  Begehren 100
  Begierde 103
  Bescheidenheit 118
  Besitz 120
  Besser 122
  Bewegung 130, 131
  Beziehung 134
  Bild 137
  Bürger 161
  Dank 170
  Demokratie 172, 173
  Denken 176, 177
  Egoismus 205
  Ehre 225, 226
  Ehrfurcht 227
  Ehrgeiz 228
  Eigenliebe 233
  Eigenschaft 233
  Eigentum 234
  Einbildung 235, 236
  Einheit 238
  Eltern 248
  Empfindung 252
  Entstehung 261
  Erfahrung 265
  Erholung 273
  Erinnerung 274
  Erkenntnis 276, 277
  Erlebnis 277
  Europa 292
  Ewigkeit 295
  Extrem 296
  Familie 300
  Fehler 306
  Feindschaft 310
  Feldherr 312
  Frau 332
  Freude 360
  Freundschaft 364, 366, 367, 368, 369
  Führung 379
  Funktion 380
  Ganzes 386
  Gedächtnis 393
  Gefahr 400
  Geist 412, 415
  Geld 422
  Gemeinheit 430
  Gemeinschaft 431
  Gerechtigkeit 440
  Gesetz 460, 461
  Gesundheit 467
  Gewandtheit 470
  Gewinn 470
  Gleichberechtigung 484
  Glück 489, 497, 500
  Glückseligkeit 501
  Gott 506, 510
  Götter 518
  Größe 525, 527, 528
  Gut 531
  Gut sein 532
  Gutes 534, 535, 536, 537, 538
  Haar 540
  Hand 542
  Handeln 544
  Hass 549
  Herrschaft 567, 569
  Herz 570
  Höchstes 583
  Hunger 596
  Idee 602
  Jugend 620
  Kind 638, 639, 643
  Kleidung 649
  Kleinmut 652
  Knechtschaft 655
  Kommunismus 658
  König/Königin 660
  Körper 666
  Krieg 676, 679
  Kunst 689, 693, 696
  Leben 720, 723, 724, 731, 732, 735
  Lehrer/Lehrerin 742
  Leid 747
  Leidenschaft 750
  Leistung 752
  Lernen 754, 756
  Liebe 788
  Liebesgenuss 797
  Lust 809, 810, 811
  Mann 822, 825
  Mensch 846, 847, 848, 849, 855, 858
  Milde 865
  Militär 865
  Missgeschick 867
  Mitte 870
  Musik 884, 885
  Muskeln 886
  Muße 887
  Mysterium 894
  Mythos 895
  Nachahmung 895
  Natur 906, 907, 910, 914
  Naturgemäß 915
  Neid 917, 918
  Nutzen 926
  Olympia 931
  Organ 935
  Phantasie 949
  Philosophie 951, 952, 954
  Plan 955
  Politik 959
  Prinzip 970
  Recht 984
  Rechtschaffenheit 987
  Regierung 994
  Reichtum 997, 998, 999
  Reisen 1005
  Revolution 1016
  Richter 1018, 1019
  Same 1032
  Scherz 1044, 1045
  Schlaf 1051, 1053
  Schmecken 1056
  Schmeichelei 1056
  Seele 1087, 1088, 1089, 1090, 1091, 1092
  Sehen 1094
  Selbstüberschätzung 1103
  Sittlichkeit 1113
  Sklaverei 1114, 1115
  Spiel 1127
  Spott 1130
  Sprache 1131
  Sprichwort 1134
  Staat 1135, 1136, 1137, 1138
  Staatsmann 1140
  Sterben 1147
  Stern 1151
  Stimme 1154
  Streben 1158
  Substanz 1163
  Tapferkeit 1175
  Tastsinn 1175
  Tätigkeit 1178
  Teil 1181
  Theologie 1187
  Theorie 1188
  Tier 1189
  Tod 1191
  Tollkühnheit 1201
  Traum 1208
  Trieb 1214

Personenregister

1464 Arletty

Trunkenheit 1218
Tüchtigkeit 1218
Tugend 1221, 1223
Tyrannei 1228
Überlegung 1232
Übermaß 1233
Ungerechtigkeit 1244
Unglück 1246
Unterhaltung 1257
Ursache 1263
Verachtung 1269
Veränderung 1270
Verfassung 1278
Vergewaltigung 1284
Vernunft 1293, 1294, 1295
Verwirklichung 1311
Vollendung 1319
Vollkommenheit 1319
Vornehmheit 1321
Wachstum 1327
Waffe 1328
Wahrheit 1342
Weib 1351
Wein 1358
Weisheit 1363
Welt 1368, 1370
Werkzeug 1374
Wert 1374, 1375
Wille 1380, 1382
Wirkung 1385
Wissen 1388
Wissenschaft 1393, 1394, 1395, 1396
Wunsch 1412
Ziel 1428
Zorn 1432
Zufall 1433, 1434
Zutrauen 1442
Zweck 1443

Arletty (1898–1992), französ. Schauspielerin
Erinnerung 275

Armstrong, Louis »Satchmo« (1900–1971), US-amerikan. Jazzmusiker
Gefühl 404

Armstrong, Neil (*1930), US-amerikan. Astronaut
Schritt 1075

Arndt, Ernst Moritz (1769–1860), deutscher Schriftsteller
Arbeit 57
Faulheit 303
Freude 360
Kampf 629
Knechtschaft 655
Krieg 677
Leid 746
Liebe 793
Nation 905
Paris 939
Sprache 1133
Suche 1164

Arnim, Achim von (1781 bis 1831), deutscher Dichter
Beispiel 108
Eigenes 232
Erziehung 286
Gemälde 430
Kraft 669
Kunst 699
Liebe 779, 780
Mensch 859
Museum 883
Poesie 956
Stern 1151
Sünde 1166
Wahrheit 1342
Werk 1373
Wunder 1411

Arnim, Bettina von, geb. Brentano (1785–1859), deutsche Dichterin
Ahnung 19
Allein 21
Auge 78
Bergsteigen 113
Bildung 140
Denken 176, 179
Ehemann 224
Empfindung 252
Eros 280
Finden 317
Freundschaft 371
Frühling 378
Ganzes 386
Geist 412, 413, 414, 415, 416, 417, 418
Gelehrsamkeit 427
Geliebter 429
Genius 436
Genuss 438
Glück 492, 498
Gott 505, 506, 510
Grab 521
Handeln 545
Harmonie 547, 548
Heiligtum 557
Himmel 578, 579
Inneres 606, 607
Inspiration 607
Irdisches 611
Jugend 622
Kunst 688, 691, 692, 696
Künstler 703
Kunstwerk 705
Leben 720, 721, 730, 735, 736
Leidenschaft 748, 751
Liebe 759, 760, 763, 764, 765, 767, 768, 769, 770, 771, 774, 782, 789, 790, 792, 794, 795
Mensch 847, 854, 857
Musik 883, 884, 885, 886
Name 902
Natur 906, 907, 908, 909, 914
Offenbarung 928
Politik 963
Ruhe 1025
Schatz 1040
Schlaf 1051
Schönheit 1063, 1064, 1065, 1066
Seele 1088
Sehnsucht 1094
Seligkeit 1104
Sinnlichkeit 1111
Sprache 1131
Stern 1150
Sünde 1165
Tod 1192, 1200
Treue 1212
Untreue 1260
Verstehen 1305
Wahrheit 1332, 1339, 1340, 1342
Weh 1350
Wehmut 1350
Weisheit 1366
Wissen 1391
Zukunft 1438

Arnim, Elizabeth von (1866 bis 1941), brit. Schriftstellerin
Besserung 123
Ehefrau 223
Einmischung 239
Fehler 305
Reue 1015
Wandern 1345

Arnold, Matthew (1822–1888), brit. Dichter und Kritiker
Journalismus 618

Arnoul, Françoise (*1931), französ. Schauspielerin
Sehenswürdigkeit 1094

Arnould, Madelaine Sophie (1740–1802), französ. Opernsängerin
Frau 334
Gott 506
Liebhaber 798

Arntzen, Helmut (*1931), deutscher Bibliothekar und Schriftsteller
Aphorismus 51
Ehe 210
Lächeln 709
Satire 1033, 1034
Wahrheit 1333

Arp, Hans (1887–1966), deutsch-französ. Bildhauer, Maler und Dichter
Größe 528
Kleinheit 652
Mensch 846
Opfer 932
Sinn 1110
Technik 1180
Träumen 1210

Arrabal, Fernando (*1932), span. Dramatiker
Dramatiker 197

Arvatov, Boris (1896–1940), russ.-sowjet. Schriftsteller
Kunst 696, 697
Schaffen 1037

Äsop → Aisopos

Asmodi, Herbert (*1923), deutscher Schriftsteller
Autor 86

Asquith, Herbert Henry Earl of Oxford and A. (1852 bis 1928), brit. Politiker
Jugend 621

Ast, Friedrich (1778–1841), deutscher Philosoph
Geist 413
Harmonie 547
Leben 722, 734
Philosophie 952
Sein 1096

Astaire, Fred (1900–1987), US-amerikan. Schauspieler und Tänzer
Tanz 1174
Vorgesetzter 1321

Astel, Arndfried (*1933), deutscher Schriftsteller und Rundfunkredakteur
Frieden 374
Taube 1179

Astoux, André (*1919), französ. Militär
Sturm 1163

Attenborough, Sir Richard (*1923), brit. Schauspieler und Filmproduzent
Flucht 322
Junggeselle 627

Attlee, Clement Richard Earl (1883–1967), brit. Politiker
Demokratie 172
Politik 960
Regierung 994
Urteil 1264
Urteilskraft 1265

Auburtin, Victor (1870–1928), deutscher Schriftsteller
Ziel 1427

Auden, Wystan Hugh (1907 bis 1973), brit. Dichter
Buch 156
Dichter/-in 186
Erinnerung 274
Leser 757
Vergnügen 1285

Auerbach, Berthold (1812 bis 1882), deutscher Erzähler
Arbeit 55
Arbeitsam 59

Ehe 221
Eigenwille 235
Fröhlichkeit 375
Geld 425
Heimat 558
Idee 601
Kleidung 649
Lärm 715
Leben 719
Mode 873
Musik 885
Phantasie 949
Sitten 1112
Unzufriedenheit 1262
Zufriedenheit 1436

Auffenberg, Joseph Freiherr von (1798–1857), deutscher Schriftsteller
Schwert 1085
Träne 1205
Zwerg 1445

Augier, Guillaume (1820–1889), französ. Dramatiker
Frau 334

Augstein, Rudolf (*1923), deutscher Journalist
Information 605
Journalismus 618
Politik 963
Sprache 1132

Augusta (1811–1890), deutsche Kaiserin und Königin von Preußen
Vergangenheit 1281
Zukunft 1438

Augustin, Michael (*1954), deutscher Lyriker
Gott 512
Mensch 853

Augustinus, Aurelius (354–430), latein. Kirchenlehrer karthag. Herkunft
Abgrund 9
Angst 42
Auge 77
Autorität 88
Begierde 102
Betrachtung 126
Einheit 238
Enthaltsamkeit 258
Finsternis 318
Frau 342
Gebrauch 391
Gehorsam 410
Geist 412
Genuss 438
Gerechtigkeit 441
Glaube 478, 483
Gott 506, 516
Gut 531
Irrtum 613
Keuschheit 636
Körper 666
Krankheit 671
Laster 716
Liebe 761, 764, 786, 789
Mensch 844
Papst 938
Rom 1021
Schlaf 1053
Schönheit 1066
Seele 1089
Sitten 1112
Sonne 1120
Staat 1137, 1139
Strenge 1161
Tugend 1221
Überfluss 1231
Unwissenheit 1261
Urteil 1264
Vergnügen 1284
Vernunft 1294, 1296
Verstand 1304
Wahrheit 1340
Würfel 1414
Zölibat 1431

Augustus (seit 44 v.Chr. Gaius Iulius Caesar, eig. Gaius Octavius, 63 v.Chr. bis 14. n.Chr.), erster röm. Kaiser
Alter 28
Niederlage 922
Schnelligkeit 1061

Ausländer, Rose (eig. Scherzer, Rosalie, 1901–1988), deutsche Lyrikerin rumän. Herkunft
Schweigen 1083

Ausonius (Decimus Magnus A., um 310–um 395), latein. Dichter aus Gallien
Anfang 39
Ausdruck 82
Ehe 219
Kürze 707
Mitgift 869
Mystik 894
Sexualität 1106
Venus 1268
Verzeihung 1312

Aventinus, Johannes (1477–1534), deutscher Geschichtsschreiber
Missbrauch 867
Ordnung 935

Aymé, Marcel (1902–1967), französ. Schriftsteller
Frau 333, 339
Liebe 782

Aznavour, Charles (*1924), französ. Schauspieler und Komponist
Ehefrau 223
Frau 334
Musik 884
Recht 984
Schwäche 1080
Schweigen 1082
Sehnsucht 1095
Stärke 1145

B

Baader, Franz von (1765–1841), deutscher kath. Theologe
Dienst 193
Freude 361
Leben 735
Liebe 763, 777, 779, 781, 783
Liebesbeziehung 797
Mitleid 870
Not 924
Religion 1008, 1011

Bacall, Lauren (*1924), US-amerikan. Schauspielerin
Frau 349
Mann 828

Bacher, Gerd (*1925), österreich. Journalist
Meinung 839

Bachmann, Ingeborg (1926–1973), österreich. Schriftstellerin
Abschied 11
Bett 128
Denken 175
Dirigent 195
Europa 293
Experte 296
Fliegen 320
Geheimnis 409
Gesellschaft 457
Instrument 608
Kunst 694, 700
Leben 720
Lektüre 754
Leser 757
Liebe 773, 777, 793
Liebhaber 799
Mann 828
Musik 884, 886
Poesie 958
Schlager 1054
Singen 1109
Sonne 1120
Spezialisierung 1126
Tanz 1174
Verstand 1301
Waffe 1328
Walzer 1344
Warten 1347
Wort 1406

Bachofen, Johann Jakob (1815–1887), schweizer. Rechtshistoriker und Altertumsforscher
Labyrinth 708
Religion 1009
Zivilisation 1431

Bacon, Francis (1561–1626), engl. Philosoph, Schriftsteller und Politiker
Atheismus 72
Aufstand 76
Ausgaben 82
Bild 137
Buch 156
Hoffnung 587
Ich 598
Natur 914
Philosophie 952
Reisen 1006
Ruhm 1027
Schönheit 1062
Sprache 1133
Studium 1162
Tod 1194
Tugend 1224
Wahrheit 1341
Wissenschaft 1393

Badinter, Elisabeth (*1944), französ. Philosophin
Einsamkeit 239

Badt, Kurt (1890–1973), deutscher Kunsthistoriker
Idealismus 600
Kunst 688, 689, 696
Macht 813

Baez, Joan (*1941), US-amerikan. Sängerin
Leben 726

Bahr, Egon (*1922), deutscher Journalist und Politiker
Genie 434
Partei 941

Bahr, Hermann (1863–1934), deutscher Schriftsteller
Aphorismus 51
Berufung 116
Demut 174
Eltern 248
Freundschaft 364
Opposition 933
Selbstverständlichkeit 1103
Theater 1187
Wahrheit 1335
Wien 1379

Bailey, Philip James (1816–1902), brit. Dichter
Brücke 153
Leben 721
Seufzer 1105
Träne 1205

Baker, Joséphine (1906–1975), französ. Tänzerin und Sängerin
Herz 574
Hilfsbereitschaft 577
Ohr 931
Traum 1209

Personenregister

Baldwin, James Arthur (1924–1987), US-amerikan. Schriftsteller
  Amerika 35
  Karriere 632
  Pferd 945
  Reiten 1006

Baldwin, Stanley (1867–1947), brit. Politiker
  Sozialismus 1123

Balser, Ewald (1898–1978), deutscher Schauspieler
  Glück 490
  Mäßigung 834
  Mund 882
  Vergnügen 1284

Balthasar, Hans Urs von (1902–1988), schweizer. Theologe
  Buch 156
  Gespräch 465

Balzac, Honoré de (1799 bis 1850), französ. Schriftsteller
  Abstraktion 12, 13
  Anatomie 37
  Anerkennung 38
  Anständigkeit 47
  Anwendung 49
  Ausdauer 81
  Bad 89
  Bankier 90
  Begehren 100
  Begierde 101, 102
  Besitz 120
  Betschwester 128
  Bett 128
  Bewegung 130
  Beziehung 135
  Bildung 139
  Buch 156
  Charakter 164, 165
  Dauer 171
  Despotismus 180
  Diät 185
  Drei 198
  Dummheit 200, 202
  Ehe 206, 207, 208, 209, 210, 211, 212, 213, 214, 215, 216, 217, 218, 219, 220, 221, 222
  Ehebruch 222
  Ehemann 224
  Ehepaar 225
  Eifersucht 230, 231
  Eigenschaft 233
  Emanzipation 250, 251
  Empfangen 251
  Engel 255
  Entwicklung 261
  Erwachen 283
  Erziehung 285
  Exzess 296
  Fanatismus 301
  Feindschaft 309
  Flitterwochen 321
  Fortpflanzung 325
  Frau 329, 332, 333, 335, 336, 337, 341, 342, 343
  Freiheit 353
  Freundschaft 362
  Furcht 380
  Geben 389
  Gedanke 395
  Gefühl 403, 404
  Geld 422, 425
  Gesellschaft 456
  Gesetz 461
  Gesicht 463
  Gewohnheit 476
  Gleichgewicht 484
  Glück 498
  Grundsatz 529
  Güte 533
  Hand 542
  Harmonie 547
  Heiraten 560, 561, 562
  Hochzeit 584
  Hygiene 597
  Idee 601, 602
  Illusion 602
  Instinkt 608
  Intuition 611
  Jugend 621, 624
  Keuschheit 636
  Kochen 656
  Koketterie 657
  Konvention 664
  Kraft 668, 669
  Krieg 677
  Lächerlichkeit 711
  Leben 720
  Lehre 741
  Leidenschaft 751
  Lesen 757
  Liebe 761, 762, 763, 764, 765, 767, 770, 772, 773, 778, 779, 780, 784, 785, 790, 791, 792, 793, 795
  Liebhaber 798, 799
  Lust 810, 811
  Mann 824, 825, 826, 828
  Migräne 865
  Mord 879
  Nacht 900
  Natur 910
  Nein 919
  Nerven 919
  Öffentliche Meinung 930
  Raum 982
  Rechtschaffenheit 987
  Regierung 996
  Rettung 1014
  Roman 1021
  Romantik 1022
  Rücksicht 1024
  Schamhaftigkeit 1039
  Schlaf 1051, 1052
  Schlagen 1053
  Schwiegermutter 1085
  Seele 1087, 1088
  Sinne 1110
  Sitten 1112
  Sklaverei 1116
  Sprechen 1133
  Staat 1136
  Tatsache 1179
  Temperament 1182
  Treue 1212
  Tugend 1221, 1222, 1223, 1226
  Unterhaltung 1257
  Unterricht 1259
  Untreue 1260
  Unwissenheit 1261
  Urteil 1264
  Vergangenheit 1280
  Vergessen 1283
  Vergewaltigung 1284
  Verliebtheit 1289
  Verstehen 1306
  Volk 1317
  Vornehmheit 1322
  Vorzug 1327
  Welt 1369
  Wille 1381
  Wirt/Wirtin 1386
  Wohnung 1401
  Zahl 1415
  Zins 1430
  Zorn 1432
  Zukunft 1438

Bamm, Peter (1897–1975), deutscher Schriftsteller
  Albernheit 20
  Angeln 41
  Beethoven, Ludwig van 97
  Buch 155
  Fleiß 319
  Frau 334
  Freundschaft 363
  Geist 416
  Gesetz 460
  Glück 493
  Illusion 603
  Mann 822, 823
  Mensch 853
  Optimismus 933
  Philosophie 950
  Schönheit 1064
  Schriftsteller/-in 1072
  Spiel 1127
  Tätigkeit 1178
  Überraschung 1234
  Verstand 1302
  Wirkung 1386
  Wunsch 1412
  Ziel 1428

Bang, Herman (1857–1912), dän. Romancier
  Schmerz 1058

Bardot, Brigitte (*1934), französ. Filmschauspielerin
  Ehemann 224
  Erfolg 271
  Falten 299
  Frau 333
  Kleidung 650
  Leben 729
  Liebe 785
  Mann 823
  Schlaf 1053
  Tier 1190

Barère, Bertrand (1755–1841), französ. Politiker
  Freiheit 351
  Rückkehr 1023
  Tod 1197
  Tyrannei 1227

Barlach, Ernst (1870–1938), deutscher Bildhauer, Grafiker und Dramatiker
  Geist 414
  Jugend 622
  Rasse 978
  Weg 1349

Barlog, Boleslaw (*1906), deutscher Theaterleiter und Regisseur
  Charme 166
  Diplomatie 194
  Eigenlob 233
  Frau 330
  Name 902
  Schönheit 1062
  Theater 1186

Barnard, Christiaan (*1923), südafrikan. Herzchirurg
  Herz 572
  Schmerz 1059

Barral, Carlos (1928–1989), span. Schriftsteller
  Geschichte 450

Barrault, Jean-Louis (1910–1994), französ. Schauspieler und Regisseur
  Idealismus 600
  Maske 831
  Qualität 976
  Regisseur 997
  Theater 1186
  Traum 1207
  Wirklichkeit 1385

Barrès, Maurice (1862–1923), französ. Schriftsteller
  Energie 254
  Unglück 1245

Barrie, James Matthew (1860 bis 1937), brit. Schriftsteller
  Gegnerschaft 407

Barrymore, John (1882–1942), US-amerikan. Schauspieler
  Alter 31
  Frau 331, 332
  Musik 886
  Zeit 1418

Barschel, Uwe (1944–1987), deutscher Politiker
  Erfahrung 266

Barth, Emil (1900–1958), deutscher Lyriker und Essayist
  Lüge 809

Personenregister

Beauvoir 1467

Barthel, Ludwig Friedrich (1898–1962), deutscher Schriftsteller
Frau 347
Mann 827

Barthelme, Donald (1931–1989), US-amerikan. Schriftsteller
Kunst 697

Bartolini, Luigi (1892–1963), italien. Maler u. Schriftsteller
Leben 726

Baruch, Bernard Mannes (1870–1965), US-amerikan. Bankier
Gegenleistung 405
Notwendigkeit 925
Versprechen 1300
Vorsicht 1323

Barzini, Luigi (1908–1984), italien. Schriftsteller
Herrschaft 567
Italien 615
Mutterrecht 894

Barzman, Ben (1912–1989), kanad. Drehbuchautor
Anerkennung 38

Baschnonga, Emil (*1941), schweizer. Publizist
Bein 107
Denkmal 179
Duell 199
Ehe 207
Eltern 249
Gegensatz 405
Gott 511
Herbst 565
Scham 1038

Basilius der Große (um 330–379), kappadok. Kirchenlehrer
Neid 917, 918

Baudelaire, Charles (1821–1867), franzö. Dichter
Aberglaube 8
Allein 21
Alter 30
Anbetung 37
Arbeit 53, 54, 55, 56, 57
Ärgernis 60
Aristokratie 61
Ausschweifung 84
Autorität 88
Beten 125
Dämmerung 169
Dandy 169
Dichter/-in 187
Ehe 207, 213
Ehrbarkeit 225
Einsamkeit 242
Empfindlichkeit 251
Ergebnis 273

Erschöpfung 281
Existenz 295
Form 324
Fortschritt 325, 327
Frau 349
Furcht 380
Fürst 384
Gebet 389, 390
Gedanke 396
Gegenwart 407
Geist 411
Geld 422
Geliebte 429
Gemeinplatz 430
Genie 434
Genuss 437
Gesicht 463
Glück 492
Gott 509, 510, 513
Grotesk 529
Händler 546
Konkubinat 662
Kunst 700
Leben 725
Leid 747
Liebe 769, 794
Mann 823
Masse 833
Meer 838
Mensch 846
Niedergang 922
Orden 934
Pflicht 947, 948
Plan 956
Priester 969
Protestantismus 973
Rausch 982
Religion 1007, 1011
Revolution 1016
Schönheit 1067
Schöpfung 1069
Spiel 1127
Stadt 1141
Teufel 1185
Tod 1193
Traum 1209
Träumen 1210
Tun 1226
Ungeheures 1243
Vergnügen 1284, 1285
Welt 1368
Willenskraft 1382
Wollen 1402
Zeit 1419, 1421
Zeitung 1424
Ziel 1428
Zivilisation 1431
Zukunft 1438

Bauer, Fritz (*1928), deutscher Jurist
Gehorsam 410
Gesellschaft 457
Heiterkeit 563
Moral 879
Recht 986
Strafe 1157
Verbrechen 1273

Bauer, Michael (*1947), deutscher Schriftsteller und Lehrer
Last 715

Bauer, Wolfgang (*1941), österreich. Schriftsteller
Theater 1186

Bauernfeld, Eduard von (1802–1890), österreich. Schriftsteller
Alter 32
Leben 730
Mission 867
Österreich 937
Richtung 1019
Vorbereitung 1320
Weib 1355
Wildheit 1380
Ziel 1429

Baum, Vicki (1888–1960), österreich. Schriftstellerin
Erfolg 270
Frau 337
Liebe 772

Baumbach, Rudolf (1840 bis 1905), deutscher Schriftsteller
Glück 491
Welt 1368

Baumeister, Willi (1889 bis 1955), deutscher Maler, Grafiker und Bühnenbildner
Beschäftigung 116
Erfahrung 267
Kunst 693, 697, 698

Baumel, Jacques (*1918), franzö. Journalist und Politiker
England 256
Gerücht 443
Großbritannien 524
Intrige 610

Bayle, Pierre (1647–1706), franzö. Philosoph
Geist 414

Beaumarchais, Pierre Augustin Caron de (1732–1799), franzö. Dramatiker
Erfolg 271
Mittelmäßigkeit 872

Beauvoir, Simone de (1908 bis 1986), franzö. Schriftstellerin
Abhängigkeit 9
Abtreibung 13
Adel 17
Altern 33
Anatomie 37
Befreiung 98
Begehren 100
Blick 144
Bordell 146
Böses 149
Braut 151

Buße 162
Charme 166
Ehe 207, 208, 209, 210, 211, 219, 220
Ehebruch 222
Ehefrau 223
Eifersucht 230
Ekstase 247
Eleganz 247
Empfangen 251
Erbfolge 262
Erbsünde 263
Erde 264
Erfindung 268
Erfolg 270
Erotik 280, 281
Familie 299, 300
Fee 305
Fisch 318
Frau 331, 332, 333, 335, 336, 339, 343, 344, 345, 346, 347, 349
Freiheit 352
Freundschaft 368
Fruchtbarkeit 377
Führung 379
Geburt 392
Gefühl 403
Gefühllosigkeit 405
Geistlichkeit 419
Germanen 443
Geschichte 447, 448
Geschlecht 451, 452
Geschlechtsverkehr 452
Gesellschaft 455, 456, 459
Gewohnheit 475
Gott 513
Gottheit 519
Gutes 538
Heiraten 560
Herrschaft 567
Hetäre 574
Hexerei 575
Hochzeit 584
Idol 602
Jungfrau 626
Keuschheit 636
Kind 637, 641, 642
Kleidung 651
Klischee 653
Kloster 653
König/Königin 660, 661
Kult 685
Leben 735
Liebe 762, 775
Liebhaber 799
Lüge 807
Lust 810
Mädchen 817
Magie 818
Mann 822, 823, 824, 825, 826, 827
Männlichkeit 828
Mensch 858
Menschheit 862
Mutter 890, 891, 892
Muttergottheit 893
Mythos 895
Orgasmus 935
Paar 937

Parasit 939
Passivität 942
Polygamie 965
Priester 969
Priesterin 970
Prostitution 972
Recht 985
Reichtum 998
Religion 1008, 1010
Scham 1038
Schicksal 1046
Schmuck 1060
Schwiegermutter 1085
Sexualität 1105, 1106
Soldaten 1118
Sphinx 1126
Star 1144
Stärke 1145
Sünde 1165
Tabu 1169
Tier 1189
Trost 1216
Tugend 1220
Unabhängigkeit 1240
Ungleichheit 1245
Unterdrückung 1256
Vater 1266
Veränderung 1270
Verbrechen 1274
Versuchung 1307
Warten 1347
Weiblichkeit 1356
Weinen 1360
Welt 1367, 1368, 1370
Wert 1374
Wollust 1403
Zauberei 1417

Beaverbrook, William Lord (1879-1964), brit. Politiker und Zeitungsverleger
Autor 87
Macht 815
Unabhängigkeit 1240

Bebel, August (1840-1913), deutscher Politiker
Erfolg 272
Frau 334
Gleichberechtigung 484
Jungfrau 626
Kultur 687
Leidenschaft 750
Luther, Martin 812
Maria 829
Menschheit 862
Mittelalter 871
Mutterrecht 893
Predigt 967
Sklaverei 1115
Unterdrückung 1256

Bebel, Heinrich (1472-1518), deutscher Gelehrter
Weib 1351

Becker, Boris (*1967), deutscher Tennisspieler
Gut sein 532
Leistung 753
Medien 836
Niederlage 922
Sieg 1108
Sport 1129
Stimmung 1154
Training 1204
Vergessen 1283

Beckmann, Max (1884-1950), deutscher Maler
Kaiser 628
Krieg 677
Kunst 697
Leben 736
Malerei 820
Mensch 854
Nahrung 902

Beckstein, Günther (*1943), deutscher Jurist und Politiker
Preußen 968

Beda Venerabilis (672/74 bis 735), angelsächs. Benediktiner und Gelehrter
Großbritannien 524

Beecham, Thomas (1879-1961), brit. Dirigent
England 256
Musik 885
Oper 931

Beecher-Stowe, Harriet
→ Stowe, Harriet Beecher

Beethoven, Ludwig van (1770-1827), deutscher Komponist
Geist 417
Kunst 690, 693
Liebe 766, 779, 780
Monarchie 875
Mozart 881
Musik 886
Sprache 1131
Universum 1250

Behan, Brendan (1923-1964), ir. Dramatiker
Erfindung 268
Gott 504, 516
Käse 632
Laster 716
Mensch 847
Muse 883
Spiegel 1126
Sünde 1165
Trinken 1216
Wasser 1348

Beheim-Schwarzbach, Martin (1900-1985), deutscher Schriftsteller
Liebe 764

Beirer, Hans (*1911), österreich. Opernsänger
Oper 931

Belafonte, Harry (*1927), US-amerikan. Sänger
Nacht 899

Belinskij, Wissarion G. (1811 bis 1848), russ. Schriftsteller
Kunst 692
Wirklichkeit 1384

Bellow, Saul (*1915), US-amerikan. Schriftsteller, Literaturnobelpreis 1976
Bedauern 95
Gesellschaft 455
Gewöhnlich 476
Glück 499
Liebe 777
Philosophie 953
Presse 968
Undankbarkeit 1240
Zeitung 1423

Belmondo, Jean-Paul (*1933), französ. Schauspieler
Flasche 318
Frau 337, 340
Versuchung 1307
Widerstand 1378

Ben Gurion, David (eig. Grün, David, 1886-1973), israel. Politiker
Frau 333
Freundschaft 368
Wunder 1411

Ben-gavriêl, Moscheh Ya'akov (1891-1965), österreich.-israel. Schriftsteller
Mensch 847
Nerven 919
Philosophie 954

Benary, Peter (*1931), deutscher Musikwissenschaftler und Aphoristiker
Ahn 19
Analphabetentum 36
Aufrichtigkeit 75
Echo 204
Ende 254
Flucht 321
Gerechtigkeit 441
Hand 543
Heiterkeit 563
Laster 717
Leichtigkeit 744
Liebende 797
Maschine 831
Perle 943
Rassismus 979
Reden 989
Ruf 1024
Schweigen 1082
Sprache 1131
Unternehmen 1258
Wert 1375
Wort 1405
Zeit 1422
Zukunft 1439

Benavente, Jacinto (1866 bis 1954), span. Dramatiker, Literaturnobelpreis 1922
Gutes 539
Sympathie 1168

Benda, Ernst (*1925), deutscher Jurist und Politiker
Richter 1018

Benn, Gottfried (1886-1956), deutscher Schriftsteller und Arzt
Anfang 39, 40
Aphorismus 51
Arzt 70
Bewusstsein 133
Beziehung 135
Bier 137
Denken 177
Deutsch 182
Deutschland 184
Ehe 210
Frau 338, 348
Gedanke 395
Gedicht 397
Gehen 409
Geist 418
Geschichte 450
Geschlechtsverkehr 453
Glück 491
Hoffnung 586
Höhe 590
Hure 597
Leben 728, 734
Lebensführung 739
Leid 746
Mensch 849, 852
Mittelstand 872
Neurose 921
Öffentlichkeit 930
Persönlichkeit 944
Politik 960
Propaganda 971
Schöpfung 1068
Schriftsteller/-in 1074
Schwein 1084
Seher 1094
Sexualität 1106
Sitzen 1114
Staat 1139
Stimmung 1155
Stunde 1163
Tod 1196
Unterschied 1259
Wort 1405, 1406

Bennett, Arnold (1867-1931), brit. Schriftsteller
Optimismus 934
Pessimismus 944

Benrath, Henry (1882-1949), deutscher Schriftsteller
Hand 543

Bense, Max (1910-1990), deutscher Philosoph
Intellektueller 609
Stuhl 1162

Bentzel-Sternau, Christian Ernst Karl von (1767–1849), deutscher Dichter
　Alter 27
　Entscheidung 260
　Mädchen 816
　Schmollen 1060
　Wahrhaftigkeit 1332
　Weib 1354, 1356

Benyoëtz, Elazar (*1937), israel. Aphoristiker
　Alter 25
　Bedeutung 95
　Dichtung 188
　Gewissen 473
　Glaube 481
　Gott 509
　Liebe 763
　Sehnsucht 1095
　Sieg 1107
　Sinn 1110
　Unfall 1242
　Weisheit 1361
　Zweifel 1444

Béranger, Pierre Jean de (1780–1857), französ. Liederdichter
　König/Königin 661
　Republik 1013

Berdjajew, Nikolai Alexandrowitsch (1874–1948), russ. Philosoph
　Bedeutung 95
　Emanzipation 251

Berg, Bengt (1885–1967), schwed. Zoologe, Tierfotograf und Schriftsteller
　Natur 907
　Tier 1190

Berg-Khoshnavaz, Birgit (*1940), deutsche Publizistin
　Wahl 1329

Bergengruen, Werner (1892–1964), deutscher Schriftsteller
　Alphabet 24
　Eigenlob 233
　Literatur 802
　Reisen 1006
　Rom 1021
　Seele 1092
　Untergang 1257

Berger, Senta (*1941), österreich. Schauspielerin
　Flirt 321
　Kuss 707
　Latein 718
　Leidenschaft 750
　Liebe 765
　Mann 823
　Mode 873
　Sexualität 1106

　Versprechen 1300
　Witwe 1397

Bergman, Ingmar (*1918), schwed. Filmregisseur
　Furcht 380
　Glück 493
　Sexualität 1106
　Teufel 1185

Bergson, Henri (1859–1941), französ. Philosoph, Literaturnobelpreis 1927
　Gedanke 394
　Gipfel 478
　Idee 600, 601
　Optimismus 934
　Pessimismus 945
　Tiefe 1189

Berkeley, George (1685–1753), ir. anglik. Theologe und Philosoph
　Sein 1096

Berkensträter, Bert (*1941), deutscher Aphoristiker
　Christentum 168
　Lärm 715
　Nachsicht 898
　Sau 1035
　Verleger 1287

Berlusconi, Silvio (*1936), italien. Unternehmer
　Star 1144

Bernanos, Georges (1888 bis 1948), französ. Schriftsteller
　Diktatur 193
　Gefühl 403
　Hölle 591
　Jugend 619
　Liebe 786
　Logik 804
　Mensch 846
　Volk 1317

Bernard, Tristan (1866–1947), französ. Schriftsteller
　Denkmal 179
　Ehe 210
　Ehemann 224
　Frau 345, 348
　Leichtigkeit 744
　Ungewissheit 1244
　Verstellung 1306

Bernardin, Alain (*1916), französ. Filmregisseur
　Striptease 1161

Bernhard von Clairvaux (um 1090–1153), französ. Ordensgründer und Kirchenlehrer
　Arzt 70
　Auge 78
　Barmherzigkeit 91
　Begierde 103

　Beugen 129
　Beziehung 136
　Demut 174
　Ehrerbietung 227
　Eitelkeit 245
　Eltern 248
　Erfahrung 267
　Essen 290
　Faulheit 304
　Fessel 314
　Fortschritt 325
　Freiheit 352
　Frieden 373
　Frömmigkeit 376
　Furcht 381, 382
　Gebet 389
　Geist 411, 418
　Geld 425
　Gewissen 471
　Glück 492
　Gott 504, 510
　Gutes 535
　Haltung 542
　Heilige 555
　Hoffnung 587
　Hunger 596
　Inneres 606
　Kampf 630
　Können 662
　Kraft 668
　Krankheit 671
　Licht 758, 759
　Liebe 761, 768, 769, 773,
　　774, 788, 792, 796
　Mitleid 869
　Nächstenliebe 898, 899
　Natur 907
　Neugier 920
　Not 923
　Paradies 938
　Pflug 951
　Ruhm 1029
　Schaden 1036
　Schmeichelei 1056
　Seele 1087, 1088, 1091
　Selbst 1097
　Seligkeit 1104
　Sinne 1111
　Tat 1176
　Träne 1205
　Trieb 1214
　Tugend 1220
　Unrat 1252
　Verdammung 1275
　Vernunft 1294
　Voreiligkeit 1321
　Wahrheit 1334, 1341
　Waschen 1347
　Wille 1380, 1381
　Wurm 1414
　Zähmung 1416
　Ziel 1428

Bernhardi, Sophie (1775–1833), deutsche Schriftstellerin
　Beispiel 107
　Dichter/-in 186
　Empfindung 252
　Freundschaft 369

　Glück 490
　Leidenschaft 749
　Nachahmung 895
　Poesie 958
　Tugend 1220
　Wahrheit 1333
　Widerspruch 1377

Bernhardt, Sarah (1844–1923), französ. Schauspielerin
　Frau 344
　Mann 826
　Theater 1186

Bernstein, Leonard (1918–1990), US-amerikan. Dirigent und Komponist
　Aufrichtigkeit 75
　Bach, Johann Sebastian 88
　Beethoven, Ludwig van 97
　Freiheit 350
　Göttliches 520
　Jazz 617
　Komponieren 659
　Kritik 681
　Kunst 695
　Leben 723
　Magie 818
　Mozart 881
　Musik 885, 886
　Mut 890
　Romantik 1022
　Schöpfung 1069
　Skepsis 1114
　Ton 1201
　Verstehen 1305

Berto, Juliet (1947–1990), französ. Schauspielerin
　Erfindung 268

Bessa-Luís, Agustina (*1922), portugies. Schriftstellerin und Essayistin
　Böses 149
　Hass 549
　Kompromiss 659
　Leben 734
　Leid 747
　Liebe 772
　Tot 1202
　Volk 1316

Beutelrock, Friedl (1889–1958), deutsche Schriftstellerin
　Allüre 23
　Größe 527
　Güte 533
　Himmel 579
　Laster 716
　Leben 728
　Macht 814
　Notwendigkeit 925
　Pferd 945
　Träne 1205
　Wolke 1402

Personenregister

Beuys, Joseph (1921–1986), deutscher Künstler
- Kreativität 673
- Kunst 692

Bevan, Aneurin (1897–1960), brit. Gewerkschaftsführer und Politiker
- Kapitalismus 631
- Wirtschaft 1387

Bhartrihari (7. Jh.), ind. Dichter
- Arbeit 54
- Dichter/-in 187
- Leben 734
- Liebe 771
- Mädchen 817
- Rede 988
- Reichtum 1001
- Ruhm 1028
- Treue 1212
- Umgang 1238

Bhavabhuti (7./8. Jh.), ind. Dramatiker
- Ehe 213

Bias von Priene (6. Jh. v.Chr.), ion. Staatsmann, einer der Sieben Weisen Griechenlands
- Frau 348
- Keuschheit 636

Biederstaedt, Claus (*1928), deutscher Schauspieler
- Liebschaft 800

Bieler, Manfred (*1934), deutscher Schriftsteller
- Bein 107
- Fortschritt 327
- Leben 737

Bier, August (1861–1949), deutscher Chirurg
- Arzt 69
- Krankheit 671

Bierbaum, Otto Julius (1865–1910), deutscher Schriftsteller
- Arbeit 55
- Mann 822
- Schönheit 1066
- Wort 1408

Bierce, Ambrose (1842–1914), US-amerikan. Schriftsteller
- Absurdes 13
- Anklage 43
- Aphorismus 50
- Arbeit 52
- Ausdauer 81
- Begräbnis 103
- Behagen 104
- Beifall 106
- Besitz 120
- Bettelei 129
- Beweis 131

- Bewunderung 132
- Bildung 139
- Braut 151
- Bündnis 160
- Charakter 164
- Dieb 190
- Diplomatie 194
- Diskussion 195
- Dummkopf 202
- Egoist 206
- Ehe 212
- Ehrgeiz 228
- Eile 235
- Einsiedler 244
- Emanzipation 250
- Entscheidung 259
- Entschluss 260
- Experte 296
- Frankreich 329
- Frau 341, 346
- Freundschaft 362, 366
- Frieden 373
- Gehirn 410
- Grenze 523
- Hass 549
- Heilige 556
- Heiraten 560
- Herz 573
- Heuchelei 574
- Historiker 582
- Irrtum 612
- Journalismus 618
- Kannibalismus 630
- Kanone 631
- Kleidung 650
- Köder 657
- Konsequenz 663
- Langeweile 714
- Lärm 715
- Liberal 758
- Malerei 820
- Mittelmäßigkeit 871
- Nase 904
- Neid 918
- Ohr 930
- Politik 962
- Polizei 965
- Provinz 973
- Prozess 973
- Radikalität 978
- Rat 980
- Religion 1011
- Rüstung 1030
- Sanftmut 1033
- Schmieden 1060
- Schönheit 1065, 1066
- Schutz 1079
- Selbstachtung 1098
- Sklaverei 1115
- Sorge 1121
- Staat 1135
- Stadt 1143
- Starrsinn 1146
- Sünde 1166
- Telefon 1182
- Torheit 1202
- Träne 1205
- Tüchtigkeit 1218
- Überlegenheit 1232
- Unwissenheit 1262

- Verbrechen 1273
- Wahl 1330
- Weg 1350
- Weisheit 1361
- Wetter 1377
- Wirt/Wirtin 1386
- Wissen 1393
- Zahn 1416
- Zitat 1430
- Zufall 1435
- Zukunft 1439
- Zynismus 1445

Biermann, Wolf (*1936), deutscher Sänger und Liedermacher
- Angst 42
- Frau 342
- Hahn 541
- Mensch 852
- Menschheit 862
- Mist 868
- Reisen 1005
- Soldaten 1118
- Sprache 1131
- Tod 1195
- Wirklichkeit 1384

Binding, Rudolf G. (1867 bis 1938), deutscher Schriftsteller
- Humor 593
- Liebe 764

Birgitta von Schweden (um 1303–1373), schwed. Mystikerin und Ordensstifterin
- Blindheit 144
- Gott 515
- Rechenschaft 983
- Seele 1090
- Sonne 1120

Bismarck, Otto Fürst von (1815–1898), deutscher Staatsmann
- Arbeit 58
- Arbeitsam 59
- Armut 64
- Ausland 83
- Beamter 95
- Bier 137
- Büro 162
- Deutsch 183
- Deutschland 184
- Drohung 198
- Ehe 208
- Ehre 226
- Freigebigkeit 350
- Freiheit 353
- Friedensschluss 374
- Geld 425
- Grundsatz 529
- Herrschaft 567
- Kirche 646
- Krieg 678, 680
- Kritik 682
- Lüge 808
- Macht 815
- Mehrheit 838
- Offenheit 929

- Partei 940
- Politik 960, 961
- Presse 968
- Preußen 969
- Priester 969
- Regierung 995
- Stammtisch 1143
- Sterben 1148
- Treue 1212
- Überzeugung 1236
- Vaterland 1268
- Verantwortung 1270
- Wein 1359

Bjørnson, Bjørnstjerne (1832 bis 1910), norweg. Dichter, Literaturnobelpreis 1903
- Jesus 617
- Kirche 646

Blake, William (1757–1827), brit. Dichter, Maler und Kupferstecher
- Begehren 100
- Bordell 146
- Unendlichkeit 1241

Blanc, Louis (1811–1882), französ. Sozialist
- Konkurrenz 662

Blanck, Erhard (*1942), deutscher Buchhändler und Schriftsteller
- Antwort 49
- Arbeit 52
- Arzt 69
- Auftreten 77
- Beifall 106
- Benehmen 110
- Beruf 115
- Bescheidenheit 118
- Brief 152
- Demut 175
- Denken 175
- Dummheit 200
- Eitelkeit 246
- Emanzipation 250
- Erröten 281
- Feindschaft 309
- Frage 327
- Geschlecht 451
- Gesicht 463
- Gewissen 473
- Hass 549
- Kritik 681
- Kunde 688
- Licht 759
- Liebe 776
- Lohn 805
- Magen 817
- Mann 823
- Medizin 837
- Mensch 860
- Nacht 899
- Nützlichkeit 927
- Praxis 967
- Schatten 1040
- Selbstvertrauen 1104
- Spiegel 1126

Tag 1170
Unzufriedenheit 1262
Wahrheit 1334
Wissen 1390

Blasetti, Alessandro (1900 bis 1987), italien. Filmregisseur
Autobiographie 86

Blei, Franz (1871–1942), österreich. Kritiker
Liebe 773
Sieg 1108

Blixen, Tania (1885–1962), dän. Schriftstellerin
Ehe 206, 213
Eindruck 236
Fliegen 321
Glaube 481
Gott 505, 515
Heim 558
Ideal 599
Idee 601
Institution 608
Kunst 690, 699
Liebe 773, 792, 796
Natur 910
Paradies 938
Treue 1212
Universum 1250
Untreue 1261
Vollkommenheit 1319
Wahrheit 1338
Wunsch 1412

Blondel, Maurice (1861 bis 1949), französ. Philosoph
Güte 533
Lehre 742
Leid 745

Blücher von Wahlstatt, Gebhard Leberecht Fürst (1742–1819), preuß. General-feldmarschall
Diplomatie 194
Sterben 1149

Blüm, Norbert (*1935), deutscher Politiker
Angebot 41
Antwort 49
Arbeit 53, 54, 55, 56, 57, 58, 59
Arbeitslosigkeit 59
Armut 63, 64
Arznei 68
Aufwachen 77
Ausbeutung 81
Beliebtheit 110
Bewegung 130
Bildung 139, 140, 141, 142
Brand 151
Bravheit 151
Christentum 168
Demokratie 174
Diebstahl 191
Eigentum 234
Einigkeit 239

Einsicht 243
Essen 290
Familie 300
Fortschritt 326, 327
Frage 328
Frieden 372
Gefahr 400
Gegenwart 406
Geld 423, 424
Geschlecht 451
Gesellschaft 456, 457, 459
Gesetzgebung 462
Gewöhnung 476
Gleichberechtigung 484
Gleichheit 486
Gras 522
Gutes 537
Harmonie 548
Idee 602
Illusion 603
Investition 611
Kapitalismus 631
Klassenkampf 648
Konsum 664
Korn 665
Krankenhaus 669
Krise 681
Leben 721
Lebenssinn 740
Maschine 831
Mensch 847, 858
Missbrauch 866
Mut 889
Mutter 891
Nutzen 926
Papst 938
Partnerschaft 942
Pessimismus 944
Politik 960, 961, 962, 963
Politiker 964
Popularität 966
Problem 970, 971
Regierung 997
Richtig 1019
Richtung 1019
Saat 1031
Schaden 1036
Schulden 1076, 1077
Schule 1077
Segen 1093
Sicherheit 1106
Sommer 1119
Sozialstaat 1123
Sparsamkeit 1124
Staat 1135, 1136, 1138, 1140
Streik 1159
Studium 1162
Technik 1181
Toleranz 1200
Tradition 1203
Umweltzerstörung 1239
Universität 1250
Unternehmen 1258
Verhandlung 1286
Verwöhnen 1312
Wachstum 1327
Weisheit 1364
Wichtigkeit 1377
Winter 1384
Wirtschaft 1387

Wohltätigkeit 1401
Zeit 1422
Zivilisation 1430
Zukunft 1437, 1439
Zustimmung 1441

Blumenthal, Oskar (1852 bis 1917), deutscher Schriftsteller
Entschluss 260
Geselligkeit 454
Tugend 1220

Boccaccio, Giovanni (1313 bis 1375), italien. Dichter
Adel 16, 17
Armut 64
Beichte 106
Ehrbarkeit 225
Gerede 442
Leid 748
Maß 832
Tugend 1225
Wahrheit 1341
Weisheit 1365

Bodden, Ilona (1940–1985), deutsche Schriftstellerin
Finanzen 317

Bodelschwingh, Friedrich von (1831–1910), deutscher evang. Theologe
Liebe 772

Bodenhausen, Eberhard Freiherr von (1868–1918), deutscher Industrieller
Freiheit 356
Kunst 696, 699
Natur 912

Bodenstedt, Friedrich von (1819–1892), deutscher Schriftsteller
Achtung 14
Ahnung 19
Alter 30
Anmut 44
Arbeit 52
Auge 78
Augenblick 80
Beispiel 107
Betrug 127
Denken 179
Dichter/-in 188
Erfahrung 267
Erinnerung 274
Ferne 312
Freundschaft 369
Fürst 384
Gefallen 401
Geist 412
Geliebte 429
Gerede 442
Glück 490, 492, 500
Handeln 545
Hass 550
Herz 574
Hoffnung 585
Inneres 606

Jugend 625
Kampf 630
Klugheit 653, 654
Konzentration 664
Leben 721, 728, 731, 733
Lebenssinn 740
Leib 743
Licht 759
Liebe 772, 785, 786, 792, 793
Liebende 797
Macht 813
Milde 865
Nüchternheit 926
Paradies 938
Rache 977
Rausch 982
Reden 991
Reue 1015
Rose 1023
Schaffen 1037
Schärfe 1039
Schicksal 1047
Schönheit 1067
Schweigen 1083
Seele 1092
Sein 1096
Selbsterkenntnis 1100
Sieg 1109
Sonne 1120
Spruch 1134
Träne 1205
Trinken 1215
Verstand 1301
Vertraulichkeit 1309
Verwirklichung 1311
Wein 1358, 1359
Weisheit 1361, 1362, 1364
Welt 1370
Witz 1399
Wunde 1408
Zechen 1417
Zwang 1443

Bodin, Jean (1529/30–1596), französ. Philosoph und Staatstheoretiker
Staat 1138

Bodman, Emanuel von und zu (1874–1946), deutscher Schriftsteller
Komik 658
Liebe 782

Boethius, Anicius Manlius Torquatus Severinus (um 480 bis um 524), röm. Philosoph
Bewunderung 132
Fieber 316
Gefahr 399
Genügsamkeit 436
Genuss 437
Himmel 578
Körper 666
Kürze 707
Liebe 794
Macht 814
Philosophie 952
Ruhm 1027

Schönheit 1062
Schwäche 1083

Bogart, Humphrey
(1899–1957), US-amerikan.
Schauspieler
Auge 78
Charakter 165
Ehemann 224
Frau 340
Widerspruch 1378

Böhm, Franz (1938–1989),
deutscher Schauspieler
Pressefreiheit 968

Böhm, Karl (1894–1981),
österreich. Dirigent
Glück 493
Unglück 1247

Böhm, Karlheinz (*1928),
deutscher Schauspieler
Frau 338
Verzeihung 1312

Böhme, Jakob (1575–1624),
deutscher Mystiker
Himmel 578
Mensch 845
Sterben 1150

Bohr, Niels (1885–1962),
dän. Physiker, Physiknobel-
preis 1922
Naturwissenschaft 916
Ordnung 934
Sein 1096

Boileau-Despréaux, Nicolas
(1636–1711), französ. Schrift-
steller und Kritiker
Alter 29
Ansehen 46
Ausdruck 82
Bewunderung 132
Dummkopf 202
Ehre 225
Held/Heldin 564
Reim 1003
Schreiben 1070, 1072
Spaß 1125
Vergnügen 1285

Bolingbroke, Henry Saint
John Viscount (1678–1751),
brit. Staatsmann und Schriftsteller
Geschichte 448

Böll, Heinrich (1917–1985),
deutscher Schriftsteller,
Literaturnobelpreis 1972
Alter 32
Autor 87
Buch 156, 157, 159
Deutsch 181, 182
Fernsehen 313
Feuer 315
Freiheit 351, 354

Gehorsam 410
Gewissen 471
Held/Heldin 563
Höflichkeit 589
Kälte 629
Ketzerei 636
Kino 645
Krieg 676
Kunst 695, 701
Leben 733
Medien 836
Mut 888
Recht 984
Sauberkeit 1035
Schreiben 1070, 1071
Schriftsteller/-in 1073, 1074
Soldaten 1118
Sprache 1133
Sterben 1149
Tabu 1169
Tod 1191
Überzeugung 1237
Unmensch 1251
Verachtung 1269
Verleger 1287
Verschwiegenheit 1299
Wunde 1408
Zahl 1415
Zensur 1425

Bomans, Godfried Jan
(1913–1971), niederländ.
Journalist
England 255

Bonaventura (1217/21 bis
1274), italien. Theologe,
Philosoph und Kirchenlehrer
Erleuchtung 278
Gebet 389
Seligkeit 1104

Boner, Ulrich (um 1340), dich-
tender Dominikaner in Bern
Rat 980

Bonhoeffer, Dietrich (1906 bis
1945), deutscher Geistlicher
Leid 748
Menschenkenntnis 861

Bonifatius (672/73–754),
angelsächs. Benediktiner
und Missionar, »Apostel der
Deutschen«
Germanen 443
Schweigen 1084

Bonifatius VIII. (um 1235 bis
1303), Papst ab 1294
Zustimmung 1442

Bonnard Abel (1883–1968),
französ. Schriftsteller
Nachsicht 898

Bonsels, Waldemar (1880 bis
1952), deutscher Schriftsteller
Eltern 250
Jugend 625

Künstler 702
Leben 737
Paradies 938
Prügel 973
Weg 1349
Werk 1373
Wüste 1415

Boothe-Luce, Claire
(1903–1987), US-amerikan.
Publizistin und Politikerin
Gerücht 443
Geschlecht 451

Bora, Katharina von
(1499–1552), Ehefrau von
Martin Luther
Feindschaft 311
Rache 977

Borchert, Wolfgang (1921 bis
1947), deutscher Dichter
Gesellschaft 458
Gott 509, 515
Hure 597
Stimme 1154
Wahrheit 1339

Bordeaux, Henry (1870 bis
1963), französ. Schriftsteller
Künstler 703
Tod 1194

Borges, Jorge Luis (1899 bis
1986), argentin. Schriftsteller
Bibliothek 136
Frau 338
Freundschaft 364
Luxus 812
Paradies 938

Borm, William (1895–1987),
deutscher Politiker
Freundschaft 366

Borman, Frank (*1927),
US-amerikan. Astronaut
Christentum 168
Hölle 591
Kapitalismus 631

Born, Max (1882–1970),
deutscher Physiker, Physiknobelpreis 1954
Verstand 1302

Börne, Ludwig (1786–1837),
deutscher Schriftsteller
Alter 30, 31
Arzt 70
Auge 78
Ausschweifung 84
Betrug 126
Deutsch 181
Dichter/-in 187
Dummheit 200, 201
Eifersucht 232
Erfahrung 265, 266
Feigheit 308
Feindschaft 309

Geben 389
Gefallen 401
Geist 413
Geschenk 446
Geschichte 449
Gesellschaft 457, 459
Gesundheit 466
Götze 521
Größe 526
Grundsatz 530
Herrschsucht 569
Hoffnung 586
Höflichkeit 589
Humor 593
Idee 601
Jugend 624
Klugheit 653
Leichtsinn 744
Leidenschaft 750
Liebe 762, 770, 796
Liebenswürdigkeit 797
Macht 813
Mädchen 817
Mensch 847, 857
Menschheit 862
Minister 866
Mittelalter 871
Moral 878
Offenherzigkeit 929
Öffentliche Meinung 929
Philosophie 952
Priester 969
Prinzessin 970
Redefreiheit 989
Regierung 994, 995, 996
Reichtum 1001
Revolution 1017
Ruhe 1026
Scheitern 1044
Schicksal 1049
Schmerz 1059
Schmollen 1060
Selbsterkenntnis 1099
Sprache 1132
Staat 1139
Stiefmutter 1152
Tier 1190
Tod 1197
Tugend 1224
Unternehmung 1258
Verdienst 1276
Verlegenheit 1287
Verschwörung 1299
Volk 1317
Vornehmheit 1321
Wechsel 1349
Weib 1352
Weisheit 1361
Witz 1398
Zank 1416
Zwang 1442

Bornemann, Ernest (1915
bis 1995), österreich. Sexualforscher
Held/Heldin 563

Bornemann, Wilhelm (1766
bis 1851), deutscher Dichter
Wald 1343

Personenregister

Brockes 1473

Borsche, Dieter (1909–1982), deutscher Schauspieler
  Ehe 208

Bosco, Don Giovanni (1815–1888), italien. Priester und Pädagoge
  Gott 509

Boßhart, Jakob (1862–1924), schweizer. Schriftsteller
  Ahnung 19
  Alter 24
  Band 90
  Beredsamkeit 111
  Besser 122
  Bewusstsein 133
  Egoismus 206
  Ehrfurcht 227
  Einsamkeit 241
  Elend 247
  Erfolg 272
  Erlebnis 277
  Feigheit 308
  Freiheit 356
  Gedanke 396
  Gemeinschaft 431
  Genie 433
  Gescheitheit 445
  Gesellschaft 459
  Gewalt 468
  Gewissen 472
  Glaube 480
  Gott 504
  Grundsatz 529
  Held/Heldin 563
  Ideal 599
  Idealismus 600
  Idee 601
  Individualität 604
  Instinkt 607
  Intellekt 609
  Jugend 621, 625
  Kind 641
  Kultur 686
  Kunst 694
  Künstler 701
  Kunstwerk 706
  Last 715
  Leichtigkeit 744
  Leistung 752
  Moral 877
  Oberflächlichkeit 928
  Polemik 959
  Praxis 967
  Problem 970
  Proletariat 971
  Rasse 978
  Rätsel 981
  Religion 1008, 1009
  Romantik 1022
  Schwäche 1079
  Selbstbetrug 1098
  Selbstverständlichkeit 1103
  Sozialismus 1123
  Spiegel 1127
  Sprache 1132
  Staat 1136
  Tier 1189, 1190
  Tod 1199
  Tragik 1204
  Tugend 1226
  Umkehr 1239
  Unergründlich 1242
  Ungebundenheit 1243
  Untergang 1257
  Volk 1318
  Wirklichkeit 1384

Bossuet, Jacques Bénigne (1627–1704), französ. kath. Theologe
  Extrem 296
  Grundsatz 530
  Leidenschaft 751
  Schwäche 1080
  Zufall 1434

Bourget, Paul (1852–1935), französ. Schriftsteller
  Flirt 321
  Liebe 763
  Sünde 1165
  Tugend 1220

Bouterwek, Friedrich (1766 bis 1828), deutscher Philosoph
  Einsamkeit 242
  Hoffnung 586

Bovee, Christian Nestell (1820–1904), US-amerikan. Epigrammatiker
  Politik 963
  Verdienst 1276

Boyer, Charles (1899–1978), US-amerikan. Schauspieler französ. Herkunft
  Frau 333

Brachmann, Luise (1777–1822), deutsche Lyrikerin und Erzählerin
  Herz 572

Brahms, Johannes (1833 bis 1897), deutscher Komponist
  Orden 934

Brandauer, Klaus Maria (*1944), österreich. Schauspieler
  Mensch 855

Brando, Marlon (*1924), US-amerikan. Filmschauspieler
  Star 1144

Brandt, Frithjof (1892–1982), dän. Philosoph
  Historiker 582

Brandt, Willy (eig. Frahm, Herbert Ernst Karl, 1913 bis 1992), deutscher Politiker, Bundeskanzler 1969–1974, Friedensnobelpreis 1971
  Deutsch 182
  Furcht 382

Karriere 632
Mut 888, 889
Schritt 1075
Tisch 1190
Wachstum 1327

Brant, Sebastian (1457–1521), elsäss. Jurist und Dichter
  Behüten 105
  Betrug 126
  Drohung 198
  Frau 347
  Freundschaft 363
  Glück 500
  Gut 531
  Jagd 615
  Krieg 680
  Narr 903, 904
  Spiel 1127
  Studium 1162
  Täuschung 1180
  Thron 1188

Braque, Georges (1882–1963), französ. Maler
  Alter 30
  Frucht 377
  Kunst 690, 695, 698, 699
  Malerei 820

Braun, Lily (1865–1916), deutsche Schriftstellerin
  Größe 525

Braun, Wernher Freiherr von (1912–1977), US-amerikan. Raketeningenieur deutscher Herkunft
  Büro 162
  Kosmos 667
  Mond 876
  Realität 983
  Utopie 1265
  Weltall 1371
  Zivilcourage 1430

Bremi, Ulrich (*1929), schweizer. Unternehmer und Politiker
  Last 715
  Treffen 1211

Brentano, Bernard von (1901–1964), deutscher Schriftsteller
  Dummkopf 202
  Spinne 1129

Brentano, Clemens (1778 bis 1842), deutscher Dichter
  Abschied 10
  Falschheit 298
  Feindschaft 309
  Freundschaft 366, 368
  Frömmigkeit 375
  Gemälde 430
  Liebe 779
  Museum 883
  Neutralität 921
  Zucht 1433

Brentano, Franz (1838–1917), deutscher Philosoph
  Natur 909

Brentano, Sophie
  → Merceau, Sophie

Breton, André (1896–1966), französ. Schriftsteller
  Eroberung 280
  Kunst 692

Bretzner, Christoph Friedrich (1746–1807), deutscher Schriftsteller
  Zärtlichkeit 1417

Breuel, Birgit (*1936), deutsche Politikerin
  Richtung 1019
  Tempo 1182

Briand, Aristide (1862–1932), französ. Staatsmann, Friedensnobelpreis 1926
  Frieden 371, 372
  Friedhof 374
  Jagd 615
  Kanone 631
  Kompromiss 659
  Meinung 839
  Mensch 856
  Pazifismus 942
  Politiker 964
  Ruhm 1028
  Sieg 1108

Brillat-Savarin, Anthelme (1755–1826), französ. Schriftsteller
  Entdeckung 257
  Essen 290, 291
  Käse 632
  Wein 1358

Britten, Benjamin (1913 bis 1976), brit. Komponist
  Lernen 755
  Ruder 1024
  Strom 1161

Brizeux, Auguste (1803–1858), französ. Dichter
  Falten 299

Brock, Bazon (*1936), deutscher Kulturkritiker
  Erkenntnis 276
  Kunst 692

Brockes, Hinrich Bartholdt (1680–1747), deutscher Dichter
  Bitte 143
  Geiz 420
  Geld 422
  Gespräch 465
  Stand 1144
  Verstand 1303

Personenregister

Brod, Max (1884–1968), deutschsprachiger Schriftsteller und Jurist
  Gott 509
  Hölle 590
  Idealismus 600
  Lernen 755
  Trost 1217

Brodsky, Joseph (1940–1996), russ.-US-amerikan. Lyriker, Literaturnobelpreis 1987
  Mensch 847

Bromfield, Louis (1896–1965), US-amerikan. Schriftsteller
  Bildung 140, 142
  Intelligenz 609

Brown, George (1914–1985), brit. Politiker
  Bahn 89
  Fortschritt 326
  Konservatismus 663
  Politik 961

Brown, John Mason (1900–1969), US-amerikan. Schriftsteller
  Interesse 610
  Mensch 856

Bruckner, Anton (1824 bis 1896), österreich. Komponist
  Fundament 380

Brückner, Christine (1921–1996), deutsche Schriftstellerin
  Argument 61
  Reisen 1005
  Schweigen 1083
  Wandern 1344, 1345, 1346

Brudziński, Wiesław (*1920), poln. Satiriker
  Anerkennung 38
  Antlitz 49
  Dauer 171
  Freundschaft 365
  Frucht 377
  Gedächtnis 393
  Gedanke 396
  Hand 543
  Idiotie 602
  Intoleranz 610
  Kette 636
  Kopf 665
  Kunst 700
  Lärm 715
  Mensch 850
  Menschenliebe 861
  Musik 885
  Opfer 932
  Phantasie 949
  Seefahrt 1086
  Spiegel 1126
  Tat 1177
  Theater 1186
  Traum 1208
  Übel 1229, 1230
  Ungerechtigkeit 1244
  Unsinnig 1255
  Untergebene 1257
  Vergangenheit 1281
  Vernunft 1296
  Verstand 1303
  Waffe 1328
  Wahrheit 1336
  Zank 1416
  Zeichen 1418
  Zeit 1421

Bruhn, Christian (*1934), deutscher Komponist und Produzent
  Alter 32

Brundtland, Gro Harlem (*1939), norweg. Politikerin
  Frau 339
  Regierung 995

Bruno, Giordano (1548 bis 1600), italien. Philosoph
  Gott 506, 508
  Gutes 535, 538
  Unendlichkeit 1241
  Welt 1370

Bruyère, Jean de la
  → La Bruyère, Jean de

Brynner, Yul (1917–1985), schweizer.-US-amerikan. Schauspieler
  Haar 540

Buber, Martin (1878–1965), österreich. Religionsphilosoph
  Böses 148
  Ehe 210
  Geist 415
  Gutes 535
  Individualität 604
  Kostbarkeit 667
  Mensch 852
  Mittel 871
  Reisen 1003
  Zweck 1443

Buchholz, Friedrich (1768 bis 1843), deutscher Publizist
  Beruf 115
  Eigennutz 233
  Gesellschaft 454
  Individuum 605
  Leidenschaft 748
  Stadt 1141
  Unentbehrlichkeit 1242
  Unschuld 1254

Büchner, Georg (1813–1837), deutscher Schriftsteller und Naturwissenschaftler
  Ausbeutung 81
  Ehrlichkeit 229
  Einsamkeit 243
  König/Königin 660
  Leben 729
  Puppe 975
  Revolution 1016
  Schicksal 1048
  Tugend 1222
  Untertan 1259
  Wunder 1410

Büchner, Ludwig (1824–1899), deutscher Arzt und Philosoph
  Kraft 668, 669

Buck, Pearl S(ydenstricker) (1892–1973), US-amerikan. Schriftstellerin, Literaturnobelpreis 1938
  Autobiographie 86
  Erwachsen 283
  Glück 496
  Güte 533
  Jugend 621
  Kind 641
  Krankheit 670
  Lebenskunst 739
  Welt 1370

Buckle, Henry Thomas (1821 bis 1862), brit. Kulturhistoriker
  Aberglaube 8
  Aristokratie 61
  Beweis 131
  Denken 177
  Dunkelheit 203
  Entdeckung 257
  Freiheit 352
  Geist 413
  Geistlichkeit 419
  Gesetz 460
  Meinung 840
  Reform 992
  Reichtum 1001
  Tod 1198
  Verwicklung 1311
  Wissenschaft 1393
  Zweifel 1444

Buddha, Gautama Siddharta (560–480 v. Chr.), ind. Weiser, Stifter des Buddhismus
  Hass 550
  Heiterkeit 563

Buffet, Bernard (*1928), französ. Maler und Grafiker
  Welt 1367

Buffon, Georges Louis Leclerc Graf von (1707–1788), französ. Naturforscher
  Stil 1153

Bülow, Bernhard von (1849 bis 1929), deutscher Politiker
  Deutschland 184

Bülow, Hans von (1830–1894), deutscher Dirigent und Pianist
  Rhythmus 1018

Bulwer-Lytton, Edward (1803–1873), brit. Schriftsteller und Politiker
  Dank 170
  Schicksal 1048
  Wandern 1345

Bumke, Oswald (1877–1950), deutscher Psychiater
  Erziehung 286

Bunche, Ralph J. (1904–1971), US-amerikan. Diplomat, Friedensnobelpreis 1950
  Krieg 677

Buñuel, Luis (1900–1983), span. Filmregisseur
  Mann 822

Bunyan, John (1628–1688), engl. Schriftsteller
  Armut 67
  Gut 531
  Sünde 1166

Burbank, Luther (1849–1926), US-amerikan. Gärtner und Pflanzenzüchter
  Blume 145

Burckhardt, Jacob (1818–1897), schweizer. Kultur- und Kunsthistoriker
  Beispiel 107
  Bewegung 131
  Geist 412, 418
  Genie 435
  Geschichte 446
  Gewalt 468
  Glück 490
  Größe 525, 526, 527
  Leben 733
  Leidenschaft 749
  Mensch 857
  Regierung 996
  Religion 1009
  Ruhm 1027
  Selbstbewusstsein 1099
  Staat 1136
  Überlieferung 1233
  Weisheit 1366
  Zeit 1421
  Zukunft 1436

Bürger, Gottfried August (1747–1794), deutscher Dichter
  Begabung 99
  Brief 152
  Mutter 893

Burke, Edmund (1729–1797), brit. Publizist und Politiker
  Adel 16
  Freiheit 353
  Geschichte 447
  Nachwelt 900
  Nation 905
  Politik 963

Rebellion 983
Religion 1008
Staatsmann 1141
Tatsache 1178
Volk 1316
Vorfahr 1321

Burmann, Gottlob Wilhelm (1737–1805), deutscher Dichter
Arbeit 52
Last 715

Burns, Arthur F. (1904–1987), US-amerikan. Wirtschaftswissenschaftler
Distanz 196

Burton, Richard (1925–1984), brit. Schauspieler
Konferenz 660
Schuld 1076

Busch, Wilhelm (1832–1908), deutscher Dichter, Zeichner und Maler
Alkohol 20
Angst 42
Ärger 60
Ausruhen 83
Böses 148, 149
Braten 151
Christentum 167
Denken 178
Dummheit 200
Ente 257
Enthaltsamkeit 258
Entrüstung 259
Faulheit 303
Gedanke 395
Genuss 438
Glatze 478
Glück 493
Gutes 535
Haar 540
Haus 552
Klavier 648
Liebe 787
Lust 810
Musik 886
Natur 913
Nützlichkeit 927
Opportunismus 932
Rauchen 982
Scheidung 1042
Schmerz 1058
Schreiben 1071
Sorge 1121
Sprache 1132
Tabak 1169
Teilen 1182
Tugend 1219, 1224
Unterhaltung 1258
Vater 1267
Verwandtschaft 1310
Wein 1359
Weisheit 1363
Wort 1405
Wunsch 1412
Zeit 1420
Zeugung 1427
Ziel 1429

Busta, Christine (1915–1987), österreich. Schriftstellerin
Jahr 615

Butenandt, Adolf Friedrich Johann (1903–1995), deutscher Chemiker
Forschung 325
Wissenschaft 1397

Butler, Samuel (1612–1680), engl. Satiriker
Denken 179
Eid 230
Fortschritt 325
Frau 346
Freundschaft 366
Leben 719, 721, 723, 731
Lebenssinn 740
Lesen 757
Mensch 843, 846
Narr 903
Poesie 957
Seele 1091
Sieg 1109
Unsterblichkeit 1255
Welt 1369
Wissen 1390

Butler, Samuel (1835–1902), brit. Schriftsteller
Lüge 807
Testament 1183
Vergangenheit 1280
Vernunft 1297
Wahrheit 1338

Byron, (George Gordon N.) Lord (1788–1824), brit. Dichter
Alter 29
Dasein 171
Despotismus 180
Dichter/-in 186
Enthusiasmus 258
Erbschaft 263
Freiheit 351
Freundschaft 369
Geld 422
Glanz 478
Grund 529
Hass 549
Imponieren 603
Krieg 679
Liebe 775
Mädchen 817
Schreiben 1071
Träne 1205
Wagemut 1329

C

Cabell, James B. (1879–1958), US-amerikan. Schriftsteller
Optimismus 933
Welt 1367

Caesar (Gaius Iulius C., 102/100–44 v. Chr.), röm. Feldherr, Diktator und Schriftsteller
Entscheidung 259
Erfahrung 266
Erster 282
Gast 387
Glaube 481
Götter 519
Keuschheit 636
Schicksal 1046
Sieg 1108
Würfel 1414

Calder, Alexander (1898–1976), US-amerikan. Bildhauer
Auge 79
Mann 827
Schönheit 1067

Calderón de la Barca, Pedro (1600–1681), span. Dramatiker
Bergbau 113
Erwartung 283
Fehler 305
Frau 345
Geburt 391
Glück 497
Hof 585
Leben 720, 736
Liebe 781
Mädchen 816
Sieg 1107
Sünde 1166
Tod 1192
Traum 1207, 1209
Unglück 1247
Verzeihung 1312
Wirklichkeit 1385

Caldwell, Erskine (1903–1987), US-amerikan. Schriftstellerin
Intuition 611
Regierung 995
Verdauung 1275

Caligula (eig. Gaius Iulius Caesar Germanicus, 12–41), röm. Kaiser
Kaiser 628

Campanella, Tommaso (eig. C., Giovanni Domenico, 1568–1639), italien. Philosoph
Buch 158
Staat 1136

Campbell, Thomas (1777–1844), brit. Dichter
Ereignis 265
Leben 721
Schatten 1040

Campoamor, Ramón de (1817 bis 1901), span. Schriftsteller
Wahrheit 1335

Canakya = Tschanakya (4. Jh. v. Chr.), ind. Minister
Handeln 545

Canetti, Elias (1905–1994), deutschspr. Schriftsteller, Literaturnobelpreis 1981
Ahnung 19
Alltag 23
Alter 31
Anfang 40
Anklage 43
Anpassung 45
Aphorismus 50
Ärger 60
Atmen 72
Beifall 106
Bekanntschaft 108
Bescheidenheit 117
Beziehung 135
Bild 138
Denken 176, 177, 179
Dieb 190
Dummheit 199, 200, 201
Ei 230
Einfall 237
Entdeckung 257
Erfindung 268, 269
Erfolg 270
Erlebnis 278
Erwartung 283
Feigheit 308
Fortschritt 325
Furcht 381, 382
Gedanke 394, 395, 396
Gegenwart 406
Geist 416
Geiz 420
Geliebter 429
Geschenk 446
Gesicht 463
Gewitter 474
Gewohnheit 475
Glaube 481
Gott 507
Gut sein 532
Handeln 545
Hass 549, 550
Held/Heldin 564
Herz 571
Hoffnung 585
Hunger 595, 596
Illusion 603
Individualität 604
Inspiration 607
Irrtum 613
Kenntnis 635
Klage 647
Klugheit 655
Kommunikation 658
Kontakt 664
Kopf 664
Krieg 676, 678, 680
Kunst 690
Langweilig 714
Leben 720, 723, 725, 734, 737
Leser 758
Liebe 765, 774, 778, 784, 787
Liebeswerbung 798
Macht 814, 815

Personenregister

1476 Capote

Mann 824
Masse 833
Meer 837
Meinung 840
Mensch 848, 851, 853, 854, 855, 857
Menschenkenntnis 860
Menschheit 862
Mond 877
Nacht 900
Nacktheit 901
Naivität 902
Preis 968
Rat 980
Reden 990, 991
Regel 992
Reihenfolge 1003
Religion 1007, 1008
Sattheit 1034
Satz 1034, 1035
Schlaf 1053
Schöpfung 1069
Schweigen 1082, 1084
Sein 1096
Selbsteinschätzung 1099
Selbsterkenntnis 1099, 1100
Selbstfindung 1100
Sonne 1120
Sprache 1131
Stadt 1143
Strafe 1157
Tat 1176
Tätigkeit 1178
Technik 1180
Tier 1189, 1190
Tod 1195
Traum 1206, 1209
Traumdeutung 1210
Traurigkeit 1210
Trotz 1217
Überleben 1232
Überzeugung 1236
Unverfrorenheit 1261
Urteil 1265
Vergessen 1283
Verstehen 1305
Verzweiflung 1313, 1314
Vorfahr 1321
Vorsicht 1323
Wahrheit 1337
Weisheit 1361
Wichtigkeit 1377
Wind 1383
Wirkung 1386
Wissen 1388, 1389, 1392
Wohlstand 1400
Wort 1405
Wunsch 1413
Wut 1415
Zeit 1420, 1422
Zivilisation 1430
Zufall 1434, 1435
Zuschauer 1441
Zynismus 1445

Capote, Truman (eig. Persons, T. Streckfus, 1924–1984), US-amerikan. Schriftsteller
 Alter 26
 Film 316

Generation 432
Hass 550
Himmel 579
Mensch 854
Respekt 1013
Sprache 1132
Utopie 1265
Wirklichkeit 1384

Cardano, Geronimo (1501–1576), italien. Mathematiker, Arzt und Philosoph
 Bibliothek 136
 Bildung 140
 Erfindung 268
 Schreiben 1071

Cardenal, Ernesto (*1925), nicaraguan. kath. Theologe, Politiker und Lyriker
 Schöpfung 1068

Cardin, Pierre (eig. Cardini, P., *1922), französ. Modeschöpfer
 Eleganz 247
 Mode 874

Cardinale, Claudia (*1939), italien. Schauspielerin
 Ehe 213

Cardoso Pires, José (*1925), portugies. Schriftsteller und Übersetzer
 Europa 293
 Grille 524
 Inneres 607
 Mode 874

Carducci, Giosuè (1835–1907), italien. Dichter, Literaturnobelpreis 1906
 Lyrik 812
 Schlechtes 1055
 Sinnlichkeit 1111
 Wort 1407

Carlyle, Thomas (1795 bis 1881), schott. Essayist und Geschichtsschreiber
 Arbeit 52
 Bewusstsein 133
 Bibliothek 136
 Biographie 142
 Buch 157
 Fehler 305
 Geschichte 448
 Größe 524, 527
 Held/Heldin 564
 Lebenssinn 740
 Lehre 741
 Rede 989
 Schweigen 1083
 Stärke 1145
 Unbewusstes 1240
 Universität 1250
 Vergangenheit 1280
 Verzweiflung 1313
 Vielseitigkeit 1314

Carmen Sylva (eig. Elisabeth, 1843–1916), deutsche Schriftstellerin, Königin v. Rumänien
 Aphorismus 50
 Bescheidenheit 117, 118
 Geheimnis 408
 Hochmut 582, 583
 Krieg 676
 Zivilisation 1430

Carmona, António Oscar de Fragoso (1869–1951), portugies. General und Politiker
 Politik 962

Carnegie, Andrew (1835–1919), US-amerikan. Stahlindustrieller
 Feindschaft 311

Carnegie, Dale (1888–1955), US-amerikan. Schriftsteller
 Ehe 211
 Furcht 382
 Steuern 1152
 Tun 1226

Caron, Leslie (*1931), französ. Tänzerin und Schauspielerin
 Erfolg 272

Carossa, Hans (1878–1956), deutscher Schriftsteller und Arzt
 Seele 1089

Carpendale, Howard (*1946), deutscher Komponist, Sänger
 Nacht 900
 Ruhm 1029

Carrel, Alexis (1873–1944), französ. Chirurg und Physiologe, Medizinnobelpreis 1912
 Mensch 854

Carrell, Rudi (*1934), niederländ. Showmaster
 Abend 7
 Witz 1399

Carter, James »Jimmy« Earl (*1924), US-amerikan. Politiker, 39. US-Präsident 1977–1981
 Theorie 1188
 Vermutung 1292

Carus, Carl Gustav (1789 bis 1869), deutscher Arzt, Philosoph, Psychologe und Maler
 Seele 1086, 1087
 Unbewusstes 1240

Caruso, Enrico (1873–1921), ialien. Tenor
 Oper 931
 Singen 1109
 Sprache 1131

Carvalho, Mário de (*1944), portugies. Schriftsteller
 Ernst 279

Casals, Pablo (1876–1973), span. Violoncellist
 Kunst 700
 Musik 886

Casanova, Giacomo Girolamo (1725–1798), italien. Abenteurer und Schriftsteller
 Amerika 35
 Betrug 127
 Dummkopf 202
 Einfachheit 237
 Frau 337, 338
 Gefühl 403
 Gift 477
 Heilmittel 557
 Herz 571
 Liebe 766
 Neid 918
 Neugier 920
 Philosophie 952
 Unschuld 1254
 Verleumdung 1288
 Vernunft 1295
 Volk 1316
 Widerspruch 1377

Casey, William (1913–1987), US-amerikan. Geheimdienstchef
 Gewissen 472

Cassavetes, John (1929–1989), US-amerikan. Schauspieler und Regisseur
 Film 316
 Verbrechen 1274

Cassirer, Ernst (1874–1945), deutsch-US-amerikan. Philosoph
 Kunst 691

Castiglione, Baldassare (1478–1529), italien. Schriftsteller und Diplomat
 Schönheit 1066
 Schule 1078

Castillo, Michel del (*1933), französ. Schriftsteller
 Glück 491
 Hass 550
 Unglück 1246

Castro, Fidel (*1927), kuban. Staatsmann
 Revolution 1016
 Trieb 1214

Cather, Willa (1876–1947), US-amerikan. Schriftstellerin
 Baum 94
 Mensch 851

Cato der Ältere (Marcus Porcius C. Censorius, 234 bis 149 v. Chr.), röm. Politiker
Bauch 91

Catull (Gaius Valerius Catullus, um 84–um 54 v. Chr.), röm. Dichter
Glückseligkeit 501
Sexualität 1105
Sorge 1122
Topf 1201

Cau, Jean (1925–1993), französ. Publizist
Gesellschaft 456
Hölle 590

Cavour, Camillo Benso Graf (1810–1861), italien. Staatsmann
Vernunft 1295
Zeit 1419

Cela, Camilo José (*1916), span. Schriftsteller, Literaturnobelpreis 1989
Tod 1198

Céline, Louis Ferdinand (1894 bis 1961), französ. Schriftsteller
Boden 146
Fruchtbarkeit 377

Cendoya, Gerardo Diego (1896–1987), span. Dichter
Entscheidung 259
Frau 330

Ceram, C. W. (1915–1972), deutscher Schriftsteller
Sprache 1131

Cervantes Saavedra, Miguel de (1547–1616), span. Dichter
Armut 64
Bauen 92
Ehe 217
Eifersucht 232
Elend 248
Essen 290
Furcht 381
Gegenwart 406
Geld 421
Gelegenheit 426
Genosse 436
Gerechtigkeit 440
Gott 508
Leidenschaft 751
Narr 903
Plan 955
Sprichwort 1134
Strafe 1157
Teufel 1184
Tod 1193
Tun 1226
Unmöglichkeit 1251
Welt 1367
Wert 1374

Cervi, Gino (1901–1974), italien. Schauspieler
Aufbau 73
Blick 143
Ei 230
Eltern 250
Freiheit 354
Jugend 625
Kopf 664
Liebe 765
Politiker 964
Tochter 1191

Cézanne, Paul (1839–1906), französ. Maler
Bescheidenheit 117
Farbe 302
Künstler 702
Macht 813
Maler 819

Chagall, Marc (1889–1985), russ.-französ. Maler
Bild 137
Komet 657
Liebe 778
Malerei 820

Chamberlain, Houston Stewart (1855–1927), deutschsprachiger Schriftsteller brit. Herkunft
Beurteilung 129
Dilettantismus 193
Enthusiasmus 258
Erfindung 268
Fürst 383
Germanen 443
Geschichte 448
Handlung 546
Held/Heldin 564
Kampf 630
Kultur 686, 687
Weltanschauung 1372

Chamfort (eig. Roch, Nicolas Sébastien, 1741–1794), französ. Schriftsteller
Achtung 14
Armut 63, 64, 65
Arzt 69
Beherrschung 105
Berühmtheit 116
Bescheidenheit 117, 118
Beziehung 135
Bibliothek 136
Buch 155
Charakter 163, 164, 165, 166
Dichter/-in 186
Dirne 195
Dummheit 200, 201
Dummkopf 202
Edelmut 205
Ehe 210, 211, 212, 214
Ehre 225, 227
Ehrgeiz 228
Ehrlichkeit 229
Einfall 237
Eitelkeit 246
Empfindung 252, 253
Entsagung 259
Erfahrung 267
Erfolg 270
Extrem 296
Fehler 307
Frau 349
Freundschaft 362, 363, 364, 365, 366, 369, 371
Gefallen 401
Gefühl 404, 405
Geheimnis 408
Geist 419
Geistreich 420
Genuss 438
Geschichte 449
Geschicklichkeit 451
Gesellschaft 455, 456, 457, 458, 459
Gespräch 465
Glanz 478
Glück 496, 498, 500
Größe 527
Großmut 529
Gut 531
Gutes 534
Gutmütigkeit 539
Handeln 544
Heiraten 561
Herz 573, 574
Hof 585
Idee 601
Illusion 602, 603
Kind 640
Können 663
Krankenhaus 669
Kunst 695
Lachen 709
Leben 719, 738
Leid 746
Leidenschaft 748, 749, 752
Lernen 756
Liebe 767, 769, 771, 772, 773, 774, 778, 781, 784, 785, 790, 792
Liebhaber 799
List 801
Literatur 802
Maler 819
Maxime 836
Meinung 840
Memoiren 842
Minister 866
Mode 873
Moral 878
Mut 888
Mutter 891
Nachdenken 897
Narr 903
Nein 919
Öffentliche Meinung 929
Paris 939
Parlament 940
Peitsche 943
Philosophie 951, 954, 955
Prinzip 970
Publikum 974, 975
Redensart 991
Romantik 1022
Rousseau, Jean-Jacques 1023
Ruhe 1026
Ruhm 1027
Scheidung 1042
Schlaf 1052
Schmerz 1059
Schönheit 1065
Schriftsteller/-in 1073
Schwächling 1081
Seele 1087
Seifenblase 1096
Selbstmord 1101
Sklaverei 1116
Sparsamkeit 1124
Studium 1162
Testament 1183
Theater 1186
Tragödie 1204
Treue 1213
Tugend 1220
Überlegenheit 1232
Überzeugung 1236
Unabhängigkeit 1240
Unentschlossenheit 1242
Verleumdung 1288
Verliebtheit 1288, 1289
Vernunft 1294
Vorsehung 1323
Vorurteil 1326
Wahrheit 1333
Welt 1367
Wert 1375
Wissen 1391
Wohltätigkeit 1400
Wollen 1402
Würde 1414
Zölibat 1431

Chamisso, Adelbert von (eig. Ch. de Boncourt, Louis Charles Adélaïde de, 1781–1838), deutsch-französ. Schriftsteller
Allein 21
Alter 32
Dichtung 188
Flüchtigkeit 322
Geburt 392
Genuss 438
Gesundheit 467
Gier 477
Glaube 480
Glück 488
Gold 503
Greis 523
Hochmut 582
Kind 640
Klage 647
Krankheit 672
Lernen 755
Liebe 766, 782, 786
Lorbeer 805
Macht 814, 815
Mutter 892
Nacht 899
Rat 979
Recht 985
Sage 1031
Schweigen 1083
Singen 1110
Sprechen 1133
Sterben 1148
Sünde 1165

Personenregister

1478 Chandler

Tod 1197
Tot 1203
Trägheit 1204
Trinken 1215
Verehrung 1277
Volk 1317
Volkslied 1318
Wahrheit 1332
Zeit 1419, 1420, 1422
Zweifel 1444

Chandler, Raymond
(1888–1959), US-amerikan.
Kriminalschriftsteller
Hollywood 591
Schach 1035

Chanel, Coco (1883–1971),
französ. Modeschöpferin
Alter 24
Boden 146
Dummheit 200
Ehemann 224
Frau 334, 335, 341
Gefallen 401
Kampf 630
Lebenskunst 739
Liebe 760, 790
Mann 823, 824
Niederlage 922
Reue 1015
Schönheit 1063
Sieg 1108
Stil 1153
Wahl 1330

Chaplin, Charlie (1889–1977),
brit. Schauspieler, Regisseur
und Produzent
Alter 27, 31
Film 316
Freude 361
Gast 387
Gericht 442
Ideal 599
Jugend 621
Spaß 1125
Tisch 1190

Chapman, Graham (1941 bis
1989), brit. Arzt und Komiker
Gericht 442
Jurist 628
Recht 985

Chardonne, Jacques (1884 bis
1968), französ. Schriftsteller
Lebenskunst 739

Charles (*1948), Prince of
Wales, brit. Thronfolger
Affe 18
Eltern 248
Lernen 754
Vorbild 1320

Chateaubriand, François René
Vicomte de (1768–1848),
französ. Schriftsteller und
Politiker

Beispiel 107
Gewohnheit 476
Glück 499
Größe 525
Mann 826

Châtelet, Gabrielle Marquise
du (1706–1749), französ.
Schriftstellerin u. Philosophin
Glück 498
Illusion 603

Chatfield-Taylor, Hobard C.
(1865–1945), US-amerikan.
Publizist
Würfel 1414

Chaucer, Geoffrey (um 1340
bis 1400), engl. Dichter
Ehe 219
Wut 1415

Cher (*1946), US-amerikan.
Popsängerin u. Schauspielerin
Frau 331

Chesterfield, Philip Stanhope
Earl of (1694–1773), brit.
Politiker und Schriftsteller
Anstrengung 48
Artigkeit 68
Aufmerksamkeit 74
Ausgaben 82
Bekanntschaft 108
Beleidigung 109
Bosheit 150
Charakter 165
Dank 170
Diktatur 193
Dummkopf 202
Ehre 226
Eitelkeit 245
Ernst 279
Essen 291
Finanzen 317
Förmlichkeit 324
Frau 340, 341, 343
Fröhlichkeit 375
Gefallen 401, 402
Gefälligkeit 402
Geist 414, 415, 418
Geistreich 420
Gesellschaft 457, 458, 459
Gesicht 463
Gewalt 469
Grazie 523
Gutmütigkeit 539
Heiterkeit 563
Klatsch 648
Kleidung 650
Lächeln 708
Lachen 710
Lächerlichkeit 711
Liebenswürdigkeit 797
Meinung 840
Mode 874
Natur 909, 913
Offenheit 929
Rechtschaffenheit 987
Satire 1033

Scherz 1044
Schlechtes 1055
Schüchternheit 1075
Selbstbeherrschung 1098
Spott 1130
Takt 1172
Ton 1201
Trunkenheit 1218
Ungeschicklichkeit 1244
Ungezwungenheit 1244
Unterhaltung 1257, 1258
Urteilskraft 1265
Verachtung 1268, 1269
Verrücktheit 1297
Verzeihung 1312
Vornehmheit 1321
Waffe 1328
Witz 1398
Wohltat 1400
Wut 1415
Zerstreuung 1426
Zorn 1432

Chesterton, Gilbert Keith
(1874–1936), brit. Schrift-
steller
Abenteuer 7
Alkohol 20
Anpassung 45
Ansehen 46
Antwort 49
Armut 65
Beifall 106
Bewegung 131
Charakter 165
Demokratie 172
Dogma 196
Doktrin 196
Ehe 222
Ehre 225
Einfachheit 237
Eitelkeit 245
England 255, 256
Erfolg 271
Essen 291
Familie 299
Forschung 325
Fortschritt 326
Freiheit 350
Freundschaft 371
Geburt 392
Geist 415
Geschichte 448
Glaube 478, 481, 483
Glück 488
Gott 514
Größe 527, 528
Gruppe 530
Gutes 536
Heiligtum 557
Hoffnung 586
Ideal 598, 599
Idee 600, 601
Interesse 610
Jugend 620
Kind 644
Klassik 648
Klub 653
Klugheit 654
Knechtschaft 656

Komik 657
Kontrast 664
Kraft 668, 669
Kritik 684
Kunst 692
Leben 728
Lebensführung 739
Lernen 755
Luftschloss 806
Lüge 806, 807
Materialismus 834
Meinung 840
Mensch 844, 846, 850, 853,
 855, 857
Menschenhass 860
Minderheit 866
Mittelmäßigkeit 872
Moral 878
Mut 888
Muttersprache 894
Mysterium 894
Nachbarschaft 896
Name 902
Nebensächlichkeit 917
Öffentliche Meinung 929
Optimismus 933
Paradox 939
Philosophie 953
Poesie 957, 958
Politik 959, 960
Reichtum 1000
Religion 1010, 1012
Richtung 1019
Ritus 1020
Sachlichkeit 1031
Schule 1078
Schwäche 1080
Schweigen 1083
Selbstmord 1102
Spiel 1128
Staat 1135
Stern 1151
Stolz 1155
Torheit 1202
Trinken 1215, 1216
Vergangenheit 1280
Vergnügen 1285
Vernunft 1295
Verstand 1301
Volk 1317
Vollendung 1318
Wahl 1329, 1331
Wahrheit 1333, 1337,
 1340
Wein 1360
Weisheit 1364
Welt 1368, 1370
Weltanschauung 1371
Wissenschaft 1394
Ziel 1428
Zivilisation 1431
Zweifel 1444

Chevalier, Albert
(1861–1923), brit. Komödien-
schreiber
Ähnlichkeit 19
Frau 340
Liebe 775

Chevalier, Maurice (1889 bis 1972), französ. Chansonsänger
Alter 27, 29
Feldherr 312
Frau 336, 338, 339
Junggeselle 627
Liebe 766
Mann 825
Menschenkenntnis 861
Mode 874
Takt 1171
Uhr 1237
Vollkommenheit 1319

Chilon (6. Jh. v.Chr.), spartan. Staatsmann, einer der Sieben Weisen Griechenlands
Bündnis 160
Übermaß 1233

Chirac, Jacques (*1932), französ. Politiker
Opposition 933
Regierung 995

Chirico, Giorgio de (1888–1978), italien. Maler und Schriftsteller
Einfall 237
Kunst 695, 696, 697
Maler 819
Schwärmerei 1082

Choiseul, Etienne François Herzog von (1719–1785), französ. Staatsmann
Politiker 965
Staatsmann 1141

Chrétien de Troyes (um 1135 bis um 1190), französ. Dichter
Armut 67
Aufschub 76
Ausbeutung 81
Beratung 111
Ehe 207
Feigheit 309
Gehässigkeit 408
Gewohnheit 475, 476
Glück 493
Gutes 536
Heiraten 559
Herz 570, 571
Klage 647
Last 715
Leib 743
Liebe 766, 771, 772, 773, 776, 791, 794
Liebeskummer 798
Ohr 930
Recht 985
Ritter 1020
Schaden 1035
Schlagen 1053
Schmähung 1056
Sehnsucht 1094
Sieg 1108
Stimme 1154
Streit 1160
Tapferkeit 1175

Tätigkeit 1177
Torheit 1202
Traum 1207
Trennung 1210
Umarmung 1237
Vergeltung 1282
Vernunft 1296
Verweichlichung 1311
Vorteil 1324, 1325
Weisheit 1362
Wort 1404, 1406
Wunsch 1413

Christen, Ada (1844–1901), österreich. Schriftstellerin
Frau 343

Christensen, Lars Saabye (*1953), norweg. Schriftsteller
Alter 32
Denkmal 179
Eifersucht 231
Erinnerung 274
Fehler 306
Friedhof 374
Geschichte 446
Himmel 579
Musik 883
Tod 1194
Träumen 1210
Veränderung 1269
Vergessen 1283

Christie, Agatha (eig. Mallowam, A. Mary Clarissa, 1890 bis 1976), brit. Schriftstellerin
Alter 32
Archäologie 59
Ehe 208
Ehemann 224
Frau 337
Gift 477
Krimi 681

Christine von Schweden (1626–1689), Königin von Schweden
Mann 825

Chruschtschow, Nikita S. (1894–1971), sowjet. Politiker
Haar 540
Kopf 665
Krieg 678
Überleben 1232

Chrysostomos
→ Johannes I. Chrysostomos

Churchill, Winston (1874 bis 1965), brit. Staatsmann, Literaturnobelpreis 1953
Ansicht 47
Chancengleichheit 162
Demokratie 172, 173
Demütigung 175
Deutsch 180, 181
Diplomatie 194
Einsicht 243
Elend 247

England 255
Erfahrung 266
Fälschung 299
Frieden 371
Geist 417
Klugheit 654
Krieg 678
Langeweile 713
Leid 746
Magen 818
Malerei 820
Mensch 855
Nahrung 902
Niederlage 922
Parlament 939
Porträt 966
Rede 988
Reiten 1006
Russland 1030
Sattel 1034
Sozialismus 1123
Sport 1130
Staatsmann 1141
Statistik 1146
Stunde 1163
Treffen 1211
Volk 1316
Wahrheit 1334, 1339
Wirtschaft 1387
Ziel 1428
Zukunft 1437

Cicero, Marcus Tullius (106 bis 43 v.Chr.), röm. Staatsmann, Redner und Philosoph
Alter 26
Anfang 39
Angst 43
Anstrengung 48
Begierde 102
Beispiel 108
Beruf 115
Besitz 121
Bestechung 123
Brief 152
Charakter 163, 164
Dank 170
Dichter/-in 187
Dummheit 199
Ehre 225, 226
Eigenart 232
Eigenliebe 233
Erfindung 268
Eroberung 280
Erziehung 284
Freiheit 353, 355
Freundschaft 366, 368, 369
Frieden 372, 373
Gedächtnis 393
Gemeinschaft 431
Genug 436
Gerechtigkeit 439, 441
Gesellschaft 455
Gesetz 460
Gesundheit 467
Gott 508
Großzügigkeit 529
Gutes 537, 538
Handeln 545
Hass 550

Herrschaft 569
Hoffnung 587
Hunger 595
Irrtum 613
Krankheit 672
Krieg 677, 678
Kunst 696
Leben 726
Liebe 794
Liebende 797
Lüge 808
Lust 811
Meineid 839
Miene 865
Mittelweg 872
Natur 907, 912
Nichtstun 922
Philosophie 951
Rache 977
Rat 980
Recht 984
Reichtum 999, 1000
Ruhm 1027
Schande 1039
Scherz 1044
Schicklichkeit 1045
Schicksal 1046
Schlaf 1051
Schönheit 1064
Seele 1092
Sieg 1108
Sitten 1112
Sparsamkeit 1124
Spiel 1127
Staat 1135
Steuern 1152
Tapferkeit 1175
Tat 1176
Tod 1193, 1194
Träne 1205
Trieb 1214
Tugend 1220, 1225
Ungerechtigkeit 1243, 1244
Unglück 1248
Unrecht 1252, 1253
Untergang 1257
Unterwelt 1260
Vaterland 1267, 1268
Vermögen 1292
Vernunft 1293, 1295
Versöhnung 1300
Versprechen 1300
Verwandtschaft 1310
Verwirrung 1311
Vollendung 1319
Vorhersehen 1321
Waffe 1328
Wahrheit 1334
Wahrsagerei 1342
Weg 1349
Weisheit 1361, 1362
Wille 1380
Wissen 1390
Wissenschaft 1394
Wunsch 1413
Zeit 1419, 1421
Ziemen 1429
Zügel 1436
Zukunft 1437

Personenregister

Clair, René (1898–1981), französ. Filmregisseur
  Kritik 682

Clarin, Hans Joachim (*1929), deutscher Schauspieler
  Bild 138
  Diskussion 195
  Erfahrung 265
  Gewissensbiss 474
  Glück 493
  Lebenskunst 739

Claudel, Paul (1868–1955), französ. Schriftsteller und Diplomat
  Baum 93
  Bewunderung 132
  Christentum 168
  Glück 487, 492
  Größe 526
  Mensch 852
  Musik 884
  Ordnung 934, 935
  Phantasie 950
  Reden 989
  Schrift 1072
  Seele 1090
  Überzeugung 1236
  Unersättlichkeit 1242
  Wahrheit 1335
  Welt 1367

Claudianus, Claudius (um 375 bis um 404), latein. Dichter
  Armut 65
  Aufstieg 77
  Begehren 100
  Fallen 298
  Geiz 421
  Herrschaft 567
  Macht 814
  Milde 865
  Selbstbeherrschung 1098
  Tod 1194
  Tugend 1219
  Vater 1266

Claudius, Matthias (1740 bis 1815), deutscher Dichter
  Adel 16
  Bedürfnis 96
  Böses 149
  Brot 153
  Dichter/-in 185, 186
  Eigentum 235
  Einigkeit 238
  Freiheit 351, 355
  Gefühl 403
  Gewissen 474
  Inneres 607
  Schaden 1035, 1036
  Schlechtes 1055
  Schreiben 1070
  Sklaverei 1116
  Strafe 1157
  Welt 1368
  Wert 1375
  Winter 1383

Clausewitz, Carl von (1780 bis 1831), preuß. General und Militärschriftsteller
  Europa 293
  Gefühl 404
  Gewalt 467, 468
  Gewohnheit 475
  Handeln 544
  Kampf 629
  Können 662
  Krieg 675, 676, 677, 678, 679, 681
  Politik 959
  Pulver 975
  Rüstung 1030
  Soldaten 1118
  Strategie 1158
  Volk 1316
  Wissen 1388

Clay, Cassius
  → Ali, Muhammad

Clay, Henry (1777–1852), US-amerikan. Politiker
  Regierung 993
  Religion 1007

Clemenceau, Georges (1841 bis 1929), französ. Politiker
  Amerika 35
  Barbarei 90
  Beerdigung 97
  Demokratie 172
  Dummkopf 203
  Friedhof 374
  Gegnerschaft 407
  Handeln 545
  Intelligenz 609
  Journalismus 618
  Macht 815
  Regierung 994
  Unentbehrlichkeit 1242
  Wahl 1329

Close, Glenn (*1947), US-amerikan. Schauspielerin
  Heilige 555

Cocteau, Jean (1889–1963), französ. Schriftsteller, Maler und Regisseur
  Ähnlichkeit 19
  Amerika 35
  Auge 77
  Bewunderung 132
  Bildhauerei 138
  Bourgeoisie 150
  Deutschland 183
  Dichter/-in 186
  Dirigent 195
  Dummheit 200
  Ehrlichkeit 229
  Eklektizismus 247
  Empfindsamkeit 252
  Epoche 262
  Fluss 322
  Gefühl 404
  Geist 417
  Genie 433
  Gewohnheit 475
  Grausamkeit 522
  Halbheit 541
  Hören 592
  Idee 602
  Individualismus 604
  Instinkt 608
  Jahr 616
  Jugend 620, 621, 624, 625
  Ketzerei 636
  Konsequenz 663
  Kühnheit 685
  Kunst 693, 695, 697
  Künstler 701, 702, 703, 704, 705
  Kunstwerk 705, 706
  Lachen 710
  Leben 737
  Lüge 807
  Mann 828
  Mehrheit 838
  Meinung 839
  Meisterschaft 841
  Mensch 843, 850, 855
  Misstrauen 868
  Mode 873
  Musik 883, 885, 886
  Narr 903
  Publikum 974
  Qualität 976
  Realität 983
  Revolution 1016
  Rührung 1029
  Ruine 1029
  Schnelligkeit 1061
  Schönheit 1062
  Sitzen 1113
  Stil 1153
  Takt 1171
  Tätigkeit 1178
  Theater 1186
  Tradition 1203
  Träumen 1210
  Ungehorsam 1243
  Verantwortung 1271
  Vogel 1315
  Wahrheit 1335, 1336, 1338
  Werk 1373
  Wert 1374
  Wissenschaft 1395
  Zeichnen 1418
  Zeit 1422

Cohen, Albert K. (*1918), US-amerikan. Soziologe
  Fußball 384

Coleridge, Samuel Taylor (1772–1834), brit. Dichter und Philosoph
  Wahrheit 1340

Colerus, Egmont (1888–1939), österreich. Populärwissenschaftler
  Mathematik 835

Colette (Sidonie-Gabrielle) (1873–1954), französ. Schriftstellerin
  Frau 339, 341, 345
  Freiheit 355
  Hingabe 581
  Liebe 782
  Sexualität 1105
  Torheit 1202

Collin d'Harleville (eig. Collin, Jean-François, 1755–1806), französ. Dramatiker
  Beispiel 107
  Versuchung 1307

Collins, John Curton (1884 bis 1908), brit. Schriftsteller
  Mond 877
  Recht 986
  Weisheit 1366

Comenius, Johann Amos (eig. Komenský, Jan Amos 1592–1670), tschech. evang. Theologe und Pädagoge
  Schule 1078
  Weib 1353

Comfort, Alexander (*1920), brit. Schriftsteller und Arzt
  Ehe 220
  Keuschheit 636
  Tugend 1223
  Untreue 1261

Comte, Auguste (1798–1857), französ. Philosoph
  Gefühl 403

Conant, James B. (1893–1978), US-amerikan. Chemiker und Diplomat
  Europa 292

Conrad, Joseph (eig. Korzeniowski, Józef Teodor Konrad, 1857–1924), poln.-brit. Schriftsteller
  Anständigkeit 48
  Ausland 83
  Böses 148
  Buch 158
  Frau 338
  Kuss 707
  Meer 837
  Nationalität 906
  Paradies 939
  Sprache 1132
  Star 1144
  Übertreibung 1235
  Wahrheit 1334, 1339

Constant de Rebecque, Benjamin (1767–1830), französ. Schriftsteller schweizer. Herkunft
  Freiheit 352
  Geistreich 420
  Jahrhundert 616
  Mysterium 894
  Staat 1137
  Unterhaltung 1257

Constantine, Eddie (1917 bis 1993), französ. Schlagersänger und Filmschauspieler
Fremdsprache 358

Coolidge, Calvin (1872–1933), US-amerikan. Politiker, 30. US-Präsident
Sicherheit 1106
Streik 1159
Wiederholung 1379

Cooper, Gary (1901–1961), US-amerikan. Filmschauspieler
Charme 166
Frau 338

Cooper, James Fenimore (1789–1851), US-amerikan. Schriftsteller
Geduld 398
Tugend 1222

Corinth, Lovis (1858–1925), deutscher Maler und Grafiker
Kunst 693

Corneille, Pierre (1606–1684), französ. Dramatiker
Abstieg 12
Ebbe und Flut 204
Erzählen 283
Falten 299
Feindschaft 311
Finden 317
Frau 348
Furcht 382
Fürst 383
Gabe 385
Geben 388
Gedächtnis 393
Gefahr 400
Kampf 630
Krieg 680
Leid 746
Lernen 754
Lüge 807, 809
Macht 815
Meisterschaft 841
Mitleid 870
Mut 889
Rache 977
Rechtzeitigkeit 988
Ruhm 1028
Schuld 1076
Schwäche 1083
Sieg 1108
Tat 1176
Wort halten 1408
Zeit 1419

Corneille, Thomas (1625 bis 1709), französ. Dramatiker
Hinrichtung 581

Cossmann, Paul Nikolaus (1869–1942), deutscher Journalist
Herz 570
Zunge 1440

Coubertin, Pierre de (1863 bis 1936), französ. Sportfunktionär
Teilnahme 1182

Coudenhove-Kalergi, Richard Graf von (1894–1972), österreich. Politiker u. Schriftsteller
Ästhetik 71
Ethik 292
Glück 493
Sittlichkeit 1113
Vollendung 1318

Coué, Emile (1857–1926), französ. Apotheker und Hypnotiseur
Besserung 122
Heilung 557

Couperus, Louis (1863–1923), niederländ. Schriftsteller
Armut 67

Cour, Paul la → La Cour, Paul

Courteline, Georges (1858 bis 1929), französ. Dramatiker
Frau 344
Liebe 782

Cousteau, Jacques Yves (1910–1997), französ. Meeresforscher
Spiel 1128
Technik 1180

Couve de Murville, Maurice (*1907), französ. Politiker
Frau 335
Kompromiss 659
Politik 961
Schach 1035
Schwäche 1080

Coward, Sir Noël P. (1899 bis 1973), brit. Dramatiker
Bett 128
Drama 197
Ehekrach 224
Frau 341, 346, 348
Klugheit 655
Kritik 682
Leistung 753
Mode 873
Ring 1019

Creuzer, Georg Friedrich (1771 bis 1858), deutscher Philologe
Kürze 707
Mythos 895
Symbol 1168

Crispi, Francesco (1819 bis 1901), italien. Staatsmann
Monarchie 875
Republik 1013

Crnčević, Brana (*1923), serb. Aphoristikerin

König/Königin 660
Schach 1035

Croce, Benedetto (1866 bis 1952), italien. Philosoph, Historiker und Politiker
Freiheit 352, 355
Gemeinschaft 431
Ordnung 934
Sozialismus 1123

Croisset, Francis de (1877 bis 1937), französ. Schriftsteller
Frau 335
Hässlichkeit 751

Cromwell, Oliver (1599–1658), engl. Politiker
Frieden 371
Interesse 610

Crosby, Bing (1904–1977), US-amerikan. Sänger und Filmschauspieler
Amerika 35

Curtis, Anthony »Tony« (eig. Schwar[t]z, Bernard, *1925), US-amerikan. Schauspieler
Amerika 35

Curtis, Cyrus (1850–1933), US-amerikan. Zeitungsverleger
Glaube 483
Gott 516

Curtius Rufus, Quintus (um 100), röm. Geschichtsschreiber
Angst 42
Eile 235
Stärke 1145
Tod 1192

Custine, Adam Philippe (1740 bis 1793), französ. General
Architektur 59

Cyprianus, Thascius Caecilius (um 200–258), Bischof von Karthago und Kirchenvater
Kirche 645

Czepko von Reigersfeld, Daniel (1605–1660), schles. Mystiker
Ewigkeit 295
Frömmigkeit 375
Glaube 479
Gott 508, 510, 514, 515, 517
Grab 521
Gras 522
Gutes 535
Himmel 579, 580
Hölle 590
Inneres 606
Kreuz 674
Leben 720
Meditation 836, 837
Natur 907, 911
Ruhe 1025

Schweigen 1082
Selbsterkenntnis 1099
Sinne 1110
Stern 1151
Teufel 1184, 1185
Tugend 1221
Vernunft 1294, 1296
Verstand 1304
Weisheit 1362
Werden 1373
Wille 1381, 1382

D

Da Vinci, Leonardo
→ Vinci, Leonardo da

Dach, Simon (1605–1659), deutscher Dichter
Freundschaft 363
Rede 988

Dagover, Lil (1897–1980), deutsche Schauspielerin
Mode 874
Schönheit 1066

Dahl, Jürgen (*1929), deutscher Schriftsteller
Beschleunigung 118
Eile 235
Fülle 380
Garten 386
Geduld 398
Ungeduld 1243

Dahn, Felix (1834–1912), deutscher Schriftsteller
Mutter 892

Dalai Lama XIV. (eig. Tanchu Dhondup, *1935), tibet. Priesterfürst, Friedensnobelpreis 1989
Befreiung 98
Begierde 102
Bewusstsein 133
Beziehung 135
Buddha 160
Erkenntnis 275
Existenz 295
Gefühl 403
Geist 412, 413, 414, 416
Glaube 482
Glück 501
Handeln 544
Hass 549
Klugheit 654
Körper 666
Leben 725, 727, 734
Lebendigkeit 738
Leid 746
Liebe 770
Materialismus 834
Menschenrecht 861
Problem 970
Religion 1007, 1009, 1012
Sterben 1147

Personenregister

Tod 1199
Uneigennützigkeit 1241
Verantwortung 1271
Wahrnehmung 1342
Wiedergeburt 1379
Zorn 1433

Dalí, Salvadore (1904–1989), span. Maler, Bildhauer, Grafiker
  Abschied 11
  Bart 91
  Dummheit 202
  Gescheitheit 445
  Interesse 610
  Jugend 620
  Künstler 702
  Narr 903
  Porträt 966
  Provokation 973
  Schaden 1036
  Verrücktheit 1297
  Zukunft 1437

Damasus I. (um 305–384), Papst 366–384
  Ursache 1263
  Wirkung 1386
  Wort halten 1408

Daniel, Anita (1902–1982), rumän.-US-amerikan. Schriftstellerin
  Kopf 665
  Uhr 1237

Daniélou, Jean (1905–1965), französ. Theologe
  Rom 1021

Dante Alighieri (1265–1321), italien. Dichter
  Beweis 132
  Christentum 167
  Einheit 238
  Eintracht 244
  Entscheidung 260
  Erkenntnis 276
  Freiheit 350
  Ganzes 386
  Gerechtigkeit 440
  Glück 495
  Gutes 537
  Handeln 544
  Herrschaft 569
  Kirche 646
  Lebensmitte 740
  Mensch 847
  Nachwelt 900
  Philosophie 954
  Reue 1015
  Sprache 1131
  Streit 1150
  Tätigkeit 1178
  Teil 1181
  Umgang 1238
  Urteil 1265
  Verzeihung 1312
  Wiederholung 1379
  Wille 1380, 1381
  Zeit 1419

Danton, Georges Jacques (1759–1794), französ. Revolutionär
  Kopf 665
  Leben 733
  Ruhm 1028
  Zeichen 1417

Darling, Charles John (1849 bis 1936), brit. Schriftsteller
  Geständnis 465

Darrieux, Danielle (*1917), französ. Schauspielerin
  Morgen 880

Darrow, Clarence (1857–1938), US-amerikan. Rechtsanwalt
  Eltern 249
  Kind 638
  Leben 725

Darwin, Charles (1809–1882), brit. Naturforscher
  Veränderung 1270
  Zucht 1433

Däubler, Theodor (1876 bis 1934), deutscher Dichter
  Nacht 899

Daudet, Alphonse (1840 bis 1897), französ. Schriftsteller
  Reife 1002

Daume, Willi (1913–1996), deutscher Sportfunktionär
  Sport 1129

Daumer, Georg (1800–1875), deutscher Religionsphilosoph
  Tag 1170
  Wort 1405

Dauthendey, Max (1867 bis 1918), deutscher Schriftsteller
  Langsamkeit 714

Davis, Bette (1908–1989), US-amerikan. Filmschauspielerin
  Ehe 214
  Schauspielerei 1042

Davis jr., Sammy (1925 bis 1990), US-amerikan. Sänger und Entertainer
  Star 1144

Day, Doris (*1924), US-amerikan. Filmschauspielerin und Sängerin
  Auge 78
  Frau 334
  Mann 823
  Verstand 1302

De Gaulle, Charles
  → Gaulle, Charles de

De Sanctis, Francesco
  → Sanctis, Francesco de

De Sica, Vittorio
  → Sica, Vittorio de

Debré, Michel (1912–1996), französ. Politiker
  Gegnerschaft 407

Defoe, Daniel (1660–1731), brit. Schriftsteller
  Ehre 227

Degas, Edgar (1834–1917), französ. Maler
  Alter 30
  Ballett 89
  Bild 138
  Malerei 820
  Talent 1173

Dehmel, Richard (1863–1920), deutscher Dichter
  Güte 533
  Nacht 900

Delacroix, Eugène (1798–1863), französ. Maler und Grafiker
  Ideal 599
  Kunst 698
  Maler 819

Delaunay, Robert (1887–1941), französ. Maler
  Kunst 695
  Mittel 871

Delavigne, Casimir (1793 bis 1843), französ. Schriftsteller
  Duldung 199
  Dummheit 201
  Schritt 1075
  Tod 1196
  Toleranz 1200

Delling, Manfred (*1937), deutscher Medienwissenschaftler
  Zuschauer 1441

Demokrit (470–um 380 v. Chr.), griech. Philosoph
  Alter 29
  Arbeit 56
  Armut 63
  Besonnenheit 122
  Bürgerkrieg 161
  Dichter/-in 188
  Erkenntnis 276
  Existenz 295
  Fest 314
  Frau 331, 337, 346
  Freundschaft 362, 366, 370
  Furcht 381
  Gerechtigkeit 440
  Gewöhnung 476
  Glück 494, 499
  Kind 641

Kosmos 667
Leichtsinn 744
Liebe 794
Liebesgenuss 798
Lust 811
Mahnung 818
Mann 827
Maßhalten 834
Mäßigung 834
Mensch 845, 846
Neid 917
Reichtum 1001
Ruhm 1028
Selbstbeherrschung 1098
Sünde 1167
Tapferkeit 1175
Tüchtigkeit 1218
Übung 1237
Unglück 1246
Vernunft 1296
Vollkommenheit 1319

Demosthenes (384–322 v. Chr.), griech. Redner
  Betragen 126
  Gefälligkeit 402
  Gesetz 460
  Strenge 1161
  Vorwurf 1326

Deneuve, Cathérine, (*1943), französ. Schauspielerin
  Reiz 1007

Deng Xiaoping (1904–1997), chines. Politiker
  China 166
  Gleich 484

Denis, Maurice (1870–1943), französ. Maler und Kunsthistoriker
  Kunst 691
  Schöpfung 1068

Descartes, René (1596–1650), französ. Philosoph, Mathematiker u. Naturwissenschaftler
  Altertum 34
  Ansicht 46
  Denken 177
  Erkenntnis 275, 277
  Gedanke 396
  Gegenwart 407
  Geist 416
  Geschichte 450
  Intuition 611
  Kopf 664
  Methode 864
  Neugier 920
  Philosophie 953
  Reisen 1003
  Sein 1096
  Sitten 1112
  Studium 1162
  Theologie 1187
  Überredung 1234
  Urteil 1264
  Vermutung 1292
  Verstand 1301

Vorsicht 1323
Wahrheit 1342
Wissen 1387
Wissenschaft 1395
Zweifel 1444

Deschner, Karlheinz (*1924),
deutscher Publizist
Deutschland 183

Deshoulières, Antoinette
(1638–1694), französ.
Dichterin
Betrug 126
Schicksal 1047
Sterben 1147
Zufriedenheit 1435

Destouches, Philipp
(eig. Néricault, Philipp,
1680–1754), französ.
Dramatiker
Kritik 682
Kühnheit 685
Kunst 690
Lachen 709
Natur 913

Deussen, Paul (1845–1919),
deutscher Philosoph
Lesen 756

Dewar, James (1842–1923),
brit. Chemiker
Fußgänger 385

Dewey, John (1859–1952),
US-amerikan. Philosoph und
Pädagoge
Skepsis 1114
Verstand 1303

Diana, Princess of Wales
(1961–1997)
Fremdsprache 358
Mode 874

Dibelius, Friedrich Karl Otto
(1880–1967), deutscher
evang. Theologe
Ich 598
Selbstverwirklichung 1104
Theologie 1187

Dichter, Ernest (*1907),
US-amerikan. Wirtschafts-
psychologe
Mode 874
Verkauf 1286

Dick-Read, Grantly (1890 bis
1959), brit. Gynäkologe
Angst 42
Überleben 1232

Dickens, Charles (1812–1870),
brit. Schriftsteller
Kleinigkeit 652
Leben 728
Zwang 1442

Dickinson, Emily E. (1830 bis
1886), US-amerikan. Lyrikerin
Arzt 68

Dickow, Hans-Helmut
(1927–1989), deutscher
Schauspieler
Anfang 39
Ende 253

Diderot, Denis (1713–1784),
französ. Schriftsteller und
Philosoph
Armut 64
Betschwester 128
Dank 170
Ehe 217
Elend 248
Frau 340, 346, 347, 349
Geburt 392
Genie 435
Geschlechtsverkehr 452
Gesetz 461
Glück 498
Hingabe 581
Hochzeit 584
Instinkt 608
Kirche 646
Last 715
Leidenschaft 751, 752
Liebeserklärung 798
Mutter 893
Neugier 921
Orakel 934
Orgasmus 935
Raserei 978
Religion 1008
Reue 1015
Schriftsteller/-in 1075
Sprache 1131
Vorwurf 1326
Wahrsagerei 1342
Weib 1353

Diebold, Bernhard (1886 bis
1945), deutsch-schweizer.
Schriftsteller und Publizist
Kunst 696

Dietmar von Aist (um 1175),
deutscher Minnesänger
Leid 746
Liebe 783

Dietrich, Marlene (1901 bis
1992), deutsche Filmschau-
spielerin und Sängerin
Bein 106
Frau 335, 339, 348
Liebe 769
Mann 823, 824
Mode 874
Sünde 1167
Treue 1212

Diettrich, Fritz (1902–1964),
deutscher Schriftsteller
Dummheit 200
Wort 1407

Dilthey, Wilhelm (1833–1911),
deutscher Philosoph
Erlebnis 277

Dingelstedt, Franz (1814 bis
1881), österreich. Schriftsteller und Theaterleiter
Glück 492

Dinter, Gustav Friedrich (1760
bis 1831), deutscher evang.
Theologe und Pädagoge
Heiraten 560

Diogenes von Sinope
(um 400–um 325 v.Chr.),
griech. Philosoph
Dieb 190

Dion von Syrakus (409 bis
354 v.Chr.), syrakusan. Feldherr und Politiker
Misstrauen 867

Dionysios Aeropagites
(um 500 n.Chr.), Pseudonym
eines unbekannten altkirch-
lichen Schriftstellers
Beginn 103
Erkenntnis 276
Eros 280
Finsternis 318
Güte 533
Jahreszeit 616
Licht 758
Liebe 763, 766
Schönheit 1063
Unwissenheit 1262
Wissen 1391

Dior, Christian (1905–1957),
französ. Modeschöpfer
Frau 348

Disraeli, Benjamin
(1804–1881), brit. Schrift-
steller und Politiker
Alter 29
Biographie 142
Frau 343
Geschichte 449
Handel 543
Heiraten 561
Institution 608
Jugend 623
Mensch 847
Nation 905
Umstand 1239

Ditfurth, Hoimar von (1921
bis 1989), deutscher Psychia-
ter und Wissenschaftspublizist
Aberglaube 8
Astrologie 71
Mensch 844
Sicherheit 1107

Djilas, Milovan (1911–1995),
jugoslaw. Politiker
Freiheit 353, 355

Gesellschaft 457
Marxismus 830

Djubran, Chalil (1883–1931),
libanes. Dichter und Maler
Bogen 146
Böses 148
Ewigkeit 295
Geduld 398
Gutes 535
Kind 638, 639
Leben 723
Raum 982
Schönheit 1066
Übertreibung 1235
Verzicht 1313
Zusammenleben 1441

Döblin, Alfred (1878–1957),
deutscher Schriftsteller
Kunst 698
Qualität 976
Seltenheit 1105
Verleger 1287

Doderer, Heimito von
(1896–1966), österreich.
Schriftsteller
Alkohol 20
Allein 21
Alter 30
Bedeutung 95
Begabung 99
Begierde 102
Begriff 104
Behagen 104
Bequemlichkeit 111
Beruf 115
Besitz 121
Bildung 139, 140
Charakter 165
Demokratie 173
Denken 177, 178
Distanz 196
Dummheit 201
Eigenheit 232
Einbildung 236
Einfachheit 237
Entscheidung 259
Entschluss 260
Erfolg 270
Erkenntnis 276
Erziehung 287
Exzess 296
Fähigkeit 297
Familie 300, 301
Feindschaft 310
Fluch 321
Frau 340
Fremdheit 358
Gedanke 396
Geist 413
Genie 433
Geschwätz 454
Gesellschaft 456, 457
Gewinn 471
Gewohnheit 476
Glaube 480
Höhe 589
Intelligenz 609

Journalismus 618
Kenntnis 635
Kommunikation 658
Langeweile 714
Leben 723, 725, 729, 732
Leistung 753
Liebe 770, 783
Lüge 809
Manierismus 821
Meinung 840
Melancholie 842
Mensch 848, 850, 854
Musik 885
Muße 887
Nation 905
Notwendigkeit 925
Opfer 932
Prostitution 972
Reichtum 1002
Reife 1002
Revolution 1017
Schreiben 1072
Schriftsteller/-in 1072
Sehen 1094
Seite 1096
Selbstmord 1102
Sexualität 1105
Sicherheit 1107
Sinnlosigkeit 1111
Sprache 1131
Technik 1180
Theorie 1188
Traum 1208
Treue 1212
Tugend 1223
Übel 1229
Uhr 1237
Umgang 1238
Vergangenheit 1280
Wahrheit 1337
Warten 1347
Weg 1349
Wichtigkeit 1377
Wissen 1391, 1393
Wissenschaft 1393
Wort 1406
Zeichen 1418
Ziel 1427, 1429

Doesburg, Theo van (1883–1931), niederländ. Maler und Kunstschriftsteller
Kunst 698

Döllinger, Ignaz von (1799–1890), deutscher kath. Theologe und Kirchenhistoriker
Reformation 992

Dominikus (um 1170–1221), Stifter des Dominikanerordens
Beten 125

Doren, Claudia (1931–1987), deutsche Fernsehansagerin
Sieg 1108

Dorgelès, Roland (1886 bis 1973), französ. Schriftsteller

Frau 343
Liebe 778

Dostojewski, Fjodor M. (1821–1881), russ. Dichter
Achtung 15
Angenehm 41
Anspruch 47
Armseligkeit 62
Atheismus 72
Äußerlichkeit 85
Begreifen 103
Beispiel 107, 108
Beschuldigung 119
Beten 125
Beziehung 136
Bitterkeit 143
Böses 148
Charakter 165
Christus 168
Demut 174
Ehe 211
Ehre 226
Eifersucht 231
Einsamkeit 240, 241
Erinnerung 274
Erkenntnis 276, 277
Fotografie 327
Freiheit 355
Freimut 357
Freude 361
Fröhlichkeit 374, 375
Fühlen 379
Gebet 390
Gedanke 395
Gefühl 404
Geld 423
Gerechtigkeit 439
Gesicht 463
Gewissen 473
Glaube 482
Glück 490, 491, 492, 493, 494, 498, 500, 501
Gott 506, 508, 510, 514, 516
Gottlosigkeit 520
Grausamkeit 522
Harmonie 547
Heilige 555
Heimat 558
Herz 571, 572, 573, 574
Heuchelei 574
Ideal 599
Idee 600, 601
Inneres 606
Irrtum 613
Kind 639, 642, 643
Klage 647
Kompromiss 659
Kraft 669
Kränkung 673
Lachen 709, 710
Laster 716
Leben 720, 723, 737
Leid 745, 746, 747, 748
Leidenschaft 749
Liebe 767, 769, 770, 778, 781, 792, 796
Liebende 797
Logik 804

Lüge 809
Manieren 821
Märtyrer 830
Mensch 844, 847, 848, 853
Menschheit 862, 863
Milieu 865
Mitleid 870
Nachsicht 898
Nebensächlichkeit 917
Phantasie 949
Predigt 967
Rat 980
Religion 1007
Religiosität 1012
Richten 1018
Ruhe 1026
Schmeichelei 1057
Schönheit 1066
Schuld 1076
Schwermut 1085
Seele 1088, 1091
Selbstachtung 1097
Selbstbeherrschung 1098
Selbstständigkeit 1102
Sittlichkeit 1113
Spielzeug 1128
Stärke 1145, 1146
Sterben 1149
Sünde 1166
Takt 1172
Tat 1176
Träne 1206
Traum 1207, 1208
Trost 1217
Tugend 1222, 1225
Unendlichkeit 1241
Unglück 1245, 1247, 1248
Unglücklich 1249
Unsinnig 1255
Unsterblichkeit 1255
Verbrechen 1273
Vergebung 1282
Verstand 1303, 1304
Verzeihung 1313
Vorbild 1320
Wahrheit 1335, 1338, 1339
Welt 1370
Wissen 1390
Wissenschaft 1396
Wunder 1410
Wunsch 1412
Würde 1414
Zügellosigkeit 1436

Doyle, Arthur Conan (1859–1930), brit. Kriminalschriftsteller
Fliege 320
Spinne 1129

Dreiser, Theodore (1871–1945), US-amerikan. Schriftsteller
Gott 509
Zukunft 1439

Drewermann, Eugen (*1940), deutscher kath. Theologe, Psychotherapeut und Schriftsteller

Angst 42, 43
Dasein 171
Entscheidung 259
Ewigkeit 294
Freude 360
Glaube 479, 482
Glück 496, 501
Gott 512
Güte 534
Heilung 557
Individualität 604
Kind 637, 642
Leben 727
Lebenskunst 739
Liebe 767, 779, 786, 788, 790, 794, 795
Märchen 829
Mensch 851, 854
Menschlichkeit 863
Not 923
Reichtum 1002
Religion 1009, 1010
Religiosität 1012
Scheitern 1043
Schuld 1075
Tod 1194
Überfluss 1230
Verzweiflung 1314
Wahrheit 1336

Drews, Berta (1901–1987), deutsche Schauspielerin
Bescheidenheit 117

Driesch, Hans (1867–1941), deutscher Biologe und Philosoph
Wissenschaft 1395

Droste-Hülshoff, Annette von (1797–1848), deutsche Dichterin
Demut 175
Frau 347
Gold 503
Gott 514
Himmel 579, 580
Hoffnung 588
Leben 730
Mut 889
Neujahr 921
Not 924
Welt 1370
Westfalen 1376

Drucker, Peter (*1909), österreich. Sachbuchautor
Ausführung 82
Erfolg 272
Tüchtigkeit 1218

Dryden, John (1631–1700), engl. Dichter und Literaturkritiker
Tanz 1174

Du Bois-Reymond, Emil (1818–1896), deutscher Physiologe
Kultur 685

Duchamp, Marcel (1887 bis 1968), französ. Maler und Schriftsteller
  Kunst 695
  Täuschung 1180

Duché, Jean (*1916), französ. Jurist und Philologe
  Befreiung 98
  Frau 344

Duhamel, Georges (1884–1966), französ. Arzt und Schriftsteller
  Landschaft 713
  Wandern 1345

Duller, Eduard (1809–1853), deutscher Schriftsteller und Journalist österreich. Herkunft
  Freude 361
  Vater 1267

Dumas, Alexandre d. Ä. (eig. Davy de la Pailleterie, A., 1802 bis 1870), französ. Schriftsteller
  Frau 341
  Geschichte 447
  Leidenschaft 748

Dumas, Alexandre d. J. (1824–1895), französ. Schriftsteller
  Brille 153
  Frau 340
  Gemeinheit 430
  Leben 721
  Liebe 783
  Selbstgefühl 1101
  Vertrauen 1309

Dunaway, Faye (*1941), US-amerikan. Schauspielerin
  Ehefrau 223

Duncan, Isadora (1877–1927), US-amerikan. Tänzerin
  Geburt 392

Dunne, Peter (1867–1936), US-amerikan. Humorist
  Fanatismus 301
  Freundschaft 362
  Politik 959
  Rede 989

Duns Scotus, Johannes (um 1265–1308), schott. Philosoph und Theologe
  Kunst 693

Dürer, Albrecht (1471–1528), deutscher Maler, Zeichner, Grafiker u. Kunstschriftsteller
  Kunst 692
  Natur 907, 908
  Wahrheit 1332

Durieux, Tilla (1880–1971), österreich. Schauspielerin

Alter 29
Blitz 145
Ehe 210, 215
Freundschaft 367
Hoffnung 587
Liebe 784
Schwäche 1080
Stärke 1145

Durrell, Lawrence George (1912–1990), brit. Schriftsteller
  Architektur 60
  Brand 150
  Diplomatie 194
  Entschluss 260
  Glück 488
  Politik 963

Duse, Eleonora (1858–1924), italien. Schauspielerin
  Frau 336, 341, 345
  Genie 434
  Liebe 789
  Macht 813
  Mann 824, 826
  Täuschung 1180
  Übung 1237
  Unglück 1246
  Verbindung 1272
  Vernunft 1296

Dutourd, Jean (*1920), französ. Schriftsteller
  Materialismus 834
  Seele 1089

Duun, Olav (1876–1939), norweg. Schriftsteller
  Gutes 538

Dyke, Henry van (1852–1933), US-amerikan. Schriftsteller
  Kultur 687
  Talent 1173
  Wald 1343

E

Ebert, Friedrich (1871–1925), deutscher Politiker, Reichspräsident 1919–1925
  Deutschland 183
  Weimar 1357

Ebner-Eschenbach, Marie von (1830–1916), österreich. Schriftstellerin
  Altar 24
  Alter 25, 30, 32
  Altern 33
  Amt 36
  Anforderung 40
  Anmut 44
  Annehmlichkeit 44
  Anspruchslosigkeit 47
  Anteilnahme 48
  Aphorismus 51

Apostel 51
Arbeitgeber 59
Armut 62, 64, 66
Arzt 68
Aufgabe 73
Augenblick 80
Ausdauer 81
Ausführung 82
Ausnahme 83
Ausrede 80
Außerordentliches 85
Aussicht 85
Autor 86, 87
Autorität 88
Begräbnis 103
Begreifen 103
Behagen 104
Bekanntheit 108
Bekanntschaft 108
Beobachtung 111
Berühmtheit 116
Bescheidenheit 117, 118
Besitz 121
Besser 122
Bettelei 129
Bewunderung 132
Bezahlen 134
Bibel 136
Blindheit 144, 145
Borgen 147
Böses 148
Bösewicht 149
Brett 151
Buch 155, 156, 157
Buße 162
Charakter 163
Dank 170, 171
Dasein 171
Demut 174
Denken 178
Dichter/-in 185, 186, 187
Dichtung 188
Diener 192
Don Juan 197
Dummheit 199, 201, 202
Dummkopf 202
Echo 204
Edelmut 205
Egoismus 205, 206
Ehe 211, 212, 214, 215, 217, 218, 219, 220, 221
Ehegatten 224
Ehepaar 224
Ehre 226
Ehrfurcht 227
Eigenschaft 234
Eigensinn 234
Einbildung 236
Einbruch 236
Einfachheit 237
Einsamkeit 240, 242
Eitelkeit 244, 245, 246, 247
Elend 247, 248
Eltern 248, 249
Empfindung 253
Engherzigkeit 255
Entbehrung 256
Entsagung 259
Entschuldigung 260, 261
Enttäuschung 261

Entwurf 262
Erbarmen 262
Erfahrung 267
Erfindung 268
Erfolg 270
Erfüllung 273
Erinnerung 274
Erkenntnis 276
Erklärung 277
Ernte 280
Erwägung 283
Erzählen 284
Erziehung 284, 286, 288
Fabel 296
Fallen 297, 298
Fanatismus 301
Faulheit 303
Fehler 305, 306, 307
Feigheit 308
Feigling 309
Feinheit 312
Feuer 315
Fleiß 319
Fliegen 320
Forderung 323
Frau 331, 332, 333, 335, 338, 344, 346, 347, 348
Frauenfrage 349
Freiheit 352, 355, 356
Freude 360, 361
Freundlichkeit 361
Freundschaft 362, 364, 365, 367, 369
Frieden 373
Frühreife 378
Furcht 382
Gast 387
Geben 388
Gedanke 395
Gedankenlosigkeit 397
Geduld 399
Gefallen 401
Gefühl 403
Gegenwart 407
Gehässigkeit 408
Geheimnis 409
Gehen 409
Geißel 411
Geist 412
Geiz 420
Gelassenheit 421
Gelegenheit 426
Geltung 430
Gemeinheit 430
Gemüt 432
Genie 433, 434
Genügsamkeit 437
Genuss 437, 438
Gerechtigkeit 441
Geschehen 445
Gescheitheit 445
Geschichte 446, 447
Geschlecht 452
Geschmack 453
Gesellschaft 459
Gestank 466
Gewalt 467
Gewaltig 469
Gewissen 473
Gewohnheit 475

Glaube 479, 480, 481, 483
Gleichgültigkeit 484, 485
Gleichheit 486
Glück 487, 489, 490, 491, 496, 498
Gott 513
Grausamkeit 522
Grille 524
Grobheit 524
Größe 524, 525, 526, 527
Großmut 528, 529
Grundsatz 530
Gut 531
Gut sein 532
Güte 533
Guter Mensch 534
Gutes 535, 536, 538, 539
Gutmütigkeit 539
Halt 541
Hand 543
Harmonie 547
Hartnäckigkeit 548
Hass 548, 550
Haus 551
Heimzahlen 559
Heiraten 560
Heiterkeit 563
Held/Heldin 564
Helfen 565
Herrschaft 567, 568
Herz 570, 573
Heuchelei 574
Hilfe 577
Hilfsbereitschaft 577
Himmel 578
Hingabe 581
Hochmut 582, 583
Hoffnung 585, 587
Hoffnungslosigkeit 588
Höflichkeit 588
Hunger 595
Idee 601
Illusion 603
Individualität 604
Irrtum 614
Jahrhundert 616
Jugend 620, 623, 624
Katze 634
Kaufen 634
Kind 638, 639, 640, 643, 644
Klarheit 648
Kleidung 650
Kleinheit 651
Klugheit 653
Können 662, 663
Konsequenz 663
Kraft 668, 669
Krankheit 670, 672
Kritik 682
Kunst 688, 689, 692, 693, 695, 700
Künstler 701, 702, 703, 704
Kunstwerk 706
Langeweile 714
Langweilig 714
Laster 716
Laufen 718
Leben 725, 733, 734, 738
Lehrling 743
Leid 746, 748

Leidenschaft 749, 750
Leistung 753
Lernen 754, 755, 756
Lesen 757
Liebe 760, 765, 766, 767, 769, 773, 776, 782, 786, 793, 796
Liebenswürdigkeit 797
Liebhaberei 799
Lieblosigkeit 799
Literatur 801, 802
Lob 802, 803
Lüge 807
Macht 815
Manieren 821
Mann 824, 827, 828
Maßstab 834
Materialismus 834
Meinung 839, 841
Meisterschaft 841
Mensch 845
Menschenhass 860
Menschenliebe 861
Menschenverstand 861
Methode 864
Milde 865
Missgunst 867
Misstrauen 867
Mitleid 869, 870
Mode 874
Modern 875
Moral 878
Müssen 887
Mut 889
Narr 904
Nachahmung 895
Nachbarschaft 896
Nachfolge 897
Nachsicht 898
Nächstenliebe 899
Nachtigall 900
Naivität 902
Name 902
Nationalität 906
Natur 908
Naturell 915
Naturgesetz 915
Neid 917
Nerven 919
Neues 920
Niederlage 922
Not 924
Notwendigkeit 925
Nützlichkeit 927
Öffentliche Meinung 929
Öffentlichkeit 930
Opfer 931
Partei 940
Peitsche 943
Pessimismus 944
Pflicht 947, 948
Phantasie 949
Philosophie 952
Poesie 957, 958
Praxis 967
Predigt 968
Presse 968
Priester 969
Problem 970
Prophet 971

Qual 976
Recht 984, 985, 986
Regel 992
Reichtum 998, 999, 1000
Reife 1002
Resignation 1013
Respekt 1013
Reue 1014, 1015
Richter 1018
Rohheit 1020
Rückschritt 1024
Rücksicht 1024
Ruf 1024
Ruhe 1025, 1026
Ruhm 1027, 1029
Saat 1031
Sagen 1031
Sandkorn 1032
Schaffen 1037
Scham 1038
Schenken 1044
Schicksal 1047, 1049
Schlechtes 1055
Schlussfolgerung 1056
Schmeichelei 1057
Schmerz 1058
Schönheit 1065, 1067
Schöpfung 1069
Schreiben 1070
Schüchternheit 1075
Schuldigkeit 1077
Schwäche 1080, 1081
Schwächling 1081
Sehen 1093, 1094
Seher 1094
Sehnsucht 1095
Sein 1096
Selbstbeherrschung 1098
Selbstbewusstsein 1098
Selbsterkenntnis 1100
Selbstlosigkeit 1101
Sieg 1108, 1109
Sittlichkeit 1113
Skizze 1114
Sklaverei 1115
Sollen 1119
Sorge 1121
Soziale Frage 1122
Sozialismus 1123
Sparsamkeit 1124
Spott 1130
Sprache 1131
Sprechen 1133
Staat 1136
Stand 1143
Sterben 1150
Stil 1152
Stolz 1155
Strafe 1157
Streicheln 1159
Streit 1159, 1160
Sturz 1163
Stütze 1163
Sünde 1165, 1166
Tadel 1169, 1170
Talent 1172, 1173
Tat 1177
Teilnahme 1182
Theorie 1188
Thron 1188

Tod 1192, 1196
Traurigkeit 1210
Trennung 1211
Treue 1212, 1213
Tugend 1219, 1220, 1222, 1223, 1226
Tun 1226, 1227
Übel 1229
Überlegenheit 1232
Übermut 1233
Übersättigung 1234
Überschätzung 1234
Überzeugen 1235
Unbefangenheit 1240
Unentbehrlichkeit 1242
Unglück 1247
Unparteilichkeit 1252
Unrecht 1252, 1253
Unsterblichkeit 1255, 1256
Unterschätzung 1259
Unterschied 1259
Unwahrheit 1261
Unzufriedenheit 1262
Urteil 1264
Vaterland 1268
Verachtung 1269
Verdacht 1275
Vergänglichkeit 1281
Vergessen 1283
Verirrung 1286
Verlegenheit 1287
Verleumdung 1288
Vernunft 1296
Versagen 1298
Verschiedenheit 1298
Verstand 1301, 1302, 1304
Verständlichkeit 1304
Verständnis 1304
Verstehen 1305
Vertrauen 1308, 1309
Vervollkommnung 1310
Verwandtschaft 1310
Verwöhnen 1311, 1312
Verzeihung 1312, 1313
Verzweiflung 1313
Vorrecht 1322
Vorsatz 1322
Vorurteil 1325, 1326
Wahrhaftigkeit 1332
Wahrheit 1334, 1339, 1342
Wandern 1344
Warten 1347
Weg 1350
Weh 1350
Weisheit 1361, 1362, 1363, 1364, 1365, 1366
Welt 1368
Weltmann 1372
Werkzeug 1374
Wert 1375
Wetter 1377
Wichtigkeit 1377
Wiedersehen 1379
Wille 1382
Willenskraft 1382
Wissen 1387, 1389, 1390, 1392, 1393
Witz 1398
Wohltat 1400
Wohltätigkeit 1400

Personenregister

Ellwein 1487

Wollen 1402
Wort 1404, 1405, 1407, 1408
Wunder 1410
Wunderkind 1411
Wunsch 1412, 1413
Zeit 1422
Ziel 1427, 1428
Zufall 1434
Zukunft 1438
Zurückweichen 1440
Zusammenleben 1441
Zutrauen 1442
Zweifel 1444

Eckhart, gen. Meister Eckhart (um 1260–1328), deutscher Philosoph und Theologe
 Eigenliebe 232
 Geist 412
 Gott 508, 510, 513, 514, 515
 Gottheit 519
 Göttliches 520
 Lästern 718
 Liebe 760, 765, 767, 791, 794
 Lust 810
 Maria 829
 Mensch 853
 Seele 1088, 1089, 1091
 Selbsterkenntnis 1100
 Wille 1382

Eco, Umberto (*1933), italien. Schriftsteller
 Computer 168

Edel, Gottfried (*1929), deutscher Fernsehredakteur
 Anteilnahme 48
 Einsamkeit 239
 Gemeinschaft 431
 Reife 1002
 Tier 1190

Eden, Anthony (1897–1977), brit. Politiker
 Diplomatie 194
 Erinnerung 274
 Memoiren 842

Edison, Thomas Alva (1847 bis 1931), US-amerikan. Erfinder
 Erfolg 270
 Fortschritt 326

Edschmid, Kasimir (1890 bis 1966), deutscher Schriftsteller
 Kunst 699

Ehmke, Horst (*1927), deutscher Politiker
 Kamel 629

Ehre, Ida (1900–1989), deutsche Schauspielerin, Regisseurin und Theaterleiterin
 Alter 24
 Erfolg 272
 Film 316

Ehrenburg, Ilja G. (1891–1967), russ.-sowjet. Schriftsteller
 Kränkung 673
 Provokation 973
 Verbrechen 1274
 Wohltat 1400

Ehrenstein, Albert (1886 bis 1950), österreich. Schriftsteller
 Medizin 837

Eibl-Eibesfeldt, Irenäus (*1928), österreich. Zoologe und Verhaltensforscher
 Ansehen 46
 Gruß 530
 Kuss 707
 Mensch 858
 Rang 978
 Vogel 1315

Eichendorff, Joseph von (1788–1857), deutscher Dichter
 Begeisterung 101
 Dichter/-in 185
 Frühling 378
 Geschichte 449
 Gipfel 478
 Herz 570
 Liebe 775
 Lied 800
 Linde 800
 Mädchen 816
 Natur 913, 914
 Tal 1172
 Wald 1343, 1344
 Welt 1368

Eiffel, Gustave (1832–1923), französ. Ingenieur
 Frankreich 329

Einstein, Albert (1879–1955), deutscher Physiker, Physiknobelpreis 1921
 Anfang 39
 Atom 72
 Atomzeitalter 72
 Autorität 88
 Bogen 146
 Dasein 171
 Denken 176, 177
 Deutsch 181
 Dienen 191
 Dummheit 200
 Einfachheit 237
 Entdeckung 257
 Entwicklung 261
 Epoche 262
 Erfahrung 266
 Erfolg 271
 Erziehung 285, 286
 Ethik 292
 Fortschritt 325, 326
 Freiheit 357
 Freude 360
 Frieden 372, 373, 374
 Gedanke 394
 Geheimnis 408
 Genügsamkeit 436
 Gesellschaft 459
 Glaube 480
 Gott 508, 512
 Handeln 544
 Held/Heldin 565
 Herz 570
 Holz 591
 Ideal 599
 Individuum 605
 Judentum 619
 Klugheit 653
 Körper 666
 Krieg 675, 676, 679, 680
 Kriegsdienstverweigerung 681
 Kultur 687
 Leben 719, 735
 Lebenssinn 740
 Leid 746
 Macht 813, 814
 Meinung 840, 841
 Mensch 850
 Menschenverstand 861
 Mittelmäßigkeit 872
 Moral 877, 878
 Mord 879
 Musik 884, 886
 Natur 910, 914
 Naturwissenschaft 916
 Opfer 932
 Pazifismus 942
 Persönlichkeit 944
 Pfeil 945
 Phantasie 950
 Physik 955
 Politik 960
 Propaganda 971
 Recht 985
 Regierung 996
 Religion 1012
 Religiosität 1012
 Schweiz 1084
 Sittlichkeit 1113
 Staat 1135, 1136
 Staunen 1146
 Steuern 1152
 Streit 1160
 Tätigkeit 1178
 Technik 1181
 Tod 1193
 Vorbild 1320
 Waffe 1328
 Wahrheit 1341
 Weisheit 1361
 Wissenschaft 1394, 1396, 1397
 Würfel 1414
 Zukunft 1438

Einstein, Carl (1885–1940), deutscher Kunstwissenschaftler
 Geist 413
 Wunder 1410

Eipper, Paul (1891–1964), deutscher Maler u. Schriftsteller
 Verständnis 1304

Eisenhower, Dwight David (1890–1969), US-amerikan. Politiker, 34. US-Präsident
 Freiheit 356
 Kürze 707
 Militär 866
 Schreiben 1072

Eisenreich, Herbert (1925 bis 1986), österreich. Schriftsteller
 Schriftsteller/-in 1074

Ekberg, Anita (*1931), schwed. Filmschauspielerin
 Ehe 216
 Frau 336
 Gleichberechtigung 484

Eliot, George (eig. Evans, Mary Ann, 1819–1880), brit. Schriftstellerin
 Einbildung 236
 Sagen 1032
 Trost 1216

Eliot, T(homas) S(tearns), (1888–1965), brit. Dichter US-amerikan. Herkunft, Literaturnobelpreis 1948
 Anfang 40
 April 51
 Elend 248
 Erinnerung 275
 Flucht 322
 Hölle 590
 Mensch 856
 Tag 1171
 Vergangenheit 1281
 Vergessen 1283
 Vergnügen 1285
 Weltuntergang 1372
 Wirklichkeit 1385

Elisabeth von Schönau (um 1129–1164), deutsche Mystikerin, Benediktinerin
 Gott 516

Elisabeth von Thüringen (1207–1231), Heilige
 Demütigung 175

Elizabeth I. (1533–1603), Königin von England
 Müssen 887
 Tod 1197

Elizabeth II. (*1926), Königin von Großbritannien und Nordirland
 Ehe 214

Ellis, Havelock (1859–1939), brit. Schriftsteller
 Fortschritt 327

Ellwein, Thomas (*1927), deutscher Politologe
 Menschenführung 860
 Wissen 1390

Personenregister

1488 Eluard

Eluard, Paul (eig. Grindel, Eugène E. P., 1895-1952), französ. Dichter
- Brust 154
- Nacktheit 901

Emerson, Ralph Waldo (1803-1882), US-amerikan. Philosoph und Dichter
- Begeisterung 101
- Betrug 127
- Bewegung 130
- Buch 158
- Christentum 167
- Einfachheit 237
- Erfahrung 266
- Erziehung 288
- Essen 291
- Freundschaft 364, 365, 368
- Frieden 372
- Geburt 392
- Geist 415
- Geschichte 447
- Gesellschaft 456, 459
- Gewinn 470
- Größe 525, 526, 527
- Held/Heldin 564
- Höflichkeit 589
- Institution 608
- Jahr 615
- Kirche 646
- Konservatismus 663
- Kraft 668
- Kunstwerk 706
- Liebe 760
- Macht 814
- Manieren 821
- Mann 825
- Mensch 843, 847, 849, 854, 856
- Nachahmung 895
- Regierung 995
- Reisen 1006
- Religion 1008
- Schiff 1049
- Schlussfolgerung 1056
- Schönheit 1068
- Schule 1078
- Sekte 1097
- Sieg 1107
- Spontaneität 1129
- Tabak 1169
- Theologie 1187
- Universität 1250
- Unkraut 1250
- Verlust 1291
- Wissenschaft 1394
- Zitat 1430

Engel, Johann Jakob (1741-1802), deutscher Schriftsteller
- Antwort 49
- Arzt 69
- Charakter 164
- Denken 178
- Frage 327
- Funke 380
- Furcht 381
- Gedanke 396
- Gegensatz 405
- Gelehrsamkeit 427
- Geschichte 447
- Gut sein 532
- Hass 550
- Hof 585
- Idee 600
- Jugend 623
- Klugheit 654
- Kraft 669
- Krankheit 670
- Mensch 857
- Menschenkenntnis 861
- Redensart 991
- Schicksal 1049
- Schmeichelei 1057
- Schmerz 1059
- Schule 1077
- Schweigen 1082
- Seele 1088
- Sinnlichkeit 1111
- Tugend 1220, 1223
- Unglaube 1245
- Verachtung 1269
- Verleumdung 1288
- Verstellung 1306
- Wahrheit 1340
- Wollust 1403
- Wunsch 1413

Engelhardt, Wolfgang (*1922), deutscher Naturwissenschaftler
- Politiker 964
- Wissenschaft 1394

Engelke, Gerrit (1890-1918), deutscher Schriftsteller
- Bergbau 113

Engels, Friedrich (1820-1895), deutscher Philosoph und Politiker
- Familie 299, 300
- Geschlecht 451
- Gesellschaft 456
- Gespenst 464
- Kommunismus 658
- Mehrheit 838
- Proletariat 971
- Staat 1137
- Vereinigung 1278
- Verschwörung 1299

Engholm, Björn (*1939), deutscher Politiker
- Politik 962

Ennius, Quintus (239 bis 169 v.Chr.), latein. Dichter
- Affe 18
- Weisheit 1363

Enzensberger, Christian (*1931), deutscher Schriftsteller
- Kunst 698
- Politiker 964

Enzensberger, Hans Magnus (*1929), deutscher Schriftsteller und Publizist
- Fernsehen 313
- Gewissheit 474
- Irrtum 612
- Literatur 802
- Wahl 1330

Epicharmos (um 550 bis um 460 v.Chr.), griech. Dramatiker
- Arbeit 57
- Entscheidung 259
- Frage 327
- Geist 412
- Geschenk 445
- Gutes 538
- Herz 572
- Krankhaft 670
- Leben 734
- Leidenschaft 748
- Neid 918
- Reinheit 1003
- Reue 1014
- Ruhe 1025
- Sehen 1093
- Überlegung 1232
- Weisheit 1363, 1365
- Wert 1375
- Zweifel 1444

Epiktet (um 50-um 138), griech. Philosoph
- Ansehen 45
- Bewusstsein 133
- Bildung 141
- Charakter 166
- Dichterlesung 188
- Ding 194
- Fassung 302
- Freundschaft 367
- Geschlechtsverkehr 452
- Götter 518
- Handeln 544
- Hoffnung 587
- Krankheit 672
- Macht 813
- Maß 832
- Meinung 840
- Mensch 852
- Nachrede 898
- Persönlichkeit 943
- Philosophie 953
- Prahlerei 966
- Reaktion 983
- Rolle 1020
- Seele 1089
- Sieg 1108
- Tod 1198
- Überforderung 1231
- Verlust 1291
- Vorsatz 1322
- Wahrsagerei 1342
- Wesen 1376

Epikur (341-270 v.Chr.), griech. Philosoph
- Angst 43
- Armut 62
- Begierde 102
- Bildung 141
- Bitte 143
- Erotik 281
- Erschütterung 282
- Freiheit 350, 351
- Freude 359
- Freundschaft 363, 367, 368, 370
- Gefallen 401
- Genuss 437
- Gerechtigkeit 439
- Gespräch 464
- Gewohnheit 475
- Glückseligkeit 501
- Habgier 540
- Handeln 545
- Jugend 620
- Last 715
- Leben 721, 724, 730
- Lebensführung 739
- Lebensziel 740
- Leidenschaft 752
- Lernen 754
- Liebesgenuss 798
- Lust 810
- Mitgefühl 869
- Neid 918
- Nutzen 926
- Philosophie 953
- Politik 959
- Reichtum 998
- Schmerz 1058, 1059
- Schwäche 1080
- Selbstgenügsamkeit 1101
- Sicherheit 1107
- Sterben 1148
- Täuschung 1180
- Tod 1193, 1195
- Tun 1226
- Unersättlichkeit 1242
- Unrast 1252
- Unrecht 1253
- Verehrung 1277
- Vollkommenheit 1319
- Weisheit 1363
- Zwang 1443

Eppler, Erhard (*1926), deutscher Politiker
- Bewahren 130
- Revolution 1017

Erasmus von Rotterdam (1469-1536), niederländ. Humanist und Theologe
- Adel 17
- Ähnlichkeit 19
- Allgemeines 22
- Alter 27, 30
- Antwort 49
- Begierde 102
- Besitz 120
- Buch 155
- Dummheit 200
- Essen 291
- Feindschaft 310
- Fleisch 318, 319
- Freundschaft 362
- Gebet 389, 390
- Geist 412, 415

Gemüt 432
Gewissen 474
Glück 488, 495
Heidentum 554, 555
Heilige 555
Irrtum 612
Kampf 630
Kind 643
König/Königin 660
Körper 666
Krankheit 670, 671
Krieg 677
Kühnheit 685
Laster 716, 717
Leben 736
Leidenschaft 750
Liebe 760, 782, 795
Lob 804
Lust 811
Mensch 845, 851
Natur 913
Pornographie 966
Reichtum 999
Religiosität 1012
Ruhm 1028
Sanftmut 1033
Schönheit 1062, 1065
Selbstüberwindung 1103
Sieg 1108
Spott 1130
Sünde 1166
Täuschung 1180
Teufel 1184
Tier 1189
Tugend 1220, 1221, 1222
Ungerechtigkeit 1244
Unsichtbarkeit 1254
Verdienst 1276
Vernunft 1294
Volk 1315
Vorbereitung 1320
Vorgesetzter 1321
Wahrheit 1337, 1338, 1340
Waschen 1347
Weisheit 1365
Wissen 1389
Wohltat 1400
Zähmung 1416

Erbesfield, Robyn (*1963), brit. Sportlerin
  Arbeit 53
  Erfolg 269
  Sieg 1108

Erhard, Ludwig (1897–1977), deutscher Politiker, Bundeskanzler 1963–1966
  Kompromiss 659
  Prophet 972
  Reichtum 1000

Erictho, sagenhafte thessal. Hexe
  Fels 312

Erlander, Tage (1901–1985), schwed. Politiker
  Kompromiss 659
  Recht 985

Ernst, Max (1891–1976), französ. Maler, Grafiker und Bildhauer deutscher Herkunft
  Frau 335
  Geschmack 453
  Kultur 686
  Kunst 696
  Maler 819
  Nacktheit 901

Ernst, Otto (eig. Schmidt, Otto Ernst, 1862–1926), deutscher Schriftsteller
  Erziehung 285
  Gegnerschaft 407

Ernst, Paul (1866–1933), deutscher Schriftsteller
  Angst 42
  Arbeit 54, 58
  Armut 63
  Barbarei 90
  Beruf 116
  Besserung 122
  Dichter/-in 186
  Dichtung 188
  Drama 197
  Egoismus 205
  Erschütterung 282
  Flucht 322
  Freiheit 352
  Glaube 481
  Gott 506, 508
  Größe 525
  Hass 549
  Herz 573
  Jugend 625
  Kunst 693, 695
  Leid 745
  Leistung 753
  Liebe 792
  Masse 833
  Mensch 851
  Menschheit 862
  Mund 882
  Mutter 890
  Natur 910
  Schule 1078
  Seele 1091
  Sittlichkeit 1113
  Sparsamkeit 1124
  Tugend 1220
  Unergründlich 1242
  Volk 1317
  Wahrheit 1340
  Weisheit 1363
  Werden 1373
  Zeitalter 1423
  Zivilisation 1430

Erskin, John (1879–1951), US-amerikan. Literaturwissenschaftler
  Fehler 306

Ertl, Josef (*1925), deutscher Politiker
  Bayern 94

Eschenburg, Theodor (*1904), deutscher Politikwissenschaftler
  Demokratie 174
  Radikalität 978
  Wahl 1331

Eschmann, Ernst Wilhelm (1904–1987), deutscher Schriftsteller
  Geschichte 448
  Gott 510
  Logik 804
  Maske 832
  Teufel 1184

Eser, Albin (*1935), deutscher Jurist
  Utopie 1265

Etienne, Charles-Guillaume (1777/78–1845), französ. Schriftsteller
  Alter 32
  Jugend 625

Euklid (um 450–um 370 v. Chr.), griech. Philosoph
  Beweis 132
  Geometrie 439

Eulenberg, Herbert (1876–1949), deutscher Schriftsteller
  Einsamkeit 242
  Fähigkeit 297
  Gesellschaft 458
  Schicksal 1046

Euripides (um 485/80 bis um 406 v. Chr.), griech. Tragödienschreiber
  Abwechslung 14
  Alleinherrschaft 22
  Alter 30, 32
  Armut 62, 67
  Beamter 95
  Beispiel 107
  Blindheit 144
  Böses 148
  Bürger 161
  Dunkelheit 203
  Edel 204
  Ehe 211, 220
  Eigenliebe 233
  Elend 248
  Entdeckung 257
  Feldherr 312
  Frage 328
  Frau 338, 339, 345, 346
  Freiheit 354, 355
  Freundschaft 364, 367, 368, 370
  Fröhlichkeit 375
  Führung 379
  Geburt 392
  Geist 411, 417
  Gerechtigkeit 441, 442
  Gesetz 462
  Gewinn 470
  Glück 491, 494, 497
  Götter 518, 519
  Greis 523
  Gut 531
  Handeln 544
  Heiligkeit 557
  Heimat 558
  Heuchelei 575
  Hochmut 583
  Intrige 610
  Jähzorn 617
  Kampf 630
  Kind 642
  Knechtschaft 656
  Leben 733, 735, 737
  Lehrer/Lehrerin 742
  Leid 746, 747
  Liebe 763, 765, 770, 791
  Lob 803
  Mangel 820
  Mann 826, 827
  Mühsal 882
  Mut 888
  Mutter 892
  Nachbarschaft 896
  Nächstenliebe 899
  Not 924
  Notwendigkeit 925
  Rat 979, 980
  Rätsel 981
  Recht 986, 987
  Rede 988
  Ruhe 1025
  Ruhm 1027
  Schamhaftigkeit 1039
  Scheidung 1042
  Schicksal 1046, 1048
  Schlacht 1051
  Schmach 1056
  Schönheit 1062
  Schrecken 1069
  Schweigen 1082
  Schwur 1086
  Seher 1094
  Selbstbeherrschung 1098
  Seligkeit 1104
  Sklaverei 1115
  Sorge 1122
  Staat 1139
  Sterben 1148
  Stiefmutter 1152
  Streit 1159, 1160
  Süße 1168
  Tat 1176
  Thron 1188
  Tochter 1191
  Tod 1195, 1197
  Tot 1203
  Trost 1217
  Tüchtigkeit 1218
  Tugend 1224
  Übung 1237
  Unglück 1246
  Unrecht 1253
  Urteil 1265
  Vaterland 1267, 1268
  Verbrechen 1273, 1274
  Verkehrtheit 1287
  Vernunft 1295
  Verzeihung 1313

Personenregister

1490 Everding

Volk 1317
Vorsicht 1323
Waffe 1328
Wagnis 1329
Wahn 1331
Wahrheit 1334
Weib 1351, 1355
Weisheit 1361, 1363, 1364, 1366
Widerspruch 1378
Wissenschaft 1396
Wut 1415
Zeit 1419
Zeugung 1427
Zucht 1433

Everding, August (*1928), deutscher Bühnenregisseur und Intendant
  Beichte 105
  Botschaft 150
  Brücke 153
  Christus 168
  Deutschland 184
  Dialog 185
  Europa 293
  Fernsehen 313
  Freude 360
  Gemeinwohl 432
  Geschichte 447
  Geschmack 453
  Gewalt 469
  Glaube 483
  Glück 493
  Gott 516
  Gunst 531
  Hören 592
  Humor 594
  Kirche 646
  Kommunikation 658
  Kreativität 673
  Kultur 686, 687
  Kunst 694, 696, 697, 698, 700
  Künstler 702
  Lachen 709
  Lust 811
  Maßlosigkeit 834
  Mäzen 836
  Mensch 852, 855
  Oper 931
  Ostern 936
  Phantasie 949
  Politik 961
  Sagen 1031
  Selbsterkenntnis 1099
  Soziale Frage 1123
  Sprache 1132
  Staat 1136
  Technik 1180
  Theater 1186, 1187
  Tod 1192
  Utopie 1265
  Wirklichkeit 1385
  Wirtschaft 1387
  Wissen 1388
  Zeit 1420
  Zeitgeist 1423

Eysenck, Hans Jürgen (*1916), brit. Psychologe deutscher Herkunft
  Statistik 1146

F

Falk, Johannes Daniel (1768-1826), deutscher Pädagoge und Schriftsteller
  Weihnachten 1357

Fanfani, Amintore (*1908), italien. Politiker
  Partei 940
  Tatsache 1178
  Zuverlässigkeit 1442

Fargue, Léon-Paul (1878 bis 1947), französ. Lyriker
  Intelligenz 609

Faria, Almeida (*1943), portugies. Schriftsteller
  Flüchtigkeit 322
  Hoffnungslosigkeit 588
  Traum 1208
  Wahrheit 1336

Farthmann, Friedhelm (*1930), deutscher Politiker
  Frau 330

Faulhaber, Michael von (1869 bis 1952), deutscher kath. Theologe (Erzbischof ab 1917, Kardinal ab 1921)
  Vaterland 1268

Faure, Edgar (1908-1988), französ. Politiker
  Erfolg 272
  Gegnerschaft 407
  Kompromiss 659
  Politik 960, 962
  Regierung 996
  Reklame 1007

Faure, Maurice (*1922), französ. Politiker
  Bein 106

Fechter, Paul (1880-1958), deutscher Publizist
  Zeitung 1424

Federer, Heinrich (1866-1928), schweizer. Schriftsteller
  Berg 113
  Größe 528

Feininger, Lyonel (1871-1956), US-amerikan. Maler und Grafiker deutscher Herkunft
  Kunst 697

Felixmüller, Conrad (1897-1977), deutscher Maler und Grafiker
  Kunst 697
  Ordnung 935

Fellini, Federico (1920-1993), italien. Filmregisseur
  Anständigkeit 48
  Ehe 210, 217
  Fernsehen 313
  Gesicht 463
  Gewissen 473
  Illusion 603
  Italien 615
  Kino 645
  Moral 878
  Realismus 983
  Rom 1021
  Seele 1087
  Spiel 1127
  Tatsache 1178
  Traum 1208
  Vision 1314

Fendrich, Reinhard (*1955), österreich. Liedermacher und Fernsehmoderator
  Waffe 1328

Fénelon (eig. Salignac de la Mothe-F., François de, 1651 bis 1715), französ. Schriftsteller
  Erziehung 286, 287
  Frau 339
  Gewissen 473
  Herrschaft 569
  Schweigen 1084

Ferdinand I. (1503-1564), röm.-deutscher Kaiser
  Wein 1358

Fernandel (1903-1971), französ. Schauspieler
  Ahnung 19
  Besserwisserei 123
  Bewunderung 132
  Frau 342
  Tier 1190

Fernau, Joachim (1909-1988), deutscher Schriftsteller
  Alter 29
  Deutsch 183
  Gefühl 403
  Gott 515
  Kind 641
  Schauspielerei 1042
  Unglück 1246

Fernau, Rudolf (1898-1985), deutscher Schauspieler
  Wärme 1346

Fetscher, Iring (*1922), deutscher Politologe
  Bedürfnis 96
  Werbung 1372

Feuchtersleben, Ernst von (1806-1849), österreich. Schriftsteller
  Auge 77
  Besserung 123
  Freude 360
  Gegnerschaft 408
  Glück 496
  Kunst 692
  Kunstwerk 706
  Leben 720
  Licht 758
  Ordnung 935
  Plan 956
  Reue 1015
  Ruhe 1026
  Schein 1042
  Traum 1208
  Trost 1216
  Umgang 1238
  Vernunft 1296
  Verstand 1303
  Wahrheit 1333, 1338
  Wirkung 1385
  Zimmer 1429
  Zorn 1433

Feuerbach, Anselm (1829-1880), deutscher Maler
  Bildung 141
  Gesetz 461
  Heiraten 559
  Herz 570, 571
  Kunst 695, 699
  Künstler 702
  Lob 804
  Mittelmäßigkeit 872
  Poesie 958
  Stil 1153
  Tadel 1170
  Urteil 1264
  Vorsehung 1322
  Waage 1327

Feuerbach, Anselm von (1755 bis 1833), deutscher Jurist
  Strafe 1157

Feuerbach, Ludwig (1804 bis 1872), deutscher Philosoph
  Antwort 49
  Askese 71
  Auge 77
  Barmherzigkeit 90
  Befriedigung 98
  Beispiel 107
  Betätigung 125
  Beten 125
  Bewusstsein 133
  Bild 138
  Bitte 142
  Blatt 143
  Blick 143
  Buch 156, 157
  Christentum 167, 168
  Christus 168
  Denken 175, 177, 178, 179
  Dogma 196
  Du 198
  Ehe 221

Einbildung 236
Einsamkeit 241
Eltern 249
Empfindung 253
Endlichkeit 254
Frage 328
Freiheit 355
Freundschaft 362, 365
Gebet 389
Gefühl 403
Gemeinschaft 431
Gemüt 432
Geschlecht 451
Gesetz 460
Gewissen 472
Glaube 479, 481, 482, 483
Glück 489
Gott 504, 505, 506, 510, 512, 516, 517
Gut 531
Hand 543
Hausfrau 553
Himmel 578, 579, 580
Ich 598
Jungfrau 626
Katholizismus 633
Klage 647
Kraft 668, 669
Kunst 692
Leben 722
Ledig 741
Leib 743
Leid 745
Liebe 759, 762, 763, 765, 766, 767, 768, 770, 776, 782, 785, 786, 791, 796
Männlichkeit 828
Materialismus 834
Mensch 844, 845, 846, 849, 852, 860
Menschenliebe 861
Menschheit 862, 863
Musik 884, 886
Mutter 891
Mutter Gottes 893
Natur 908, 911, 912
Not 924
Pflicht 947
Poesie 957
Protestantismus 973
Raupe 982
Recht 984
Religion 1008, 1009, 1010
Revolution 1017
Schmerz 1058
Schriftsteller/-in 1073
Sein 1096
Selbstbehauptung 1098
Sinnlichkeit 1111
Sohn 1117
Sprache 1133
Sünde 1165
Theologie 1187
Tier 1189, 1190
Träne 1205
Traum 1207
Trost 1216
Vereinigung 1277
Vergebung 1282
Verstand 1302, 1303

Vorsehung 1322
Wahrheit 1342
Weib 1356
Wissen 1390
Wissenschaft 1397
Wort 1404, 1407, 1408
Wunder 1409, 1410
Zölibat 1431

Feydeau, Georges (1862 bis 1921), französ. Dramatiker
Ehemann 224

Fichte, Johann Gottlieb (1762 bis 1814), deutscher Philosoph
Anlage 43
Bedürfnis 96
Begeisterung 101
Beispiel 108
Denken 178
Dogma 196
Erfahrung 265
Feindschaft 309
Freiheit 351
Geburt 391
Gelehrter 427
Gemüt 432
Glaube 478
Inneres 607
Interesse 610
Lehre 742
Mensch 844, 848
Schrecken 1069
Sieg 1109
Sinne 1110
Sittlichkeit 1113
Staat 1137
Tat 1176
Tod 1191
Überzeugung 1235
Vernunft 1294
Vervollkommnung 1310
Wahrheit 1337
Wissenschaft 1396

Fiedler, Konrad (1841–1895), deutscher Kunsttheoretiker
Fälschung 298
Geschichte 448
Idealismus 600
Kunst 688, 691, 692
Öffentlichkeit 930
Vorstellung 1324

Fienhold, Ludwig (*1954), deutscher Publizist
Rat 979

Finck, Werner (1902–1978), deutscher Kabarettist
Brett 151
Demagogie 172
Demut 174
Deutschland 184
Frau 336
Freiheit 350
Haushalt 553
Heil 555
Humor 593
Konferenz 659

Kopf 664
Lächeln 709
Lachen 710
Machthaber 816
Maler 819
Mut 889
Politik 963
Prinzip 970
Rahmen 978
Regierung 997
Satire 1033
Schlagen 1054
Spaß 1125
Turnen 1227
Volk 1316
Welt 1367
Zahn 1416

Firdausi, Mansur (um 934 bis 1020), pers. Dichter
Anfang 40
Antwort 49
Schweigen 1084
Tollkühnheit 1201

Fischart, Johann (eig. Fischer, Johann, um 1546–1590), elsäss. Satiriker
Arbeit 52, 55
Feindschaft 309
Fleiß 319
Geschwindigkeit 454
Leichtsinn 744
Tod 1199
Weisheit 1365

Fischer, Ernst (1899–1955), österreich. Schriftsteller und Politiker
Kunst 692, 698
Mensch 849, 854

Fischer, Kai (*1936), deutsche Schauspielerin
Mann 826

Fischer, Kuno (1824–1907), deutscher Philosoph
Hässlichkeit 551
Schönheit 1066

Fischer, Martin Henry (1879–1962), US-amerikan. Schriftsteller und Physiologe
Individualität 604
Minderheit 866

Fischer, Robert (*1943), US-amerikan. Schachmeister
Schach 1035

Fittipaldi, Emerson (*1946), brasilian. Autorennfahrer
Automobil 86
Schnelligkeit 1061

Fitzgerald, Francis Scott (1896–1940), US-amerikan. Schriftsteller
Leben 734

Tragödie 1204
Vergangenheit 1281

Flake, Otto (1880–1963), deutscher Schriftsteller lothring. Herkunft
Frau 337
Gedanke 396
Grundsatz 530
Macht 814
Muße 887
Stellung 1147

Flaubert, Gustave (1821 bis 1880), französ. Dichter
Abschied 11
Adler 17
Angst 42
Arbeit 52
Begierde 101
Blaustrumpf 143
Denken 177, 178
Dummkopf 202
Einsamkeit 243
Erfolg 270
Erinnerung 274
Erniedrigung 278
Frau 330, 340, 349
Freiheit 356
Friedhof 374
Geburt 392
Gedanke 396
Gefallen 401
Genuss 438
Glaube 480
Gleichheit 486
Glück 499
Gott 505
Haar 540
Hässlichkeit 551
Herbst 565
Herz 570, 573
Instinkt 608
Jugend 622, 625
Kamel 629
Leben 720, 735
Ledig 741
Leid 746
Leidenschaft 751
Liebe 762, 771, 773, 776, 787, 789, 790, 791
Menschheit 862, 863
Misstrauen 868
Naturzerstörung 916
November 926
Nutzen 926
Reife 1002
Reisen 1005
Respekt 1014
Ruhm 1028
Scham 1037
Sehnsucht 1095
Selbstsucht 1102
Star 1145
Trauer 1206
Verdorbenheit 1276
Weib 1354
Winter 1383
Wirklichkeit 1385
Wissen 1389

Personenregister

Fleming, Paul (1609–1640), deutscher Dichter
Krieg 679
Selbstbeherrschung 1098

Flimm, Jürgen (*1942), deutscher Theaterregisseur
Bühne 160
Theater 1186

Florian, Claris de (1755 bis 1794), französ. Dichter
Liebeskummer 798

Fock, Gorch (1880–1916), deutscher Schriftsteller
Leben 726

Fonda, Jane (*1937), US-amerikan. Schauspielerin
Frau 342
Welt 1371

Fontaine, Jean de la
→ La Fontaine, Jean de

Fontane, Theodor (1819 bis 1898), deutscher Schriftsteller
Abschied 10
Abwägen 14
Alltag 23
Alter 31
Altern 33
Anlage 44
Arbeit 56
Ästhetik 71
Atmen 72
Auflehnung 74
Ausdauer 81
Aushalten 82
Autodidakt 86
Behagen 104
Bein 107
Beobachtung 111
Berg 112
Berühmtheit 116
Beschränkung 119
Bestimmung 124
Beten 125
Bildung 138, 140
Billig 142
Buch 155
Charakter 163
Courage 169
Dasein 171
Demut 175
Dom 196
Dummheit 200
Ehe 218, 220
Einfachheit 237
Einsamkeit 241, 242
Eitelkeit 245
Ende 254
Erziehung 285, 288
Examen 295
Fallen 298
Feigling 309
Flitterwochen 321
Frechheit 350
Freiheit 353

Freundschaft 365, 369
Fröhlichkeit 374, 375
Gefühl 405
Gehalt 408
Geld 422
Genuss 437
Gesetz 460
Glück 488, 489, 491, 494, 495, 499, 500
Gnade 502
Gott 514
Göttliches 520
Größe 525, 528
Gut sein 532
Güte 534
Heimat 558
Heiraten 562
Heiterkeit 563
Held/Heldin 564
Herz 570, 574
Karikatur 631
Kenntnis 635
Kind 642
Kleinheit 651, 652
König/Königin 661
Kosten 667
Kritik 683
Kunst 688, 698, 699
Lachen 709
Lächerlichkeit 711
Leben 728, 732
Lebensklugheit 739
Lebenskunst 739
Leidenschaft 750
Liebe 759, 762, 765, 768, 777
Liebenswürdigkeit 797
Manieren 821
Meinung 839
Mensch 854, 859
Milde 865
Milieu 865
Minister 866
Muse 883
Musik 885
Mut 888, 890
Natürlichkeit 915, 916
Neues 920
Niederlage 922
Opfer 931
Poesie 957
Preußen 969
Rang 978
Recht 984, 986
Regel 992
Reisen 1003, 1004, 1005, 1006
Schaffen 1037
Scheitern 1044
Schönheit 1062, 1063, 1065
Schule 1078
Schwärmerei 1082
Selbst 1097
Selbsteinschätzung 1099
Sicherheit 1107
Sittlichkeit 1113
Sparsamkeit 1124
Sphinx 1126
Sprache 1131
Staat 1135, 1137, 1138
Stadt 1141, 1142

Staunen 1146
Sterben 1149
Straße 1158
Stunde 1163
Tapferkeit 1175
Tod 1193
Treue 1212
Tugend 1219, 1223
Überlieferung 1233
Übermensch 1233
Übertreibung 1235
Unsinnig 1255
Untergebene 1257
Urteil 1264
Verachtung 1268
Verehrung 1277
Verfall 1278
Verhältnis 1286
Verlust 1292
Vermögen 1292
Verpflichtung 1297
Vertrauen 1308
Volk 1315
Vornehmheit 1322
Warten 1347
Weg 1350
Weisheit 1363
Welt 1368
Werden 1373
Wissen 1392
Wolke 1402
Wort 1403
Wunsch 1412
Zufall 1435
Zuneigung 1439

Fontenelle, Bernhard Le Bovier de (1657–1757), französ. Schriftsteller und Philosoph
Leid 746
Philosophie 953
Tod 1196

Fonteyn, Margot (1919 bis 1991), brit. Tänzerin
Alter 30
Ballett 89

Forbes, Malcolm (1919–1990), US-amerikan. Verleger
Geld 424
Nein 919
Problem 971

Ford, Henry (1863–1947), US-amerikan. Industrieller
Angebot 41
Arbeit 52
Aufgeben 73
Automobil 86
Büro 161
Denken 176
Dummheit 201
Eitelkeit 245
Erfahrung 267
Erfolg 270, 272
Fähigkeit 297
Fleiß 319
Glück 493
Held/Heldin 564

Katze 634
Lachen 710
Langeweile 713
Leben 719
Misserfolg 867
Nachahmung 895
Problem 970
Scheitern 1043
Standpunkt 1144
Täuschung 1180
Vermögen 1292
Werbung 1373

Forel, François Alphonse (1841–1912), schweizer. Arzt und Naturforscher
Gedächtnis 393
Instinkt 607

Forst, Willy (1903–1980), österreich. Schauspieler und Filmregisseur
Frühling 377
Gedanke 395

Forster, Georg (1754–1794), deutscher Schriftsteller, Natur- und Völkerkundler
Abgrund 9
Anlage 43
Bedürfnis 96
Bettelei 129
Despotismus 180
Eigentum 234
Erziehung 284, 285, 286, 288
Geschichte 449
Glück 488, 492
Gutes 537, 538
Hoffnung 587
Individuum 605
Menschheit 862
Monarchie 875
Müdigkeit 881
Nachfolge 897
Natur 906, 907
Politik 959
Raub 981
Regierung 994, 995
Rousseau, Jean-Jacques 1023
Schwäche 1081
Sklaverei 1115
Tugend 1224
Ungerechtigkeit 1244
Unterricht 1259
Verfassung 1278
Wissen 1392

Foucauld, Charles de (1858–1916), französ. Offizier und Einsiedler
Alter 26
Tod 1195

Fourier, Charles (1772–1837), französ. Sozialphilosoph
Frau 333, 337, 344
Gerechtigkeit 441
König/Königin 661

Fox, Charles James
(1749–1806), brit. Politiker
  Beispiel 107
  Vorschrift 1322

Foyer, Jean (*1921),
französ. Politiker
  Gesetz 461
  Kleidung 650

France, Anatole (eig.
Thibault, Jacques-François-
Anatole, 1844–1924),
französ. Schriftsteller,
Literaturnobelpreis 1921
  Ehrlichkeit 229
  Fehler 305
  Gedächtnis 394
  Geduld 399
  Geschichte 449
  Geschichtsschreibung 450
  Gott 506
  Ironie 611
  Leben 736
  Leidenschaft 749
  Liebe 770
  Lüge 806, 808
  Meinung 839
  Mensch 851, 858
  Optimismus 933
  Religion 1008
  Ruine 1029
  Satz 1035
  Schriftsteller/-in 1073
  Sünde 1165
  Talent 1173
  Trieb 1214
  Tugend 1221
  Verrücktheit 1297
  Vorzug 1327
  Wahrheit 1335
  Wunsch 1412
  Zeit 1421
  Zufall 1434

Franck, Sebastian
(1499–1542/43), deutscher
Schriftsteller
  Gott 510

François-Poncet, André
(1887–1978), französ. Politiker
  Aufrichtigkeit 75
  Verhandlung 1286

Frank, Anne (1929–1945),
jüdisches Mädchen aus Frankfurt/Main
  Judentum 619

Frank, Leonhard (1882–1961),
deutscher Schriftsteller
  Geld 422
  Volk 1316

Frank, Michael (*1937),
deutscher Arzt
  Ehre 225

Frankenfeld, Peter
(1913–1979), deutscher
Fernsehunterhalter und
Conférencier
  Enge 255
  Frau 335
  Interesse 610
  Junggeselle 627
  Mann 823
  Sport 1130
  Wein 1360

Frankl, Viktor E. (*1905),
österreich. Neurologe und
Psychotherapeut
  Frage 327
  Lebenssinn 740

Franklin, Benjamin (1706 bis
1790), US-amerikan. Politiker
und Naturwissenschaftler
  Arbeit 54
  Borgen 147
  Ehe 213
  Erfahrung 265
  Fehler 306
  Feindschaft 310
  Frieden 372
  Geheimnis 408
  Geld 426
  Gott 509
  Heiraten 559, 562
  Hilfe 577
  Krieg 677
  Liebe 796
  Reichtum 998, 999
  Schule 1077
  Steuern 1152
  Zeit 1422

Franz von Assisi (1181/82 bis
1227), italien. Ordensstifter
  Armut 67
  Barmherzigkeit 91
  Fröhlichkeit 375
  Gott 517
  Klugheit 655
  Stille 1154
  Tugend 1226

**Franz von Sales/François de
Sales** (1567–1622), französ.
kath. Theologe u. Schriftsteller
  Fehler 306
  Seele 1092
  Versuchung 1307
  Wunsch 1412

Franz Xaver (1506–1552),
span. kath. Theologe und Jesuit
  Bewährung 130

Franzetti, Dante Andrea
(*1959), schweizer. Schriftsteller
  Zweifel 1444

Franzos, Karl Emil (1848 bis
1904), österreich. Schriftsteller
  Erlösung 278

  Lüge 809
  Mensch 856

Frauenburg, Johannes
(Ende 15. Jh.), deutscher
Stadtschreiber und Politiker
  Bürgermeister 161

Freidank (†1233), mittelhochdeutscher Spruchdichter
  Armut 63
  Bad 89
  Begehren 100
  Begierde 102
  Behüten 105
  Beständigkeit 123
  Bitte 142
  Brüllen 154
  Entscheidung 260
  Essen 291
  Fallen 298
  Fehltritt 308
  Frau 332, 347, 349
  Freude 359
  Geltung 430
  Hoffnung 585, 586
  Hund 595
  Keuschheit 636
  Kirche 646
  Kleidung 650
  Liebe 761, 762
  Nachtigall 900
  Phantasie 950
  Reinheit 1003
  Reue 1015
  Schelte 1044
  Schönheit 1064
  Sorge 1121
  Sünde 1167
  Treue 1213
  Trinken 1215
  Vergänglichkeit 1281
  Vertrautheit 1310
  Weib 1353, 1354, 1356
  Weisheit 1361
  Weiß 1366
  Werk 1374

Freiligrath, Ferdinand (1810
bis 1876), deutscher Dichter
  Grab 521
  Liebe 787
  Weg 1349
  Zeit 1421

Frenssen, Gustav (1863 bis
1945), deutscher Schriftsteller
  Alter 26
  Leben 723

Freud, Sigmund (1859–1939),
österreich. Arzt u. Psychologe
  Geburt 392
  Lebenssinn 740
  Leid 746
  Liebe 786
  Mensch 848
  Natur 910
  Scham 1038
  Schöpfung 1068

  Schwachsinn 1081
  Traum 1209
  Unsterblichkeit 1255
  Verführung 1279
  Vernunft 1294
  Wollust 1403
  Zeugung 1427

Freyer, Hans (1887–1969),
deutscher Philosoph und
Soziologe
  Not 924

Freytag, Gustav (1816–1895),
deutscher Schriftsteller
  Eltern 249
  Heimat 559
  Kompromiss 659
  Wandern 1345
  Wissen 1389

Fried, Erich (1921–1988),
brit.-österreich. Schriftsteller
  Liebe 774
  Welt 1371

Friedan, Betty (*1921),
US-amerikan. Sozialwissenschaftlerin
  Ehe 217

Friedell, Egon (eig. Friedmann,
E., 1878–1938), österreich.
Schriftsteller, Journalist und
Schauspieler
  Dilettantismus 193
  Egoist 206
  Frau 345, 346
  Freiheit 351
  Gott 507
  Klugheit 655
  Kultur 686
  Lächerlichkeit 711
  Leben 725
  Lüge 807
  Mensch 850, 852, 854, 856
  Österreich 937
  Plagiat 955
  Politik 961
  Reichtum 999
  Tiefe 1189
  Vergangenheit 1280
  Wahrheit 1334, 1338
  Welt 1369
  Wunder 1409
  Zukunft 1438

Friedrich der Fromme (1515
bis 1576), Kurfürst v. der Pfalz
  Gott 509

Friedrich der Große
(eig. Friedrich II., 1712–1786),
König von Preußen
  Achtung 15
  Adel 17
  Arbeit 54
  Bürger 161
  Bürgerkrieg 161
  Denken 178

Personenregister

Empörung 253
Esel 289
Freiheit 352
Geben 389
Gericht 442
Gesellschaft 455
Gesetz 461
Glück 499
Gott 510
Gunst 530
Gutes 538
Herrschaft 567, 568
Katholizismus 633
Krieg 675, 680
Leben 734
Mensch 860
Mönch 876
Motiv 881
Papst 938
Politik 961
Rache 977
Reform 992
Regierung 994
Religion 1010
Ruhm 1029
Staat 1135, 1138
Toleranz 1200
Tugend 1221, 1223
Tyrannei 1228
Untertan 1259, 1260
Vaterland 1267
Verbrechen 1273
Verdienst 1276
Zufall 1434

Friedrich der Schöne
(1289–1330), Herzog von Österreich und röm.-deutscher König
  Heimlichkeit 559

Friedrich der Weise
(eig. Friedrich III., 1463–1525), Kurfürst von Sachsen
  Herr 566
  Untergebene 1257

Friedrich I. »Barbarossa«
von Staufen (1122–1190), röm.-deutscher Kaiser
  Kaiser 628
  Untertan 1260

Friedrich II. von Staufen
(1194–1250), röm.-deutscher Kaiser
  Drohung 198

Friedrich, Caspar David
(1774–1840), deutscher Maler und Zeichner
  Auge 79
  Bild 137
  Gehorsam 410
  Gewissen 473
  Gott 507
  Herz 572
  Höchstes 583
  Inneres 606, 607
  Italien 614

Kunst 689, 690, 692, 693, 694, 701
Künstler 705
Kunstwerk 705, 706
Lüge 807
Maler 819
Maßstab 834
Natur 912, 913
Recht 985
Schönheit 1065, 1067, 1068
Seele 1090
Selbstvertrauen 1103
Sklaverei 1115
Streben 1158
Vorbild 1320
Zeit 1421
Ziel 1429

Friedrichs, Hanns Joachim
(1927–1995), deutscher Fernsehjournalist
  Gebrauch 391
  Qualität 976

Frischmuth, Barbara (*1941), österreich. Schriftstellerin
  Schriftsteller/-in 1073

Fröbe, Karl-Gerhart »Gert« (1913–1988), deutscher Schauspieler
  Diät 185
  Gewicht 470

Fröbel, Friedrich Wilhelm August (1782–1852), deutscher Pädagoge
  Erziehung 286, 287
  Mensch 855

Fromm, Erich (1900–1980), deutsch-US-amerikan. Psychoanalytiker und Schriftsteller
  Abhängigkeit 9
  Bewusstsein 133
  Dummheit 200
  Gesellschaft 457
  Gesundheit 466, 467
  Gewalt 468
  Gier 477
  Glaube 479, 480
  Gleichgültigkeit 485
  Glück 491, 494
  Handeln 545
  Hoffnung 586
  Industrie 605
  Konsum 664
  Krankheit 670
  Kreativität 673
  Kritik 681, 683
  Langeweile 713, 714
  Leben 721, 724, 727, 733, 738
  Lebendigkeit 738
  Lebenskunst 739
  Leidenschaft 750
  Liebe 770, 777, 779, 782, 786, 789
  Lüge 807
  Macht 814

Masochismus 832
Mensch 848, 852, 858
Mut 888
Narzissmus 904
Religiosität 1012
Reue 1015
Seele 1088, 1091
Selbsterkenntnis 1100
Tod 1199
Trauer 1206
Vernunft 1294
Verrücktheit 1298
Verstehen 1305
Wachstum 1327
Wahrheit 1334, 1335, 1338
Wissen 1391, 1392
Zerstörung 1426
Ziel 1427
Zynismus 1445

Frommel, Emil (1828–1896), deutscher evang. Theologe und Schriftsteller
  Mensch 849
  Menschheit 862

Frost, David (*1939), US-amerikan. Schriftsteller
  Argument 61
  Dirigent 195
  England 255
  Frage 328
  Frosch 376
  General 432
  Gentleman 436
  Jugend 623
  Maus 835
  Politik 961
  Souveränität 1122
  Storch 1156
  Urlaub 1263
  Wahl 1330

Frost, Robert Lee (1875 bis 1963), US-amerikan. Lyriker
  Arbeit 57
  Ausgleich 82
  Ausweg 85
  Bildung 139
  Glück 493
  Mann 824
  Toleranz 1201

Frundsberg, Georg von (1473–1528), deutscher kaiserl. Feldhauptmann und Söldnerführer
  Feindschaft 310
  Glück 495

Fuchs, Ernst (*1930), österreich. Maler und Grafiker
  Kunst 691, 694
  Unsterblichkeit 1255

Fuchsberger, Joachim (*1927), deutscher Schauspieler und Quizmaster
  Beifall 106
  Eltern 249

Fußgänger 385
Kuss 707

Fulbright, James William (1905–1995), US-amerikan. Politiker
  Abschied 11
  Amerika 35
  Konservatismus 664
  Tür 1227
  Unsinnig 1255

Fulda, Ludwig, (1862–1939), deutscher Schriftsteller
  Beleidigung 109
  Politik 959, 962
  Schlauheit 1055
  Wesentliches 1376
  Zitat 1430
  Zweck 1443

Fürstenberg, Carl (1850–1933), deutscher Bankier
  Aktie 20
  Bankier 90
  Börse 147
  Geschäft 444
  Leben 726
  Mist 868
  Optimismus 933
  Pessimismus 944
  Respekt 1013

Furtwängler, Wilhelm (1886–1954), deutscher Dirigent
  Tempo 1182

G

Gabin, Jean (1904–1976), französ. Schauspieler
  Film 316
  Frau 345

Gabor, Zsa Zsa (*um 1919), ungar. Filmschauspielerin
  Anfang 40
  Eis 244
  Frau 330, 331, 332
  Kuss 707
  Leidenschaft 749
  Mann 821, 826
  Scheidung 1042
  Sexualität 1105
  Verbesserung 1272
  Zurückweichen 1440

Gadamer, Hans-Georg (*1900), deutscher Philosoph
  Schreiben 1071
  Schule 1078

Gaiser, Gerd (1908–1976), deutscher Schriftsteller
  Mittellosigkeit 871

Galbraith, John Kenneth
(*1908), US-amerikan. Volkswirtschaftler
  Politik 962
  Reichtum 1000
  Unternehmen 1258
  Wettbewerb 1376

Galiani, Ferdinando (1728 bis 1787), italien. Schriftsteller
  Alter 27
  Heiterkeit 563
  Rache 977
  Rat 979
  Ruhe 1025
  Streit 1160
  Unglaube 1245
  Wahrheit 1334

Galilei, Galileo (1564–1642), italien. Mathematiker, Philosoph und Physiker
  Bewegung 131
  Erde 264

Galsworthy, John (1867 bis 1933), brit. Schriftsteller
  Ferne 312
  Gerechtigkeit 440
  Grenze 524
  Weisheit 1366

Gambetta, Léon (1838–1882), französ. Staatsmann
  Arbeit 54

Gan, Alexei (1893–1942), russ.-sowjet. Kunsttheoretiker und Designer
  Kunst 697
  Opium 932

Gandhi, Indira (1917–1984), ind. Politikerin
  Geschichte 447
  Lehrer/Lehrerin 742
  Schule 1077

Gandhi, Mohandas Karamchand »Mahatma« (1869–1948), ind. Politiker
  Besitz 120
  Bildung 139
  Demut 174
  Dienst 192, 193
  Ehre 226
  Erlösung 278
  Existenz 295
  Frau 349
  Furcht 382
  Gebet 390
  Geist 414
  Gewalt 469
  Gewaltlosigkeit 469
  Gewissen 473
  Glaube 479, 482
  Gleichheit 486
  Gott 504, 508, 510, 516
  Güte 533
  Gutes 538

Leben 724
Leid 745, 746, 747
Macht 813
Mensch 859
Minderheit 866
Pflicht 948
Recht 986
Reichtum 1000
Religion 1010, 1011
Ruhe 1026
Schweigen 1082
Seele 1089
Selbstbeeinflussung 1098
Selbstzucht 1104
Sühne 1164
Toleranz 1201
Ungehorsam 1243
Universum 1250
Unrecht 1253
Unvollkommenheit 1261
Wahrheit 1335, 1336
Wandern 1345
Weisheit 1364
Werk 1373

Ganghofer, Ludwig (1855 bis 1920), deutscher Schriftsteller
  Sonne 1120

Garbo, Greta (1905–1990), schwed. Schauspielerin
  Frau 339

García Lorca, Federico (1898–1936), span. Dichter
  Fluss 322
  Geheimnis 408
  Leben 735
  Meer 838
  Poesie 956
  Sterben 1149

Gardner, Ava (1922–1990), US-amerikan. Filmschauspielerin
  Zensur 1425

Garfield, James (1831–1881), US-amerikanischer Politiker, 20. US-Präsident
  Mut 888

Garve, Christian (1742–1798), deutscher Philosoph
  Beruf 115
  Bildung 140
  Buch 157
  Egoismus 205
  Einsamkeit 240, 241, 242
  Frau 343
  Gebirge 390
  Geburt 392
  Gesellschaft 455, 458
  Gespräch 464, 465
  Handeln 544
  Haushalt 554
  Irrtum 612
  Jugend 620
  Leben 724
  Leidenschaft 750

Lernen 754
Lesen 757
Mensch 856
Moral 877
Natur 907, 910
Pflanze 946
Phantasie 949
Schrift 1072
Selbsterkenntnis 1100
Soldaten 1118
Staat 1135
Studium 1161
Unterricht 1259
Wissenschaft 1394
Zeitung 1424, 1425
Zuhören 1436

Gary, Romain (1914–1980), französ. Schriftsteller
  Papier 937
  Politik 960
  Radikalität 978

Gascar, Pierre (1916–1997), französ. Schriftsteller
  Held/Heldin 564
  Schüchternheit 1075

Gauguin, Paul (1848–1903), französ. Maler und Grafiker
  Alter 27
  Frau 330
  Gutes 537
  Koch 656
  Verliebtheit 1289

Gaul, Winfred (*1928), deutscher Maler
  Kunst 694
  Museum 883

Gaulle, Charles de (1890 bis 1970), französ. Staatsmann
  Alter 25
  Amerika 35
  Bündnis 160
  Ehrgeiz 228
  England 256
  Entscheidung 259
  Frieden 372
  General 432
  Lebensstandard 740
  Mädchen 817
  Politik 962, 964
  Schiffbruch 1050
  Schwäche 1080
  Staat 1140
  Umweg 1239
  Verfassung 1278
  Vertrag 1308
  Ziel 1428

Gaultier, Jean-Paul (*1953), französ. Modeschöpfer
  Frau 341

Gaus, Günter (*1929), deutscher Publizist
  Auge 78
  Bauch 91

Fernsehen 313
Interview 610

Gautier, Théophile (1811–1872), französ. Dichter
  Leben 736
  Nützlichkeit 927
  Schönheit 1067

Gehlen, Arnold (1904–1976), deutscher Sozialphilosoph
  Persönlichkeit 943
  Seele 1090

Geibel, Emanuel (1815–1884), deutscher Dichter
  Arbeit 53
  Eifersucht 231
  Eisen 244
  Glück 498
  Irrtum 612
  Klarheit 647
  Klugheit 654
  Kraft 669
  Liebe 781, 796
  Lorbeer 805
  Mai 818
  Maß 832
  Mitte 870
  Not 924
  Ruhm 1028, 1029
  Schmerz 1059, 1060
  Stammtisch 1143
  Trauer 1206
  Verständlichkeit 1304
  Wahrheit 1333
  Wandern 1345
  Wein 1360
  Winter 1384

Geiler von Kaysersberg, Johann (1445–1510), elsäss. Prediger und Schriftsteller
  Alter 29
  Einigkeit 239
  Freundschaft 370
  Frieden 374
  Gefallen 401
  Gewissen 474
  Herz 574
  Knechtschaft 656
  Liebe 791
  Müdigkeit 881
  Tanz 1174
  Tugend 1225

Geißler, Heiner (*1930), deutscher Politiker
  Arbeit 55
  Ende 254
  Entschuldigung 260
  Laune 718
  Leben 733
  Pech 943
  Wort 1407

Geißler, Horst Wolfram (1893–1983), deutscher Schriftsteller
  Aussprache 85

Dummheit 201
Fremde 358
Gewinn 471
Heimat 558
Lächeln 709
Liebe 782
Mensch 858
Nase 904
Wasser 1348

Gélin, Daniel (*1921),
französ. Schauspieler
Gedächtnis 394

Gellert, Christian Fürchtegott (1715–1769), deutscher Dichter
Berühmtheit 116
Besserung 122
Ehe 214
Entbehrung 257
Feindschaft 310
Frieden 372
Geduld 398
Geselligkeit 454
Glück 499
Gott 506
Jugend 621
Kleidung 651
Leben 731
Liebe 790
Mode 873
Müßiggang 887
Nacht 899
Natur 909
Neues 920
Prozess 973
Schminke 1060
Schriftsteller/-in 1072
Sittsamkeit 1113
Stand 1144
Sterben 1148
Streit 1159
Tugend 1223
Vereinigung 1278
Weihnachten 1357
Witwe 1397
Zukunft 1438

Gellius, Aulus (um 130 bis nach 170), röm. Schriftsteller
Bart 91
Bedürfnis 97
Mut 889
Philosophie 952
Tugend 1223

Genazino, Wilhelm (*1943), deutscher Künstler
Grund 529
Kunst 691

Genet, Jean (1910–1986), französ. Schriftsteller
Außenseiter 84
Bitte 143
Ehe 210, 212
Entrüstung 259
Frau 348
Freiheit 350

Gesetz 462
Laster 716, 717
Mehrheit 838
Optimismus 933
Pessimismus 944
Rechtfertigung 987
Schreiben 1070
Tabu 1169
Tugend 1220, 1225
Welt 1371

Genscher, Hans-Dietrich (*1927), deutscher Politiker, Bundesaußenminister 1974 bis 1992
Erde 264
Ethik 292
Fortschritt 326
Führung 379
Geschichte 447
Herausforderung 565
Individualität 604
Menschenrecht 861
Menschheit 863
Mut 890
Politik 963
Recht 986
Schule 1077
Stärke 1145
Technik 1180, 1181
Verantwortung 1271
Zeit 1420
Zeitalter 1423
Zukunft 1437

Gentz, Friedrich (1764–1832), deutscher Publizist u. Politiker
Natur 907

Geoffrin, Marie-Thérèse (1699 bis 1777), französ. Mäzenin
Freundschaft 362

George, Götz (*1939), deutscher Schauspieler
Frau 330

George, Stefan (1868–1933), deutscher Dichter
Naturzerstörung 916

Gerhardt, Paul (1607–1676), deutscher Dichter und evang. Theologe
Beten 125
Dornen 197
Hoffnung 586
Not 924
Schmerz 1057
Sorge 1121
Spott 1130

Gersão, Teolinda (*1940), portugies. Schriftstellerin
Frau 330
Gott 504
Kind 638
Schweigen 1082
Waffe 1329
Wort 1408

Gervinus, Georg (1805–1871), deutscher Historiker, Literaturhistoriker und Politiker
Verachtung 1269

Gessner, Salomon (1730–1788), schweizer. Dichter, Maler und Verleger
Natur 906

Getty, Jean Paul (1892–1976), US-amerikan. Industrieller
Eigennutz 233
Reichtum 1000
Vertrag 1308

Gibbon, Edward (1737–1794), brit. Historiker u. Schriftsteller
Fortschritt 325
Geschichte 447
Motiv 881
Rückschritt 1023
Seefahrt 1086
Tüchtigkeit 1218
Verbrechen 1273

Gibran, Khalil → Djubran, Chalil

Gide, André (1869–1951), französ. Schriftsteller, Literaturnobelpreis 1947
Alter 25, 30
Altern 33
Bescheidenheit 118
Buch 158
Denken 176
Dummheit 199, 202
Einschränkung 243
Elend 247
Entschluss 260
Erziehung 287
Frage 328
Gedächtnis 394
Gefühl 403
Geiz 420
Gespräch 465
Gleichgewicht 484
Glück 489
Gott 504
Journalismus 618
Konsequenz 663
Krankheit 671
Kritik 683
Kunst 692, 698
Künstler 704
Leben 726
Leidenschaft 750
Liebe 762, 777
Nationalismus 905
Philosophie 954
Ruhm 1029
Schweiz 1084
Staub 1146
Sünde 1166
Tor 1201
Tür 1227
Unsicherheit 1254
Vater 1266
Verstehen 1304
Wahrheit 1337

Weg 1349
Ziel 1428
Zweifel 1444

Giese, Hans (1920–1970), deutscher Psychiater und Sexualwissenschaftler
Sexualität 1106
Tabu 1169

Gil, Gilbert (1913–1988), französ. Schauspieler
Takt 1171

Gild de Biedma, Jaime (1930–1990), span. Lyriker
Legende 741

Gilm zu Rosenegg, Hermann von (1812–1864), österreich. Dichter
Nacht 899

Gimbutas, Marija (*1921), litau.-US-amerik. Archäologin
Archäologie 59
Symbol 1168

Giono, Jean (1895–1970), französ. Romancier
Auge 79
Erkenntnis 277
Feigheit 309
Güte 533
Intellektueller 609
Klugheit 655
Körper 666
Musik 884
Narr 904
Schöpfung 1069
Selbstverständlichkeit 1103
Stille 1154
Vogel 1315
Weisheit 1365
Welt 1368

Giraudoux, Jean (1882–1944), französ. Schriftsteller
Auslegung 83
Dichter/-in 187
Frau 334, 335, 337
Gott 505
Irrtum 613
Jurist 628
Katastrophe 633
Krieg 678
Liebe 767
Maske 832
Meinung 840
Mitleid 869
Natur 912
Schweigen 1082
Wille 1382
Wirklichkeit 1385

Givenchy, Hubert de (*1927), französ. Modeschöpfer
Mode 874
Rivalität 1020
Weltanschauung 1372

Gladstone, William (1809 bis 1898), brit. Staatsmann
  Entscheidung 259
  Mehrheit 838
  Politik 959, 963
  Selbstsucht 1103

Glas, Uschi (*1944), deutsche Schauspielerin
  Hand 543
  Liebe 786
  Mann 827
  Mode 874
  Sexualität 1106
  Urlaub 1262
  Wagen 1329

Glaßbrenner, Adolf (1810 bis 1876), deutscher Schriftsteller
  Deutschland 183
  Einheit 238

Gleim, Johann Wilhelm Ludwig (1719–1803), deutscher Dichter
  Arbeit 56
  Not 924

Glotz, Peter (*1939), deutscher Politiker
  Schiff 1050

Gmeiner, Hermann (1919 bis 1986), österreich. Sozialpädagoge
  Größe 524

Godard, Jean-Luc (*1930), französ. Filmregisseur
  Film 316
  Frau 341
  Grenze 524
  Liebe 784
  Lösung 806
  Zensur 1425

Goes, Albrecht (*1908), deutscher Schriftsteller
  Darlehen 171
  Glück 495

Goethe, Johann Wolfgang von (1749–1832), deutscher Dichter
  Abend 7
  Abendmahl 7
  Aberglaube 9
  Abgeschiedenheit 9
  Abhängigkeit 9
  Abhärtung 10
  Ablehnung 10
  Abschied 11
  Absicht 12
  Abstammung 12
  Abstraktion 12, 13
  Abstumpfung 13
  Absurdes 13
  Abwechslung 14
  Achtung 15
  Adel 17

  Advokat 18
  Affe 18
  Ahnung 19
  Akademie 19
  Akademisches 19
  All 20
  Allegorie 21
  Allein 21, 22
  Allgemeines 22
  Alltag 23
  Allwissenheit 23
  Almosen 23
  Alpen 23
  Alter 24, 25, 26, 27, 28, 29, 30, 31, 32
  Altern 33
  Altertum 33, 34
  Amor 36
  Anarchie 37
  Anatomie 37
  Andenken 37
  Andere 38
  Anerkennung 38
  Anfang 39, 40
  Anlage 43, 44
  Anmaßung 44
  Anmut 44
  Anpassung 44, 45
  Anschauen 45
  Ansehen 46
  Ansicht 46, 47
  Ansteckung 48
  Antwort 49
  Anwendung 49
  Anziehung 50
  Apfel 50
  April 52
  Arbeit 53, 54, 55, 57, 58
  Arbeitgeber 59
  Arbeitslosigkeit 59
  Ärger 60
  Argwohn 61
  Armut 62, 63, 64, 65
  Arsch 68
  Arzt 69, 70
  Ästhetik 71
  Astrologie 71
  Aufbau 73
  Auferstehung 73
  Aufklärung 73, 74
  Aufmerksamkeit 74
  Aufregung 75
  Aufrichtigkeit 75
  Aufruhr 76
  Aufschub 76
  Auge 77, 78
  Augenblick 79, 80
  August 81
  Ausbildung 81
  Ausdruck 82
  Ausgleich 82
  Aushalten 82
  Ausland 83
  Außerordentliches 85
  Aussicht 85
  Ausweg 85
  Autor 87
  Autorität 87, 88
  Backen 89
  Bad 89

  Ballett 89
  Bankier 90
  Bankrott 90
  Barbarei 90
  Barmherzigkeit 91
  Bauen 92
  Bauer 92
  Baum 93, 94
  Bedeutung 95
  Bedingung 95, 96
  Bedürfnis 96, 97
  Befehl 97, 98
  Befreiung 98
  Befriedigung 98
  Begabung 99
  Begegnung 99
  Begehren 100
  Begeisterung 101
  Begierde 101, 102
  Beginn 103
  Begleitung 103
  Begreifen 103
  Begriff 103, 104
  Behagen 104
  Behalten 104
  Behandlung 14
  Beharrlichkeit 104, 105
  Behutsamkeit 105
  Beichte 105
  Beifall 106
  Beispiel 107, 108
  Bekanntschaft 108
  Bekehrung 108
  Bekenntnis 109
  Belehrung 109
  Beleidigung 109
  Bellen 110
  Bemühen 110
  Beobachtung 111
  Bequemlichkeit 111
  Bereitschaft 112
  Berg 112, 113
  Bergbau 113
  Bergsteigen 114
  Berühmtheit 116
  Beschäftigung 116, 117
  Bescheidenheit 117, 118
  Beschränktheit 119
  Beschränkung 119
  Beschuldigung 119
  Besen 119
  Besitz 120, 121
  Besonderes 122
  Besserung 122
  Bestie 124
  Bestimmung 124
  Beten 125
  Betörung 126
  Betrachtung 126
  Betragen 126
  Betrug 126, 127, 128
  Bettelei 128, 129
  Beurteilung 129, 130
  Bewährung 130
  Bewegung 131
  Beweis 131
  Bewunderung 132
  Bewusstsein 133
  Bezahlen 134
  Beziehung 134, 135

  Bibel 135, 136
  Bier 137
  Bild 137, 138
  Bildhauerei 138
  Bildung 138, 139, 140, 141
  Biographie 142
  Bitte 143
  Blick 144
  Blindheit 144
  Blume 145
  Blut 145
  Blüte 146
  Böhmen 146
  Böses 148, 149
  Bösewicht 149
  Bosheit 150
  Böswilligkeit 150
  Botschaft 150
  Brand 150
  Braut 151
  Bräutigam 151
  Brief 152
  Brille 153
  Brust 154
  Buch 154, 155, 156, 157, 158
  Bücherverbrennung 159
  Buchhaltung 159
  Buchmesse 159
  Bühne 160
  Bündnis 160
  Bürger 161
  Charakter 163, 164, 165, 166
  Christus 168
  Dämmerung 169
  Dämon 169
  Dank 169, 170, 171
  Dasein 171
  Demokratie 172, 173
  Demütigung 175
  Denken 175, 176, 177, 178
  Denkmal 179, 180
  Despotismus 180
  Deutsch 180, 181, 182
  Deutschland 184
  Dialekt 185
  Diamant 185
  Dichter/-in 186, 187
  Dichtung 189, 190
  Diebstahl 191
  Dienen 191, 192
  Dienst 193
  Dilettantismus 193
  Diskussion 195
  Dornen 197
  Drama 197
  Drei 198
  Droge 198
  Drohung 189, 198
  Druckfehler 198
  Duldung 199
  Dummheit 200, 201
  Dünkel 203
  Ebbe und Flut 204
  Echo 204
  Echtheit 204
  Edel 204, 205
  Edelstein 205
  Egoismus 205, 206

Personenregister

1498 Goethe

Ehe 209, 211, 212, 213, 214, 215, 216, 218, 220, 221, 222
Ehebruch 223
Ehre 225
Ehrfurcht 227
Ehrlichkeit 229
Eiche 230
Eifersucht 231
Eigenart 232
Eigenheit 232
Eigenliebe 232
Eigenschaft 234
Eigentum 234, 235
Eignung 235
Eile 235
Einbildung 236
Eindruck 236
Einfachheit 237
Einfalt 237
Einfluss 238
Einigkeit 238, 239
Einmischung 239
Einsamkeit 240, 241, 242
Einseitigkeit 243
Einsicht 243
Eis 244
Eitelkeit 245, 246, 247
Eklektizismus 247
Ekstase 247
Element 247
Elend 248
Eltern 249, 250
Empfangen 251
Empfindung 252, 253
Ende 253, 254
Energie 254
Enge 255
Engel 255
England 255
Entbehrung 256, 257
Entdeckung 257
Enthusiasmus 258
Entsagung 259
Entschiedenheit 260
Entschluss 260
Entschuldigung 260
Entstehung 261
Entwicklung 261, 262
Epoche 262
Epos 262
Erbschaft 263
Erde 264
Ereignis 265
Erfahrung 265, 266, 267, 268, 269
Erfolg 269, 270, 271
Erfolglosigkeit 272
Erfüllung 273
Erinnerung 275
Erkenntnis 275, 276
Erleichterung 278
Erleuchtung 278
Erlösung 278
Erniedrigung 278
Ernst 279
Ernte 280
Erreichen 281
Ersatz 281
Erscheinung 281

Erstarrung 282
Ertragen 282
Erwartung 283
Erwerb 283
Erzählen 284
Erziehung 284, 285, 286
Essen 290
Ethik 292
Eva 293
Ewigkeit 294, 295
Experte 296
Extrem 296
Fabrik 297
Fähigkeit 297
Fallen 298
Falsches 298
Farbe 302
Fass 302
Fassung 302
Faulheit 302, 303, 304
Faust 304
Fee 305
Fehler 305, 306, 307
Fehltritt 308
Feier 308
Feigheit 308
Feindschaft 309, 310, 311
Feinheit 312
Fels 312
Fenster 312
Ferne 312
Fernrohr 313
Fertig 314
Fest 314, 315
Feuer 315
Fieber 316
Finsternis 317
Fisch 318
Flamme 318
Fleiß 319
Fliegen 321
Flucht 321, 322
Flügel 322
Fluss 322
Flut 323
Folter 323
Forderung 323
Form 323, 324
Forschung 324, 325
Fortschritt 326, 327
Frage 328
Frankreich 329
Frau 330, 331, 332, 333, 337, 343, 345, 347, 348
Frechheit 350
Freigebigkeit 350
Freiheit 350, 352, 353, 354, 355, 356, 357
Freiwilligkeit 357
Fremde 358
Fremdheit 358
Fremdsprache 358
Fremdwort 358
Freude 359, 360, 361
Freundschaft 362, 365, 366, 367, 368, 369, 371
Frieden 371, 372, 373, 374
Fröhlichkeit 375
Frömmigkeit 375
Frosch 376

Frucht 377
Frühling 377, 378
Führung 379
Fülle 380
Funktion 380
Furcht 381, 382
Fürst 384
Fuß 384
Fußgänger 385
Gabe 385
Gaffen 385
Ganzes 386
Garten 386
Gärung 387
Gast 387
Gebet 390
Gebirge 390, 391
Geburt 392, 393
Gedächtnis 394
Gedanke 394, 395, 396
Gedicht 397
Geduld 398, 399
Gefahr 399, 400
Gefährlichkeit 401
Gefallen 401
Gefangenschaft 402
Gefühl 403, 404, 405
Gegensatz 405
Gegenwart 406
Gegnerschaft 407
Gehässigkeit 408
Geheimnis 409
Gehen 409
Gehorsam 410
Geist 411, 412, 413, 414, 415, 417, 418
Geister 419
Geistlichkeit 419
Geistreich 420
Geiz 420, 421
Gelassenheit 421
Geld 421, 422, 425
Gelegenheit 426
Gelehrsamkeit 426, 427
Gelehrter 427
Geliebte 428, 429
Geltung 430
Gemeinheit 430
Gemeinsamkeit 431
Gemüt 432
Genauigkeit 432
Generation 432
Genie 433, 434, 435, 436
Genug 436
Genügsamkeit 436
Genuss 437, 438, 439
Geradheit 439
Gerechtigkeit 439, 440
Gerede 442
Gericht 442
Gesang 444
Geschäft 444, 445
Geschehen 445
Gescheitheit 445
Geschenk 446
Geschichte 447, 449, 450
Geschmack 453
Geschwätz 454
Geselle 454
Geselligkeit 454

Gesellschaft 456, 457, 458, 459
Gesetz 459, 460, 461, 462
Gesinnung 464
Gespenst 464
Gespräch 465
Gestalt 465
Gesundheit 466
Gewalt 468, 469
Gewinn 470, 471
Gewissen 471, 473, 474
Gewissheit 474
Gewitter 474
Gewohnheit 476
Gewöhnung 476
Gewürz 477
Gier 477
Gipfel 477, 478
Glanz 478
Glaube 479, 480, 481, 482
Gleichberechtigung 484
Gleichgewicht 484
Gleichgültigkeit 485
Gleichheit 485
Gleichnis 486
Glocke 486
Glück 487, 488, 489, 490, 491, 492, 493, 494, 495, 496, 497, 498, 499, 500
Glückseligkeit 501
Glut 502
Gnade 502
Gold 503
Goldenes Zeitalter 503
Gott 504, 506, 508, 509, 511, 512, 515, 516, 517
Götter 517, 518, 519
Göttin 520
Göttliches 520
Grab 521
Gram 522
Grauen 522
Grausamkeit 522
Grazie 523
Greis 523
Grenze 523
Grobheit 524
Größe 524, 525, 526, 527, 528
Grübelei 529
Grund 529
Grundsatz 530
Gruß 530
Gunst 531
Gut 531
Gut sein 532
Güte 533
Gutes 535, 537, 538, 539
Halbwahrheit 541
Hand 542
Handarbeit 543
Handel 543
Handeln 544
Handwerk 546, 547
Harmonie 547
Härte 548
Hass 548, 549, 550
Haus 551, 552, 553
Hausbau 553
Hausfrau 553
Heftigkeit 554

Personenregister

Goethe 1499

Heil 555
Heiland 555
Heilige 555, 556
Heiligkeit 556
Heiligtum 557
Heilung 557
Heimat 558
Heiraten 561, 562
Heiterkeit 563
Held/Heldin 563, 564
Henken 565
Herbst 565
Herde 566
Herr 566
Herrschaft 567
Herz 569
Herz 570, 571, 572, 573, 574
Hexerei 575, 576
Hilfe 576, 577
Hilfsbereitschaft 577
Himmel 578, 580
Hindernis 580
Hingabe 581
Hinrichtung 581
Hirngespinst 581
Historiker 582
Hobby 582
Hochmut 583
Hochzeit 584
Hof 585
Hoffnung 585, 586, 587, 588
Höflichkeit 588, 589
Höhe 589
Hölle 590, 591
Holz 591
Honig 592
Humor 593
Hund 594, 595
Hunger 596
Hypothese 597
Ich 598, 599
Idee 600, 601, 602
Idiotie 602
Inhalt 605
Inneres 607
Instrument 608
Intrige 610, 612, 613, 614
Italien 615
Jagd 615
Jahr 616
Jahreszeit 616
Jahrhundert 616
Jammer 617
Januar 617
Jerusalem 617
Joch 617
Jucken 619
Jugend 619, 620, 621, 622, 623, 624, 625
Jungfrau 626
Junggeselle 627
Jüngling 627
Kaffee 628
Kaiser 628
Kalender 629
Kampf 629
Kannibalismus 631
Kapital 631
Karikatur 631
Karneval 631

Karriere 632
Kartoffel 632
Katholizismus 633
Katze 634
Kaufmann 634
Kegeln 634
Kenntnis 635
Kern 635
Kette 636
Keuschheit 637
Kind 637, 638, 639, 640, 641, 643, 644
Kirche 645, 646
Klassik 648
Klavier 648
Kleidung 649, 650
Kleinheit 651, 652
Kloster 653
Klugheit 653, 654, 655, 656
Knechtschaft 656
Komödie 659
Kompass 659
Kompliziertheit 659
König/Königin 660, 661, 662
Königreich 662
Können 663
Konsequenz 663
Kopf 664, 665
Körper 666, 667
Kosten 667
Kraft 668, 669
Krankheit 670, 672, 673
Kränkung 673
Kreuzigung 674
Krieg 675, 676, 679, 680
Krise 681
Kritik 681, 682, 683, 684
Krone 684
Kultur 685, 686
Kunst 688, 689, 690, 692, 693, 694, 695, 696, 699, 700, 701
Künstler 703, 704, 705
Kunstwerk 705, 706
Kuss 707, 708
Lächeln 708
Lachen 709
Lächerlichkeit 711
Lage 711
Land 712
Langeweile 714
Langmut 714
Last 715
Laster 715, 717
Laufen 718
Laune 718
Leben 719, 721, 722, 723, 724, 726, 727, 728, 729, 730, 731, 732, 733, 734, 735, 737, 738
Lehrbuch 741
Lehre 741, 742
Lehrer/Lehrerin 742, 743
Leib 743
Leichtigkeit 744
Leichtsinn 744
Leid 744, 746, 747
Leidenschaft 748, 750, 751
Leipzig 752
Leistung 752

Leitung 753
Lernen 754, 755, 756
Lesen 757
Leser 758
Lexikon 758
Licht 758, 759
Liebe 759, 760, 761, 762, 763, 766, 767, 768, 769, 770, 771, 772, 773, 774, 775, 776, 777, 778, 779, 780, 781, 783, 784, 785, 786, 787, 788, 789, 790, 791, 792, 793, 794, 795, 796,
Liebeskummer 798
Liebhaber 798, 799
Lied 800
List 801
Literatur 801, 802
Lob 803, 804
Lohn 805
Lorbeer 805
Los 805
Lösung 806
Lotterie 806
Löwe 806
Luft 806
Lüge 806, 807, 809
Lust 811
Lüsternheit 811
Lustigkeit 811
Luther, Martin 812
Lyrik 812
Macht 813, 814
Mädchen 816, 817
Magie 818
Magnet 818
Mai 818, 819
Majestät 819
Maler 819
Mangel 820
Manieren 821
Manierismus 821
Mann 821, 822, 823, 824, 825, 826, 827
Märchen 828, 829
Maria 829, 830
Martyrium 830
März 830
Masse 833
Mäßigung 834
Maßlosigkeit 834
Mathematik 835
Maxime 836
Medizin 837
Meer 837, 838
Mehrheit 838
Meineid 839
Meinung 839, 840
Meister 842
Memoiren 842
Menge 843
Mensch 843, 844, 845, 846, 847, 848, 850, 851, 852, 853, 855, 856, 857
Menschenkenntnis 860, 861
Menschheit 863
Metaphysik 864
Methode 864, 865
Michelangelo 865

Mikroskop 865
Milde 865
Minderheit 866
Minister 866
Missfallen 867
Misstrauen 868
Missverständnis 868
Mitarbeiter 869
Mitgliedschaft 869
Mitteilung 871
Mittel 871
Mittelmäßigkeit 871, 872
Mitternacht 872
Mode 873, 874
Modern 875
Möglichkeit 875
Molière 875
Mond 876, 877
Moral 879
Mord 880
Morgen 880
Morgenrot 880
Most 881
Mozart 881
Müdigkeit 881
Mühe 881, 882
Muse 883
Musik 883, 884, 885
Müssen 887
Müßiggang 887
Muster 888
Mut 888, 889
Mutter 890
Muttersprache 894
Mysterium 894
Mystik 894
Nachahmung 895
Nachbarschaft 896
Nachdenken 897
Nachgeben 897
Nachkommen 897
Nachrede 898
Nacht 899, 900
Nachtigall 900
Nachwelt 900
Nähe 901
Naivität 902
Name 902
Narr 903, 904
Narzissmus 904
Naschen 904
Nation 905
Natur 906, 907, 908, 909, 910, 911, 912, 913, 914
Natürlichkeit 915
Nebel 916
Necken 917
Nehmen 917
Neid 917, 918
Neigung 918
Neuerung 919
Neues 920
Neugier 920, 921
Neujahr 921
Nichts 921
Niedergang 922
Norden 923
Not 923, 924
Nüchternheit 926
Nutzen 926, 927

Personenregister

Goethe

Nützlichkeit 927
Nutzlosigkeit 927
Offenheit 929
Ohr 930
Opfer 931, 932
Orden 934
Ordnung 934, 935
Original 936
Originalität 936
Ort 936
Osten 936
Ostern 936
Paar 937
Pack 937
Papst 937, 938
Paradies 939
Paradox 939
Parasit 939
Paris 939
Partei 940, 941
Patriotismus 942
Pech 943
Pedanterie 943
Perle 943
Persönlichkeit 944
Pfad 945
Pfaffe 945
Pfand 945
Pferd 946
Pflanze 946
Pflicht 947, 948
Pfuscherei 948
Phänomen 948, 949
Phantasie 950
Phantasterei 950
Philosophie 951, 952, 953, 954, 955
Phrase 955
Physik 955
Pilgerschaft 955
Plan 955
Plünderung 956
Poesie 957, 958
Pol 959
Polemik 959
Politik 960, 961
Polizei 965
Porträt 966
Praxis 967
Presse 968
Pressefreiheit 968
Prinzip 970
Probe 970
Problem 970, 971
Produktion 971
Prophet 972
Protest 972
Prüfung 973
Prügel 973
Pubertät 974
Publikum 974, 975
Puppe 975
Qual 976
Quark 976
Quelle 976
Rache 977
Rang 978
Raserei 978
Rasse 978
Rastlosigkeit 979

Rat 979, 980, 981
Rätsel 981
Ratte 981
Raub 981
Raum 982
Raupe 982
Realismus 983
Rebe 983
Rebellion 983
Rechnung 984
Recht 984, 985, 986, 987
Rechtzeitigkeit 988
Rede 988, 989
Reden 990
Redlichkeit 991
Reformation 992
Regel 992
Regenbogen 993
Regierung 994, 995, 996, 997
Reichtum 997, 1001
Reinheit 1003
Reinlichkeit 1003
Reisen 1003, 1004, 1005, 1006
Reiten 1006
Reiz 1007
Religion 1008, 1009, 1010, 1011
Rennen 1012
Republik 1013
Respekt 1014
Rettung 1014
Reue 1014, 1015
Revolution 1015, 1016, 1017
Rhein 1018
Rhythmus 1018
Richten 1018
Richter 1018
Richtschnur 1019
Ritter 1020
Rohheit 1020
Rom 1021
Roman 1021, 1022
Romantik 1022
Rose 1022, 1023
Rost 1023
Rousseau, Jean-Jacques 1023
Rückkehr 1023
Rückschritt 1024
Rücksicht 1024
Ruf 1024
Ruhe 1025, 1026
Ruhm 1027
Ruine 1030
Rüstung 1030
Saat 1030, 1031
Sakrament 1032
Satan 1033
Sau 1035
Schach 1035
Schaden 1036
Schadenfreude 1037
Schaf 1037
Schaffen 1037
Scham 1038
Scharfsinn 1040
Schatten 1040
Schatz 1040

Schauder 1040
Schauspieler/-in 1041
Schauspielerei 1042
Scheidung 1042
Schein 1042, 1043
Scheinheiligkeit 1043
Scheitern 1044
Scherz 1044
Scheu 1045
Schicksal 1045, 1046, 1047, 1048, 1049
Schicksalsschlag 1049
Schiff 1050
Schimpfen 1050
Schlaf 1052, 1053
Schlager 1054
Schlechtes 1055
Schlimm 1055
Schmeichelei 1057
Schmerz 1058, 1059
Schmetterling 1060
Schmuck 1060, 1061
Schnee 1061
Schönheit 1061, 1062, 1063, 1064, 1065, 1066, 1067
Schonung 1068
Schöpfung 1068, 1069
Schoß 1069
Schrecken 1069
Schreiben 1070, 1071
Schriftsteller/-in 1074, 1075
Schritt 1075
Schuh 1075
Schuld 1076
Schulden 1076, 1077
Schule 1077, 1078, 1079
Schutz 1079
Schwäche 1079, 1080, 1081
Schwangerschaft 1081
Schwärmerei 1082
Schweigen 1082, 1083, 1084
Schwein 1084
Schwierigkeit 1085, 1086
Schwimmen 1086
Schwur 1086
Seele 1086, 1088, 1089, 1090, 1091, 1092
Segen 1093
Sehen 1093
Seher 1094
Sehnsucht 1094, 1095
Sein 1096
Selbsteinschätzung 1099
Selbsterkenntnis 1099, 1100
Selbstfindung 1100
Selbstgespräch 1101
Selbstmord 1102
Selbstständigkeit 1102
Selbstsucht 1103
Selbstverständlichkeit 1103
Selbstvertrauen 1104
Seligkeit 1104
Seltenheit 1104
September 1105
Sexualität 1107
Sicherheit 1107
Sieg 1107, 1109
Silvester 1109
Sinn 1110
Sinne 1110

Sinnlichkeit 1111
Sitten 1112
Sittlichkeit 1113
Sittsamkeit 1113
Sitzen 1114
Skizze 1114
Sklaverei 1116
Skrupellosigkeit 1117
Sohn 1117
Soldaten 1118
Sommer 1119
Sonne 1119, 1120
Sonntag 1121
Sophistik 1121
Sorge 1121, 1122
Spanien 1125
Sparsamkeit 1124, 1125
Spekulation 1126
Spiegel 1126, 1127
Spiel 1128
Spießertum 1128, 1129
Spinne 1129
Spionage 1129
Spott 1130
Sprache 1130, 1131, 1132
Sprechen 1133
Sprichwort 1134
Spruch 1134
Staat 1135, 1138, 1140
Stadt 1142, 1143
Stärke 1145, 1146
Statue 1146
Staunen 1146
Stein 1147
Sterben 1149
Stern 1150, 1151
Stetigkeit 1151
Steuern 1152
Stille 1153
Stimmung 1154
Stolpern 1155
Stolz 1155
Störung 1156
Strafe 1157
Straße 1158
Streben 1158
Streit 1159, 1160
Strenge 1161
Stroh 1161
Studium 1161, 1162
Sturm 1163
Subjektivität 1163
Suche 1164
Sünde 1165, 1166, 1167
Suppe 1168
Süße 1168
Symbol 1168
Tabak 1169
Tag 1170, 1171
Tagebuch 1171
Talent 1172, 1173
Tanz 1174
Tapferkeit 1175
Tat 1175, 1176, 1177
Tätigkeit 1177, 1178
Taufe 1179
Täuschung 1179
Technik 1180, 1181
Teil 1181
Teilnahme 1182

Personenregister

Goethe 1501

Testament 1183
Teufel 1183, 1185
Theater 1186
Theologie 1187
Theorie 1187, 1188
Tier 1189, 1190
Tochter 1190
Tod 1191, 1192, 1193, 1196, 1197, 1198, 1199
Todesstrafe 1200
Toleranz 1201
Tollheit 1201
Topf 1201
Torheit 1202
Tot 1203
Tragödie 1204
Träne 1205, 1206
Trauer 1206
Traum 1207, 1208, 1209
Traurigkeit 1210, 1211
Treffen 1211
Trennung 1211
Treue 1212
Trieb 1214
Trinken 1215, 1216
Trost 1216, 1217
Trotz 1217
Tüchtigkeit 1218
Tugend 1218, 1220, 1221, 1222, 1223, 1224, 1225, 1226
Tun 1226, 1227
Tür 1227
Turnen 1227
Tyrannei 1227, 1228
Übel 1229, 1230
Übereilung 1230
Übereinstimmung 1230
Übergang 1230
Überlegung 1232, 1233
Überlieferung 1233
Übermensch 1233
Übermut 1233
Überraschung 1233
Überschwemmung 1234
Übersetzen 1234
Übersinnlichkeit 1235
Übertreibung 1235
Überwindung 1235
Überzeugung 1236
Übung 1237
Uhr 1237
Umgang 1238, 1239
Umgebung 1238
Umstand 1239
Umsturz 1239
Umweg 1239
Umzug 1239
Unbeständigkeit 1240
Undankbarkeit 1240, 1241
Unendlichkeit 1241
Unentschlossenheit 1242
Unerreichbarkeit 1242
Unerträglichkeit 1242
Unfähigkeit 1242
Unfall 1242
Ungebundenheit 1243
Ungeduld 1243
Ungeheures 1243
Ungestüm 1244

Ungewissheit 1244
Ungleichheit 1245
Unglück 1245, 1246, 1247
Unglücklich 1249
Unhöflichkeit 1250
Uniform 1250
Unmöglichkeit 1251
Unnützes 1251
Unparteilichkeit 1252
Unrecht 1252
Unreinheit 1253
Unruhe 1254
Unschuld 1254
Unsinnig 1255
Unsterblichkeit 1255, 1256
Untergang 1256
Unterhaltung 1258
Unternehmung 1258
Unterricht 1258, 1259
Unterschied 1259
Untreue 1261
Unwahrheit 1261
Unwissenheit 1262
Ursache 1263
Ursprung 1263
Urteil 1263, 1264, 1265
Vasall 1266
Vater 1266, 1267
Vaterland 1267, 1268
Veränderung 1270
Verbergen 1271
Verbindung 1272
Verborgen 1272
Verbrechen 1274
Verdacht 1275
Verderben 1275
Verdienst 1276
Verdruss 1277
Vereinigung 1277
Verfassung 1278
Verfehlung 1278
Verfeinerung 1278
Verfolgung 1279
Verführung 1279
Vergangenheit 1279, 1281
Vergänglichkeit 1281, 1282
Vergebung 1282
Vergewaltigung 1284
Vergnügen 1285
Verhältnis 1285, 1286
Verirrung 1286
Verkennen 1287
Verlangen 1287
Verlegenheit 1287
Verleger 1287
Verletzung 1288
Verliebtheit 1289
Verlockung 1290
Verlust 1290, 1291
Vermögen 1292
Vernachlässigung 1292
Verneinung 1293
Vernichtung 1293
Vernunft 1293, 1294, 1295, 1296
Verrat 1297
Versäumnis 1298
Verschweigen 1298
Verschwendung 1299
Verschwiegenheit 1299

Versöhnung 1300
Verspätung 1300
Versprechen 1300, 1301
Verstand 1302, 1303, 1304
Verstehen 1304, 1305, 1306
Verstellung 1306
Versuchung 1307
Verteidigung 1307
Vertrag 1307
Vertrauen 1308, 1309
Verwandtschaft 1310
Verweilen 1311
Verwicklung 1311
Verwirrung 1311
Verwöhnen 1312
Verzeihung 1312, 1313
Verzicht 1313
Verzweiflung 1313, 1314
Vielseitigkeit 1314
Vogel 1315
Volk 1315, 1316, 1317
Volkslied 1318
Vollendung 1318, 1319
Vollkommenheit 1319
Vorfahr 1321
Vornehmheit 1321, 1322
Vorsatz 1322
Vorsehung 1322
Vorsicht 1323, 1324
Vorteil 1324, 1325
Vortrefflichkeit 1325
Vorurteil 1325, 1326
Vorwärts 1326
Vorwurf 1326
Vorzug 1327
Waffe 1328, 1329
Wagnis 1329
Wahn 1331
Wahnsinn 1331
Wahrheit 1332, 1333, 1334, 1336, 1337, 1338, 1339, 1340, 1341, 1342
Waise 1343
Wald 1343, 1344
Wallfahrt 1344
Walpurgis 1344
Wandern 1344, 1345
Ware 1346
Wärme 1346
Wasser 1347, 1348
Wechsel 1348
Weg 1349, 1350
Weh 1350
Wehren 1351
Weib 1351, 1352, 1353, 1354, 1355, 1356
Weihe 1357
Weihnachten 1357
Weimar 1357
Wein 1358, 1359, 1360
Weinen 1360
Weisheit 1361, 1363, 1364, 1365, 1366
Welken 1367
Welle 1367
Welt 1367, 1368, 1369, 1370, 1371
Weltmann 1372
Werben 1372
Werden 1373

Werk 1373
Werkzeug 1374
Wert 1374, 1375
Wesen 1375
Wette 1376
Wetter 1376
Wichtigkeit 1377
Widerspruch 1377, 1378
Widerstand 1378
Wiederholung 1379
Wille 1380, 1381, 1382
Willig 1382
Willkür 1383
Wind 1383
Winter 1383, 1384
Wirklichkeit 1384, 1385
Wirkung 1385, 1386
Wirtschaft 1387
Wissen 1387, 1388, 1389, 1390, 1391, 1392, 1393
Wissenschaft 1393, 1394, 1395, 1396, 1397
Witz 1398, 1399
Wohlstand 1400
Wohltätigkeit 1400, 1401
Wohlwollen 1401
Wohnung 1401
Wollust 1403
Wort 1404, 1405, 1406, 1407, 1408
Wort halten 1408
Wunde 1408, 1409
Wunder 1409, 1410, 1411
Wunsch 1411, 1412, 1413
Würde 1414
Wurm 1414
Zahl 1416
Zahlen 1416
Zähmung 1416
Zahn 1416
Zartheit 1416, 1417
Zauberei 1417
Zaudern 1417
Zeichen 1418
Zeichnen 1418
Zeit 1418, 1419, 1420, 1421, 1422, 1423
Zeitung 1424
Zerbrechen 1425
Zeremonie 1425
Zerstörung 1426
Zerstreuung 1426
Zeuge 1426
Ziel 1428, 1429
Zins 1430
Zivilisation 1431
Zoll 1432
Zorn 1432, 1433
Zucker 1433
Zudringlichkeit 1433
Zufall 1434, 1435
Zufriedenheit 1435, 1436
Zugeben 1436
Zuhören 1436
Zukunft 1437, 1438, 1439
Zunge 1440
Zurückziehen 1440
Zusammenhang 1441
Zusammenleben 1441
Zuschauer 1441

Personenregister

Goethe

Zustand 1441
Zutrauen 1442
Zuverlässigkeit 1442
Zwang 1442
Zweck 1443
Zweifel 1444
Zwist 1445

Goethe, Katharina Elisabeth (1731–1808), Mutter v. Johann Wolfgang von Goethe
Furcht 380

Goetz, Curt (1888–1960), deutscher Schriftsteller
Armut 63
Arzt 69
Bein 107
Denken 175
Ding 194
Dummheit 200
Ehe 212
Eifersucht 231
Erfahrung 267
Erfindung 268
Ernst 279
Frau 344
Geist 414
Humor 594
Idealismus 600
Leben 732
Lehrer/Lehrerin 743
Liebe 787
Mann 826
Mensch 853, 860
Mund 882
Phantasie 949
Publikum 975
Schuh 1075
Takt 1171
Theater 1186
Überredung 1234
Überzeugung 1236
Unglück 1248
Verbrechen 1274
Verstand 1302
Vertrauen 1308
Zahl 1415
Zeit 1419

Goeudevert, Daniel (*1942), französ. Industriemanager in Deutschland
Management 820

Gogh, Vincent van (1853 bis 1890), niederländ. Maler
Arbeit 53, 56, 59
Ärger 60
Armut 67
Auge 78
Beugen 129
Bild 138
Brücke 154
Buch 157, 158
Einfachheit 237
Einsamkeit 241
Erniedrigung 278
Ewigkeit 294
Falsches 298

Farbe 302
Fehler 305, 306
Feingefühl 311
Feuer 315, 316
Freundschaft 365, 371
Fröhlichkeit 375
Gegenteil 405
Geist 416
Geld 423
Gewissen 472
Gott 508, 512, 516
Gottlosigkeit 521
Güte 533
Heilige 555
Hoffnung 585
Irrenhaus 611
Kind 642
Konkurrenz 662
Konvention 664
Korn 665
Kummer 687, 688
Kunst 695, 700
Künstler 703, 704
Kunstwerk 706
Lachen 710
Leben 730, 732
Lernen 754
Licht 759
Liebe 776, 777, 784, 793
Maler 819
Malerei 820
Meinung 840
Mensch 850, 851, 853, 859
Menschenliebe 861
Mitleid 870
Mysterium 894
Natur 911
Nützlichkeit 927
Religion 1011
Religiosität 1012
Richtig 1019
Saat 1030
Schlacht 1051
Schönheit 1063
Schwermut 1085
Seele 1090
Sehnsucht 1094
Sieg 1109
Stadt 1143
Statue 1146
Stern 1151
Sympathie 1168
Unendlichkeit 1241
Vergötterung 1285
Verrücktheit 1297
Wandel 1344
Werk 1373
Wissen 1389
Wunderbares 1411
Zeichnen 1418
Zeitalter 1423
Ziel 1428
Zugrunde gehen 1436
Zukunft 1438

Goldsmith, Oliver (1728 bis 1774), brit. Schriftsteller
Armut 65
Tugend 1222

Goldwater, Barry Morris (*1909), US-amerikan. Politiker
Amerika 35
Denken 179

Goldwyn, Samuel (1882–1974), US-amerikan. Filmproduzent
Film 316
Gelegenheit 426
Glück 493
Lebenskunst 739
Scharfsinn 1040

Goll, Claire (1901–1977), französ.-deutsche Dichterin
Frau 340

Goll, Yvan (eig. Lang, Isaac, 1891–1950), französ. Dichter
Geiz 421

Goltz, Bogumil (1801–1870), deutscher Schriftsteller aus Warschau
Abwechslung 14
Begeisterung 101
Bildung 140
Ehe 219
Mutter 892

Gombrowicz, Witold (1904–1969), poln. Schriftsteller
Amerika 35

Gómez de la Serna, Ramón (1891–1963), span. Schriftsteller
Alphabet 24

Goncourt, Edmond de (1822–1896), französ. Schriftsteller
Publikum 974

Goncourt, Jules de (1830 bis 1870), französ. Schriftsteller
Bild 138
Museum 883

Gontard, Susette (1769 bis 1802), Hölderlins »Diotima«
Gemeinsamkeit 431
Glück 498
Harmonie 547
Herz 573
Leidenschaft 749
Liebe 771, 775, 788, 789, 794
Schlaf 1052
Schönheit 1067
Träne 1205
Zufall 1434

Gorbatschow, Michail S. (*1931), sowjet.-russ. Politiker (1985–1991 Generalsekretär der KPdSU, 1990/91 Staatspräsident der UdSSR), Friedensnobelpreis 1990

Atmen 72
Demokratie 174
Leistung 753
Rechtzeitigkeit 988

Gorki, Maxim (eig. Peschkow, Alexei M., 1868–1936), russ.-sowjet. Schriftsteller
Affe 18
Angst 42
Brot 153
Heiraten 560
Lüge 807
Menschenliebe 861
Wahrheit 1334, 1341

Görres, Joseph von (1776–1848), deutscher Publizist und Gelehrter
Dichter/-in 187
Frühling 377
Himmel 578
Naturwissenschaft 916
Prophet 972
Religion 1008
Tun 1226
Vergangenheit 1280
Zeit 1421

Gorvin, Joana Maria (*1922), deutsche Schauspielerin
Not 924
Tugend 1222

Gött, Emil (1864–1908), deutscher Schriftsteller
Absicht 11
Anspruch 47
Anständigkeit 47, 48
Arbeit 57
Aristokratie 61
Armut 65
Auseinandersetzung 82
Barbarei 90
Bequemlichkeit 111
Beruf 114
Besitz 121
Betrug 126
Bett 128
Bewusstsein 134
Bitte 143
Blindheit 144
Böses 148
Bourgeoisie 150
Bürgermeister 161
Deutschland 184
Ehre 225, 226
Ehrlichkeit 229
Einsamkeit 242
Elend 248
Engel 255
Entsagung 259
Erkenntnis 276
Faulheit 304
Feindschaft 310
Finden 317
Frau 345
Freiheit 353, 354
Fremde 357
Freundschaft 368

Personenregister

Gracián y Morales 1503

Frieden 373
Frömmigkeit 375, 376
Führung 379
Galgen 386
Gebet 389
Gedanke 395
Gefahr 399, 400
Gefälligkeit 402
Gefühl 404
Gehalt 408
Geist 415
Gelegenheit 426
Gemeinheit 430
Geschenk 446
Geschichte 446, 449
Geschwätz 454
Geschwindigkeit 454
Gesellschaft 455
Geständnis 466
Gesundheit 467
Gewalt 468
Gewinnstreben 471
Gewissen 471, 473, 474
Gewöhnlich 476
Gleichberechtigung 484
Gleichheit 486
Glück 497
Gott 507, 514
Götze 521
Grenze 523
Güte 533
Gutes 534, 537
Habgier 541
Hand 542
Hass 550
Heimat 558
Heiraten 560
Hilfe 577
Hingabe 581
Höhe 590
Humor 593
Hund 594
Intellekt 608
Keuschheit 636
Kleinheit 651
Kritik 684
Krücke 684
Kultur 686
Kunst 690, 692, 693
Künstler 705
Langeweile 713
Laster 717
Laus 719
Leben 726, 733
Leichtsinn 744
Leistung 753
Licht 758
Liebe 794
Löwe 806
Lüge 806, 808
Lust 810
Mann 824
Mensch 844, 849, 855, 858
Mittel 871
Mord 879
Mut 888
Nachbarschaft 896
Nachfolge 897
Nächstenliebe 899

Narr 903
Natur 909
Norm 923
Not 924
Rausch 982
Realismus 983
Regel 992
Reife 1002
Romantik 1022
Saat 1030
Schicksal 1047
Schweigen 1084
Schwer 1085
Seele 1092
Selbsterkenntnis 1100
Sklaverei 1116
Sparsamkeit 1125
Spezialisierung 1126
Stütze 1163
Sünde 1166
Talent 1172
Teufel 1183, 1184, 1185
Tiefe 1189
Tod 1195
Traum 1208
Treue 1213
Trieb 1214
Tugend 1221, 1222
Übertreibung 1235
Umgang 1238
Unrecht 1252
Unsicherheit 1254
Untergang 1256
Unterhaltung 1257
Urteil 1265
Verlust 1291
Vernunft 1295, 1297
Verstand 1302
Vorwurf 1326
Wachstum 1327
Wärme 1346
Weib 1356
Weisheit 1361
Welt 1371
Wert 1375
Wissen 1391
Wissenschaft 1395
Wohltat 1400
Zerstörung 1426
Ziel 1428
Zivilisation 1431
Zweck 1443

Gottfried von Straßburg
(um 1200), mittelhochdeutscher Dichter
Achtung 14
Bequemlichkeit 111
Besitz 121
Ehre 227
Ernte 280
Gutes 537
Heimzahlen 559
Künstler 704
Leib 744
Liebe 765, 768, 774, 775, 792, 794
Liebeskummer 798
Ritterlichkeit 1020
Tugend 1219

Verliebtheit 1290
Verstand 1303

Gotthelf, Jeremias
(eig. Bitzius, Albert, 1797 bis 1854), schweizer. Erzähler
Angst 42
Freude 360
Hölle 590
Mensch 843, 848
Schöpferisch 1068

Gottsched, Johann Christoph
(1700-1766), deutscher Gelehrter und Schriftsteller
Geschmack 453
Gnade 502
Unschuld 1254

Gourmont, Rémy de (1858 bis 1915), französ. Schriftsteller
Ausnahme 83
Denken 175
Enthaltsamkeit 258
Frau 333
Gehirn 410
Grammatik 522
Kuss 707
Leben 722
Regel 992
Verirrung 1286

Grabbe, Christian Dietrich (1801-1836), deutscher Dramatiker
Ehe 210
Essen 289
Heiraten 560, 561
Mittelweg 872
Musik 883
Reue 1015
Verliebtheit 1290

Gracián y Morales, Baltasar (1602-1658), span. Schriftsteller und Philosoph, Jesuit
Abhängigkeit 10
Abschlagen 11
Abwesenheit 14
Achtung 15
Affekt 18
Alter 30
Amt 36
Anfang 39
Anforderung 40
Angriff 41
Ansehen 46
Anziehung 49
Arznei 68
Arzt 69
Aufmerksamkeit 74, 75
Auge 78
Ausdruck 82
Auszeichnung 86
Autorität 88
Begehren
Behauptung 105
Beifall 106
Beruf 115
Beschäftigung 116

Besser 122
Betrug 126, 127
Bewunderung 132
Bosheit 150
Buch 156
Dummheit 200, 202
Durchsetzen 203
Edelmut 205
Ehre 226
Eigensinn 234
Einbildung 236
Einbildungskraft 236
Einsicht 243
Ende 253, 254
Entrüstung 259
Entschuldigung 260
Erfindung 268
Erfolg 270
Ertrinken 282
Fähigkeit 297
Fassade 302
Fehler 306
Feindschaft 309
Fertig 314
Fleiß 319
Freundschaft 362, 363, 365, 368, 369, 370
Friedfertigkeit 374
Furcht 382
Fürst 383
Gebrechen 391
Geduld 398
Gegnerschaft 407
Geheimnis 408
Geist 413, 417
Gelegenheit 426
Geltung 430
Genuss 438
Geringschätzung 442
Geschäft 444
Geschehen 445
Geschicklichkeit 451
Geschmack 453
Gesicht 463
Gewalt 468
Glaube 480
Gleichmut 486
Glück 489, 490, 491, 492, 494, 495
Götze 521
Größe 525, 528
Gunst 530
Gutes 535
Haben 540
Handeln 545
Hässlichkeit 550
Held/Heldin 564
Herr 566
Herz 572, 573
Hindernis 580
Hoffnung 586
Höflichkeit 588, 589
Irrtum 612
Ja 615
Kampf 630
Kartenspiel 632
Kenntnis 635
Klarheit 647
Klasse 648
Klugheit 653, 654

Personenregister

Kopf 665
Kraft 669
Kühnheit 685
Kummer 688
Lachen 709, 710
Laster 716, 717
Leben 727
Leichtsinn 744
Leidenschaft 748, 749, 750
Lernen 754
Liebenswürdigkeit 797
List 801
Mann 822
Meinung 840
Mensch 856
Mittel 871
Mode 874
Moral 877
Muße 887
Mut 888, 889
Nachfolge 897
Nachrede 897
Narr 903, 904
Nation 905
Necken 917
Nein 919
Neues 920
Nutzen 926
Offenheit 929
Offenherzigkeit 929
Pferd 945
Philosophie 950
Pöbel 956
Politik 959
Qualität 976
Rechenschaft 984
Rechtschaffenheit 988
Rede 988
Reden 990
Regierung 995
Reserve 1013
Rückzug 1024
Ruhm 1027, 1028
Schatten 1040
Scherz 1044
Schicksal 1047
Schlauheit 1054
Schmeichelei 1057
Schmerz 1059
Schönheit 1065
Schweigen 1082
Seele 1090
Sekte 1097
Selbstachtung 1098
Selbsterkenntnis 1099
Sieg 1109
Sklaverei 1115
Sonne 1120
Sorgfalt 1122
Spiegel 1126
Spiel 1128
Spionage 1129
Spitzfindigkeit 1129
Sterben 1149
Streit 1159
Studium 1162
Talent 1172
Tat 1176
Testament 1183
Treffen 1211

Triumph 1216
Trost 1217
Tugend 1221
Übel 1229
Übereinstimmung 1230
Überlegenheit 1232
Übersättigung 1234
Übertreibung 1235
Überzeugung 1236
Umgang 1238
Umstand 1239
Unentschlossenheit 1242
Unglück 1245, 1247, 1248
Unterhaltung 1257
Unternehmung 1258
Unwissenheit 1262
Verbindlichkeit 1272
Verehrung 1277
Verfehlung 1278
Vergessen 1283
Verpflichtung 1297
Verschweigen 1299
Verschwiegenheit 1299
Versprechen 1301
Verstand 1302, 1303
Verstehen 1305
Verstellung 1306
Verteidigung 1307
Vertraulichkeit 1309
Vertrautheit 1309
Verwandtschaft 1310
Vollendung 1318
Vorbeugung 1320
Vorsicht 1323
Vorteil 1325
Vortrefflichkeit 1325
Vorzug 1327
Waffe 1328
Wahl 1331
Wahrheit 1337, 1339
Warten 1347
Weisheit 1364, 1365
Wertschätzung 1375
Widerspruch 1377, 1378
Wissen 1388, 1390, 1391, 1393
Wissenschaft 1397
Witz 1398, 1399
Wort 1406, 1407
Wunsch 1412
Zeichen 1417
Zeit 1419
Ziel 1428
Zudringlichkeit 1433
Zuflucht 1435
Zunge 1440
Zweifel 1444

Graf, Oskar Maria (1894 bis 1967), deutscher Schriftsteller
 Europa 293
 Kultur 686
 Wiege 1379

Graham, William Franklin »Billy« (*1918), US-amerikan. Baptistenprediger
 Droge 198
 Erfolg 269
 Gutes 538
 Kunst 699

Mensch 857
Predigt 967

Grass, Günter (*1927), deutscher Schriftsteller u. Grafiker
 Begräbnis 103
 Erinnerung 274
 Leistung 753
 Mensch 852, 859
 Politik 962, 963
 Politiker 965
 Ruhm 1028
 Schöpfung 1069
 Schriftsteller/-in 1073
 Spießertum 1128
 Überforderung 1231
 Wahl 1330
 Zukunft 1439

Grassi, Ernesto (1902-1991), italien.-deutscher Philosoph
 Erfindung 269
 Kunst 694, 697
 Nachahmung 895

Greco, Juliette (*1927), französ. Chansonsängerin und Schauspielerin
 Frau 345
 Liebe 782, 786

Green, Julien (*1900), französ. Schriftsteller
 Naivität 902

Greene, Graham (1904-1991), brit. Schriftsteller
 Beichte 105
 Fliegen 320
 Frau 335
 Gefühl 404
 Hölle 591
 Kartenspiel 632
 Katastrophe 633
 Laster 717
 Leben 736
 Lesen 757
 Mann 823
 Mensch 847
 Mut 889
 Offenheit 929
 Raubvogel 981
 Reisen 1005
 Schmerz 1058
 Sentimentalität 1105
 Sünde 1165
 Vergnügen 1285

Greer, Germaine (*1939), austral. Schriftstellerin und Frauenrechtlerin
 Beruf 115
 Brust 154
 Busen 162
 Emanzipation 251
 Erfolg 270
 Frau 335
 Freiheit 352
 Furcht 380
 Geschlecht 452

Häuslichkeit 554
Industrie 605
Krankenschwester 670
Lust 810
Mann 828
Unterhaltung 1257
Vorliebe 1321
Weib 1354
Zunge 1440

Gregor I. der Große (um 540-604), Papst 590-604 und Kirchenlehrer
 Gott 512

Gregor III. († 741), Papst 731-741
 Opfer 932
 Tot 1203

Gregor IX. (um 1170-1241), Papst 1227-1241
 Vertrag 1308

Gregor von Nazianz (330-390), kappadok. Bischof und Kirchenlehrer
 Gott 505
 Gottesfurcht 519
 Sturm 1163
 Unglück 1246

Gregor-Dellin, Martin (1926-1988), deutscher Schriftsteller
 Provinz 973

Griffith, Thomas (*1915), US-amerikan. Schriftsteller
 Journalismus 618

Grillparzer, Franz (1791 bis 1872), österreich. Dichter
 Beamter 95
 Blick 144
 Blume 145
 Brust 154
 Denken 177
 Dichter/-in 185
 Dichtung 188
 Dienen 192
 Ehe 208, 209
 Eifersucht 231
 Eintracht 244
 Entscheidung 259
 Entschluss 260
 Fehler 305
 Fehltritt 308
 Feigheit 308
 Freiheit 352, 356
 Frühstück 378
 Gedanke 396
 Gefahr 400
 Geheimnis 409
 Geist 413
 Gemeinheit 430
 Geschenk 446
 Glaube 482
 Glück 494, 499
 Größe 526

Handeln 544
Herz 571
Hoffnung 586
Idee 602
Junggeselle 627
Kirche 646
Kleinheit 652
Klugheit 653
Krankheit 672
Kummer 688
Kunst 693, 698
Leben 734
Liebe 761, 764, 775, 795
Literatur 801
Logik 804
Lüge 808
Mann 822
Masse 833
Mensch 851
Minister 866
Moral 878
Müssen 887
Österreich 937
Pfaffe 945
Poesie 958
Publikum 974
Religion 1008, 1011
Ruhe 1026
Ruhm 1027, 1029
Schicksal 1046
Schlimm 1055
Schmerz 1058
Schönheit 1063
Schranken 1069
Schwäche 1081
Sklaverei 1115
Sollen 1119
Sünde 1164
Tat 1177
Tod 1195
Trägheit 1204
Träne 1205
Trauer 1206
Traum 1207
Tugend 1219
Überzeugung 1236
Unmöglichkeit 1251
Vater 1266
Verbergen 1271
Verbrechen 1273
Verstand 1302
Verwandtschaft 1310
Vorsorge 1324
Weib 1351, 1355
Werden 1373
Wunsch 1412
Zukunft 1437, 1438
Zweifel 1445

Grimm, Herman (1828–1901), deutscher Kunsthistoriker
  Kunst 692
  Vorsehung 1322

Grimm, Jacob (1785–1863), deutscher Schriftsteller und Philologe
  Altertum 34
  Dienst 193
  Essen 290

Fabel 296
Frosch 376
Gehorsam 410
Geschichte 449
Geschwätz 454
Gewinn 471
Glaube 479
Gott 504, 511
Göttliches 520
Gottlosigkeit 521
Gutes 536
Haus 553
Heimweh 559
Hilfe 577
Himmel 578
Laufen 718
Leben 734
Lernen 756
Liebe 785
Lüge 807
Mutter 891
Mythos 895
Name 902
Not 924
Poesie 957
Reue 1015
Sage 1031
Schloss 1056
Schmecken 1056
Schönheit 1064, 1066
Sohn 1117
Sprache 1130, 1131, 1133
Sünde 1167
Treue 1213
Trost 1217
Unglück 1247
Verlust 1291
Versprechen 1301
Verstellung 1306
Volk 1316
Vorsorge 1324
Werben 1372
Wind 1383
Winter 1384
Wolf 1402
Zeugung 1427
Zwang 1443

Grimm, Wilhelm (1786–1859), deutscher Schriftsteller und Philologe
  Altertum 34
  Dienst 193
  Fremdheit 358
  Frosch 376
  Gehorsam 410
  Geschwätz 454
  Gottlosigkeit 521
  Gutes 536
  Haus 553
  Heimweh 559
  Hilfe 577
  Himmel 578
  Laufen 718
  Leben 734
  Lernen 756
  Liebe 785
  Lüge 807

Mutter 891
Name 902
Not 924
Philosophie 951
Poesie 957, 958
Reue 1015
Sage 1031
Schloss 1056
Schmecken 1056
Schönheit 1064, 1066
Sohn 1117
Sünde 1167
Treue 1213
Unglück 1247
Verbrechen 1275
Versprechen 1301
Verstellung 1306
Vorsorge 1324
Werben 1372
Wind 1383
Winter 1384
Wolf 1402
Zwang 1443

Grimmelshausen, Johann Jakob Christoffel von (um 1622–1676), deutscher Schriftsteller
  Nacht 900

Gropius, Walter (1883–1969), deutsch-US-amerikan. Architekt und Designer
  Architektur 59
  Farbe 302
  Jugend 625
  Stil 1153

Groß, Johannes (*1932), deutscher Publizist
  Anpassung 45
  Journalismus 618
  Protest 973

Grosser, Alfred (*1925), französ. Politologe
  Wort 1407

Grosseteste, Robert (1175–1253), engl. Philosoph
  Kunst 688

Groth, Klaus (1819–1899), deutscher Schriftsteller
  Kind 640
  Regen 993
  Traum 1209

Groult, Benoîte (*1920), französ. Schriftstellerin und Journalistin
  Emanzipation 250
  Freud, Sigmund 359

Grün, Anastasius (1806 bis 1876), österreich. Dichter
  Anfang 39
  Arbeit 53
  Kunst 698
  Singen 1109

Grünbaum, Fritz (1880 bis 1940), österreich. Schauspieler
  Bein 107
  Denkmal 179
  Wahrheit 1340

Gründgens, Gustaf (1899 bis 1963), deutscher Schauspieler, Regisseur und Indendant
  Gedanke 396
  Publikum 975
  Theater 1186

Grunert, Werner (*1920), deutscher Politiker
  Politiker 964

Gryphius, Andreas (eig. Greif, Andreas, 1616–1664), deutscher Dichter
  Freundschaft 369
  Liebe 788
  Vergänglichkeit 1282

Grzimek, Bernhard (1909 bis 1987), deutscher Zoologe
  Fisch 318
  Pelz 943
  Tier 1189

Guardini, Romano (1885–1968), italien. Religionsphilosoph
  Freiheit 351
  Freude 359
  Geschwätz 454
  Mensch 859
  Reden 990
  Schweigen 1083
  Vergnügen 1284
  Wort 1408

Guareschi, Giovanni (1908 bis 1968), italien. Schriftsteller
  Biographie 142
  Diplomatie 194
  Doppelmoral 197
  Einfachheit 237
  Leben 737
  Licht 759
  Politik 962
  Versuchung 1307
  Wasser 1348
  Wein 1358
  Zeit 1423

Guéhenno, Jean (1890–1978), französ. Schriftsteller
  Armut 62

Guicciardini, Francesco (1483–1540), italien. Politiker und Geschichtsschreiber
  Astrologie 71
  Denken 177
  Emigration 251
  Entschluss 260
  Erfahrung 266, 267
  Erfolg 272
  Erkenntnis 275

Feindschaft 311
Gefahr 400
Gegnerschaft 407
Gerechtigkeit 439
Glaube 481
Glück 488, 496
Gutes 536
Kirche 646
Kleinheit 652
Leben 738
Lehre 741
Masse 833
Menge 843
Offenheit 929
Philosophie 954
Recht 986
Religion 1010
Schicksal 1049
Sprichwort 1134
Staat 1137, 1139
Sterben 1150
Sterblichkeit 1150
Traurigkeit 1210
Unternehmung 1258
Verfassung 1278
Verstehen 1305
Verstellung 1306
Verwirklichung 1311
Weisheit 1361
Wunder 1411
Zufall 1435

Guinness, Alec (*1914), brit. Schauspieler
Argument 61
Aufstehen 76
Denkmal 179
Dichter/-in 188
England 256
Frau 331, 336, 339
Freundschaft 365
Gentleman 436
Grab 522
Lexikon 758
Luxus 812
Meinung 840
Opportunismus 932
Treue 1212
Untreue 1260
Wind 1383
Würde 1414
Zeile 1418

Guitry, Sascha (1885–1957), französ. Schriftsteller, Schauspieler und Regisseur
Ehe 208, 211
Erfahrung 267
Frau 330, 332, 339, 342, 348
Krankheit 670
Kuss 708
Laster 716
Liebe 767
Lüge 807, 808
Mann 821
Paradies 938
Reue 1015
Tugend 1219, 1223
Verkehr 1286

Wahl 1330
Weisheit 1365
Zauberei 1417

Gulbransson, Olaf (1873–1958), norweg. Zeichner und Maler
Akademie 19
Bild 137

Gulda, Friedrich (*1930), österreich. Pianist und Komponist
Musik 885

Gumplowicz, Ludwig (1838 bis 1909), österreich. Soziologe und Staatswissenschaftler
Soziologie 1123

Günderode bzw. Günderrode, Karoline von (1780–1806), deutsche Dichterin
Aufgeben 73
Bergsteigen 114
Bildung 139
Brief 151
Dichtung 189
Egoismus 206
Einsamkeit 241
Eltern 249
Erinnerung 274
Freundschaft 367
Gegenwart 406
Geist 414
Geister 418
Gestalt 465
Gewinn 471
Gipfel 478
Glaube 480
Göttin 520
Größe 527
Gut 531
Herz 573
Koketterie 657
Kunst 692, 694
Leben 726, 730, 734, 736
Liebe 763, 770, 780, 783, 790
Macht 814
Mensch 858
Misstrauen 867
Natur 908
Notwendigkeit 925
Priester 969
Protestantismus 973
Qual 976
Regierung 995
Reichtum 1001
Religion 1008, 1009, 1012
Schicksal 1047
Sinn 1110
Sterben 1148
Verderben 1276
Vergnügen 1285
Verlust 1290
Verschiedenheit 1298
Verschweigen 1298
Volk 1316
Vollendung 1318

Vortrefflichkeit 1325
Wahrheit 1335
Wandern 1345
Wunsch 1412
Zweifel 1444

Gunnarsson, Gunnar (1889 bis 1975), isländ. Schriftsteller
Bergsteigen 114
Eile 235
Fest 314
Finsternis 318
Licht 758
Mensch 846
Schlaf 1052
Sorge 1122

Günther, Joachim (1905 bis 1990), deutscher Schriftsteller
Böses 148
Herbst 566
Kapital 631
Leben 719
Verfolgung 1279
Zins 1429

Günther von dem Forste (um 1200), mittelhochdeutscher Minnesänger
Abschied 11
Liebe 794
Liebende 797
Maß 832

Gütersloh, Albert Paris (1887–1973), österreich. Schriftsteller, Schauspieler und Maler
Lächeln 708
Weinen 1360

Guttuso, Renato (1912–1987), italien. Maler
Kunst 688, 692, 699
Revolution 1015
Wahrheit 1339

Gutzkow, Karl (1811–1878), deutscher Schriftsteller
Allgemeines 22
Anerkennung 38, 39
Begeisterung 101
Bildung 139
Bleiben 143
Erziehung 288
Fehler 305
Frucht 377
Glück 497
Journalismus 618
Karikatur 631
Liebe 764
Reden 990
Scham 1038
Schönheit 1064, 1067
Takt 1171
Unglück 1248
Verstand 1303
Weisheit 1365
Widerspruch 1378

H

Haack, Käte (1897–1986), deutsche Schauspielerin
Takt 1172

Habe, Hans (eig. Bekessy, H., 1911–1977), US-amerikan. Schriftsteller und Publizist österreich. Herkunft
Buchmesse 159
Ehe 210
Geliebte 428
Gewissen 472
Leben 725
Mätresse 835
Neid 918
Prozess 973
Stolz 1156
Weg 1350

Hacker, Friedrich (1914 bis 1989), österreich. Psychiater und Konfliktforscher
Aphorismus 50
Familie 300
Freiheit 350
Gewalt 468
Gewissen 473
Terror 1182

Hadloub (auch Hadlaub; † vor 1340), schweizer. Minnesänger
Faulheit 303
Schlaf 1049

Hadrian VI. (1459–1523), niederländ. Theologe, Papst 1522/23
Regierung 995

Haeckel, Ernst (1834–1919), deutscher Zoologe und Naturphilosoph
Leben 722
Natur 906

Haecker, Theodor (1879–1945), deutscher Schriftsteller
Dank 170
Freude 360
Hass 548

Haffner, Sebastian (*1907), deutsch-brit. Publizist
Frau 341
Geschichte 449
Heiraten 559
Mann 821
Spekulation 1126
Veränderung 1270

Hafis (eig. Hafiz Schams-ad-Din Muhammad, um 1325 bis um 1390), pers. Dichter
Lohn 805

Hagedorn, Friedrich von (1708–1754), deutscher Schriftsteller
  Besuch 124
  Gesundheit 467
  Glück 490
  Meister 842
  Müßiggang 887
  Schule 1078
  Sein 1096

Hahn, Otto (1879–1968), deutscher Chemiker
  Politik 963

Hahn, Ulla (*1946), deutsche Lyrikerin
  Mann 821

Hahn-Hahn, Ida Gräfin von (1805–1880), deutsche Schriftstellerin
  Dummheit 201
  Schönheit 1066

Hähnel, Ernst (1811–1891), deutscher Bildhauer
  Lehre 742
  Schule 1078

Hahnemann, Samuel (1755–1843), deutscher Arzt, Begründer der Homöopathie
  Heilung 557

Halbe, Max (1865–1944), deutscher Schriftsteller
  Versprechen 1301
  Wiederholung 1379

Halder, Alois (*1928), deutscher Philosophiehistoriker
  Kunst 698

Halifax, Edward Frederick Lindley Wood Lord (1881 bis 1959), brit. Staatsmann
  Bildung 139
  Führung 379
  Gesetz 462
  Hoffnung 586
  Nation 905
  Partei 940
  Verschwörung 1299

Hall, James (1887–1951), US-amerikan. Schriftsteller
  Welt 1370

Halle, Armin (*1936), deutscher Fernsehjournalist
  Fernsehen 313

Haller, Albrecht von (1708 bis 1777), schweizer. Arzt, Naturforscher und Dichter
  Natur 911, 912

Haller, Rolf (*1922), deutscher Schriftsteller

Idee 600
Phrase 955
Wahl 1330

Hallervorden, Dieter (*1935), deutscher Kabarettist und Komiker
  Ei 230
  Spreu 1134

Hallstein, Walter (1901 bis 1982), deutscher Jurist und Politiker
  Jurist 628

Halm, Friedrich (1806–1871), österreich. Schriftsteller
  Liebe 781

Hamann, Johann Georg (1730–1788), deutscher philosoph. Schriftsteller
  Autorität 87
  Vernunft 1293

Hamann, Richard (1879–1961), deutscher Kunsthistoriker
  Kunst 698
  Natur 912

Hamerling, Robert (eig. Hammerling, Rupert Johann, 1830–1889), österreich. Schriftsteller
  Begierde 102
  Keuschheit 636
  Missbrauch 867
  Verzeihung 1313
  Weib 1351
  Wille 1381

Hamm-Brücher, Hildegard (*1921), deutsche Politikerin
  Demokratie 173
  Ordnung 934
  Ruhe 1025
  Unruhe 1253

Hammarskjöld, Dag (1905 bis 1961), schwed. Politiker (UNO-Generalsekretär 1953–1961), Friedensnobelpreis 1961
  Achtung 15
  Arbeit 52
  Befehl 97
  Buch 154
  Demut 174
  Einfachheit 237
  Einsamkeit 243
  Einsatz 243
  Erfolg 271, 272
  Feindschaft 309
  Freundlichkeit 361
  Freundschaft 366
  Geben 388, 389
  Gebet 389
  Geduld 399
  Glaube 481
  Gleichgültigkeit 485
  Gott 510, 513

Güte 533
Gutes 536
Herausforderung 565
Hören 592
Inhalt 605
Inneres 606
Leben 731, 733, 735
Leistung 753
Lernen 754
Liebende 797
Macht 815
Milde 865
Morgen 880
Motiv 881
Mysterium 894
Mystik 894
Nachlässigkeit 897
Recht 985
Schicksal 1045, 1049
Schmeichelei 1056
Schweigen 1082
Selbstgefälligkeit 1100
Stellung 1147
Stille 1154
Strenge 1161
Stunde 1163
Tag 1171
Tod 1195, 1199
Unrast 1252
Unrecht 1252
Verachtung 1268
Verantwortung 1271
Vergangenheit 1280
Vergebung 1282
Vernichtung 1293
Verstehen 1306
Verzeihung 1313
Vollendung 1318, 1319
Wahrheit 1335
Weg 1350
Wirklichkeit 1384
Wort 1403
Wunder 1411
Würde 1414
Zeit 1423
Zerstreuung 1426
Ziel 1427
Zuhören 1436
Zukunft 1437
Zweifel 1444

Hamsun, Knut (eig. Pedersen, K., 1859–1952), norweg. Schriftsteller, Literaturnobelpreis 1920
  Abenteuer 7
  Alter 32
  Bankier 90
  Böses 148
  Dichter/-in 185, 186
  Erwachsen 283
  Esel 289
  Essen 291, 292
  Fliegen 320
  Flügel 322
  Freude 360
  Führung 379
  Geben 388
  Geld 423
  Geschehen 445

Glaube 479
Glück 494
Gott 507, 513, 514
Größe 526
Güte 534
Haar 540
Heimat 559
Industrie 605
Inneres 606
Journalismus 618
Jugend 622, 624
Kleidung 650
Leben 722
Liebe 761, 768, 769, 774
Macht 814
März 830
Mensch 855
Modern 875
Mond 876, 877
Mystik 894
Rache 977
Schicksal 1046
Schlagen 1053
Schlechtes 1055
Skrupellosigkeit 1116
Sport 1130
Stadt 1143
Sterben 1148
Trauer 1206
Träumen 1210
Untergang 1256
Ursache 1263
Vergänglichkeit 1282
Wald 1343
Wissen 1391
Zahl 1416
Zufall 1434

Hannibal (247/246 bis 183 v.Chr.), karthag. Feldherr und Staatsmann
  Tugend 1224

Hansen, Hans (*1926), deutscher Sportfunktionär, Ehren-Präsident des DSB seit 1994
  Sport 1129

Hardenberg, Friedrich Leopold von → Novalis

Hardy, Françoise (*1944), französ. Schlager- und Chansonsängerin
  Frau 337
  Optimismus 933

Hardy, Thomas (1840–1928), brit. Schriftsteller
  Kampf 629

Haring, Keith (1959–1990), US-amerikan. Graffiti-Maler
  Komik 658

Harris, Sidney J. (*1917), brit. Journalist
  Realismus 983

Hart, Julius (1859-1930), deutscher Schriftsteller
Kunst 695, 697
Liebe 777
Zeugung 1427

Hartleben, Otto Erich (1864-1905), deutscher Schriftsteller
Weib 1354

Härtling, Peter (*1933), deutscher Schriftsteller
Prophet 972

Hartmann von Aue (um 1200), mittelhochdeutscher Dichter
Blindheit 145
Dummheit 201
Glück 501
Gutes 538, 539
Herz 572
Hoffnung 588
Katze 634
Kind 637
Kritik 683
Leben 736
Liebe 771, 774
Ohr 930
Rettung 1014
Schlagen 1053
Schwert 1085
Sehen 1094
Sprechen 1133
Streit 1159
Tod 1196, 1198, 1199
Übermut 1234
Wald 1344
Wein 1358
Weisheit 1365
Widerstand 1379

Hartmann, Eduard von (1803-1906), deutscher Philosoph
Dank 170
Frau 334
Gelehrter 427
Meinung 839
Mord 880

Hartmann, Nicolai (1882-1950), deutscher Philosoph
Instinkt 608
Zweck 1443

Hartung, Hans (1904-1989), deutsch-französ. Maler
Distanz 196

Harvey, William (1874-1936), brit. Schriftsteller
Natur 915
Zivilisation 1431

Hašek, Jaroslav (1883-1923), tschech. Schriftsteller
General 432

Hasenclever, Walter (1890 bis 1940), deutscher Schriftsteller
Amerika 35
Ausweg 85
Blut 146
Deutschland 184
Finger 317
Liebe 783
Wien 1380

Hass, Hans (*1919), österreich. Zoologe
Karriere 631
Sohn 1117

Hassan II., König von Marokko (*1929)
König/Königin 661

Hasse, Otto Eduard (1903 bis 1978), deutscher Schauspieler
Liebe 768
Waffe 1328

Hassencamp, Oliver (1921-1988), deutscher Schriftsteller
Abhängigkeit 9
Adel 17
Alter 30
Bauer 92
Denken 176
Erfolg 272
Erinnerung 274
Erwachsen 283
Freundschaft 363
Gefangenschaft 402
Haus 553
Heimlichkeit 559
Ideologie 602
Interview 610
Jugend 621
Kino 645
Liebe 764
Macht 813
Meinung 841
Musik 884
Parfüm 939
Pulver 975
Rauchen 982
Schicksal 1046, 1049
Schmieden 1060
Schuss 1079
Suppe 1168
Theater 1186, 1187
Übereinstimmung 1230
Unterschied 1259
Versagen 1298
Wahrheit 1341
Wirklichkeit 1384
Zeitung 1424
Zivilisation 1431

Hauff, Wilhelm (1802-1827), deutscher Dichter
Bibliothek 136
Umgang 1238
Vergänglichkeit 1281
Volk 1316

Haug, Friedrich (1761-1829), deutscher Schriftsteller
Armut 66
Geldbeutel 426
Wandern 1345

Hauptmann, Gerhart (1862-1946), deutscher Schriftsteller, Literaturnobelpreis 1912
Bewunderung 132
Geringschätzung 442
Glück 498
Irrtum 614
Komödie 659
Lüge 807, 809
Meister 842
Ringen 1019
Verallgemeinerung 1269
Wahrheit 1334
Weisheit 1366

Hauser, Arnold (1892-1978), brit. Kunsthistoriker ungar. Herkunft
Besitz 120
Kunst 688, 691
Soziologie 1123

Haushofer, Albrecht (1903-1945), deutscher Schriftsteller
Frieden 372
Phantasie 950

Haushofer, Marlen (1920-1970), österreich. Schriftstellerin
Böses 148
Freiheit 356, 358
Größenwahn 528
Hund 595
Liebe 773, 784
Natur 910
Paradies 938
Stadt 1142
Träumen 1210
Vergangenheit 1280
Wald 1343

Hausmann, Manfred (1898-1986), deutscher Schriftsteller
Auge 79
Demokratie 172
Fernsehen 314

Havel, Václav (*1936), tschech. Schriftsteller und Politiker
Autor 86
Freiheit 354
Werk 1373
Wort 1404

Havemann, Robert (1910-1982), deutscher Chemiker
Kapitalismus 631

Hawthorne, Nathaniel (1804-1864), US-amerikan. Schriftsteller
Sonne 1120

Haydn, Joseph (1732-1809), österreich. Komponist
Gesang 444
Musik 884, 885

Hayworth, Rita (1918 bis 1987), US-amerikan. Filmschauspielerin
Ehe 210

Hazlitt, William (1778-1830), brit. Schriftsteller
Freiheit 352
Freude 359
Macht 813
Schauspieler/-in 1041
Schreiben 1070
Welt 1370
Witz 1398
Wort 1408

Heath, Edward (*1916), brit. Politiker
Fehler 307
Macht 814
Opposition 933
Politiker 964
Rede 988
Sprache 1132
Wirtschaft 1387

Hebbel, (Christian) Friedrich (1813-1863), deutscher Dichter
Abschied 11
Absolutheit 12
Allegorie 20
Alter 26
Anerkennung 38
Armut 67
Aufrichtigkeit 76
Augenblick 80
Barbarei 90
Bedürfnis 96
Bestie 124
Beweis 131, 132
Biographie 142
Blindheit 144
Böses 148
Christentum 166, 167
Deutsch 182, 183
Deutschland 184
Dichter/-in 185, 187
Dichtung 189
Drama 197
Dummkopf 202
Egoismus 205, 206
Ehe 219
Ehebruch 222
Eitelkeit 245
Empfindung 252
Endzeit 254
Entschuldigung 261
Entwicklung 261
Epos 262

Extrem 296
Freiheit 352
Gedanke 394
Geist 412
Gemüt 432
Geschichte 447
Gesicht 463
Glück 490
Goethe, Johann Wolfgang von 502
Gott 507, 511, 512
Gottheit 519
Größe 526
Gutes 535, 536
Hand 543
Handeln 544
Hass 550
Heiraten 562
Held/Heldin 564
Ideal 598, 599
Idee 600, 602
Individualität 604, 605
Inneres 606, 607
Irrtum 612
Kartenspiel 632
Kind 638, 642
Kommunismus 658
Können 662
Kraft 668
Krankheit 671
Krieg 675
Kunst 688, 690, 691, 692
Künstler 701, 704
Kunstwerk 705
Lage 711
Laune 718
Leben 720, 724, 730, 731, 735
Lebenskunst 739
Lernen 755
Liebe 762, 781, 783, 786
Liebesroman 798
Lüge 807, 809
Mai 818
Maler 819
Mangel 821
Mann 822
Materie 835
Mensch 843, 846, 847, 848, 856, 859
Monarchie 875
Mond 877
Mutter 890
Mutterliebe 893
Nationalität 906
Natur 907, 908, 912, 913, 915
Nichts 921
Parodie 940
Pfeil 945
Phantasie 950
Philosophie 951
Poesie 957, 958
Prophet 971
Rätsel 981
Recht 984
Religion 1007, 1011
Revolution 1017
Scham 1038
Schelte 1044

Schicksal 1048, 1049
Schlaf 1051
Schlange 1054
Schmerz 1058, 1059
Schönheit 1066
Schöpfung 1069
Schreiben 1070
Segeln 1092
Selbstmord 1102
Selbstverachtung 1103
Spiegel 1126, 1127
Sprache 1131, 1132
Staat 1136
Statue 1146
Stolz 1155
Sünde 1167
Symbol 1168
Talent 1173
Teufel 1185
Tod 1194
Tot 1203
Traum 1207, 1208
Tun 1226
Unglück 1248
Universum 1250
Unrecht 1252
Verbrechen 1273, 1275
Vergangenheit 1280
Vorsatz 1322
Vortrefflichkeit 1325
Wahrheit 1336, 1341
Weib 1351, 1352, 1353, 1355, 1356
Welt 1368, 1369
Weltuntergang 1372
Wille 1380
Witz 1398
Wunder 1410
Zauberei 1417
Zeit 1422
Zerstreuung 1426
Zufall 1434

Hebel, Johann Peter (1760 bis 1826), deutscher Dichter
Erde 264
Freundlichkeit 361
Geld 423
Gelegenheit 426
Glück 487
Unrecht 1253

Hebing, Julius (1891–1973), deutscher Maler
Kunst 689

Hecht, Ben (1894–1964), US-amerikan. Journalist
Geist 411

Hedwig die Heilige (1174 bis 1243), Herzogin von Schlesien
Tod 1195

Heesters, Johannes (*1903), niederländ.-österreich. Schauspieler und Operettensänger
Frau 343

Hegel, Georg Wilhelm Friedrich (1770–1831), deutscher Philosoph
Duell 199
Einsicht 243
Erfahrung 265
Erfolg 272
Frau 332
Freiheit 352, 354
Ganzes 386
Gefühl 403
Geist 411, 413, 415
Geschichte 448
Glück 491
Handeln 546
Nichts 921
Philosophie 951
Schönheit 1062
Sein 1096
Sittlichkeit 1113
Staat 1136
Vernunft 1296, 1297
Wahrheit 1333
Wirklichkeit 1385

Hegenbarth, Herbert (*1944), deutscher Schriftsteller
Droge 198
Kopf 665

Heiberg, Gunnar (1857 bis 1929), norweg. Schriftsteller
Karikatur 631

Heidegger, Martin (1889 bis 1976), deutscher Philosoph
Frage 328
Suche 1164

Heifetz, Jascha (1901–1987), russ.-US-amerikan. Violinvirtuose
Wunderkind 1411

Heimann, Moritz (1868–1925), deutscher Schriftsteller
Kunst 689
Maß 832
Meinung 839
Mitte 870
Mittelmäßigkeit 872
Stuhl 1163
Wahrheit 1335

Heimeran, Ernst (1902–1955), deutscher Schriftsteller
Humor 593
Wein 1358

Hein, Piet (*1905), dän. Schriftsteller
Gesundheit 466
Krankheit 671
Neutralität 921
Sonnenuhr 1121
Subjektivität 1163

Heine, Heinrich (1797–1856), deutscher Dichter

Adel 16
Advokat 18
Andersdenkende 38
Anerkennung 39
Anpassung 45
Armut 63, 67
Aufgabe 73
Auge 78
Bauch 91
Bescheidenheit 117, 118
Bildung 140, 141
Blut 145
Bücherverbrennung 159
Busen 162
Charakter 164, 165
China 166
Christentum 166, 167
Despotismus 180
Deutsch 180, 181, 182
Deutschland 183
Dogma 196
Dom 196
Dummheit 200
Duft 199
Ehe 213
Eigentum 234
Ende 253
Engel 255
Entsagung 259
Ereignis 265
Feindschaft 310
Fortschritt 326
Frankreich 328
Frau 336
Freiheit 352
Frühling 377
Furcht 381
Gedanke 396
Gefühl 404
Geisteskraft 419
Geistlichkeit 419
Geld 423, 425
Generation 433
Genie 435
Genius 436
Germanen 443
Gesang 444
Geschichte 446
Glaube 480
Glück 497
Götter 519
Gottheit 519
Grab 521
Greis 523
Größe 526
Heidentum 554
Hexerei 575
Hoffnung 587
Hölle 591
Idee 601
Jüngling 627
Kleidung 651
Klugheit 654
König/Königin 662
Kraft 667
Krankheit 670
Krücke 684
Kunst 699, 700
Laster 716
Leben 722

Personenregister

Liebe 761, 778, 782, 791
Lied 800
List 801
Literatur 801
Mai 818
Märchen 828
Maria 829
Memme 842
Mensch 848, 856
Menschenrecht 861
Missgunst 867
Mönch 876
Musik 884
Nackheit 901
Narr 903
Partei 940
Pfarrer 945
Poesie 958
Politik 961
Preußen 968, 969
Priester 969
Prügel 973
Pulver 975
Rat 980
Ratte 981
Religion 1007, 1008, 1011
Revolution 1016
Rom 1021
Rührung 1029
Sattheit 1034
Schlaf 1051
Schmerz 1057, 1059
Schmetterling 1060
Schönheit 1062
Schulden 1076
Schweigen 1083
Sonnenuntergang 1121
Sterben 1147, 1149
Tag 1170
Talent 1173
Teufel 1183, 1184
Tod 1199
Träne 1205, 1206
Unglück 1245
Vergangenheit 1279
Verleumdung 1288
Verrücktheit 1297
Verstecken 1304
Verzeihung 1312
Volk 1316
Volksglaube 1318
Vorsehung 1323
Wahrheit 1335
Weib 1354
Welt 1367, 1368, 1369
Westfalen 1376
Willig 1382
Witz 1398, 1399
Zeit 1419
Zitat 1430

Heinemann, Gustav (1899 bis 1976), deutscher Politiker, Bundespräsident 1969-1974
   Anarchie 37
   Böses 148
   Chaos 162
   Jagd 615
   Orden 934
   Staat 1136

Heinrich III. (1017-1056), röm.-deutscher Kaiser
   Streit 1160

Heinrich IV. (1553-1610), König von Frankreich (seit 1589), als H. III. König von Navarra (seit 1562)
   Messe 864
   Paris 939

Heinse, Wilhelm (1746-1803), deutscher Schriftsteller
   Gefühl 404
   Musik 886

Heiseler, Henry von (1875 bis 1928), deutscher Schriftsteller russ. Herkunft
   Bewegung 130
   Kunst 688

Heisenberg, Werner Karl (1901-1976), deutscher Physiker, Physiknobelpreis 1932
   Naturwissenschaft 916
   Umsturz 1239

Heißenbüttel, Helmut (1921-1986), deutscher Schriftsteller
   Fortschritt 326

Held, Martin (1908-1992), deutscher Schauspieler
   Automobil 86
   Denkmal 179
   Mensch 856
   Richtung 1019
   Sicherheit 1106
   Tot 1203
   Umkehr 1239
   Zukunft 1439

Heller, André (*1947), österreich. Sänger, Schriftsteller, Aktionskünstler und Filmschauspieler
   Bequemlichkeit 111
   Deutschland 183
   Genie 435
   Österreich 937
   Unbequemlichkeit 1240

Hellmesberger, Joseph (1855 bis 1907), österreich. Musiker
   Ton 1201

Helmholtz, Hermann von (1821-1894), deutscher Naturforscher
   Energie 254

Helvétius, Claude Adrien (1715-1771), französ. Philosoph
   Gesellschaft 455
   Glück 488
   Nebel 916
   Verstehen 1305

Wahnsinn 1331
Wahrheit 1340

Hemingway, Ernest (1899 bis 1961), US-amerikan. Schriftsteller, Literaturnobelpreis 1954
   Aufrichtigkeit 75
   Autor 86
   Bewegung 130
   Buch 156
   Glück 493
   Idealismus 600
   Katze 634
   Lärm 715
   Leben 730
   Liebe 769
   Lüge 807
   Mensch 850, 860
   Roman 1022
   Rose 1023
   Satz 1034, 1035
   Schweigen 1083, 1084
   Sprechen 1134
   Ton 1201
   Welt 1368
   Wunderkind 1411

Hemsterhuis, Frans (1721 bis 1790), niederländ. Philosoph und Kunsttheoretiker
   Gesetzgebung 462
   Mensch 846
   Weisheit 1362

Henckels, Paul (1885-1967), deutscher Schauspieler
   Klugheit 654

Henie, Sonja (1912-1969), norweg. Eiskunstläuferin
   Geld 425

Hennis, Wilhelm (*1923), deutscher Politologe
   Kartenspiel 632
   Reform 992

Henriot, Emile (1889-1961), französ. Schriftstellerin
   Freiheit 353
   Wunsch 1412

Henze, Hans Werner (*1926), deutscher Komponist
   Norm 923
   Schönheit 1066

Hepburn, Audrey (1929 bis 1993), US-amerikan. Filmschauspielerin
   Party 942

Hepburn, Katharine (*1909), US-amerikan. Schauspielerin
   Alter 29

Heraklit (um 550-480 v. Chr.), griech. Philosoph
   Auge 77

Bauen 92
Begierde 102
Bewegung 130
Charakter 163
Dämon 169
Dienen 191
Dreck 198
Dummheit 201
Finden 317
Gegensatz 405
Gehorsam 410
Glück 499
Gold 503
Gott 515
Gut sein 532
Harmonie 547
Hoffnung 588
Hunger 596
Krankheit 672
Krieg 675, 679
Lust 811
Meinung 841
Mensch 845, 848
Nacht 900
Ruhm 1027
Schicksal 1046
Schlaf 1051
Schwein 1084
Seele 1088
Selbsterkenntnis 1099
Sonne 1120
Tod 1194
Verborgen 1272
Verstehen 1305
Weltordnung 1372
Wesen 1375
Wohlbefinden 1399
Wunsch 1413
Zeuge 1426, 1427

Herbart, Johann Friedrich (1776-1841), deutscher Philosoph und Pädagoge
   Erziehung 284
   Schwärmerei 1081
   Unterricht 1258

Herberger, Joseph »Sepp« (1897-1977), deutscher Fußballspieler und -trainer
   Fußball 384
   Spiel 1127
   Sport 1129
   Taktik 1172

Herbst, Wolfgang (*1925), deutscher Schriftsteller
   Anpassung 44
   Aphorismus 50
   Ärger 60
   Bewegung 130
   Charakter 165
   Demagogie 172
   Energie 254
   Feinheit 312
   Information 605
   Interpretation 610
   Kritik 683
   Literatur 802
   Manieren 821

Masse 833
Persönlichkeit 944
Pflicht 948
Philosophie 954
Politik 962
Schwäche 1079
Sprichwort 1134
Stärke 1145
Umgang 1238
Umstand 1239
Weisheit 1363
Wut 1415

Herder, Johann Gottfried (1744–1803), deutscher Philosoph und Dichter
  Abschied 11
  Affe 18
  Alter 27
  Altertum 34
  Antwort 49
  Arbeit 52, 57
  Aufklärung 73
  Ausschweifung 84
  Barbarei 90
  Bedürfnis 96
  Beispiel 107
  Beziehung 136
  Bild 137
  Blindheit 144
  Blüte 146
  Brand 150
  Buchhaltung 159
  Charakter 163, 166
  Dasein 171
  Dauer 171
  Denken 177, 178
  Deutsch 182
  Echo 204
  Ehe 217, 220
  Einbildung 236
  Einbildungskraft 236
  Einfachheit 237
  Empfangen 251
  Empfindung 253
  Entschluss 260
  Erkenntnis 276
  Erleuchtung 278
  Erziehung 286
  Europa 293
  Familie 300
  Fehler 306
  Frage 328
  Frau 343
  Freiheit 354, 355
  Freundlichkeit 361
  Freundschaft 364
  Fröhlichkeit 374
  Frucht 376
  Führung 379
  Ganzes 386
  Geburt 391
  Gefühl 404
  Geheimnis 408
  Genie 435
  Geschichte 446, 447, 448, 449, 450
  Geschlecht 451
  Geselligkeit 454
  Gewalt 469

  Gewürz 477
  Gipfel 477
  Gleichgewicht 484
  Gold 503
  Grab 521
  Größe 527
  Güte 533
  Handeln 546
  Haushalt 553
  Held/Heldin 564
  Hilfe 577
  Himmel 578
  Individualität 604
  Inneres 606
  Jahr 616
  Judentum 619
  Jugend 624
  Keuschheit 636
  Kind 637, 639, 644
  Klima 652
  Kreislauf 674
  Krieg 678, 680
  Krone 684
  Kultur 686
  Leben 724, 727, 738
  Leidenschaft 748, 749, 751
  Leistung 753
  Lernen 754, 756
  Licht 759
  Liebe 760, 773, 781, 791
  Luther, Martin 812
  Macht 815
  Mensch 844, 845, 849, 850, 851, 852, 853, 857, 860
  Menschheit 862
  Menschlichkeit 863
  Mitgefühl 869
  Mittel 871
  Mittelalter 871
  Mönch 876
  Moral 877
  Mord 879
  Morgen 880
  Natur 906, 907, 912, 913, 914
  Optimismus 933
  Papst 938
  Philosophie 952, 953, 954
  Poesie 958
  Pol 959
  Preußen 968
  Raserei 978
  Reiz 1007
  Religion 1011
  Rom 1021
  Saat 1030, 1031
  Satire 1034
  Schicksal 1045, 1047, 1048
  Schiff 1049, 1050
  Seele 1088, 1089
  Sein 1096
  Selbstsucht 1103
  Selbstüberwindung 1103
  Selbstverwirklichung 1104
  Sitten 1112
  Sklaverei 1114, 1116
  Sonne 1119
  Sprache 1131, 1132
  Staat 1137, 1139
  Strafe 1156

  Streben 1159
  Sturm 1163
  Talent 1173
  Tapferkeit 1175
  Tier 1190
  Treue 1213
  Trieb 1214
  Tugend 1219, 1221, 1223
  Unsterblichkeit 1255
  Untreue 1261
  Ursprung 1263
  Verbrechen 1273
  Vernunft 1294, 1295, 1296
  Volk 1317
  Vorsehung 1322
  Vorurteil 1325
  Waffe 1328
  Wahn 1331
  Wahrheit 1332, 1334
  Wasser 1348
  Weib 1353, 1354
  Weisheit 1363, 1365
  Weltall 1371
  Wille 1381
  Wirkung 1386
  Wissen 1392
  Wissenschaft 1395
  Wohlfahrt 1399
  Wüste 1415
  Zeit 1419
  Zeitalter 1423
  Zerstörung 1425, 1426
  Zeugung 1427
  Ziel 1429
  Zufall 1434
  Zweck 1443

Herdi, Fritz (*1920), schweizer. Publizist
  Bauch 91
  Hund 595

Herford, Oliver (1863–1935), US-amerikan. Schriftsteller
  Ehe 212
  Glashaus 478
  Kuss 707
  Masse 833
  Reden 989
  Redlichkeit 991
  Schicksal 1045
  Stein 1146
  Versprechen 1300

Herking, Ursula (1912–1974), deutsche Schauspielerin und Kabarettistin
  Beziehung 135
  Heiraten 562
  Mann 826

Herodot (um 490 bis um 425 v.Chr.), griech. Geschichtsschreiber
  Alleinherrschaft 22
  Bestimmung 124
  Gewalt 469
  Glück 495, 499
  Gott 505
  Herrschaft 567

  Klugheit 655
  Lüge 809
  Sattheit 1034
  Scham 1038
  Schicksal 1045
  Sinne 1110
  Tadel 1170
  Vorhersehen 1321
  Willkür 1383

Herre, Franz (*1926), deutscher Historiker und Publizist
  Glück 491
  Mythos 895
  Unglück 1246

Herriot, Edouard (1872 bis 1957), franzos. Politiker
  Politik 961
  Reiten 1006

Herwegh, Georg (1817–1875), deutscher Schriftsteller
  Arbeit 56
  Beten 125
  Deutschland 184
  Streik 1159

Herzen, Alexander Iwanowitsch (eig. Jakowlew, A. I., 1812–1870), russ. Schriftsteller und Publizist
  Liberal 758

Herzl, Theodor (1860–1904), österreich. Zionist
  Idee 601
  Judentum 619

Herzog, Roman (*1934), deutscher Jurist und Politiker, Bundespräsident seit 1994
  Provokation 973

Hesiod (um 700 v.Chr.), griech. Dichter
  Altern 33
  Arbeit 54
  Bedürfnis 96
  Buße 162
  Freundschaft 368
  Gewinn 471
  Haus 552
  Mäßigung 834
  Nachbarschaft 896
  Reserve 1013
  Schweiß 1084
  Tugend 1225
  Verbrechen 1274

Hess, Moses (1812–1875), deutscher Schriftsteller
  Ausbeutung 81
  Bildung 140
  Elend 248
  Gleichheit 486
  Konkurrenz 662
  Mensch 845
  Not 924
  Sozialismus 1123

Überfluss 1231
Übermensch 1233
Weisheit 1364

Hesterberg, Trude (1897–1967), deutsche Schauspielerin
Mann 823
Zahn 1416

Hettlage, Karl Maria (*1902), deutscher Finanzpolitiker
Feindschaft 309
Währung 1343

Heuschele, Otto (1900–1996), deutscher Schriftsteller
Demokratie 173
Dichtung 189
Elite 248
Epoche 262
Erfolg 272
Größe 524
Krankheit 671
Scheitern 1043
Stunde 1163

Heuss, Theodor (1884–1963), deutscher Politiker, Bundespräsident 1949–1959
Kultur 687
Liebe 768
Maschine 831
Mist 868
Pessimismus 944
Phantasie 949
Politik 962
Reisen 1004
Wagnis 1329
Wandern 1345

Hey, Wilhelm (1789–1854), deutscher Dichter
Himmel 580
Stern 1151

Heym, Georg (1887–1912), deutscher Schriftsteller
Sterben 1149

Heyral, Marc (1910–1989), französ. Chanson-Komponist und Pianist
Träne 1205
Wasser 1348

Heyse, Paul von (1830–1914), deutscher Schriftsteller, Literaturnobelpreis 1910
Anerkennung 38
Atheismus 72
Eitelkeit 246
Erlebnis 277
Inneres 607
Jugend 622
Teufel 1184
Weib 1356
Zorn 1433

Hicks John R. (1904–1989), brit. Nationalökonom
Ausrede 83

Hielscher, Margot (*1919), deutsche Schauspielerin
Frau 338

Hieronymus (um 347 bis 419/20), latein. Kirchenlehrer
Bauch 91
Bildung 141
Erfahrung 267
Fasten 302
Irrtum 613
Laster 716
Reichtum 998
Tugend 1219

Hildebrandt, Dieter (*1927), deutscher Kabarettist und Schauspieler
Aphorismus 50
Arbeit 58
Ausland 83
Computer 169
Ehrgeiz 228
Gott 510
Kritik 682
Leid 747
Politik 959
Politiker 965
Richter 1018
Sport 1130
Untergang 1257
Vorsicht 1324
Wissen 1389

Hildegard von Bingen (1098–1179), deutsche Mystikerin
Acker 15
Arbeit 53
Auge 78
Ausführung 82
Demut 174
Erde 264
Erwägung 283
Essen 291
Ewigkeit 294
Frau 345
Garten 386
Gedanke 394
Geheimnis 409
Geist 411
Geiz 421
Gemüt 432
Genuss 437
Gott 506, 511, 513
Gras 522
Gutes 536, 537
Herz 572
Leben 725
Leidenschaft 748
Liebe 767
Lust 810
Mann 826
Mensch 846, 850, 852, 856
Natur 914
Schaffen 1037

Schöpfung 1068, 1069
Seele 1087, 1088, 1089
Selbstüberschätzung 1103
Sonne 1120
Spott 1130
Suche 1164
Thron 1188
Tugend 1220, 1225
Überforderung 1231
Umarmung 1238
Untergebene 1257
Verantwortung 1271
Verbindung 1272
Verlangen 1287
Verstand 1301
Vorsehung 1323
Vorsicht 1324
Weisheit 1361
Wort 1404, 1405

Hill, Lynn (*1961), US-amerikan. Sportlerin
Individuum 605
Weg 1349

Hillary, Edmund (*1919), neuseeländ. Bergsteiger
Berg 113

Hille, Peter (1854–1904), deutscher Schriftsteller
Anspruchslosigkeit 47
Blume 145
Forderung 323
Freiheit 354
Gebot 391
Gott 511
Gottesfurcht 519
Kultur 687
Lächeln 708
Laster 716
Lästern 718
Streben 1158
Urteil 1265
Vorurteil 1326
Zwang 1442

Hilpert, Heinz (1890–1967), deutscher Regisseur und Theaterleiter
Aufgeblasenheit 73
Erfahrung 266
Intuition 611
Rückzug 1024

Hilsbecher, Walter (*1917), deutscher Schriftsteller
Angst 43
Augenblick 79
Chaos 163
Furcht 382
Hass 549
Ohnmacht 930
Ordnung 935
Orgasmus 935
Schüchternheit 1075
Triumph 1216
Zeit 1418, 1423

Hilty, Carl (1833–1909), schweizer. Jurist und philosoph. Schriftsteller
Alter 26
Anlage 43
Arbeit 54
Beten 125
Bildung 140
Charakter 163
Dank 170
Ehre 226
Erziehung 287
Frau 331
Freiheit 352
Freundschaft 363, 364, 367
Frieden 372
Gefühl 403
Genuss 438
Gesellschaft 455
Gesundheit 466
Glaube 479
Gott 509
Hochzeit 584
Karriere 632
Kind 638, 641
Krieg 675
Leben 723
Mensch 850
Schmach 1056
Schweiz 1084
Schwierigkeit 1085, 1086
Selbstständigkeit 1102
Staat 1137
Tier 1189
Treue 1212
Verehrung 1277
Vertrauen 1308
Volk 1316

Hindenburg, Paul von (1847–1934), deutscher Generalfeldmarschall und Reichspräsident
Befehl 98
Gehorsam 410

Hinz, Werner (1903–1985), deutscher Schauspieler
Auge 78
Humor 594

Hipparchos (um 161 bis um 127 v. Chr.), griech. Astronom und Geograf
Lebenskunst 740

Hippel, Theodor Gottlieb von (1741–1796), deutscher Schriftsteller
Ehe 218
Eifersucht 231
Erziehung 288
Frau 335, 341
Geld 422
Heiraten 560
Kuss 708
Mann 824, 827
Mutter 890, 891
Regierung 996
Spiegel 1126

Personenregister

Hölderlin 1513

Tochter 1191
Untreue 1261
Verzeihung 1313
Weib 1353, 1354, 1355
Witwe 1397
Zölibat 1432

Hippias (um 420 v.Chr.),
griech. Philosoph
Neid 918

Hippokrates (um 460 bis
um 370 v.Chr.), griech. Arzt
Abtreibung 13
Arzt 69
Enthaltsamkeit 258
Essen 290
Gesundheit 466
Heilmittel 557
Heilung 558
Krankheit 671
Kunst 689
Leben 722
Schweigen 1083

Hirschfeld, Magnus
(1868–1935), deutscher
Sexualforscher
Gleichheit 485
Liebe 782

Hitchcock, Alfred
(1899–1980), brit. Regisseur
Betrug 126
Blick 143
Ehe 219
Film 316
Frau 337, 339, 345
Haut 554
Heiraten 559
Mord 880
Realismus 983
Reiz 1007
Schauspielerei 1041
Sexualität 1106
Trunksucht 1218
Unergründlich 1242
Verstehen 1305
Verurteilung 1310
Wort 1406

Ho Chi Minh (1890–1969),
vietnames. Politiker
Geist 417
Winter 1384

Hobbes, Thomas (1588–1679),
engl. Philosoph und Staats-
theoretiker
Bürger 161
Gewalt 468
Gewissen 471
Krieg 678
Streit 1161

Höcherl, Hermann (1912 bis
1989), deutscher Politiker
Deutsch 182

Hochhuth, Rolf (*1931),
deutscher Schriftsteller
Ehe 217
Geschichte 448
Glashaus 478
Politiker 965
Scheidung 1042
Schriftsteller/-in 1074

Hochwälder, Fritz (1911 bis
1986), österreich. Dramatiker
Beruf 115

Hodler, Ferdinand
(1853–1918), schweizer. Maler
Kunst 691

Hofer, Karl (1878–1955),
deutscher Maler und Schriftsteller
Kunst 689

Höfer, Werner (*1913),
deutscher Publizist
Diplomatie 194
Genie 435
Nachwelt 901
Politiker 965
Show 1106
Star 1144
Wahl 1330
Zufall 1434

Hoffer, Eric (1902–1983),
US-amerikan. Schriftsteller
Eigenliebe 233
Hass 549
Menschenführung 860

Hoffmann von Fallersleben,
August Heinrich (1798–1874),
deutscher Dichter
Abend 7
Bürger 161
Deutsch 180
Deutschland 183
Frevel 371
Mitgift 869
Regierung 994
Richter 1018
Ruhe 1026
Schwierigkeit 1086
Vaterland 1268
Zeitung 1424

Hoffmann, E(rnst) T(heodor)
A(madeus) (1776–1822), deut-
scher Dichter und Komponist
Melodie 842
Musik 884, 885, 886

Hoffmann, Ernst (1880 bis
1952), deutscher Philosoph
Fortschritt 325

Hoffmann, Heinrich (1809 bis
1894), deutscher Nervenarzt
und Schriftsteller
Wut 1415

Höffner, Joseph (1906–1987),
deutscher kath. Theologe und
Kardinal
Gewissen 472

Hofmann, Werner (*1928),
österreich. Kunsthistoriker
Kunst 697

Hofmannsthal, Hugo von
(1874–1929), österreich.
Dichter
Begeisterung 101
Erlebnis 277
Journalismus 618
Leben 720
Liebe 770
Scham 1037
Schönheit 1062
Wissen 1391

Höhn, Carola (*1910),
deutsche Schauspielerin
Affe 18
Mann 824

Holberg, Ludvig von
(1684–1754), dän. Dichter
und Historiker
Regierung 994

Hölderlin, (Johann Christian)
Friedrich (1770–1843),
deutscher Dichter
Abend 7
Ahnung 19
Allein 21
Alles 22
Alpen 23
Alter 28
Altern 33
Arbeit 53
Augenblick 80
Ausführung 82
Baum 94
Begeisterung 101
Bildung 140
Bleiben 143
Brief 152
Deutsch 182
Dichter/-in 185, 186
Ehre 225
Empfindlichkeit 251
Engel 255
Erinnerung 275
Erwachen 282
Erziehung 284
Ewigkeit 295
Faust 304
Feigheit 308
Fessel 314
Freiheit 350, 352
Freude 361
Freundschaft 363, 368
Frühling 377, 378
Geben 388
Gebirge 390, 391
Gefallen 401
Gefühl 405
Geist 411

Genius 436
Gesellschaft 457
Gewohnheit 475
Gipfel 477
Glück 490, 492, 495
Goethe, Johann Wolfgang
  von 502
Gold 503
Gott 504
Götter 517, 518
Gottheit 519
Göttliches 520
Grab 521, 522
Griechenland 524
Größe 526, 527
Harmonie 547
Heiligkeit 556
Heilung 557
Heimat 558
Herbst 565
Herz 569, 571, 573, 574
Himmel 579
Hoffnung 586, 587
Höhe 590
Ideal 599
Inneres 607
Insel 607
Irrtum 614
Jagd 615
Jugend 619, 620, 622, 624
Kind 638, 640, 641, 642
Kindheit 645
Koch 657
Kraft 668
Krieg 675
Kunst 689, 691, 695, 700
Künstler 702, 705
Last 715
Leben 725, 726, 727, 728,
  733
Leid 744, 746, 747
Leser 757
Liebe 772, 777, 780, 789,
  791, 792, 795
Markt 830
Meer 837
Mensch 850, 851, 853, 854,
  858
Monarchie 875
Mysterium 894
Nacht 899
Natur 906, 908, 909, 911,
  912, 913, 914
Natürlichkeit 915
Not 924
Notwendigkeit 925
Pflanze 946
Philosophie 950
Poesie 958
Priesterin 970
Religion 1011
Rettung 1014
Revolution 1016
Rhein 1018
Ruhe 1025, 1026
Sanftmut 1033
Schicksal 1045, 1046, 1047,
  1049
Schiffbruch 1050
Schmerz 1058, 1059, 1060

Schönheit 1062, 1064, 1065
Schule 1077, 1078
Schwärmerei 1082
Schwimmen 1086
Seele 1092
Selbstmord 1102
Seligkeit 1104
Sieg 1108
Sonne 1119
Sprache 1131, 1132
Staat 1135, 1137
Stern 1151
Steuermann 1152
Strafe 1156
Suche 1164
Tier 1189
Tod 1194
Tot 1203
Träumen 1210
Trennung 1211
Treue 1213
Trost 1217
Unschuld 1254
Vaterland 1268
Vergessen 1283
Vernunft 1293, 1296
Versöhnung 1300
Verstand 1301, 1302, 1303
Verwandtschaft 1311
Weg 1349
Weisheit 1365
Welken 1367
Welt 1369
Wesen 1376
Winter 1384
Wirklichkeit 1384
Wonne 1403
Ziel 1429
Zucht 1433
Zufriedenheit 1435
Zweifel 1445

Hollander, Walther von (1892–1973), deutscher Schriftsteller
   Lob 803
   Tadel 1169

Holmes, Oliver Wendell (1809–1894), US-amerikan. Schriftsteller
   Veranlagung 1270

Holt, Hans (*1909), österreich. Schauspieler
   Frau 344
   Schwäche 1080

Holthusen, Hans Egon (1913–1997), deutscher Schriftsteller und Kritiker
   Einsicht 243
   Kunst 691, 695
   Spionage 1129
   Wahrheit 1334

Hölty, Ludwig Christoph Heinrich (1748–1776), deutscher Dichter
   Erde 264

Redlichkeit 991
Treue 1213

Holz, Arno (1863–1929), deutscher Dichter
   Vergessen 1283
   Wolke 1402

Homer (8./7. Jh. v. Chr.), griech. Dichter
   Alleinherrschaft 22
   Alter 26, 27
   Duldung 199
   Ehe 213
   Ehre 226
   Eitelkeit 246
   Elend 248
   Entwurf 262
   Erinnerung 274
   Erscheinung 281
   Essen 291
   Familie 300
   Flucht 321, 322
   Freude 359
   Freundschaft 367
   Gefahr 399
   Gehorsam 410
   Gerechtigkeit 439
   Gerücht 443
   Geschenk 446
   Geschmack 453
   Gleich 484
   Gott 507, 513
   Götter 518
   Heimat 558
   Herrschaft 568
   Herz 574
   Hochmut 583
   Hunger 595
   Jugend 624
   Jüngling 627
   Kampf 630
   Kind 642
   Kraft 669
   Kränkung 673
   Krieg 677, 679
   Lachen 710
   Leben 734
   Leichtsinn 744
   Liebe 760, 772
   Lied 800
   Magen 818
   Meer 838
   Mensch 857
   Mut 888
   Name 902
   Ordnung 934
   Rettung 1014
   Sattheit 1034
   Schande 1039
   Tag 1171
   Trübsal 1217
   Tugend 1224
   Umgang 1238
   Unbeständigkeit 1240
   Ungeheures 1243
   Unglück 1246
   Unruhe 1253
   Vater 1266
   Vaterland 1267, 1268

   Veränderung 1270
   Vereinigung 1278
   Vergangenheit 1279
   Vollendung 1318
   Wachstum 1327
   Warnung 1346
   Wein 1358
   Weniges 1372
   Wissen 1389

Hondrich, Karl Otto, (*1937), deutscher Soziologe
   Herrschaft 568
   Skandal 1114

Honecker, Erich (1912 bis 1994), deutscher Politiker, Staatsratsvorsitzender der DDR 1976–1989
   Aufhalten 73
   Laufen 718

Hoover, John Edgar (1895–1972), US-amerikan. Jurist und FBI-Direktor
   Mehrheit 838

Hope, Bob (*1903), US-amerikan. Komiker
   Amerika 35
   Mädchen 817
   Pünktlichkeit 975
   Tanz 1174

Horaz (65–8 v. Chr.), röm. Dichter
   Adel 17
   Altern 33
   Anfang 40
   Armut 65, 66
   Besonnenheit 122
   Bewunderung 133
   Definition 171
   Dichter/-in 186, 187, 188
   Dichterlesung 188
   Ding 194
   Dummheit 201, 202
   Erbschaft 262
   Erfahrung 265, 267
   Essen 289
   Fähigkeit 297
   Fehler 307
   Flucht 322
   Friedfertigkeit 374
   Geld 422
   Genug 436
   Genuss 437, 438
   Geschäft 444
   Gesetz 462
   Glück 494, 496, 501
   Gold 503
   Habgier 540
   Hass 549
   Herz 570
   Hoffnung 585
   Jahr 616
   Kampf 630
   Klatsch 648
   Kleinheit 651
   Krieg 680

Laster 717
Leben 720, 730, 736
Liebe 787
Lob 803
Magen 817
Maler 819
Mangel 820
Masse 833
Menschheit 863
Mitgift 869
Mutter 891
Nachahmung 896
Nachrede 898
Nachsicht 898
Natur 906
Neid 917
Notwendigkeit 925
Reichtum 998, 999, 1000
Reisen 1004
Schein 1043
Scherz 1044
Schlaf 1052
Schreiben 1072
Schuld 1076
Schwärmerei 1082
Schweigen 1082
Sieg 1108
Sklaverei 1115, 1116
Sorge 1121
Strafe 1157
Talent 1173
Tat 1176
Täuschung 1180
Tochter 1191
Tod 1192, 1193, 1194, 1195, 1198
Trunkenheit 1218
Tugend 1221, 1222, 1224, 1225, 1226
Unglück 1246
Verbot 1272
Vergänglichkeit 1282
Vergnügen 1285
Verlangen 1287
Vernunft 1296
Versprechen 1301
Vertrauen 1309
Vorhersehen 1321
Wahrheit 1336
Wein 1358
Weisheit 1363, 1365
Wort 1404, 1407
Wunsch 1413
Zeit 1422
Zorn 1432, 1433
Zukunft 1438, 1439

Hörbiger, Attila (1896–1987), österreich. Schauspieler
   Gewohnheit 476
   Wechsel 1348

Hörbiger, Paul (1894–1981), österreich. Schauspieler
   Dirigent 195
   Erfahrung 266
   Erinnerung 274
   Glück 493
   Musik 885
   Zukunft 1438

Horkheimer, Max
(1895–1973), US-amerikan.
Philosoph und Soziologe
deutscher Herkunft
   Deutschland 183
   Frau 334

Horlacher, Michael
(1888–1957), deutscher
Politiker
   Grundsatz 530

Horn, Franz (1781–1837),
deutscher Literaturhistoriker
   Poesie 957

Horowitz, Wladimir (1904
bis 1989), russ.-US-amerikan.
Pianist
   Klavier 648
   Musik 886
   Singen 1109

Horváth, Ödön von (1901 bis
1938), österreich. Schriftsteller
   Armut 67
   Lüge 809
   Spiegel 1126

Howe, Edgar Watson
(1853–1937), US-amerikan.
Journalist
   Bescheidenheit 117
   Bewunderung 132
   Freundschaft 362

Howells, William Dean
(1837–1920), US-amerikan.
Schriftsteller
   Stunde 1163

Hubbard, Elbert (1856–1915),
US-amerikan. Schriftsteller
   Antwort 49
   Außergewöhnliches 84
   Beute 130
   Dank 170
   Freundschaft 362, 366
   Gerechtigkeit 440
   Gewöhnlich 476
   Glück 496
   Grab 521
   Gutes 536
   Handeln 544
   Hiflosigkeit 577
   Ironie 611
   Klatsch 648
   Kompliment 659
   Konservatismus 663
   Kritik 684
   Kummer 688
   Leben 721, 724
   Logik 804
   Lüge 807
   Macht 815
   Meinung 839
   Schwäche 1080
   Schweigen 1084
   Sozialismus 1123
   Spezialisierung 1126
   Strafe 1157
   Sünde 1167
   Talent 1172
   Unwissenheit 1262
   Wahrheit 1334, 1335
   Wort 1407

Hubbard, Kin (1868–1930),
US-amerikan. Karikaturist
   Ehrlichkeit 229
   Frieden 372
   Heiraten 561
   Krieg 675
   Mitgift 869
   Sieg 1107
   Staatsmann 1141
   Stadt 1142
   Wahrheit 1342

Hubschmid, Paul (*1918),
schweizer. Schauspieler
   Besserwisserei 123
   Hochzeit 584
   Kuss 707
   Pessimismus 944

Huch, Ricarda (1864–1947),
deutsche Erzählerin und
Lyrikerin
   Abschied 11
   Abstraktion 12
   Begegnung 99
   Bekanntschaft 108
   Buch 157
   Deutsch 181
   Dichter/-in 185
   Entweder – oder 261
   Familie 299
   Fest 314
   Herz 574
   Himmel 578
   Idee 600
   Interesse 610
   Kathedrale 633
   Kopf 665
   Krieg 675
   Leben 726, 732, 737
   Leidenschaft 748
   Liebe 781
   Meer 837
   Mensch 849
   Mutter 890
   Nacht 900
   Romantik 1022
   Schule 1078
   Sehnsucht 1095
   Spiel 1127, 1128
   Tanz 1174
   Urteil 1264
   Vorwärts 1326
   Wohlwollen 1401

Hudson, Rock (1925–1985),
US-amerikan. Filmschauspieler
   Individualismus 604
   Star 1144

Hughes, Howard (1905 bis
1976), US-amerikan. Flieger
und Unternehmer

   Geld 425
   Prinzip 970
   Reichtum 1001

Hugo, Victor (1802–1885),
französ. Dichter
   Almosen 23
   Armut 67
   Buchdruck 159
   Demokratie 172
   Feindschaft 310
   Frau 330, 333, 342
   Geschichte 447
   Gewissen 471
   Gott 504
   Grab 521
   Größe 527
   Idee 601
   Indien 603
   Intellekt 608
   Kind 639
   Kompliment 659
   Kuss 707
   Macht 815
   Melancholie 842
   Musik 884
   Popularität 966
   Sieg 1109
   Stimmzettel 1155
   Sünde 1165
   Teufel 1184
   Wahl 1330
   Wankelmut 1346
   Wein 1358
   Zivilisation 1430

Hugo von Trimberg († nach
1313), deutscher Dichter
   Finger 317
   Frau 347
   Herz 570
   Reden 991
   Weisheit 1362, 1366

Humboldt, Alexander von
(1769–1859), deutscher
Naturforscher
   Ahnung 19
   Alter 25
   Erkenntnis 275
   Natur 909
   Rasse 978
   Schicksal 1046
   Sein 1096
   Unzufriedenheit 1262
   Wille 1380
   Wissen 1391

Humboldt, Wilhelm von
(1767–1835), deutscher Philo-
soph und Staatsmann
   Anziehung 49
   Arbeit 53
   Arbeitsam 59
   Bedürfnis 96
   Bildung 141
   Denken 176
   Ehe 214
   Energie 254
   Enthusiasmus 258
   Erinnerung 275
   Frau 330, 339, 342
   Gewohnheit 476
   Heiterkeit 563
   Herrschaft 567
   Idee 601
   Kraft 668
   Lehen 741
   Liberal 758
   Liebe 760
   Mann 821
   Natur 908
   Regierung 995
   Schicksal 1046, 1047
   Seele 1089
   Sklaverei 1114
   Staat 1140
   Tod 1193
   Überzeugung 1236
   Unzufriedenheit 1262
   Verfassung 1278
   Vernunft 1294
   Wehmut 1350
   Weib 1352
   Weiblichkeit 1356
   Wissen 1388
   Zukunft 1437

Hume, David (1711–1776),
brit. Philosoph, Ökonom und
Historiker
   Gewohnheit 475
   Handeln 545

Hundertwasser, Friedensreich
(*1928), österreich. Maler und
Grafiker
   Brücke 153
   Kunst 696
   Mensch 846

Hus, Jan (um 1370–1415),
tschech. Reformator
   Armut 62
   Beichte 106
   Beten 125
   Bischof 142
   Gott 508
   Mönch 876
   Papst 937
   Predigt 968
   Priester 969
   Prostitution 972
   Teufel 1183

Huston, John (1906–1987),
US-amerikan. Filmregisseur
   Ehrgeiz 228

Hutten, Ulrich von (1488 bis
1523), deutscher Humanist
und Publizist
   Wahrheit 1340

Huxley, Aldous Leonard (1864
bis 1963), brit. Schriftsteller
und Kulturkritiker
   Aufrichtigkeit 75
   Begabung 99
   Erfahrung 266, 267

Personenregister

1516 **Huxley**

Forschung 324
Fortschritt 325
Geschwindigkeit 454
Hölle 590
Intelligenz 609
Kultur 686
Kunst 695
Lebenssinn 740
Medizin 837
Mensch 847
Optimismus 933
Organ 935
Politik 962
Schnelligkeit 1061
Tatsache 1178
Tot 1202
Unzufriedenheit 1262
Welt 1371

Huxley, Julian (1887–1975), brit. Biologe, Generaldirektor der UNESCO
Glaube 483
Lösung 806
Problem 971

Huysmans, Joris-Karl (eig. H., Georges Charles, 1848–1907), französ. Schriftsteller
Wirklichkeit 1385

I

Iacocca, Lido Anthony »Lee« (*1924), US-amerikan. Industriemanager
Amerika 35
Arbeit 53, 55
Arbeitgeber 59
Beruf 115
Berühmtheit 116
Bildung 141
Buße 162
Denken 176
Eltern 249
Erfolg 269
Familie 300
Fehler 306, 307
Fernsehen 314
Fortschritt 326
Geben 388
Gewissheit 474
Grundsatz 530
Handeln 544
Hartnäckigkeit 548
Herausforderung 565
Information 605
Journalismus 618
Karriere 632
Leben 729
Lesen 756
Macht 813
Management 820
Menschenverstand 862
Presse 968
Rede 989
Ruhm 1027

Sehen 1093
Stil 1153
Unsinnig 1255
Unternehmen 1258
Vernachlässigung 1293
Wissen 1390
Zuhause 1436

Ibsen, Henrik (1828–1906), norweg. Dichter
Allein 21
Angst 42
Beziehung 134
Dichtung 189
Entwicklung 261
Fest 314
Frau 337
Freiheit 350, 355
Geld 424
Gesellschaft 455
Gesetz 461
Glaube 480
Glück 493, 497
Inneres 606
Irrtum 612
Kampf 629
Kleidung 650
Leben 731
Lied 800
Lüge 808
Mehrheit 838
Minderheit 866
Mittelmäßigkeit 872
Sehen 1093
Sonne 1120
Unschuld 1254
Wahrheit 1333, 1338
Weib 1353
Weltverbesserung 1372

Ignatius von Loyola (1491–1556), Gründer des Jesuitenordens
Gutes 538

Ihering, Rudolf von (1818–1892), deutscher Jurist
Böses 148
Despotismus 180
Egoismus 206
Einsamkeit 240
Einsiedler 244
Freiheit 351
Freude 361
Frieden 372
Geld 422
Gesellschaft 455
Handlung 546
Höflichkeit 588
Inneres 606
Recht 984
Übermaß 1233
Willkür 1382

Illies, Joachim (1925–1983), deutscher Naturwissenschaftler
Menschheit 862

Immermann, Karl Leberecht (1796–1840), deutscher Dichter
Kuss 707
Licht 758
Liebe 786

Inge, Dean William Ralph (1860–1954), brit. Theologe
Narr 903
Religion 1009
Wolf 1402

Ingersoll, Robert G. (1833 bis 1899), US-amerikan. Jurist
Universität 1250

Institoris, Heinrich (eig. Krämer, H., um 1430–1505), deutscher Dominikaner und Inquisitor
Hexerei 575

Ionesco, Eugène (eig. Ionescu, Eugen, 1909–1994), französ. Schriftsteller rumän. Herkunft
Absurdes 13
Alltag 23
Antwort 49
Auge 78
Bildung 140
Einsamkeit 239
Erfahrung 268
Gegenwart 406
Gott 511
Idee 601
Komik 658
Kritik 683
Leben 720
Marxismus 830
Phantasie 950
Tragödie 1204
Vergangenheit 1280
Zukunft 1437, 1438

Irving, Washington (1783–1859), US-amerikan. Schriftsteller
Aufstand 76
Bier 137
Dick 190
Zunge 1440

Irzykowski, Karol (1873 bis 1944), poln. Schriftsteller
Alter 31
Beichte 105
Druckfehler 198
Dummheit 200
Fliegen 320
Gott 511
Mensch 855
Politik 961
Strafe 1156
Sünde 1166
Tat 1176
Unrecht 1252
Verstand 1302
Welt 1369
Zorn 1433

Iwanow, Wsewolod (1895–1963), russ.-sowjet. Schriftsteller
Bauer 93
Schwein 1084

J

Jackson, Holbrook (1874–1948), brit. Essayist
Buch 155
Gedanke 396
Mensch 846
Nationalität 906

Jackson, Michael (*1958), US-amerikan. Popmusiker
Krieg 676

Jacob, Max (1876–1944), französ. Schriftsteller und Maler
Kunst 691

Jacobsen, Jens Peter (1847–1885), dän. Dichter
Ausnahme 83
Eile 235
Gedicht 397
Gesundheit 467
Glaube 479
Gott 505
Göttliches 520
Größe 528
Gutes 535
Hindernis 580
Ich 598
Jahr 616
Kamel 629
Kind 641
Knabe 655
König/Königin 660
Kunst 700
Leben 721
Liebe 766, 771, 780, 784, 788, 791, 795
Mädchen 817
Mann 823
Mensch 849, 858, 859
Mut 888, 890
Natürlichkeit 916
Phantasie 949
Prophet 971
Schmerz 1058
Sehnsucht 1095
Tod 1195, 1196
Tor 1201
Traum 1206, 1207, 1209
Verzweiflung 1314
Wunder 1411
Zweifel 1444

Jaeger Henry (*1927), deutscher Schriftsteller
Erlebnis 277
Mensch 846

Personenregister

Jean Paul 1517

Jagger, Mick (*1943),
brit. Rockmusiker
   Zeit 1420

Jahn, Friedrich Ludwig
(1778–1852), deutscher
Pädagoge und Politiker
   Ehe 209

Jahnn, Hans Henny
(1894–1959), deutscher
Schriftsteller und Orgelbauer
   Fressen 358
   Meinung 839

James, William (1842–1910),
US-amerikan. Philosoph und
Psychologe
   Denken 178
   Genie 435
   Gesellschaft 456
   Gewohnheit 475
   Gott 508
   Götter 518
   Idee 601
   Offenbarung 928
   Versagen 1298
   Wahrnehmung 1342
   Weisheit 1363
   Wichtigkeit 1377

Jannings, Emil (1884–1950),
deutscher Schauspieler
   Schatten 1040
   Traum 1209

Jäntsch, Günter (*1939),
deutscher Dichter
   Sprache 1132

Jarry, Alfred (1873–1907),
französ. Dichter und
Dramatiker
   Körper 666

Järvelt, Göran (1947–1989),
schwed. Opern- und Schau-
spielregisseur
   Kind 641

Jaspers, Karl (1883–1969),
deutscher Philosoph und
Psychiater
   Chaos 162
   Demokratie 172
   Ehe 212
   Fortschritt 326
   Freiheit 353
   Frieden 373
   Gewalt 469
   Gleichgültigkeit 484
   Gott 508
   Intoleranz 610
   Krieg 675
   Kunst 694
   Mensch 847, 848
   Philosophie 954
   Politiker 964
   Schöpferisch 1068
   Technik 1180

Toleranz 1200
Unsterblichkeit 1255, 1256
Untergang 1256
Vernunft 1296
Wahrheit 1339
Weg 1349
Zivilisation 1430

Jean Paul (eig. Richter,
Johann Paul Friedrich, 1763
bis 1825), deutscher Dichter
   Aberglaube 8
   Abhärtung 10
   Adel 16
   Alter 25
   Anarchie 37
   Anspielung 47
   Arbeit 56
   Armut 64
   Atheismus 72
   Atmen 72
   Aufklärung 74
   Aufstieg 76
   Ausland 83
   Auslegung 83
   Begehren 100
   Begriff 104
   Beispiel 108
   Bekehrung 108
   Beobachtung 111
   Berg 112, 113
   Bescheidenheit 118
   Besonnenheit 122
   Betrug 127
   Bewegung 130
   Biene 136
   Bildung 140
   Böses 148
   Braut 151
   Buch 155
   Dämmerung 169
   Definition 172
   Demokratie 173
   Deutsch 181, 182
   Deutschland 183, 184
   Dichter/-in 185, 187
   Dichtung 189, 190
   Egoismus 206
   Ehe 207, 208, 209, 210, 211, 219
   Ehre 225
   Einordnen 239
   Einsamkeit 242
   Eitelkeit 246
   Eklektizismus 247
   Eltern 249
   Enthusiasmus 258
   Erde 264
   Erinnerung 274
   Eroberung 280
   Erzählen 283
   Erziehung 284, 285, 286, 287, 288
   Europa 293
   Ewigkeit 294
   Extrem 296
   Fehler 305
   Fest 314
   Flamme 318
   Folter 323

Fortschritt 326
Frau 332, 333, 344, 345, 349
Frauenfeindschaft 349
Freiheit 352, 354
Fremdsprache 358
Freude 359, 360
Frieden 371, 372, 373, 374
Furcht 380, 381, 382
Fürst 384
Gebet 389, 390
Geburt 392
Gedanke 396
Gefahr 399
Gefühl 402, 403, 404
Gegenwart 406
Geheimnis 409
Gehorsam 410
Geist 412, 414, 416, 418
Genie 433, 434, 435
Genuss 438
Geschäft 445
Geschichte 447, 448, 449, 450
Gespenst 464
Gewissen 473
Gewitter 474
Glaube 481, 482
Gleichgültigkeit 485
Gleichheit 485
Gold 503
Gott 507, 512, 513, 514, 515, 516, 517
Grab 521
Größe 525, 527
Güte 534
Gutes 535
Handeln 545
Hass 548, 549
Haushalt 554
Heilige 555
Heiligkeit 556
Heiraten 560, 561
Heiterkeit 563
Held/Heldin 563, 564
Herz 569, 570, 571, 572, 573
Himmel 579, 580
Hoffnung 585, 587, 588
Höflichkeit 589
Humor 593, 594
Ich 598
Ideal 599
Inneres 606
Instinkt 608
Ironie 611
Jahrhundert 616
Jugend 622, 623
Junggeselle 626
Kanone 631
Keuschheit 636
Kind 637, 639, 642, 643
Klage 647
Kleidung 649, 650
Kleine Leut 651
Körper 666
Krieg 675, 676, 678
Kunst 692
Lachen 710
Lächerlichkeit 711
Land 712

Leben 719, 724, 726, 730
Lehre 741
Lehrer/Lehrerin 743
Leid 747
Leidenschaft 748, 749
Liebe 760, 761, 762, 765, 767, 769, 776, 779, 780, 782, 785, 786, 793, 795
Lüge 807, 808
Lust 810, 811
Luxus 812
Machthaber 816
Mädchen 816
Mann 823
Märchen 828
Maria 829
Mehrheit 838
Milde 865
Militär 866
Musik 885
Mut 888, 889
Mutter 890, 891, 892
Mystik 894
Nachfolge 897
Nation 905
Natur 909, 913
Nebel 916
Niederlage 922
Not 923
Offenheit 929
Olympia 931
Optimismus 933
Ordnung 935
Paradies 938
Phantasie 949, 950
Philosophie 951, 953, 954, 955
Poesie 957, 958
Predigt 967
Pressefreiheit 968
Regierung 995
Reife 1002
Reinheit 1003
Reisen 1005
Religion 1007, 1009, 1010, 1012
Revolution 1017
Rezension 1017
Riese 1019
Roman 1021, 1022
Romantik 1022
Rührung 1029
Rüstung 1030
Sagen 1032
Saite 1032
Satire 1034
Schaffen 1037
Schamhaftigkeit 1039
Scharfsinn 1040
Scherz 1044
Schicksal 1049
Schmerz 1058
Schönheit 1067
Schöpfung 1069
Schrecken 1069
Schuld 1075
Schwächling 1081
Schweigen 1082
Sehnsucht 1094
Sieg 1107

Sitten 1112
Sittlichkeit 1113
Sparsamkeit 1125
Spiel 1127
Spielzeug 1128
Sprache 1131, 1132
Staat 1136, 1137, 1138, 1139
Stadt 1143
Stärke 1145
Stern 1151
Stil 1153
Strafe 1156
Sünde 1166, 1167
Tadel 1170
Tanz 1174
Tat 1177
Taum 1208
Teufel 1185
Thron 1188
Tier 1189, 1190
Tod 1192, 1198
Training 1205
Träne 1205
Traum 1207
Traurigkeit 1210
Trinken 1215
Trost 1217
Tugend 1219, 1220, 1225
Tyrannei 1228
Überirdisches 1232
Unendlichkeit 1241
Unglaube 1245
Unglück 1249
Unrat 1252
Unsinnig 1255
Unsittlichkeit 1255
Untergang 1256
Verbot 1272
Verdruss 1277
Vergangenheit 1280, 1281
Verleger 1287
Verwandtschaft 1310
Verzweiflung 1314
Volk 1315, 1317, 1318
Vorsehung 1323
Wahrhaftigkeit 1332
Weib 1351, 1352, 1353, 1354
Weihnachten 1357
Weinen 1360
Weissagung 1366, 1367
Weltall 1371
Wiedergeburt 1379
Wiederholung 1379
Witz 1398
Wunder 1409, 1410
Wunderbares 1411
Wunsch 1413
Zeit 1418
Zeitalter 1423
Ziel 1427
Zufall 1434, 1435
Zufriedenheit 1436
Zukunft 1437
Zwerg 1445

Jeanne d'Arc (1410/12 bis 1431), französ. Mystikerin, Heerführerin u. Nationalheldin
  Gott 504, 505, 512

Jefferson, Thomas (1743 bis 1826), US-amerikan. Politiker, 3. US-Präsident 1801–1809
  Billig 142
  Geld 425
  Gutes 535
  Kaufen 634
  Seite 1096
  Tun 1226
  Wille 1381

Jellinek, Oskar (1886–1949), österreich. Schriftsteller
  Grab 521
  Leben 719

Jens, Walter (*1923), deutscher Schriftsteller und Rhetoriker
  Strom 1161
  Veränderung 1270
  Welt 1367

Jensen, Wilhelm (1837–1911), deutscher Schriftsteller
  Entdeckung 257

Jerome, Jerome K. (1859 bis 1927), brit. Schriftsteller
  Lüge 808
  Spionage 1129
  Wahrheit 1337

Jewtuschenko, Jewgeni Alexandrowitsch (eig. Gangnus, J. A., *1932), sowjet.-russ. Dichter
  Frau 343
  Kleidung 650
  Verdrängung 1276
  Wahrheit 1335

Joël, Karl (1864–1934), jüd. Philosoph schles. Herkunft
  Empfindung 252
  Freiheit 351
  Krieg 680
  Mutter 891
  Philosophie 951
  Prophet 971
  Religion 1008
  Weib 1352

Johannes I. Chrysostomos (um 344/54–407), griech. Kirchenlehrer
  Almosen 23
  Eifer 230
  Geduld 398
  Geld 425
  Volk 1316

Johannes Paul II. (eig. Wojtyla, Karol, *1920), poln. kath. Theologe, Papst seit 1978
  Anfang 39
  Mitte 870
  Nacht 899
  Reichtum 999
  Teufel 1183

Johannes Scotus Eriugena († um 877), schott. Theologe und Philosoph
  Gott 514

Johannes von Damaskus (um 660–vor 754), griech. Theologe und Kirchenlehrer
  Gebet 389

Johannes XXIII. (eig. Roncalli, Angelo G., 1881–1963), Papst 1958–1963
  Armut 62
  Beispiel 107
  Demut 174
  Eigenliebe 232
  Fehler 305
  Frieden 372
  Geben 388
  Geduld 398, 399
  Gegenwart 406
  Gelassenheit 421
  Glaube 483
  Gott 513
  Gutes 534
  Heilige 555
  Krankheit 670
  Leben 724, 728, 733, 735
  Liebe 766, 776, 795
  Offenbarung 928
  Ordnung 935
  Papst 938
  Philosophie 952
  Ruhe 1025
  Temperament 1182
  Tod 1193, 1197
  Verantwortung 1270
  Vertrauen 1309
  Vorsehung 1323
  Wahrheit 1335
  Wort 1406
  Würde 1414
  Zorn 1432
  Zukunft 1439

Johnson, Hiram (1866–1945), US-amerikan. Politiker
  Krieg 675
  Vorsicht 1324

Johnson, Lyndon Baines (1908–1973), US-amerikan. Politiker, 36. US-Präsident
  Berühmtheit 116

Johnson, Samuel (1709–1784), brit. Schriftsteller
  Elend 248
  Energie 254
  Ehefrau 343
  Genuss 438
  Glück 497
  Kenntnis 635
  Lob 803
  Neugier 921
  Phantasie 949
  Schlauheit 1054
  Seltenheit 1105
  Vorsicht 1324
  Wahnsinn 1331

Jonson, Ben (1572–1637), engl. Dichter
  Teufel 1185
  Wahrheit 1339

Joop, Wolfgang (*1945), deutscher Modeschöpfer
  Mode 874
  Stil 1153

Jorge, Lidia (*1944), portugies. Schriftstellerin
  Bildung 139
  Glück 501
  Stadt 1143
  Sterben 1148

Joseph von Copertino (1603 bis 1663), italien. Ekstatiker
  Liebe 793

Joubert, Joseph (1754–1824), französ. Moralist
  Abenteuer 7
  Aberglaube 8
  Achtung 14, 15
  Alter 24, 25, 26, 28
  Andacht 37
  Andenken 37
  Anmut 44
  Anpassung 45
  Antlitz 49
  Antwort 49
  Arbeit 53
  Argument 61
  Armut 63
  Auge 79
  Augenblick 80
  Ausschweifung 84
  Autorität 88
  Begeisterung 100
  Beredsamkeit 111
  Beschuldigung 119
  Bewunderung 132
  Beziehung 135
  Bild 138
  Bildung 140
  Brauch 151
  Bravheit 151
  Brief 152
  Buch 155, 156, 157, 158
  Bürger 161
  Charakter 163, 164
  Denken 176
  Diamant 185
  Dichter/-in 185, 186
  Diener 192
  Diskussion 195, 196
  Dogma 196
  Duft 199
  Ehefrau 223
  Ehrgeiz 228
  Einbildungskraft 236
  Eitelkeit 246
  Eleganz 247
  Empfindung 253
  Entdeckung 257
  Erde 264
  Ereignis 265
  Erfahrung 267

Personenregister

Erfindung 268
Erhabenheit 273
Erinnerung 273
Eroberung 280
Erziehung 285, 286, 287, 288
Ewigkeit 294
Farbe 302
Fest 314
Fortschritt 325, 326
Frage 327, 328
Frau 329, 340
Freiheit 351, 354, 355, 356
Freimut 357
Freundschaft 368, 370
Frömmigkeit 375, 376
Furcht 380, 381, 382
Geben 388, 389
Gebrechen 391
Gedanke 394, 395, 396, 397
Gedicht 397
Gefahr 399
Gefühl 402, 404
Geist 411, 412, 413, 414, 416, 417
Geistreich 420
Gemälde 430
Gemeinplatz 430
Genauigkeit 432
Genie 433, 434
Geometrie 439
Gerechtigkeit 440, 441
Geschäft 444
Gesellschaft 458
Gesetz 460, 461
Gesicht 463
Gespräch 465
Gesundheit 467
Gewalt 468
Gewinn 471
Glaube 480, 482
Glück 498
Gold 503
Gott 504, 505, 506, 510, 513, 517
Gottesfurcht 519
Grammatik 522
Greis 523
Größe 524
Gutes 537
Hass 550
Heilige 555, 556
Henken 565
Herrschaft 567
Herz 574
Himmel 578, 579
Höflichkeit 588, 589
Idee 601, 602
Illusion 603
Inspiration 607
Irrtum 613, 614
Jahr 615
Jenseits 617
Jugend 619, 620, 625
Katholizismus 633
Kind 638, 640, 642, 644
Kirche 646
Klang 647
Kleidung 649, 650
Kleinigkeit 652

Klugheit 654
Komödie 659
König/Königin 660
Körper 666
Korrektur 667
Kraft 668
Krieg 680, 681
Kritik 682, 683
Kunst 694, 695, 699
Kunstwerk 706
Lachen 709, 710
Lächerlichkeit 711
Last 715
Laster 717
Laune 718
Leben 737
Lehre 742
Lehrer/Lehrerin 743
Leichtgläubigkeit 744
Leichtsinn 744
Leidenschaft 748, 749
Lerche 754
Lernen 754
Lesen 757
Liberal 758
Licht 758
Liebe 790, 793
Literatur 801, 802
Logik 804
Lösung 806
Lüge 807
Luxus 812
Maxime 836
Meinung 839, 840
Mensch 843, 845, 850, 859
Menschlichkeit 863
Milde 865
Missbrauch 866
Mitteilung 871
Mittelmäßigkeit 871, 872
Monarchie 875
Moral 878, 879
Musik 884
Muße 887
Nachdenken 897
Nachrede 898
Nachsicht 898
Naivität 902
Natürlichkeit 916
Neuerung 919
Neues 920
Offenheit 929
Optimismus 933
Ordnung 935
Pflicht 948
Phantasie 950
Poesie 957, 958
Politik 961, 962
Priester 969
Publikum 975
Raum 982
Recht 985, 986
Rede 989
Regierung 995
Reichtum 997
Religion 1007, 1009, 1010, 1011
Republik 1013
Reserve 1013
Reue 1014, 1015

Revolution 1017
Ruhm 1029
Sage 1031
Satz 1035
Schaden 1036
Scharfsinn 1040
Scherz 1044
Schlecht machen 1055
Schlechtes 1055
Schönheit 1061, 1062, 1064
Schreiben 1071
Schriftsteller/-in 1074
Schuld 1076
Schulden 1077
Schwäche 1080, 1081
Seele 1086, 1089, 1091
Sehen 1093, 1094
Sekte 1097
Selbsterkenntnis 1100
Sichtbarkeit 1107
Sklaverei 1115
Sonne 1119
Spanien 1124
Sparsamkeit 1125
Staat 1138, 1139
Staatsmann 1140
Stadt 1143
Stärke 1145
Staunen 1146
Sterben 1148
Stil 1152, 1153
Strafe 1157
Streit 1159
Strenge 1161
Tat 1177
Täuschung 1180
Tugend 1219, 1220, 1223, 1224
Überredung 1234
Unfehlbarkeit 1243
Unglück 1247
Unglücklich 1249
Unschuld 1254
Urteil 1264, 1265
Urteilskraft 1265
Verbrechen 1273, 1274
Verfassung 1278
Verführung 1279
Vergangenheit 1280, 1281
Vergleich 1284
Vergnügen 1285
Verleumdung 1288
Vernunft 1296
Verpflichtung 1297
Vers 1298
Verstand 1302, 1303
Vertraulichkeit 1309
Verzeihung 1312
Volk 1315, 1316
Vollendung 1318
Vorbild 1320
Wahrhaftigkeit 1332
Wahrheit 1332, 1333, 1336, 1337, 1338, 1341
Wärme 1346
Weisheit 1362, 1363, 1364, 1366
Welt 1369, 1371
Weltall 1371
Widerspruch 1378

Widerstand 1378
Wille 1381
Wissen 1389
Wissenschaft 1394, 1395, 1396
Witz 1398
Wohltat 1400
Wort 1405, 1408
Würde 1414
Zärtlichkeit 1417
Zeit 1419, 1421
Ziel 1428
Zukunft 1437, 1438
Zustimmung 1441

Jouffroy, Théodore (1796 bis 1842), franzsös. Philosoph
Bekehrung 108
Beständigkeit 123
Charakter 163
Demokratie 173
Egoismus 206
Eifersucht 232
Eigenschaft 234
Entspannung 261
Fortschritt 327
Geburt 392
Gefühl 403
Geist 411
Genie 433
Geschichte 447, 448, 450
Geschmack 453
Gewohnheit 475
Glück 488, 490, 496
Gott 508, 510, 511, 515
Gotteserkenntnis 519
Gottlosigkeit 521
Gut sein 532
Handel 543
Hässlichkeit 551
Herz 570
Hygiene 597
Koketterie 657
Kritik 682
Kunst 690, 697
Künstler 702
Land 712
Leben 721, 723
Leidenschaft 749
Liebe 767, 768, 770, 791
Melancholie 842
Nation 905
Natur 908, 909, 910, 912
Opposition 933
Philosophie 954
Polygamie 965
Religion 1009
Revolution 1016
Ruhe 1026
Schönheit 1063
Selbstbeherrschung 1098
Selbsterkenntnis 1100
Selbstmord 1101, 1102
Sterben 1149
Stille 1153
Tod 1192
Tugend 1224
Unbeständigkeit 1240
Vergnügen 1284
Vernunft 1294

Personenregister

1520 Juan de la Cruz

Wahrheit 1334
Wunde 1409
Zivilisation 1431
Zurückziehen 1440

Juan de la Cruz (1542–1591), span. Mystiker und Kirchenlehrer
 Abend 7
 Allein 22
 Augenblick 80
 Baum 93
 Bedrängnis 96
 Blindheit 144
 Eigenliebe 232
 Einmischung 239
 Einsamkeit 240
 Fallen 298
 Fasten 302
 Freude 360
 Gebet 390
 Geist 411, 418
 Gewissen 473
 Gleichmut 486
 Glück 494
 Gott 504, 505, 513, 514, 517
 Haben 540
 Härte 548
 Last 715
 Leben 724
 Leid 745
 Lesen 757
 Liebe 772
 Mangel 821
 Meditation 836
 Mensch 851
 Mühe 881
 Nichts 922
 Rede 988
 Sanftmut 1033
 Seele 1091
 Sehnsucht 1095
 Sein 1096
 Suche 1164
 Tugend 1220
 Verbindung 1272
 Verliebtheit 1288
 Vernunft 1297
 Verstehen 1304
 Vollkommenheit 1319
 Weg 1349
 Weisheit 1363
 Wille 1382
 Wissen 1391
 Wohlstand 1400
 Wollen 1402
 Zunge 1439

Juana Inés de la Cruz (1651 bis 1695), mexikan. Dichterin
 Besitz 120
 Eifersucht 232
 Geschlecht 451
 Halbheit 541
 Liebe 793
 Unrecht 1252

Juhnke, Harald (*1930), deutscher Schauspieler und Fernsehunterhalter
 Ansehen 46
 Sau 1035

Jünger, Ernst (*1895), deutscher Schriftsteller
 Charakter 163
 Deutsch 181
 Dichter/-in 185
 Erdbeben 263
 Freundschaft 363
 Gegenwart 407
 Henken 565
 Krankheit 670
 Langeweile 714
 Medizin 837
 Mitleid 869
 Ordnung 935
 Popularität 966
 Schmerz 1059
 Verantwortung 1271
 Verein 1277
 Vergangenheit 1281
 Wein 1358
 Wort 1406

Jünger, Friedrich Georg (1898–1977), deutscher Schriftsteller
 Glaube 483
 Sinnlichkeit 1111
 Stimme 1154
 Verständnis 1304
 Wahl 1330
 Wurzel 1414

Jungk, Robert (1913–1994), deutscher Schriftsteller
 Regierung 996
 Schicksal 1046
 Voraussicht 1320
 Welt 1368
 Zukunft 1437

Jürgens, Margie, Ex-Ehefrau von Curd Jürgens
 Ehe 214

Juvenal (Decimus Iunius Iuvenalis, um 60–um 130), röm. Redner und Satirendichter
 Adel 16
 Böses 149
 Frau 345
 Geist 413
 Geld 422, 425
 Gewinn 471
 Gut sein 532
 Haben 540
 Haus 552
 Laster 715, 716
 Leben 727
 Lebenssinn 740
 Maß 832
 Mensch 857
 Mittellosigkeit 871
 Natur 912
 Prozess 973
 Rache 977
 Raub 981
 Recht 985
 Reichtum 1000, 1002
 Ruhm 1028
 Schamhaftigkeit 1039
 Schicksal 1048
 Schönheit 1066
 Schurke 1079
 Sklaverei 1115
 Teuer 1183
 Tugend 1219
 Verbrechen 1273
 Verführung 1279
 Vermögen 1292
 Wachsamkeit 1327
 Weisheit 1361, 1365
 Wollust 1403

K

Kabel, Heidi (*1914), deutsche Schauspielerin
 Bauch 91
 Ehemann 224
 Emanzipation 250

Kadmon, Stella (1902–1989), österreich. Schauspielerin
 Herz 572
 Mund 882

Kafka, Franz (1883–1924), österreich. Schriftsteller aus Prag
 Allein 21, 22
 Alter 31
 Arzt 69
 Ausweichen 86
 Axt 88
 Besuch 124
 Demütigung 175
 Deutsch 182
 Dirne 195
 Drama 197
 Dummheit 201
 Dunkelheit 203
 Ehe 207, 219
 Einsamkeit 240
 Empfangen 251
 Erfolg 272
 Erlösung 278
 Erwartung 283
 Erziehung 288
 Feindschaft 310
 Geheimnis 409
 Geschwister 454
 Gesicht 463
 Gestank 466
 Goethe, Johann Wolfgang von 502
 Grenze 524
 Haus 552
 Heiraten 561
 Hilflosigkeit 577
 Hindernis 580
 Hoffnung 585
 Jugend 624
 Junggeselle 626
 Katze 634
 Knabe 655
 Kraft 669
 Krieg 676
 Kunst 690
 Kuss 708
 Laufen 718
 Leben 734
 Leid 744, 747
 Lesen 756
 Liebe 768, 777, 778, 781, 783
 Literatur 801, 802
 Mädchen 817
 Mann 823
 Meer 837
 Messer 864
 Messias 864
 Möglichkeit 875
 Nation 905
 Neid 918
 Pünktlichkeit 975
 Regen 993
 Ruhe 1026
 Schaden 1036
 Schmerz 1058
 Schönheit 1064, 1067
 Schreiben 1070, 1071, 1072
 Schriftsteller/-in 1074
 Sorge 1121
 Stein 1147
 Sterben 1148
 Strafe 1156
 Suche 1164
 Tagebuch 1171
 Tanz 1174
 Traum 1208
 Tunnel 1227
 Unerreichbarkeit 1242
 Unglück 1248
 Verlassen 1287
 Verwandtschaft 1311
 Verwirrung 1311
 Warten 1347
 Wille 1381
 Wirkung 1386
 Wunder 1410
 Zukunft 1439
 Zwiegespräch 1445

Kahn, Herman (1922–1983), US-amerikan. Futurologe, Mathematiker und Physiker
 Zukunft 1437

Kainz, Joseph, (1858–1910), österreich. Schauspieler
 Kritik 683

Kaisen, Wilhelm (1887–1979), deutscher Politiker
 Risiko 1019
 Wirtschaft 1387

Kaiser, Georg (1878–1945), deutscher Schriftsteller
 Eigenlob 233
 Individuum 605
 Revolution 1017
 Staat 1136, 1138

Personenregister

Kästner 1521

Kaiser, Henry J. (1882–1967), US-amerikan. Unternehmer
  Tat 1177

Kaiser, Joachim (*1928), deutscher Journalist
  Erfolg 269
  Geheimnis 408
  Gelingen 429
  Parodie 940
  Stil 1153
  Zeitung 1424

Kaléko, Mascha (1912–1975), deutschsprachige Schriftstellerin aus Galizien
  Finden 317

Kandinsky, Wassily (1866 bis 1944), russ. Maler und Grafiker
  Form 324
  Leben 727
  Notwendigkeit 925
  Tod 1195

Kant, Immanuel (1724–1804), deutscher Philosoph
  Abstraktion 13
  Achtung 14
  Akademie 19
  Anlage 43
  Arbeit 53
  Aufklärung 74
  Bedingung 95
  Befehl 97
  Begabung 99
  Bett 128
  Dank 170
  Denken 176, 177
  Deutsch 180, 181
  Ehe 208, 209, 210, 211, 216
  Eifersucht 230
  Einfalt 237
  England 255
  Erfahrung 265
  Erhabenheit 273
  Erkenntnis 276
  Erziehung 284, 286, 287
  Essen 289
  Ewigkeit 295
  Faulheit 303
  Frankreich 329
  Frau 330, 331, 332
  Freiheit 350, 351, 356, 357
  Freundschaft 366
  Friedensschluss 374
  Gedanke 395
  Gedicht 397
  Geister 419
  Gelehrsamkeit 426, 427
  Geschlechtsverkehr 452, 453
  Geschmack 453
  Gesetzgebung 462
  Glaube 482
  Glück 497
  Gott 505, 507
  Grundsatz 530
  Handeln 545
  Heer 554
  Herrschaft 567
  Herz 571
  Himmel 580
  Hochmut 582, 583
  Hochzeit 584
  Hypochonder 597
  Idol 602
  Italien 614
  Jenseits 617
  Kind 637, 640, 641
  Kleinheit 651
  Kopf 665
  Kritik 682
  Kunst 700
  Lachen 710
  Laster 716
  Leben 720
  Leidenschaft 748, 750
  Lernen 755
  Liebe 767, 778
  Mathematik 835
  Maxime 836
  Melancholie 842
  Menschheit 862
  Metaphysik 864
  Moral 877
  Nacht 899
  Natur 910, 911, 913, 914, 915
  Neid 918
  Organ 935
  Pflicht 947, 948
  Philosophie 950, 951, 953, 954
  Planet 956
  Politik 959, 960, 963
  Recht 984
  Religion 1009, 1011
  Republik 1013
  Revolution 1016, 1017
  Schmeichelei 1056
  Schönheit 1062, 1067
  Schöpfung 1069
  Selbstmord 1101
  Sittlichkeit 1112
  Spanien 1123
  Staat 1137, 1139
  Störrisch 1156
  Trunkenheit 1218
  Tugend 1221
  Übersinnlichkeit 1235
  Unmündigkeit 1251
  Verliebtheit 1288, 1289
  Vernunft 1293
  Verstand 1301, 1303
  Verzweiflung 1313
  Völkerrecht 1318
  Wahrheit 1333
  Wahrsagerei 1342, 1343
  Weib 1352
  Weiblichkeit 1356
  Weinen 1360
  Weisheit 1363
  Welt 1371
  Wille 1380
  Wissen 1389, 1392
  Wissenschaft 1393, 1394
  Witwe 1397
  Witz 1399
  Wollust 1403
  Würde 1414
  Zeit 1419
  Zivilcourage 1431
  Zivilisation 1431
  Zweck 1443

Karajan, Herbert von (1908 bis 1989), österreich. Dirigent
  Dirigent 195
  Form 324
  Inhalt 606
  Klang 647
  Leistung 753
  Trägheit 1204
  Ziel 1429

Karl IX. von Orléans-Angoulême (1550–1574), König von Frankreich
  Feindschaft 309
  Tod 1196
  Unsterblichkeit 1255

Karl V. (1500–1558), römisch-deutscher Kaiser
  Barmherzigkeit 90
  Erfolg 271
  Sieg 1107

Karsch, Anna Luise, gen. Karschin (1722–1791), deutsche Dichterin
  Einsamkeit 242
  Krieg 677
  Ruhe 1026
  Ruhm 1028
  Schreiben 1071

Kasack, Hermann (1896 bis 1966), deutscher Schriftsteller
  Dichtung 189
  Leben 725

Kasantzakis, Nikos (1883 bis 1957), griech. Schriftsteller
  Mensch 844

Kästner, Erich (1899–1974), deutscher Schriftsteller
  Alter 25, 29, 30
  Angst 43
  Anstrengung 48
  Aphorismus 51
  Ärger 60
  Arzt 69
  Ausnahme 83
  Bad 89
  Bahn 89
  Bedrängnis 96
  Bild 138
  Blick 144
  Blume 145
  Büro 161
  Charakter 165
  Dummheit 200, 201, 202
  Ehe 216, 220, 221
  Eignung 235
  Eile 235
  Einfachheit 237
  Einfall 237
  Einsamkeit 242
  Eitelkeit 244
  Empfindung 252
  Enkel 256
  Erbschaft 263
  Erde 264
  Ereignis 265
  Erfolg 269, 271
  Erniedrigung 279
  Fallen 297
  Farbe 302
  Faulheit 303, 304
  Fehler 307
  Formulierung 324
  Frau 330, 345, 346, 348
  Freiheit 355
  Gebot 391
  Geburt 393
  Gefahr 400
  Gehalt 408
  Geld 421, 423, 424, 425
  Gescheitheit 445
  Gesetz 460
  Gestank 466
  Gewissen 472
  Gewohnheit 475
  Glaube 483
  Glück 500
  Größe 527
  Gutes 536, 537
  Haar 540
  Handeln 545
  Heilmittel 557
  Heiraten 561
  Hilfe 577
  Himmel 579
  Humor 593, 594
  Ideal 599
  Intelligenz 609
  Irrtum 613
  Jahr 616
  Jugend 619
  Kind 637, 638, 640, 643
  Kindheit 645
  Klugheit 654
  Kompliziertheit 659
  Kopf 665
  Kosten 667
  Krieg 678
  Kummer 687
  Lächeln 708
  Langeweile 713, 714
  Lärm 715
  Leben 719, 720, 725, 726, 727, 728, 729, 731, 732, 733, 736, 737, 738
  Lebensführung 739
  Lernen 756
  Liebe 759, 760, 768, 773
  Lüge 809
  Mensch 844, 849, 850, 851, 853, 855, 856, 859
  Menschenkenntnis 860
  Menschenverachtung 861
  Mittel 871
  Möglichkeit 875
  Moral 878
  Natur 910
  Notwendigkeit 925
  Nutzen 926, 927

Personenregister

Katharina II.

Pessimismus 944
Phantasie 950
Plage 955
Plan 956
Reden 990
Regen 993
Reklame 1007
Richtung 1019
Ruhe 1025
Ruhm 1029
Schaden 1036
Schicksal 1046
Schlaf 1053
Schlagen 1053
Schlechtes 1055
Schmetterling 1060
Schönheit 1065
Schweigen 1082, 1083
Seele 1086, 1090
Sehen 1094
Selbsterkenntnis 1099
Sonne 1120
Spaziergang 1125
Sport 1130
Staatsmann 1141
Stadt 1142
Standpunkt 1144
Sterben 1147
Stern 1150, 1151
Stille 1153
Stuhl 1162
Tapferkeit 1175
Tod 1195, 1200
Traurigkeit 1210
Trinken 1215
Tugend 1219
Tun 1227
Tunnel 1227
Tür 1227
Überdruss 1230
Uhr 1237
Unfall 1242
Unsichtbarkeit 1255
Verallgemeinerung 1269
Veränderung 1270
Veranlagung 1270
Vergangenheit 1280
Vergessen 1283
Vernunft 1296
Verstand 1301, 1302
Verstehen 1305
Wahrheit 1341
Wald 1344
Wandel 1344
Warten 1347
Wasser 1348
Weg 1350
Weisheit 1361
Welt 1368, 1370, 1371
Wert 1374, 1375
Widerstand 1379
Wissen 1389, 1392
Wut 1415
Zahn 1416
Zeile 1418
Zeit 1418, 1420, 1421
Ziel 1428
Zufall 1434
Zweck 1443

Katharina II., die Große (1729-1796), Zarin von Russland
Belohnung 110
Handwerk 546

Katharina von Siena (um 1347-1380), italien. Mystikerin
Glaube 482

Kaus, Gina (1894-1985), österreich. Schriftstellerin
Liebe 780

Käutner, Helmut (1908 bis 1980), deutscher Regisseur und Schauspieler
Frau 348
Herz 574

Kaye, Danny (1913-1987), US-amerikan. Filmkomiker
Aphorismus 51
Buch 155
Dummheit 199
Ehe 216
Erfolg 272
Fliegen 320
Frau 344, 346
Heiraten 561
Hindernis 580
Komik 658
Lebenskunst 739
Originalität 936
Reiten 1006
Scheidung 1042
Schule 1078
Staat 1137
Stadt 1143
Unabhängigkeit 1240
Witz 1398

Kehlmann, Michael (*1927), österreich. Schriftsteller und Regisseur
Koch 657
Theorie 1188

Keiser, César (*1925), schweizer. Kabarettist
Satire 1033
Spaß 1125

Kekkonen, Urho (1900-1986), finn. Politiker
Sicherheit 1107
Tor 1201
Zaun 1417

Keller, Gottfried (1819-1890), schweizer. Dichter
Alter 25
Arbeit 56
Auge 79
Bauer 92
Demut 174
Eifersucht 230
Eitelkeit 245
Entsagung 259
Erreichen 281
Fehler 306
Frau 337
Fuchs 378
Geist 419
Gestank 466
Glück 501
Grobheit 524
Jugend 619
Lachen 711
Leben 723
Leid 748
Liebe 765, 767, 772, 794
Menschenkenntnis 861
Natürlichkeit 915
Not 924
Pflicht 948
Recht 985
Regierung 996
Ruhe 1026
Schlechtes 1055
Schweiz 1084
Spaß 1125
Spitzfindigkeit 1129
Tugend 1220
Überfluss 1231
Unglück 1246
Vaterland 1267, 1268
Verzicht 1313
Wagnis 1329
Wahrheit 1332
Weinen 1360
Wirkung 1386
Wohlwollen 1401
Zeit 1419
Zerstörung 1426

Keller, Hans Peter (1915 bis 1989), deutscher Lyriker
Land 712
Welle 1367

Kennan, George F. (*1904), US-amerikan. Historiker und Diplomat
Atomzeitalter 72
Ideologie 602
Krieg 674
Politiker 964
Regierung 995
Selbstbeherrschung 1098
Sittlichkeit 1113
Spionage 1129

Kennedy, Edward (*1932), US-amerikan. Politiker
Mathematik 835

Kennedy, John F(itzgerald) (1917-1963), US-amerikan. Politiker, 35. US-Präsident
Armut 67
Ende 253
Generation 433
Gewalt 469
Klugheit 654
Kommunismus 658
Krieg 676
Menschheit 862
Mitarbeiter 868

Regierung 994
Revolution 1017
Staat 1138
Vaterland 1267

Kepler, Johannes (1571 bis 1630), deutscher Astronom und Mathematiker
Geist 413
Liebe 786
Planet 956
Schicksal 1046
Wahrheit 1339

Kerner, Justinus (1786-1862), deutscher Dichter
Frau 347
Geburt 392
Geist 413
Intellekt 608
Last 715
Mensch 857
Philosophie 950
Seele 1089, 1092
Sehen 1093
Tod 1195

Kerr, Alfred (1867-1948), deutscher Theaterkritiker
Pech 943
Schriftsteller/-in 1073
Schuld 1076

Kerschensteiner, Georg (1854 bis 1932), deutscher Pädagoge und Schulorganisator
Kunst 697

Kersten, Hanns-Hermann (1928-1986), deutscher Aphoristiker
Angeberei 41
Aphorismus 50
Baum der Erkenntnis 94
Beschränktheit 119
Charakter 166
Dichter/-in 186
Ding 194
Geduld 398
Gottlosigkeit 521
Idee 601
Mann 824
Mönch 876
Muse 883
Pferd 946
Sarg 1033
Schriftsteller/-in 1074
Seite 1097
Stuhl 1163
Träne 1206

Kesten, Hermann (1900 bis 1996), deutscher Schriftsteller
Alter 25, 26
Deutsch 181
Liebe 763
Maß 832
Mord 879
Religion 1009
Sünde 1165

Kettering, Charles F. (1876 bis 1958), US-amerikan. Ingenieur
  Ausschuss 84
  Besonnenheit 122
  Erfolg 269
  Glück 487
  Leben 729
  Meer 838
  Seefahrt 1086
  Sturm 1163

Key, Ellen (1849–1926), schwed. Reformpädagogin
  Feuer 315
  Gefühl 402
  Kind 643
  Leid 745
  Liebe 766, 772, 791
  Mut 889
  Persönlichkeit 943
  Reinheit 1003
  Verführung 1279
  Wert 1374
  Zusammenleben 1441

Keynes, John Maynard Lord (1883–1958), brit. Nationalökonom
  Börse 147
  Wirtschaft 1387

Keyserling, Hermann Graf (1880–1946), deutscher Philosoph aus Livland
  Erneuerung 278
  Fortschritt 326
  Gedächtnis 393
  Gott 511
  Ideal 599
  Mythos 895
  Vernichtung 1293
  Wirklichkeit 1385
  Wissenschaft 1396
  Wunsch 1413

Kiaulehn, Walther (1900 bis 1968), deutscher Publizist
  Distanz 196
  Höflichkeit 588
  Philosophie 954
  Zudringlichkeit 1433

Kiep, Walter Leisler (*1926), deutscher Politiker
  Nation 905
  Vergangenheit 1280
  Zukunft 1438

Kierkegaard, Søren (1813–1855), dän. Philosoph und Schriftsteller
  Angst 42
  Ärger 60
  Ästhetik 71
  Auge 78
  Augenblick 79
  Beruf 115
  Beschränkung 119
  Bewunderung 132
  Bewusstsein 133
  Brauch 151
  Chaos 162
  Dämon 169
  Dänemark 169
  Dichter/-in 188
  Ehe 210, 215, 218, 220, 222
  Ehemann 224
  Epoche 262
  Erfindung 269
  Erinnerung 275
  Erotik 281
  Ewigkeit 294
  Freiheit 351, 352
  Freundschaft 370
  Galanterie 385
  Gedanke 394
  Gegenwart 406
  Geist 411, 412, 414, 415
  Genie 433
  Genug 436
  Genuss 437, 438, 439
  Geschäftigkeit 445
  Geselligkeit 454
  Gesicht 463
  Gewissen 473
  Glaube 480, 481, 482
  Handlung 546
  Heiraten 561
  Höchstes 583
  Hochzeit 584
  Hoffnung 586
  Ironie 611
  Kind 643
  Langeweile 713, 714
  Langweilig 715
  Leben 720, 734
  Liebe 770, 780
  Mensch 848, 854, 857
  Mode 873, 874
  Möglichkeit 875
  Müßiggang 887
  Mythos 895
  Neid 917
  Orakel 934
  Pflicht 947
  Predigt 967
  Priester 969
  Resignation 1013
  Revolution 1017
  Scham 1038
  Scheidung 1042
  Scherz 1044
  Schicksal 1046, 1049
  Schmeichelei 1057
  Schönheit 1068
  Schweigen 1083
  Schwermut 1085
  Sinnlichkeit 1111
  Sprache 1131
  Stimmung 1155
  Stolz 1155
  Sünde 1165, 1166, 1167
  Theorie 1188
  Trieb 1214
  Überwindung 1235
  Unendlichkeit 1241
  Unglaube 1245
  Unschuld 1254
  Veränderung 1270
  Verführung 1279
  Vergessen 1283
  Vergnügen 1285
  Verirrung 1286
  Verliebtheit 1290
  Verzweiflung 1314
  Wahrheit 1333
  Weib 1351, 1352, 1355
  Weisheit 1364
  Weltuntergang 1372
  Werden 1373
  Wiederholung 1379

Kilian, Hans (eig. Wildhagen, Eduard, 1890–1977), deutscher Schriftsteller
  Ausplaudern 83
  Bildung 140
  Erfolg 269

Kind, Johann Friedrich (1768–1843), deutscher Schriftsteller
  Bösewicht 149
  Strafe 1157

King, Cecil (1901–1987), brit. Zeitungsverleger
  Journalismus 618
  Zeitung 1424

King, Martin Luther (1929–1968), US-amerikan. bapt. Geistlicher und Politiker, Friedensnobelpreis 1964
  Gewalt 468
  Gewaltlosigkeit 469
  Gleichberechtigung 484

Kinkel, Gottfried (1815–1882), deutscher Schriftsteller
  Arbeit 53
  Popularität 966
  Schicksal 1048

Kinnear, Roy (1934–1988), brit. Komiker
  Beratung 111
  Uhr 1237

Kinsey, Alfred Charles (1894–1956), US-amerikan. Sexualforscher
  Alter 31
  Frau 331
  Jugend 624
  Leben 734
  Liebe 762

Kinski, Klaus (1926–1991), deutscher Schauspieler
  Himmel 580
  Horizont 593
  Laster 717

Kipling, Rudyard (1865–1936), brit. Schriftsteller, Literaturnobelpreis 1907
  Ahnung 19
  Dummkopf 202
  Frau 332, 336, 337
  Mann 824
  Osten 936
  Schule 1078
  Westen 1376
  Wissen 1389

Kirchner, Ernst Ludwig (1880–1938), deutscher Maler und Grafiker
  Künstler 704
  Lust 811
  Verzweiflung 1313

Kiš, Danilo (1935–1989), jugoslaw. Schriftsteller
  Hilfe 577
  Leben 723
  Tod 1192

Kishon, Ephraim (eig. Hoffmann, Ferenc, *1924), israel. Schriftsteller
  Absurdes 13
  Alter 27, 28, 31
  Altern 33
  Amerika 35
  Anklage 43
  Arbeit 58
  Armut 62
  Arzt 70
  Ausbeutung 81
  Baby 88
  Beamter 95
  Betrug 127
  Bewusstsein 134
  Büro 162
  Ehe 210, 214, 216, 217, 218
  Ehemann 224
  Ehrlichkeit 229
  Eifersucht 231
  Einbruch 236
  Emigration 251
  Fernsehen 313
  Frau 334, 335, 345, 346, 347
  Freundschaft 365
  Frömmigkeit 375
  Gemälde 430
  Gerechtigkeit 440
  Gott 511
  Handwerk 547
  Hobby 582
  Humor 593
  Humorist 594
  Hund 594
  Italien 615
  Journalismus 618
  Judentum 619
  Jugend 622
  Junggeselle 627
  Kind 639, 640, 641
  Klassenkampf 648
  Krankheit 671
  Kunst 693, 696, 699
  Lachen 709, 710
  Lehrer/Lehrerin 743
  Liebe 760
  Maler 819
  Malerei 820
  Manieren 821
  Mann 826

Personenregister

Medizin 837
Monogamie 877
Narr 904
Neid 917
Politiker 964
Rassismus 979
Realität 983
Reisen 1004
Risiko 1019
Satire 1033, 1034
Schlaf 1052
Schriftsteller/-in 1072, 1073
Schule 1078
Skandal 1114
Spanien 1124
Staatsmann 11441
Telefon 1182
Theater 1187
Tod 1199
Traum 1206
Vater 1266
Verwandtschaft 1310
Wahl 1330
Waschen 1347
Weinen 1360
Witz 1398
Zeuge 1426

Kissinger, Henry (*1923), US-amerikan. Politiker deutscher Herkunft, Friedensnobelpreis 1973
  Außenpolitik 84
  Kommunismus 658
  Neuerung 920
  Politik 961
  Problem 971
  Ziel 1428

Kitt, Eartha (*1928), US-amerikan. Sängerin und Schauspielerin
  Mann 825

Klages, Ludwig (1872–1956), deutscher Philosoph und Psychologe
  Charakter 164
  Denken 176
  Frau 346
  Mensch 846
  Tier 1189

Klee, Paul (1879–1940), schweizer. Maler
  Kunst 690
  Liebe 770
  Sichtbarkeit 1107
  Zeichnen 1418

Kleist, Ewald Christian von (1715–1759), deutscher Dichter
  Glück 492
  Torheit 1202

Kleist, Heinrich von (1777–1811), deutscher Dramatiker und Erzähler
  Abendmahl 7

Abstraktion 13
Acker 16
Adel 17
Aufklärung 74
Auge 79
Augenblick 80
Bauer 92
Baum der Erkenntnis 94
Bedürfnis 96
Begegnung 99
Belohnung 110
Bergsteigen 113
Berlin 114
Besitz 120
Bestimmung 124
Betrug 127
Bibliothek 136
Bild 137
Bildung 139, 141
Böhmen 146
Boot 146
Braut 151
Brief 152, 153
Buch 157
Charakter 164
Dank 170
Denken 178
Deutsch 180
Deutschland 183, 184
Diamant 185
Dichtung 189, 190
Dummheit 200
Dunkelheit 203
Durst 203
Egoismus 206
Ehe 207, 208, 211, 209, 219
Ehrgeiz 227, 228
Eigennutz 233
Einsamkeit 241
Elend 248
Empfindung 252
Empörung 253
Erinnerung 275
Erröten 281
Erscheinung 281
Erwartung 283
Erwerb 283
Familie 301
Forderung 323
Frankreich 328, 329
Frau 337, 341, 344, 347, 349
Freiheit 353, 354, 357
Freundschaft 370
Furcht 381
Gebirge 390
Gefühl 404
Geheimnis 409
Gelehrsamkeit 427
Genuss 437, 438, 439
Gewissen 473
Gift 477
Glocke 486
Glück 487, 488, 489, 490, 491, 495, 496, 498, 499
Gold 503
Gutes 537
Handel 543
Handeln 545

Haus 552
Herz 569, 570, 572, 574
Hof 585
Ideal 599
Inneres 607
Instinkt 608
Interesse 610
Jugend 624
Jüngling 627
Katholizismus 633
Kind 637
König/Königin 661
Kunst 698
Kunstwerk 705
Kuss 707
Lächerlichkeit 711
Land 712
Landleben 712
Leben 719, 721, 722, 738
Lebensplan 740
Lehre 742
Lehrer/Lehrerin 743
Liebe 760, 763, 770, 774, 783, 789, 790, 795
Mädchen 817
Maria 829
Meer 838
Meinung 841
Mensch 854, 855
Misstrauen 867, 868
Mode 873
Mund 882
Mutter 890, 892
Nacht 899, 900
Nachwelt 900
Nation 904
Natur 909, 910, 911, 914
Naturrecht 916
Naturwissenschaft 916
Nutzen 926
Ohr 930
Opfer 932
Paris 939
Pflicht 947, 948
Politik 961
Prinzip 970
Recht 986
Reisen 1004, 1005
Reiz 1007
Religion 1009
Roman 1021
Rousseau, Jean-Jacques 1023
Ruhe 1026
Ruhm 1027, 1028
Schicksal 1048, 1049
Schmutz 1061
Schnelligkeit 1061
Schönheit 1062
Schreiben 1071, 1072
Schuld 1076
Seele 1089
Selbstmord 1102
Selbstständigkeit 1102
Sonne 1120
Staat 1137
Stadt 1141, 1142, 1143
Sterben 1147
Stern 1150, 1151
Stolz 1156

Streben 1158
Tagebuch 1171
Talent 1172
Tanz 1174
Tat 1177
Theater 1187
Tod 1191, 1195
Torheit 1202
Trauer 1206
Trennung 1211
Treue 1212
Tugend 1220, 1221, 1222, 1223, 1224
Überzeugung 1236
Unglück 1247, 1249
Unmündigkeit 1251
Urlaub 1262
Vaterland 1267
Verachtung 1268
Verantwortung 1271
Verführung 1279
Vergessen 1283
Verliebtheit 1288
Vernunft 1295, 1297
Verstand 1302, 1303
Verstehen 1305
Verzeihung 1312
Volk 1316
Vorbereitung 1320
Vorsorge 1324
Vorteil 1325
Wahrheit 1332, 1342
Wandern 1345
Wechsel 1349
Weib 1353, 1354, 1355, 1356
Welt 1368, 1370
Wissen 1388, 1390, 1392
Wissenschaft 1393, 1394, 1395, 1396
Wolf 1402
Wunsch 1412
Zartheit 1416
Zeremonie 1425
Ziel 1428
Zimmer 1429
Zorn 1433
Zufall 1434, 1435
Zukunft 1438, 1439

Klemperer, Victor (1881 bis 1960), deutscher Romanist
  Wort 1408

Kleobulos (um 550 v. Chr.), griech. Tyrann, einer der Sieben Weisen Griechenlands
  Heiraten 560

Klinger, Friedrich Maximilian von (1752–1831), deutscher Dramatiker
  Gelegenheit 426
  Mensch 844

Klöpfer, Eugen (1886–1950), deutscher Schauspieler und Intendant
  Schweigen 1083

Klopstock, Friedrich Gottlieb (1724-1803), deutscher Dichter
   Erlösung 278
   Sünde 1167

Kluge, Kurt (1886-1940), deutscher Bildhauer
   Hölle 590
   Weg 1349

Knebel, Fletcher (1911-1993), US-amerikan. Schriftsteller
   Diplomatie 194
   Streicheln 1159

Knef, Hildegard (*1925), deutsche Schauspielerin
   Alter 31
   Frau 330
   Kritik 684
   Kunst 701
   Mann 821
   Schwiegermutter 1085
   Zorn 1432

Kneipp, Sebastian (1821 bis 1897), deutscher kath. Theologe und Naturheilkundler
   Essen 291

Knigge, Adolph Freiherr von (1751-1796), deutscher Schriftsteller
   Achtung 14, 15
   Alter 27, 31
   Ansehen 46
   Anständigkeit 47
   Aufklärung 74
   Auftrag 77
   Beruf 115
   Bescheidenheit 117
   Betrug 128
   Beurteilung 129
   Buch 158
   Charakter 165
   Dank 170
   Ehe 217, 220
   Ehre 226
   Eifersucht 231
   Eigenschaft 233
   Elend 248
   Enthüllung 258
   Esoterik 289
   Fehltritt 308
   Flirt 321
   Fremdsprache 358
   Freundlichkeit 361
   Freundschaft 362, 365, 367, 369, 370
   Gast 387
   Gefallen 401
   Geist 417
   Gesellschaft 458
   Gespräch 465
   Gesundheit 467
   Glück 487
   Greis 523
   Heimlichkeit 559
   Heiraten 559
   Heiterkeit 563
   Herz 574
   Individualität 604
   Interesse 610
   Jammern 617
   Journalismus 618
   Jugend 623
   Kind 638, 643, 644
   Klatsch 648
   Kleidung 650
   Klugheit 655
   Kredit 674
   Kunst 693
   Leihen 752
   Lüge 808
   Meinung 840, 841
   Mensch 852, 854, 859
   Menschenkenntnis 861
   Musik 886
   Mut 888
   Nachbarschaft 896
   Ordnung 934
   Papier 937
   Parteilichkeit 941
   Pflicht 947
   Pünktlichkeit 975
   Rat 979
   Reden 990
   Reisen 1006
   Sagen 1032
   Scham 1038
   Seele 1091
   Selbstvertrauen 1104
   Sitten 1112
   Stadt 1143
   Streit 1160
   Tadel 1170
   Tod 1194
   Ton 1201
   Tugend 1222, 1225
   Umgang 1238
   Unfehlbarkeit 1243
   Unglück 1246
   Verehrung 1277
   Vergnügen 1284
   Verliebtheit 1290
   Verschwiegenheit 1299
   Verstellung 1306
   Vertrauen 1309
   Vertraulichkeit 1309
   Verwandtschaft 1310
   Vollkommenheit 1319
   Vorurteil 1326
   Wandern 1344
   Wert 1375
   Widerspruch 1378
   Witz 1399
   Wohltat 1400
   Wort halten 1408
   Zerstreuung 1426
   Zwang 1443

Knittel, John (1891-1970), schweizer. Schriftsteller
   Alter 24
   Freude 359
   Vergangenheit 1279
   Zukunft 1437

Knoell, Dieter Rudolf (*1951), deutscher Publizist
   Sport 1130

Knuth, Gustav (1901-1987), deutscher Schauspieler
   Film 316
   Glück 490
   Mund 882
   Popularität 966
   Standpunkt 1144
   Vergnügen 1284
   Versprechen 1300
   Wohlstand 1400

Koch, Robert (1843-1910), deutscher Bakteriologe, Medizinnobelpreis 1905
   Arzt 71
   Ursache 1263
   Wirkung 1386

Koestler, Arthur (1905-1983), ungar.-brit. Schriftsteller
   Bedauern 95
   Illusion 603
   Insel 607
   Judentum 619
   Luft 806
   Mensch 854
   Nachahmung 895
   Parodie 940
   Patriotismus 942
   Unglück 1248
   Wind 1383
   Wort 1408

Kohl, Helmut (*1930), deutscher Politiker, Bundeskanzler seit 1982
   Arbeit 53, 55
   Arbeitslosigkeit 59
   Bildung 141
   Buch 155
   Demokratie 172, 173
   Denken 177
   Deutsch 181
   Deutschland 183
   Elite 248
   Europa 293
   Familie 301
   Feindschaft 310
   Flexibilität 320
   Forschung 324
   Fortschritt 327
   Gewalt 468
   Grenze 524
   Haltung 542
   Information 605
   Investition 611
   Irrtum 613
   Jammern 617
   Jugend 625
   Kosten 667
   Kritik 682, 683, 684
   Kunst 696, 698
   Leben 730, 738
   Leistung 752, 753
   Lernen 756
   Markt 830
   Medien 836
   Mehrheit 838
   Mensch 859
   Mittel 871
   Mittelstand 872
   Nutzen 927
   Opfer 932
   Organisation 935
   Politik 962
   Recht 987
   Reden 990
   Reichtum 998
   Schule 1078
   Staat 1137, 1138, 1139, 1140
   Technik 1181
   Terror 1182
   Verantwortung 1271
   Vorbild 1320
   Wert 1375
   Wettbewerb 1376
   Wissenschaft 1393, 1397
   Ziel 1429
   Zukunft 1438, 1439

Kohout, Pavel (*1928), tschech. Dichter und Dramatiker
   Leben 729

Kokoschka, Oskar (1886 bis 1980), österreich. Maler, Grafiker und Dichter
   Bewegung 130
   Bildung 139
   Buch 155
   Garten 387
   Grenze 524
   Leben 722, 731
   Schule 1077
   Stein 1146
   Unkraut 1250
   Zensur 1425

Kolb, Annette (1875-1967), deutsche Schriftstellerin
   Appetit 51
   Ehe 218
   Roman 1022
   Traurigkeit 1210

Kolbenheyer, Erwin Guido (1878-1962), deutscher Schriftsteller
   Heilige 555
   Wunder 1409

Kollath, Werner (1892-1970), deutscher Bakteriologe und Hygieniker
   Meister 842
   Mensch 846
   Nahrung 901
   Schule 1078

Kollwitz, Käthe (1867-1945), deutsche Grafikerin und Bildhauerin
   Krieg 679

Personenregister

1526 Kolmar

Kolmar, Gertrud (eig. Gertrud Chodziesner, 1894–um 1943), deutsche Lyrikerin
  Tod 1200

Konfuzius (551–479 v.Chr.), chines. Philosoph
  Alter 30
  Amt 36
  Änderung 38
  Anerkennung 38
  Armut 63, 66
  Askese 71
  Ausplaudern 83
  Ausweg 85
  Bedeutung 95
  Befehl 97
  Begehren 100
  Beispiel 108
  Betrug 127
  Beugen 129
  Bewegung 130
  Bildung 140, 142
  Bogen 146
  Böses 147
  Edel 204
  Ehre 225
  Eigensinn 234
  Einheit 238
  Einmischung 239
  Eltern 249
  Erfolg 270, 272
  Ertragen 282
  Fehler 305, 306
  Fluss 322
  Freundschaft 364
  Furcht 383
  Gebet 390
  Gelehrter 427
  Geltung 430
  Gesellschaft 455, 459
  Gesinnung 463, 464
  Gewandtheit 470
  Gewohnheit 475
  Grund 529
  Güte 533, 534
  Gutes 536
  Handeln 544, 545
  Harmonie 547
  Hass 550
  Herrschaft 568
  Irrlehre 612
  Kenntnis 635
  Kleidung 649
  Kleine Leut 651
  Klugheit 653
  Kummer 687
  Leben 736
  Lebensführung 739
  Lehre 741
  Lehrer/Lehrerin 742
  Lernen 754, 755, 756
  Liebe 788
  Mahnung 818
  Malerei 820
  Maß 832
  Menge 843
  Mensch 845, 852
  Menschenkenntnis 861
  Menschlichkeit 863
  Parteilichkeit 941
  Plan 956
  Rache 977
  Raub 981
  Rechtschaffenheit 987
  Rede 989
  Reden 989, 990
  Regierung 994, 996, 997
  Reichtum 997, 1001
  Respekt 1014
  Rolle 1020
  Ruhm 1028
  Schuld 1076
  Sinnlichkeit 1111
  Sohn 1117
  Staat 1137, 1138
  Stand 1144
  Sterben 1150
  Streit 1159
  Tapferkeit 1175
  Tatsache 1179
  Täuschung 1180
  Tod 1195, 1199
  Treue 1213
  Tugend 1220, 1223, 1224, 1225
  Überheblichkeit 1231
  Übermaß 1233
  Vater 1266
  Verdorbenheit 1276
  Verfehlung 1278
  Vergangenheit 1280
  Vergeltung 1282
  Versprechen 1301
  Verstehen 1305, 1306
  Vertrauen 1308
  Volk 1317
  Vorbereitung 1320
  Vorteil 1325
  Vorwurf 1326
  Weib 1355
  Weisheit 1365
  Werk 1374
  Wert 1375
  Wille 1380
  Willenskraft 1382
  Winter 1383
  Wissen 1392, 1393
  Wort 1404, 1407
  Würde 1414
  Ziel 1427, 1428, 1429
  Zweifel 1445

Konrad III. (1093–1152), deutscher König
  Kaiser 628
  Wort 1405

Konrad von Würzburg (um 1230–1287), mittelhochdeutscher Dichter
  Abschied 11
  Kuss 708
  Liebe 796

Kopper, Hilmar (*1935), deutscher Bankmanager
  Kleinigkeit 652

Körner, (Karl) Theodor (1791 bis 1813), deutscher Dichter
  Abend 7
  Braut 151
  Ehe 211
  Gott 511
  Liebe 764
  Mut 889
  Natur 913
  Zeit 1419

Kortner, Fritz (1892–1970), österreich. Schauspieler, Regisseur
  Kenntnis 635
  Schauspieler/-in 1040
  Wien 1380

Kortum, Karl Arnold (1745 bis 1824), deutscher Schriftsteller und Arzt
  Bier 137
  Muse 883

Kostolany, André (*1908), ungar. Börsenspekulant
  Aktie 20
  Börse 147
  Geld 423

Kötschau, Karl (1868–1949), deutscher Kunsthistoriker
  Gesundheit 466

Kotzebue, August von (1761–1819), deutscher Dramatiker
  Beweis 131
  Ehebruch 222
  Erziehung 284
  Gefühl 402
  Hausfrau 553
  Herz 571
  Keuschheit 636
  Kuss 707
  Liebenswürdigkeit 797
  Sanftmut 1033
  Schminke 1060
  Schönheit 1063
  Seele 1090
  Sittsamkeit 1113
  Unschuld 1254
  Verzeihung 1312
  Waffe 1328
  Weib 1351, 1353

Kowa, Victor de (1904–1973), deutscher Schauspieler
  Eitelkeit 245
  Frau 348
  Grundsatz 530
  Höflichkeit 589
  Kopie 665
  Mann 827
  Original 936
  Plagiat 955
  Snobismus 1117
  Übel 1229
  Unterhaltung 1257
  Zitat 1430

Krainer, Lore (*1930), österreich. Chansonsängerin und Textdichterin
  Sorge 1122

Krauß, Werner (1884–1959), deutscher Schauspieler
  Held/Heldin 564
  Pessimismus 944
  Pflicht 948
  Schlimm 1056

Kreisler, Georg (*1922), österreich. Kabarettist
  Mensch 860
  Schein 1043
  Sein 1096

Kreuder, Ernst (1903–1972), deutscher Schriftsteller
  Humor 593

Kricke, Norbert (1922–1984), deutscher Bildhauer
  Gespräch 465
  Kunst 700

Krieck, Ernst (1882–1947), deutscher Pädagoge
  Besuch 124
  Kunst 696, 698
  Sprache 1132

Kriwet, Ferdinand (*1942), deutscher Schriftsteller und Wortgrafiker
  Information 605
  Kunst 697

Kroetz, Franz Xaver (*1946), deutscher Schriftsteller
  Lachen 709

Krösus (eig. Kroisos, um 550 v.Chr.), König von Lydien
  Frieden 373, 374
  Krieg 678, 680

Krug, Manfred (*1937), deutscher Schauspieler
  Vater 1266
  Weltanschauung 1372

Krüger, Horst (*1919), deutscher Schriftsteller
  Amerika 35

Krupp, Alfred (1812–1887), deutscher Industrieller
  Gemeinwohl 431
  Schoß 1069

Kubelka von Hermanitz, Susanna (*1942), österreich. Journalistin
  Frau 341

Kuh, Anton (1890–1941), tschech.-österreich. Satiriker
  Geschichte 450

Personenregister

Kuhn, Paul (*1928), deutscher Unterhaltungsmusiker
  Loch 804
  Snobismus 1117

Kulenkampff, Hans-Joachim (*1921), deutscher Schauspieler und Quizmaster
  Eitelkeit 245

Küng, Hans (*1928), schweizer. kath. Theologe
  Glaube 479
  Gott 505
  Papst 938
  Schwimmen 1086
  Wagnis 1329

Kunze, Reiner (*1933), deutscher Schriftsteller
  Dichter/-in 187
  Gedicht 397
  Geschwätz 454
  Kunstwerk 705
  Leser 758
  Welt 1369

Kürenberger (um 1150), mittelhochdeutscher Lyriker
  Liebe 775

Kurz, Isolde (1853–1944), deutsche Schriftstellerin
  Bildung 139
  Furcht 381
  Mittellosigkeit 871

Kyber, Manfred (1890–1933), deutscher Schriftsteller
  Tierquälerei 1190

L

La Bruyère, Jean de (1645 bis 1696), französ. Moralist
  Achtung 14, 15
  Adel 17
  Allein 21
  Alter 29, 30
  Altern 33
  Andere 38
  Anmaßung 44
  Anmut 44
  Ansehen 46
  Ansicht 46
  Anständigkeit 47
  Arbeit 55, 56, 57
  Armut 67
  Arzt 69, 70
  Auflehnung 74
  Aufstieg 77
  Auseinandersetzung 82
  Ausgleich 82
  Aussehen 84
  Auszeichnung 86
  Autor 87
  Barbarei 90
  Beherrschung 105
  Beichte 106
  Beispiel 108
  Beleidigung 109, 110
  Beliebtheit 110
  Benehmen 110
  Beratung 111
  Beredsamkeit 111
  Bescheidenheit 117, 118
  Besitz 120, 121
  Betragen 126
  Betrug 126, 127
  Bewunderung 132
  Bitte 143
  Bosheit 150
  Brief 153
  Buch 156, 159
  Charakter 164
  Dank 170
  Denken 177, 178
  Diamant 185
  Dichterlesung 188
  Duell 198
  Dummheit 201
  Dünkel 203
  Ehe 207, 213, 214, 218, 220, 221
  Ehrgeiz 228
  Ehrlichkeit 229
  Eifer 230
  Eifersucht 232
  Eigensinn 234
  Eindruck 236
  Einfalt 237
  Einsamkeit 239, 240, 242
  Eitelkeit 244, 245, 246
  Elend 247
  Empfindung 252
  Enthüllung 258
  Erbschaft 262, 263
  Erfolg 271, 272
  Ergriffenheit 273
  Ernst 279
  Erzählen 283
  Erziehung 284, 286
  Essen 290
  Extrem 296
  Falschheit 298
  Familie 300
  Fehler 305, 306, 307
  Fehltritt 308
  Feindschaft 310, 311
  Feingefühl 311
  Folter 323
  Frankreich 329
  Frau 335, 334, 337, 338, 341, 344, 346
  Freigebigkeit 350
  Freiheit 354, 355
  Fremdheit 358
  Freundschaft 363, 364, 365, 366, 367, 368, 369, 370
  Furcht 382
  Fürst 383, 384
  Gast 387
  Gebrechen 391
  Geburt 392
  Geck 393
  Geduld 398
  Gefahr 400
  Gefühl 403
  Gefühllosigkeit 405
  Gegenwart 407
  Geheimnis 408, 409
  Geist 411, 412, 413, 414, 415, 416, 417
  Geistreich 420
  Gelehrsamkeit 427
  Gemeinsamkeit 431
  Gemüt 432
  Genie 434
  Genuss 437
  Gerechtigkeit 440
  Gerücht 443
  Geschäft 444
  Geschenk 446
  Geschlecht 452
  Geschmack 453
  Geselligkeit 454
  Gesellschaft 457
  Gesicht 463
  Gewohnheit 476
  Geziertheit 477
  Glück 492, 495, 498, 500
  Gnade 502
  Gott 507, 512
  Götter 518
  Greis 523
  Größe 525, 526
  Gruß 530
  Gunst 530
  Günstling 531
  Gut 531
  Gutes 535, 537, 538, 539
  Handwerk 547
  Hartherzigkeit 548
  Hass 550
  Hässlichkeit 551
  Heiraten 560
  Held/Heldin 563
  Herkunft 566
  Herrschaft 567, 568, 569
  Herz 571, 572
  Himmel 580
  Hinrichtung 581
  Hochmut 583
  Hochzeitsgeschenk 584
  Hof 585
  Höflichkeit 588
  Höfling 589
  Intrige 610
  Irrtum 613
  Jugend 622, 623, 625
  Karriere 631
  Kenntnis 635
  Keuschheit 636
  Kind 638, 642
  Kirche 646
  Koketterie 657
  Komik 658
  König/Königin 662
  Können 662
  Körper 666
  Kränkung 673
  Krieg 678, 681
  Kritik 682
  Kunst 694, 700
  Kunstwerk 706
  Kürze 707
  Lachen 710
  Lächerlichkeit 711
  Landschaft 713
  Landsmann 713
  Langeweile 713
  Laster 716
  Laune 718, 719
  Leben 721, 725, 732, 733
  Lehre 742
  Leichtgläubigkeit 744
  Leidenschaft 749, 750, 751
  Leser 758
  Liebe 760, 765, 766, 772, 773, 777, 779, 780, 781, 783, 784, 786, 788, 789, 795, 796
  Liebhaber 799
  Liebhaberei 799
  Lüge 807, 808
  Mädchen 817
  Maske 831
  Materie 835
  Meinung 839
  Mensch 849, 851, 855
  Miene 865
  Minister 866
  Mitgift 869
  Mitleid 870
  Mittelmäßigkeit 871, 872
  Mode 873, 874
  Nachahmung 895, 896
  Nachlässigkeit 897
  Nachsicht 898
  Name 902
  Natürlichkeit 916
  Neid 918
  Neues 920
  Not 924
  Partei 941
  Pflicht 947
  Philosophie 952, 955
  Platon 956
  Politik 960
  Predigt 967
  Prüderie 973
  Rache 977
  Rat 979
  Rede 988
  Redlichkeit 991
  Reform 992
  Regierung 995, 996
  Reichtum 999, 1000, 1001
  Reisen 1005
  Religion 1010, 1012
  Richter 1018
  Rivalität 1020
  Ruhe 1025
  Sagen 1031
  Sakrament 1032
  Satire 1034
  Schauspieler/-in 1041
  Schlechtes 1055
  Schlichtheit 1055
  Schmeichelei 1056
  Schminke 1060
  Schönheit 1062, 1063, 1065, 1067
  Schreiben 1070, 1071
  Schriftsteller/-in 1072, 1073, 1074
  Schuld 1076
  Schwäche 1080

Personenregister

La Cour

Schweigen 1082
Segeln 1092
Sehnsucht 1095
Selbstständigkeit 1104
Sittsamkeit 1113
Sklaverei 1115
Spiel 1128
Spott 1130
Sprache 1132
Sprechen 1133, 1134
Staat 1137, 1140, 1141
Stadt 1141, 1142
Staunen 1146
Stellung 1147
Sterben 1150
Stimmung 1154
Stottern 1156
Strafe 1157
Tadel 1170
Tag 1171
Talent 1173
Testament 1183
Theater 1187
Tochter 1191
Tod 1194, 1195, 1196, 1197, 1200
Töten 1203
Trägheit 1203, 1204
Trennung 1210
Treue 1212
Tugend 1219, 1220, 1221, 1222, 1223, 1225, 1226
Übel 1229
Überdruss 1230
Überzeugung 1236
Uneigennützigkeit 1241
Unerträglichkeit 1242
Unglück 1246
Unrecht 1252
Unschuld 1254
Unterhaltung 1257, 1258
Unterstützung 1259
Untreue 1260
Unverschämtheit 1261
Unwissenheit 1261
Urteil 1265
Vater 1266
Verbesserung 1272
Verbrechen 1275
Verdienst 1276
Verdruss 1277
Vergessen 1283
Vergleich 1284
Verlust 1291
Vermögen 1292
Vernunft 1294, 1295
Verstand 1304
Versuchung 1307
Vertrauen 1308
Verurteilung 1310
Verwandtschaft 1311
Verzeihung 1312
Volk 1318
Vorgesetzter 1321
Vorliebe 1321
Vorteil 1324
Vorzug 1327
Wachstum 1327
Wagen 1329
Wahnsinn 1331

Wahrheit 1334
Wallfahrt 1344
Ware 1346
Weg 1349
Weisheit 1362
Werkzeug 1374
Wille 1382
Wissen 1390
Wissenschaft 1396
Witz 1398, 1399
Wohlwollen 1401
Wort 1405
Wunsch 1412
Würde 1414
Zeit 1421
Zufriedenheit 1436
Zustimmung 1442

La Cour, Paul (1952–1956), dän. Schriftsteller
   Dichtung 188

La Fontaine, Jean de (1621 bis 1695), französ. Dichter
   Beugen 129
   Buße 162
   Eile 235
   Ferne 313
   Frau 349
   Frieden 374
   Furcht 382
   Gewinn 471
   Glaube 482
   Gruß 530
   Hilfe 577
   Kunde 688
   Leid 746
   Meisterschaft 841
   Milde 865
   Mut 889
   Nähe 901
   Not 924
   Rechtzeitigkeit 988
   Rede 988
   Reden 990
   Reichtum 1002
   Sanftmut 1033
   Schild 1050
   Schmeichelei 1057
   Sieg 1108
   Sterben 1148
   Tod 1197
   Traurigkeit 1210
   Übermut 1234
   Ungestüm 1244
   Verlust 1291
   Werk 1373
   Wolf 1402
   Zeit 1421

La Rochefoucauld, François VI Duc de (1613–1680), französ. Schriftsteller
   Achtung 14
   Adel 17
   Alltag 23
   Alter 25, 26, 27, 29, 31
   Amt 36
   Anerkennung 38
   Ansehen 46

Ansicht 46
Anständigkeit 47
Arbeit 55
Aufgabe 73
Aufrichtigkeit 75
Außerordentliches 85
Ausweg 85
Auszeichnung 85
Bedürfnis 97
Befriedigung 99
Begabung 99
Begehren 100
Begeisterung 101
Beispiel 107, 108
Bekanntschaft 108
Beliebtheit 110
Benehmen 110
Beredsamkeit 111
Bescheidenheit 118
Besserung 123
Betrug 126, 127
Bewunderung 132
Bürger 161
Charakter 164, 165
Charrakterstärke 166
Dank 170, 171
Demut 174
Detail 180
Dummheit 201
Dummkopf 202
Durchschauen 203
Egoismus 206
Ehe 214
Ehre 226
Ehrgeiz 228
Eifersucht 231, 232
Eigenliebe 232, 233
Eigennutz 233
Eigenschaft 233, 234
Einfachheit 237
Einfluss 238
Einseitigkeit 243
Eitelkeit 245, 246
Empfindlichkeit 251
Entdeckung 257
Erbschaft 262
Erbsünde 263
Erfolg 270, 272
Ernst 279
Erschütterung 282
Erziehung 285, 288
Fähigkeit 297
Faulheit 304
Fehler 306, 307
Feigling 309
Frau 331
Freigebigkeit 350
Freundschaft 364, 365, 366, 367, 369, 370, 371
Fürst 383
Gedächtnis 394
Gefallen 401
Gefühl 403
Geheimnis 409
Geist 411
Geistreich 420
Geliebte 428, 429
Geliebter 429
Gemüt 432
Genügsamkeit 437

Gerechtigkeit 439, 441
Geschmack 453
Gesellschaft 458
Gesundheit 466
Gewalt 468
Gewandtheit 470
Glaube 480, 481, 482
Gleichgültigkeit 485
Glück 488, 493, 494, 496, 498, 500
Grazie 523
Größe 528
Großherzigkeit 528
Großmut 529
Grundsatz 529
Günstling 531
Gut sein 532
Güte 533
Gutes 535, 537, 538, 539
Habgier 541
Handlung 546
Hass 549
Heilmittel 557
Held/Heldin 563, 564
Helfen 565
Herrschsucht 569
Herz 570, 571, 572, 573, 574
Heuchelei 574
Hingabe 581
Hochmut 582, 583
Hoffnung 587
Höflichkeit 589
Hübsch 593
Irrtum 613
Jugend 621, 623, 624
Kasteiung 633
Klarheit 648
Kleinigkeit 652
Klugheit 653, 655
Koketterie 657
König/Königin 661
Krankheit 671
Kummer 688
Lächerlichkeit 711
Langeweile 713, 714
Last 715
Laster 716, 717
Laune 718
Leichtsinn 744
Leidenschaft 748, 749, 750, 752
Leistung 753
Liebe 761, 762, 764, 765, 767, 772, 773, 774, 775, 778, 779, 780, 782, 783, 784, 786, 788, 791, 792, 793
Liebende 797
Liebhaber 799
Liebschaft 800
List 801
Lob 804
Lüge 807
Luxus 812
Macht 814
Manieren 821
Mäßigung 834
Mensch 855
Menschheit 862

Missfallen 867
Missgeschick 867
Misstrauen 868
Mitleid 870
Mode 874
Moral 878
Mut 889
Nachahmung 895
Naivität 902
Nationalität 906
Natürlichkeit 915, 916
Neid 917, 918
Neugier 921
Oberflächlichkeit 928
Perspektive 944
Philosophie 951, 954
Politiker 964
Rat 980
Reichtum 998
Reife 1002
Reue 1015
Revolution 1016
Richter 1018
Ruhe 1026
Ruhm 1027
Schande 1039
Schärfe 1040
Schein 1043
Schicksal 1045, 1046, 1047, 1048, 1049
Schlager 1054
Schlauheit 1054
Schlecht machen 1055
Schmeichelei 1057
Schmuck 1061
Schönheit 1064, 1065
Schüchternheit 1075
Schuft 1075
Schulden 1077
Schwäche 1079, 1080
Schweigen 1083
Seele 1088, 1089
Sein 1096
Selbsterkenntnis 1100
Selbstgefälligkeit 1100
Selbstüberschätzung 1103
Selbstvertrauen 1104
Selbstzufriedenheit 1104
Sieg 1107
Sonne 1120
Spiel 1128
Sprechen 1133
Sprödigkeit 1134
Stärke 1145
Staunen 1146
Sterben 1149
Stolz 1155
Streit 1160
Studium 1162
Sündenbock 1168
Tadel 1170
Tapferkeit 1175
Tat 1177
Täuschung 1180
Temperament 1182
Tod 1199
Tollheit 1201
Torheit 1202
Trägheit 1204
Träne 1205

Trennung 1211
Treue 1212, 1213
Trieb 1214
Tugend 1219, 1220, 1225, 1226
Überzeugen 1235
Undankbarkeit 1240, 1241
Ungerechtigkeit 1244
Unglück 1245, 1246, 1247, 1248
Unglücklich 1249
Unhöflichkeit 1250
Unmöglichkeit 1251
Unrecht 1252
Unschuld 1254
Untreue 1260
Urteil 1265
Verachtung 1269
Verbrechen 1274
Verderben 1275
Verdienst 1276
Verhältnis 1286
Verletzung 1288
Verliebtheit 1288, 1289, 1290
Verlust 1290
Vernunft 1297
Verrat 1297
Verschrobenheit 1298
Versöhnung 1299
Versprechen 1300
Verstand 1302, 1303, 1304
Verstellung 1306
Vertrauen 1308, 1309
Vorsehung 1323
Vorteil 1325
Vorwurf 1326
Vorzug 1327
Wahnsinn 1331
Wahrheit 1335, 1338
Weisheit 1363
Welt 1371
Wert 1374
Widerspruch 1378
Witz 1399
Wohlbefinden 1399
Wohltätigkeit 1400
Wollen 1403
Wort 1406
Wunsch 1412, 1413
Zahlen 1416
Zartheit 1416
Ziel 1428, 1429
Zugeben 1436

Lacombe, Georges (*1926), französ. Wirtschaftsberater
  Fernsehen 313

Lafayette, Marie Joseph Motier Marquis de (1757 bis 1834), französ. General und Politiker
  Souveränität 1122

Lafontaine, Oskar (*1943), deutscher Politiker
  Angst 42
  Rat 979

Lagarde, Paul Anton de (eig. P. A. Bötticher, 1827–1891), deutscher Kulturphilosoph
  Christentum 167
  Demokratie 173
  Erziehung 286
  Fortschritt 326
  Freiheit 353, 354
  Geschichte 448
  Ideal 599
  Idee 601
  Volk 1317
  Weihnachten 1357

Lagerfeld, Karl (*1938), deutscher Modeschöpfer
  Emanzipation 250

Laing, Ronald D. (1927–1989), brit. Psychiater
  Beziehung 135

Lamartine, Alphonse de (1790–1869), französ. Dichter
  Dichtung 189
  Erinnerung 274
  Frau 340
  Gott 510, 512
  Ideal 598
  Mensch 844
  Tod 1199
  Utopie 1265
  Wahrheit 1332, 1334

Lamb, Charles (1775–1834), brit. Schriftsteller
  Buch 155
  Denken 175
  Hochzeit 584
  Ich 598
  Krankheit 673
  Leichtgläubigkeit 744
  Mann 826

Lambsdorff, Otto Graf (*1926), deutscher Politiker
  Lehrer/Lehrerin 742
  Notwendigkeit 925
  Parlament 939

Lancaster, Burt (1913–1994), US-amerikan. Filmschauspieler
  Ruf 1024
  Sexualität 1106

Langbehn, August Julius (1851–1907), deutscher Schriftsteller und Kulturphilosoph
  Erfüllung 273
  Gemeinheit 430
  Kunst 698, 699
  Manieren 821
  Nachahmung 895
  Philosophie 951
  Schlacht 1051
  Schmutz 1061
  Sehnsucht 1094
  Subjektivität 1163

Tadel 1170
Ton 1201
Traum 1207

Lao-tse (um 300 v. Chr.), chines. Philosoph
  Achtung 14
  Aufhören 73
  Begehren 100
  Dauer 171
  Dieb 190
  Ewigkeit 295
  Farbe 302
  Feindschaft 310
  Feldherr 312
  Frieden 373
  Gabe 385
  Gehen 409
  Gelehrter 428
  Genügsamkeit 437
  Geschmack 453
  Gesetz 461
  Gewalttat 470
  Gewinnstreben 471
  Glück 498
  Gnade 502
  Gut 531
  Handeln 545
  Heilige 556
  Herrschaft 568, 569
  Himmel 578, 579
  Hochmut 583
  Klang 647
  Klugheit 655
  Kraft 668
  Krieg 677, 678
  Lehre 741
  Luxus 812
  Maß 832
  Meditation 836
  Missbrauch 866
  Mitleid 870
  Mut 890
  Natur 911, 912, 913
  Nehmen 917
  Nichtstun 922
  Nutzen 926
  Rechnung 984
  Rechthaberei 987
  Rechtschaffenheit 987
  Regierung 995
  Ruhe 1025
  Schritt 1075
  Schwäche 1080
  Selbsterkenntnis 1100
  Selbstüberwindung 1103
  Sicherheit 1107
  Sieg 1108, 1109
  Staat 1135, 1138
  Stärke 1145
  Steuern 1152
  Stille 1153
  Streit 1159, 1160
  Sturz
  Tugend 1223
  Überfluss 1230
  Übermaß 1233
  Unsicherheit 1254
  Verbot 1272
  Verdacht 1275

Versprechen 1301
Vertrauen 1309
Volk 1315, 1317, 1318
Waffe 1328
Wahrheit 1340
Ware 1346
Wasser 1348
Weib 1354
Weisheit 1362
Wissen 1392, 1393
Wort 1404, 1407, 1408
Zunge 1440

Lassalle, Ferdinand
(1825–1864), deutscher
Publizist und Politiker
  Gemüt 432
  Schicksal 1046

Laub, Gabriel (*1928),
poln.-deutscher Schriftsteller
und Publizist
  Affe 18
  Analphabetentum 36
  Angst 43
  Aphorismus 50
  Arbeit 53
  Argument 61
  Autor 87
  Beruf 115
  Brille 153
  Buch 155, 157, 158
  Computer 168
  Dichter/-in 187
  Dummheit 200
  Dummkopf 202
  Ehe 209
  Ehefrau 223
  Ehekrach 224
  Fernsehen 313
  Film 316
  Fleiß 319
  Flügel 322
  Frau 332
  Freiheit 351
  Gedrucktes 397
  Gefahr 400
  Gegenwart 407
  Gegnerschaft 407
  General 432
  Gesicht 463
  Glaube 481
  Hand 542
  Heimat 558
  Hobby 582
  Hoffnung 586
  Hölle 591
  Humor 594
  Ideal 599
  Kabarett 628
  Karriere 632
  Klassik 648
  Kopf 664, 665
  Krieg 675, 680
  Kritik 684
  Krone 684
  Kunst 699
  Lächeln 709
  Liebe 764, 782
  Literatur 801

  Macht 813
  Mann 822
  Maske 832
  Medium 837
  Meinung 840
  Mensch 846
  Mut 890
  Nachkommen 897
  Nichtstun 922
  Optimismus 933
  Pessimismus 944
  Phantasie 950
  Preis 968
  Ratte 981
  Realität 983
  Regierung 995
  Regisseur 997
  Rolle 1020
  Ruhm 1027
  Satire 1033, 1034
  Schauspieler/-in 1041
  Schreiben 1070
  Schriftsteller/-in 1073
  Sklaverei 1115, 1116
  Statue 1146
  Steuern 1152
  Streit 1159
  Theorie 1188
  Übertreibung 1235
  Uhr 1237
  Verbrechen 1273
  Vergangenheit 1281
  Wahrheit 1339
  Welt 1371
  Wert 1374
  Zahn 1416
  Zeitung 1424
  Zensur 1245
  Zitat 1430
  Zukunft 1439

Laube, Heinrich (1806–1884),
deutscher Schriftsteller
  Dichtung 189
  Erfolg 270
  Geschenk 446

Lavater, Johann Kaspar
(1741–1801), schweizer.
evang. Theologe, Philosoph
und Dichter
  Besitz 121
  Empfindung 253
  Gebrauch 391
  Sein 1096
  Selbsterkenntnis 1099
  Strafe 1158
  Wahrheit 1339

Lawes, Lewis E. (1883–1947),
US-amerikan. Publizist
  Aufgeben 73
  Freude 360
  Mensch 855

Lawrence, D(avid) H(erbert)
(1885–1930), brit. Schriftsteller
  Frau 331
  Gefühl 403

  Kopf 664
  Kunst 692, 696
  Liebe 782
  Löwe 806
  Mehrheit 838
  Moral 878
  Widerwille 1379

Laxness, Halldór (eig.
Gudjónsson, Kiljan, *1902),
isländ. Schriftsteller, Literaturnobelpreis 1955
  Geschichte 447
  Klugheit 653
  Leser 757
  Mann 823
  Reisen 1004
  Schönheit 1067
  Schurke 1079
  Utopie 1265
  Wunder 1411
  Zweck 1443

Le Bon, Gustave (1841–1931),
französ. Philosoph und Sozialwissenschaftler
  Absolutheit 12
  Beweis 131
  Gemeinplatz 431
  Genie 436
  Geschichte 448
  Glaube 479
  Held/Heldin 563
  Revolution 1015
  Wahrheit 1334
  Wahrnehmung 1342

Le Carré, John (*1931),
brit. Schriftsteller
  Büro 162
  Spionage 1129

Le Corbusier (eig. Jeanneret,
Charles-Edouard, 1887–1965),
französ.-schweizer. Architekt
  Architektur 60
  Erfolg 269
  Geist 415
  Haus 551
  Maschine 831
  Schaffen 1037

Le Fort, Gertrud von
(1876–1971), deutsche
Schriftstellerin
  Apostel 51
  Arzt 69, 70
  Augenblick 79
  Begabung 99
  Christentum 167
  Eigenwille 235
  Endzeit 254
  Ewigkeit 295
  Frau 331, 332, 335
  Frauenfrage 349
  Geburt 392
  Generation 432
  Geschichte 447
  Glanz 478
  Hure 597

  Jungfrau 626
  Kirche 645
  König/Königin 660
  Krankenschwester 670
  Maria 829
  Mutter 891
  Schleier 1055
  Thron 1188
  Unterdrückung 1256
  Verführung 1279
  Weiblichkeit 1356
  Welt 1368
  Wissenschaft 1395

Leacock, Stephen Butler
(1869–1944), US-amerikan.
Schriftsteller
  Fehler 306
  Heiraten 561

Léautaud, Paul (1872–1956),
französ. Schriftsteller
  Geliebte 429

Leber, Georg (*1920),
deutscher Politiker
  Klugheit 654
  Nachgeben 897
  Schwäche 1080

Legge, James (1815–1897),
brit. anglikan. Missionar und
Sinologe
  Größe 526
  Kind 639

Léhar, Franz (1870–1948),
ungar. Komponist
  Leben 729
  Sinn 1110

Lehmann, Christoph
(um 1570–1638), deutscher
Aphoristiker
  Amt 36
  Armut 65
  Gesang 444
  Gesetz 460
  Lernen 756
  Spiel 1128
  Tod 1199
  Verzweiflung 1314
  Zweifel 1445

Leibl, Wilhelm (1844–1900),
deutscher Maler
  Kuh 685

Leibniz, Gottfried Wilhelm
(1646–1716), deutscher
Mathematiker und Philosoph
  Gott 509
  Natur 909
  Welt 1369

Leigh, Vivien (1913–1967),
brit. Schauspielerin
  Alter 25
  Falten 299

Leixner, Otto von (1847 bis 1907), deutscher Schriftsteller
  Begeisterung 100
  Beruf 115
  Eigenlob 233
  Gott 507
  Hahn 541
  Liebe 785
  Mutterliebe 893
  Religion 1009
  Untergang 1256
  Vaterland 1268

Lemánski, Jan (1866–1933), poln. Dichter
  Frau 336

Lembke, Robert (1913–1989), deutscher Journalist
  Alter 27
  Altern 33
  Amt 36
  Anerkennung 38
  Ansehen 46
  Arbeit 53
  Atheismus 72
  Aufstehen 76
  Aufwachen 77
  Aussehen 84
  Autobiographie 86
  Axt 88
  Bad 89
  Beruhigungsmittel 116
  Bescheidenheit 118
  Beten 125
  Bewunderung 133
  Böses 147
  Bosheit 150
  Charakter 164
  Chef 166
  Denken 175, 178
  Distanz 196
  Dummheit 200, 201
  Ehe 220
  Ehrlichkeit 229
  Eitelkeit 245
  Eltern 249
  Enthüllung 258
  Enttäuschung 261
  Erfahrung 266
  Erfolg 269
  Erinnerung 275
  Erwachsen 283
  Erzählen 284
  Fähigkeit 297
  Fehler 306
  Feindschaft 309, 310
  Fernsehen 313, 314
  Finanzen 317
  Fortschritt 325
  Frau 331, 332, 340, 341, 342
  Freundschaft 364, 365
  Frieden 372
  Frömmigkeit 376
  Gedächtnis 393
  Gedanke 395
  Gefängnis 402
  Gefühl 402
  Geld 422, 423

Gerücht 443
Gleichheit 486
Glück 491, 493
Gott 515
Grab 521
Heim 558
Heiraten 559, 562
Hindernis 580
Hochzeit 584
Höflichkeit 589
Hölle 590
Hören 592
Ideal 599
Journalismus 618
Karriere 632
Katze 634
Kind 637, 640, 641, 643, 644
Klugheit 654
Leben 729
Lebensführung 739
Lied 800
Lüge 807, 808
Mädchen 817
Mann 825, 826
Meinung 839, 840
Mensch 855
Minderwertigkeit 866
Nachfolge 897
Nähe 901
Naivität 902
Neid 917
Neurose 921
Offenheit 928
Ohr 930
Partei 941
Pessimismus 944
Politik 963
Rauchen 982
Scham 1038
Scheidung 1042
Schreiben 1070
Sein 1096
Sieg 1108
Sorge 1122
Spatz 1125
Sprache 1132
Sterben 1148
Steuern 1152
Sünde 1166, 1167
Tatsache 1178
Telefon 1182
Teufel 1184
Tochter 1191
Träumerei 1210
Treffen 1211
Trunkenheit 1218
Unglück 1246
Unrecht 1253
Unterwerfen 1260
Unverfrorenheit 1261
Verbrechen 1275
Vergessen 1283
Verlust 1291
Vernunft 1296
Versuch 1306
Vertrauen 1308
Vorsicht 1324
Vorzug 1327
Wahl 1330
Wahrheit 1341

Weg 1349
Wiederholung 1379
Witwe 1397
Wunsch 1412
Zeit 1420

Lemmon, Jack (*1925), US-amerikan. Schauspieler
  Diktatur 193

Lenau, Nikolaus (eig. Niembsch, Nikolaus Franz, 1802–1850), österreich. Dichter
  Gewitter 474
  Gram 522
  Himmel 579
  Koch 657
  Liebe 761
  Weihnachten 1357

Lenclos, Ninon de (1620–1705), französ. Kurtisane
  Liebe 769, 770

Lenin, Wladimir Iljitsch (1870–1924), russ.-sowjet. Politiker
  Demokratie 172
  Fehler 307
  Kapitalismus 631
  Kommunismus 658
  Kompliment 659
  Kontrolle 664
  Maschine 831
  Religion 1009
  Russland 1030
  Sozialismus 1123
  Staat 1136
  Vertrauen 1309
  Währung 1343

Lennon, John (1940–1980), brit. Popmusiker
  Affe 18
  Klavier 649

Lenz, Siegfried (*1926), deutscher Schriftsteller
  Begeisterung 101
  Erinnerung 274
  Krieg 675
  Künstler 702
  Richter 1018
  Schriftsteller/-in 1073
  Schuld 1076
  Suche 1164
  Teilnahme 1182
  Überzeugung 1236
  Unruhe 1254
  Verurteilung 1310

Leo I., der Große (†461), Papst 440–461
  Ehrgeiz 229

Leo, Heinrich (1799–1878), deutscher Historiker
  Form 323, 324

Glaube 479, 483
Volksglaube 1318

Leone, Sergio (1929–1989), italien. Filmregisseur
  Homer 592
  Mut 889

Leopardi, Giacomo (1798–1837), italien. Dichter
  Alter 25
  Aufrichtigkeit 75
  Barbarei 90
  Betrug
  Böses 148
  Dichtung 189
  Ehe 219
  Europa 292
  Geist 415
  Glaube 481
  Größe 525
  Illusion 603
  Lernen 754
  Mensch 845, 849, 850
  Natur 907, 909
  Tätigkeit 1178
  Verdorbenheit 1276
  Vernunft 1293, 1295
  Verzweiflung 1314
  Wahn 1331
  Wahrheit 1334
  Weib 1351
  Wissen 1388, 1390
  Zurückhaltung 1440

Lernet-Holenia, Alexander (1897–1976), österreich. Erzähler und Lyriker
  Menschenkenntnis 860
  Österreich 937
  Zeit 1422

Leroux, Pierre (1797–1871), französ. Philosoph
  Leben 731

Lessing, Doris (*1919), brit. Schriftstellerin
  Aufgeben 73
  Gehen 409
  Geschlechtsverkehr 452

Lessing, Gotthold Ephraim (1729–1781), deutscher Schriftsteller und Philosoph
  Aber 8
  Alltag 23
  Alter 26, 30, 31
  Armseligkeit 62
  Artigkeit 68
  Arznei 68
  Ausführung 82
  Bauen 92
  Baum 93
  Begierde 101
  Behagen 104
  Bekanntschaft 108
  Beredsamkeit 111
  Bescheidenheit 117
  Besessenheit 119

Beten 125
Betrug 128
Bettelei 129
Borgen 147
Denken 177
Deutsch 182
Dichtung 189
Ehe 213
Ehre 226
Ehrlichkeit 229
Eifersucht 231
Einsicht 244
Engel 255
Erfolg 270
Erfüllung 273
Ernst 279
Erröten 281
Erwartung 283
Erziehung 284, 286
Essen 290
Faulheit 303
Fehler 306
Forschung 324
Frau 339
Freiheit 353
Freude 361
Freundschaft 363, 364, 367, 368, 369
Fröhlichkeit 375
Furcht 380, 382
Fürst 384
Gabe 385
Gebet 389
Gefährlichkeit 401
Gefälligkeit 402
Geist 417
Genie 433, 436
Gerechtigkeit 441
Geschichte 447, 448
Gift 477
Gleichheit 485
Glück 489, 492
Gnade 502
Gott 506
Grobheit 524
Größe 524, 525
Großmut 529
Grübelei 529
Gut sein 532
Handel 543
Handeln 546
Hass 548
Himmel 578
Hindernis 580
Hoffnung 585
Hunger 596
Inhalt 606
Judentum 619
Jüngling 627
Kette 636
Kind 642
Kirche 646
Klage 647
Kleinheit 652
Kompliment 659
König / Königin 660
Kunst 689, 690, 693
Lachen 709, 710
Langsamkeit 714
Laster 717

Leben 725
Leid 747
Liebe 774, 775, 780, 781, 783, 784, 788, 795
Logik 804
Malerei 820
Mann 824
Märchen 829
Meisterschaft 841
Menge 842
Mensch 844, 845, 848, 854
Menschenverstand 861
Müssen 887
Natur 909
Nutzen 927
Perle 943
Poesie 957
Polizei 965
Ratschlag 980
Recht 985
Redlichkeit 991
Reichtum 1000
Reiz 1007
Rousseau, Jean-Jacques 1023
Ruhe 1026
Ruine 1029
Schaden 1035
Schein 1043
Schönheit 1064, 1065, 1067
Schreien 1072
Seele 1088
Sehen 1093
Sinne 1110
Soldaten 1118
Sprache 1132
Staat 1135
Teufel 1184
Tier 1190
Titel 1190
Träne 1205
Trinken 1216
Tugend 1223
Überlegung 1232
Undankbarkeit 1241
Uneigennützigkeit 1241
Unglück 1246
Unternehmung 1258
Verachtung 1269
Vergnügen 1284, 1285
Verirrung 1286
Verkehrtheit 1286
Verliebtheit 1289
Vernunft 1293, 1294
Versöhnung 1300
Verstand 1304
Vorsicht 1323
Wachstum 1327
Wärme 1346
Weib 1352, 1353
Wein 1359
Welt 1371
Wille 1380, 1381
Wissbegier 1387
Wissen 1389
Witz 1398
Wort 1406
Wunder 1409
Wunsch 1413

Ziel 1427
Zwang 1442

Leukipp(os) von Milet (um 500 v.Chr.), griech. Philosoph
Geschehen 445

Leuthold, Heinrich (1827 bis 1879), schweizer. Dichter
Lernen 755
Weisheit 1365

Leuwerick, Ruth (*1926), deutsche Schauspielerin
Busen 162
Reiz 1007

Levi, Carlo (1902–1975), italien. Arzt, Maler und Schriftsteller
Chaos 162
Erfahrung 266
Geschichte 448
Maß 832
Muster 888

Lewald, Fanny (1811–1889), deutsche Schriftstellerin
Emanzipation 250
Erziehung 285, 286
Mutter 892

Lewis, (Harry) Sinclair (1885–1951), US-amerikan. Schriftsteller, Literaturnobelpreis 1930
Arbeit 53
Dom 197

Lewis, Jerry (*1926), US-amerikan. Komödiant
Botschaft 150
Film 316
Fuß 384
Geld 424
Humor 594
Leidenschaft 748
Verführung 1279

Lewis, Wyndham (1886–1957), brit. Schriftsteller und Maler
England 255

Li Taibai = Li Bai, auch Li T'ai-po (um 701–762), chines. Dichter
Fröhlichkeit 375
Heiterkeit 563
Idee 601
Leben 736

Li Yü = Li Yu (937–978), chines. Lyriker
Frau 347

Lichtenberg, Georg Christoph (1742–1799), deutscher Physiker und Schriftsteller
Aberglaube 8
Adel 16

Ähnlichkeit 19
Amerika 35
Anatomie 37
Änderung 38
Anständigkeit 48
Armee 62
Aufschub 76
Aufstehen 76
Auge 77
Ausdruck 82
Auslegung 83
Bad 89
Bauen 92
Befehl 97
Beharrlichkeit 105
Bein 107
Belehrung 109
Bescheidenheit 118
Besserung 123
Beten 125
Bett 128
Beziehung 136
Blindheit 144, 145
Brief 152
Buch 155, 156, 157, 159
Charakter 164
Denken 177, 178
Deutsch 180
Dichter / -in 188
Ehepaar 225
Ehrgeiz 228
Ehrlichkeit 229
Eindruck 236
Empfindung 252, 253
Engel 255
England 255
Entdeckung 257
Enthusiasmus 258
Entschuldigung 260
Erfahrung 266
Erfindung 268, 269
Ernst 279
Eroberung 280
Erziehung 286
Esel 289
Examen 295
Fähigkeit 297
Feder 304
Fernrohr 313
Finden 317
Fliege 320
Frau 335
Fremdsprache 358
Freude 359
Frühe 377
Furcht 382
Garten 387
Gebrechen 391
Gefühl 404
Gegenteil 405
Geist 413
Geld 423, 424
Gelegenheit 426
Gelehrter 427
Genie 434, 435
Geringes 442
Geschicklichkeit 451
Geschlecht 452
Geschlechtsverkehr 452
Gesellschaft 455

Gesetz 462
Gesicht 463
Gesinnung 464
Gesundheit 466
Gewissen 472, 473
Gewohnheit 475
Gewöhnlich 476
Glaube 480, 481
Gleichgültigkeit 485
Glück 491, 498, 500
Gott 508, 511
Gottesdienst 519
Grab 521
Größe 525, 526, 527
Handwerk 546
Himmel 579, 580
Hochachtung 582
Hochzeit 584
Hölle 591
Hypothese 597
Hut 597
Individuum 605
Irrtum 614
Jahreszeit 616
Kaiser 628
Katholizismus 633
Kenntnis 635
Kerze 635
Kind 639
Kleinheit 651
Klugheit 653, 654, 655
Komödie 659
König/Königin 660
Kopf 665
Krankheit 670, 671, 672
Krieg 677, 680
Land 712
Lärm 715
Lebensart 738
Lesen 757
Luftschloss 806
Maske 832
Mätresse 835
Meinung 839, 840
Mensch 845, 847, 848, 852, 853
Menschenverstand 861
Misstrauen 868
Mitleid 870
Mittel 871
Mode 873, 874
Mönch 876
Musik 885
Mysterium 894
Mystik 894
Nachahmung 895
Natur 912, 913
Neues 920
Notwendigkeit 925
Orakel 934
Papier 937
Parteilichkeit 941
Pferd 946
Philosophie 954
Physik 955
Plan 956
Prophet 971
Publikum 975
Rezension 1017
Ritter 1019

Sagen 1031
Sanduhr 1033
Schaden 1036
Scham 1038
Scharfsinn 1040
Schenken 1044
Schlaf 1053
Schlechtes 1055
Schmerz 1059
Schmuck 1061
Schönheit 1067
Schriftsteller/-in 1073
Schulden 1076
Schule 1078
Schwäche 1081
Schwärmerei 1081
Schwierigkeit 1085
Seele 1090, 1092
Seelenruhe 1092
Segen 1093
Sehen 1093
Seite 1096
Singen 1109
Sonntag 1121
Staat 1138
Stadt 1143
Sterben 1149
Stern 1150, 1151
Stillstand 1154
Stolz 1155
Studium 1162
Stunde 1163
Sünde 1165, 1166
Tadel 1169
Talent 1173
Taubheit 1179
Theologie 1187
Theorie 1188
Tiefe 1188
Traum 1207, 1209
Trinken 1215
Trost 1216
Tugend 1221, 1225
Tun 1227
Überlegung 1232
Überzeugung 1236
Uhr 1237
Unparteilichkeit 1252
Unternehmung 1258
Unverschämtheit 1261
Unwahrheit 1261
Ursache 1263
Urteil 1264
Vaterland 1267
Veränderung 1269
Verbindlichkeit 1272
Verbot 1272
Verfassung 1278
Vergangenheit 1280
Vergnügen 1284
Verkehrtheit 1286
Verliebtheit 1289, 1290
Verlust 1291
Verstand 1301
Verstehen 1305
Vogel 1315
Vorstellung 1324
Vorurteil 1325
Wahl 1329, 1331
Wahnsinn 1331

Wahrheit 1334, 1335, 1336, 1340, 1341, 1342
Wahrsagerei 1342
Wald 1343
Warnung 1347
Wein 1359
Weisheit 1366
Weissagung 1367
Welt 1369, 1371
Wert 1375
Wissenschaft 1395, 1396
Witwe 1397
Witz 1398, 1399
Wollust 1403
Wunder 1411
Wunderbares 1411
Zeit 1419, 1421
Zweck 1443
Zweifel 1445

Lichtenfeld, Herbert (*1927), deutscher Fernsehautor
 Fernsehen 313

Lichtenstein, Roy (*1923), US-amerikan. Maler und Grafiker
 Kunst 696

Lichtwark, Alfred (1852-1914), deutscher Kunsthistoriker
 Kunst 689

Lichtwer, Magnus Gottfried (1719-1783), deutscher Dichter
 Bewunderung 132
 Blindheit 144
 Eifer 230
 Feindschaft 311
 Freiheit 351
 Geld 425
 Gelehrsamkeit 427
 Gesetz 462
 Hässlichkeit 551
 Karriere 632
 Knechtschaft 655
 Leitung 753
 Narr 903, 904
 Nützlichkeit 927
 Schwäche 1081
 Strafe 1157
 Stunde 1163
 Verehrung 1277
 Vergnügen 1285

Lie, Trygve (1896-1968), norweg. Politiker
 Schicksal 1045
 Staatsmann 1140
 Verstehen 1304
 Welt 1367

Liebermann, Max (1847 bis 1935), deutscher Maler und Grafiker
 Stil 1153

Liebig, Justus von (1803 bis 1873), deutscher Chemiker
 Aberglaube 8
 Heidentum 554
 Seife 1095
 Wissenschaft 1394
 Wohlstand 1400

Liebknecht, Wilhelm (1826 bis 1900), deutscher Journalist und Politiker
 Wissen 1393

Ligne, Charles Joseph von (1735-1814), österreich. Feldmarschall und Diplomat
 Einsamkeit 240
 Langeweile 713

Liliencron, Detlev von (eig. L., Adolf Axel von, 1844 bis 1909), deutscher Dichter
 Familie 300
 Geld 423
 Liebe 761
 Mitleid 869

Lincke, Paul (1866-1946), deutscher Komponist
 Erinnerung 275

Lincoln, Abraham (1809 bis 1865), US-amerikan. Politiker, 16. US-Präsident 1861-1865
 Demokratie 173
 Einfachheit 237
 Freiheit 354
 Konservatismus 663
 Kugel 685
 Laster 717
 Regierung 996
 Sklaverei 1116
 Stimmzettel 1155
 Zustimmung 1441

Lindbergh, Anne Morrow (*1906), US-amerikan. Schriftstellerin
 Abgrund 9
 Abschied 10, 11
 Allein 21, 22
 Alltag 23
 Alpen 23
 Augenblick 80
 Auster 85
 Beziehung 134, 135, 136
 Blüte 146
 Ebbe und Flut 204
 Ehe 207, 208, 210, 212, 214, 216, 217, 218, 219, 220
 Ehepaar 225
 Einsamkeit 239, 240, 241, 242
 Entfremdung 258
 Erde 264
 Fliegen 320, 321
 Frau 331, 334, 339, 343, 346, 348, 349
 Freiheit 356

Personenregister

Geben 389
Geburt 392
Gemeinsamkeit 431
Gewissensbiss 474
Gipfel 478
Himmel 578
Hochzeit 584
Hoffnung 586
Ich 598
Kampf 630
Kathedrale 633
Kind 643
Kirche 646
Kommunikation 658
Kummer 687, 688
Leben 727, 732
Lebensmitte 740
Leid 746, 747
Liebe 763, 770, 779, 784, 785, 792, 793
Mönch 876
Morgen 880
Nonne 923
Offenbarung 928
Qualität 976
Schmerz 1058
Schönheit 1062
Selbstfindung 1100
Sprechen 1133
Sterben 1150
Tod 1194, 1196
Vergangenheit 1281
Wahrheit 1332
Warten 1347
Wiedergeburt 1379
Zerstreuung 1426
Zukunft 1438

Lindlau, Dagobert (*1930), deutscher Fernsehjournalist
Lüge 807
Wahrheit 1333

Lingg, Hermann von (1820 bis 1905), deutscher Dichter
Begeisterung 101
Untergang 1257

Linné, Carl von (1707–1778), schwed. Naturforscher
Schöpfung 1069
Sprung 1135

Lippmann, Walter (1889–1974), US-amerikan. Publizist
Harmonie 547
Institution 608
Presse 968
Spannung 1124
Staatsmann 1141

Liselotte von der Pfalz (eig. Elisabeth Charlotte, 1652–1722), Herzogin von Orléans
Heiraten 559
Hexerei 575
Politik 961

List, Paul W. (1899–1989), deutscher Verleger
Erfahrung 267

Liszt, Franz (1811–1866), ungar.-deutscher Pianist und Komponist
Genie 433
Gott 504
Künstler 704

Livingstone, David (1813–1873), brit. Forschungsreisender
Fortschritt 326

Livius, Titus (um 59 v.Chr. bis 17 n.Chr.), röm. Geschichtsschreiber
Amt 36
Angst 42
Böses 147
Erfolg 269
Feindschaft 310
Flucht 322
Freundschaft 366, 368
Frieden 371
Furcht 382
Gefahr 400
Geist 417
Gesinnung 464
Glück 492
Krieg 676
Notwendigkeit 925
Verspätung 1300
Wort 1406

Lloyd George, David (1863–1945), brit. Politiker
Armut 63
Beredsamkeit 111
Eifer 230
Freiheit 354
Vorrecht 1322

Llull, Ramón (1232/33–1316), katalan. Schriftsteller und Philosoph
Intellekt 609

Locke, John (1632–1704), engl. Philosoph
Arbeit 52
Beispiel 108
Erfahrung 267
Erziehung 287
Glück 493
Kenntnis 635
Natur 906
Unglück 1247

Loerke, Oskar (1884–1941), deutscher Schriftsteller
Gesetz 461
Verbrechen 1273

Loetscher, Hugo (*1929), schweizer. Schriftsteller
Welt 1369

Logau, Friedrich von (1604–1655), schles. Dichter
Aal 7
Alkohol 20
Alter 24, 28, 30
Anfang 40
Anpassung 45
Apfel 50
Armut 65
Arzt 69, 70
Begierde 102
Beichte 106
Bescheidenheit 118
Beschwerden 119
Beständigkeit 123
Betrug 128
Bitte 143
Brille 153
Christentum 168
Dank 170
Diebstahl 191
Ehe 219
Ehre 225
Eifersucht 232
Erfindung 269
Erröten 281
Fehler 306
Freude 360
Freundschaft 364
Geduld 398
Gefahr 400
Geld 426
Geschwätz 454
Gesundheit 466, 467
Gewalt 468
Glück 494, 501
Gott 516
Grab 521
Gunst 530
Gutes 535, 537
Haar 540
Heiraten 562
Herbst 565
Herz 571
Jugend 620, 622
Jurist 628
Kummer 687
Kuss 708
Laster 716, 717
Latein 718
Leid 745, 746
Lernen 756
Liebe 780, 785, 796
Lob 804
Mai 818
Mitgift 869
Mittelweg 872
Mutter 891
Narr 903
Not 924
Poesie 958
Prahlerei 966
Rat 980
Reim 1003
Schlaf 1053
Schminke 1060
Schönheit 1063
Selbstüberwindung 1103
Sieg 1109
Spiegel 1126
Sprache 1132
Stand 1144
Sünde 1167
Tod 1198
Träne 1205
Untreue 1260
Verführung 1279
Verstand 1302, 1303
Verzärtelung 1312
Wahrheit 1335
Wahrnehmung 1342
Weib 1353, 1354, 1355, 1356
Wein 1358
Welt 1368
Wollust 1403
Wort halten 1408
Würfel 1414
Zeit 1422

Lohberger, Hans (1920–1979), österreich. Aphoristiker
Anteilnahme 48
Beweis 131
Denken 176
Fluch 321
Gebet 389
Gesundheit 467
Gewissensbiss 474
Glück 493
Liebe 767
Märchen 828
Mitleid 870
Mode 874
Pflicht 947
Recht 985
Religion 1009
Schadenfreude 1036
Schlagwort 1054
Schweigen 1083
Seele 1088, 1089
Selbstlosigkeit 1101
Sprechen 1133
Stil 1153
Sünde 1165
Teufel 1183
Trieb 1214
Uniform 1250
Vater 1266
Vergessen 1283
Wissen 1388
Wissenschaft 1396
Zudringlichkeit 1433

Lollobrigida, Gina (*1928), italien. Schauspielerin
Frau 340

Longfellow, Henry (1807–1882), US-amerikan. Dichter
Arbeit 55
Warten 1347

Löns, Hermann (1866–1914), deutscher Schriftsteller
Heide 554
Rose 1023

Lopez, Barry (*1945),
US-amerikan. Ethnologe und
Anthropologe
Frage 327
Kultur 686
Trauer 1208
Widerspruch 1378

Loren, Sophia (*1934),
italien. Filmschauspielerin
Auge 79
Frau 335, 342
Mann 823
Nein 919
Phantasie 949
Waffe 1328

Lorentz, Lore (1920–1994),
deutsche Kabarettistin und
Chansonsängerin
Abtreibung 14
Armee 62
Aufstieg 77
Erfolg 271
Frau 342
Gemeinplatz 430
Karriere 632
Mann 828
Politik 962
Sakrament 1032
Wut 1415

Lorenz, Konrad (1903–1989),
österreich. Verhaltensforscher,
Medizinnobelpreis 1973
Affe 18
Forschung 324
Geld 424
Klugheit 655
Leben 723
Leid 745
Mensch 848
Staat 1139
Tier 1189

Lortzing, Albert (1801–1851),
deutscher Opernkomponist
Kind 643
Mädchen 817

Loti, Pierre (1850–1923),
französ. Schriftsteller
Hochzeit 584

Louis XIV = Ludwig XIV., gen.
der Sonnenkönig (1638 bis
1715), König von Frankreich
Achtung 14
Alleinherrschaft 22
Staat 1136

Low, Bruce (1913–1990),
niederländ. Schlagersänger
Spaß 1125

Lowell, James Russell
(1819–1891), US-amerikan.
Schriftsteller
Meinung 841

Löwenthal, Richard
(1908–1991), deutsch-brit.
Publizist und Politologe
Veränderung 1270
Wert 1375

Löwinger, Paul (1904–1988),
österreich. Volksschauspieler
Zukunft 1438

Lowitz, Siegfried (*1914),
deutscher Schauspieler
Berufung 116
Charakter 163
Rennen 1012

Lübke, Heinrich (1894–1972),
deutscher Politiker, Bundes-
präsident 1959–1969
Alter 25
Bildung 140
Deutschland 184
Familie 299
Hilfe 576
Tradition 1203

Ludwig II., König von Bayern
(1845–1886)
Einsamkeit 243

Ludwig, Otto (1831–1865),
deutscher Dichter
Furcht 380
Gefühl 404
Geist 418
Himmel 578
Hoffnung 585
Verstand 1303

Lühr, Peter (1906–1988),
deutscher Schauspieler
Pünktlichkeit 975

Luise (1776–1810), preuß.
Königin
Häuslichkeit 554
König/Königin 660

Lukan (Marcus Annaeus Luca-
nus, 39–65), latein. Dichter
Aufschub 76
Autorität 88
Erfolg 270
Furcht 382
Geld 424
Krieg 674, 676, 680
Macht 815
Recht 984
Ruhm 1028
Schicksal 1045
Schrecken 1069
Schuld 1075
Sittlichkeit 1113
Tod 1193
Tugend 1224
Tyrannei 1228
Verdienst 1276
Wagemut 1329
Zufall 1434

Lukian (um 120–nach 180),
griech. Schriftsteller
Arbeit 56
Besitz 120
Elend 248
Glück 496
Leben 734
Rat 980
Reue 1015
Verbrauch 1272

Lukrez (97/96–55 v.Chr.),
röm. Dichter
Bedrängnis 96
Leben 723
Maske 831

Luns, Joseph (1911–1971),
niederländ. Politiker
Außenpolitik 84

Lüpertz, Markus (*1941),
deutscher Maler
Kunst 698
Verstehen 1305

Luther, Martin (1483–1546),
deutscher Theologe und
Kirchenreformator
Ablass 10
Alltag 23
Alter 26, 31
Anfang 40
Anfechtung 40
Angst 42
Anmaßung 44
Anstrengung 48
Arbeit 56
Armut 63, 65
Arznei 68
Arzt 69
Aufstieg 77
Auge 77
Bad 89
Bekenntnis 109
Bellen 110
Beruf 115
Berufung 116
Besonnenheit 122
Betörung 126
Beziehung 135, 136
Bier 137
Bischof 142
Bitte 142
Buße 162
Christentum 167
Christus 168
Dank 170
Dienst 192
Edel 204
Ehe 213, 215, 217, 221
Eitelkeit 246
Ekel 247
Engel 255
Erbsünde 263
Erwerb 283
Evangelium 293, 294
Ewigkeit 294
Faulheit 303
Fegefeuer 305
Fleisch 318
Fluss 322
Frau 348
Freiheit 351, 354
Freude 359, 360
Frömmigkeit 375
Furcht 382
Gedanke 395, 396
Gegnerschaft 407
Geist 411, 414
Geld 423, 424
Gerechtigkeit 439, 441
Geringes 442
Gesang 444
Geschäft 444
Geschenk 446
Gesetz 460, 461, 462
Gesundheit 466
Gewissen 473
Glaube 480, 481, 483
Glocke 486
Glück 493
Gnade 502
Gott 505, 506, 509, 512, 516, 517
Gottesdienst 519
Grobheit 524
Größe 528
Gutes 536, 537
Haben 540
Haus 552
Heil 555
Heilige 556
Heiraten 561
Held/Heldin 564
Herz 570
Heuchelei 574, 575
Hexerei 575
Hilfe 576
Himmel 580
Hoffnung 585
Hund 595
Hure 597
Irrtum 613
Jugend 621, 625
Ketzerei 636
Kind 640
Kirche 645, 646
Knechtschaft 656
Krankheit 670, 672
Kreuz 674
Kunst 689, 699
Last 715
Lästern 717
Leben 728
Lehre 742
Leib 743
Liebe 769, 781, 784
Lob 803
Lohn 805
Lüge 807
Mai 818
Martyrium 830
Mathematik 835
Meditation 836
Mensch 848
Messer 864
Mönch 876
Mord 879
Most 881

1536 Lüthi

Mühe 881
Musik 884
Muße 887
Nacht 900
Natur 907
Nüchternheit 926
Papst 937, 938
Paradies 938
Partei 941
Pest 945
Pfarrer 945
Praxis 967
Predigt 967
Rausch 982
Rede 989
Reformation 992
Regierung 994, 996
Reichtum 1000
Richten 1018
Sammlung 1032
Satan 1033
Sattheit 1034
Schaden 1036
Schaffen 1037
Schändung 1039
Scheidung 1042
Schlange 1054
Schlichtheit 1055
Schnee 1061
Schwangerschaft 1081
Schwert 1085
Sehen 1093
Selbstmord 1102
Sinnlichkeit 1111
Sparsamkeit 1124, 1125
Spekulation 1126
Sprache 1133
Staat 1135, 1137, 1140
Steigen 1146
Stunde 1163
Suche 1164
Sünde 1165, 1166, 1167, 1168
Tag 1171
Taufe 1179
Teufel 1183, 1184, 1185
Theologie 1187
Tod 1193, 1194, 1200
Traum 1209
Traurigkeit 1210, 1211
Trinken 1214
Trost 1217
Trunksucht 1218
Überheblichkeit 1231
Übersetzen 1234, 1235
Unrecht 1253
Unternehmung 1258
Verfolgung 1279
Vernunft 1293, 1294
Verurteilung 1310
Verzweiflung 1313, 1314
Wahrheit 1337
Wehren 1351
Welt 1368, 1369, 1370, 1371
Werk 1373, 1374
Widerstand 1378
Wirt/Wirtin 1386
Wort 1404, 1405, 1406
Wunder 1409
Wunsch 1412
Zechen 1417
Zeitalter 1423
Zins 1430
Zoll 1432
Zorn 1432, 1433
Zweifel 1445

Lüthi, Kurt (*1923), schweizer. Theologe
Kunst 696
Lust 810

Luxemburg, Rosa (1870–1919), poln.-deutsche Politikerin
Andersdenkende 38
Charakter 164
Denken 177
Freiheit 354
Kunst 690
Liebe 763

Lynd, Robert (1879–1949), brit. Publizist
Bildung 139
Bösewicht 149
Buch 155
Langeweile 714
Leid 745
Wohlbefinden 1399

M

Macaulay, Lord Thomas Babington (1800–1859), brit. Historiker
Grundsatz 530

MacDonald, George (1824–1905), schott. Geistlicher
Geduld 398
Größe 525
Kleinheit 651

Machiavelli, Niccolò (1469–1527), italien. Staatsmann
Alleinherrschaft 22
Änderung 38
Angriff 41
Anteilnahme 48
Argwohn 61
Arzt 70
Aufhalten 73
Ausführung 82
Autorität 88
Befehl 98
Befriedigung 98
Beleidigung 109
Belohnung 110
Bequemlichkeit 111
Bescheidenheit 118
Besitz 120
Betrug 127, 128
Bewegung 130
Bildhauerei 138
Böswilligkeit 150
Bündnis 160
Bürger 161
Courage 169
Dienen 191
Diktatur 193
Drohung 198
Ehre 227
Ehrgeiz 228, 229
Erbschaft 262
Erfindung 269
Erfolg 271, 272
Eroberung 280
Erwerb 283
Fallen 298
Fehlschlag 307
Feigheit 308, 309
Feindschaft 310
Feldherr 312
Finden 317
Frage 328
Freigebigkeit 350
Freiheit 351, 352, 353, 356, 357
Freiwilligkeit 357
Freundschaft 363, 366
Frieden 374
Führung 379
Furcht 381
Fürst 383, 384
Gefahr 400
Gefallen 401
Gegenwart 406
Gehorsam 410
Geiz 421
Gelingen 430
Gemeinwohl 431
Gesetz 460, 461, 462
Gesinnung 464
Geständnis 466
Gewaltherrschaft 469
Gewalttat 470
Gewinn 470
Gewissen 474
Gier 477
Glaube 480
Glück 488, 489, 490, 495, 500
Gott 507
Größe 526
Gutes 536, 537
Habgier 540
Handeln 544, 545, 546
Hass 549, 550
Helfen 565
Herr 566
Herrschaft 567
Hochmut 583
Hoffnung 586
Hölle 591
Hunger 596
Institution 608
Knechtschaft 656
Kopf 665
Kraft 668
Krankheit 671
Kränkung 673
Krieg 677, 678, 679, 680
Kunst 694
Lachen 709
Leidenschaft 750
Liebe 775
Lob 804
Macht 814, 815
Machthaber 816
Masse 833
Meinung 841
Menge 843
Mensch 844, 847, 849
Misstrauen 868
Monarchie 875
Mut 888
Narr 903
Natur 910
Neuerung 919, 920
Neutralität 921
Niederlage 922
Not 923, 924
Notwendigkeit 925
Ordnung 934, 935
Paradies 938
Pferd 946
Plan 955, 956
Position 966
Prophet 971
Rache 977
Rang 978
Rat 979, 981
Rechtfertigung 987
Reden 990
Reform 992
Regierung 994, 996, 997
Reiten 1006
Republik 1013
Rücksicht 1024
Ruder 1024
Schaden 1035
Schein 1043
Schicksal 1045, 1046, 1047
Schlacht 1051
Schmeichelei 1056, 1057
Schmerz 1058
Schreiben 1071
Schwächling 1081
Schwierigkeit 1085
Schwur 1086
Sehnsucht 1095
Sieg 1107, 1108, 1109
Singen 1109
Soldaten 1118
Staat 1135, 1136, 1137, 1138, 1139
Stolz 1156
Strafe 1158
Sturm 1163
Sünde 1166
Täuschung 1180
Teil 1181
Teufel 1185
Thron 1188
Titel 1190
Tollkühnheit 1201
Tugend 1222
Übel 1229, 1230
Unabhängigkeit 1240
Undankbarkeit 1240
Unfall 1242
Unglück 1245, 1246
Unterwerfen 1260

Urteil 1264
Vater 1266
Veränderung 1270
Verbrechen 1274, 1275
Verdienst 1276
Verfassung 1278
Vergleich 1284
Verletzung 1288
Verliebtheit 1289
Verlust 1290, 1291
Vernichtung 1293
Verschwörung 1299
Versprechen 1300
Verstand 1301
Verteidigung 1307
Vertrag 1308
Verzweiflung 1313, 1314
Volk 1315, 1316, 1317
Vorbild 1320
Waffe 1328
Wahrheit 1334, 1337
Weisheit 1364
Welt 1369
Wetter 1376
Wirkung 1385
Wort 1405
Wort halten 1408
Wunsch 1413
Zaudern 1417
Zeit 1422
Ziel 1429
Zufriedenheit 1435
Zugrunde gehen 1436
Zukunft 1438

Macke, August (1887–1914), deutscher Maler
  Bild 138

MacLaine, Shirley (eig. Beatty, S. M., *1934), US-amerikan. Schauspielerin
  Dummheit 200
  Eitelkeit 245
  Fernsehen 313
  Frage 327
  Frau 333
  Schwäche 1080
  Stärke 1145
  Unterhaltung 1257

Macmillan, Harold (1894–1986), brit. Verleger und Politiker
  Ausland 83
  Denkmal 179
  Möglichkeit 875
  Nachwelt 900
  Niederlage 922
  Politik 962
  Politiker 964
  Satz 1034
  Staatsmann 1141
  Unmöglichkeit 1251
  Vergangenheit 1280

Madách, Imre (1823–1864), ungar. Dichter
  Fallen 298
  Horizont 592

  Liebe 764
  Weib 1351, 1354, 1355

Maeterlinck, Maurice (1862 bis 1949), belg. Schriftsteller, Literaturnobelpreis 1911
  Geist 414
  Körper 666

Magnani, Anna (1908–1973), italien. Schauspielerin
  Alltag 23
  Automobil 86
  Frau 335
  Mann 824, 828
  Scheidung 1042

Mahler, Gustav (1860–1911), österreich. Komponist und Dirigent
  Musik 883, 885
  Österreich 937
  Tradition 1203
  Übertreibung 1235
  Werk 1373

Mahler-Werfel, Alma (1879–1964), österreich. Künstlerin
  Anziehung 50
  Bahn 89
  Bereitschaft 112
  Böses 148
  Dilettantismus 193
  Distanz 196
  Dummheit 201
  Ehe 216, 218, 222
  Erlebnis 277
  Frau 334
  Glück 494
  Können 662
  Krankheit 670
  Künstler 701, 702
  Leben 729, 737
  Opfer 932
  Reue 1015
  Schicksal 1047
  Trennung 1211

Mahlmann, Siegfried August (1771–1826), deutscher Schriftsteller
  Grille 524
  Liebe 776, 785
  Lust 811
  Mädchen 817
  Sorge 1122

Maier, Hans (*1931), deutscher Politikwissenschaftler und Politiker
  Deutsch 181
  Gedächtnis 394
  Politik 961

Mailer, Norman (*1923), US-amerikan. Schriftsteller
  Advokat 18
  Amboss 34
  Atomzeitalter 72

  Bein 107
  Ehepaar 224
  Frau 342, 348
  Geschichte 447
  Hammer 542
  Konservatismus 663
  Leben 729
  Memoiren 842
  Mensch 858, 859
  Offizier 930
  Ruf 1024
  Schauspielerei 1042
  Schminke 1060
  Spaß 1125
  Stolpern 1155
  Ungeschicklichkeit 1244
  Verbot 1272
  Wissen 1392
  Wohlstand 1400
  Wort 1405

Maimonides, Moses (eig. M. ben Maimon, 1135–1204), jüd. Philosoph aus Córdoba
  Freiheit 352
  Gutes 536
  Sünde 1165
  Tod 1193

Maistre, Joseph Marie de (1753–1821), französ. Politiker und Philosoph
  Regierung 995
  Volk 1317

Maiwald, Peter (*1946), deutscher Schriftsteller
  Land 712
  Lorbeer 805
  Lüge 808
  Richtschnur 1019
  Theorie 1188
  Wasser 1348

Malaparte, Curzio (eig. Suckert, Kurt Erich, 1898–1957), italien. Schriftsteller
  Dummkopf 202
  Genie 434
  Mittelmäßigkeit 872
  Schönheit 1065
  Zensur 1425

Malebranche, Nicole (1638 bis 1715), französ. Philosoph
  Geist 417
  Idee 602

Mallarmé, Stéphane (1842–1898), französ. Dichter
  Erinnerung 275

Malle, Louis (1932–1995), französ. Filmregisseur
  Automobil 86

Malraux, André (1901–1976), französ. Schriftsteller und Politiker

  Eltern 249
  Frau 345
  Grammatik 522
  Kunst 695
  Politik 961
  Politiker 965
  Regel 992
  Sprache 1132
  Vergangenheit 1281
  Zukunft 14388, 1439

Mandela, Nelson R. (*1918), südafrikan. Politiker (Staatspräsident seit 1994), Friedensnobelpreis 1993
  Apartheid 50
  Befreiung 98
  Diktatur 193
  Freiheit 351, 354
  Gesetz 462
  Gewalt 468
  Gewissen 472
  Gleichheit 486
  Herrschaft 567
  Kampf 629
  Macht 815
  Mensch 849, 860
  Menschenrecht 861
  Menschlichkeit 863
  Mord 879
  Rassismus 979
  Regierung 994
  Sprechen 1133
  Staat 1135, 1137
  Strafe 1156
  Streben 1159
  Terror 1182
  Toleranz 1201
  Übergang 1231
  Ungerechtigkeit 1244
  Unterdrückung 1256
  Vergangenheit 1280
  Waffe 1328
  Wahl 1330
  Wahrheit 1338
  Widerstand 1378
  Zerstörung 1426

Mangano, Silvana (1930–1989), italien. Filmschauspielerin
  Frau 340
  Mann 825

Manger, Jürgen von (1923 bis 1994), deutscher Schauspieler und Kabarettist
  Alkohol 20
  Kneipe 656
  Umsturz 1239

Manilius, Marcus (um 20 n.Chr.), röm. Dichter
  Erfindung 269
  Vernunft 1294

Mann, Golo (1909–1994), deutscher Historiker
  Demokratie 172
  Deutschland 184

1538 Mann

Führung 379
Geschehen 445
Macht 813
Natur 913
Staat 1139
Staatsmann 1141
Vergangenheit 1281
Vergänglichkeit 1282
Zeitalter 1423
Zukunft 1439

Mann, Heinrich (1871–1950), deutscher Schriftsteller
Beherrschung 105
Blut 146
Frau 342
Freiheit 354
Geist 411, 418
Gleichheit 485
Jugend 622
Klugheit 654
Leben 725
Liebe 766
Menschlichkeit 863
Misstrauen 867
Sieg 1108
Untertan 1259
Vernunft 1295

Mann, Klaus (1906–1949), deutscher Schriftsteller
Arbeit 52
Kultur 687

Mann, Thomas (1875–1955), deutscher Schriftsteller, Literaturnobelpreis 1929
Ansicht 46
Autor 87
Besitz 121
Buch 155, 159
Deutschland 183
Egoismus 205
Ehrfurcht 227
Fanatismus 301
Geheimnis 409
Geist 414
Geliebter 429
Gewalt 468
Gott 517
Güte 533
Ironie 611
Kirche 647
Landschaft 712
Liebe 763, 786
Lüge 808
Meer 837
Mund 882
Nachlässigkeit 897
Niederlage 922
Not 924
Religion 1011
Religiosität 1012
Ruhm 1027
Schaffen 1037
Schicksal 1048
Schönheit 1064
Seele 1089
Sieg 1107
Skepsis 1114

Tod 1193, 1199
Toleranz 1201
Überlegenheit 1232
Verzweiflung 1313
Wahrheit 1337, 1338, 1339
Welt 1368
Zeit 1422

Mansfield, Katherine (eig. Beauchamp, Kathleen M., 1888–1923), neuseeländ. Schriftstellerin
Allein 21, 22
Ansicht 47
Arbeit 55
Beständigkeit 123
Beten 125
Beweis 132
Brief 152
Dank 170
Ehrlichkeit 229
Einfachheit 237
Erfolg 271
Ernst 279
Flut 323
Frage 328
Frau 342, 345
Freude 361
Freundschaft 367
Geburt 392
Geld 422
Gemeinheit 430
Gesundheit 467
Glück 487
Gott 512
Gruß 530
Hand 542
Haus 552
Hausfrau 553
Hinterlassenschaft 581
Hochzeit 584
Intelligenz 609
Kampf 630
Katze 634
Kind 640
Krankheit 673
Krieg 680
Künstler 705
Lachen 710
Landleben 712
Leben 722, 723, 727, 729, 732, 735, 738
Licht 758
Liebe 776, 777
Masse 833
Mode 874
Nutzen 926
Oktober 931
Opfer 932
Pflicht 948
Ruhm 1028
Schönheit 1064
Schreiben 1071
Schwierigkeit 1085
Seele 1090
Sonne 1120
Spiel 1128
Stadt 1142
Standfestigkeit 1144
Streit 1159

Suche 1164
Tag 1170
Traum 1209
Trost 1216
Unsterblichkeit 1256
Unterhaltung 1258
Versagen 1298
Wahrheit 1332
Wichtigkeit 1377
Wissen 1391
Zeit 1420
Ziel 1428
Zusammenleben 1441

Mansholt, Sicco (1908–1995), niederländ. Politiker
Wachstum 1327

Manzoni, Alessandro (1785–1873), italien. Dichter
Armut 66
Recht 986
Unrecht 1253

Manzoni, Carlo (1909–1975), italien. Filmregisseur
Partei 941

Manzù, Giacomo (1908 bis 1991), italien. Bildhauer
Kunst 695

Mao Tse-Tung (1893–1976), chines. Staatsmann
Armee 62
Dogma 196
Erfolg 272
Funke 380
Kritik 683
Kultur 686
Lorbeer 805
Macht 814
Militär 866
Volk 1315
Wert 1374

Marais, Jean (*1913), französ. Filmschauspieler
Anpassung 45
Ehemann 224
Junggeselle 627

Marc, Franz (1880–1916), deutscher Maler und Grafiker
Geschichte 447

Marceau, Félicien (*1913), belg. Schriftsteller
Geschmack 453
Mode 873

Marcel, Gabriel Honoré (1889–1973), französ. Philosoph
Hoffnung 585
Treue 1213
Vergessen 1283

Marconi, Guglielmo (1874–1937), italien. Physiker

und Ingenieur, Physiknobelpreis 1909
Erfindung 268

Marcuse, Herbert (1898 bis 1979), US-amerikan. Philosoph deutscher Herkunft
Anarchie 37
Atheismus 72
Deutschland 184
Industrie 605
Schaden 1036
Schönheit 1066
Sklaverei 1115
Solidarität 1119
Soziologie 1123
Tatsache 1179
Terror 1182
Theorie 1188
Zerstörung 1426

Marcuse, Ludwig (1894–1971), deutscher Philosoph und Schriftsteller
Abenteuer 7
Aberglaube 8
Abstraktion 12
Akademisches 19
Aktivität 20
Alleinherrschaft 22
Alter 28, 29
Alternative 33
Angriff 41
Anhängerschaft 43
Anstrengung 48
Antisemitismus 48
Aphorismus 50
Arbeit 55
Ärger 60
Argument 61
Arznei 68
Ästhetik 71
Aufgeben 73
Aufklärung 74
Aufregung 75
Ausrede 83
Aussprache 85
Ausweichen 86
Begabung 99
Begriff 104
Bekenntnis 108
Bequemlichkeit 111
Beruf 115
Bescheidenheit 117, 118
Bestechung 123
Beten 126
Beurteilung 130
Beweis 131
Bildung 140
Böses 149
Brot 153
Buch 158
Bündnis 160
Definition 171
Demut 174
Denken 176, 177
Deutsch 182
Dialektik 185
Dichtung 190
Diener 192

Personenregister

Diplomatie 194
Diskussion 195
Distanz 196
Dummheit 200, 201
Ehe 208, 215
Ehrfurcht 227
Ehrlichkeit 229
Einseitigkeit 243
Eitelkeit 245
Emigration 251
Enthusiasmus 258
Erfolg 271, 272
Erinnerung 275
Erleuchtung 278
Erlösung 278
Erziehung 284
Existenz 295
Experiment 296
Falsches 298
Faulheit 303
Feindschaft 311
Ferne 313
Flucht 322
Formulierung 324
Frage 327
Fragment 328
Frau 346
Frauenfeindschaft 349
Freiheit 354, 355
Freitod 357
Frieden 373
Führung 379
Furcht 381, 382
Gedanke 394
Gedrucktes 397
Gefahr 400
Gefolgschaft 402
Gefühl 402
Gegenwart 406
Gehorsam 410
Gerechtigkeit 440
Gescheitheit 445
Geschichte 448, 449
Geschichtsschreibung 450, 451
Gewissen 472
Glanz 478
Glaube 479, 480, 481, 482
Glück 490, 492, 495, 497, 499, 500
Gott 511, 512
Grübelei 529
Gutes 535, 537
Hass 549
Heftigkeit 554
Heilung 557
Heimat 558
Herz 574
Historiker 582
Hochmut 583
Hoffnung 586
Humor 594
Hunger 596
Ich 598
Ideal 599
Idee 600
Ideologie 602
Illusion 603
Intellektueller 609

Intoleranz 610
Ironie 611
Jugend 623, 624
Kampf 629, 630
Ketzerei 636
Kind 637
Kleinmut 652
König/Königin 661
Können 662
Konservatismus 663
Kontakt 664
Korruption 667
Krieg 680
Kritik 682, 683
Kultur 686
Lächerlichkeit 711
Langeweile 713
Laune 718
Leben 721, 724, 726, 732, 733, 736, 737
Lehre 741, 742
Lesen 757
Leser 757
Liebe 774, 794
Lob 803
Lüge 806
Macht 813, 815
Mensch 848, 850, 851, 856, 859
Menschenkenntnis 861
Messen 864
Minderwertigkeit 866
Mitläufertum 869
Mitteilung 871
Mode 873
Moral 879
Motiv 881
Mut 890
Nähe 901
Nationalismus 905
Neues 920
Nihilismus 923
Nonne 923
Norm 923
Obszönes 928
Öffentlichkeit 930
Ohnmacht 930
Ohr 930
Opfer 932
Optimismus 933
Ordnung 934
Organisation 935
Originalität 936
Pazifismus 942
Pessimismus 944
Phantasie 949
Philosophie 951, 952, 953, 954
Phrase 955
Planung 956
Politik 960, 961, 962, 963
Prahlerei 966
Preis 968
Prophet 972
Realismus 983
Realität 983
Rebellion 983
Recht 985
Reden 990
Religion 1009, 1012

Reue 1015
Revolution 1015, 1016
Rezension 1018
Richter 1018
Richtung 1019
Romantik 1022
Sagen 1031
Scheu 1045
Schicksal 1047
Schimpfen 1050
Schlechtes 1055
Schmeichelei 1056
Schreiben 1070, 1071
Schreibtisch 1072
Schriftsteller/-in 1073, 1074
Schwachsinn 1081
Schweigen 1083
Sehen 1094
Selbstgefühl 1101
Selbstmord 1101
Sexualität 1105
Sinnlosigkeit 1111
Skepsis 1114
Sollen 1119
Sorge 1121, 1122
Spannung 1124
Spekulation 1126
Sprache 1131
Stadt 1141
Sterben 1148
Stern 1151
Stil 1163
Sturz 1163
Sündenbock 1168
Tabu 1169
Technik 1180
Theater 1186
Theorie 1187
Tod 1194, 1197, 1200
Toleranz 1201
Tradition 1203
Trost 1217
Tun 1227
Tyrannei 1228
Überleben 1232
Übermensch 1233
Übersättigung 1234
Übertreibung 1235
Umgang 1238
Ungerechtigkeit 1244
Unglück 1246
Unterdrückung 1256
Unterstützung 1259
Unwahrheit 1261
Unwissenheit 1261, 1262
Vergangenheit 1281
Verlust 1291
Vernunft 1295, 1296
Verrücktheit 1297
Versäumnis 1298
Versöhnung 1299
Verstand 1301
Verständlichkeit 1304
Verstehen 1304, 1305
Verteidigung 1307
Vertrauen 1309
Verzeihung 1312
Vollendung 1318
Vortrag 1325

Wahrheit 1332, 1335, 1336, 1338, 1339, 1340
Wankelmut 1346
Weisheit 1364
Welt 1370
Weltanschauung 1371, 1372
Weltschmerz 1372
Wert 1375
Widerspruch 1378
Widerstand 1378
Wille 1382
Wirklichkeit 1385
Wissen 1389, 1391, 1392
Wohlstand 1400
Wohlwollen 1401
Wort 1404, 1405, 1407
Wunde 1409
Wunsch 1413
Zank 1415
Zeit 1419, 1420, 1421
Zeitgeist 1423
Zufall 1434
Zukunft 1439
Zusammenleben 1441
Zynismus 1445

Maria Theresia (1717 bis 1780), Königin von Böhmen und Ungarn, Regentin von Österreich
 Rat 979
 Regierung 994

Marie de France (12. Jh.), erste namentliche bekannte französ. Dichterin
 Diener 192
 Ehebruch 223
 Geliebte 428
 Heilung 558
 Krankheit 673
 Liebe 768, 771, 777, 785
 Spaß 1125
 Stand 1144
 Treue 1213

Marinetti, Filippo Tommaso (1876-1944), italien. Schriftsteller
 Kampf 630
 Schönheit 1066

Mark Aurel (121-180), röm. Kaiser
 All 20
 Anpassung 45
 Aufmerksamkeit 75
 Beruf 115
 Beurteilung 130
 Biene 136
 Charakter 164
 Denkkraft 179
 Ding 194
 Ende 253
 Ergebnis 273
 Ertragen 282
 Essen 292
 Ewigkeit 295
 Freude 360
 Gegenwart 406

Personenregister

Gemeinsamkeit 431
Gemeinschaft 431
Gleich 484
Glück 488
Glückseligkeit 501
Gott 513
Götter 518
Gutes 539
Handlung 546
Helfen 565
Himmel 579
Höfling 589
Inneres 606
König/Königin 661
Körper 666
Leben 730
Lebenskunst 739
Lehrling 743
Los 805
Meinung 839, 841
Meisterschaft 841
Mensch 849
Mühsal 882
Natur 906, 912
Naturgemäß 915
Neugier 921
Nutzen 926
Pflicht 947
Quelle 976
Reue 1014
Ringen 1019
Schlaf 1053
Schönheit 1061
Seele 1086, 1087, 1090
Selbst 1097
Sittlichkeit 1113
Sterben 1149
Stern 1151
Stiefmutter 1152
Strategie 1158
Tod 1198
Tun 1226
Übung 1237
Unglück 1245
Unglücklich 1249
Unmenschlichkeit 1251
Unmöglichkeit 1251
Unrecht 1252, 1253
Unverschämtheit 1261
Verachtung 1269
Vergessen 1283
Verlust 1291
Vernunft 1295
Verwandtschaft 1310
Voraussicht 1319
Vorteil 1325
Vorwurf 1326
Wandel 1344
Wehren 1351
Welt 1367, 1371
Weltordnung 1372
Werk 1374
Wert 1375
Wohlbefinden 1399
Ziel 1429
Zugrunde gehen 1436
Zukunft 1437
Zweck 1443

Mark Twain (eig. Clemens, Samuel Langhorne, 1835 bis 1910), US-amerikan. Schriftsteller
 Adam 16
 Alter 28
 Anständigkeit 47
 Apfel 50
 Ärger 60
 Besitz 121
 Blitz 145
 Börse 147
 Buch 158
 Demokratie 172
 Deutsch 181
 Ehemann 224
 Eigenschaft 234
 Erbschaft 263
 Erfolg 271
 Erröten 281
 Erziehung 286, 288
 Essig 292
 Falten 299
 Feigheit 308
 Feuer 315
 Fluch 321
 Frau 347
 Freundlichkeit 361
 Freundschaft 364, 365
 Geburt 392
 Gegnerschaft 407
 Geheimnis 408
 Genie 433, 434
 Gewohnheit 475, 476
 Gott 504
 Greis 523
 Grundsatz 530
 Himmel 578, 579
 Humor 593
 Hund 595
 Hunger 596
 Illusion 603
 Journalismus 618
 Jugend 622
 Katze 634
 Kindheit 644
 Klassik 648
 Kleidung 650
 Kummer 687
 Kuss 707
 Lächeln 709
 Lesen 756
 Lüge 807, 808
 Mann 827
 Meer 838
 Meinung 841
 Mensch 843, 846, 854, 858
 Monat 875
 Mond 876
 Mutter 892
 Narr 903
 Notwendigkeit 926
 Pferd 946
 Politiker 964
 Rede 989
 Reform 992
 Roman 1021
 Schadenfreude 1037
 Scham 1038
 Schurke 1079
 Seife 1095
 Seite 1097
 Spekulation 1126
 Sprache 1131
 Stil 1153
 Sündenbock 1168
 Tapferkeit 1175
 Tatsache 1178
 Taubheit 1179
 Theater 1186
 Tier 1189
 Training 1205
 Tugend 1224
 Ungeduld 1243
 Unkraut 1250
 Verbot 1272
 Verfassung 1278
 Verrücktheit 1298
 Versuchung 1307
 Wahl 1330
 Wahrheit 1336, 1340
 Weltverbesserung 1372
 Wort 1404
 Zahn 1416
 Zivilisation 1431

Marlowe, Christopher (1564 bis 1593), engl. Dramatiker
 Blick 144
 Liebe 794

Marmontel, Jean François (1723–1799), franzöz. Schriftsteller
 Familie 301

Marquis, Donald (1878–1937), US-amerikan. Schriftsteller
 Dichtung 189
 Echo 204
 Habgier 541
 Idee 601
 Wille 1382

Marshall, George C. (1880–1959), US-amerikan. General und Politiker
 Tat 1177

Martens, Valerie von (1894–1986), deutsche Schauspielerin
 Handeln 544
 Leben 727

Marti, Kurt (*1921), schweizer. Pfarrer und Schriftsteller
 Weihnachten 1357

Martial (um 40–um 103), röm. Dichter
 Anfang 39
 Armut 65
 Bedrängnis 96
 Erinnerung 275
 Fisch 318
 Furcht 381
 Gefallen 401
 Geld 423
 Gelegenheit 426

Geruch 443
Glück 488, 499
Größe 526
Gut sein 532
Heiraten 561
Jahr 616
Leben 728, 731, 733
Liebe 789, 796
Löwe 806
Mäzen 836
Parfüm 939
Reichtum 999
Sein 1096
Seltenheit 1105
Soldaten 1118
Tag 1171
Vergänglichkeit 1282
Volk 1316
Weichen 1356
Weisheit 1365

Martin du Gard, Roger (1881 bis 1958), franzöz. Schriftsteller, Literaturnobelpreis 1937
 Mensch 847

Martlew-Escher, Mary (1919 bis 1989), brit. Schauspielerin
 England 256

Marx, Groucho (1890–1977), US-amerikan. Komiker
 Klub 653
 Lärm 715
 Mitgliedschaft 869
 Verein 1277

Marx, Karl (1818–1883), deutscher Philosoph und Politiker
 Arbeit 54, 57, 58
 Eigentum 234
 Fabrik 296
 Frau 344
 Gesellschaft 456
 Gespenst 464
 Handwerk 547
 Herrschaft 567
 Kapitalismus 631
 Kommunismus 658
 Lohn 805
 Mehrheit 838
 Opium 932
 Philosophie 951
 Proletariat 971
 Religion 1008
 Staat 1137
 Veränderung 1270
 Vereinigung 1278

Marx, Werner (1924–1985), deutscher Politiker
 Berg 112
 Gipfel 478

Masaryk, Tomás Garrigue (1850–1937), tschech. Philosoph, Soziologe und Politiker
 Demokratie 172
 Fortschritt 325

Massary, Fritzi (1882–1969), österreich. Sängerin und Schauspielerin
  Erfolg 269
  Geschenk 445

Mastroianni, Marcello (1924–1996), italien. Filmschauspieler
  Angriff 41
  Ehebruch 223
  Frau 330, 345
  Liebe 782
  Tiefe 1188
  Widerstand 1378

Matisse, Henri (1869–1954), französ. Maler, Bildhauer und Grafiker
  Künstler 701
  Maler 819
  Rose 1023
  Sicherheit 1106

Matthews, Brander (1852–1929), US-amerikan. Schriftsteller
  Sprichwort 1134
  Wahrheit 1340

Maupassant, Guy de (1850 bis 1893), französ. Schriftsteller
  Frau 342
  Gefühl 404
  Reisen 1006
  Unfähigkeit 1242

Mauriac, François (1885 bis 1970), französ. Schriftsteller, Literaturnobelpreis 1952
  Erinnerung 274
  Frau 334
  Irrtum 612
  Kraft 668
  Luftschloss 806
  Polizei 965
  Regierung 996
  Staatsmann 1140
  Wunder 1409
  Zeit 1419

Maurier, Daphne du (1907 bis 1989), brit. Schriftstellerin
  Erfolg 269
  Frau 336, 344
  Klugheit 654
  Mann 824

Maurina, Zenta (1897–1978), lett. Schriftstellerin
  Herrschaft 569
  Liebe 794

Maurois, André (eig. Herzog, Emile S. Wilhelm, 1885–1967), französ. Schriftsteller
  Altern 33
  Aphorismus 50
  Bild 138
  Buch 156
  Eitelkeit 245
  Erfahrung 265, 268
  Frau 329, 332, 344
  Freude 361
  Geist 413
  Jahr 616
  Jugend 625
  Kunst 691
  Land 712
  Leben 726, 738
  Lebenskunst 739
  Liebe 762
  Logik 804
  Narr 903
  Paar 937
  Schönheit 1064
  Staatsmann 1140
  Unterhaltung 1257
  Welt 1369
  Zuhören 1436

Mayreder, Rosa (1858–1938), österreich. Schriftstellerin
  Frau 344
  Vorschrift 1322

Mazarin, Jules (eig. Mazzarini, Giulio R., 1602–1661), französ. Staatsmann und Kardinal
  Frankreich 329
  Gedanke 395
  König/Königin 661

Mazzini, Giuseppe (1805 bis 1872), italien. Freiheitskämpfer
  Mensch 851
  Revolution 1015

McCarthy, Eugene (*1916), US-amerikan. Politiker, Soziologe und Wirtschaftswissenschaftler
  Geheimnis 408
  Journalismus 618

McCarthy, Mary (1912–1989), US-amerikan. Schriftstellerin
  Ehe 213
  Flitterwochen 321
  Frau 344
  Laune 718

McCartney, Paul (*1942), brit. Musiker
  Leben 729
  Vegetarier 1268

Mead, Margaret (1901–1978), US-amerikan. Ethnologin
  Ehe 217
  Mädchen 816

Mechtel, Angelika (*1943), deutsche Schriftstellerin
  Schriftsteller/-in 1074

Mechtersheimer, Alfred (*1939), deutscher Politologe
  Konferenz 659

Meckel, Christoph (*1935), deutscher Grafiker und Schriftsteller
  Deutschland 184

Mehring, Walter (1896 bis 1981), deutscher Schriftsteller
  Arzt 69
  Krankheit 671
  Schriftsteller/-in 1073

Meienberg, Niklaus (*1940), schweizer. Publizist
  Mensch 845
  Stil 1153

Meinrad, Josef (1913–1996), österreich. Schauspieler
  Erziehung 287

Meir, Golda (1898–1978), israel. Politikerin
  Frau 341
  Geschichte 449

Mela, Pomponius (um 50 n.Chr.), röm. Schriftsteller
  Gast 387
  Germanen 442, 443
  Kleidung 649
  Pubertät 974

Melba, Nellie (1861–1931), austral. Sängerin
  Liebe 778
  Oper 931

Melo, João de (*1949), portugies. Schriftsteller
  Erinnerung 274
  Insel 607
  Schreiben 1071
  Traum 1209

Melville, Herman (1819–1891), US-amerikan. Schriftsteller
  Beleidigung 109

Melville, Jean Pierre (1917 bis 1973), französ. Filmregisseur
  Held/Heldin 564

Menandros = Menander (342–291 v.Chr.), griech. Dichter
  Bettelei 129
  Böses 149
  Erfahrung 268
  Erziehung 287
  Freundschaft 369
  Frömmigkeit 375
  Führung 379
  Gabe 385
  Gerechtigkeit 440
  Gesundheit 467
  Gewinn 470
  Glück 492, 495, 497, 499
  Gutes 535
  Heiraten 560
  Hilfe 577
  Kleinheit 651
  Lachen 709
  Leben 727, 737
  Leid 745
  Menschlichkeit 863
  Missgeschick 867
  Mitgift 869
  Mitleid 870
  Schande 1039
  Schelte 1044
  Schicklichkeit 1045
  Schönheit 1062, 1067
  Schwäche 1083
  Selbsterkenntnis 1099
  Tod 1192
  Tüchtigkeit 1218
  Übel 1229
  Umgang 1238
  Undankbarkeit 1240
  Unglück 1247, 1248
  Unterstützung 1259
  Verstand 1302
  Weisheit 1362
  Wort 1405
  Zufall 1434

Mencken, H(enry) L(ouis) (1880–1956), US-amerikan. Journalist und Schriftsteller
  Berühmtheit 116
  Blume 145
  Frau 337, 348
  Gesetz 461
  Gewissen 473
  Hoffnung 587
  Liebe 782
  Mann 824
  Pessimismus 944
  Phantasie 949
  Reue 1014
  Sarg 1033
  Schwiegermutter 1085
  Sozialismus 1123
  Ungerechtigkeit 1244
  Unmöglichkeit 1251
  Vertrauen 1309
  Wahrheit 1340

Mendelssohn Bartholdy, Felix (1809–1847), deutscher Komponist
  Kunst 700

Mendelssohn, Moses (1728–1786), deutscher Philosoph
  Bestimmung 124
  Tugend 1219

Mendès-France, Pierre (1907–1954), französ. Politiker
  Kontakt 664
  Politik 961
  Spannung 1124

Meng-zi (372–289 v.Chr.), chines. Philosoph
  Alles 22
  Besserung 122
  Fehler 305

Personenregister

1542 Menotti

Gutes 536
Waffe 1329
Weisheit 1362

Menotti, Gian Carlo
(*1911), italien.-US-amerikan.
Komponist
  Sterben 1148
  Tragödie 1204

Menuhin, Yehudi (*1916),
US-amerikan.-brit. Violinist
und Dirigent
  Architektur 59
  Aufbau 73
  Augenblick 80
  Ausgewogenheit 82
  Bach, Johann Sebastian 88
  Baum 94
  Beethoven, Ludwig van 97
  Befriedigung 98
  Besessenheit 119
  Beurteilung 129
  Chancengleichheit 162
  Disziplin 196
  Eigentum 235
  Einklang 239
  Einmaligkeit 239
  Entfremdung 258
  Entscheidung 259
  Erfolg 270
  Erziehung 285
  Fabrik 297
  Freiheit 354
  Frieden 373
  Geld 424
  Geschlechtsverkehr 452
  Gesellschaft 456
  Gewalt 468
  Glück 489
  Glückseligkeit 501
  Handeln 544
  Hass 549
  Himmel 578
  Hören 592
  Humor 594
  Intuition 611
  Kind 637
  Konsum 664
  Kosmos 667
  Kreativität 673
  Kunst 690, 691, 694, 697,
    699, 700
  Leben 721, 723, 726, 731
  Lebenskunst 739
  Lebenssinn 740
  Lehrer/Lehrerin 742
  Leid 745
  Liebe 761
  Mammon 820
  Massenproduktion 833
  Maßhalten 834
  Mathematik 835
  Medien 836
  Meditation 836
  Mensch 844, 847, 859
  Metaphysik 864
  Musik 883, 884, 885, 886
  Nationalismus 906
  Offenbarung 928
  Ordnung 935
  Originalität 936
  Religion 1011
  Schönheit 1067
  Schöpferisch 1068
  Schweigen 1083
  Sehen 1093
  Selbstverwirklichung 1104
  Sicherheit 1107
  Ton 1201
  Überleben 1232
  Umweg 1239
  Unterricht 1259
  Urlaub 1262
  Verantwortung 1270, 1271
  Vergnügen 1284, 1285
  Vertrauen 1308
  Vorsorge 1324
  Vorurteil 1325
  Wahl 1330
  Wissen 1389
  Wohlstand 1400
  Zerstörung 1426
  Ziel 1428
  Zivilisation 1430

Menzel, Adolf (1815–1905),
deutscher Maler und Grafiker
  Kunst 700

Mercier, Louis de (1740–1814),
französ. Schriftsteller
  Extrem 296

Mereau, Sophie, verh.
Brentano (1770–1806),
deutsche Schriftstellerin
  Ästhetik 71
  Aufrichtigkeit 75
  Beschäftigung 116
  Bigotterie 137
  Dichter/-in 186
  Ehe 207, 219
  Einsamkeit 242
  Erfahrung 266
  Erinnerung 274
  Ferne 313
  Flamme 318
  Freude 359
  Geburt 392
  Gefühl 404
  Gemälde 430
  Gesundheit 467
  Glaube 479
  Glück 494
  Halbheit 541
  Hausfrau 553
  Individualität 604
  Können 662
  Kunst 697
  Leben 736, 738
  Liebe 760, 766, 769, 771,
    776, 782, 783, 785, 787
  Liebende 797
  Mann 823, 827
  Mensch 857
  Mühe 881
  Natur 909, 914, 915
  Neujahr 921
  Rührung 1029

  Schaffen 1037
  Schlaf 1052
  Selbstvertrauen 1104
  Sinne 1111
  Sparsamkeit 1125
  Stimmung 1155
  Unendlichkeit 1241
  Vergnügen 1285
  Wahrheit 1332
  Weib 1353, 1354
  Wissenschaft 1396
  Wollen 1402

Meredith, George (1828 bis
1909), brit. Schriftsteller
  Besser 122
  Dichtung 189
  Frau 345
  Gebet 390
  Gewohnheit 476
  Koch 657
  Körper 666
  Kuss 708
  Leid 745
  Mann 826
  Prosa 972
  Sprichwort 1134
  Weisheit 1366

Mérimée, Prosper (1803 bis
1870), französ. Schriftsteller
  Sonne 1120

Mertes, Alois (1921–1985),
deutscher Politiker
  Wasser 1347

Messner, Reinhold (*1944),
italien. Bergsteiger
  Angst 42
  Bergsteigen 113
  Entdeckung 257
  Erfahrung 267
  Landschaft 713
  Mut 888
  Sieg 1107
  Traum 1208

Metastasio, Pietro (eig.
Trapassi, P. Antonio Domenico
Bonaventura, 1698–1782),
italien. Dichter
  Gerechtigkeit 442
  Strenge 1161

Metternich, Klemens Wenzel
Fürst von (1773–1859),
österreich. Staatsmann
  Freiheit 355
  Ordnung 935

Metz, Johann-Baptist (*1928),
deutscher Theologe
  Bayern 94
  Bier 137
  Religion 1008

Mey, Reinhard (*1942),
deutscher Liedermacher
  Welt 1369

Meyer, Conrad Ferdinand
(1825–1898), schweizer.
Dichter
  Befreiung 98
  Freiheit 357
  Mensch 852
  Paradies 938
  Ruhm 1028
  Rührung 1029
  Sage 1031
  Widerspruch 1377

Meyrink, Gustav (eig.
Gustav Meyer, 1868–1932),
österreich. Schriftsteller
  Verkauf 1286
  Welt 1369
  Wirklichkeit 1385

Meysel, Inge (*1910),
deutsche Schauspielerin
  Alter 24
  Aufmerksamkeit 75
  Ehe 215
  Nein 919
  Zeitung 1423

Meysenburg, Malvida von
(1816–1903), deutsche
Schriftstellerin
  Arbeit 55
  Emanzipation 250
  Erziehung 287
  Überzeugung 1236

Michaelis, Karin (1872–1950),
dän. Schriftstellerin
  Lächeln 709
  Reden 990

Michaux, Henri (1899–1984),
französ. Schriftsteller, Zeichner und Maler belg. Herkunft
  Mädchen 817

Michel, Otto (1892–1973),
deutscher Aphoristiker
  Begriff 104
  Geist 411
  Tastsinn 1175

Michelangelo Buonarroti
(1475–1564), italien. Bildhauer,
Maler, Baumeister und Dichter
  Auge 78
  Bildhauerei 138
  Frieden 373
  Meisterschaft 841

Michelet, Jules (1798–1874),
französ. Historiker
  Braut 151
  Buch 155
  Ehe 212
  Frau 330, 343, 347, 348
  Gehorsam 410
  Geschichte 448
  Gesellschaft 459
  Häuslichkeit 554
  Liebe 778, 792

Midas (8. Jh. v. Chr.), König von Phrygien
  Geburt 391

Miegel, Agnes (1879–1964), deutsche Schriftstellerin
  Armut 67
  Flucht 322
  Krieg 681
  Wandern 1345

Mikes, George (1912–1987), ungar.-brit. Schriftsteller
  Nichtstun 922

Mikszáth, Kálmán (1847 bis 1910), ungar. Schriftsteller
  Geschichte 448

Milhaud, Darius (1892–1974), französ. Komponist
  Erfolg 270
  Komponieren 659
  Missverständnis 868
  Musik 884

Mill, John Stuart (1806 bis 1873), brit. Philosoph und Nationalökonom
  Ansicht 47
  Ehe 207, 209, 219
  Erziehung 285, 287
  Frau 343
  Gutes 534
  Herrschaft 568
  Öffentliche Meinung 929
  Originalität 936
  Sklaverei 1116
  Technik 1181
  Verfassung 1278

Miller, Arthur (*1915), US-amerikan. Schriftsteller
  Leben 722
  Roman 1022
  Ruhm 1027
  Selbstmord 1102
  Töten 1203
  Vergangenheit 1280

Miller, Johann Martin (1750–1814), deutscher Schriftsteller
  Geld 425
  Zufriedenheit 1435

Millowitsch, Willy (*1909), deutscher Schauspieler
  Paradox 939
  Theater 1186

Milosz, Czeslaw (*1911), poln. Schriftsteller, Literaturnobelpreis 1980
  Spannung 1124

Milton, John (1608–1674), engl. Dichter
  Bücherverbrennung 159
  Freiheit 355

Herrschaft 567
Hölle 590
Jugend 621
Mann 823
Sonne 1120
Wahrheit 1340

Mimnermos (um 600 v. Chr.), griech. Elegiker
  Alter 28
  Sterben 1148

Minetti, Bernhard (*1905), deutscher Schauspieler
  Fußball 384

Minnelli, Liza (*1946), US-amerikan. Sängerin und Schauspielerin
  Frau 348
  Mann 827
  Zuhören 1436

Mirabeau, Honoré Gabriel du Riqueti (1749–1791), französ. Publizist und Politiker
  Herrschaft 567
  Leben 726
  Nachahmung 895
  Volk 1315

Miranda, Isa (1905–1982), italien. Schauspielerin
  Traum 1207

Mischnick, Wolfgang (*1921), deutscher Politiker
  Dummheit 201
  Mehrheit 838

Mistral, Gabriela (eig. Godoy Alcayaga, Lucila, 1889–1957), chilen. Dichterin, Literaturnobelpreis 1945
  Hass 549
  Liebe 781

Mitchum, Robert Charles Duran (1917–1997), US-amerikan. Schauspieler
  Sport 1130

Mitscherlich, Alexander (1908–1982), deutscher Psychoanalytiker und Publizist
  Dummheit 201
  Erziehung 287
  Fernsehen 313
  Gelehrter 428
  Gesellschaft 457
  Studium 1162

Mitscherlich, Margarete (*1917), deutsche Ärztin und Psychoanalytikerin
  Angst 43

Mitterrand, François (1916 bis 1996), französ. Politiker
  Aufruhr 76

Europa 293
Peitsche 943
Politiker 965
Uhr 1237

Modersohn-Becker, Paula (1876–1907), deutsche Malerin
  Allein 21
  Alltag 23
  Alter 30
  Arbeit 54
  Armut 66
  Auftreten 77
  Belohnung 110
  Bewusstsein 133
  Charakter 163
  Dank 170
  Demut 175
  Edel 204
  Ehe 215, 216, 218
  Einfachheit 237
  Einsamkeit 241
  Einsatz 243
  Emanzipation 250
  Erde 264
  Erfolg 271, 272
  Essen 290
  Frankreich 329
  Freude 361
  Frömmigkeit 376
  Ganzes 386
  Geist 417, 418
  Glück 488, 496
  Gott 511
  Größe 526
  Gut sein 532
  Hallbheit 541
  Handeln 544, 546
  Heimat 558
  Heiraten 559
  Herbst 566
  Hingabe 581
  Idealismus 600
  Idee 600
  Inneres 606
  Jungfrau 626
  Kampf 630
  Kirche 646
  Können 662
  Kraft 667, 669
  Kunst 695, 699
  Laufen 718
  Leben 721, 725, 726, 728
    729, 731, 734
  Leistung 753
  Liebe 761, 774, 779, 786,
    787, 795
  Luft 806
  Mammon 820
  Mensch 848, 852
  Michelangelo 865
  Morgenrot 880
  Mutter 892
  Nächstenliebe 899
  Natur 909
  Nehmen 917
  Oberflächlichkeit 927
  Optimismus 933
  Paris 939
  Rätsel 981

Reichtum 999
Schönheit 1064
Seele 1090
Sonne 1120
Sorge 1122
Stadt 1142, 1143
Stille 1153, 1154
Stolz 1155, 1156
Strafe 1156
Sünde 1166
Traurigkeit 1210
Übel 1229
Unglück 1247
Wahrheit 1340
Warten 1347
Weg 1349, 1350
Weib 1355
Weihnachten 1357
Welt 1369
Wunder 1409
Zeit 1420, 1421
Ziel 1428

Moen, Petter (1901–1944), norweg. Journalist
  Allein 21
  Folter 323
  Glaube 482
  Reue 1015

Moffo, Anna (*1932), italien.-US-amerikan. Sängerin
  Allüre 23
  Berühmtheit 116
  Star 1144

Mohammed (um 570–632), arab. Religionsstifter
  Prophet 972

Mohler, Armin (*1920), deutscher Politologe und Publizist
  Frankreich 329

Mohr, Johann Jakob (1824 bis 1886), deutscher Pädagoge und Dichter
  Genie 434
  Phantasie 950

Molden, Fritz (*1924), österreich. Verleger
  Kaiser 628
  Wien 1380

Molière (eig. Poquelin, Jean-Baptiste, 1622–1683), französ. Dichter, Schauspieler und Theaterleiter
  Abhängigkeit 9
  Anpassung 45
  Anständigkeit 48
  Arznei 68
  Buch 158
  Busen 162
  Dummkopf 202
  Ehe 208, 212, 215, 216, 218
  Forschung 324, 325
  Frau 329, 331, 334, 336,
    339, 342, 343, 346

Personenregister

Geist 414, 415, 416, 418
Geiz 420
Gelehrsamkeit 427
Gewalt 469
Heiraten 561, 562
Herrschaft 568
Heuchelei 574
Irrtum 612
Lächerlichkeit 711
Lehrer/Lehrerin 742
Liebe 767
Liebeswerbung 798
Mann 821
Menschenhass 860
Menschlichkeit 863
Nase 904
Neid 917
Offenheit 929
Prozess 973
Sanftmut 1033
Schlagen 1053
Schreiben 1071
Sieg 1108
Staat 1140
Sterben 1148
Studium 1162
Tochter 1191
Verdammung 1275
Verführung 1279
Vers 1298
Vorbereitung 1320
Weib 1352, 1354
Weisheit 1362
Wüste 1415
Zufriedenheit 1435
Zwang 1443

Möller, Alexander Johann
»Alex« (1903–1985), deutscher
Journalist und Politiker
Geld 422
Konferenz 660
Übel 1229

Mollet, Guy (1905–1975),
franzö. Politiker
Koalition 656
Politik 962
Schuh 1075

Molnár, Franz (M., Ferenc,
1878–1952), ungar. Schriftsteller
Frau 349
Mann 828

Moltke, Helmuth Graf von
(1800–1891), preuß. General-
feldmarschall
Angriff 41, 42
Armee 61
Befehl 97
Deutsch 180
Deutschland 184
Disziplin 196
Eigenart 232
Entscheidung 259
Entschiedenheit 260
Entschluss 260
Erfolg 270

Feindschaft 309, 311
Feldherr 312
Frieden 372, 373
Gehorsam 410
Gesetz 462
Glück 487
Handeln 544
Heer 554
Interesse 610
Kanone 631
Koalition 656
Kraft 669
Krieg 674, 675, 676, 677, 678
Manöver 828
Militär 865
Offizier 930
Politik 959, 960
Preußen 968
Regierung 996
Reserve 1013
Rüstung 1030
Schlacht 1051
Sieg 1107
Stellung 1147
Strategie 1158
System 1168
Tüchtigkeit 1218
Zweck 1444

Mombert, Alfred (1872–1942),
deutscher Schriftsteller
Chaos 162

Mommsen, Theodor (1817 bis
1903), deutscher Historiker,
Literaturnobelpreis 1902
Arbeit 57
Demokratie 173
Genie 435
Ideal 599
Leidenschaft 751
Zeit 1421

Mönch von Salzburg
(um 1200), mittelhoch-
deutscher Dichter
Aufwachen 77
Begierde 102
Glück 490
Schlaf 1051

Mondrian, Piet (1872–1944),
niederländ. Maler und Kunstschriftsteller
Geist 416
Kunst 696

Monet, Claude (1840–1926),
franzö. Maler
Künstler 702

Monnet, Jean (1888–1979),
franzö. Politiker
Militär 866
Verteidigung 1307

Monnier, Thyde (1887–1967),
franzö. Schriftstellerin
Geschenk 446

Monroe, James (1758–1831),
US-amerikan, Politiker,
5. US-Präsident 1817–1825
Ehre 225

Monroe, Marilyn
(1926–1962), US-amerikan.
Filmschauspielerin
Jugend 625
Kuss 707
Sexualität 1105

Montaigne, Michel Eyquem
de (1533–1592), franzö.
Schriftsteller und Philosoph
Abschied 11
Abstumpfung 13
Achtung 14
Albernheit 20
Allein 21
Alter 25, 26
Altern 33
Andere 38
Anfang 40
Angenehm 41
Anmaßung 44
Anmut 44
Ansehen 46
Arbeit 56
Armut 64
Arzt 69
Aufgabe 73
Auge 77
Äußerlichkeit 85
Bauer 92
Befehl 98
Begehren 100
Begreifen 103
Beherrschung 105
Beifall 106
Beispiel 107
Bekenntnis 108
Bereitschaft 112
Bergsteigen 114
Beruf 115
Besessenheit 119
Besserwisserei 123
Beständigkeit 123
Beurteilung 130
Bewunderung 132
Bild 137
Blindheit 144
Borgen 147
Brief 152
Buch 155, 157, 158
Charakter 163, 164
Denken 176
Dichtung 188, 189
Dienen 191
Dienst 193
Ding 194
Diskussion 195
Dummheit 199
Durst 203
Ehe 207, 210, 211, 214, 216, 222
Ehefrau 223
Ehre 226
Ehrgeiz 228, 229
Einsamkeit 242

Erfolg 269
Erfüllung 273
Erkenntnis 277
Erziehung 284, 286, 287
Esel 289
Falten 299
Farbe 302
Fehler 306
Fehltritt 308
Fessel 314
Finden 317
Folter 323
Forschung 324
Freiheit 357
Freundlichkeit 361
Freundschaft 363, 366, 370
Frömmigkeit 376
Frucht 377
Fürst 383, 384
Galgen 386
Garten 386
Gedächtnis 393
Gedanke 394
Gefallen 402
Gehorsam 410
Geist 412, 414, 416, 417, 418
Geisteskraft 419
Geld 421, 424, 425
Gemeinschaft 431
Genug 436
Genuss 438
Gerechtigkeit 439
Gericht 442
Geschäft 444
Geschäftigkeit 445
Geschlechtsverkehr 452, 453
Geschwätz 454
Gesellschaft 456
Gesetz 461, 462
Gesicht 463
Gesinnung 464
Gespräch 464
Gesundheit 466
Gewissen 471, 472, 473
Gewohnheit 475
Gewöhnung 476
Gleichheit 486
Glück 488, 496
Gott 508, 511, 515
Götter 518
Gottheit 519
Griechenland 524
Größe 525
Gut 531
Gutes 535
Handeln 545
Hässlichkeit 551
Haushalt 553
Heilung 557, 558
Heiraten 562
Heiterkeit 563
Henken 565
Heuchelei 575
Himmel 580
Hingabe 581
Hoffnung 586
Höflichkeit 589
Hypochonder 597
Ich 598
Idee 602

Montesquieu 1545

Impotenz 603
Inneres 606, 607
Irrtum 613, 614
Jugend 620
Jüngling 627
Keuschheit 636
Kind 642, 643
Kirche 645
Kleidung 651
Kommentar 658
König/Königin 661
Körper 666
Krankheit 670, 671, 672
Krieg 676, 677
Laster 716, 717
Latein 718
Laune 719
Leben 719, 720, 722, 726, 728, 730, 732, 736
Lebensplan 740
Leistung 753
Lernen 756
Licht 758
Liebe 761, 762, 768, 779, 780, 782, 792
Liebessgenuss 798
Lob 802
Logik 804
Lüge 809
Lust 810
Mangel 820, 821
Manieren 821
Meditation 837
Meinung 840, 841
Mensch 848, 849, 853, 854, 859, 860
Missbrauch 867
Missverständnis 868
Mode 873, 874
Moral 877
Muskeln 886
Nachdenken 897
Natur 908, 912, 915
Naturgesetz 915
Natürlichkeit 915, 916
Nutzen 926
Oberflächlichkeit 927
Offenheit 929
Öffentliche Meinung 930
Ordnung 935
Partei 940
Phantasie 949, 950
Philosophie 951, 954
Politik 961
Politiker 965
Predigt 967
Prügel 973
Rausch 982
Recht 986, 987
Regierung 995, 997
Reichtum 998, 1002
Reisen 1004, 1005
Respekt 1014
Reue 1015
Ruhe 1026
Ruhm 1027, 1028, 1029
Sagen 1032
Schaffen 1037
Schenken 1044
Schicksal 1048

Schmerz 1059
Schnelligkeit 1061
Schönheit 1062, 1065
Schriftsteller/-in 1073
Schule 1077
Schwäche 1080
Seele 1087, 1088, 1089, 1091, 1092
Sehen 1093
Selbstbeherrschung 1098
Selbsterkenntnis 1099
Selbstliebe 1101
Selbstmord 1102
Sieg 1108
Sinn 1110
Sinne 1110, 1111
Sinnenlust 1111
Speise 1125
Spiegel 1126
Sprechen 1133
Sprödigkeit 1134
Staat 1139
Standfestigkeit 1144
Sterben 1147, 1148, 1149, 1150
Stimmung 1154
Stolz 1155
Strenge 1161
Strick 1161
Suche 1164
Sünde 1165
Tapferkeit 1175
Tod 1192, 1193, 1195, 1197, 1198, 1199, 1200
Tollkühnheit 1201
Traum 1209
Trieb 1214
Trinken 1215
Trunksucht 1218
Tugend 1220, 1221, 1224, 1225
Überschätzung 1234
Überzeugen 1235
Überzeugung 1236
Unbeständigkeit 1240
Unkraut 1250
Unmenschlichkeit 1251
Unschuld 1254
Unterhaltung 1257
Unterricht 1258
Untertan 1260
Unvollkommenheit 1261
Unwetter 1261
Unwissenheit 1262
Urteil 1264
Urteilskraft 1265
Verachtung 1269
Verderben 1275
Verfall 1278
Vergötterung 1285
Verkehren 1286
Verlust 1291
Vernunft 1295
Verstand 1302
Verständlichkeit 1304
Verstellung 1306
Vertrauen 1308
Vorurteil 1326
Wahrheit 1335, 1336, 1337, 1342

Weib 1355
Wein 1358, 1359
Weisheit 1361, 1362
Welt 1371
Wert 1375
Widerspruch 1377
Wildheit 1380
Wirklichkeit 1384
Wissen 1388, 1390, 1391, 1392
Wort 1406
Wunder 1411
Wunsch 1412, 1413
Zeit 1421
Ziel 1427, 1429
Zorn 1433
Zufriedenheit 1435
Zuhause 1436
Zukunft 1437
Zusammenleben 1441

Montand, Yves (eig. Livi, Ivo, 1921–1991), französ. Schauspieler und Sänger italien. Herkunft
Frau 340
Pazifismus 942
Reaktion 983
Schaf 1037
Vegetarier 1268
Wolf 1402

Montesquieu, Charles de Secondat Baron de la Brède et de (1689–1755), französ. Schriftsteller und Staatstheoretiker
Achtung 15
Adel 17
Akademie 19
Alter 28, 30
Amüsement 36
Ausgleich 82
Ausplaudern 83
Bedrängnis 96
Begehrlichkeit 100
Bekanntschaft 108
Bescheidenheit 117, 118
Blatt 143
Blindheit 144
Buch 158
Christentum 168
Demut 174
Dreieck 198
Drohung 198
Dummheit 201
Dummkopf 202
Edel 204
Ehemann 224
Ehre 226, 227
Ehrgeiz 228
Eigenliebe 232
Eitelkeit 247
Enkel 256
Erfolg 271
Erwartung 283
Fehler 305, 307
Frau 330, 334, 337, 348
Freiheit 354
Freude 360

Freundschaft 363, 365
Frömmigkeit 375, 376
Furcht 380
Fürst 384
Garten 387
Geburt 392
Gedanke 396
Gefallen 401
Gehorsam 410
Geist 412, 414, 415, 416
Geiz 420
Geld 424, 425
Gesellschaft 455, 458
Gesetz 460, 461
Glück 488, 490, 492, 496, 500
Gott 516
Größe 526
Gutes 537, 539
Härte 548
Hartherzigkeit 548
Hässlichkeit 550
Haus 552
Herz 570, 571, 572
Hübsch 593
Irrenhaus 611
Jugend 619, 622
Korruption 667
Krieg 679
Kritik 683
Langeweile 714
Leben 735, 738
Lebensfreude 738
Lektüre 753
Lesen 757
Liebe 764, 768, 769, 774
Liebschaft 800
Lüge 808
Luxus 812
Mathematik 835
Meinung 839
Mensch 844, 849, 855, 859
Moral 877
Narr 903
Notwendigkeit 925
Nutzlosigkeit 927
Paris 939
Predigt 967
Prinzessin 970
Redlichkeit 991
Regierung 994
Reichtum 999, 1000
Reisen 1006
Republik 1013
Ruhm 1029
Scham 1038
Schmeichelei 1056, 1057
Schönheit 1067, 1068
Schüchternheit 1075
Seele 1087, 1089
Selbstachtung 1097
Selbsterkenntnis 1099
Sieg 1108
Staat 1136
Stadt 1141, 1142
Starrsinn 1146
Sterben 1148
Stimmung 1154
Stolz 1155
Studium 1162

Personenregister

1546 Montessori

Talent 1172, 1173
Tier 1189
Traurigkeit 1210
Überfluss 1231
Unglück 1245
Unterhaltung 1257
Unwissenheit 1262
Vaterland 1268
Verachtung 1269
Vergnügen 1284
Verliebtheit 1289
Verschwendung 1299
Vertrauen 1309
Wissen 1390
Wohlstand 1400

Montessori, Maria (1870 bis 1952), italien. Ärztin und Pädagogin
Irrtum 612
Kind 637

Montgomery, Bernard L.(1887 bis 1976), brit. Feldmarschall
Geschichtsschreibung 451

Montherlant, Henry (Marie-Joseph Millon) de (1896 bis 1972), französ. Schriftsteller
Absicht 11
Achtung 14
Alter 27
Anständigkeit 47
Aufrichtigkeit 75
Begehren 100
Bewusstsein 134
Bosheit 150
Dummheit 200
Egoist 206
Ehe 208
Engel 255
Erfahrung 266
Erfüllung 273
Essig 292
Feindschaft 309
Frage 328
Frau 330, 331, 333, 334, 337, 338, 340, 343, 344, 346, 348
Freundschaft 364
Geburt 393
Gedankenlosigkeit 397
Geheimnis 408
Geist 417
Gerücht 443
Geschichte 450
Geschwätz 454
Glück 488
Hoffnung 586
Hölle 591
Idee 600
Jugend 620, 621, 622
Ketzerei 636
Komma 658
Kränkung 673
Kritik 682
Kunst 695
Lächeln 709
Leben 725, 732
Leid 745

Liebe 765, 772, 775
Mädchen 816
Mann 822, 823, 827
Mensch 847, 849
Menschheit 862
Moral 878
Mutter 890, 891
Phantasie 949
Pünktlichkeit 975
Revolution 1016
Satz 1034
Schriftsteller/-in 1073
Schwäche 1080
Selbstmord 1102
Takt 1171
Tod 1194
Typ 1227
Urteil 1264
Vater 1266
Verdruss 1277
Vergnügen 1285
Verstand 1301
Vertrauen 1308
Verwirklichung 1311
Wein 1358
Welt 1368
Willenskraft 1382
Zorn 1432

Moore, George (1873–1958), brit. Philosoph
Himmel 580
Instinkt 608
Leidenschaft 749
Liebe 771
Zivilisation 1430

Moravia, Alberto (eig. Pincherle, A., 1907–1990), italien. Schriftsteller
Amerika 35
Angst 42
Beständigkeit 123
Dichter/-in 187
Diktatur 193
Einfluss 238
Frau 345
Gerücht 443
Gesundheit 467
Konservatismus 663
Lärm 715
Mond 876
Mühe 881
Mut 888
Nachrichten 898
Neugier 920
Reisen 1004
Staat 1137
Unwissenheit 1261
Vergangenheit 1280
Vernunft 1296
Wissen 1387
Wissen 1388

More, Thomas = Thomas Morus (1478–1535), engl. Staatsmann und Humanist
Acker 15, 16
Besitz 121
Bettelei 129

Familie 299
Gut sein 532
Mord 879
Müßiggang 887
Selbstmord 1102
Strafe 1157
Streit 1161
Umsturz 1239

Moreau, Jeanne (*1928), französ. Schauspielerin und Regisseurin
Adam 16
Auge 78
Bogen 146
Entwurf 262
Eva 293
Falten 299
Fassade 302
Frau 330, 335, 339, 340, 341, 348
Gentleman 436
Liebe 760, 778, 783
Liebhaber 799
Liebschaft 800
Mann 821, 822, 823, 825, 827
Mode 874
Mond 876
Moral 878
Nase 904
Parfüm 939
Perfektionismus 943
Rätsel 981
Reue 1014
Sexualität 1105
Traum 1207
Verführung 1279
Wort 1407

Morgan, John Pierpont (1837–1913), US-amerikan. Industrieller und Finanzmann
Grund 529

Morgan, Michèle (*1920), französ. Schauspielerin
Liebe 775
Täuschung 1180

Morgenstern, Christian (1871–1914), deutscher Schriftsteller
Aberglaube 9
Alter 28
Altern 33
Analphabetentum 36
Anfang 40
Ansichtskarte 47
April 52
Arzt 69
Ästhetik 71
Autorität 88
Bauen 92
Baum 93
Bedeutung 95
Beethoven, Ludwig van 97
Begreifen 103
Bergsteigen 113
Berührung 116

Bewusstsein 133
Böses 149
Brief 152
Buch 156, 158
Christentum 168
Demut 174
Denken 178
Deutsch 180, 182, 183
Dialekt 185
Dichter/-in 186, 187
Dichtung 188
Dienen 191
Ding 194
Du 198
Durchsetzen 203
Ebbe und Flut 204
Egoismus 205
Ehe 212
Ehrgeiz 228
Einsamkeit 242
Elend 248
Eltern 250
Enthusiasmus 258
Erde 264
Erlösung 278
Erziehung 284, 286
Ethik 292
Evolution 294
Fahrrad 297
Flamme 318
Fliege 320
Fliegen 320
Fortschritt 326, 327
Frage 328
Frau 331
Frühling 377
Gedanke 395, 396
Gegenstand 405
Geheimnis 408
Geist 411, 416, 417
Genuss 438
Geschichte 449
Geschlecht 452
Gespräch 465
Gipfel 478
Gleichgültigkeit 484
Glück 493, 496
Gott 505, 508, 511, 515, 516
Götter 518
Grausamkeit 522
Grenze 523
Größe 527
Grund 529
Gutes 538
Handlung 546
Heiligkeit 556
Heimat 558
Herde 566
Hitze 582
Humor 593
Ich 598
Interpretation 610
Ironie 611
Karikatur 631
Katastrophe 633
Ketzerei 636
Kirche 645
Kleinheit 651
Körper 666
Korrektur 667

Krankheit 671, 672
Krieg 676, 677
Kritik 682, 683
Kultur 687
Kunst 694, 695, 697, 699
Künstler 703, 704, 705
Kunstwerk 706
Lachen 710
Landschaft 713
Leben 721, 723, 727, 728, 734, 736, 737
Lehrer/Lehrerin 743
Lektüre 754
Lernen 755
Liebe 763, 764, 773, 777
Liebende 797
Lyrik 812
Maler 819
Märchen 829
Meinung 839
Melancholie 842
Mensch 847, 850, 851, 852, 853, 856, 858
Menschenverachtung 861
Menschheit 862
Messias 864
Misstrauen 868
Musik 886
Mut 890
Mutter 891, 893
Mystik 894
Nationalität 906
Natur 906, 907, 908, 911, 913
Natürlichkeit 916
Nichts 921
Öffentlichkeit 930
Opfer 932
Ordnung 935
Österreich 937
Paradies 939
Pedanterie 943
Pflicht 947
Phantasie 950
Philosophie 951
Redensart 991
Reklame 1007
Religion 1011, 1012
Resignation 1013
Rüstung 1030
Sagen 1032
Sanduhr 1033
Schaffen 1037
Schauspieler/-in 1041
Schein 1043
Schicksal 1049
Schlagwort 1054
Schmerz 1058
Schönheit 1061, 1065, 1066
Schöpferisch 1068
Schreiben 1070, 1071, 1072
Schriftsteller/-in 1075
Seele 1087, 1089, 1091
Selbst 1097
Selbstgespräch 1101
Selbstverständlichkeit 1103
Sentimentalität 1105
Sozialismus 1123
Spannung 1124
Spiegel 1126

Spinne 1129
Sprache 1132
Sprechen 1133
Steigen 1146
Sterben 1149
Stern 1150, 1151
Stil 1153
Stimmung 1155
Suche 1163
Symbol 1168
Tagebuch 1171
Takt 1171
Talent 1173
Technik 1181
Tempo 1182
Tier 1189
Tod 1195
Tot 1203
Trägheit 1204
Tragik 1204
Tragödie 1204
Treue 1213
Trinken 1215
Überall 1230
Überheblichkeit 1231
Übermensch 1233
Überschätzung 1234
Überwindung 1235
Uhr 1237
Ungerechtigkeit 1244
Unglück 1246
Unmöglichkeit 1251
Unruhe 1254
Vegetarier 1268
Verfehlung 1278
Verliebtheit 1289
Verstehen 1305
Versuchung 1307
Verzicht 1313
Volk 1316
Vorbereitung 1320
Vorsicht 1324
Wahrheit 1336
Wandel 1344
Weiblichkeit 1356
Welt 1370
Wohnung 1401
Wolke 1402
Wort 1405, 1406
Wunder 1411
Wüste 1415
Zeitung 1423, 1424
Zufriedenheit 1435
Zufügen 1436
Zweifel 1444

Mörike, Eduard (1804–1875), deutscher Dichter
 Mutter 892

Moritz, Karl Philipp (1756 bis 1793), deutscher Schriftsteller
 Mensch 846

Moritz von Sachsen (1521 bis 1553), Herzog und Kurfürst
 Kaiser 628
 Mensch 846
 Spitzfindigkeit 1129

Morley, Christopher (1890–1957), US-amerikan. Schriftsteller und Redakteur
 Denken 176
 Denkmal 179
 Gedächtnis 393
 Geschwindigkeit 454
 Gutes 537
 Leben 731
 Mitarbeiter 869
 Prophet 972
 Schweigen 1083
 Tanz 1174
 Universum 1250
 Wahrheit 1340

Moscherosch, Johann Michael (1601–1669), deutscher Schriftsteller
 Deutsch 182
 Muttersprache 894

Moser, Hans (1880–1964), österreich. Schauspieler
 Mensch 849
 Verlust 1290

Möser, Justus (1720–1794), deutscher Politiker, Publizist und Geschichtsschreiber
 Freiheit 351
 Gesetz 460, 461
 Regel 992

Mounier, Emmanuel (1905 bis 1950), französ. Publizist
 Gefahr 399
 Waffe 1328

Mozart, Wolfgang Amadeus (1756–1791), österreich. Komponist
 Musik 883
 Tempo 1182

Mrożek, Slawomir (*1930), poln. Schriftsteller
 Wahrheit 1337

Muggeridge, Malcolm (*1903), brit. Journalist
 Lebensstandard 740
 Meinung 839
 Ziel 1427

Mühsam, Erich (1878–1934), deutscher Schriftsteller und Publizist
 Kunst 696, 697

Müller, Adam Heinrich (1779 bis 1829), deutscher Staats- und Gesellschaftstheoretiker
 Allegorie 21
 Auge 79
 Begierde 101
 Denken 176
 Fühlen 379
 Gedicht 397
 Herz 572

Künstler 703, 704
Kunstwerk 706
Landschaft 712, 713
Leben 722
Mathematik 835
Mensch 847
Messe 864
Natur 910, 911, 912
Ordnung 934
Poesie 958
Staat 1136
Sünde 1167
Tanz 1174

Muller, Hermann J. (1890 bis 1967), US-amerikan. Biologe
 Gift 477

Müller, Wilhelm (1794–1827), deutscher Dichter
 Beharrlichkeit 104
 Eifersucht 232
 Erde 264
 Fremdheit 358
 Frühling 378
 Gescheitheit 445
 Gott 513
 Kraft 668
 Last 715
 Liebe 768
 Linde 800
 Mut 889
 Narr 903
 Rat 980
 Reisen 1004
 Schnee 1061
 Tod 1195
 Träne 1205
 Traum 1208
 Trennung 1211
 Verirrung 1286
 Wandern 1344, 1345
 Weg 1349
 Weisheit 1363
 Wind 1383
 Winter 1384
 Wort 1406

Munch, Edvard (1863–1944), norweg. Maler
 Künstler 703
 Lob 803

Münchhausen, Börries von (1874–1945), deutscher Dichter
 Gutes 536

Münchhausen, Karl Friedrich H. Freiherr von (1720–1797), deutscher Militär und Schriftsteller
 Phantasie 949

Munthe, Axel (1857–1949), schwed. Arzt
 Kosten 667
 Nutzen 926
 Selbstachtung 1097

Personenregister

Murdoch, Jean Iris (*1919),
ir. Schriftsteller
  Besuch 124

Murner, Thomas (1475-1537),
elsäss. Schriftsteller
  Sünde 1167

Murray, Gilbert (1866-1957),
austral. Philologe
  Sprechen 1133

Murrow, Edward Roscoe
(1908-1965), US-amerikan.
Publizist
  Denken 178
  Vorurteil 1326

Musaios (6. Jh. v. Chr.),
sagenhafter griech. Sänger
und Orakelversedichter
  Gesang 444
  Lust 810

Muschg, Walter (1898-1965),
schweizer. Literaturhistoriker
  Dichtung 188
  Dramatiker 197
  Leid 744
  Publikum 974

Musil, Robert Edler von
(1880-1942), österreich.
Schriftsteller
  Alkohol 20
  Alter 29
  Ansichtskarte 47
  Ästhetik 71
  Charakter 164
  Denkmal 179
  Einfluss 238
  Garten 386
  Genie 434, 435
  Grenze 523
  Idealismus 600
  Ideologie 602
  Jahr 616
  Jugend 621
  Kunst 698, 700
  Künstler 701
  Liebesbeziehung 797
  Mitgliedschaft 869
  Mittelmäßigkeit 872
  Moral 878
  Nacht 899
  Philosophie 954
  Prophet 972
  Schwimmen 1086
  Sorge 1121
  Sport 1130
  Stimme 1154
  Tätigkeit 1178
  Tür 1227
  Verein 1277
  Verstand 1304
  Wunsch 1412
  Zeit 1421

Musset, Alfred de
(1810-1857), französ. Dichter

  Künstler 703
  Vaterland 1267

Müthel, Lothar (1896-1964),
deutscher Schauspieler und
Regisseur
  Wahrheit 1336

Muthesius, Volkmar
(1900-1979), deutscher
Wirtschaftspublizist
  Experte 296
  Prinzip 970

N

Nabokov, Vladimir (1899
bis 1977), russ.-US-amerikan.
Schriftsteller
  Berührung 116
  Blick 144
  Liebe 785

Nahr, Helmar (*1931),
deutscher Mathematiker und
Unternehmer
  Argument 61
  Aufrichtigkeit 76
  Drama 197
  Fortpflanzung 325
  Gleichgewicht 484
  Koalition 656
  Liebe 768
  Logik 804
  Nachdenken 896
  Öffentliche Meinung 929
  Parlament 939
  Partei 940
  Phantasie 949
  Politiker 965
  Steuern 1152
  Strafe 1156
  Subvention 1164
  Wirkung 1386
  Wirtschaft 1387
  Wissenschaft 1396, 1397
  Wohlstand 1400

Nannen, Henri (1913-1996),
deutscher Journalist und
Verleger
  Journalismus 618
  Rad 978

Nansen, Fridtjof (1861 bis
1930), norweg. Polarforscher
und Diplomat, Friedens-
nobelpreis 1922
  Abschied 10
  Arbeit 55
  Eis 244
  Erholung 273
  Forschung 325
  Glück 494
  Kind 640
  Mond 877
  Natur 912
  Nebel 916

  Norden 923
  Pol 958, 959
  Reisen 1005
  Rückzug 1024
  Schmerz 1059
  Stille 1154
  Strom 1161
  Trennung 1211

Napierski, Stefan (1899 bis
1940), poln. Aphoristiker
  Denken 176
  Freiheit 353
  Gott 509
  Inspiration 607
  Katholizismus 633
  Liebe 783, 793
  Sachlichkeit 1031
  Sport 1130
  Stil 1152
  Talent 1173
  Wirklichkeit 1385
  Wunder 1411
  Zeitung 1424

Napoleon I. (eig. Napoleone
Buonaparte, 1769-1821),
französ. General und Kaiser
der Franzosen
  Geschichte 448
  Krieg 677
  Kugel 685
  Macht 814
  Reichtum 1000
  Zeit 1420

Nârâyana (10.-14. Jh.),
bengal. Dichter
  Anfang 40
  Anstrengung 48
  Armut 65
  Wesen 1375
  Wunsch 1412

Nash, Ogden (1902-1971),
US-amerikan. Lyriker
  Ehe 209

Nathan, George J. (1882 bis
1958), US-amerikan. Kritiker
  Kritik 683

Navratilova, Martina (*1956),
US-amerikan. Tennisspielerin
  Kopf 664

Nehberg, Rüdiger (*1936),
deutscher Konditor und
Abenteurer
  Naschen 904
  Zucker 1433

Nehru, Jawaharlal
(1889-1964), ind. Staatsmann
  Vernunft 1295

Neill, Alexander S.
(1883-1973), brit. Pädagoge
  Alter 26
  Erziehung 284, 285

  Familie 301
  Jugend 621
  Kind 638, 640
  Krankheit 672
  Neurose 921

Nelson, Horatio Viscount
(1758-1805), brit. Admiral
  England 256
  Pflicht 947

Nepos, Cornelius (um 100
bis nach 27 v. Chr.), röm.
Geschichtsschreiber
  Angst 42
  Mutter 891
  Ruhm 1027

Neri, Filippo (1515-1595),
italien. Priester und Ordensgründer
  Gebet 390
  Kreuz 674

Nero (N. Claudius Drusus
Germanicus Caesar, eig. Lucius
Domitius Ahenobarbus, 37 bis
68), röm. Kaiser
  Künstler 704

Neruda, Pablo (1904-1973),
chilen. Lyriker, Literaturnobelpreis 1971
  Mensch 856

Nerval, Gérard de (eig.
Labrunie, G., 1808-1855),
französ. Dichter
  Erfindung 269
  Laster 716
  Phantasie 949
  Undankbarkeit 1241

Nestroy, Johann Nepomuk
(1801-1862), österreich.
Dichter und Schauspieler
  Alter 28
  Armut 66
  Fortschritt 327
  Geliebte 429
  Großmut 529
  Inquisition 607
  Leben 730
  Mitte 870
  Reichtum 1001
  Scheidung 1042
  Schein 1043
  Schicksal 1048
  Tugend 1222
  Untreue 1261
  Weib 1356
  Zensur 1245

Neuhäusler, Anton (1919 bis
1997), deutscher Dichter und
Philosoph
  Leben 738
  Lebenssinn 740
  Sicherheit 1106
  Unsicherheit 1254

Personenregister

Nietzsche 1549

Neumann, Robert (1897 bis 1975), österreich.-deutscher Schriftsteller
  Autobiographie 86
  Enkel 256
  Roman 1022

Neuß, Wolfgang (1923–1989), deutscher Kabarettist und Schauspieler
  Steuern 1152
  Todesstrafe 1200
  Veranlagung 1270

Newton, Isaac (1643–1727), brit. Mathematiker, Physiker und Astronom
  Wissen 1391

Niarchos, Stavros Spyros (1909–1996), griech. Reeder
  Fuß 384

Nicolson, Sir Harald George (1886–1968), brit. Diplomat
  Ehe 208
  Erneuerung 278
  Grenze 523
  Natur 909
  Opposition 933
  Regierung 996

Niederer, Roberto (1928 bis 1988), schweizer. Glas-Designer
  Unternehmen 1258

Niederreuther, Thomas (1909–1990), deutscher Maler
  Amerika 35
  Esel 289
  Ferne 313
  Hausfrau 553
  Liebe 767
  Mensch 847, 859
  Moral 878
  Nähe 901
  Natur 908
  Politik 962
  Subjektivität 1163
  Suppe 1168
  Taktik 1172
  Tier 1189
  Uniform 1250
  Verstand 1302

Nietzsche, Friedrich (1844–1900), deutscher Philosoph und Dichter
  Aberglaube 8
  Abgrund 9
  Abhärtung 10
  Abschied 11
  Abstraktion 13
  Adel 16
  Affe 18
  Alter 30
  Altern 33
  Andersdenkende 38
  Anfang 39
  Angriff 42
  Angst 42
  Anhängerschaft 43
  Anmaßung 44
  Anspruch 47
  Antwort 49
  Aphorismus 50
  Apostel 51
  Arbeitsam 59
  Architektur 60
  Ärger 60
  Armut 64
  Arzt 68, 70
  Askese 71
  Aufgabe 73
  Aufgeblasenheit 73
  Aufstieg 77
  Augenblick 79
  Ausschweifung 84
  Ausweichen 86
  Autor 86, 87
  Bauen 92
  Baum 93
  Beamter 95
  Bedürfnis 96
  Begeisterung 101
  Begierde 101, 102
  Begreifen 103
  Behagen 104
  Behauptung 105
  Beichte 106
  Beifall 106
  Beleidigung 109
  Bequemlichkeit 111
  Berg 112, 113
  Bergsteigen 114
  Beruf 115
  Bescheidenheit 118
  Besitz 121
  Bestie 124
  Bettelei 129
  Bewunderung 132
  Bildung 141
  Blindheit 144
  Bosheit 150
  Brief 152
  Chaos 162
  Charakter 165
  Christentum 167
  Demokratie 173
  Denken 176, 178, 179
  Deutsch 180, 181, 182
  Deutschland 183
  Dichter/-in 186
  Dienen 191, 192
  Disziplin 196
  Dummheit 199, 201
  Ebbe und Flut 204
  Ego 205
  Ehe 207, 208, 210, 211, 212, 215, 217, 218, 219, 220, 221, 222
  Ei 230
  Eifersucht 230
  Einfluss 238
  Einsamkeit 240, 241, 242, 243
  Eis 244
  Eitelkeit 244, 245, 246
  Eltern 249, 250
  Emanzipation 250
  Empfindung 252, 253
  Entfremdung 257
  Erfahrung 268
  Erfindung 268
  Erfüllung 273
  Ergebung 273
  Erhebung 273
  Erkenntnis 276
  Erklärung 277
  Erlebnis 277, 278
  Erniedrigung 279
  Esel 289
  Essen 290
  Extrem 296
  Fanatismus 301
  Feigheit 309
  Feindschaft 310, 311
  Fett 315
  Feuilleton 316
  Finden 317
  Flamme 318
  Fliegen 320
  Forderung 323
  Fortpflanzung 325
  Frage 328
  Frankreich 328
  Frau 334, 346, 347
  Freigebigkeit 350
  Freiheit 352, 357
  Freitod 357
  Freude 359
  Freundschaft 362, 363, 368
  Frevel 371
  Furcht 380
  Fürst 383
  Gabe 385
  Gastfreundschaft 388
  Gebirge 391
  Gedächtnis 393
  Gedanke 395
  Gefahr 400
  Gefährlichkeit 401
  Gegnerschaft 407
  Gehorsam 410
  Geige 410
  Geist 412, 414, 417
  Geistreich 420
  Geiz 421
  Genie 434
  Geschenk 446
  Geschichte 450
  Geschlecht 451
  Geschlechtsverkehr 452
  Gesellschaft 458
  Gesindel 463
  Gewissen 472, 473, 474
  Gewissensbiss 474
  Gipfel 478
  Glanz 478
  Glaube 478, 479, 481
  Gleich 484
  Gleichberechtigung 484
  Gleichnis 486
  Glück 488, 490, 494
  Goethe, Johann Wolfgang von 502
  Gott 507, 510, 512
  Götter 519
  Gottlosigkeit 521
  Götze 521
  Größe 524, 526, 527, 528
  Gut 531
  Gut sein 532
  Guter Mensch 534
  Gutes 535, 536, 537
  Gymnasium 539
  Härte 548
  Hass 548, 549
  Heer 554
  Heilige 556
  Held/Heldin 565
  Helfen 565
  Herde 566
  Herkunft 566
  Herrschsucht 569
  Hetäre 574
  Hexerei 576
  Himmel 579
  Hoffnung 588
  Hohlheit 590
  Hölle 591
  Hören 592
  Hunger 595
  Ich 598
  Ideal 600
  Idealismus 600
  Igel 602
  Intellekt 609
  Intelligenz 609
  Ironie 611
  Irrtum 612, 613
  Ja 615
  Jugend 623
  Jüngling 627
  Kannibalismus 630
  Keuschheit 636
  Kind 639, 640, 643, 644
  Kindheit 645
  Kirche 646
  Klarheit 648
  Kleidung 651
  Kleine Leut 651
  Kleinheit 651
  Klugheit 655
  Kopie 665
  Korruption 667
  Kraft 669
  Krankheit 670
  Krieg 679, 680
  Kritik 681, 683
  Kultur 687
  Kunst 689, 690, 691, 693, 695, 700, 701
  Künstler 701, 702
  Kürze 707
  Lachen 710
  Langeweile 714
  Leben 721, 724, 726, 727, 733, 736
  Lehrer/Lehrerin 743
  Leidenschaft 748, 749
  Lesen 756
  Licht 758
  Liebe 764, 766, 767, 770, 774, 775, 779, 783, 784, 785, 789, 790, 791, 793
  Lob 803, 804
  Logik 804
  Lüge 808, 809

1550 Nikolaus von Kues

Lust 810, 811
Macht 815
Mädchen 817
Mann 821, 822, 825, 826, 828
Männlichkeit 828
Märchen 829
Märtyrer 830
Maschine 831
Maske 832
Maß 832
Mäßigung 834
Meinung 839
Meister 842
Mensch 845, 846, 847, 855, 856, 857, 858
Menschenhass 860
Metaphysik 864
Misstrauen 868
Mitleid 870
Mittelalter 871
Mond 877
Moral 877, 878, 879
Musik 886
Müßiggang 887
Mut 888
Mutter 892
Mutterliebe 893
Mysterium 894
Mystik 894
Nachahmung 895
Nachrichten 898
Nächstenliebe 899
Nacht 900
Nahrung 901
Natur 906, 907, 911, 912, 915
Neid 917, 918
Neugier 921
Notwendigkeit 925
Öffentliche Meinung 929
Opfer 932
Orden 934
Partei 940, 941
Peitsche 943
Phantasterei 950
Philosophie 953
Poesie 957
Politik 959
Politiker 964, 965
Porträt 966
Predigt 967
Prophet 972
Psychologie 974
Publikum 974
Quelle 976
Rache 977
Raub 981
Recht 986
Reden 990, 991
Reichtum 1000
Reife 1002
Reinlichkeit 1003
Religion 1007, 1008, 1009, 1010, 1011
Religiosität 1012
Reue 1015
Rivalität 1020
Ruf 1024
Schaden 1035

Schaffen 1037
Scham 1038
Schamhaftigkeit 1039
Scheiterhaufen 1043
Schenken 1044
Scherz 1044
Schlaf 1052
Schmerz 1059
Schmutz 1061
Schönheit 1063, 1065, 1068
Schonung 1068
Schreiben 1070, 1071, 1072
Schriftsteller/-in 1073, 1074
Schuld 1076
Schule 1077, 1078
Schweigen 1083
Seele 1087, 1090
Sehen 1094
Sekte 1097
Selbstgenügsamkeit 1101
Selbstmord 1101, 1102
Selbstständigkeit 1102, 1103
Selbstverachtung 1103
Sieg 1107, 1108
Sinnlichkeit 1111
Sklaverei 1114, 1115, 1116
Sohn 1117
Sozialismus 1123
Speise 1125
Sprache 1131
Staat 1135, 1136, 1137, 1139
Stärke 1146
Sterben 1148, 1149
Stern 1151
Stillstand 1154
Stolz 1155
Streben 1158
Streit 1160
Sünde 1167
Tadel 1170
Tag 1170, 1171
Talent 1172, 1173
Thron 1188
Tiefe 1189
Tod 1192, 1197, 1200
Töten 1203
Tragödie 1204
Traum 1207, 1208
Träumen 1210
Tugend 1219, 1222, 1223, 1224, 1225
Tür 1227
Übermensch 1233
Überzeugung 1236, 1237
Ungeheures 1243
Unhöflichkeit 1250
Unrecht 1252
Unschuld 1254
Ursache 1263
Vater 1267
Verachtung 1269
Verbergen 1271
Verbesserung 1272
Verbrechen 1273, 1274
Verehrung 1277
Vergangenheit 1281
Vergeltung 1282
Vergessen 1283
Verliebtheit 1289
Versprechen 1300

Verstellung 1306
Vertraulichkeit 1309
Wahnsinn 1331
Wahrheit 1332, 1333, 1337, 1338, 1339, 1340, 1341, 1342
Wald 1343
Wandern 1345
Weg 1349
Weib 1351, 1352, 1353, 1356
Weisheit 1362, 1364, 1365
Weiß 1366
Werden 1373
Wert 1375
Widerspruch 1378
Wille 1381
Winter 1383
Wirkung 1386
Wissen 1388, 1390
Wissenschaft 1393, 1394, 1395
Witz 1398
Wollust 1403
Wort 1406
Wunderbares 1411
Zahl 1415
Zeit 1422
Zeitung 1424
Ziel 1428, 1429
Zorn 1432
Zufall 1434
Zukunft 1437, 1439
Zusammenleben 1441
Zuverlässigkeit 1442
Zweck 1443
Zweifel 1444

Nikolaus von Kues
(eig. Chrypffs, N., 1401–1464), deutscher Theologe und Philosoph
Absolutheit 12
Bergsteigen 114
Einfachheit 237
Einheit 238
Erscheinung 281
Ewigkeit 294
Finsternis 318
Gegensatz 405
Gleichheit 485
Gott 504, 507, 511
Größe 525
Gutes 538
Herz 572
Kleinheit 651
Leben 729
Licht 759
Liebe 777, 785
Lust 809
Mensch 848
Offenbarung 928
Sehen 1093
Suche 1164
Unterschied 1259
Ursache 1263
Urteil 1264
Vater 1266
Verschiedenheit 1298
Vorsehung 1322

Wahrheit 1334
Zahl 1416

Nin, Anaïs (1903–1977), US-amerikan. Schriftstellerin
Abenteuer 7, 8
Amerika 35
Angst 43
Arbeit 56
Aufgeben 73
Aufstand 76
Auge 77
Ausweg 85
Begabung 99
Begegnung 99
Beruf 115
Berührung 116
Beziehung 134, 135
Böses 149
Botschaft 150
Eigenschaft 234
Emanzipation 250, 251
Entfaltung 257
Entfremdung 258
Familie 300
Feindschaft 311
Fernsehen 313
Frau 334, 335, 336, 338, 339, 342, 347
Freud, Sigmund 359
Geben 388, 389
Gefühl 404, 405
Geschichte 450
Glaube 480, 483
Gleichgültigkeit 485
Glück 491
Gruppe 530
Handlung 546
Held/Heldin 564
Inneres 606
Intuition 611
Kind 641
Kreativität 673
Krieg 677, 678
Kritik 684
Kultur 685
Kunst 694
Künstler 701, 702, 703, 705
Leben 720, 721, 728
Liebe 786
Mann 822
Medien 836
Meditation 836
Mensch 859
Muse 883
Offenbarung 928
Pest 945
Problem 971
Psychologie 974
Religion 1012
Revolution 1017
Rolle 1020
Rückzug 1024
Schleier 1055
Schöpferisch 1068
Schranken 1069
Schreiben 1070
Schriftsteller/-in 1074, 1075
Selbsterkenntnis 1099
Selbstvertrauen 1104

Sprache 1133
System 1169
Tabu 1169
Tagebuch 1171
Technik 1181
Traum 1207, 1209
Ursprung 1263
Veränderung 1269, 1270
Verantwortung 1271
Vernunft 1293
Wärme 1346
Weiblichkeit 1356
Zeitalter 1423
Zorn 1433

Nipperdey, Thomas (1927–1992), deutscher Historiker
   Geschichte 447

Niven, David (1910–1983), brit. Filmschauspieler
   Schauspielerei 1041

Nohl, Herman (1879–1960), deutscher Pädagoge und Philosoph
   Geist 413
   Kunst 691

Nolde, Emil (1867–1956), deutscher Maler und Grafiker
   Farbe 302
   Funktion 380
   Gott 515
   Hass 549
   Klugheit 653
   Kunst 697, 698
   Malerei 820
   Nichts 921
   Schöpfung 1068
   Verstehen 1305
   Weisheit 1362

Northcliff, Lord Alfred C. (1865–1922), brit. Zeitungsverleger
   Journalismus 618
   Zeitung 1424

Notker III. Labeo (um 950–1022), schweizer. Theologe
   Ernte 280
   Fallen 298
   Geist 411, 418
   Gott 515
   Herbst 566
   Himmel 580
   Klage 647
   Kunst 700
   Leid 747
   Raub 981
   Ruhm 1029

Novak, Kim (*1933), US-amerikan. Schauspielerin
   Frau 336
   Mann 824
   Schauspieler/-in 1041

Novalis (eig. Hardenberg, Georg Philipp Friedrich Freiherr von, 1772–1801), deutscher Dichter
   Abstammung 12
   Altertum 34
   Amen 34
   Anarchie 37
   Arznei 68
   Aufmerksamkeit 74
   Aufwachen 77
   Augenblick 80
   Band 90
   Beamter 95
   Bedürfnis 97
   Begreifen 103
   Bequemlichkeit 111
   Bergbau 113
   Berührung 116
   Beten 125
   Betrug 127
   Bild 137
   Bildung 139, 140, 141
   Blick 143
   Blindheit 144
   Brief 152
   Buch 159
   Bürger 161
   Charakter 164
   Christentum 167
   Denken 175
   Dichter/-in 185, 186, 187
   Dichtung 189
   Ehe 209, 216
   Ehebruch 223
   Einsamkeit 241
   Erinnerung 274
   Ersatz 281
   Erwachen 282
   Essen 289
   Europa 293
   Experiment 296
   Familie 299, 300
   Fangen 301
   Finden 317
   Fischer 318
   Fleiß 319
   Fortschritt 326
   Forschung 324
   Freundschaft 366
   Frühling 378
   Frühstück 378
   Fühlen 378
   Fürst 383
   Gebet 389
   Gedicht 397
   Gegenstand 405
   Gegenwart 406
   Geheimnis 409
   Geist 411, 412, 417, 418
   Gelehrter 427
   Geliebte 428
   Geschichte 447, 449, 450
   Gesellschaft 458
   Gesetz 459, 460, 461
   Gesetzgebung 462
   Gespenst 464
   Gewissen 472
   Glaube 478
   Gleichheit 485

Glück 491
Goldenes Zeitalter 503, 504
Gott 510, 512
Götter 519
Göttin 520
Göttliches 520
Heiraten 561
Herrschaft 566
Herz 570
Himmel 579, 580
Höchstes 583
Hochzeit 584
Höflichkeit 589
Humor 593, 594
Hypothese 597
Ich 598
Idee 600, 601
Inneres 606, 607
Instinkt 608
Intellekt 609
Interesse 610
Irdisches 611
Jugend 621, 624
Kind 638, 639, 644
König/Königin 660
Krankheit 672
Krieg 676
Krone 684
Künstler 704
Kuss 707
Leben 722, 731, 737
Lebenskunst 739
Lehrling 743
Liebe 764, 765, 767, 768, 769, 772, 775, 777, 782, 783, 789, 791, 793
Lust 810
Magie 818
Mann 822
Märchen 828, 829
Maria 829
Mehrheit 839
Mensch 847, 853, 854, 855, 857, 859, 860
Menschenrecht 861
Minderheit 866
Mission 867
Mittel 871
Monarchie 875
Moral 878
Morgen 880
Mutter Gottes 893
Mystik 894
Nacht 900
Natur 908, 909, 910, 911, 912
Naturwissenschaft 916
Orden 934
Paradies 939
Philosophie 953, 954
Poesie 957, 958
Prophet 971
Psychologie 974
Reformation 992
Religion 1009, 1010, 1012
Religiosität 1012
Republik 1013
Revolution 1016
Rezension 1017
Roman 1021
Romantik 1022

Schlaf 1052, 1053
Schloss 1056
Schmerz 1059
Schönheit 1068
Seele 1088
Selbst 1097
Selbsterkenntnis 1100
Selbstüberwindung 1103
Sinn 1110
Sklaverei 1116
Spiel 1128
Staat 1135, 1137, 1138, 1139
Sterben 1149
Suche 1164
Theater 1186
Thron 1188
Tisch 1190
Tod 1193, 1196, 1197
Traum 1208
Träumen 1210
Treue 1213
Übersetzen 1234
Übersinnlichkeit 1235
Überzeugung 1236
Unendlichkeit 1241
Unglaube 1245
Verbrechen 1273
Vereinigung 1277, 1278
Vergangenheit 1279
Verhältnis 1286
Vernunft 1295
Verstehen 1305, 1306
Volk 1316
Völkerrecht 1318
Vollendung 1318
Wahn 1331
Wahnsinn 1331
Wahrheit 1332, 1337, 1341
Weg 1349, 1350
Weisheit 1366
Welt 1371
Weltall 1371
Weniges 1372
Wille 1381
Willkür 1383
Wissenschaft 1393
Witz 1398, 1399
Wollust 1403
Wort 1406
Wunderbares 1411
Wunsch 1413
Zartheit 1416
Zauberei 1417
Zeit 1421
Zufall 1433, 1435
Zweck 1443

Nowaczyński, Adolf (1876 bis 1944), poln. Dramatiker
   Verstehen 1306

Nowottny, Friedrich (*1929), deutscher Journalist und Fernseh-Intendant
   Traum 1206

Nurejew, Rudolf (1938–1993), sowjet.-österreich. Tänzer und Choreograph
   Besessenheit 119

Nüsse, Heinrich (1927–1977), schweizer. Aphoristiker
  Anfechtung 40
  Dasein 171
  Dementi 172
  Fuß 384
  Gemeinplatz 430
  Handeln 545
  Himmel 579
  Licht 759
  Mensch 849
  Nase 904
  Ordnung 934
  Revolution 1017
  Schatten 1040
  Schuld 1075
  Schweiz 1085
  Sinn 1110
  Traum 1208
  Wahrheit 1336

O

O'Casey, Sean (1880–1964), ir. Dramatiker
  Schwein 1084

O'Malley, Austin (1858–1932), US-amerikan. Schriftsteller
  Narr 904
  Ohr 931
  Politiker 964
  Stein 1147
  Steuern 1152
  Vater 1266

Oates, Joyce Carol (*1938), brit. Schriftstellerin
  Mann 823
  Schriftsteller/-in 1073, 1074

Ode, Erik (1910–1938), deutscher Schauspieler und Regisseur
  Schmeichelei 1057

Oken, Lorenz (1779–1851), deutscher Naturforscher und Philosoph
  Bewegung 131
  Gott 505
  Natur 909
  Ruhe 1025
  Selbstbewusstsein 1098

Olivier, Sir Laurence (1907 bis 1989), brit. Schauspieler
  Autor 87
  Frau 340
  Klatsch 648
  Mensch 853
  Regisseur 997
  Schauspieler/-in 1041
  Schauspielerei 1042
  Theater 1187
  Unterhaltung 1257
  Wahrheit 1337

Omar e-Chajjam (eig. Ghejas od-Din Abo I-Fatch, um 1021–1122), pers. Dichter
  Glück 499
  Schicksal 1046

Onassis, Aristoteles Sokrates (1906–1975), griech. Reeder
  Erfolg 272
  Geld 422
  Mann 824
  Reichtum 998

Ophüls, Max (1902–1957), deutscher Filmregisseur
  Ehe 214

Opitz, Martin (1597–1639), deutscher Dichter
  Gewissen 472
  Heuchelei 575
  Lustigkeit 811
  Sterben 1150

Oppenheim, Meret (1913–1985), deutsch-schweizer. Malerin und Objektkünstlerin
  Freiheit 355

Orff, Carl (1895–1982), deutscher Komponist
  Denkmal 179

Origenes (um 185–254), griech. Theologe und Philosoph, Kirchenvater
  Gott 507
  Reichtum 998

Ormandy, Eugene (1899–1985), ungar.-US-amerikan. Dirigent
  Brot 153

Ortega y Gasset, José (1883–1955), span. Philosoph
  Alter 24
  Amerika 35
  Bestimmung 124
  Beute 130
  Don Juan 197
  England 256
  Frau 333, 336
  Geist 417
  Gemeinplatz 430
  Gewalt 469
  Größe 528
  Kunst 690
  Laune 718
  Mittelmäßigkeit 872
  Nation 905
  Rettung 1014
  Revolution 1017
  Sehen 1093
  Staat 1139
  Tod 1192
  Überfluss 1231
  Vereinigung 1277
  Vernunft 1296

Volk 1317
Zivilisation 1430
Zynismus 1445

Osborne, John James (1929–1994), brit. Dramatiker, Journalist und Schauspieler
  Buch 154
  Computer 168
  Ehrlichkeit 229
  Erfahrung 266
  Frau 332
  Gedächtnis 394
  Geschichte 447
  Geschichtsschreibung 451
  Gewissensbiss 474
  Historiker 582
  Intelligenz 609
  Kritik 682
  Medium 837
  Narbe 903
  Politik 960
  Prophet 972
  Schminke 1060
  Schurke 1079
  Tod 1192
  Weltverbesserung 1372
  Wunde 1409
  Zärtlichkeit 1417

Ossietzky, Carl von (1889 bis 1938), deutscher Schriftsteller und Pazifist, Friedensnobelpreis 1935
  Bündnis 160
  Denkmal 179
  Deutschland 183
  Ehre 226
  Gefängnis 402
  Schicksal 1049

Oswald von Wolkenstein (um 1377–1445), mittelhochdeutscher Dichter aus Südtirol
  Blindheit 144
  Erwachen 282
  Geschlechtsverkehr 452
  Liebe 761, 784, 785

Otfrid von Weissenburg (um 800–um 870), Theologe und Dichter im Unterlsass
  Deutschland 184
  Dichtung 188
  Fremde 358
  Fremdsprache 358
  Geschichte 448
  Heimat 558, 559
  Jungfrau 626
  Lust 810
  Maria 830
  Mutter Gottes 893
  Reinheit 1003
  Reisen 1004
  Satan 1033
  Stern 1151
  Steuern 1152
  Stillen 1154
  Sünde 1167
  Weg 1349

Weihnachten 1357
Wunder 1410

Otto von Botenlauben († 1244/45), deutscher Minnesänger
  Maß 832

Otto-Peters, Louise, geb. Otto (1819–1895), deutsche Schriftstellerin u. Journalistin
  Demokratie 173, 174
  Eitelkeit 246
  Emanzipation 250
  Erziehung 285
  Familie 299, 301
  Fanatismus 301
  Frau 340, 346
  Gott 504, 506
  Größe 526
  Jungfrau 626
  Kind 640
  Kleidung 649
  Liebe 775
  Lüge 808
  Mann 821
  Mutter 891
  Rache 977
  Sieg 1109
  Weib 1352
  Zeit 1419
  Zweck 1443

Ouida (1839–1908), brit. Schriftstellerin
  Hoffnung 586

Ovid (Publius Ovidius Naso, 43 v.Chr.–um 17 n.Chr.), röm. Dichter
  Acker 16
  Allein 22
  Alter 30, 31
  Altern 33
  Anfang 40
  Ansteckung 48
  Arbeit 56
  Armut 64, 66
  Aufgabe 73
  Aufmerksamkeit 75
  Aufregung 75
  Begehren 100
  Begierde 101, 102
  Belanglosigkeit 109
  Belehrung 109
  Berechnung 111
  Beredsamkeit 111
  Beständigkeit 123
  Bestimmung 124
  Bitte 143
  Bosheit 150
  Brief 152
  Denkmal 179
  Ehe 221
  Elend 248
  Erfahrung 267
  Erfolg 269
  Erinnerung 274
  Erlaubnis 277
  Faulheit 304

Feindschaft 310, 311
Flamme 318
Fliegen 320
Freundschaft 363, 369
Frieden 373
Frucht 377
Furcht 380, 382
Geben 388
Gebet 389
Gedeihen 397
Gefallen 401
Gegensatz 405
Gegenwart 407
Geist 415
Geliebte 428
Genesung 433
Gerücht 443
Geschenk 446
Gesetz 460
Gesinnung 464
Gewohnheit 476
Glaube 481
Gleichmut 486
Glück 493, 498, 499
Gold 503
Götter 518
Hand 543
Heiraten 562
Herz 571, 573, 574
Hilfe 577
Hingabe 581
Hoffnung 586, 587
Hunger 596
Jahr 616
Jugend 620
Käuflichkeit 634
König/Königin 661
Krieg 678
Kühnheit 685
Laufen 718
Leben 719, 728
Lehre 742
Leid 748
Liebe 766, 767, 769, 772, 774, 775, 779, 780, 788, 790, 791, 793
Liebende 797
Macht 814
Mädchen 816, 817
Menschlichkeit 863
Mitte 871
Musik 885
Mut 888
Not 924
Notwehr 925
Nutzen 926
Nützlichkeit 927
Ort 936
Pause 942
Rache 977
Reichtum 1001
Rohheit 1020
Rom 1021
Rose 1022
Ruhe 1025
Ruhm 1027, 1029
Schaden 1036
Schaf 1037
Scham 1038
Schicksal 1047, 1048

Schiffbruch 1050
Schimpfen 1050
Schmerz 1059
Schönheit 1066, 1067
Schweigen 1083
Seele 1089
Sicherheit 1106
Sitten 1112
Sorge 1122
Stärke 1145
Strafe 1157, 1158
Talent 1173
Temperament 1182
Tod 1196, 1198
Trägheit 1204
Träne 1205
Traurigkeit 1210
Trennung 1211
Tugend 1224
Übermensch 1234
Unrecht 1252
Untätigkeit 1256
Untreue 1260
Vater 1266
Venus 1268
Verborgen 1272
Verbot 1272
Verbrechen 1274
Vergänglichkeit 1281, 1282
Vergnügen 1284
Verlangen 1287
Verliebtheit 1289
Vermögen 1292
Versprechen 1300
Verteidigung 1307
Vorsicht 1324
Waffe 1327
Wagen 1329
Wandel 1344
Wein 1357, 1358
Weinen 1360
Wille 1382
Wolf 1402
Wollen 1402
Wort 1404, 1406
Zank 1416
Zeit 1421
Zorn 1432, 1433
Zukunft 1438
Zunge 1440

Owen, Robert (1771–1858), brit. Unternehmer und Sozialreformer
    Maschine 831

Owens, Jesse (eig. Cleveland, James, 1913–1980), US-amerikan. Leichtathlet
    Sport 1129

Oxenstierna, Axel (1583–1654), schwed. Staatsmann
    Regierung 996

P

Packard, Vance (1914–1996), US-amerikan. Publizist
    Bild 138
    Spionage 1129
    Werbung 1373

Pagnol, Marcel (1895–1974), französ. Schriftsteller und Regisseur
    Atomzeitalter 72
    Dummheit 201
    Frau 348
    Gehen 409
    Klugheit 654
    Meinung 839
    Nähen 901
    Sprechen 1133
    Technik 1181

Palacio Valdés, Armando (1853–1938), span. Schriftsteller
    Narr 904
    Weisheit 1364

Pallenberg, Max (1877–1934), österreich. Schauspieler
    Argument 61
    Lachen 709
    Weinen 1360

Palm, Siegfried (*1927), deutscher Cellist
    Erotik 281
    Oper 931

Palme, Olof Joachim (1927–1986), schwed. Politiker
    Geschichte 447
    Kampf 630
    Politik 961

Palmer, Lilli (1914–1986), deutsche Schauspielerin
    Heiraten 562

Panizza, Oskar (1853–1921), deutscher Schriftsteller
    Verzweiflung 1313

Paoli, Betty (1814–1894), österreich. Dichterin
    Ehe 219

Papini, Giovanni (1881–1956), italien. Schriftsteller
    Egoismus 205
    Weltall 1371

Paracelsus, Philippus Theophrastus (1493–1541), schweizer. Arzt, Naturforscher und Philosoph
    Frau 349
    Freiheit 353
    Mann 825
    Mensch 852
    Unabhängigkeit 1240

Parkinson, Cyril Northcote (1909–1993), brit. Historiker
    Aufstieg 77
    Büro 161
    Karriere 632
    Sparsamkeit 1125

Parmenides (um 515/40–um 445 v.Chr.), griech. Philosoph
    Erkenntnis 275
    Eros 280
    Kreislauf 674

Pascal, Blaise (1623–1662), französ. Philosoph, Mathematiker und Physiker
    Aberglaube 8, 9
    Abgrund 9
    Anfang 39
    Arbeit 53
    Ball 89
    Bedürfnis 96
    Begabung 99
    Begierde 102
    Beginn 103
    Beispiel 107
    Beredsamkeit 111
    Besitz 121
    Bewegung 131
    Bewunderung 132
    Bild 137
    Böses 147, 149
    Bosheit 150
    Buch 155
    Computer 168
    Dichter/-in 187
    Eigenwille 235
    Eignung 235
    Einbildung 236
    Einsicht 243
    Eitelkeit 246
    Ekel 247
    Erfahrung 268
    Erfindung 268
    Fegefeuer 305
    Fernrohr 313
    Fluss 322
    Freiheit 353
    Freundschaft 367
    Frömmigkeit 375
    Frucht 376
    Führung 379
    Fürst 383
    Gedanke 394, 396
    Gefühl 403
    Geist 415
    Gerechtigkeit 440
    Gesellschaft 457
    Gesetz 461
    Gewissen 473
    Gewohnheit 475
    Glaube 479, 481
    Glück 487, 488, 491
    Gnade 502
    Gott 504, 508
    Grobheit 524
    Größe 525

Personenregister

Güte 533
Gutes 535, 539
Herr 566
Herz 570
Himmel 580
Instinkt 608
Kälte 629
Kindheit 645
König/Königin 660, 661
Krankheit 672
Laster 716
Leben 737, 738
Leichtgläubigkeit 744
Leidenschaft 752
Lesen 757
Liebe 786
Lüge 806
Macht 813, 814, 815
Malerei 820
Meer 837
Mehrheit 838
Mensch 846, 847, 848, 851, 859, 860
Nase 904
Natur 908, 910, 914
Neugier 921
Niesen 923
Pflicht 948
Philosophie 954
Rang 978
Reichtum 999
Religion 1008, 1010
Ruhe 1026
Ruhm 1027
Schiff 1050
Schmerz 1058
Schönheit 1064
Schutz 1079
Schwäche 1080
Selbsterkenntnis 1099
Sicherheit 1106
Sklaverei 1114
Sprache 1131
Stern 1151
Stolz 1155
Sünde 1166
Tapferkeit 1175
Tat 1176
Tier 1189
Tod 1191, 1192
Träumen 1210
Tugend 1225
Überzeugen 1235
Unbeständigkeit 1240
Unglaube 1245
Unglücklich 1249
Urteil 1265
Verborgen 1272
Verdrängung 1276
Vernunft 1294, 1295, 1297
Verrücktheit 1297
Wahrheit 1334, 1335, 1342
Weisheit 1363
Wetter 1376
Wirkung 1385
Wissen 1388
Wort 1404
Zeit 1419
Zerstreuung 1426
Zweifel 1444

Pasolini, Pier Paolo (1922 bis 1975), italien. Schriftsteller
  Film 316

Pasternak, Boris Leonidowitsch (1890–1960), russ.-sowjet. Schriftsteller, Literaturnobelpreis 1958
  Außergewöhnliches 84
  Leben 723
  Theorie 1188

Pasteur, Louis (1822–1895), französ. Chemiker und Mikrobiologe
  Gelegenheit 426

Paul, Jean → Jean Paul

Pauling, Linus Carl (1901 bis 1994), US-amerikan. Chemiker, Chemienobelpreis 1954, Friedensnobelpreis 1962
  Gesicht 463
  Vernunft 1297
  Verstand 1304

Paulsen, Friedrich (1846 bis 1908), deutscher Philosoph und Pädagoge
  Lesen 757
  Mitleid 869
  Zeitgeist 1423

Paulus (um 0–60/62), christlicher Missionar
  Ehe 207, 208, 209, 215, 216, 219
  Fallen 298
  Haar 540
  Haushalt 554
  Heiraten 560, 562
  Lehre 741
  Liebe 767, 768, 775, 779, 789, 792
  Lohn 805
  Sklaverei 1114
  Tod 1193
  Vorsicht 1324

Pavese, Cesare (1908–1950), italien. Schriftsteller
  Anfang 39
  Liebe 767
  Reife 1002
  Ruhe 1025
  Tod 1193

Paz, Octavio (*1914), mexikan. Schriftsteller
  Liebe 783

Peccei, Aurelio (1908–1984), italien. Wirtschaftsfachmann
  Mensch 847
  Neuerung 920
  Schicksal 1046

Pechstein, Max (1881–1955), deutscher Maler und Grafiker
  Kunst 697
  Pflicht 948

Peckinpah, Sam (1925–1984), US-amerikan. Filmregisseur
  Erwachen 282
  Traum 1208

Péguy, Charles (1873–1914), französ. Schriftsteller
  Freiheit 355
  Furcht 381
  Genie 434
  Idee 601
  Krankheit 672
  Leben 732
  Ordnung 935
  Philosophie 952

Pelt, Jean-Marie (*1933), französ. Naturwissenschaftler und Ökologe
  Begehrlichkeit 100
  Denken 175
  Zivilisation 1431

Peltzer, Karl (1895–1977), deutscher Schriftsteller
  Menschlichkeit 863
  Tapferkeit 1175

Penn, William (1644–1718), engl. Quäker, Begründer von Pennsylvania
  Fieber 316
  Leidenschaft 750
  Schein 1043
  Segel 1092
  Stadt 1141
  Wahrheit 1340

Peres, Schimon (*1923), israel. Politiker, Friedensnobelpreis 1994
  Macht 813

Periandros (um 600 v.Chr.), Tyrann von Korinth, einer der Sieben Weisen Griechenlands
  Freundschaft 369

Perreault, John (*1937), US-amerikan. Kunstkritiker
  Kunst 697
  Spiel 1128

Perrinet, Joachim (1763–1816), österreich. Theaterdichter
  Rausch 982

Persius (Aulus P. Flaccus, 34–62), röm. Dichter
  Sorge 1122

Pertini, Alessandro (1896–1990), italien. Politiker
  Rauchen 982
  Stil 1153
  Vaterland 1267

Pessoa, Fernando A. N. (1888–1935) portugies. Schriftsteller
  Alkohol 20
  Allein 22
  Alltag 23
  Augenblick 80
  Ausbeutung 81
  Befehl 98
  Befreiung 98
  Begabung 99
  Besitz 120, 122
  Besuch 124
  Buchhaltung 159
  Bühne 160
  Chef 166
  Denken 176
  Ehe 207
  Erfolg 269
  Ergebnis 273
  Erkenntnis 277
  Ermüdung 278
  Erschöpfung 282
  Erziehung 288
  Existenz 295
  Folter 323
  Frau 333
  Freiheit 352, 355
  Führung 380
  Geben 389
  Gefühl 402, 403, 404, 405
  Geld 423, 424
  Geschmack 453
  Gesellschaft 458
  Gesinnung 464
  Glück 487, 494
  Gott 508
  Götter 518
  Größe 526
  Handeln 544, 546
  Herrschaft 567
  Herz 574
  Hochachtung 582
  Höhe 590
  Ich 598
  Intelligenz 609
  Irrenhaus 611
  Kenntnis 635
  Kontrast 664
  Lächerlichkeit 711
  Landleben 712
  Landschaft 713
  Laune 718
  Leben 720, 721, 722, 723, 726, 728, 729, 734, 736, 738
  Liebe 786, 790, 794, 795
  Liebesbrief 798
  Magen
  Mann 824
  Mensch 850, 852, 853, 854, 859
  Moral 878
  Mythologie 895
  Nacktheit 901
  Nähe 901
  Neid 918
  Nichts 922
  Notwendigkeit 925
  Prostitution 972

Reaktion 983
Reden 990
Reform 992
Regierung 994
Schicksal 1047
Schiff 1050
Schlaf 1052
Schreiben 1070, 1071, 1072
Schreibtisch 1072
Schutz 1079
Seefahrt 1086
Seele 1090
Sehen 1093, 1094
Selbst 1097
Selbsterkenntnis 1099, 1100
Selbstverwirklichung 1104
Stillstand 1154
Tod 1196
Traum 1206, 1208, 1209
Übel 1230
Überdruss 1230
Unglaube 1245
Unterwerfen 1260
Vergessen 1283
Verlockung 1290
Verlust 1290
Verstehen 1305, 1306
Verwandtschaft 1310
Verzicht 1313
Wahrheit 1340
Wahrnehmung 1342
Weisheit 1363
Welt 1368
Widerstand 1378
Wille 1381
Wissen 1388, 1392
Zerstörung 1425
Zivilisation 1430
Zuneigung 1439

Pestalozzi, Johann Heinrich (1746-1827), schweizer. Pädagoge und Sozialreformer
Anpassung 45
Armut 67
Arznei 68
Bauen 92
Brücke 154
Entschluss 260
Erkenntnis 276
Erziehung 288
Gesellschaft 455
Gott 510
Gutes 535
Heiligkeit 556
Herz 570
Irrtum 612
Lernen 754
Liebe 762, 776
Menschlichkeit 863
Recht 984, 985
Regierung 994
Ringen 1019
Ruhe 1025
Schlechtes 1055
Staat 1139
Tat 1177
Unglück 1247
Unrecht 1252, 1253
Vater 1267

Verderben 1275
Verstand 1303
Wahrheit 1335
Widerspruch 1377

Petan, Zarko (*1929), slowen. Schriftsteller
Politik 963
Sexualität 1105
Volk 1317
Zeile 1418

Peter I. der Große (1672-1725), Zar von Russland ab 1682
Regierung 995
Staat 1138

Peter, Laurence J. (1921 bis 1990), US-amerikan. Erziehungswissenschaftler und Buchautor
Karriere 632

Petit-Senn, Jean Antoine (1792-1870), französ. Dichter
Arzt 70
Atheismus 72
Krankenhaus 669
Leichtgläubigkeit 744
Mutter 891
Religion 1008
Selbstmord 1101

Petöfi, Sándor (1823-1849), ungar. Dichter
Geschichte 449

Petrarca, Francesco (1304 bis 1374), italien. Humanist und Dichter
Amt 36
Ansehen 45
Armut 65
Beurteilung 130
Dauer 171
Einsamkeit 241
Empfindung 253
Erster 282
Fallen 298
Freude 359
Glück 489, 498
Gott 505
Gutes 536
Jüngling 627
Klage 647
Kommentar 658
Krankheit 671
Liebe 789
Lob 803
Mann 822
Muse 882
Narbe 903
Reichtum 999, 1002
Reihenfolge 1003
Schwermut 1085
Stadt 1142, 1143
Sünde 1168
Tugend 1219, 1225
Unglück 1245

Verlust 1291
Vernunft 1297
Wahrheit 1338
Wald 1343
Wissen 1389
Wunde 1409
Zufriedenheit 1435

Petronius, Gaius, gen. Petronius Arbiter († 66 n. Chr.), röm. Schriftsteller
Arzt 69
Aussehen 84
Freiheit 350
Freundschaft 367
Korruption 667
Leben 730
Lernen 756
Mensch 844
Nichts 921
Schein 1042
Sklaverei 1116
Sonne 1120
Sünde 1166, 1167
Tod 1196
Verrücktheit 1298
Würfel 1414

Pfeffel, Gottlieb Konrad (1736-1809), elsäss. Dichter
Alter 31
Freiheit 356
Kind 640
Kopf 665
Lernen 755
Mensch 849
Vernunft 1296

Pfleghar, Michael (1933 bis 1991), deutscher Regisseur
Deutsch 183
Traum 1209
Verzicht 1313

Pforr, Franz (1788-1812), deutscher Maler und Grafiker
Kunst 692

Phaedrus (bis um 50 n.Chr.), latein. Dichter
Ansehen 46
Armut 66
Ausschweifung 84
Bogen 146
Bündnis 160
Erfolg 269
Fehler 307
Freiheit 354
Freude 359
Freundschaft 369
Gelehrter 427
Herrschaft 568
Klage 647
Krieg 675
Leichtsinn 744
Lüge 808
Macht 813
Richter 1019
Sanftmut 1033
Schlauheit 1055

Schmeichelei 1057
Schuft 1075
Spannung 1124
Talent 1173
Treue 1213
Unglück 1248
Verachtung 1269
Vergleich 1284
Verlust 1290

Phelps, Edward John (1822-1900), US-amerikan. Schriftsteller
Alter 31
Gentleman 436
Mensch 850
Respekt 1013

Phelps, William Lyon (1865-1943), US-amerikan. Literaturwissenschaftler
Lernen 756

Philemon (um 360 bis 264/63 v.Chr.), griech. Komödiendichter
Arzt 70
Finden 317
Gabe 385
Gesundheit 466, 467
Glaube 481
Gott 509
Schulden 1076
Suche 1164

Philipp I. (1504-1567), Landgraf von Hessen
Feindschaft 311

Philipp II. (um 382 bis 336 v.Chr.), König von Makedonien
Glück 497
Schicksal 1048

Phokylides (6. Jh. v.Chr.), griech. Dichter
Gesellschaft 458
Mittelstand 872

Piaf, Edith (1915-1963), französ. Chansonsängerin
Leben 722, 732
Moral 878

Picabia, Francis M. de (1897-1953), französ. Maler und Grafiker
Anziehung 50
Aufrichtigkeit 75
Ausnahme 83
Befehl 98
Beispiel 108
Besitz 120
Bewegung 131
Blindheit 144
Chef 166
Denken 178
Einfluss 238
Frau 330

Führung 379
Gedanke 396
Gefahr 400
Gefolgschaft 402
Geheimnis 409
Glück 492
Haltung 542
Handeln 545
Homosexualität 592
Instinkt 608
Kenntnis 635
Klugheit 654
Können 663
Kopf 665
Krankheit 671
Kürze 707
Langweilig 714
Luxus 812
Manieren 821
Mann 825
Mensch 850
Misstrauen 868
Moral 878
Ohnmacht 930
Opfer 932
Persönlichkeit 943
Rettung 1014
Revolution 1017
Richtung 1019
Ruhm 1027
Schulden 1077
Schwachsinn 1081
Soldaten 1118
Titel 1190
Tod 1195
Trieb 1214
Überzeugung 1236
Vergangenheit 1280
Vergnügen 1284
Verlangen 1287
Vernunft 1294
Verteidigung 1307
Weisheit 1363
Wunsch 1413

Picard, Emile (1856–1941), französ. Mathematiker
  Einsicht 243
  Geist 416
  Intelligenz 609

Picasso, Pablo (1881–1973), span. Maler
  Alltag 23
  Bild 138
  Erwachsen 283
  Flüstern 323
  Frau 342, 348
  Individualität 605
  Kind 637
  Körper 667
  Kunst 689, 694, 697, 698
  Künstler 701, 703
  Lüge 808
  Maler 819
  Malerei 820
  Mann 825, 828
  Mensch 849, 857
  Sonne 1120
  Wahrheit 1338, 1341

Pichler, Adolf (1819–1900), österreich. Dichter
  Gedanke 396

Picht, Georg (1913–1982), deutscher Philosoph
  Wissenschaft 1395

Pico della Mirandola, Giovanni (1463–1494), italien. Humanist
  Philosophie 953
  Sekte 1097

Pieper, Josef (*1904), deutscher Soziologe und Philosoph
  Reisen 1005

Pilatus, Pontius († um 39 n.Chr.), röm. Statthalter
  Wahrheit 1341

Pindar (um 518 bis um 444 v.Chr.), griech. Lyriker
  Erzählen 283
  Ruhm 1028
  Schwimmen 1086
  Wasser 1347
  Wort 1406

Pinter, Harold (*1930), brit. Dramatiker
  Ausrede 83
  Barmherzigkeit 91
  Denkmal 179
  Ehe 218
  Ehegatten 224
  Fliegen 320
  Fluch 321
  Frau 344
  Geben 388
  Gedächtnis 393
  Gerechtigkeit 441
  Jurist 628
  Konsum 664
  Kopf 665
  Kritik 683
  Kuh 685
  Mann 826
  Maxime 836
  Mensch 857
  Recht 985
  Tragödie 1204
  Tyrannei 1228
  Verstand 1303
  Zukunft 1437

Piontek, Heinz (*1925), deutscher Schriftsteller
  Kunst 689
  Sprache 1131
  Wort 1404

Pirandello, Luigi (1867–1936), italien. Schriftsteller und Theaterleiter, Literaturnobelpreis 1934
  Ehrenmann 227
  Held/Heldin 564

Pire, Dominique Georges (1910–1969), belg. kath. Theologe, Friedensnobelpreis 1958
  Brücke 153

Piron, Alexis (1689–1773), französ. Schriftsteller
  Heiraten 560

Pirsig, Robert M. (* 1928), US-amerikan. Schriftsteller
  Berg 112, 113
  Bergsteigen 113, 114
  Wald 1343
  Weg 1349

Piscator, Erwin (1893–1966), deutscher Regisseur und Theaterintendant
  Staub 1146

Pitt, William d. Ä. (1708–1778), brit. Politiker
  Gesetz 462
  Macht 815
  Tyrannei 1228

Pius II. (eig. Piccolomini, Enea Silvio = Aeneas Silvius, 1405 bis 1464), Papst 1458–1464
  Achtung 14
  Bildung 141
  Reichtum 1001
  Schmeichelei 1056
  Tugend 1222

Pixérécourt, René Charles Guilbert de (1773–1844), französ. Dramatiker
  Buch 156
  Freundschaft 364

Planck, Max (1858–1947), deutscher Physiker, Physiknobelpreis 1918
  Gegnerschaft 407
  Glaube 480
  Naturwissenschaft 916
  Triumph 1216
  Überraschung 1234
  Wahrheit 1335

Platen, August Graf von (eig. Platen-Hallermünde, 1796 bis 1835), deutscher Dichter
  Alter 25
  Dichtung 189
  Einsamkeit 242
  Ernst 279
  Geist 413
  Genuss 438
  Glück 489
  Jugend 619
  Scherz 1044
  Schlaf 1052
  Schmerz 1058, 1059
  Schönheit 1067
  Überzeugung 1236
  Urteil 1264
  Verliebtheit 1289

Plath, Sylvia (1932–1963), US-amerikan. Schriftstellerin
  Anerkennung 39
  Arbeit 52
  Begabung 99
  Bier 137
  Brief 152
  Dichter/-in 187
  Dichtung 189
  Dilettantismus 193
  Enttäuschung 261
  Erfahrung 267
  Familie 300
  Frau 343
  Garten 386
  Gegenwart 406
  Geistlichkeit 419
  Glück 493, 499
  Größe 528
  Haushalt 554
  Herkunft 566
  Intellekt 609
  Kampf 630
  Karriere 632
  Krieg 680
  Leben 719, 727, 735
  Leid 747
  Lernen 755
  Liebe 793
  Mädchen 817
  Martyrium 830
  März 830
  Meer 837
  Opfer 932
  Reichtum 999
  Reisen 1004
  Schreiben 1070, 1071
  Schriftsteller/-in 1073, 1074
  Spanien 1124
  Spannung 1124
  Sünde 1165
  Unabhängigkeit 1240
  Unglück 1247
  Wahl 1330
  Weltanschauung 1371
  Wertschätzung 1375
  Wissen 1391
  Wurzel 1414
  Zeit 1422
  Zusammenleben 1441

Platon (428/27–348/47 v.Chr.), griech. Philosoph
  Angst 42
  Anstrengung 48
  Begierde 101
  Dauer 171
  Demokratie 173
  Empfängnis 251
  Eros 280
  Gerechtigkeit 440
  Geschlecht 451
  Gleichgültigkeit 484
  Glück 491, 494
  Gott 508
  Götter 518
  Harmonie 547
  Heer 554
  Homosexualität 592
  Krieg 677

Leib 743
Liebe 763, 776, 779, 786, 788
Lust 810
Mann 821
Musik 884
Politik 960
Reichtum 1000
Ruhm 1028
Schande 1039
Schönheit 1062
Seele 1087, 1089
Tod 1192, 1194
Torheit 1202
Tugend 1219
Übel 1230
Unsterblichkeit 1255
Verliebtheit 1289
Weisheit 1361
Zeugung 1427

Plautus, Titus Maccius (um 250–um 184 v. Chr.), röm. Komödiendichter
  Abhängigkeit 9
  Alter 24, 28, 32
  Ärger 60
  Augenzeuge 80
  Begabung 99
  Bescheidenheit 118
  Besitz 120
  Beute 130
  Ehe 208, 214
  Ehre 227
  Eigenliebe 232
  Erbarmen 262
  Erfahrung 267
  Essen 289
  Fliegen 320
  Freundschaft 362, 363, 365, 367, 368, 371
  Geld 424
  Geschicklichkeit 451
  Gesinnung 464
  Gleichmut 486
  Glück 487, 498
  Gutes 536
  Hoffnung 585, 587
  Jugend 622
  König/Königin 660
  Leidenschaft 751
  Leihen 752
  Lernen 755
  Liebe 760
  Liebende 797
  Meer 837
  Mensch 846, 849
  Mitgift 869
  Mut 889
  Neid 917
  Scham 1038
  Schicksal 1045
  Schmeichelei 1057
  Sexualität 1105
  Sklaverei 1115
  Tisch 1190
  Trägheit 1204
  Trauer 1206
  Trübsal 1217
  Tugend 1224

Undankbarkeit 1241
Ungeschehen 1244
Unternehmung 1258
Vergnügen 1284
Vermögen 1292
Verzeihung 1312
Weisheit 1361, 1365
Wolf 1402
Wort 1405

Plechanow, Georgi W. (1856–1918), russ. Politiker und Philosoph
  Gewalt 468

Plinius d. Ä. (Gaius P. Secundus, 23/24–79), röm. Schriftsteller
  Elend 248
  Erde 264
  Germanen 443
  Schicksal 1045
  Schulden 1076
  Übel 1229
  Wein 1359
  Weisheit 1366
  Zufall 1434
  Zweifel 1445

Plinius d. J. (Gaius P. Caecilius Secundus, 61–113), röm. Politiker und Schriftsteller
  Beispiel 107
  Belehrung 109
  Einsamkeit 242
  Erde 264
  Vergangenheit 1279
  Zeit 1421

Plotin (um 205–270), griech. Philosoph
  Auge 77
  Harmonie 547
  Seele 1087
  Sonne 1119
  Welt 1367
  Zufall 1434

Pluhar, Erika (*1939), österreich. Schauspielerin
  Roman 1021

Plutarch (um 46–um 125), griech. philosoph. Schriftsteller
  Aberglaube 8
  Abstammung 12
  Alter 27
  Atheismus 72
  Bedürfnis 97
  Bettelei 129
  Charakter 163
  Dichtung 189
  Einsicht 243
  Erholung 273
  Erziehung 284, 285, 287, 288
  Essen 290
  Furcht 383
  Fürst 383
  Gehorsam 410

Gerechtigkeit 441
Götter 517
Haushalt 553
Heiraten 561
Hinken 581
Laster 716
Liebe 769
Lob 804
Malerei 820
Mitte 870
Nachahmung 895
Nachlässigkeit 897
Schmeichelei 1056
Stiefmutter 1152
Tadel 1170
Tier 1190
Tod 1193
Trunkenheit 1218
Tugend 1223
Umgang 1238
Unglück 1246
Vergnügen 1284
Verzicht 1313

Poe, Edgar Allan (1809–1849), US-amerikan. Schriftsteller
  Abstammung 12
  Aphorismus 51
  Arznei 68
  Bloßstellen 145
  Buch 155
  Eitelkeit 245
  Erkenntnis 276
  Feindschaft 311
  Freundschaft 370
  Genie 434, 435
  Held/Heldin 564
  Kind 642
  Komma 658
  Kritik 682
  Kunst 688, 690
  Künstler 701, 702
  Leben 730
  Logik 804
  Meditation 836
  Musik 886
  Philosophie 953
  Rabe 977
  Rechtschaffenheit 987
  Schönheit 1064
  Schwierigkeit 1086
  Sehenswürdigkeit 1094
  Teufel 1183
  Traum 1206
  Übermensch 1233
  Übersetzen 1234
  Verehrung 1277
  Verleumdung 1288
  Verzweiflung 1314
  Wahnsinn 1331
  Zeitung 1424, 1425
  Zitat 1430

Pöhl, Karl Otto (*1929), deutscher Bankier
  Deutschland 184

Polanski, Roman (*1933), französ. Regisseur und Schauspieler poln. Herkunft

Film 316
Leben 729
Wichtigkeit 1377

Polgar, Alfred (eig. Polak, A., 1873–1955), österreich. Schriftsteller und Kritiker
  Allein 22
  Alter 26, 31
  Aphorismus 50
  Arbeit 52, 58
  Augenblick 79
  Bad 89
  Begeisterung 101
  Benehmen 110
  Beziehung 135
  Charakter 164
  Denken 177
  Deutsch 180
  Dichtung 189
  Dreck 198
  Ego 205
  Ehrlichkeit 229
  Einsamkeit 242
  Energie 254
  Entschluss 260
  Ereignis 265
  Erfahrung 266
  Erfüllung 273
  Erotik 280
  Erzählen 283
  Feindschaft 311
  Ferne 312
  Freiheit 351
  Freundschaft 362, 367, 369
  Führung 379
  Gegensatz 405
  Geist 414, 415
  Geister 419
  Geliebte 428
  Genie 433, 434
  Gewohnheit 476
  Gleichgültigkeit 485
  Glück 497
  Götter 518
  Grund 529
  Harmonie 547
  Haut 554
  Idealismus 600
  Individualität 604
  Irrtum 613
  Klugheit 654
  Kritik 681, 684
  Leben 719, 724, 727
  Lebensfreude 738
  Lebenskunst 739
  Lehrer/Lehrerin 742
  Liebe 776, 781, 783, 787, 790
  Literatur 802
  Logik 804
  Mauer 835
  Mensch 850, 857, 858
  Orientierung 936
  Plagiat 955
  Presse 968
  Ratte 981
  Recht 984
  Reife 1002
  Reisen 1005

Ruhm 1028
Schauspieler/-in 1041
Schlaf 1052
Schlagwort 1054
Schriftsteller/-in 1074
Seefahrt 1086
Sichtbarkeit 1107
Sommer 1119
Spiel 1127
Stern 1151
Stuhl 1162
Talent 1173
Tauchen 1179
Tiefe 1188
Torheit 1202
Tradition 1203
Uhr 1237
Unzucht 1262
Urteil 1264
Verehrung 1277
Verstehen 1304
Waffe 1328
Wahrheit 1340
Wetter 1377
Wien 1380
Wunder 1411
Zaudern 1417
Zeit 1418
Ziel 1428
Zukunft 1437

Poliakoff, Serge (1906 bis 1969), russ.-französ. Maler und Grafiker
Stille 1154

Pollock, Channing (1880–1946), US-amerikan. Dramatiker
Langeweile 713
Problem 970
Standpunkt 1144

Pompeius (Gnaeus P. Magnus, 106–48 v.Chr.), röm. Feldherr
Leben 734
Schiff 1050

Pompidou, Georges (1911 bis 1974), französ. Staatsmann
Diplomatie 194
Idiotie 602

Ponge, Francis (1899–1988), französ. Schriftsteller
Buch 157
Erfahrung 266
Leser 757
Versagen 1298

Ponti, Carlo (*1913), italien. Filmproduzent
Film 317

Pope, Alexander (1688–1744), brit. Dichter
Dank 170
Irrtum 613
Lüge 809
Mode 874
Neues 920
Partei 941
Reichtum 998
Teufel 1183
Vergebung 1282
Wahnsinn 1331

Pöppelmann, Matthäus Daniel (1662–1736), deutscher Baumeister
Kunst 698

Popper, Sir Karl Raimund (1902–1994), brit. Philosoph österreich. Herkunft
Himmel 578
Hölle 590
Macht 813
Regierung 994
Unwissenheit 1262
Wissen 1389

Poseidonios (um 135 bis um 51 v.Chr.), griech. Philosoph
Frühstück 378

Pottier, Eugène (1817–1887), französ. Dichter
Not 924

Pound, Ezra L. (1885–1972), US-amerikan. Schriftsteller
Ansicht 46
Dichter/-in 187
Historiker 582
Schweigen 1082

Preminger, Otto (1906–1986), österreich.-US-amerikan. Regisseur
Rolle 1020

Presber, Rudolf (1868–1935), deutscher Schriftsteller
Glück 488
Humor 593

Presle, Micheline (*1922), französ. Schauspielerin
Anfang 39
Fortschritt 326
Frau 339
Mann 825

Prévert, Jacques (1900–1977), französ. Schriftsteller
Kopf 665
Mann 822
Mitleid 870
Neid 918
Vergangenheit 1281

Prey, Hermann, (*1929), deutscher Sänger
Arzt 70
Instrument 608
Musik 886
Mut 890
Publikum 975

Priestley, John B. (1894 bis 1984), brit. Schriftsteller
Atheismus 72
Bewegung 131
Dementi 172
Gleichheit 485
Optimismus 933
Politiker 965
Schlagwort 1054
Verbot 1272

Prišvin, Michail M. (1873 bis 1954), russ. Schriftsteller
Baum 94
Wald 1343

Probst, Christoph (1919 bis 1943), deutscher Widerstandskämpfer der Weißen Rose
Sterben 1148

Prokop, Ludwig (*1920), österreich. Sportmediziner
Sport 1129

Properz (um 50 v.Chr. bis um 16 n.Chr.), röm. Dichter
Auge 78
Beharrlichkeit 105
Erfahrung 267
Frau 342
Genie 434
Legende 741
Liebe 765, 780, 790, 794
Liebende 797
Nebenbuhler 917
Rad 978
Tod 1193, 1195
Verderben 1276
Wein 1359

Protagoras (um 485 bis um 415 v.Chr.), griech. Philosoph
Maß 832
Mensch 846

Proudhon, Pierre Joseph (1809–1865), französ. Sozialist und Schriftsteller
Diebstahl 191
Eigentum 234

Proust, Marcel (1871–1922), französ. Schriftsteller
Auge 79
Charme 166
Einsamkeit 241
Erinnerung 274
Frau 347
Gefühl 404
Geist 415, 416
Gewohnheit 476
Glück 493, 500
Heilung 558
Idee 601
Körper 666
Kummer 688
Laune 718
Leid 748
Leidenschaft 752
Liebe 791
Mann 827
Stimme 1154
Unglück 1249
Verwirrung 1311

Prudentius (Aurelius P. Clemens, 348–nach 405), latein. Dichter aus Spanien
Sitten 1112
Volk 1317
Wolke 1402

Prudhomme → Sully Prudhomme

Ptahhotep (etwa 2500 v.Chr.), ägypt. Weiser zur Zeit der 5. Dynastie
Gott 507
Kleinheit 651
Liebe 772
Nachrede 897
Rat 980
Rede 988
Sohn 1117
Vater 1267
Wissen 1390
Wort 1404

Publilius Syrus (1. Jh. v.Chr.), röm. Komödiendichter
Armut 63, 64, 66
Arzt 70
Aussehen 84
Betrug 127
Böses 147, 149
Denken 176
Ehre 227
Enthüllung 258
Entstehung 261
Erbschaft 262, 263
Ertragen 282
Erwartung 283
Fehltritt 308
Feindschaft 309
Frage 328
Frau 344
Freispruch 357
Frevel 371
Furcht 382
Geduld 398
Gefallen 401
Geiz 420
Germanen 443
Gewohnheit 475
Gleichmut 486
Glück 497
Gut sein 532
Haar 540
Heilung 557
Herrschaft 567
Hochmut 582
Hoffnung 586
Jähzorn 617
Kühnheit 685
Leben 733
Leichtsinn 744
Liebe 764, 778, 779, 783, 796

Lob 803
Lüge 808
Lüsternheit 811
Notwendigkeit 925
Reisen 1004
Richter 1018
Ruf 1024
Ruhm 1027
Scham 1038
Schicksal 1045, 1046
Schmeichelei 1057
Schmerz 1059
Schönheit 1064
Schuld 1075, 1076
Schule 1078
Sieg 1109
Sterben 1147, 1148
Streit 1159
Sünde 1167
Tag 1171
Tod 1193
Tugend 1219
Übel 1230
Undankbarkeit 1241
Unglück 1247
Unrecht 1252, 1253
Verbrechen 1274, 1275
Vergänglichkeit 1282
Vergessen 1283
Verzeihung 1313
Wahrheit 1336
Wirkung 1385
Wut 1415
Zeit 1420
Zorn 1432

Pückler-Muskau, Hermann Fürst von (1785–1871), deutscher Schriftsteller
 Garten 386

Pulitzer, Joseph (1847–1911), US-amerikan. Journalist ungar. Herkunft
 Journalismus 619

Pulver, Liselotte (*1929), schweizer. Schauspielerin
 Erziehung 284
 Kummer 688
 Liebe 781
 Party 942

Puschkin, Alexander S. (1799–1837), russ. Dichter
 Streben 1158

Pyrrhos I. (319–272 v.Chr.), König der Molosser
 Sieg 1109

Pythagoras von Samos (um 570–um 500 v.Chr.), griech. Philosoph
 Freundschaft 370

Q

Quadflieg, Will (*1914), deutscher Schauspieler
 Diener 192
 König/Königin 660
 Rolle 1020

Qualtinger, Helmut (1928–1986), österreich. Kabarettist und Schauspieler
 Alkohol 20
 Anerkennung 38
 Beifall 106
 Besser 122
 Demagogie 172
 Dummkopf 202
 Entrüstung 259
 Fliege 320
 Gesetz 462
 Gleich 484
 Henken 565
 Lebenssinn 740
 Moral 878
 Neid 917
 Obst 928
 Österreich 937
 Satire 1034
 Schlaf 1051
 Schweigen 1082
 Sehenswürdigkeit 1094
 Selbstgespräch 1101
 Tun 1227
 Ungerechtigkeit 1244
 Vernichtung 1293
 Verwandtschaft 1310
 Waschen 1347
 Wien 1379, 1380
 Wind 1383
 Wirklichkeit 1384
 Witz 1399
 Zwang 1443
 Zweck 1443

Quaroni, Pietro (1898–1971), italien. Diplomat
 Geschichte 447

Quasimodo, Salvatore (1901–1968), italien. Lyriker, Essayist und Übersetzer, Literaturnobelpreis 1959
 Glück 495
 Mut 888

Quayle, Anthony (1913–1989), brit. Schauspieler
 Arzt 70
 Kultur 687

Quinn, Anthony (*1916), US-amerikan. Schauspieler
 Star 1144

Quinn, Freddy (*1931), österreich.-deutscher Schlagersänger und Filmschauspieler
 Erfolg 271

Quintilian (Marcus Fabius Quintilianus, um 30–um 95), latein. Rhetoriker
 Auftreten 77
 Beredsamkeit 111
 Essen 291
 Gewissen 473
 Herz 572
 Rache 977
 Schaden 1036
 Schicksal 1045
 Sterben 1147
 Verstehen 1305
 Versuch 1307
 Witz 1398

R

Raab, Julius (1889–1964), österreich. Politiker
 Politik 962

Raabe, Wilhelm (1831–1910), deutscher Schriftsteller
 Bildung 141
 Deutschland 184
 Dichter/-in 187
 Frieden 374
 Genie 433
 Haus 552
 Humor 593
 Hut 597
 Klugheit 653
 Komödie 659
 Kraft 668
 Krieg 679
 Leise 752
 Lesen 757
 Luftschloss 806
 Mutter 891
 Regen 993
 Schönheit 1062
 Schwimmen 1086
 Sprichwort 1134
 Stille 1153
 Talent 1172
 Unkraut 1250
 Vergangenheit 1280

Rabelais, François (um 1494 bis 1553), französ. Dichter
 Essen 289
 Leere 740
 Natur 909
 Reichtum 999

Racine, Jean Baptiste (1639 bis 1699), französ. Dramatiker
 Ehre 226
 Feindschaft 309
 Frau 346
 Gefahr 399
 Geld 424
 Verbrechen 1273

Radbruch, Gustav (1878–1949), deutscher Politiker
 Gewissen 472
 Jurist 628
 Strafe 1157

Raddatz, Carl Werner (*1912), deutscher Schauspieler
 Abenteuer 8
 Liebe 791
 Verschwiegenheit 1299

Radecki, Sigismund von (1891–1970), deutscher Schriftsteller
 Atheismus 72
 Automobil 86
 Bibliothek 136
 Buch 156
 Dummheit 200
 Ehe 212
 Erde 263
 Fessel 314
 Jugend 623
 Kunst 696
 Ledig 741
 Natur 910
 Reisen 1005
 Religion 1010
 Sammlung 1032
 Seltenheit 1105
 Sonne 1119
 Stern 1151
 Uhr 1237
 Widerstand 1378
 Zeit 1419

Ragaz, Leonhard (1868–1945), schweizer. evang. Theologe
 Gewalt 467

Rahner, Karl (1904–1984), deutscher kath. Theologe
 Sein 1096
 Selbsterkenntnis 1099

Raimund, Ferdinand (eig. Raimann, F., 1790–1836), österreich. Dramatiker
 Geld 423
 Gleich 484
 Hochmut 583
 Jugend 622
 Schicksal 1045
 Sonne 1120
 Streit 1159

Rajter, Dunja (*1940), jugoslaw. Schlagersängerin
 Eitelkeit 246
 Frau 345

Raleigh, Walter (1554–1618), engl. Seefahrer, Entdecker und Schriftsteller
 Gefängnis 402
 Todesstrafe 1200

Ramadier, Paul (1888–1961), französ. Politiker
 Finanzen 317
 Politik 960

Personenregister

Ramakrishna (eig. Gadadhar Chatterji, 1834–1886), ind. hinduist. Reformer
  Liebe 776

Ramler, Karl Wilhelm (1725 bis 1798), deutscher Dichter
  Begierde 101
  Beifall 106
  Betrug 127
  Eigennutz 233
  Ertragen 282
  Freiheit 355
  Frömmigkeit 376
  Heil 555
  Kleinheit 652
  Macht 814
  Mitleid 870
  Nutzen 926
  Staat 1138
  Stellung 1147
  Tat 1177
  Unglück 1248
  Vergnügen 1285
  Wunsch 1411

Ramsey, Arthur Michael (1904–1988), brit. Theologe und Erzbischof
  Predigt 967

Rank, Otto (1884–1939), österreich. Psychoanalytiker
  Gesellschaft 456
  Glück 491

Ranke, Leopold von (1795 bis 1886), deutscher Historiker
  Autorität 88
  Edel 205
  Erfolg 270, 272
  Freiheit 356
  Generation 433
  Geschichte 448, 449
  Gleichheit 486
  Glück 492
  Gott 512
  Größe 526
  Krieg 679
  Menschheit 862
  Nachahmung 895
  Nation 905
  Partei 940
  Persönlichkeit 944
  Sieg 1108, 1109
  Staat 1137
  Unterschied 1259
  Unterwerfen 1260
  Volk 1316, 1317

Ranke-Heinemann, Uta (*1927), deutsche kath. Theologin
  Kirche 645

Rathenau, Walter (1867 bis 1922), deutscher Industrieller und Politiker
  Alter 28
  Beweis 132
  Charakter 163
  Dank 170
  Demokratie 173
  Denken 175, 178
  Einfluss 238
  Eleganz 247
  Empfindung 252
  Entrüstung 259
  Entsagung 259
  Ergebnis 273
  Ethik 292
  Furcht 381
  Gebet 389, 390
  Geduld 398
  Gefühl 404
  Gelehrter 428
  Genie 434
  Gerechtigkeit 440
  Glück 489
  Gott 511
  Göttliches 520
  Grenze 523
  Habgier 540, 541
  Harmonie 547
  Hilflosigkeit 577
  Höhe 590
  Ich 598
  Individualität 604
  Instinkt 607
  Journalismus 618
  Jugend 622
  Kampf 629
  Kraft 669
  Kunst 696, 698
  Lehre 741
  Leid 745
  Liebe 759, 760, 761, 776, 782
  Lob 802, 803
  Mensch 848, 858
  Musik 886
  Mut 888, 889
  Nation 905
  Neid 918
  Neugier 920
  Pazifismus 942
  Persönlichkeit 943
  Phantasie 949
  Problem 970
  Religion 1008, 1011
  Seele 1089
  Selbstvergessenheit 1103
  Star 1145
  Stärke 1146
  Stolz 1156
  Tadel 1169
  Tugend 1223
  Vergleich 1284
  Verlust 1290
  Verschwendung 1299
  Volk 1318
  Vornehmheit 1322
  Wahrheit 1340
  Weib 1354
  Wille 1380
  Wissen 1387
  Wissenschaft 1395
  Wort 1404
  Wunsch 1413
  Zeit 1421
  Zweck 1443

Rattigan, Terence (1911–1977), brit. Dramatiker
  Hoffnung 586

Raumer, Friedrich von (1781 bis 1873), deutscher Historiker
  Herrschaft 568
  Vergangenheit 1281

Raupach, Ernst (1784–1852), deutscher Dramatiker
  Macht 813
  Masse 833
  Nachwelt 901
  Ruhm 1028
  Schritt 1075
  Sieg 1108
  Weg 1349
  Zukunft 1438

Ravel, Maurice (1875–1937), französ. Komponist
  Kraft 668
  Leise 752

Reagan, Ronald Wilson (*1911), US-amerikan. Schauspieler und Politiker, 40. US-Präsident 1981–1989
  Alter 29
  Regierung 995

Rebroff, Iwan (*1931), deutscher Sänger
  Alkohol 20
  Russland 1030

Redgrave, Vanessa (*1937), brit. Schauspielerin
  Ehe 218
  Geliebter 429

Redon, Odilon (1840–1916), französ. Lithograf und Maler
  Kunst 691
  Reife 1002

Redwitz, Oskar von (1823 bis 1891), deutscher Schriftsteller
  Arbeit 53
  Beschäftigung 116

Ree, Paul (1849–1901), deutscher Philosoph
  Eifersucht 230
  Sympathie 1168

Reger, Max (1873–1916), deutscher Komponist
  Kritik 683

Régnard, Jean-François (1655 bis 1709), französ. Schriftsteller
  Besitz 121
  Betrug 127
  Not 924
  Verbrechen 1274
  Verzicht 1313

Regnier, Charles (*1915), französ. Schauspieler
  Neigung 919
  Trieb 1214

Régnier, Mathurin de (1573 bis 1613), französ. Schriftsteller
  Sklaverei 1115

Reich, Jens (*1939), deutscher Molekularbiologe, Arzt und Essayist
  Mann 824
  Natur 910

Reich-Ranicki, Marcel (*1920), deutsch-poln. Literaturkritiker
  Buch 157
  Erfolg 272
  Frieden 374
  Irrtum 614
  Kritik 683, 684
  Mord 879, 880
  Schriftsteller/-in 1074
  Übertreibung 1235

Reichel, Achim (*1944), deutscher Rockmusiker
  Fleisch 319

Reichenbach, François (*1922), französ. Filmemacher, Drehbuchautor und Fernsehregisseur
  Star 1144

Reiners, Ludwig (1896–1957), deutscher Unternehmer
  Beispiel 107
  Buch 158
  Eigenschaft 234
  Einbildung 236
  Klarheit 648
  Krankheit 672
  Kürze 707
  Lehrbuch 741
  Lüge 809
  Satz 1034
  Sprechen 1133
  Überzeugung 1236
  Verlust 1291
  Verstellung 1306
  Wort 1406
  Zwiegespräch 1445

Reinhardt, Max (eig. Goldmann, M., 1873–1943), österreich. Schauspieler und Regisseur
  Kunst 694
  Mensch 852
  Schauspielerei 1041
  Theater 1186

Reinick, Robert (1805–1852), deutscher Dichter, Maler und Buchillustrator
  Sonne 1120

Reinmar der Alte († vor 1210), mittelhochdeutscher Minnesänger
- Geliebte 428
- Sehnsucht 1094

Reitz, Adolf (1884–1964), deutscher Aphoristiker
- Aphorismus 50

Rellstab, Ludwig (1799–1860), deutscher Schriftsteller
- Lied 800

Remarque, Erich Maria (eig. Remark, E. Paul, 1898–1970), deutscher Schriftsteller
- Begriff 104
- Diktatur 193
- Enkel 256
- Erinnerung 275
- Jugend 624
- Vergessen 1283
- Vorbild 1320
- Vorgesetzter 1321

Rembrandt (eig. Rijn, R. Harmensz. van, 1606–1669), niederländ. Maler
- Bild 137
- Geruch 443

Remick, Lee (*1935), US-amerikan. Schauspielerin
- Humor 593

Renan, Ernest (1823–1892), französ. Religionshistoriker und Schriftsteller
- Bauen 92
- Christus 168
- Geschichte 449
- Größe 525
- Herkunft 566
- Krankheit 673
- Moral 878
- Religion 1011
- Tat 1177
- Ursprung 1263

Renard, Jules (1864–1910), französ. Schriftsteller
- Abneigung 10
- Abscheu 10
- Allein 21, 22
- Amüsement 36
- Angst 42
- Antwort 49
- Arbeit 54
- Ärger 60
- Armut 65
- Augenblick 80
- Banalität 89
- Bedauern 95
- Beerdigung 97
- Beleidigung 109
- Bequemlichkeit 111
- Bescheidenheit 117, 118
- Bigotterie 137
- Blick 143
- Blitz 145
- Böses 148
- Brot 153
- Buch 156
- Bürger 161
- Charakter 163
- China 166
- Dasein 171
- Denken 176, 177
- Dichter/-in 187
- Diskussion 195, 196
- Dummheit 201
- Ehrenmann 227
- Ehrlichkeit 229
- Einfall 237
- Einladung 239
- Einmaligkeit 239
- Einsamkeit 242
- Ende 254
- Erfolg 272
- Erfolglosigkeit 272
- Erinnerung 274, 275
- Erwartung 283
- Essen 290
- Familie 300, 301
- Faulheit 303, 304
- Fehler 305
- Feindschaft 310
- Fieber 316
- Fortschritt 326
- Freiheit 357
- Freundschaft 367, 368
- Gast 387
- Gedächtnis 394
- Gedanke 394
- Gefühl 403
- Gehirn 410
- Geist 413, 415
- Geld 424, 425
- Gelehrter 427
- Gelingen 429
- Gerechtigkeit 439, 442
- Gesellschaft 457
- Gespräch 464
- Glaube 482, 483
- Glück 489, 491, 492, 493, 494, 498, 500
- Gott 506, 508, 510, 514, 517
- Großzügigkeit 529
- Gut sein 532
- Hass 549
- Heimat 558
- Herz 571
- Heuchelei 574
- Himmel 579
- Hoffnung 587
- Horizont 592
- Idee 600
- Individuum 605
- Instinkt 608
- Intelligenz 609
- Interesse 610
- Jugend 623
- Kampf 630
- Kenntnis 635
- Kind 642, 643
- Kirche 646
- Klarheit 647, 648
- Konkurrenz 662
- Kraft 669
- Krieg 677, 679, 681
- Kritik 681
- Künstler 701
- Lächeln 709
- Lächerlichkeit 711
- Langeweile 713
- Langweilig 714
- Laune 718
- Leben 722, 727, 731, 736
- Literatur 802
- Lösung 806
- Lüge 808
- Maske 831
- Meinung 839
- Menge 843
- Mensch 849, 851, 852
- Misserfolg 867
- Mitleid 870
- Mode 873
- Mond 876
- Moral 878
- Mord 879
- Musik 884
- Natur 911
- Normalität 923
- Notwendigkeit 925
- Nutzen 926
- Obszönes 928
- Patriotismus 942
- Pedanterie 943
- Persönlichkeit 944
- Phantasie 949, 950
- Politik 960, 963
- Publikum 974, 975
- Regen 993
- Reife 1002
- Reisen 1004
- Rettung 1014
- Roman 1021
- Rührung 1029
- Sagen 1031
- Scham 1037
- Scharfsinn 1040
- Schicksal 1046
- Schlaf 1051
- Schmerz 1058
- Schreiben 1070
- Schriftsteller/-in 1072, 1074
- Schule 1078
- Seele 1090, 1091
- Selbstbeherrschung 1098
- Spiegel 1126
- Sprechen 1133
- Sterben 1148
- Stern 1151
- Stil 1153
- Stille 1154
- Suche 1164
- Theater 1186
- Tier 1189
- Tod 1193, 1196
- Träne 1206
- Traum 1207
- Träumerei 1210
- Typ 1227
- Überforderung 1231
- Überlegenheit 1232
- Umgang 1238
- Unglück 1246, 1248
- Unhöflichkeit 1250
- Universum 1250
- Unzufriedenheit 1262
- Verachtung 1269
- Veränderung 1270
- Verbergen 1271
- Verein 1277
- Versuch 1307
- Volk 1316
- Vorsatz 1322
- Vortrag 1325
- Vorwurf 1326
- Warten 1347
- Wein 1359
- Weinen 1360
- Welt 1369
- Wetter 1376, 1377
- Wildheit 1380
- Winter 1384
- Wissen 1390
- Wort 1404, 1406
- Zeit 1420
- Zeitung 1424
- Zufall 1434
- Zuhause 1436

Renner, Paul (*1925), deutscher Jurist
- Koalition 656

Renoir, Auguste (1841–1919), französ. Maler
- Brust 154
- Vertrauen 1309

Reuter, Fritz (1810–1874), deutscher Schriftsteller
- Fehlschlag 307
- Vorsatz 1322

Reventlow, Franziska Gräfin zu (1871–1918), deutsche Schriftstellerin
- Abenteuer 7
- Abhängigkeit 9
- Allein 21, 22
- Alter 28, 30, 31, 32
- Anerkennung 39
- Anfang 39, 40
- Arbeit 55, 56
- Arbeitslosigkeit 59
- Ärger 60
- Aushalten 82
- Begehren 99, 100
- Besitz 121
- Beziehung 134, 135
- Denken 178
- Egoismus 206
- Eile 235
- Einsamkeit 241
- Empfindung 252
- Erlebnis 277
- Erotik 281
- Erschütterung 282
- Erziehung 288
- Fessel 314
- Fest 314
- Freiheit 355, 356
- Freude 359
- Freundschaft 365
- Frühling 377

Personenregister

Furcht 382
Geburt 392
Gefahr 400
Gefälligkeit 402
Gegenwart 406
Geld 425
Genuss 438
Geschwister 454
Gesundheit 467
Gewöhnung 476
Glück 488, 494, 496, 497
Gold 503
Gott 516
Härte 548
Haut 554
Heiligtum 557
Heimat 558, 559
Heimweh 559
Herz 570, 572
Inhalt 606
Jugend 622
Kampf 630
Kind 637, 640, 642, 643, 644
Klage 647
Krankheit 671
Kuss 708
Leben 721, 722, 728, 729, 732, 733, 735
Leid 746
Leidenschaft 751
Lernen 755
Liebe 762, 772, 776, 777, 778, 788, 792, 793, 794
Mädchen 817
Mangel 820
Mann 825
Mensch 855, 858
Monogamie 877
Mord 879
Mut 890
Mutter 890, 891, 892, 893
Nähe 901
Natur 912
Neujahr 921
Phönix 955
Rausch 982
Reden 990
Reichtum 999
Reue 1015
Rivalität 1020
Schicksal 1047
Schlacht 1051
Schmerz 1059
Schnelligkeit 1061
Schöpfung 1069
Schreiben 1070
Schwangerschaft 1081
Schweigen 1083
Sehnsucht 1095
Sonne 1120
Stadt 1141, 1143
Stolz 1156
Streit 1160
Sünde 1166
Tag 1170, 1171
Talent 1173
Teufel 1185
Tiefe 1189
Tod 1192, 1194, 1197, 1199
Träumen 1210

Trennung 1211
Tugend 1224
Unerträglichkeit 1242
Unglück 1249
Unruhe 1253
Venus 1268
Vergänglichkeit 1282
Vergnügen 1285
Verlangen 1287
Verneinung 1293
Versöhnung 1299
Verstehen 1305
Verwunderung 1312
Wechsel 1348
Weh 1350
Weinen 1360
Widerspruch 1378
Wille 1380
Wohnung 1401
Wonne 1403
Wunder 1410
Zeit 1420, 1422
Zerbrechen 1425
Zerstreuung 1426
Zügel 1436
Zwang 1443

Reverdy, Pierre (1889–1960), französ. Dichter
Kritik 684
Schweigen 1083
Tier 1189

Reynaud, Paul (1878–1966), französ. Rechtsanwalt, Politiker
Arbeit 52
Geschichtsschreibung 450
Müdigkeit 881

Reynolds, Burt (*1937), US-amerikan. Filmschauspieler und Regisseur
Frau 346
Hilflosigkeit 577

Rezzori, Gregor von (*1914), deutscher Schriftsteller
Jungfrau 626

Rhadamanthys, legendärer kret. König, Richter in der Unterwelt
Gerechtigkeit 441

Rhys, Jean (eig. Williams, Ella Gwendolen Rees, 1890–1979), brit. Schriftstellerin karib. Herkunft
Tag 1171

Riber, Jean-Claude (*1934), französ. Theaterintendant
Dummkopf 203
Klugheit 655

Richelieu, Armand-Jean du Plessis Herzog von (1585 bis 1642), französ. Staatsmann und Kardinal

Autorität 88
Gehorsam 410
König/Königin 660
Verstellung 1306

Richert, Fritz (1922–1996), deutscher Publizist
Bürger 161
Sprache 1131

Richter, Hans (1888–1976), deutscher Künstler
Kunst 692
Nichts 921

Richter, Ludwig (1803–1884), deutscher Maler und Grafiker
Kunst 691, 697
Volk 1317

Riehl, Wilhelm Heinrich von (1825–1897), deutscher Kulturhistoriker und Schriftsteller
Kommunismus 658
Maschine 831

Ries, Hubert (1902–1972), deutscher Publizist
Hund 595

Rilke, Rainer Maria (1875 bis 1926), österreich. Dichter
Allein 21
Anmut 44
Armut 63, 66
Auferstehung 73
Bauen 92
Beten 125
Bett 128
Böhmen 146
Dom 197
Einsamkeit 240
Erinnerung 275
Ewigkeit 295
Frühling 377, 378
Garten 387
Gebet 390
Geld 421
Geliebte 428
Geschichte 447
Gesicht 463
Glück 495
Gott 504, 507, 513
Größe 525
Herbst 565
Jugend 623
Jungfrau 626
Kind 637
Kirche 646
Leben 726, 729, 734
Lesen 756
Liebe 761
Linde 800
Mädchen 816, 817
Maria 829
Mensch 860
Missverständnis 868
Mutter 892
Nachdenken 897
Nacht 899, 900

Nation 905
Oberfläche 927
Ruhm 1028
Schlaf 1052
Schönheit 1061
Seele 1090, 1091
Sehnsucht 1095
Singen 1110
Stadt 1141
Stärke 1145
Stern 1151
Tod 1192, 1197, 1198
Traum 1207, 1208, 1209
Vers 1298
Wandern 1345
Welt 1368
Wille 1382
Wort 1404, 1406
Wunder 1411
Wunsch 1413
Zeit 1420

Ringelnatz, Joachim (eig. Bötticher, Hans, 1883–1934), deutscher Schriftsteller und Kabarettist
Dramatiker 198
Entrüstung 258
Erinnerung 274
Freude 359
Geld 422
Gras 522
Humor 593
Jungfrau 626
Leben 734
Militär 866
Mut 889
Narr 903
Rüstung 1030
Stein 1146
Trinken 1215
Vegetarier 1268
Weisheit 1362
Wunder 1410

Rinser, Luise (*1911), deutsche Schriftstellerin
Ehe 219
Hexerei 575
Leben 726
Spiel 1127

Ritter, Johann Wilhelm (1776–1810), deutscher Physiker und Chemiker
Böses 147
Dichter/-in 188
Erde 264
Erfahrung 265
Führung 379
Gattung 388
Geburt 391
Gutes 534
Leben 733
Liebe 786, 787, 788
Mann 822
Mensch 843
Natur 912, 914
Schlaf 1052
Sterben 1149

Vergangenheit 1281
Wahrheit 1332
Weib 1351, 1355

Rivarol, Antoine Comte de (1753–1801), französ. Schriftsteller
Aberglaube 8
Adel 16, 17
Alphabet 24
Armee 62
Armut 65
Aufruhr 76
Aufstand 76
Außergewöhnliches 84
Bankier 90
Barbarei 90
Begabung 99
Begriff 104
Bescheidenheit 117
Beziehung 135
Böses 149
Buch 158
Buchdruck 159
Deutsch 183
Dummkopf 202
Ehrgeiz 228
Eigenliebe 232
Emigration 251
Empörung 253
Erinnerung 274
Feuer 315
Frankreich 329
Freiheit 351, 356
Freundschaft 369
Furcht 381
Fürst 384
Geltung 430
Gesetz 460, 462
Gewöhnung 476
Glaube 480
Gold 503
Gottlosigkeit 520
Grammatik 522
Heiraten 562
Herrschaft 567
Hof 585
Katze 634
König/Königin 661
Krieg 679
Kunst 693
Leidenschaft 749
Liebe 767
Literatur 802
Macht 814
Märtyrer 830
Mehrheit 838
Mensch 846
Metaphysik 864
Moral 878
Nachrede 898
Nachsicht 898
Narr 903
Neid 918
Öffentliche Meinung 929
Ordnung 935
Phantasie 949
Philosophie 950, 951, 952
Pöbel 956
Politik 960

Recht 986
Reden 989
Regierung 994, 995
Reichtum 1000
Religion 1009
Revolution 1016, 1017
Ruhe 1025
Schreiben 1071
Seele 1091
Sicherheit 1106
Sieg 1108
Souveränität 1122
Sprache 1131
Staat 1136, 1137
Teuer 1183
Tier 1190
Trägheit 1204
Treue 1212
Tugend 1223
Verachtung 1269
Verbrechen 1275
Verderben 1275
Vermögen 1292
Vernunft 1294
Vertraulichkeit 1309
Vision 1314
Volk 1315, 1316
Wahrheit 1334, 1338
Wörterbuch 1408
Wunder 1411
Zerstreuung 1426

Rivel, José Andreo »Charly« (1896–1983), span. Clown
Verstehen 1305

Robespierre, Maximilien de (1758–1794), führender Jakobiner der französ. Revolution
Freiheit 352
Gerechtigkeit 441
König/Königin 660
Nation 905
Terror 1182

Robinson, Edwin Arlington (1869–1935), US-amerikan. Lyriker
Freundschaft 366

Rockefeller, John Davison (1839–1937), US-amerikan. Unternehmer
Besitz 121

Roda Roda, Alexander (1872–1945), österreich. Schriftsteller
Auge 78
Braut 151
Ehemann 224
Fest 314
Frau 331
Geheimnis 409
Journalismus 618
Schweiz 1084
Sprache 1133
Unsinnig 1255
Verlobung 1290
Verschwiegenheit 1299

Rodin, Auguste (1840–1917), französ. Bildhauer
Hässlichkeit 551
Schönheit 1066
Zivilisation 1431

Rogers, Ginger (1911–1995), US-amerikan. Schauspielerin
Schuh 1075

Rogers, Will (1879–1935), US-amerikan. Humorist
Erfindung 268
Fortschritt 325
Glück 490
Krieg 675

Rogler, Richard (*1950), deutscher Kabarettist
Arbeit 52
Macht 813

Rohmer, Eric (*1920), französ. Filmregisseur
Arbeit 55

Röhrich, Lutz (*1922), deutscher Kulturhistoriker
Sexualität 1105

Rolland, Romain (1866–1944), französ. Schriftsteller, Literaturnobelpreis 1915
Held/Heldin 564
Liebe 784
Patriotismus 942
Volk 1317

Rollenhagen, Georg (1542 bis 1609), deutscher Dichter
Arbeit 52
Arzt 70
Ausweg 85
Betrug 128
Dienst 193
Einigkeit 238
Fehler 307
Freiheit 356
Gefahr 401
Gefallen 401
Geld 423
Gewalt 468
Glaube 483
Gunst 531
Karriere 632
Krieg 678
Lohn 805
Schönheit 1064
Sparsamkeit 1124
Sünde 1167
Vertrauen 1308

Romains, Jules (eig. Farigoule, Louis, 1885–1972), französ. Schriftsteller
Ansehen 45
Autor 86
Erde 264
Erfahrung 267
Langeweile 713

Literatur 801
Vorurteil 1326
Weltall 1371

Rommel, Manfred (*1928), deutscher Politiker
Armut 64
Ball 89
Bürger 160
Demokratie 174
Dummheit 199
Falsches 298
Fernsehen 313
Führung 379
Gesundheit 467
Hoffnung 585
Intelligenz 609
Journalismus 618
Lüge 807
Meinung 840
Nachrichten 898
Prinzip 970
Recht 985
Richtig 1019
Sagen 1032
Sport 1129
Toleranz 1201
Vorurteil 1326
Wahrheit 1334
Wiederholung 1379
Zeitung 1424

Ronsard, Pierre de (1524/25 bis 1585), französ. Dichter
Form 323
Heiligkeit 556
Unglücklich 1249
Untergang 1256
Vertrauen 1309
Wald 1344

Roosevelt, Eleanor (1884 bis 1962), US-amerikan. Präsidentengattin
Hand 542

Roosevelt, Franklin Delano (1882–1945), US-amerikan. Politiker, 32. US-Präsident
Bein 106
Furcht 380
Hand 543
Idee 602
Konservatismus 663
Radikalität 978
Reaktion 983
Schicksal 1046
Schlagen 1053

Roosevelt, Theodore (1858–1919), US-amerikan. Politiker, 26. US-Präsident, Friedensnobelpreis 1906
Leise 752
Sanftmut 1033
Stock 1155

Rosay, Françoise (1891–1974), französ. Schauspielerin
Frau 339

Jugend 623
Liebhaber 799

Rosegger, Peter (1843–1918), österreich. Schriftsteller
Berg 112
Buch 156
Charakter 165
Dasein 171
Einsamkeit 239, 242
Größe 524
Herz 573
Kind 639
Leben 720
Mut 888
Natur 914
Stadt 1143
Vergnügen 1285
Wald 1343
Wohnung 1401

Rosenberg, Ludwig (1903 bis 1977), deutscher Unternehmer
Mitarbeiter 869
Widerspruch 1378

Rosendorfer, Herbert (*1934), deutscher Schriftsteller
Arzt 69
Nest 919
Sport 1129

Rosenthal, Philip (*1916), deutscher Industrieller und Politiker
Befriedigung 98
Geschmack 453
Management 820

Roß, Werner (*1912), deutscher Publizist
Gefühl 404
Haar 540
Humor 594
Kritik 681
Paradies 938
Stimmung 1154

Rossellini, Roberto (1906 bis 1977), italien. Filmregisseur
Familie 300
Mensch 848

Rossini, Gioacchino (1792 bis 1868), italien. Komponist
Arbeit 55

Rossiter, Clinton (1917–1970), US-amerikan. Politologe
Revolution 1017

Rostand, Edmond de (1868 bis 1918), französ. Schriftsteller
Licht 759
Nacht 900
Selbstbewusstsein 1098

Rostand, Jean (1894–1977), französ. Biologe
Anatomie 37

Arroganz 68
Pessimismus 944
Rose 1023

Rostow, Walt Whitman (*1916), US-amerikan. Nationalökonom und Politiker
Krise 681

Roth, Eugen (1895–1976), deutscher Schriftsteller
Armut 65
Arzt 69, 70
Berg 112
Dornen 197
Engel 255
Haltbarkeit 542
Krankheit 670, 671, 672, 673
Landwirtschaft 713
Leid 746
Licht 758
Medizin 837
Pflicht 947
Regen 993
Reisen 1006
Voraussicht 1319
Wille 1381

Roth, Joseph (1894–1939), österreich. Schriftsteller und Journalist
Diktatur 193
Fortschritt 325, 326
Hollywood 591
Vorgesetzter 1321

Rothenberger, Anneliese (*1926), deutsche Sängerin
Arbeit 52

Rouget de Lisle, Claude (1760–1836), französ. Dichter
Vaterland 1267

Rousseau, Jean-Jacques (1712–1778), französ. Philosoph und Dichter schweizer. Herkunft
Abgrund 9
Abhängigkeit 10
Abscheu 10
Absicht 11
Abstieg 12
Abstumpfung 13
Achtung 15
Acker 16
Allein 22
Alter 25, 27, 28, 31
Amme 35
Anbetung 37
Anmut 44
Ansehen 46
Apostel 51
Arbeit 56, 57
Argument 61
Armee 62
Armut 65
Arznei 68
Arzt 69
Atmen 72

Aufschub 76
Ausdruck 82
Ausschweifung 84
Baum 93
Bedürfnis 96
Begehren 100
Begeisterung 101
Begierde 102, 103
Beherrschung 105
Beifall 106
Beispiel 107
Bekanntschaft 108
Beleidigung 109
Beobachtung 110
Beredsamkeit 111
Bergsteigen 114
Bestimmung 124
Bewegung 131
Beweis 132
Bibel 135
Bibliothek 136
Bild 137, 138
Bildung 139
Bitte 142
Blick 143, 144
Blindheit 144
Bloßstellen 145
Böses 147, 149
Bosheit 149, 150
Brauch 151, 152
Buch 156, 157, 158, 159
Bücherverbrennung 159
Bühne 160
Bürger 161
Christentum 167
Christus 168
Demokratie 173
Denken 176, 178, 179
Deutsch 182
Diplomatie 194
Dolch 196
Duell 199
Ehe 208, 211, 212, 214, 215, 216, 217, 218, 219, 220, 221, 222
Ehrbarkeit 225
Ehre 227
Ehrenmann 227
Ehrlichkeit 229
Eifersucht 230, 231
Eigenliebe 232
Eigentum 234, 235
Einbildung 236
Einbildungskraft 236
Eindruck 236
Einfachheit 237
Einfluss 238
Einsamkeit 239, 240, 241
Eintracht 244
Elend 248
Empfindsamkeit 251
Empfindung 252
Empfindung 253
Entartung 256
Entbehrung 256
Entsagung 259
Erbsünde 263
Erde 264
Erfahrung 265
Ersatz 281

Ertragen 282
Erziehung 284, 285, 286, 288
Essen 290, 291
Evangelium 293, 294
Ewigkeit 294
Existenz 295
Fähigkeit 297
Familie 301
Fanatismus 301
Fehler 306, 307
Feigheit 309
Fest 314
Flucht 322
Fortpflanzung 325
Fortschritt 326
Frankreich 329
Frau 330, 331, 332, 333, 334, 335, 337, 342, 343, 345, 346, 348, 349,
Freiheit 350, 351, 353, 354, 355, 356, 357
Fremdheit 358
Freundschaft 363, 367, 368, 369, 370, 371
Frieden 372, 373
Frucht 377
Furcht 380, 382
Galanterie 385
Gastfreundschaft 388
Gebet 389
Gebrechen 391
Geburt 392, 393
Geduld 399
Gefahr 399
Gefallen 401
Gefälligkeit 402
Gefängnis 402
Gefühl 404
Gegenwart 406
Geheimnis 409
Geist 416
Geister 419
Gelehrsamkeit 427
Gelehrter 427
Geliebte 428, 429
Geliebter 429
Gemälde 430
Gemeinheit 430
Genügsamkeit 437
Genuss 437, 438
Gerechtigkeit 439, 440, 441, 442
Geschäft 444
Geschichte 448
Geschlecht 451, 452
Geschmack 453
Gesellschaft 455, 456, 457, 458, 459
Gesetz 460, 461, 462
Gesundheit 467
Gewalt 468, 469
Gewissen 472, 473, 474
Gewohnheit 475, 476
Gewöhnung 476
Geziertheit 477
Gift 477
Gipfel 478
Glanz 478
Glaube 479, 480, 483

Gleichheit 486
Glück 487, 488, 492, 493, 495, 496, 497, 498, 499, 500, 501
Gott 505, 506, 507, 510, 511, 512, 513, 515, 516
Gottesdienst 519
Gottheit 519
Gottlosigkeit 521
Gram 522
Greis 523
Größe 527, 528
Grundsatz 530
Gut 531
Gut sein 532
Güte 533
Gutes 534, 536, 537, 538, 539
Handeln 544, 545
Hass 550
Hässlichkeit 551
Haus 553
Häuslichkeit 554
Heiraten 559, 562
Herrschaft 567
Herz 569, 570, 571, 572
Heuchelei 574
Himmel 578
Hirngespinst 581
Hoffnung 586, 587
Höflichkeit 588, 589
Hölle 591
Hygiene 597
Illusion 603
Inneres 606, 607
Institution 608
Jahreszeit 616
Jahrhundert 616
Joch 617
Jugend 621, 623, 625
Kampf 629
Karikatur 631
Käuflichkeit 634
Kenntnis 635
Kette 635
Keuschheit 636, 637
Kind 639, 643, 644
Klage 647
Klang 647
Klatsch 648
Kleidung 649, 650
Knabe 655
Knechtschaft 655
Koketterie 657
Komödie 659
Kompliment 659
Können 663
Körper 666, 667
Kraft 668
Krankheit 672
Krieg 675
Kult 685
Kunst 694, 700
Künstler 704
Kürze 707
Kuss 708
Kutsche 708
Lachen 710
Lächerlichkeit 711
Land 712

Langeweile 713
Laster 716, 717
Leben 719, 724, 725, 727, 730, 731, 735, 737
Lehre 741, 742
Lehrer/Lehrerin 743
Leib 743
Leid 746,747, 748
Leidenschaft 748, 750, 752
Leitung 753
Lernen 754, 755, 756
Lesen 757
Liebe 759, 760, 761, 762, 763, 764, 765, 766, 767, 768, 769, 770, 771, 772, 773, 774, 775, 776, 777, 779, 780, 781, 784, 785, 786, 787, 788, 789, 790, 791, 792, 793, 794, 795, 796
Liebeskummer 798
Liebhaber 798, 799
List 801
Literatur 802
Lob 803
Lohn 805
Lüge 806, 809
Lust 810, 811
Luxus 812
Macht 814
Mädchen 816, 817
Mann 822, 823, 825, 826, 827, 828
Maske 831
Masochismus 832
Mäßigung 834
Meditation 836
Meinung 839, 840, 841
Melodie 842
Mensch 845, 847, 849, 851, 852, 853, 855, 857, 859
Menschenkenntnis 860
Menschenverstand 862
Menschlichkeit 863
Metaphysik 864
Minister 866
Missbrauch 866
Mitleid 869
Mode 873
Monarchie 875
Moral 877, 879
Musik 886
Muße 887
Mut 888, 889
Mutmaßung 890
Mutter 891, 892, 893
Nachbarschaft 896
Nachrede 898
Nächstenliebe 899
Nacktheit 901
Nation 905
Natur 906, 909, 911, 912, 913, 914
Natürlichkeit 915
Neigung 918
Not 923, 924
Notwendigkeit 925
Nüchternheit 926
Oberflächlichkeit 928
Offenbarung 928

Öffentliche Meinung 930
Oper 931
Opfer 932
Ort 936
Paar 937
Partei 940
Pflicht 947, 948
Phantasie 949
Philosophie 950, 951, 952, 953, 954,
Politik 959, 962
Politiker 964
Pornographie 966
Predigt 967
Priester 969
Prostitution 972
Prüfung 973
Puppe 975
Rache 977
Raserei 978
Recht 985
Rechtschaffenheit 987
Rechtzeitigkeit 988
Rede 988
Reden 989, 990, 991
Redlichkeit 991
Reformation 992
Regel 992
Regierung 995
Reichtum 997, 999, 1001, 1002
Reisen 1004, 1005, 1006
Reiz 1007
Religion 1008, 1009, 1010, 1012
Republik 1013
Rettung 1014
Reue 1015
Ritter 1020
Roman 1021, 1022
Ruhm 1027, 1029
Sagen 1031, 1032
Sammlung 1032
Sanftmut 1033
Scham 1038
Schamhaftigkeit 1039
Schande 1039
Schauspieler/-in 1040, 1041
Schauspielerei 1042
Schein 1042, 1043
Schicksal 1045, 1048, 1049
Schlauheit 1054
Schmerz 1059
Schöngeist 1061
Schönheit 1065, 1068
Schreiben 1072
Schriftsteller/-in 1073,1074
Schule 1077, 1078
Schutz 1079
Schwäche 1079, 1080
Schwangerschaft 1081
Schweigen 1083
Schweiz 1084
Schwermut 1085
Seele 1087, 1088, 1089, 1090, 1091, 1092
Sehen 1093
Sehnsucht 1095
Selbsterkenntnis 1099, 1100
Selbstliebe 1101

Seltenheit 1105
Sexualität 1105
Sicherheit 1107
Sinne 1110
Sinnlichkeit 1111
Sitten 1112
Sittlichkeit 1113
Sittsamkeit 1114
Sklaverei 1114, 1115, 1116
Soldaten 1118
Sophistik 1121
Sorge 1121, 1122
Spiel 1127, 1128
Spielzeug 1128
Spinne 1129
Spott 1130
Sprache 1132
Staat 1135, 1139
Stadt 1141, 1142, 1143
Stand 1144
Stärke 1145
Sterben 1148, 1149
Stille 1153
Stillen 1154
Stolz 1155
Strafe 1157
Streit 1159, 1160
Strenge 1161
Studium 1161, 1162
Talent 1173
Taubheit 1179
Täuschung 1180
Tempel 1182
Teufel 1183
Theater 1186
Tochter 1191
Tod 1192, 1193, 1194, 1200
Toleranz 1200
Torheit 1202
Tot 1202
Tragödie 1204
Träne 1205
Träumerei 1210
Traurigkeit 1210
Trennung 1211
Treue 1213
Trieb 1214
Trinken 1215
Trost 1216, 1217
Trunkenheit 1217, 1218
Tugend 1219, 1220, 1221, 1222, 1223, 1224, 1225
Tyrannei 1228
Übel 1229, 1230
Überfluss 1231
Überforderung 1231
Umweltzerstörung 1239
Unabhängigkeit 1240
Ungerechtigkeit 1244
Ungezwungenheit 1244
Unglück 1245, 1246, 1247, 1248
Unmöglichkeit 1251
Unterdrückung 1256
Unterricht 1258, 1259
Untreue 1260
Unwissenheit 1261
Urteil 1264
Vater 1266, 1267
Vaterland 1267

Personenregister

Veränderung 1270
Verbergen 1271
Verbrechen 1274, 1275
Verderben 1275
Verdienst 1276
Verdorbenheit 1276
Vereinigung 1277
Verfassung 1278
Verführung 1279
Vergessen 1283
Vergewaltigung 1284
Vergnügen 1285
Verleumdung 1288
Verliebtheit 1288, 1289, 1290
Verlust 1290, 1291
Vermögen 1292
Verneinung 1293
Vernunft 1293, 1294, 1295, 1296, 1297
Verstand 1301, 1303
Vertrauen 1308
Verwandtschaft 1311
Verweichlichung 1311
Verzweiflung 1313
Volk 1315, 1316, 1317, 1318
Vorbereitung 1320
Vorbild 1320
Vorsorge 1324
Vorurteil 1325, 1326
Waffe 1328
Wahrheit 1332, 1333, 1334, 1337, 1338, 1341
Wahrnehmung 1342
Wald 1343
Wandern 1345
Wein 1359
Weisheit 1362, 1363, 1365
Welt 1368
Widerstand 1378
Widerwille 1379
Wille 1380, 1381
Wissbegier 1387
Wissen 1389, 1391
Wissenschaft 1393, 1394, 1395, 1396
Witz 1398
Wohlbefinden 1399
Wohltätigkeit 1401
Wohnung 1401
Wolf 1402
Wollust 1403
Wonne 1403
Wort 1407
Wunder 1409, 1410, 1411
Wunsch 1412
Wüste 1415
Zärtlichkeit 1417
Zeichen 1417
Zeit 1420
Zeitvertreib 1425
Zimmer 1429
Zufriedenheit 1435
Zunge 1440
Zwang 1442
Zweifel 1444, 1445

Rowicki, Witold (1914–1989), poln. Musiker und Dirigent
  Erfahrung 265

Rowland, Helen (1876–1950), US-amerikan. Schriftstellerin
  Ehe 210
  Heiraten 562
  Liebe 779

Rozanek, Eleonore (1896–1987), tschech.-deutsche Malerin
  Brauch 151
  Erkenntnis 276
  Zweifel 1444

Rubiner, Ludwig (1881–1920), deutscher Dichter
  Brief 152
  Buch 156, 157
  Deutschland 184

Rubinstein, Arthur (1889–1982), US-amerikan. Pianist poln. Herkunft
  Buch 158
  Ersatz 281
  Frau 330
  Glück 491
  Leben 726
  Mozart 881
  Seele 1090
  Wunsch 1412

Rubinstein, Helena (1882 bis 1965), poln.-US-amerikan. Kosmetikerin
  Buch 159
  Frau 339

Rückert, Friedrich (1788 bis 1866), deutscher Dichter
  Abend 7
  Alter 25
  Anfang 39
  Anspruch 47
  Arbeitsam 59
  Ärgernis 60
  Armut 64
  Aufmerksamkeit 74
  Augenblick 79, 80
  Axt 88
  Ball 89
  Bescheidenheit 117
  Besen 119
  Besser 122
  Beständigkeit 123
  Bildung 141
  Bitte 143
  Böses 149
  Buch 159
  Dichter/-in 185
  Duft 199
  Edelstein 205
  Ehe 207, 208, 217, 222
  Ehre 225, 227
  Eigenart 232
  Einsamkeit 242, 243
  Ende 253
  Entscheidung 260
  Erfahrung 265, 266
  Erfolg 269
  Ersatz 281
  Frau 330
  Freude 359, 360
  Freundschaft 362, 363, 368
  Geben 388
  Gegensatz 405
  Gegenwart 407
  Geist 413, 414, 415, 416
  Gemüt 432
  Genuss 437
  Geschenk 446
  Gesellschaft 455, 459
  Gesicht 463
  Glück 487, 491, 495, 497
  Gold 503
  Gott 506, 516
  Gutes 538
  Haus 552
  Hausbau 553
  Herz 571, 572, 573
  Hilfe 576
  Hoffnung 587
  Hölle 590
  Irrtum 612, 614
  Jugend 625
  Kamel 629
  Körper 666
  Krone 684
  Kunde 688
  Leben 721, 723, 732, 737
  Lehrer/Lehrerin 742, 743
  Leid 746
  Lernen 754
  Licht 759
  Liebe 767, 790
  Lob 802, 803
  Lüge 809
  Mädchen 817
  Melodie 842
  Not 924
  Ohr 930
  Philosophie 952, 954
  Rat 981
  Rede 989
  Regierung 997
  Reichtum 998
  Reinheit 1003
  Reisen 1005, 1006
  Religion 1011
  Rüge 1025
  Ruhm 1028
  Scherz 1044
  Schicksal 1048
  Schlüssel 1056
  Schmeichelei 1056
  Schmerz 1058, 1059
  Schuld 1076
  Schule 1077
  Schweigen 1082
  Seele 1090
  Sorge 1121
  Sprichwort 1134
  Teufel 1183
  Tod 1199
  Torheit 1202
  Traum 1207, 1209
  Trotz 1217
  Überlegung 1232
  Überzeugung 1236
  Umgang 1238
  Unglück 1249
  Unglücklich 1249
  Vergänglichkeit 1282
  Verirrung 1286
  Verschwendung 1299
  Verzagtheit 1312
  Vollkommenheit 1319
  Voraussicht 1320
  Vorgesetzter 1321
  Wald 1343
  Wandern 1346
  Weg 1349
  Weggefährte 1350
  Wein 1357, 1358, 1359, 1360
  Weisheit 1361
  Welt 1369
  Werden 1373
  Werk 1373
  Wort 1407
  Wunsch 1412, 1413
  Zufriedenheit 1435
  Zukunft 1437
  Zunge 1440
  Zweck 1443

Rudolf I. (1218–1291), Graf von Habsburg, römisch-deutscher König
  Fürst 383
  Regierung 995

Rudolf IV., der Stifter (1339–1365), Herzog von Österreich
  Österreich 937

Ruge, Helmut (*1940), deutscher Kabarettist
  Boot 146
  Christentum 167
  Satire 1034
  Zukunft 1438

Rühmann, Heinz (1902–1994), deutscher Schauspieler
  Alter 26, 28
  Disziplin 196
  Erfahrung 266
  Film 316, 317
  Fliegen 320
  Freundschaft 365
  Geburt 392
  Glaube 481
  Glück 496
  Gott 509
  Hobby 582
  Humor 593, 594
  Jugend 621
  Kino 645
  Kleinigkeit 652
  Komik 658
  Kostbarkeit 667
  Kritik 682
  Lächeln 709
  Lärm 715
  Leben 721, 725, 726, 732
  Medien 836
  Mensch 855
  Pessimismus 944
  Politik 963

Prinzip 970
Reiten 1006
Rolle 1020
Schauspieler/-in 1041
Schauspielerei 1042
Schicksal 1047
Selbstverwirklichung 1104
Talent 1172
Theater 1186, 1187
Tod 1195, 1196
Tragik 1204
Treue 1213
Umkehr 1239
Unendlichkeit 1241
Vernichtung 1293
Wunsch 1412
Zeit 1419
Zusammengehörigkeit 1440

Rühmkorf, Peter (*1929), deutscher Schriftsteller
Arsch 68
Autor 87
Lyrik 812
Meister 842
Sprache 1130

Ruiz de Alarcón y Mendoza, Juan (um 1581-1639), span. Dramatiker
Billig 142
Erfüllung 273
Frau 348
Gewohnheit 475
Gutes 535
Habgier 540, 541
Heiraten 562
Liebe 769, 770, 777, 792
Nehmen 917
Sprechen 1134
Sünde 1167
Teuer 1183
Tun 1227
Verliebtheit 1288
Weib 1354
Weisheit 1366
Wort 1405

Rumor, Mariano (1915-1990), italien. Politiker
Entschuldigung 261
Zuverlässigkeit 1442

Runge, Philipp Otto (1777-1810), deutscher Maler
Blume 145
Empfindung 252
Farbe 302
Geist 418
Geister 419
Glück 499
Kind 641
Kunst 692
Künstler 705
Kunstwerk 705, 706
Liebe 787, 792
Liebende 797
Maler 819
Natur 914
Schlachten 1051

Sonnenuntergang 1121
Wort 1404
Zerstreuung 1426

Rusk, Dean (1909-1994), US-amerikan. Politiker
Politik 961
Wirklichkeit 1385

Ruskin, John (1819-1900), brit. Schriftsteller, Kunstkritiker und Sozialphilosoph
Bauen 91
Gesellschaft 456
Idee 600
Künstler 701, 703
Nutzlosigkeit 927
Schönheit 1063
Wetter 1376

Russell, Jane (*1921), US-amerikan. Filmschauspielerin
Scheidung 1042

Ruusbroec, Jan van (1293-1381), fläm. Mystiker
Freundlichkeit 361
Güte 533

Rychner, Max (1897-1965), schweizer. Schriftsteller und Essayist
Atom 72

Rysanek, Leonie (*1928), österreich. Opernsängerin
Oper 931
Publikum 975

S

Saadi, Mosleh od-Din (1209/13-1292), pers. Dichter
Beleidigung 109
Besitz 120
Bettelei 129
Dummheit 200
Ehre 227
Einbildung 235
Ring 1019
Schminke 1060
Vertrauen 1309

Saar, Ferdinand von (1833 bis 1906), österreich. Schriftsteller
Alter 25
Dichtung 188

Sabais, Heinz Winfried (1922-1981), deutscher Politiker und Schriftsteller
Kunst 691
Spiel 1127

Sachs, Hans (1494-1576), deutscher Meistersinger und Dichter

Ehe 212
Herz 570
Höflichkeit 588

Sachs, Leonie »Nelly« (1891 bis 1970), schwed. Dichterin deutscher Herkunft, Literaturnobelpreis 1966
Ball 89
Kind 640
Ruf 1025
Spiel 1128
Tod 1196, 1199

Sackville-West, Vita (1892 bis 1962), brit. Schriftstellerin und Gartenkünstlerin
Abscheu 10
Achtung 15
Alter 26, 29
Astronomie 71
Beziehung 136
Frau 335
Gott 507
Jugend 623
Mann 823
Ruhe 1026
Tod 1198
Verlust 1291
Wunsch 1413

Sade, Donatien Alphonse François Marquis de (1740 bis 1814), französ. Schriftsteller
Frau 346
Keuschheit 636
Schlechtes 1055
Verbrechen 1274

Sagan, Françoise (eig. Quoirez, F., *1935), französ. Schriftstellerin
Alltag 23
Alter 27
Automobil 86
Bewunderung 132
Buch 157
Ehe 220
Ehemann 224
Fehler 307
Frau 337, 338, 341, 344, 347
Freundschaft 370
Gesundheit 466
Glück 496
Klischee 653
Liebe 790
Mädchen 817
Mann 824, 825, 827
Schwäche 1080
Spiegel 1126
Tod 1198
Traurigkeit 1211
Verehrung 1277
Verstehen 1305
Verzeihung 1313
Weltschmerz 1372
Widerstand 1379
Wohlbefinden 1399

Sailer, Johann Michael (1751-1832), deutscher kath. Theologe
Forschung 325
Gott 514
Mensch 856
Pflicht 948
Sünde 1165
Träumen 1210

Sailer, Sebastian (eig. S., Johann Valentin, 1714-1777), schwäbischer Dichter
Montag 877

Saint-Exupéry, Antoine de (1900-1944), französ. Schriftsteller
Beziehung 135
Brot 153
Brüderlichkeit 154
Demut 174
Ehrfurcht 227
Erkenntnis 276
Freiheit 357
Freundschaft 367, 368
Frieden 373
Geist 414
Krieg 675
Leben 731, 738
Liebe 769, 770, 771, 792
Mensch 844, 850
Missverständnis 868
Ordnung 935
Schönheit 1064
Sehen 1093
Sprache 1131
Teil 1181
Verantwortung 1271
Versuchung 1307
Vorhersehen 1321
Wahrheit 1334
Wesentliches 1376

Saint-Laurent, Yves (*1936), französ. Modeschöpfer
Frau 337, 340
Kleidung 649
Mode 873

Sainte-Beuve, Charles-Augustin (1804-1869), französ. Schriftsteller
Poesie 958
Traum 1208

Salacrou, Armand (1899 bis 1989), französ. Dramatiker
Angst 42
Zukunft 1437

Salinger, Pierre Emil George (*1925), US-amerikan. Journalist
Bürger 161
Regierung 995

Salis-Sewis, Johann Gaudenz von (1762-1834), schweizer. Dichter

Personenregister

Herbst 565
Seele 1091
Verwandtschaft 1310

Salisbury, Robert A. T. (1830 bis 1903), brit. Politker
Macht 814

Sallet, Friedrich von (1812 bis 1843), deutscher Schriftsteller
Andacht 37
Skandal 1114
Verliebtheit 1289

Sallust (Gaius Sallustius Crispus, 86–35 v. Chr.), röm. Historiker
Anfang 40
Beginn 103
Eintracht 244
Freundschaft 362
Hilfe 576
König/Königin 661
Überlegung 1232

Samuel, Sir Herbert Louis (1870–1959), brit. Politiker
Chancengleichheit 162
Freundschaft 371
Talent 1172

Sanctis, Francesco de (1817 bis 1883), italien. Literarhistoriker und Politiker
Alter 29
Apostel 51
Entstehung 261
Erkenntnis 276
Gedanke 394
Geschichte 447
Glaube 479
Können 662
Kritik 682
Kunst 690
Leben 732
Philosophie 951
Predigt 967
Reife 1002
Sittlichkeit 1113
Vergänglichkeit 1281
Vernunft 1294
Vertrauen 1308
Wissenschaft 1393, 1394, 1395, 1396
Zeit 1421

Sand, George (eig. Dudevant, Amandine-Lucie-Aurore Baronne de, 1804–1876), französ. Schriftstellerin
Ehe 208, 221
Heiraten 561
Herz 574
Jugend 625
Leben 721
Liebe 789
Politik 963
Traurigkeit 1210

Sandburg, Carl, (1878–1967), US-amerikan. Dichter
Krieg 680
Sprache 1132

Sandrock, Adele (1863–1937), deutsche Schauspielerin niederländ. Herkunft
Heiraten 562
Kind 637
Vater 1266
Verstand 1301

Sänger, Fritz (1901–1984), deutscher Journalist u. Politiker
Journalismus 618

Santayana, George de (1863–1952), span. Philosoph
Atmen 72
Enttäuschung 261
Erinnerung 274
Fanatismus 301
Geburt 391
Gedächtnis 393
Gesellschaft 456, 457
Ideal 598
Lachen 709
Narr 903
Tod 1192
Ungeheures 1243
Vergangenheit 1280
Weinen 1360
Weisheit 1366
Ziel 1428

Saphir, Moritz (eig. S., Moses, 1795–1858), österreich. Schriftsteller
Frau 335
Philosophie 951

Sappho (um 600 v. Chr.), griech. Lyrikerin auf Lesbos
Liebe 760

Saramago, José (*1922), portugies. Schriftsteller
Dichter/-in 187

Sardou, Victorien (1831 bis 1908), französ. Dramatiker
Mode 873

Saroyan, William (1908–1981), US-amerikan. Schriftsteller
Borgen 147
Buch 159
Diktatur 193
Humor 594
Lüge 808

Sarraute, Nathalie (*1902), russ.-französ. Schriftstellerin
Krankheit 672

Sartre, Jean-Paul (1905 bis 1980), französ. Philosoph, Dramatiker und Romancier, Literaturnobelpreis 1954
Beute 130
Dummheit 199
Dummkopf 203
Eigensinn 234
Erzählen 283
Fortschritt 327
Freiheit 351
Furcht 381
Gewalt 468
Gott 504
Heimweh 559
Hölle 590
Jugend 620
Leben 723
Medizin 837
Mehrheit 838
Meinung 841
Mensch 848
Minderheit 866
Philosophie 954
Sorge 1121
Tatsache 1179
Theorie 1188
Tod 1199
Verantwortung 1271
Vertrauen 1309
Verurteilung 1310
Verzweiflung 1313
Weisheit 1362
Wirkung 1385
Zukunft 1437

Satie, Eric (eig. Leslie, E. Alfred, 1866–1925), französ. Komponist
Amateur 34
Gott 515
Künstler 705
Mensch 858

Sauerbruch, Ferdinand (1875 bis 1951), deutscher Chirurg
Management 820

Saunders, James (*1925), brit. Dramatiker
Frau 341
Schmerz 1058

Sautet, Claude (*1924), französ. Regisseur
Dialog 185
Frankreich 329
Stärke 1145

Savigny, Friedrich Carl von (1779–1861), deutscher Rechtsgelehrter
Ehe 209

Scelba, Mario (1901–1991), italien. Politiker
Beifall 106
Gegnerschaft 407
Koalition 656
Partei 941
Solidarität 1119

Schaaf, Johannes (*1933), deutscher Regisseur
Deutschland 183
Kunst 690
Unterhaltung 1257

Schack, Adolf Friedrich Graf von (1815–1894), deutscher Dichter
Kunst 699

Schad, Christian (1894–1982), deutscher Maler
Kunst 690

Schamoni, Ulrich (*1939), deutscher Filmregisseur
Schauspielerei 1041

Scharoun, Hans (1893–1972), deutscher Architekt
Architektur 60

Schastri, Lal Bahadur (1904–1966), ind. Politiker
Gefangenschaft 402
Macht 814

Schatzdorfer, Günther (*1952), österreich. Schriftsteller, Maler und Grafiker
Architektur 60
Empfängnis 251
Zölibat 1431

Schaukal, Richard von (1874 bis 1942), österreich. Lyriker
Anerkennung 38
Begabung 99
Fortschritt 327
Harmonie 547
Mensch 856
Reisen 1006
Sterben 1149
Takt 1172
Telefon 1182
Unentbehrlichkeit 1242
Widerspruch 1377
Wurzel 1414
Zeitalter 1423

Scheel, Mildred (1932–1985), deutsche Ärztin
Flexibilität 320
Konsequenz 663

Scheel, Walter (*1919), deutscher Politiker, Bundespräsident 1974–1979
Furcht 380
Staat 1136
Staat 1140
Wirtschaft 1387

Scheerbart, Paul (1863–1915), deutscher Schriftsteller
Charakter 163

Schefer, Leopold (1784 bis 1862), deutscher Schriftsteller
Achtung 15
Frau 345

Schiller

Glück 499
Liebe 786, 794
Streit 1160

Scheffel, Victor von (1826 bis 1886), deutscher Schriftsteller
Abgrund 9
Deutschland 183
Durst 203
Liebe 787
Trennung 1211
Trinken 1215
Weisheit 1361

Scheffler, Karl (1869–1951), deutscher Kunstschriftsteller
England 256

Scheler, Max (1874–1928), deutscher Philosoph
Anspruch 47
Verbrechen 1273

Schelling, Caroline von (1763–1809), deutsche Schriftstellerin
Augenblick 80
Lächeln 709

Schelling, Friedrich Wilhelm Joseph von (1775–1854), deutscher Philosoph
All 20
Architektur 59
Atom 72
Denken 176
Geschichte 447
Intelligenz 609
Kleinheit 651
Kunstwerk 705

Schenk, Heinz (*1924), deutscher Fernsehmoderator
Trinken 1215

Schenk, Otto (*1930), österreich. Schauspieler und Regisseur
Regisseur 997
Schauspielerei 1041

Scherr, Johannes (1817 bis 1886), deutscher Schriftsteller und Literaturhistoriker
Rebellion 983

Schiff, Michael (*1925), deutscher Publizist
Ausschuss 84
Einfall 237
Reisen 1005
Schweiß 1084

Schifferli, Peter (1921–1980), schweizer. Verleger
Buch 158

Schikaneder, Emanuel (1751–1812), deutscher Dichter und Theaterleiter

Herz 569
Liebe 761, 796
Pöbel 956
Rache 977
Vogel 1315
Weisheit 1363

Schill, Ferdinand von (1776–1809), preuß. Offizier
Ende 254
Schrecken 1069

Schiller, Friedrich (1759 bis 1805), deutscher Dichter
Ablehnung 10
Abschied 11
Adel 17
Ahnung 19
Alkohol 20
Allein 21
Allwissenheit 23
Alter 25, 31
Anbetung 37
Andacht 37
Anfang 40
Angriff 41
Angst 43
Anmut 44
Arbeit 52, 53, 57
Armee 62
Arznei 68
Auge 77, 79
Augenblick 79, 80
Autorität 88
Baby 88
Bad 89
Bahn 89
Bauen 92
Bedeutung 95
Bedürfnis 96
Begierde 102
Beispiel 108
Berg 112, 113
Beruf 115
Besitz 121, 122
Beständigkeit 123
Betrug 126
Beziehung 136
Blindheit 144
Blut 145, 146
Böses 148
Brücke 154
Brust 154
Bündnis 160
Bürger 160
Bürgerkrieg 161
Charakter 165
Christentum 168
Dank 170
Denken 177
Deutsch 182
Dichter /-in 185
Diktatur 193
Dolch 195
Donner 196
Duldung 199
Dummheit 201
Edelstein 205
Egoismus 206
Ehe 209, 219, 221

Ehre 225, 226, 227
Eigennutz 233
Eigentum 234
Eile 235
Einfalt 238
Einigkeit 239
Einsamkeit 242
Ekel 247
Element 247
Empfindung 252, 253
Enge 255
Engel 255
Entfremdung 258
Enthüllung 258
Entsagung 259
Erdbeben 263
Erde 264
Erfahrung 267
Erhabenheit 273
Erhebung 273
Erniedrigung 278
Ernst 279
Ertragen 282
Essen 292
Fallen 298
Falschheit 298
Familie 301
Faulheit 303
Feindschaft 310
Fessel 314
Feuer 315, 316
Fleiß 319
Flucht 321
Flügel 322
Flut 323
Frau 336
Freiheit 350, 351, 353, 354, 355, 356
Fremdheit 358
Freude 359, 360
Freundschaft 363, 367, 369, 371
Frieden 371, 372, 373, 374
Fröhlichkeit 375
Frömmigkeit 376
Frühling 377, 378
Führung 379
Fundament 380
Furcht 380, 382, 383
Fürst 384
Gabe 385
Ganzes 386
Gasse 387
Gebet 389
Geburt 393
Gedanke 394, 395, 396
Geduld 398
Gefahr 399
Gefallen 401
Gegensatz 405
Geheimnis 408
Gehorsam 410
Geist 413, 414, 416, 417
Geistlichkeit 419
Geld 425
Gelegenheit 426
Geliebte 428, 429
Genie 435
Genuss 439
Gerechtigkeit 439

Gesang 444
Geschichte 448, 450
Gesetz 460, 461
Gesicht 463
Gestrig 466
Gewalt 468, 469
Gewicht 470
Gewinn 471
Gewohnheit 475
Glaube 479, 480, 482, 483
Gleichheit 486
Glocke 487
Glück 487, 489, 490, 491, 492, 493, 494, 495, 497
Goldenes Zeitalter 503
Gott 504, 507, 508, 509, 511, 515
Götter 517, 518
Gottheit 519
Grausamkeit 522
Grazie 523
Grenze 524
Größe 526, 527, 528
Gunst 530
Gut 531
Gutes 537
Hand 543
Harmonie 547
Hass 548
Haus 553
Hausfrau 553
Heiligkeit 556, 557
Heimat 558
Heiraten 560
Held/Heldin 563
Herkunft 566
Herrschaft 567, 568
Herz 570, 573, 574
Hexerei 576
Hilfe 576, 577
Himmel 578, 579
Hitze 582
Hochmut 583
Hochzeit 584
Hoffnung 586, 587, 588
Höhe 589, 590
Homer 592
Ideal 599
Irrtum 612, 613
Jagd 615
Jahr 615
Jahrhundert 616
Jerusalem 617
Jugend 620, 622, 624
Jungfrau 626
Kaiser 628
Kastration 633
Katastrophe 633
Kern 635
Kette 635
Ketzerei 636
Kind 640, 642, 643, 644
Kirche 645
Klage 646
Kleinigkeit 652
Klugheit 653
König/Königin 660
Körper 666
Kraft 667, 669
Krieg 675, 676, 677, 679, 680

Personenregister

Kritik 681, 684
Kummer 687
Kunst 688, 693, 694, 696, 699, 701
Kuss 708
Lachen 709
Land 712
Last 715
Laster 717
Laune 718
Leben 720, 722, 724, 727, 728, 731, 733, 735, 736, 737
Lehre 741
Leidenschaft 749, 750, 751
Leistung 753
Lesen 757
Leser 758
Licht 758
Liebe 760, 762, 766, 777, 779, 781, 784, 786, 789, 791, 794
Lied 800
List 801
Literatur 802
Lob 803
Lohn 805
Los 805
Lösung 806
Lüge 807, 809
Lyrik 812
Mann 822, 824, 825, 826, 827
Maß 832
Meer 837, 838
Mehrheit 838
Meineid 839
Meister 842
Menge 843
Mensch 845, 847, 848, 849, 851, 854, 856, 857
Menschheit 862, 863
Metaphysik 864
Mittelmäßigkeit 871, 872
Mord 879, 880
Muse 882, 883
Muße 887
Müßiggang 888
Mut 888, 889
Mutter 893
Nachahmung 895
Nachbarschaft 896
Name 902
Nation 905
Natur 907, 910, 911, 912, 913
Necken 917
Neigung 918
Neues 920
Not 924, 925
Notwehr 925
Notwendigkeit 925
Offenheit 929
Opfer 931
Orakel 934
Österreich 936
Paar 937
Paradies 938
Partei 941
Perle 943

Pfeil 945
Pflanze 946
Pflicht 947
Phantasie 949
Philosophie 951
Plage 955
Pöbel 956
Preis 968
Prüfung 973
Qual 976
Qualität 976
Rache 977
Rastlosigkeit 979
Raub 981
Raum 982
Rebellion 983
Rechnung 984
Recht 985, 986
Rede 988, 989
Redlichkeit 991
Regierung 994, 995, 996
Reife 1003
Reinheit 1003
Reisen 1004
Reiz 1007
Rennen 1012
Rettung 1014
Reue 1014
Revolution 1017
Richten 1018
Richter 1018
Richtung 1019
Ring 1019
Rohheit 1020
Ruhe 1026
Ruhm 1029
Ruine 1029
Rüstung 1030
Saat 1030
Same 1032
Scham 1038
Schauspieler/-in 1040
Schein 1042
Schicksal 1045, 1046, 1047
Schiff 1050
Schiffbruch 1050
Schlacht 1050, 1051
Schlaf 1052
Schlagen 1053
Schlange 1054
Schmerz 1058, 1059
Schmuck 1060
Schönheit 1061, 1062, 1063, 1064, 1065, 1066, 1067
Schöpfung 1069
Schrecken 1069
Schriftsteller/-in 1074
Schuld 1076
Schule 1078
Schuss 1079
Schütze 1079
Schwäche 1080, 1081
Schweigen 1082
Schweiß 1084
Schwer 1085
Segel 1092
Sehnsucht 1095
Seifenblase 1096
Selbsterkenntnis 1100
Selbstmord 1101

Selbstständigkeit 1102
Seligkeit 1104
Sicherheit 1106
Sieg 1107, 1108, 1109
Sinn 1110
Sinnlosigkeit 1112
Sklaverei 1115, 1116
Sohn 1118
Soldaten 1118
Sonne 1120
Sorge 1122
Spaß 1125
Spiel 1127, 1128
Sprache 1130
Staat 1136
Stamm 1143
Stand 1144
Stärke 1145, 1146
Statue 1146
Stellung 1147
Sterben 1147
Stille 1153
Stolz 1155
Strafe 1156, 1157
Straße 1158
Streben 1158
Strenge 1161
Stunde 1163
Suche 1164
Tag 1170, 1171
Tanz 1174
Tauchen 1179
Tempel 1182
Thron 1188
Tiefe 1189
Tochter 1191
Tod 1191, 1192, 1194, 1196, 1197, 1199
Tot 1203
Träne 1205
Traum 1208
Traumdeutung 1209
Trennung 1211
Treue 1212, 1213
Trinken 1215
Trost 1216
Trunkenheit 1218
Tugend 1222, 1224, 1225
Tyrannei 1228
Übel 1229
Überforderung 1231
Überlegung 1232, 1233
Übermaß 1233
Überraschung 1234
Übung 1237
Uhr 1237
Umarmung 1238
Unfähigkeit 1242
Unglück 1246, 1247, 1248
Universum 1250
Unschuld 1254
Unsinnig 1255
Unsterblichkeit 1255
Untergang 1256, 1257
Untergebene 1257
Unterschied 1259
Urteil 1263, 1264
Vater 1266
Vaterland 1267, 1268
Venus 1268

Veränderung 1270
Verbesserung 1272
Verbindung 1272
Verbrechen 1273, 1274
Verderben 1276
Verdienst 1276
Vereinigung 1277, 1278
Vergangenheit 1279, 1280
Vergänglichkeit 1282
Vergebung 1282
Vergessen 1283
Verlust 1291
Vermittlung 1292
Vernunft 1295
Verrat 1297
Verschwörung 1299
Versöhnung 1300
Verspätung 1300
Verstand 1303, 1304
Verstellung 1306
Versuchung 1307
Vertraulichkeit 1309
Verwandtschaft 1310
Verzagtheit 1312
Verzweiflung 1313, 1314
Volk 1317, 1318
Vollkommenheit 1319
Vorgesetzter 1321
Vorsorge 1324
Vorteil 1324
Wachstum 1327
Waffe 1328
Wagemut 1329
Wagnis 1329
Wahl 1330
Wahn 1331
Wahrheit 1337, 1338, 1339, 1340, 1341
Warnung 1346
Wechsel 1348, 1349
Weib 1351, 1354, 1355
Weisheit 1361
Welt 1368
Wert 1375
Wesen 1376
Wichtigkeit 1377
Wiederholung 1379
Wille 1381, 1382
Willkür 1383
Wirklichkeit 1385
Wissen 1391
Wissenschaft 1396
Witz 1398
Wohltätigkeit 1401
Wolke 1402
Wort 1404, 1406
Wunder 1409, 1410
Würde 1414
Wut 1415
Zeit 1418, 1419, 1420, 1422
Zerstörung 1426
Zerstreuung 1426
Zeuge 1426
Zimmer 1429
Zimmermann 1429
Zorn 1432
Zufall 1434
Zukunft 1437
Zweck 1443

Schiller, Karl (1911–1994), deutscher Politiker und Wirtschaftswissenschaftler
  Sohn 1117
  Tochter 1191

Schlamm, William (1904–1978), österreich.-US-amerikan. Publizist
  Nation 905

Schlechta, Karl (1904 bis 1985), österreich.-deutscher Philosoph
  Moral 877

Schlegel, August Wilhelm (von) (1767–1845), deutscher Schriftsteller und Sprachwissenschaftler
  Bildung 140
  Entwurf 262
  Furcht 381
  Glaube 482
  Griechenland 524
  Irrtum 614
  Komödie 659
  Liebe 762, 768, 773, 775
  Mann 822
  Mensch 843, 858
  Menschheit 862
  Muse 883
  Pflanze 946
  Poesie 957
  Religion 1008, 1011
  Sage 1031
  Sehnsucht 1094
  Tätigkeit 1178
  Träumen 1210
  Unendlichkeit 1241
  Wirkung 1386

Schlegel, Dorothea (von) (1763–1839), geb. Mendelssohn, deutsche Schriftstellerin
  Freundschaft 368

Schlegel, Friedrich (von) (1772–1829), deutscher Ästhetiker und Dichter
  Achtung 15
  Allegorie 21
  Altertum 34
  Ärgernis 60
  Aristokratie 61
  Autor 87
  Begeisterung 101
  Bestimmung 124
  Bildung 139, 141
  Chaos 163
  Ehe 215, 221
  Esoterik 289
  Essen 290
  Ewigkeit 294
  Familie 301
  Finden 317
  Fragment 328
  Frau 334, 345
  Freiheit 355, 357
  Freude 359, 360, 361

  Freundschaft 362
  Gefühl 405
  Geist 416, 417
  Geistlichkeit 419
  Geliebte 428
  Genosse 436
  Gesellschaft 456
  Gesetzgebung 462
  Glück 495, 500
  Gott 509, 513
  Götter 517
  Göttin 520
  Göttliches 520
  Harmonie 547
  Häuslichkeit 554
  Historiker 582
  Ich 598
  Ideal 599
  Idee 601
  Individualität 604
  Ironie 611
  Jugend 619
  Karikatur 631
  Klima 652
  Konkubinat 662
  Kraft 668
  Kunst 691
  Künstler 701, 703, 704, 705
  Kunstwerk 706
  Kuss 707
  Leben 736
  Liberal 758
  Liebe 778, 779, 781, 784, 785, 786, 787, 790, 791, 792
  Liebende 796
  Maler 819
  Mann 823, 825
  Männlichkeit 828
  Mensch 849, 851, 852, 856, 859
  Menschlichkeit 863
  Mitte 870
  Monarchie 875
  Musik 884, 886
  Müßiggang 887
  Mutter Gottes 893
  Mysterium 894
  Mythologie 895
  Nation 905
  Natur 908, 914
  Nichtstun 922
  Philosophie 952
  Poesie 956, 957, 958
  Prophet 971
  Religion 1010
  Republik 1013
  Roman 1021, 1022
  Romantik 1022
  Ruhe 1026
  Schmerz 1059
  Schönheit 1065, 1067
  Sehen 1094
  Sehnsucht 1095
  Selbsterkenntnis 1099
  Selbstständigkeit 1102
  Stille 1154
  Suche 1164
  Tod 1197
  Treue 1212

  Tüchtigkeit 1218
  Tugend 1219, 1225
  Unendlichkeit 1241
  Unersättlichkeit 1242
  Ungeschicklichkeit 1244
  Universum 1250
  Vaterland 1268
  Verachtung 1269
  Vergötterung 1285
  Verliebtheit 1289
  Vorurteil 1326
  Weib 1351
  Weiblichkeit 1356
  Welt 1370
  Wille 1380
  Wissbegier 1387
  Witz 1398, 1399
  Wollust 1403
  Würde 1414

Schleich, Carl Ludwig (1859–1922), deutscher Arzt und Schriftsteller
  Aberglaube 8
  Geschlecht 451

Schleiermacher, Friedrich (1768–1834), deutscher Philosoph
  Alter 27, 29
  Beschränkung 119
  Besitz 121
  Bildung 141
  Ehe 212
  Ende 253
  Entschluss 260
  Erwerb 283
  Ewigkeit 295
  Frau 336
  Freiheit 353
  Freude 360
  Freundschaft 363, 364, 366
  Gehorsam 410
  Gemüt 432
  Gott 505, 507
  Grenze 524
  Harmonie 547
  Haus 552
  Heiraten 561
  Herz 572
  Ich 598
  Ideal 599
  Individualität 604
  Inneres 606, 607
  Kind 639
  Können 663
  Körper 666
  Leben 728, 729, 730
  Liebe 760, 766, 771, 781, 782, 790
  Mann 824
  Mensch 853, 855
  Menschheit 862
  Mysterium 894
  Nähe 901
  Notwendigkeit 925
  Phantasie 949
  Reichtum 1000
  Selbst 1097
  Sitten 1112

  Sklaverei 1116
  Tod 1195
  Wirklichkeit 1385
  Wunsch 1413
  Zeit 1420
  Ziel 1427

Schlesinger, Arthur (*1917), US-amerikan. Historiker
  Geschichte 447

Schlieffen, Alfred Graf von (1833–1913), deutscher Generalfeldmarschall
  Bescheidenheit 118

Schliemann, Heinrich (1822 bis 1890), deutscher Altertumsforscher und Kaufmann
  Talent 1173

Schlöndorff, Volker (*1939), deutscher Regisseur
  Finger 317
  Recht 987

Schmähling, Elmar (*1937), deutscher Flottillenadmiral
  General 432

Schmeling, Max (*1905), deutscher Boxer
  Sport 1129

Schmid, Carlo (1896–1979), deutscher Politiker
  Amerika 35
  Deutschland 183
  Macht 813
  Menschenführung 860
  Politik 959, 961
  Politiker 964
  Radikalität 978
  Welt 1367
  Wort 1404

Schmid, Richard (1862–1944), deutscher Jurist
  Gerechtigkeit 440

Schmidt, Arno (1914–1979), deutscher Schriftsteller
  Atheismus 72
  Deutschland 184
  Diskussion 195
  Musik 883
  Österreich 936
  Sympathie 1168
  Vaterland 1267

Schmidt, Helmut (*1918), deutscher Politiker, Bundeskanzler 1974–1982
  Atomzeitalter 72
  Begeisterung 101
  Charakter 164
  Dummheit 200
  Journalismus 618
  Kritik 684
  Memoiren 842

Personenregister

Schmidt

Politiker 964, 965
Regierung 994
Verbrechen 1274
Vergleich 1284
Vernunft 1296

Schmidt, Lothar (* 1922),
deutscher Volkswirtschaftler,
Jurist und Aphoristiker
Anerkennung 38, 39
Ansicht 46
Aphorismus 50
Arbeit 55
Argument 61
Ausrede 83
Automobil 86
Begegnung 99
Beherrschung 105
Beliebtheit 110
Bewusstsein 134
Beziehung 134
Bildung 139
Blindheit 144
Blöße 145
Charakter 163
Computer 168, 169
Dementi 172
Demokratie 172, 173
Denken 175, 179
Diät 185
Diskussion 195
Eitelkeit 245
Entrüstung 259
Enttäuschung 261
Ereignis 265
Erfolg 270
Fähigkeit 297
Feindschaft 311
Fernsehen 313
Führung 379
Furcht 383
Gedächtnis 393
Geduld 399
Geist 411, 413
Geld 425
Gemeinplatz 431
Geschenk 446
Geschichte 447
Gespräch 465
Gewinn 470
Gewissen 471
Gewohnheit 476
Gewöhnlich 476
Gleichheit 486
Herrschaft 568
Hohn 590
Idee 601, 602
Information 605
Jagd 615
Kalender 629
Karikatur 631
Kind 640
Klub 653
Konservatismus 663
Korruption 667
Kosten 667
Krieg 678
Kritik 684
Kult 685
Leben 723, 729, 731

Leistung 753
Lob 803, 804
Logik 804
Macht 815
Maske 832
Medizin 837
Mensch 846, 855
Missverständnis 868
Mitarbeiter 869
Mitgliedschaft 869
Nachsicht 898
Neujahr 921
Nörgelei 923
Öffentliche Meinung 929
Opportunismus 932
Partei 940, 941
Pflicht 947
Politik 959, 960, 961, 962, 963
Propaganda 971
Reden 989, 991
Regierung 995
Resignation 1013
Respekt 1013
Satire 1034
Schlagwort 1054
Schmeichelei 1057
Selbstgespräch 1101
Sparsamkeit 1124
Spiel 1128
Spielzeug 1128
Standfestigkeit 1144
Steuern 1152
Sündenbock 1168
Tadel 1171
Tat 1176, 1177
Tatsache 1178, 1179
Technik 1181
Tür 1227
Verachtung 1269
Verallgemeinerung 1269
Vergessen 1283
Verlust 1290
Vermutung 1292
Versprechen 1300
Verstand 1301
Verstehen 1304
Versuchung 1307
Vorsatz 1322
Wagen 1329
Wahl 1330
Werbung 1373
Wert 1374
Widerstand 1378
Wiederholung 1379
Wirtschaft 1387
Wissen 1388
Wohlstand 1400
Wort 1406
Zeit 1419
Zitat 1430
Zukunft 1439
Zustimmung 1442

Schmidt, Manfred (* 1913),
deutscher Publizist
Falten 299
Reisen 1005

Schmitt, Carl (1888–1985),
deutscher Staatsrechtslehrer
und Philosoph
Freundschaft 364

Schmoller, Gustav
(1838–1917), deutscher Volkswirtschaftler
Arbeit 53
Aufklärung 74
Despotismus 180
Frankreich 329
Gesellschaft 455
Handwerk 546
Kapitalismus 631
Maschine 831
Reisen 1004
Selbstständigkeit 1102
Verkehr 1286

Schnaase, Carl (1798–1875),
deutscher Kunsthistoriker
Kunst 688, 695
Religiosität 1012
Schönheit 1063
Volk 1315

Schnabel, Artur (1882–1951),
österreich. Komponist
Tradition 1203

Schneider, Reinhold
(1903–1958), deutscher
Historiker und Schriftsteller
Form 324
Geist 415
Geschichtsschreibung 451
Heimat 558
Krankheit 672
Leben 731
Ruhe 1025
Verzicht 1313

Schnitzler, Arthur (1862 bis 1931), österreich. Schriftsteller
Abschied 11
Ahn 18
Akrobatik 19
Altar 24
Alter 30, 32
Anarchie 37
Anekdote 38
Anerkennung 39
Anfang 39
Anführungszeichen 41
Anhänglichkeit 43
Ansicht 46, 47
Anteilnahme 48
Antlitz 49
Aphorismus 51
Aufrichtigkeit 75
Augenblick 79, 80
Ausrede 83
Aussicht 85
Autobiographie 86
Autor 87
Banalität 89
Bankrott 90
Bereitschaft 112
Bescheidenheit 118

Besserung 122
Beziehung 134, 135
Chaos 162, 163
Charakter 165, 166
Demut 174
Denken 175, 178, 179
Deutsch 181
Dichter/-in 185, 186, 187
Dieb 190
Dilettantismus 193
Diplomatie 194
Dirne 195
Drama 197
Dummheit 201
Durchschauen 203
Egoismus 206
Ehe 210, 211, 214, 217
Eigenschaft 233
Einordnen 239
Einsamkeit 239, 240, 241, 242
Eitelkeit 245
Eleganz 247
Enthusiasmus 258
Enttäuschung 261
Entwicklung 261
Erinnerung 274
Erlebnis 278
Ernst 279
Eros 280
Erotik 281
Erziehung 284, 285
Ewigkeit 295
Feigheit 308
Feindschaft 310, 311
Feuilleton 316
Frau 331, 334, 337, 339, 345, 347
Freiheit 350
Frömmigkeit 375
Gedanke 395, 396
Gefühl 403, 404
Gegenwart 406
Geheimnis 408
Geist 415
Geld 424
Geliebte 428, 429
Genie 435
Genuss 437
Gerechtigkeit 441
Geschehen 445
Gescheitheit 445
Geschichte 448, 450
Geschicklichkeit 451
Gespenst 464
Geständnis 466
Gewinn 470
Gewissen 472
Glaube 480, 482
Glück 490, 497
Gott 505, 509, 512, 515, 516, 517
Götter 518
Gottheit 520
Göttliches 520
Größe 527
Größenwahn 528
Grotesk 529
Güte 534
Gutmütigkeit 539
Halbwahrheit 541

Hartherzigkeit 548
Hass 548, 549, 550
Heilige 556
Held/Heldin 564
Herz 570
Höflichkeit 588
Humor 593, 594
Humorist 594
Hunger 596
Idee 600, 601, 602
Illusion 603
Individualität 604
Inneres 606
Irrtum 612
Jünger 625, 626
Kind 638
Kirche 645
Klage 647
Klugheit 653, 654
Komödie 658
Körper 666
Krieg 678
Kritik 681, 683
Kultur 686
Kunst 693, 699
Künstler 701, 703, 704, 705
Kunstwerk 705, 706
Lahmheit 711
Leben 721, 726
Lebensklugheit 739
Lebenskunst 739
Leidenschaft 751
Leistung 752
Liebe 760, 765, 766, 770, 771, 774, 778, 779, 780, 781, 782, 783, 786
Liebende 797
Liebenswürdigkeit 797
Liebesbeziehung 797
Literat 801
Literatur 802
Lüge 806, 807, 808, 809
Macht 816
Mann 828
Maske 832
Masse 833
Materie 835
Meinung 839
Mensch 859
Menschenkenntnis 860, 861
Menschenliebe 861
Menschheit 862
Metaphysik 864
Misstrauen 868
Moral 879
Mord 879, 880
Musik 883
Nacht 900
Nachwelt 900
Nacktheit 901
Natur 914
Oberfläche 927
Ohr 930
Opfer 931
Ordnung 935
Partei 940, 941
Patriotismus 942
Persönlichkeit 943, 944
Pfad 945
Pflicht 947

Philosophie 950, 955
Politik 959, 961, 962, 963
Politiker 964, 965
Priester 969
Prinzip 970
Publikum 974
Rat 979
Reue 1014, 1015
Revolution 1016, 1017
Rose 1023
Schadenfreude 1036
Schenken 1044
Schicksal 1046, 1049
Schlacht 1051
Schlaf 1051
Schlagwort 1054
Schlechtes 1055
Schmerz 1058
Schule 1077
Schwäche 1081
Seele 1087, 1090, 1092
Sehnsucht 1095
Selbsterkenntnis 1100
Selbstmord 1101
Selbstverständlichkeit 1103
Sentimentalität 1105
Sinn 1110
Sinnlosigkeit 1111
Sitten 1112
Sittlichkeit 1113
Snobismus 1117
Solidarität 1119
Spiegel 1127
Staatsmann 1140
Stand 1144
Standpunkt 1144
Stärke 1145
Sterblichkeit 1150
Stock 1155
Streit 1161
Symbol 1168
Takt 1172
Talent 1172, 1173
Temperament 1182
Tod 1196
Toleranz 1200
Torheit 1202
Tragödie 1204
Traum 1207, 1209
Treue 1212, 1213
Trotz 1217
Tugend 1222, 1223, 1224
Typ 1227
Überzeugen 1235, 1236
Umarmung 1237
Unendlichkeit 1241
Ungeduld 1243
Unglück 1246, 1248
Unrecht 1252
Unsinnig 1255
Untreue 1260
Urteil 1263
Vaterland 1267
Verachtung 1268, 1269
Verantwortung 1271
Verführung 1279
Verkennen 1287
Verleumdung 1288
Verliebtheit 1288
Verpflichtung 1297

Verrat 1297
Verschwendung 1299
Verschwörung 1299
Versöhnung 1300
Verstehen 1304, 1306
Verzeihung 1313
Wahnsinn 1331
Wahrheit 1334, 1338, 1340, 1341
Weg 1349
Weinen 1360
Weisheit 1361, 1364
Welken 1367
Welt 1369
Weltverbesserung 1372
Widerwärtigkeit 1379
Wien 1380
Wille 1381
Wirkung 1386
Witz 1398, 1399
Wort 1404
Wunder 1410
Zank 1416
Ziel 1429
Zufall 1435
Zugrunde gehen 1436
Zusammengehörigkeit 1440

Schoeps, Hans-Joachim (1909–1980), deutscher Religionshistoriker
Soziologie 1123

Scholem-Alejchem (eig. Schalom Rabinowitsch, 1859 bis 1916), jidd. Schriftsteller
Leben 721

Scholl, Hans (1918–1943), deutscher Widerstandskämpfer gegen das Hitlerregime
Deutsch 182
Diktatur 193
Freiheit 353
Gefängnis 402
Regierung 996
Widerstand 1378

Scholl, Inge (*1917), deutsche Schriftstellerin und Publizistin
Gott 517
Held/Heldin 564
Krieg 680
Regierung 994, 997
Staat 1140

Scholl, Sophie (1921–1943), deutsche Widerstandskämpferin gegen das Hitlerregime
Wagemut 1329

Scholochow, Michail (1905–1984), russ.-sowjet. Schriftsteller, Literaturnobelpreis 1965
Buch 158

Schönberg, Arnold (1874 bis 1951), österreich. Komponist
Kunst 695, 698

Schönfeldt, Sybil Gräfin (*1927), deutsche Publizistin
Mord 880

Schopenhauer, Arthur (1788 bis 1860), deutscher Philosoph
Abend 7
Abhärtung 10
Abstammung 12
Adler 17
All 20
Alter 25, 26, 30, 31
Altern 33
Andere 37
Angst 43
Ansicht 46
Aristokratie 61
Armut 63, 67
Arroganz 68
Astronomie 72
Aufrichtigkeit 75
Augenblick 80
Bankrott 90
Bedürfnis 96
Begriff 104
Belehrung 109
Beliebtheit 110
Beschleunigung 118
Beschränkung 119
Besitz 120
Besserung 123
Bewegung 131
Bewusstsein 133
Biographie 142
Charakter 163, 164, 165
Dasein 171
Denken 175, 176, 177
Deutsch 181
Dichter/-in 185
Dichtung 188
Ding 194
Diskussion 195
Dummkopf 202
Ehrlichkeit 229
Einsamkeit 239, 240, 241
Einsicht 243
Elend 247
Emanzipation 251
Enttäuschung 261
Erinnerung 274
Erkenntnis 275, 277
Erziehung 285, 288
Ewigkeit 294
Fehler 306, 307
Finden 317
Freiheit 350
Freundschaft 363, 365, 370
Gedanke 394, 396
Gegenteil 406
Gegenwart 406
Gehirn 410
Geist 413, 416
Geistreich 420
Geld 421, 424
Gelehrter 427
Genie 433, 434
Genuss 437, 438
Geschichte 448
Geselligkeit 454

Personenregister

Gesellschaft 455, 457, 458, 459
Gespräch 465
Gewalt 469
Glück 487, 491, 495, 496, 500
Glückseligkeit 501
Grausamkeit 522
Größe 527
Grundsatz 530
Gutes 538
Haus 553
Heiraten 561
Höflichkeit 588, 589
Hölle 591
Individualität 605
Inneres 606
Instinkt 608
Intellekt 608, 609
Irrlehre 611
Jugend 619, 620, 622, 623, 624
Jüngling 627
Kindheit 645
Kleinigkeit 652
Kraft 668, 669
Krankheit 671
Kredit 674
Krieg 676, 679
Kritik 684
Kunst 698
Kunstwerk 706
Langeweile 714
Laune 718
Leben 719, 722, 732, 735, 736
Leid 747
Lüge 809
Luxus 812
Mann 828
Maske 832
Masse 833
Materialismus 834
Materie 835
Meditation 836
Meinung 840
Mensch 859
Misstrauen 868
Monarchie 875
Monat 876
Mord 879
Morgen 880
Mühe 882
Muskeln 886
Muster 888
Nachbarschaft 896
Narr 904
Natur 908
Neid 918
Neugier 920
Not 925
Oberfläche 927
Originalität 936
Ort 936
Persönliches 943
Phantasie 950
Philosophie 950, 951, 952, 953, 954, 955
Pressefreiheit 968
Produktion 971

Pubertät 974
Qual 976
Raub 981
Recht 986
Regel 992
Regierung 996
Reife 1002
Reisen 1006
Ruhm 1029
Schach 1035
Schadenfreude 1036
Schein 1043
Schicksal 1045, 1048
Schlaf 1051
Schlauheit 1054
Schönheit 1064
Schulden 1076
Seele 1091
Selbst 1097
Sklaverei 1116
Sohn 1117
Sonntag 1121
Spiegel 1127
Subjektivität 1163
Tag 1171
Tod 1192, 1196
Torheit 1202
Traum 1209
Trieb 1213, 1214
Tun 1226
Überlegenheit 1232
Unbefangenheit 1240
Unfall 1242
Unterdrückung 1256
Urteil 1265
Vegetarier 1268
Vergangenheit 1281
Vergänglichkeit 1281
Verkleidung 1287
Verlust 1290
Verschwendung 1299
Verstand 1302, 1303
Verstehen 1304, 1305
Verwandtschaft 1310
Verwirklichung 1311
Volk 1315
Vollkommenheit 1319
Vorbild 1320
Vorsicht 1324
Vorstellung 1324
Vorurteil 1326
Vorzug 1327
Waffe 1328
Wahrheit 1338, 1339
Wandern 1345, 1346
Wappen 1346
Warten 1347
Weib 1352, 1354, 1355, 1356
Wein 1358
Weisheit 1362, 1363, 1364
Welt 1368, 1369
Weltmann 1372
Werk 1373
Wesen 1375
Wichtigkeit 1377
Wildheit 1380
Wille 1380, 1381
Wirklichkeit 1384

Wissenschaft 1393, 1395, 1396
Wohnung 1401
Wunder 1410
Zeit 1418, 1420, 1422, 1423
Zeuge 1426
Zivilcourage 4131
Zivilisation 1430
Zutrauen 1442
Zwang 1442

Schramm, Günther (*1929), deutscher Schauspieler und Fernsehmoderator
  Hobby 582

Schridde, Herman (1937 bis 1985), deutscher Springreiter
  Geduld 398
  Ungeduld 1243

Schröder, Ernst (1915–1994), deutscher Schauspieler
  Leise 752
  Optimismus 933
  Pessimismus 944
  Rad 978
  Vergänglichkeit 1282
  Verlust 1290
  Wunde 1409
  Zeitung 1424

Schröder, Rudolf Alexander (1878–1962), deutscher Dichter
  Sünde 1167

Schroth, Hannelore (1922 bis 1987), deutsche Schauspielerin
  Glück 493
  Liebe 782
  Missverständnis 868
  Schminke 1060

Schubert, Emilio (1904–1972), italien. Modeschöpfer
  Frau 335, 336

Schubert, Gotthilf Heinrich (1780–1860), deutscher Naturforscher und Philosoph
  All 20
  Aufopferung 75
  Dasein 171
  Geist 417
  Göttliches 520
  Materie 835
  Natur 909
  Paradies 939
  Schmerz 1057, 1058
  Tod 1200
  Wollust 1403
  Zeitgeist 1423

Schulz, Wilhelm (1797–1860), deutscher Politiker
  Beruf 114
  Blüte 146
  Erscheinung 281
  Frühling 377

  Geist 416
  Konsum 664
  Kunst 696
  Literatur 802
  Statistik 1146
  Verbrechen 1274
  Zukunft 1438

Schumann, Gerhard (*1911), deutscher Verleger
  Anpassung 45
  Ehefrau 223
  Opportunismus 933

Schumann, Robert (1810 bis 1856), deutscher Komponist
  Form 324
  Genie 433
  Klarheit 648
  Klavier 649
  Komponieren 659
  Kunst 698
  Licht 759
  Musik 884
  Schönheit 1067
  Talent 1172

Schumpeter, Joseph Alois (1883–1950), österreich.-US-amerikan. Soziologe
  Finanzen 317
  Vorrat 1322

Schupp(ius), Johann Balthasar (1610–1661), Prediger und Moralsatiriker
  Bewegung 131
  Essen 291

Schurz, Carl (1829–1906), US-amerikan. Politiker und Publizist deutscher Herkunft
  Ideal 599
  Kraft 668
  Stern 1151

Schwab, Gustav (1792–1850), deutscher Schriftsteller
  Familie 301
  Feiertag 308

Schwaiger, Brigitte (*1949), österreich. Schriftstellerin
  Liebe 796
  Oberfläche 927

Schwarzenegger, Arnold Alois (*1947), US-amerikan. Filmschauspieler und Ex-Bodybuilder (Mister Universum 1967, 1970) österreich. Herkunft
  Sport 1129

Schwarzer, Alice (*1942), deutsche Journalistin und Feministin
  Frau 334, 340, 341
  Haushalt 553
  Himmel 579
  Nacktheit 901

Schuh 1075
Stärke 1145
Welt 1369

Schweitzer, Albert
(1875–1965), deutscher
evang. Theologe und Arzt,
Friedensnobelpreis 1952
  Abhängigkeit 9
  Abstraktion 12
  Abstumpfung 13
  Christentum 167
  Dank 169, 170
  Denken 175, 178
  Ehrfurcht 227
  Erkenntnis 275
  Erlösung 278
  Ethik 292
  Fortschritt 327
  Freiheit 353
  Frieden 372
  Gedankenlosigkeit 397
  Gerechtigkeit 442
  Geschichte 448
  Gesellschaft 455
  Gewissen 472, 473
  Glaube 478, 479
  Glück 487, 496
  Grundsatz 529
  Gutes 535, 539
  Herrschaft 567
  Herzlichkeit 574
  Kälte 629
  Kraft 669
  Kultur 686, 687
  Leben 723, 738
  Leid 746
  Leistung 753
  Macht 814
  Mensch 846, 849, 851, 852
  Menschheit 862
  Menschlichkeit 863
  Mystik 894
  Religion 1007, 1009, 1010
  Schamhaftigkeit 1039
  Schauspieler/-in 1041
  Sein 1096
  Selbstständigkeit 1102
  Sittlichkeit 1112, 1113
  Tod 1192, 1200
  Ungerechtigkeit 1243
  Universum 1250
  Verantwortung 1271
  Vernunft 1294
  Weltanschauung 1372
  Wissen 1387, 1388
  Zweck 1443

Schwitters, Kurt (1887–1948),
deutscher Grafiker, Bildhauer
und Dichter
  Ding 194
  Form 324
  Geist 416
  Gestaltung 465
  Kunst 689, 690, 694, 696,
    697, 700
  Nachahmung 895
  Rhythmus 1018
  Spiel 1127

Sciascia, Leonardo
(1921–1989), italien. Schriftsteller
  Erfüllung 273
  Pessimismus 944

Scott, Sir Walter (1771–1832),
brit. Schriftsteller
  Leidenschaft 750
  Schlacht 1051

Searle, Ronald (*1920),
brit. Zeichner
  Karikatur 631

Seattle (1786–1866),
US-amerikan. Häuptling der
Suquamish- und Duwamish-
Indianer
  Amerika 35
  Brücke 154
  Erde 264, 265
  Fluss 322
  Gott 508
  Heiligkeit 556
  Leben 735
  Luft 806
  Mensch 846, 848, 855, 857,
    858, 859
  Natur 907, 911
  Religion 1009
  Stadt 1141, 1142
  Tag 1171
  Tier 1190
  Tod 1198
  Totenehrung 1203
  Traum 1207
  Untergang 1256
  Veränderung 1270
  Verbindung 1272
  Vergessen 1283
  Volk 1316
  Wasser 1347
  Welt 1367
  Wort 1406
  Zukunft 1437

Sedlmayr, Hans (1896–1984)
deutscher Kunsthistoriker
österreich. Herkunft
  Kunst 697, 698
  Sprache 1132

Seehofer, Horst (*1949),
deutscher Politiker
  Essen 289

Segal, Erich (*1937),
US-amerikan. Altphilologe
und Schriftsteller
  Frau 344
  Geduld 398
  Kritik 682
  Liebe 782, 785
  Sexualität 1106
  Ungeduld 1243

Segantini, Giovanni
(1858–1899), italien. Maler
  Fähigkeit 297

Kunst 691, 696
Vermittlung 1292

Segebrecht, Leander (*1955),
deutscher Lyriker
  Energie 254
  Strom 1161

Segovia, Andrés (1893–1987),
span. Gitarrenvirtuose
  Frau 332
  Beginn 103
  Lärm 715
  Musik 885

Seidel, Heinrich (1842–1906),
deutscher Schriftsteller
  Arbeit 52, 56
  Kette 636

Seidel, Ina (1885–1974),
deutsche Schriftstellerin
  Ehe 219
  Geduld 398
  Gewalt 468
  Wärme 1346
  Wort 1406

Seidl, Johann Gabriel
(1804–1875), österreich.
Dichter
  Uhr 1237

Seiwert, Franz W. (1894
bis 1933), deutscher Maler
und Grafiker
  Kunst 689, 691, 699

Selinko, Annemarie
(1914–1986), österreich.-dän.
Schriftstellerin
  Frau 343

Sellers, Peter (1925–1980),
brit. Filmschauspieler
  Beichte 105
  Eltern 249
  Friedhof 374
  Gentleman 436
  Macht 813
  Mensch 851
  Musik 885
  Schurke 1079
  Striptease 1161
  Tochter 1191
  Vertrauen 1308
  Zukunft 1439

Seneca, Lucius Annaeus
(um 4 v.Chr.–65 n.Chr.),
röm. Dichter und Philosoph
  Abhärtung 10
  Adel 16, 17
  Alter 25, 26, 30, 31
  Anerkennung 38
  Anfang 39
  Angriff 42
  Angst 42
  Anpassung 45
  Ansehen 46
  Anspruchslosigkeit 47

Anständigkeit 48
Anstrengung 48
Argwohn 61
Armut 62, 65, 66, 67
Aufschub 76
Außergewöhnliches 84
Bedürfnis 96, 97
Befehl 98
Begierde 102
Beginn 103
Behagen 104
Beharrlichkeit 104
Beifall 106
Beispiel 107
Beschuldigung 119
Besitz 120, 121, 122
Bestechung 124
Beten 125
Bewunderung 133
Bordell 147
Böses 148
Brief 153
Buch 157, 158
Charakter 163
Charakterstärke 166
Ehebruch 223
Ehrgeiz 228
Eile 235
Einschränkung 243
Elend 248
Ende 254
Erfolg 271
Erhabenheit 273
Erlaubnis 277
Erreichen 281
Ertragen 282
Erziehung 285
Fallen 298
Falsches 298
Fehler 305
Feuer 315
Folter 323
Frage 328
Frau 330
Freiheit 355, 356
Freude 359, 361
Freundschaft 362, 363, 366,
  367, 369, 370, 371
Frieden 373
Fröhlichkeit 375
Furcht 380, 382
Gefahr 400
Gehen 409
Geist 411, 412, 417
Gelassenheit 421
Geld 424
Gelegenheit 426
Genug 436
Genuss 437, 438
Gesetz 462
Gewissen 472
Gier 477
Glaube 483
Gleichmut 486
Glück 491, 493, 494, 497,
  498
Gott 507, 514
Größe 528
Großmut 529
Gut 531

Gutes 536
Hand 542
Handeln 545
Hass 550
Heilmittel 557
Helfen 565
Henken 565
Herkunft 566
Herrschaft 568, 569
Heute 575
Hilfe 576
Himmel 579
Hochmut 582
Höchstes 583
Hoffnung 585, 587, 588
Höhe 590
Hunger 596
Inneres 607
Jugend 621
Kampf 630
Karriere 632
Kindheit 644
König/Königin 660, 661
Können 663
Körper 666
Krankheit 672
Kummer 688
Kunst 688, 699
Kürze 707
Labyrinth 708
Lachen 710
Landschaft 713
Laster 717
Leben 720, 724, 727, 728, 733, 735
Leichtgläubigkeit 744
Leidenschaft 750, 751
Leistung 753
Lernen 755
Liebe 773, 779
Lob 804
Macht 813
Magen 818
Maske 832
Maß 832
Masse 833
Maßlosigkeit 834
Mehrheit 838
Meinung 841
Menge 843
Mensch 852
Miene 865
Mist 868
Mitleid 870
Mond 877
Morgen 880
Muße 887
Mut 889
Narr 904
Natur 907, 912
Nichtstun 922
Notwendigkeit 925
Nützlichkeit 927
Partei 941
Persönliches 943
Pflanze 946
Philosophie 951, 953
Platon 956
Quelle 976
Rache 977

Raub 981
Recht 984
Rede 989
Redlichkeit 991
Regierung 997
Reichtum 999, 1001, 1002
Reisen 1004
Reue 1015
Ruhe 1026
Ruhm 1028
Schändung 1039
Schicksal 1045, 1046, 1047, 1048
Schicksalsschlag 1049
Schlaf 1053
Schmerz 1058, 1059, 1060
Schuld 1076
Schule 1078
Schütze 1079
Schwäche 1080, 1081
Schweigen 1083
Seele 1088, 1090, 1092
Selbstbewusstsein 1098
Selbsterkenntnis 1100
Selbstverachtung 1103
Sicherheit 1106
Sieg 1108, 1109
Sitten 1112
Sittlichkeit 1113
Sklaverei 1115, 1116
Soldaten 1118, 1119
Sorglosigkeit 1122
Sparsamkeit 1125
Staat 1138
Sterben 1147, 1149
Steuermann 1152
Stimme 1154
Sünde 1166, 1167
Tapferkeit 1175
Tausch 1179
Tod 1191, 1192, 1193, 1194, 1195, 1196, 1197, 1198, 1199
Training 1205
Träne 1205
Trauer 1206
Tugend 1220, 1224
Tun 1226
Übel 1229
Überall 1230
Überdruss 1230
Überfluss 1230, 1231
Übermensch 1233
Übermut 1233
Umstand 1239
Unglück 1246, 1247, 1248
Unglücklich 1249
Unrecht 1252, 1253
Unruhe 1253
Unschuld 1254
Unterdrückung 1256
Untergang 1256
Unterwerfen 1260
Vaterland 1268
Verbrechen 1273
Vergänglichkeit 1282
Vergessen 1283
Verirrung 1286
Verkehren 1286
Vernunft 1295, 1296

Verweichlichung 1311
Verzeihung 1312
Verzweiflung 1314
Vorsatz 1322
Vorsicht 1324
Vorurteil 1326
Wahrheit 1334, 1336, 1340
Weisheit 1361, 1362, 1364, 1365
Wert 1375
Wille 1381
Wohltat 1400
Wohnung 1401
Wort 1408
Wunde 1409
Wunder 1410
Wunsch 1412, 1413
Würde 1414
Zeit 1418, 1420, 1421, 1422
Ziel 1429
Ziemen 1429
Zorn 1432, 1433
Zurückziehen 1440

Serner, Walter (1889–1942), österreich. Schriftsteller
Anhänglichkeit 43
Ausland 83
Leben 736
Mensch 858
Welt 1369

Serra, Richard (*1939), US-amerikan. Bildhauer
Kunst 695

Servan-Schreiber, Jean Jacques (*1924), französ. Publizist
Utopie 1265

Sethe, Paul (1901–1967), deutscher Schriftsteller
Meinung 839, 841
Pressefreiheit 968

Seume, Johann Gottfried (1763–1810), deutscher Schriftsteller
Adel 16
Amüsement 36
Ansehen 46
Anspruch 47
Armee 62
Armut 64
Aufklärung 74
Aufstand 76
Beifall 106
Besserung 123
Bewunderung 133
Buch 155
Bündnis 160
Charakter 164, 166
Demut 174
Denken 178
Despotismus 180
Deutsch 183
Deutschland 183
Dummheit 200

Ehre 225, 226
Eitelkeit 247
Erbsünde 263
Eroberung 280
Esoterik 289
Faulheit 303
Frankreich 328
Freiheit 352, 356, 357
Freundschaft 363, 365
Frömmigkeit 376
Furcht 380, 382, 383
Fürst 384
Geduld 399
Gefahr 399
Gefälligkeit 402
Gehorsam 410
Gerechtigkeit 441, 442
Gesang 444
Geschichte 447, 450
Gesetz 461
Glaube 480
Gleichheit 485
Gott 509, 514
Größe 527, 528
Gutes 536, 538
Hilfe 577
Himmel 578, 580
Höflichkeit 589
Hure 597
Jahr 615
Kind 643
König/Königin 661, 662
Kritik 684
Kunst 689
Land 712
Leben 731, 736
Lehen 741
Leidenschaft 748, 750, 751
Meinung 839
Menschenverstand 861, 862
Misstrauen 868
Musik 885
Mystik 894
Nation 905
Natur 913
Naturgesetz 915
Offenbarung 928
Offenheit 929
Öffentliche Meinung 929
Ordnung 934
Paradies 938
Philosophie 952
Plünderung 956
Politiker 965
Privileg 970
Rebellion 983
Recht 986
Regierung 996
Reichtum 998
Republik 1013
Respekt 1014
Rousseau, Jean-Jacques 1023
Ruf 1024
Ruhm 1027
Satire 1034
Schein 1043
Schlacht 1051

Schmeichelei 1057
Selbstüberwindung 1103
Sieg 1109
Sklaverei 1115, 1116
Soldaten 1118, 1119
Staat 1135, 1138, 1140
Stand 1144
Stolz 1156
Strafe 1158
Sünde 1165
Tadel 1170
Tat 1176
Tyrannei 1228
Ungerechtigkeit 1244
Unrecht 1252
Unsinnig 1255
Verbrechen 1273
Verdienst 1276
Verfassung 1278
Vernunft 1296, 1297
Vorrecht 1322
Wahl 1330
Wahrheit 1341
Weib 1352, 1355
Weisheit 1362
Witz 1398
Zeitvertreib 1425
Zweifel 1444

Sévigné, Marie de Rabuthin-Chantal Marquise de (1626–1696), französ. Schriftstellerin
  Blindheit 144
  Brief 152
  Ehe 219
  Ertragen 283
  Mutter 893
  Schreiben 1070
  Sohn 1117
  Spaziergang 1125
  Vergänglichkeit 1282
  Widerwärtigkeit 1379
  Zeremonie 1425
  Zufall 1434

Sextus Empiricus (2./3. Jh. v.Chr.), griech. Philosoph und Arzt
  Götter 518
  Mühle 882

Sforza, Carlo (1872–1952), italien. Diplomat und Politiker
  Freiheit 352

Shakespeare, William (1564–1616), engl. Dichter und Dramatiker
  Abhängigkeit 9
  Ablehnung 10
  Adel 16
  Affekt 18
  Alter 27, 28, 31
  Amen 34
  Amor 35
  Andacht 37
  Argument 61
  Argwohn 61
  Armut 62
  Aufrichtigkeit 75
  Auge 77, 79
  Augenblick 79
  Äußerlichkeit 85
  Bart 91
  Beginn 103
  Behutsamkeit 105
  Beichte 106
  Bekehrung 108
  Bereitschaft 112
  Bergsteigen 114
  Bestechung 123
  Betrug 126
  Bettelei 129
  Beziehung 135
  Borgen 147
  Bosheit 150
  Dänemark 169
  Darlehen 171
  Denken 175, 177
  Deutsch 181
  Dichtung 189
  Dick 190
  Dieb 190
  Diebstahl 191
  Edelstein 205
  Ehe 208, 214, 215, 220, 221
  Ehre 225, 226
  Ehrgeiz 228
  Ehrlichkeit 229
  Eiche 230
  Eid 230
  Eifersucht 230, 231
  Eigensinn 234
  Einbildung 236
  Eitelkeit 244
  Elend 247
  England 256
  Erfahrung 266, 267
  Erinnerung 275
  Essen 291
  Fallen 297, 298
  Falschheit 298
  Feier 308
  Feigheit 308
  Feindschaft 310
  Feuer 315
  Fleisch 319
  Fleiß 319
  Flucht 322
  Frau 332
  Freiheit 354
  Freude 361
  Freundschaft 365, 366, 370
  Frömmigkeit 376
  Fuchs 378
  Furcht 380, 381, 382, 383
  Gaffen 385
  Garten 386
  Gast 387
  Gebet 390
  Geburt 392
  Gedanke 395, 396
  Gefahr 400
  Geheimnis 409
  Gehorsam 410
  Geist 414, 417
  Geld 424
  Geldbeutel 426
  Genuss 438
  Geradheit 439
  Gerücht 443
  Geschäft 445
  Gesicht 463
  Gesinnung 464
  Gestalt 465
  Gewinn 470, 471
  Gewissen 473
  Gewohnheit 475
  Gipfel 478
  Glück 491
  Gnade 502
  Gold 503
  Gott 511, 513
  Gram 522
  Grausamkeit 522
  Größe 525, 528
  Grund 529
  Gutes 534, 538
  Halt 541
  Händler 546
  Handwerk 546
  Hartherzigkeit 548
  Hass 550
  Haus 552, 553
  Heilung 557
  Henken 565
  Herrschaft 568
  Herz 571
  Hilfe 576
  Hoffnung 587
  Höhe 590
  Hohlheit 590
  Hund 595
  Ich 598
  Inhalt 606
  Inneres 606, 607
  Instinkt 608
  Jagd 615
  Jammern 617
  Jüngling 627
  Kind 637, 641
  Klage 647
  Kleidung 649
  Knechtschaft 656
  Königreich 662
  Kopf 665
  Körper 667
  Kraft 669
  Kreuz 674
  Krieg 678
  Kritik 683
  Krone 684
  Kummer 687
  Kunst 699
  Kürze 707
  Kuss 708
  Lächeln 709
  Lachen 709
  Land 712
  Lärm 715
  Lästern 717
  Leben 726
  Leid 746, 747
  Lerche 754
  Lernen 754
  Liebe 759, 760, 762, 763, 771, 775, 777, 781, 789, 792, 795, 796
  Löschen 805
  Lüge 808
  Mädchen 816, 817
  Majestät 819
  Maler 819
  Mann 826
  Maske 832
  Masse 833
  Mäßigung 834
  Memme 842
  Mensch 852, 858
  Methode 864
  Mond 876
  Mord 880
  Mut 888, 889
  Mutter 892, 893
  Nacht 899, 900
  Nachtigall 900
  Narbe 902
  Neid 918
  Neuerung 920
  Nichtstun 922
  Not 923
  Nutzen 926
  Ofen 928
  Opfer 932
  Ort 936
  Pelz 943
  Perspektive 944
  Philosophie 951
  Position 966
  Prophet 971
  Rache 977
  Raserei 978
  Rätsel 981
  Rebellion 983
  Rede 988
  Reden 990
  Redlichkeit 991
  Regierung 996
  Reife 1002
  Reisen 1006
  Reiz 1007
  Rettung 1014
  Riese 1019
  Rose 1023
  Rücksicht 1024
  Ruf 1024
  Ruhe 1025, 1026
  Ruhm 1027
  Sagen 1032
  Sattheit 1034
  Schatz 1040
  Schein 1043
  Scheitern 1044
  Schicksal 1047, 1049
  Schlachten 1051
  Schlaf 1053
  Schlagen 1053, 1054
  Schlange 1054
  Schlauheit 1054
  Schmeichelei 1057
  Schönheit 1062, 1063, 1064, 1065
  Schoß 1069
  Schuld 1076
  Schulden 1077
  Schule 1078
  Schwäche 1080
  Schweigen 1082

Segen 1093
Sein 1096
Selbstliebe 1101
Seltenheit 1105
Sexualität 1106
Sicherheit 1106, 1107
Sieg 1107, 1108
Sinn 1110
Sommer 1119
Sorge 1122
Spott 1130
Sterben 1147, 1149
Stern 1151
Stolpern 1155
Stolz 1155
Strafe 1157
Suche 1164
Sünde 1165, 1167
Tadel 1169
Tapferkeit 1175
Tat 1176, 1177
Teufel 1184, 1185
Tod 1193, 1199
Tollheit 1201
Torheit 1202
Träne 1205, 1206
Treten 1211
Treue 1212, 1213
Trieb 1214
Trost 1216, 1217
Trotz 1217
Tugend 1220, 1223, 1224
Übel 1229
Überfluss 1230, 1231
Überleben 1232
Überlegung 1232
Übung 1237
Uhr 1237
Umsturz 1239
Umzug 1239
Ungemach 1243
Unglück 1246, 1249
Unheil 1249
Unkraut 1250
Untreue 1260
Unwetter 1261
Unzufriedenheit 1262
Ursache 1263
Vater 1266
Veränderung 1270
Verbrechen 1274
Verdruss 1277
Verführung 1279
Vergnügen 1284
Verkleidung 1287
Verleumdung 1288
Verliebtheit 1289
Verlockung 1290
Verlust 1291
Vernunft 1294
Verrat 1297
Verschwörung 1299
Verstellung 1306
Vertrauen 1308
Verzweiflung 1313, 1314
Volk 1316
Vorfahr 1321
Vorsicht 1323
Wagnis 1329
Wahnsinn 1331

Wahrhaftigkeit 1332
Wahrheit 1339, 1340
Warnung 1346
Weg 1349, 1350
Weib 1354, 1355, 1356
Wein 1357, 1358
Weisheit 1361, 1363, 1364, 1366
Werben 1372
Wildheit 1380
Wissen 1392
Wissenschaft 1395
Witz 1398, 1399
Wolke 1402
Wort 1404, 1405, 1407, 1408
Wunde 1409
Wunder 1410
Wunsch 1412
Wurm 1414
Zahn 1416
Zartheit 1416
Zeit 1419, 1420, 1421
Zeitung 1424
Ziel 1427
Zorn 1432
Zukunft 1439
Zunge 1440
Zuversicht 1442
Zwist 1445

Shedd, John A. (1859–1957), US-amerikan. Schriftsteller
  Gelegenheit 426

Shelley, Percy Bysshe (1792–1822), brit. Dichter
  Ehe 217
  Frühling 378
  Hexerei 576
  Ruhm 1028
  Schönheit 1064
  Unglück 1247
  Winter 1384

Shepard, Alan (*1923), US-amerikan. Astronaut
  Affe 18

Sheridan, Richard B. (1751–1816), brit. Dramatiker und Politiker ir. Herkunft
  Bescheidenheit 117
  Bosheit 150
  Ehe 216
  Liebhaber 799
  Trost 1217
  Verzweiflung 1314
  Witz 1398

Sibelius, Jean (1865–1957), finn. Komponist
  Kritik 683

Sibylle von Cumae (Lebensdaten unbekannt, v. Chr.-sagenh. kampan. Wahrsagerin
  Gefahr 400
  Kühnheit 685

Sica, Vittorio de (1902–1974), italien. Regisseur und Schauspieler
  Auge 78
  Fernsehen 313
  Frau 336
  Lebenskunst 739
  Sonne 1120
  Überfluss 1231

Sieburg, Friedrich (1893–1964), deutscher Erzähler und Essayist
  Arbeit 56, 58
  Beifall 106
  Berühmtheit 116
  Ferne 312
  Leben 725
  Mensch 857
  Menschheit 862
  Nähe 901
  Popularität 966
  Satz 1035
  Spiel 1128
  Talent 1173
  Trieb 1214
  Vergessen 1284
  Wort 1407

Siegel, Ralph Maria (1911–1972), deutscher Schlagerkomponist und Musikverleger
  Verleger 1287

Siegfried, André (1875–1959), französ. Sozial- und Wirtschaftsgeograf
  Neugier 921

Siegmund = Sigismund (1368–1437), röm.-deutscher Kaiser
  Regierung 997
  Tyrannei 1228

Sielmann, Heinz (*1917), deutscher Zoologe, Buch-, Film- und TV-Autor
  Dunkelheit 203

Sieyès, Abbé (eig. S., Emmanuel Joseph Graf, 1748–1836), französ. Revolutionär und Politiker
  Stand 1144

Signoret, Simone (1921–1985), deutsch-französ. Schauspielerin
  Schaf 1037
  Wolf 1402

Silesius, Angelus → Angelus Silesius

Silius Italicus (um 25 bis um 100 n. Chr.), röm. Epiker
  Frieden 373
  Glaube 481

Treue 1213
Tugend 1221

Silja, Anja (*1940), deutsche Sängerin
  Zivilcourage 1430

Silone, Ignazio (eig. Tranquilli, Secondino, 1900–1978), italien. Schriftsteller
  Bühne 160
  Freiheit 352
  Idee 601
  Ideologie 602
  Ketzerei 636
  Macht 815
  Opposition 933
  Politik 960
  Politiker 965
  Schlagwort 1054
  Sehnsucht 1094
  Wohlfahrt 1399

Simenon, Georges (1902–1989), belg. Schriftsteller
  Krimi 681
  Roman 1022
  Schreiben 1071
  Verbrechen 1273

Simmel, Georg (1858–1918), deutscher Soziologe und Philosoph
  Geld 422
  Leben 730, 736
  Soziologie 1123
  Tempo 1182
  Zeit 1421

Simmel, Johannes Mario (*1924), österreich. Schriftsteller
  Deutschland 184
  Intuition 611

Simon, Michel (1895–1975), schweizer.-französ. Schauspieler
  Frau 330
  Verführung 1279

Simonides (um 556 bis um 467 v. Chr.), griech. Lyriker
  Befehl 98
  Krieg 680
  Malerei 820

Simrock, Karl (1802–1876), deutscher Germanist und Schriftsteller
  Mauer 835
  Treue 1212

Sinatra, Frank (*1915), US-amerikan. Sänger und Filmschauspieler
  Liebe 782
  Striptease 1161

Sinclair, Upton (1878–1968), US-amerikan. Schriftsteller
  Beliebtheit 110
  Himmel 579
  Sympathie 1168

Sinjen, Sabine (1942–1995), deutsche Schauspielerin
  Abtreibung 13

Sirius, Peter (eig. Kimmig, Otto, 1858–1913), deutscher Gymnasiallehrer
  Alter 32
  Blitz 145
  Donner 197
  Erinnerung 275
  Ernst 279
  Genie 436
  Illusion 603
  Leben 732
  Talent 1173
  Wandern 1345

Sirk, Douglas (1900–1987), dän.-US-amerikan. Regisseur
  Dichter/-in 186
  Wissenschaft 1394

Sitwell, (Dame) Edith (1887–1964), brit. Dichterin
  Geschichtsschreibung 451

Sitwell, George (1797–1853), brit. Baronet
  Familie 299

Skupy, Hans-Horst (*1942), deutscher Publizist
  Amboss 34
  Apfel 50
  Aphorismus 50
  Arzt 68
  Augenzeuge 80
  Glück 495
  Labyrinth 708
  Literatur 802
  Mensch 846
  Satire 1034
  Satz 1034
  Spiegel 1126
  Zeile 1418

Smiles, Samuel (1812–1904), schott. Schriftsteller
  Achtung 14, 15
  Ansicht 47
  Anteilnahme 48
  Anziehung 49
  Arbeit 52, 55, 56
  Äußerlichkeit 85
  Begeisterung 100
  Beherrschung 105
  Beispiel 107
  Benehmen 110
  Beten 125
  Charakter 163, 165
  Duldung 199
  Ehre 226
  Eifer 230

Einsamkeit 242
Energie 254
Erfahrung 267
Führung 379
Gelingen 429
Geschichte 448
Gesellschaft 456
Gewalt 468
Grundsatz 530
Gut sein 532
Gutes 535
Handeln 545
Haushalt 554
Kampf 629
Kind 638
Kraft 668
Leben 730
Leid 745
Lüge 808
Mann 827
Milde 865
Misserfolg 867
Mut 888
Natürlichkeit 916
Nutzen 926
Pflicht 948
Poesie 957
Regierung 994
Reichtum 999
Schaffen 1037
Schönheit 1062
Schulden 1077
Selbstbeherrschung 1098
Sieg 1107
Sparsamkeit 1124, 1125
Stellung 1147
Sterben 1149
Tat 1176
Tod 1196
Tugend 1221, 1224
Unglück 1245
Vaterland 1267
Vergangenheit 1280
Vorschrift 1322
Weg 1349
Weisheit 1365
Wissenschaft 1393
Zunge 1440

Smith, Adam (1723–1790), brit. Moralphilosoph und Volkswirtschaftler
  Armut 65
  Eigentum 234
  Gesellschaft 458
  Zuneigung 1439

Smith, Logan P. (1865 bis 1946), US-amerikan. Schriftsteller
  Seele 1088

Smith, Sidney (1897–1959), kanad. Politiker
  Argument 61
  Waffe 1328

Söderblom, Nathan (1866–1931), schwed. evang. Theologe und Religions-

wissenschaftler, Friedensnobelpreis 1930
  Frömmigkeit 375
  Heiligkeit 556

Söhlker, Karl-Heinz (*1932), deutscher Schriftsteller
  Computer 169
  Erfahrung 267
  Erfolg 270
  Humor 593
  Kind 639
  Mensch 844
  Ohr 930
  Technik 1180
  Überfluss 1231
  Umweg 1239
  Welt 1370
  Zeitgeist 1423

Söhnker, Hans (1903–1981), deutscher Schauspieler
  Bedürfnis 97
  Hören 592
  Liebeserklärung 798
  Mensch 857
  Schach 1035
  Sehenswürdigkeit 1094
  Urlaub 1262
  Winter 1384
  Ziel 1429

Sokrates (um 470–399 v. Chr.), griech. Philosoph
  Wissen 1390

Solger, Karl (1780–1819), deutscher Philosoph
  Freundschaft 365
  Kunst 690, 694
  Künstler 702
  Philosophie 950
  Schönheit 1065

Solon (um 640–nach 561 v. Chr.), athen. Gesetzgeber
  Dichter/-in 187

Solschenizyn, Alexander (*1918), russ. Schriftsteller, Literaturnobelpreis 1970
  Beurteilung 129
  Gewalt 469
  Lüge 809
  Mensch 858

Sölter, Arno (1911–1987), deutscher Volkswirtschaftler
  Egoismus 206
  Rede 989
  Reden 989

Sombart, Werner (1863–1941), deutscher Volkswirtschaftler und Soziologe
  Rauchen 982
  Sonntag 1121

Sommer, Ron (*1949), deutscher Unternehmer
  Wettbewerb 1376

Sommer, Siegfried (1914–1996), deutscher Publizist
  Leben 729
  Verkehr 1286

Sophokles (497/96 bis 406/05 v. Chr.), griech. Tragödienschreiber
  Alter 26
  Anfang 40
  Anpassung 45
  Barmherzigkeit 91
  Baum 93
  Befehl 97
  Betrug 126, 127
  Bewährung 130
  Bitte 143
  Böses 147
  Botschaft 150
  Dank 171
  Drohung 198
  Duldung 199
  Dünkel 203
  Edel 205
  Eigenheit 232
  Entschluss 260
  Erfahrung 265
  Erziehung 288
  Feindschaft 310, 311
  Finden 317
  Forschung 324
  Freundschaft 362, 369, 370
  Geburt 392
  Gegenwart 406
  Gerechtigkeit 441
  Gesinnung 464
  Gewaltig 469
  Gewinn 470
  Glück 497, 500
  Götter 517, 518, 519
  Größe 526
  Gut 531
  Gutes 535
  Handeln 545
  Härte 548
  Hass 549
  Hochmut 583
  Hoffnung 587
  Idee 601
  Irrtum 612
  Kampf 629, 630
  Kind 644
  Klugheit 653, 654
  Knechtschaft 656
  Kraft 668
  Krankheit 670
  Leben 734, 735
  Leid 746, 747
  Macht 813
  Maß 832
  Mensch 853, 857, 858, 859
  Missgeschick 867
  Mitleid 870

Personenregister

Mutterliebe 893
Nachrichten 898
Not 923, 924
Notwendigkeit 925
Qual 976
Rat 979
Recht 984, 985
Rede 989
Reden 989, 990
Redlichkeit 991
Ruhm 1029
Schicksal 1047
Schlaf 1051
Schmähung 1056
Schmerz 1057, 1059
Schuld 1076
Schweigen 1082
Segeln 1093
Seher 1094
Sieg 1108
Sklaverei 1116
Staat 1135, 1140
Stärke 1145
Starrsinn 1146
Sterben 1150
Stolz 1156
Strafe 1157
Streit 1159
Sturheit 1163
Suche 1164
Tapferkeit 1175
Tat 1176, 1177
Tod 1195
Torheit 1202
Tot 1203
Totenehrung 1203
Trotz 1217
Übel 1229
Übereinstimmung 1230
Überforderung 1231
Überlegung 1233
Ungerechtigkeit 1244
Unglück 1248
Unmöglichkeit 1251
Unterhaltung 1258
Verachtung 1269
Verbergen 1271
Verderben 1275
Vergänglichkeit 1281
Verlust 1291
Vorhaben 1321
Vorhersehen 1321
Wahrheit 1340
Weisheit 1362
Wille 1380
Wort 1404, 1406
Würde 1414
Zeit 1418, 1422
Ziel 1427
Zügellosigkeit 1436
Zukunft 1437
Zunge 1440

Sordi, Alberto (*1919), italien. Schauspieler und Filmregisseur
  Abenteuer 7
  Braut 151
  Diplomatie 194
  Ehemann 224

Gedächtnis 394
Gefühl 405
Handwerk 546
Hochzeitsreise 585
Junggeselle 627
Mädchen 817
Orden 934
Partei 940
Politiker 965
Straße 1158
Traum 1209
Wahrheit 1336
Weihnachten 1357
Wind 1383
Zeitung 1424
Ziel 1428
Zynismus 1445

Sorel, Georges (1847–1922), französ. Publizist und Sozialphilosoph
  Armee 62
  Geschichtsschreibung 451

Soupault, Philippe (1897–1990), französ. Schriftsteller
  Toleranz 1201

Spaak, Cathérine (*1942), französ. Schauspielerin
  Mode 874

Spaak, Paul Henri (1899–1972), belg. Politiker
  Dummheit 200
  Koalition 656
  Krankheit 670
  Politik 961

Spann, Othmar (1878–1950), österreich. Volkswirtschaftler, Philosoph und Soziologe
  Begabung 99
  Diskussion 195
  Entdeckung 257
  Erlebnis 277
  Forschung 324
  Gott 514
  Individualismus 604
  Konzentration 664
  Mystik 894
  Religion 1010, 1011
  Schaffen 1037
  Standpunkt 1144
  Wirtschaft 1387

Späth, Lothar (*1937), deutscher Politiker und Industriemanager
  Deutsch 181
  Diskussion 195

Spee von Langenfeld, Friedrich (1591–1635), deutscher kath. Theologe und Dichter
  Folter 323
  Gerechtigkeit 440
  Hexerei 575, 576
  Inquisition 607

Speidel, Ludwig (1830–1906), österreich. Feuilletonist
  Feuilleton 316
  Tag 1170
  Unsterblichkeit 1255

Spencer, Herbert (1820–1903), brit. Philosoph
  Bildung 139
  Gesellschaft 456
  Selbstlosigkeit 1101
  Wissen 1388

Spender, Stephen (1909–1995), brit. Dichter
  Idol 602
  Mord 880

Spengler, Oswald (1880–1936), deutscher Philosoph
  Abstraktion 12
  Angriff 41
  Angst 42
  Atheismus 72
  Augenblick 79
  Bauer 92
  Befehl 98
  Behagen 104
  Bewegung 130, 131
  Beweis 131
  Bewusstsein 133
  Denken 175, 177, 178, 179
  Ehe 207
  Eindruck 236
  Einheit 238
  Ereignis 265
  Erfahrung 266
  Erfolg 272
  Erkenntnis 275, 276
  Erlebnis 277
  Eroberung 280
  Erwägung 283
  Evolution 294
  Existenz 295
  Feuer 315
  Form 324
  Frau 331, 343
  Freiheit 351, 354
  Frieden 373
  Gattung 388
  Geburt 392
  Gegensatz 405
  Geheimnis 408
  Gerechtigkeit 440
  Geschichte 447, 449
  Glaube 479, 481
  Glück 489, 498
  Gott 516
  Grenze 523
  Hand 542
  Handeln 546
  Hass 549
  Hässlichkeit 551
  Höhe 590
  Humor 594
  Ich 598
  Illusion 603
  Individualität 604

Intellekt 609
Intelligenz 609
Irrtum 613, 614
Kampf 629
Kind 638
Kompliziertheit 659
Kultur 686, 687
Leben 719, 720, 722, 723, 725, 730, 731, 733, 735, 736, 737
Lebendigkeit 738
Leib 743, 744
Liebe 782
List 801
Logik 804
Macht 813
Mann 821, 822, 826
Masse 833
Mensch 845, 846, 847, 849, 854, 857, 858
Methode 864
Mitleid 870
Name 902
Natur 912, 913
Organisation 935
Rasse 978, 979
Religion 1007
Ruhe 1026
Satire 1034
Schicksal 1045, 1048, 1049
Schönheit 1066
Seele 1090, 1091, 1092
Sehen 1093
Sehnsucht 1095
Selbsterkenntnis 1099
Stadt 1141, 1142, 1143
Stärke 1145
Tat 1176
Tätigkeit 1178
Tatsache 1179
Technik 1181
Tier 1189
Tod 1197
Trieb 1214
Tun 1226
Ursache 1263
Vernichtung 1293
Verteidigung 1307
Vogel 1315
Waffe 1328
Wagnis 1329
Wahrheit 1338, 1341
Weib 1352
Welt 1367
Werkzeug 1374
Wille 1380, 1382
Wirklichkeit 1385
Wissen 1387, 1388, 1390, 1392, 1393
Zeit 1419
Zeugung 1427
Ziel 1427
Zufall 1434, 1435

Sperber, Manès (1905–1984), französ. Schriftsteller österreich. Herkunft
  Ausdruck 82
  Klarheit 648

Personenregister

Staël 1581

Recht 986
Regierung 995
Unrecht 1253

Sperr, Martin (*1944), deutscher Bühnenautor
Zensur 1425

Spielhagen, Friedrich (1829–1911), deutscher Schriftsteller
Einsamkeit 240

Spinoza, Baruch de (1632–1677), niederländ. Philosoph
Aberglaube 8
Affekt 18
Angst 42
Aufrichtigkeit 75
Begierde 101, 102
Bescheidenheit 117
Bewahren 130
Bewegung 130, 131
Bewunderung 132
Christentum 167
Dank 170
Dauer 171
Demut 174
Denken 175
Dichtung 190
Ding 194
Dreieck 198
Edelmut 205
Ehre 226
Ehrgeiz 228
Eifersucht 231
Eltern 249
Entrüstung 259
Erinnerung 275
Erkenntnis 275, 276
Ewigkeit 294
Existenz 295
Freiheit 351, 353, 356
Furcht 381
Gefahr 399
Gefallen 401
Geist 411, 412, 417, 418
Gewaltherrschaft 469
Glückseligkeit 501
Gott 504, 506, 509, 511, 514, 515
Gotteserkenntnis 519
Grausamkeit 522
Gunst 530
Gut 531, 532
Habgier 540, 541
Hass 548, 549, 550
Heiterkeit 563
Herz 571
Hochmut 582, 583
Hoffnung 585, 587
Idee 600, 601
Kleinmut 652
Knechtschaft 655
Körper 666, 667
Kühnheit 685
Lachen 709
Liebe 782, 783, 793
Lust 810, 811

Melancholie 842
Mensch 844, 845, 847, 856
Missgunst 867
Mitleid 870
Musik 884
Natürlichkeit 915
Niedergeschlagenheit 922
Offenbarung 928
Ordnung 934
Prophet 972
Rache 977
Realität 983
Recht 985
Religion 1008
Reue 1015
Scham 1038
Scheu 1045
Schlechtes 1055
Schmeichelei 1056
Seele 1091
Sehnsucht 1095
Selbstzufriedenheit 1104
Spott 1130
Sterben 1147
Substanz 1163
Tod 1192
Tugend 1219, 1220, 1221
Überschätzung 1234
Unbeständigkeit 1240
Unlust 1250, 1251
Unterschätzung 1259
Ursache 1263
Verachtung 1269
Verbindung 1272
Verehrung 1277
Verlangen 1287
Vernunft 1296
Verschmähen 1298
Verstand 1302
Verzweiflung 1314
Völlerei 1319
Vorstellung 1324
Wahnsinn 1331
Wahrheit 1341
Wahrsagerei 1343
Wetteifer 1376
Wille 1381
Wirkung 1385, 1386
Wohltat 1400
Wohlwollen 1401
Wollust 1403
Wort 1407
Zerstörung 1426
Zorn 1432
Zufall 1434
Zuversicht 1442

Spitteler, Carl (1825–1924), schweizer. Schriftsteller, Literaturnobelpreis 1919
Alter 28
Anbetung 37
Ehe 207
Eitelkeit 245
Erbschaft 263
Erleichterung 278
Freundschaft 365
Frevel 371

Fröhlichkeit 375
Geist 415
Gewalt 469
Glück 496
Güte 534
Heimat 558
Himmel 579
Kirche 645
Können 662
Konservatismus 663
Laster 717
Liebe 772, 774, 785
Lüge 809
Mann 828
Mitleid 870
Partei 940
Qual 976
Rad 978
Ruhm 1028
Schein 1043
Schicksal 1046
Schmeichelei 1057
Schwäche 1084
Schwierigkeit 1086
Seele 1087
Sprödigkeit 1134
Trennung 1211
Tugend 1224
Übermut 1234
Wärme 1346
Wert 1374

Spoerri, Daniel (eig. Feinstein, D. Issak, *1930), schweizer. Objektkünstler rumän. Herkunft
Kunst 697, 698

Spranger, Eduard (1882–1963), deutscher Pädagoge
Jugend 622

Sprenger, Jakob (um 1436–1495), deutscher Dominikaner und Inquisitor
Hexerei 575

Springer, Axel (1912–1985), deutscher Verleger
Deutschland 184
Unheil 1249

Stadler, Ernst (1883–1914), elsäss. Schriftsteller
Ernte 280

Staeck, Klaus (*1938), deutscher Grafiker und Satiriker
Erde 264
Himmel 578

Staël, Germaine Baronin von (1766–1817), französ. Schriftstellerin schweizer. Herkunft
Achtung 14
Ansicht 46
Aphorismus 51

Architektur 60
Berlin 114
Bier 137
Bildung 140
Buch 155, 157
Buchmesse 159
Charakter 163
Deutsch 181, 182
Deutschland 183, 184
Diplomatie 194
Ehe 211
Einsamkeit 240
Eitelkeit 246, 247
Erziehung 285
Europa 293
Exil 295
Frankreich 328
Frau 336, 343, 344, 345
Garten 386
Gefühl 403
Genie 433, 434, 435
Germanen 443
Geschichte 447
Gesetz 460
Gespräch 465
Glück 487, 499
Goethe, Johann Wolfgang von 502
Höflichkeit 589
Institution 608
Kampf 630
Kirche 646
Konkurrenz 662
Kultur 686
Langeweile 714
Leid 746
Leipzig 752
Liebe 767, 768, 779
Literatur 801
Luther, Martin 812
Nachahmung 895
Natur 909
Oberflächlichkeit 928
Österreich 937
Paris 939
Politik 960
Preußen 969
Reden 990
Regierung 994
Reinheit 1003
Rhein 1018
Ritter 1019
Ruhm 1028
Scheidung 1042
Schreiben 1070, 1072
Sprache 1131
Stadt 1142
Studium 1161, 1162
Tugend 1221
Überlegenheit 1232
Unterhaltung 1257
Vorurteil 1325
Wahrheit 1337
Wald 1344
Weimar 1357
Zeit 1419
Zeitgeist 1423
Zensur 1425

Stalin, Josef (eig. Dschugaschwili, Josif Wissarionowitsch, 1879-1953), russ.-sowjet. Politiker
  Klassenkampf 648
  Revolution 1016

Stankowski, Ernst (*1928), österreich. Schauspieler, Sänger und Kabarettist
  Deutsch 181

Stanwyck, Barbara (1907-1990), US-amerikan. Schauspielerin
  Zuhause 1436

Starr, Ringo (*1940), brit. Popmusiker
  Beethoven, Ludwig van 97

Statius, Papinius (um 40-um 96 n.Chr.), röm. Dichter
  Erfolg 272
  Tugend 1222
  Untergang 1256
  Vergänglichkeit 1281

Steffens, Henrik (1773-1845), deutscher Naturphilosoph und Schriftsteller
  Epoche 262
  Geist 412
  Gemüt 432
  Grenze 523
  Harmonie 547
  Intelligenz 609
  Liebe 765, 767, 769
  Natur 906
  Pflanze 946
  Poesie 957
  Seele 1091
  Selbstfindung 1100

Stehr, Hermann (1864-1940), deutscher Schriftsteller
  Ruhm 1027

Stein, Heinrich Friedrich Karl Reichsfreiherr vom und zum (1757-1831), deutscher Politiker
  Gewalt 469
  Parlament 940
  Regierung 996

Stein, Lorenz von (1815-1890), deutscher Staatsrechtler und Sozialwissenschaftler
  Arbeitgeber 59
  Fabrik 296
  Familie 299
  Gesellschaft 456
  Gleichheit 485
  Göttliches 520
  Handwerk 546, 547
  Maschine 831
  Mensch 854
  Proletariat 971
  Rousseau, Jean-Jacques 1023
  Soziale Frage 1123
  Volk 1317

Steinbeck, John (eig. S., Ernst, 1902-1968), US-amerikan. Schriftsteller, Literaturnobelpreis 1962
  Arbeit 54
  Atmen 72
  Autor 87
  Charakter 165
  Experte 296
  Fabrik 296
  Ferne 312
  Geld 425
  Gesellschaft 456
  Glück 498
  Leser 758
  Management 820
  Mensch 852
  Nähe 901
  Narr 903
  Pferd 955
  Regen 993
  Reisen 1005
  Reiten 1006
  Satz 1035
  Schriftsteller/-in 1073, 1075
  Stil 1153
  Tat 1176
  Vergnügen 1285
  Weisheit 1363
  Wissen 1390
  Wolke 1402
  Zeit 1421
  Zukunft 1437, 1438

Steinberg, Saul (*1914), rumän.-US-amerikan. Zeichner
  Geschlechtsverkehr 452
  Nationalität 906
  Politiker 964
  Spiegel 1126
  Zeichnen 1418

Steinbuch, Karl (*1917), deutscher Physiker
  Gehirn 410
  Selbsterkenntnis 1099
  Zeit 1421

Steiner, Rudolf (1861-1925), österreich. Anthroposoph
  Kind 637
  Spiel 1127

Steinhaus, Hugo Dionizy (1887-1972), poln. Schriftsteller
  Dummheit 200
  Gegenwart 406
  Geschichte 449
  Satz 1034
  Wort 1406

Stendhal (eig. Beyle, Marie Henri, 1783-1842), französ. Schriftsteller
  Adler 17
  Alter 25
  Argwohn 61
  Aufrichtigkeit 75
  Ausbildung 81
  Autor 87
  Ball (Tanzfest) 89
  Begabung 99
  Begierde 102
  Beruf 115
  Beziehung 135
  Charakter 164
  Dämmerung 169
  Deutsch 180, 181, 182
  Dirne 195
  Dummheit 201
  Ehe 215, 217, 219, 220, 221
  Ehemann 224
  Ehrgeiz 228
  Eifersucht 230, 231, 232
  Einsamkeit 241
  Eitelkeit 246
  Empfindsamkeit 251
  Entschluss 260
  Erziehung 284, 285, 288
  Europa 293
  Feindschaft 310
  Frankreich 329
  Frau 330, 335, 336, 337, 339, 340, 342, 343
  Galanterie 385
  Geck 393
  Gefallen 401
  Gefühl 402, 404
  Geist 412
  Geliebte 428, 429
  Geliebter 429
  Genie 434
  Genuss 438
  Gerechtigkeit 439
  Geschäft 444
  Gesellschaft 458
  Gewissen 474
  Gewohnheit 475
  Glück 487
  Gott 504
  Händedruck 543
  Hass 550
  Heiraten 561
  Italien 614, 615
  Jugend 620
  Jüngling 627
  Klarheit 648
  Koketterie 657
  König/Königin 662
  Leidenschaft 749, 750, 751
  Liebe 761, 762, 764, 765, 766, 767, 768, 769, 770, 772, 775, 778, 779, 780, 783, 786, 787, 788, 790, 793, 795
  Liebesroman 798
  Liebhaber 799
  Lust 810
  Macht 814
  Mann 823
  Missgeschick 867
  Musik 883, 885
  Mut 888
  Nachsicht 898
  Naivität 902
  Nebenbuhler 917
  Nerven 919
  Öffentliche Meinung 929
  Paris 939
  Prüderie 973
  Rang 978
  Rat 980
  Rivalität 1020
  Rom 1020
  Roman 1021
  Scham 1037
  Schamhaftigkeit 1039
  Scheidung 1042
  Schönheit 1063
  Seele 1089, 1090
  Selbstmord 1101
  Spanien 1123
  Sprödigkeit 1134
  Staat 1138
  Stolz 1155
  Tanz 1174
  Träne 1205
  Träumerei 1210
  Treue 1212, 1213
  Tugend 1220
  Unbeständigkeit 1240
  Untreue 1260
  Verbrechen 1274
  Verliebtheit 1288, 1290
  Vers 1298
  Versöhnung 1299
  Wagnis 1329
  Walzer 1344
  Weinen 1360
  Witwe 1397
  Wollust 1403
  Zufall 1434

Stephen, Leslie (1832-1904), brit. Schriftsteller
  Berg 112, 113
  Fremdheit 358
  Gipfel 478
  Natürlichkeit 916

Stern, Carola (*1925), deutsche Publizistin
  Angst 43
  Zivilcourage 1430

Stern, Horst (*1922), deutscher Publizist und Fernsehautor
  Beute 130
  Löwe 806
  Tabu 1169

Sternberg, Joseph von (1894-1969), österreich. Filmregisseur
  Selbstachtung 1098

Sternberger, Dolf (1907 bis 1989), deutscher Publizist und Politologe
Tod 1195
Trost 1216

Sternheim, Carl (1878 bis 1942), deutscher Dichter und Dramatiker
Genauigkeit 432

Stevenson, Adlai Ewing (1900–1965), brit.-US-amerikan. Politiker
Alter 30
Leben 733
Vaterland 1267

Stevenson, Robert Louis (1850–1894), brit. Schriftsteller
Garten 386
Liebe 782
Schweigen 1083

Stewart, James (1908–1997), US-amerikan. Filmschauspieler
Wahl 1330

Stewart, Michael (1906–1990), brit. Politiker
Detail 180
Grundsatz 529
Teufel 1184

Stifter, Adalbert (1805–1868), österreich. Schriftsteller
Ahnung 19
Alter 24, 32
Anmaßung 44
Beherrschung 105
Bergsteigen 114
Bescheidenheit 118
Brief 152
Charakter 165
Ehe 214
Einseitigkeit 243
Eltern 249, 250
Erfolg 270
Familie 299
Finden 317
Freundschaft 363, 364, 370
Geschäft 444
Geschichte 449
Glück 495
Größe 525, 527, 528
Herz 573
Herzlichkeit 574
Jugend 620
Kunst 689, 690, 691, 693, 700, 701
Künstler 701, 702, 703
Kunstwerk 705
Leben 730, 732
Liebe 762, 773, 788, 791, 792, 795
Lob 803
Lust 810

Mensch 844, 853, 858
Mutter 890
Natur 910
Paradies 938
Pflicht 948
Politiker 965
Schmerz 1059
Schönheit 1062, 1065
Seele 1087
Sittlichkeit 1113
Sonne 1121
Staat 1138
Sterben 1150
Tod 1199
Töten 1203
Tugend 1222
Verfassung 1278
Verlassen 1287
Verzeihung 1312
Vollkommenheit 1319
Wagnis 1329
Weib 1355

Stirner, Max (eig. Schmidt, Johann Kaspar, 1806–1856), deutscher Schriftsteller
Aberglaube 8
Armut 62
Band 89
Besitz 121
Bildung 139
Christentum 167
Egoismus 205
Eigentum 234
Entsagung 259
Erziehung 284, 287
Familie 299
Fanatismus 301
Freiheit 355, 356
Geburt 392
Gefängnis 402
Geist 416, 417
Geister 419
Gemeinwohl 431
Gesellschaft 457
Heiligkeit 556
Ideal 599
Idee 600
Jugend 624
Kind 640
Mund 882
Partei 940, 941
Prügel 973
Recht 984, 986
Reichtum 997
Republik 1013
Schwäche 1080
Selbstständigkeit 1102
Sklaverei 1116
Staat 1137, 1139, 1140
Strafe 1157
Trotz 1217
Unmensch 1251
Unmündigkeit 1251
Verbrechen 1273, 1274
Vermögen 1292
Verrücktheit 1298
Volk 1316, 1317
Wahrheit 1337
Wille 1381

Stoessl, Otto (1875–1936), österreich. Schriftsteller
Musik 885
Niederlage 922
Verstehen 1305

Stokowski, Leopold (1882–1977), poln.-ir.-US-amerikan. Dirigent
Dirigent 195
Kritik 681
Musik 885

Stolberg-Stolberg, Friedrich Leopold Graf zu (1750–1819), deutscher Schriftsteller
Natur 913

Stolte, Dieter (*1934), deutscher Fernsehintendant
Einfalt 237
Medium 837

Stolz, Robert (1880–1975), österreich. Komponist
Geschenk 446
Leben 726
Lied 800
Plagiat 955

Stoppard, Tom (*1937), brit. Bühnenautor
Gesicht 463

Storm, Theodor (1817–1888), deutscher Dichter
Armut 67
Einsamkeit 242
Erschütterung 282
Frühling 377
Gold 503
Heide 554
Idealismus 600
Jugend 625
Leben 734
Leid 747
Liebe 766, 793
Lied 800
Oktober 931
Schönheit 1064
Schuld 1076
Trost 1217
Unglück 1248
Vergänglichkeit 1282
Wandern 1345
Wein 1358
Zweifel 1444

Stowe, Harriet Beecher (1811–1896), US-amerikan. Schriftstellerin
Menschlichkeit 863

Strauß, Botho (*1944), deutscher Schriftsteller
Schriftsteller/-in 1073

Strauß, David Friedrich (1808–1874), deutscher evang. Theologe
Genuss 439
Leben 737

Strauß, Franz Josef (1915–1988), deutscher Politiker
Eltern 249
Erziehung 285
Harmonie 547
Jugend 621
Kaufen 634
Politik 962
Politiker 965
Richtung 1019
Verkehr 1286
Wort 1405

Strauss, Richard (1864–1949), deutscher Komponist
Musik 886
Publikum 975
Volk 1316

Strawinsky, Igor (1882–1971), russ. Komponist
Ende 254
Ewigkeit 295
Musik 884, 885
Wissen 1391

Streisand, Barbra (*1942), US-amerikan. Sängerin und Schauspielerin
Erfolg 270
Frau 335, 342
Gentleman 436
Hollywood 591
Mann 823, 825

Stresemann, Gustav (1878–1929), deutscher Politiker, Friedensnobelpreis 1926
Erkenntnis 276
Europa 293
Gerechtigkeit 440
Lernen 754
Liberal 758

Strindberg, (Johan) August (1849–1912), schwed. Schriftsteller
Abstieg 12
Alter 24
Arbeit 54
Arzt 70
Atheismus 72
Bedürfnis 97
Bekanntschaft 108
Beweis 131
Bildung 141
Charakter 164
Dank 170
Demokratie 173
Doppelzüngigkeit 197
Dummheit 202
Egoismus 205
Ehe 213, 215, 220, 221
Emanzipation 251
Empfindlichkeit 251

Enge 255
Engel 255
Erbschaft 262
Erlaubnis 277
Erziehung 285, 286
Familie 299
Frau 341
Frieden 372
Gans 386
Gedanke 395, 396
Gefälligkeit 402
Genie 434
Geschlecht 452
Gesellschaft 455, 456, 457, 458, 459
Gewissen 472
Glaube 478, 481
Glück 489
Größe 527
Halluzination 541
Herbst 565
Hören 592
Humor 593
Hund 595
Ich 598
Illusion 603
Individuum 605
Jugend 621, 622, 625
Kampf 629
Karriere 632
Kind 638, 640, 642, 643
Kindheit 644
Klarheit 647
Klasse 648
Kontakt 664
Kultur 686, 687
Leid 746
Leidenschaft 750
Liebe 766, 772
Literatur 802
Logik 804
Lüge 808
Macht 815
Mensch 847, 850
Misserfolg 867
Mitleid 869
Moral 877, 878
Mutter 890
Natur 910, 911, 912, 914
Natürlichkeit 916
Neues 920
Notwendigkeit 925
Nutzen 926, 927
Offizier 930
Originalität 936
Paar 937
Philosophie 953
Poesie 957
Reden 990
Religion 1008, 1012
Rettung 1014
Rezension 1017
Rolle 1020
Rückschritt 1023
Ruf 1024
Schaden 1036
Schule 1077
Schwangerschaft 1081
Selbstgenügsamkeit 1101
Spiel 1127

Spontaneität 1129
Stadt 1142
Standpunkt 1144
Sterben 1149
Stil 1153
Strafe 1156
Strenge 1161
Studium 1161
Tag 1170
Tanz 1174
Tat 1176
Theater 1186
Tier 1189
Träne 1205
Trauer 1206
Trinken 1216
Unsinnig 1255
Unterhaltung 1257
Urteil 1265
Vater 1266
Verliebtheit 1288, 1289
Verlobung 1290
Wahnsinn 1331
Wahrheit 1337, 1339
Wald 1343
Wille 1381
Zeit 1419, 1421
Zeitung 1424
Zufriedenheit 1435
Zweifel 1444

Stromberg, Kyra (*1916), deutsche Schriftstellerin, Übersetzerin und Publizistin
  Fenster 312

Stroux, Karl Heinz (1908–1985), deutscher Theaterregisseur
  Leben 735
  Überleben 1232

Struck, Karin (*1947), deutsche Schriftstellerin
  Erziehung 285
  Mutter 891

Stuckenschmidt, Hans Heinz (1901–1988), deutscher Musikkritiker und -schriftsteller
  Kunst 694

Suarès, André (1868–1948), portugies.-französ. Schriftsteller
  Barbarei 90

Sudermann, Hermann (1857–1928), deutscher Schriftsteller
  Mutter 891
  Recht 985

Sueton (Gaius Suetonius Tranquillus, um 70–um 130), röm. Schriftsteller
  Hirte 581
  Kaiser 628
  Sterben 1148

Sully Prudhomme (eig. P., René François Armand, 1839–1907), französ. Dichter, Literaturnobelpreis 1901
  Achtung 14
  Almosen 23
  Alter 25, 29
  Anmut 44
  Annehmlichkeit 44
  Anständigkeit 48
  Arbeit 58
  Auflehnung 74
  Aufrichtigkeit 75
  Ball (Tanzfest) 89
  Barmherzigkeit 90
  Beredsamkeit 111
  Bescheidenheit 118
  Beten 125
  Bewunderung 132
  Bildhauerei 138
  Bourgeoisie 150
  Brief 152
  Buch 155, 156
  Diamant 185
  Dichter/-in 186
  Doktrin 196
  Dummheit 199
  Ehe 212
  Ehepaar 224
  Ehrgeiz 228
  Eifersucht 231
  Einladung 239
  Einsamkeit 241
  Eleganz 247
  Elend 248
  Empfindsamkeit 251
  Empörung 253
  Entdeckung 257
  Erfolg 272
  Erziehung 288
  Feingefühl 311
  Frau 333, 336, 346
  Freiheit 355
  Freude 359
  Freundschaft 363, 367, 371
  Fühlen 379
  Gedanke 394
  Gedicht 397
  Gefallen 401
  Gegenleistung 405
  Geld 422
  Gelehrsamkeit 427
  Genie 433
  Gerechtigkeit 439
  Gesetz 460
  Gesicht 463
  Gesundheit 466, 467
  Gewissensbiss 474
  Gleichgewicht 484
  Glück 488, 491, 495, 496, 497, 499
  Grausamkeit 522
  Handlung 546
  Handwerk 546
  Hässlichkeit 551
  Herz 571, 572
  Heuchelei 574
  Hoffnung 586, 587
  Höflichkeit 588
  Illusion 603
  Instinkt 608
  Irdisches 611
  Ironie 611
  Keuschheit 636
  Kind 644
  Kleidung 650
  Koketterie 657
  Kraft 668
  Krankhaft 670
  Kriechen 674
  Kritik 682
  Kunst 689, 699
  Künstler 701
  Lächeln 708, 709
  Lächerlichkeit 711
  Langeweile 713, 714
  Laster 717
  Leben 724, 725, 732, 733
  Leid 744
  Leidenschaft 750
  Liebe 761, 768, 769, 770, 772, 773, 775, 778, 783, 794
  Liebende 797
  Literatur 801
  Logik 804
  Mensch 844, 854, 855
  Menschenverstand 861, 862
  Menschlichkeit 863
  Mittelmäßigkeit 872
  Moral 878
  Musik 884
  Mutter 891
  Natur 906, 911
  Naturell 915
  Neid 918
  Offenheit 929
  Philosophie 952, 953
  Poesie 957
  Prüderie 973
  Radikalität 978
  Rat 979
  Rausch 982
  Ruhm 1028
  Scham 1038
  Schamhaftigkeit 1039
  Schande 1039
  Schenken 1044
  Schmeichelei 1057
  Schmerz 1058, 1059
  Schönheit 1063
  Schriftsteller/-in 1073
  Schwäche 1080
  Schweigen 1082
  Seele 1089
  Selbstmord 1101
  Selbstvergessenheit 1103
  Sittlichkeit 1113
  Sklaverei 1116
  Sparsamkeit 1124
  Spiel 1127
  Sprache 1131
  Stolz 1155
  Streben 1158
  Studium 1162
  Talent 1173
  Tod 1194, 1199
  Tot 1203

Treue 1213
Trost 1217
Tugend 1219
Tyrannei 1228
Unendlichkeit 1241
Ungezwungenheit 1244
Unhöflichkeit 1250
Unterricht 1259
Untreue 1260
Vater 1266
Verdacht 1275
Vergnügen 1285
Verschwendung 1299
Vertrauen 1308
Vertraulichkeit 1309
Volk 1316
Wahrheit 1332, 1333, 1339
Warten 1347
Wollust 1403
Wunsch 1414
Zärtlichkeit 1417
Zeit 1422
Zukunft 1439
Zuneigung 1439
Zweifel 1444

Sulzberger, Arthur Hays (1891–1968), US-amerikan. Zeitungsverleger
  Journalismus 618
  Katze 634

Sulzberger, Cyrus Leo (*1912), US-amerikan. Publizist
  Revolution 1016

Sun Yatsen (1866–1925), chin. Revolutionär und Politiker
  Thron 1188

Süßmilch, Johann Peter (1707–1767), deutscher Pfarrer und Statistiker
  Geburt 391
  Gott 509
  Vorsehung 1322

Suttner, Bertha von (1843–1914), österreich. Pazifistin, Friedensnobelpreis 1905
  Krieg 676

Svevo, Italo (1861–1928), italien. Schriftsteller
  Frau 335
  Schönheit 1063
  Verlangen 1287

Swanson, Gloria (1899–1983), US-amerikan. Filmschauspielerin
  Einsamkeit 240

Swietochowski, Aleksander (1849–1938), poln. Schriftsteller
  Berg 112
  Mensch 856

Swift, Jonathan (1667–1745), anglo-ir. Schriftsteller
  Brot 153
  Ehre 226
  Essen 289
  Gesellschaft 457
  Hass 550
  Heiraten 562
  Religion 1011
  Satire 1034
  Spiegel 1126
  Trauer 1206

Swope, Herbert Bayard (1882–1958), US-amerikan. Schriftsteller
  Erfolg 271

Sybel, Heinrich von (1817–1895), deutscher Historiker und Politiker
  Herrschaft 567
  Nation 905
  Verdienst 1276

Sydow, Rolf von (*1924), deutscher Regisseur und Autor
  Theater 1186

Synge, (Edmund) John M. (1871–1909), ir. Dramatiker
  Askese 71
  Ekstase 247

Szczesny, Gerhard (*1918), deutscher Schriftsteller
  Angst 42
  Aufklärung 74
  Gesellschaft 459
  Individualität 604
  Mensch 850
  Musik 885
  Tanz 1174
  Übel 1229

T

Tacitus, Publius Cornelius (um 55–um 115), röm. Geschichtsschreiber
  Erfolg 270
  Fallen 298
  Feldherr 312
  Frau 346
  Frieden 373
  Gefahr 400
  Kunst 700
  Rom 1021
  Schaden 1036
  Schild 1050
  Staat 1138
  Tugend 1223
  Übung 1237
  Verehrung 1277

Tagore, Rabindranath (eig. Thakur, Ravindranath, 1861–1941), ind. Dichter und Philosoph, Literaturnobelpreis 1913
  Grausamkeit 522
  Güte 533
  Irrtum 614
  Lüge 807
  Macht 813
  Reichtum 997
  Streit 1159
  Wahrheit 1332, 1340, 1341

Taine, Hippolyte (1828–1893), französ. Kulturkritiker, Historiker und Philosoph
  Arbeit 54
  Buch 158
  Ehe 210
  Geist 413
  Geld 422

Talleyrand, Charles Maurice de (1754–1838), französ. Staatsmann
  Abschied 11
  Gedanke 394
  Macht 814
  Sprache 1131
  Unfähigkeit 1242

Tandler, Gerold (*1936), deutscher Politiker
  Zeitung 1424

Tàpies, Antoni(o) (eig. Puig, A. T., *1923), span. Maler und Grafiker
  Kunst 697, 698
  Zeichen 1417

Tappert, Horst (*1923), deutscher Schauspieler
  Schauspielerei 1041

Tasso, Torquato (1544–1595), italien. Dichter
  Freiheit 353
  Meinung 840

Tatarka, Dominik (1913–1989), slowak. Schriftsteller
  Mann 826
  Schreibtisch 1072

Tatarkiewicz, Wladyslaw (1886–1980), poln. Philosoph
  Erkenntnis 276
  Individualität 604
  Kunst 691, 692, 697
  Wirklichkeit 1384
  Wissen 1390

Tati, Jacques (1908–1982), französ. Schauspieler und Regisseur
  Aberglaube 8
  Arzt 69
  Aufgabe 73
  Einbruch 236
  Gesang 444
  Kritik 682
  Literatur 802
  Militär 865
  Minderwertigkeit 866
  Muskeln 886
  Nachbarschaft 896
  Nachrichten 898
  Pflanze 946
  Publikum 975
  Stadt 1142
  Verkehr 1286

Tauler, Johannes (um 1300–1361), elsäss. Mystiker und Prediger
  Gott 506
  Leib 743

Taylor, Edward (um 1642 bis 1729), US-amerikan. Lyriker und Geistlicher
  Europa 293

Taylor, Elizabeth (*1932), brit. Schauspielerin
  Erzählen 284

Teilhard de Chardin, Pierre (1881–1955), französ. Philosoph und kath. Theologe
  Liebe 771

Teller, Edward (*1908), ungar.-US-amerikan. Kernphysiker
  Arbeit 55
  Wissenschaft 1393

Tencin, Claudine Alexandrine Guérin de (1682–1749), französ. Schriftstellerin
  Herz 571
  Liebe 770
  Verstehen 1305
  Vertrauen 1308

Tennyson, Alfred (1809–1892), brit. Dichter
  Träne 1205
  Weisheit 1366

Terentianus Maurus (Ende des 3. Jh. n. Chr.), röm. Dichter
  Buch 155
  Schicksal 1048

Terenz (Publius Terentius Afer, 185–159 v. Chr.), röm. Komödiendichter
  Belohnung 110
  Besser 122
  Betrug 127
  Beurteilung 129
  Faulheit 303
  Forschung 324

Freundschaft 369
Gefälligkeit 402
Gleich 484
Hoffnung 587
Krankheit 673
Leben 734
Liebende 797
Lust 809, 810
Meinung 841
Menschlichkeit 863
Milde 865
Mutter 890
Nächstenliebe 899
Realismus 983
Recht 984
Täuschung 1180
Tun 1227
Veranlagung 1270
Waffe 1328
Wahrheit 1337
Weisheit 1364, 1366
Widerwille 1379
Wiederholung 1379
Wille 1380
Wissen 1388, 1392
Wort 1405
Zorn 1432

Teresa von Ávila
(1515–1582), span. Mystikerin
  Armut 64
  Bedürfnis 96
  Beichte 106
  Beispiel 108
  Demut 174
  Ehe 208, 212, 214, 217, 222
  Ehre 226
  Freundschaft 365
  Geld 424
  Gott 508
  Gutes 536
  Heil 555
  Körper 666
  Krankheit 673
  Kühnheit 685
  Leihen 752
  Liebe 773, 777
  Schach 1035
  Soldaten 1118
  Sünde 1167
  Teufel 1184
  Tod 1199
  Tugend 1222, 1225
  Urteil 1264
  Verwandtschaft 1310, 1311
  Vollkommenheit 1319
  Waschen 1347
  Weg 1350
  Wissenschaft 1396
  Ziel 1429

Teresa, Mutter (eig. Bojaxhiu, Agnes G., 1910–1997), ind. Ordensschwester alban. Herkunft, Friedensnobelpreis 1979
  Abtreibung 13, 14
  Arbeit 54
  Armut 62, 63, 65, 66, 67
  Bankier 90
  Bekehrung 108
  Berufung 116
  Demut 174
  Dienst 192
  Einsamkeit 240, 242
  Entspannung 261
  Familie 301
  Frau 340, 345
  Freude 360, 361
  Frieden 372, 373, 374
  Fröhlichkeit 375
  Frucht 376
  Geben 389
  Gebet 389, 390
  Geld 424
  Gesundheit 466
  Glaube 479, 482
  Gott 504, 506, 509, 513, 514, 517
  Heiligkeit 556
  Herz 573
  Hochmut 583
  Homosexualität 592
  Jesus 617
  Kind 641
  Kosten 667
  Krankheit 670
  Krieg 679, 680
  Lächeln 709
  Leben 727, 733
  Leid 746
  Liebe 763, 769, 771, 780, 781, 796
  Maschine 831
  Mut 888
  Nachbarschaft 896
  Nächstenliebe 899
  Opfer 931
  Politik 959, 962
  Politiker 964
  Schmerz 1058, 1060
  Staat 1136
  Sterben 1148
  Tat 1177
  Teilen 1181
  Tod 1195
  Tugend 1222
  Veränderung 1269
  Wert 1375
  Westen 1376
  Wissen 1393
  Wohlstand 1400

Tertullian (Quintus Septimius Florens Tertullianus, um 160–222), latein. Kirchenschriftsteller
  Märtyrer 830
  Sitten 1112
  Umgang 1238

Tetzel, Johann (1465–1519), deutscher Theologe
  Geld 425
  Seele 1091

Thackeray, William Makepeace (1811–1863), brit. Schriftsteller
  Eroberung 280
  Frau 341

Gott 514
Mutter 892
Spiegel 1126
Welt 1368

Thakur, Ravindranath
→ Tagore, Rabindranath

Thales von Milet (um 625 bis um 545 v. Chr.), griech. Philosoph und Mathematiker, einer der Sieben Weisen Griechenlands
  Eltern 250
  Seltenheit 1104
  Tyrannei 1227
  Unterstützung 1259
  Wasser 1347

Thatcher, Margaret (*1925), brit. Politikerin (Premierministerin 1979–1990)
  Aal 7
  Fernsehen 313
  Geschichte 450
  Mann 828
  Politik 963
  Schlacht 1051

Thelen, Albert Vigoleis (1903–1989), deutscher Schriftsteller
  Wort 1406

Theodektes (4. Jh. v. Chr.), griech. Dichter
  Dienen 192

Theognis (um 550 bis 500 v. Chr.), griech. Dichter
  Wunsch 1413

Theokrit (um 310 bis um 250 v. Chr.), griech. Dichter
  Muse 883

Theresia von Lisieux (1873–1897), französ. Karmelitin
  Bitte 143

Thiele, Rolf (1918–1994), deutscher Filmregisseur
  Frau 331
  Ruhe 1025
  Unruhe 1253

Thiers, Adolphe (1797–1877), französ. Politiker u. Historiker
  Regierung 994
  Republik 1013

Thierse, Wolfgang (*1943), deutscher Germanist und Politiker
  Zukunft 1437

Thiess, Frank (1890–1977), deutscher Schriftsteller
  Alter 27
  Angst 42
  Jugend 621
  Leben 720
  Natur 906
  Umweg 1239
  Ungeduld 1243

Thoelke, Wim (1927–1995), deutscher Fernsehmoderator
  Pessimismus 944
  Popularität 966
  Straße 1158
  Trübsal 1217

Thoma, Ludwig (1867–1921), deutscher Schriftsteller
  Einfluss 238

Thomalla, Georg (*1915), deutscher Schauspieler
  Allein 22
  Amor 35
  Straße 1158

Thomas von Aquin (1224/25 bis 1274), italien. Theologe und Philosoph
  Absicht 11
  Adler 17
  Anfang 39
  Auge 78
  Barmherzigkeit 90, 91
  Begehren 100
  Begreifen 103
  Bewegung 131
  Böses 147, 148
  Christentum 167, 168
  Dämon 169
  Demut 174
  Dichter/-in 186
  Ehe 211
  Ehebruch 223
  Ehre 225
  Eigenliebe 233
  Einheit 238
  Engel 255
  Enthaltsamkeit 258
  Entscheidung 260
  Erinnerung 274
  Erkenntnis 275, 276, 277
  Erleuchtung 278
  Ewigkeit 294
  Falsches 298
  Firmung 318
  Freiheit 355
  Frieden 372
  Furcht 382
  Geduld 399
  Geist 413, 417
  Geld 424
  Gemeinwohl 431
  Gerechtigkeit 441
  Gesetz 461
  Gewissen 474
  Glaube 482, 483
  Glückseligkeit 501
  Gnade 502
  Gott 504, 506, 507, 508, 509, 510, 511, 513, 515, 516, 517

Gut sein 532
Gutes 534, 535, 538, 539
Hass 549, 550
Heiligkeit 556
Hinterhalt 581
Hochmut 582
Höhe 590
Hunger 596
Inneres 606
Irrtum 612
Klugheit 653, 654, 655
Leben 720
Leidenschaft 749, 752
Lernen 755
Liebe 765, 771, 773, 780, 785, 786, 794
Lust 810, 811
Macht 815
Mangel 820
Mensch 843, 853, 854, 857
Morgen 880
Natur 906, 907, 908, 909
Natürlichkeit 915
Neid 917
Nichts 922
Notwendigkeit 925
Ölung 931
Ordnung 935
Priester 969
Sakrament 1032
Sanftmut 1033
Schaden 1036
Schöpfung 1069
Seele 1088
Sehnsucht 1094
Sein 1096
Sinnlichkeit 1111
Sittlichkeit 1112
Sklaverei 1116
Spiel 1128
Staunen 1146
Steuern 1152
Sünde 1164, 1165, 1166, 1167
Tapferkeit 1175
Tätigkeit 1178
Taufe 1179
Tier 1189
Tod 1195, 1196
Traurigkeit 1210
Tugend 1219, 1220, 1221, 1222, 1224, 1225, 1226
Unendlichkeit 1241
Unvollkommenheit 1261
Urteil 1264
Vereinigung 1277
Vergänglichkeit 1282
Verlangen 1287
Vernunft 1293, 1294, 1295
Verwirklichung 1311
Verzweiflung 1314
Volk 1315
Vollendung 1318
Vollkommenheit 1319
Vorsehung 1322
Wahrheit 1332, 1333, 1334, 1340
Weg 1350

Wein 1360
Weisheit 1361, 1364, 1365
Weltall 1371
Wert 1374
Wille 1380, 1381, 1382
Wirkung 1386
Wissen 1388
Zeugung 1427
Ziel 1427, 1428
Zorn 1432
Zufall 1434

Thomas von Kempen (1379/80–1471), deutscher Mystiker
  Abend 7
  Anfang 40
  Anstrengung 48
  Arbeit 57
  Begierde 102
  Eigenes 232
  Ende 253
  Ewigkeit 295
  Feindschaft 311
  Finden 317
  Frieden 372
  Gemeinsamkeit 431
  Gott 506
  Mensch 848
  Ruhe 1026
  Schweigen 1082
  Streben 1158
  Urteil 1265

Thomas, Terry (1912–1990), brit. Schauspieler
  Freundschaft 364

Thomasin von Zerklaere (um 1186–nach 1215), mittelhochdeutscher Dichter
  Tun 1226
  Versuch 1307

Thomkins, André (1930–1985), schweizer. Zeichner und Maler
  Kunst 698

Thomson, James (1700–1748), schott. Schriftsteller
  England 256

Thoreau, Henry David (1817–1862), US-amerikan. Schriftsteller
  Alter 24
  Anpassung 45
  Ansicht 46
  Arbeit 54, 58
  Bedürfnis 96
  Billig 142
  Dreieck 198
  Erziehung 288
  Ewigkeit 294
  Fortschritt 325
  Generation 433
  Gewissen 473
  Gutes 534

Hochzeit 584
Luxus 812
Masse 833
Mensch 844
Mode 873, 874
Natur 907, 908, 909, 911
Nutzen 926
Phantasie 950
Philosophie 953, 954
Rang 978
Reichtum 1000
Reue 1015
Schicksal 1045
Schuft 1075
Sehen 1093
Sklaverei 1115
Sorge 1121
Stern 1151
Unternehmung 1258
Verzweiflung 1313
Vorurteil 1326
Wahrheit 1338, 1339
Wohltätigkeit 1401
Wohnung 1401
Zeit 1418

Thukydides (um 460 bis nach 400 v. Chr.), griech. Geschichtsschreiber
  Frau 332

Thurber, James (1894–1961), US-amerikan. Schriftsteller und Zeichner
  Alter 28
  Frage 327
  Komik 658
  Liebe 782
  Tragik 1204

Tiberius (T. Iulius Caesar, eig. T. Claudius Nero, 42 v.Chr.–37 n.Chr.), röm. Kaiser
  Alter 27
  Arzt 70

Tibull (Albius Tibullus, um 50 v.Chr.–um 15 n.Chr.), röm. Dichter
  Bitte 142
  Geständnis 466
  Gold 503
  Götter 519
  Hartherzigkeit 548
  Kuss 707
  Muse 883
  Ruhm 1029
  Schicksal 1045
  Schweigen 1084
  Strafe 1157
  Verzeihung 1313
  Waffe 1329
  Weisheit 1366

Tieck, Ludwig (1773–1853), deutscher Dichter, Kritiker und Übersetzer
  Argwohn 61
  Begreifen 103

Einbildung 236
Feigheit 308
Freundschaft 365, 368
Gefühl 404
Hass 550
Hoffnung 585, 587
Karikatur 631
Leidenschaft 752
Liebe 780
Mann 826
Mond 876
Rätsel 981
Schlaf 1052
Seele 1091
Sitten 1112
Spiel 1127
Tragödie 1204
Unrecht 1252
Vergangenheit 1280
Vergnügen 1285
Verstand 1302
Wald 1344
Weib 1356
Zeit 1418

Tiedge, Christoph (1752–1841), deutscher Schriftsteller
  Besitz 121
  Beziehung 135
  Schiff 1050
  Unglück 1248

Tillich, Paul (1886–1965), deutsch-US-amerikan. evang. Theologe und Philosoph
  Mensch 854, 855
  Utopie 1265
  Werk 1373

Tillier, Claude (1801–1844), französ. Schriftsteller
  Essen 290
  Liebe 772
  Sarg 1033
  Trinken 1215

Tisot, Henri (*1937), französ. Schauspieler
  Politik 963

Tocqueville, Alexis Clérel de (1805–1859), französ. Schriftsteller und Politiker
  Feindschaft 310
  Freundschaft 368
  Welt 1368

Tognazzi, Ugo (1922–1990), italien. Schauspieler
  Adam 16
  Automobil 86
  Beamter 95
  Erde 264
  Frau 340
  Koalition 656
  Schlager 1054
  Witz 1399

Personenregister

Toller, Ernst (1893–1939), deutscher Schriftsteller
   Glück 493
   Mensch 848, 859

Tolstoi, Leo N. (1828–1910), russ. Dichter und Philosoph
   Aberglaube 8
   Abgrund 9
   Abtreibung 14
   Acker 15, 16
   Aktie 20
   Alkohol 20
   Allein 21, 22
   Almosen 23
   Alter 24, 28, 30, 32
   Altertum 34
   Analphabetentum 37
   Anarchie 37
   Anfang 40
   Angenehm 41
   Ansehen 46
   Anstrengung 48
   Antwort 49
   Arbeit 52, 53, 54, 55, 56, 57, 58
   Arbeitslosigkeit 59
   Ärger 60
   Argument 61
   Armut 65, 66, 67
   Ästhetik 71
   Aufgabe 73
   Aufopferung 75
   Aufrichtigkeit 76
   Aufstand 76
   Ausbeutung 81
   Ausdauer 81
   Ausführung 82
   Ausgaben 82
   Ausschweifung 84
   Aussprache 85
   Ausstellung 85
   Autorität 88
   Bauer 92
   Bedürfnis 96
   Beerdigung 97
   Befehl 98
   Begierde 102
   Beifall 106
   Belanglosigkeit 109
   Bereitschaft 112
   Berlin 114
   Berufung 116
   Berühmtheit 116
   Beschäftigung 116, 117
   Bescheidenheit 117
   Beschuldigung 119
   Beschwerden 119
   Besitz 121
   Betrug 127
   Bewegung 131
   Bewusstsein 133
   Beziehung 134
   Bildung 138, 140, 141
   Bordell 147
   Böses 147, 148, 149
   Bosheit 150
   Brief 152
   Brüderlichkeit 154
   Buch 158
   Buchdruck 159
   Charakter 163
   Christentum 166, 168
   Demut 175
   Denken 175, 178, 179
   Despotismus 180
   Dichtung 190
   Dieb 190
   Diebstahl 191
   Dienen 191, 192
   Diener 192
   Disziplin 196
   Dogma 196
   Ebbe und Flut 204
   Egoismus 205, 206
   Ehe 207, 208, 209, 210, 212, 213, 214, 215, 216, 217, 219, 220
   Ehebruch 222
   Ehrlichkeit 229
   Eifersucht 231
   Eigenliebe 233
   Eindruck 236
   Einfachheit 237
   Einheit 238
   Einigkeit 239
   Einsamkeit 241
   Einseitigkeit 243
   Eitelkeit 245, 246
   Emanzipation 250, 251
   Empfängnis 251
   Entartung 256
   Entbehrung 257
   Enthaltsamkeit 258
   Entscheidung 259
   Entwicklung 261
   Erbfolge 262
   Erbschaft 263
   Erfolg 269
   Erhebung 273
   Erinnerung 274, 275
   Erklärung 277
   Erniedrigung 279
   Eroberung 280
   Erziehung 288
   Essen 290, 291
   Fahrrad 297
   Familie 299, 300
   Fehler 306
   Feier 308
   Feindschaft 309
   Ferne 312
   Feuer 315
   Fleiß 319
   Fliegen 320
   Form 324
   Fortschritt 325, 326, 327
   Frage 328
   Frau 329, 332, 333, 334, 337, 345, 346
   Frauenfrage 349
   Freiheit 350, 351, 352, 353, 354, 355, 356, 357
   Fremdsprache 358
   Freude 359, 360
   Frieden 373
   Fröhlichkeit 375
   Gebet 389
   Geburt 393
   Gedächtnis 393
   Gedanke 394, 395
   Gedicht 397
   Geduld 398
   Gefängnis 402
   Gefühl 403, 404
   Gegenwart 406
   Geheimnis 409
   Geist 412, 413, 414, 415, 416, 418
   Gelassenheit 421
   Geld 423, 425
   Gemeinsamkeit 431
   Gemeinschaft 431
   Generation 433
   Genie 434
   Genuss 437, 438
   Gerechtigkeit 440
   Geschichte 446, 450
   Geschlechtsverkehr 452
   Geschmack 453
   Gesellschaft 455, 456, 457, 458
   Gesetz 460
   Gespräch 464
   Gewalt 468, 469
   Gewaltlosigkeit 469
   Gewissen 473
   Gewohnheit 476
   Glaube 482
   Gleichheit 485, 486
   Glück 487, 488, 489, 490, 491, 492, 496, 497, 498, 499, 500
   Glückseligkeit 501
   Goethe, Johann Wolfgang von 502
   Gott 504, 509, 513, 515, 517
   Grausamkeit 522
   Greis 523
   Grenze 523
   Größe 528
   Gut sein 532
   Güte 533, 534
   Guter Mensch 534
   Gutes 535, 536, 537, 538
   Gymnasium 539
   Haar 540
   Handlung 546
   Harmonie 547
   Haus 551, 552
   Heimsuchung 559
   Heiraten 560
   Herrschaft 567, 568
   Hilfe 577
   Hingabe 581
   Hochzeit 584
   Hochzeitsreise 584
   Hof 585
   Hoffnung 586
   Hohlheit 590
   Homer 592
   Hunger 596
   Hypnose 597
   Ich 598
   Ideal 599
   Illusion 603
   Indien 603
   Inhalt 605
   Intellektueller 609
   Irrtum 612, 613, 614
   Jammern 617
   Jugend 620, 622, 623
   Jungfrau 626
   Junggeselle 627
   Kampf 629
   Kastration 633
   Kenntnis 635
   Keuschheit 636
   Kind 638, 640, 641, 642, 644
   Kirche 645, 646
   Konservatismus 663
   Konzentration 664
   Körper 666, 667
   Krankheit 671, 672
   Kränkung 673
   Krieg 676, 677, 679, 681
   Kritik 682, 684
   Kultur 686
   Kunst 689, 690, 691, 693, 694, 695, 696, 697, 698, 699, 700, 701
   Kunstwerk 706
   Lampe 712
   Land 712
   Landbesitz 712
   Laster 717
   Leben 719, 720, 721, 722, 723, 724, 725, 727, 728, 729, 730, 731, 732, 734, 735, 737, 738
   Lebensziel 740
   Lehre 741
   Leib 743, 745, 746, 747
   Leidenschaft 748, 751
   Lesen 756, 757
   Licht 759
   Liebe 760, 768, 771, 776, 779, 780, 781, 783, 784, 785, 786, 787, 788, 789, 790, 791, 792, 793, 794, 795, 796
   List 801
   Literatur 802
   Lüge 806, 807, 808, 811
   Lustigkeit 811
   Luther, Martin 812
   Luxus 812
   Maria 829
   Marxismus 830
   Maschine 831
   Maxime 836
   Medizin 837
   Mehrheit 838
   Meinung 839
   Mensch 847, 848, 854, 856, 857
   Menschheit 862
   Mission 867
   Mitleid 870
   Mode 874
   Monat 876
   Mönch 876
   Moral 878
   Morgen 880
   Musik 884, 885, 886
   Müßiggang 887
   Mutter 892
   Nächstenliebe 899

Personenregister

Nahrung 902
Name 902
Natur 906, 909, 912
Naturzerstörung 916
Not 923
Nüchternheit 926
Nutzen 926
Offenheit 929
Öffentliche Meinung 929
Opfer 932
Opposition 933
Parlament 940
Pflicht 948
Philosophie 952, 953
Poesie 958
Popularität 966
Probe 970
Prophet 971
Prostitution 972
Prügel 973
Raub 981
Rauchen 982
Recht 985
Rechthaberei 987
Reden 990, 991
Regierung 994, 995, 996
Reichtum 997, 999, 1000, 1001, 1002
Reisen 1004
Religion 1008, 1010, 1011
Respekt 1013
Reue 1015
Revolution 1016, 1017
Rolle 1020
Rousseau, Jean-Jacques 1023
Ruhm 1028, 1029
Russland 1030
Saat 1030
Schach 1035
Schicksal 1047
Schlechtes 1055
Schloss 1056
Schmerz 1059, 1060
Schönheit 1062, 1065, 1066
Schöpfung 1068
Schreiben 1070, 1071
Schriftsteller/-in 1073, 1074
Schuld 1076
Schule 1077
Schurke 1079
Schwäche 1081
Schwalbe 1081
Schwärmerei 1082
Schwierigkeit 1086
Seele 1087, 1088, 1089
Segen 1093
Sein 1096
Sekte 1097
Selbstbetrug 1098
Selbstbewusstsein 1099
Selbstzufriedenheit 1104
Sexualität 1105
Silvester 1109
Singen 1109
Sinne 1110
Sinnlichkeit 1111
Sitten 1112

Sittlichkeit 1113
Sklaverei 1115
Sozialismus 1123
Spannung 1124
Spezialisierung 1126
Spiel 1127
Spott 1130
Staat 1138
Stadt 1141, 1142, 1143
Stellung 1147
Sterben 1147, 1148, 1149, 1150
Stern 1151
Störung 1156
Streit 1160
Studium 1162
Sünde 1166
System 1169
Tabak 1169
Tagebuch 1171
Tat 1177
Tätigkeit 1178
Tatsache 1178
Technik 1181
Terror 1182
Teufel 1184
Tiefe 1188
Tod 1193, 1194, 1195, 1196, 1197, 1198, 1199
Todesstrafe 1200
Torheit 1202
Traum 1207, 1208, 1209
Trennung 1211
Trinken 1215
Tugend 1219, 1224, 1225
Tun 1226, 1227
Überfluss 1231
Übergang 1231
Umstand 1239
Unglück 1246, 1248
Unglücklich 1249
Unheil 1249
Unschuld 1254
Unsinnig 1255
Unsittlichkeit 1255
Unterhaltung 1258
Untergang 1256
Urteil 1264, 1265
Vaterland 1268
Veränderung 1269
Verbesserung 1272
Verbrauch 1272
Verbrechen 1273, 1274
Verdammung 1275
Verdorbenheit 1276
Verfeinerung 1278
Verfolgung 1279
Vergangenheit 1280
Vergessen 1283
Verkleidung 1287
Verlangen 1287
Vermögen 1292
Vernunft 1293, 1294
Verpflichtung 1297
Verrücktheit 1297, 1298
Vers 1298
Verschweigen 1298
Versöhnung 1300
Verstand 1301, 1302, 1303
Verstehen 1304, 1305

Vervollkommnung 1310
Verzweiflung 1313, 1314
Volk 1315, 1316
Vollkommenheit 1319
Voreiligkeit 1321
Wahnsinn 1331
Wahrheit 1332, 1335, 1336, 1337, 1338, 1339, 1341, 1342
Wahrnehmung 1342
Wasser 1348
Weg 1349, 1350
Weib 1351
Wein 1359
Weisheit 1364, 1366
Welt 1367, 1369, 1370, 1371
Weltanschauung 1372
Wettbewerb 1376
Wille 1380
Wirtschaft 1387
Wissen 1388, 1389, 1390, 1393
Wissenschaft 1393, 1394, 1395, 1396, 1397
Wohlstand 1400
Wohltätigkeit 1401
Wort 1407
Wunsch 1413
Zauberei 1417
Zeit 1418, 1422, 1423
Zeitung 1424
Zensur 1425
Ziel 1428
Zitat 1430
Zivilisation 1430, 1431
Zufall 1434
Zukunft 1437, 1438
Zusammenleben 1441

Tomasi di Lampedusa, Giuseppe (1896–1956), italien. Schriftsteller
Haus 552
Raum 982
Veränderung 1270

Torberg, Friedrich (1908–1979), österreich. Schriftsteller und Publizist
Österreich 937
Rauchen 982

Toscanini, Arturo (1867–1957), italien. Dirigent
Esel 289
Musik 885

Toynbee, Arnold Joseph (1889–1975), brit. Historiker, Kulturtheoretiker und Geschichtsphilosoph
Geschichte 449
Mund 882
Politik 959
Strafe 1156
Wahrheit 1338
Zivilisation 1431

Trajan (Marcus Ulpius Traianus, um 53–117 n.Chr.), röm. Kaiser
Beschuldigung 119

Trakl, Georg (1887–1914), österreich. Dichter
Abend 7
Frucht 376
Gebirge 391
Herbst 565

Traven, B. (1882/1890? bis 1969), mexikan. Schriftsteller deutscher Herkunft
Betrachtung 126

Treitschke, Heinrich von (1834–1896), deutscher Historiker und polit. Publizist
Form 323
Geschichte 449
Gruppe 530
Mann 826
Staat 1136
Trieb 1214

Trevelyan, George Macaulay (1876–1962), brit. Historiker
Erziehung 286
Zensur 1425

Trinkewitz, Karel (*1931), deutscher Satiriker
Ort 936
Politiker 965
Verbrechen 1274

Trivulzio, Gian-Jacopo (1448–1518), Marschall Ludwig XII. von Frankreich
Geld 426
Krieg 681

Troll, Thaddäus (1914–1980), deutscher Erzähler
Appetit 51
Benehmen 110
Flirt 321
Hunger 595
Zuhören 1436

Troyat, Henri (*1911), russ.-französ. Schriftsteller
Erinnerung 275
Gegenwart 406
Geschichte 448, 449
Historiker 582
Konferenz 660
Politiker 964
Scheitern 1044
Unsterblichkeit 1255

Truman, Harry S. (1884–1972), US-amerikan. Politiker, 33. US-Präsident 1945–1953
Experte 296
Lernen 755
Staatsmann 1141

Personenregister

Tschechow, Anton P. (1860 bis 1904), russ. Schriftsteller
Anführungszeichen 41
Anständigkeit 47
Arbeit 52, 57
Aristokratie 61
Armut 62, 67
Aufrichtigkeit 75
Beamter 95
Beruhigungsmittel 116
Bildung 138
Bitte 142
Blume 145
Bühne 160
Denken 176
Dummheit 199
Dummkopf 202
Ehe 212
Ehegatten 223, 224
Ehemann 224
Erfindung 268
Erwachsen 283
Faulheit 303
Fisch 318
Fotografie 327
Frau 330, 340, 341, 344
Freiheit 355
Freundschaft 366
Fürst 384
Gast 387
Geist 415
Geld 425
Gelehrsamkeit 427
Genie 435
Geschmack 453
Gesellschaft 456
Gleichgültigkeit 485
Glück 500
Gott 506, 508, 513
Götze 521
Hass 549
Impotenz 603
Jenseits 617
Jugend 624
Keuschheit 636
Kind 641, 643
Kleinigkeit 652
Klugheit 654
Krankheit 671, 672
Kritik 682, 683
Kunst 700
Künstler 702, 703, 704, 705
Kunstwerk 706
Langeweile 713
Laster 717
Leben 722, 725, 729, 730, 733
Liebe 768, 771, 774
Literatur 802
Lösung 805
Lüge 807, 808
Mann 821, 826
Materialismus 834
Menge 843
Menschlichkeit 863
Mittel 871
Montag 877
Nächstenliebe 899
Natur 908
Nerven 919
Niedergang 922
Philosophie 952
Prostitution 972
Publikum 974
Reinheit 1003
Reisen 1005
Roman 1021
Russland 1030
Sattheit 1034
Säufer 1035
Schauspieler/-in 1041
Schlaf 1052
Schmetterling 1060
Schönheit 1065
Schreiben 1071
Schriftsteller/-in 1073, 1074
Schweigen 1083
Solidarität 1119
Sprache 1132
Staat 1136
Starrsinn 1146
Strenge 1161
Sündenbock 1168
Talent 1173
Theater 1185
Tochter 1191
Tot 1203
Unglaube 1245
Universität 1250
Urteil 1264
Vater 1266
Verdorbenheit 1276
Vorwärts 1326
Wahrheit 1337, 1338
Weisheit 1361
Welt 1370
Zeit 1422
Zweck 1443
Zynismus 1445

Tschechowa, Olga (1897–1982), russ.-deutsche Schauspielerin
Alter 29
Begleitung 103
Frau 342
Kleidung 650
Schminke 1060

Tschuang-tse = Chuang Tzu/ Zhuangzi (2. Hälfte 4. Jh.), chines. Philosoph
Herrschaft 567

Tucholsky, Kurt (1890–1935), deutscher Schriftsteller
Allein 21
Alter 24, 29, 31
Amt 36
Anpassung 45
Ausland 83
Begabung 99
Bein 106
Bekehrung 108
Bett 128
Beziehung 134
Buch 158
Buchhaltung 159
Charakter 164
Denkmal 179
Deutsch 181, 182
Deutschland 183, 184
Dick 190
Dummheit 200
Ehe 217
Eitelkeit 245, 246
Enge 255
Entwicklung 261
Erfahrung 266
Erfolg 270
Falten 299
Familie 301
Fortpflanzung 325
Frau 330, 332, 335, 337, 344
Frechheit 350
Freiheit 353, 356
Freundschaft 367
Gedrucktes 397
Gefühl 403, 405
Gegenteil 405
Glück 492, 493
Grausamkeit 522
Gut sein 532
Heiraten 562
Humor 593
Hund 594
Hunger 596
Idealismus 600
Journalismus 618
Jugend 623
Katze 633
Kegeln 635
Kirche 646
Klugheit 653, 655
Konkurrenz 662
Kraft 669
Krieg 678
Kritik 683
Kunst 696, 698
Lärm 715
Leben 719, 721, 730, 731
Leid 748
Liebe 764, 781, 782, 785, 794
Literatur 802
Loch 804
Mädchen 817
Meinung 839
Mensch 846, 847, 848, 850, 859
Musik 883
Öffentlichkeit 930
Ordnung 934
Papier 937
Phantasie 949
Philosophie 954
Presse 968
Reden 991
Reisen 1003, 1006
Reklame 1007
Religion 1008
Satire 1033, 1034
Schicksal 1048
Schlager 1054
Schmuck 1060
Schmutz 1061
Schönheit 1067
Schreiben 1071
Segen 1093
Sexualität 1105, 1106
Soldaten 1118
Sprache 1132
Sprechen 1133, 1134
Stand 1144
Stuhl 1162
Titel 1190
Überzeugung 1236
Unsicherheit 1254
Verstand 1304
Waffe 1328
Welt 1369
Weltanschauung 1371
Wert 1374
Wirtschaft 1387
Witz 1399
Zeitung 1424
Zeugung 1427

Turgenjew, Iwan S. (1818–1883), russ. Dichter
Allein 22
Augenblick 80
Bedeutung 95
Frieden 374
Gebet 390
Glück 500
Leid 748
Nihilismus 923
Vaterland 1267
Wunder 1411

Turrini, Peter (*1944), österreich. Schriftsteller
Sport 1130

Twain, Mark → Mark Twain

U

Uhland, Ludwig (1787–1862), deutscher Dichter
Bayern 95
Berg 112
Bier 137
Dichtung 189, 190
Eiche 230
Epos 262
Gefahr 400
Grübelei 529
Hammer 542
Höhe 590
Kränkung 673
Leichtigkeit 744
Liebe 764, 777, 787
Macht 815
Mord 879
Poesie 958
Schloss 1056
Tod 1191, 1194
Untergang 1257
Welt 1369
Zeit 1418

Personenregister

Valentin 1591

Ullmann, Liv (*1938),
norweg. Schauspielerin
- Frau 331
- Kleidung 649

Ullrich, Jan (*1973),
deutscher Radrennfahrer
- Karriere 632

Ulrich von Singenberg
(† um 1228), schweizer.
Minnesänger
- Geschlechtsverkehr 452, 453
- Liebe 771
- Umarmung 1237

Ulrich von Winterstetten
(† um 1280), deutscher
Dichter
- Heimlichkeit 559
- Liebe 776

Ulrichs, Timm (*1940),
deutscher Objektkünstler
- Begreifen 103
- Erinnerung 274
- Kunst 688, 697, 698

Unamuno y Jugo, Miguel de
(1864–1936), span. Schriftsteller und Philosoph
- Erfolg 271
- Möglichkeit 875
- Neid 918
- Pflicht 948
- Unmöglichkeit 1251
- Unruhe 1254
- Wahrheit 1336
- Wirklichkeit 1385

Undset, Sigrid (1882–1949),
norweg. Schriftstellerin,
Literaturnobelpreis 1928
- Christentum 166
- Frau 341
- Glaube 481
- Gutes 537
- Lebensklugheit 739

Ungeheuer, Günther
(1925–1989), deutscher
Schauspieler
- Glashaus 478

Unger, Joseph (1828–1913),
österreich. Politiker und Jurist
- Recht 984

Unruh, Fritz von (1885–1970),
deutscher Schriftsteller
- Schicksal 1046

Updike, John (*1932),
US-amerikan. Schriftsteller
- Erfolg 269
- Mensch 846
- Schreiben 1071

Urzidil, Johannes (1896 bis
1970), deutsch-österreich.
Schriftsteller
- Rat 979
- Verantwortung 1271

Ustinov, Peter (eig. U., Petrus
Alexandrus von, *1921),
brit. Schauspieler, Regisseur
und Schriftsteller
- Aberglaube 8
- Allein 22
- Alter 28, 29, 30
- Amerika 35
- Anbetung 37
- Antwort 49
- Armee 62
- Armut 62
- Aufgabe 73
- Aufhören 73
- Außenpolitik 84
- Automobil 86
- Autor 87
- Bart 91
- Bedeutung 95
- Beruf 115
- Beschränktheit 119
- Beziehung 134
- Bildung 139
- Brücke 154
- Brüllen 154
- Charakter 164
- Christentum 167
- Computer 169
- Demokratie 172, 173
- Deutschland 184
- Diplomatie 194
- Dramatiker 197, 198
- Ehe 209, 213
- England 255, 256
- Erbschaft 263
- Ernst 279
- Erziehung 287
- Experte 296
- Fasten 302
- Feigheit 308
- Feindschaft 309, 310
- Fernsehen 313
- Film 316
- Frage 327, 328
- Frankreich 329
- Frau 336, 340, 348
- Freundschaft 371
- Fußball 384
- Geburtstag 393
- Geld 421, 423
- General 432
- Gentleman 436
- Gewissensbiss 474
- Gewohnheit 475
- Gewöhnung 476
- Gleichheit 486
- Glück 490, 494, 499
- Gott 508
- Großbritannien 524
- Größe 528
- Halluzination 541
- Härte 548
- Held/Heldin 564
- Hollywood 591
- Humor 594
- Hund 595
- Idee 600
- Information 605
- Ironie 611
- Italien 615
- Jubiläum 619
- Käse 633
- Kind 640, 641, 642
- Kindheit 645
- Kino 645
- Kleidung 649
- Klischee 653
- Komik 657, 658
- Kommunikation 658
- König/Königin 661
- Korruption 667
- Krieg 678
- Kritik 683
- Kunst 693
- Lachen 710
- Leben 721, 722
- Leidenschaft 750
- Lernen 755
- Liebe 761, 766, 782, 787, 791
- Lüge 808
- Luxus 812
- Manieren 821
- Mann 825, 827
- Maßstab 834
- Meinung 840
- Mensch 844, 845, 855, 857
- Mode 874
- Mühe 881
- Mut 889
- Nationalismus 906
- Normalität 923
- Optimismus 933
- Paris 939
- Partnerschaft 941
- Pessimismus 944
- Philosophie 952, 954
- Politik 960
- Politiker 964, 965
- Pornographie 966
- Preis 968
- Priester 969
- Prophet 972
- Publikum 975
- Rache 977
- Recht 986
- Rede 988
- Religion 1010, 1011
- Reue 1014
- Ruhe 1025
- Russland 1030
- Satire 1034
- Schauspieler/-in 1041
- Schlecht machen 1055
- Schreiben 1071
- Schriftsteller/-in 1072, 1074
- Schule 1077
- Schweiz 1084
- Sinn 1110
- Snobismus 1117
- Spiel 1128
- Sport 1129
- Sprache 1130, 1132
- Stärke 1145
- Sterblichkeit 1150
- Stil 1153
- Stimme 1154
- Stottern 1156
- Talent 1172, 1173
- Testament 1183
- Teufel 1185
- Theater 1186, 1187
- Tier 1189
- Tochter 1191
- Tod 1197, 1198
- Todesstrafe 1200
- Toleranz 1201
- Tradition 1203
- Traum 1207
- Treue 1212
- Tun 1227
- Übermaß 1233
- Übersetzen 1235
- Überzeugung 1236
- Unkraut 1250
- Unsterblichkeit 1255
- Unvollkommenheit 1261
- Urlaub 1262
- Veränderung 1270
- Vergebung 1282
- Verlobung 1290
- Verrücktheit 1298
- Versuchung 1307
- Vollkommenheit 1319
- Vorurteil 1326
- Wachstum 1327
- Wahl 1330, 1331
- Wahrheit 1332, 1335, 1340
- Weihnachten 1357
- Weisheit 1364
- Welt 1367, 1370
- Wort 1406, 1407
- Zeit 1419, 1421
- Zufriedenheit 1435
- Zweifel 1444, 1445

Üxküll, Jakob von
(1864–1944), deutsch-schwed. Biologe
- Wissenschaft 1396

V

Vadim, Roger (*1928),
französ. Filmregisseur
- Pornographie 966
- Zensur 1425

Valentin, Karl (eig. Fey,
Valentin Ludwig, 1882–1948),
deutscher Komiker und
Kabarettist
- Angeln 41
- Arbeit 55
- Gleichmut 486
- Koch 656
- Kunst 698
- Optimismus 933
- Tragik 1204

Personenregister

Valla, Lorenzo (1407-1457),
italien. Humanist
  Sprache 1133

Van Cleef, Lee (1925-1989),
US-amerikan. Schauspieler
  Glück 494

Vansittart, Robert
(1881-1957), brit. Diplomat
  Vertrag 1307

Varè, Daniele (1880-1956),
italien. Diplomat und Schriftsteller
  Auge 79
  Diplomatie 194
  Eitelkeit 246
  Orden 934

Varro, Marcus Terentius
(116-27 v.Chr.), röm. Gelehrter und Schriftsteller
  Abend 7
  Braut 151
  Erbschaft 262
  Hund 595

Vauvenargues, Luc de Clapiers Marquis de (1715-1747),
französ. Schriftsteller
  Aberglaube 9
  Absicht 12
  Achtung 14, 15
  Amt 36
  Andere 38
  Arbeit 54
  Armut 62, 63, 65, 66
  Aufrichtigkeit 75
  Ausdruck 82
  Aussehen 84
  Außerordentliches 85
  Autor 87
  Bedauern 95
  Bedürfnis 97
  Beherrschung 105
  Beleidigung 109
  Berechnung 111
  Beredsamkeit 111
  Beruf 115
  Beschäftigung 117
  Beschimpfung 118
  Besitz 121
  Beständigkeit 123
  Betrug 126, 127
  Beweis 132
  Bewunderung 132
  Bildung 138
  Böses 148, 149
  Bosheit 150
  Dauer 171
  Demütigung 175
  Dienst 192
  Diplomatie 194
  Dummkopf 202
  Dunkelheit 203
  Ehrgeiz 228
  Eigenliebe 233
  Einfall 237
  Einfluss 238

Einsamkeit 241
Eitelkeit 244, 245, 246
Elend 248
Enthusiasmus 258
Epos 262
Erfindung 268
Erreichen 281
Erziehung 287
Falsches 298
Faulheit 303
Fehler 306, 307
Feindschaft 310, 311
Frau 338
Freigebigkeit 350
Freiheit 351, 356
Freude 359
Freundschaft 363, 368, 370, 371
Frieden 372, 374
Gabe 385
Geben 389
Geck 393
Gedanke 395, 396, 397
Geduld 398
Gefallen 401
Gefühllosigkeit 405
Gehorsam 410
Geist 412, 414, 415, 416, 417
Geisteskraft 419
Geistreich 420
Geiz 421
Geliebte 428
Gemeinplatz 431
Genie 433, 434
Gerechtigkeit 440, 441
Gesetz 460, 462
Gesundheit 467
Gewerbe 470
Gewissen 472
Gewohnheit 475
Glaube 479, 480, 483
Gleichberechtigung 484
Gleichheit 485
Glück 487, 489, 492, 493, 494, 496, 497, 499, 500, 501
Greis 523
Größe 518, 525, 526
Großherzigkeit 528
Grundsatz 529, 530
Gutes 539
Handel 543
Handeln 545
Hass 549
Heiterkeit 563
Herrschaft 568
Herz 571
Hochmut 583
Hoffnung 586, 587
Illusion 603
Imponieren 603
Instinkt 608
Institution 608
Interesse 610
Irrtum 612, 613
Jugend 621, 623, 624
Kaffee 628
Karikatur 631
Kasteiung 633

Kenntnis 635
Keuschheit 636
Klarheit 647, 648
Knechtschaft 655
Koketterie 657
König/Königin 660, 661
Körper 666
Kraft 668
Krankheit 670, 672
Kritik 682
Küche 685
Lächerlichkeit 711
Langeweile 714
Langweilig 714
Laster 716, 717
Lästern 718
Laune 718
Leben 725, 733
Legende 741
Lehrer/Lehrerin 743
Leid 746
Leidenschaft 748, 749, 751, 752
Lernen 755
Leser 758
Licht 758
Liebe 761, 780, 782, 793
Lob 803, 804
Lüge 806, 809
Lust 811
Maske 832
Mäßigung 834
Maxime 835, 836
Meinung 841
Mensch 858
Menschenkenntnis 861
Milde 865
Minister 866
Missbrauch 866, 867
Misstrauen 867
Mitleid 870
Mittellosigkeit 871
Mittelmäßigkeit 872
Mode 873
Moral 877, 878, 879
Mut 888, 889
Mysterium 894
Narr 903
Natur 910, 914
Natürlichkeit 915
Neid 918
Neuerung 920
Notwendigkeit 925
Oberflächlichkeit 927, 928
Ordnung 934
Originalität 936
Partei 941
Philosophie 951, 952, 953
Plan 956
Planung 956
Politik 959, 960
Politiker 964
Popularität 966
Posten 966
Prosa 972
Rache 977
Rat 979, 980, 981
Rausch 982
Recht 986
Redlichkeit 991

Regierung 995
Reichtum 999
Ruf 1024
Ruhe 1025
Ruhm 1026, 1027, 1028
Sagen 1031
Sanftmut 1033
Schaden 1036
Schande 1039
Scheinheiligkeit 1043
Schicksal 1048, 1049
Schlauheit 1054
Schmeichelei 1057
Schmerz 1058
Schöngeist 1061
Schönheit 1065
Schreiben 1072
Schriftsteller/-in 1072, 1073, 1074
Schwäche 1080
Seele 1087, 1088, 1091
Selbst 1097
Selbstsucht 1102
Sinn 1110
Sitten 1112
Soldaten 1118
Sparsamkeit 1124, 1125
Spott 1130
Sprache 1132
Sprechen 1133
Staat 1137
Stärke 1145
Statue 1146
Sterben 1147
Stille 1154
Stolz 1155, 1156
Strafe 1157
Studium 1162
Tadel 1170
Talent 1173
Tätigkeit 1178
Tatsache 1178
Täuschung 1179
Thron 1188
Tod 1191, 1192, 1197
Tradition 1203
Trägheit 1204
Trauer 1206
Treffen 1210
Trost 1216, 1217
Tugend 1219, 1220, 1221, 1223, 1224, 1226
Tyrannei 1228
Überdruss 1230
Überzeugen 1235
Überzeugung 1236
Unabhängigkeit 1240
Ungebundenheit 1243
Ungerechtigkeit 1244
Unglück 1248
Unglücklich 1249
Unnützes 1252
Unterhaltung 1257
Unternehmung 1258
Untertan 1260
Unvollkommenheit 1261
Vater 1266
Verachtung 1269
Verbergen 1271
Verehrung 1277

Verlust 1291
Vermögen 1292
Vernunft 1294, 1295, 1296, 1297
Vers 1298
Verschwendung 1299
Versöhnung 1300
Versprechen 1300
Verstand 1304
Verstellung 1306
Vertrag 1307, 1308
Vertrauen 1309
Vertraulichkeit 1309
Verzeihung 1312
Verzweiflung 1314
Volk 1316
Vorteil 1325
Vorurteil 1325
Waffe 1327
Wagnis 1329
Wahrheit 1332, 1334, 1335, 1336, 1339, 1340
Weib 1353, 1356
Weisheit 1366
Weltanschauung 1371
Weltmann 1372
Werk 1373
Widerspruch 1377
Wildheit 1380
Wissen 1388, 1390, 1391
Witz 1398
Wort halten 1408
Zaghaftigkeit 1415
Zeit 1422
Zerstörung 1425
Zivilisation 1431

Veblen, Thorstein Bunde (1857-1929), US-amerikan. Soziologe und Ökonom
   Forschung 324

Vegetius (Publius Flavius V. Renatus, um 400), röm. Schriftsteller
   Frieden 374
   Krieg 680
   Verteidigung 1307

Velho da Costa, Maria (*1938), portugies. Schriftstellerin
   Unterschied 1259

Vendova, Emilio (*1919), italien. Maler und Grafiker
   Akrobatik 20
   Kunst 697

Venske, Henning (*1939), deutscher Schauspieler und Kabarettist
   Appetit 51
   Fernsehen 313

Verdi, Giuseppe (1813-1901), italien. Komponist
   Liebe 763

Vergil (Publius Vergilius Naso, 70-19 v.Chr.), röm. Dichter
   Alter 24
   Begierde 102
   Erkenntnis 276
   Ertragen 282
   Erziehung 288
   Feindschaft 310
   Frau 337
   Frühling 378
   Geist 411
   Geld 425
   Gerechtigkeit 441
   Gewalt 468
   Gewöhnung 476
   Glück 489
   Gold 503
   Götter 517, 518
   Härte 548
   Hilfe 576
   Krieg 678
   Leidenschaft 750
   Liebe 784, 789
   Materie 835
   Nacht 900
   Niederlage 922
   Not 923
   Reichtum 1001
   Rettung 1014
   Schicksal 1045, 1049
   Sorge 1122
   Tod 1195
   Unersättlichkeit 1242
   Unterwelt 1260
   Unterwerfen 1260
   Waffe 1328
   Wagemut 1329
   Zeit 1420
   Zorn 1432

Verlaine, Paul (1844-1896), französ. Dichter
   Landschaft 712
   Seele 1087

Véron, Pierre (1833-1900), französ. Schriftsteller
   Freundschaft 366
   Ungerechtigkeit 1243

Vespasian (Titus Flavius Vespasianus, 9-79 n.Chr.), röm. Kaiser
   Charakter 163
   Fuchs 378
   Geld 423
   Kaiser 628
   Sterben 1148
   Tod 1197

Vianney, Jean-Baptiste, gen. Pfarrer von Ars (1786-1859), französ. Priester
   Glaube 479
   Gott 504
   Religion 1009

Vico, Giambattista (1668 bis 1744), italien. Geschichts- und Rechtsphilosoph
   Akademie 19
   Gott 513
   Grab 521
   Idee 600
   Körper 666
   Ordnung 934
   Sprichwort 1134
   Wald 1343
   Zusammenleben 1441

Victor, Walther (1895-1971), deutscher Publizist
   Zeitung 1424

Vigny, Alfred de (1797-1863), französ. Dichter
   Soldaten 1118

Vilar, Esther (*1935), deutsche Schriftstellerin
   Frau 333, 334, 346, 347
   Herrschaft 567
   Imponieren 603
   Mann 821, 822, 823, 827
   Männlichkeit 828
   Schönheit 1062
   Sexualität 1105
   Treue 1212, 1213

Villon, François (*1431, verschollen 1463), französ. Dichter
   Sprechen 1133
   Widerspruch 1378

Vinci, Leonardo da (1452 bis 1519), italien. Maler, Bildhauer, Architekt, Kunsttheoretiker, Naturforscher und Ingenieur
   Dichtung 188
   Diskussion 196
   Ehrgeiz 228
   Forschung 324, 325
   Freiheit 356
   Geist 413
   Kunst 695
   Leben 736, 737
   Lehre 741
   Lernen 755
   Maler 819
   Meisterschaft 841
   Mensch 846
   Nichts 921, 922
   Praxis 967
   Schule 1078
   Seele 1092
   Selbstbeherrschung 1098
   Sorgfalt 1122
   Strafe 1158
   Tod 1198
   Urteil 1264
   Vernunft 1294
   Wahrheit 1335
   Wirkung 1386
   Wissenschaft 1394
   Zimmer 1429

Vinet, Alexandre (1797-1847), schweizer. evang. Theologe
   Familie 299
   Frau 333
   Freiheit 353, 355
   Gerechtigkeit 441
   Priester 969
   Religion 1007, 1008
   Staat 1135
   Tiefe 1188
   Traurigkeit 1210

Vinzenz Ferrer (um 1350 bis 1419), span. Bußprediger
   Gewissen 471
   Hindernis 580
   Lehre 742

Vinzenz von Paul (1584 bis 1660), französ. Ordensgründer
   Vollkommenheit 1319

Virchow, Rudolf (1821-1902), deutscher Pathologe und Politiker
   Freiheit 352, 354
   Medizin 837
   Willkür 1383

Vischer, Friedrich Theodor von (1807-1887), deutscher Schriftsteller und Philosoph
   Freude 360
   Lachen 710
   Moral 877
   Selbstverständlichkeit 1103
   Sinnlichkeit 1111
   Unschuld 1254
   Weib 1352
   Zufall 1434

Vita, Helen (*1928), deutsche Schauspielerin und Chansonsängerin
   Finger 317
   Frau 343, 349
   Ganzes 386
   Handwerk 547
   Liebe 778
   Mann 826, 827, 828
   Stroh 1161
   Sünde 1166
   Verlust 1290

Vogt, Walter (1927-1988), schweizer. Schriftsteller
   Insekt 607
   Schweiz 1084
   Vogel 1315

Voltaire (eig. Arouet, François Marie, 1694-1778), französ. Schriftsteller und Philosoph
   Aberglaube 8
   Ahn 19
   Alter 27, 32
   Arbeit 54, 55, 56
   Arbeitsam 59
   Armut 64, 66, 67
   Arroganz 68

Personenregister

Arzt 69, 70
Auferstehung 73
Außergewöhnliches 84
Auster 85
Bedürfnis 96
Befriedigung 98
Beispiel 107
Beredsamkeit 111
Beruf 115
Beweis 131
Bildung 141
Blatt 143
Bleiben 143
Böses 149
Buch 155, 158, 159
Chaos 163
Christentum 167
Denken 178
Dichter/-in 187
Diebstahl 191
Dienen 191
Droge 198
Ehe 216, 218
Ehebruch 223
Ei 230
Eifersucht 232
Einbildung 236
Einfluss 238
Erdbeben 263
Erde 263, 264
Ereignis 265
Essen 291
Europa 292
Ewigkeit 294
Fabel 296
Fanatismus 301
Fest 314
Fleisch 319
Forschung 325
Fortschritt 327
Frankreich 329
Frau 335, 344, 348, 349
Freiheit 357
Freundschaft 362, 366
Führung 379
Gattung 388
Geburt 393
Gedanke 396
Gefahr 400
Gefallen 401
Gefühl 403
Geist 411, 413, 416
Geld 426
Geliebte 428
Geometrie 439
Gerechtigkeit 442
Geschichte 450
Geschmack 453
Gesellschaft 458
Gesundheit 467
Gewohnheit 476
Glaube 483
Glück 490, 496, 498, 499, 500
Gnade 502
Gold 503
Gott 504, 508, 509, 512, 514, 515, 517
Größe 525, 526, 527
Gutes 539

Handel 543
Heilung 557
Heiraten 562
Herz 571
Hilfe 576, 577
Himmel 579
Hinrichtung 581
Hochzeit 584
Hoffnung 587, 588
Höflichkeit 589
Hund 595
Indien 604
Industrie 605
Irrenhaus 611
Irrtum 613
Jähzorn 616
Judentum 619
Kastration 633
Katholizismus 633
Kette 635
Ketzerei 636
Klugheit 653, 654
Krieg 674, 675, 676, 677, 679
Kühle 685
Kunst 688
Labyrinth 708
Leben 719, 725, 728, 729, 736
Leid 748
Leidenschaft 749, 751
Lesen 757
Liebe 772, 779, 788, 789, 793, 796
Lohn 805
Luft 806
Macht 814
Mädchen 817
Maria 830
Meinung 840
Mensch 844, 851, 853
Metaphysik 864
Milde 865
Minister 866
Misstrauen 868
Mitgift 869
Mode 873
Mönch 876
Mord 880
Musik 884
Mut 890
Natur 909
Norden 923
Nutzen 926
Papst 937, 938
Paris 939
Pfaffe 945
Philosophie 953
Platon 956
Prüfung 973
Recht 984, 986
Rede 988
Reden 990
Reichtum 998, 999
Reinheit 1003
Reisen 1005, 1006
Religion 1010
Revolution 1017
Rezension 1017
Ruhm 1028

Schaden 1036
Scharlatanerie 1040
Schein 1043
Scheiterhaufen 1043
Schicksal 1049
Schlaf 1052
Schlechtes 1055
Schöpfung 1068
Schreiben 1070
Schriftsteller/-in 1072, 1073
Schuld 1076
Seele 1087
Sekte 1097
Selbstmord 1102
Sitten 1112
Sklaverei 1114
Sohn 1117
Soldaten 1118
Spiel 1127
Sprechen 1133
Stadt 1143
Stärke 1145
Stern 1151
Stille 1153
Strafe 1156, 1157
Streit 1160
Subvention 1163
Sünde 1166
System 1169
Testament 1183
Tod 1199, 1200
Traum 1208
Trunkenheit 1218
Tugend 1221, 1222, 1223, 1225
Übel 1229
Umarmung 1238
Unglück 1245, 1247, 1249
Unglücklich 1249
Unterricht 1259
Unwissenheit 1262
Ursache 1263
Urteil 1264
Vater 1266
Verbindung 1272
Verbot 1272
Verbrechen 1273, 1274
Vergewaltigung 1284
Vergleich 1284
Verliebtheit 1289, 1290
Vermögen 1292
Vernunft 1293, 1294, 1296
Verrücktheit 1297, 1298
Verteidigung 1307
Verurteilung 1310
Verzweiflung 1313
Volk 1317
Vorsehung 1323
Wachstum 1327
Wahrheit 1335, 1336, 1340
Weib 1354, 1355
Wein 1358
Weisheit 1363
Welt 1367, 1369, 1370
Werk 1373
Westfalen 1376
Wiedergeburt 1379
Wirkung 1385
Wissen 1389

Wissenschaft 1395, 1396
Wunde 1409
Wunder 1409
Wunsch 1411
Zeit 1418, 1419
Zeitvertreib 1425
Zitat 1430
Zölibat 1431
Zufall 1435
Zusammenhang 1441
Zweifel 1444, 1445

Voss, Johann Heinrich (1751 bis 1826), deutscher Dichter
    Scheu 1045

W

Wackenroder, Wilhelm Heinrich (1773–1798), deutscher Dichter
    Begeisterung 101
    Fluss 322
    Forschung 325
    Gebet 390
    Gemälde 430
    Gott 515
    Himmel 580
    Intoleranz 610
    Kunst 689, 692, 693, 696, 700, 701
    Künstler 702
    Kunstwerk 706
    Meer 838
    Museum 883
    Nation 905
    Natur 907, 909
    Orakel 934
    Schönheit 1062, 1064
    Vernunft 1293
    Weg 1350
    Wissen 1392
    Wort 1405

Wagenbach, Klaus (*1930), deutscher Buchhändler und Verleger
    Arbeitgeber 59
    Eitelkeit 246

Waggerl, Karl Heinrich (1897–1973), österreich. Schriftsteller
    Aberglaube 8
    Abschied 11
    Angriff 41
    Ansicht 46
    Argument 61
    Begehren 100
    Berechnung 111
    Berg 112, 113
    Besitz 121
    Böses 148
    Buch 157
    Charakter 165
    Dichtung 188, 189
    Ding 194
    Dummheit 201

Durchsetzen 203
Ehe 215, 217, 220
Einfall 237
Einfalt 238
Einsamkeit 241
Entschluss 260
Erfahrung 266
Erfolg 271
Erklärung 277
Fehler 306
Fest 314
Finden 317
Flucht 322
Frage 327
Frau 335, 349
Fremdwort 358
Freude 359
Freundschaft 368
Frühreife 378
Geheimnis 408, 409
Geist 414, 416
Geiz 420
Geliebte 428
Genie 433
Genug 436
Genuss 437
Gescheitheit 445
Geschmack 453
Gewöhnung 476
Glaube 477, 483
Glück 494, 501
Gott 505, 511, 516
Gras 522
Greis 523
Gutes 535, 536, 537, 538, 539
Gutmütigkeit 539
Hahn 541
Hass 549
Hässlichkeit 551
Heil 555
Heilige 556
Herrschaft 567
Herz 573
Hochmut 583
Idee 601, 602
Irrtum 613
Kerze 635
Klugheit 653
Kriechen 674
Kunst 691, 694
Leistung 753
Liebe 781, 783, 784, 789
Meisterschaft 841
Mensch 847, 849, 850, 851
Menschenkenntnis 860
Misserfolg 867
Misstrauen 868
Mitleid 870
Mord 879
Mühle 882
Museum 883
Muße 887
Nachrede 898
Nächstenliebe 899
Naivität 902
Natur 914
Neid 917
Nichtstun 922

Nützlichkeit 927
Öffentliche Meinung 930
Politiker 964, 965
Quelle 976
Rat 979, 980
Realität 983
Reichtum 1000, 1001
Religion 1008
Ruine 1030
Schicksal 1045, 1047
Schlechtes 1055
Schweigen 1083
Sinn 1110
Sorge 1122
Spaziergang 1125
Stern 1151
Stille 1153
Talent 1172
Tat 1177
Thron 1188
Tier 1189
Tod 1200
Torheit 1202
Trauer 1206
Treten 1211
Trost 1217
Tugend 1221
Tun 1227
Übel 1229
Übermensch 1233
Unerträglichkeit 1242
Ungeschicklichkeit 1244
Unglück 1248
Unrecht 1253
Unterhaltung 1257
Unterschied 1259
Untreue 1260
Urteil 1264
Utopie 1265
Verliebtheit 1289
Verstand 1302
Verstehen 1305
Verstellung 1306
Verzeihung 1312
Verzicht 1313
Vorurteil 1326
Vorzug 1327
Wagemut 1329
Wahrheit 1333, 1335, 1336
Weg 1349
Weib 1352, 1353
Weihnachten 1357
Weltverbesserung 1372
Werk 1373
Wert 1374
Widerspruch 1377
Witz 1398
Wohlstand 1400
Wort 1404, 1407
Wunsch 1412
Ziel 1428
Zufriedenheit 1436
Zutrauen 1442
Zweifel 1444

Wagner, Franz X., deutscher Schriftsteller und Bergsteiger
 Abstieg 12
 Bayern 94

 Bergsteigen 113
 Gebirge 391
 Gipfel 477

Wagner von Jauregg, Julius (1857-1940), österreich. Psychiater
 Charakter 166
 Prinzip 970

Wagner, Richard (1813 bis 1883), deutscher Komponist
 Ahn 18
 Befehl 98
 Betrug 126
 Blindheit 144
 Ehe 221
 Hohn 590
 König/Königin 661
 Kühnheit 685
 Liebe 774, 785, 787, 795
 Luft 806
 Meister 842
 Melodie 842
 Musik 884
 Steuer 1152
 Weh 1350
 Wind 1383
 Wonne 1403

Walden, Herwarth (1878 bis 1941), deutscher Kunsthändler und Schriftsteller
 Gestaltung 465
 Kunst 691

Wallraff, Günter (*1942), deutscher Schriftsteller
 Angst 42

Walser, Robert (1878-1956), schweizer. Schriftsteller
 Kunst 691
 Wesen 1375

Walters, Hellmut (*1930), deutscher Schriftsteller
 Altern 33
 Aufklärung 74
 Demokratie 173
 Ding 194
 Flirt 321
 Frage 328
 Freude 361
 Herr 566
 Knechtschaft 656
 Philosophie 953
 Schadenfreude 1037
 Seite 1096
 Zukunft 1439

Walther von Breisach (um 1200), mittelhochdeutscher Dichter
 Geliebter 429
 Gerede 442

Walther von der Vogelweide (um 1170-um 1230), mittelhochdeutscher Dichter

 Liebe 791
 Mann 822
 Sehnsucht 1095

Wanamaker, John (1838-1922), US-amerikan. Kaufhausunternehmer
 Handel 543

Wapnewski, Peter (*1922), deutscher Philologe und Schriftsteller
 Waffe 1329
 Wehren 1351
 Witz 1399

Warhol, Andy (1928-1987), US-amerikan. Pop-art-Künstler
 Ästhetik 71
 Erfolg 270
 Oberflächlichkeit 928
 Stil 1153

Warren, Robert Penn (1905-1989), US-amerikan. Schriftsteller
 Mensch 846

Washington, George (1732-1799), US-amerikan. General und 1. US-Präsident
 Partei 941
 Politik 960

Wassermann, Rudolf (*1925), deutscher Jurist
 Bürger 161
 Fernsehen 313
 Politik 960
 Zuschauer 1441

Waugh, Evelyn (1903-1966), brit. Gesellschaftskritikerin
 Echo 204
 Geburtstag 393
 Geschäftigkeit 445
 Hass 550
 Mensch 847, 857
 Menschenkenntnis 861
 Streben 1158
 Verlobung 1290
 Verwunderung 1312

Wayne, John (1907-1979), US-amerikan. Schauspieler
 Aussehen 84
 Bart 91
 Mädchen 817

Weber, Carl Maria von (1786-1826), deutscher Komponist
 Alter 32
 Musik 884
 Publikum 974
 Schamhaftigkeit 1039
 Scheitern 1043

Personenregister

Weber, Friedrich Wilhelm (1813–1894), deutscher Schriftsteller
  Freiheit 354
  Kirche 645

Weber, Karl Julius (1767 bis 1832), deutscher Schriftsteller
  Alter 28
  Altertum 34
  Amt 36
  Arbeit 53
  Ärger 60
  Arzt 69
  Auge 78
  Autodidakt 86
  Beharrlichkeit 104
  Bibliothek 136
  Buch 155, 156
  Deutschland 183
  Duell 199
  Ehe 216
  Einseitigkeit 243
  Eitelkeit 245
  Erfindung 268
  Erholung 273
  Erziehung 289
  Fest 314
  Fortschritt 326
  Fröhlichkeit 375
  Furcht 381
  Gefühl 402
  Geld 423
  Geselligkeit 454
  Grab 521
  Herz 572
  Irrtum 614
  Krankheit 670
  Kunst 690, 701
  Landwirtschaft 713
  Laune 718
  Leben 722
  Lüge 806
  Mode 873
  Musik 885
  Mut 889
  Paradies 938
  Reform 992
  Regierung 994, 996
  Revolution 1017
  Rezension 1017
  Schlaf 1051
  Staat 1135, 1137
  Taufe 1179
  Thron 1188
  Tier 1190
  Unmensch 1251
  Verfassung 1278
  Vermögen 1292
  Wahrheit 1339
  Weib 1354
  Wildheit 1380
  Zartheit 1416
  Zivilisation 1430

Weber, Max (1864–1920), deutscher Sozialökonom
  Beichte 105
  Gewalt 467
  Kaiser 628
  Kirche 645
  Macht 815
  Politik 960
  Proletariat 971
  Staat 1135

Webster, Daniel (1782–1852), US-amerikan. Politiker
  Christentum 168
  Freiheit 354
  Staat 1140
  Verfassung 1278
  Verteidigung 1307

Weck, Peter (*1930), österreich. Schauspieler
  Junggeselle 627
  Koketterie 657
  Liebeswerbung 798

Weckherlin, Georg Rudolf (1584–1653), deutscher Dichter
  Geld 422
  Leben 733

Wedekind, Frank (eig. W., Benjamin Franklin, 1864–1918), deutscher Dramatiker, Lyriker und Erzähler
  Erröten 281
  Fleisch 318
  Gedicht 397
  Geist 411, 413
  Geschäft 444
  Gesellschaft 457
  Glück 493
  Gott 516
  Leben 724
  Mann 826
  Mensch 848
  Moral 877
  Reichtum 998
  Weib 1353

Weerth, Georg (1822–1856), deutscher Schriftsteller
  Gedanke 396
  Reisen 1005

Wegener, Paul (1874–1948), deutscher Schauspieler
  Erfahrung 266
  Gewohnheit 475
  Überzeugung 1236

Wehle, Peter (1914–1986), österreich. Komponist und Autor
  Opportunismus 932

Wehner, Herbert (1906–1990), deutscher Politiker
  Deutschland 184
  Freiheit 356
  Notwendigkeit 925
  Toleranz 1200

Weigel, Hans (1908–1991), österreich. Schriftsteller
  Adel 17
  Frauenfeindschaft 349
  Humorist 594
  Kritik 682
  Optimismus 933
  Seele 1088

Weil, Simone (1909–1943), französ. Philosophin
  Erniedrigung 278
  Gnade 502
  Gott 509
  Kreuzigung 674
  Schönheit 1063
  Tor 1201
  Unmöglichkeit 1251

Weininger, Otto (1880–1903), österreich. Philosoph und Psychologe
  Einsamkeit 239

Weis, Heidelinde (*1940), deutsche Schauspielerin
  Analphabetentum 36
  Auge 79
  Frau 348

Weisenborn, Günther (1902–1969), deutscher Dramatiker und Erzähler
  Mädchen 817
  Mensch 860

Weiser, Grete (1903–1970), deutsche Schauspielerin
  Charakter 164
  Ehemann 224
  Frau 339
  Kleinheit 651
  Mann 825

Weiße, Christian Felix (1726–1804), deutscher Schriftsteller
  Aufschub 76
  Faulheit 304

Weizsäcker, Carl Friedrich Freiherr von (*1912), deutscher Physiker und Philosoph
  Atomzeitalter 72
  Christentum 168
  Demokratie 172
  Entscheidung 259
  Freiheit 354
  Gebrauch 391
  Gefahr 400
  Gnade 502
  Ideal 598
  Interesse 610
  Kirche 645
  Macht 815
  Mensch 846
  Opfer 931
  Politik 961, 962
  Sonne 1119
  Tier 1189
  Vernunft 1296
  Wahrnehmung 1342
  Welt 1367

Weizsäcker, Richard Freiherr von (*1920), deutscher Politiker, Bundespräsident 1984–1994
  Aktivität 20
  Arbeit 54, 58
  Bildung 141
  Blick 143
  Chancengleichheit 162
  Deutsch 181, 182, 183
  Dialog 185
  Erziehung 284
  Fortschritt 325, 327
  Freiheit 353, 356
  Geduld 399
  Gemeinschaft 431
  Gespräch 464
  Grenze 523
  Großbritannien 524
  Jugend 624
  Krise 681
  Kunst 700
  Leben 719
  Lernen 756
  Liebe 788
  Nation 905
  Natur 908
  Orientierung 935
  Patriotismus 942
  Politik 959, 963
  Rüstung 1026
  Schrift 1072
  Selbstbewusstsein 1098
  Selbstverleugnung 1103
  Solidarität 1119
  Sozialstaat 1123
  Sport 1129
  Sprache 1131
  Staat 1140
  Star 1144
  Technik 1181
  Unbequemlichkeit 1240
  Verfassung 1278
  Vergangenheit 1280
  Waffe 1328
  Welt 1370
  Wirtschaft 1387
  Wissenschaft 1395
  Zeit 1418
  Zukunft 1438
  Zuverlässigkeit 1442

Welch, Jack Forrest (*1910), US-amerikan. Agrarwissenschaftler
  Handeln 544

Welles, Orson (1915–1985), US-amerikan. Schauspieler, Filmregisseur, -produzent und Drehbuchautor
  Bühne 160
  Dummkopf 202
  Erfolg 270
  Fernsehen 313

Fortpflanzung 325
Geschlecht 451
Hollywood 591
Italien 615
Kopf 665
Mann 823
Mund 882
Recht 986
Tier 1189
Unrecht 1253
Zitat 1430

Wells, H(erbert) G(eorge) (1866-1946), brit. Schriftsteller
Eifersucht 231
Entrüstung 259
Hut 597
Kopf 665
Moral 878
Nörgelei 923
Partnerschaft 941
Selbstgespräch 1101
Torheit 1202
Zivilisation 1430

Werefkin, Marianne von (1860-1938), schweizer. Malerin russ. Herkunft
Kunst 691

Werfel, Franz (1890-1945), österreich. Schriftsteller
Aberglaube 9
Armut 64
Augenblick 80
Christentum 167
Ehe 217
Fremdheit 358
Freundschaft 364
Glaube 479, 482
Gleichheit 485
Gott 506, 509, 511
Handwerk 546
Inneres 607
Klugheit 654
Krankheit 671
Kunst 699
Künstler 702
Leben 722, 735
Ledig 741
Leid 744
Liberal 758
Liebe 780
Mensch 847, 852, 854
Phantasie 949
Realismus 983
Recht 987
Reichtum 998
Religion 1011
Schicksal 1048
Schnelligkeit 1061
Schutz 1079
Sünde 1166
Überlegenheit 1232
Unrecht 1253
Verfolgung 1279
Verzeihung 1312
Weg 1350

Wille 1381
Ziel 1429

Werner, Oskar (1922-1984), österreich. Schauspieler
Kritik 683

Werner, Zacharias (1768-1832), deutscher Schriftsteller
Bild 137
Geschlecht 451
Göttliches 520
Harmonie 547
Kunst 692, 695
Künstler 702, 703
Staat 1136
Tod 1194

Wertheimer, Emanuel (1846-1916), deutscher Schriftsteller
Denken 178

Wesker, Arnold (*1932), brit. Dramatiker
Politiker 965

West, Mae (1892-1980), US-amerikan. Schauspielerin
Institution 608
Schlechtes 1055

Westcott, Brooke Foss (1825-1901), brit. Theologe
Floh 321

Westerwelle, Guido (*1961), deutscher Politiker
Bildung 140
Ende 254

Whistler, James Abbott MacNeill (1834-1903), US-amerikan. Maler und Grafiker schott. Herkunft
Anstrengung 48
Klavier 648
Kunst 689
Natur 910

White, Elwyn Brooks (1899-1973), US-amerikan. Publizist
Demokratie 172
Krieg 677
Nacktheit 901

White, Patrick (Victor Martindale) (1912-1990), austral. Schriftsteller, Literaturnobelpreis 1973
Popularität 966

Whitehead, Alfred North (1861-1947), brit.-US-amerikan. Philosoph und Mathematiker
Beziehung 135
Humor 593

Mensch 854
Vergessen 1283
Wahrheit 1332
Wissenschaft 1395

Whitman, Walt (1819-1892), US-amerikan. Dichter
Arznei 68
Bach 88
Baum 93
Dichtung 188, 189
Ding 194
Grund 529
Heilung 557
Krieg 675
Lehre 742
Mai 818
Meer 838
Nacktheit 901
Natur 911, 914
Schein 1043
Sekte 1097
Soldaten 1119
Sprache 1132
Stern 1151
Tapferkeit 1175
Wissen 1390

Wicki, Bernhard (*1919), schweizer. Schauspieler und Regisseur
Bühne 160
Ehefrau 223
Erinnerung 274
Gewissensbiss 474
Schauspieler/-in 1041
Utopie 1265

Widmark, Richard (*1914), US-amerikan. Schauspieler
Unzufriedenheit 1262

Wiechert, Ernst (1887-1950), deutscher Schriftsteller
Arbeit 52
Heimat 558

Wieland, Christoph Martin (1733-1813), deutscher Dichter
Anlage 43
Bürger 161
Deutschland 183
Gott 517
Menge 843
Natur 908
Notwendigkeit 925
Staat 1135
Volk 1316
Vorurteil 1326
Wein 1358
Zensur 1425

Wieman, Mathias (1902-1969), deutscher Schauspieler
Hobby 582

Wiener, Norbert (1894-1964), US-amerikan. Mathematiker
Technik 1180

Wiesel, Elie (*1928), US-amerikan. Schriftsteller, Friedensnobelpreis 1986
Einsamkeit 241
Erinnerung 274
Fremdheit 358
Freundschaft 363, 364, 370
Gebet 389, 390
Gerechtigkeit 441
Geschichte 442
Glaube 478
Gleichgültigkeit 484, 485
Gott 510
Handeln 545
Hass 548, 550
Kind 639
Liebe 793, 780
Mensch 852, 853, 854, 855
Partei 941
Partnerschaft 941
Schöpfung 1069
Schweigen 1082, 1084
Sterben 1148
Technik 1180
Tod 1196
Trieb 1214
Tugend 1221
Vergessen 1283
Wahrheit 1337
Welt 1369
Wort 1406
Wunsch 1412

Wiesner, Heinrich (*1925), schweizer. Schriftsteller
Anfang 39
Aphorismus 50
Buch 155
Dialog 185
Europa 292
Gott 505
Kannibalismus 630
Kopf 665
Kriegsdienstverweigerung 681
Mut 889
Schweiz 1084
Sprache 1132
Steuer 1152
Tod 1193
Wagnis 1329
Weiß 1366
Wort 1404
Zorn 1433

Wiggam, Albert Edward (1872-1955), US-amerikan. Publizist
Holz 591

Wiggins, Richard (*1923), US-amerikan. Politologe
Gegnerschaft 407
Koalition 656
Logik 804

Personenregister

Wilde, Cornel (1915–1989), US-amerikan. Filmschauspieler und Regisseur
- Erfahrung 265
- Kind 638
- Mann 822

Wilde, Oscar (1854–1900), ir. Schriftsteller
- Alter 30
- Altern 33
- Amerika 35
- Angst 42
- Arbeit 52, 56
- Armut 63, 66
- Aufrichtigkeit 75
- Autorität 88
- Banalität 89
- Barmherzigkeit 91
- Benehmen 110
- Beschäftigung 116
- Besitz 120, 121
- Beständigkeit 123
- Bestechung 123
- Betrug 126, 128
- Bischof 142
- Blüte 146
- Brief 152
- Buch 156, 158
- Bühne 160
- Charakter 166
- Charakterstärke 166
- Charme 166
- Christus 168
- Demokratie 173
- Denken 179
- Dummheit 200, 202
- Egoismus 206
- Ehe 210, 217, 222
- Ehebruch 222
- Eifersucht 231
- Eigenliebe 233
- Einfluss 238
- Einklang 239
- Einsamkeit 242
- Eltern 250
- Empfindung 252
- Erfahrung 265, 267, 268
- Erfolg 271, 272
- Erklärung 277
- Ernst 279
- Erröten 281
- Erwartung 283
- Essen 291
- Existenz 295
- Exzess 296
- Feigheit 308
- Feuer 315
- Finger 317
- Fleiß 319
- Folter 323
- Fortschritt 326
- Frage 328
- Frau 330, 334, 336, 337, 339, 340, 341, 342, 343, 344, 345, 346, 348
- Freiheit 351
- Freundschaft 367
- Frühreife 378
- Furcht 380
- Gebet 390
- Geheimnis 409
- Geist 414
- Geld 424
- Genie 433
- Gentleman 436
- Genuss 437, 438
- Gerechtigkeit 441
- Geschmack 453
- Gesellschaft 458
- Gesetz 460
- Gewissen 473
- Glaube 481
- Gleichgültigkeit 484
- Glück 497, 498, 500
- Gott 516
- Götter 518
- Gut sein 532
- Hand 543
- Hässlichkeit 551
- Heiland 555
- Heilige 555
- Heiligkeit 556
- Heilmittel 557
- Heiraten 560, 561
- Held/Heldin 563
- Hölle 591
- Idee 601
- Individualismus 604
- Individuum 605
- Instinkt 608
- Intellekt 609
- Intuition 611
- Jahr 616
- Journalismus 618
- Jugend 623, 624
- Kind 644
- Klatsch 648
- Kleidung 649, 650
- Komödie 658, 659
- Kompliment 659
- König/Königin 661
- Krankheit 670
- Kritik 681, 683, 684
- Kunst 688, 690, 691, 692, 695, 698, 700
- Künstler 703, 704, 705
- Kunstwerk 705, 706
- Lachen 710
- Langeweile 714
- Laune 718
- Leben 721, 723, 724, 729, 731, 738
- Ledig 740
- Leib 744
- Leidenschaft 748, 749
- Liebe 766, 768, 772, 786, 794
- Literatur 801
- Macht 815
- Mann 823, 824, 825, 826, 827, 828
- Maschine 831
- Mäßigung 834
- Mensch 847, 849, 851, 855
- Menschenliebe 861
- Mitgefühl 869
- Mittelmäßigkeit 871, 872
- Mode 873
- Modern 875
- Moral 878, 879
- Muße 887
- Mysterium 894
- Narr 903
- Natur 913
- Natürlichkeit 916
- Neugier 920
- Nichtstun 922
- Niederlage 922
- Oberflächlichkeit 928
- Offenheit 929
- Öffentliche Meinung 930
- Öffentlichkeit 930
- Opfer 932
- Optimismus 933
- Papst 938
- Paradox 939
- Persönlichkeit 944
- Pferd 946
- Pflicht 947, 948
- Phantasie 949
- Porträt 966
- Presse 968
- Prinzip 970
- Prüfung 973
- Publikum 974, 975
- Pünktlichkeit 975
- Rat 980
- Rauchen 982
- Rechnung 984
- Regierung 995, 996
- Reichtum 1001
- Reisen 1005
- Religion 1011
- Revolution 1016
- Richter 1018
- Rolle 1020
- Romantik 1022
- Schminke 1060
- Schönheit 1063, 1066
- Schurke 1079
- Schutz 1079
- Seele 1090, 1092
- Selbsterkenntnis 1100
- Selbstliebe 1101
- Selbstlosigkeit 1101
- Selbstmord 1102
- Selbstsucht 1103
- Selbstverleugnung 1103
- Sicherheit 1106
- Sieg 1109
- Sinne 1111
- Sklaverei 1115
- Sparsamkeit 1124
- Sprung 1135
- Staat 1139
- Stimmung 1154
- Strafe 1157
- Sünde 1165, 1166, 1167
- Symbol 1168
- Tagebuch 1171
- Teufel 1185
- Tod 1196
- Torheit 1202
- Tragödie 1204
- Traurigkeit 1210
- Treue 1212, 1213
- Trieb 1214
- Tyrannei 1228
- Ungehorsam 1243
- Unnützes 1251
- Unrecht 1253
- Untreue 1260
- Unzufriedenheit 1262
- Urteil 1264
- Utopie 1265
- Verbindlichkeit 1272
- Verbrechen 1274
- Vergangenheit 1280
- Vergnügen 1285
- Verliebtheit 1289
- Vernunft 1295
- Versuchung 1307
- Verwandtschaft 1311
- Verzeihung 1312
- Verzweiflung 1314
- Vollendung 1318
- Vorsatz 1322
- Vorurteil 1326
- Wahl 1330
- Wahrheit 1334, 1336, 1339, 1341
- Wasser 1348
- Weinen 1360
- Welt 1368, 1369, 1371
- Wert 1374
- Wetter 1377
- Widerspruch 1378
- Wissen 1389, 1390
- Witz 1399
- Wohltätigkeit 1401
- Zeit 1421, 1423
- Zivilisation 1431
- Zukunft 1437, 1438
- Zuschauer 1441
- Zynismus 1445

Wilder, Billy (1906–1983), US-amerikan. Filmregisseur
- Amerika 35
- Dauer 171
- Film 316
- Nation 905
- Star 1144

Wilder, Thornton (1897–1975), US-amerikan. Schriftsteller
- Abenteuer 8
- Besitz 122
- Blick 143, 144
- Elend 248
- Erfahrung 266
- Feindschaft 311
- Fremdsprache 358
- Frieden 374
- Gebet 390
- Gedächtnis 393
- Geschichtsschreibung 451
- Glück 495
- Gott 516
- Hast 551
- Haus 552
- Hoffnung 588
- Hund 595
- Interesse 610
- Kommentar 658

Krieg 680
Laster 717
Leben 736
Lebenssinn 740
Literatur 802
Mann 827
Masse 833
Meinung 839
Ordnung 935
Rat 980
Selbstbewusstsein 1099
Sinn 1110
Snobismus 1117
Sprache 1132
Streit 1160
Tugend 1221
Unwissenheit 1262
Utopie 1265
Vergangenheit 1280
Wissen 1392
Wort 1405
Zwiebel 1445

Wilhelm II. (1859–1941), deutscher Kaiser und König von Preußen
Arbeit 56
Parlament 940

Williams, Guy (1924–1989), US-amerikan. Schauspieler
Hölle 591

Williams, Tennessee (eig. W., Thomas Lanier, 1911–1983), US-amerikan. Schriftsteller
Frau 340
Gedächtnis 394
Generation 433
Glück 490
Hass 550
Ideal 599
Liebe 795
Mann 822
Neid 917
Prophet 972
Sieg 1108
Stern 1150
Wahrheit 1341

Wilson, Dolin (*1931), brit. Schriftsteller
Demokratie 173
England 256

Wilson, Sir Harold (1916–1995), brit. Politiker
England 256
Frankreich 328
Regierung 996

Wilson, Thomas Woodrow (1856–1924), US-amerikan. Politiker, 28. US-Präsident 1913–1921, Friedensnobelpreis 1919
Buch 157
Freiheit 352
Leben 724

Reaktion 983
Reform 992
Widerspruch 1377

Winckelmann, Johann Joachim (1717–1768), deutscher Archäologe und Kunstwissenschaftler
Griechenland 524
Kunst 688

Winkler, Hans Günter (*1926), deutscher Springreiter
Automobil 86
Pferd 945

Wodehouse, Pelham Grenville (1881–1975), brit. Schriftsteller
Diener 192

Wohmann, Gabriele (*1932), deutsche Schriftstellerin
Befriedigung 98
Denken 177
Mann 827

Wolf, Christa (*1929), deutsche Schriftstellerin
Buch 157

Wolf, Christian Freiherr von (1679–1754), deutscher Philosoph
Dienst 192
Gemeinschaft 431
Gesellschaft 455, 457, 459
Regierung 997
Selbsterkenntnis 1099
Staat 1138, 1140
Wohlfahrt 1399

Wolfe, Thomas (1900–1938), US-amerikan. Schriftsteller
Frau 339
Kenntnis 635
Kochen 656
Suche 1164

Wölfflin, Heinrich (1964–1945), schweizer. Kunsthistoriker
Kunst 699
Wurzel 1414

Wolfram von Eschenbach (um 1170–um 1220), deutscher Dichter
Alter 29
Behalten 104
Edel 205
Gabe 385
Geschlechtsverkehr 452
Glück 500
Herz 574
Jugend 623
Schaden 1036
Scham 1038
Zweifel 1445

Wondratschek, Wolf (*1943), deutscher Schriftsteller und Lyriker
Barbarei 90
Frau 334
Gegnerschaft 407
Liebe 765, 782
Zeit 1422

Woolf, Virginia (1882–1941), brit. Schriftstellerin
Frau 341
Größe 526
Kunst 697

Wortig, Kurt (*1913), deutscher Journalist
Gewalt 468
Jazz 617

Wright, Frank Lloyd (1869–1959), US-amerikan. Architekt
Bad 89
Experte 296

Wuthenow, Ralph-Rainer (*1928), deutscher Philologe
Gegenstand 405
Kunst 689, 694, 698
Leben 722
Menschheit 862

Wyss, Beat (*1947), deutscher Kunsthistoriker
Geschichte 449
Kunst 692, 696

X

Xenarchos (um 350 v. Chr.), griech. Historiker
Frau 342

Xerxes I. (um 519–465 v. Chr.), Großkönig von Persien
Gefahr 400
Gewinn 471
Größe 526
Handeln 545
Ohr 930

Y

Yacine, Kateb (1929–1989), alger. Schriftsteller
Buch 159
Leser 758
Zensur 1425

Yamanouchi, Shuichiro (*1919), japan. Manager, Chairman der East Japan Railway Company
Not 923

Yeats, William Butler (1865–1939), ir. Schriftsteller, Literaturnobelpreis 1923
Bauer 92
Bildung 138
Buch 159
Denken 175
Dichter/-in 186, 188
Entfaltung 257
Erkenntnis 276
Extrem 296
Freude 360
Gedanke 395
Gefühl 404
Geist 416
Genie 435
Geschwindigkeit 454
Größe 525
Handeln 546
Individualismus 604
Kompromiss 659
Kultur 686
Kunst 694, 700
Laufen 718
Ledig 740
Mann 822
Maske 832
Meinung 840
Mitgefühl 869
Moral 878, 879
Nation 905
Pflicht 948
Religion 1010
Schöpfung 1069
Stil 1152
Symbol 1168
Toleranz 1200
Tragödie 1204
Triumph 1216
Verantwortung 1271
Verfehlung 1278
Volk 1317
Waffe 1328
Willkür 1383
Wirklichkeit 1384

Young, Desmond (1891–1966), brit. Schauspieler und Drehbuchautor
Film 316

Young, Edward (1683–1765), brit. Dichter
Atheismus 72
Aufschub 76
Besitz 120
Jugend 624
Leben 722
Nacht 900
Seufzer 1105
Stolz 1155
Wollust 1403

Z

Zadek, Peter (*1926), deutscher Theaterregisseur
Deutsch 181

Personenregister

Zahn, Ernst (1867–1952), schweizer. Schriftsteller
  Liebe 762

Zech, Paul (1881–1946), deutscher Schriftsteller
  Deutschland 183

Zeller, Carl (1842–1898), österreich. Operettenkomponist
  Büro 162
  Pflicht 947

Zelter, Karl Friedrich (1758–1832), deutscher Komponist
  Gesang 444

Ziel, Ernst (1841–1921), deutscher Schriftsteller
  Glück 500
  Höhe 590
  Lorbeer 805
  Ruhm 1028
  Stellung 1147

Zille, Heinrich (1858–1929), deutscher Zeichner
  Anständigkeit 47
  Axt 88
  Töten 1203
  Unglück 1245
  Wohnung 1401

Zimmermann, Johann Georg von (1728–1795), schweizer. Arzt und Schriftsteller
  Einsamkeit 242
  Ruhe 1026

Zincgref, Julius Wilhelm (1591–1635), deutscher Dichter
  Adel 17
  Barmherzigkeit 91
  Beten 125
  Fehler 306
  Freundschaft 365
  Frieden 373
  Geld 422
  Gewissen 472
  Glück 494
  Harmonie 547
  Kalender 628
  Macht 815
  Mann 824
  Mensch 851
  Mut 890
  Recht 984
  Scheu 1045
  Sieg 1107
  Strafe 1157
  Weisheit 1366
  Wetter 1376
  Wissen 1389

Zola, Emile (1840–1902), französ. Schriftsteller
  Kunstwerk 706

Optimismus 933
Wahrheit 1335

Zschokke, Heinrich (1771 bis 1848), schweizer. Schriftsteller deutscher Herkunft
  Anmut 44
  Betrug 127
  Ehe 220
  Ehre 225
  Eltern 249
  Freude 361
  Glück 494
  Häuslichkeit 554
  Mittelstand 872
  Richter 1018
  Staat 1139
  Stand 1143
  Unfehlbarkeit 1242
  Volk 1315, 1316
  Wunderbares 1411
  Zwietracht 1445

Zuckmayer, Carl (1896–1977), deutscher Schriftsteller
  Arzt 69
  Berg 112
  Berlin 114
  Bild 137
  Dasein 171
  Erinnerung 274
  Essen 290
  Exil 295
  Gedicht 397
  Rahmen 978
  Schlaf 1051
  Welt 1369

Zweig, Stefan (1881–1942), österreich. Schriftsteller
  Angst 43
  Freiheit 353
  Frieden 372
  Heimat 558
  Ordnung 935
  Selbstmord 1101
  Sitten 1112
  Ungeduld 1243
  Unglück 1246
  Vergangenheit 1281
  Wurzel 1414

Zwingli, Ulrich (1484–1531), schweizer. Reformator
  Gott 515
  Mensch 858
  Töten 1203